Baldini&Castoldi
presenta

Il Mereghetti
Dizionario dei Film 2000

di
Paolo Mereghetti

con la collaborazione di
Alberto Pezzotta
e
Paola Malanga

Hanno offerto la loro insostituibile collaborazione all'edizione 2000: Goffredo Fofi, Pier Maria Bocchi, Manlio Gomarasca, Paola Iasci, Emiliano Morreale e Francesco Costa

Redazione: Marco Borroni

Questa edizione ingloba e rielabora anche i contributi di Gianni Amelio, Marco Bacci, Sabrina Baracetti, Luciano Barisone, Gianni Canova, Gaetano Capizzi, Vincenzo Cavandoli, Mario Della Casa, Stefano Della Casa, Piera Detassis, Aldo Fittante, Leonardo Gandini, Maria Laura Giovagnini, Paolo Manera, Marco Mereghetti, Fernanda Moneta, Roberto Nepoti, Fabrizio Piccinini, Simona Ressico, Laura Salza e Mario Sesti, utilizzati per le edizioni precedenti.

Progetto grafico: Beatrice Lancini

http://baldini.editore.it
e-mail: info@baldini.editore.it

Milano
ISBN 88-8089-718-7

Per me

Indice

Introduzione

Con il crescere delle edizioni (siamo già arrivati alla quarta), il Dizionario che avete tra le mani prende sempre più la fisionomia che era nelle intenzioni ipotizzate per la prima volta più di quindici anni fa: uno strumento affidabile per guidare lo spettatore all'interno della sempre più aggressiva marea di titoli che invadono quotidianamente cinema, televisioni e videostore (e fra poco anche Internet). Non l'esaustività, che non è di questo mondo, ma una ragionevole approssimazione verso la completezza unita all'autorevolezza. Se il successo delle precedenti edizioni (più di 100.000 copie vendute: per l'Italia è un vero record) ci conferma nelle nostre scelte di fondo – che sono quelle di una critica che sappia informare e orientare insieme, mettendo a disposizione del lettore un bagaglio di informazioni tecniche non altrimenti reperibili ma anche un'attenzione al fenomeno-cinema che non lo riduca a fatto di moda o di consumo ma lo consideri come una delle tante espressioni della cultura contemporanea – per questa nuova edizione 2000 abbiamo cercato di migliorare ancora di più le nostre schede eliminando i possibili errori.

Ci sono naturalmente i film usciti negli ultimi due anni (dall'estate '97 a quella '99, con qualche succosa propaggine autunnale: *Eyes Wide Shut* di Kubrick per esempio, o il nuovo episodio della saga di *Star Wars*, o ancora la sorpresa *Notting Hill*), ma ci sono anche molti film apparsi solo in video o dimenticati dai grandi circuiti distributivi (tra cui non mancano le piacevoli «scoperte», come *Butcher Boy* di Neil Jordan o *Confessione finale* con un grande Nick Nolte), oltre a numerosi recuperi tra i titoli del passato più o meno recente. La nostra idea infatti – mia e dei miei collaboratori – è che il Dizionario serva anche come strumento per riflettere sulla storia del cinema: da qui la discreta quantità di schede completamente rifatte (circa duecento), soprattutto di film italiani degli anni Sessanta e Settanta, dal poliziottesco alla commedia sexy, rivisti e rigiudicati senza nessuna enfasi goliardica o velleità stroncatoria ma con la distanza critica necessaria a evitare pregiudizi o schematismi.

Per il resto, il Dizionario mantiene la sua struttura tradizionale, con un più ricco apparato di rimandi (ormai la mania di rititolare i film per i passaggi televisivi sembra irrefrenabile) e la consueta chiarezza e semplicità espositiva, «tanto per ricordare che la critica cinematografica forse non sarà una scienza ma certamente non è un gioco o una scommessa».

Paolo Mereghetti

Note di lettura

Ordine alfabetico: i film sono repertoriati secondo l'ordine alfabetico del loro titolo italiano senza tener conto dell'articolo, che è messo alla fine, dopo una virgola. Per la determinazione dell'ordine si è considerato il titolo del film come un'unica parola (senza preoccuparsi di segni d'interpunzione o spazi): così *Mai gridare al lupo* viene prima di *Maîtresse*, ma *M, il mostro di Düsseldorf* segue *Millie*. All'interno di un titolo inglese & viene alfabetizzata come «and», quindi *Tango & Cash* (Tango and Cash) si troverà prima di *Tango blu*.
I sottotitoli, che seguono il titolo dopo un trattino [–] o chiusi in una parentesi, non vengono considerati ai fini dell'ordine alfabetico. Così *Ghost – Fantasma* si troverà prima di *Ghostbusters*.
Un/uno/una all'inizio del titolo è mantenuto in questa posizione (quindi il titolo del film va cercato alla lettera *U*) solo quando ha il valore di aggettivo numerale cardinale (esempio: *Un* genio, *due* compari, *un* pollo; oppure *Un'*ora con te o *Una* volta ho incontrato un miliardario); oppure quando è pronome (*Una* di quelle). Negli altri casi, cioè quando è usato come articolo indeterminativo, viene sempre messo alla fine del titolo. Le regole per gli articoli valgono anche per quelli delle lingue straniere, per cui *The Dead* di John Huston è repertoriato alla lettera *D*: *Dead, The* ed *El Cochecito* di Marco Ferreri, alla lettera *C*: *Cochecito, El*. Naturalmente alcuni titoli spagnoli o spagnoleggianti, in cui l'articolo *El* fa parte organica del titolo (soprattutto quando è legato a un nome), sono repertoriati alla lettera *E*: così è per *El Dorado*, o *El Cid* o *El Che Guevara*. L'esatta grafia del titolo è stata rispettata naturalmente anche per le abbreviazioni *Dr.*, *Mr.*, *Mrs.*: così il film *Dr. Cyclops* verrà prima di *Dream Lover* e *Mr. & Mrs. Bridge* invece seguirà *Movimenti notturni*. Anche se una serie di rimandi (*Dottor* o *Mister* scritti per intero e quindi alfabetizzati in pagine precedenti del dizionario) aiutano il lettore che non ricorda la grafia originale del titolo.
I film i cui titoli contengono numeri scritti in cifre sono stati alfabetizzati come se il numero fosse scritto in lettere: quindi *2010, l'anno del contatto* viene prima di *2002, la seconda odissea*, così come *2022: i sopravvissuti* precede *Due milioni per un sorriso*. Nei casi dubbi una serie di rimandi aiuta la consultazione.

Struttura della scheda: ogni scheda si apre col titolo italiano del film seguìto da un sintetico giudizio in stellette (da uno a quattro utilizzando anche i mezzi voti), mentre il pallino (°) indica le delusioni, cioè il film di quei registi la cui carriera faceva sperare qualcosa di meglio. Pochissime schede (come *Il disprezzo*) non hanno stellette ma un punto interrogativo (?): abbiamo scelto questo simbolo per sottolineare l'impossibilità di sintetizzare in un giudizio il valore del film dato che l'edizione italiana è sostanzialmente diversa da quella originale per i tagli imposti dalla distribuzione o per altre modifiche (nel *Disprezzo*, ad esempio, il doppiaggio annulla le diverse lingue parlate dai personaggi togliendo senso a

molti dialoghi e al personaggio della segretaria): tutte informazioni, però, contenute nella scheda. Segue una parentesi in cui sono riportati il titolo originale, il Paese o i Paesi di produzione e l'anno di prima distribuzione, il tipo di fotografia – a colori o in bianco e nero – e la durata. Seguono – preceduti da un *Con* – i nomi degli attori principali. Nella stragrande maggioranza dei casi i nomi d'arte sono seguìti, tra parentesi quadre, dai nomi reali.
Attenzione: avendo scelto di far seguire al titolo del film la data di distribuzione (secondo l'idea che un film comincia a «vivere» solo quando è proiettato al pubblico) è capitato di registrare molte discordanze: il caso più famoso è quello del Sale della terra, prodotto nel 1953 e distribuito solo nel 1965, ma la stessa discrepanza si trova anche per *It's All True*, il film di Welles girato nel 1942 ma distribuito nelle sale (anche se in una versione «restaurata») solo nel 1995. A ogni modo quando le due date non coincidono vengono indicate nella scheda.

Durata: il problema più spinoso di un *Dizionario* di questo tipo è l'indicazione della durata di un film. Noi abbiamo privilegiato la durata dei film così come vengono proiettati al cinema, indicando, quando ne siamo venuti a conoscenza, le discrepanze tra l'edizione italiana e quella originale. In televisione, invece, i film non soltanto durano meno (perché vengono programmati a 25 fotogrammi al secondo invece che a 24, il che comporta una «riduzione» di circa 150 secondi ogni ora), ma spesso subiscono tagli arbitrari per farli rientrare nei limiti dei palinsesti (quante code sono sparite dai film?) o negli obblighi censori. E così, per togliere a un film il divieto ai minori di 14 anni (che impedisce la programmazione in prima serata) si ripresenta il film alla censura sopprimendo tutto quello che causava quel divieto. Per i film muti abbiamo privilegiato la durata del film nella corretta proiezione a 18 fotogrammi il secondo.

Citazioni e fonti: per realizzare quest'opera mi sono servito del lavoro fatto da altri critici a cui qualche volta ho «rubato» frasi o citazioni. Per non appesantire le varie schede ho messo raramente i nomi da cui ho ripreso quei giudizi (sempre citati tra virgolette). Ma siccome è giusto indicare i propri debiti vorrei citare qui quei critici e quei libri a cui, più di altri, ho chiesto aiuto, senza che loro lo sapessero. Certo di dimenticare qualcuno voglio ricordare almeno Adriano Aprà, Gianni Buttafava, Guido Fink, Goffredo Fofi, Tullio Kezich, Morando Morandini, Enzo Ungari e Gianni Volpi, e poi la *Storia del cinema* (Garzanti) di Morandini, Fofi e Volpi, i volumi usciti del *Dizionario del cinema italiano* (Gremese) di Poppi, Chiti, Lancia e Pecorari, i volumi del *Patalogo* (Ubulibri) dedicati al cinema, la *Storia del cinema italiano* (Editori Riuniti) di Gian Piero Brunetta, la *Storia del cinema inglese* (Marsilio) di Emanuela Martini, *Le Cinéma français depuis 1945* (Nathan) di René Prédal, l'*Histoire du Cinéma suisse* (Cinémathèque Suisse) di Hervé Dumont, i volumi della collezione *Cinéma/pluriel* editi dal Centre Georges Pompidou, *50 ans de cinéma americain* (Nathan) di

Tavernier e Coursodon, lo straordinario (e genialmente fazioso) *Dictionnaire du cinéma* (Laffont) di Jacques Lourcelles, oltre naturalmente alla giustamente celebre *Movie and Video Guide* (Signet) di Leonard Maltin e alle schede del Centro Cattolico Cinematografico.

Ringraziamenti

Come per le precedenti edizioni, sono sempre moltissimi gli amici a cui ho chiesto un aiuto, un consiglio, una notizia o che mi hanno fatto arrivare un suggerimento o una annotazione. Certo di dimenticare qualcuno, vorrei ringraziare almeno Giancarlo Grossini, Enrico Lancia, Marcello Garofalo, Grazia Gay, Georgette Ranucci, Angela Ricci Lucchi e Yervant Gianikian, Gianni Amelio, Emanuela Martini, Irene Lasalvia, Gian Piero Dell'Acqua, Riccardo Bozzi, Redento Mori, Daniela Staffa, Paolo Cavaglione, Gian Mario Maletto, Renata Gorgani, Claudio Masenza, Santi Urso, Mimmo Calopresti, Pina e Alberto Lacava, Massimo Fracaro, Margherita Pedrazzini, Alberto Farassino, Guido Fink, Alberto Rollo, Paola Dèttore, Aldo Buzzi, Bianca Lattuada, Elisabetta Sgarbi, Lionello Cerri, Alessandro Grieco (Tele+), Davide Pulici (Nocturno), Arturo Invernici e Angelo Signorelli (Fondazione Alasca), Antonio Mariani e Lorena Fassi (Mediatrade), Luisa Bonalumi (Eagle), Laura Crivellaro (Uip), Francesca Ungaro (Warner Bros.), Luciana Migliavacca (Medusa Home Video), Fabiola Bertinotti (Buena Vista Home Video), Mara Pasotti (Cic Video), Paola Mazzocchi (Warner Home Video), Claudio Caféo (Eidos), Raffaella Isoardi (Sandwich). E naturalmente Goffredo.
E poi i lettori che mi hanno scritto per ricordarmi i titoli mancanti, segnalarmi una svista o un refuso, o anche solo per commentare il mio lavoro e la loro passione cinematografica: Silvio de Franceschi, Alessandro Pettini, Gianni e Roberta Medri, Gianuario Rivelli, Bruno Mohorovich, Eriberto D'Ignazio, Orazio Filancabandera, Antonio Tanzola, Giuliana Ponta, Roberto Guidini, Antonio Napoleone, Ferruccio Cumer, Dario Bosco, Alberto Pozzolini, Floriano Graziati, Alberto e Guido Mariani, Gianpietro D'Alessandro, Lorenzo Bello, Sergio Fabbri, Teobaldo Farina, Federica De Caroli, Stefano Orsenigo, Marco Domenichini, Gabriele Montuori, Luciano Coluccia, Maria Pia Sanna, Riccardo Moggia, Antonio Tanzola, Antonio Menesatti, Corrado Felici Ridolfi, Giuseppe Fabiani, Stefano Rivara, Vittorio Fede, Mauro Ciullo, Giovanni Casini Raggi, Paolo Garrone, Cristian Spazzoli, Fabio Corsaro, Eugenio Orsi, Calogero Butera. E mi scuso con chi ho involontariamente dimenticato: non mi stancherò mai di ripetere che se questa edizione del Dizionario è migliore il merito è anche un po' loro.

Dizionario dei film

A.A.A. Ragazza affittasi per fare bambino *½ (*The Baby Maker*, Usa 1970, col, 109') James Bridges. Con Barbara Hershey, Colin Wilcox-Horne, Sam Groom, Scott Glenn, Jeannie Berlin. ◆ Per avere un bambino, una moglie decide di far accoppiare il marito con una ragazzina (Hershey) dalle tendenze hippy: inevitabili i problemi coniugali. Prolissa opera prima di un regista che farà meglio in seguito, qui alle prese con tipici problemi da postsessantotto.

Abbandonati nello spazio *½ (*Marooned*, poi ritolato *Space Travellers*, Usa 1969, col, 134') John Sturges. Con Gregory Peck, Richard Crenna, David Janssen, James Franciscus, Gene Hackman, Lee Grant, Nancy Kovack, Mariette Hartley, Scott Brady. ◆ Per salvare tre astronauti (Crenna, Franciscus e Hackman) bloccati nello spazio, un volontario (Janssen) si offre di pilotare un aereo-razzo per recuperarli, nonostante il parere contrario del direttore di volo (Peck). Ma intanto l'ossigeno a bordo della navicella comincia a scarseggiare. Fantascienza buonista (alla fine anche i russi partecipano alla missione di salvataggio), troppo preoccupata degli effetti speciali – premiati con l'Oscar – per costruire una vera suspense: nonostante l'argomento, i momenti di vera noia non mancano. Sceneggiatura di Mayo Simon.

Abbandono *½ (Italia 1940, b/n, 100') Mario Mattoli. Con Corinna [Corinne] Luchaire, Giorgio Rigato [Georges Rigaud], Maria Denis, Camillo Pilotto, Enrico Glori. ◆ Ragazza dalle umili origini (Luchaire) sposa il rampollo di una ricca famiglia. Scoprirà le scappatelle extraconiugali della cognata e per evitare lo scandalo finirà per essere accusata a sua volta di adulterio. Un melodramma altamente improbabile. L'italianizzazione dei nomi dei protagonisti fu imposta dalla xenofobia del Pnf. Per la Luchaire, qui ragazzotta ingenua e candida, dopo la guerra ci sarà un processo e una condanna per collaborazionismo, con relativa fine della carriera.

Abbasso la miseria! *½ (Italia 1945, b/n, 90') Gennaro Righelli. Con Anna Magnani, Nino Besozzi, Virgilio Riento, Marisa Vernati, Vito Chiari, Sandro Ruffini, Lauro Gazzolo, Dina Romano, Checco Durante, Felice Romano, Mario Castellani. ◆ Coinvolto dal suo dirimpettaio (Riento) nel traffico della borsa nera, Giovanni (Besozzi) finisce addirittura in carcere per spaccio di banconote false, ma in realtà è solo un buon diavolo che cerca di soddisfare una moglie brontolona (Magnani) ed è pronto ad adottare un trovatello (Chiari) che crede suo figlio. Tipica commedia postbellica dal sapore dolceamaro sceneggiata dal regista e Nicola Fausto Neroni, che scherza sulle differenze regionali dei protagonisti (Giovanni è il lombardo lavoratore e un po' ingenuo, sua moglie una borgatara romana intemperante e ciarliera, il trovatello un napoletano abilissimo nell'arte di arrangiarsi) e racconta con molta comprensione l'arte nazionale di sapersela cavare.

Abbasso la ricchezza! ** (Italia 1946, b/n, 93') Gennaro Righelli. Con Anna Magnani, Vittorio De Sica, Virgilio Riento, Laura Gore, Zora Piazza, John Garson, Lauro Gazzolo, Vittorio Mottini, Domenico Gambino, Vito Chiari, Galeazzo Benti. ◆ Arricchitasi col mercato nero, la «fruttarola» Gioconda Perfetti (Magnani) lascia Trastevere per la villa requisita di un conte (De Sica). Invece di entrare nell'alta società, viene spennata da un gruppo di truffatori che la costringono a tornare al suo negozio di verdura, permettendo così alla sorella Lucia (Piazza) di far pace col fidanzato Nino (Mottini, doppiato da Alberto Sordi). Commedia disincantata e ironica dove il facile populismo della trama (sceneggiata da Vittorio Calvino, Fabrizio Sarazani, Vittorio De Sica, Pietro Solari, Nicola Fausto Neroni e Righelli) viene riscattata da un'interpretazione superlativa della Magnani, volgare e insieme vitalissima nel suo ruolo di nuova ricca («vamme a pià i pandantîf» ordina con nonchalance alla cameriera), irresistibile quando balla il boogie o esibisce un'acconciatura con due colombe bianche, ma struggente nell'indimenticabile interpretazione di *Quanto sei bella Roma*.

Abbiamo fatto solo l'amore *½ (Italia 1998, col, 80') Fulvio Ottaviano. Con Daniele Liotti, Valerio Mastandrea, Iaia Forte, Chantal Ughi, Rocco Mortelliti, Francesco Siciliano, Christopher Buchholz, Simona Marchini, Piero Natoli. ◆ Cameriere in un vagone ristorante insieme a Leo (Mastandrea), Simone (Liotti) deve affrontare un bel guaio: ha messo incinta una ragazza che conosce appena. Il gruppo di *Cresceranno i carciofi a Mimongo* tenta il bis ambientando tutta la storia su un treno (tranne il prologo «sessuale»): ma invece di mantenersi nel solco del minimalismo giovanile questa commedia fragile e autocompiaciuta (sceneggiata ancora da Francesco Ranieri Martinotti) finisce nelle secche della sindrome tardo-adolescenziale, fra tranquillanti e sproloqui sulle donne e il destino, con qualche sketch bozzettistico a far da siparietto (affidato a Mortelliti, nel ruolo del cuoco).

Abbraccio dell'orso, L' ** (*Charlie Muffin*, Gb

1979, col, 109') Jack Gold. Con David Hemmings, Sam Wanamaker, Jennie Linden, Ian Richardson, Pinkas Braun. ◆ Spia inglese con le scarpe scalcagnate, Charlie Muffin (Hemmings) è incaricato di trattare col capo del Kgb in persona, in odore di proscrizione, perché passi in Occidente: ma Muffin è ormai stanco dell'idiozia dei suoi capi, e decide di fare di testa sua. Spy story dal volto umano, con poca azione, molti dialoghi e una confezione dignitosa (sia pure televisiva). La sorpresa finale rischia ormai di non stupire troppo gli smaliziati spettatori di oggi.

Abbronzatissimi * (Italia 1991, col, 113') Bruno Gaburro. Con Jerry Calà, Alba Parietti, Teo Teocoli, Eva Grimaldi, Franco Oppini, Mauro Di Francesco, Salvatore Marino. ◆ Rimini: un pianista scalcinato (Calà) corteggia la proprietaria (Parietti) di uno stabilimento balneare la quale vuole servirsi di lui come killer; due operai (Teocoli e Di Francesco) sono in cerca di signore danarose, una squillo (Grimaldi) del principe azzurro. Stanco epigono del filone vacanziero, con una sceneggiatura firmata da Calà con Castellano e Pipolo. Debutto della Parietti (con tutti i numeri di repertorio: scosciamenti e danze assassine) in un film che è un frullato della peggior televisione.

Abbronzatissimi 2 – Un anno dopo * (Italia 1993, col, 100') Bruno Gaburro. Con Jerry Calà, Vanessa Gravina, Eva Grimaldi, Mauro Di Francesco, Piermaria Cecchini, Valeria Marini, Franco Oppini, George Hilton, Marina Occhiena, Maria Grazia Cucinotta. ◆ Amori e tradimenti durante l'estate a Cervia: un giornalista automobilistico (Calà) è disposto a concedere le grazie della moglie (Grimaldi) a colui che crede essere un editore pur di firmare un contratto; la neodivorziata (Gravina) deve inventarsi un fidanzato fittizio (Cecchini) per sfuggire alle corte dell'ex marito (Di Francesco); il direttore dell'albergo (Oppini) corteggia tutte le sue dipendenti mentre giovani più o meno imbranati scoprono il sesso o l'amore. Gaburro ripropone la formuletta sperimentata l'anno prima e tocca uno dei punti più bassi del cinema italiano: mancanza totale di idee e qualche chiappa al vento tanto per gradire.

Abesada – L'abisso dei sensi * (*Abesada*, Giappone 1974, col, 85') Noboru Tanaka. Con Junko Miyashita, Hideaki Ezumi, Mari Tanaka, Nagatoshi Sakamoto, Genshu Hanayagi. ◆ Un padre di famiglia (Miyashita) molla tutto e si chiude con una geisha in una stanza d'albergo spinti da una passione tanto intensa quanto distruttiva, mentre spezzoni di cinegiornale avvertono che fuori infuria la guerra tra Cina e Giappone. Tratto da una storia vera, è un film dove la morbosità vince sulla tensione e l'erotismo. Lo stesso spunto è alla base di *Ecco l'impero dei sensi*.

A Beverly Hills... signori si diventa *½ (*The Beverly Hillbillies*, Usa 1993, col, 93') Penelope Spheeris. Con Jim Varney, Cloris Leachman, Diedrich Bader, Erika Eleniak, Dabney Coleman, Lily Tomlin, Dolly Parton, Zsa Zsa Gabor, Rob Schneider. ◆ Diventata improvvisamente ricca grazie alla scoperta di un giacimento di petrolio, la famiglia Clampett – nonna Daisy (Leachman), papà Jed (Varney), la figlia Elly May (Eleniak) e il nipote Jethro (Bader) – lascia l'Arkansas per la California alla scoperta delle meraviglie del benessere. Ma la loro ingenuità rischia di farli cadere nelle grinfie di un disonesto direttore di banca (Coleman). Sbarcano sul grande schermo i protagonisti di una fortunata *sit-com* della Cbs andata in onda nel 1962: la comicità ha la stessa grana grossa, la critica della modernità è edulcorata e superficiale, le battute – oggi più che allora – telefonate: per divertirsi con lo stesso argomento è molto meglio rivedere Ma e Pa Kattle nei *Milionari*. E pensare che Penelope Spheeris era stata scambiata per una regista promettente.

Abissi *½ (*The Deep*, Usa 1977, col, 124') Peter Yates. Con Jacqueline Bisset, Robert Shaw, Nick Nolte, Louis Gossett, Eli Wallach. ◆ Lotta subacquea senza quartiere tra cercatori di un tesoro sommerso e banditi a caccia di morfina. Più violento che avvincente. Jacqueline Bisset è sempre radiosa, anche quando indossa una tuta da sommozzatore.

Abissi di passione → *Cime tempestose* (di Luis Buñuel)

Abissinia *½ (Italia 1993, col, 87') Francesco Martinotti. Con Enrico Salimbeni, Mario Adorf, Grażyna Szapołowska, Milena Vukotic, Luca Zingaretti, Paki Valente. ◆ Un cameriere alle prime armi (Salimbeni) finisce a lavorare in un ristorante quasi sempre vuoto: scoprirà che il padrone (Adorf) si è rovinato per amore della moglie infedele (Szapołowska) ma non riuscirà a evitare di farsi coinvolgere nel loro gioco di vendette. Fallimentare tentativo di adattare atmosfere noir a una storia italiana: c'è anche la voce off di un morto (come in *Viale del tramonto*), ma la sceneggiatura dell'esordiente regista e di Fulvio Ottaviani ha troppi buchi neri e la regia non riesce mai a creare davvero uno stile da noir. Decisamente spaesata la Szapołowska, già protagonista di *Non desiderare la donna d'altri* di Kieślowski. Abissinia è la zona desertica alla periferia di Rimini dove è ambientata la storia. Musiche di Fiorenzo Carpi.

Abito nero da sposa, L' *½ (Italia 1944, b/n, 60') Luigi Zampa. Con Fosco Giachetti, Enzo Fiermonte, Jacqueline Laurent, Carlo Tamberlani. ◆ Dal dramma di Louis Parker *Il cardinale* (che aveva fatto la fortuna di Ermete Zacconi e Tommaso Salvini) la storia di un delitto nella Firenze dei Medici: il segreto confessionale impedisce al cardinale (Giachetti) di scagionare dall'accusa di omicidio il fratello innocente (Fiermonte). Iniziato nell'estate del 1943, interrotto l'8 settembre fu ripreso dopo l'arrivo degli alleati a Roma. Per far scordare le tristezze della guerra, Zampa si tuffa nelle passioni del Rinascimento. All'epoca Moravia scrisse che il film aveva «tutti i numeri per avvincere le nostre poco esigenti platee».

Abominevole dottor Phibes, L' **½ (*The Abominable dr. Phibes*, Gb 1971, col, 94') Robert Fuest. Con Vincent Price, Joseph Cotten, Hugh Griffith, Therry-Thomas [Thomas Terry Hoar-Stevens], Virginia North. ◆ Orribilmente sfigurato nell'incidente in cui è morta anche la moglie, Phibes (Price) si vendica di coloro che non hanno fatto tutto il possibile per salvarla e li uccide ispirandosi alle sette piaghe d'Egitto. Una storia horror che si stempera nel grand guignol e tocca punte di geniale autoironia quando Phibes suona l'organo accompagnato da una banda di automi o brinda versandosi direttamente lo champagne nella carotide perché il volto è tutto sfigurato. Splendida interpretazione di Vincent Price, eccessivo e teatrale. Il personaggio ritorna in *Frustrazione*.

Abracadabra * (Italia, 1952, b/n, 87') Max Neufeld. Con Mario Riva, Riccardo Billi, Lilia Landi, Guglielmo Inglese, Alberto Sorrentino, Paul Mullet, Nyta Dover, Marcella Rovena, Marco Tulli. ◆ Un nobile spiantato (Riva), che sbarca il lunario facendo imbrogli con due compari (Billi e Sorrentino), spera di convincere una ricca vedova (Landi) a sposarlo, ma dall'Africa tornerà all'improvviso il marito dato per scomparso. Farsaccia piuttosto scollacciata per i tempi, che cerca di sfruttare la comicità da avanspettacolo del terzetto, coinvolto, per realizzare l'inganno, in una serie di travestimenti (da donna, da fantasma, da chiromante...).

Abracadabra **½ (*Abracadabra*, Belgio/Francia/Lussemburgo 1993, col, 90') Harry Cleven. Con Philippe Volter, Clémentine Célarié, Thierry Frémont, Thierry van Werveke, Jean-Henri Compère, Sabrina Leurquin. ◆ Phil (Volter), un giovane detenuto a cui mancano pochi mesi da scontare, ottiene un permesso per assistere al funerale della madre e ritrova i fratelli che gli propongono una rapina ai danni del nuovo amante di Martha (Célarié), la donna da lui un tempo amata. Un piccolo noir classico per il debutto alla regia di un giovane belga senza pretese d'autore. Trentasei ore di libertà che si trasformano in altrettante ore di dilemma, una serie di perdenti per vocazione o per destino, un'atmosfera che rimanda a quella dei grandi film noir americani. La storia è solida, come è sempre più raro nel cinema giovane, e la regia si muove nei meandri del genere con uno stile già personale: un'opera prima di tutto rispetto.

A briglia sciolta *½ (*La Bride sur le cou*, Francia 1961, b/n, 87') Roger Vadim. Con Brigitte Bardot, Michel Subor, Jacques Riberolles, Joséphine James, Claude Brasseur, Mireille Darc. ◆ Innamorata del suo fotografo, una modella (Bardot) rimane delusa quando il ragazzo la lascia per un'altra, meno bella ma più ricca: troverà presto qualcuno pronto a consolarla e a far ingelosire l'altro. Il regista doveva essere l'esordiente Jean Aurel, ma B.B. puntò i piedi e volle Vadim, con grande indignazione di Truffaut e di tutta la Nouvelle Vague. Solito repertorio di bronci e sorrisi con le inevitabili scene in déshabillé (un ballo in calzamaglia nera, un'uscita dalla vasca con un asciugamano troppo piccolo).

Absolute Beginners ** (*Absolute Beginners*, Gb 1986, col, 107') Julien Temple. Con Eddie O'Connell, Patsy Kensit, David Bowie, James Fox, Ray Davies, Eve Ferret. ◆ Esordio cinematografico di un pluripremiato regista di video musicali, dal romanzo di Colin McInnes: le peripezie di un fotografo (O'Connell) nella *Swinging London* fine anni Cinquanta, dove rischia di perdere la fidanzata (Kensit). Raffinato nella confezione visiva, gradevole nella colonna sonora (con pezzi di David Bowie – che canta anche *Volare* –, dei Working Week, di Gil Evans, di Sade e degli Style Council), ma piuttosto esile sotto l'aspetto narrativo. In altre parole, un macrovideoclip dove ci si può divertire a riconoscere i volti famosi, dalle personalità del rock (Bowie, Ray Davies, Eddie Tenpole Tudor, Alan Freeman), a quelle camp (Lionel Blair, Mandy Rice-Davies), agli artisti musicali di oggi (Robbie Coltrane, Smiley Culture, Sade, che interpreta Athene Duncannon) e di ieri (Irene Handl, Eric Skyes, Sandie Shaw).

Abuna Messias (Vendetta africana) *½ (Italia 1939, b/n, 93') Goffredo Alessandrini. Con Camillo Pilotto, Enrico Glori, Mario Ferrari, Amedeo Trilli, Berché Zaitù Taclé. ◆ Verso la fine dell'Ottocento, il cardinale Guglielmo Massaia (Pilotto) si reca per la seconda volta in Etiopia e stringe amicizia con re Menelik (Glori), provocando dure reazioni da parte del capo della chiesa copta, Abuna Atanasio (Ferrari). Tipico film di propaganda fascista, dove l'agiografia del cardinale Massaia, esemplare nella sua eroica dedizione alla «causa», serve come pretesto per giustificare la politica colonialista del regime e anche – indirettamente – l'avallo che la Chiesa cattolica offrì all'impresa etiopica. In origine c'era un prologo esplicito (eliminato nella versione attuale) in cui si stabiliva il legame tra passato e presente attraverso il pellegrinaggio di un padre missionario, morto in Abissinia nel 1936, nei luoghi della guerra italo-etiopica. Da segnalare una certa eleganza della regia che dà il meglio di sé nelle scene di massa, degne di un vero e proprio kolossal. Gli esterni sono stati girati in Africa Orientale. Coppa Mussolini per il miglior film italiano alla Mostra di Venezia 1940.

Abuso di legge ** (*Question of Privilege*, Canada 1998, col, 94') Rick Stevenson. Con Jessica Steen, David Keith, Tom Butler, Michael Ironside, Nick Mancuso, Wendy Crewson, Eric Johnson, Myles Ferguson, Christopher Lee Fassbender, Andrew Misll. ◆ La ragazza che hanno abbordato quattro ragazzi bene (Johnson, Ferguson, Lee Fassbender e Misll) viene trovata morta: un coriaceo poliziotto (Ironside) scommette sullo stupro collettivo, un'avvocatessa idealista (Steen) è pronta a difenderli. Ci sarà più di un colpo di scena, e di un morto ammazzato, prima di scoprire che tutti e due si ingannano. Un tv-movie superiore alla media, ben congegnato (dallo sceneggiatore/produttore Bruce Harvey) nello smontare le aspettative dello spettatore e nell'intrecciare molte piste. Peccato solo per un finale banale e gratuito.

Abuso di potere *½ (*Unlawful Entry*, Usa 1992, col, 111') Jonathan Kaplan. Con Kurt Russell, Ray Liotta, Madeleine Stowe, Roger E. Mosley, Carmen Argenziano. ◆ Il poliziotto Pete Davis (Liotta) si introduce nella vita dei coniugi Michael (Russell) e Karen (Stowe) Carr: dapprima amichevole, poi minaccioso, si rivela uno psicopatico disposto a tutto pur di realizzare i suoi sogni di onnipotenza, che prevedono la conquista di Karen e l'eliminazione del marito. Qualche cenno di critica sociale (la fragile felicità della classe media, l'inaffidabilità della polizia) si sperdono in un thriller privo di autoironia e dove tutto è già visto. Insopportabile duello finale tra i due maschi.

Abyss, The **½ (*The Abyss*, Usa 1989, col, 140')

James Cameron. Con Ed Harris, Mary Elizabeth Mastrantonio, Michael Biehn, Leo Burmester, Todd Graff, Kimberly Scott, John Bedford Lloyd. ◆ Incaricati di recuperare le testate nucleari di un sommergibile atomico in avaria nel fondo del Mar dei Caraibi, gli operai di una società petrolifera entrano in rotta di collisione con i marines pazzoidi che gestiscono l'operazione. Avventure subacquee (un po' troppo simili al romanzo *Sfere* di Michael Crichton) con morale pacifista e grandi effetti speciali per dar forma ad alieni fatti d'acqua e membrane. Cameron, quello dei due *Terminator*, bada soprattutto all'azione e al ritmo, anche se nelle scene finali sfiora il kitsch. Oscar per gli effetti speciali visivi (John Bruno, Dennis Muren, Hoyet Yeatman, Dennis Skotak). Il dissidio tra i due protagonisti (Harris e la Mastrantonio) riflette quello, reale, tra regista ed ex moglie produttrice (Gale Anne Hurd). Ne esiste una versione più lunga (e peggiore) di 1719.

A caccia di spie ** (*Where the Spies Are*, Gb 1965, col, 110') Val Guest. Con David Niven, Françoise Dorléac, Cyril Cusack, Nigel Davenport, John Le Mesurier, Ronald Radd. ◆ Il medico inglese Jason Love (Niven) è incaricato dai servizi segreti di indagare sulla scomparsa di un agente in Libano. Dapprima goffo e impacciato, Love smaschera un complotto internazionale con l'aiuto di una fotomodella doppiogiochista (Dorléac). L'inizio in chiave rosa e parodistica è promettente, ma quando l'intreccio (scritto dal regista con Wolf Mankowitz) comincia a prendersi sul serio, perde anche interesse. Musiche di Mario Nascimbene.

Acapulco, prima spiaggia... a sinistra * (Italia 1983, col, 88') Sergio Martino. Con Andrea Roncato, Gigi Sammarchi, Gegia [Francesca Antonaci], Simona Marchini, Anna Kanakis, Serena Grandi. ◆ Acapulco è semplicemente il luogo vagheggiato da due amici bolognesi (Roncato e Sammarchi) che passano le ferie a Cesenatico, in una pensione di quart'ordine, tentando senza successo qualche approccio con le bellezze al bagno locali. Qualche fremito per le forme prosperose di Serena Grandi.

A casa di Irma *½ (Italia 1999, col, 90') Alberto Bader. Con Valeria Milillo, Rosalinda Celentano, Angela Ricciardi, Roberto Zibetti, Irene Grandi. ◆ A Milano, nella casa di ringhiera di Zagor (Celentano), che ha due lauree ma preferisce vendere fiori al mercato, e Paola (Milillo), che lavora in una libreria e cerca l'uomo giusto, arriva dal Friuli Laura (Ricciardi) per un colloquio di lavoro: dopo lo sconcerto iniziale, diventeranno inseparabili. Esordio cinematografico di un regista pubblicitario con una commedia piena dei nuovi cliché delle «single moderne» (la maschiaccia sensibile, la sognatrice letterata, la provinciale in carriera; per non parlare del caos «studiato», tipo i cosmetici nel frigorifero). Minimalismo chiacchierato e prevedibile, con tre attrici un po' sopra le righe. «Partecipazione straordinaria» della cantante Irene Grandi e un piccolo ruolo per lo scrittore Matteo Galiazzo come commesso della libreria.

A casa dopo l'uragano *** (*Home From the Hill*, Usa 1960, col, 148') Vincente Minnelli. Con Robert Mitchum, George Peppard, George Hamilton, Eleanor Parker, Luana Patten, Everett Sloane. ◆ Nel profondo Sud, due figli (dei quali uno illegittimo) si scontrano con l'ingombrante presenza del padre (Mitchum), sanguigno proprietario terriero, gran cacciatore di donne e di animali (il suo studio, con i fucili, i trofei, le poltrone di cuoio è una chiara metafora della sua virilità). Un melodramma sulle illusioni dell'adolescenza spezzate dallo scontro con la realtà. Peppard e Hamilton con questo film uscirono dall'anonimato e iniziarono ad affermarsi. Mitchum non perde un colpo.

A casa per le vacanze **½ (*Home for the Holidays*, Usa 1995, col, 103') Jodie Foster. Con Holly Hunter, Robert Downey jr, Anne Bancroft, Charles Durning, Dylan McDermott, Geraldine Chaplin, Steve Guttenberg, Cynthia Stevenson, Claire Danes. ◆ Senza più lavoro, Claudia Larson (Hunter) torna nella natia Baltimora per il giorno del Ringraziamento, dove l'aspetta una riunione di famiglia all'insegna di piccole ipocrisie, paure represse e cattiverie quotidiane. Alla sua opera seconda come regista (e produttrice di se stessa), la Foster esplora il microcosmo famigliare *middle class* con una lucidità e un equilibrio non comuni: né indulgente né cinica, ma sensibile al dramma comunicativo tra persone che si vogliono bene e si opprimono a vicenda, porta sullo schermo tutto ciò che normalmente rimane fuori dai ritratti di famiglia, soprattutto americani, e dirige con consumata abilità un gruppo di attori straordinari. Da un racconto di Chris Radant, sceneggiato da W.D. Richter.

A cavallo della tigre **½ (Italia 1961, b/n, 107') Luigi Comencini. Con Nino Manfredi, Mario Adorf, Gian Maria Volonté, Valeria Moriconi, Raymond Bussières. ◆ Un evaso (Manfredi) si rende conto che tutti, lui compreso, riceverebbero maggiori vantaggi da un suo ritorno in prigione. Esempio grottesco di impossibilità a vivere nella società contemporanea, fu il primo ruolo drammatico di Manfredi. Esperimento di cooperazione tra regista, sceneggiatori (Age, Scarpelli e Monicelli) e il produttore Alfredo Bini. Il film ebbe poco successo all'uscita ma fu rivalutato alle «giornate del cinema» di Venezia del 1973.

Accadde a Berlino ** (*The Man Between*, Gb 1953, b/n, 101') Carol Reed. Con James Mason, Claire Bloom, Hildegarde Neff [Hildegard Knef], Albert Waescher, Karl John, Ernst Schroeder. ◆ Tra affari loschi e intese segrete con i sovietici, un disonesto (Mason) vivacchia a Berlino Ovest fino a quando l'amore per una ragazza inglese (Bloom) non lo porta a redimersi. Reed tenta di rifare *Il terzo uomo* insistendo su ombre e giochi di luce, ma purtroppo Welles non è più lì a dargli una mano.

Accadde a Brooklyn ** (*It Happened in Brooklyn*, Usa 1947, b/n, 103') Richard Whorf. Con Frank Sinatra, Kathryn Grayson, Jimmy Durante, Peter Lawford, Gloria Grahame. ◆ Un ex soldato e il nipote di un lord inglese cercano di sfondare nel mondo dello spettacolo. Molte buone canzoni (Sinatra canta *The Song's Gotta Have Heart* e addirittura *Là ci darem la mano* dal *Don Giovanni* di Mozart) e un simpatico Durante.

Accadde al commissariato ** (Italia 1954, b/n, 104') Giorgio C. Simonelli. Con Nino Taranto, Alberto Sordi, Walter Chiari, Lucia Bosé, Carlo Dapporto, Lauretta Masiero, Riccardo Billi, Mario Riva. ◆ La giornata di lavoro di un commissario (Taranto) preoccupato, più che dei casi giudiziari con cui ha a che fare (una compagnia di rivista il cui amministratore ha preso il volo, i litigi tra due coniugi, un bambino abbandonato), del possibile furto della sua nuova 1100. Ritratto, un po' scontato, della società italiana a metà degli anni Cinquanta. Su tutti, l'episodio con Sordi che ripropone un personaggio inventato per la rivista *E lui dice!*, il venditore ambulante di bolle di sapone che gira con la gonna per attirare i clienti: spassosissimo.

Accadde al penitenziario *½ (Italia 1955, b/n, 95') Giorgio Bianchi. Con Aldo Fabrizi, Alberto Sordi, Walter Chiari, Mara Berni, Peppino De Filippo, Mario Riva, Riccardo Billi. ◆ Il diario di una guardia carceraria dai modi burberi e dal cuore d'oro (Fabrizi) rivela le disavventure di alcune persone finite in galera. Numero di bravura di Sordi, ubriacone vagabondo nelle strade di Roma. Tonino Delli Colli alla fotografia, Nino Rota alle musiche, Ettore Scola tra gli sceneggiatori.

Accadde domani ** (*It Happened Tomorrow*, Usa 1944, b/n, 85') René Clair. Con Dick Powell, Linda Darnell, Jack Oakie, Edgar Kennedy, John Philliber. ◆ Un cronista senza fortuna (Powell) riceve ogni sera, dal fantasma di un amico, il giornale del giorno dopo: ne approfitterà per diventare famoso e ricco, fino al giorno in cui leggerà sul quotidiano il proprio necrologio. Secondo dei quattro film diretti a Hollywood da Clair, forse il meno invecchiato, dove le trovate surreali mitigano un certo moralismo dell'assunto (elogio dell'ignoranza, come condizione per essere veramente felici e liberi) e accentuano le notazioni ironiche, anche se non cancellano del tutto una certa diffusa ingenuità. Conosciuto anche con i titoli *Avvenne... domani* e *Ora X: colpo sensazionale*.

Accadde in Paradiso ** (*Made in Heaven*, Usa 1987, col, 103') Alan Rudolph. Con Timothy Hutton, Kelly McGillis, Maureen Stapleton, Emmet Humbert [Debra Winger], Lucille [Ellen Barkin], Don Murray. ◆ Dopo essere morto, un giovane (Hutton) si innamora nell'aldilà di un'anima (McGillis) in attesa di incarnarsi. Pur di non perderla, decide di reincarnarsi anche lui, rischiando però di non ritrovarla mai più. Fantasia romantica vecchia Hollywood, che lo stile curioso e divagante di Rudolph ha reso meno mielosa del previsto. Il lieto fine, comunque, è stato imposto dalla produzione. Ellen Barkin e Debra Winger recitano sotto pseudonimo, la seconda nei panni maschili di un burocrate dell'aldilà. Numerosi camei, tra cui Neil Young (un camionista), Tom Petty (un tanghero da bar) e Ric Ocasek (che, come leader dei Cars, non poteva che riparare automobili).

Accadde in settembre ** (*September Affair*, Usa 1950, b/n, 104') William Dieterle. Con Joseph Cotten, Joan Fontaine, Françoise Rosay, Jessica Tandy, Robert Arthur, Jimmy Lydon. ◆ Una pianista (Fontaine) e un ingegnere (Cotten) vengono creduti morti in un incidente aereo e così possono consumare il loro amore adulterino in una Capri da cartolina. Melodramma lacrimoso addolcito dalle note di *September Song* di Kurt Weill cantata da Walter Huston.

Accadde una notte ***½ (*It Happened One Night*, Usa 1934, b/n, 108') Frank Capra. Con Clark Gable, Claudette Colbert, Walter Connolly, Roscoe Karns, Ward Bond, Alan Hale. ◆ A Miami, un giornalista appena licenziato (Gable) incontra su un pullman un'ereditiera bella e viziata, Ellie (Colbert), in fuga dal padre dispotico che vuole impedirle di sposare un bellimbusto. In cambio dello scoop sulla sua vicenda sentimentale, il giornalista si offre di accompagnare la ragazza a New York, dove l'attende il fidanzato: durante il viaggio, nonostante la reciproca diffidenza, tra i due sboccia l'amore, ma soprattutto trionfa l'America che vuole uscire dalla Depressione, raccontata da Capra con simpatia, sempre dalla parte di chi reagisce alle difficoltà con un sorriso e un po' di ottimismo. Una delle migliori commedie americane degli anni Trenta, singolarmente on the road, clamoroso successo di pubblico e consacrazione definitiva di Gable come ideale maschile nazionale in un ruolo che fino ad allora sarebbe stato considerato poco dignitoso per una star (la tradizione vuole che la produzione di panciotti subì un'improvvisa caduta perché Gable non ne portava in questo film!). È significativo, per l'epoca, che la conflittualità della coppia – destinata a unirsi sin dall'inizio in obbedienza alle regole di genere – sia dovuta soprattutto alle differenze di classe, venute drammaticamente alla ribalta dopo la grande crisi del 1929 ma relegate rigorosamente fuori dallo schermo. Celeberrime le sequenze in cui lui le insegna a inzuppare le ciambelle e a fare l'autostop, ma molto più importante – ideologicamente – la scena del bar in cui Gable, al telefono con il capo, difende i suoi diritti guadagnandosi gli applausi degli avventori del locale, vittime della Depressione. Cinque Oscar: miglior film, regia, attori protagonisti e sceneggiatura (Robert Riskin). Rifatto (male) in chiave musical come *Autostop* (1956).

Accadde una sera ** (*Bedtime Story*, Usa 1942, b/n, 85') Alexander Hall. Con Fredric March, Loretta Young, Robert Benchley, Eve Arden, Allyn Joslyn. ◆ Un drammaturgo (March) vuole convincere la moglie-attrice (Young) a recitare nel suo ultimo lavoro, ma lei è stanca di calcare le scene. Un po' di ironia sul mondo del teatro e dialoghi (abbastanza) frizzanti, ma il tempo delle sophisticated comedy stava tramontando.

Accadde una volta *½ (*Red Salute*, Usa 1935, b/n, 78') Sidney Lanfield. Con Barbara Stanwyck, Robert Young, Hardie Albright, Ruth Donnelly, Cliff Edwards, Gordon Jones. ◆ Simpatizzante comunista, una studentessa di college (Stanwyck) fa un viaggio con un soldato americano: quanto basta per farle cambiare idee e fidanzato. Sull'onda del successo di *Accadde una notte*, con qualche ambizione propagandistica che provocò al film dei fastidi.

Accadde un'estate ** (*The Battle of the Villa Fiorita*, Usa/Gb 1965, col, 111') Delmer Daves. Con Maureen O'Hara, Rossano Brazzi, Richard Todd,

Phyllis Calvert, Olivia Hussey, Martin Stephens. ◆ Una madre di famiglia (O'Hara) si innamora di un fascinoso pianista italiano, ma i rispettivi figli riescono a far finire l'adulterio. Moralistico racconto con prevedibile lieto fine girato in parte sul lago di Garda.

Accattone **** (Italia 1961, b/n, 116') Pier Paolo Pasolini. Con Franco Citti, Franca Pasut, Silvana Corsini, Paola Guidi, Adriana Asti, Mario Cipriani, Roberto Scaringella. ◆ Folgorante esordio di Pasolini che, come nella sua produzione narrativa, mette al centro della storia i ragazzi delle borgate romane e la loro derelitta quotidianità: furti, litigi, bravate, sbronze, la prostituzione come ineluttabile destino femminile. Nel raccontare un'estate del borgataro Cataldi Vittorio detto Accattone (Citti) e della prostituta Maddalena che lo mantiene (Corsini), Pasolini rinuncia a ogni tentazione di realismo: con immagini semplici, quasi ieratiche (in uno splendido bianco e nero fotografato da Tonino Delli Colli), con movimenti di macchina funzionali e asciuttezza di linguaggio, ma con musica da «largo sacrale» (la *Passione secondo Matteo* di Johann Sebastian Bach) il film racconta «un'angoscia che è preistorica rispetto a quella esistenzialistica». Lontano dall'esperienza neorealista, il primo film di Pasolini rivela la matrice populista della propria ispirazione, nella descrizione – comune ai romanzi degli anni Cinquanta, *Ragazzi di vita* e *Una vita violenta* – di una «vitalità sottoproletaria autentica e tragica», contrapposta tanto al mondo e alla cultura borghese quanto a quello più propriamente proletario. Franco Citti è doppiato da Paolo Ferrari, la Guidi da Monica Vitti. Sergio Citti (che collaborò ai dialoghi) interpreta il ruolo di un cameriere, Elsa Morante una detenuta, Adele Cambria è Nannina. La distribuzione fu ritardata, dopo la presentazione alla Mostra di Venezia, per problemi con la censura.

Accerchiato ** (*Nowhere to Run*, Usa 1992, col, 94') Robert Harmon. Con Jean-Claude Van Damme, Rosanna Arquette, Joss Ackland, Ted Levine, Kieran Caulkin. ◆ Fuggito dal furgone del carcere, Sam Gillen (Van Damme) si nasconde presso una vedova (Arquette), difendendola da malvagi speculatori. Furbo e non sgradevole aggiornamento del *Cavaliere della valle solitaria*, dove le sequenze d'azione che ci si aspettano dal protagonista (che però non si esibisce nella sua specialità, il kickboxing) non compromettono il sentimentalismo di fondo. Alla sceneggiatura (vecchia di qualche anno) collabora Joe «Basic Instinct» Eszterhas.

Acciaio *** (Italia 1933, b/n, 67') Walter Ruttmann. Con Isa Pola, Piero Pastore, Vittorio Bellaccini, Alfredo Polveroni, Romolo Costa, Domenico Serra. ◆ Alle acciaierie di Terni due operai si contendono l'amore della stessa ragazza. Quando uno ha un incidente sul lavoro, l'altro, pur innocente, viene sospettato dai colleghi. Film nato a tavolino (due uomini politici vicini a Mussolini chiesero a Pirandello un soggetto cinematografico, mentre la produzione chiamò a dirigerlo un cineasta «di grande prestigio artistico») e costellato di problemi (Pirandello non gradisce Ruttmann né la sceneggiatura di Mario Soldati, che poi dirigerà anche le parti dialogate; Marta Abba, compagna del drammaturgo, vorrebbe a tutti i costi essere la protagonista; un assistente del regista fugge con due rulli di pellicola; gli incassi sono molto inferiori alle attese). Eppure ne esce un ottimo film, perché Ruttmann trascura il melodramma e trae il meglio dal fatto di girare nelle vere acciaierie di Terni.

Acciaio umano ** (*Hell's Kitchen*, Usa 1939, b/n, 81') Lewis Seiler, Ewald Andreas Dupont. Con Ronald Reagan, Stanley Fields, Grant Mitchell, Margaret Lindsay, i Dead End Kids. ◆ Racconto con finale edificante sulla brutalità nei riformatori e il dispotismo di un istitutore che se la prende con i suoi giovani detenuti. Mitchell è il direttore aguzzino, Fields e Reagan sono dalla parte dei ragazzi, i Dead End Kids, un gruppo di teppistelli rivelatisi in *Dead End* (*Strada sbarrata*) di Wyler, che hanno fatto fortuna in questo sottogenere del cinema carcerario.

Accidenti alle tasse! *½ (Italia 1951, b/n, 93') Mario Mattoli. Con Riccardo Billi, Mario Riva, Giuseppe Porelli, Dorian Gray, Aroldo Tieri, Silvana Jachino. ◆ Un agente delle tasse (Billi), minacciato di licenziamento, finge di essere un industriale per indagare sul patrimonio di un conte che evade il fisco (Porelli): scoprirà che si tratta di un ex nobile spiantato, e con un escamotage matrimoniale lo farà ridiventare ricco. Produzione Ponti-Dino De Laurentiis per una commediola degli equivoci di classe: scambio delle parti solo per creare l'intreccio, poi – tra una vignetta e l'altra – tutto torna nei ranghi, ma non manca qualche spunto divertente. Sceneggiatura di Stefano Vanzina, Mario Monicelli e Mario Mattoli. Tra le allieve del collegio c'è Bice Valori, mentre Enzo Garinei fa la parte dello snob.

Accidenti, che ospitalità! *** (*Our Hospitality*, Usa 1923, b/n, 67') Buster Keaton, John G. Blystone. Con Buster Keaton, Natalie Talmadge, Joe Roberts, Leonard Chapman, Joe Keaton, Ralph Bushman. ◆ I McKay e i Canfield si odiano da sempre e quando Will McKay (Keaton) decide di sposare Virginia Canfield (Talmadge) rischia la vita: per fortuna la legge dell'ospitalità vieta di uccidere sotto il tetto di casa e così per salvarsi Will deve evitare di uscire dalla casa dei suoi più acerrimi nemici. Un capolavoro di umorismo, tutto costruito sull'illogico rigore che domina il microcosmo di casa Canfield, dove ogni oggetto assume un valore opposto a quello che dovrebbe avere in realtà o sembra quello che non è (come la donna con l'ombrello che in realtà è un cavallo mascherato). La comicità nasce dall'impassibile disinvoltura di Keaton, a suo agio nelle situazioni più drammatiche. Natalie Talmadge era la moglie reale di Keaton e Will McKay bambino è interpretato dal figlio della coppia, Joseph. Conosciuto anche col titolo *La legge dell'ospitalità*.

Accidenti che ragazza *½ (*The Fuller Brush Girl*, Usa 1950, b/n, 85') Lloyd Bacon. Con Lucille Ball, Eddie Albert, Carl Benton Reid, Lee Patrick, Jeff Connell, John Litel. ◆ Una commessa viaggiatrice (Ball) viene casualmente implicata in un omicidio. Commedia slapstick senza grandi idee, retta solo dall'energetica recitazione della Ball. Il film ricalca al femminile (senza grande fantasia) la trama di *Lo strano Mr. Jones*, uscito due anni prima.

Accompagnatrice, L' ** (*L'Accompagnatrice*, Francia 1992, col, 111') Claude Miller. Con Romane Bohringer, Elena Sofonova, Richard Bohringer, Nelly Borgeaud, Julien Rassam, Claude Rich. ◆ Durante l'occupazione tedesca di Parigi, la giovane Sophie (Romane B.) viene assunta dalla cantante lirica Irène Bruce (Sofonova) per accompagnarla al pianoforte. I vantaggi economici e il fascino sociale conquistano Sophie che affiderà la propria vita a Irène e suo marito (Richard B.) fino a seguirli nella fuga verso Londra, dove però l'adulterio della cantante frantumerà i sogni della ragazza. Tratto dal romanzo omonimo di Nina Berberova (adattato con molta libertà e un finale meno pessimista dal regista e Luc Béraud), il film prosegue l'investigazione dei personaggi femminili marginali cari a Miller (*Sarà perché ti amo* e *La piccola ladra*), ma qui lo sviluppo di una fascinazione quasi psicoanalitica è raccontato con uno stile tanto controllato da risultare sostanzialmente freddo e con qualche insistenza simbolica di troppo (l'angelo come metafora di Irène che «guida» Sophie verso il mondo della borghesia). Elena Sofonova (già interprete di *Oci ciornie*) è doppiata per il canto da Laurence Monteryol.

Accordi sul palcoscenico **½ (*Honey-suckle Rose*, Usa 1980, col, 119') Jerry Schatzberg. Con Willie Nelson, Dyan Cannon, Amy Irving, Slim Pickens, Joey Floyd, Charles Levin. ◆ Ormai sulla cinquantina, il cantante folk Buck Bonham (Nelson) non vuole sentir parlare di pensione, ma la sua vita vagabonda rischia di mettere seriamente in crisi il matrimonio con Viv (Cannon): ad aggravare la situazione arriva anche la storia con la giovane Lily (Irving), figlia del suo miglior amico, ma tutto si risolverà per il meglio con un concerto rappacificatore. Chiedendo al vero cantante folk Willie Nelson di interpretare se stesso, Schatzberg riesce con questo film a rappresentare senza inutili sentimentalismi o falso folclore un'America poco frequente sugli schermi, serena e genuina, marginale e contenta di esserlo. Grande prova di Dyan Cannon.

Accusa è violenza carnale e omicidio, L' ** (*Le Verdict*, Francia 1974, col, 95') André Cayatte. Con Jean Gabin, Sophia Loren, Michel Albertini, Henry Garcin, Julien Bertheau, Umberto Orsini. ◆ Un severo giudice (Gabin) è chiamato a processare un ragazzo accusato di omicidio. Ma la madre (Loren) dell'imputato, per ricattare il magistrato, gli rapisce la moglie. Questioni morali ad alta tensione drammatica, sorrette da due attori in ruoli a loro congeniali.

A cena col Diavolo ** (*Le Souper*, Francia 1992, col, 90') Edouard Molinaro. Con Claude Brasseur, Claude Rich, Ticky Holgado, Yann Collette, Alexandra Vandernoot. ◆ La notte tra il 6 e il 7 luglio 1815, tre settimane dopo Waterloo, l'ex ministro degli esteri Charles-Maurice Talleyrand (Rich, doppiato da Alberto Lionello) e l'ex ministro di polizia – in quei giorni primo ministro di un governo repubblicano – Joseph Fouché (Brasseur, doppiato da Aroldo Tieri) cenano insieme per mettere le basi di un'alleanza che riporti sul trono Luigi XVIII e soprattutto possa conservare ai due il loro potere. Tratto dalla pièce *Le Souper* di Jean-Claude Brisville (qui anche cosceneggiatore insieme al regista e al produttore Yves Rousset-Rouard), il testo immagina quello che doveva essere successo perché il giorno dopo, come ha scritto Chateaubriand, «il vizio sottobraccio al crimine» potessero entrare insieme nella camera del re. Girato praticamente in una stanza, il film non ha una messinscena all'altezza della bravura dei due protagonisti (che avevano già portato al successo il testo a teatro) e finisce per ridursi all'exploit di due mattatori che recitano un catalogo di battute «storiche» prive di una reale necessità narrativa.

A cena con gli amici ** (*Diner*, Usa 1982, col, 110') Barry Levinson. Con Steve Guttenberg, Daniel Stern, Mickey Rourke, Kevin Bacon, Timothy Daly, Ellen Barkin. ◆ In un locale di Baltimora ricavato da un vagone ferroviario (un «diner»), alla fine degli anni Cinquanta, alcuni studenti hanno l'abitudine di incontrarsi per mangiare e raccontarsi le proprie crisi adolescenziali. Prima regia di un ex sceneggiatore qui molto abile nella caratterizzazione dei personaggi e nella direzione degli attori. Praticamente tutto il cast diventerà famoso. Raffinata colonna sonora con molti big degli anni Cinquanta e Sessanta (Chuck Berry, Fats Domino, Jerry Lee Lewis, Sinatra, Cochran, Presley, Howlin' Wolf).

Ace Ventura: l'acchiappanimali * (*Ace Ventura, Pet Detective*, Usa 1994, col, 90') Tom Shadyac. Con Jim Carrey, Sean Young, Courtney Cox, Dan Martino, Udo Kier. ◆ Chi ha rubato la mascotte dei Miami Dolphins alla vigilia del Superbowl? Per ritrovare il delfino rapito, viene ingaggiato l'acchiappanimali Ace Ventura (Carrey). Pet detective story all'insegna dell'ecologismo più spicciolo e di una comicità tanto idiota quanto omofoba. Andatura molleggiata, mimica facciale esasperata e sensi ben all'erta, Jim Carrey (anche sceneggiatore con Jack Bernstein e Tom Shadyac) vorrebbe essere una sorta di san Francesco americano che ha visto tutti i film di Jerry Lewis alla Tv e ne ha adottato lo stile in versione anfetaminica, ma forse è meglio lasciar perdere i paragoni. La sua indagine, condita di battutacce, colpi bassi e sciocchezze varie, culmina in un tremendo colpo di scena che rimanda alla *Moglie del soldato*, esplicitamente rievocato in sottofondo dalla musica. Campione d'incassi in America e film-lancio per l'attore protagonista. Con un seguito.

Ace Ventura – Missione Africa * (*Ace Ventura: When Nature Calls*, Usa 1995, col, 92') Steve Oedekerk. Con Jim Carrey, Ian McNeice, Simon Callow, Maynard Eziashi, Bon Gunton, Sophie Okonedo. ◆ L'acchiappanimali Ace Ventura (Carrey), ritiratosi in un monastero tibetano, viene pregato dall'ambasciatore inglese in Africa (McNeice) di ritrovare un pipistrello sacro la cui scomparsa potrebbe causare terribili guerre tra due tribù. Jim Carrey persevera nel proporre il personaggio che l'ha lanciato, con qualche aggiustamento mimico dovuto agli altri ruoli interpretati nel frattempo (*The Mask*, l'Enigmista in *Batman Forever*). E naturalmente è l'unica ragion d'essere di un film scritto dal regista apposta per lui (e per il botteghino) e ancora più demenzial-scemo del precedente.

A che prezzo Hollywood? *** (*What Price Hollywood?*, Usa 1932, b/n, 87') George Cukor. Con Constance Bennett, Lowell Sherman, Gregory Ratoff, Neil Hamilton. ◆ Una cameriera con ambizioni cinematografiche (Bennett) diventa una star grazie a un cineasta talentoso ma innamorato della bottiglia (Sherman). Quanto più la carriera della ragazza sale, tanto più scende quella del suo pigmalione alcolizzato. Mescolando la commedia e il melodramma, la satira e l'analisi sociale, Cukor dirige uno dei primi (e dei migliori) film crudeli di Hollywood su Hollywood, ottimamente recitato (imperdibile Ratoff nella parte del produttore-despota) e con una scena di suicidio da antologia: attraverso una serie di sequenze molto teatrali nella loro compattezza e nella loro economia narrativa il film riesce a dare un'immagine perfetta della «piccola comunità hollywoodiana, così vulnerabile di fronte agli effetti del puritanesimo e dell'ipocrisia popolare» raccontata però con un occhio critico e compassionevole insieme. La storia sarà ripresa da Wellman (1937), dallo stesso Cukor (1954) e da Frank Pierson (1976) col titolo *È nata una stella*.

A che servono questi quattrini? ** (Italia 1942, b/n, 85') Esodo Pratelli. Con Eduardo De Filippo, Peppino De Filippo, Clelia Matania, Paolo Stoppa, Nerio Bernardi, Augusto Di Giovanni, Edwige Maul, Nino Marchesini. ◆ Il bizzarro e spiantato marchese Parascandolo (Eduardo De Filippo) vuole dimostrare l'inutilità del denaro e per farlo sparge la voce che un suo «discepolo», il falegname Vincenzino Esposito (Peppino De Filippo), ha ricevuto una grande eredità: naturalmente Vincenzino comincia a essere rispettato da tutti e si arricchisce davvero. Tratto dall'omonima pièce di Armando Curcio che i De Filippo avevano portato sulle scene due anni prima (e che per ragioni di gelosia professionale – Eduardo aveva tolto alcune scene a soggetto di Peppino – aveva dato inizio alla frattura, poi definitiva, tra i due fratelli), questa commedia umoristico-filosofica con un fondo di pirandelliana ambiguità – fino alla fine non si capisce se il marchese è un cialtrone o un idealista – si regge soprattutto sull'interpretazione dei due protagonisti: un Eduardo nelle vesti di moderno Socrate che passeggia per le strade di Napoli portandosi appresso il suo codazzo di discepoli (e li istruisce così: «C'è gente che lavora tutta la vita per riposare a settant'anni. Io ho un sistema diverso: riposo quaranta-cinquant'anni e a settant'anni, se sarà il caso, forse allora lavoro») e un Peppino capace di stemperare, con la sua ingenuità, l'eccesso di retorica pauperista che il testo, e le necessità propagandistiche del regime, offrono a piene mani.

Achtung! Banditi! *** (Italia 1951, b/n, 90') Carlo Lizzani. Con Gina Lollobrigida, Andrea Checchi, Lamberto Maggiorani, Giuseppe Taffarel, Vittorio Duse, Maria Laura Rocca. ◆ La lotta tra i nazisti e un gruppo di partigiani che trova solidarietà e aiuto negli operai di una fabbrica adibita a deposito d'armi. Esordio di Lizzani che racconta un episodio autentico della Resistenza. Nel suo generoso tentativo (solo in parte riuscito) di costruire un'epica popolar-politica partendo da elementi di base documentari, è un film emblematico del cinema italiano dell'immediato dopoguerra, finanziato da una singolare iniziativa produttiva, la Cooperativa Spettatori Produttori Cinematografici. Con una rara e credibile Lollobrigida non divistica. Tra i nomi che firmano la sceneggiatura quelli di Ugo Pirro, Rodolfo Sonego e del futuro produttore Giuliani De Negri. Il futuro regista Giuliano Montaldo veste i panni del commissario Lorenzo.

A ciascuno il suo *** (Italia 1967, col, 92') Elio Petri. Con Gian Maria Volonté, Irene Papas, Gabriele Ferzetti, Salvo Randone, Mario Scaccia, Luigi Pistilli. ◆ Un intellettuale siciliano (Volonté) cerca di fare luce su alcuni delitti commessi dalla mafia, ma commette l'errore di fidarsi della vedova (Papas) di una delle vittime. Forse il miglior film di uno dei più lucidi cineasti d'impegno sociale dell'epoca, tratto dall'omonimo romanzo di Sciascia. La lettura di Petri e del suo cosceneggiatore Ugo Pirro (premiato a Cannes) si sforza di raggiungere una certa complessità narrativa dietro l'aneddoto, sul filo di una lettura politica ed esistenzialista insieme, così da fondere la denuncia dei meccanismi di mafia con «una sapida descrizione dell'ambiente siciliano nella cui ragnatela si trova invischiato un tormentato intellettuale»: i costumi della cittadina, le riunioni sui terrazzi delle case o nei caffè, la psicologia contorta dei suoi abitanti sono raccontati con una minuzia insinuante e appassionata. Ottimi gli interpreti, specie il cupo Volonté e il luciferino Ferzetti. Una sequenza finale da antologia.

A ciascuno il suo destino *** (*To Each His Own*, Usa 1946, b/n, 122') Mitchell Leisen. Con Olivia de Havilland, John Lund, Mary Anderson, Roland Culver, Philip Terry. ◆ Il dramma di una ragazza madre (de Havilland) che deve separarsi dal figlio per il perbenismo imperante e dovrà aspettare vent'anni per spiegarsi con lui. Ultimo film scritto da Charles Brackett per Leisen (che rifiutò la prima stesura della storia) è una delle punte del melodramma larmoyant «che trascende gli stereotipi morali e sociali di cui si nutre», come nell'evoluzione del personaggio della de Havilland: grazie alla complessità della sua parte (che abbraccia un arco di 25 anni) evita i cliché di quel tipo di storia. Oscar come miglior attrice.

A colpi di musica → *Combat Dance – A colpi di musica*

Acqua cheta * (Italia 1933, b/n, 72') Gero Zambuto. Con Gianfranco Giachetti, Andreina Pagnani, Germana Paolieri, Olga Capri, Guido Celano, Elio Steiner, Renato Lacchini, Amilcare Quarra. ◆ La dittatoriale sora Rosa (Capri) è preoccupata che la primogenita Anita (Pagnani), corteggiata dal falegname Checco (Celano), finisca per sposare un ubriacone come il padre (Giachetti), ostinato fiaccheraio in una Firenze che si converte alle auto, e non si accorge che la più riservata Ida (Paolieri) – l'acqua cheta del titolo – sta organizzando una fuga da casa con lo pseudo giornalista Alfredo (Steiner). Commediola dialettale tratta dalla pièce omonima di Augusto Novelli e sceneggiata da Alessandro De Stefani: un po' di innocue coloriture toscane nei dialoghi, qualche velata dichiarazione di orgoglio autarchico (il falegname: «Faccio dei mobili che quando sono in America sono del Quattrocento autentico») e qualche scena documentaria girata nella Firenze del 1933.

Acqua e sapone ** (Italia 1983, col, 109') Carlo Verdone. Con Carlo Verdone, Natasha Hovey, Florinda Bolkan, Glenn Saxon, Elena Fabrizi, Michele Mirabella. ◆ Un giovane disoccupato (Verdone) si finge sacerdote per fare da istitutore a una fotomodella americana (Hovey) venuta a lavorare in Italia con una madre-manager ossessiva. Battute divertenti e un ruolo su misura per Verdone. Datatissima, invece, la contrapposizione tra mondo «giovane» e «adulto».

Acquario *½ (Italia 1996, col, 76') Michele Sordillo. Con Ivano Marescotti, Maria Consagra, Carlina Torta, Paola Iovinella, Lucia Vasini, Maurizio Schmidt, Silvia Saban. ◆ Una coppia borghese (Marescotti e Vasini) trascina stancamente il matrimonio, una single (Torta) finge splendidamente con se stessa, mentre una quarantenne (Consagra) manda al diavolo il marito e il lavoro sicuro per un futuro un poco più incerto ma vivo. Paesaggi con figure (aride) e grigio che avvolge vite sospese e ovattate: anche nella Milano anni Novanta l'aria dell'Ovest è apparentemente serena. Sordillo è autore a 360° (regista, sceneggiatore, produttore di se stesso), ma il suo «soldinismo» è troppo smaccato per non cadere nel ridicolo o nell'inutile. Nota lieta, gli attori, tra cui l'intensissima, trattenuta, pudica Maria Consagra.

Acqua, vento e terra → *Acqua, vento, sabbia*

Acqua, vento, sabbia ***½ (*Ab, bâd, khâk*, Iran 1989, col, 67') Amir Naderi. Con Majid Nirumand. ◆ Un ragazzo è alla ricerca della famiglia in un villaggio che è stato abbandonato dopo che un lago si è prosciugato: gli uomini fuggono indifferenti ai bambini lasciati per strada, e l'acqua scompare dall'unico pozzo rimasto. In un paesaggio apocalittico sempre spazzato da tempeste di sabbia, Naderi contrappone la morte e la desolazione alla speranza che emerge in un finale visionario, in cui pesci e acqua scaturiscono dalle dune: un cinema di sensazioni, fisico e immediato, che non si preoccupa di raccontare una storia (anche se i singoli episodi possono avere un'intensità lancinante), ma si affida a ritmi visivi che evitano ogni monotonia (Naderi, montatore, conosce sia l'arte del piano-sequenza sia quella del montaggio alla Ejzenštejn). Senza distinguere tra documentario e astrazione, realismo e fantastico: Herzog si inchinerebbe ammirato, E Naderi riesce anche a usare la Quinta di Beethoven come se fosse stata composta per l'occasione. Girato in condizioni proibitive nell'arco di tre mesi, e bloccato per tre anni dagli ayatollah: forse perché mostrava la miseria? Noto anche come *Acqua, vento e terra*.

Acque amare *½ (Italia 1954, b/n, 94') Sergio Corbucci. Con Piero Lulli, Milly Vitale, Gastone Parigi, Mirella Uberti, John Kitzmiller, Tino Tomassini, Bruno Smith, Silvia Lilli, Vittorio Waser, Nino Milano, Lamberto Antinori, Folco Lulli. ◆ Evaso dal carcere, il violento Leo Ferri (P. Lulli) si rifugia con l'amante (Vitale) e i suoi complici in una isolata stazione di servizio, sequestrando coloro che ci vivono: quando si presenta il medico (Smith) per verificare l'esito dell'operazione grazie a cui Valerio (Parigi) spera di riacquistare la vista, il bandito lo obbliga a operare il fratello ferito durante la fuga, ma la tragedia non può essere che in agguato. Fallimentare tentativo di modulare atmosfere e personaggi dal gangster film americano: la storia (da un soggetto del regista sceneggiata da Nino Stresa, alias Sigfrido Tomba) procede per semplice accumulo di situazioni, alcune (come quelle della visita degli scout) anche inutilmente umoristiche; la recitazione è solo concitata (quando non dilettantesca, come in Gastone Parigi) e il flashback in cui appare Folco Lulli del tutto pleonastico.

Acque del Sud *** (*To Have and Have Not*, Usa 1944, b/n, 100') Howard Hawks. Con Humphrey Bogart, Walter Brennan, Lauren Bacall, Marcel Dalio, Dolores Moran, Walter Molnar, Hoagy Carmichael, Dan Seymour, Walter Sande. ◆ Nell'estate del 1940, a Fort de France, in Martinica, il capitano Harry Morgan (Bogart) e il suo amico alcolizzato Eddie (Brennan) vivono portando a pesca i turisti americani. Harry vorrebbe starsene lontano dagli attriti tra patrioti e collaborazionisti francesi, ma la prepotenza di questi ultimi e il desiderio, forse, di iniziare una nuova vita a fianco di una giovane e irriverente americana, Marie Browning (Bacall), gli faranno cambiare idea. Adattando – pare per scommessa – il romanzo di Ernest Hemingway *Avere e non avere* (sceneggiato molto liberamente da Jules Furthman e William Faulkner), Hawks realizza un'opera personale più che una specie di remake di *Casablanca*, come probabilmente pensavano i dirigenti della Warner. I temi classici del regista – la lealtà verso gli amici, la ruvidezza con le donne, il senso privato della giustizia, l'attenzione ai perdenti – e il tocco classico e spensierato insieme di chi riesce a far vivere i suoi personaggi in «un presente che non è angosciato dal passato e non si tormenta per il futuro» si fondono coerentemente con il bisogno di far propaganda alla necessità di schierarsi e di rafforzare la fiducia nel successo della lotta antinazista (il film fu girato in piena guerra mondiale). Ma tutto passa decisamente in secondo piano di fronte alle straordinarie scene del corteggiamento tra il rude Harry e la sfrontata Marie, ruolo con cui esordisce sullo schermo la ventenne Bacall (indimenticabile la battuta: «Se mi vuoi non hai che da fare un fischio. Sai fischiare, no?») che diventerà la quarta moglie di Bogart. Grande prova di Dan Seymour nel ruolo del viscido Renard e divertita interpretazione del compositore Hoagy Carmichael (sue le canzoni del film) nel ruolo del pianista Cricket.

Acque di primavera ° (Italia/Francia 1989, col, 105') Jerzy Skolimowski. Con Timothy Hutton, Nastassja Kinski, Valeria Golino, William Forsythe, Urbano Barberini, Francesca De Sapio. ◆ Peripezie sentimentali di un aristocratico russo (Hutton) nella Germania dell'Ottocento. Incomprensibile caduta di Skolimowski che adatta un romanzo di Turgenev e lo riduce a una telenovela di basso livello, interpretata in modo imbarazzante.

Acque profonde **½ (*The Deep Six*, Usa 1958, col, 110') Rudolph Maté. Con Alan Ladd, Dianne Foster, William Bendix, Keenan Wynn, James Whitmore,

Efrem Zimbalist jr. ◆ Un ufficiale di marina di religione quacquera (Ladd) si scontra con la sua coscienza durante la guerra del Pacifico. Tratto da un romanzo di Martin Dibner che narra di un incrociatore popolato da soldati codardi, incompetenti e alcolizzati, il film addomesticò personaggi e situazioni in cambio della cooperazione della U.S. Navy. La storia guadagna in attendibilità, ma perde il suo fascino.

Acque profonde ** (*Eaux profondes*, Francia 1981, col, 94') Michel Deville. Con Jean-Louis Trintignant, Isabelle Huppert, Christian Benedetti, Bertrand Bonovoisin, Jean-Luc Moreau, Bruce Myers. ◆ Un cortese gentiluomo del New England (Trintignant) viene apertamente e continuamente tradito dalla moglie (Huppert). Ma un giorno decide di vendicarsi. Da un romanzo di Patricia Highsmith denso di sfumature psicologiche, un film intrigante, non banale.

Acque profonde ** (*Head Above Water*, Usa/Gb 1996, col, 92') Jim Wilson. Con Harvey Keitel, Cameron Diaz, Craig Sheffer, Billy Zane, Shay Duffin. ◆ Un'isoletta del Maine: nel letto del giudice George (Keitel) e della giovane moglie Nathalie (Diaz) c'è il cadavere dell'ex amante di lei (Zane): la donna sostiene di averlo solo ospitato, ma il magistrato, che ha passato la notte a pescare con l'aitante custode della casa (Sheffer), è roso dalla gelosia. Il problema più urgente, però, è quello di far sparire il cadavere... Un meccanismo da commedia gialla piuttosto ben congegnato, ma diretto in maniera troppo anomina. La sceneggiatura (di Theresa Marie) è di fatto il «rifacimento» di un film norvegese di Nils Gaup che probabilmente aveva utilizzato idee e spunti di *Gazebo* di George Marshall: parte con un po' di lentezza, ma poi il gioco di equivoci e scambi di persona è abbastanza trascinante. Sfortunatamente Keitel è troppo «Actor's Studio» per muoversi con credibilità in un meccanismo da humour nero, e il regista doveva studiarsi un po' di più *La congiura degli innocenti*.

Acrobate, Le *** (Italia 1997, col, 120') Silvio Soldini. Con Licia Maglietta, Valeria Golino, Mira Sardoc, Angela Marraffa, Fabrizio Bentivoglio, Roberto Citran, Manrico Gammarota. ◆ Seguendo le tracce lasciate da una misteriosa vecchia (Sardoc) a cui si era affezionata, la benestante Elena (Maglietta) finirà per conoscere la giovane e malmaritata Maria (Golino): e con la figlioletta (Marraffa) di quest'ultima partiranno per una fuga senza prospettive, ma che le porrà di fronte a se stesse. Giochi del caso, solitudini che si incontrano, il mondo visto dalla parte delle donne: il cinema di Soldini accumula gesti e dettagli apparentemente incongrui, sospendendo il senso per apririsi alle interpretazioni e offrire allo spettatore un mosaico fatto di tante rime interne. In questo modo, giocando tutto sullo stile, costringe a confrontarci con l'insoddisfazione ontologica della nostra condizione, con un'ansia a scavare nel quotidiano e a esprimere quello che le parole non possono dire sicuramente insolita nel cinema italiano. Forse un po' eccessivi gli stereotipi geografici (Elena è di Treviso, Maria di Taranto, insieme fuggono ai piedi del Monte Bianco) ma la straordinaria recitazione delle due protagoniste riscatta anche le ingenuità di sceneggiatura (firmata dal regista con Doriana Leondeff e Laura Bosio). Il titolo si riferisce a tre statuette greche del museo di Taranto. Notevole apporto, come sempre, della fotografia di Luca Bigazzi e della musica di Giovani Venosta.

Actas de Marusia: storia di un massacro **½ (*Actas de Marusia*, Messico 1976, col, 110') Miguel Littin. Con Gian Maria Volonté, Diana Bracho, Claudio Obregon, Domingo Soto, Salvador Sanchez, Ernesto Gomez Cruz. ◆ Accorata e drammatica ricostruzione della repressione militare di uno sciopero di minatori avvenuto all'inizio del secolo. Esiliato in Messico dopo il golpe di Pinochet, il cileno Littin guarda al presente attraverso il passato e conferma la propria vocazione di cineasta militante che rinuncia alla raffinatezza per un'intensa adesione alla realtà degli eventi.

Action **½ (Italia 1980, col, 121') Tinto Brass. Con Luc Merenda, Susanna Javicoli, Adriana Asti, Alberto Lupo, Alberto Sorrentino, Franco Fabrizi, John Steiner, Paola Senatore, Gianfranco Bullo, Giancarlo Badessi, Tinto Brass. ◆ Ridottosi a girare il porno *L'albero delle zoccole* dopo essere stato protestato dal suo regista (Brass), l'attore di polizieschi Bruno Martel (Merenda) abbandona il nuovo set con l'attrice Doris (Javicoli), aspirante Ofelia che non riusciva a defecare davanti alla cinepresa, e inizia una serie di avventure che lo portano prima in un manicomio e poi in una stazione di servizio gestita dall'insoddisfatta Florence (Asti), moglie di un ex legionario paralitico (Lupo, che recita sulla sedia a rotelle). Scottato dall'esperienza di *Io, Caligola*, Brass (sceneggiatore con Giancarlo Fusco e Roberto Lerici) gira il suo addio agli anni Settanta (il tema del film del film, l'antipsichiatria...) e a un modo di fare cinema in libertà, debitore delle Nouvelle Vague nel mescolare surrealismo e musical sgangherato, erotismo e goliardia. Pieno di (mal)umori personali e velleità anarcoidi, ma anche spietato e profetico nel descrivere la volgarità di un'Italia e di un cinema che stava cambiando. E la domanda «È l'arte che è diventata pornografia o è la pornografia che è diventata arte?» oggi, in epoca di Serrano e Gilbert and George, appare più che mai attuale. Il sesso è solare e vitale come non non sarà più nei Brass successivi, e il cast eterogeneo dà prova di autoironia e notevole coraggio. Ironia della sorte, nel 1995 Leo Salemi ha girato veramente *L'albero delle zoccole*, oltraggio hard al film di Olmi.

Action Jackson *½ (*Action Jackson*, Usa 1988, col, 95') Craig R. Baxley. Con Carl Weathers, Craig T. Nelson, Vanity, Sharon Stone, Thomas F. Wilson. ◆ Un poliziotto di Detroit (Weathers) dal passato burrascoso deve fare i conti con un industriale corrotto e maniaco. Filmetto di serie B senza particolari curiosità e infarcito di inseguimenti e scontri tra auto. Il protagonista, Carl Weathers, era Apollo Creed nel ciclo di *Rocky*.

Aculeo della morte, L' *½ (*Shi no toge*, Giappone 1990, col, 115') Kohei Oguri. Con Keiko Matsuzaka, Ittoku Kishibe, Takenori Matsumura. ◆ Lo scrittore Toshio (Kishibe) ha tradito la moglie Miho (Matsuzaka): la convivenza domestica, sotto gli occhi dei due figlioletti, diventa un inferno di silenzi insopportabili, rotti dai velleitari tentativi di suicidio che, a mo' di sfida, intraprendono prima uno e poi l'altra. Miho finirà in clinica. Da un romanzo di Toshio Shimao, un film austero e distillato, per cui alcuni hanno tirato in ballo Bresson e Antonioni. L'estenuante staticità dovrebbe implodere a contatto con le passioni represse: ma manca intelligenza drammaturgica, e le sporadiche vampate di violenza, per quanto impressionanti, vengono riassorbite nel grigiore. Che è poi, forse, quello cui mirava il regista. Uno di quei film di cui i pregi sono altrettanti difetti, e viceversa. Bertolucci, presidente a Cannes nel 1990, insistette per assegnargli il gran premio della giuria, ex aequo con *Tilai*.

Ada Dallas *½ (*Ada*, Usa 1961, col, 109') Daniel Mann. Con Susan Hayward, Dean Martin, Wilfrid Hyde-White, Ralph Meeker, Martin Balsam. ◆ Nella corsa all'elezione, l'aspirante governatore (Martin) trova un valido sostegno nella moglie (Hayward), che ha tuttavia un passato equivoco da nascondere. Attori di grido invecchiati senza smalto per una storia di cui viene sfruttato solo l'aspetto sentimentale.

Adalen 31 *** (*Ådalen 31*, Svezia 1969, col, 115') Bo Widerberg. Con Peter Schildt, Kerstin Tidelius, Roland Hedlund, Stefan Feierbach, Marie de Geer, Anita Björk. ◆ Efficace rievocazione di uno sciopero avvenuto nella città svedese di Ådalen nel 1931: gli operai aspettano che sindacalisti e padroni si mettano d'accordo, ma invece si vedono arrivare addosso poliziotti e crumiri. Senza retorica, con tanta attenzione per quello che succede nelle file degli scioperanti, tra problemi familiari e tensioni sentimentali. Una buona commistione di politico e privato. Premio speciale della giuria a Cannes.

Adamo ed Eva *½ (Italia 1950, b/n, 90') Mario Mattoli. Con Erminio Macario, Isa Barzizza, Gianni Agus, Nunzio Filogamo, Arnoldo Foà, Giulio Marchetti. ◆ Il parrucchiere Adamo (Macario) sostiene che tutti i guai dell'uomo derivano dalla donna e lo spiega alla manicure Eva (Barzizza) con una cavalcata attraverso le epoche, dalla preistoria alla guerra di Troia, da quella di Secessione al tempo delle astronavi. Strampalato e grazioso, precorre la moda anni Sessanta del film in costume. Più che Macario, mai troppo a suo agio nel cinema, da non perdere il Paride di Gianni Agus e l'Achille di Arnoldo Foà.

Addiction, The **** (*The Addiction*, Usa 1995, b/n, 84') Abel Ferrara. Con Lili Taylor, Christopher Walken, Annabella Sciorra, Paul Calderon, Edie Falco, Kathryn Erbe, Fredro Starr. ◆ Dopo essere stata morsa da una vampira newyorkese (Sciorra), la studentessa di filosofia Kathleen Conklin (Taylor) impara sulla propria pelle che cos'è il male, la dannazione e la grazia: anche se forse la consapevolezza della propria colpa le permetterà di essere salvata. La «dipendenza» del titolo è sia quella dalla droga che quella dal male: nella visione di Ferrara e del suo sceneggiatore Nicholas St. John, l'uomo è per sua natura malvagio, ed estraneo a un determinismo divino che non si sa se voglia redimerlo o precipitarlo definitivamente. Se struttura e iconografia sono (malgrado ellissi e salti vertiginosi) quelle di un horror metropolitano, i temi hanno risonanze metafisiche. Ma mescolando gli orrori veri (le immagini dei lager e di My Lai) a quelli della tradizione cinematografica, Ferrara cerca di condividere la consapevolezza dell'orrore della sua eroina, nella speranza di raggiungere alla fine una possibile catarsi. Più radicale ancora di *Fratelli* (che affronta da un'altra prospettiva i temi della violenza e del libero arbitrio), un film fuori da tutti i generi e tutti i gusti, una delle poche esperienze sconvolgenti che riserva ancora il cinema contemporaneo. Notevole fotografia espressionista di Ken Kelsch, colonna sonora (a cura di Joe Delia) che mescola rap (Cypress Hill e Onyx), funky e un pezzo a firma Friedrich Nietzsche. In Italia si è visto solo su Telepiù.

Addio al celibato → *Bachelor Party – Addio al celibato*

Addio alle armi *** (*A Farewell to Arms*, Usa 1932, b/n, 78') Frank Borzage. Con Gary Cooper, Helen Hayes, Adolphe Menjou, Mary Philips, Jack LaRue, Blanche Federici. ◆ La struggente love story tra un tenente americano (Cooper) e un'infermiera inglese (Hayes) sul fronte italiano durante la prima guerra mondiale: per amore di lei, diserterà e la raggiungerà in Svizzera, ma la donna gravemente ammalata, dopo aver perso il figlio che aspettava, morirà fra le sue braccia. Il primo adattamento cinematografico da Hemingway e uno dei migliori. Mai troppo sentimentale, figurativamente raffinato, attraversato da un'atmosfera disillusa e malinconica che ne fa un film antimilitarista di grande misura, accorato e privo di retorica. Oscar alla fotografia (Charles Lang) e alla colonna sonora. Rifatto, in peggio, due volte: nel 1957 con lo stesso titolo e, ambientato nella seconda guerra mondiale, nel 1951 (*Stringimi forte tra le tue braccia*). Borzage, su richiesta della produzione, girò anche un finale ottimista dove la donna sembra in via di guarigione. Il film fu vietato in Italia sotto il fascismo (come il romanzo di Hemingway) per la descrizione della disfatta di Caporetto.

Addio alle armi *½ (*A Farewell to Arms*, Usa 1957, col, 150') Charles Vidor. Con Rock Hudson, Jennifer Jones, Vittorio De Sica, Alberto Sordi, Kurt Kasznar, Mercedes McCambridge. ◆ Nonostante la presenza come sceneggiatore di Ben Hetch, la seconda versione (dopo quella di Borzage) del romanzo di Hemingway sull'amore tra il soldato americano (Hudson) e l'infermiera inglese (Jones) sul fronte italiano diventa un polpettone troppo lungo ed enfatico, che gli attori non riescono a riportare sui binari della credibilità. Girato in CinemaScope e senza badare a spese, non incassò quanto si sperava e costrinse al ritiro un grande produttore come David O. Selznick.

Addio al re **½ (*Farewell to the King*, Usa 1988, col, 108') John Milius. Con Nick Nolte, Nigel Havers, James Fox, Marilyn Tokuda, Frank McRae, Aki Aleong. ◆ Nel 1942 un soldato americano (Nolte) finisce nella giungla del Borneo e decide di non tornare più indietro, anche perché le tribù locali, credendolo una specie di divinità, gli si sottomettono. Ma l'isolamento si rivela un'utopia. Robusto film epico, che deve molto a Conrad e ad *Apocalypse Now* (sceneggiato da Milius dieci anni prima), scade nella seconda parte, quando perde il suo respiro lirico. Ottimo Nick Nolte.

Addio Broadway! ** (*The Great American Broadcast*, Usa 1941, b/n, 92') Archie Mayo. Con Alice Faye, John Payne, Jack Oakie, Cesar Romero, The Nicholas Brothers, The Ink Spots. ◆ La storia degli anni pionieristici della radio e dell'amore di due artefici del nuovo medium per la stessa donna (Faye). Una ricostruzione storica approssimativa ma con alcuni materiali d'epoca (la prima radiocronaca di un incontro di boxe) e moltissimi numeri musicali, tra cui un'irriconoscibile aria della *Lucia di Lammermoor* di Donizetti. Partecipazioni di Jack Benny, Eddie Cantor, Rudy Vallee, i Nicholas Brothers.

Addio dottor Abelman! ** (*The Last Angry Man*, Usa 1959, b/n, 100') Daniel Mann. Con Paul Muni, David Wayne, Betsy Palmer, Luther Adler, Joanna Moore. ◆ Senza esserne troppo convinto, dirigente televisivo prova a girare un documentario su un vecchio medico ebreo (Muni) che si danna l'anima curando i malati in un ghetto di Brooklyn. Dolciastro e sentimentale, il film è ravvivato dalla fotografia di James Wong Howe e dall'interpretazione (l'ultima) di Paul Muni.

Addio fratello crudele * (Italia 1971, col, 111') Giuseppe Patroni Griffi. Con Charlotte Rampling, Oliver Tobias, Fabio Testi, Antonio Falsi, Rick Battaglia, Angela Luce. ◆ Giovanni (Tobias) ama Annabella (Rampling) e viceversa, ma i due sono fratellastri. Non se ne fanno una ragione e vivendo nella Mantova dei primi del Cinquecento la cosa non può che finire in tragedia. Improbabile adattamento cinematografico di un torbido dramma elisabettiano (*Peccato che sia una sgualdrina* di John Ford). Fotografia di Storaro, scenografie di Ceroli e musiche di Morricone, ma il film si prende troppo sul serio per non risultare ridicolo.

Addio giovinezza! ** (Italia 1927, b/n, 67') Augusto Genina. Con Carmen Boni, Walter Slezak, Elena Sangro, Augusto Bandini. ◆ A Torino lo studente Mario (Slezak) si innamora dell'ingenua sartina Dorina (Boni), ma la pianta non appena la femme fatale Elena (Sangro) gli mette gli occhi addosso. Si ritroverà solo, e imparerà che la cosa più importante è studiare. Terza versione di una fortunata commedia in dialetto piemontese di Sandro Camasio e Nino Oxilia (la prima, del 1913, era stata diretta da Camasio, la seconda, del 1918, dallo stesso Genina). Con lo sceneggiatore Luciano Doria, Genina svecchia la storia, facendone uno spaccato della Torino contemporanea. Resta interessante non tanto per l'insopportabile perbenismo, quanto per la capacità di descrivere in modo gustoso e divertito ambienti sociali diversi (la piccola borghesia di provincia e quella di città, gli studenti goliardi che prendono in giro le matricole e ballano il charleston). Carmen Boni, capelli alla garçonne e aria ingenua, impose un tipo di femminilità antitetica a quella dannunziano-decadente, qui rappresentata dall'artefatta Elena Sangro. Imperdonabile la gag razzista in cui lo studente Leone (Bandini, che imita Harold Lloyd) cambia posto quando si accorge di essersi seduto vicino a una negra. Rifatto nel 1940 da Ferdinando Maria Poggioli.

Addio giovinezza! *** (Italia 1940, b/n, 88') Ferdinando Maria Poggioli. Con Maria Denis, Adriano Rimoldi, Clara Calamai, Carlo Campanini, Bianca Della Corte, Paolo Carlini, Bella Starace Sainati. ◆ Torino, 1910: studente prossimo alla laurea (Rimoldi) s'innamora di una brava ragazza (Denis), ma la lascia a causa di una donna fatale. Dalla commedia teatrale di Sandro Camasio e Nino Oxilia, già portata tre volte sullo schermo (la prima dallo stesso Comasio e poi da Genina nel 1918 e nel 1927), una pregevole riduzione cinematografica dovuta principalmente alla sceneggiatura di Salvator Gotta e (non accreditato per le leggi sulla razza) Giacomo De Benedetti: accuratissima la ricostruzione d'epoca, raffinata e sensuale la regia che, a dispetto dell'accusa di calligrafismo, si dimostrò capace di un'analisi sociale e psicologica di sorprendente maturità.

Addio Kira! → *Noi vivi*

Addio, Lady ** (*Goodbye, My Lady*, Usa 1956, b/n, 95') William A. Wellman. Con Walter Brennan, Brandon de Wilde, Phil Harris, Sidney Poitier, Louise Beavers. ◆ Albany, Georgia: il giovane Skeeter (de Wilde) trova una cagnetta bizzarra (la Lady del titolo) e ne fa una provetta cacciatrice. Quando si scopre che è un raro esemplare di *basenji* e che i legittimi padroni lo stanno cercando, Skeeter non sa che fare: lo zio Jesse (Brennan) lo aiuterà a comportarsi da adulto. Da un romanzo di James Street, un racconto di formazione delicato e un po' di maniera, cui il regista teneva molto. Il pubblico dell'epoca lo rifiutò: a difesa di Wellman, va detto che guarda a Twain, e non a Lassie.

Addio mia bella signora! * (Italia 1953, b/n, 95') Fernando Cerchio. Con Gino Cervi, Alba Arnova, Armando Francioli, Laura Gore, Franco Fabrizi, Silvio Bagolini. ◆ Tentazioni sentimentali per la moglie (Arnova) di un maturo conte (Cervi) che crede di essersi innamorata di un giovane pretendente fino a quando la guerra e l'eroismo del marito non le aprono il cuore. Dalla canzone omonima «dei maestri Simi e Neri», un film datato già rispetto ai tempi in cui uscì.

Addio mia concubina **½ (*Bawang bieji*, Hong Kong/Cina 1993, col, 169') Chen Kaige. Con Leslie Cheung, Zhang Fengyi, Gong Li, Lu Qi, Ying Da. ◆ Negli anni dell'invasione giapponese, Douzi (Cheung) diventa una star dell'Opera di Pechino, specializzandosi in parti femminili. Il suo sodalizio, sulla scena come nella vita, con l'attore Shitou (Fengyi), si incrina quando quest'ultimo sposa la prostituta Juxian (Li) e si spezza definitivamente nel 1966, durante la rivoluzione culturale, quando Shitou e Douzi si accusano a vicenda: si riuniranno undici anni dopo, per un'ultima rappresentazione del loro cavallo di battaglia – *Addio mia concubina* – dove la realtà si mescolerà alla finzione. Il primo film di Kaige pensato per i mercati internazionali è un melodramma opulento che ripercorre mezzo secolo di storia cinese: inevitabile il paragone con *L'ultimo imperatore*, al quale l'accomunano il taglio psicoanalitico e il gusto decorativo sfrenato,e dal quale l'allontana una più netta condanna degli eccessi del maoismo. A Kaige, comunque, più che l'affresco storico, riesce meglio la descrizione della violenza che si nasconde dietro il formalismo dei comportamenti (tutta la prima parte, quella dell'educazione alla disciplina dell'attore nella scuola per bambini), dietro le passioni sotterranee (l'amore platonico e mai dichiarato di Douzi per l'amico), le ambiguità del palcoscenico e dei meandri del desiderio. Poco riuscito, però, il personaggio femminile. Spesso suggestivo, a volte didascalico e tirato per le lunghe.

Addio Mimì! ** (Italia 1951, b/n, 90') Carmine Gallone. Con Martha Eggerth, Jan Kiepura, John Abbott, Marc Platt, Gil Lamb, Sterling Holloway. ◆ Una giovane canzonettista (Eggerth) si sacrifica per favorire la carriera operistica del cantante polacco (Kiepura) che ama. Un'«opera parallela» che fonde la storia d'amore con quella della *Bohème*, l'opera che i due innamorati devono interpretare. Tutto costruito intorno al duo Eggerth-Kiepura, molto celebre all'epoca. Fu prodotto nel 1947.

Addio Mr. Chips! **½ (*Goodbye, Mr. Chips*, Gb/Usa 1939, b/n, 114') Sam Wood. Con Robert Donat, Greer Garson, Paul [Von] Henreid, Lynn Harding, Austin Trevor, Terry Kilburn, John Mills, Judith Furse. ◆ Giunto al capolinea della carriera, il vecchio e timido professor Charles Chipping (Donat) – soprannominato Chips dalla moglie (Garson, al suo debutto al cinema) – ripercorre le tappe principali di una vita tutta dedicata alla carriera: dall'ingresso al Brookfield College come professore di latino fino al rettorato. Troppo sentimentalismo per gli spettatori odierni in questa riduzione dell'omonimo romanzo di James Hilton (sceneggiato da R.C. Sherriff, Claudine West ed Eric Marschwitz), ma un grande successo all'epoca che gli valse la nomination come miglior film e l'Oscar come miglior attore a Donat, che interpreta il professore tra i 24 e gli 83 anni. Secondo Graham Greene, il film ha «lo splendore del viso di un candidato vincente nel giorno delle elezioni». Rifatto in musical nel 1969 (*Goodbye, Mr. Chips!*).

Addio, Mr. Harris ***½ (*The Browning Version*, Gb 1951, b/n, 90') Anthony Asquith. Con Michael Redgrave, Jean Kent, Nigel Patrick, Wilfrid Hyde-White, Ronald Howard, Brian Smith. ◆ Soprannominato «l'Himmler del V classico», tradito dalla moglie (Kent) e poco amato dai suoi colleghi, il professor Andrew Crocker-Harris (Redgrave) è costretto a lasciare l'insegnamento per motivi di salute. L'inaspettato regalo di un suo allievo, una copia dell'*Agamennone* nella versione del poeta Robert Browning, gli darà la forza per scardinare il cerimoniale del suo addio (il preside non vuole che parli per ultimo per non deprimere la cerimonia con la sua pedanteria) e confessare davanti a tutti il suo dramma di uomo e il suo fallimento di maestro. Esempio perfetto di film psicologico all'inglese, con la sua ricerca del dettaglio significante e la sua insinuante misoginia, offre a Redgrave l'occasione per una delle sue più belle prove d'attore. Tratto dalla pièce di Terence Rattigan (portata al successo nel 1948 a Londra da Eric Portman), il film pur fedelissimo al testo letterario evita qualsiasi teatralità «con un gioco psicologico inespresso e finissimo, dove la composizione dell'inquadratura ha una precisione millimetrica e la macchina da presa non si stanca di pedinare i personaggi, scavando sempre più a fondo nella fisionomia inquieta del protagonista». E il discorso finale, con la spietata analisi del proprio fallimento («non sono riuscito a darvi quello che avevate diritto di domandarmi come vostro maestro: simpatia, conforto morale, umanità»), rigoroso contro i propri comportamenti così come contro quelli dell'istituzione scolastica, è uno dei più begli elogi della pedagogia mai fatti al cinema, capace nel contempo di mettere allo scoperto il malessere di un'istituzione e di un Paese. Rifatto nel 1994 (*I ricordi di Abbey* con Albert Finney, di Mike Figgis).

Addio signora Leslie *½ (*About Mrs. Leslie*, Usa 1954, b/n, 104') Daniel Mann. Con Shirley Booth, Robert Ryan, Alex Nicol, Marjie Millar. ◆ Facoltoso uomo d'affari (Ryan) si innamora della proprietaria di una pensione (Booth). Tutto raccontato con flashback, è eccessivamente teatrale nella recitazione degli attori.

Addio, signora Miniver *½ (*The Miniver Story*, Usa 1950, b/n, 104') Henry C. Potter. Con Greer Garson, Walter Pidgeon, John Hodiak, Leo Glenn, Cathy O'Donnell, William [James] Fox, Peter Finch. ◆ Riabbracciati i suoi cari alla fine della guerra, Kay Miniver (Garson) nasconde di essere condannata da un male incurabile e si dedica a confortare il marito sfiduciato (Pidgeon) e la figlia (O'Donnell), innamorata dell'uomo sbagliato: quando morirà la sua presenza continuerà a farsi sentire nella casa. Stanco seguito di *La signora Miniver* (1942) che finisce per trasformarsi in un imbarazzante elogio delle qualità piccolo-borghesi della famiglia.

Addio vent'anni ** (*Over 21*, Usa 1945, b/n, 102') Charles Vidor. Con Irene Dunne, Alexander Knox, Charles Coburn, Lee Patrick, Jeff Donnell, Phil Brown. ◆ Un redattore di un giornale progressista si arruola nell'esercito e viene seguìto dalla devota moglie (Dunne) anche nel periodo di addestramento. Commediola propagandistica costruita sulla verve di Irene Dunne, tratta da un testo di Ruth Gordon.

Adele H., una storia d'amore *** (*L'Histoire d'Adèle H.*, Francia 1975, col, 96') François Truffaut. Con Isabelle Adjani, Bruce Robinson, Sylvia Marriot, Reubin Dorey, Joseph Blatchley, Ivry Gitlis. ◆ La storia di Adèle Hugo (Adjani), secondogenita dello scrittore, che a metà dell'Ottocento si innamora, senza esserne ricambiata, di un ufficiale inglese (Robinson): cercherà in tutti i modi di stargli vicino fino a quando – persa ogni speranza – impazzirà. Un melodramma ossessivo, scandito da una passione a senso unico e costruito con originalità su un unico personaggio: qui manca la controparte amorosa, che nei film di questo genere è sempre presente e costituisce un elemento drammaturgico rilevante. Più che una dolorosa storia d'amore, *Adele H.* è un viaggio nell'allucinante sofferenza di una singola persona, in lotta con il padre e animata da uno smisurato desiderio di riconoscimento affettivo. Alla figlia del grande Hugo, che vive sotto mentite spoglie proclamando di essere nata da padre ignoto e si identifica solo nella sua ricerca già fallita in partenza, va evidentemente tutto l'affetto del regista, «incapace di girare film "contro"». Eccellente interpretazione di

Isabelle Adjani, che avrà in questo film il suo trampolino di lancio. Basato, con qualche licenza, su *Le Journal d'Adèle Hugo*, i diari ritrovati e ricostruiti (erano scritti in codice) da Frances Vernor Guille che ha anche collaborato alla sceneggiatura. Fotografia di Nestor Almendros, musica di Maurice Jaubert. François Truffaut fa un'apparizione nei panni di un ufficiale.

Adesso basta, Barquero! → *Barquero*

Ad est di Sumatra *½ (*East of Sumatra*, Usa 1953, col, 82') Budd Boetticher. Con Jeff Chandler, Marilyn Maxwell, Anthony Quinn, Suzan Ball, John Sutton, Peter Graves. ◆ I bianchi vorrebbero sfruttare commercialmente lo stagno, metallo di cui l'isola è ricca, ma la popolazione indigena non è d'accordo. Da un romanzo di Louis L'Amour un film d'avventura senza infamia e senza lode.

Adios Gringo * (Italia 1965, col, 97') George Finley [Giorgio Stegani]. Con Giuliano Gemma, Evelyn Stewart, Robert Camardiel, Jesus Puente, Grant Laramy, Jean Martin. ◆ Fuorilegge dallo sguardo duro e dal cuore tenero (Gemma) punisce chi ha seviziato una ragazza e libera un villaggio dall'ingombrante presenza di un prepotente proprietario terriero. Ordinario western all'italiana.

A distanza ravvicinata *** (*At Close Range*, Usa 1986, col, 115') James Foley. Con Sean Penn, Christopher Walken, Mary Stuart Masterson, Christopher Penn, Millie Perkins, Eileen Ryan, Kiefer Sutherland, Crispin Glover. ◆ La storia vera di un proletario (Penn) spinto a entrare nella banda guidata dal padre (Walken), a cui interessa più la lealtà criminale del legame di sangue. Sceneggiato dal figlio di Kazan, Nicholas, una storia cupa e inquietante, raccontata con le cadenze lente di una terra dove non accade mai nulla, splendidamente fotografata (da Juan Ruiz-Anchia) e magistralmente interpretata da Walken e Penn.

Ad occhi bendati **½ (*Bekötött szemmel*, Ungheria 1974, b/n, 82') András Kovács. Con András Kozák, József Madaras, János Koltai, István Avar, Erzsébet Kutvölgyi, Ferenc Zenthe. ◆ Un soldato (Madaras) condannato a morte per diserzione chiede al prete (Kozák) di recitargli la preghiera di István Kaszap, venerato come taumaturgo. Quando l'esecuzione viene interrotta da un attacco dell'Armata Rossa permettendo al condannato di dileguarsi, fra i soldati si diffonde la voce che sia stato Kaszap a salvarlo: le autorità ecclesiastiche chiedono al prete di avvalorare la versione del miracolo per risollevare il morale dell'esercito, ma lui rifiuterà. Il dilemma di un uomo di fede, che alla fine sceglie di ascoltare la propria coscienza contro la ragion di Stato e di Chiesa, è un buon esempio del cinema raziocinante e rarefatto di uno dei più importanti registi ungheresi, che qui ha sceneggiato un racconto di Gábor Thurzó: alla ricerca di un ordine nella sanguinante storia contemporanea, Kovács spoglia il personaggio di qualsiasi orpello narrativo per farne il portavoce di un discorso morale slegato da ogni ideologia. Freddo e scarno fino all'astrattezza, non per tutti i gusti.

Ad ogni costo *½ (Italia 1967, col, 118') Giuliano Montaldo. Con Janet Leigh, Robert Hoffman, Klaus Kinski, Riccardo Cucciolla, Adolfo Celi, Edward G. Robinson. ◆ Un maestro in pensione (Robinson) ha progettato per tutta la vita una rapina perfetta: naturalmente riesce ma il destino impedisce il lieto fine. Strana incursione nel poliziesco di un regista «impegnato» con un cast molto eterogeneo: troppi stereotipi, fatta eccezione per il finale.

Adolescenza torbida *** (*Susana*, Messico 1950, b/n, 82') Luis Buñuel. Con Rosita Quintana, Fernando Soler, Victor Manuel Mendoza, Matilde Palau, Maria Gentil Arcos, Luis López Somoza. ◆ Evasa dal riformatorio, la bionda e procace Susanna (Quintana) viene accolta alla fattoria del ricco don Guadalupe (Soler) dove le provocazioni erotiche della ragazza mettono in crisi l'armonia della piccola comunità, arrivando a far licenziare il fattore Jesús (Mendoza) e a incrinare l'amore di don Guadalupe per la moglie Carmen (Palau). Solo l'intervento della polizia riporterà, con l'arresto di Susanna, l'ordine. Il quarto film messicano di Buñuel (tratto da un racconto di Manuel Reachi) è uno dei suoi più perfidi e intelligenti. Partendo da una struttura narrativa convenzionale e abusata – quella del melodramma erotico-religioso con intenti edificanti – il film ribalta le convenzioni del genere, dimostrando «la forza devastatrice dell'erotismo, capace di polverizzare l'ordine costituito» e anche l'intervento finale della polizia, imposto dalla produzione, sottolinea per contrasto il soffocante grigiore della morale borghese. Straordinaria l'abilità di Buñuel nel disseminare il film dei segni personalissimi del suo mondo d'autore: dallo humour erotico (le seduzioni di Susanna cominciano tutte con lei che si allarga la scollatura) al bestiario (il ragno sulle sbarre, il gallo, la cavalla, la covata di pavoni), dalle simbologie falliche (quando don Guadalupe parla con Susanna ha quasi sempre in mano un fucile o una pistola) fino alle più dirette allusioni erotiche (l'albume e il tuorlo di alcune uova che scivolano sulle cosce di Susanna).

A donne con gli amici ** (*Foxes*, Usa 1980, col, 106') Adrian Lyne. Con Jodie Foster, Cherie Currie, Marilyn Kagan, Kandice Stroh, Sally Kellerman, Randy Quaid. ◆ Nella californiana San Fernando Valley, quattro ragazze inseguono sogni e ambizioni che non sono destinate a concretizzarsi. Esordio di Adrian Lyne con una sceneggiatura un po' traballante ma un ottimo cast femminile.

A doppia mandata **½ (*A double tour*, Francia 1959, col, 87') Claude Chabrol. Con Madeleine Robinson, Jacques Dacqmine, Antonella Lualdi, Jeanne Valérie, Jean-Paul Belmondo, Bernadette Lafont. ◆ Il tranquillo tran-tran di un gruppo familiare viene sconvolto dall'omicidio di Leda (Lualdi), la giovane amante del capofamiglia (Dacqmine). Al suo terzo film, da un romanzo poliziesco di Stanley Ellis (*The Key to Nicholas Street*), Chabrol corrode in profondità il perbenismo e l'ipocrisia della borghesia e scava nella psicologia dei personaggi abituati a reprimere la loro istintività. Poco apprezzato all'epoca, rivela già le migliori doti del suo autore, abile confezionatore di atmosfere oscure e conturbanti. Un Belmondo in grande forma. Coppa Volpi a Venezia per Madeleine Robinson, nel ruolo della moglie tradita. In originale 100'.

Adorabile canaglia * (*The Class of Miss McMichael*, Gb 1978, col, 90') Silvio Narizzano. Con Glenda Jackson, Oliver Reed, Michael Murphy, John Standing, Rosalind Cash. ◆ In una scuola per giovani disadattati, una volenterosa insegnante (Jackson) entra in rotta di collisione con il preside, uomo antiquato e autoritario. Conflitti generazionali soffocati da troppi stereotipi.

Adorabile idiota, Un' *½ (*Une Ravissante idiote*, Francia 1963, b/n, 99') Edouard Molinaro. Con Brigitte Bardot, Anthony Perkins, Grégoire Aslan, Denise Provence, André Luguet, Hans Verner. ◆ A Londra, una giovane spia russa (Perkins) viene aiutata nella sua missione (impossessarsi del dossier Avalanche) dalla bella Penelope (Bardot), sarta di una nobildonna locale. Innocua commediola girata per metà a Parigi (con visibili incongruenze toponomastiche) perché in Inghilterra i fan della Bardot impedivano materialmente le riprese.

Adorabile infedele * (*Beloved Infidel*, Usa 1959, col, 123') Henry King. Con Gregory Peck, Deborah Kerr, Eddie Albert, Philip Ober, Herbert Rudley, Karin Booth. ◆ Giornalista inglese (Kerr) trasferita a Hollywood sposa Francis Scott Fitzgerald (Peck), troppo innamorato della bottiglia per poterla rendere felice. La vera storia di Sheilah Graham (che aveva scritto un libro sulla vicenda e una sceneggiatura rifiutata dalla Fox) diventa un'insulsa fiaba sul tipo di *Cenerentola* con qualche episodio drammatico. Attori fuori parte.

Adorabile infedele, Un' ** (*Unfaithfully Yours*, Usa 1984, col, 96') Howard Zieff. Con Dudley Moore, Nastassja Kinski, Armand Assante, Albert Brooks, Cassie Yates, Richard Libertini. ◆ Eccessivamente geloso dell'affascinante consorte (Kinski), un direttore d'orchestra (Moore) durante un concerto pensa a come vendicarsi dei presunti tradimenti coniugali. Remake di *Infedelmente tua* (1948), del quale conserva lo smalto solo nella prima parte.

Adorabile nemica, L' **½ (*Theodora Goes Wild*, Usa 1936, b/n, 98') Richard Boleslawsky. Con Irene Dunne, Melvyn Douglas, Thomas Mitchell, Thurston Hall, Spring Byington, Rosalind Keith. ◆ Ragazza di provincia (Dunne) che scrive sotto falso nome romanzi piuttosto spinti si innamora di un uomo che, costringendola a svelare la sua doppia identità, la svergogna davanti alla propria comunità. Primo film da protagonista di Irene Dunne, sceneggiato da Sidney Buchman da un racconto di Mary McCarthy: una commedia allegra e frizzante.

Adorabile sconosciuta, L' **½ (*J'étais une aventurière*, Francia 1938, b/n, 103') Raymond Bernard. Con Edwige Feuillère, Jean Murat, Jean Max, Marguerite Moreno, Jean Tissier, Félix Oudart. ◆ La contessa russa Véra Vronsky (Feuillère), rovinata presumibilmente dalla Rivoluzione, è diventata complice di due ladri internazionali (Max e Tissier), che si servono del suo fascino per avvicinare uomini ricchissimi. Quando la contessa s'innamora di una sua preda (Murat) e rompe l'alleanza criminale, i due ex complici non si arrendono: l'ultima razzia sarà proprio nella villa della coppia, durante un ricevimento. Una storia alla Lubitsch, dove trionfa il cinema come gioco di seduzione, malizioso e ingannevole ma irresistibile. Il ritmo brioso, la messinscena elegante e una regia di gran classe sottolineano il fascino di Edwige Feuillère, l'avventuriera per eccellenza del cinema francese. Due remake di scarsa qualità, entrambi inediti in Italia: nel 1940, *I Was an Adventuress* di Gregory Ratoff (con Erich von Stroheim e Peter Lorre nel ruolo dei complici!), e nel 1956, *Le Septième commandement* dello stesso Bernard, sempre con la Feuillère.

Adorabili e bugiarde *½ (Italia 1958, b/n, 95') Nunzio Malasomma. Con Isabelle Corey, Inge Schoener, Eloisa Cianni, Franco Fabrizi, Rik Battaglia, Franco Silva. ◆ Tre ragazze in cerca di notorietà si inventano un omicidio, ma oltre alla fama si procurano un sacco di guai. Piccola apparizione di Nino Manfredi e Paolo Ferrari nei panni di due «pappagalli». Conosciuto anche coi titoli: *Le magnifiche tre*, *Assassinio col botto* e *Ragazze brivido*. Musiche di Lelio Luttazzi, fotografia di Tonino Delli Colli.

Ad ovest di Paperino ** (Italia 1982, col, 95') Alessandro Benvenuti. Con Athina Cenci, Alessandro Benvenuti, Francesco Nuti, Lucilla Baroni, Paolo Hendel, Riccardo Cioni. ◆ Una giornata a Firenze passata casualmente insieme da un disc-jockey, una pittrice e un disoccupato. Esordio cinematografico di tre cabarettisti toscani, i Giancattivi, destinati poi a strade diverse. Riflessioni dolci-amare e gracilità giovanilistiche sull'inconcludenza della vita e dei suoi incontri.

Adrenaline **½ (*Adrénaline – Les films*, Francia 1989, col e b/n, 100') Yann Piquer, Barthélémy Bompard, Philippe Dorison, Alan Robak, Jean-Marie Maddeddu, Anita Assol, John Hudson ◆ Film a episodi. In *Metrovisione* (Yann Piquer. Con Yann Piquer) la metropolitana impazzisce; in *Revestriction* (Barthélémy Bompard. Con Bernadette Coqueret) i muri e il soffitto di una stanza si restringono sull'inquilino; in *Graffiti* (Barthélémy Bompard. Con Marie-Christine Munchery) una vecchia disegna dei graffiti con un gatto morto; in *Il cimitero degli elefanti* (Philippe Dorison. Con Alain Aithnard) le automobili si suicidano insieme ai propri conducenti; in *Imbottigliamento* (Barthélémy Bompard. Con Franck Baruk) un uomo non riesce a estrarre il tappo da una bottiglia; in *Corridoio* (Alan Robak. Con Jean-Françoise Galotte) chi vuole acquistare una casa, deve sottoporsi a prove crudeli; in *Interrogatorio* (Yann Piquer e Jean-Marie Maddeddu. Con Jean-Marie Maddeddu, Arnaud Chevrier, Carla Teillol) un uomo accetta per amore di sottoporsi alle torture peggiori; in *Urgenza* (Yann Piquer e Jean-Marie Maddeddu. Con Jean-Marie Maddeddu, Gilbert Duprez) un'autoambulanza accorre in seguito alla segnalazione di un incidente che in realtà deve ancora avvenire; in *L'ultima mosca* (Yann Piquer e Jean-Marie Maddeddu. Con Jean-Marie Maddeddu, Anne-Marie Pisani) un maniaco tappezza la sua stanza di mosche morte; in *Tv Buster* (Anita Assal e John Hudson. Con Clémentine Célarié,

Ged Marlon, Jean-Marie Maddeddu) una coppia si rende conto che tutti i programmi televisivi sono volti alla sua distruzione; in *Ciclope* (Anita Assal e John Hudson. Con Jean-Marie Maddeddu) una telecamera di sorveglianza a circuito chiuso si ribella e si anima; in *Scultura fisica* (Yann Piquer e Jean-Marie Maddeddu. Con Jean-Marie Maddeddu) la testa di un uomo viene deformata a suon di pugni per essere trasformata in una creazione artistica. Un'opera nerissima sulla rivolta degli oggetti contro l'uomo, magistralmente orchestrata da Yann Piquer che ha montato gli episodi in modo da ottenere una compatta antologia della crudeltà, priva dei soliti difetti dei film a episodi. Non schegge d'orrore, dunque, ma un lungo incubo dove il protagonista/vittima è lo spettatore stesso, come sottolinea il segmento narrativo di raccordo – *I ciechi* di Anita Assal e John Hudson, metaforicamente inserito prima di ogni episodio – nel quale un gruppo di non vedenti in coda davanti al cinema che proietta *Adrénaline* ricorda a chi sta dall'altra parte dello schermo che si può anche non credere ai propri occhi. Apocalittico, spiazzante e divertente, ma non per tutti i gusti.

Adua e le compagne **½ (Italia 1960, b/n, 98') Antonio Pietrangeli. Con Simone Signoret, Sandra Milo, Emmanuelle Riva, Gina Rovere, Marcello Mastroianni, Claudio Gora. ◆ Quattro prostitute – Adua (Signoret), Lolita (Milo), Marilina (Riva) e Milly (Rovere) – aprono una trattoria per guadagnarsi da vivere dopo l'entrata in vigore della legge Merlin. Col tempo prendono più gusto a cucinare, ma un loro compare (Gora) le denuncia costringendole a tornare alla vita di prima. Riflessione senza speranza (a partire dalla chiusura delle case chiuse) sui buchi neri dell'Italia del boom, sceneggiato dal regista con Ruggero Maccari, Ettore Scola e Tullio Pinelli: il tono requisitorio del tema e la sua dichiarata polemica sociale (il film si chiude con Adua che tornata sul marciapiede, ubriaca e sotto la pioggia, ripete «Non ce la faccio, non ce la faccio») oggi sono piuttosto datati, ma i ritratti delle quattro protagoniste sono belli e commoventi. Domenico Modugno interpreta se stesso e canta *Più sola*. Ciak d'oro 1961 come miglior film italiano dell'anno. Prodotto da Moris Ergas, allora legato alla Milo.

Adultera, L' *½ (*Beroringen*, Svezia/Usa 1971, col, 113') Ingmar Bergman. Con Bibi Andersson, Max von Sydow, Elliott Gould, Sheila Reid, Ake Lindstrom. ◆ Sposata a un neurologo e madre di due figli, una donna (Andersson) inizia una relazione extraconiugale con uno studioso d'archeologia (Gould) che le è stato portato in casa dal marito. Il lavoro di introspezione psicologica questa volta sembra decisamente superficiale. Preziosismi visivi (gli insistiti motivi floreali) e facili espedienti narrativi (il cambio del vestito per indicare irrisolutezza o le «lettere parlate» che si scambiano gli amanti) sfiorano il kitsch.

Adulterio all'italiana *½ (Italia 1966, col, 95') Pasquale Festa Campanile. Con Catherine Spaak, Nino Manfredi, Vittorio Caprioli, Maria Grazia Buccella, Akim Tamiroff, Mario Pisu. ◆ Franco (Manfredi) è scoperto dalla moglie (Spaak) tra le braccia di un'altra donna. Per vendicarsi, lei gli promette di fare lo stesso e lui impazzisce di gelosia. Pochade tutta impostata sui doppi sensi. Scenografie di Pier Luigi Pizzi.

Adulterio difficile, Un ** (*The Facts of Life*, Usa 1960, b/n, 103') Melvin Frank. Con Bob Hope, Lucille Ball, Ruth Hussey, Don DeFore, Louis Nye, Philip Ober. ◆ Un uomo e una donna non più giovani (Hope e Ball) tentano, senza troppo successo, di mettere in piedi un adulterio. Niente di troppo originale, ma qualche buono spunto satirico sui vizietti dell'americano medio.

Adultero, L' **½ (*Woman in a Dressing Gown*, Gb 1957, b/n, 94') J. Lee Thompson. Con Yvonne Mitchell, Anthony Quayle, Sylvia Syms, Andrew Ray, Carole Lesley. ◆ Dopo vent'anni di routine coniugale, un marito (Quayle) vorrebbe lasciare la consorte troppo trascurata (Mitchell) per la giovane collega d'ufficio. Da un originale televisivo di Ted Willis (qui anche sceneggiatore) un melodramma sulla working class con un lieto fine (l'uomo torna a casa) che si trasforma nella sconfitta esistenziale di tutta una classe. Raffinatezze stilistiche con la macchina da presa che inquadra da posizioni «impossibili» (per esempio alle spalle del fornello). Il personaggio della moglie pasticciona e sciatta fece vincere meritatamente alla Mitchell un premio al festival di Berlino.

Adultero lui, adultera lei *½ (Italia 1963, b/n, 90') Raffaello Matarazzo. Con Marilù Tolo, Luigi Giuliani, Maria Grazia Buccella, Umberto D'Orsi, Gino Bramieri, Peppino De Filippo, Bice Valori, Francesco Mulé, Didi Perego, Carlo Giuffré. ◆ Stanca dei continui tradimenti del marito, Lina (Tolo) si presenta con un amico (D'Orsi) nella pensione dove il coniuge (Giuliani) sta commettendo l'ennesimo adulterio: finiranno anche davanti al giudice, ma difficilmente la lezione servirà all'impenitente marito. Modestissima farsa su uno dei vizi nazionali che il produttore Carlo Ponti amputò di almeno 10' prima dell'uscita: anche se l'adulterio è visto da Matarazzo – coerentemente con le opere della sua maturità – «quasi come una necessità imposta alla donna da un maschio che vorrebbe costantemente sottometterla», il cinismo diffuso rivela tutta la delusione di un regista che non si sente più in sintonia con il cinema prodotto in quegli anni.

Ad un'ora della notte * (*Night Watch*, Gb 1973, col, 98') Brian G. Hutton. Con Elizabeth Taylor, Laurence Harvey, Billie Whitelaw, Robert Lang, Tony Britton, Bill Dean. ◆ In pieno esaurimento nervoso una vedova (Taylor) soffre di macabre allucinazioni notturne. A nulla vale il conforto degli amici e del secondo marito, anche perché non tutti sono sinceri. Un giallo esangue a dispetto degli effettacci, che sembra costruito per permettere alla Taylor di sfoggiare abiti di Valentino e gioielli di Arpels.

Aereo più pazzo del mondo, L' *** (*Airplane*, Usa 1980, col, 86') Jim Abrahams, David, Jerry Zucker. Con Robert Stack, Lloyd Bridges, Robert Hays, Julie Hagerty, Peter Graves, Leslie Nielsen. ◆ Aereo pieno di strampalati personaggi va in avaria: a salvare la situazione interviene un pilota ossessionato da un passato pieno di disgrazie. Esilarante parodia del ciclo *Airport*, in cui le trovate di comicità demenziale, quasi tutte efficaci, si susseguono alla velocità della luce. In un ruolo collaterale c'è anche la star del basket Kareem-Abdul Jabbar.

Aereo più pazzo del mondo... sempre più pazzo, L' **½ (*Airplane II: the Sequel*, Usa 1982, col, 85') Ken Finkleman. Con Robert Hays, Julie Hagerty, Lloyd Bridges, Peter Graves, Raymond Burr, Chuck Connors. ◆ Le peripezie del primo volo di linea destinato a portare i passeggeri sulla luna. Sull'onda del successo dell'*Aereo più pazzo del mondo*, questa volta si prende in giro la saga di *Star Trek*. Caotico e divertente.

A faccia nuda ** (*The Naked Face*, Usa 1985, col, 103') Bryan Forbes. Con Roger Moore, Rod Steiger, Elliott Gould, Anne Archer, David Hedison, Art Carney. ◆ La tranquilla vita dello psicoanalista Judd Stevens (Moore) è sconvolta dalla morte violenta di alcuni suoi pazienti e dalle accuse di un poliziotto (Steiger) che lo ritiene responsabile di quegli omicidi. Giallo di routine sceneggiato dallo stesso regista a partire da un romanzo di Sidney Sheldon e ambientato in una Chicago notturna e iperrealista, nel quale una matassa troppo complicata finisce per essere dipanata nel modo più scontato (addirittura tirando in ballo la mafia). Sta a galla solo per la discreta prova di tutti gli attori.

Affare Blindfold, L' ** (*Blindfold*, Usa 1966, col, 102') Philip Dunne. Con Rock Hudson, Claudia Cardinale, Jack Warden, Guy Stockwell, Brad Dexter, Anne Seymour. ◆ In crisi depressiva, uno scienziato a conoscenza di diversi segreti coinvolge in un'operazione di spionaggio uno psichiatra (Hudson). A metà tra la commedia e la suspense, senza troppi meriti.

Affare della sezione speciale, L' ** (*Section Spéciale*, Francia 1975, col, 105') [Constantin] Costa-Gavras. Con Louis Seigner, Michel Lonsdale, Ivo Garrani, Claudio Gora, Michel Galabru, Jacques Perrin. ◆ 1941: a Parigi viene ucciso un marinaio tedesco e il governo di Vichy, per rappresaglia, fa giustiziare sei francesi «scomodi». Un dramma privo di retorica, apprezzabile per la secchezza dei toni, anche se troppo parlato. Ma nel quale l'equivoco giustificazionista (il caso di coscienza dei giudici che si fanno carnefici di pochi per evitare la strage) è trattato con eccessiva comprensione e lascia in ombra i valori di un'autentica etica politica. In originale 120'.

Affare del secolo, L' *½ (*Deal of the Century*, Usa 1983, col, 99') William Friedkin. Con Chevy Chase, Sigourney Weaver, Gregory Hines, Vince Edwards, Richard Libertini, William Marquez. ◆ La confusionaria disorganizzazione di due mercanti d'armi caccia loro in un mare di guai, ma finisce anche per togliere smalto a quella che vorrebbe essere una commedia satirica.

Affare di cuore, Un **½ (*Ljubavni Slučai, tragedija službenice Ptt*, Jugoslavia 1967, b/n, 89') Dušan Makavejev. Con Eva Ras, Ruzica Sokič, Miograd Andrič, Slobodan Aligrudič, Aleksandar Kostič, Zivojin Aleksič. ◆ Un'impiegata dei telefoni (Ras) va a vivere con un dipendente dell'ufficio d'igiene, ma lei si concede una scappatella e rimane incinta. Originale operazione di «raffreddamento» di una storia melodrammatica: la vicenda, che finisce in tragedia, è interrotta da frammenti di conferenze tenute da sessuologi e criminologi che spiegano l'influenza nefasta di religione e tradizione nei comportamenti degli esseri umani. Interessante e provocatorio, come quasi tutti i film di Makavejev.

Affare di donne, Un *** (*Une Affaire de femmes*, Francia 1988, col, 105') Claude Chabrol. Con Isabelle Huppert, François Cluzet, Nils Tavernier, Marie Trintignant, Aurore Gauvin, Nicolas Foutrier. ◆ Durante la seconda guerra mondiale Marie (Huppert) – madre di due figli e col marito al fronte – pratica l'aborto clandestino per raggranellare qualche soldo. Finirà sulla ghigliottina, vittima di chi, al governo, ritiene necessaria una sentenza «esemplare». Uno dei migliori film di Chabrol, gelido e corrosivo, con una Huppert praticamente perfetta (premiata al festival di Venezia), sfruttata e sfruttatrice allo stesso tempo di una società ipocrita e bigotta. Indimenticabile la blasfema preghiera alla Vergine Maria del finale, che scandalizzò la Francia. Bella sceneggiatura di Chabrol e Colo Tavernier sulla storia vera di Marie Latour, giustiziata il 30 luglio 1943.

Affare di famiglia, Un **½ (*A Family Affair*, Usa 1937, b/n, 69') George B. Seitz. Con Lionel Barrymore, Mickey Rooney, Eric Linden, Cecilia Parker, Julie Haydon, Sara Haden, Spring Byington. ◆ Nell'immaginaria città di Calver, Idaho, il vecchio e saggio giudice Hardy (Barrymore) impedisce la costruzione di un acquedotto, guadagnandosi momentaneamente l'ostilità del paese e persino della sua famiglia. Prodotto dalla Mgm ispirandosi alla pièce *Skidding* di Aurania Rouverol, ebbe un tale successo da inaugurare una serie di quindici film con la famiglia Hardy al centro delle storie. Nella parte del figlio teen-ager Andy, Mickey Rooney divenne popolarissimo, tant'è vero che in seguito sarà lui il vero protagonista. Un concentrato di «sani valori americani». (Per gli altri film vedi la voce: Andy Hardy).

Affare Dominici, L' ** (*L'Affaire Dominici*, Francia 1973, col, 106') Claude Bernard-Aubert. Con Jean Gabin, Victor Lanoux, Gérard Depardieu, Geneviève Fontanel, Paul Crachet,Daniel Ivernel, Evi Maltagliati. ◆ Chi ha ucciso, la notte tra il 4 e il 5 agosto 1952 a Lurs, in Alta Provenza, una famiglia di turisti inglesi? Un lungo processo, ricco di colpi di scena ma poverissimo di prove, condanna a morte Gaston Dominici (Gabin), patriarca di una famiglia notoriamente di sinistra, ma poi la sentenza viene trasformata in ergastolo dal presidente Coty e De Gaulle, nel 1960, concederà la grazia. Intrigante ma asciutta rievocazione di un fatto di cronaca che appassionò la Francia (alla fine del film appare l'avvocato difensore Emile Pollack per cercare di tirare una morale dall'oscura vicenda) e che viene raccontato senza tesi preconcette ma mettendo a confronto gli enigmatici comportamenti dei vari componenti della famiglia. Grande, come sempre, Gabin.

Affare Dreyfus, L' ** (*I Accuse!*, Gb 1958, b/n, 99') José Ferrer. Con José Ferrer, Anton Walbrook, Emlyn Williams, Viveca Lindfors, David Farrar, Leo Genn, Herbert Lom, Harry Andrews, Felix Aylmer,

George Coulouris, Donald Wolfit. ◆ La storia del capitano francese di origine ebrea Alfred Dreyfus (Ferrer), accusato di aver venduto segreti militari ai tedeschi, condannato, deportato all'Isola del Diavolo, diventato un caso nazionale anche per l'intervento in sua difesa di Émile Zola (Williams) ma riabilitato solo quando il maggiore Esterhazy (Walbrook) venderà a un giornale inglese la confessione di come aveva manipolato le prove. Ricostruzione appassionata e un po' verbosa (la sceneggiatura di Gore Vidal non si risparmia nessuno sfoggio di retorica) di un caso di «caccia alle streghe» dove i pregiudizi razziali possono diventare accuse micidiali. Impossibile oggi non vedervi in filigrana una lezione fatta alla stessa America, che proprio in quegli anni scatenava la «sua» caccia alle streghe (è per questo che il film fu prodotto dalla Mgm in Inghilterra?).

Affari d'oro *½ (*Big Business*, Usa 1988, col, 98') Jim Abrahams. Con Bette Midler, Lily Tomlin, Fred Ward, Edward Hermann, Michele Placido, Daniel Gerroll. ◆ Due coppie di gemelle (Midler e Tomlin) nate contemporaneamente vengono «mescolate» da un'infermiera maldestra. Quando si ritrovano in età adulta sono uguali fuori ma diverse dentro. Una trovata esile e risaputa, con qualche spunto di comicità (quasi) demenziale. Passato sotto silenzio il tentativo di trovare un mercato internazionale a Placido.

Affari sporchi ** (*Internal Affairs*, Usa 1990, col, 110') Mike Figgis. Con Andy Garcia, Richard Gere, Nancy Travis, Laurie Metcalf, Richard Bradford, William Baldwin, Michael Beach, Annabella Sciorra. ◆ Indagato dall'integerrimo Raymond Avila (Garcia) degli Affari Interni, il poliziotto Dennis Peck (Gere), corrotto oltre che psicopatico, passa all'attacco, prendendo di mira il punto debole del collega: sua moglie (Travis). Noir (scritto da Henry Bean) con una partenza realistica alla Lumet, che sprofonda man mano verso i toni parossistici e urlati cari al regista; peccato anche che l'ambiguità iniziale nella ripartizione tra buoni e cattivi si riassesti in un finale prevedibile. Non sempre equilibrato né convincente, anche se messo in scena con buon senso della tensione. La fotografia è di John A. Alonzo, la musica del regista in collaborazione con Brian Banks e Anthony Marinelli.

Affascinante bugiardo, L' ** (*As Young as You Feel*, Usa 1951, b/n, 77') Harmon Jones. Con Monty Woolley, Thelma Ritter, Constance Bennett, David Wayne, Jean Peters, Marilyn Monroe. ◆ Obbligato ad andare in pensione, un impiegato sessantacinquenne (Woolley) con uno stratagemma riesce a dimostrare che l'età non intacca la sua abilità nel lavoro. Simpatica commedia che punzecchia l'efficientismo produttivo della società americana. In una delle sue prime apparizioni – è la segretaria dell'industriale che decide i pensionamenti – Marilyn mette in mostra le sue curve.

Affascinante straniero, L' *½ (*Love From a Stranger*, Usa 1947, b/n, 81') Richard Whorf. Con Sylvia Sidney, John Hodiak, John Howard, Ann Richards, Ernest Cossart. ◆ Dopo essersi sposata senza pensarci troppo, una donna si accorge che il marito non è uno stinco di santo. Dal racconto *Il villino degli usignoli* di Agatha Christie, un fiacco remake di un film del 1937, *L'ora del supplizio*.

Affinità elettive, Le *** (Italia/Francia 1996, col, 98') Paolo e Vittorio Taviani. Con Isabelle Huppert, Fabrizio Bentivoglio, Jean-Hugues Anglade, Marie Gillain, Massimo Popolizio, Laura Marinoni. ◆ In Toscana, all'inizio del XIX secolo, Carlotta (Huppert) ed Edoardo (Anglade) si ritirano in una villa in campagna dopo un matrimonio che ha còronato un lungo sogno d'amore. Ma la loro tranquillità sarà incrinata dall'arrivo di Ottone (Bentivoglio), l'architetto che si occupa della ristrutturazione della tenuta, e poi di Ottilia (Gillain), la figlioccia di Carlotta. I fratelli Taviani adattano il romanzo omonimo di Goethe leggendolo come il «disperato tentativo di far coincidere razionalità e sentimento», già al centro di *San Michele aveva un gallo*: si permettono alcune libertà (l'ambientazione nella Toscana napoleonica; l'eliminazione della parte centrale, più «sociale», del romanzo; un finale meno «religioso» e più disperato) ma in nome di un cinema «metafisico» che riduce al minimo gli elementi drammaturgici – pochi accordi musicali (di Carlo Crivelli), un improvviso cambiamento di prospettiva, una panoramica più o meno accelerata (la fotografia è di Beppe Lanci) – per portare lo spettatore a cogliere l'essenzialità del loro discorso, sempre più rarefatto e distillato, senza preoccuparsi di una verosimiglianza narrativa (il figlio di Carlotta annegato sostituito vistosamente da una bambola) che nulla potrebbe aggiungere al film.

Affittacamere, L' **½ (*The Notorious Landlady*, Usa 1962, b/n, 123') Richard Quine. Con Jack Lemmon, Kim Novak, Fred Astaire, Lionel Jeffries, Estelle Winwood, Maxwell Reed. ◆ Diplomatico americano in trasferta a Londra (Lemmon) prende le difese della bionda da cui alloggia (Novak) accusata dell'omicidio del marito. In bilico tra il giallo e il rosa, un film movimentato e gradevole, nato da una sceneggiatura di Blake Edwards.

Affittasi killer ** (*This Gun for Hire*, Usa 1991, col, 85') Lou Antonio. Con Robert Wagner, Nancy Everhard, Frederick Kehne, John Harkins, John McConnell, Joe Warfield, Kristina Loggia. ◆ Tradito da chi l'aveva assoltato per uccidere uno sconosciuto – che si rivela essere un senatore democratico – un killer (Wagner) decide di vendicarsi: la singolare attrazione che si accende per una spogliarellista (Everhard) che ha rapito lo aiuterà nel suo piano e porterà allo scoperto la sua nascosta moralità. Discreto tv-movie tratto dal romanzo di Graham Greene *Una pistola in vendita* (che aveva già ispirato *Il fuorilegge*, 1942, e *Scorciatoia per l'inferno*, 1957). La sceneggiatura di N. D. Schreiner ambienta la vicenda a New Orleans e si preoccupa più del legame tra i due protagonisti che di scavare nella psicologia del killer, ma Wagner sa trasmettere una giusta intonazione di rassegnazione al suo personaggio, facendone un discreto ritratto di malinconico perdente.

Affittasi ladra *½ (*Burglar*, Usa 1987, col, 103') Hugh Wilson. Con Whoopi Goldberg, Bob Goldthwait, G.W. Bailey, Lesley Ann Warren, James Handy, John Goodman. ◆ Ricattata per una vecchia rapina da un ex poliziotto, una libraia di colore (Goldberg) è costretta a fare gli straordinari di notte svaligiando appartamenti. Storia debole, liberamente ispirata ai gialli di Lawrence Block, che la brava Goldberg si sforza di ravvivare con la sua verve.

Affliction *** (*Affliction*, Usa 1997, col, 114') Paul Schrader. Con Nick Nolte, James Coburn, Sissy Spacek, Willem Dafoe, Jim True, Mary Beth Hurt, Holmes Osborne, Brigid Tierney. ◆ Lawford, New Hampshire: divorziato, con un vecchio padre violento (Coburn) che ancora lo vessa, incapace di stabilire un rapporto con la figlioletta (Tierney), il poliziotto Wade Whitehouse (Nolte), sobillato dal fratello di città (Dafoe), immagina loschi complotti dopo un incidente di caccia: sbaglierà tutto, e non troverà la redenzione neanche dopo un paio di morti. Schrader, nell'adattare il romanzo *Tormenta* di Russell Banks, gira una laconica tragedia moderna che sembra procedere casualmente, ma scava sempre più a fondo in un personaggio che Nolte (coproduttore e forse nella sua prova migliore di sempre) rende con un'adesione lancinante. Tra echi mitologici (la ribellione del figlio contro il padre crudele) e poesia dello squallore della provincia innevata, senza vezzi d'autore, senza ammiccamenti cinefili, ma con un pathos sincero e raro di questi tempi. Oscar a Coburn come non protagonista. Musica di Michael Brook e fotografia di Paul Sarossy.

Affondamento della Valiant, L' *½ (Italia/Gb 1961, b/n, 90') Roy Baker. Con John Mills, Ettore Manni, Roberto Risso, Robert Shaw, Liam Redmond, Leonardo Cortese. ◆ Il 19 dicembre 1941, a bordo di un «maiale», due ufficiali della marina italiana, Luigi Durand de la Penne (Manni) ed Emilio Bianchi (Risso), entrano nel porto di Alessandria d'Egitto e minano la corazzata inglese Valiant: catturati, verranno rinchiusi proprio nella nave minata, ma parleranno solo quando sarà possibile salvare esclusivamente l'equipaggio e non la corazzata. Ispirato alla pièce di Robert Mallet *L'Équipage au complet*, il film si divide tra l'esaltazione del coraggio italiano e della cavalleria inglese perdendo così ogni possibile tensione narrativa. Lo stesso episodio è raccontato anche in *I sette dell'Orsa Maggiore* (di Duilio Coletti, 1953).

Affondate la Bismarck **½ (*Sink the Bismarck!*, Gb 1960, b/n, 97') Lewis Gilbert. Con Kenneth More, Dana Wynter, Carl Mohner, Laurence Naismith, Geoffrey Keen, Karel Stepanek, Michael Horden, Maurice Denham. ◆ La ricostruzione della caccia e della battaglia navale che portò all'affondamento della Bismarck, la più potente corazzata della marina tedesca, dal primo avvistamento il 21 maggio 1941 allo scontro il 24 con la corazzata Prince of Wales e l'incrociatore Hood (che fu annientato dalla potenza di fuoco dell'ammiraglia nazista), fino alla battaglia finale nell'Atlantico iniziata con gli aerosiluranti il 26 maggio e terminata dalla flotta inglese la mattina del 27. Avvincente film di guerra che mescola materiale documentario dell'epoca con l'utilizzo di modellini e maquette. L'idea vincente del film, sceneggiato da Edmund H. North a partire dal romanzo di C. S. Forester, è quella di ricostruire la caccia dal centro operativo sotterraneo della marina britannica a Londra, guidato dal capitano Shepard (More): così il film riesce a rendere lo scontro di intelligenze e strategie che oppose gli inglesi all'ammiraglio nazista Lütjens (Stepanek) e a trasmettere la stessa sensazione di claustrofobica impotenza che li colse di fronte alla potenza eccezionale della Bismarck.

Afghan Breakdown * (Italia/Urss 1991, col, 100') Vladimir Borkto. Con Michele Placido, Tatiana Doghileva, Nina Ruslanova, Alessandro Stefanelli. ◆ Dopo nove anni di guerra in Afghanistan, il maggiore dell'armata rossa Bandura (Placido) si convince che anche i guerriglieri mujuaheddin sono uomini, e sogna di tornare a casa e aprire un ristorante: prima di essere ucciso da un ragazzino afghano che voleva salvare, farà in tempo a flirtare con l'infermiera Katia (Doghileva). Realizzato col pieno appoggio dell'esercito sovietico, un polpettone di destinazione televisiva dai vaghi propositi pacifisti, che naufraga nell'approssimazione e nel ridicolo involontario. Sulla guerra dell'Afghanistan è molto meglio l'americano *Belva di guerra*.

A fior di pelle (di Carine Adler) → *Under the Skin – A fior di pelle*

A fior di pelle *½ (Italia 1987, col, 85') Gianluca Fumagalli. Con Mariella Valentini, Claudio Bisio, John Murphy, Athina Cenci, Gigio Alberti, Francesco Oliviero, Roberto Traverso. ◆ Uno stage di recitazione mette in crisi le certezze di un'aspirante attrice (Valentini) che dopo aver lasciato il suo ragazzo (Alberti) si abbandona al caso: l'incontro con un motociclista (Bisio) non farà che aumentare le contraddizioni della propria istintualità. Alla sua opera seconda, Fumagalli – con gli sceneggiatori Edoardo Erba e Roberto Traverso, che interpreta l'attore in canottiera – si sforza di mescolare suggestioni psicoanalitiche con spunti metacinematografici, raccontando l'angoscia dell'abbandono e il piacere della seduzione mentre riflette sulla finzione e la messinscena (ogni rapporto a due è una «recita» privata). Ma gli spunti interessanti – e la buona prova degli attori, specie di una intensa e sensuale Valentini – annegano dentro dialoghi in libertà e ingenuità da psicodramma. Autocitazione per Fumagalli che, durante lo stage, interpreta la parte dell'attore con la sigaretta.

Africa addio * (Italia 1966, col, 140') Gualtiero Jacopetti, Franco Prosperi. ◆ Dopo il successo di *Mondo Cane*, un film tutto dedicato agli aspetti più sanguinari dell'Africa postcoloniale: la riabilitazione dei terroristi Mau-Mau, lo sterminio degli animali nei parchi, le sanguinose rappresaglie dei Simba, il ruolo dei mercenari nel Congo, le contraddizioni razziali nelle miniere d'oro sudafricane. Documentario cinico e parziale, con un commento fuori campo particolarmente qualunquista. Scandalo (rivelato dall'*Espresso*) perché Jacopetti fece sospendere la fucilazione di tre ragazzi neri per cambiare obiettivo alla cinepresa, rivelando così che la sua «realtà» era falsificata e ricostruita.

Africa Express *½ (Italia/Rft 1975, col, 95') Michele Lupo. Con Giuliano Gemma, Ursula Andress, Jack Palance, Giuseppe Maffioli, Luciana Turina. ◆ Nell'attesa di avere i soldi sufficienti a tornare a Detroit, giovane americano (Gemma) trasporta merci su e giù per l'Africa, fino a quando un'avvenente spia inglese (Andress) lo coinvolge in rischiose avventure. Film modesto ma non pretenzioso, con attori un po' troppo vecchi per le parti che interpretano.

Africa in crisi *** (*Come Back Africa*, Usa 1959, b/n, 82') Lionel Rogosin. Con Zachariah Mgabi, Vinah Bendile, Arnold Aunty, Dube-Dube e abitanti di Johannesburg. ◆ Proveniente dall'interno del Sudafrica, Zachariah (Mgabi) trova lavori provvisori e impieghi occasionali a Johannesburg: poi si fa raggiungere dalla famiglia che si stabilisce in una baracca nel sobborgo di Sophiatown, ma un giorno che Zachariah è trattenuto dalla polizia uno squilibrato entra nella baracca e uccide la moglie (Bendile). Dramma sociale a sfondo documentario girato in forma semiclandestina sui luoghi dell'azione. Il bisogno di spiegare le condizioni di vita della popolazione nera in Sudafrica, limita il ricorso all'improvvisazione: alternando momenti dal vero a scene recitate da attori presi dalla vita e che avevano avuto un'esperienza analoga a quella raccontata nel film, Rogosin (che firma la sceneggiatura con la collaborazione di Lewis N'Kosi e Bloke Modisane) elabora un canovaccio che gli permette di «cogliere una situazione di crisi sociale non ancora giunta alla ribalta dell'opinione pubblica mondiale» e denunciare con lucidità e passione la politica sudafricana dell'apartheid (straordinaria la scena in cui gli amici spiegano a Zachariah, che non conosce il mondo delle grandi città, perché intorno a Johannesburg ci sia tanta miseria e tanta violenza). Due anni dopo Rogosin avrebbe partecipato alla fondazione del New American Cinema.

Africana, L' ° (Italia/Rft/Francia 1990, col, 104') Margarethe von Trotta. Con Barbara Sukowa, Stefania Sandrelli, Sami Frey, Jan Biczycki, Alexandre Mnoushkine, Jacques Sernas. ◆ L'amicizia tra due donne, Anna (Sandrelli) e Martha (Sukowa), si rovina a causa di un uomo che si innamora, ricambiato, prima di una e poi dell'altra. Riflessione femminile sull'amicizia e la sorellanza e sul ruolo dell'astrologia e della magia nel loro universo. Elogio dell'irrazionalità emotiva, francamente scontato e noioso.

Africa sotto i mari * (Italia 1953, col, 90') Giovanni Roccardi. Con Steve Barclay, Sophia Loren, Umberto Melnati, Alessandro Fersen, Fabio Montale [Antonio Cifariello]. ◆ A una spedizione scientifica nel Mar Rosso si unisce la figlia (Loren), viziata e capricciosa, del proprietario dello yacht. Inconsistente pretesto narrativo per lanciare la Loren e i suoi succinti costumi da bagno. Qualche buona ripresa in ferraniacolor dei fondali marini.

Age d'or, L' *** (*L'Age d'or*, Francia 1930, b/n, 60') Luis Buñuel. Con Lya Lys, Gaston Modot, Max Ernst, Valentine Hugo, Lionel Salem. ◆ Il secondo film di Buñuel (finanziato dai visconti di Noailles) è onirico e provocatorio come *Un Chien andalou*, ma i suoi simboli sono più facilmente decifrabili, e rientrano nell'ortodossia surrealista: si tratta di un attacco alle istituzioni borghesi in nome dell'*amour fou*. La storia della passione mai consumata tra una coppia (lui è Modot, uno degli attori preferiti di Clair e Renoir, lei Lya Lys) fa da motivo conduttore a una serie di climax visivi: scheletri di vescovi, borghesi col volto coperto di mosche, pini in fiamme, giraffe e prelati buttati fuori dalla finestra, un'appassionata fellatio al dito del piede di una statua, Cristo che esce dal castello delle *120 giornate di Sodoma*. C'era di che fare scandalo: i fascisti distrussero il cinema Studio 28 in cui si proiettava, il prefetto di polizia Chiappe lo vietò (e si dovette aspettare il 1981 perché a Parigi fosse proiettato di nuovo pubblicamente). Già da questo film Buñuel mette a punto una delle caratteristiche del suo cinema, la scelta di uno stile realista e «oggettivo» che «utilizza la macchina da presa come uno specchio e rifiuta i procedimenti tipici dell'avanguardia (flou, sovrimpressioni, ralenti, accelerazioni) per dare alle sue idee la forza straordinaria dell'evidenza». Dalì, il cui nome compare nei titoli di testa come sceneggiatore, si limitò a suggerire per lettera alcune idee. Max Ernst è il capo dei briganti; Salem era un attore specializzato nella parte di Cristo.

Agenda che vale un tesoro, Un' – Filofax *½ (*Filofax*, Usa 1991, col, 109') Arthur Hiller. Con James Belushi, Charles Grodin, Anne De Salvo, Mako, Hector Elizondo. ◆ Durante una licenza dal carcere, Jimmy Dworsky (Belushi) trova casualmente la preziosa agenda del pubblicitario Spencer Barnes (Grodin), e si sostituisce a lui con successo. Equivoci e imbrogli a lieto fine in una commedia mai irresistibile.

Agenda nascosta L' *½ (*Hidden Agenda*, Gb 1990, col, 108') Ken Loach. Con Brian Cox, Frances McDormand, Brad Dourif, Mai Zetterling, Maurice Roëves, Robert Patterson, Bernard Bloch, George Staines, Michelle Fairley, Brian McCann. ◆ L'inchiesta sulla morte di Sullivan (Dourif), un attivista dei diritti civili venuto a Belfast dagli Usa per protestare contro i metodi della polizia inglese, farà scoprire all'ispettore londinese Kerrigan (Cox) le bugie con cui le autorità coprono gli autori materiali di una serie di «esecuzioni», compresa quella di Sullivan, e le manovre politiche per consolidare, con l'appoggio del servizio di spionaggio britannico e della Cia, il potere del nuovo premier conservatore Margaret Thatcher. Davanti a verità tanto compromettenti, il poliziotto non avrà il coraggio di andare a fondo, ma una collega di Sullivan, Ingrid (McDormand), è decisa a non arrendersi. Loach affronta il problema delle responsabilità politiche inglesi in Irlanda e lo fa con il consueto stile irruente e manicheo, mescolando thriller, impegno politico e location dal vero, ma la sceneggiatura di Jim Allen è particolarmente complicata e la passione militante di Loach non basta a nascondere gli eccessivi schematismi delle sue scelte di campo. Musica di Stewart Copeland.

Agente confidenziale ** (*The Confidential Agent*, Usa 1945, b/n, 113') Herman Shumlin. Con Charles Boyer, Lauren Bacall, Katina Paxinou, Peter Lorre, Victor Francen, George Coulouris, George Zucco. ◆ Mentre in patria infuria la guerra civile, un musicista spagnolo (Boyer) va in missione in Inghilterra, dove si innamora della figlia (Bacall) dell'uomo con cui dovrebbe concludere l'acquisto di una grande partita di carbone, contesa anche dai fascisti. Dal romanzo *Missione confidenziale* di Graham Greene (sceneggiato da Robert Buckner), una mistura di romanticismo e spionaggio nobilitata dalla fotografia di James Wong Howe. Secondo il romanziere fu la sola eccezione positiva fra gli adattamenti americani delle sue opere: il resto fu «deplorevole».

Agente federale Lemmy Caution, L' * (*A toi de faire, Mignonne*, Francia/Italia 1963, b/n, 93') Bernard Borderie. Con Eddie Constantine, Gaia Germani, Philippe Lemaire, Noël Roquevert, Elga Andersen, Guy Delorme, Robert Berri, Christiane Minazzoli. ◆ Indagando sul rapimento di uno scienziato americano (Delorme), Lemmy Caution (Constantine) scopre le trame del gangster Enrico Pranzetti (Lemaire) e della sua donna (Minazzoli), e con l'aiuto di Géraldine (Germani) sbroglierà la matassa. Settima avventura dell'agente federale inventato da Peter Cheyney e apparso per la prima volta al cinema in *F.B.I. Operazione criminale* (qui Marc-Gilbert Sauvajon e il regista adattano il romanzo *Affare fatto*). La formula è ormai troppo ripetitiva e il regista si rifugia in grandi scazzottate senza più l'ombra dell'ironia originale. E anche le donne hanno perso molto sex appeal.

Agente Lemmy Caution, missione Alphaville ** ½ (*Alphaville, une étrange aventure de Lemmy Caution*, Francia 1965, b/n, 98') Jean-Luc Godard. Con Eddie Constantine, Anna Karina, Akim Tamiroff, Howard Vernon, Laszlo Szabo, Jean-Louis Comolli. ◆ Uno scienziato di nome Von Braun soggioga gli abitanti della futuristica Alphaville per mezzo di un cervellone elettronico. A risolvere la situazione interviene l'agente segreto Lemmy Caution (Constantine). Provocatoria incursione in una fantascienza che diventa riflessione sul presente (così come la scenografia futurista è fatta con gli edifici della Parigi moderna), dove si muove un personaggio uscito dai gialli anni Quaranta di Peter Cheyney (che Eddie Constantine aveva già interpretato in due filmetti di Bernard Borderie, *L'inesorabile detective* [1962] e *L'agente federale Lemmy Caution* [1963]) e che sottolinea, per contrasto, l'opposizione su cui è costruito il film: istinto e programmazione, immaginazione e logica, tradizione culturale e morte della poesia. In origine il film doveva chiamarsi *Tarzan contro l'IBM*.

Agente segreto, L' *** (*Secret Agent*, Gb 1936, b/n, 83') Alfred Hitchcock. Con Madeleine Carroll, John Gielgud, Peter Lorre, Robert Young, Percy Marmont, Florence Kahn, Lilli Palmer. ◆ Uno scrittore (Gielgud) assoldato dall'Intelligence Service è inviato in Svizzera per uccidere una spia nemica di cui ignora l'identità. Nella missione lo affiancano un'assistente che viene fatta passare per sua moglie (Carroll) e un falso generale, killer professionista, che fa il doppio gioco (Lorre). I sospetti cadranno su un turista innocente e solo sul treno che li riporta a casa i tre scopriranno la vera spia (Young). Prendendo spunto da una commedia di Campbell Dixon ispirata liberamente a due racconti di Somerset Maugham (da *Ashenden*), Hitchcock (con lo sceneggiatore Charles Bennett) lavora su uno dei suoi temi preferiti, lo scambio d'identità, e innova la tipologia del cattivo, più gentile, fascinoso e rassicurante dei suoi inseguitori, portando il pubblico a biasimarsi per la simpatia ambigua e irresistibile che prova per lui. Da antologia la sequenza della chiesa e l'interpretazione di Lorre, che prende in giro tutti (persino se stesso quando importuna le ragazzine come in *M* di Lang). Hitchcock non si vede in questo film, distribuito anche con il titolo *Amore e mistero*.

Agente segreto al servizio di Madame Sin * (*Madame Sin*, Usa 1971, col, 73') David Greene. Con Bette Davis, Robert Wagner, Denholm Elliott, Gordon Jackson, Dudley Sutton, Roy Kinnear. ◆ Genio criminale in gonnella (la Davis, con parrucca nera, gioielli esotici e trucco bizzarro) costringe ex agente della Cia ad aiutarla nel furto di un sommergibile atomico. Film televisivo, pensato come pilot di una serie che non si fece. Francamente noioso.

Agente speciale Mackintosh, L' ** (*The Mackintosh Man*, Usa 1973, col, 105') John Huston. Con Paul Newman, Dominique Sanda, James Mason, Nigel Patrick, Harry Andrews, Ian Bannen. ◆ Agente del controspionaggio inglese (Newman) è protagonista di una intricata missione che porterà a smascherare come spia un importante personaggio del Parlamento. Molte location (dall'Inghilterra all'Irlanda fino a Malta) ma poca tensione. Newman fa dichiarazioni fallocratiche e antiomosessuali e prende a calci una donna con un certo gusto. Sceneggiatura di Walter Hill da un romanzo di Desmond Bayley.

Agente 007

James Bond, l'agente 007, cioè (come indicano i due zeri prima del suo numero di identificazione) con licenza di uccidere, è nato dalla fantasia dello scrittore inglese Ian Fleming (1908-1964) che pubblicò 10 libri su di lui, a cominciare da *Casinò Royale* nel 1953. Bello, naturalmente intelligente e colto, è alto un metro e ottantatré (tre in meno dei due attori che si sono più identificati con lui, Connery e Moore), pesa settantasei chili, pratica tutte le arti marziali, usa ogni tipo di arma anche se preferisce quelle leggere, è un raffinato buongustaio (le uova devono bollire esattamente tre minuti e tre quarti, beve Dom Perignon solo d'annata e sa riconoscere a fiuto anche la collina dove è stato prodotto il «suo» bourbon, l'Old Grandbad), parla perfettamente un'infinità di lingue e soprattutto è dotato di un fascino irresistibile che usa con generosità durante le sue avventure, solitamente per sventare i piani criminali della Spectre e del suo capo, Ernst Stavro Blofeld. Questo il ritratto (summa di tutto quanto Fleming stesso avrebbe voluto essere) di un personaggio che con il suo fascino e la sua eleganza avrebbe dovuto essere la risposta britannica alla supremazia tecnologica statunitense.

Fin dal suo primo apparire, il personaggio tentò il cinema, ma il crudo cinismo e la complessità produttiva delle storie scoraggiarono molti registi (tra gli altri Alexander Korda e Gregory Ratoff). Lo scarso successo dell'unica trasposizione (fatta dalla Cbs per la serie televisiva *Climax Mistery Theater* con Barry Nel-

son come 007 e Peter Lorre come Blofeld) fece passare ogni interesse fino a quando Albert «Cubby» Broccoli e Harry Saltzman, che avevano comprato i diritti di tutti i romanzi, convinsero la United Artists a produrre, per 900 mila dollari, il primo film, *Agente 007, licenza di uccidere.*
Ma fu a partire dal secondo (*A 007, dalla Russia con amore*) che il personaggio incontrò il favore del pubblico e divenne uno dei dominatori del box office, con un successo destinato a ripetersi a ogni nuova produzione. Le ragioni di questo successo (uno dei più eclatanti e duraturi della storia del cinema) sono varie. Sicuramente hanno contribuito il rilievo, sempre maggiore di film in film, dato ai valori dell'immagine e dello spettacolo puro (le «introduzioni» ogni volta più mirabolanti, quasi minifilm nel film), la semplicità dei temi (il Bene e il Male sono sempre facilmente identificabili), la rassicurazione implicita contenuta nella costante superiorità dell'uomo su ogni tipo di marchingegno e diavoleria tecnologica, l'impegno produttivo sempre più kolossal, grazie anche ad alcuni geniali collaboratori (come lo scenografo Ken Adam), la schiera di bellissime attrici che hanno fatto da corona a Bond (Ursula Andress, Daniela Bianchi, Honor Blackman, Claudine Auger, Luciana Paluzzi, Jill St. John, Jane Seymour, Maud Adams, Barbara Bach, Lois Chiles, Corinne Clery, Carole Bouquet, Tanya Roberts, Maryam d'Abo, Talisa Soto) e qualche indovinato caratterista (Lois Maxwell come miss Moneypenny, Bernard Lee nella parte di M, Desmond Llewelyn in quella di Q e tutta una schiera di *vilains*: Robert Shaw, Gert Fröbe, Adolfo Celi, Donald Pleasence, Telly Savalas, Christopher Lee, Richard Kiel, Michel Lonsdale, Topol, Kabir Bedy, Christopher Walken, Jeroen Krabbe). Naturalmente, però, molto del successo fu legato al suo primo interprete, l'attore scozzese Sean Connery, che dette a James Bond un fondo di humour sconosciuto ai libri di Fleming, costruendo la figura di un agente segreto anche playboy, raffinato e intelligente, che «non riesce quasi mai a prendersi sul serio pur facendo sempre sul serio». Connery interpretò le prime cinque avventure (da *Licenza d'uccidere* a *Si vive solo due volte*), poi lasciò il ruolo all'attore australiano George Lazenby, che però scontentò tutti con la sua prova in *Al servizio segreto di sua maestà*. Connery tornò allora a vestire i panni di 007 nel settimo film della serie, *Una cascata di diamanti*, per lasciarlo poi all'altro grande Bond dello schermo, Roger Moore. Con Moore il carattere dell'agente segreto al servizio di sua maestà divenne meno ricco, sommerso com'è dall'apparato produttivo e dagli effetti speciali: dal personaggio l'attenzione si sposta sull'insieme e qualche volta quasi ci si dimentica di lui. Moore intepretò sette volte il ruolo, da *Vivi e lascia morire* fino a *007 – Bersaglio mobile*, per essere poi sostituito, nei successivi due film (*007 – Zona pericolo* e *007 – Vendetta privata*) da Timothy Dalton, attore inglese in arrivo dal teatro, che ha cercato di fare un Bond più vicino ai libri di Fleming, più complesso e reale, e meno donnaiolo. Nel 1995, con *Goldeneye*, il personaggio passa sulle spalle di Pierce Brosnan, prelevato dal teatro londinese e già rodato al cinema, che fa ritrovare al personaggio la carica di humour e di intraprendenza dei primi 007 mentre il successivo *007 Il domani non muore mai* è troppo sbilanciato sul versante tecnologico per essere davvero divertente.
Nel 1983 Sean Connery aveva accettato l'offerta di tornare a interpretare il ruolo di James Bond in *Mai dire mai*, un film prodotto da Kevin McClory, che nel 1958 aveva scritto con Fleming una sceneggiatura intitolata *James Bond, Secret Agent.* Il progetto non fu mai realizzato, ma nel 1960, scrivendo il romanzo *Thunderball*, Fleming usò il trattamento messo a punto due anni prima e così, dopo un'inevitabile causa, McClory ottenne i diritti di sfruttare quella storia per lo schermo. Possibilità che infatti realizzò nel 1983.
Il personaggio di Bond è protagonista anche di *James Bond – 007, Casino Royale*, un pastiche comico diretto da un team di registi, sceneggiato a dieci mani e assemblato da Val Guest. I personaggi principali sono quelli di Fleming (007 è interpretato da David Niven, M da John Huston, Blofeld da Woody Allen), ma la storia è totalmente fantastica.
Al successo dei film di 007 si sono ispirati in Italia, magari solo nel titolo, una serie infinita di parodie, a cominciare da Franchi e Ingrassia (*Due mafiosi contro Goldginger*) passando per Lando Buzzanca (*James Tont Operazione U.N.O.*) e Alberto Lupo (*A 008, operazione sterminio*). Più curioso il caso di *O.K. Connery* (1967) un film di Alberto De Martino interpretato da Neil Connery, fratello di Sean (nei panni di un esperto di ipnosi coinvolto nelle trame di un'organizzazione criminale) e da Daniela Bianchi e Adolfo Celi.

I FILM UFFICIALI

Agente 007, licenza di uccidere (1962) di Terence Young

A 007, dalla Russia con amore (1963) di Terence Young

Agente 007, missione Goldfinger (1964) di Guy Hamilton.

Agente 007, Thunderball – Operazione tuono (1965) di Terence Young

Agente 007 – Si vive solo due volte (1967) di Lewis Gilbert

Agente 007 – Al servizio segreto di sua maestà (1969) di Peter Hunt

Agente 007 – Una cascata di diamanti (1971) di Guy Hamilton

Agente 007 – Vivi e lascia morire (1973) di Guy Hamilton

L'uomo dalla pistola d'oro (1974) di Guy Hamilton

Agente 007 – La spia che mi amava (1977) di Lewis Gilbert

Moonraker, operazione spazio (1979) di Lewis Gilbert

Agente 007 – Solo per i tuoi occhi (1981) di John Glen

Octopussy – Operazione piovra (1983) di John Glen

007 – Bersaglio mobile (1985) di John Glen

007 – Zona pericolo (1987) di John Glen

007 - Vendetta privata (1989) di John Glen
Goldeneye (1995) di Martin Campbell
007 - Il domani non muore mai (1997) di Roger Spottiswooode.

Agente 007 - Al servizio segreto di sua maestà *½ (*On Her Majesty's Secret Service*, Gb 1969, col, 144') Peter Hunt. Con George Lazenby, Diana Rigg, Telly Savalas, Gabriele Ferzetti, Lois Maxwell, Ilse Steppat. ◆ James Bond (Lazenby) è incredibilmente alla vigilia di un matrimonio, ma deve abbandonare la fidanzata per recarsi in Svizzera, dove i suoi acerrimi nemici della Spectre vogliono terrorizzare l'umanità con un'arma batteriologica. Da uno dei migliori romanzi di Ian Fleming il peggiore 007 dello schermo, interpretato da un impacciato e sconosciuto attore di origine australiana, responsabile dell'insuccesso del film.
Agente 007 - Bersaglio mobile → *007 - Bersaglio mobile*
Agente 007, dalla Russia con amore → *A 007, dalla Russia con amore*
Agente 007 - La spia che mi amava **½ (*The Spy Who Loved Me*, Gb 1977, col, 123') Lewis Gilbert. Con Roger Moore, Barbara Bach, Curt Jurgens, Richard Kiel, Caroline Munro, Geoffrey Keen. ◆ In epoca di disgelo Bond (Moore) unisce le forze con un'avvenente spia sovietica, Anya Armasova (Bach): insieme devono cercare di fermare un armatore scandinavo che ruba sommergibili nucleari per fondare un regno subacqueo. Forse il miglior Bond interpretato da Moore, grazie anche all'inquietante presenza dello «Squalo» (Kiel), killer dallo sguardo truce e dalle fauci assassine, che sarà infatti riutilizzato in *Moonraker*. Per girare la scena con la superpetroliera che nasconde tre sommergibili nella stiva, lo scenografo Ken Adam ha fatto costruire a Pinewood il più grande studio cinematografico del mondo (118 metri per 49).
Agente 007, licenza di uccidere *** (*Dr. No*, Gb 1962, col, 105') Terence Young. Con Sean Connery, Ursula Andress, Joseph Wiseman, Jack Lord, Bernard Lee, John Kitzmiller. ◆ James Bond (Connery), agente del controspionaggio inglese, viene inviato in Giamaica a indagare sulla misteriosa scomparsa di un suo collega. Primo episodio di una serie fortunatissima per merito anche della felice scelta di Sean Connery nei panni dell'agente uscito dalla penna di Ian Fleming. Ma in questo folgorante esordio di 007 (dove smaschera il dottor No, che da un'isoletta lancia raggi topling capaci di deviare razzi e navicelle spaziali) lasciarono il segno anche la sensualità della Andress che pesca in bikini bianco, gli sfondi esotici, i metodi da brivido con cui i nemici di Bond provano a eliminarlo, i bellissimi titoli di testa creati da Maurice Binder.
Agente 007 - L'uomo dalla pistola d'oro → *L'uomo dalla pistola d'oro*
Agente 007, missione Goldfinger *** (*Goldfinger*, Gb 1964, col, 109') Guy Hamilton. Con Sean Connery, Honor Blackman, Gert Fröbe, Shirley Eaton, Tania Mallet, Harold Sakata. ◆ Auric Goldfinger (Fröbe) vuole far scoppiare una bomba nucleare dentro al deposito aureo degli Stati Uniti: contaminato l'oro americano, potrà così veder aumentare a dismisura il valore del suo. Terzo 007 della serie, uno dei migliori, anche perché all'ineffabile Bond di Connery si contrappone in modo convincente il Goldfinger del bravo Gert Fröbe. Fa la sua apparizione la celebre Aston Martin DB4 «elaborata» con ogni tipo di diavoleria tecnologica. Grande successo per la *title track* di Shirley Bassey. Inizio folgorante con Bond che esce dall'acqua, si toglie la muta e sotto ha un impeccabile smoking.
Agente 007 - Octopussy → *Octopussy - Operazione piovra*
Agente 007 - Si vive solo due volte ** (*You Only Live Twice*, Gb 1967, col, 116') Lewis Gilbert. Con Sean Connery, Akiko Wakabayashi, Tetsuro Tamba, Mie Hama, Donald Pleasence, Karin Dor. ◆ A turbare la pace del mondo e di Bond (Connery) è sempre la Spectre, che questa volta sabota a turno le navicelle spaziali americane e russe, nella speranza di portare alla guerra le due superpotenze. Per scongiurare il pericolo, 007 dovrà persino fingersi morto. Sceneggiate da Roald Dahl, le avventure di Bond cominciano qui ad aumentare la loro componente fantastica e inverosimile, destinata ad affermarsi in misura ancora maggiore negli episodi successivi.
Agente 007 - Solo per i tuoi occhi ** (*For Your Eyes Only*, Gb 1981, col, 127') John Glen. Con Roger Moore, Carole Bouquet, [Chaim] Topol, Cassandra Harris, Lynn-Holly Johnson, Julian Glover, Lois Maxwell, Desmond Llewelyn. ◆ Bond (Moore) deve ritrovare il congegno top secret Atac, affondato misteriosamente con una vedetta della marina inglese: per recuperarlo dovrà, dopo molte peripezie da Cortina alle Bahamas, assaltare il rifugio montano del miliardario greco Kristatos (Glover) che espugnerà grazie all'aiuto della bella Melina (Bouquet) e del contrabbandiere Columbo (Topol). Summa di molte situazioni bondiane (il cattivo con un gatto in grembo, l'inseguimento sugli sci, un trasmettitore come perno della vicenda) e di due racconti di Ian Fleming (*Delitto in Giamaica* e *Affare pericoloso*), è il primo film della serie diretto da John Glen che abolisce gadget fantascientifici ed esagerazioni per recuperare lo charme britannico minimale del personaggio originario di Fleming, al centro di una tradizionale storia di spionaggio da guerra fredda alleati-contro-russi.
Agente 007, Thunderball - Operazione tuono *** (*Thunderball*, Gb 1965, col, 125') Terence Young. Con Sean Connery, Claudine Auger, Adolfo Celi, Luciana Paluzzi, Rik Van Nutter, Bernard Lee. ◆ Peripezie subacquee per 007 (Connery), di fronte al tentativo della Spectre di minacciare l'umanità con due bombe atomiche nascoste nelle Bahamas, sotto un vulcano. Al suo quarto episodio il ciclo mantiene ancora una certa freschezza. Statuario e infinitamente cattivo, Celi è un efficace emissario del Male. La stessa trama sarà alla base di *Mai dire mai*.
Agente 007 - Una cascata di diamanti ** (*Diamonds Are Forever*, Gb 1971, col, 122') Guy Hamilton. Con Sean Connery, Jill St. John, Charles Gray,

Lana Wood, Jimmy Dean, Bruce Cabot. ◆ Sulle tracce di un misterioso furto di diamanti, Bond (Connery) è costretto a sventare un piano criminale che prevede la distruzione di tutto l'apparato militare delle grandi potenze. Connery sembra non credere più in quello che fa (e infatti lascerà il ruolo a Moore) e il film ne risente in modo vistoso.

Agente 007 – Vendetta privata → *007 – Vendetta privata*

Agente 007 – Vivi e lascia morire ** (*Live and Let Die*, Gb 1973, col, 121') Guy Hamilton. Con Roger Moore, Yaphet Kotto, Jane Seymour, Clifton James, Julius W. Harris, Geoffrey Holder. ◆ Nello stesso giorno in America vengono uccisi tre agenti segreti. A indagare viene chiamato Bond (Moore), che affronterà un paranoico dalle criminali manie di grandezza, che vive in una lussureggiante isola dei Caraibi, facendosi chiamare Mister Big. È il primo film interpretato da Moore, che sostituisce l'eleganza di Connery con la sua tranquilla bonarietà.

Agente 007 – Zona pericolo → *007 – Zona pericolo*

Agent Trouble – L'ultima corsa ** (*Agent trouble*, Francia 1987, col, 90') Jean-Pierre Mocky. Con Catherine Deneuve, Richard Bohringer, Pierre Arditi, Kristin Scott-Thomas, Dominique Lavanant. ◆ Una zitella che lavora al Musée de l'Homme di Parigi (Deneuve) indaga sulla misteriosa strage, camuffata da incidente, di un pullman di gitanti. Alla fine Mocky sembra disinteressarsi dell'enigma, risolvendolo di corsa: quello cui teneva era un itinerario contorto e caricaturale nella provincia francese d'inverno. Il tipico gusto del regista per la volgarità e gli appetiti bassi dell'uomo francese viene corretto da una ricerca del bizzarro fine a se stesso. La Deneuve accetta di imbruttirsi con occhiali e permanente; Bohringer, coi baffetti, fa il cattivo.

Agenzia matrimoniale «A» ** (*Robert et Robert*, Francia 1978, col, 100') Claude Lelouch. Con Jacques Villeret, Charles Denner, Jean-Claude Brialy, Germaine Montero, Régine, Macha Méril. ◆ A un'agenzia per cuori solitari arrivano un tassista (Denner) e un aspirante vigile urbano (Villeret), entrambi complessati dall'ingombrante presenza materna. Non troveranno l'amore, ma daranno vita a una bella amicizia. Storia sciropposa confezionata con buona abilità artigianale.

Agenzia omicidi **½ (*Grace Quigley*, Usa 1985, col, 94') Anthony Harvey. Con Katharine Hepburn, Nick Nolte, Elizabeth Wilson, Kit Le Fever, Walter Abel, Chip Zien. ◆ Anziana signora (Hepburn) assiste all'assassinio del suo padrone di casa e, stanca della vita, il giorno dopo si rivolge allo stesso killer (Nolte) perché uccida anche lei. Due attori di classe per una storia originale e divertente, che purtroppo nella seconda parte si fa eccessivamente complicata.

Agenzia Riccardo Finzi... praticamente detective *½ (Italia 1979, col, 92') Bruno Corbucci. Con Renato Pozzetto, Simona Mariani, Enzo Cannavale, Olga Karlatos, Silvano Tranquilli, Lory Del Santo, Fausto Di Bella. ◆ Detective laureatosi per corrispondenza alla scuola «Volontà e Abnegazione», Riccardo Finzi (Pozzetto) viene coinvolto nell'assassinio di una giovane cameriera che si rivelerà essere la figlia di un finanziere. Dal romanzo di Luciano Secchi, più che un giallo un pretesto per permettere a Pozzetto di sciorinare tutto il suo repertorio finto-surreale e cabarettistico.

Agenzia salvagente *½ (*Mixed Nuts*, Usa 1994, col, 97') Nora Ephron. Con Steve Martin, Madeline Kahn, Robert Klein, Anthony La Paglia, Juliette Lewis, Rob Reiner. ◆ La vigilia di Natale, un telefono amico per aspiranti suicidi riceve l'avviso di sfratto: mentre Phillip, il gestore filantropo (Martin), cerca di risolvere la situazione e un misterioso strangolatore getta nel panico la popolazione femminile, nell'agenzia piombano i clienti più disparati, tra cui Gracie Barzini (Lewis), squinternata venditrice di abiti usati, al nono mese di gravidanza, in fuga dal marito violento travestito da Babbo Natale. Remake di *Le Père Noël est une ordure* (1982, di Jean-Marie Poiré, inedito in Italia) su sceneggiatura delle sorelle Nora e Delia Ephron: scombinatissima commedia natalizia ambientata nell'assolata Venice, in California (ricostruita in studi newyorkesi!), che cerca di immettere un po' di humour nero in un prevedibile schema che ribalta i ruoli (chi offre aiuto è messo peggio di chi lo chiede). Il regista Rob Reiner fa la parte del dottor Kinsky, veterinario precettato per tenere a bada i clienti psicolabili. Fotografia di Sven Nykvist.

Agguato, L' *½ (*Ghosts from the Past*, Usa 1997, col, 123') Rob Reiner. Con Alec Baldwin, Whoopi Goldberg, James Woods, Craig T. Nelson, Susanna Thompson, William H. Macy, Terry O'Quinn, Diane Ladd. ◆ Jackson, Mississippi: nel 1963 il razzista Byron de la Beckwith (Woods) uccide un militante dei diritti civili nero, ma viene scagionato. Nel 1989 la vedova Myrlie Evers (Goldberg) riesce a far riaprire il caso, e il procuratore distrettuale Robby DeLaughter (Baldwin) a fatica otterrà giustizia. Le buone intenzioni e i sensi di colpa dei *liberals* bianchi non bastano a dare al film forza drammatica: anche perché i personaggi neri, bisognosi della giustizia bianca, vengono marginalizzati ancora più che nell'analogo *Mississippi Burning*. Scritto da Lewis Colick, a partire da una storia vera.

Agguato ai tropici *½ (*Across the Pacific*, Usa 1942, b/n, 97') John Huston [e Vincent Sherman]. Con Humphrey Bogart, Mary Astor, Sidney Greenstreet, Charles Halton, Victor Sen Yung, Roland Got. ◆ Su una nave diretta a Panama si ritrovano un ex ufficiale d'artiglieria dal passato torbido (Bogart) e una melliflua spia dei giapponesi (Astor). Un anno dopo il *Mistero del falco* Huston ci riprova con lo stesso cast, ma questa volta la storia è troppo assurda per essere avvincente. Il film fu terminato da Vincent Sherman perché Huston fu chiamato sotto le armi.

Agguato delle cento frecce, L' *½ (*Dakota Incident*, Usa 1956, col, 88') Lewis R. Foster. Con Linda Darnell, Dale Robertson, Ward Bond, John Lund, Regis Toomey, Skip Homeier. ◆ Gli indiani assaltano una diligenza in cui si trovano, tra gli altri, un rapinatore di banca, un uomo politico e una signora dal passato non integerrimo. Western di modesta qualità, apprezzabile solo per la bella fotografia di Ernest Haller.

Agguato nei Caraibi *½ (*The Gun Runners*, Usa 1958, b/n, 83') Don Siegel. Con Audie Murphy, Eddie Albert, Everett Sloane, Patricia Owens, Richard Jaeckel, Paul Birch. ◆ Trasportando sul proprio peschereccio dei trafficanti d'armi, un marinaio (Murphy) si trova a passare diversi guai. Fiacco remake di *Acque del Sud*, diretto da Siegel controvoglia, su richiesta dell'attore Audie Murphy. Come dichiarò lo stesso regista, «è assolutamente folle rifare un film con un budget minore e gente di statura inferiore».

A Gillian, per il suo compleanno *½ (*To Gillian on Her 37th Birthday*, Usa 1996, col, 92') Michael Pressman. Con Peter Gallagher, Claire Danes, Michelle Pfeiffer, Kathy Baker, Laurie Fortier, Bruce Altman. ◆ Nantucket: David (Gallagher) vive nel ricordo ossessivo della moglie Gillian (Pfeiffer), morta due anni prima; e a furia di parlare col suo fantasma, trascura la figlia adolescente (Danes). Da una commedia di Michael Brady, un modesto e prevedibile polpettino, zuccheroso nel tema luttuoso e paternalista in quello delle figlie in fiore.

Agi Murad – Il diavolo bianco *½ (Italia 1958, col, 98') Riccardo Freda. Con Steve Reeves, Giorgia Moll, Scilla Gabel, Renato Baldini, Gerard Herter, Milivoj Zivanovic. ◆ Ai tempi dell'espansione zarista verso le zone centroasiatiche, Agi Murad (Reeves) combatte per la libertà della sua gente contro i russi, ma deve vedersela anche con l'invidia di Ahmed Khan, che vorrebbe comandare lui i ribelli. Da un romanzo di Tolstoj (*Hadschi Murat*), un film stanco e spento, dove il vitalismo delle regie di Freda del dopoguerra si riduce a maniera e correttezza scolastica. Era già stato portato sullo schermo da Nunzio Malasomma nel 1948 (*Il diavolo bianco*). Bella fotografia di Mario Bava.

Agli ordini del Führer e al servizio di sua maestà *½ (*Triple Cross*, Gb 1967, col, 140') Terence Young. Con Christopher Plummer, Yul Brynner, Trevor Howard, Romy Schneider, Gert Fröbe, Claudine Auger. ◆ La storia della mirabolante spia Eddie Chapman (Plummer), che stando in bilico tra nazisti e inglesi opera con disinvoltura doppi e tripli giochi. Un cast di stelle per una vicenda incongruente e troppo lunga.

Agnès * (Italia 1992, col, 78') Giorgio Milanetti. Con Valeria Bruni Tedeschi, Piero Nicosia, Manrico Gammarota, Alfredo Pizzi, Angela Luciani. ◆ Tornato dalla Francia con la moglie, la dolce Agnès (Bruni Tedeschi), Michele (Nicosia) si rivela un marito geloso e violento, in sintonia con le peggiori tradizioni del maschio italiano. La moglie, giustamente, lo abbandona. Un film scontato e già visto, con personaggi monocordi e una regia incerta. Valeria Bruni Tedeschi, sorella della top model Carla Bruni, troverà presto di meglio per dimostrare quanto vale.

Agnese di Dio **½ (*Agnes of God*, Usa 1985, col, 98') Norman Jewison. Con Jane Fonda, Anne Bancroft, Meg Tilly, Gratien Gelinas, Anne Pitoniak, Winston Rekert. ◆ Una psichiatra (Fonda) viene chiamata a fare luce sul misterioso comportamento di una suora di clausura (Tilly) che sembra aver partorito e ucciso un bambino, ma si scontra con l'ostilità della madre superiora (Bancroft). Da una commedia di John Pielmeyer (qui anche sceneggiatore), un grande exploit recitativo sui temi della fede e dell'amore filiale. Splendida fotografia di Sven Nykvist.

Agnese va a morire, L' ** (Italia 1976, col, 135') Giuliano Montaldo. Con Ingrid Thulin, Stefano Satta Flores, Michele Placido, Aurore Clément, Ninetto Davoli, Eleonora Giorgi. ◆ In seguito alla deportazione del marito paralizzato da parte dei tedeschi, una lavandaia emiliana (Thulin) scopre l'impegno: uccide un soldato nazista e si unisce a un gruppo partigiano. Dal libro omonimo di Renata Viganò, una lettura emotiva e frammentaria della Resistenza, narrata però senza inutile enfasi.

Agnus Dei *½ (*Egi bárány*, Ungheria 1971, col, 86') Miklós Jancsó. Con József Madaras, András Kozák, Daniel Olbrychsky, Márk Zala, Lajos Balázsovits, Anna Széles. ◆ Nell'agosto del 1919 un prete invasato (Madaras) guida la repressione dei comunisti in un'Ungheria politicamente allo sbando. Ma quando diventerà ingombrante per la nuova classe politica in ascesa, verrà eliminato. Queste vicende sono raccontate con un gioco coreografico fatto di complessi e misteriosi cerimoniali dove si ritrovano gli elementi tipici di Jancsó (spazi aperti, corsi d'acqua, cavalli, nudi femminili). Autocompiaciuto e indecifrabile, per molti irritante.

Agonia sui ghiacci **½ (*Way Down East*, Usa 1920, b/n, 119') David Wark Griffith. Con Lillian Gish, Richard Barthelmess, Lowell Sherman, Kate Bruce, Burr McIntosch, Josephine Bernard, David Landau, Morgan Belmont, Mary Hay. ◆ New England, fine Ottocento: Anna Moore (Gish), una ragazza di modeste condizioni, viene ingannata da un ricco scapolo (Sherman) con un falso matrimonio. Il figlio le muore poco dopo la nascita e lei trova lavoro presso una famiglia di facoltosi agricoltori, ma quando viene a galla il suo passato è costretta ad andarsene. È una notte di bufera: dopo essersi accasciata su un lastrone di ghiaccio in movimento, Anna rischia di annegare, ma la salverà il figlio dei contadini (Barthelmess), innamorato di lei e pronto a sposarla. Un robusto melodramma d'epoca vittoriana, tratto dall'opera teatrale di Lottie Blair Parker (sceneggiato da Anthony Paul Kelly) i cui diritti furono acquistati per 175 mila dollari: gli ingredienti del feuilleton ci sono tutti, ma Griffith (che girò ben 76 mila metri di pellicola) riesce a distillare il pathos popolare attraverso una messinscena essenziale ed elegante, che nulla toglie all'immediatezza drammatica della storia ma molto aggiunge al valore estetico del film. Un capolavoro la sequenza della fuga e del soccorso sul fiume in disgelo, risultato di un montaggio di materiali diversi (documentari, riprese in studio e in esterni, persino inquadrature delle cascate del Niagara) culminante in un salvataggio in extremis tipicamente griffithiano che ispirò anche Pudovkin per *La madre*. Nonostante il nome, David Landau e Morgan Belmont sono due attrici, che interpretano rispettivamente i ruoli della madre di Anna e di Diana Tremont. Nel 1985 è stato restaurato nella sua durata originale di 1489 (13 rulli) dal Museo d'Arte Moderna di New York. Remake di Henry King (*Cuori incatenati*, 1935).

Agostino **½ (Italia 1962, b/n, 102') Mauro Bolognini. Con Ingrid Thulin, Paolo Colombo, Mario Bartoletti, John Saxon. ◆ Morbosamente legato alla madre, Agostino (Colombo) rimane sconvolto quando la donna (Thulin), vedova, si lega sentimentalmente a un giovane. Da un romanzo giovanile di Moravia, sceneggiato da Bolognini e Goffredo Parise, una storia densa di atmosfere torbide e sensuali che racconta la perdita dell'innocenza da parte di un adolescente. Alla sua uscita fu attaccato da molti critici ma difeso dallo stesso Moravia.

Aguirre, furore di Dio **** (*Aguirre, der Zorn Gottes*, Rft 1972, col, 93') Werner Herzog. Con Klaus Kinski, Helena Rojo, Ruy Guerra, Peter Berling, Cecilia Rivera, Daniel Ades. ◆ Una spedizione di conquistadores parte alla ricerca del mitico Eldorado, ma solo un piccolo gruppo, guidato dal luogotenente Aguirre (Kinski), avrà il coraggio di continuare l'impossibile ricerca nella foresta fino alla morte. Uno dei massimi risultati del sodalizio Kinski-Herzog, una splendida parabola sulla tragica ed esaltata follia di un uomo che non si vuole sottomettere alla Natura, preferendo piuttosto cadere sotto i suoi colpi. Con una intensità mai più raggiunta in seguito, Herzog «legittima attraverso il riscatto dell'arte l'avventura suicida di una sconfitta destinata a non aver nessuna eco storica, e per questo forse ancora più grande» dove la megalomania delirante del protagonista si intreccia con il ritratto di una natura lussureggiante e mortifera, destinata a inghiottire chi ha osato sfidarla. Le riprese furono complicatissime e spossanti e Herzog arrivò a minacciare con un fucile Kinski perché non lasciasse il set e continuasse il film.

Ai cessi in tassì ** (*Taxi zum Klo*, Rft 1980, col, 94') Frank Ripploh. Con Frank Ripploh, Bernd Broaderup, Orpha Termin. ◆ Frank (Ripploh) di giorno insegna a scuola, di notte va a rimorchiare per saune e cinema: il suo amante Bernd (Broaderup), votato alla casalinghitudine, scalpita. Classico del cinema gay pre-Aids, che vuole raccontare un modo di vivere con ironia, divertimento ed esibizionismo, ma senza nessun maledettismo. I suoi limiti sono nel cronachismo spicciolo e nella ristrettezza dei mezzi. Ripploh, attore nella parte di se stesso, in seguito ha girato un *Taxi nach Kairo*, mai arrivato da noi. La versione italiana è pesantemente censurata.

Ai confini della realtà **½ (*The Twilight Zone – The Movie*, Usa 1983, col, 97') John Landis, Steven Spielberg, Joe Dante, George Miller. ◆ Film a episodi. Nel primo segmento (John Landis. Con Vic Morrow) un razzista deve subire tutto quello che aveva immaginato di far patire a neri, ebrei, tedeschi e gialli; nel secondo segmento (Steven Spielberg. Con Scatman Crothers, Bill Quinn, Martin Garner) i pensionati di un ospizio tornano giovanissimi, con le conseguenze e i problemi dell'infanzia; nel terzo segmento (Joe Dante. Con Kathleen Quinlan, Jeremy Licht, Kevin McCarthy) un bambino ha la capacità di rendere reali sogni e fantasie; nel quarto segmento (George Miller. Con John Lithgow, Abbe Lane, Donna Dixon, Dan Aykroyd) un passeggero impazzisce perché crede di vedere un mostriciattolo che mette fuori uso i motori di un aereo in volo. Introdotto da un prologo (John Landis. Con Dan Aykroyd e Albert Brooks), un dichiarato omaggio a una delle serie televisive più famose degli anni Sessanta, cosceneggiato da chi (Richard Matheson) l'aveva scritta allora. Tre segmenti (1°, 2° e 4°) sono rifacimenti di episodi della serie tv, di cui hanno perduto, però, il fascino per aver voluto esplicitare troppo il mistero della storia. Più spavento che emozione.

Aida *½ (Italia 1953, col, 99') Clemente Fracassi. Con Sophia Loren, Lois Maxwell, Luciano Della Marra, Afro Poli, Antonio Cassinelli, Enrico Formichi, Alba Arnova. ◆ Versione cinematografica dell'opera di Giuseppe Verdi, che racconta il tragico amore tra il guerriero egizio Radames (Della Marra) e la schiava etiope Aida (Loren) destinato a scontrarsi prima con la gelosia della principessa Amneris (Maxwell) e poi con il ricatto del padre di Aida. Curioso tentativo di utilizzare degli attori e doppiarli con cantanti lirici (Renata Tebaldi per la Loren, qui completamente colorata di marrone, Ebe Stignani per la Maxwell, Giuseppe Campora per Della Marra, Gino Bechi per Poli, Giulio Neri per Cassinelli). Supervisione musicale di Renzo Rossellini, scenografia del futuro regista Flavio Mogherini. Sul set di questo film, la Loren incontrò il futuro marito Carlo Ponti.

Ai margini della metropoli ** (Italia 1952, b/n, 95') Carlo Lizzani. Con Massimo Girotti, Marina Berti, Giulietta Masina, Michel Jourdan, Lucien Gallas, Rossana Martini, Adriana Sivieri, Paola Borboni, Giuliano Montaldo, Giovanna Ralli. ◆ Un avvocato (Girotti) decide di occuparsi del caso di Mario Ilari (Jourdan), accusato di omicidio: con l'aiuto di una copista (Berti) e dell'amante del detenuto (Masina), oltre che della solidarietà di alcuni abitanti del quartiere, riuscirà a dimostrarne l'innocenza. Ispirato al caso reale di Lionello Egidi, detto «il biondino di Primavalle», il film cerca di mescolare l'inchiesta giudiziaria con la descrizione della povera realtà della periferia romana, alla ricerca di quella fusione tra impegno sociale e spettacolarità che sarebbe diventata una costante di Lizzani. Bello l'uso del degrado urbano come quinta di un mondo braccato (grazie anche alla fotografia di Gianni Di Venanzo), molto meno il percorso narrativo (sceneggiato da Angelo D'Alessandro, Alessandro Ferraù, Massimo Mida e Lizzani da un'inchiesta giornalistica di Mario Massimi), schematico e artificioso, anche per l'intervento preventivo della censura. La Borboni interpreta la mamma della Berti, mentre il futuro regista Giuliano Montaldo è don Antonio, il prete che sposa in carcere Jourdan e la Masina. Massimo Mida è accreditato anche come collaboratore alla regia.

Ai nostri amori **** (*A nos amours*, Francia 1983, col, 92') Maurice Pialat. Con Sandrine Bonnaire, Dominique Besnehard, Maurice Pialat, Evelyne Ker, Anne-Sophie Maillé, Maurice Pialat. ◆ Quindicenne (Bonnaire) in rotta con la famiglia passa con disinvoltura da un amore all'altro, fino a quando decide di mollare tutto e partire per l'America con uno dei suoi ragazzi. Lucido e attento sguardo sull'inquietudine di una adolescente che vuole tutto ma non desidera niente. Il soggetto classico del passaggio dall'adolescenza all'età adulta è trattato da Pialat con un'emozione e una rabbia raramente eguagliati: dietro all'apparente caos narrativo, si nasconde una struttura rigorosa che «con una progressione esemplare alterna rotture e riprese di tensione incastrate le une nelle altre per accrescere il senso di disagio». Film d'esordio per la bellissima e bravissima Bonnaire. Pialat interpreta il ruolo del padre.

Air America ** (*Air America*, Usa 1990, col, 118') Roger Spottiswoode. Con Mel Gibson, Robert Downey jr, Nancy Travis, Ken Jenkins, David Marshall Grant. ◆ Laos, 1969: un pilota esperto e disincantato (Gibson) e un altro appena arruolato (Downey) sono utilizzati dalla Cia per operazioni illegali in margine alla guerra in Vietnam. Dopo aver rischiato di diventare un capro espiatorio, il più giovane farà riscoprire al veterano la priorità dei valori umani. Dal romanzo di Christopher Robbins una sceneggiatura confusa e poco credibile, riscattata da Spottiswoode con qualche tocco umoristico, protagonisti convincenti ed efficaci acrobazie aeree.

Air Bud *½ (*Air Bud*, Usa/Lussemburgo/Canada 1997, col, 97') Charles Martin Smith. Con Kevin Zegers, Michael Jeter, Wendy Makkena, Bill Cobbs. ◆ Con l'aiuto del cane Buddy, capace di far canestro, il piccolo Josh (Zegers) porta la sua quadra di basket alla finale: i media impazzano, ma un malvagio clown reclama il cane. Tutti i cliché dei film sportivi per ragazzi, e in più l'imperitura ombra di Lassie. «A nessun animale è stato fatto del male», avverte una didascalia; «nessun effetto visivo è stato usato», aggiunge un'altra: dilemmi per i maggiori di dieci anni, che non sono il target del film. Furbata prodotta dai fratelli Weinstein. Con un seguito.

Air Bud 2 – Eroe a quattro zampe * (*Air Bud 2 – Golden Retriever*, Usa 1998, col, 97') Richard Martin. Con Kevin Zegers, Gregory Harrison, Cynthia Stevenson, Nora Dunn. ◆ Questa volta Buddy impara a giocare a football americano e cade nelle mire di una coppia di malvagi addestratori di animali. Più bestie e più scemenza. Quattro cani hanno sostituito il defunto Buddy originale: stress da superlavoro?

Air Force – Aquile d'acciaio 3 * (*Aces: Iron Eagle III*, Usa 1992, col, 93') John Glen. Con Louis Gossett jr, Rachel McLish, Paul Freeman, Horst Buchholz, Christopher Cazenove. ◆ Questa volta il pilota/generale di colore (Gossett) prende di mira un grosso laboratorio di cocaina in Perù, con il supporto di alcuni veterani della seconda guerra mondiale. Lo sceneggiatore è sempre lo stesso (Kevin Elders), e il nuovo regista, che prima aveva diretto ben cinque James Bond, qui si limita a mettere in scena la solita solfa machista e risibile. Unica novità, la bodybuilder Rachel McLish.

Air Force One ** (*Air Force One*, Usa 1997, col, 124') Wolfgang Petersen. Con Harrison Ford, Gary Oldman, Wendy Crewson, Glenn Close, William H. Macy, Dean Stockwell, Jürgen Prochnow. ◆ Durante il viaggio di ritorno da Mosca, l'aereo presidenziale Air Force One viene preso in ostaggio da un gruppo di ribelli kazaki guidati da Ivan Korshunov (Oldman): chiedono la liberazione di un generale ribelle, altrimenti uccideranno un ostaggio ogni mezz'ora. Ma a differenza di Clinton, il presidente degli Stati Uniti James Marshall (Ford) non solo ha combattuto in Vietnam, ma deve aver visto anche *Die Hard* per come sa tenere a bada, nascosto nella carlinga, i terroristi che hanno osato dirottargli l'aereo. Purtroppo, una volta eliminato il cattivo, si casca in un clone della serie *Airport*, pieno di brutti effetti speciali digitali. Mai visto, dai tempi dei *Berretti verdi*, un elogio così convinto degli americani come poliziotti del mondo: un passo indietro nel nuovo genere presidenziale. Scritto, senza una briciola di ironia, da Andrew W. Marlowe.

Airheads – Una band da lanciare ** (*Airheads*, Usa 1994, col, 91') Michael Lehmann. Con Brendan Fraser, Steve Buscemi, Adam Sandler, Joe Mantegna, Judd Nelson, Nina Siemaszko, Chris Farley, Ernie Hudson, Amy Locane. ◆ Una band di metallari decerebrati (Fraser, Buscemi e Sandler), armati di Uzi giocattolo, occupa una stazione radio perché venga trasmesso un loro pezzo: non ce la faranno, ma diventeranno eroi dei mass media. Il regista di *Schegge di follia*, a suo agio coi toni grotteschi ed esagitati, si lancia in una facile satira dell'industria del successo, anche se leggermente più cattiva della media, data la difficoltà di provare simpatia per i protagonisti. Sceneggiatura di Rich Wilkes.

Airport ** (*Airport*, Usa 1970, col, 136') George Seaton. Con Burt Lancaster, Dean Martin, Jean Seberg, George Kennedy, Helen Hayes, Jacqueline Bisset. ◆ A bordo di un boeing un folle fa scoppiare una bomba, suscitando il panico tra i suoi compagni di volo. Da un romanzo di Arthur Hailey, un film basato sugli incontri-scontri di caratteri diversi, che può contare su un ottimo cast. Oscar per l'attrice non protagonista a Helen Hayes. Ha inaugurato un filone.

Airport 75 * (*Airport 1975*, Usa 1974, col, 106') Jack Smight. Con Charlton Heston, Karen Black, George Kennedy, Efrem Zimbalist jr, Dana Andrews, Myrna Loy, Sid Caesar, Helen Reddy, Linda Blair. ◆ Scontro tra un jumbo e un aereo da turismo, con relativo panico dei passeggeri. Tentativo, mal riuscito, di imitare il successo del precedente con un cast all-star. Gloria Swanson (qui nella sua ultima apparizione) interpreta se stessa.

Airport 77 * (*Airport '77*, Usa 1977, col, 113') Jerry Jameson. Con Jack Lemmon, James Stewart, Lee Grant, Brenda Vaccaro, Olivia de Havilland, Joseph Cotten, George Kennedy, Christopher Lee. ◆ Un lussuoso aereo privato viene sabotato e l'operazione di salvataggio si presenta ad alto rischio. Solito catastrofismo senza molta tensione, nobilitato da attori di rango.

Airport 80 ° (*The Concorde – Airport '79*, Usa 1979, col, 110') David Lowell Rich. Con Alain Delon, Robert Wagner, Sylvia Kristel, George Kennedy, Bibi Andersson, Susan Blakely, Mercedes McCambridge. ◆ L'ultimo episodio della serie si svolge su un concorde, sul quale le speranze di un viaggio tranquillo sono vanificate da una spia pazzoide. Decisamente fiacco.

Airport 90 ** (*Flight N. 90: Disaster on the Potomac*, Usa 1985, col, 100') Robert Michael Lewis. Con Jeanetta Arnett, Barry Corbin, Stephen Mach, Dinah Manoff. ◆ La vera storia di un aereo che nel 1982 precipitò nel fiume Potomac. A dispetto del titolo italiano, non ha niente a che vedere con gli altri *Airport*: è un film televisivo non disprezzabile, che sottolinea l'eroismo (e la fortuna) di coloro che uscirono vivi dal disastro.

Aiutami a sognare *½ (Italia 1981, col, 118') Pupi Avati. Con Mariangela Melato, Anthony Franciosa, Orazio Orlando, Alexandra Stewart, Jean-Pierre Léaud, Paola Pitagora. ◆ Durante la seconda guerra mondiale una vedova (Melato) sfollata in montagna con i figli ha una breve storia d'amore con un pilota americano (Franciosa) costretto ad atterrare lì vicino per un guasto all'aereo. Romanticismo sdolcinato e buoni sentimenti, tra un ballo e una cantata. La versione per la televisione dura 180'.

Aiuto! *** (*Help!*, Gb 1965, col, 92') Richard Lester. Con i Beatles, Leo McKern, Eleanor Bron, Victor Spinetti, Roy Kinnear. ◆ Ringo Starr, il batterista dei Beatles, è in possesso di un anello che per i membri di una setta religiosa orientale è sacro. Pur di recuperarlo, danno la caccia ai quattro musicisti per mezzo mondo. Spunti surreali e satira aperta nei confronti del tradizionalismo britannico, ma la gioia di vivere del precedente *Tutti per uno* si appanna di pari passo col crescere delle tensioni all'interno del complesso.

Aiuto! Mi sono persa a New York! * (*Mannequin Two: On the Move*, Usa 1991, col, 95') Stewart Raffill. Con Kristy Swanson, William Ragsdale, Terry Kiser, Meshach Taylor. ◆ Vittima di un sortilegio medioevale, la bionda Jessie (Swanson) diventa una statua: mille anni dopo arriva in America e si sveglia col bacio di un pulitore di finestre di un grande magazzino. Gratuito recupero dei personaggi di *Mannequin* (1987), è una commedia fantastica piena di luoghi comuni, garbata ma niente di più. Per la cronaca, la New York del titolo è un abbaglio della distribuzione italiana: la città in cui si svolge è Philadelphia.

Ai vostri ordini, signora * (Italia 1939, b/n, 70') Mario Mattoli. Con Vittorio De Sica, Elsa Merlini, Enrico Viarisio, Giuditta Rissone, Enzo Biliotti, Pina Renzi, Armando Migliari, Elena Altieri, Luigi Pavese, Ernesto Almirante, Checco Rissone. ◆ Ingaggiato come accompagnatore da una miliardaria un po' stramba (Merlini), il piacente Pietro Haguet (De Sica) finisce anche per innamorarsene, ma ci vorranno mille equivoci e un'improvvisa eredità prima di risolvere ogni problema. Scialbo adattamento (firmato dal regista e Oreste Biancoli) di una commedia di André Birabeau, meccanico e confuso nel suo svolgimento, ravvivato solo qua e là dalla contagiosa simpatia di De Sica (mentre Viarisio e la Merlini recitano in un sovratono fastidioso). Curiosa la scena semi-documentaria all'interno della sei giorni ciclistica.

Ai vostri ordini, signora! *½ (*Fancy Pants*, Usa 1950, col, 92') George Marshall. Con Bob Hope, Lucille Ball, Bruce Cabot, John Alexander, Norma Varden, Jack Kirkwood, Eric Blore. ◆ Per elevarsi socialmente, i Floud portano a Big Squaw, nel New Mexico, un maggiordomo inglese (Hope) senza sapere che è in realtà un attore spiantato, addirittura americano d'origine. Gli equivoci aumentano quando i concittadini credono che sia un conte e quando nella cittadina arriva il presidente Teddy Roosevelt. Commedia farsesca con numeri musicali che vorrebbe rifare *Il maggiordomo* di McCarey, ma la sceneggiatura di Edmund Hartmann e Robert O'Brien (che sostanzialmente riscrive il racconto di Harry Leon Wilson) annulla tutti gli spunti di satira sociale e si limita a offrire a Bob Hope l'occasione per una serie di smorfie cavalline e una inutile love story con la figlia dei Floud (Ball). Programmato in Tv col titolo *Bob il maggiordomo*.

Akira **½ (*Akira*, Giappone 1989, col, 124') Katsuhiro Otomo. ◆ Nella Tokyo postatomica un giovane teppista viene sottoposto a esperimenti che ne potenziano le facoltà telecinetiche, facendolo diventare un pericoloso e gigantesco mutante. *Blade Runner* e il finale di *2001: Odissea nello spazio*, Cronenberg e la saga di Godzilla vengono allegramente contaminati nel più costoso e delirante film d'animazione mai realizzato in Giappone. Per chi non ha familiarità col fluviale fumetto omonimo, la storia – date le molte ellissi – è difficilmente decifrabile. Innegabile, comunque, il fascino visivo: il tratto è inconfondibilmente nipponico, ma animazione e colori sono spesso stupefacenti.

Aladdin *** (*Aladdin*, Usa 1992, col, 85') John Musker, Ron Clements. ◆ Aladdin, ladruncolo da strada innamorato della principessa Jasmine, entra in possesso della lampada magica, all'interno della quale è imprigionato il genio, in grado di esaudire tre desideri. Il malvagio visir Jafar ruba la lampada e quasi impalma la principessa; ma il genio, che ha preso in simpatia Aladdin, lo aiuta, e in cambio riceve la libertà. Prodotto dalla Disney (che ha imposto in tutti i Paesi il titolo inglese per ragioni di merchandising e lotta alle imitazioni), questo disegno animato è stato considerato da molti un tradimento della tradizione, ed è molto più spregiudicato dei pur innovativi *La sirenetta* e *La bella e la bestia*. Ritmi e trovate fanno il verso alla serie di Indiana Jones, gli ammiccamenti e gli anacronismi si sprecano, e le gag sono più smaliziate per renderle adatte anche a un pubblico adulto. Merito (o colpa), soprattutto, del personaggio del genio, un essere proteiforme e gigionesco, capace di trasformarsi in pochi secondi da Schwarzenegger a una hostess. La grafica spigolosa e bidimensionale sembra ispirarsi più ai cartoon di Chuck Jones che al tratto tondeggiante dei classici Disney, ma vi sono trovate eccezionali, come quella del tappeto volante (interamente animato con la computer graphic) capace di esprimere – senza parole né volto – gli stati d'animo più diversi. Nella versione originale la voce del genio era di Robin Williams, la cui performance è stata talmente debordante da costringere gli animatori a rifare intere sequenze. Nella versione italiana se la cava egregiamente Gigi Proietti. Oscar alla canzone *A Whole New World* di Alan Menken e Tim Rice. Polemiche per un presunto spirito antiarabo che ha costretto a cambiare le parole di un'altra canzone. I personaggi si ritrovano in *Il ritorno di Jafar* (1994).

Alambrado **½ (Italia/Argentina 1991, col, 90')

Marco Bechis. Con Jacqueline Lustig, Martin Kalwill, Arturo Maly, Matthew Marsh, Enrique Ahriman. ◆ Un anziano antiquario di origine scozzese (Maly) si è ritirato in Patagonia insieme ai due figli adolescenti (Lustig e Kalwill), inquieti e smaniosi di fuggire altrove. Quando una multinazionale interviene nella zona con un progetto di sviluppo turistico, il padre costruisce un grande recinto di fil di ferro e paletti (un «alambrado»), ma il tentativo di difesa sfocerà in tragedia per tutti. L'intensa opera prima di un giovane regista italoargentino, espulso da Buenos Aires per motivi politici. Scandito dal ritmo incessante del vento in presa diretta, rarefatto dall'essenzialità della scrittura, inasprito da una regia ruvidamente poetica, il film conduce lo spettatore a sperimentare fisicamente il senso del limite, il fascino del vuoto, la prova estrema della solitudine. All'ombra di Chatwin e Herzog, un Bechis povero di mezzi, ma ricco di idee e di sensibilità.

Alambrista! – Il clandestino **½ (*Alambrista!*, Usa 1977, col, 110') Robert M. Young. Con Domingo Ambriz, Trinidad Silva, Linda Gillin, Ned Beatty. ◆ Alambrista, ossia equilibrista, è un clandestino messicano (Ambriz) che cerca lavoro negli Stati Uniti accettando di fare il crumiro. Non mancano gli episodi patetici (l'incontro col padre emigrato da anni, la relazione con una cameriera), ma Young (cui si devono anche la sceneggiatura e la fotografia) sa conservare un tono imparziale e prossimo al documentario. All'epoca un film coraggioso e anticonformista, premiato al festival di San Sebastian.

Alamo Bay ** (*Alamo Bay*, Usa 1985, col, 95') Louis Malle. Con Ed Harris, Amy Madigan, Ho Nguyen, Donald Moffat, Rudy Young. ◆ Alla metà degli anni Settanta alcuni sudvietnamiti riescono a emigrare in Texas e a lavorare come pescatori, ma la popolazione locale non vede di buon occhio la concorrenza dei «musi gialli». Un tema interessante affrontato in modo svogliato, con un incongruo finale da film western.

Alan & Naomi ** (*Alan & Naomi*, Usa 1992, col, 96') Sterling VanWagenen. Con Lukas Haas, Vanessa Zaoui, Michael Gross, Amy Aquino, Kevin Connolly, Zohra Lampert. ◆ Sbarcata a Brooklyn nel 1944, la piccola ebrea francese Naomi (Zaoui), diventata muta dopo aver visto il padre giustiziato dai nazisti, trova nell'adolescente Alan, lui pure ebreo (Haas, già protagonista di *Witness*), l'aiuto per superare il suo handicap. Ma un'aggressione antisemita rischia di traumatizzarla ancora di più. Volenteroso film sul difficile reinserimento delle vittime della persecuzione nazista sceneggiato da Jordan Horowitz: lo scopo è nobile, il discorso sul razzismo strisciante anche in ambienti insospettabili è ben articolato, ma la regia non ha mai uno scatto e il risultato finisce per essere solo prevedibilmente corretto.

Ala o la coscia?, L' *½ (*L'Aile ou la cuisse?*, Francia 1976, col, 105') Claude Zidi. Con Louis de Funès, Michel Coluche, Julien Guiomar, Vittorio Caprioli, Claude Gensac, Ann Zacharias. ◆ Lotta senza quartiere tra un temutissimo autore di guide gastronomiche (de Funès) e un magnate del cibo preconfezionato (il «Napoleone del mangiare pronto»). Bonaria presa in giro delle manie gastronomiche dei francesi.

Alaska ** (*Alaska*, Usa 1996, col, 109') Fraser C. Heston. Con Thora Birch, Vincent Kartheiser, Dirk Benedict, Charlton Heston, Duncan Fraser. ◆ Alla ricerca del padre sperduto tra le nevi, Jessie (Birch) e Jake (Kartheiser) vengono aiutati da un cucciolo d'orso che hanno salvato da due bracconieri (Heston e Fraser). Avventure ecologiche per famiglie in stile «National Geographic», messe in scena con competenza tecnica dal figlio di Charlton Heston: per chi ama gli animali (anche se spesso sono «animatronici») e i bei paesaggi.

Alba, L' * (Italia 1991, col, 73') Francesco Maselli. Con Nastassja Kinski, Massimo Dapporto. ◆ Amanti per il tempo di un congresso, Karen (Kinski) e Massimo (Dapporto) si ritrovano dieci anni dopo, e tra chiacchiere e amplessi consumano in una notte, in un motel, ciò che resta del loro passato. Ogni regista ambizioso sogna di girare un film con due personaggi in una stanza: ci è arrivato anche Maselli, e tra psicologie da rotocalco e scivoloni nel ridicolo (Dapporto che lecca il miele sull'ombelico della Kinski, o battute come «vorrei entrate tutto dentro di te, qui nella pancia, e stare a cuccia») rischia di far sembrare eterna poco più di un'ora di film. Sconsigliabile anche ai fan di Nastassja, al suo secondo film con Maselli dopo *Il segreto*.

Alba d'acciaio *½ (*Steel Dawn*, Usa 1987, col, 100') Lance Hool. Con Patrick Swayze, Lisa Niemi, Christopher Neame, Brian James, Anthony Zerbe, Brett Hool. ◆ In un mondo futuribile dove la risorsa più preziosa è l'acqua, vedovella e figlio devono subire l'arroganza del vicino proprietario terriero. Ma c'è chi li difenderà. Un'insolita cornice ambientale (le riprese sono state fatte in Sudafrica) fa da sfondo a una storia senza molta originalità, che ricorda *Il cavaliere della valle solitaria*.

Alba dei falsi dèi, L' * (*Das fünfte Gebot*, Rft/Italia 1978, col, 115') Duccio Tessari. Con Helmut Berger, Peter Hooten, Umberto Orsini, Lorella De Luca, Kurt Zips, Udo Kier. ◆ Germania, anni Venti: due indolenti ragazzini vengono coinvolti in una serie di delitti da un fanatico capo nazista e poi abbandonati al loro destino. Ma il ritratto dell'adolescenza perduta in anni torbidi e confusi si trasforma in un drammone lungo ed enfatico, popolato da nazisti caricaturali.

Alba del gran giorno, L' ** (*Great Day in the Morning*, Usa 1956, col, 92') Jacques Tourneur. Con Robert Stack, Virginia Mayo, Ruth Roman, Alex Nicol, Raymond Burr, Regis Toomey. ◆ In Colorado, alla vigilia della guerra civile, i partigiani del Nord e del Sud litigano con i cercatori d'oro, mentre un uomo (Stack) si trova costretto a scegliere tra due donne (Mayo e Roman). Un western d'atmosfera, dove la scarsità dell'azione è compensata dall'attenzione per la psicologia dei personaggi.

Alba di gloria *** (*Young Mr. Lincoln*, Usa 1939, b/n, 101') John Ford. Con Henry Fonda, Alice Brady, Ward Bond, Donald Meek, Dorris Bowdon, Pauline Moore, Richard Cromwell, Eddie Quillan. ◆ Convinto dal ricordo degli incitamenti di Ann Rutledge (Moore), il giovane Abe Lincoln (Fonda) lascia New Salem per trasferirsi a Springfield (a dorso di mulo, in una sequenza indimenticabile), dove utilizzerà, nel campo del diritto, le proprie doti di eloquenza per il bene pubblico. Il giorno dell'Indipendenza dovrà difendere Matt e Adam (Cromwell e Quillan), figli della sua conoscente Albigail Clay (Brady), dall'accusa di omicidio: riuscirà prima a salvarli dal linciaggio e al processo dimostrerà la loro innocenza. Scritto da Lamar Trotti e dallo stesso Ford (non accreditato), è «un ritratto mitico più che una biografia» del futuro presidente degli Stati Uniti, basato su alcuni aneddoti che suggeriscono il carattere di Abraham Lincoln e ne sottolineano alcune caratteristiche: la sua eloquenza, prima di tutto, e poi la capacità di capire e di farsi capire dagli umili, l'amore per la natura, il suo rapporto mistico con le acque dei fiumi e l'influenza – saldissima anche dopo la morte – che ebbe su di lui Ann Rutledge. Il film deve molto del suo fascino un po' misterioso alla grande prova di Fonda, che iniziò qui la sua lunga collaborazione con Ford e che fu obbligato a portare scarpe speciali per sembrare più alto (oltre a mettersi un naso finto per accentuare la somiglianza con Lincoln). Indimenticabile la prima parte, in cui Ford tratteggia con tenerezza e ironia la vita della provincia americana.

Alba fatale **** (*The Ox-Bow Incident*, Usa 1943, b/n, 75') William A. Wellman. Con Henry Fonda, Dana Andrews, Mary Beth Hughes, Anthony Quinn, William Eythe, Henry Morgan, Harry Davenport, Francis Ford, Frank Conroy, Daniel Tyler. ◆ Esasperati dai continui furti, gli abitanti di un paesino del Nevada catturano tre stranieri (Andrews, Quinn e Ford) accusandoli di aver ucciso un allevatore e di avergli rubato il bestiame. Nonostante l'opposizione di due cowboy (Fonda e Morgan) e il fatto che non esistano prove concrete a loro carico, i tre vengono impiccati senza praticamente lasciar loro la possibilità di difendersi: solo il giorno dopo si scoprirà che erano innocenti. Uno dei primi, insuperati esempi di western realista che distrugge il mito del cowboy coraggioso e virile e dà inizio alla dissoluzione del mito della frontiera. «Il luogo è banale, il tempo triste, le vittime scialbe e la storia è solo quella di un po' di intolleranza in un angolo sperduto dell'Ovest, dove gli stranieri sono a priori sospetti»: la regia di Wellman scardina ogni drammatizzazione negando dignità all'eroe romantico per rendere la sua cronaca ancora più implacabile, anche perché non trasforma chi dà la caccia agli assassini in una folla assetata di sangue, ma situa con rara esattezza psicologica le reazioni dei contadini e la loro autodifesa in un quadro sociale decisamente innovativo per i tempi. Molto del merito va anche alla sceneggiatura di Lamar Trotti, che ha adattato con estrema fedeltà il racconto di Walter Van Tilburg Clark, concedendosi una sola libertà: la lettera d'addio scritta da uno dei condannati alla moglie, che nel libro è solo accennata, mentre nel film chiude con le sue commoventi parole (lette da Henry Fonda) questa grigia parabola sulla durezza degli uomini e delle cose. La Fox era contraria al progetto e per risparmiare decise di non girare in esterni, ma la ricostruzione in studio finì per accentuare l'atmosfera claustrofobica del film e aumentarne la forza drammatica.

Al bar dello sport * (Italia 1983, col, 100') Francesco Massaro. Con Lino Banfi, Jerry Calà, Mara Venier, Annie Belle, Mirella Banti, Franco Barbero, Sergio Vastano. ◆ Emigrato pugliese a Torino (Banfi) azzecca una vincita miliardaria al totocalcio, e decide di andarsene in Francia per sfuggire alle pressioni di parenti e debitori. Comicità di grana grossissima.

Alba rossa ** (*Red Dawn*, Usa 1984, col, 114') John Milius. Con Patrick Swayze, C. Thomas Howell, Lea Thompson, Charlie Sheen, Ben Johnson, Harry Dean Stanton. ◆ La principale paranoia degli americani si avvera: l'Unione Sovietica invade gli Stati Uniti. A un gruppo di studenti il compito di organizzare, rifugiandosi tra le montagne, la lotta di resistenza. Ideologicamente è impossibile prendere il film sul serio, ma tra una tirata retorica e l'altra Milius conferma di essere un buon regista d'azione, specie nel dare alla natura il respiro e la statura di un autentico personaggio tragico.

Alba tragica **** (*Le Jour se lève*, Francia 1939, b/n, 85') Marcel Carné. Con Jean Gabin, Arletty [Léonie Bathiat], Jules Berry, Jacqueline Laurent, Bernard Blier. ◆ Mentre la polizia sta per catturarlo, l'operaio François (Gabin) rivive i suoi ultimi giorni: la passione per una fioraia (Laurent), la relazione con una donna vissuta (Arletty), l'assassinio del rivale in amore (Berry). Una summa dell'universo poetico di Jacques Prévert, coautore della sceneggiatura con Jacques Viot: l'interesse per il mondo proletario, il pessimismo esistenziale, la visione negativa del destino, la netta contrapposizione tra buoni e cattivi. E fu lui a imporre la partecipazione della Laurent, la sua amica. Un giovane Bernard Blier interpreta uno degli amici di François tra la folla. Uscito in giugno, fu proibito in settembre, perché demoralizzante, dalla censura militare. Dopo la guerra venne tagliata la scena di Arletty nuda sotto la doccia. La scenografia di Alexandre Trauner riprende quella, sempre di Trauner, di *Albergo Nord*. Rifatto a Hollywood come *La disperata notte*, ma edulcorato con un lieto fine.

Albatross, L' – Oltre la tempesta *½ (*White Squall*, Usa 1996, col, 121') Ridley Scott. Con Jeff Bridges, Caroline Goodall, John Savage, Scott Wolf, Jeremy Sisto, Ryan Philippe, David Lascher, Jason Marsden, David Selby, Julio Mechoso. ◆ 1960: il capitano Christopher Sheldon (Bridges) porta in giro per i Caraibi col suo brigantino-scuola Albatross un gruppo di liceali con vari problemi caratteriali. La disciplina del mare li raddrizzerà, ma sarà il tragico incontro con un'onda anomala (*white squall*) in piena tempesta a dimostrare chi è veramente maturato. Ennesima variazione sul tema dell'uomo di fronte alle proprie responsabilità e alla spietatezza della natura, che nemmeno lo spiegamento di effetti speciali marini riesce a rendere più interessante. La sceneggiatura di Todd Robinson fa sfoggio solo di retorica e prevedibilità, anche nello sfiorare la crisi di Cuba.

Albergo degli assenti, L' ** (Italia 1939, b/n, 90') Raffaello Matarazzo. Con Paola Barbara, Camillo Pilotto, Claudia Candiani, Maurizio D'Ancora. ◆ In un albergo senza possibilità d'uscita vengono tenuti prigionieri dei personaggi di cui, per una ragione o per l'altra, le rispettive famiglie si vogliono sbarazzare. Un'originale idea di partenza (da un giallo di Michelangelo Barricelli) per un film claustrofobico che ripropone atmosfere espressioniste e gotiche.

Albergo Nord **½ (*Hôtel du Nord*, Francia 1938, b/n, 95') Marcel Carné. Con Annabella [Suzanne Charpentier], Jean-Pierre Aumont, Arletty [Léonie Bathiat], Louis Jouvet, Paulette Dubost, Bernard Blier. ◆ Visto che il loro amore è osteggiato dai genitori, due ragazzi parigini (Annabella e Aumont) si rifugiano in una locanda di periferia e decidono di uccidersi, ma solo lei pare avere il coraggio per andare fino in fondo. Carné adatta il romanzo di Eugène Dabit – alfiere del populismo anni Trenta – insieme a Jean Aurenche giocando sul contrasto tra la giovane coppia romantica e una più pittoresca e triviale (formata da Jouvet e Arletty), sorta di «poetici archetipi capaci di trasmettere un'intensa verità sociale». L'atmosfera teatrale dell'albergo (tutto costruito in studio da Alexandre Trauner) è splendida, Jouvet dà il meglio nella parte di un equivoco pensionante che vuole soffiare la ragazza al protagonista. Ma la vera anima del film è Arletty che, scambiando la parola «atmosfera» per un insulto, compone una delle scene più famose del cinema francese.

Albergo Roma ** (Italia 1996, col, 105') Ugo Chiti. Con Claudio Bisio, Alessandro Benvenuti, Debora Caprioglio, Tcheky Karyo, Roberto Posse, Alessandra Acciai, Lucia Poli, Laura Trotter, Davide Bechini, Giorgio Panariello, Carlo Monni, Cecilia Dazzi, Barbara Enrichi, Lily Tirinanzi, Gianna Giachetti, Patrizia Corti, Florens Fanciulli, Nicola Trambusti, Massimo Ceccherini, Novello Novelli. ◆ Alla vigilia della visita di Mussolini in un piccolo paese, un cane trova quello che sembra un feto. I possidenti del luogo cercano di evitare lo scandalo scovando il colpevole, ma i pettegolezzi girano e soprattutto arriva in città un temutissimo federale (Karyo), forse con l'incarico di fare qualche epurazione. Per debuttare alla regia, il drammaturgo e sceneggiatore Ugo Chiti sceglie di adattare una propria pièce (*Allegretto... perbene ma non troppo*): il ritratto dei personaggi è curato grazie anche a una scelta di attori indovinata – da Bisio (segretario del fascio) a Lucia Poli (la sarta) alla Caprioglio (la servetta Ginecriste) –, la satira della cattiveria e dell'ignavia di paese divertente, ma tutto rimane molto in superficie e il film procede meccanico e freddo verso l'inevitabile colpo di scena finale.

Albero cresce a Brooklyn, Un *** (*A Tree Grows in Brooklyn*, Usa 1945, b/n, 128') Elia Kazan. Con Peggy Ann Garner, James Dunn, Dorothy McGuire, Joan Blondell, Lloyd Nolan. ◆ A New York, alla fine del secolo scorso, la vita di una famiglia irlandese in un sobborgo popolare, tra la solidarietà del vicinato e l'amore di papà per la bottiglia. Primo film di Kazan (tratto dal romanzo omonimo di Betty Smith e sceneggiato da Tess Slesinger e Frank Davis), il film dosa con sapienza momenti tristi e allegri, tra una miriade di personaggi: un ritratto efficace della quotidianità in uno spicchio della grande metropoli. Oscar a James Dunn per l'attore non protagonista.

Albero degli impiccati, L' ***½ (*The Hanging Tree*, Usa 1959, col, 106') Delmer Daves. Con Gary Cooper, Maria Schell, Karl Malden, Ben Piazza, Karl Swenson, George G. Scott. ◆ Durante la corsa all'oro nel Montana, il dottor Joe Frail (Cooper) salva dalla cecità la giovane Elizabeth Mahler (Schell), la finanzia – senza svelarglielo – nella sua ricerca dell'oro e la difende dalla prepotenza del socio (Malden), ma rischierà di essere impiccato quando la sua vendicativa idea di giustizia scatenerà l'odio represso dei minatori. Lento e coinvolgente, è forse il più bello dei dieci western di Daves, specie di «parabola antifaustiana» dove la pretesa superiorità del medico – convinto di poter giudicare e «guidare» i comportamenti di tutti – viene messa in crisi prima dall'irrazionalità delle persone (guidata da un esordiente George G. Scott, spettacolare nel ruolo di un predicatore alcolizzato e fanatico) e poi dall'amore sempre respinto di Elizabeth che, barattando il proprio oro con la vita di Frail, costringe l'uomo a rimettersi in discussione in nome dei sentimenti. Senza tradire la propria ispirazione (che predilige storie che tendono al melodramma), Daves fonde perfettamente i temi presenti nella sceneggiatura di Wendell Mayes e Halstead Welles – la crudeltà della frontiera, le aberrazioni del moralismo, l'avidità di oro e di sesso, la violenza della giustizia – senza svelare o spiegare fino in fondo le ragioni dei suoi personaggi e moltiplicando le contraddizioni del protagonista (generoso e autoritario, premuroso e cinico) per mettere in crisi le certezze dello spettatore. Su tutto, trionfa il lirismo delle inquadrature e dei movimenti di macchina, che «esprimono con la stessa intensità le emozioni dei personaggi e una visione panteistica della natura», che però la Tv penalizza brutalmente.

Albero degli zoccoli, L' *** (Italia 1978, col, 175') Ermanno Olmi. Con Luigi Ornaghi, Francesca Moriggi, Omar Brignoli, Antonio Ferrari, Teresa Brescianini, Giuseppe Brignoli. ◆ In una cascina del bergamasco, dall'autunno del 1897 fino alla primavera seguente, la vita, gli amori e soprattutto il lavoro di quattro famiglie contadine impegnate nei campi per conto del proprietario. Partecipe omaggio a un mondo in via d'estinzione, osservato con rispetto e senza presunzione, lasciando che la poesia trapeli dai gesti e dalle parole di ogni giorno. Realizzato con la stessa gente della campagna bergamasca, il film colpisce «per il rigore e la trasparenza con cui descrive quel mondo» dove violenza e miseria sono riassorbite nella visione di un «ordine» unitario, pieno di disgrazie ma non di conflitti, alla cui base sta una visione cattolico-populista che idealizza l'umiltà rassegnata. Il prete bergamasco è interpretato da Carmelo Silva, il più grande disegnatore italiano di calcio. Palma d'oro al festival di Cannes 1978.

Albero della vendetta, L' ***½ (*Ride Lonesome*, Usa 1959, col, 73') Budd Boetticher. Con Randolph Scott, Karen Steele, Parnell Roberts, James Best, Lee Van Cleef, James Coburn. ◆ Per vendicarsi di Frank (Van Cleef), il sanguinario bandito che gli ha ucciso la moglie, l'ex sceriffo Ben Brigade (Scott) ha catturato il fratello Billy John (Best) che vorrebbe usare come esca. Ma durante il viaggio per portare Billy in prigione, a Ben si uniscono altre tre persone: una vedova (Steele), evidentemente attratta dall'ex sceriffo, e due fuorilegge (Roberts e Coburn) che invece lo vogliono morto perché otterrebbero il perdono nel caso fossero loro a consegnare Billy John. Quinto dei sei western di Boetticher interpretati da Randolph Scott e prodotti (escluso il primo, *I sette assassini*) dalla Ranown, è una delle punte più alte della sua carriera, indimenticabile riflessione sulla vendetta e le sue ossessioni. Definendo il suo personaggio «non in rapporto a una causa, ma in rapporto a quello che fa per difenderla», Boetticher evita ogni tipo di incertezza esistenziale o morale nel raccontare la missione di Ben Brigade. Se si esclude l'attacco dei mescaleros, il film possiede le caratteristiche dell'essenzialità: l'esito dello scontro finale tra Ben e Frank è praticamente scontato, quello che interessa è il modo in cui si arriva a questa resa dei conti, implacabile successione di mosse e contromosse che rispondono a una regia nascosta ma inesorabile. Una modernità di messinscena sottolineata anche dalla totale mancanza di rapporti familiari o geografici tra i vari personaggi del film e il suo protagonista, condannato a una «irrimediabile solitudine». Fondamentale anche il contributo dello sceneggiatore Burt Kennedy che riesce a introdurre nel film addirittura elementi ironici e umoristici. Memorabile la sequenza finale, quando Ben Brigade brucia l'albero a forma di croce a cui era stata impiccata la moglie, e resta solo con il risultato della sua vendetta ormai portata a termine. Film d'esordio di James Coburn.

Albero della vita, L' *½ (*Raintree Country*, Usa 1957, col, 187') Edward Dmytryk. Con Montgomery Clift, Elizabeth Taylor, Eva Marie Saint, Lee Marvin, Nigel Patrick, Rod Taylor. ◆ Durante la guerra di Secessione una ragazza (Taylor) crede di aver trovato l'uomo della sua vita (Clift), ma dopo il matrimonio riesce solo a tormentare la vita di entrambi. Goffo tentativo di rifare *Via col vento*, soffocato dall'eccessivo allegorismo (lei, ossessionata dal dubbio di avere sangue nero nelle vene, rappresenterebbe il Sud che corrompe e trascina alla rovina il marito poeta e sognatore, cioè il Nord). Nel corso della lavorazione Clift subì un brutto incidente al volto, e questo in parte ne pregiudicò l'interpretazione. Tonitruante musica di Johnny Green.

Albero delle pere, L' *½ (Italia 1998, col, 90') Francesca Archibugi. Con Valeria Golino, Sergio Rubini, Stefano Dionisi, Niccolò Senni, Francesca Di Giovanni, Chiara Noschese, Victor Cavallo, Maria Consagra. ◆ Siddharta Pelosi (Senni), quindicenne con madre affettuosa e tossicodipendente (Golino) e padre separato e videomaker (Rubini), cerca di aiutare come può la sorellastra Domitilla (Di Giovanni) che si è punta con una siringa della mamma. Scritto dalla regista, un film di formazione (troppo) a tesi che gioca sul registro della leggerezza. Tra una tipizzazione, un cliché e un tocco di sincerità, la vicenda procede incerta (soprattutto nella sceneggiatura) cercando invano un equilibrio tra cinema romanzesco e cinema d'attualità. La fotografia di Luca Bigazzi e l'interpretazione dell'esordiente Niccolò Senni sono state premiate a Venezia.

Albero del male, L' **½ (*The Guardian*, Usa 1990, col, 98') William Friedkin. Con Jenny Seagrove, Dwier Brown, Carey Lowell, Brad Hall, Miguel Ferrer, Natalia Nogulich. ◆ Giovane coppia affida la propria neonata a una baby-sitter premurosa e competente (Seagrove), che in realtà si rivela essere la sacerdotessa di un culto arboreo che prevede sacrifici di bambini. Favola nera narrata con grande maestria, tratta da un romanzo di Dan Greenburg, cosceneggiatore col regista e Stephen Volk. Da incubo l'ambiente naturale, sinistro, maligno e minaccioso. Pochi ma buoni gli effetti speciali.

Albero di Adamo, L' ** (Italia 1936, b/n, 74') Mario Bonnard. Con Elsa Merlini, Antonio Gandusio, Renato Cialente, Dria Paola, Marcello Giorda. ◆ Un duca emigrato in America (Giorda) fa ritorno con la moglie (Merlini) nella natìa cittadina di provincia, dove imperversano i paparazzi del giornale locale. E così, per una serie di equivoci, il pediatra del posto (Cialente), sposato a una donna gelosissima (Paola), verrà sospettato di essere l'amante prima di una vedova allegra e poi della duchessa. Da *Il successo* di Alfredo Testoni, adattato da Aldo Vergano con dialoghi di Corrado Alvaro e Gherardo Gherardi, una commedia spigliata e satirica (entro i limiti dell'epoca) che si distingue soprattutto per il lavoro sui personaggi, sganciati dalle tipizzazioni proprie del genere e credibilmente rappresentativi, pur in chiave comica, dei vari strati sociali e professionali. Notevole l'ambientazione provinciale: non a caso il duca ritorna dall'America, dove ha potuto rimettere insieme il patrimonio sperperato dal genitore, e si ritrova nello Strapaese più angusto e pettegolo.

Albero di Antonia, L' **½ (*Antonia*, Olanda/Belgio/Gb 1995, col, 102') Marleen Gorris. Con Willike van Ammelrooy, Els Dottermans, Dora Van der Groen, Veerle van Overloop, Mil Seghers, Esther Vriesendorp, Carolien Spoor, Thyrza Ravestejin, Reinout Bussemaker, Elsie de Brauw, Jan Decleir, Marina De Graaf. ◆ La lunga vita di Antonia (van Ammelrooy), raccontata dalla pronipote (Ravestejin) accorsa al suo capezzale: ragazza madre in lotta contro la violenza di (quasi) tutti gli uomini, raduna attorno a sé una comunità di eccentrici ed emarginati, allevando figlia (Dottermans), nipote (van Overloop) e pronipote nella più totale libertà di pensiero e costumi. Cinquant'anni di storia al femminile, dal secondo dopoguerra a oggi, in una saga rigorosamente matriarcale che in meno di due ore rilegge e divulga i temi del femminismo classico (indipendenza, emancipazione sessuale, parità di diritti, ma all'interno del mito della Grande Madre) a colpi di grandi semplificazioni favolistiche. Non manca nulla (dallo stupro al rapporto lesbico, dalla vendetta in stile western alla bambina prodigio), ma forse c'è troppo e in modo eccessivamente calcolato (a cominciare dalla discendenza di sole donne). Oscar come miglior film straniero, il primo vinto dal Belgio.

Albero di Guernica, L' ** (Italia/Francia 1975, col, 100') Fernando Arrabal. Con Mariangela Melato, Ron Faber, Cosimo Cinieri, Franco Ressel, Mario Novelli, Cyrille Spiga. ◆ Nella cittadina spagnola di Guernica distrutta dai bombardamenti (da cui si è salvato solo un albero, diventato il simbolo della libertà) una giovane contadina e il suo ragazzo rinunciano a espatriare per schierarsi a fianco dei repubblicani. Una storia inventata vista attraverso gli occhi di un cineasta surrealista e visionario, che preferisce la fantasia e la sregolatezza alla misura della rievocazione documentaria.

Albero, il sindaco e la mediateca, L' **½ (*L'Arbre, le maire et la médiathèque*, Francia 1993, col, 110') Eric Rohmer. Con Pascal Greggory, Fabrice Luchini, Arielle Dombasle, Clémentine Amouroux, François-Marie Banier. ◆ Le elezioni sono alle porte, e il sindaco socialista (Greggory) del villaggio di Saint-Jure vorrebbe far costruire un inutile complesso multimediale, sacrificando un albero secolare: il maestro (Luchini) del paese insorge, e la sua figlioletta spiega al sindaco le ragioni del no. La campagna deve restare campagna, canta alla fine anche il sindaco. Dietro l'apparenza di un film a tesi che discute i vantaggi della vita in campagna e di quella in città, Rohmer si diverte a mescolare finzione e documentario, attori gigioni come Luchini a non professionisti. Intreccio ridotto al minimo, nessuna intenzione di arrivare a conclusioni serie (tant'è che il finale è affidato a una canzone), ma una leggerezza non futile spesso perduta negli ultimi film dell'autore.

Alberto e i pappagalli → *Pappagalli, I*

Alberto il conquistatore → *Scapolo, Lo*

Alberto il marmittone → *Allegro squadrone*

Al Capone *½ (*Al Capone*, Usa 1959, b/n, 105') Richard Wilson. Con Rod Steiger, Fay Spain, Murvyn Vye, Martin Balsam, James Gregory, Nehemiah Persoff. ◆ Ricostruzione semidocumentaria della vita del celebre gangster (Steiger): dalla folgorante ascesa nella malavita di Chicago ai problemi col fisco che ne decretarono l'arresto. Vorrebbe essere l'affresco di un'epoca, ma non è sufficientemente attendibile. Nel ruolo di Capone, Steiger diede un'interpretazione spesso sopra le righe, ma indimenticabile, alla base della performance di De Niro in *Gli intoccabili*.

Alcatraz → *Isola dell'ingiustizia, L' – Alcatraz*

Al centro dell'area di rigore *½ (Italia/Francia/Svizzera 1996, col, 83') Bruno Garbuglia, Roberto Ivan Orano. Con Christian Capone, Guillaume Fontanaz, Donat Guibert, Giorgio Tirabassi, Marzia Aquilano, Carlo Monni. ◆ 1942: sei ragazzi romani vanno a Torino per vedere una partita della Roma, decisiva per lo scudetto. Uno di loro (Guibert) in realtà deve ritirare un documento da un professore antifascista, e per altri due sarà l'occasione di una presa di coscienza. Ma la svolta seria è appiccicata a un prevedibile bozzetto sul passaggio da adolescenza a maturità, con un che di fasullo e di anacronistico nella ricostruzione d'epoca e nella recitazione. La sceneggiatura, dei due registi, vinse il premio Solinas.

Al centro dell'uragano ** (*Storm Center*, Usa 1956, b/n, 83') Daniel Taradash. Con Bette Davis, Brian Keith, Kim Hunter, Paul Kelly. ◆ In una città di provincia una vedova (Davis) si rifiuta di far sparire dalla biblioteca i libri sul comunismo, guadagnandosi così la fama di sovversiva presso l'intera comunità. Primo e unico film di un abile sceneggiatore che costruisce un film a tesi, rigorosamente antimaccartista in nome, però, della retorica dei valori americani.

Alcol **½ (*Come Fill the Cup*, Usa 1951, b/n, 113') Gordon Douglas. Con James Cagney, James Gleason, Phyllis Thaxter, Raymond Massey, Gig Young, Selena Royle. ◆ Lew Marsh (Cagney), un brillante giornalista liberatosi dal vizio del bere, deve aiutare a disintossicarsi il figlio playboy (Young) del direttore del giornale, alle prese con lo stesso vizio e innamorato della donna di un gangster: ci riuscirà, anche se perderà il suo più caro amico (Gleason). Tratto dal romanzo di Harlan Ware e sceneggiato (con qualche verbosità di troppo) da Ivan Goff e Ben Roberts, questo film affronta, all'interno di una struttura da noir classico (dove non si è mai completamente padroni del proprio destino), il tema dell'alcolismo dal punto di vista dell'aiuto che un uomo può ricevere da un altro uomo nel difficile cammino verso la propria disintossicazione. Uscito qualche anno dopo *Giorni perduti*, il film di Douglas ha sofferto del confronto con il capolavoro di Billy Wilder, anche se la forza espressiva di alcune scene (l'inizio con la descrizione del decadimento di Cagney) e una grande direzione d'attori ne fanno un'opera da non dimenticare.

Alcune ragazze lo fanno ° (*Some Girls Do*, Gb 1969, col, 93') Ralph Thomas. Con Richard Johnson, Daliah Lavi, Beba Loncar, Robert Morley, Sydne Rome, James Villiers. ◆ Continuano le avventure cominciate in *Più micidiale del maschio*: qui Bulldog (Johnson) deve impedire che vengano sabotati i progetti di un aeroplano supersonico inglese. Ultima, e pessima, apparizione sullo schermo dell'investigatore inglese Bulldog Drummond, il personaggio inventato dallo scrittore Sapper (alias H.C. McNeile): il tentativo di farne un anti James Bond è stato sonoramente rifiutato dal pubblico. E non si capisce come non avrebbe potuto essere così.

Al diavolo il paradiso *½ (*Checking Out*, Gb 1988, col, 99') David Leland. Con Jeff Daniels, Melanie Myron, Allan Havey, Joe Harvey Allen, Michael Tucker. ◆ In seguito alla morte per infarto del suo migliore amico e collega, un americano trentacinquenne (Daniels) cade vittima di una paralizzante sindrome ipocondriaca, finché non si ritrova all'ospedale con un vero attacco di appendicite acuta. Leland punta sulla satira e va in caccia di risultati brillanti, ma inciampa spesso e delude chi aveva apprezzato lo smalto, la freschezza e la sincera cattiveria di *Vorrei che tu fossi qui*. Anche Jeff Daniels rende meno sotto sforzo.

Al diavolo la morte *** (*S'en fout la mort*, Francia 1990, col, 91') Claire Denis. Con Isaach De Bankolé, Alex Descas, Jean-Claude Brialy, Solveig Dommartin, Christopher Bucholz, Gilbert Felmar. ◆ Proprietario di un ristorante assolda due africani perché organizzino dei combattimenti di galli con relativo giro di scommesse clandestine. La Denis concede poco allo spettacolo, osserva impassibile il modo in cui i due neri preparano gli animali alla lotta e la freddezza con cui racconta la vita degli immigrati Jocelyn e Dah è più eloquente ed efficace di tanta retorica indignazione.

Aldilà, L' → *E tu vivrai nel terrore! L'Aldilà*

Al di là dei sogni *½ (*What Dreams May Come*, Usa 1998, col, 113') Vincent Ward. Con Robin Williams, Annabella Sciorra, Cuba Gooding jr, Max von Sydow, Jessica Brooks Grant, Josh Paddock, Rosalind Chao, Lucinda Jenney, Maggie McCarthy, Wilma Bonet. ◆ Dopo la morte del cane e dei figlioletti, Chris (Williams) perde la vita nel tentativo di soccorrere un automobilista e nell'aldilà scopre che il Paradiso è uguale ai quadri della moglie pittrice (Sciorra): rimasta sola, la donna si suicida e finisce all'inferno dove Chris scenderà per cercare di salvarla, guidato da uno strano traghettatore (von Sydow). Il mito di Orfeo e Euridice rivisitato in un profluvio di effetti speciali ispirati a qualche secolo di pittura (da Church a Friedrich, da Botticelli a Bosch, da Turner a Doré fino a Topor), anche se la sceneggiatura di Ron Bass – che ha adattato con troppe concessioni New Age il romanzo di Richard Matheson – pare più la versione sentimentale del mito tutto americano della perseveranza che porta al successo. Strappalacrime se non fosse involontariamente comico (i protagonisti muoiono tutti nel primo quarto d'ora), è il paradigma estetico del nuovo kitsch di massa, che spaccia per raffinatezza un gusto pacchiano. Naturalmente gli effetti speciali visivi (di Joel Hynek, Nicholas Brooks, Stuart Robertson e Kevin Mack) sono mirabolanti e sono stati premiati con l'Oscar. Colonna sonora di Michael Kamen. Il titolo originale è una citazione da Shakespeare.

Al di là del bene e del male * (Italia 1977, col, 130') Liliana Cavani. Con Dominique Sanda, Erland Josephson, Robert Powell, Virna Lisi, Philippe Leroy, Carmen Scarpitta. ◆ Nella Roma di fine Ottocento Paul Rée (Powell) conosce Lou Salomé (Sanda) e vuole sposarla, ma lei preferisce un ménage a tre che comprenda anche l'amico «Fritz» Nietzsche (Josephson). Un dichiarato rifiuto della morale borghese, destinato però a fallire: Fritz impazzisce, Paul si scopre omosessuale e solo Lou cercherà di vivere all'insegna di una nuova identità protofemminista. All'epoca fece molto discutere, per l'arbitrarietà della ricostruzione storica e le scene «licenziose» (per esempio orinare in un vaso di fiori). Oggi appare soprattutto un papocchio pretenzioso e prolisso.

Al di là del desiderio *½ (*Bliss*, Usa 1997, col, 98') Lance Young. Con Craig Sheffer, Sheryl Lee, Terence Stamp, Spalding Gray, Casey Siemaszko, Lois Chiles. ◆ La moglie (Lee) è frigida e traumatizzata: e il marito (Sheffer), disperato, si rivolge al guru del sesso Baltazar (Stamp), che gli insegna a raggiungere i nove livelli dell'orgasmo. Tra il noir e una versione seriosa e New Age delle lezioni di Jacopo Fo, indifferente al ridicolo: quasi curioso per come affida la suspense all'esplorazione (rigorosamente soft) del corpo. Scritto dal regista.

Al di là del fiume ** (*Drum Across the River*, Usa 1954, col, 78') Nathan Juran. Con Audie Murphy, Lisa Gaye, Walter Brennan, Lyle Bettger. ◆ Per mettere le mani su un territorio ricco d'oro, bianchi senza scrupoli cercano di fomentare la guerra tra le locali tribù d'indiani. Western con un buon ritmo, penalizzato da incoerenze narrative.

Al di là della ragione * (*Beyond Reason*, Usa 1985, col, 83') Telly Savalas. Con Telly Savalas, Laura Johnson, Diana Muldaur, Marvin Laird, Bob Basso. ◆ Uno psicologo (Savalas) dai modi poco ortodossi è in realtà preda di turbe mentali ben maggiori di quelle dei suoi pazienti. Scritto e diretto da Savalas, al suo esordio nella regia, è lento e troppo televisivo nello stile, con alcuni buoni caratteristi che lo tengono a galla. Girato nel 1977 e mai distribuito in Italia, è uscito otto anni dopo solo in videocassetta.

Al di là delle nuvole ** (Italia/Francia/Germania 1995, col, 109') Michelangelo Antonioni e Wim Wenders. ◆ Quattro episodi dai racconti di *Un bowling sul Tevere* di Antonioni, adattati dai due registi e da Tonino Guerra. Nel primo (da *Cronaca di un amore mai esistito*, con Kim Rossi Stuart, Ines Sastre): a Ferrara due giovani si incontrano, si perdono, si ritrovano, ma sul più bello lui non conclude. Nel secondo (da *La ragazza, il delitto...*, con John Malkovich, Sophie Marceau): a Portofino un uomo va a letto con una parricida. Nel terzo (da *La ruota* e *Non mi cercare*, con Chiara Caselli, Peter Weller, Fanny Ardant, Jean Reno) una moglie (Ardant) tradita dal marito (Weller) incontra un uomo (Reno) nelle stesse condizioni. Nell'ultimo (da *Questo corpo di fango*, con Irène Jacob, Vincent Perez) un perditempo cerca invano di sedurre una futura monaca. Negli episodi-cornice (girati dal solo Wenders) il narratore (Malkovich) conversa con una donna (Jeanne Moreau) e questa con un suo amico pittore (Marcello Mastroianni) che torna a dipingere il Mont Saint-Victoire immortalato da Cézanne, malgrado lo sfacelo ecologico attuale, per cercare di ricreare i gesti dell'artista originale: il che sembra una metafora, in fondo autolesionista, sul significato dell'intero film. Tornato sul set dopo una lunga malattia e amorevolmente aiutato da Wenders e dalla compagna Enrica Fico (che appare nel secondo episodio), Antonioni porta in scena coraggiosamente il proprio tormento d'artista, ossessionato dalla ricerca della «vera immagine della realtà assoluta», ma insieme conscio che ogni suo sforzo è destinato a fallire. Così, le lacune e le pause che interrompono la fluidità narrativa degli episodi (e che tanto hanno infastidito molti spettatori) sono essenziali al senso ultimo del film, un «saggio in forma di fiction su cosa significhi guardare, inquadrare, filmare». Inevitabile che possa anche irritare l'opera di un regista che mette in scena la storia del proprio scacco, «la rinuncia dello sguardo» che si interroga su cosa c'è al di là delle nuvole (e delle immagini), ma Antonioni è così: prendere o lasciare.

Al di là delle tenebre **½ (*The Magnificent Obsession*, Usa 1935, b/n, 112') John M. Stahl. Con Irene Dunne, Robert Taylor, Ralph Morgan, Sara Haden, Charles Butterworth, Betty Furness. ◆ Ricco playboy (Taylor) che è in parte responsabile della morte di un medico si innamora della sua vedova (Dunne) e si adopera per guarirla dalla cecità. Uno dei melodrammi più famosi e popolari degli anni Trenta, ancora gradevole anche se inverosimile nei suoi sviluppi: Stahl (con i suoi sceneggiatori George O'Neil, Sarah Y. Mason e Victor Heerman) elimina dalla sceneggiatura ogni traccia di misticismo religioso presente nel romanzo di Lloyd C. Douglas, per concentrarsi sui contrasti di tono – dalla commedia al melodramma e viceversa – che gli permettono di sorprendere continuamente lo spettatore (anche l'incidente della Dunne, venendo dopo una serie di gag, sembra a prima vista un nuovo scherzo, che invece si rivela essere una tragedia). Rifatto nel 1954 (*Una magnifica ossessione*).

Al di là del mistero → *Casa degli orrori, La – Al di là del mistero*

Al di là del ponte ** (*Across the Bridge*, Gb 1957, b/n, 103') Ken Annakin. Con Rod Steiger, David Knight, Maria Landi, Noel Willman, Bernard Lee, Bill Nagy, Eric Pohlmann. ◆ Per evitare l'arresto, il losco finanziere Carl Schaffner (Steiger) fugge verso il Messico sostituendosi a un messicano (Nagy) che ha scaraventato dal treno. Ma quando cerca di passare la frontiera si accorge che ha preso l'identità di un terrorista, ricercato dalla polizia. Liberamente ispirato a un racconto di Graham Greene (sceneggiato da Guy Elmes e Denis Freeman), il film descrive l'odissea di un uomo che ha perso il suo potere e che non sembra più nemmeno libero di arrendersi a chi lo cerca. E lo fa con un'asprezza e un realismo piuttosto insoliti, nel quale i toni melodrammatici della storia sono attutiti per aumentare la tensione della solitudine di Schaffner. Bella prova di Rod Steiger.

Al di là del silenzio *½ (*Jenseits der Stille*, Germania 1996, col, 115') Caroline Link. Con Tatjana Trieb, Sylvie Testud, Howie Seago, Sibylle Canonica, Emmanuelle Laborit, Mathias Habich. ◆ In un paese del sud della Germania, Lara (Trieb, poi Testud), figlia di genitori sordomuti (Seago e Laborit), si appassiona alla musica grazie alla zia clarinettista (Canonica), che il padre non sopporta: divisa fino all'ultimo tra genitori e vocazione, si ribellerà al silenzio preparandosi per l'ammissione al Conservatorio di Berlino. Tra il mélo familiare e il documentario educativo, un'opera prima (scritta dalla regista) con grandi ambizioni pedagogiche, uno svolgimento prevedibile e qualche raro momento emozionante.

Al di là di ogni dubbio **½ (*Beyond Reasonable Doubt*, Nuova Zelanda 1980, col, 127') John Laing. Con David Hemmings, John Hargraves, Martyn Sanderson, Grant Tilly, Diana Rowan. ◆ L'agricoltore Arthur Thomas (Hargraves) viene incolpato di duplice omicidio: al processo potrebbe cavarsela, ma il poliziotto che l'ha arrestato fa di tutto per condannarlo. Da un libro di David Yallop basato su una storia vera, girato con uno stile semidocumentaristico. Bravo Hemmings nella parte del poliziotto carogna.

Al di là di tutti i limiti *½ (*Less Than Zero*, Usa 1987, col, 98') Marek Kanievska. Con Andrew McCarthy, Jami Gertz, Robert Downey jr, James Spader, Michael Bowen, Nicholas Pryor. ◆ Ricchi, abbronzati e dissoluti, due ragazzi di Los Angeles non riescono a risolvere i loro problemi con la famiglia, le ragazze, la droga. Esordio americano del regista inglese della *Scelta*. Fotografia patinata per una versione superficiale del ben più tagliente *Meno di zero* di Bret Easton Ellis.

Aldis **½ (Italia 1985, col, 43') Giuseppe M. Gaudino. Con Valentina Sebastiani, Stefano Abbate. ◆ In una casa abbandonata rivive un amore conclusosi tragicamente molti anni prima, ricordato o immaginato da un manichino femminile di legno. Tra attori in carne e ossa e una statua animata a passo uno, fotografie di fotografie ed esterni spettrali, il film di esordio di Gaudino (saggio di diploma al Csc nel 1982, poi rimontato e presentato a Venezia) ha un'indubbia originalità nel campo del cinema d'avanguardia, sia per le tecniche arcaiche e raffinate, sia per la poetica crepuscolare e gotica, che a tratti sembra evocare *Lisa e il diavolo* di Bava. Notevoli le stratificazioni di suoni, musiche, immagini e tempi narrativi, che preparano *Giro di lune tra terra e mare*.

Al di sopra di ogni sospetto *½ (*Above Suspicion*, Usa 1943, b/n, 91') Richard Thorpe. Con Fred MacMurray, Joan Crawford, Conrad Veidt, Basil Rathbone, Reginald Owen, Felix Bressart. ◆ Alla vigilia della seconda guerra mondiale, un professore di Oxford (MacMurray) in luna di miele in Germania viene incaricato di rintracciare un agente segreto scomparso. Un giallo con voglie da commedia diretto senza molto nerbo. L'uccisione del comandante nazi durante un concerto è prelevata dall'hitchcockiano *The Man Who Knew Too Much* del 1934.

Aleksandr Nevskij **½ (*Aleksandr Nevskij*, Urss 1938, b/n, 111') Sergej M. Ejzenštejn. Con Nikolaj Čerkasov, Nikolaj Ochlopkov, Aleksandr Abrikosov, Dimitrij Orlov, Varvara Massalitinova. ◆ Guidato dal principe Aleksandr Nevskij (Čerkasov), l'esercito russo riesce a respingere, nella battaglia sul lago Peipus ghiacciato (5 aprile 1242), l'invasione dei cavalieri teutonici. Prodotto con chiaro spirito antinazista, il film è il ritratto di un eroe positivo capace di guidare la riscossa (militare e politica) del popolo: evidente il riferimento a Stalin e al suo ruolo-guida nella vita politica sovietica. I condizionamenti del realismo socialista portano Ejzenštejn ad accantonare le ricerche formali dei suoi primi film con l'eccezione della lunga scena della battaglia (37', fotografata da Eduard Tissé) dove il confronto tra i due eserciti diventa scontro astratto di masse, volumi e linee (la scena fu girata d'estate con lastre di ghiaccio artificiale). Allo stesso modo, il sonoro viene utilizzato soprattutto come contrappunto musicale alle immagini (la colonna fu scritta da Prokof'ev) e non per «dare la parola» ai personaggi, i cui dialoghi, condizionati dalla committenza statale, suonano falsi e propagandistici.

Alessandro il Grande *½ (*Alexander the Great*, Usa 1956, col, 141') Robert Rossen. Con Richard Burton, Fredric March, Claire Bloom, Danielle Darrieux, Barry Jones, Harry Andrews, Stanley Baker, Peter Cushing. ◆ Cresciuto all'ombra del padre Filippo (March), fatto uccidere dalla moglie Olimpia (Darrieux), Alessandro (Burton), non ancora Magno, ha qualche problema edipico: tanto che per liberarsi dal complesso d'inferiorità conquista mezza Asia, morendo a trentatré anni sulle rive dell'Eufrate. Tentativo di kolossal adulto, quale poteva concepire un regista diseguale e ambizioso come Rossen (autore anche della sceneggiatura). Ma il ritmo è statico, e la provenienza teatrale di molti interpreti non giustifica la logorrea dei personaggi. Musica di Mario Nascimbene.

Alessandro il Grande ** (*O Megalexandros*, Grecia/Italia/Rft 1980, col, 230') Thodoros Anghelopulos. Con Omero Antonutti, Eva Kotamanidu, Grigoris Evanghelatos, Michalis Yannatos, Ilias Zafiropulos, Laura De Marchi. ◆ All'inizio del secolo un evaso (Antonutti) dal carcere di Atene prende in ostaggio un gruppo di turisti inglesi e si mette a capo di una comunità anarchicosocialista: il popolo lo acclama come un nuovo Alessandro il Macedone, ma l'esercito regolare è deciso a stroncare la ribellione. Lento, lentissimo, estenuante, secondo lo stile di un regista che dilata i tempi narrativi fino all'esasperazione. E qui ne risente lo spessore drammatico della storia.

A letto con il nemico *½ (*Sleeping with the Enemy*, Usa 1991, col, 96') Joseph Ruben. Con Julia Roberts, Patrick Bergin, Kevin Anderson, Elizabeth Lawrence, Kyle Secor, Claudette Nevins. ◆ Sposatasi ancora adolescente con un uomo psicopatico e violento, una ragazza (Roberts) riesce a fuggire e a rifarsi una vita. Ma il marito non rinuncia a cercarla. Una certa brutalità nelle scene di violenza non migliora un film fiacco.

A letto con l'amico *½ (*The Favor*, Usa 1994, col, 97') Donald Petrie. Con Harley Jane Kozak, Elizabeth McGovern, Bill Pullman, Brad Pitt, Ken Wahl, Larry Miller. ◆ Kathy (Kozak), sposata con un marito babbeo (Pullman), chiede alla sua migliore amica Emily (McGovern) di andare a letto con una fiamma di gioventù (Wahl): e poi, ovviamente, dà fuori da matta. Vecchia pochade (scritta da Sara Parrott e James McGibbon) con tentativi di satira del perbenismo americano, e una conclusione che più scontata non si può. Il giovane Pitt, nella parte del fidanzato ufficiale di Emily, regala alcuni momenti degni dello spot per una marca di jeans. Girato nel 1991.

A letto con Madonna ** (*Truth or Dare: in Bed with Madonna*, Usa/Gb 1991, col e b/n, 120') Alex Keshishian. Con Madonna, Warren Beatty, Kevin Costner, Sean Penn, Sandra Bernhard, Antonio Banderas. ◆ Registrazione semidocumentaria del *Blonde Ambition Tour* di Madonna, ripresa in scena (a colori) e nei momenti di riposo (in bianco e nero) quando parla a ruota libera con provocatoria sincerità della sua vita privata, delle sue inclinazioni sessuali, dei contatti con gli altri big dello spettacolo (celebri i «conati di vomito» che le procura Kevin Costner e l'eccitazione sessuale provata – invano – per Antonio Banderas). Tutto nel segno dello scandalo, della trasgressione, della volontà di stupire con le immagini e con le parole. Il titolo originale si riferisce a un giochino, sul tipo «Dire o fare», dove Madonna e i ballerini del suo gruppo si chiedono l'un l'altra i segreti della loro vita, soprattutto erotica.

Alfa Tau! ** (Italia 1942, b/n, 90') Francesco De Robertis. Con attori non professionisti. ◆ Dopo una breve licenza per riabbracciare le famiglie, l'equipaggio del sottomarino Toti riprende la missione: riuscirà anche a speronare e affondare un sottomarino inglese. Terzo film prodotto dal Centro Cinematografico della Marina (dopo *Uomini sul fondo* e *La nave bianca*) usa le tecniche del documentario e attori non professionisti per raccontare il «lavoro» dei marinai italiani. Considerata la committenza e il momento storico è meritoriamente (quasi) privo di retorica.

Alfie *** (*Alfie*, Gb 1966, col, 114') Lewis Gilbert. Con Michael Caine, Shelley Winters, Millicent Martin, Vivien Merchant, Shirley Anne Field, Jane Asher. ◆ Un destino poco propizio costringe uno spensierato playboy (Caine) proletario e domestico a prendere la vita un po' più sul serio. Commedia acida che ebbe un gran successo dopo esser costata – secondo il regista – «circa la cifra che normalmente i produttori spendono per i loro sigari». Caine è perfetto nella parte dell'orgoglioso dongiovanni. Colonna sonora di Sonny Rollins.

Alfredo Alfredo ** (Italia 1972, col, 106') Pietro Germi. Con Dustin Hoffman, Stefania Sandrelli, Carla Gravina, Saro Urzì, Duilio Del Prete, Ettore Geri. ◆ Timido impiegato di banca (Hoffman) si innamora di una farmacista (Sandrelli). Riesce a conquistarla e a sposarla, ma il matrimonio – tra slanci possessivi e gravidanze immaginarie della consorte – si rivela un inferno. Un divertimento un po' troppo amaro ai danni degli stereotipi coniugali. Bravissima la Sandrelli.

Al fuoco, pompieri! *** (*Hoří, má panenko*, Cecoslovacchia/Italia 1967, col, 72') Miloš Forman. Con Jan Vostrčil, Joseph Šebánek, Karel Valnoha, Josef Kolb, Milada Ježková, František Debelka, Václav Stökel, Josev Svět. ◆ Per festeggiare l'ex comandante ottuagenario e prossimo alla morte, i pompieri di un paese boemo organizzano un grande ballo: ma il concorso di bellezza si risolve in un fiasco, i premi della lotteria vengono rubati, e un poveraccio che abita lì vicino rimane senza casa dopo un incendio. L'ultimo film cecoslovacco di Forman venne proibito dal presidente Novotny, e suscitò uno sciopero di protesta da parte dei vigili del fuoco cecoslovacchi. La satira del militarismo inefficiente e di una società di mummie e di ipocriti, infatti, non poteva essere più trasparente. Forman (e i cosceneggiatori Ivan Passer e Jaroslav Papoušek) non cercano però complicate allegorie, come certo cinema dell'epoca, ma scelgono una forma corale e in apparenza svagata, dietro cui emerge una ferocia che non salva nessuno. Il titolo originale, alla lettera «Brucia ragazza mia», è il titolo di una canzone che si sente nel film. Coprodotto da Carlo Ponti.

Ali **½ (*Wings*, Usa 1927, b/n, 133') William A. Wellman. Con Charles Rogers, Richard Arlen, Clara Bow, Jobyna Ralston, Gary Cooper. ◆ 1917: rivali in amore, gli aviatori Jack (Rogers) e David (Arlen) diventano amici sul fronte francese. Ma prima di capire che la donna che fa per lui è la crocerossina Mary (Bow), Jack ucciderà per sbaglio David, che aveva rubato un aereo tedesco. Primo successo di Wellman, e primo Oscar per il miglior film, colpisce ancora oggi per la spettacolarità delle riprese aeree, la suspense dei duelli tra biplani e la disinvoltura con cui vengono mescolati i generi. Lacrime, slanci patriottici, tocchi di commedia, intermezzi maliziosi (la Bow era il simbolo del sesso dell'epoca, e un pretesto per mostrarla seminuda bisognava trovarlo): Wellman è solo un artigiano, ma non cade nella faciloneria, e il suo modo di comporre l'inquadratura non è affatto invecchiato. Fotografia di Harry Perry, sceneggiatura di Hope Loring e Louis Lighton. La scena di Jack, ubriaco, che vede bollicine dappertutto, è citata da Roger Avary in *Killing Zoe*.

Alì Babà *½ (*Ali Baba et les quarante voleurs*, Francia 1954, col, 92') Jacques Becker. Con Fernandel [Fernand Contandin], Samia Gamal, Dieter Borsche, Henri Vilbert, Yoko Tani, Edouard Delmont. ◆ Innamorato della schiava Morgiana (Gamal), Alì Babà (Fernandel) spera di poterla sposare quando scopre la caverna nella quale una banda di briganti nasconde il bottino: ci riuscirà solo dopo mille peripezie e dopo aver smascherato l'avidità del suo padrone Cassim (Vilbert) e dei suoi compaesani. Se Becker sa controllare l'istrionismo di Fernandel (il che è già una qualità), il film è comunque privo di un vero interesse: nemmeno la sceneggiatura di Zavattini (che cerca di rileggere in chiave moralistica la favola) può fare molto.

Alì Babà e i quaranta ladroni ** (*Ali Baba and the Forty Thieves*, Usa 1944, col, 87') Arthur Lubin. Con Jon Hall, Maria Montez, Scotty Beckett, Turhan Bey, Frank Puglia, Andy Devine. ◆ Fuggito davanti all'invasione mongola, il giovanissimo principe di Bagdad (Hall) è adottato dai quaranta ladroni: diventato adulto li guiderà alla riconquista del trono. Contaminando una favola celeberrima, la Universal cavalca la voglia di esotismo in technicolor dell'America in guerra: la storia è risaputa, ma certi scenari dichiaratamente di cartone e le grazie di Maria Montez hanno dato al film il fascino di un piccolo cult. Rifatto nel 1965 (*La spada di Alì Babà*).

Alibi **½ (*L'Alibi*, Francia 1938, b/n, 84') Pierre Chenal. Con Erich von Stroheim, Louis Jouvet, Jany Holt, Albert Préjean, Philippe Richard, Margo Lico, Florence Marly. ◆ L'illusionista Winckler (von Stroheim) eseguendo un numero di telepatia uccide il suo peggior nemico, un gangster di Chicago (Richard), e paga Hélène (Holt), una ballerina del cabaret in cui lavora, affinché dichiari di aver passato la notte del delitto con lui. Ma il sospettoso ispettore Calas (Jouvet) fa sedurre Hélène da un suo agente (Préjean) e poi lo fa arrestare per l'omicidio: se Hélène vuole salvarlo deve confessare la verità. Uno dei più grandi successi commerciali del cinema francese anni Trenta. Dopo il fallimento del *Fu Mattia Pascal*, Chenal si affida a un genere sicuro: la struttura è convenzionale ma ci sono almeno due elementi decisamente originali, che l'assassino sia noto sin dall'inizio e che la menzogna di cui si rende colpevole la ragazza non è meno grave di quella con cui la ripaga l'ispettore, la cui «bassezza» non può sfuggire allo spettatore anche se è perpetrata in nome della verità. Straordinario il confronto von Stroheim-Jouvet. Remake inglese inedito in Italia (e poco riuscito): *Alibi* di Brian Desmond Burst (1943) con Margaret Lockwood, James Mason e Raymond Lovell.

Alibi, L' *½ (Italia 1969, col, 106') Luciano Lucignani, Vittorio Gassman, Adolfo Celi. Con Luciano Lucignani, Vittorio Gassman, Adolfo Celi, Tina Aumont, Franco Giacobini, Jovanna Knox. ◆ Luciano, Adolfo e Vittorio, una volta compagni all'Accademia d'Arte Drammatica, si ritrovano dopo molti anni e vari successi nel mondo dello spettacolo. Ma l'antica amicizia è rovinata dalle inquietudini interiori. Autobiografico fino all'eccesso, un film dove sensazioni e travagli dei protagonisti rendono troppo accidentato il percorso narrativo.

Alibi dell'ultima ora, L' *** (*Time Without Pity*, Gb 1957, b/n, 88') Joseph Losey. Con Michael Redgrave, Peter Cushing, Ann Todd, Leo McKern, Alex MacCowen, Renée Houston. ◆ Saputo che il figlio è stato condannato a morte, padre alcolizzato indaga e scopre – senza poterlo però dimostrare – che l'assassino è un altro. Da una pièce di Emilyn Williams (che Losey e lo sceneggiatore Ben Barzman modificarono radicalmente), un'intensa e amara riflessione sul tema della giustizia, sulla lotta disperata dell'uomo contro le storture della società, sorretta da un grande Redgrave nella parte del padre.

Alibi di cristallo, L' **½ (*Die gläserne Zelle*, Rft 1978, col, 90') Hans W. Geissendörfer. Con Helmut Griem, Brigitte Fossey, Dieter Laser, Bernhard Wicki, Walter Kohut, Claudius Kracht. ◆ Dopo aver passato ingiustamente cinque anni in carcere, un architetto (Griem) si vendica uccidendo il responsabile della sua condanna e l'uomo col quale sua moglie l'ha tradito. Ma proprio la donna (Fossey) è il suo unico alibi: fino a che punto potrà contare su di lei? Dal romanzo *L'alibi di cristallo* di Patricia Highsmith, un film tutto costruito sulle sfumature psicologiche dei personaggi, che la cupa fotografia di Robby Müller sottolinea magistralmente.

Alibi era perfetto, L' *** (*Beyond a Reasonable Doubt*, Usa 1956, b/n, 80') Fritz Lang. Con Dana Andrews, Joan Fontaine, Sidney Blackmer, Philip Bourneuf, Barbara Nichols, Robin Raymond, Joyce Taylor. ◆ Per sostenere la sua campagna contro la pena di morte, l'editore di giornali Austin Spencer (Blackmer) convince lo scrittore Tom Garrett (Andrews), promesso sposo della figlia Susan (Fontaine), ad accusarsi di un delitto. Ma chi deve scagionarlo con un colpo di scena muore improvvisamente. L'ultimo film americano di Lang, sceneggiato da Douglas Morrow, è una lucida e inquietante riflessione sul nodo centrale di tutta la sua opera: la responsabilità dell'individuo e la fallibilità della nostra idea di giustizia. Portando all'estremo il processo di semplificazione del suo stile, il regista costruisce un perfetto meccanismo a incastro capace di catturare l'intelligenza e l'attenzione dello spettatore per meglio minare le sue certezze, senza rifugiarsi in un relativismo di maniera ma ribadendo l'idea che nessuno può dirsi innocente. Quasi astratto nella sua essenzialità narrativa, il film si rivela anche una lucida riflessione sul potere della «messa in scena»: da parte di Tom Garrett rispetto ai piani di Spencer ma anche da parte del regista rispetto all'attenzione dello spettatore, tanto da far dire a Daney che «bisogna vedere il film due volte: una volta per la suspense e una volta per apprezzare il suo humor al contrario».

Alibi perfetto * (Italia 1992, col, 95') Aldo Lado. Con Michael Woods, Kay Sandvik, Annie Girardot,

Philippe Leroy. ◆ Un agente della narcotici (Woods), al quale hanno ucciso la moglie in un attentato, si trova coinvolto in un giro poco raccomandabile. Thriller psicologico ambizioso e noioso, con parte del cast (è facile indovinare quale) assolutamente sprecata. Colonna sonora di Romano Mussolini, padre di Alessandra.

Alibi seducente *½ (*Her Alibi*, Usa 1989, col, 94') Bruce Beresford. Con Tom Selleck, Paulina Porizkova, William Daniels, James Farentino, Hurd Hatfield, Patrick Wayne. ◆ Scrittore di gialli (Selleck) cerca di stimolare la propria creatività offrendo ospitalità a una ragazza (Porizkova) accusata di omicidio. Una commedia gialla piuttosto fiacca.

Alibi sotto la neve, L' **½ (*Nightfall*, Usa 1956, b/n, 80') Jacques Tourneur. Con Aldo Ray, Brian Keith, Anne Bancroft, Jocelyn Brando, James Gregory. ◆ Jim Vanning (Ray) è sospettato di aver ucciso un amico e aver rapinato una banca: in realtà, aggredito da due gangster, si era ritrovato in possesso della borsa col bottino, poi persa nella neve durante la fuga. Per provare la sua innocenza al detective Fraser (Gregory), dovrà ritrovare la borsa. Dal romanzo *Il buio nel cervello* di David Goodis, sceneggiato da Stirling Silliphant, un film di routine che Tourneur sa trasformare in un grande noir in cui l'eroe è un cittadino qualunque, «il più qualunque possibile», braccato senza colpa in un paesaggio che non sembra lasciare vie d'uscita. Montando in parallelo le scene dell'inseguito a quelle degli inseguitori, il film diventa una sorta di tragedia onirica volutamente smorzata nei toni espressivi, in cui «ciò che è famigliare diventa sorprendente e il sorprendente famigliare», mentre gli elementi tipici del noir – la perplessità, lo scetticismo, la fatica – vengono calati in un'atmosfera ordinaria, priva di elementi eccezionali o di svolte spettacolari, che conferisce al film un fascino irresistibile.

Alice **½ (*Alice*, Usa 1990, col, 106') Woody Allen. Con Mia Farrow, William Hurt, Joe Mantegna, Alec Baldwin, Judy Davis, Keye Luke, Bernadette Peters, Cybill Shepherd, Blythe Danner, Lisa Marie [Smith]. ◆ Tradita dal marito (Hurt) e tormentata da mille complessi, una ricca signora di New York (Farrow) si concede una scappatella extraconiugale con un sassofonista (Mantegna) che le darà il coraggio per cambiare radicalmente vita. Elegante e ironico ritratto della nevrosi di una classe che spreca la propria vita, con un insolito finale non riconciliato (la Farrow fa visita a Madre Teresa di Calcutta e decide di dedicare la sua vita ai bambini poveri di N.Y.). Divagazioni magiche (voli sulla città, un ballo col fantasma del primo amore, la possibilità di diventare invisibili) tendono a complicare stranamente la trama di un film irrisolto. Il saggio cinese al quale la protagonista si rivolge per trovare una soluzione ai suoi problemi è Keye Luke, negli anni Quaranta il «figlio numero uno» di Charlie Chan.

Alice e Martin **½ (*Alice et Martin*, Francia 1998, col, 122') André Téchiné. Con Juliette Binoche, Alexis Loret, Mathieu Amalric, Pierre Maguelon, Carmen Maura, Marthe Villalonga, Roshdy Zem. ◆ Dopo avere vagabondato per settimane in seguito alla morte del padre, il giovane Martin (Loret) va a Parigi, diventa fotomodello e si innamora della più matura violinista Alice (Binoche), che convive col suo fratellastro, l'omosessuale Benjamin (Amalric). Ma nel passato di Martin c'è un tormento che lo porta sull'orlo della pazzia, e che costringe Alice a farsi detective. Téchiné scrive assieme a Gilles Taurand e Oliver Assayas un *romance* contemporaneo, dove i grandi sentimenti sono messi in scena in una forma nervosa ed ellittica, che si concede un unico, lungo flashback disorientante per creare adeguata suspense e pathos. Abile, come sempre, a mettere in scena i lati oscuri della provincia e i turbamenti della gioventù, Téchiné fa muovere più goffamente la sua eroina femminile, ostinata e innamorata ma alla fine troppo astratta. Un cinema, comunque, che attraversa con sicurezza i generi e sfida le convenzioni, e che meriterebbe più attenzione da parte degli spettatori e dei distributori italiani.

Alice nelle città **** (*Alice in den Städten*, Rft 1973, b/n, 110') Wim Wenders. Con Rüdiger Vogler, Yella Rottländer, Lisa Kreuzer, Edda Köchl, Didi Petrikat, Ernest Böhm. ◆ Dall'America alla Germania, un fotografo in crisi (Vogler) deve riportare a casa una bambina (Rottländer) abbandonata dalla madre. Il film-documento di una generazione che vuole liberarsi del proprio passato e della propria eredità culturale cercando invano nuovi orizzonti esistenziali. Il viaggio come percorso interiore e momento rivelatore di uno sguardo che raggela il paesaggio, scivola sulle cose senza riuscire più a penetrarne l'essenza. Tra le righe di una storia accattivante, Wenders opera una riflessione profonda e commovente sul rapporto immagine-realtà, sul problema della visione in epoca moderna.

Alice nel paese delle meraviglie *** (*Alice in Wonderland*, Usa 1951, col, 75') Clyde Geronimi, Hamilton Luske, Wilfred Jackson [e Walt Disney]. ◆ Inseguendo un coniglio dentro un albero, Alice finisce in un mondo misterioso dove bevande e biscotti la renderanno gigantesca o piccolissima e dove incontrerà personaggi fantastici come il leprotto Bisestile, il Bianconiglio, il Brucaliffo, la Regina di Cuori, lo Stregatto. Adattando a cartoni animati i due romanzi di Lewis Carroll, *Alice nel paese delle meraviglie* e *Attraverso lo specchio* (manipolati liberamente, tagliando personaggi anche famosi come Humpty Dumpty) Disney creò un'opera anomala, ai limiti della sovversione, dove lo spirito già non ortodosso di Carroll diventa quasi iconoclasta. Non a caso, divenne un film di culto tra i figli dei fiori (tutta la storia sarebbe vista come un «viaggio» sotto l'effetto della droga) e presso i discepoli del surrealismo. Nel 1945 Aldous Huxley fu messo sotto contratto dalla Disney per scrivere la sceneggiatura di *Alice*, ma non se ne fece niente.

Alice non abita più qui *** (*Alice Doesn't Live Here Anymore*, Usa 1975, col, 113') Martin Scorsese. Con Ellen Burstyn, Alfred Lutter, Kris Kristofferson, Harvey Keitel, Diane Ladd, Jodie Foster, Billy Green Bush. ◆ Rimasta vedova con un bambino e messo da parte il sogno di fare la cantante, Alice (Burstyn) deve lottare e lavorare duro prima di incontrare l'uomo giusto (Kristofferson). Uno dei migliori ritratti femminili del decennio, grazie alla bravura della Burstyn (che vinse l'Oscar) e all'abilità di Scorsese nel raccontare vizi e virtù della provincia americana. Piccole apparizioni di Scorsese e del regista Larry Cohen come clienti della tavola calda. Lo sceneggiatore Robert Getchell scrisse anche una serie televisiva (*Alice*) ispirata ai personaggi del film.

Alice's Restaurant **½ (*Alice's Restaurant*, Usa 1969, col, 111') Arthur Penn. Con Arlo Guthrie, Pat Quinn, James Broderick, Pete Seeger, Lee Hays. ◆ Dalla ballata di Arlo Guthrie *The Alice's Restaurant Massacre*: la storia di Ray e Alice (Broderick e Quinn) e della chiesa sconsacrata che vogliono trasformare in un punto di ritrovo e ristorante si incrocia con quella di Arlo, delle sue disavventure con le immondizie scaricate abusivamente e soprattutto con la chiamata alle armi. Un film corale, ora drammatico, ora allegro, come tentativo di raccontare con partecipazione e rispetto la generazione hippy e la cultura dei figli dei fiori. Oggi forse un po' datato, ma sicuramente lucido nel vedere utopie e limiti di un mondo. Con un momento di grande commozione: la visita di Arlo a suo padre Woody in ospedale. Colonna sonora da revival: Joni Mitchell, Peter Seeger, Garry Sherman e Arlo Guthrie.

Ali che non tornano ** (*Q Planes*, rititolato *Clouds over Europe*, Gb 1939, b/n, 789) Tim Whelan. Con Ralph Richardson, Laurence Olivier, Valerie Hobson, George Curzon, David Tree, Gus McNaughton, George Merritt. ◆ Il maggiore Hammond (Richardson) è convinto che dietro i misteriosi sparimenti in volo di aerei prototipo ci sia un'organizzazione spionistica: con l'aiuto di un intraprendente pilota (Oliver) dimostrerà le proprie ragioni. Commedia scanzonata di argomento giallo (sceneggiata da Ian Dalrymple, Brock Williams, Arthur Wimpers e Jack Whittingham), risibile dal punto di vista della suspense, ma ricca di quello che viene considerato il «tipico umorismo britannico»: misogino e imperturbabile, con l'immancabile ombrello e i modi di un lord, Richardson strappa ancora qualche sorriso.

Ali dell'amore, Le *½ (*The Wings of the Dove*, Gb/Usa 1997, col, 95') Iain Softley. Con Helena Bonham Carter, Linus Roache, Alison Elliott, Elizabeth McGovern, Michael Gambon, Alex Jennings, Charlotte Rampling. ◆ L'amore tra Kate (Carter) e lo spiantato giornalista Merton Densher (Roache) urta la ricca zia Maude (Rampling), ma anche il buon senso borghese. Così, per risolvere i problemi economici, Kate cerca di far sposare Merton con Milly (Elliott), ereditiera americana malata senza speranza: ma a Venezia, durante una vacanza a tre, il piano si complica. Dal romanzo di Henry James, sceneggiato da Hossein Amini, un mélo inerte ed elegante che finisce per essere uguale a mille storie simili: non bastano la profondità psicologica della pagina scritta e la fotografia di Eduardo Serra per garantire uno spessore al film. Imperdonabile l'ennesima parentesi veneziana piena di cliché turistici.

Ali della libertà, Le **½ (*The Shawshank Redemption*, Usa 1994, col, 140') Frank Darabont. Con Tim Robbins, Morgan Freeman, James Whitmore, Clancy Brown, Bob Gunton, Gil Bellows. ◆ Maine, 1947: Andy Dufresne (Robbins), bancario condannato per aver ucciso la moglie e il suo amante, si ritrova nel carcere di massima sicurezza di Shawshank, alla mercé del sadismo più efferato. L'amicizia con un ergastolano di colore (Freeman) lo aiuterà a sopravvivere a quell'inferno mentre la sua abilità fiscale gli aprirà uno spiraglio di riscatto. Un film carcerario, con tutti gli ingredienti del caso (secondini aguzzini e direttore implacabile compresi), ma senza effetti artificiosamente scioccanti o grandguignoleschi: Darabont, esordiente alla regia dopo anni di sceneggiature (qui ha adattato un racconto di Stephen King, dalla raccolta *Stagioni diverse*), sceglie un modo di filmare tradizionale, dove «l'universo carcerario diventa una metafora del Mondo e dell'Uomo» e la cui coerenza narrativa interna finisce per coinvolgere lo spettatore e trascinarlo nella sua logica astratta e idealistica (non ci importa più sapere se Andy è innocente o no, ma tifiamo lo stesso per lui).

Ali della notte, Le * (*Nightwing*, Usa 1979, col, 105') Arthur Hiller. Con Nick Mancuso, David Warner, Kathryn Harrold, Stephen Macht, Strother Martin, Ben Piazza. ◆ In una riserva indiana del Nuovo Messico le morti misteriose sono causate da pipistrelli-vampiri. Da un romanzo di Martin Cruz Smith, un horror-thriller senza capo né coda.

Ali delle aquile, Le **½ (*The Wings of Eagles*, Usa 1957, col, 110') John Ford. Con John Wayne, Maureen O'Hara, Dan Dailey, Ward Bond, Ken Curtis, Edmund Lowe, Barry Kelley. ◆ L'ufficiale di marina e pilota Frank W. «Spig» Wead (Wayne) sacrifica la propria vita privata per girare l'America e pubblicizzare il ruolo dell'aviazione all'interno della marina militare: paralizzato in seguito a un incidente (da cui si riprenderà solo parzialmente) si dedica alla scrittura, diventando sceneggiatore a Hollywood e poi consulente del governo, fino a quando la sua infermità lo spinge a ritirarsi. Appassionante ritratto di una celebrità americana (nato nel 1895 e morto nel 1947), scrittore, giornalista e soprattutto sceneggiatore per Capra (*Dirigible*), George Hill (*I demoni dell'aria*, di cui si vedono degli estratti nel film), Hawks (*Brume*), King Vidor (*La cittadella*) e Ford (*I sacrificati*). Il film mescola melodramma e film di guerra, per raccontare (come spesso nell'ultimo Ford) il disperato tentativo di trovare una felicità che si identifichi con «l'integrazione in un mondo che chiede ai suoi membri energia e dedizione». Un percorso che porta Wead a sacrificare la propria famiglia in nome della più grande famiglia che è l'esercito e il suo ideale di patriottismo, e che raggiungerà solo dopo un lunga serie di fratture, abbandoni e rifiuti. John Dodge, il personaggio interpretato da Ward Bond, è di fatto una rappresentazione di Ford stesso.

Alien ***½ (*Alien*, Gb 1979, col, 117') Ridley Scott. Con Tom Skerritt, Sigourney Weaver, Veronica Cartwright, Harry Dean Stanton, John Hurt, Ian Holm. ◆ Dopo aver fatto tappa su un pianeta sconosciuto per una falsa richiesta di soccorso, l'astronave

Nostromo viene invasa da una creatura mostruosa che si è impadronita del corpo di uno degli astronauti. Uno dei capolavori della fantascienza, teso, angosciato, claustrofobico e vagamente metafisico che ribalta la tradizione maschile del genere per scegliere una donna (la Weaver) come eroe, secondo la tradizione delle favole della bella e la bestia. E il mostro (disegnato dal pittore H.R. Giger, che l'ha caricato di allusioni sessuali) riesce con la sua indeterminatezza a diventare la metafora delle nostre paure più inconsce. Seppur non accreditati, la sceneggiatura finale fu scritta da Walter Hill e David Giller (loro l'idea dell'uomo-robot e del gatto). Perfetta anche la scenografia (di Les Dilley e Roger Christian), dove dietro la sofisticazione degli apparecchi si respira l'atmosfera funebre di un futuro già in disfacimento. Singolare somiglianza con *Il mostro dell'astronave* (1958, di Edward L. Cahn). Seguìto da *Aliens. Scontro finale*, *Alien³* e *Alien – La clonazione*.

Alien ³ ** (*Alien³*, Usa 1992, col, 115') David Fincher. Con Sigourney Weaver, Charles Dance, Charles S. Dutton, Paul McGann, Brina Glover, Lance Enriksen. ◆ Un brutto risveglio per Ripley (Weaver): ha perso i suoi compagni scampati dal precedente *Aliens*, è atterrata in una colonia penale popolata da fanatici religiosi (tutti maschi), e l'alieno è ancora in circolazione. Non solo: questa volta Ripley ne sta incubando uno nel proprio corpo. Buon concept, ma esecuzione prevedibile e poco innovatrice rispetto ai precedenti. Gran finale mistico in stile *Terminator 2*, ma suspense ai minimi termini. Sigourney si rapa coraggiosamente a zero, e mette nell'affare anche soldi suoi. Walter Hill torna a essere coproduttore e cosceneggiatore: di almeno sei sceneggiatori che si sono avvicendati (tra cui Vincent Ward), ne vengono accreditati tre, David Giler, Walter Hill e Larry Ferguson. Pura routine gli effetti speciali supervisionati da Richard Edlung. Il regista è un esordiente che viene dai videoclip, e si vede.

Alien – La clonazione **½ (*Alien Resurrection*, Usa 1997, col, 109') Jean-Pierre Jeunet. Con Sigourney Weaver, Winona Ryder, Dominique Pinon, Ron Perlman, Gary Dourdan, Michael Wincott, Raymond Cruz, Dan Hedaya, Brad Dourif. ◆ Duecento anni dopo il suicidio di Ripley (Weaver), nella base militare Auriga un pool di medici riesce a ricostruire il suo Dna. Ma con la clonazione di Ripley, che una gynoid di nome Call (Ryder) è incaricata di sabotare, ricompaiono tanti alien che sfuggono al controllo degli scienziati. Quarto capitolo della saga, affidato al belga Jeunet, che sposta l'attenzione sui problemi della bioetica. La storia, scritta da Joss Whedon sulla falsariga strutturale delle precedenti (pericolo, caccia, fuga), è piuttosto sgangherata, ma la vera novità del film è l'affascinante visualizzazione dell'incubo, ispirata all'universo femminile. Non solo Ripley, ormai mamma di Alien, trova un'alleata – quasi innamorata – nella Ryder, che dovrebbe essere la sua rivale; ma anche nelle immagini, a differenza del più metafisico terzo capitolo, prevale la concretezza della materia primordiale uterina (liquidi, tessuti, sangue, melme placentali da attraversare), come se il film fosse una «mostruosa» fantasia prenatale che fa i conti sia con l'inconscio e la biogenetica. L'avvolgente fotografia, acquosa e notturna, è di Darius Khondji. Tra i produttori c'è sempre Walter Hill.

Alien 2 sulla Terra * (Italia 1980, col, 92') Sam Cromwell [Ciro Ippolito]. Con Belinda Mayne, Mark Robin, Robert Barrese, Jedy Perrin, Denny Aldrich. ◆ Su una navicella che torna dallo spazio non ci sono più astronauti, ma alieni sotto forma di minerali dotati di vita. A capo di una spedizione scientifica, una giovane speleologa (Mayne) cerca di scoprire la verità, ma gli alieni-minerali dilaniano gli scienziati prendendo le loro sembianze. Pasticciaccio fantahorror scritto e diretto da Ciro Ippolito, che cerca di riciclare (male) qualche idea dall'*Invasione degli ultracorpi*. Ma dove il film originale era la metafora di un discorso metafisico, qui diventa pretesto per scene di bassa macelleria.

Alien Nation ** (*Alien Nation*, Usa 1988, col, 90') Graham Baker. Con James Caan, Mandy Patinkin, Terence Stamp, Kevin Major Howard, Leslie Bevis, Peter Jason. ◆ In un prossimo futuro, gli alieni saranno così bene integrati da fare i poliziotti, insieme con i colleghi di razza umana. E insieme daranno la caccia agli extraterrestri che trafficano in stupefacenti. Qualche buona trovata e la riproposta dell'idea della «strana coppia» tra Caan e Patinkin.

Alieno, L' ** (*The Hidden*, Usa 1987, col, 96') Jack Sholden. Con Michael Nouri, KyleMacLachlan, Ed O'Ross, Clu Gulager. ◆ Agente dell'Fbi (Nouri) dà la caccia a un extraterrestre che, impadronendosi del corpo delle sue vittime, le induce ad atti criminali. Un'interessante commistione di horror, fantascienza e poliziesco.

Aliens. Scontro finale *** (*Aliens*, Usa 1986, col, 132') James Cameron. Con Sigourney Weaver, Carrie Henn, Michael Biehn, Paul Reiser, Lance Henriksen, Bill Paxton. ◆ Sul pianeta LB 426 l'insediamento umano non dà più segni di vita e l'ufficiale di volo Ripley (Weaver) è inviato insieme a un gruppo di soldati in ricognizione. Scopriranno che i mostri si sono moltiplicati e hanno ucciso tutti. Sequel visionario e violento di *Alien* che ribalta la scelta di stile del film di Scott a favore di un eccesso di rumori e di effetti (indimenticabile l'armatura tecnologica con cui Ripley affronta l'ultima sfida) in un film di vago sapore reaganiano, ricco di azione e suspense quanto il primo lo era di tensione e angoscia. L'edizione video è più lunga di 179, ma le scene aggiunte dal regista non modificano sostanzialmente l'equilibrio della storia. Seguìto da *Alien 3*.

Ali nel buio ** (*Wings in the Dark*, Usa 1935, b/n, 75') James Flood. Con Cary Grant, Myrna Loy, Roscoe Karns, Dean Jagger, Hobart Cavanaugh, Bert Hanlon. ◆ Aviatore diventato cieco (Grant) prima salva la fidanzata poi decide di morire per non esserle di peso. Melodramma romantico assolutamente inverosimile (specie nell'incredibile lieto fine) ma con buone riprese aeree. Myrna Loy fu prestata dalla Mgm alla Paramount in cambio del primo titolo di testa.

Alive – Sopravvissuti *½ (*Alive*, Usa 1992, col, 127') Frank Marshall. Con Ethan Hawke, Vincent Spano, Josh Hamilton, Bruce Ramsay, John Haymes

Newton, Illeana Douglas. ◆ Il 13 ottobre 1972 l'aereo con i giocatori di una squadra di calcio uruguayana e i loro familiari si schianta sulle Ande. Quando i sopravvissuti capiscono che le ricerche sono state abbandonate, decidono di nutrirsi con la carne dei loro compagni morti: saranno salvati il 23 dicembre perché due di loro, Nando (Hawke) e Roberto (Hamilton), hanno osato attraversare le montagne per cercare aiuto. Ispirato al libro *Tabù* di Piers Paul Read e sceneggiato da John Patrick Shanley, il film ricostruisce un fatto di cronaca che fece discutere il mondo (già raccontato da Cardona in *I sopravvissuti delle Ande*) evitando qualsiasi facile sensazionalismo ma scivolando in un misticismo piuttosto retorico (l'abbandono scatena la richiesta di aiuto divino). Ben fatte le scene dell'incidente con l'aereo che si spezza in due (coordinate dalla Industrial Light & Magic di Lucas). Il film è aperto e chiuso da John Malkovich (non accreditato nei titoli) come un sopravvissuto che vent'anni dopo espone le sue riflessioni.

Alla bella Serafina piaceva fare l'amore sera e mattina ** (*La Fiancée du pirate*, Francia 1969, col, 105') Nelly Kaplan. Con Bernadette Lafont, Georges Géret, Michel Constantin, Julien Guiomar, Jean Parédes. ◆ Sfruttata per anni professionalmente e sessualmente, la cameriera Serafina (Lafont) decide, dopo la morte della madre, di concedersi a sempre più caro prezzo: non solo si arricchirà ma, rendendo pubbliche le confidenze che le facevano i mariti durante i loro incontri, svelerà l'ipocrisia che si nasconde al di là del perbenismo. Dietro un ignobile titolo italiano (che cambia anche il nome della protagonista: in originale è Marie), si rivela una commedia irriverente e libertaria che descrive la trasformazione di una donna da oggetto sessuale in vendicatrice dei torti subiti. Scritto dall'esordiente Nelly Kaplan (biografa e compagna di Abel Gance) insieme al produttore Claude Makovski e a due fondatori del movimento cinefilo dei macmahonien, il romanziere Jacques Serguine e lo sceneggiatore Michel Fabre, è un film che, nonostante un ritmo imperfetto e una certa tendenza alla dismisura, si mantiene ricco di humour dissacrante (la rivelazione delle «confessioni» dei mariti avviene durante una messa) e di una acida carica iconoclasta, oltre che dello straordinario erotismo di Bernadette Lafont, qui al suo primo ruolo importante.

Alla deriva **½ (*The Bed You Sleep in*, Usa 1993, col, 117') Jon Jost. Con Tom Blair, Ellen McLaughlin, Kate Sannella, Marshall Gaddis. ◆ Una lettera della figlia Tracy (che non vediamo mai) accusa il padre Ray (Blair) di averla molestata da piccola. La notizia del suicidio di Tracy innesta una reazione a catena, in cui sarà coinvolta anche la madre (McLaughlin). Come in *Sure Fire*, Jost parte da uno spunto narrativo appena abbozzato, e cerca di scavare nella durata delle cose, che sembrano sempre uguali a se stesse anche se sotto cova qualcosa di oscuro. All'inizio è il paesaggio dell'Oregon a dominare il film, con il flusso lento della natura che chiede allo spettatore solo di essere completata, ma quando un elemento narrativo (la lettera) mette in questione l'apparente equilibrio della costruzione e i trucchi che vengono dalla tradizione underground (il pesce elettronico) rivelano l'autore come manipolatore del mondo, allora *Alla deriva* si trasforma «in una riflessione filosofica su come si guarda un film, sull'inganno latente e sulla complessità delle apparenze». Se Straub andasse nei boschi dell'Oregon a girare un episodio di *Twin Peaks*, il risultato probabilmente sarebbe simile. Ritmi dilatati, domande senza risposta, grande cura dell'immagine (la fotografia è dello stesso regista) e della musica (di Erling Wold). Per chi ha pazienza.

Alla larga dal mare *½ (*Don't Go Near the Water*, Usa 1957, col, 107') Charles Walters. Con Glenn Ford, Gia Scala, Fred Clark, Anne Francis, Keenan Wynn, Eva Gabor, Earl Holliman, Russ Tamblyn, Jeff Richards, Mickey Shaughnessy. ◆ Disavventure professionali e sentimentali di un gruppo di «marinai di terra ferma», impegnati a far pubbliche relazioni per la loro Arma nell'improbabile isoletta di Tulura: il capitano Nash (Clark) deve tenere a bada un odioso corrispondente (Wynn), mentre il sottotenente Siegel (Ford) cerca di conquistare la maestra del villaggio (Scala). Una commedia senza molto mordente sceneggiata da Dorothy Kingsley e George Wells, con un'ironia antimilitarista oggi decisamente fuori moda, troppo «educata» per andare a segno. Ma con due scene notevoli: la costruzione del circolo ufficiali (girandola di situazioni di una comicità fisica quasi slapstick) e il linguaggio del marinaio (Shaughnessy) scelto per rappresentare davanti all'opinione pubblica l'eroe qualunque, le cui continue volgarità sono censurate da una serie di beep.

All'alba non sarete vivi **½ (*The Dark Past*, Usa 1948, b/n, 74') Rudolph Maté. Con William Holden, Nina Foch, Lee J. Cobb, Adele Jergens, Stephen Dunne, Lois Maxwell, Berry Kroeger. ◆ Fuggito dal carcere dopo aver ucciso il direttore che teneva in ostaggio, Al Walker (Holden) si rifugia nella villa nella quale uno psichiatra, Andrew Collins (Cobb), ospita un gruppo di amici: scavando nel subconscio del criminale – ossessionato da una pioggia che nessun ombrello riesce a fermare – il dottore riuscirà a spiegargli i suoi incubi e a convincerlo ad arrendersi. Tratto da una pièce di James Warwick già portata sullo schermo da Charles Vidor (*Vicolo cieco*, 1939), il film utilizza le atmosfere del noir per svolgere una funzione didattica sul valore della psicanalisi. Certe ingenuità oggi possono far sorridere (tutta la «cura» si svolge in una notte) e l'intellettuale impersonato da Lee J. Cobb – con l'immancabile pipa e la calma dei forti – risente molto degli stereotipi del cinema *liberal*, ma l'onestà di fondo e la generosità dell'assunto (capire e spiegare è meglio che reprimere, sostiene la sceneggiatura firmata da Philip MacDonald, Michael Blankfort, Albert Duffy, Malvin Wald e Oscar Saul) ne fanno un film decisamente interessante, anche per il valore documentario sulla terapia psicoanalitica, allora poco diffusa. Rieditato col titolo di *Pazzia*.

Alla maniera di Cutter ** (*Cutter's Way*, Usa 1981, col, 105') Ivan Passer. Con Jeff Bridges, John Heard, Lisa Eichhorn, Ann Dusenberry, Nina Van Pallandt. ◆ Un reduce del Vietnam mutilato, alcolizzato e misantropo (Heard) coinvolge il suo amico nullafacente

(Bridges) in un azzardato tentativo di ricatto ai danni di un riccastro, probabile colpevole di un turpe omicidio. Studio di caratteri, verboso e sovraccarico, che prende una strada gialla, e sfocia in uno strano finale tragico. Non del tutto riuscito, anche se insolito e piuttosto imprevedibile, è salvato dagli interpreti. Tra le opere migliori, in ogni caso, dell'esule cecoslovacco Passer.

All American Boys **½ (*Breaking Away*, Usa 1979, col, 101') Peter Yates. Con Dennis Christopher, Dennis Quaid, Daniel Stern, Jackie Earle-Haley, Paul Dooley, Barbara Barrie, Robyn Douglas, Amy Wright. ◆ È finito il liceo, e Dave, Mike, Cyrill e Moocher (Christopher, Quaid, Stern e Earle-Haley), quattro ragazzi di Bloomington, Indiana, guardano con invidia i coetanei ricchi che l'autunno potranno andare all'università: soprattuto Dave, maniaco esterofilo e patito della bici, cerca invano di farsi passare per italiano per conquistare una ragazza del college. La rivincita dei quattro arriverà in una gara di bicicletta su pista. Spaccato dolceamaro dell'America di provincia, che a una prima parte attenta ai rapporti di classe e ai conflitti generazionali ne fa seguire una seconda più scontata e ottimistica, giocata sulla suspense della gara. Discutibile il doppiaggio, che fa parlare in veneto Dave: nell'originale si esprimeva in un italiano maccheronico. Oscar alla sceneggiatura di Steve Tesich.

Alla mia cara mamma nel giorno del suo compleanno *½ (Italia 1974, b/n, 105') Luciano Salce. Con Paolo Villaggio, Lila Kedrova, Eleonora Giorgi, Orchidea De Santis. ◆ A trentadue anni la mamma (Kedrova) tratta ancora Federico (Villaggio) come un bambino e lui è costretto a consolarsi con le bambole gonfiabili e le foto pornografiche. Fino a quando arriva una cameriera zoppa ma giovane e formosa (Giorgi). Da un testo di Rafael Azcona, un'altra occasione sprecata.

Allan Quatermain e le miniere di Re Salomone *½ (*King Solomon's Mines*, Usa 1985, col, 99') J. Lee Thompson. Con Richard Chamberlain, Sharon Stone, Herbert Lom, John Rhys-Davies, Ken Gampu. ◆ La moglie (Stone) organizza una spedizione per cercare il marito scomparso in Africa e trova una miniera di diamanti. Terza versione per lo schermo, la più modesta, di un romanzo di H. Rider Haggard (dopo l'inedito *King Solomon's Mines* di Robert Stevenson, 1937, e *Le miniere di Re Salomone* di Compton Bennet, 1950) è un fallimentare tentativo di sfruttare il filone di Indiana Jones. Seguìto da *Gli avventurieri della città perduta*.

Alla ricerca della felicità *½ (*The Blue Bird*, Usa 1940, col, 88') Walter Lang. Con Shirley Temple, Johnny Russell, Gale Sondergaard, Eddie Collins, Nigel Bruce, Spring Byington. ◆ I due figli (Temple e Russell) di un povero taglialegna cercano l'uccellino della felicità nel passato, nel futuro e in un regno fantastico, ma lo trovano semplicemente nel cortile dietro casa. Tratto dalla pièce *L'uccello azzurro* di Maurice Maeterlinck, il film cercò – senza riuscirci – di sfruttare il successo del *Mago di Oz*. Le scenografie sono sontuose ma il resto è deludente, Temple compresa. Rifatto da Cukor nel 1976 (*Il giardino della felicità*).

Alla ricerca dell'assassino *½ (*Everybody Wins*, Usa 1990, col, 95') Karel Reisz. Con Nick Nolte, Debra Winger, Will Patton, Judith Ivey, Kathleen Wilhoite, Jack Warden. ◆ Una ragazza (Winger) si intestardisce nel dire che il vero colpevole di un omicidio non è il giovane che sta per essere condannato. Tutti la credono mitomane, tranne un detective (Nolte) che si appassiona al caso. Sceneggiatura di Arthur Miller, tratta dal suo testo teatrale *Two-Way Mirror*. Confuso, inverosimile, prevedibile e decisamente misogino.

Alla ricerca della valle incantata ** (*The Land Before Time*, Usa 1988, col, 69') Don Bluth. ◆ In epoca preistorica, un piccolo dinosauro rimasto orfano intraprende un viaggio lungo e denso di pericoli per raggiungere la valle di cui gli aveva parlato la mamma. Per la strada incontrerà diverse difficoltà, ma avrà anche modo di farsi qualche amico. Un buon film d'animazione per famiglie.

Alla ricerca dello stregone *½ (*A Good Man in Africa*, Usa 1993, col, 94') Bruce Beresford. Con Colin Friels, Sean Connery, John Lithgow, Diana Rigg, Joanne Whalley-Kilmer, Louis Gossett jr. ◆ Nello stato del Kinjana, Morgan Leafy (Friels), diplomatico inglese di mezza tacca (ma con doti nascoste), è incaricato di arruffianarsi il futuro leader del paese (Gossett jr): invece finisce a letto con la sua moglie bianca (Whalley-Kilmer) e Murray (Connery), un medico locale che rispetta la cultura africana, gli darà lezioni di vita. Tratto da un romanzo di William Boyd (autore anche della sceneggiatura), il film di Beresford tenta la satira (non risparmiando né bianchi né neri), ma scivola nella farsa, e quando vuole essere serio non è più credibile. Sprecato Connery, che non vede l'ora (e lo dice anche) di tornare a giocare a golf.

Alla ricerca di Camelot → *Spada magica, La – Alla ricerca di Camelot*

Alla ricerca di Jimmy * (*The Search for One-Eyed Jimmy*, Usa 1996, col, 82') Sam Henry Kass. Con Holt McCallany, Michael Badalucco, Nick Turturro, Ray «Boom Boom» Mancini, Steve Buscemi, John Turturro, Samuel L. Jackson, Jennifer Beals, Aida Turturro, Vinnie D, Lodge H. Korrigan, Sam Rockwell. ◆ Un aspirante regista (McCallany), con l'aiuto di due decerebrati (N. Turturro e Badalucco), va sulle tracce di un babbeo (Rockwell) che in realtà si era perso in una cantina. Cinema di quartiere, o meglio di tinello: dopo *Smoke* Brooklyn va di moda, ma questo saggio di diploma, distribuito con qualche anno di ritardo (è stato girato nel '93), è sciatto, povero di idee e poco divertente, malgrado qualche partecipazione speciale.

Allarme rosso *½ (*Crimson Tide*, Usa 1995, col, 116') Tony Scott. Con Gene Hackman, Denzel Washington, Matt Craven, George Dzundza, Viggo Mortensen, Jason Robards, James Gandolfini, Rick Schroder. ◆ Quando i russi sembravano diventati buoni, ecco che degli ultranazionalisti si impadroniscono di una base missilistica: e il sommergibile americano Alabama, con la radio mezza scassata, riceve ordine di lanciare le sue testate nucleari. Il vecchio capitano Ramsey (Hackman) non aspettava altro da decenni, il giovane ufficiale Hunter (Washington) lo mette sotto chiave. Tony Scott torna a lavorare per i produttori di *Top*

Gun, Don Simpson e Jerry Bruckheimer: ma non sa se girare uno *Speed* subacqueo o un remake dell'*Ammutinamento del Caine*. Visto che la conclusione è scontata, la suspense è tirata per le lunghe, e il conservatorismo di fondo non è confortante. Robert Towne, Steven Zaillian e Quentin Tarantino (riconoscibile in finezze come i dialoghi sul Gatto Felix o le origini dei cavalli lipiziani), non accreditati, hanno riscritto la sceneggiatura di Michael Schiffer.

«All'armi siam fascisti» *** (Italia 1961, b/n, 112') Lino Del Fra, Cecilia Mangini, Lino Miccichè. ◆ Interessante e intelligente ricostruzione documentaria degli eventi che scossero l'Italia tra il 1911 e il 1945 costruita sulla tesi che all'origine del fascismo ci sono stati gli interessi del capitalismo agrario e industriale. Il commento (che prende in considerazione anche l'eredità della lotta antifascista) è di Franco Fortini.

Alla trentanovesima eclisse ** (*The Awakening*, Usa 1980, col, 102') Mike Newell. Con Charlton Heston, Susannah York, Jill Townsend, Stephanie Zimbalist, Patrick Drury. ◆ Un archeologo (Heston) vuole a tutti i costi entrare nella tomba della regina egizia Kara, nella convinzione che il suo antico spirito si sia introdotto nel corpo della figlia. Dal romanzo *Jewels of the Seven Stars* di Bram Stoker, un film non troppo avvincente, a dispetto delle premesse. Remake di *Exorcismus* (1971).

Alle donne ci penso io ** (*Come Blow Your Horn*, Usa 1963, col, 112') Bud Yorkin. Con Frank Sinatra, Lee J. Cobb, Molly Picon, Barbara Rush, Jill St. John. ◆ Un simpatico scapolo un po' perdigiorno (Sinatra) divide il suo tempo fra alcune spasimanti, il vecchio padre brontolone e il giovane fratello, al quale insegna la sua filosofia di vita. Gradevole adattamento di una commedia di Neil Simon.

Alle donne piace ladro ** (*Dead Heat on a Merry-Go-Round*, Usa 1966, col, 104') Bernard Girard. Con James Coburn, Camilla Sparv, Aldo Ray, Robert Webber. ◆ Un incallito malfattore (Coburn) mette a punto un colpo ai danni dell'aeroporto di Los Angeles. Tra commedia e dramma, il film a volte stenta a trovare un suo ritmo equilibrato. Esordio per Harrison Ford.

Alle frontiere dell'India ** (*Wee Willie Winkie*, Usa 1937, b/n, 99') John Ford. Con Shirley Temple, Victor McLaglen, C. Aubrey Smith, June Lang, Cesar Romero. ◆ In un avamposto inglese in India verso la fine del XIX secolo una bambina (Temple) arrivata con la bella madre vedova, addolcisce il carattere del nonno colonnello, trova un nuovo marito alla madre, convince un indiano a firmare un trattato di pace. Da un racconto di Rudyard Kipling, uno dei film più convenzionali di Ford, a malpartito con lo sdolcinato personaggio della Temple. Durante le riprese giunse sul set una delegazione italiana (Vittorio Mussolini, Vittorio De Sica, Mario Mattoli e altri) per proporre, invano, una coproduzione italo-americana.

Alle frontiere del Texas * (*Fuera de la ley*, Spagna 1962, col, 84') León Klimovsky. Con George Martin, Jack Taylor, Juny Brunnell, Shirley McGuire. ◆ Dopo l'assassinio del proprietario di un ranch, Billy the Kid (Taylor) deve fuggire in Messico per evitare vendette. Un western di assoluta routine.

Allegra fattoria, L' ** (*Summer Stock*, Usa 1950, col, 109') Charles Walters. Con Judy Garland, Gene Kelly, Eddie Bracken, Marjorie Main. ◆ Una compagnia teatrale arriva in una fattoria e coinvolge la proprietaria (Garland) nello spettacolo. Tipica commedia musicale hollywoodiana basata su un soggetto assai esile ma con alcuni numeri musicali da antologia: per la Garland *My Friendly Star* e il bellissimo *Get Happy*, per Kelly l'assolo in cui balla accompagnandosi con lo scricchiolio di un'asse del palcoscenico e il fruscio di un giornale. La Garland, piuttosto grassa per i problemi di salute che sempre più la condizionavano, faticò a portare a termine le riprese.

Allegra fattoria, L' ** (*Funny Farm*, Usa 1988, col, 101') George Roy Hill. Con Chevy Chase, Madolyn Smith, Joseph Maher, Jack Gilpin. ◆ Per sfuggire alla caotica New York, un giornalista sportivo (Chase) decide di andare a vivere in campagna. Ma anche lì cominciano a tormentarlo una serie infinita di guai. L'episodio più riuscito è quello finale. Buona la fotografia di Miroslav Ondricek.

Allegri eroi ** (*Bonnie Scotland*, Usa 1935, b/n, 80') James W. Horne. Con Stan Laurel, Oliver Hardy, June Lang, William Janney, Vernon Steel, James Finlayson. ◆ Giunti in Scozia per incassare un'eredità, McLaurel e Hardy finiscono arruolati in un reggimento mandato a combattere in India. Riusciranno a sconfiggere i ribelli utilizzando dei nidi d'api. Esilissimo tentativo di parodiare *I lancieri del Bengala*, il film ha i suoi momenti forti nella danza del cucù, la cottura del pesce a letto, la «spiegazione dei miraggi» e soprattutto nella marcia d'addestramento, dove Stanlio sbaglia talmente a tenere il passo da condizionare tutto il reggimento.

Allegri gemelli **½ (*Our Relations*, Usa 1936, b/n, 65') Harry Lachman. Con Stan Laurel, Oliver Hardy, Sydney Toler, James Finlayson, Daphne Pollard, Betty Healy, Alan Hale. ◆ La vita dei rispettabili borghesi Stanlio e Ollio è improvvisamente turbata dall'arrivo dei loro gemelli, due poco di buono che devono consegnare un anello rubato proprio nel locale dove Laurel e Hardy stanno divertendosi con le mogli. Primo film prodotto direttamente da Stan Laurel, tutto centrato sulle possibili variazioni dello scambio di persona e del quiproquo, cosceneggiato da Felix Adler, già collaboratore di Harold Lloyd. Conosciuto anche con il titolo *I nostri parenti*.

Allegri imbroglioni *½ (*Jetterbugs*, Usa 1943, b/n, 74') Malcom St. Clair. Con Stan Laurel, Oliver Hardy, Vivian Blaine, Robert Bailey, Douglas Fowley. ◆ Suonatori ambulanti, Stanlio e Ollio si fanno ingannare da uno scroccone che sostiene di aver trovato le pillole che trasformano l'acqua in benzina. Ma poi aiuteranno l'imbroglione a salvare la mamma della sua fidanzata da alcuni ladri. Qualche buona gag (Stanlio che si traveste da donna) e un inseguimento finale che tenta di ritrovare il ritmo dello slapstick.

Allegri legionari → *Due legionari, I*

Allegri vagabondi → *Fanciulli del west, I*

Allegri veterani, Gli *½ (*Les Vieux de la Vieille*, Francia/Italia 1960, b/n, 92') Gilles Grangier. Con Jean Gabin, Pierre Fresnay, Noël-Noël [Lucien

Noël], André Dalibert, Mona Goya, Yvette Etiévant, Paul Mercey, Guy Decomble, Jacques Marin, Hélène Dieudonné. ◆ Attaccabrighe e ubriaconi, e per questo mal sopportati dalla comunità, Jean-Marie (Gabin), Baptiste (Fresnay) e Blaise (Noël-Noël) decidono di ritirarsi in un ospizio per vecchi, dove però scoprono che la vita è troppo rigida e troppo analcolica per le loro abitudini. Farsa senile costruita soprattutto sull'istrionismo dei tre protagonisti: la trama (tratta dal romanzo di René Fallet adattato dall'autore, dal regista e da Michel Audiard) è quasi inesistente, la recitazione costantemente sopra le righe ma qua e là la descrizione della «cattiveria» e del risentimento dei vecchi è indovinata.

Allegro fantasma, L' *½ (Italia 1941, b/n, 85') Amleto Palermi. Con Totò [Antonio de Curtis], Luigi Pavese, Franco Coop, il Trio Primavera [Isa Bellini, Wilma Mangini, Thea Prandi], Paolo Stoppa, Amelia Chellini, Elli Parvo, Dirce Bellini [Dina Perbellini], Augusto Di Giovanni. ◆ Tre fratelli gemelli – Nicolino, Alberto detto Gelsomino e Antonino (tutti naturalmente interpretati da Totò) – si ritrovano dopo equivoci e scambi di persona per dividersi l'eredità di un padre eccentrico e imprevedibile. Quarto film di Totò, dal soggetto esilissimo (di Bragaglia, Margadonna e Solari): tutto si regge sulle smorfie comiche dell'attore, che dà il meglio nella colluttazione con Asdrubale (Di Giovanni), il falso cacciatore di leoni. Il film è stato ripresentato col titolo *Totò, allegro fantasma*.

Allegro non troppo *** (Italia 1977, col, 85') Bruno Bozzetto. Con Maurizio Micheli, Maurizio Nichetti, Maria Luisa Giovannini, Nestor Garay. ◆ Un disegnatore (Nichetti) è portato di forza in uno scalcinato teatro, dove un turpe impresario costringe lui e una patetica orchestra ad abbinare sequenze animate inedite a famosi brani di musica classica. Specie di risposta italiana a *Fantasia*, dove la malinconia del passare del tempo, il plasmarsi della materia nell'evoluzione inarrestabile e raffinate invenzioni poetiche si alternano a momenti di gustosa ironia, perfettamente sincronizzati alle musiche di Debussy, Dvořák, Ravel, Sibelius, Vivaldi e Stravinskij. Un ottimo esempio di animazione libera da schemi e convenzioni.

Allegro squadrone ** (Italia/Francia 1954, col, 91') Paolo Moffa. Con Paolo Stoppa, Alberto Sordi, Vittorio De Sica, Daniel Gélin, Jean Richard, Silvana Pampanini, Charles Vanel, Carlo Lombardi, Riccardo Fellini, Luigi Pavese, Uta Franzmayr, Peter Trent, Memmo Carotenuto, Giacomo Furia. ◆ La vita di caserma del 51° squadrone a cavallo guidato da un comprensivo capitano (Vanel), tra l'isteria dei superiori e la sorpresa per l'ispezione di un generale (De Sica): chi minaccia continue punizioni (Stoppa), chi cerca di marcare visita (Richard), chi continua a lamentarsi del rancio (Sordi), chi pensa solo alle donne (Gélin)... Bonaria satira della vita militare tratta dalla farsa *Le allegrie dello squadrone* di Georges Courteline, adattato da Suso Cecchi d'Amico, Alessandro Continenza, Michael Audiard, Marcel Camus e dal regista. L'umore sapido e pungente del testo francese viene riadattato alle esigenze degli interpreti (il maresciallo interpretato da Paolo Stoppa, odioso e ottuso come da manuale) o stravolto per aderire alle caratteristiche degli attori (Sordi, esilarante, ripropone il suo personaggio di infingardo pasticcione): si stempera la satira antimilitaresca ma ci si diverte. Rieditato col titolo *Alberto il marmittone*.

Allegro tenente, L' **½ (*The Smiling Lieutenant*, Usa 1931, b/n, 88') Ernst Lubitsch. Con Maurice Chevalier, Claudette Colbert, Miriam Hopkins, George Barbier, Charles Ruggles, Hugh O'Connell. ◆ Vienna: il tenente Niki (Chevalier) fa per sbaglio l'occhiolino ad Anna (Hopkins), figlia del re (Barbier) di Flausenthurm, ed è costretto a sposarla. Ma la nostalgia dell'amante Franzi (Colbert) è troppo forte, e il marito non tocca la sposa: sarà la generosa Franzi a insegnare alla principessa l'arte della seduzione. Nelle mani di Lubitsch, l'operetta *Ein Walzertraum* (adattata da Ernest Vajda e Samson Raphaelson) diventa una commedia di assoluta frivolezza e rara malizia, tuttora assai godibile; meno complessa di altri suoi film dell'epoca, ma assai radicale – se non ossessiva – nel ruotare, col minimo di eufemismi, attorno a corpi e desideri. Irresistibile l'Europa di cartapesta, con tanto di gioviale sosia di Cecco Beppe (Con MacSunday). Ben integrati i numeri musicali. Il film è stato a lungo considerato perduto, ma ne è uscita una scintillante versione in laserdisc, in cui Chevalier recita col suo buffo accento francese.

Alleluja! **½ (*Hallelujah!*, Usa 1929, b/n, 110') King Vidor. Con Daniel L. Haynes, Nina Mae McKinney, William E. Fountaine, Harry Grey. ◆ Alabama: il giovane nero Zeke (Haynes), circuito dalla ballerina Chick (McKinney), perde i guadagni del raccolto e provoca accidentalmente la morte del fratello. Per redimersi fa il predicatore, ritrova Chick, la converte, ma poi perde la fede e commette un omicidio. Dopo l'espiazione, in famiglia l'aspetta la redenzione definitiva. Agli albori del sonoro, Vidor poté realizzare un suo vecchio progetto, quello di mostrare (per la prima volta nella storia del cinema) la vita e la cultura dei neri del Sud. Scritto da Richard Shayer e Wanda Tuchock che adattarono un soggetto dello stesso Vidor, è una «sinfonia visivo-sonora» (Gide) che colpisce ancora oggi per la forza delle immagini – paragonabili a quelle di un film sovietico dell'epoca – e per l'uso espressivo della musica (blues, spiritual, jazz) che accompagna tutte le sequenze, a eccezione di quella silenziosa (e tanto più impressionante) della palude, in cui Zeke insegue e uccide il suo rivale Hot Shot (Fountaine). A metà strada tra il documentario etnologico (notevoli le crisi isteriche dei catecumeni che vengono battezzati nel fiume) e il melodramma, paga però un'impostazione ideologica datata, secondo cui per i neri non c'è alternativa tra il crimine e il conforto della fede. Fuori luogo, tuttavia, le accuse di razzismo: il texano Vidor non spiega certo quale posto abbiano i neri nella società bianca (e l'unico bianco che appare, per un attimo, è un secondino), ma rispetta sinceramente i suoi personaggi. La fotografia è di Gordon Avil. Le due canzoni di Chick, che nella realtà era una ballerina del Cotton Club, furono composte da Irving Berlin. Grande successo all'epoca, malgrado lo scetticismo di produttori e distributori.

Allenatore nel pallone, L' *½ (Italia 1984, col, 98') Sergio Martino. Con Lino Banfi, Licinia Lentini, Camillo Milli, Gigi Sammarchi, Andrea Roncato. ◆ Un allenatore di calcio in pensione (Banfi) è chiamato a dirigere una squadra neopromossa in serie A, che il presidente intende riportare in B perché più conveniente economicamente. Banfi tenta di reggere da solo tutto il film. Partecipazioni anche per Liedholm, De Sisti, Biscardi, Pruzzo, Graziani, Ancelotti, Martellini, Galeazzi, Martino, Damiani, Spinosi.

Alle soglie della vita ** (*Nära livet*, Svezia 1958, b/n, 84') Ingmar Bergman. Con Ingrid Thulin, Eva Dahlbeck, Bibi Andersson, Barbro Hjort af Ornäs, Max von Sydow, Erland Josephson, Ann-Marie Gyllenspetz, Gunnar Sjöberg. ◆ Ricoverata dopo un aborto, Cecilia (Thulin) fa la conoscenza di due partorienti: Stina (Dahlbeck) è una moglie felice che attende con ansia la nascita del primogenito, mentre Hjördis (Andersson) è una ragazza madre che si sente abbandonata da tutti. Ma nella notte il parto di Stina si conclude con la morte del nascituro, mentre Hjördis, grazie anche all'aiuto dell'infermiera Brita (Hjort af Ornäs) trova la forza di riconciliarsi coi genitori che si dimostrano disposti ad accoglierla in casa. Un film tutto al femminile che si rivela un inno alla vita nascente, sceneggiato da Ulla Isaksson a partire da due sue novelle e realizzato con l'appoggio del governo svedese che aveva in corso una campagna per il contenimento delle pratiche abortive (il che può spiegarne «la semplicità e l'esilità filosofica», specie se paragonato alla profondità delle due opere precedenti, *Il settimo sigillo* e *Il posto delle fragole*). Lasciando gli uomini sullo sfondo, «manichini inutili nella loro boria o nella loro superficialità», Bergman esalta i valori della solidarietà femminile (specie attraverso la figura dell'infermiera) e apre la propria riflessione alla presenza dell'elemento spirituale, se non proprio religioso, nel rapporto con il mistero della vita. Mentre non risparmia dure frecciate al mito dell'assistenzialismo statale. Premio per la regia ed ex aequo alle quattro attrici al festival di Cannes.

All'Est si muore *½ (*Kinder, Mütter und ein General*, Rft 1955, b/n, 90') Laszlo Benedek. Con Hilde Krahl, Therese Giehse, Bernhard Wicki, Hans Christian Blech, Ewald Balser, Maximilian Schell, Klaus Kinski. ◆ Stettino, 1945: un gruppo di madri va al fronte per riprendersi i figli quindicenni che sono scappati da scuola per andare a combattere in nome del Reich. Un capitano (Wicki) si impietosisce e, rischiando la corte marziale, ordina la ritirata del contingente: ma sarà inutile. Prodotto dal glorioso Erich Pommer e diretto dal regista del *Selvaggio* di ritorno in Europa, uno dei film con cui la Germania cercava di riflettere sul proprio passato recente; in questo caso un generico pacifismo e il pathos per il sacrificio delle vittime innocenti (ma consenzienti) servono di fatto a rifarsi una verginità ideologica: degli orrori del nazismo e della follia di Hitler non si fa mai parola. Ben girato, con memorie pabstiane, ma non basta. Scritto da Herbert Reinecker.

Allievo, L' ** (*Apt Pupil*, Usa 1998, col, 100') Bryan Singer. Con Ian McKellen, Brad Renfro, Bruce Davison, David Schwimmer, Joe Morton, Heather McComb. ◆ Il sedicenne californiano Todd Bowden (Renfro) scopre che l'anziano vicino di casa Kurt Dussander (McKellen) è un criminale nazista: ma anziché denunciarlo ne rimane morbosamente affascinato, e lo ricatta. Diventerà anche lui un mostro? Brandon Boyce adatta un inquietante racconto di Stephen King (*Un ragazzo sveglio*) e Singer accampa ambizioni di filosofia del male: ma sembra preoccupato solo di stimolare la gigioneria di McKellen, mentre il tema degli orrori della Storia si perde per strada, tra facili effetti di suspense e un'enfasi a rischio. Musica (mediocre) e montaggio (da primo della classe) di John Ottman. Animalisti astengansi. Da confrontare con il ben più coraggioso episodio *Il ritorno di Jean* in *Ritorna la vita*.

Alligator **½ (*Alligator*, Usa 1980, col, 94') Lewis Teague. Con Robert Forster, Robin Riker, Michael Gazzo, Perry Lang, Sue Lyon, Henry Silva. ◆ Un gigantesco e famelico coccodrillo diventa l'incubo di Chicago. Prendendo spunto da una delle «leggende metropolitane» più diffuse negli Usa (gli alligatori abbandonati nelle fogne), John Sayles ha scritto una sceneggiatura ricchissima di ironia che Teague ha diretto con ottimo senso dell'azione e della suspense. Occhio ai graffiti nella scena finale.

Al limite, cioè, non glielo dico * (Italia 1985, col, 105') Franco Rossetti. Con Massimo Wertmüller, Fran Fullenwider, Alessandra Panelli, Carlo De Mejo, Inga Schulman, Enzo Torraca, Carlo Taranto, Luca Sportelli. ◆ Lo stracciarolo Felice (Wertmüller) trova per strada il biglietto vincente della lotteria. Per non dire niente alla moglie Minerva (Fullenwider, doppiata da Paola Quattrini) condurrà una doppia vita: poveraccio in casa, ricco (e pacchiano) fuori. Sceneggiata dallo stesso regista, una insipida commedia che si vorrebbe «di costume» sui vizi degli italiani (i soliti: un po' galli, un po' sbruffoni, spesso bugiardi) e che invece è solo stiracchiata e qualunquista (tira in ballo persino la legge 180 per giustificare che un bell'uomo [De Mejo] possa corteggiare Minerva). Si sappia almeno che questa inutilità è stata finanziata con soldi pubblici dal Ministero dello Spettacolo.

All'improvviso uno sconosciuto **½ (*Lady Beware*, Usa 1987, col, 114') Karen Arthur. Con Diane Lane, Michael Woods, Cotter Smith, Viveca Lindfors, Peter Nevargic. ◆ Una vetrinista (Lane), con i suoi allestimenti morbosetti, attira l'attenzione di un maniaco, che inizia a perseguitarla. La ragazza però reagisce, e il carnefice diventa vittima. Thriller parafemminista in cui la violenza è nell'aria ma mai in atto, con una conclusione non convenzionale, abile nel costruire tensione e nel dare spessore ai personaggi. Diane Lane non è mai stata così convincente.

All'inferno e ritorno **½ (*To Hell and Back*, Usa 1955, col, 106') Jesse Hibbs. Con Audie Murphy, Marshall Thompson, Susan Kohner, Charles Drake. ◆ La storia vera, interpretata da lui stesso, del soldato Murphy, il G.I. più decorato nella seconda guerra mondiale. Ottime sequenze di battaglie per una delle diverse pellicole con Murphy protagonista, tratte dalla sua autobiogra fia. L'exploit dell'«attore», coadiuvato dal cast, permette di superare brillantemente la retorica e i cliché del soggetto.

All'inseguimento della morte rossa *½ (*Bullet to Bejing*, Canada/Gb/Russia 1995, col, 101') George Mihalka. Con Michael Caine, Jason Connery, Mia Sara, Michael Gambon, Michael Sarrazin, Burt Kwouk. ◆ Scaricato dai servizi segreti di Sua Maestà, Harry Palmer (Caine) accetta un incarico in Russia, dove deve recuperare un'arma chimica diretta ai nord coreani nascosta sul treno Mosca-Pechino. A trent'anni da *Ipcress*, torna il personaggio della spia anti-eroica creata da Len Deighton: ma ormai è solo un testimonial per una serie di modeste avventure di taglio televisivo nell'ex Unione Sovietica. Orrenda musica di Rick Wakeman. Seguito da *Intrigo a San Pietroburgo*.

All'inseguimento della pietra verde *** (*Romancing the Stone*, Usa 1984, col, 105') Robert Zemeckis. Con Kathleen Turner, Michael Douglas, Danny DeVito, Zack Norman, Alfonso Aran. ◆ Una scrittrice di romanzi d'appendice (Turner) si trova coinvolta, insieme con un simpatico avventuriero (Douglas), nella caccia a uno smeraldo tra le foreste e i coccodrilli della Colombia. Un film tanto incredibile quanto divertente, pieno di inseguimenti e colpi di scena dal ritmo incalzante sceneggiato da Diane Thomas. Rivelò le qualità di DeVito e confermò il sex appeal della Turner, specie nel prologo «letterario». Seguito da *Il gioiello del Nilo*.

Allodole sul filo *** (*Skřivanči na nitich*, Cecoslovacchia 1990, col, 94') Jiří Menzel. Con Rudolf Hrusinsky, Vaclav Neckar, Vladimir Pracek, Jitka Zelenohotska, Nada Urbankova. ◆ Nella Cecoslovacchia degli anni Cinquanta, un deposito di rottami è trasformato in campo di lavoro «rieducativo»: maschi e femmine sono rigidamente divisi ma, con qualche stratagemma, due fidanzatini riescono a combinare teneri incontri. Apologo agrodolce sulla solidarietà, il film (tratto dal romanzo omonimo di Bohumil Hrabal anche cosceneggiatore) prende di mira la stupidità burocratica e l'assurdità kafkiana dei regimi totalitari, ritrovando il tono acre e sferzante del suo precedente (e bellissimo) *Treni strettamente sorvegliati*. Iniziato durante la primavera di Praga (1968) fu terminato dopo la restaurazione sovietica, che lo proibì. Scongelato dopo la rivoluzione dell'89, ha vinto l'Orso d'oro a Berlino nel 1990.

All'ombra del delitto (Hallucination) **½ (*La Rupture*, Francia 1970, col, 123') Claude Chabrol. Con Stéphane Audran, Jean-Pierre Cassel, Michel Bouquet, Angelo Infanti, Jean Carmet, Annie Cordy. ◆ Per impedire alla nuora (Audran) di divorziare dal marito (uno scrittore fallito e tossicodipendente), il suocero (Bouquet) arriva a pagare una persona perché screditi moralmente la donna. Un film eccessivo, quasi barocco nel raccontare gli intrighi di una famiglia borghese. «Cattivo ed estremista» anche se il finale è decisamente confuso e ridondante. Comparsata di Chabrol stesso.

All'ombra delle piramidi ° (*Antony and Cleopatra*, Usa 1963, col, 160') Charlton Heston. Con Charlton Heston, Hildegarde Neil, Eric Porter, John Castle, Fernando Rey. ◆ Il tragico epilogo dei destini incrociati del condottiero romano Antonio (Heston) e della tormentata regina egiziana Cleopatra (Neil). È un adattamento cinematografico dell'opera shakespeariana *Antonio e Cleopatra*: anche per le ristrettezze di mezzi il film delude e il contributo di Heston, nelle vesti di regista e attore, è decisamente sottotono.

All'ombra del patibolo **½ (*Run for Cover*, Usa 1955, col, 92') Nicholas Ray. Con James Cagney, Viveca Lindfors, John Derek, Jean Hersholt, Grant Withers, Ernest Borgnine. ◆ Il travagliato rapporto tra lo sceriffo Matt Dow (Cagney) e il suo giovane amico Davey (Derek), azzoppato – pur essendo innocente – da un gruppo di cowboy che volevano farsi giustizia sommaria: le pessime amicizie del passato trascineranno il giovane in una rapina a danno dei cittadini che lo hanno accolto, costringendo Matt a dargli la caccia. Ingiustamente considerato minore, questo western – sceneggiato da Winston Miller – è una scoperta parabola antimaccartista (la persecuzione del giusto e dell'innocente) intrecciata con uno dei temi forti del regista, quello dell'adolescente-figlio e del suo contrastato rapporto col «padre». Ma invece che sottolinearne le cause (e le esplosioni) – come farà quello stesso anno con *Gioventù bruciata* – Ray costruisce il film sui temi della dolcezza, della tenerezza, del perdono: la tragicità della figura di Davey, che non riesce a integrarsi nel mondo anche per la sua debolezza di carattere, è bilanciata dalla figura di Matt (e della sua donna, interpretata da Viveca Lindfors) che usa tutta la sua esperienza e la sua energia per impedire a un adolescente di perdersi e che trova, alla fine di un lungo percorso di delusioni, il cammino verso la serenità e l'amore.

All'ombra del ricatto * (*The Hanged Man*, Usa 1964, col, 87') Don Siegel. Con Edmond O'Brien, Vera Miles, Robert Culp, J. Carrol Naish, Brenda Scott. ◆ Un uomo decide di vendicare l'uccisione di un amico, ma nella confusione del «Mardi gras» di New Orleans scopre che la verità è molto più complicata di quanto pensi. Rifacimento, decisamente inferiore, di *Fiesta e sangue* (1947).

All'onorevole piacciono le donne * (Italia 1972, col, 108') Lucio Fulci. Con Lando Buzzanca, Laura Antonelli, Corrado Gaipa, Renzo Palmer, Agostina Belli. ◆ L'onorevole Puppis (Buzzanca) tralascia la corsa alle elezioni presidenziali perché travolto dalle grazie femminili di una suorina del convento dove si è rifugiato. Consueta commedia scollacciata e vuota.

Allonsanfan ** (Italia 1974, col, 115') Paolo e Vittorio Taviani. Con Marcello Mastroianni, Lea Massari, Laura Betti, Bruno Cirino, Renato De Carmine, Mimsy Farmer, Claudio Cassinelli. ◆ Fulvio Imbriani (Mastroianni), un rivoluzionario di nobile nascita, in piena Restaurazione del 1816, cerca in tutti i modi di tradire la causa e abbandonare gli amici. La lettura di un periodo della storia italiana (il vano tentativo di Pisacane di sollevare le masse meridionali) serve ai due registi da spunto per considerazioni sull'attualità e sulla lotta di una minoranza in un periodo di impossibilità rivoluzionaria. Non giovano alla coerenza del film certi elementi parodistici e una lettura più esistenziale che storica della politica.

All'ovest niente di nuovo *** (*All Quiet on the Western Front*, Usa 1930, b/n, 116') Lewis Milestone. Con Lew Ayres, Louis Wolheim, John Wray, Slim Summerville, Russell Gleason, Ben Alexander. ◆ Tratto dal celebre romanzo di Erich Maria Remarque, racconta gli orrori nelle trincee del fronte francotedesco durante la prima guerra mondiale. La violenza e la morte sono viste attraverso gli occhi di alcuni giovani soldati tedeschi, arruolatisi anche per i discorsi esaltati di un loro professore. Uno dei film hollywoodiani che ha saputo esprimere con maggior forza ed efficacia un messaggio pacifista e antimilitarista: gli anni non hanno tolto forza all'opera e anche i tagli imposti dalla produzione (in origine l'edizione durava 152', ridotti dall'Universal a 103') non fanno che accrescere l'impatto visivo delle violentissime e molto realistiche scene di battaglia – riprese con bellissime carrellate laterali – tanto da dar l'impressione che Milestone metta «più energia a far morire i suoi personaggi che a farli vivere». La scena finale, dove Paul (Ayres) è ucciso perché cerca di catturare una farfalla, fu suggerita da Karl Freund e fu girata contro il volere dello Studio, utilizzando i fari di un'auto per l'illuminazione; la mano in primo piano è di Milestone stesso. Vietato sotto il fascismo, fu proiettato in Italia solo negli anni Cinquanta. Per una singolare coincidenza, dodici anni più tardi le idee pacifiste faranno perdere a Lew Ayres il ruolo di Dottor Kildare, quando nel 1942 si rifiuterà di andare sotto le armi e sarà così licenziato dalla Mgm che temeva ripercussioni negative da parte del pubblico. Nel 1937 James Whale diresse un seguito (*The Road Back*, inedito in Italia) raccontando la vita di chi era riuscito a tornare dal fronte.

All That Jazz – Lo spettacolo continua **½ (*All That Jazz*, Usa 1979, col, 123') Bob Fosse. Con Roy Scheider, Jessica Lange, Ann Reinking, Leland Palmer, John Lithgow. ◆ Sogni e speranze, delusioni e premonizioni di un regista teatrale (Scheider) che sta preparando uno spettacolo per Broadway, tra produttori scettici, crisi coniugali, amanti, impegni e intoppi di ogni tipo, compresi i sintomi dell'infarto, che colpirà il protagonista nel finale. Narcisistico e compiaciuto «autoritratto», ispirato all'*8½* felliniano, squilibrato tra alcuni ottimi numeri musicali (su tutti *On Broadway*) ed evidenti cadute di gusto (la visione della propria morte con tanto di ballerine in costume da «sistema venoso e arterioso»). Quattro Oscar (per le scenografie a Philip Rosenberg, Tony Walton, Edward Stewart, Gary Brink; per i costumi ad Albert Wolsky; per il montaggio ad Alan Heim; per la colonna sonora a Ralph Burns) e Palma d'oro a Cannes ex aequo con *Kagemusha*.

Allucinante notte per un delitto **½ (*Going Home*, Usa 1971, col, 97') Herbert B. Leonard. Con Robert Mitchum, Jan Michael Vincent, Brenda Vaccaro, Sally Kirkland, Jason Bernard. ◆ Complesso e travagliato rapporto tra un figlio e il proprio padre (Vincent e Mitchum) appena uscito di prigione dopo la pena inflittagli per l'uccisione della moglie. Un film ricco di sfumature e di mezzi toni nel ritratto psicologico del giovane e che sa alternare momenti di alta tensione emotiva a situazioni più piane e intimiste. La Mgm censurò la scena in cui il figlio violenta la nuova donna del padre.

Allucinazione perversa *** (*Jacob's Ladder*, Usa 1990, col, 113') Adrian Lyne. Con Tim Robbins, Elizabeth Peña, Danny Aiello, Matt Craven, Pruitt Taylor Vince, Jason Alexander. ◆ Jacob Singer (Robbins), un reduce dal Vietnam che soffre di allucinazioni e malesseri, scopre che anche i suoi ex commilitoni hanno gli stessi problemi: sono stati usati come cavie per sperimentare una droga che li rendesse più combattivi e adesso i servizi segreti vogliono eliminarli. Dopo qualche film patinato per il grande pubblico, una storia sgradevole e cupa, «sporca» nella fotografia e negli argomenti, ma incredibilmente efficace nella sua progressiva discesa verso le tenebre della psiche umana. Di grande suggestione il finale. Cammeo del piccolo Macaulay Culkin. Liberamente ispirato al racconto di Ambrose Bierce *Un incidente al ponte di Owl Creek* e sceneggiato da Bruce Joel Rubin.

Allullo drom *½ (Italia 1993, col, 94') Tonino Zangardi. Con Isabella Ferrari, Francesco Casale, Claudio Bigagli, Massimo Bonetti, Ida Sansone, Massimo Wertmüller, Novello Novelli. ◆ Un gruppo di zingari si accampa in un paesino della Toscana anni Cinquanta, trovando una accanita opposizione tra i contadini e una buona accoglienza da parte di alcuni giovani interessati al nomadismo: quando il giovane zingaro Andreas (Casale) sarà costretto alla fuga perché coinvolto in un omicidio, sono questi ultimi ad aiutarlo, in particolare la bella Lorenza (Ferrari). Dichiarato omaggio alla cultura e al fascino di un popolo nomade, è un film migliore nelle intenzioni che nei risultati, nello sguardo semidocumentaristico che nell'intreccio. Con una tale sensibilità verso il mondo rom, l'esordiente Tonino Zangardi poteva permettersi un vero e proprio documentario, lasciando perdere l'intrusiva vicenda sentimentale. Circolazione limitatissima, nello stesso anno di *Un'anima divisa in due*. Il titolo vuol dire «strada rossa» nella lingua rom.

All'ultimo respiro **½ (*Breathless*, Usa 1983, col, 100') Jim McBride. Con Richard Gere, Valerie Kaprisky, Art Metrano, John P. Ryan, William Tepper. ◆ Rifacimento, ambientato nell'America di oggi, di *Fino all'ultimo respiro* di Godard: un ladro di automobili (Gere) che ha ucciso (più o meno inconsapevolmente) un poliziotto coinvolge nelle sue peripezie una studentessa (Kaprisky) che lo seguirà fino al tragico epilogo. Rilettura intrigante di un mito cinematografico con un'ottica tutta sociologica (lui è un maniaco del rock di Jerry Lee Lewis e dei fumetti *Silver Surfer*), teso nel ritmo ed esplicito nei riferimenti sessuali; non riesce comunque a ritrovare la stessa forza e libertà dell'originale.

All'ultimo secondo ** (*Outlaw Blues*, Usa 1977, col, 98') Richard T. Heffron. Con Peter Fonda, Susan Saint James, John Crawford, Michael Lerner. ◆ Ricominciano i problemi per un ex carcerato (Fonda) quando scopre che un cantante di successo gli ha rubato una canzone che aveva composto durante la reclusione. In alcuni momenti la mescolanza tra azione, melodramma e commedia funziona bene.

Al lupo, al lupo ° (Italia 1992, col, 125') Carlo Verdone. Con Carlo Verdone, Sergio Rubini, Francesca Neri, Barry Morse, Loris Paiusco, Gianpiero Bianchi. ◆ I fratelli Sagonà – il compassato pianista Vanni (Rubini), il dj eternamente giovanilista Gregorio (Verdone) e la sorella in crisi matrimoniale Livia (Neri) – cercano di dimenticare le reciproche incomprensioni e si mettono a cercare insieme il padre Mario (Morse), misteriosamente scomparso da casa. Mescolando alla finzione un po' di autobiografia (Verdone ha un fratello e una sorella e il padre si chiama davvero Mario) il film non sa resistere alla tentazione della facile macchietta (forse perché è stato pensato per un'uscita natalizia) e le intenzioni di raccontare «una generazione che ha perso il padre» scivolano via tra le solite sguaiatezze (l'interpretazione del dj di acid music con la pancia e il codino finto ispira pietà non sorrisi) e un generico «volemose bene». Ma almeno la prima volta di Vanni nel camper con l'amica compiacente e il bagno notturno nella piscina di Bagno Vignoni Verdone poteva risparmiarceli.

Alphabet City **½ (*Alphabet City*, Usa 1984, col, 98') Amos Poe. Con Vincent Spano, Kate Vernon, Michael Winslow, Jami Gertz, Zohra Lampert. ◆ A New York, tutto in una notte: un giovane boss di quartiere (Spano) cerca di uscire dal giro e andarsene via coi soldi. Secco, violento e stilizzato come un noir di una volta, non sembra patire troppo neanche i tagli imposti dai produttori. Primo e finora ultimo progetto di largo consumo dell'indipendente Amos Poe, già mito della new wave. Bella colonna sonora di Nile Rodgers, leader degli Chic.

Al piacere di rivederla ** (Italia 1976, col, 102') Marco Leto. Con Ugo Tognazzi, Françoise Fabian, Alberto Lionello, Franco Graziosi, Paolo Bonacelli, Miou-Miou [Sylvette Hery]. ◆ Indagando su un omicidio nella provincia emiliana, un ex commissario (Tognazzi) scopre ogni sorta di corruzione, politica e morale: il defunto era tutt'altro che uno stinco di santo, così come la sua numerosa famiglia. Ritratto di una certa Italia, in cui crescono connivenze e convenzioni. Dal romanzo di Paolo Levi *Ritratto di provincia in rosso*, cosceneggiato da Maurizio Costanzo.

Al Piccolo Margherita *½ (*Au Petit Marguery*, Francia 1995, col, 90') Laurent Bénégui. Con Michel Aumont, Stéphane Audran, Jacques Gamblin, Claire Keim, Alain Beigel, Marie Bunel, Thomas Chabrol, Laurence Côte, Vincent Colombe, Féodor Atkine, Myriem Roussel, Jacques Herlin. ◆ Dopo aver perso l'olfatto a causa di un tumore, lo chef Hyppolite (Aumont) celebra la vendita del suo ristorante con un ultimo pranzo per figli e amici, durante il quale verranno a galla le solite piccole e grandi magagne, prima di un finale conciliante. Scola di certo l'avrà visto prima di girare *La cena*, ma ha anche fatto di meglio: qui i rapporti tra i personaggi sono nebulosi e poco interessanti, e non c'è un dialogo che non sembri stonato. Ai gastronomi, comunque, verrà l'acquolina in bocca. Bénégui (che accredita i genitori come «realizzatori dei piatti e del regista») ha adattato il suo romanzo omonimo assieme a Michel Field e Olivier Daniel.

Al posto del cuore ** (*À la place du cœur*, Francia 1998, col, 113') Robert Guédiguian. Con Laure Raoust, Jean-Pierre Darroussin, Ariane Ascaride, Alexandre Ogou, Gérard Meylan, Christine Brücher, Véronique Balmé, Pierre Banderet. ◆ Marsiglia: François detto Bébé (Ogou), nero adottato da bianchi, è in prigione ingiustamente accusato di stupro, e la sua fidanzata sedicenne Clim (Raoust), bianca, scopre di essere incinta. Ma l'accusatrice è fuggita a Sarajevo, e la futura suocera (Ascaride), che difende a spada tratta la scelta della figlia, va in Bosnia a cercarla. Il regista di *Marius e Jeannette* (che, con Jean-Louis Milesi, adatta liberamente un romanzo di James Baldwin ambientato tra i neri newyorkesi, *If Beale Street Could Talk*) continua a celebrare la sua Arcadia populista e multirazziale, carnale e buonista, appena minacciata da qualche poliziotto razzista. Gli uomini bevono e ballano tra di loro, mentre le donne, tanto più sagge e concrete, si fanno rispettare: ma la carne al fuoco è troppa, e gli stereotipi accettati senza invenzioni.

Al soldo di tutte le bandiere * (*You Can't Win 'Em All*, Usa 1970, col, 95') Peter Collinson. Con Tony Curtis, Charles Bronson, Michèle Mercier, Patrick Magee, Leo Gordon. ◆ Due nemici-amici (Curtis-Bronson) vengono coinvolti nella guerra in Turchia nei primi anni Venti. Film stiracchiato costruito sui due celebri attori, che non riescono a vivificare la banalità del soggetto di Leo Gordon, che ricopre anche un piccolo ruolo.

Alta, bella e pericolosa * (*Une Femme ou deux*, Francia 1985, col, 97') Daniel Vigne. Con Sigourney Weaver, Gérard Depardieu, Michel Aumont, Zabou. ◆ Un paleontologo (Depardieu), convinto di aver scoperto i resti fossili della prima donna francese, scambia una giornalista (Weaver) per la presidentessa di un'associazione americana che vorrebbe finanziare lo studioso. Soliti equivoci che non riescono a riscattare nemmeno due bravi attori.

Alta infedeltà ** (Italia/Francia 1964, b/n, 130') Franco Rossi, Elio Petri, Luciano Salce, Mario Monicelli. ◆ Film a episodi. In *Scandaloso* (Franco Rossi. Con Nino Manfredi, Fulvia Franco, John Phillip Law) un marito scopre di essere lui stesso l'obiettivo del presunto amante della moglie. In *Peccato nel pomeriggio* (Elio Petri. Con Charles Aznavour, Claire Bloom) i tentativi di una moglie di tradire il marito hanno un epilogo a sorpresa. In *La sospirosa* (Luciano Salce. Con Monica Vitti, Jean-Pierre Cassel, Sergio Fantoni) una donna gelosissima finisce per essere lei a tradire il marito. In *Gente moderna* (Mario Monicelli. Con Ugo Tognazzi, Michèle Mercier, Bernard Blier) un commerciante si gioca anche il diritto di passare una notte con la moglie ma poi si preoccupa dei pettegolezzi. Quattro barzellette con qualche spunto interessante (*Gente moderna* nasce da un'idea di Zavattini; *Peccato nel pomeriggio* è una divertente parodia dell'incomunicabilità antonioniana). L'esordio comico della Vitti dopo i film con Antonioni. La Mercier si fa vedere ampiamente svestita.

Altalena di velluto rosso, L' **½ (*The Girl in the Red Velvet Swing*, Usa 1955, col, 109') Richard Fleischer. Con Ray Milland, Joan Collins, Farley Granger, Luther Adler, Cornelia Otis Skinner, Glenda Farrell. ◆ Diventata famosa per la sua relazione con l'architetto Stanford White (Milland), la ballerina Evelyn Nesbit (Collins) accetta la corte del milionario Harry K. Thaw (Granger) e lo sposa. Ma l'uomo – impotente – è ossessionato dalla gelosia per Stanford White, tanto da ucciderlo a pistolettate: Evelyn cercherà di attribuirsi tutte le colpe di questo assassinio, aggiungendo così al disprezzo dell'opinione pubblica quello della famiglia del marito (il quale otterrà un verdetto di infermità mentale e uscirà ben presto dal carcere). Bel melodramma sceneggiato da Walter Reish e Charles Brackett e ispirato a un caso di cronaca che fece scandalo nella New York del 1906, il film analizza con grande sottigliezza i rapporti complicati e appassionanti di tre personaggi dalle pulsioni ambigue. Opulento e sensuale nella sua messinscena il film denuncia l'ipocrisia della società americana d'inizio secolo raccontando due storie d'amore votate al fallimento dalla moralità dell'epoca. Lo stesso episodio sarà raccontato anche in *Ragtime*. Girato col procedimento De Luxe, è oggi praticamente invedibile nel suo cromatismo originale.

Alta società **½ (*High Society*, Usa 1956, col, 107') Charles Walters. Con Grace Kelly, Bing Crosby, Frank Sinatra, Celeste Holm, John Lund, Louis Calhern, Sidney Blackmer. ◆ Un'ereditiera (Kelly) sta per sposarsi con un industriale (Lund), ma l'arrivo del suo ex marito, un compositore di canzoni jazz (Crosby), e la presenza di un affascinante giornalista (Sinatra) mandano all'aria i suoi piani. Rifacimento musicale di *Scandalo a Philadelphia* di Cukor, accompagnato dalle bellissime canzoni di Cole Porter (tra cui *True Love*, *Did You Evah?* e *You're Sensational*): Charles Walter, e il suo sceneggiatore John Patrick, attenuano la satira sociale presente nella versione originale per dare al film un andamento più lento e sinuoso e concentrarsi così – attraverso tocchi di leggera ironia – su quello che diventa il nuovo tema del film: «la trasformazione dell'eroina, dall'intolleranza un po' acida che la rendeva insoddisfatta di tutto alla disponibilità verso l'amore che le farà scoprire la felicità e la riconciliazione col mondo». Partecipazione di Louis Armstrong che canta *Now You Has Jazz*. È l'ultima interpretazione di Grace Kelly.

Alta stagione * (*High Season*, Gb 1987, col, 90') Clare Peploe. Con Jacqueline Bisset, James Fox, Irene Papas, Kenneth Branagh, Sebastian Shaw. ◆ A Rodi la fotografa inglese Kath (Bisset) si trova al centro di un nebuloso doppio intreccio sentimentale-spionistico, in cui entrano in gioco il suo ex marito (Fox) e una spia (Branagh) di Sua Maestà alla caccia di un inglese che lavora per i russi. All'esordiente regista, moglie di Bernardo Bertolucci e autrice della sceneggiatura assieme al fratello Mark, interessava descrivere le contraddizioni di un paese, la Grecia, che la «colonizzazione» dei turisti sta privando della sua identità: ma tutto langue, sotto il sole lussuosamente fotografato da Chris Menges.

Alta tensione ** (*High Anxiety*, Usa 1977, col, 94') Mel Brooks. Con Mel Brooks, Madeline Kahn, Cloris Leachman, Harvey Korman. ◆ L'«Istituto neurologico per pazienti molto, molto nervosi» è dominato dalla capoinfermiera «Fratello Diesel» (Leachman) e dal vicedirettore che tendono a segregare i pazienti più ricchi. Ma il nuovo direttore (Brooks) riuscirà a riportare l'ordine nel manicomio. Una trama esilissima per costruire una serie di situazioni alla Hitchcock naturalmente riviste in chiave comica (il direttore ha la fobia del vuoto come in *Io ti salverò*, l'attacco dei piccioni cita *Gli uccelli*, l'assalto sotto la doccia fa la parodia a *Psycho*, il ponte di San Francisco e la torre ricordano *La donna che visse due volte*).

Alterazione genetica *½ (*The Watchers*, Usa/Canada 1988, col, 92') Jon Hess. Con Corey Haim, Barbara Williams, Lala, Duncan Fraze, Michael Ironside. ◆ Oxon, un androide programmato per uccidere, cerca il cane che è sopravvissuto con lui all'esplosione di un laboratorio di ricerche genetiche e che può farlo catturare. Un film a metà tra horror e fantascienza, ispirato malamente al romanzo di Dean R. Koontz, che prende spunto dal discorso delle biotecnologie per incrementare il campionario di mostri. Seguìto da una specie di remake (*Watchers 2*, 1990, di Thierry Notz) inedito in Italia.

Altissima pressione * (Italia 1965, b/n, 100') Enzo Trapani. Con Dino [Eugenio Zambelli], Gianni Morandi, Rosemary Dexter, Micaela Esdra, Anna Maria Checchi, Grazia Maria Spina, Lilly Bistrattin, Lea Nanni, Gianluca Amadio, Sebastiano De Laurentis, Mimmo Poli, Fabrizio Capucci. ◆ Mentre gli amici cercano di aprire un locale da ballo nel magazzino di un salumiere (Poli), Roberto (Dino) vorrebbe incidere la sua prima canzone: per farlo sfrutta le conoscenze di Serenella (Dexter), scatenando la gelosia della fidanzata (Esdra). Curioso ma fallito tentativo di realizzare un musicarello con l'andamento nervoso e moderno dell'inchiesta televisiva (la storia è narrata da Gianni Morandi come se si trattasse di un servizio giornalistico sui gusti dei giovani): lo stile semidocumentaristico è soltanto noioso, e i dialoghi «modernisti» francamente irritanti. Interminabile sfilata di cantanti: oltre a Morandi, si esibiscono Lucio Dalla, Nicola Di Bari, Lando Fiorini, Peppino Gagliardi, Michele, The Rokes, Ricky Shayne, Edoardo Vianello, Anna Maria Izzo e Françoise Hardy.

Alto basso fragile *** (*Haut, bas, fragile*, Francia 1995, col, 169') Jacques Rivette. Con Marianne Denicourt, Nathalie Richard, Laurence Côte, Anna Karina, André Marcon, Bruno Todeschini, Wilfred Benaïche, Stéphanie Schwartzbrod, Enzo Enzo. ◆ A Parigi si incrociano i destini di tre ragazze: la pony express ladra Ninon (Richard) cerca di sedurre il testimone (Marcon) che l'ha vista rubare; Louise (Denicourt), appena uscita da un coma durato cinque anni, viene coinvolta in un misterioso club dei suicidi e si innamora del detective privato (Todeschini) messole alle costole dal padre; Ida (Côte), timida bibliotecaria, cerca una madre mai conosciuta, che potrebbe essere la cantante Sarah (Karina). Rivette torna alla sua vena migliore: un intreccio dove quotidiano e romanzesco si danno la mano, e che sembra svilupparsi in tempo reale, in modo imprevedibile come la vita (di fatto Rivette improvvisa la storia su un canovaccio, chiamando a collaborare gli interpreti). Senso del mistero e gioia contagiosa, improvvise rotture della verosimiglianza (come quando i personaggi si mettono a cantare e ballare come in un film di Demy o di Minnelli) e una capacità unica di cogliere l'aria di Parigi: con molta nostalgia per i tempi della Nouvelle Vague (da cui la presenza carica di memoria di Anna Karina) e una voglia irresistibile di continuare a immaginare. Pascal Bonitzer, cosceneggiatore, è l'uomo sul balcone. La musica è di François Bréant. La versione italiana in cassetta dura 122'.

Alto, biondo e... con sei matti intorno ** (*Les Malheurs d'Alfred*, Francia 1971, col, 98') Pierre Richard. Con Pierre Richard, Yves Robert, Anny Duperey, Pierre Mondy, Jean Carmet. ◆ Alfredo (Richard) sembra nato sotto una cattiva stella: tutto gli va male fino al giorno in cui entra alla televisione. Da un'idea di Roland Topor, che partecipa alla sceneggiatura, una commedia divertente; cattiva la parte dedicata ai miti della Tv di massa. Il titolo italiano cerca di accreditare un inesistente rapporto con *Alto, biondo e con una scarpa nera* che da noi fu distribuito prima di questo film di Richard.

Alto, biondo e con una scarpa nera *** (*Le Grand blond avec une chaussure noire*, Francia 1972, col, 90') Yves Robert. Con Pierre Richard, Bernard Blier, Jean Rochefort, Mireille Darc, Jean Carmet. ◆ Un violinista gentile e distratto (Richard) diventa l'oggetto, senza nemmeno rendersene conto, della violenta lotta tra due pezzi grossi dello spionaggio francese che lo trascinano in situazioni assurde e in complicati intrighi. Il film che ha rilanciato, negli anni Settanta, la commedia brillante francese e che ha decretato il successo internazionale di Pierre Richard, irresistibile protagonista di gag basate su equivoci e malintesi. Seguìto da *Il grande biondo*.

Alto tradimento *½ (*Conspirator*, Gb/Usa 1949, b/n, 85') Victor Saville. Con Robert Taylor, Elizabeth Taylor, Robert Fleming, Honor Blackman, Harold Warrender, Thora Hird, Wilfrid Hyde-White, Marjorie Fielding, Karel Stepanek. ◆ In vacanza a Londra, l'americana Melinda (E. Taylor) s'innamora a prima vista del maggiore Curragh (R. Taylor), ma dopo il matrimonio scopre che lui fa la spia per i russi. Tipico melodramma anticomunista (sceneggiato da Sally Benson da un romanzo di Humphrey Slater) dichiaratamente propagandistico, dove i sovietici arrivano a chiedere al loro uomo di eliminare la moglie perché «la vita privata non può interferire sulla missione». Per fortuna nessuno degli attori sembra convinto di quello che sta facendo. Secondo film della Mgm prodotto in Inghilterra, dopo *Edoardo mio figlio*.

Altra donna, Un' **** (*Another Woman*, Usa 1988, col, 84') Woody Allen. Con Gena Rowlands, Mia Farrow, Ian Holm, Blythe Danner, Gene Hackman, Sandy Dennis, Betty Buckley, Harris Yulin. ◆ Marion (Rowlands), una docente di filosofia sulla cinquantina, affitta un appartamento per poter scrivere in tranquillità e involontariamente ascolta le ultime sedute di psicanalisi di una giovane donna (Farrow), che si svolgono nello studio adiacente: comincia così a riflettere sulla propria vita e si accorge che, nel desiderio di controllare ogni cosa, ha privilegiato l'intelletto a scapito delle emozioni profonde e dei rapporti personali, in particolare con la sua migliore amica (Dennis), il fratello (Yulin) e il marito (Holm). Straordinario studio di figura femminile, sicuramente il più complesso e maturo che Allen abbia mai realizzato. Alcuni suoi temi tipici come la cerebralità e la psicanalisi, altrove affrontati con un registro comico, qui tornano trasfigurati in una disamina esistenziale tanto amara quanto lucida e toccante. Evidente l'influenza di Bergman (c'è persino il suo direttore della fotografia, Sven Nykvist), ma Allen dimostra di saper rielaborare in proprio angosce e atmosfere del regista svedese. Eccellente Gena Rowlands, che mette da parte gli istrionismi del passato trovando una misura recitativa di rara bellezza. È il primo film da lei interpretato dopo la morte del marito John Cassavetes, e il terzo «serio» di Woody dopo *Interiors* e *Settembre*. Da notare: è l'unico film di Allen in cui una cura psicoanalitica viene portata a termine positivamente.

Altra faccia della Mela, L' → *Mondo New York – L'altra faccia della Mela*

Altra faccia dell'amore, L' *½ (*The Music Lovers*, Gb 1970, col, 122') Ken Russell. Con Richard Chamberlain, Glenda Jackson, Christopher Gable, Izabella Telezynska, Max Adrian. ◆ Gli ultimi anni della vita di Pëtr Il'ič Čajkovskij (Chamberlain), quando sposò una giovane nevrotica (Jackson) nonostante fosse omosessuale e la sua fama di musicista aumentò in parallelo con le sue ossessioni e le sue nevrosi. Russell recupera l'esperienza fatta coi telefilm sui compositori e cerca una connessione tra la vita e la musica, in modo che non sia solo commento ma stimolo alla creazione di immagini (la sequenza del vagone letto ha momenti di forte impatto emotivo) secondo la lezione romantica per cui il genio va sempre d'accordo con la sregolatezza. Allora fu una rivelàzione, oggi rischia di risultare una carnevalata.

Altra faccia del Padrino, L' *½ (Italia/Francia 1973, col, 100') Franco Prosperi. Con Alighiero Noschese, Minnie Minoprio, Lino Banfi, Raymond Bussières, Fausto Tozzi, Elena Fiore, Stefano Satta Flores, Guido Leontini. ◆ Testimone involontario di un omicidio commissionato dal padrino Vito Monreale (Noschese), l'imitatore Nick Buglione (sempre Noschese) si traveste da don Vito per fuggire ai killer che lo vogliono morto. Goliardata a tratti anche divertente (ma di quel tipo di film dove si vedono le etichette del whisky e la marca delle sigarette) che cita in continuazione battute e scene del film di Coppola: Noschese dimostra ancora una volta le sue doti mimetiche, Lino Banfi (nella parte del nipote scemo del padrino) prende sberle da tutti e Minnie Minoprio tenta di fare la cantante sexy.

Altra faccia del pianeta delle scimmie, L' ** (*Beneath the Planet of the Apes*, Usa 1969, col, 94') Ted Post. Con Charlton Heston, James Franciscus, Maurice Evans, Linda Harrison. ◆ Sèguito del *Pianeta delle scimmie*: in fuga dalle scimmie, Taylor e Nora finiscono prigionieri degli uomini sopravvissuti alla catastrofe atomica: vivono sotto terra e adorano una bomba al cobalto. Solito messaggio antiatomico (qui con megadistruzione finale), ma senza le trovate del primo film e con qualche scivolata di troppo nel grottesco. Seguìto da *Fuga dal pianeta delle scimmie.*

Altra faccia di Beverly Hills, L' **½ (*Slums of Beverly Hills*, Usa 1998, col, 91') Tamara Jenkins. Con Natasha Lyonne, Alan Arkin, Marisa Tomei, Kevin Corrigan, David Krumholtz, Jessica Walter, Carl Reiner, Rita Moreno. ◆ Los Angeles, 1976: in fuga da un motel all'altro, gli Abramowitz vedono il sogno americano dal buco della serratura. Il padre Murray (Arkin), orgogliosamente fallito, si fa mantenere dal fratello (Reiner); la figlia Vivian (Lyonne) è in travaglio puberale ed è ossessionata dai propri seni; la cugina svampita (Tomei) nasconde di essere incinta. Con ironia rosa confetto e qualche colpo basso, la regista-sceneggiatrice si diverte a cesellare personaggi pieni di sfumature, senza però uscire dalla logica del bozzetto. Raccontato in punta di penna, usando creativamente le musiche di Rolfe Kent e la fotografia di Tom Richmond.

Altra metà del cielo, L' *½ (Italia 1977, col, 100') Franco Rossi. Con Adriano Celentano, Monica Vitti, Venantino Venantini, Gianfranco Barra, Mario Carotenuto. ◆ Un prete e una prostituta (Celentano e Vitti), dopo essersi conosciuti in viaggio, si ritrovano in uno sperduto villaggio australiano dove il sacerdote si prodiga per distogliere la donna dal suo «lavoro». Pretesto semiserio (cosceneggiato da Maurizio Costanzo) diretto senza nerbo.

Altra parte della foresta, Un' **½ (*Another Part of the Forest*, Usa 1948, b/n, 107') Michael Gordon. Con Fredric March, Dan Duryea, Edmond O'Brien, Ann Blyth, Florence Eldridge, John Dall. ◆ Nata dal contrabbando e dalla speculazione, la fortuna degli Hubbard metterà l'un contro l'altro il padre Marco (March), il figlio Ben (O'Brien), che non esisterà a ricattare il genitore per portargli via i suoi beni, e la figlia Regina (Blyth), che finirà per lasciare questo nido di vipere. Prequel di *Piccole volpi* (1941), che Vladimir Pozner ha tratto dal dramma di Lillian Hellman. Ann Blyth dà solo una pallida copia del personaggio che Bette Davis ha reso immortale, ma la regia di Michael Gordon è controllata e capace di rendere benissimo l'atmosfera di questa famiglia dove le nuove generazioni battono in avidità e cinismo chi le ha precedute. Ottima prova del cast maschile, March, O'Brien e Dan Duryea nella parte di Oscar Hubbard, padre di quel Leo che aveva già interpretato nel film di Wyler.

Altra vita, Un' **½ (Italia 1992, col, 95') Carlo Mazzacurati. Con Silvio Orlando, Adriana Biedrzynska, Claudio Amendola, Monica Scattini, Antonella Ponziani. ◆ Un dentista romano (Orlando), alla ricerca di una russa senza fissa dimora (Biedrzynska) di cui è innamorato perso, viene preso in simpatia dal capo (Amendola) di un gruppo di piccoli delinquenti che, guarda caso, è proprio l'uomo da cui è fuggita la ragazza. L'inizio e la fine sono scontati e programmatici, ma è molto riuscita la descrizione delle sarabande notturne, delle balere di periferia, e dell'ambiente dei bulletti col telefonino. Mazzacurati abbandona le carinerie che appesantivano il suo film precedente (*Il prete bello*), e gira con uno stile personale e «poco italiano», dove l'acuta descrizione del mondo amorale e volgare che prospera ai margini della legalità si trasforma in giudizio morale e in acuta descrizione del degrado di tutta una nazione, facendo così dimenticare i palesi riferimenti a classici come *Il sorpasso*.

...Altrimenti ci arrabbiamo! *½ (Italia 1974, col, 100') Marcello Fondato. Con Terence Hill [Mario Girotti], Bud Spencer [Carlo Pedersoli], Donald Pleasence, Patty Shepart. ◆ Due amici (Hill e Spencer) concorrono per vincere una Dune Buggy: litigano sempre ma si troveranno d'accordo nel difendere un luna park da uno speculatore edilizio. La coppia di *Trinità* abbandona i panni western e fa ricorso sempre più chiaramente alle gag del cinema muto.

Altri tempi ** (Italia 1951, b/n, 127') Alessandro Blasetti. ◆ Trasposizione di alcuni testi della novellistica italiana dell'Ottocento, introdotti dall'episodio *Il carrettino dei libri vecchi* (con Aldo Fabrizi, Pina Renzi, Marisa Merlini, Galeazzo Benti) nel quale un rivenditore di libri mette in bella mostra alcune opere; in *Ballo Excelsior* da Romualdo Marenco (con Alba Arnova, Carlo Mazzone, il balletto del Teatro dell'Opera di Roma) si rievoca questo celebre ballo e se ne fa risaltare il significato sociale; in *Meno di un giorno* da Camillo Boito (con Alba Arnova, Andrea Checchi) un adulterio non consumato permette di rievocare le mediocri passioni di un mondo piccolo-borghese; in *Il tamburino sardo* di Edmondo De Amicis (con Enzo Cerusico, Vittorio Veser) si racconta la storia dell'eroico piccolo soldato; in *Questione d'interesse* da Renato Fucini (con Arnoldo Foà, Folco Lulli) due contadini litigano per una manciata di sterco da concime; in *L'idillio* (con Rina Morelli, Paolo Stoppa, Maurizio Di Nardo, Sergio Tofano) un ragazzo si innamora di una fanciulla ma non trova comprensione presso i genitori; in *La morsa* da Luigi Pirandello (con Amedeo Nazzari, Elisa Cegani, Roldano Lupi) un marito spinge sadicamente al suicidio la moglie fedifraga; in *Pot-pourri di canzoni* (con Barbara Floriani, Elio Pandolfi, Carlo Mazzarella) si usano le canzoni per rievocare la storia; in *Il processo di Frine* da Eduardo Scarfoglio (con Vittorio De Sica, Gina Lollobrigida, Vittorio Caprioli) una popolana che ha ucciso la suocera viene assolta a furor di popolo dalla giuria perché è bella. Un'idea innovativa (il «racconto breve cinematografico», cioè l'episodio) unita a una esigenza produttiva (provare attori diversi) non sempre sfruttata al meglio. Indimenticabile l'ultimo episodio che consacrò la Lollobrigida: impose un ideale di bellezza sana e solare e rese famoso il termine di «maggiorata fisica».

Altri uomini *½ (Italia 1997, col, 91') Claudio Bonivento. Con Claudio Amendola, Ennio Fantastichini, Veronica Pivetti, Tony Sperandeo, Antonino Iuorio, Vincenzo Peluso, Ugo Conti, Ricky Memphis, Stefania Montorsi. ◆ Angelo Epaminonda e Francis Turatello, protagonisti della mala milanese anni Settanta, diventano Michele Croce (Amendola) e Loris Corbi (Fantastichini): il primo ambizioso, proletario e spietato (ma anche padre dei pentiti), il secondo gentleman destinato a essere tradito. Non è un ritorno alla «Milano violenta», anche perché la sceneggiatura (del regista, Franco Ferrini e Furio Scarpelli, tratta dal libro *Io, il tebano* di Antonio Carlucci e Paolo Rossetti) è ancora al punto di rimpiangere gli uomini d'onore, quando vent'anni fa un di Leo si era già sbarazzato di questo mito. Bonivento, produttore esordiente alla regia, gira con le stesse ristrettezze di budget di allora, ma si picca di evitare le scene d'azione per concentrarsi sui personaggi. Senza però cavarne né l'affresco di un'epoca, né una parabola esemplare. Senza ritmo e senza un'idea di cinema.

Altro, L' → *Autre, L' – L'altro*

Altro delitto, L' ** (*Dead Again*, Usa 1991, col, 109') Kenneth Branagh. Con Kenneth Branagh, Emma Thompson, Derek Jacobi, Andy Garcia, Robin Williams, Hanna Schygulla, Campbell Scott. ◆ La donna smemorata (Thompson) di cui un investigatore (Branagh) cerca di scoprire l'identità crede di dover rivivere sulla propria pelle un delitto passionale di quarant'anni prima. Secondo film di Branagh, complicato e irrisolto nella sua logica narrativa (con continui salti dall'oggi al passato), ma a volte intrigante nello stile. Citazioni e rimandi (da *Mister Arkadin* a *Il terrore corre sul filo*) per un tema noir contaminato con la parapsicologia. Troppo di maniera lo psicoanalista esperto in karma interpretato da Robin Williams.

Al tropico del cancro *½ (Italia 1972, col, 90') Edward G. Muller [Edoardo Mulargia], Gian Paolo Lomi. Con Anthony Steffen [Antonio De Teffé], Anita Strindberg, Gabriele Tinti, Umberto Raho, Stelio Candelli. ◆ Haiti: un medico (Steffen) ha scoperto un afrodisiaco miracoloso, ma qualcuno sfoltisce gli aspiranti compratori della formula. Kitsch d'epoca: scene documentaristiche alla *mondo-movie* sul voodoo e sequenze erotico-psichedeliche con musiche di Piero Umiliani sfidano il fast-forward. Henry Miller, ovviamente, non c'entra niente. Noto anche come *Peacock's Place*.

Altro uomo, L' *** (*Strangers on a Train*, Usa 1951, b/n, 101') Alfred Hitchcock. Con Farley Granger, Ruth Roman, Robert Walker, Leo G. Carroll, Laura Elliott, Marion Lorne, Jonathan Hale. ◆ Uno psicopatico (Walker) avvicina in treno il campione di tennis Guy Haines (Granger) e propone uno sconcertante scambio (il film avrà una riedizione come *Delitto per delitto*): gli ucciderà l'odiata consorte Miriam (Elliott) se lui eliminerà suo padre. Dal primo romanzo di Patricia Highsmith, *Sconosciuti in treno*, e da una sceneggiatura di Raymond Chandler (che non piacque a Hitchcock e fu abbondantemente rivista da Czenzi Ormonde), il film è costruito su uno dei grandi temi del cineasta, lo scambio di colpevolezza, con alcuni momenti di grandissima tensione (l'assassinio di Miriam, il parallelismo tra la partita di tennis e l'arrivo dell'assassino, la giostra impazzita). Nella particina di Barbara Morton (sorella dell'amante di Guy, interpretata da Ruth Roman) c'è la figlia del regista, Patricia, e Hitchcock appare mentre sale in treno con un contrabbasso. Dopo un trascurabile remake del 1967 (*Quando baci una sconosciuta*), il film ha ispirato Danny DeVito nel 1987 per *Getta la mamma dal treno*.

Altro uomo, un'altra donna, Un *½ (*Another Man, Another Chance*, Usa/Francia 1977, col, 130') Claude Lelouch. Con Geneviève Bujold, James Caan, Francis Huster, Jennifer Warren. ◆ Nel West del 1878 una fotografa francese (Bujold) reduce dalla Comune di Parigi e un veterinario americano (Caan) si innamorano, dopo che i loro rispettivi compagni hanno subìto una tragica fine. Lento e melenso, il film ripropone in maniera poco convincente il tema di *Un uomo, una donna*.

Al tuo ritorno ** (*I'll Be Seeing You*, Usa 1945, b/n, 85') William Dieterle. Con Ginger Rogers, Joseph Cotten, Tom Tully, Spring Byington, Shirley Temple. ◆ Sergente esaurito e traumatizzato (Cotten) durante una licenza si innamora di una donna (Rogers) che saprà ridargli la forza di vivere, ma è all'oscuro che lei dopo le feste di Natale dovrà tornare in carcere. Sullo sfondo della seconda guerra mondiale un melodramma che ha i suoi momenti migliori nella descrizione della vita di provincia (come il pranzo natalizio con il plum pudding) e in un abile dosaggio di emozioni e humour.

Alvarez Kelly *½ (*Alvarez Kelly*, Usa 1966, col, 116') Edward Dmytryk. Con William Holden, Richard Widmark, Janice Rule, Victoria Shaw. ◆ Un allevatore (Holden) vende il suo bestiame ai nordisti e per questo entra in attrito con un ufficiale sudista (Widmark) durante la guerra civile americana. Molti luoghi comuni (specie nel tratteggiare i protagonisti) ma anche una bella ricostruzione dell'ambiente e dell'epoca.

Alvaro piuttosto corsaro * (Italia 1954, col, 97') Camillo Mastrocinque. Con Renato Rascel, Tina De Mola, Flora Medini, Peppino De Martino, Corrado Lojacono, Mimmo Craig, Pino Ferrara, Rudy Solinas, Veronica Drei, Anna Maria Ghiani, Giusi Raspani Dandolo. ◆ Sobillata da Ferrante (De Martino), la ciurma si ribella al corsaro Alvaro (Rascel) e gli sequestra metà mappa del tesoro: con l'aiuto del «mozzo» Battista (Medini) cercheranno di rapire l'altra metà all'educanda Isabella (De Mola), la fidanzata di Alvaro. Elementare trasposizione dello spettacolo musicale omonimo di Garinei e Giovannini (alla cui riduzione ha collaborato anche il regista), ambientata tra simpatici scenari ultrastilizzati ma senza nemmeno un'idea di regia: la comicità vagamente «surreale» di Rascel si limita a qualche gioco di parole («Vile, tu uccidi un uomo corto») mentre le coreografie di Giulio Coltellacci puntano solo sulle gambe delle Blue Bells.

Always – Per sempre ** (*Always*, Usa 1989, col, 121') Steven Spielberg. Con Richard Dreyfuss, Holly Hunter, John Goodman, Audrey Hepburn, Brad Johnson. ◆ Un pilota di aerei antincendio (Dreyfuss) perde la vita per salvare un amico, ma resta sulla terra come fantasma per svezzare un giovane collega (Johnson) e fargli consolare la sua fidanzata (Hunter). Operazione nostalgia per Spielberg, che ha voluto girare una versione aggiornata del film che aveva più amato da bambino, *Joe il pilota*: ma non tutti hanno gradito l'eccesso di romanticismo. Spettacolari le scene di volo e di incendio: alcune immagini sono state riprese nell'88 mentre le fiamme devastavano il parco di Yellowstone. Dopo nove anni, la Hepburn (nella parte di un angelo) torna per l'ultima volta sullo schermo.

Alza il volume → *Pump up the Volume*

Amadeus *** (*Amadeus*, Usa 1984, col, 158') Miloš Forman. Con Tom Hulce, Fred Murray Abraham, Elizabeth Berridge, Simon Callow, Roy Dotrice, Jeffrey Jones. ◆ Biografia romanzata del musicista salisburghese, incentrata sul complesso rapporto di rivalità tra l'innata genialità del giovane Mozart (Hulce), meravigliosamente spontaneo anche se rozzo di modi e di costumi, e la modestia musicale del maturo prelato Antonio Salieri (Abraham), rabbioso verso la propria insormontabile mediocrità. Tratto dal testo teatrale di Peter Shaffer (che ha curato anche l'adattamento per lo schermo), il film perde un po' della sua forza drammatica e risulta forse troppo lungo. Mirabili le riprese di Praga (città di Forman) di Miroslav Ondricek. Otto Oscar: miglior film, regia, attore (Abraham), sceneggiatura, costumi (Theodor Pistek), suono (Mark Berger, Tom Scott, Todd Boekelheide, Christopher Newman), trucco (Paul LeBlanc, Dick Smith) e scenografia (Patrizia von Brandstein, Karel Czerny).

Amami * (Italia 1993, col, 100') Bruno Colella. Con Moana Pozzi, Novello Novelli, Nadia Rinaldi, Flavio Bucci, Bruno Colella. ◆ Moana si confessa nel tentativo di presentarsi non come pornostar ma come persona normale, con anima in subbuglio, routine lavorativa e papà ansioso per la carriera. Fasullo come una puntata di *Anche i ricchi piangono*, set a luci rosse compresi. Moana, costretta a recitare l'ennesima parte in una sorta di seduta analitica pubblica, è ancora più triste del solito.

Amami mortalmente → *Necrofila, La*

Amami o lasciami *** (*Love Me or Leave Me*, Usa 1955, col, 122') Charles Vidor. Con Doris Day, James Cagney, Cameron Mitchell, Claude Stroud, Robert Keith, Tom Tully. ◆ Per far carriera, la cantante Ruth Etting (Day) accetta la protezione del possessivo gangster Martin «lo zoppo» Snyder (Cagney): arrivata al successo, e al cinema, Ruth non potrà che sposare Martin; ma quando lui sparerà al pianista (Mitchell) di cui la donna si è innamorata, lei si sentirà in dovere di aiutarlo. Ispirato alla vera storia di Ruth Etting, arrivata a Hollywood negli anni Venti, è un film insolitamente duro, il primo in cui Doris Day abbandona i ruoli zuccherosi della fidanzata della porta accanto per quello (benissimo recitato) di una donna arrivista e volgare, legata da un rapporto con evidenti riflessi sadomaso a un Cagney (anche lui bravissimo) sciancato e schiavo delle proprie ossessioni. Qualche buon numero musicale (*Ten Cents a Dance*, *Shaking the Blue Away*, *I'll Never Stop Loving You* e quello che da il titolo al film). Oscar per il miglior soggetto a Daniel Fuchs, autore anche della sceneggiatura con Isobel Lennart.

Amami stanotte **** (*Love Me Tonight*, Usa 1932, b/n, 85') Rouben Mamoulian. Con Maurice Chevalier, Jeanette MacDonald, Charles Ruggles, Myrna Loy, Charles Butterworth, C. Aubrey Smith, Cecil Norton, Joseph Cawthorn. ◆ Per non svelare che è venuto a esigere il pagamento dei suoi vestiti, il visconte Gilbert de Varèze (Ruggles) presenta il proprio sarto Maurice Courtelin (Chevalier) come un barone: l'ospite farà innamorare la principessa Jeanette (MacDonald), ma la scoperta delle sue origini popolari sembra un ostacolo troppo grande per il loro amore. Uno dei grandi capolavori del musical, girato appena tre anni dopo l'introduzione del sonoro. Partendo dalla partitura musicale scritta da Richard Rodgers e Lorenz Hart e adattando su di essa la sceneggiatura di Samuel Hoffenstein, Waldemar Young e George Marion jr (da una pièce di Paul Armont e Leopold Marshand), Mamoulian dinamita dall'interno le strutture dell'operetta tradizionale, piegando la messa in scena e l'interpretazione degli attori alle esigenze della musica per ottenere un film dove tutto sembra perfettamente coreografato, nonostante l'assenza di numeri ballati, mentre la grazia e la leggerezza della regia fanno dimenticare la prevedibilità della trama. Assolutamente magistrale la scena iniziale, nella quale i rumori della Parigi che si sveglia finiscono per armonizzarsi in una specie di sinfonia, e trascinante la canzone *Isn't romantic?*, che di bocca in bocca parte dalla città per arrivare al castello della principessa. Che il codice Hays non fosse ancora in funzione lo si capisce dagli esilaranti doppi sensi del dialogo, tra cui spiccano le battute di una giovane (e anticonformista) Myrna Loy.

Amante, L' *½ (*A Lady Without Passport*, Usa 1950, b/n, 74') Joseph H. Lewis. Con John Hodiak, Hedy Lamarr, James Craig, George Macready. ◆ Un ispettore dell'immigrazione americano (Hodiak) si innamora di una donna dall'oscuro passato (Lamarr) che da Cuba vuole entrare clandestinamente negli Usa. Il finale tra le nebbie delle paludi della Louisiana ricorda il capolavoro di Lewis, *La sanguinaria*; e le sequenze d'azione sono girate nel modo più semplice ed efficace possibile, secondo lo stile del regista. Ma la sceneggiatura inesistente e gli interpreti imbambolati rendono arduo rivalutare questa opera minore, al contrario di quanto è stato fatto con altri film di questo autore.

Amante, L' **½ (*Les Choses de la vie*, Francia 1970, col, 89') Claude Sautet. Con Michel Piccoli, Romy Schneider, Lea Massari, Gérard Lartigan, Jean Bovise. ◆ Un architetto (Piccoli) la cui vita sembra entrata in una fase negativa, decide di lasciare l'amante Hélène (Schneider) con la quale vive e di tornare dalla moglie (Massari) e dal figlio. Con la lettera d'addio in tasca, ha un incidente mortale, ma la moglie, dopo averla letta, la strappa per evitare un dolore a Hélène. Tratto dal romanzo *Trappola d'amore* di Paul Guimard (anche cosceneggiatore con Sautet e Jean-Loup Dabadie), è il film che impose l'arte di Sautet, straordinario nel trattare un argomento abusato come un triangolo amoroso con delicatezza e sensibilità: è la ricchezza delle sfumature psicologiche che mette a fuoco i personaggi, così da riuscire a porre al centro del film non tanto dei caratteri ma, come dice il titolo originale, «le cose della vita». Perfettamente all'altezza gli interpreti. In originale dura 105'. Rifatto a Holly-

wood nel 1994 da Marl Rydell (*Trappola d'amore*).
Amante, L' ° (*L'Amant*, Francia/Vietnam 1991, col, 112') Jean-Jacques Annaud. Con Jane March, Tony Leung Kar-fai, Frédérique Meininger, Arnaud Giovanninetti, Melvil Poupaud. ◆ Nell'Indocina degli anni Trenta una quindicenne francese (March) diventa l'amante di un ricco cinese (Leung). Passione irresistibile o cinico calcolo? Costosa e accademica versione del best seller autobiografico di Marguerite Duras, che ha sconfessato il regista, ma poi ha fatto pace. Un film senza emozioni, leccato e tedioso anche nelle scene erotiche (nonostante si mormori che sul set la March e Leung abbiano veramente fatto l'amore), appesantito da troppi finali. La voce narrante di Jeanne Moreau è stata doppiata (molto bene) da Rita Savagnone.
Amante adolescente, L' * (*Una chica y un señor*, Spagna 1973, col, 95') Pedro Maso. Con Ornella Muti, Sergio Fantoni, Eduardo Fajardo, Emilio Gutierrez Caba, Didi Sherman, Luis Varela. ◆ Lanciata col nome di Arianna, la cantante spagnola Caridad (Muti) sembra dimenticare la carriera fra le braccia di un avvocato quarantenne (Fantoni), ma la scoperta che l'uomo è sposato e la vittoria al festival di Maiorca la riconciliano con il mondo della canzone. Secondo film spagnolo della giovanissima Muti, dopo *Esperienze prematrimoniali*, più fotoromanzesco che pruriginoso. Minime anche le scene sexy.
Amante bilingue, L' *½ (*El amante bilingue*, Spagna/Francia/Italia 1993, col, 92') Vicente Aranda. Con Ornella Muti, Imanol Arias, Loles León, Javier Bardem, Julieta Serrano. ◆ Ventriloquo e suonatore di fisarmonica, Juan (Arias) è sposato con la ricca e bellissima Norma (Muti), ma il matrimonio è in crisi a causa dei ripetuti tradimenti di lei. Abbandonato, Juan torna a esibirsi per le ramblas di Barcellona, dove un gruppo di nazisti lo aggredisce sfigurandolo: ormai irriconoscibile, decide di riconquistare la moglie almeno per una notte. Film erotico-grottesco in bilico tra l'hard e la metafora politica, tra l'originalità e il ridicolo: senza rinunciare al feticismo che gli è caro (in *Amantes* era il fazzolettino fucsia, questa volta è una scarpa col tacco a spillo appesa dalla donna al membro dell'amante), Aranda gioca – un po' confusamente, a dire il vero – con la schizofrenica identità spagnola, attribuendo al personaggio del titolo il bilinguismo castigliano-catalano e facendone quasi un simbolo del suo Paese, gaudente ma allo sfascio. Singolare la scelta della nostrana Muti (in cerca di un rilancio «forte» dopo un periodo di assenza dagli schermi) per incarnare la femme fatale iberica anni Novanta.
Amante dell'orsa maggiore, L' *½ (Italia 1971, col, 107') Valentino Orsini. Con Giuliano Gemma, Senta Berger, Francesca Romana Coluzzi, Bruno Cremer, Flavio Bucci. ◆ Amore e contrabbando in una cittadina polacca ai confini con la Russia, poco dopo la Rivoluzione d'Ottobre: la lotta per sfuggire alle autorità non impedisce il triangolo amoroso tra una donna (Berger) e i due leader del gruppo. Polpettone romantico-avventuroso che evita di scavare dietro l'insolita ambientazione. Nel cast, il giovane Alessandro Haber in una delle sue prime apparizioni cinematografiche. Sceneggiato da Florestano Vancini dal romanzo omonimo di Sergiusz Piasecki.
Amante del prete, L' ** (*La Faute de l'abbé Mouret*, Francia/Italia 1970, col, 85') Georges Franju. Con Francis Huster, Gillian Hills, André Lacombe, Fausto Tozzi, Tino Carraro, Margo Lion, Lucien Barjon, Sylvie Feit. ◆ Poco dopo la Rivoluzione, il giovane ed entusiasta curato Serge Mouret (Huster) si illude di portare il Vangelo in una campagna indifferente e arretrata; caduto ammalato, si innamora di una ragazza selvaggia (Hills), che poi abbandona incinta tra i sensi di colpa. Franju e lo sceneggiatore Jean Ferry sono stati attirati più dal lato simbolista e fantastico del romanzo di Émile Zola (dove l'idillio tra i due protagonisti si svolge in una specie di giardino dell'Eden, con tanto di serpente tentatore) che da quello naturalista: ne è uscito un film irrisolto, elegante nell'erotismo surrealista e nei lampi di crudeltà quanto anacronistico e un po' polveroso nella sua ostentata vena anticlericale, specie nel personaggio troppo sopra le righe del coadiutore Archangias (Lacombe). La versione italiana, comunque, è stata scorciata di quasi 15'. Prodotto da Véra Belmont e François Truffaut.
Amante del tuo amante è la mia amante, L' ** (*Tout ça... pour ça!*, Francia 1993, col, 120') Claude Lelouch. Con Marie-Sophie L. [Lelouch], Francis Huster, Fabrice Luchini, Alessandra Martines, Vincent Lindon, Gérard Darmon, Jacques Gamblin, Evelyne Bouix, Charles Gérard, Céline Caussimon, Arlette Gordon. ◆ Per favorire la loro relazione l'avvocatessa Marie (L.) e il giudice Francis (Huster) organizzano un weekend sul Monte Bianco sperando che sbocci una relazione tra i rispettivi coniugi, l'avvocato Fabrice (Luchini) e la bella Alessandra (Martines): non succederà quasi niente, ma quando si ritroveranno in tribunale a difendere – o giudicare – il caso di tre amici (Lindon, Darmon, Gamblin), che le disavventure sentimentali hanno portato in carcere, sogni e realtà, passioni e tradimenti finiranno per confondersi. Una commedia dall'intrigo complicatissimo, che proprio nella trama ingarbugliata trova la sua ragion d'essere. Il modello è evidentemente *La Ronde* di Max Ophuls, riletto con disincanto e spregiudicatezza, ma l'ironia fiammeggiante dell'originale, che metteva a nudo senza pietà le ipocrisie di un'epoca e di una classe, ha lasciato il posto a un copione di precisione (scritto dallo stesso Lelouch), che sembra appagato dal puro piacere di manovrare incontri e destini per accendere un gigantesco e post-moderno falò delle vanità amorose: nei ritmi da vorticoso balletto meccanico, il fuoco brucia solo in apparenza, con molti colpi di scena (alcuni gustosamente farseschi) e nessun palpito autentico. Il titolo francese, trasformato in italiano in uno scioglilingua goliardico, sta per «tanto rumore per nulla». Alessandra Martines è la compagna del regista.
Amante del vampiro, L' *½ (Italia 1960, b/n, 83') Renato Polselli. Con Walter Brandi, Maria Luisa Rolando, Tina Gloriani, Hélène Remy, Isarco Ravaioli, John Turner. ◆ Una coppia di vampiri (Rolando e Brandi) si rifornisce di sangue fresco nella campagna

vicina, dove scemeggia una compagnia di giovanotti che sembra non abbiano mai visto un film di Dracula. Ovvi ricalchi da Dreyer, Murnau e Cocteau e kitsch anni Sessanta, fanciulle scosciate in baby-doll e vampiri più brutti che terrificanti: un curioso ibrido del fantastico italiano. Scritto dal regista con Giuseppe Pellegrini ed Ernesto Gastaldi.

Amante di 5 giorni, L' **½ (*L'Amant de cinq jours*, Francia/Italia 1961, b/n, 85') Philippe de Broca. Con Jean-Pierre Cassel, Micheline Presle, Jean Seberg, François Périer, Carlo Croccolo, Claude Mansard, Marcella Rovena, Albert Michel. ◆ Mantenuto dall'attempata Maddalena (Presle), il giovane Antonio (Cassel) s'innamora della miglior amica della donna, Clara (Seberg), stanca di un marito (Périer) troppo pedante, ma dopo l'entusiasmo dei primi incontri Clara si accorge che la bontà d'animo del coniuge è una qualità preziosa. Una commedia sentimentale non particolarmente originale (da un romanzo di Françoise Parturier adattato dal regista e Daniel Boulanger) ma diretta con gradevole leggerezza, che utilizza le innovazioni stilistiche della Nouvelle Vague (sguardi in macchina, montaggio molto ritmato, salti narrativi, mobilità della macchina da presa) per innovare la struttura della commedia classica, grazie anche a una recitazione antinaturalistica e scanzonata. Nonostante il titolo, preso dal romanzo, la relazione dura un mesetto.

Amante di Gramigna, L' ** (Italia 1968, col, 108') Carlo Lizzani. Con Gian Maria Volonté, Stefania Sandrelli, Ivo Garrani, Luigi Pistilli. ◆ Sicilia 1865: Gramigna (Volonté), costretto a diventare bandito per i soprusi subiti, dopo fughe, peripezie e violenze, trova la morte per mano dei soldati piemontesi. Lizzani cerca di tratteggiare un quadro storico-sociale ma il film, soprattutto per difetto della sceneggiatura (di Ugo Pirro e Lizzani, dall'omonima novella di Giovanni Verga) assume i toni del western più che quelli del film sociale e di denuncia.

Amante di Lady Chatterley, L' ** (*L'Amant de Lady Chatterley*, Francia 1955, b/n, 108') Marc Allégret. Con Danielle Darrieux, Leo Genn, Erno Crisa. ◆ Lady Chatterley (Darrieux) aspetta un figlio da un guardiacaccia: il marito infermo sarebbe anche disposto a perdonarla, ma lei vuole che sia riconosciuta la paternità all'amante e allora l'uomo la caccia di casa. Dal romanzo di D.H. Lawrence un adattamento dallo spirito quasi protofemminista che però non impedì al film di provocare scalpore per le situazioni sensuali. Intensa interpretazione della Darrieux. Rifatto da Just Jaeckin nel 1981.

Amante di Lady Chatterley, L' * (*Lady Chatterley's Lover*, Gb/Francia 1981, col, 100') Just Jaeckin. Con Sylvia Kristel, Nicholas Clay, Ann Mitchell, Shane Briant. ◆ Amore e passione tra la Lady (Kristel) e il guardiacaccia. Riduzione (quasi) softcore del celeberrimo romanzo di Lawrence da parte del regista di *Emmanuelle*. Noioso.

Amante di una notte, L' ** (*Le Château de verre*, Francia/Italia 1950, b/n, 95') René Clément. Con Michèle Morgan, Jean Marais, Elisa Cegani, Fosco Giachetti, Elina Labourdette, Giovanna Galletti, Alain Dhurtal, Colette Régis, Albert-Michel, Germaine Stainval. ◆ Moglie di un giudice integerrimo (Giachetti), l'infelice Evelyne (Morgan) si innamora durante una vacanza del superficiale Rémi (Marais), che raggiunge a Parigi: questa fuga romantica fa scoprire ai due la forza del loro amore, ma quando Evelyne vuole tornare a Berna – dove abita – per spiegarsi col marito, il destino le giocherà un tragico scherzo. Prendendo spunto dal romanzo di Vicky Baum *Sait-on jamais* (sceneggiato dal regista con Pierre Bost e, per l'edizione italiana, con la consulenza di Gian Bistolfi), Clément fa vivere ai due protagonisti un melodramma controvoglia, freddo e rigoroso, annullando la cornice mondana presente nel testo letterario e raccontando quell'irraggiungibile voglia di felicità che la vita (e le convenzioni) sembrano negare ogni giorno: l'uso eccessivo della voce off e l'insistito parallelismo tra la storia d'amore e il processo istruito dal marito per un delitto passionale ricorda da vicino i vezzi della cattiva letteratura, ma la bellezza algida e la recitazione straniata della Morgan danno al film atmosfere preantonioniane. Alla sua uscita, l'insolito uso del flash-foreward (con cui si anticipa il tragico epilogo) sconcertò non poco il pubblico. Nell'edizione originale francese il ruolo del giudice è interpretato da Jean Servais.

Amante giovane, L' *** (*Nous ne veillerons pas ensemble*, Francia 1972, col, 102') Maurice Pialat. Con Marlène Jobert, Jean Yanne, Macha Méril, Christine Fabréga, Jacques Galland. ◆ Sposato da undici anni Jean (Yanne) ha da sei anni una relazione con la giovane Catherine (Jobert). Il carattere egoista e brutale dell'uomo porterà Catherine a rompere il rapporto, anche se la sua decisione sarà difficile e sofferta. Da un suo romanzo (dichiaratamente autobiografico) Pialat dirige un film forte e autentico, volutamente antispettacolare (lunghi piani sequenza senza montaggio o ellissi) e sa raccontare, con sincera partecipazione, le contraddizioni dei sentimenti e dell'animo umano. Molto ben recitato, specie dalla Jobert e da Yanne, premiato a Cannes.

Amante immortale, L' **½ (*Daisy Keny-on*, Usa 1947, b/n, 99') Otto Preminger. Con Joan Crawford, Dana Andrews, Henry Fonda, Ruth Warrick. ◆ Triangolo amoroso tra la disegnatrice di moda Daisy Kenyon (Crawford) e due uomini, un avvocato civilista sposato (Andrews) e un tormentato veterano di guerra (Fonda). Un film angosciante sull'incapacità a guidare la propria vita, l'erranza, l'isolamento, l'incomunicabilità da parte di tutti i personaggi. Grandi giochi (di Leon Shamroy) di luci e ombre sul volto della Crawford. Nella scena allo Stork Club si vedono John Garfield e Fernando Lamas.

Amante in città, L' ** (*The Daytrippers*, Usa 1996, col, 84') Greg Mottola. Con Hope Davis, Parker Posey, Liev Schreiber, Stanley Tucci, Campbell Scott, Anne Meara, Pat McNamara, Marcia Gay Harden. ◆ Convinta che il marito editor (Tucci) la tradisca, Eliza (Davis) decide di fare un raid investigativo a New York, portandosi dietro la famiglia: genitori arteriosclerotici (Meara e McNamara) e sorella inquieta (Posey) con fidanzato tonto (Schreiber). Ci saranno delle sorprese, e ne usciranno tutti con le ossa rotte. Tipico film da Sundance, abbastanza abile nell'affondare il bisturi con ironia nell'istituto familiare. Ma il regista-sceneggiatore indulge nella macchietta, e dal minimalismo vuole passare al massimalismo del *coming out*. Nella categoria del «carino» facilmente sopravvalutabile.

Amante indiana, L' **½ (*Broken Arrow*, Usa 1950, col, 93') Delmer Daves. Con James Stewart, Jeff Chandler, Debra Paget, Will Geer, Jay Silverheels. ◆ Un ex soldato (Stewart) si impegna in prima persona per portare la pace tra i bianchi e gli indiani di Kociss (Chandler). Rischierà anche il linciaggio, sua moglie – una donna indiana – verrà uccisa in un'imboscata, ma alla fine riuscirà nell'impresa. Il film che modificò l'ottica razzista dei western: dal romanzo di Elliott Arnold *Blood Brother*, Daves ha tratto un'opera dalla parte dei pellerossa commovente e sincera realizzando una ricostruzione non folcloristica degli anni intorno al 1870. Alla sceneggiatura collaborò Albert Maltz, costretto all'anonimato per la persecuzione maccartista.

Amante misteriosa, L' **½ (*The Intimate Stranger*, Gb 1956, b/n, 95') Joseph Losey. Con Richard Basehart, Mary Murphy, Constance Cummings, Roger Livesey, Mervyn Jones, Faith Brook. ◆ Costretto a trasferirsi in Inghilterra per uno scandalo sentimentale, un produtore (Basehart) viene ricattato attraverso delle lettere da una ragazza misteriosa (Murphy). La sua situazione è complicata dal fatto che la protagonista del nuovo film (Cummings) è una ex amante ancora innamorata di lui e la moglie (Brook), ricchissima, è la figlia del capo. Un thriller d'atmosfera lento ma suggestivo, in cui – come spesso succede nei film di Losey – si consuma un estenuante gioco al massacro con patologica soddisfazione da entrambe le parti. Budget limitato, dodici soli giorni di riprese e qualche spunto autobiografico: per sfuggire alla persecuzione maccartista, sia il regista che lo sceneggiatore Howard Koch, uno degli autori di *Casablanca*, firmano, rispettivamente, con gli pseudonimi di Joseph Walton (dal cognome della madre) e Peter Howard. All'estero circola anche con il titolo *Finger of Guilt*.

Amante perduta, L' *½ (*Model Shop*, Usa 1969, col, 92') Jacques Demy. Con Anouk Aimée, Gary Lockwood, Alexandra Hay, Carol Cole, Tom Fielding, Severn Darden. ◆ Senza soldi, in rotta con la fidanzata e preoccupato dalla chiamata sotto le armi, George (Lockwood) vagabonda per Los Angeles dove incontra una donna più matura di lui, Lola (Aimée), e scopre che lavora come modella di foto pornografiche, ma il loro incontro inizia e finisce in una sola notte d'amore. Prodotto dalla Columbia, il film meno riuscito di Demy è una riflessione sulla solitudine esistenziale e sulla (vana) possibilità di sperare in una «seconda possibilità» (le azioni principali avvengono sempre due volte: l'incontro di George e Lola, il pedinamento, la visita al model shop, il rientro a casa): lanciato come una specie di seguito di *Lola, donna di vita*, è in realtà il resoconto – troppo accademico per essere davvero coinvolgente – di una specie di discesa agli inferi nel deserto sentimentale della citta moderna, una Los Angeles filmata con fredda raffinatezza.

Amante perduta, L' (di Alfred Hitchcock) → *Notorius, l'amante perduta*

Amante pura, L' *½ (*Christine*, Francia/ Italia 1958, col, 100') Pierre Gaspard-Huit. Con Romy Schneider, Alain Delon, Micheline Presle, Fernand Ledoux, Jean-Claude Brialy. ◆ Vienna, 1907: la tragica storia d'amore tra Christine (Schneider), figlia di un violoncellista dell'Opera, e Fritz Lobheimer (Delon), tenente dei Dragoni ucciso in duello dal marito dell'ex amante, la baronessa Eggersdorf (Presle). Christine non sopravviverà alla morte di Franz. Da *Liebelei* di Arthur Schnitzler, il remake di *Amanti folli* (Ophuls, 1933), con Romy Schneider nel ruolo che era stato della madre Magda. Romanticismo sdolcinato (tranne che nel drammatico finale) in una Vienna calligrafica. Bravi e bellissimi i due attori protagonisti.

Amantes – Amanti ** (*Amantes*, Spagna 1991, col, 104') Vicente Aranda. Con Victoria Abril, Jorge Sanz, Maribel Verdu, Enrique Cerro. ◆ Nella Madrid bigotta e franchista degli anni Cinquanta, l'ex soldatino Paco (Sanz) si divide tra l'amore «sacro» per la fidanzata (Verdu) e quello «profano» per la vedova (Abril) nella cui casa ha affittato una stanza. Un triangolo che comincia con la scoperta del sesso (e di «sconvenienti» giochi erotici, compreso l'uso di un fazzoletto fucsia per prolungare l'orgasmo) e si conclude nel sangue sul sagrato di una chiesa. Da un fatto di cronaca, un melodramma squilibrato tra (acute) rappresentazioni della repressione e (troppe) concessioni agli eccessi sessuali. La Abril è stata premiata a sorpresa al festival di Berlino.

Amante sconosciuta, L' ** (*Evelyn Prentice*, Usa 1934, b/n, 80') William K. Howard. Con William Powell, Myrna Loy, Una Merkel, Rosalind Russell, Isabel Jewell, Harvey Stephens, Cora Sue Collins. ◆ Moglie annoiata di un famoso avvocato (Powell), Evelyn (Loy) accetta la corte di un gigolo (Stephens) che si rivela essere un ricattatore. Lei lo uccide, ma quando scopre che per quel delitto viene arrestata la fidanzata del morto (Merkel), prima convince il marito a prenderne la difesa, poi si presenta in tribunale per non far condannare un'innocente. La Mgm cerca di sfruttare il successo della coppia dell'*Uomo ombra* riproponendola in un giallo, questa volta molto meno sofisticato: la sceneggiatura di Lenore Coffee (tratta da un romanzo di W.E. Woodward) è piuttosto avvincente, ma il lieto fine – con trionfo della morale matrimoniale – è praticamente scontato. Esordio di Rosalind Russell nel ruolo della seduttiva Nancy Harrison. Remake nel 1939: *Stronger Than Desire* (di Leslie Fenton, con Virginia Bruce e Walter Pidgeon) inedito in Italia.

Amante sconosciuta, L' ** (*Black Widow*, Usa 1954, col, 95') Nunnally Johnson. Con Ginger Rogers, Van Heflin, Gene Tierney, George Raft, Peggy Ann Garner. ◆ Un detective (Heflin) indaga sulla strana morte di una giovane scrittrice giunta a Broadway dalla provincia e ospitata da un produttore. Discreto adattamento del romanzo giallo di Patrick

Quentin, con qualche incursione non banale nel mondo teatrale americano.

Amante sconosciuta, L' *½ (*Equateur*, Francia/Gabon 1983, col, 75') Serge Gainsbourg. Con Francis Huster, Barbara Sukowa, René Kolldehoff, François Yrek, Julien Guiomar. ◆ Un francese (Huster) allo sbando in terra d'Africa s'innamora della donna sbagliata e viene accusato di un omicidio commesso da lei. Passioni torride e autodistruttive ma senza nulla di nuovo. Tratto dal romanzo di Simenon *Coup de lune*. Le scene hard pare siano eseguite da controfigure.

Amanti, Gli ** (*Back Street*, Usa 1941, b/n, 89') Robert Stevenson. Con Charles Boyer, Margaret Sullavan, Richard Carlson, Frank McHugh, Tim Holt. ◆ Anche se non l'ha potuto sposare, Ray Smith (Sullavan) ama per tutta la vita Walter Saxel (Boyer), accettando i pochi momenti insieme che lui può darle. Quando il figlio dell'uomo la vuole allontanare, Walter ne muore e Ray non saprà sopravvivere a lungo al suo perduto amore. Nuova versione, dopo quella del 1932 (*La donna proibita*), del romanzo di Fannie Hurst: uno spostamento cronologico (dal Proibizionismo all'inizio secolo) e una certa cura nella ricostruzione ambientale (bello il passaggio della prima auto a Cincinnati) non riescono a far ritrovare la tensione melodrammatica dell'originale: lo stile di Stevenson «è infinitamente meno puro, coerente ed elegante di quello di Stahl», anche se la prova della Sullavan – ma non del resto del cast – è di grandissima intensità. Rifatto nel 1961 (*Il sentiero degli amanti*).

Amanti * (Italia 1968, col, 86') Vittorio De Sica. Con Marcello Mastroianni, Faye Dunaway, Enrico Simonetti, Caroline Mortimer, Esmeralda Ruspoli. ◆ L'apparente egoismo che inquina l'amore di una turista americana per un ingegnere italiano (Dunaway e Mastroianni) è dovuto alla malattia incurabile della donna: lei non vuole pietà e pensa anche al suicidio, ma l'amore dell'uomo la convincerà a sperare. Da una commedia di Brunello Rondi (cosceneggiatore insieme a Zavattini e altri ancora), è uno stanco recupero di temi melodrammatici, tra ville palladiane e paesaggi alpini. Ella Fitzgerald canta *A Place for Lovers*.

Amanti crocifissi, Gli ***½ (*Chikamatsu Monogatari*, Giappone 1954, b/n, 102') Kenji Mizoguchi. Con Kazuo Hasegawa, Kyoko Kagawa, Eitaro Shindo, Sakae Ozawa, Yoko Minamida, Haruo Tanaka, Chieko Naniwa, Ichiro Sugai. ◆ A Kyoto, nel XVIII secolo: ingiustamente accusata di tradimento da un marito (Shindo) infedele ed egoista, Osan (Kagawa) fugge e Mohei (Hasegawa), che è stato indicato come suo amante per averla voluta aiutare a pagare un debito del fratello, la segue. Durante la fuga i due scoprono di amarsi veramente: né il perdono del marito di Osan né l'intervento del padre di Mohei potranno convincere i due amanti a nascondere i loro sentimenti, che andranno così incontro alla pena che la legge stabilisce per gli adulteri, la crocifissione. Un tragico inno alla libertà, dove l'amore arriva con la sua carica a dinamitare dall'interno il rigido sistema feudale che attribuisce a ognuno un luogo e una funzione. Sceneggiato da Yosikata Yoda e Matsutaro Kawaguchi a partire dal romanzo di Monzaemon Chikamatsu (la traduzione letteraria del titolo è infatti «Un racconto di Chikamatsu»), il film ritrae la rivolta di una donna che ha il coraggio di abbandonare la sua classe sociale per l'amore verso un sottoposto (Mohei è un lavorante nella bottega di rotoli e calendari dipinti del marito di Osan), ma una rivolta che il regista racconta «per via di rigore intellettuale, di distanza e di tecnica formalizzante piuttosto che sul terreno della denuncia o dell'impatto sociologico». Unici esseri davvero viventi del film, campioni di «un mondo che può vivere solo nell'intensità e nella tragedia», i due amanti di Mizoguchi esercitano una fascinazione quasi magica sia sugli altri personaggi del film che sugli spettatori e la felicità e la serenità che si dipinge sui loro visi mentre sono portati verso il supplizio finale è una delle immagini più intense e indimenticabili dell'amore al cinema.

Amanti crudeli *½ (*Slightly French*, Usa 1949, b/n, 81') Douglas Sirk. Con Dorothy Lamour, Don Ameche, Janis Carter, Willard Parker. ◆ Per sostituire all'ultimo momento la star di una produzione cinematografica, un regista dispotico (Ameche) trasforma la ballerina americana di un baraccone (Lamour) in una consumata attrice francese. Una «commedia con musica, canzoni e un tocco di fantasia» sulle follie di Hollywood e il tema della simulazione.

Amanti dei cinque mari, Gli *½ (*The Sea Chase*, Usa 1955, col, 117') John Farrow. Con John Wayne, Lana Turner, Tab Hunter, David Farrar, James Arnes. ◆ Durante la seconda guerra mondiale, un ufficiale tedesco (Wayne) a capo di una nave da carico fuorilegge cerca di fuggire alla caccia da parte di una nave britannica. I due comandanti che si ammirano vicendevolmente, sono anche innamorati della stessa donna. Uno strano film con Wayne poco a suo agio negli insoliti panni del nemico tedesco.

Amanti del chiaro di luna, Gli *½ (*Les Bijoutiers du clair de lune*, Francia/Italia/Spagna 1957, col, 95') Roger Vadim. Con Brigitte Bardot, Alida Valli, Stephen Boyd, Pepe Nieto, Maruchi Fresno. ◆ In vacanza dalla zia Florantine (Valli) in Spagna, Ursula (Bardot) si innamora di Lambert (Boyd), amante della zia e fratello di una ragazza che si è suicidata a causa del conte Rivera (Nieto) marito di Florantine. Durante un incontro notturno con Florantine, Lambert uccide accidentalmente il conte, ma la donna, gelosa della nipote, avverte la polizia: finirà in tragedia. Un dramma macchinoso tratto dal romanzo che Albert Vidalie aveva ambientato nell'Auvergne nel XIX secolo e che Vadim (cosceneggiatore con Peter Viertel) trasportò nella Spagna contemporanea per motivi economici. La Bardot è nel pieno della sua bellezza e la Valli funziona nella parte dell'amante sfiorita ma ancora desiderosa di sedurre, mentre Boyd, scelto solo dopo l'indisponibilità di Marcello Mastroianni e Christian Marquand, è un oggetto del desiderio piuttosto improbabile. Tra le pochissime scene da ricordare, la lotta a cuscinate tra la Bardot e la Valli.

Amanti della città sepolta, Gli **½ (*Colorado Territory*, Usa 1949, b/n, 94') Raoul Walsh. Con Joel McCrea, Virginia Mayo, Dorothy Malone, Henry Hull, John Archer. ◆ Trasposizione western del più celebre *Una pallottola per Roy*, sempre di Walsh. Anche in questo caso il fuorilegge Wes McQueen (McCrea) e Colorado (Mayo), la sua amante meticcia, vanno verso il loro tragico destino dopo aver tentato un grosso colpo, spinti da un amore folle e distruttivo. Esaltazione forsennata e anarchica, ma di grande potenza suggestiva, dell'individualismo (prima d'essere uccisa Colorado griderà a tutti il suo disprezzo e la sua fierezza) il film amplifica lo stato d'animo dei protagonisti nella natura irreale e nei paesaggi onirici delle montagne del West. Alcune sequenze dell'attacco alla diligenza sono prese da *Notte di bivacco*.

Amanti del Pont-Neuf, Gli ° (*Les Amants du Pont-Neuf*, Francia 1991, col, 125') Leos Carax. Con Juliette Binoche, Denis Lavant, Klaus Michael Grüber, Crichan Larson. ◆ Sul Pont-Neuf di Parigi, chiuso a tutti per restauri, si incontrano e vivono un loro tormentato amore un barbone tentato dall'autodistruzione (Lavant) e una pittrice che rischia di perdere la vista (Binoche). Ambizioso e magniloquente tentativo di raccontare l'angoscia senza cause né soluzioni di questi tempi postmoderni. Tre anni di riprese (per il fallimento del produttore, sostituito da un discusso contributo dello Stato); il set completamente ricostruito, acqua della Senna compresa; gran sfoggio di luci, ombre e fuochi (d'artificio e no) ma in definitiva un'esaltazione piuttosto infantile (e larmoyant) dell'amore, con finale per cinefili di bocca buona su una chiatta che ricorda quella dell'*Atalante*. Unico momento di vera commozione, la visita notturna al Louvre.

Amanti del sogno, Gli *½ (*Love Letters*, Usa 1945, b/n, 101') William Dieterle. Con Jennifer Jones, Joseph Cotten, Ann Richards, Anita Louise, Gladys Cooper. ◆ Per ritrovare la memoria (e dimenticare un matrimonio finito malissimo), una ragazza molto romantica (Jones) avrà bisogno dell'amore disinteressato di un giovane reduce. Libero adattamento dal romanzo *Pity My Simplicity* di Chris Massie, girato senza fantasia.

Amanti devono imparare, Gli **½ (*Rome Adventure*, Usa 1962, col, 90') Delmer Daves. Con Troy Donahue, Angie Dickinson, Rossano Brazzi, Suzanne Pleshette. ◆ Una bibliotecaria americana (Pleshette), a Roma in vacanza, si innamora di un architetto (Donahue) che cerca di dimenticare la sua ex amante. Grazie anche ai consigli di un maturo italiano (Brazzi) riuscirà a conquistare l'uomo. Un film ironico e raffinato, impreziosito da una straordinaria fotografia. Insolito ruolo di cinica amante per la giovane Dickinson. Due anni dopo Donahue e la Pleshette si sposeranno.

Amanti di domani ** (*When You're in Love*, Usa 1937, b/n, 104') Robert Riskin. Con Grace Moore, Cary Grant, Aline MacMahon, Thomas Mitchell. ◆ Una star dell'opera (Moore) per ottenere il visto americano decide di «affittarsi» un marito, ma poi vorrebbe dimenticarlo. Unica prova come regista di Robert Riskin, decisamente migliore come sceneggiatore. In molte versioni televisive è stata tagliata la scena in cui la protagonista canta *Minnie the Hoocher*.

Amanti di domani, Gli ** (*Cela s'appelle l'aurore*, Francia/Italia 1955, b/n, 120') Luis Buñuel. Con Lucia Bosé, George Marchal, Gianni Esposito, Julien Bertheau, Nelly Borgeaud. ◆ Dopo aver sfidato la giustizia (nascondendo un amico ricercato) ed essersi scontrato con la moglie e il suo potente padre (che voleva offrirgli un prestigioso posto di lavoro) un giovane medico (Marchal) può finalmente coronare il suo sogno d'amore con la bella Claudia (Bosé). Per il suo ritorno in Francia, Buñuel richiama per una piccola parte il protagonista di *L'Age d'or*, Gaston Modot (ormai settantenne), e cita Dalì nel quadro alle spalle del commissario, come per ricollegarsi ai temi a lui più cari: l'orrore per la borghesia e i suoi valori, l'inno all'amore, l'irriducibile anarchismo. Anche se la regia non è scintillante come potrebbe. Il titolo originale è tratto da un verso dell'*Elettra* di Jean Giraudoux e si riferisce all'aurora dell'amore.

Amanti di Dracula, Le *½ (*Dracula Has Risen from the Grave*, Gb 1968, b/n, 92') Freddie Francis. Con Christopher Lee, Rupert Davies, Veronica Carlson, Barbara Ewing, Barry Andrews. ◆ Tornato in vita, il Conte Dracula (Lee) vampirizza due ragazze che si credevano scomparse (Ewing e Carlson) ma dovrà fare i conti con uno straniero (Davies), arrivato nel villaggio per far luce sull'accaduto: è un prete cattolico che si allea con un eroe ateo (Andrews) per sconfiggere le forze del Male incarnate da Dracula. Terzo esperimento horror della celebre Hammer Film con Lee nei panni del Conte Dracula, affidato al direttore della fotografia Francis per volontà del distributore americano Warner. Del romanticismo sottile di Fisher qui rimane poco: più sangue e soprattutto molto più sesso, con pesanti incongruenze ideologiche e narrative dal momento che viene a mancare la tradizionale opposizione tra la marcata sessualità del Conte e i repressi costumi vittoriani delle sue vittime. Notevole l'incipit che porta alla risurrezione di Dracula (il Conte è risuscitato dal sangue di un prete che inciampa nel ghiaccio mentre si recava a sbarrare con una croce il cancello del suo maniero) e apprezzabili alcuni momenti di terrore. All'epoca fu un grande successo commerciale, più che altro grazie alla campagna pubblicitaria impostata sul richiamo erotico delle donne vampirizzate.

Amanti di Monsieur Ripois, Le **½ (*Monsieur Ripois*, Francia/Gb 1953, b/n, 100') René Clément. Con Gérard Philipe, Valerie Hobson, Margaret Johnston, Natasha Parry, Joan Greenwood, Germaine Montero, Diana Decker. ◆ Monsieur Ripois (Philipe), un francese rimasto a Londra dopo la guerra, s'innamora di un'amica (Parry) della moglie (Hobson) la quale, stufa delle continue infedeltà, chiede il divorzio. Per cercare di conquistare la nuova fiamma, lui le racconta le sue avventure galanti poi simula un suicidio ma cade veramente dal balcone. E così provoca solo il ritorno della moglie, pentita e premurosa di fronte a un gesto che crede dovuto alla disperazione per la sua richiesta di divorzio. La storia di un dongiovanni di professione, superficiale e incapace di amare, in una città altrettanto fredda e indifferente come la Londra anni Cinquanta: tratto dal romanzo di Louis Hémon (sceneggiato dal regista, Hugh Mills e Raymond Queneau, qui al suo primo incontro col cinema), è un film composito, difficile da classificare, che si distingue soprattutto per una attitudine analitica a tutto campo (il ritratto del singolo, la panoramica su una serie di figure femminili, il quadro dell'ambiente urbano) sviluppata con uno stile classico, sobrio e impeccabile. Philipe conferisce al suo personaggio vuoto d'animo un'efficace dimensione tragica, e per qualcuno dà la migliore interpretazione della sua carriera, ma scatenò le ire del pubblico femminile inglese che non gradì l'idea di vedersi sullo schermo alla mercé di un «miserabile» rubacuori straniero. Aspramente criticato anche l'uso della candid camera utilizzata da Clément per rivelare aspetti della vita di Londra raramente rappresentati al cinema. Ma l'orgoglio ferito degli inglesi val bene un film autentico e originale ancora oggi.

Amanti di Toledo, Gli *½ (*Les Amants de Tolède*, Francia/Italia/Spagna 1952, b/n, 82') Henri Decoin. Con Alida Valli, Pedro Armendariz, Françoise Arnoul, Gérard Landry, Mariza de Leza, José Sepulveda. ◆ Nel secolo scorso, il capo della polizia di Toledo, don Blas (Armendariz), costringe Ines (Valli) a sposarlo in cambio della liberazione del fidanzato Fernando (Landry), uno dei capi rivoluzionari. A nozze e liberazione avvenute, i due si rivedono e decidono di fuggire insieme, ma la vendetta di don Blas sarà tremenda. Dal racconto *Il cofano e lo spettro* di Stendhal, un melodramma di routine, nel quale le passioni che infiammano i personaggi stridono con la stanchezza della regia. Girato in Spagna e realizzato in quattro versioni (italiana, francese, spagnola e inglese).

Amanti d'oltretomba **½ (Italia 1965, b/n, 97') Allan Grünewald [Mario Caiano]. Con Barbara Steele, Paul Muller, Helga Liné, Rik Battaglia, John Mc Douglas [Giuseppe Addobbati], Lawrence Clift. ◆ Il dottor Arrowsmith (Muller) uccide la moglie adultera Muriel (Steele) e ne sposa con loschi propositi la sorellastra Jenny (sempre Steele): ma questa comincia a essere posseduta dal fantasma vendicativo della defunta. Summa dell'horror italiano ormai a fine stagione, il film di Caiano (sceneggiatore con Fabio De Agostini) guarda alla *Maschera del demonio* di Bava (la Steele in un doppio ruolo) ma anche al *Castello di Dragonwyck* di Mankiewicz (il tema dell'innocente sposa di un Barbablù). Il risultato è sorprendentemente compatto: un gotico dall'atmosfera suggestiva, macabro e morboso quanto basta, elegantemente fotografato da Enzo Barboni (poi regista col nome di E.B. Clucher). Colonna sonora di Ennio Morricone. All'epoca ci fu chi accusò la Steele di avere ispirato, col suo fascino perverso, un delitto passionale avvenuto dopo la proiezione in un cinema di Torino.

Amanti e altri estranei **½ (*Lovers and Other Strangers*, Usa 1970, col, 106') Cy Howard. Con Gig Young, Bea Arthur, Bonnie Bedelia, Anne Jackson, Harry Guardino, Cloris Leachman, Richard Castellano, Diane Keaton. ◆ Il giorno delle nozze tra Mike e Susan, i protagonisti di storie sentimentali più o meno fallimentari si confrontano tra loro. Tratto dalla commedia di Joseph Bologna e Renée Taylor, un divertente quadro del conflitto tra generazioni provocato dal diverso modo di vivere e di parlare di sesso: ironico e riuscito affresco sulla liberazione sessuale predicata all'inizio dei Settanta. Oscar per la canzone *For All We Know*. Debutto cinematografico per Diane Keaton.

Amanti folli **½ (*Liebelei*, Germania 1932, b/n, 88') Max Ophuls. Con Magda Schneider, Wolfgang Liebeneiner, Luise Ullrich, Willy Eichberger, Olga Tschechowa, Gustaf Gründgens. ◆ Nella Vienna di inizio secolo, il tenente Fritz Lobheimer (Liebeneiner) abbandona l'amante, una baronessa sposata (Tschechowa), per una giovane violinista (Schneider). Ma anche se finita, la relazione viene a conoscenza del barone Eggersdorf (Gründgens) che sfida a duello il tenente, uccidendolo. Avuta la notizia, la violinista si suicida. Al suo quarto film, tratto dall'omonimo testo teatrale di Arthur Schnitzler (alla cui sceneggiatura collaborò Felix Salten, l'autore di *Bambi*), Ophuls mette a nudo il bel mondo viennese, dove la spensieratezza cede il passo alla tragedia e il senso dell'onore nasconde dietro la facciata perbenista una crudeltà inconfessabile altrimenti: un dramma elegante e feroce, che anticipa molti dei temi cari al regista. Ne esiste una versione francese, *Une Histoire d'amour* (con Georges Rigaud e Simone Héliard al posto di Willy Eichberger e Luise Ullrich) girata poco dopo dallo stesso Ophuls, che era scappato dalla Germania nazista senza nemmeno aspettare l'uscita del film. I tre attori principali rimangono invariati. Remake nel 1958, *L'amante pura* di Pierre Gaspard-Huit, con Romy Schneider nella parte che era stata della madre e Alain Delon in quella del tenente.

Amanti in fuga *½ (Italia 1946, b/n, 95') Giacomo Gentilomo. Con Gino Bechi, Annette Bach, Carlo Ninchi, Gualtiero Tumiati, Wanda Capodaglio, Franca Marzi, Emilio Cigoli. ◆ La vita travagliata del musicista seicentesco Alessandro Stradella (Bechi): ama, riamato, Ortensia Foscarini (Bach), ma è osteggiato dal padre di lei, gran inquisitore della Repubblica veneta (Tumiati). Una biografia melodrammatica e decisamente infedele alla realtà storica, ma girata con insolito realismo: riprese a Venezia e Roma e cura filologica nel far parlare in dialetto alcuni personaggi.

Amanti nemici ** (*La Jeune folle*, Francia 1952, b/n, 95') Yves Allégret. Con Danièle Delorme, Henri Vidal, Gabrielle Fontan, Jacqueline Porel, Maurice Ronet, Nic Vogel. ◆ A Dublino, durante la rivolta irlandese del 1922, l'orfana Caterina (Delorme) si innamora del capo dei rivoltosi, Steve (Vidal), senza sapere che è lui il responsabile della morte di suo fratello: quando, dopo molte peripezie, scopre la verità, lo uccide ma il suo amore per lui la precipiterà nella follia. Tipico esempio dei «film romanzeschi», ben fatti e ben recitati, che piacevano al pubblico francese negli anni Cinquanta (e che avrebbero fatto imbestialire il Truffaut critico): la sintesi di realismo poetico, intrigo poliziesco e meschinità di Allégret e del suo dialoghista principe Jacques Sigurd (a partire da un racconto di Catherine Beauchamp) è impeccabile, ma il gusto per quei film è decisamente passato.

Amanti perduti **** (*Les Enfants du paradis*, Francia 1945, b/n, 195') Marcel Carné. Con Arletty [Léonie Bathiat], Jean-Louis Barrault, Pierre Brasseur,

Maria Casarès, Louis Salou, Pierre Renoir, Marcel Herraud, Paul Frankeur. ◆ Nella Parigi del secolo scorso il grande e travagliato amore del mimo Baptiste (Barrault) per la cortigiana Garance (Arletty), contesa da altri tre uomini, il truculento attore Frédérick Lemaître (Brasseur), l'anarchico omosessuale Lacenaire (Herraud) e il Conte di Montray (Salou). Adattamento non esplicito dei *Misteri di Parigi*, con qualche ricordo dell'*Opera da tre soldi* di Brecht, il film è «l'omaggio a due forme di teatro, quella nobile (la pantomima) e quella popolare (il grand guignol)» e anche una riflessione sull'irraggiungibilità della felicità, e sui rapporti tra finzione e realtà, arte e vita. Sceneggiato da Jacques Prévert, si ispira alla storia del mimo ottocentesco Deburau anche se il vero centro dell'opera è «l'insieme dei percorsi incrociati tra i vari personaggi, sognatori o sonnambuli, che attraversano la realtà in punta di piedi». Un dialogo molto letterario e costruito su lunghi monologhi, un gruppo di grandi attori che trovano nei loro personaggi l'eco profonda di loro stessi («la religione dell'indipendenza morale per Arletty, la fascinazione del silenzio per Barrault, un sottile dandysmo per Salou») e un profumo d'epoca straordinario danno a questo film un'aria unica e lontana. Girato tra molti incidenti dall'agosto 1943 all'estate 1944 e costosissimo per l'epoca (tutto il «boulevard del crimine» fu ricostruito in studio), ottenne un enorme risonanza internazionale e nel '90 è stato definito dai francesi il loro miglior film di tutti i tempi. In originale è diviso in due parti: *Le Boulevard du crime* e *L'Homme blanc*, mentre in Italia circola comunemente una versione di 90', senza le pantomime dello straordinario Barrault. Il titolo originale è un modo di dire francese che si può tradurre con «la folla del loggione».

Amanti, primedonne ** (*Mistress*, Usa 1992, col, 110') Barry Primus. Con Robert Wuhl, Martin Landau, Danny Aiello, Robert De Niro, Eli Wallach, Tuesday Knight, Laurie Metcalf. ◆ Un produttore (Landau) e un regista (Wuhl) di mezza tacca si illudono di realizzare un film serio facendosi finanziare da uomini d'affari con amanti dalle ambizioni di attrici. Non se ne farà nulla: unica consolazione, rivedersi *La grande illusione*. Satira scontata del sottobosco hollywoodiano, che si esaurisce nelle macchiette e solo a tratti riesce a essere crudele. In anticipo su *I protagonisti* di Altman, ma girato con uno stile vecchio. Prima regia dell'attore e sceneggiatore Primus, e prima (fallimentare) produzione della Tribeca Films di De Niro. Christopher Walken è l'attore suicida, Ernest Borgnine è se stesso.

Amanti senza domani **½ (*One Way Passage*, Usa 1932, b/n, 67') Tay Garnett. Con William Powell, Kay Francis, Warren Hymer, Aline MacMahon, Frankie McHugh, Frederick Burton. ◆ Assassino gentiluomo, Dan Hardesty (Powell) viene catturato a Hong Kong dal poliziotto Steve Burke (Hymer), che lo deve scortare a San Francisco. A bordo del transatlantico Dan ritrova la bella tisica Joan (Francis) di cui si era innamorato dopo averla vista in un bar: lui non le rivela il proprio segreto e il poliziotto, clemente, lascia fare, ma un finale amaro colora di una inaspettata tinta tragica una storia tenuta in difficile equilibrio tra romanticismo fiammeggiante e frivolezza da commedia. Powell e la Francis sanno evitare il ridicolo e la sceneggiatura di Wilson Mizner e Joseph Jackson riesce a descrivere con sottili sfumature anche il rapporto tra guardia e carcerato. Decisamente invecchiati, invece, gli intermezzi comici affidati al ladro ubriacone (McHugh). Oscar al soggetto di Robert Lord. Andò così bene al box office che la Warner decise di affidarne il remake a Edmund Goulding nel 1940 (*Trovarsi ancora*).

Amanti senza speranza → *Certosa di Parma, La*

Amants, Les **½ (*Les Amants*, Francia 1958, b/n, 88') Louis Malle. Con Jeanne Moreau, Alain Cuny, José-Luis de Villalonga, Jean-Marc Bory, Gaston Modot. ◆ Annoiata del marito e della dorata routine quotidiana, una ricca signora (Moreau) vive un'appassionata e sensuale storia d'amore con un giovane (Bory), per il quale, forse, avrà la forza di abbandonare la famiglia. Leone d'argento a Venezia, scatenò le ire dell'*Osservatore Romano*, mentre in Francia *Le Pélerin* invitava a boicottare un film che descriveva con tanto realismo l'amore al chiaro di luna tra i due protagonisti (per Truffaut, «la prima notte d'amore al cinema») e che chiedeva alla Moreau di essere tanto esplicita nell'esprimere il suo piacere. Rivisto oggi, però, non riesce a far dimenticare una certa reticenza nel raccontare una «rivolta» più apparente che reale. La versione italiana circola ancora coi tagli dell'epoca.

Amarcord **** (Italia/Francia 1974, col, 127') Federico Fellini. Con Bruno Zanin, Pupella Maggio, Armando Brancia, Ciccio Ingrassia, Magali Nöel, Josiane Tanzilli, Antonino Faà di Bruno, Alvaro Vitali, Maria Antonietta Belluzzi, Nandino Orfei, Giuseppe Lanigro, Luigi Rossi, Dina Falconi, Gennaro Ombra, Lino Patruno. ◆ L'adolescenza di Titta (Zanin) in una cittadina romagnola durante gli anni Trenta: i fascisti con l'olio di ricino, i ragazzi con i loro scherzi scemi, i maschi che guardano le donne e si inventano avventure e balle. *A m'arcòrd*, mi ricordo: i sogni e le speranze dello strapaese italiano. Vent'anni dopo *I vitelloni*, Fellini (autore della sceneggiatura insieme a Tonino Guerra) ripensa alle proprie origini, mescolando come sempre amore e odio, distacco e nostalgia, giudizio e complicità. E come sempre, facendo tutto a Cinecittà, passaggio notturno del transatlantico Rex compreso. Film apparentemente in tono minore, ma in realtà tra i più coesi e riusciti, *Amarcord* «è sintomaticamente ovattato» variazione snervata su un tema solo superficialmente un po' logoro, ma in realtà capace di prospettare una lettura del passato fascista interessante e acuta, «smontando il mito dall'interno e mostrando la mediocrità del regime e del popolo che l'ha accettato», con la trovata della crescita zero di Titta, sempre in calzoncini corti, e il fascismo «come stagione storica della nostra vita, blocco dell'uomo alla fase adolescenziale». Elogi di Forlani e rimproveri della madre per le troppe parolacce, violenti attacchi delle femministe per Gradisca (Noël) la bella che «mandava fulgori acciarini», e scandalo per le tette himalaiane della tabaccaia (Belluzzi). Record d'incassi anche in Usa. Musica di Nino

Rota e fotografia di Giuseppe Rotunno. Oscar come miglior film straniero.

Amare **½ (*Att älska*, Svezia 1964, b/n, 90') Jörn Donner. Con Harriet Andersson, Zbigniew Cybulski, Isa Quensel, Thomas Svanfeldt, Jan-Erik Lindqvist, Nils Eklund. ◆ La svedese Louise (Andersson) incontra per i funerali del marito il polacco Fredrik (Cybulski), impiegato in un ufficio di viaggi: l'amore che scoppia improvviso aiuta la donna a ritrovare il senso della vita, ma quando lui le chiede di sposarlo lei si tira indietro. Film di interni e psicologie scritto dal regista, chiaramente influenzato dalla lezione della Nouvelle Vague (e Godard in particolare) ma anche da quella di Stiller, che racconta con bella ricchezza di notazioni la storia di una doppia diversità, di sesso e di nazionalità. Il tono è quello, deluso, degli anni Sessanta, dove la «superiorità» della donna sull'uomo si trasforma in un pessimismo esistenziale che porta la protagonista a considerare «il matrimonio nient'altro che una lezione di rassegnazione» e l'amore qualcosa che esiste finché dura l'attrazione fra i corpi. La Andersson, moglie del regista, vinse la coppa come miglior attrice a Venezia, ma anche Cybulski non le è da meno, spaesato quanto è necessario, ma meravigliosamente ironico e autoironico. Fotografia di Sven Nykvist.

Amare con rabbia ** (*Reckless*, Usa 1984, col, 93') James Foley. Con Daryl Hannah, Aidan Quinn, Kenneth McMillan, Cliff De-Young, Adam Baldwin. ◆ Johnny (Quinn) e Tracey (Hannah) sono insoddisfatti della piatta routine di provincia e rischiano la vita senza motivo: quando si incontrano, la loro passione li spingerà a partire insieme verso la libertà. Conformismo cinematografico che mette in scena un anticoformismo giovanile di maniera (sceneggiato da Chris Columbus).

Amare per sempre *½ (*In Love and War*, Usa/Gb 1996, col, 114') Richard Attenborough. Con Sandra Bullock, Chris O'Donnell, Emilio Bonucci, Mackenzie Astin, Ingrid Lacey, Philippe Leroy, Carlo Croccolo, Margot Steinberg. ◆ Veneto, 1918: il giovane Ernest Hemingway (O'Donnell), partito volontario per la guerra e degente in un ospedale, si innamora della più matura infermiera Agnes von Kurowsky (Bullock), già corteggiata da un chirurgo italiano (Bonucci). Sarà l'amore di una notte, che non sopravviverà a equivoci e rancori; in compenso lui sublimerà l'esperienza nel romanzo *Addio alle armi*. Melodrammone vecchia maniera, fatalmente televisivo, che non riesce mai a far innamorare lo spettatore dell'amore tra i due protagonisti: forse è anche colpa degli interpreti (fuori parte) e dell'atroce doppiaggio, in cui gli americani che parlano italiano fanno finta di non capire gli italiani che parlano in veneto.

Amaro destino **½ (*House of Strangers*, Usa 1949, b/n, 101') Joseph L. Mankiewicz. Con Edward G. Robinson, Richard Conte, Susan Hayward, Debra Paget, Efrem Zimbalist jr, Luther Adler. ◆ Il barbiere Gino Moretti (Robinson), immigrato a New York, diventa un banchiere di successo con metodi non proprio ortodossi. Scoppia uno scandalo, e l'amato figlio Max (Conte) si sacrifica andando in galera al posto suo: quando scopre che è stato uno dei fratelli a denunciare il padre, giura vendetta. Una parabola sul patriarcato piena di pessimismo e senza rigide distinzioni tra buoni e cattivi, anche se l'interpretazione estroversa e a tutto tondo di Robinson (peccato che il doppiaggio cancelli i suoi passaggi dall'inglese all'italiano) sposta le simpatie verso Gino, tiranno in buona fede destinato alla sconfitta. Mankiewicz gira uno dei suoi film più cupi che trova la propria ispirazione letteraria nel *Re Lear* di Shakespeare: la fotografia di Milton Krasner accentua le divisioni tra i personaggi, ma rimane un inconfondibile senso dell'ironia della sorte. Celebre il piano sequenza acrobatico lungo la scala della casa paterna, che fa iniziare il flashback con cui Max ripercorre tutta la vicenda. Robinson venne meritatamente premiato al festival di Cannes nel 1950. Rifatto come western con titolo *La lancia che uccide* (1954).

Amaro sapore del potere, L' **½ (*The Best Man*, Usa 1964, b/n, 102') Franklin J. Schaffner. Con Henry Fonda, Cliff Robertson, Edie Adams, Lee Tracy, Margaret Leighton, Mahalia Jackson. ◆ Durante una campagna elettorale emergono due candidati su tutti: l'idealista liberal Russell (Fonda) indeciso e perdente e il conservatore e opportunista Cantwell (Robertson). Uno spaccato della vita elettorale americana, con le sue falsità e i suoi retroscena. Da una pièce di Gore Vidal (qui anche sceneggiatore) che si era ispirato alle figure di Adlai Stevenson e di Richard Nixon, un film pessimista e disperato anche se Fonda (ottimo) accentua i connotati eroici del suo personaggio.

Amaro tè del generale Yen, L' ** (*The Bitter Tea of the General Yen*, Usa 1933, b/n, 88') Frank Capra. Con Barbara Stanwyck, Nils Asther, Gavin Gordon, Toshia Mori, Walter Connolly, Richard Loo. ◆ Shanghai, anni Venti: trattenuta controvoglia nel palazzo del generale Yen (Asther), la missionaria laica Megan Davis (Stanwyck) usa il proprio ascendente, e il proprio fascino, per salvare la vita all'amante (Mori) del militare. Troppo tardi scoprirà che la donna è una traditrice e che il fascino del generale ha fatto breccia nel suo cuore. Prodotto sull'onda del successo di *Shanghai Express* il film di Capra affronta con più esplicito coraggio il tema dell'attrazione/repulsione tra una donna americana puritana e orgogliosa (per di più alla vigilia delle nozze) e un militare cinese affascinante e altero: uniti dalla passione (naturalmente mai consumata), i due sono distanti per cultura, tradizioni, modi di vita. Sceneggiato da Edward Paramore a partire dal romanzo di Grace Zaring Stone, questo melodramma ambiguo e insinuante (come il sogno di Megan dove aggressore e salvatore si rivelano essere la stessa persona) rivela una inusitata preoccupazione estetica da parte del regista, più attento a cercare un corrispettivo architettonico e scenografico al torbido fascino di Yen che a risolvere le ambiguità morali del soggetto.

Amarsi ** (*When a Man Loves a Woman*, Usa 1994, col, 125') Luis Mandoki. Con Andy Garcia, Meg Ryan, Ellen Burstyn, Tina Majorino, Mae Whitman, Gail Strickland. ◆ Con due adorabili figliolette e il marito Michael (Garcia) che l'ama, Alice Green (Ryan) dovrebbe essere una donna felice: e invece si attacca alla bottiglia. Michael cerca di prendersi le sue responsabilità, ma durante la cura di disintossicazione ha l'impressione di perdere la moglie. Si ricomporrà l'allegra famigliola? Malgrado i tocchi di realismo, non c'è mai onestà nel programmare le emozioni dello spettatore: e alla fine trionfa il conformismo. Scritto da Ronald Bass (*Rain Man*), lussuosamente confezionato (fotografia di Lajos Koltai, musica del kieślowskiano Zbigniew Preisner) e anonimamente diretto.

Amarsi un po'... * (Italia 1984, col, 98') Carlo Vanzina. Con Claudio Amendola, Tahnee Welch, Riccardo Garrone, Virna Lisi, Nicoletta Elmi. ◆ Lui è giovane e squattrinato (Amendola), lei (Welch) la rampolla di una famiglia bene e il loro amore supera le differenze di classe. Tante canzoni, molto sentimento, poca sostanza, Virna Lisi elegante ma sprecata.

Amarti a New York **½ (*It's My Turn*, Usa 1980, col, 91') Claudia Weill. Con Jill Clayburgh, Michael Douglas, Charles Grodin, Beverly Garland. ◆ Kate (Clayburgh) è divisa tra la relazione con un suo amante noioso e insipido (Grodin) e un affascinante ex giocatore di baseball (Douglas). Uno sguardo sulla donna americana di oggi, costretta a vivere in antitesi carriera e sentimento. Film senza troppe pretese ma gradevole e ben interpretato. Esordio per Dianne Wiest.

Amarti è la mia dannazione **½ (*So Evil My Love*, Usa 1948, b/n, 109') Lewis Allen. Con Ray Milland, Ann Todd, Geraldine Fitzgerald, Leo G. Carroll, Raymond Huntley, Martita Hunt, Hugh Griffith, Moira Lister. ◆ Completamente conquistata dal fascino di Mark (Milland), la vedova di un pastore protestante (Todd) accetta di diventare sua complice: per amor suo deruba la sua amica alcolizzata (Fitzgerald) e ne avvelena il marito ma quando scopre che Mark ha un'amante si vendicherà tragicamente. Turgido melodramma vittoriano su una storia di fascinazione perversa tratto da un romanzo di Joseph Shearing (sceneggiato da Ronald Millar e Leonard Spiegelgass) e prodotto da Hal Wallis. Lewis riesce a descrivere i rapporti sempre più stretti che legano la vedova al suo amante e il suo progressivo annientamento nella depravazione, con più finezza di quanto non lasci intendere la trama, offrendo a Ray Milland e Ann Todd i migliori ruoli della loro carriera.

Amata immortale *½ (*Immortal Beloved*, Gb/Usa 1994, col, 120') Bernard Rose. Con Gary Oldman, Jeroen Krabbe, Isabella Rossellini, Johanna Ter Steege, Valeria Golino, Luigi Diberti, Marco Hofschneider, Geno Lechner. ◆ Anton Schindler (Krabbe), esecutore testamentario di Beethoven (Oldman), ricerca chi sia l'«amata immortale» cui il Maestro ha lasciato i suoi beni. Sarà la contessa italiana Guicciardi (Golino)? O la contessa ungherese Erdody (Rossellini)? Ma il compositore non era un noto misogino? E perché era tanto legato al nipote Karl (Hofschneider)? Rose, anche autore della sceneggiatura, dà una risposta diversa rispetto a *Il nipote di Beethoven* di Morrissey: ma gira anche un film molto più convenzionale. Il rischio del ridicolo involontario è sempre dietro l'angolo, la struttura a flashback è uggiosa, e Oldman (che ha rimpiazzato Gabriel Byrne e Anthony Hopkins) interpreta il genio tormentato come se fosse una rockstar in pensione. Girato nella Repubblica Ceca e fotografato da Peter Suschitzky. La colonna sonora (ovviamente solo beethoveniana) è diretta da Georg Solti. Sul set è nato l'amore tra la Rossellini e Oldman.

Amateur *½ (*Amateur*, Usa/Francia 1994, col, 101') Hal Hartley. Con Isabelle Huppert, Martin Donovan, Elina Lowensohn, Damian Young, Chuck Montgomery. ◆ Isabelle (Huppert), un'ex suora tuttora vergine che scrive racconti erotici, ospita Thomas (Donovan), che ha perso la memoria (e l'indole violenta) dopo essere stato defenestrato dalla moglie pornostar Sofia Ludens (Lowensohn). La farsa intellettuale e la commedia degli equivoci prenderanno una piega thriller e tragica, visto che Sofia è in possesso di un'agenda compromettente: ma Hartley non sembra mai credere a quello che racconta, restando a mezz'aria nella sfera dell'esercizio di stile. Gli omaggi al Godard più frivolo (quello di *Bande à part*) e al Kubrick delle origini (l'inizio è «ricalcato » dal *Bacio dell'assassino*) hanno mandato in visibilio gli snob d'oltreoceano. Ma il regista di *Trust* perde in precisione sociologica ed è già la maniera di se stesso – compreso il suo umorismo stralunato. La Huppert – che ha scritto al regista una lettera d'ardente ammirazione proponendosi come sua attrice, manco fosse la Bergman alle prese con Rossellini – non recita da Huppert, ma non si capisce se è un bene o un male.

Ambizione **½ (*Come and Get It*, rititolato *Roaring Timber*, Usa 1936, b/n, 105') Howard Hawks, William Wyler. Con Edward Arnold, Walter Brennan, Joel McCrea, Frances Farmer, Andrea Leeds, Mary Nash. ◆ L'imprenditore del legname Barney Glasgow (Arnold) fa carriera sposando la figlia di un capitalista e abbandonando l'ex prostituta Lotta (Farmer). Il suo fedele amico Swan (Brennan) sposa Lotta e ha da lei una figlia (sempre interpretata dalla Farmer) che, una volta grande, verrà contesa tra Barney e suo figlio Richard (McCrea). Portato a termine da Wyler, dopo che Hawks venne cacciato dal produttore Samuel Goldwyn a circa un terzo della lavorazione col pretesto che non era fedele al romanzo di Edna Ferber (sceneggiato da Jules Furthman e Jane Murfin), il film mantiene nei titoli la firma di entrambi, oltre a quella di Arthur Rosson che ha diretto le scene di disboscamento e quelle dei tronchi che rotolano in acqua. La prima parte, dedicata al tema dell'amicizia virile che una donna rischia di spezzare, è inconfondibilmente hawksiana, chiassosa e con un fondo di malinconia. La mano più estetizzante di Wyler (che, al contrario di Hawks, non considerò mai *Come and Get It* come un film che gli appartenesse) si fa sentire invece nella seconda metà, dove i personaggi acquistano ombre oscure e ambigue. Il risultato finale ha troppi scarti di registro per essere sempre convincente, ma rimangono sequenze da antologia, come la rissa nel saloon o il duetto amoroso tra Lotta e Richard che si impiastrano di caramello. Brennan vinse l'Oscar come non protagonista. La fotografia è di Rudolph Maté e di Gregg Toland. Struggente la scena in cui Lotta madre canta *Aura Lee*, una canzone popolare che Elvis Presley porterà al successo vent'anni più tardi modificando le parole e cambiando il titolo in *Love Me Tender*.

Ambizione di James Penfield, L' *** (*The Ploughman's Lunch*, Gb 1983, col, 100') Richard Eyre. Con Jonathan Pryce, Tim Curry, Rosemary Harris, Frank Finlay. ◆ Durante la guerra delle Falkland, un ambizioso giornalista (Pryce) decide di scrivere un saggio sull'affare di Suez del 1956: per farlo cercherà di usare amicizia e fascino, intelligenza e spregiudicatezza. Acuta, complessa, spietata analisi delle abitudini morali e politiche inglesi realizzata da uno dei più interessanti registi britannici, che finisce per disegnare il ritratto di un cinico in una società ancor più sprezzante e cinica di lui.

Ambiziosa, L' **½ (*Payment on Demand*, Usa 1951, b/n, 90') Curtis Bernhardt. Con Bette Davis, Barry Sullivan, Peggie Castle, Jane Cowl, Kent Tayler, Frances Dee. ◆ La storia della relazione di una coppia (Davis e Sullivan) e di un matrimonio tumultuoso che sembra destinato al fallimento, vista nei suoi momenti salienti. Melodramma non del tutto convenzionale sul tema del divorzio, riscattato da una grande Davis che in quel periodo viveva nella vita privata gli stessi problemi che interpretava nel film.

Ambizioso, L' *½ (Italia 1974, col, 110') Pasquale Squitieri. Con Joe Dallesandro, Stefania Casini, Raymond Pellegrin, Benito Artesi. ◆ Un contrabbandiere di Napoli (Dallesandro) fugge a Roma per sottrarsi a un boss, ma dopo aver formato una propria banda, torna per vendicarsi. Uno spaccato dell'Italia secondo lo stile drastico ed esuberante di Squitieri, più bravo a «gridare» che a «capire».

Ambra *** (*Forever Amber*, Usa 1947, col, 140') Otto Preminger. Con Linda Darnell, Cornel Wilde, Richard Greene, George Sanders, Leo G. Carroll, Jessica Tandy. ◆ Nella metà del XVII secolo in Inghilterra la giovane Ambra (Darnell, bionda per l'occasione), figlia di aristocratici ma allevata da contadini, si ribella a una vita misera e fugge a Londra: farà anche la ladra e l'attrice, diventerà la favorita di re Carlo II ma non saprà tenere il figlio che le ha dato il vero amore della sua vita. Tipico melodramma hollywoodiano in costume che però Preminger riscatta con quasi tutti i suoi temi forti: ossessione, autodistruzione, emarginazione e solitudine, assenza di giudizio morale, spettacolo nello spettacolo (le numerose scene teatrali). Invano aveva cercato di avere Lana Turner per il ruolo di Ambra.

Ambrogio ** (Italia 1993, col, 90') Wilma Labate. Con Francesca Antonelli, Roberto Citran, Paolo Graziosi, Anita Ekberg. ◆ Iscritta alle magistrali, Anna Ambrogi (Antonelli) sogna di fare il marinaio, e riesce a entrare nell'istituto nautico, dove i compagni la chiamano, cameratescamente, Ambrogio. Bozzetti dell'Italia a cavallo tra anni Cinquanta e Sessanta, e primi sussulti di anticonformismo: esordio lieve ma non sdolcinato della Labate, aiutata nella sceneggiatura da Sandro Petraglia.

Ambulante, L' ** (*Dastforush*, Iran 1987, col, 95') Mohsen Makhmalbaf. ◆ Film a episodi. In *Il bambino felice* (con Zoherh Sarmadi, Esma'il Soltanian. Ispirato a *Il pupo* di Moravia) una coppia di poveracci vuole abbandonare il loro neonato handicappato; in *Nascita di una vecchia* (con Morteza Zarrabi) un giovane morbosamente legato alla madre paralitica non si accorge che è morta; in *L'ambulante* (con Behzad Bahzadpur, Jafar Dehqan) il testimone di un omicidio teme di essere fatto fuori dai gangster. Attraverso la deformazione grottesca, una sorta di biografia ideale dell'essere umano dalla nascita alla morte. Una violenza tematica e iconografica insolita nel cinema iraniano, che si lascia alle spalle il neorealismo per approdare al surrealismo. Sgradevole, urlato, barocco, solo nell'ultimo episodio (che è un vero e proprio film d'azione onirico) trova una propria compiutezza espressiva.

Ambulanza, L' ** (*The Ambulance*, Usa 1990, col, 95') Larry Cohen. Con Eric Roberts, Megan Gallagher, Red Buttons, James Earl Jones, Richard Bright. ◆ Josh Baker (Roberts), autore di fumetti (il suo capo è Stan Lee in persona), soccorre una sconosciuta per strada, ma quando va a chiedere sue notizie all'ospedale, nessuno sa dove sia finita: c'è puzza di traffico di organi. Cohen si è immaginato la trama dopo un ricovero d'urgenza in seguito a un'intossicazione da pesce, ma non siamo dalle parti di *Coma profondo*. Il tentativo di fondere thriller e commedia quasi riesce, il cast di supporto è brillante, e c'è un'aria vagamente naïf che può divertire quanto far venire voglia di occupare il tempo in modo più serio.

A me la libertà *** (*A Nous la liberté*, Francia 1931, b/n, 97') René Clair. Con Raymond Cordy, Henry Marchand, Paul Ollivier, André Michaud, Rolla France. ◆ Quando sono in prigione, Emile (Marchand) si sacrifica perché Louis (Cordy) riesca a fuggire. Quando si ritrovano, il primo operaio e il secondo padrone (ma nei guai), sarà ancora Emile ad aiutare Louis a liberarsi da tutti i suoi problemi, partendo insieme per una vita di vagabondaggio. Un film sulla disumanizzazione del lavoro e sull'avidità condotto con un ritmo brioso e brillante. In Italia la censura impose nel titolo «a me» invece che «a noi» per non accentuare il significato sociale del film. Tra le scene famose, quella dei poliziotti alla caccia delle banconote sparpagliate dal vento e quella futurista del lavoro alla catena di montaggio. Per quest'ultima la casa di produzione, controllata da Goebbels, intentò causa a Chaplin, perché in *Tempi moderni* c'era una scena simile, ma Clair si oppose. Scenografie astratte di Lazare Meerson, musiche di Georges Auric.

A me mi piace *½ (Italia 1985, col, 113') Enrico Montesano. Con Enrico Montesano, Rochelle Redfield, Lara Wendel, Dan Doby, Anna Marchesini, Renato Scarpa, Pino Quartullo. ◆ Aspettando di poter esordire come regista Arturo (Montesano) lavora in una Tv privata dove si adatta a fare l'accompagnatore per le figlie degli sponsor. E intanto un vecchio amico americano, Mike, gli arriva in casa e gli sconvolge la vita. Debutto registico di Enrico Montesano: vorrebbe essere una satira sui sessantottini ricchi che «facevano gli espropri proletari nei supermercati di papà», invece è solo una farsa all'italiana. Ha un ruolo anche Anna Marchesini, prima di fare trio con Lopez e Solenghi.

America, America → *Ribelle dell'Anatolia, Il*

America, America dove vai? *** (*Medium Cool*, Usa 1969, col, 110') Haskell Wexler. Con Robert Foster, Verna Bloom, Peter Bonerz, Peter Boyle. ◆ Il cameraman di un cinegiornale (Foster) si trova coinvolto negli incidenti che seguirono la convenzione democratica di Chicago nel 1968. Importante saggio di cinema-verità scritto, girato e diretto da Wexler, mescolando verità e finzione con un interessante stile di lavoro. Nella colonna sonora figurano musiche diMike Bloomfield, Paul Butterfield e dei Mothers of Invention.

America 1929: sterminateli senza pietà *** (*Boxcar Bertha*, Usa 1972, col, 97') Martin Scorsese. Con Barbara Hershey, David Carradine, Barry Primus, John Carradine. ◆ Boxcar Bertha (Hershey), una ragazza sconvolta dalla morte del padre in un incidente sul lavoro, si unisce a un sindacalista (David Carradine) e a un giocatore d'azzardo (Primus) col quale comincia una vita da vagabonda e da fuorilegge nelle campagne americane impoverite dalla grande depressione del '29. L'altra faccia, ribelle e non metropolitana, dell'America degli anni Trenta in un film duro e avvincente. Dal romanzo autobiografico di Bertha Thompson, *Boxcar Bertha*, è una delle prime regie di Scorsese, che già mostra tutte le sue qualità e che appare brevemente come cliente del bordello. Fece scandalo la notizia che per girare una scena David Carradine e la Hershey avevano fatto veramente l'amore.

Americana *½ (*Americana*, Usa 1981, col, 93') David Carradine. Con David Carradine, Barbara Hershey, Michael Greene, Arnold Herzstein. ◆ Un reduce del Vietnam (Carradine), malgrado l'ostilità degli abitanti, decide di fermarsi in una cittadina del Kansas, intestardendosi a riparare una giostra. La necessità della speranza contro la grettezza dell'America profonda: un'allegoria come poteva venire concepita negli anni Settanta (e infatti le riprese datano al 1973). Non particolarmente giustificata la presenza della Hershey, allora fiamma del regista-attore, nella parte di una ragazza muta simile a una fata.

Americana nella casbah, Un' ** (*Algiers*, Usa 1938, b/n, 95') John Cromwell. Con Charles Boyer, Sigrid Gurie, Hedy Lamarr, Joseph Calleia, Alan Hale, Gene Lockhart, Johnny Downs. ◆ Protetto nell'inespugnabile quartiere arabo di Algeri, il re della malavita Pepé le Mokò (Boyer) non sa resistere al fascino di una turista francese (Lamarr): la inseguirà fuori della casbah e finirà arrestato dagli uomini dell'ispettore Slimane (Calleia), avvertiti dalla gelosa Ines (Gurie). Maldestro remake del capolavoro di Duvivier (*Il bandito della Casbah*), nonostante la sceneggiatura di John Howard Lawson e la collaborazione ai dialoghi di James M. Cain, con Boyer poco convincente nel ruolo creato da Gabin e Hedy Lamarr «totalmente inerte» nella sua prima apparizione hollywoodiana. Decisamente interessante, invece, la componente visuale del film, che anticipa per certi versi l'estetica del film noir: la fotografia di James Wong Howe e i trasparenti di Lloyd Knechtel trasformano la casbah in una specie di gabbia claustrofobica, chiusa in un'oscurità opprimente. L'interpretazione involontariamente ridicola di Charles Boyer scatenò invece numerose parodie, come quella di Zero Mostel in *Mademoiselle Du Barry* di Roy Del Ruth. La stessa storia fu rifatta in musical in *Casbah* (1948).

American Buffalo *½ (*American Buffalo*, Usa/Gb 1995, col, 87') Michael Corrente. Con Dustin Hoffman, Dennis Franz, Sean Nelson. ◆ Imbeccato dal suo garzone Bobby (Nelson), il rigattiere Donny Dubrow (Franz) progetta con l'amico Teach (Hoffman) di rapinare la casa di un collezionista che gli ha comprato per pochi dollari una moneta (quella con il bisonte citato nel titolo) di cui ignorava il valore: ma alla fine della giornata, tra qui pro quo e litigi, non se ne farà nulla. Nel 1975 la pièce di David Mamet (autore anche della sceneggiatura) suonava originale, perché metteva in scena un'America minore e perdente con un disilluso senso morale e un linguaggio di stilizzato realismo. Ma oggi restano solo i luoghi comuni, annacquati da una regia teatrale e poco inventiva. Al Pacino ebbe grande successo, a teatro, nella parte di Teach: e pare che Hoffman non regga il confronto.

American College * (*A Private School*, Usa 1983, col, 97') Noel Black. Con Phoebe Cates, Matthew Modine, Betsy Russell, Sylvia Kristel. ◆ Amori, con abbondanza di amplessi e nudità, tra gli studenti di due college americani vicini. Qualche ragazzo si accontenta delle studentesse, qualcun altro punta alle insegnanti. Squinternatissimo.

American Dreamer ** (*American Dreamer*, Usa 1984, col, 105') Rick Rosenthal. Con JoBeth Williams, Tom Conti, Giancarlo Giannini, Coral Browne, James Staley. ◆ La frustrata casalinga americana Cathy (Williams) vince una vacanza a Parigi ma perde la memoria e si identifica con l'eroina dei suoi romanzi giallorosa preferiti. Zeppa di ammiccamenti e citazioni cinefile, questa commedia analizza anche, cinicamente, la degenerazione della coppia americana. Giancarlo Giannini fa la parte del cattivo. Compare anche il regista nei panni di Max Guffin.

American Gigolo *** (*American Gigolo*, Usa 1980, col, 117') Paul Schrader. Con Richard Gere, Lauren Hutton, Hector Elizondo, Nina Van Pallandt, Bill Duke, Brian Davies, Tom Stewart, Frances Bergen. ◆ Il gigolo Julian Kay (Gere) viene accusato di un delitto che non ha commesso: a volerlo incastrare è un magnaccia di colore (Duke), ma la moglie trascurata (Hutton) dell'aspirante governatore della California diventata sua amante, saprà salvarlo: sacrificherà marito e rispettabilità per scagionare il giovane. Ispirandosi a Dostoevskij e Bresson, Schrader costruisce il crudele ritratto di un ambiente corrotto come una favola morale sul potere negativo del denaro, fondendo perfettamente la finzione narrativa del giallo con un sistema di riferimenti etici di tipo parareligioso (la forza dell'amore, il bisogno di espiazione, la gratuità della grazia). E lo racconta con un linguaggio raffinato, attento soprattutto alla forza simbolica dei particolari: indimenticabile l'eleganza di Gere che impose nell'immaginario collettivo lo stile Armani o la «carezza» attraverso il vetro della prigione tra Gere e la Hutton.

American Gothic *½ (*American Gothic*, Usa 1988, col, 90') John Hough. Con Rod Steiger, Yvonne DeCarlo, Michael J. Pollard, Fiona Hutchison, Sarah Torgov, Mark Lindsay Chapman. ◆ Tre coppie di turisti capitano in un'isola al largo di Seattle, dove trovano ospitalità presso una famiglia di bigotti (Steiger e DeCarlo) fanatici nemici della modernità, i cui maturi figlioli sono rimasti in uno stadio evolutivo infantile: inevitabile che l'anziano patriarca pronunci una condanna biblica sugli stranieri amorali. Come horror, è più sgradevole che terrificante: ma solo perché mette imbarazzo vedere attori di buon nome costretti in parti tanto grottesche. Il titolo è quello del celebre quadro dell'americano Grant Wood, che rappresenta una coppia di arcigni agricoltori, simbolo dello spirito puritano.

American Graffiti ***½ (*American Graffiti*, Usa 1973, col, 110') George Lucas. Con Richard Dreyfuss, Ron Howard, Charles Martin Smith, Paul LeMat, Cindy Williams, Bo Hopkins, Wolfman Jack, Candy Clark, Joe Spano, Harrison Ford. ◆ L'ultima notte da liceali, nell'estate 1962, di quattro amici: Steve (Howard) sembrerebbe non avere problemi a lasciare la fidanzata (Williams) per andare all'università; Curt (Dreyfuss) invece non è altrettanto interessato alla partenza perché vuole a tutti i costi rivedere una ragazza; John (LeMat) si preoccupa solo della sua auto truccata; Terry (Smith) cerca di nascondere il proprio imbarazzo con le donne. Tra gli hit di Lupo Solitario (Wolfman), misterioso dj che Curt riuscirà a conoscere, e le scorribande di un gruppo di rockers, i Faraoni, le ore passano in fretta. Al mattino le strade dei quattro amici divergeranno definitivamente e i destini di ciascuno sono spiegati nelle didascalie finali. Una commedia per teen-ager (la prima pensata e rivolta specificamente a questo pubblico) che, al di là dell'apparenza spensierata, affronta il tema della dolorosa iniziazione alla vita adulta. La notte immaginata da Lucas, che significativamente è retrodatata di dieci anni rispetto all'epoca della realizzazione del film (in quel 1962 che precede di pochi mesi l'assassinio di Kennedy, la guerra del Vietnam e la fine dell'American Dream), ha il valore di una vera e propria linea d'ombra per i giovani protagonisti: il furto di una macchina, l'incendio di un'altra, l'esperienza della violenza, gli incontri di coppia mancati sono i primi segnali di turbamento di una vita provinciale che di solito scorre tranquilla. La stessa inquietudine è avvertibile sul piano formale, nella struttura aneddotica e disgregata, che non rappresenta soltanto un furbo adeguamento registico alle modifiche percettive che la Tv stava producendo sulla nuova generazione di spettatori. L'impressione complessiva di fluidità e armonia è dovuta alla colonna sonora praticamente ininterrotta (con tutti gli hit di quegli anni, *Rock Around the Clock*, *Only You*, *Smoke Gets in Your Eyes*, *Sixteen Candles*) e alla figura del misterioso dj Lupo Solitario, presenza «eterea» ed eufemizzante che veglia sui personaggi proteggendoli con la musica dalle insidie rappresentate simbolicamente dalla notte. Permeato di una sottile vena di romanticismo, *American Graffiti* ha dato origine al filone nostalgia, sull'adolescenza e le illusioni perdute. Produzione indipendente, curata da Coppola per la Lucasfilm. Con un seguito.

American Graffiti 2 *½ (*More American Graffiti*, Usa 1979, col, 111') Bill W.L. Norton. Con Candy Clark, Bo Hopkins, Ron Howard, Paul LeMat, Scott Glenn, Cindy Williams, Rosanna Arquette, Charles Martin Smith. ◆ Quattro storie, filmate con quattro stili diversi, raccontano i destini di alcuni dei protagonisti di *American Graffiti*: schermo gigante e stile hollywoodiano per John Milner (LeMat) e la sua voglia di vincere la «grande corsa»; il 16mm documentaristico e un quadro più piccolo per Terry Fields (Smith) mandato a combattere in Vietnam; linguaggio psichedelico con lo schermo diviso in più «riquadri» per Debbie (Clark) e i suoi tentativi di sfondare come ballerina e cantante; linguaggio televisivo per Steve e Laurie (Howard e Williams) che si separano e si ritrovano in una manifestazione pacifista. E solita colonna sonora di hit nostalgici per raccontare il dramma della gioventù americana costretta a crescere in una società babilonica. Più confusionario che efficace. Cammeo per Harrison Ford poliziotto in motocicletta.

Americani *** (*Glengarry Glen Ross*, Usa 1992, col, 100') James Foley. Con Al Pacino, Jack Lemmon, Alec Baldwin, Ed Harris, Alan Arkin, Jonathan Pryce, Kevin Spacey. ◆ Nella filiale di un'agenzia immobiliare, un cambio al vertice stabilisce una nuova soglia di produttività, sotto la quale c'è il licenziamento immediato. Panico tra gli impiegati, che – con qualche differenza di carisma personale – sono tutti dei poveracci. Tragedia classica trasposta ai giorni nostri, corale, claustrofobica e convulsa, con un aggiornamento estremista del *Commesso viaggiatore* e uno dei cast più strabilianti degli ultimi dieci anni. Tratto da una pièce di David Mamet, qui anche sceneggiatore, il film racconta l'altra faccia del successo americano e tutti i compromessi (e i fallimenti) che si consumano nel suo nome. La regia di Foley ha il merito di assecondare intelligentemente una scrittura senza momenti di pausa, fissandosi soprattutto sui primi piani degli attori, tutti perfetti. Da non perdere i titoli di coda per l'accompagnamento musicale di Al Jarreau.

American Me ** (*American Me*, Usa 1992, col, 126') Edward James Olmos. Con Edward James Olmos, William Forsythe, Pepe Serna, Danny De La Paz, Evelina Fernandez, Cary Hiroyuki Tagawa. ◆ Nella Los Angeles degli anni Sessanta si scatena l'odio tra militari, impegnati nella guerra del Vietnam, e ispanici. Dal riformatorio in cui stanno scontando una lunga pena, Santana (Olmos) e i suoi complici formano una gang, chiamata «Mafia messicana», che arriva a esercitare il suo potere anche nei quartieri ispanici a est della città. Quando, diciotto anni dopo, Santana uscirà dal carcere avvolto nella leggenda, verrà massacrato dai suoi stessi seguaci che si disputano il controllo del territorio. Opera prima di un attore di origine messicana, meglio conosciuto come tenente Castillo nella serie *Miami Vice*, il film si ispira a un fatto realmente accaduto e ha il pregio di affrontare il tema dei conflitti razziali insistendo sugli aspetti comunitari del fenomeno (nonostante il ritratto a tutto tondo del protagonista) e sottolineando gli avvicendamenti generazionali (la storia inizia nel 1943). Meno originale la forma, a tratti un po' troppo hollywoodiana.

American Ninja *½ (*American Ninja*, Usa 1986, col, 95') Sam Firstenberg. Con Michael Dudikoff, Steve James, Judie Aronson, Guich Koock. ◆ In una base americana alle Filippine un soldato (Dudikoff) esperto in arti marziali e capace di afferrare una freccia in volo sgomina i guerriglieri che rubano armi. Sequenze d'azione discretamente coreografate, ma confezione dozzinale per il film che ha rilanciato tra il pubblico popolare il fascino per le arti marziali. Ben tre sequel.

American Ninja 2 ** (*American Ninja 2: The Confrontation*, Usa 1987, col, 100') Sam Firstenberg. Con Michael Dudikoff, Steve James, Larry Poindexter, Gary Conway, Jeff Weston, Michelle Botes, Michael Stone. ◆ Due ranger dell'esercito Usa esperti di arti marziali (Dudikoff e James) investigano sulla sparizione di un marine su un'isola dei Caraibi, base di un grosso traffico di droga. Azione no-stop e humour. Basato sul rapporto di complicità e competizione tra Dudikoff e James è il sequel di *American Ninja* del 1986, cosceneggiato da Conway (uno dei cattivi) e dall'attore James Booth.

American Ninja 3 * (*American Ninja 3: Blood Hunt*, Usa 1989, col, 93') Cedric Sundstrom. Con David Bradley, James Booth, Dwayne Alexandre, Marjoe Gortner, Michele Chan, Calvin Jung. ◆ L'uomo più bravo del mondo in fatto di arti marziali (Bradley) combatte contro l'uomo che ha ucciso suo padre, dopo che scopre d'essere stato infettato da un virus mortale. Sceneggiato da Gary Conway con Bradley che sostituisce Michael Dudikoff nella parte dell'eroe, è una fiacca ripresa, senza motivo d'essere. Scarso anche l'interesse da un punto di vista sportivo: coreografie vecchie e mal eseguite.

American Ninja 4 *½ (*American Ninja 4: The Annihilation*, Usa 1991, col, 95') Cedric Sundstrom. Con Michael Dudikoff, David Bradley, James Booth, Dwayne Alexandre. ◆ Un gruppo di ninja buoni si batte contro un altro gruppo di ninja cattivi che si sono impossessati di un'arma nucleare. Ritorna Dudikoff ma la storia non trova motivi d'interesse.

Americano a Parigi, Un *** (*An American in Paris*, Usa 1951, col, 103') Vincente Minnelli. Con Gene Kelly, Leslie Caron, Nina Foch, Oscar Levant, Georges Guetary. ◆ In una Parigi ricostruita come in una cartolina illustrata, con una scenografia che le conferisce un tono fiabesco, un giovane pittore americano (Kelly) è oggetto delle attenzioni di una miliardaria, ma s'innamora della fidanzata (Caron) di un suo amico. L'esiguità della trama è largamente compensata dalla splendida interpretazione di Kelly e Caron e dalla ricchezza delle coreografie dei balletti tutti su canzoni di George e Ira Gershwin (tra gli altri, *Love Is Here to Stay* e *By Strauss* oltre al balletto che dà il titolo al film, lungo 17 minuti, che si rifà agli stili visivi di Dufy, Toulouse-Lautrec, Renoir, Van Gogh, Utrillo, Rousseau). Sei Oscar: miglior film, sceneggiatura (Alan Jay Lerner), fotografia (Alfredo Gilks, John Alton), colonna sonora (Johnny Green, Saul Chaplin), scenografia (Cedric Gibson, Preston Ames, Edwin B. Willis, Keogh Gleason) e costumi (Orry-Kelly, Walter Plun Kett, Irene Sharaff) e un riconoscimento speciale a Gene Kelly.

Americano a Roma, Un *** (Italia 1954, b/n, 94') Steno [Stefano Vanzina]. Con Alberto Sordi, Maria Pia Casilio, Anita Durante, Galeazzo Benti, Carlo Delle Piane, Giulio Calì, Carlo Mazzarella, Riccardo Rossi. ◆ Moriconi Nando (Sordi) rimpiange continuamente di non essere nato in America, «nel Kansas City»: rinnega (senza riuscirvi) gli spaghetti per lo yogurt, vede solo film americani, parla con una (ridicola) cadenza americanizzante e combina un sacco di guai. Il personaggio nato per *Un giorno in pretura* diventa protagonista assoluto di un film cucito addosso a Sordi che dà vita a una galleria dei vari americanismi sviluppatisi in Italia dalla guerra in avanti e per questo un po' carente di unitarietà. Ma divertentissimo. Fugace apparizione, a una festa, dell'allora sconosciuta attrice svizzera Ursula Andress.

Americano in vacanza, Un *½ (Italia 1945, b/n, 96') Luigi Zampa. Con Valentina Cortese, Leo Dale, Andrea Checchi, Adolfo Celi, Paolo Stoppa, Giovanni Dolfini, Elli Parvo, Gino Baghetti. ◆ Due soldati americani in licenza a Roma, Dick (Dale) e Tom (Celi), incontrano una maestrina (Cortese) che è venuta nella capitale a chiedere aiuti per il paese bombardato: ci vorrà più di un equivoco prima che Dick le dichiari il proprio amore. Commediola rosa che utilizza i modi dei film dei telefoni bianchi per alzare un inno strapaesano all'amicizia con le truppe americane: realizzato con il «cordiale interessamento delle Autorità Militari Alleate», il film – neorealisticamente – fa parlare gli americani nella loro lingua (e infatti tutta la primissima parte è sottotitolata) e, girato tra le rovine della guerra, conserva ancora oggi un suo valore documentario. Luciano Salce è un ufficiale americano.

Americano qualunque, Un *½ (*Joe Smith, American*, Usa 1942, b/n, 63') Richard Thorpe. Con Robert Hunt, Marsha Hunt, Harvey Stephens, Darryl Hickman, Selmer Jackson, Noel Madison, Russell Hicks. ◆ L'operaio di una fabbrica di aereoplani (Young) viene messo a lavorare a un segretissimo sistema di sganciamento per le bombe: rapito da un gruppo di spie resiste alle loro torture e riesce a fuggire e avvertire la polizia. Trionfo della propaganda hollywoodiana, che esalta le doti dell'americano medio capace di innalzare il proprio dovere fino all'eroismo per non tradire il Paese. La sceneggiatura di Allen Rivkin adatta un soggetto di Paul Gallico che sarà utilizzato nel 1959, con molte libertà, per *Corruzione nella città*. Comparsata per Ava Gardner.

Americano rosso ** (Italia 1990, col, 100') Alessandro D'Alatri. Con Burt Young, Fabrizio Bentivoglio, Sabrina Ferilli, Eros Pagni, Valeria Milillo, Massimo Ghini, Orsetta De Rossi. ◆ Veneto, 1934: un playboy di provincia (Bentivoglio) pensa di approfittare delle sostanze di un italoamericano (Young) venuto in Italia per cercare una moglie. Ma ha trovato uno più furbo di lui. Perfetta l'ambientazione, buona la recitazione, poco grintosa la sceneggiatura (di Enzo Monteleone, tratta dal romanzo omonimo di Gino Pugnetti): comunque un buon esordio per Alessandro D'Alatri, ex bambino prodigio e regista pubblicitario.

Americano tranquillo, Un **½ (*The Quiet American*, Usa 1957, b/n, 122') Joseph L. Mankiewicz. Con Audie Murphy, Michael Redgrave, Giorgia Moll, Claude Dauphin, Kerima. ◆ In Indocina, al tempo della guerriglia comunista, un corrispondente di guerra inglese (Redgrave) e un giovane americano (Murphy), che forse è una spia, amano la stessa donna. Roso dalla gelosia, l'inglese non esiterà a far cadere l'americano in un agguato organizzato dai ribelli comunisti. L'eterno conflitto tra essere e apparire, tra intellettualismo e la passione più egoisticamente irrazionale, in un dramma a sfondo politico tratto dal celebre romanzo di Graham Greene che non amò il film perché il finale era completamente cambiato (l'americano non è più una spia e così sparisce la critica del libro al nascente imperialismo Usa nel Sudest asiatico).

American Pop ** (*American Pop*, Usa 1981, col, 97') Ralph Bakshi. ◆ Raccontata con i cartoon la storia di una famiglia di russi immigrati in America, attraverso quattro generazioni, il cui sogno comune è di diventare musicisti: una carrellata di musica e di costume, dal ragtime di Scott Joplin al rock di Bob Seger, a Dylan e Hendrix. Girato in fotoscopino, metodo che consiste nel «ricalcare» con il disegno i movimenti degli attori filmati in precedenza.

American Roulette * (*American Roulette*, Gb/Australia 1987, col, 102') Maurice Hatton. Con Andy Garcia, Kitty Aldridge, Robert Stephens, Susannah York. ◆ In esilio a Londra, Carlos Quintas (Garcia), poeta e presidente di uno stato sudamericano, cerca di salvarsi dalle minacce di uno squadrone della morte, e scopre le connivenze del governo britannico. Scadente tentativo di spy story vecchio stile, con risvolti romantici, agenti doppiogiochisti e inseguimenti interminabili. Buona prova per Garcia che, subito dopo, è stato scelto da De Palma per *The Untouchables*.

American Way – I folli dell'etere ** (*American Way*, rititolato *Riders of the Storm*, Usa 1989, col, 115') Maurice Phillips. Con Dennis Hopper, Michael J. Pollard, Eugene Lipinski, Nigel Pegram. ◆ Scoppiatissimi reduci del Vietnam installano una stazione Tv clandestina, con la quale invadono le frequenze ufficiali con sarcasmi e provocazioni. Una satira dei mass media, feroce e demenziale dove antimilitarismo e rock'n'roll si fondono in disordinata allegria sotto la guida di un Dennis Hopper assolutamente esagitato. Prendere o lasciare.

America oggi **½ (*Short Cuts*, Usa 1993, col, 185') Robert Altman. Con Andie MacDowell, Bruce Davison, Jack Lemmon, Matthew Modine, Julianne Moore, Fred Ward, Anne Archer, Tim Robbins, Madeleine Stowe, Chris Penn, Jennifer Jason Leigh, Robert Downey jr, Lili Taylor, Peter Gallagher, Frances McDormand, Tom Waits, Lily Tomlin, Annie Ross, Lori Singer, Lyle Lovett, Buck Henry, Huey Lewis. ◆ Nove storie che si incrociano a Los Angeles, liberamente ispirate a «nove racconti e una poesia» del capostipite del minimalismo Raymond Carver. Una coppia di ricchi borghesi, Ann (MacDowell) e Howard Finnigan (Davison), assiste impotente alla morte del figlioletto, mentre il nonno (Lemmon) sembra indifferente al loro dramma. Un pasticciere (Lovett), infuriato perché non è stata ritirata la torta per il compleanno del piccolo Finnigan, li perseguita. Marian (Moore), pittrice, confessa un adulterio al marito, il medico Ralph Wyman (Modine). Stuart Kane (Ward) va a pesca con gli amici (Henry e Lewis), trova il cadavere di una donna nel fiume, e decide di lasciarlo dov'è, per non rovinare la gita; la moglie (Archer), animatrice per bambini, rimane sconvolta dal racconto. Il poliziotto Shepard (Robbins), fascista e bugiardo, cerca invano di disfarsi del cane di famiglia, tradisce regolarmente la moglie Sherri (Stowe), ma trasecola quando sa che posa nuda. Il pilota Stormy Weathers (Gallagher) sfascia la casa dell'ex moglie (McDormand), amante di Shepard. Zoe (Singer), violoncellista figlia di una cantante jazz (Ross), si suicida sul serio dopo molti finti tentativi. L'autista Earl (Waits) si rappacifica con la moglie Doreen (Tomlin), cameriera, che ha investito accidentalmente il figlio dei Finnigan. Bill (Downey jr), aspirante truccatore, scatta foto macabre alla sua ragazza (Taylor) e spadroneggia nell'appartamento datogli in custodia da due ricchi neri. L'operaio Jerry (Penn) è frustrato dal fatto che la moglie (Leigh) svolga in casa un servizio di telefono erotico. Il film si conclude con una festa felliniana tra i Kane e i Wyman, che si travestono da clown, e con Jerry che uccide una ragazza che aveva tentato di abbordare, anche se l'omicidio sarà considerato un incidente per colpa di un terremoto che chiude tutte le storie. L'ambizione di Altman era di girare un *Nashville* per gli anni Novanta: il campionario sociale è molto vario, e l'incastro degli episodi sapiente, anche se con qualche didascalismo di troppo, specie nel montaggio analogico (da un cadavere in un fiume si passa a un acquario; da una donna che si spoglia a una maglietta con la scritta *naked*). Su tutto predomina un tono di pessimismo impietoso, di cinismo divertito e di insistita sgradevolezza: che Altman consideri gli uomini come insetti, lo mostra l'immagine iniziale degli elicotteri che disinfestano la città da un'improbabile mosca mediterranea. Il film si confronta con i grandi temi morali degli anni Ottanta e Novanta – il sesso, la morte, gli orrori della vita di coppia, l'insensibilità degli uomini e le beffe del destino – ma la sua freddezza cerebrale tende a ridurre tutto a esercizio di stile. Ammirevole la direzione degli attori e la capacità di reggere senza fatica oltre tre ore di racconto. Leone d'oro a Venezia, ex aequo con *Tre colori – Film blu*, e premio a tutto il cast. La band di Annie Ross comprende musicisti jazz di fama come Robert Previte, Terry Adams, Greg Cohen e Bruce Fowler. Altman ha annunciato per il futuro *More Short Cuts*.

Amerikano, L' ** (*Etat de siège*, Francia/Italia/Rft 1972, col, 130') [Constantin] Costa-Gavras. Con Yves Montand, Renato Salvatori, O.E. Hasse, Jacques Weber, Jean-Luc Bideau. ◆ Thriller politico ispirato a un fatto realmente accaduto, il rapimento e l'uccisione dell'agente americano Dan Mitrione (interpretato con la consueta bravura da Montand) a opera di un gruppo di guerriglieri uruguayani. Il film evidenzia le ingerenze e le manovre della Cia in America Latina: nonostante sia confuso e discutibile, resta una delle opere più importanti del cinema progressista degli anni Settanta. Cosceneggiatura di Franco Solinas, musica di Mikis Theodorakis.

A mezzanotte circa → *'Round Midnight – A mezzanotte circa*

A mezzanotte va la ronda del piacere *½ (Italia 1975, col, 100') Marcello Fondato. Con Claudia Cardinale, Monica Vitti, Vittorio Gassman, Giancarlo Giannini, Renato Pozzetto. ◆ Durante un processo per tentato omicidio, una popolana (Vitti) rievoca le sue relazioni con la presunta vittima. Tra i banchi dei giurati un'altra donna (Cardinale) ripensa, alla luce di queste dichiarazioni, al suo matrimonio. In un finale a sorpresa l'imputata si riconcilierà mentre la giurata si separerà dal consorte. Commedia dolceamara con un cast impiegato su un canovaccio piuttosto scontato che permette qualche exploit istrionico, specie di Gassman.

Amiamoci così belle signore * (*Last of the Red Hot Lovers*, Usa 1972, col, 98') Gene Saks. Con Alan Arkin, Sally Kellerman, Paula Prentis, Renée Taylor. ◆ Un tipo un po' strano e sfortunato (Arkin) tenta, senza avere successo, di avere rapporti con tre donne differenti: il disastro della sua vita sentimentale è totale. Da una classica trama da commedia brillante americana un film pretenzioso e senza nerbo, con gli attori fuori misura. Conosciuto anche col titolo *L'ultimo degli amanti*.

Amica, L' *** (*Old Acquaintance*, Usa 1943, b/n, 110') Vincent Sherman. Con Bette Davis, Miriam Hopkins, Gig Young, John Loder, Dolores Moran, Phillip Reed. ◆ Diciott'anni della vita di due donne letterate, la cui amicizia sopravvive al tempo e alle rivalità affettive e professionali: la prima (Davis) è di buona famiglia, mentre la seconda (Hopkins) è di umili e disperate origini. Sherman seppe usare a vantaggio del film la tensione che si creava sul set tra le due primedonne, aumentando così l'elettricità dei loro duetti (lo schiaffo della Davis, l'accusa della Hopkins di averle rubato il marito). Adattato da John Van Druten e Lenore Coffee dalla commedia del primo, è un film avvincente e agrodolce, liberamente rifatto nel 1981 con il titolo *Ricche e famose*.

Amica, L' *½ (Italia 1969, col, 105') Alberto Lattuada. Con Lisa Gastoni, Gabriele Ferzetti, Elsa Martinelli, Raymond Lovelock, Marina Coffa, Jean Sorel. ◆ Tradita dal marito e ingannata dalla sua miglior amica, Lisa (Gastoni), per vendicarsi della donna, fa innamorare di sé tutti i suoi uomini (amante, marito, figlio). Da un soggetto di Giovanna Gagliardo e Mario Cecchi Gori, la storia di un adulterio borghese trattato con ironia. Interessante l'idea della «vendetta» fra donne e l'accento messo su alcuni squallori (non solo morali ma anche materiali e scenografici) della media borghesia; cionononostante il film non riesce a decollare.

Amica delle 5½, L' **½ (*On a Clear Day You Can See Forever*, Usa 1970, col, 129') Vincente Minnelli. Con Barbra Streisand, Yves Montand, Bob Newhart, Jack Nicholson, John Richardson. ◆ Le sedute ipnotiche di uno psichiatra (Montand) rivelano a una ragazza tranquilla e mediocre (Streisand) che è già vissuta nell'Inghilterra del secolo scorso col nome di Melinda e che nel futuro lascerà il suo grigio fidanzato per sposare il medico. Musical con lieto fine nell'avvenire dove sono riuniti tutti i temi cari al regista: l'eleganza della finzione, il mistero irrazionale della creazione artistica (e dell'amore), l'opposizione sogno/realtà, il tripudio cromatico delle scenografie (di John De Cuir, George Hopkins, Raphael Bretton) e dei costumi (di Cecil Beaton). Tratto dal musical teatrale di Alan Jay Lerner e Burton Lane (tra le canzoni *On a Clear Day You Can See Forever*, *Melinda* e *Come Back to Me*), è l'espressione di un gusto cinematografico raffinatissimo ma poco in sintonia con l'evolversi dei tempi. Nei tagli imposti dal produttore (159) anche una canzone cantata da Jack Nicholson.

Amiche, Le **½ (Italia 1955, b/n, 106') Michelangelo Antonioni. Con Eleonora Rossi Drago, Valentina Cortese, Gabriele Ferzetti, Franco Fabrizi, Yvonne Forneaux, Madeleine Fischer, Ettore Manni. ◆ A Torino arriva una giovane sarta (Rossi Drago) per aprire un negozio. Conosce alcune altre donne: un'indossatrice (Fischer), una ceramista (Cortese), una ricca annoiata (Forneaux). Dal romanzo di Pavese *Tre donne sole*, sceneggiato da Antonioni con Suso Cecchi d'Amico e Alba De Céspedes, un ritratto ironico e malinconico dei valori della nascente borghesia nazionale: il mito dell'amore, quello del denaro e quello, più cinico, del successo a tutti i costi. In una Torino ottimamente fotografata da Gianni Di Venanzio, un film che racconta i nostri anni Cinquanta. Leone d'argento a Venezia.

Amiche ** (*Circle of Friends*, Irlanda/Usa 1995, col, 100') Pat O'Connor. Con Minnie Driver, Geraldine O'Rawe, Saffron Burrows, Chris O'Donnell, Alan Cummings, Colin Firth, Aidan Gillen. ◆ Dublino, primi anni Sessanta: Benny (Driver), Eve (O'Rawe) e Nan (Burrows), amiche d'infanzia, si ritrovano all'università con problemi di emancipazione famigliare, culturale, sociale e soprattutto sessuale. Il dramma scoppia quando Nan, messa incinta e abbandonata da un ricco aristocratico (Firth), cerca con l'inganno di farsi sposare da Jack (O'Donnell), fidanzato di Benny. Riti di passaggio nell'Irlanda cattolica e bacchettona, alla vigilia del decennio che cambiò per sempre i costumi degli adolescenti: niente a che vedere con il pop scatenato di Roddy Doyle (è tratto dal romanzo omonimo di Maeve Binchy, sceneggiato da Andrew Davies), ma come antecedente è interessante e come film è dotato di una certa leggiadria, anche se a tratti sembra una versione rosa ed «europea» dei college movie americani.

Amiche cattive * (*Jawbreaker*, Usa 1999, col, 86') Darrein Stein. Con Rose McGowan, Judy Greer, Rebecca Gayheart, Julie Benz, Charlotte Roldan, Carol Kane, Pam Grier, P.J. Soles, William Katt, Jeff Conaway, Tatyana Ali, Marilyn Manson. ◆ Star del liceo

Reagan, Courtney (McGowan) uccide per sbaglio l'amica-rivale Liz (Roldan), e per assicurarsi il silenzio di una testimone – la bruttina Fern (Greer) – la coopta nella sua corte, trasformandola in vamp: ma la metamorfosi riesce fin troppo bene. Il regista-sceneggiatore saccheggia *Schegge di follia* (anche nello stile) ma perde il senso del paradosso e ogni prospettiva morale: musica e colori pompano indifferentemente qualunque evento, e lo spettatore dapprima gode per le malefatte di Courtney e poi applaude la sua inevitabile punizione. Che sia voluto e meno, non è neanche cinismo, ma encefalogramma piatto.

Amiche del cuore, Le ** (Italia 1992, col, 106') Michele Placido. Con Asia Argento, Carlotta Natoli, Claudia Pandolfi, Michele Placido, Enrico Lo Verso, Laura Trotter, Simonetta Stefanelli, Franco Interlenghi. ◆ Tre ragazze nella periferia romana: Morena (Natoli), la più scafata, studia da infermiera; Claudia (Pandolfi) cerca di sfondare nel mondo della televisione, e si adegua alla legge dei ricatti sessuali; la sensibile Simona (Argento) cerca di vivere una vita normale, ma è succube del padre (Placido), che da anni ha con lei un rapporto incestuoso. Spaccato di costume abbastanza calibrato, e senza cedimenti enfatici da cinema di denuncia. Peccato per il bozzettismo che si insinua qua e là, e per un finale un po' troppo prevedibile. Ben dirette le tre giovani protagoniste.

Amiche in attesa ** (*Waiting*, Australia 1990, col, 94') Jackie McKimmie. Con Noni Hazlehurst, Deborra-Lee Furness, Frank Whitten, Helen Jones. ◆ Clare (Hazlehurst) è rimasta incinta per fare un favore all'amica Sandy (Jones), che non può avere figli: quando il parto è ormai vicino, vanno in una casa di campagna, con altre due amiche, per far nascere il bambino con metodi naturali. Un *Grande freddo* all'australiana e al femminile, con ciarliere reduci sessantottine. Ma dietro l'ironia caustica, la regista inclina alla melassa: alla domanda se Clare si terrà o no il bambino, è infatti facile rispondere fin dall'inizio.

Amiche per sempre ** (*Now and Then*, Usa 1995, col, 103') Lesli Linka Glatter. Con Christina Ricci, Thora Birch, Gaby Hoffmann, Ashleigh Aston Moore, Rosie O'Donnell, Melanie Griffith, Demi Moore, Rita Wilson, Willa Glen, Bonnie Hunt, Lolita Davidovich, Cloris Leachman. ◆ Per rispettare un patto fatto in gioventù, Samantha (Moore) e Teeny (Griffith) tornano a Gaslight Addiction, in Indiana, per assistere con l'amica Roberta (O'Donnell) al parto di Chrissy (Wilson) e inevitabilmente ricordano l'estate di venticinque anni prima quando, fanciulle (rispettivamente Hoffmann, Birch, Ricci e Aston Moore), era nata la loro amicizia e si erano affacciate al mondo. Primo lungometraggio di un'ex coreografa, tratto da una sceneggiatura decisamente autobiografica di Marlene King: tutti quei piccoli episodi di vita provinciale che, a seconda dello stato d'animo di chi guarda, conquistano o annoiano. Comunque i «film di formazione» sono decisamente un'altra cosa e l'episodio del matto del villaggio che salva una delle ragazze ricorda troppo *Il buio oltre la siepe*. Coprodotto da Demi Moore.

Amici come prima *½ (*Best Friends*, Usa 1984, col, 116') Norman Jewison. Con Burt Reynolds, Goldie Hawn, Jessica Tandy, Keenan Wynn. ◆ Una coppia affiatata sul lavoro non è detto che funzioni anche nel privato. E il matrimonio tra Richard e Paula (Reynolds e Hawn) è un fallimento: solo quando tornano a lavorare, i due ritrovano intesa e armonia. Pallido tentativo di rifare la commedia sofisticata hollywoodiana, con eccessiva didascalizzazione di ambienti e personaggi, ispirato alla storia vera del regista Barry Levinson e Valerie Curtin.

Amici complici amanti **½ (*Torch Song Trilogy*, Usa 1988, col, 117') Paul Bogart. Con Anne Bancroft, Harvey Fierstein, Matthew Broderick, Karen Young. ◆ Amori e dispiaceri dell'omosessuale Arnold (Fierstein), alla ricerca di una famiglia e sempre incompreso e ostacolato dalla madre (Bancroft). Harvey Fierstein ha scritto e interpretato la commedia omonima (vincitrice di due Tony Award nel 1983) e curato, nonché interpretato, la trasposizione cinematografica. Non dramma o scandalo ma stimolo intelligente verso un problema sociale e di solitudine. Originali alcune soluzioni tecniche di regia.

Amici di Eddie Coyle, Gli *** (*The Friends of Eddie Coyle*, Usa 1973, col, 102') Peter Yates. Con Robert Mitchum, Peter Boyle, Richard Jordan, Steven Keats, Mitchell Ryan. ◆ Nel sottobosco criminale di Boston, la lotta tra le bande di gangster e la polizia non esclude la possibilità di accordi sottobanco, di insospettabili connivenze. Sceneggiato da Paul Monash da un romanzo di George Higgin, è un poliziesco che descrive in maniera convincente la criminalità contemporanea: gli insoliti scenari e l'ottima recitazione ne fanno un piccolo gioiello.

Amici di Georgia, Gli **** (*Four Friends*, Usa 1981, col, 115') Arthur Penn. Con Craig Wasson, Jodi Thelen, Jim Metzler, Michael Huddleston, Reed Bitney, Julia Murray, Miklos Simon. ◆ Quattordici anni della vita di Danilo Prozor (Wasson), figlio di emigrati iugoslavi, che cerca di integrarsi nel «sogno americano»: dal '56 al '69, le speranze e le peripezie sue e dei suoi tre amici, David (Huddleston), Tom (Metzler) e Georgia (Thelen), per riuscire finalmente ad accettare i propri limiti e le proprie specificità. Un ritratto partecipato e commosso di tutta una generazione, molto ben sceneggiato da Steve Tesich (che si è ispirato alla propria storia di immigrato): forse il film più riuscito di Penn capace di mescolare perfettamente i toni della commedia e del dramma, mentre parla della «fine delle illusioni e del desiderio dei giovani di superare l'incomunicabilità tra generazioni». Straordinaria prova di Wasson, al centro di un gruppo di attori esordienti e, quasi tutti, molto bravi. Il padre assassino è interpretato dallo scrittore James Leo Herlihy.

Amici di Nick Hezard, Gli *½ (Italia 1976, col, 100') Fernando Di Leo. Con Luc Merenda, Lee J. Cobb, Valentina Cortese, Gabriele Ferzetti, Luciana Paluzzi, Dagmar Lassander, Mario Pisu, William Berger, Isabella Biagini, Giò Staiano, Umberto Raho. ◆ A Lugano il ladruncolo Nick Hezard (Merenda), con l'aiuto della madre maîtresse (Cortese) e dei suoi amici, esponenti della mala di una volta, si vendica di un crudele boss (Cobb) facendolo cadere in una complicatissima truffa. Sulla scia della *Stangata* (la sceneggiatura è di Alberto Silvestri), una commedia noir congegnata con mestiere, ma appesantita dai gigionismi degli attori e resa datata dal ricorso (tutt'altro che indispensabile) allo *split screen*.

Amici di Peter, Gli **½ (*Peter's Friends*, Gb 1992, col, 101') Kenneth Branagh. Con Kenneth Branagh, Emma Thompson, Stephen Fry, Alphonsia Emmanuel, Hugh Laurie, Alex Lowe, Rita Rudner, Imelda Stunton, Phyllida Law. ◆ I sei ex membri di un gruppo universitario di cabaret si ritrovano nella splendida casa di campagna di uno di loro, Peter (Fry), per festeggiare il capodanno '92: un weekend scandito da problemi, insofferenze, incomprensioni a cui sembra superiore solo Peter, e alla fine si capirà perché. Quasi una sorta di *Grande freddo* dieci anni dopo, in Inghilterra: nessun barlume di coscienza collettiva e di solidarietà (è la generazione che ha fatto carriera negli anni Ottanta), bensì disagio da postyuppismo e sindrome da immunodeficienza acquisita. Un'acida commedia di precisione, teatrale nell'impianto ma vivace e spigliata nel ritmo fino al sorprendente e malinconico finale, che Branagh orchestra con l'aiuto di uno splendido manipolo di attori e di una solida sceneggiatura, cosparsa di battute memorabili (scritta da Martin Bergman e Rita Rudner, che nel film interpreta la nevrotica starlette della sit-com). Phyllida Law, la governante, nella realtà è la mamma di Emma Thompson. Alex Lowe, che interpreta Paul, ha fatto anche da controfigura al regista. Girato prima di *Molto rumore per nulla*, in Italia è stato distribuito solo dopo.

Amici e nemici *½ (*Escape to Athena*, Gb 1979, col, 101') George Pan Cosmatos. Con Roger Moore, Elliott Gould, Telly Savalas, Claudia Cardinale, David Niven, William Holden. ◆ Durante la seconda guerra mondiale alcuni prigionieri americani decidono di distruggere un missile che ostacola lo sbarco di Rodi nel '45. Un cast notevole sprecato nella scialba imitazione del ben migliore *I cannoni di Navarone*.

Amici & vicini *½ (*Your Friends & Neighbours*, Usa 1998, col, 99') Neil LaBute. Con Ben Stiller, Catherine Keener, Aaron Eckhart, Amy Brenneman, Jason Patric, Nastassja Kinski. ◆ Jerry (Stiller) è sposato con Terri (Keener) e inizia una relazione con Mary (Brenneman), moglie del suo amico Barry (Eckhart), impotente; Terri invece inizia una relazione con Cheri (Kinski), e via combinando e incrociando. Dobbiamo ridere alle loro spalle o rispecchiarci in questi borghesi disgustosi ossessionati dal sesso? Al secondo film il regista-sceneggiatore di *In compagnia degli uomini* scivola già nella maniera della cattiveria: i suoi personaggi sono schematici e costruiti solo per stupire. Ma gratta gratta non dice nulla di nuovo né sul maschilismo né sulla coppia.

Amici miei *** (Italia 1975, col, 140') Mario Monicelli. Con Ugo Tognazzi, Philippe Noiret, Gastone Moschin, Adolfo Celi, Duilio Del Prete, Bernard Blier, Silvia Dionisio, Milena Vukotic, Olga Karlatos, Franca Tamantini. ◆ Un gruppo di professionisti cinquantenni – Lello Mascetti (Tognazzi), Giorgio Perozzi (Noiret), Rambaldo Melandri (Moschin), il dottor Sassaroli (Celi) e il Necchi (Del Prete) – organizza scherzi e beffe ai danni di amici, come il pensionato Righi (Blier), o di ignari cittadini: il motore più o meno inconscio di queste «zingarate» è il tentativo di esorcizzare la vecchiaia e la morte, che però colpirà il Perozzi. Ideato da Germi che morì prima di poterlo realizzare e affidò la storia a Monicelli (che trasferì l'ambientazione da Bologna a Firenze e fece sceneggiare il soggetto originale da Piero De Bernardi, Leo Benvenuti e Tullio Pinelli), è una specie di conclusione testamentaria della commedia all'italiana, della quale mantiene l'amara aggressività e la forza cinica. Innovativa, invece, e in perfetta sintonia con i tempi funerei (erano gli anni di piombo), la durezza con la quale descrive una società insoddisfatta di se stessa, ai cui «campioni» non resta che trasformare le paure e le sofferenze nascoste in giganteschi scherzi. Celeberrima la scena alla stazione con gli amici che schiaffeggiano i passeggeri affacciati ai finestrini e il gioco di parole del conte Mascetti sulla «supercazzola». Campione d'incassi e vincitore del David di Donatello nel 1975. Esistono altri due capitoli; dal secondo, Renzo Montagnani prende il posto di Duilio Del Prete.

Amici miei atto II ** (Italia 1982, col, 130') Mario Monicelli. Con Ugo Tognazzi, Philippe Noiret, Gastone Moschin, Adolfo Celi, Renzo Montagnani, Paolo Stoppa, Milena Vukotic, Alessandro Haber. ◆ Gli amici si ritrovano sulla tomba del Perozzi (Noiret) e rievocano alcuni suoi scherzi che, non narrati nella prima parte, giustificano il ritorno sullo schermo dell'attore. Ricomincia la sequela di beffe (far reggere la Torre di Pisa ai turisti, ingannare un usuraio) più cattive rispetto al film del 1975 e si accentuano l'odio e la diffidenza verso le donne. La paura della morte è sempre presente; quasi vittima il Mascetti (Tognazzi), colpito da trombosi. Nulla si aggiunge al primo capitolo (così come nulla aggiungerà il terzo). Costante la resa al botteghino.

Amici miei atto III *½ (Italia 1985, col, 110') Nanny Loy. Con Ugo Tognazzi, Gastone Moschin, Renzo Montagnani, Adolfo Celi, Bernard Blier, Caterina Boratto, Enzo Cannavale. ◆ Continuano senza molte idee le beffe degli amici ormai in età da ospizio. Proprio in un istituto per anziani trova realizzazione la maggior parte delle (ormai patetiche) «zingarate», compresa una gita al Polo Nord. Blier, presente nel primo capitolo, ricompare nei panni di un altro personaggio (ma sempre gabbato). Un ruolo anche per uno dei più grandi caratteristi del cinema italiano del dopoguerra, Enzo Cannavale.

Amici per gioco, amici per sesso *½ (*Threesome*, Usa 1994, col, 93') Andrew Fleming. Con Stephen Baldwin, Lara Flynn Boyle, Josh Charles, Alexis Arquette. ◆ La studentessa Alex (Boyle) diventa vicina di stanza di Eddy (Charles) e di Stuart (Baldwin): il primo, timido e intellettuale, non ha ancora deciso se diventare gay; il secondo, sboccato e lavativo, pensa a una sola cosa. Per fortuna Alex è disposta a fare da madre, sorella e amante a entrambi. E anche se nel cineclub del campus è in programmazione *Jules e Jim*, alla fine non muore nessuno. Si può assaporare la trasgressione solo se dopo si ritorna alla normalità: questa l'essenza di un film rancido, col suo giovanilismo di maniera e la sua finta spregiudicatezza. La scena di sesso a tre, che si attende per tutto il film, è girata in modo da non avere nessuna noia con la censura.

Amici per la pelle ** (Italia/Francia 1955, b/n, 105') Franco Rossi. Con Andrea Sciré, Geronimo Meynier, Vera Carmi, Luigi Tosi, Carlo Tamberlani, Paolo Ferrara, Marcella Rovena, Leonilde Montesi, Maria Chiara Bettinali. ◆ In terza media Mario (Meynier), di condizioni piccolo-borghesi, diventa amico di Franco (Sciré), figlio di un diplomatico (Tamberlani) rimasto vedovo. Il legame tra i due diventa sempre più stretto, tanto che il secondo, quando il padre deve partire, si trasferisce a casa del primo, ma la gelosia per una gara scolastica vinta da Franco incrina la loro amicizia: il ragazzo deciderà di raggiungere il genitore, convinto che una stagione della sua vita si è chiusa per sempre. Cronaca affettuosa di un'amicizia, raccontata con uno stile piano ed efficace: oggi il meccanismo narrativo può sembrare eccessivamente ingenuo e semplicistico e fin troppo debitore di un volenteroso interclassismo (mentre il ricordo della madre morta di Franco scivola nel patetico), ma Rossi – autore anche della sceneggiatura con Ottavio Alessi, Leo Benvenuti, Piero De Bernardi, Ugo Guerra e Giandomenico Giagni – dimostra una delicatezza esemplare nell'affrontare il mondo degli adolescenti, in equilibrio tra la commedia e l'osservazione psicologica. Andrea Sciré era il figlio del comandante Valerio Borghese.

Amici per la pelle (di Tamra Davis) → *Best Men - Amici per la pelle*

Amici per sempre ** (*The Cure*, Usa 1995, col, 99') Peter Horton. Con Joseph Mazzello, Brad Renfro, Annabella Sciorra, Diana Scarwid, Bruce Davison. ◆ Minnesota: Dexter (Mazzello) si è ammalato di Aids per una trasfusione; Erik (Renfro) è originario del Sud e non è molto ben visto: superando paure e pregiudizi, i due diventano amici. Un film di formazione che risente di uno stile troppo televisivo, ma che tuttavia sa calibrare il riso e le lacrime con una certa grazia.

Amicizie particolari, Le ** (*Les Amitiés particulières*, Francia 1965, b/n, 102') Jean Delannoy. Con Francis Lacombrade, Didier Haudepin, François Leccia, Dominique Maurin, Louis Seigner, Michel Bouquet, Colette Régis. ◆ La profonda amicizia amorosa tra due collegiali, il quindicenne Georges de Sarre (Lacombrade) e l'angelico Alexandre (Haudepin): scoperti dai superiori, il primo confessa tutto e consegna le lettere del compagno, mentre l'altro, deluso, si suicida sul treno che lo sta riportando a casa per le vacanze. Dal romanzo di Roger Peyrefitte, sceneggiato da Jean Aurenche e Pierre Bost, una storia di omosessualità adolescenziale, più latente che reale, trattata con pudore e lirismo.

Amicizie pericolose ** (*Jason's Lyric*, Usa 1994, col, 119') Doug McHenry. Con Forest Whitaker, Allen Payne, Jada Pinkett, Bokeem Woodbine, Anthony «Treach» Criss, Lisa Carson, Suzanne Douglas. ◆ Due fratelli, uno buono (Payne) e l'altro assai inquieto (Woodbine), vivono nel ricordo del padre, Mad Dog (Whitaker), un reduce del Vietnam non riconciliato stroncato da una morte violenta. Il primo si salverà grazie all'amore, il secondo finirà in una pozza di sangue. Da una sceneggiatura di Bobby Smith jr, un film *black* che tenta di coniugare onirismo e furia. Seconda regia di McHenry, già produttore di *New Jack City* e di *Krush Groove* (inedito in Italia), il film culto che lanciò la cultura hip-hop. Uscito solo in video.

Amico americano, L' **** (*Der amerikanische Freund*, Rft/Francia 1977, col, 123') Wim Wenders. Con Bruno Ganz, Dennis Hopper, Gérard Blain, Lisa Kreuzer, Nicholas Ray, Samuel Fuller, Lou Castel, Sandy Whitelaw. ◆ Afflitto da un male incurabile, un corniciaio di Amburgo (Ganz) si fa convincere a commettere un doppio delitto da un mercante d'arte americano (Hopper). Malinconico e affascinante adattamento del romanzo di Patricia Highsmith, tutto costruito sulla psicologia di un uomo che si trova a fare i conti con la morte propria e degli altri, schiacciato dall'incontro «del mito e del caso», ma convinto che la morale stia, concretamente, nei comportamenti. Girato tra Amburgo, Parigi e gli Stati Uniti, è anche una riflessione sui rapporti tra le culture d'Europa e d'America. I registi Nick Ray, Samuel Fuller, Gérard Blain, Peter Lilienthal, Daniel Schmid e Jean Eustache interpretano ruoli di banditi «perché i registi sono i soli che scherzano con la vita e la morte come fanno i gangster». Bravo Ganz, superlativo Hopper. È il film che rivelò Wenders al grande pubblico.

Amico del cuore, L' ** (Italia 1998, col, 100') Vincenzo Salemme. Con Vincenzo Salemme, Carlo Buccirosso, Maurizio Casagrande, Nando Paone, Eva Herzigova, Emanuela Grimalda, Biagio Izzo. ◆ Credendo di essere moribondo, Roberto (Salemme) esprime un ultimo desiderio al suo migliore amico Michele (Buccirosso): fare l'amore con la sua moglie svedese (Herzigova). La solita, vecchia pochade, che vent'anni fa avrebbero girato Lino Banfi e Sergio Martino. Ma Salemme (che ha adattato una sua fortunata commedia), al primo film, si picca di guardare a Totò e Peppino e di cercare ritmo in tempi fatalmente teatrali, anche se la morale è irrimediabilmente piccolo-borghese (con tanto di presepe finale e assoluzione collettiva). Discretamente confezionato e passabilmente comico, ma inconsistente. E che noia lo stereotipo dell'italiano che sbava per le svedesi!

Amico della mia amica, L' **½ (*L'Ami de mon amie*, Francia 1987, col, 101') Eric Rohmer. Con Emmanuelle Chaulet, Sophie Renoir, Anne-Laure Meury, Eric Viellard, François-Eric Gendron. ◆ Le due amiche Blanche e Lea (Chaulet e Renoir) sono diverse per carattere e temperamento. Blanche, timida e riservata, s'innamora del fidanzato della sua amica, con il quale ha evidenti affinità. Lea, estroversa e fatua, si consola con un vecchio amore di Blanche. Il tourbillon amoroso avviene senza traumi, tanto che le due nuove coppie passano le vacanze insieme. Settimo capitolo della serie *Commedie e proverbi* che Rohmer dirige con la consueta delicatezza e attenzione alle sfumature. Il doppiaggio italiano non è, però, all'altezza.

Amico delle donne, L' **½ (Italia 1943, b/n, 80') Ferdinando Maria Poggioli. Con Miria di San Servolo, Claudio Gora, Luigi Cimara, Laura Adani, Nerio Bernardi. ◆ Sin dalla prima notte di nozze, la contessa De Simerose (San Servolo) si nega al marito (Gora) il quale, stanco della situazione, decide di andarsene. Offesa, la donna decide di accettare la corte di un altro uomo, finché – grazie alla sottile mediazione psicologica di un terzo personaggio, cinico ma gentiluomo – si riconcilia con il marito. Un personaggio femminile insolitamente ricco di sfumature per l'epoca e una regia fluida ed elegante secondo lo stile – quasi sempre sottovalutato – di Poggioli, che qui firma uno dei suoi ultimi film. Miria di San Servolo era il nome d'arte di Myriam Petacci, sorella di Claretta.

Amico di famiglia, L' **½ (*Les Noces rouges*, Francia/Italia 1973, col, 90') Claude Chabrol. Con Michel Piccoli, Stéphane Audran, Claude Piéplu, Clotilde Joano, Eliana De Santis. ◆ Lucienne (Audran), moglie di un notabile di provincia (Piéplu), è l'amante di Pierre (Piccoli), la cui moglie è gravemente malata. I due adulteri si sbarazzano dei rispettivi consorti, ma poi non fanno nulla per sfuggire alla giustizia. L'arte borghese della dissimulazione è tanto spietata quanto fragile: tornano i temi del precedente *Stéphane, una moglie infedele* con una viratura più cinica e feroce. Non c'è redenzione per i personaggi di Chabrol (anche autore della sceneggiatura), che ormai si atteggia a pessimista cosmico. Pochi altri registi, comunque, sono stati capaci di cogliere con tale acutezza umori e atmosfere della provincia francese, senza ricorrere alla macchietta. Ispirato al caso reale degli «amanti di Bourganeuf», il film ebbe, in Francia, dei problemi per le troppo evidenti allusioni partitiche.

Amico d'infanzia, L' *½ (Italia 1994, col, 100') Pupi Avati. Con Jason Robards III, Amy Galper, Lee R. Sellars, Richard Grubbs, Jim Mullins, Joe Ryan, Jim Ortlieb. ◆ Già condannato per un tumore, Eddie Greenberg (Ortlieb) decide di vendicarsi dell'amico d'infanzia Arnold Gardner (Robards III), affermato conduttore televisivo che aveva tradito la sua fiducia e l'aveva lasciato in un paesino a pagare una colpa di entrambi. Girato negli Stati Uniti e interpretato solo da attori americani (Robards III è il figlio primogenito di Jason Robards), questo film vuole raccontare i tradizionali temi avatiani dell'amicizia e del ricordo con il ritmo sincopato del cinema americano, ma l'incontro è francamente deludente: il fascino di certa «nostalgia di provincia» si perde in un montaggio concitato e spesso gratuito, che non risponde a vere esigenze narrative ma solo al bisogno di stordire lo spettatore (l'assassinio del piantone all'ospedale) e il tema dell'amicizia tradita (una ferita che sanguina ancora dopo anni, come quella di Amfortas del *Parsifal*, citato ripetutamente nella colonna sonora) non è mai veramente sviluppato, come peraltro gli accenni allo strapotere del mezzo televisivo.

Amico di Vincent, L' ** (*L'Ami de Vincent*, Francia 1983, col, 95') Pierre Granier-Deferre. Con Philippe Noiret, Jean Rochefort, Jane Birkin, Françoise Fabian, Marie-France Pisier, Anna Karina. ◆ Per cercare di capire le ragioni di un attentato, un direttore d'orchestra (Noiret) scava nella vita dell'amico violinista (Rochefort), e scoprirà di avere di fronte una persona molto diversa da come l'aveva immaginata. Sempre in bilico tra commedia e giallo, un film che sa far risaltare al massimo un ottimo cast.

Amico di Wang, L' * (Italia 1997, col, 90') Carl Haber. Con Stephen Gevedon, Stefania Rocca, Antonino Iuorio, Tiberio Murgia, Massimo Bonetti, Marina Perzy, Venantino Venantini, Gianfelice Imparato, Guidarello Pontani. ◆ L'americano Sam Jones (Gevedon), aspirante regista, viene a Roma chiamato da Paolo (Iuorio), amico e sedicente produttore: in realtà, per trovare i soldi, Paolo sta organizzando il furto di un Modigliani a casa di un vero produttore cinematografico. Una commedia bislacca (sceneggiata da Carl Haber, Italo Pesce Delfino e Gil Rossellini), che oscilla indecisa e irrisolta tra tormentoni esistenziali e ammiccamenti alla *Topkapi*. L'umorismo langue e il cast, a parte Iuorio, annaspa. È il primo lungometraggio del regista. Wang è un malavitoso cinese che compare per un attimo alla finestra.

Amico immaginario, L' ** (Italia 1994, col, 85') Nico D'Alessandria. Con Victor Cavallo, Rocco Montelliti, Roberto D'Alessandria, Valeria D'Obici, Fulvia Mosconi, Emiliano Vitolo, Giancarlo Parodi, Gerardo Sperandini, Monica Fiore, Claver Salizzato. ◆ La morte di Davide (Montelliti), il prete a cui era legatissimo, spinge il cinquantenne Dino (Cavallo) sempre più nella depressione: nemmeno il figlio (D'Alessandria) riesce a fargli ritrovare quel senso della vita che né il lavoro né la politica hanno saputo dargli. Sincero ritratto di un uomo (e una generazione) incapace di adattarsi ai mutamenti sociali, sempre in bilico tra rinuncia e sconfitta: convincente grazie alla recitazione sommessa di Victor Cavallo, il film evita i facili compromessi di certo giovane cinema italiano, ma non di scivolare nella superficialità (il collettivo politico in cui si è rifugiata la prima moglie [D'Obici], la religiosità di Dino) e in una certa compiaciuta autocommiserazione.

Amico pubblico n° 1, L' **½ (*Too Hot to Handle*, Usa 1938, b/n, 105') Jack Conway. Con Clark Gable, Myrna Loy, Walter Pidgeon, Walter Connolly, Leo Carrillo. ◆ Due cineoperatori rivali (Gable e Pidgeon), che non arretrano di fronte a nulla e non si fanno scrupolo di creare a suon di menzogne i presupposti per reportage sensazionali, mettono a repentaglio la vita di un'aviatrice (Loy). Per farsi perdonare, l'aiutano – a modo loro – a ritrovare il fratello disperso nella Guyana. Un classico film d'avventura anni Trenta, che sorprende per la sua assenza di moralità. I critici all'epoca reagirono malissimo di fronte al divo Gable trasformato in un «mostro di cinismo», capace di inventarsi un (memorabile) attacco nemico in Cina pur di ottenere uno scoop. Ma il pubblico seppe apprezzare la sua incoscienza allegra e spavalda, e in effetti il film non è altro che un gioco per adulti rimasti un po' bambini, movimentato, esuberante e privo di qualsiasi ambizione pedagogica persino nella «buona azione» finale.

Amico ritrovato, L' *** (*Reunion*, Gb/Francia/Rft 1989, col, 110') Jerry Schatzberg. Con Jason Robards, Christian Anholt, Sam West, Françoise Fabian, Barbara Jefford, Bert Parnaby. ◆ Tornando in Germania dopo 50 anni, un ebreo scappato in America (Robards) scopre che il suo compagno di gioventù, figlio di una nobile famiglia nazista, era stato giustiziato per aver partecipato all'attentato a Hitler. Dal libro omonimo di Fred Uhlman, adattato con molta libertà da Harold Pinter, la storia dell'incontro difficile tra due adolescenti (Anholt e West), divisi dalla cultura e dal censo ma uniti dall'amicizia. Giocando con i flashback (e inventando soprattutto la parte sull'oggi) il film racconta, con sofferto rigore, un paese ancora prigioniero del passato e dei suoi pregiudizi. Commovente e austero. Bellissima la fotografia (che mescola il colore a viraggi monocromatici) di Bruno de Keyzer. Il custode del deposito di mobili è interpretato dallo scenografo Alexandre Trauner.

Amico sconosciuto, L' **½ (*The Silent Partner*, Canada 1978, col, 105') Daryl Duke. Con Elliott Gould, Christopher Plummer, Susannah York, Celine Lomez, Michael Kirby. ◆ Un cassiere geniale (Gould) che ha approfittato di una rapina per rubare lui stesso, riesce a tenere in scacco il rapinatore violento, sadico e vendicativo (Plummer). Violenza a fiumi per una simpatica idea sceneggiata dal futuro regista Curtis Hanson. Nel cast un attore dell'avanguardia teatrale newyorkese quale Kirby. Bella colonna sonora di Oscar Peterson.

Amico silenzioso, L' ** (*The Guardian*, Usa 1984, col, 92') David Greene. Con Martin Sheen, Louis Gossett jr, Arthur Hill, Kate Lynch. ◆ Nel condominio *La Rochelle* di New York arriva come vigilantes il guardiano di colore John (Gossett): l'ordine torna, ma a prezzo della libertà dei condomini (anche dell'unico che all'inizio si opponeva alla presenza del guardiano). Un tv-movie distribuito nelle sale, versione americana (e quindi semplificata) dell'ottimo *Ferdinando il duro* di Kluge.

Amico, stammi lontano almeno un palmo... ** (Italia 1972, col, 118') Michele Lupo. Con Giuliano Gemma, George Eastman [Luigi Montefiore], Vittorio Congia, Giacomo Rossi Stuart, Remo Capitani, Marisa Mell. ◆ Due amici (Gemma e Eastman) cercano in tutti i modi di liberarsi della refurtiva di alcune rapine, ma ogni volta sono «obbligati» a mettere a punto un nuovo colpo perché incontrano sulla loro strada dei cattivi veri. Simpatico (e infantile) western che mescola parodia alla tradizione del genere.

Amico traditore, L' *½ (*Mon ami le traître*, Francia 1988, col, 115') José Giovanni. Con André Dussolier, Thierry Frémont, Valerie Kaprisky, Steve Kalfa. ◆ Dopo la liberazione, il giovane collaborazionista Georges (Frémont) aiuta un ufficiale del controspionaggio (Dussolier): quasi diventano amici, ma la giustizia si mette di mezzo, condannando a morte il giovane. Dalle parti di *Cognome e nome: Lacombe Lucien*, ma con meno scrupoli di neutralità e scivoloni retorici poco convincenti (compresa la perorazione finale contro la pena di morte). Il regista ha adattato un suo romanzo con l'aiuto di Claude Sautet.

Amico tra i nemici, nemico tra gli amici **½ (*Svoj sredi čužich, čužoj sredi svoich*, Urss 1974, col, 99') Nikita Michalkov. Con Iurij Bogatyrev, Anatolij Solonicyn, Sergej Šakurnov, Nikita Michalkov, Aleksandr Kaidanovskij. ◆ Western d'ambiente rivoluzionario: un soldato rosso (Bogatyrev) viene ingiustamente accusato di essere una spia e aver permesso ad alcuni banditi di assaltare un treno carico d'oro. Per dimostrare la sua innocenza si butta in rocambolesche avventure, cattura il colpevole, recupera il tesoro e torna vittorioso dai suoi. Primo film di Michalkov (che appare anche nei panni del capo dei banditi), costruito con tutti gli elementi dei film di genere, ricco e variatissimo anche nello stile. La madre poetessa, Natalia Končalovskaja, scrisse appositamente la ballata che apre il film.

Amistad ** (*Amistad*, Usa 1997, col, 151') Steven Spielberg. Con Djimon Hounsou, Matthew McConaughey, Anthony Hopkins, Morgan Freeman, Nigel Hawthorne, David Paymer, Stellan Skarsgård, Pete Postlethwaite, Anna Paquin, Tomas Milian, Peter Firth. ◆ 1893: a bordo della nave negriera spagnola Amistad, cinquantatré schiavi africani guidati da Cinqué (Hounsou) uccidono l'equipaggio per fare rotta verso casa, ma i due marinai tenuti in vita per governare la nave favoriscono la loro cattura da parte della Marina americana e i ribelli finiscono sotto processo. A difenderli, due avvocati: il nero Joadson (Freeman) e il bianco Baldwin (McConaughey). Sempre più convinto che le nuove generazioni debbano «vedere» per «capire», Spielberg ricostruisce un momento cardine della lotta americana contro lo schiavismo, e la sceneggiatura di David Franzoni affida a un trio di veri americani (oltre ai due avvocati c'è l'ex presidente Adams, interpretato da Hopkins) il compito di «spiegare» come la libertà non possa conciliarsi con lo schiavismo e il diritto alla proprietà non riguardi l'essere umano. Formalmente ineccepibile, *Amistad* è però un film più di testa che di cuore, più *politically correct* che davvero rispettoso delle identità multiculturali, e certi eccessi didascalici sembrano tradire il disagio e le difficoltà *wasp* nell'affrontare un nodo storico più per dovere civile che per intima necessità. La Paquin è la regina Isabella di Spagna, Tomas Milian è Calderón.

Amityville Horror *½ (*The Amityville Horror*, Usa 1979, col, 117') Stuart Rosenberg. Con James Brolin, Margot Kidder, Rod Steiger, Murray Hamilton. ◆ Primo episodio di una fortunata serie del nuovo cinema horror americano: una famiglia sfida le voci che vogliono una villa di Long Island infestata da presenze demoniache e vi si trasferisce: dovrà ricredersi. Macelleria ed effettacci a iosa. Francamente sprecato e sottotono Rod Steiger nei panni del prete esorcista. Con due seguiti.

Amityville Possession * (*Amityville II: the Possession*, Usa 1982, col, 104') Damiano Damiani. Con Burt Young, Rutanya Alda, James Olson, Ted Ross. ◆ Secondo episodio della serie che però racconta un fatto accaduto prima di quello al centro di *Amityville Horror*: la presenza diabolica nella casa si esalta con il male che i vari inquilini hanno portato dentro di loro.

Nonostante truculenze e numerosi interventi soprannaturali, il film è addirittura un po' noioso.
Amityville 3D ** (*Amityville 3D*, Usa 1983, col, 105') Richard Fleischer. Con Tony Roberts, Tess Harper, Robert Joy, Candy Clark, Meg Ryan. ◆ Ulteriore variazione sulla trama dei primi due *Amityville*, con la casa abitata da presenze maligne, vere protagoniste del film, che terrorizzano i nuovi, incauti inquilini. In questo caso però la bravura e l'esperienza di Fleischer e la cura e la perfezione dei trucchi tridimensionali ne fanno un film decisamente superiore ai primi due episodi.
Amleto *** (*Hamlet*, Gb 1948, b/n, 155') Laurence Olivier. Con Laurence Olivier, Jean Simmons, Eileen Herlie, Felix Aylmer, Basil Sidney, Norman Woland, Peter Cushing, Anthony Quayle. ◆ Una delle più famose trasposizioni cinematografiche della tragedia dell'inquieto e infelice principe di Danimarca (Olivier), erede di un trono insanguinato e deciso a far luce sulla morte del padre, mentre grava su di lui l'atmosfera torbida e opprimente degli intrighi di corte. Fedele nella trama al testo di Shakespeare, la regia di Olivier (anche sceneggiatore insieme ad Alan Dent) favorisce una lettura psicoanalitica di Amleto, bloccato nei suoi atti dal complesso di Edipo. Grazie all'uso della profondità di campo il film riesce a superare la staticità della pièce teatrale. Girato a Elsinore, in Danimarca. Leone d'oro e premio per la miglior attrice (Simmons) a Venezia e quattro Oscar: miglior film, attore (Olivier), scenografia (Roger K. Furse, Carmen Dillon) e costumi (Roger K. Furse).
Amleto *** (*Gamlet*, Urss 1963, b/n, 150') Grigorij Kozinčev. Con Innokentij Smoktunovskij, Anastasija Vertjuškaja, Michail Nazvanov, Vladimir Eremberg, Elsa Radzin. ◆ Con una lettura opposta a quella di Olivier, il dramma del principe danese (dall'apparizione dello spettro del padre fino al duello e alla morte) è analizzato nelle sue origini storiche e collocato nel suo tempo e nella sua società. E così Amleto (Smoktunovskij), nella traduzione shakespeariana di Boris Pasternak, parla un linguaggio meno aulico, più popolare e incarna il disgusto dell'uomo coinvolto suo malgrado nel delitto e nella menzogna. Un dramma più corale, iscritto nel terreno delle contraddizioni sociali (il potere e i sudditi, i ricchi e i diseredati, i colti e gli incolti), che fanno dell'*Amleto* di Kozinčev «la tragedia del dovere e dell'abnegazione». Gigantesca la prova di Smoktunovskij.
Amleto ** (*Hamlet*, Usa 1990, col, 134') Franco Zeffirelli. Con Mel Gibson, Glenn Close, Alan Bates, Paul Scofield, Ian Holm, Helena Bonham-Carter. ◆ Rifacimento in chiave ginnico-edipica della tragedia del principe di Danimarca. Ridotte le componenti storico-politiche del dramma, la storia è tutta centrata sullo scontro all'interno della famiglia e la vera protagonista è Gertrude (Close), la madre. Invece Amleto (Gibson doppiato da Giannini) è troppo irruento e un po' scolastico. Grande eleganza delle scenografie (di Dante Ferretti e Francesca Lo Schiavo) e dei costumi (Maurizio Malenotti).
Amleto (di Kenneth Branagh) → *Hamlet*
Amleto di meno, Un **½ (Italia 1973, col, 70') Carmelo Bene. Con Carmelo Bene, Lydia Mancinelli, Alfiero Vincenti, Franco Leo, Pippo Tuminelli, Luciana Conte, Isabella Russo, Luigi Mezzanotte. ◆ Amleto (Bene) è un drammaturgo-attore che, poco attratto da Ofelia (Russo), vorrebbe fuggire a Parigi con Kate (Mancinelli), primattrice della compagnia a cui ha affidato la rappresentazione scenica dell'assassinio del padre. Tratto dal testo di Jules Laforgue *Amleto ovvero le conseguenze della pietà filiale* (1877), è una meditazione sull'arte e sul ruolo dell'artista realizzata stravolgendo gli elementi della tragedia più famosa del mondo (il monologo diventa «avere o non avere», Ofelia assomiglia a una crocerossina, Polonio blatera teorie freudiane, Laerte è un gauchiste confusionario, le poesie di Gozzano aiutano a sognare fughe piccolo-borghesi dalla corte di Elsinore). Personalissimo e affascinante, specie nell'uso dei colori e delle invenzioni scenografiche, conferma il genio di Carmelo Bene. Non per tutti i gusti.
Ammaliatrice, L' *½ (*The Flame of New Orleans*, Usa 1941, b/n, 80') René Clair. Con Marlene Dietrich, Bruce Cabot, Roland Young, Mischa Auer, Laura Hope. ◆ Un'avventuriera dal dubbio passato (Dietrich) si trasferisce da San Pietroburgo a New Orleans, dove – spacciandosi per una contessa – cerca di sposare un vecchio ricchissimo (Young). Ma quando il matrimonio è imminente, cede alla passione per il capitano di un battello (Cabot) e fugge con lui sul Mississippi. Il primo dei quattro film girati da Clair negli Usa, in cui il compromesso raggiunto tra il suo stile e la presenza della diva finisce per scontentare tutti. Il meccanismo narrativo tipicamente clairiano, fatto di incastri, mascheramenti, equivoci e doppi, riduce l'attrice a una specie di manichino impacciato, e i troppo frequenti rimandi ad altri film, sia dello stesso regista sia interpretati dalla Dietrich, concorrono a spersonalizzare ulteriormente la storia. All'epoca fu un fiasco clamoroso. La fotografia è di Rudolf Maté. Marlene canta *Sweet As the Blush of May*.
Ammazzali tutti e torna solo *½ (Italia/Spagna 1968, col, 95') Enzo G. Castellari [Enzo Girolami]. Con Chuck Connors, Frank Wolff, Franco Citti, Leo Anchoriz, Ken Wood [Giovanni Cianfriglia], Alberto Dell'Acqua, Men Fury [Furio Meniconi], Alfonso Rojas. ◆ Il mercenario Mac Kay (Connors), al soldo dei sudisti, raduna una banda di desperados per rubare oro nordista: ma tra doppi giochi e tradimenti, a chi andrà il bottino? Castellari e gli sceneggiatori Tito Carpi, Francesco Scardamaglia e Joaquin Romero Hernández adattano al western moduli da *Sette uomini oro* e da James Bond: gadget e acrobazie spettacolari, inquadrature insolite, zoom orrendi e personaggi da fumetto. Non abbastanza per rivalutare.
Ammazzare il tempo * (Italia 1979, col, 90') Mimmo Rafele. Con Stefania Casini, Flavio Bucci, Fabio Garriba, Angelo Infanti. ◆ Una giornalista gauchiste (Casini) si trova a rivivere e a confrontare, grazie al rapporto con la ragazza che è diventata l'amante del suo uomo, sogni e illusioni della giovinezza. Tratto dal romanzo di Lidia Ravera (cosceneggiatrice con Enzo Ungari), un film che vorrebbe raccontare la generazione che ha fatto il Sessantotto e che non

riesce a inserirsi nella quotidianità («È proprio una colpa avere trent'anni?») ma che è, come il libro, inutile e vuoto, mal mascherato dalla descrizione di una crisi esistenziale. Musiche di Enrico Rava.

Ammazzavampiri, L' **½ (*Fright Night*, Usa 1985, col, 105') Tom Holland. Con Chris Sarandon, William Ragsdale, Amanda Bearse, Roddy McDowall. ◆ Un ragazzo (Sarandon) scopre che nella casa accanto abita un terribile e astuto vampiro: riuscirà a sconfiggerlo con l'aiuto di un vecchio attore di serial televisivi dell'orrore (McDowall). Fantahorror metropolitano (scritto dallo stesso regista) dove la tensione è intelligentemente stemperata dall'autoironia. Ottimi i trucchi di Richard Edlund (trasformazione degli uomini in vampiri e lupi, liquefazione dei corpi in scheletri). Con un seguito.

Ammazzavampiri 2 * (*Fright Night Part II*, Usa 1989, col, 104') Tommy Lee Wallace. Con Roddy McDowall, William Ragsdale, Traci Lin, Julie Carmen. ◆ Seguito di *L'ammazzavampiri*: questa volta è la sorella del vampiro del precedente film che cerca di vendicarsi dei due improvvisati esorcisti, il ragazzino e il vecchio attore. Decisamente inferiore al primo episodio.

Ammiratore segreto, L' *½ (*Secret Admirer*, Usa 1985, col, 101') David Greenwalt. Con Thomas Howell, Lori Loughlin, Kelly Preston, Fred Ward, Corey Haim. ◆ Storia dell'amore tutto epistolare di due giovani prima sopito, in lui (Howell), da una ragazza sciocca e prosperosa. Ma le lettere, naturalmente anonime, rischiano di mettere in crisi anche il matrimonio dei genitori. Sul canovaccio della commedia degli equivoci, un tenue film per teen-ager recitato con garbo.

Ammiratrice, L' * (Italia 1983, col, 103') Romano Scandariato. Con Nino D'Angelo, Annie Belle, Carmine Iorio, Marina Morra. ◆ Una giovane giornalista (Belle) s'innamora perdutamente del «famoso» cantante Nino D'Angelo. La ragazza però, deve morire per un male incurabile e il cantante, disperato, canta per lei in un teatro completamente vuoto. Aggiornamento della classica sceneggiata, con D'Angelo che recita se stesso sempre alle prese con situazioni terribilmente lacrimose.

Ammutinamento del Caine, L' **½ (*The Caine Mutiny*, Usa 1954, col, 125') Edward Dmytryk. Con Humprey Bogart, José Ferrer, Robert Francis, Van Johnson, Fred MacMurray, Lee Marvin. ◆ Durante la guerra nel Pacifico, una tempesta fa capire a tutti che il capitano Queeg (Bogart) non è più all'altezza di comandare il suo dragamine e viene esonerato dagli ufficiali: il caso finisce al tribunale militare, dove si scontrano le tesi contrapposte. Dal romanzo di Herman Wouk, premiato col Pulitzer, e senza la collaborazione della Marina (perché si parlava di un ammutinamento in guerra), un film che è soprattutto la descrizione di un caso di paranoia e di disintegrazione psicopatica (Bogart non smette mai di far girare le sue palline di ferro). Dmytryk, già inquisito per attività antiamericane, prende lo spunto per far recitare all'avvocato difensore una lunga arringa sul tema della ribellione all'autorità costituita (cioè sulla sincerità della propria ammenda di collaborazionista).

Ammutinati del Bounty, Gli (di Frank Lloyd) → *Tragedia del Bounty, La*

Ammutinati del Bounty, Gli ** (*Mutiny on the Bounty*, Usa 1962, col, 179') Lewis Milestone. Con Marlon Brando, Trevor Howard, Richard Harris, Hugh Griffith, Richard Haydn, Tim Seely, Tarita, Percy Herbert. ◆ Uno degli episodi più famosi e drammatici dell'epopea marinara britannica: il 28 aprile 1789 l'equipaggio del vascello inglese Bounty, in rotta nei mari del Sud, si ribella alle condizioni di vita bestiali alle quali è sottomesso, destituisce il capitano crudele e dispotico (Howard) e guidato dal primo ufficiale Christian (Brando) si rifugia nell'isola di Pitcairn che però si rivelerà non essere il paradiso terrestre che tutti immaginavano. Il remake del celeberrimo film con Laughton e Gable (1935) si rivelò un disastro produttivo in larga parte dovuto allo strapotere lasciato a Brando: cambiò regista (Milestone al posto di Carol Reed, troppo «filoinglese»), modificò la sceneggiatura (scritta, in momenti diversi, da Eric Ambler, Borden Chase e William Driskill, Charles Lederer – che la firmò –, Ben Hetch, George Seaton e, pare, Billy Wilder) e impose una lettura del suo personaggio come «eroe incompreso condannato al calvario» che squilibrò tutto il film. Sul set nacque però l'amore tra Brando e Tarita, destinata a diventare sua moglie. La storia fu rifatta anche nel 1984 (*Bounty*).

Ammutinati dell'Atlantico, Gli *½ (*Mutiny*, Usa 1952, col, 77') Edward Dmytryk. Con Mark Stevens, Angela Lansbury, Patric Knowles, Gene Evans. ◆ Durante la guerra d'indipendenza, un giovane comandante della Marina americana (Stevens) deve salvare dieci milioni in oro, imbarcati a Le Havre, dagli attacchi degli inglesi e dalla cupidigia dell'equipaggio. Qualche bella scena d'azione (come quella in cui un rudimentale sottomarino fa saltare una nave nemica) ma un ritmo decisamente lento.

Ammutinati di Sing Sing, Gli * (*Within These Walls*, Usa 1945, b/n, 71') H. Bruce Humberstone. Con Thomas Mitchell, Mary Anderson, Edward Ryan, Mark Stevens, B.S. Pully, Roy Kelly, Harry Shanon. ◆ Per riportare l'ordine nel carcere cittadino [che non è Sing Sing, come fa supporre il titolo italiano], un giudice (Mitchell) accetta di andarlo a dirigere con il pugno di ferro, ma finirà per avere tra i reclusi il figlio ribelle (Ryan), fuggito di casa per l'autoritarismo del padre e scivolato in pessime compagnie. Melodramma punitivo e manicheo (oltre che prevedibile), elogio dell'autoritarismo più becero (il direttore si fa giustizia a pistolettate del detenuto che ha traviato il figlio) con inutile lacrimuccia finale.

Amor de hombre ** (*Amor de hombre*, Spagna 1997, col, 89') Yolanda García Serrano, Juan Luis Iborra. Con Loles León, Andrea Occhipinti, Pedro Mari Sánchez, Armando del Río, Roberto Alvarez, Román Sánchez, Jesús Cabrero, Antonio Albert, Sergio Otegui, Javier Cuadrado. ◆ Maestra di asilo e single, Esperanza (León) è l'amica perfetta per un gruppo di impenitenti omosessuali: sempre disponibile, comprensiva verso le loro avventure e senza pretese erotiche. Ma quando l'avvocato Ramón (Occhipinti) si innamora dell'aitante Roberto (del Río), la gelosia rischia di rovinare una lunga amicizia, anche perché l'affetto del giovanotto non è del tutto disinteressato. Insolita commedia gay sceneggiata dalla coppia di registi con spensierata amoralità: nella Madrid del film sembra non esistano uomini eterosessuali e il linguaggio è di una spregiudicatezza inusitata, ma quando la storia deve affrontare temi meno divertenti (l'abbandono, l'egoismo, l'invidia) il realismo lascia posto al sentimentalismo più zuccheroso e rassicurante e ogni «diversità» finisce per essere neutralizzata.

Amore, L' *** (Italia 1948, b/n, 78') Roberto Rossellini. ◆ Film in due episodi, «omaggio all'arte della Magnani» (come spiega un cartello all'inizio), *La voce umana* (con Anna Magnani) e *Il miracolo* (con Anna Magnani, Federico Fellini). Il primo, fedele trasposizione dell'atto unico *La Voix humaine* di Jean Cocteau, è un drammatico monologo della Magnani al telefono con l'uomo che la vuole lasciare (ripreso circa quarant'anni dopo da Maselli in *Codice privato*). Il secondo, tratto dal racconto *Flor de santidad* di Ramón María del Valle Inclán, vede impegnato il giovane Fellini, oltre che come sceneggiatore, anche come attore: è un vagabondo che incontra un'ingenua pastora, lei lo crede san Giuseppe sceso in Terra per parlarle e invece lui si approfitterà della donna. Due diversi tipi d'amore, due storie perfettamente autonome (girate a un anno di distanza) unite da Rossellini unicamente per problemi distributivi.

Amore **½ (*Szerelem*, Ungheria 1971, b/n, 87') Károly Makk. Con Lili Darvas, Mari Töröcsik, Iván Darvas, Erzsi Orsolya, Tibor Bitskey, Eszter Szakács, László Mensáros. ◆ Nella Budapest del 1953 János (I. Darvas) è in prigione per false accuse politiche, ma la madre (L. Darvas) lo crede in America, ricco e felice regista cinematografico: è la nuora Luca (Töröcsik) che glielo lascia intendere grazie a una serie di false lettere. János uscirà di prigione poco dopo la morte della madre, ma potrà malinconicamente abbracciare la moglie che lo ha lungamente atteso. Sceneggiato da Tibor Déry rielaborando il suo omonimo racconto (autentico capolavoro della letteratura ungherese, e non solo), è «una delle più acute e penetranti ricostruzioni di quell'atmosfera, fatta di menzogna e di sospetto, che oppresse l'Ungheria sotto il regime di Rákosi». Ambientato nel chiuso di un appartamento che è allo stesso tempo rifugio e prigione, il film descrive con un estremo pudore il consumarsi dei sentimenti umani riuscendo a trasmettere allo spettatore il valore «politico» di una testimonianza che è anche strozzato grido di ribellione contro il silenzio della rassegnazione. Premio speciale della giuria al festival di Cannes.

Amore, Un **½ (Italia 1999, col, 102') Gianluca Maria Tavarelli. Con Lorenza Indovina, Fabrizio Gifuni, Luciano Federico, Roberta Lena, Gianluca Arcopinto. ◆ 1982-1999: Sara (Indovina) e Marco (Gifuni) si fidanzano all'università, si lasciano, si ritrovano quando sono già sposati e hanno abbandonato i loro timidi sogni ribellistici giovanili: intanto il mondo è cambiato, ma egoismo, paura dei sentimenti ed equivoci sono sempre gli stessi. Dodici episodi e quattordici piani-sequenza (la fotografia è di Pietro Sciortino) per raccontare una storia comune e spesso struggente, che riesce a trasmettere il senso del tempo che passa e del rimpianto. Qualche semplificazione è inevitabile, e specie nel finale il regista (sceneggiatore con Leonardo Fasoli) si lascia un po' prendere la mano: ma la sfida è vinta anche sul piano formale e stilistico. Poco per volta, infatti, il virtuosismo dei piani-sequenza non si avverte più, e risulta il modo più semplice e appropriato per aderire ai personaggi, per mostrarli obiettivamente con le loro debolezze e al tempo stesso invitare all'identificazione. Le animazioni che introducono i dodici episodi sono di Laura Federici, la poesia sulla bocca è di Umberto Saba.

Amore all'ultimo morso ** (*Innocent Blood*, Usa 1992, col, 114') John Landis. Con Anne Parillaud, Robert Loggia, Anthony La Paglia, Don Rickles, Chazz Palminteri, Linnea Quigley. ◆ A Pittsburgh, una vampira francese (Parillaud, al suo primo film americano dopo *Nikita*) commette l'infausto errore di non decapitare la sua ultima vittima, il mafioso Macelli (Loggia): che tosto risorge, più malvagio di prima. Lo fermerà con l'aiuto di un poliziotto italo-americano (La Paglia) di cui, forse, si innamora. Allegra saga di nefandezze girata con un ritmo stranito che sembra quasi più di Edwards che di Landis. Il cocktail tra horror e commedia non è folgorante come quello di *Un lupo mannaro americano a Londra*, ma riserva più di una sorpresa. Landis dissemina il film di televisori che trasmettono classici sui vampiri e non solo, ma è piuttosto gusto del nonsense che della citazione. Parti più o meno fulminee per cinque registi: Frank Oz (il coroner), Dario Argento (il barelliere), Sam Raimi (il custode della macelleria), Tom Savini (il paparazzo), Michael Ritchie (il guardiano).

Amore al primo morso **½ (*Love at First Bite*, Usa 1979, col, 96') Stan Dragoti. Con George Hamilton, Susan St. James, Richard Benjamin, Dick Shawn. ◆ Una delle migliori fra le innumerevoli parodie del mito del vampiro: sfrattato dalla Transilvania e arrivato a New York il conte Vladimir Dracula (Hamilton) deve dividere le proprie energie per trovare il sangue che gli è necessario, ma anche per conquistare una splendida modella (St. James). Leggero e divertente «grand guignol».

Amore amaro *½ (Italia 1974, col, 110') Florestano Vancini. Con Lisa Gastoni, Leonard Mann, Rita Livesi, Maurizio Fiori, Nino Dal Fabbro, Germano Longo, Francesco Patano. ◆ Ferrara, 1938: Antonio Olivieri (Mann), studente ventiquattrenne con il padre in carcere per antifascismo, si innamora di Renata (Gastoni), vedova trentacinquenne con figlio a carico e dichiarate simpatie per il regime. La donna cede al ragazzo, ma poi – viste la differenza d'età e le divergenze politiche – si risposa con un gerarca. Si ritroveranno anni dopo a un convegno antifascista. Dal racconto *Per cause imprecisate* di Carlo Bernari, sceneggiato da Suso Cecchi d'Amico e dal regista (che trasportano l'azione da Roma a Ferrara e inventano la cornice d'attualità), una storia d'amore folle e ideologicamente impossibile che si limita a far proprie le debolezze del testo letterario. Vancini questa volta privilegia il versante sentimentale fino a sfumarlo nell'elegia (enfatizzata dal flashback e dalla fotografia in grigio-azzurro di Dario Di Palma) ma non riesce a saldare la vicenda personale al contesto storico: la rievocazione è approssimativa (il punto di vista scelto è quello romantico della donna), la Storia rimane sul fondo della memoria e i momenti più politici finiscono per sembrare sganciati dal resto. Alla fine quel che rimane è una modesta vicenda di coppia, infuocata e già vista.

Amore a prima vista * (Italia/Spagna 1957, col, 101') Franco Rossi. Con Walter Chiari, Isabelle Corey, Yvonne Monlaur, Giacomo Furia. ◆ Marina (Corey) è ricca, la sua amica Elena (Monlaur) no: in vacanza a Barcellona, incontrano due giovani e le coppie si formano senza tener conto della posizione sociale. Chiari e la sua stralunata comicità rendono sopportabile l'altrimenti irritante e vuota favoletta.

Amore a Roma, Un ** (Italia 1960, b/n, 105') Dino Risi. Con Mylène Demongeot, Peter Baldwin, Elsa Martinelli, Claudio Gora, Jacques Sernas, Umberto Orsini. ◆ Storia di un amore impossibile tra due caratteri opposti: per quanto passionale e intensa sia la relazione tra il ricco Marcello (Baldwin) e l'attricetta Anna (Demongeot), la gelosia di lui non si può conciliare con lo spirito libero e imprevedibile di lei, sempre pronta a tradirlo. Dal romanzo omonimo di Ercole Patti, che firma la sceneggiatura con Ennio Flaiano, una delle opere meno consuete di Risi, lontana dai temi della commedia di costume e della satira sociale e più attenta ai risvolti psicologici personali. Cammeo per Vittorio De Sica che interpreta la parte del regista.

Amore attraverso i secoli, L' *** (*The Tree Ages*, Usa 1923, b/n, 57') Buster Keaton, Eddie [Edward F.] Cline. Con Buster Keaton, Wallace Beery, Margaret Leahy, Joe Roberts. ◆ Età della pietra, Roma antica e il presente: Keaton viene sempre malmenato e umiliato da un rivale più forte (Beery), ma alla fine riesce a sposare la sua innamorata. Il primo mediometraggio diretto da Keaton è una parodia di *Intolerance* di Griffith e dei film storici in genere, straordinariamente ricca sul piano narrativo dove «combina invenzioni burlesche pure (gag, inseguimenti, anacronismi) alla parodia cinematografica e a elementi di satira sociale». L'episodio contemporaneo mette alla berlina miti americani come quello della ricchezza, dello sport e le restrizioni del proibizionismo allora vigente; negli altri, invece, abbondano le invenzioni surreali (come Keaton che partecipa a una corsa di bighe su una slitta trainata da cani). La scena in cui Keaton è a cavallo di un dinosauro è una delle prime che mescola il disegno animato alle riprese dal vero.

Amore attraverso i secoli, L' *½ (*Le Plus vieux métier du monde*, Francia/Italia/Rft 1967, col, 110') Franco Indovina, Mauro Bolognini, Philippe de Broca, Michael Pfleghar, Claude Autant-Lara, Jean-Luc Godard. ◆ Film a episodi. In *Età della pietra* (Franco Indovina. Con Michèle Mercier, Enrico Maria Salerno, Gabriele Tinti) la donna conquista l'uomo che ama grazie all'invenzione del trucco femminile da parte di un artista preistorico; in *Notti romane* (Mauro Bolognini. Con Elsa Martinelli, Gastone Moschin, Giancarlo Cobelli) un console in crisi coniugale si decide ad andare in un postribolo, ma lì troverà la moglie; in *La ghigliottina* (Philippe de Broca. Con Jeanne Moreau, Jean-Claude Brialy, Jean Richard) la prostituta Mimì si concede a credito a un giovane spiantato perché vede lo zio del ragazzo avviato alla ghigliottina; in *La Belle époque* (Michael Pfleghar. Con Raquel Welch, Martin Heldt) la giovane Ninì si fa sposare da un banchiere a cui ha fatto credere di esser stata conquistata per amore; in *Oggi* (Claude Autant-Lara. Con Nadia Gray, France Anglade, Jacques Duby, Marcel Dalio) per evitare i fulmini della Buoncostume, una prostituta «esercita» su un'ambulanza; in *L'amore nel 2000* (Jean-Luc Godard. Con Marilù Tolo, Anna Karina, Jacques Charrier, Jean-Pierre Léaud) per curare le carenze sessuali di un membro dell'esercito Sovietamericano vengono usate due prostitute, una per l'amore fisico l'altra per l'amore spirituale: ma solo la riscoperta del bacio (che unisce la parola e il gesto) guarirà l'uomo. Banale rivisitazione in chiave umoristica del più antico mestiere del mondo, ma nemmeno Flaiano, qui sceneggiatore per Indovina e Bolognini, riesce a sollevare il livello del film. Più interessante l'episodio di Godard, che usa per l'ultima volta la sua ex moglie Anna Karina e il cui episodio doveva cambiare colore dominante a secondo delle scene, ma la distribuzione italiana impose un unico, incomprensibile, viraggio giallo.

Amore a vent'anni, L' *½ (*L'Amour à vingt ans*, Francia 1962, b/n, 120') François Truffaut, Renzo Rossellini, Shintaro Ishihara, Marcel Ophuls, Andrzej Wajda. ◆ Film a episodi. Nell'episodio francese (François Truffaut. Con Jean-Pierre Léaud, Marie-France Pisier, Patrick Auffay) Antoine cerca in tutti i modi di conquistare Colette, ma quando va a cena a casa sua lei esce con un altro; nell'episodio italiano (Renzo Rossellini. Con Eleonora Rossi Drago, Cristina Gajoni, Geronimo Meynier) un giovane cerca di lasciare la sua ricca amante per mettersi con una ragazza di umili condizioni; nell'episodio giapponese (Shintaro Ishihara. Con Nami Tamura, Kojo Furuhata) un operaio si innamora di una sua coetanea e la uccide perché sa di non poterla conquistare; nell'episodio tedesco (Marcel Ophuls. Con Barbara Frey, Christian Dörmer) un giornalista vuole rompere la relazione con la ragazza che gli ha dato un figlio; nell'episodio polacco (Andrzej Wajda. Con Barbara Lass, Zbigniew Cybulski, Wladyslaw Kowalski) un giovane ex partigiano ubriaco ricorda i momenti più tristi della sua guerra. Il progetto era quello di raccontare l'amore postadolescenziale nei suoi aspetti spensierati, drammatici o insoliti. Nei fatti, però, il tentativo di coinvolgere su questo tema cinque grandi registi, dalle personalità così differenti, non ha dato i risultati sperati: interessanti gli episodi di Truffaut e Wajda, molto meno quello di Rossellini.

Amore balordo → *Amour braque – Amore balordo*

Amore canta, L' ** (Italia 1941, b/n, 82') Ferdinando Maria Poggioli. Con Maria Denis, Massimo Serato, Jone Salinas, Vera Del Monte [Vera Carmi], Alfredo Menichelli. ◆ Un'umile indossatrice (Denis) incontra per caso un violinista da orchestrina (Serato): entrambi si fingono ricchi, ma il reciproco interesse, che pian piano sfocia in amore, li costringe a confessare la verità. Una commedia degli equivoci elaborata dal regista e da Pietro Germi, con l'aiuto di Salvator Gotta per i dialoghi, sulla falsariga di un precedente film svedese (*Swing it Magistern*): tra le righe dell'intreccio sentimentale, piuttosto scontato, è visibile una prudente ma netta presa di posizione sociale contro un ideale di ricchezza mistificatorio e condizionante. Il titolo del film ripropone quello della canzone scritta da Mario Nascimbene.

Amore che ho sognato, L' *** (*La Vie en rose*, Francia 1947, b/n, 100') Jean Faurez. Con François Périer, Louis Salou, Colette Richard, Simone Valère, François Patrice, Serge Emrich. ◆ Il bidello François (Périer) scopre il collega Turlot (Salou) svenuto dopo aver tentato d'impiccarsi: il suo diario rivelerebbe la corrispondenza amorosa intrattenuta con Colette (Richard), la figlia del preside con la quale François ha una relazione. Ma la relazione è solo il frutto di uno scherzo giocato a Turlot da uno studente (Emrich), che credendosi responsabile del suicidio rivela di aver imitato la voce di Colette e scritto di propria mano le lettere. Una crudele tragicommedia scolastica, originale nella sua costruzione narrativa e percorsa da un'amarezza diffusa che sfocia nel doppio ritratto di Turlot: prima, secondo il suo punto di vista, un dongiovanni brillante e disinvolto, poi, secondo gli occhi degli altri, un uomo ridicolo, solo, timido e triste.

Amore che redime ** (*Mauvaise graine*, Francia 1934, b/n, 86') Billie [Billy] Wilder. Con Danielle Darrieux, Pierre Mingand, Gaby Héritier, Raymond Galle, Jean Wall, Paul Escoffier. ◆ Henri (Mingand), figlio di un chirurgo parigino (Escoffier), entra a far parte di una gang di ladri d'auto e s'innamora di Jeannette (Darrieux), sorella di un complice. A Marsiglia, scampati a una trappola tesa dal capo della banda, i due riescono a salpare per l'America grazie all'intervento del padre di Henri. L'unico film realizzato da Wilder in Francia prima di emigrare negli Stati Uniti: una commedia giovanile che volge in action-movie a sfondo tragico, piuttosto anonima nell'insieme ma con alcuni tocchi originali e inconfondibili, come l'ossessione per le automobili del protagonista (del tutto insuperata con il trascorrere dei decenni) e quella per le cravatte di un altro membro della banda (una l'ha addirittura rubata a Marcel Pagnol!), piccoli spunti d'ironia che cercano di compensare la modestia della sceneggiatura (di Wilder, H.G. Lustig, Max Kolpé e Claude-André Puget). La maggior parte degli interni sono stati girati in un garage coperto e, per mancanza di denaro, anche la scena dell'inseguimento in auto fu ripresa dal vivo, senza l'ausilio dei trasparenti in voga all'epoca. Nel 1936 remake o, meglio, versione inglese di Herbert Mason per la Gainsborough: *First Offence* (conosciuto anche come *Bad Blood*), con John Mills e Lilli Palmer nei ruoli principali.

Amore dannato, Un ** (*Bille en tête*, Francia 1988, col, 93') Carlo Cotti. Con Thomas Langmann, Kristin Scott-Thomas, Danielle Darrieux, Patrick Raynal, Michel Albertini. ◆ Il quattordicenne Virgil (l'esordiente Langmann) si innamora della trentenne Clara (Scott-Thomas), moglie di un cliente del padre, che spedisce subito il figlio a Roma. La donna lo segue, ma la passione – a onta del titolo italiano fuorviante – si spegne senza melodrammi. Cotti gira in Francia un piccolo film con mano leggera e sguardo acuto, malgrado qualche caduta di tono. Ben diretto il cast: la Darrieux, nella parte della nonna, fa una delle sue ultime comparse.

Amore davvero!! * (Italia 1997, col, 90') Marcello Cesena. Con Stefania Rocca, Simona Cavallari, Vanessa Marini, Gabriella Pession, Victor Cavallo, Carlo Croccolo, Riccardo Salerno, Enrico Silvestrin, Stefano Antonucci, Stefano Macchi. ◆ Mentre l'amica è in viaggio di nozze, Claudia (Rocca) e Francesca (Cavallari) devono trovarsi una nuova casa: ci riusciranno, naturalmente, ma solo dopo aver scoperto che la vita può riservare qualche dispiacere. Giovanilismo formato tv-movie, scontato e soporifero, fotografato con lo stile insopportabile degli spot pubblicitari: drammi all'acqua di rose, dialoghi che sanno di falsissimo e le belle tette della Rocca viste solo di sfuggita. E che i disegni del pensionato Croccolo finiranno per rivelarsi di valore lo si capisce subito dall'insistenza con cui il regista mostra Francesca che li butta via. Sceneggiatura di Barbara Cappi, Dario Piana, Bianca Maria Vaglio e Cesena.

Amore d'estate, Un → *Summer Story, A – Un amore d'estate*

Amore di donna, Un *½ (Italia 1988, col, 100') Nelo Risi. Con Laura Morante, Claudine Auger, Bruno Ganz, Ivan Desny, Silvia Cohen. ◆ Una giovane donna (Morante), sposata con un avvocato, si innamora di un pilota collaudatore (Ganz). Per vivere il suo amore, lei arriva anche a cercare di uccidere il marito. Nelo Risi torna dopo anni alla regia (finanziato da una casa di produzione pubblicitaria) con un melodramma freddo e noioso. Qualche scena in volo con la pattuglia dell'aeronautica militare italiana.

Amore di Murphy, L' ** (*Murphy's Romance*, Usa 1985, col, 107') Martin Ritt. Con Sally Field, James Garner, Brian Kerwin, Corey Haim. ◆ Con il figlio di dodici anni una trentacinquenne divorziata (Field) lascia la città e si trasferisce in un paesino dell'Arizona dove incontra lo scontroso, misogino, insofferente vedovo Murphy (Garner), farmacista del villaggio. Commedia gradevole, equilibrata nel ritmo e nella recitazione: Garner ricevette la sua prima nomination per l'Oscar.

Amore di Swann, Un ** (*Un Amour de Swann*, Francia/Rft 1983, col, 111') Volker Schlöndorff. Con Jeremy Irons, Ornella Muti, Alain Delon, Fanny Ardant, Marie-Christine Barrault, Roland Topor. ◆ Dal primo volume della *Recherche* proustiana: Swann (Irons) e la sua tormentata gelosia per Odette (Muti). In questa «giornata-tipo» che racchiude tutta una vita, Schlöndorff sottolinea soprattutto l'analisi della contrapposizione sociale (ci sono momenti in cui sembra di assistere a una «via crucis» della borghesia, all'ultima sua dolorosa autocelebrazione). Film impegnativo ed elegante, interessante anche nel suo parziale fallimento, con un cast di ottimi attori.

Amore di una grande regina, L' * (*Mädchenjahre einer Königin*, Austria 1954, col, 109') Ernst Marischka. Con Romy Schneider, Magda Schneider, Adrian Hoven, Paul Hörbiger. ◆ La giovane principessa Elisabetta, alias Sissi (Schneider), ottiene il trono prima del previsto. Lei però fugge da corte, e flirta in un alberghetto di montagna con un giovanotto che, guarda caso, risulterà essere il principe di Sassonia. Sissi tornerà in altri tre film (quello immediatamente successivo è *La principessa Sissi*), per la gioia dei nostalgici degli Asburgo. La Schneider, allora appena sedicenne, divenne una star.

Amore di zingara *½ (*Golden Earrings*, Usa 1947, b/n, 95') Mitchell Leisen. Con Ray Milland, Marlene Dietrich, Bruce Lester, Murvyn Vye, Dennis Hoey, Reinhold Schunzel. ◆ Perché il colonnello inglese Ralph Denistoun (Milland) ha un buco nel lobo dell'orecchio sinistro? Perché alla vigilia dell'ultima guerra fu mandato in Germania con un collega (Lester) per impadronirsi della formula di un gas asfissiante: fatto prigioniero dai nazisti, fu aiutato da una zingara (Dietrich) a fuggire e a portare a buon fine la propria missione. Inverosimile miscuglio di esotismo zingaresco e propaganda antinazista sceneggiato da Abraham Polonsky, Frank Butler ed Helen Deutsch (da un romanzo di Yolanda Foldes), che segna il ritorno della Dietrich alla Paramount dopo dieci anni. Ma Leisen non è von Sternberg, e tutto si riduce a una blanda difesa delle minoranze (il ruolo positivo degli zingari) e dell'ambiguità sessuale (Milland con l'orecchino). Il giornalista Quentin Reynolds interpreta se stesso. Murvyn Vye canta la canzone del titolo. Rieditato col titolo *Passione di zingara*.

Amore e altre catastrofi *½ (*Love and Other Catastrophes*, Australia 1995, col, 79') Emma-Kate Croghan. Con Alice Garner, Frances O'Conner, Matthew Dyktynski, Matt Day, Radha Mitchell, Suzy Dougherty, Kim Gyngell. ◆ Patemi di studenti universitari nell'altro emisfero: Alice (Garner), laureanda in cinema con tesi su «Doris Day come guerriera femminista», cerca l'anima gemella (maschio); Mia (O'Conner) forse l'ha già trovata (femmina), ma non vuole legami. Ma al termine di una festa, come si dice nel film, *amor omnia vicit*. Una specie di *Giovani, carini e disoccupati* dei poveri, opera prima di una ventitreenne (anche cosceneggiatrice con Yael Bergman e Helen Bandis). Non bastano gli spruzzi di satira del mondo accademico e della cinefilia (con instant-parodia del tarantinismo) a dare spessore a un'operina sopravvalutata e mai coraggiosa, che sceglie sempre la strada del gradevole a buon mercato.

Amore e chiacchiere (Salviamo il panorama) ** (Italia/Spagna 1957, b/n, 95') Alessandro Blasetti. Con Vittorio De Sica, Gino Cervi, Carla Gravina, Geronimo Meynier, Elisa Cegani, Isa Pola. ◆ Il vicesindaco di una piccola città di provincia (De Sica) cede alle lusinghe di un ricco industriale (Cervi) che vuole impedire la ricostruzione di un ospizio per non deturpare la vista dalla sua villa. Ma cambierà idea, perché solo in questo modo potrà avere notizie sul figlio (Meynier), che si è innamorato della figlia (Gravina) di un spazzino ed è fuggito con lei. Una favola morale con spunti satirici (la stigmatizzazione di un vizio radicato negli italiani, soprattutto nei politici: la vanità della parola ridotta a chiacchiera) e con lungimiranti intuizioni (l'importanza della tv, chiamata per l'inaugurazione della villa dell'industriale e destinata a raccogliere la promessa finale del vicesindaco). Meno riuscite le parti che riguardano il conflitto tra padre e figlio: nonostante Blasetti e il cosceneggiatore Zavattini abbiano una evidente simpatia per la nuova generazione, non ne favoriscono l'emancipazione, optando per un ritorno un po' rétro al paese e alla famiglia.

Amore e fortuna *** (*Antoine et Antoinette*, Francia 1947, b/n, 78') Jacques Becker. Con Roger Pigaut, Claire Maffei, Noël Roquevert, Pierre Trabaud, Gérard Oury, Annette Poivre, Gaston Modot. ◆ All'operaio Mario (Pigaut) e alla commessa (Maffei), sposi giovani e felici, manca solo un po' di denaro. Un giorno lui s'accorge di aver vinto alla lotteria, ma di aver perso il portafoglio con il biglietto. Dopo qualche ora di agonia, s'imbatte in un ragazzo che gli consegna il portafoglio trovato il giorno prima: è il suo, ma il biglietto contenuto non è quello estratto. Disperato, Mario (Antoine nella versione originale) corre a casa: troverà il biglietto vincente tra le pagine di un romanzo. Un intreccio poco più che «pretestuoso» che a Becker (anche sceneggiatore insieme a Maurice Griffe e Françoise Giroud) serve per raccontare l'ambiente operaio e le vicissitudini della coppia protagonista. Il regista ignora volutamente i problemi sociali concentrandosi sui travagli quotidiani con uno sguardo affettuoso, visivamente intenso (ottenuto per effetto di accumulazione: le inquadrature singole sono il doppio della norma), emotivamente partecipe ma mai, in nessun modo, sdolcinato. È uno dei migliori film di Becker, che ogni tanto deve qualcosa a René Clair (la rappresentazione della Parigi periferica, perfettamente integrata con la storia d'amore, e un pizzico di satira nella messinscena della festa matrimoniale), e che in futuro influenzerà anche François Truffaut. Gran premio del «film psicologico e d'amore» a Cannes.

Amore e ginnastica ** (Italia 1973, col, 112') Luigi Filippo d'Amico. Con Senta Berger, Lino Capolicchio, Adriana Asti, Antonino Faà di Bruno, Renzo Marignano. ◆ L'ex seminarista Simone Celzani (Capolicchio) tenta invano di conquistare la florida insegnante di ginnastica Maria Pedani (Berger): lui sfida a duello un rivale e cerca goffamente di avvicinarsi al culto del corpo, lei pensa solo alla sua missione ginnico-pedagogica. Ma l'amore alla fine trionferà. Ambientato con cura in una Torino di fine Ottocento, il film rilegge senza la necessaria malizia l'omonimo romanzo breve di Edmondo De Amicis (sceneggiato dal regista con Suso Cecchi d'Amico e Tullio Pinelli): priva di una vera anima, la trascrizione finisce per essere solo «carina».

Amore e guerra **½ (*Love and Death*, Usa 1975, col, 82') Woody Allen. Con Woody Allen, Diane Keaton, Harold Gould, Alfred Lutter. ◆ Il timido e fifone Boris (Allen) è costretto dall'invasione di Napoleone ad arruolarsi e a diventare eroe suo malgrado, tanto che la moglie (Keaton) lo coinvolgerà in un attentato contro l'usurpatore. Il tutto raccontato in flashback dalla voce di Boris defunto. Sorta di comico tributo del regista alla letteratura russa e ai suoi luoghi comuni. Memorabile la sequenza in cui Boris condannato per il tentato assassinio di Napoleone, viene prima rassicurato da un angelo inviato da Dio e quindi, immediatamente dopo, fucilato. Intelligente e divertente.

Amore e il diavolo, L' **½ (*Les Visiteurs du soir*, Francia 1942, b/n, 121′) Marcel Carné. Con Arletty [Léonie Bathiat], Alain Cuny, Marie Déa, Jules Berry, Fernand Ledoux, Marcel Herrand. ◆ Nel 1485 il diavolo (Berry) incarica i due menestrelli Gilles (Cuny) e Dominique (Arletty) di portare lo scompiglio nel castello del barone Hughes (Ledoux), la cui figlia Anne (Déa) sta per sposarsi. Ma le coppie che si fanno e disfano seguono le leggi del cuore e non quelle del calcolo: e il diavolo ne esce sconfitto. In tempi di occupazione nazista, lo sceneggiatore Jacques Prévert immagina una favola lieve come una pochade e dal fondo ottimistico – anche se in origine le allusioni contemporanee dovevano essere più marcate. Carné, aiutato dallo scenografo Alexandre Trauner, dà vita a un Medioevo rutilante, senza l'abituale patina di vecchio. Accolto allora come una sorpresa, è comunque un'involuzione rispetto ai capolavori del realismo poetico della stessa coppia regista-sceneggiatore. Una particina per Simone Signoret.

Amore e il sangue, L' ° (*Flesh & Blood*, Usa 1985, col, 123′) Paul Verhoeven. Con Rutger Hauer, Jennifer Jason Leigh, Tom Burlinson, Susan Tyrrell, Jack Thompson. ◆ Europa centrale, inizio del XVI secolo: Martin (Hauer), il capo di una banda di predoni, rapisce e spulzella la giovane Agnes (Leigh), destinata al leonardesco inventore Steven (Burlinson). Mentre imperversa la peste, quest'ultimo guida l'assedio al castello di Martin: ma Agnes ormai ha fatto buon viso a cattivo gioco, e non sembra avere troppa voglia di tornare. Tutto quello che ci si aspetta da Verhoeven al suo primo film americano: misoginia, sesso, sangue, e l'insistenza su particolari sgradevoli (gli assedianti che catapultano pezzi di cane appestato nel castello di Martin), che vorrebbe passare per scrupolo storico. Ma basta il conciliante finale da cappa e spada per far affondare nel ridicolo tanta chiassosa seriosità.

Amore e magia *½ (*The Butcher's Wife*, Usa 1991, col, 105′) Terry Hughes. Con Demi Moore, Jeff Daniels, George Dzundza, Mary Steenburgen, Frances McDormand. ◆ Marina (Moore), una medium del North Carolina, si convince che l'anima gemella che sta cercando è un corpulento macellaio newyorkese (Dzundza): lo sposa su due piedi, e trasferisce le proprie attività nel Greenwich Village, facendo concorrenza a uno psichiatra. Sulla scia di *Ghost* (di cui torna la protagonista, questa volta con boccoli biondi), una commedia che tenta il cocktail di romanticismo, umorismo e soprannaturale, con un occhio ai classici degli anni Quaranta. Malgrado la confezione accurata, il film gira a vuoto, e il pubblico l'ha rifiutato.

Amore e mistero → *Agente segreto, L'*

Amore & morte a Long Island **½ (*Love and Death on Long Island*, Gb/Canada 1997, col, 93′) Richard Kwietniowski. Con John Hurt, Jason Priestley, Fiona Loewi, Sheila Hancock, Maury Chaykin, Elisabeth Quinn, Gawn Grainger. ◆ Il maturo e schivo scrittore inglese Giles De'Ath (Hurt) vede casualmente un film per teen-ager, *Hotpants College II*, e perde la testa per il giovane protagonista Ronnie Bostock (Priestley): partirà per Long Island nella speranza di conquistarlo scrivendogli un copione su misura. Una commedia romantica insolita e raffinata sull'incontro tra mondi diversi (la vecchia Europa e l'America giovane, la scrittura e la televisione: quando Ronnie dice Rambo, Giles capisce Rimbaud), tratta da un romanzo di Gilbert Adair sceneggiato dal regista. Tocco leggero, senso dell'umorismo, contaminazioni culturali e un po' di sana scorrettezza sentimentale: Kwietniowski, inglese con origini polacche, al suo debutto nel lungometraggio lascia ben sperare.

Amore e morte al tavolo da gioco ** (*Stacy's Knights*, Usa 1983, col, 95′) Jim Wilson. Con Andra Millian, Kevin Costner, Eve Lilith, Mike Reynolds. ◆ Noir ambientato nel mondo dei giocatori professionisti, di cui è protagonista una donna (Millian) che tenta di sbancare un casinò per vendicarsi dell'omicidio del suo uomo (Costner). Uno dei primi ruoli di spicco per Costner in un film interessante soprattutto per l'ambientazione. Il regista Wilson e lo sceneggiatore Michael Blake collaboreranno con lui in *Balla coi lupi* (il primo come coproduttore).

Amore e musica *½ (*Paroles et musique*, Francia/Canada 1984, col, 109′) Elie Chouraqui. Con Catherine Deneuve, Richard Anconina, Christopher Lambert, Nick Mancuso, Charlotte Gainsbourg. ◆ L'amore tra una organizzatrice di spettacoli (Deneuve) e un giovane cantante in cerca del successo (Lambert) rischia di rompere gli equilibri affettivi e professionali dei due; lei fuggirà con il marito e i figli, lui si riconcilierà con il suo partner musicale (Anconina). Una commedia con molta malinconia, più banale che accattivante.

Amore è novità, L' ** (*Love Is News*, Usa 1937, b/n, 78′) Tay Garnett. Con Loretta Young, Tyrone Power, Don Ameche, Slim Summerville, Dudley Digges, Walter Catlett, Pauline Moore, George Sanders, Elisha Cook jr. ◆ Esasperata dai continui pettegolezzi che la stampa pubblica sulla sua vita privata, la «regina delle scatolette» Tony Gateson (Young) decide di vendicarsi sul più intraprendente dei giornalisti, Steve Leyton (Power), annunciando a sorpresa il suo fidanzamento con lui: in questo modo sarà Steve a provare i dispiaceri della celebrità, oltre che diventare oggetto della caccia di tutti i suoi colleghi. Spensierata *screwball comedy* sceneggiata da Harry Tugend e Jack Yellen che comincia come una parodia di *Prima pagina* (con i battibecchi tra Steve e il suo redattore capo [Ameche]) e finisce naturalmente con la più prevedibile delle liete fini. Curioso il modo in cui i giornalisti giocano a dama, sulle piastrelle bianche e nere del bar, sostituendo le pedine con bicchieri di birra e whiskey. Sbagliata la traduzione italiana del titolo che, coerentemente con l'argomento, vorrebbe ricordare che anche «l'amore è una notizia». Rifatto nel 1948 (*Quel meraviglioso desiderio*) sempre con Power come protagonista.

Amore è più freddo della morte, L' ** (*Liebe ist kälter als der Tod*, Rft 1969, b/n, 88') Rainer Werner Fassbinder. Con Ulli Lommel, Hanna Schygulla, Rainer Werner Fassbinder, Ingrid Caven, Kurt Raab. ◆ Franz (Fassbinder), un piccolo protettore, si innamora del killer (Lommel) che il sindacato gli ha messo alle calcagna, e progetta con lui la rapina di una banca. Girato con un budget ridicolo, il primo lungometraggio di Fassbinder cita atmosfere del noir francese (Melville su tutti), con uno stile ancora incerto tra il rigore di Straub e le gag da Nouvelle Vague. Vitale e disordinato. La storia di Franz continua in *Il dio della peste*.

Amore e rabbia *½ (Italia/Francia 1969, col, 100') Carlo Lizzani, Bernardo Bertolucci, Pier Paolo Pasolini, Jean-Luc Godard, Marco Bellocchio. ◆ Film a episodi. *L'indifferenza* (Carlo Lizzani. Con Tom Baker) è una rilettura della parabola del buon Samaritano: il solo disposto ad aiutare una coppia ferita sull'autostrada è una persona ricercata dalla polizia; *L'agonia* (Bernardo Bertolucci. Con Julian Beck, gli attori del Living Theatre, Giulio Cesare Castello, Adriano Aprà, Fernaldo Di Giammatteo) rovescia la parabola del fico sterile: in punto di morte un prelato si domanda se nella sua esistenza ha fatto tutto il bene che avrebbe potuto fare; *La sequenza del fiore di carta* (Pier Paolo Pasolini. Con Ninetto Davoli) racconta la punizione di Dio, capace di far letteralmente sparire l'uomo che, attraversando Roma con un fiore di carta in mano, non si accorge delle disgrazie del mondo; *L'amore* (Jean-Luc Godard. Con Christine Guého, Nino Castelnuovo) rilegge in termini politici la parabola del figliol prodigo: un regista italiano e una giovane francese non trovano punti in comune tra rivoluzione e borghesia e quindi rinunciano al loro amore; *Discutiamo, discutiamo* (Marco Bellocchio. Con Marco Bellocchio e un gruppo di studenti dell'Università di Roma) mette in scena una specie di rappresentazione a base di slogan tra studenti di destra e di sinistra. Una insolita operazione, più interessante, oggi, come tentativo di sperimentare nuovi linguaggi (Bertolucci che cerca di fondere teatro, cinema e mimo; Godard che insegue un suo personalissimo «brechtismo») che come dissacrante rilettura delle parabole evangeliche. Nell'episodio di Pasolini le voci di Dio sono di Bernardo Bertolucci, Graziella Chiarcossi, Pier Paolo Pasolini e Aldo Puglisi. Conosciuto anche col titolo di lavorazione *Vangelo '70*.

Amore e rabbia → *Good Father, The – Amore e rabbia*

Amore è una cosa meravigliosa, L' **½ (*Love Is a Many Splendored Thing*, Usa 1955, col, 102') Henry King. Con Jennifer Jones, William Holden, Isobel Elsom, Jorja Curtright, Virginia Gregg, Richard Loo. ◆ Durante la guerra di Corea l'amore tra un corrispondente (Holden) e una dottoressa di Hong Kong (Jones) è contrastato dai pregiudizi razziali delle due comunità e dalla moglie di Holden, che non vuole concedergli il divorzio. Kolossal drammatico e sentimentale, specchio perfetto della retorica dei tempi. Vincitore di tre premi Oscar per il sonoro (Alfred Newman), i costumi (Charles LeMaire) e il famoso tema musicale (di Sammy Fain e Paul Francis Webster).

Amore e violenza → *Assassinio al sole*

Amore folle *** (*Mad Love*, Usa 1935, b/n, 67') Karl Freund. Con Peter Lorre, Frances Drake, Colin Clive, Ted Healy, Sarah Haden, Edward Brophy, Henry Kolker. ◆ Il dottor Gogol (Lorre) trapianta le mani di un lanciatore di coltelli che è stato giustiziato per assassinio a un pianista che ha perso gli arti in un incidente (Clive), della cui moglie Yvonne (Drake) il chirurgo è ossessivamente innamorato: il pianista scopre di non poter controllare gli impulsi omicidi delle sue mani e Gogol vorrebbe sfruttare a proprio vantaggio la strana situazione, ma il suo amore folle per Yvonne lo spinge irrimediabilmente verso la pazzia. La più bella versione del classico dell'orrore *Le mani di Orlac* di Maurice Renard (sceneggiato da Guy Endore, P. J. Wolfson e John L. Balderson) già portato al cinema da Robert Wiene nel 1925 (*Orlacs Hände*). La storia di un amore impossibile, i cui ostacoli insuperabili diventano ossessione sadica, all'origine di crimini e di orrori, è raccontata con un «lirismo sobrio e profondo»: Freund mette a frutto la sua lunga carriera come direttore della fotografia creando un'atmosfera tesa e misteriosa e un Lorre completamente calvo (al suo esordio in America) offre una prova grandissima della sua arte, diviso tra la tenerezza e il sadismo. La storia è stata rifatta nel 1960 (*Le mani dell'altro* di Edmond T. Greville) e nel 1962 (*Le mani dell'assassino* di Newton Arnold).

Amore Formula 2 * (Italia 1971, col, 108') Mario Amendola. Con Mal [Paul Bradley Couling], Giacomo Agostini, Tery Hare, Gerard Herter, Eugene Walter, Elio Pandolfi, Lino Banfi, Fabio Frizzi. ◆ L'amicizia tra due piloti automobilistici – uno dei quali (Agostini) ha continuato a correre anche dopo un grave incidente mentre l'altro (Mal) ha scoperto le sue abilità canore – entra in crisi per colpa di una donna. Per poco, naturalmente. Scene automobilistiche ed esibizioni canore per unire il successo di Giacomo Agostini (in realtà campione di motociclismo) e quello di Mal dei Primitives, indimenticato esecutore di *Bambolina* e *Betty Blu*. Solo per fan di sicura fede.

Amore, forse due, Un → *Un amore, forse due*

Amore fra le rovine **** (*Love Among the Ruins*, Usa 1975, col, 102') George Cukor. Con Katharine Hepburn, Laurence Olivier, Colin Blakely, Richard Pearson, Joan Sims. ◆ Una vecchia attrice (Hepburn) sceglie come avvocato (per farsi difendere in una causa di rottura di fidanzamento) l'uomo (Olivier) che non ha smesso d'amarla da quando l'aveva incontrata a vent'anni. E naturalmente lei finge di non ricordare niente. Un piccolo gioiello prodotto per la tv, tutto giocato sulla bravura dei due protagonisti (Olivier è doppiato benissimo da Alberto Lionello) e su un delizioso dialogo: indimenticabile l'arringa che si trasforma in una appassionata dichiarazione d'amore. Quattro Emmy: ai due protagonisti, al regista e allo sceneggiatore James Costigan.

Amore fugge, L' **½ (*L'Amour en fuite*, Francia 1979, col e b/n, 94') François Truffaut. Con Jean-Pierre Léaud, Marie-France Pisier, Claude Jade, Dani, Dorothée, Rosy Varte. ◆ Antoine (Léaud) e Christine (Jade) divorziano, ma rimangono buoni amici. Dopo varie avventure, Antoine ritrova l'amore e forse la tranquillità nel rapporto con una giovane commessa, Sabine (Dorothée). Quinto e ultimo capitolo della serie di Antoine Doinel (dopo *I quattrocento colpi*, *Antoine e Colette* [episodio di *L'amore a vent'anni*], *Baci rubati* e *Non drammatizziamo... è solo questione di corna*). Non una biografia-bilancio, dato che Antoine ha poco più di trent'anni, ma un ritratto malinconico e definitivo del personaggio: «un uomo in fuga, che ha furia, sempre proiettato in avanti», ancora infantile, disperatamente alla ricerca della felicità e incapace di conservarla. La ricapitolazione della sua vita avviene attraverso una struttura a mosaico con flashback tratti dai film precedenti, talvolta falsificati perché, essendo legati alla memoria soggettiva del protagonista, non sempre coincidono con la realtà dei fatti. È l'opera di Truffaut più complessa dal punto di vista del montaggio e del sonoro, a cui viene affidato il compito di mantenere l'unità e la fluidità narrativa contro la frammentazione dell'intreccio. Un critico scrisse che si trattava di un «film-truffa» e il regista gli diede ragione.

Amore ha due facce, L' *½ (*The Mirror Has Two Faces*, Usa 1996, col, 126') Barbra Streisand. Con Jeff Bridges, Barbra Streisand, Pierce Brosnan, George Segal, Mimi Rogers, Lauren Bacall, Brenda Vaccaro, Austin Pendleton, Elle Macpherson. ◆ Convinto che il sesso rovini i rapporti, il professore di matematica Greg Larkin (Bridges) cerca con un annuncio una donna interessata solo «a mete comuni e all'amicizia»; la trova nell'attempata professoressa di letteratura Rose Morgan (Streisand), ma non ha fatto i conti col fatto che l'amore, e la gelosia, possono trasformare un brutto anatroccolo in un fior di donna. Prevedibile e zuccheroso melodramma in forma di commedia girato in puro stile anni Quaranta (luci in chiave antinaturalista, psicanalisi come spiegazione elementare dei comportamenti, primo piano come scelta espressiva). Per la sua terza regia, la Streisand si ispira molto liberamente a *Lo specchio a due facce* di Cayatte (sceneggiato da Richard LaGravenese), ma si capisce che avrebbe voluto rifare *Perdutamente tua* (a cui peraltro riserva una fuggevole citazione). Dante Spinotti ha abbandonato la fotografia, passata a Andrzej Bartkowiak.

Amore ha sbagliato indirizzo, L' **½ (*Lettre d'amour*, Francia 1942, b/n, 110') Claude Autant-Lara. Con Odette Joyeux, François Périer, Simone Renant, Jean Parédès, André Alerme, Jacqueline Champi. ◆ Nella cittadina di Argenson, durante il Secondo Impero, la giovane vedova Zélie Fontaine (Joyeux), accetta di ricevere al proprio indirizzo le lettere destinate alla moglie del prefetto dal suo amante parigino, François du Portal (Périer). Quando viene trascinata in tribunale da un marchese molto potente nell'alta società (Alerme), una di queste lettere rischia di farle perdere il processo: anche a rischio di essere ostracizzata dalla società benpensante, Zélie non rivela il suo segreto e François, diventato sostituto ad Argenson, si accorge di essersi innamorato della sua messaggera d'amore. Brillante commedia sociale, dove Autant-Lara tratta il conflitto tra le classi (un'aristocrazia frivola e superficiale, e una borghesia che sente di doverla assecondare) affidandosi al cosiddetto *esprit français*, fatto «di ironia e asprezza venate di grazia malinconica». È proprio questa caratteristica a distinguere nettamente il film dagli altri girati durante l'occupazione, a cui invece assomiglia nella scelta del filtro metaforico per parlare della Francia di Vichy. La complessità della sceneggiatura (di Jean Aurenche e Maurice Blondeau, da un racconto dello stesso Aurenche), la ricercatezza della messinscena e il brio della recitazione ne fanno un piccolo gioiello, perlopiù dimenticato. Un anno dopo Autant-Lara affronterà lo stesso tema in *Evasione*, abbandonando la satira distaccata per uno stile più lirico e feroce.

Amore il pomeriggio, L' **½ (*L'Amour l'après-midi*, Francia 1972, col, 105') Eric Rohmer. Con Bernard Verley, Zouzou, Françoise Verley, Daniel Ceccardi. ◆ In attesa del secondo figlio, Frédéric (Verley), felicemente sposato, gioca a fare il dongiovanni, e subisce il fascino dell'amica Chloé (Zouzou), che non è mai entrata nei ranghi della vita borghese. Ma quando le fantasie rischiano di diventare realtà, scappa dalla moglie. Narrato dalla voce fuori campo del protagonista, l'ultimo dei racconti morali di Rohmer è forse quello dove è più evidente l'ironia del regista ai danni del personaggio, intellettuale piccolo-borghese che sogna evasioni impossibili. Dietro gli intrecci e i giochi del caso si sente, più chiaramente che in altre occasioni, il divertimento del demiurgo: ma c'è anche il rischio del manierismo. Nella sequenza del sogno compaiono le protagoniste dei precedenti *Racconti morali* di Rohmer: Françoise Fabian, Aurora Cornu, Marie-Christine Barrault, Haydée Politoff, Laurence de Monaghan, Béatrice Romand.

Amore, il sesso e Berlino, L' *½ (*Liebe auf den ersten Blick*, Germania 1991, col, 103') Rudolf Thome. Con Geno Lechner, Margarita Broich, Julian Benedikt, Kyana Kretzschmar. ◆ Un archeologo dell'ex Ddr (Lechner) incontra una futurologa di Berlino ex Ovest (Broich): lui è vedovo, lei è divorziata, entrambi hanno figli a carico. Dopo un'ora e mezza di film finiscono a letto: il loro amore sarà di buon auspicio? Thome gioca a fare il Rohmer tedesco, ma il suo spaccato di vita quotidiana non fa che sciorinare banalità con saccenza. Le improvvisazioni di Chico Hamilton nella colonna sonora sono forse la cosa migliore del film. Immondo il titolo italiano, che richiama senza motivo un altro titolo abusivo di un film di Thome, *Tre donne, il sesso e Platone*.

Amore in città ** (Italia 1953, b/n, 104') Carlo Lizzani, Dino Risi, Michelangelo Antonioni, Federico Fellini, Francesco Maselli, Cesare Zavattini, Alberto Lattuada. ◆ Film a episodi. In *L'amore che si paga* (Carlo Lizzani) vengono intervistate alcune prostitute che raccontano la loro vita; in *Paradiso per quattro ore* (Dino Risi) si descrivono le sale da ballo frequentate dalle domestiche la domenica; in *Tentato suicidio* (Michelangelo Antonioni) parlano i protagonisti di alcuni tentati suicidi per amore; in *Agenzia matrimoniale* (Federico Fellini. Con Antonio Cifariello) un giornalista finge di essere in cerca di moglie ed entra nel mondo delle agenzie matrimoniali; in *Storia di Caterina* (Francesco Maselli, Cesare Zavattini. Con Caterina Rigoglioso) una cameriera abbandona il figlio illegittimo; in *Gli italiani si voltano* (Alberto Lattuada. Con Ugo Tognazzi, Valeria Moriconi, Giovanna Ralli, Raimondo Vianello, Mara Berni) si registra l'atteggiamento degli italiani di fronte alle grazie del bel sesso. Primo numero di *Lo Spettatore*, una «rivista cinematografica» nata da un'idea di Zavattini che avrebbe dovuto avere una cadenza semestrale e aprire, con il suo «pedinamento cinematografico» nuove strade al neorealismo. E invece il film, prodotto da Zavattini, Riccardo Ghione e Marco Ferreri, non ebbe nessun seguito per il disastroso esito commerciale. Interessante per l'uso, ai tempi inusuale, della macchina da presa nascosta, il film si ricorda soprattutto per l'episodio di Maselli e Zavattini (da solo occupa quasi la metà del film) che riesce a fondere finzione e realtà. Nell'episodio di Lattuada, Ferreri interpreta l'inseguitore di piazza di Spagna.

Amore in otto lezioni **½ (*Gold Diggers of 1937*, Usa 1938, b/n, 100') Lloyd Bacon. Con Dick Powell, Joan Blondell, Victor Moore, Glenda Farrell, Lee Dixon, Osgood Perkins, Charles D. Brown. ◆ Un agente assicurativo (Powell), costretto da una coppia di imbroglioni (Perkins e Brown) a vendere una polizza da un milione di dollari a un impresario teatrale (Moore), scopre che costui può morire da un momento all'altro e fa di tutto per tenerlo in vita con l'aiuto della segretaria (Blondell), di cui risveglia la mai sopita ambizione di diventare una showgirl. Tipico musical Warner Bros, sfavillante e costoso, con spettacolari coreografie di Busby Berkeley e una maggior attenzione alla storia rispetto al solito (è l'adattamento di una commedia teatrale presentata a New York l'anno precedente, *Sweet Mystery of Life*). Dal punto di vista musicale è caratterizzato dal lavoro di due coppie distinte di compositori: Al Dubin e Harry Warren (*With Plenty of Money and You*, canzone d'apertura nonché tema del film, e *All's Fair in Love and War*, canzone di chiusura), e E.Y. Harburg e Harold Arlen (*Speaking of the Weather*, *Let's Put Our Heads Together*, *Life Insurance Song* e *Hush Ma Mouth*, tutte cantate da Dick Powell). Berkeley concentra le sua energie soprattutto su due numeri di danza: *Let's Put Our Heads Together*, ambientato in un giardino come se si trattasse di un party estivo, con cinquanta sedie a dondolo bianche, una per ogni coppia di innamorati; e *All's Fair in Love and War*, grandioso finale con settanta ragazze in uniforme bianca, guidate dalla Blondell, che marciano portando bandiere e tamburi riflesse sul lucido pavimento nero.

Amore in pezzi, L' *** (*L'Amour par terre*, Francia 1983, col, 125') Jacques Rivette. Con Jane Birkin, Geraldine Chaplin, André Dussolier, Jean-Pierre Kalfon, Facundo Bo, Laszlo Szabo. ◆ Due attrici (Birkin e Chaplin) e un attore (Bo), specializzati in teatro domestico – ossia recitato dentro appartamenti veri – vengono invitati nella villa di Clément Roquemaure (Kalfon), misterioso autore di un work in progress in cui si mescolano casi personali e affabulazioni. Rivette, che fa i film con metodi molto simili, ha la mano sorprendentemente leggera nel dirigere un gioco pieno di arguzia, sul filo del fantastico, in cui alla fine tutto torna come in un puzzle. Non per tutti i gusti, ma comunque più movimentato di altri film dello stesso regista. Deliziose le due protagoniste.

Amore in prima classe, Un *½ (Italia 1980, col, 94') Salvatore Samperi. Con Enrico Montesano, Franca Valeri, Sylvia Kristel, Luc Merenda, Felice Andreasi. ◆ Durante un viaggio in treno verso la Calabria un ragazzo-padre (Montesano) cerca di conquistare una disponibile paleontologa (Kristel) ma il figlio riesce sempre a rovinare tutto. Commediola volgaruccia con qualche simpatico (ma limitato) numero comico, specie della Valeri. Musiche di Paolo Conte e Gianfranco Manfredi (che fa il controllore ferroviario). Cammeo per Christian De Sica, venditore ambulante in frac.

Amore mio ** (Italia 1964, b/n, 95') Raffaello Matarazzo. Con Eleonora Brown, Paul Guers, Didi Perego, Patrizia Canevari, Antonella Lualdi, Luciana Angiolillo, Aldo Bufi Landi, Mario Siletti. ◆ Trascurata dalla madre (Perego), la giovane Nora (Brown) tenta il suicidio: la salva Mario (Guers), che se ne innamora e per lei lascia la moglie (Lualdi), ma quando Nora scopre l'esistenza di una figlia (Canevari) in cui rivede la propria infanzia di bambina sola e abbandonata, trova la forza di lasciare l'uomo per restituirlo alla famiglia. Per il suo ultimo film, Matarazzo (autore anche della sceneggiatura) recupera – con toni più malinconici che melodrammatici – i temi di *Catene*, ribaltandone però i ruoli dei protagonisti: qui è l'uomo che è stretto nella prigione della famiglia e subisce i limiti della propria condizione di sposato, mentre Nora diventa il reale motore dell'esistenza. Libero finalmente dai condizionamenti ideologici degli anni Cinquanta, il regista fa della sua protagonista «un'eroina attiva, capace di decidere i momenti e i luoghi dell'amore, tanto femminile quanto piena di quei caratteri solitamente, e falsamente, definiti maschili» [A. Prudenzi]. Ne esce un film strano anche per i tempi, sul disincanto e la sofferenza di vivere (in fondo, nessuno è condannato, né il marito infelice né la moglie aggressiva né la madre abbandonata), dove tocca all'uomo il sacrificio della rinuncia e alla giovane donna la speranza di una nuova vita.

Amore mio aiutami *½ (Italia 1969, col, 124') Alberto Sordi. Con Alberto Sordi, Monica Vitti, Silvano Tranquilli, Laura Adani, Ugo Gregoretti. ◆ Un architetto (Sordi) propone alla moglie (Vitti) un rapporto franco e aperto, ma quando la donna gli confessa di essersi innamorata di un altro, quasi impazzisce per la gelosia. Nelle intenzioni un ritratto impietoso di un'Italia che non sa ancora essere realmente moderna. Nella realtà un film spento, che non riesce a mettere davvero alla berlina i tabù e le false emancipazioni del costume italiano.

Amore mio non farmi male ** (Italia 1974, col, 100') Vittorio Sindoni. Con Walter Chiari, Valentina Cortese, Macha Méril, Luciano Salce, Leonora Fani,

Roberto Chevalier, Ninetto Davoli. ◆ Due giovani (Fani e Chevalier) vorrebbero coronare a letto il loro amore, ma le paure di un'educazione borghese e le ossessioni dei genitori rischiano di rovinare per sempre la loro spontaneità. Con i toni lievi della commedia, Sindoni affronta il discorso (serio) dell'importanza di una normale e serena maturazione sessuale.

Amore molesto, L' *** (Italia 1995, col, 104') Mario Martone. Con Anna Bonaiuto, Peppe Lanzetta, Angela Luce, Licia Maglietta, Italo Celoro, Anna Calato, Gianni Cajafa, Giovanni Viglietti, Carmela Pecoraro, Lina Polito, Marita D'Elia. ◆ Disegnatrice di fumetti, single, Delia (Bonaiuto) torna a Napoli per i funerali della madre Amalia (Luce), trovata annegata. Indagando sui suoi ultimi giorni, Delia scava nel proprio passato (da bambina [Pecoraro] aveva accusato la ventenne Amalia [Maglietta] di adulterio), e riscopre una sensualità rimossa, finendo per identificarsi con la defunta che, malgrado l'età, sapeva godersi la vita. Seguendo da vicino, tranne che nel finale, il romanzo omonimo di Elena Ferrante, Martone (anche sceneggiatore) gira un thriller psicologico che è anche un melodramma, il ritratto di una donna (parente della Marnie di Hitchcock e di tante eroine di Fassbinder o di Tanner) che è anche l'affresco di una città. Un film di suoni e sensi, dove le pulsioni sotterranee si incarnano in oggetti-simbolo (il vestito rosso scollato che Delia si trova a indossare per caso) e la morte è l'espressione ultima di una carnalità debordante ovunque. Dominato dai primi piani e dai dettagli, dai volti e dai comportamenti degli attori (tutti bravissimi, con una citazione d'onore per l'ottantenne Gianni Cajafa nella parte dello zio Filippo), il film «emana una sgradevolezza attraente e inquietante, che è la dimensione con cui la protagonista, e con lei lo spettatore, deve fare globalmente i conti». Stonano invece i flashback didascalici e la lettura psicoanalitica del rapporto madre-figlia è troppo schematica. Fondamentale la fotografia di Luca Bigazzi che riprende Napoli in modo né barocco né iperrealistico.

Amore necessario, L' ** (Italia/Francia 1990, col, 90') Fabio Carpi. Con Ben Kingsley, Marie-Christine Barrault, Ann-Gisel Glass, Malcom Conrath, Silvia Mocci, Francesco Carnelutti. ◆ In là con gli anni, Ernesto e Valentina (Kingsley e Barrault) si concedono la libertà di reciproci tradimenti: quando vanno a far visita alla madre di lui, in una clinica della salute, sono attratti dai più giovani Giacomo e Diana (Conrath e Glass). Ma quello che doveva essere solo un'avventura si trasforma, per i due anziani coniugi, in un impietoso confronto con i propri problemi. Ispirato alla storia sentimentale di Sartre e Simone de Beauvoir, il film non riesce a dare vera credibilità a scene e dialoghi eccessivamente simbolici e poetici (Kingsley che corre nudo nel bosco, lo spettacolino dei dilettanti, battute come: «Tutti noi siamo soltanto ipotesi che si intersecano su un palcoscenico buio»). Più riuscita la delicata atmosfera visiva, anche per merito della bella fotografia di Fabio Cianchetti.

Amore passeggero, Un **½ (*Love at Large*, Usa 1990, col, 97') Alan Rudolph. Con Tom Berenger, Elizabeth Perkins, Anne Archer, Kate Capshaw, Ann Magnuson, Ted Levine, Neil Young, Annette O'Toole. ◆ Uno scambio di persona porta un detective privato (Berenger), pedinato a sua volta da una collega (Perkins), a scoprire un caso di bigamia. Storia di seduzioni incrociate e amori irrisolti in un noir stralunato che manda all'aria molte convenzioni narrative. Rudolph mescola bene ironia e surrealismo in confezione di lusso. Neil Young fa il vilain, Mark Isham compone la colonna sonora.

Amore perfetto o quasi, Un *½ (*An Almost Perfect Affair*, Usa 1979, col, 93') Michael Ritchie. Con Monica Vitti, Keith Carradine, Raf Vallone, Christian De Sica. ◆ Durante un festival di Cannes la moglie (Vitti) di un grande produttore s'innamora di un giovane e sprovveduto regista (Carradine). Fiacca commedia americana per la Vitti, che ripropone inalterato il suo personaggio di donna romantica fuori tempo.

Amore per sempre ** (*Forever Young*, Usa 1992, col, 102') Steve Miner. Con Mel Gibson, Jamie Lee Curtis, Elijah Wood, Isabelle Glasser. ◆ Usa, 1939: disperato per la morte della fidanzata, un pilota collaudatore (Gibson) si offre volontario per un esperimento di ibernazione. Si risveglia 50 anni dopo quando un ragazzino (Wood), giocando in una base militare, apre la porta della cella frigorifera e porta l'uomo-surgelato a casa dalla mamma (Curtis). La Storia è andata avanti, ma il vero amore – sopravvissuto all'incidente di gioventù e alle intemperie della vita – aspetta ancora. Quasi una rivisitazione di *E.T.*, con un alieno che viene dal passato invece che dal futuro: una favola ottimistica ma non zuccherosa, spinta in avanti da bambini che non perdono l'aereo ma imparano a guidarlo. Per le appassionate, anche Mel Gibson è per sempre.

Amore piombo e furore ** (*China 9, Liberty 37*, Usa/Italia/Spagna 1978, col, 102') Monte Hellman. Con Fabio Testi, Warren Oates, Jenny Agutter, Franco Interlenghi. ◆ Al pistolero Clayton (Testi) viene risparmiata la vita, purché elimini il contadino Matthew (Oates) che non vuole cedere il suo terreno alla ferrovia: ma, anziché ucciderlo, fugge con sua moglie (Agutter), diventando il bersaglio dei killer al soldo della ferrovia. Western crepuscolare percorso da bagliori sanguigni, che Hellman dirige con la consueta attenzione ai personaggi e mancanza di spettacolarità. La chiave del film è nel personaggio fordiano del giornalista, interpretato da Sam Peckinpah, che offre invano a Clayton la possibilità di diventare una leggenda. Un film fuori dal tempo e dalle convenzioni, forse a consumo esclusivo dei fan del regista, ma tutt'altro che banale. La versione italiana, che risulta firmata per motivi sindacali dall'aiutoregista Antonio Brandt, non è sostanzialmente diversa da quella originale, il cui titolo ermetico è semplicemente un cartello posto a un bivio per indicare due distanze chilometriche. Musiche di Pino Donaggio.

Amore proibito ** (*Le Bienfaiteur*, Francia 1942, b/n, 88') Henri Decoin. Con Raimu [Jules Muraire], Suzy Prim, Jacques Baumer, Charles Granval, Georges Colin, Pierre Larquey, Lucien Galas, Yves Deniaud, Alexandre Rignault, Hélèna Manson. ◆ Cittadino modello a Barfleur-sur-Oron, il signor Moulinet

(Raimu) è in realtà il ricercatissimo Guillot, capo di una banda di ladri parigini; la sua generosità (e le sue buone azioni) gli hanno fatto conquistare la stima dei notabili del paese e l'amore della signora Berger (Prim), ma l'arrivo dell'ispettore Picard (Colin) fa precipitare le cose. Specie di rifacimento dello *Strano signor Vittorio*, ritratto scanzonato di un bandito che sogna l'integrazione sociale, più rispettabile in fondo di tanti suoi onesti concittadini. La sceneggiatura di Pierre Ashelbé e i dialoghi di Yves Mirande, però, sembrano preoccuparsi soprattutto di favorire l'istrionismo di Raimu (e di un cast di grandi caratteristi, a cominciare da Granval e Larquey), e l'ironia antiborghese è cancellata da un finale moralista e «purificatore».

Amore proibito, Un → *Blanche – Un amore proibito*

Amore rinnovato, Un *½ (*She's Having a Baby*, Usa 1988, col, 106') John Hughes. Con Kevin Bacon, Elizabeth McGovern, Alec Baldwin, Isabel Lorca, Paul Gleason. ◆ Appena sposati, i giovani James (Bacon) e Kristy (McGovern) non sono ancora preparati alla vita di coppia, alle pressioni dei suoceri e tanto meno alla prospettiva di avere un figlio. La commedia adolescenziale di Hughes (anche sceneggiatore e produttore) tenta di affrontare temi adulti, ma sempre col solito stile all'acqua di rose. Esordio per Lili Taylor nella scena del laboratorio. Valanga di camei di celebrità (Dan Aykroyd, John Candy, Woody Harrelson, «Magic» Johnson, Michael Keaton, Bill Murray, Olivia Newton-John, Roy Orbison...) che alla fine suggeriscono nomi per il nascituro. Musiche di Stewart Copeland. Ritìtolato in Tv *Tesoro è in arrivo un bebè*.

Amore, ritorna! **½ (*Lover Come Back*, Usa 1961, col, 107') Delbert Mann. Con Rock Hudson, Doris Day, Tony Randall, Jack Oakie, Edie Adams. ◆ La guerra spietata tra due pubblicitari concorrenti (per un prodotto che non esiste) passa ben presto dal campo professionale a quello privato. Commedia brillante, una delle più riuscite del duo Hudson-Day.

Amore rosso ** (Italia 1953, b/n, 98') Aldo Vergano. Con Marina Berti, Massimo Serato, Arnoldo Foà, Guido Celano, Mario Corte, Mario Terribile, Marcella Rovena. ◆ Sardegna, 1910: diventata proprietaria di un grande fondo, Marianna Cosso (Berti) respinge la corte del cugino Sebastiano (Foà) perché innamorata da sempre di Simone Sole (Serato), un servo che ha scelto la libertà e il banditismo. Costituitosi per potersi sposare, Simone è accusato di un delitto che ha in realtà commesso Sebastiano: Marianna lo farà evadere, ma la loro fuga finirà tragicamente. Libera riduzione del romanzo di Grazia Deledda *Marianna Sirca* (sceneggiato, con un titolo fuorviante, da Giorgio Pastina, Carlo Musso, Alberto Vecchietti e Giuseppe Mangione) di cui conserva l'epico ritratto della donna del bandito (interpretata da una Berti volitiva e sofferta, una spanna sopra tutti gli altri attori), il senso religioso della colpa e la coscienza dolorosa di una inesorabile fatalità («amare un bandito non è un peccato, è una sciagura» dice il prete a Marianna). Di suo Vergano sottolinea l'immutabilità delle leggi morali di un mondo barbarico e primitivo portato a scontrarsi inevitabilmente con la legge (specie nel personaggio del bandito Banchine Fera [Celano]) e modifica il finale sommessamente malinconico della Deledda con una caccia all'uomo che conclude tragicamente un amore, in una scena che ricorda l'epilogo di *Duello al sole*.

Amore segreto di Madeleine, L' **½ (*Madeleine*, Gb 1950, b/n, 114') David Lean. Con Ann Todd, Ivan Desny, Norman Woland, Leslie Banks, Barbara Everest, Susan Stranks, Elizabeth Sellars. ◆ Nel 1857, a Glasgow, la figlia di un ricco mercante, Madeleine Smith (Todd), incontra clandestinamente in casa un giovane povero e ambizioso, Emile L'Angelier (Desny): quando, per le pressioni paterne, la ragazza accetta di sposare un uomo alla sua altezza sociale, L'Angelier minaccia di rendere pubblica la loro relazione, ma morirà – avvelenato – qualche giorno dopo il loro ultimo incontro. Arrestata, Madeleine subirà un clamoroso processo. Ispirandosi a un caso giudiziario che all'epoca fece scalpore (sceneggiato da Stanley Haynes e Nicholas Phipps), Lean ripercorre il fatto senza scegliere tra colpevolisti o innocentisti e utilizzando una struttura narrativa tipica da film investigativo, compresa la voce fuori campo che ambienta la vicenda e gli immancabili flashback. Ma dietro la trama – prima melodrammatica e poi gialla – emerge la lotta sociale e morale di Madeleine che, in conflitto tra «la sicurezza domestica e il pauroso abisso dell'indipendenza», cerca di liberarsi sia dell'autoritarismo tradizionale del padre sia dell'ambigua passione di L'Angelier. All'epoca, Ann Todd era la moglie di Lean.

Amore senza fine * (*Endless Love*, Usa 1982, col, 115') Franco Zeffirelli. Con Brooke Shields, Martin Hewitt, Shirley Knight, Don Murray, Richard Kiley, James Spader. ◆ L'amore tra David (Hewitt) e Jade (Shields) è contrastato dal padre di lei, ma il loro sentimento è tanto forte che saprà superare tutto, anche il carcere a cui è condannato David per le conseguenze della sua irruenza. Melodramma caramelloso tutto pieno di luoghi comuni e finti problemi generazionali. Esordio cinematografico di Tom Cruise.

Amore si fa così, L' *½ (Italia 1939, b/n, 77') Carlo Ludovico Bragaglia. Con Enrico Viarisio, Luigi Almirante, Clara Padoa, Jacqueline Prévot [Prévost], Colette Darfeuil, Paolo Stoppa, Edda Soligo, Romolo Costa, Elena Artieri, Jole Tinta, Walter Grant. ◆ Spacciandosi per lo stilista Narciso Mimosa, l'intraprendente Max Dupont (Viarisio) riesce a farsi assumere come direttore dalla casa di mode dove lavora la fidanzata Margherita (Prévot): così favorirà la carriera della ragazza e salverà l'ingenuo titolare (Almirante) dalla truffa che ha organizzato l'infedele amante (Darfeuil). Farsa non molto divertente costruita sull'equivoco di uno scambio di identità (Dupont/Mimosa per non farsi riconoscere si trucca involontariamente come il famoso bandito Barton) che Achille Campanile, ispirandosi a un romanzo di Georges Fagot sceneggiato insieme al regista e Maria Teresa Ricci, cerca di vivificare con l'inarrestabile balbuzie del personaggio di Stoppa (uno stilista diventato investigatore privato) e qualche innocua allusione erotica.

Amore sottocoperta *½ (*Romance on the High Seas*, Usa 1948, col, 99') Michael Curtiz. Con Doris

Day, Jack Carson, Janis Paige, Don DeFore, Oscar Levant, Eric Blore. ◆ La reciproca gelosia spinge un marito e una moglie a farsi sostituire durante una crociera per potersi «pedinare» meglio. Commedia degli equivoci in musica che segna l'esordio di Doris Day: qui canta *It's Magic* e *Put 'em 'n a Box*.

Amore sotto i tetti ** (*Apartment for Peggy*, Usa 1948, col, 99') George Seaton. Con Jeanne Crain, Willian Holden, Edmund Gwenn, Gene Lockhart, Griff Barnett, Randy Stuart, Marion Marshall. ◆ Le intenzioni suicide di un anziano professore di filosofia (Gwenn), convinto di non avere più ragioni per vivere, vengono messe in crisi dall'entusiasmo di Peggy (Crain), giovane moglie incinta dello spiantato studente Jason (Holden): i due si installano in casa sua e gli ridanno la voglia di vivere, ma quando lei partorisce un bimbo morto la disperazione riprende il professore e anche Jason sembra deciso ad abbandonare gli studi. Edificante commedia propagandistica che affronta i problemi postbellici (il reinserimento dei reduci come Jason, il ruolo sociale degli anziani) con zuccheroso eccesso di ottimismo, in parte temperato dall'accattivante recitazione di Gwenn. Interessante, nella sceneggiatura dello stesso Seaton, il ruolo trainante affidato all'indomabile Peggy e – più in generale – alle donne.

Amore splendido, Un **½ (*An Affair to Remember*, Usa 1957, col, 115') Leo McCarey. Con Cary Grant, Deborah Kerr, Richard Denning, Neva Patterson, Cathleen Nesbitt, Robert Q. Lewis, Charles Watts, Fortunio Bonanova. ◆ Una cantante di night (Kerr) e un playboy (Grant) si innamorano durante una crociera, ma siccome nessuno dei due è libero decidono di rivedersi dopo un anno. Nel frattempo la cantante è vittima di un grave incidente; l'amore, però, è più forte della disgrazia e i due si sposeranno egualmente. Dramma a lieto fine che passa con straordinaria fluidità dalla commedia al melodramma, remake di *Un grande amore* (1939) dello stesso regista e a sua volta rifatto nel 1994 da Glenn Gordon Caron come *Love Affair* (*Un grande amore*). L'uso del colore e le molte scene in esterni danno al film un'eleganza che si armonizza con l'opulenza della produzione anche se il film non riesce a toccare i vertici dell'originale (McCarey utilizzò alcuni dei dialoghi originali scritti da Delmer Daves e che non erano stati filmati in *Un grande amore*). La predisposizione della Kerr per le scene drammatiche rende più intensa la seconda parte del film (commovente e melodrammatica) a leggero scapito della prima (divertente e scoppiettante). Vic Damone canta la canzone del titolo. L'incontro finale sull'Empire State Building (visto naturalmente in televisione) avrà una funzione centrale in *Insonnia d'amore* (1993).

Amore stregone, L' *½ (*El amor brujo*, Spagna 1986, col, 98') Carlos Saura. Con Antonio Gades, Cristina Hoyos, Laura Del Sol, Juan Antonio Jimenez. ◆ L'amore tra Carmelo (Gades) e Candela (Hoyos) è ostacolato dalla promessa, impostale quando era bambina, di sposare José (Jimenez) che pure ora ama Lucia (Del Sol). E anche quando José morirà in una rissa, il suo fantasma verrà ogni notte a tormentare Candela fino a quando un esorcismo non libererà i due innamorati. Nato, come *Nozze di sangue* e *Carmen*, dalla collaborazione tra Saura e il ballerino-coreografo Gades, sotto l'egida del produttore Emiliano Piedra, è ispirato all'omonimo balletto che Manuel De Falla musicò nel 1915 su libretto di Gregorio Martinez Sierra e conclude la riflessione – composta in ideale trilogia – sul balletto e la tradizione popolare. Ma il tema dell'*amour fou* non riesce a nascondere un eccesso di intellettualismo e qualche stanchezza d'ispirazione.

Amore sublime **½ (*Stella Dallas*, Usa 1937, b/n, 106') King Vidor. Con Barbara Stanwyck, John Boles, Anne Shirley, Alan Hale, Barbara O'Neal, Tim Holt. ◆ L'operaia Stella (Stanwyck) sposa il distinto Stephen Dallas (Boles) ma non si adatta, lei provinciale, alla vita che lui le propone. Un divorzio risolverebbe molte cose (anche il ritorno di fiamma del marito per la sua prima fidanzata) ma Stella lo accetterà solo molti anni dopo, e solo per favorire le nozze della figlia. Riduzione quasi letterale dell'omonimo romanzo di Olive Higgins Prouty (già filmato con più forza da Henry Vidor nel '25) dove la retorica democraticistica facilita la descrizione della scalata al successo a discapito delle sfumature psicologiche. La Stanwyck (che ricevette una nomination all'Oscar) considerò questa la sua migliore interpretazione, benché lontana dal suo cliché. Rifatto da John Erman (*Stella*, 1990).

Amore sui tetti → *Notte sui tetti, Una*

Amore tossico *½ (Italia 1983, col, 85') Claudio Caligari. Con Cesare Ferretti, Michela Mioni, Enzo Di Benedetto, Roberto Stani, Clara Memtoria. ◆ La vita di un gruppo di ragazzi romani e il loro quotidiano rapporto con la tossicodipendenza: i loro ricordi romantici sono «la prima volta che ci siamo fatti di cocaina» e «la prima volta che ci siamo fatti una pera». Fenomenologia dell'uso e dello spaccio di droga girata con stile documentaristico e interpretata da drogati autentici, che cede in un finale banalmente drammatico (la sceneggiatura è del regista e di Guido Blumir). La regia vorrebbe essere distaccata ma è tanto piatta che rischia di essere voyeuristica (le scene dell'endovena nel collo). Premiato al festival di Venezia come miglior opera prima, e distribuito a suo tempo col patrocinio di Marco Ferreri.

Amore tra le gocce di pioggia ** (*Lásky mezi kapkami deště*, Cecoslovacchia 1979, col, 122') Karel Kachyňa. Con Vladimír Menšík, Lukaš Vaculík, Teresa Pakorná, Jan Hrušínský, Rudolph Hrušínský, Zlata Adamovska, David Vlček, Michal Dlouhý. ◆ Praga, anni Trenta: l'infanzia e l'adolescenza dei fratelli Pepan (Hrušínský, da bambino Dlouhý) e Kajda (Vaculík, da bambino Vlček), figli di un calzolaio rovinato dalle grandi industrie (Menšík), che si contendono le grazie di una loro coetanea (Pakorná). Baldracche felliniane, battaglie stile *Ragazzi della via Pal*, sbronze, liti in famiglia: la rievocazione del passato attraverso il déjà vu, con uno stile che vorrebbe essere caleidoscopico, ma che sembra un po' troppo la versione senile della Nouvelle Vague. Scolastico e leccato, con tanto di insopportabili inserti finto-documentaristici virati in seppia, il film (sceneggiato dal regista con Jan Otčenášek e Vladimir Kalina) ha i suoi momenti migliori nella sua accattivante miscela di patetismo e umorismo.

Amore tra le rovine → *Amore fra le rovine*

Amore trova Andy Hardy, L' ** (*Love Finds Andy Hardy*, Usa 1938, b/n, 90') George B. Seitz. Con Mickey Rooney, Lewis Stone, Fay Holden, Cecilia Parker, Ann Rutherford, Judy Garland, Lana Turner, Betsy Ross Clark, Gene Reynolds. ◆ Andy (Rooney) corteggia contemporaneamente due ragazze. Quarto film con Andy Hardy, e uno dei migliori della serie, con due future dive, Garland e Turner, in due ruoli di contorno, quelli delle ingenue compagne di studi. La Garland canta tre canzoni tra cui *Meet the Beat of My Hart*.

Amore tutto suo, Un ** (*While You Were Sleeping*, Usa 1995, col, 108') Jon Turteltaub. Con Sandra Bullock, Bill Pullman, Peter Gallagher, Peter Boyle, Jack Warden, Glynis Johns, Micole Mercurio, Jason Bernard, Michael Rispoli. ◆ Per un equivoco, la bigliettaia (Bullock) che ha salvato la vita a un avvocato (Gallagher) aggredito in metropolitana è scambiata dalla famiglia riconoscente per la sua fidanzata: tanto l'interessato è in coma. Ma il fratello di lui, Jack (Pullman), non si lascia convincere. Una commediola sentimentale nemmeno tanto originale, sceneggiata da Daniel G. Sullivan e Frederic Lebow, dove il sogno delle giovani *middle class* non è più la carriera ma il calore (un po' reazionario ma tanto confortevole) della famiglia. Per fortuna c'è un grande cast di supporto (Boyle nella parte del possibile suocero, Warden in quella del padrino) e il sorriso contagioso della Bullock.

Amore tzigano **½ (*The Little Minister*, Usa 1934, b/n, 104') Richard Wallace. Con Katharine Hepburn, John Beal, Alan Hale, Donald Crisp, Lumsden Hare, Andy Clyde, Beryl Mercer, Frank Conroy, Mary Gordon, Billy Watson. ◆ Scozia 1840: appena destinato alla comunità di Thrums, il giovane pastore Gavin Dishart (Beal) viene catturato dal fascino impertinente dalla misteriosa zingara Babbie (Hepburn). Gli spettatori capiranno prima di lui che la donna in realtà è una lady, e l'amore non può che trionfare. Melodramma con qualche spunto protosocialista (l'incontro tra Gavin e Babbie avviene per la rivolta degli abitanti di Thrums, tutti lavoratori tessili, contro la riduzione dei salari) tratto da un racconto di James M. Barrie già ridotto per il teatro. La sceneggiatura di Jane Murfin, Sara Y. Mason e Victor Heerman cerca di sfruttare al meglio il fascino della protagonista, sfumando la descrizione della comunità per accentuare tutto ciò che ostacola il trionfo dell'amore (dai pettegolezzi al rigido moralismo della comunità presbiteriana), aiutata da una Hepburn qui davvero bellissima (certi primi piani, fotografati da Henry Gerard, sono indimenticabili), a cui il doppiaggio italiano toglie il lavoro fatto per differenziare la pronuncia della zingara da quella della lady. La storia aveva già avuto cinque versioni mute.

Amore una vita, Un **½ (*Everybody's All American*, Usa 1988, col, 128') Taylor Hackford. Con Jessica Lange, Dennis Quaid, Timothy Hutton, John Goodman. ◆ Storia della vita di un campione di football americano (Quaid) che con gli anni perde smalto e successo, ma non l'affetto della moglie (Lange), nonostante la sbandata di lei per il più giovane nipote (Hutton). Riflessione non scontata sullo sport, mito americano per eccellenza, e sull'inesorabile trascorrere del tempo. Jessica Lange è perfetta nei panni della ragazza media americana.

Amore vuol dir gelosia *½ (Italia/Spagna 1975, col, 95') Mauro Severino. Con Enrico Montesano, Barbara Bouchet, Gino Santercole, Milena Vukotic, Pino Ferrara, Giancarlo Badessi, Eleonora Morana, Carmen Martinez Sierro. ◆ Un dentista di Procida (Montesano) ossessionato dalle donne della sua famiglia (dalla moglie avara e bigotta [Vukotic] alla madre, dalla suocera alla domestica) scopre la libertà innamorandosi della bella ed emancipata milanese Corinna (Bouchet). Un incontro, non molto convincente, tra alcuni tratti della commedia all'italiana con la satira di costume caratteristica degli anni Settanta. Sceneggiatura del regista e José G. Maesso.

Amori di Carmen, Gli *½ (*The Loves of Carmen*, Usa 1948, col, 99') Charles Vidor. Con Rita Hayworth, Glenn Ford, Victor Jory, Ron Randell, Luther Adler. ◆ Per amore della bella zingara Carmen (Hayworth) un caporale dei dragoni (Ford) uccide un superiore e diserta ma poi, tradito dalla donna, la ucciderà. Tratto dalla novella di Mérimée e dall'opera di Bizet, è la Carmen meno convincente e più dispendiosa della storia del cinema, ambientata in una Siviglia di cartapesta.

Amori di Ercole, Gli *½ (Italia/Francia 1960, col, 102') Carlo Ludovico Bragaglia. Con Mickey Hargitay, Jane Mansfield, Massimo Serato, Tina Gloriani, Rossella Como, Moira Orfei, Giulio Donnini, Andrea Aureli, Andrea Scotti, Giovanna Galletti, Olga Solbelli, Gianni Coti, Arturo Bragaglia, Cesare Fantoni. ◆ Prima di poter coronare il suo amore per Deianira (Mansfield), Ercole (Hargitay) dovrà combattere contro il toro di Creta e l'Idra, evitare la vendetta di Ippolita (Gloriani), regina delle amazzoni, e soprattutto smascherare gli intrighi di Licos (Serato). Quarta avventura dell'eroe greco, ma dopo Steve Reeves, l'Ercole di Hargitay è inespressivo e addirittura goffo. L'Idra è una delle prime creazioni (piuttosto approssimativa) del futuro premio Oscar Carlo Rambaldi. Da non perdere solo la scena della foresta degli uomini-pianta, giudicata a ragione una delle più folli e incredibili sequenze nella storia del cinema fantastico.

Amori di mezzo secolo *½ (Italia 1953, b/n, 100') Glauco Pellegrini, Antonio Pietrangeli, Pietro Germi, Mario Chiari, Roberto Rossellini. ◆ Film a episodi. In *L'amore romantico* (Glauco Pellegrini. Con Franco Interlenghi, Leonora Ruffo, Paola Borboni) due innamorati devono accontentarsi di vedersi e... basta; in *Girandola 1910* (Antonio Pietrangeli. Con Lea Padovani, Andrea Checchi, Umberto Melnati, Carlo Campanini) un medico combina matrimoni; in *Guerra 1915-1918* (Pietro Germi. Con Maria Pia Casilio, Albino Cocco) l'amore di due giovani è spezzato tragicamente dalla guerra; in *Dopoguerra 1920* (Mario Chiari. Con Alberto Sordi, Silvana Pampanini, Alba Arnova, Carlo Hintermann) un goffo fascista partecipa alla marcia su Roma e scopre i tabarin della capitale; in *Napoli 1943* (Roberto Rossellini. Con Antonella Lualdi, Franco Pastorino) una ragazza vive una storia d'amore con un soldato italiano mentre la città è sotto i bombardamenti. Cinque episodi di valore diseguale: piatti e oleografici quelli di Pellegrini, di Pietrangeli e di Chiari; più curato nell'ambientazione quello di Germi; Rossellini piacque molto perché sembrò rispolverare il suo neorealismo migliore. Originariamente c'era un sesto episodio (di Domenico Paolella, poi soppresso dalla censura).

Amori di Susanna, Gli ** (*The Affairs of Susan*, Usa 1945, b/n, 110') William A. Seiter. Con Joan Fontaine, George Brent, Walter Abel, Dennis O'Keefe, Don DeFore. ◆ La vita sentimentale di una star di Hollywood (Fontaine) dai tempi del primo amore (un produttore che la scoprì e la lanciò) fino ai successivi incontri amorosi. Piacevole commedia sul mondo e gli amori nello star system, visti dall'interno.

Amori di una bionda, Gli *** (*Lásky jedné plavovlávsky*, Cecoslovacchia 1965, b/n, 84') Miloš Forman. Con Hana Brejchová, Vladimír Pucholt, Josef Šebánek, Vladimír Menšík, Milada Ježková. ◆ Commedia satirica, intelligente e raffinata sugli amori e le illusioni giovanili: Andula (Brejchová), giovane operaia della provincia, si innamora di un musicista (Pucholt) e lo segue in città, sottraendosi così alla monotonia della vita della fabbrica e del convitto dove è ospitata. Ma il sogno di aver trovato l'amore si infrange subito. Il film che rivelò la *Nová Vlna* praghese (equivalente della Nouvelle Vague francese) racconta con delicatezza una fallimentare educazione sentimentale e offre il ritratto di una generazione estranea ai valori della retorica ufficiale: sceneggiato con Ivan Passer e Jaroslav Papoušek, il film trasforma personaggi e situazioni in «referti immediatamente spontanei, vitali e allusivi di un grigiore e un malessere reale», sul filo di uno stile che colpisce ancora oggi per la sua decontrazione e la sua capacità di superare i limiti del bozzetto.

Amori e amicizie ** (*Passion Fish*, Usa 1992, col, 135') John Sayles. Con Mary McDonnell, Alfre Woodard, David Strathairn, Leo Burmester, Vondie Curtis-Hall, Angela Bassett, Nora Dunn. ◆ Costretta sulla sedia a rotelle, l'ex attrice di telenovelas Mary-Alice Culhane (McDonnell) torna al paese natio, nel Sud: cinica e disfattista, trova pane per i suoi denti nell'infermiera Chantelle (Woodard), ruvida ex tossica che le fa tornare la voglia di vivere. Sayles (che venne candidato all'Oscar per la sceneggiatura) gira una specie di soap-opera per adulti pensanti, evitando la maggior parte delle consolazioni e delle smancerie da film hollywoodiano; ma senza rinunciare a tutte le classiche situazioni di una storia di questo tipo, in cui l'amicizia tra donne vince le differenze di ceto e di razza. Brave le attrici, ma come montatore Sayles doveva usare di più le forbici.

Amori e disastri *½ (*Flirting with Disaster*, Usa 1996, col, 92') David O. Russell. Con Ben Stiller, Patricia Arquette, Mary Tyler Moore, Alan Alda, Lily Tomlin, Téa Leoni, George Segal, Richard Jenkins. ◆ Mel Coplin (Stiller), sposato con Nancy (Arquette) e padre di un bimbo, decide di cercare i genitori naturali con l'aiuto di una psicologa in carriera (Leoni): scoprirà che mamma (Tomlin) e papà (Alda) sono due hippies attempati. Poco più di una sit-com per un confronto generazionale che sa molto di anni Ottanta (nei Novanta due genitori così rischiano di essere alla moda): si sorride qua e là e si parteggia per la coppia Tomlin/Alda, squinternata ma simpatica e, grazie alla bravura degli attori, non patetica.

Amori & incantesimi *½ (*Practical Magic*, Usa 1998, col, 104') Griffin Dunne. Con Sandra Bullock, Nicole Kidman, Aidan Quinn, Goran Visnjic, Stockard Channing, Dianne Wiest, Chloe Webb, Margo Martindale. ◆ Una maledizione impedisce a Sally (Bullock) – allevata con la sorella Gillian (Kidman) da due zie streghe (Channing e Wiest) – di innamorarsi, pena la morte dello sventurato. Non solo sconfiggerà il destino, ma accetterà anche la fattucchiera che è in lei. *Le streghe di Eastwick* in versione buonista, con la solita zuppa sulla solidarietà al femminile e le «diverse» che alla fine vengono accettate dalla comunità. Uno di quei film in cui, quando non si sa come andare avanti, si mette una canzone in colonna sonora. Sgangherato e dolciastro, senza regia, senza una sceneggiatura (di Robin Swicord, Adam Brooks e Akiva Goldsman) degna di questo nome.

Amori e ripicche * (*Courtain Call*, Usa 1997, col, 90') Peter Yates. Con James Spader, Michael Caine, Maggie Smith, Polly Walker, Buck Henry, Marcia Gay Harden, Sam Shepard, Valerie Perrine, Frank Whaley. ◆ I fantasmi impiccioni di due attori degli anni Trenta (Caine e Smith) aiutano il giovane editore newyorkese Stevenson Lowe (Spader) a risolvere i suoi guai sentimentali e professionali. Todd Alcott firma una sceneggiatura di disarmante esilità, cui non riescono a dar brio né la professionalità del regista né la fotografia di Sven Nykvist.

Amori e vendette ** (*The Revengers' Comedy*, Gb 1997, col, 84') Malcolm Mowbray. Con Sam Neill, Helena Bonham Carter, Kristin Scott-Thomas, Rupert Graves, Martin Clunes, Steve Coogan, John Wood. ◆ Come in *Delitto per delitto*, Henry (Neill), licenziato, e Karen (Carter), piantata dall'amante, stringono un patto: rovineranno la vita l'uno al peggior nemico dell'altra. Ma Henry si innamora della sua vittima Imogen Staxton-Billing (Scott-Thomas), dolce moglie del rozzo ex amante di Karen, che dal canto suo giura vendetta contro la nuova coppia. La farsa di Alan Ayckbourn, adattata dal regista, sullo schermo diventa un meccanico e prevedibile elogio della cattiveria. La solita satira dell'alta società, tra partite di caccia e matti di famiglia. Humour nero inglese? Può darsi, ma con facilonerie che non fanno parte della tradizione.

Amori in corso **½ (Italia 1989, col, 82') Giuseppe Bertolucci. Con Francesca Prandi, Stella Vonderman, Amanda Sandrelli. ◆ Tre ventenni si ritrovano in un casale emiliano per studiare, ma soprattutto per aspettare un uomo, che tutte dicono di amare. Anche se si scopre che non è proprio così. Scritto con Lidia Ravera e Mimmo Rafele, è lo studio di tre psicologie a contatto con la sfera dei sentimenti. Un film tenero e malinconico, a volte un po' ingenuo, sulla complicità e l'ambiguità femminile.

Amori miei ** (Italia 1978, col, 100') Steno [Stefano Vanzina]. Con Monica Vitti, Johnny Dorelli, Enrico Maria Salerno, Edwige Fenech. ◆ Una signora (Vitti) trascurata dal marito giornalista (Dorelli) si costruisce una seconda identità e sposa un maturo professore. La situazione raggiunge il punto critico quando la donna s'accorge di essere incinta. Da una «commedia con musiche» di Iaia Fiastri ridotta (senza canzoni) dall'autrice, una storia che ammicca con insistenza a certi temi femministi ma che non perde una sua garbata brillantezza.

Amori pericolosi ** (Italia 1964, b/n, 106') Giulio Questi, Carlo Lizzani, Alfredo Giannetti. ◆ Film ad episodi. In *Il passo* (Giulio Questi. Con Juliette Mayniel, Frank Wolff, Graziella Granata) un ufficiale, con la complicità della cameriera-amante, decide di avvelenare la moglie zoppa, ma costei, prima di morire, spara alle gambe della cameriera, rendendola invalida per sempre; in *La ronda* (Carlo Lizzani. Con Ornella Vanoni, Jean Sorel, Lola Braccini) una prostituta, in carcere per aver ucciso il suo protettore, cerca di evadere corrompendo un giovane soldato, ma lui la uccide per non essere accusato di favoreggiamento; in *Il generale* (Alfredo Giannetti. Con Sandra Milo, Gregoire Aslan, Gérard Blain, Bice Valori) un anziano generale pluridecorato muore nell'alcova della sua amante, ma la donna, con l'aiuto del giovane attendente, riesce a far figurare che la morte sia dovuta a un incidente automobilistico. Sull'eterno tema dell'amore, una commediola nera, un asciutto dramma teatrale e una farsa colorita: nel complesso tre prove discrete, che oggi destano curiosità soprattutto per la presenza della Vanoni nella parte della prostituta e della Milo in quella dell'amante del generale.

Amori proibiti ** (*In the Cool of the Day*, Usa/Gb 1963, 91') Robert Stevens. Con Peter Finch, Jane Fonda, Arthur Hill, Angela Lansbury, Constance Cummings, Alexander Knox, Nigel Davenport, John Le Mesurier, Valerie Taylor, Andreas Markos, George Coulouris. ◆ L'incontro tra Michael (in originale Murray) Logan (Finch) e Christine Bonner (Fonda) – lui considerato dalla moglie Sybil (Lansbury) responsabile della morte del figlio, lei protetta in maniera eccessiva dall'apprensivo marito (Hill) – fa nascere un'amicizia che diventerà amore durante una vacanza in Grecia. Un melodramma curioso soprattutto in negativo, per come il moralismo ancora imperante a Hollywood soffoca ogni possibile sovvertimento dell'ordine familiare. Sceneggiato da Meade Roberts a partire dal romanzo di Susan Ertz, ma con più di un debito verso il mondo sensuale di Lawrence Durrell (il suo *Le isole greche* è citato esplicitamente), il film si regge soprattutto sull'intensa recitazione degli attori ma è diretto in maniera anonima e molto datata. La canzone del titolo è cantata da Nat King Cole.

Amor mio non muore..., L' *½ (Italia 1938, b/n, 75') Giuseppe Amato [e Mario Bonnard]. Con Eduardo De Filippo, Alida Valli, Peppino De Filippo, Titina De Filippo, Mario Gallina, Giuseppe Porelli, Roberta Mari. ◆ Per ritrovare Maria (Valli), la donna che aveva amato vent'anni prima, Lorenzo (Eduardo De Filippo) assolda un detective (Peppino De Filippo), ma la troverà talmente sciupata da una vita di stenti e da tre figli che non si farà nemmeno riconoscere. Scritta dai tre fratelli De Filippo e da Raffaello Matarazzo, è una commedia che oscilla tra patetismo e farsa (per la prova di Peppino come impacciato investigatore privato dell'agenzia Celerissima), appesantita da «inquadrature sghembe e dialoghi pretenziosi». La lavorazione, iniziata nel 1937, fu interrotta tre mesi per l'attacco di tifo che colpì Eduardo, e quando il film fu ripreso il produttore Peppino Amato (che qui aveva esordito nella regia), lasciò la responsabilità delle riprese a Mario Bonnard. Il primo vero ruolo da protagonista della Valli.

Amor non ho! Però, però... *½ (Italia 1951, b/n, 90') Giorgio Bianchi. Con Renato Rascel, Gina Lollobrigida, Luigi Pavese, Carlo Ninchi, Aroldo Tieri, Franca Marzi, Kiki Urbani, Adriana Danieli, Virgilio Riento, Riccardo [poi Raimondo] Vianello, Galeazzo Benti, Giuseppe De Martino, Gastone [poi Gabriele] Tinti. ◆ Disperata per le ingiuste accuse al fidanzato, Gina (Lollobrigida) tenta il suicidio: verrà «salvata» dal povero Teodoro (Rascel) che la proteggerà dalle attenzioni dell'invadente Scutipizzo (Pavese), le ridarà la voglia di vivere e troverà anche le prove dell'innocenza del fidanzato. La solita trama-pretesto per permettere a Rascel di esibirsi nei suoi numeri da varietà riceve un pizzico di originalità dall'ambientazione della prima parte, la stamberga-magazzino-antro delle meraviglie di Scutipizzo in cui vive lo stralunato Teodoro e dove si può riconoscere l'influenza di Giuseppe Marotta, coautore della sceneggiatura con Mario Brancacci, Vittorio Veltroni, Augusto Borselli e Franco Riganti.

Amorosa * (*Amorosa*, Svezia 1986, col, 117') Mai Zetterling. Con Stina Ekblad, Erland Josephson, Philip Zandén, Peter Schmidt. ◆ La vita esagitata di Agnes von Krusenstjerna (Ekblad), scrittrice svedese paragonata in patria a D.H. Lawrence e a Colette: si ribella all'ipocrisia della famiglia nobile, e sposa un uomo di dubbia fama (Josephson), che si rivela un ottimo amministratore del suo talento letterario. Tra una capatina al manicomio e un soggiorno in Italia, un ritratto serioso quanto convenzionale nel suo anticonformismo, firmato da una regista ormai lontana dagli scandali che faceva negli anni Sessanta. Di brutte riprese del carnevale di Venezia se ne sono viste tante, nel cinema recente (vedi *Acque di primavera*): ma così brutte, mai.

Amorosi, Gli ** (*Älskande par*, Svezia 1964, b/n, 108') Mai Zetterling. Con Harriet Andersson, Gunnel Lindblom, Eva Dahlbeck, Anita Björk, Gunnar Björnstrand, Gio Petré, Anja Boman, Jan Malmsjö, Heinz Hopf, Hans Strååt, Frank Sundström. ◆ Nella Stoccolma del 1915 tre donne di diversa estrazione sociale, in attesa di partorire nella medesima clinica, rivivono il proprio passato: Adele (Lindblom), dopo la rovina della famiglia, ha sposato l'amministratore dei Landborg; Agda (Andersson) arriva nella stessa famiglia come modella di un pittore (Malmsjö) che la sposa solo per coprire una relazione omosessuale; Angela (Petré), orfana sin dall'infanzia, viene accolta tra i Landborg da Petra (Björk), innamorata di lei, e si fa sedurre da un uomo maturo che poi l'abbandona. Tratta da un ciclo di romanzi di Agnes von Krusentstjerna (sceneggiati dalla regista e da David Hughes), l'opera prima di Mai Zetterling, già nota attrice svedese, è un cupo dramma corale, frammentato in una serie ininterrotta di flashback ma raccontato con una certa scorrevolezza. Attraversato da un'ottica dichiaratamente femminista, il film ha i suoi momenti migliori, acri e pungenti, quando riesce a emanciparsi dagli echi evidenti di Strindberg (*La signorina Giulia*) e Bergman (la cui presenza incombe direttamente, attraverso il cast e il direttore della fotografia Sven Nykvist), per descrivere l'infelice condizione femminile nei suoi variegati, ma sempre perdenti, rapporti con gli uomini. In originale dura 118'.

Amos & Andrew ** (*Amos & Andrew*, Usa 1993, col, 94') Max E. Frye. Con Nicolas Cage, Samuel L. Jackson, Dabney Coleman, Michael Lerner, Brad Dourif. ◆ Andrew Sterling (Jackson), commediografo di colore e premio Pulitzer, si trasferisce in un quartiere di bianchi e viene scambiato dai vicini per un ladro. Quando il commissario si rende conto dell'errore scarcera un piccolo delinquente, Amos (Cage), affinché si intrufoli nella casa dello scrittore e lo prenda in ostaggio. Ma Amos e Andrew diventano amici e uniscono le loro forze contro i persecutori. Una commedia caustica sull'ipocrisia della borghesia bianca americana, benpensante e razzista: avvocati perbene e sadomaso, commissari in carriera, agenti zelanti e maniacali. La coppia Jackson-Cage, quantomai eterogenea e «forzata» dai pregiudizi altrui, si rivela professionalmente ben assortita. Peccato che gli intenti di satira sociale, ben delineati all'inizio, perdano via via mordente e il film finisca per assestarsi su uno standard disneyano.

Amour à mort, L' **½ (*L'Amour à mort*, Francia 1984, col, 92') Alain Resnais. Con Sabine Azéma, Fanny Ardant, Pierre Arditi, André Dussollier. ◆ Una coppia di pastori protestanti (Ardant e Dussolier) non sa come consolare un'amica (Azéma) disperata per la morte, più volte annunciata, del marito (Arditi). Finirà per suicidarsi, unico modo per ricongiungersi al suo grande amore. Un film particolarissimo, scritto da Jean Gruault, costruito come una «composizione musicale» che parla dell'unico amore capace di andare oltre la morte, il surrealista *amour fou*, trasformato qui in una specie di religione laica e terrena. Discutibile ma emotivo e affascinante. Enigmatici siparietti con musiche di Hans Werner Henze.

Amour braque – Amore balordo, L' * (*L'Amour braque*, Francia 1985, col, 87') Andrzej Zulawski. Con Francis Huster, Tcheky Karyo, Sophie Marceau, Michel Albertini. ◆ Mickey (Huster) s'innamora della donna di un suo amico, costretta a loschi legami con quattro fratelli malavitosi. Libera e personalissima, ma delirante e quasi irraccontabile trasposizione del romanzo *L'Idiota* di Dostoevskij con un finale inaspettato: forse è tutta una recita di teatro. La Marceau non riesce però a dare al personaggio della ragazza l'incisività e lo spessore che il ruolo richiede. In originale 100'.

Amsterdamned ** (*Amsterdamned*, Olanda 1988, col, 113') Dick Maas. Con Huub Stapel, Monique Van de Ven, Serge-Henri Valcke, Tanneke Hartsuiker. ◆ Ad Amsterdam un serial killer sommozzatore emerge dai canali per uccidere le sue vittime all'arma bianca: il sindaco si preoccupa per il turismo, un poliziotto (Stapel) indaga, uno psicoanalista viscido si attira i sospetti. Scritto dal regista, un thriller alla Dario Argento tecnicamente competente, anche se improbabile e disonesto nel servire la soluzione dell'enigma. Dosi industriali di ketchup corrette da un *sense of humour* cinico e grassoccio tipicamente olandese.

A muso duro ** (*Mr. Majestyc*, Usa, 1974, col, 103') Richard Fleischer. Con Charles Bronson, Al Lettieri, Linda Cristal, Lee Purcell, Alejandro Rey. ◆ Guai e violenza si abbattono su un coltivatore di angurie (Bronson) del Colorado che si ribella alla mafia locale. Sceneggiatura pseudoironica di Elmore Leonard al servizio del solito cliché bronsoniano: un duro sopravvissuto e decorato in Vietnam.

Anaconda *½ (*Anaconda*, Usa 1997, col, 89') Luis Llosa. Con Jon Voight, Jennifer Lopez, Eric Stoltz, Ice Cube, Jonathan Hyde, Kari Wuhrer, Danny Trejo. ◆ Nella giungla amazzonica un serpentone (opera in gran parte della computer graphic) si mangia gli incauti partecipanti a una spedizione di documentaristi: chi si salverà? Voight gigioneggia indecentemente nella parte di una specie di Achab cattivo ossessionato dal rettile. Per il resto modesti spaventi e calma piatta.

Analisi di un delitto ** (*A Murder of Crows*, Usa 1998, col, 99') Rowdy Harrington. Con Cuba Gooding jr, Tom Berenger, Marianne Jean-Baptiste, Ashley Laurence, Eric Stoltz, Mark Pellegrino. ◆ New Orleans: l'avvocato radiato Lawson Russell (Gooding jr) diventa ricco e famoso con un romanzo ricevuto da uno sconosciuto (Pellegrino). Peccato che vi siano descritti dei veri delitti rimasti insoluti: l'ex legale si trasforma così, agli occhi della polizia, nell'indiziato principale. Simpatico gialletto (scritto dal regista) con qualche spunto quasi interessante, compromesso dai colpi di scena più scontati e da una ridicola voce over che cita a sproposito Aristotele e Goethe («il famoso scrittore tedesco»).

Analisi finale ** (*Final Analysis*, Usa 1992, col, 124') Phil Joanou. Con Richard Gere, Kim Basinger, Uma Thurman, Eric Roberts, Paul Guilfoyle, Keith David, Robert Harper, Agustin Rodriguez. ◆ San Francisco: uno psicoanalista di grido (Gere) si innamora della sorella (Basinger) di una sua paziente (Thurman) e, quando la sa accusata dell'assassinio del marito, cerca con ogni mezzo di farla assolvere invocando la temporanea «incapacità di intendere e di volere». Ci riuscirà, ma avrà una sorpresa amarissima. Sceneggiato da Wesley Strick, un noir che mescola azione e psicanalisi strizzando l'occhio a Hitchcock ma non evita la sensazione del già visto. Il meglio sono le scenografie di Dean Tavoularis, la fotografia di Jordan Cronenweth e la colonna sonora di George Fenton. Per la Basinger (che nella scena più hard si è fatta sostituire da una controfigura, Shelley Michelle) quasi un'autocitazione: soffre di ebbrezza patologica come in *Appuntamento al buio*.

Anastasia ****½** (*Anastasia*, Usa 1956, col, 105') Anatole Litvak. Con Ingrid Bergman, Yul Brynner, Helen Hayes, Akim Tamiroff. ◆ La storia romanzata della presunta figlia dello zar Nicola II, l'unica secondo la leggenda a essere scampata all'eccidio della famiglia reale: la giovane priva di memoria (Bergman) che il generale (e imbroglione) Bunin (Brynner) vuole far passare per l'infelice principessa non sarà per caso la vera erede al trono? Un melodramma avvincente e teso ma un po' soffocato dalle esigenze della megaproduzione. Memorabile la scena del confronto tra la ragazza e la nobildonna russa (Hayes) che deve stabilire la verità. Oscar alla Bergman che venne così «perdonata» da Hollywood dopo lo scandalo della sua unione con Roberto Rossellini.

Anastasia ****** (*Anastasia*, Usa 1997, col, 94') Don Bluth, Gary Goldman.◆ Fuggite a Parigi dopo la rivolta scatenata dal bieco Rasputin, l'imperatrice Maria e la piccola Anastasia si perdono di vista: per incassare la ricompensa sul ritrovamento della piccola, il garzone Dimitri vuole sfruttare la somiglianza tra l'orfanella Anya e la principessa Romanov, ma il caso e la maledizione di Rasputin non hanno finito di colpire. La risposta della Fox ai film d'animazione Disney: nessun risparmio, molta computer animation e una cura particolare per le coreografie musicali, anche se le sequenze migliori sono quelle, vorticose, scatenate da Rasputin, fuga di nonna e bambina compresa. Se per la clamorosa manipolazione storica sembra un cartoon da guerra fredda (falce e martello, va da sé, sono il simbolo dei cattivi), dal punto di vista narrativo *Anastasia* è il pretesto per una fiaba alla Cenerentola, dove il principe azzurro in realtà è un proletario. Nella versione italiana Anastasia è doppiata da Tosca, Dimitri da Fiorello.

Anastasia, mio fratello ****** (Italia 1973, col, 122') Steno [Stefano Vanzina]. Con Alberto Sordi, Richard Conte, Edoardo Fajeta, Luciano Pigozzi, Franco Angrisano. ◆ Arrivato a New York, don Salvatore Anastasia (Sordi) compie opere di bene a Little Italy senza rendersi conto che gli è permesso agire solo in quanto fratello di un grosso boss mafioso. Liberamente ispirato all'omonimo libro di don Salvatore Anastasia, sceneggiato da Sordi e Amidei (con un contributo di Alberto Bevilacqua) il film non è che «un fragile veicolo di fragile comicità».

Anatomia di un omicidio *****½** (*Anatomy of a Murder*, Usa 1959, b/n, 160') Otto Preminger. Con James Stewart, Lee Remick, Ben Gazzara, Arthur O'Connell, Eve Arden, George C. Scott, Kathryn Grant. ◆ Un avvocato di provincia (Stewart) accetta di difendere un tenente (Gazzara) reo confesso dell'omicidio di chi gli aveva violentato la moglie (Remick). Tratto dal bestseller di Robert Traver, sceneggiato da Wendell Mayes, è un'analisi acuta e appassionante della giustizia come gioco formale, tutto basato sull'intelligenza e il ruolo della parola, dove (premingerianamente) la realtà e la verità rimangono ambigue. Il film ebbe guai con la censura a causa dei riferimenti sessuali nei dialoghi. Ottimi tutti gli attori (Stewart fu premiato a Venezia); il giudice è interpretato da Joseph N. Welch, un vero magistrato, famoso come supervisore alle udienze della Commissione McCarthy. Cammeo per Duke Ellington (autore della colonna sonora) che suona al piano con Stewart. I titoli di testa sono disegnati da Saul Bass.

Anatomia di un rapimento ******* (*Tengoku to Jigoku*, Giappone 1963, b/n, 142') Akira Kurosawa. Con Toshiro Mifune, Tatsuya Mihashi, Kyoto Kagawa, Tsotomu Yamazaki, Tatsuya Nakadai, Yutaka Sada. ◆ Uno studente (Yamazaki) rapisce il figlio di un industriale (Mifune) ma si sbaglia con quello del suo autista. L'uomo accetta comunque di pagare il riscatto, perdendo così i mezzi per realizzare un suo piano finanziario. Il romanzo di Ed McBain (*Due colpi in uno*, sceneggiato dal regista con Ryuzo Kikushima e Hideo Oguni) è lo spunto per una indagine sul male, il delitto, la complementarità dei destini umani, i legami segreti tra vittima e carnefice (dopo l'arresto l'industriale incontra il rapitore poco prima che venga giustiziato) in un alternarsi di scene tese e spettacolari (il pagamento del riscatto, l'inchiesta poliziesca) ad altre tragiche e disperate (il quartiere dei drogati, l'agonia della cavia umana). Evidenti influssi dei *Demoni* di Dostoevskij.

Anatomia di un suicidio → *Je t'aime, je t'aime – Anatomia di un suicidio*

Anatra all'arancia, L' ***½** (Italia 1975, col, 110') Luciano Salce. Con Ugo Tognazzi, Monica Vitti, Barbara Bouchet, John Richardson, Sabina De Guida. ◆ Per riconquistare la moglie (Vitti) che si è invaghita di un aitante giovanotto, un pubblicitario (Tognazzi) mette in atto tutti i trucchi del mestiere compreso il piatto-simbolo della loro luna di miele, un'appetitosa anatra all'arancia. Dalla commedia omonima di W. Douglas Home e M. Gilbert Sauvajon, un film senza nerbo dove anche Tognazzi gira a vuoto. La Bouchet si mostra generosamente.

Anche gli angeli mangiano fagioli ****** (Italia 1973, col, 128') E.B. Clucher [Enzo Barboni]. Con Giuliano Gemma, Bud Spencer [Carlo Pedersoli], Robert Middleton, Steffen Zacharias, Bill Vanders. ◆ Per sopravvivere nell'America degli anni Trenta due squattrinati vagabondi (Gemma e Spencer) si mettono al soldo di un boss della malavita. Ma quando si tratta di fare i cattivi sul serio, non ci riescono e finiscono addirittura per proteggere i negozianti che dovevano taglieggiare. Gemma sostituisce degnamente Terence Hill, abituale partner di Spencer. Grande successo commerciale.

Anche gli angeli tirano di destro ***½** (Italia 1974, col, 120') E.B. Clucher [Enzo Barboni]. Con Giuliano Gemma, Ricky Bruch, Laura Becherelli, Dominic Barto, Pupo De Luca, Paolo Zilli. ◆ Il giovane Sunny (Gemma) vuole diventare il boss di Mulberry Street, ma l'amore per la bella Virginia (Becherelli) e il suo cuore d'oro lo faranno schierare al fianco del prete della parrocchia (Bruch), che tra l'altro tira di boxe come un vero campione. Ingenua parabola popolaresca dove la retta via si ritrova a schiaffoni e il lieto fine è scontato. Ricky Bruch, comunque, fa rimpiangere Bud Spencer.

Anche gli eroi piangono ***½** (*The Proud and Profane*, Usa 1956, b/n, 110') George Seaton. Con Deborah Kerr, William Holden, Thelma Ritter, William Redfield, Dewey Martin. ◆ Seconda guerra mondiale: cercando tracce del marito ferito a Guadalcanal, una crocerossina (Kerr) incontra il rude colonnello Black (Holden), che prima la seduce, poi scopre di amarla. La guerra insegnerà a entrambi a migliorare il proprio carattere. I luoghi comuni abbondano, le convenzioni vengono rispettate, la morale borghese è salva.

Anche gli uccelli uccidono **½ (*Brewster McCloud*, Usa 1970, col, 105') Robert Altman. Con Bud Cort, Sally Kellerman, Michael Murphy, Shelley Duvall, Stacy Keach, René Auberjonois. ◆ Nei sotterranei dell'astrodromo di Huston, Brewster McCloud (Cort) cerca di imparare a volare, ma tradendo gli insegnamenti della sua protettrice (Kellerman) si innamora e perde la concentrazione. Una favola amara sul bisogno di volar via dalle miserie della civiltà americana, dove emerge tutta la voglia di improvvisare e sbeffeggiare di Altman, compreso un hotel col secondo nome di Nixon, Milhouse. Grande «metamorfosi avicola» di René Auberjonois, il professore che insegna ornitologia.

Anche i boia muoiono **½ (*Hangmen Also Die!*, Usa 1942, b/n, 131') Fritz Lang. Con Brian Donlevy, Walter Brennan, Anna Lee, Gene Lockhart, Dennis O'Keefe. ◆ Nella Praga del 1942 tutta la città si coalizza nell'accusare ingiustamente di assassinio un collaborazionista (Lockhart), mentre il vero colpevole, un partigiano (Donlevy), viene nascosto e così i nazisti sono costretti a eliminare la loro quinta colonna. Cosceneggiato assieme al regista e a John Wexley da Bertolt Brecht (che però finì per litigare con Lang), un film che scandalizzò perché giustificava ed esaltava la menzogna. Ancora espressionista la fotografia (con molti chiaroscuri) di James Wong Howe, l'angolazione della macchina da presa e l'uso simbolico delle cose (la bombetta che rotola via durante l'assassinio). Termina con la didascalia «Non la fine».

Anche i cani vanno in Paradiso → *Charlie – Anche i cani vanno in Paradiso*

Anche i commercialisti hanno un'anima *½ (Italia 1994, col, 110') Maurizio Ponzi. Con Renato Pozzetto, Enrico Montesano, Sabrina Ferilli, Milena Vukotic, Guido Nicheli, Laura Betti, Pina Cei. ◆ Fidanzata a Roberto (Montesano), un impiegato scarsamente ambizioso, Sonia (Ferilli) identifica il suo ideale di successo in un commercialista maneggione (Pozzetto). I tre si ritroveranno sullo stesso aereo per l'India: il faccendiere tangentista in fuga dalle sue responsabilità, Sonia trascinata da una santona buddista (Vukotic) e Roberto sempre al seguito. Commedia fiacca e prevedibile sui temi del momento, Tangentopoli e buddismo. Della sceneggiatura scritta a dieci mani (!), a partire da un soggetto di Umberto Marino, si salva solo qualche battuta isolata, la regia è piatta e gli attori non possono fare granché. Peccato per Pozzetto (anche coproduttore), una volta tanto al di fuori delle solite farse volgari, mentre la giovane Sabrina Ferilli stupisce per la sua disinvoltura di attrice comica.

Anche i dottori ce l'hanno **½ (*The Hospital*, Usa 1971, col, 103') Arthur Hiller. Con George C. Scott, Diana Rigg, Barnard Hughes, Nancy Marchand, Stockard Channing. ◆ Il primario (Scott) è stanco di sopportare la follia, le nevrosi, i traffici ufficiali e non dell'ospedale in cui lavora, ma la deontologia professionale ha la meglio sui suoi dubbi e debolezze. Strano e divertente film dall'atmosfera stralunata che ricorda un po' quelli dei fratelli Marx. Oscar per il soggetto a Paddy Chayefsky.

Anche i nani hanno cominciato da piccoli **½ (*Auch Zwerge haben klein angefangen*, Rft 1970, b/n, 96') Werner Herzog. Con attori non professionisti. ◆ La ribellione di una colonia penale di nani porta al caos e all'esplosione di una serie di crudeltà, rivolte contro gli animali (una scimmia crocifissa, una scrofa macellata), ma anche contro i fratelli più deboli (il cieco). Se l'allegoria della rivoluzione ha fatto il suo tempo, la rappresentazione deformata del mondo «normale» resta un pugno nello stomaco. Il più estremo e disturbante film di Herzog. All'epoca l'autore dovette noleggiare delle sale per riuscire a proiettarlo. L'immagine del camion che gira in circolo ritorna nella *Ballata di Stroszek*. Girato alle Canarie e recitato solo da nani.

Anche lei fumava il sigaro *½ (Italia 1986, col, 92') Alessandro Di Robilant. Con Maurizio Donadoni, Marietta Mehes, Alessandro Haber, Harumiko Yamanouchi. ◆ Un rapinatore omicida (Donadoni) si innamora di una prostituta (Mehes, che va in giro con un materasso sulla schiena per far prima), diventa una rockstar, e fugge con lei verso orizzonti felici. Tentativo di noir fumettistico e postmoderno girato nell'hinterland milanese, e che fa leva sull'assurdo e sul tono provocatorio. Sostanzialmente velleitario, anche se talmente scombiccherato da riuscire, a tratti, abbastanza simpatico.

Anche questo è amore → *He Said, She Said – Anche questo è amore*

Ancora e per sempre ** (*Let's Do It Again*, Usa 1953, col, 95') Alexander Hall. Con Jane Wyman, Ray Milland, Aldo Ray, Leon Ames, Don Ameche, Tom Helmore. ◆ Lui (Milland) s'inventa viaggi inesistenti per poter comporre canzoni in pace, lei (Wyman) finge di aver passato una notte con un amico (Ray) per ingelosirlo. Giungeranno sull'orlo del divorzio ma poi arriverà l'inevitabile riconciliazione. Rifacimento musicale di *L'orribile verità* di Leo McCarey (1937) senza la verve dell'originale. Il miglior numero musicale si sente inciso in un disco (Dick Haymes che canta *Anyone But You*).

Ancora insieme *½ (*Together Again*, Usa 1944, b/n, 100') Charles Vidor. Con Irene Dunne, Charles Boyer, Charles Coburn, Mona Freeman. ◆ Una vedova (Dunne) vuole far erigere un monumento al defunto marito, sindaco della cittadina di provincia, e commissiona l'opera a un affascinante scultore newyorkese (Boyer). Romanticismo di routine.

Ancora insieme *½ (*Sweet Hearts Dance*, Usa 1989, col, 98') Robert Greenwald. Con Don Johnson, Susan Sarandon, Jeff Daniels, Elizabeth Perkins. ◆ Crisi e problemi di due coppie nel Vermont, a partire da un solido rapporto di amicizia virile, scanditi dalle date forti del calendario (Halloween, il giorno del Ringraziamento). Gli sbandamenti generazionali di un'America non metropolitana. Qualche luogo comune di troppo.

Ancora 48 ore ° (*Another 48 HRS*, Usa 1990, col, 94') Walter Hill. Con Nick Nolte, Eddie Murphy, Brion James, Kevin Tighe, Ed O'Ross, David Anthony Marshall, Bernie Casey. ◆ Sulle tracce di un misterioso trafficante di droga, l'ispettore bianco Cates (Nolte) torna a chiedere aiuto al nero Reggie Hammond (Murphy), proprio nel giorno in cui viene liberato dopo sette anni di galera: anche se controvoglia, si daranno manforte per fermare due killer motociclisti e smascherare due poliziotti corrotti. Per il sequel del fortunato *48 ore*, Walter Hill assembla con svogliato mestiere la stessa miscela di sparatorie e risate sguaiate. Ma questa volta l'irrefrenabile loquela del comico di colore non è più così spigliata e tutto si riduce a una serie innumerevole di specchi e vetrate sfondate al rallentatore. Una delusione per tutti, fan di Eddie Murphy e di Walter Hill compresi.

Ancora una domanda, Oscar Wilde! *** (*Oscar Wilde*, Gb 1960, b/n, 98') Gregory Ratoff. Con Robert Morley, Phyllis Calvert, John Neville, Ralph Richardson, Dennis Price, Alexander Knox. ◆ La scandalosa relazione tra Oscar Wilde (Morley) e il giovane Lord Alfred è troppo ostentata per non suscitare scandalo: il consigliere della Corona Edward Carson (Richardson) si incaricherà di condurre un processo esemplare per la moralità vittoriana. Distribuito contemporaneamente al *Garofano verde*, la versione cinematografica della pièce di Jo Eisinger è un sofferto ritratto della personalità di Wilde, puntualmente analizzata nel lungo processo durante il quale accusato e accusatore scavano dentro le pieghe di una vita, ma anche di una società. Straordinaria la prova di Morley (che aveva già recitato il personaggio a teatro), forse un po' vecchio per la parte ma proprio per questo capace di dare al suo Oscar Wilde una dimensione tragica e autodistruttiva, che forse è la vera chiave per capirne il mito. Bella fotografia di Georges Perinal.

Ancora una volta *½ (*Once Around*, Usa 1991, col, 115') Lasse Hallström. Con Richard Dreyfuss, Holly Hunter, Danny Aiello, Laura San Giacomo, Gena Rowlands, Roxanne Hart, Griffin Dunne. ◆ Esasperata dagli indugi del fidanzato (Dunne), la non più giovanissima Renata Bella (Hunter) parte per le Antille, dove incontra l'uomo della sua vita: Sam Sharpe (Dreyfuss), esuberante, forse un po' truffaldino, sicuramente un po' troppo maturo. In famiglia non digeriscono le nozze, ma il neomarito si ammala e toglie presto il disturbo. All'insegna della «carineria» innocua, il primo film americano del regista svedese di *La mia vita a quattro zampe* è stato un fallimento commerciale, e in Italia è arrivato solo in cassetta. Il cast di lusso non può fare molto per dare vita a personaggi sul filo della caricatura. Dunne e Dreyfuss sono anche coproduttori.

Ancora una volta con sentimento *½ (*Once More, with Feeling*, Usa 1960, col, 92') Stanley Donen. Con Yul Brynner, Kay Kendall, Maxwell Shaw, Mervyn Johns. ◆ Solo la pazienza e l'amore di un'arpista (Kendall) riescono a smussare il pessimo carattere di un direttore d'orchestra (Brynner). Così, quando lei se ne va, la carriera del maestro entra in crisi. Commedia senza molta verve ma parecchi luoghi comuni sulle nevrosi tipiche degli artisti. Ultima interpretazione della Kendall.

Ancora vivo ° (*Last Man Standing*, Usa 1996, col, 101') Walter Hill. Con Bruce Willis, David Patrick Kelly, Christopher Walken, Bruce Dern, Alexandra Powers, William Sanderson, Karina Lombard, Ned Eisenberg. ◆ Il killer John Smith (Willis), capitato per caso a Jericho, una polverosa cittadina di frontiera texana, mette in palio la sua pistola tra i due gangster locali, un irlandese (Kelly) e un italiano (Eisenberg): destreggiandosi tra doppi giochi e incassando dosi massicce di botte, riuscirà ad ammazzare tutti. Trasportando negli anni Trenta *La sfida del samurai* di Kurosawa, Hill (anche sceneggiatore) tiene conto del remake che ne aveva già fatto Sergio Leone (*Per un pugno di dollari*) e del classico *Piombo e sangue* di Hammett che, secondo alcuni, è all'origine di tutto: ma dal palinsesto di influssi (c'è anche un po' di John Woo nelle sparatorie) esce un film nato vecchio, che aspira invano al romanticismo nero e invece avrebbe disperato bisogno di iniezioni di humour tarantiniano. Musica di Ry Cooder e fotografia di Lloyd Aherne. Sprecato Walken nella parte di uno scagnozzo che sembra Buster Keaton con una cicatrice.

Andrei Rubliov **** (*Andrej Rublëv*, Urss 1969, b/n, 190') Andrej Tarkovskij. Con Anatol' Solonitzyn, Ivan Lapikov, Nikolaj Grinko, Nikolaj Sergeev, Irma Tarkovskaja, Rolan Bykov. ◆ Otto momenti della vita del monaco e pittore di icone Andrej Rublëv (Solonitzyn) vissuto tra il 1370 e il 1430: un viaggio a Mosca; una prima discussione col pittore greco Teofane (Sergeev) sul rapporto tra uomo e Dio; una seconda su come dipingere la Passione; una festa pagana tra i boschi; il lavoro di Rublëv a un affresco sul Giudizio universale; l'invasione dei Tartari e la difesa da parte del monaco di una sordomuta (Tarkovskaja); il ritiro in un convento; la fusione di una campana che fa capire a Rublëv l'importanza dell'arte per il popolo. Biografia di uno dei grandi artisti russi del passato (sceneggiata da Tarkovskij e Končalovskij) trattata come un affresco nel quale i fatti storici si mescolano alle riflessioni sui rapporti tra artista e potere, artista e popolo. Dalla rappresentazione storica si passa continuamente, in ognuno degli otto episodi, al giudizio critico e il «realismo», a volte molto crudo della ricostruzione drammatica, si dilata nell'interpretazione di alcuni problemi della società contemporanea. La solenne lentezza del ritmo è amplificata dal suggestivo effetto spaziale dello scope in bianco e nero. Nel breve epilogo a colori il Dio della *Trinità* dipinto da Rublëv guarda solenne, ma finalmente vicino e comprensibile, l'uomo. Girato tra il 1965 e il 1967, presentato a Cannes nel 1969, fu proiettato in Urss soltanto nel 1972.

Andremo in città ** (Italia 1966, b/n, 95') Nelo Risi. Con Geraldine Chaplin, Nino Castelnuovo, il piccolo Federico, Stefania Careddu, Aca Gravic, Giovanni

Scratuglia, Slavko Simic. ◆ Jugoslavia, 1944: in un villaggio occupato dai tedeschi, vivono Lenka (Chaplin) e Miscia (Federico), il fratellino cieco di cinque anni, orfani di madre. Il padre ebreo (Gravic) evade dal campo di concentramento, ma si fa uccidere per salvare Ivan (Castelnuovo), un partigiano innamorato di Lenka; lui, ferito, si nasconde in una soffitta mentre le SS deportano i due ragazzi. Esordio nel lungometraggio del poeta e documentarista Nelo Risi (fratello di Dino), tratto dall'omonimo romanzo della moglie Edith Bruck. Un film inconsueto per la cinematografia italiana, post-boom economico e ormai avviata alla contestazione, che però risente di alcune disomogeneità nella scrittura, a volte incline a soluzioni banali (forse ci hanno messo le mani in troppi: adattamento di Fabio Carpi e Vasco Pratolini; sceneggiatura di Bruck, Risi, Jerzy Stawinski e Cesare Zavattini). La regia comunque evita le trappole del patetismo ed esalta il poetico rapporto tra Lenka e Miscia, fatto di bugie in forma di favole per coprire le tragedie della realtà, che finisce per giocare quasi un ruolo a parte nell'intreccio: anche alla fine, Lenka riuscirà a far credere a Miscia che il viaggio in Germania sia verso la città dove potrà riacquistare la vista (da cui il titolo del film). La canzone *Oltre la notte*, di Ivan Vandor, è cantata da Iva Zanicchi.

Andremo tutti in Paradiso ** (*Nous irons tous au Paradis*, Francia 1978, col, 110') Yves Robert. Con Jean Rochefort, Claude Brasseur, Guy Bedos, Victor Lanoux, Danièle Delorme, Marthe Villalonga, Daniel Gélin. ◆ Secondo capitolo, dopo *Certi piccolissimi peccati,* delle storie dei quattro professionisti quarantenni: Etienne (Rochefort), padre di famiglia che scopre, con gusto, le relazioni adulterine; Bouly (Lanoux) alle prese con molteplici fidanzate; il medico Simon (Bedos) inguaribile mammone e Daniel (Brasseur) che scopre di essere bisessuale. Uno sguardo tenero e nostalgico all'amicizia tra uomini.

Andrò come un cavallo pazzo * (*J'irai comme un cheval fou*, Francia 1973, col, 80') Fernando Arrabal. Con George Shannon, Hachem Marzouk, Emmanuelle Riva, Myriam Mezières. ◆ Dopo aver ucciso la madre (Riva, chi gliel'ha fatto fare di finire qui) cui era morbosamente legato, Aden Rey (Shannon) fugge nel deserto, dove diventa amico di un pastore nomade che per amore si nutrirà del suo cadavere. Attacco alla civiltà dei consumi e al buon gusto borghese come si usava negli anni Settanta: anche se l'immaginario surrealista, blasfemo, macabro, sadico e scatologico del regista fa sorridere, tanto è preso sul serio, e non ha neanche l'alibi della cura formale.

Andromeda ** (*The Andromeda Strain*, Usa 1971, col, 130') Robert Wise. Con Arthur Hill, David Wayne, James Olson, Kate Reid, Paula Kelly. ◆ Un virus micidiale viene inavvertitamente portato sulla Terra al ritorno da una missione spaziale. Un gruppo di scienziati cerca di studiare il terribile vettore del contagio, ma corresponsabile del disastro è proprio la tecnologia umana non sempre ben utilizzata. Cupo thriller fantascientifico dal romanzo omonimo di Michael Crichton, con gli effetti speciali di Douglas Trumbull.

Andy Hardy

Il personaggio di Andy Hardy, un tipico ragazzo americano che sembra interessarsi solo di «donne e motori», appare per la prima volta nel film *Un affare di famiglia*: è interpretato da Mickey Rooney, mentre il padre, il giudice Hardy ha la faccia di Lionel Barrymore. Il succeso del film, ispirato alla pièce *Skidding* di Auronia Rouverol e che ri prendeva in parte il cast di *Ah, Wilderness* (1935, di Clarence Brown), spinge la Mgm ad affidare allo sceneggiatore Kay Van Riper il compito di sviluppare i vari caratteri della famiglia Hardy: oltre al figlio Andy (che diventerà il protagonista assoluto) e al padre giudice James (interpretato d'ora in avanti da Lewis Stone), la madre (Fay Holden), la sorella maggiore Marian (Cecilia Parker), la zia Millie (Sara Haden) e Polly (Ann Rutherford), l'eterna fidanzata di Ardy. Il film si intitolava *Sei giovane solo una volta* e fu tale il suo successo da essere seguìto, tra il 1938 e il 1946, da altri tredici titoli, diretti per la maggior parte da George B. Seitz, prodotti (e cosceneggiati) da Carey Wilson e supervisionati personalmente da Louis B. Mayer.

Semplici, immediati, costruiti intorno a caratteri (fin troppo) tipizzati, ambientati nell'immaginaria città di Carven, raccontano piccoli drammi sentimentali (più o meno legati ai facilissimi innamoramenti di Andy, immancabilmente per una ragazza già impegnata o sbagliata), piccoli scontri caratteriali (Andy è supponente e pieno di sé ma trova sempre qualcuno che sappia dargli una lezione) o piccoli aneddoti di vita provinciale (un divorzio, la malattia della madre, un'inesistente eredità), tutti problemi che si risolvono inevitabilmente con la vittoria dei valori più consolidati: amicizia, rispetto, onestà, impegno, sana competitività. In altre parole «una tipica rappresentazione dell'*american way of life*», proprio come diceva la motivazione con cui la serie ottenne un Oscar speciale nel 1942.

Legata a un particolare periodo storico e a un'atmosfera ben precisa (l'ottimismo rooseveltiano e la sua idealizzazione più acritica) la serie appare oggi francamente datata, se non proprio stucchevole. Più interessante è il modo in cui fu usata come palestra dalla Mgm per verificare le qualità di tutta una serie di giovani attrici: Judy Garland, Lana Turner, Esther Williams, Kathryn Grayson e Donna Reed.

Nel 1958 la Mgm tentò di riportare in vita i personaggi con *Il ritorno di Mr. Hardy* riunendo tutti gli interpreti abituali (a eccezione di Lewis Stone), ma il film (dove Andy aveva un figlio, Andy jr, interpretato da Teddy Rooney, figlio di Mickey) non ebbe il successo sperato.

I FILM

Un affare di famiglia (1937) di George B. Seitz
Sei giovane solo una volta (1938) di George B. Seitz
I ragazzi del giudice Hardy (1938) di George B. Seitz
L'amore trova Andy Hardy (1938) di George B. Seitz
Cowboy dilettante (1938) di George B. Seitz
L'ascesa della famiglia Hardy (1939) di George B. Seitz

Andy Hardy e la febbre di primavera (1939) di W.S. Van Dyke II
Giudice Hardy e figlio (1939) di George B. Seitz
Andy Hardy incontra la debuttante (1940) di George B. Seitz
La segretaria privata di Andy Hardy (1941) di George B. Seitz
La vita comincia per Andy Hardy (1941) di George B. Seitz
Il corteggiamento di Andy Hardy (1942) di George B. Seitz
La doppia vita di Andy Hardy (1942) di George B. Seitz
Andy Hardy's Blonde Trouble *½ (Usa 1944, b/n, 107') George B. Seitz. Con Mickey Rooney, Lewis Stone, Lee e Lyn Wilde, Fay Holden, Sara Haden, Bonita Granville, Jean Porter, Herbert Marshall. ◆ Arrivato al college Andy (Rooney) incontra due precoci gemelle (Lee e Lyn Wilde). Inedito in Italia.
Carambola d'amore (1946) di Willis Goldbeck
Il ritorno di Mr. Hardy (1958) di Howard W. Koch

Andy Hardy e la febbre di primavera *½ (*Andy Hardy Gets Spring Fever*, Usa 1939, b/n, 85') W.S. Van Dyke II. Con Mickey Rooney, Lewis Stone, Fay Holden, Cecilia Parker, Ann Rutherford, Sara Haden, Helen Gilbert, Terry Kilburn, Sidney Miller. ◆ Andy (Rooney) s'innamora della professoressa di recitazione e scrive una pièce dove lui è il protagonista assoluto. Settimo film della serie, discretamente divertente.
Andy Hardy incontra la debuttante *½ (*Andy Hardy Meets Debutante*, Usa 1940, b/n, 89') George B. Seitz. Con Mickey Rooney, Lewis Stone, Fay Holden, Ann Rutherford, Cecilia Parker, Sara Haden, Judy Garland, Tom Neal, Diana Lewis. ◆ Arrivato a New York, Andy (Rooney) si innamora di una ragazza del bel mondo. Nono film della serie. La Garland canta *Alone* e *I'm Nobody's Baby*.
Andy Hardy's Blonde Trouble → *voce «Andy Hardy»*
Anello cinese, L' * (*The Chinese Ring*, Usa 1947, b/n, 68') William Beaudine. Con Roland Winters, Warren Douglas, Sen Young, Mantan Moreland, Philip Ahn, Louise Currie. ◆ Charlie Chan (Winters) indaga sull'assassinio di una principessa cinese venuta a New York per acquistare un aereo. Primo film con Roland Winters nel ruolo del detective cinese (e quarantesimo della serie), sostanzialmente mediocre come tutte le puntate prodotte dalla Monogram. La storia riprende quella del film *Città cinese* (*Mr. Wong in Chinatown*, 1939) cambiando l'identità del protagonista: il criminologo Mr. Wong (allora interpretato da Boris Karloff) diventa Charlie Chan.
Anello matrimoniale, L' *½ (Italia/Spagna 1979, col, 115') Mauro Ivaldi. Con Carmen Villani, Ray Lovelock, Manuel Sierra, Amparo Muñoz, Enzo Cannavale, Enzo Robutti, Giuseppe Mannaiuolo. ◆ Dopo sette anni di matrimonio felice, Monica (Villani) prende una sbandata per il neovicino di casa (Sierra): il marito (Lovelock) aspetterà paziente che si tolga le voglie andando a vivere con l'altro. Dietro la formula della commedia sexy, un insolito – anche se fallimentare – «dramma psicologico» per niente allegro né trasgressivo: lei non sa resistere al richiamo del sesso ma ha più sensi di colpa di una suora, e gli uomini (il marito che non reagisce, l'amante che la ossessiona con la gelosia pur avendo anche lui una moglie [Muñoz]) fanno solo una pessima figura. Con un po' di coraggio avrebbe potuto essere la prima commedia sexy-esistenziale italiana, invece è solo un film cupo e moralista. Scritto da Augusto Caminito, José Luis Martinez Molla e dal regista. Per la precisione storica, Enrico VIII ebbe sei mogli, non otto come dice Robutti.
Anema e core *½ (Italia 1951, b/n, 86') Mario Mattoli. Con Ferruccio Tagliavini, Riccardo Billi, Mario Riva, Loris Gizzi, Franca Marzi, Carlo Campanini, Alberto Sorrentino, Dorian Gray. ◆ Due ex cantanti falliti (Billi e Riva) tentano un colpo a casa di un impresario (Gizzi) e rimangono folgorati dalla voce dell'elettricista (Tagliavini), sul quale investono tutti i risparmi per farlo esordire come tenore. Una commedia scombinata che cerca di conciliare l'avanspettacolo con le esibizioni canore di Tagliavini, quasi una parodia del genere musicale che Mattoli in passato aveva costruito proprio sul cantante. Il motivo napoletano del titolo, eseguito due volte, è slegato dalla trama. Piuttosto riusciti i personaggi dei due ladri per forza. Con Nino Manfredi nella parte di Enrico e Bice Valori in quella di Liliana.
Angel ** (*Angel*, Irlanda 1982, col, 92') Neil Jordan. Con Stephen Rea, Veronica Quilligan, Alan Devlin, Peter Caffrey. ◆ Il sassofonista Danny (Rea) si trasforma in uno spietato vendicatore dopo che il suo manager e un'ignara ragazzina sono stati uccisi dai gangster. Thriller surreale nel paesaggio irlandese, *road movie* scandito da incontri bizzarri, *rock movie* condito di dialoghi filosofici sul male e il peccato («un'abitudine in cui indulgono i cattolici»): per il suo esordio alla regia (patrocinato da John Boorman), l'allora scrittore Neil Jordan mostra di avere idee da vendere, ma confuse, e un talento visivo non comune (anche perché la fotografia è di Chris Menges).
Angela – Il suo unico peccato era l'amore *½ (*Angela*, Canada 1977, col, 100') Boris Sagal. Con Sophia Loren, Steve Railsback, John Huston, John Vernon. ◆ A una donna (Loren), ingiustamente accusata di adulterio dal marito, viene tolto il figlio. Quando, dopo anni, i due si incontrano senza riconoscersi, l'attrazione è tale che finiranno per fare l'amore. Nonostante un'intensa Loren, il film non riesce però ad avere un autentico spessore drammatico.
Angel City ** (*Angel City*, Usa 1977, col, 74') Jon Jost. Con Bob Glaudini, Winifred Golden, Roger Ruffin, Kathleen Cramer. ◆ Il detective Frank Goya (Glaudini) viene incaricato da un uomo d'affari (Ruffin) di indagare sull'omicidio della moglie Gloria. Probabile che il colpevole sia proprio il marito, ma al detective importa poco, e ancor meno a Jost (anche fotografo e sceneggiatore), che concepisce il film come un polemico documentario su Los Angeles («una galassia, un universo, forse un sogno») e un'operazione per attaccare gli stereotipi di Hollywood e al tempo stesso introdursi nel

sistema («come uno spacciatore di droga»). Ma le sue immagini rarefatte e non lineari sono passate inosservate fuori dai circuiti più elitari.

Angel Dust **½ (*Tenshi no kuzu*, Giappone 1994, col, 116′) Sogo Ishii. Con Kaho Minami, Takeshi Wakamatsu, Etsushi Toyokawa, Ryoko Takizawa, Masayuki Sionoya, Toshinori Kondo. ◆ La psicologa Setsuko (Minami) indaga su un serial killer che colpisce ogni lunedì, alle 6, sulla metropolitana affollata. Presto le tracce portano in una clinica dove il suo ex amante Aku (Wakamatsu), scacciato dal mondo accademico per i metodi poco ortodossi, pratica il lavaggio del cervello su «vittime» delle sette New Age. Pur echeggiando diversi film occidentali, da *Brood* a *Manhunter*, il gelido film di Ishii (autore anche della sceneggiatura con Yorozu Ikuta) crea un senso di inquietudine originale e spesso ossessivo: senza colpi bassi, ma con uno stile di forte impatto visivo che viene dritto dall'avanguardia. E trova un punto di forza nel tema della simbiosi tra analista e paziente, parallelo a quello tra detective e omicida: anche se non tutti i nodi, alla fine, vengono al pettine.

Angel Heart – Ascensore per l'inferno ** (*Angel Heart*, Usa 1987, col, 113′) Alan Parker. Con Mickey Rourke, Robert De Niro, Lisa Bonet, Charlotte Rampling, Stocker Fountelieu, Michael Higgins. ◆ Nell'America contemporanea un detective privato (Rourke) deve trovare un uomo, ma la ricerca diventa sempre più difficile e rischiosa e alla fine scoprirà che l'inchiesta riguarda lui stesso o, quantomeno, una sua personalità nascosta. Un vero viaggio nell'incubo, dalla rassicurante vita nella metropoli alle pratiche magiche e ai riti vudù del profondo Sud, avvolgenti nella loro torbida sensualità. Curatissimo nei particolari, nel décor e nell'uso del suono, è invece deludente e confusionario nel suo insieme, perché Parker non riesce a padroneggiare con disinvoltura i due piani della narrazione, quello onirico e quello reale. Non bastano, per risollevare il film, un'invecchiata Rampling, un diabolico De Niro (che qui assume il nome, neanche troppo enigmatico, di Louis Cifer) e una scena d'amore con Lisa Bonet che fu sforbiciata per intervento della censura americana.

Angeli armati **½ (*Men with Guns*, Usa 1998, col, 128′) John Sayles. Con Federico Luppi, Damián Alcázar, Dan Rivera Gonzáles, Tania Cruz, Damián Delgado, Mandy Patinkin, Katherine Grody. ◆ Medico affermato, il dottor Fuentes (Luppi) decide di andare alla ricerca dei suoi allievi che hanno scelto di lavorare tra gli indios. Un viaggio iniziatico tra guerriglia, massacri e la leggenda di un villaggio fantasma che sfugge alla furia devastatrice dell'esercito: gli studenti sono morti o si nascondono con i guerriglieri? Per rileggere la Storia senza tentazioni didascaliche, Sayles – che ha scritto la sceneggiatura ispirandosi a un personaggio creato da Francisco Goldman, scrittore guatemalteco – incrocia il film-inchiesta e il film di formazione (colui che si inoltra nei bassifondi della dittatura messicana è un professore borghese di una certa età). Se la struttura drammaturgica sconfina nella fiaba (c'è anche una citazione dal *Tesoro della Sierra madre*), la regia cerca soluzioni semidocumentaristiche, nelle quali estetica e morale si fondono (di sottrazione in sottrazione, l'orrore viene evocato senza cedere alla violenza). Un bell'esempio di «cinema civile» d'autore.

Angelica

Creata dai coniugi Anne e Serge Golon, Angelica «la marchesa degli angeli» è la protagonista di diciotto romanzi ambientati con grande ricchezza di particolari storici nella Francia del Diciassettesimo secolo, quando il trionfo dell'assolutismo facilitava, con i capricci dei nobili e dei potenti, i colpi di scena più spettacolari. Bella, prosperosa, dalla capigliatura fulva, orgogliosa del suo passato (è la figlia di un nobile decaduto), Angelica sposa controvoglia il ricchissimo Joffrey de Peyrac, il cui volto sfigurato e l'andatura claudicante non rendono giustizia a un animo generoso e altruista. Quando Angelica viene conquistata dalle virtù del marito, il destino glielo rapisce (è condannato a morte con l'accusa di stregoneria per le sue attività di alchimista) ma lei non dispererà mai di poterlo ritrovare. Per farlo, dovrà sopportare violenti desideri maschili e perfide gelosie femminili, sarà catapultata al centro di intrighi e congiure di palazzo, costretta a rifugiarsi alla «corte dei miracoli» di Parigi, tra ladri e assassini, rapita da sceicchi musulmani e da pirati. Da tutte queste situazioni uscirà sempre vittoriosa usando generosamente le proprie grazie sessuali, anche se, *noblesse oblige*, riuscirà sempre a mantenere la propria dignità, persino nelle alcove in cui è praticamente nuda. Innumerevoli i suoi pretendenti: signori cinici, briganti col senso dell'onore, poeti, sultani, corsari, persino il Re Sole e... un eunuco! Al cinema Angelica è stata la protagonista di ben cinque film, tutti diretti da Bernard Borderie e interpretati da Michèle Mercier nella parte (generosamente scollata) di Angelica e da Robert Hossein in quella di Joffrey (o Goffredo) de Peyrac, molto apprezzati dal pubblico per la sapiente fusione di Storia e passioni, di avventure ed erotismo, per quegli anni piuttosto osé.

I FILM

Angelica (1964) di Bernard Borderie
La meravigliosa Angelica (1964) di Bernard Borderie
Angelica alla corte del re (1965) di Bernard Borderie
L'indomabile Angelica (1967) di Bernard Borderie
Angelica e il gran sultano (1967) di Bernard Borderie

Angelica ** (*Angélique, marquise des Anges*, Francia/Rft/Italia 1964, col, 105′) Bernard Borderie. Con Michèle Mercier, Robert Hossein, Claude Giraud, Rosalba Neri, Jean Rochefort, Giuliano Gemma. ◆ Figlia di un nobile rovinato, Angelica (Mercier) sposa controvoglia il ricco e brutto Joffrey de Peyrac (Hossein), che però riesce a conquistarla. Sarà il destino a dividerli, condannando a morte lui e costringendo lei a fuggire presso la «corte dei miracoli» di Parigi dove ritroverà una sua antica fiamma, Nicolas (Gemma). Film in costume, tratto dal bestseller *Angelica, marchesa degli angeli* di Anne e Serge Golon, primo di cinque film ambientati nel Settecento, che mescolano abilmente avventure ed erotismo (la statua ripulita dalla sabbia infiammò molte fantasie con il suo evidente doppio senso). Grandissimo successo di pubblico. Lino Banfi è uno dei saltimbanchi.

Angelica alla corte del re *½ (*Angélique et le Roy*, Francia/Rft/Italia 1965, col, 100') Bernard Borderie. Con Michèle Mercier, Robert Hossein, Jean Rochefort, Estella Blain, Jacques Toja, Sami Frey, Michel Galabru, René Lefèvre. ◆ Innamorato di Angelica (Mercier), il re Sole (Toja) la sceglie come ambasciatrice presso il Bey di Persia, che naturalmente la vorrebbe come sua favorita. Ma la «marchesa degli angeli» deve guardarsi anche dalla pericolosa gelosia della Montespan: a salvarla sarà il redivivo Joffrey de Peyrac (Hossein), che però poi scompare di nuovo. Terzo film della serie, tratto dal romanzo *Angelica e l'amore del re* di Anne e Serge Golon, fa gran sfoggio di scenografie e costumi in una reggia ricostruita con sfarzo.

Angelica avventuriera, L' *½ (*Soleil noir*, Francia 1966, col, 100') Denys de La Patellière. Con Michèle Mercier, Daniel Gélin, Valentina Cortese, David O'Brien, Michel de Ré. ◆ Béatrice (Mercier) tenta di strappare il fratello fuggito in Sudan dallo squallore dell'esilio volontario e dell'anonimato. Non ci riuscirà ma troverà l'amore. Di un qualche interesse la descrizione dell'ambiente decadente e desolato in cui hanno trovato rifugio tutta una serie di uomini sradicati.

Angelica e il gran sultano *½ (*Angélique et le sultan*, Francia 1967, col, 99') Bernard Borderie. Con Michèle Mercier, Robert Hossein, Jean-Claude Pascal, Ettore Manni, Arturo Dominici. ◆ Angelica (Mercier) viene rapita per andare ad arricchire l'harem del re del Marocco: fugge, è catturata e destinata a diventare schiava, ma il redivivo marito (Hossein), che credeva morto, la riscatta. Con lui si metterà sulle tracce dei due figli. Quinta e ultima avventura della serie, tratto da *Angelica schiava d'Oriente* di Anne e Serge Golon, decretò la definitiva stanchezza del pubblico per questo tipo di avventure, troppo incredibili per appassionare veramente.

Angelica ragazza jet ** (*Mademoiselle Ange*, Francia/Rft 1960, col, 85') Géza I. von Radványi. Con Romy Schneider, Henry Vidal, Jean-Paul Belmondo, Michèle Mercier, Paulette Dubost, Jean Brochard. ◆ Il difficile amore tra una timida hostess (Schneider) e un pilota di formula 1 (Vidal) è favorito dall'angelo custode di lui, che prende le sembianze della hostess e risolve ogni problema. Garbata commedia agrodolce che ricorda in alcuni momenti *La vita è meravigliosa* di Frank Capra.

Angeli con la faccia sporca, Gli *** (*Angels with Dirty Faces*, Usa 1938, b/n, 97') Michael Curtiz. Con James Cagney, Pat O'Brien, Humphrey Bogart, Ann Sheridan, George Bancroft, i Dead End Kids. ◆ Per aiutare padre Connelly (O'Brien) – un amico di gioventù che vuole impedire ai ragazzi del quartiere di incamminarsi su una brutta strada – il gangster Rocky Sullivan (Cagney) condannato alla sedia elettrica finge di aver paura della morte, infrangendo in questo modo il mito del fuorilegge inflessibile e duro. Forse un po' scontato nella conclusione troppo «positiva», il film ha tuttavia un grande impatto emotivo: l'atmosfera dei quartieri popolari e dei suoi frustrati abitanti è toccante e Cagney è perfetto nell'interpretare un gangster che sa di aver fallito ma che conserva tutta la sua dignità. Sceneggiatura, in linea con le idee del New Deal, di John Wexley e Warren Duff. Esiste una versione colorizzata.

Angeli con la pistola ** (*Pocketful of Miracles*, Usa 1961, col, 136') Frank Capra. Con Bette Davis, Glenn Ford, Hope Lange, Arthur O'Connell, Peter Falk, Edward Everett Horton, Ann-Margret [Ann Margaret Olsson], David Brian. ◆ Una povera venditrice di mele (Davis) chiede aiuto ad alcuni amici gangster per sembrare per un solo giorno una gran signora e far bella figura con la figlia (Ann-Margret), venuta dall'Europa a farle conoscere il fidanzato. Ultimo film di Frank Capra che rifà (con molta minor grinta) un suo successo del 1933, *Signora per un giorno*. Fiaba moderna un po' sdolcinata, con due grandi divi, Davis e Ford, e una giovane promettente attrice alla sua apparizione, Ann-Margret.

Angeli della notte ** (*Vigil in the Night*, Usa 1940, b/n, 96') George Stevens. Con Carole Lombard, Brian Aherne, Anne Shirley, Peter Cushing. ◆ Disavventure professionali di due sorelle infermiere: una (Lombard) paga colpe non sue, l'altra (Shirley) non sempre è all'altezza della sua missione, ma saprà riscattarsi durante un'epidemia di difterite. Drammone a forti tinte con un'ottima prova delle due protagoniste.

Angeli dell'inferno, Gli *** (*Hell's Angels*, Usa 1930, b/n, 125') Howard Hughes [e James Whale]. Con Ben Lyon, James Hall, Jean Harlow, John Darrow, Lucien Prival, Roy Wilson. ◆ I due fratelli Rutledge, il coraggioso Roy (Hall) e il vigliacco Monte (Lyon), allo scoppio della prima guerra mondiale entrano come piloti (uno per scelta, l'altro per sbaglio) nei Royal Fighting Corps e vengono inviati sul fronte francese, dove ritrovano Helen (Harlow), la donna che avevano amato entrambi e della quale comprendono la poca serietà. Catturati dopo una missione, moriranno tutti e due: Monte ucciso dal fratello perché non tradisca, Roy fucilato da eroe. Diretto personalmente dal milionario e pilota d'aerei Howard Hughes (con la collaborazione di James Whale), è uno straordinario kolossal, costato la cifra iperbolica di 4 milioni di dollari, che ancora oggi stupisce per la grandiosità delle sequenze aeree, girate con 40 velivoli, alcuni dei quali autentici caccia da guerra. Terminato nel 1929, fu ritirato e sonorizzato: le scene con la protagonista Greta Nissen furono tagliate per il suo forte accento norvegese e rifatte con la sconosciuta Jean Harlow il cui ostentato erotismo scandalizzò l'America. In totale furono usate 560 ore di negativo, record ancora insuperato. La scena del ballo fu girata in technicolor a due colori e per il 40% del film furono usate pellicole colorate (bellissima la scena della caccia al dirigibile tra le nuvole). Così, nonostante l'ingenuità della trama, il film resta ancor oggi un'interessante testimonianza della capacità produttiva di Hollywood e della follia personale di Hughes.

Angeli del peccato ** (*Angels Over Broadway*, Usa 1940, b/n, 80') Ben Hecht e Lee Garmes. Con Douglas Fairbanks jr, Rita Hayworth, Thomas Mitchell, John Qualen, George Watts. ◆ In un night-club di Manhattan, un imbroglione (Fairbanks) decide di compiere un gesto nobile per salvare un aspirante suicida. Lo aiutano una cantante di dubbia moralità (Hayworth) e un alcolizzato che pronuncia battute di gran classe (Mitchell). Aspirazioni poetiche a sfondo moraleggiante. Hecht firma la regia in collaborazione con il direttore della fotografia del film.

Angeli di «Elvis», Gli ** (*Les Démons de Jésus*, Francia 1997, col, 117') Bernard Bonvoisin. Con Thierry Frémont, Nadia Fares, Patrick Bouchitey, Martin Lamotte, Victor Lanoux, Fabienne Babe, Yann Collette, Marie Trintignant, Roberto Herlitzka. ◆ Periferia parigina, 1968: la contestazione sfiora appena una famiglia di non integrati, formata da padre ubriacone (Lanoux), figlio bullo e lazzarone malgrado il nome evangelico di Jésus (Frémont), sorellastra (Fares) che vorrebbe fuggire e poi viene violentata da una banda di italiani. Sempre sull'orlo di una tragedia che non scoppia, logorroico e debordante, ma percorso da una vitalità innegabile che qualche volta ritrova una coerenza nel grottesco e nello sporco. Il regista-sceneggiatore forse sognava *Mean Streets*, anche se non riesce ad andare oltre la cronaca spicciola.

Angeli e insetti *½ (*Angels and Insects*, Gb/Usa 1995, col, 117') Philip Haas. Con Patsy Kensit, Kristin Scott-Thomas, Mark Rylance, Jeremy Kemp, Douglas Henshall, Annette Badland, Saskia Wickham, Anna Massey, Chris Larkin. ◆ Nell'Inghilterra del 1858, il naturalista William Adamson (Rylance) viene assunto dal reverendo Alabaster (Kemp) per inventariare il suo studio. S'innamora della figlia Eugenia (Kensit), la sposa, ma scopre in seguito il rapporto incestuoso che lega da anni la consorte al fratello (Henshall). Dal romanzo omonimo di Antonia S. Byatt, l'americano Haas trascrive diligentemente (con la moglie Belinda) una cupa e morbosa vicenda vittoriana, ricca di pizzi e merletti, ma povera d'anima. Si salvano solo gli attori, tra cui l'ex cantante Patsy Kensit in litigio perpetuo con gli ingombranti vestiti.

Angeli perduti **½ (*Duoluo tianshi*, conosciuto anche con il titolo inglese *Fallen Angels*, Hong Kong 1995, col, 95') Wong Kar-wai. Con Takeshi Kaneshiro, Charlie Young, Michelle Reis, Leon Lai-ming, Karen Mok. ◆ Due episodi che si intrecciano nei bassifondi di Hong Kong. Una ragazza (Reis) organizza le missioni di un killer (Lai-ming) senza incontrarlo mai, ma innamorandosi di lui e ricostruendone la vita dalla spazzatura. Un ragazzo muto (Kaneshiro) si inventa un nuovo mestiere – introdursi nottetempo nei negozi e costringere i passanti a comprare merci o farsi lavare i capelli – e si innamora di una ragazza squinternata (Young) che lo usa solo come spalla su cui piangere. Sviluppando un episodio scartato da *Hong Kong Express*, Wong allarga il suo repertorio di generi e stili, spaziando dal thriller all'erotismo, dalla commedia intimista alla comicità slapstick: mescolando sincerità (il rapporto del ragazzo muto col padre) e intellettualismi, invenzioni e ricalchi, con un senso del caos e un'imprevedibilità che ne confermano comunque il talento. La fotografia, con abuso di grandangoli (per dare l'impressione che i personaggi siano sempre schiacciati), è di Chris Doyle.

Angeli senza cielo *½ (*The Angels Wash Their Faces*, Usa 1939, b/n, 84') Ray Enright. Con Ann Sheridan, i Dead End Kids, Frankie Thomas, Bonita Granville, Ronald Reagan, Margaret Hamilton. ◆ Joy (Sheridan) cerca di tenere lontano dalla strada il fratello Gabe (Thomas), appena uscito dal riformatorio, ma il ragazzo entra nella banda dei Dead End Kids: finisce in galera con l'accusa di incendio doloso, ma i suoi amici cercano di dimostrare che è innocente. Monelli contro gangster in un film a sfondo sociale che si presenta come il seguito ideale di *Angeli con la faccia sporca* di Curtiz: nessuno dei giovani personaggi viene ripreso alla lettera, ma la Sheridan e i Dead End Kids hanno ruoli molto simili a quelli interpretati l'anno precedente. Evidente l'intenzione dei produttori di sfruttarne il successo, ma l'assenza di star come Cagney e Bogart limitò la riuscita del sequel. E in fondo, con i ragazzi già dalla parte della legge, tutto rientra nei soliti binari. La Sheridan se la cava piuttosto bene mentre Ronald Reagan nel ruolo di Pat Remson ha solo la funzione di interessarsi sentimentalmente a lei.

Angeli senza paradiso * (Italia 1970, col, 91') Ettore M. Fizzarotti. Con Al Bano, Romina Power, Agostina Belli, Paul Muller, Wolf Fisher, Caterina Boratto. ◆ L'amore impossibile tra il giovane compositore Schubert (Al Bano) e una giovane contessina (Power) obbligata alle nozze con un arrogante baronetto. Dall'omonimo film-operetta di Willi Forst, una versione in costume della consueta love-story Al Bano/Romina, capolavoro quasi inarrivabile di kitsch e umorismo involontario. Imperdibile per gli amanti del bizarre a basso costo.

Angeli volano basso, Gli **½ (*Bright Angel*, Usa 1991, col, 94') Michael Fields. Con Dermot Mulroney, Lili Taylor, Sam Shepard, Bill Pullman, Valerie Perrine, Delroy Lindo, Burt Young, Mary Kay Place, Kevin Tighe. ◆ Dopo la fuga della madre, il diciottenne aspirante pugile George (Mulroney) lascia il Montana, seguendo la sbandata e disinibita Lucy (Taylor), che vuole far uscire di galera il proprio fratello: e non immagina in che guai si va a cacciare. *Road movie* e *Bildungsroman* in parti uguali, la sceneggiatura del romanziere Richard Ford scava con amarezza e gusto del paradosso in un'America senza più storia, dove il grottesco e la tragedia sono l'altra faccia dell'apatia. La regia rischia a volte di scivolare su territori che sarebbero più adatti a Lynch, ma sa sfruttare bene gli attori e il paesaggio, grazie anche alla fotografia iperrealista di Elliot Davis.

Angel Killer ** (*Angel*, Usa 1984, col, 92') Robert Vincent O'Neil. Con Cliff Gorman, Donna Wilkes, Susan Tirrell. ◆ La doppia vita di Molly (Wilkes), abbandonata dai genitori a 12 anni: studentessa modello di giorno, si prostituisce di notte sull'Hollywood

Boulevard. Diventerà una giustiziera, catturando un maniaco sessuale che insidia minorenni. Spunti satirici su Hollywood immersi in un thriller di maniera. Seguito dall'inedito (e pessimo) *Avenging Angel* (1985, di Robert Vincent O'Neil) e *Angel Killer III*.

Angel Killer III * (*Angel III: the Final Chapter*, Usa 1988, col, 99') Tom De Simone. Con Maud Adams, Richard Rountree, Mitzi Capture. ◆ L'ex prostituta Molly detta Angel (Adams) ritrova la madre, creduta morta, giusto in tempo per vederla uccidere da una banda di protettori e trafficanti di droga. Ritorna allora a battere le strade per trovare gli assassini e vendicarsi. Violenza a fiumi.

Angelo **½ (*Angel*, Usa 1937, b/n, 91') Ernst Lubitsch. Con Marlene Dietrich, Herbert Marshall, Melvyn Douglas, Edward Everett Horton, Ernest Cossart, Laura Hope Crews. ◆ Annoiata dal suo matrimonio, la moglie di un nobile (Dietrich) è tentata per due volte di accettare la corte di un ricco americano (Douglas), ma alla fine preferisce la vita accanto al marito (Marshall) che pure non ama. Tratto dalla pièce di Melchior Lengyel, sceneggiata da Samson Raphaelson: malinconico e inquietante (nel passato della donna c'è, forse, la presenza in un bordello di lusso), il film si regge tutto sul fascino misterioso della Dietrich, condannata a scegliere tra due uomini che sono fondamentalmente «uguali». Lubitsch si concede solo pochi tocchi comici (i commenti dei domestici all'inappetenza degli ospiti) e il film al botteghino fu un mezzo fallimento.

Angelo alla mia tavola, Un *** (*An Angel at My Table*, Nuova Zelanda/Australia/Gb 1990, col, 158') Jane Campion. Con Kerry Fox, Alexia Keogh, Karen Fergusson, Itis Churn, K.J. Wilson, Melinda Bernecker, David McKenzie, Jessie Mune. ◆ Una ragazza introversa e solitaria, Janet Frame (interpretata nella fanciullezza da A. Keogh, nell'adolescenza da K. Fergusson e nell'età adulta da K. Fox), dopo otto anni di manicomio perché considerata schizofrenica, si salva dalla lobotomia solo grazie a un premio letterario ottenuto con una sua pubblicazione. In seguito, attraverso viaggi ed esperienze varie, acquista maggior fiducia in se stessa e nelle sue doti artistiche, trovando il coraggio di affrontare la vita anche negli aspetti più dolorosi. Basato sull'autobiografia della scrittrice neozelandese Janet Frame, un film prodotto per la televisione che funziona a meraviglia anche sul grande schermo. L'unica eredità televisiva è rintracciabile nella suddivisione in tre capitoli/puntate che corrispondono ai tre volumi dell'autobiografia: *Nella tua terra, Un angelo alla mia tavola, L'inviato di Mirror City*. Per il resto la Campion è un'autentica rivelazione per come riesce a trattare l'analisi degli spazi interiori, mescolati, senza retorica, a difficili percorsi sociali. Nel raccontare con puntualità, pudore e poesia una vicenda realmente accaduta, la regista neozelandese sembra voler spezzare una volta per tutte il classico binomio romantico di genio e follia, come in *Lezioni di piano* farà con la coppia eros/thanathos: a Janet Frame appartiene solo il talento, non la diagnosi di schizofrenia che la società vuole imporle perché diversa dalla norma. Il ritratto di una donna «non omologata», sgravato da spiegazioni schematiche, si colloca all'interno di un film potente dal punto di vista visivo, «un grande esempio di cinema esterno, fatto solo di natura e di luce», per il quale è stata usata una pellicola speciale che intensifica e diffonde il rosso e il verde, colori della vitalità insopprimibile di Janet. Leone d'argento a Venezia, con contestazioni da parte del pubblico che chiedeva il riconoscimento più alto per questo film di alta tensione emotiva e di originale taglio figurativo.

Angelo azzurro, L' *** (*Der blaue Engel*, Germania 1930, b/n, 103') Josef von Sternberg. Con Marlene Dietrich, Emil Jannings, Kurt Gerron, Rosa Valetti, Hans Albers. ◆ La conturbante, sensuale, cinica cantante di cabaret Lola Frolich (Dietrich) fa perdutamente innamorare di sé il vecchio e ingenuo professor Rath (Jannings). La giovane artista sarà la rovina dell'uomo, che perderà la dignità e il posto di lavoro, la sposerà, accetterà di fare il clown per starle vicino e finirà per morire di vergogna senza essere riuscito a scalfire la sua (enigmatica) indifferenza. Il film che impose la Dietrich all'attenzione internazionale e creò il mito di una diva peccaminosa e sensuale, capace di impersonare «il torbido avvento dei tempi nuovi» che stava decretando la fine del decoro borghese. Il merito, più che del soggetto (il romanzo di Heinrich Mann *Il professor Unrath*, sceneggiato da Robert Liebmann, Karl Zuckmayer e Karl Vollmöller), è di Sternberg che seppe trattare il volto dell'attrice «come un paesaggio». Indimenticabile quando canta (a cavalcioni di una sedia) *Ich bin die fesche Lola*, la Dietrich è però limitata da un personaggio abbastanza convenzionale che solo la sua sensualità riesce a far dimenticare. Molto più composita la prova di Jannings che nel descrivere il decadimento morale di un uomo tocca, nelle scene finali, i vertici delle sue grandi interpretazioni mute (come *L'ultima risata*). Il film uscì contemporaneamente in due versioni, tedesca (la migliore) e inglese. Remake americano nel 1959.

Angelo azzurro, L' *½ (*The Blue Angel*, Usa 1959, col, 107') Edward Dmytryk. Con Curt Jurgens, May Britt, Theodore Bikel, John Banner, Ludwig Stossel. ◆ Per amore di un'attrice di varietà, Lola-Lola (Britt), il professor Rath (Jurgens) perde il posto e si abbassa a farle da inserviente prima e da spalla comica poi. Ma quando scopre i suoi sfacciati tradimenti, ritrova la dignità e strappandosi la maschera da clown abbandona la donna, cercando di rifarsi una vita. Remake inutilmente ottimista del film di Sternberg, inferiore all'originale in tutto, soprattutto nella protagonista May Britt.

Angelo bianco, L' *½ (*Night Nurse*, Usa 1931, b/n, 72') William A. Wellman. Con Barbara Stanwyck, Ben Lyon, Joan Blondell, Clark Gable, Charles Winninger. ◆ Un'infermiera (Stanwyck), assunta in una casa privata per fare il turno di notte, si accorge che un medico corrotto (Lyon) e un sadico autista (Gable) stanno facendo morire di fame due bambini per impossessarsi della loro eredità. Un melodramma con venature gialle che si regge tutto sulla interpretazione della Stanwyck e con una delle prime apparizioni di una certa importanza per Clark Gable, che in una scena famosa la schiaffeggia.

Angelo bianco *** (Italia 1955, b/n, 95') Raffaello Matarazzo. Con Amedeo Nazzari, Yvonne Sanson, Enrica Dyrell, Alberto Farnese, Flora Lillo, Philippe Hersent, Nerio Bernardi, Virgilio Riento, Olga Solbelli, Ignazio Balsamo. ◆ L'incontro con Lisa (Sanson), una ballerina d'avanspettacolo che assomiglia in modo impressionante a Luisa, primo amore di Guido Carani (Nazzari), fa uscire l'uomo dalla crisi in cui l'aveva precipitato il rifiuto a parlargli di Luisa, ora entrata in convento come suor Addolorata (sempre la Sanson), che gli aveva dato un figlio subito morto. Arrestata per una colpa non sua, Lisa scopre in cella di essere incinta ma rischia di abortire per le percosse subite. Sarà suor Addolorata a convincere Guido a sposare Lisa in punto di morte e ad adottarne il figlio salvato miracolosamente durante una rivolta nel carcere. Seguito di *I figli di nessuno*, è uno dei più complessi melodrammi di Matarazzo (sceneggiato da Aldo De Benedetti) e anche dei più affascinanti. Il doppio ruolo della Sanson (la peccatrice Lisa e la redentrice suor Addolorata) sottolinea anche visivamente le diverse, ma complementari, funzioni narrative affidate alla «Donna» (materna, salvifica, purificatrice) trasformando così il personaggio, secondo le leggi del genere, in un simbolo eterno. Una simbologia, poi, che Matarazzo accentua con una messinscena essenziale e diretta e una studiata geometria delle riprese, superando così i limiti realistici imposti dalla trama per giungere «ai limiti dell'irreale e raccontare quasi una storia di fantasmi». La piccola Alda è interpretata da una giovanissima Paola Quattrini.

Angelo con la pistola, L' * (Italia 1992, col, 100') Damiano Damiani. Con Tahnee Welch, Remo Girone, Eva Grimaldi, Sergio Fiorentini, Nicola D'Eramo. ◆ Un commissario (Girone) disgustato da una giustizia troppo garantista vuole dare le dimissioni. Poi scopre che una cameriera (Welch) ha deciso di vendicarsi da sola dei torti subiti e decide d'aiutarla. Da un'idea di Damiani e del produttore Mario Cecchi Gori, un film improbabile, che vorrebbe bissare il successo di *Nikita*. Girone era molto meglio come il cattivo della *Piovra*.

Angelo del dolore, L' **½ (*Sister Kenny*, Usa 1946, b/n, 116') Dudley Nichols. Con Rosalind Russell, Alexander Knox, Dean Jagger, Philip Merivale, Dorothy Peterson. ◆ Un'infermiera australiana (Russell) trova il modo empirico di aiutare chi è colpito da poliomielite infantile. Dovrà lottare contro il corporativismo dei medici ma conquisterà la stima dei suoi pazienti guariti. Una delle più intense e magistrali interpretazioni della Russell. Libero adattamento dall'autobiografia di Mary Kenny *And They Shall Walk:* ottenne un grande successo perché riuscì a coniugare un tema dal forte impatto emotivo alla buona confezione cinematografica.

Angelo della vendetta, L' *** (*Ms. 45*, rititolato *Angel of Vengeance*, Usa 1981, col, 84') Abel Ferrara. Con Zoë Tamerlis [Lund], Bogey, Steve Singer, Jack Thibeau, Peter Yellen, Darlene Stuto. ◆ La sartina muta Thana (l'esordiente diciassettenne Tamerlis) uccide il secondo uomo che la violenta a distanza di poche ore. Gli scopi della sua vita diventano due: eliminare il cadavere, pezzo per pezzo, e sterminare il genere maschile. Ferrara aderisce al punto di vista della protagonista, rappresentando una New York da incubo degna di Scorsese. Parimenti scorsesiana la sessuofobia di fondo, evidente nelle mises da vamp che Thana adotta per attirare le sue vittime, e nel suo travestimento finale da suora alla festa in maschera. I ritmi sono quelli di un thriller di serie B, ma non c'è nessuna violenza gratuita o scivolone di gusto. Ferrara (che compare nella parte del primo stupratore), aiutato dalla esemplare sceneggiatura di Nicholas St. John, rimane sempre sul filo dell'humour nero, e riesce a essere inquietante e a far venire più di un dubbio agli spettatori di entrambi i sessi. A tutt'oggi, il suo film migliore. Il titolo originale si riferisce al calibro della pistola di Thana.

Angelo delle tenebre, L' **½ (*The Dark Angel*, Usa 1935, b/n, 110') Sidney A. Franklin. Con Fredric March, Merle Oberon, Herbert Marshall, Janet Beecher, John Halliday, Henrietta Crossman, Frieda Inescort. ◆ I due cugini Alan e Gerald (March e Marshall) sono innamorati da sempre di Kitty (Oberon), che preferisce Alan per il suo carattere vivace. Scoppia la prima guerra mondiale e i due ragazzi partono per il fronte. Alan viene dato per disperso e Kitty si fidanza con Gerald, ma alla vigilia del matrimonio Alan ricompare: è diventato cieco, si fa chiamare Roger Crane e scrive libri di successo per bambini. Un robusto melodramma dove amore e destino si intrecciano senza sosta. Sceneggiatura di Lillian Hellman e Mordaunt Shairp, da un testo teatrale di Guy Bolton, già portato sullo schermo nel 1925 da George Fitzmaurice (*The Dark Angel*, con Ronald Colman, Vilma Banky e Wyndham Standing).

Angelo del male, L' **** (*La Bête humaine*, Francia 1938, b/n, 101') Jean Renoir. Con Jean Gabin, Simone Simon, Julien Carette, Fernand Ledoux, Jean Renoir, Jenny Hélia, Blanchette Brunoy. ◆ Il macchinista Jacques Lantier (Gabin) è spinto verso l'omicidio dall'alcolismo ereditario di cui è affetto. Per questo la sua amante Séverine (Simon) pensa di convincerlo a ucciderle il marito, ma Lautier uccide la donna e poi si suicida. Dramma di altissima tensione, tratto dal romanzo *La bestia umana* di Émile Zola che perde con Renoir il suo determinismo biologico per trasformarsi in una implacabile analisi sociale, il cui pessimismo è evidentemente influenzato dal fallimento delle idee del Fronte popolare: in una società così è impossibile amare. Da non perdere la scena iniziale, un capolavoro di montaggio che mostra il tratto Parigi-Le Havre visto dalla locomotiva in corsa. Renoir interpreta il ruolo di Cabouche, il bracconiere. Luchino Visconti ne fu influenzato quando realizzò *Ossessione*. Parzialmente all'origine di *La bestia umana* di Lang.

Angelo è caduto, Un **½ (*Fallen Angel*, Usa 1945, b/n, 97') Otto Preminger. Con Dana Andrews, Alice Faye, Linda Darnell, Charles Bickford, John Carradine, Bruce Cabot. ◆ Storia delle relazioni tra lo squattrinato Eric Stanton (Andrews) e gli abitanti di un paesino della California dove viene assassinata la cameriera del bar Stella (Darnell). Stanton scoprirà l'omicida e potrà riconciliarsi con la moglie, all'inizio sposata solo per interesse. Dal romanzo di Marty Holland sceneggiato da Harry Kleiner, un noir dove le idee premingeriane sull'indefinitezza, l'instabilità, la ricerca di identità dell'uomo sono perfettamente rese dalla sobrietà espressiva di Dana Andrews. Bella fotografia di Joseph LaShelle.

Angelo e il diavolo, L' *½ (Italia 1946, b/n, 90') Mario Camerini. Con Gino Cervi, Carla Del Poggio, Aldo Silvani, Enzo Biliotti, Alfredo Varelli, Ernesto Almirante. ◆ Per l'influenza di un allegro diavoletto (Biliotti) il ménage di una coppia entra in crisi: lui (Cervi) perde tutto al gioco, lei (Del Poggio) sta per cedere a un conte. Per fortuna c'è un angelo (Silvani) che decide di intervenire. Da un'idea di Zavattini (sceneggiata da Camerini, Vittorio Nino Novarese, Mario Monicelli e Steno), una commedia fantastica decisamente poco riuscita, che soffrì anche di problemi produttivi. L'organizzatore, il futuro manager di boxe Branchini, che finanziava il film col mercato nero del riso, si trovò senza soldi per alcuni sequestri e Camerini, per mancanza improvvisa di fondi, utilizzò tutti i membri della troupe come comparse.

Angelo nero, L' ° (*L'Ange noir,* Francia 1994, col e b/n, 99') Jean-Claude Brisseau. Con Sylvie Vartan, Tcheky Karyo, Michel Piccoli, Alexandra Winisky, Lisa Hérédia, Bernard Verley, Claude Winter. ◆ Bordeaux: Stéphane Feuvrier (Vartan), moglie di un rispettato giudice (Piccoli), uccide un ex detenuto che, secondo lei, avrebbe cercato di violentarla: in realtà la donna nasconde un passato oscuro, come scoprirà l'avvocato difensore Paul Delorme (Karyo). Feuilleton a forti tinte, fumetto soft core, imitazione di Chabrol, Buñuel vorrei-ma-non-posso: non si capisce cosa abbia spinto Brisseau (anche sceneggiatore), regista un tempo promettente, a girare questo pasticcio insulso, ridicolo sia quando vorrebbe essere osé (con la Vartan che misura i centimetri di epidermide che espone), sia quando prende la strada del melodramma, infilando un inverosimile colpo di scena dopo l'altro. Indecente la recitazione del trio di protagonisti.

Angelo per Satana, Un ** (Italia 1966, b/n, 90') Camillo Mastrocinque. Con Barbara Steele, Anthony Steffen [Antonio De Teffé], Claudio Gora, Maureen Melrose [Marina Berti], Mario Brega, Ursula Davis [Pier Anna Quaglia], Aldo Berti. ◆ In seguito al rinvenimento di una statua maledetta, la contessina Harriet (Steele) sembra posseduta dall'antenata Belinda, e incomincia a provocare sessualmente i villici del contado e la propria cameriera, portando presto distruzione e morte. Tra echi di Mérimée (*La Venere d'Ille*) e di Fogazzaro (*Malombra*), un discreto gotico che sfrutta ancora una volta il tema del doppio e il fascino inquietante della Steele, sfruttato ai limiti della censura dell'epoca. Sceneggiatura del regista e di Giuseppe Mangione, da un racconto di Luigi Emmanuele. Deludente il finale.

Angelo sterminatore, L' ***½ (*El angel exterminador,* Messico 1962, b/n, 95') Luis Buñuel. Con Silvia Pinal, Augusto Benedico, Enrique Rambal, Jacqueline Audere, Claudio Brook, José Bariera. ◆ Un gruppo di ricchi borghesi messicani, per un misterioso fenomeno, rimane bloccato nel salone in cui era stato invitato a cena e da cui non riuscirà a uscire per diversi giorni. In una tale claustrofobica e assurda situazione si manifestano ed esplodono le meschinità di ognuno e i diversi caratteri degradano, scoprendo piccinerie e squallori. Uno dei capolavori buñueliani, dove meglio tornano a galla le radici surrealiste degli esordi: la ricchezza fantastica delle sue invenzioni narrative (il campionario di atti mancati che caratterizzano questa cupa borghesia messicana, tanto indeterminata sociologicamente da diventare metafora di qualcosa di più vasto ed eterno) confermano la sua idea di cinema come «mezzo di aggressione e analisi della verità segreta di una classe e delle sue morali». Cinico, violento, potente, conserva la sua forza d'impatto a tanti anni dalla realizzazione.

Angelo ubriaco, L' *** (*Yoidore tenshi,* Giappone 1948, b/n, 98') Akira Kurosawa. Con Takashi Shimura, Toshiro Mifune, Reisaburo Yamamoto, Michiyo Kogure. ◆ Sanada (Shimura), un disilluso medico della periferia di Tokyo, si prende a cuore la sorte di Matsunaga (Mifune), un capomafia in declino che ha i giorni contati dalla tubercolosi, e che verrà ucciso da un suo rivale. L'epitaffio di questa amicizia schiva e impossibile sono le parole ciniche di Sanada: «Era solo un cattivo gangster... Un cane è un cane, niente può salvarlo»: ma forse in entrambi si è ridestato un barlume di dignità. L'umanitarismo di Kurosawa non si stempera nei proclami astratti, ma si cala in due caratteri straordinari, antitetici e complementari: il medico ubriacone ossessionato dalla «lotta contro i germi», e il gangster disposto a rinunciare alla vita pur di rispettare il codice d'onore. La violenza figurativa (Matsunaga che vomita sangue, le forbici emostatiche che pendono dalla ferita) e la tensione visionaria (la straordinaria sequenza del sogno, dove Matsunaga vede se stesso levarsi da una bara) sono temperate da un gusto poeticista, per qualche verso in sintonia col neorealismo italiano, e da soprassalti di umorismo cinico. Segna l'incontro di Kurosawa con i suoi due attori preferiti, Shimura e Mifune.

Angie – Una donna tutta sola ** (*Angie,* Usa 1994, col, 107') Martha Coolidge. Con Geena Davis, James Gandolfini, Stephen Rea, Aida Turturro, Philip Bosco. ◆ Angie (Davis), italo-americana di Bensonhurst, NY, aspetta un figlio da un idraulico (Gandolfini), ed è corteggiata da un avvocato patito d'arte (Rea): ma alla fine va a partorire in Texas, dalla madre, ritrovando le radici e tutto il resto. Tratto da un romanzo di Avra Wing, adattato da Todd Graff, un melodramma aggiornato da una spruzzata di post-femminismo, ben fatto ma piuttosto prevedibile, che sciorina una serie di bozzetti di maniera che faticano a restare nella memoria.

Angi Vera **½ (*Angi Vera,* Ungheria 1979, col, 96') Pál Gábor. Con Veronica Pap, Erzsi Pásztor, Éva Szabó, Tamás Dunai, László Halász, László Horváth. ◆ Impiegata in un ospedale, la diciottenne Angi Vera (Pap) viene iscritta a una scuola di partito nell'Ungheria del 1948. Per ammirazione più che per amore si concede a un professore (Dunai), ma poi, spinta dalla rigida Traján (Pásztor) a smascherare i «socialdemocratici di destra» lo denuncia in una seduta pubblica: lui verrà allontanato dalla scuola e lei diventerà redattrice del giornale del partito. Una specie di «come eravamo» ungherese, lontano da ogni concessione sentimentale, dove l'apprendistato professionale e sentimentale di una giovane idealista si fonde con la ricostruzione puntuale dei cupi anni del culto della personalità. Sceneggiando un romanzo di Endre Vészi, il regista mostra con una struttura semplice e lineare il passaggio dall'entusiasmo rivoluzionario all'involuzione burocratica di tutta una generazione, narrando lo scontro con un mondo intollerante e duro dove un individuo spinto dal conformismo poteva cadere vittima di errori fatali. La minuziosa ricostruzione degli ambienti (l'ospedale, la scuola quadri, il dormitorio, le sale riunioni, le aule strutturate come una prigione) doveva aiutare a convincere gli spettatori dell'attendibilità delle conclusioni attraverso l'estrema verosimiglianza delle ambientazioni e dei comportamenti.

Angolo di paradiso, Un * (*Our Little Girl*, Usa 1935, b/n, 63') John S. Robertson. Con Shirley Temple, Rosemary Ames, Joel McCrea, Lyle Talbot. ◆ Due genitori separati sono convinti a tornare insieme dalla dolce, mielosa, buonissima figlia (Temple). Una delle tante puntate di una storia sempre uguale. Esiste pure una versione colorizzata.

Angolo rosso, L' – Colpevole fino a prova contraria ** (*Red Corner*, Usa 1997, col, 122') Jon Avnet. Con Richard Gere, Bai Ling, Bradley Whitford, Byron Mann, James Hong, Tsai Chin, Tzi Ma, Jessey Meng. ◆ Incastrato a Pechino per l'omicidio di una modella (Meng) con cui ha passato la notte, l'avvocato Moore (Gere), che sta vendendo programmi Tv ai cinesi, è solo contro tutti, e a un passo dal plotone di esecuzione: ma convincerà della sua innocenza il suo difensore d'ufficio (Bai), che guarda caso è una bella ragazza. Incubo da guerra fredda aggiornato, paranoico (o forse kafkiano, nelle intenzioni) e un po' razzista, malgrado il messaggio di speranza in extremis: in ogni caso professionalmente confezionato, e alla fin fine avvincente. Lo sceneggiatore Robert King dice di essersi ispirato a una disavventura capitatagli in Italia. Pechino è ricreata in parte al computer, in parte con immagini girate in modo semi-clandestino. Bai Ling è stata una delle (discusse) protagoniste della contestazione di piazza Tienanmen.

Angoscia *** (*Gaslight*, Usa 1944, b/n, 114') George Cukor. Con Ingrid Bergman, Charles Boyer, Joseph Cotten, Dame May Whitty, Angela Lansbury, Barbara Everest, Emil Rameau. ◆ Sposa da poco, Paula (Bergman) è terrorizzata da strani fenomeni: scoprirà che il responsabile è il marito (Boyer), deciso a farla impazzire per impossessarsi dei gioielli nascosti nella casa e per i quali aveva già ucciso la zia. Ambientato nella Londra vittoriana e tratto dalla commedia di Patrick Hamilton (sceneggiata da John Van Druten, Walter Reisch e John L. Balderston), è un film pieno di suspense e ambiguità (il dubbio, il doppio, l'equivoco come misure dell'esistenza) ma soprattutto uno studio sulla coppia e i suoi meccanismi. Esordio per la Lansbury. Oscar alla Bergman e alla scenografia (Cedric Gibbson). È il rifacimento di *Gaslight* (1940, di Thorold Dickinson con Anton Walbrook, Diana Wynyard) inedito in Italia.

Angoscia, L' **½ (*Angustia*, Spagna 1987, col, 89') [Juan José] Bigas Luna. Con Michael Lerner, Zelda Rubinstein, Tania Paul, Clara Pastor, Isabel Garcia Lorca. ◆ Horror ambientato in un cinema dove si proietta un film dell'orrore, nel quale un maniaco strappa gli occhi alle vittime, e comunica telepaticamente con un secondo assassino, presente in sala. Bassa macelleria, ma anche riflessioni sullo spettatore e sullo sguardo, per la gioia dei semiologi. Barocco e cervellotico, il film di Luna regge il gioco con abilità fino al termine, ciò che non riesce all'analogo *Demoni* di Lamberto Bava. Zelda Rubinstein, che interpreta la madre dell'assassino cinefilo, è la veggente di *Poltergeist*.

Angoscia nella notte ** (*Fear in the Night*, Usa 1947, b/n, 71') Maxwell Shane. Con Paul Kelly, DeForrest Kelley, Ann Doran, Kay Scott, Robert Emmett Keane, Charles Victor, Janet Warren. ◆ La chiave e il bottone che trova svegliandosi alla mattina sembrano dimostrare che Vince (Kelley) non ha sognato di aver ucciso una persona: si confida con il cognato ispettore di polizia (Kelly), ma troppi indizi sono contro di lui. Prima versione, sceneggiata dallo stesso regista, di un racconto di William Irish (alias Cornell Woolrich) che lo stesso Maxwell Shane rifarà nove anni dopo (col titolo *Giorni di dubbio*): l'intrigo è risolto con troppa facilità ricorrendo all'ipnosi, ma l'atmosfera onirica della prima parte e la fotografia stilizzata di Jack Grennhalgh sono di buon livello, specie nella scena in cui Vince si ricorda dell'assassinio e tutto si rivede in primo piano all'interno della sua iride.

Anguilla da 300 milioni, Un' * (Italia 1971, col, 109') Salvatore Samperi. Con Ottavia Piccolo, Lino Toffolo, Mario Adorf, Gabriele Ferzetti, Ricky Gianco, Senta Berger. ◆ I liberatori di una ragazza rapita (Piccolo) sono da questa convinti a chiedere egualmente il riscatto perché la giovane vuole scappare con i soldi. Ma non ha fatto bene i suoi conti. Pochade senza idee.

Aniki-Bóbó ** (*Aniki-Bóbó*, Portogallo 1942, b/n, 72') Manoel de Oliveira. Con Nascimento Fernandes, Vital dos Santos, Horácio Silva, António Santos, Fernanda Matos, Manuel de Alzevedo. ◆ Oporto: il piccolo Carlitos (Silva), innamorato della coetanea Teresinha (Matos), ruba una bambola, bigia la scuola e tenta di buttare il rivale Eduardo (Santos) da una scarpata: questi cade da solo, ma Carlitos si prende la colpa. Il primo lungometraggio di de Oliveira (che adatta un racconto di Rodrigues de Freitas) sembra quasi uno *Zero in condotta* portoghese: celebrazione dell'amoralità e dell'anarchia dell'infanzia, con gli adulti assenti o in ruoli ridicoli. Fin troppo radicale per l'epoca: e infatti gli ultimi 10' sono un *rappel à l'ordre* posticcio e illogico. Considerato un'anticipazione del neorealismo, tradisce invece l'ispirazione letteraria e antinaturalista del trentaquattrenne regista: che dirige i suoi attori come piccoli adulti (abbastanza goffamente, a dire il vero), attribuendo loro una sensibilità violentemente lirica e primordiale. Il titolo è la parte di una filastrocca per fare la conta.

Anima divisa in due, Un' *** (Italia 1993, col, 127') Silvio Soldini. Con Fabrizio Bentivoglio, Mária Bakó, Jessica Forde, Philippine Banlieu Leroy, Felice Andreasi, Silvia Mocci, Ivano Marescotti, Giuseppe Cederna. ◆ Addetto alla sorveglianza in un grande magazzino milanese, Pietro Di Leo (Bentivoglio) incontra la nomade Pabe (Bakó): tra il «gagio» e la «rom» si instaura uno strano rapporto, prima di protezione, poi, nel corso di un viaggio senza meta, di dichiarato amore: ma i rispettivi sogni d'amore e di vita naufragano dopo qualche mese. Il classico melodramma di un amore impossibile nel quale gli ostacoli sono dovuti alle feroci esigenze d'integrazione all'interno della società e della coppia. Nel dare nuova linfa allo schema del film di viaggio e dell'incontro con il diverso, Soldini si conferma capace di offrire anche letture più profonde del disagio sotterraneo italiano, benché l'eccessiva frammentazione del racconto sceneggiato con Roberto Tiraboschi tolga energia alla storia. Belle la fotografia di Luca Bigazzi e la colonna sonora di Giovanni Venosta. Indimenticabile l'esordiente Mária Bakó, rom di origine ungherese, e bravissimo Fabrizio Bentivoglio, premiato come migliore attore al festival di Venezia 1993.

Anima e corpo *** (*Body and Soul*, Usa 1947, b/n, 104') Robert Rossen. Con John Garfield, Lilli Palmer, Hadzel Brooks, Anna Revere, William Conrad, Joseph Pevney, Canada Lee. ◆ La storia di Charlie Davis (Garfield) che usa la boxe per uscire dalla povertà. Per il successo sacrifica tutto, anche l'onesto amore della fidanzata (Palmer), ma all'ultimo incontro trova il coraggio di ribellarsi alle combine: vince e lascia il ring dicendo ai gangster «Che cosa potete farmi, uccidermi? Tutti dobbiamo morire». Primo film prodotto dalla società di Garfield, la Enterprise, e sceneggiato, con un po' troppa didascalica verbosità, da Abraham Polonsky. Ottima, comunque, la prova di Garfield, tormentato e ribelle. Memorabile la fotografia di James Wong Howe: nella sequenza finale, grazie alla sua piccola statura, sgusciava con dei pattini a rotelle tra i due boxeur per ottenere i primi piani desiderati. Oscar per il montaggio (Frances Lyon e Robert Parrish). Rifatto nel 1981 (*Il guerriero del ring*).

Anima e il volto, L' ** (*A Stolen Life*, Usa 1946, b/n, 107') Curtis Bernhardt. Con Bette Davis, Glenn Ford, Dane Clark, Walter Brennan, Charlie Ruggles, Bruce Bennett, Peggy Knudsen. ◆ La timida e repressa Ketty Bosworth (Davis) s'innamora di Bill Emerson (Ford), ma la gemella Pat (sempre Davis), più intraprendente e sicura di sé, glielo porta via e se lo sposa. Durante una gita in mare Pat annega e Ketty, – (che nel tentare di salvarla si ritrova in mano la vera) – prende il suo posto, ma scoprirà che Bill vuol chiedere il divorzio. Melodramma tutto giocato sul doppio, che permette alla Davis (nell'unico film di cui fu anche produttrice) di interpretare due personaggi opposti (con qualche trucco che lascia ancora stupiti: Ketty che accende un fiammifero e lo passa a Pat, le due sorelle sdraiate sullo stesso letto o che marciano fianco a fianco per la strada). Peccato che la sceneggiatura di Catherine Turney, dopo un bell'inizio, non sappia liberarsi da una certa artificiosità nello sviluppare l'intreccio, dimenticando per strada il personaggio che forse poteva dare uno sviluppo inaspettato alla storia, il «Rasputin della tavolozza» che dà lezioni di pittura a Ketty, interpretato da Dane Clark. Bernhardt non risparmia nessuna delle sue favorite atmosfere notturne e nebbiose, ma finisce per sottolineare ancora di più l'incredibilità della storia. Rifacimento di *A Stolen Life* (1939, di Paul Czinner, con Elisabeth Bergner e Michael Redgrave), inedito in Italia.

Anima e la carne, L' **½ (*Heaven Knows, Mr. Hallison*, Usa 1957, col, 107') John Huston. Con Deborah Kerr, Robert Mitchum. ◆ Una monaca, sorella Angela (Kerr), e un ruvido marine, il capitano Allison (Mitchum), naufragano su un'isola deserta durante la seconda guerra mondiale. Nonostante le perlustrazioni dei giapponesi, riusciranno a salvarsi e a rispettare le reciproche scelte esistenziali. Tratto da un romanzo di Charles Shaw (di cui aveva acquistato i diritti William Wyler), è la storia di un amore sublimato, con qualche tocco d'irriverenza (il crocifisso decapitato): nonostante lo stretto controllo dei censori del codice Hays, Huston costruisce un film ricco di una sensualità diffusa e sotterranea che innerva tutta la storia e che, in maniera sottilmente «blasfema» e libertaria, si chiude con la vittoria dell'uomo sul Cristo («ferito a morte mentre l'uomo è ferito solo superficialmente»). Meglio Mitchum, però, della Kerr.

Animal Crackers **½ (*Animal Crackers*, Usa 1930, b/n, 98') Victor Heerman. Con Groucho, Harpo, Chico e Zeppo Marx, Margaret Dumont, Lillian Roth, Louis Sorin, Hal Thompson, Margaret Irving. ◆ Durante la festa per il ritorno del capitano Jeffrey T. Spaulding (Groucho) dall'Africa, la signora Rittenhouse (Dumont) vuole presentare ai suoi amici un quadro che ha appena comperato, ma la figlia (Roth), innamorata di un pittore sconosciuto, sostituisce l'originale con una copia per dimostrare il valore del fidanzato: spariranno entrambe le opere. Tratto dall'omonima commedia di George S. Kaufman e Morrie Ryskind (con lo stesso cast dell'edizione teatrale), il secondo film dei fratelli Marx non riesce a liberarsi da una trama piuttosto inconsistente, ma offre alcuni numeri diventati famosi: l'ingresso di Groucho su una portantina e la sua autopresentazione cantata (*Hurrah for Captain Spaulding*), i racconti delle sue avventure africane, la partita a carte di Harpo e Chico, il comportamento di Harpo davanti all'argenteria.

Animale, L' ** (*L'Animal*, Francia 1977, col, 100') Claude Zidi. Con Jean-Paul Belmondo, Raquel Welch, Julien Guiomar, Aldo Maccione. ◆ Sul set di un film di spionaggio, un cascatore (Belmondo) deve fare la controfigura a un divo italiano, pauroso e imbranato: oltre a dare prova di coraggio e di spericolatezza, riuscirà anche a far la corte alla bellissima attrice (Welch). Un film fatto su misura per Belmondo perfettamente a suo agio nella doppia parte di divo e controfigura. Campione d'incassi in Francia.

Animal House *** (*National Lampoon's Animal House*, Usa 1978, col, 109') John Landis. Con John Belushi, Tim Matheson, John Vernon, Cesare Danova, Verna Bloom, Donald Sutherland, Karen Allen, Tom Hulce, Kevin Bacon. ◆ Nel 1962, in un campus universitario, gli studenti svogliati e goliardi della Delta House fronteggiano con feste folli, scherzi pesanti ed eccessi vari il perbenismo delle autorità e del prestigioso circolo rivale degli Omega: il culmine sarà toccato dall'attacco al tradizionale corteo del Faber College. Sgangherato e irriverente capostipite della comicità demenziale, illuminato dalla sulfurea e irresistibile presenza dell'indimenticabile Belushi, ottenne un inaspettato successo e si trasformò in un film di culto. Ha imposto tra i giovani la moda del toga-party (la festa in cui tutti devono essere vestiti solo di un lenzuolo). Sceneggiatura di Harold Ramis, Douglas Kenney e Chris Miller.

Animali felici ** (Italia 1999, col, 83') Angelo Ruta. Con Adriana Libretti, Pietro Ubaldi, Christian Bani, Roberto Anglisani, Oumar Ba, Pia Engleberth, Romano Singlitico, Angela Ricciardi. ◆ Milano: una madre (Libretti) pensa di aver perso il figlio (Bani), un commercialista (Ubaldi) è troppo occupato per soccorrere sconosciuti o dar retta all'amante (Ricciardi), un padre divorziato (Anglisani) medita di scomparire nel nulla, un venditore africano (Ba) osserva perplesso. Intrecciando caso e coincidenze, dramma e sarcasmo, l'esordiente regista-sceneggiatore cerca di riflettere sul vuoto del nostro presente. Con qualche ingenuità e uno sguardo a tratti facilmente moralista, anche se il risultato è promettente, e apprezzabile come modello produttivo indipendente.

Animali metropolitani * (Italia 1987, col, 92') Steno [Stefano Vanzina]. Con Donald Pleasence, Senta Berger, Ninetto Davoli, Enzo Braschi, Mara Venier, Maurizio Ferrini, Antonello Fassari, Karina Huff, Maurizio Micheli, Leo Gullotta, Antonino Iuorio, Galeazzo Benti, Jimmy il Fenomeno [Origene Soffrano]. ◆ Con l'aiuto di un vigile (Davoli), un team di antropologi visita Roma per verificare la tesi secondo cui l'umanità sta regredendo allo stato bestiale. Collana di sketch di corto respiro, dalla marchesa sadomaso (Venier) che illude un trio di coatti all'istruttore-Rambo (Braschi): con fiacche parodie (come quella degli spot di Fellini) e velleità satiriche di raro qualunquismo. Mesto addio al cinema di Steno, che scrive la sceneggiatura col figlio Enrico. Un verosimile modello, comunque, per analoghe operazioni degli anni Novanta, come *L'ultimo Capodanno*.

Animali pazzi **½ (Italia 1939, b/n, 72') Carlo Ludovico Bragaglia. Con Totò [Antonio de Curtis], Luisa Ferida, Lilia Dale [Lily Dale-Hand], Calisto Bertramo, Cesare Polacco, Dina Perbellini, Pina Gallini. ◆ Se non sposa la cugina entro un termine fissato, il barone Tolomeo (Totò) perde una cospicua eredità (che passerebbe a una clinica per animali pazzi). Così, per evitare la sorveglianza dell'amante, ingaggia un sosia. Secondo film di Totò che si avvale, per il soggetto e la sceneggiatura, dell'umorismo di un autore graffiante e paradossale come Achille Campanile (sue le idee sul cavallo pazzo o il «suonifero» preso al posto del sonnifero), ma che finisce per non convincere perché la regia di Bragaglia banalizza, invece di esaltare, le gag della sceneggiatura.

Animals * (*Animals [and the Tollkeeper]*), Usa 1997, col e b/n, 102') Michael Di Jiacomo. Con Tim Roth, Mili Avital, Mickey Rooney, Rod Steiger, Jacques Herlin, Raoul Delfosse, Francis Bouc, John Turturro, Barbara Bain, Lothaire Bluteau. ◆ Tre vecchi cineasti francesi insegnano al tassista newyorkese misantropo Henry (Roth) a credere nei sogni, innamorarsi e cercare cigni nel deserto: ma è solo una fantasia, un mondo parallelo o, peggio, un film nel film? Premiato autore di corti, il regista-sceneggiatore esordisce all'insegna di un lirismo surrealisteggiante stantio e pretenzioso, leccato e accademico. L'unica cosa simpatica è il vecchio Rooney che suona la tuba in mezzo allo Utah.

Animalympics → *Olimpiadi della giungla, Le*

Anima nera *½ (Italia/Francia 1962, b/n, 97') Roberto Rossellini. Con Vittorio Gassman, Annette Stroyberg, Nadja Tiller, Eleonora Rossi Drago, Yvonne Sanson, Giuliano Cocuzzoli. ◆ Per chiudere con un passato ambiguo, Adriano (Gassman) sposa Marcella (Stroyberg), ma quando il marito riceve l'eredità di un suo equivoco amico il matrimonio entra in crisi: lo ricuce Mimosa (Tiller), che consola Adriano e spiega a Marcella i «doveri» di moglie. Film di commissione, tratto dall'omonima commedia di Giuseppe Patroni Griffi, che Rossellini accettò di dirigere per pure ragioni alimentari: lo stile naturalistico del testo, a cui non mancano neppure un paio di scene madri, non ha niente a che vedere con l'idea rosselliniana di cinema: e i risultati lo dimostrano.

Anima persa ** (Italia 1976, col, 100') Dino Risi. Con Vittorio Gassman, Catherine Deneuve, Danilo Mattei, Anicée Alvina, Gino Cavalieri. ◆ Nella casa veneziana degli zii, (Gassman e Deneuve) qualcuno è segregato in soffitta. Un fratello demente, dice l'anziana domestica, ma il nipote Tino (Mattei) vuole saperne di più. Lontanamente ispirato all'omonimo romanzo di Arpino, è un thriller psicologico non privo di tensione, che però è troppo finalizzata al colpo di scena finale.

Anime ferite **½ (*Till the End of Time*, Usa 1946, b/n, 106') Edward Dmytryk. Con Dorothy McGuire, Guy Madison, Robert Mitchum, Bill Williams, Tom Tully, Jean Porter. ◆ Ritornati a casa dalla seconda guerra mondiale, due reduci stentano a reinserirsi nella società: Cliff (Madison) ha una tempestosa relazione con una vedova di guerra (McGuire), Billy (Mitchum) non può tornare al suo vecchio mestiere di cowboy da rodeo per una ferita alla testa. Pur con meno pretese di *I migliori anni della nostra vita* (che uscì qualche mese dopo), il film di Dmytryk affronta con rigore e senza cedimenti retorici il problema del reducismo, mettendosi in luce come regista impegnato. Delle buone interpretazioni dei tre giovani, particolarmente degna di nota quella della McGuire. La musica del film (ispirata alla *Polacca in la bemolle maggiore* di Chopin) divenne un hit.

Anime fiammeggianti ° (Italia 1994, col, 95') Davide Ferrario. Con Giuseppe Cederna, Elena Sofia Ricci, Alessandro Haber, Monica Scattini, Flavio Bonacci, Doris von Thury, Francesca Prandi, Massimo Ghini, Maria Amelia Monti, Mariella Valentini, Roberto Citran. ◆ Il professor Rosario Innocenti (Cederna) cerca di riconquistare la moglie Elena (Ricci), vede apparire la Madonna (Scattini), è concupito da un gangster (Haber) e, suggestionato da Dostoevskij, si dà alla rapina e all'omicidio. Troppo per un personaggio solo? Elena, per conto suo, fa la detective privata, accudisce una nipotina sordomuta, è corteggiata da un geometra picchiato (Bonacci)... Al suo secondo film, Ferrario (anche sceneggiatore), tenta il surrealismo buñueliano, satireggia l'Italia contemporanea, si autocita (il protagonista di *La fine della notte*, Dario Parisini, compare nella parte del carabiniere), fa spogliare la Ricci per accontentare la produzione, e approda a una misoginia di maniera. La recitazione latita, il troppo stroppia, e spiace constatare che certe cose le fa meglio Patrice Leconte.

Anime gemelle ** (*The Lonely Guy*, Usa 1984, col, 90') Arthur Hiller. Con Steve Martin, Charles Grodin, Judith Ivey, Robin Douglas. ◆ Lasciato dalla fidanzata, l'impiegato di una casa editrice di auguri (Martin) scopre i drammi del single e nemmeno l'amicizia con una persona nelle sue stesse condizioni (Grodin) riesce ad aiutarlo. Dovrà scrivere un libro sulla sua solitudine per essere inseguito dalle donne e trovare finalmente la vera anima gemella. Un divertimento agrodolce, tratto dal romanzo di Bruce Jay Friedman *The Lonely Guy's Book of Life* (adattato dal grande Neil Simon), e un ruolo insolito per il comico americano Steve Martin.

Anime in delirio *** (*Possessed*, Usa 1947, b/n, 108') Curtis Bernhardt. Con Joan Crawford, Van Heflin, Raymond Massey, Geraldine Brooks, Stanley Ridges. ◆ Respinta dall'unico uomo che ama veramente, Louise (Crawford) si lascia talmente ossessionare che finisce per diventare schizofrenica. La storia di un lungo calvario psicoanalitico (che non è detto debba concludersi positivamente) raccontato con le tecniche del noir (flashback, ruolo «pericoloso» della donna) e del melodramma (amore ossessivo, gelosia, delitti passionali). Grandissima prova della Crawford (indimenticabile l'inizio, mentre gironzola per Los Angeles, sperduta e priva di memoria) e belle invenzioni di regia (il delitto raccontato dalla malata è reale o frutto della sua ossessione?). Senza dubbio da rivalutare.

Anime nel deserto → *Giardino di Allah, Il*

Anime sporche ** (*Walk on the Wild Side*, Usa 1962, b/n, 114') Edward Dmytryk. Con Laurence Harvey, Capucine [Germaine Lefèbvre], Jane Fonda, Anne Baxter, Barbara Stanwyck. ◆ Nella New Orleans degli anni Trenta, un uomo è alla ricerca del suo perduto amore (Capucine). La ritroverà, dopo un lungo girovagare in una casa di piacere, la cui tenutaria è una lesbica russa (Stanwyck). Da un bel romanzo di Nelson Algren, un dramma torbido, sceneggiato da troppe mani (tra gli altri Ben Hecht, John Fante e Clifford Odets) che dovette sopportare le imposizioni dell'agente/produttore Charles K. Feldman (tra le sue pretese quella di anacronistici vestiti di Pierre Cardin per Capucine). Alcune scene furono girate da Blake Edwards. Bei titoli di testa di Saul Bass.

Anime sul mare **½ (*Souls at Sea*, Usa 1937, b/n, 92') Henry Hathaway. Con Gary Cooper, George Raft, Frances Dee, Olympe Bradna, Robert Cummings, George Zucco. ◆ Durante una terribile tragedia in mare due amici (Cooper e Raft) si adoperano per salvare delle vite umane da morte certa; il primo viene però ingiustamente accusato di essersi comportato in modo irresponsabile. Cooper interpreta un ruolo difficile e complesso, e conferisce a tutto il film una notevole carica drammatica.

Anita Garibaldi → *Camicie rosse (Anita Garibaldi)*

Anna *** (Italia/Francia 1952, b/n, 105') Alberto Lattuada. Con Silvana Mangano, Faby Morlay, Raf Vallone, Jacques Dumesnil, Vittorio Gassman, Patrizia Mangano, Natascia Mangano, Piero Lulli, Tina Lattanzi, Dina Romano, Lamberto Maggiorani, Lyla Rocco, Mimmo Poli. ◆ La vita di sorella Anna (Mangano), infermiera all'Ospedale Niguarda di Milano in attesa di prendere i voti definitivi, è sconvolta dall'arrivo di un ferito in cui riconosce Andrea (Vallone), l'uomo che voleva sposarla e le avrebbe fatto smettere la sua vita da ballerina di night se tutto non fosse fallito per colpa del suo ex amante, Vittorio (Gassman): Andrea l'aveva ucciso – per legittima difesa – e Anna aveva scelto di entrare in convento. Adesso, però, l'amore rimette in crisi le sue scelte. Nato come tentativo di ripetere il successo di *Riso amaro* (con lo stesso terzetto di protagonisti) e, per Lattuada, di riconquistare il pubblico dopo il fiasco di *Luci del varietà*, il film (sceneggiato da Giuseppe Berto, Franco Brusati, Ivo Perilli, Luigi Malerba, Dino Risi e Rodolfo Sonego), non risente della sua origine di commissione. Costruito con una struttura a flashback che incastra le scene nell'ospedale (girate con occhio documentaristico) con quelle dei ricordi, è tutto giocato sulle opposizioni che lacerano il personaggio di Anna («È come se ci fossero due persone in me. Una è quella che tu ami, l'altra non posso dirlo» confessa ad Andrea): ne esce così un appassionato ritratto femminile nel quale il senso del dovere si scontra con il richiamo dell'erotismo. L'indimenticabile sequenza della protagonista che canta «arriva il negro Zumbon / ballando allegro il bajon» ha affascinato anche Nanni Moretti in *Caro diario*. Le sorelle della Mangano, Patrizia e Natascia, interpretano rispettivamente le sorelle di Anna e di Andrea. Fu il primo film italiano a incassare più di un miliardo sul territorio nazionale e il primo film straniero a essere doppiato negli Stati Uniti. Sofia Lazzaro (non ancora Loren) è una delle cameriere del nigth-club.

Anna **** (Italia 1975, b/n, 225') Alberto Grifi, Massimo Sarchielli. Con Anna, Massimo Sarchielli, Vincenzo Mazza, Stefano Cattarossi, Louis Waldon, Jane Fonda (per una dozzina di secondi), Ivano Urban e 200 persone tra troupe e cast. ◆ La storia di Anna, una sedicenne incinta e tossicodipendente che Massimo Sarchielli incontra casualmente in piazza Navona. Ospitata dall'attore-regista, la ragazza diventa il soggetto del film che Sarchielli decide di girare insieme a Grifi, ma le cose non vanno secondo copione: Anna è refrattaria a qualsiasi ruolo imposto e l'elettricista, ex operaio alla Pirelli, entra in scena per dichiararle il suo (vero) amore. La realtà prende il sopravvento su tutto. Impressionante esperienza di cinema-diretto (la sceneggiatura di Sarchielli e Roland Knauss fu abbandonata dopo dieci giorni di lavorazione), girata in videotape nel corso di sei mesi per un totale di undici ore di registrazione e poi tradotta su pellicola in 16 mm e ridotta alla durata attuale grazie al «vidigrafo» (un sincronizzatore elettronico messo a punto da Grifi). La grandezza di questo film sperimentale sta tutta nel riconoscimento sul campo, da parte degli autori, dell'impossibilità di una regia tradizionale, che abbia il controllo sul racconto e riconduca la miseria del quotidiano entro canoni accettabili: coinvolti dalla vita e dalla ribellione di Anna e Vincenzo (ma anche degli altri «personaggi» incontrati nei dintorni di piazza Navona), Grifi e Sarchielli abbandonano la telecamera a una sorta di flusso di coscienza in tempo reale, che scardina completamente sia la struttura cinematografica di partenza sia il rapporto gerarchico tra chi filma e chi è filmato, facendo irrompere sullo schermo una tranche de vie libera da mediazioni estetiche e compromessi narrativi. Molte le sequenze memorabili: la doccia di Anna, al termine della quale Sarchielli, che l'aveva aiutata, si ritrova con un pidocchio in mano; il racconto di Vincenzo, durante la dichiarazione d'amore, sulle sue lotte alla Pirelli; la carica contro un corteo di femministe, ordinata da un commissario che si sente offeso nella sua virilità; la provocazione di Waldon (attore di Andy Warhol) nei confronti di un uomo di colore che reagisce con rabbia spontanea. Dopo la fine della lavorazione, Anna abbandonò sia il bambino che Vincenzo e finì in manicomio. Girato tra il 1972 e il 1973, presentato per la prima volta al Forum di Berlino nel 1975 (e poi alla Mostra di Venezia nello stesso anno), *Anna* fu accolto con entusiasmo dalla critica, ma ebbe (e continua ad avere) enormi difficoltà di circolazione.

Anna ** (*Anna*, Usa 1987, col, 100') Yurek Bogayevicz. Con Sally Kirkland, Paulina Porizkova, Robert Fields, Ruth Maleczech. ◆ Un'attrice cecoslovacca (Kirkland) che conduce una magra esistenza a New York, incontra una giovane e povera immigrata ceca (Porizkova) e le insegna i trucchi del mestiere, per permetterle di riuscire là dove lei ha fallito. Film discontinuo ma interessante, con la top model Paulina Porizkova al suo debutto cinematografico.

Anna *½ (*Anna 6-18*, Francia/Russia 1994, col e b/n, 99') Nikita Michalkov. ◆ Per dodici anni Michalkov pone a sua figlia Anna le stesse domande (di cosa hai paura? cosa odi? cosa vorresti?): intanto muore Brežnev, scoppia la guerra in Afghanistan, inizia la perestrojka con Gorbacëv e crolla l'impero sovietico. Alla soglia dell'età adulta, Anna non ha più paura della guerra nucleare, ma di perdere la propria patria. Taccuino privato di sopravvivenza nel regime comunista (e come tale girato in clandestinità), e al tempo stesso «blob» di immagini di repertorio sulla decadenza di un mondo, il film di Michalkov enuncia più che dimostrare, asserisce più che persuadere. Difficile lasciarsi coinvolgere da questo cineasta passatista e patriarcale che rimpiange la madre Russia dove c'era ancora Dio e guarda disgustato la dolce vita pateticamente provinciale della Mosca post-comunista. Il parallelismo tra la figlia e il piccolo Oblomov, protagonista del film omonimo (di cui vengono riprese alcune sequenze), rimane abbozzato, e della «misteriosa anima russa» resta solo il ricordo letterario; anche se non si può non rimanere colpiti dalle coreografie agghiaccianti della Russia sovietica contrapposte al caos degli ultimi anni.

Anna Bolena ** (*Anna Boleyn*, Germania 1920, b/n, 135') Ernst Lubitsch. Con Emil Jannings, Henny Porten, Hedwig Pauly, Aud Egede Nissen. ◆ Per sposare la timida damigella di corte Anna Bolena (Porten), Enrico VIII (Jannings) divorzia dalla moglie Caterina d'Aragona (Pauly), autoproclamandosi capo della Chiesa inglese. Ma quando Anna non gli dà il sospirato erede, sposa Jane Seymour (Nissen) e manda l'ex moglie al patibolo. Era tutto sommato fuori dalle corde di Lubitsch questa fastosa ricostruzione storica, debitrice del teatro di Max Reinhardt nelle scenografie e nei movimenti di massa. Ancora meno ironia che in *Madame Dubarry*, e un gusto melodrammatico più insistito. Jannings è forse l'Enrico VIII più carnale e animalesco visto al cinema, e tiene in pugno il film col suo talento gigionesco.

Anna dei mille giorni **½ (*Anne of the Thousand Days*, Gb 1969, col, 144') Charles Jarrott. Con Richard Burton, Geneviève Bujold, Irene Papas, Anthony Quayle. ◆ Rifacimento di uno dei più famosi drammi della storia della casa reale inglese che portò alla separazione della Chiesa d'Inghilterra da Roma: per sposare Anna Bolena (Bujold), il re Enrico VIII (Burton) impugna la legalità del proprio matrimonio con Caterina d'Aragona. Ma dopo aver avuto una figlia (e non il tanto desiderato maschio) accetta che la Bolena sia decapitata per un inesistente adulterio e cerca le grazie di Jane Seymour. Tratto dal lavoro teatrale di Maxwell Anderson, il film tradisce in parte la verità storica a favore della tensione drammatica. Oscar ai costumi.

Anna dei miracoli *** (*The Miracle Worker*, Usa 1962, b/n, 106') Arthur Penn. Con Anne Bancroft, Patty Duke, Victor Jory, Inga Swenson, Andrew Prine. ◆ Alabama, anni Venti: la lotta di una istitutrice (Bancroft) per insegnare alla cieca Helen (Duke) a «conoscere» il mondo con l'aiuto del tatto. Dal testo teatrale di William Gibson (che Penn aveva messo in scena con le stesse protagoniste), un film intenso e commovente, ricco di valenze pedagogiche (sul valore della famiglia, contro l'autoritarismo, sulla differenza tra amore e compassione). Ma la qualità migliore del film è la capacità di rendere la concretezza dei personaggi per fare in modo che «i limiti fisici evochino un disagio filosofico». Oscar per la Bancroft (miglior attrice) e Patty Duke (miglior attrice non protagonista).

Anna e il re del Siam ** (*Anna and the King of Siam*, Usa 1946, b/n, 128') John Cromwell. Con Irene Dunne, Rex Harrison, Linda Darnell, Lee J. Cobb, Gale Sondergaard. ◆ La vita e le avventure di una donna inglese (Dunne) dal carattere forte e intraprendente, governatrice della Thailandia nel secolo scorso. Ispirato a un personaggio realmente esistito, Anne Leonewens, il film segna l'esordio hollywoodiano per Rex Harrison in una megaproduzione dal décor ricco e raffinato, vincitrice di due Oscar (per la fotografia e la scenografia). Pellicola all'origine del musical *Il re ed io* (1956).

Anna e i lupi **½ (*Ana y los lobos*, Spagna 1972, col, 100') Carlos Saura. Con Geraldine Chaplin, Fernando Fernan-Gomez, José Maria Prada, José Vivó, Rafaela Aparicio, Charo Soriano, Sara Gil, Nuria Lage, Maria José Puerta. ◆ L'arrivo della giovane governante americana Ana (Chaplin) sconvolge le regole della casa in cui vivono le famiglie di tre fratelli e la loro vecchia madre (Aparicio): Ana finisce per scoprire il vero volto di ognuno – José (Prada) è ossessionato dall'ordine e dal desiderio di potenza, Fernando (Fernan-Gomez) attraversa una profonda crisi religiosa, Juan (Vivó) è un erotomane – ma la vecchia madre non può sopportare una tale minaccia per la sua casa. La metafora sulla Spagna e le sue tare ataviche non potrebbe essere più evidente, ma il gioco è talmente scoperto che i tre argomenti tabù della cultura franchista (politica, religione, sesso) si trasformano da simboli in meccanismi dinamici della storia. E un finale inaspettatamente crudele aiuta lo spettatore a non adagiarsi troppo nella finzione di questa fiaba farsesca sceneggiata dal regista con Rafael Azcona. Geraldine Chaplin ai tempi era la compagna di Saura. Una sequenza è ripresa in *Mamà compie cento anno* (che Saura ha diretto nel 1979), seguito ideale di questo film.

Anna Karenina *** (*Anna Karenina*, Usa 1935, b/n, 95') Clarence Brown. Con Greta Garbo, Fredric March, Freddie Bartholomew, Maureen O'Sullivan, May Robson, Basil Rathbone. ◆ Anna Karenina (Garbo) sacrifica posizione e figlio per l'amante (March), un ufficiale della guardia, il quale però l'abbandonerà, provocandone il suicidio. Nuovo incontro della Garbo con l'eroina di Tolstoj, che aveva già interpretato nel 1927 (*Anna Karenina* di Edmund Goulding con John Gilbert, Brandon Hurst): qui diventa un'eroina dell'*amour fou* circondata da uomini mediocri e indegni. L'apparato produttivo (il produttore Selznick era contrario al progetto) schiaccia l'emotività della storia ma non impedisce alcune scene famose: la panoramica aerea che percorre la tavolata degli ufficiali all'inizio del film, il gioco di luci e ombre sul volto della Garbo quando sta per buttarsi sotto il treno. Rifatto da Julien Duvivier nel 1948; da Aleksandr Zarkij nel 1968; da Simon Langton nel 1985.

Anna Karenina *½ (*Anna Karenina*, Gb 1948, b/n, 123') Julien Duvivier. Con Vivien Leigh, Ralph Richardson, Kieron Moore, Hugh Dempster. ◆ L'amore spinge la moglie (Leigh) di un ministro dello zar a lasciare la famiglia per seguire un aristocratico capitano che un giorno si stancherà di lei, spingendola al suicidio. Il buon cast non aiuta questa letterale ma scontatissima trasposizione del romanzo di Tolstoj.

Anna Karenina *½ (*Leo Tolstoy's Anna Karenina*, Usa 1996, col, 98') Bernard Rose. Con Sophie Marceau, Sean Bean, Alfred Molina, Mia Kirshner, James Fox, Phyllida Law, Fiona Shaw, Danny Huston, David Schofield. ◆ Anna Karenina (Marceau), innamorata perdutamente del fatuo conte Vronsky (Bean), per evitare lo scandalo abbandona il marito (Molina) e il figlio: ma i rimorsi incombono. Nuovo adattamento per lo schermo, firmato dal regista, del grande romanzo russo: gran spreco di décor e di costumi, ma la passione è congelata nella piattezza illustrativa. Del romanzo rimangono l'ambientazione originale (è il primo film interamente girato da un occidentale nella Russia post-sovietica) e la trama, ridotta a telenovela. Phyllida Law, madre di Emma Thompson, è la contessa Vronskaya. Per fortuna nel titolo italiano ci è stato risparmiato il Lev trasformato in Leo dell'originale.

Anna Oz ** (*Anna Oz*, Francia/Italia/Svizzera 1996, col, 99') Eric Rochant. Con Charlotte Gainsbourg, Gérard Lanvin, Sami Baouajila, Grégori Derangère, Emmanuelle Devos. ◆ La parigina Anna Oz (Gainsbourg) è tormentata da incubi, tutti ambientati a Venezia, che hanno come protagonisti la sua metà oscura e il suo passato famigliare. Quando viene arrestata come testimone di un omicidio di cui non ricorda nulla, i sogni cominciano a confondersi con la realtà, e viceversa. Un noir surrealista (sceneggiato dal regista insieme a Gérard Brach), suggestivo o irritante secondo i gusti personali sia per l'intreccio – labirintico – sia per la realizzazione – ai confini col patinato. Avrebbe senz'altro giovato un po' più di passione per il genere fantastico e qualche vezzo d'autore in meno, ma nel complesso il film funziona. Notevole la presenza della Gainsbourg, capace di sdoppiarsi con grande naturalezza e differenziare gli insistenti primi piani che spesso si affidano al suo sguardo per cambiare dimensione alla storia.

Anna prendi il fucile **½ (*Annie Get Your Gun*, Usa 1950, col, 107') George Sidney. Con Betty Hutton, Howard Keel, Kernan Wynn, Louis Calhern, J. Carrol Naish. ◆ Nella compagnia di Buffalo Bill è Annie Oakley (Hutton) la più abile di tutti nel tiro a segno. Ma per non oscurare la fama dell'uomo che ama accetta di perdere nell'ultima gara. Da un musical di Broadway, il ruolo più importante nella carriera della cantante-attrice Betty Hutton, che prese il posto di Judy Garland (come Sidney quello di Busby Berkeley). Louis Calhern sostituì Frank Morgan (deceduto durante le riprese) nei panni di Buffalo Bill. Nonostante questo, il più fortunato musical degli anni Cinquanta con le canzoni di Irving Berlin *Anything You Can Do, Doin' What Comes Naturally* e *There's No Business Like Show Business.*

Annaré *½ (Italia 1998, col, 95') Ninì Grassia. Con Gigi D'Alessio, Maria Monsé, Fabio Testi, Loredana Romito, Amedeo Goria, Biagio Izzo, Caterina De Santis, Orso Maria Guerrini, Tony Rossetti. ◆ Avviato verso il successo, il cantante Gigi D'Alessio (se stesso) s'innamora della giovane Annaré (Monsé), ma non può lasciare la più matura Mara (Romito) perché costei, con i suoi prestiti, permette al padre (Testi) del cantante di non fallire. Bisogna aggiungere che alla fine l'amore vero trionferà? Non tanto la «messa in scena» di un repertorio canoro (come ai tempi di Al Bano & Romina o Gianni Morandi), ma piuttosto la sua drammatizzazione attraverso gli elementi base del mélo: passione, ricatto, gelosia, redenzione, messi in scena con il più tradizionale degli espedienti, il flashback. Produzione al risparmio che sfrutta abbondantemente le esibizioni canore di D'Alessio e una serie di *topoi* del nuovo folclore partenopeo (il ristorante La Lanterna, la Città Mercato di Mugnano, il cineteatro dei fratelli Barone). Già cult l'interpretazione di Amedeo Goria, press-agent improvvisato che parla torinese.

Annata di pregio * (Italia 1993, col, 80') Egidio Eronico. Con Renato Carpentieri, Patrizia Piccinini, Stefano Abbati, Christo Shopov. ◆ Il viticoltore Elia Zenghelis (Carpentieri) si rifiuta di vendere la sua terra agli speculatori: con loro si allea sua figlia Clara (Piccinini), che lo odia. Massacro finale, dopo che il regista (sceneggiatore con Pietro Conti) è rimasto incerto se girare un thriller o un film minimalista, un mélo o una tragedia greca. Senza mai appassionare né costruire un personaggio plausibile. Ambientato (e girato), chissà perché, in Bulgaria.

Annibale e la vestale ** (*Jupiter's Darling*, Usa 1955, col, 96') George Sidney. Con Esther Williams, Howard Keel, George Sanders, Marge Champion, Gower Champion, Norma Varden, Richard Haydn, William Demarest, Douglas Dumbrille. ◆ Promessa in sposa al noioso Fabio Massimo (Sanders), la vitale Amytis (Williams) viene catturata da Annibale (Keel) che sta marciando su Roma: l'amore che nasce fra i due convincerà il condottiero cartaginese a risparmiare la città eterna. Ispirata a una commedia non musicale degli anni Venti (*La via per Roma* di Robert Sherwood, sceneggiata da Dorothy Kingsley), l'ultimo musical che Sidney ha diretto per la Mgm è decisamente sbilanciato sul versante della commedia, grazie a un tono scanzonato che scherza sulla storia di Roma (il dittatore Fabio Massimo ha più di un carattere gay, compresa una madre invadentissima, e nel finale Annibale arriva a colorare gli elefanti per far piacere ad Amytis). I pochi numeri musicali sono affidati alle qualità acrobatiche di Marge e Gower Champion (nella parte della romana Mita e del cartaginese Varione), mentre Esther Williams si esibisce in un solo numero (*I Have a Dream*), gioiellino kitsch con danza subacquea tra statue che si animano. Curioso l'inizio con Orazio (Haydn) che racconta la storia – le cui inesattezze cronachistiche sono dovute alla «bontà del vino dei Castelli» – come davanti allo schermo di un cinema.

Anni che non ritornano, Gli ** (*La Meilleur part*, Francia/Italia 1955, col, 90') Yves Allégret. Con Gérard Philipe, Michèle Cordoue, Gérard Oury, Umberto Spadaro, Valeria Moriconi. ◆ Vicino a Modane si sta costruendo una diga. L'ingegnere Perrin (Philipe), benché malato, non lascia il cantiere fin quando non è sicuro che gli ostacoli più grossi siano superati. Elogio dell'eroismo quotidiano sceneggiato con un certo schematismo da Allégret e Jacques Sigurd, in bilico tra la descrizione della diga come una specie di mostro che divora le vite umane e la voglia di lanciare un messaggio sociale più costruttivo (alla diga lavorano fianco a fianco operai francesi, italiani e arabi). Più interessante l'uso del CinemaScope da parte di Henry Alekan che si sbizzarrisce nel trovare punti di ripresa eccentrici e originali.

Anni dei ricordi, Gli ** (*How to Make an American Quilt*, Usa 1996, col, 116') Jocelyn Moorhouse. Con Winona Ryder, Ellen Burstyn, Anne Bancroft, Jean Simmons, Kate Capshaw, Maya Angelou, Lois Smith, Samantha Mathis, Dermot Mulroney. ◆ Studentessa di antropologia, Finn (Ryder) trascorre l'estate a casa della nonna Hy (Burstyn) e della prozia Glady Jo (Bancroft): mentre lei cerca di finire la tesi e medita sulla proposta di matrimonio di Sam (Mulroney), le due donne, insieme alle loro amiche, cuciono la sua trapunta di nozze rievocando ciascuna il proprio passato. Arrivata a Hollywood, la Moorhouse mette da parte l'ingegno di *Istantanee* per andare dove la porta il cuore di Whitney Otto, autrice del libro – frutto di una vera tesi di laurea e curiosamente simile a quello della Tamaro – da cui Jane Anderson ha tratto la sceneggiatura: confronto generazionale tutto femminile (gli uomini – deboli, profittatori, fedifraghi – sono fuori campo, ma, con loro, anche le mamme sessantottine) per un cast d'eccezione che riunisce alcune delle migliori interpreti americane di ieri e di oggi. Purtroppo la splendida trama della coperta (che è la vera protagonista occulta del film, il suo motore e il suo senso) si sfilaccia via via in un crescendo di buonismo deludente e in una messa in scena che cede le armi sia alla struttura narrativa sia allo show delle attrici.

Anni dell'avventura, Gli *½ (*The Young Adventurer*, Gb 1972, col, 130') Richard Attenborough. Con Robert Shaw, Anne Bancroft, Simon Ward, Jack Hawkins, Anthony Hopkins. ◆ La vita del grande statista inglese Churchill, dagli anni del college a quelli dell'accademia militare fino alla sua partecipazione alla sanguinosa guerra anglo-boera in Sudafrica all'inizio del secolo e al suo ingresso nel Parlamento. Tratto dal romanzo autobiografico *My Early Life: a Roving Commission*, una celebrazione romantica e oltremodo elogiativa.

Anni di corsa, Gli ** (*Les Années sandwiches*, Francia 1988, col, 105') Pierre Boutron. Con Thomas Langmann, Wojtek Pszoniak, Nicolas Giraudi, Michel Aumont, Clovis Cornillac. ◆ L'educazione alla vita del quindicenne Victor (Langmann) nella Parigi del dopoguerra, senza genitori perché deportati nei campi di concentramento: troverà le sue guide spirituali prima nel giovane Félix (Giraudi), poi nel mercante ebreo Max (Pszoniak). Un ritratto dolceamaro, ma molto partecipe, del dopoguerra a cui le scene iniziali e finali (un attentato antisemita ai giorni nostri) aggiungono un'amara riflessione sull'intolleranza religiosa e politica. Thomas Langmann è il figlio del produttore-regista Claude Berri.

Anni difficili ** (Italia 1948, b/n, 113') Luigi Zampa. Con Umberto Spadaro, Massimo Girotti, Ave Ninchi, Delia Scala, Willy Vitale, Ernesto Almirante. ◆ L'impiegato antifascista Aldo Piscitello (Spadaro), costretto durante il ventennio a iscriversi al partito, dopo la Liberazione perderà il proprio posto a causa della tessera, mentre chi si professava fascista sarà lesto a saltare sul carro dei vincitori americani. Tratto da un romanzo di Brancati (*Il vecchio con gli stivali*), fu il primo tentativo di descrivere il camaleontismo politico nazionale. Nonostante la vicenda sia trattata con accenti talvolta comici, il film suscitò vivaci polemiche.

Anni di piombo *** (*Die bleierne Zeit*, Rft 1981, col, 109') Margarethe von Trotta. Con Jutta Lampe, Barbara Sukowa, Rüdiger Vogler, Doris Shade, Verenice Rudolph. ◆ Il rapporto complesso di odio-amore che lega due sorelle: Juliane (Lampe) milita in un giornale femminista, Marianne (Sukowa) sceglie il terrorismo. Quando sarà arrestata e morirà «suicida» in carcere, Juliane sacrificherà tutto per scoprire la verità sulla morte della sorella. Ispirato alla storia reale delle sorelle Christiane e Gudrun Esslin, è un tentativo, più esistenziale che politico, di ricostruire un periodo tragico della storia tedesca, letto senza retorica e col rigore morale di chi vuole andare oltre la verità mostrata. Grande prova delle due attrici. Leone d'oro a Venezia.

Annie *½ (*Annie*, Usa 1982, col, 128') John Huston. Con Albert Finney, Carol Burnett, Aileen Quinn, Bernadette Peters, Ann Reinking, Tim Curry. ◆ Durante la Grande Depressione, un'orfanella (Quinn) riesce a ridestare l'umanità di un magnate (Finney) preoccupato solo dei soldi: gli troverà una moglie (Reinking) e si farà adottare. Rifacimento di una commedia musicale di Broadway, ispirata alla striscia comica di Harold Gray *Little Orphan Annie*. Nonostante la buona prova d'attori, il film, uno dei meno riusciti di Huston, è notevolmente prolisso.

Annie del Klondike **½ (*Klondike Annie*, Usa 1936, b/n, 80') Raoul Walsh. Con Mae West, Victor McLaglen, Philip Reed, Harold Huber, Soo Yong, Lucile Webster Gleason. ◆ Per sfuggire alla cattura (ha ucciso il suo dittatoriale impresario), Rose Carlton (West) si trasforma da «Bambola di San Francisco» in missionaria dell'esercito della salvezza e raggiunge l'Alaska durante la corsa all'oro. Entrerà talmente nella parte da decidersi, per amore del poliziotto che la bracca, a consegnarsi alla giustizia. Da una commedia scritta da lei stessa, l'unico film in cui Mae West si pente dei suoi peccati, anche se non abdica al cliché del suo personaggio, sessualmente aggressiva persino quando, da suffragetta, arringa i peccatori. Di un kitsch delirante la mise che indossa all'inizio del film, quando canta *I'm an Occidental Woman in an Oriental Mood of Love*. Soliti problemi con la censura e una campagna di William Randolph Hearst per chiedere addirittura l'intervento del Congresso. Di suo Walsh ci mette un buon ritmo.

Anni facili ** (Italia 1953, b/n, 106') Luigi Zampa. Con Nino Taranto, Alda Mangini, Gino Buzzanca, Armenia Balducci, Giovanna Ralli, Gastone [Gabriele] Tinti, Giovanni Grasso. ◆ Odissea di un professore siciliano (Taranto) nella giungla della burocrazia e della corruzione romana. Dopo avere perso per questi motivi un primo posto di lavoro, diventa il portaborse di un politico e finisce in prigione al suo posto. Commedia satirica di denuncia sociale sulla nuova Italia repubblicana. Nastro d'argento per il soggetto (di Vitaliano Brancati), la sceneggiatura (di Brancati, Zampa, Sergio Amidei e Vincenzo Talarico) e l'attore protagonista. Domenico Modugno interpreta la parte di un giudice.

Anni in tasca, Gli *** (*L'Argent de poche*, Francia 1976, col, 104') François Truffaut. Con Geory Desmouceaux, Philippe Goldman, Claudio e Frank Deluca, Richard Golfier, Sébastian Marc, Jean François Stévenin, Francis Declaeminck, Tania Torrens, Paul Heyraud, Christine Pellé, Nicole Félix, René Barnérias, Marcel Berbert. ◆ I sentimenti, i problemi con gli adulti, le fantasticherie, i drammi e i primi amori di un gruppo di ragazzini in attesa delle vacanze estive, a Thiers, in Alsazia, tra cui emergono le storie di Patrick (Desmouceaux), innamorato della madre di un compagno, e di Julien (Goldman), picchiato dalla madre e dalla nonna. Un intenso film corale, composto di tante microstorie che Truffaut, insieme alla sceneggiatrice Suzanne Schiffman, intreccia con raffinata e sensibile fluidità, evitando la frammentazione in sketch o episodi. Sempre più lontano anagraficamente dal mondo dell'infanzia ma profondamente partecipe al suo spirito, il regista ribadisce la lotta per la sopravvivenza dei più piccoli a cui dimostra in ogni inquadratura il suo amore, il suo rispetto e la sua fiducia: bisognosi di affetto, anarchici nei comportamenti, costretti a sperimentare la negazione dei propri desideri ma capaci, alla fine, di colmare il vuoto «perché hanno la grazia e la pelle dura». Musica di Maurice Jaubert, con la canzone *Les Enfants s'ennuient le dimanche* di Charles Trénet. Le figlie di Truffaut, Laura ed Ewa, compaiono rispettivamente nei ruoli di Madeleine Doinel e di Patricia.

Anni luce, Gli *½ (*Les Annés-lumière*, Francia/Svizzera 1981, col, 105') Alain Tanner. Con Trevor Howard, Mick Ford, Bernice Stegers, Henri Virlojeux, Odile Schmitt. ◆ Jonas (Ford) abbandona la città e inizia un difficile rapporto con il vecchio «eremita» e strano collezionista Yoshka (Howard) che gli chiede, una volta morto, di continuare le sue ricerche sul volo. Dal romanzo *La Voie sauvage* di Daniel Odier, una sorta di educazione intellettuale e di riflessione sulla vita ambientata nel futuro, dove sembra aver senso solo la tenace, cieca ricerca individuale. Continuazione ideale, ma non altrettanto felice, di *Jonas che avrà vent'anni nel 2000*. Girato quasi tutto in Irlanda.

Anni 90 * (Italia 1992, col, 90') Enrico Oldoini. Con Christian De Sica, Massimo Boldi, Ezio Greggio, Nino Frassica, Andrea Roncato, Francesco Benigno, Nadia Rinaldi, Flavio Bucci, Valeria D'Obici, Fabiana Udenio, Guido Micheli. ◆ Otto scenette ambientate a Milano per raccontare la fenomenologia del maschio italiano: l'avventura in discoteca di un burino (Benigno) si scontra con le esigenze del sesso sicuro; le interferenze tra telefonini permettono a due automobilisti (De Sica e Rinaldi) di fingersi quello che non sono; sull'altare il futuro marito (Roncato) si lamenta dei gusti cinetelevisivi della promessa sposa; l'intervento di uno sprovveduto psicologo del Telefono Blù (Greggio) aumenterà la violenza del genitore (Frassica) sul figlio; per festeggiare il settimo anniversario di matrimonio, il ragionier Ugo Bossi e la moglie (Boldi e D'Obici) finiscono in un locale dove ci si scambiano i partner; per risolvere i propri problemi, un erotomane (Boldi) frequenta le terapie di gruppo di uno psicologo sessuale (Bucci); travestiti da donna per il carnevale, due commercialisti (Boldi e De Sica) finiscono arrestati dalla Buoncostume; la paura di un'aggressione ingigantisce le fobie di due amici (Frassica e Roncato). Solo volgarità e doppi sensi in questo stracco tentativo di ridere mettendo in satira i costumi degli italiani della società affluente. Assolutamente insulsi i siparietti di «pubblicità regresso» (vecchi abbandonati come i cani prima delle vacanze, l'esibizionista che sostituisce il sesso con gli Swatch, tutte le possibili variazioni sul tema del profilattico dimenticato in classe, i comunisti come zombi che «a volte ritornano») interpretati da Greggio e fin offensivo l'utilizzo di uno pseudo-Hitchcock per fare la moralina alla fine del film. Uno dei punti più bassi del nostro cinema. Con un seguito.

Anni 90 – Parte II * (Italia 1993, col, 118') Enrico Oldoini. ◆ Film a episodi. In *Il pentito* (con Massimo Boldi, Nino Frassica, Andrea Roncato, Francesco Benigno, Tano Cimarosa) un tassista scambiato per un mafioso racconta a un giudice credulone tutto quello che gli passa per la testa; in *V.I.P.* (con Massimo Boldi, Christian De Sica, Andrea Roncato, Carol Alt, Nadia Rinaldi) due accaniti lettori di giornali scandalistici ospitano per una notte una coppia di divi che, litigando, distruggeranno loro la casa; in *Don Buro* (con Christian De Sica, Anna Falchi, Nino Frassica, Andrea Roncato, Silvio Spaccesi, Julie Marie Olson) un prete di campagna deve salvare una parrocchiana che fa la pornodiva a Milano; in *Luna di fiel* (con Carol Alt, Francesco Benigno) l'avventura di una notte si trasforma in un incubo sadomaso; in *Scherzi da prete* (con Massimo Boldi, Andrea Roncato, Carola Stagnaro) un conduttore di tg scambia l'adulterio della moglie per una delle tante burle televisive di cui è stato vittima; in *Quando scappa scappa* (con Massimo Boldi, Andrea Roncato, Maurizio Costanzo, Margareta Kraus) un poveraccio, tormentato dalla voglia di fare pipì, si «libererà» solo in Paradiso, dopo essere stato investito da un autocarro. Stracchissimo campionario di barzellette (tutte sceneggiate da Oldoini), nel quale non c'è neppure l'ambizione pseudosociologica del film precedente di riflettere la beceraggine dell'italiano medio: solite smorfie e prevedibili volgarità (come peraltro fa intuire il signorile manifesto pubblicitario: un cesso con la catena da tirare). In *V.I.P.* Pippo Baudo, Alberto Castagna e Maria Giovanna Elmi interpretano loro stessi.

Anni pericolosi, Gli *½ (*These Dangerous Years*, Usa 1957, b/n, 97') Herbert Wilcox. Con George Baker, Franckie Vaughan, Carole Lesley. ◆ Il «ragazzo a rischio» David (Vaughan), grazie al benefico influsso di un cappellano militare, diventa un soldato modello, ma un rivale, geloso della stima di cui gode, lo mette seriamente nei guai. Mediocre film di denuncia, infarcito di buoni propositi ma non di buon cinema.

Anni '40 **½ (*Hope and Glory*, Gb 1987, col, 98') John Boorman. Con Sebastian Rice Edwards, Geraldine Muir, Sarah Miles, David Hayman, Derrick O'-Connor, Jean-Marc Barr, Ian Bannen. ◆ Le discese notturne nei rifugi, i bombardamenti su Londra, il razionamento, una vacanza inaspettata per la distruzione della scuola, le prime emozioni sessuali: la seconda guerra mondiale come un gioco bizzarro e crudele degli adulti, nelle rievocazioni nostalgiche – e credibili – di chi è stato bambino in quegli anni. Un «piccolo film», brioso e capace di coniugare ironia e tragedia collettiva.

Anni ribelli ** (Italia/Argentina 1994, col, 101') Rosalia Polizzi. Con Leticia Bredice, Massimo Dapporto, Alessandra Acciai, Esther Goris, Adelaide Alessi, Inda Ledesma, Adriana Russo, Juan Cruz Bordeu, Daniele Tedeschi. ◆ Nella Buenos Aires del 1955, mentre si addensano le nubi sul governo Peron, la giovane Laura (Bredice) trova nell'insegnamento di una professoressa di idee comuniste (Acciai) la forza per emanciparsi dall'atmosfera soffocante della famiglia di origine italiana e soprattutto da un padre (Dapporto) autoritario e tradizionalista. L'esordio nel lungometraggio dell'italoargentina Rosalia Polizzi (che firma anche la sceneggiatura con Mario Prosperi) è troppo condizionato da una vena autobiografica che dà forza alla ricostruzione dell'ambiente degli immigrati italiani, ma non aiuta nel compattare un racconto che finisce per non approfondire temi interessanti (come la «gelosia» del padre per l'intimità tra madre e figlia, o la scoperta della politica da parte della giovane protagonista). La canzone che chiude il film, *La primavera del '55*, è cantata da Milva.

Anni ruggenti ** (Italia 1962, b/n, 110') Luigi Zampa. Con Nino Manfredi, Gino Cervi, Salvo Randone, Linda Sini, Gastone Moschin, Rosalia Maggio, Michèle Mercier. ◆ L'assicuratore Omero (Manfredi), fascista convinto, arriva in un paesino di provincia e viene scambiato per il podestà: nonostante tutti abbiano timore di lui, l'ex direttore dell'ospedale, antifascista, ha il coraggio di mostrargli gli imbrogli e le truffe che si nascondono sotto la facciata pulita. Liberamente ispirato a *L'ispettore generale* di Gogol, il film è una facile satira del fascismo travestita da farsa e caricatura. Le riprese a Ostuni, in Puglia, furono al centro di numerosi incidenti di natura politica.

Anni spezzati, Gli *** (*Gallipoli*, Usa 1981, col, 105') Peter Weir. Con Mel Gibson, Mark Lee, Bill Hunter, Bill Kerr. ◆ Due amici (Gibson e Lee), giovani atleti dilettanti australiani, sono scaraventati nell'orrore della prima guerra mondiale sulla penisola di Gallipoli dove uno troverà la morte durante un'inutile azione. Struggente racconto dell'ingresso nell'età adulta di due giovani, incapaci di capire le ciniche regole della guerra. Straordinaria la sequenza della morte finale, preceduta da un serratissimo montaggio alternato e conclusa su una foto-fissa che cita la morte del soldato repubblicano spagnolo fotografato da Robert Capa.

Anniversario, L' ** (*The Anniversary*, Gb 1968, col, 95') Roy Ward Baker. Con Bette Davis, Sheila Hancock, Jack Hedley, James Cossins. ◆ Benché vedova da dieci anni, obbliga la sua famiglia a festeggiare l'anniversario del suo matrimonio e poter così maltrattare tutti i vari parenti. Finché uno dei figli, trova il coraggio di ribellarsi. La Davis fa vibrare tutte le corde del personaggio che rientra perfettamente nel suo cliché, una delle mamme cinematografiche più degeneri di tutti i tempi: sguercia da un occhio, terrorizza la fidanzata del figlio minore mettendole un occhio di vetro sotto il cuscino, protegge il figlio feticista e gode del caos che procura. Il regista avrebbe dovuto essere il giovane Alvin Rakoff ma lei impose di sostituirlo. Dal dramma teatrale di MacIlwraith.

Anniversario, L' ** (Italia 1999, col, 78') Mario Orfini. Con Laura Morante, Luca Zingaretti, Elena Fresco, Cinzia Mascoli, Alessandra Celi, Francesco Prando. ◆ La festa per i dieci anni di matrimonio tra Anita (Morante) e Michele (Zingaretti) si trasforma in dramma: invece di annunciare la gravidanza, Anita svela di aver abortito e la discussione col marito ben presto degenera. Un melodramma da camera che tenta una radiografia della coppia borghese tra sentimenti taciuti e sorde rabbie, inutilmente complicato da una struttura a flashback che sembra fatta solo per ingannare lo spettatore. I due protagonisti sono credibili, ma la sceneggiatura (di Grazia Giardiello, Roberto Jannone e del regista) non ha il coraggio di essere davvero radicale.

Anno con 13 lune, Un **½ (*In einem Jahr mit 13 Monden*, Rft 1978, col, 124') Rainer Werner Fassbinder. Con Volker Spengler, Ingrid Caven, Gottfried John, Elisabeth Trissenaar, Eva Mattes. ◆ Girato in 25 giorni il film trae ispirazione dal suicidio di Armin Meier, amante di Fassbinder: è la storia degli ultimi cinque giorni di vita di Erwin (Spengler) che ricorda gli anni passati, dalla giovinezza in convento al lavoro come macellaio al matrimonio fino alla decisione di farsi operare a Casablanca e cambiare sesso. Ma tutti gli sforzi fatti per trovare l'amore sono inutili e anche dopo essere diventata Elvira la sua vita rimane sola e disperata, fino al giorno in cui morirà di crepacuore. Un film amarissimo, sottolineato dalla musica di Mahler, che descrive un mondo ormai diventato un inferno. Due momenti in particolare fanno di questo lavoro uno dei film più carichi d'emozione del regista tedesco: il flashback del macello e quello narrato dalla sorella (interpretata da Lilo Pempeit, che è, nella realtà, la madre di Fassbinder). Il titolo si riferisce alla credenza per cui un anno con 13 lune, come il 1978, ha pessime influenze sulle persone particolarmente sensibili. Fassbinder appare nel ruolo di se stesso intervistato dalla televisione.

Anno crudele, L' ** (*Term of Trial*, Gb 1962, b/n, 130') Peter Glenville. Con Laurence Olivier, Simone Signoret, Sarah Miles, Hugh Griffith, Terence Stamp, Roland Culver. ◆ Un insegnante delle Midlands (Olivier) con problemi coniugali (la moglie [Signoret] si oppone all'adozione di un bambino) viene trascinato in tribunale da una sua studentessa (Miles) con la falsa accusa di molestie sessuali. Un ibrido di melodramma e film giudiziario, dove Olivier – sobrio ed essenziale – riesce a dare notevole spessore psicologico a un personaggio sottotono rispetto ai suoi soliti ruoli. Particolarmente efficace il conflitto tra l'innocenza da dimostrare in tribunale e il senso di colpa nei confronti della moglie per un sentimento a cui ha rinunciato in partenza, e da antologia la scena in cui, dopo l'assoluzione, il protagonista si trova a dover mentire alla moglie per ottenere rispetto come uomo. Nella realtà Olivier e la ventenne Miles ebbero davvero una breve relazione.

Anno del dragone, L' *** (*Year of the Dragon*, Usa 1985, col, 134') Michael Cimino. Con Mickey Rourke, John Lone, Ariane, Leonard Termo, Mark Hammer. ◆ Un poliziotto dai modi piuttosto bruschi (Rourke) si scontra con un giovane e spietato boss di Chinatown (Lone) che gli farà uccidere l'ex moglie e violentare l'amica giornalista (Ariane). Alla fine, con un duello da western, il poliziotto avrà la sua vendetta ma la situazione a Chinatown non può cambiare. Gran ritorno di Cimino, a cinque anni dai *Cancelli del cielo* e immediate polemiche per l'immagine violenta che dà dell'America metropolitana (il melting pot razziale, le connivenze tra potere legale e illegale). L'happy end, anche se solo privato, dà al messaggio del regista, però, un tono di speranza. Sceneggiatura di Oliver Stone e di Cimino, dal romanzo di Robert Daley.

Anno della cometa, L' * (*Year of the Comet*, Usa 1992, col, 89') Peter Yates. Con Penelope Ann Miller, Tim Daly, Louis Jordan, Art Malik, Ian Richardson, Jacques Mathou. ◆ Un'enologa (Miller) scopre in un castello scozzese l'esistenza di una rarissima bottiglia di vino Lafitte 1811, resa ancora più preziosa per aver subìto l'influsso di una cometa di passaggio in quell'anno. È naturale che attorno al reperto si scateni una lotta tra vari predatori internazionali. Deludente variante dell'*Inseguimento della pietra verde*, in cui l'avventura perde tensione e smalto strada facendo. Peccato per la sceneggiatura di William Goldman, la prima originale dopo quella di *Butch Cassidy*, che gli valse l'Oscar.

Anno del terrore, L' ° (*Year of the Gun*, Usa 1991, col, 111') John Frankenheimer. Con Andrew McCarthy, Valeria Golino, Sharon Stone, John Pankow, Mattia Sbragia. ◆ Il rapimento e l'assassinio di Aldo Moro visti attraverso gli occhi di un corrispondente americano (McCarthy), smanioso di fare il private eye e indeciso tra reportage e romanzo. Un pasticcio senza appello zeppo di stereotipi ed errori, dove si passa furiosamente da un intrigo a un attentato (e viceversa), mentre di politica si parla en passant e a vanvera. Le Brigate Rosse sono una ridicola pantomima, il giornalista americano è il più insulso mai visto sul grande schermo e Fran-kenheimer è irriconoscibile. In Italia è uscito nel 1994, sull'onda di *Basic Instinct* (la Stone, «acconciata come una delle Charlie's Angels», qui fa la fotoreporter).

Anno 2000, la corsa della morte **½ (*Death Race 2000*, Usa 1975, col, 78') Paul Bartel. Con David Carradine, Sylvester Stallone, Simone Griffeth, Louisa Moritz, Mary Woronov, Don Steele. ◆ I corridori di una corsa automobilistica conquistano punti a seconda di quante persone investono, mentre la folla applaude entusiasticamente. Versione motoristica del motto *panem et circenses*, una favola violenta e provocatoria sul significato ossessivo dello sport nella società attuale, diretta da uno dei più interessanti registi dell'allora cinema indipendente americano. Qualche truculenza di troppo. Seguito dall'inedito *Deathsport* (1978, di Henry Suso e Allan Arkush).

Anno 2053 – La grande fuga * (*Neon City*, Usa 1991, col, 105') Monte Markman. Con Michael Ironside, Vanity, Lyle Alzado, Valerie Wildman, Nick Klar, Juliet Landau. ◆ 2053, America del Nord: un ex ranger (Ironside) cattura una ragazza ricercata per l'omicidio dei genitori (Vanity). Per riscuotere la taglia, deve andare a Neon City: arriverà a destinazione attraversando il deserto e una nube tossica a bordo di un autobus continuamente assalito da gang di mutanti motorizzati. Maldestro tentativo di rifare unwestern postatomico alla *Mad Max* manipolando esplicitamente *Ombre rosse* con tipico gusto trash: ecologismo a buon mercato, molta noia e un finale addirittura edificante.

Anno 2670 – Ultimo atto *½ (*Battle for the Planet of the Apes*, Usa 1973, col, 929). J. Lee Thompson. Con Roddy McDowall, Natalie Tundy, John Huston, Severn Darden, Paul Williams. ◆ Nel 2670 la Terra è dominata dalle scimmie, e il loro capo cerca una convivenza pacifica con gli uomini che ormai vivono in condizione servile. Riuscirà a ottenerla solo a prezzo di scontri violenti e dopo aver sconfitto la concorrenza del gorilla Aldus. Quinto, ultimo e stanco capitolo del ciclo iniziato con *Il pianeta delle scimmie*.

Anno prossimo... vado a letto alle dieci, L' *½ (Italia 1996, col, 94') Angelo Orlando. Con Angelo Orlando, Ricky Memphis, Ninetto Davoli, Claudia Gerini, Luca Zingaretti, Valerio Mastrandrea, Barbara Cupisti. ◆ A Poldo (Memphis), che si sta preparando per festeggiare l'ultimo dell'anno, capita in casa l'amico Rosario (Orlando), disperato perché la sua donna l'ha lasciato: decide di portarlo con sé per farlo divertire, ma quella che doveva essere una notte d'allegria rischia di trasformarsi in un incubo. Il solito esordio all'italiana di un regista-sceneggiatore che viene dalla recitazione: a tavolino funziona tutto ma sullo schermo non riesci ad appassionarti a niente. Ci sono le battute, c'è una certa idea di ritmo ma manca totalmente la regia.

Anno scorso a Marienbad, L' **½ (*L'Année dernière a Marienbad*, Francia 1961, b/n, 94') Alain Resnais. Con Delphine Seyrig, Giorgio Albertazzi, Sacha Pitoëff, Françoise Bertin, Pierre Barbaud. ◆ Tratto da una sceneggiatura di Alain Robbe-Grillet, capofila del nouveau roman, il film è non solo un esercizio di stile, ma anche una ricerca sul tempo e la memoria e un esperimento sull'intercambiabilità dei discorsi e delle situazioni. In un hotel che forse è una clinica di lusso, dove passato, presente, futuro (reali o immaginari) si fondono e si confondono, un uomo (Albertazzi) corteggia una donna (Seyrig) sostenendo di averla già conosciuta in passato, ma non è dato di sapere tutta la verità, né se qualcuno sta mentendo. L'idea centrale era quella di raccontare una storia «dall'interno della coscienza, con un tempo mentale che è sempre e solo il presente», dentro uno spazio dove i protagonisti si aggirano quasi prigionieri. Capolavoro di uno dei grandi maestri della Nouvelle Vague, riscosse all'epoca un grande successo di critica e scioccò il pubblico con le sue arditezze narrative (e le misteriosissime regole del gioco dei fiammiferi). Oggi appare piuttosto datato, anche per il suo ritmo lentissimo e ondivago. Leone d'oro a Venezia.

Anno uno *½ (Italia 1974, col, 118') Roberto Rossellini. Con Luigi Vannucchi, Dominique Darel, Valeria Sabel, Paolo Bonacelli, Camillo Milli, Laura De Marchi, Omero Antonutti. ◆ Biografia dello statista democristiano Alcide De Gasperi (Vannucchi), dal massacro delle Fosse Ardeatine (1944) alla sua morte (luglio 1954). Dopo 12 anni di inattività Rossellini torna al cinema con un film contestatissimo per «l'estrema rozzezza dell'impostazione ideologica, reticente e univoca» (persino Forlani parlò di «realismo socialista») e per il finanziamento (il gruppo pubblico Italnoleggio e la Rusconi Film). Rossellini fu accusato di aver ceduto a un compromesso (probabilmente il film fu commissionato dall'onorevole Fanfani tramite Gian Paolo Cresci) ma si difese con una lettera aperta al critico Callisto Cosulich. È indubbio, però, che, nel film la storia di quegli anni, come in molte opere tarde del regista, viene appiattita su piccoli fatti di cronaca.

Anno vissuto pericolosamente, Un *** (*The Year of Living Dangerously*, Usa/Australia 1982, col, 115') Peter Weir. Con Mel Gibson, Linda Hunt, Sigourney Weaver, Michael Murphy. ◆ Nel 1965, un giornalista australiano (Gibson) a Giacarta scopre, anche con l'aiuto di un fotografo cinese nano (interpretato da una donna, Linda Hunt), il vero volto dell'Indonesia di Sukarno (corrotta nelle alte sfere, poverissima e rassegnata nel popolo) e decide di non divulgare quello che potrebbe rappresentare lo scoop della sua carriera: l'imminente rivoluzione filocomunista. Dal romanzo di Christopher Koch la storia di una presa di coscienza maturata attraverso l'accettazione (come spesso in Weir) delle ragioni di una civiltà diversa dalla propria. Una storia d'amore un po' pretestuosa con la segretaria dell'ambasciatore inglese (Weaver) e qualche eccesso di simbolismo (nel rapporto tra il giornalista e il fotografo, «la parola e l'immagine») non riducono i meriti di un film appassionante e profondo. Meritatissimo Oscar alla Hunt come migliore attrice non protagonista.

A noi due *½ (*A nous deux*, Francia 1979, col, 109') Claude Lelouch. Con Catherine Deneuve, Jacques Dutronc, Jacques Villeret, Paul Préboist. ◆ Storia di una movimentata fuga, dalla Francia all'America, di una coppia di fuorilegge (Deneuve e Dutronc) che fatalmente s'innamorano. Lui è un gangster classico, lei una farmacista passata al crimine dopo tormentate vicissitudini. Uno dei canovacci più cari a Lelouch, quello di *Un uomo, una donna* che però qui mostra segni di stanchezza e ripetitività.

A noi piace Flint * (*In Like Flint*, Usa 1965, col, 114') Gordon Douglas. Con James Coburn, Lee J. Cobb, Jean Hale, Andrew Duggan. ◆ Seguito di *Il nostro agente Flint*: deve vedersela con una società segreta di donne che ordiscono un complotto mondiale. Qui, nei panni dell'eccentrico investigatore che nel tempo libero si diletta di balletto classico, Coburn è meno brillante che in altre occasioni.

A noi piace freddo...! *½ (Italia 1960, b/n, 110') Steno [Stefano Vanzina]. Con Ugo Tognazzi, Raimondo Vianello, Peppino De Filippo, Yvonne Furneaux, Francis Blanche. ◆ Comici equivoci nella Roma della seconda guerra mondiale: un borsanerista (Tognazzi) è scambiato per una spia inglese da un'attrice che cerca di dargli una mano nei suoi traffici, ma riesce solo a combinare disastri. Simpatica commediola che non ha nulla a che vedere con il famoso film di Wilder a cui fa il verso nel titolo, se non per Tognazzi che si traveste da donna come Jack Lemmon.

Anonimo veneziano * (Italia 1970, col, 84') Enrico Maria Salerno. Con Florinda Bolkan, Tony Musante, Toti Dal Monte, Alessandro Grinfan. ◆ Una coppia separata (Musante e Bolkan) scopre di amarsi ancora in una Venezia brumosa, poco prima che lui, un suonatore d'oboe con l'ambizione di diventare maestro d'orchestra, venga sopraffatto da un male incurabile. Straordinario successo di pubblico per il debutto registico di Salerno in questa sorta di *Love Story* all'italiana (peraltro uscita quasi in contemporanea col film americano), nel quale sono inseriti tutti gli ingredienti del film patetico e strappalacrime, compreso un attacco al divorzio che era diventato legge proprio in quel periodo. Sceneggiatura dello stesso Salerno. Toti Dal Monte è la signora della pensione. Il tema musicale rese popolarissimo il concerto per oboe di Benedetto Marcello, da allora ribattezzato *Anonimo Veneziano*.

Another Country (La scelta) **½ (*Another Country*, Gb 1984, col, 90') Marek Kanievska. Con Rupert Everett, Colin Firth, Michael Jenn, Robert Addie, Tristan Olivier. ◆ La vita dei rampolli dell'aristocrazia inglese nei college degli anni Trenta tra dandismo, tentazioni marxiste, omosessualità, repressione e cricket, è raccontata, in un lunghissimo flashback, da uno di loro (Everett) diventato vent'anni dopo spia per il Kgb. Ispirato a uno dei più famosi scandali spionistici inglesi e tratto dall'omonimo lavoro teatrale di Julian Mitchell (che firma la sceneggiatura), il film racconta (senza sovraccarico di spiegazioni) l'ambiente in cui maturano i clamorosi «tradimenti politici» di Guy Burgess e Donald Maclean. Ha rivelato al pubblico italiano l'attore Rupert Everett, le cui prove successive sono state di minor valore.

Another Time, Another Place (Una storia d'amore) **½ (*Another Time, Another Place*, Gb 1983, col, 101') Michael Radford. Con Phyllis Logan, Giovanni Mauriello, Denis Coffey, Tom Watson, Gian Luca Favilla, Claudio Rosini. ◆ Sul finire della seconda guerra mondiale, tre prigionieri italiani vengono sistemati presso una famiglia di agricoltori scozzesi per aiutarli durante il raccolto. Morbidi paesaggi fanno da cornice al tenero rapporto che nasce tra uno di loro (Mauriello) e la moglie del contadino (Logan). Una certa scontatezza nel descrivere i «latini» viene temperata dall'ironia, che rende il film un saggio delizioso e dolceamaro sulla difficoltà delle relazioni tra uomini di culture lontane e sulla difficoltà di agire al di fuori dei condizionamenti sociali.

Antarctica * (*Antarctica*, Giappone 1985, col, 99') Koreyoshi Kurahara. Con Ken Takakura, Eiji Okada, Tsunehiko Watose. ◆ La tragica lotta per la sopravvivenza di un gruppo di cani da slitta abbandonati sul pack antartico nel corso di una sfortunata spedizione scientifica. Effetti speciali, fotografia patinata e la colonna sonora di Vangelis in un inquietante ibrido tra il documentario ecologico e la fiction melodrammatica, con una fastidiosa voce off che scandisce sadicamente l'agonia (simulata, si garantisce alla fine del film) dei tenaci animali.

Antelope Cobbler ** (Italia 1991, col, 82') Antonio Falduto. Con Franco Trevisi, Elisabetta Cavallotti, Mita Medici, Franco Interlenghi, Luigi Di Fiore. ◆ Una ragazza (Cavallotti) entra in un centro commerciale e ruba un cuscinetto a sfera per autotreni: eviterà la punizione perché è figlia di un giudice e con la sua cleptomania trasgressiva sconvolge i sensi e il pensiero del direttore cinico e tirannico (Trevisi), peraltro circondato da ladri ben più subdoli e sottili della ragazza. Singolare debutto, lontano dai consueti minimalismi condominiali, che ambienta il classico conflitto razionale/irrazionale nel regno della merce e del consumismo e che nei momenti migliori riesce a trasformare l'ipermercato nel vero protagonista del film. Ma questa caccia al ladro che scolora in un duello personale è caricata di troppe valenze archetipiche e autoriali (la figlia ribelle e sensuale contro il padre-padrone soggiogato dal suo fascino; il mistero irrisolto di Antelope Cobbler nel caso Lockeed, che riecheggia da una voce radiofonica fuori campo), e il film, sicuro nella regia e nell'interpretazione, rischia più volte di perdere il filo del racconto in un labirinto cervellotico e un po' banale.

Antinea, l'amante della città sepolta * (Italia/Francia 1961, col, 104') Edgar G. Ulmer e Giuseppe Masini. Con Haya Harareet, Jean-Louis Trintignant, Giulia Rubini, Amedeo Nazzari, Gian Maria Volonté, Gabriele Tinti. ◆ Tre ingegneri minerari si perdono nel Sahara e vengono condotti da uno sceicco nel regno di Atlantide: la perfida regina (Harareet) li riduce in schiavitù, ma uno di essi (Trintignant) si salva prima che una catastrofe atomica distrugga il mitico regno. Iniziato da Frank Borzage (che abbandonò il set per problemi con la produzione), è diretto da Ulmer al suo penultimo film, e cosceneggiato da Amedeo Nazzari dal romanzo *Atlantide* di Pierre Benoît. Storia quasi incomprensibile, anche per i tagli che hanno stravolto il montaggio, ha tuttavia qualche bella inquadratura.

Antonia e Jane **½ (*Antonia & Jane*, Gb 1990, col, 74') Beeban Kidron. Con Imelda Staunton, Saskia Reeves, Bill Nighy, Brenda Bruce, Allan Corduner, Lila Kaye. ◆ Contraccolpi ed evoluzione, attraverso gli anni, del rapporto che lega l'impacciata Jane (Staunton) alla più piacente Antonia (Reeves): se il loro modo di essere è spesso antitetico (e conflittuale: Antonia sposa l'uomo che Jane ama), la loro amicizia non entrerà mai in crisi. Simpatico e scanzonato elogio della sorellanza prodotto in 16mm per la Bbc e scritto con bel ritmo (ma non eccessiva originalità) da Marcy Kahan: ne esce comunque un ritratto partecipe e autoironico sulla «normalità» delle due donne, giustamente incapaci di accettare una società stupidamente competitiva, una psicoanalista tautologica (comune a entrambe) e degli uomini meschini.

Antonio das Mortes *** (*O Dragão da Maldade contra o Santo Guerreiro*, Brasile/Francia 1969, col, 98') Glauber Rocha. Con Mauricio Do Valle, Othon Bastos, Odette Lara, Hugo Carvana, Rosa Maria Penna.

◆ Il cangaceiro Antonio das Mortes (Do Valle) si trasforma da killer al servizio dei potenti in giustiziere a fianco del popolo in rivolta: sconfitti gli emissari del potere (e trasformatosi da eroe negativo in valoroso paladino) se ne va da solo, novello san Giorgio, verso altri mali contro cui combattere, simboleggiati dallo stemma della Shell, nuovo *dragão da maldade* da abbattere. Con un linguaggio visivo barocco e debordante nel quale confluiscono molti elementi della tradizione brasiliana, Rocha realizza un film crudo e violento, suggestivo e delirante, una denuncia «più emotiva che razionale» dello sfruttamento e dell'oppressione. L'unica arma per resistere all'aggressione del potere (e dell'Occidente) è – suggerisce – la cultura popolare con i suoi eroi. Premiato per la regia a Cannes, fece conoscere in Europa il Cinema nôvo brasiliano.

Antonio Gramsci. I giorni del carcere ** (Italia 1977, b/n, 130') Lino Del Fra. Con Riccardo Cucciolla, Mimsy Farmer, Paolo Bonacelli, Franco Graziosi, Luigi Pistilli, Lea Massari. ◆ La vita politica e intellettuale di Gramsci (Cucciolla) nel carcere pugliese di Turi, dal luglio 1928 all'ottobre 1933, quando scrive i *Quaderni* e si distacca dalla teoria stalinista del socialfascismo. Del Fra propone un Gramsci polemico, abbastanza inusuale per la cultura politica italiana di allora. Il taglio da rubrica televisiva, però, con i vari personaggi che leggono i diversi documenti, appiattisce molte figure, specie quelle femminili. Paolo Bonacelli è un capo della polizia cattivo e accattivante.

Antropophagus * (Italia 1980, col, 92') Joe D'Amato [Aristide Massaccesi]. Con Tisa Farrow, Zora Kerova, Saverio Vallone, George Eastman [Luigi Montefiori], Vanessa Steiger [Serena Grandi]. ◆ Su un'isola greca un cannibale (Montefiori) fa strage di incauti turisti. Alla fine, in mancanza di meglio, addenta le proprie budella. Negli annali del trash è entrata la scena in cui il mostro estrae un feto da Serena Grandi incinta: ma non c'è suspense, non c'è trama e nemmeno repulsione. Nadir del *low budget* italico.

Apache – Pioggia di fuoco *½ (*Fire Birds*, Usa 1990, col, 83') David Greene. Con Nicholas Cage, Tommy Lee Jones, Sean Young, Bryan Kestner. ◆ Grazie agli ultrasofisticati elicotteri Hughes 64 «Apache», i soldati americani fanno polpette dei narcotraficantes sudamericani e dei mercenari al loro soldo. Celebrazione high-tech di eroismi vecchio stile. Girato probabilmente per rallegrare le serate dell'ex presidente Bush.

Aparajito *** (*Aparajito*, India 1957, b/n, 110') Satyajit Ray. Con Pinaki Sen Gupta, Smaran Ghosal, Kanu Banerjee, Karuna Banerjee. ◆ Storia del giovane Apu (Ghosal) che riesce a frequentare l'Università di Calcutta grazie ai sacrifici della madre (Karuna B.) rimasta vedova. Quando la donna morirà (senza aver mai fatto capire al figlio il dolore per la sua lontananza) Apu non tornerà nemmeno in tempo al villaggio per darle l'estremo saluto. Secondo episodio della trilogia tratta dal romanzo *Pather Panchali* dello scrittore bengalese Bibhutibhusan Banerjee (dopo *Il lamento del sentiero*, 1955, e prima del *Mondo di Apu*, 1959) rinnovò profondamente la tradizione del cinema indiano, fondendo l'insegnamento del neorealismo italiano con la cultura nazionale: ne uscì un ritratto nuovo, credibile e non oleografico, dell'India degli anni Venti alle prese con i nodi del suo cambiamento. Al centro c'è l'educazione alla vita del giovane protagonista, il suo «istintivo egoismo», il rapporto intensissimo con la madre e la sua sofferenza, raccontati con una intensità straordinaria e uno stile controllatissimo. Grande attenzione ai paesaggi, filmati con la sensibilità di chi, come Ray, veniva dalla pittura. Leone d'oro a Venezia. Il film è conosciuto anche col titolo *L'invitto*.

Apartment Zero **½ (*Apartment Zero*, Gb 1988, col, 125') Martin Donovan. Con Peter Firth, Hart Bochner, Dora Bryan, Fabrizio Bentivoglio, Mirella D'Angelo, Francesca D'Aloja. ◆ A Buenos Aires, Adrian LeDuc (Firth), proprietario di un cinema d'essai sull'orlo del fallimento, si prende una cotta per il suo nuovo e misterioso pensionante (Bochner), che potrebbe essere un serial killer con un passato nella polizia segreta. Donovan (l'attore caro a Hartley) e David Koepp (sceneggiatore di *La morte ti fa bella*, *Jurassic Park*, *Carlito's Way*) hanno forse visto troppi film, da *Teorema* al *Servo*: ma il loro thriller al rallentatore ha un'atmosfera che cresce, e sbocca verso soluzioni impreviste.

A pelle nuda → *Trans-Europ-Express – A pelle nuda*

Ape regina *½ (*Queen Bee*, Usa 1955, b/n, 100') Ranald MacDougall. Con Joan Crawford, Barry Sullivan, Betty Palmer, John Ireland. ◆ La perfida Eva (Crawford) s'insedia come una despota nella casa del ricchissimo ma debole di carattere marito Anthony, diventa l'amante del sovrintendente e porta al suicidio la cognata. Tanta cattiveria, però, spaventa anche l'amante che, con sacrificio personale, la ucciderà. Un melodramma troppo sopra le righe, con una grande scena madre, quando la Crawford copre di crema la sua immagine allo specchio.

Ape regina, L' (di Marco Ferreri) → *Storia moderna, Una – L'ape regina*

Aphrodite * (*Aphrodite*, Francia 1982, col, 79') Robert Fuest. Con Horst Buchholz, Valérie Kaprisky, Capucine [Germaine Lefèbvre], Catherine Jourdan, Delia Boccardo, Daniel Beretta. ◆ Storia di spionaggio ed erotismo tra Austria e Grecia alla vigilia della prima guerra mondiale, quando un mercante d'armi organizza tre giorni e tre notti di festini per rubare a uno degli invitati i piani di guerra della Russia zarista. Tra ricostruzioni di baccanali, misteri e perversioni varie, si perde il fascino del romanzo erotico ottocentesco, *L'Aphrodite* di Pierre Louys a cui si ispira il film, stemperato da luci flou e orge soft. Un incidente di percorso per tutti, regista e attori.

A piedi nudi nel parco **½ (*Barefoot in the Park*, Usa 1967, col, 105') Gene Saks. Con Robert Redford, Jane Fonda, Charles Boyer, Mildred Natwick, Herb Edelman. ◆ Disavventure coniugali di una giovane coppia: lui è serioso e compassato (Redford) e la moglie (Fonda) lo accusa di non avere una briciola di spontaneità, tanto da non riuscire neppure a camminare scalzo in un prato. Da un soggetto di Neil Simon, una piacevole commedia, raffinata e pungente. Inevitabilmente un po' datata.

Apocalypse Now **** (*Apocalypse Now*, Usa 1979, col, 150') Francis Ford Coppola. Con Martin Sheen, Marlon Brando, Robert Duvall, Dennis Hopper, Frederic Forrest, Sam Bottoms, Larry Fishburne, Harrison Ford, Scott Glenn. ◆ Vietnam: il capitano Willard (Sheen) dei servizi segreti militari è incaricato di «porre fine al comando» del colonnello Kurtz (Brando, in cura dimagrante e completamente calvo), un disertore che fuoriuscito in Cambogia ha creato un suo regno nella giungla dove è adorato come un dio. Ispirato al racconto *Cuore di tenebra* di Conrad e sceneggiato da John Milius, il film utilizza il viaggio lungo il fiume («un cavo elettrico che corre attraverso la guerra») come una discesa visionaria nelle tenebre del cuore. E in un finale che Coppola rifece tre volte Kurtz convince Willard a ucciderlo in un rito sacrificale. Versione moderna del mito del Graal, è un'apocalittica odissea attraverso i vari tipi di follia della guerra e dell'uomo (la droga, la violenza, il sesso, il terrore). In un film visivamente straordinario (Oscar a Storaro per la fotografia) è indimenticabile l'arrivo degli elicotteri al suono della wagneriana *Cavalcata delle Walkirie*. Un anno e mezzo di riprese nelle Filippine (martoriati da un tifone e un attacco cardiaco a Sheen) e ciclopici problemi finanziari, produttivi e psicologici (entrò in crisi anche il matrimonio del regista). L'apocalittica lavorazione è stata rievocata nel 1991 nel documentario *Viaggio all'inferno* di Fax Bahr e George Hickenlooper. Autocitazioni di Coppola, Storaro e Tavularis (lo scenografo) come membri della troupe televisiva. Oscar anche per il suono. Palma d'oro a Cannes, ex aequo con *Il tamburo di latta* di Schlöndorff.

Apollo 13 ** (*Apollo 13*, Usa 1995, col, 135') Ron Howard. Con Tom Hanks, Kevin Bacon, Bill Paxton, Kathleen Quinlan, Gary Sinise, Ed Harris, Mary Kate Schellenhardt, Emily Ann Lloyd, Miko Hughes. ◆ L'11 aprile del 1970 il razzo Saturno V lancia in orbita la navicella Apollo 13 con a bordo tre astronauti (Hanks, Paxton e Bacon) destinati a sbarcare sulla luna. L'improvvisa esplosione di un serbatoio per l'ossigeno cambia, però, i piani: e da terra sono costretti, in poche ore, a inventare un piano d'emergenza per riportarli a casa sani e salvi. Tratto dal libro *Lost Moon* scritto dal più famoso dei tre astronauti di quella missione, Jim Lovell, e sceneggiato da William Broyles jr e Al Reinert, il film ricostruisce minuziosamente l'odissea, durata un'intera, lunghissima settimana. Anche il film è dilatato, prolisso, enfatico: Howard viaggia nel film usando i conosciutissimi congegni della macchina-Hollywood e, malgrado il tema, non risparmia sul carburante. Le musiche di James Horner sono insopportabili. Tom Hanks, dopo due Oscar consecutivi (*Philadelphia* e *Forrest Gump*), si ferma ma sfiora l'incredibile tripletta. Le statuette vanno al montaggio (Mike Hill e Dan Hanley) e al sonoro.

A porte chiuse * (Italia 1961, b/n, 100') Dino Risi. Con Anita Ekberg, Fred Clark, Claudio Gora, Ettore Manni, Gianni Bonagura. ◆ Per ricostruire la scena di un delitto di cui è accusata una procace bionda, tutta la corte si trasferisce sull'isola dove viveva la vittima, un ricco magnate. Una commedia gialla costruita soprattutto per mettere in evidenza le grazie della Ekberg.

Apoteosi di Olympia → *Olympia*

Appartamento, L' **** (*The Apartment*, Usa 1960, b/n, 125') Billy Wilder. Con Jack Lemmon, Shirley MacLaine, Fred MacMurray, Ray Walston, Jack Kruschen, Edie Adams, David Lewis, Joan Shawlee, Hope Holiday. ◆ Nel bilocale che C.C. Baxter (Lemmon) presta ai suoi capiufficio per le loro scappatelle (e per facilitarsi la carriera) tenta il suicidio Fran Kubelik (MacLaine), addetta agli ascensori e amante del capo del personale (MacMurray). Naturalmente Baxter è innamorato di Fran e ora dovrà scegliere tra l'aspirata promozione e le ragioni del cuore. Una delle più alte prove di Wilder (sceneggiata da I.A.L. Diamond) che racconta con profondo, ma distaccato rigore i rapporti che la nostra civiltà instaura tra le persone (fondati su forme diverse di prostituzione dell'individuo), descrivendo senza illusioni il cinismo e il pragmatismo della vita quotidiana. Celeberrima la scena di Lemmon che scola gli spaghetti con la racchetta da tennis. Vincitore di cinque Oscar: miglior film, regia, sceneggiatura, montaggio (Daniel Mandell), scenografia (Alexandre Trauner e Edward G. Boyle).

Appartamento al Plaza **½ (*Plaza Suite*, Usa 1971, col, 115') Arthur Hiller. Con Walter Matthau, Maureen Stapleton, Barbara Harris, Lee Grant, Louise Sorel. ◆ Tutto il film, composto di tre episodi, ruota attorno a un appartamento del famoso hotel di New York dove si svolgono, in tempi successivi, tre diverse storie, tutte con un grandissimo Matthau: un'anziana coppia cerca di ritrovare un po' di entusiasmo tornando nella stanza in cui, ventiquattro anni prima, aveva cominciato la vita a due; un produttore cinematografico riesce a sedurre una donna raccontandole i suoi incontri con i divi di Hollywood; i genitori di una promessa sposa cercano di convincere la figlia a uscire dal bagno e presentarsi alla cerimonia nuziale. Una delle commedie di Neil Simon meglio adattate al cinema.

Appartamento dello scapolo, L' *½ (*Bachelor Flat*, Usa 1962, col, 92') Frank Tashlin. Con Terry-Thomas, Tuesday Weld, Richard Beymer, Celeste Holm, Francesca Bellini, Howard McNear, Ann Del Guercio. ◆ In attesa di sposarsi, il professore inglese trasferitosi in California Bruce Patterson (Terry-Thomas) si vede arrivare in casa la scatenata Lilly (Weld) che non sa essere la figlia della sua promessa sposa (Holm). Il suo irreprensibile stile di vita britannico viene messo a dura prova dalla spregiudicatezza della ragazza che si spaccia per una delinquente giovanile e che scatena l'interesse del giovane Mike (Beymer). Tratto da una pièce di Budd Grossman (anche cosceneggiatore con Tashlin), questo aggiornamento di un vaudeville giocato tutto sulla negazione della sessualità (il professore è assediato dalle sue studentesse che cercano in ogni modo di attentare alla sua virtù) avrebbe dovuto giocare sulle differenze di comportamento tra inglesi e americani (come sottolinea il prologo ambientato durante la guerra d'indipendenza), ma il montaggio imposto dalla Fox stemperò troppo le trovate. Resta un uso interessante del CinemaScope (nei due incubi in cui il professore sogna le azioni criminali di Lilly) e qualche trovata divertente sulle ossessioni sessuali delle donne americane.

Appassionata * (Italia 1974, col, 95') Gian Luigi Calderone. Con Gabriele Ferzetti, Ornella Muti, Eleonora Giorgi, Ninetto Davoli, Valentina Cortese. ◆ La figlia (Muti) di un attempato dentista ama morbosamente il padre (Ferzetti) e odia la madre: quando scopre la relazione tra il genitore e una sua compagna di scuola (Giorgi) riesce, con l'aiuto del buio, a infilarsi nel letto al posto della giovane amante. Per il suo film d'esordio, Calderone sceglie un torbido ritratto di famiglia con risvolti psicoanalitici ma lo racconta con troppe concessioni alle grazie svestite della Muti e (soprattutto) della Giorgi. La Cortese, nel ruolo della madre, fa la solita scena da «isterica dannunziana». Molti problemi, ai tempi, con la censura.

Appassionatamente ** (*Devotion*, Usa 1946, b/n, 107') Curtis Bernhardt. Con Olivia de Havilland, Ida Lupino, Sydney Greenstreet, Paul Henreid, Nancy Coleman, Arthur Kennedy. ◆ Storia delle tre sorelle Brönte, scrittrici, e della loro vita divisa tra rigore morale, sete di spazi (fisici e intellettuali) e spettro della tisi. Chi sposa Carlotta (Lupino) è stato inutilmente amato da Emilia (de Havilland), uccisa dalla malattia. Biografia fin troppo romanzata ma appassionante. Era stata girata nel 1943.

Appassionatamente *½ (Italia 1954, b/n, 102') Giacomo Gentilomo. Con Amedeo Nazzari, Miriam Bru, Vera Carmi, Andrea Checchi, Maria Pia Casilio, Giorgio De Lullo, Umberto Melnati, Isa Barzizza. ◆ Una ragazza (Bru) per aiutare il padre, accetta un matrimonio d'interesse. Solo la falsa accusa di aver attentato alla vita del marito (Nazzari) farà sì che tra i due sbocci finalmente l'amore. Un melodramma troppo sdolcinato, costruito sul copione di un dramma passionale di grande presa popolare (*La signora di Saint-Tropez* di Bourgeois e D'Emery) e accompagnato dalle note del valzer di Rulli, *Appassionatamente*, che dà il titolo al film.

Apprezzato professionista di sicuro avvenire, Un ° (Italia 1972, col, 100') Giuseppe De Santis. Con Lino Capolicchio, Riccardo Cucciolla, Femi Benussi, Robert Hoffman, Andrea Checchi, Ivo Garrani, Massimo Serato. ◆ Per avere un erede, il rampante (e impotente) avvocato Vincenzo Arduini (Capolicchio) convince un amico prete (Hoffman) a mettergli incinta la moglie (Benussi), figlia di un ricco imprenditore edile. Quando il sacerdote, trasformato da questa esperienza, vuole lasciare l'abito talare, Vincenzo lo uccide, cercando di farne ricadere la colpa su un povero disoccupato (Cucciolla), che però si dimostrerà meno ingenuo del previsto. L'ultimo film di De Santis – inattivo da otto anni, dai tempi di *Italiani brava gente* – è un maldestro tentativo di arricchire la denuncia sociale (Vincenzo tradisce la fede socialista del padre per diventare assessore democristiano) con l'erotismo (inutilmente insistite le scene in cui si scopre l'impotenza dell'avvocato), utilizzando un racconto giallo-giudiziario nel quale il susseguirsi di flashback finisce solo per disorientare lo spettatore con una inutile accumulazione di immagini violente e grottesche.

Appuntamento a Brooklyn * (*Woo*, Usa 1998, col, 84') Daisy von Scherler Mayer. Con Jada Pinkett Smith, Tommy Davidson, Dave Chappelle, Paula Jai Parker, LL Cool J, Aida Turturro. ◆ Appuntamento al buio per Woo (Pinkett Smith) con un avvocatino (Davidson) che assomiglia a Sammy Davis jr: ma sarà meglio dei macho sciovinisti che le stanno sempre appiccicati? La regista tenta di prendere in giro gli stereotipi sessisti dei maschi neri saccheggiando un sacco di film bianchi, ma è il tipo di satira col fiato corto che finisce per compiacere il suo pubblico. La Pinkett (indimenticata vittima all'inizio di *Scream 2*) adesso ha aggiunto al suo cognome quello del miliardario maritino, Will Smith.

Appuntamento a Ischia * (Italia 1960, col, 91') Mario Mattoli. Con Domenico Modugno, Mina, Antonella Lualdi, Carlo Croccolo, Linda Christian, Letizia Gazzoni, Pietro De Vico, Paolo Ferrari. ◆ La giovane figlia di Mimmo (Modugno), un cantante avviato al successo, farà in modo che il padre, vedovo, si sposi con la simpatica Mirella (Lualdi). Una storia che è solo un pretesto per alcune esibizioni canore di Modugno e di Mina che interpreta se stessa (e canta *Il cielo in una stanza* e *Una zebra a pois*). Nella parte di due contrabbandieri esordiscono Franchi e Ingrassia, mentre Pippo Franco è un chitarrista.

Appuntamento al buio *½ (*Blind Date*, Usa 1987, col, 93') Blake Edwards. Con Bruce Willis, Kim Basinger, John Larroquette, William Daniels, Phil Hartman. ◆ Basta una goccia di alcol per trasformare la mitissima Nadia (Basinger) in una donna scatenata e disinibita, e il giovane rampante (Willis, al suo debutto come star) che se la trova al fianco lo scoprirà a sue spese. Una girandola di situazioni più o meno assurde, con un vero e proprio campionario delle gag e delle situazioni comiche che hanno reso famoso il regista della *Pantera rosa*. Il film, però, è disuguale e, a volte, anche un po' noioso.

Appuntamento al chilometro 424 ***½ (*Des Gens sans importance*, Francia 1955, b/n, 101') Henri Verneuil. Con Jean Gabin, Françoise Arnoul, Yvette Étiévant, Paul Frankeur. ◆ Jean Viard (Gabin), un camionista sposato e padre di tre figli, s'innamora della cameriera Clo (Arnoul), con la quale ha una relazione complicata a causa delle sue assenze prolungate. Quando viene a sapere che Clo è incinta, il camionista decide di abbandonare la famiglia: ma la ragazza, credendosi abbandonata, aveva deciso di abortire e muore, riportando Jean dalla moglie. Gli ultimi fuochi del cosiddetto «realismo poetico» con un Gabin ormai (straordinariamente) invecchiato e un fatalismo che è diventato pura rassegnazione. Non c'è più spazio per la poesia: rimane un realismo cupo e senza sogni, espresso sia dagli attori che dal regista con una raffinatezza dolorosa e trattenuta. Verneuil è in stato di grazia, come non sarà più in seguito (da notare i lunghi piani sequenza «invisibili»).

Appuntamento a Liverpool *½ (Italia 1987, col, 98') Marco Tullio Giordana. Con Isabella Ferrari,

John Steiner, Valeria Ciangottini, Nigel Court. ◆ Allo stadio Heysel di Bruxelles, il 29 maggio 1985, Caterina (Ferrari) ha visto un hooligan inglese uccidere suo padre. Tre anni dopo riesce a identificarlo, ma non dice nulla alla polizia, e parte alla volta di Liverpool. Si vendicherà? Il genere di film dove le buoni intenzioni e l'impegno civile non bastano a colmare i buchi della sceneggiatura e gli schiaffi alla verosimiglianza. Primo film «serio» della Ferrari.

Appuntamento a Miami **½ (*Moon Over Miami*, Usa 1941, col, 91') Walter Lang. Con Don Ameche, Betty Grable, Robert Cummings, Carole Landis, Charlotte Greenwood. ◆ Una ragazza ambiziosa (Grable) accompagnata dalla sorella (Landis) e dalla zia, va a cercar fortuna a Miami: si finge ricca per agganciare un milionario, ma poi s'innamora di un altro ragazzo, povero ma naturalmente simpatico, e il milionario si consolerà con la sorella. Spensierata e riuscita commedia. Remake dell'inedito *Three Blind Mice* (1938, di William A. Seiter) di cui esiste anche un rifacimento posteriore: *Tre ragazze in blu* (1946). La canzone dei titoli è *You Started Something*.

Appuntamento con il delitto **½ (*Un Témoin dans la ville*, Francia/Italia 1959, b/n, 92') Edouard Molinaro. Con Lino Ventura, Sandra Milo, Franco Fabrizi, Jacques Berthier. ◆ Una donna è uccisa dall'amante e il marito (Ventura) si vendica uccidendo l'uomo (che fa il taxista), ma sarà braccato e inseguito per le strade di Parigi dai colleghi del morto. Teso e appassionante, all'altezza della tradizione del giallo francese.

Appuntamento con la morte *** (*One-Way Street*, Usa 1950, b/n, 79') Hugo Fregonese. Con James Mason, Marta Toren, Dan Duryea, William Conrad, King Donovan, Jack Elam. ◆ Un medico della malavita (Mason) imbroglia il capo di una banda (Duryea) e scappa in Messico col bottino e la donna del gangster (Toren). Quando viene raggiunto dal malavitoso, si decide a consegnargli il danaro, ma all'appuntamento lo trova agonizzante, per mano di un complice che è costretto a uccidere: inizia così un incubo a occhi aperti che sembra non finire mai. Il primo film americano del regista argentino è un noir in piena regola, anche se la curiosa struttura narrativa (firmata da Lawrence Kimble) dedica molto più spazio alla parte centrale in Messico, solare e rigenerante: concentrati in apertura e in chiusura, i blocchi noir racchiudono però tutto il senso del film, vera tragedia della predestinazione, ancora più fatale proprio grazie alla sospensione centrale. Grande prova per Fregonese, elegante e vivace sia nella messinscena che nella direzione degli attori. Rock Hudson compare brevemente nel ruolo di un camionista.

Appuntamento con la morte * (*Appointment with Death*, Usa 1988, col, 102') Michael Winner. Con Peter Ustinov, Lauren Bacall, Carrie Fisher, John Gielgud, Jenny Seagrove, Piper Laurie, Hayley Mills. ◆ Palestina, 1937: chi ha ucciso l'odiosa Emily Boynton (Laurie)? Uno a scelta tra figli e parenti, che stavano per essere ingiustamente diseredati. Ma Emily, da giovane, faceva la secondina, e amava troppo il ricatto. Tratto da un brutto romanzo della Christie, il terzo Poirot cinematografico di Ustinov (più due per il piccolo schermo) è anche il più scadente: suspense inesistente e troppe divagazioni da spot turistico. Produce la Cannon di Golan e Globus.

Appuntamento con l'assassino ** (*L'Agression*, Francia 1975, col, 105') Gérard Pirès. Con Jean-Louis Trintignant, Catherine Deneuve, Claude Brasseur, Milena Vukotic, Franco Fabrizi. ◆ Drammatica vacanza per una famiglia: il marito (Trintignant) viene pestato da una banda di teppisti, la moglie e la figlia violentate e uccise, così l'uomo, nonostante il parere contrario della cognata (Deneuve), decide di farsi giustizia da sé. Variazione sul tema del «vendicatore solitario», con uno dei migliori cast del cinema francese e con sorpresa finale.

Appuntamento con una ragazza che si sente sola ** (*T.R. Baskin*, Usa 1971, col, 91') Herbert Ross. Con Candice Bergen, Peter Boyle, James Caan, Marcia Rodd. ◆ T.R. Baskin (Bergen) è una giovane e ingenua ragazza provinciale che non riesce a inserirsi nella vita disumanizzata di Chicago: sarà anche scambiata per una prostituta e così riuscirà finalmente a «comunicare» con un suo ex compagno di studi. Attendibile ritratto psicologico e di costume sulla solitudine metropolitana scritto e prodotto dal futuro regista Peter Hyams.

Appuntamento in riviera *½ (Italia 1962, col, 92') Mario Mattoli. Con Tony Renis, Graziella Granata, Piero Mazzarella, Mina, Piero Tordi, Santo Versace. ◆ Tony Renis, ormai cantante di successo, si sposa felicemente, ma l'impresario discografico fa in modo di attribuirgli una relazione con Mina sperando di sfruttarne il ritorno pubblicitario. Ambientazione sanremese per una commediola musical/vacanziera pre-Sessantotto. Ripete la formula (e il successo) di *Appuntamento a Ischia*. Un reperto archeologico, inconsistente ma piuttosto godibile per chi ha gusti demenziali. Ci sono anche Milva e Claudio Villa.

Appuntamento sotto il letto ** (*Yours, Mine and Ours*, Usa 1968, col, 111') Melville Shavelson. Con Lucille Ball, Henry Fonda, Van Johnson, Tim Matheson, Tracy Nelson. ◆ Due vedovi vorrebbero sposarsi. L'unico problema è che non sanno come dirsi (reciprocamente) di avere 10 e 8 figli. L'unione sarà allietata, alla fine, dall'arrivo del diciannovesimo pargolo. Qualche buona gag, ma anche un atteggiamento moralistico (Fonda spiega alle figlie che il sesso serve solo per procreare) contraddistinguono questa commedia non totalmente riuscita e ispirata ai casi di una vera famiglia californiana. Tra i figli di Fonda una giovane Tracy Nelson.

Appunti di viaggio su moda e città *½ (*Aufzeichnungen zu Kleidern und Städten*, Rft/Francia 1989, col, 81') Wim Wenders. Con Yohji Yamamoto. ◆ Documentario-intervista allo stilista giapponese Yamamoto alternata a commenti fuori campo di Wenders sulla moda e più in generale sulla comunicazione. Costruito sull'analogia moda/cinema (e stilista/regista, collaboratori di atelier/troupe) è stato commissionato dal Centre Pompidou di Parigi. Ulteriore dimostrazione dell'eclletticità wendersiana, sempre affascinante, anche se a volte un po' sterile.

Appunti per un'Orestiade africana ***½ (Italia 1970, b/n, 72') Pier Paolo Pasolini. ◆ Nell'*Orestiade* di Eschilo (e in particolare nella trasformazione in Eumenidi benigne delle Furie che perseguitano Oreste, uccisore del padre Agamennone) la critica moderna ha letto il passaggio da una società arcaica fondata sul terrore e l'irrazionale a una società democratica e antropocentrica. Parallelamente, Pasolini pensava di ambientare le tre tragedie (*Agamennone, Coefore, Eumenidi*) nell'Africa contemporanea, in bilico fra tradizione tribale e modernità occidentale. Per questo fece sopralluoghi in Tanzania, Kenya e Uganda, cercando volti e luoghi. Mentre la sua voce commenta e legge Eschilo, il documentario e l'appunto di viaggio si trasformano poco per volta in finzione e in mito. Ma nella lettura pasoliniana non c'è nulla di consolatorio: il mondo moderno in cui arriva Oreste è percorso da violenze atroci, mostrate da materiale di repertorio al limite dell'insostenibile. Pleonastica la parte centrale, dove Pasolini intervista alcuni spaesati studenti africani sul fatto se si riconoscano nei personaggi della tragedia, e dove il trio del sassofonista Gato Barbieri e due cantanti cercano di dare forma a un oratorio jazz sui testi eschilei.

A Praga * (*Prague*, Gb 1991, col, 89') Ian Sellar. Con Alan Cumming, Sandrine Bonnaire, Bruno Ganz, Raphael Meiss, Hana Gregorova. ◆ Il ventenne Alexander Novak (Cumming), a Praga per cercare un cinegiornale del 1941 nel quale è stata ripresa la sua famiglia sterminata dai nazisti, stringe un'ambigua relazione con la responsabile dell'archivio cinematografico, Elena (Bonnaire), che si rifiuta di abbandonare il suo amante maturo (Ganz). Dopo un buon inizio (l'arrivo di Alexander a Praga), il film scivola in un labirinto fitto di simboli e di strade depistanti, tanto che alla fine non si capisce cosa intendeva farne il regista: un thriller storico? un melodramma? una macabra commedia degli errori? Confuso, manierato, irritante, con un cast sprecato in personaggi evanescenti e una splendida città ridotta a sfondo pittoresco, «kafkiana» solo per velleità d'autore.

Apri gli occhi ** (*Abre los ojos*, Spagna 1997, col, 117') Alejandro Amenábar. Con Eduardo Noriega, Penélope Cruz, Chete Lera, Fele Martínez, Najwa Nimri, Gérard Barray. ◆ Rinchiuso in un manicomio criminale, Stefano (Noriega) deve riuscire a ricordare una fetta della sua vita: in mezzo ci sono due morte – la sua ex amante Nuria (Nimri) e la sua nuova innamorata, Sofia (Cruz) – e un contratto con un'agenzia che assicura l'esistenza nell'aldilà. Sceneggiato da Amenábar con Mateo Gil, un thriller rompicapo tenuto costantemente sul filo del sogno, in cui niente è come sembra: il virtuosismo narrativo è notevole (considerata anche l'età del regista, nato nel 1972) e gli effetti di spaesamento sono sorprendenti; ma più si procede, più sorge il sospetto che tanto talento, sostenuto da un citazionismo persino eccessivo (Hitchcock, soprattutto, ma anche il *Fantasma dell'opera*), si risolva in un gioco di abilità solamente dimostrativo. Il regista firma la colonna sonora insieme a Mariano Marín.

Aprile *** (Italia 1998, col, 80') Nanni Moretti. Con Nanni Moretti, Silvia Nono, Pietro Moretti, Agata Apicella Moretti, Nuria Schönberg, Silvio Orlando, Angelo Barbagallo, Daniele Luchetti, Corrado Stajano, Silvia Bonucci, Quentin de Fouchecour, Renato De Maria, Andrea Molaioli, Giovanna Nicolai, Nicola Piepoli. ◆ Dal marzo '94 all'agosto '97, il diario pubblico e privato di Nanni Moretti: la manifestazione del 25 aprile contro il governo Berlusconi, l'attesa del primogenito, il progetto di un musical su un cuoco trotzkista (Orlando), la nascita del figlio Pietro e quasi in contemporanea la vittorio delle sinistre, le manifestazioni leghiste a Venezia, lo sbarco dei profughi albanesi in Puglia, la consapevolezza del tempo che passa. Superficialmente interpretato come un rifiuto della politica di fronte alle gioie della paternità, il film affronta invece con lucidità l'empasse su cui si sono arenati molti intellettuali progressisti: la difficoltà, o l'impossibilità, di trovare un linguaggio capace di raccontare, se non di spiegare, l'Italia contemporanea. Ma se Moretti riesce perfettamente a sottolineare la differenza tra la realtà (la spiaggia deserta dove la troupe aspetta i profughi albanesi, il viaggio del battello leghista sul Po) e i discorsi che finiscono per banalizzare tutto (anche se supplica D'Alema di «dire qualcosa di sinistra»), alla fine risolve frettolosamente questo problema cercando di recuperare l'innocenza di un fanciullo (come sembra insegnare il piccolo Pietro, che scompagina ritagli e appunti accumulati negli anni). Discutibili gusti cinematografici (Michael Mann non merita certo una stroncatura), ma interessante colonna sonora con Yma Sumac, Jovanotti, Nusrat Fateh Ali Khan e Perez Prado.

A prima vista *½ (*At First Sight*, Usa 1999, col, 129') Irvin Winkler. Con Val Kilmer, Mira Sorvino, Kelly McGillis, Nathan Lane, Steven Weber, Ken Howard, Bruce Davison. ◆ Colpo di fulmine tra Virgil (Kilmer), messaggiatore non vedente, e Amy (Sorvino), stressato architetto newyorkese in trasferta relax: lui abbandona la sorella (McGillis) per trasferirsi con lei nella Grande Mela e sottoporsi a una delicata operazione che dovrebbe ridargli la vista, ma non tutto andrà come previsto. Da una storia vera raccontata da Oliver Sacks (e sceneggiata da Steve Levitt), un film sentimentale piatto e lacrimoso, troppo lungo, che nobilita non tanto i sentimenti (l'interrogativo di fondo è: per amare servono gli occhi o il cuore?) quanto le carriere dei due attori protagonisti.

A propos de Nice **½ (*A propos de Nice*, Francia 1930, b/n, 73') Jean Vigo. ◆ La città di Nizza vista attraverso gli elementi che la contraddistinguono: il gioco prima di tutto, con i tavoli del casinò e i croupiers, poi la forte presenza di turisti stranieri e il bisogno di divertimento, come testimoniano le scene del carnevale, così in contrasto con la povertà di certi quartieri della città o con la tragicità della morte. Costretto a trasferirsi a Nizza per curare la propria tubercolosi, Vigo esordisce nel cinema con questo «punto di vista documentario» dove la sua militanza surrealista e le sue origini anarchiche (era figlio di Miguel Almereyda) si fondono nel raccontare «la bianca città degli ozi e dell'evasione». Insofferente per quel mondo che lo teneva lontano da Parigi, Vigo con la collaborazione del fotografo Boris Kauffman (fratello di Dziga Vertov), stravolge l'immagine della città francese, amplificando e deformando i suoi abitanti e le sue caratteristiche. Anche se oggi certa furia iconoclasta può sembrare datata e un po' fine a se stessa, il film mantiene comunque una forte carica «eversiva» (le scene della follia collettiva del carnevale, il funerale eliminato dalla scena con effetto di accelerazione perché non disturbi troppo) e presenta già tutti quegli elementi di rottura stilistica e ideologica che saranno presenti nelle opere successive. Nel 1995, La Sept Cinéma e Margo Films hanno prodotto un ideale seguito, *A propos de Nice, la suite*, in sette episodi affidati a otto registi: *Repérages* di Abbas Kiarostami e Parviz Kimiavi, *Aux Niçois qui mal y pensent* di Catherine Breillat, *La prom'* di Raymond Depardon, *La Mer de toutes les Russies* di Pavel Lungine, *Nice, very nice* di Claire Denis, *Les Konkobales* di Constantin Costa-Gavras e *Promenade* di Raúl Ruiz.

A proposito della notte scorsa... **½ (*About Last Night*, Usa 1986, col, 113') Edward Zwick. Con Rob Lowe, Demi Moore, James Belushi, Elizabeth Perkins, George DiCenzo, Robin Thomas. ◆ Le difficoltà della vita di coppia tra un lui e una lei (Lowe e Moore) indecisi tra le tentazioni da single e le gioie (e i problemi) di costruire una famiglia. Dalla commedia di David Mamet *Sexual Perversity in Chicago*, una commedia molto parlata sullo sbandamento affettivo e sull'egoismo di fondo di tutta una generazione.

A proposito di donne ** (*Boys in the Side*, Usa 1994, col, 118') Herbert Ross. Con Mary-Louise Parker, Whoopi Goldberg, Drew Barrymore, Matthew McConaughey, James Remar, Anita Gillette, Billy Wirth, Dennis Boutsikaris, Estelle Parsons. ◆ Sorellanza e complicità fra donne, compagne di un viaggio iniziato a New York verso San Diego ma che si fermerà a Tucson, Arizona: Robin (Parker) perde la sua battaglia con l'Aids ma vince i fantasmi di un passato troppo soffocante, la lesbica Jane (Goldberg) sostituisce l'amore con la dedizione, la sciroccata Jane (Barrymore) paga il suo debito con la giustizia per aver involontariamente ucciso un fidanzato manesco e spacciatore di droga ma conquista un poliziotto (McConaughey) integerrimo e appassionato. Melodramma con lacrimuccia, perfetto per rinfrancare lo spirito di una nazione in crisi di fronte alla confusione morale degli anni Novanta: la sceneggiatura di Don Roos mette insieme tre tipi socioculturali del dopofemminismo (la lesbica dichiarata e più o meno realizzata, l'incolpevole ammalata di Aids repressa dall'educazione familiare, l'eterosessuale vitale ma superficiale) smussandone i lati più «duri» mentre la regia caramellosa e patinata del sessantottenne Herbert Ross finisce per dare un'immagine della «diversità» edulcorata e conciliante.

A proposito di Henry ** (*Regarding Henry*, Usa 1991, col, 110') Mike Nichols. Con Harrison Ford, Annette Bening, Bill Nunn, Mikki Allen, Nancy Marchand, Donald Moffat, John Leguizamo. ◆ Una ferita accidentale alla testa fa perdere ogni tipo di conoscenza a un avvocato di successo (Ford). Dovrà reimparare tutto, anche a camminare e leggere: scoprirà così l'affetto della moglie (Bening) e della figlia, ma soprattutto si accorgerà del proprio egoismo e deciderà di cambiare vita. Un melodramma con un finale irritantemente zuccheroso su uno dei grandi miti della cultura americana: l'idea che esiste sempre una «seconda possibilità». Ford è bravissimo. Sceneggiatura di Jeffrey Abrams e fotografia di Giuseppe Rotunno.

A proposito di omicidi... *** (*The Cheap Detective*, Usa 1978, col, 92') Robert Moore. Con Peter Falk, Ann-Margret, Eileen Brennan, Sid Caesar, Stockard Channing, James Coco, Dom DeLuise, Louise Fletcher, John Houseman, Madeline Kahn, Fernando Lamas, Marsha Mason. ◆ San Francisco, 1940: mentre cerca di dimostrare che non ha ucciso il marito della sua amante (Mason), il detective privato Lou Peckinpaugh (Falk) deve procurare i documenti per tornare in patria a una coppia di partigiani francesi, in nome dell'amore che l'aveva legato in passato alla donna (Fletcher); e intanto evitare gli agenti nazisti infiltrati in California... Pastiche piuttosto divertente che scherza sui film di spionaggio e di detective degli anni Quaranta, facendo il verso soprattutto a *Casablanca*: una miniera di citazioni e strizzatine d'occhio nei dialoghi scoppiettanti di Neil Simon.

A proposito di quella strana ragazza *½ (Italia 1989, col, 93') Marco Leto. Con Helmut Griem, Joely Richardson, Duilio Del Prete, Andrea Liberovici. ◆ L'ex fidanzata del figlio è una terrorista che usa il suocero per coprire la sua attività. Tutto raccontato in flashback, una storia sugli anni di piombo troppo didascalica e fredda. Quasi una sorta di «tributo» che il regista sembra voler pagare verso quel periodo.

A proposito di tutte queste... signore **½ (*För att inte tala om alla dessa kvinnor*, Svezia 1964, col, 80') Ingmar Bergman. Con Jarl Kulle, Bibi Andersson, Harriet Andersson, Karin Kavli, Eva Dahlbeck, Allan Edwall. ◆ Davanti al cadavere di un famoso violinista – e alle donne che ha amato – il critico musicale Cornelius (Kulle) legge la biografia che ha scritto sull'artista suscitando le reazioni di tutti i presenti perché non vi ritrovano il personaggio che avevano conosciuto. Un viaggio nell'universo femminile raccontato con un insolito tocco di leggerezza e di ironia, che permette al regista di prendersi qualche rivincita contro i critici (in una scena Cornelius, dopo aver scritto una frase, se ne chiede il significato; quando lo schermo si riempie di fuochi d'artificio Bergman avverte in una didascalia: «Questi fuochi non vanno interpretati simbolicamente»; quando Cornelius si domanda chi sia il genio, un becchino gli risponde, citando Goethe: «È colui che riesce a far mutare opinione a un critico»), ma che finisce per ridurre il film a «un pastiche simbolico e divertito» nonostante lo attraversi un insolito spirito anticonformistico e grottesco. La sceneggiatura è di Erland Josephson e di Buntel Erickson, pseudonimo dello stesso Bergman.

A prova di errore *** (*Fail Safe*, Usa 1964, b/n, 111') Sidney Lumet. Con Henry Fonda, Walter Matthau, Fritz Weaver, Dan O'Herlihy, Dom DeLuise. ◆ Per un errore «tecnico» alcuni bombardieri atomici americani si dirigono sull'Urss: nonostante i contatti tra i due presidenti, le bombe distruggeranno Mosca e così il premier Usa (Fonda) si vede costretto, per equilibrare la catastrofe, a fare lo stesso con New York. Dal romanzo di Burdicke Wheeler, un drammatico e tesissimo thriller di fantapolitica sull'eventualità di guerre scatenate «per sbaglio». Fonda è perfetto nella parte del presidente degli Stati Uniti. Il traduttore che gli è sempre vicino è Larry Hagman, il futuro J.R. di *Dallas*.

A qualcuno piace caldo **** (*Some Like It Hot*, Usa 1959, b/n, 119') Billy Wilder. Con Jack Lemmon, Tony Curtis, Marilyn Monroe, George Raft, Joe E. Brown, Pat O'Brien, Joan Shawlee. ◆ Due jazzisti spiantati (Curtis e Lemmon), testimoni involontari il 14 febbraio 1929 del massacro di San Valentino, per sfuggire ai gangster che li vogliono eliminare si nascondono in un'orchestra tutta femminile, in partenza per una tournée in Florida. Una commedia assolutamente perfetta, scritta da Wilder e I.A.L. Diamond, che resuscita temi e modi del vecchio comico e del vecchio cinema (banditi e pupe, travestimenti e torte in faccia) non per rileggerli criticamente ma «per mostrare i loro risvolti attuali e far leva sulle loro stesse contraddizioni». Al centro di tutto c'è la confusione tra i sessi, che provoca alcune delle più celebri gag della storia del cinema (la corte di Boccuccia di rosa/ Brown a Daphne/Lemmon con il celeberrimo «Nessuno è perfetto»; il doppio travestimento di Curtis in Josephine e nel miliardario che colleziona «conchiglie Shell»). Nel ruolo di Zucchero Kandiski Marilyn è perfetta, indimenticabile quando suona l'ukulele e canta *I Wanna Be Loved by You* e *I'm Thru' with Love*. Ispirata alla sceneggiatura di *Su con la vita!* (1935, di Richard Pottier) è all'origine dei musical teatrali *Sugar* (1972) e *Some Like It Hot* (1992). Oscar per i costumi.

Aquila a due teste, L' ** (*L'Aigle à deux têtes*, Francia 1947, b/n, 95') Jean Cocteau. Con Jean Marais, Edwige Feuillère, Jean Debucourt, Sylvia Monfort, Yvonne de Bray, Jacques Varennes. ◆ In uno stato immaginario la regina (Feuillère) vive appartata dal mondo, finché non incontra un anarchico (Marais) che le ricorda il marito morto. Rinata a nuova vita, torna a occuparsi degli affari del regno, ma si scontrerà con gli interessi dei cortigiani, abituati a spadroneggiare. Tratta dal suo dramma, è un'opera evocativa, barocca (accusata dai critici di essere «di cattivo gusto») e melodrammatica, messa in scena da un regista che fa del cinema lo strumento privilegiato per rappresentare il sogno e la passione dei sentimenti. Rifatto da Michelangelo Antonioni (*Il mistero di Oberwald*, 1970).

Aquila d'acciaio * (*Iron Eagle*, Usa 1986, col, 119') Sidney J. Furie. Con Louis Gossett jr, Jason Gedrick, David Suchet, Caroline Lagerfelt. ◆ Per liberare il padre, prigioniero in Medio Oriente, un aspirante pilota (Gedrick), con l'aiuto di un colonnello di colore (Gossett) «prende a prestito» un F16 e libera il genitore dopo una serie di mirabolanti exploit. Rozzo e irrealistico concentrato di qualità americane (solidarietà, amicizia, coraggio, spirito di iniziativa). Seguìto da *Aquile d'attacco* e *Air Force – Aquile d'acciaio 3*.

Aquila Nera **½ (Italia 1946, b/n, 109') Riccardo Freda. Con Rossano Brazzi, Irasema Dillian, Gino Cervi, Rina Morelli, Paolo Stoppa, Harry Feist. ◆ Nel selvaggio Caucaso un ufficiale zarista (Brazzi) si trasforma in bandito per vendicare la morte del padre. Feuilleton ricco di colpi di scena, vero capolavoro del cinema avventuroso italiano e campione d'incassi all'epoca. Sceneggiato da Monicelli e da Steno, è il terzo adattamento del racconto *Dubrowskij* di Aleksandr Puškin (dopo quello di Clarence Brown con Valentino, 1925, e di Alex Ivanovsky, 1937): irrimediabilmente datato, rappresentò però ai suoi tempi un'originale risposta al calligrafismo e al populismo, esaltando il percorso di un eroe individualista, che forma con le proprie mani il proprio destino. In una piccola parte compaiono Gina Lollobrigida e Yvonne Sanson, al loro esordio cinematografico. Cinque anni dopo Freda girò il seguito, *La vendetta di Aquila nera*.

Aquila solitaria, L' ** (*The Spirit of Saint Louis*, Usa 1956, col, 136') Billy Wilder. Con James Stewart, Murray Hamilton, Patricia Smith, Barlett Robinson. ◆ Il 20 maggio 1927 Charles A. Lindberg (Stewart) parte da New York per tentare la trasvolata atlantica senza scalo: 3600 miglia dall'America a Parigi durante le quali il pilota solitario ripercorre le tappe della sua vita e scopre in se stesso un'insospettata fede religiosa. L'unico film di Billy Wilder in esterni, accettato «per far piacere all'amico produttore» (Leland Hayward), e interpretato da un attore maniaco d'aviazione ma troppo vecchio per la parte (Stewart all'epoca aveva già 50 anni).

Aquile d'attacco * (*Iron Eagle II*, Canada/Israele 1988, col, 105') Sidney J. Furie. Con Louis Gossett jr, Mark Humphrey, Stuart Margolin, Alan Scarfe. ◆ L'istruttore nero di *Aquila d'acciaio* ora è diventato generale e riesce a portare a termine la difficile missione di far lavorare insieme soldati Usa e Urss per neutralizzare una pericolosa base nucleare nel Medio Oriente. Convenzionale oltre ogni limite. La storia prosegue con *Air Force – Aquile d'acciaio 3*.

Aquile del mare *½ (*Task Force*, Usa 1949, b/n, 116') Delmer Daves. Con Gary Cooper, Jane Wyatt, Walter Brennan, Wayne Morris, Jack Holt. ◆ Film d'azione e di guerra aero-navale, imperniato sulla vita e sui successi di un ufficiale di marina, una specie di castigo che la Warner impose a Cooper per la sua «scandalosa» storia d'amore con Patricia Neal. Da ricordare solo i momenti finali d'azione dove Daves fonde perfettamente le scene di finzione e degli spezzoni documentari a colori utilizzando con grande maestria tutta una serie di procedimenti «realisti»: camera tremolante, immagini sovrapposte, montaggio caotico. E il risultato sembra straordinariamente «vero».

Aquile nell'infinito *½ (*Strategic Air Command*, Usa 1955, col, 114') Anthony Mann. Con June Allyson, James Stewart, Frank Lovejoy, Barry Sullivan. ◆ In tempo di pace, ma durante la fase più acuta della «guerra fredda», un giocatore di baseball viene richiamato nell'aviazione: dimostrerà di essere bravo anche guidando le «fortezze volanti». Film un po' noioso e sdolcinato sulla vita degli aviatori, con un buon Stewart affiancato da una Allyson sin troppo convenzionale.

Aquile non cacciano mosche, Le ** (*Aguilas no cazan moscas*, Colombia/Cuba/Italia 1994, col, 110') Sergio Cabrera. Con Frank Ramírez, Humberto Dorado, Florino Lemaitre, Angelo Javier Lobano, Fausto Cabrera, Luis Fernando Munera, Vicky Hernández, María Fernanda Martínez. ◆ Il giovane Vladimir Oquendo (Lobano) torna nel suo paese per far luce sul duello che un tempo oppose il padre macellaio (Dorado) al professor Albarracín (Ramírez), entrambi amici e militanti comunisti: gelosia per colpa della madre (Lemaitre)? Divergenze politiche? Ragioni inconfessabili? Una metafora latinoamericana sulle assurde divisioni in seno alla sinistra, che si sfida irresponsabilmente sotto gli occhi dei dittatori di turno, ma poi rinsavisce ed evita il peggio: tra indagini alla *Rashomon*, tempi dilatati, excursus grotteschi e qualche sequenza estenuante, Cabrera prosegue sulla strada della commedia militante, anche se con meno mordente rispetto all'esordio (*La strategia della lumaca*). Gli ampi flashback sono costituiti da spezzoni di un suo precedente film, *Technicas de duelo* (1988), che non ebbe alcun successo e che era interpretato dagli stessi attori.

Aquile tonanti ** (*Thunderbirds*, Usa 1952, b/n, 98') John H. Auer. Con John Derek, John Barrymore jr, Mona Freeman, Gene Evans, Eileen Christy, Ward Bond, Slim Pickens. ◆ Seconda guerra mondiale: una divisione della Guardia Nazionale viene catapultata dal sonnacchioso Oklahoma alla Sicilia. Il tenente Tom (Derek) scopre che suo padre, morto nella guerra precedente, non è stato l'eroe che credeva, e cerca di riscattarlo. Onesta produzione di serie B dove l'epica americana ha la meglio anche sulla povertà dei mezzi, ed è appena incrinata da qualche tocco crudo sull'inevitabilità di uccidere.

Aquiloni non muoiono in cielo, Gli **½ (*Dites-lui que je l'aime*, Francia 1977, col, 105') Claude Miller. Con Gérard Depardieu, Miou-Miou [Sylvette Hery], Dominique Laffin, Claude Piéplu. ◆ Nella provincia francese, un impiegato all'apparenza tranquillo e anonimo (Depardieu) incurante delle attenzioni di una dattilografa (Miou-Miou) nasconde una doppia identità: tra le pareti di uno chalet di montagna e i ricordi dell'infanzia, cova ossessioni segrete perseguitando con telefonate e irruzioni improvvise una donna sposata. Su una trama da giallo psicologico ispirato a un romanzo di Patricia Highsmith, Miller realizza un film lirico e appassionato approfondendo e sottolineando le frustrazioni dei personaggi, con evidenti richiami a Hitchcock, in particolare a *Rebecca, la prima moglie*.

Arabella **½ (Italia 1967, col, 104') Mauro Bolognini. Con Virna Lisi, James Fox, Terry-Thomas, Giancarlo Giannini, Paola Borboni, Margaret Rutherford, Milena Vukotic. ◆ Una bella donna (Lisi), ultima discendente di una famiglia decaduta, cerca di risollevarne le sorti economiche sfruttando la sua avvenenza. Tra i vari incontri, anche quello con un giovane truffatore, con il quale decide di mettersi in società. Una trama leggera e divertente, solo in apparenza scabrosa. Per la distribuzione in Usa il nome del regista è stato cambiato in Adriano Barocco (!).

Arabesque **½ (*Arabesque*, Usa 1966, col, 105') Stanley Donen. Con Sophia Loren, Gregory Peck, Alan Badel, Kieron Moore, George Coulouris. ◆ Un professore americano di filologia (Peck) e l'amante di un magnate del petrolio (Loren) sono coinvolti in un caso di spionaggio dalla trama assai complicata. Donen dirige questo film con mano forse troppo raffinata, con uno stile volutamente artificiale nel quale si fondono influenze dalla fotografia, dai fumetti, dall'avanguardia e dalla moda. Per questo, l'autoironia del film può anche sembrare mancanza di originalità. Sempre godibile, invece, la Loren sensualmente inguainata da Dior.

Aracnofobia ** (*Arachnophobia*, Usa 1990, col, 105') Frank Marshall. Con Jeff Daniels, Harley Jane Kozak, John Goodman, Julian Sands, Stuart Pankin. ◆ Un ragno velenosissimo, arrivato con una bara dal Venezuela, s'insedia in una tranquilla cittadina di provincia e comincia a spargere morte e terrore. Il film, basato sul senso di repulsione che la maggior parte della gente prova nei confronti dei ragni, ha una trama esile e prevedibile ma gli effetti speciali sono davvero rabbrividenti. Esordio nella regia del produttore di Spielberg che si era fatto la mano dirigendo le seconde unità nei film di *Indiana Jones*.

Aragosta a colazione ** (Italia 1979, col, 98') Giorgio Capitani. Con Enrico Montesano, Janet Agren, Claude Brasseur, Claudine Auger, Silvia Dionisio. ◆ Uno sfortunato piazzista di maioliche (Montesano) accetta di passare per il marito dell'amante di un suo ricchissimo amico: in cambio spera di fare qualche affare, ma l'equivoco (che doveva nascondere un momentaneo tradimento) scade ben presto nel banale tra la comicità all'italiana, la commedia degli equivoci e quella sofisticata, con qualche buon numero comico (Montesano nel bagno, la ricerca del contratto con l'industriale, il numero della cantante) e un finale scoppiettante. Scritto da Laura Toscano e Franco Marotta.

Arancia meccanica **** (*A Clockwork Orange*, Usa 1971, col, 136') Stanley Kubrick. Con Malcolm McDowell, Patrick Magee, Michael Bates, Warren Clark, Adrienne Corri, Miriam Karlin, Godfrey Quigley. ◆ Per rieducare Alex (McDowell), fan dello stupro e di Beethoven, lo si sottopone al trattamento «Lodovico» che lo condiziona alla nonviolenza: finirà naturalmente vittima di chi la violenza continua a farla, dai suoi ex compagni ora poliziotti al vedovo (Magee) di una delle sue vittime. Diventato così un caso nazionale, si trasforma in un eroe e potrà usare la sua aggressività in maniera funzionale al potere. Dal romanzo di Anthony Burgess *Un'arancia a orologeria*, Kubrick trae una specie di pamphlet antiutopico sul nostro futuro prossimo, dove dominano violenza e frustrazione sessuale frutti del disorientamento e dell'impossibilità di realizzare i propri desideri. Al centro, il problema della libertà di scelta raccontato senza falsi moralismi. Per questo le scene di violenza (di una brutalità cruda fino ai limiti della sopportabilità ma ironicamente commentate dalla musica) sono necessarie e non gratuite. La straordinaria forza emotiva del film nasce dalla somma di molti elementi: i materiali della cultura alta volgarizzati da quella di massa (l'arte moderna del Korova Milk Bar e la casa dell'amica dei gatti; le arie di Rossini e di Beethoven), il linguaggio gergalizzato, la sistematica distruzione dell'illusione di realtà (accelerazioni, ralenti, grandangoli), la colonna musicale (elaborata elettronicamente da Walter Carlos). Nel 1971 fu uno shock, oggi è ancora un salutare pugno nello stomaco.

Arbitro, L' * (Italia 1974, col, 112') Luigi Filippo d'Amico. Con Lando Buzzanca, Joan Collins, Massimo Mollica, Gabriella Pallotta, Marisa Solinas. ◆ L'arbitro siciliano Carmelo Lo Cascio (Buzzanca) è disposto a sacrificare tutto per la sua carriera (moglie, lavoro, figlio, amante), ma l'eccesso di rigore sportivo (e di pillole contro una malattia tropicale) lo porteranno direttamente in manicomio. Farsa grossolana sul mondo del calcio e i suoi eccessi (cosceneggiata da Raimondo Vianello), ispirata alla figura di Concetto Lo Bello. La canzone dei titoli *Football Crazy* è cantata da Giorgio Chinaglia.

Arca di Noè, L' *** (*Noah's Ark*, Usa 1929, b/n, 75') Michael Curtiz. Con Dolores Costello, George O'Brien, Noah Beery, Louise Fazenda, Guinn Williams, Paul McAllister, William V. Mong, Anders Randolf, Nigel De Brulier. ◆ Dopo un'introduzione che mescola temi biblici (l'episodio del vitello d'oro) ad altri moderni (la Borsa e il fascino perverso del denaro) si sviluppano due storie parallele: da una parte l'episodio del diluvio universale, da cui si salverà solo Noè (McAllister) e la sua famiglia, in particolare il figlio Japhet (O'Brien) che riacquisterà la vista dopo essere stato accecato dalle guardie del crudele re Nephiliu (Beery), e la moglie Miriam (Costello), destinata a un sacrificio umano; dall'altra la storia del soldato americano Travis (O'Brien) che la guerra ha diviso dalla moglie austriaca (Costello), che ritroverà da fucilare come spia, ma che un provvidenziale bombardamento salverà. Debitrice sia di Griffith che di DeMille, questa megaproduzione di Zanuk per la Warner mette già in evidenza i due poli dell'universo di Curtiz: l'amarezza e il disincanto dell'episodio moderno (fotografato in uno stile molto contrastato da Barnet McGill) si oppone all'idealizzazione e al romanticismo ovattato della storia biblica, fotografata nei toni più dolci del grigio e del bianco (presumibilmente da Hal Mohr). Su tutta questa materia che rischia di apparire involontariamente ridicola (la sceneggiatura è di Anthony Coldewey), emerge il modo di raccontare secco e spigliato di Curtiz, capace di usare l'ellissi con grande abilità e autore di scene memorabili come la salita degli animali sulla montagna verso l'Arca o le riprese claustrofobiche dei soldati rinchiusi in una cantina dopo il bombardamento. Nel 1989, l'Ucla ha restaurato il film nella sua integrità (135') riproponendo anche alcune scene parlate tra Dolores Costello e George O'Brien. Particina per Myrna Loy nel doppio ruolo della schiava (episodio biblico) e della ballerina (episodio moderno).

Arcana *½ (Italia 1972, col, 111') Giulio Questi. Con Lucia Bosé, Maurizio Degli Esposti, Tina Aumont, Dario Viganò, Gianfranco Pozzi. ◆ Una vedova (Bosé) immigrata dal Sud a Milano, riesce a sbarcare il lunario e a vivere con il figlio facendo sedute pseudospiritiche, ma il figlio vuole usare le arti della madre per circuire una ragazza. La coesistenza di vecchio e nuovo nell'Italia metropolitana degli anni Settanta è raccontata con uno stile fintamente d'avanguardia che svela la velleitarietà del progetto.

Arcano incantatore, L' ** (Italia 1996, col, 95') Pupi Avati. Con Stefano Dionisi, Carlo Cecchi, Arnaldo Ninchi, Andrea Scorzoni, Mario Erpichini, Vittorio Duse, Patrizia Sacchi. ◆ 1750: dopo aver costretto all'aborto la sua amante, il seminarista Giacomo Vigetti (Dionisi) deve fuggire da Bologna e si rifugia come scritturale presso un misterioso eremita (Cecchi) che vive sull'Appennino. Scoprirà che è un ex parroco spretato, grande studioso di esoterismo: ma la sua iniziazione ai misteri alchemici lo porterà pericolosamente in contatto col Maligno. Avati, autore anche della sceneggiatura, torna al gotico e ai temi horror dell'inizio della sua carriera, ma scivola nel quaresimale e nella solita «etica della rinuncia» di cui è prigioniero: qualche effettaccio, qualche briciola di tensione (peraltro stemperata dalla fotografia troppo calda di Cesare Bastelli), ma soprattutto un determinismo punitivo molto in sintonia con il cattolicesimo più buio.

Archimede → *Assedio di Siracusa, L'*

Arcidiavolo, L' ***½ (Italia 1966, col, 103') Ettore Scola. Con Vittorio Gassman, Claudine Auger, Mickey Rooney, Giorgia Moll, Liana Orfei, Annabella Incontrera, Gabriele Ferzetti. ◆ L'arcidiavolo Belfagor (Gassman) è inviato sulla Terra con l'aiutante Adramelek (Rooney) per mettere discordia tra la Firenze di Lorenzo il Magnifico e lo Stato pontificio. Ma perderà i suoi poteri diabolici e finirà innamorato e mortale. Nessun rapporto col *Belfagor* di Machiavelli, ma piuttosto una farsa in costume di grana molto grossa (la scena migliore è quella della partita a palla) con battute che strizzano l'occhio all'oggi (le dame di Corte: «ci lasciano soli per correre dietro a una palla»).

Arciere del Re, L' *½ (*Quentin Durnard*, Gb/Usa 1955, col, 101') Richard Thorpe. Con Robert Taylor, Kay Kendall, Robert Morley, George Cole. ◆ Nel XV secolo, sotto il regno di Luigi XI, un prode cavaliere scozzese (Taylor) difende una bella dama (Kendall) da mille soprusi e manovre politiche. Naturalmente la dama lo eleggerà suo sposo. Buona fattura ma staticità di maniera per questo film tratto da un romanzo di Walter Scott.

Arciere di fuoco, L' * (Italia/Spagna 1971, col, 99') Giorgio Ferroni. Con Giuliano Gemma, Marc Damon, Nello Pazzafini, Mario Adorf, Silvia Dionisio. ◆ Enrico di Nottingham diventato Robin Hood (Gemma) sventa il tentativo di Giovanni Senza Terra di usurpare il trono d'Inghilterra in assenza di re Riccardo Cuor di Leone. Ennesimo ruolo avventuroso per Giuliano Gemma, che maneggia l'arco come le pistole. Sceneggiatura di Ennio De Concini, futuro autore di *La Piovra*. Anche se ambientato nel XII secolo, la Dionisio non rinuncia alla minigonna.

Arcieri di Sherwood, Gli * (*Sword of the Sherwood Forest*, Gb 1960, col, 80') Terence Fisher. Con Richard Greene, Peter Cushing, Niall McGinnis, Sarah Branch, Richard Pasco. ◆ Robin Hood (Greene) scopre che lo sceriffo di Nottingham vuole impossessarsi del castello di Bawtry ed eliminare l'arcivescovo di Canterbury: ma naturalmente Robin riuscirà a far fallire il piano e potrà sposare Marian. Dopo aver diretto (1955-58) molti episodi della serie televisiva *Le avventure di Robin Hood*, Fisher dirige il protagonista (Greene) in un film senza idee né mordente. Oliver Reed interpreta Melton.

Arcipelago in fiamme **** (*Air Force*, Usa 1943, b/n, 124') Howard Hawks. Con John Garfield, John Ridgely, Gig Young, Arthur Kennedy, Charles Drake, Harry Carey, George Tobias. ◆ Le peripezie di un equipaggio e del bombardiere «Mary Ann», della loro sosta forzata a Manila per ripararlo sotto le bombe nemiche e delle loro missioni sul Pacifico. Uno dei migliori film di Garfield, storia della sua trasformazione da individualista aggressivo (celebri i suoi momenti d'ira, quando spara all'impazzata con la mitragliatrice) in perfetto pilota capace di salvare il bombardiere e compiere scelte drammatiche (come la scena in cui deve uccidere un giovane aviatore rimasto impigliato alle cinghie del paracadute e diventato bersaglio del fuoco nemico). Ma il vero protagonista del film è il bombardiere «simbolo dell'ordine e dei valori della civiltà, in un mondo che sta disgregandosi nel caos della guerra», che l'abilità di Hawks e la splendida fotografia di James Wong Howe fanno vivere di vita propria. Uno dei capolavori del cinema sulla seconda guerra mondiale.

Arcobaleno **½ (*Raduga*, Urss 1943, b/n, 97') Mark Donskoj. Con Natal'ja Užvij, Elena Tjapkina, Nina Alisova, Valentina Ivaševa, Anton Dunajskij, Anna Lisjanskaia, Hans Klering. ◆ In Ucraina, durante l'inverno 1941, una partigiana (Užvij), tornata segretamente a casa per partorire, viene denunciata ai tedeschi che occupano il villaggio. Nonostante le torture, si rifiuta di fornire informazioni sui suoi compagni ed è uccisa davanti al bambino: bisognerà aspettare altri morti, e un benaugurante arcobaleno, prima che l'avanzata dell'esercito sovietico e dei partigiani scacci gli invasori. Un emozionante film sulla resistenza sovietica, girato nel Turkmenistan per dare dignità, vigore e fiducia al popolo stremato dalla guerra. L'evidente e peraltro giustificato fervore patriottico (da notare che *Arcobaleno* solleva in pieno conflitto il problema del collaborazionismo) non limita la forza dell'opera, tratta dal romanzo omonimo di Vanda Vasil'evskaja (anche sceneggiatrice): se «di notevole rilievo sono le figure delle donne e dei bambini, nelle quali è incarnata la sofferenza e la irriducibilità della gente semplice», è notevole anche l'accuratezza con la quale viene ritratto il comandante nazista (Klering) e in generale tutti i tedeschi, frutto dello «studio dal vivo» di alcuni prigionieri di guerra. Oscar 1944 come miglior film straniero.

Arcobaleno nero ** (*Black Rainbow*, Usa 1991, col, 100') Mike Hodges. Con Rosanna Arquette, Jason Robards, Tom Hulce, Ron Rosenthal. ◆ Abile sfruttatrice della credulità della gente, una medium (Arquette) scopre di avere realmente poteri paranormali. Per questo i mandanti di un omicidio da lei previsto vogliono eliminarla. Ritratto inedito di un'America di provincia, bisognosa di soprannaturale. Come thriller, però, è abbastanza fiacco, e le interpretazioni – a cominciare da Robards, padre cinico e ubriacone – di maniera. La Arquette si spoglia.

Arco di trionfo ** (*Arc of Triumph*, Usa 1948, b/n, 114') Lewis Milestone. Con Ingrid Bergman, Charles Boyer, Charles Laughton, Louis Calhern. ◆ Nella Parigi del 1938, un medico austriaco (Boyer) incontra una demimondaine italorumena (Bergman), ma l'amore si scontra con le persecuzioni politiche e l'incubo della povertà. Dal romanzo omonimo di Eric M. Remarque, un affresco melodrammatico sulla situazione dei rifugiati, tra ideali democratici e folclore. Boyer è troppo elegante per essere un povero perseguitato e la Bergman fuma per far capire che non è una donna per bene. Ma Laughton è grande come aguzzino nazi in cerca di piaceri proibiti.

Ardena *½ (Italia 1997, col, 107') Luca Barbareschi. Con Luca Barbareschi, Lucrezia Lante della Rovere, Aiace Tugnoli, Isa Barzizza, Arnoldo Foà, Francesca Antonelli, Giampiero Bianchi, Enrica Maria Modugno, Chiara Noschese, Alessandro Cucaro, Elia Mendola, Marguerite Sikabonyi. ◆ Durante le vacanze del 1969, il tredicenne Andrea (Tugnoli) scopre gioie e dolori della vita: l'innamoramento per Erika (Sikabonyi), la tragica morte dell'amico Tato (Mendola), la crisi dei genitori (Barbareschi e della Rovere). Barbareschi esordisce alla regia puntando alto: storia corale con famiglia patriarcale covo di vipere riunita intorno ai vecchi genitori (Foà e Barzizza), la commedia dei grandi che non vogliono aprire gli occhi sulla realtà e il dramma dei giovani che sono costretti a crescere troppo in fretta. Ma la sceneggiatura (del regista e di Anna Samueli) è sfilacciata e schematica e le inquadrature poetiche (del borgo medioevale di Calcata, ribattezzato Ardena) stucchevoli anche per un carosello. Colonna sonora da revival con Clapton (l'idolo musicale di Andrea e soci) a tutta manetta.

Ardenne '44, un inferno *½ (*Castle Keep*, Usa 1969, col, 106') Sydney Pollack. Con Burt Lancaster, Patrick O'Neal, Peter Falk, Bruce Dern, Al Freeman jr, Jean-Pierre Aumont, Scott Wilson, Astrid Heeren. ◆ Nel 1944 sul fronte occidentale tre ufficiali e cinque soldati americani giungono in un bellissimo castello. Il maggiore (Lancaster, con una benda su un occhio) avrà anche una relazione con la castellana prima di lasciar distruggere il maniero dalle bombe pur di non farlo cadere nelle mani dei tedeschi. Film allucinato (che avrebbe voluto essere surreale e antimilitarista) sulla perdita di senso del comportamento umano durante la guerra.

Arditi dell'aria ** (*Test Pilot*, Usa 1938, b/n, 118') Victor Fleming. Con Clark Gable, Myrna Loy, Spencer Tracy, Lionel Barrymoore. ◆ La passione per gli aerei di un pilota collaudatore (Gable) è più forte del rischio di morire e delle paure della moglie (Loy). Ci vorrà la tragica morte dell'inseparabile meccanico (Tracy) perché decida di smettere. Melodramma con belle scene aeree (per l'epoca) e una forte amicizia virile: Gable si comporta da Don Chisciotte («il fuoco non gli fa niente. È d'amianto») e Tracy da ragionevole Sancho Panza, che per scaramanzia attacca sempre la sua gomma masticata alla fusoliera dell'aereo. Stessa storia (ma con le auto al posto degliaerei) in *Indianapolis* di Clarence Brown (1950).

Argent, L' ***½ (*L'Argent*, Francia/Svizzera 1983, col, 85') Robert Bresson. Con Christian Patey, Sylvie Van den Elsen, Caroline Lang, Vincent Risterucci, Jeanne Aptekman. ◆ A causa di una banconota da 500 franchi che gli viene data senza che si accorga che è falsa, per il disarmato operaio Yvon (Patey) ha inizio un calvario fatto di prigione, abbandono della moglie, rapine e omicidi (compiuti apparentemente senza motivo). Liberamente ispirato al racconto di Tolstoj *Denaro falso*, prodotto con un contributo speciale del ministero della Cultura (nessuno voleva finanziare il film), Bresson racconta, con una disperazione e un rigore assoluto, il potere distruttore dell'argent, del denaro. Non esiste più nessuna speranza e il male è ormai profondamente ramificato nel mondo, «condannato a non poter essere che quello che è: un ordine retto dalla falsità dei soldi e dal Caso maligno». Bresson elimina ogni descrittivismo: l'inquadratura contiene solo gli elementi assolutamente necessari a comunicare il senso di una scena, senza nulla concedere alla curiosità o al piacere dello spettatore. Vincitore a Cannes del Gran Prix du cinéma de création.

Argento vivo * (*Spitfire*, Usa 1933, b/n, 88') John Cromwell. Con Katharine Hepburn, Robert Young, Ralph Bellamy, Martha Sleeper. ◆ Una ragazza (Hepburn) che vive appartata sui monti è creduta una strega dai compaesani. Quando rapisce un bambino, in realtà a fin di bene, rischia di essere linciata, e si salva solo grazie all'intervento di un medico, innamorato di lei. Uno dei primi film per la Hepburn, francamente noioso: fu un fiasco commerciale e l'attrice venne definita un «veleno» per il botteghino.

Argento vivo *** (*Bombshell*, rititolato *Blonde Bombshell*, Usa 1933, b/n, 95') Victor Fleming. Con Jean Harlow, Lee Tracy, Frank Morgan, Franchot Tone, Pat O'Brien, Louise Beavers, C. Aubrey Smith. ◆ Negli anni Trenta la diva di Hollywood Lola Burns (Harlow), «regina del sesso dei Monarch Studios», deve vedersela con parenti scrocconi, dipendenti oziosi, pretendenti imbroglioni e soprattutto con un agente pubblicitario che sembra lavorare solo per contrariarla. Evidentemente ispirato alla figura reale della stessa Harlow, il film (scritto da Jules Furthman e John Lee Mahin) descrive, con perfetta ironia, le gioie e (soprattutto) i dolori dello star-system, utilizzando numerosissime allusioni alla vita personale di altre star: il fidanzato di Lola ricorda il marchese Henri de la Falaise de la Coudraye, marito di Gloria Swanson; la segretaria ladra è come quella che derubava Clara Bow; il padre fanfarone è ricalcato su Marino Bello, vero padre della Harlow. Una commedia veramente divertente, che consacrò la fulgida carriera di Jean Harlow.

Argonauti, Gli (di Riccardo Freda) → *Giganti della Tessaglia, I – Gli Argonauti*

Argonauti, Gli **½ (*Jason and the Argonauts*, Usa 1963, col, 104') Don Chaffey. Con Todd Armstrong, Nancy Kovack, Gary Raymond, Laurence Naismith, Niall MacGinnis, Honor Backmann. ◆ Per vendicare l'assassinio del padre e riprendersi il trono della Tessaglia, Giasone (Armstrong) deve sottoporsi a un'impresa impossibile: conquistare il vello d'oro e riportarlo in patria. Per alcuni è il miglior peplum mai realizzato, con uomini, dèi e mostri (creati dal celebre Ray Harryhausen) insolitamente infantili e fragili, che rivelano tutta la libertà, l'ironia e l'intelligenza di un adattamento (di Jan Read e Beverly Cross) che rilegge maliziosamente la mitologia greca alla luce del pensiero «debole» contemporaneo. Spettacolare l'uso naturale degli esterni (Palinuro e i templi greci di Paestum), perfetta la cadenza del ritmo, vivace la scelta dei colori: nel suo genere, un film sorprendente e unico. Gli Argonauti, i migliori atleti della Grecia riuniti per l'occasione, prendono il nome dalla nave Argo fatta costruire da Giasone.

Aria ** (*Aria*, Gb 1988, col, 90') Nicolas Roeg, Charles Sturridge, Jean-Luc Godard, Julien Temple, Bruce Beresford, Robert Altman, Franc Roddam, Ken Russell, Derek Jarman, Bill Bryden. ◆ Film a episodi. Insolito tentativo di affidare a dieci registi l'illustrazione di arie sinfoniche: *sequenza 1* (Nicolas Roeg. Con Theresa Russell. Voci: Leontyne Price, Carlo Bergonzi, Robert Merrill, Shirley Verret): estratti da *Un ballo in maschera* di Verdi accompagnano la ricostruzione del tentativo di assassinare re Zog d'Albania in un teatro; *sequenza 2* (Charles Sturridge. Con Nicolas Swain, Jack Kyle. Voci: Leontyne Price, Giorgio Tozzi, Ezio Flagello): l'aria *La vergine degli angeli* da *La forza del destino* di Verdi accompagna un appello alla protezione divina per i bambini abbandonati; *sequenza 3* (Jean-Luc Godard. Con Marion Peterson, Valérie Allain. Voce: Rachel Yakar): l'aria *Enfin il est en ma puissance* e altri estratti dall'*Armida* di Lully accompagnano i tentativi di una donna delle pulizie di sedurre un culturista mentre sta allenandosi; *sequenza 4* (Julian Temple. Con Buck Henry, Beverly D'Angelo, Anita Morris. Voci: Alfredo Kraus, Anna Moffo, Anna Di Stasio): l'aria *La donna è mobile* e altri estratti dal *Rigoletto* di Verdi accompagnano l'avventura di un produttore che porta una sua conquista nella Neanderthal Room di un albergo dove ogni camera ha un décor diverso; *sequenza 5* (Bruce Beresford. Con Elisabeth Hurley, Peter Birch. Voci: Karol Neblett, René Kollo): l'aria *Glück, das mir verblieb* da *Die tote Stadt* di Korngold accompagna la speranza di un uomo di riconoscere la fidanzata morta nella figura di una danzatrice; *sequenza 6* (Robert Altman. Con Julie Hagerty, Geneviève Page, Cris Campion. Voci: Jennifer Smith, Anne-Marie Rode, Philip Langridge): le arie *Lieux désolés*, *Suite des vents* e *Jouissons, jouissons!* da *Les Boréades* di Rameau accompagnano la variopinta platea di un teatro che rumoreggia mentre aspetta l'inizio della rappresentazione; *sequenza 7* (Franc Roddam. Con Bridget Fonda, James Mathers. Voce: Leontyne Price): l'aria *Liebestod* da *Tristano e Isotta* di Wagner accompagna il suicidio di due amanti in un albergo di Las Vegas; *sequenza 8* (Ken Russell. Con Lindsay Drew. Voce: Jussi Bjoerling): l'aria *Nessun dorma* dalla *Turandot* di Puccini accompagna la lotta contro la morte di una donna il cui corpo ferito è tutto coperto di gioielli; *sequenza 9* (Derek Jarman. Con Tilda Swinton, Spencer Leigh, Amy Johnson. Voce: Leontyne Price): l'aria *Depuis le jour* dalla *Louise* di Charpentier accompagna una vecchia dama che ricorda i suoi primi amori; *sequenza 10* e raccordi tra gli episodi (Bill Bryden. Con John Hurt, Sophie Ward. Voce: Enrico Caruso): l'aria *Vesti la giubba* da *I pagliacci* di Leoncavallo accompagna l'ingresso nel Teatro Comunale di Cremona di un clown che una volta sul palcoscenico sviene e muore. Nonostante le indubbie genialità (specie di Altman e Roeg) e qualche stimolante provocazione (Godard e Jarman), questa operazione cinemusicale non conquista una sua autonoma coerenza e alla fine il trionfo di immagini e colori (e musiche, naturalmente) non cancella il dubbio che si sia trattato di un vero e proprio spreco di talenti. Esordio cinematografico per Bridget Fonda.

Aria di famiglia **½ (*Un Air de famille*, Francia 1996, col, 109') Cédric Klapisch. Con Jean-Pierre Bacri, Catherine Frot, Agnès Jaoui, Jean-Pierre Darroussin, Claire Maurier, Wladimir Yordanoff. ◆ Come ogni venerdì, i Menard si riuniscono nel bar di Henri (Bacri), che la madre (Maurier) tratta sempre come uno scemo. Questa volta c'è da festeggiare il compleanno della svampita Yolande (Frot), moglie del cocco di mamma Philippe (Yordanoff); ma verranno fuori, come da copione, egoismi, miserie e rancori. Senza tragedie, comunque, ma senza eccedere né in buonismo né in cinismo: è nella medietà e nell'invito all'identificazione una delle ragioni del successo a sorpresa, in Francia, di questa commedia, che gli autori-attori Bacri e Jaoui (la sorella piantagrane) adattano per il grande schermo. Ultimi scampoli di una gloriosa tradizione. Il regista interpreta il padre nel flashback.

Aria di Parigi ** (*L'Air de Paris*, Francia/ Italia 1954, b/n, 110') Marcel Carné. Con Jean Gabin, Folco Lulli, Marie Daëms, Ave Ninchi, Arletty [Léonie Bathiat], Roland Lesaffre, Maria Pia Casilio. ◆ Un vecchio campione (Gabin) ha scoperto una promessa della boxe (Lesaffre) e lo aiuta a far carriera. Una bella indossatrice (Daëms) potrebbe distrarlo ma poi proprio la donna lo abbandona: ha capito che deve essere il pugilato la sua unica preoccupazione. Realismo francese di «onesta medietà», sceneggiato dal regista con Jacques Sigurd, con Arletty e Gabin (a interpretare moglie e marito in crisi) che quindici anni dopo *Alba tragica* offrono sprazzi di un'epoca che fu. Coppa Volpi a Venezia per il miglior attore a Gabin, ex aequo per questo film e *Grisbi*.

Arianna *** (*Love in the Afternoon*, Usa 1957, b/n, 130') Billy Wilder. Con Gary Cooper, Audrey Hepburn, Maurice Chevalier, John McGiver, Lise Bourdin. ◆ Arianna (Hepburn), la figlia di un investigatore privato (Chevalier), scopre che un marito tradito vuole uccidere un miliardario rubacuori (Cooper): riesce a salvargli la vita ma naturalmente si troverà a subirne l'irresistibile fascino. Tratto da un romanzo di Claude Anet (sceneggiato da I.A.L. Diamond, d'ora in poi inseparabile da Wilder), è un film ironico e raffinato, quello che più di tutti denuncia il debito del regista con Lubitsch (la gag con l'auto, le bottiglie e i bicchieri che vengono spinti continuamente da una parte all'altra, Cooper ubriaco nella stanza d'albergo mentre gli zingari suonano *Fascination*). Cammeo per lo scenografo Alexander Trauner nella parte dell'artista pittore e per la moglie di Wilder, Audrey Young, nella parte di una brunetta. Nel 1961, Allied Artists distribuì nuovamente il film col titolo di *Fascination*, ridotto a 125'.

Aria serena dell'Ovest, L' **½ (Italia/Svizzera 1990, col, 100') Silvio Soldini. Con Fabrizio Bentivoglio, Patrizia Piccinini, Ivano Marescotti, Roberto Accornero, Olga Durano, Antonella Fattori. ◆ Nella Milano degli anni Ottanta alcuni giovani intrecciano, grazie al ritrovamento fortuito di un'agendina, le loro strade. Ognuno ha i suoi sogni e le sue frustrazioni e a un certo momento sembra che la loro vita debba cambiare, invece tutto torna alla situazione di partenza. Il ritratto, senza facili ottimismi (sceneggiato dal regista con Roberto Tiraboschi), di un disagio generazionale, di chi respira «l'aria serena dell'Ovest» e non si accorge che altrove il mondo sta cambiando (le notizie radiofoniche che annunciano il massacro di Tien An Men e la caduta del Muro di Berlino fanno da colonna sonora). Coraggiosa produzione indipendente, uno dei rari film di un regista «giovane» capace di uno sguardo morale sulla realtà. Bella la fotografia di Luca Bigazzi.

Arida stagione bianca, Un' ** (*A Dry White Season*, Usa 1988, col, 107') Euzhan Palcy. Con Donald Sutherland, Susan Sarandon, Marlon Brando, Janet Suzman, Jürgen Prochnow, Zakes Mokae. ◆ Sudafrica, 1976: la presa di coscienza di un professionista bianco (Sutherland) che troverà la morte per aver deciso di far luce sull'uccisione del suo giardiniere e del di lui figliolo. Il film, però, non riesce ad affrontare seriamente il problema dell'apartheid, non coinvolge, è freddo e a tratti stucchevole. Si salva solo Marlon Brando, magnetico nella parte dell'avvocato civile, che, nella realtà, ha devoluto il suo guadagno a favore della lotta contro l'apartheid. La trasposizione cinematografica è meno incisiva dell'omonimo romanzo di denuncia (di André Brink) da cui è tratta. Coprodotto dal Sundance Institute.

A rischio della vita ** (*Sudden Death*, Usa 1995, col, 110') Peter Hyams. Con Jean-Claude van Damme, Powers Boothe, Raymond J. Barry, Whittni Wright, Ross Malinger, Kate McNeil. ◆ Mentre nello stadio di Pittsburgh si svolge una finale di hockey su ghiaccio, il pompiere Darren McCord (van Damme) sconfigge da solo una banda di terroristi che hanno piazzato bombe ovunque e preso in ostaggio sua figlia (Wright), oltre al vicepresidente americano. Mescolando cinicamente due tipi di suspense (l'eroe che deve salvare il mondo e la partita di hockey), Hyams e lo sceneggiatore Gene Quintano confezionano un prodotto con un tasso di spettacolarità al passo coi tempi, senza prendersi troppo sul serio ma con qualche idea azzeccata sull'idiozia delle masse di fronte agli spettacoli sportivi. Il coproduttore Howard Baldwin ha messo a disposizione la sua squadra, i Pittsburgh Penguins. Il titolo originale si riferisce alla regola, adottata nei tempi supplementari, secondo cui il primo che segna vince.

Arisha *½ (*Arisha, der Bär und der steinerne Ring*, Germania 1993, col, 31') Wim Wenders. Con Rüdiger Vogler, Anna Vronskaya, Arina Voznesenskaja, Wim Wenders, Gong Hung Truong, Nam Ha Nguyen, Thi Hoa Nguyen, Peter Solic, Lelic Almir. ◆ Ridottosi a distribuire volantini con un costume da orso, un uomo (Vogler) accetta di fare l'autista per una scrittrice (Vronskaya) che viaggia con la figlia Arisha (Voznesenskaja): per strada danno un passaggio a un Babbo Natale con videocamera (Wenders) e a varia umanità. Quasi un aggiornamento in chiave scherzosa e fiabesca di *Falso movimento*: Wenders torna on the road, tra brandelli di filosofia e innocui scherzi. L'anello di pietra che Arisha trova su una spiaggia esprime il messaggio del film: ogni cosa è unica e per questo preziosa.

Aristogatti, Gli **½ (*The Aristocats*, Usa 1970, col, 78') Wolfgang Reitherman. ◆ Un'eccentrica ex attrice parigina nomina suoi eredi la gatta Duchessa e i suoi tre cuccioli, Minou, Matisse e Bizet, scatenando le invidie del maggiordomo Edgar che cercherà in ogni modo di sbarazzarsi dei quattro animali. Ma non ha fatto i conti con il randagio Romeo e i suoi amici. Tratto da una storia di Tom McGowan e Tom Rowe e pensato in origine come un documentario dal vero, fu poi realizzato dalla Walt Disney in animazione, il primo prodotto dopo la morte del fondatore della società. La semplicità della storia (che ricorda in più di una situazione *La carica dei 101*) è riscattata solo in parte dalla grande ricchezza dei fondali (circa 900) e dalla cura della colonna sonora (tra cui la canzone iniziale cantata da Maurice Chevalier). Il gatto Scat Cat era stato pensato per la voce di Louis Armstrong ma poi fu doppiato da Scatman Crothers (in italiano Corrado Gaipa). Nell'edizione italiana il gatto «irlandese» O'Malley diventa «Romeo er mejo der Colosseo» e i tre micini Marie, Toulouse, e Berlioz si trasformano (chissà perché?) in Minou, Matisse e Bizet.

Arizona Colt * (Italia 1966, col, 95') Michele Lupo. Con Giuliano Gemma, Corinne Marchand, Fernando Sancho, Rosalba Neri, Roberto Camardiel. ◆ Arizona Colt (Gemma) per poter passare una notte con la bella Jane accetta di sfidare a duello (e naturalmente uccidere) il bandito che le ha ucciso la sorella. Approssimativo spaghetti-western con un Giuliano Gemma particolarmente incredibile.

Arizona Dream *** (*Arizona Dream*, Usa/Francia 1993, col, 137') Emir Kusturica. Con Johnny Depp, Faye Dunaway, Jerry Lewis, Lili Taylor, Vincent Gallo, Paulina Porizkova, Michael J. Pollard, Candyce Mason, Alexia Rane. ◆ Chiamato in Arizona dallo zio Leo (Lewis), desideroso di convertirlo al sogno americano – Cadillac, successo e una moglie giovane –, Axel (Depp) frequenta invece una serie di irregolari: Elaine (Dunaway), che ha ucciso il marito e sogna di volare su trabiccoli; la figlia Grace (Taylor), gelosa dei successi erotici della madre e con propensione al suicidio; Paul (Gallo), che conosce a memoria *Il padrino* e *Toro scatenato* ma di cui nessuno apprezza il talento. Kusturica ama i suoi personaggi e li segue nei loro tragitti folli e senza meta, in un mondo nel quale il fantastico è sempre dietro l'angolo, e dove il racconto è ritmato da sogni in cui compare un pesce volante. Uno sguardo sugli Usa miracolosamente capace di meravigliarsi senza appigliarsi a stereotipi, e un amore per il cinema senza intellettualismi da primi della classe. La sequenza in cui Paul, nell'ora del dilettante, mima la scena dell'aereo di *Intrigo internazionale* – tempi morti compresi – rimarrà negli annali dell'umorismo surreale. Un cast diretto con grande intelligenza, nel quale spiccano le rivelazioni Taylor e Gallo. Musiche di Goran Bregovic e Iggy Pop.

Arizona Junior *** (*Raising Arizona*, Usa 1987, col, 93') Joel Coen. Con Nicolas Cage, Holly Hunter, Trey Wilson, John Goodman, William Forsythe, Frances McDormand, Randall «Tex» Cobb. ◆ Lui è uno sfortunato rapinatore di supermarket (Cage), lei un'intrepida donna poliziotto (Hunter): per rimediare alla sterilità di lei rapiscono uno dei cinque gemelli di un ricco commerciante, ma dovranno fare i conti anche con due evasi dal cuore d'oro e un terrificante motociclista cacciatore di taglie. Coloratissimo, strabordante, pirotecnico, il secondo film dei fratelli Joel e Ethan Coen tritura astutamente generi e miti americani, mettendo in scena più che un film, un cartoon bizzarro e iperdinamico.

Arlington Road - L'inganno **½ (*Arlington Road*, Usa/Gb 1999, col, 118') Mark Pellington. Con Jeff Bridges, Tim Robbins, Joan Cusack, Hope Davis, Robert Gossett, Mason Gamble, Spencer Treat Clark, Stanley Anderson, Vivianne Vives. ◆ Giorno dopo giorno, Michael Faraday (Bridges) si convince che dietro la coppia piccolo-borghese (Robbins e Cusack) che ha preso casa vicino a lui si nascondano dei pericolosi terroristi: ha ragione o è solo paranoia? Tra reminiscenze hitchockiane e cinema politico anni Settanta, un thriller teso e insinuante (scritto da Ehren Krueger e ispirato all'attentato terroristico di Oklahoma City) che scava dentro la *middle class* bianca. Alla sua opera seconda, Pellington usa perfettamente allusività e suspense, lasciando nello spettatore un'inquietudine profonda che non si esaurisce con la soluzione dell'intreccio.

Arma, L' *½ (Italia 1978, col, 94') Pasquale Squitieri. Con Stefano Satta Flores, Claudia Cardinale, Benedetta Fantoli, Clara Colosimo. ◆ Un borghese di «sani princìpi» (Satta Flores) nasconde in realtà una mentalità violenta e piena d'ossessioni erotiche: aggredisce la moglie (Cardinale), spia nell'intimità la figlia e da ultimo acquista una pistola, ma proprio questo «sostituto del fallo» gli si rivolterà contro come un boomerang. Squitieri prende spunto da uno spaccato di (eccessiva) convenzionalità borghese per una polemica, sempre sopra le righe, sulla violenza insita nell'individuo e nella società.

Arma da taglio **½ (*Prime Cut*, Usa 1972, col, 86') Michael Ritchie. Con Lee Marvin, Gene Hackman, Angel Tompinks, Sissy Spacek, Gregory Walcott. ◆ Un killer (Marvin), mandato a Kansas City per riscuotere un debito, porta a termine la sua missione ma libera anche un gruppo di ragazze dall'orfanotrofio dove erano segregate in attesa di essere vendute come schiave ai boss locali. Storia torbida e violenta, non perfettamente sceneggiata (da Robert Dillon) ma magistralmente girata, con una scena da antologia: una fuga attraverso i campi con inseguimento di una trebbiatrice. Primo film per Sissy Spacek, nel ruolo di una delle ragazze messe all'asta. Rieditato col titolo *Il boia, la vittima e l'assassino*.

Armageddon - Giudizio finale ** (*Armageddon*, Usa 1998, col, 150') Michael Bay. Con Bruce Willis, Ben Affleck, Liv Tyler, Steve Buscemi, Will Patton, Peter Stormare, Billy Bob Thornton, Keith David, William Fichtner, Grace Zabriskie. ◆ Un asteroide si sta schiantando contro la Terra, e una squadra di trivellatori viene istruita in tutta fretta e inviata nello spazio per farlo esplodere: comanda Harry S. Stamper (Willis), che è ai ferri corti col suo uomo migliore, A.J. Frost (Affleck), perché si spupazza sua figlia (Tyler). Più o meno la stessa storia di *Deep Impact* (che negli Usa ha guadagnato di più), scritta da ben cinque cervelli, ma con più effetti speciali, meno sentimenti, meno catastrofismo. I cattivi sono i militari ottusi, i buoni una banda di squinternati: la filosofia macho del produttore Jerry Bruckheimer e il puerile stile da spot del regista rintronano e sfiniscono, anche se si rimane esilarati dalla scorrettezza politica (con un astronauta russo [Stormare] rimasto ai tempi di Stalin) e dall'ineffabile espressione da cotechino lesso di Willis. Autentico cinema da vedere coi pop-corn. Per i cinefili di passaggio: Udo Kier è lo psicologo. Riuscita frecciata contro *Godzilla* in una scena iniziale.

Arma letale **½ (*Lethal Weapon*, Usa 1987, col, 106') Richard Donner. Con Mel Gibson, Danny Glover, Gary Busey, Mitchell Ryan, Tom Atkins, Darlene Love, Traci Wolfe. ◆ Sulle tracce di una banda di spacciatori di droga vengono messi due poliziotti: Roger (Glover) è riflessivo e prudente, Martin, detto «Arma letale» (Gibson), è incontrollabile e pericolosamente attratto dal suicidio. Un film violento e concitato con alcune scene particolarmente forti (la tortura dei due da parte degli spacciatori, il duello finale a mani nude tra Martin e un ex bandito sadico). Con tre seguiti. Scritto da Shane Black.

Arma letale 2 ** (*Lethal Weapon 2*, Usa 1989, col, 113') Richard Donner. Con Mel Gibson, Danny Glover, Joe Pesci, Joss Akland, Derrick O'Connor, Patsy Kensit, Darlene Love, Traci Wolfe. ◆ Martin (Gibson) e Roger (Glover) questa volta devono proteggere un testimone coinvolto in un caso di contrabbando internazionale di droga: il cervello dell'organizzazione (Akland), per complicare le cose, gode dell'immunità diplomatica. Ancora più spettacolare (e se possibile più violento) del primo, ha nelle azioni più che nelle interpretazioni, la sua arma migliore.

Arma letale 3 *½ (*Lethal Weapon 3*, Usa 1992, col, 118') Richard Donner. Con Mel Gibson, Danny Glover, Joe Pesci, René Russo, Stuart Wilson, Darlene Love. ◆ A otto giorni dalla pensione, Roger Murtaugh (Glover) viene degradato a causa dell'imprudenza del collega Martin Riggs (Gibson), sua croce e delizia. Con l'aiuto di una collega (Russo) e del petulante agente immobiliare (Pesci, coi capelli biondo paglia), già conosciuto nel secondo episodio, i due supersbirri incastreranno un ex sergente cattivissimo che rifornisce di armi il ghetto nero di Los Angeles. Alla terza puntata Joel Silver, produttore e ispiratore della fortunatissima serie, abbassa il tasso di violenza rispetto agli altri episodi: risate e scazzottate, con acrobazie ed esplosioni da cartoni animati. «Ma questo sembra un incrocio tra *Scuola di polizia* e Gianni e Pinotto» dice la poliziotta: con anche un pizzico di Bud Spencer e Terence Hill, per l'esattezza. E senza una sola idea originale. Il pensionamento è rimandato un'altra volta.

Arma letale 4 ** (*Lethal Weapon 4*, Usa 1998, col, 127') Richard Donner. Con Mel Gibson, Danny Glover, Jet Li, Joe Pesci, Rene Russo, Chris Rock, Steve Kahan, Darlene Love, Traci Wolfe, Ebonie Smith. ◆ Martin Riggs (Gibson) e Roger Murtaugh (Glover) sognano di andare in pensione, aspettano figli o nipotini, e a suon di ceffoni e battutine sgominano una banda di mafiosi cinesi trafficanti di schiavi. Tra umorismo da *sit-com* (in cui ha spazio il comico Chris Rock nella parte del genero rompiscatole che ha sposato di nascosto la figlia di Murtaugh), stunt spettacolari e kung fu (data la presenza di Jet Li, al suo esordio hollywoodiano nella parte del cattivo), Donner e il produttore Joel Silver vanno sul sicuro: e la formula, per quanto prevedibile, funziona. Un cartoon dove l'America è un paradiso del *melting pot*: bianchi e neri, vecchi e giovani vanno d'accordo, tanto ci sono gli orientali su cui esercitare il razzismo. Scritto da Channing Gibson, con musiche di Michael Kamen, Eric Clapton e David Sanborn.

Arma non convenzionale *½ (*Dark Angel*, Usa 1989, col, 91') Craig R. Baxley. Con Dolph Lundgren, Brian Benben, Betsy Brantley, Matthias Hues, David Ackroyd. ◆ Un alieno (Lundgren), semina la morte tra gli spacciatori di stupefacenti per procurarsi dagli organismi umani la sostanza che gli serve per sopravvivere e tornare al pianeta d'origine. Fantascienza high-tech e thriller poliziesco che vorrebbero anche essere (un po') autoironici.

Armata a cavallo, L' **½ (*Csillagosok, katonák*, Ungheria/Urss 1967, col, 92') Miklós Jancsó. Con Tatjana Konjuchova, Krystyna Mikolajewska, Michail Kozakov, András Kozák, Jácint Juhász, Jozsef Madaras. ◆ Il giovane magiaro Laszlo (Kozák, l'attore preferito da Jancsó) è testimone oculare, ma anche coscienza storica, di un episodio della lotta tra rossi e bianchi nella Russia del 1918 dove è appena cominciata la guerra civile. Secondo capitolo della cosiddetta «trilogia della storia» (dopo *I disperati di Sandor* e prima di *Silenzio e grido*), racconta la partecipazione dei prigionieri ungheresi, conquistati dall'idea proletaria, alla guerra civile sovietica contro i bianchi controrivoluzionari. Affrontando alcuni temi centrali della sua opera (la brutalità della lotta per il potere, lo svilimento dell'uomo vittima della Storia) Jancsó approfondisce la critica al «concetto di intreccio narrativo», e lo spettatore non preparato è disorientato davanti al rifiuto della psicologia e della personalizzazione dei personaggi, che diventano sempre più freddamente emblematici e impenetrabili. Presentato a Cannes con la traduzione letterale del titolo (*Stellati, soldati*, le prime due parole dell'Internazionale in lingua magiara) è conosciuto anche con il titolo *I rossi e i bianchi*.

Armata Brancaleone, L' **** (Italia 1966, col, 120') Mario Monicelli. Con Vittorio Gassman, Carlo Pisacane, Catherine Spaak, Gian Maria Volonté, Enrico Maria Salerno, Barbara Steele, Folco Lulli, Maria Grazia Buccella. ◆ Un pugno di sbandati che dovrebbero formare una compagnia di ventura, guidati da Brancaleone da Norcia (Gassman) e dall'ebreo Abacuc (Pisacane), partono da Faleri per prendere possesso del feudo di Aurocastro nelle Puglie: dopo mille traversie e avventure (la peste, le voglie di una vedova impaziente, il salvataggio di una vergine dai briganti, l'assalto dei pirati saraceni), l'armata riuscirà a salvarsi solo seguendo Zenone il santone (Salerno) in Terra Santa. Intelligente e originale ricostruzione nazionalpopolare di un pezzo di storia italiana, in chiara polemica con la visione hollywoodiana del Medioevo. Scritto dal regista con Age [Agenore Incrocci] e Scarpelli (con un occhio alla *Sfida del samurai* di Kurosawa per il trucco e l'armatura di Gassman, ma anche al Cottafavi dei *Cento cavalieri* per la parabola «brechtiana» e al Malerba di *Donne e soldati*, oltre che a tutta la tradizione picaresca, da Pulci a Cervantes), terzo per incassi nella stagione, volutamente «sgangherato» nella sua struttura ma pirotecnico nelle trovate (la lingua postlatina-viterbese, i costumi di Piero Gherardi, i colori di Carlo De Palma, la musica di Carlo Rustichelli, i titoli animati di testa e di coda di Gianini e Luzzati), è una delle punte più alte del cinema popolare italiano, un autentico capolavoro di fantasia e avventure farsesche. Seguìto, nel 1970, da *Brancaleone alle Crociate*.

Armata degli eroi, L' **½ (*L'Armée des ombres*, Francia 1969, col, 107') Jean-Pierre Melville. Con Lino Ventura, Simone Signoret, Paul Meurisse, Jean-Pierre Cassel, Paul Crauchet, Claude Mann, Serge Reggiani, Christian Barbier. ◆ Un gruppo di maquisard francesi trova la morte durante la resistenza all'occupazione nazista: Felix (Crauchet) è torturato fino alla morte, il fratello (Cassel) del comandante cade in una missione, Mathilde (Signoret) è uccisa dai suoi compagni per impedire che parli, gli altri muoiono a uno a uno in azioni di guerra. Una storia corale senza lieto fine, tratta dal romanzo di Joseph Kassel (sceneggiata dal regista), dove le persone scelgono deliberatamente di diventare delle «macchine» per impedire che un qualche tipo di sensibilità impedisca loro di portare a termine le missioni. Un film volutamente antieroico e sgradevole, che sottolinea il carattere anche odioso della vita clandestina. Accusato di gollismo alla sua uscita. In originale durava 150', poi tagliato a 135', ma in Italia fu ulteriormente ridotto a 107', facendo sparire le scene in cui Philippe (Ventura) è internato in un campo di concentramento di Vichy.

Armata delle tenebre, L' **½ (*Army of Darkness*, Usa 1992, col, 109') Sam Raimi. Con Bruce Campbell, Embeth Davidtz, Marcus Gilbert, Bridget Fonda. ◆ Seguito di *La casa 2*: Ash (Campbell) si ritrova in pieno Medioevo, e riesce a farsi rispettare con la sua tracotanza yankee. Ma ancora una volta scatena le forze del male, e deve affrontare un esercito di scheletri. Raimi cerca il divertimento puro, mescolando horror, comicità slapstick e acrobazie da cinema di Hong Kong. Rutilante e intelligentemente stupido. Imperdibile la parte centrale, con Ash alle prese gulliverianamente con suoi minuscoli sosia, e poi con un doppio che gli spunta da una spalla.

Armata ritorna, L' ** (*Le Général de l'armée morte*, Francia/Italia 1983, col, 105') Luciano Tovoli. Con Marcello Mastroianni, Michel Piccoli, Anouk Aimée, Gérard Klein, Daniele Dublino. ◆ Una pagina dimenticata della seconda guerra mondiale: un generale italiano (Mastroianni) torna in Albania alcuni anni dopo la fine delle ostilità e scopre che un reparto di connazionali si era macchiato di violenze e di crudeltà. Dal romanzo di Ismail Kadaré (sceneggiato da Jean-Claude Carrière), una storia controcorrente rispetto al mito degli «italiani brava gente» dove un'atmosfera fantastica impregnata di un acido humour finisce per creare una misteriosa fascinazione sullo spettatore. Buon esordio nella regia del direttore della fotografia Tovoli.

Armata sul sofà, L' **½ (*La Vie de château*, Francia 1967, b/n, 93') Jean-Paul Rappeneau. Con Catherine Deneuve, Philippe Noiret, Pierre Brasseur, Mary Marquet, Henri Garcin, Charles Thompson. ◆ In Normandia, nel 1944, la proprietaria di un castello (Deneuve) crede il marito (Noiret) incapace di prendere posizione tra nazisti e partigiani e così instaura (anche sentimentalmente) rapporti con i loro due capi. Ma all'arrivo degli americani, il marito si rivela un eroe e riconquista la moglie. Rappeneau esordisce nella regia con questo inconsueto film di guerra (sceneggiato da lui stesso con Alain Cavalier, Claude Sautet e Daniel Boulanger), dove l'andamento da commedia farsesca sottolinea sapientemente alcuni caratteri delle persone comuni a contatto con un evento più grande di loro.

Armiamoci e partite *½ (Italia 1971, col, 106') Nando Cicero. Con Franco Franchi, Ciccio Ingrassia, Martine Brochard, Anna Maestri, Alfonso Tomas. ◆ Camerieri emigrati in Francia, Franco e Ciccio ottengono la cittadinanza proprio in tempo per essere mandati al fronte: nelle trincee della prima guerra mondiale rischiano di far morire un generale alleato, ma riescono involontariamente a far scattare un'offensiva che il nemico non si aspetta, ottenendo così una grande vittoria. Tra i più famosi capitoli dell'interminabile saga dei due comici. Alla sceneggiatura ha collaborato Raimondo Vianello.

Armonie di gioventù *½ (*They Shall Have Music*, Usa 1939, b/n, 101') Archie Mayo. Con Jascha Heifetz, Joel McCrea, Andrea Leeds, Walter Brennan, Gene Reynolds. ◆ Ragazzino povero e maltrattato dai genitori, finisce in un istituto tenuto da un generoso professore di musica (Brennan): salverà l'istituto dal pignoramento degli strumenti, convincendo un grande musicista a suonare gratis. Un melodramma sdolcinato, voluto personalmente da Samuel Goldwin per «avvicinare le masse alla musica classica».

A rotta di collo ** (*Speedy*, Usa 1928, b/n, 86') Ted Wilde. Con Harold Lloyd, Ann Christy, Bert Woodruff, Brooks Benedict. ◆ Harold Swift, detto Speedy

(Lloyd), sogna il baseball e perde ogni lavoro che trova: si riscatterà aiutando Pop Dillon (Woodruff), nonno della fidanzata Jane (Christy), a difendere il suo tram a cavalli dalla prepotenza dei magnati dei trasporti. L'ultimo film muto di Lloyd è un omaggio alla vecchia New York, con esterni girati dal vero che fanno da contrappunto semidocumentaristico alle gag e una vena di schietta nostalgia che si può interpretare anche in senso cinematografico: il tram a cavalli che Lloyd difende contro i veicoli elettrici come metafora del muto in procinto di essere soppiantato dal sonoro. Fatta eccezione per la scena della rissa e per l'ultima, memorabile corsa di Speedy contro il tempo, il film ha un ritmo piuttosto fiacco (anche a causa delle numerose interruzioni didascaliche) e dura alcuni minuti di troppo. Wilde ricevette la nomination all'Oscar per la «miglior regia comica» (l'unico anno in cui fu istituita questa categoria), ma venne battuto da Lewis Milestone, allora sconosciuto, con *Una notte in Arabia*! Cammeo del famoso giocatore di baseball Babe Ruth nella parte di se stesso. Speedy era nella realtà il soprannome dato a Harold dal padre.

Arpa birmana, L' *** (*Biruma no tategoto*, Giappone 1956, b/n, 116') Kon Ichikawa. Con Shoji Yasui, Rentaro Mikuni, Taniye Kitabayashi, Tatsuya Mihashi. ◆ In Birmania, alla fine della seconda guerra mondiale, un ufficiale giapponese fedele al proprio codice d'onore militare preferisce sterminare il proprio reparto, pur di non arrendersi ai vincitori: il fatto è raccontato dall'unico sopravvissuto, un soldato (Yasui) che ha deciso di farsi bonzo per dedicarsi al culto dei morti e vaga nella giungla birmana in compagnia di un pappagallo e un'arpa. Leone mancato a Venezia per l'opposizione del giurato Visconti, il film conquistò le platee di tutto il mondo con il suo semplice ma efficace messaggio antimilitarista. Affascinante l'uso della musica che contrasta con il mutismo del bonzo e mitiga, insieme alla presenza lirica della natura, il senso ossessivo della morte caratteristico del regista. Nel 1985, Ichikawa ha rifatto lo stesso film con altri interpreti, ma questa edizione non è mai stata distribuita in Italia.

Arrangiatevi! **½ (Italia 1959, b/n, 105') Mauro Bolognini. Con Totò [Antonio de Curtis], Peppino De Filippo, Laura Adani, Maria Cristina Gajoni, Marcello Paolini, Giusi Raspani Dandolo. ◆ Da quindici anni alla ricerca di un appartamento, la famiglia Armentano si vede offrire una splendida occasione a prezzo irrisorio: scoprirà a sue spese che si tratta di una «casa» appena chiusa per effetto della legge Merlin. Tratta dalla pièce *Casa nova... vita nova*, una scoppiettante e divertente commedia degli equivoci che si conclude con una «predica agli italiani pigri, repressi e reazionari» fatta da Totò dal balcone dell'ex bordello. Piccole parti anche per Alberto Bonucci, Franca Valeri, Vittorio Caprioli e comparsata per l'allora sconosciuto Giuliano Gemma. Il film fu girato davvero in un ex bordello.

Arrapaho *½ (Italia 1984, col, 98') Ciro Ippolito. Con Alfredo Cerruti, Daniele Pace, Totò Savio, Giancarlo Bigazzi, Tinì Cansino. ◆ In un improbabile West, tra le tribù pellerossa degli Arrapaho e dei Froceyenne, si consuma l'amore tra il giovane Arrapaho e Ascella Pezzata, promessa però in sposa a Cavallo Pazzo. La comicità demenziale degli Squallor dal disco alla pellicola: è un film poverissimo di mezzi, con una comicità di grana molto grossa (il finale si chiama «the gay after»), anche se contiene alcuni spunti interessanti, ad esempio uno dei primi casi di falsi intermezzi pubblicitari.

Arrest Bulldog Drummond → *voce «Bulldog Drummond»*

Arriva Dorellik * (Italia 1967, col, 96') Steno [Stefano Vanzina]. Con Johnny Dorelli, Margaret Lee, Didi Perego, Alfred Adam, Rossella Como, Terry-Thomas. ◆ Raphael Dupont incarica Dorellik (Dorelli) di eliminare tutti i parenti per incassare l'eredità, ma le cose non andranno come previsto. Fiacchissima parodia di Diabolik, il personaggio a fumetti inventato dalle sorelle Giussani.

Arriva Fra' Cristoforo... ** (*L'Auberge rouge*, Francia 1951, b/n, 95') Claude Autant-Lara. Con Fernandel [Fernand Contandin], Françoise Rosay, Julien Carette, Marie-Claire Oliva, Jean-Roger Caussimon, Andrée Viala, Lud Germain, Didier d'Yd, Nane Germon. ◆ Nel secolo scorso, un frate (Fernandel) trascorre la notte in una locanda i cui proprietari hanno l'abitudine di uccidere i clienti per derubarli: siccome la moglie assassina (Rosay) gli rivela tutto in confessione, lui s'ingegna per salvare i pochi clienti, ma i disegni della Provvidenza sono imperscrutabili. Ispirata a un racconto di Balzac, una storia noir, sceneggiata con finezza e una buona dose di cinismo da Jean Aurenche e Pierre Bost, il cui effetto disturbante è sfortunatamente smorzato dall'interpretazione comica di Fernandel. Ne risulta un film riuscito solo a metà, che all'epoca ebbe comunque un grande successo di pubblico. Nell'edizione italiana però (curata da Alfredo Medori e Antonio Furino) lo sberleffo finale è vanificato e la carrozza con i clienti se ne va nonostante il crollo del ponte. Nel 1923, Jean Epstein ne aveva già diretta una versione col medesimo titolo.

Arriva il campione *½ (*Les Rois du sport*, Francia 1937, b/n, 94') Pierre Colombier. Con Raimu [Jules Muraire], Fernandel [Fernand Contandin], Jules Berry, Lisette Lanvin, Julien Carette, Georges Flamant, Nita Raya. ◆ Inseguito da Marsiglia a Parigi da Giulio (Raimu), un cameriere che ha truffato, l'impresario Bonville (Berry) convince il suo creditore ad aiutarlo a montare un incontro di boxe: ma siccome lo sfidante americano (Flamant) non si trova più, lo sostituiscono con un altro cameriere, Pasquale (Fernandel), lo spasimante della figlia di Giulio. Farsa degli equivoci con una trama sfilacciata che «costringe» Fernandel a esibirsi prima in una gara di corsa per camerieri, poi in una partita di calcio come portiere, quindi come pilota di automobili e infine come pugile, sempre in modi piuttosto improbabili. Vistosamente genovese il doppiaggio di Fernandel.

Arriva John Doe **½ (*Meet John Doe*, Usa 1941, b/n, 132') Frank Capra. Con Gary Cooper, Barbara Stanwyck, Edward Arnold, Walter Brennan, James Gleason. ◆ Long John Willoughby, un ingenuo ex giocatore di baseball (Cooper), viene utilizzato da un editore filofascista che aspira alla Casa Bianca (Norton) come il simbolo vivente di una nuova forza politica: lo soprannomina John Doe e lo manda in giro per l'America a fare propaganda. Quando Willoughby/Doe si accorgerà delle reali intenzioni dell'editore, forse è troppo tardi. Il film che esprime con più chiarezza (ma non altrettanta perfezione) le idee politiche di Capra e del suo sceneggiatore Riskin: l'innata democrazia del popolo, il terribile potere dei mass media, la diffidenza per la cultura dei capitalisti (sottolineata con puntiglio dal personaggio del «Colonnello» interpretato da Brennan). E anche una certa misoginia (tutto nasce da una «bugia» della Stanwyck). La paura del fascismo (in Europa c'è la guerra) spinge Capra ad accentuare il suo populismo cristiano (*Be a better neighbour*, «siate un miglior vicino», è la parola d'ordine di Doe) citando il sermone evangelico della montagna nella drammatica scena della convention sotto l'acqua, girata da Capra con sette macchine da presa. Il film è conosciuto anche con il titolo *I dominatori della metropoli*.

Arrival, The ** (*The Arrival*, Usa 1996, col, 115') David Twohy. Con Charlie Sheen, Lindsay Crouse, Ron Silver, Teri Polo, Richard Schiff, Tony T. Johnson, Leon Rippy, Buddy Joe Hooker. ◆ Un astronomo (Sheen) capta messaggi extraterrestri dallo spazio: ma gli alieni cattivi in realtà sono già mimetizzati tra noi (nella Nasa, dove sennò?), e non ci tengono a divulgare la notizia. Il regista, già sceneggiatore del *Fuggitivo*, guarda a *X-Files* e all'*Invasione degli ultracorpi*, con prevedibile corredo di effetti speciali. Buono per una domenica pomeriggio di pioggia.

Arriva la bufera *½ (Italia 1993, col, 109') Daniele Luchetti. Con Diego Abatantuono, Silvio Orlando, Margherita Buy, Angela Finocchiaro, Marina Confalone, Stefania Montorsi, Eros Pagni. ◆ In un paese siciliano circondato da discariche abusive, l'inflessibile giudice Fortezza (Abatantuono) viene coinvolto nelle tresche di tre sorelle (Buy, Montorsi e Confalone) in lotta per il controllo dell'inceneritore. A metà tra l'allegoria surreale (l'esplosione finale che sommerge il paese di immondizie) e i richiami all'attualità (il titolo di lavorazione, *Dentro il vulcano*, è stato cambiato per cavalcare – checché ne dica il regista – l'effetto Di Pietro), ma senza essere mai incisivo. Era difficile, per Luchetti e gli sceneggiatori Sandro Petraglia e Stefano Rulli, tornare ai temi civili dopo un film profetico come *Il portaborse*: hanno tentato strade diverse, ma questa volta la realtà ha vanificato la finzione, e del film, giustamente, non se ne è accorto quasi nessuno.

Arriva la zia d'America * (Italia 1956, b/n, 89') Roberto Bianchi Montero. Con Tina Pica, Dante Maggio, Achille Togliani, Virgilio Riento, Ileana Lauro. ◆ Nei bassi napoletani arriva una ricchissima zia americana (Pica), accompagnata da un'avvenente nipote: i parenti italiani cercano di mascherare la loro povertà, ma creano una serie di equivoci. Variazione al femminile di un tema sfruttatissimo, a cui il film non aggiunge nulla.

Arrivano i bersaglieri ** (Italia 1980, col, 120') Luigi Magni. Con Ugo Tognazzi, Giovanna Ralli, Vittorio Mezzogiorno, Pippo Franco, Giovannella Grifeo, Ombretta Colli. ◆ Dopo la breccia di Porta Pia, mentre la nobiltà papalina e il clero si apprestano a riciclarsi nella nuova Italia unitaria (il prete di Pippo Franco è l'esempio di questo trasformismo), un vecchio patrizio (Tognazzi) che non si rassegna alla nuova situazione ospita, senza saperlo, lo zuavo che ha ucciso suo figlio, fuggito di casa e arruolatosi coi bersaglieri. Come al solito, raccontando la storia del passato Magni guarda al presente, ma esagera nei riferimenti all'attualità e in un anticlericalismo grossolano.

Arrivano i dollari! *½ (Italia 1956, b/n, 89') Mario Costa. Con Alberto Sordi, Isa Miranda, Mario Riva, Riccardo Billi, Nino Taranto, Sergio Raimondi, Rita Giannuzzi, Diana Dei, Turi Pandolfini, Piera Arico, Rosita Pisano. ◆ La vedova (Miranda) dello zio morto in Sudafrica arriva in Italia per sapere se i cinque fratelli Pasti (Sordi, Riva, Billi, Taranto e Raimondi) sono degni di ricevere l'eredità. Ma per scoprire i loro difetti segreti si fa passare per l'avvocato, dando al legale (Giannuzzi) la propria identità. Farsa «bonariamente sfilacciata» sceneggiata da Giuseppe Mangione, Ruggero Maccari, Gigliola Falluto e Giovanni Grimaldi che scherza sui difetti nazionali (gallismo, gelosia, vanità e avarizia) ma non vuole trarne le giuste conseguenze. Da non perdere, comunque, alcune scene di stralunato sadismo, nelle quali un Sordi al meglio della forma infierisce sul fedele servitore (Pandolfini) incatenandolo come un cane e trattandolo peggio di uno schiavo. Nella copia che circola in Tv non si riconosce Liuba Rosa, futura moglie di Andrea Rizzoli e accreditata nel cast.

Arrivano i gatti * (Italia 1980, col, 95') Carlo Vanzina. Con Umberto Smaila, Jerry Calà, Nini Salerno, Franco Oppini, Diego Abatantuono, Bruno Lauzi, Orchidea De Santis. ◆ La disperata gavetta dei Gatti di Vicolo Miracoli, che arrivano a Roma, da Verona, nella vana ricerca di un ingaggio e finiranno per esibirsi davanti ai presunti ostaggi di una rapina al supermercato. Singolare veicolo autopromozionale (i Gatti interpretano loro stessi) a cui non basta l'innata simpatia del quartetto. Musiche di Umberto Smaila.

Arrivano i nostri * (Italia 1951, b/n, 112') Mario Mattoli. Con Walter Chiari, Lisetta Nava, Riccardo Billi, Mario Riva, Franca Marzi, Carlo Croccolo, Pina Renzi. ◆ Un affarista senza scrupoli vuole rovinare un nobile spiantato per poterne sposare la figlia, ma non ha fatto i conti con l'autista di famiglia. Esilissima commedia costruita sul fascino un po' impacciato e la simpatia di Walter Chiari. Divertente la parodia di Carmen Miranda fatta da Riccardo Billi, uno dei suoi cavalli di battaglia al varietà.

Arrivano i russi, arrivano i russi ** (*The Russians Are Coming! The Russians Are Coming!*, Usa 1966, col, 126') Norman Jewison. Con Carl Reiner, Eva Marie Saint, Alan Arkin, Brian Keith, Jonathan Winters, John Phillip Law, Michael J. Pollard. ◆ Alcuni marinai russi sbarcano sulla costa del New England perché il sottomarino è in avaria. Il loro arrivo provoca confusione e panico, ma la pace si ristabilisce quando i russi aiuteranno la popolazione a salvare un bimbo. Sopravvalutato quando uscì, oggi appare solo una sorridente commediola. Fu la consacrazione di Alan Arkin.

Arrivano i Titani ** (Italia 1962, col, 120') Duccio Tessari. Con Giuliano Gemma, Antonella Lualdi, Serge Nubret, Jacqueline Sassard, Pedro Armendariz, Fernando Rey. ◆ Guidati dal giovane Crios (Gemma), i Titani vengono mandati da Giove a Creta per sconfiggerne il re Cadmo. Primo film decisamente autoironico del filone mitologico, riletto (da Tessari e De Concini) con garbo e qualche strizzatina d'occhio alla politica (la lotta «di popolo» con cui viene abbattuto il tiranno).

Arrivano Joe e Margherito *½ (Italia 1974, col, 105') Giuseppe Colizzi. Con Keith Carradine, Tom Skerrit, Sybil Danning, Pepe Calvo. ◆ Due improvvisati uomini d'azione, il giovane americano Joe e il pescatore Margherito (Carradine e Skerrit), si mettono in mille guai per portare in America un boss della mafia. Ci penserà un flemmatico inglese a cavarli d'impiccio. Gradevole commedia senza pretese, anche se i personaggi ricalcano troppo cliché precostituiti.

Arriva Sabata!... * (Italia 1970, col, 95') Tullio De Micheli. Con Anthony Steffen [Antonio De Teffé], Peter Lee Lawrence, Eduardo Fajardo, Alfredo Majo, Rossana Rovere. ◆ Il colpo a una banca di Sabata (Steffen) e del suo complice Mangosta (Majo) scatena una serie quasi infinita di vendette e morti ammazzati. Spaghetti-western truculento ma povero di fantasia.

Arriva un cavaliere libero e selvaggio *½ (*Comes a Horseman*, Usa 1978, col, 118') Alan J. Pakula. Con Jane Fonda, James Caan, Jason Robards, Richard Farnsworth, James Keach, Mark Harmon. ◆ Storia della lotta che Ella Connors (Fonda) deve condurre per difendere la propria terra e le proprie mandrie dall'avidità del tirannico vicino (Robards) e che sosterrà prima da sola e poi con l'aiuto di Frank (Caan). Western moderno (è ambientato alla fine della seconda guerra mondiale), inutilmente melodrammatico e appesantito da un sottofondo psicoanalitico (Robards aveva violentato la Fonda). Resta la bellissima fotografia di Gordon Willis, ma il formato panavision viene massacrato dalla tv. Esordio di Harmon.

Arrivederci, baby! ** (*Arrivederci, Baby*, Usa 1966, col, 105') Ken Hughes. Con Tony Curtis, Zsa-Zsa Gabor, Rosanna Schiaffino, Lionel Jeffries. ◆ Un giovane brillante (Curtis) è in realtà un terribile assassino: uccide le mogli e s'impossessa dei loro beni. Ma per il novello Barbablù le cose si mettono male quando incontra una donna che vorrebbe seguire il suo esempio. Black humour a lieto fine: il crimine, a volte, paga.

Arrivederci in Francia ** (*Arise, My Love*, Usa 1940, b/n, 113') Mitchell Leisen. Con Claudette Colbert, Ray Milland, Walter Abel, Dennis O'Keefe, Dick Purcell, George Zucco. ◆ Pur di fare uno scoop, la giornalista Augusta «Gusto» Nash (Colbert) si finge moglie di un aviatore americano antifranchista, Tom Martin (Milland), e lo salva dalla condanna a morte per aver combattuto nella guerra civile con le forze repubblicane. Arrivati a Parigi, Tom corteggia la donna che alla fine accetta di rinunciare alla carriera e tornare in America per sposarlo, ma lo scoppio della guerra farà capire ai due che la lotta contro i nazisti è più importante del loro amore: lei farà la corrispondente di guerra, lui il pilota a fianco degli europei. Film propagandistico che mescola più di un genere, nel quale la regia di Leisen riesce abilmente a fondere i continui salti di tono della sceneggiatura di Billy Wilder e Charles Brackett: comincia come un dramma con il protagonista che aspetta di essere fucilato, continua come una commedia sofisticata (con la divertente sequenza del corteggiamento da Maxime) e si chiude come un melodramma patriottico (con un evidente messaggio antisolazionista: «non torniamo [in America] sconfitti ma per combattere» dice lei a lui). Nelle versioni per l'Europa fu censurata la scena in cui Milland dice di aver soprannominato «Adolf» il topo della sua cella e di avergli insegnato il saluto nazista (ma sopravvive nella versione programmata in v.o. da Raitre). Oscar a Benjamin Glazer e John S. Toldy per il miglior soggetto originale.

Arrivederci ragazzi *** (*Au revoir les enfants*, Francia 1987, col, 103') Louis Malle. Con Gaspard Manesse, Raphaël Fejto, Francine Racette, Philippe Morier-Genoud, François Berléand. ◆ Gennaio 1944: nel collegio Sainte-Croix il giovane Julien (Manesse) diventa amico di un nuovo convittore, Jean (Fejto), arrivato da poco con altri due compagni. Ma una denuncia anonima avverte la Gestapo che i tre sono ebrei: verranno deportati insieme al direttore del collegio. Ispirato a un fatto vissuto da Malle, il film racconta, con tono sommesso (e a tratti commovente), la fine dell'infanzia e il traumatico inizio dell'età adulta per chi, all'improvviso, conosce la brutalità e l'assurdità degli uomini contro i loro simili. Interessante, anche se marginale nel contesto del film, la figura del giovane che fa la spia, quasi per vendicarsi del suo handicap (è zoppo) e della sua povertà. Molto belle la lettura «proibita» delle *Mille e una notte*, la corsa nel bosco e la proiezione in collegio di *Charlot emigrante*. Applauditissimo Leone d'oro a Venezia. L'edizione italiana è stata curata da Franco Brusati.

Arrivederci Roma * (Italia/Usa 1957, col, 104') Roy Rowland. Con Mario Lanza, Renato Rascel, Marisa Allasio, Rossella Como, Carlo Giuffré. ◆ Un famoso cantante americano (Lanza) viene in Italia dopo aver perduto al gioco tutto ciò che aveva: si adatta a cantare in un teatrino con il cugino pianista (Rascel) e conosce una brava ragazza (Allasio) della quale s'innamorerà lasciando la ricca e viziata fidanzata americana. Da un soggetto di Peppino Amato (*Sera di pioggia*) una favola a lieto fine, con Rascel utilizzato in modo simpatico ma senza respiro. L'edizione italiana è stata curata da Mario Russo.

Arrivista, L' *½ (*La Race des seigneurs*, Francia 1974, col, 90') Pierre Granier-Deferre. Con Alain Delon, Sydne Rome, Claude Rich, Jeanne Moreau, Jean-Marc Bory. ◆ Guai a non finire nella vita privata (dal figlio, dalla moglie, dall'amante) per il politico arrivista e un po' corrotto Julien (Delon): diventerà ministro ma perderà l'amica (Rome). Raffigurazione un po' troppo superficiale della vita politica. Sydne Rome è graziosa, ma non ha mai imparato a recitare.

Arrivo di un treno nella stazione di La Ciotat, L' **** (*L'Arrivée d'un train en gare de La Ciotat*,

Francia 1896, b/n, 50 secondi) Louis Lumière. Con membri della famiglia Lumière e passeggeri anonimi. ◆ Un binario, ripreso in prospettiva diagonale dall'angolo destro alto a quello sinistro basso, taglia lo schermo mentre sul marciapiede antistante alcuni viaggiatori aspettano. Dal fondo dell'immagine arriva una locomotiva che si ferma sulla sinistra dello schermo: da uno scompartimento scendono alcuni viaggiatori, altri si preparano a salire. Il più famoso dei film Lumière, quello che proiettato per la prima volta nel gennaio 1896 scatenò la paura degli spettatori che si nascosero sotto le sedie, convinti che il treno avrebbe finito per schiacciarli. Girato come quasi tutti i primi film Lumière in più di una versione (il che contraddice definitivamente il presupposto documentaristico attribuito ai Lumière a favore di una vera e propria «messa in scena» ottenuta riprendendo più volte una stessa sequenza e «componendo» lo spazio scenico con comparse bene istruite), questo film «coniuga il realismo della ripresa a distanza con l'effetto di profondità, la forza drammatica del piano sequenza con gli aspetti casuali della presa diretta» offrendo per la prima volta allo spettatore la possibilità di emozionarsi davvero di fronte al grande schermo.

Arrivò l'alba ** (*Never Let Me Go*, Usa 1953, b/n, 94') Delmer Daves. Con Clark Gable, Gene Tierney, Bernard Miles, Richard Haydn. ◆ Disavventure moscovite per un giornalista americano (Gable) sposato a una ballerina russa (Tierney). Quando vogliono andare in America, le autorità sovietiche pongono mille ostacoli alla partenza. In piena guerra fredda, un film che non si discosta dall'atteggiamento politico dominante, specie di remake senza toni farseschi di *Corrispondente X*, prodotto da Clarence Brow e distribuito anche nella versione 3D.

Arrow Beach: la spiaggia della paura *½ (*Welcome to Arrow Beach*, rititolato *Tender Flesh*, Usa 1974, col, 99') Laurence Harvey. Con Laurence Harvey, Joanna Pettet, Stuart Whitman, John Ireland, Meg Foster, Jesse Vint. ◆ Sconvolto dalla guerra di Corea, il fotografo Jason (Harvey) vive con la morbosa sorella Grace (Pettet) in una villa sull'Oceano dove attira incaute turiste che poi squarta e conserva in una gigantesca cella frigorifera: una vittima (Foster) che è riuscita a salvarsi sarà all'origine della sua fine. L'ultimo film dell'attore-regista Laurence Harvey (che finì il montaggio per telefono dal letto di morte) è un macabro dramma della follia che, nonostante un ottimo cast, finisce per scivolare nella più gratuita e allucinata macelleria.

Ars amandi – L'arte di amare ° (*Ars amandi*, Francia/Italia 1983, b/n, 96') Walerian Borowczyk. Con Marina Pierro, Michele Placido, Massimo Girotti, Laura Betti, Milena Vukotic. ◆ Una nobildonna dell'antica Roma mette in pratica gli insegnamenti di Ovidio (Girotti) sull'arte della seduzione. I produttori hanno massacrato un film che prometteva già poco in partenza, malgrado lo splendore di Marina Pierro. Nemmeno le sequenze erotiche sono all'altezza del Borowczyk migliore. Michele Placido *non* si vede nudo.

Arsenale *** (*Arsenal*, Urss 1929, b/n, 65') Aleksandr Dovženko. Con Semen Svašenko, Nikolaj Kučinskij, D. Erdman, Sergej Petrov, Amvrosij Bučma, Nikolaj Nademskij. ◆ Dopo aver provato la tragedia della fame e della morte durante la prima guerra mondiale, al ritorno dal fronte il contadino ucraino Timoš (Svašenko) viene assunto come operaio all'arsenale di Kiev e partecipa allo sciopero popolare per combattere le forze controrivoluzionarie: verrà ferito a morte ma, come se fosse divenuto invincibile, saprà rialzarsi e scagliarsi contro l'ufficiale che guida il massacro. Opera dichiaratamente militante, prodotta per commemorare l'insurrezione degli operai dell'arsenale di Kiev contro il governo nazionalista dell'Ucraina nel gennaio 1918, è uno dei film dove «la poetica dovženkiana aderisce meglio all'epica socialista e agli intenti propagandistici del cinema rivoluzionario». Lirico e appassionato, il film, sceneggiato dallo stesso regista, utilizza ampiamente la metafora per raccontare la miseria dei popolani durante gli anni della prima guerra mondiale (il treno che deraglia è paragonato a una fisarmonica schiacciata, con un'immagine che sarà ripresa da René Clement in *Operazione Apfelkern*), ma sa servirsi anche di immagini prese a prestito dalla poesia popolare e fiabesca (i cavalli che parlano) per sottolineare una scelta estetica che non segue le indicazioni del realismo, ma piuttosto quelle di un romanticismo eccentrico e appassionato. Entrate nel patrimonio comune del cinema sovietico le immagini di Timoš che a più riprese si strappa le vesti per offrire il petto nudo come bersaglio e scudo di fronte alle pallottole dei Bianchi.

Arsenico e vecchi merletti **** (*Arsenic and Old Lace*, Usa 1944, b/n, 118') Frank Capra. Con Cary Grant, Priscilla Lane, Raymond Massey, Peter Lorre, Jack Carson, Josephine Hull, Jean Adair, John Alexander, Edward Everett Horton. ◆ Venuto a presentare la fidanzata, Mortimer Brewster (Grant) scopre che le sue due simpatiche zie (Hull e Adair) hanno ucciso una dozzina di vecchietti «per liberarli dall'infelicità e dalla solitudine» seppellendo poi i cadaveri in cantina con l'aiuto di un nipote che si crede il presidente Teddy Roosevelt (Alexander). Tratto dalla commedia di Joseph Kesselring, il film (sceneggiato da Julius e Philip Epstein) è lontanissimo dalle preoccupazioni ideologiche di Capra, ma rivela la sua straordinaria abilità nel dirigere gli attori, soprattutto uno scatenatissimo Cary Grant (ai limiti dell'autocaricatura) e i due personaggi «terrificanti», il cugino Jonathan (per cui avrebbe voluto Boris Karloff e che sostituì con Massey truccato «alla Karloff») e il dottor Einstein (Lorre). Il ritmo vivace e l'accavallarsi grottesco delle scene, irresistibilmente comiche, nascondono comunque uno sguardo cinico e macabro, che fa del film una delle migliori commedie nere del cinema americano. Le anteprime obbligarono Capra a togliere l'avvelenamento del direttore del manicomio (Everett Horton) perché l'attore era troppo simpatico al pubblico e «non poteva morire».

Arsenio Lupin contro Arsenio Lupin ** (*Arsène Lupin contre Arsène Lupin*, Francia 1962, b/n, 115') Edouard Molinaro. Con Jean-Pierre Cassel, Jean-Claude Brialy, Daniel Vauchy, Françoise Dorléac. ◆ Al funerale di Lupin, due giovani (Cassel e Brialy) scoprono di essere figli del ladro gentiluomo e, indipendentemente l'uno dall'altro, decidono di seguire le orme paterne: inevitabili gli equivoci, anche se alla fine riusciranno a sgominare una banda di spacciatori di droga. Un film gradevole e divertente, che usa spesso le gag del cinema muto, unite a una leggerezza tutta francese.

Art. 519 codice penale ** (Italia/Francia 1952, b/n, 85') Leonardo Cortese. Con Henri Vidal, Cosetta Greco, Paolo Stoppa, Giorgio Albertazzi, Denise Gray, Emilio Cigoli, Rosy Mazzacurati, Lilly Cerasoli. ◆ Per evitare la condanna del tribunale, Renato (Vidal) accetta controvoglia di sposare la minorenne (Greco) di cui ha approfittato: l'inferno della loro vita coniugale cambierà solo quando entrambi rifletteranno sul destino di Luisa (Mazzacurati), sorella di Renato e a sua volta abbandonata dal fidanzato (Albertazzi) dopo essere stata compromessa. Curioso esempio di mescolanza tra il melodramma nazional-popolare e il cinema civile di denuncia alla Cayatte, esordio nella regia di un attore dei telefoni bianchi. Il film – sceneggiato da Oreste Biancoli, Vladimiro Cajoli, Franco Brusati, Paola Ojetti e Cortese – è sorretto da una forte carica antiborghese, che gioca con i pettegolezzi delle città di provincia e le reazioni alle lunghe scene processuali (l'articolo 519 è quello che condanna chi violenta una minore), a volte però sottolineate con ingenuo sensazionalismo.

Arte di amare, L' ** (*The Art of Love*, Usa 1965, col, 100') Norman Jewison. Con James Garner, Dick Van Dyke, Elke Sommer, Angie Dickinson, Ethel Merman, Carl Reiner. ◆ Nella Parigi dei pittori squattrinati, la presunta morte di uno di loro (Van Dyke) fa alzare le quotazioni delle sue opere e soprattutto rende ricco l'amico (Garner) che aveva sempre vissuto alle sue spalle. Fino al giorno in cui il presunto morto ritorna, deciso a farla pagare cara. Ritmo brioso per una commedia abbastanza inconsueta nell'ambientazione e beffarda verso il mondo degli artisti e di chi si crede tale.

Arte di amare, L' (di Walerian Borowczyk) → *Ars amandi – L'arte di amare*

Arte di arrangiarsi, L' ** (Italia 1954, b/n, 100') Luigi Zampa. Con Alberto Sordi, Marco Guglielmi, Franco Coop, Franco Jamonte, Elena Gini, Elli Parvo, Armenia Balducci, Giacomo Furia. ◆ La storia di Rosario Scimoni detto «Sasà» (Sordi), un uomo arrivista e voltagabbana, che non esita a sfruttare cinicamente le proprie conoscenze e a schierarsi con tutti, dai fascisti ai comunisti, pur di raggiungere i propri scopi. Su una sceneggiatura di Vitaliano Brancati, Sordi diventa il campione e il rappresentante dell'Italietta. Un po' troppo macchiettistico per colpire veramente il trasformismo e la scarsa moralità dell'Italia degli anni Cinquanta.

Arte e gli amori di Rembrandt, L' ***½ (*Rembrandt*, Gb 1936, b/n, 85') Alexander Korda. Con Charles Laughton, Elsa Lanchester, Gertrude Lawrence, Edward Chapman, Roger Livesay, Raymond Huntley, John Clements, Marius Goring. ◆ Dalla morte della moglie Saskia a quella della giovane cameriera (Lanchester) di cui si è innamorato, dalle critiche alla *Ronda di notte* alla vecchiaia povera e solitaria: laconica e poco celebrativa biografia del pittore olandese (Laughton), più attenta ai rapporti tra arte, potere e denaro che alla celebrazione romantica del genio. Uno dei film migliori del regista-produttore di *Le sei mogli di Enrico VIII*, che all'epoca faceva concorrenza a Hollywood: set sontuosi (di Vincent Korda) ma sensibilità moderna (la sceneggiatura antiretorica è di Carl Zuckmayer). E la fotografia di Georges Périnal, con intelligenza, solo a tratti ricrea ombre rembrandtiane, preferendo il nitore cartesiano degli ambienti borghesi di un Pieter Ter Hooch.

Artemisia - Passione estrema *½ (*Artemisia*, Francia/Germania/Italia 1997, col, 98') Agnès Merlet. Con Valentina Cervi, Michel Serrault, Miki Manojlovic, Luca Zingaretti, Brigitte Catillon, Frédéric Pierrot, Maurice Garrel, Emmanuelle Devos, Renato Carpentieri. ◆ 1615: Artemisia Gentileschi (Cervi), figlia diciassettenne del pittore Orazio (Serrault), vuole seguire le orme artistiche del padre. Il suo talento troverà modo di esprimersi, ma la sua vita sarà traumatizzata dalla relazione con Agostino Tassi (Manojlovic), pittore mediocre ma amante focoso. Sceneggiata dalla regista con Christine Miller e Patrick Amos, una cinebiografia illustrativa e velleitaria, che sembra voler rileggere il mélo in chiave femminista (la ribellione della figlia alla «gelosia» paterna) ma non aiuta a capire le scelte della Gentileschi in campo pittorico, orientate verso un innovativo naturalismo aspramente drammatico e chiaroscurale.

Arte mortale ** (*High Art*, Brasile 1991, col, 100') Walter Salles jr. Con Peter Coyote, Tcheky Karyo, Amanda Pays, Raul Cortez. ◆ Il fotografo americano Peter Mandrake (Coyote) vive a Rio de Janeiro da straniero privilegiato. Ma quando la giovane prostituta che ha casualmente ritratto più volte viene uccisa, impara l'arte del coltello e si spinge al confine con la Bolivia, in cerca degli assassini. Una discreta opera prima, movimentata e tesa, che passa dal clic della macchina fotografica al fruscìo del coltello che fende l'aria senza fastidiosi manierismi. Paesaggi originali, mozzafiato e realmente pericolosi. Negli Usa circola con il titolo *Exposure*.

Articolo 2, L' ** (Italia 1993, col, 100') Maurizio Zaccaro. Con Mohamed Miftah, Rabia Ben Abdallah, Naima El Mcherqui, Susanna Marcomeni, Fabio Bussotti. ◆ Said Kate (Miftah), un immigrato algerino con tutti i permessi in regola, vive con la famiglia nell'hinterland milanese. La sua vita è sconvolta quando dall'Algeria arriva la seconda moglie (Abdallah) con i loro tre figli: la legge italiana non riconosce la bigamia islamica e nega alla donna il permesso definitivo di soggiorno. Pervaso da uno sdegno sincero nei confronti dell'intolleranza ipocrita degli italiani, monogami per legge e adulteri «di natura», *L'articolo 2* ha il merito di affrontare il problema dell'immigrazione dal punto di vista culturale (non è più questione di permesso di soggiorno, ma di differenze di costumi). Peccato per qualche scivolone didascalico (le scene in tribunale) e l'insopprimibile desiderio di «santificare» il povero protagonista (in un finale posticcio). L'articolo 2, al quale si appella inutilmente l'avvocato difensore di Said, è quello della Costituzione italiana: «La Repubblica riconosce e garantisce i diritti inviolabili dell'uomo, sia come singolo, sia nelle formazioni sociali ove si svolge la sua personalità e richiede l'adempimento dei doveri inderogabili di solidarietà politica, economica e sociale».

Articolo 519 codice penale → *Art. 519 codice penale*

Articolo 99 *½ (*Article 99*, Usa 1992, col, 99') Howard Deutch. Con Ray Liotta, Kiefer Sutherland, Forest Whitaker, Lea Thompson, Eli Wallach. ◆ In un ospedale per veterani di guerra, alcuni medici capeggiati da un chirurgo coraggioso (Liotta) lottano contro la burocrazia e l'insufficienza delle strutture. Yuppismo al tramonto (sta per scoccare l'ora Clinton) e tanto buon cuore per un filmetto ospedaliero «emotivamente corretto». Niente di nuovo, ma la sceneggiatura di Ron Cutler miscela melodramma, commedia e denuncia in modo piuttosto disinvolto. Grande la presenza di Eli Wallach.

Artigli dello squartatore, Gli *½ (*Hands of the Ripper*, Gb 1971, col, 85') Peter Sasdy. Con Eric Porter, Angharad Rees, Jane Merrow, Keith Bell. ◆ Anna (Rees), la figlia di Jack lo Squartatore, in seguito a un trauma infantile uccide tutti gli uomini che tentano di baciarla. Il dottor Pritchard (Porter), pioniere della psicanalisi, cerca di curarla. Gli interpreti sono discreti, l'ambiguità della vicenda – caso freudiano o esempio di possessione demoniaca? – poteva essere interessante, ma la regia è goffa e ingenua. Tarda produzione Hammer.

Artiglio giallo, L' *½ (*Charlie Chan in Shanghai*, Usa 1935, b/n, 70') James Tinling. Con Warner Oland, Irene Hervey, Russel Hicks, Keye Luke, Charles Locher [Jon Hall], Halliwell Hobbes. ◆ Chiamato dal console inglese, Charlie Chan (Oland) sgomina una banda di spacciatori d'oppio che non si ferma neanche davanti all'assassinio. Decimo film col personaggio inventato da Bigges (e nono di quelli interpretati da Warner Oland), è tratto da un soggetto originale di Edward T. Lowe e Gerard Fairle. Con un'abbondanza inusitata di scontri fisici.

Artisti e modelle *** (*Artists and Models*, Usa 1955, col, 109') Frank Tashlin. Con Jerry Lewis, Dean Martin, Shirley MacLaine, Dorothy Malone, Anita Ekberg, Eva Gabor, Eddie Mayehoff. ◆ Un disegnatore di fumetti (Martin) si ispira per le sue tavole agli avventurosissimi incubi notturni del suo coinquilino (Lewis) aspirante scrittore per ragazzi. Così fanno amicizia con due ragazze del caseggiato (MacLaine e Malone) ma attirano anche l'interesse della Cia perché un incubo/fumetto rivelerebbe una formula segretissima. Una delle summe della coppia Martin-Lewis costruita con il ritmo incalzante dei fumetti (Tashlin proveniva da quel campo) che per Godard è «bella come *Bouvard e Pécuchet*». Indimenticabili la scena in cui Lewis mangia un solo fagiolo come fosse un manicaretto prelibato e la «lezione di numerologia» della MacLaine.

Artisti sotto la tenda del circo: perplessi ** (*Die Artisten in der Zirkuskuppel: ratlos*, Rft 1968, b/n e col, 103') Alexander Kluge. Con Hannelore Hoger, Siegfried Graue, Alfred Edel, Bernd Hoeltz, Eva Oertel, Curd Jürgens, Hans-Ludger Schneider, Klaus Schwarzkopf, Wanda Bronska-Pampuch, Gilbert Houcke. ◆ Dopo la morte del padre (Graue), Leni Peickert (Hoger) vorrebbe riformare il circo che ha ereditato, «per mostrare le bestie come sono autenticamente e spiegare le leggi fisiche delle esibizioni degli acrobati». Ma tutti i suoi cambiamenti, ottenuti anche grazie a una improvvisa eredità, finiscono per essere astratti, non conservando ciò che Leni amava del circo di suo padre né realizzando gli ideali del circo futuro. Così sospende la serata d'inaugurazione e col suo più stretto collaboratore, il signor Von Lüptow (Hoeltz), va a lavorare in tv: si scontrerà contro l'opera moralizzatrice dell'assessore Korti (Schneider), ma dopo un anno e mezzo si convincerà che «con i passi lunghi ci si rende soltanto ridicoli, ma a piccoli passi si può diventare segretari al ministero degli Esteri». Il più celebre, ma forse il più ostico, film di Kluge: specie di favola filosofica che riflette sulla condizione dell'intellettuale nella Germania di fine anni Sessanta, «perplesso» di fronte al sistema capitalistico che non sa se affrontare col riformismo o con la rivoluzione. «Più importante che bello», questo film mescola materiali eterogenei, sia sonori che visivi (fin dalle primissime scene, in cui l'inaugurazione delle Giornate dell'arte tedesca da parte di Hitler nel 1939 è ironicamente commentata dalla canzone dei Beatles *Yesterday* cantata in spagnolo) per potenziare al massimo la funzione critica dello spettatore, secondo una logica razional-brechtiana che però finisce per soffocare la forza emotiva del film. In questo modo «il cammino verso l'immagine passa attraverso ciò che si dice e si ottiene davvero di più leggendo la sceneggiatura che guardando il film». L'ultimo Leone d'oro veneziano prima della sospensione della Mostra.

Arturo **½ (*Arthur*, Usa 1981, col, 97') Steve Gordon. Con Dudley Moore, Liza Minnelli, John Gielgud, Geraldine Fitzgerald, Jill Eikenberry. ◆ Un miliardario eccentrico e capriccioso (Moore) deve scegliere tra un matrimonio d'interesse e l'amore per una ragazza non ricca ma affascinante (Minnelli). Una delle migliori commedie degli anni Ottanta, dal ritmo vivace e gradevole, con frequenti richiami alle brillanti pièce hollywoodiane degli anni Trenta. Ottima l'interpretazione di Liza Minnelli e di John Gielgud, vincitore di un Oscar per il ruolo di protettore-consigliere-valletto di Moore. Oscar anche al tema del film, *Best That You Can Do*. Con un seguito.

Arturo 2 on the Rocks *½ (*Arthur 2 on the Rocks*, Usa 1988, col, 110') Bud Yorkin. Con Dudley Moore, Liza Minnelli, John Gielgud, Geraldine Fitzgerald, Stephen Elliott, Cynthia Sikes, Kathy Bates. ◆ L'amore tra il miliardario Arturo (Moore) e la povera Linda (Minnelli), che vuole a tutti i costi un figlio, è ostacolato dal ricchissimo padre di Susan, la fidanzata che Arturo ha piantato: per convincerlo a tornare sui suoi passi lo manda in rovina, perseguitandolo in tutto quello che fa. Seguito del primo *Arturo* con lo stesso cast (e il fantasma del maggiordomo Hobson/Gielgud) ma il risultato è notevolmente inferiore.

A sangue freddo **½ (*Johnny O'Clock*, Usa 1947, b/n, 95') Robert Rossen. Con Dick Powell, Lee J.

Cobb, Evelyn Keyes, Ellen Drew, Nina Foch, Thomas Gomez, Jim Bannon. ◆ Johnny O'Clock (Powell) e Guido Marchettis (Gomez), tenutari di una bisca clandestina, si sopportano a fatica (e la moglie del secondo [Drew] è innamorata del primo). Quando un poliziotto corrotto (Bannon) e una ragazza (Foch) vengono misteriosamente uccisi, la sorella di quest'ultima (Keyes) chiede aiuto a Johnny. Ma nella caccia all'uomo intervengono anche un investigatore della polizia (Cobb) e Marchettis, che ormai considera il socio come una pericolosa minaccia. Opera prima di un famoso sceneggiatore, *A sangue freddo* è un film «rivendicativo, tignoso e sarcastico»: dialoghi brillanti e veloci alla Chandler (scritti dallo stesso regista, che ha sceneggiato una storia di Milton Holmes), messinscena fluida e barocca secondo le regole del genere, e scelta indovinata del cast (Powell e Cobb sono perfetti sia nei rispettivi ruoli che come insolita coppia di antagonisti).

A sangue freddo **½ (*In Cold Blood*, Usa 1967, b/n, 134') Richard Brooks. Con Robert Blake, Scott Wilson, John Forsythe, Paul Stewart, Jeff Corey. ◆ L'assassinio della famiglia Clutter e il casuale arresto dei due colpevoli (Blake e Wilson): dal libro omonimo di Truman Capote, la ricostruzione minuziosa e semidocumentaria di un fatto di cronaca (avvenuto otto anni prima) per cercare di spiegare un «omicidio senza ragioni». Tutto girato nei luoghi reali, casa del delitto compresa. Teso, onesto, senza mistificazioni, splendidamente fotografato in bianco e nero da Conrad Hall, un film che può anche sconcertare ma che riesce a trasmettere «l'intensità delle cose e l'implacabile concatenamento dell'esistenza».

Ascensore, L' ** (*De Lift*, Olanda 1983, col, 95') Dick Maas. Con Huub Stapel, Willeke Van Ammelrooy, Josine Van Dalsum, Piet Römer. ◆ In un grattacielo gli ascensori cominciano improvvisamente a non funzionare, provocando paurosi incidenti: qualcosa ha alterato i meccanismi che presiedono all'automazione. Thriller dalla trama originale sui risvolti orrorifici che possono nascondersi nella tecnologia usata ogni giorno. Acerbo nella regia, ma con qualche buona idea horror.

Ascensore per il patibolo **½ (*Ascenseur pour l'échafaud*, Francia 1957, b/n, 92') Louis Malle. Con Jeanne Moreau, Maurice Ronet, Georges Poujouly, Lino Ventura, Jean Wall, Yori Bertin, Charles Denner, Jean-Claude Brialy. ◆ Florence Carala (Moreau) spinge l'amante (Ronet) a uccidere il marito. Accusato di un delitto che non ha commesso, è liberato grazie all'aiuto della donna, ma un rullino fotografico darà alla polizia la chiave per scoprire il loro vero delitto. Opera prima di Malle, ha già alcune qualità che faranno lo stile della Nouvelle Vague: rompendo con la tradizione pseudorealista del giallo francese, il film cerca di imporre un universo autonomo, fatto di immagini, musiche (gli assolo di Miles Davis, improvvisati durante la registrazione), silenzi e scelte di regia. Più della trama gialla (tratta da un brutto romanzo di Noël Caef) interessa l'analisi dei sentimenti tra uomo e donna (indimenticabile la camminata notturna della Moreau attraverso una Parigi inedita), un tema che verrà approfondito dal regista nel successivo *Les Amants*. Particolare l'uso della pellicola in bianco e nero, trattata da Henri Decaë in modo tale da esaltarne i contrasti e le tonalità.

Ascensore per l'inferno → *Angel Heart – Ascensore per l'inferno*

Ascesa della famiglia Hardy, L' *½ (*The Hardys Ride High*, Usa 1939, b/n, 80') George B. Seitz. Con Mickey Rooney, Lewis Stone, Fay Holden, Cecilia Parker, Ann Rutherford, Sara Haden, Virginia Grey, Marsha Hunt. ◆ Gli Hardy cercano di farsi accettare nel mondo dei nuovi ricchi. Sesto episodio della serie con Andy Hardy.

Ascoltami * (Italia/Rft 1957, b/n, 100') Carlo Campogalliani. Con Luciano Tajoli, Franco Silva, Joachim Fuchsberger, Janet Vidor, Nino Milano, Laja Raky, Peter Carsten, Anna Campori, Erminio Spalla. ◆ Napoli: per aiutare la fidanzata (Vidor), Franco (Silva) accetta di cantare nel night di Max ed Ercole (Fuchsberger e Carsten), che sperano così di coinvolgerlo nei loro loschi affari; a complicare la faccenda arriva il padre di Franco (Tajoli), sparito quando il figlio era ancora in fasce e ora deciso a farsi perdonare aiutandolo – in incognito – a migliorare il suo canto. Melodramma complicato e slabbrato, con troppi colpi di scena ed equivoci per essere minimamente credibile. Così si spreca anche l'unica idea forte della sceneggiatura di Ugo Guerra, Stefano Ubezio e Campogalliani: far cantare padre e figlio con la stessa voce (naturalmente di Tajoli), la più indiscutibile «prova genetica» per un napoletano verace.

A scuola con papà ** (*Back to School*, Usa 1986, col, 96') Alan Metter. Con Rodney Dangerfield, Sally Kellerman, Burt Young, Keith Gordon, Robert Downey jr, Adrienne Barbeau, Ned Beatty. ◆ Un ricco e ignorante industriale tessile (Dangerfield), figlio di un immigrato italiano, decide di iscriversi all'università insieme al figlio. Inevitabilmente la sua rozzezza e i suoi tentativi di corruzione sconvolgeranno la vita del campus. Parodia facile e grezza ma scoppiettante della vita universitaria, interpretata da un attore televisivo molto popolare in America.

A scuola di ballo → *Stepping Out*

Asfalto **½ (*Asphalt*, Germania 1929, b/n, 72') Joe May. Con Gustav Frölich, Betty Amann, Albert Steinrück, Else Heller, Hans Adalbert Schlettow, Rosa Valetti, Hans Albers, Paul Hörbiger. ◆ Colpevole di aver ceduto alle grazie di Elsa (Amann), una ladra che avrebbe dovuto portare al commissariato, il vigile urbano Albert Holk (Frölich) rivede la donna il giorno dopo. I due scoprono di essersi innamorati, ma l'improvviso arrivo dell'amante (Schlettow) di lei scatena una lotta durante la quale Albert uccide l'avversario. Tornato a casa, il giovane è arrestato dal padre (Steinrück) e portato al commissariato, ma Elsa pur di scagionarlo, accetta di confessare la sua attività di truffatrice. Prodotto da Erich Pommer dopo il suo ritorno all'Ufa, e sceneggiato da Fred Majo, Hans Szekely e Rolf E. Vanloo, è un melodramma costruito sul fallimentare tentativo di ribellione di un giovane ai valori piccolo-borghesi impersonati dalla divisa e dall'ambiente familiare. La bellezza (veramente superba) della donna tentatrice e dell'ambiente che frequenta (così diverso dall'angusto appartamento dei suoi) scatena la passione del giovane, capace solo di incanalarla in una troppo tradizionale richiesta di matrimonio riparatore. Più complessa e più forte, invece, la personalità della donna, che accetta la contraddizione tra la propria attività illegale (non ruba certo «per bisogno», ma per concedersi il lusso) e i propri sentimenti, disposta a seguire la propria vitalità fino a perdersi. Se la rielaborazione dei «drammi da strada» così come li aveva definiti Krakauer (giocati sul contrasto tra certezze familiari e pericoli mondani) non è qui particolarmente originale, più interessante appare – soprattutto nella prima parte – la capacità di fondere la solida tradizione produttiva dell'Ufa con le conquiste dell'avanguardia: suggestivi chiaroscuri, dissolvenze incrociate e soprattutto una mobilità della macchina da presa veramente originale.

Asfalto che scotta ** (*Classe tous risques*, Francia 1960, b/n, 107') Claude Sautet. Con Lino Ventura, Sandra Milo, Jean-Paul Belmondo, Marcel Dalio, Jacques Dacqmine. ◆ Il gangster Abel Davos (Ventura) dopo una rapina a Milano, torna clandestinamente in Francia con la famiglia. Perde la moglie in uno scontro a fuoco, affida i figli a un vecchio amico, ma prima di essere catturato e giustiziato, elimina una serie di persone che lo vorrebbero denunciare. Esordio registico di Sautet (da un soggetto di José Giovanni) con un occhio al cinema nero di Hollywood. Il film uscì contemporaneamente a *Fino all'ultimo respiro* di Godard: per questo i critici, attenti in quel periodo soprattutto alla Nouvelle Vague, lo snobbarono, per recuperarlo, tuttavia, alcuni anni dopo. Consolidò notevolmente la popolarità di Lino Ventura.

Ashanti *½ (*Ashanti*, Usa 1979, col, 117') Richard Fleischer. Con Michael Caine, Peter Ustinov, Beverly Johnson, Kabir Bedi, Omar Sharif, Rex Harrison, William Holden. ◆ Un dottore dell'Organizzazione mondiale della sanità (Caine) deve inseguire attraverso il deserto la carovana di un perfido beduino (Ustinov), che gli ha rapito la bella moglie per venderla a un principe arabo (Sharif). Lo aiuta nell'impresa un pilota d'elicottero (Holden). Polpettone avventuroso dal cast miliardario ma dal risultato finale molto inferiore alle attese.

Ashik Kerib *** (*Ašik Kerib*, Urss 1988, col, 83') Sergej Paradžanov, David Abašidže. Con Jurj Mgojan, Veronique Metoniže, Levan Natrošvili, Alim Gasymov, Sofiko Čaureli. ◆ Il menestrello Ašik Kerib (Mgojan), creduto morto dalla madre e dalla fidanzata, vaga per il mondo per mille e una notte, e torna in tempo per impalmare la sua bella. Ultimo film del regista georgiano, questa fiaba segna un distacco dallo stile del *Colore del melograno*: stessa ambientazione, esuberanza visiva e ritmo ellittico, ma meno simboli arcani e ardui poeticismi. Paradžanov sfoggia un gusto decisamente più ludico, e recupera in chiave parodistica tecniche del cinema muto (il trucco carico e straniante, gli sguardi degli attori nella macchina da presa, la voce fuori campo che spiega quanto succede) e del teatro popolare (attori travestiti da animali). Spesso sembra che al regista non interessi raccontare una storia, ma semplicemente giocare con maschere, musiche, pavoni e tappeti: e tuttavia riesce a trasmettere un'allegria contagiosa, infantile e sofisticata. Una festa per gli occhi e le orecchie, che sfida ogni tentativo di etichetta, e ha anche il pregio di non andare per le lunghe.

Asilo di polizia *½ (Italia 1986, col, 93') Filippo Ottoni. Con David Landsberg, Lorin Dreyfuss, Valeria Golino, Christian De Sica, Luigi Montefiore, Rick Battaglia. ◆ Una coppia di comici e imbranati detective (Landsberg e Dreyfuss) affronta mille avventure per far sposare i figli (Golino e De Sica) di due clan mafiosi rivali che, novelli Giulietta e Romeo, si sono innamorati. Tentativo (poco riuscito) di fondere commedia all'italiana e filone demenziale made in Usa.

Asino d'oro: processo per fatti strani contro Lucius Apuleius cittadino romano, L' * (Italia 1970, col, 99') Sergio Spina. Con Sami Pavel, John Steiner, Barbara Bouchet, Marisa Fabbri, Paolo Poli, Leopoldo Trieste. ◆ Le disavventure di Lucio Apuleio incapace di resistere al richiamo del sesso anche quando deve vegliare un cadavere: trasformato per sortilegio in un asino (ma sempre capace di apprezzare i piaceri della carne) finirà prima in un circo e poi tra le braccia di un'adultera. Approssimativa versione di alcuni episodi delle *Metamorfosi* di Apuleio di cui stravolge gli elementi fiabeschi (a favore di quelli volgari e sciatti) fastidiosamente aggiornati con riferimenti (pseudo)ironici all'oggi.

Asja e la gallina dalle uova d'oro **½ (*Kuročka Rjaba*, Russia/Francia 1994, col, 117') Andrej [Michalkov] Končalovskij. Con Inna Čurikova, Aleksander Surin, Gennadi Jegoricev, Gennadi Nazarov, Viktor Michajlov. ◆ La vita nel villaggio di Asja Kljačina (Čurikova) è resa impossibile dal rumore della segheria che Stepan (Surin), deciso ad arricchirsi, fa andare giorno e notte. Così, quando Asja trova un uovo d'oro che crede un regalo della sua amata gallinella Rjaba, la comunità pensa di aver finalmente trovato i soldi per togliere la segheria a Stepan, ma il «dono» si rivelerà essere il bottino di un furto in cui è coinvolto il figlio Serioga (Nazarov). Tornato in Russia dopo molte regie a Hollywood, Končalovskij riprende i personaggi del suo film *Storia di Asja Kljačina che amò senza sposarsi* (1967, ma liberalizzato in Urss solo nel 1988) per mostrare come è cambiato il suo Paese. Girata spesso con la macchina a mano tipica della tecnica documentaristica e costruita con un sapore intemporale che fonde perfettamente i toni realistici (la vita del villaggio, con le processioni anti-perestrojka) e quelli fantastici (i lunghi monologhi di Asja con Rjaba e i sogni in cui le sembra una figura umana), questa favola didattica trasmette il senso di delusione e di sconfitta che nessuna riforma ha saputo modificare. E si chiude intorno a un falò purificatore (della segheria e della casa «con bagno» di Stepan, appiccato dallo stesso proprietario) che diventa una celebrazione dell'uomo al naturale, senza più ideologie, legato alla terra e alle proprie radici, all'inseguimento di «un'utopia che non riguarda più solo il popolo russo, ma ogni uomo caduto nella confusione di questa nostra Terra». Il titolo originale significa «Rjaba mia gallinella».

A spasso con Daisy *** (*Driving Miss Daisy*, Usa 1989, col, 99') Bruce Beresford. Con Morgan Freeman, Jessica Tandy, Dan Aykroyd, Patti Lupone. ◆ Atlanta, subito dopo la seconda guerra mondiale: l'anziana Miss Daisy (Tandy) non vuole accettare l'ingresso nella sua vita dell'autista nero Hoke (Freeman). Eppure i due rimarranno «insieme» fino alla morte di lei. Dalla commedia di Alfred Uhry, un film che racconta un rapporto di odio-amore ma anche lo scontro razziale tra preconcetti aristocratici e lotta per la dignità. L'alternarsi sapiente di momenti di alta tensione drammatica (quali l'attentato alla sinagoga o la pazzia senile di Daisy) a situazioni sorridenti e comiche è stemperato da una serenità bucolica e consolatoria: la città, con il suo odio radicato, è lontana. Quattro Oscar: miglior film, attrice protagonista, sceneggiatura (Alfred Uhry) e trucco.

A spasso nel tempo * (Italia 1996, col, 94') Carlo Vanzina. Con Christian De Sica, Massimo Boldi, Dean Jones, Marco Messeri, Ela Weber, Veronika Logan, Virginie Marsan, Manuela Arcuri. ◆ In vacanza agli Universal Studios di Hollywood, il principe Ascanio Colonna (De Sica) e l'esercente lombardo Walter Colombo (Boldi) vengono scaraventati per sbaglio indietro nel tempo mentre il professor Mortimer (Jones) tenta di riportarli nel presente: viaggeranno dalla preistoria ai tempi di Lorenzo il Magnifico (Messeri), dalla Venezia di Casanova alla Roma occupata dai nazisti, dalla Capri degli anni Sessanta fino alla Firenze del 2023 dove leggono la notizia della loro morte... I fratelli Vanzina cercano di appiccicare le solite volgarità a una serie di stracche scopiazzature cinefile, da *Ritorno al futuro* ad *Amici miei*: il risultato questa volta è particolarmente sciatto e scontato, anche se il pubblico natalizio dimostra di apprezzare sempre. Comunque la scena più famosa, quella della macarena preistorica, si vede solo nei prossimamente. Il figlio del principe Ascanio, Aspreno, è interpretato dal vero figlio di De Sica, Brando. I personaggi tornano in *A spasso nel tempo – L'avventura continua*.

A spasso nel tempo – L'avventura continua *½ (Italia 1997, col, 92') Carlo Vanzina. Con Massimo Boldi, Christian De Sica, Marco Messeri, Mariangela D'Abbraccio, Virginie Marsan, Brando De Sica, Sergio Solli, Laura Valci, David J. Nicholls, Gerarda Martire, Renzo Rinaldi, Nuccia Fumo, Enrica Beltrami. ◆ Ancora sperduti nel tempo, Ascanio (De Sica) e Walter (Boldi) passano dalla preistoria all'Irlanda del tredicesimo secolo, dal West dell'Ottocento alla Napoli degli anni Cinquanta; poi il primo finisce a Las Vegas e il secondo nella Londra dei Beatles, per riunirsi nella Firenze di Lorenzo il Magnifico (Messeri). Senza preoccuparsi molto di giustificare il meccanismo narrativo, Carlo Vanzina e il fratello cosceneggiatore Enrico sfruttano il successo del film precedente, e sottolineando la derivazione cinefila di ogni episodio (dai *Flintstones* a *Braveheart*, da *Ritorno al futuro* a *Guardie e ladri*, da *Pane, amore e...* a *Chi ha incastrato Roger Rabbit* fino al filone dei decamerotici) sembrano volersi accreditare come gli eredi di una tradizione cinematografica popolaresca e «sanamente» volgare. In realtà l'unica battuta divertente è quella dei nomi scozzesi (Boldi e De Sica si presentano come Hamburger e McDonald), mentre tutte le altre citazioni fanno rimpiangere gli originali, a partire da De Sica padre invano scimmiottato da De Sica figlio.

Aspettando la notte **½ (*End of the Night*, Usa 1990, b/n, 105') Keith McNally. Con Eric Mitchell, Audrey Matson, Nathalie Devaux. ◆ L'arrivo del suo primo figlio rompe l'equilibrio di Joe Belinski (Mitchell). Fugge dalla moglie incinta, perde il lavoro, ha una storia con una ragazza la cui sparizione si trasforma in una nuova ossessione: sono le tappe successive della discesa nell'abisso di una cupa New York, in fondo alla quale Joe troverà la morte mentre il temuto figlio viene alla luce in una clinica. Opera prima di un ex attore e commediografo scozzese, è un angosciato ritratto psicologico sul tema dello sconcerto e della paura ossessiva della paternità, che può contare su una suggestiva fotografia di Tom DiCillo e una bella colonna musicale dalle sonorità jazz di Jürgen Knieper.

Aspetta primavera, Bandini * (Italia/Francia/Belgio 1989, col, 105') Dominique Deruddere. Con Ornella Muti, Joe Mantegna, Faye Dunaway, Burt Young, Michael Bacall, Daniel Wilson. ◆ Colorado, 1928: l'emigrato italiano Svevo Bandini (Mantegna), che si adatta a fare il muratore per mandare avanti la famiglia, diventa l'oggetto del desiderio di una ricca signora americana (Dunaway). Per lei lascia la moglie (Muti), ma poi uno dei figli lo convince a tornare a casa. Tratto dal bel romanzo omonimo di John Fante, il film non riesce a dare spessore ai personaggi, né a ricostruire con credibilità l'ambiente degli emigrati italoamericani. Conosciuto anche col titolo *Le ragioni del cuore*.

Assalto al cielo * (*Chain Lightning*, Usa 1950, b/n, 90') Stuart Heisler. Con Humphrey Bogart, Eleanor Parker, Raymond Massey, Richard Whorf. ◆ Un pilota di bombardieri (Bogart) viene ingaggiato come collaudatore di aerei a reazione: soltanto dopo la tragica morte di un amico progettista (Massey) potrà sperimentare con successo un seggiolino eiettabile di nuova invenzione. Lavoro meramente propagandistico al quale Bogart non riesce ad aggiungere alcun motivo d'interesse.

Assalto alla notizia → *Mad City - Assalto alla notizia*

Assalto alla Terra *** (*Them!*, Usa 1954, b/n, 94') Gordon Douglas. Con James Whitmore, Edmund Gwenn, Joan Welden, James Arness, Fess Parker. ◆ A causa delle radiazioni atomiche, una colonia di formiche ha assunto dimensioni gigantesche: prima semina il terrore nel deserto del Nuovo Messico, poi attacca Los Angeles nelle cui fogne si svolgerà la battaglia decisiva. Capolavoro della fantascienza degli anni Cinquanta, basato su una sceneggiatura serrata e avvincente (di Ted Sherdeman e Russel Hughes) più che sulla spettacolarità degli effetti. Realistico e credibile nel suo svolgimento, il film non gioca solo con la paura inconscia di un pericolo «esterno» (tipico di quegli anni), ma attacca anche certa cultura benpensante usando sistematicamente ubriachi, barboni e «folli» (come lo straordinario pilota interpretato da Fess Parker) per indirizzare nella giusta direzione le ricerche della polizia. Cammeo per Leonard Nimoy come telescriventista.

Assalto al treno, L' **½ (*The Great Train Robbery*, Usa 1903, b/n, 10') Edwin S. Porter. Con George Barnes, Max «Broncho Billy» Anderson, A.C. Abadie, Marie Murray, Frank Hanaway. ◆ Una banda di fuorilegge assalta un treno mentre fa rifornimento, scassina il vagone postale, deruba tutti i passeggeri – uccidendone uno che cercava di scappare – e fugge prima con la locomotiva poi a cavallo. Ma la figlia del telegrafista libera il padre che può dare l'allarme e mobilita gli abitanti del paese: ben presto i banditi saranno individuati e, dopo una furiosa sparatoria, uccisi tutti. Considerato erroneamente il primo western della storia del cinema, è comunque un film molto ben costruito nella sua concatenazione di eventi, così che ogni «quadro» – l'assalto, i passeggeri del convoglio, la danza nel granaio dei cittadini ignari, la caccia ai banditi, la sparatoria – fa parte di una narrazione articolata che passando da una vicenda all'altra costruisce una notevole tensione. La scena per cui questo film è diventato celebre, quella del primissimo piano del capo dei banditi (Barnes) che rivolge la pistola contro la macchina da presa (cioè contro lo spettatore) e spara nell'obiettivo, non faceva propriamente parte dalla narrazione. Troppo suggestivo per essere integrato in un'azione basata esclusivamente su figure in prospettiva, questo spezzone veniva montato, secondo il gusto del proiezionista, all'inizio o alla fine del film, come una specie di anticipazione dell'azione che sarebbe seguìta o come il minaccioso avvertimento di un «cattivo» pronto a tornare in un trionfo postumo. Il film, che utilizzava con molta intelligenza lo scenario naturale del New Jersey ed era punteggiato da notazioni realistiche (tra cui la festa interrotta dall'annuncio del dramma), fu straordinariamente amato dal pubblico, che ne fece uno dei primissimi record d'incassi della storia del cinema.

Assassination * (*Assassination*, Usa 1987, col, 88') Peter Hunt. Con Charles Bronson, Jill Ireland, Stephen Elliott, Randy Brooks, Michael Ansara. ◆ Un agente speciale (Bronson), guardia del corpo della first lady americana (Ireland), riesce a evitare le aggressioni di cui la donna è oggetto. Thriller di fantapolitica dove la violenza e le scene rocambolesche (imbarazzanti tentativi di imitare la commedia sofisticata) non riescono a mascherare l'esiguità della trama e della regia.

Assassination Bureau **½ (*The Assassination Bureau*, Gb 1968, col, 110') Basil Dearden. Con Oliver Reed, Diana Rigg, Telly Savalas, Curt Jurgens, Clive Revill. ◆ Il responsabile (Reed) di una setta segreta, che sotto le false apparenze di un club si incarica di eliminare gli individui ritenuti spregevoli, accetta un contratto che prevede la sua stessa morte. Tratto da un racconto di Jack London, piccolo gioiello della letteratura fantastica, il film è un avvincente incrocio tra efferatezza e grottesco. La straordinaria ricostruzione di un delirante bordello d'inizio secolo e la sequenza finale con il dirigibile confermano la forza inventiva di Dearden.

Assassini nati – Natural Born Killers **½ (*Natural Born Killers*, Usa 1994, col, 118') Oliver Stone. Con Woody Harrelson, Juliette Lewis, Robert Downey jr, Tommy Lee Jones, Tom Sizemore, Rodney Dangerfield, Russell Means, Maria Pitillo, Pruitt Taylor Vince, Balthazar Getty. ◆ I giovani Mickey (Harrelson) e Mallory Knox (Lewis) uccidono senza ragione 53 persone prima di essere catturati. Il cinico reporter televisivo Dwight McClusky (Downey jr), alla ricerca di uno scoop, finisce col favorire l'evasione dei due e la rivolta del carcere in cui si trovano: lui finirà immolato davanti alla videocamera, mentre i due assassini metteranno su famiglia. Stone è partito da un soggetto di Quentin Tarantino per girare, a suo dire, una «satira totalmente surreale», che cerca di colpire lo spettatore più col ritmo frastornante e la deformazione caricaturale che con la violenza esplicita (nei momenti più *gore*, compaiono immagini d'animazione). Con dichiarato cinismo, Stone fa diventare eroi i due killer, al confronto dei quali i veri mostri sono giornalisti e poliziotti. Ma più che una (facile) satira dei media e della televisione-verità, *NBK* è un film girato come la televisione: un megavideoclip dove l'inquadratura, il colore e il tipo di pellicola cambiano ogni cinque secondi. Tra geniali tocchi di humour nero (l'infanzia di Mallory narrata come una sit-com perversa, con tanto di risate pre-registrate) e banalità didascaliche (l'episodio in cui i due killer si confrontano con la saggezza del vecchio indiano [Means]), il film si distrugge e si autonega da sé. Tanto rumore per nulla, si potrebbe dire: ma anche un tentativo coraggioso di restare al passo con la realtà e di non ripercorrere il già noto. La fotografia è di Robert Richardson; la fondamentale colonna sonora, che assembla in contrappunto spesso sarcastico vent'anni di musica americana (da Leonard Cohen a Patti Smith, dai Jane's Addiction ai Pearl Jam) è curata da Trent Reznor. Gran premio della giuria al festival di Venezia. Negli Usa è uscita, solo per il mercato video, una versione molto più violenta.

Assassinio a bordo *½ (*Murder Ahoy!*, Gb 1964, b/n, 93') George Pollock. Con Margaret Rutherford, Lionel Jeffries, Charles Tingwell, William Mervyn, Stringer Davis. ◆ A bordo della nave scuola *Bottledore* avvengono traffici illeciti e omicidi, in parte provocati dalle indagini di Miss Marple (Rutherford) che vuole scoprire la cause della morte di un suo collega, membro dell'Ente per la riabilitazione giovanile. La quarta e ultima avventura della serie con Miss Marple (la meno bella di quelle iniziate con *Assassinio sul treno*) non è tratta da un libro della Christie, ma da una sceneggiatura originale di David Pursall e Jack Seddon. Il signor Stringer (interpretato da Stringer Davis) è il marito della Rutherford.

Assassinio al galoppatoio ** (*Murder at the Gallop*, Gb 1962, b/n, 81') George Pollock. Con Margaret Rutherford, Robert Morley, Flora Robson, Charles Tingwell, Stringer Davis, Duncan Lamont. ◆ Il maggior indiziato per l'uccisione di un vecchio eccentrico e di alcuni altri omicidi sembra il nipote Hector, proprietario dell'albergo *Galoppatoio*, ma Miss Marple (Rutherford) riuscirà a smascherare il vero assassino. Il soggetto del secondo film della serie (dopo

Assassinio sul treno) fu preso dal romanzo *Dopo le esequie*, cambiando il protagonista da Poirot in Miss Marple (una cosa «spaventosa» secondo la Christie). Il signor Stringer (interpretato da Stringer Davis) è il marito della Rutherford.

Assassinio allo specchio ** (*The Mirror Crack'd*, Gb 1980, col, 105') Guy Hamilton. Con Angela Lansbury, Elizabeth Taylor, Rock Hudson, Kim Novak, Tony Curtis, Edward Fox, Geraldine Chaplin. ◆ Lo scontro tra una diva ormai al tramonto (Taylor) e una collega ambiziosa (Novak) per interpretare la parte di Maria Stuarda sembra volgere al peggio quando le riprese sono interrotte da un omicidio: toccherà a un'apparentemente fragile Miss Marple (Lansbury) scoprire l'assassino. Tratto da uno dei più drammatici gialli di Agatha Christie e prodotto sull'onda del successo di pubblico per *Assassinio sul Nilo*, il film propone la stessa idea di un cast di stelle e la Lansbury nella parte di Miss Jane Marple (ineccepibile ma meno simpatica della Rutherford). Ma i risultati sono più scontati.

Assassinio al sole * (*Le Hasard et la violence*, Francia 1973, col, 83') Philippe Labro. Con Yves Montand, Katharine Ross, Antonio Casagrande, Sergio Fantoni. ◆ Studioso di criminologia (Montand) libera un detenuto dal carcere dove egli stesso era stato rinchiuso per errore, ma l'esperimento gli costerà caro. Psicosociologia forzata e a tratti incomprensibile: non basta Montand a riscattare un film mediocre conosciuto anche col titolo *Amore e violenza*.

Assassinio al terzo piano *½ (*Games*, Usa 1967, col, 100') Curtis Harrington. Con Simone Signoret, James Caan, Katharine Ross, Don Stroud, Estelle Winwood. ◆ Una signora misteriosa (Signoret) mette piede in un eccentrico appartamento di New York City e gli scherzi condominiali si trasformano in una cospirazione mortale. Deludenti i tentativi di conferire maggior spessore alla vicenda, nonostante la presenza di un buon cast.

Assassinio col botto → *Adorabili e bugiarde*

Assassinio di Sister George, L' **½ (*The Killing of Sister George*, Usa 1968, col, 138') Robert Aldrich. Con Beryl Reid, Susannah York, Coral Browne, Ronald Fraser, Patricia Medina. ◆ Un'attrice lesbica (Reid) sul viale del tramonto viene scaricata da una soap-opera (nella quale interpreta il ruolo di «sorella George») perché il suo comportamento pubblico dà scandalo: perderà la sua amante (York) e dovrà adattarsi a dare la voce a una mucca in un nuovo feuilleton. Tipico melodramma aldrichiano, crudo, eccessivo, ben recitato, con al centro lo scontro tra due donne mature, nel quale si ritrovano i temi cari allo sceneggiatore Lukas Heller: crudeltà e umiliazione, rapporti sadomaso, faccia a faccia in un luogo chiuso che non nasconde la derivazione teatrale (dalla pièce di Frank Marcus). La scena nel bar lesbico (dove la Reid fa le imitazioni di Sidney Greenstreet e Oliver Hardy) fu girata al Gateways Club di Londra usando clienti regolari come comparse. E la segretaria di un medico fu licenziata perché riconosciuta in un servizio fotografico sulle riprese.

Assassinio di Trotsky, L' **½ (*The Assassination of Trotsky*, Francia/Italia/Gb 1972, col, 103') Joseph Losey. Con Richard Burton, Alain Delon, Romy Schneider, Valentina Cortese. ◆ Un sicario staliniano (Delon) riesce ad avvicinare e a uccidere il rivoluzionario Trockij (Burton) che si era rifugiato in Messico. Film rischioso, che Losey affronta senza preoccuparsi troppo della verosimiglianza storica e senza lo spirito del cinema militante, concentrandosi soprattutto sulla figura del killer in cerca di identità («Lei come si chiama? Chi è?» – «Io ho ucciso Trockij»). Lento, irregolare, a volte improbabile. Ma affascinante.

Assassinio di un allibratore cinese, L' *** (*The Killing of a Chinese Bookie*, Usa 1976, col, 85') John Cassavetes. Con Ben Gazzara, Timothy Agoglia Carey, Seymour Cassel, Azizi Johari, Meade Roberts. ◆ Il proprietario del «Crazy Horse West» di Los Angeles (Gazzara), a causa di un debito di gioco, viene costretto dalla mafia a uccidere un allibratore cinese. In apparenza un thriller di marca gangster (soprattutto nell'edizione italiana, massacrata dall'importatore), in realtà una vera e propria destrutturazione del genere, a colpi di rallentamenti e divagazioni volutamente grotteschi e ridicoli. Grande Gazzara. In origine durava 1359, ridotto poi dallo stesso regista a 1089 nel 1978.

Assassinio in famiglia *½ (*Secret Sins of the Father*, Usa 1994, col, 100') Beau Bridges. Con Beau Bridges, Lloyd Bridges, Lee Purcell, Frederick Coffin, Victoria Rowell, Ed Lauter. ◆ Il poliziotto Tom Thielmann (B. Bridges) indaga sulla morte della mamma, che qualcuno ha buttato giù dalle scale. Sarà stato mica papà Louis (L. Bridges), visto che se la spassa con una ventenne che aveva avuto una relazione con Tom? Il più brutto dei fratelli Bridges dirige suo padre – che come attore lo batte – in un giallo di confezione e destinazione televisiva. Troppe scene che servono solo ad allungare il brodo, personaggi di scarso interesse, e modeste sorprese. La madre uccisa è la vera madre di Beau, e quindi vera moglie di Lloyd; Dorothy Dean Bridges e il figlio di Beau, Jordan, fanno una comparsata come teen-ager.

Assassinio per contratto *** (*Murder by Contract*, Usa 1958, b/n, 81') Irving Lerner. Con Vince Edwards, Philip Pine, Herschell Bernardi, Michael Granger, Caprice Toriel, Frances Osborne, Cathy Browne, Steven Rich. ◆ Un giovane assassino a pagamento (Edwards) entra in crisi quando scopre che la sua prossima vittima designata è una donna, la pianista Billie Williams (Toriel), testimone in un processo contro la malavita di Los Angeles. Piccolo film di culto, sulla scia di Kubrick e Siegel, realizzato alla svelta e a bassissimo costo da uno specialista del genere: i dialoghi sono verbosi e spesso risibili (la sceneggiatura è di Ben Maddow), ma il taglio narrativo è di prim'ordine. Memorabili gli stringatissimi minuti iniziali che raccontano l'attesa del «contratto» da parte del protagonista. Notevoli il bianco e nero di Lucien Ballard e il tema musicale di Perry Botkin. Il film migliore degli otto diretti da Lerner, già operatore con Flaherty e collaboratore di Lang, documentarista, poi regista di seconda unità (*Spartacus*), amatissimo da Scorsese («*Assassinio per contratto* è il film che mi ha influenzato più di tutti»), che gli ha dedicato *New York, New York* (al cui montaggio Lerner aveva collaborato prima di morire), e che ha celebrato nel suo *The Century of Cinema*.

Assassinio su commissione **½ (*Murder by Decree*, Canada/Gb 1978, col, 121') Bob Clark. Con Christopher Plummer, James Mason, Donald Sutherland, Geneviève Bujold, Susan Clark, David Hemmings, Frank Finlay, John Gielgud, Anthony Quayle. ◆ Sherlock Holmes (Plummer) indaga sui crimini di Jack lo Squartatore: un fantasioso tentativo di combinare supposizioni storiche, peccati inconfessabili della Casa Reale, thriller cospirativo e Conan Doyle. A un tiepido Plummer/Holmes risponde un brillante Mason/Watson.

Assassinio sull'Eiger *½ (*The Eiger Sanction*, Usa 1975, col, 128') Clint Eastwood. Con Clint Eastwood, George Kennedy, Vonetta McGee, Jack Cassidy. ◆ Jonathan Hemlock (Eastwood), killer governativo con l'hobby dell'alpinismo, deve individuare un agente nemico da «sanzionare» tra i partecipanti a una rischiosa scalata in Svizzera. Svogliata regia di Eastwood, che pensa soprattutto ad arrampicarsi senza controfigura: il genere spionistico non rientra nelle sue corde. Brenda Venus, compagna della vecchiaia di Henry Miller, è la ragazza indiana. La colonna sonora è una delle peggiori mai composte da John Williams.

Assassinio sull'Orient-Express ** (*Murder on the Orient-Express*, Gb 1974, col, 131') Sidney Lumet. Con Albert Finney, Lauren Bacall, Martin Balsam, Jean-Pierre Cassell, Ingrid Bergman, Jacqueline Bisset, Sean Connery, John Gielgud, Anthony Perkins, Vanessa Redgrave, Richard Widmark, Michael York, Colin Blakely. ◆ Un viaggio sul più lussuoso e celebre treno degli anni Trenta, un cadavere fresco e tutti i sospettati a bordo. Da Agatha Christie, con un cast prestigioso, un'elegante ricostruzione d'epoca e qualche lungaggine di troppo. Il doppiaggio elimina il meglio, cioè il bizzarro inglese parlato dagli stranieri, che porta indirettamente alla soluzione del mistero. Un irriconoscibile Finney è Hercule Poirot. Oscar alla Bergman come attrice non protagonista. Le carrozze del treno sono quelle autentiche dell'Orient-Express.

Assassinio sul Nilo **½ (*Death on the Nile*, Gb 1978, col, 140') John Guillermin. Con Peter Ustinov, Bette Davis, David Niven, Mia Farrow, Angela Lansbury, Lois Chiles, George Kennedy, Maggie Smith, Jack Warden, Olivia Hussey, Simon MacCorkindale, Jane Birkin, Jon Finch. ◆ Hercule Poirot (Ustinov), in crociera sul Nilo, indaga sull'assassinio di una giovane ereditiera, sua compagna di viaggio. Tratto dal romanzo di Agatha Christie e sceneggiato da Anthony Shaffer, confida soprattutto sulla sontuosa scenografia e sul cast all star. Meritato l'Oscar ad Anthony Powell per i costumi. La prima volta di Ustinov nei panni dell'investigatore belga.

Assassinio sul palcoscenico ** (*Murder Most Foul*, Gb 1964, col, 94') George Pollock. Con Margaret Rutherford, Ron Moody, Charles Tingwell, Stringer Davis, Dennis Price. ◆ In una disastrata compagnia teatrale ci scappa il morto: Miss Marple (Rutherford) si fa assumere come attrice e risolve il caso. Da *Fermate il boia* di Agatha Christie, terza commedia investigativa della serie iniziata con *Assassinio sul treno*, debole ma gradevole. Il titolo originale era stato definito già nel 1934, dalla stessa Christie, come «esempio di un titolaccio per un giallo».

Assassinio sul ponte ** (*Der Richter und sein Henker*, Rft 1975, col, 98') Maximilian Schell. Con Jon Voight, Jacqueline Bisset, Martin Ritt, Donald Sutherland, Robert Shaw, Gabriele Ferzetti. ◆ Un commissario (interpretato dal regista Martin Ritt) e il suo assistente (Voight) impiegano trent'anni per smascherare un mercante d'armi (Shaw) che uccide per dimostrare che nessuno lo incastrerà. Giallo complicato ma interessante, tutto centrato sulla personalità subdola e cinica dell'investigatore, che conta più sulla prosa letteraria di Friedrich Dürrenmatt (cosceneggiatore da un suo romanzo, *Il giudice e il suo boia*, nonché attore nella parte di se stesso) che sulla regia di Schell.

Assassinio sul Tevere * (Italia 1979, col, 98') Bruno Corbucci. Con Tomas Milian, Marina Lante della Rovere, Roberta Manfredi, Alberto Farnese, Massimo Vanni, Enzo Liberti, Bombolo. ◆ Sesta avventura dello sboccato commissario romano Nico Giraldi, detto «Monnezza» (Milian). Questa volta il delitto avviene su un barcone ed è piuttosto ingarbugliato, ma Milian arriva in fondo e trova addirittura moglie. Una commedia poliziesca che promette poco, e lo mantiene.

Assassinio sul treno *½ (*Murder She Said*, Gb 1962, b/n, 87') George Pollock. Con Margaret Rutherford, Arthur Kennedy, Muriel Pavlow, James Robertson Justice, Charles Tingwell, Thorley Walters. ◆ Miss Marple (Rutherford) assiste a un omicidio su un treno che scorre parallelamente al suo e riesce a scovare l'assassino. Da *Istantanea di un delitto* di Agatha Christie, un giallorosa tradizionale che segna l'esordio della coppia Pollock-Rutherford, lui regista senza voli, lei credibile alter ego della scrittrice (anche se la Christie non approvò mai questa scelta). Grande successo per il motivetto di Ron Goodwin. A questo film seguirono *Assassinio al galoppatoio* (1963), *Assassinio sul palcoscenico* (1964) e *Assassinio a bordo* (1964).

Assassini sono tra noi, Gli **½ (*Die Mörder sind unter uns*, Germania, zona d'occupazione sovietica, 1946, b/n, 87') Wolfgang Staudte. Con Ernst Wilhelm Borchert, Hildegard Knef, Arno Paulsen, Robert Forsch, Albert Johannes, Erna Selmer. ◆ Nell'immediato dopoguerra, a Berlino, il chirurgo Hans Mertens (Borchert) non può dimenticare la fucilazione di donne e bambini inermi: quando scopre che il responsabile di quei massacri, il capitano nazista Brückner (Paulsen), è diventato un rispettabile industriale, vorrebbe ucciderlo, ma l'amore per una giovane (Knef), scampata ai campi di concentramento, gli farà cambiare idea. Appassionato «esame di coscienza» sul proprio passato nazista, è una delle prime significative opere della cinematografia tedesca uscita dalla guerra. Girato tra enormi difficoltà logistiche negli ex studi Ufa, trasformati in Defa sotto il controllo sovietico, il film doveva avere un finale molto più drammatico, modificato in chiave ottimistica per volontà delle forze d'occupazione dell'Urss. Ma nonostante un eccesso di pathos e una certa meccanicità nella struttura narrativa (firmata da Otto Hunte e Bruno Monden), il film ha momenti di grande intensità, specie nell'ambientazione tra le macerie di una spettrale Berlino, ancora completamente distrutta e fotografata da Friedl Benh-Grund e Eugen Klagemann con un contrastato chiaroscuro dalle evidenti ascendenze espressionistiche.

Assassino, L' **½ (Italia 1961, b/n, 95') Elio Petri. Con Marcello Mastroianni, Micheline Presle, Cristina Gaioni, Salvo Randone, Giovanna Gagliardo, Paolo Panelli, Franco Freda, Enrico Montesano. ◆ Quando la ex amante viene trovata assassinata, un giovane antiquario senza scrupoli (Mastroianni), entra subito nella lista degli indiziati. Opera d'esordio che combina il thriller psicologico francoamericano con la commedia di costume italiana: all'interno di una cornice gialla, polemico ritratto di un borghese meschino e studio sui rapporti suddito-autorità. Guai censori per la rappresentazione della polizia che opera al di fuori della legalità.

Assassino abita al 21, L' *** (*L'Assassin habite au 21*, Francia 1941, b/n, 84') Henri-Georges Clouzot. Con Pierre Fresnay, Suzy Delair, Pierre Larquey, Noël Roquevert, Jean Tissier. ◆ Una serie di omicidi hanno in comune un biglietto da visita a nome Durand, lasciato ogni volta sul luogo del delitto: il commissario Wens (Fresnay) li scopre addosso a un ladro che giura di averli rubati alla Pensione Mimosa, al 21 di Avenue Junot, ed è proprio lì che, dopo varie traversie, si concluderà l'indagine del commissario, grazie anche all'aiuto decisivo della sua compagna Mila-Malou (Delair). Il primo lungometraggio di Clouzot, tratto dal romanzo di Stanislas-André Steeman (la cui sceneggiatura, firmata dallo scrittore e dal regista, trasferisce l'azione da Londra a Parigi), è un poliziesco denso, conciso, movimentato, con dialoghi vivaci e una regia di alta precisione, inconsueta per un esordiente. A queste qualità va aggiunto un anticonformismo inconsueto nella Francia allora occupata, così che la lotta senza quartiere contro le forze del Male (organizzatesi in una trinità non priva di allusioni storiche) finisce per assumere un evidente valore politico-morale antinazista.

Assassino dello zar, L' *½ (*Assassin of the Tsar*, Gb/Urss 1991, col, 102') Karen Šaknazarov. Con Malcolm McDowell, Oleg Yankovsky, Armen Dzigarkhanyan, Juri Šerstnev, Angela Ptasuk, Victor Seferov. ◆ Ricoverato in un ospedale psichiatrico, Timofeyev (McDowell) crede di essere l'assassino dello zar Alessandro II, ucciso nel 1881, e di suo nipote Nicola II, trucidato con tutta la famiglia nel 1918. Ma anche lo psichiatra che lo cura (Yankovsky) finisce col farsi coinvolgere dalla stessa follia identificandosi con lo zar Nicola II: un pellegrinaggio a Ekaterinenburg porterà il medico alla morte, mentre il malato prosegue, in condizioni apparentemente immutate, la sua terapia nell'ospedale. Ambiziosa riflessione sui «regicidi» rivoluzionari, che Šaknazarov affronta dal punto di vista psicologico raccontando le colpe di una Russia in preda ai rimorsi collettivi della revisione storica. Ma le intenzioni si perdono troppo presto in una complicata struttura a incastri tra passato e presente, nella quale l'ambiguità degli ideali rivoluzionari diventa confusione narrativa.

Assassino di pietra, L' ** (*The Stone Killer*, Usa 1973, col, 95') Michael Winner. Con Charles Bronson, Martin Balsam, Ralph Waite, Norman Fell. ◆ Un poliziotto losangelino dalla testa dura e dai modi spicci (Bronson) cerca di sventare il piano che prevede l'utilizzo di veterani della guerra del Vietnam in massacri organizzati dalla mafia. Thriller ben fatto, ricco d'azione ma piuttosto violento.

Assassino di Rillington Place n. 10, L' **½ (*Ten Rillington Place*, Gb 1970, col, 111') Richard Fleischer. Con Richard Attenborough, Judy Geeson, John Hurt, Pat Heywood. ◆ Ritratto di un serial killer londinese anni Quaranta, ispirato alla vera storia di John Christie-Timothy Evans che sconvolse l'opinione pubblica britannica. Suggestiva ricostruzione della Londra prebellica, e intensa interpretazione, anche se eccessivamente teatrale, del futuro regista Attenborough nel ruolo dell'assassino.

Assassino è alla porta, L' **½ (*Hell Is a City*, Gb 1960, b/n, 93') Val Guest. Con Stanley Baker, John Crawford, Donald Pleasence, Maxine Audley, Billie Whitelaw. ◆ Ispettore di polizia in crisi matrimoniale (Baker) riacciuffa evaso recidivo e ritrova la pace familiare. Personaggi ben delineati, suspense di tutto rispetto, morale edificante: una tipica combinazione dello stile produttivo Hammer.

Assassino è perduto, L' ** (*The Killer Is Loose*, Usa 1956, b/n, 73') Budd Boetticher. Con Joseph Cotten, Rhonda Fleming, Wendell Corey, Alan Hale, Michael Pate. ◆ La vendetta di un evaso (Corey) contro il poliziotto (Cotten) che gli ha ucciso la moglie. Boetticher asciuga la storia riducendola ai suoi elementi essenziali (tensione, violenza, passione) mentre Corey giganteggia nel ruolo dell'assassino psicopatico.

Assassino è quello con le scarpe gialle, L' * (Italia 1995, col, 100') Filippo Ottoni. Con Roberto Ciufoli, Francesca Draghetti, Tiziana Foschi, Pino Insegno, Dario Cantarelli, Paola Maffioletti, Rossana Di Lorenzo. ◆ Per guadagnarsi l'eredità della zia, Roberto (Ciufoli) allestisce un *Amleto* nel teatro dove, da piccolo, aveva assistito a un omicidio: e l'assassino ritorna. Per l'esordio al cinema, i cabarettisti della Premiata Ditta (Ciufoli, Draghetti, Foschi, Insegni) hanno scelto un giallo parodico poco divertente, vecchio nell'ispirazione e nelle battute, che non tenta neanche la strada della contaminazione come l'analogo *Peggio di così si muore* dei Broncoviz.

Assassino senza colpa? *** (*Rampage*, Usa 1987, col, 97') William Friedkin. Con Michael Biehn, Nicholas Campbell, Alex McArthur, Deborah Van Valkenburgh, Billy Green Bush, Grace Zabriskie, John Harkins. ◆ Il giovane procuratore Tony Fraser (Biehn) chiede la testa di un efferato serial killer (McArthur), convinto che non si tratti di un pazzo irresponsabile, e che il sangue chiami sangue. Friedkin dedica uguale attenzione al mostro, alle sue vittime e al suo persecutore, ma non vuole arrivare a conclusioni: eppure il film ha faticato a essere distribuito negli Usa, in quanto accusato di essere a favore della pena di morte, ed è arrivato in Italia con molto ritardo. Una certa dose di retorica, specie nella parte del processo, è inevitabile: ma il racconto è sempre ambiguo, disturbante, e comunque meno gratuitamente spettacolare di molti film sullo stesso argomento che sono venuti in seguito. Il tentativo di cogliere i legami tra il sacro e l'orrore (col montaggio alternato del pubblico ministero che fa la comunione e del «mostro» che si cosparge di sangue) meritava di essere sviluppato meglio: ma non è comunque quello che ci si aspetta da un thriller di routine. La colonna sonora è di Ennio Morricone. In televisione è passato col titolo *Ritratto di un serial killer*.

Assassino ti siede accanto, L' * (*Friday the 13th, Part Two*, Usa 1981, col, 87') Steve Miner. Con Betsy Palmer, Amy Steel, John Furey, Adrienne King. ◆ Secondo capitolo di una serie cinetelevisiva pressoché infinita, che sembra non tanto un seguito quanto un remake del primo: il campeggio originario ospita più turiste nubili e, di conseguenza, conosce più massacri. Neanche per chi ha gradito *Venerdì 13*.

Assassins *½ (*Assassins*, Usa 1995, col, 132') Richard Donner. Con Sylvester Stallone, Antonio Banderas, Julianne Moore, Anatolj Davydov, Muse Watson, Stephan Kahan, Kelly Rowan, Reed Diamond, Kai Wulff. ◆ Incaricato di un omicidio, il killer Robert Rath (Stallone) viene anticipato da un concorrente, il giovane e adrenalinico Miguel Bain (Banderas): comincia così il duello tra i due, nel quale a un certo punto s'inserisce una donna (Moore) che Rath aiuta sapendo di rischiare la morte per mano di Bain. Un noir spionistico convenzionale e interminabile, scritto e pasticciato a sei mani (Brian Helgeland e i fratelli Wachowski, futuri registi di *Bound*): se gli eroi sono stanchi – come Stallone nel film – nondimeno lo sono gli spettatori.

Assassin(s) * (*Assassin(s)*, Francia 1997, col, 128') Mathieu Kassovitz. Con Mathieu Kassovitz, Michel Serrault, Mehdi Benoufa, Danièle Lebrun, Robert Gendreu, Nicolas Boukhrief. ◆ Wagner (Serrault), killer vecchio e solo, decide di insegnare il mestiere al nullafacente Max (Kassovitz), per non perdere le tradizioni: ma il tredicenne Mehdi (Benoufa), cresciuto a videogiochi, sarà un allievo migliore. Ampliando un suo beffardo cortometraggio omonimo (passato su Tele +), in cui un killer anziano insegna al giovane (sempre interpretato da Kassovitz) a uccidere un vecchio inerme, il regista dell'*Odio* ha girato un film risaputo e che non ha convinto nessuno: facilmente moralistico, banalmente sociologico (la Tv rovina la gente e siamo tutti violenti: bella scoperta), inutilmente sensazionalistico (e comunque tagliuzzato), secondo alcuni anche razzista (ma non esageriamo). Peccato che il sarcasmo cada sempre a vuoto, e che le poche idee simpatiche (come la *sit-com* che a un certo punto degenera nel triviale, lasciata purtroppo in originale da un doppiaggio peggiore della media) siano in realtà scopiazzature da *Assassini nati*.

Assedio, L' *** (Italia 1998, col, 90') Bernardo Bertolucci. Con David Thewlis, Thandie Newton, Claudio Santamaria. ◆ A Roma, in un casa in piazza di Spagna, un eccentrico musicista inglese (Thewlis) ospita Shandurai (Newton), studentessa africana che lavora per lui come domestica: per dimostrarle il suo goffo amore venderà i mobili della casa e pagherà così la liberazione del marito, incarcerato in Africa per le sue idee liberali. Sceneggiato dal regista con la moglie Clare Peploe (da un racconto di James Lansdun), una riflessione sull'amore che passa – come sempre nel cinefilo Bertolucci – attraverso l'amore per il cinema. Il rigore del racconto si veste così di uno stile altrettanto rigoroso, nel quale i continui movimenti di macchina e le invenzioni visive (la scena di Thewlis che fa il giocoliere per i suoi piccoli amici è ripresa come una comica muta) dimostrano come il cinema sappia ancora narrare in maniera nuova una storia in fondo scontata, e in cui proprio la ricchezza visiva favorisce nuovi spessori interpretativi (la storia di un amore «impossibile» si colora di letture evangeliche, psicanalitiche, femministe).

Assedio dei morti viventi, L' *** (*Deathdream*, Canada 1972, col, 90') Bob Clark. Con John Marley, Lynn Carlin, Henderson Forsythe, Richard Backus, Anya Ormsby. ◆ Un veterano (Backus) creduto morto in Vietnam, torna assetato di sangue nei confronti dei genitori e dei compaesani che l'avevano spinto ad arruolarsi per liberarsi la coscienza. Un horror abbastanza intrigante, con risvolti sociofamiliari interessanti, ma dalla regia non sempre all'altezza.

Assedio dell'Alcazar, L' *** (Italia 1940, b/n, 118') Augusto Genina. Con Rafael Calvo, Maria Denis, Fosco Giachetti, Andrea Checchi, Aldo Fiorelli, Carlos Munoz, Mireille Balin. ◆ La difesa della fortezza spagnola dell'Alcazar, da parte dei franchisti e dei fascisti italiani contro le milizie repubblicane. Impostazione politica a parte, è un film complesso e interessante, in cui la propaganda anticomunista si trova a fare i conti con le influenze del cinema sovietico (*La corazzata Potëmkin*, soprattutto), e il soggetto bellico altamente spettacolare si scontra con l'inclinazione del regista per il dramma e la commedia borghesi. Giachetti, più che un interprete, è un personaggio sempre uguale a se stesso. Scontata Coppa Mussolini a Venezia.

Assedio delle sette frecce, L' ****½ (*Escape From Fort Bravo*, Usa 1953, col, 98') John Sturges. Con William Holden, Eleanor Parker, John Forsythe, William Demarest, William Campbell, John Lupton. ◆ Sfruttando la confusione che si è creata per un matrimonio, un gruppo di sudisti fugge da Fort Bravo con l'aiuto di una donna, Carla Forester (Parker): sulle loro tracce si mette l'inflessibile capitano Roper (Holden), innamorato di Carla, ma poi tutti insieme dovranno affrontare un nuovo nemico, i feroci mescaleros. Secco e volutamente schematico, questo primo western importante di Sturges anticipa la costruzione per sequenze-shock dei film della maturità (l'arrivo del prigioniero al forte trascinato a piedi da Roper; l'accerchiamento dei bianchi da parte degli indiani; il lancio di nugoli di frecce), ma soprattutto si fa notare per un senso dello spazio che sa utilizzare gli elementi del paesaggio (rocce, cieli cupi, temporali, contrafforti) per la loro capacità di «sottolineare lo scontro spietato tra avversari ben decisi a eliminarsi vicendevolmente».

Assedio di Fort Point, L' *½ (*The Last Outpost*, Usa 1951, col, 88') Lewis R. Foster. Con Ronald Reagan, Rhonda Fleming, Bruce Bennett, Bill Williams, Peter Hanson, Noah Beery jr. ◆ Solo alcune discrete scene d'azione salvano questa logora storia di due fratelli che attraversano la guerra civile su fronti opposti, ma poi si alleano per respingere un attacco dei pellerossa. Prima partecipazione di Reagan a un western.

Assedio di fuoco, L' *½ (*Riding Shotgun*, Usa 1954, col, 74') André de Toth. Con Randolph Scott, Wayne Morris, Joan Weldon, Joe Sawyer, James Millican, Charles Buchinsky. ◆ Accusato ingiustamente di essere in combutta con alcuni fuorilegge, un cowboy (Scott) dimostrerà coi fatti la sua buona fede sventando l'assalto alla banca. Insolito, per il genere, l'uso del «narratage».

Assedio di Siracusa, L' (Archimede) ** (Italia/Francia 1960, col, 106') Pietro Francisci. Con Rossano Brazzi, Alberto Farnese, Tina Louise, Enrico Maria Salerno, Gino Cervi, Sylva Koscina, Luciano Marin, Alfredo Varelli. ◆ La rivalità politica tra Siracusa e Roma durante le guerre puniche si riflette in quella tra Archimede (Brazzi) e il console Marcello (Farnese): il romano, infatti, ha sposato una schiava che ha perso la memoria, Lucrezia (Louise), senza sapere che la stessa donna, con il nome di Artemide, era stata amata dal matematico siracusano, al quale aveva dato anche un figlio. Curioso peplum dalle aspirazioni melodrammatiche, sceneggiato dal regista con Giorgio Graziosi ed Ennio De Concini: la storia è totalmente inventata e gli specchi riflettenti usati da Archimede sembrano più efficaci di un laser, ma il tentativo di adattare ai nuovi gusti popolari per il film in costume i temi del melodramma (con tanto di donna divisa tra l'amore e il dovere e l'immancabile cattivo che trama nell'ombra [qui Salerno nei panni di Gorgia]) dà a quest'opera un ritmo e un'intensità che non si ritroveranno più negli «zatteroni». E comunque Brazzi che spiega ai discepoli i differenti tipi di leva è da culto.

Assegno, L' → *Peccato degli anni verdi, Il*

Assenza ingiustificata *½ (Italia 1939, b/n, 93') Max Neufeld. Con Alida Valli, Amedeo Nazzari, Lilia Silvi, Paolo Stoppa, Lauro Gazzolo. ◆ Una diciottenne (Valli) si finge malata per non andare a scuola, con la complicità di un medico (Nazzari) che poi sposa. Ma qualche tempo dopo, per noia, decide di riprendere gli studi, inaugurando una doppia vita che insospettisce il marito. Commedia degli equivoci, remake di un film tedesco tratto dallo stesso testo di István Békeffy, con improbabili interni sontuosi e guardaroba femminile grottesco. Meglio la seconda parte della prima.

Assi alla ribalta *½ (Italia 1959, col, 73') Ferdinando Baldi. Con Silvio Bagolini, Marco Tulli, Fausto Guerzoni, Nino Taranto, Ugo Tognazzi, Carlo Croccolo, Raimondo Vianello, Tino Scotti, le sorelle Nava, Narciso Parigi. ◆ Due imbranati investigatori (Bagolini e Guerzoni) sono sulle tracce di un ladro che si nasconde nei teatri di rivista. Trama-pretesto per mostrare vari numeri d'avanspettacolo, interpretati dai più famosi artisti del periodo. Realizzato nel 1954, uscì solo cinque anni dopo con effetti quasi «archeologici» sul pubblico. Interessante come documento del rapporto tra cinema e teatro minore di successo.

Assicurasi vergine * (Italia 1967, col, 100') Giorgio Bianchi. Con Romina Power, Leopoldo Trieste, Dino Mele, Jole Fierro, Oreste Palella, Vittorio Caprioli, Daniela Rocca. ◆ Per saldare i debiti un padre siciliano promette la figlia illibata (Power) al ricco creditore, ma stipula un'assicurazione sull'integrità della fanciulla confidando sulla focosità del suo povero e volenteroso innamorato (Mele). Commedia boccaccesca di inganni nel consueto Sud da barzelletta, con la giovane Romina ancora disposta a interpretare ruoli da «lolita» di serie Z.

Assisi Underground *½ (*Assisi Underground*, Usa/Italia 1984, col, 116') Alexander Ramati. Con Ben Cross, Maximilian Schell, James Mason, Irene Papas, Karl Heinz Hackl, Angelo Infanti, Riccardo Cucciolla, Delia Boccardo, Roberta Manfredi, Alessandra Mussolini, Roberto Bisacco. ◆ Assisi 1943: padre Rufino (Cross) fa il possibile per salvare ebrei e profughi dalla ferocia nazista: prima li ospita nel suo convento francescano, poi riesce a convincere madre Giuseppina (Papas) a nasconderli nel suo convento di clausura. Il regista (fondatore della scuola di cinema dell'Università di Tel Aviv) ricostruisce un episodio reale di cui era stato testimone come corrispondente di guerra in Italia: la veridicità dell'accaduto non impedisce però che ne esca un dramma edulcorato e troppo romanzato (colpa della produzione Golan-Globus?), con sbadataggini imperdonabili come lo stemma di papa Wojtyła sulla facciata della chiesa. Curiosa presenza pre-parlamentare della nipote del duce, Alessandra Mussolini, che nel ruolo di una delle suorine di clausura aiuta a salvare gli ebrei dalla persecuzione nazifascista.

Assistente sociale tutto pepe, L' * (Italia 1981, col, 91') Nando Cicero. Con Nadia Cassini, Renzo Montagnani, Irene Papas, Yorgo Voyagis, Fiorenzo Fiorentini, Nino Terzo. ◆ Una dottoressa tutta curve (Cassini) viene mandata in missione in una borgata romana, riuscendo a farsi rispettare e a trovare persino l'amore. Softcore con risvolti sociologici: un autentico pasticcio all'italiana.

Asso * (Italia 1981, col, 95') [Franco] Castellano, Pipolo [Giuseppe Moccia]. Con Adriano Celentano, Edwige Fenech, Renato Salvatori, Sylva Koscina, Pippo Santonastaso, Gianni Magni, Elisabetta Viviani. ◆ Abilissimo al tavolo da gioco, Asso (Celentano) è ucciso per invidia la prima notte di nozze: ritornerà come fantasma per trovare all'amata (Fenech) un degno marito e contrastare gli acerrimi nemici. Vecchi e celebri motivi presenti in svariati film di successo (da *Il cielo può attendere* a *Spirito allegro*) rimasticati e adattati senza gusto all'istrionismo lunatico di Celentano.

Asso degli assi, L' *½ (*L'As des as*, Francia/Rft 1982, col, 100') Gérard Oury. Con Jean-Paul Belmondo, Marie-France Pisier, Frank Hoffmann, Gunter Meisner, Benno Sterzenbach, Rachid Ferrache. ◆ Giunto a Berlino nel 1936 per le Olimpiadi, l'allenatore (Belmondo) della squadra di boxe francese abbandona gli atleti per proteggere, insieme a una giornalista (Pisier), un orfano ebreo e una famiglia perseguitata. Film scacciapensieri, nonostante l'argomento, con Belmondo che sembra ispirarsi a 007 per cavarsi d'impaccio dalle situazioni più inverosimili. Musiche di Vladimir Kosma.

Asso di picche, L' *** (*Černý Petr*, Cecoslovacchia 1963, b/n, 85') Miloš Forman. Con Ladislav Jakim, Pavla Martinková, Vladimir Pucholt, Pavel Sedlaček. ◆ L'infausta carta è quella che tocca a Petr (Jakim), uomo fallito sia sotto il profilo professionale sia dal punto di vista privato, che finirà per percorrere la stessa angusta strada del padre. Primo lungometraggio di Forman, che gli valse una posizione di rilievo nel rinnovamento del cinema cecoslovacco e un premio al Festival di Locarno. Commedia di situazioni, più che di intreccio, che smaschera con la satira il grigio conformismo della società, riservando al giovane operaio protagonista un trattamento affettuoso e malinconico.

Assolto per avere commesso il fatto * (Italia 1992, col, 119') Alberto Sordi. Con Alberto Sordi, Angela Finocchiaro, Enzo Monteduro, Marco Predolin. ◆ Ascesa e caduta del faccendiere Garrone (Sordi) che, con l'aiuto della segretaria (Finocchiaro) e del barbiere personale (Monteduro), rileva imprese in crisi e riesce a dare la scalata a un network americano. L'allusione al caso di Giancarlo Parretti è trasparente, ma la satira è spuntata e qualunquista, e l'atteggiamento verso il protagonista assolutorio. Finiti i tempi in cui Sordi e lo sceneggiatore Rodolfo Sonego avevano qualcosa da dire sugli italici costumi. Girato alla meno peggio, con la piscina di un albergo romano spacciata per le Bahamas.

Assoluto naturale, L' ° (Italia 1969, col, 90') Mauro Bolognini. Con Laurence Harvey, Sylva Koscina, Isa Miranda, Guido Mannari, Gina Sammarco. ◆ Romantico inglese (Harvey) in vacanza in Italia s'innamora disastrosamente di una signora borghese (Koscina) interessata solo ai rapporti erotici. Cerebrale, estetizzante, misogino: un vero fallimento. Dall'omonimo romanzo di Goffredo Parise.

Assoluzione, L' **½ (*True Confessions*, Usa 1981, col, 108') Ulu Grosbard. Con Robert De Niro, Robert Duvall, Charles Durning, Cyril Cusack, Burgess Meredith, Jeannette Nolan. ◆ Due fratelli a Hollywood nel 1947: un monsignore ambizioso (De Niro) e un poliziotto pieno di rovelli (Duvall). Sullo sfondo, il macabro caso della Dalia Nera (una prostituta trovata tagliata in due) che ha ispirato anche l'omonimo romanzo di James Ellroy. Ovviamente ben recitato, con una vena pessimista controcorrente, il film di Grosbard fa però i conti con un intreccio macchinoso.

Asso nella manica, L' **** (*Ace In the Hole*, rititolato *The Big Carnival*, Usa 1951, b/n, 111') Billy Wilder. Con Kirk Douglas, Jan Sterling, Bob Arthur, Porter Hall, Frank Cady, Richard Benedict. ◆ Un giornalista privo di scrupoli (Douglas), prolunga la prigionia di un minatore sepolto vivo per montare uno scoop e risollevare le sorti della propria carriera. Acido e serrato melodramma sulla crudeltà umana, che anticipa di parecchi anni i temi della spettacolarizzazione della morte e del cinismo dei mass media. Molto ben recitato e diretto con un taglio freddo e impietoso, è l'ultima unghiata drammatica di Wilder prima delle commedie, e il suo ultimo momento di grande fortuna presso la critica italiana.

Asso pigliatutto **½ (*The Card*, rititolato negli Usa *The Promoter*, Gb 1952, b/n, 75') Ronald Neame. Con Alec Guinness, Glynis Johns, Valerie Hobson, Petula Clark, Edward Chapman, Veronica Turleigh, George Devine, Gibb McLaughlin, Wilfrid Hyde-White. ◆ L'irresistibile carriera, alla fine del secolo scorso, dell'intraprendente e ambizioso Denry Machin (Guinness), figlio di una lavandaia che diventerà prima ricco – inventando un sistema di vendite antesignano delle moderne carte di credito – poi popolare, comprando un centravanti alla squadra di calcio locale e vincendo così il campionato e le elezioni per diventare sindaco. Spensierato ritratto di un opportunista che deve molto alla recitazioni caricaturale di un Guinness indistruttibile dalle avversità. Peccato che la lettura dell'arrivismo di Machin come molla del capitalismo («è un uomo che ha sempre saputo levare i soldi al prossimo allegramente», spiega didatticamente la contessa di Chell [Hobson]) – che la sceneggiatura di Eric Ambler, tratta da un romanzo di Arnold Bennett, metteva bene in evidenza – venga stemperata dalle divagazioni sentimentali con un'intraprendente maestra di ballo (Johns) e la sua timida amica (Clark). Il figlio di Guinness, Matthew, interpreta Machin bambino a scuola. Particolare curioso: l'elezione a sindaco viene festeggiata dalla banda del paese suonando la stessa musica che, cinque anni più tardi, Guinness renderà famosa fischiando nel *Ponte sul fiume Kwai*. In televisione circola una copia piuttosto malconcia e ridotta a 80'.

Assunta Spina ** (Italia 1948, b/n, 91') Mario Mattoli. Con Anna Magnani, Eduardo De Filippo, Titina De Filippo, Antonio Centa, Giacomo Furia. ◆ La Magnani è Assunta Spina, donna indipendente e volitiva, innamorata di un uomo (De Filippo) geloso e violento. Lui due volte in galera, lei due volte martire. Melodramma dialettale dall'opera di Salvatore Di Giacomo, remake del capolavoro muto realizzato da Gustavo Serena con Francesca Bertini nel 1915, rifatto già nel 1929 da Roberto Roberti con Rina De Liguoro. Un tentativo di fondere il neorealismo con la tradizione regionale, che era stata penalizzata dal fascismo. Notevole la vitalità degli interpreti.

Asterix e Cleopatra *½ (*Astérix et Cléopâtre*, Belgio/Francia 1968, col, 77') René Goscinny [e Albert Uderzo]. ◆ Per far vincere a Cleopatra una scommessa con Cesare, consistente nel far costruire un palazzo in tre mesi, l'architetto Numeròbis chiama l'amico Panoramix, che arriva accompagnato da Asterix, Obelix e Idefix: dovranno guardarsi dalla vendetta dell'impresario licenziato Von Klappen, ma con l'aiuto della pozione magica tutto andrà a gonfie vele. Il secondo film a cartoni animati tratto dai fumetti di Goscinny e Uderzo è solo un po' meglio di *Asterix il gallico*: stessa animazione schematica, pochissime idee di sceneggiatura e stesso rimpianto per i libri originali.

Asterix e la pozione magica ** (*Astérix chez les Bretons*, Francia/Danimarca 1986, col, 79') Pino van

Lamsweerde. ◆ Per resistere ai romani che hanno invaso la sua terra, il britanno Jolitorax va in Francia per chiedere la pozione magica che rende invincibili: il viaggio di ritorno – in compagnia di Asterix, Obelix e del cagnolino Idefix – sarà pieno di sorprese, e nonostante la vera pozione venga perduta, un succedaneo (foglioline secche infuse nell'acqua calda, in altre parole: tè) aiuterà i britanni a battere le legioni di Cesare. Un'animazione meno elementare e l'adattamento di Pierre Tchernia dall'album di Goscinny e Uderzo permette a questo cartoon un notevole salto di qualità rispetto ai predecessori degli anni Sessanta, anche se le trovate del film (la sfortuna a ripetizione dei pirati, le manie dei britanni per «l'acqua calda da bere alle cinque», le curiosità del linguaggio inglese) vengono tutte dal fumetto. Che in fin dei conti è ancora meglio.

Asterix il gallico * (*Astérix le Gaulois*, Belgio/Francia 1967, col, 71') René Goscinny [e Albert Uderzo]. ◆ Per scoprire il segreto della pozione che rende invincibili, i romani rapiscono il vecchio druido e Asterix si fa catturare per aiutarlo, ma i due ribelli si dimostreranno più furbi dei loro nemici. Anche se vanta la supervisione dei due inventori, il primo lungometraggio a cartoni animati che si ispira alle avventure del Gallo più forte del mondo è decisamente deludente: l'animazione è schematica e primitiva, la storia non ha veri momenti di interesse e tutto fa rimpiangere i libri a fumetti. E poi non c'è nemmeno Falpalà.

As Tears Go By **½ (*Mongkok Carmen*, Hong Kong 1988, col, 94') Wong Kar-wai. Con Andy Lau, Jacky Cheung, Maggie Cheung. ◆ Nel quartiere popolare hongkonghese di Mongkok, il piccolo gangster Ah Wah (Lau) è impegnato soprattutto a tenere fuori dai guai l'amico pazzo Fly (J. Cheung): finché non arriva la timida cugina (M. Cheung), che gli fa venire la tentazione di mollare tutto. Finirà male. Alla prima regia, Wong (anche sceneggiatore) si ispira a *Mean Streets* di Scorsese per inseguire un cinema sospeso tra le regole dei generi e la libertà formale della Nouvelle Vague, coniugando l'estetica da videoclip a un lirismo struggente, alternativo (anche nella messa in scena della violenza) al metodo di John Woo. La drammaturgia non è compatta, ma i personaggi, con le loro contraddizioni, restano nella memoria: e il decerebrato, imprevedibile Jacky Cheung regge il confronto col Johnny Boy di De Niro.

Astronauta della tavola rotonda, L' ** (*Unidentified Flying Oddball*, rititolato *A Spaceman in King Arthur's Court*, Usa 1979, col, 93') Russell Mayberry. Con Dennis Dugan, Jim Dale, Ron Moody, Kenneth More, John LeMesurier, Rodney Bewes, Sheila White. ◆ Un giovane americano (Dugan) si ritrova catapultato nel cavalleresco Medioevo inglese. Versione fantascientifica in stile Disney del romanzo di Mark Twain *Un americano alla corte di re Artù*. Innocuo.

Astronave atomica del dottor Quatermass, L' ** ½ (*The Quatermass Xperiment*, Gb 1955, b/n, 78') Val Guest. Con Brian Donlevy, Margia Dean, Jack Warner, Richard Wordsworth. ◆ L'unico sopravvissuto (Wordsworth) di un'astronave atomica si trasforma in una «cosa» amorfa, mezza umana e mezza vegetale, e cosciente della propria mostruosità semina il panico nelle vie di Londra in un'ossessiva fuga verso la morte. Fantascienza a basso costo, immaginosa, avvincente e già «adulta». Fu il primo successo internazionale della casa britannica Hammer, sceneggiato da Richard Landau e Val Guest, dove «lo straordinario nasce dall'ordinario, che ha le sue radici in qualcosa di grave e profondo». Nel titolo originale è stata elisa la «e» da Experiment per ammiccare con la «X» iniziale alla nuova classificazione censoria appena introdotta. Il dottor Quatermass proveniva da un serial televisivo della Bbc scritto da Nigel Kneale e fu protagonista di altri tre film: *Il vampiro dello spazio* (1957), *L'astronave degli esseri perduti* (1967) e *Quatermass Conclusion: la Terra esplode* (1979).

Astronave degli esseri perduti, L' *** (*Quatermass and the Pit*, Gb 1967, col, 97') Roy Ward Baker. Con James Donald, Andrew Keir, Barbara Shelley, Julian Glover, Maurice Good. ◆ Nella Londra contemporanea, uno scienziato si sacrifica per eliminare alieni posseduti da forze demoniache. Storia ingegnosa e suspense intensa dove «lo straordinario nasce dall'ordinario»: sceneggiato da Roy [Ward] Baker, il terzo e migliore della serie iniziata con *L'astronave atomica del dottor Quatermass*, un classico nel suo genere. E un ottimo esempio di cosa è possibile fare con un budget irrisorio.

A Sud Ovest di Sonora ** (*The Appaloosa*, Usa 1966, col, 98') Sidney J. Furie. Con Marlon Brando, Anjanette Comer, John Saxon, Frank Silvera. ◆ Un cacciatore di bisonti stanco della sua vita errabonda (Brando) cerca di recuperare uno splendido cavallo appaloosa rubatogli da un bandito messicano con tendenze sadiche, suo rivale anche in amore. Andamento lento e concettoso con un paio di scene molto violente (Brando trascinato lungo un ruscello legato a una corda; la sfida a braccio di ferro vicino agli scorpioni), sul tema canonico dell'animale che per (quasi) tutto il film conta più della donna. Brando gigioneggia e inalbera copricapi pittoreschi. Bella la fotografia di Russell Metty.

Atalante, L' **** (*L'Atalante*, Francia 1934, b/n, 89') Jean Vigo. Con Michel Simon, Dita Parlo, Jean Dasté, Gilles Magaritis, Louis Lefebvre, Fanny Clar, Jacques e Pierre Prévert. ◆ La difficile vita dei novelli sposi Juliette (Parlo) e Jean (Dasté) a bordo dell'Atalante, chiatta sempre in movimento governata dal vecchio mozzo père Jules (Simon) e da un ragazzo (Lefebvre). Alle gioie delle nozze succedono le incomprensioni e la routine della vita quotidiana: Juliette penserà anche di fuggire, ma poi i due sposi torneranno insieme sulla loro chiatta. Una sceneggiatura che Vigo non amava molto, ma che seppe trasformare, con la sua poetica visionarietà, in un capolavoro. Magico punto d'incontro tra le esperienze avanguardistiche e il cinema sociale, all'epoca subì un clamoroso insuccesso commerciale che, insieme alla improvvisa morte del giovanissimo autore (5 ottobre 1934) ne impedì la visione integrale per decenni. Vigo con questo film rompe violentemente con la tradizione realista del cinema francese per privilegiare un approccio totalmente poetico con qualche lampo surrealista (la sequenza sott'acqua, resa popolare oggi dalla sigla di *Fuori orario*) dove l'accento non è più messo sulla psicologia dei personaggi ma su alcuni istanti e particolari che «possono sorgere da non si sa dove e sparire come sono venuti, senza ragione né logica che non sia quella della poesia e della forza dell'amore». Solo nel 1990, grazie a fortunate ricerche e a un accurato restauro filologico, è stato possibile ammirarlo nella forma più vicina all'originale. Tra le scene reinserite ci sono la marcia nuziale, la lotta contro se stesso e la danza esotica di père Jules, il delirio di Jean durante la fuga di Juliette. Da ricordare il fondamentale apporto dell'operatore Boris Kauffman, fratello di Dziga Vertov. Dopo i tagli imposti dai distributori, il film fu anche rititolato *Le Chaland qui passe*, a partire da una canzone che era stata aggiunta contro la volontà di Vigo.

A tempo di valzer *½ (*Operette*, Austria 1942, b/n, 112') Willi Forst. Con Maria Holst, Paul Horbiger, Dora Komar. ◆ Tira e molla amoroso tra attrice d'operetta (Holst) e giovane regista di talento (Horbiger): lei gli preferisce la carriera, lui vorrebbe lasciarla, lei torna. Melodramma viennese piuttosto prevedibile, ma con alcuni elementi audaci per l'epoca.

Atlantic City, Usa *** (*Atlantic City*, Canada/Usa 1980, col, 104') Louis Malle. Con Burt Lancaster, Susan Sarandon, Michel Piccoli, Kate Reid, Hollis McLaren, Robert Joy. ◆ Arrivata ad Atlantic City, una ragazza (Sarandon) si caccia nei guai a causa di un fratello disonesto. La proteggerà un anziano gangster (Lancaster), in gioventù una mezza tacca del racket che trova così modo di riconquistare un po' di dignità. Sullo sfondo di una città fatiscente Malle mette in scena il canto del cigno di una malavita romantica e guascona, costretta a lasciare il passo alle nuove generazioni dell'illegalità, sorrette da politici e uomini d'affari. Un film struggente e malinconico, sceneggiato da John Guare, senza nessuna concessione al melodramma, con un impareggiabile Burt Lancaster. Leone d'oro ex aequo con *Gloria – Una notte d'estate* di Cassavetes.

Atlantide *½ (*Die Herrin von Atlantis*, Germania 1932, b/n, 94') Georg Wilhelm Pabst. Con Brigitte Helm, Pierre Blanchar, Jean Angélo, Florelle, Tela Tschai. ◆ Due ufficiali smarritisi nel deserto scoprono Atlantide e s'innamorano della fatale regina Antinea (Helm). Poco amato dalla critica per il soggetto decadente (tratto dal romanzo omonimo di Pierre Benoît) e la regia priva di guizzi, occupa un posto a parte nella filmografia di Pabst e si fa ricordare quasi solo per la presenza della Helm, regina di statuaria e gelida bellezza, già eroina di *Metropolis*. In Italia fu presentato nella versione girata in Francia. Ne esiste anche una tedesca, con alcuni attori diversi (Jean Angélo è sostituito da Gustav Diessel e Pierre Blanchar da Heinz Klingenberg).

Atlantide * (*The Siren of Atlantis*, Usa 1948, b/n, 75') Gregg Tallas. Con Maria Montez, Jean-Pierre Aumont, Dennis O'Keefe, Henry Daniell, Morris Carnovsky. ◆ Ridicola impresa di due soldati (Aumont e O'Keefe) che finiscono sul famoso continente perduto e vi trovano la Montez nei panni dell'accalorata regina. Nonostante il titolo originale, l'ambientazione è desertica come in *Atlantide* di Feyder, film girato tra le dune del Sahara nel 1921.

Atlantide, L' * (*L'Atlantide*, Francia/Italia 1992, col, 110') Bob Swaim. Con Tcheky Karyo, Christopher Thompson, Victoria Mahoney, Anna Galiena, Jean Rochefort, Orso Maria Guerrini, Claudia Gerini. ◆ Alla fine del secolo scorso, nel deserto del Sahara, l'ufficiale francese Saint Avit (Karyo), si perde nella regione dell'Hoggar, «la montagna della paura». Sulle sue tracce si muove un altro ufficiale, Morhange (Thompson) che arriverà alla dimora di Antinea (Mahoney), la mitica regina di Atlantide e ritroverà Saint Avit, diventato l'amante della regina. Quinta versione cinematografica del romanzo di Pierre Benoît (dopo quella muta di Jacques Feyder, del 1921, e quelle di Pabst, Tallas e Ulmer, intitolata *Antinea, l'amante della città sepolta*), adattato a dieci mani, con una originaria destinazione televisiva. Fatale l'indecisione tra il kolossal storico-mitologico e il viaggio di esplorazione interiore alla *Tè nel deserto*: nel complesso è un film lento e noioso, di cui non si sentiva la necessità. Anna Galiena interpreta il ruolo della misteriosa Amira, contesa dai due ufficiali nella prima parte del film, che nel libro di Benôit non c'è. Fernando Rey compare brevemente nella parte di Padre Mauritius. Atlantide è stata ricostruita a Cinecittà, con sabbia trasportata da Ostia.

Atlantide, continente perduto * (*Atlantis, the Lost Continent*, Usa 1961, col, 90') George Pal. Con Anthony Hall, Joyce Taylor, John Dall, Frank de Kova. ◆ Il peggior film del produttore di fantascienza George Pal. Ambientato nell'isola di Atlantide al tempo dell'antica Grecia, è la storia di un giovane ed eroico pescatore (Hall) che rimane invischiato in un intrigo sentimentale piuttosto noioso. Anche gli effetti speciali sono di scarso interesse.

Atlantis *½ (*Atlantis*, Francia/Italia 1991, col, 78') Luc Besson. ◆ Le bellezze del mondo sottomarino commentate unicamente dalla musica, a volte un po' troppo umanizzante (la *Sonnambula* di Bellini cantata dalla Callas per il ballo delle mante, la discomusic per gli scherzi delle foche). Alcune scene danno l'impressione di un «viaggio psichedelico» tra colori e forme, altre di un normale documentario. Sicuramente in Tv perde molto del suo fascino.

Atleta innamorata, L' → *Grande sparata, La*

Atmosfera zero **½ (*Outland*, Usa 1981, col, 109') Peter Hyams. Con Sean Connery, Peter Boyle, Frances Sternhagen, James B. Sikking, Kika Markham, Clarke Peters. ◆ Inviato su Io, la terza luna di Giove, un commissario (Connery) scopre che gli industriali minerari del luogo favoriscono la diffusione di una droga antidepressiva letale. E scopre anche di essere l'unico interessato alla faccenda. Come *Mezzogiorno di fuoco*, ma riletto in chiave fantascientifica. Un po' risaputo, però gli effetti speciali e certe astuzie del montaggio regalano alla storia tensione e godibilità. Sceneggiatura dello stesso Hyams.

Atollo K ° (*Atollo K*, rititolato *Robinson Crusoeland* e anche *Utopia*, Usa/Italia 1951, b/n, 99') Léo Joannon [e John Berry]. Con Stan Laurel, Oliver Hardy, Suzy Delair, Max Elloy, Suzet Mais. ◆ Naufragati su un atollo deserto in compagnia di una cantante e di un amico, Stanlio e Ollio vorrebbero fondare una specie di utopica repubblica degli ideali, ma i loro piani vengono sconvolti dalla scoperta di giacimenti di uranio sull'isola. L'ultimo film della coppia, le cui riprese furono complicate da una malattia di Stan Laurel. Un'ultima occasione perduta. Alla regia collaborò, non accreditato, John Berry.

A 30 milioni di km dalla Terra ** (*20 Million Miles to Earth*, Usa 1957, b/n, 82') Nathan Hertz [Juran]. Con William Hopper, Joan Taylor, Frank Puglia, John Zaremba, Thomas B. Henry. ◆ Al largo della Sicilia, naufraga una navicella spaziale proveniente da Venere. L'unico sopravvissuto (Hopper) aiuterà l'esercito a dare la caccia a un mostro sviluppatosi da una specie di patata gelatinosa trovata sulla spiaggia. Il primo mostro creato da Ray Harryhausen, maestro di effetti speciali, è davvero il protagonista assoluto della storia e il film può quasi essere considerato come la sua biografia. Del resto il progetto originario, completo di sceneggiatura e disegni, era dello stesso Harryhausen e risaliva a qualche anno prima (*The Giant Ymir*, 1952). Budget ridotto in rapporto alle esigenze «odisseiche» del copione, ma i risultati – pur non essendo elevati – non deludono. Spettacolari le sequenze romane (dopo fughe e inseguimenti, la resa dei conti avviene a Roma, al Colosseo), a colpi di mortaio e bazooka, in origine previste a Parigi. Harryhausen compare in un cammeo come l'uomo che dà da mangiare agli elefanti nello zoo.

A trenta secondi dalla fine **½ (*Runaway Train*, Usa 1985, col, 111') Andrej [Michalkov] Končalovskij. Con Jon Voight, Eric Roberts, Rebecca De Mornay, Kyle Heffner, John P. Ryan. ◆ Un supercriminale (Voight) evade dal carcere di massima sicurezza insieme a un giovane complice (Roberts), e trova riparo su un treno che si mette in moto senza conducente. Film d'azione a sfondo esistenziale, duro, violento, tesissimo, ma con una sensibilità per i paesaggi ghiacciati e una simbologia profondamente russe. Grande Voight in un ruolo per lui insolito. Sceneggiatura originaria di Akira Kurosawa.

Atsalut pader ** (Italia 1978, col, 102') Paolo Cavara. Con Gianni Cavina, Claudio Bigagli, Marino Campanaro, Michela Caruso. ◆ Biografia aneddotica di Lino da Parma (Cavina), religioso alla Robin Hood, fotografata negli anni tra il 1907 e il 1924. Dimensione familiare e dialettale (il titolo parmense significa «ti saluto padre») per un film edificante e conciliatorio, quasi in odor di compromesso storico.

Attacco al potere *½ (*The Siege*, Usa 1998, col, 116') Edward Zwick. Con Denzel Washington, Bruce Willis, Annette Bening, Tony Shalhoub, Sami Bouajila, Liana Pai, Mark Valley, Jack Gwaltney, Lance Reddick. ◆ Per combattere il terrorismo islamico che minaccia New York, il generale Deveraux (Willis) mette in stato d'assedio la città, mentre l'agente antiterrorismo Fbi Hubbard (Washington) cerca la via della trattativa con l'aiuto di un'ambigua agente della Cia (Bening): chi fa la cosa giusta? Scritto da Lawrence Wright, Menno Meyjes e dal regista, un film fantapolitico che nasconde maldestramente i suoi intenti di propaganda. E quello che dovrebbe diventare uno scenario da incubo si risolve in un crescendo di cliché, rabberciati con qualche scena d'azione grossolana e risibile.

Attacco alla Terra → *Wing Commander – Attacco alla Terra*

Attacco a Rommel *½ (*Raid on Rommel*, Usa 1971, col, 99') Henry Hathaway. Con Richard Burton, John Colicos, Clinton Greyn, Wolfgang Preiss. ◆ Durante la seconda guerra mondiale, una pattuglia di inglesi dà l'assalto alle difese tedesche nel porto di Tobruk. Burton garantisce il successo commerciale, ma Hathaway dirige senza molto nerbo (niente a che vedere con *Rommel, la volpe del deserto*), e il tutto sembra più che altro un pretesto per riutilizzare del vecchio materiale, preso soprattutto da *Tobruk*.

Attacco in Normandia → *Cenere sotto il sole*

Attacco: piattaforma Jennifer ** (*ffolkes*, rititolato *Assault Force*, Usa 1980, col, 99') Andrew V. McLaglen. Con Roger Moore, James Mason, Anthony Perkins, Michael Parks, David Hedison, Jack Watson, Lea Brodie. ◆ Un eccentrico agente del controspionaggio britannico (Moore) è inviato sul Mare del Nord contro dei terroristi che minacciano di far saltare le piattaforme petrolifere. Poca azione, ma ugualmente spettacolare.

Attanasio cavallo vanesio * (Italia 1953, col, 105') Camillo Mastrocinque. Con Renato Rascel, Tina De Mola, Kiki Urbani, Peppino De Martino, Corrado Lojacono, Mimmo Craig, Pino Ferrara, Rudi Solinas, Luigi Ventura, le Peter Sisters [Matthy, Annie e Virginia Peter]. ◆ San Diego: per comprare il cavallo Attanasio, lo stalliere Leo (Rascel) accetta la corte – e i dollari – di tre sorelle (le Peter Sisters) e combatte la banda di Frankie «Zucchero d'orzo» (De Martino): montandolo vincerà il grand prix e potrà sposare l'amata Lea (De Mola). Piatta versione cinematografica dell'omonima commedia musicale di Garinei e Giovannini: scenografie dichiaratamente teatrali, un po' di belle gambe e una comicità che oggi non fa assolutamente ridere. Una delle soubrette è una giovanissima Sandra Mondaini.

Attendenti, Gli * (Italia 1961, b/n, 108') Giorgio Bianchi. Con Vittorio De Sica, Renato Rascel, Dorian Gray, Gino Cervi, Didi Perego, Andreina Pagnani, Stelvio Rosi, Vittorio Congia, Luigi Pavese, Vicky Ludovisi, Lelio Luttazzi, Irene Aloisi, Paolo Fratini, Franco Giacobini, Marcello Paolini, Ciccio Barbi, Gina Mattarolo, Monica Berger, Olimpia Cavalli. ◆ Alcune reclute sono assegnate come attendenti agli ufficiali di un condominio: l'ex ballerino Antonio (Rosi) impara dal suo tenente (Luttazzi) a dichiarare il proprio amore a Lauretta (Gray), Osvaldo (Fratini) favorisce l'incontro tra la madre ossessiva (Pagnani) e il maggiore Penna (Cervi), Santino (Paolini) cerca di trovare un lavoro anche alla neomoglie (Ludovisi) per starle vicino, Domenico (Congia) deve preoccuparsi solo di non infrangere l'intimità del tenente appena sposato (Giacobini) e il professore di epigrafia latina Remigio De Acutis (Rascel), chiamato sotto le armi in ritardo, aiuta il figlio del suo superiore (Pavese) e conquista l'amore della timida figlia (Perego) di un pomposo colonnello (De Sica). Commediola stanca e ripetitiva (sceneggiata da Luigi Magni e Stefano Stucchi su soggetto di Marcello Marchesi), senza satira ma anche senza risate. Curioso solo il personaggio di Rascel, attendente pacifista e criptocomunista (cita Gagarin e fa giochi di parole sull'Internazionale).

Attentato, L' **½ (*L'Attentat*, Francia/ Italia/Rft 1972, col, 120') Yves Boisset. Con Jean-Louis Trintignant, Michel Piccoli, Jean Seberg, Gian Maria Volonté, Philippe Noiret, Roy Scheider, Bruno Cremer. ◆ Giallo politico ispirato al caso Ben Barka: un leader marocchino (Volonté) viene assassinato con la complicità di un giornalista prezzolato (Trintignant), suo ex amico. Bell'esempio di cinema militante, crudo, serrato e polemico nei confronti delle strutture repressive francesi, anche se un po' manicheo. Cast di prim'ordine, nel quale spicca l'ambiguo Trintignant in una parte da Giuda.

Attente ai marinai! **½ (*Sailor Beware*, Usa 1951, b/n, 104') Hal Walker. Con Dean Martin, Jerry Lewis, Marion Marshall, Robert Strauss. ◆ Due amici sono arruolati nella Marina: uno (Martin) ha fama di dongiovanni, l'altro (Lewis) sembra imbranato ma sarà nominato addirittura giurato per scoprire «la bocca che bacia meglio» e riuscirà a farsi baciare anche da Corinne Calvet. Le scene dell'addestramento e la sequenza della boxe sono i momenti migliori all'interno di una delle più divertenti performance della coppia. Tra i ragazzi con i guantoni c'è anche James Dean. La Calvet e Betty Hutton interpretano se stesse.

Attenti al buffone! * (Italia 1975, col, 110') Alberto Bevilacqua. Con Nino Manfredi, Mariangela Melato, Eli Wallach, Mario Scaccia, Enzo Cannavale, Francisco Rabal. ◆ Un musicista di umili origini (Manfredi) elabora un'articolata vendetta contro il Ras che gli ha portato via moglie e due figli. Da un classico tema popolare – il sarcasmo come unica arma nei confronti del Potere – un film poco grottesco, letterario nella scrittura e visivamente insufficiente. Manfredi anche sceneggiatore. Tra le donne che partecipano all'orgia c'è Loredana Berté.

Attenti al ladro! *½ (*The Object of Beauty*, Usa 1991, col, 97') Michael Lindsay-Hogg. Con John Malkovich, Andie MacDowell, Lolita Davidovich, Peter Riegert. ◆ Una coppia di avventurieri abituati al lusso (Malkovich e MacDowell) si ritrova in difficoltà economiche: la salvezza è legata a una scultura di Henry Moore, ma un giorno la preziosa statuetta scompare. Tentativo di commedia sofisticata anni Novanta, ma di sofisticata c'è solo l'ambientazione. Amorale e senza smalto.

Attenti alla puttana santa **½ (*Warnung vor einer heiligen Hutte*, Rft/Italia 1970, col, 103') Rainer Werner Fassbinder. Con Hanna Schygulla, Eddie Constantine, Lou Castel, Rainer Werner Fassbinder, Ulli Lommel, Margarethe von Trotta, Marcella Michelangeli, Werner Schroeter, Magdalena Montezuma, Kurt Raab, Ingrid Caven. ◆ A Sorrento langue la lavorazione di un film «contro la violenza istituzionalizzata», in attesa che il regista (Castel) vinca le sue ubbie. Sul set, intanto, le coppie si fanno e si disfano, e uno stagionato attore di polizieschi (Constantine nella parte di se stesso), capitato per sbaglio in mezzo a un nugolo di intellettuali, si porta a letto la prima attrice (Schygulla). Opera chiave del primo periodo di Fassbinder, che celebra ed esorcizza i rapporti di oppressione e di manipolazione che regolano la vita sul palcoscenico. Ovvi incroci di finzione e realtà (quasi tutti gli attori, molti dei quali sono registi amici di Fassbinder, recitano col proprio nome), e un'aria di improvvisazione in felice contrasto con la complicazione cervellotica dei piani-sequenza. La descrizione delle nevrosi d'artista appare oggi molto datata, ma Fassbinder riesce paradossalmente a trovare un ordine nel caos del set, rivolgendo al cinema una rabbiosa dichiarazione d'amore, che andrebbe paragonata a quella, ben più idilliaca, che svolge Truffaut in *Effetto notte*. La puttana del titolo dovrebbe essere la macchina da presa.

Attenti alle vedove ** (*It Happened to Jane*, Usa 1959, col, 98') Richard Quine. Con Doris Day, Jack Lemmon, Ernie Kovacs, Steve Forrest, Teddy Rooney, Russ Brown, Mary Wickes, Parker Fennelly. ◆ Una vedova (Day) si guadagna da vivere vendendo aragoste ma avrà bisogno di un avvocato per combattere chi le sabota la spedizione per treno. Pirotecnico scontro con il magnate delle ferrovie (Kovacs) simpaticamente simile al Kane di *Quarto potere*. Consigliabile solo ai fans dei due attori.

Attenti a quei P2 * (Italia 1982, col, 96') Pier Francesco Pingitore. Con Pippo Franco, Anna Maria Rizzoli, Giorgio Porcaro, Bombolo [Franco Lechner], Oreste Lionello, Pippo Santonastaso. ◆ Il massone Licio Belli (Lionello) coinvolge nei suoi giochi sporchi vari uomini politici. Rozzo tentativo di farsa politica a colpi di trovate banali e stanche.

Attenti a quella pazza Rolls-Royce * (*Grand Theft Auto*, Usa 1977, col, 85') Ron Howard. Con Ron Howard, Nancy Morgan, Marion Ross, Pete Isacksen, Barry Cahill. ◆ Due giovani (Howard e Morgan), per coronare il loro contrastato amore, rubano una Rolls-Royce e fuggono verso la California. Al loro inseguimento si mettono la polizia e tutti coloro che sperano nella ricompensa promessa dai ricchissimi genitori di lei. Debutto alla regia dell'amico di Fonzie (grazie all'intervento di Roger Corman) con questa specie di *Sugarland Express* in tono minore.

Attento sicario: Crown è in caccia *½ (*99 and 44/100% Dead*, Usa 1974, col, 98') John Frankenheimer. Con Richard Harris, Chuck Connors, Edmond O'-Brien, Bradford Dillmann, Ann Turkel. ◆ Un picchiatore viene assoldato da un mafioso per far fuori il rivale. Gangsterismo al posto della politica in una visione catastrofico-avveniristica della società americana. Belle le sequenze dell'inseguimento e dell'incidente, ma il resto sembra una brutta copia del cinema di Siegel. Incomparibilmente inferiore al Frankenheimer anni Sessanta.

Attenzione, L' * (Italia 1985, col, 100') Giovanni Soldati. Con Stefania Sandrelli, Ben Cross, Amanda Sandrelli, Arnoldo Foà, Anita Zagaria, Elena Pompei, Claudia Cavalcanti. ◆ Fantasie erotiche di un giornalista (Cross) in crisi coniugale: la moglie (S. Sandrelli) spia la sua relazione con la figlia di lei (A. Sandrelli). Dal romanzo omonimo di Alberto Moravia, tradotto in dialoghi banali e recitato con scarsa convinzione. Il debutto alla regia del figlio di Mario Soldati.

Attico, L' ** (Italia 1962, b/n, 103') Gianni Puccini. Con Daniela Rocca, Tomas Milian, Philippe Leroy, Walter Chiari, Lilla Brignone. ◆ Una donna (Rocca) arrivata a Roma è incapace di costruirsi una relazione stabile, e si rifugia in un elegante attico in costruzione, che presto diventa l'unico oggetto dei suoi desideri. L'inurbamento e il mito consumistico dell'Italia del boom economico in una commedia di costume a carattere intimista, ben costruita e più amara rispetto a prodotti analoghi dello stesso periodo.

Atti impuri all'italiana *½ (Italia 1976, col, 91') Oswald Bray [Oscar Brazzi]. Con Dagmar Lassander, Maurizio Arena, Stella Carnacina, Raffaele Curi, Ghigo Masino, Isabella Biagini, Gianluigi Chirizzi, Christiane Minutelli, Giovanni Rovini. ◆ Emancipata e femminista, la dottoressa Élia Bonvicini (Lassander) insegna alle donne del paese come riconquistare i mariti, sposa il sindaco maschilista e democristiano (Arena), favorisce le nozze della di lui figlia (Carnacina) col fidanzato comunista (Chirizzi) e non si rifiuta nemmeno le grazie del primogenito del sindaco, Roberto (Curi). Commediola scollacciata scritta e diretta dal fratello di Rossano Brazzi, che mescola comicità toscana (il film è ambientato a Montecatini) con proclami progressisti (l'apologia della pillola anticoncezionale), anche se poi lo spirito «femminista» finisce per ridursi alla libertà di mostrarsi più o meno nuda.

Attila *½ (Italia/Francia 1953, col, 100') Pietro Francisci. Con Anthony Quinn, Sophia Loren, Henri Vidal, Colette Regis, Irene Papas, Ettore Manni, Eduardo Ciannelli, Marco Guglielmi, Aldo Pini. ◆ Nel 450 d.C. Attila (Quinn) marcia su Roma e incontra Papa Leone I che lo convince a ritirarsi. Film storico abbastanza dignitoso, con scene di battaglia che videro impegnata la Cavalleria dell'Esercito italiano.

Attila, flagello di Dio * (Italia 1982, col, 102') [Franco] Castellano, Pipolo [Giuseppe Moccia]. Con Diego Abatantuono, Rita Rusic, Angelo Infanti, Enrico Antonelli, Armando Marra, Franz Di Cioccio, Vincenzo Crocitti. ◆ Un demenziale confronto lombardi-romani al tempo delle invasioni barbariche. Sketches noiosi, e anche il bizzarro gergo dialettale di Abatantuono ha perso lo smalto di un tempo. Musica di Franz Di Cioccio e Franco Mussida (ex Pfm). La Rusic era già diventata la moglie di Vittorio Cecchi Gori.

Attimo fuggente, L' *** (*Dead Poets Society*, Usa 1989, col, 128') Peter Weir. Con Robin Williams, Robert Sean Leonard, Ethan Hawke, Josh Charles, Gale Hansen, Dylan Kussman, Allelon Ruggiero, James Waterstone. ◆ Collegio di Welton, Vermont, 1959: il professor Keating (Williams), entusiasta di Walt Whitman, tiene infiammate lezioni di poesia e libero pensiero. Sette studenti mettono in pratica il suo insegnamento, rifondando la clandestina «Setta dei poeti estinti». Un salutare inno alla rivolta e al *carpe diem*, significativamente collocato un anno prima dei fatidici anni Sessanta. Un gran successo, nonostante l'eccessiva enfasi melodrammatica di Robin Williams. O forse proprio in virtù di questa. Oscar alla sceneggiatura di Tom Schulman. Al di là delle qualità artistiche il film ha comunque un grande merito: aver scatenato l'immaginario pedagogico di tutta una generazione costretta a subire una pedagogia che di immaginario non ha più niente.

Attimo per attimo * (*Moment by Moment*, Usa 1978, col, 102') Jane Wagner. Con Lily Tomlin, John Travolta, Andra Akers, Bert Kramer. ◆ Giovane sbandato (Travolta) s'innamora di annoiata signora (Tomlin) con villa a Malibu, più vecchia e più ricca. Sentimentalismo spicciolo, conclusioni sociali di un'ovvietà sconcertante. Travolta quasi sempre in slip, Tomlin monocorde. Il *Time* scrisse: «Paragonato a questo film, *Grease* sembra *Quarto potere*».

Attimo, una vita, Un ** (*Bobby Deerfield*, Usa 1977, col, 124') Sydney Pollack. Con Al Pacino, Marthe Keller, Anny Duperey, Romolo Valli, Guido Alberti. ◆ Un pilota automobilistico in crisi esistenziale (Pacino) ritrova il senso della vita accanto a una ragazza condannata da un male incurabile. Dal romanzo di Erich Maria Remarque, *Il cielo non ha preferenze*, un mélo a tratti scontato ma di qualche suggestione.

Atto d'amore ** (*Act of Love*, Usa 1953, b/n, 108') Anatole Litvak. Con Kirk Douglas, Dany Robin, Barbara Laage, Robert Strauss, Brigitte Bardot, Serge Reggiani. ◆ Soldato americano (Douglas) tornato in Francia ricorda una tragica storia d'amore vissuta nella Parigi della seconda guerra mondiale. Dramma sentimentale piuttosto datato, girato in Francia in una delle prime produzioni Usa realizzate oltreoceano. La Bardot fa la cameriera nell'albergo in cui si svolge la vicenda. Conosciuto anche come *Il magnifico disertore*.

Atto di accusa *½ (Italia 1950, b/n, 99') Giacomo Gentilomo. Con Lea Padovani, Marcello Mastroianni, Carl Ludwig Diehl, Andrea Checchi, Marga Cella, Amilcare Pettinelli. ◆ Avvocato omicida (Diehl) fa ricadere la colpa di un delitto su un amico (Mastroianni) della moglie, ma costui gli chiede di difenderlo. A metà strada tra giallo e melodramma, un film tutto sommato scontato, il cui merito principale è di confermare le doti di Andrea Checchi, il commissario che riesce a venire a capo della vicenda.

Atto di dolore *½ (Italia 1991, col, 106') Pasquale Squitieri. Con Claudia Cardinale, Bruno Cremer, Karl Zinny, Giulia Boschi, Tanja Alexander. ◆ Storie di droga e questioni edipiche: la tossicodipendenza vista con gli occhi di un figlio debole e di una madre coraggio (Cardinale). Squitieri filtra tutto il politico attraverso il privato e denuncia melodrammatizzando. Tra gli sceneggiatori c'è Nanni Balestrini.

Atto di forza **½ (*Total Recall*, Usa 1990, col, 113') Paul Verhoeven. Con Arnold Schwarzenegger, Sharon Stone, Rachel Ticotin, Ronny Cox, Michael Ironside, Marshall Bell, Mel Johnson jr. ◆ Nel 2084, l'operaio edile Doug Quaid (Schwarzenegger) desidera compiere un viaggio su Marte e si rivolge a un'agenzia specializzata in «turismo mentale», la Recall.

Ma quando deve difendersi dalla moglie (Stone) e da un killer, assoldato dal dittatore di Marte (Cox), scopre che è già stato su Marte con il nome di Hauser, nei panni di un agente segreto al servizio del dittatore locale. Decide allora di ritornare sul pianeta, dove incontrerà la ragazza che vedeva nei suoi sogni (Ticotin) e aiuterà i ribelli a combattere contro il tiranno. Il «mondo virtuale» dello scrittore Philip K. Dick secondo il «cinema del corpo» di Verhoeven/Schwarzenegger: il raffinato e affascinante racconto da cui è tratto il film, *Memoria totale*, soffre e si perde nelle sequenze distruttive e sanguinolente orchestrate (con abilità) dal regista olandese, ma il film trova la sua forza proprio nel contrasto tra la classicità della sceneggiatura (di Ronald Shussett, Dan O'Bannon, Gary Goldman e Jon Povill) e l'epopea della «nuova carne» di Schwarzenegger, non un cyber-hero bensì un Ercole del futuro con i suoi muscoli «operai», isolando il virtuale in qualche frammento sparso (l'inseguimento visto attraverso una lastra/detector che trasforma i personaggi in silhouettes scheletriche, l'ologramma dell'allenatrice di tennis di Sharon Stone). Oscar per gli effetti visivi di Eric Brevig.

Atto di violenza *** (*Act of Violence*, Usa 1948, b/n, 82') Fred Zinnemann. Con Robert Ryan, Van Heflin, Janet Leigh, Mary Astor, Berry Kroeger, Connie Gilchrist, Phyllis Thaxter. ◆ Un ex G.I. stabilitosi in California, Frank Enley (Heflin), è perseguitato da uno sconosciuto (Ryan) che vuole ucciderlo: si scoprirà che è l'unico sopravvissuto di un gruppo di prigionieri in un campo di concentramento nazista, che Frank aveva tradito rivelando il comune piano di evasione. Uno dei migliori film sul trauma indelebile della guerra e i suoi effetti distruttivi su due individui che «altrimenti sarebbero stati dei cittadini normali e senza storia». Partendo da un intreccio semplice e lineare (sceneggiato da Robert L. Richards, da un soggetto di Collier Young), Zinnemann elabora una straordinaria psicofenomenologia della vigliaccheria e della vendetta che però, grazie a una profonda sensibilità noir, libera da ogni manicheismo per sprofondare personaggi e spettatori in un incubo visivo e morale senza scampo, dove torto e ragione non hanno più senso e regna solo un ambiguo desiderio di violenza. Teso, denso, disperato, con due protagonisti all'altezza e un'insolita Mary Astor nel ruolo della prostituta comprensiva.

Attori di provincia *** (*Aktorzy prowincjonalni*, Polonia 1979, col, 107') Agnieszka Holland. Con Halina Łabonarska, Tadeusz Huk, Tomasz Zygadło, Jan Ciecierski, Slawa Kwaśniewska. ◆ Una compagnia di attori di provincia sogna il salto di qualità con la messinscena di *Liberazione* di Wyspiański, un classico della drammaturgia polacca. Come prevedibile si mescolano crisi personali e discussioni politiche. Il primo attore (Huk) reciterà anche le battute censurate, ma l'infido – e non tanto diverso da lui – regista (Zygadło) gli fa notare che non se n'è accorto nessuno. Esordio nella regia di un'ex assistente di Wajda e Zanussi, questo film, a metà fra la metafora e il pamphlet, funzionò da salutare provocazione nell'atmosfera cupa del cinema polacco di quegli anni: mescolando sapientemente spunti realistici con invenzioni più autoriali «dipinge con intelligenza, precisione e sottigliezza la vita di un teatro di provincia» nel quale regna un'atmosfera di mediocrità dovuta alle speranze insoddisfatte degli attori e alle loro delusioni. Un certo eccesso di verbosità non sminuisce la forza del film nell'affrontare il nodo esistenziale – prima ancora che politico – di chi tende ad amplificare gli ostacoli per renderli insormontabili.

Attrazione fatale **½ (*Fatal Attraction*, Usa 1987, col, 119') Adrian Lyne. Con Glenn Close, Michael Douglas, Anne Archer, Ellen Hamilton Latzen. ◆ In seguito all'avventura di una notte, la vita tranquilla di un procuratore legale (Douglas) diventa un inferno a opera dell'ossessiva e occasionale amante (Close). Tragedia moderna, rivestita da thriller patinato e costruita su un modello vecchio come il mondo: lei è una specie di maga Circe in carriera, lui una sorta di Ulisse posato e incapace di resistere al richiamo dell'eros. Nelle intenzioni originali dello sceneggiatore James Dearden il film doveva «esplorare la responsabilità di un individuo di fronte alla sofferenza di uno sconosciuto», ma le successive modifiche imposte dalla produzione trasformano la storia nel ritratto di una «donna delle tenebre» capace di catalizzare tutte le paure del maschio nel rapporto con l'altro sesso. Molto ben recitato, ha fatto discutere per mesi sociologi e psicoanalisti e arrabbiare le femministe.

Attrice, L' **½ (*The Actress*, Usa 1953, b/n, 91') George Cukor. Con Spencer Tracy, Jean Simmons, Teresa Wright, Mary Wickes. ◆ Nel Massachusetts del 1917, una «piccola donna» (Simmons) decisa a calcare le scene lotta con i genitori per poter andare a New York. Film intimista vecchio stile (dalla commedia autobiografica di Ruth Gordon *Years Ago*) con una figura femminile decisamente moderna, che il regista voleva ancora più battagliera. Accanto a Tracy (nella parte del padre irascibile) avrebbe dovuto esserci la Hepburn. Esordio di Anthony Perkins nel ruolo di Fred Whitmarsh.

A tu per tu * (Italia 1984, col, 110') Sergio Corbucci. Con Paolo Villaggio, Johnny Dorelli, Adriano Pappalardo, Marisa Laurito. ◆ Per sfuggire alla legge un finanziere in bancarotta (Dorelli) coinvolge nelle sue peripezie un povero tassista (Villaggio) che pensa di poter ingannare a suo piacimento. Battutacce e travestimenti per uno squallido sfruttamento dello spirito di Fantozzi. Con Moana Pozzi in uno dei suoi rarissimi ruoli prima dell'hard.

A tu per tu con una ragazza scomoda *½ (*Something to Hide*, Gb 1971, col, 1009)Alastair Reid. Con Peter Finch, Shelley Winters, Colin Blakely, Linda Hayden, John Stride. ◆ Impiegato alcolizzato (Finch) con moglie ossessiva diventa patologico quando incontra una «ragazza scomoda». Melodramma poco convincente, dominato da isteria interpretativa e sgradevolezze varie.

A tutte le auto della polizia *½ (Italia 1975, col, 93') Mario Caiano. Con Antonio Sabàto, Gabriele Ferzetti, Enrico Maria Salerno, Luciana Paluzzi, Elio Zamuto, Marino Masé, Bedy Moratti, Ettore Manni, Ida Di Benedetto, Anna Mirafiore, Franco Ressel, Mario Erpichini. ◆ Il commissario Solmi (Sabàto) scopre che Fiorella (Mirafiore), la figlia di un chirurgo

(Ferzetti) rinvenuta morta, faceva parte di un giro di prostituzione minorile, nel quale erano coinvolti pezzi grossi della politica. Tratto dal racconto *A scopo di libidine* di Massimo Felisatti (che firma la sceneggiatura con Fabio Pittorru), più che un poliziesco canonico – quale il titolo può far pensare – è un giallo dai vaghi echi argentiani, con tanto di soggettive dell'assassino che arranca verso le vittime. *Grand guignol* e nudità gratuite di pollastre in tenera età. Una giovane Ilona Staller è una baby prostituta.

A tutto gas *½ (*Speedway*, Usa 1968, col, 94') Norman Taurog. Con Elvis Presley, Nancy Sinatra, Bill Bixby, Gale Gordon, Victoria Meyerink. ◆ Un pilota automobilistico col cuore in mano (Presley) è affiancato in una corsa da un ispettore delle tasse in gonnella (Sinatra). Amore ed equivoci per una coppia stranamente assortita. Elvis canta *Your Time, Hasn't Come Yet, Baby* e *Speedway*.

A tutto gas * (*Hog Wild*, Canada 1980, col, 97') Les Rose. Con Michael Biehn, Patti D'Arbanville, Tony Rosato, Angelo Rizacos, Martin Doyle, Matt Craven. ◆ Motociclisti selvaggi contro liceali perbenino. Il leader dei primi scimmiotta vagamente Brando e la colonna sonora riecheggia più Morricone che il rock. Tutto già visto.

Audace colpo dei soliti ignoti ** (Italia/Francia 1959, b/n, 105') Nanni Loy. Con Vittorio Gassman, Renato Salvatori, Claudia Cardinale, Vicky Ludovisi, Riccardo Garrone, Tiberio Murgia, Carlo Pisacane, Gastone Moschin, Nino Manfredi. ◆ I «soliti ignoti» in trasferta a Milano per rapinare il furgone del Totocalcio. Meno riuscito del film di Monicelli, offre comunque spunti divertenti e fa registrare un ottimo lavoro di squadra da parte degli attori. Alle musiche ha collaborato Chet Baker. L'ultima battuta del film, detta da Murgia, sarà recuperata per il titolo di un film nel 1969 (*Certo, certissimo anzi... probabile*). I protagonisti torneranno, invecchiati, in *I soliti ignoti vent'anni dopo* (1985).

Audrey Rose ** (*Audrey Rose*, Usa 1977, col, 113') Robert Wise. Con Marsha Mason, John Beck, Anthony Hopkins, Susan Swift, Norman Lloyd. ◆ Il tranquillo tran-tran di una coppia felicemente sposata, dura finché uno sconosciuto (Hopkins) afferma che la loro figlioletta dodicenne in realtà è posseduta da sua figlia, morta in un incidente. Dal poliedrico Wise, un thriller sulla reincarnazione un po' prolisso e banalizzato. Interessanti, comunque, l'aspetto emozionale della vicenda parapsicologica e le sobrie scene matrimoniali, da grande cinema vecchia maniera.

Auguri professore *½ (Italia 1997, col, 104') Riccardo Milani. Con Silvio Orlando, Claudia Pandolfi, Duilio Del Prete, Flavio Pistilli, Emiliano Stamiglia, Luca Tronati, Assia Kalik, Valentina Esaltato. ◆ Stanco e disilluso, il professor Vincenzo Liperi (Orlando) entra definitivamente in crisi quando nella sua scuola arriva come supplente una sua ex allieva (Pandolfi), che invece instaura un buon rapporto con gli studenti e lavora con entusiasmo. Il tentativo di bissare il successo della *Scuola* passa attraverso un altro testo di Starnone, *Solo se interrogato*, sceneggiato dall'autore insieme a Rulli, Petraglia e Milani. Ma questa volta la satira si stempera in una insoddisfazione di maniera, superficiale e scontata, che non può che risolversi in un happy ending volonteroso e buonista.

August *½ (*August*, Gb 1996, col, 93') Anthony Hopkins. Con Anthony Hopkins, Kate Burton, Leslie Phillips, Gawn Grainger, Rhan Morgan, Hugh Lloyd. ◆ Galles, fine Ottocento: Alexander Blathwaite (Phillips) si reca insieme alla seconda moglie, l'affascinante Helen (Burton), nella tenuta di campagna gestita dal fratello Ieuan (Hopkins), con l'intenzione di venderla: la donna suscita l'interesse del medico del luogo, il dottor Lloyd (Grainger), e sconvolge la tranquilla vita di Ieuan, ormai ai ferri corti col fratello. Per il suo esordio alla regia, Hopkins sceglie *Zio Vanja* di Anton Čechov nell'adattamento di Julian Mitchell, e ne fa un dramma con molto più accademismo che anima. Se la sua interpretazione ne risente, figuratevi quelle degli altri.

Au hasard Balthazar **** (*Au hasard Balthazar*, Francia 1966, b/n, 90') Robert Bresson. Con Anne Wiazemsky, Françoise Lafarge, Philippe Asselin, Pierre Klossowski. ◆ Storie parallele dell'asino Balthazar e della ragazza Maria (Wiazemsky, futura musa di Godard, qui al suo esordio), entrambi vittime della cattiveria umana: l'asino subisce ogni sorta di maltrattamenti e finisce ucciso, la ragazza viene violentata. Il film più composito di Bresson (e anche quello con qualche dichiarata influenza autobiografica) dove i destini di diverse persone – rappresentanti esemplari dei vizi umani – si incrociano tra loro, mentre le loro vite interagiscono con l'esistenza dell'asino. Riflessione sul male nel mondo che, malgrado i frequenti simboli, non ha nulla di predicatorio o ingenuamente didascalico. Bresson ha uno stile concreto e lascia parlare le immagini senza pronunciare giudizi: un film così puro da essere sconcertante. Lo scrittore e pittore Klossowski interpreta il mercante di grano, una delle incarnazioni del male. «Au hasard Balthazar» è il motto dei conti di Baux-de-Provence che sostenevano di discendere dal mago Balthazar.

Aule turbolente **½ (*School Daze*, Usa 1988, col, 114') Spike Lee. Con Larry Fishburne, Giancarlo Esposito, Tisha Campbell, Kyme, Joe Seneca, Art Evans, Branford Marsalis, Spike Lee, Samuel L. Jackson. ◆ Una specie di *Animal House* nero, all'insegna della presa di coscienza: in un campus universitario, giovane studente lotta contro l'amministrazione e i compagni che militano in assurdi (ma pittoreschi) gruppi goliardici. Divertente musical con «messaggio», scritto, diretto, coprodotto e anche interpretato (nella parte di Half-Pint) dal provocatorio Spike Lee.

A un passo dalla morte ** (*You'll Like My Mother*, Usa 1972, col, 92') Lamont Johnson. Con Patty Duke, Rosemary Murphy, Sian Barbara Allen, Richard Thomas, Dennis Rucker. ◆ Vedova incinta (Duke) va a far visita alla suocera che non ha mai visto e si ritrova prigioniera di una famiglia di assassini. Film del terrore, con echi di *Psyco* e *Rosemary's Baby*. Conta troppo sull'effetto paura, ma in alcune scene rischiose se la cava disinvoltamente.

A un passo dall'inferno → *Die Hard – Trappola di cristallo*

Aurelia ** (Italia 1987, col, 90') Giorgio Molteni. Con Maddalena Crippa, Fabio Sartor, Nicola Pistoia, Carlo Monni, Giovanni Crippa. ◆ Film d'esordio poverissimo di mezzi ma ricco di inventiva, a suo tempo ingiustamente stroncato dalla critica. Uno «scienziato confuso» sceglie di dare l'addio al celibato vagabondando lungo l'Aurelia e s'imbatte nella conturbante Maddalena Crippa. Favolistico on the road all'italiana, promettente e non pretenzioso. Colonna sonora di Paolo Conte.

Aurora ***½ (*Sunrise – A Song of Two Humans*, Usa 1927, b/n, 97') Friedrich Wilhelm Murnau. Con George O'Brien, Janet Gaynor, Margaret Livingston, Bodil Rosing. ◆ Per amore della Donna di città (Livingston), l'Uomo (O'Brien) medita di uccidere sua moglie (Gaynor) annegandola. Ma è proprio nella grande città, descritta come una specie di luna park secondo il punto di vista ingenuo della coppia, che i due si riconciliano. L'Uomo, tuttavia, rischia di perdere la moglie una seconda volta durante un furioso temporale scoppiato sulla via del ritorno verso casa, ma tutto si placherà all'arrivo dell'alba pacificatrice. Il primo film americano di Murnau, sceneggiato da Carl Meyer (che addolcì il racconto di Hermann Sudermann), è un dramma fortemente simbolico diviso in tre tempi: tragedia, commedia, tragedia. Murnau, attraverso il linguaggio delle immagini, sa cogliere sfumature psicologiche impercettibili. È rimasto celebre il piano sequenza che mostra l'incontro dell'Uomo con l'amante nella palude; ma anche l'uso della profondità di campo, all'epoca, fece impressione. Due Oscar: miglior attrice (Gaynor) e fotografia (Karl Struss e Robert Roscher), ma gli incassi non soddisfecero i produttori. Rifatto nel 1939 da Veit Harlan (*Verso l'amore*) con freddo gusto calligrafico.

Aurora sul deserto *½ (*Another Dawn*, Usa 1937, b/n, 73') William Dieterle. Con Kay Francis, Errol Flynn, Ian Hunter, Frieda Inescort, Mary Forbes. ◆ Un ufficiale (Flynn) è lacerato tra l'amore per la moglie del suo superiore e il senso del dovere. Un melodramma appesantito da troppe tirate pseudofilosofiche ambientato presso una postazione britannica nel bel mezzo del deserto africano.

Austin Powers - Il controspione *½ (*Austin Powers – International Man of Mystery*, Usa 1997, col, 94') Jay Roach. Con Mike Myers, Elizabeth Hurley, Mimi Rogers, Robert Wagner, Michael York, Charles Napier, Fabiana Udenio. ◆ L'agente segreto Austin Powers (Myers, anche sceneggiatore e coproduttore), mandrillo della *Swinging London*, viene scongelato nell'America bigotta di oggi per salvare il mondo dal suo nemico di sempre, il Dr. Evil (sempre Myers). Lo humour demenziale di *Fusi di testa* e *Una pallottola spuntata* incontra il revival degli anni Sessanta, tra musica pop e scenografie optical. Ma con un vago sapore di rancido e gag neovolgari in abbondanza, su misura dell'esibizionismo del protagonista (spesso nudo, con oggetti che gli coprono il pisello con precisione millimetrica). Cammei di Tom Arnold (sulla tazza dal cesso), Burt Bacharach (al piano), Rob Lowe, Carrie Fisher. Coproduce Demi Moore.

Australia * (*Australia*, Francia/Belgio/Svizzera 1989, col, 118') Jean-Jacques Andrien. Con Jeremy Irons, Fanny Ardant, Tcheky Karyo, Agnés Soral, Hélène Surgère, Patrick Bauchau. ◆ Un abile commerciante di lana (Irons) torna dall'Australia in Belgio per salvare dalla bancarotta la maglieria del fratello e conquista la moglie dell'avvocato di famiglia (Ardant). Storia improbabile, fitta di scene madri e con prevedibile lieto fine. La bravura dei due interpreti principali stona con tutto il resto. Unica nota interessante: l'inserto semidocumentaristico sulla lavorazione della lana.

Australiano, L' *** (*The Shout*, Gb 1978, col, 87') Jerzy Skolimowski. Con Alan Bates, Susannah York, John Hurt, Tim Curry, Robert Stephens, Jim Broadbent. ◆ Nel Devon inglese il misterioso Charles Crossey (Bates), che sostiene di avere appreso dagli aborigeni australiani l'arte di uccidere col proprio urlo, si installa in casa del musicista elettronico Anthony (Hurt), seducendone la moglie Rachel (York): ma il marito razionalista rivolgerà la magia contro il visitatore. Narrato da Crossey durante una memorabile partita a cricket in un manicomio, un apologo ironico e inquietante sul classico motivo dell'irrazionale che irrompe nella normalità borghese. I conflitti in gioco sono ingombranti (riti ancestrali contro cristianesimo e psicanalisi, istinti contro ragione), ma vengono ribaltati dalla prospettiva scelta dal regista, che sembra spesso cedere alla fascinazione visionaria per tornare poi su un divertito scetticismo. Perfettamente adeguato lo stile, libero e imprevedibile come oggi non si usa più, fatto di rarefazioni ermetiche e accelerazioni improvvise. Skolimowski adatta con Michael Austin il racconto di Robert Graves. Fotografia di Mike Molloy, musica di Anthony Banks e Michael Rutherford, con effetti elettronici di Rupert Hine. Prodotto da Jeremy Thomas. Premio speciale della giuria a Cannes ex aequo con *Ciao Maschio*.

Autentico campione, Un *½ (*Stay Hungry*, Usa 1976, col, 103') Bob Rafelson. Con Jeff Bridges, Sally Field, Arnold Schwarzenegger, R.G. Armstrong, Joanna Cassidy, Scatman Crothers, Ed Begley jr. ◆ Galleria di personaggi bizzarri che ruotano attorno a una palestra di culturisti nella provincia americana, senza una vera trama. Schwarzy (al suo primo film «vero») vince un titolo e suona il violino, mentre Bridges amoreggia con la Field. Rafelson non ha la mano per la commedia e i cambiamenti di ritmo, e dà l'impressione di non sapere da che parte parare.

Autopsia di un mostro *½ (*A Chacun son enfer*, Francia 1977, b/n, 110') André Cayatte. Con Annie Girardot, Bernard Fresson, Hardy Kruger, Fernand Ledoux. ◆ Una madre (Girardot) disperata per il rapimento della figlia, segue le indicazioni del criminale e fa un'atroce scoperta. Giallo sinistro e scontato. Nonostante il titolo, nessun tentativo di analisi della personalità del rapitore. Finale eticamente molto discutibile.

Autopsia di un sogno ° (*Shattered Image*, Usa 1998, col, 103') Raúl Ruiz. Con Anne Parillaud, William Baldwin, Bulle Ogier, Lisianne Falk, Graham Greene. ◆ Jessie (Parillaud), una sposina in viaggio di nozze col losco marito (Baldwin), sogna di essere una killer che ammazza uomini. O è il contrario? O sono due destini alternativi? La sceneggiatura di Duane Poole sembra una caricatura dei vecchi film di Ruiz, e dev'essere così che il produttore Barbet Schroeder ha convinto l'ex surrealista a girare questo tipico ibrido né carne né pesce: un po' thriller erotico in versione turistica, un po' farneticamento d'autore su dilemmi degni di Gigi Marzullo (la vita è sogno o il sogno è vita?). L'ironia, se c'è, è nascosta molto bene.

Autostop *½ (*You Can't Run Away from It*, Usa 1956, col, 95') Dick Powell. Con June Allyson, Jack Lemmon, Charles Bickford, Paul Gilbert, Jim Backus, Stubby Kaye, Henny Youngman. ◆ Un reporter (Lemmon) s'innamora di una ricca ereditiera (Allyson) fuggita di casa per sposare un bellimbusto. Remake poco significativo e in chiave musical di *Accadde una notte*.

Autostop rosso sangue *½ (Italia 1977, col, 102') Pasquale Festa Campanile. Con Franco Nero, Corinne Clery, David Hess, John Loffredo, Carlo Suri. ◆ Lo sconosciuto autostoppista si rivela essere un criminale in fuga. Ma quanto a violenza, la coppia che gli dà un passaggio non è da meno. Thriller on the road sulla crisi della coppia, che riprende da *L'ultima casa a sinistra* qualche elemento narrativo e l'attore Hess nel ruolo del criminale.

Autre, L' – L'altro ** (*L'Autre*, Francia 1991, col, 90') Bernard Giraudeau. Con Francisco Rabal, Wadeck Stanczak, Smaïl Mekki, Julian Negulesco, Rafic Ali Ahmad. ◆ Dopo un terremoto, un vecchio (Rabal) si ostina a credere che, sotto le macerie, ci sia ancora vivo qualcuno. Preso per pazzo, dimostrerà alla fine di avere ragione. Per il suo esordio come regista, l'attore Giraudeau sceglie un soggetto statico e difficile. Lo stile spoglio evita cadute patetiche ma non sottolineature enfatiche: lo spettatore riesce comunque a condividere qualche emozione, grazie alla bravura del protagonista.

Avalanche Express *½ (*Avalanche Express*, Usa 1979, col, 88') Mark Robson. Con Lee Marvin, Robert Shaw, Maximilian Schell, Joe Namath, Linda Evans, Mike Connors. ◆ Saga spionistica Est-Ovest, che include un programma di guerra biologica, il voltafaccia del capo del Kgb, e forsennate battaglie a bordo di un treno olandese. Film irrisolto, anche per la morte, in fase di lavorazione, del regista e di Shaw. Il montaggio, tuttavia, conferisce all'insieme un certo fascino, e probabilmente lo si deve a Monte Hellmann, intervenuto nella postproduzione dopo la scomparsa di Robson. Sceneggiatura di Abraham Polonski.

Avalon **½ (*Avalon*, Usa 1990, col, 122') Barry Levinson. Con Armin Müller-Stahl, Joan Plowright, Elizabeth Perkins, Kevin Pollak, Aidan Quinn. ◆ Durante il pranzo del giorno del Ringraziamento, Sam Krichinsky (Müller-Stahl) ricorda di quando lasciò la Polonia per Baltimora. Una rievocazione in sottotono del Sogno Americano, i suoi valori quotidiani, le qualità – come l'ostinazione e la convinzione – che danno pregio all'esistenza: cinema da camera con escursioni nel mito, non del tutto risolto. Basato sui ricordi autobiografici del regista.

Avamposto degli uomini perduti, L' * (*Only the Valiant*, Usa 1951, b/n, 105') Gordon Douglas. Con Gregory Peck, Barbara Payton, Ward Bond, Gig Young, Lon Chaney, Neville Brand, Jeff Corey. ◆ Un ufficiale (Peck) sceglie nella sua compagnia un gruppo di spostati e derelitti per scortare un capo apache prigioniero. Un progenitore di *Quella sporca dozzina* dichiaratamente sgradevole.

Avanti a lui tremava tutta Roma **½ (Italia 1946, b/n, 102') Carmine Gallone. Con Anna Magnani, Tito Gobbi, Gino Sinimberghi, Hans Hinrich, Edda Albertini, Heinrich Bode, Joop Van Hulsen, Ave Ninchi, Carlo Duse, Tino Scotti. ◆ La gelosia di Ada (Magnani) fa involontariamente scoprire alla Gestapo che Marco (Sinimberghi) – il tenore con cui deve interpretare *Tosca* all'Opera di Roma davanti ai generali del Reich – nasconde un soldato inglese nel giardino della sua villa. Alla fine della recita i tedeschi vorrebbero arrestarli, ma i macchinisti del teatro (tra cui uno Scotti che si doppia in romanesco) favoriranno la loro fuga. Curiosa «opera parallela» che aggiorna situazioni e personaggi di Puccini in una sorta di rilettura popolare dei temi della resistenza antinazista. Coerentemente con la sua carriera fatta di film-opera e drammi lirici, Gallone intreccia in maniera indissolubile lirica e vita come a voler rivendicare, anche nei momenti più drammatici della storia nazionale (il film si svolge a cavallo del 4 giugno 1944, quando Roma fu liberata), la centralità della tradizione melodrammatica nazionale (e quindi, indirettamente, di tutta la sua carriera di regista), capace anche di ispirare sentimenti civili e passioni libertarie (nel finale, Marco esulta alla notizia dell'arrivo degli alleati intonando l'aria *Vittoria, vittoria*, che conclude – con un repentino quanto significativo stacco – sul palcoscenico del Teatro dell'Opera, questa volta addobbato con le bandiere italiane e alleate). Per le parti cantate Anna Magnani è doppiata da Elisabetta Barbato.

Avanti c'è posto... ** (Italia 1942, b/n, 82') Mario Bonnard. Con Aldo Fabrizi, Andrea Checchi, Adriana Benetti, Virgilio Riento, Carlo Micheluzzi, Cesira Vianello, Jone Morino, Pina Gallini, Arturo Bragaglia, Wanda Capodaglio. ◆ Impietosito da una cameriera (Benetti) che è stata derubata sul tram e per questo licenziata, il bigliettaio Cesare Montani (Fabrizi) cerca di aiutarla a trovare un lavoro: se ne innamora anche, ma si farà da parte perché la giovane ha occhi solo per un suo collega autista (Checchi). Per il debutto al cinema, Fabrizi recupera uno dei suoi sketch più celebri (quello del tranviere) e da qui costruisce un commedia con un po' di commozione, sceneggiata insieme a Piero Tellini, Federico Fellini, Bonnard e il contributo di Zavattini. C'è già il gusto per il «pedinamento», con le riprese dal vero di Roma, ma si intravede anche la capacità (tutta di Fabrizi, come mostreranno le sue regie) di alternare con intelligenza momenti comici (le angherie del controllore capo, interpretato da Riento, o l'invadenza della famiglia Pandolin) a scene più melodrammatiche, testimonianza di una capacità d'osservazione e d'introspezione non comune e che la regia professionale di Bonnard mette bene in risalto.

Avanzi di galera ** (Italia 1954, b/n, 102') Vittorio Cottafavi. Con Richard Basheart, Walter Chiari, Eddie Constantine, Valentina Cortese, Antonella Lualdi, Flora Lillo, Arnoldo Foà, Gino Bramieri. ◆ Il tentato reinserimento nella società di tre ex detenuti: un medico, un ladro e un uomo che si è sempre proclamato innocente. Intreccio e dialoghi elementari, ma la regia riesce a conferire al melodramma una certa autenticità, attraverso continui piani sequenza e un uso appropriato della profondità di campo.

Avaro, L' * (Italia/Francia/Spagna 1990, col, 120') Tonino Cervi. Con Alberto Sordi, Laura Antonelli, Christopher Lee, Marie Laforêt, Miguel Bosé, Lucia Bosé, Franco Interlenghi, Mattia Sbragia, Anna Kanakis. ◆ Molière in trasferta nella Roma secentesca, meno tragico e più macchiettistico. Sordi è un Arpagone da commedia all'italiana che presta soldi perfino al Papa ed è proprietario anche di un bordello. Dovrà cercare in tutti i modi di non sposare la sorella di un cardinale che ha già assassinato i tre precedenti mariti. Complimenti al costumista, all'arredatore e al trovarobe, ma non agli sceneggiatori.

A vendre – In vendita **½ (*A vendre*, Francia 1998, col, 117') Laetitia Masson. Con Sandrine Kiberlain, Sergio Castellitto, Chiara Mastroianni, Jean-François Stévenin, Aurore Clément, Mireille Perrier, Roshdy Zem, Eric Mitchell. ◆ Il giorno del matrimonio col proprietario di una palestra (Stévenin), la giovane France (Kiberlain) scompare coi soldi. Sulle sue tracce, il detective Luigi (Castellitto) ne ricostruisce l'itinerario di ribelle di provincia, che ha fatto della compravendita del corpo (suo e altrui) una filosofia di vita, un'arma per conservare la libertà. Mescolando con perizia flashback e punti di vista, la regista-sceneggiatrice – all'opera seconda – cerca di raccontare in modo nuovo una storia risaputa: l'ossessione e le debolezze del maschio indagatore e possessivo, la voglia di fuga della donna. Con qualche sorpresa e la capacità di non esaurire i personaggi.

A Venezia... un dicembre rosso shocking ** (*Don't Look Now*, Gb 1973, col, 110') Nicolas Roeg. Con Donald Sutherland, Julie Christie, Massimo Serato, Clelia Matania, Leopoldo Trieste. ◆ Un restauratore (Sutherland) non dà retta ai suoi poteri paranormali e va incontro a un destino di morte. Thriller parapsicologico nell'abituale stile contorto di Roeg, pieno di flashback e premonizioni. L'atmosfera e l'ambientazione veneziana (molti anni prima di *Cortesie per gli ospiti*) sono azzeccate, e qualche brivido il film riesce a trasmetterlo. Le scene di sesso tra Sutherland e la Christie, girate «in soggettiva», hanno fatto epoca. Pino Donaggio esordisce come autore di colonne sonore; il veterano Aldo Tonti cura la fotografia. Tratto dal romanzo di Daphne Du Maurier.

Avengers, The - Agenti speciali * (*The Avengers*, Usa 1998, col, 89') Jeremiah Chechik. Con Uma Thurman, Ralph Fiennes, Sean Connery, Jim Broadbent, Fiona Shaw, Eddie Izzard. ◆ Sir August De Wynter (Connery) manipola la meteorologia e ricatta il mondo: l'agente segreto John Steed (Fiennes) deve bloccarlo con l'aiuto della scienziata Emma Peel (Thurman), malgrado cloni vaganti. Dietro c'è la serie di telefilm degli anni Sessanta *The Avengers* (in Italia *Agente speciale*), con Patrick Macnee e Diana Rigg, modello insuperato di ironia *british*, allusioni maliziose e bizzarrie spionistiche. Ma la maldestra versione odierna non azzecca l'alchimia di una coppia che fa malamente il verso ai Mulder e Scully di *X-Files*, e si perde tra stravisti effetti digitali e un inutile revival di modernariato pop: una specie di Tim Burton dei poveri di spirito, 89 minuti che non finiscono mai.

Avere vent'anni *½ (Italia 1979, col, 97') Fernando di Leo. Con Lilli Carati, Gloria Guida, Vincenzo Crocitti, Ray Lovelock, Leopoldo Mastelloni, Giorgio Bracardi, Daniele Vargas, Olga Karlatos, Vittorio Caprioli, Licinia Lentini. ◆ Tina (Carati) e Lia (Guida) viaggiano per l'Italia alla ricerca di sesso e libertà: dopo l'esperienza deludente in una ridicola comune, finiranno violentate e uccise da una banda di delinquenti. Scritto dal regista, una specie di pamphlet sulla fine dell'epoca della contestazione, tutt'altro che moralista (gli uomini ci fanno una pessima figura), ma molto al di sotto delle ambizioni. Nella comune si dà lettura dello Scum, il manifesto femminista di Valerie Solanas. Piuttosto spinto, e massacrato da censori e distributori: a partire dal finale, che venne tagliato da quasi tutte le copie e sostituito con uno meno crudo.

Avik e Albertine ** (*Map of the Human Heart*, Gb/Australia/Canada/Francia 1992, col, 109') Vincent Ward. Con Jason Scott Lee, Anne Parillaud, Patrick Bergin, John Cusack, Jeanne Moreau, Robert Joamie, Annie Galipeau. ◆ La vita di Avik (Joamie da giovane, Lee da adulto), eschimese cresciuto in un sanatorio di Montreal dove si è innamorato dell'orfana Albertine (Galipeau da giovane, Parillaud da adulta), per amore della quale ha lasciato la sua gente e ha combattuto come aviatore della Raf durante la seconda guerra mondiale: scoprirà che i bianchi sono cattivi, e le donne traditrici. Ward (autore del soggetto; la sceneggiatura è di Louis Nowra) non ha paura delle metafore (ricorrente quella della cartografia: Avik si vanta di avere aiutato gli esploratori bianchi che lo tradiranno), e mescola allegramente epica e melodramma, fiamme e ghiacci, erotismo e aviazione. Ma il risultato, più che eccessivo e delirante, è innocuo e liricheggiante. Fotografia di Eduardo Serra, musica di Gabriel Yared.

A viso aperto *½ (*Showdown*, Usa 1973, col, 99') George Seaton. Con Rock Hudson, Dean Martin, Susan Clark, Donald Moffat, John McLiam. ◆ Due vecchi amici, innamorati della stessa donna, si ritrovano uno contro l'altro: Hudson fa lo sceriffo, Martin rapina banche. Western gradevole, ma di routine. L'unica novità è l'uso della Todd-A0 35, che conferisce una nitidezza ancora maggiore alla bella fotografia di Ernst Laszlo. Ultimo film di Seaton.

A volte ritornano *½ (*Sometimes They Come Back*, Usa 1991, col, 99') Tom McLoughlin. Con Tim Matheson, Brooke Adams, Robert Rusler, William Sanderson. ◆ Tre teppisti, non paghi di aver provocato la morte di un ragazzino nell'incidente in cui anche loro persero la vita, tornano dall'aldilà per completare l'opera col fratello superstite (Matheson). Al racconto di Stephen King, che dà il titolo alla raccolta omonima, bastavano poche pagine per creare suspense. Il film, invece, è anonimo e annacquato come se fosse stato pensato per il piccolo schermo.

Avorio nero ** (*Anthony Adverse*, Usa 1936, b/n, 141') Mervyn LeRoy. Con Fredric March, Olivia de Havilland, Gale Sondergaard, Donald Woods, Anita Louise, Edmund Gwenn, Claude Rains, Louis Hayward, Akim Tamiroff. ◆ L'educazione alla vita dell'orfano Anthony Adverse (March), attraverso avventure di ogni genere dall'Europa a Cuba, dall'Africa all'America nel primo Ottocento. Dal bestseller di Hervey Allen, un grande successo cinematografico a tratti ingenuo ma avvincente. Oscar per l'attrice non protagonista (Sondergaard), la fotografia (Gaudio) e la colonna sonora (Korngold). L'avorio nero a cui fa riferimento il titolo italiano è il commercio degli schiavi a cui Anthony si dedica senza nessun rimorso, come la cosa più normale del mondo. Versione italiana mutilata.

Avvenne... domani → *Accadde domani*

Avventura *½ (*Adventure*, Usa 1945, b/n, 125') Victor Fleming. Con Clark Gable, Greer Garson, Joan Blondell, Tom Tully, Thomas Mitchell, John Qualen, Richard Haydn. ◆ Un marinaio (Gable) si innamora di una bibliotecaria fin troppo seria (Garson) ma la vita coniugale è subito messa in crisi dall'arrivo di un vecchio compagno d'avventure. Tipico amalgama di «peccato, ricompensa e redenzione» decisamente scontato.

Avventura, L' *** (Italia 1959, b/n, 140') Michelangelo Antonioni. Con Monica Vitti, Gabriele Ferzetti, Lea Massari, Dominique Blanchard, Renzo Ricci. ◆ Durante una gita su un'isola, una donna (Massari) scompare senza lasciare traccia. Il fidanzato (Ferzetti) e l'amica (Vitti) la cercano sempre meno convinti, dato che tra loro nasce subito una relazione. Contorto giallo psicologico che affronta le problematiche dell'incomunicabilità e della provvisorietà dei sentimenti attraverso intensi ritratti femminili: il cinema di Antonioni allo stato puro e nel momento del debutto internazionale, tra entusiasmi e stroncature. Inedita l'utilizzazione del paesaggio siciliano come protagonista implicito: inospitale per i personaggi, esso costituì una notevole fonte di problemi anche per le riprese, avvenute su uno scoglio delle isole Eolie con il mare in tempesta. Primo capitolo di una trilogia che prosegue con *La notte* e *L'eclisse*. Premio speciale della giuria a Cannes, dove però il pubblico l'aveva sonoramente fischiato.

Avventura a Capri * (Italia 1959, col, 88') Giuseppe Lipartiti. Con Maurizio Arena, Alessandra Panaro, Yvonne Monlaur, Nino Taranto, Walter Santesso, Renato Speziali, Xenia Valderi, Leopoldo Trieste, Angela Luce, Adriana Gallandt, Andrea Aureli, Clara Bindi, Gianni Rizzo, Carlo Taranto, Bruno Tocci, Elly Drago. ◆ Durante un week end a Capri, una modella francese (Monlaur) e la figlia di una fioraia (Panaro) si innamorano di due giovani romani in vacanza (rispettivamente Arena e Santesso), mentre una coppia di neosposi (Trieste e Luce) cerca invano una stanza. Inconsistente commediola turistica, più preoccupata di mostrare le bellezze di Capri – a cominciare dalla Grotta azzurra – che di imbastire una trama degna di questo nome (la sceneggiatura è firmata da Alfredo Giannetti). Fugace, ma inequivocabile, scena lesbica tra due turiste che si prendono la mano.

Avventura all'Avana *½ (*Her Cardboard Lover*, Usa 1942, b/n, 93') George Cukor. Con Norma Shearer, Robert Taylor, George Sanders, Frank McHugh, Elizabeth Patterson, Chill Wills, Olin Howlin. ◆ Per conquistare il riluttante Chippie Champagne (McHugh), la bella Consuelo (Shearer) decide di utilizzare come falso amante Terry (Taylor), che invece è innamoratissimo di lei: l'equivoco finisce in tribunale, giusto in tempo perché Consuelo scopra di amare davvero Terry. Per l'unica volta nella sua carriera, Cukor accetta di portare sullo schermo una commedia che aveva già diretto a teatro (e alla cui stesura aveva partecipato anche P.G. Wodehouse), ma il risultato fu disastroso: lo spunto è decisamente fuori moda, la regia solo di routine e nel suo primo anno di guerra il pubblico americano vuole decisamente altro. Ultimo film interpretato da Norma Shearer.

Avventura al Marocco ** (*Road to Morocco*, Usa 1942, b/n, 83') David Butler. Con Bing Crosby, Dorothy Lamour, Bob Hope, Dona Drake, Anthony Quinn, Vladimir Sokoloff, Monte Blue, Yvonne De Carlo. ◆ Divertente film della serie «Road to...», senz'altro uno dei migliori, con Crosby che vende Hope a un mercante di schiavi marocchino, ed entrambi innamorati della principessa Lamour. Tra le canzoni c'è la famosa *Moonlight Becomes You*.

Avventura a mezzanotte ** (*It's Love I'm After*, Usa 1937, b/n, 90') Archie Mayo. Con Bette Davis, Leslie Howard, Olivia de Havilland, Patrick Knowles, Eric Blore, Bonita Granville, Spring Byington. ◆ Commedia degli equivoci che racconta la tormentata storia d'amore di due attori teatrali di successo (Howard e Davis) sempre pronti a litigare e ad accusarsi di tradimento. Ottimo Blore nel suo ruolo canonico, il cameriere. Ricorda nello spirito *Ventesimo secolo* di Hawks, ma è molto meno divertente.

Avventura a Soho ** (*Miracle in Soho*, Gb 1957, col, 98') Julian Amyes. Con John Gregson, Belinda Lee, Cyril Cusack, Peter Illing, Rosalie Crutchely, Ian Bannen, Barbara Archer, John Carney, Billie Whitelaw. ◆ Durante i lavori stradali in un variopinto e multietnico vicolo di Soho, l'operaio Michele (Gregson) fa strage di cuori: un «miracolo» di Sant'Antonio lo aiuterà a capire che la bella Giulia (Lee) non è solo una semplice avventura. Ingabbiata nell'unità di luogo e di tempo (i pochi giorni che servono per riasfaltare St. Anthony's Lane), la sceneggiatura di Emeric Pressburger, anche produttore, descrive con occhio divertito e partecipe il mondo dei piccolissimi commercianti immigrati a Londra (la complicazione degli amori interetnici, i pettegolezzi di strada, la curiosa «disponibilità» delle inglesi mediamente platinate e prorompenti: «Non inganno le ragazze, si ingannano da sole», spiega Michele): ma una regia anonima non sa equilibrare la commedia con il melodramma e il film si trascina stancamente verso l'inevitabile e moralistico lieto fine. Poco più che simpatica la caratterizzazione di Cusack nei panni del postino anche militante dell'Esercito della salvezza.

Avventura a Vallechiara **½ (*Swiss Miss*, Usa 1938, b/n, 72') John G. Blystone. Con Stan Laurel, Oliver Hardy, Della Lind, Walter Woolf King, Eric Blore, Charles Judel, Charles Gamore. ◆ Per vendere le loro trappole per topi Stanlio e Ollio vanno in Svizzera, la patria del formaggio. Ma immediatamente truffati finiscono per lavorare in un albergo: dovranno consegnare un pianoforte in una casa abitata da un gorilla. La trama è solo un pretesto per collegare una serie di sketch, alcuni veramente indimenticabili (il trasporto del pianoforte sulla passerella sospesa sopra il precipizio, la serenata con l'accompagnamento musicale della tuba, l'organo che manda bolle di sapone dalle canne, Stanlio salvato dal San Bernardo con la botticella del rum). Conosciuto anche con il titolo *Io e la donna*.

Avventura a Zanzibar * (*Road to Zanzibar*, Usa 1941, b/n, 92') Victor Schertzinger. Con Bing Crosby, Bob Hope, Dorothy Lamour, Una Merkel, Eric Blore. ◆ Crosby e Hope, artisti del circo, attraversano la giungla con Lamour e Merkel alla ricerca di una miniera di diamanti. L'episodio più debole della serie «Road to...».

Avventura degli Ewok, L' *½ (*The Ewok Adventure*, Usa 1984, col, 100') John Korty. Con Eric Walker, Warwick Davis, Fionnula Flanagan, Guy Boyd, Dan Fishman, Debbie Carrington, Burl Ives. ◆ Le pelose creature del *Ritorno dello Jedi* ottengono un film televisivo tutto per loro, nel quale aiutano due giovani naufraghi dello spazio a ritrovare i genitori. Discreto, ma gli abbondanti effetti speciali tendono a mettere in ombra la storia scritta da George Lucas. Con un seguito: *Il ritorno degli Ewoks* (1985).

Avventura del dottor Molineaux, L' → *Strano dramma del dottor Molineaux, Lo*

Avventura del Poseidon, L' **½ (*The Poseidon Adventure*, Usa 1972, col, 117') Ronald Neame. Con Gene Hackman, Ernest Borgnine, Red Buttons, Carol Lynley, Shelley Winters, Roddy McDowall, Stella Stevens. ◆ Odissea di dieci personaggi imprigionati in un transatlantico di lusso prossimo al naufragio. Le prime sequenze sono ridicole, poi la storia diventa intrigante e fa dimenticare sia la fragilità della scrittura che gli eccessivi simbolismi. Bellissime le scenografie capovolte. Oscar per gli effetti speciali e per la miglior canzone *The Morning After*. Seguìto da *L'inferno sommerso*.

Avventura di Mr. Bliss, L' *½ (*The Amazing Quest of Mr. Ernest Bliss*, Gb 1936, b/n, 80') Alfred Zeisler. Con Cary Grant, Mary Brian, Henry Kendall, Leon M. Lion, Garry Marsh, Moore Marriott, Ralph Richardson. ◆ Per scommessa, il ricco e ozioso Ernest Bliss (Grant) deve vivere un anno senza ricorrere ai propri soldi o alle proprie conoscenze. Costretto a condividere il grigiore quotidiano di chi deve lavorare per sopravvivere, diventerà un uomo migliore: perderà la scommessa per tre giorni, ma lo farà a fin di bene, per curare la sorella della donna che ama (Brian). Scaduto il contratto con la Paramount, Grant decide di non legarsi agli *studios* e torna nella natia Inghilterra per interpretare un romanzo edificante di E. Phillips Oppenheim sceneggiato da John L. Balderston: il risultato è scadente (la commedia manca totalmente di ritmo), ma Cary Grant è comunque bello ed elegante. Il film fu distribuito negli Usa prima col titolo *Romance and Riches*, poi *Amazing Adventure*. Il romanzo era già stato portato sullo schermo nel 1920 (*The Amazing Quest of Mr. Ernest Bliss*, con Henry Edwards e Chrissie White nel ruolo dei protagonisti, la regia dello stesso Edwards e la sceneggiatura dello scrittore).

Avventura di Salvator Rosa, Un' **½ (Italia 1940, b/n, 97') Alessandro Blasetti. Con Gino Cervi, Luisa Ferida, Rina Morelli, Osvaldo Valenti, Ugo Ceseri, Paolo Stoppa. ◆ Regno di Napoli, dopo la rivolta fallita di Masaniello: il pittore Salvator Rosa alias Formica (Cervi), un Robin Hood partenopeo, va nel ducato di Torniano per riposarsi, ma di fronte a ingiustizie e prepotenze decide di passare all'azione. Rarissimo tentativo di «cappa e spada» all'italiana, abbastanza appassionante e con allusioni politiche piuttosto esplicite per l'epoca. Eccellente Gino Cervi nel doppio ruolo, notevoli i costumi (Sensani) e le scenografie (Marchi). La sceneggiatura è dello stesso Blasetti e di Renato Castellani.

Avventura è l'avventura, L' **½ (*L'Aventure c'est l'aventure*, Francia 1972, col, 123') Claude Lelouch. Con Lino Ventura, Jacques Brel, Charles Denner, Yves Robert, Johnny Hallyday, Aldo Maccione, André Falcon. ◆ Contro il sistema capitalista, cinque estrosi malviventi organizzano rapimenti mirati (una rockstar, l'ambasciatore svizzero, il Papa) e vengono salvati dalla galera a furor di popolo. Divagazione satirico-grottesca di un regista solitamente impegnato sul versante sentimentale: racconto agile, situazioni abilmente congegnate, divertimento di buon livello.

Avventura impossibile, L' **½ (*Desperate Journey*, Usa 1942, b/n, 107') Raoul Walsh. Con Errol Flynn, Ronald Reagan, Nancy Coleman, Raymond Massey, Alan Hale, Arthur Kennedy, Sig Rumann, Ronald Sinclair. ◆ Dopo una missione sulla Germania, l'equipaggio di un aereo viene abbattuto. Si salvano in cinque, l'australiano Forbes (Flynn), il canadese Forrest (Kennedy) l'americano Hammond (Reagan), lo scozzese Edwards (Hale) e l'inglese Hollis (Sinclair): attraverseranno la Germania tra imboscate e pericoli nella speranza di tornare in Inghilterra. La guerra come gioco, come sfida virile che mette di fronte l'energia vitale del quintetto contro l'ostinazione del maggiore nazista Baumeister (Massey) che non smetterà mai di dar loro la caccia. E nel contrasto, a volte anche stridente, tra un'avventura raccontata con la stessa energia di un fumetto e un mondo distrutto dall'apocalisse bellica (splendidamente fotografato nei suoi cupi paesaggi notturni da Bert Glennon) si esalta tutta la vitalità tipica di Walsh e il gusto dei suoi personaggi per una sfida alla morte fatta con un disincanto e una spensieratezza incommensurabili. Sceneggiatura di Arthur T. Horman.

Avventura in Brasile ** (*Road to Rio*, Usa 1947, b/n, 100'). Norman Z. McLeod. Con Bing Crosby, Bob

Hope, Dorothy Lamour, Gale Sondergaard, Frank Faylen, The Wiere Brothers. ◆ Ancora un capitolo della serie «Road to...», e indubbiamente tra i più riusciti. Questa volta i due eroi sono dei musicisti che cercano di strappare Dorothy Lamour dalle grinfie di una zia sinistra. Parodia dei film d'avventura e del brivido. Tra le canzoni *But Beautiful* e *You Don't Have To Know the Language*.

Avventura in Oriente * (*Harum Scarum*, Usa 1965, col, 86') Gene Nelson. Con Elvis Presley, Mary Ann Mobley, Fran Jaffries, Michael Ansara, Jay Novello, Theo Marcuse. ◆ Per lanciare il suo ultimo film, *Sabbia nel deserto*, l'attore Johnny Tyronne (Presley) si reca in Medio Oriente dove la sua abilità nel karate spinge un emiro a farlo rapire dalla banda dei «fuorilegge» (sic) per coinvolgerlo nel tentativo di rovesciare il re di Lunarcand. Improbabile avventura esotica di Elvis tra exploit canori (*Harem Holiday* e *So Close Yet So Far from Paradise*) e donne che non sanno resistere al suo fascino. Imperdibile esempio di kitsch demenziale la scena in cui insegna a tre ballerine arabe a *shake that tamburine* a ritmo di rock.

Avventura meravigliosa, Un' ** (*Golden Girl*, Usa 1951, col, 108') Lloyd Bacon. Con Mitzi Gaynor, Dale Robertson, Una Merkel, James Barton, Dennis Day, Raymond Walburn, Gene Sheldon, Carmen D'Antonio. ◆ 1863: la storia (un po' edulcorata) di Lotte Crabtree (Gaynor), del suo amore per Tom Richmond (Robertson) – che scoprirà essere una spia sudista – e della sua carriera iniziata nei villaggi di minatori della California e conclusasi trionfalmente a New York. Il primo musical importante di Mitzi Gaynor, colorato e spensierato quanto superficiale, più interessato a ricostruire la vita di strada degli artisti del secolo scorso che a sviluppare il carattere dei personaggi: la madre (Merkel) preoccupata delle «nudità» della figlia, il padre (Barton) col vizio del gioco, il timido spasimante (Day, che si esibisce anche in *La donna è mobile*). La Gaynor canta *California Moon* e *Sunday Mornin'* e, per ricordare il fidanzato davanti a un teatro di nordisti, *Dixie*. Carmen D'Antonio interpreta Lola Montez, il cui «scandaloso» esempio spinge Lotte sulla strada del varietà. Sceneggiatura di Walter Bullock, Charles O'Neal e Gladys Lehman.

Avventura nella fantasia ** (*The Wonderful World of the Brothers Grimm*, Usa 1962, col, 129') Henry Levin, George Pal. Con Laurence Harvey, Claire Bloom, Karl Boehm, Oscar Homolka, Martita Hunt, Jim Backus, Yvette Mimieux. ◆ Le vite parallele dei fratelli Grimm, l'uno scrittore di fiabe (Harvey), l'altro filologo (Boehm), fanno da cornice ad alcune delle loro favole più belle. Almeno due sono le sequenze da ricordare, quella nel negozio di giocattoli e la battaglia contro il drago. Fu uno dei primi film a essere realizzato per il triplo schermo, e in origine veniva proiettato in cinerama. La costumista Mary Wills vinse l'Oscar.

Avventura terribilmente complicata, Un' *½ (*An Awfully Big Adventure*, Gb 1995, col, 112') Mike Newell. Con Georgina Cates, Alan Rickman, Hugh Grant, Peter Firth, Alun Armstrong, Rita Tushingham, Prunella Scales, Alan Cox, Edward Petherbridge. ◆ Liverpool, 1950: incoraggiata dagli zii (Armstrong e Tushingham) che l'hanno adottata, la sedicenne Stella (Cates) entra in una compagnia teatrale, prima come tuttofare poi interpretando piccoli ruoli: s'innamorerà del regista (Grant) senza capire che è omosessuale e accetterà la corte del prim'attore (Rickman) ignorando che nel passato qualcosa li lega. Dopo il successo di *Quattro matrimoni e un funerale*, Newell si ripresenta in coppia con Hugh Grant, ma questa volta il risultato è molto deludente: il ritratto di una scalcinata compagnia di provincia – tratto da un romanzo di Beryl Baindbridge e sceneggiato da Charles Wood – non esce dai prevedibili stereotipi (gelosie, vite fallite, sogni spezzati) e il tema più interessante dell'incapacità tutta inglese di «affrontare» il sesso e la sessualità è raccontato con inutile superficialità. Peccato, perché il tema dell'incesto incolpevole poteva essere sviluppato con ben maggiore cattiveria o spregiudicatezza.

Avventure a Parigi *½ (*French Postcards*, Usa 1979, col, 92') Willard Huyck. Con Blanche Baker, Miles Chapin, Debra Winger, Mandy Patinkin, Valerie Quennessen, Marie-France Pisier, Jean Rochefort. ◆ Avventure giovanilistiche e divagazioni romantiche di un gruppo di studenti americani in vacanza in Europa. Scritto dagli stessi sceneggiatori di *American Graffiti*, Willard Huyck e Gloria Katz, e diretto dallo stesso Huyck vorrebbe essere una specie di riproposta dello spirito di quel film. Invece è solo «carino».

Avventure del Barone di Munchausen, Le *** (*The Adventures of Baron Munchausen*, Gb/Rft 1989, col, 126') Terry Gilliam. Con John Neville, Erich Idle, Sara Polley, Robin Williams, Valentina Cortese, Uma Thurman, Sting [Gordon Matthew Sumner], Jonathan Pryce. ◆ «Il Settecento. L'età della ragione. Mercoledì»: in una città assediata, il Barone di Münchausen (Neville) furoreggia dal palcoscenico raccontando le sue mirabolanti avventure tra i turchi, sulla luna, negli inferi, con la Morte. Intenso piacere estetico per l'indisciplinata resa figurativa; più debole la sceneggiatura, che privilegia gli «attimi fuggenti» a scapito della compattezza d'insieme. La folgorante visionarietà di Gilliam è supportata alla perfezione dalla fotografia di Giuseppe Rotunno, dalle scenografie di Dante Ferretti e dai costumi di Gabriella Pescucci. È il terzo film per il regista inglese dopo lo scioglimento dei Monty Python e il quarto appuntamento cinematografico per il Barone (Méliès, 1911; *Il Barone di Munchausen* di Von Baky, 1943; a cartoni animati disegnati da Zeman, 1961).

Avventure del capitano Hornblower, il temerario, Le **½ (*Captain Horatio Hornblower*, Usa 1951, col, 117') Raoul Walsh. Con Gregory Peck, Virginia Mayo, Robert Beatty, Terence Morgan, Moultrie Kelsall, James Kenney, James Robertson Justice, Alex Mango. ◆ Le eroiche missioni del capitano navale inglese Orazio Hornblower (Peck) e del suo equipaggio, prima nei Caraibi – a bordo del Lydia – contro gli spagnoli dell'arrogante e megalomane El Supremo (Mango), poi – al comando del Sutherland – contro i francesi di Napoleone di cui distrugge quattro navi a La Taste. Fatto prigioniero, riuscirà a evadere e tornare a Londra, dove verrà accolto come un eroe e ritroverà lady Barbara (Mayo), la donna che ama. Tratto da due romanzi di Cecil Scott Forester, *The Happy Return* e *Flying Colours* (adattati dall'autore e sceneggiati da Ivan Goff, Ben Roberts e Aeneas McKenzie), è uno dei più famosi, e divertenti, film di avventure marine, autentico trionfo del technicolor hollywoodiano, nel quale l'azione e l'avventura sono molto più importanti di chi le vive. In questo modo i successi di un Hornblower praticamente invincibile danno al film una dimensione onirica e favolistica che conserva il suo fascino un po' naïf anche oggi e che il genio di Walsh asseconda con una regia capace di alternare l'esplosiva vitalità delle scene di guerra a momenti più intelligentemente sottotono (il personaggio di Lady Barbara, la sua abnegazione nel curare i marinai). La Lydia, una fregata di 38 cannoni, fu la più grande nave d'epoca mai costruita negli studi inglesi in cui il film venne girato.

Avventure di Alice nel paese delle meraviglie, Le *½ (*Alice's Adventures in Wonderland*, Gb 1972, col, 96') William Sterling. Con Fiona Fullerton, Michael Crawford, Ralph Richardson, Flora Robson, Peter Sellers, Dudley Moore. ◆ Il romanzo di Lewis Carroll sulla ragazza (Fullerton) che sogna di scendere nel centro della terra e incontrare strani personaggi ed edifici lillipuziani è reso con sostanziale fedeltà ma anche con poca fantasia, stravaganze non-sense tutte britanniche e, alla lunga, noiose. Buoni la scenografia e gli effetti speciali, sprecato il cast.

Avventure di Arsenio Lupin, Le *½ (*Les Aventures d'Arsène Lupin*, Francia/Italia 1956, col, 104') Jacques Becker. Con Robert Lamoureux, O.E. Hasse, George Chamarat, Henri Rollan, Renaud Mary, Pierre Stephen. ◆ Dal libro di Maurice Leblanc, tre imprese del celebre ladro gentiluomo tra Parigi e la Germania a cavallo del secolo. Gradevole e di notevole successo per la presenza del popolare attore Lamoureux, un Lupin perfetto, ma il «tocco» di Becker è visibile solo nell'eleganza della messinscena. Sandra Milo è l'unica attrice italiana del cast.

Avventure di Bianca e Bernie, Le *** (*The Rescuers*, Usa 1977, col, 77') Wolfgang Reitherman, John Lounsbery, Art Stevens. ◆ Bianca e Bernie sono due topolini al servizio della Società di salvataggio che ha sede nei sotterranei dell'Onu: dovranno salvare l'orfana Penny, tenuta prigioniera da madame Medusa nella palude del Diavolo. Il ventitreesimo lungometraggio prodotto dalla Disney lancia due nuovi personaggi, tratti dai romanzi di Margery Sharp e accolti con molto favore dal pubblico, tanto che torneranno in *Bianca e Bernie nella terra dei canguri* (1990). Il mondo degli umani è raccontato con azzeccata ambivalenza (alla dolce Polly si oppone una «cattiva» che ricorda molto la Crudelia della *Carica dei 101* e il suo modo di guidare), mentre i personaggi che abitano nella palude del Diavolo sembrano debitori della fantasia di Walter Kelly, ossessione per il venerdì 13 compresa. Più in sintonia con l'antropomorfismo animale di casa Disney il divertente albatros Orville, la libellula Evinrude che fa da motore a una foglia trasformata in canotto e i due alligatori ammaestrati di Medusa, Bruto e Nerone.

Avventure di Davy Crockett, Le ** (*Davy Crockett, King of the Wild Frontier*, Usa 1955, col, 93') Norman Foster. Con Fess Parker, Buddy Ebsen, Basil Ruysdael, Hans Conried, William Bakewell, Kenneth Tobey. ◆ Il celebre scout indiano e il suo compagno lasciano Washington per Alamo, dove combatteranno valorosamente. Versione cinematografica di tre episodi realizzati dalla Walt Disney per uno show televisivo. Divertente anche se un po' naïf, negli Usa diventò una passione nazionale. Seguìto da *Davy Crockett e i pirati.*

Avventure di Don Chisciotte, Le *** (*Don Kichot*, Urss 1957, b/n, 99') Grigorij Kozinčev. Con Nikolaj Čerkasov, Yuri Tolubeiev, Serafima Birman. ◆ Don Chisciotte (Čerkasov) parte con lo scudiero (Tolubeiev) in cerca d'avventure approdando alla corte di un duca. Tornato a casa, muore di crepacuore nel veder bruciare i suoi libri di racconti cavallereschi. Una rilettura in chiave politica del capolavoro di Cervantes, con allusioni alla decadenza della società sovietica e all'arrogante gestione del potere. Notevole la stilizzazione della scenografia e la fotografia di Andrej Moskvin e Apollinarj Dudko.

Avventure di Don Giovanni, Le **½ (*The Adventure of Don Juan*, Usa 1948, col, 110') Vincent Sherman. Con Errol Flynn, Viveca Lindfors, Robert Douglas, Alan Hale, Ann Rutherford, Raymond Burr. ◆ Don Giovanni (Flynn), tra un amore e l'altro, denuncia alla corte di Spagna una congiura ordita contro la regina Margherita. Un film di cappa e spada che non si prende troppo sul serio con Flynn in gran forma e decisamente autoironico: «In ogni uomo c'è un po' di Don Giovanni, perché non ce ne dovrebbe essere un po' di più in me che sono Don Giovanni?». Utilizza spezzoni di *La leggenda di Robin Hood* e di *Il conte di Essex.* Oscar per i migliori costumi.

Avventure di Enea, Le *½ (Italia 1974, col, 100') Franco Rossi. Con Giulio Brogi, Olga Karlatos, Marisa Bartoli, Alessandro Haber, Anna Maria Gherardi, Adalberto Rossetti. ◆ Riduzione cinematografica dello sceneggiato televisivo. Le peripezie dell'eroe troiano (Brogi) dalla distruzione della sua città alla fondazione di Roma sono raccontate con la massima fedeltà al poema di Virgilio. La fotografia è di Vittorio Storaro.

Avventure di Ford Fairlane, Le * (*The Adventures of Ford Fairlane*, Usa 1991, col, 98') Renny Harlin. Con Andrew Dice Clay, Priscilla Presley, Robert Englund, Tone Loc, Sheila E. ◆ Un detective dalla battuta facile indaga su un delitto nel mondo del rock'n'roll. Il film che avrebbe dovuto lanciare l'Eddie Murphy bianco, Dice Clay, e che è stato in realtà un fallimento. Englund, fuori dai panni di Freddy Krueger, resta uno psicopatico godibile, ma l'umorismo di Clay è spesso di cattivo gusto («I giapponesi ci stanno invadendo: ma non gli avevamo buttato due bombe? Cosa c'era dentro, fertilizzante?»). In omaggio all'èra dell'Aids, di sesso si parla più di quanto non se ne faccia.

Avventure di Gerard, Le *½ (*The Adventures of Gerard*, Gb/Italia/Svizzera 1970, col, 91') Jerzy Skolimowski. Con Peter McEnery, Claudia Cardinale, Eli Wallach, Jack Hawkins, John Neville. ◆ Strampalato soldato dell'esercito napoleonico (McEnery) si rivela un disastro per la strategia del generale. Dal romanzo umoristico di Conan Doyle, *The Exploits of Brigadier Gérard*, una commedia slapstick di un regista «serio» e «impegnato». Potenzialmente dissacrante, ma purtroppo si affida quasi solo ai vezzi recitativi degli attori principali.

Avventure di Huck Finn, Le ** (*The Adventures of Huckleberry Finn*, Usa 1960, col, 107') Michael Curtiz. Con Tony Randall, Eddie Hodges, Archie Moore, John Carradine, Patty McCormack. ◆ Discreta versione cinematografica del classico di Mark Twain sulle disavventure di Huck e del suo amico nero John in viaggio sul Mississippi verso l'Illinois. Da segnalare, all'interno di un cast di «veterani», le interpretazioni del campione di boxe Archie Moore nella parte di Jim, e del grande Buster Keaton in quella del domatore di leoni.

Avventure di Marco Polo, Le → *Scozzese alla corte del Gran Khan, Uno*

Avventure di Max Headroom, Le → *Max Headroom*

Avventure di Mister Cory, Le **½ (*Mister Cory*, Usa 1957, col, 92') Blake Edwards. Con Tony Curtis, Martha Hyer, Charles Bickford, Kathryn Grant, William Reynolds, Henry Daniell. ◆ Seducente e ambizioso, Cory (Curtis) lascia Chicago per far fortuna: comincia come lavapiatti in un club per miliardari – dove s'innamora dell'orgogliosa Abby (Hyer) – fino a quando, in compagnia di un giocatore professionista (Bickford), torna nella sua città natale come direttore di una casa da gioco. Ma anche così non riuscirà a conquistare Abby: forse gli andrà meglio con la sorella Jean (Grant). Al suo terzo film, Blake Edwards (anche sceneggiatore con Leo Rosten) dimostra già alcune delle qualità che lo renderanno famoso: lo humour insinuante e caustico, la capacità di mettere in evidenza le relazioni sociali, l'eleganza naturale delle riprese e soprattutto una grande direzione d'attori, che qui trova in Tony Curtis un soggetto perfetto, la cui voglia d'arrivare non è mai caricaturata e il cui comportamento non è ingabbiato nei limiti di un atteggiamento morale troppo stretto.

Avventure di Mr. West nel paese dei bolscevichi, Le **½ (*Neobycajnye prikljucenija Mistera Vesta v strane bol'sevikov*, Urss 1924, b/n, 98') Lev Kulešov. Con Porfirij Podobed, Boris Barnet, Aleksandra Hohlova, Vsevolod Pudovkin, Sergej Komarov, Leonid Obolenskij, Valja Lopatina, Pëtr Galadžev. ◆ Benché sconsigliato da amici e parenti, l'americano Mr. West (Podobed) va a visitare l'Urss accompagnato dal cowboy Jeddy (il futuro regista Barnet). Un gruppo di manigoldi capeggiati da un ex nobile (il futuro regista Pudovkin) pensa di aver trovato un pollo da spennare: lo fa sedurre da una sedicente contessa (Hohlova, moglie di Kulešov) e organizza ai suoi danni un finto processo. Ma i veri bolscevichi arrivano in tempo a salvare l'americano, che può conoscere finalmente le meraviglie della rivoluzione. Il primo lungometraggio di Kulešov (sceneggiato da Nikolaj Aseev e Vsevolod Pudovkin) è una commedia avventurosa e brillante, che entusiasmò il pubblico russo dell'epoca per l'umorismo satirico e il ritmo frenetico. Le sequenze acrobatiche, per quanto il film sia stato girato in condizioni proibitive, non hanno nulla da invidiare ai film hollywoodiani dell'epoca e, ancora oggi, colpisce la smaliziata ironia e i frequenti ammiccamenti allo spettatore nel citare generi molto lontani, dal western alla commedia. Se il finale è un inevitabile inchino alla retorica, era comunque coraggioso mettere in scena una serie di personaggi russi corrotti e malvagi. Nelle scene finali si vede anche Trockij: è una delle ultime sue apparizioni pubbliche in patria. La traduzione letterale del titolo è *Le straordinarie avventure...*, ma in Tv è stato presentato col titolo *Le avventure...*

Avventure di Oliver Twist, Le *** (*Oliver Twist*, Gb 1948, b/n, 105') David Lean. Con John Howard Davies, Alec Guinness, Robert Newton, Kay Walsh, Francis L. Sullivan, Anthony Newley, Henry Stephenson, Mary Clare, Henry Edwards. ◆ La miglior versione cinematografica del romanzo di Charles Dickens, storia di un orfanello (Davies) che nella Londra settecentesca finisce in una banda di ladri bambini che fanno capo all'ebreo Fagin (Guinness): sarà salvato dal compassionevole mister Bronlow (Stephenson) che dopo mille peripezie si rivelerà essere addirittura suo zio. Semplificato nell'intreccio (da Lean stesso e dal cosceneggiatore Stanley Haines) ma affrontato con grande sensibilità letteraria e storica, il film è «un melodramma con componenti fiabesche e poliziesche, che nella riduzione cinematografica acquista una valenza gotica», grazie soprattutto a una straordinaria ricostruzione degli slum che fanno da sfondo alla vicenda, ingigantiti nelle dimensioni architettoniche e resi ancor più minacciosi dall'illuminazione di Guy Greene. Di grande intelligenza la capacità visiva di David Lean di amplificare il tema dickensiano della prigione (Oliver è costantemente «recluso», sia dalle istituzioni sia dalla malavita) che ha il suo apice nella tensione metaforica dell'esecuzione notturna di Sikes (Newton), nella quale «il rito della morte culmina simbolicamente in un tribunale del fato, onnipotente e inappellabile». Violente polemiche per il personaggio di Fagin, giudicato troppo antisemita. Particina per Diana Dors che interpreta Charlotte. Nel 1968, Carol Reed ne ricavò un musical, *Oliver!* La durata in origine era di 116'.

Avventure di Peter Pan, Le *** (*Peter Pan*, Usa 1953, col, 77') Hamilton Luske, Clyde Geronimi, Wilfred Jackson [e Walt Disney]. ◆ Cercando la propria ombra, Peter Pan, il bambino che non vuole crescere, conosce i figli della famiglia Darling e li porta nell'Isola-che-non-c'è, dove verranno coinvolti nella lotta contro Capitan Uncino e la sua ciurma di corsari. Versione a cartoni della commedia (poi romanzo) di James M. Barrie, uno dei migliori lungometraggi prodotti da Walt Disney, capace di reinventare personaggi di fantasia senza cedere a stilizzazioni troppo facili: la versione di Disney lascia in secondo piano il tema del bambino che non vuole crescere e la contrapposizione tra il mondo dei ragazzi e quello degli adulti (che invece sarà al centro della lettura di Spielberg in *Hook*) per privilegiare soprattutto la fuga avventurosa in un mondo di fiaba, dove i protagonisti di tante avventure infantili – i corsari, gli indiani – si muovono fianco a fianco. Indimenticabile il pirata Spugna e soprattutto Campanellino, il cui corpo da pin-up in miniatura fu modellato ispirandosi a quello di Marilyn Monroe.

Avventure di Pinocchio, Le *½ (Italia 1947, b/n, 92') Gianni [Giannetto] Guardone. Con Sandro Tomei, Mariella Lotti, Augusto Contardi, Luigi Pavese, Erminio Spalla, Vittorio Gassman, Franco Scaruggi, Guglielmo Selvaggio, Angelo Taddeoli, Piero Tomei. ◆ La storia di Pinocchio (S. Tomei), burattino di legno fatto da mastro Geppetto (Contardi), che preferisce il teatro di Mangiafuoco o il paese dei balocchi alla scuola: la fata dai capelli turchini (Lotti) lo trasformerà in un vero bambino solo quando tornerà a scuola e lavorerà per aiutare Geppetto malato. Irrisolto tentativo di film fiabesco con attori costretti a una recitazione da filodrammatica e il contributo delle «maestranze del Carnevale di Viareggio» per le maschere e le scenografie. La fedeltà al testo di Collodi (come consulente fu scritturato Paolo Lorenzini, nipote dello scrittore) non fa che accentuare la visione moralistica e – tutto sommato – repressiva della pedagogia collodiana, lasciando in secondo piano l'invenzione narrativa e lo slancio fantastico. Particina per Vittorio Gassman (ma nei titoli di testa è scritto con una «s» sola), irriconoscibile con barba, parrucca e naso finto nei panni del pescatore Verde.

Avventure di Pinocchio, Le *** (Italia 1972, col, 134') Luigi Comencini. Con Andrea Balestri, Nino Manfredi, Gina Lollobrigida, Franco Franchi, Ciccio Ingrassia, Vittorio De Sica, Mario Adorf, Lionel Stander, Enzo Cannavale, Riccardo Billi, Zoe Incrocci, Orazio Orlando, Mario Scaccia, Nerina Montagnani, Carlo Colombaioni. ◆ Dal romanzo di Collodi, soddisfacente riduzione cinematografica dello sceneggiato televisivo in cinque puntate. Rispetto al libro, più realismo sociale a (lieve) scapito della componente fantastica: Pinocchio (Balestri) è un bambino in carne e ossa, ribelle e smanioso d'indipendenza, che ridiventa burattino solo a tratti, per punizione. Sceneggiatura firmata anche da Suso Cecchi d'Amico, cast perfettamente azzeccato: Manfredi è Geppetto, la Lollo la fatina dai capelli turchini, Franchi e Ingrassia il gatto e la volpe, Stander fa Mangiafuoco. Le marionette sono dei fratelli Colla.

Avventure di Robinson, Le ** (*Robinson soll nicht sterben*, Rft 1957, col, 99') Josef von Baky. Con Romy Schneider, Horst Buchholz, Erich Ponto, Mathias Wieman, Magda Schneider, Gustav Knuth, Gert Fröbe. ◆ È tale l'entusiasmo per le avventure di Robinson Crosue che quando lo scapestrato figlio di Defoe, Tom (Buchholz), ruba il manoscritto al padre per pagare un debito, tutti i bambini del quartiere in cui vive il vecchio scrittore si mettono sulle sue tracce e guidati dall'intrapendente Maud (Schneider) riusciranno a ritrovarlo, coinvolgendo persino il re. Favoletta edificante sull'importanza della lettura e sui sogni dei ragazzi tratta da un libro di Friedrich Forster (la sceneggiatura è di Emil Burri e Johannes Mario Simmel), rivitalizzata dal sorriso della Schneider, in quegli anni già diventata Sissi (come ricordano le scene finali, dove si intrattiene da pari a pari col re d'Inghilterra nonostante sia una povera ragazzina che lavora in una filanda). La madre di Maud è interpretata dalla vera madre della Schneider, Magda.

Avventure di Robinson Crusoé, Le *** (*Las aventuras de Robinson Crusoé*, Messico/Usa 1952, col, 89') Luis Buñuel. Con Dan O'Herlihy, Jaime Fernandez, Felipe Alba, Emilio Garibay. ◆ Vivace adattamento del romanzo di Daniel Defoe sul naufrago (O'Herlihy) che sopravvive su un'isola in compagnia del selvaggio Venerdì, con tocchi tipicamente buñueliani (il ruolo straniante del vestito da donna, l'uso dell'eco per sottolineare la solitudine, l'abito a strisce di Robinson), quasi sempre sottovalutato dalla critica. O'-Herlihy, nel ruolo del naufrago pieno di risorse, ottenne una nomination all'Oscar.

Avventure di Sherlock Holmes, Le **½ (*The Adventures of Sherlock Holmes*, Usa 1939, b/n, 85') Alfred L. Werker. Con Basil Rathbone, Nigel Bruce, Ida Lupino, Alan Marshal, Terry Kilburn, George Zucco. ◆ Il malefico Moriarty (Zucco) coinvolge Holmes in una bizzarra avventura nel tentativo di distrarlo dal «più incredibile colpo del secolo» che ha intenzione di mettere a segno: rubare i gioielli della Corona; la spettacolare resa dei conti avverrà in cima alla Torre di Londra. Secondo film dell'affiatata coppia Rathbone-Holmes/Bruce-Watson, e ultima produzione Fox (in seguito la serie passerà alla Universal, diventando più moderna nell'abbigliamento e nelle ambientazioni). Il film si segnala, oltreché per le ottime interpretazioni, anche per la vivacità e l'umorismo dei dialoghi tra Holmes e Moriarty, che non capita spesso di vedere insieme. Nel complesso è una versione autenticamente holmesiana, anche se la sceneggiatura non è tratta da Conan Doyle.

Avventure di Tom Sawyer, Le *** (*The Adventures of Tom Sawyer*, Usa 1938, col, 77') Norman Taurog. Con Tommy Kelly, Jackie Moran, Ann Gillis, May Robson, Victor Jory, Walter Brennan. ◆ Le disavventure di Tom, capace di ogni dispetto alla propria zia ma anche del coraggio necessario per resistere ai ricatti di un assassino, diventano qui più farsesche di quanto Twain avesse immaginato, anche se Taurog riesce a catturare lo spirito del libro e a restituire la pigra atmosfera di una calda estate sul Mississippi. Indimenticabile la sequenza della grotta. Un gioiello per gli occhi, grazie al lavoro in technicolor di James Wong Howe e al raffinato design di William Cameron Menzies, scenografo di *Via col vento*. Originariamente 939. Rifatto in musical nel 1973 (*Tom Sawyer*).

Avventure di Ulisse, Le ** (Italia /Rft/ Jugoslavia 1969, col, 105') Franco Rossi. Con Bekim Fehmiu, Irene Papas, Renaud Verley, Barbara Gregorini, Sam Burke, Juliette Mayniel, Scilla Gabel, Marina Berti, Kira Bester, Fausto Tozzi, Enzo Fiermonte, Mimmo Palmara, Tiberio Mitri, Orso Maria Guerrini. ◆ Sintesi cinematografica delle sette puntate televisive dell'*Odissea* andate in onda nel 1968 (il ritorno di Ulisse [Fehmiu] da Troia verso Itaca e gli incontri con Polifemo, Circe, Nausicaa fino alla vendetta sui Proci che insidiavano la moglie Penelope) inevitabilmente illustrativa ma improntata a un efficace realismo povero che evita trappole di maniera. Rispetto alla Tv la resa cromatica ci guadagna. All'episodio di Polifemo ha collaborato Mario Bava, a quello del Cavallo di Troia Piero Schivazappa. Sceneggiatura di Giampiero Bona, Vittorio Bonicelli, Fabio Carpi, Luciana Codignola, Mario Prosperi, Renzo Rosso e del regista.

Avventure di un giovane, Le ° (*Hemingway's Adventures of a Young Man*, Usa 1962, col, 145') Martin Ritt. Con Richard Beymer, Diane Baker, Paul Newman, Corinne Calvet, Fred Clark, Susan Strasberg, Eli Wallach. ◆ Un aspirante scrittore se ne va di casa per conoscere il mondo: pretenzioso e imbarazzante ritratto di Hemingway, basato sui *49 racconti* il cui giovane protagonista, Nick Adams (Beymer), è l'alter ego dello scrittore. Il buon cast risulta per la maggior parte sprecato compreso un Newman irriconoscibile nella parte di un vecchio pugile ubriaco. La parte italiana è la peggiore.

Avventure di un uomo invisibile **½ (*Memoirs of an Invisible Man*, Usa 1992, col, 99') John Carpenter. Con Chevy Chase, Daryl Hannah, Sam Neill, Michael McKean, Stephen Tobolowski. ◆ Un dirigente senza qualità (Chase) si ritrova braccato dai servizi segreti dopo essere diventato per errore invisibile. L'intreccio, con annessi romantici, è scontato, ma la miscela di comicità e sottile malinconia funziona: e la solitudine del protagonista è ben resa dalla recitazione stranamente sottotono di Chase. Gli effetti speciali sono all'altezza dei tempi (vedi cosa combina l'uomo invisibile con una gomma da masticare o una sigaretta) e alcune trovate fantasiose (Chase che ritorna visibile grazie a fard e rossetto). Un po' facile l'espediente, in certe scene, di rendere Chase visibile a vantaggio esclusivo dello spettatore. Carpenter lavora su commissione ma evita scivoloni. Pochisimi i rapporti con il primo *Uomo invisibile*, quello di Whale del 1933.

Avventure e gli amori di Moll Flanders, Le *½ (*The Amorous Adventures of Moll Flanders*, Gb 1965, col, 126') Terence Young. Con Kim Novak, Richard Johnson, Angela Lansbury, George Sanders, Vittorio De Sica, Lilli Palmer. ◆ Ascesa sociale di un'umile ragazza (Novak) nell'Inghilterra del Settecento, grazie al suo disinibito erotismo. Riduzione non molto convincente del romanzo di Daniel Defoe. Kim Novak non sembra avere la disinvoltura necessaria al personaggio di Moll.

Avventure e gli amori di Omar Khayyam, Le * (*Omar Khayyam*, Usa 1957, col, 101') William Dieterle. Con Cornel Wilde, Debra Paget, John Derek, Michael Rennie, Yma Sumac, Sebastian Cabot. ◆ Nella Persia medioevale, un astrofisico (Wilde) guida le truppe del sultano contro una setta segreta che ha organizzato una rivolta. Film in costume senza molte idee. Cast frustrato da una sceneggiatura infantile.

Avventure e gli amori di Scaramouche, Le *½ (Italia 1975, col, 101') Enzo G. Castellari [Enzo Girolami]. Con Michael Sarrazin, Ursula Andress, Aldo Maccione, Giancarlo Prete, Michael Forrest, Sal Borgese. ◆ Lo spadaccino Scaramouche (Sarrazin) si rifugia alla corte di Napoleone per sfuggire ai mariti delle sue amanti, e conquista l'imperatrice. Equivoci improbabili, con poche trovate gustose. Restano l'ambientazione parigina e i duelli acrobatici.

Avventuriera, L' *½ (*L'Emigrante*, Francia 1939, b/n, 109') Léo Joannon. Con Edwige Feuillère, Jean Chevrier, Georges Lannes, Pierre Larquey, Génia Vaury, Foun-Sen, Jean d'Yd, Jacques Vitry, Serge Nadaud. ◆ Per non perdere i suoi diamanti, Christiane (Feuillère) prima denuncia alla polizia Tino (Lannes); poi, quando l'uomo evade, si imbarca su una nave di emigranti belgi per il Sud Africa: l'amore di un giovane ufficiale (Chevrier) e il confronto con i problemi dei più poveri la porteranno a sacrificare proprio i gioielli per cui aveva tradito e mentito, ma Tino non vuole rinunciare alla sua vendetta. Un melodramma abbastanza prevedibile, tutto giocato sulla contrapposizione tra la bontà degli emigranti e l'avidità della donna, a cui l'interpretazione stereotipata della Feuillère non dà mai la statura di un'autentica *dark lady*. Sceneggiatura di Jacques Companeez, Herbert Juttke e del regista, da un'idea di Jean Aurenche e Yves Allégret.

Avventuriera del piano di sopra, L' ** (Italia 1941, b/n, 82') Raffaello Matarazzo. Con Vittorio De Sica, Clara Calamai, Carlo Campanini, Camillo Pilotto, Giuditta Rissone, Olga Vittoria Gentili, Ernesto Almirante, Gisella Gasparini. ◆ La notte che la moglie (Rissone) non c'è, l'avvocato Fabrizio Marchini (De Sica) si vede capitare in casa la bella Bianca Maria (Calamai), in fuga da un marito gelosissimo (Pilotto). Fabrizio prima spera in un'avventura, poi scambia Bianca Maria per una ladra, innescando una serie di equivoci che coinvolgeranno anche l'amico Arturo (Campanini) e che finiranno nel migliore dei modi. Il primo film completamente ideato da Matarazzo (che firma la sceneggiatura insieme a Edoardo Anton) è una divertente commedia degli equivoci in perfetta sintonia con il cinema dei telefoni bianchi, che si conclude con un (velato) augurio di trasgressione e peccato (dopo che le due coppie si sono rispettivamente perdonate e riconciliate Fabrizio dice in tono ammiccante: «Ora siamo vicini. Noi veniamo di sopra...» e Bianca Maria gli fa eco: «E noi scendiamo giù»). Divertentissima la finta arringa che Fabrizio improvvisa per sviare i sospetti del marito geloso. Anche se citato nei titoli di testa, Riccardo Freda non partecipò alla sceneggiatura: si occupò invece della produzione e del montaggio del film. Il soggetto fu riutilizzato per *Buonanotte... avvocato!* (1955).

Avventuriera perversa, L' *½ (*The Wicked Lady*, Gb 1982, col, 98') Michael Winner. Con Faye Dunaway, Glynis Barber, Denholm Elliott, Alan Bates, Oliver Tobias, John Gielgud, Prunella Scales, Marina Sirtis. ◆ L'intraprendente lady Barbara (Dunaway) ruba il fidanzato (Elliott) alla sua migliore amica Carolina (Barber), ma poi non accetta la vita tranquilla della dama di campagna e, diventata amante di un bandito (Bates), ne condivide le imprese fino all'inevitabile castigo finale. Prodotto da Golan e Globus, il film è un rifacimento quasi identico di *La bella avven-*

turiera, che però sperpera immediatamente la ricchezza di letture sociali del film di Arliss (che qui firma la sceneggiatura con Michael Winner) per concentrarsi in un aggiornamento pseudo-erotico che esagera in seni nudi e tenta di far scivolare nella trama qualche allusione all'eccesso di libertà morale.

Avventurieri, Gli ** (*Dodge City*, Usa 1939, col, 105') Michael Curtiz. Con Errol Flynn, Olivia de Havilland, Ann Sheridan, Bruce Cabot, Frank McHugh, Alan Hale. ◆ Un soldato di ventura (Flynn), che aveva partecipato alla costruzione della ferrovia, veicolo per il commercio ma anche per l'illegalità, accetta di diventare sceriffo della cittadina di Dodge City, caduta nelle mani di una banda di fuorilegge. Il primo dei tre western di Curtiz interpretati da Errol Flynn (cui seguiranno *Carovana d'eroi* e *I pascoli dell'odio*) è un affresco solenne e movimentato che tende a riportare il genere alle sue origini storico-cronachistiche, al rapporto intimo con il paesaggio e alla dimensione dell'avventura collettiva, nonostante la presenza del divo Flynn. Notevole la fotografia a colori di Sol Polito. Programmato in Tv col titolo *Dodge City*.

Avventurieri ai confini del mondo *½ (*High Road To China*, Usa 1983, col, 120') Brian G. Hutton. Con Tom Selleck, Bess Armstrong, Jack Weston, Wilford Brimley, Robert Morley, Brian Blessed. ◆ Un ex asso dell'aviazione della prima guerra mondiale (Selleck) è assoldato da una giovane ereditiera per ritrovare il padre. Pallida imitazione dei *Predatori dell'arca perduta*, con scene d'azione aldisotto del livello accettabile. Si salvano le controfigure e i panorami iugoslavi.

Avventurieri della città perduta, Gli *½ (*Allan Quatermain and the Lost City of Gold*, Usa 1987, col, 99') Gary Nelson. Con Richard Chamberlain, Sharon Stone, James Earl Jones, Henry Silva, Robert Donner. ◆ Grossolano seguito di *Allan Quatermain e le miniere di Re Salomone*, con gli stessi interpreti. Un cacciatore (Chamberlain) torna in Africa per cercare il fratello, il quale sta seguendo le tracce di una tribù nel tentativo di trovare la città d'oro. Alto tasso di banalità.

Avventurieri dell'aria *** (*Only Angels Have Wings*, Usa 1939, b/n, 121') Howard Hawks. Con Cary Grant, Jean Arthur, Richard Barthelmess, Rita Hayworth, Thomas Mitchell. ◆ Come cambia la vita di alcuni piloti civili americani relegati in un paesino del Sudamerica dal momento in cui si fa avanti un'avvenente attrice (Arthur). Quintessenza del cinema di Hawks (morte incombente, amicizia virile, schermaglie tra i sessi), che rielabora il genere aereo secondo le proprie esigenze espressive: così l'etica personale e professionale dell'equipaggio può assumere proporzioni epiche. La giovanissima Hayworth riceve addosso una brocca d'acqua dal suo ex fidanzato Grant. Eccezionali le riprese aeree di Paul Mantz e memorabile il colloquio in punto di morte tra Grant e Mitchell. Conosciuto anche col titolo *Eroi senza gloria*. Inattesa presenza di Bartolomeo Pagano (il Maciste di *Cabiria*) nella parte di un suonatore di chitarra.

Avventurieri di Plymouth, Gli ** (*Plymouth Adventure*, Usa 1952, col, 105') Clarence Brown. Con Spencer Tracy, Gene Tierney, Van Johnson, Leo Genn, Dawn Addams, Lloyd Bridges, Barry Jones. ◆ La storia del cinico capitano della Mayflower (Tracy) e dei colonizzatori che nel XVII secolo salparono dall'Inghilterra per raggiungere le coste americane. Melodramma superficiale e patinato, nonostante l'impegno produttivo e l'Oscar per gli effetti speciali.

Avventuriero, L' *½ (Italia 1967, col, 105') Terence Young. Con Anthony Quinn, Rosanna Schiaffino, Rita Hayworth, Richard Johnson, Ivo Garrani. ◆ Tolone 1797: anziano corsaro (Quinn) riscatta il suo ambiguo passato agli occhi del governo francese e s'illude di poter cominciare una nuova vita. Insolito, per il genere, l'approfondimento psicologico dei personaggi a scapito dell'azione. Quinn recita con grande misura, la Schiaffino è invece spaesata.

Avventuriero a Tahiti, Un *½ (*Tendre voyou*, Francia 1966, col, 95') Jean Becker. Con Jean-Paul Belmondo, Nadja Tiller, Mylène Demongeot, Jean-Pierre Marielle, Stefania Sandrelli, Philippe Noiret, Geneviève Page. ◆ In crociera da Cannes a Tahiti, un lestofante (e dongiovanni non sempre disinteressato) si fa imbrogliare da un'affascinante ragazza e finisce in prigione. Una commedia esilissima, tenuta insieme solo da trovate umoristiche.

Avventuriero della Louisiana, L' ** (*Mississippi Gambler*, Usa 1953, col, 98') Rudolph Maté. Con Tyrone Power, Piper Laurie, Julia Adams, John McIntire, Dennis Weaver. ◆ A New Orleans un accanito ma onesto giocatore d'azzardo (Power) deve affrontare maldicenze e duelli prima di conquistare la donna che ama. Soliti ingredienti, eppure i risultati sono discretamente spettacolari.

Avventuriero di Burma, L' *½ (*Escape to Burma*, Usa 1955, col, 87') Allan Dwan. Con Barbara Stanwyck, Robert Ryan, David Ferrar, Murvyn Vye, Lisa Montell, Reginald Denny. ◆ Un avventuriero (Ryan) sospettato di aver ucciso il figlio di un rajà trova rifugio (oltre che amore e alibi) nella piantagione amministrata da una indomabile cowgirl (Stanwyck). Il cast fa quello che può per risollevare un polpettone esotico scontato e grossolano.

Avventuriero di Hong Kong, L' *½ (*Soldier of Fortune*, Usa 1955, col, 96') Edward Dmytryk. Con Clark Gable, Susan Hayward, Michael Rennie, Gene Barry, Tom Tully, Alex D'Arcy, Anna Sten. ◆ Un contrabbandiere (Gable) viene assoldato da una donna (Hayward) per ritrovare il proprio marito prigioniero a Hong Kong. Girato sul posto, è più interessante per l'ambientazione che per le interpretazioni degli attori.

Avventuriero di Macao, L' **½ (*Macao*, Usa 1952, b/n, 81') Josef von Sternberg e Nicholas Ray. Con Robert Mitchum, Jane Russell, William Bendix, Thomas Gomez, Gloria Grahame, Brad Dexter. ◆ Nick Cochran (Mitchum), un giocatore d'azzardo che ha conosciuto su una nave diretta a Macao la scaltra cantante Julie Benson (Russell), aiuterà la polizia a incastrare un gangster (Dexter) ricercato per omicidio e proprietario del casinò di Macao. Una storia banale, nobilitata però dallo stile impareggiabile degli interpreti: Mitchum, nel suo abituale ruolo di uomo cinico e fascinosamente insolente, regge perfettamente il confronto con l'aggressività sensuale e disincantata della Russell; il broncio indolente di lei e il sorriso ironico di lui duettano a meraviglia, sostenuti dalla regia allusivamente erotica di von Sternberg (tra sciarpe e calze gettate e raccolte, il feticismo regna sovrano). Il lavoro del regista tedesco fu però giudicato troppo intimista e cerebrale dal produttore Hughes, che chiamò Nicholas Ray a rigirare le scene d'azione, vale a dire quasi la metà. Il film soffre non poco di questo sdoppiamento registico, e von Sternberg – per l'ultima volta a Hollywood – non ne riconobbe la paternità.

Avventuriero di Venezia, L' **½ (*Volpone*, Francia 1940, b/n, 94') Maurice Tourneur. Con Louis Jouvet, Harry Baur, Charles Dullin, Fernand Ledoux, Jacqueline Delubac. ◆ Nella Venezia del XVII secolo, il ricco Volpone (Baur)si fa beffe di parenti e amici che mirano all'eredità, ma a sua volta viene beffato dal domestico (Jouvet). Progettato per essere diretto nel 1938 da Jean de Baroncelli e sceneggiato da Jules Romains ispirandosi più a una rielaborazione di Stefan Zweig (non citato nei titoli) che al testo originale di Ben Johnson, il film ha perso molto della ferocia elisabettiana per trasformarsi in una brillante commedia, in cui spicca l'inimitabile eleganza interpretativa di Louis Juvet nel ruolo di Mosca e soprattutto «l'istrionismo buffonesco e infantile» di Harry Baur in quello di Volpone. La stessa pièce è all'origine del superbo *Masquerade* (1967) di Mankiewicz e del modestissimo *Il Volpone* (1988) di Ponzi.

Avvertimento, L' ** (Italia 1980, col, 110') Damiano Damiani. Con Giuliano Gemma, Martin Balsam, Laura Trotter, Giancarlo Zanetti, Guido Leontini, Mike Morris, Deddi Savagnone. ◆ Un commissario è deciso a scoprire chi ha ucciso il capo della mobile, nonostante 100 milioni accreditati sul suo conto e una telefonata ammonitrice. Per il Damiani pre-*Piovra* la malavita si allea con le banche, non ancora con il Potere. Film secco, per niente ottimista, diretto e interpretato con professionalità.

Avvocato del diavolo, L' (*The Devil's Advocate*, Usa 1997, col, 140') Taylor Hackford. Con Al Pacino, Keanu Reeves, Charlize Theron, Jeffrey Jones, Judith Ivey, Connie Nielsen, Craig T. Nelson, Tamara Tunie, Debra Monk, Delroy Lindo. ◆ Promettente avvocato del Sud, Kevin Lenox (Reeves) viene associato al prestigioso studio newyorkese di John Milton (Pacino): la carriera va a gonfie vele, ma la moglie (Theron) ha strane premonizioni e l'influenza di Milton diventa sempre più soffocante. Thriller edipico-faustiano tratto dall'omonimo bestseller di Andrew Neiderman (sceneggiato da Jonathan Lemkin e Tony Gilroy), che mescola con troppa spregiudicatezza la critica della Giustizia e la riflessione morale sul libero arbitrio. Al Pacino dà il meglio di sé in questa moderna incarnazione del Diavolo, ma le esigenze dello spettacolo hollywoodiano privilegiano la sottolineatura ridondante alle suggestioni del sottinteso, e il film scade così in un manicheismo di grana troppo grossa.

Avvoltoi hanno fame, Gli **½ (*Two Mules for Sister Sara*, Usa 1970, col, 105') Don Siegel. Con Clint Eastwood, Shirley MacLaine, Manolo Fabregas, Alberto Morin, Armando Silvestre. ◆ Un mercenario (Eastwood) scorta una suora (MacLaine) attraverso il deserto messicano, scoprendo che non è affatto pia come sembra essere. Western atipico, voluto dall'attore per rispondere a quanti contestavano le sue doti d'interprete e fatto di gag più che di scene d'azione. Un Siegel insolitamente placido e naïf, e un futuro ispettore Callaghan incredibilmente domato dalla controparte femminile. Sceneggiatura di Albert Maltz, musiche di Ennio Morricone.

A Wong Foo, grazie di tutto! Julie Newmar *½ (*To Wong Foo, Thanks for Everything! Julie Newmar*, Usa 1995, col, 108') Beeban Kidron. Con Wesley Snipes, Patrick Swayze, John Leguizamo, Stockard Channing, Blythe Danner, Arliss Howard, Jason London, Chris Penn, Melinda Dillon, RuPaul. ◆ Nominate «*drag queens* di New York», Noxeema Jackson (Snipes) e Vida Boheme (Swayze) devono andare a Los Angeles per concorrere al titolo nazionale, ma decidono di fare il viaggio in auto, una vistosa Cadillac del 1967, per portare con loro anche la delusa Chi Chi Rodriguez (Leguizamo): bloccati da un guasto in una cittadina del Midwest, insegneranno alle donne locali la forza della fantasia e il diritto alla dignità, ottenendo in cambio l'aiuto contro un poliziotto ultramaschilista (Penn). Tentativo hollywoodiano di sfruttare il successo di *Priscilla* ma senza la scanzonata irruenza dell'originale; anzi, la storia scritta da Douglas Carter Beane scade ben presto nel paternalismo (i cittadini, ancorché *en travesti*, che spiegano ai provinciali come comportarsi) e in una comicità fatta solo di mossette e birignao. Particina per Naomi Campbell che invidia il fascino delle *drag queens*. Il titolo riprende la dedica su una foto che Vida porterà nel viaggio, fatta da una stellina degli anni Sessanta (della Newmar si ricorda soprattutto la sua parte nel *Batman* di Martinson e in *Sette spose per sette fratelli*) che qui appare nell'ultima scena.

Ay, Carmela! **½ (*¡Ay, Carmela!*, Spagna/Italia 1990, col, 105') Carlos Saura. Con Carmen Maura, Andrés Pajares, Gabino Diego, Maurizio de Razza. ◆ Nella Spagna del 1938, guitti del varietà caduti prigionieri delle milizie di Franco vengono graziati da un italiano in cambio di uno spettacolo per le truppe fasciste. Ma anche questi antieroi sapranno trovare il coraggio della dignità. Un periodo rimosso in fretta dal cinema spagnolo, trattato con umorismo e crudezza da un Saura tornato alla sua forma migliore. Maura è bravissima anche senza Almodóvar. Pajares è un talento comico da scoprire. Ottima sceneggiatura di Rafael Azcona.

A 007, dalla Russia con amore *** (*From Russia with Love*, Gb 1963, col, 116') Terence Young. Con Sean Connery, Daniela Bianchi, Pedro Armendariz, Lotte Lenya, Robert Shaw, Bernard Lee, Lois Maxwell. ◆ Dal romanzo di Ian Fleming, secondo episodio e probabilmente il migliore della serie dedicata a James Bond. L'organizzazione criminale Spectre vuole impossessarsi di una sofisticata macchina sovietica, il Lektor. A capo c'è una donna pronta a tutto, ma Bond (Connery) può contare sull'aiuto di un'affascinante spia russa, Tatiana Romanova (Bianchi). Avvincente e ironica spy-story, influenzata dal clima di disgelo anni Sessanta, con molta azione e altrettanta suspense. Bello il duello rusticano tra le zingare. Nei panni della diabolica Rosa Klebb recita Lotte Lenya, che era stata la moglie di Kurt Weill.

Azione esecutiva ** (*Executive Action*, Usa 1973, col, 91') David Miller. Con Burt Lancaster, Robert Ryan, Will Geer, Gilbert Green, John Anderson. ◆ Ricostruzione dell'omicidio Kennedy secondo l'ipotesi del complotto: irriducibili reazionari si organizzano contro l'eroe della Nuova Frontiera, non disdegnando il ricorso alla mafia. Vent'anni prima dell'esplosivo *JFK* di Oliver Stone, è una provocazione fantapolitica che ha il suo punto di forza nella sceneggiatura scarna e drammatica di Dalton Trumbo. Ultimo film di Robert Ryan.

Azione mutante * (*Acción mutante*, Spagna/Francia 1993, col, 94') Alex de la Iglesia. Con Antonio Resines, Frédérique Feder, Féodor Atkine, Rossy de Palma, Bibi Andersen. ◆ Nel 2022 Ramon Yarritu (Resines), fondatore di una banda di terroristi afflitti da deformità d'ogni genere, rapisce la bella figlia (Feder) di un magnate salutista, portandola su un pianeta di freaks. La bella si innamora della bestia, e alla fine muoiono tutti, o quasi: come ci si aspetta da una parodia che punta allo humour nero (producono Pedro e Augustin Almodóvar) e al cattivo gusto ricercato a bella posta. Ma a metà film la satira si perde, e si ha l'impressione di essere finiti in uno dei cento cloni della serie di *Mad Max*.

A zonzo per Mosca *** (*Ja šagaju po Moskve*, Urss 1964, b/n, 80') Georgij Danelija. Con Nikita Michalkov, Aleksej Loktëv, Galina Polskich, Eugenij Steblov, Vladimir Basov. ◆ Due amici (Michalkov e Steblov) girano per la città senza meta. Quando conoscono uno scrittore (Loktëv) di passaggio per Mosca lo conducono da un sedicente poeta (interpretato dal regista Vladimir Basov) che in forma di consigli snocciola i luoghi comuni della critica cinematografica del tempo: «idee guida», «verità dei caratteri», «dettaglio significante». Ma non è un artista, è solo un uomo delle pulizie. Commedia chiave del rifiorire del cinema sovietico a metà degli anni Sessanta sotto Chruščëv, scritta insieme a Gennadij Spalikov, «sorta di manifesto contro la dittatura della sceneggiatura, per un cinema di più libera invenzione registica». Uno schiaffo in faccia al gusto dei critici e all'estetica ortodossa che infatti accusarono il film di *lakirovka*, di verniciare di rosa la realtà. Michalkov, qui al suo esordio come attore, diventerà il più famoso regista sovietico degli anni Ottanta.

Babar *½ (*Babar – The Movie*, Canada 1990, col, 78') Alan Bunce. ◆ Il giorno della Vittoria, re Babar racconta ai suoi figli di quando, ancora elefantino, riuscì a salvare la sua terra da lord Rataxes e dalla sua orda di rinoceronti: dopo mille peripezie, ebbe l'idea di costruire un gigantesco mammuth che spaventò i rinoceronti e li fece tornare nella loro terra. Basato sui personaggi, assai popolari fuori d'Italia, creati nel 1931 da Jean e Cecile de Brunhoff e poi continuati dal figlio Laurent, questo film d'animazione non riesce a trasferire sullo schermo la stessa delicata poesia dei disegni d'anteguerra: non mancano le invenzioni fantastiche per animare il racconto (l'astuta scimmia Zephir, le prigioni di Rhino City) ma a incantarsi sarà solo chi è già un fan dei de Brunhoff.

Baba Yaga *½ (Italia/Francia 1973, col, 85') Corrado Farina. Con Carroll Baker, Isabelle de Funès, George Eastman [Luigi Montefiori], Ely Galleani. ◆ La fotografa milanese Valentina (de Funès), sensuale, colta e spregiudicata, s'imbatte nella strega Baba Yaga (Baker) e ne rimane soggiogata. La protagonista dei fumetti approda al cinema, mantenendo rigorosamente lo stile del suo inventore Guido Crepax, anche nel taglio delle inquadrature e nelle scelte di montaggio. La censura eliminò la scena madre per non mostrare la strega Carroll Baker senza veli.

Babe, The – La leggenda *½ (*The Babe*, Usa 1991, col, 115') Arthur Hiller. Con John Goodman, Kelly McGillis, Trini Alvarado, Bruce Boxleitner, Peter Donat, J.C. Quinn. ◆ Biografia del campione di baseball americano Babe Ruth (Goodman), che tra le due guerre contribuì a far tornare questo sport ai vertici della popolarità. Bambino abbandonato, amante delle donne e del cibo, *maverick* in conflitto con le autorità e gli stessi fans: un personaggio su misura del gigionesco protagonista, la cui verve non basta tuttavia a dare vita a un film che ha l'aria del déjà vu.

Babe – Maialino coraggioso *** (*Babe*, Australia 1995, col, 92') Chris Noonan. Con James Cromwell, Magda Szubanski, Zoe Burton, Paul Goddard, Marshall Napier. ◆ Allevato da una coppia di cani da pastore della fattoria Hoddgett, il maialino Babe impara ad accudire le pecore (da cui riesce a farsi obbedire perché invece di abbaiare gli ordini, li chiede con dolcezza) e, ribaltando il suo destino «naturale» – che è quello di finire in padella – convince il padrone (Cromwell) di essere così bravo da farsi iscrivere a una gara per cani da pastore. Una favola moderna (con tanto di morale: anche le regole più secolari si possono infrangere), dove gli animali – veri – conquistano il primo piano lasciando gli umani sullo sfondo. Tratto dal libro di Dick King-Smith sceneggiato dal regista e dal produttore George Miller (quello di *Mad Max*, vera anima di un progetto accarezzato per sette anni) questo «film per bambini» racconta con una naturalezza accattivante e coinvolgente il potere infinito delle buone maniere e l'entusiasmo della sovversione (l'oca che vuole sostituirsi al gallo per annunciare il sole). Giusto Oscar per gli effetti speciali visivi (alla Jim Henson's Creature Shop, Robotechnology e Rhythm & Hues Visual Effects) per l'utilizzo dell'animazione elettronica, soprattutto per far aderire il movimento delle bocche e dei becchi ai dialoghi. Per «interpretare» Babe sono stati utilizzati 48 maialini di razza *Large white* perché nessuno immaginava che potessero crescere tanto in fretta tra una scena e l'altra.

Babette va alla guerra ** (*Babette s'en va-t-en guerre*, Francia 1959, col, 105') Christian-Jaque [Christian Maudet]. Con Brigitte Bardot, Jacques Charrier, Hannes Messemer, Francis Blanche. ◆ Nel 1940 gli alleati paracadutano in Francia Babette (Bardot), giovane cameriera di una casa chiusa, insieme al tenente Gérard (Charrier) per catturare un generale tedesco la cui ex moglie le assomiglia moltissimo. Commedia satirica dal ritmo piuttosto incalzante ben dialogata da Audiard e musicata da Bécaud. B.B., venticinquenne, è nel pieno della sua bellezza e del successo divistico. Conosciutisi sul set, la Bardot e Charrier si sposeranno poco dopo.

Babe va in città *½ (*Babe Pig in the City*, Usa/Australia 1998, col, 95') George Miller. Con Magda Szubanski, James Cromwell, Mickey Rooney, Mary Stein. ◆ Il maialino coraggioso (che in realtà è una femmina), tutto solo in una specie di Sydney che lo scenografo Roger Ford ha contaminato con Venice e la *Metropolis* di Lang, salva dalle forze dell'ordine una comunità di cani, gatti e scimmie, all'interno della quale impone l'armonia. Svanita l'ambientazione rurale, si perde anche il punto di forza del prototipo: la morale è più sbiadita, mentre il regista di *Mad Max* (anche coproduttore e cosceneggiatore) pensa solo all'azione. E l'antropomorfismo delle bestie diventa più forzato e lezioso.

Baby *½ (*The Baby*, Usa 1973, col, 85') Ted Post. Con Anjanette Comer, Ruth Roman, Marianna Hill, Suzanne Zenor. ◆ Un'assistente sociale vorrebbe occuparsi di un minorato psichico affinché il marito, nelle stesse condizioni a causa di un incidente, abbia un po' di compagnia, ma la famiglia del ragazzo si oppone con ogni mezzo. Racconto gotico-nero su un doppio caso di amore femminile morboso, con qualche brivido. Ma all'edizione italiana mancano quasi 20 minuti (in originale 102').

Baby – Il segreto della leggenda perduta *½ (*Baby... Secret of the Lost Legend*, Usa 1985, col, 95') Bill W.L. Norton. Con William Katt, Sean Young, Patrick McGoohan, Julian Fellowes, Kyalo Mativo. ◆ Zoologo in cerca di gloria (Katt) scopre nel Congo una famiglia di brontosauri ed entra in aspro conflitto con la sua assistente per accaparrarsi le povere bestiole. Il marchio Disney non evita un insolito ricorso alle emozioni (quasi) forti.

Baby Birba – Un giorno di libertà *½ (*Baby's Day Out*, Usa 1994, col, 99') Patrick Read Johnson. Con Matthew Glave, Joe Mantegna, Lara Flynn Boyle, Joe Pantoliano, Brian Haley, John Neville, Fred Dalton Thompson. ◆ Rapito da tre delinquenti capeggiati da Norby LeBlow (Mantegna), il piccolo Bennington Cotwell (Glave), per quanto cammini carponi e non parli, riesce a fuggire e si districa indenne tra i mille pericoli di New York, beffando sistematicamente i malvagi e contribuendo alla loro cattura. Dopo gli adolescenti e i mocciosi, John Hughes, produttore e autore della sceneggiatura, si dedica ai neonati. Il tentativo era quello di girare un cartoon con gag pirotecniche e attori in carne e ossa (anche se virtualmente indistruttibili). Il risultato è tirato per le lunghe e spesso stucchevole. L'anziano Eddie Bracken, attore caro a Preston Sturges, è il veterano che fa le boccacce.

Baby Boom *½ (*Baby Boom*, Usa 1987, col, 111') Charles Shyer. Con Diane Keaton, Harold Ramis, Sam Wanamaker, James Spader, Sam Shepard, Pat Hingle. ◆ Una yuppie trentenne (Keaton) riceve «in eredità» una bambina di due anni: è costretta a licenziarsi e si trasferisce in campagna dove scoprirà i valori della maternità, della famiglia e dei prodotti naturali. Oltre, naturalmente, a quelli dell'amore per un veterinario (Shepard). Redenzione bucolica e familiare di una perfida donna in carriera: la risposta americana, in versione femminile, a *Tre uomini e una culla*, meno divertente e poco incisiva nel colpire i modi e le mode anni Ottanta.

Baby Doll (La bambola viva) **½ (*Baby Doll*, Usa 1956, b/n, 114') Elia Kazan. Con Karl Malden, Carroll Baker, Eli Wallach, Mildred Dunnock, Rip Torn. ◆ Nel torrido e decadente Mississippi, a Benoit, vive Archie, un cardatore prossimo alla bancarotta (Malden), insieme alla moglie-bambina (Baker). Nel loro matrimonio, ancora non consumato per la minore età di lei, s'inserisce il vicino di casa, il siciliano Silva Vaccaro (Wallach), che corteggia vistosamente la giovane, arrivando a conquistarla e spingendo così Archie sulla strada della pazzia. «Commedia nera» piena di pessimismo sociale e di ambigua misoginia su un crudele triangolo amoroso, il film ha un contenuto erotico essenzialmente allusivo (celeberrima l'immagine di lei che si succhia il pollice distesa in una vecchia culla), che all'epoca fece molto scalpore, scatenando le ire della Legione della Decenza e del cardinale Spellman. Il pigiamino della protagonista passò alla storia della moda col titolo del film, «baby doll», e con *Lolita* di Nabokov e la rivista *Playboy* diede un contributo determinante alla rivoluzione sessuale negli Usa. Sceneggiato da Tennessee Williams (a partire dai suoi due atti unici *27 Wagonloads of Cotton* e *The Unsatisfactory Supper*) e splendidamente fotografato da Boris Kaufmann, è il film di Kazan che meglio rivela l'influenza del metodo di recitazione dell'Actor's Studio sul suo cinema, anche se oggi appare un po' invecchiato. Film d'esordio per Eli Wallach e Rip Torn (nel ruolo del dentista).

Baby Gang *½ (Italia 1992, col, 82') Salvatore Piscicelli. Con Marco Testa, Daniele Marchitelli, Rino De Masco, Iaia Forte, Gennaro Canavacciuolo, Claudio Boccalatte, Andrea Mandolini. ◆ Nell'entroterra napoletano, la giornata del piccolo Luca (Testa), alla ricerca di una bustina di droga per suo fratello: viene ingaggiato come spacciatore da ragazzi poco più grandi di lui, impara i trucchi del mestiere, e alla fine assiste a un omicidio. In tempi di *Ragazzi fuori*, Piscicelli (con la sua cosceneggiatrice Carla Apuzzo) vuole evitare il sensazionalismo e la denuncia, per ritrovare uno sguardo pasoliniano, complice e naïf. Ma troppe sono le cadute di tono, e molto alla fine sa di posticcio, anche per colpa dell'invadenza del commento musicale e per la disarmante assenza di recitazione.

Baby killer ** (*It's Alive!*, Usa 1974, col, 91') Larry Cohen. Con John Ryan, Sharon Farrel, Andrew Duggan, Guy Stockwell, James Dixon. ◆ A causa di una mutazione genetica dovuta alla pillola, la signora Davis (Farrel) partorisce un bebè con unghioni e zanne che fa strage già in sala parto. Il padre (Ryan) giura di ucciderlo, ma alla fine scopre di non esserne capace.

Cohen riesce a evocare pietà per il mostro (dovuto a Rick Baker), e costruisce dei personaggi a tutto tondo. Horror dal sottofondo umanitario e moralista alla Romero, soffre però di un ritmo catatonico. Musica di Bernard Hermann. Seguìto da *It Lives Again* (inedito in Italia) e da *Baby killer III.*

Baby killer III *½ (*It's Alive III: Island of the Alive,* Usa 1987, col, 91') Larry Cohen. Con Michael Moriarty, Karen Black, Gerrit Graham, MacDonald Carey. ◆ Cinque baby killer vengono confinati su un'isola deserta, ma torneranno a vendicarsi, anche se il padre (Moriarty) di uno di essi continua a essere convinto della loro bontà d'animo. Dopo un inizio folgorante, Cohen sceglie un taglio grottesco per rimediare al ridicolo involontario. Personale come tutti i film di Cohen, ma, come sempre, solo per gli amanti del *camp.*

Babylon *½ (Italia 1994, col, 94') Guido Chiesa. Con Paolo Lorimer, Valeria Milillo, Bill Sage, Sophie Bernhard, Andrea Prodan. ◆ Francesco (Lorimer), che fa l'operaio per scelta politica, non riesce ad accettare che la moglie Carla (Milillo), assistente universitaria, durante un viaggio a New York abbia avuto una relazione con un detective (Sage): quando costui arriva in Italia, Francesco medita di ucciderla, ma metterà in atto un piano ben più articolato. Alla sua opera seconda, Chiesa spiazza gli estimatori del *Caso Martello* con un film girato a bassissimo costo sul caos sentimental-esistenziale di una generazione che ha perso i parametri ideologici e si è ritrovata «nuda» di fronte a se stessa: interessante il lavoro su immagini e musica, nel tentativo – apprezzabile – di fare «un cinema polimorfo e transculturale», lontano dal provincialismo che quasi sempre affligge la produzione italiana; ma la storia ha poca consistenza, i dialoghi risultano troppo costruiti e l'intreccio appare rigido rispetto alla libertà dello stile. La colonna sonora mescola ragamuffin italiano (99 Posse, Alma Megretta, Sud Sound System, Africa Unite) e rock-punk americano (Afghan Whigs, Mudhoney), e il film, girato in inglese, francese e italiano, è volutamente sottotitolato per mantere il multilinguismo. Il titolo si riferisce al termine con cui i rasta giamaicani definiscono la società occidentale dominata dal caos.

Baby of Macôn, The *½ (*The Baby of Macôn,* Gb/Olanda/Francia/Germania 1993, col, 122') Peter Greenaway. Con Julia Ormond, Ralph Fiennes, Philip Stone, Jonathan Lacey, Don Henderson. ◆ Nel 1659 una rappresentazione teatrale ricostruisce ciò che è accaduto nella città di Macôn: una vergine (Ormond) finge di avere avuto un bambino – partorito in realtà dalla madre decrepita – e organizza un business attorno al «miracolo». Ma quando il marmocchio viene sequestrato dal vescovo – che ne vende le secrezioni a caro prezzo – la ragazza lo uccide. Per punizione il vescovo la fa violentare a morte da 217 soldati, mentre la folla si spartisce i pezzi del cadaverino. Il vecchio tema della realtà che prevarica sulla finzione (l'attrice viene realmente violentata sulla scena e muore) nell'ennesima messinscena sovraccarica e raggelata di Greenaway: un teatro della crudeltà tutto di testa, che si compiace di infliggere allo spettatore una serie di shock, come per metterne alla prova la complicità. Dietro l'ambientazione seicentesca, il regista vorrebbe alludere alla civiltà dell'immagine contemporanea, e addirittura alle foto di Oliviero Toscani. Ma ha sbagliato i calcoli, perché le sue provocazioni, ormai, cadono nel vuoto.

Baby sitter – Un maledetto pasticcio *½ (*La Babysitter,* Francia/Italia/Rft 1975, col, 110') René Clément. Con Maria Schneider, Sydne Rome, Nadja Tiller, Clelia Matania, Vic Morrow. ◆ Disavventure di una babysitter (Schneider) sequestrata insieme al piccolo che le era stato affidato. Giallo psicologico dall'intreccio contorto e dal ritmo un po' blando.

Babysitter ...un thriller * (*The Babysitter,* Usa 1996, col, 86') Guy Ferland. Con Alicia Silverstone, Jeremy London, J.T. Walsh, George Segal. ◆ Un tranquillo venerdì sera di una placida cittadina americana una ragazza (Silverstone), chiamata da una coppia in libera uscita per un party ad accudire i suoi tre pargoletti, deve fronteggiare le smanie erotiche del fidanzato, alleatosi per l'occasione con un mitomane compagno di scuola. Joel Schumacher (produttore esecutivo) fa esordire un suo «protetto» che ha l'ambizione dello spaccato sociologico. Ma il risultato è più dalle parti di una Gloria Guida sbirciata da Nando Cicero e per giunta senza ironia. Inguardabile.

Baccanali di Tiberio, I * (Italia 1959, col, 93') Giorgio Simonelli. Con Walter Chiari, Ugo Tognazzi, Abbe Lane, Tino Buazzelli, Aroldo Tieri, Luciano Salce, Mara Berni, Olimpia Cavalli. ◆ Due amici (Chiari e Tognazzi) battono la testa in un incidente e sognano di trovarsi ai tempi dell'imperatore Tiberio nell'antica Roma. Qui vengono scambiati per gli attentatori dell'imperatore e si vedono costretti a travestirsi da ballerine. Noiosa farsa i cui intenti satirici si perdono tutti strada facendo.

Baccanti, Le **½ (Italia/Francia 1961, col, 100') Giorgio Ferroni. Con Taina Elg, Alberto Lupo, Pierre Brice, Alessandra Panaro, Raf Mattioli, Erno Crisa, Akim Tamiroff, Miranda Campa, Gérard Landry, Nerio Bernardi, Enzo Fiermonte. ◆ Per scongiurare la siccità, il re di Tebe Penteo (Lupo) decide di sacrificare a Hera la vergine Manto (Panaro), sperando così di sfatare una profezia che la vorrebbe sposa del suo uccisore: ma il dio Dioniso (Brice), offeso per non essere onorato proprio a Tebe, sua città natale, conquista Dirce (Elg), promessa sposa di Penteo, e aizzando la folla contro il sovrano ne accelera la fine. Curioso tentativo di nobilitare il peplum ispirandosi direttamente a Euripide: la sceneggiatura del regista e Giorgio Stegani stempera la tragedia introducendo molti elementi spuri (il sacrificio di Manto e il suo amore per Lacdano [Mattioli], il ruolo di Dirce che «sostituisce» quello della madre del re, Agave [Campa]), ma del testo euripideo mantiene il tragico scontro tra il razionalismo di Penteo, che vuole controllare e orientare gli avvenimenti, e l'ambigua carica irrazionalistica del culto bacchico. Poco apprezzato ai tempi per il suo ritmo ieratico e i suoi dialoghi letterari, rivela oggi un coraggio quasi «sperimentale» nell'affrontare la materia popolaresca del film mitologico, grazie anche alla raffinata fotografia di

Pier Ludovico Pavoni. Coreografie di Herbert Ross.

Bachelor Party – Addio al celibato ** (*Bachelor Party*, Usa 1984, col, 106') Neal Israel. Con Tom Hanks, Tawny Kitaen, Adrian Zmed, George Grizzard, Robert Prescott. ◆ L'ultima festa per uno scapolo (Hanks), piena di tentazioni d'ogni genere. All'inizio è una commedia divertente, poi si fa via via più disperata fino a stravolgere completamente le premesse.

Baciala per me *½ (*Kiss Them for Me*, Usa 1957, col, 105') Stanley Donen. Con Cary Grant, Jayne Mansfield, Leif Erickson, Suzy Parker, Larry Blyden, Ray Walston. ◆ Gli affari di cuore di tre ufficiali di marina in licenza a San Francisco. Una commedia forzata e deludente, con qualche simpatica battuta scritta da Jules Epstein per la Mansfield («Sono naturali i tuoi capelli?», «Sì, tranne che per il colore»).

Baciami Guido * (*Kiss Me, Guido*, Usa/Gb 1997, col, 89') Tony Vitale. Con Nick Scotti, Anthony Barrile, Anthony DeSanda, Molly Price. ◆ Pizzaiolo del Bronx col mito di Stallone e De Niro, Frankie (Scotti) si trova a dividere l'appartamento con l'omosessuale Warren (Barrile) e a recitare in una pièce gay: non cambia sponda, ma vince i pregiudizi. Poteva essere l'idea per una commediola *politically correct*, ma a furia di non offendere nessuno (anche se il pubblico di riferimento è gay) il regista-sceneggiatore – che ignora tempi e ritmi comici – non fa che accumulare passivamente gli stereotipi più stupidi.. «Guido», in slang, significa buzzurro italo-americano.

Baciami, Kate! *** (*Kiss Me, Kate!*, Usa 1953, col, 109') George Sidney. Con Kathryn Grayson, Howard Keel, Ann Miller, Bobby Van, Keenan Wynn, James Whitmore, Bob Fosse. ◆ Brillante versione cinematografica (sceneggiata da Dorothy Kingsley) del musical di Cole Porter e Samuel e Bella Spewack tratto da *La bisbetica domata* di Shakespeare, grande successo a Broadway nel 1947. Grayson e Keel sono Lilli Vanessi e Fred Graham, una coppia sposata in crisi le cui vite s'intrecciano continuamente dentro e fuori il teatro. Gioco di scatole cinesi secondo la formula dello spettacolo nello spettacolo, girato in 3D per materializzare le evoluzioni della danza e poi distribuito in copie bidimensionali. Ammirevole l'equilibrio con cui sono costruiti gli intrecci tra realtà e finzione: semplici e diretti per permettere un divertimento immediato, ma anche sufficientemente sofisticati per lasciare spazio all'ironia e al distanziamento, in un gioco di specchi dove «trionfa la virtuosità del regista». Rivelazione del giovane ballerino e futuro regista Bob Fosse nella parte di Ortensio, che qui crea ed esegue la coreografia del numero *From This Moment On*. Le altre coreografie sono di Hermes Pan.

«Baciami, stupido» **** (*Kiss Me, Stupid!*, Usa 1964, col, 126') Billy Wilder. Con Dean Martin, Ray Walston, Kim Novak, Felicia Farr, Cliff Osmond, Barbara Pepper. ◆ Un compositore (Walston), smanioso di successo e geloso della moglie (Farr), spinge tra le braccia di un famoso cantante donnaiolo (Martin) la prostituta (Novak) alla quale si finge sposato, ma poi tronca per invidia il presunto adulterio e provoca, inconsapevolmente, il proprio. Sofisticata commedia degli equivoci che demolisce con spietata amarezza l'istituzione della fedeltà coniugale (tutti tradiscono tutti, ma alla fine nessuno viene condannato; anzi ognuno ottiene un vantaggio dal suo «tradimento») e mette alla berlina l'altrettanto intoccabile mito americano del successo: il film scosse talmente il pubblico da non aver nessun successo. Indimenticabile Kim Novak nel ruolo della prostituta con il diamante nell'ombelico, che vive con un pappagallino nella roulotte e continua ad asciugarsi il naso che cola. Tratto dalla commedia *L'ora della fantasia* di Anna Bonacci, già all'origine di *Moglie per una notte* (1952) di Camerini. Per il ruolo del compositore era stato scelto Peter Sellers, poi sostituito per ragioni di salute.

Baci e abbracci **½ (Italia 1999, col, 106') Paolo Virzì. Con Francesco Paolantoni, Massimo Gambacciani, Isabella Cecchi, Piero Gremigni, Paola Tiziana Cruciani, Daniela Morozzi, Edoardo Gabbriellini, Samuele Marzi, Emanuele Barresi, Isabella Cecchi, Rosanna Mazzi, gli Snaporaz. ◆ I cognati Bacci (Gambacciani) e Cecconi (Gremigni), operai disoccupati che si sono riciclati, assieme a Tiziana (Cruciani), come allevatori di struzzi, hanno invitato per Natale un assessore da rimpinzare onde ottenere finanziamenti: ma per sbaglio si portano nel casale il ristoratore fallito Mario (Paolantoni), reduce da un tentato suicidio, che scosso da tante dimostrazioni d'affetto – sia pure insincere – vede aprirsi uno spiraglio nel suo futuro. Su una classica struttura a equivoci, Virzì (sceneggiatore con Francesco Bruni) costruisce un film corale e il ritratto verosimile di un'Italia di provincia che si arrabatta inseguendo una ridicola modernità: e se lo sguardo critico, secondo la tradizione della commedia all'italiana, si stempera nell'indulgenza e in una semiparodica voglia di bontà, lo stile nervoso e frammentato resta lucido. Le musiche degli Snaporaz (che compaiono anche nel film come gli Amaranto Posse) contrappuntano con ironia mai banale le immagini fotografate da Alessandro Pesci e montate (con qualche virtuosismo di troppo) da Jacopo Quadri.

Bacio al buio, Un *½ (*One Rainy Afternoon*, Usa 1936, b/n, 79') Rowland V. Lee. Con Francis Lederer, Ida Lupino, Hugh Herbert, Roland Young, Erik Rhodes, Joseph Cawthorn, Mischa Auer. ◆ Convinto di incontrare in un cinema la propria ragazza, l'attore Philippe Martin (Lederer) bacia invece una sconosciuta, Monique Pelerin (Lupino). L'equivoco diventa uno scandalo pubblico e Philippe è processato dalla Lega del buon costume: arriva la condanna ma anche l'inevitabile lieto fine. Questa nuova versione del film di Karl Anton *Monsieur Sans-Gêne* (1935, inedito in Italia) spreca sistematicamente tutte le possibilità comiche della trama, «imperturbabilmente logica dove avrebbe potuto essere delirante» (essere processato per un bacio poteva giustificare ogni invenzione narrativa), preoccupata solo di accelerare le battute per dare l'impressione di una fluidità di dialogo che invece non c'è.

Bacio della donna ragno, Il **½ (*Kiss of the Spider Woman*, Usa/Brasile 1985, col, 119') Hector Babenco. Con William Hurt, Raul Julia, Sonia Braga, José Lewgoy, Denise Dumont. ◆ Nella cella di uno Stato dittatoriale, l'omosessuale (Hurt) insegna il potere della fantasia, il militante (Julia) quello della dignità e della lealtà. E quando tutto sembra perso, ci si accorge che il ricordo dei film hollywoodiani può sostituire il cibo e la libertà. Dall'omonimo romanzo di Manuel Puig, un melodramma con schegge di coscienza politica. Il ruolo del gay doveva essere interpretato da Burt Lancaster, che rifiutò per paura di rovinarsi l'immagine (ma viene ringraziato nei titoli di coda). Splendida performance di Hurt, premiato a Cannes e con l'Oscar.

Bacio della morte, Il **½ (*Kiss of Death*, Usa 1947, b/n, 98') Henry Hathaway. Con Victor Mature, Brian Donlevy, Coleen Gray, Richard Widmark, Karl Malden, Taylor Holmes, Mildred Dunnock. ◆ Nick Bianco (Mature), rapinatore per necessità, scopre che la banda che lui aveva «coperto» autoaccusandosi di un furto non ha rispettato i patti prendendosi cura della sua famiglia, e si vendica collaborando con la polizia. Gangster-film a metà tra la fiction e la realtà, nel quale polizia e banditi usano gli stessi metodi immorali. Accorgimenti particolari furono usati per le riprese in esterni a New York: le parti documentarie furono girate in 16mm e poi gonfiate a 35mm. Di grande efficacia l'idea di lasciare completamente senza sonoro le scene di maggiori tensioni (la fuga in ascensore dal 32° piano dopo la rapina; l'attesa di Nick della vendetta di chi ha denunciato alla polizia). Il film segna l'esordio di Widmark, killer psicopatico che precipita dalle scale una donna paralitica ridendo continuamente. Sceneggiatura, ambiguamente amorale, di Ben Hecht (ma nei titoli di testa della copia italiana è scritto Netch) e Charles Lederer. Rifatto, con molte libertà, da Barbet Schroeder.

Bacio della morte, Il **½ (*Kiss of Death*, Usa 1995, col, 100') Barbet Schroeder. Con David Caruso, Nicolas Cage, Samuel L. Jackson, Michael Rapaport, Helen Hunt, Stanley Tucci, Kathryn Erbe, Ving Rhames. ◆ Jimmy Martin (Caruso) vorrebbe uscire dal giro della malavita, ma per colpa del cugino (Rapaport) finisce in galera. Un procuratore ambizioso (Tucci) lo fa uscire a patto che tradisca Little Junior (Cage), boss culturista deficiente e violentissimo. Richard Price ha riscritto l'omonimo film di Hathaway: non che se ne sentisse il bisogno, ma l'operazione è più riuscita, per esempio, di *La notte e la città*. Un noir senza divisioni tra bene e male, con una sana dose di melodramma vecchio stile che bilancia la violenza iperrealistica. Banale il finale, ma ben costruiti i personaggi. Cage non tenta neanche di rifare Richard Widmark, ma il suo Junior (ciò che i critici non hanno capito) è più folle dei personaggi di *Pulp Fiction*. Fotografia di Luciano Tovoli.

Bacio della pantera, Il **** (*Cat People*, Usa 1942, b/n, 73') Jacques Tourneur. Con Simone Simon, Kent Smith, Tom Conway, Jane Randolph, Jack Holt. ◆ Le disavventure di Oliver (Smith) sposato alla timida Irina (Simon), disegnatrice di origine slava che discende da una setta adoratrice di animali: una maledizione sembra trasformarla, a volte, in una pantera nera e questo le impedisce di amare veramente suo marito. Primo di una serie di B-movie commissionati per risollevare economicamente la Rko e prodotti da Val Lewton, si rivelò a distanza un horror da cineteca, tutto giocato sui turbamenti del non-detto e su un raffinato geometrismo delle immagini. Fondamentale l'uso della luce (di Nicholas Musuraca) che contribuì a interiorizzare il contenuto del film e a provocare un'identificazione più forte e più profonda dello spettatore con i personaggi. Indimenticabili le scene dell'inseguimento notturno e della minaccia in piscina, riprese poi da vari registi del genere (da noi, Dario Argento in *Suspiria*). Simon è perfetta come donna-felino, terrorizzata prima ancora che terrorizzante. Rifatto nel 1982 e imitato malamente nel 1988 (*Il bacio del terrore*). Alcuni personaggi del film si ritrovano nel *Giardino delle streghe* (1944).

Bacio della pantera, Il ** (*Cat People*, Usa 1982, col, 118') Paul Schrader. Con Nastassja Kinski, Malcolm MacDowell, John Heard, Annette O'Toole, Ruby Dee, Ed Begley jr, Scott Paulin, John Larroquette. ◆ La virginea Irina (Kinski) arriva in città insieme al fratello (MacDowell), un uomo-felino, e s'innamora del direttore dello zoo mentre una pantera getta nel panico la comunità. Remake del film di Tourneur, con differenze rilevanti: la figura del fratello incestuoso appare forzata, la torrida New Orleans al posto di New York è invece una scelta felice. Sexy, sanguinoso, tecnicamente ben fatto (la trasformazione da donna in pantera avviene in diretta) ma narrativamente incerto. La Kinski, però, è più sensuale che mai.

Bacio dell'assassino, Il *** (*Killer's Kiss*, Usa 1955, b/n, 76') Stanley Kubrick. Con Frank Silvera, Jamie Smith, Irene Kane, Jerry Jarret. ◆ Un pugile fallito (Smith) difende una ballerina (Kane) dal suo datore di lavoro che, dopo averla violentata, la teneva prigioniera in uno scantinato. Un noir appassionante, strutturato come un lungo flashback e concluso con un inseguimento mozzafiato sui tetti di New York e un duello in un deposito pieno di manichini. È il secondo film di Kubrick, che firma anche il soggetto originale, la sceneggiatura, la fotografia, il montaggio e la produzione. Gli interessi del regista sono più per la parte formale (fotografia elaborata e impressionista, montaggio ricercato) che per l'organizzazione della struttura narrativa. Ruth Sobotka, seconda moglie di Kubrick, interpreta Iris.

Bacio del serpente, Il *½ (*Serpent's Kiss*, Gb 1997, col, 110') Philippe Rousselot. Con Pete Postlethwaite, Ewan McGregor, Greta Scacchi, Carmen Chaplin, Richard E. Grant. ◆ L'architetto Meneer Chrome (McGregor), incaricato da Thomas Smithers (Postlethwaite) di abbellire il giardino, è un millantatore, ricattato dall'amante (Grant) della padrona di casa (Scacchi). Ma la presenza disturbante della giovane Thea Smithers (Chaplin, nipote del grande Charlie) scombussolerà i piani di tutti. Per esordire nella regia, il direttore della fotografia Rousselot sceglie una storia di amori e intrighi (sceneggiata da Tim Rose Price) ambientata nell'Inghilterra del 1699: le immagini sono indubbiamente raffinate, ma il tema di fondo – *omnia vicit amor* – è raccontato in maniera semplicistica e prevedibile. E poi non si può non fare il paragone (schiacciante) con *I misteri del giardino di Compton House*.

Bacio del terrore, Il *½ (*The Kiss*, Usa 1988, col, 101') Pen Densham. Con Joanna Pakula, Meredith Salenger, Mimi Kuzyk, Nicolas Kilbertus, Jan Rubes. ◆ Sulla falsariga del *Bacio della pantera*, la storia di una maledizione familiare che si trasmette di generazione in generazione attraverso un bacio da donna a donna. Horror a tratti intrigante, ma incapace di sostenere le implicazioni simbolico-sessuali su cui si basa.

Bacio di Giuda, Il **½ (Italia 1988, col, 90') Paolo Benvenuti. Con Claudio Bachi, Giorgio Algranti, Emidio Simini, Pio Giannelli, Marina Barzotti. ◆ Gli ultimi mesi della vita di Gesù (Bachi), fino alla delazione di Giuda (Algranti) e all'arresto. Introdotto dall'attore Giorgio Algranti in abiti moderni che interpreta e legge passi del Vangelo di Matteo e costruito su fonti anche apocrife, il film è una sofferta riflessione sulla «necessità teologica» del tradimento, ieratico e spoglio ma ricchissimo di riferimenti alla pittura classica (Giotto, Masaccio e Caravaggio su tutti), una delle opere più autenticamente religiose realizzate in Italia. Interpretato da attori non professionisti che recitano in maniera straniata e con forte accento dialettale, come in una sacra rappresentazione, il film finisce per trasformarsi in un appassionato canto d'amore per la Toscana contadina, dichiarato omaggio alla lezione di Rossellini e degli Straub. Girato nel 1986, presentato alla Mostra di Venezia nell'88, ha avuto circolazione occasionale, quasi esclusivamente su Raitre.

Bacio di mezzanotte, Il *½ (*That Midnight Kiss*, Usa 1949, col, 96') Norman Taurog. Con Kathryn Grayson, Mario Lanza, José Iturbi, Ethel Barrymore, Keenan Wynn, J. Carrol Naish, Jules Munshin. ◆ Inconsistente storia d'amore tra due persone (Grayson e Lanza) accomunate dalla passione per la lirica. Debutto cinematografico del tenore italiano in una commedia che si salva soprattutto per l'articolato repertorio operistico e la sfavillante messinscena.

Bacio di Tosca, Il **½ (*Le Baiser de Tosca*, Svizzera 1984, col, 87') Daniel Schmid. Con Giuseppe Banacchini, Leonida Bellon, Salvatore Lo Capo, Giovanni Erminio Pulicheddu, Sara Scuderi. ◆ Nella casa di riposo creata da Giuseppe Verdi a Milano, ex cantanti d'opera ricordano i momenti più significativi della loro carriera. Singolare film-inchiesta, nel quale l'oggetto di studio a poco a poco si fa soggetto e gli anziani prendono il sopravvento sul regista, con esibizioni ora vivaci ora toccanti.

Bacio di una morta, Il *½ (Italia 1949, b/n, 90') Guido Brignone. Con Gianna Maria Canale, Virginia Belmont, Aldo Bufi Landi, Peter Trent, Vinicio Sofia. ◆ Credendo morto l'uomo che ama, Clara (Canale) sposa un conte, ma l'amante di questi lo istiga a uccidere Clara. Dal romanzo di Carolina Invernizio, un «film d'appendice» discreto nel suo genere, e dallo stile più sobrio rispetto a quello della scrittrice. La giovanissima Paola Quattrini è la piccola Lilia. Rifatto nel 1974 da Carlo Infascelli.

Bacio di Venere, Il **½ (*One Touch of Venus*, Usa 1948, b/n, 81') William A. Seiter. Con Ava Gardner, Robert Walker, Dick Haymes, Eve Arden, Olga San Juan, Tom Conway. ◆ Timido vetrinista s'innamora di una statua di Venere che diventa una donna in carne e ossa, assumendo le sembianze di Ava Gardner. Spiritosa commedia musicale venata di surrealismo, tratta dal successo teatrale di Kurt Weill, Ogden Nash e S.J. Perelman. Celeberrimo il leit-motiv musicale, *Speak Low* di Kurt Weill, «cantato» dalla Gardner doppiata da Eileen Wilson.

Bacio e addio, Un → *Non ci sarà domani*

Bacio e una pistola, Un **** (*Kiss Me, Deadly*, Usa 1955, b/n, 105') Robert Aldrich. Con Ralph Meeker, Albert Dekker, Paul Stewart, Maxine Cooper, Cloris Leachman, Gaby Rodgers, Jack Elam, Nick Dennis. ◆ Il detective americano Mike Hammer (Meeker), insieme alla fidanzata Velda (Cooper), è sulle tracce dei ladri di una valigetta che si scoprirà contenere materiale radioattivo. Poliziesco brusco e tortuoso, tratto dall'omonimo romanzo di Mickey Spillane, sceneggiato da A.I. Berzerides, di cui conserva l'atmosfera sordida e violenta, il film colpì per la sua carica di visionaria violenza (una donna torturata fino alla morte, un'altra trasformata in una torcia umana) offrendo il ritratto di un mondo «oscuro e corrotto», rilettura pessimista e angosciante del mito del vaso di Pandora. Maltrattato all'uscita (quando non furono capiti i riferimenti all'epoca maccartista), in seguito è diventato un noir di culto, grazie soprattutto all'entusiasmo dei critici della Nouvelle Vague. Grande la regia barocca di Aldrich, splendida la fotografia di Ernest Laszlo.

Bacio mortale ** (*Death Kiss*, Usa 1933, b/n, 75') Edward L. Marin. Con David Manners, Adrienne Ames, John Wray, Bela Lugosi, Alexander Carr, Edward Van Sloan. ◆ Sessant'anni prima di Brandon Lee, un attore viene ucciso sul set mentre si gira la scena di una sparatoria. Lo sceneggiatore Franklyn Drew (Manners) indaga, precedendo la polizia. Da un romanzo di Madelon St. Denis, un giallo poco convincente nella soluzione, ma interessante per i giochi di cinema nel cinema che anticipano quelli di Brian De Palma. Il piano sequenza iniziale è da applausi, il resto è routine. Lugosi, nei panni di un produttore sospetto, ha un ruolo insignificante.

Bacio per morire, Un ** (*Once Before I Die*, Usa 1965, col, 97') John Derek. Con Ursula Andress, John Derek, Rod Lauren, Richard Jaeckel, Ron Ely. ◆ Durante la seconda guerra mondiale, soldati americani nelle Filippine cercano di sopravvivere a un attacco giapponese. Storia brutale e bizzarra, con la Andress unica donna del gruppo, diretta dal suo «pigmalione».

Bacio perverso, Il *** (*The Naked Kiss*, Usa 1964, b/n, 93') Samuel Fuller. Con Constance Towers, Anthony Eisley, Michael Dante, Virginia Grey. ◆ Un'ex prostituta (Towers) trova lavoro come infermiera in una cittadina di provincia. Quando scopre che il benefattore locale cerca la sua complicità per assecondare le proprie tendenze pedofile, lei lo ammazza. Rabbioso melodramma a forti tinte con morale anticonformista e un finale non riconciliato. La sequenza d'apertura, con la soggettiva del pappone picchiato dalla prostituta (che perde la parrucca e si rivela calva), su musica di Charlie Parker, è da antologia.

Bacio prima di morire, Un *½ (*A Kiss Before Dying*, Usa 1991, col, 110') James Dearden. Con Matt Dillon, Sean Young, Max von Sydow, Marta Gehman. ◆ Un aspirante yuppie (Dillon) uccide la fidanzata (Young), figlia di un magnate dell'industria (von Sydow), e sposa la sorella gemella di lei (ancora Young). Thriller ripetitivo e saturo di citazioni hitchcockiane, tratto dall'omonimo romanzo di Ira Levin e costruito attorno a un personaggio ossessivo che ricorda la Alex di *Attrazione fatale*, precedente sceneggiatura del regista. La storia è piuttosto sciatta, ma gli attori sono convincenti. Una curiosità: durante la scena dello strangolamento, la Tv trasmette un «film di mostri» anni Quaranta con Gianni e Pinotto, prodotto dalla Universal, la stessa major che ha finanziato Dearden. Remake di *Giovani senza domani* (1956) di Gerd Oswald.

Baci rubati **½ (*Baisers volés*, Francia 1968, col, 90') François Truffaut. Con Jean-Pierre Léaud, Delphine Seyrig, Michel Lonsdale, Claude Jade, Daniel Ceccaldi, Claire Duhamel. ◆ Terzo episodio delle avventure di Antoine Doinel (dopo *I quattrocento colpi* e l'episodio di *L'amore a vent'anni*): congedato dal servizio militare per instabilità di carattere, Antoine (Léaud) sperimenta strani lavori e conosce l'amore. Commedia intimista, movimentata da inserti polizieschi e farseschi, dove Léaud è un sognatore perfetto, impulsivo e sprovveduto, Parigi è più bella che mai, e il sorriso di Truffaut nasconde amarezza. Girato un paio di mesi prima del maggio '68, riflette la turbolenza politica del periodo solo nella dedica a Henry Langlois, il direttore della Cinémathèque Française che De Gaulle ingiustamente sospese dall'incarico e fu appassionatamente difeso dagli esponenti del cinema francese. Il titolo deriva dalla canzone di Charles Trenet *Que reste-t-il des nos amours?*, leit-motiv del film. Piccole parti per Marie-France Pisier (Colette Tazzi) e Martine Brochard (la signora Colin).

Baci sotto zero *½ (*Fifty Roads to Town*, Usa 1937, col, 80') Norman Taurog. Con Don Ameche, Ann Sothern, Slim Summerville, Jane Darwell, John Qualen, Stepin Fetchit. ◆ Uomo in fuga e bella ereditiera si ritrovano bloccati dalla neve in una villetta sperduta tra le montagne. Romantica commedia degli equivoci, ispirata alla storia di *Accadde una notte*.

Backbeat – Tutti hanno bisogno d'amore **½ (*Backbeat*, Gb 1994, col, 110') Iain Softley. Con Stephen Dorff, Sheryl Lee, Ian Hart, Gary Bakewell, Chris O'Neill, Scott Williams, Kai Wiesinger, Jennifer Ehle. ◆ In tournée ad Amburgo nel 1960, «Johnny and the Moondogs» sono un quintetto di musicisti di Liverpool – John Lennon (Hart), Paul McCartney (Bakewell), George Harrison (O'Neill), Pete Best (Williams) e Stuart Sutcliffe (Dorff) – ancora lontani dal trasformarsi in Beatles. *Backbeat* è dedicato soprattutto a Sutcliffe, un pittore promettente morto di emorragia cerebrale a soli 21 anni, e alla sua storia d'amore con la fotografa tedesca Astrid Kirchherr (Lee), inventrice del look beatlesiano. Primo lungometraggio di un regista di videoclip, nato da una conversazione tra lui e la vera Astrid Kirchherr. Un film piuttosto insolito nel genere musicale, energico e preciso nel restituire l'atmosfera emotiva e creativa di un gruppo in fieri in un'epoca di transizione, ma purtroppo fiacco e goffo sul versante sentimentale (il solito triangolo amicizia-amore-gelosia). Gli storici hanno storto il naso per le inesattezze (la sceneggiatura è del regista con Michael Thomas e Stephen Ward), e qualcuno non ha sopportato che le canzoni dei Beatles siano state riproposte nelle versioni di altri.

Back Roads ** (*Back Roads*, Usa 1981, col, 95') Martin Ritt. Con Sally Field, Tommy Lee Jones, David Keith, M. Emmet Walsh, Miriam Colon. ◆ La prostituta Amy Post (Field) e l'ex pugile Elmor Pratt (Jones) cercano di lasciare l'Alabama, sognando una vita rispettabile in California: ma tra litigi, flirt, incontri di boxe e disavventure di ogni sorta, il road-movie ruota su se stesso. Versione buffonesca di *Norma Rae*, sceneggiata da Gary Devarore: Ritt fa di tutto per rendere simpatici i suoi due perdenti, ma l'umorismo è scontato e ripetitivo. La fotografia è di John A. Alonzo, la colonna sonora di Henry Mancini.

Bad Boy Bubby ** (*Bad Boy Bubby*, Australia/Italia 1993, col, 114') Rolf de Heer. Con Nicholas Hope, Claire Benito, Ralph Cotterill, Carmel Johnson. ◆ Bubby (Hope) è vissuto 35 anni in uno scantinato, terrorizzato da una madre incestuosa che usa sesso e religione per tenerlo succube. Dopo averla soffocata (ma della morte ha solo una vaga idea), Bubby esce finalmente alla luce del sole: un po' Kaspar Hauser, un po' Zelig (ripete alla perfezione tutto quello che sente), viene usato come oggetto sessuale da chiunque incontri, finché trova una ragione di vivere aiutando degli handicappati ed esibendosi con una scalcinata rockband. Sposerà un'infermiera (Johnson) dalle grandi tette e dal cuore d'oro, e avrà addirittura dei figli. Parabola filosofica dalle ambizioni smisurate, pamphlet antireligioso ed elogio del buon selvaggio, il film di De Heer (anche sceneggiatore) provoca lo spettatore con una politica del bastone e della carota: crudezze al limite della sopportabilità bilanciate da momenti di commozione o di umorismo leggero. Un cocktail troppo studiato a tavolino perché tocchi veramente: anche se il tentativo di descrivere il mondo contemporaneo con gli occhi di un diverso è spesso riuscito, e l'idea di attribuire all'innocente Bubby appetiti ben concreti rovescia l'idealismo che spesso aleggia in questo genere di storie. Gran premio speciale della giuria al festival di Venezia.

Bad Boys ** (*Bad Boys*, Usa 1983, col, 123') Rick Rosenthal. Con Sean Penn, Reni Santoni, Ally Sheedy, Esai Morales, Jim Moody. ◆ Il giovane spacciatore O'Brien (Penn) finisce in un riformatorio in cui vige la legge del più forte, e dove presto lo raggiunge il suo peggior nemico, Moreno, che quand'era libero gli ha violentato la ragazza per vendicare la morte del fratello. Un dramma carcerario crudo e brutalmente emozionante, costruito con una semplicissima ricetta: psicologie elementari e un gusto sensazionalistico nel descrivere la violenza. L'innegabile efficacia della messinscena, ai tempi, aveva fatto sperare meglio per il futuro del regista.

Bad Boys ** (*Bad Boys*, Usa 1995, col, 118') Michael Bay. Con Martin Lawrence, Will Smith, Téa Leoni, Tcheky Karyo, Theresa Randle, Marg Helgenberger, Joe Pantoliano. ◆ Due poliziotti neri, Mike (Smith) e Marcus (Lawrence), uno scapolo e uno no, si alleano con una squillo (Leoni) per incastrare uno spietato narcotraficante (Karyo). Il genere di film in cui la trama (e il nome del regista) contano meno del look (da videoclip), delle sequenze d'azione (più pirotecniche della media) e dell'umorismo sdrammatizzante (i due protagonisti sono star della Tv americana). I produttori di *Top Gun* e *Beverly Hills Cop*, Don Simpson e Jerry Bruckheimer, cercano di aggiornare la formula agli anni Novanta, con un occhio di riguardo al pubblico nero e con l'ideologia machista e, sotto sotto, puritana di sempre.

Bad Boy Story – Il ragazzo che gridava **½ (*The Boy Who Cried Bitch*, Usa 1991, col, 101') Juan José Campanella. Con Harley Cross, Karen Young, Dennis Boutsikaris, Jesse Bradford, J.D. Daniels, Moira Kelly. ◆ Un adolescente con gravi problemi psicologici (Cross) stringe amicizia con un reduce del Vietnam, altrettanto disturbato, e precipita in una crisi profonda fino a che la madre (Young), responsabile del suo malessere e incapace di aiutarlo, lo ucciderà. Un cupo dramma psicologico che, per l'accentuato stile naturalistico, diventa quasi uno studio del disagio mentale. Ottimi gli interpreti, peccato per qualche sbavatura registica (certi passaggi ellittici, del tutto soggettivi, appaiono un po' manierati e stridono con il tono generale del racconto).

Bad Company **½ (*Bad Company*, Usa 1994, col, 100') Damian Harris. Con Laurence Fishburne, Ellen Barkin, Frank Langella, Gia Carides, Michael Beach, David Ogden Stiers, Spalding Gray, James Hong. ◆ L'ex agente della Cia Nelson Crowe (Fishburne) si fa assumere da un'oscura agenzia specializzata in ricatti e corruzioni. La sua collega Margaret Wells (Barkin) medita di fare fuori il capo (Langella) e di spartirsi la torta con Crowe: ma il giudice che questi ha corrotto si suicida, la sua amante (Carides) medita vendetta, e Crowe non è quello che sembra. Meglio non raccontare altro di questo noir scritto da un esperto come Ross Thomas: abbastanza glaciale e ingarbugliato da tenere desta l'attenzione, anche se alla fine scappa di mano al regista. Gli sviluppi, tuttavia, rimangono sorprendenti, e il cinismo di fondo, contrariamente alla norma, non lascia speranze. Grande fotografia di Jack N. Green, abituale collaboratore di Eastwood, e musica di Carter Burwell.

Bader il pilota ** (*Reach for the Sky*, Gb 1956, b/n, 135') Lewis Gilbert. Con Kenneth Moore, Muriel Pavlow, Alexander Knox, Sydney Tafler, Nigel Green. ◆ La storia della straordinaria passione per il volo di Douglas Bader (Moore) che durante un'arrischiata esibizione cade e perde entrambe le gambe. Nonostante la sua straordinaria forza di volontà (che lo porta ad adattarsi in breve tempo all'uso di due arti artificiali) viene dimesso dalla Raf, si sposa, ma allo scoppiare della guerra ottiene di essere riammesso a volare. Si comporterà da vero asso fino a quando sarà abbattuto e catturato dai tedeschi. E anche loro dovranno misurarsi con la sua indomita voglia di vivere. Ricostruzione della storia di un eroe dell'aviazione inglese, sceneggiata dal regista e Vernon Harris sotto il segno della tenacia e della fiducia in se stessi: tutto vero, ma è tanto l'ottimismo che anche la realtà rischia di risultare esagerata.

Bad Girls *½ (*Bad Girls*, Usa 1994, col, 99') Jonathan Kaplan. Con Madeleine Stowe, Mary Stuart Masterson, Drew Barrymore, Andie MacDowell, James Russo, James LeGros, Robert Loggia. ◆ Quattro prostitute – Cody (Stowe), Anita (Stuart Masterson), Eileen (MacDowell) e Lilly (Barrymore) – fuggono dopo che Cody ha ucciso un cliente troppo insistente: sperano di rifarsi una vita in Messico, ma il loro passato, per mezzo di un bandito senza scrupoli (Russo), torna a farsi vivo. Un intreccio «classico» per un maldestro tentativo di western al femminile: la novità sta tutta nel cambio di sesso (e nella definitiva eclissi della «puttana dal cuore d'oro»), per il resto è un susseguirsi di luoghi comuni messi insieme senza passione e senza troppa convinzione. Kaplan, subentrato a Tamra Davis dopo due settimane di riprese, inspiegabilmente si perde tra sparatorie improbabili e ambiziose (quella finale rimanda addirittura al *Mucchio selvaggio*), cavalcate di amazzoni imbellettate, pallidi ricordi di capolavori del genere (compreso *Gli spietati*) da cui *Bad Girls* è distante anni luce.

Bad Moon – Luna mortale * (*Bad Moon*, Usa 1996, col, 80') Eric Red. Con Michael Paré, Mariel Hemingway, Mason Gamble, Ken Pogue. ◆ Un esploratore (Paré) torna dall'Amazzonia contagiato da un licantropo: ma a casa il pastore tedesco Thor (il cane Primo, miglior attore del film) lo sgama subito. Pessimi effetti speciali e stanca rifrittura di luoghi comuni per un regista-sceneggiatore (che qui adatta un romanzo di Wayne Smith) un tempo promettente.

Bagdad * (*Bagdad*, Usa 1949, col, 82') Charles Lamont. Con Maureen O'Hara, Paul Christian, Vincent Price, John Sutton, Jeff Corey, Frank Puglia. ◆ La figlia di uno sceicco arabo torna dall'Inghilterra nella vecchia Turchia per vendicare la morte del padre. Avventure a sfondo esotico, con O'Hara nei panni di una eroina attraente ma ben poco credibile.

Bagdad café **½ (*Out of Rosenheim*, Rft 1987, col, 110') Percy Adlon. Con Marianne Sägebrecht, CCH Pounder, Jack Palance, Christine Kaufmann. ◆ Dopo aver litigato col marito, la tedesca Jasmin Munchgstettner (Sägebrecht) trova ospitalità in un motel del deserto Mojave vicino a Las Vegas gestito da un'esuberante donna di colore (Pounder). Radiosa commedia sul confronto tra culture diverse, pregevole nella scelta d'ambientazione e nella costruzione dei vari personaggi. Bravi tutti gli attori (e Palance dipinge veramente i suoi quadri), sbalorditiva la fisicità cinematografica della protagonista. La versione tedesca dura 120'.

Bagliori ad Oriente *½ (*Thunder in the East*, Usa 1953, b/n, 98') Charles Vidor. Con Alan Ladd, Deborah Kerr, Charles Boyer, Corinne Calvet, Cecil Kellaway. ◆ India, 1947: cinico commerciante d'armi (Ladd) rimane coinvolto nei disordini politici locali e si redime grazie all'amore per una ragazza cieca. Melodramma esotico-avventuroso dal ritmo stentato.

Bagliori di guerra ** (*A Rumor of War*, Usa 1980, col, 110') Richard T. Heffron. Con Brad Davis, Keith Carradine, Michael O'Keefe, Richard Bradford, Jeff Daniels, Stacy Keach, Christopher Mitchum. ◆ L'odissea di un americano (Davis) come tanti: prima studente idealista, poi marine entusiasta, infine veterano inasprito e accusato di crimini di guerra. Realizzato per la Tv (la versione americana dura 200'), è un discreto viet-film, adattato dal bestseller autobiografico di Philip Caputo.

Bagliori nel buio ** (*Fire in the Sky*, Usa 1993, col, 107') Robert Lieberman. Con D.B. Sweeney, Robert Patrick, Craig Sheffer, Peter Berg, James Garner. ◆ In Arizona, un giovane taglialegna mormone scompare misteriosamente in un bosco. I suoi compaesani lo cercano ovunque senza successo, finché lui ricompare e racconta di essere stato rapito dagli extraterrestri. La «vera» storia di Travis Walton, rapito a diciotto anni e rilasciato cinque giorni dopo, tratta dal libro che lui stesso ha scritto. Fantascienza senza sorprese né effetti particolari, che acquista più interesse se letta in chiave di psicologia sociale (gli alieni come capro espiatorio per una comunità bisognosa di demonizzazioni), operazione più riuscita in altri film. Robert Patrick è l'ex Terminator cattivo.

Bagni del sabato notte, I ** (*Saturday Night at the Baths*, Usa 1974, col, 90') David Buckley. Con Robert Aberdeen, Ellen Sheppard, Don Scotti, Phillips Owens. ◆ Giovane pianista eterosessuale trova impiego in un locale frequentato da omosessuali, e ha un'avventura con un uomo. Romanticismo e malinconia per una storia coraggiosa trattata con delicatezza ma con qualche cedimento paternalista.

Bagnomaria * (Italia 1999, col, 90') Giorgio Panariello. Con Giorgio Panariello, Manuela Arcuri, Ugo Pagliai, Valeria Fabrizi, Piero Maggiò, Gianna Giacchetti, Andrea Cambi. ◆ In Versilia, sul finire della bella stagione, si intrecciano le storie di quattro personaggi, tutti interpretati da Panariello: lo scemo di paese eterna vittima di scherzi ciclistici, un bagnino incapace, un bambino permaloso, un organizzatore di rave party superdotato. Evidente la derivazione da *Un sacco bello* (a partire dal tormentone «si vede il marsupio?», preso dalle imbottiture verdoniane), mentre i cosceneggiatori Benvenuti e De Bernardi cercano di inserire un tocco di umorismo toscano anche blasfemo (la reazione dello scemo alla consacrazione del vino durante la messa per il defunto Brunello). Ma l'assoluta ignoranza dei tempi comici condanna alla noia un film di cui la cosa più buffa è che qualcuno voglia rivendicare l'esistenza di un regista. Comparsata per il ciclista Mario Cipollini.

Bagno turco, Il - Hamam **½ (Italia/Turchia/Spagna 1997, col, 94') Ferzan Özpetek. Con Alessandro Gassman, Halil Ergün, Francesca d'Aloja, Serif Sezer, Mehmet Gunsur, Carlo Cecchi, Basak Koklukaya, Alberto Molinari, Zozo Toledo. ◆ L'eredità di una zia fa di Francesco (Gassman) il proprietario di un bagno turco (*hamam*) a Istanbul. Lui vorrebbe venderlo, ma poi si fa conquistare dalla strana atmosfera della città: «dimentica» la moglie italiana (d'Aloja) scoprendo un'altra sessualità, ma anche che dietro a tanto fascino si nasconde la violenza. Bell'esordio di un ex assistente di Ponzi e Marco Risi (qui coproduttore) che evita le facili tentazioni della risata all'italiana per raccontare il fascino contraddittorio della propria cultura d'origine e fare i conti con una tradizione fatta di calore familiare e maschilismo atavico, liberazione di sé e condizionamenti economici. Scritto dal regista con Stefano Tummolini.

Bahia de Todos os Sambas **½ (Italia/Brasile 1996, col, 100') Leon Hirszman, Paulo Cezar Saraceni [e Gianni Amico]. ◆ Documentario sui musicisti brasiliani calati a Roma nell'estate 1983 per iniziativa di Nicolini e di Gianni Amico, «visionario capace di unire Gramsci e Coltrane, Socrates e Jung, Godard e Rocha». Il tema delle affinità elettive tra il barocco romano e quello di Bahia resta in sottofondo, mentre viene colta appieno l'energia e il fascino che sprigionano, sul palcoscenico, artisti di generazioni e stili diversi come l'archetipico Dorival Caymmi, il sommesso João Gilberto, la sensuale Gal Costa, il polimorfo Caetano Veloso, l'esplosivo Gilberto Gil e l'incredibile Nana Vasconcelos che, suonando il berimbau, urlando e usando il proprio corpo come strumento, unisce retaggi tribali a pratiche d'avanguardia. Interessante reperto di una stagione culturale che oggi appare, purtroppo, assai lontana. La voce fuori campo è quella di Gustavo Dahl.

Baia dell'inferno, La ** (*Hell on Frisco Bay*, Usa 1955, col, 98') Frank Tuttle. Con Alan Ladd, Edward G. Robinson, Joanne Dru, William Demarest, Paul Stewart, Fay Wray, Rodney [Rod] Taylor, Jayne Mansfield. ◆ Dopo cinque anni ingiustamente passati in carcere, l'ex poliziotto Steve Rollins (Ladd) vuole soltanto vendicarsi di chi l'aveva incastrato: e i suoi sospetti sono tutti per Vic Amato (Robinson), boss emergente del porto di San Francisco. Un gangster-film duro e pieno d'azione, sceneggiato da Sydney Boehm e Martin Rackin, dove gli uomini (a cominciare da un Robinson che sembra citare la sua prova in *Piccolo Cesare*) capiscono solo la violenza e non esitano a tradire e a ingannare, mentre alle donne è lasciato un ruolo più passivo ma anche più umano. Bellissime le *mises* di Joanne Dru, moglie disprezzata di Rollins, e curiosa autoparodia di Fay Wray (la protagonista di *King Kong*) nel ruolo di un'attrice decaduta. Comparsata per Jayne Mansfield, la ragazza che viene rimorchiata al bar. Il solito doppiaggio sciovinista si preoccupa di ispanizzare alcuni nomi di mafiosi troppo italiani: così Louis Franchetti diventa Lou Rodriguez e Mario Amato si trasforma in Manuel.

Baia del tuono, La ** (*Thunder Bay*, Usa 1953, col, 102') Anthony Mann. Con James Stewart, Joanne Dru, Gilbert Roland, Dan Duryea, Jay C. Flippen. ◆ Un'arcaica comunità di pescatori di gamberi tenta di bloccare la costruzione di una piattaforma per estrarre il petrolio dal mare. Uno dei temi classici di Mann (l'impegno a portare a termine il proprio lavoro: «Lo finirò anche a costo di farlo da solo», dice Stewart del pozzo), con l'aggiunta di alcune splendide risse nei bar, i modi dandy di Duryea, il cappello da gondoliere e i baffi da conquistatore di Roland.

Baia di Eva, La ** (*Eve's Bayou*, Usa 1997, 99') Kasi Lemmons. Con Samuel L. Jackson, Lynn Whitfield, Debbi Morgan, Jurnee Smollett, Diahann Carroll, Meagan Good, Jake Smollett, Ethel Ayler, Branford Marsalis. ◆ In una ricca famiglia creola della Louisiana del Sud, la figlia maggiore Cisely (Good) confida alla sorellina Eva (Smollett) che il padre (Jackson, anche coproduttore), stimato medico e impenitente dongiovanni, ha tentato di violentarla: Eva ricorre a una maga voodoo per farlo morire; poi, pentita, cerca di salvarlo, ma con la morte non si scherza. Contraddittorio esordio alla regia della Lemmons (coinquilina della Foster nel *Silenzio degli innocenti*), che scrive e dirige, in forma di fiaba sinistra, un dramma borghese afroamericano narrato attraverso gli occhi delle due sorelle. Se gli interpreti sono indovinati (e la piccola Jurnee Smollett una vera rivelazione), la struttura del racconto deve troppo a Tennessee Williams e gli ingredienti della storia sono perfino esagerati (maledizioni secolari, tradimenti, conflitti edipici, incesti e stupri, voodoo, parricidio, delitti di gelosia). In originale dura 10' in più.

Baia di Napoli, La *½ (*It Started in Naples*, Usa 1960, col, 100') Melville Shavelson. Con Clark Gable, Sophia Loren, Vittorio De Sica, Marietto, Paolo Carlini, Claudio Ermelli. ◆ Un avvocato americano (Gable) arriva in Italia per riportare il nipotino orfano in America, ma la zia (Loren) non vuol dare il suo consenso. Commedia turistico-sentimentale, in cui l'incontro tra lui, ingenuo e igienista, e lei, astuta e amante della buona tavola, non si trasforma mai in un duetto veramente armonioso e riuscito.

Baisers de secours, Les **½ (*Les Baisers de secours*, Francia 1989, b/n, 83') Philippe Garrel. Con Brigitte Sy, Philippe Garrel, Louise Garrel, Anémone [Anne Bourguignon], Maurice Garrel, Yvette Etiévant, Jacques Kébadian. ◆ Mathieu (Garrel), regista, decide di fare un film ispirandosi alla sua vita di coppia. Lui interpreta se stesso, ma affida il ruolo della moglie Jeanne (Sy), che pure è attrice, a Minouchette (Anémone): inevitabile la crisi familiare. Un film austero ma emozionante, ai confini tra autobiografia e *fiction*, che a poco a poco si scioglie nella *tranche de vie* autentica. Con stile molto personale e rigorosamente «antiestetico», Garrel porta agli estremi la lezione della Nouvelle Vague, aggiornandola alle ossessioni della sua generazione (l'amore di Jeanne e il cinema di Mathieu superano qualsiasi contingenza per diventare paradigmi universali). I dialoghi volutamente teatrali sono di Marc Cholodenko. Brigitte Sy all'epoca era davvero la moglie di Garrel.

Baja Oklahoma ** (*Baja Oklahoma*, Usa 1988, col, 105') Bobby Roth. Con Lesley Ann Warren, Peter Coyote, Anthony Zerbe, William Forsythe, Julia Roberts, Alice Krige. ◆ Negli anni Sessanta, la barista (Warren) di una cittadina del Texas cerca di realizzare il sogno di diventare una cantante country, ma la figlia (Roberts, al suo primo film) scappa di casa. Solita solfa, ma realizzata con più cura della media dei film per la televisione, e con un buon cast. Da un romanzo di Dan Jenkins. Apparizioni di star del country come Emmylou Harris e William Nelson.

Balboa * (*Balboa*, Usa 1986, col, 91') James Poliakoff. Con Tony Curtis, Carol Lynley, Jennifer Chase, Chuck Connors, Sonny Bono, Catherine Campbell. ◆ Versione da strada della soap-opera televisiva *Dallas*: il discutibile magnate di Balboa (Curtis), cerca di portare a termine i suoi progetti immobiliari mentre ognuno va a letto con l'uomo o la donna di qualcun altro. La struttura episodica risulta dal montaggio delle varie puntate della miniserie originale, rimasta invenduta. Filmato nel 1982, è insulso ma involontariamente divertente.

Balcone, Il *½ (*The Balcony*, Usa 1963, b/n, 84') Joseph Strick. Con Shelley Winters, Peter Falk, Lee Grant, Ruby Dee, Peter Brocco, Kent Smith. ◆ La Winters gestisce un bordello in un paese imprecisato dove è in corso una rivoluzione. Dall'omonimo testo di Jean Genet, una commedia allegorica girata a basso costo e non molto soddisfacente. Grant spicca come confidente lesbica della maîtresse.

Balene d'agosto, Le *** (*The Whales of August*, Usa 1987, col, 90') Lindsay Anderson. Con Bette Davis, Lillian Gish, Vincent Price, Ann Sothern, Harry Carey jr, Frank Grimes, Frank Pitkin. ◆ Due anziane sorelle ogni estate vanno nel Maine, dove da piccole ammiravano le balene d'agosto: ricordi, gelosie, abitudini, rancori e commovente voglia di (soprav)vivere. Uno splendido trio di vecchie glorie (Davis, Gish e Price) per un film delicato e cinefilo, apparentemente lontano dalle corde del regista di *Se...*, ma in realtà così fuori moda da risultare, ancora una volta, controcorrente.

Bali – Incontro d'amore → *Incontro d'amore*

Balia, La **½ (Italia 1999, col, 105') Marco Bellocchio. Con Valeria Bruni Tedeschi, Fabrizio Bentivoglio, Maya Sansa, Pier Giorgio Bellocchio, Jacqueline Lustig, Gisella Burinato, Michele Placido, Elda Alvigini. ◆ Roma, inizio secolo: poiché Vittoria (Bruni Tedeschi) è una puerpera senza latte, il marito psichiatra Ennio Mori (Bentivoglio) assume una giovane balia analfabeta (Sansa); e mentre i moti socialisti turbano la città, la presenza della ragazza modifica l'equilibrio di casa. Ispirandosi all'omonima novella di Pirandello, abbondantemente «tradita» nella sceneggiatura (del regista e Daniela Ceselli), Bellocchio si interroga sulle gabbie che l'appartenenza di classe impongono alle persone. Affidando al figlio Pier Giorgio (anche produttore) il ruolo del medico che abbandona l'istituzione per seguire una pasionaria (Lustig), il film rimanda indirettamente all'autobiografia cinematografica del regista (l'ospedale psichiatrico di *Matti da slegare*, la militanza rivoluzionaria post '68); ma il finale solo parzialmente positivo – sia la balia che Mori hanno imparato qualcosa dall'altro, ma la differenza di classe resta invalicabile – conferma un pessimismo esistenziale che non sembra avere vie d'uscita. Egregia la prova complessiva degli attori, con una menzione particolare per l'esordiente Sansa. Fotografia di Giuseppe Lanci.

Balio asciutto, Il *½ (*Rock-a-Bye Baby*, Usa 1958, col, 103') Frank Tashlin. Con Jerry Lewis, Marilyn

Maxwell, Regiland Gardiner, Connie Stevens, [Salvatore] Baccaloni, Hans Conried, Isobel Elsom, Ida Moore, James Gleason. ◆ Per fare un favore alla sexy-star Carla Naples (Maxwell), un'amica d'infanzia di cui è da sempre innamorato, Clayton Poole (Lewis) accetta di trasformarsi in babysitter a tempo pieno per occuparsi dei tre gemelli che l'attrice non vuol far sapere di avere avuto. Libero remake del *Miracolo del villaggio* di Preston Sturges (che ottenne di non far comparire il proprio nome nei titoli di testa) con qualche momento gustoso (la lotta tra Jerry e una pompa dell'acqua, alcuni tentativi di baysitteraggio). È il primo film dove Tashlin dirige Lewis senza Martin: la presenza del comico anche nella scrittura della sceneggiatura (che però è firmata solo dal regista) si sente nell'ambizione di Poole di diventare una madre perfetta, ma tutta la parte satirica (contro Hollywood e il suo mondo di falsità e contro la schiavitù televisiva che spinge miss Bessie [Moore] a ubbidire ciecamente – e comicamente – ai messaggi pubblicitari) è di chiara marca tashliniana. Sui giornali, il matador Carlos (il vero padre dei tre gemelli) ha il volto di Jack Benny.

Balla coi lupi **** (*Dances with Wolves*, Usa 1990, col, 181') Kevin Costner. Con Kevin Costner, Mary McDonnell, Graham Greene, Rodney A. Grant, Floyd «Red Crow» Westerman, Tantoo Cardinal. ◆ Eroe suo malgrado, un ufficiale dell'esercito nordista (Costner) abbandona la civiltà per «conoscere la frontiera prima che scompaia»: scoprirà che gli indiani non sono «selvaggi» e che i bianchi portano violenza e sopraffazione. Sorprendente e coraggioso esordio di Costner nella regia, il quale rivitalizza un genere dimenticato come il western. Elogi unanimi per le scelte ideologiche (i sioux parlano la loro lingua e vengono sottotitolati). Ma il film è interessante non solo per le prese di posizione a favore dei pellerossa e di una vita in armonia con la natura (sostenute con maggior coerenza in altri film: *Piccolo grande uomo* e *Corvo rosso non avrai il mio scalpo*) ma soprattutto per la capacità di ridare forza alle immagini, rifiutando molte convenzioni hollywoodiane a favore di un innovativo realismo. Trionfo al botteghino e sette Oscar: miglior film, regista, sceneggiatura (Michael Blake, dal suo romanzo), colonna sonora (John Barry), fotografia (Dean Semler), montaggio (Neil Travis) e sonoro (Russell Williams II, Jeffrey Perkins, Bill W. Berton, Greg Watkins). Esiste una versione lunga (2359) con alcune scene in più (interessante, poco prima della caccia al bisonte, la scoperta che i sioux hanno torturato e ucciso quattro cacciatori bianchi) che però nulla aggiungono al film. La moglie e i figli di Costner interpretano i coloni che vengono massacrati dagli indiani Pawnie.

Balla con me *** (*Broadway Melody of 1940*, Usa 1940, b/n, 102') Norman Taurog. Con Fred Astaire, George Murphy, Eleanor Powell, Frank Morgan, Ian Hunter, Florice Rice. ◆ L'amicizia tra due partner di danza (Astaire e Murphy) entra in crisi quando il meno bravo dei due (Murphy, evidentemente!) firma per sbaglio un contratto esclusivo per Broadway. Delizioso e sottovalutato musical, con scenette divertenti, splendide canzoni di Cole Porter e numeri grandiosi, tra i migliori visti sullo schermo: è qui che Fred ed Eleanor ballano *Begin the Beguine*, un numero di tip tap ancor oggi ineguagliato. Niente male anche la versione del *Bacio* interpretata in maniera molto intrigante da Charlotte Arren. Una maggior cura dell'intreccio, francamente insulso, e sarebbe stato un capolavoro.

Ballando al buio **½ (*Dancin' Thru the Dark*, Gb 1990, col, 95') Mike Ockrent. Con Peter Beckett, Con O'Neill, Julian Littman, Ben Murphy, Claire Hackett, Conrad Nelson, Angela Clarke, Julia Deakin, Louise Duprey, Sandy Hendrickse. ◆ In una Liverpool che sembra «Beirut senza sole», Linda (Hackett) e Dave (Nelson) festeggiano con i rispettivi amici il loro addio al celibato. Tra violenza e humour, una notte che ha il valore di una vita intera. Dall'Inghilterra thatcheriana, con tanta rabbia e voglia di Free Cinema, il considerevole debutto cinematografico di un autore teatrale, a partire da un teleplay (*Stags and Hens*) poi adattato per il teatro e sceneggiato da Willy Russell: senza concentrarsi su un solo personaggio, ma utilizzando tutte le sfumature che offre un cast ricco e composito, il film è un divertente e appassionato ritratto delle speranze e delle paure di tutta una generazione, che la regia di Ockrent coglie con occhio attento ai particolari significativi (come le scene nella discoteca). È il primo film di finzione prodotto con il contributo della Bbc.

Ballando a Lughnasa ** (*Dancing at Lughnasa*, Irlanda/Gb/Usa 1998, col, 92') Pat O'Connor. Con Meryl Streep, Catherine McCormack, Michael Gambon, Kathy Burke, Sophie Thompson, Brid Brennan, Rhys Ifans, Darrell Johnston. ◆ Raccontata attraverso gli occhi del piccolo Michael (Johnston), l'estate del '36 delle cinque sorelle Mundy: dalla mamma nubile (McCormack) alla rigida zia Kate (Streep), al ritorno dalle missioni dell'eccentrico zio Jack (Gambon). Un cineromanzo femminile che vorrebbe avere accenti cechoviani, sceneggiato da Frank McGuinness a partire dalla pièce di Brian Friel: il parallelo tra la crisi dei valori familiari e l'imminenza della guerra è troppo sottolineato per essere davvero interessante, e la regia sembra più preoccupata dei tramonti e del folclore irlandese (il ballo del titolo è quello notturno che segna la fine dell'estate) per scavare fino in fondo dietro le tentazioni elegiache. Come sempre perfetta la prova di tutto il cast, Streep in testa.

Ballando ballando **½ (*Le Bal*, Francia/Italia/Algeria 1983, col, 100') Ettore Scola. Con Aziz Arbia, Marc Berman, Chantal Capron, Francesco De Rosa, Jean-Claude Penchenat, Anita Picchiarini, Monica Scattini. ◆ Cinquant'anni di storia francese visti attraverso una sala da ballo: la vittoria del Fronte popolare nel 1936, la guerra, la liberazione, gli echi del conflitto in Algeria, il Sessantotto. Tratto da *Le Bal*, uno spettacolo allestito dal Théâtre du Campagnol nel 1980, e interpretato da molti ballerini della compagnia, un film non parlato ma con una ricchissima colonna sonora: oltre 60 motivi, tra originali e arrangiati da Vladimir Cosma. Ambiziosa metafora con qualche caricatura e luogo comune di troppo (la sceneggiatura è di Ruggero Maccari, Jean-Claude Penchenat, Furio Scarpelli e del regista), ottenne il premio per la regia a Berlino, tre César e la nomination all'Oscar.

Ballando con uno sconosciuto **½ (*Dance with a Stranger*, Gb 1985, col, 101') Mike Newell. Con Miranda Richardson, Rupert Everett, Ian Holm, Matthew Carroll, Tom Chadbon. ◆ Nella Londra dei primi anni Cinquanta, storia dell'attrazione fatale tra un'entraîneuse (Richardson) e un aristocratico viziato (Everett). Basato sulla vicenda di Ruth Ellis, l'ultima donna condannata alla pena di morte in Inghilterra (13 luglio 1955), un film cronachistico, antisentimentale, fin troppo freddo, ma comunque efficace nel descrivere un sistema sociale che si regge sull'ipocrisia. Grande Holm nella parte del fidanzato timido e succube. La stessa storia era già stata portata sullo schermo in *Gli uomini condannano*.

Ballando lo slow nella grande città *½ (*Slow Dancing in the Big City*, Usa 1978, col, 101') John G. Avildsen. Con Paul Sorvino, Anne Ditchburn, Nicolas Coster, Anita Daugler. ◆ La storia d'amore tra un giornalista e una ballerina malata (Sorvino e Ditchburn), alla quale i medici proibiscono di danzare. Scritto da un'ex attrice, Barra Grant, è un melodramma senza spessore, anche «onesto» ma irrimediabilmente soffocato da luoghi comuni.

Ballata berlinese ** (*Berliner Ballade*, Rft 1948, b/n, 91') Robert A. Stemmle. Con Gert Fröbe, Aribert Wäscher, Tatjana Sais, Ute Sdelisch, O.E. Hasse, Hans Deppe, Werner Oehlschläger, Erwin Biegel. ◆ Tornato a Berlino dopo una lunga prigionia, Otto Normalverbraucher (Fröbe) cerca di arrangiarsi per sopravvivere, ma la fame, la divisione della città in quattro settori e una burocrazia capace solo di distribuire timbri complicano ogni cosa: finisce anche coinvolto in una rissa per colpa di una discussione tra nostalgici, ma alla fine l'ottimismo lo aiuterà a guardare con più speranza al futuro. Caso isolato in una carriera altrimenti dimenticabile, il film trasporta sullo schermo l'umorismo acre (e decisamente qualunquista) del kabarett di Monaco, dove il regista scoprì un ancor magrissimo Fröbe: la struttura narrativa è quasi inesistente, le potenzialità corrosive poco sfruttate, ma il ritratto della società tedesca nell'immediato dopoguerra ha una sua acida forza satirica e la recitazione del protagonista non si dimentica facilmente. Il cognome di Otto vuol dire alla lettera «consumatore tipo».

Ballata dei lavavetri, La *½ (Italia 1998, col, 94') Peter Del Monte. Con Kim Rossi Stuart, Olek Mincer, Agata Buzek, Romuald Andrzej Klos, Victor Cavallo, Eljana Nikolova Popova, Andrzej Grabowski, Grazyna Wolszak, Marco Lucarelli. ◆ In attesa di emigrare in Canada, una famiglia polacca cerca di sopravvivere a Roma: Janusz (Klos) lava i vetri ai semafori insieme al fratello (Mincer) e al figlio (Rossi Stuart), mentre la sua compagna Helena (Wolszak) e la figlia (Buzek) lavorano come domestiche. Poi tutto precipita verso la tragedia. Dal romanzo *Il polacco lavatore di vetri* di Edoardo Abinati, sceneggiato dal regista e Sergio Bazzini, uno squarcio di cinema d'attualità sommesso e incerto: Del Monte si tiene alla larga dalla sociologia, ma poi paga la presenza di troppe metafore poetiche mal combinate (le apparizioni notturne di un sosia del Papa), nonostante le buone intenzioni del regista e degli attori (Rossi Stuart è un polacco credibilissimo).

Ballata del boia, La *** (*El verdugo*, Spagna/Italia 1963, b/n, 110') Luis Garcia Berlanga. Con Nino Manfredi, Emma Penella, José Isbert, José Luis Lopez Vazquez, Guido Alberti. ◆ Pur di farsi assegnare un appartamento, un impiegato di pompe funebri (Manfredi) accetta il lavoro di boia. Da una storia autentica, una commedia piena di humour nero in cui si riconosce la mano degli sceneggiatori Rafael Azcona ed Ennio Flaiano. Pamphlet contro la pena di morte e contro la società franchista, uscì in Spagna in ritardo e mutilato delle immagini della garrota. Fotografia firmata da Tonino Delli Colli. Presentato a Venezia, ottenne il premio della critica internazionale ma suscitò reazioni polemiche da parte della delegazione ufficiale spagnola.

Ballata del Caffè triste, La **½ (*The Ballad of the Sad Café*, Usa 1990, col, 101') Simon Callow. Con Vanessa Redgrave, Keith Carradine, Cork Hubbert, Rod Steiger, Austin Pendleton. ◆ Sud degli Usa, anni Trenta: la vita di Amelia Evans (Redgrave), una donna dal carattere freddo e risoluto che distilla whisky clandestinamente, muta di colpo con l'arrivo del presunto e fino ad allora sconosciuto cugino Lymon (Hubbert), che la convince ad aprire un caffè destinato a diventare il punto di ritrovo del paese. Quando il marito (Carradine) torna dal carcere, i rapporti degenerano in tragedia. Opera prima di un attore di James Ivory, il quale ha assicurato la produzione. La sceneggiatura – che racconta quale forza (e violenza) si può generare in nome dell'amore – risente di eccessive reminiscenze teatrali (l'adattamento del racconto di Carson McCullers è quello fatto da Edward Albee, anche se l'eccesso di verbosità è stato sfrondato dallo sceneggiatore Michael Hirst), la messinscena oscilla tra la sobrietà e il gelo, la regia punta al realismo della rappresentazione: il cast, però, è straordinario.

Ballata della città senza nome, La *½ (*Paint Your Wagon*, Usa 1969, col, 166') Joshua Logan. Con Lee Marvin, Clint Eastwood, Jean Seberg, Harve Presnell, Ray Walston. ◆ Nei giorni della febbre dell'oro, due cercatori (Marvin e Eastwood) si dividono la stessa donna (Seberg). Musical sfarzoso ma privo di grazia, sceneggiato da Paddy Chayefsky: un fiasco che convinse Logan a tornare al teatro, suo primo amore.

Ballata di Cable Hogue, La *** (*The Ballad of Cable Hogue*, Usa 1970, col, 119') Sam Peckinpah. Con Jason Robards, Stella Stevens, David Warner, Strother Martin, L.Q. Jones. ◆ Il cercatore d'oro Cable Hogue (Robards), abbandonato nel deserto dai compagni, scopre una vena d'acqua: si salva e si arricchisce creando una stazione di posta, ma verrà travolto dall'avanzata del progresso. Ambientato al tramonto dell'epopea del West, un Peckinpah meno duro e più vicino ai toni della commedia, ironico e critico verso l'affermarsi del capitalismo. Boicottato dagli stessi produttori, che non lo giudicarono di cassetta, il film passò sotto silenzio in America ma non in Europa, dove fu apprezzato il suo esplicito messaggio politico.

Ballata di Eva, La *½ (Italia 1986, col, 86') Francesco Longo. Con Ida Di Benedetto, Vanessa Petillo, Massimo Ghini, Concetta Barra. ◆ Una ragazza madre (Di Benedetto) si improvvisa detective a Napoli per cercare la figlia scomparsa. Ispirato, per ammissione del regista, a *Gloria* di Cassavetes (e a un'idea del giornalista Claudio Lazzaro) tenta di coniugare melodramma, azione, spunti comico-grotteschi, analisi sociale: una ricchezza che va a scapito della tenuta. Suggestive le musiche di Tony Esposito. Esordio di Claudia Gerini nel ruolo di una prostituta quattordicenne.

Ballata di Gregorio Cortez, La **½ (*The Ballad of Gregorio Cortez*, Usa 1982, col, 99') Robert M. Young. Con Edward James Olmos, James Gammon, Tom Bower, Bruce McGill, Pepe Serna. ◆ Texas, 1901: un giovane messicano (Olmos) uccide uno sceriffo. Per due settimane riuscirà a sfuggire a 600 inseguitori. Da un fatto realmente accaduto (diventato prima una ballata, *El corrido de Gregorio Cortez* e poi un romanzo, *With His Pistol in His Hand* di Americo Paredes), un film che mescola finzione e realtà, atti giudiziari e leggenda popolare moltiplicando i punti di vista (e le spiegazioni) sull'incidente. Appassionato e forte, racconta in sottofondo la scomparsa del mondo rurale scacciato dal nascente capitalismo petrolifero. Prodotto originariamente per la Tv (*Pbs's American Playhouse*).

Ballata di Narayama, La **½ (*Narayama bushi-ko*, Giappone 1983, col, 90') Shohei Imamura. Con Ken Ogata, Sumiko Sakamoto, Tonpei Hidari, Aki Takejo. ◆ In un villaggio giapponese una vecchia (Sakamoto), giunta a settant'anni, viene portata dal figlio (Ogata) a morire sul monte Narayama, secondo un'antica legge che prevede l'eliminazione dei vecchi per favorire la sopravvivenza dei giovani. Da una leggenda popolare, romanzata da Shichiro Fukazawa e già portata sullo schermo nel 1958 da Keisuke Kinoshita, un'aspra metafora sulla lotta per la sopravvivenza e l'ineluttabilità della morte. Premiato generosamente con la Palma d'oro a Cannes.

Ballata di Stroszek, La *** (*Stroszek*, Rft 1977, col, 108') Werner Herzog. Con Bruno S., Eva Mattes, Clemens Scheitz, Wilhelm von Homburg, Burkhardt Driest, Pitt Bedewitz. ◆ Il timido e ingenuo Stroszek (Bruno S.) si unisce a una prostituta (Mattes) maltrattata dal suo rozzo protettore e insieme lasciano la Germania per l'America, dove le cose andranno di male in peggio. Crudo e spietato apologo sull'emarginazione e la silenziosa sopraffazione di deboli e diversi. Memorabile il ritratto della provincia americana (l'asta, il giochino con i polli) guardata con occhio lucido e distaccato, fino a farla apparire fredda e inospitale quanto il Polo Nord. La Mattes è l'unica attrice professionista del film.

Ballata di un soldato, La **½ (*Ballada o soldate*, Urss 1959, b/n, 89') Grigorij Čuchraj. Con Vladimir Ivašev, Šanna Procherenko, Antonina Maksimova, Nikolaj Krjučkov, Eugenij Urbanskij, Elsa Leždej, Maria Kremneva. ◆ La licenza premio del giovane Alëša (Ivašev) si trasforma in un viaggio alla scoperta degli orrori della guerra: il soldato mutilato che ha vergogna di tornare a casa, la moglie che tradisce il marito al fronte, la difficoltà di instaurare un rapporto d'amore. Tappa fondamentale del cinema «del disgelo», il film di Čuchraj (sceneggiato dal regista con Valentin Ežov), malgrado il sentimentalismo e un certo manierismo, si oppone in maniera evidente alla visione trionfalistica delle azioni militari tipica del realismo socialista, contribuendo a formare l'idea di una Storia non necessariamente positiva e progressista. Premio speciale a Cannes.

Ballata macabra *½ (*Burnt Offerings*, Usa 1976, col, 115') Dan Curtis. Con Karen Black, Oliver Reed, Bette Davis, Burgess Meredith. ◆ Una famiglia modello prende in affitto una villa per le vacanze. Terrorizzata da eventi misteriosi vorrebbe abbandonarla, ma non le sarà possibile. Da un romanzo di Robert Marasco, un horror antenato di *La casa*. Sprecate le stelle del cast.

Ballata selvaggia *½ (*Blowing Wild*, Usa 1953, b/n, 90') Hugo Fregonese. Con Gary Cooper, Barbara Stanwyck, Ruth Roman, Anthony Quinn. ◆ La moglie (Stanwyck) di un petroliere vuol riconquistare a ogni costo l'ex amante (Cooper), e per farlo uccide il marito. Ambientazione messicana per un improbabile melodramma con attori troppo vecchi per essere credibili, ritmato da una lamentosa canzone di Frankie Laine.

Ballerina e buon Dio ** (Italia 1958, b/n, 92') Antonio Leonviola. Con Marietto Angeletti, Vera Cécova, Vittorio De Sica, Gabriele Ferzetti, Roberto Risso, Mario Carotenuto, Dory Dorika, Pina Renzi, Giacomo Furia, Gisella Sofio, Polidor, Dolores Palumbo, Giusi Raspani Dandolo. ◆ Convinto da un sogno che spetti ai bambini scegliersi la mamma che preferiscono, l'orfano Marietto (Angeletti) fugge dalla famiglia che vorrebbe adottarlo per cercare la ballerina Camilla (Cécova) che ha visto su un giornale e che ha eletto a sua futura mamma: la giovane artista farà fatica ad accettare la presenza ingombrante del bambino ma alla fine tutto si accomoderà. Insolita commedia favolistica che Leonviola (anche sceneggiatore e produttore) dirige alternando momenti fantastici (il sogno «solarizzato» all'inizio o la presenza di De Sica come «buon Dio» in quattro ruoli diversi: guardia, vigile, portaceste e tassista) ad altri più decisamente melodrammatici: il mondo infantile non è enfatizzato né edulcorato ma anche quello degli adulti è raccontato con feroce ironia (la famiglia del fornaio Carotenuto) o fredda antipatia (il maestro di musica interpretato da Ferzetti, la madre superiora di Pina Renzi). Un cartello alla fine sostiene che la vicenda è tratta da un fatto di cronaca. Il proprietario della giostra è interpretato da Mister O.K., alias Spartaco Bandini, popolare perché ogni primo dell'anno si tuffava nel Tevere dal ponte Cavour.

Balle spaziali ** (*Spaceballs*, Usa 1987, col, 96') Mel Brooks. Con Bill Pullman, Daphne Zuniga, Mel Brooks, John Candy, Rick Moranis, Michael Winslow, John Hurt. ◆ Innocua parodia della saga di *Guerre stellari* e della fantascienza in genere, piena di citazioni e gag sul cinema, che ruota attorno alla guerra che il dittatore Skroob (Brooks) dichiara al pianeta Druidia per rapinarne l'«aria fresca». L'umorismo di Brooks a volte è greve, a volte molto cerebrale: i protagonisti vedono la cassetta di *Balle spaziali* per conoscere in anticipo il seguito della storia; il mostriciattolo di *Alien* esce dallo stomaco di John Hurt che si lamenta: «No, ancora!».

Balle spaziali 2 – La vendetta * (*Martians Go Home*, Usa 1990, col, 89') David Odell. Con Randy Quaid, Margaret Colin, Ronny Cox, Gerrit Graham, Anita Morris. ◆ Non è il sequel di *Balle spaziali* minacciato da Mel Brooks, ma un sedicente film comico sull'invasione di marziani, sconfitti da un compositore (Quaid) col pentagramma. Low budget adatto unicamente al pubblico americano.

Ballo al castello * (Italia 1939, b/n, 80') Max Neufeld. Con Alida Valli, Antonio Centa, Carlo Lombardi, Sandra Ravel, Cesare Polacco. ◆ Una ballerina esordiente (Valli) ottiene per equivoco una parte da protagonista, ma va incontro a una tempesta col fidanzato (Centa) che non vuol credere al colpo di fortuna. Una commedia leggera e prevedibile, diretta senza molte idee.

Ballroom – Gara di ballo **½ (*Strictly Ballroom*, Australia 1992, col, 94') Baz Luhrmann. Con Paul Mercurio, Tara Morice, Bill Hunter, Pat Thomson. ◆ Un campioncino di ballo figurato (Mercurio), in disgrazia perché troppo innovatore, trova la partner perfetta – e l'amore – in una brutta anatroccola (Morice). I buoni vincono e i cattivi sono puniti: una favola dai colori volutamente caramellati (bello il flashback senza tempo che racconta la storia del padre del giovane ballerino) che sa unire lo stile post-pubblicitario – montaggio rapido ma non frenetico, nessuno psicologismo – con il coinvolgimento complice dello spettatore. Esordio di Luhrmann che senza nessuna preoccupazione per le possibili incoerenze narrative (singolare la comunità argentina che vive in Australia) cerca di recuperare la tradizione del musical moderno alla Demy.

Balordi & Co. – Società per losche azioni, capitale interamente rubato $ 1.000.000 *½ (*Harry and Walter Go to New York*, Usa 1976, col, 123') Mark Rydell. Con James Caan, Michael Caine, Elliott Gould, Diane Keaton, Charles Durning, Lesley Ann Warren. ◆ Massachusetts, 1892: due delinquenti di mezza tacca (Caan e Gould) entrano in società con un famoso ladro (Caine) per tentare finalmente il colpo grosso. Malgrado il cast di stelle, una farsa scialba e poco equilibrata.

Balsamus l'uomo di Satana *½ (Italia 1968, col, 99') Pupi Avati. Con Bob Tonelli, Greta Vaillant, Giulio Pizzirani, Gianni Cavina, Antonio Avati. ◆ Un nano dei giorni nostri che si veste con abiti settecenteschi (Tonelli), considerato dalla gente capace di compiere miracoli, viene turlupinato dai suoi familiari. Per Avati un esordio all'insegna del fantastico e del grottesco. Notato dai critici, fu un fiasco al botteghino.

Baltimore Bullet *½ (*The Baltimore Bullet*, Usa 1980, col, 103') Robert Ellis Miller. Con Omar Sharif, James Coburn, Bruce Boxleitner, Ronee Blakley. ◆ Un navigato giocatore di biliardo (Coburn) attraversa gli Stati Uniti con un promettente allievo (Boxleitner). Di gara in gara fino all'epico scontro con un avversario imbattibile (Sharif). L'amicizia virile, la passione per la stecca, la fauna che circonda i professionisti: niente di particolarmente nuovo.

Balto *** (*Balto*, Usa/Gb 1995, col, 77') Simon Wells. ◆ Con Miriam Margolyes, Lola Bates-Campbell. L'eroica impresa di Balto, mezzo cane e mezzo lupo, che nel 1925 guida attraverso le tormente dell'Alaska la slitta con l'antitossina necessaria a salvare i bambini di Nome colpiti da un'epidemia di difterite: scartato a favore dell'orgoglioso Steele, Balto correrà in aiuto del convoglio quando il capomuta perderà l'orientamento, dimostrandosi un vero cane da slitta. Con un prologo e un epilogo dal vero – una delle bambine salvate, ora nonna (Margolyes), porta la nipotina (Bates-Campbell) a vedere la statua che ricorda quell'impresa al Central Park di New York – questo cartoon prodotto da Spielberg, disegnato nella miglior tradizione antropomorfica (l'oca russa, i due orsacchiotti bianchi pasticcioni ma dal cuore d'oro, il «cattivo» Steele, la dolce Jenna), rilegge una storia vera mescolando sapientemente azione, suspense e caricatura. Mediamente meglio delle ultime produzioni Disney, ma senza quel supporto di marketing e di marchandising che influiscono sul successo.

Bamba, La ** (*La Bamba*, Usa 1987, col, 108') Luis Valdez. Con Lou Diamond Phillips, Esai Morales, Rosana De Soto, Elisabeth Peña. ◆ La folgorante carriera, prematuramente troncata – morì il 3 febbraio 1959 in un incidente aereo, insieme a Buddy Holly – del giovanissimo Ritchie Valens (Philipps), *trait d'union* tra la musica dei quartieri ispanoamericani di San Fernando Valley in California e il nuovo verbo musicale rock. La rabbia e il calore del Barrio chicano sono resi senza scadere in facili stereotipi e così compensano i cliché del genere biografico. Giustamente applaudita la colonna sonora, registrata in playback (per le canzoni di Valens) dal gruppo dei Los Lobos che appare nel film come la banda di Tijuana. Brani originali di Brian Setzer, Carlos Santana e Miles Goodman rendono il film imperdibile per i fan della musica rock.

Bambi **½ (*Bambi*, Usa 1942, col, 69') David Hand [e Walt Disney]. ◆ Il ciclo vitale di un cerbiatto, dalla nascita alla riproduzione passando attraverso il tragico momento della perdita della madre, uccisa dai cacciatori. Ispirato al libro di Felix Salten, unico cartone animato prodotto da Walt Disney senza personaggi umani (il cacciatore non si vede mai, si sentono solo gli spari), il film soffre di un eccessivo naturalismo descrittivo e ha i suoi momenti migliori quando l'antropomorfismo animale e la comicità prendono il sopravvento (i primi passi di Bambi, le gag con il coniglietto Tippete o le scene dell'innamoramento). In questo modo il film riscatta il moralismo un po' mielato che va di pari passo con la sua delicatezza visuale (tutto è scandito dal fascino del ritmo delle stagioni, dei cicli dell'esistenza, del susseguirsi delle generazioni) con la presenza di un messaggio ecologico ante litteram, dove «l'antropomorfismo permette di osservare l'uomo da un altro punto di vista e di giudicarlo». I ringraziamenti nei titoli di testa a Sidney Franklyn sono dovuti all'aver rinunciato ai diritti sul romanzo di Salten in favore di Walt Disney, che comunque lo utilizzò come consulente artistico per il film.

Bambini ci guardano, I ***** (Italia 1943, b/n, 86') Vittorio De Sica. Con Emilio Cigoli, Luciano De Ambrosis, Isa Pola, Adriano Rimoldi, Giovanna Cigoli, Ione Frigerio, Maria Gardena, Ernesto Calindri. ◆ Miserie coniugali viste con gli occhi lucidi del piccolo Pricò (De Ambrosis), sballottato tra genitori e parenti insensibili alla sua sofferenza. Tratto dal romanzo *Pricò* di Cesare Giulio Viola, fu l'avvio del felice sodalizio Zavattini-De Sica e segnò, per il regista, il passaggio dalla commedia brillante all'opera d'impegno sociale. Disprezzato dalla cultura fascista per la rappresentazione della famiglia piccolo-borghese in stato di decomposizione, inaugurò nel cinema italiano la riflessione sulla figura del bambino solo e viene collocato tra i prodromi del neorealismo. Particina per Giovanna Ralli.

Bambino d'inverno, Il ****½** (*L'Enfant de l'hiver*, Francia 1989, col, 84') Olivier Assayas. Con Clotilde de Bayser, Michel Feller, Marie Matheron, Jean-Philippe Ecoffey, Gérard Blain, Anouk Grinberg. ◆ Il rapporto tra Stéphane (Feller) e Nathalie (Matheron) è in crisi profonda: quando lei rimane incinta, lui si rifugia tra le braccia di Sabine (de Bayser), a sua volta innamorata senza speranza di Bruno (Ecoffey), un attore che ha troncato bruscamente la loro relazione. Un classico girotondo d'amore a perdere, nel quale ciascuno desidera chi non lo corrisponde. Assayas, critico dei *Cahiers du cinéma*, scrive e dirige con una certa abilità un film cupo e chiuso, dove la patologia regna sovrana, la comunicazione oscilla tra il grido isolato e l'afasia rinunciataria, e i sentimenti non trovano una via d'uscita. Lucido e impietoso, non per tutti i gusti. L'ex critico dei *Cahiers* Pascal Bonitzer interpreta lo spettatore dietro le quinte del teatro.

Bambino d'oro, Il *** (*The Golden Child*, Usa 1986, col, 96') Michael Ritchie. Con Eddie Murphy, Charlotte Lewis, Charles Dance, J.L. Reate. ◆ Il bambino (tibetano) che potrà salvare il mondo con la sua bontà viene rapito dal diavolo. E un poveraccio (Murphy) scopre di essere stato scelto dal destino per salvarlo. Un'avventura fantamistica tra l'Himalaia e Los Angeles, nella quale Murphy non riesce a trovare il suo humour. Nonostante l'ossessivo battage pubblicitario, un clamoroso (e meritato) tonfo al botteghino.

Bambino e il grande cacciatore, Il **** (*The Earthling*, Australia 1980, col, 102') Peter Collinson. Con William Holden, Ricky Schroder, Jack Thompson, Olivia Hannett. ◆ Un rude cacciatore condannato da un male incurabile (Holden) si trasforma in maestro di vita per un bambino rimasto orfano (Schroder). Tutto prevedibile, lacrime comprese. In originale 97' poi rieditato con nuove scene.

Bambino e il poliziotto, Il ***½** (Italia 1989, col, 115') Carlo Verdone. Con Carlo Verdone, Federico Rizzo, Adriana Franceschi, Barbara Cupisti, Luigi Petrucci. ◆ Un commissario (Verdone) arresta una ragazza e si trova costretto a prendersi cura del suo bambino (Rizzo): sarà disposto a ridiscutere tutta la sua vita, professionale e privata, pur di non staccarsi dal ragazzo. Voglia di paternità e buoni sentimenti per un Verdone più serio (e prevedibile) del solito.

Bambino perduto, Il **** (*Little Boy Lost*, Usa 1953, b/n, 95') George Seaton. Con Bing Crosby, Christian Fourcade, Claude Dauphin, Nicole Maurey, Gabrielle Dorziat, Peter Baldwin, Colette Dereal. ◆ Dopo la guerra, un corrispondente americano (Crosby) torna in Francia per cercare il figlioletto sparito dopo che la moglie era stata fucilata dai nazisti: crede di identificarlo in Jean (Fourcade), piccolo ospite di un orfanotrofio. Un melodramma fatto apposta per commuovere (sceneggiato dal regista a partire da un soggetto di Marghanita Laski), che eccede nell'uso della voce fuori campo e non si risparmia nessuno dei luoghi canonici del genere, ma anche pervaso di uno spirito acido e poco consolatorio che rivendica per i trovatelli il diritto a un amore che non sia solo compassione.

Bambola ° (Italia/Spagna/Francia 1996, col, 96') [Juan José] Bigas Luna. Con Valeria Marini, Stefano Dionisi, Jorge Perugorría, Manuel Bandera, Antonino Iuorio, Anita Ekberg. ◆ Mina, detta Bambola (Marini), pizzaiola a Comacchio col fratello omosessuale Flavio (Dionisi), strega gli uomini con le sue forme ma vorrebbe il vero amore: naturalmente non saprà dire di no agli eccessi maschilisti di Furio (Perugorría), conosciuto in carcere mentre faceva visita al fidanzato Settimio (Bandera). Inevitabile che la tragedia sia in agguato. Invitato alle Notti veneziane con pentimenti postumi del direttore, il film che doveva consacrare la Marini come star del cinema italiano è una scemenza senza idee né erotismo. Del soggetto originale di Cesare Frugoni (intitolato *Per uccidere Mina*) pare rimasto ben poco nelle mani di Bigas Luna: un melò annacquato di sesso e violenza gratuita e infarcito di dialoghi involontariamente comici. Il «sopra le righe» è stimolato ma non controllato, tanto da coinvolgere nel ridicolo anche il bravo Perugorría. Valeria Marini conferma di non saper recitare ma in fondo doveva solo mostrare culo e tette, e lo fa con generosità. Scandalo (inesistente) per una scena di sesso con anguilla, che però non si avvicina mai a quella parte là. Francamente irritante che (per stupida cinefilia?) la Ekberg, madre squinternata di Bambola, si chiami come la Garbo, Greta Gustafsson. Lucio Dalla ha scritto per il film *La canzone del Po*.

Bambola assassina, La ****½** (*Child's Play*, Usa 1988, col, 87') Tom Holland. Con Catherine Hicks, Chris Sarandon, Alex Vincent, Brad Dourif, Dinah Manoff, Tommy Swerdlow, Jack Colvin. ◆ Un killer psicopatico (Dourif) riesce a trasmettere la sua anima a un bambolotto: quando il piccolo Andy (Vincent) riceve in regalo il giocattolo, si trova coinvolto in una serie di omicidi. Un horror a tinte molto forti. Riusciti gli effetti speciali di Kevin Yagher (più noto come truccatore di Robert Englund in *Nightmare*). Con due seguiti, il secondo dei quali inedito in Italia (*Child's Play 3*, 1991, di Jack Bender).

Bambola assassina 2, La *½ (*Child's Play 2*, Usa 1990, col, 80') John Lafia. Con Alex Vincent, Jenny Agutter, Gerrit Graham, Christine Elise. ◆ Mentre il piccolo Andy (Vincent) tenta di rifarsi una vita, la bambola assassina viene restaurata e torna a perseguitarlo. Il film non è all'altezza del primo, ma la sequenza finale (quindici minuti di lotta dentro una fabbrica di bambole) non è male.

Bambola del diavolo, La *** (*The Devil-Doll*, Usa 1936, b/n, 70') Tod Browning. Con Lionel Barrymore, Maureen O'Sullivan, Rafaela Ottiano, Frank Lawton, Lucy Beaumont, Henry B. Walthall, Grace Ford. ◆ Ingiustamente condannato, il banchiere Paul Lavond (Barrymore) evade dall'Isola del Diavolo con uno scienziato folle, che gli rivela il segreto per rimpicciolire cose e persone. Travestito da anziana giocattolaia, Lavond si vendica dei suoi soci disonesti con le sue creature, innocue come bambole finché non le fa agire telepaticamente. Un classico del cinema fantastico, capostipite di un genere (*Dr. Cyclops*, *Radiazione BX distruzione uomo*), e modello di regia per lo stile essenziale e inventivo, tratto da un racconto del regista (ispirato a sua volta a un romanzo di Abe Merritt) adattato con la collaborazione, tra gli altri, di Erich von Stroheim e di Garrett E. Fort. Se gli effetti speciali, giocati sul contrasto tra grande e piccolo (memorabile la «bambola» che scende da un albero di Natale) sono ancora suggestivi, la trama che fa da cornice colpisce per l'amoralità e il cinismo. E Barrymore, anche se recita gigionescamente metà film in panni femminili, è un attore vero che rende credibile il suo personaggio. Fu il penultimo film di Browning (ma il suo ultimo capolavoro) prima di un volontario esilio quasi trentennale da Hollywood.

Bambola di carne, La ***½ (*Die Puppe*, Germania 1919, b/n, 46') Ernst Lubitsch. Con Ossi Oswalda, Hermann Thimig, Victor Janson, Max Kronert. ◆ Terrorizzato dal matrimonio, Lancelot (Thimig) decide di inscenare le nozze con una bambola meccanica: ma, a sua insaputa, al posto dell'automa si sostituisce Ossi (Oswalda), la figlia del fabbricante Hilarius (Janson). Emblematico il prologo in cui Lubitsch in persona sistema due pupazzi in una casa da bambola, da cui usciranno poi due attori in carne e ossa: l'umano si confonde con l'artificiale, e la finzione nasce sotto gli occhi dello spettatore, senza nascondere i propri trucchi. Le scenografie bidimensionali, il tema del doppio e del rapporto tra creatore e creatura rimandano all'espressionismo e al *Gabinetto del dottor Caligari*: ma il tono è ilare, e ricco di trovate più vicine, semmai, al surrealismo (i due cavalli parlanti che si accovacciano come cani). La raffinatezza del gioco degli equivoci e la perfetta direzione degli attori (sorprendente la protagonista) sono quanto di più lubitschiano si possa immaginare: uno dei suoi capolavori.

Bambola meccanica modello Cherry 2000 ** (*Cherry 2000*, Usa 1988, col, 93') Steve DeJarnatt. Con Melanie Griffith, Ben Johnson, Harry Carey jr, David Andrews, Tim Thomerson. ◆ In un angosciante XXI secolo, un giovane è diviso tra l'amore per una donna-robot e quello per una cacciatrice di taglie. Una specie di western fantascientifico, raccontato con un buon ritmo e molta autoironia.

Bambole, Le *½ (Italia 1965, b/n, 111') Dino Risi, Luigi Comencini, Franco Rossi, Mauro Bolognini. ◆ Film a episodi. In *La telefonata* (Dino Risi. Con Nino Manfredi, Virna Lisi, Alicia Brandet) le interminabili telefonate della moglie permettono al marito di tradirla con una vicina; in *Il trattamento di eugenetica* (Luigi Comencini. Con Elke Sommer, Maurizio Arena, Piero Focaccia) una svedese vuole avere un figlio «doc» da un maschio latino; in *La minestra* (Franco Rossi. Con Monica Vitti, Orazio Orlando) una moglie tenta invano di sbarazzarsi del marito miserabile; in *Monsignor Cupido* (Mauro Bolognini. Con Gina Lollobrigida, Akim Tamiroff, Jean Sorel) un'albergatrice seduce il nipote di un prelato. Quattro storie girate con mestiere ma senza troppa fantasia. Manfredi che si toglie i pantaloni e la Lollo seminuda sul letto procurarono al film una denuncia per oscenità.

Bambole e sangue ** (*Private Parts*, Usa 1972, col, 86') Paul Bartel. Con Ann Ruymen, Lucille Benson, Laurie Main, John Venantonio. ◆ Dentro un motel frequentato da tipi stravaganti, una ragazzina si trova coinvolta in una serie di omicidi. Per l'esordio di Bartel, già allievo di Roger Corman, un giallo puntato sulla rappresentazione delle deviazioni sessuali e sulla satira di costume più che sulla suspense.

Bambolona, La **½ (Italia 1969, col, 107') Franco Giraldi. Con Ugo Tognazzi, Isabella Rei, Lilla Brignone, Corrado Sonni, Margherita Guzzinati. ◆ Un maturo avvocato (Tognazzi) viene travolto da passione per una ragazzona indolente e abulica (Rei), che finirà però col prendersi gioco di lui. Dall'omonimo romanzo di Alba De Céspedes, una commedia di costume con buone finezze psicologiche e un'amara ironia.

Bambulè *½ (Italia 1979, col, 90') Marco Modugno. Con Marco Modugno, Cico Diaz, Dario Silvagni. ◆ Tre ragazzi, incapaci di accettare la realtà, si illudono di trovare una società ideale fuggendo in Sudamerica. Girata dal figlio di Domenico Modugno in super8, poi «gonfiata» in 16mm, una testimonianza interessante ma datata sull'universo giovanile.

Banana Joe *½ (Italia/Rft 1982, col, 92') Steno [Stefano Vanzina]. Con Bud Spencer [Carlo Pedersoli], Gianfranco Barra, Giorgio Bracardi, Enzo Garinei, Mario Scarpetta, Marina Langner. ◆ Un commerciante di banane (Spencer) aiuta gli indigeni di una imprecisata repubblica sudamericana, ma se la deve vedere con i trafficanti di droga. Scritto dallo stesso Bud Spencer, un film che punta tutto su una serie di risse spettacolari.

Banana Republic * (Italia 1979, col, 101') Ottavio Fabbri. Con Lucio Dalla, Francesco De Gregori, Ron [Rosalino Cellamare], Gaetano Currieri, Franco Di Stefano, Fabio Liberatori, Marco Manni, Giovanni Pezzoli, Ricky Portera, George Sims. ◆ Registrazione della tournée effettuata da Dalla e De Gregori durante l'estate del 1979: le diciotto canzoni del concerto, tra cui quella che dà il titolo al film (e al disco) sono alternate con brevi interventi dei vari musicisti. La musica, ovviamente, è piacevole, il blablà che l'accompagna francamente banale.

Banana Split ** (*The Gang's All Here*, Usa 1944, col, 103') Busby Berkeley. Con Alice Faye, Carmen Miranda, James Ellison, Eugene Pallette, Charlotte Greenwood, Edward Everett Horton, Sheila Ryan. ◆ La cantante di un night (Faye) si innamora di un sergente (Ellison) senza sapere che è il figlio di un ricco uomo d'affari (Pallette) e che è fidanzato dall'infanzia con un'amica di famiglia (Ryan): inevitabilmente, al ritorno dal fronte, – dove si è comportato da eroe – l'amore trionferà su tutto. Una trama imbarazzante nella sua ingenuità serve solo per inanellare le sequenze musicali: la celeberrima esibizione di Carmen Miranda in *The Lady of the Tutti-Frutti Hat* (dove Berkeley dà il meglio della sua immaginazione musical-ortofrutticola con una parata di banane giganti), i morbidissimi movimenti di camera e le invenzioni visive nel numero del caleidoscopio con cui si chiude il film. Di grande fascino la voce romantica di Alice Faye (che canta *A Journey to a Star* e *No Love, No Nothing*). Esibizione di Benny Goodman che non solo suona il clarinetto con la sua orchestra ma anche canta.

Banca del seme più pazza del mondo, La * (*Frozen Assets*, Usa 1992, col, 96') George Miller. Con Shelley Long, Corbin Bernsen, Larry Miller, Matt Clark, Gloria Comden, Dody Goodman. ◆ Inviato da Los Angeles a Hobart, nell'Oregon, per far quadrare i conti di una banca dello sperma, Zach (Bernsen) si scontra con la biologa locale (Long), preoccupata solo della sua missione scientifica: lui organizza un concorso per «il miglior stallone dell'anno», lei si rivela meno bigotta del previsto e tutto finisce in gloria. Insulso veicolo promozionale per due star della televisione. Il regista non è quello di *Mad Max*, ma l'omonimo che ha firmato *L'uomo del fiume nevoso*. In cassetta è uscito come *Semi congelati*.

Banca di Monate, La ** (Italia 1976, col, 106') Francesco Massaro. Con Walter Chiari, Magali Noël, Vincent Gardenia, Paolo Bonacelli. ◆ Lago Maggiore, 1949: un industriale decide di fondare una banca per rastrellare i risparmi della zona. Sarà l'inizio dei suoi guai. Dal racconto omonimo di Piero Chiara, un film sull'Italia pre-boom economico: vale più per la caratterizzazione dei personaggi che per la storia.

Banchetto di nozze, Il **½ (*Xiyan*, Taiwan/Usa 1993, col, 104') Ang Lee. Con Winston Chao, Mitchell Lichtenstein, May Chin, Ah-Leh Gua, Sihung Lung. ◆ Un taiwanese gay (Chao), che ha fatto fortuna a New York e da cinque anni convive felicemente con il suo compagno (Lichtenstein), per accontentare gli ignari genitori decide di sposare una pittrice cinese (Chin) bisognosa del permesso di soggiorno. I problemi cominciano con il sontuoso banchetto di nozze imposto dai genitori, proseguono con una gravidanza indesiderata e alla fine si risolvono con il chiarimento tanto temuto. Una eccentrica commedia degli equivoci, che sfocia quasi nell'autoparodia. Mescolando la tradizione della farsa orientale con la lezione di Wilder e Hawks, Ang Lee (un cinese formatosi nelle scuole di cinema americane) ribalta sia lo stereotipo del gay maledetto che quello del gay fasullo, e mette a punto, senza pretese né cadute di tono, un meccanismo comico-sofisticato godibile e piuttosto raro di questi tempi. Orso d'oro a Berlino 1993.

Banchetto di Platone, Il ** (*Le Banquet*, Francia 1992, col, 76') Marco Ferreri. Con Philippe Léotard, Irene Papas, Farid Chopel, Jean- Pierre Kalfon, Jean Benguigui, Lucas Belvaux, Christian Berthelot, Renato Cortesi, Philippe Khorsand, Patrice Minet, Roger Van Hool. ◆ Apollodoro (Benguigui) racconta a un amico la discussione sull'amore fatta al banchetto in onore di Agatone (Chopel): Fedro (Belvaux) aveva parlato dell'amore come virtù, Pausania (Cortesi) come libertà, Erissimaco (Kalfon) come armonia, Aristofane (Khorsand) come desiderio cieco, mentre Socrate (Léotard, doppiato da Paolo Bonacelli), riportando quello che aveva udito dalla profetessa Diotima (Papas), esalta l'amore come «possesso perpetuo del bene». Adattando per la televisione francese il *Convito* (o *Simposio*), uno dei più celebri dialoghi di Platone, Ferreri (con i cosceneggiatori Monique Canto e Radu Mihaileanu) da una parte smitizza il discorso filosofico con spunti prosaici (la caccia ai pidocchi, la pesantezza della digestione), dall'altra privilegia nelle parole di Diotima il possesso d'amore come istintualità naturale verso la procreazione, con liberissime sovrimpressioni video che sottolineano la centralità della donna (la metafora della lava che straripa). In questo modo «ribalta» il discorso platonico che invece privilegiava la tendenza al possesso del bene attraverso l'anima e non attraverso il corpo, così come il discorso conclusivo di Alcibiade (Van Hool) non è più un'esaltazione della figura di Socrate – com'era in Platone – ma uno smascheramento molto prosaico della sua superficialità amorosa. Anche se l'eccessiva verbosità e una certa meccanicità nel racconto lasciano nello spettatore la convinzione che la filosofia non sia mai stata la materia preferita dello studente Ferreri. Girato nel 1988 ma trasmesso per la prima volta alla Tv francese nel 1992.

Banchiera, La *½ (*La Banquière*, Francia 1980, col, 130') Francis Girod. Con Romy Schneider, Jean-Louis Trintignant, Jean-Claude Brialy, George Wilson, Claude Brasseur. ◆ La storia di Emma Eckhert (Schneider), ebrea alsaziana di umili origini, spregiudicata arrampicatrice sociale, diventata banchiera con i soldi di una amica, che negli anni Trenta, dopo una rapida scalata, si mette contro il potere politico e finisce malissimo. Suggestionato da *Stavisky, il grande truffatore*, Girod rilegge la storia della vita di Marthe Hanau, ma non ha lo stesso carisma di Resnais e il suo film assomiglia troppo a un fumettone romanzato. Resta solo qualche citazione kitsch («A quest'età si deve fare l'amore solo sulla seta»). In un falso cinegiornale la Schneider compare al fianco di Mussolini.

Banda Bonnot, La **½ (*Les Anarchistes*, ritintolato *La Bande à Bonnot*, Francia/Italia 1968, col, 90') Philippe Fourastié. Con Bruno Cremer, Jacques Brel, Annie Girardot, Jean-Pierre Kalfon, Anne Wiazemsky. ◆ Nella Parigi 1911-12, le gesta degli anarchici guidati da Jules Bonnot (Cremer), autori delle prime rapine in automobile della Storia. In una suggestiva atmosfera liberty, un esordio interessante per il ventinovenne Fourastié, già assistente di Godard e Chabrol. Convincente il cantautore Brel nei panni del rapinatore filosofo Raymond-la-Science.

Banda Casaroli, La ** (Italia 1962, b/n, 100') Florestano Vancini. Con Renato Salvatori, Jean-Claude Brialy, Tomas Milian, Gabriele Tinti. ◆ L'ultimo colpo e la cattura di una banda specializzata in rapine alle banche. Basato sulla vicenda di Paolo Casaroli (Salvadori) e dei suoi complici Corrado Minguzzi (Brialy) e Gabriele Ingenis (Milian), che nel '50 portarono il terrore a Bologna, un film di impegno civile con un'efficace descrizione d'ambiente.

Banda degli angeli, La **½ (*Band of Angels*, Usa 1957, col, 125') Raoul Walsh. Con Clark Gable, Yvonne De Carlo, Sidney Poitier, Efrem Zimbalist jr, Patric Knowles, Rex Reason, Torin Thatcher, Andrea King, Ray Teal. ◆ Sullo sfondo della guerra civile, tra il Kentucky e New Orleans, l'amore contrastato tra il proprietario terriero, ex razziatore di schiavi, Hamish Bond (Gable) e la bella Amantha Starr (De Carlo), schiava di sangue misto educata nell'odio per ogni razzismo: a dividerli ci saranno prima la differenza di censo e i rispettivi passati, poi la guerra e la sconfitta del Sud, l'espropriazione delle terre di Hamish, l'odio degli ex schiavi liberati guidati da Rau-Ra (Poitier), ma alla fine l'amore non potrà che trionfare. Dall'omonimo bestseller di Robert Penn Warren (sceneggiato da John Twist, Ivan Goff e Ben Roberts) il film romanzesco per eccellenza, dove Walsh accumula materiali e colpi di scena per mettere i suoi personaggi di fronte a continue prove, obbligandoli – come spesso avviene nei suoi film – a separarsi da un mondo che sembrava già loro. Da *non* confrontare con *Via col vento*, perché diverse sono le ambizioni (vedi il finale, dove la speranza di un nuovo futuro non è il convenzionale happy end hollywoodiano ma una specie di «secondo soffio esistenziale» che il regista concede ai suoi personaggi). Rieditato col titolo *La frusta e la carne*.

Banda degli implacabili, La → *Catene della colpa, Le*

Banda degli onesti, La *½ (Italia 1956, b/n, 87') Camillo Mastrocinque. Con Totò [Antonio de Curtis], Anita Ciarli, Giacomo Furia, Peppino De Filippo, Gabriele Tinti, Memmo Carotenuto. ◆ Un portiere con tentazioni truffaldine (Totò) entra fortunosamente in possesso di un cliché della zecca e di una risma di carta filigranata. Con un tipografo (De Filippo) e un pittore d'insegne (Furia) stampa qualche biglietto da diecimila lire, ma ai tre manca il coraggio di trasformarsi in falsari. Anzi, per amore del figlio, Totò vorrebbe anche costituirsi. Su sceneggiatura di Age e Scarpelli, una commedia con poche trovate: memorabile solo il tentativo di spacciare il primo biglietto falso.

Banda dei fiori di pesco, La → *Happy Days*

Banda dei tre Stati, La ** (*Highway 301*, Usa 1951, b/n, 83') Andrew L. Stone. Con Steve Cochran, Virginia Grey, Robert Webber, Richard Egan. ◆ La banda di George Legenz (Cochran) fa la spola tra tre Stati confinanti, svaligiando banche e ammazzando tutti i testimoni. Legenz, messo alle strette, si mette a uccidere anche le donne della banda: ma la giustizia trionfa. Un film a basso budget della Warner, retto da una buona suspense e da alcune trovate non ancora abusate. Stone è autore anche della sceneggiatura. La fotografia è di Carl Guthrie.

Banda del buco, La * (Italia 1960, b/n, 97') Mario Amendola. Con Claudio Villa, Maria Pia Casilio, Elio Crovetto, Mario Carotenuto, Ferruccio Amendola. ◆ Il capo di una banda di rapinatori deve vedersela con il suo angelo custode, disposto a fare di tutto pur di redimerlo. Un mix datatissimo di facile comicità, buoni sentimenti e canzoni.

Banda del gobbo, La ** (Italia 1977, col, 98') Umberto Lenzi. Con Tomas Milian, Pino Colizzi, Mario Piave, Isa Danieli, Guido Leontini, Solvi Stubing, Luciano Catenacci, Sal Borgese, Nello Pazzafini, Mario Piave. ◆ Latitante e ricercato, il losco Gobbo (Milian) viene tradito e umiliato dai suoi complici dopo un colpo in banca: si vendica con l'aiuto del fratello Monnezza (ancora Milian) e si appresterebbe a diventare il boss della mala romana, se non fosse per il commissario Sarti (Colizzi). Dopo *Roma a mano armata* ritorna uno dei personaggi più laidi e interessanti del poliziesco all'italiana: il Gobbo, nato dalla fantasia (e dai ricordi d'infanzia) di Lenzi. Milian, con estro trasformistico, ripropone un'altra icona dell'«orgoglio coatto», il Monnezza di *Il trucido e lo sbirro* e *La banda del trucido*. Molta violenza e turpiloquio (Milian scrive le sue battute, e lo stesso Lenzi si è dissociato dalla scena della discoteca in cui il Gobbo costringe i ricconi a defecare per terra dopo avere raccontato una barzelletta sconcia): non un capolavoro, ma uno dei film-chiave del genere.

Banda delle frittelle di mele, La *½ (*The Apple Dumpling Gang*, Usa 1975, col, 100') Norman Tokar. Con Billy Bixby, Susan Clark, Don Knotts, Tim Conway. ◆ Commedia western targata Walt Disney: un giocatore d'azzardo mette la testa a posto quando si ritrova a dover allevare tre bambini. Divertenti Tim Conway e Don Knotts, i due furfanti imbranati protagonisti anche del seguito.

Banda delle frittelle di mele 2, La * (*The Apple Dumpling Gang Rides Again*, Usa 1979, col, 88') Vincent McEveety. Con Tim Conway, Don Knotts, Tim Matheson. ◆ Le avventure nel West di due fuorilegge pasticcioni. Una produzione Disney senza originalità.

Banda del trucido, La ** (Italia 1977, col, 99') Stelvio Massi. Con Luc Merenda, Tomas Milian, Elio Zamuto, Katia Christine, Corrado Solari, Franco Citti, Imma Piro, Mimmo Poli, Nello Pazzafini, Mario Brega. ◆ Sulle tracce di una pericolosa organizzazione criminale, il commissario Ghini (Merenda) chiede l'aiuto a un ladruncolo di borgata soprannominato Er Monnezza (Milian), gestore della trattoria «La pernacchia» e docente a tempo pieno dell'arte dello scippo. Un film scisso in due, e con la parte comica che ha la meglio sull'azione (malgrado una buona sequenza iniziale): una furba operazione (degli sceneggiatori Dardano Sacchetti ed Elisa Briganti) per sfruttare la popolarità del personaggio di Monnezza, nato in *Il trucido e lo sbirro* di Lenzi. I dialoghi sono dello stesso Milian: forse è il film in cui ha più spazio per sviluppare il suo personaggio.

Banda di Eddie, La *½ (*Eddie and the Cruisers*, Usa 1983, col, 92') Martin Davidson. Con Tom Berenger, Michael Paré, Joe Pantoliano, Helen Schneider, Ellen Barkin. ◆ Una giornalista televisiva (Barkin) si mette sulle tracce di un cantante (Paré) scomparso da più di vent'anni, dopo la registrazione di un'opera troppo innovativa per essere accettata dai produttori. Le speculazioni dello show business e il dubbio sulla sua reale morte si mescolano in una confusa struttura a flashback che dovrebbe illuminare sulla storia. Troppe banalità per piacere ai rock-fan.

Banda di Harry Spikes, La ** (*The Spikes Gang*, Usa 1974, col, 96') Richard Fleischer. Con Lee Marvin, Ron Howard, Charlie Martin Smith, Gary Grimes. ◆ Un veterano delle rapine (Marvin) educa al crimine tre ragazzi sprovveduti, conducendoli verso un tragico destino. Da un romanzo di Gils Tippet, *The Bank Robber*, una bella interpretazione di Marvin all'insegna dell'*understatement*.

Banda di Jesse James, La **½ (*The Great Northfield, Minnesota Raid*, Usa 1972, col, 91') Philip Kaufman. Con Cliff Robertson, Robert Duvall, Luke Askew, Donald Moffat, R.G. Armstrong, Elisha Cook. ◆ Alla fine della guerra civile la banda degli ex sudisti Jesse James (Duvall) e Cole Younger (Robertson) continua a scorrazzare nel Middle West saccheggiando e facendo rapine. Un taglio nuovo e demistificante per la storia di Jesse il bandito, raccontato nelle sue miserie quotidiane per nulla eroiche. Cliff Robertson è anche produttore.

Banda J. & S., La – Cronaca criminale del Far West * (Italia 1972, col, 98') Sergio Corbucci. Con Tomas Milian, Susan George, Telly Savalas, Rossana Yanni, Laura Betti. ◆ Le avventure di Jad e Sonny (George e Milian), due fidanzati con l'hobby delle rapine. Tentativo di rifare *Bonnie and Clyde* ai confini tra Messico e Stati Uniti, ma senza alcuna originalità.

Bandera, La **½ (*La Bandera*, Francia 1935, b/n, 100') Julien Duvivier. Con Jean Gabin, Robert Le Vigan, Pierre Renoir, Annabella [Suzanne Charpentier], Viviane Romance. ◆ Pierre Gilieth (Gabin), un assassino involontario, fugge dalla Francia e si arruola nella Legione straniera spagnola che lo manda a combattere nel Riff marocchino, ma viene inseguito da un poliziotto fino in prima linea (Le Vigan). Dedicato al generale Franco, al tempo comandante delle truppe in Marocco, il film lanciò Gabin come incarnazione dell'eroe sfortunato, vittima di un tragico fato. Cult-movie in Francia, oggi appare un po' datato per la sua retorica militarista, l'esotismo ingenuo (specie nel personaggio di Aïcha la Schlaoui, la ballerina di un bordello, interpretato da Annabella) e le forti tinte melodrammatiche. Ma colpisce ancora per la forza con cui Duvivier, pur restando fedele al romanzo di Pierre MacOrlan (sceneggiato insieme a Charles Spaak), riesce a dar forma ai suoi cupi fantasmi e ai suoi personali demoni.

Bandera, La – Marcia o muori *½ (*March or Die*, Gb 1977, col, 104') Dick Richards. Con Gene Hackman, Terence Hill [Mario Girotti], Catherine Deneuve, Max von Sydow, Ian Holm. ◆ 1918: un reparto della Legione straniera francese deve affrontare i nazionalisti berberi. Un cast internazionale per un film ambiguo e sfocato, indeciso se schierarsi dalla parte dei colonialisti o da quella degli arabi.

Bandido! *½ (*Bandido*, Usa 1956, col, 92') Richard Fleischer. Con Robert Mitchum, Ursula Thiess, Gilbert Roland, Zachary Scott, Rodolfo Acosta. ◆ Nel Messico d'inizio secolo, due americani (Mitchum e Scott) si danno al traffico d'armi. E si disputano la stessa donna (Thiess). Coprodotto da Mitchum, un film d'avventura che gioca tutte le sue carte sul fascino «maledetto» del protagonista.

Bandiera gialla *** (*Panic in the Streets*, Usa 1950, col, 96') Elia Kazan. Con Richard Widmark, Paul Douglas, Barbara Bel Geddes, Walter «Jack» Palance, Zero Mostel. ◆ A New Orleans, un emigrante viene ucciso da tre gangster e l'autopsia rivela che era affetto da peste polmonare: si scatena una caccia all'uomo per rintracciare chi ha avuto contatti con lui ed evitare l'epidemia. Ritmo serrato e suspense (da antologia l'ultimo tentativo di fuga di un bandito che si arrampica su una gomena ma non riesce a superare il disco di metallo che impedisce ai topi di salire sulla nave) ma soprattutto buone osservazioni d'ambiente. Il film che segnò il ritorno di Mostel sugli schermi dopo essere finito sulla «lista nera». Oscar a Edward e a Edna Anhalt per il soggetto.

Banditi → *Gunmen (Banditi)*

Banditi a Milano ** (Italia 1968, col, 102') Carlo Lizzani. Con Gian Maria Volonté, Don Backy [Aldo Caponi], Margaret Lee, Tomas Milian, Ray Lovelock, Piero Mazzarella, Carla Gravina. ◆ La rapina all'agenzia del Banco di Napoli in largo Zandonai a Milano, opera della banda di Piero Cavallero (Volonté), e il sanguinoso inseguimento della polizia. A soli sette mesi dal fatto di cronaca, la ricostruzione di Lizzani: una panoramica frettolosa sulla nuova malavita milanese, ma senza aggiunte romanzesche. Il proprietario della casa da gioco è interpretato dal jazzista Giorgio Gaslini. Agostina Belli è la ragazza presa in ostaggio.

Banditi a Orgosolo *** (Italia 1961, b/n, 98') Vittorio De Seta. Con Michele Cossu, Peppeddu Cuccu, Vittorina Pisano e altri attori non professionisti. ◆ Un pastore sardo (Cossu) è costretto dalle circostanze a diventare bandito. Primo film a soggetto del documentarista De Seta, che curò anche produzione, fotografia, montaggio e sceneggiatura: scarno ed essenziale, interpretato da veri pastori, si aggiudicò a Venezia il premio per la miglior opera prima. Recuperando la sua preparazione meridionalistica (alla base dei numerosi e affascinanti documentari precedenti: *Lu tempu de li pisci spada*, *Isole di fuoco*, *Contadini del mare*), De Seta racconta, «con una secchezza pudica degna di Flaherty», un mondo chiuso dentro le sue leggi e le sue strutture (culturali ed economiche insieme), incapace di rendersi conto del complesso processo di trasformazione che in quegli anni stava modificando radicalmente i dati economici e sociali della questione sarda.

Banditi del tempo, I ** (*Time Bandits*, Gb 1982, col, 110') Terry Gilliam. Con Craig Warnock, David Warner, John Cleese, Sean Connery, Ralph Richardson, Ian Holm, Shelley Duvall, Michael Palin. ◆ Un ragazzino dei nostri giorni (Warnock) viene portato attraverso le diverse epoche storiche da un gruppo di avventurieri nani, in possesso di una misteriosa mappa che indica i varchi spazio-temporali capaci di mettere in contatto passato e presente. In bilico tra realtà storica, fantasia e incubo, il film mescola personaggi mitici e situazioni insolite, saltando dal quartier generale di Napoleone (Holm) al galeone dell'Orco, dall'antica Grecia di Agamennone (Connery) ai tempi di Robin Hood (Cleese), sempre sotto l'incombenza del Signore del Male (Warner) che vuole impossessarsi della mappa. Ricco e fantasioso, com'è nella tradizione dei Monty Python (di cui fanno parte Gilliam, Cleese e Palin), il film non riesce però a equilibrare l'esuberanza narrativa della materia e rischia di apparire confuso e ridondante.

Bandito, Il *** (Italia 1946, b/n, 87') Alberto Lattuada. Con Amedeo Nazzari, Anna Magnani, Carla Del Poggio, Carlo Campanini, Eliana Banducci, Mino Doro, Folco Lulli. ◆ Le tragedie familiari e l'impossibile reinserimento nella Torino postbellica spingono un reduce (Nazzari) a entrare nella malavita. Molto pessimista e ingiustamente sottovalutato, il film coniuga sapientemente neorealismo e suggestioni noir di marca Usa. Peculiare la scelta degli attori che ribaltano coi loro personaggi l'immagine popolare che li ha resi famosi: il brillante e avventuroso Nazzari è l'antieroe disilluso, la «popolana» Magnani è addirittura il boss della banda, e la virginea Carla Del Poggio fa la prostituta. Notevole la fotografia di Aldo Tonti, in difficile equilibrio tra realismo ed espressionismo.

Bandito dagli occhi azzurri, Il * (Italia 1980, col, 98') Alfredo Giannetti. Con Franco Nero, Dalila Di Lazzaro, Fabrizio Bentivoglio, Giovanni Iavarone, Iole Ferro. ◆ Un impiegato dalla doppia identità (Nero) rapina la ditta in cui lavora: qualche spiacevole contrattempo, ma riesce a farla franca. Una storia inverosimile per la serie «il delitto paga».

Bandito della Casbah, Il **** (*Pépé le Moko*, Francia 1936, b/n, 93') Julien Duvivier. Con Jean Gabin, Mireille Balin, Line Noro, Saturnin Fabre, Gilbert Gil, Lucas Gridou. ◆ Il gangster Pépé (Gabin) è costretto a vivere nella Casbah di Algeri per sfuggire alla polizia, ma la passione per una donna fatale lo spingerà a uscire dal quartiere e cadere così nelle mani della polizia. Il film che consacrò il mito di Gabin – romantico eroe schiacciato dalla mitologia del fallimento – è un pezzo di storia del cinema, una tragedia moderna ricercata nella forma e sanguigna nel contenuto. Parte come *Scarface* e finisce dove «Amore e Morte s'incontrano per volere del Destino», punto cruciale del cosiddetto realismo poetico francese: «è poesia populista a fior di pelle: ragazzi di mala, donnine di vita, alcol, malinconia, pessimismo». Indimenticabile l'esecuzione della spia vicino alla pianola meccanica e la corsa di Pépé per le strette vie della Casbah interamente ricostruita in studio. Due pessimi remake (*Un'americana nella Casbah*, 1938; *Casbah*, 1948) e una parodia (*Totò le Mokò*, 1949).

Bandito delle ore undici, Il *** (*Pierrot le fou*, Francia 1965, col, 112') Jean-Luc Godard. Con Jean-Paul Belmondo, Anna Karina, Dirk Sanders, Raymond Devos, Graziella Galvani. ◆ Ferdinand Griffon (Belmondo), professore di spagnolo insoddisfatto della propria vita borghese, decide all'improvviso di fuggire verso il sud in compagnia di Marianne (Karina) che lo chiama Pierrot come quando si erano conosciuti anni prima. Quasi un prolungamento dei personaggi e delle situazioni di *Fino all'ultimo respiro*, girato con stile caleidoscopico «per la vivacità cromatica delle sue immagini e la sua struttura fatta di instabili equilibri fra elementi eterogenei». Uno dei film più densi di Godard in cui si mescolano riflessioni sul senso e sul linguaggio, il ruolo della letteratura e la forza del colore. Indimenticabile il suicidio finale di Pierrot, con la faccia dipinta di vernice blu e i candelotti rossi e gialli di dinamite legati intorno al capo: lui dà fuoco alla miccia mentre una voce off legge versi di Rimbaud. Jean-Pierre Léaud è il ragazzo nel cinema e Samuel Fuller interpreta se stesso dicendo: «Il cinema è come una battaglia: amore... odio... azione... violenza... in una parola: emozione».

Bandito e la «madama», Il **½ (*Smokey and the Bandit*, Usa 1977, col, 96') Hal Needham. Con Burt Reynolds, Sally Field, Jackie Gleason, Jerry Reed. ◆ Un contrabbandiere (Reynolds) accetta una scommessa impossibile: trasportare 400 casse di birra in 28 ore dal Texas alla Georgia. Esordio alla regia dell'ex stuntman Needham con un road-movie che sbancò a sorpresa i botteghini e si piazzò subito dopo *Guerre stellari*, facendo meritare a Reynolds la copertina di *Time*. Due opachi sequel, ma uno solo arrivato in Italia (*Una canaglia a tutto gas*, 1980).

Bandito in vacanza, Un *½ (*A Slight Case of Murder*, Usa 1938, b/n, 85') Lloyd Bacon. Con Edward G. Robinson, Jane Bryan, Allen Jenkins, Ruth Donnelly, Willard Parker, John Litel, Edward Brophy, Bobby Jordan, Paul Harvey, Joe Downing. ◆ Trasformatosi in produttore di (pessima) birra alla fine del proibizionismo, l'ex gangster Remy Marko (Robinson) è sull'orlo del fallimento: riuscirà a evitarlo perché nella sua villa di Saratoga trova il malloppo di una rapina all'ippodromo, oltre ai quattro corpi che uno dei rapinatori (Downing) ha lasciato quando ha eliminato i complici. Sceneggiata da Earl Baldwin e Joseph Schrank a partire dalla pièce di Damon Runyon e Howard Lindsay, è una commedia troppo complessa e troppo meccanica per essere davvero divertente. Le cose migliori sono il disperato tentativo della moglie di Markus, Mary (Bryan), di assomigliare a una perfetta signora borghese e l'exploit musicale di Edward G. Robinson che canta *It Had to Be You*, per il resto troppo enfatico nel tentativo di parodiare la sua interpretazione di *Piccolo Cesare*. Rifatto nel 1952: *Quattro morti irrequieti*.

Bandito senza nome, Il ***½ (*Somewhere in the Night*, Usa 1946, b/n, 108') Joseph L. Mankiewicz. Con John Hodiak, Nancy Guild, Richard Conte, Fritz Kortner, Lloyd Nolan, Margo Woods, Josephine Hutchinson. ◆ Dopo aver perso la memoria in battaglia e essere tornato a Los Angeles, un marine (Hodiak) cerca di ricostruire il proprio passato: c'è rischio che sia un uomo ricercato dalla polizia per omicidio e furto di due milioni di dollari. Il tema, che diventerà classico, dell'uomo senza nome alla ricerca della propria identità, diventa un'odissea notturna e onirica tra manicomi, locali notturni, porti e ospizi dell'esercito della salvezza. Mankiewicz (che adattò un soggetto cui aveva messo mano anche Lee Strasberg) non si perde nei meandri dell'intreccio, ma conserva sempre una distanza ironica dove la messinscena tende a farsi più espressionista e visionaria. A suo avviso era solo «un piccolissimo film», ma, a distanza di anni, è uno dei noir più affascinanti e meglio girati del periodo. In un cast di «dilettanti» (Hodiak, giustamente apatico) ed esordienti (Guild, imposta da Zanuck), spicca, nella parte del vilain, il grande attore austriaco Kortner, in esilio a Hollywood, che si diverte a fare la parodia di Bela Lugosi.

Bandolero! ** (*Bandolero!*, Usa 1968, col, 106') Andrew V. McLaglen. Con James Stewart, Dean Martin, Raquel Welch, George Kennedy, Andrew Pline. ◆ Inseguiti dallo sceriffo, due fratelli (Stewart e Martin) fuggono in Messico con la loro banda portando una donna (Welch) in ostaggio. Western di routine per uno stanco Stewart.

Bandolero stanco, Il * (Italia 1952, b/n, 95') Fernando Cerchio. Con Renato Rascel, Lauretta [ma nei titoli è Laura] Masiero, Tino Buazzelli, Franco Jamonte, Lia Di Leo, Mimmo Craig, Luigi Bonos, Maria Mascolo. ◆ Respinto da Carmen (Di Leo) perché povero, Pepito (Rascel) scopre una miniera d'oro grazie alla bacchetta di un rabdomante: dovrà vedersela con l'avidità di Fred (Jamonte) e di una rediviva Carmen, ma con l'aiuto di Paco (Buazzelli) riuscirà anche a conquistare il cuore della bella Susanna (Masiero). Nemmeno una satira del West ma piuttosto un canovaccio per permettere a Rascel di cantare qualche canzone e fare il suo personaggio di ingenuo fortunato. Le battute sono del tipo: «Sei proprio tu, in Carmen e ossa», oppure: «Vai, vai via... col vinto».

Bankomatt *½ (Svizzera/Italia 1988, col, 90') Villi Hermann. Con Bruno Ganz, Giovanni Guidelli, Francesca Neri, Omero Antonutti, Roberto De Francesco, Andrea Novicov. ◆ Stefano (Guidelli), unico sopravvissuto di una raina andata male, viene tratto in salvo da un misterioso contadino (Ganz) che coinvolge lui e la sua fidanzata (Neri) in una vendetta personale contro il direttore di una banca (Antonutti). Un noir ticinese migliore nelle intenzioni che nei risultati: la sceneggiatura (dello scrittore Giovanni Pascutto) spreca il tema del denaro diluendolo in dialoghi filosofeggianti di scarsa presa, la regia è da sceneggiato televisivo e nemmeno Ganz pare ispirato. La Neri in versione bionda è quasi irriconoscibile.

Banzai *½ (*Banzaï*, Francia 1983, col, 102') Claude Zidi. Con Coluche [Michel Colucci], Valérie Mairesse, Marthe Villalonga, Didier Kaminka, François Perrot. ◆ Un dipendente della «Planète Assistance» (Coluche) spera di convincere la hostess che vuole sposare (Mairesse) a fare una tranquilla vita d'ufficio come la sua. Ma non sa che verrà coinvolto in una serie di disavventure in giro per il mondo. Una farsa costruita per Coluche e la sua flemma innocente di francese medio, che può contare su un'eccezionale ricchezza produttiva (nella scena finale un boeing si schianta su una portaerei). Una specie di risposta francese al *1941* di Spielberg.

Barabba **½ (Italia 1962, col, 134') Richard Fleischer. Con Anthony Quinn, Vittorio Gassman, Silvana Mangano, Jack Palance, Ernest Borgnine, Arthur Kennedy, Valentina Cortese, Arnoldo Foà, Harry Andrews, Marco Tulli. ◆ Messo in libertà da Ponzio Pilato, Barabba (Quinn) riprende la sua vita violenta. Fino all'incontro con l'apostolo Pietro (Andrews). Dal romanzo omonimo del premio Nobel Pär Lagerkvist (sceneggiato da Christopher Fry e Diego Fabbri a partire da un adattamento di Ivo Perilli e Giuseppe Berto), la non disprezzabile risposta del produttore De Laurentiis ai kolossal hollywoodiani: il gigantismo è utilizzato al meglio da Fleischer per sottolineare le contrapposizioni simboliche che attraversano l'esistenza di Barabba – la luce e le tenebre, la morte e la resurrezione – e che danno al film un autentico spirito religioso, praticamente unico in superproduzioni di questo tipo. Ai dialoghi italiani collaborò Salvatore Quasimodo. Paola Pitagora è Maria Maddalena.

Baraonda, La – Passioni popolari * (Italia 1980, col, 107') Florestano Vancini. Con Giuliano Gemma, Edy Angelillo, Gianfranco Mauri, Francesco Salvi. ◆ Nel caos della «sei giorni» ciclistica al Palasport di Milano, un medico (Gemma) è perseguitato da una sua ex fidanzata (Angelillo). Sullo sfondo, un affresco poco graffiante del mondo che ruota attorno alle manifestazioni sportive.

Barbablù

Protagonista dell'omonima favola di Charles Perrault (scritta nel 1697), Barbablù (così detto dalla sua barba azzurra) è un signorotto che nel suo palazzo ha un locale segreto di cui affida la chiave alla moglie, vietandole però di usarla. Rimasta sola, la donna non sa resistere alla curiosità e scopre così che in quella stanza sono conservati i corpi delle mogli precedentemente uccise. Per lo spavento la chiave le cade di mano e si macchia di un sangue indelebile che testimonierà la sua disobbedienza. Il lieto fine (i fratelli salvano la donna dalla morte annunciata), con la sua implicita difesa della curiosità e dell'autonomia femminile, non sminuisce la statura mitica del personaggio di Perrault che quasi giustifica il suo comportamento omicida (scatenato dalla sacralità della parola data e dall'inevitabile castigo per chi la trasgredisce). Personaggio completamente inventato (e reinventato più tardi dai fratelli Grimm che lo descrissero come un mago malvagio e sempliciotto), Barbablù ricorda in parte il sadico barone bretone di Retz, che nel Medioevo uccise innumerevoli bambini e sette mogli, tra cui Santa Trofina.

Al cinema, il personaggio è stato descritto raramente nella sua reale malvagità (da Ulmer nel 1944, in parte da Christian-Jaque nel 1953); più spesso è servito da stimolo per legittimare una certa misoginia, che alla fine, però, deve più o meno capitolare davanti alle grazie femminili. Un riferimento a questo archetipo della cattiveria maschile si trova inevitabilmente nella storia di un vero serial killer come

Desiré Landru (ghigliottinato nel 1922) a cui si ispirarono Chaplin per costruire il personaggio di *Monsieur Verdoux* (1947) e Chabrol per il suo *Landru* (1963).

I PRINCIPALI FILM SONORI
L'ottava moglie di Barbablù (1938) di Ernst Lubitsch
Barbablù (1941) di Carlo Ludovico Bragaglia
La follia di Barbablù (1944) di Edgar G. Ulmer
Le sei mogli di Barbablù (1950) di Carlo Ludovico Bragaglia
Barbablù (1951) di Christian-Jaque [Christian Maudet]
Le 10 lune di miele di Barbablù (1960) di W. Lee Wilder
Barbablù (1972) di Edward Dmytryk e Luciano Sacripanti
Blaubart *½ (Rft 1984, col, 92') Krzysztof Zanussi. Con Vadim Glowa, Karin Baal, Vera Tschechowa, Ingrid Resch. ◆ Sposato sette volte, il dottor Felix Schaad (Glowa) è accusato di aver ucciso la sua sesta moglie: viene assolto, ma il processo continua in lui come interrogatorio interiore: «Io non sono innocente... Ma non sono neanche l'autore del delitto». Rivisitazione intellettualistica del «complesso di Barbablù», una delle opere meno convincenti di Zanussi. Inedito in Italia.
Barbablù Barbablù (1988) di Fabio Carpi

Barbablù *½ (Italia 1941, b/n, 66') Carlo Ludovico Bragaglia. Con Lilia Silvi, Nino Besozzi, Nelly Corradi, Enzo Biliotti. ◆ Un inguaribile misogino (Besozzi), soprannominato Barbablù per la vendetta di una sua ex amante, ospita una ragazza (Silvi) scappata di casa per sfuggire al matrimonio. Equivoci e battute fino al lieto fine. L'azione si svolge in America, ma «i caratteri, i volti, i gesti, i vestiti sono spiccatamente italiani». Garbato.

Barbablù *½ (*Barbe-bleu*, Francia/Rft 1951, col, 85') Christian-Jaque [Christian Maudet]. Con Cécile Aubry, Pierre Brasseur, Jacques Sernas, Jean Debucourt. ◆ Variazione sulla leggenda del conte Amédée de Salfère, detto Barbablù (Brasseur): le sue sei mogli non sono morte, ma rinchiuse in un sotterraneo. A scoprirlo sarà la settima consorte (Aubry), furba figlia di un oste che costringerà così il conte all'esilio per «aver usurpato la sua leggenda». Commedia senza molte pretese (girata anche in versione tedesca, con Hans Albers al posto di Brasseur), ricordata per essere stato uno dei primi film a colori in Francia. L'edizione integrale, di 999, è introvabile.

Barbablù *½ (Italia/Francia/Rft 1972, col, 100') Edward Dmytryk, Luciano Sacripanti. Con Richard Burton, Joey Heatherton, Karin Schubert, Virna Lisi, Nathalie Delon, Raquel Welch, Marilù Tolo, Agostina Belli, Mathieu Carrière, Sybil Danning. ◆ Il barone Kurt von Supper (Burton), impotente eroe di guerra in odore di nazismo, si tiene in casa la mummia di mamma e uccide le sue insopportabili mogli: tranne la settima (Heatherton), che si salva. Gli sceneggiatori Ennio De Concini e Maria Pia Fusco cercano l'humour nero, spesso in chiave di facile misoginia; la regia – nella quale il veterano Dmytryk sembra solo un prestanome – sceglie toni di thriller sexy (solo la Welch e la Lisi non si spogliano). Kitsch d'epoca che può trovare i suoi cultori. Musiche di Ennio Morricone e fotografia di Gabor Pogany.

Barbablù Barbablù **½ (Italia 1988, col, 125') Fabio Carpi. Con John Gielgud, Susannah York, Margarita Lozano, Hector Alterio, Niels Arestrup, Leopoldo Mastelloni, Aldo Reggiani. ◆ Sentendosi vicino alla fine, un patriarca della psicanalisi (Gielgud) chiama nella grande villa sul lago i familiari e la televisione per l'ultima intervista. Una suggestiva storia di egoismi, affetti e nevrosi, liberamente ispirata alla figura di Cesare Musatti. A capo della troupe Tv c'è Enrico Ghezzi (ma la voce non è sua). I versi citati nel finale sono di Carpi stesso (da *Libera scelta*).

Barbagia (La società del malessere) ** (Italia 1969, col, 101') Carlo Lizzani. Con Terence Hill [Mario Girotti], Don Backy [Aldo Caponi], Frank Wolff, Gabriele Tinti. ◆ Un pastore sardo (Hill), omicida per vendetta, evade e si dà all'organizzazione dei sequestri di persona. Suggerita dalle gesta del «re del Supramonte» Graziano Mesina, e dalle tesi sostenute da Giuseppe Fiori nel saggio *La società del malessere*, una veloce analisi delle cause del fenomeno del banditismo in Sardegna. Carlo Lizzani interpreta il ruolo di un giornalista.

Barbagialla il terrore dei sette mari e mezzo * (*Yellowbeard*, Usa 1983, col, 101') Mel Damski. Con Graham Chapman, Peter Cook, Peter Boyle, Marty Feldman, Madeline Kahn, James Mason, John Cleese, Susannah York. ◆ Il pirata Barbagialla evade e va alla ricerca del bottino che aveva nascosto su un'isola. Scritto dai protagonisti Chapman e Cook con l'aiuto di Bernard McKenna, un film né avvincente né divertente malgrado il ricco cast. È l'ultima interpretazione di Feldman.

Barbara * (Italia 1998, col, 85') Angelo Orlando. Con Valerio Mastandrea, Marco Giallini, Jacqueline Lustig, Giorgio Molino, Elisabetta Larosa, Fabio Ferri, Armando De Razza, Massimiliano Bruno. ◆ Due amici avvocati (Mastandrea e Giallini), in vena di diversivi erotici, finiscono legati al letto di Barbara, che scompare lasciandoli in balìa della variopinta fauna che frequenta la sua casa. Scritta dallo stesso regista, una commedia vagamente ispirata a *Il gioco di Gerald* di Stephen King, con dialoghi a volte brillanti, a volte noiosi, ma sempre fasulli e pretestuosi.

Barbara, il mostro di Londra ** (*Dr. Jekyll and Sister Hyde*, Gb 1971, col, 94') Roy Ward Baker. Con Ralph Bates, Martine Beswick, Lewis Fiander, Susan Broderick. ◆ Curiosa variazione sul tema del romanzo di Stevenson e sullo sdoppiamento di personalità: sperimentando su se stesso le ricerche per trovare il siero dell'eterna giovinezza (fatto con ormoni tratti dai cadaveri di ragazze ventenni), il dottor Henry Jekyll si trasforma in un'avvenente giovane donna, Barbara Hyde. Una doppia trasgressione, dunque, nella Londra perbenista della fine del secolo scorso, e un tocco di originalità e di ironia su un soggetto fin troppo conosciuto dagli spettatori. Tra gli ultimi film del cinema gotico inglese, diretto da uno dei registi più interessanti di questo genere.

Barbarella ** (*Barbarella*, Francia/Italia 1968, col, 98′) Roger Vadim. Con Jane Fonda, John Phillip Law, Ugo Tognazzi, Anita Pallenberg, Milo O'Shea, David Hemmings, Marcel Marceau, Romolo Valli. ◆ Barbarella (Fonda), sexy eroina intergalattica del XL secolo, vola sul pianeta Sogo alla ricerca di uno scienziato, scomparso con la pericolosissima formula del raggio positronico. Da un fumetto creato nel 1962 da Jean-Claude Forest pensando a Brigitte Bardot (prima moglie di Vadim), un dispendioso fantasy, tra l'infantile e l'autoironico, interpretato dalla seconda consorte del regista. Fece epoca e i vestiti creati da Paco Rabanne lanciarono la moda spaziale. Da non perdere i titoli di testa durante i quali Jane Fonda si esibisce in uno spogliarello (integrale) in assenza di gravità. Una curiosità: il gruppo rock dei Duran Duran ha preso il nome dal personaggio del portiere, interpretato da O'Shea.

Barbarians & Co., The * (Italia 1986, col, 87′) Ruggero Deodato. Con David Paul, Peter Paul, Rychard Lynch, Eva La Rue, Sheeba Alahani, Michael Berryman, Virginia Bryant. ◆ Il segreto della felicità per la tribù dei Ragnicks è nascosto in un magico rubino che attira i desideri del truce Kadar. Ma il cattivo non ha fatto i conti con la forza e l'onestà dei gemelli Gore e Kutchek (David e Peter Paul). Roboante e ingenua ostentazione di muscoloni all'italiana, con qualche bella barbara discinta.

Barbaro e la geisha, Il *½ (*The Barbarian and the Geisha*, Usa 1958, b/n, 105′) John Huston. Con John Wayne, Eiko Ando, Sam Jaffe, So Yamamura, Norman Thompson, Hiroshi Yamato. ◆ 1856: difficoltà politiche, ma anche l'amore di una geisha, per Townsend Harris (Wayne), il primo console americano in Giappone. Un film stanco, con personaggi convenzionali, nel quale il tema del conflitto tra civiltà americana e quella nipponica è appena accennato: uno dei peggiori di Huston. Corresponsabilità di Wayne che, partito il regista, assunse il controllo della produzione girando nuove scene e imponendosi anche al montaggio.

Barbarossa **½ (*Akahige*, Giappone 1965, b/n, 185′) Akira Kurosawa. Con Toshiro Mifune, Yuzo Kayama, Chishu Ryu, Yoko Naito, Ken Mitsuda. ◆ All'inizio dell'Ottocento Yasumoto (Kayama), aspirante medico di corte, viene assegnato per il tirocinio all'ospedale pubblico del dottor Barbarossa – in originale Akahige (Mifune) – che piega la presunzione del giovane, facendogli conoscere da vicino la sofferenza umana. La galleria dei personaggi salvati dal brusco Barbarossa e dal suo discepolo, prima riluttante e poi entusiasta, comprende una prostituta dodicenne e un ragazzino che, per evitare di soffrire la fame, medita un suicidio collettivo con la famiglia. Un grandioso affresco umanitarista, pieno di nobile retorica, nel quale si sentono echi di Victor Hugo e di Dostoevskij, al cui centro c'è la descrizione – mai disperata – del «pozzo senza fine e senza fondo della miseria umana», dalla cui esplorazione i vari personaggi (e il regista con loro) trovano la forza di continuare la loro missione in favore delle miserie altrui. Per inseguire la moltitudine di personaggi che popolano il film, Kurosawa utilizza da maestro il CinemaScope, privilegiando i campi lunghi, anche se rimane in parte schiacciato dalle sue ambizioni e dagli intenti didascalici. Il successo di pubblico (almeno in patria) non bastò a recuperare i costi esorbitanti (due anni di riprese, un villaggio interamente ricostruito). Dopo diciassette film insieme, Kurosawa ruppe il suo sodalizio con Mifune, che non volle dare ascolto alle indicazioni del regista e interpretò Barbarossa in modo troppo eroico e sublime.

Barbiere di Rio, Il *½ (Italia 1996, col, 105′) Giovanni Veronesi. Con Diego Abatantuono, Zuleika Dos Santos, Rocco Papaleo, Margaret Mazzantini, Giuseppe Oristanio, Ninì Salerno, Mauro Di Francesco, Ugo Conti, Dario Tata, Claudio Bignone, Renata Fronzi, Antonio Petrocelli. ◆ In vacanza a Rio per rivedere la sorella e dimenticare le angherie dell'ex moglie (Mazzantini), il parrucchiere Matteo (Abatantuono) si innamora della bella Giorgina (Dos Santos), nonostante sia la donna di un suo nipote (Oristanio). Torna in Italia con il cuore spezzato, ma per fortuna i suoi due figli (Tata e Bignone) sono più intraprendenti di lui. Canovaccio in forma di commedia costruito solo sulle capacità istrionesche di Abatantuono, che fa quello che gli riesce meglio, lo smargiasso italiano metà simpatico metà coniglio. Largamente insufficiente la sceneggiatura di Veronesi e Ugo Chiti, che si limitano a qualche scontata battuta sulle manie degli italiani in Brasile. La cantante Irene Grandi, autrice della canzone usata sui titoli, appare nel ruolo dello stralunato «angelo custode» di Campo de' Fiori.

Barbiere di Siberia, Il ° (*Sibirskij Tsiryul'nik*, Russia/Francia/Italia/Repubblica Ceca, col, 177′) Nikita Michalkov. Con Julia Ormond, Oleg Menšikov, Richard Harris, Alexej Petrenko, Vladimir Ilyin, Alexander Yakolev, Marat Bašarov, Nikita Tatarenkov, Gregorij Dronov, Artyom Michalkov, Daniel Olbrychski, Isabelle Renauld Nikita Michalkov. ◆ L'americana Jane Callahan (Ormond) rivela al figlio che suo padre è il cadetto Andrei Tolstoj (Menšikov), incontrato nel 1885 seguendo in Russia un eccentrico ingegnere americano (Harris). Ma di Jane si era innamorato anche il generale Radlov (Petrenko), superiore di Tolstoj, e la situazione era precipitata durante una rappresentazione delle *Nozze di Figaro* di fronte al Granduca. Scritto da Rustam Ibragimbekov e Nikita Michalkov, un ambiziosissimo kolossal storico in forma di feuilleton, confezionato secondo regole hollywoodiane e dilatato a dismisura, nel ritmo come nel dispendio di mezzi. Michalkov mescola commedia e melodramma, musical e avventure, ma ottiene solo di ridurre tutto a paccottiglia folcloristica, con personaggi costruiti a colpi di cliché e numeri coreografici (si tratti di danze o duelli) replicati con evidente autocompiacimento. Per le riprese Michalkov – che fa lo zar Alessandro III, alla faccia della modestia – ha potuto girare all'interno del Cremlino (proibito alle troupe dagli anni Cinquanta) e ha spento la luce rossa accesa in cima allo stesso Cremlino dai tempi della rivoluzione.

Barbiere di Siviglia, Il *½ (Italia 1946, b/n, 89′) Mario Costa. Con Ferruccio Tagliavini, Tito Gobbi, Nelly Corradi, Vito De Taranto, Italo Tajo, Natalia Nicolini. ◆ Dal capolavoro di Rossini, le astuzie del barbiere Figaro (Gobbi) per far trionfare l'amore tra la bella Rosina (Corradi) e il conte di Almaviva (Tagliavini). Girato interamente in studio (e in economia), il primo esempio di opera lirica adattata per lo schermo. Dopo la calorosa accoglienza italiana, venne distribuito con successo in tutto il mondo.

Barbieri di Sicilia, I * (Italia 1967, col, 90') Marcello Ciorciolini. Con Franco Franchi, Ciccio Ingrassia, Carlo Hintermann, Daniela Giordano, Mario Maranzana, Giorgia Moll. ◆ In un paesino siciliano due parrucchieri (Franchi e Ingrassia), innamorati della stessa ragazza, riescono a mettere involontariamente fuori uso la difesa batteriologica che i tedeschi stanno approntando contro l'imminente invasione americana. Sdrammatizzante contaminazione tra il genere bellico e *Il barbiere di Siviglia*.

Barb.Wire * (*Barb.Wire*, Usa 1996, col, 98') David Hogan. Con Pamela Anderson Lee, Steve Railsback, Victoria Rowell, Temuera Morrison, Udo Kier, Xander Berkeley. ◆ 2017: dopo la seconda guerra civile, gli Usa sono governati da una dittatura nazista, e la mercenaria Barb.Wire (Anderson Lee) aiuta una ragazza (Rowell) che possiede nel Dna un antidoto contro l'Aids. Dal fumetto di Chris Warner, gli sceneggiatori Chuck Pfarrer e Ilene Chaiken hanno creato un mix tra *Barbarella* e (udite udite) *Casablanca*, con la Anderson nella parte di Bogart. Fatica sprecata per un film stravisto che sembra la fotocopia di se stesso. Dopo i titoli di testa i fan dell'ex bagnina di *Baywatch* possono spegnere il televisore.

Barca è piena, La *** (*Das Boot ist voll*, Svizzera 1980, col, 100') Markus Imhoof. Con Tina Engel, Hans Diehl, Martin Waltz, Curt Bois. ◆ Nell'estate del 1942 cinque ebrei e un disertore riescono a rifugiarsi in Svizzera. Ma le autorità elvetiche, obbedendo intransigentemente alla legge, concedono asilo solo ad alcuni di loro, riconsegnando gli altri ai tedeschi. Basato su episodi storici, ricostruiti con ricerche d'archivio e testimonianze dirette, un film lucido e intenso che ha al centro non tanto il dramma ebreo quanto l'atavica insensibilità degli svizzeri. L'espressione del titolo, usata nella seconda guerra mondiale per indicare il fatto che la Svizzera non avrebbe dovuto più accogliere esuli in fuga dai nazisti, fu pronunciata dal consigliere federale Eduard von Steiger, favorevole ad accordi con i tedeschi e responsabile della politica di chiusura verso i rifugiati. Orso d'argento a Berlino e nomination all'Oscar come miglior film straniero.

Barcelona ** (*Barcelona*, Usa 1994, col, 101') Whit Stillman. Con Taylor Nichols, Chris Eigeman, Tushka Bergen, Mira Sorvino, Pep Munne, Hellena Schmied, Nuria Badia. ◆ Peripezie sentimentali e politiche di due cugini americani a Barcellona sul finire dei turbolenti anni Settanta, postfranchisti e antimperialisti: Ted (Nichols) cerca di conquistare un suo equilibrio tra impegni professionali – è rappresentante di una società di Chicago – e fallimenti sentimentali, Fred (Eigeman) – ufficiale della 6a flotta – si tuffa nella vita notturna complicando notevolmente la vita del cugino con le sue prese di posizione filoamericane. In parte autobiografico (il regista è vissuto a Barcellona, dove ha trovato moglie, a cavallo degli anni Ottanta), il film cerca di recuperare la leggerezza di *Metropolitan* per raccontare come la cultura americana reagisce di fronte a chi è diverso da sé (qui soprattutto le donne, cioè il sesso, messo a confronto con il sostanziale puritanesimo yankee), ma lo fa in maniera abbastanza superficiale, limitandosi a qualche battuta e a una scanzonata ironia.

Barfly – Moscone da bar *½ (*Barfly*, Usa 1987, col, 97') Barbet Schroeder. Con Mickey Rourke, Faye Dunaway, Alice Krige, J.C. Quinn, Frank Stallone. ◆ Henry Chinasky (Rourke) è uno scrittore incapace di resistere all'alcol e ai propri impulsi, volutamente alla deriva nella parte degradata di Los Angeles tra bar, risse, un'editrice affascinata dalla sregolatezza (Krige) e una matura alcolizzata scottata nei sentimenti (Dunaway). Ritratto dell'universo etilico e straccione dello scrittore «maledetto» Charles Bukowski su una sceneggiatura scritta da Bukowski stesso, compiaciuta e irritante compilazione di luoghi comuni che Schroeder non riesce a vivificare con il suo gusto per le storie marginali. Gli unici momenti di corrosiva (auto)ironia giungono dall'interpretazione di Mickey Rourke, più gonfio, traballante e autodistruttivo che mai.

Barkleys di Broadway, I **½ (*The Barkleys of Broadway*, Usa 1949, col, 109') Charles Walters. Con Fred Astaire, Ginger Rogers, Oscar Levant, Billie Burke, Gale Robbins. ◆ Le incomprensioni e la riconciliazione di una coppia (Astaire e Rogers), protagonista di una rivista a Broadway. Una trama con poco mordente, salvata dai numeri musicali coreografati da Hermes Pan: *You'd Be Hard to Replace*, *They can't Take That Away from Me* (che i due avevano già ballato in *Voglio danzare con te*) e *Shoes with Wings On* con Astaire ciabattino circondato da decine di scarpe animate. Il ruolo della Rogers era stato pensato per la Garland, che diede forfait alle prime prove.

Barnabo delle montagne ** (Italia/Francia/Svizzera 1994, col, 124') Mario Brenta. Con Marco Pauletti, Duilio Fontana, Carlo Caserotti, Alessandra Milan, Elisa Gasperini, Angelo Chiesura, Marco Tonin. ◆ 1920: radiato dal corpo dei guardiaboschi perché durante uno scontro a fuoco con dei bracconieri non ha avuto il coraggio di sparare e difendere un compagno ferito, Barnabo (Pauletti, autentica guardia forestale) trova lavoro come contadino presso una nonna e sua nipote (Gasperini e Milan). Verrà richiamato a lavorare negli stessi luoghi dove era stato guardiaboschi, ma ancora una volta preferirà non sparare sugli esseri umani: resterà a fare la guardia a una caserma in disuso, mentre «i ricordi e la vecchia colpa scoloriranno nel tempo». Sceneggiando con Angelo Pasquini (e la collaborazione di Francesco Alberti ed Enrico Soci) il racconto omonimo di Dino Buzzati, Brenta tende a sacrificare la componente psicologica – Barnabo che si misura due volte col proprio destino di uomo non violento – per privilegiare il sentimento di comunione con la Natura, che solo può veramente spiegare il suo comportamento. Ne esce così una specie di «western dolomitico lento e meditativo», dove l'azione lascia il campo alla riflessione e la macchina da presa si ferma sui particolari «secondari» (un uccellino che canta, una nuvola, le cime delle Dolomiti), sottolineando come il vero soggetto del film sia l'amore per la montagna, che evidentemente non ha bisogno di parole ma solo di sguardi. Tutti gli attori sono non professionisti.

Barocco *½ (Italia 1991, col, 95') Claudio Sestieri. Con Cristina Marsillach, Massimo Venturiello, Davide Bechini, Matteo Gazzolo, Agnese Nano, Matteo Bellina, Ottavia Piccolo, Carlo Lizzani. ◆ Le derive affettive di Valeria (Marsillach), una studentessa straniera all'Istituto di restauro di Roma: dopo aver abbandonato il fidanzato e aver tentato di convivere con una coppia di omosessuali, conosce un videoartista (Venturiello), ma il passato è in agguato. Barocco esistenziale prima che romano: movimenti circolari, esperimenti eccentrici, ossessioni, contraddizioni, dubbi, «scarti dalla norma». Interessante l'idea e apprezzabile lo sforzo di metterla in pratica, ma la realizzazione deve troppo alla poetica wendersiana dei falsi movimenti e allo stile dell'«incomunicabile» di Antonioni.

Barone, Il ** (*Le Baron de l'écluse*, Francia/Italia 1960, b/n, 95') Jean Delannoy. Con Jean Gabin, Micheline Presle, Blanchette Brunoy, Aimée Mortimer, Jacques Castelot, Jean Constantin, Jean Desailly, Robert Dalban, Pierre Louis. ◆ *Bon vivant* sempre a corto di soldi, l'attempato barone Geronimo Napoleone Antoine (Gabin) vince a carte uno yacht e due milioni di franchi e convince la sua ex fiamma Perle (Presle) ad accompagnarlo nella sua navigazione fluviale. Poi la benzina finisce, l'assegno non arriva e la fame spinge lei ad accettare la proposta di matrimonio di un possidente locale (Desailly), e lui le attenzioni di un'ostessa (Brunoy). Ma si sa, il lupo perde il pelo ma non il vizio... Piccolo monumento alla bravura (e alla gigioneria) di Gabin: grazie anche ai dialoghi di Audiard, la sua interpretazione del nobile incapace di resistere alle tentazioni del gioco sa fondere l'ironia *boulevardier* di un attempato *viveur* con l'amarezza misogina tipica di Simenon, il cui racconto è alla base della sceneggiatura di Delannoy e Maurice Druon. Dominique Boschero è Bruna.

Barone Carlo Mazza, Il *½ (Italia 1949, b/n, 85') Guido Brignone. Con Nino Taranto, Silvana Pampanini, Enzo Turco, Franco Coop, Raimondo Van Riel, Carlo Lombardi, Gianna Dauro, Franca Del Frate, Paolo Carlini, Mario Riva, Bruno Corelli, Olga Vittoria Gentili, Agostino Salvietti. ◆ Per cercare di risollevare la propria tragica situazione economica, il barone Carlo Mazza (Taranto) accetta di sposare la messicana Rosa Pezza (Pampanini): il matrimonio è una formalità necessaria per entrare in possesso dell'eredità dello zio Casimiro (Van Riel), ma la disinvoltura sentimentale della donna è tale che il barone preferisce divorziare e tornare spiantato come prima. Prendendo spunto da una delle macchiette più celebri di Nino Taranto (quella del barone cornuto, raccontata nella canzone di Pisano e Cioffi *Mazza, Pezza e Pizzo*), gli sceneggiatori Michele Galdieri e Fulvio Palmieri imbastiscono una trama esilissima che ha l'unico merito di conservare su pellicola l'interpretazione del comico napoletano, abilissimo nello sbarcare il lunario facendo la comparsa – nello stesso pomeriggio – a un battesimo e a un funerale. La scena più divertente è il matrimonio in costume romano tra il barone e Rosa Pezza, officiato da un irriconoscibile Mario Riva in parrucca e tunica.

Barone dell'Arizona, Il **½ (*The Baron of Arizona*, Usa 1950, b/n, 90') Samuel Fuller. Con Vincent Price, Ellen Drew, Beulah Bondi, Vladimir Sokoloff, Reed Hadley. ◆ Nel 1872 James Addison Reavis (Price), impiegato del catasto di Santa Fé, dopo viaggi in Europa e raggiri di ogni genere, fabbrica le prove che dimostrerebbero il suo diritto alle terre dell'intera Arizona, e sposa una trovatella (Drew) che ha fatto educare come una nobile di famiglia spagnola: ma la finzione dura poco. Fuller, al suo secondo film, è affascinato da una figura di imbroglione realmente esistito, ladro titanico dall'ambizione smisurata, il cui orgoglio, la cui volontà di potenza, la cui fantasia e la cui violenza cedono alla fine davanti all'amore (ma non alle convenzioni hollywoodiane, perché innamorandosi della donna che lui stesso ha inventato e «forgiato», Reavis in fondo continua a restare fedele a se stesso e alla propria creazione). Se la storia è quella di un essere «quasi mostruoso, che si spinge fino ai limiti dei propri desideri», la resa sullo schermo è quella di un personaggio molto più umano, grazie soprattutto alla recitazione di Price che gli dà scatti e ambiguità, rendendolo inevitabilmente simpatico. Ne è uscito un western sui generis dal tono quasi di commedia brillante, in felice contrasto con la fotografia chiaroscurata di James Wong Howe.

Barone di Munchausen, Il *** (*Münchhausen*, Germania 1943, col, 100') Josef von Baky. Con Hans Albers, Brigitte Horney, Ilse Werner, Käthe Haack, Ferdinand Marian, Hermann Speelmanns, Leo Slezak. ◆ Nel Settecento, ottenuto da Cagliostro l'elisir per non invecchiare, il barone Hyeronimus von Munchausen (Albers) passa dalla corte della zarina Caterina II all'assedio di Ortchakoff (dove entra a cavallo di una palla di cannone), libera Isabella d'Este dall'harem del sultano e la porta a Venezia, e da qui scappa a bordo di una mongolfiera che lo porta sulla luna: nel 1901 si sposa e decide di rinunciare al privilegio dell'eterna giovinezza. Realizzata per celebrare il 25° anniversario dell'Ufa, questa versione del romanzo di Rudolf Erich Raspe non ha nulla di propagandistico: tutti gli sforzi furono finalizzati a produrre un kolossal capace di meravigliare il pubblico non solo con la sua trama (sceneggiata da Berthold Bürger, alias Erich Kästner, romanziere umorista che però non piaceva a Goebbels) ma anche con lo splendore delle scenografie (per la cena alla corte di Russia si usarono vere porcellane di Meissen e posate d'oro) e l'uso della pellicola Agfacolor. L'efficacia dei trucchi di Konstantin Irmen-Tschet (straordinaria la sequenza sulla luna, con le persone che possono staccarsi la testa) e la fantasia di alcune trovate (all'inizio, la fusione tra elementi del Settecento e quelli moderni, come l'interruttore della luce, la fuga in auto e le damine che ballano il tango) mantengono ancor oggi al film un piacevolissimo sapore di fiaba fantastica, ironica e piacevolmente libertina. In originale dura 130'. Rifatto nel 1961 (a disegni animati, da Karel Zeman) e nel 1989 (*Le avventure del Barone di Munchausen*).

Barone rosso, Il ** (*Von Richthofen and Brown*, Usa 1971, col, 97') Roger Corman. Con John Philip Law, Don Stroud, Barry Primus, Peter Masterson, Karen Huston. ◆ Durante la prima guerra mondiale, il pilota tedesco Manfred von Richthofen soprannominato il «Barone Rosso» (Law) mantiene il suo comportamento cavalleresco anche durante i duelli aerei: si inimicherà così i suoi stessi superiori e verrà abbattuto dal cinico Ray Brown (Stroud), un pilota canadese. Corman utilizza un fatto reale per raccontare con buona tensione il tema, a lui caro, dell'uomo che vede sconfitti i propri ideali e distrutto il proprio amore per la vita.

Baroni della medicina, I ** (*Sept morts sur ordonnance*, Francia 1975, col, 95') Jacques Rouffio. Con Michel Piccoli, Gérard Depardieu, Charles Vanel, Jane Birkin, Marina Vlady, Michel Auclair. ◆ A dieci anni di distanza, due chirurghi (Piccoli e Depardieu) vengono spinti al suicidio per aver minacciato il monopolio di un primario-barone (Vanel). Da un fatto di cronaca, adattato dal romanziere George Conchon, una metafora sulla violenza del potere. Vale soprattutto per il trio di protagonisti.

Barquero *½ (*Barquero*, Usa 1970, col, 115') Gordon Douglas. Con Lee Van Cleef, Warren Oates, Kerwin Mathews, Forrest Tucker. ◆ Al confine tra Arizona e Messico, un traghettatore salva dai fuorilegge gli abitanti di un villaggio. Spunto originale per un western troppo influenzato dagli eccessi degli spaghetti-western. Conosciuto anche col titolo *Adesso basta, Barquero!*

Barriera *** (*Bariera*, Polonia 1966, b/n, 83') Jerzy Skolimowski. Con Jan Nowicki, Joanna Szczerbic, Tadeusz Łomnicki, Zdzisław Maklakiewicz, Ryszard Pietruski, Maria Malicka, Małgorzata Lorentowicz. ◆ Uno studente di medicina (Nowicki) che ha raccontato di volersi sposare cerca di fuggire da una società opprimente a fianco di una manovratrice di tram (Szczerbic), tra sogni capitalisti (la Jaguar) e fantasie di suicidio. Difficile da raccontare il più sperimentale e – almeno formalmente – il più innovativo dei film polacchi di Skolimowski, a suo tempo premiato anche al festival di Bergamo: costruito come un incubo e un'allegoria, saturo di simboli ma anche capace di una leggerezza irresistibile. Esemplare ritratto di una generazione a disagio nel suo tempo, pieno di amore per il cinema (masse felliniane minacciose e ridicole, vagabondaggi e colpi di fulmine da *Nouvelle Vague*) e di voglia di dire, e appena un po' datato. Fondamentale apporto del jazz di Krzysztof Komeda.

Barriera d'oro, La *½ (*Nob Hill*, Usa 1945, col, 95') Henry Hathaway. Con Joan Bennet, George Raft, Peggy Ann Garner, Alan Reed, Rory Calhoun, Vivian Blaine. ◆ Il proprietario di un locale perde la testa per una ragazza (Bennet) che vorrebbe servirsi di lui. Per Hathaway una non memorabile, ma professionale, incursione nel mondo del musical.

Barriera invisibile ** (*Gentleman's Agreement*, Usa 1947, b/n, 118') Elia Kazan. Con Gregory Peck, Dorothy McGuire, John Garfield, Celeste Holm, Anne Revere, Dean Stockwell, Sam Jaffe. ◆ Per un'inchiesta sull'antisemitismo, un giornalista (Peck) si finge ebreo e si trova a fare i conti con il razzismo strisciante nella società americana. All'epoca fu considerato molto audace e subì un tentativo di boicottaggio da parte della comunità ebraica di Hollywood. Oggi risulta molto datato e decisamente superficiale. Oscar al film, al regista e all'attrice non protagonista Celeste Holm.

Barry Lyndon ***½ (*Barry Lyndon*, Gb 1975, col, 187') Stanley Kubrick. Con Ryan O'Neal, Marisa Berenson, Patrick Magee, Marie Kean, Hardy Kruger, Steven Berkoff. ◆ L'ascesa e la rovina dell'ambizioso avventuriero Redmond Barry (O'Neal) in un Settecento illustrato come nei quadri di Watteau, Hogarth, Gainsborough, ed evocato dalle musiche di Bach, Mozart, Händel. Ma dietro il ritratto di un eroe ambiguo c'è la descrizione di una società violenta, classista, che nasconde profonde miserie con la maschera dell'eleganza e del perbenismo. Basato su un romanzo di William M. Thackeray (sceneggiato da Kubrick), fu quasi un disastro al botteghino: dietro l'eccelso splendore formale (straordinari i suoi lenti zoom all'indietro che a partire da un particolare svelano il panorama o la scenografia che lo circonda) non fu apprezzato il pessimismo diffuso sulle possibilità dell'uomo di conquistare un reale progresso. Ogni scena è stata girata con luce naturale, compresi gli interni rischiarati solo da candele e lumi a olio: per farlo, Kubrick ha adattato alla macchina da presa un obiettivo creato dalla Zeiss per le foto scattate dai satelliti Nasa. Oscar per la fotografia (John Alcott), per l'adattamento musicale (Leonard Rosenman), per la scenografia e l'arredamento (Ken Adam, Roy Walker e Vernon Dixon), per i costumi (Ulla-Britt Soderlund e Milena Canonero).

Barton Fink – È successo a Hollywood ** (*Barton Fink*, Usa 1991, col, 116') Joel Coen. Con John Turturro, John Goodman, Judy Davis, Michael Lerner, John Mahoney, Tony Shalhoub, Steve Buscemi, David Warrilow. ◆ Disavventure artistiche e professionali di un commediografo populista (Turturro) chiamato a Hollywood. Nella sua stanza d'albergo oscillerà tra crisi creative (primo lavoro: un film sul wrestling per Wallace Beery!) e incubi kafkiani. Discusso pastiche che comincia come una riflessione sul cinema classico e si trasforma (in maniera gratuita) in una specie di horror esistenziale. Grande abilità formale e ancor più grande spreco di strizzatine d'occhio (il protagonista ricorda Clifford Odets; il collega sceneggiatore beve e parla come Fitzgerald; il produttore si pavoneggia in una divisa come Jack Warner) ma il senso dell'insieme sfugge. Anche il vicino di camera, piazzista e assassino (Goodman) andava sfruttato con più coerenza. Esagerato trionfo a Cannes, patrocinato dal giurato Roman Polanski: Palma d'oro, miglior regia e miglior protagonista.

Base artica Zebra *½ (*Ice Station Zebra*, Usa 1968, col, 137') John Sturges. Con Rock Hudson, Ernest Borgnine, Jim Brown, Patrick McGoohan, Alf Kjellin, Tony Bill. ◆ Un sottomarino americano viene inviato al

Polo Nord per portare aiuto a una stazione meteorologica. Dietro la motivazione umanitaria, un intrigo internazionale in piena guerra fredda. Dal romanzo di Alistair MacLean, un film tutto al maschile, creato per il cinerama e molto datato quanto a effetti speciali.

Base, The – Codice del disonore * (*The Base*, Usa 1998, col, 94') Mark L. Lester. Con Mark Dacascos, Tim Abel, Paula Tricey, Noah Blake. ◆ Il maggiore Murphy (Dacascos) si infiltra in un gruppo di militari trafficanti di droga e si conquista la stima del loro capo psicopatico (Abel). Cuginetto di Van Damme, il protagonista ogni tanto deve prendere a calci in faccia i cattivi; per il resto, routine con qualche botto. Il regista una volta era un piccolo autore della serie B.

Bashù, il piccolo straniero **** (*Bashu, gharibeh kuchak*, Iran 1989, col, 118') Bahram Beizai. Con Sussan Taslimi, Adnan Afravian, Parviz Purhosseini, Akbar Dudkar, Reza Husmand. ◆ Durante la guerra Iran-Irak, Bashù, un bambino iraniano di 8 anni (Afravian) fugge dal sud in fiamme a bordo di un camion e si ritrova nel nord del paese. La sua pelle nera è mal tollerata, ma una giovane donna (Taslimi), già madre di due bambini, riuscirà a far accettare il piccolo straniero sia in famiglia che nel villaggio. La guerra all'esterno, il razzismo che divide il paese, l'autoritarismo maschile, la paziente e ferma risposta femminile: la realtà islamica mostrata in tutta la sua crudeltà e al tempo stesso rielaborata come puro racconto. Il regista abbandona ogni scrupolo di puntigliosità oggettiva per evocare con precisione un'atmosfera (di paura, solitudine, estraneità, graduale confidenza) nella quale oggetti, paesaggi, rumori e colori si trasformano in simboli universali perché infantili, efficaci perché semplici, emozionanti perché totalmente privi di formalismo. Povero di mezzi ma ricco di sensibilità, penalizzato da una circolazione limitatissima e indimenticabile per chi ha avuto la fortuna di vederlo, *Bashù* è uno di quei film – sempre più rari oggi – che concilia la vita con la morte e riconcilia il cinema con la vita.

Basic Instinct – Istinto di base *½ (*Basic Instinct*, Usa 1992, col, 127') Paul Verhoeven. Con Michael Douglas, Sharon Stone, George Dzundza, Jeanne Tripplehorn, Dorothy Malone, Stephen Tobolowski. ◆ Durante un amplesso, un uomo viene ucciso con un punteruolo da ghiaccio dalla sua partner. La sospettata numero uno, una scrittrice bionda e bisessuale (Stone), seduce il detective (Douglas): sarà lui la prossima vittima? Ma che dire della psicoanalista (Tripplehorn) amante del detective, e un po' bisognosa di cure? La sceneggiatura dello strapagato Joe Eszterhas lascia lo spettatore col dubbio di chi sia veramente l'assassino. Una patina hitchcockiana pretestuosa e presuntuosa, una sola sequenza da antologia (quella dell'interrogatorio in cui la Stone, senza le mutande, accavalla le gambe), e molte scene di sesso noiosette e recitate enfaticamente (per i due si tratterebbe della «scopata del secolo», ma è solo performance ginnica). Tali, comunque, da provocare negli Usa (ma solo lì) l'intervento delle forbici censorie. Dietro la trama contorta, Verhoeven ricicla le sue ossessioni misogine e la sua paura della femmina castratrice, aggiornandole all'èra dell'Aids: il sesso è sempre a rischio, e dietro eros c'è sempre thanatos. Grazie, già sentito.

Basilischi, I *** (Italia 1963, b/n, 85') Lina Wertmüller. Con Toni Petruzzi, Stefano Satta Flores, Sergio Ferranino, Luigi Barbieri, Flora Carabella, Mimma Quirico. ◆ Un gruppo di giovani della buona borghesia in un paesino del Sud: pigri e sonnolenti come lucertoloni al sole, passano le giornate tra discorsi al bar e passeggiate per il Corso. Fotografia sorridente ma amara di una parte d'Italia che sopravvive ancor oggi, fu incoraggiato e in parte finanziato da Tullio Kezich con la sua società di produzione XXII dicembre. Primo film della Wertmüller, premiato con la Vela d'argento al festival di Locarno.

Basil l'investigatopo ** (*The Great Mouse Detective*, Usa 1986, col, 77') John Musker, Ron Clements, Dave Michener, Burny Mattinson. ◆ Al 221/b di Baker Street non vive solo il grande Holmes ma anche il topo Basil: stessa mania del violino, stesso fiuto deduttivo, stessa missione contro il male. Saprà fermare la macchinazione del professor Rattigan che vuole uccidere la regina Moustarda e sostituirla con una bambola-robot perfettamente identica costruita dall'artigiano Flaversham. Una parodia a cartoon di Conan Doyle (tratta dal racconto di Eve Titus *Basil di Baker Street*), prodotta con la solita professionalità dalla Disney, ma senza la genialità degli anni d'oro: il momento migliore è la fuga-duello finale nel Big Ben e accanto alla statua di Nelson.

Basket Music *½ (*The Fish that Saved Pittsburgh*, Usa 1979, col, 102') Gilbert Moses. Con Julius Erving, James Bond III, Jonathan Winters, Stockard Channing, Meadowlark Lemon, Margaret Avery. ◆ Una squadra di basket in crisi si salva seguendo i consigli di un'astrologa (Channing). Una favoletta sportiva ritmata dalla discomusic (una particina anche per Dee Dee Bridgewater) e con una passerella di autentici campioni di basket: oltre a «Dr. J.» Erving e a Lemon dei Globetrotters, ci sono Kareem Abdul-Jabbar e i giocatori dei Los Angeles Lakers, dei Boston Celtics, dei Detroit Pistons e dei New York Nets.

Basquiat *½ (*Basquiat*, Usa 1996, col, 106') Julian Schnabel. Con Jeffrey Wright, David Bowie, Dennis Hopper, Gary Oldman, Benicio Del Toro. ◆ La breve vita di Jean-Michel Basquiat (Wright), morto per overdose a 27 anni nel 1988, e la sua folgorante ascesa da sconosciuto graffittista ad affermato *bad boy* del neoespressionismo astratto americano, con la benedizione e l'amicizia di Andy Warhol (Bowie). Un film biografico *in memoriam* che vorrebbe rendere omaggio a un artista geniale e misconosciuto (nonché amico e collega) ed evocare l'ultima stagione d'oro della New York artistica. Ma il pittore Schnabel, al suo esordio alla regia, dà prova di una messa in scena inconsistente e tradizionale, che non offre granché al di là del solito ritratto genio & sregolatezza e di una folta galleria di figurine per le quali ha chiamato a raccolta un cast d'eccezione. Cammei di Willem Dafoe (uno scultore elettricista), Christopher Walken (un sublime giornalista narciso), Courtney Love (un'ammiratrice svampita), Tatum O'Neal (una critica d'arte). Il personaggio di Gary Oldman adombra la figura del regista. Colonna sonora originale di John Cale, e ricca scelta di canzoni dalla collezione dell'artista (Rolling Stones, David Bowie, Iggy Pop, Leonard Cohen, Charlie Parker, Miles Davis e altri).

Bassa marea **½ (*House by the River*, Usa 1950, b/n, 88') Fritz Lang. Con Louis Hayward, Jane Wyatt, Lee Bowman, Dorothy Patrick, Ann Shoemaker. ◆ Uno scrittore fallito, Stephen Byrne (Hayward), strangola la domestica Emily (Patrick), che aveva resistito a una sua avance sessuale, e cerca di far cadere i sospetti sul fratello (Bowman), che l'ha aiutato a nascondere il cadavere. Ma non saprà resistere alla tentazione di utilizzare la storia per scrivere un libro finalmente di successo. Un film notturno, claustrofobico nel quale Lang indaga su uno dei suoi temi preferiti, l'indizio di colpevolezza. Senza farsi condizionare dalle ristrettezze del budget (è una produzione Republic), il regista concentra tutti i suoi sforzi sugli elementi essenziali che possono servire per analizzare una personalità tormentata e scoprirne la sua più intima verità: l'uso claustrofobico del décor e della luce, i pochi tocchi onirici di un racconto dichiaratamente realistico (le immagini chiave della vasca che si vuota e del pesce argenteo che salta fuori dal fiume), un'atmosfera che sottolinea le pulsioni erotiche del protagonista, servono per materializzare, in maniera ossessiva, le paure di un «piccolo-borghese che nasconde dietro la sua rispettabilità quella piccola dose di perversità, di paranoia, di megalomania, di violenza incontrollata che bastano per creare un mostro». Centrale, in questo percorso di svelamento, il ruolo delle pulsioni erotiche, ora solo immaginate (Stephen che guarda la finestra illuminata al primo piano o Emily che scende le scale) ora più concretamente frustrate. La censura impedì di utilizzare un'attrice nera per il ruolo dell'assassinata.

Bassifondi ***½ (*Donzoko*, Giappone 1957, b/n, 137') Akira Kurosawa. Con Toshiro Mifune, Isuzu Yamada, Ganjiro Nakamura, Kyoko Kagawa, Bokuzen Hidari, Minoru Chiaki, Kamatari Fujiwara, Eijiro Tono, Eiko Miyoshi, Akemi Neghishi, Koji Mitsui, Nijiko Kiyokawa, Haruo Tanaka, Kichirijo Ueda. ◆ In fondo a una voragine che serve come discarica, il dormitorio gestito da un vecchio usuraio (Nakamura) e dalla sua intrigante consorte (Yamada) ospita una serie di reietti dell'umanità: un ex attore alcolizzato (Fujiwara), un samurai spiantato (Chiaki), un ladro (Mifune) che sogna di rifarsi una nuova vita con la sorella della padrona (Kagawa), una prostituta ingenuamente romantica (Neghishi), un fabbro squilibrato (Tono) che non si preoccupa della moglie agonizzante (Miyoshi), un giocatore scettico (Mitsui). Tutti cercano un'improbabile evasione dalla loro miseria e il passaggio di uno strano pellegrino-filosofo (Hidari) porta un accenno di speranza nelle loro vite, ma poi lo sconforto tornerà a impadronirsi di tutti, spingendo al suicidio l'ex attore. Rilettura in chiave esistenziale della pièce di Gor'kij *L'albergo dei poveri*, ambientata nel Giappone del primo Ottocento ma molto fedele allo spirito originale nel suo descrivere minuziosamente la psicologia di questo campionario reietto di «condizione umana». Più che la rivolta sociale (accentuata invece da Renoir nella sua versione intitolata programmaticamente *Verso la vita*) Kurosawa privilegia l'affresco corale raccontato con un naturalismo crudele e angosciato, dove la sottolineatura di tutta una serie di risvolti comici trasforma il dramma in «una moderna tragicommedia dell'assurdo» (come nella delirante rivolta contro l'usuraio che sfocia in un confuso e surreale saccheggio dell'ospizio). Aggiungono forza al film una messinscena chiusa dentro due soli ambienti (il dormitorio e il cortiletto adiacente) e una prova superlativa di tutto il cast, su cui si innalza il personaggio del pellegrino filosofo, affidato al grande attore comico Bokuzen Hidari.

Bassifondi di San Francisco, I *** (*Knock on Any Door*, Usa 1949, b/n, 100') Nicholas Ray. Con Humphrey Bogart, John Derek, George MacReady, Allene Roberts, Susan Perry. ◆ Un avvocato (Bogart), cresciuto nei bassifondi, difende un giovane accusato d'omicidio (Derek) e rievoca davanti ai giurati la sua esistenza sciagurata. Prodotto da Bogart, un film giudiziario che si trasforma in atto d'accusa verso la società, soprattutto sull'incapacità degli adulti di capire i giovani. Una battuta di Derek («Vivi di corsa, muori giovane e sii un cadavere bello da vedere») divenne celebre tra i giovani negli anni Cinquanta. Storia ripresa in *Che nessuno scriva il mio epitaffio*.

Bassi istinti * (Italia 1991, col, 88') Silvio Bandinelli. Con Nellie Marie Vickers, Joseph Nassivera, Teresa Weigel, Federick Pianta Dosi, Eva Pistarino. ◆ L'agente americano Linda Forrester (Vickers) viene inviata a Firenze dall'Fbi per indagare su un traffico di capolavori del Rinascimento italiano. Tra negozi d'antiquariato, letti vari e altrettanti omicidi, il mistero alla fine si dipana, con la scaltra Forrester dentro fino al collo. Tremendo giallo turistico, a base di scorci fiorentini, sesso scadente e ridicola macchinosità.

Basta! Adesso tocca a noi → *Basta! Ci faccio un film*

Basta che non si sappia in giro!... * (Italia 1976, col, 100') Nanny Loy, Luigi Magni, Luigi Comencini. ◆ Film a episodi. In *Macchina d'amore* (Nanni Loy. Con Monica Vitti, Johnny Dorelli) una dattilografa, chiamata a battere il copione di un film, fa confusione tra realtà e fantasia; in *Il superiore* (Luigi Magni. Con Nino Manfredi, Lino Banfi, Isa Danieli) un secondino viene preso in ostaggio e minacciato di sodomia dai detenuti in rivolta; in *L'equivoco* (Luigi Comencini. Con Nino Manfredi, Monica Vitti) un ragioniere scambia una venditrice di libri per una prostituta. Tre episodi girati senza sforzi di fantasia. Corresponsabilità di Age e Scarpelli nei primi due, di Castellano e Pipolo nel terzo.

Basta! Ci faccio un film ° (Italia 1990, col, 100') Luciano Emmer. Con David Emmer, Gianluca Angelini, Alessandro Haber, Anna Bonaiuto, Verde Visconti, Rina Franchetti. ◆ Dopo la maturità, Dadi (Emmer) confronta speranze e delusioni con gli altri ex compagni di classe cercando di conservare l'amicizia almeno di Andrea (Angelini): dopo che quest'ultimo partirà per il militare, Dadi accetterà di raccontare a Luciano Emmer la storia della sua classe – la III

A – su cui l'anziano regista vuole fare un film. Trentasei anni dopo *Terza liceo*. Emmer vuole girarne un possibile seguito e cerca di raccontare le difficoltà di capire e descrivere le nuove generazioni. Ma il risultato è imbarazzante e dilettantesco, specie in quella che doveva essere la caratteristica del film: i rapporti tra un vecchio e un giovane, interpretati da padre e figlio Emmer. Il film è stato ripresentato col titolo *Basta! Adesso tocca a noi.*

Basta guardare il cielo ** (*The Mighty*, Usa 1998, col, 100') Peter Chelsom. Con Sharon Stone, Kieran Culkin, Elden Henson, Gena Rowlands, Harry Dean Stanton, James Gandolfini. ◆ Il piccolo Kevin (Culkin) ha la testa di un genio e il corpo distrutto dalla sindrome di Morquio. Per affrontare la vita, e soprattutto le cattiverie dei compagni, non gli possono bastare la mamma (Stone) e i nonni (Rowlands e Stanton): meglio il sodalizio con l'amico Maxwell (Henson), fisico da gigante e cervello corto, sulle cui spalle può immaginare di essere un cavaliere della Tavola rotonda. Dal bestseller *Freak the Mighty* di Rodman Philbrick (adattato da Charles Leavitt), una favola edificante – ma meno ricattatoria di quanto ci si potrebbe aspettare – il cui dramma si consuma durante la notte di Natale. Prodotto da Sharon Stone, che si tiene in disparte e non ha atteggiamenti divistici, e interpretato dal fratello del più famoso Macaulay. Camei per Gillian Anderson (quasi irriconoscibile nei panni di un'alcolizzata di buon cuore) e Meat Loaf. Nella colonna sonora canzoni di Sting, Zucchero e B.B. King.

Basta guardarla *½ (Italia 1971, col, 94') Luciano Salce. Con Maria Grazia Buccella, Carlo Giuffré, Mariangela Melato, Luciano Salce, Franca Valeri, Pippo Franco, Riccardo Garrone. ◆ La travagliata love story tra il cantante Silver Boy (Giuffré) e la soubrette Erika (Buccella). Scritta da Iaia Fiastri, Steno e Salce, un'esile parodia del mondo dell'avanspettacolo. Con qualche caduta sentimentale di troppo.

Bastano tre per fare una coppia **½ (*Seems Like Old Times*, Usa 1980, col, 121') Jay Sandrich. Con Goldie Hawn, Chevy Chase, Charles Grodin, Robert Guillaume, Harold Gould. ◆ Un'avvocatessa (Hawn) si vede capitare in casa l'ex marito (Chase), ricercato dalla polizia, proprio mentre con il nuovo consorte aspetta la visita del governatore. Ritmo e battute a raffica: un copione di Neil Simon che si rifà alle commedie sofisticate anni Trenta. Debutto cinematografico del regista televisivo Sandrich.

Bastardi, I *½ (Italia/Francia/Rft 1969, col, 102') Duccio Tessari. Con Giuliano Gemma, Klaus Kinski, Claudine Auger, Margaret Lee, Serge Marquand, Rita Hayworth. ◆ L'odio tra due fratellastri fuorilegge (Gemma e Kinski), che mirano alla stessa donna e allo stesso bottino. Un gangster-movie raccontato come un western, sanguinario e vendicativo. La Hayworth (che interpreta un'ex ballerina alcolizzata) doppiò se stessa nelle tre edizioni italiana, francese e inglese.

Bastardi a Pechino *½ (*Beijing zazhong*, noto anche col titolo inglese *Beijing Bastards*, Cina 1993, col, 88') Zhang Yuan. Con Cui Jian, Dou Wei, Li Mai, Wu Lala. ◆ Vita quotidiana dei componenti di un gruppo rock a Pechino: sfratti, fidanzate incinte che non sanno se tenere il bambino, conflitti col potere (la testa rasata del protagonista nell'ultima scena allude a un soggiorno in prigione). Produzione indipendente girata con quello stile che benevolmente si definisce «semidocumentaristico» e che in realtà è solo casuale e sconnesso, ha goduto di una spropositata fama internazionale in seguito alla censura delle autorità. Forse non si deve sapere che anche nella patria di Mao si suona il rock? Peccato che, come ritratto di una generazione incerta e alienata, dica poco e in modo confuso: sull'argomento, meglio vedere un film più «ufficiale» (ma più lucido) come *Keep Cool*. Cui Jian, anche cosceneggiatore e coproduttore, è il più noto rocker cinese.

Bastardo eccellente → *Character – Bastardo eccellente*

Basta vincere ** (*Blue Chips*, Usa 1994, col, 108') William Friedkin. Con Nick Nolte, Shaquille O'Neal, Mary McDonnell, J.T. Walsh, Alfre Woodward. ◆ Allenatore di una fallimentare squadra universitaria di basket, Pete Bell (Nolte) decide di giocare sporco per la prima volta nella sua carriera, e ingaggia a suon di dollari tre promettenti campioncini. L'illecito, anche se lo spettatore italiano fa fatica a capirlo, è gravissimo, ma Bell pagherà di persona, offrendosi come agnello sacrificale. Scritta da Ron Shelton, una parabola di sport e redenzione che ambisce a essere anche uno spaccato dell'America odierna, dove la gara per il successo mette in secondo piano i conflitti razziali. Nulla di nuovo, comunque, neanche nella forma, meno smagliante di quanto ci si aspetti da un regista come Friedkin. O'Neal, nella parte di Neon, è una delle vere star del basket ingaggiate per l'occasione. Louis Gosset jr appare nella parte del prete. Nile Rodgers e Jeff Beck firmano la colonna sonora.

Bastogne **½ (*Battleground*, Usa 1949, b/n, 118') William A. Wellman. Con Van Johnson, John Hodiak, Ricardo Montalban, George Murphy, Marshall Thompson, James Whitmore, Denise Darcel. ◆ In Francia nel dicembre 1944 la 101a divisione americana aerotrasportata combatte lungo la linea di Bastogne, al confine con il Belgio: una controffensiva tedesca e la nebbia che impedisce i rifornimenti via aerea, la mettono in difficoltà, ma un manipolo di soldati saprà scongiurare il peggio fino all'intervento dell'aviazione alleata. Un film di guerra senza miti né eroi, che fa dell'antiretorica la sua ragione d'essere e la sua forza comunicativa. Dai singoli ritratti di uomini comuni di fronte alla morte, emerge l'umanità universalmente valida del soldato in guerra, e forse non poteva essere altrimenti dal momento che Wellman durante la prima guerra mondiale era stato pilota da caccia nella Squadriglia Lafayette (insieme a Howard Hawks e Howard Hughes), mentre lo sceneggiatore Robert Pirosh, durante la seconda, aveva combattuto come sergente proprio nella 101a divisione. Girato interamente negli studi della Mgm, *Bastogne* si distingue per un'insolita atmosfera stilizzata che, nella sua «artificialità», contribuisce a spogliare ulteriormente il film di ogni afflato retorico restituendolo all'essenzialità delle esperienze estreme. Sei nomination e due Oscar: miglior sceneggiatura e fotografia (Paul C. Vogel).

Bataan **½ (*Bataan*, Usa 1943, b/n, 114') Tay Garnett. Con Robert Taylor, Thomas Mitchell, George Murphy, Desi Arnaz, Lloyd Nolan. ◆ Durante la seconda guerra mondiale, a Bataan si consuma il sacrificio di un gruppo di soldati americani per rallentare l'avanzata giapponese. Da un celebre episodio storico, un film dai chiari intenti propagandistici, girato con mestiere. Anche in versione colorizzata.

Batman

Inventato dal cartoonist Bob Kane e apparso per la prima volta nel maggio 1939 sulla rivista *Detective Comics*, Batman è un giustiziere privato che nasconde la propria identità sotto un vistoso travestimento da uomo pipistrello. In realtà si chiama Bruce Wayne, un miliardario che da bambino ha visto uccidere i propri genitori per mano di un rapinatore e che ha giurato di vendicarne l'assassinio dedicando il resto della sua vita alla lotta contro i criminali. Ha passato gli anni della gioventù a studiare e allenare il proprio corpo, mettendo a punto tutti quegli strumenti che avrebbero potuto essergli utili: così quando scende in campo può contare sulla bat-mobile, il bat-aereo, la bat-cintura (con una serie di accessori indispensabili, dalla bat-fune al bat-arang) oltre al suo nascondiglio segreto, la bat-caverna.

Nelle prime avventure Batman ha una presenza particolarmente sinistra: terrorizza, usa la violenza, arriva a uccidere, è ricercato dalla polizia perché agisce al di fuori della legge. L'uso delle armi dura però solo due anni, fino al 1941, quando appare al suo fianco Robin (vero nome, Dick Grayson), un ragazzo mascherato che collaborerà con lui nella lotta contro il crimine. loro avversari non sono comuni delinquenti, ma dei supercriminali che vogliono umiliare la legge e conquistare il potere su Gotham City, la città che fa invariabilmente da sfondo alle loro avventure: i loro nomi sono il Trasformista (The Clayface), il Pinguino (The Pinguin), il Jolly (The Jocker), l'Enigmista (The Riddler) e la Donna Gatto (The Catwoman).

Nel 1966, Bob Kane, affiancò in alcune avventure ai due eroi (accusati di essere velatamente omosessuali) Batgirl, cioè Barbara Gordon, figlia del Commissario capo di Gotham City, che però non ne conosce l'identità segreta. Questo personaggio prese il posto, nei fatti, della Bat-amazzone (la giornalista Kathy Kane) scomparsa dalla circolazione dopo un decennio di attività. Questi personaggi femminili, comunque, non hanno nessun legame sentimentale col misogino Batman, che rimane un fumetto eminentemente maschile, strumento di un «illusorio risarcimento dalle frustrazioni e dalle insoddisfazioni» cui obbliga una vita pianificata e priva di ogni stimolo.

A portare il personaggio di Bob Kane al cinema fu per prima la Columbia che produsse, a partire dal 1943, un serial di 15 episodi, con Lewis Wilson nei panni di Batman e Douglas Croft in quelli di Robin. Antagonista principale il dottor Daka (J. Carrol Naish), spia orientale al servizio di una organizzazione che vuole debellare le forze armate americane. Seguirà, nel 1949, una nuova serie di 15 episodi (sempre prodotti dalla Columbia) con Robert Lowey e John Duncan nei panni di Batman e Robin. La consacrazione popolare doveva però arrivare dalla televisione: la Abc produsse 120 episodi a colori che mise in onda tra il 1966 e il 1968 (e il cui successo è alla base del film di Leslie Martinson). Protagonisti abituali erano Adam West (Batman), Burt Ward (Robin), Neil Hamilton (il capo della polizia Gordon), Stafford Repp (il suo assistente O'Hara), Alan Napier (il maggiordomo di casa Wayne, Alfred) e, solo nella terza stagione, Yvonne Craig (Batgirl). Infinita la schiera degli antagonisti, a cominciare da Cesar Romero (il Jolly), Julie Newmar (la Donnagatto), Frank Gorshin (l'Enigmista) e Burgess Meredith (il Pinguino) e continuando con Anne Baxter (Zelda), Roody McDowell (il Topo di biblioteca), Cliff Robertson (Shame), Van Johnson (il Menestrello), Art Carney (l'Arciere) e Vincent Price (Testa d'uovo). Persino Tallulah Bankhead fece una delle sue rarissime apparizioni televisive in questa serie, nella parte della Vedova nera.

Dopo un periodo di oblio, Tim Burton riporta in auge il personaggio con l'omonimo film del 1989, dove ne fa un eroe che non nasconde le sue nevrosi e si muove in una Gotham City postmoderna e notturna, sottolineando questi elementi in direzione ancor più nera nel successivo *Batman – Il ritorno*. Mentre i sequel affidati a Joel Schumacher accumulano elementi visivi e tecniche digitali (specie in *Batman & Robin*, con Gotham bloccata nel gelo da Mr. Freeze), riportando i film alle sue origini fumettistiche e privilegiando gli elementi visivi a scapito della trama.

I FILM

Batman (1966) di Leslie Martinson
Batman (1989) di Tim Burton
Batman – Il ritorno (1992) di Tim Burton
Batman Forever (1995) di Joel Schumacher
Batman & Robin (1997) di Joel Schumacher

Batman *½ (*Batman*, Usa 1966, col, 105') Leslie Martinson. Con Adam West, Burt Ward, Burgess Meredith, Cesar Romero, Lee Meriwether, Frank Gorshin, Julie Newmar. ◆ Batman (West), nemico implacabile dei criminali, si batte con l'aiuto del fedele Robin (Ward) per salvare alcuni uomini politici dalle macchinazioni di un quartetto di criminali, il Pinguino (Meredith), il Jolly (Romero), l'Enigmista (Gorshin) e la Donna Gatto (Newmar) che stanno mettendo a punto una macchina capace di trasformare le persone in polvere, gradino obbligatorio della loro strategia per conquistare il potere mondiale. Sull'onda del successo del serial tv, un film che ripropone gli attori e le (presunte) buffonerie verbali di quella serie, realizzato in fretta e in povertà. Secondo qualcuno, un piccolo classico della pop art. L'interprete della Donna Gatto è la stessa ricordata nel titolo *A Wong Foo, grazie di tutto! Julie Newman*. Remake nel 1989.

Batman **½ (*Batman*, Usa 1989, col, 126') Tim Burton. Con Jack Nicholson, Michael Keaton, Kim

Basinger, Robert Wuhl, Jack Palance, Jerry Hall, Pat Hingle, Billy Dee Williams, Michael Gough. ◆ In una neogotica, claustrofobica Gotham City, il miliardario Bruce Wayne (Keaton), sotto la maschera del giustiziere Batman, affronta lo psicopatico Joker (Nicholson), che vorrebbe impadronirsi della città e che scoprirà essere il rapinatore che gli uccise i genitori. Anticipato da un battage pubblicitario senza precedenti, campione d'incassi nell'89 (giusto 50 anni dopo la nascita del fumetto di Bob Kane), un kolossal diseguale ma divertente (sceneggiato da Sam Hamm e Warren Skaaren), senza Robin ma con un Nicholson/Joker sopra le righe che ruba la scena al protagonista. Molto meglio la prima parte, visivamente geniale e dichiaratamente post-moderna (con mille citazioni e rimandi cinefili: sintomatica l'iconoclastia della scena nel museo) che lo scontato duello finale. Le grazie della giornalista Vickie Vale (Basinger) conquistano immediatamente il cuore di Wayne/Batman, cancellando così la misoginia del personaggio e accentuando quel processo di umanizzazione dell'eroe (sottolineato anche dalla scelta di Keaton, che non nasconde i limiti fisici e le nevrosi del suo Batman) che è alla base dell'immediato successo del film. Oscar ad Anton Furst e Peter Young per la scenografia. Le canzoni sono di Prince. Con tre seguiti.

Batman – Il ritorno *** (*Batman Returns*, Usa 1992, col, 126') Tim Burton. Con Danny DeVito, Michael Keaton, Michelle Pfeiffer, Christopher Walken, Michael Murphy, Michael Gough, Pat Hingle, Paul Reubens. ◆ Questa volta il vero protagonista è il Pinguino (DeVito), un essere deforme che, gettato nelle fogne dai genitori (il papà è Paul Reubens, alias Pee Wee) quand'era piccolo, sogna la vendetta contro la città di Gotham, alleandosi col perfido capitalista Schreck (Walken). A turbare la tranquillità di Batman (Keaton) si aggiunge Catwoman (Pfeiffer), un'altra creatura dalla doppia vita e doppia personalità, che non ha deciso da che parte schierarsi. Burton in pratica gira la versione nera (se possibile) di *Edward mani di forbice*: una cupa epopea di personaggi solitari e condannati dalla loro diversità, le emozioni dei quali rimangono compresse e le seduzioni non si realizzano. Tra uno splendido inizio fiabesco e un finale che non delude, la sceneggiatura (di Daniel Waters) arranca: ma il talento visivo, le invenzioni profuse in ogni inquadratura, l'intelligenza con cui vengono trattati i vecchi temi della maschera e del doppio fanno perdonare gli squilibri. Ottimi DeVito, Pfeiffer e Walken. Un sequel decisamente superiore all'originale, e non certo un film per teen-ager.

Batman & Robin ° (*Batman & Robin*, Usa 1997, col, 130') Joel Schumacher. Con Arnold Schwarzenegger, George Clooney, Uma Thurman, Chris O'Donnell, Alicia Silverstone, Michael Gough, Pat Hingle, Elle Macpherson, Jesse Ventura. ◆ Per difendere Gotham City dal dottor Freeze (Schwarzenegger), medico alla ricerca di una cura per la moglie ibernata, e dalla sua alleata Poison Ivy (Thurman), ex chimico trasformatasi in seducente dea della flora, Batman (Clooney), oltre al fedele amico Robin (O'Donnell), questa volta può contare sulla nipote (Silverstone) del maggiordomo (Gough), che si rivela una combattiva Batgirl. Quarto capitolo della saga, il secondo diretto da Schumacher: gran dispendio di effetti speciali techno-pop, con virtuosismi registici da nausea agli occhi, per un luna park digitale psichedelico e fracassone, ripetitivo e mortalmente noioso. Clooney mascherato da Batman è una delusione, mentre l'unica a saper conciliare cinema e fumetto è l'eclettica Uma Thurman. Nella colonna sonora, brani di Smashing Pumpkins, Bush, Underworld. La moglie ibernata di Mr. Freeze è la modella Vendela. Sceneggiatura di Akiva Goldsman.

Batman Forever ° (*Batman Forever*, Usa 1995, col, 121') Joel Schumacher. Con Val Kilmer, Tommy Lee Jones, Jim Carrey, Nicole Kidman, Chris O'Donnell, Drew Barrymore, Pat Hingle, Michael Gough, Debi Mazar, René Auberjonois. ◆ Bruce Wayne/Batman (Kilmer) ha due nuovi nemici, personalità schizofreniche e dalla doppia vita come lui: Due Facce (Jones), ex procuratore trasformatosi in superladro, ed Edward Nygma (Carrey), inventore di una macchina che manipola le onde cerebrali. Ma Batman questa volta ha anche un aiutante: il giovane acrobata Dick Grayson/Robin (O'Donnell), in cerca di vendetta dopo che Due Facce gli ha ucciso la famiglia. *Dulcis in fundo*, la psicologa Chase Meridian (Kidman) si innamora di Batman ma snobba Bruce Wayne. Al terzo episodio Tim Burton si limita a produrre, e *Batman* diventa, più che un fumetto, un disegno animato. L'unica idea interessante della fantomatica sceneggiatura di Lee Batchler, Janet Scott Batchler e Akiva Goldsman è che tutti, a un certo punto, scoprono l'identità di Batman: ma la storia è monotona e senza suspense, e la regia di Schumacher anonima, infantile e tonitruante. Le smorfie di Carrey e Jones sono stucchevoli, mentre Kilmer è ammirevole per come ignora il senso del ridicolo. Accuratamente evitato ogni sottinteso gay nel personaggio di Robin.

Battaglia dei giganti, La *½ (*Battle of the Bulge*, Usa 1965, col, 163') Ken Annakin. Con Henry Fonda, Robert Shaw, Robert Ryan, Dana Andrews, George Montgomery, Anna Maria Pierangeli, Telly Savalas, Charles Bronson. ◆ Alla fine del 1944, i tedeschi tentano una disperata offensiva sul fronte delle Ardenne: per fermarli bisogna far saltare il deposito di carburante dei carriarmati Tigre. Rilettura banale e a tratti improbabile di un importante episodio storico. Originariamente girato per il cinerama.

Battaglia dei sessi, La ** (*The Battle of the Sexes*, Gb 1959, b/n, 84') Charles Crichton. Con Peter Sellers, Constance Cummings, Robert Morley, Jameson Clark. ◆ In una ditta scozzese, la lotta tra una manager americana modernizzatrice (Cummings) e un dipendente (Sellers) che fa di tutto per sabotarla. Una commedia (con venature macabre) piuttosto datata, meno spumeggiante di quanto ci si aspetterebbe.

Battaglia della Neretva, La ** (*Bitka na Neretvi*, Jugoslavia/Italia/Rft 1969, col, 134') Veljko Bulajic. Con Yul Brynner, Sergej Bondarčuk, Anthony Dawson, Sylva Koscina, Franco Nero, Orson Welles, Curt Jurgens. ◆ Nell'inverno 1942 il futuro generale Tito (Brynner) riesce a portare in salvo le truppe iugoslave, beffando i tedeschi. Affresco storico tratteggiato attraverso un mosaico di vicende individuali, il film ha perso coerenza passando dalle tre ore iniziali alla durata attuale. Critiche accesissime al regista, accusato di aver fatto un film di regime proprio mentre la cinematografia jugoslava cominciava ad affrontare tematiche sociali.

Battaglia delle aquile, La ** (*Aces High*, Gb 1976, col, 120') Jack Gold. Con Malcolm McDowell, Christopher Plummer, Simon Ward, Peter Firth. ◆ Durante la prima guerra mondiale l'eroismo, ma anche le debolezze e le paure, dei piloti britannici impegnati sul fronte francese. Dal romanzo *Il grande viaggio* di R.C. Sheriff, un film antimilitarista prevedibile ma con spettacolari scene di battaglia aerea. Cammeo di John Gielgud, Ray Milland, Trevor Howard, Richard Johnson.

Battaglia del mar dei Coralli, La ** (*The Battle of the Coral Sea*, Usa 1959, b/n, 80') Paul Wendkos. Con Cliff Robertson, Gia Scala, Teru Shimada, Patricia Cutts, Gene Blakely. ◆ L'equipaggio di un sommergibile americano catturato dai giapponesi riesce a trasmettere dati essenziali al proprio comando. Un episodio vero della seconda guerra mondiale, raccontato con una buona mano.

Battaglia di Alamo, La **½ (*The Alamo*, Usa 1960, col, 161') John Wayne. Con John Wayne, Richard Widmark, Laurence Harvey, Richard Boone, Linda Cristal, Frankie Avalon, Patrick Wayne. ◆ Texas, 1836: un gruppo di mercenari nordamericani, guidati da Davy Crockett (Wayne), dal colonnello Travis (Harvey) e da Jim Bowie (Widmark), viene assediato per tredici giorni e massacrato a Fort Alamo dalle truppe messicane del generale Santana. Da un episodio che ha fatto la storia degli Usa, l'esordio di Wayne nella regia sotto il segno di John Ford, che codiresse la seconda unità. Girato in Todd-Ao, con pellicola da 65mm perde a essere visto in televisione. Efficace la colonna sonora di Dimitri Tiomkin. Dopo la prima a Los Angeles, furono tagliati 26', ma questo non migliorò il destino commerciale del film (causando grossi problemi finanziari a Wayne che aveva investito 12 milioni di dollari).

Battaglia di Algeri, La ***½ (Italia/Algeria 1966, b/n, 121') Gillo Pontecorvo. Con Jean Martin, Yacef Saadi, Brahim Haggiag, Fawzia El Kader. ◆ Algeri, 1957: il sanguinoso scontro tra i parà francesi del colonnello Mathieu (Martin) e i ribelli del Fronte di liberazione nazionale, asserragliati nella Casbah. In uno stile sobrio e documentaristico, con molti attori non professionisti e qualche eccessiva dilatazione nelle fasi degli attentati, il film rievoca con una forte coralità la guerra di popolo degli algerini, a partire da una «sceneggiatura di ferro» di Franco Solinas che cerca di spiegare anche le ragioni del nemico francese. Per questo scontentò sia la sinistra (e il governo di Algeri che era il vero committente dell'operazione) sia la destra, ma conquistò vasta risonanza soprattutto sui mercati di lingua inglese. In Francia fu vietata la proiezione, ma il film ottenne il Leone d'oro a Venezia e due nomination all'Oscar, per la regia e per la sceneggiatura asciutta e tesa di Franco Solinas. Per contratto Pontecorvo dovette occuparsi personalmente delle musiche, con l'aiuto di Ennio Morricone.

Battaglia di Engelchen, La *** (*Smrt sířká Engelchen*, Cecoslovacchia 1963, b/n, 110') Ján Kadár, Elmar Klos. Con Ján Kačer, Eva Palaková, Blažena Halisová, Martina Ružek, Vlado Müller. ◆ Cecoslovacchia, fine della seconda guerra mondiale: Pavel (Kačer), un giovane partigiano gravemente ferito, rivive gli incubi dell'esperienza appena trascorsa e ripensa a Marta (Palaková), interprete presso il Comando tedesco e preziosa collaboratrice per i partigiani, che riuscirono a scampare al rastrellamento del comandante Engelchen grazie alle sue informazioni. Un «bilancio morale della Resistenza», che non si limita a rielaborare a distanza l'aspetto ideale ed eroico di coloro che l'hanno vissuta, ma dà ampio rilievo anche alle ferite, al dolore, alla follia incancellabili di chi è sopravvissuto. Un film emotivamente forte, vigoroso, ben scritto (la sceneggiatura è di Klos) e fluido nel passare dalla ricostruzione delle azioni al dramma personale. I due registi, ex partigiani, si separarono professionalmente nel 1968, dopo aver vinto un Oscar nel 1966 per il miglior film straniero con *Il negozio al corso*. In seguito all'ingresso delle truppe del Patto di Varsavia, Kadár emigrò negli Usa.

Battaglia di Fort Apache, La * (*Old Shatterhand*, Rft/Francia/Italia 1964, col, 120') Hugo Fregonese. Con Lex Barker, Pierre Brice, Daliah Lavi, Rik Battaglia. ◆ Ingiustamente accusati di una serie di crimini, gli indiani vengono attaccati dai soldati. La verità verrà a galla (responsabile dei delitti era un gruppo di banditi bianchi), ma non risparmierà una strage. Girato interamente in Europa, un western dalle mille ingenuità.

Battaglia di Maratona, La *½ (Italia 1959, col, 84') Bruno Vailati. Con Steve Reeves, Mylène Demongeot, Sergio Fantoni, Alberto Lupo, Ivo Garrani, Daniela Rocca. ◆ Durante la guerra tra ateniesi e persiani, l'intervento dei soldati di Sparta assicura, nel 490 a.C., la vittoria ellenica a Maratona, che Filippide (Reeves) annuncerà ad Atene dopo la celeberrima corsa. Malgrado la supervisione del regista Jacques Tourneur e la fotografia di Mario Bava, un affresco storico sostanzialmente mediocre.

Battaglia di Midway, La ** (*Midway*, Usa 1976, col, 132') Jack Smight. Con Charlton Heston, Henry Fonda, Glenn Ford, Robert Wagner, James Coburn, Robert Mitchum, Toshiro Mifune. ◆ Rievocazione della battaglia del 1942 in cui, sei mesi dopo Pearl Harbor, fu bloccata l'espansione nipponica in Oriente, con una vittoria decisiva per l'esito della seconda guerra mondiale. Un titanico spiegamento di mezzi, spezzoni di documentari e un cast da grandi occasioni, per un'onesta cronaca senza eccessi propagandistici verso gli «ex musigialli» destinati a diventare padroni di mezza Hollywood.

Battaglia di Rio della Plata, La ** (*The Battle of the River Plate*, Gb 1956, col, 119') Michael Powell, Emeric Pressburger. Con John Gregson, Anthony Quayle, Peter Finch, Ian Hunter, Christopher Lee. ◆ Durante la seconda guerra mondiale, la caccia della marina inglese alla corazzata tedesca Graf Spee.

Taglio documentaristico per un episodio storico poco conosciuto, scelto da Powell e Pressburger per rendere onore anche agli ufficiali nemici. Straordinaria l'idea di far assistere da terra alla battaglia i cittadini di Rio della Plata come se fossero al cinema. In una particina, il futuro regista John Schlesinger.

Battaglia fra le nuvole *½ (*Dick Tracy – Battle in the Clouds*, Usa 1937, b/n, 60') William N. Witney, John English. Con Ralph Byrd, Lynn Roberts, Charles Middleton, Jerry Tucker, David Sharpe, Lee Ford, Michael Kent. ◆ La banda dello Zoppo cerca prima di vendere il segreto di un aereo a reazione a una potenza straniera, poi di rapinare un milione di dollari e infine di far stampare denaro falso, ma Dick Tracy (Byrd) e i suoi uomini localizzano i banditi e sventano i loro piani criminosi. Questo film raggruppa gli episodi 8, 9, 10 e 11 del serial Republic *Dick Tracy*.

Battaglia per la bomba atomica, La **½ (*La Bataille de l'eau lourde*, Francia/Norvegia 1948, b/n, 96') Jean Dréville, Titus Viebe-Muller. Con Knut Haukelid, Jens Poulsen, Claus Helberg e i paracadutisti del corpo franco-norvegese. ◆ L'invasione tedesca della Norvegia mette a disposizione dei nazisti l'acqua pesante distillata dalle sorgenti del Telemark, fondamentale nella fabbricazione della bomba atomica. La resistenza norvegese cerca in ogni modo di sabotare la distilleria che i nazisti vorrebbero far funzionare a pieno regime: così nel 1944 i partigiani riusciranno a far esplodere il traghetto che dovrebbe trasportare in Germania il carico d'acqua pesante togliendo a Hitler l'ultima occasione per mettere a punto la bomba atomica. Un documentario «neorealista», con attori non professionisti, nessun intervento romanzato e drammatizzazione ridotta all'essenziale, quasi a provare che la realtà spesso supera la finzione e che una rielaborazione severa può creare una tensione e talvolta una poesia più forti che in un film di fiction. Inaspettatamente ottenne un buon successo commerciale. Il prologo è stato girato da Jean Epstein mentre la presenza del montatore norvegese Viebe-Muller nei titoli di testa come coregista (in realtà saldamente in mano a Dréville) fu la conseguenza degli accordi di coproduzione tra i due paesi. Rifatto da Anthony Mann nel 1965 (*Gli eroi di Telemark*).

Batte il tamburo lentamente **½ (*Bang the Drum Slowly*, Usa 1973, col, 97') John Hancock. Con Michael Moriarty, Robert De Niro, Vincent Gardenia, Phil Foster, Heather Mac-Rae. ◆ L'amicizia tra un giocatore di baseball condannato da un male incurabile (De Niro) e il suo compagno di squadra (Moriarty). Prevedibile ma intenso melodramma, da un romanzo di Mark Harris già portato in Tv da Paul Newman, mutua il titolo da una delle più belle ballate western, *The Cowboy's Lament*. È il debutto di Danny Aiello.

Batticuore **½ (Italia 1939, b/n, 88') Mario Camerini. Con Assia Noris, John Lodge, Luigi Almirante, Giuseppe Porelli. ◆ Cresciuta tra ladri, una ragazza (Noris) dopo varie peripezie cambia vita sposando un diplomatico. Sceneggiato da Camerini con Leo Longanesi e Renato Castellani, un mix di ironia e sentimento in una Francia costruita riciclando le scenografie del *Signor Max*. Divertenti le scene nella scuola per ladri e preveggenti quelle della firma del trattato internazionale trasmesse da un apparecchio che anticipa la televisione (interferenze tecniche comprese). Esordio come attore di Dino De Laurentiis (il domestico), al tempo allievo del Centro sperimentale di cinematografia. Dallo stesso soggetto *Piccola ladra* (1940) di Henry Decoin. Rifatto in America da Sam Wood come *Ladra di cuori* (1946).

Battito d'ali dopo la strage, Un *½ (*Le Fils*, Francia 1972, col, 100') Pierre Granier-Deferre. Con Yves Montand, Lea Massari, Marcel Bozzuffi, Frédéric de Pasquale, Germaine Delbat. ◆ Dopo avere fatto i soldi all'estero con traffici poco chiari, Ange (Montand) torna nel paese natio, in Corsica, dove il padre è morto misteriosamente e un killer (Bozzuffi) gli fa la posta. Scritto dal regista con Henri Graziani, dice poco sulla Corsica e prende ancora meno come thriller, con tempi diluiti sino a un finale che più banale non si potrebbe: ci voleva giusto la fantasia del titolo italiano per suscitare curiosità. Musiche di Philippe Sarde.

Battuta di caccia **½ (*The Shooting Party*, Gb 1984, col, 108') Alan Bridges. Con James Mason, Edward Fox, John Gielgud, Dorothy Tutin. ◆ Alla vigilia della prima guerra mondiale un gruppo di aristocratici si ritrova in una tenuta di campagna per la tradizionale battuta di caccia. Da un romanzo di Isabel Colegate sceneggiato da Julian Bond, un ritratto raffinato, anche se un po' calligrafico, di una classe inconsapevolmente al tramonto e di un mondo avviato verso la catastrofe collettiva.

Bat 21 ** (*Bat 21*, Usa 1988, col, 105') Peter Markle. Con Gene Hackman, Danny Glover, Jerry Reed, David Marshall Grant, Erich Anderson. ◆ Un colonnello dell'aviazione (Hackman) è costretto, durante la guerra in Vietnam, a paracadutarsi dentro la giungla controllata dal nemico. Ma ad aiutarlo ci penserà un pilota di colore (Glover). Da una storia vera, una variazione tesa e avvincente del film di guerra. Il coprotagonista Reed è anche produttore esecutivo e autore di alcune canzoni. «Bat 21» è un termine del golf che i due usano come linguaggio in codice per comunicare senza farsi capire dai Vietcong.

Bazar delle follie, Il *½ (*The Big Store*, Usa 1941, b/n, 80') Charles Francis Riesner. Con Groucho, Chico e Harpo Marx, Tony Martin, Virginia Grey, Margaret Dumont, Douglas Dumbrille. ◆ Il detective Wolf J. Flywheel (Groucho) è assunto dalla proprietaria di un magazzino (Dumont) per indagare sul direttore disonesto. L'ambientazione fornisce lo spunto per molte gag (Harpo prende una parte del vestito di una cliente e glielo offre come stoffa per cappellini, lasciandola con la schiena nuda, oppure usa un idrante portatile per allontanare le auto che vogliono prendere il suo posto al parcheggio; Groucho sfodera i suoi giochi di parole: «Ci sono delle buone cose che mi uniscono a te per la vita... i tuoi buoni del tesoro!» e tutti partecipano all'inseguimento finale con pattini e biciclette) ma il film, uno degli ultimi dei comici, ha molti momenti di stanchezza.

Beati i ricchi * (Italia 1972, col, 98') Salvatore Samperi. Con Lino Toffolo, Paolo Villaggio, Sylva Koscina, Enzo Robutti. ◆ Un contrabbandiere entra in possesso di una grossa somma di denaro, ma perderà la pace. Samperi continua a spacciare farse sguaiate per satire di costume.

Beato tra le donne * (*L'Homme-orchestre*, Francia 1970, col, 85') Serge Korber. Con Louis de Funès, Noëlle Adam, Olivier de Funès, Paul Préboist, Tiberio Murgia. ◆ Le disavventure di un impresario (L. de Funès) di una compagnia di ballo che deve all'improvviso fare i conti con la comparsa di alcuni bebè. Commedia (musicale) degli equivoci tagliata su misura per de Funès, ma il copione è debole e pasticciato.

Beatrice Cenci *½ (Italia 1941, b/n, 82') Guido Brignone. Con Carola Höhn, Giulio Donadio, Osvaldo Valenti, Tina Lattanzi, Elli Parvo, Sandro Ruffini, Luigi Pavese. ◆ Costretta all'esilio col brutale genitore Francesco (Donadio), Beatrice Cenci (Höhn) chiede al fratello Giacomo (Valenti) – rimasto a Roma – di aiutarla a fuggire, ma il giorno previsto per il rapimento della ragazza, il conte viene trovato cadavere. Le accuse ricadono su Beatrice, che verrà decapitata nonostante si proclami innocente. La sanguinosa storia della famiglia Cenci riletta come un melodramma borghese a sfondo giallo (l'inchiesta sulla morte di Francesco Cenci occupa metà del film) che accentua la componente lacrimosa (lei è «dolce e mesta più d'una colomba») per essere in sintonia con le esigenze populiste del periodo. Abbastanza efficace la ricostruzione storica, ma lo stile è edulcorato e accademico. Rifatto da Freda nel 1956, da Fulci nel 1969 e da Tavernier nel 1987 (*Il quarto comandamento*).

Beatrice Cenci *** (Italia/Francia 1956, col, 93') Riccardo Freda. Con Micheline Presle, Gino Cervi, Fausto Tozzi, Frank Villard, Antonio De Teffè, Mireille Granelli. ◆ La torbida vicenda della nobile famiglia Cenci: la giovane Beatrice (Granelli) è ingiustamente accusata della morte del padre (Cervi) e viene decapitata prima che si possa scoprire che i veri colpevoli sono il fratellastro e la matrigna Lucrezia (Presle). Avvincente feuilleton tratto dall'omonimo romanzo di Guerrazzi, una delle pochissime opere gotiche della letteratura italiana, che Freda racconta con splendido gusto melodrammatico per «un fosco e pietroso Cinquecento»: in un mondo dominato da intrighi e tradimenti, emerge la figura di questa eroina innocente, circondata da oscure e morbose passioni e schiacciata da un destino inesorabilmente tragico. In Tv, il formato CinemaScope può non rendere giustizia alla forza plastica della mise en scène. Già filmata da Guido Brignone nel 1941, la storia sarà rifatta da Lucio Fulci nel 1969 e da Bertrand Tavernier nel 1987 (*Il quarto comandamento*).

Beatrice Cenci ** (Italia 1969, col, 99') Lucio Fulci. Con Tomas Milian, Adrienne La Russa, Georges Wilson, Antonio Casagrande, Raymond Pellegrin, Pedro Sanchez [Ignazio Spalla], Amedeo Trilli. ◆ Beatrice Cenci (La Russa) chiede al servo Olimpio (Milian), innamorato di lei, di uccidere il padre (Wilson) che l'avrebbe violentata. Il servo assolda un brigante, ma Beatrice è accusata dell'omicidio da una lettera anonima e viene condannata a morte insieme ai fratelli e alla matrigna. La versione più fedele alla realtà storica, che Fulci costruisce con un lungo flashback a partire dal momento dell'esecuzione, sottolineando soprattutto i momenti truculenti ed erotici della vicenda (anche se proprio l'impacciata Adrienne La Russa è l'elemento più debole del cast). Già filmata da Guido Brignone nel 1941 e da Riccardo Freda nel 1956, la storia sarà anche alla base, nel 1987, del *Quarto comandamento* di Tavernier.

Beau Geste ** (*Beau Geste*, Usa 1939, b/n, 94') William A. Wellman. Con Gary Cooper, Ray Milland, Robert Preston, Brian Donlevy, J. Carrol Naish, Susan Hayward, Broderick Crawford. ◆ I tre fratelli Geste, Beau (Cooper), John (Milland) e Digby (Preston), si arruolano nella Legione straniera affinché nessuno di loro venga accusato del furto di un preziosissimo zaffiro: destinati a Fort Zinderneuf dovranno difendersi, oltre che dai ribelli, dal fanatico sergente Markoff (Donlevy). Uno dei più celebri incontri tra esotismo ed eroismo secondo Hollywood: alla sua uscita ottenne un trionfale successo al botteghino, in gran parte per merito di Cooper nella parte di un gentiluomo costretto ad affrontare il disonore per mantenere la parola data, ma gli anni hanno messo in evidenza «la valanga di cliché sull'onore, la Legione straniera e le rivalità fratricide» oltre allo stile accademicamente solenne con cui sono narrati. Dal racconto omonimo di Percival Christopher Wren, sceneggiato da Robert Carson, è un remake fedele del film muto del 1926 con Ronald Colman, di cui riprende anche la costruzione a flashback, con l'unica invenzione della morte del trombettiere. Ha avuto a sua volta un remake nel 1966 (*Beau Geste* di Douglas Heyes) e una parodia, *Io, Beau Geste e la legione straniera* (1977). Ottima la prova di Brian Donlevy, il crudelissimo sergente, che ottenne una nomination all'Oscar. In origine 114'.

Beau Serge, Le **½ (*Le Beau Serge*, Francia 1957, b/n, 93') Claude Chabrol. Con Jean-Claude Brialy, Gérard Blain, Bernadette Lafont, Michèle Merits, Claude Cerval. ◆ La tormentata amicizia tra il debole Serge (Blain) e il «buon samaritano» François (Brialy) che rischia la vita per riportare a casa l'amico in tempo per assistere alla nascita di suo figlio. Un melodramma psicologico pieno di citazioni (da Hitchcock a Bresson), è il film d'esordio di Chabrol, disorganico ma con in nuce tutti i suoi temi prediletti (opposizioni morali e sociali, attenzione alla costruzione delle immagini, analisi della cultura borghese). Realizzato grazie a un'improvvisa eredità, è considerato il primo film della Nouvelle Vague.

Beautiful Girls ** (*Beautiful Girls*, Usa 1996, col, 112') Ted Demme. Con Timothy Hutton, Matt Dillon, Uma Thurman, Natalie Portman, Michael Rapaport, Martha Plimpton, Mira Sorvino, Lauren Holly, Rosie O'Donnell, Annabeth Gish, Pruitt Taylor Vince, David Arquette. ◆ Pianista di second'ordine, Will Conway (Hutton) torna nel paesello natio, nel nevoso Massachusetts: e in attesa che lo raggiunga la fidanzata avvocato (Gish), frequenta i suoi vecchi amici buoni a nulla, flirta con una bella di passaggio (Thurman) e si innamora platonicamente della tredicenne Marty

(Portman). Scritto da Scott Rosenberg, uno spaccato del maschio medio trentenne, che per paura di sistemarsi sogna avventure impossibili o, semplicemente, si comporta da immaturo. Moderata autocritica machista, benpensantismo di fondo, e una certa propensione all'ovvietà che non riesce mai a diventare spaccato epocale: anche se colpisce il *milieu* medio-basso, molto diverso da quello più glamour dei film generazionali degli anni Ottanta. Ben diretto il ricco cast.

Beautiful Thing ** (*Beautiful Thing*, Gb 1996, col, 89') Hettie MacDonald. Con Linda Henry, Glenn Berry, Scott Neal, Tameka Empson, Ben Daniels, Garry Cooper, David Bowers. ◆ La scoperta della propria omosessualità da parte del timido Jamie (Berry) e del disadattato Ste (Neal), in un ambiente popolare infarcito di pregiudizi sessisti. Debutto cinematografico di una giovane e quotata regista teatrale, che porta sullo schermo un testo di Jonathan Harvey (anche sceneggiatore) già collaudato con successo sulle scene: piuttosto vigorosa la ricostruzione dell'ambiente proletario, ma edificanti e deludenti le soluzioni sentimentali che fanno leva su pianti, scene madri e trionfante orgoglio gay & lesbico per coinvolgere lo spettatore smussando le reali asperità della storia. Bravi gli attori, con una menzione speciale a Linda Henry, la mamma barista di Jamie, e a Tameka Empson, l'amica di colore fissata con la musica dei Mamas & Papas.

Bebè mania *½ (*Funny About Love*, Usa 1990, col, 101') Leonard Nimoy. Con Gene Wilder, Christine Lahti, Mary Stuart Masterson, Robert Prosky, Stephen Tobolowski. ◆ Il cartoonist Duffy (Wilder), visto che non riesce ad avere figli con la sua partner (Lahti), abbassa il target anagrafico e si rivolge a una studentessa (Masterson). Commedia incerta tra maldestro sentimentalismo e tocchi di umorismo (nelle intenzioni) dissacrante, finisce con l'essere un'apologia delle ubbie dei maschi di mezza età. Wilder continua a vivere di rendita sulla *Signora in rosso*. Mr. Spock, ormai regista a tempo pieno, continua a essere ossessionato da coppie e neonati.

Becket e il suo re *** (*Becket*, Gb 1964, col, 148') Peter Glenville. Con Richard Burton, Peter O'Toole, John Gielgud, Gino Cervi, Paolo Stoppa. ◆ Nell'Inghilterra del XII secolo, Enrico II (O'Toole) fa eleggere il suo amico Thomas Becket (Burton) arcivescovo di Canterbury, pensando di manovrare la Chiesa attraverso di lui. Ma tra loro sorgerà un insanabile conflitto. Dal dramma di Jean Anouilh, sceneggiato da Edward Anhalt (che vinse l'Oscar), un grande saggio di recitazione. Splendida la fotografia di Geoffrey Unsworth. Scandalizzarono l'America le pesanti insinuazioni sulla relazione omosessuale tra i due protagonisti (in una scena i due dormono insieme): si accusò Anouilh di «aver infangato la storia» danneggiando, con la sua lettura psicoanalitica, l'immagine eroica dei due amici.

Bees, lo sciame che uccide * (*The Savage Bees*, Usa 1976, col, 99') Bruce Geller. Con Ben Johnson, Michael Parks, Paul Hecht, Horst Buchholz. ◆ Mentre a New Orleans impazza il carnevale, uno sciame di api assassine semina il terrore. Girato per la Tv con tutti i luoghi comuni del genere catastrofico. Con un seguito, *Terror Out of the Sky* (1978), inedito in Italia.

Beethoven ** (*Beethoven*, Usa 1992, col, 87') Brian Levant. Con Charles Grodin, Bonnie Hunt, Nicholle Tom, Christopher Castile, Sarah Rose Karr, Dean Jones. ◆ Le disavventure di una famiglia in cui arriva un sanbernardo chiamato Beethoven: i disastri che provoca non gli conquistano le simpatie di tutti, ma quando un veterinario (Jones) vorrebbe usarlo per crudeli esperimenti, i suoi padroni sapranno combattere per lui. Prevedibile e garbata commedia pensata per un pubblico decisamente infantile, diretta da chi aveva prodotto i serial *Happy Days* e *Mork & Mindy*. Insolito ruolo di cattivo per Dean Jones, protagonista «buono» di tanti film Disney. Con un seguito.

Beethoven 2 *½ (*Beethoven's 2nd*, Usa 1993, col, 89') Rod Daniel. Con Charles Grodin, Bonnie Hunt, Nicholle Tom, Christopher Castile, Chris Penn, Sarah Rose Karr, Debi Mazar. ◆ Il sanbernardo Beethoven s'innamora di una sua simile, Missy, e con la complicità dei piccoli di casa l'aiuta a proteggere i quattro cuccioli con pedigree che la proprietaria e il suo nuovo compagno (Mazar e Penn) vorrebbero vendere. Profluvio di buoni sentimenti che trionfano, sia umani che animali, mentre i cattivi fanno la fine che si meritano. Il seguito di *Beethoven*, meno riuscito, si basa su una storiella semplice semplice, con qualche spunto comico – dovuto naturalmente ai cani – e una pallida riminiscenza di Crudelia De Mon dalla *Carica dei 101*. Solo per un pubblico infantile.

Beetlejuice – Spiritello porcello **½ (*Beetle Juice*, Usa 1988, col, 92') Tim Burton. Con Michael Keaton, Geena Davis, Alec Baldwin, Winona Ryder, Jeffrey Jones, Catherine O'Hara, Sylvia Sidney, Annie McEnroe, Dick Cavett. ◆ Uccisi in un incidente, i coniugi Barbara (Davis) e Adam Maitland (Baldwin) tornano, da fantasmi, nella loro bella casa del New England: ma, disturbati dai nuovi inquilini – una famiglia di yuppie odiosi –, decidono di assoldare il cialtronesco spirito Betelgeuse (Keaton), alias Beetle Juice (Succo di scarafaggio), per spaventarli: non sarà così facile. Secondo lungometraggio di Burton (su sceneggiatura di Michael McDowell, Larry Wilson e Warren Skareen): scambiato ai tempi per una specie di *Ghostbusters* (anche se col meccanismo rovesciato), è in realtà un *Hellzapoppin'* macabro dove ogni legge, fisica e logica, viene sovvertita con uno spirito anarchico e fracassone, un po' autocompiaciuto ma sicuramente inimitabile. Tenerissima la piccola Winona nella parte della ragazzina attirata dalla morte. Musica di Danny Elfman, e Oscar al make-up.

Behind That Curtain → *voce «Charlie Chan»*

Bel colpo, amico! ** (*Big Shots*, Usa 1987, col, 90') Robert Mandel. Con Ricky Busker, Darius McCrary, Paul Winfield, Robert Prosky. ◆ Un giovane bianco inesperto e un ragazzo di strada nero affrontano insieme avventure pericolose. E scoprono l'amicizia. Commedia giovanilistica prevedibile, ma con un buon ritmo. In una particina, il regista Jerzy Skolimowski.

Believers, The – I credenti del male ** (*The Believers*, Usa 1987, col, 114') John Schlesinger. Con Martin Sheen, Helen Shaver, Robert Loggia, Harley

Cross, Elizabeth Wilson. ◆ A New York uno psichiatra indaga su una setta di fanatici, la «Santeria», che sacrifica bambini e che finisce per coinvolgerlo nelle sue pratiche occulte. Un thriller che tiene alta la tensione, anche con qualche colpo basso (e molti effettacci orripilanti).

Bella addormentata, La *** (Italia 1942, b/n, 90') Luigi Chiarini. Con Luisa Ferida, Amedeo Nazzari, Osvaldo Valenti, Teresa Franchini, Pina Piovani, Margherita Bossi. ◆ In un paesino della Sicilia, l'orfana Carmela (Ferida) viene sedotta dal notaio presso il quale presta servizio (Valenti) e finisce quasi per prostituirsi. La salva un amico del padre morto in miniera, Salvatore detto «il Nero della solfara» (Nazzari), che però non capisce che la ragazza lo ama e le combina le nozze con il seduttore. Ma il giorno del matrimonio si trasformerà in un dramma. Una vera tragedia degli equivoci, forse il miglior film di Chiarini: l'esigenza di raffinatezza formale tipica del «calligrafismo» (di cui il regista era uno degli esponenti di punta) qui si combina con uno stile vigoroso evidente anche nei personaggi minori (l'acidissima zia del notaio interpretata da Teresa Franchini, piccolo capolavoro di battute e recitazione), capace di creare un'atmosfera incandescente e mortifera con cui alludere agli umori dell'epoca ben oltre la riduzione letteraria. Merito indubbio dell'operazione va alla sceneggiatura di Umberto Barbaro, Vitaliano Brancati e dello stesso Chiarini, liberamente tratta dall'omonimo testo di Pier Maria Rosso di San Secondo. A Barbaro, in particolare, viene da attribuire la forte connotazione sociale che rende leggibile il film anche in chiave di dramma di classe. Notevole la presenza palpitante della Ferida, attrice di regime generalmente impiegata in ruoli aggressivi e sensuali, che «attraversa il film come un fantasma introducendo un clima "fantastico" abbastanza insolito nel cinema del periodo».

Bella addormentata nel bosco, La ** (*Sleeping Beauty*, Usa 1959, col, 75') Clyde Geronimi [e Walt Disney]. ◆ Per evitare la maledizione della strega Malefica («prima del sedicesimo anno si pungerà con un arcolaio e cadrà in un sonno eterno»), la principessa Aurora viene mandata nel bosco con tre fate buone, Flora, Fauna e Serenella, che però non impediranno alla profezia di compiersi. Toccherà al principe Filippo uccidere la strega e con un bacio risvegliare la sua promessa sposa. Ispirato alla favola di Charles Perrault, è il film che ha avuto la più lunga gestazione di tutta la produzione Disney a cartoni (sei anni di lavoro), ma nonostante il grande lavoro scenografico che richiama lo stile dei dipinti del primo Rinascimento, l'uso del formato technirama 70mm, e qualche buona invenzione (i mostriciattoli di Malefica, il combattimento col drago) non ha molto ritmo e i due protagonisti non riescono a rendere appassionanti le loro avventure. Da notare che, sullo sfondo, le chiome degli alberi sono «quadrate», in sintonia con lo stile geometrico allora in voga nel disegno.

Bella, affettuosa, illibata cercasi **½ (*The Matchmaker*, Usa 1958, b/n, 101') Joseph Anthony. Con Shirley Booth, Anthony Perkins, Shirley MacLaine, Paul Ford, Robert Morse, Wallace Ford. ◆ New York, fine secolo scorso: Dolly (Booth), una vedova intraprendente, attira in città Orazio (Perkins), commerciante ricco e avaro, con il pretesto di fargli conoscere una bella ragazza: in realtà è lei che vuole farsi sposare. Intanto anche Cornelio (Ford), commesso di Orazio, va a New York e finisce a casa di Irene (MacLaine), ex fiamma del datore di lavoro. Dolly e Cornelio si alleano contro Orazio, con prevedibili risultati per entrambi. Da una divertente pièce di Thornton Wilder, una commedia che brilla più nella scrittura che nella regia, talvolta un po' troppo ancorata all'origine teatrale del testo. Notevoli le interpretazioni e curata l'ambientazione d'epoca.

Bella avventuriera, La *** (*The Wicked Lady*, Gb 1945, b/n, 91') Leslie Arliss. Con Margaret Lockwood, James Mason, Patricia Roc, Griffith Jones, Michael Rennie. ◆ Un lord inglese (Jones), in procinto di sposare la cugina (Roc) che per anni è vissuta in casa sua dopo la morte del padre, viene sedotto dalla più cara amica (Lockwood) di questa e la sposa. La moglie, però, ben presto si annoia e cade tra le braccia del Capitano Jackson, un leggendario fuorilegge (Mason), rovinando la sua vita e quella altrui. Melodramma all'ennesima potenza tratto da un romanzo di Magdalen Knig-Hall prevedibile come la maggior parte di quelli prodotti dalla Gainsborough, ma affascinante proprio in virtù della sua «inevitabilità» e «scandaloso» per i tempi avendo scelto i «cattivi» (e le «cattive») come eroi della storia. Ambientato nell'Ottocento, affronta un tema – il divorzio – particolarmente scottante nell'Inghilterra postbellica e ha il merito di non fare dell'eroina un mostro, bensì una vittima dell'angusto sistema socioculturale. La sceneggiatura (dello stesso Arliss) ha qualche caduta di tono, la regia ogni tanto tentenna: ma il cast è di prim'ordine e il discorso, tra le righe, è molto più serio di quanto un cineromanzo d'appendice possa far supporre. Montaggio del futuro regista Terence Fisher. In originale dura 103'. Rifatto nel 1983 con il titolo *L'avventuriera perversa*.

Bella, bionda... e dice sempre sì **½ (*The Marrying Man*, Usa 1991, col, 115') Jerry Rees. Con Kim Basinger, Alec Baldwin, Robert Loggia, Elisabeth Shue, Armand Assante, Paul Reiser. ◆ Hollywood, anni Cinquanta: tra nozze e divorzi a ripetizione, la storia d'amore di un playboy miliardario (Baldwin) e una cantante di night (Basinger). Un debutto non trascurabile per Jerry Rees (già autore di lungometraggi d'animazione per la Walt Disney), con una brillante sceneggiatura di Neil Simon ispirata ai quattro matrimoni tra il magnate delle calzature Harry Karl e l'attricetta Marie McDonald, nonché alla sua esperienza personale: mentre scriveva il copione, ha risposato l'ex moglie. Il film che ha fatto nascere l'amore tra Baldwin e la Basinger.

Bella brigata, La **½ (*La Belle équipe*, Francia 1936, b/n, 94') Julien Duvivier. Con Jean Gabin, Charles Vanel, Micheline Cheirel, Viviane Romance [Pauline Ortmans], Raymond Aimos, Charles Dorat, Raphaël Médina. ◆ Cinque spiantati vincono alla lotteria e decidono di aprire un bar, «Chez Nous». Ma il caso e l'amore rischiano di distruggere questa bella brigata. Nella prima stesura della sceneggiatura (di Charles Spaak e Duvivier), Gina (Romance) avrebbe dovuto mettere l'uno contro l'altro Jean e Charles (Gabin e Vanel) e il primo avrebbe sparato al secondo. Ma dopo essere stato girato, questo finale fu considerato troppo pessimista e si preferì far vincere l'amicizia virile e allontanare la donna tentatrice così da consentire una riconciliata inaugurazione del locale, il giorno di Pasqua. Una delle opere che interpreta con più fedeltà gli ideali del Fronte popolare, dove la realizzazione dei sogni personali è subordinata a quella del progetto collettivo. Accompagnato dalle melodie popolari dell'accordeon, il simbolismo del film si stempera in un piacevole realismo fatto di piccole notazioni, specie nella scena finale dell'inaugurazione, con i suoi valori di rinascita simbolica, «lontano da Parigi e dallo sfruttamento capitalista». In originale 101'.

Bella dello Yukon, La *½ (*Belle of the Yukon*, Usa 1944, col, 84') William A. Seiter. Con Randolph Scott, Gypsy Rose Lee, Dinah Shore, Bob Burns, William Marshall. ◆ Il sofferto amore tra un proprietario di saloon (Scott) e una ballerina (Lee). Un musical senza particolari qualità se non l'uso eccessivo del technicolor.

Bella di giorno **** (*Belle de jour*, Francia 1967, col, 100') Luis Buñuel. Con Catherine Deneuve, Jean Sorel, Michel Piccoli, Geneviève Page, Francisco Rabal, Pierre Clementi, George Marchal, Françoise Fabian, Macha Méril. ◆ Séverine (Deneuve), moglie insoddisfatta e prigioniera di un'educazione borghese cattolica e repressiva, cerca la liberazione prostituendosi tutti i pomeriggi dalle 2 alle 5: col nome di «Bella di giorno» darà libero sfogo a sogni e fantasie sadomasochiste, sempre sospesa tra desideri e realtà (così da far perdere allo spettatore la capacità di distinguerli) fino all'improvviso, tragico epilogo. Constatazione adulta e cosciente della mancanza di liberazione all'interno di una società di cui la protagonista accetta le logiche, compresa quella dell'ipocrita dualità sposa-e-puttana. Rifiutato a Cannes per «insufficienza artistica» e premiato a Venezia con il Leone d'oro, il più grande successo di cassetta del già sessantasettenne Buñuel, da un romanzo dell'accademico di Francia Joseph Kessel, sceneggiato dal prediletto Jean-Claude Carrière. Per il regista un'unica amarezza: il taglio, imposto dalla censura, della sequenza della messa, che precedeva la scena della bara.

Bella di Lodi, La ** (Italia 1963, b/n, 85') Mario Missiroli. Con Stefania Sandrelli, Angel Aranda, Elena Borgo, Gianni Clerici, Maria Monti. ◆ Lei (Sandrelli) è la figlia di lombardi arricchiti, lui (Aranda) è invece un meccanico squattrinato che lavora sull'autostrada del Sole: disavventure e schermaglie prima del lieto fine. Da un bel romanzo di Alberto Arbasino (qui anche cosceneggiatore), un ritratto, un po' troppo esile, dell'Italia del boom economico. Cammeo per Mario Missiroli.

Bella di Mosca, La ** (*Silk Stockings*, Usa 1957, col, 117') Rouben Mamoulian. Con Fred Astaire, Cyd Charisse, Janis Paige, Peter Lorre, George Tobias. ◆ Giunta in missione a Parigi per riportare in patria un compositore sovietico, una russa glaciale (Charisse) si innamora del produttore americano (Astaire). Remake in stile musical di *Ninotchka*, decisamente inferiore all'originale nonostante la colonna sonora di Cole Porter. Il film prende tono solo durante i numeri musicali, quando Astaire balla con una sedia (*All of You*) o con la Charisse (*Fated to Be Mated*). È l'ultimo film di Mamoulian.

Bella di Roma, La **½ (Italia/Francia 1955, b/n, 98') Luigi Comencini. Con Silvana Pampanini, Alberto Sordi, Paolo Stoppa, Luisella Beghi, Antonio Cifariello, Gigi Reder, Sergio Tofano, Lina Volonghi, Betty Foà, Bice Valori, Ciccio Barbi, Carlo Picchiotti, Mario Meniconi. ◆ La procace cassiera Nannina (Pampanini) vorrebbe aprire una trattoria tutta sua (la «Bella di Roma» del titolo): prima un vedovo (Stoppa) poi un marito infedele (Sordi) accettano di diventare soci nell'impresa, naturalmente scatenando le gelosie del legittimo fidanzato (Cifariello), un pugile ingenuo e sfortunato. Comencini – cosceneggiatore con Edoardo Anton, Ettore Maria Margadonna e Massimo Patrizi – continua la contaminazione tra ambientazione neorealista e commedia dell'arte cominciata con *Pane, amore e fantasia*. Qui la trama lascia ancora più spazio alle prove degli attori, con la provocante vitalità della Pampanini (il suo tifo a bordo ring è contagioso ed esilarante) e l'esuberante casanovismo di Sordi, che cerca disperatamente di tacitare i propri residui di coscienza. Ultimo film di Luisella Beghi, la candida moglie di Sordi.

Bella di New York, La ** (*The Belle of New York*, Usa 1952, col, 82') Charles Walters. Con Fred Astaire, Vera-Ellen [Vera-Ellen Rohe], Marjorie Main, Keenan Wynn, Alice Pearce, Gale Robbins. ◆ Nella New York d'inizio Novecento, il volubile Charles (Astaire) s'innamora della suffragetta Angela (Vera-Ellen, doppiata per le canzoni da Anita Ellis), ma rischia di mandare a monte il matrimonio perché per una sbronza si addormenta il giorno delle nozze. Un musical non perfettamente riuscito, nonostante alcuni grandi numeri di ballo (come quello tra i due innamorati intorno alla vettura di un omnibus a cavalli): la trama, ispirata all'operetta di Hugh Morton e sceneggiata da Chester Erskine, Robert O'Brien e Irving Elinson, è prevedibile e quasi inesistente, gli intermezzi comici (affidati ad Alice Pearce) molto approssimativi, così come il trucco per far ballare Astaire in aria. Restano però le belle canzoni di Harry Warren e Johnny Mercer, tra cui quella che dà il titolo al film.

Bella e accessibile *½ (*Twenty One*, Gb 1991, col, 101') Don Boyd. Con Patsy Kensit, Jack Shepherd, Patrick Ryecart, Maynard Eziashi, Rufus Sewell. ◆ Nel suo appartamento di New York, una ragazza (Kensit) racconta la squallida vita londinese che si è lasciata alle spalle: famiglia quasi separata, un amante sposato e un altro tossicodipendente, l'amica del cuore in preda a crisi bulimiche. Un film-confessione a base di monologhi e confidenze intime, con molto sesso e poca introspezione. Fuori luogo qualsiasi paragone con *Darling* di Schlesinger (1965). Più credibile del previsto l'ex cantante Patsy Kensit. Il titolo originale si riferisce all'età – non ancora raggiunta – della protagonista.

Bella e dannata → *Guncrazy*

Bella e la Bestia, La *** (*La Belle et la Bête*, Francia 1946, b/n, 100') Jean Cocteau. Con Josette Day, Jean Marais, Mila Parély, Marcel André, Nane Germon, Michel Auclair. ◆ Una bella fanciulla (Day), per salvare il padre colpevole d'aver colto una rosa nel giardino di un misterioso castello, si offre alla Bestia, mezzo uomo e mezzo mostro (Marais), che il suo amore trasformerà in uno splendido principe. Dalla fiaba di madame Leprince de Beaumont, un film sontuoso, sofisticatissimo, pieno di invenzioni fantastiche (i candelabri sono tenuti da braccia nude che escono dai muri), realizzato da Cocteau su richiesta del prediletto Marais che ogni mattina si sottoponeva a quattro ore di trucco. Una vera opera di poesia, il cui fascino nasce dalla capacità di «trasformare le invenzioni più deliranti e più gratuite in regole assolute ed evidenze intangibili». Fondamentale l'apporto dell'assistente René Clément e del direttore della fotografia Henri Alekan. La favola è servita da base anche a Edward L. Cahn (*Beauty and the Beast*, 1963, inedito in Italia, dove la «bestia» è un lupo mannaro), al tv-movie *La Bella e la Bestia* (1976, di Fielder Cook) e al film omonimo a cartoni animati della Walt Disney.

Bella e la Bestia, La **½ (*Beauty and the Beast*, Usa 1991, col, 87') Gary Trousdale, Kirk Wise. ◆ Offertasi in cambio della libertà del padre, Bella si accorge che la Bestia non è così crudele come sembra. E quando Gaston, il bellimbusto del villaggio, guida i popolani in un tentativo di linciaggio e ferisce mortalmente il «mostro», Bella rivela tutto il suo amore con un bacio e rompe così l'incantesimo: la «bestia» ridiventa un principe e tutti gli abitanti del castello, trasformati in oggetti, riprendono le loro forme umane. La versione a cartoni animati della favola di madame Leprince de Beaumont segna l'ingresso dell'erotismo nell'universo infantile della Disney: la protagonista ha le labbra decisamente carnose, la scollatura dell'abito fa intuire un bel seno (caratteristica ancor più evidente nelle tre ragazze innamorate di Gaston) e il bacio finale è un po' meno casto del solito. Ma le cose migliori del film sono l'animazione dei personaggi-oggetti (mamma teiera, Mr. Bric e la tazzina Chicco, il candelabro Lumière, la pendola Tockins con le lancette che fanno da baffi e che si scatenano in un numero musicale degno di Busby Berkeley) e le atmosfere cupe in cui si presenta la Bestia, quando ancora cammina a quattro zampe. Realizzato con numerosi interventi di animazione generata al computer, è il primo film a cartoni ad aver ricevuto la nomination come miglior film. Ha vinto due Oscar, per la miglior colonna sonora e per la miglior canzone (di Howard Ashman e Alan Menken).

Bella fioraia di Madrid, La → *Violetera, La – La bella fioraia di Madrid*

Bella grinta, Una **½ (Italia 1964, b/n, 100') Giuliano Montaldo. Con Renato Salvatori, Norma Benguell, Antonio Segurini, Marina Malfatti, Dino Fontanesi, Raffaele Triggia, Iginio Marchesini. ◆ Assediato dai creditori dopo aver fatto costruire un grosso stabilimento lungo l'autostrada del Sole e in crisi con la moglie (Benguell), Ettore Zambrini (Salvatori) trova la forza (e le complicità) per non fallire, e la determinazione per uccidere l'amante (Segurini) della moglie simulando una misteriosa sparizione. Ritratto di un cinico arrampicatore sociale, che Montaldo (autore anche della sceneggiatura con Luigi Battistrada) descrive senza preconcetti ideologici, con un «realismo serrato e aderente, imparziale e privo di retorica», oggi forse un po' datato – specie nello stile insistentemente ricercato – ma rappresentativo di una fertile stagione del nostro cinema, che si sforzava di riflettere sul confuso sviluppo sociale del Paese. Il regista interpreta la parte del segretario del sindacato. Premio speciale della giuria al festival di Berlino.

Bella in rosa ** (*Pretty in Pink*, Usa 1986, col, 96') Howard Deutch. Con Molly Ringwald, Jon Cryer, Andrew McCarthy, Harry Dean Stanton, James Spader. ◆ Cenerentola anni Ottanta: una studentessa proletaria (Ringwald) ha la sua rivincita conquistando un ricco compagno di scuola. Sceneggiatura di John Hughes per l'esordio sul grande schermo di Deutch, già autore di videoclip: una commedia scontata ma furbescamente capace di annusare l'aria dei tempi (rifiuto dello yuppismo, voglia di tenerezza, recupero della famiglia). Prende il titolo da una canzone degli Psychedelic Furs.

Bella la vita che se ne va ** (*Bodies, Rest & Motion*, Usa 1993, col, 94') Michael Steinberg. Con Phoebe Cates, Bridget Fonda, Tim Roth, Eric Stoltz, Alicia Witt, Sandra Lafferty. ◆ Gli amori, le inquietudini, le fughe e i ritorni di quattro giovani in Arizona: Nick (Roth) ruba un televisore nel posto in cui lavora e parte per il Montana, la sua fidanzata Beth (Fonda) s'innamora di un imbianchino-filosofo, Sid (Stoltz), mentre Carol (Cates), ex fidanzata di Nick, aspetta che lui ritorni (cosa che in effetti farà): sarà Beth, alla fine, a partire. E Sid andrà a cercarla. Ritratto dell'ultima generazione, per la quale il binomio *motion-emotion* non funziona più: il messaggio di Sid, confermato dall'esperienza di Nick, è che andarsene-muoversi-viaggiare non serve a niente, e che prima di scoprire nuovi orizzonti bisogna trovare se stessi. Il cammeo di Peter Fonda come barbuto motociclista hippy è una evidente presa di distanza dalla generazione on the road, di ex figli ribelli diventati padri incomprensibili. Eppure il suo incontro con Nick è l'unico momento forte ed emozionante del film. Eric Stoltz è anche produttore.

Bella maledetta, La ** (*Das blaue Licht*, Germania 1932, b/n, 74') Leni Riefenstahl. Con Leni Riefenstahl, Beni Führer, Max Holzboer, Mathias Wieman, Franz Maldacea, Martha Mair. ◆ In un paesino delle Dolomiti, una coppia di turisti si fa raccontare la storia della bella Junta (Riefenstahl) e della luce azzurra che splende nelle notti di luna piena sul monte Cristallo: la ragazza, bellissima ma considerata da tutti come una specie di strega, è l'unica che conosce il percorso per arrivare al giacimento di cristallo per la cui scoperta sono morti molti valligiani. Seguendola, lo scoprirà anche il pittore Vigo (Wieman), che svelerà l'accesso convinto di evitare così nuove disgrazie, ma la disperazione per la fine del suo segreto porterà Junta alla morte. Esordio nella regia dell'allora attrice Leni Riefenstahl che elabora (con la collaborazione di Béla Balázs e Carl Mayer) un racconto di Gustav Renker. Recuperando dal punto di vista figurativo la lezione espressionista, il film è un'affascinante illustrazione della tradizione *völkisch*, nella sua opposizione tra la purezza dei valori tradizionali incarnati da Junta e la minacciosità della «civilizzazione materiale» di chi vede nella bellezza del cristallo solo un mezzo di guadagno. Se la struttura narrativa è piuttosto elementare, la regia della Riefenstahl colpisce ancor oggi per la ricercatezza e la bellezza delle inquadrature (gli effetti luminescenti sono dovuti alla scelta di una pellicola Agfa allora ancora in fase sperimentale, e a un innovativo uso dei filtri). Presentato, senza molto successo, alla prima Esposizione d'arte cinematografica di Venezia.

Bella mugnaia, La *½ (Italia 1955, col, 91') Mario Camerini. Con Sophia Loren, Marcello Mastroianni, Vittorio De Sica, Yvonne Sanson, Paolo Stoppa, Elsa Vazzoler, Carletto Sposito. ◆ Nella Napoli del 1680, commedia degli equivoci per due coppie: un mugnaio e la sua procace moglie (Mastroianni e Loren), il governatore e la consorte (De Sica e Sanson). Remake poco convincente malgrado il collaudato quartetto di protagonisti (ma con più scene per il popolo e la sua ribellione) del *Cappello a tre punte* dello stesso Camerini. Giancarlo Cobelli interpreta don Luca.

Bell'Antonio, Il **½ (Italia/Francia 1960, b/n, 105') Mauro Bolognini. Con Marcello Mastroianni, Claudia Cardinale, Pierre Brasseur, Rina Morelli, Tomas Milian, Fulvia Mammi, Patrizia Bini, Anna Arena, Maria Luisa Crescenzi, Jole Fierro, Guido Celano. ◆ Preceduto dalla fama di dongiovanni, ma in realtà impotente, Antonio Magnano (Mastroianni) torna in Sicilia perché deve sposare Barbara (Cardinale, doppiata da Rita Savagnone). Il giovane se ne innamora perdutamente, ma quando si scopre che, dopo un anno di matrimonio, la moglie «è ancora signorina», lo scandalo è inevitabile. Ambientando l'adattamento del romanzo omonimo di Vitaliano Brancati, firmato da Pier Paolo Pasolini e Gino Visentini, negli anni Cinquanta invece che nel periodo fascista, il film perde molte delle sue implicazioni socio-politiche (ridotte alla satira del «più italiano di tutti i partiti», o affidate a macchiette un po' troppo caricate) e si concentra sulle disavventure del protagonista. Così, nonostante la bella prova di Mastroianni, il «tono intimistico e languido di cui la vicenda si riveste» consegna l'opera a un manierismo di gusto ma in fondo inerte. Vela d'oro al Festival di Locarno. Primo film prodotto da Alfredo Bini.

Bella, pazza e pericolosa ** (*Hexed*, Usa 1993, col, 91') Alan Spencer. Con Arye Gross, Claudia Christian, Adrienne Shelly, Ray Baker. ◆ Un portiere d'albergo (Gross), per sopportare la vita anonima che conduce, si lascia andare a improbabili fantasie. Sembra che i suoi sogni siano destinati ad avverarsi quando all'hotel arriva una famosa top-model in incognito (Christian), ma la ragazza è un'ex psycho-killer, e il sogno si trasforma in incubo. Commedia demenziale, con qualche gag riuscita e una Claudia Christian più ironica del previsto. È l'opera prima di uno sceneggiatore televisivo (*Mork & Mindy*, *Hammer*).

Bella, ricca, lieve difetto fisico, cerca anima gemella *½ (Italia 1973, col, 85') Nando Cicero. Con Carlo Giuffré, Elena Fiore, Marisa Mell, Gina Rovere, Erika Blanc, Renato Pinciroli, Maria Cumani Quasimodo, Ugo Fangareggi, Barbara Herrera, Adriana Facchetti. ◆ Per mantenere la famiglia, Michele (Giuffré) truffa le donne che incastra con inserzioni sui giornali, ma quando incontra la procace Teresa (Mell) arriva a derubare il padre (Pinciroli) per rifarsi una vita al suo fianco: finirà in galera e all'uscita avrà un'impensabile sorpresa. Pochade qualunquista, sceneggiata dal regista con Alessandro Continenza e Gian Carlo Fusco, che mescola pruriti erotici alla più corriva satira del femminismo. Ma nel panorama del genere è tra le meno squinternate.

Bella scontrosa, La *** (*La Belle noiseuse. Divertimento*, Francia 1991, col, 125') Jacques Rivette. Con Emmanuelle Béart, Michel Piccoli, Jane Birkin, David Bursztein, Gilles Arbona, Marianne Denicourt. ◆ La visita di Marianne (Béart) convince Frenhofer, un famoso pittore in crisi creativa da anni (Piccoli), a usarla come modella per finire il quadro-sintesi della sua carriera, *La Belle noiseuse*, per cui aveva cominciato a posare la moglie Liz (Birkin). Molto liberamente ispirato al racconto di Balzac *Il capolavoro sconosciuto*, cosceneggiato con Pascal Bonitzer e Christine Laurent, il film è una riflessione sulla creazione artistica e le sue difficoltà, ma soprattutto sui rischi e sulla disponibilità assoluta che esige (la visione del quadro finito – che lo spettatore non vedrà mai – rivela a Marianne qualcosa di lei stessa e mette in crisi il suo rapporto d'amore). Ma la realizzazione del dipinto è anche il motore di una serie di scontri incrociati (pittore/modella, pittore/moglie, moglie/modella, modella/fidanzato, fidanzato/mercante/pittore) costruiti come «confronti di volontà» dove ognuno vuole dominare l'altro e rischia di essere dominato. La versione distribuita in Italia (in francese con sottotitoli) è quella ridotta. L'edizione «lunga» (*La Belle noiseuse*), premiata a Cannes con il Grand Prix du Jury è di 240'. Da notare che le due versioni non hanno un solo ciak uguale: quella più breve (dove pure c'è un'intera scena non visibile nell'altra, in cui il pittore scherza con la modella sulla sua immobilità) sacrifica soprattutto gli affascinanti primi piani della mano che dipinge (del pittore Bernard Dufour, autore reale di tutti i quadri e i disegni che si vedono nel film). Splendida recitazione sottotono di Birkin e Piccoli, ma grandissima performance di Emmanuelle Béart, obbligata a recitare nuda per lunga parte del film.

Bella vita, La **½ (Italia 1994, col, 92') Paolo Virzì. Con Claudio Bigagli, Massimo Ghini, Sabrina Ferilli, Giorgio Algranti, Emanuele Barresi, Paola Tiziana Cruciani, Ugo Bencini, Mario Erpichini. ◆ Piombino, 1992: operaio delle acciaierie Ilva, Bruno (Bigagli) viene messo in cassa integrazione mentre la moglie Mirella (Ferilli), cassiera in un supermercato, si lascia affascinare da Gerry Fumo (Ghini), popolare conduttore in una televisione locale. Quando la donna decide di troncare la relazione sarà troppo tardi per salvare il matrimonio. Un esordio sincero (sceneggiato dal regista e Francesco Bruni) che non si ferma alle mere storie di corna condominiali tanto in voga nel cinema italiano, ma inserisce la crisi coniugale in una prospettiva più ampia: quella di una vita di provincia in cui la ristrutturazione industriale incrina i valori e le possibilità di un'esistenza dignitosa, e dove la televisione offre tentazioni volgari e illusorie. Debole (anche se apprezzabile) il tentativo di descrivere il mondo operaio e sindacale; riuscito, invece, lo sforzo di creare personaggi che non siano marionette al servizio di un copione stereotipato. Non cinema da camera più servizi, ma cinema di attori e di storie con un certo spessore, senza lieto fine consolatorio. La Ferilli, ancora una volta, si conferma come la presenza più solida e luminosa nel panorama delle attrici italiane.

Belle al bar **½ (Italia 1994, col, 101') Alessandro Benvenuti. Con Alessandro Benvenuti, Eva Robin's, Assumpta Serna, Andrea Brambilla [in arte Zuzzurro], Gianni Pellegrino. ◆ Restauratore in crisi matrimoniale, Leo (Benvenuti), va a lavorare a Piacenza, presso un amico antiquario (Brambilla). Qui incontra la bellissima Giulia (Robin's), che scopre essere un suo cugino transessuale: dopo l'iniziale imbarazzo, Leo si trasferisce a casa di Giulia, e tra i due nasce una tenera attrazione. Una commedia sensibile, libera e divertente sul difficile tema della diversità (sceneggiatura di Benvenuti, Ugo Chiti, Nicola Zavaglio), che sottolinea con ironia lo scarto tra la propria mancanza di pregiudizi («La normalità è una malattia da cui si può guarire») e l'insopportabile volgarità con cui di solito vengono trattati argomenti del genere, soprattutto in chiave comica (il personaggio dell'amico antiquario funziona appunto come retaggio della vecchia commedia all'italiana, tutta sesso pecoreccio e finta malizia). Benvenuti affronta direttamente la transessualità, portando lo spettatore a ridere insieme ai trans e non di loro. Il titolo del film si riferisce al nome che Giulia vorrebbe dare al locale dei suoi sogni.

Belle della notte, Le ** (*Les Belles-de-nuit*, Francia/Italia 1952, b/n, 87') René Clair. Con Gérard Philipe, Martine Carol, Gina Lollobrigida, Paolo Stoppa, Marilyn Buferd, Raymond Bussières. ◆ Per evadere da un'esistenza mediocre, un giovane musicista (Philipe) sogna di vivere avventure e amori in epoche diverse. Fuga dalla realtà per un Clair che, dopo l'insuccesso della *Bellezza del diavolo*, sceglie un registro elegante e raffinato, ricco di spunti comici che oggi però rischiano di risultare datati. Piacevole la Lollo nelle vesti (succinte) di un'odalisca.

Belle époque **½ (*Belle époque*, Spagna/Portogallo 1992, col, 108') Fernando Trueba. Con Penelope Cruz, Miriam Diaz-Aroca, Ariadna Gil, Maribel Verdù, Jorge Sanz, Fernando Fernán Gómez. ◆ Spagna, 1931: un giovane disertore (Sanz) si rifugia a casa di un vecchio pittore anarchico (Gomez) le cui quattro figlie (Cruz, Verdù, Diaz-Aroca, Gil) – con grazia e malizia – saranno artefici della sua «belle époque»: un'indimenticabile iniziazione all'età adulta prima dell'avvento del franchismo. Con l'aiuto dello sceneggiatore Rafael Azcona, il ricordo degli sberleffi buñueliani e l'eco della movida madrilena raccontata da Almodóvar, Trueba dirige una deliziosa commedia di formazione, ambientandola in un periodo tra i meno raccontati della storia spagnola e mescolando pubblico e privato con un'ironia e una vitalità sorprendenti. Oscar come miglior film straniero.

Belle famiglie, Le *½ (Italia/Francia 1964, b/n, 106') Ugo Gregoretti. ◆ Film a episodi. In *Il principe azzurro* (con Annie Girardot, Oreste Palella, Angelo Infanti) una ragazza siciliana si fa suora pur di non sposare l'uomo scelto dalla famiglia; in *Il bastardo della regina* (con Susy Andersen, Nanny Loy, Hanil Ranieri) una donna altoborghese tenta di far ingelosire il marito con un domestico vietnamita; in *La cernia* (con Tony Anthony, Susan Clemm, Lars Bloch) un dongiovanni viene battuto con le sue stesse armi; in *Amare è un po' morire* (con Totò, Sandra Milo, Jean Rochefort, Adolfo Celi) una donna si divide tra il marito e l'amante, entrambi malati. Mascherata da satira di costume, una farsa spuntata che cerca solo risate di grana grossa.

Belle histoire, La **½ (*La Belle histoire*, Francia 1992, col, 205') Claude Lelouch. Con Gérard Lanvin, Béatrice Dalle, Vincent Lindon, Marie-Sophie L. [Lelouch], Patrick Chesnais, Gérard Darmon, Anémone [Anne Bourguignon], Charles Gérard, Amidou, Elie Couraqui, Amina Annabi. ◆ Nel 33 a.C. un predicatore giudeo (Lanvin) visita un lebbrosario, dove incontra l'avvenente prostituta Odona (Dalle), e attira su di sé sciami di api affinché dal suo sangue ricavino del miele per i sofferenti. Negli anni Settanta, uno Jesus zingaro (Lanvin) viene perseguitato senza colpa, mentre Odona (Dalle), con la complicità di un'amica, commette furti in grandi magazzini. Dopo una serie interminabile di disavventure Jesus e Odona si incontreranno e scopriranno di amarsi da duemila anni. Basato sulla teoria della metempsicosi, per la quale la Storia non è altro che un eterno ritorno dell'identico, il film (sceneggiato da Lelouch con la collaborazione ai dialoghi di Maryline Dupoux) è un carosello che si ripete secondo un calcolatissimo principio di disordine quasi impossibile da raccontare, nel quale personaggi, paesaggi e situazioni appaiono e ricompaiono come in un coloratissimo caleidoscopio. Un film a rischio, eclettico, sfrontato, invadente, anticonformista, che sfida il senso del ridicolo e del pericolo con un'audacia fuori dal comune. Il suo successo è stato scarsissimo.

Belle ma povere ** (Italia 1957, b/n, 99') Dino Risi. Con Marisa Allasio, Maurizio Arena, Renato Salvatori, Lorella De Luca, Alessandra Panaro, Riccardo Garrone, Carlo Giuffré, Memmo Carotenuto. ◆ Le avventure sentimentali di Romolo e Salvatore (Arena e Salvatori), già protagonisti di *Poveri ma belli*, proseguono: stavolta finisce che metteranno su famiglia sposando l'uno la sorella dell'altro (Panaro e De Luca). Basso costo e formula collaudata per il film campione d'incassi 1957. Piero Morgan, autore delle musiche, è lo pseudonimo di Piero Piccioni.

Belle noiseuse, La → *Bella scontrosa, La*

Belle speranze *** (*High Hopes*, Gb 1988, col, 112') Mike Leigh. Con Philip Davis, Ruth Sheen, Edna Dorè, Philip Jackson, Heather Tobias. ◆ In un quartiere piccolo-borghese di Londra si intrecciano le vite di un postsessantottino, della sua compagna, della madre anziana e sola, della sorella nevrotica, e di una coppia yuppie. Dietro il sorriso, un quadro corrosivo degli anni Ottanta depauperizzati dall'èra thatcheriana: «i simboli dell'iconografia classica (le vecchiette, le case con i giardini, persino i proverbiali copricapo femminili) non trasmettono più alcun segnale di "eredità"; solo la tomba di Marx a Highgate ha un significato rassicurante e noto: peccato però che nessuno vada più a portare dei fiori».

Bellezza del diavolo, La ** (*La Beauté du diable*, Italia/Francia 1949, b/n, 92') René Clair. Con Michel Simon, Gérard Philipe, Nicole Besnard, Carlo Ninchi, Paolo Stoppa. ◆ Dopo aver passato tutta la vita a studiare, il vecchio dottor Faust (Simon) si accorge che non sa niente della vita; per questo accetta il patto con Mefistofele: la giovinezza in cambio dell'anima e così si trasforma nel bellissimo Henri (Philipe). Ambiziosa e datata variazione sul tema già affrontato da Marlowe e Goethe, che risente della diffusione delle idee esistenzialiste allora trionfanti (la libertà morale delle idee contro il destino che spinge al male). Resta la cura stilistica del décor e la bella scena in cui Henri vede il proprio futuro in uno specchio barocco.

Bellezza di Ippolita, La *½ (Italia 1962, b/n, 90') Giancarlo Zagni. Con Gina Lollobrigida, Enrico Maria Salerno, Milva [Maria Ilva Biolcati], Lars Bloch. ◆ Burrasche matrimoniali tra un'ex ballerina d'avanspettacolo (Lollobrigida) e un benzinaio (Salerno): lui è gelosissimo e per farle dispetto la tradisce; lei minaccia di rendergli pan per focaccia. Dal romanzo omonimo di Elio Bartolini, il film che segna il ritorno della Lollo in Italia, dopo quattro film a Hollywood, con la sorpresa dei capelli biondi: un personaggio che vorrebbe essere amorale ma invece è solo scontato e prevedibile. Comunque con le calze a rete e le penne di struzzo dell'avanspettacolo fa ancora la sua bella figura.

Bellezze al bagno *½ (*Bathing Beauty*, Usa 1944, col, 101') George Sidney. Con Red Skelton, Esther Williams, Basil Rathbone, Ethel Smith, Jean Porter, Nana Bryant Carlos Ramirez, Xavier Cugat, Lina Romay, Harry James e la sua orchestra. ◆ Il suo manager (Rathbone) gli manda a monte le nozze proprio il giorno del matrimonio e per riconquistare la neomoglie (Williams), che lo crede già sposato, un compositore (Skelton) finisce per entrare come allievo nel college dove la donna insegna nuoto: inevitabile la riconciliazione finale con un numero composto dal marito per l'esibizione acquatica di lei. Il film che doveva lanciare sul grande schermo l'ex campionessa di nuoto Esther Williams è in realtà costruito quasi tutto sulle (scontate) qualità comiche di Skelton. Non si ride quasi mai, se non nel numero della lezione di danza classica in tutù, e bisogna attendere gli ultimi venti minuti per vedere finalmente la Williams esibirsi in un numero coreografato da John Murray Anderson. Ethel Smith suona all'organo *Tico-Tico*.

Bellezze in bicicletta *½ (Italia 1951, b/n, 99') Carlo Campogalliani. Con Silvana Pampanini, Delia Scala, Aroldo Tieri, Renato Valente, Franca Marzi, Carlo Romano, Peppino De Filippo, Renato Rascel, Virgilio Riento, Carlo Ninchi, Carlo Croccolo, Arnoldo Foà, Dante Maggio, Luigi Pavese, Mara Morgan, Totò Mignone, Lita Perez, Nerio Bernardi, Nico Pepe. ◆ Due ballerine squattrinate, Silvana (Pampanini) e Delia (Scala), inseguono Totò con tutti i mezzi di locomozione possibile, bicicletta compresa, nella speranza di essere scritturate: si faranno depistare da un sosia del comico (interpretato da Dino Valdi) e finiranno per iscriversi alla gara di ciclismo femminile Bologna-Milano. Commediola all'acqua di rose con intermezzi canori della Pampanini (che, come Delia Scala, interpreta se stessa) sui temi tipici dell'Italia povera, elogio della bicicletta e bisogno della dote su tutti. Sceneggiatura di Vittorio Metz, Marcello Marchesi, Mario Amendola e Campogalliani. Piccola parte per Peppino De Filippo che, in coppia con Dante Maggio, interpreta un ladro talmente affamato da «svaligiare» l'orto prima dell'appartamento.

Bellezze in cielo → *Giù sulla terra*

Bellezze in motoscooter * (Italia 1952, b/n, 101') Carlo Campogalliani. Con Isa Barzizza, Carlo Giustini, Virginia Belmont, Fulvia Franco, Galeazzo Benti, Mario Riva, Riccardo Billi, Tazio Nuvolari. ◆ Prendendo spunto da un corteo di motorette organizzato per protestare contro la proibizione di usarle, un pubblicitario (Giustini) inventa il primo giro d'Italia in motoscooter solo per ragazze. Nella sostanza è solo una parata di comici e avvenenti soubrettes costruita sull'onda del successo del precedente *Bellezze in bicicletta*.

Belli e dannati **½ (*My Own Private Idaho*, Usa 1991, col, 105') Gus Van Sant. Con River Phoenix, Keanu Reeves, William Richert, James Russo, Chiara Caselli, Udo Kier. ◆ Amori e avventure di due ragazzi di vita: Phoenix è un narcolettico in vana ricerca della madre, condannato alla solitudine; Reeves è un ribelle di buona famiglia, che alla fine ritorna nella normalità per amore di una ragazza italiana (Caselli). *Road movie* visivamente molto interessante, ma con la tendenza a sbandare e a voler dire troppo, anche se Gus Van Sant è singolarmente pudico nell'affrontare il tema della prostituzione maschile e dell'amore omosessuale. Citazioni dall'*Enrico IV* di Shakespeare, con un pittoresco ladro (Richert) nella parte del «cattivo maestro» Falstaff, e Reeves in quella del «figlioccio» che lo ignora una volta tornato nell'alta società. Il titolo è preso in prestito da una canzone dei B52's.

Bellifreschi * (Italia 1987, col, 90') Enrico Oldoini. Con Lino Banfi, Christian De Sica, Lionel Stander. ◆ Due attori di quart'ordine (Banfi e De Sica), attirati dal miraggio di un ingaggio da parte di Stallone, si trasferiscono a Hollywood e si mettono nei guai: per uscirne, saranno costretti a travestirsi da donna. Equivoci prevedibili, pochissime trovate.

Bellissima **** (Italia 1951, b/n, 113') Luchino Visconti. Con Anna Magnani, Walter Chiari, Tina Apicella, Gastone Renzelli, Tecla Scarano, Nora Ricci, Arturo Bragaglia, Gisella Monaldi. ◆ Maddalena Cecconi (Magnani) è una popolana romana che sogna per la sua bambina (Apicella) un avvenire da star, e per ottenerlo è disposta a ogni sacrificio, anche a mettere in crisi il matrimonio. L'impatto col mondo dello spettacolo, dove un trafficone (Chiari) con la scusa di aiutarla le ruba tutti i risparmi, le farà cambiare idea. Da un soggetto di Zavattini (sceneggiato da Visconti stesso, Francesco Rosi e Suso Cecchi d'Amico), un film disperante e grottesco sul falso mito del cinema, che utilizza ironicamente, come filo conduttore, le arie dell'*Elisir d'amore* di Donizetti. Ma anche, se non soprattutto, un film feroce sulla «filosofia» del neorealismo: qui la rappresentazione del popolo è piena di contrasti e contraddizioni, realizzata con l'occhio impietoso di chi sa che i sogni sono destinati a infrangersi di fronte alla ferocia della realtà. Con Alessandro Blasetti, Mario Chiari, Corrado Mantoni e Filippo Mercati (cioè Luigi Filippo d'Amico) che interpretano se stessi. Esordio come costumista cinematografico di Piero Tosi.

Bellissima estate, La *½ (Italia 1974, col, 95') Sergio Martino. Con Senta Berger, John Richardson, Alessandro Cocco, Lino Toffolo, Caterina Boratto. ◆ Per eccesso di amore, la madre (Berger) non dice al figlio che il padre è morto in una gara automobilistica e pensa di poter risolvere tutto non tornando più in città dopo le vacanze. Ma le difficoltà non spariscono. Un problema reale trattato con buona volontà ma anche con troppi luoghi comuni.

Bellissimo novembre, Un *½ (Italia 1969, col, 91') Mauro Bolognini. Con Gina Lollobrigida, Gabriele Ferzetti, Paolo Turco, André Laurence, Margarita Lozano, Corrado Gaipa. ◆ L'amore di un diciassettenne catanese (Turco) per una zia annoiata (Lollobrigida), che sta al gioco fino a quando non trova altre distrazioni. Da un romanzo di Ercole Patti, una storia senza guizzi, con qualche flashback al rallentatore di troppo, compromessa anche dall'inespressività della Lollo. Bolognini dichiarò che il montaggio era stato manomesso dalla produzione. La Lollobrigida è doppiata dalla Savagnone.

Bello, il brutto, il cretino, Il * (Italia 1967, col, 92') Gianni Grimaldi. Con Franco Franchi, Ciccio Ingrassia, Mimmo Palmara, Brigitt Petry, Lotar Guthener, Gino Buzzanca. ◆ Una coppia di imbroglioni (Franchi e Ingrassia) scopre l'ubicazione di un tesoro, ma deve fare i conti con un altro aspirante (il «Bello» [Palmara]), una ballerina di saloon e la guerra tra nordisti e sudisti. Modestissime avventure western che tentano di parodiare i personaggi e le atmosfere dei film di Sergio Leone.

Bello mio, bellezza mia *½ (Italia 1981, col, 120') Sergio Corbucci. Con Giancarlo Giannini, Mariangela Melato, Stefania Sandrelli, Giuliana Calandra, Sal Borghese. ◆ Un giovanotto del Sud (Giannini) fa uno sgarro ai boss ed è costretto a lavorare per loro. Malgrado il cast e la fotografia di Giuseppe Rotunno, una vicenda sgangherata e inverosimile. Molti i prestiti da altri film, nessuna trovata. Giannini è anche sceneggiatore.

Bello, onesto, emigrato Australia sposerebbe compaesana illibata *½ (Italia 1972, col, 115') Luigi Zampa. Con Alberto Sordi, Claudia Cardinale, Riccardo Garrone. ◆ Un emigrante (Sordi) cerca per corrispondenza una moglie italiana virtuosa, ma viene imbrogliato da una avvenente prostituta (Cardinale). Uno spunto divertente che non riesce a trasformarsi in un quadro amaro o grottesco della vita dei nostri emigrati.

Bel matrimonio, Il *** (*Le Beau mariage*, Francia 1982, col, 97') Eric Rohmer. Con Béatrice Romand, Arielle Dombasle, André Dussolier, Féodor Atkine. ◆ Sabine (Romand), studentessa e antiquaria part-time, si mette in testa di sposarsi e corteggia goffamente un avvocato (Dussolier) che non vuole saperne di lei. Dalla serie «Commedie e proverbi», una storia garbata e ironica, tutta puntata sui dialoghi, dove la macchina da presa non inquadra mai chi parla, ma gli interlocutori. Felice mescolanza di immagini a 16mm negli esterni e a 35mm negli interni. Béatrice Romand ha vinto il premio per la miglior interpretazione a Venezia.

...Belpaese, Il * (Italia 1977, col, 115') Luciano Salce. Con Paolo Villaggio, Silvia Dionisio, Massimo Boldi, Giuliana Calandra, Anna Mazzamauro, Pino Caruso, Gigi Reder. ◆ Dopo anni di lavoro nel Golfo Persico, un italiano (Villaggio) torna a Milano e scopre che tutto va a rotoli. Scritto da Castellano e Pipolo, un tentativo di radiografare la realtà italiana in uno degli anni più drammatici. Ma la satira politica diventa solo facile qualunquismo.

Bel pasticcio, Un *½ (*A Fine Mess*, Usa 1986, col, 110') Blake Edwards. Con Ted Danson, Richard Mulligan, Stuart Margolin, Howie Mandel, Paul Sorvino, Maria Conchita Alonso, Jennifer Edwards. ◆ Dopo una scommessa fraudolenta all'ippodromo, due spiantati (Danson e Mulligan) si trovano in guai grossi. Ispirato alle comiche di Stan Laurel e Oliver Hardy, un Edwards molto sottotono.

Beltenebros * (*Beltenebros*, Spagna/Polonia 1991, col, 110') Pilar Mirò. Con Terence Stamp, Patsy Kensit, José Luis Gomez, Geraldine James, Aleksander Bardini, John McEnery. ◆ Nel 1962 un esiliato politico (Stamp) torna a Madrid per uccidere un traditore della resistenza: nel 1946 gli era toccata una missione molto simile, e in entrambi i casi la vittima aveva protestato la sua innocenza. Lo sfoggio di piani-sequenza con la steady-cam e la confezione di lusso non bastano a chiarire un intreccio confuso, pieno di anacronismi e mal servito da attori in catalessi. Bisognava essere pazzi per far cantare da Patsy Kensit *Put the Blame on Mame*, che rese celebre Rita Hayworth in *Gilda*. Tentativo abortito di film spagnolo girato in inglese per i mercati internazionali.

Belva, La **½ (*Track of the Cat*, Usa 1954, b/n e col, 102') William A. Wellman. Con Robert Mitchum, Teresa Wright, Diana Lynn, Tab Hunter, William Hopper. ◆ La drammatica lotta tra una famiglia d'allevatori e un invisibile puma che fa strage di uomini e di bestiame e che esalta i caratteri di tutti, a cominciare da quello sprezzante e sessualmente aggressivo di uno dei figli, un barbuto Mitchum. Più che l'avventura, a Wellman interessa lo scontro all'interno della famiglia, per la quale la caccia diventa un'iniziazione alla vita che mette in evidenza soprattutto la fragilità psicologica degli esseri umani (ma lo sceneggiatore A.I. Bezzerides, che aveva adattato un romanzo di Van Tilburg Clark, lamentava che Wellman non l'avesse lasciato lavorare più a lungo sulla storia). Straordinaria la fotografia di William H. Clothier che cancella i colori riprendendo anche le foglie in bianco e nero e lasciando solo qualche rara macchia rossa o gialla (un foulard, una camicia) così da rinforzare l'aspetto austero e ieratico della regia.

Belva, La * (Italia 1970, col, 85') Mario Costa. Con Klaus Kinski, Gabriella Giorgelli, Andrea Aureli. ◆ Per impadronirsi di una miniera, un cowboy (Kinski) non esita a uccidere chiunque gli metta i bastoni tra le ruote. Un western privo di qualità.

Belva col mitra, La ** (Italia 1978, col, 90') Sergio Grieco. Con Helmut Berger, Marisa Mell, Richard Harrison, Vittorio Duse, Claudio Gora, Ezio Marano, Marina Giordana. ◆ Il delinquente Nanni Vitali (Berger) evade e rapisce sorella e padre del poliziotto che gli dà la caccia. Poliziottesco agli sgoccioli, brutto, sporco e cattivo: budget ridicolo, sadismo gratuito, sospensione quasi zen in lunghissimi primi piani di Berger. Cinema di genere come non si fa più. Discreta colonna sonora di Umberto Smaila. Passato alla «storia» perché lo vedono in televisione i protagonisti di *Jackie Brown* di Tarantino (e qualcuno scambia Berger per Rutger Hauer).

Belva dell'autostrada, La *** (*The Hitch-Hiker*, Usa 1953, b/n, 71') Ida Lupino. Con Edmond O'Brien, Frank Lovejoy, William Talman, Jose Torvay. ◆ Due uomini d'affari in vacanza danno un passaggio a un autostoppista, che si rivela essere un pericoloso psicopatico omicida. Teso e avvincente, analizza (come spesso nei film della Lupino) le conseguenze psicologiche di un'azione traumatica e la disperata ricerca di una ragione di speranza. Uno dei migliori film di un'attrice-regista da riscoprire.

Belva di Düsseldorf, La ** (*Le Vampire de Düsseldorf*, Francia/Spagna/Italia 1965, b/n, 88') Robert Hossein. Con Robert Hossein, Marie-France Pisier, Colette Régis, Roger Dutoit. ◆ Düsseldorf, 1930: mentre si diffonde il fantasma del nazismo, un operaio (Hossein) si trasforma in un maniaco assassino. Neanche l'amore lo redimerà. Una vicenda umana e il contesto sociale che l'ha generata: un film ambizioso, che non mantiene tutto ciò che promette.

Belva di guerra **½ (*The Beast*, Usa 1988, col, 109') Kevin Reynolds. Con George Dzundza, Jason Patric, Steven Bauer, Stephen Baldwin, Kabir Bedi. ◆ Durante la guerra in Afghanistan, un carro armato sovietico si perde in una valle senza uscita. Al suo interno esplodono le tensioni tra i soldati. Tratto da una pièce teatrale di William Mastrosimone (qui anche sceneggiatore), un film che mette in scena la storia di una presa di coscienza senza cadere nelle trappole del pacifismo o del didascalico. Teso e sofferto. Gli attori sono stati allenati da Dale Dye, lo stesso capitano di marina che ha prestato la sua consulenza in *Platoon*. Riprese effettuate in Israele.

Belva umana, La ** (*Dark Command*, Usa 1940, b/n, 94') Raoul Walsh. Con John Wayne, Claire Trevor, Walter Pidgeon, Roy Rogers, George «Gabby» Hayes. ◆ Durante la guerra civile americana un ex maestro (Pidgeon) si arruola, usando la divisa come copertura per rapine e omicidi. Ma dovrà fare i conti con uno sceriffo (Wayne). Da un romanzo di William Riley Burnett, un western diseguale che non piacque allo stesso Walsh per i tagli imposti dalla produzione. Ripresentato col titolo *Il generale Quantrill*.

Belve, Le * (Italia 1972, col, 110') Gianni Grimaldi. Con Lando Buzzanca, Maria Baxa, Femi Benussi, Paola Borboni, Tino Carraro, Vittorio Fanfoni, Ira Fürstenberg, Claudio Gora, Annabella Incontrera, Margaret Lee. ◆ Film a episodi. In *Il salvatore*, un cronista televisivo prolunga un tentativo di suicidio per farne un documentario sensazionalistico; in *La voce del sangue*, un impresario prostituisce moglie e figlia pur di ottenere un appalto; in *Il fachiro*, un santone si sottopone a sacrifici sempre maggiori per soddisfare la sadica curiosità del pubblico; in *Una bella famiglia*, un tranquillo borghese non ha problemi a farsi mantenere da una moglie disonesta; in *Il caso apposito*, un dirigente d'azienda corrompe tutti per insabbiare un'inchiesta di peculato; in *Il cincillà*, il figlio di un industriale usa l'amante del padre per derubarlo; in *Il chirurgo*, un barone del bisturi si vendica su chi aveva aperto un'inchiesta sugli ospedali; in *Processo a porte chiuse*, un contadino riesce a far incarcerare le sorelle che lo accusavano di averle messe incinte. Otto episodi per soddisfare il fregolismo di Buzzanca e la voglia di barzellette del pubblico: inutile cercare in queste storielle (sceneggiate da Grimaldi e Bruno Corbucci) qualcosa che non sia un ipocrito pretesto per unire turpiloquio e volgarità.

Belve della città, Le **½ (*Bullets or Ballots*, Usa 1936, b/n, 81') William Keighley. Con Edward G. Robinson, Joan Blondell, Humphrey Bogart, Barton MacLane, Frank McHugh. ◆ Un poliziotto (Robinson) finge di farsi licenziare per infiltrarsi nel racket e intrappolare i boss. Un film duro, essenziale, quasi impeccabile, specie per merito della sceneggiatura di Seton I. Miller (già collaboratore di Howard Hawks) che sottolinea gli ambigui rapporti tra democrazia e stampa. Disinvolto con le donne ed elegante nel suo cinismo, Bogart (che interpreta il gangster Nick «Bugs» Fenner) comincia a imporre il tipo che lo renderà famoso.

Belve sono tra noi, Le → *Nero criminale – Le belve sono tra noi*

Belve su Berlino ***½ (*Beasts of Berlin*, Usa 1940, b/n, 87') Sherman Scott [Sam Newfield]. Con Roland Drew, Steffi Duna, Greta Granstedt, Alan Ladd, Lucien Prival, Vernon Dent, John Ellis. ◆ Un gruppo clandestino lotta contro il nazismo nella Germania prebellica: c'è chi (Ladd) impiega del tempo prima di riconoscerne la necessità, convinto che i tiranni finiscono per autodistruggersi, e c'è chi, determinato a continuare la militanza, sacrifica la propria vita privata. Per quasi tutti ci saranno l'arresto e il campo di concentramento. Un film sorprendente: per il momento in cui è stato realizzato (le riprese iniziarono alla fine del settembre 1939), per essere il primo ambientato nella stessa Germania, per la posizione di condanna del nazismo e di denuncia della neutralità americana. Un'opera vigorosa, acuta e soprattutto anticipatrice di temi e interpretazioni che in seguito, con budget incomparabilmente più alti e supporto di star, daranno origine a un vero e proprio filone cinematografico, nel quale i moduli del cinema d'avventura sono abilmente rielaborati per permettere l'inserimento di informazioni sulla realtà e la presenza corale di tanti personaggi ciascuno con una individualità ben marcata. In origine il film avrebbe dovuto intitolarsi *Hitler – Beast of Berlin*, ma i funzionari della Production Code Administration si opposero per non offendere «un cittadino di un altro paese».

Ben *½ (*Ben*, Usa 1972, col, 95') Phil Karlson. Con Lee Harcourt Montgomery, Joseph Campanella, Meredith Baxter, Arthur O'Connell, Rosemary Murphy. ◆ Il seguito di *Willard e i topi*: migliaia di sorci, guidati dal loro capo Ben, mettono a soqquadro una piccola città americana. Un horror più ripugnante che pauroso. La canzone del titolo è del giovane Michael Jackson.

Beneath the Valley of the Ultravixens **½ (*Beneath the Valley of the Ultravixens*, Usa 1979, col, 93') Russ Meyer. Con Francesca «Kitten» Natividad, Ann Marie, Ken Kerr, Lamar Shedd, June Mack, Pat Wright, Michael Finn, Steve Tracy, Sharon Hill. ◆ Per riportare il marito (Shedd) all'eterosessualità, Lavonia (Natividad) si trasforma nella danzatrice in topless Lola Langusta, «più piccante di un pranzo messicano». Ultimo film di Meyer che riprende la struttura a fumetto di *Supervixens* e ne accentua la componente ludica ed erotica. Da non perdere la scena iniziale con le riprese dal basso di Natividad inguainata in una tuta bianca a rete e lo spettacolo di Lola Langusta (con un boccale di birra, un calzino nero e un barattolo di maionese).

Benedizione mortale *½ (*Deadly Blessing*, Usa 1981, col, 99') Wes Craven. Con Ernest Borgnine, Maren Jensden, Susan Buckner, Sharon Stone, Lois Nettleton. ◆ In un villaggio della Pennsylvania la comunità degli «Ittiti» (una setta contraria al progresso) è sconvolta da una serie di delitti. Un horror anomalo e diseguale.

Beneficio del dubbio *½ (*Benefit of the Doubt*, Usa 1993, col, 90') Jonathan Heap. Con Donald Sutherland, Amy Irving, Rider Strong, Christopher McDonald, Graham Greene. ◆ Il padre (Sutherland), accusato di uxoricidio, viene rilasciato dopo ventidue anni di prigione, ma la figlia (Irving) non crede ancora alla sua innocenza. Un torbido melodramma famigliare con ambientazione ad hoc (una cittadina dell'Arizona), privo però del necessario spessore psicologico e affidato alla regia incolore di un esordiente. Sutherland fa quel che può, invano.

Bengasi **½ (Italia 1942, b/n, 90') Augusto Genina. Con Fosco Giachetti, Amedeo Nazzari, Maria de Tasnady, Vivi Gioi, Laura Redi, Fedele Gentile, Guido Notari, Amelia Rossi Bissi, Romolo Giordani, Carlo Tamberlani, Guglielmo Sinaz, Anna Arena. ◆ Quattro storie s'intrecciano mentre i britannici assediano per 57 giorni Bengasi, presidiata dai soldati italiani: un capitano che sta combattendo nella Cirenaica (Giachetti) perde il figlioletto durante un bombardamento; un ingegnere (Nazzari) incontra una studentessa in chimica (Gioi) e finisce di fronte al tribunale inglese con l'accusa di spionaggio; un'anziana contadina veneta (Rossi Bissi) ha il marito (Giordani) ucciso dagli australiani e il figlio (Tamberlani) accecato dallo scoppio di una granata; un giovane soldato (Gentile) viene salvato da una prostituta (Redi) e torna a combattere. Un film di guerra girato in piena guerra sceneggiato da Genina con Ugo Betti e Alessandro De Stefani, quasi un *docu-drama* si direbbe oggi, dove – nonostante le evidenti esigenze della propaganda – il regista sembra interrogarsi sul significato della guerra, sottraendo a questa «tragedia in quattro tempi» l'elemento spettacolare per dare più spazio all'eroismo dolente dei protagonisti (non a caso è dedicato «alle donne italiane»). Girato senza badare a spese negli studi di Cinecittà, nei quali un intero quartiere della città africana venne ricostruito sulla base di migliaia di fotografie, il film uscì quando l'Italia – scherzo del destino – non aveva ormai più colonie. Coppa Mussolini per il miglior film italiano e Coppa Volpi per il miglior attore a Giachetti alla Mostra di Venezia. Nel 1955 fu realizzata un'altra versione del film, *Bengasi Anno '41*, a cura di Carlo Marco Bassoli, in cui Vivi Gioi racconta alcuni episodi dell'assedio di Bengasi a un comandante inglese innamorato di lei (Peter Trent) e da lei respinto perché combattente dalla parte dei nemici. Rispetto all'opera di Genina sono state eliminate le sequenze più legate alla propaganda (come gli interventi dei soldati australiani o la morte del contadino veneto) e ne sono state aggiunte altre in cui, oltre a Vivi Gioi, compaiono Laura Redi e Fedele Gentile invecchiati e con figli.

Ben-Hur **½ (*Ben-Hur*, Usa 1926, b/n e col, 141') Fred Niblo. Con Ramon Novarro, Francis X. Bushman, May McAvoy, Betty Bronson, Claire McDowell, Kathleen Key, Carmel Myers, Nigel de Brulier, Mitchel Lewis, Frank Currier, Leo White, Charles Belcher, Dale Fuller, Winter Hall. ◆ L'odissea dell'ebreo Ben-Hur (Novarro): imprigionato sulle galee romane, liberato dopo aver salvato la vita al comandante Arrio (Currier), spinto dallo sceicco Ilderim (Lewis) a sfidare alla corsa delle bighe il suo nemico Messala (Bushman) e finalmente tornato in Terra Santa, dove diventa cristiano e ritrova l'amata Esther (McAvoy). Il più famoso film muto della Mgm, nato dall'energia e dall'ingegno di Louis B. Mayer e Irving Thalberg, e il più grande successo al botteghino degli anni Venti. La storia, tratta dal romanzo omonimo di Lee Wallace e inizialmente sceneggiata da June Mathis, doveva essere girata in Italia nel 1923 con la regia di Charles Brabin e George Walsh nella parte del protagonista. Ma siccome le riprese procedevano a fatica e i costi salivano, Mayer e Thalberg cambiarono regista e protagonista, affidarono la riscrittura della sceneggiatura a Benn Meredyth e Carey Wilson e riportarono le riprese negli Usa. Sbilanciato dal punto di vista narrativo, soprattutto per la stereotipata recitazione da «cattivo» di Francis X. Bushman, il film ha comunque due momenti indimenticabili, la battaglia navale e la famosa corsa delle bighe, che non ha nulla da invidiare per tensione e perfezione tecnica a quella girata da

Andrew Morton nel 1959, anche per merito delle scenografie di Cedric Gibson e degli effetti speciali di Arnold Gillespie. Il film si apre con un prologo che narra l'arrivo di Maria (Bronson) e Giuseppe (Hall) a Betlemme, la nascita di Cristo e l'adorazione dei Magi, originariamente girato in technicolor. Nonostante il successo di pubblico il film non fece guadagnare la Mgm perché era costato la cifra iperbolica di 4 milioni di dollari e perché per ottenere i diritti del romanzo (e soprattutto del fortunato adattamento teatrale) aveva dovuto rinunciare al 50% degli incassi. Già diretto nel 1907 da Sidney Olcott, il film fu rifatto nel 1959 da William Wyler (che in questa edizione è uno degli assistenti per le regie delle scene di massa).

Ben-Hur **½ (*Ben-Hur*, Usa 1959, col, 212') William Wyler. Con Charlton Heston, Jack Hawkins, Stephen Boyd, Haya Harareet, Hugh Griffith, Marina Berti, Pietro Tordi, Mino Doro. ◆ Sotto il regno di Tiberio, l'odissea del giudeo Ben-Hur (Heston), che deve vedersela con i romani e con l'ex amico Messala (Boyd). Terza, magniloquente versione del romanzo del generale Lee Wallace (dopo quelle mute di Sidney Alcott del 1907 e di Fred Niblo del 1925): tra i tanti stereotipi tipici del kolossal epicobiblico, superlativa la corsa delle bighe, merito degli specialisti della seconda troupe, Andrew Morton e il leggendario stuntman Yakima Canutt. Tra i registi della seconda unità, anche Mario Soldati. Sbancò i botteghini e si aggiudicò 11 Oscar su 12 nomination (non ottenne quella per la sceneggiatura): miglior film, regia, attore, attore non protagonista (Griffith), fotografia (Robert Surtees), colonna sonora (Miklós Rózsa), scenografia e arredamento (William A. Horning, Edward Cartagno, Hugh Hung), costumi (Elizabeth Happenden), montaggio (Ralph E. Winters, John Dunning), suono (Franklin E. Milton) ed effetti speciali (Arnold Gillespie, Robert MacDonald, Milo Lory). Due comparse di lusso: Giuliano Gemma è un soldato romano (in una delle prime scene), Lando Buzzanca è uno schiavo ebreo durante la deportazione nel deserto.

Beniamino ** (*Benji*, Usa 1974, col, 86') Joe Camp. Con Peter Breck, Deborah Walley, Edgar Buchanan. ◆ Beniamino, un cane bastardo, si conquista l'amore del padrone liberando i suoi due figli dalle mani dei rapitori. Un classico per bambini prodotto dalla Disney, seguìto da *Per amore di Beniamino* e *Beniamino segugio celeste*.

Beniamino segugio celeste *½ (*Oh, Heavenly Dog*, Usa 1980, col, 103') Joe Camp. Con Chavy Chase, Jane Seymour, Omar Sharif. ◆ Terza avventura per Beniamino: questa volta il cane è addirittura la reincarnazione di un poliziotto e dà la caccia ai suoi assassini. Lo spunto viene da *You Never Can Tell*, con Dick Powell, inedito in Italia. Seguìto nel 1987 da *Benji the Hunted*, mai arrivato da noi.

Benjamin, ovvero le avventure di un adolescente **½ (*Benjamin ou Les mémoires d'un puceau*, Francia 1968, col, 104') Michel Deville. Con Pierre Clementi, Michèle Morgan, Michel Piccoli, Catherine Deneuve, Jacques Dufilho. ◆ Nella Francia di fine Settecento un dongiovanni amorale (Piccoli), con la collaborazione di compiacenti nobildonne, avvia l'ingenuo Benjamin (Clementi) all'arte della seduzione. Ispirato alla letteratura libertina, Casanova in testa, un film leggero e piacevole (con un'ottima scelta musicale da Haydn, Mozart e Rameau) e qualche interessante spunto di riflessione sulla crudeltà dei sentimenti.

Benny & Joon **½ (*Benny and Joon*, Usa 1993, col, 99') Jeremiah Chechik. Con Johnny Depp, Mary Stuart Masterson, Aidan Quinn, Julianne Moore, Oliver Platt, Dan Hedaya. ◆ Dopo la morte dei genitori, Benny (Quinn) si prende cura della sorella Joon (Masterson), una pittrice con gravi disturbi psicologici, che si rifiuta di far ricoverare nonostante le difficoltà di convivenza: la situazione della ragazza cambierà con l'incontro di Sam (Depp), un mimo gentile e stralunato. Una duplice storia d'amore, tra tenerezza e follia, sceneggiata da Barry Berman e girata «in punta di cinepresa» e capace di affrontare il disagio mentale con pudore e poesia. Il silenzio della depressione trova una via d'uscita nella comicità muta e il rifiuto di una realtà troppo dolorosa lascia il posto a una trasfigurazione surrealista del quotidiano: commovente Johnny Depp che danza e volteggia per stemperare la tristezza come facevano Keaton e Chaplin, e indimenticabili le scene in cui i due innamorati tostano il pane con il ferro da stiro o passano le patate con la racchetta da tennis. Una volta tanto la solitudine e l'alienazione trovano posto nella favola senza concessioni al tormento né alla «normalità» repressiva. Tra le gag chapliniane di Depp c'è anche la celebre danza dei panini da *La febbre dell'oro*. I quadri dipinti da Joon sono opera dell'attrice. Citazione d'obbligo nella colonna sonora per *I'm gonna be (500 Miles)* dei Proclaimers.

Bentornato Dio! ** (*Oh, God!*, Usa 1977, col, 104') Carl Reiner. Con John Denver, George Burns, Teri Garr, Paul Sorvino, Ralph Bellamy. ◆ Dio appare a un giovane impiegato (Denver) e lo incarica di portare i suoi messaggi al mondo. Guai per il ragazzo, cui nessuno vuol credere, e benefici per l'umanità. Buoni sentimenti e risvolti prevedibili, ma un grande Burns nella parte di Dio. Denver era più celebre ai tempi come cantante country. Seguìto da *Tracy e il signore del piano di sopra* e l'inedito in Italia *Oh,God! You Devil.*

Bentornato picchiatello! ** (*Hardly Working*, Usa 1981, col, 94') Jerry Lewis. Con Jerry Lewis, Deanna Lund, Susan Oliver, Roger C. Carmel, Harold J. Stone. ◆ Un clown disoccupato (Lewis) prova tutti i mestieri (benzinaio, venditore in un negozio di cristalli, barman, cuoco giapponese, commesso, postino), combinando invariabilmente disastri. Fino a quando l'idea di distribuire la posta col suo antico costume da pagliaccio gli farà trovare un posto all'Accademia dei clown. Dopo dieci anni di assenza dagli schermi, Lewis (autore anche della sceneggiatura con Michael Janover) torna con una riflessione malinconica sul destino della comicità nel nostro mondo. Il film fu proiettato prima in Europa che negli Stati Uniti: apprezzato da noi, è stato stroncato in America.

Benvenuta ** (*Benvenuta*, Belgio/Francia/Italia 1983, col, 103') André Delvaux. Con Fanny Ardant, Vittorio

Gassman, Françoise Fabian, Mathieu Carrière. ◆ La passione tra una pianista di Gand (Ardant) e un magistrato napoletano (Gassman) raccontata da una scrittrice a uno sceneggiatore che vorrebbe trasformarla in film. Dal libro *La Confession anonyme* di Suzanne Lilar (adattato dal regista), un film raffinato e ambiguo, in equilibrio tra realtà e sogno, che però, specie nei dialoghi, rischia di scivolare nel fumettistico.

Benvenuta in Paradiso * (*How Stella Got Her Groove Back*, Usa 1998, col, 124') Kevin R. Sullivan. Con Angela Bassett, Whoopi Goldberg, Taye Diggs, Regina King. ◆ In vacanza in Giamaica con l'amica Delilah (Goldberg), gravemente malata, Stella (Bassett), broker quarantenne di San Francisco con figlio a carico, conosce Winston Shakespeare (Diggs), di vent'anni più giovane di lei. È colpo di fulmine, ma al rientro in città la felicità vacanziera viene travolta dalla morte dell'amica. Dal romanzo di Terry McMillan (da lui sceneggiato con Ron Bass), una commedia sentimentale afroamericana con tutti i possibili luoghi comuni del genere (esotismo, avventura amorosa, amicizia femminile, tragedia incombente) e una confezione inutilmente patinata.

Benvenuti al reggimento *½ (*You're in the Army Now*, Usa 1941, b/n, 79') Lewis Seiler. Con Jimmy Durante, Phil Silver, Jane Wyman, Regis Toomey. ◆ Due sprovveduti vengono arruolati loro malgrado come volontari. Scontate avventure tragicomiche e un finale copiato da *La febbre dell'oro*. Una curiosità: tra la Wyman e Toomey il bacio più lungo della storia del cinema, 3 minuti e 5 secondi.

Benvenuti a Sarajevo ° (*Welcome to Sarajevo*, Gb/Usa 1997, col, 96') Michael Winterbottom. Con Stephen Dillane, Woody Harrelson, Marisa Tomei, Emira Nusevic, Kerry Fox, Goran Visnjic, James Nesbitt. ◆ Mentre un cinico giornalista americano (Harrelson) pensa agli scoop che può realizzare, un pietoso reporter inglese (Dillane), con l'aiuto di una volontaria (Tomei), porta in salvo da Sarajevo una ragazzina (Nusevic): anche la madre si renderà conto che l'Inghilterra è meglio della Bosnia. Una storia vera (scritta da Michael Nicholson e sceneggiata da Frank Cottrell Boyce) che diventa un discutibile film sulla guerra nell'ex Jugoslavia: «contaminazione» dei formati (sai che novità!) e buoni sentimenti come antidoto all'orrore e all'oblio. Nonostante le buone intenzioni di Winterbottom, il film pare un'imbarazzante soccorso cinematografico non alla causa della Bosnia, ma a quella di Blair e dell'orgoglio democratico inglese.

Benvenuti in casa Gori ** (Italia 1990, col, 90') Alessandro Benvenuti. Con Novello Novelli, Alessandro Benvenuti, Ilaria Occhini, Athina Cenci, Carlo Monni, Giorgio Picchianti, Ornella Marini, Barbara Enrichi, Massimo Ceccherini, Camilla Benvenuti, Dimitri Frosali. ◆ Il pranzo di Natale in casa Gori si trasforma in una resa dei conti: verranno a galla antichi rancori, vizi nascosti, verità scomode. Tra un po' di risate, un ritratto pungente (anche se molto stereotipato) dell'istituzione familiare, tratto dall'omonima commedia di Ugo Chiti (anche cosceneggiatore col regista). Alla sua terza prova, Benvenuti trova una cifra più personale, capace di tenere (quasi sempre) in equilibrio la farsa e il patetico, anche se gli incubi psichedelici del figlio Danilo (Ceccherini) sono francamente irritanti. Il film che ha segnato la riconciliazione degli ex Giancattivi: Benvenuti, la Cenci (che interpreta Bruna) e Francesco Nuti, qui nelle vesti di produttore. I personaggi torneranno in *Ritorno a casa Gori*.

Benvenuti in Paradiso ** (*Come See the Paradise*, Usa 1990, col, 133') Alan Parker. Con Dennis Quaid, Tamlyn Tomita, Sab Shimono, Shizuko Hoshi, Ronald Yamamoto. ◆ Nella Little Tokyo di Los Angeles un sindacalista americano (Quaid) sposa una giapponese (Tomita). Ma il destino li separa: dopo l'attacco di Pearl Harbor, come migliaia di suoi connazionali, lei sarà accusata di tradimento e internata in un campo di concentramento. Sceneggiato dallo stesso Parker, uno dei capitoli più segreti e vergognosi della storia americana: una materia ad alto potenziale drammatico per un film freddo, non coinvolgente. In originale 138'.

Benvenuto, Mister Marshall! **½ (*Bienvenido, Mr. Marshall*, Spagna 1952, b/n, 80') Luis Garcia Berlanga. Con Lolita Sevilla, Manuel Mora, José Isbert, Alberto Romea, Fernando Rey. ◆ Un paesino della Castiglia, Villar del Rio, prepara le accoglienze agli inviati del piano Marshall: tutti sognano di cambiare finalmente vita con quei dollari, ma il giorno fatidico gli americani in automobile attraversano il paese senza nemmeno fermarsi. Impianto neorealistico e corrosiva ironia per la commedia che rivelò al mondo Berlanga e la nascita di un nuovo cinema spagnolo: mescolando acidità e bonomia, il regista (autore anche della sceneggiatura insieme a J.A.Bardem e Miguel Mihura) si prende gioco dell'ingenuità dei propri connazionali, senza dimenticare di indicare a chi vanno le responsabilità maggiori (i notabili del paese). Peccato solo per le (presto invecchiate) scene oniriche. Presentato a Cannes, sollevò le ire del giurato Edward G. Robinson che lo riteneva offensivo per gli Usa.

Benvenuto, reverendo! *½ (Italia 1949, b/n, 90') Aldo Fabrizi. Con Aldo Fabrizi, Lianella Carell, Giovanni Grasso, Gabriele Ferzetti. ◆ Sorpreso a rubare, un ladro (Fabrizi) per salvarsi si traveste da sacerdote. Sarà costretto a reggere la parte, perfino per calmare alcuni rivoltosi scioperanti. Poche le trovate, regia inesistente: il film si salva solo per la simpatia di Fabrizi.

Beowulf * (*Beowulf*, Gb 1998, col, 97') Graham Baker. Con Christopher Lambert, Rhona Mitra, Götz Otto, Oliver Cotton, Charlie Robinson. ◆ In un Medioevo da favola, l'eroico Beowulf (Lambert), che la madre ha concepito con il demonio, deve affrontare il malefico Grendel, anch'egli frutto di una relazione diabolica: ma anche l'amore di Kyra (Mitra) non sarà una facile conquista. Un classico della letteratura medievale inglese riarrangiato saccheggiando la tecnologia fantasy: l'epica del testo si smarrisce quasi subito e la saga gira noiosamente a vuoto.

Berdel – Scambio di mogli *½ (*Berdel*, Turchia 1991, col, 83') Atif Yilmaz. Con Tarik Akan, Turkan Soray, Mine Cayiroglu, Füsun Demirel. ◆ Anatolia:

Omer (Akan) non riesce ad avere un figlio maschio, e in cambio di una seconda moglie cede una figlia in età da marito a un vecchiaccio vedovo, incurante del fatto che lei abbia già uno spasimante. Quasi niente andrà secondo i progetti. In un mondo arcaico intaccato dalla modernità (nel villaggio si tengono conferenze sugli anticoncezionali), un bozzetto di maniera che alterna commedia e dramma senza affondare il bisturi fino in fondo, visto che lascia un margine di riscatto ai personaggi più ottusi. Il regista ha adattato un romanzo di Esma Ocak.

Berlin Alexanderplatz *** (*Berlin Alexanderplatz*, Germania 1931, b/n, 80') Phel Jutzi. Con Heinrich George, Maria Bard, Margarete Schlegel, Bernhard Minetti, Gerhard Bienert, Albert Florath, Paul Westermeier, Oskar Höcker. ◆ Uscito di prigione, Franz Biberkopf (George) riprende il suo onesto lavoro di venditore ambulante sull'Alexanderplatz insieme a Cilly (Bard), una disadattata conosciuta in un bar. Per ingenuità si lascia coinvolgere in una rapina, ma all'ultimo momento rifiuta di partecipare all'azione e viene scaraventato fuori dal furgone. Con un braccio amputato e senza prospettive per il futuro, ripropone la sua collaborazione a Reihnold (Minetti), il capo della banda, che gli uccide la nuova compagna, Mieze (Schlegel), e che scarica su di lui parte delle responsabilità. Dopo un periodo trascorso in manicomio, a Franz non resterà che tornare sull'Alexanderplatz. Dall'omonimo romanzo di Alfred Döblin (anche sceneggiatore), una versione che può contare sia sul sonoro appena inaugurato, sia sulla maturità tecnica raggiunta dal cinema. Al contrario di molti dei primi film parlati, *Berlin Alexanderplatz* si affida ancora alla virtuosità della macchina da presa, al montaggio fluido e vigoroso, al gusto dell'esplorazione documentaristica dell'ambiente urbano in modo che la storia e il contesto berlinese si integrino perfettamente. Quanto ai risvolti morali della vicenda, Döblin prende le distanze tanto dal fatalismo espressionista quanto dalla cupezza del realismo tedesco, sostenendo che c'è sempre la possibilità di cambiare e di progredire: l'ambulante Biberkopf si presenta così come un personaggio positivo nella Germania di Weimar, «poiché trova un giusto equilibrio tra la volontà di realizzazione dell'io e la sua realtà esterna», come «un burattino che torna sempre ritto in piedi perché ha un peso al posto giusto» nonostante l'Alexanderplatz, metafora di una inquietudine che di lì a poco avrebbe avuto concreta sostanza storica. Rifatto da Fassbinder.

Berlin Alexanderplatz **½ (*Berlin Alexanderplatz*, Rft 1980, col, 14 puntate per un totale di 933') Rainer Werner Fassbinder. Con Günter Lamprecht, Hanna Schygulla, Barbara Sukowa, Gottfried John, Franz Buchrieser, Elisabeth Trissenaar, Ivan Desny, Annemarie Düringer, Karin Baal, Lilo Pempeit. ◆ Le disavventure dell'ex facchino Franz Biberkopf (Lamprecht) uscito dal carcere dopo quattro anni trascorsi a scontare l'omicidio della sua amica Ida, che durante la crisi economica degli anni Venti aveva battuto il marciapiede per lui. 1a puntata, *Comincia la pena*: Franz Biberkopf esce di prigione, vuole vivere onestamente e conosce Lina (Trissenaar); 2a, *Come si deve vivere se non si vuole morire*: Meck (Buchrieser) gli trova lavoro come strillone del giornale nazista «Völkischer Beobachter»; 3a, *Una martellata in testa può ferire l'anima*: è imbrogliato dallo zio di Lina; 4a, *Una manciata di gente nella profondità del silenzio*: si chiude in se stesso, non vuol vedere nessuno, si ubriaca; 5a, *Un mietitore con il potere che viene dal Buon Dio*: incontra la banda di Pums (Desny) e Reinhold (John), prende le donne che Reinhold non vuole più, Fränze per cominciare, poi Cilly e rifiuta la terza, Trude; 6a, *Un amore costa sempre caro*: senza rendersene conto fa il palo in una rapina compiuta dalla banda; durante la fuga Reinhold lo butta fuori dalla macchina e perde un braccio; 7a, *Ricorda, un giuramento si può amputare*: Eva (Schygulla), una sua ex amante, e il suo protettore Herbert hanno cura di lui; 8a, *Il sole riscalda la pelle e qualche volta la brucia*: Franz inizia a trattare affari loschi, Eva gli presenta Mieze (Sukowa), i due si innamorano e la donna si prostituisce per lui; 9a, *Questa eternità spalancata tra i molti e i pochi*: ritrova Reinhold, assiste a una riunione politica in cui viene criticato il sistema parlamentare; 10a, *La solitudine apre anche nei muri fessure di follia*: Mieze lo spinge alla disperazione, vuole infatti partire per tre giorni con un ricco cliente; 11a, *Sapere è potere, e il mattino ha l'oro in bocca*: Franz riallaccia i rapporti con Pums, si umilia davanti a Reinhold, viene a sapere che Mieze ama un altro e quasi la uccide; 12a, *Il serpente nell'anima del serpente*: Mieze resta con Franz, e Reinhold la uccide; 13a, *L'esterno e l'interno e il mistero della paura di fronte al segreto*: Franz scoppia a ridere quando scopre che la donna è morta e che non lo aveva abbandonato; 14a, *Epilogo: il mio sogno da un sogno di Franz Biberkopf di Alfred Döblin*: Franz viene chiuso in un manicomio e sogna; Reinhold è condannato a dieci anni di prigione per omicidio. Franz lavora come guardiano notturno in una fabbrica. Tratto dal romanzo omonimo di Alfred Döblin (già portato sullo schermo da Phil Jatzi nel 1931), questo sceneggiato televisivo girato quasi tutto in interni (che però in Tv perde molta parte della sua forza visiva) è il ritratto di un piccolo-borghese, Franz Biberkopf, consumato dalla passione, che fa fatica a esprimere con parole i suoi sentimenti e deve quindi tradurli in azione corporea. Per questo importa poco il complicato svilupparsi della storia; quello che interessa è l'atteggiamento di Fassbinder rispetto ai personaggi: «nelle loro azioni più banali si manifesta una nostalgia di tenerezza, la loro violenza non è altro che una forma d'amore, i loro rapporti con gli altri finiscono sempre per ferirli». Così il punto culminante dello sceneggiato è la quarta puntata, con l'ubriacatura solitaria di Franz che mette allo scoperto tutta la sua disperazione. Momenti come questo fanno dimenticare certi schematismi del racconto e una recitazione (specie nei personaggi dei delinquenti) a volte eccessiva.

Berlinguer ti voglio bene ** (Italia 1977, col, 90') Giuseppe Bertolucci. Con Roberto Benigni, Alida Valli, Carlo Monni, Mario Pachi, Maresco Fratin, Annalisa Foà, Chiara Moretti. ◆ Vittima di un gigantesco complesso edipico, Mario Cioni (Benigni) non riesce a liberarsi dall'ingombrante presenza della madre (Valli), che gli fa pesare i suoi problemi fisici e psicologici e vorrebbe fargli sposare una ragazza zoppa. La sua speranza di un mondo migliore è affidata a una ipotetica rivoluzione guidata dal segretario del Pci, Enrico Berlinguer, ma tutto il suo ribellismo si riduce a lunghi sfoghi solo verbali. Film a bassissimo costo, è la versione cinematografica dello spettacolo teatrale che rivelò il genio di Benigni (*Cioni Mario di Gaspare fu Giulia*) e di cui conserva l'originalità del linguaggio esilarante e ossessivo: segnato da una «torrentizia scurrilità genitale», il personaggio di Cioni mescola estri surreali e intelligenza campagnola, offrendo il ritratto di una figura arcaica che appartiene alla Toscana preindustriale e rimanda a certi «matti» di altre epoche e altre società. Uscito un anno prima di *Ecce Bombo* e troppo in anticipo sull'ondata dei nuovi comici, il film non ebbe praticamente successo, anche perché la regia di Bertolucci si limita a «registrare» la comicità di Benigni, senza irrobustirne la struttura narrativa.

Berlin-Jerusalem *** (*Berlin-Jerusalem*, Francia 1989, col, 89') Amos Gitai. Con Lisa Kreuzer, Rivka Neuman, Veronica Lazar, Benjamin Levy, Bernard Eisenschitz. ◆ Nella Berlino primo Novecento due ebree (Kreuzer e Neuman) condividono l'ideale di una Palestina in cui giudei e arabi convivano armonicamente. Un'utopia destinata a svanire quando si ritroveranno a Gerusalemme. Ispirato all'esperienza della scrittrice Else Lasker-Schüler e della rivoluzionaria russa Mania Shokat, un film tagliente che ribalta ogni luogo comune sulla questione palestinese. Con il contributo delle attrici-danzatrici di Pina Bausch, delle luci di Henri Alekan e Nurith Aviv, delle musiche di Markus Stockhausen, che interpreta anche il ruolo di Ludwig.

Berlino opzione zero ** (*Judgment in Berlin*, rititolato *Escape to Freedom*, Usa 1988, col, 92') Leo Penn. Con Martin Sheen, Sean Penn, Sam Wanamaker, Max Gail, Jürger Hemrich, Carl Lumbly. ◆ Un magistrato americano (Sheen) deve giudicare la legittimità dell'azione di una coppia di dirottatori polacchi fuggiti con un aereo dalla Germania dell'Est a Berlino Ovest. Una questione di coscienza per l'esordio alla regia del padre di Sean Penn (che interpreta con vibrante partecipazione il ruolo di un testimone al processo) in un film diseguale ma non deludente.

Berlino – Sinfonia di una grande città ** (*Berlin, die Symphonie einer Grosstadt*, Germania 1927, b/n, 70') Walter Ruttman. ◆ Una giornata a Berlino: le strade deserte all'alba, la gente che va al lavoro, fabbriche e liti per le strade, una suicida in un canale, i divertimenti serali (compreso il cinema: si riconoscono i piedi di Charlot). Ruttman e il direttore della fotografia Karl Freund si tengono in bilico tra il realismo sovietico e le avanguardie astratte europee. La città viene parcellizzata senza intenti di critica sociale, e l'agitazione degli uomini viene accostata agli automi nelle vetrine e ai meccanismi delle macchine: non a caso Kracauer aveva parlato di «puri arabeschi di movimento». Carl Mayer, autore del soggetto, si dissociò per lo stile impersonale e meccanico adottato dal regista. Di fatto il formalismo esasperato rende questo film molto meno interessante e ambiguo dell'analogo (e posteriore) *L'uomo con la macchina da presa* di Vertov.

Bernadette **½ (*The Song of Bernadette*, Usa 1943, b/n, 156') Henry King. Con Jennifer Jones, William Eythe, Charles Bickford, Vincent Price, Lee J. Cobb. ◆ A Lourdes, la pastorella Bernadette (Jones) assiste ad apparizioni della Madonna, ma deve lottare per farsi credere dalla Chiesa. Da un romanzo di Franz Werfel, un film agiografico ma misurato. Oscar a Jennifer Jones, Alfred Newman (musiche), Arthur Miller (fotografia), James Basevi, William Darling, Thomas Little (scenografia e arredamento). Linda Darnell (non citata nei titoli) interpreta la Madonna.

Bernardo, cane ladro e bugiardo *½ (*My Dog the Thief*, Usa 1970, col, 100') Robert Stevenson. Con Dwayne Hickman, Mary Ann Mobley, Joe Flynn, Elsa Lanchester. ◆ Un cane cleptomane prima mette nei guai il padrone, poi si riscatta con imprese coraggiose. Telefilm in due parti prodotto dalla Walt Disney e distribuito in Europa come film.

Berretti verdi, I ° (*The Green Berets*, Usa 1968, col, 141') John Wayne, Ray Kellog. Con John Wayne, David Janssen, Jim Hutton, Aldo Ray, Bruce Cabot, Patrick Wayne. ◆ L'eroismo dei soldati americani in Vietnam: conquistano una città e catturano un pezzo grosso comunista. Per la seconda volta dietro la macchina da presa, Wayne sceglie di dirigere il primo film Usa sul Vietnam (ambientato non a caso nel 1963, quando l'intervento americano non aveva ancora registrato i suoi esiti più brutali), che si rivela una spudorata apologia della guerra. Accolto da manifestazioni di protesta in molti paesi europei (specie in Svezia), è ingenuo anche dal punto di vista spettacolare: famosa la scena finale, dove il sole tramonta a Est. Girato in Georgia con la consulenza di veri Berretti verdi.

Bersagli **½ (*Targets*, Usa 1967, col, 90') Peter Bogdanovich. Con Boris Karloff, Tim O'Kelly, Peter Bogdanovich, Nancy Hsueh, Tanya Morgan. ◆ Byron Orlok (Karloff), un anziano attore di film dell'orrore, ha deciso di ritirarsi dalla vita professionale perché la realtà è più terrificante dei film mentre il regista Sammy Michaels (Bogdanovich) cerca di convincerlo a tornare sul set per un film diverso da quelli che era solito girare. L'insospettabile borghese Bobby (O'Kelly), intanto, preso da follia omicida, uccide la moglie e alcuni passanti, e si nasconde in un drive-in, dove, mentre viene proiettata *La vergine di cera* con Boris Karloff, spara sul pubblico. Sarà Orlok a disarmare il pazzo che, incapace di distinguere la finzione dalla realtà, spara al Karloff sullo schermo e non al Karloff vero. Il primo film di Bogdanovich (finanziato da Roger Corman) è l'omaggio a un cinema che gli orrori «veri» hanno reso anacronistico, ma che alla fine si prende una rivincita sulla realtà. Una parabola da cinefilo, a tratti gustosa e acuta, ma che oggi appare un po' datata: all'attivo vi è la descrizione fredda e lucida di una follia inspiegata (e ispirata al caso di Charles Whitman, che uccise 46 persone nel Texas nel 1966), e una delle ultime e più belle interpretazioni, piena di ironia e di malinconia, di quel gran signore che fu Karloff. Bella la fotografia di Laszlo Kovacs.

Bersaglio, Il *½ (*Le Choc*, Francia 1982, col, 102') Robin Davis. Con Alain Delon, Catherine Deneuve, Stéphane Audran, Philippe Leotard. ◆ Un killer professionista (Delon), decide di ritirarsi, ma dovrà seminare di cadaveri la via della fuga. Il solito Delon freddo e amorale per un film sfacciatamente prevedibile.

Bersaglio di notte ***½ (*Night Moves*, Usa 1975, col, 95') Arthur Penn. Con Gene Hackman, Jennifer Warren, Susan Clark, Edward Binns, Harris Yulin, James Woods, Melanie Griffith. ◆ La ricerca della verità sul tragico destino di una ragazzina viziata (Griffith) si intreccia con i problemi personali del detective privato Harry Moseby (Hackman): tradito dalla moglie, licenziato dalla cliente cercherà disperatamente di trovare almeno un senso alla propria vita. Scritto da Alan Sharp, un noir in sintonia con l'èra post-Watergate, dove il disagio nasce dal caos della realtà e nessun mistero può essere risolto: allontanandosi deliberatamente dalle coordinate di genere, il film «spoglia il personaggio del detective del suo statuto privilegiato di interprete dei segni» facendo di Harry un investigatore che si sbaglia su tutta la linea. Con uno stile che in Penn non è mai stato altrettanto lirico e poetico, il film approfondisce il tema centrale della sua ricerca d'autore, il tentativo di conciliare il caos del mondo con l'aspirazione all'ordine, di dare un senso a quello che è assurdo, e lo fa – coerentemente – a spese dell'eroe, incapace di vedere chiaro dentro se stesso così come non riesce a capire davvero quello che gli succede intorno, tradito dalla moglie (che con uno sberleffo cinefilo il regista manda al cinema con l'amante a vedere *La mia notte con Maud* di Rohmer) e abbandonato dai clienti. E Hackman, qui davvero superlativo, offre «uno dei migliori ritratti di perdente del cinema degli anni Settanta».

Bersaglio eccellente ***½ (*The Tall Target*, Usa 1951, b/n, 78') Anthony Mann. Con Dick Powell, Adolphe Menjou, Paula Raymond, Ruby Dee, Marshall Thompson. ◆ 1861: alla vigilia della proclamazione di Abramo Lincoln, l'ispettore John Kennedy (Powell), temendo un attentato, sale sul treno che deve portare il neopresidente da New York a Washington. Ma si ritrova senza distintivo e disarmato, e distinguere gli amici dai nemici è compito troppo arduo per uno sbirro onesto e un po' ottuso come lui. Scritto da George Worthing Yates, Art Cohn e (non accreditato) Joseph Losey, un thriller d'epoca ingegnoso nella struttura e imprevedibile negli sviluppi, abile nello sfruttare il set claustrofobico e ricco di spunti politici, tanto più audaci se si pensa al periodo in cui venne girato. Il Campidoglio è ancora in costruzione, ma negli Usa covano già oscure forze autodistruttive: e il viaggio di Kennedy (*nomen omen*?), politicamente ostile a Lincoln ma legato al senso del dovere, si trasforma in una presa di coscienza democratica. Notevole il personaggio della schiava nera (Dee) che si ribella al padrone. La fotografia – degna dei migliori noir di Mann – è di Paul C. Vogel: peccato che in Tv circoli anche una versione banalmente colorizzata.

Bersaglio numero uno ** (*Number One with a Bullet*, Usa 1987, col, 101') Jack Smight. Con Robert Carradine, Billy Dee Williams, Valerie Bertinelli, Peter Graves, Doris Roberts. ◆ Una strana coppia di detective deve incastrare un boss del traffico di droga. Un film d'azione senza molta originalità, ma privo di cadute.

Bersaglio umano ** (*The Clay Pigeon*, Usa 1949, b/n, 63') Richard O. Fleischer. Con Bill Williams, Barbara Hale, Richard Loo, Richard Quine, Frank Fenton. ◆ Un reduce di guerra (Williams), in preda ad amnesia, viene accusato di tradimento. Ma scoprirà di essere al centro di un complotto. Da una storia vera, adattata da Carl Foreman, un film avvincente pur senza grandi invenzioni.

Bertoldo, Bertoldino e Cacasenno *½ (Italia 1984, col, 126') Mario Monicelli. Con Ugo Tognazzi, Alberto Sordi, Lello Arena, Maurizio Nichetti. ◆ Nell'anno Mille, alla corte di re Alboino (Arena), le arguzie del contadino Bertoldo (Tognazzi), le scempiaggini del figlio Bertoldino (Nichetti), gli imbrogli di Fra' Cipolla da Frosolone (Sordi). Terza versione (dopo quelle di Giorgio Simonelli con Cesco Baseggio, 1936, e di Mario Amendola e Ruggero Maccari con Vinicio Sofia, 1953) dei racconti secenteschi di Giulio Cesare Croce, qui ambientati intorno all'anno Mille e senza il personaggio di Cacasenno. Per Monicelli uno stanco tentativo di sfruttare la formula di *Brancaleone*.

Besame mucho ** (Italia 1998, col, 98') Maurizio Ponzi. Con Toni Bertorelli, Antonio Catania, Giuseppe Cederna, Giuliana De Sio, Duccio Giordano, Francesco Stella, Elena Russo, Emilio Solfrizzi, Antonio Stornaiolo, Giovanna Jimenez. ◆ A Napoli si incrociano le storie di don Tommaso (Bertorelli), vedovo generoso che ha accolto come un figlio un ragazzo extracomunitario (Stella) in attesa del permesso di soggiorno; di Lucia (Russo), cameriera preoccupata che il fratello disoccupato non si metta nei guai; di Giulia (De Sio), attrice che vuole allestire Oscar Wilde con una compagnia di carcerati; di un chirurgo (Cederna) che sfida il regolamento per salvare la vita di una tossicodipendente; di un emigrato (Solfrizzi) che vuole ritrovare l'amore di gioventù. Storie quotidiane sulla «banalità del bene», che si incrociano in un girotondo sceneggiato dal regista con Piero Spila e Stefano Tummolini a partire da alcuni racconti-inchiesta di Enrico Deaglio (raccolti in *Besame mucho* e *Bella ciao*). L'ambizione è quella di aderire pudicamente ai personaggi senza trasformarli in macchiette o in campioni sociologici, per raccontare l'Italia di oggi senza concessioni allo spettacolo o alla facile popolarità: ma i risultati non si elevano da un volonteroso pedagogismo, a volte insistito (Cederna), a volte ostentato (De Sio).

Bestia, La *** (*La Bête*, Francia 1975, col, 96') Walerian Borowczyk. Con Lisbeth Hummel, Sirpa Lane, Pierre Benedetti, Marcel Dalio, Guy Tréjan. ◆ La notte prima delle nozze con Mathurin (Benedetti), ultimo e bizzarro discendente di una nobile famiglia, l'americana Lucy (Hummell) rivive in sogno ciò che capitò a una sua antenata, Romilda (Lane): inseguita e violentata da un essere mostruoso, lo uccise di piacere. Borowczyk ha costruito una cornice moderna attorno a un episodio originariamente previsto per i *Racconti immorali*, che bene esprime i temi a lui cari: il sogno contrapposto all'ordine borghese, e il sesso in bilico tra costruzione mentale e onda panica che travolge tutto. Ne è uscito il suo film migliore, tenuto sul filo di un'ironia buñueliana e di una ricchezza visiva di chiara marca surrealista. Uno dei rari casi in cui il cinema erotico ha trovato una difficile terza via tra le costrizioni dell'erotismo hard e l'ipocrisia di quello soft. La versione originale dura 104'. Delle varie copie che sono circolate in Italia, sembra integrale solo quella acclusa con *L'Espresso*.

Bestia uccide a sangue freddo, La * (Italia 1971, col, 90') Fernando di Leo. Con Klaus Kinski, Margaret Lee, Rosalba Neri, Jane Garret, Gioia Desideri. ◆ Allucinante catena di omicidi in una clinica per donne malate di mente. Un horror erotico a basso costo che punta tutto sul satanico Kinski (che però, sorpresa, non è l'assassino).

Bestia umana, La *** (*Human Desire*, Usa 1954, b/n, 90') Fritz Lang. Con Broderick Crawford, Gloria Grahame, Glenn Ford, Edgar Buchanan, Kathleen Case, Grandon Rhodes. ◆ La gelosia e l'alcol rendono insopportabile a Vicki (Grahame) la vita accanto al suo anziano marito (Crawford), che ha perso il posto alle ferrovie e ha cercato di usare l'avvenenza della moglie per riaverlo. Per questo Vicki vuole convincere il ferroviere che è diventato suo amante (Ford) a uccidere il marito: l'uomo si tirerà indietro, ma finirà lo stesso in tragedia. Versione abbondantemente rimaneggiata della *Bestia umana* di Zola, sceneggiata da Alfred Hayes e già portata sullo schermo da Renoir in *L'angelo del male*. Qui scompare ogni tipo di determinismo biologico a favore di una messinscena quasi astratta: Lang minimizza gli aspetti sociali della storia per farne «il dramma di una gelosia quasi ontologica» in cui l'assassinio (che ognuno dei protagonisti di questo perverso triangolo propone all'altro) è visto come lo strumento «con cui riconquistare l'altro legandolo alla propria colpevolezza». La censura impedì che anche il personaggio interpretato da Ford avesse valenze negative (Lang lo voleva maniaco sessuale e assassino). Notevole la sequenza finale tutta ripresa dall'alto.

Bestione, Il *½ (Italia 1974, col, 100') Sergio Corbucci. Con Giancarlo Giannini, Michel Constantin, Giuliana Calandra, Dalila Di Lazzaro, Giuseppe Maffioli. ◆ Due camionisti, il milanese Sandro (Constantin) e il siciliano Nino (Giannini), stanchi dello sfruttamento si mettono in società e diventano «padroncini». Naturalmente il loro primo viaggio (in Germania) non andrà del tutto liscio. Commedia scontata che finge di voler essere anche il ritratto sociologico di una categoria professionale.

Best Men – Amici per la pelle ** (*Best Men*, Usa/Gb 1998, col, 89') Tamra Davis. Con Drew Barrymore, Sean Patrick Flanery, Luke Wilson, Fred Ward, Brad Dourif, Andy Dick, Dean Cain, Raymond J. Barry. ◆ Dopo tre anni di prigione, Jesse Chandler (Wilson) vuole rigare dritto per sposare la fidanzata Hope (Barrymore), ma tra i suoi amici c'è Billy (Flanery), che ha un debole per le banche: impossibile resistere alla sfida. Un film per teen-ager, tra aspirazione al matrimonio e tentazioni delinquenziali. Scritto da Art Edler Brown e Tracy Fraim, non inventa niente di nuovo ma può contare su attori pieni di verve e un'ironia che smorza le pretese autoriali della regista.

Bestseller **½ (*Best Seller*, Usa 1987, col, 110') John Flynn. Con Brian Dennehy, James Woods, Victoria Tennant, Paul Shenar. ◆ Un killer (Woods), che è stato scaricato dall'insospettabile uomo d'affari per cui lavorava, riesce a convincere un poliziotto (Dennehy), autore di gialli, a scrivere un libro sui suoi delitti e naturalmente sulla persona che ne ha approfittato. Sceneggiato da Larry Cohen, un thriller abbastanza insolito, tutto costruito sul complesso rapporto tra i due protagonisti più che sugli elementi tradizionali del thriller.

«Betìa», ovvero «in amore per ogni gaudenza ci vuole sofferenza», La ** (Italia 1971, col, 99') Gianfranco De Bosio. Con Nino Manfredi, Rosanna Schiaffino, Lino Toffolo, Mario Carotenuto, Smoki Samardì [Ljubisa Samardzic]. ◆ Nel mondo contadino del Cinquecento la sensuale Betìa (Schiaffino) e il suo amante Nale (Manfredi) dànno vita a uno spregiudicato ménage a cinque. De Bosio, per 25 anni divulgatore dei testi di Ruzante in teatro, inserisce questa novella del 1525 nel filone della commedia all'italiana. Ma la vitalità del testo è in parte compromessa da un'ambientazione manierata e a tratti improbabile. Anche Manfredi firma la sceneggiatura.

Betrayed – Tradita ** (*Betrayed*, Usa 1988, col, 127') [Constantin] Costa-Gavras. Con Debra Winger, Tom Berenger, John Heard, Betsy Blair, John Mahoney. ◆ Un'agente dell'Fbi (Winger), dopo un attentato a un giornalista radicale, viene mandata dai superiori in una cittadina agricola a indagare su un gruppo di destra legato al Ku Klux Klan: ne scopre le connivenze politiche ma si innamora del capo dei razzisti (Berenger). Un giallo che vorrebbe aggiornare con qualche complicazione sentimentale il filone politico, ma nel quale la denuncia sociale non è supportata dalla minima suspense. Particina per Timothy Hutton. Il personaggio del giornalista che subisce l'attentato è ispirato alla figura di Alan Berg, alla base anche del film di Oliver Stone *Talk Radio*.

Betsy *½ (*The Betsy*, Usa 1978, col, 125') Daniel Petrie. Con Laurence Olivier, Robert Duvall, Tommy Lee Jones, Katharine Ross, Lesley-Anne Down, Jane Alexander. ◆ Il sogno del vecchio patriarca della Bethlehem Motors di Detroit (Olivier) di costruire un'automobile rivoluzionaria, adatta alla crisi petrolifera, si scontra con gli odi e le invidie della famiglia: i tradimenti (finanziari e sentimentali) e i colpi di scena procureranno loro la perdita del controllo azionario della società. Dall'omonimo romanzo di Harold Robbins, una specie di *Caduta degli dèi* d'appendice, inconsapevole prodromo ai futuri *Dallas* e *Dynasty*. Tra alcove e consigli di amministrazione si perde ogni possibile riferimento alle grandi dinastie dell'industria automobilistica Usa.

Better Tomorrow, A ** (*Yingxiong bense,* Hong Kong 1986, col, 105') John Woo. Con Chow Yun-fat, Leslie Cheung, Ti Lung, Emily Chu, Waise Lee. ◆ Uscito di prigione, l'ex gangster Sung Tse Ho (Ti) cerca di riguadagnarsi la fiducia del fratello poliziotto Kit (Cheung), che lo ritiene responsabile dell'omicidio del loro padre. Assieme all'amico Mark Gor (Chow) si rende conto che i tempi eroici sono passati, ma di fronte alla violenza del nuovo boss Tam Shing (Lee) decide di riprendere le armi. Il film che ha segnato una svolta nel cinema di Woo (fino ad allora regista di film di cappa e spada) e in quello di Hong Kong, inaugurando il genere del noir metropolitano iperrealista, dove le sparatorie sostituiscono i duelli all'arma bianca. I temi sono quelli classici del regista: l'elogio dell'amicizia, la difesa anacronistica di un mondo votato all'autodistruzione, la violenza stilizzata ed eroica. Ma rispetto ai film successivi la sceneggiatura è legnosa, e meno oliato l'intreccio tra melodramma e scene d'azione frastornanti. Impeccabile, comunque, l'esecuzione. Woo appare nella parte del poliziotto occhialuto. Prodotto da Tsui Hark. Con due seguiti. Il titolo originale significa «L'eroe mostra il suo valore».

Better Tomorrow II, A **½ (*Yingxiong bense II,* Hong Kong 1987, col, 100') John Woo. Con Chow Yun-fat, Ti Lung, Dean Shek, Leslie Cheung, Tsang Kong. ◆ Mark Gor, il killer «buono» morto nel film precedente, ha un fratello gemello (Chow) che vive a New York: e che si allea con Sung (Ti), ormai passato dalla parte del bene, per vendicare l'amico Lung (Shek), che la morte della figlia ha fatto piombare in uno stato catatonico. La miscela di melodramma e film di gangster questa volta a Woo riesce meglio: e il sentimentalismo spudorato (che gli occidentali possono trovare – ma è solo colpa loro – involontariamente comico) è la premessa necessaria all'ideale eroico del sacrificio di sé. Hanno fatto epoca i 20' finali, con una delle sparatorie più violente e apocalittiche del cinema di tutti i tempi, esplicito omaggio di Woo al *Mucchio selvaggio* di Peckinpah. Tsui Hark produce ed è coautore della sceneggiatura; dirigerà il terzo capitolo della serie, inedito in Italia.

Betty ** (*Betty,* Francia 1992, col, 103') Claude Chabrol. Con Marie Trintignant, Stéphane Audran, Jean-François Garreaud, Yves Lambrecht. ◆ Scacciata con vergogna dalla famiglia del marito, Betty (Trintignant), adultera alcolizzata con tendenza all'autodistruzione, viene salvata e coccolata dalla più anziana Laure (Audran): il rapporto di amicizia diventa presto vampiresco, e a farne le spese è proprio la generosa Laure. Da un romanzo di Simenon, una storia di donne con ambizioni di scavo psicologico che finisce con l'essere un saggio di recitazione. Chabrol dirige con mano accademica e si impiglia in troppi flashback didascalici. Da apprezzare, comunque, il modo con cui il melodramma viene sfiorato e lasciato sullo sfondo.

Betty Blue ** (*37° 2 le matin,* Francia 1986, col, 122') Jean-Jacques Beineix. Con Béatrice Dalle, Jean-Hugues Anglade, Consuelo De Haviland, Gérard Darmon, Clémentine Célarié, Vincent Lindon. ◆ L'incontro con Betty (Dalle) sconvolge l'anonima vita del meccanico Zorg (Anglade) che grazie a lei conoscerà l'amore assoluto e comincerà a credere nelle proprie doti di scrittore. Ma una mancata gravidanza scatenerà la follia che covava nella donna, fino al tragico finale. Tratto dal romanzo di Philippe Djian, il film mescola abilmente valori ultratradizionali (l'amore dei due protagonisti è evidentemente di tipo matrimoniale) con uno stile visivo postmoderno, nervoso e ridondante, di chiara derivazione pubblicitaria, nel quale cinismo e romanticismo vanno a braccetto. Queste caratteristiche (oltre a un'apprezzatissima scena iniziale quasi hard) hanno trasformato il film in un cult-movie per le generazione giovanili, specie di ingenuo manifesto contro la cattiveria del mondo. Nel 1991 è uscita in Francia l'edizione «integrale» del film (*37° 2, l'intégrale*) lunga 185', che non cambia la sostanza della storia ma aggiunge una serie di nuovi personaggi e situazioni (i più interessanti sono il rappresentante di olive e la scena nel commissariato).

Beverly Hills Cop – Un piedipiatti a Beverly Hills **½ (*Beverly Hills Cop,* Usa 1984, col, 106') Martin Brest. Con Eddie Murphy, Judge Reinhold, John Ashton, Lisa Eilbacher, Ronny Cox. ◆ Per scoprire i responsabili dell'assassinio di un amico, il poliziotto di Detroit Axel Foley (Murphy) si trasferisce a Los Angeles: i suoi metodi scandalizzeranno i colleghi ma permetteranno di catturare il killer. Una trama scritta (da Daniel Petrie jr) per mescolare la commedia con i luoghi canonici del poliziesco moderno (violenza, inseguimenti automobilistici, sparatorie) e per sottolineare le qualità istrionesche di Murphy. Indimenticabile la sua sguaiatissima risata. Con due seguiti.

Beverly Hills Cop II – Un piedipiatti a Beverly Hills II * (*Beverly Hills Cop II,* Usa 1987, col, 102') Tony Scott. Con Eddie Murphy, Judge Reinhold, John Ashton, Ronny Cox, Brigitte Nielsen, Jürgen Prochnow. ◆ Seconda avventura di Axel Foley (Murphy): da Detroit è costretto a riprendere la strada di Los Angeles per indagare con i suoi personalissimi metodi sul ferimento dell'amico Bogomil (Cox). Caduta verticale di stile e risate rispetto alla prima puntata. La partecipazione della Nielsen, assassina in nero, sfiora il ridicolo e sembra involontariamente legittimare la diffusa misoginia della trama.

Beverly Hills Cop III – Un piedipiatti a Beverly Hills III *½ (*Beverly Hills Cop III,* Usa 1994, col, 104') John Landis. Con Eddie Murphy, Judge Reinhold, Hector Helizondo, Theresa Randle, Bronson Pinchot, Joey Travolta. ◆ Sulle tracce degli assassini del suo capo, il poliziotto Axel Foley (Murphy) scopre una banda di falsari che si nasconde in un parco-divertimenti di Los Angeles. Neanche Landis riesce a frenare il declino di Murphy, che cerca fiaccamente di rinverdire il suo personaggio più celebre. Innocuo cinema-ottovolante ormai in ritardo sui tempi, con scialbi spunti di satira verso quel luna-park che sono gli Stati Uniti. La sceneggiatura è di Steven E. de Souza. La mano di Landis si rischia di vedere solo nell'abitudine di far recitare colleghi registi, tra cui George Lucas (il turista deluso), Joe Dante (la guardia), Barbet Schroeder (l'uomo nella Porsche) e John Singleton (il pompiere).

Beyond the Valley of the Dolls **½ (*Beyond the Valley of the Dolls*, Usa 1970, col, 101') Russ Meyer. Con Dolly Read, Cynthia Myers, Marcia McBroom, John LaZar, Michael Blodgett, David Gurian, Edy Williams, Erica Gavin, Phyllis Davis, Charles Napier. ◆ Una banda di donne (Read, Myers e McBroom) arrivata a Hollywood è scoperta da un miliardario-mecenate (LaZar) che la ribattezza *The Carrie Nations* e la guida al successo e alla scoperta dell'erotismo decadente hollywoodiano. Intreccio barocco e complicatissimo ambientato in un contesto beat, delirante commistione di horror e musical irriverente e sexy (la fellatio di una pistola fatta da una donna nel dormiveglia che finisce in un omicidio; la scoperta che il miliardario è un transessuale; la scena della decapitazione dell'amante omosessuale che si chiude con lo squillo di fanfare della sigla 20th Century Fox) nel quale Meyer porta all'eccesso il suo stile fatto di violenza parossistica e ironia, «a metà strada tra l'orrore e la parodia, Faulkner e i fotoromanzi». Fu un grosso successo di pubblico (15 milioni di dollari di incassi), il più costoso dei film diretti da Meyer e il primo realizzato con una Major – la 20th Century Fox di Darryl Zanuck – che impose il titolo, ispirato a *The Valley of the Dolls* (in italiano *La valle delle bambole*) di Mark Robson, avventure di tre ragazze nel mondo dello show-business. Cosceneggiato dal critico cinematografico Roger Ebert. Edy Williams (che interpreta l'attrice porno Ashley Saint-Ives per la quale «niente è meglio di una Rolls Royce! Nemmeno una Bentley!») divenne la moglie di Meyer subito dopo le riprese. Il film era stato annunciato in Italia col titolo *Lungo la valle delle bambole*, ma è conosciuto col titolo originale con cui è stato distribuito in video.

Bianca ***½ (Italia 1984, col, 95') Nanni Moretti. Con Nanni Moretti, Laura Morante, Roberto Vezzosi, Remo Remotti, Vincenzo Salemme, Claudio Bigagli, Giovanni Buttafava. ◆ Michele Apicella (Moretti) divide la propria vita tra l'insegnamento nella scuola «Marilyn Monroe» e lo studio ossessivo delle situazioni sentimentali di amici e conoscenti. Mentre avvengono strane morti, Michele frequenta la collega Bianca (Morante) ma l'amore assoluto che insegue non ha lunga vita e così si consegna alla polizia, accusandosi degli omicidi delle persone che avevano tradito il proprio partner. Sceneggiato insieme a Sandro Petraglia, è il film che scava più in profondità nelle nevrosi e nelle ossessioni del personaggio Michele/Moretti, facendo esplodere l'insanabile contraddizione tra chi vorrebbe veder realizzate le proprie scelte assolute e chi invece si adatta passivamente ai propri limiti e ai propri «peccati». Costituendosi, Michele ammette la sconfitta del proprio ideale («Mi avevano deluso... Gli amici non possono comportarsi così. Perché io mica divento amico del primo che incontro, io decido di voler bene, scelgo. E quando scelgo è per sempre»), ma prima il film sottolinea con ferocia l'inadeguatezza di chi cerca di barcamenarsi tra le proprie contraddizioni, come dimostra il campionario grottesco dei professori. Entrati nella memoria collettiva la scena del commensale che «scava» sotto il montebianco e non conosce la sachertorte («e continuiamo così: facciamoci del male») e il monologo sulle scarpe delle generazioni giovanili («ogni scarpa una camminata; ogni camminata, una diversa concezione del mondo»). Indimenticabile Moretti che combatte l'angoscia mangiando Nutella da un bicchierone gigantesco. Lo psicologo è interpretato dal padre di Moretti, Luigi. Il ragazzo col bobtail è il futuro regista Daniele Luchetti.

Bianca e Bernie nella terra dei canguri ** (*The Rescuers Down Under*, Usa 1991, col, 70') Hendel Butoy, Mike Gabriel. ◆ I due topolini della Società internazionale di salvataggio Bianca e Bernie vengono inviati in Australia per liberare il piccolo Cody, tenuto prigioniero da un bracconiere che vuole usarlo per catturare un'aquila reale. Tornano i protagonisti delle *Avventure di Bianca e Bernie*: gli studios Disney cominciano a utilizzare in maniera massiccia l'animazione elettronica (e la differenza si vede), mentre la storia – nonostante le «citazioni» dai *Predatori dell'arca perduta* (l'inseguimento del mezzo cingolato, il topo australiano Jack abile nel maneggiare fruste e corde come Indiana Jones) – non riesce a fondere i personaggi umani con quelli animali, decisamente più riusciti.

Biancaneve e i sette ladri *½ (Italia 1950, b/n, 90') Giacomo Gentilomo. Con Peppino De Filippo, Mischa Auer, Gino Saltamerenda, Silvana Pampanini, Luigi Pavese, Franca Maresa, Vittorio Sanipoli, Giacomo Furia, Carlo Mazzarella. ◆ Il giorno di ferragosto, il ragioniere napoletano immigrato a Milano Peppino Biancaneve (De Filippo) deve trovare la forza di chiedere la mano di Nella al padre, il commendator Casertoni (Pavese), acerrimo nemico dei meridionali: prima di ottenerla, gli ruberanno l'auto, finirà in prigione per colpa di uno pseudoprincipe rumeno (Auer) e verrà scambiato per l'amante della procace Eleonora (Pampanini). Commedia degli equivoci non particolarmente interessante, punteggiata da una comicità «gracile e larvata», le cui trovate migliori sono merito del racconto da cui è tratta, *Il ladro* di Anton Germano Rossi, sceneggiato, tra gli altri, da Marchesi e Metz.

Biancaneve e i sette nani *** (*Snow White and the Seven Dwarfs*, Usa 1937, col, 83') David Hand [e Walt Disney]. ◆ Scacciata dalla matrigna, Biancaneve trova accoglienza nella casa dei sette nani. Ma l'invidia per la sua bellezza spinge la matrigna-strega a trasformarsi in una vecchia, che le offre una mela avvelenata: cadrà in un sonno profondo da cui la risveglierà il bacio di un principe. Primo lungometraggio totalmente animato della storia del cinema, questo libero adattamento della favola dei fratelli Grimm ha il suo punto di forza nella caratterizzazione dei sette nani (Dotto, Brontolo, Gongolo, Eolo, Mammolo, Pisolo e Cucciolo), capaci di controbilanciare comicamente la drammatica lotta tra la strega e Biancaneve. Realizzato con l'uso della multiplane camera (che permette di sovrapporre diversi fondali in trasparenza) e l'impiego di 32 animatori lungo l'arco di tre anni, questo film, accolto trionfalmente alla prima del 21 dicembre 1937 al Carthay Circle Theatre di Los Angeles, compendia perfettamente gli elementi fondanti dello stile Disney: l'antropomorfizzazione dei personaggi non umani, la verosimiglianza dello spazio plastico, il trionfo della morale come evento necessario della natura delle cose, la contaminazione dei generi come scelta funzionale all'idea che il diverso diventi omogeneo e il quotidiano prenda i colori vivaci della fantasia. La pellicola è stata rieditata otto volte (1944, 1952, 1967, 1975, 1983, 1987, 1992 e 1994, con un restauro al laser che ha ridato ai disegni la lucentezza originale) sempre con lo stesso grandissimo successo.

Biancaneve nella foresta nera *½ (*Snow White in the Black Forest*, Usa 1996, col, 105') Michael Cohn. Con Sigourney Weaver, Sam Neill, Monika Keena, Gil Bellows, Peter Gutenberg, Brian Glover. ◆ Vedovo con una figlia, il ricco Frederick (Neill) si risposa con la bella Claudia (Weaver), ma non sa di essersi portato in casa una strega, che cercherà di far uccidere la figliastra Lilli (Keena) e lo stesso marito. Ma non ha fatto bene i suoi conti. Inutile rilettura «gotica» della favola di Biancaneve: la sceneggiatura di Tom Szollosi e Deborah Serra comincia esplicitando alcuni temi psicoanalitici (la gelosia edipica della figlia verso la matrigna, il legame al limite dell'incesto tra la matrigna e il fratello [Gutenberg]), ma poi tutto scade nell'horror più pacchiano, con pugnalate agli specchi parlanti e cameriere-zombi.

Bianche scogliere di Dover, Le **½ (*The White Cliffs of Dover*, Usa 1944, b/n, 126') Clarence Brown. Con Irene Dunne, Alan Marshal, Van Johnson, Frank Morgan, Peter Lawford, Roddy McDowall. ◆ La dolorosa vicenda di una donna americana (Dunne) che perde il marito (Marshall) nella prima guerra mondiale e il figlio (Lawford) nella seconda. Tratto da un poema di Alice Duer Miller, è una tipica produzione di Talberg: un film retorico e a momenti anche superficiale ma con un ottimo cast tra cui una giovanissima Liz Taylor.

Bianco e nero a colori **½ (*La Victoire en chantant*, rititolato *Noirs et blancs en couleurs*, Francia 1976, col, 90') Jean-Jacques Annaud. Con Jean Carmet, Jacques Dufilho, Catherine Rouvel, Jacques Spiesser, Dora Doll. ◆ Allo scoppio della prima guerra mondiale gli eserciti colonialisti francesi e tedeschi dislocati in Africa si ritrovano improvvisamente nemici ma incapaci di combattere. Sarà proprio un giovane etnologo socialista (Spiesser) a incaricarsi di istruire le truppe francesi, sfruttando cinicamente la propria supremazia culturale. Il futuro regista del *Nome della rosa* esordisce con un film originale e graffiante, capace di demistificare il colonialismo razzista e l'intellettualismo pretenzioso degli europei in Africa. Premio Oscar come miglior film straniero nel 1978.

Bianco, il giallo e il nero, Il *½ (Italia 1974, col, 112') Sergio Corbucci. Con Giuliano Gemma, Tomas Milian, Eli Wallach, Manuel De Blas, Romano Puppo, Nazareno Zampella. ◆ Il pony sacro, regalo dell'Imperatore del Giappone ai suoi sudditi in terra americana, è rapito da una banda di fuorilegge. Lo sgangherato trio Gemma-Milian-Wallach affronterà i banditi. Spaghetti-western interrazziale, volutamente comico e scombinato.

Bianco Natale ** (*White Christmas*, Usa 1954, col, 120') Michael Curtiz. Con Bing Crosby, Danny Kaye, Vera-Ellen, Rosemary Clooney, Dean Jagger, Mary Wickes. ◆ Due artisti di varietà (Crosby e Kaye), che si erano conosciuti sotto le armi, organizzano uno show natalizio per rilanciare l'albergo del loro vecchio comandante. Film musicale dall'intreccio banale, ma con alcune belle canzoni di Irving Berlin, come *What Can You Do with a General* o *The Best Things Happen While You're Dancing*. Per le canzoni, Vera-Ellen è doppiata da Trudy Stevens. È il primo film girato in vistavision.

Bianco, rosso e... * (Italia 1972, col, 99') Alberto Lattuada. Con Sophia Loren, Adriano Celentano, Fernando Rey, Giuseppe Maffioli, Valentine [Victoria Zinni], Tina Aumont, Gianni Magni. ◆ Annibale Pezzi (Celentano) è un comunista che occupa abusivamente un posto-letto in ospedale: inevitabile lo scontro ideologico con suor Germana (Loren), che però si trasformerà prima in affetto e poi, quando Annibale è investito durante uno sciopero e riportato moribondo in ospedale, prenderà la forma di un ultimo bacio di autentico amore. Scritto appositamente per la Loren (da Tonino Guerra, Iaia Fiastri e Ruggero Maccari), il film annaspa tra la commedia di costume e il fotoromanzo, eccessivamente schiacciato dal divismo dei protagonisti. Simpatica la musica di Fred Bongusto.

Bianco, rosso e Verdone ** (Italia 1981, col, 110') Carlo Verdone. Con Carlo Verdone, Elena Fabrizi, Angelo Infanti, Mario Brega, Milena Vukotic. ◆ Un pedante padre di famiglia torinese, un animalesco emigrato in Germania felice di tornare in patria, e un ingenuo ragazzone in auto con la nonna percorrono l'autostrada del Sole per recarsi a Roma a votare. Al suo secondo film, Verdone ricalca lo schema di *Un sacco bello*: tre storie parallele, sempre con lui come protagonista, che ripropongono il tipo di comicità che l'ha reso popolare: forzature caricaturali, tra il grottesco e la farsa, stemperate da una vena di malinconia. Inevitabilmente ripetitivo.

Bibbia, La ° (Italia 1966, col, 174') John Huston. Con Michael Parks, Ulla Bergryd, Richard Harris, Franco Nero, John Huston, Pupella Maggio, Stephen Boyd, George G. Scott, Ava Gardner, Gabriele Ferzetti, Eleonora Rossi Drago, Peter O'Toole, Grazia Maria Spina. ◆ Dal Vecchio Testamento, la drammatizzazione dei primi 22 capitoli della Genesi: la creazione, la cacciata dal Paradiso terrestre, Caino (Harris) e Abele (Nero), il diluvio universale, la torre di Babele, Sodoma e Gomorra, la fede di Abramo (Scott). Superproduzione De Laurentiis (che all'inizio voleva affidare il film anche a Welles e Bresson) rivelatasi un epico flop. Grande sfarzo di scenografie e comparse ma pochissimo interesse, come era prevedibile aspettarsi «da un'industria che secondo la propria logica interna intende Iddio come un prodotto di consumo». Si salva solo l'episodio di Noè, interpretato dallo stesso Huston con una bella dose di ironia. Per interpretare Sara, la Gardner si fa vestire dalle Sorelle Fontana. La fotografia delle primissime sequenze sulla Creazione è di Hernst Haas; tutto il resto di Giuseppe Rotunno.

Biches, Les – Le cerbiatte *½ (*Les Biches*, Francia 1968, col, 88') Claude Chabrol. Con Jean-Louis Trintignant, Jacqueline Sassard, Stéphane Audran, Nane Germon, Henri Attal. ◆ Il rapporto particolare che lega le due amiche Frédérique (Audran) e Why (Sassard) è incrinato dalla comparsa di Paul (Trintignant): lo scatenarsi delle passioni libera anche la gelosia e porta Why a uccidere la sua amica. Nonostante il titolo (lasciato in francese perché si potesse leggere tutto attaccato: lesbiches) il film non ha niente di osé ma è piuttosto un ritratto a tinte forti delle tensioni che si nascondono sotto il formalismo dei rapporti borghesi.

Bidone, Il *** (Italia 1955, b/n, 104') Federico Fellini. Con Broderick Crawford, Richard Basehart, Giulietta Masina, Franco Fabrizi, Lorella De Luca. ◆ Fra truffe ai danni di gente semplice e lo spaccato di un certo sottobosco romano, il fallimento esistenziale di un bidonista di professione (Crawford, straordinario ma perennemente ubriaco durante le riprese): vorrebbe mollare tutto, ma per uno sgarro ai suoi complici verrà pestato a sangue e ucciso. Penalizzato dai tagli (in origine durava oltre due ore), per la sua fusione di crudele realismo e di spunti surreali resta un anello di passaggio fondamentale tra il primo Fellini e i capolavori della maturità. Criticato a Venezia (dove non fu apprezzata la personale rilettura dell'idea cattolica della Grazia che può riscattare tutta una vita), segnò l'inizio dell'allergia del regista per i festival.

Bidoni * (Italia 1995, col, 100') Felice Farina. Con Giuseppe Cederna, Angela Finocchiaro, Gioele Dix, Daniele Liotti, Ottavia Piccolo, Stefano Sarcinelli, Nicola Di Pinto, Patrizia Piccinini, Victor Cavallo, Anna Melato, Umberto Contarello. ◆ Giornalista d'assalto in una Tv locale, Giuseppe (Cederna) scopre i traffici inquinanti di un politico (Dix) grazie all'aiuto, più o meno involontario, del carabiniere (Liotti) con cui divide l'appartamento e di una segretaria (Finocchiaro) non proprio incorruttibile. Pasticciaccio sconclusionato che vorrebbe assomigliare a una commedia degli equivoci, sceneggiato da Eleonora Fiorini col regista, che si vede nei panni del messo che consegna l'ingiunzione. Cammeo per Enrico Magrelli, esperto in un dibattito. Ingiustificato Ciak d'oro del pubblico a Venezia.

Bi e il Ba, Il * (Italia 1985, col, 90') Maurizio Nichetti. Con Nino Frassica, Marco Messeri, Leo Gullotta, Maria Giovanna Elmi. ◆ Antonino Scannapieco (Frassica), parte dal paesello natio alla volta di Roma per cercare un famoso mago che possa risolvere il problema della sua vita: la forfora. Avrà modo di conoscere il suo idolo, la presentatrice Maria Giovanna Elmi (che interpreta se stessa). Storia francamente banale, con un Frassica opaco e meno divertente che in Tv.

Big ** (*Big*, Usa 1988, col, 102') Penny Marshall. Con Tom Hanks, Elizabeth Perkins, Robert Loggia, John Heard, Jared Rushton, David Moscow, Mercedes Ruehl. ◆ Un mago di luna park esaudisce il desiderio del dodicenne Joshua: diventare grande. E così si trova con un corpo da adulto (Hanks) ma i desideri di un bambino. Sarà perfetto per dirigere il reparto giocattoli di un grande magazzino, ma imbarazzato per giocare con la sua amichetta del cuore. Divertente e ben recitato. Strana (ma casuale) identità di soggetto con *Da grande* di Francesco Amurri.

Bigamo, Il **½ (Italia/Francia 1955, b/n, 101') Luciano Emmer. Con Marcello Mastroianni, Giovanna Ralli, Franca Valeri, Memmo Carotenuto, Vittorio De Sica, Marisa Merlini, Ave Ninchi, Salvo Randone, Vincenzo Talarico, Guglielmo Inglese, Mario Passante, Fernando Milano, Enzo Garinei, Carlo Mazzarella. ◆ Sposato con Valeria (Ralli), il rappresentante di commercio Mario De Santis (Mastroianni) è accusato di aver contratto matrimonio sette anni prima anche con Isolina Fornaciari (Valeri): la scarsissima abilità del suo avvocato (De Sica, gigione come non mai) gli aumenterà i problemi invece di risolverli. Commedia improbabile su un caso di omonimia ma piacevolmente comica, specie per merito di Mastroianni e Carotenuto (il detenuto Quirino, che prende in simpatia il «bigamo» e si ingegna per aiutarlo). Sceneggiatura di Sergio Amidei, Age, Furio Scarpelli, Vincenzo Talarico (che interpreta l'avvocato della moglie Valeria) e Francesco Rosi. Innocue frecciatine ai nostalgici del Ventennio e alla verbosità notarile.

Big Boss ** (*Lepke*, Usa 1975, col, 105') Menahem Golan. Con Tony Curtis, Warren Berlinger, Milton Berle, Vic Tayback, Anjanette Comer, Michael Callan. ◆ Ascesa e caduta del gangster Louis Bouchalter, detto Lepke (Curtis), a cui fu fatale il tentativo di entrare nel mercato della droga: si trovò contro l'Fbi, la mafia italiana e quella irlandese. Gangster-film di impianto classico con un Curtis sorprendentemente convincente nella parte del cattivo. Esiste una versione ridotta a 98' opera dello stesso Golan.

Big Easy, The **½ (*The Big Easy*, Usa 1987, col, 102') Jim McBride. Con Dennis Quaid, Ellen Barkin, Ned Beatty, John Goodman, Grace Zabriskie, Solomon Burke, Jim Garrison. ◆ Giallorosa in versione aggiornata, con una poliziotta tutta d'un pezzo (Barkin) e un collega più disponibile ai compromessi (Quaid), che alternano le indagini su un grosso traffico d'eroina (in cui sono coinvolti anche alcuni poliziotti) alle gioie del sesso. Atmosfere torride, come d'obbligo a New Orleans (la *Big Easy* del titolo), ma anche un ritmo indiavolato che cambia di continuo: la sceneggiatura è di Daniel Petrie jr. Le scene d'amore hanno molto colpito l'immaginazione del pubblico americano, così come la colonna sonora. Jim Garrison (che interpreta se stesso) è il giudice a cui si è ispirato Stone per *JFK*.

Big Fish ** (*Shooting Fish*, Gb 1997, col, 109') Stefan Schwartz. Con Dan Futterman, Stuart Townsend, Kate Beckinsale, Nickolas Grace, Claire Cox, Ralph Ineson, Dominic Mafham, Peter Capaldi. ◆ Dylan e Jez (Futterman e Townsend) organizzano truffe a danno di riccastri, ma fanno credere a Georgie (Beckinsale) di essere dei moderni Robin Hood: e lei ci crede, perché ha un fratello down e il ricco fidanzato (Grace) le ha promesso i soldi per una scuola speciale; poi però tutti calano la maschera. Una commedia scanzonata e scriteriata, sceneggiata da Richard Holmes e Stefan Schwartz con bell'ingegno quando si tratta di inventare truffe ai danni di antipatici piccoli borghesi, ma scontata e buonista appena entra in campo l'handicap.

Bigfoot e i suoi amici ** (*Harry and the Hendersons*, Usa 1987, col, 110') William Dear. Con John Lithgow, Melinda Dillon, Margaret Langrick, Joshua Rudoy, Kevin Peter Hall, Don Ameche. ◆ Una famigliola americana adotta un leggendario abitante dei boschi, peloso e con i piedi fuori misura. Inevitabile che la sua presenza porti scompiglio nella tranquilla cittadina. Produzione miliardaria di Steven Spielberg, con una versione «terrestre» di *E.T.*, infinitamente meno poetica, ma discretamente divertente. Oscar a Rick Baker per il miglior trucco.

Biglietti... d'amore * (*The Scalper*, conosciuto anche col titolo *Just the Ticket*, Usa 1998, col, 105') Richard Wenk. Con Andy Garcia, Andie MacDowell, Richard Bradford, Sullivan Cooke, Laura Harris. ◆ In fibrillazione per l'arrivo del papa, il bagarino newyorkese Gary Starke (Garcia) deve badare alla fidanzata che scalpita (MacDowell) e ai feroci concorrenti. Commediuccia prodotta dagli attori, che si ritengono irresistibilmente simpatici: cerca invano di far ridere e di far piangere, e alla fine affonda nella melassa più trita. Con la partecipazione speciale del vero Joe Frazier e di un sosia di Wojtyła. Sceneggiatura del regista.

Biglietto in due, Un ** (*Planes, Trains and Automobiles*, Usa 1987, col, 95') John Hughes. Con Steve Martin, John Candy, Laila Robbins, Michael McKean, Carol Bruce. ◆ Per una serie incredibile di ritardi e coincidenze un serioso manager (Martin) è costretto alla promiscuità con un grossolano commesso viaggiatore (Candy) in un rocambolesco viaggio attraverso l'America. Ogni spunto è buono per una comicità non banale né stereotipata (ma un po' zuccherosa), nello scontro tra interpreti allenati alla grande scuola del *Saturday Night Live*.

Big Man ** (*The Big Man*, Usa 1990, col, 116') David Leland. Con Liam Neeson, Joanne Whalley-Kilmer, Ian Bannen, Billy Connolly, Amanda Walker. ◆ Danny Scoular (Neeson), minatore scozzese disoccupato, accetta un incontro di pugilato a mani nude, finendo nelle mani di un boss senza scrupoli (Bannen). Da un romanzo di William McIlvanney, una vecchia storia di coraggio, corruzione e tradimento, che trova la sua maggiore originalità nell'ambientazione e nel tono cupo. Una delle migliori interpretazioni di Neeson non basta a far uscire il film dal limbo dei senza infamia e senza lode. Musiche di Ennio Morricone.

Big Night ** (*Big Night*, Usa 1996, col, 110') Stanley Tucci, Campbell Scott. Con Stanley Tucci, Tony Shalhoub, Minnie Driver, Isabella Rossellini, Ian Holm, Campbell Scott, Marc Anthony. ◆ Nel New Jersey, durante gli anni Cinquanta, il ristorante dei fratelli Primo (Shalhoub) e Secondo (Tucci) Pilaggi non incontra i gusti del pubblico a causa del loro eccessivo rigore culinario. Così, per aiutarli, l'amico e concorrente Pascal (Holm) si offre di convincere un celebre cantante a partecipare a una serata promozionale: ma quella serata, su cui i due fratelli investono tutte le loro speranze di sfondare, riserverà più di una sorpresa. La lenta dissoluzione di un sogno (italo)-americano in una commedia culinaria dal sorriso triste, dove i silenzi e la mimica contano più delle parole: l'esordio alla regia degli attori Tucci e Scott (che nel film fa il concessionario di Cadillac) sconta una sceneggiatura un po' approssimativa (di Tucci e Joseph Tropiano), ma si rifà con ritratti fuori dagli stereotipi, interpretati con intensità. E il timballo finale mette davvero l'acquolina in bocca. Il doppiaggio italiano ha incomprensibilmente trasformato i fratelli calabresi in abruzzesi.

Big Time **½ (*Big Time*, Usa 1988, col, 87') Cris Blum. Con Tom Waits. ◆ Le riprese di un concerto di Tom Waits (il materiale di base è quello di *Rain Dogs*) alternate a monologhi e scenette in cui Waits, in vari travestimenti, mostra la sua abilità istrionica. Solo per i fan, ma più intelligente, ironico e vario della media dei film-concerto.

Bilitis * (*Bilitis*, Francia 1976, col, 95') David Hamilton. Con Patti D'Arbanville, Mona Kristensen, Bernard Giraudeau, Mathieu Carrière, Gilles Kohler. ◆ La studentessa Bilitis (D'Arbanville) nonostante sia innamorata di un avvenente fotografo non disdegna di divertirsi con giochetti saffici. Vagamente ispirato a una raccolta di poemetti di Pierre Louys, un film levigato e senza sostanza, opera prima di un fotografo che ripropone sullo schermo il suo stile estetizzante e, fondamentalmente, voyeuristico.

Bill sei grande ** (*When Willie Comes Marching Home*, Usa 1950, b/n, 82') John Ford. Con Dan Dailey, Corinne Calvet, Colleen Townsend, William Demarest, James Lydon. ◆ Bill Kluggs (Dailey) è il primo volontario di Puxatawney ad arruolarsi dopo l'attacco di Pearl Harbor, ma i suoi ideali eroici sono delusi; incaricato di addestrare le reclute è trattato da tutti come un imboscato fino al giorno in cui viene incaricato di una missione nella Francia occupata. I comici equivoci di chi deve diventare un eroe a tutti i costi: una commedia lineare e divertente che se la prende (blandamente) con i valori della provincia americana.

Billy Bathgate a scuola di gangster ** (*Billy Bathgate*, Usa 1991, col, 107') Robert Benton. Con Dustin Hoffman, Nicole Kidman, Loren Dean, Bruce Willis, Steven Hill, Steve Buscemi. ◆ Per il giovane Billy (Dean) il passaggio all'età adulta significa entrare nella banda di Dutch Schultz (Hoffman), gangster ormai sul viale del tramonto. Ma la centralità di Billy e della sua educazione alla vita, che stavano alla base del romanzo di Doctorow, si perdono nel film, sceneggiato da Tom Stoppard, di fronte al peso che assume lo Schultz intrepretato da Hoffman (più un complessato psicopatico che un vero «maestro» di malvagità) e all'eleganza delle scenografie e delle immagini (di Nestor Almendros).

Billy Budd ** (*Billy Budd*, Usa/Gb 1962, b/n, 112') Peter Ustinov. Con Robert Ryan, Peter Ustinov, Melvyn Douglas, Terence Stamp, Paul Rogers. ◆ Billy Budd (Stamp), marinaio su una nave inglese durante le guerre napoleoniche, è giustiziato per aver ucciso un sadico commissario di bordo (Ryan) che lo opprimeva. Tratto dalla versione teatrale del racconto di Melville, il film racconta in parallelo il dramma umano del marinaio e il peso delle convenzioni militaresche (dove «onore» e «patria» passano davanti a tutto, anche alla voglia di libertà e alla giustizia); l'ottima interpretazione collettiva non cancella una certa teatrale staticità dell'insieme, impoverendo la forza del racconto melvilliano e la sua metafora sullo scontro tra Bene e Male.

Billy il bugiardo *** (*Billy Liar*, Gb 1963, b/n, 96') John Schlesinger. Con Tom Courtenay, Julie Christie, Wilfred Pickles, Mona Washbourne, Ethel Griffies. ◆ Per sfuggire al grigiore della vita quotidiana, il timido impiegato Billy Fisher (Courtenay) si inventa un paese immaginario, Ambrosia, dove vive ogni genere di avventure, e così i problemi sul lavoro e con la famiglia trovano una compensazione nella fantasia. Nemmeno l'amore di Liz (Christie) riuscirà a staccarlo da questo mondo irreale. Da un racconto di Keith Waterhouse (alla base della commedia scritta con Willis Hall), uno spaccato di vita della classe media, divertente ritratto della mediocrità quotidiana inglese. Non ancora «cinema arrabbiato» ma certamente cinema di personaggi «insoddisfatti e spesso intimiditi dalla loro stessa complessità». Lanciò Courtenay e Julie Christie.

Billy Jack *½ (*Billy Jack*, Usa 1971, col, 114') T.C. Frank [Tom Laughlin]. Con Tom Laughlin, Dolores Taylor, Fred Koenekamp, John Stephens, Ken Tobey, Clark Howat. ◆ Per difendere la riserva indiana e la scuola di cui è guardia armata, il mezzosangue Billy Jack (Laughlin) ricorre a qualsiasi mezzo, anche violento: scatenerà le ire dei potenti locali che lo vogliono morto, ma il governo lo difenderà. Approssimativo incrocio tra un western e il filone del giustiziere solitario, infastidisce per l'evidente contraddizione tra «messaggio progressista» e metodi violenti usati per trasmetterlo. Il personaggio era già stato protagonista di *Violence* (1967) e tornerà in *The Trial of Billy Jack* (1974) e *Billy Jack Goes to Washington* (1977), questi ultimi inediti in Italia.

Billy Madison ** (*Billy Madison*, Usa 1995, col, 96') Tamra Davis. Con Adam Sandler, Darren McGavin, Bradley Whitford, Bridgette Wilson, Josh Mostel. ◆ Ventisettenne scioperato di ottima famiglia, Billy Madison (Sandler) vede sfumare l'eredità miliardaria: per riconquistare la stima del padre (McGavin) e soprattutto le sue aziende, decide di recuperare in tempo record l'intera carriera scolastica. Una commedia *diseducativa* che rivisita, per riconfermarlo, il mito americano del self made man strizzando l'occhio al filone dell'idiota sapiente tipo *Forrest Gump* e a certo cinema demenziale di derivazione televisiva. La sceneggiatura (di Tim Herlihy e Adam Sandler) è miserella, e l'attore protagonista crede ancora di essere sul piccolo schermo (faceva parte del *Saturday Night Live*), ma qua e là si sente la mano della regista, indipendente conosciuta in Italia solo attraverso l'homevideo. Gustoso cammeo di Steve Buscemi nel ruolo di uno psicotico sciroccato che diventa serial killer.

Billy the Kid

William H. Bonney, detto Billy the Kid, nasce nel 1859 a New York da dove parte giovanissimo per il West: a 12 anni frequenta già le bische, poi si guadagna la vita come cowboy lavorando per un barone del bestiame, l'inglese Tunsdall, che viene ucciso da alcuni ladri. Billy diventa così uno dei protagonisti della cosiddetta «guerra di Lincoln County» e grazie alla sua abilità con la pistola si trova ben presto a capo di una banda di fuorilegge. Per catturarlo viene nominato sceriffo il suo ex amico Pat Garrett (1854?-1908) che riesce a metterlo in prigione: Billy però evade e Garrett lo insegue e lo uccide in duello. Era il 1881. Ventun omicidi in ventun anni di vita fanno immediatamente crescere la fama di questo giovanissimo pistolero, perfetto per incarnare il mito del ribelle inevitabilmente votato alla morte. Questo ritratto viene ripreso da Hollywood che lo utilizza per illustrare uno dei suoi stereotipi di maggior successo: il giovane non necessariamente cattivo, ma impulsivo e spinto a commettere per generosità atti irreparabili. Questo sarà il Billy the Kid illustrato nei film di King Vidor, Budd Boetticher, Kurt Newman o David Miller. Più complesso e influenzato da un'evidente lettura freudiana il personaggio raccontato da Arthur Penn, che ce lo presenta come un orfano alla disperata ricerca di una figura paterna. Più lontane dal mito, due tra le ultime realizzazioni cinematografiche: quella di Stan Dragoti demistifica l'aura del personaggio presentandoci le sue miserie quotidiane, quella di Peckinpah equilibra la storia di Billy the Kid con quella altrettanto importante di Pat Garrett.

Decisamente eccentrico, invece, il ritratto che offre il film di Howard Hughes *Il mio corpo ti scalderà*, dove Billy the Kid e Doc Holliday sono i due vertici di un triangolo sentimentale con la moglie di Doc (una prorompente Jane Russell): Garrett entra in gioco dopo la morte di Holliday, dando il via a una situazione in cui, come scrisse Bazin, «due uomini si dividono la stessa donna, ma sono innamorati dello stesso cavallo».

I PRINCIPALI FILM SONORI

Billy the Kid Returns * (Usa 1938, b/n, 58') Joseph Kane. Con Roy Rogers, Smiley Burnette, Lynne Roberts, Wade Boteler. ◆ Sfruttando la sua rassomiglianza con Billy the Kid, un cowboy (Rogers) riporta ordine e legge a Lincoln County. Una commedia comica con qualche numero musicale. Inedito in Italia.

Billy the Kid **½ (Usa 1939, b/n, 90') King Vidor. Con Johnny Mack Brown, Wallace Beery, Kay Johson, Karl Done. ◆ La caccia di Garrett (Beery) per catturare Billy the Kid (Brown) descritto come l'eroe di una morale individualistica: e infatti dopo averlo arrestato due volte, Garrett lo lascia libero. Conosciuto anche col titolo *The Highwayman Rides*. Inedito in Italia.

Terra selvaggia (1941) di David Killer

Il mistero dei tre sosia (1942) di Sherman Scott [Sam Newfield]

Il mio corpo ti scalderà (1943) di Howard Hughes

The Kid of Texas *½ (Usa 1950, b/n, 78') Kurt Newmann. Con Audie Murphy, Albert Dekker, Shepperd Strudwick, Frank Wilcox. ◆ Rilettura del mito di Billy the Kid (Murphy), raccontato per la prima volta senza molta comprensione per il bandito. Conosciuto anche col titolo *Texas Kid, Outlaw*. Inedito in Italia.

La legge contro Billy the Kid (1954) di William Castle

La straniera (1956) di Mervin LeRoy

Furia selvaggia (Billy the Kid) (1958) di Arthur Penn

Alle frontiere del Texas (1962) di León Klimovsky

The Outlaws Is Coming ** (Usa 1965, b/n, 89') Norman Maurer. Con i tre Stooges, Adam West, Nancy Kowack, Mort Mills, Johnny Ginger. ◆ Arrivati nel West per combattere lo sterminio del bufalo, tre membri della *Preservation of Wild Life Society* (gli Stooges) devono affrontare una serie di banditi tra cui Billy the Kid (Ginger), in compagnia di Annie Oakley. Conosciuto anche col titolo *Three Stooges Meet the Gunslinger*, è l'ultimo film interpretato dal terzetto di comici, ricco di situazioni decisamente divertenti (come il duello che vede riuniti praticamente tutti i pistoleri della mitologia western). Inedito in Italia.

Billy the Kid vs. Dracula * (Usa 1965, col, 95') William Beaudine. Con Chuck Courtney, John Carradine, Melonda Plowman, Virginia Christine. ◆ Billy the Kid (Courtney) vuole sposarsi ma non si accorge che lo zio della sposa è un vampiro. Un *cult movie* per i fanatici del gusto camp. Inedito in Italia.

Chisum (1970) di Andrew V. McLaglen

Dirty Little Billy **½ (Usa 1972, col, 92') Stan Dragoti. Con Michael J. Pollard, Lee Purcell, Richard Evans, Charles Aidman, William Sage. ◆ Una ricostruzione antiromantica della gioventù di Billy the Kid (Pollard), fino al giorno del suo primo omicidio. Un West raccontato senza nessuna enfasi e un ritratto del bandito come una sorta di psicopatico. Ottima interpretazione di Pollard. Inedito in Italia.

Pat Garrett e Billy the Kid (1973) di Sam Peckinpah

Youngs Guns – Giovani pistole (1988) di Christopher Cain

Young Guns II – La leggenda di Billy the Kid (1990) di Geoff Murphy

---

Billy the Kid (di King Vidor) → *voce «Billy the Kid»*

Billy the Kid Returns → *voce «Billy the Kid»*

Billy the Kid vs. Dracula → *voce «Billy the Kid»*

Bingo Bongo * (Italia 1982, col, 105') Pasquale Festa Campanile. Con Adriano Celentano, Carole Bouquet, Felice Andreasi, Enzo Robutti. ◆ Allevato dalle scimmie e portato a Milano per essere «studiato», l'uomo-animale Bingo Bongo (Celentano) sfugge ai suoi salvatori e si perde nella grande città: sarà ritrovato da un'antropologa (Bouquet) che gli insegnerà i valori umani. L'ecologia secondo Celentano: la vera bestia è l'uomo, la vera giungla è la città, eccetera eccetera. Un vero trionfo del luogo comune, ma la Bouquet è irresistibile anche con il camice bianco.

Bionda, La *½ (Italia 1993, col, 121') Sergio Rubini. Con Sergio Rubini, Nastassja Kinski, Ennio Fantastichini, Luca Barbareschi, Umberto Raho. ◆ Foggiano a Milano, Tommaso Montefusco (Rubini) telefona alla fidanzata tutti i giorni, ma la sua vita viene sconvolta quando gli cade sul cofano della macchina la smemorata Cristina (Kinski), i cui loschi giri gli saranno fatali. Alla seconda regia, Rubini non fa che riproporre e movimentare lo schema della *Stazione*: ma inseguimenti in autostrada, ralenti, piani sequenza che non finiscono mai e musiche non banali (di Jürgen Knieper) non bastano a fare un noir, quando la sceneggiatura (di Filippo Ascione, Umberto Marino e dello stesso Rubini) è quella che è.

Bionda e lo sceriffo, La ** (*The Sheriff of Fractured Jaw*, Usa 1958, col, 110') Raoul Walsh. Con Kenneth More, Jayne Mansfield, Henry Hull, William Campbell, Bruce Cabot, Robert Morley. ◆ Il gentleman inglese e fabbricante d'armi Jonathan Tibbs (More) cerca fortuna nel West. Dopo avere disarmato un gruppo di indiani con un ombrello, viene nominato sceriffo contro la sua volontà, si destreggia tra due bande rivali e impalma la proprietaria del saloon (Mansfield). Dopo *Un re per quattro regine*, Walsh completa la sua demolizione parodistica del western: l'eroe, questa volta, non sa neanche sparare. L'operazione è in anticipo sui tempi, ma Walsh non è un umorista raffinato, e gli attori sono scipiti. Girato in Spagna (esterni) e Inghilterra (interni). Sceneggiatura di Arthur Dales.

Bionda esplosiva, La **½ (*Will Success Spoil Rock Hunter?*, Usa 1957, col, 95') Frank Tashlin. Con Tony Randall, Jayne Mansfield, Betsy Drake, Joan Blondell, Henry Jones, Lili Gentle, John Williams, Mickey Hargitay, Groucho Marx. ◆ L'idea di usare l'attrice Rita Marlowe (Mansfield) per rilanciare un rossetto fa la fortuna professionale del pubblicitario Rock Hunter (Randall), ma gli complica moltissimo la vita sentimentale con la fidanzata Jenny (Drake), perché la diva pretende di spacciarlo anche come suo amante. Riscrivendo completamente la pièce di George Axelrod, Tashlin trasforma una commedia divertente (che a Broadway aveva lanciato la Mansfield) in una satira scatenata del mondo pubblicitario e in una feroce accusa contro l'obbligo tutto americano di avere successo. Ossessionato dallo spettro della televisione, il film è costruito sulla confusione che la pubblicità può creare tra pubblico e privato (gli amori di Rita Marlowe con un imbarazzante pseudo Tarzan hollywoodiano – interpretato con molta ironia dal vero fidanzato della Mansfield, Mickey Hargitay – e quelli di Rock Hunter con una fidanzata ossessionata dalla pochezza del suo seno devono adeguarsi alle esigenze della campagna promozionale per il rossetto), confusione sottolineata ancora di più dall'identificazione tra Tv e messaggi pubblicitari che, fin dai titoli di testa, sono presentati come disastrosamente e irresistibilmente comici. Accolto con il medesimo disprezzo che subì un'opera per molti versi simile (*Un re a New York* di Chaplin), questo film conferma ancora oggi la lucidità «politica» di Tashlin (alcune critiche funzionerebbero benissimo anche per il berlusconismo) e sottolinea la grande forza visiva della sua messinscena, intelligentemente debitrice della carica coloristica dell'arte moderna.

Bionda fragola **½ (*The Strawberry Blonde*, Usa

1941, b/n, 99') Raoul Walsh. Con James Cagney, Olivia de Havilland, Rita Hayworth, Jack Carson, Alan Hale. ◆ Nel 1910, un aspirante dentista (Cagney) si vede portar via la donna che ama (Hayworth) da un amico imbroglione, a causa del quale dovrà anche scontare cinque anni di galera. Tornato libero, scoprirà che la sua vera fortuna è aver sposato una donna fedele e comprensiva (de Havilland), amica della donna per cui spasimava. Seconda versione della commedia *One Sunday Afternoon* di James Hogan, dopo *Convegno d'amore* (1933, di Stephen Roberts con Gary Cooper e Fay Wray) e prima di *One Sunday Afternoon* (1948, sempre di Walsh ma in versione musicale, con Dennis Morgan e Dorothy Malone, inedito in Italia), è un film garbato e piacevole, nonostante una trama del tutto incredibile, che lanciò la Hayworth (scelta per sostituire Ann Sheridan perché aveva la stessa taglia e non avrebbe fatto sprecare i costumi già pronti) e confermò le doti leggere di Cagney.

Bionda fragola *½ (Italia 1980, col, 95') Mino Bellei. Con Mino Bellei, Umberto Orsini, Gianni Felici, Nanda Primavera, Renato Scarpa, Antonio Faà di Bruno. ◆ La vita di una tranquilla coppia di omosessuali (Bellei e Orsini) è vivacizzata dall'arrivo di un giovane fotomodello (Felici): dal rapporto a tre si passa così a una competizione senza risparmio di colpi. Dall'omonimo successo teatrale di Bellei, che nel titolo vuole essere un omaggio al mito di Rita Hayworth e al film di Walsh, una commedia che scherza con i luoghi comuni sull'omosessualità, sostenuta (ma solo nella prima parte) da un buon dialogo. Ma Neil Simon è un'altra cosa.

Bionda incendiaria *½ (*Incendiary Blonde*, Usa 1945, col, 113') George Marshall. Con Betty Hutton, Arturo de Cordova, Charlie Ruggles, Albert Dekker, Barry Fitzgerald. ◆ La vita di Texas Guinan (Hutton), cantante di vaudeville diventata prima una star della rivista e poi un'attrice di successo a Hollywood, e che non riesce a dimenticare il suo grande amore, il proprietario del circo viaggiante nel quale ha ottenuto i suoi primi successi. Biografia largamente immaginaria della cantante che diventò la «regina dei night-club» durante il proibizionismo (e un'attrice subito dimenticata alla Warner): il film si regge sulla vitalità della Hutton e su una colonna sonora di belle canzoni d'epoca, tra le quali l'indimenticabile *It Hat To Be You*.

Bionda sotto scorta, Una *½ (*Chasers*, Usa 1994, col, 101') Dennis Hopper. Con Tom Berenger, Erika Elaniak, William McNamara, Gary Busey, Crispin Glover, Frederic Forrest, Marilu Henner, Dean Stockwell, Seymour Cassel. ◆ A un giorno dal congedo, il marinaio Ed Devane (McNamara) deve scortare la detenuta Toni (Elaniak) assieme al granitico sergente Reilly (Berenger). La ragazza usa ogni arma per tentare la fuga, e ogni volta viene riacciuffata: finché anche Reilly si convince che le sue proteste di innocenza potrebbero essere vere. Quasi un remake dell'*Ultima corvée*, ma senza amarezza di fondo. Alla sua prima commedia, Hopper cerca invano il divertimento picaresco e l'anarchia alla Blake Edwards, ma quasi non indovina una gag, e soprattutto non riesce a rendere simpatici i personaggi. Resta uno sguardo curioso e caricaturale verso l'America del profondo Sud, popolata da mostri umani e architettonici. Cast fitto di nomi illustri sprecati: ma il peggio lo fa Hopper, che prima si nasconde in un costume da maiale e poi si mette un naso finto nella parte del commesso viaggiatore pornomane.

Bionda tutta d'oro, Una *½ (*The Real McCoy*, Usa 1993, col, 104') Russell Mulcahy. Con Kim Basinger, Val Kilmer, Terence Stamp, Gailard Sartain, Zach English. ◆ Rapinatrice di banche in libertà sulla parola, Karen McCoy (Basinger) deve tornare in azione sotto il ricatto di un «collega» (Stamp) che le ha rapito il figlio, a cui peraltro l'ex marito (Kilmer) ha detto che la mamma è morta. Un giallo che vorrebbe strizzare l'occhio alla commedia, sceneggiato senza una vera idea (se non quella di parlar male dei prodotti giapponesi) da William Davies e William Osborne. Il punto più basso si tocca quando Val Kilmer vorrebbe far ridere.

Bionde, rosse, brune... * (*It Happened at the World's Fair*, Usa 1963, col, 105') Norman Taurog. Con Elvis Presley, Gary Lockwood, Joan O'Brien, Yvonne Craig, Ginny Tiu. ◆ Disavventure di due piloti civili (Presley e Lockwood) che a causa delle donne e del gioco d'azzardo rimangono sempre al verde. Film costruito solo per le esibizioni di Elvis che tra le altre canzoni interpreta *A World of Our Own* e *Happy Handing*. Piccolo ruolo per il giovanissimo Kurt Russell.

Biraghin *½ (Italia 1946, b/n, 90') Carmine Gallone. Con Lilia Silvi, Andrea Checchi, Lauro Gazzolo, Paolo Stoppa, Mario Pisu, Edda Albertini, Guglielmo Barnabò, Carla Rovere, Tino Scotti, Elodia Maresca, Aristide Baghetti. ◆ Figlia di due poveri portinai, Pina Biraghi detta Biraghin (Silvi) diventa prima ballerina alla Scala: per un anno si destreggerà abilmente fra tre ricchi spasimanti (Barnabò, Stoppa e Pisu), ma alla fine sceglierà l'amore di un romantico giornalista (Checchi). Curiosa e contraddittoria commedia di ambientazione milanese (con numerose battute in vernacolo comicamente pronunciate con cadenze non sempre corrette) tratta dalla commedia di Arnaldo Fraccaroli, che firma anche la sceneggiatura col regista. Se la recitazione insopportabilmente garrula della Silvi e la storia sdolcinata e caramellosa sembrano un cascame del peggior cinema dei telefoni bianchi, il comportamento della protagonista che accetta preziosissimi regali senza concedersi (come sottolinea esplicitamente più di una volta «l'illibata» Biraghin) aggiorna la figura della «mondana» ottocentesca che si faceva mantenere dagli uomini: la morale sessuale è salva, ma il messaggio che «l'amore non è amore se ti mancano i quattrin» (come dice la canzone del film) è sottolineato con forza fino al consolatorio lieto fine.

Bird **** (*Bird*, Usa 1988, col, 163') Clint Eastwood. Con Forest Whitaker, Diane Venora, Michael Zelniker, Samuel E. Wright, Keith David, Diane Salinger, Anna Levine. ◆ La vita del sassofonista Charlie Parker (Whitaker), nato nel 1920 e morto nel 1955, che rivoluzionò il jazz all'inizio degli anni Quaranta inventando il bebop. Eastwood racconta senza rispettare la cronologia, ma procedendo secondo libere associazioni: da un tentativo di suicidio al rapporto con la moglie bianca, Chan (Venora), dagli effimeri successi alla schiavitù della droga. «Non c'è un secondo tempo nella vita degli americani» recita l'epigrafe di Scott Fitzgerald che apre il film ed Eastwood riflette sul mito dell'artista che si autodistrugge, ma non versa lacrime né spinge il pedale del patetico. *Bird* è un viaggio nella memoria e nella notte, sorprendentemente asciutto e privo dei luoghi comuni di altri film sul jazz: un vero atto d'amore nei confronti di un musicista, ma non per questo un'agiografia. Eastwood, per la seconda volta (dopo *Breezy*) solo regista, gira il suo film più anticonformista. I puristi del jazz hanno criticato la colonna sonora, nella quale assoli originali di Parker sono stati sovrapposti a una sezione ritmica incisa ex novo, ma l'effetto finale è decisamente buono (e premiato con un Oscar a Les Fresholtz, Dick Alexander, Vern Poore e Willie D. Burton). Alcuni cineasti neri, come Spike Lee, hanno accusato Eastwood di essersi impadronito di una cultura che non gli appartiene, ribadendo gli stereotipi dell'artista nero destinato al fallimento, ma basta un personaggio come quello di Dizzy Gillespie (Wright), che predica a Parker l'autodisciplina come strumento di lotta contro i bianchi, per rilevare come in *Bird* non vi sia nulla di paternalistico e di accomodante. Damon Whitaker, fratello di Forest, interpreta Charlie Parker giovane. Whitaker è stato premiato a Cannes.

Birdy – Le ali della libertà **½ (*Birdy*, Usa 1984, col, 120') Alan Parker. Con Matthew Modine, Nicolas Cage, Karen Young, John Markins, Dandy Bardon. ◆ Due amici d'infanzia, entrambi reduci dal Vietnam, sono rinchiusi nel reparto psichiatrico di un ospedale militare: il più determinato, mutilato e disilluso (Cage), cerca di far uscire «Birdy» (Modine) dal suo ermetico e silenzioso isolamento, ricordandogli gli anni dell'adolescenza in un quartiere popolare, le prime esperienze insieme, il crescere della sua passione per il volo e gli uccelli. Liberamente ispirato al romanzo di William Wharton (ma gli sceneggiatori Sandy Kroopf e Jack Behr hanno sostituito la seconda guerra mondiale con il Vietnam) racconta la voglia di libertà e di amicizia che l'America sembra aver perso. Qualche momento toccante – per merito dell'intensa recitazione dei protagonisti – e altri meno convincenti, specie quando le preoccupazioni formali prendono il sopravvento sulla forza narrativa. Musiche originali di Peter Gabriel.

Birichino di papà, Il ** (Italia 1943, b/n, 80') Raffaello Matarazzo. Con Chiaretta Gelli, Armando Falconi, Anna Vivaldi, Dina Galli, Paola Borboni, Amelia Chellini, Franco Scandurra. ◆ Nicoletta (Gelli), una ragazzina dal temperamento ribelle e dai comportamenti «maschili», scappa dal collegio per smascherare i tradimenti del marito di sua sorella (Anna Proclemer qui ancora Vivaldi), ma la situazione si ricomporrà in extremis. Sceneggiata insieme a Cesare Zavattini, è una commedia dai toni spigliati, con un sottofondo di critica sociale che condanna la mancanza di sincerità che regola i rapporti tra le persone e soprattutto il culto delle convenzioni e dei riti sociali. Grande prova di Carlo Campanini nei panni di un avvocato. La scena del saggio ginnico al collegio, rovinato dalle intemperanze di Nicoletta, è da antologia.

Birra ghiacciata ad Alessandria **½ (*Ice Cold in Alex*, Gb 1960, b/n, 79') J. Lee Thompson. Con John Mills, Sylvia Syms, Anthony Quayle, Harry Andrews, Diane Clare. ◆ Libia 1942: un'ambulanza inglese con a bordo tre soldati e due infermiere si dirige attraverso il deserto verso Alessandria, tra campi minati e attacchi tedeschi. All'arrivo, un brindisi a base di birra ghiacciata consacrerà un'amicizia nata tra i pericoli. Dramma psicologico tutto giocato sulla scoperta che uno dei componenti del gruppo è una spia tedesca. Ottimi interpreti. La versione originale dura 132'. Conosciuto anche col titolo *Pattuglia disperata*.

Bisbetica domata, La *½ (Italia 1942, b/n, 82') Ferdinando Maria Poggioli. Con Lilia Silvi, Amedeo Nazzari, Lauro Gazzolo, Carlo Romano, Paolo Stoppa. ◆ L'acida Catina (Silvi) non ne vuole assolutamente sapere di sposare Petruccio (Nazzari), un amico d'infanzia tornato dall'America, il quale, fingendo di assecondare la donna riuscirà a domarla. Versione moderna dell'opera di Shakespeare (neppure citato nei titoli, forse perché l'Italia era in guerra con la Gran Bretagna) ambientata nella periferia romana, ma poco aiutata da due attori fuori parte.

Bisbetica domata, La **½ (Italia/Usa 1967, col, 126') Franco Zeffirelli. Con Richard Burton, Elizabeth Taylor, Natasha Pine, Michael York, Cyril Cusack, Lino Capolicchio, Milena Vukotic, Bice Valori, Giancarlo Cobelli, Alfredo Bonucci, Gianni Magni. ◆ Il gentiluomo Petruccio (Burton) decide, anche per rimpinguare le proprie sostanze, di «domare» la ricca, bella e bisbetica Caterina (Taylor) e convincerla a sposarlo. Riduzione dell'opera di Shakespeare, sottratta intelligentemente al predominio del dialogo a tutto vantaggio della costruzione visiva, a volte eccessivamente manieristica. Un Burton smagliante e una Taylor un po' appesantita.

Bisbetico domato, Il ** (*Marry Me Again*, Usa 1953, b/n, 73') Frank Tashlin. Con Robert Cummings, Marie Wilson, Ray Walker, Mary Costa, Jess Barker, Lloyd Corrigan. ◆ Convinto che spetti all'uomo mantenere la famiglia, l'ex eroe dell'aviazione Bill Anderson (Cummings) non sposa più la fidanzata Doris (Wilson) perché scopre che ha ricevuto un milione di dollari di eredità: bisognerà aspettare che lei dia tutta la sua fortuna in beneficenza perché il fatidico sì venga pronunciato. Scritto dal produttore Alex Gottlieb insieme al regista, è una commedia non particolarmente originale nella sua struttura (e con un titolo italiano completamente deviante) ma piena di gag irresistibili, che vengono direttamente dai cartoni animati (il toast che mangia Doris si trasforma in una specie di becco alla Duffy Duck, il cibo che lei rovescia in aereo trasforma la testa pelata di un viaggiatore in un volto sorridente), o che scatenano devastanti effetti comici (tutta la parata per festeggiare il ritorno dell'eroe, il tentativo di smaltire la sbornia bevendo un caffè sotto la doccia). Anticipando un tema caro a Tashlin, la vita dei protagonisti è sconvolta dall'invadenza dei media, televisione prima cinema poi (una delle scene più esilaranti è il dialogo surreale in una sala cinematografica tra Bill in platea e Doris sullo schermo, con la maschera che si chiede se non sia una proiezione in 3D). Alla fine delle riprese Tashlin sposò Mary Costa, che nel film interpreta Joan.

Bisbetico domato, Il * (Italia 1980, col, 90') [Franco] Castellano, Pipolo [Giuseppe Moccia]. Con Adriano Celentano, Ornella Muti, Pippo Santonastaso, Edith Peters, Milly Carlucci, Jimmy il Fenomeno [Origene Soffrano]. ◆ Un ricco proprietario terriero (Celentano), campione di solitudine e misoginia, si concede solo dopo lungo corteggiamento alla ragazza di città (Muti) affascinata dalla sua bizzarra personalità. Strepitoso successo ai botteghini (e nei successivi passaggi tv) per l'ennesima e innocua sbruffonata antimodernista e fintamente ecologica.

Bisturi, la mafia bianca *½ (Italia 1973, col, 100') Luigi Zampa. Con Enrico Maria Salerno, Gabriele Ferzetti, Senta Berger, Luciano Salce, Claudio Gora, Enzo Garinei. ◆ Famoso chirurgo (Salerno), proprietario di una lussuosa clinica, si prodiga con encomiabile impegno per arricchirsi e consolidare il suo potere, non disdegnando il ricatto e l'omicidio. Il destino lo punirà. Generico ma veemente atto di accusa contro i baroni della medicina, già oggetto dell'attenzione di Zampa nel *Medico della mutua*, 1968.

Bitch, The *½ (*The Bitch*, Gb 1979, col, 93') Gerry O'Hara. Con Joan Collins, Kenneth Haigh, Michael Coby, Sue Lloyd, Carolyn Seymour. ◆ Una prostituta (*bitch*, lasciato in inglese nel titolo italiano forse perché fa più fine) è più interessata a salvare la sua discoteca dal fallimento che a esercitare la professione. Anche se ogni tanto si prende qualche distrazione. Interpretato da un'inossidabile Joan Collins (che però quando fa l'amore non si toglie gli slip blu) è una specie di seguito di *The Stud*, entrambi tratti da romanzi di Jackie Collins, sorella di Joan.

Bivio, Il **½ (Italia 1951, b/n, 112') Fernando Cerchio. Con Raf Vallone, Charles Vanel, Claudine Dupuis, Saro Urzì, Carlo [Carletto] Sposìto, Mimmo Billi, Gianni Rizzo, Saro Arcidiacono, Evar [Evaristo] Maran, Natale Cirino, Piero Pastore, Pierangelo Attino, Enzo Tarascio. ◆ A capo di una banda di gangster, Aldo Marchi (Vallone) riesce a entrare nella questura di Torino come vicecommissario e avere così le informazioni necessarie per le sue rapine. Ma il confronto con gli innocenti arrestati per i colpi della sua banda e la morte della moglie di uno dei sospettati, mettono in crisi il suo cinismo: sotto le contestazioni del suo capo (Vanel) e dopo la morte di un collega (Sposìto) in un colpo di cui era stato l'ispiratore, Marchi si sacrifica per far arrestare i suoi ex complici. Un'opera curiosa e originale, che adatta le atmosfere noir alla situazione italiana, mettendo a confronto – nella sceneggiatura di Leo Benvenuti, Aldo Bizzarri, Giuseppe Mangione, Calogero Marrocu, Corrado Pavolini e del regista – la delusione di un eroe del recente passato (ha avuto una medaglia per il suo comportamento in guerra: durante la Resistenza?) con le contraddizioni dello sviluppo sociale. Colpito duramente dalla censura, sia in fase di sceneggiatura che in quella di edizione (circola comunemente una copia lunga solo 889), il film conserva comunque una bella atmosfera «nera», curata sia nella fotografia (di Renato Del Frate) che nella scenografia (di Luigi Ricci: molto curioso il locale dell'impagliatore dove si ritrova la banda). Rilevante dal punto di vista sociologico (e capace di smascherare la politica dei «panni sporchi da lavare in casa») il discorso che Vanel fa a Vallone, secondo cui non si dovrebbe denunciare la corruzione di un commissario perché la gente «perderebbe la fiducia nella polizia».

Bix ° (Italia 1991, col, 111') Pupi Avati. Con Bryant Weeks, Emile Levisetti, Mark Sovel, Romano Luccio Orzari, Mark Collver, Sally Groth. ◆ Dopo *Chimere*, un'altra rivisitazione del mito di Leon «Bix» Beiderbecke (Weeks), il grande jazzista bianco morto nel 1931 a soli 28 anni: il controverso rapporto con i genitori, gli esordi, i successi, l'alcolismo, l'autodistruzione. Il racconto procede attraverso una serie di flashback incastrati l'uno dentro l'altro, come scatole cinesi. Per le riprese Avati ha anche comprato la casa del suo idolo a Davenport, nello Iowa. Ma il risultato, freddo e noioso, non corrisponde all'entusiasmo del regista.

Black Caesar, il padrino nero *½ (*Black Caesar*, Usa 1973, col, 96') Larry Cohen. Con Fred Williamson, Art Lund, Julius W. Harris, Gloria Hendry, William Wellman jr. ◆ Ascesa e inevitabile violenta caduta di Tommy Gibbs (Williamson), un lustrascarpe nero che vuole vendicarsi di chi gli ha fatto passare ingiustamente due anni in carcere: diventerà uno dei boss della citta, ma si metterà contro le bande rivali. Rivisitazione con attori neri del gangster-movie alla *Piccolo Cesare*, diretto con veemenza e gran profusione di sangue. Seguìto da *Tommy Gibbs criminale per giustizia* (1973).

Black Camel → *voce «Charlie Chan»*

Black Cat, The *** (*The Black Cat*, Usa 1934, b/n, 65') Edgar G. Ulmer. Con Boris Karloff, Bela Lugosi, David Manners, Jacqueline Wells, Lucille Lund. ◆ L'architetto Poelzig (Karloff) è un sanguinario seguace di culti demoniaci che conserva nel sotterraneo della sua villa i corpi imbalsamati delle donne che ha ucciso. Cercherà di fare lo stesso a una giovane donna in viaggio di nozze, ma verrà fermato dal dottor Verdegast (Lugosi) che vuole vendicare la morte della moglie e la scomparsa della figlia. Libero adattamento del racconto di Poe *Il gatto nero*, prodotto dall'Universal di Carl Laemmle (che licenziò il regista, nonostante il successo del film, perché aveva sedotto la moglie del suo nipote preferito) e ambientato in Transilvania, è una specie di viaggio al di là dello specchio, raccontato in prima persona da una coppia di banali turisti americani (Manners e Wells) precipitati loro malgrado in un mondo di terrore. Una scenografia astratta e quasi futurista dà perfettamente l'impressione che il film si svolga in un'altra dimensione temporale, «prolungamento metafisico, infernale e atroce di una lenta agonia». Bizzarro e inquietante, il film rivela anche evidenti influenze espressioniste nella fotografia di John Mescal. È la prima volta che Karloff e Lugosi recitano insieme.

Black Cat (Gatto nero) * (Italia 1981, col, 92') Lucio Fulci. Con Patrick Magee, Mimsy Farmer, David Warbeck, Al Cliver, Dagmar Lassander. ◆ Un parapsicologo (Magee) abbandonato dalla moglie, per vendicarsi con il mondo, ipnotizza un gatto e lo trasforma in uno spietato assassino. Verrà smascherato da una giornalista (Farmer) con l'imprevisto aiuto del micio-killer. Ennesima trasposizione del racconto di Edgar Allan Poe, per l'occasione ambientato nell'Inghilterra contemporanea. Solo sangue e atrocità.

Black Christmas – Un Natale rosso sangue *½ (*Black Christmas*, conosciuto anche con i titoli *Silent Night, Evil Night* e *Stranger in the House*, Canada 1975, col, 98') Bob Clark. Con Olivia Hussey, Keir Dullea, Margot Kidder, John Saxon, Art Hindle, Douglas McGrath, Andrea Martin. ◆ Uno sconosciuto fa telefonate oscene e decima le ospiti di un pensionato femminile in partenza per le feste: sospettato numero uno, un pianista psicolabile (Dullea). Un thriller di routine e non troppo sanguinoso, che probabilmente ha ispirato molti registi (le soggettive dell'assassino tornano pari pari in *Halloween*) senza però diventare un archetipo. Regia pedestre e senza suspense, finale stupidissimo.

Black Comedy ** (*Family Viewing*, Canada 1987, col, 86') Atom Egoyan. Con David Hemblem, Aidan Tierney, Arsinée Khanjian, Gabrielle Rose. ◆ Papà (Hemblem) ama il sesso telefonico e i video porno, e divorzia, mentre il figlio (Tierney), che passa il tempo a visitare la nonna rinchiusa in un ospizio, diventa amico di una giovane prostituta (Khanjian), di cui il padre è assiduo cliente. Primo film del regista armeno-canadese a essere distribuito in Italia (con un titolo fuorviante: di risate se ne fanno poche), ne esemplifica bene i temi: l'inaridirsi dei sentimenti nella società contemporanea, e l'invasione delle macchine (video, telefoni) nell'immaginario erotico. Freddo come un teorema, a tratti acuto, ma col vizio di mettere troppa carne al fuoco (i risvolti etnici) e di tendere a divagare.

Black Hole *½ (*The Black Hole*, Usa 1979, col, 97') Gary Nelson. Con Maximilian Schell, Anthony Perkins, Robert Forster, Joseph Bottoms, Ernest Borgnine. ◆ Una spedizione spaziale, a bordo del vascello *Palamino*, si imbatte, nei pressi di un buco nero, in un'astronave comandata da uno scienziato pazzo (Schell) che ha trasformato il suo equipaggio in automi meccanici. Sopravvivere non sarà cosa facile. Ambizioso sforzo produttivo della Disney: stupefacenti gli effetti speciali, ma i risultati potevano essere molto più interessanti anche perché il tema centrale del film – lo scontro tra macchine ed esseri umani – è raccontato senza molta originalità (specie nei dialoghi). Il robot-aiutante di Maximilian Schell è stato progettato ispirandosi ai disegni del Diavolo di *Fantasia*.

Blackjack * (*Blackjack*, Canada 1998, col, 105') John Woo. Con Dolph Lundgren, Kate Vernon, Phillip Mackenzie, Kam Heskin, Saul Rubinek, Fred Williamson. ◆ Una guardia del corpo (Lundgren) afflitta da fobia per il bianco si ritrova con una bambina da accudire e una top model (Vernon) da proteggere da un maniaco. Tv-movie ripetitivo e scritto male (da Peter Lance) nel quale Woo, ogni tanto, inserisce le sparatorie che l'hanno reso famoso in Occidente: senza scuotere lo spettatore dal torpore. Un regista non è sempre obbligato a girare capolavori, ma dovrebbe pensarci due volte prima di sfruttare così cinicamente il proprio nome.

Black Jack ** (*Heat*, Usa 1987, col, 101') R.M. Richards [Dick Richards]. Con Burt Reynolds, Karen Young, Peter MacNicol, Neill Barry, Diana Scarwid. ◆ Un reduce dal Vietnam, Nick Escalante (Reynolds), campa a Las Vegas facendo il guardaspalle e coltivando una sua morale da perdente. Rischierà la vita per vendicare un'amica violentata da un boss locale e riuscirà, contro ogni logica, a realizzare il sogno della sua vita: trasferirsi a Venezia. Un Burt Reynolds insolito per un film passato attraverso troppe mani (la sceneggiatura è di William Goldman, da un suo romanzo). Nonostante la storia sia palesemente irreale, un film malinconico, notturno e persino tenero.

Black Magic → *voce «Charlie Chan»*

Blackmail **½ (*Blackmail*, Gb 1929, b/n, 96') Alfred Hitchcock. Con Anny Ondra, John Longden, Donald Calthrop, Cyril Ritchard, Sara Allgood, Charles Paton. ◆ A Londra, la giovane Alice White (Ondra) uccide un pittore quando lui cerca di violentarla. La sua colpevolezza è presto scoperta dal fidanzato (Longden), un detective di Scotland Yard, e da un ricattatore (Calthrop), ma Alice non pagherà per il suo delitto: la responsabilità sarà attribuita proprio al ricattatore, morto durante un inseguimento della polizia. Il primo film parlato di Hitchcock e di tutta la filmografia britannica è tratto da un lavoro teatrale di Charles Bennett, sceneggiato dallo stesso Bennett, da Hitchcock, Benn W. Levy e Michael Powell (che però non compare nei titoli). Benché ibrido e sbilanciato (la lunga sequenza iniziale dell'inseguimento di un sospettato aveva senso solo in relazione al finale immaginato dal regista e che prevedeva l'inseguimento e la cattura di Alice, poi sacrificato in nome dell'happy end) è comunque un film-chiave nell'opera del regista perché presenta già molti dei suoi elementi caratteristici: la costruzione della suspense, l'eroina bionda, la labilità del confine tra innocenza e colpa, la caccia all'uomo in un luogo famoso (qui il British Museum) e l'attenzione per le innovazioni tecniche (lo spettacolare inseguimento sul tetto del museo fu girato tutto in studio col metodo Schüfftan che grazie a uno specchio inclinato permette di fondere l'azione degli attori con un fondale preventivamente filmato). I produttori volevano che fosse muto tranne l'ultima parte (e infatti esiste una versione di 75' così concepita) ma il regista li convinse a sonorizzarlo tutto e girò alcune scene ex novo. Il problema del pessimo inglese della protagonista (polacca) fu risolto facendole mimare i dialoghi, doppiati fuori campo da Joan Barry. Hitchcock è l'uomo che legge in metrò, infastidito da un bambino.

Blackout ** (*The Blackout*, Usa/Francia 1997, col, 98') Abel Ferrara. Con Matthew Modine, Béatrice Dalle, Dennis Hopper, Sarah Lassez, Claudia Schiffer, Steven Bauer, Nancy Ferrara. ◆ Matty (Modine), attore diviso tra due donne – la passionale Annie (Dalle) e la perbenino Susan (Schiffer) – viene manipolato da un regista mefistofelico (Hopper) ed è tormentato dal ricordo (vero o immaginario?) di un omicidio. Tra citazioni di *Nanà* di Christian-Jaque e modeste fantasie soft-core, con la spocchia di chi è convinto che basti accostare due immagini a caso per fare arte e il genio che malgrado tutto può sempre saltar fuori, come nel finale, Ferrara (che utilizza per la prima volta gli sceneggiatori Marla Hanson e Chris Zois) continua a riflettere sul fallimento, la colpa, il rapporto tra vita e cinema. Solo per i suoi fan: ma c'è da dire che (grazie alla fotografia di Ken Kelsch) non ha mai girato con tanta eleganza.

Black Rain – Pioggia sporca **½ (*Black Rain*, Usa 1989, col, 125') Ridley Scott. Con Michael Douglas, Andy Garcia, Kate Cap-shaw, Ken Takakura, Yusako Matsuda, Temisaburo Wakayama. ◆ Incaricati di riportare un boss della mafia in Giappone, due poliziotti americani (Douglas e Garcia) se lo fanno scappare all'aeroporto di Tokyo: si troveranno così a dover collaborare con la polizia locale, di cui non capiscono la lingua, ma soprattutto mentalità e strategie. Impareggiabile costruttore di accattivanti atmosfere urbane, Scott ha buon gioco nel descrivere le misteriose e sinistre magie del mondo giapponese (giocando con il diffuso sentimento antinipponico degli americani) e riscattare così un intreccio poliziesco non troppo originale. Douglas e Garcia vestono con ammirevole disinvoltura i panni dei poliziotti grintosi e testardi.

Blackrock *½ (*Blackrock*, Australia 1997, col, 100') Steven Vidler. Con Laurence Breuls, Linda Cropper, Simon Lyndon, Rebecca Smart. ◆ Durante una festa tra surfisti ci scappa lo stupro con morto: e il testimone chiave (Breuls) se ne sta zitto, visto che è coinvolto il suo miglior amico. Inizia come un documentario sulla generazione Y, si trasforma in un banale giallo con pesanti sociologismi e un melodramma edipico di contorno. Tratto da una pièce teatrale (di Nick Enright), e si vede. Il giovane cinema australiano ha dato di meglio.

Black Stallion ** (*The Black Stallion*, Usa 1979, col, 117') Carroll Ballard. Con Kelly Reno, Mickey Rooney, Teri Garr, Clarence Muse, Hoyt Axton, Michael Higgings. ◆ Le avventure di un ragazzo (Reno) e di un magnifico purosangue nero, dal naufragio in Africa ai trionfi negli ippodromi americani. Da un racconto per bambini di Walter Farley, l'esordio di Ballard in un film prodotto da Coppola, che ha i suoi momenti migliori nelle scene della nascita dell'amicizia tra cavallo e ragazzo (come quella, citata esplicitamente, tra Alessandro Magno e il Bucefalo) e della gara finale. Ma il film in certi momenti è decisamente lungo. Intensa interpretazione di Mickey Rooney, nella parte dell'allenatore di cavalli. All'origine di una serie Tv con lo stesso titolo e con Rooney protagonista. Seguìto da *Il ritorno di Black Stallion* (1983).

Black Sunday ** (*Black Sunday*, Usa 1977, col, 143') John Frankenheimer. Con Robert Shaw, Bruce Dern, Marthe Keller, Fritz Weaver, Steven Keats, Bekim Fehmiu. ◆ Un gruppo di palestinesi vuole organizzare un attentato nello stadio di Miami durante il Super Bowl, la finale del campionato di football americano. Per farlo coinvolge un veterano del Vietnam (Dern), pilota del dirigibile che serve per le riprese tv. Dal bestseller di Thomas Harris, un film del filone catastrofico infarcito di riferimenti all'attualità: ottime le riprese aeree.

Blacula **½ (*Blacula*, Usa 1972, col, 93') William Crain. Con William Marshall, Charles Macaulay, Vonetta McGee, Denise Nicholas, Gordon Pinsent, Thalmus Rasulala. ◆ Nel 1815 un principe africano (Marshall) fa visita al conte Dracula (Macaulay) e gli propone un'alleanza per combattere il commercio degli schiavi, ma viene vampirizzato e chiuso in una bara. Un secolo e mezzo dopo la bara viene portata a Los Angeles e Blacula, il principe africano resuscitato, cerca sangue finché s'innamora di una donna (McGee) che egli crede la reincarnazione della moglie perduta. Metà horror, metà thriller poliziesco, *Blacula* rilegge la leggenda transilvana secondo i canoni della *blaxploitation* emergente nei primi anni Settanta: la *blackness* del protagonista introduce una decisiva svolta razziale nel genere (aprendo un vero e proprio filone) e arricchisce il repertorio vampiresco di inedite pratiche vudù. Straordinario il prologo ed eccellente Marshall, già grande attore shakespeariano.

Blade, The ***½ (*Dao*, Hong Kong 1995, col, 104') Tsui Hark. Con Chiu Man-cheuk, Xiong Xinxin, Su Tsui-yu, Moses Chan Ho, Valerie Chow. ◆ In un passato barbarico, il fabbricante di spade Ding On (Chiu), alla ricerca dell'assassino del padre, perde una mano e sviluppa una nuova tecnica di combattimento; intanto la giovane Siu Ling (Su), innamorata di lui, e l'amico Testa di Ferro (Xiong) ne seguono le tracce tra mille pericoli. Ispirandosi al classico *The One-Armed Swordsman* di Chang Cheh, Tsui (anche cosceneggiatore e montatore) ha girato il canto del cigno del cinema d'azione hongkonghese, un *wuxiapian* (film di spadaccini) per adulti che va al di là delle regole del genere. Insolitamente complesso nella struttura (il punto di vista è quello della ragazza) e nei temi (è la storia della maturazione di tre giovani che scoprono l'amore e la morte), è ispirato a un'etica della sconfitta e della rinuncia che è piaciuta poco al pubblico locale. Messo in scena con uno stile spesso barocco ed esagitato, trova il suo culmine nelle scene di combattimento che, senza essere particolarmente cruente, sono tra le più innovative e frastornanti mai viste nel cinema di Hong Kong. Un'esperienza visiva unica, cui contribuiscono le scenografie di Willie Chan, la fotografia di Keung Kwok-man e la musica di Raymond Wong.

Blade Runner **** (*Blade Runner*, Usa 1982, col, 124') Ridley Scott. Con Harrison Ford, Rutger Hauer, Sean Young, Edward James Olmos, Daryl Hannah, Joe Turkel, Joanna Cassidy, Brion James, M.Emmet Walsh. ◆ Nella Los Angeles del 2019 un cacciatore di taglie, Rick Deckard (Ford) deve ritrovare alcuni Nexus 6 guidati dal cupo Roy (Hauer), replicanti dalle forme umane sfuggiti al controllo della compagnia costruttrice, la Tyrell Corporation. Sarà aiutato da Rachel (Young), replicante di una nuova generazione, capace di provare sentimenti e ricordare il passato. Molto liberamente tratto dal romanzo *Il cacciatore di androidi* di Philip K. Dick (da Hampton Fancher e David Webb Peoples), il film innova profondamente il genere fantascientifico riuscendo a usare in maniera finalmente organica alla narrazione l'apparato tecnologico degli effetti speciali (di Douglas Trumbull, Richard Yuricich e David Dryer). La scenografia futuribile (di Syd Mead) con la sua città costantemente sotto la pioggia per l'inquinamento, confusa e schiacciata da costruzioni inquietanti e barocche, rimanda a una società oppressiva e paranoica, da cui il protagonista (com'era nella tradizione del noir) cerca più di difendersi che di integrarsi. Scott riduce al minimo i momenti di intimità, di analisi psicologica dei personaggi, facendo emergere il proprio latente pessimismo e sottolineando l'inumanità del contesto sociale, che la colonna sonora di Vangelis (con la canzone *One More Kiss, Dear*) rende ancor più struggente. Così i momenti centrali diventano la rivolta edipica del replicante (Roy acceca il padre-inventore Tyrell) e lo scontro/incontro sul tetto tra Roy e Rick, due personaggi condannati comunque a perdere. Manipolato dalla produzione (che impose un commento off scritto da Bud Yorkin e soprattutto un finale posticcio e consolatorio: Rick e Rachel se ne vanno verso un futuro ecologico), il film mantiene comunque una grandissima forza visiva, enfatizzata dall'uso sistematico del controluce in funzione antinaturalistica. Nel 1991 è stata presentata la versione «originale» del film, montata secondo il volere del regista (*Blade Runner – The Director's Cut*) lunga solo 117': è stata tolta la scena finale «ecologica», sono state aggiunte alcune piccole sequenze (tra le quali quella in cui Deckard sogna un unicorno), ma la soppressione del commento off toglie alla prima parte del film quella atmosfera noir che contribuiva molto al suo fascino.

Blanche – Un amore proibito *½ (*Blanche*, Francia 1971, col, 91') Walerian Borowczyk. Con Ligia Branice, Michel Simon, Georges Wilson, Jacques Perrin, Lawrence Trimble, Michel Delahaye. ◆ Moglie di un vecchio feudatario (Simon), la virtuosa Blanche (Branice, moglie del regista) fa innamorare – più o meno castamente – tutti: il figliastro (Trimble), il re (Wilson) in visita al castello e il suo paggio dongiovanni (Perrin); ecatombe finale. Ispirandosi al *Mazeppa* di Juliusz Slowacki, Borowczyk (che cura anche montaggio e scenografia) cerca il sublime della tragedia in una frigida cornice di Medioevo stilizzato, ma pieno di pedanti notazioni filologiche. Attori più o meno allo sbando, con il solo Simon che nel finale ritrova echi di tragica laidezza. Completamente espunto l'aspetto carnale (tranne per il fugace nudo iniziale), contrariamente agli altri film del regista: il distributore italiano, dopo il successo di *La bestia*, vi aggiunse alcune scene di sesso.

Blaubart → *voce «Barbablù»*

Blindman ** (Italia 1972, col, 105') Ferdinando Baldi. Con Tony Anthony, Ringo Starr, Agneta Eckemyr, Lloyd Battista, Lucretia Love, David Dreyer, Magda Konopka. ◆ Un pistolero cieco (Anthony) cerca di vendicarsi dei banditi che ostacolano la sua missione: consegnare a un gruppo di minatori nel Texas le mogli «comprate» per corrispondenza. Scanzonato e demenziale western ispirato ai film giapponesi sui samurai ciechi, con un incredibile Ringo Starr nella parte di un bandito messicano.

Blood and Wine **½ (*Blood and Wine*, Usa 1996, col, 104') Bob Rafelson. Con Jack Nicholson, Stephen Dorff, Jennifer Lopez, Judy Davis, Michael Caine, Harold Perrineau jr, Robyn Peterson. ◆ Commerciante di vini sull'orlo del fallimento, Alex Gates (Nicholson) chiede aiuto a un vecchio scassinatore (Caine) per rubare la collana di diamanti di un suo cliente. Il colpo riesce, ma quando Alex sta per fuggire con la giovane amante Gabriella (Lopez), la gelosia della moglie (Davis) e i risentimenti del figliastro (Dorff) fanno precipitare le cose fino alla tragedia. Terzo capitolo, dopo *Cinque pezzi facili* e *Il re dei giardini di Marvin*, della trilogia di Rafelson sulla famiglia media americana, fedele all'idea di un cinema anni Settanta, dove la deriva dei generi si accompagnava a un forte sguardo morale sulla realtà. In una Florida avida, opulenta e marcia, tra noir, thriller e melodramma, Rafelson (autore del soggetto con Nick Villiers, che poi l'ha sceneggiato insieme a Alison Cross) mette a punto la radiografia di un disfacimento umano ed esistenziale attraverso un intreccio lineare fino all'ineluttabilità e un meticoloso lavoro di scavo sui volti degli attori (soprattutto del suo attore feticcio Nicholson, troppo spesso maschera da grand guignol) alla ricerca della verità nascosta dei personaggi. Forse è un cinema démodé, ma ancora capace di far pensare. Cast eccellente.

Blood Simple – Sangue facile ** (*Blood Simple*, Usa 1984, col, 97') Joel Coen. Con John Getz, Frances McDormand, Dan Hedaya, M. Emmet Walsh, Deborah Neumann. ◆ Proprietario di night (Hedaya) assolda un grasso e sogghignante investigatore privato (Walsh) per far uccidere la moglie e l'amante (McDormand e Getz). I fratelli Coen (Joel alla regia, Ethan alla produzione, entrambi alla sceneggiatura, ma in realtà fanno tutto a quattro mani) esordiscono con un giallo di poche parole, dalle atmosfere lente e sospese, interrotte da improvvise esplosioni di violenza. Sopravvalutato dalla critica cosiddetta «cinefila» per l'abbondanza di citazioni e strizzate d'occhio, è piuttosto una specie di pastiche (a tratti anche geniale) di immagini e situazioni forti, modulate dal cinema di genere e dal mondo letterario di James Cain.

Blood Ties – Legami di sangue **½ (*Blood Ties*, Usa 1992, col, 105') Jim McBride. Con Harley Venton, Patrick Bauchau, Kim Johnston Ulrich, Michelle Johnson, Bo Hopkins, Grace Zabriskie. ◆ Los Angeles: una setta di fanatici religiosi dà la caccia a una stirpe di vampiri (loro, però, preferiscono chiamarsi «carpatici») perfettamente mimetizzati nella società americana. Il pater familias Eli (Bauchau) è un capitalista senza scrupoli, mentre il nipote Harry (Venton), reporter, passa per un traditore della razza, in quanto si innamora di donnewasp e vuole rinunciare alla prassi di sbranare i propri nemici. Nei limiti (di censura) di un film per la cable tv, McBride e lo sceneggiatore Richard Shapiro rinnovano l'iconografia del vampiro con maggiore originalità di film come

Ragazzi perduti. Non ci sono distinzioni tra buoni e cattivi, e la metafora dell'integrazione razziale suggerisce echi inquietanti: anche se il regista di *All'ultimo respiro*, per fortuna, non si prende mai troppo sul serio. La fotografia di Affonso Beato colora di toni lividi le palme californiane.

Blown Away – Follia esplosiva ** (*Blown Away*, Usa 1994, col, 121') Stephen Hopkins. Con Jeff Bridges, Tommy Lee Jones, Lloyd Bridges, Forest Whitaker, Suzy Amis. ◆ Jimmy Dove (Bridges), un poliziotto di Boston esperto in esplosivi, si sposa e decide di chiudere con il suo tormentato passato. Ma un terrorista dell'Ira (Lee Jones), suo ex compagno di lotta, evade dal carcere e lo perseguita con attentati dinamitardi, mettendo in pericolo la vita delle persone a lui care. Un film d'azione pura e forsennata, tra *Speed* e *Backdraft*, con il fuoco eletto a protagonista (pare che ci siano stati vari incidenti sul set), l'intellettuale Bridges messo a dura prova e il «cattivo» Lee Jones ormai perfettamente a suo agio nella parte. Nel solco di una «tradizione» ad alto tasso di spettacolarità, con un aggancio-pretesto politico un po' troppo scontato. Girato interamente a Boston. Colonna sonora degli U2.

Blow Out **½ (*Blow Out*, Usa 1981, col, 107') Brian De Palma. Con John Travolta, Nancy Allen, John Lithgow, Dennis Franz, John Aquino, Peter Boyden. ◆ Jack, un ex poliziotto che ora fa il tecnico del suono (Travolta), registra per caso i rumori di un incidente automobilistico. E scopre che si è trattato di un omicidio politico. Dichiaratamente ispirato a *Blow-up* e *La conversazione*, questo film mette bene in evidenza i pregi e i limiti del cinema di De Palma: la maestria tecnica (come la panoramica in soggettiva a 360° di Jack nel suo studio svaligiato) non sempre si appoggia su una sceneggiatura coerente e su caratteri ben definiti. Così ne esce un film con momenti molto forti (la corsa finale per cercare di salvare Sally/Allen), pieno di citazioni cinefile (l'acido della batteria che brucia l'uomo con il microfono nascosto viene dal *Principe della città*) ma senza una forte omogeneità. Bravo John Travolta in un ruolo drammatico.

Blow-up **½ (Italia/Gb 1966, col, 111') Michelangelo Antonioni. Con David Hemmings, Vanessa Redgrave, Sarah Miles, Peter Bowles, Verushka, John Castle, Jane Birkin. ◆ Un fotografo (Hemmings), ingrandendo la fotografia di due amanti fatta di nascosto in un parco, scopre particolari che non aveva visto a occhio nudo: forse c'è stato anche un omicidio, ma ormai lui non riesce più a distinguere le impressioni dalla realtà. Tratto dal racconto *La bava del diavolo* di Julio Cortázar (sceneggiato con Tonino Guerra), il film, Palma d'oro a Cannes, è una riflessione sull'impossibilità del cinema di «dire il vero» e sui rapporti complessi tra arte e realtà, tra ciò che si vede e ciò che si comprende (sintomatica l'ultima scena, dove due giocatori mimano una partita a tennis); ottenne un grande successo soprattutto per i suoi contenuti più facili (il fascino del fotografo di moda circondato dalle modelle, il ritratto della Swinging London). Rivisto oggi, appare francamente datato. La colonna sonora è di Herbie Hancock.

Blue *** (*Blue*, Gb 1993, col, 76') Derek Jarman. Con le voci di John Quentin, Nigel Terry, Derek Jarman, Tilda Swinton (rispettivamente doppiate da Walter Maestosi, Francesco Carnelutti, Massimo De Rossi e Carla Cassola). ◆ Mentre lo schermo è completamente e costantemente blu, quattro voci fuori campo si abbandonano, con l'accompagnamento musicale elaborato da Simon Fisher Turner, a riflessioni libere e liriche sulla malattia, l'amore, il cinema, la memoria, il sesso, l'amicizia, il dolore, la poesia, il tempo, il disfacimento fisico, la morte. Il testamento struggente, ironico e disperatamente vitale, del regista inglese diventato cieco a causa dell'Aids, che trova nell'opera monocromatica del pittore Yves Klein la metafora perfetta per rappresentare sia l'impalpabilità devastante del virus sia la liberazione spirituale dal condizionamento della materialità. In un'estrema e duplice sfida – estetica al diktat delle immagini in movimento ed esistenziale alla morte ormai prossima – Jarman costruisce il suo ultimo film sul paradosso del non-mostrabile, costringendo lo spettatore a fare i conti con il suo drammatico annullamento visivo (il colore fisso risulta ammaliante, ipnotico, ma anche insostenibile allo sguardo) ed esprimendo la lucida consapevolezza della fine in una confessione borderline sulla passione e la responsabilità di vivere nonostante e contro la malattia, che irrompe con energia e furore nella contemplazione indotta dalla tela blu. Per qualcuno non è cinema, per altri è una delle più sconvolgenti esperienze vissute davanti allo schermo.

Bluebeard's Ten Honeymoons → *voce «Barbablù»*

Blue Hawaii *½ (*Blue Hawaii*, Usa 1961, col, 101') Norman Taurog. Con Elvis Presley, Joan Blackman, Nancy Walters, Angela Lansbury, Roland Winters. ◆ Dopo aver finito il servizio militare, Elvis torna dalla mamma (Lansbury) che vive alle Hawaii, e si trasforma in guida turistica. Naturalmente contesissima dalle ragazze. Megaclip degli anni Sessanta costruito su misura per il cantante che interpreta uno dei suoi più famosi hit, *Can't Help Falling in Love*.

Blue Ice – Ghiaccio blu * (*Blue Ice*, Gb/Usa 1992, col, 105') Russell Mulcahy. Con Michael Caine, Sean Young, Ian Holm, Bobby Short, Alun Armstrong, Bob Hoskins, Sam Kelly, Jack Shepherd. ◆ La guerra fredda è finita, ma l'agente Harry Anders (Caine), che ha aperto un jazz club, torna in azione dopo che il suo ex collega Hector (Holm), trafficante d'armi, gli ammazza un amico (Hoskins). Gli inutili svolazzi high-tech del regista di *Highlander* non danno ritmo a un banale e costoso tv-movie senza la minima suspense (sceneggiato da Ron Hutchinson a partire dal personaggio creato da Ted Allbeury), nonostante Caine cerchi invano tocchi autoironici. Il batterista è Charlie Watts dei Rolling Stones.

Blue Iguana *½ (*The Blue Iguana*, Usa 1988, col, 88') John Lafia. Con Dylan McDermott, Jessica Harper, James Russo, Pamela Gidley, Yano Anaya, Dean Stockwell. ◆ Il detective Vince Holloway (McDermott) deve recuperare in Messico un bottino di 20 milioni di dollari, rubati in Usa. Primo lungometraggio di Lafia, è un film che mescola fumetto, rock e noir secondo uno stile postmoderno che vorrebbe essere ironico e cinefilo, ma che è soltanto confuso e senza senso.

Blue in the Face ** (*Blue in the Face*, Usa 1995, col, 84') Wayne Wang e Paul Auster. Con Harvey Keitel, Mel Gorham, Giancarlo Esposito, Jim Jarmusch, Lou Reed, Roseanne Barr, Victor Argo, Mira Sorvino, Michael J. Fox, Madonna [Luisa Veronica Ciccone], John Lurie, RuPaul. ◆ Dopo *Smoke*, torna il tabaccaio di Brooklyn Augie Wren (Keitel), alle prese con una fidanzata ipergelosa (Gorham), il padrone (Argo) che gli vorrebbe chiudere il negozio, e la moglie del padrone (Barr) che vorrebbe fuggire con lui a Las Vegas. Approfittando di sei giorni avanzati dal programma di riprese di *Smoke*, Wang e Auster abbassano le ambizioni e infilano una serie di sketch semi-improvvisati in una struttura da *sit-com*. Elogio dell'incrocio tra culture, della tolleranza e della bizzarria, manuale di sopravvivenza nella metropoli, rimane sempre in bilico tra l'ironia e il compiacimento, il divertimento tra amici e la chiacchiera fine a se stessa. Uno strano oggetto, comunque, nel cinema Usa contemporaneo. Il film che cita Jarmusch a proposito del gusto di fumare è *Salerno ora X*. Tra i numerosi camei, la meno riconoscibile è Lily Tomlin (il barbone che cerca le cialde belghe).

Blues Brothers, The **** (*The Blues Brothers*, Usa 1980, col, 130') John Landis. Con John Belushi, Dan Aykroyd, Kathleen Freeman, Henry Gibson, Charles Napier, John Candy, Cab Calloway, The Blues Brothers Band (Matt Murphy, Lou Marini, Steve Cropper, Donald «Duck» Dunn, Willie Hall, Tom Malone). ◆ Jake ed Elwood (Belushi e Aykroyd) devono pagare 5.000 dollari di tasse se vogliono evitare la chiusura dell'orfanotrofio dove sono cresciuti. Per guadagnare la somma decidono di rimettere in piedi la vecchia band e tornare a suonare il blues. Perfettamente in sintonia con lo spirito ribellistico e irriverente dei tempi, il film di Landis si è trasformato quasi immediatamente (anche per la presenza sulfurea di Belushi) in un fenomeno di costume, un canone di eleganza (occhiali Rayban modello Wayfarer, cravatte lunghe e strette, cappello e vestito rigorosamente neri), un inno alla musica blues e una pietra miliare della comicità demenziale. L'inseguimento tra le strade di Chicago è autenticamente epico. Una lista infinita di partecipazioni straordinarie: James Brown fa il predicatore, Steven Spielberg l'impiegato delle imposte, il regista Frank Oz l'ufficiale del penitenziario che restituisce gli effetti personali, Carrie Fisher l'ex fidanzata di Jake, Twiggy la signora elegante, John Landis l'ufficiale di polizia La Fong, Ray Charles il venditore di strumenti musicali, Aretha Franklin balla e canta in pantofole e Cab Calloway rifà se stesso cantando *Minnie the Moocher*. Assolutamente geniale.

Blues Brothers – Il mito continua *½ (*Blues Brothers 2000*, Usa 1998, col, 123') John Landis. Con Dan Aykroyd, John Goodman, Joe Morton, J. Evan Bonifant, Nia Peeples, Kathleen Freeman, Erykah Badu, Aretha Franklin, James Brown, B.B. King, Sam Moore, Wilson Pickett, Frank Oz, The Blues Brothers Band (Matt Murphy, Lou Marini, Steve Cropper, Donald «Duck» Dunn, Willie Hall, Tom Malone). ◆ Diciotto anni dopo, Elwood Blues (Aykroyd) esce di prigione: nonostante la morte di suo fratello Jake rimette assieme la band con nuove reclute – tra cui il fratellastro Cabel (Morton), che da poliziotto integerrimo diventa un adepto del soul – e vince una gara musicale in Louisiana. Più che effetto-nostalgia, sembra si sia fermato l'orologio; e per colmare il vuoto di Belushi non bastano le tre *new entry*: Goodman – sprecato –, il nero Morton e un ragazzino (Bonifant) da prendere a calci nel sedere. Trama all'osso (Landis e Aykroyd firmano il copione) e poche, stanche gag per un remake (più che un sequel) che non decolla mai. Anche se, musicalmente, è quasi più ricco dell'originale (si vedono anche Eric Clapton, Bo Diddley, Steve Winwood e Dr. John): il meglio, James Brown lo riserva dopo i titoli di coda.

Blues di mezzanotte ** (*Too Late Blues*, Usa 1962, b/n, 100') John Cassavetes. Con Bobby Darin, Stella Stevens, John Cassavetes, Seymour Cassell, Val Avery, Rupert Crosse, Vince Edwards. ◆ Un pianista jazz ingenuamente idealista (Dàrin) non sa trovare la forza di reagire alle contrarietà e pianta il suo gruppo e la cantante che ama (Stevens) per suonare musica ordinaria. Tornerà in tempo (forse) per salvare la donna dalla prostituzione e rimettere insieme la band. Secondo film di Cassavetes, poco a suo agio con i limiti produttivi imposti dalla Paramount. Non mancano le belle scene (la registrazione musicale, la partita di baseball improvvisata nel parco, i jazzisti provocati nella sala da gioco) ma nel complesso l'anticonformismo del film risulta un po' pretenzioso. La colonna sonora è composta da 17 composizioni originali di David Raskin e tra gli esecutori c'è Benny Carter. In un party, all'inizio, si vede in scena Slim Gaillard.

Blue Sky ** (*Blue Sky*, Usa 1994, col, 101') Tony Richardson. Con Jessica Lange, Tommy Lee Jones, Powers Boothe, Carrie Snodgress, Amy Locane, Chris O'Donnell, Mitchell Ryan, Dale Dye, Tim Scott. ◆ 1962: trasferita da Paradise Island alla base di Anniston, in Alabama, la vita dei Marshall peggiora: la moglie Carly (Lange), già depressa, sembra perdere del tutto il suo equilibrio e durante un'assenza del marito, l'ingegnere nucleare Hank (Jones), cede alla corte del comandante della base (Boothe). Ma oltre al tradimento della moglie, Hank dovrà anche affrontare l'ira dei superiori perché non vuole tener nascosto che durante un'esplosione atomica dimostrativa due persone sono state contagiate. L'ultimo film di Tony Richardson (terminato nel 1991, poco prima della morte del regista avvenuta il 14 novembre dello stesso anno, il film è rimasto bloccato per beghe produttive fino al 1994) fatica a fondere i due temi su cui si sviluppa la sceneggiatura di Rama Laurie Stagner, Arlene Sarner e Jerry Leichtling: se le difficoltà matrimoniali di una coppia trovano credibilità nella prova di una intensa Jessica Lange, giustamente premiata con l'Oscar per il suo ruolo di donna troppo fragile per la vita che deve affrontare, la denuncia civile dell'arrivismo dei militari fatica a legarsi davvero con il resto della vicenda e l'intreccio delle due storie – con Hank che viene internato in un manicomio da chi si è portato a letto Carly – è funzionale all'economia del film come l'uso di un bazooka per uccidere una zanzara.

Blue Steel – Bersaglio mortale ** (*Blue Steel*, Usa 1990, col, 102') Kathryn Bigelow. Con Jamie Lee Curtis, Ron Silver, Clancy Brown, Elizabeth Peña, Philip Bosco, Louise Fletcher. ◆ Una poliziotta inesperta e nervosetta (Curtis) viene corteggiata dal maniaco yuppie (Silver) che le ha rubato la pistola: ci metterà un bel po' prima di capire con chi ha a che fare. Un'attrazione fatale sul filo dell'ambiguità, cui non giova una messinscena roboante. Il finale alla *Terminator*, per quanto carico di sottintesi erotici, ce lo potevano risparmiare. Coproduce Oliver Stone. La Bigelow ha fatto di meglio.

Blue Tiger *½ (*Blue Tiger*, Usa 1993, col, 85') Norberto Barba. Con Virginia Madsen, Toru Nakamura, Ryo Ishibashi, Harry Dean Stanton. ◆ Alla ricerca dello yakuza che gli ha ucciso il figlioletto, e del quale sa solo che ha tatuata una tigre rossa, Gina (Madsen) si fa tatuare una tigre blu, destinata secondo la leggenda a incontrare la sua compagna. Ma di yakuza con la tigre rossa, in circolazione ce ne sono due, uno buono e uno cattivo. Chi sarà l'assassino? Thriller post *Sol levante*, con un occhio al cinema d'azione di Hong Kong. Scene d'azione concitate, ma personaggi inesistenti e confezione stereotipata. La Madsen non si spoglia neanche.

Blues metropolitano ** (Italia 1985, col, 111') Salvatore Piscicelli. Con Paolo Bonetti, Barbara D'Urso, Ida Di Benedetto, Marina Suma, Toni Esposito, Pino Daniele, Tullio De Piscopo, Beppe Lanzetta, i gruppi Ascenn, Antra 666, Radio, Little Italy. ◆ Sullo sfondo di una due giorni musicale, nella quale si esibiscono i più validi esponenti del cosiddetto neorock napoletano (in cui spicca la performance di Pino Daniele), si intrecciano le vicende di una serie di personaggi: Tony (Bonetti), un aspirante boss; Elena (Di Benedetto), una professoressa moglie di un invalido; Stella (Suma), la svagata fidanzata dell'organizzatore del concerto; Tanino (Esposito), un percussionista giramondo. Tra droga, miseria e musica il film cerca di fornire un'immagine non stereotipata della Napoli contemporanea in un film corale ma non sempre controllato, dove la musica la fa da padrona.

Bluff – Storia di truffe e di imbroglioni *½ (Italia 1976, col, 110') Sergio Corbucci. Con Adriano Celentano, Anthony Quinn, Capucine [Germaine Lefèbvre], Ugo Bologna, Sal Borgese, Corinne Cléry. ◆ Ribalderie nella Francia anni Trenta di un simpatico truffatore italiano (Celentano) e un complice/rivale (Quinn) suo compagno di evasione. Sconnesso tentativo di parodiare le atmosfere ruggenti dei gangster-film, tra abiti gessati e gag rubate dalle comiche del muto.

Bob & Carol & Ted & Alice ** (*Bob & Carol & Ted & Alice*, Usa 1969, col, 104') Paul Mazursky. Con Natalie Wood, Robert Culp, Dyan Cannon, Elliott Gould, Horst Ebersberg, Lee Bergere. ◆ Convinti che per risolvere in modo «moderno» i propri problemi sentimentali si debbano seguire le teorie sull'amore libero, due coppie di amici decidono di scambiarsi i partner. Una commedia romantica «mascherata da pornografia», che guarda con una certa dose d'ironia ai luoghi comuni del permissivismo americano, raccontata con la giusta delicatezza ma con un finale pretenzioso: nel complesso, un buon esordio per Mazursky.

Bob il giocatore *** (*Bob le flambeur*, Francia 1955, b/n, 102') Jean-Pierre Melville. Con Roger Duchesne, Isabelle Corey, Daniel Cauchy, Guy Decomble, André Garret. ◆ Robert Montagné soprannominato *Bob le flambeur* (Duchesne) passa le sue notti nelle case da gioco di Montmartre, dove perde regolarmente. Decide così di svaligiare il casinò di Deauville e organizza un piano in cui coinvolge molte persone, ma le cose non andranno come previsto. Piccolo gioiello del genere giallo, ritratto disincantato e malinconico di un uomo (e di un mondo) marginale, indifferente alla fortuna o al fallimento, entrambi considerati come «capricci senza importanza del destino». Nello spirito autoironico e dandy con cui è descritto Bob, la sua vita da nottambulo impenitente, l'importanza dell'amicizia virile e il ruolo relativamente secondario dell'erotismo, Melville ha disegnato un ritratto di se stesso. Il primo noir di questo regista si apre come l'elegia di un quartiere (Montmartre) e di un dandy della mala di una volta, per perdere un po' d'interesse quando descrive l'organizzazione del colpo. Ma c'è già tutto il cinema dell'autore dello *Spione*: lo spirito disincantato, il senso della sconfitta, il prevalere dei personaggi sull'intreccio. Girato in economia e con grande libertà formale, anticipa anche visivamente i film della Nouvelle Vague – anche se sembrò non accorgersene nessuno. Il film è stato annunciato in Tv come *Il giocatore*.

Bob il maggiordomo → *Ai vostri ordini signora* (di George Marshall)

Bob Roberts **½ (*Bob Roberts*, Usa 1992, col, 103') Tim Robbins. Con Tim Robbins, Giancarlo Esposito, Gore Vidal, Ray Wise, Alan Rickman. ◆ Un cantante country fascistoide (Robbins) si candida al senato degli Stati Uniti: a furia di intimidazioni, calunnie e truffe riuscirà nel suo obiettivo, sbaragliando il suo rivale democratico (Vidal). Robbins, al suo esordio alla regia, si maschera doppiamente: si riserva una parte sgradevole, e traveste il film da documentario. Lo spettatore ha accesso solo a ciò che vede la troupe televisiva, anche se l'atto di accusa contro il marciume della destra moralista e patriottica è ben chiaro. Un'operazione linguisticamente intelligente e abbastanza divertente, anche se piuttosto sterile, in quanto indirizzata – né potrebbe essere altrimenti – a spettatori già certi della propria ideologia. Robbins è anche autore delle demenziali canzoncine del protagonista. John Cusack, Susan Sarandon (nella vita moglie di Robbins), James Spader e Fred Ward appaiono nel ruolo di anchormen.

Bocca, La *½ (Italia 1991, col, 103') Luca Verdone. Con Tahnee Welch, Rodney Jarvey, Claudine Auger, Monica Scattini, Valeria Cavalli. ◆ Per lavorare a un antico affresco una giovane restauratrice (Welch) si stabilisce temporaneamente in una villa di nobili toscani, dove tra la diffidenza della strana famiglia nasce una breve ma toccante storia d'amore con un giovane conte sordomuto (Jarvey). Un'attenzione formale non indifferente per un regista alla sua seconda opera, ma le suggestioni pittoriche e paesaggistiche non si accompagnano a un coerente sviluppo dei personaggi e della trama: si rimane fermi alla bella confezione priva di vita.

Boccaccio *½ (Italia 1940, b/n, 80') Marcello Albani. Con Clara Calamai, Osvaldo Valenti, Virgilio Riento, Gino Bianchi, Luigi Almirante, Bice Parisi, Silvana Jachino, Raffaele Di Napoli, Osvaldo Genazzani, Nera Novella, Rudy Dal Prà. ◆ Gelosa delle conquiste femminili del cugino Berto (Valenti), di cui è innamorata, Giannina (Calamai) decide di travestirsi da uomo e spacciarsi per lo zio, lo scrittore Giovanni Boccaccio. In questo modo spera di architettare qualche scherzo ai danni dell'infedele cugino. Piatta versione cinematografica dell'operetta omonima di Franz von Suppé (con canzoni di Tarcisio Fusco), la cui sceneggiatura è stata supervisionata da Michele Galdieri: l'accento è posto inevitabilmente sui siparietti «comici» (con Riento, Bianchi e Almirante a far da mattatori e Cesare Polacco, futuro ispettore Rock, che viene premonitoriamente pelato da un incompetente barbiere) mentre il tema dell'ambiguità sessuale con la Calamai en travesti è soffocato dall'elogio, tutto nazionale, della virilità maschile. Particina per il futuro produttore Dino De Laurentiis, uno dei goliardi.

Boccaccio * (Italia 1972, col, 92') Bruno Corbucci. Con Enrico Montesano, Sylva Koscina, Pascale Petit, Maria Baxa, Andrea Fabbricatore, Lino Banfi, Pippo Franco, Isabella Biagini, Alighiero Noschese. ◆ Sei spunti narrativi tratti dal *Decamerone* con protagonisti gli amici Buffalmacco (Montesano) e Bruno degli Olivieri (Franco), autori di mille scherzi ai danni di Calandrino (Fabbricatore) e di altri creduloni. Uno dei maggiori successi popolari del filone inaugurato, con ben altri propositi, dal *Decameron* di Pasolini e subito scivolato nella farsa pecoreccia.

Boccaccio '70 ** (Italia 1962, col, 150') Vittorio De Sica, Federico Fellini, Luchino Visconti, Mario Monicelli. ◆ Film a episodi. *I° Atto: La riffa* (Vittorio De Sica. Con Sophia Loren, Luigi Giuliani, Alfio Vita, Valentino Macchi. Sceneggiatura di Cesare Zavattini): per arrotondare i guadagni della coppia con cui gira le fiere in un baracchino di tiro a segno, la prosperosa Zoe si offre come premio a una lotteria clandestina; *II° Atto: Le tentazioni del dottor Antonio* (Federico Fellini. Con Peppino De Filippo, Anita Ekberg, Mario Passante, Silvio Pagolini, Polidor, Dante Maggio, Giacomo Furia, Donatella Della Nora. Sceneggiatura di Fellini, Ennio Flaiano e Tullio Pinelli): intransigente moralista, Antonio Mazzuolo dichiara una specie di guerra personale a un gigantesco manifesto che utilizza Anita Ekberg per pubblicizzare le qualità del latte; e i suoi incubi diventeranno realtà; *III° Atto: Il lavoro* (Luchino Visconti. Con Romy Schneider, Tomas Milian, Romolo Valli, Paolo Stoppa. Sceneggiatura di Visconti e Suso Cecchi d'Amico dal racconto di Maupassant *Sul bordo del letto*): per punire il marito coinvolto in un giro di call-girl, la moglie Pupa decide di farsi pagare per le sue prestazioni sessuali; *IV° Atto: Renzo e Luciana* (Mario Monicelli. Con Marisa Solinas, Germano Gilioli. Sceneggiatura di Giovanni Arpino, Suso Cecchi d'Amico e Italo Calvino dal suo racconto *L'avventura di due sposi*): dopo mille peripezie due operai riescono finalmente a trovare una casa, ma sono divisi dal turno di lavoro: uno rientra quando l'altra deve uscire. Prodotto da Carlo Ponti su un'idea di Cesare Zavattini, il film cerca di fondere i temi della commedia di costume con una più attenta riflessione sul moralismo e certo ipocrito perbenismo, ma non sempre arriva a centrare il bersaglio. Ci riescono meglio Visconti e soprattutto Fellini, il cui episodio inizia con una ricognizione sui vizi e le virtù di Roma che sembra anticipare il futuro film omonimo (con una comparsata di Giuliano Gemma nei panni di un attore di film mitologico); mentre l'aver fatto vivere al dottor Antonio lo stesso episodio di intemperanza moralistica che aveva portato l'allora onorevole Oscar Luigi Scalfaro a coprire la scollatura troppo «audace» di una signora sembra avvalorare il fatto che questo episodio dovesse essere una specie di vendetta personale di Fellini contro lo stesso Scalfaro, anonimo estensore – si dice – di una dura stroncatura del film *La dolce vita* dalle colonne dell'«Osservatore romano». Fu presentato al Festival di Cannes senza l'episodio di Monicelli.

Bocca da fuoco *½ (*Firepower*, Gb 1979, col, 104') Michael Winner. Con Sophia Loren, James Coburn, O. J. Simpson, Eli Wallach, Anthony Franciosa, Vincent Gardenia, Victor Mature. ◆ La vedova (Loren) di uno scienziato, assassinato per aver scoperto importanti segreti sul conto di un uomo ricchissimo, convince la Cia ad affidare il caso a un agente che si era ritirato (Coburn). Un cast tutto di stelle, sprecato in un film dalla trama inutilmente intricata (tutti, o quasi, girano con dei sosia), ambientato tra il sole dei Caraibi.

Bocca della verità, La ** (*The Horse's Mouth*, Gb 1958, col, 93') Ronald Neame. Con Alec Guinness, Kay Walsh, Renne Houston, Mike Morgan, Michael Gough. ◆ Gilley Jimson (Guinness), un impiegato che ha abbandonato tutto, famiglia compresa, per seguire la sua vocazione artistica, campa con l'aiuto di qualche improvvisato mecenate, non sempre contento della sua eccentricità. E anche quando i suoi quadri diventeranno famosi, lui continuerà a vivere sulla sua chiatta sul Tamigi. Da un bel romanzo di Joyce Cary, una colorata interpretazione di Guinness, autore anche della sceneggiatura, la cui ironia però non evita al film di scivolare nei luoghi comuni del pittore geniale-ma-sfortunato.

Bocca sulla strada, La *½ (Italia 1941, b/n, 85') Roberto Roberti. Con Armando Falconi, Carla Del Poggio, Giuseppe Rinaldi, Vera Bergman, Guglielmo Barnabò, Vittoria Benvenuti, Franco Coop, Franco Rondinella. ◆ Per rispettare le ultime volontà del marchese napoletano Del Fermo (Coop), il guardiaportone Gennaro Cuomo (Falconi) alleva la figlia illegittima del nobile come fosse sua nipote. Diventata adulta, Graziella (Del Poggio), farà innamorare Stelio (Rinaldi), il figlio dell'industriale milanese (Barnabò) che ha comprato il palazzo dei marchesi. Una commedia regionalistica che si tinge di melodramma, sceneggiata da Guglielmo Giannini: se la prima parte, con le macchiette napoletane (di un credibile Falconi e di un divertente Rondinella nel ruolo del vetturino Salvatore), è piacevole, la seconda parte, con la storia d'amore contrastata fino alla rivelazione finale, scade a livello da filodrammatica. La Del Poggio canta *Serenata solitaria*. Giuseppe Rinaldi, che diventerà uno dei più validi doppiatori italiani, in questo film è doppiato da Stefano Sinibaldi. Padre del futuro regista Sergio Leone, Roberto Roberti (il cui vero nome era Vincenzo Leone) in questo film si firma Leone Roberto Roberti.

Bocconcino, Il * (Italia 1976, col, 100') Romano Scandariato. Con Antinesca Nemour, Claudio Gallone, Flora Saggese, Hélène Chanel, Lucio Flauto. ◆ Un liceale (Gallone) in vacanza sul lago Maggiore diventa preda di una cuginetta scatenata, ma non perde occasione per approfittare anche della piacente ragazza inglese alla pari. Pietoso tentativo di mascherare una pochade con qualche spunto critico verso il perbenismo piccolo-borghese e i pruriti adolescenziali. Dal fallimento si salva solo Lucio Flauto nella parte del padre. Dopo questo film, il protagonista-bocconcino si è dato al giornalismo.

Bodas de sangre – Nozze di sangue *** (*Bodas de sangre*, Spagna 1981, col, 71') Carlos Saura. Con Antonio Gades, Cristina Hoyos, Juan Antonio Jimenez, Pilar Cardenas, Carmen Villena. ◆ La messinscena del balletto di Antonio Gades ispirato al dramma di Lorca *Nozze di sangue*, filmato anche durante la sua preparazione nei camerini e dietro le quinte: alla vigilia delle nozze, la sposa (Hoyos) è rapita da Lorenzo (Gades); sulle loro tracce si mette lo sposo (Jimenez), ma il duello si concluderà tragicamente per entrambi i contendenti. Una grandissima prova di cinema-balletto, originale tentativo (come il successivo *L'amore stregone*) di raccontare la realtà profonda della Spagna utilizzando la più tradizionale delle sue manifestazioni, il flamenco e gli altri balli popolari.

Body Bags – Corpi estranei ** (*Body Bags*, Usa 1993, col, 95') John Carpenter, Tobe Hooper. Film a episodi coordinato da John Carpenter, anche coautore delle musiche. ◆ In *The Gas Station* (John Carpenter. Con Alex Datcher, Robert Carradine, David Naughton) un'impiegata (Datcher) al turno di notte in una stazione di servizio si trova alle prese con un serial killer. Prevedibile, ma realizzato col senso della suspense del Carpenter migliore. Wes Craven interpreta il primo cliente. In *Hair* (John Carpenter. Con Stacy Keach, David Warden, Sheena Easton, Deborah Harry) un uomo di mezza età (Keach), ossessionato dall'incipiente calvizie, si presta a un trattamento rivoluzionario, che ha però impensati effetti collaterali. In *Eye* (Tobe Hooper. Con Mark Hamill, Twiggy) un giocatore di baseball (Hamill) è perseguitato da visioni macabre dopo che gli è stato trapiantato l'occhio di un serial killer. Carpenter tenta il difficile incrocio tra horror e grottesco, aiutato dal gigionismo dei due protagonisti mentre Hooper abbonda in citazioni bibliche per dare spessore a una storia vecchia, ma sostanzialmente è un film riservato ai fan del genere. Roger Corman interpreta il primo medico. Nell'episodio-cornice Carpenter recita nella parte di una specie di zio Tibia che fa battute macabre tra i cadaveri di un obitorio. Hooper è il secondo coroner.

Body of Evidence ° (*Body of Evidence*, Usa 1992, col, 120') Uli [Ulrich] Edel. Con Madonna [Veronica Louise Ciccone], Willem Dafoe, Joe Mantegna, Anne Archer, Julianne Moore, Jürgen Prochnow. ◆ Accusata di aver ucciso per eccesso di sesso e droga un ricco sessantenne, Rebecca Carlson (Madonna) sceglie come difensore l'ingenuo avvocato Frank Dulaney (Dafoe) che si innamorerà della sua cliente prima di scoprirne il vero volto. Pasticciaccio processuale costruito sulle performance erotiche di Madonna che non si risparmia niente, compreso l'uso delle manette e la cera di una candela per aumentare (?) il piacere del partner: gran mugolii, molti seni al vento, ma sempre le mutande (quelle Chanel «ascellari») addosso. La trama – che scopiazza da *Testimone d'accusa* l'idea della donna più furba dell'avvocato la quale si fa disprezzare per farsi assolvere – è raccontata in maniera risibile e Dafoe e Mantegna (il pubblico ministero) non sono mai stati così cani. Il tipico De Laurentiis touch.

Body puzzle *½ (Italia 1992, col, 97') Lamberto Bava. Con Joanna Pacula, Tomas Arana, Gianni Garko, François Montagut, Erika Blanc, Susanna Javicoli. ◆ Un assassino riempie il frigo di una bella vedova (Pacula) con vari organi delle sue vittime. Tentativo di thriller all'italiana con una sceneggiatura più curata del solito, ma troppo pedestre nell'imitare Argento e De Palma. Una volta tanto, comunque, ci viene risparmiata la sorpresa sull'identità del colpevole. Tagliato e ridistribuito come *Mysteria*.

Boeing Boeing ** (*Boeing Boeing*, Usa 1965, col, 102') John Rich. Con Tony Curtis, Jerry Lewis, Thelma Ritter, Dany Saval, Suzanna Leigh. ◆ Un giornalista americano a Parigi (Curtis) riesce a spassarsela contemporaneamente con tre hostess, anche grazie all'aiuto di un amico un po' pasticcione (Lewis), fino a quando il cambiamento degli orari dei voli metterà in crisi il fidanzato «trigamo». Tratto da una pièce teatrale di Marc Camoletti, un veicolo perfetto per la comicità (oggi un po' datata) dei due.

Bogus – L'amico immaginario *½ (*Bogus*, Usa 1996, col, 110') Norman Jewison. Con Haley Joel Osment, Whoopi Goldberg, Gérard Depardieu, Nancy Travis, Andrea Martin, Ute Lemper, Al Waxman. ◆ A sette anni Albert (Osment) si ritrova senza mamma (Travis) e con una ziastra bisbetica e con la pelle diversa dalla sua (Goldberg): cercherà conforto in un immaginario amico francese, Bogus (Depardieu). Scritta da Alvin Sargent, un'innocua commediola fantastica, vecchia nelle trovate, spenta nel tono conciliante con cui descrive i traumi della crescita.

Bohème, La *** (*La Bohème*, Usa 1926, b/n, 110') King Vidor. Con Lillian Gish, John Gilbert, Renée Adorée, Roy D'Arcy, Edward Everett Horton. ◆ Parigi, Quartiere Latino: il commediografo Rodolphe (Gilbert) salva dallo sfratto Mimì (Gish), una povera cucitrice, e se ne innamora. Ma quando dubita, a torto, della sua fedeltà, la lascia. Mimì, tisica, lo rivedrà sul letto di morte, dopo aver contribuito al suo successo. A tutt'oggi una delle migliori versioni delle *Scene della vita di bohème* di Murger, dove Vidor sceglie una chiave di precisione filologica (insolita in un film hollywoodiano), e trova una leggerezza che smorza il patetico. Straordinaria la Gish, pudica nella gioia quanto nella sofferenza, che deperisce a vista d'occhio senza mai atteggiarsi a vittima o eroina. Si racconta che il realismo della sua interpretazione fosse tale da illudere perfino Vidor, che avrebbe creduto che fosse morta veramente sul set. Erté avrebbe dovuto collaborare ai costumi, ma Vidor non ne fu soddisfatto.

Bohème, La ** (*La Vie de Bohème*, Francia 1942, b/n, 120') Marcel L'Herbier. Con Maria Denis, Louis Jourdan, Gisèle Pascal, Suzy Delair, Louis Salou, Alfred Adam, André Roussin, Sinoël [Jean-Léonis Bies], Jean Parédès. ◆ Eternamente senza un soldo – come gli amici Schaunard (Adam), Colline (Salou) e Marcel (Roussin) – il poeta Rodolfo (Jourdan) si innamora dell'operaia Mimì (Denis), che fabbrica fiori artificiali. Quando scopre di essere condannata dalla tisi, Mimì decide di allontanarsi da Rodolfo per non pesare sulla sua carriera, ma poi tornerà per morire tra le sue braccia. Rilettura in chiave vagamente patriottarda (e lacrimosa) del celebre melodramma di Henri Murger (anche in questa versione – sceneggiata da Nino Frank e dal regista – accompagnata dalle musiche di Puccini): se da una parte evocare il passato culturale poteva aiutare a «rimuovere» l'occupazione nazista, dall'altra una serie di velate allusioni – il ricordo delle tre giornate insurrezionali del 1848, le truppe che sfilano al grido di «viva la repubblica», la scena dell'albero della libertà – aiutavano a non far spegnere la speranza di una rinascita.

Bohème, La **½ (*La Bohème*, Francia/Italia 1987, col, 106') Luigi Comencini. Con Barbara Hendricks, José Carreras, Luca Canonici, Angela Maria Blasi, Gino Quilico, Richard Cowen, Michel Senechal. ◆ Parigi, inizio secolo: il pittore Marcello (Quilico) e il poeta Rodolfo (Canonici, con la voce di Carreras) conducono, insieme ai compagni, una vita da artisti squattrinati. Una sera, in un bar, Rodolfo incontra Mimì (Hendricks), ed è amore a prima vista, mentre Marcello ritrova Musetta (Blasi), sua ex amante, ma le due storie avranno vita breve a causa della miseria. Adattamento dell'omonima opera di Giacomo Puccini, con qualche licenza significativa: l'azione è spostata dalla metà dell'Ottocento al 1910, Marcello è un pittore cubista, Rodolfo poeta futurista, Mimì ha la pelle nera, si moltiplicano gli ambienti e conseguentemente anche le comparse. Grazie a una regia realista e «pragmatica», tesa a evitare il rischio dell'opera filmata, si crea un buon rapporto tra il canto e lo spazio cinematografico, e a tratti la sensibilità degli interpreti e della messinscena porta a una sincera commozione. I melomani e alcuni critici musicali hanno protestato per la riduzione dell'opera a mera colonna sonora e per l'interpretazione non molto convincente di Carreras (peraltro gravemente ammalatosi all'inizio delle riprese e perciò sostituito sul set da Canonici). Rispetto all'opera, la versione di Comencini dura meno, «a causa della maggiore velocità dell'orchestra» diretta da James Conlon. In piccoli ruoli compaiono Ciccio Ingrassia (il giocattolaio Perpignol, doppiato nel canto da Michel Senechal) e Massimo Girotti (il vecchio pretendente).

Boia, Il ** (*The Hangman*, Usa 1959, b/n, 86') Michael Curtiz. Con Robert Taylor, Tina Louise, Fess Parker, Jack Lord, Mickey Shaughnessy. ◆ Uno sceriffo, soprannominato «il boia» per la sua inflessibilità (Taylor), deve cercare un presunto assassino che non ha mai visto in faccia e per farlo si fa aiutare da una donna (Louise). Ma per una volta il suo implacabile senso del dovere avrà una battuta d'arresto. Un piccolo western, sceneggiato da Dudley Nichols, sui temi della durezza del dovere e della senilità, interpretato con convinzione da Robert Taylor.

Boia arriva all'alba, Il ** (*Daybreak*, Gb 1946, b/n, 81') Compton Bennett. Con Eric Portman, Ann Todd, Maxwell Reed, Edward Rigby, Bill Owen, Jane Hylton. ◆ Il boia (Portman) che deve eseguire la sentenza di morte di un marinaio (Reed) è lo stesso uomo che il condannato dovrebbe aver ucciso, caduto in acqua – e dato per morto – dopo una rissa scatenata per colpa della donna (Todd) che il boia aveva sposato, ma cui non aveva mai rivelato la propria attività. Curioso noir tratto dal racconto di Monckton Hoffe (sceneggiato da Muriel e Sydney Box) che esplora la doppia faccia del carattere britannico e la sua sostanziale misoginia: nonostante la secca opposizione delle autorità britanniche che imposero alcuni tagli e un nuovo montaggio, il ritratto di Eddie (capace di far convivere senza apparente contraddizione la sua attività di barbiere con quella di boia) riesce a trasmettere una visione schizoide e sostanzialmente tragica dell'uomo inglese, costretto a dividersi tra identità opposte, destinate fatalmente a scontrarsi in maniera drammatica.

Boia di Lilla, Il *½ (Italia/Francia 1952, b/n, 90') Vittorio Cottafavi. Con Rossano Brazzi, Yvette Lebon, Armando Francioli, Jean Roger Caussimon, Massimo Serato, Renato De Carmine, Vittorio Sanipoli. ◆ Dopo aver compromesso un seminarista, Anne de Beuil, meglio conosciuta come Milady (Lebon), sposa il conte de La Fère (Brazzi) il quale, dopo essere venuto a conoscenza del suo torbido passato, cerca di ucciderla ed è convinto di averlo fatto. In realtà Milady è riuscita a beffarlo, ma non a lungo: il marito, diventato moschettiere del re con il nome di Athos, riuscirà a trascinarla al patibolo di Lille, il cui boia (Caussimon) è il fratello del seminarista. Cappa e spada dalla trama complicatissima, ispirato all'omonimo romanzo di Alexandre Dumas padre e sceneggiato dal regista con Siro Angeli, Giorgio Capitani e Vittoriano Perilli. È l'unico film del genere ad avere come protagonista la storica nemica dei moschettieri, a dispetto del titolo che mantiene l'originale letterario (e difatti il film è stato rieditato col titolo *La vita avventurosa di Milady*).

Boia, la vittima e l'assassino, Il → *Arma da taglio*

Boiling Point **½ (*3-4x Jugatsu*, Giappone 1990, col, 96') Takeshi Kitano. Con Masahiko Ono, Yuriko

Ishida, «Beat» Takeshi [Kitano], Minoru Iikuza. ◆ Garzone di una stazione di benzina e giocatore di baseball brocco, Masaki (Ono), osa rispondere alla provocazione di uno yakuza e innesta una reazione a catena di vendette, che lo porterà a chiedere aiuto a Uehara (Kitano), boss bisessuale e pazzo scatenato. Film di gangster e romanzo di formazione che diventa un inno all'irrazionalità e alla follia, l'opera seconda di Kitano è uno schiaffo al cinema di genere (non c'è neanche la musica di accompagnamento), a volte fin troppo ermetico e onirico. I temi sono quelli cari al regista (la morte, l'atto gratuito), lo stile è meravigliosamente impassibile anche quando mette in scena violenze inenarrabili: ma rispetto agli altri suoi film rischia di sembrare un collage di sequenze a effetto (anche se imperdibili: si veda Uehara che di punto in bianco stupra un ragazzo, o che passa il metal detector di un aeroporto armato fino ai denti). Kitano è anche sceneggiatore. Il titolo originale indica il punteggio di una partita di baseball vinta dagli ospiti.

Bolero * (*Les Uns et les autres*, Francia 1981, col, 173') Claude Lelouch. Con Robert Hossein, Nicole Garcia, James Caan, Geraldine Chaplin, Daniel Olbrychski, Evelyne Bouix, Macha Méril, Francis Huster, Raymond Pellegrin, Jean-Claude Brialy, Richard Bohringer, Fanny Ardant, Alexandra Stewart, Jean-Pierre Kalfon. ◆ Storie parallele di quattro famiglie di Mosca, Berlino, Parigi e New York, tra il 1936 e il 1980, tutte legate dalla comune passione per la musica. Carrellata storica, volutamente frammentata tra passato e presente, in cui gli attori interpretano più parti, generando un'inevitabile confusione: sfugge il senso che lega questa monumentale, ma fredda, ricostruzione. L'inizio e la fine sono scanditi dalle note di un (interminabile) bolero di Ravel. La mastodontica saga raddoppia la sua durata nella versione televisiva.

Bolero extasy * (*Bolero*, Usa 1984, col, 104') John Derek. Con Bo Derek, George Kennedy, Andrea Occhipinti, Ana Obregon, Olivia D'Abo. ◆ Negli anni Venti, la giovane Ayre McGillvari (Derek), innamorata di Valentino, vuole offrire la propria verginità al figlio di uno sceicco. Delusa, cadrà tra le braccia di un torero (Occhipinti). Incredibile pasticciaccio pseudoerotico per glorificare le forme di Bo Derek. Il kitsch tocca punte «sublimi» durante l'amplesso con il torero, quando dietro ai due amanti si accende (sic!) la scritta al neon «Extasy».

Bolgia dei vivi, La *½ (*You Can't Get Away with Murder*, Usa 1939, b/n, 78') Lewis Seiler. Con Humphrey Bogart, Billy Halop, Gale Page, John Litel. ◆ Un incallito criminale (Bogart) trascina nel delitto un ragazzetto di strada. Arriverà anche a ucciderlo perché non parli, ma questo non gli impedirà di finire sulla sedia elettrica. Un melodramma di ambiente carcerario, piuttosto convenzionale.

Bolide rosso ** (*Johnny Dark*, Usa 1954, col, 85') George Sherman. Con Tony Curtis, Piper Laurie, Don Taylor, Paul Kelly, Sidney Blackmer. ◆ Un collaudatore di automobili (Curtis) progetta una vettura rivoluzionaria con la quale vince una gara e la diffidenza di tutti verso le sue innovazioni. Film anonimo ma girato discretamente per i tempi (specie le riprese ad alta velocità), che descrive l'ambiente delle corse con una certa efficacia.

Bolidi nella notte *½ (*King of the Mountain*, Usa 1981, col, 90') Noel Nosseck. Con Harry Hamlin, Joseph Bottoms, Deborah Van Valkenburgh, Dennis Hopper, Richard Cox, Seymour Cassel. ◆ La rivalità di due preparatori di auto da competizione (Hamlin e Bottoms) sullo sfondo della pericolosa Mulholland Drive di Los Angeles, gara notturna senza regole di sicurezza. Originato da un articolo sulla corsa apparso sul *New West Magazine*, il film non evita i cliché, soprattutto in un finale decisamente scontato. Bella la caratterizzazione di Hopper nella parte di un pilota che aveva vinto la corsa in passato.

Bolle di sapone **½ (*Soapdish*, Usa 1991, col, 96') Michael Hoffman. Con Sally Field, Kevin Kline, Elisabeth Shue, Cathy Moriarty, Whoopi Goldberg, Robert Downey jr, Garry Marshall, Terry Hatchher, Carrie Fisher. ◆ Un executive (Downey jr.), sobillato da una bionda comprimaria, cerca invano di rovinare la carriera di una diva delle soap-opera (Field) di mezza età. Questa si ritrova sul set l'amante di un tempo e una figlia tenuta segreta: ma il pubblico giubila nel vedere che la realtà è ancora più inverosimile della finzione. Parodia a tratti spassosa, costruita con abilità e diretta con buon ritmo. Un po' troppo debitrice di *Tootsie*, ma servita da un cast (specialmente Kline) in gran forma.

Bollenti spiriti *½ (Italia 1981, col, 98') Giorgio Capitani. Con Johnny Dorelli, Gloria Guida, Alessandro Haber, Lia Tanzi, Adriana Russo, Lory Del Santo, Francesca Romana Coluzzi. ◆ Il conte Giovanni degli Uberti (Dorelli) eredita il 90% di un castello con annesso fantasma che gli assomiglia perfettamente: la quota restante è della squattrinata Marta (Guida). Di lei si innamorano sia Giovanni che il fantasma, con i prevedibili equivoci del caso. Farsa non grevissima ma piuttosto scontata nei suoi prevedibili scambi di persona. Gli sceneggiatori Laura Toscano e Franco Marotta avevano lavorato molto meglio per *Aragosta a colazione*.

Bolognese, La * (Italia 1975, col, 93') Alfredo Rizzo. Con Franca Gonella, Alan Collins, Roberto Loreti, Cinzia Romanazzi, Rita De Simone. ◆ Per diventare attrice di fotoromanzi bisogna pagare cinque milioni e la generosa aspirante (Gonella) riesce ad accumularli concedendosi a vogliosi contadini. Trama banale e recitazione rudimentale.

Bomba di Kansas City, La *½ (*Kansas City Bomber*, Usa 1972, col, 99') Jerrold Freedman. Con Raquel Welch, Kevin McCarthy, Norman Alden, Jeanne Cooper, Dick Lane, Jodie Foster. ◆ Caduta e riscatto di Kitty Carr (Welch) meglio conosciuta come «la bomba di Kansas City» protagonista delle violentissime gare di pattinaggio a rotelle: mandata a esibirsi in provincia saprà riscattarsi sconfiggendo la numero uno e conquistando così la sua personale libertà. Melodramma sportivo a tratti semidocumentaristico, scontato nel suo dualismo tra violenza agonistica e tenerezze private, con dialoghi involontariamente comici.

Bomber * (Italia 1982, col, 112') Michele Lupo. Con

Bud Spencer [Carlo Pedersoli], Jerry Calà, Mike Miller, Valeria Cavalli, Gegia [Francesca Antonaci], Ferdinando Murolo. ◆ Un ex pugile (Spencer) durante una scazzottata tra portuali scopre un ragazzo (Miller) che sa usare bene il destro. Vuole aiutarlo per farlo combattere sul ring, ma la mafia ci si mette di mezzo. Parodia dei boxe-movie hollywoodiani, tagliato su misura per il gigantesco attore, pieno di buoni (e scontati) sentimenti.

Bonjour tristesse **½ (*Bonjour tristesse*, Usa 1958, col. e b/n, 93') Otto Preminger. Con Deborah Kerr, David Niven, Jean Seberg, Geoffrey Horne, Mylène Demongeot, Walter Chiari. ◆ Cécile (Seberg) passa la sua vita a Parigi insieme al padre Raymond (Niven) tra feste e divertimenti, ma questo non riesce a cancellarle un fondo di diffusa tristezza: l'anno prima era stata l'involontaria causa della morte di Anne (Kerr), la donna che avrebbe potuto sposare Raymond. Dall'omonimo romanzo di Françoise Sagan, che non apprezzò lo smontaggio cronologico del film coi suoi continui rimandi tra passato (filmato a colori) e presente (in bianco e nero), il film racconta la perdita dell'innocenza (caparbiamente contrastata, fino al tentativo di fermare il tempo con un rapporto pieno di valenze edipiche) e i rapporti che possono unire o dividere le persone. Affascinanti le inquadrature del volto di Jean Seberg (fino all'ultima, riflessa tra le lacrime) «incorniciate» da sfondi di diversi colori, spie dell'influenza della pittura astratta sul regista. Piccola comparsa per Juliette Greco. I titoli di testa sono disegnati da Saul Bass.

Bonne, La * (Italia/Francia 1986, col, 108') Salvatore Samperi. Con Florence Guérin, Katrine Michelsen, Cyrus Elias, Ida Eccher, Lorenzo Lena. ◆ 1956: nella provincia veneta, una moglie in crisi (Guérin) viene coinvolta dalla cameriera (Michelsen) in un rapporto sempre più morboso e ambiguo che la trascina verso un drammatico epilogo. Per raccontare i pruriti della provincia, questa volta Samperi scomoda *Les Bonnes* (*Le serve*) di Genet, ma il testo teatrale si dissolve immediatamente nel solito voyeurismo patinato.

Bonnie and Clyde → *Gangster Story*

Bonnie e Clyde all'italiana * (Italia 1982, col, 97') Steno [Stefano Vanzina]. Con Paolo Villaggio, Ornella Muti, Jean Sorel, Ferdinando Murolo, Antonio Allocca. ◆ Due modesti travet, lui rappresentante di giocattoli (Villaggio) lei dipendente delle FS (Muti), vengono scambiati dalla polizia per i responsabili di una rapina: entrati casualmente in possesso della refurtiva dovranno vedersela con le forze dell'ordine e con i veri ladri. Esilissima sceneggiatura basata su un umorismo casereccio e plateale.

Bonus Malus ** (Italia 1993, col, 90') Vito Zagarrio. Con Claudio Bigagli, Claudio Bisio, Athina Cenci, Gigio Alberti, Giulia Boschi, Felice Andreasi, Claudio Botosso, Francesca D'Aloja, Lorella De Luca, Carlo Monni, Novello Novelli, Maddalena Fellini. ◆ Cinico e rampante ispettore di una compagnia di assicurazioni, Marco (Bigagli) organizza la sua settimana con la meticolosità di un computer: visite nelle agenzie per smascherare chi imbroglia, concessioni erotiche alla presidentessa (Cenci) per far carriera, avventure galanti solo se poco coinvolgenti. Ma dovrà accorgersi a sue spese che anche comportamenti così programmati possono incontrare l'imprevisto. L'opera seconda di Vito Zagarrio, tratta da una sceneggiatura finalista al premio Solinas (di Francesco Bruni e Luigi Guarnieri rivista da Enzo Monteleone), cerca di rendere con i toni della commedia amara l'immagine della provincia italiana: se l'utilizzo di un gruppo di giovani attori italiani è decisamente interessante, molto meno riuscito è l'amalgama narrativo che finisce per non approfondire mai nessuna situazione o personaggio. Nelle fantasie degli assicuratori, il giudice è interpretato dal critico cinematografico Lino Micciché.

Bonzo la scimmia sapiente ** (*Bedtime for Bonzo*, Usa 1951, b/n, 83') Frederick De Cordova. Con Ronald Reagan, Diana Lynn, Walter Slezak, Jesse White, Lucille Barkley. ◆ Per verificare le sue teorie sulla formazione del carattere un professore (Reagan) tratta lo scimpanzé Bonzo come un figlio. Portata come esempio del basso livello artistico della carriera cinematografica del futuro presidente degli Stati Uniti (specie per una scena decisamente comica di Reagan e Bonzo a letto) è invece una commedia mediamente ben fatta con qualche momento divertente. Seguìto da *Bonzo Goes to College* (dove Reagan non c'è più), inedito in Italia.

Boogie Nights – L'altra Hollywood *** (*Boogie Nights*, Usa 1997, col, 155') Paul Thomas Anderson. Con Mark Wahlberg, Julianne Moore, Burt Reynolds, Heather Graham, John C. Reilly, Philip Seymour Hoffman, Don Cheadle, William H. Macy, Alfred Molina, Luis Guzmán, Philip Baker Hall, John Doe. ◆ San Francisco, 1977: Eddie Adams (Wahlberg, ex Marky Mark) ha un solo talento nella vita, quello di essere un superdotato, e così diventa la pornostar Dirk Diggler alla corte del regista Jack Horner (Reynolds). Ma gli anni Ottanta, tra squallidi video, droga, marchette e rapine, segneranno l'inizio della decadenza. Una grande saga americana senza tragedie né redenzioni, come si meritano i nostri tempi, sul passaggio dall'era hippie a quella Reagan: sempre all'insegna della mediocrità, sia nel successo che nel declino. Anderson, ottimo sceneggiatore, guarda in alto (Altman e Scorsese, compreso il piano-sequenza iniziale), ma non si erge a giudice; descrive con affetto la grande famiglia formata dai suoi personaggi, ma è capace di un'ironia che va a segno: e il respiro narrativo regge la durata, con le sorprese concentrate nell'ultima parte. Liberamente ispirato alla vita di John Holmes, aggirando con una certa abilità le trappole dei film sul porno che, ovviamente, non possono mostrare scene hard.

Boom, Il *½ (Italia 1963, col, 94') Vittorio De Sica. Con Alberto Sordi, Gianna Maria Canale, Ettore Geri, Elena Nicolai, Federico Giordano, Maria Grazia Buccella. ◆ Per risollevare i propri affari e pagare i troppi debiti, Giovanni Alberti (Sordi) decide di vendere un occhio a un riccone. Ma arrivato a un passo dall'operazione subentra la paura. Sceneggiato da Zavattini (con un bello spunto di partenza ma niente più), il film si regge tutto sulla recitazione di Sordi e la sua abilità nel descrivere le meschinità dell'italiano medio.

Boom *½ (Italia 1999, col, 92') Andrea Zaccariello. ◆ Film a episodi. In *Il figlio di Pelé* (con Piero Natoli, Tiziana Pini, Denis Zamponi) un tifoso sfegatato spera che l'unico figlio maschio emuli il calciatore brasiliano; in *Il figlio di Villa* (con Alessandro Di Carlo, Serena Bonanno, Irma Capece Minutolo, Franco Diogene) un cameriere dalla bella voce si illude che un'audizione lo trasformi nell'erede del Reuccio; in *Il figlio di Maciste* (con Pier Maria Cecchini, Eliana Miglio, Brad Harris, Ilaria Occhini) Aurelio vuole seguire le orme del padre, attore di peplum. Sceneggiate da Age, Mauro Mortaroli, Erminio Perocco e Zaccariello, tre storie romane sul desiderio di successo e le frustrazioni che ne derivano: altrettanti bozzetti costruiti a tavolino nel tentativo di resuscitare i film a episodi della commedia all'italiana, poco incisivi ma se non altro pervasi da un umorismo malinconico privo di volgarità.

Boom boom ** (*Boom boom*, Spagna/Belgio 1990, col, 92') Rosa Vergès. Con Victor Lazlo, Sergi Mateu, Fernando Guillén Cuervo, Angels Gonyalons. ◆ Nello stesso condominio abitano una dentista (Lazlo) e il direttore di un negozio di calzature (Mateu): equivoci e scambi di persona li faranno incontrare e innamorare. Esordio frizzante, anche se non originale, della catalana Vergès, che dirige con un occhio al vaudeville e l'altro alle commedie di Almodóvar. L'avvenente dentista è la cantante martinicana Victor Lazlo, che si è scelta come nome d'arte quello del marito della Bergman in *Casablanca*.

Boomerang, l'arma che uccide **½ (*Boomerang*, Usa 1947, b/n, 88') Elia Kazan. Con Dana Andrews, Lee J. Cobb, Arthur Kennedy, Jane Wyatt, Sam Levene, Ed Begley, Karl Malden. ◆ Sotto la pressione dell'opinione pubblica un procuratore (Andrews) arresta un uomo (Kennedy), accusandolo dell'omicidio che ha «agitato le acque della vita comunitaria». Ma di fronte a un tentativo di linciaggio popolare dimostra lui stesso al processo l'innocenza dell'imputato, aiutato dal lavoro di un giornalista (Levene) che smaschera la corruzione della classe politica. Ispirato a un fatto di cronaca (e all'articolo di Anthony Abbot che lo raccontava, *The Perfect Case*) e sceneggiato da Richard Murphy, è un film più attento ai meccanismi narrativi e ai colpi di scena che al messaggio (tipicamente rooseveltiano: la Giustizia – e gli uomini onesti – possono rifondare una funzione corrotta dello Stato) ma che rivelò al pubblico un grande regista, capace di mescolare attori professionisti e non (lo zio di Kazan, Joe, interpreta Mr. Lukash).

Boon il saccheggiatore **½ (*The Reivers*, Usa 1970, col, 107') Mark Rydell. Con Steve McQueen, Sharon Farrell, Will Geer, Mitch Vogel, Michael Constantine, Rupert Crosse, Lonny Chapman. ◆ Mississippi 1905: il piccolo Lucius (Vogel) scopre il mondo accompagnando lo scanzonato Boon Hogganbeck (McQueen) e il suo amico Ned (Crosse) in un viaggio su una fiammante Winton Flyer gialla, fino a un casino di Memphis dove lavora la bella Connie (Farrell). Tratto dall'ultimo romanzo di Faulkner, *I saccheggiatori*, il film riesce a conservare il tono brioso e fresco del libro, ambientando la vicenda e le sue molte avventure (l'onore di Connie difeso dal piccolo Lucius, il baratto dell'auto con un cavallo, l'insperata vittoria alle corse, la predica finale del nonno) in un clima sognato e divertente.

Bora Bora * (Italia 1965, col, 97') Ugo Liberatore. Con Haydée Politoff, Corrado Pani, Doris Kunstmann, Ivan Giovanni Scratuglia, Antoine Coco Puputauki, Rosine Copie. ◆ Per riconquistare la moglie (Politoff) che ha riscoperto la naturalità dell'amore e del sesso con un indigeno, l'italiano Roberto (Pani) la raggiunge nelle isole della Polinesia: con la prospettiva di rapporti più liberi ritorneranno alla vita quotidiana. Sesso libero e mito del buon selvaggio per un film che, rivisto oggi, appare francamente comico nella sua voglia di (presunta) libertà.

Bordella ** (Italia 1976, col, 100') Pupi Avati. Con Al Lettieri, Gigi Proietti, Vincent Gardenia, Christian De Sica, Gianni Cavina, Taryn Power, Luigi Montefiori. ◆ Il responsabile (Gardenia) della American Love Company (società destinata a promuovere l'influenza americana attraverso sesso e felicità) incarica il siculo Eddie Mordace (Lettieri) di fondare a Milano un bordello per signore, dove troveranno lavoro un playboy in disuso, un pugile timido, un nobile decaduto, un maniaco sessuale non redento e un maggiordomo incline al travestitismo. Il successo sarà tale che l'iniziativa verrà esportata anche in altri Stati. Surreale apologo contro il consumismo e il cinismo politico, il film offre una carrellata di caratteri eccentrici e divertenti (su tutti il giovanissimo Christian De Sica), ma non riesce a liberarsi da un macchiettismo un po' gratuito. Tra gli sceneggiatori Maurizio Costanzo e Gianni Cavina. Il film fu incredibilmente sequestrato per oltraggio al pudore.

Borghese piccolo piccolo, Un *** (Italia 1977, col, 122') Mario Monicelli. Con Alberto Sordi, Shelley Winters, Vincenzo Crocitti, Romolo Valli, Renzo Carboni. ◆ Amorevole padre di famiglia e impiegato alla soglia della pensione, Giovanni Vivaldi (Sordi) si vede uccidere durante una rapina il figlio ragioniere (Crocitti) su cui riponeva le speranze di tutta una vita. Rintracciato l'assassino, lo tortura lentamente fino a ucciderlo. Bella trasposizione del romanzo omonimo di Vincenzo Cerami, a cui Monicelli aggiunge un finale di chiara condanna (Vivaldi/Sordi diventa una specie di mostro perché si prepara a vendicarsi di un bulletto che l'ha trattato con arroganza) e che non giustifica le polemiche scatenatesi sulla presunta ideologia reazionaria del film. Bella interpretazione drammatica di Sordi che aggiunge un po' di nero all'evoluzione del personaggio che aveva interpretato tutta la vita: il borghese disposto a sacrificare ogni regola morale per raggiungere il proprio scopo. Particina per Enrico Beruschi.

Borinage *** (*Misère au Borinage*, Belgio 1934, b/n, 28') Henri Stork, Joris Ivens. Con i minatori della regione del Borinage e le loro famiglie. ◆ Dopo aver illustrato il disordine e le contraddizioni della società capitalistica mondiale (fabbriche ferme, operai in corteo; latte, caffè e grano sprecati o bruciati; la polizia che spara sugli operai ad Ambridge, in Pennsylvania), la rievocazione con spezzoni di cinegiornali e titoli di giornali dello sciopero di 45mila minatori del Borinage nel 1932 si alterna a scene che documentano la vita miserabile delle famiglie dei lavoratori della regione e che ricostruiscono alcuni momenti significativi della lotta (le partite a carte come stratagemma per aggirare la proibizione di riunirsi e continuare così la discussione politica; il modo in cui gli operai impediscono a un ufficiale giudiziario di sequestrare i mobili a uno di loro; il corteo di minatori che attraversa Wasmes con in testa un ritratto naïf di Karl Marx) per concludersi indicando nella rivoluzione comunista russa l'ideale politico cui ispirarsi. Uno dei più famosi documentari di Ivens e Stork, commissionato dal Club de l'Ecran di Bruxelles, punto di svolta nella carriera di entrambi che, a contatto con la durissima realtà dei minatori del Borinage, abbandonano l'estetismo delle loro precedenti opere d'avanguardia per «lasciare che la macchina da presa gridi il loro sdegno». L'urgenza e le circostanze in cui il film nasce (i due registi furono intimoriti e fermati dalle stesse autorità che nel 1932 avevano represso lo sciopero con i carri armati e il bombardamento di alcuni villaggi) produce un tipo di ripresa semplice e rigorosa, in gran parte con la macchina fissa, che documenta in maniera inoppugnabile le condizioni pietose dei minatori affamati e delle loro famiglie. In un primo tempo il commento doveva essere scritto da Bertolt Brecht e la musica da Hanns Eisler, poi si preferì lasciarlo muto con una serie di didascalie scritte in maniera «collettiva». Dello stesso 1934 è la versione russa con musiche di Hans Hanska, mentre nel 1960 Stork preparò una versione sonora dove il commento era letto da André Thirifays, uno dei membri fondatori del Club de l'Ecran. Il film non entrò mai nei circuiti cinematografici perché le autorità belghe lo impedirono.

Borotalco ** (Italia 1981, col, 130') Carlo Verdone. Con Carlo Verdone, Eleonora Giorgi, Angelo Infanti, Christian De Sica, Enrico Papa, Roberta Manfredi, Mario Brega. ◆ Un impacciato venditore di enciclopedie musicali porta a porta (Verdone) si finge uomo di mondo per conquistare la bella collega (Giorgi). Inevitabili equivoci fino a quando cadranno le maschere. Terzo film di Verdone che cerca di superare il macchiettismo degli esordi: i «tipi» sono sempre gli stessi, ma qui rivendica la forza della fantasia e dell'immaginazione come unica possibilità di uscire dall'anonimato della vita piccolo-borghese. Tutto, però, è molto superficiale. Musiche di Lucio Dalla, particina per Moana Pozzi pre-hard.

Borsalino **½ (*Borsalino*, Francia/Italia 1970, col, 120') Jacques Deray. Con Jean-Paul Belmondo, Alain Delon, Michel Bouchet, Catherine Rouvel, Corinne Marchand, Laura Adani, Arnoldo Foà. ◆ Nella Marsiglia degli anni Trenta, i banditi Rock Siffredi e François Cappella (Belmondo e Delon) scalzano il potere dei vecchi boss e diventano i re della malavita. Ma i metodi con cui hanno vinto possono essere usati anche contro di loro: François vorrebbe lasciare tutto, ma Rock non farà in tempo. Tra la farsa e la commedia, un film colorato e superficiale, con i due protagonisti in buona forma. Jean-Claude Carrière, Jean Cau, Claude Sautet e il regista hanno adattato il romanzo *Bandits à Marseille* di Eugene Soccomare. Celebre colonna sonora di Claude Bolling. Seguìto da *Borsalino and Co.* (1974).

Borsalino and Co. *½ (*Borsalino and Co.*, Francia 1974, col, 110') Jacques Deray. Con Alain Delon, Catherine Rouvel, Riccardo Cucciolla, Daniel Ivernel, Gabriella Farinon. ◆ La storia ricomincia dove si era interrotto *Borsalino*: la morte di Rock Siffredi deve essere vendicata, ma per François Cappella (Delon) sarà dura far fuori il terribile boss di Marsiglia. L'assenza di Belmondo priva il film dell'ironia che caratterizzava il primo episodio e l'accento è posto tutto sulla violenza della Marsiglia anni Trenta.

Bosco d'amore *½ (Italia 1982, col, 113') Alberto Bevilacqua. Con Monica Guerritore, Rodolfo Bigotti, Stanko Molnar, Enzo Robutti, Gisela Hahn, William Berger, Orso Maria Guerrini. ◆ La fuga d'amore di due giovani, Pietro Boccamazza (Bigotti) e Agnolella Saullo (Guerritore), da una Roma dilaniata dalla lotta tra gli Orsini e i Colonna. Da una novella di Boccaccio (la terza della quinta giornata), un film in costume, girato in 16mm e concepito per la tv, che vorrebbe essere una specie di «viaggio iniziatico di conoscenza e prove terrene» e invece è solo pesantemente didascalico e falsamente magico.

Bosco di betulle, Il **½ (*Brzezina*, Polonia 1970, col, 99') Andrzej Wajda. Con Daniel Olbrychski, Emilia Krakowska, Olgierd Łukaszewicz, Elżbieta Olek, Marek Perepczko, Danuta Wodyńska. ◆ L'incontro-scontro tra due fratelli dai caratteri opposti: Bolesław (Olbrychski) è una guardia forestale rude e solitaria che si è chiusa in se stessa dopo la morte della moglie; Stanisław (Łukaszewicz) è condannato dalla tisi e vuol finire la vita godendo del bello che può offrire, si tratti della musica, dell'amicizia di una bambina o dell'amore di una contadina. Tratto dal romanzo omonimo di Jarosław Iwaszkiewicz (sceneggiato da Wajda stesso) e ambientato negli anni Trenta, è una delicata metafora sulla vita e sulla morte, che mette in campo le passioni (amore, rimpianto, invidia, entusiasmo) che possono riempire o svuotare una vita. Splendida fotografia di Zygmunt Samosiuk.

Bosco sacro, Il **½ (*Le Bois sacré*, Francia 1939, b/n, 80') Léon Mathot, Robert Bibal. Con Elvire Popesco, Victor Boucher, Gaby Morlay, André Lefaur, Germaine Charley. ◆ Una donna di lettere (Popesco), smaniosa di ottenere la Legione d'Onore, spinge il marito (Boucher) a mostrarsi amabile con la moglie (Morlay) del direttore dell'Accademia di Belle Arti. Dopo aver ottenuto il prestigioso riconoscimento, si pente del suo gesto imprudente ma sembra troppo tardi. Un vaudeville satirico (e decisamente antifemminista) sul bel mondo intellettuale parigino, cinico, frivolo e mondano. Analogo a *Un immortale su misura* (1937), deriva da una pièce del 1911 di Flers e Cavaillet, che si rivela utile per stigmatizzare certi comportamenti degli anni Trenta e Quaranta, in cui vige – ancora per poco – «l'incoscienza della fine di un'epoca», poi spazzata via dalla seconda guerra mondiale. Il tono è leggero e lo stile si conforma al contenuto, a differenza di quanto avviene in un'altra serie di film di quegli anni (da *Caffè internazionale* a *La regola del gioco*) dove la Belle époque appare insensata, anacronistica e agonizzante nella sua stessa follia.

Boss, Il **½ (Italia 1973, col, 111') Fernando di Leo. Con Henry Silva, Richard Conte, Gianni Garko, Vittorio Caprioli, Pier Paolo Capponi, Antonia Santilli, Corrado Gaipa, Gianni Musy, Mario Pisu. ◆ Palermo: il killer Lanzetta (Silva) è così fedele al boss don Carrasco (Conte) da ammazzare il proprio patrigno. Ma quando arrivano ordini da Roma, sarà lui il primo a essere sacrificato. Melodramma mafioso violento e nichilista, scritto dal regista a partire dal romanzo *Il mafioso* di Peter McCurtin: tutti tradiscono tutti, e la desacralizzazione del mito dell'uomo d'onore è totale. Grandi scene d'azione, a cominciare dal massacro iniziale in una saletta porno. Scandalosi, per l'epoca, gli accenni ai voti di scambio e ai collegamenti della mafia col governo: tanto che l'ex ministro delle poste Giovanni Gioia, democristiano, querelò il regista che aveva inserito il suo cognome in un dialogo.

Boss e la matricola, Il ** (*The Freshman*, Usa 1990, col, 102') Andrew Bergman. Con Marlon Brando, Matthew Broderick, Bruno Kirby, Penelope Ann Miller, Frank Whaley, Maximilian Schell. ◆ Un boss mafioso (Brando) «adotta» un ragazzino di provincia (Broderick) venuto a New York a studiare cinema e lo coinvolge in un traffico illegale di animali in via di estinzione. Dopo dieci anni di rifiuti, Brando accetta di interpretare un mafioso e costruisce una ironica e divertente parodia della sua interpretazione nel *Padrino*: il resto si può anche dimenticare.

Bostoniani, I ** (*The Bostonians*, Gb 1984, col, 122') James Ivory. Con Vanessa Redgrave, Christopher Reeve, Madeleine Potter, Jessica Tandy, Nancy Marchand, Wesley Addy, Barbara Bryne, Wallace Shawn. ◆ 1876: una matura e determinata donna di Boston (Redgrave) prepara una giovane (Potter) alle nascenti tematiche dell'emancipazione femminile, spingendola a una tormentosa scelta tra i propri ideali e l'amore di un tradizionalissimo cugino di New York (Reeve). La consueta eleganza di Ivory nella rappresentazione di un mondo formalmente composto ma percorso da contraddizioni e passioni sotterranee, e l'eccellente interpretazione della Redgrave – perfetta in un ruolo che spaventò Glenn Close per le sue implicazioni lesbiche – non fanno dimenticare la troppo compiaciuta lentezza del racconto sceneggiato da Ruth Prawer Jhabvala a partire dal romanzo omonimo di Henry James.

Bostoniano, Il → *Mondo nelle mie braccia, Il*

Botta di vita, Una *½ (Italia 1988, col, 104') Enrico Oldoini. Con Alberto Sordi, Bernard Blier, Andréa Ferréol, Elena Falcheri, Vittorio Caprioli, Maria Mercader. ◆ Lasciati soli per il Ferragosto due anziani (Sordi e Blier) si avventurano verso la Costa Azzurra e si confondono tra giovanette e droghe leggere, nudisti e presunte avventure amorose con mature giocatrici a Saint-Tropez. Blier azzecca la malinconia del personaggio, Sordi invece gigioneggia convinto che basti riciclare le sue vecchie macchiette. E i problemi della terza età (l'urgenza vitale e il rifiuto delle mortificazioni) vengono ridotti a pretesto per una comicità troppo facile.

Botta e risposta ** (Italia 1950, b/n, 100') Mario Soldati. Con Nino Taranto, Isa Barzizza, Irasema Dilian, Dante Maggio, Fernandel [Fernand Contandin], Ernesto Almirante, Enrico Viarisio, Silvio Gigli, il Mago di Napoli [Achille D'Angelo], Wanda Osiris, Renato Rascel, Carlo Dapporto, Nyta Dover, Claudio Villa, Louis Armstrong, i Nicholas Brothers, Ella Fitzgerald. ◆ Commesso in una sartoria di Parigi, Pasquale (Taranto) deve portare un abito a Roma, ma durante il viaggio la cleptomane Cleo (Barzizza) glielo ruba: lo ritroverà solo a Napoli, con l'aiuto di un mago e di Silvio Gigli, che sta trasmettendo alla radio il programma *Botta e risposta*, ricco di numeri musicali e di varietà. Un esilissimo pretesto narrativo (scritto da Pietro Garinei, Sandro Giovannini, Amedeo Maiuri, Mario Monicelli, Steno e Marcello Marchesi) per un'abbuffata di macchiette di rivista (Taranto, Rascel, la Osiris, Dapporto), numeri musicali (per la prima volta in un film italiano due jazzisti neri, Armstrong e la Fitzgerald), doppisensi anticlericali (Fernandel) e un'apparizione per lo stesso Soldati nel ruolo dello sportellista: «Un tuffo nello spirito dell'epoca? No, trecento tuffi...».

Botta senza risposta **½ (*Champagne for Caesar*, Usa 1950, b/n, 99') Richard Whorf. Con Ronald Colman, Celeste Holm, Vincent Price, Barbara Britton, Art Linkletter. ◆ Beauregard Bottomley (Colman), messo alle porte dall'industriale del sapone Wathers (Price), si vendica diventando il campione di un *Lascia e raddoppia* radiofonico sponsorizzato dallo stesso Wathers. Il quale, rischiando di dovere pagare un patrimonio a Beauregard, che continua a raddoppiare, gli mette alle costole un'aspirante divetta (Holm). Il finale roseo per tutti i protagonisti delude un po', viste le premesse mordenti e la satira dell'american way of life, ma il film (sceneggiato da Hans Jacoby e Fred Brady) si fa vedere con piacere e rimane, in ogni caso, uno dei primi sui mass media. Interpreti ironici.

Botte di Natale *½ (*Die Troublemaker*, Germania 1994, col, 102') Terence Hill [Mario Girotti]. Con Terence Hill, Bud Spencer [Carlo Pedersoli], Anne Kasprik, Eva Haßman, Radha Delamarter, Jonathan Tucker, Ruth Buzzi, Boots Southerland. ◆ Per Natale, la mamma (Buzzi) vorrebbe rappacificare i due figli Travis (Hill) e Moses (Spencer), che la rivalità come cacciatori di taglie – e qualche scherzo di troppo – ha diviso irrimediabilmente: così, per convincere Moses, lo scanzonato Travis lo mette sulle tracce del bandito Sam Stone (Southerland) che una falsa informazione – sempre insufflata da Travis – ha spinto a casa della mamma alla ricerca di un inesistente tesoro. Dopo ventitré anni (dai tempi di *... Continuavano a chiamarlo Trinità*), la coppia Hill-Spencer torna insieme in un western riproponendo le gag che li aveva resi famosi, fagioli e sganassoni compresi, ma tutto – a cominciare dalla sceneggiatura di Ross Hill, figlio di Terence – sa troppo di già visto e di anacronistico per conquistare l'attenzione del pubblico, grande o piccolo che sia.

Bottega che vendeva la morte, La ** (*From Beyond the Grave*, rititolato *Creatures*, Gb 1973, col, 97') Kevin Connor. Con Peter Cushing, Margaret Leighton, Ian Banner, Donald Pleasence, David Warner, Diana Dors, Lesley-Anne Down. ◆ Il simpatico vecchietto (Cushing) che gestisce un negozietto di anticherie, la *Temptations Ltd*, non sopporta di essere ingannato. E i clienti che ci provano (rubando o scambiando i cartellini dei prezzi per pagare meno) ne pagano tragicamente il fio. Gli elementi classici dell'horror (sangue, cimiteri, folletti, urla) in un film che non usa tutte le potenzialità (anche ironiche) della sua storia. Ottima Margaret Leighton come chiaroveggente allucinata.

Bottega degli orrori di Sweeney Todd, La *½ (*The Legend of Sweeney Todd*, Usa 1997, col, 96') John Schlesinger. Con Ben Kingsley, Joanna Lumley, Campbell Scott, Selina Boyack, John Cavanagh. ◆ Londra, 1795: il barbiere Sweeney Todd (Kingsley) ammazza i clienti, la sua amante (Lumley) ne utilizza le carni per il ripieno di apprezzate torte rustiche; un americano (Scott) li smaschera. Schlesinger (su sceneggiatura di Peter Buckman) si diverte moderatamente a confezionare una farsa macabra all'insegna del grottesco; lo spettatore un po' meno, visto che dopo 5' si capisce già tutto. Kingsley sembra credere che i tic di recitazione bastino per costruire un cattivo interessante. La stessa storia aveva ispirato *Sweeney Todd, the Demon Barber of Fleet Street* (George King, 1936).

Boudu salvato dalle acque *** (*Boudu sauvé des eaux*, Francia 1932, b/n, 90') Jean Renoir. Con Michel Simon, Charles Granval, Marcelle Hainia, Séverine Lerczinska, Max Dalban, Jean Dasté, Jean Gehret. ◆ Un libraio parigino (Granval) salva il barbone Boudu (Simon) che ha tentato di annegarsi nella Senna e lo porta a casa sua. Ma la presenza di questo incorreggibile ribelle sconvolge la rispettabilità della famiglia (sporca, disturba, importuna la cameriera, finisce a letto con la moglie del suo salvatore) e quando tutto potrebbe tornare al suo posto grazie alle nozze con la domestica, Boudu sceglie di tornare alla sua vita di vagabondaggi. Stravolgendo il moralismo della pièce di René Fanchois (dove Boudu si integrava nelle regole del conformismo) il film traccia un ritratto al vetriolo del perbenismo piccolo-borghese ed esalta le ragioni di una vita libera da ogni convenzione, grazie soprattutto a uno strepitoso Michel Simon, che finanziò la produzione per farsi dirigere ancora da Renoir dopo *La Chienne*. Tutte le scene nelle vie di Parigi sono state «rubate», girate con un teleobiettivo che inseguiva un irriconoscibile Simon tra gente ignara. Il futuro regista Jacques Becker interpreta il poeta sulla panchina. Rifatto da Mazursky nel 1986 (*Su e giù per Beverly Hills*).

Bound – Torbido inganno *½ (*Bound*, Usa 1996, col, 110') Larry e Andy Wachowski. Con Jennifer Tilly, Gina Gershon, Joe Pantoliano, Barry Kivel, Christopher Melon, John P. Ryan. ◆ Donna di un boss che ricicla denaro sporco (Pantoliano), Violet (Tilly) abborda Corky (Gershon), lesbica con cinque anni di prigione alle spalle per furto: nascerà una relazione coronata da un piano per fregare due milioni di dollari alla mafia. I fratelli Wachowski (anche sceneggiatori) cercano un posto al sole tra i Cohen e Tarantino, ma scivolano sui luoghi comuni, sulla confezione patinata e vuota, e soprattutto sull'equivoco che basti una coppia lesbica dichiarata (raccontata, nonostante la consulenza di Susy Bright, come gli uomini immaginano che sia) per rinnovare il genere dall'interno secondo stilemi d'autore: in realtà Violet & Corky insieme non fanno mezza Barbara Stanwyck, lo scandalo tanto strombazzato è una truffa, e le lesbiche hanno diritto a film migliori per affermare finalmente la propria visibilità senza problemi. Ottimo cast, ma solo in versione originale.

Bounty, Il ** (*The Bounty*, Usa 1984, col, 130') Roger Donaldson. Con Mel Gibson, Anthony Hopkins, Edward Fox, Laurence Olivier, Daniel Day-Lewis, Bernard Hill, Liam Neeson, Tevaite Vernetsi. ◆ Il viaggio del Bounty da Londra a Tahiti (dopo aver superato una tempesta a Capo Horn), per raccogliere piante del pane da trapiantare in Giamaica, e la ribellione dell'equipaggio al capitano Blight (Hopkins): guidati da Christian Fletcher (Gibson) i ribelli arriveranno a Pitcairn per stabilirvisi definitivamente. Terza versione (dopo *La tragedia del Bounty*, 1935, e *Gli ammutinati del Bounty*, 1962) del più famoso ammutinamento della storia, è raccontato sotto una nuova prospettiva, emersa dalla ricerca di Richard Hough e dal suo *Captain Blight and Mister Christian*, secondo il quale Blight non era sadico ma solo sessualmente represso (e quindi non apprezzò gli «ozi» a Tahiti) e Christian un inetto trascinato in eventi più grandi di lui. Genericamente ben fatto, ma senza genialità particolari, il film punta tutto sulla forza delle immagini e quindi è fortemente penalizzato dalla visione televisiva.

Boxe *½ (*Split Decision*, Usa 1988, col, 95') David Drury. Con Craig Sheffer, Jeff Fahey, Gene Hackman, John McLiam, Jennifer Beals, Eddie Velez. ◆ Un pugile è ucciso dal manager (Velez) perché si rifiuta di combattere in un match truccato. Eddie (Sheffer), fratello minore della vittima, anch'egli pugile ma autentico sportivo, lo vendica sfidandolo sul ring. Scontato dramma sulla corruzione nel mondo della boxe, riscattato in parte da un avvincente scontro finale tra il buono in completo bianco e il cattivo in nero. Bravo come sempre Hackman nella parte del padre dei due fratelli.

Boxer, The *** (*The Boxer*, Irlanda/Gb/Usa 1997, col, 113') Jim Sheridan. Con Daniel Day-Lewis, Emily Watson, Brian Cox, Ken Stott, Gerard McSorley, Eleanor Methven. ◆ Dopo 14 anni di galera per non aver fatto la spia, il pugile Danny Flynn (Day-Lewis) apre una palestra pubblica nella Belfast cattolica, dove a non applaudire le stragi dell'Ira si rischia di passare per traditori e non è consigliato innamorarsi di una donna come Maggie (Watson), moglie di un prigioniero politico e figlia di un pezzo grosso dell'Ira (Cox). In un mondo senza regole, Sheridan (cosceneggiatore con Terry George) demitizza sia la boxe sia le «giuste cause», mostrando il clima di persecuzione di una guerra tra poveri. Mantiene però la capacità di appassionare con intelligenza: certamente mescolando sentimenti e politica (dato che siamo al cinema), ma con una secchezza sia ideologica sia formale che di rado si vede nella produzione *british* «impegnata» degli ultimi tempi. Fotografia di Chris Menges. Day-Lewis ha passato due anni ad allenarsi sotto la guida dell'ex campione del mondo Barry McCulgan, ma il film non è stato un successo.

Boxeur e la ballerina, Il **½ (*Movie Movie*, Usa 1978, b/n e col, 107') Stanley Donen. Con George C. Scott, Trish Van Devere, Red Buttons, Barry Bostwick, Eli Wallach, Harry Hamlin, Ann Reinking, Art Carney, Rebecca York, Barbara Harris, Jocelyn Brando. ◆ In *Il boxeur* (in originale *Dynamithe Hands*) un aspirante avvocato (Hamlin) diventato pugile non si piega alle imposizioni della mafia e condanna così a morte il suo manager (Scott): lasciato il ring, studierà da avvocato e farà condannare il boss responsabile dell'omicidio. In *La ballerina* (in originale *Baxter's Beauties of 1933*) un impresario (Scott), scoperto che ha solo un mese di vita, organizza una rivista con le musiche di uno sconosciuto (Bostwick): una capricciosa stella (Van Devere) rischia di far fallire tutto, ma una giovanissima ballerina (York) trasformerà la sua ultima serata di vita in un trionfo. Parodia del double feature (due film con un solo biglietto) in voga negli anni Trenta: stessi attori e stesse scenografie per due storie completamente autonome, divise da un intervallo fatto col «prossimamente» di un film inesistente e introdotte da George Burns. Donen ricostruisce con precisione due stili cinematografici, concedendosi qualche tocco ironico nel primo e utilizzando invece il secondo per riflettere (con la serietà che richiede una ricostruzione filologicamente perfetta, se si esclude il dichiarato anacronismo del colore) sulla sparizione di un genere di cui fu uno dei grandi maestri. Non è esagerato pensare che *La ballerina* sia il vero testamento della sua carriera.

Boxing Helena * (*Boxing Helena*, Usa 1993, col, 105') Jennifer Chambers Lynch. Con Julian Sands, Sherilyn Fenn, Bill Paxton, Betsy Clark, Art Garfunkel, Nicolette Scorsese. ◆ Un chirurgo (Sands) col suo bel bagaglio di ossessioni e tare infantili – la madre non era una santa – sembrerebbe disposto a tutto pur di tenersi vicino Helena (Fenn), la donna di cui è follemente, e infelicemente, innamorato: anche a costo di tagliarle gambe e braccia. Deludente esordio nella regia della figlia di Lynch che, come il padre, gioca col torbido e accumula perversioni ma non sa trasmettere nessuna inquietudine e alla fine scioglie ogni tensione nel più semplice dei modi (scusate, ci eravamo sbagliati...). Rifiutato da Madonna, il ruolo di Helena è costato a Kim Basinger una multa di 10 milioni di dollari per aver accettato di interpretarlo e poi essersi tirata indietro. Notevoli le forme dell'amante/infermiera interpretata dall'ex modella Nicolette Scorsese, che non è parente del regista. Il titolo vuol dire «inscatolando Helena» e si riferisce al tentativo del chirurgo di trasformare la donna in una specie di soprammobile.

Boy Friend, Il **½ (*The Boy Friend*, Gb 1974, col, 110') Ken Russell. Con Twiggy, Christopher Gable, Moyra Fraser, Max Adrian, Vladek Sheybal, Glenda Jackson. ◆ Alla vigilia del debutto, la prim'attrice (Jackson) si rompe una gamba e costringe all'esordio la timida trovarobe Polly (Twiggy): sarà così brava che il regista De Million (Sheybal) le proporrà di seguirlo a Hollywood; lei preferirà l'amore per il primo ballerino. Tratto dal lavoro teatrale di Sandy Wilson (che nel 1953 scrisse una specie di summa del musical prendendo spunti dai capolavori degli anni Venti), è un divertente e scanzonato omaggio ai film hollywoodiani e allo spirito dei film di Busby Berkeley, che avrebbe potuto essere più spregiudicato se la produzione non avesse censurato alcune scene. In alcune Tv private circola una versione mutilata, senza titoli di testa e di coda, col titolo *È nata una stella*.

Boy Meets Girl ** (*Boy Meets Girl*, Francia 1984, b/n, 104') Leos Carax. Con Denis Lavant, Mireille Perrier, Carroll Brooks, Elie Poicard. ◆ Mireille (Perrier), buttata fuori casa dal suo amante, incrocia il destino di Alex (Lavant), vagabondo delle notti parigine tentato dal suicidio. Primo lungometraggio di Carax nel quale la trama, con un finale melodrammatico gratuito quanto effettistico, conta meno dell'atmosfera di disperazione romantica e maledettistica, a metà strada tra il realismo poetico di Carné e la new wave newyorkese dei primi anni Ottanta. La fotografia in bianco e nero di Jean-Yves Escoffier rivaleggia, per splendore e luminosità (e si tratta di un film girato quasi sempre di notte) coi classici del muto: ma anche di dialoghi, per fortuna, se ne sentono pochi. Nelle opere che verranno – sempre interpretate da Lavant – Carax non farà che accrescere il compiacimento intellettualistico. Il titolo è la formula che si usa a Hollywood per descrivere la più semplice storia possibile: quella di un ragazzo che incontra una ragazza.

Boys ** (*Boys*, Usa 1996, col, 88') Stacy Cochran. Con Winona Ryder, Lukas Haas, John C. Reilly, Jessica Harper, Chris Cooper, Bill Sage, James LeGros, Skeet Ulrich, Charlie Hofheimer, Spencer Vrooman, Wiley Wiggins. ◆ Un collegiale diciassettenne (Haas) rischia l'espulsione per aiutare una venticinquenne (Ryder) ricercata dalla polizia per una bravata finita in tragedia. Un tema canonico – la perdita (e la riconquista) dell'innocenza necessaria a entrare nella maturità – raccontato in maniera contraddittoria: sincero quando parla dei turbamenti adolescenziali, schematico quando descrive i vizi della nuova «gioventù bruciata». Sceneggiatura del regista da un racconto di James Salter.

Boys in Company C, The ** (*The Boys in Company C*, Usa 1978, col, 127') Sidney J. Furie. Con Stan Shaw, Andrew Stevens, James Canning, Michael Lembeck, Craig Wasson, James Whitmore. ◆ Cinque ragazzi americani si arruolano nei marine per difendere Dio e la Patria in Vietnam: presto però si accorgono che le cose stanno diversamente. Un film intenso anche se non molto originale sulla stupidità militare e le atrocità della guerra.

Boyz'n the Hood ** (*Boyz'n the Hood*, Usa 1991, col, 112') John Singleton. Con Larry Fishburne, Ice

Cube, Cuba Gooding Jr., Morris Chestnut, Redge Greene, Angela Bassett. ◆ La vita di tre giovani neri in un quartiere-ghetto di Los Angeles. Uno solo riuscirà a uscirne (Gooding) e a non essere vittima della violenza. Melodramma sociopolitico dai toni un po' troppo predicatori e moraleggianti, è stato oggetto di un clamore spropositato. Il ventitreenne Singleton non è un nuovo Spike Lee, e il suo messaggio machista e separatista lascia francamente perplessi.

Braccato *½ (*Le Battant*, Francia 1982, col, 122') Alain Delon. Con Alain Delon, François Périer, Pierre Mondy, Anne Parillaud, Andréa Ferréol. ◆ Uscito di galera, Jacques Dernay (Delon) è costretto, in una Parigi per lui molto cambiata, a difendersi da una gang che pretende i diamanti che aveva rubato e mai recuperato. Per la seconda volta dietro la macchina da presa, Delon dirige un film prevedibile, ma corretto e pulito.

Braccato a vita ** (*Mad Dog Morgan*, Australia 1976, col, 110') Philippe Mora. Con Dennis Hopper, Jack Thompson, David Gulpilil, Jack Thring, Michael Pate. ◆ Perseguitato da uno sceriffo sadico, il fuorilegge irlandese Mad Dog Morgan (Hopper) fugge nel deserto, dove viene aiutato da un aborigeno (Gulpilil). Western australiano non privo di spunti originali che, dietro l'azione spesso violenta e debitrice verso Peckinpah, tenta una critica progressista e anticolonialista della società, in tipico stile anni Settanta. Hopper tornava a recitare dopo alcuni anni di assenza dal set e la crisi seguente al suo *Fuga da Hollywood*, ma è controllato ed efficace.

Braccio sbagliato della legge, Il ** (*The Wrong Arm of the Law*, Gb 1961, col, 94') Cliff Owen. Con Peter Sellers, Lionel Jeffries, Bernard Cribbins, Davy Kaye, Nanette Newman, Dennis Price. ◆ La malavita londinese, disturbata nei suoi loschi affari da un terzetto di rapinatori australiani, cerca di catturare gli intrusi con il permesso di Scotland Yard. Momenti assai divertenti e finale a sorpresa per una satira garbata dello spirito inglese.

Braccio vincente ** (*The Big Town*, Usa 1987, col, 109') Ben Bolt. Con Matt Dillon, Diane Lane, Tommy Lee Jones, Tom Skerritt, Bruce Dern, Lee Grant. ◆ Un ragazzo di provincia (Dillon) con una incredibile abilità ai dadi diventa uomo a contatto con la giungla di Chicago e i loschi giri dei giocatori di professione. Sull'onda del *Colore dei soldi* un film che si regge soprattutto sulla performance degli attori (e sulle grazie di Diane Lane che interpreta una spogliarellista).

Braccio violento della legge, Il *** (*The French Connection*, Usa 1971, col, 104') William Friedkin. Con Gene Hackman, Fernando Rey, Roy Scheider, Tony LoBianco, Marcel Bozzuffi, Frederic DePasquale. ◆ Per le strade di New York, lotta senza quartiere tra «Papà» Doyle (Hackman, ma nell'originale il suo soprannome è «Popeye»), agente della Narcotici burbero e dai modi spicci, e Alain Charnier (Rey), raffinato e altolocato spacciatore di droga. Girato con insolito realismo per i tempi e ambientato nella caotica quotidianità della metropoli, conserva tutto il suo fascino di crudo ritratto di una lotta dove si sono completamente persi i riferimenti morali e le differenze tra buoni e cattivi. Cinque Oscar: miglior film, regia, attore (Hackman), sceneggiatura (Ernest Tidyman), montaggio (Jerry Greenberg). Con due seguiti.

Braccio violento della legge n. 2, Il **½ (*The French Connection II*, Usa 1975, col, 119') John Frankenheimer. Con Gene Hackman, Fernando Rey, Bernard Fresson, Philippe Léotard, Jean-Pierre Gastaldi. ◆ L'agente americano della Narcotici «Papà» Doyle (Hackman) viene mandato a Marsiglia per incastrare il boss Alain Charnier (Ray): verrà catturato dai trafficanti e drogato, ma saprà disintossicarsi e portare a termine quella che non è più una missione ma una vendetta personale. Il seguito del film di Friedkin perde in tensione, ma guadagna in complessità psicologica: bello il rapporto conflittuale tra il poliziotto americano e i colleghi francesi e indimenticabile la scena in cui, non sapendo parlare francese, cerca disperatamente di ordinare un whisky *Four Roses* al bar. Un doppiaggio intermittente fa perdere molte sfumature del bilinguismo.

Braccio violento della legge 3, Il *½ (*Popeye Doyle*, Usa 1986, col, 100') Peter Levin. Con Ed O'Neill, Matthew Laurence, James Handy, Andrey Landers. Il detective della polizia di New York «Popeye» Doyle (O'Neill) deve occuparsi dell'assassinio di una prostituta di lusso: scoprirà che è coinvolta in un complicato caso internazionale. Mediocre tv-movie che cerca inutilmente di imitare il prototipo di Friedkin, pensato come pilot di una serie che per fortuna non è mai nata.

Braddock: Missing in Action III * (*Braddock: Missing in Action III*, Usa 1987, col, 101') Aaron Norris. Con Chuck Norris, Aki Aleong, Miki King. ◆ Il colonnello Braddock (Norris) torna in Vietnam per salvare la sua donna e il suo bambino, che credeva morti. Seguito di *Missing in Action* girato in famiglia, con Norris cosceneggiatore e il fratello Aaron alla regia. Norris è sempre mirabilmente imperturbabile, ma il film è una noia.

Braghe del padrone, Le *½ (Italia 1978, col, 95') Flavio Mogherini. Con Enrico Montesano, Adolfo Celi, Milena Vukotic, Paolo Poli, Felice Andreasi, Enrico Beruschi. ◆ Un modestissimo pulitore di finestre, novello Faust (Montesano), vende l'anima al diavolo e riesce così ad arrivare fino alla vicepresidenza della società Supreme Edizioni: quando verrà licenziato si trasferirà a Torino per insidiare il posto di un certo avvocato... Tentativo (scaduto immediatamente nella farsa qualunquista) di usare il mito goethiano per satireggiare l'arrivismo e l'accoppiata denaro-potere. Montesano clown e mattatore si prodiga con generosità in battute e ammiccamenti, ma il film sfugge a qualsiasi controllo.

Brain Damage – La maledizione di Elmer ** (*Brain Damage*, Usa 1988, col, 94') Frank Henenlotter. Con Rick Herbst, Gordon McDonald, Jennifer Lowry, Theo Barnes, Lucille St. Peter. ◆ Elmer è un repellente parassita dalla forma fallica che si nutre quasi esclusivamente del cervello umano e che si installa nell'appartamento di uno studente, Brian (Herbst): iniettandogli quotidianamente un liquido euforizzante, Elmer trasforma Brian in un assassino che di notte si aggira in cerca di prede. Secondo film di Henenlotter, piccolo maestro del cinema horror estremo e inquietante, usa scene truculente e momenti di buffonesca ilarità per raccontare una intelligente metafora della dipendenza dalla droga. Cammeo di Kevin VanHentryck, protagonista di *Basket Case* (1982), film d'esordio del regista, inedito in Italia.

Brainscan – Il gioco della morte * (*Brainscan*, Usa 1994 col, 95') John Flynn. Con Edward Furlong, Frank Langella, T. Ryder Smith, Amy Heargraves. ◆ Il solitario sedicenne Michael (Furlong) gioca con un nuovo cd-rom in cui vengono simulati omicidi: così realistici, che nel frigo gli si materializza il piede umano che ha tagliato nel gioco. Pietosa variazione sul tema della realtà virtuale e dei ragazzini-col-computer, con un finale che viene voglia di farsi rimborsare il biglietto. Ma il peggio è la presenza di un petulante «demone del gioco» a nome Trickster (Smith), che sembra una via di mezzo tra il Freddy Krueger e il cantante dei Cure.

Brainstorm – Generazione elettronica ** (*Brainstorm*, Usa 1981, col, 106') Douglas Trumbull. Con Christopher Walken, Natalie Wood, Louise Fletcher, Cliff Robertson, Joe Dorsey. ◆ L'invenzione di una macchina telepatica permette di registrare le sensazioni e le emozioni umane e una scienziata (Fletcher) la userà quando sente che sta per morire: naturalmente interessa anche alla Cia, ma l'altro inventore (Walken) riuscirà a impedirne l'uso bellico. Diretto da un grande maestro degli effetti speciali, è un film strano e sfortunato (Natalie Wood morì durante le riprese) che cerca di rappresentare attraverso immagini più o meno astratte «l'essenza del cinema», con troppa faciloneria assimilata all'esperienza del volo. Girato in 70mm e con raffinati effetti sonori, è molto penalizzato dalla visione in tv, ma non merita l'accusa di kitsch, anche perché anticipa di dieci anni il mondo delle realtà virtuali e le elucubrazioni di Wenders e del suo *Fino alla fine del mondo*.

Brama di vivere *** (*Lust for Life*, Usa 1956, col, 122') Vincente Minnelli. Con Kirk Douglas, Anthony Quinn, James Donald, Everett Sloane, Pamela Brown, Henry Daniell. ◆ Gli ultimi anni della vita di Vincent van Gogh (Douglas), da quando si recò come pastore della Chiesa dei messaggeri della fede tra i minatori belgi, al soggiorno ad Anversa e all'amicizia con la prostituta Christine (Brown), seguìto dal viaggio a Parigi in compagnia del fratello Theo (Donald) dove conobbe i pittori impressionisti, il trasferimento ad Arles, la tormentata amicizia con Gauguin (Quinn), la pazzia, il manicomio e il suicidio. Sceneggiato da Norman Corwin a partire dal romanzo di Irving Stone e girato nei luoghi realmente dipinti da van Gogh (così che le inquadrature spesso sfumano nelle riproduzioni dei quadri) offre il ritratto – un po' datato – di un artista maledetto e diverso, ossessionato dall'emotività espressiva e portatore di una concezione dell'arte e della follia come forze intercambiabili (tema che Minnelli aveva vissuto sulla propria pelle con la malattia della moglie Judy Garland). Resta comunque indimenticabile la prova di Douglas, inquietante nella sua rassomiglianza fisica e coinvolgente per la violenza della sua caratterizzazione. Oscar a Quinn come miglior attore non protagonista. Il procedimento metrocolor, inadatto a conservare i colori nel tempo, ha fatto perdere a molte copie del film la straordinaria brillantezza delle sue immagini.

Brancaleone alle Crociate ** (Italia/ Algeria 1970, col, 117') Mario Monicelli. Con Vittorio Gassman, Adolfo Celi, Stefania Sandrelli, Sandro Dori, Beba Loncar, Gigi Proietti, Gianrico Tedeschi, Lino Toffolo, Paolo Villaggio. ◆ In viaggio verso il Santo Sepolcro, Brancaleone (Gassman) salva la vita a un neonato e strappa dal rogo una giovane strega (Sandrelli) che si innamora di lui e gli impedisce di vincere un duello per conquistare la mano della principessa Berta (Loncar). Seguito dell'*Armata Brancaleone*, ripropone il medesimo mondo popolaresco e fanfarone, ma rischia di apparire un po' ripetitivo proprio perché ricalca con troppa precisione temi e situazioni del primo film. Gassman è convinto che il minor successo commerciale fu colpa di Monicelli che impose un missaggio dove i rumori sovrastavano le voci e impedivano al pubblico di capire le battute. Il leader dei Rokes Shel Shapiro, interpreta Zenone.

Branco, Il * (Italia 1994, col, 100') Marco Risi. Con Giampiero Lisarelli, Ricky Memphis, Salvatore Spada, Roberto Caprari, Luca Zingaretti, Giorgio Tirabassi, Tamara Simunovic, Angelika Krautzberger, Natale Tulli, Sasha Altea, Raffaella Cavoni. ◆ Nella provincia romana, un gruppo di giovani accetta l'invito del Sola (Tirabassi) di approfittare di due turiste tedesche (Simunovic e Krautzberger) che ha sequestrato nella stamberga di uno sfasciacarrozze: solo Raniero (Lisarelli) si sottrae allo stupro che pian piano coinvolge molti altri maschi della zona, finché la morte di una delle ragazze permetterà all'altra di fuggire. Ispirato al romanzo omonimo di Andrea Carraro (inizialmente pubblicato su *Nuovi Argomenti* col titolo *La baracca*, libera rielaborazione di un fatto di cronaca avvenuto nella cittadina laziale di Marcellina), il film racconta la violenza maschile con uno stile realistico così esasperato da ribaltarsi in espressionismo. Di conseguenza, invece di ottenere un supposto effetto catartico, Risi (autore anche della sceneggiatura con Carraro) finisce per «trasmettere una fascinazione demoniaca per quella gioventù trucida e orrenda di fronte alla quale lo spettatore non può restare indifferente». Fiumi di polemiche dopo la presentazione alla Mostra di Venezia, e fortunatamente un sano rifiuto da parte del pubblico delle sale.

Branco selvaggio **½ (*Cattle Annie and Little Britches*, Usa 1980, col, 95') Lamont Johnson. Con Burt Lancaster, Rod Steiger, Amanda Plummer, Diane Lane, John Savage, Scott Glenn. ◆ Due ragazzine scappate da casa, Cattle Annie (Plummer) e Little Britches (Lane), si aggregano alla famosa banda di banditi Doolin-Dalton e ne risollevano le sorti. Tratto da un racconto di Robert Ward, è un piacevole western raccontato con i toni della ballata, pieno di brio e umorismo. Film d'esordio di Amanda Plummer, figlia di Christopher.

Bravados ** (*The Bravados*, Usa 1958, col, 98')

Henry King. Con Gregory Peck, Joan Collins, Stephen Boyd, Albert Salmi, Henry Silva. ◆ Convinto di aver scoperto i quattro assassini della moglie, Jim Douglas (Peck) si mette sulle loro tracce e li uccide senza pietà: solamente l'ultimo riuscirà a dimostrargli che erano estranei a quel crimine, facendogli capire che con la sua voglia di vendetta si è trasformato in un «fuorilegge» come loro. Un western teso e cupo, con un Peck inusualmente minaccioso. Breve apparizione di Joe De Rita, futuro Curly Joe dei Three Stooges, nella parte del boia.

Brave donne di Bangkok, Le **½ (*The Good Woman of Bangkok*, Australia 1991, col, 80') Dennis O'Rourke. Con Yaowalak Chochanakum. ◆ La triste vita di Aoi (Chochanakum), prostituta di Bangkok. Il regista la segue con la macchina da presa, ascoltando il racconto dell'infanzia misera, delle squallide esperienze al Rose Hotel, dei progetti per il futuro. Al di là della fiction e anche del documentario, un film che mette a disagio e commuove, soprattutto il pubblico occidentale. Inspiegabilmente al plurale il titolo italiano (Aoi è protagonista assoluta).

Braveheart – Cuore impavido **½ (*Braveheart*, Usa 1995, col, 177') Mel Gibson. Con Mel Gibson, Sophie Marceau, Patrick McGoohan, Catherine McCormack, Brendan Gleeson, James Cosmo, David O'Hara, Angus Macfadyen, Peter Hanly, James Robinson, Alun Armstrong, Ian Bannen, Sean Lawlor, Sean McGinley. ◆ Tredicesimo secolo: il sogno di vivere una vita felice nella sua Scozia con l'amata Murron (McCormack) è infranto dalla violenza dei dominatori inglesi: e così William Wallace (Gibson) si mette a capo di un manipolo di disperati ribelli. Riuscirà a battere l'esercito regolare a Stirling Bridge, conquisterà la stima e l'amore della regina Isabelle (Marceau), ma non potrà niente contro la fellonia dei nobili scozzesi. L'australiano Gibson esalta l'eroe scozzese Wallace: l'operazione, furba la sua parte (il nazionalismo evidente ne ha fatto un «mito» anche tra i leghisti padani), non è comunque priva di coraggio visto che l'attore-regista rischia in prima persona anche come produttore su un soggetto assolutamente non di moda. Il respiro epico delle battaglie è innegabile, l'atmosfera medioevale rifatta (a tratti) con bella suggestione, ma la sceneggiatura (di Randall Wallace) tende a sfilacciarsi e la retorica fa capolino più di una volta. Successo di pubblico in tutto il mondo e cinque (sorprendenti) Oscar: miglior film, regia, fotografia (John Toll), effetti speciali sonori e trucco.

Bravissimo *½ (Italia 1955, b/n, 95') Luigi Filippo d'Amico. Con Alberto Sordi, Giancarlo Zarfati, Patrizia Della Rovere, Irene Tunc, Gianrico Tedeschi, Mario Riva, Zoe Incrocci, Bice Valori, Carlo Mazzarella. ◆ Un insegnante di doposcuola, Ubaldo Impallato (Sordi) scopre che il figlio di un carcerato ha una straordinaria voce da baritono: vorrebbe sfruttarne le qualità, ma un'operazione alle tonsille ridà al bambino la sua voce naturale. Con barbetta e lente «per guardare le bellezze del creato» Sordi dimostra ancora una volta il proprio gusto per le macchiette parodistiche, a metà tra la farsa e la commedia, sempre al centro di intrecci tra egoismi, vanità, contrattempi ed equivoci.

Brazil **** (*Brazil*, Usa 1985, col, 142') Terry Gilliam. Con Jonathan Pryce, Kim Greist, Robert De Niro, Bob Hoskins, Katherine Helmond, Michael Palin, Ian Holm, Ian Richardson. ◆ La vita metodica e grigia di Sam Lowry (Pryce), un impiegato ossessionato da una madre (Helmond) sempre sotto i ferri della chirurgia estetica e da un lavoro alienante (e delatorio) per il Dipartimento Informazioni, entra in crisi quando incontra una donna (Greist) simile a quella che insegue nei suoi sogni, nei quali ella si trasforma in un angelo. Potrebbe anche essere una terrorista e grazie a lei Sam comincia a formarsi una coscienza, ma il potere ucciderà la donna e imprigionerà l'uomo, a cui non resterà che sognare il suo ultimo volo libero. Liberissima ma evidente rilettura del romanzo *1984* di Orwell (sceneggiata da Gilliam, Tom Stoppard e Charles McKeowan, che interpreta anche il ruolo di Lime), è un'opera debordante dove il gusto per lo sberleffo dei Monty Python (di cui Gilliam fu leader) trova modo di funzionare al meglio nella descrizione di un mondo inumano e angosciante, volgare e assurdo, sottolineato per contrasto dalla musica che dà il titolo al film, commento nostalgico ed eversivo rispetto a una realtà invivibile. Costruito per blocchi narrativi girati con uno stile deformante (i sogni, l'incontro al ristorante con la madre, la vita nel ministero ecc.), il film mescola momenti di cupo pessimismo ad altri più aerei e svagati come nel personaggio dell'idraulico interpretato da Robert De Niro, un «guastatore» alla rovescia, che ripara impianti disastrati, abbandonati dalla logica del consumismo e del degrado, cara al potere. Terry Gilliam appare nel ruolo di uno dei tre guardoni-spie messi sulla strada del protagonista.

Breakdown – La trappola *** (*Breakdown*, Usa 1997, col, 93') Jonathan Mostow. Con Kurt Russell, J.T. Walsh, Kathleen Quinlan, M.C. Galney, Ritch Binkley. ◆ A Jeff Taylor (Russell) si guasta la jeep in mezzo al deserto: la moglie (Quinlan) si fa dare un passaggio da un camionista (Walsh) per raggiungere una stazione di servizio, e da quel momento scompare. Nessuno crede alla versione del marito, finché si fanno avanti i rapitori: ed è solo l'inizio. Il punto di forza della sceneggiatura di Mostow e Sam Montgomery è la capacità di rilanciare la suspense ogni volta che sembra di essere arrivati a un punto morto. Era dai tempi di *The Hitcher* che non veniva descritta così bene la paranoia del cittadino abbandonato in mezzo a un West terra di nessuno. Azione che non stacca mai, secca e senza fronzoli: cinema di genere come non se ne fa più.

Breaker Morant *** (*Breaker Morant*, Australia 1979, col, 107') Bruce Beresford. Con Edward Woodward, Jack Thompson, John Waters, Bryan Brown, Charles Tingwell. ◆ Harry Morant (Woodward), un soldato australiano arruolatosi nell'esercito inglese, soprannominato «breaker» per la sua abilità di domatore, è condannato a morte, insieme a due connazionali, per aver ucciso senza processo alcuni guerriglieri boeri. Episodio reale della guerra anglo-boera in Africa (1899-1902), già alla base del dramma di Kenneth Ross, è una vigorosa denuncia del colonialismo inglese e della sua ipocrita giustizia, raccontata con passione e misura. Premio come migliore attore a Cannes per Thompson, che interpreta l'avvocato difensore al processo. Rieditato in cassetta col titolo *Esecuzione per un eroe*.

Breakfast Club ** (*The Breakfast Club*, Usa 1985, col, 97') John Hughes. Con Emilio Estevez, Anthony Michael Hall, Judd Nelson, Ally Sheedy, Molly Ringwald, Paul Gleason. ◆ Cinque studenti di carattere ed estrazione sociale differenti, per punizione devono rimanere otto ore rinchiusi in biblioteca e svolgere il tema «Chi sono?». Cadono le barriere che li dividono e consegnano un elaborato collettivo. Scritto, prodotto e diretto da John Hughes, il film gioca molto con gli stereotipi, ma riesce anche a rappresentare con una certa sincerità i problemi giovanili.

Break-up – L'uomo dei palloni **½ (Italia/Francia 1965, b/n, 85') Marco Ferreri. Con Marcello Mastroianni, Catherine Spaak, Ugo Tognazzi, William Berger, Ennio Balbo. ◆ Un palloncino pubblicitario diventa per l'industriale del cioccolato Mario Fuggetta (Mastroianni) un'ossessione che lo porta alla follia e al suicidio: fino a che punto si può gonfiare prima che scoppi? Prima di *Dillinger è morto*, Ferreri affronta il tema dell'irrazionale che irrompe nell'ovvietà della civiltà dei consumi, con uno stile semisperimentale già molto interessante. Il film (sceneggiato dal regista con Rafael Azcona [ma nei titoli è Ascona]) è il primo di una serie di ritratti maschili raccontati con «dolorosa autoironia» da cui sa prendere anche le distanze per descriverne follie e contraddizioni, specie di viaggio nei «comportamenti salienti dell'individuo borghese, attraverso le proprie ossessioni e le proprie paure: consumo, cibo, regressione, evasione, feticismo, morte». Tognazzi è l'automobilista che sbraita perché Mastroianni, suicidandosi, è caduto sulla sua auto e l'ha rovinata e Ferreri l'uomo che mangia l'arancino di riso nel negozio di alimentari. Distribuito in Francia nel 1965, il film uscì in Italia nella sua lunghezza integrale solo nel 1973, alle giornate del cinema libero di Venezia, ma fu distribuito commercialmente solo nell'estate del 1979; una prima versione, dal titolo *L'uomo dei 5 palloni*, drasticamente tagliata dal produttore Carlo Ponti, era diventata un episodio di 25' in *Oggi, domani e dopodomani*.

Breezy ** (*Breezy*, Usa 1973, col, 106') Clint Eastwood. Con William Holden, Kay Lenz, Marj Dusay, Roger C. Carmel. ◆ La liberatoria love story tra un uomo maturo e disilluso (Holden) e una giovane hippy (Lenz) che irrompe nella sua vita. Un «melodramma incompiuto», incerto tra la malinconia – efficacemente resa dall'interpretazione agrodolce e sapientemente autoironica di Holden – e gli ammiccamenti della commedia rosa, complice la musica (troppo) suadente di Michel Legrand.

Brenda Starr – L'avventura in prima pagina *½ (*Brenda Starr*, Usa 1988, col, 89') Robert Ellis Miller. Con Brooke Shields, Timothy Dalton, Diana Scarwid, Anthony Jay Peck, Jeffrey Tambor. ◆ La giornalista Brenda Starr, eroina di un fumetto di successo, diventa improvvisamente una persona in carne e ossa (Shields) e vive nella realtà le sue mirabolanti avventure, coinvolgendo nelle sue storie un fascinoso agente segreto (Dalton) e il suo stranito disegnatore (Tony Peck, figlio del celebre Gregory). Tentativo, poco riuscito, di parodiare i film avventurosi e sentimentali degli anni Quaranta prendendo spunto dal personaggio disegnato da Dale Messick per il *Chicago Tribune* a partire dal 1941.

Breve incontro *** (*Brief Encounter*, Gb 1945, b/n, 86') David Lean. Con Clelia Johnson, Trevor Howard, Cyril Raymond, Stanley Holloway, Joyce Carey, Margaret Barton. ◆ Laura Jesson (Johnson) e Alec Harvey (Howard), entrambi con un'esistenza mediocre alle spalle, si incontrano casualmente e si innamorano. L'abitudine alla grigia vita piccolo-borghese non permetterà loro di lasciarsi andare ai sentimenti e il loro casto amore si consumerà in pochi giorni. Tratto dall'atto unico *Vita tranquilla* di Noël Coward, è il film che impose David Lean; opera chiave del cinema inglese del dopoguerra con il suo grigio realismo e la sua estetica della rassegnazione (sottolineata melodrammaticamente dalla colonna sonora, il secondo concerto per pianoforte e orchestra di Rachmaninov). Sopravvalutato nella sua componente intimista (le esitazioni del comportamento e i dialoghi formali sono molto datati), ma ancora interessante per come descrive un processo «di distruzione dell'istinto e dell'energia messa in atto dalle norme sociali», il film conserva un indubbio valore per la grandissima recitazione dei due protagonisti e per la coerenza stilistica della sua messinscena. Rifatto nel 1974.

Breve incontro * (*Brief Encounter*, Gb 1974, col, 103') Alan Bridges. Con Richard Burton, Sophia Loren, Jack Hedley, Rosemary Leach, Ann Firbank. ◆ Un uomo e una donna (Burton e Loren) non hanno il coraggio di vivere fino in fondo l'amore che li lega e tornano entrambi alle loro famiglie. Brutto remake dell'omonimo film di David Lean, pensato per la televisione ma poi distribuito anche nelle sale, con due star in evidente imbarazzo a entrare nei panni dei due umili personaggi.

Breve stagione, Una ° (Italia 1969, col, 95') Renato Castellani. Con Christopher Jones, Pia Degermark, Nadir Moretti, Valeria Sabel, Bianca Doria, Angelo Bescariol, Antonello Trombadori. ◆ Condannato per disoneste operazioni in Borsa, Johnny (Jones), un americano che vive a Roma, fugge dal carcere e uccide involontariamente un poliziotto: vuole passare il tempo che gli rimane con l'amata Luisa (Degermark), la quale, quando lui sta per essere nuovamente arrestato, lo uccide e si suicida a sua volta. Stanco per le difficoltà produttive ed esterrefatto di fronte a una nuova generazione di cui non capisce la rinuncia e la contestazione dei valori dei padri, Castellani realizza un film confuso e distaccato (scritto però nel 1967), con due personaggi alla Giulietta e Romeo che compiono gesti incomprensibili e per i quali al massimo si può provare pietà, ma senza nemmeno troppa convinzione. Antonello Trombadori fa la parte del padre di Luisa. Orso Maria Guerrini compare nei credits ma non nel film.

Breve vacanza, Una *½ (Italia 1973, col, 104') Vittorio De Sica. Con Florinda Bolkan, Renato Salvatori,

Daniel Quenaud, José Maria Prada, Teresas Gimpera, Adriana Asti, Monica Guerritore. ◆ Un'operaia calabrese emigrata a Milano (Bolkan), ammalata di tubercolosi per la vita grama che conduce, viene mandata nel sanatorio di Sondalo per curarsi: scoprirà la possibilità di vivere in un modo più umano, ma quando sarà guarita dovrà ritornare nella sua ossessiva famiglia. Penultimo film di De Sica e ultima collaborazione con Zavattini, non si stacca da una troppo facile «poesìa del quotidiano» raccontata senza originalità. Christian De Sica interpreta il giovane in treno.

Brevi amori a Palma di Majorca * (Italia 1959, col, 98') Giorgio Bianchi. Con Alberto Sordi, Dorian Gray, Belinda Lee, Gino Cervi, Antonio Cifariello. ◆ Italiani in vacanza nell'isola spagnola: qualcuno trova moglie, volente o meno; il ricco ingenuo rischia di cadere nelle mani di spregiudicate avventuriere; l'intraprendente, e zoppo, commerciante romano di dolci (Sordi) non conquista la bella diva del cinema (Lee) ma tornerà lo stesso a casa con molte vicende da raccontare. Esilissime avventure turistiche da cui emerge solo la caratterizzazione di Sordi. Il futuro regista Giulio Paradisi interpreta il ruolo di Miguel.

Brevi giorni selvaggi **½ (*Last Summer*, Usa 1969, col, 97') Frank Perry. Con Richard Thomas, Barbara Hershey, Bruce Davison, Cathy Burns, Ralph Waite. ◆ L'amicizia, la sessualità, la violenza fra due ragazze e due ragazzi durante un'estate al mare: la più intraprendente del gruppo, Sandy (Hershey), saprà imporre la propria volontà ai due maschi e umiliare l'altra ragazza che finirà per essere violentata. Da un racconto di Evan Hunter una efficace rappresentazione delle tensioni e contraddizioni giovanili raccontata con una crudezza che fece passare dei guai al film con la censura (sebbene non fosse pornografico fu bollato con la X).

Brian di Nazareth **½ (*Monty Python's Life of Brian*, Gb 1979, col, 93') Terry Jones. Con Terry Jones, Graham Chapman, Michael Palin, John Cleese, Eric Idle, Terry Gilliam. ◆ Brian detto Brian (Chapman) nasce contemporaneamente al Messia, in una capanna vicina e viene visitato per sbaglio dai Re Magi. L'equivoco continuerà nella vita adulta, tra confuse manovre di terroristi antiromani rivali tra loro, fino a quando i suoi compagni del Fronte popolare giudaico lo consegnano a Pilato per farne un eroico martire: finirà crocefisso, ancora una volta per un equivoco. Sceneggiato collettivamente dai membri dei Monty Python (che interpretano più personaggi ognuno, con felici conseguenze comiche), è un feroce e irriverente attacco a istituzioni e autorità, ma anche all'inconcludenza di certi rivoluzionari, alla stupidità umana, ai luoghi comuni, compresi quelli cinematografici. Certe gag sentono il peso degli anni (in Italia è stato distribuito con dodici anni di ritardo!), molto si perde nella traduzione, la regia non sempre è curata, eppure la forza iconoclasta del gruppo inglese non smette di divertire. Le sequenze di animazione sono dirette da Terry Gilliam.

Bride of the Monster *½ (*Bride of the Monster*, Usa 1955, b/n, 69') Edward D. Wood jr. Con Bela Lugosi, Tor Johnson, Tony McCoy, Loretta King. ◆ Il professore matto Eric Vornoff (Lugosi), fuggito dall'Europa dell'Est, vuole usare l'energia atomica per creare una nuova razza di giganti; e si procura la materia prima con l'aiuto di un servitore energumeno (Johnson) e di una piovra che si rivolterà contro di lui. La lotta finale di Lugosi con gli immobili tentacoli di gomma (fedelmente riprodotta da Tim Burton nel suo *Ed Wood*), e la sua «trasformazione» in gigante (si limita a indossare degli zatteroni alti dieci centimetri) sono i vertici dementi di questo mix di *Frankenstein* e *La bella e la bestia* in una cornice di pura guerra fredda. Sceneggiatura, regia e recitazione sono così inette da risultare, forse più che in altri film di Wood, insopportabilmente imbarazzanti o pateticamente commoventi.

Bride with White Hair, The **½ (*Baifa monu zhuan*, Hong Kong 1993, col, 100') Ronnie Yu. Con Brigitte Lin Ching-hsia, Leslie Cheung, Elaine Lui, Francis Ng, Eddy Ko. ◆ Per amore dello spadaccino Yi-hang (Cheung), la strega Lien (Lin) rinuncia ai suoi poteri: ma per un equivoco pensa di essere tradita e – con i capelli diventati bianchi – si trasforma in una vendicatrice implacabile. Uno dei fantasy hongkonghesi più sfrenati, dove l'abituale sovvertimento delle leggi fisiche (a cominciare dalla gente che vola) è messo in scena con un gusto barocco che mescola horror, melodramma e soft-core. Un videoclippone smodato, certamente, ma anche un esempio di surrealismo che non si ferma di fronte a nulla, capace di sconcertare, frastornare e divertire lo spettatore occidentale, abituato a ritmi e miscele molto più blande. La protagonista, impassibile come Marlene Dietrich e magnetica come Barbara Steele, ha replicato il personaggio della semidea implacabile in decine di film. Con un seguito, inedito in Italia.

Brigadiere Pasquale Zagaria ama la mamma e la polizia, Il * (Italia 1973, col, 100') Luca Davan. Con Lino Banfi, Francesca Romana Coluzzi, Aldo Giuffré, Francesco Ager, Rosario Borelli. ◆ Specializzato in travestimenti, un maldestro carabiniere (Banfi) è degradato dopo ogni impresa, fino a essere espulso dall'Arma. Ma non smetterà di combinare pasticci. Realizzato su misura per Banfi, il film è un'accozzaglia di scenette e gag senza molte idee.

Brigadoon **½ (*Brigadoon*, Usa 1954, col, 108') Vincente Minnelli. Con Gene Kelly, Van Johnson, Cyd Charisse, Elaine Stewart, Barry Jones, Hugh Laing. ◆ Tommy (Kelly) e Jeff (Johnson) sono due newyorchesi che, cacciando anatre, si perdono tra le colline scozzesi: scopriranno Brigadoon, un villaggio magico che appare solo un giorno ogni cento anni e Tommy troverà anche l'amore per la bella Fiona (Charisse). Tratto dal testo di Alan Jay Lerner (qui anche sceneggiatore) e girato completamente in studio, è un musical non perfettamente riuscito, che rivela la sua origine teatrale, ma che si fa ricordare per qualche bel numero: l'apparizione del villaggio tra la nebbia all'inizio del film e le canzoni (di Frederick Loewe) *I'll Go Home with Bonnie Jean* e *The Heather in the Hill*. Cyd Charisse è doppiata da Carole Richards.

Brigante, Il ** (*O Cangaceiro*, Brasile 1953, b/n,

105') Lima Barreto. Con Alberto Ruschell, Marisa Prado, Milton Ribeiro, Ricardo Campos, Vanja Orico. ◆ La banda di Galdino Ferreira (Ribeiro), che infesta il Nordeste del Brasile agli inizi del secolo, rapisce una innocente maestrina (Prado). Il luogotenente di Galdino, Teodoro (Ruschell), nauseato dall'infame atto la fa fuggire ma sarà punito con la morte. Vincitore a Cannes (miglior film d'avventura e migliore colonna sonora), è il primo lungometraggio di Barreto, che ha fuso con troppa spregiudicatezza temi western e argomenti di storia nazionale. La colonna sonora, con le musiche di Gabriel Migliori (su tutte *Muiê Rendêra*), riscuoterà un successo mondiale.

Brigante, Il *** (Italia 1960, b/n, 143') Renato Castellani. Con Adelmo Di Fraia, Francesco Seminaro, Serena Vergano, Mario Jennard, Anna Filippini. ◆ Accusato dai fascisti di un delitto mai commesso, Michele (Di Fraia) scappa dal suo paese. Ritornerà con le truppe americane e guiderà l'occupazione delle terre, ma non riuscirà a sfuggire a una nuova ingiustizia che lo porterà a una tragica fine. Dal romanzo omonimo di Giuseppe Berto, un film dalle ambizioni epiche che racconta, con sincerità e commozione, il tragico destino del mondo contadino, deluso, nelle sue speranze di emancipazione e riscatto, dal fascismo come dall'Italia repubblicana. Girato in Calabria, recupera (stranamente, visti i tempi) la lezione neorealista.

Brigante di Tacca del Lupo, Il **½ (Italia 1952, b/n, 97') Pietro Germi. Con Amedeo Nazzari, Cosetta Greco, Saro Urzì, Fausto Tozzi, Aldo Bufi Landi, Oscar Andriani, Amedeo Trilli, Sergio Bergonzelli, Lilli Cerasoli. ◆ Nella Calabria della postunificazione, un battaglione dei bersaglieri guidato dal capitano Giordani (Nazzari) dà la caccia al celebre brigante Raffa Raffa. L'omertà della popolazione verrà rotta solo da una ragazza (Greco) che il brigante aveva «disonorata». Rilettura in chiave populista di un episodio della storia italiana che a Germi non interessa per la ricerca di cause o di spiegazioni sociologiche dei fatti, ma come possibilità di raccontare elementi naturalistici con una tecnica all'americana: la storia del Sud filmata come un western. Il futuro produttore Alfredo Bini interpreta la parte di De Giustino.

Brigante Musolino, Il ** (Italia 1950, b/n, 95') Mario Camerini. Con Silvana Mangano, Amedeo Nazzari, Umberto Spadaro, Ignazio Balsamo, Guido Celano, Arnoldo Foà. ◆ La vicenda romanzata del bracciante Giuseppe Musolino (Nazzari) che ai primi del secolo era diventato brigante per vendicarsi dei soprusi subiti dalla mafia. Film dal moderato verismo con un sobrio e convincente Nazzari nei panni del brigante calabrese. Soggetto di Steno, Antonio Leonviola e Mario Monicelli, sceneggiatura di Franco Brusati, Ennio De Concini, Ivo Perilli, Vincenzo Talarico e Camerini.

Briganti ** (*Brigants (Chapitre VII)*, Francia/Russia/Svizzera/Italia 1996, col, 122') Otar Ioseliani. Con Amiran Amiranachvili, Dato Gogibedachvili, Guio Tzintsadze, Nino Ordjonikidze, Keti Kapanadze, Alexi Djakeli, Nino Kartsivadze. ◆ Un gruppo di persone assistono alla proiezione di un film dove si incrociano tre storie: la prima è ambientata nel medioevo, dove re Vano (Amiranachvili) manda a morte la moglie (Ordjonikidze) che l'ha tradito ma non può fidarsi nemmeno dell'amante (Kapandze) che lo vuole avvelenare; la seconda segue l'ascesa politica di un ladro (Amiranachvili) che grazie a una bella rivoluzionaria (Ordjonikidze) fa carriera nel partito ma perde tutto per le spiate degli invidiosi; la terza racconta la faida nella Parigi di oggi di un gruppo di trafficanti, osservati con gli occhi disincantati di un barbone (Ordjonikidze). Il film più dichiaratamente politico di Ioseliani, chiuso in una struttura meccanica e ripetitiva (che ricorda molto quella dei *Fiori blu* di Queneau). Attraverso tre epoche – un medioevo favolistico raccontato a tratti come se fosse un film muto; gli anni dello stalinismo con il loro corollario di delazioni e tradimenti; l'oggi dove la guerra ha riportato l'uomo a un livello tribale – e usando gli stessi attori, il film vuole dimostrare come il potere abbia sempre la stessa faccia, fatta di violenze sangue e morte: ci sono momenti godibili (come il surreale catalogo delle torture che tiranno e boia sfogliano come un libro illustrato), ma la ripetitività generale soffoca la fantasia e riduce il film a un pamphlet nemmeno tanto originale. Il titolo originale farebbe riferimento al fatto che questo è il settimo lungometraggio dell'autore.

Briganti italiani, I *½ (Italia 1961, b/n, 108') Mario Camerini. Con Ernest Borgnine, Vittorio Gassman, Rosanna Schiaffino, Katy Jurado, Philippe Leroy, Mario Feliciani, Carlo Giuffré, Akim Tamiroff, Bernard Blier, Micheline Presle. ◆ Il brigante Sante Carboni (Borgnine), dopo l'Unità d'Italia, si pone al soldo dei Borboni. Sconfitto dalle truppe piemontesi, deciso ad arrendersi, viene ucciso da chi l'ha armato. Dal romanzo omonimo di Mario Monti, un film raccontato con un tono «impacciatamente serio» che solo alla fine recupera un tema caro a Camerini, quello del bandito che, diventando padre, decide il proprio comportamento in base al bene del futuro figlio.

Brigata di fuoco * (*The Glory Brigade*, Usa 1953, b/n, 82') Robert D. Webb. Con Victor Mature, Alexander Scourby, Lee Marvin, Richard Egan, Alvy Moore. ◆ In Corea, durante un'azione comune contro l'Armata Rossa, scoppia un'accesa rivalità tra un comandante americano (Mature) e un luogotenente greco (Scourby): nel momento di maggior pericolo, sapranno fare fronte comune. Uno dei tanti war-movie coreani del periodo, realizzato con evidenti scopi propagandistici (la guerra fredda è guerra, gli Stati Uniti *devono* combattere), schematismo assoluto (vivacizzato solo dai soliti contrasti interni) e scarsissima qualità cinematografica (nonostante l'ottimo cast).

Brillante carriera di un giovane vampiro, La *½ (*I Was a Teen-ager Vampire*, Usa 1987, col, 90') Jimmy Huston. Con Robert Sean Leonard, Cheryl Pollak, Evan Mirand, Cecilia Peck, David Warner, René Auberjonois. ◆ Un ragazzotto americano (Leonard), contagiato da una misteriosa dark lady, scopre di essere diventato vampiro. La nuova condizione non è poi così brutta se non ci fosse una fastidiosa coppia di cacciatori di vampiri che gli dànno la caccia e se i canini non complicassero la possibilità di baciare. Primo film del figlio di John Huston che raggiunge gli schermi italiani: è una commedia non molto riuscita con troppe pretese autoironiche.

Brillantina Rock * (Italia 1979, col, 91') Michele Massimo Tarantini. Con Monty Ray Garrison, Cecilia Buonocore, Auretta Gay, Mimmo Bua, Mauro Frittella, Fiamma Maglione, Sergio Borelli, Jimmy il Fenomeno [Origene Soffrano], Edmondo Tieghi. ◆ Maniaco della discoteca, Roberto (Garrison, doppiato da Ferruccio Amendola) perde la testa per la volubile Cindy (Buonocore), ma poi capisce che la partner ideale per partecipare alla gara di ballo è la più semplice Sandra (Gay). Imitazione casereccia dei film di Travolta: il protagonista è sempre vestito di bianco e metterà la testa a partito dopo che l'amico Oscar (Frittella) ha rischiato la vita al suo posto in una corsa in moto; i paragoni però si fermano qui. Particolarmente noiose le scene di ballo.

Bring on the Night – Vivi la notte ** (*Bring on the Night*, Usa 1985, col, 97') Michael Apted. Con Sting [Gordon Matthew Sumner], Trudie Styler, Omar Hakim, Darryl Jones, Branford Marsalis, Kenny Kirkland, Dolette McDonald. ◆ La preparazione e l'inizio del tour 1985 di Sting e della sua band, dal castello di Courson alle platee urlanti. Un tentativo (riuscito a metà) di documentare come nasce un gruppo rock. Molte canzoni (specie dall'album *The Dream of the Blue Turtles*) e qualche momento di commozione (la nascita del quarto figlio di Sting).

Brisby e il segreto di Nimh ** (*The Secret of NIMH*, Usa 1982, col, 82') Don Bluth. ◆ Per aiutare una topolina sfrattata con la famigliola tutti gli animali del campo in cui vive chiedono aiuto ai ratti del regno di Nimh, fuggiti da un laboratorio sperimentale che li ha resi intelligentissimi. Dal libro per l'infanzia di Robert C. O'Brien la prima produzione della factory di Don Bluth, composta da giovani disegnatori formatisi alla scuola Disney: ci sono tutti gli ingredienti della fiaba e una forte polemica antivivisezionista, ma sono raccontati con più professionalità che ispirazione creativa.

Britannia Hospital ** (*Britannia Hospital*, Gb 1982, col, 102') Lindsay Anderson. Con Joan Plowright, Jill Bennet, Malcolm McDowell, Leonard Rossiter, Marsha Hunt, Graham Crowden, Mark Hamill, Alan Bates, Brian Pettifer, John Moffatt, Gladys Crosbie. ◆ Follie ospedaliere tra scioperi dissennati, medici pazzi in vena di esperimenti criminali e un'inaspettata visita della Regina (Crosbie) per l'inaugurazione di un nuovo padiglione. Satira sociale tutta sui toni del grottesco, sceneggiata da David Sherwin, troppo scombinata per essere veramente corrosiva, ma in più di un momento molto divertente.

Brivido *½ (*Maximum Overdrive*, Usa 1985, col, 100') Stephen King. Con Emilio Estevez, Pat Hingle, Laura Harrington, Yeardley Smith, John Short. ◆ Il passaggio della cometa Rhea fa sentire i suoi influssi sulle macchine terrestri che impazziscono e attaccano gli uomini: solo un piccolo gruppo resiste asserragliato in un autogrill. Per debuttare come regista Stephen King ha scelto un suo racconto, contenuto nella raccolta *A volte ritornano*. Squinternato ma non privo di humour, almeno nei primi 10' (con un ovvio cammeo dell'autore). Restano le musiche heavy metal degli Ac/Dc.

Brivido caldo *** (*Body Heat*, Usa 1981, col, 118') Lawrence Kasdan. Con William Hurt, Kathleen Turner, Richard Crenna, Ted Danson, J.A. Preston, Mickey Rourke. ◆ Un avvocato di Miranda Beach (Hurt) si innamora della bella e passionale Matty Walker (Turner) e si fa convincere a uccidere il suo ricco marito: troppo tardi scoprirà di essere una pedina in un gioco più grande di lui. Per il suo esordio come regista Kasdan recupera temi e atmosfere del noir classico (dal *Postino suona sempre due volte* a *La fiamma del peccato*) immersi nella calura opprimente della Florida. Ma la storia e la sua dichiarata misoginia (spia di un mutato atteggiamento sociale) passano in secondo piano di fronte alla forte carica di sensualità di certe scene, grazie anche al decisivo contributo di Hurt e dell'esordiente Turner, belli, bravi e sexy come non mai.

Brivido d'amore ** (*I'll Be Yours*, Usa 1947, b/n, 93') William A. Seiter. Con Deanna Durbin, Tom Drake, Adolphe Menjou, William Bendix, Franklin Pangborn. ◆ Un'aspirante cantante (Durbin) è aiutata nella carriera da un vecchio miliardario (Menjou) che spera nel suo amore: dovrà invece accontentarsi di fare da zio ai figli di lei. Piacevole commedia agrodolce, remake di *The Good Fairy* di William Wyler (1935, con Margaret Sullavan e Herbert Marshall).

Brivido nella notte **½ (*Play Misty for Me*, Usa 1971, col, 95') Clint Eastwood. Con Clint Eastwood, Jessica Walter, Donna Mills, John Larch. ◆ Dave Garver (Eastwood), disc-jockey di Carmel, California, si illude che quella con Evelyn (Walter) sia l'avventura di una notte: la donna lo perseguita con le sue attenzioni soffocanti e, una volta vistasi rifiutare, progetta di uccidergli la legittima fidanzata (Mills). Per il suo esordio alla regia, Eastwood scelse un progetto a basso costo e un personaggio molto diverso da quelli che lo resero celebre. La sceneggiatura di Jo Heims non demonizza il personaggio della pazza, ma è impietosa verso le debolezze del maschio. Che resti un fondo di misoginia, comunque, è indubbio. Eastwood fa qualche scivolone come regista, ma è convincente in una parte che deve molto a *La notte brava del soldato Jonathan*. Nella sequenza del festival di Monterey compare il sassofonista Cannonball Adderley col pianista Joe Zawinul. Don Siegel è il barista. «Misty» è un noto brano del pianista Erroll Garner (da lui inciso in una versione apposta per il film) che Evelyn chiede a Dave di trasmettere.

Broad Street * (*Give My Regards to Broad Street*, Gb 1984, col, 108') Peter Webb. Con Paul McCartney, Bryan Brown, Ringo Starr, Barbara Bach, Linda McCartney. ◆ Paul McCartney nel sonno immagina di essere derubato del suo ultimo disco: scambiando il sogno per realtà indaga sui ladri. Megaclip dall'esile pretesto narrativo costruito su misura per il cantante dei disciolti Beatles. Gradevoli i numeri musicali per le canzoni *No More Lonely Nights* e *Ballroom Dancing* interpretate da Paul.

Broadway Danny Rose **** (*Broadway Danny Ro-*

se, Usa 1984, b/n, 81') Woody Allen. Con Woody Allen, Mia Farrow, Nick Apollo Forte, Milton Berle, Will Jordan, Sandy Baron. ◆ Danny Rose (Allen) è un curioso agente teatrale ebreo, noto per la sua sfortuna come patrocinatore di artisti falliti (un ventriloquo balbuziente, uno xilofonista cieco, una ballerina di tip tap senza una gamba) regolarmente abbandonato da chi comincia ad avere un po' di successo. Dopo aver rischiato la vita per portare Tina (Farrow), amante del suo cliente Lou Canova (Forte), ad assistere al concerto che può rilanciargli la carriera, Danny viene scaricato senza riconoscenza per un agente più importante. Ritratto sommesso e partecipe del mondo dello spettacolo da «dietro le quinte» (tutto il film è raccontato in flashback da un gruppo di comici) è, con *Ombre e nebbia*, il film più «religioso» del regista, tutto centrato sui temi della colpa, del tradimento, del Bene e del Male, del rimorso e della redenzione. Le situazioni comiche e gli equivoci tipici della commedia (la sguaiata Tina è l'ex moglie di un gangster e due fratelli mafiosi vogliono uccidere chiunque le si avvicini) non sminuiscono il desolante ritratto dello showbiz e di un mondo ostile dove Danny assomiglia sempre più al biblico Giobbe, un «santo» la cui missione è quella di salvare i derelitti, un profeta «imperfetto e confuso» come richiede il tono dolcemente tenero del film.

Bronco Billy **½ (*Bronco Billy*, Usa 1980, col, 119') Clint Eastwood. Con Clint Eastwood, Sondra Locke, Geoffrey Lewis, Scatman Crothers, Bill McKinney, Sam Bottoms. ◆ Bronco Billy (Eastwood), pistolero non infallibile, proprietario di un circo scalcinato, assume come ragazza-bersaglio Antoinette (Locke), ereditiera in incognito e in fuga dal marito. Avventure picaresche e lieto fine, in questo film bonario che Eastwood girò per divertimento assieme al suo clan. Il tendone del circo è fatto di tante bandiere americane tessute dagli ospiti di un manicomio: la metafora non potrebbe essere più chiara.

Bronte: cronaca di un massacro che i libri di storia non hanno raccontato **½ (Italia/Jugoslavia 1972, col, 109') Florestano Vancini. Con Ivo Garrani, Mariano Rigillo, Ilija Dzuvalekovsk', Rudolf Kukié. ◆ Nella Sicilia liberata dai garibaldini, la popolazione di Bronte, guidata dal carbonaro Calogero Gasparazzo, si solleva sperando finalmente nella soluzione dei suoi secolari problemi. Ma il generale Bixio (Rigillo), per dare un esempio a tutti, fa arrestare 150 persone e condanna a morte, con un processo che ricorda quelli borbonici, cinque capri espiatori. Ispirato a un episodio reale avvenuto durante l'impresa dei Mille, è uno dei rari film italiani che cerca di rileggere il nostro Risorgimento dalla parte degli oppressi. Coraggioso e sostanzialmente onesto (anche se un po' viziato dal senno di poi), fu sceneggiato da Leonardo Sciascia e Fabio Carpi, oltre che da Vancini e Badalucco.

Bronx **½ (*A Bronx Tale*, Usa 1993, col, 121') Robert De Niro. Con Robert De Niro, Chazz Palminteri, Lillo Brancato, Francis Capra, Taral Hicks, Katherine Narducci, Joe Pesci, Clem Caserta. ◆ Nel quartiere italiano del Bronx, nel 1960, il piccolo Calogero (Capra) subisce il fascino del boss del quartiere Sonny (Palminteri), nonostante il padre Lorenzo (De Niro), un modesto guidatore di autobus, cerchi di educarlo all'onestà e al rispetto della legge. Diciassettenne, Calogero (Brancato) ascolta Sonny più di suo padre, ma dovrà fare i conti con la violenza che circonda la malavita. Per il suo esordio nella regia, Robert De Niro sceglie una pièce di Chazz Palminteri chiedendogli di sceneggiarla oltre che interpretarla: storia di un'educazione alla maturità, il film è una riflesione sull'inevitabile complessità della vita e del ruolo paterno (entrambe le figure adulte trasmettono a Calogero lezioni importanti: insegnamenti morali il padre, consigli esistenziali il padrino). Anche se debitrice di Scorsese e Leone, la regia di De Niro dimostra qualità non disprezzabili: il gusto per le atmosfere di quartiere, la cura nello scegliere i volti per i ruoli secondari, la direzione dei protagonisti. E un mattatore come lui sceglie significativamente toni e personaggi smorzati, senza tentazioni di gigioneria. Indimenticabili i due modi per scoprire se una ragazza è «quella della vita».

Bronx, 41° distretto di polizia **½ (*Fort Apache the Bronx*, Usa 1981, col, 121') Daniel Petrie. Con Paul Newman, Edward Anser, Ken Wahl, Rachel Ticotin, Danny Aiello. ◆ Retrocesso da sergente a poliziotto semplice per la sua onestà e umanità nell'applicare il regolamento, l'agente Murphy (Newman) presta servizio nel peggior distretto di New York, il 41° del Bronx, soprannominato «Fort Apache»: l'arrivo di un comandante autoritario e crudele scatenerà la tensione sia nel quartiere che tra i suoi uomini. Un buon film, attento a raccontare le psicologie e non solo gli scontri e i drammi della vita di un poliziotto. Ottima interpretazione di Newman.

Brood (La covata malefica) **½ (*The Brood*, Canada 1979, col, 91') David Cronenberg. Con Oliver Reed, Samantha Eggar, Art Hindle, Nuala Fitzgerald. ◆ Strani esseri senza ombelico e senza genitali uccidono le persone che sono legate alla vita affettiva di Nola Carveth (Eggar), una donna in preda alla follia che il dottor Raglan del Somafree Institute of Psychoplasmics di Toronto (Reed) cerca di curare con esperimenti ipnotici: il marito (Hindle) scoprirà che quei mostri sono la materializzazione dei sentimenti di odio della donna. Chiara metafora dell'aggressività umana, il film riflette, come in uno specchio deformato, l'orrore e il caos del mondo contemporaneo puntando soprattutto sulla rappresentazione fisica di questo orrore (straziante, in questo senso, il «parto» di Nola), sorta di materializzazione dei nostri incubi più segreti.

Brubaker **½ (*Brubaker*, Usa 1980, col, 132') Stuart Rosenberg. Con Robert Redford, Yaphet Kotto, Jane Alexander, Murray Hamilton, Morgan Freeman, Matt Clark, Tim McIntire. ◆ Il nuovo direttore del carcere di Wakefeld, Harry Brubaker (Redford) – che prima di prendere il proprio posto si era fatto passare per un detenuto per conoscere le autentiche condizioni di prigionia – cerca di riformare la vita dei reclusi e mettere fine alla corruzione degli impiegati. Le ragioni della politica lo faranno allontanare, ma si sarà conquistata la stima dei suoi prigionieri. Ispirato a un libro autobiografico di Thomas Murton (sceneggiato da W.D. Richter e Arthur Ross), il film mescola sapientemente impegno civile e buona resa spettacolare, senza cedere a nessuna gratuita esibizione di violenza. Ottimo Redford.

Bruce Lee – Dalla Cina con furore → *Dalla Cina con furore*

Bruciante segreto *½ (*Burning Secret*, Gb/Rft 1988, col, 108') Andrew Birkin. Con Faye Dunaway, Klaus Maria Brandauer, David Eberts, Ian Richardson. ◆ 1919: un barone decadente (Brandauer), si accattiva le simpatie di un ragazzino asmatico (Eberts) per poter raggiungerne la madre (Dunaway), moglie di un diplomatico lasciata sola in una località termale. Ispirato ad *Adolescenza* di Zweig che era già stato alla base di *Segreto ardente* di Siodmak (1933), il film di Birkin vorrebbe essere ambiguo come i suoi personaggi, ma risulta solo accademico e un po' noioso.

Bruciata dal sole → *Sunburn – Bruciata dal sole*

Bruciatelo vivo * (*Land Raiders*, Usa 1969, col, 101') Nathan Juran. Con Telly Savalas, George Maharis, Arlene Dahl, Janet Landgard, Guy Rofe, Jocelyn Lane, George Coulouris, Fernando Rey. ◆ Per evitare la creazione di una riserva indiana, il latifondista Vince Carden (Savalas) rende impossibili i rapporti con gli apache scatenando una vera caccia allo scalpo; farà una brutta fine, dopo la scoperta di un'altra sua malefatta: l'uccisione della donna (Lane) di cui suo fratello Pablo (Maharis) era stato innamorato. Pessimo western girato in Spagna, con ammiccamenti ai prodotti italiani coevi e musica (di Bruno Nicolai) morriconeggiante: la storia (sceneggiata da Ken Pettus) spreca l'idea dello scontro tra i due fratelli e cerca solo di solleticare lo spettatore con qualche scena forte (per i tempi). L'edizione italiana, comunque, ha censurato un paio di minuti dove alcuni cacciatori di scalpi si complimentavano per le loro imprese, reintrodotti (ma in originale con sottotitoli) nell'edizione video. Tremendi i continui flashback con la fotografia flou. Savalas, come sempre, ama prolungare la propria agonia.

Bruciati da cocente passione ** (Italia 1976, col, 105') Giorgio Capitani. Con Cochi Ponzoni, Jane Birkin, Aldo Maccione, Catherine Spaak, Mario Maranzana, Daniele Formica. ◆ Un romantico impiegato delle poste (Ponzoni) e una timida dipendente dell'obitorio (Spaak) si conoscono sul treno che li porta a lavorare e scoprono di amarsi. Lo stesso avviene per i loro rispettivi coniugi (Birkin e Maccione) e così lo scambio di coppie, vizietto privilegiato della borghesia, si estende anche al proletariato. Tentativo di aggiornare sociologicamente i temi della pochade, il film però, sceneggiato da Nicola Badalucco, si limita a storpiare, in maniera comico-grottesca, le situazioni tipiche del tradimento borghese. La voce narrante è di Oreste Lionello.

Brume ** (*Ceiling Zero*, Usa 1936, col, 95') Howard Hawks. Con James Cagney, Pat O'Brien, June Travis, Stuart Erwin, Isabel Jewell, Barton MacLane. ◆ Un pilota civile (Cagney) per fare il cascamorto con una collega (Travis) causa involontariamente la morte di un altro pilota. Si riscatterà agli occhi del suo capo (O'Brien) sacrificando la propria vita per collaudare un sistema che permette di volare con basse temperature. Sceneggiato da Frank «Spig» Wead a partire dalla sua pièce omonima, è una commedia sui temi dell'amicizia virile raccontata con qualche accademismo di troppo ma sorretta da una delle migliori interpretazioni in coppia per Cagney e O'Brien, con alcune belle riprese aeree (il primo atterraggio di Cagney è da antologia). Rifatto nel 1941: *Il diavolo con le ali* di Lothar Mendez con Ronald Reagan, James Stephenson e Olympe Bradna.

Bruna indiavolata!, Una *½ (Italia 1951, b/n, 91') Carlo Ludovico Bragaglia. Con Ugo Tognazzi, Silvana Pampanini, Nando Bruno, Carletto Sposito, Rocco D'Assunta, Luigi Pavese, Virgilio Riento, Nino Milano, Ughetto Bertucci. ◆ Derubato del portafoglio, il cremonese Carlo Soldi (Tognazzi) gira Roma in tassì cercando qualcuno che gli faccia un prestito per pagare l'autista (Bruno) e tornare a casa: si troverà a dividere l'auto con la bella Claretta (Pampanini), in fuga da un matrimonio non voluto. Una farsa sfilacciata, dove soggettisti (Age e Scarpelli) e sceneggiatori (Metz, Marchesi, Vecchietti e Amendola) cercano di far sorridere con equivoci e trovatine inoffensive (le assurde penitenze della gara di canasta, i trucchi per non pagare il conto al ristorante). Gigi Reder, il futuro ragionier Filini, è il cameriere al bar della stazione.

Bruno aspetta in macchina *½ (Italia 1996, col, 91') Duccio Camerini. Con Nancy Brilli, Antonello Fassari, Valerio Mastandrea, Amanda Sandrelli, Leo Gullotta, Monica Scattini, Massimo Wertmüller, Chiara Noschese, Ugo Conti, Ludovica Modugno, Fabio Traversa. ◆ Mollata dal fidanzato, Margherita (Brilli) si inventa un inesistente Bruno (in realtà un manichino) per non sembrare single; ma un coatto (Mastandrea) che la voleva rapinare si innamora di lei. Addirittura Suso Cecchi d'Amico firma il soggetto di questa commedia di ambizioni sofisticate parlata in romanesco (sceneggiata dal regista con Roberta Colombo): girata e interpretata anche con impegno, ma con un che di fasullo e di artefatto.

Bruto, Il **½ (*El bruto*, Messico 1953, b/n, 83') Luis Buñuel. Con Katy Jurado, Pedro Armendariz, Andrés Soler, Rosita Arenas, Roberto Meyer, Beatriz Ramos. ◆ «El Bruto» (Armendariz), un macellaio fortissimo di cui un ricco costruttore si serve per terrorizzare gli inquilini che vuole sfrattare, si innamora di una ragazza (Arenas) senza sapere che è la figlia di un poveraccio che lui ha ucciso con un pugno. Sarà Paloma (Jurado), la sensuale moglie del ricco, a svelare per gelosia la verità: otterrà solo di vedere il marito ucciso dal «Bruto», a sua volta abbattuto dalla polizia. Curioso esempio di commistione tra melodramma e commedia, il film voleva essere la storia di una presa di coscienza, della trasformazione – per forza d'amore – di un oppressore del popolo in suo difensore. Ma le paure della produzione stravolsero completamente la sceneggiatura originale di Buñuel e Louis Alcoriza. Questo non toglie che il film abbia alcuni momenti indimenticabili: il nonno che si alza di notte per rubare la cioccolata, i mattatoi protetti dall'immagine della Madonna, le scene di seduzione tra Jurado e

Armendariz, e soprattutto la tesi, specificamente surrealista, che la forza dell'amore puro può cambiare il destino degli uomini.

Bruto e la bella, Il ***½ (*The Bad and the Beautiful*, Usa 1952, b/n, 118') Vincente Minnelli. Con Kirk Douglas, Lana Turner, Walter Pidgeon, Dick Powell, Gloria Grahame, Barry Sullivan, Leo G. Carroll. ◆ Jonathan Shields (Douglas) è deciso a risollevare le sorti della casa di produzione ereditata dal padre. Per farlo e conquistare il successo non si ferma davanti a niente e nessuno: ne faranno le spese un'attrice (Turner, che si è ispirata alla figura reale di Diana Barrymore), un produttore gentiluomo (Pidgeon), uno scrittore senza morale (Powell) e persino la sua bella moglie (Grahame). Tratto da un soggetto di George Bradshaw, intitolato originalmente *Tribute to a Bad Man* e pensato per Clark Gable, che lo rifiutò, è uno dei film più belli sul mondo del cinema, ispirato alla figura di David O. Selznik (per la megalomania) e a quella di Val Lewton (per la genialità nel produrre film a basso costo): Douglas ne diede un ritratto straordinario, spietato e vibrante. Vinse cinque Oscar (miglior attrice non protagonista: Grahame; sceneggiatura non originale: Charles Schnee; fotografia in bianco e nero: Robert Surtees; scenografia: Cedric Gibson, Edward Carfagno, Edwin B. Willis, Keogh Gleason; costumi: Helen Rose) e sarà rifatto dieci anni dopo dallo stesso regista (*Due settimane in un'altra città*). Esiste anche una versione colorizzata.

Brutta storia, Una ** (*Un Mauvais fils*, Francia 1980, col, 110') Claude Sautet. Con Patrick Dewaere, Yves Robert, Brigitte Fossey, Jacques Dufilho, Claire Maurier. ◆ Bruno (Dewaere) torna a Parigi dopo cinque anni di carcere negli Stati Uniti per spaccio di droga: il padre (Robert) gli dà la colpa della morte della madre, e col suo atteggiamento scontroso rischia di ricacciarlo nella marginalità. Sautet, regista di inquietudini borghesi, descrive per la prima volta un ambiente operaio, mostrando simpatia per immigrati, drogati e omosessuali: ma il suo ritratto di un uomo che fa di tutto per sopravvivere finisce con l'essere troppo ottimista e accomodante. Dewaere è perfettamente nella parte, anche se per lui le cose andarono peggio che al suo personaggio: si suicidò poco dopo il termine delle riprese.

Brutti di notte *½ (Italia 1968, col, 91') Gianni Grimaldi. Con Franco Franchi, Ciccio Ingrassia, Gabriella Giorgelli, Fulvia Franco, Hela Liné, Antonella Steni. ◆ Per liberarsi da certi strani sogni Franco, su consiglio di uno psicoanalista, deve avere un'intensa vita amorosa. Il cognato Ciccio vorrebbe denunciare i suoi tradimenti matrimoniali, ma scoprirà che la presunta amante è la legittima moglie trasformata dalle cure estetiche. La parodia burlesca dei due comici questa volta prende di mira Buñuel.

Bruttina stagionata, La ** (Italia 1996, col, 91') Anna Di Francisca. Con Carla Signoris, Edy Angelillo, Fabrizio Gifuni, Angelo Sorino, Tony Nardi, Milena Vukotic, Isabella Biagini. ◆ Quarantenne dimessa che scrive tesi per conto terzi, Marilina Labruna (Signoris) è ossessionata da una madre fanatica della fitness (Vukotic) e da un'amica d'infanzia, Olimpia (Angelillo), che si crede una femme fatale. Ma grazie a un gigolò (Sorino), la sua vita sessuale ha una svolta positiva. Dall'omonimo romanzo di Carmen Covito, depurato delle scene più osé e più cattive (sceneggiato dalla regista con Patrizia Pistagnesi e Giovanni Robbiano), un piacevole tentativo di commedia sofisticata che deve molto sia al cabaret (da cui proviene la Signoris: fa parte dei Broncoviz) sia alla sit-com, e quasi nulla alla tradizione italiana. Al suo primo film di fiction, Di Francisca sceglie il registro favolistico e paradossale prendendo le distanze dal realismo in cui si impantanano molti suoi colleghi, e tratteggia con una certa efficacia la storia di una ribellione vittoriosa agli imperativi estetici dominanti. Ottimo il cast, a cominciare dalla protagonista e da uno scatenato Gifuni nella parte dello studente giuggiolone.

Brutti, sporchi e cattivi ** (Italia 1976, col, 115') Ettore Scola. Con Nino Manfredi, Francesco Annibaldi, Maria Bosco, Giselda Castrini, Alfredo D'Ippolito, Maria Luisa Santella, Adriana Russo. ◆ Una numerosissima famiglia di immigrati pugliesi vive ammassata in una baracca sotto la dispotica tirannia di Giacinto Manzella (Manfredi): la miseria si confonde con il cinismo e per tutti l'unica preoccupazione è quella di impossessarsi del milione che Giacinto ha ricevuto come indennizzo per la perdita di un occhio. Circondato da veri baraccati e spesso costretto a improvvisare le battute, Manfredi offre un'ottima prova delle sue capacità interpretative, ma la programmatica sgradevolezza di questo film (sulla vita degradata delle borgate nella società del benessere) a volte diventa eccessiva e non perfettamente controllata, scivolando così nella macchietta o nel folcloristico. Piccola parte (la madre di Tommasina) per Zoe Incrocci. Premiato per la regia a Cannes.

Brutto americano, Il → *Missione in Oriente*

Bubù *½ (Italia 1971, col, 99') Mauro Bolognini. Con Massimo Ranieri, Ottavia Piccolo, Antonio Falsi, Alain Nayà, Gigi Proietti, Gianna Serra. ◆ L'operaia Berta (Piccolo) è costretta alla prostituzione dal violento Bubù (Falsi), al fascino del quale non sa sottrarsi. Non le basterà l'amore del timido studente Piero (Ranieri) per cambiare vita: gli stenti e la malattia la condurranno alla morte. Dal romanzo *Bubu de Montparnasse* di Charles L. Philippe, un film che ha le sue principali qualità nell'accurata ricostruzione, ambientata in una suggestiva Milano (a cui sono state aggiunte scene girate anche a Torino).

Bucanieri, I **½ (*The Buccaneer*, Usa 1958, col, 121') Anthony Quinn. Con Yul Brynner, Charlton Heston, Charles Boyer, Claire Bloom, Inger Stevens, Henry Hull, Woodrow [Woody] Strode. ◆ Per salvare New Orleans assediata dagli inglesi, il generale Jackson (Heston) stringe un'alleanza con il pirata Jean Lafitte (Brynner, con una folta capigliatura nera). Ma la scoperta che la sua ciurma aveva affondato una nave americana toglie al valoroso corsaro molti dei privilegi che si era conquistato sul campo, compresa la mano della figlia del governatore. Prima e unica prova come regista di Quinn, che rifà *I filibustieri* del 1938 di DeMille (all'epoca suo suocero) in cui aveva avuto anche una parte. Un film magniloquente, con gran sfoggio di mezzi e uomini, capace di ricreare l'atmosfera delle avventure piratesche con un bel gusto dell'azione.

Buccia di banana *½ (*Peau de banane*, Francia/Italia 1963, b/n, 95') Marcel Ophuls. Con Jeanne Moreau, Jean-Paul Belmondo, Claude Brasseur, Alain Cuny, Gert Fröbe, Jean-Pierre Marielle. ◆ La tenera Cathy (Moreau) ha una memoria d'elefante e non dimentica chi ha ucciso suo padre. Con l'aiuto dell'ex marito (Belmondo) renderà pan per focaccia ai vecchi nemici. Da un romanzo di Charles Williams (sceneggiato con Claude Sautet), una commedia nera dai risvolti solforosi diretta senza grandi genialità da un regista che ha dato il meglio di sé nel documentario.

Buchi neri, I **½ (Italia 1995, col, 85') Pappi Corsicato. Con Iaia Forte, Vincenzo Peluso, Cristina Donadio, Paola Iovinelli, Marinella Anaclerio, Anna Avitabile, Fabiana Forte, Manuela Arcuri, Maurizio Bizzi, Ninni Bruschetta, Manuela Arcui. ◆ Ad Acerra, un deserto bruciato e marziano alle spalle di Napoli, una prostituta (Forte) che guida un gruppo di colleghe più o meno handicappate s'innamora di un giovane senza qualità (Peluso): lei è frigida, lui è impotente e per raggiungere l'intensità dell'amore la donna ha bisogno di un cliente e l'uomo di spiarla. Ma dopo molte peripezie l'amore trionfa: lui verrà deificato e risucchiato negli «inferi», lei – che ha sempre avuto terrore delle galline – vedrà un gigantesco «uovo primigenio» portatore di felicità e il gruppo delle sue amiche verrà toccato dal miracolo. Ambientato in una assolata periferia dai toni pasoliniani, è un melò surreale e commovente che, citando B-movie di fantascienza anni Cinquanta e film mitologici, consolida le doti di messinscena visionarie e spiritose del regista già anticipate in *Libera*. Nonostante gli eccessi buñueliani e cocteauiani e qualche deficit di sceneggiatura (soprattutto nel finale), Corsicato si conferma portatore di un'idea di cinema originale e a tratti rivelatrice, capace di giocare ironicamente con il mito e la realtà. Evidente la derivazione del protagonista maschile dallo *Straniero* di Camus. Sceneggiatura, scenografie, costumi e musiche sono firmati da Corsicato. Fotografia di Italo Petriccione.

Buckaroo Banzai *½ (*The Adventures of Buckaroo Banzai Across the 8th Dimension*, Usa 1984, col, 102') W.D. Richter. Con Peter Weller, John Lithgow, Ellen Barkin, Jeff Goldblum, Chris-topher Lloyd, Dan Hedaya, Vincent Schiavelli. ◆ Scorribande tra le dimensioni temporali per Buckaroo Banzai (Weller), un eroe che è contemporaneamente scienziato, neochirurgo, pilota di auto-jet e cantante rock: con i fedeli Hong Kong Cavaliers difenderà la Terra da alieni minacciosi. Coloratissime e scombinatissime avventure fantascientifiche ispirate al personaggio dei fumetti inventato da Earl MacRauch. Insopportabile o divertentissimo a seconda dei gusti: negli Stati Uniti è diventato oggetto di culto, da noi molto meno.

Buco, Il → *Hole, The – Il buco*

Buco, Il ***½ (*Le Trou*, Francia/Italia 1960, b/n, 100') Jacques Becker. Con Michel Constantin, Jean Kéraudy, Philippe Leroy, Raymond Meunier, Marc Michel, Catherine Spaak. ◆ Cinque detenuti tentano la fuga scavando un tunnel sotto la prigione della Santé: denunciati da uno di loro (Michel), saranno presi all'ultimo minuto. Tratto da un romanzo di José Giovanni (anche cosceneggiatore, col regista e Jean Aurel) e interpretato da attori semisconosciuti o non professionisti, è l'ultimo film di Becker, che morirà subito dopo. Tesissimo, angosciato, costruito con inquadrature di rigorosa geometria, scandito non dalla musica ma dai rumori ossessivi della vita carceraria, è la ricostruzione pedante e minuziosa di una disperata voglia di libertà, testamento e metafora di un pessimismo cupo e totale.

Buddy – Un gorilla per amico ** (*Buddy*, Usa 1997, col, 88') Caroline Thompson. Con Rene Russo, Robbie Coltrane, Alan Cumming, Irma P. Hall, Paul Reubens, John Aylward, Mimi Kennedy. ◆ New York, anni Venti: una ricca ed eccentrica animalista (Russo), che divide col marito (Coltrane) una casa piena di animali, decide di adottare anche un gorilla cucciolo altrimenti destinato a morire. Tutto va più o meno bene finché nel '33, alla Fiera Mondiale di Chicago, Buddy impazzisce. Dal libro autobiografico di Gertrude Davies Lintz sceneggiato dalla regista (che ha scritto per Tim Burton *Edward mani di forbice* e *Nightmare Before Christmas*), un film sincero e lontano dai soliti schemi del cinema con animali, dotato di humour e attraversato da una felice ambiguità di fondo anche se indeciso sulla via da prendere: dramma realista o commedia infantile. La triste fine di Buddy può essere straziante per i bambini.

Buddy Buddy ** (*Buddy Buddy*, Usa 1981, col, 96') Billy Wilder. Con Jack Lemmon, Walter Matthau, Paula Prentiss, Klaus Kinski, Dana Elcar. ◆ Un uomo di mezza età (Lemmon), logorroico e pronto al suicidio per la fuga della moglie, scombina clamorosamente i piani di un killer (Matthau) alloggiato nell'attigua stanza d'albergo. L'ultimo film di Wilder è una farsa in nero girata con uno stile piattamente televisivo, perdente (nonostante la sceneggiatura di Wilder e di I.A.L. Diamond) rispetto a *Il rompiballe* di Molinaro a cui si ispira apertamente. Ma non mancano momenti godibili, grazie all'alchimia del duo Lemmon-Matthau e all'apparizione di Kinski come mefistofelico terapeuta sessuale.

Buddy System ** (*The Buddy System*, Usa 1984, col, 110') Glenn Jordan. Con Richard Dreyfuss, Susan Sarandon, Nancy Allen, Jean Stapleton, Wil Wheaton. ◆ Un ragazzino vuole trovare un marito alla madre (Sarandon) ancora nubile: il candidato ideale sembra essere un inventore svampito e aspirante scrittore (Dreyfuss), ma le complicazioni sentimentali non sono poche. Commedia piacevolmente recitata, ma eccessivamente romantica.

Buena Vista Social Club **½ (*Buena Vista Social Club*, Germania/Francia 1999, col, 101') Wim Wenders. Con Ibrahim Ferrer, Compay Segundo, Ry Cooder, Joaquim Cooder, Rubén González, Eliades Ochoa, Omara Portuondo. ◆ Documentario su un gruppo di anziani e vitali maestri della musica cubana (Compay Segundo è nato nel 1907), che Ry Cooder ha riunito per un cd e una tournée che è terminata trionfalmente alla Carnegie Hall di New York. Wenders si fa da parte e si limita ad ascoltare le storie dei musicisti, riuscendo a darci un ritratto perfino commovente della loro vecchiaia: non si perde in teorie come in *Lisbon Story*, ma fa parlare le storie che i cubani hanno messo in musica. Anche se alla fine (e forse involontariamente) il film rischia di diventare il canto del cigno di un popolo che sta perdendo il legame con il proprio patrimonio musicale. E non solo con quello.

Bufera in paradiso *½ (*Trapped in Paradise*, Usa 1994, col, 111') George Gallo. Con Nicolas Cage, Dana Carvey, Richard B. Shull, Jon Lovitz, Mädchen Amick, Donald Moffat, Richard Jenkins. ◆ Bill Firpo (Cage) e i suoi due fratelli delinquenti (Carvey e Lovitz) rapinano la banca di Paradise il giorno di Natale. Bloccati in paese e conquistati dalla gentilezza dei suoi abitanti (che non sospettano di loro) si ravvedono. Gallo, anche sceneggiatore, si ispira apertamente al cinema di Capra e a *Noi non siamo angeli*: ma non ha la forza per ridare vita ai cliché, e il risultato è semplicemente anacronistico. Fotografia di Jack N. Green.

Bufera mortale ** (*The Mortal Storm*, Usa 1940, b/n, 100') Frank Borzage. Con Margaret Sullavan, James Stewart, Robert Young, Frank Morgan, Robert Stack, William T. Orr, Irene Rich, Maria Ouspenskaya, Bonita Granville, Ward Bond. ◆ La conquista della cancelleria da parte di Hitler, il 30 gennaio 1933, segna l'inizio della tragedia per la famiglia ebreotedesca dei Roth, che proprio in quel giorno festeggiava il sessantesimo compleanno dello stimato professor Viktor (Morgan): il padre morirà in un campo di concentramento, la vedova (Rich) cercherà rifugio in Austria e la figlia Freya (Sullavan), che cerca di espatriare clandestinamente con l'aiuto di Martin (Stewart), verrà uccisa da una fucilata delle SS guidate dal suo ex fidanzato Fritz (Young). Melodramma di propaganda antinazista, importante più che bello. Tratto da un romanzo di Phyllis Bottome e sceneggiato da Claudine West, George Froeschel e Andersen Ellis (pseudonimo di Paul Hans Rameau, costretto a nascondere il suo vero nome per paura che i nazisti si vendicassero sulla madre rimasta in Germania), il film segna la decisione della Mgm di scendere apertamente in campo contro Hitler – mentre gli Usa erano ancora neutrali – e mostra per la prima volta l'esistenza dei campi di concentramento. Ma a Borzage interessa soprattutto la possibilità di integrare la Storia nel melodramma (la disintegrazione di una nazione è raccontata attraverso quella di un microcosmo familiare) e di affrontare i suoi temi favoriti, primo fra tutti la forza dell'amore (sviluppata attraverso il personaggio di Freya, che al fidanzato nazista preferisce quello tollerante). Ne risulta un'opera sbilanciata, nella quale i conflitti ideologici sono raccontati con troppo schematismo rispetto a quelli etici: per cercare di correggere questa impostazione, la Mgm fece girare alcune scene a Victor Saville per sviluppare l'intrigo politico, ma il risultato finale oggi appare molto datato. Esiste una versione colorizzata (dove la giacca di Stewart, nella stessa scena prima della fuga con gli sci, è ora blu ora marrone). Alcune scene sulla neve sono state utilizzate in *Vite sospese*.

Bufere *½ (Italia/Francia 1953, b/n, 95') Guido Brignone. Con Jean Gabin, Silvana Pampanini, Carla Del Poggio, Serge Reggiani, Paolo Stoppa, Mario Ferrari, Enrico Olivieri, Edda Soligo, Ugo Attanasio. ◆ L'incontro con la trapezista Daisy (Pampanini) – al cui fratello (Reggiani) ha salvato la vita dopo una caduta – cambia la vita dello stimato chirurgo Antonio Sanna (Gabin), che per lei mette a rischio la carriera e lascerebbe moglie (Del Poggio) e figlio se la consorte non compisse un atto estremo. Melodramma moralista e punitivo che non racconta tanto la storia di un tradimento (o di un amore senile) quanto l'annientamento della volontà di un uomo circuìto da una maliarda («Daisy è un veleno al quale ci si abitua» dice di sé la Pampanini, con un'arroganza che non può che anticipare il castigo finale). Peccato perché, nella sceneggiatura di Alessandro De Stefani, Carlo Musso e del regista (ispirata all'omonimo dramma di Sabatino Lopez), il tema del borghese la cui vita di routine è sconvolta dalla vitalità (tutta sessuale) di una donna faceva intuire potenzialità ben più interessanti. Nell'edizione francese, il veterinario amico di famiglia – qui affidato a Paolo Stoppa – è interpretato da René Lefèvre.

Buffalo Bill

Il personaggio che più di tutti contribuì a fondare il mito del Far West, una figura a lungo considerata eroica ma che, spogliata dell'aura leggendaria, appare per quello che realmente fu: «il braccio armato della colonizzazione più virulenta» che segnò la fine delle tribù native. Nato nel 1846 in una fattoria dell'Iowa, l'ispano-irlandese William Frederick Cody (questo il suo vero nome) comincia a lavorare a soli undici anni come fattorino per mantenere la famiglia. A dodici viene assunto per guidare e scortare le carovane attraverso la prateria e uccide il suo primo indiano. A quattordici, nel 1860, presta servizio come corriere nel «Pony Express», un servizio postale istituito per collegare rapidamente la costa atlantica a quella del Pacifico, e diventa famoso per una corsa ininterrotta di 450 chilometri in zone infestate da banditi e prese di mira da indiani sul piede di guerra. Nel 1864 si arruola nell'esercito, nel 1866 viene assoldato da una compagnia ferroviaria, la Kansas Pacific, per la fornitura di dodici bisonti al giorno quale vettovaglia per gli operai: ne uccide circa 5000 in un anno e mezzo, distruggendo l'economia delle tribù native e guadagnandosi l'appellativo di Buffalo Bill. Sarebbe rimasto uno dei tanti anonimi cowboy se, nell'estate del 1869, Ned Buntline non fosse arrivato al forte MacPherson deciso a scrivere «storie indiane», le celebri *dime novels*, raccolte e diffuse in articoli e dispense che fecero di Buffalo Bill un eroe internazionale. Prima di dedicarsi, a partire dai trent'anni, esclusivamente alla celebrazione di se stesso e delle sue imprese, William Cody affianca un altro famoso scout, lo sceriffo «Wild» Bill Hickock, che si era arruolato sotto il generale Custer contro Geronimo e la sua banda, e si distingue come spietato massacratore di pellerossa (pare sia sua la frase «l'unico indiano buono è l'indiano morto»). Nell'estate del 1876, dopo la celeberrima battaglia di Little Big Horn, dove i sioux e i cheyennes di Toro Seduto e Cavallo Pazzo avevano sconfitto le truppe di Custer, Buffalo Bill partecipa alla repressione e affronta in duello Mano Gialla, figlio del capo supremo dei cheyennes, Nuvola Rossa, uccidendolo e scotennandolo. È il punto culminante della sua crudele carriera, l'episodio che lo consacra definitivamente come leggenda vivente. In seguito Buffalo Bill si ritira dallo scenario militare, sostituisce Buntline con l'efficiente impresario Nate Salsbury e allestisce un circo sul Far West di cui è l'attore protagonista, naturalmente nella parte di se stesso. Con il suo spettacolo, «Wild West Show», a base di cavalli, bisonti, vere diligenze e autentici indiani (persino Toro Seduto, ormai vinto e alla mercé degli americani, fu costretto a prendervi parte nell'ovvio ruolo dell'indiano «cattivo»), Buffalo Bill gira l'America e l'Europa, ottenendo dappertutto un successo trionfale. Nel 1887 si esibisce di fronte alla regina Vittoria, nel 1889 è a Parigi e nel 1890 arriva anche in Italia, dove viene ricevuto in Vaticano da papa Leone XIII e nel rodeo compreso nell'esibizione si confronta con i butteri romani del duca di Sermoneta. Ritornò nelle nostre città nel 1906, acclamato dalle folle. Intanto, nel 1903, era stato girato *La grande rapina al treno*, primo western della storia del cinema, che deve molto allo show di Buffalo Bill. La sua ultima esibizione risale al 1916. Ormai vecchio, alcolizzato e in miseria, Buffalo è l'ombra di se stesso. Muore nel 1917. La revisione del suo eroismo sterminatore inizierà dopo la seconda guerra mondiale.

Per il cinema, Buffalo Bill rappresenta un caso limite: poiché si tratta di un personaggio storico inseparabile dalla leggenda, gli sceneggiatori possono tranquillamente lavorare di fantasia sulla figura base dell'infaticabile massacratore di indiani, del furibondo cacciatore di bisonti e, spesso, dell'abile impresario teatrale. Soltanto William Wellman ha trattato per esteso la sua biografia, mentre gli altri hanno preferito concentrarsi su alcuni episodi e spesso sugli ultimi anni della sua vita, quelli del «Wild West Show» che in qualche modo riassume l'intera parabola del personaggio e offre non pochi spunti per la spettacolarizzazione della storia.

Il primo film di rilievo risale al 1937 e porta la firma di Cecil B. DeMille: *La conquista del West* cerca di ristabilire, pur rimanendo all'interno del genere eroico, una plausibile verità storica, ridimensionando la figura di Buffalo (interpretato da James Ellison) che impallidisce al confronto con il «Wild» Bill Hickcok interpretato da Gary Cooper. Nel 1944, in *Buffalo Bill*, William Wellman mette a punto un ritratto fedele alla leggenda e all'immaginario popolare, pare contro la sua stessa volontà, molto più critica rispetto alle esigenze della produzione.

Nel 1953 Jerry Hopper sceglie Charlton Heston per rappresentare il giovane Cody in servizio come Pony Express, intrepido e impietoso con i presunti nemici che trova sulla sua strada. Buffalo Bill compare poi in film che celebrano l'epopea del Far West e il suo «Wild West Show» senza averlo come protagonista: è il caso di *La dominatrice* e di *Anna prendi il fucile*, centrati sulla figura della tiratrice Annie Oakley. Ma è soprattutto l'eroe di moltissimi film «agiografici», che tentano di farlo passare come un giustiziere equo, un portatore di pace, amico sincero e difensore degli indiani contro i soprusi perpetrati da banditi suoi connazionali. Nel 1974, Marco Ferreri in *Non toccare la donna bianca* dà il via a una dissacrante revisione storica, ambientando la battaglia di Little Big Horn nel quartiere parigino di Les Halles sventrato dalle ruspe e deridendo la leggendaria figura di Buffalo Bill, interpretato da Michel Piccoli. Ma tocca ad Altman, due anni più tardi (*Buffalo Bill e gli indiani*), demolire definitivamente il mito, affidando a Paul Newman il ruolo di un William Cody alcolizzato e magniloquente, una nullità che ha avuto l'astuzia di utilizzare l'immagine falsamente eroica di Buffalo Bill per creare un show business capitalista, mistificatorio e redditizio.

I FILM PRINCIPALI

La dominatrice (1935) di George Stevens
La conquista del West (1936) di Cecil B. DeMille
Buffalo Bill (1944) di William Wellman
Buffalo Bill ancora in sella (1947) di Bernard B. Ray
Anna prendi il fucile (1950) di George Sidney
L'urlo dei Sioux (1952) di Bernard B. Ray
Pony Express (1953) di Jerry Hopper
Buffalo Bill, l'eroe del Far West (1963) di Mario Costa
Non toccare la donna bianca (1974) di Marco Ferreri
Buffalo Bill e gli indiani (1976) di Robert Altman

Buffalo Bill *½ (*Buffalo Bill*, Usa 1944, col, 90') William A. Wellman. Con Joel McCrea, Maureen O'Hara, Linda Darnell, Thomas Mitchell, Anthony Quinn. ◆ La vita di William Cody detto Buffalo Bill (McCrea): dalla caccia ai bisonti allo scontro con Mano Gialla (Quinn), dal rapporto con la moglie Louise (O'Hara) alla creazione del circo «Wild West Show». L'unico film su Buffalo Bill che ne ripercorre la biografia (romanzata) per intero, anche se per Wellman si trattò di «un compromesso per contratto»: pare che il regista si fosse ribellato, invano, al ritratto (sceneggiato da Aeneas MacKenzie, Clements Ripley e Cecile Kramer) di un personaggio che considerava come «il più grande falsario mai esistito». La sua mano si vede solo nelle scene d'azione (la battaglia di Bonnet Gorge, con l'obiettivo che si sporca di fango e di acqua; e il finale della lotta tra Buffalo e Mano Gialla, con il primo che riemerge dall'acqua e il corpo del secondo che fluttua sul fondo) e nei passaggi sentimentali (la storia d'amore e il matrimonio con Louise, ma anche il confronto tra il protagonista rozzo e infantile, e la maestra india [Darnell] colta e «civilizzata»). Smagliante il technicolor e apprezzabili certi sprazzi umoristici (come quando Buffalo si trova alle prese con un R.S.V.P. di cui non conosce il significato e non riesce a scrivere una risposta decente nemmeno su suggerimento della maestra della scuola pellerossa).

Buffalo Bill ancora in sella * (*Buffalo Bill Rides Again*, Usa 1947, b/n, 70') Bernard B. Ray. Con Richard Arlen, Jennifer Holt, John Dexter, Lee Schumway, Edmund Cobb. ◆ Alcuni banditi uccidono un indiano e fanno ricadere la colpa sul socio di un proprietario terriero, con l'intenzione di privarlo delle sue terre che sospettano ricche di petrolio. Arriva Buffalo Bill (Arlen) e, come promesso al capo degli indiani, nel giro di qualche giorno scopre l'assassino e il mandante, che vengono arrestati e uccisi. Un western di serie B, con i bianchi che fomentano l'odio per gli indiani e Buffalo Bill nei panni del giustiziere eroico. Ideologicamente falso ed edificante.

Buffalo Bill e gli indiani ** (*Buffalo Bill and the Indians, or Sitting Bull's History Lesson*, Usa 1976, col, 120') Robert Altman. Con Paul Newman, Kevin McCarthy, Geraldine Chaplin, Joel Grey, Harvey Keitel, Frank Kaquitts, Allan Nichols, Fred Larsen, Shelley Duvall, Burt Lancaster. ◆ Nel suo circo «Wild West Show», dove si esibiscono già la tiratrice Annie Oakley (Chaplin) e molti altri protagonisti della storia del West, Buffalo Bill (Newman) scrittura anche Toro Seduto (Kaquitts) per una parodia della battaglia di Little Big Horn. Ma la sua presenza scatenerà tutta una serie di contraddizioni, perché il capo indiano non accetta di farsi incasellare nella mitologia da baraccone di questo circo. Liberamente tratto dal dramma *Indians* di Arthur Kopit, il film (sceneggiato da Altman con Alan Rudolph) affronta il tema del rapporto tra realtà e leggenda, tra vero e falso, fra spettacolo e cornice, in un prodotto ibrido e falsato dai tagli del produttore Dino De Laurentiis che modificarono sostanzialmente il montaggio. Restano alcune intuizioni interessanti, come il personaggio di Ned Buntline (Lancaster), lo scrittore all'origine della leggenda di Buffalo Bill, o certi dialoghi grotteschi. Lo scrittore E.L. Doctorow interpreta la parte di Fizician, il segretario del presidente Cleveland. Orso d'oro a Berlino.

Buffalo Bill, l'eroe del Far West * (Italia 1963, col, 95') John W. Fordson [Mario Costa]. Con Gordon Scott, Mirko Ellis, Fëdor S'aliapin jr, Roldano Lupi, Catherine Ribeiro, Ingeborg Schöner, Jan Hendricks, Mario Brega. ◆ Nel tentativo di spezzare il legame tra alcuni loschi trafficanti bianchi e il cheyenne Mano Gialla (Ellis), Buffalo Bill (Scott) stringe un accordo di pace con Volpe Saggia (S'aliapin), il capo della tribù. Ma Mano Gialla e i suoi complici rapiscono la figlia di Volpe Saggia facendone ricadere la colpa sull'esercito americano: sarà Buffalo Bill a riportare la pace dopo aver ucciso Mano Gialla in un feroce corpo a corpo. Uno dei primi western prodotti in Italia e uno dei primi ad avere una distribuzione internazionale, non solo europea: qui ci si limita a romanzare abbondantemente l'episodio storico più famoso della biografia di Buffalo Bill, e l'omicidio di Mano Gialla è giustificato da un intreccio tanto inverosimile quanto ridicolo.

Buffalo '66 *** (*Buffalo 66*, Usa 1998, col, 112') Vincent Gallo. Con Vincent Gallo, Christina Ricci, Ben Gazzara, Anjelica Huston, Mickey Rourke, Rosanna Arquette, Jan-Michael Vincent, Kevin Corrigan. ◆ Appena uscito di prigione, l'innocente ma disturbato Billy Brown (Gallo) torna nella città natale, Buffalo (New York), e costringe la stordita e paffuta Layla (Ricci, nella parte che ha segnato il suo passaggio all'età adulta) a fingersi sua moglie per illudere i genitori (Gazzara e Huston) di avere una vita normale. Il ritratto di due solitudini diffidenti che si incontreranno senza sdolcinature: tra piste di bowling e topless bar, Lynch e Cassavetes, inferni familiari e desolazione di provincia, autodistruzione e voglia di normalità, la ricerca di tenerezza in un'America di perdenti, messa in scena con evidente sincerità e qualche perdonabile ridondanza (anche formale). Gallo, al suo esordio alla regia, è anche sceneggiatore e autore di parte delle musiche.

**Buffet freddo ***½ (*Buffet froid*, Francia 1979, col, 95') Bertrand Blier. Con Gérard Depardieu, Bernard Blier, Jean Carmet, Geneviève Page, Carole Bouquet, Michel Serrault. ◆ In una stazione di metrò, Alphonse (Depardieu) scopre che il suo coltello è piantato nel corpo di un cadavere: sarà il primo di una serie di «incontri» con persone che finiranno tutte per essere assassinate. Film surreale e provocatorio, dichiaratamente antirealista, costringe lo spettatore a perdersi nel vagabondaggio narrativo del regista che descrive con un tocco apparentemente leggero una realtà (la violenza della vita moderna, la sua solitudine e assurdità) angosciante e inclassificabile: non scade mai nel cattivo gusto (il che per questo regista è già tanto), a tratti diverte, ma lascia l'impressione di un esercizio di stile gratuito.

Buffy – L'ammazzavampiri *½ (*Buffy the Vampire Slayer*, Usa 1992, col, 94') Fran Rubel Kuzui. Con Kristy Swanson, Donald Sutherland, Paul Reubens, Rutger Hauer, Luke Perry, Michele Abrams. ◆ Una ragazzina californiana scema (Swanson) scopre di essere l'ultima discendente di una stirpe di ammazzavampiri: il capo-vampiro Lothos (Hauer) le offrirà l'immortalità, ma lei lo farà fuori nel solito modo. Un prevedibile mix di vampiri e teen-ager, incerto se buttare tutto sulla parodia o prendersi sul serio. La cosa migliore è Reubens, alias Pee-Wee Herman, nella parte del seguace di Lothos.

Bugia allo specchio ** (*Lies of the Twins*, Usa 1991, col, 89') Tim Hunter. Con Isabella Rossellini, Aidan Quinn, Iman, Hurd Hatfield, Claudia Christian. ◆ Una top model a fine carriera (Rossellini) si innamora del suo dolce analista (Quinn). Quando salta fuori un fratello gemello cattivo e diabolico, lei cade subito tra le sue braccia, ma non sa come liberarsene. La Rossellini gioca con la sua immagine di modella Lancôme e, in confronto all'imbambolata Iman, è un mostro di recitazione. Cambia vestito ogni scena, e trova finalmente un regista che non si diverte a imbruttirla o a utilizzarla male. A parte ciò, la storia dei gemelli simil-*Inseparabili*, malgrado qualche trovatina, è stiracchiata, e Aidan Quinn non è Jeremy Irons.

Bugiarda, La * (Italia 1965, b/n, 103') Luigi Comencini. Con Catherine Spaak, Enrico Maria Salerno, Marc Michel, Riccardo Cucciolla, Manuel Miranda. ◆ Per non perdere nessuno dei suoi tre uomini, Maria (Spaak) si finge hostess e trova così la scusa per passare da una casa all'altra. Nemmeno un incidente in cui avrebbe dovuto essere morta (se fosse stata davvero una hostess) le toglie la voglia di dire bugie. Tratto dalla commedia omonima di Diego Fabbri, punta tutto sul tentativo (non riuscito) di farne una commedia leggera e sofisticata. Rifatto per la Tv da Franco Giraldi con Francesca Dellera (1990).

Bugiardo bugiardo ** (*Liar Liar*, Usa 1996, col, 87') Tom Shadyac. Con Jim Carrey, Maura Tierney, Justin Cooper, Jennifer Tilly, Swoosie Kurtz, Amanda Donohoe, Cary Elwes, Anne Haney. ◆ Stanco delle false promesse del padre avvocato (Carrey), il giorno del suo quinto compleanno il piccolo Max (Cooper) chiede che il papà, per almeno ventiquattr'ore, dica solo la verità. E il desiderio si avvera anche in tribunale, dove Fletcher dovrebbe difendere con false testimonianze un'adultera (Tilly). Carrey continua a far ridere con un campionario quasi infinito di smorfie e contorcimenti (quando vuole mentire e i muscoli della bocca si ribellano), ma questa volta la sceneggiatura di Paul Guay e Stephen Mazur si sforza di trasformare un canovaccio di gag in una vera commedia, con un piccolo interrogativo sociologico, per giunta: come si fa a non essere bugiardi nella società odierna, soprattutto se si fa l'avvocato? Per la prima volta Carrey non usa una parrucca.

Bugiardo in paradiso, Un * (Italia 1998, col, 100') Enrico Oldoini. Con Paolo Villaggio, Gabriele Cirilli, Flavio Insinna, Antonella Attili, Mariolina De Fano, Fiorenzo Fiorentini. ◆ Un ricco mobiliere (Insinna) cerca il padre mai conosciuto, e il rigattiere Gino (Villaggio) crede di aver trovato il pollo da spennare. Villaggio è ancora incerto tra Fracchia e il professor Kranz; Oldoini – cosceneggiatore con Franco Ferrini – accampa pretese di stile (come nel piano-sequenza iniziale), ma si arena negli equivoci e nelle battute più risapute. Cinema vecchio e ormai senza pubblico (e senza caratteristi che lo tengano in piedi).

Bugie, baci, bambole e bastardi ° (*Hurlyburly*, Usa 1998, col, 122') Anthony Drazan. Con Sean Penn, Kevin Spacey, Chazz Palminteri, Meg Ryan, Robin Wright Penn, Anna Paquin, Garry Shandling. ◆ Le ambizioni, la vacuità e la misoginia di tre amici che vivono sulla collina di Hollywood: il cocainomane Eddie (Penn), il cinico Mickey (Spacey) e l'aggressivo Phil (Palminteri), aspirante attore in perenne conflitto con la moglie. Attorno a loro ruotano tre donne: Darlene (Wright Penn), divisa tra Eddie e Mickey; la giovanissima Donna (Paquin), prostituta in erba portata da Artie (Shandling), e Bonnie (Ryan), prostituta navigata che Eddie offre a Phil per consolarlo. Inevitabile l'arrivo della tragedia. Sceneggiata da David Rabe a partire dalla sua pièce (grande successo americano negli anni Ottanta), una commedia di costume logorroica, ripetitiva e lamentosa con personaggi compiaciuti della loro abiezione, che si trascina in modo estenuante e che il regista cerca di modernizzare con inutili eccentricità visive. E anche il virtuosismo degli attori non immette alcun soffio di verità in questo cinema da salotto farneticante e noioso: lo rende solo ancor più autocompiaciuto e pericolosamente ambiguo. Sean Penn ha vinto la Coppa Volpi a Venezia. Il titolo originale è sinonimo di caos.

Bugie nel mio letto, Le ** (*Adorable menteuse*, Francia 1961, b/n, 105') Michel Deville. Con Marina Vlady, Macha Méril, Jean-Marc Bory, Michel Vitold. ◆ Juliette (Vlady) pensa solo a ingannare tutti, la sorella Sophie (Méril) colleziona gaffe: la prima si innamora del vicino e impara a essere sincera, la seconda invece scopre che per riconquistare il fidanzato deve raccontare balle. Uno dei primi film di Deville (cosceneggiato e montato da Nina Companeez) nel quale è già presente uno dei suoi temi forti, quello della manipolazione psicologica. Qualche bella notazione sulla mitologia giovanile.

Bug insetto di fuoco *½ (*Bug*, Usa 1975, col, 100') Jeannot Szwarc. Con Bradford Dillman, Joanna Miles, Jamie Smith Jackson, Patty McCormack, Alan Fudge. ◆ Dopo un terremoto disgustosi insetti preistorici sputafuoco sbucano dalle viscere della terra. Ultimo film prodotto da William Castle, è decisamente per i patiti della fantascienza truculenta.

Bug, l'uomo d'argilla → *Golem, Il* (di Paul Wegener e Carl Boese)

Bugsy *½ (*Bugsy*, Usa 1991, col, 136') Barry Levinson. Con Warren Beatty, Annette Bening, Harvey Keitel, Ben Kingsley, Joe Mantegna, Elliott Gould, Bill Graham. ◆ Il tragico sogno del mafioso Ben Siegel (Beatty), detto (dai nemici) Bugsy, cioè pidocchio: creare, nel deserto del Nevada, un gigantesco centro per il gioco d'azzardo. Lui ci lascerà la vita – perché la sua donna (Bening) gli ruba i soldi di Cosa Nostra sotto il naso – ma quello diventerà l'embrione di Las Vegas. Anomalo film di gangster dove la violenza dei personaggi e lo scintillio della società hollywoodiana (da cui Siegel era molto attratto) sono raccontati da Levinson con la semplicità e addirittura la piattezza con cui si filma la vita quotidiana. Ne esce un film senza nerbo, ben fatto (dieci nomination) ma poco convincente (due Oscar: scenografie a Dennis Gasner e Nancy Haigh e costumi a Albert Wolsky), il cui unico interesse è la carrellata di personaggi storici che Bugsy frequentò, dall'attore e amico George Raft (Mantegna) all'attrice Virginia Hill, detta «flamingo» (Bening), che amò appassionatamente e fu causa della sua morte, ai mafiosi Lansky (Kinsley), Luciano (Graham) e Cohen (Keitel). Lo sceneggiatore del film, James Toback, interpreta il ruolo di Gus Greenbaum e il regista Richard Sarafian quello di Jack Dragna. Per la precisione storica, il progetto di Siegel di assassinare Mussolini è pura invenzione cinematografica. Durante le riprese è nato l'amore tra Beatty e la Bening.

Buio in cima alle scale, Il * (*The Dark at the Top of the Stairs*, Usa 1960, col, 123') Delbert Mann. Con Robert Preston, Dorothy McGuire, Eve Arden, Angela Lansbury, Shirley Knight. ◆ Oklahoma, anni Venti: tribolazioni e frustrazioni quotidiane di una modesta famigliola, nella quale la momentanea disoccupazione del marito (Preston) porta a galla tutte le tensioni nascoste, e soprattutto una non giustificata gelosia della moglie. Adattamento alquanto superficiale di una commedia di William Inge. Alla buona prova di Eve Arden e Angela Lansbury si contrappone quella decisamente inferiore di Robert Preston.

Buio nella mente, Il **½ (*La Cérémonie*, Francia 1995, col, 111') Claude Chabrol. Con Sandrine Bonnaire, Isabelle Huppert, Jacqueline Bisset, Jean-Pierre Cassel, Virginie Ledoyen. ◆ L'introversa Sophie (Bonnaire), che nasconde al mondo di essere analfabeta, viene assunta come domestica dagli snob e colti Lelièvre (Bisset e Cassel). Con la solidarietà di una postina mezza matta (Huppert) e probabile infanticida, condurrà una personale lotta di classe che si concluderà in un bagno di sangue. Ispirandosi al romanzo *Judgement in Stone* di Ruth Rendell, (già portato sullo schermo in *La morte non sa leggere*), Chabrol aggiorna le sue caustiche radiografie della provincia francese con un pessimismo sorprendente anche da lui. Ricchi contro poveri, *Don Giovanni* di Mozart contro televisione-spazzatura: non si salva nessuno, e non c'è alcuna liberazione nella prevedibile violenza. La prima parte comunque è la migliore, e le due protagoniste (premiate a Venezia) costruiscono a tutto tondo personaggi difficilmente dimenticabili.

Buio oltre la siepe, Il *** (*To Kill a Mockingbird*, Usa 1962, b/n, 129') Robert Mulligan. Con Gregory Peck, Mary Badham, Philip Alford, John Megna, Broock Peters, Robert Duvall. ◆ Atticus Finch (Peck) è un avvocato progressista che in una cittadina del Sud, all'inizio degli anni Trenta, difende un nero (Peters) accusato ingiustamente dello stupro di una bianca. E intanto cerca di educare i propri figli Scout e Jem al rispetto degli altri. Tratto dall'omonimo romanzo di Harper Lee, prodotto da Alan J. Pakula e sceneggiato benissimo da Horton Foote, è uno dei vertici della carriera di Peck, perfetto nel ruolo di un padre tranquillo ma coraggioso, tenero coi figli ma deciso nel lavoro. Di suo Mulligan mette la capacità di sottolineare la parte emozionale del racconto (il rapporto dei bambini con «il buio oltre la siepe», cioè la casa vicina abitata da un presunto matto) e l'abilità nell'affrontare temi importanti senza essere pedante. Esordio cinematografico di Robert Duvall. Oscar per il miglior attore, sceneggiatura e scenografia (Alexander Golitzen, Henry Bumstead e Oliver Emert). Il titolo originale («non si ammazza un tordo» [anche se nel dialogo italiano è tradotto con «usignolo»]) si riferisce alla raccomandazione che Atticus fa ai suoi due figli quando chiedono in regalo un fucile.

Buio omega ** (Italia 1979, col, 93') Joe D'Amato [Aristide Massaccesi]. Con Kieran Canter, Cinzia Monreale, Franca Stoppi, Sam Modesto, Anna Cardini, Simonetta Allodi, Klaus Rainer. ◆ Succube di una governante-amante-madre (Stoppi), Francesco (Canter) imbalsama la fidanzata defunta Anna (Monreale) e fa a pezzi le malcapitate di passaggio, finché non arriva la sorella gemella di Anna. Scritto da Ottavio Fabbri e musicato dai Goblin, la vetta dell'artigianato di Massaccesi: un thrillerazzo erotico pieno di effettacci splatter, che all'epoca venne additato alla pubblica esecrazione (e lanciato da strilli ridicoli: «Solo a pensare a questo film mi vengono i brividi addosso. Alfred Hitchcock») ma che oggi sembra bilanciare la componente morbosa con una ironica e godibile. Cinema basso e senza pretese, ma efficace e che rispetta il suo pubblico. Rieditato col titolo *In quella casa buio omega*.

Buio si avvicina, Il *** (*Near Dark*, Usa 1987, col, 95') Kathryn Bigelow. Con Adrian Pasdar, Jenny Wright, Bill Paxton, Lance Henriksen, Jenette Goldstein, Tim Thomerson. ◆ Il giovane campagnolo Caleb (Pasdar) si innamora di una coetanea vampira (Wright) e, controvoglia, viene cooptato nella sua famiglia, che si muove di giorno su un camper foderato d'alluminio, uscendo di notte per procurarsi sangue fresco tra i *rednecks*. Scritto da Eric Red e dalla regista, uno dei migliori horror del decennio, assai imitato nel suo intreccio di soprannaturale e normalità inquietante, romanticismo ed emoglobina. Messa in scena efficiente e suggestiva (la fotografia è di Adam Greenberg, la musica dei Tangerine Dream), con qualche ambizione di critica del modello social-famigliare americano e di riflessione sul fascino del male. Anche se funziona perfettamente al livello primario, che è quello di fare paura: vedere la scena del bar per credere.

Bulldog Drummond

Il capitano Hugh «Bulldog» Drummond è un veterano inglese della prima guerra mondiale, che appare per la prima volta nel 1920 in un romanzo di Sapper (pseudonimo di Herman Cyril McNeile), primo di una serie di dieci libri molto popolari negli anni Venti e Trenta, quando non sembrava particolarmente irritante il protofascismo che li ispirava.

Con l'aspetto di un gentiluomo dotato di quell'affascinante bruttezza che ispira fiducia, «monarca del pugno e sultano del colpo secco», Drummond (soprannominato «bulldog» per la sua non eccelsa bellezza ma anche per il suo carattere combattivo e tenace) sembra annoiarsi con la pace postbellica e di conseguenza decide di guidare moralistiche crociate contro «bolscevichi ebrei», spie russe e tedesche, cioè quei «demoni stranieri» che insidiano la sua patria.

Machiavellico fino al punto di non preoccuparsi se le sue azioni rispettano la legalità, poiché «il fine giustifica i mezzi», Bulldog ha un gruppo di amici (il valletto Tenny, l'aristocratico Algy, il colonnello di Scotland Yard Neilson) che lo seguono nelle sue avventure e formano un piccolo ma efficiente esercito privato.

Al cinema Hugh «Bulldog» Drummond ha avuto molti interpreti: hanno cominciato in Inghilterra Carlyle Blackwell (1922) e Jack Buchanam (1925), ma è in America con Ronald Colman che trova la sua migliore personificazione (con Claud Allister come Algy), nonostante abbia interpretato solo due film, *Cercasi avventura* e *Un'ombra nella nebbia*. Tra il 1930 e il 1937 interpretarono quel ruolo anche Kenneth MacKenna, Ralph Richardson, Athol Fleming, John Lodge e Ray Milland. Sul finire degli anni Trenta la Paramount produce una serie di sette film con John Howard nel ruolo principale, John Barrymore come ispettore Neilson, Reginald Denny nella parte di Algy, E.E. Clive in quella di Tenny e un gruppo di caratteristi particolarmente centrati per i ruoli dei «cattivi» (J. Carrol Naish, George Zucco, Eduardo [Edward] Ciannelli e un Anthony Quinn agli esordi). Sul finire degli anni Quaranta il ruolo è interpretato per due

volte da Ron Randell e da Tom Conway e, nel 1951, da Walter Pidgeon, ma l'interesse del pubblico per questo arrogante personaggio ormai fuori dal tempo viene meno.
Era inevitabile che il tentativo di rilanciarlo negli anni Sessanta, magari per farne una specie di anti James Bond, fosse destinato all'insuccesso e infatti *Più micidiale del maschio* (1967) e *Alcune ragazze lo fanno* (1969) con Richard Johnson nella parte del protagonista sono film da dimenticare.

I FILM SONORI

Cercasi avventura (1929) di F. Richard Jones
Temple Tower * (Usa 1930, b/n) John Gallagher. Con Kenneth MacKenna. ◆ Di questo film, rimasto inedito in Italia, non esiste più nessuna copia.
Il difensore misterioso (1934) di Walter Summers
Un'ombra nella nebbia (1934) di Roy Del Ruth
Bulldog Jack (1934) di Walter Forde
La fuga di Bulldog Drummond (1937) di James Hogan
Il mistero di Cambridge (1937) di Norman Lee
Bulldog Drummond Comes Back * (Usa 1937, b/n, 64') Louis King. Con John Howard, John Barrymore, Louise Campbell, E.E. Clive, J. Carrol Naish. ◆ Con l'aiuto del colonnello Neilsen di Scotland Yard (Barrymore), Bulldog (Howard) riesce a ritrovare la fidanzata che era stata rapita da un gruppo di criminali. Inedito in Italia.
La valigia infernale (1937) di Louis King
Il diamante fatale (1938) di James Hogan
Bulldog Drummond in Africa * (Usa 1938, b/n, 60') Louis King. Con John Howard, Heather Angel, H.B. Warner, J. Carrol Naish, Anthony Quinn. ◆ Il colonnello Neilson (Warner, che da questo film rimpiazza Richardson) è rapito e Bulldog (Howard) deve andare fino in Africa per salvarlo. Inedito in Italia.
Arrest Bulldog Drummond * (Usa 1939, b/n, 57') James Hogan. Con John Howard, Heather Angel, H.B. Warner, George Zucco, E. E. Clive, Reginald Denny. ◆ Drumond viene accusato di essere responsabile dell'omicidio di uno scienziato. Inedito in Italia.
La squadra speciale di Bulldog Drummond (1939) di James Hogan
Bulldog Drummond's Bride * (Usa 1939, b/n, 55') James Hogan. Con John Howard, Heather Angel, H.B. Warner, Reginald Denny, Eduardo [Edward] Ciannelli, Elizabeth Patterson. ◆ Il viaggio di nozze di Bulldog (Howard) in Francia è interrotto dalla caccia a una banda di ladri che ha svaligiato una banca. Inedito in Italia.
Bulldog Drummond at Bay * (Usa 1947, b/n, 70') Sidney Salkow. Con Ron Randell, Anita Louise, Pat O'Moore, Terry Kilburn. ◆ Bulldog (Randell) si mette sulle tracce di un ladro di diamanti che non esita a uccidere. Inedito in Italia.
Bulldog Drummond Strikes Back * (Usa 1947, b/n, 65') Frank McDonald. Con Ron Randell, Gloria Henry, Pat O'Moore, Anabel Shaw, Terry Kilburn. ◆ Bulldog (Randell) deve smascherare una falsa ereditiera che cerca di appropriarsi di una fortuna non sua. Inedito in Italia.
The Challenge * (Usa 1948, b/n, 68') Jean Yarbrough. Con Tom Conway, June Vincent, Richard Stapley, John Newland. ◆ Bulldog (Conway) risolve il mistero dell'omicidio di un capitano di lungo corso che conosceva il segreto di un tesoro. Inedito in Italia.
13 Lead Soldiers * (Usa 1948, b/n, 64') Frank McDonald. Con Tom Conway, Maria Palmer, Helen Westcott, John Newland. ◆ Bulldog (Conway) si trova coinvolto nella caccia a un tesoro il cui segreto è custodito da un vecchio costruttore di soldatini. Inedito in Italia.
L'ultima rapina (1951) di Victor Saville
Più micidiale del maschio (1967) di Ralph Thomas
Alcune ragazze lo fanno (1969) di Ralph Thomas

Bulldog Drummond at Bay → *voce «Bulldog Drummond»*
Bulldog Drummond Come Back → *voce «Bulldog Drummond»*
Bulldog Drummond in Africa → *voce «Bulldog Drummond»*
Bulldog Drummond's Bride → *voce «Bulldog Drummond»*
Bulldog Drummond's Secret Police → *voce «Bulldog Drummond»*
Bulldog Drummond Strikes Back → *voce «Bulldog Drummond»*
Bulldog Jack ** (*Bulldog Jack*, Gb 1934, b/n, 73') Walter Forde. Con Jack Hulbert, Ralph Richardson, Fay Wray, Claude Hulbert, Athole Fleming. ◆ Bulldog (Hulbert) si tuffa nella caccia a un pericoloso criminale (Richardson) che riuscirà a catturare nella metropolitana di Londra. Insolita ambientazione da commedia per le avventure di Bulldog Drummond, nella quale si alternano scene apertamente comiche con altre di grande tensione (l'inseguimento nella metropolitana). Negli Usa è uscito col titolo *Alias Bulldog Drummond* e con tutte le scene divertenti tagliate.
Bulldozer *½ (*Grandview, U.S.A.*, Usa 1984, col, 97') Randal Kleiser. Con Jamie Lee Curtis, C. Thomas Howell, Patrick Swayze, Jennifer Jason Leigh, Troy Donahue. ◆ In una tipica cittadina Midwestern, le vicende di tre personaggi dai caratteri e aspirazioni differenti. Una ragazzina che vuole andare in città, una donna che vuole salvare la ditta del padre e un uomo che la ama. Spaccato di modesta intensità della provincia americana.
Bull Durham – Un gioco a tre mani **½ (*Bull Durham*, Usa 1988, col, 110') Ron Shelton. Con Kevin Costner, Susan Sarandon, Tim Robbins, Trey Wilson, Robert Wuhl. ◆ Annie Savoy (Sarandon) è una bizzarra e lussuriosa innamorata del baseball – e dei suoi giocatori – che divide il proprio amore tra un giovane lanciatore, stupido ma talentoso (Robbins) e un veterano mai giunto al successo, caustico e riflessivo (Costner), ingaggiato per far maturare il pivello con «un braccio da un milione di dollari e un cervello da gallina». Curioso e anomalo film ambientato nelle leghe minori americane, non tanto sul baseball quanto sulle confuse aspirazioni e il desiderio di realizzarsi dei giocatori (che sperano di mettersi in mostra e farsi

ingaggiare come professionisti nella major league). Interessante ma lontano dalla mentalità italiana. Exploit erotici – soprattutto verbali – della Sarandon che a partire da questo film ha fatto coppia (e un figlio) con Robbins. Il modello dichiarato di Costner per la sua interpretazione è Rick Lancellotti, venuto a giocare col Parma Angels nella stagione 1992.

Bullet **½ (*Bullet*, Usa 1995, col, 95') Julien Temple. Con Mickey Rourke, Tupac Shakur, Ted Levine, John Enos III, Adrian Brody, Alberta Watson, Jerry Grayson, Suzanne Shepherd. ◆ Butch Stein alias Bullett (Rourke), drogato ebreo, si è appena fatto otto anni di galera per non avere cantato. Dentro è diventato impotente e forse omosessuale, fuori l'aspetta una famiglia disastrata (padre alcolizzato [Grayson], fratello suonato reduce del Vietnam [Levine]), i soliti furti e un gangster nero (Shakur) che ce l'ha con lui: non cercherà neanche la fuga. L'itinerario autodistruttivo di Rourke si compiace di un'estetica maledettistica e di una ricerca del peggio che fa il verso ad Abel Ferrara, toccando comunque corde di insospettato e dolente pessimismo. Senza impennate melodrammatiche ma con una poesia del quotidiano che, malgrado eccessi e scivoloni, lascia il segno. Rourke è coautore della sceneggiatura con lo pseudonimo di Sir Eddie Cooke.

Bulletproof *½ (*Bulletproof*, Usa 1996, col, 81') Ernest Dickerson. Con Damon Wayans, Adam Sandler, James Caan, Kristen Wilson, James Farentino, Bill Nunn. ◆ Il poliziotto infiltrato nero Keats (Wayans) diventa amico del delinquentello bianco Moses (Sandler), ma poi lo arresta e rimane ferito accidentalmente: ritorneranno sodali durante la fuga dal gangster Colton (Caan). Quasi una versione monosex e interrazziale (rivolta però al pubblico nero) di *L'uomo nel mirino*, che alterna esplosioni e inseguimenti con l'umorismo parolacciaro di Wayans: è la *blaxploitation* degli anni Novanta, moderatamente divertente. Scritto da Joe Gayton e Lewis Colick.

Bulli e pupe **½ (*Guys and Dolls*, Usa 1955, col, 150') Joseph L. Mankiewicz. Con Marlon Brando, Jean Simmons, Frank Sinatra, Vivian Blaine, Robert Keith, Stubby Kaye, B.S. Pully, Sheldon Leonard. ◆ Per trovare i soldi con cui organizzare una bisca in un garage, Nathan Detroit (Sinatra) scommette con Cielo Masterson (Brando) che questi non riuscirà a sedurre Sara Brown (Simmons), membro dell'Esercito della Salvezza. Invece, con un romantico viaggio a Cuba, Cielo vince la scommessa ma scopre anche di essersi innamorato della sua preda. Unico film musicale di Mankiewicz ispirato all'omonimo musical di Jo Swerling e Abe Burrows (di cui Samuel Goldwyn acquistò i diritti per un milione di dollari), è un'operazione strana e arrischiata che utilizza un regista intellettuale per rinnovare un genere. Di qui la scelta di due protagonisti insoliti. La parte più interessante è la descrizione del mondo variopinto di Time Square, perfettamente coreografato da Michael Kidd nella bellissima scena iniziale. Nonostante i problemi tecnici che pose Brando (non era molto intonato e fu necessario frammentare le canzoni per ricomporle su nastro), è indimenticabile quando canta (in playback, con la sua voce querula) *A Woman in Love*. A rubare la scena, però, sono gli attori che avevano già recitato il musical a Broadway, prima fra tutti Vivian Blaine, l'eternamente raffreddata Adelaide, fidanzata da 14 anni di Nathan.

Bullit **½ (*Bullit*, Usa 1968, col, 113') Peter Yates. Con Steve McQueen, Jacqueline Bisset, Robert Vaughn, Don Gordon, Robert Duvall, Simon Oakland, Norman Fell. ◆ Un tenente della polizia (McQueen) si mette alla caccia di un mafioso che, grazie a uno scambio di persone, è ritenuto morto. McQueen dà vita a un antieroe complesso, amaro, meritatamente leggendario, in un thriller teso e appassionante. Ritmo serratissimo e un celebratissimo inseguimento in Porsche sulle tortuose strade di San Francisco, girato con un'abilità fin eccessiva, che contraddice il tono e lo stile del resto del film. Più interessanti (anche se meno pirotecniche) alcune scene più modeste, come l'attentato nella camera d'albergo o il regolamento di conti all'aeroporto. Oscar per il miglior montaggio a Frank P. Keller.

Bulworth – Il senatore * (*Bulworth*, Usa 1998, col, 107') Warren Beatty. Con Warren Beatty, Halle Berry, Paul Sorvino, Don Cheadle, Isaiah Washington, Joshua Malina, Jack Warden, Christine Baranski. ◆ Stanco della politica, il senatore democratico Jay Bulworth (Beatty) assolda un killer perché lo uccida e comincia a dire ciò che pensa realmente dell'America a ritmo di rap: l'incontro con una giovane attivista nera (Berry) gli farà riscoprire l'amore e il gusto per la vita, ma forse è troppo tardi. Il bluff dell'anno, una commedia fintamente radicale che spaccia luoghi comuni per verità rivoluzionarie. Sembra il Celentano di *Yuppi Du* ma senza la spontanea ingenuità del Molleggiato, visto anche lo stuolo di collaboratori usati per tirare a lucido la confezione (Storaro alla fotografia, Canonero ai costumi, Morricone alla colonna sonora, contrappuntata – per coerenza con l'intreccio – da numerosissimi brani rap).

Bunny Lake è scomparsa **½ (*Bunny Lake Is Missing*, Usa 1965, b/n, 107') Otto Preminger. Con Laurence Olivier, Carol Lynley, Keir Dullea, Noël Coward, Martita Hunt. ◆ Quando Ann Lake (Lynley) denuncia la sparizione della figlia Bunny, tutto sembra dimostrare che la bambina non è mai esistita: persino Steven Lake (Dullea) conferma che sua sorella Ann è preda di attacchi di follia, mettendo così in difficoltà l'inchiesta dell'ispettore Newhouse (Olivier). Tratto dal romanzo di Evelyn Pipern e sceneggiato a più riprese (da Dalton Trumbo, poi da Ira Levin, infine da John e Penelope Mortimer), è un film sull'ambiguità quotidiana, un «poema notturno» che descrive i legami e le zone d'ombra che esistono tra le persone (qui i rapporti patologici tra i due fratelli, fino al drammatico faccia a faccia finale). In certi momenti Preminger cede al piacere di confondere le piste allo spettatore, ma poi sa perfettamente trasmettere il «senso angosciante della precarietà degli esseri e degli oggetti mostrati». Ruolo autoironico per Noël Coward nella parte del padrone di casa perverso e morboso, con la sua cagnetta Samantha, la collezione di fruste sadomaso e di maschere africane. I titoli di testa sono di Saul Bass.

Buona come il pane * (Italia 1982, col, 85') Riccardo Sesani. Con Carmen Russo, Saverio Marconi, Ada Pometti, Gianfranco Barra, Umberto Raho, Renato Cecchetto. ◆ Lei (Russo) soddisfa – a pagamento, s'intende – le brame di un gruppetto di maniaci sessuali, lui (Marconi) è un giovane astronomo arruffone e guastafeste: inevitabile l'incontro e il matrimonio finale. Commediola senza idee e nemmeno molto erotismo, nonostante le generose esibizioni di una insipida Carmen Russo.

Buona fortuna «maggiore» Bradbury ** (*Paper Tiger*, Gb 1975, col, 99') Ken Annakin. Con David Niven, Toshiro Mifune, Hardy Kruger, Ando, Irene Tsu, Ronald Fraser. ◆ Un anziano precettore inglese (Niven) si vanta di atti eroici in battaglia per poi diventare davvero coraggioso quando viene rapito da terroristi con il figlio dell'ambasciatore giapponese che ha sotto tutela. Commediola di evasione senza troppa credibilità, salvata dall'autoironia di Niven e da un taglio veloce e spensierato.

Buona fortuna, Mr. Stone ** (*The Pickle*, Usa 1993, col, 103') Paul Mazursky. Con Danny Aiello, Dyan Cannon, Clotilde Courau, Shelley Winters, Barry Miller. ◆ Penalizzato al botteghino e in debito col fisco, un regista newyorchese residente in Francia (Aiello) torna in patria per dirigere un filmetto demenziale («Il cetriolino» del titolo originale) e viene preso d'assalto da ex mogli, figli, produttori, amanti, aspiranti attrici e giornalisti. Commedia esistenziale scatenata, sui temi un po' abusati del film nel film e dell'artista frustrato. Mazursky non sfugge agli stereotipi e al rischio della dispersione, ma fortunatamente possiede una buona dose di ironia.

Buonanotte... avvocato! *½ (Italia 1955, b/n, 95') Giorgio Bianchi. Con Alberto Sordi, Giulietta Masina, Mara Berni, Andrea Checchi, Tina Pica, Vittorio Caprioli, Wanda Primavera, Marco Tulli. ◆ Un irreprensibile avvocato (Sordi), intenzionato ad approfittare dell'assenza della moglie (Masina), si vede arrivare in casa un'affascinante sconosciuta (Berni), in fuga dal gelosissimo marito (Checchi). Commedia a equivoci e colpi di scena sul desiderio frustrato, la quale non riesce a liberarsi dai limiti della farsa per sollevarsi al livello della satira di costume. Sceneggiata da Alberto Sordi, Ruggero Maccari, Ettore Scola, Giovanni Grimaldi e Felice Zappulla, remake del film di Raffaello Matarazzo *L'avventuriera del piano di sopra* (1941).

Buonasera signora Campbell ** (*Buona Sera, Mrs. Campbell*, Usa 1968, col, 113') Melvin Frank. Con Gina Lollobrigida, Peter Lawford, Phil Silvers, Telly Savalas, Shelley Winters, Lee Grant, Philippe Leroy. ◆ Una bella italiana (Lollobrigida) riesce a far credere a ciascuno dei tre soldati americani con cui ha amoreggiato durante la guerra, di essere il padre della figlia da lei avuta. Ma dopo vent'anni di assegni inviati da oltreoceano i tre giungono contemporaneamente in Italia per conoscere la «loro» figlia. Buoni sentimenti e tanta allegria nel film di maggior successo americano per la Lollo, che interpreta la donna italiana come la immagina Hollywood: bella, pettoruta, passionale e furba.

Buona terra, La *** (*The Good Earth*, Usa 1937, b/n, 138') Sidney A. Franklin. Con Luise Rainer, Paul Muni, Walter Connolly, Jessie Ralph, Charley Grapewin, Keye Luke. ◆ Il risparmio, la tenacia e l'attaccamento alla terra sono le basi della fortuna di Wang Lung (Muni), un contadino di umilissime origini che riuscirà persino a comprare la casa dell'aristocratica famiglia presso la quale la moglie Olan (Rainer) era serva. Con la ricchezza, però, arrivano i vizi (e una concubina che cercherà di traviare anche il figlio primogenito), fino a quando una biblica invasione di cavallette richiamerà tutti ai doveri verso la terra e il lavoro. Tratto dal popolarissimo libro di Pearl S. Buck, un film altrettanto popolare, celebrazione melodrammatica dei «sani valori della tradizione». Due Oscar: miglior attrice (Rainer) e miglior fotografia (Karl Freund).

Buon compleanno, Mr. Grape *** (*What's Eating Gilbert Grape*, Usa 1993, col, 116') Lasse Hallström. Con Johnny Depp, Leonardo DiCaprio, Juliette Lewis, Mary Steenburgen, Darlene Cates, Laura Herrington, Mary Kate Schellhardt, Kevin Tighe, Crispin Glover, John C. Reilly. ◆ A Endora, nello Iowa, il giovane Gilbert Grape (Depp), con un padre suicida e una madre bulimica (Cates), divide le sue giornate tra il fratello ritardato (DiCaprio) e la obsoleta drogheria in cui lavora. L'arrivo di Becky (Lewis), di passaggio nell'Iowa, porterà un po' di romanticismo nella sua vita. Uno straziante ritratto della provincia americana, nella quale la nostalgia malinconica o i torbidi segreti non hanno spazio: lontano dal Bogdanovich dell'*Ultimo spettacolo* (di cui ripropone alcune situazioni, come l'amore tra il giovane e un'insoddisfatta massaia [Steenburgen]) e immune dalle storie perverse di David Lynch, lo svedese Hallström mette a punto un corollario di tragedie familiari, tenute insieme dal vuoto esistenziale, con una mano sorprendentemente lieve e partecipe. Johnny Depp è perfetto nel ruolo del marginale con anima, ma la vera sorpresa qui è Leonardo DiCaprio, ventenne di enorme talento, candidato all'Oscar come miglior attore non protagonista. Fotografia di Sven Nykvist, sceneggiatura di Peter Hedges da un suo romanzo in parte autobiografico.

Buone notizie ovvero la personalità della vittima ° (Italia 1979, col, 105') Elio Petri. Con Giancarlo Giannini, Angela Molina, Aurore Clément, Paolo Bonacelli, Ombretta Colli, Ninetto Davoli. ◆ Un oscuro funzionario televisivo (Giannini), reso insensibile dal continuo contatto con immagini di disgrazie e brutture, riceve da un amico ebreo (Bonacelli) una richiesta di aiuto: qualcuno lo vorrebbe uccidere. Non gli crede, almeno fino al giorno in cui l'altro viene trovato morto. Risvolti gialli in uno sconnesso apologo eticopolitico, dove il potere dei media sarebbe all'origine della perdita d'identità nella società contemporanea. È l'ultimo film di Petri, nel quale la sua propensione al pessimismo metafisico si esprime senza più remore.

Buongiorno, elefante! ** (Italia 1952, b/n, 84') Gianni Franciolini. Con Vittorio De Sica, Maria Mercader, Sabù [Sabù Dastagir], Nando Bruno, Michele Sakara, Gisella Sofio, Sonia Fert, Stefano Carretti. ◆

Un maestro elementare (De Sica), vessato dal padrone di casa (Bruno) che intende sfrattarlo, fatica a mantenere la moglie (Mercader) e i quattro figli con il magro stipendio statale. La soluzione ai suoi problemi non viene da Montecitorio, come lui e i suoi colleghi sperano, ma da un elefantino in carne e ossa, regalo di un sultano indiano (Sabù) al quale il maestro ha fatto da guida tra le rovine della capitale. Tipico soggetto zavattiniano (sviluppato insieme a Suso Cecchi d'Amico), in cui realismo e surrealismo si mescolano secondo le leggi dell'improbabilità e dell'Utopia poetica: dove la politica non arriva a proteggere i più deboli, si scatena la fantasia, intesa come piacere e risarcimento morale. Rispetto al capolavoro del genere (*Miracolo a Milano*, dell'anno precedente), *Buongiorno, elefante!* perde qua e là qualche colpo in naïveté e buoni sentimenti (la moglie del maestro è veramente una santa), ma sperimenta il gusto del nonsense anarchico e conferma Cesare Zavattini come il Frank Capra italiano. Prodotto dalla Rizzoli Film e da Vittorio De Sica. La voce del narratore è di Gino Cervi. È conosciuto anche con il titolo *Sabù, principe ladro*.

Buongiorno, Miss Dove! ** (*Good Morning, Miss Dove*, Usa 1955, col, 107') Henry Koster. Con Jennifer Jones, Robert Stack, Marshall Thompson, Robert Douglas. ◆ Ricoverata in un ospedale per un difficile intervento, l'insegnante (Jones) di una cittadina di provincia viene assistita amorevolmente dai suoi ex alunni, per i quali è stata fondamentale punto di riferimento e aiuto essenziale per affrontare la vita. Strutturato a lunghi flashback, un film gradevole, pieno di buoni sentimenti, sceneggiato da Eleanore Griffin (a partire da un romanzo di Frances Gray Patton) e ben fotografato in CinemaScope da Leon Shamroy.

Buon Natale – Buon Anno ** (Italia/Francia 1989, col, 100') Luigi Comencini. Con Virna Lisi, Michel Serrault, Tiziana Pini, Consuelo Ferrara. ◆ Due anziani coniugi (Lisi e Serrault) riscoprono, vivendo separati presso le figlie sposate, il desiderio e la passione reciproca: cominceranno a cercarsi, a vivere incontri clandestini incuranti dei loro «doveri», fino alla ribellione e alla fuga. Dal romanzo di Pasquale Festa Campanile, un film che tratteggia con sensibilità i disagi, le frustrazioni e le insospettabili pulsioni degli anziani, ma non sa decidersi tra realismo e suggestioni poetiche. In questo modo evita i toni graffianti (che pure un simile soggetto poteva richiedere) e si ferma a una garbata malinconia.

Buono, il brutto, il cattivo, Il **½ (Italia 1966, col, 182') Sergio Leone. Con Clint Eastwood, Eli Wallach, Lee Van Cleef, Rada Rassimov, Aldo Giuffré, Mario Brega, Luigi Pistilli. ◆ Durante la guerra di Secessione americana, tre avventurieri – Joe il Biondo detto il buono (Eastwood), Tuco detto il brutto (Wallach) e Sentenza detto il cattivo (Cleef) – sono alla ricerca di un carico d'oro scomparso. Oltre a cercare di eliminarsi a vicenda, devono affrontare anche le insidie e gli orrori della guerra, passando continuamente da un campo all'altro e dovendo frettolosamente cambiare divisa e bandiera. «Un bel cocktail di carnevale e di quaresima, sebbene diluito da troppi ieratismi e ammiccamenti» che hanno fatto un po' invecchiare il film: gli nuoce il tentativo di coniugare epica western e comicità latina (all'origine c'era la voglia di rifare *La grande guerra* nel West e per questo fu sceneggiato da Age, Scarpelli e Vincenzoni). Il «triello» finale nel cimitero è comunque una delle pietre miliari del western all'italiana. Insolite vesti per Aldo Giuffré nei panni di un ufficiale ferito. L'ex ballerina Chelo Alonso è una contadina messicana. Stupidamente tagliuzzata (anche solo per motivi di palinsesto) la versione che passa in Tv.

Buon prezzo per morire, Un **½ (*The Running Man*, Gb 1963, col, 103') Carol Reed. Con Laurence Harvey, Lee Remick, Alan Bates, Eleanor Summerfield, Allan Cuthberson. ◆ Ritenuto morto in un incidente aereo, Rex Back (Harvey) riesce a incassare la polizza sulla vita e si ritira in Spagna con la moglie. Ma l'agente assicurativo che sta indagando sul caso (Bates) comincia stranamente a corteggiare la donna. Un giallo piacevole e brioso, con un appassionante inseguimento finale in auto e aereo, che però richiederebbe più suspense per risultare irresistibile.

Buon Samaritano, Il *½ (*Good Sam*, Usa 1948, b/n, 113') Leo McCarey. Con Gary Cooper, Ann Sheridan, Ray Collins, Edmund Lowe, Ruth Roman. ◆ Inguaribilmente generoso, il direttore di un grande emporio (Cooper) è pronto a fare piaceri a tutti (magari con esiti disastrosi: presta la macchina a un vicino mezzo cieco che ha un incidente e perde l'impiego), ma quando sarà lui ad avere bisogno, scopre improvvisamente l'egoismo altrui. Rifiutato dallo sceneggiatore, e premio Nobel, Sinclair Lewis (per l'eccessiva stupidità del soggetto) è una melensa e noiosa commedia che vorrebbe ritrovare l'ottimismo di Capra. Ma non ci riesce.

Buon soldato, Il * (Italia/Francia 1982, col, 104') Franco Brusati. Con Mariangela Melato, Gérard Darier, Carla Bizzarri, Bruno Zanin, Francesca Balletta. ◆ Un breve incontro con un giovane (Darier), in partenza per il servizio militare, aiuta una donna (Melato) a trovare la forza di rompere con la famiglia e l'ambiente oppressivo in cui vive. Ma la notizia che il ragazzo si è suicidato in caserma la fa ripiombare nella rassegnazione. Ambizioso nei temi quanto confuso e irrisolto, vorrebbe essere una dichiarazione di pessimismo sulla possibilità umana di cambiare la propria vita, ma è solo un film presuntuoso e fintamente poetico.

Burattinaio, Il *½ (Italia 1994, col, 128') Ninì Grassia. Con Fabio Testi, Gabriele Ferzetti, Ron Nummi, Maria Giulia Cavalli, Orso Maria Guerrini, Maria Grazia Nazzari, Alessandra Bellini, Deborah Di Maggio, Tania De Nicola, Antonio Zequila, Lino Patruno. ◆ Miami: il capitano Mark Fierro (Testi) deve fermare una sanguinosissima guerra tra bande rivali; cerca l'aiuto del boss – e suo ex suocero – Ben Costa (Ferzetti) e di un'avvocatessa legata alla mafia (Cavalli), ma dopo un profluvio di morti ammazzati scoprirà di essere stato usato da chi meno sospettava. Cinema ruspante girato metà a Miami e metà a Lecce e dintorni (con gli interni cammuffati da grandi cartelli con le scritte «No Smoking»). Una certa ricchezza produttiva, ritmo tagliato con l'accetta, carneficine pseudo-splatter, qualche accenno di nudo: Grassia (autore anche del soggetto, della sceneggiatura e delle musiche) tenta il salto di qualità, ma non ha il coraggio di rischiare davvero.

Burbero, Il *½ (Italia 1986, col, 110') [Franco] Castellano, Pipolo [Giuseppe Moccia]. Con Adriano Celentano, Debra Feuer, Jean Sorel, Mattia Sbragia, Angela Finocchiaro, Peppe Lanzetta, Iaia Forte, Franco Diogene. ◆ Una giovane cameriera americana (Feuer) giunge in Toscana e con lo scontroso avvocato (Celentano), suo compagno di viaggio, viene coinvolta in una intricata storia di malviventi, omicidi, mappe del tesoro, dipinti antichi. Dopo il clamoroso fallimento di *Joan Lui*, Celentano torna alle firme che gli hanno consentito i trionfi al botteghino, che ne frenano la consueta smania autocelebrativa in un thriller esile e intricato allo stesso tempo, prevedibile ma con qualche momento gustoso. Debra Feuer, vista anche in *Home Boy*, è stata per qualche tempo la compagna di Mickey Rourke.

Burro *½ (Italia/Spagna 1989, col, 90') José Maria Sanchez. Con Renato Pozzetto, Elena Sofia Ricci, Pierre Malet, Romina Lari, Margarita Lozano, Victor Cavallo. ◆ In un paesino romagnolo, un ingenuo ragazzone soprannominato Burro (Pozzetto) è innamorato ossessivamente dell'immagine di un'attrice (che rivede prima in una giovane contadina poi in un'ambigua zingara) e tormentato dalla figura del padre, che non ha mai conosciuto. Scritto da Tonino Guerra, è un tentativo (coraggioso ma fallito) da parte di Pozzetto di cercare nuove strade espressive, ma lo appesantiscono troppi simboli e suggestioni poetiche.

Bus (In viaggio) **½ (*Get on the Bus*, Usa 1997, col, 125') Spike Lee. Con Andre Braugher, DeAndre Bonds, Thomas Jefferson Byrd, Charles S. Dutton, Ossie Davis, Isaiah Washington, Richard Belzer, Joie Lee. ◆ Nell'ottobre 1995 un gruppo di neri parte da Los Angeles su un pullman, diretti alla Million Man March che il leader fondamentalista Louis Farrakhan ha organizzato a Washington (per i soli maschi) come momento di rivendicazione dei propri diritti. Nel viaggio si scontrano padri e figli, gay e omofobi, poliziotti ed ex *gangsta*: ma alla fine saranno uniti nel piangere l'anziano Jeremiah (Davis), che non ha retto allo stress; e poco importa se non avranno partecipato di persona alla manifestazione. Lee riflette sullo stato attuale della coscienza degli afroamericani, dando la parola a tutti e senza prendere posizione: con un effetto che, volta a volta, è ambiguo e lacerante. E ha il coraggio di buttare sul tavolo questioni scottanti come separatismo, antisemitismo, maschilismo, violenza, senza riuscire però ad andare fino in fondo. Scritto, con qualche stereotipo di troppo, da Reggie Rock Bythewood. Atroce il doppiaggio italiano.

Buster *½ (*Buster*, Gb 1988, col, 102') David Green. Con Phil Collins, Julie Walters, Martin Jarvis, Anthony Quayle. ◆ La clandestinità tra Messico e Regno Unito rischia di distruggere l'armonia della famiglia di Buster Edwardy (Collins), allegro ladruncolo che ha preso parte alla leggendaria rapina al treno postale Glasgow-Londra. La simpatia e le doti istintive di Phil Collins, senz'altro più conosciuto e più a suo agio come musicista pop, non bastano a salvare una commedia sentimentale approssimativa e fragile. Notevole la colonna sonora con due grandi hit, *Two Hearts (One Mind)* e *Groovy Kind of Love*.

Butch Cassidy *** (*Butch Cassidy and the Sundance Kid*, Usa 1969, col, 112') George Roy Hill. Con Paul Newman, Robert Redford, Katharine Ross, Henry Jones, Jeff Corey, Strother Martin, Cloris Leachman. ◆ Epopea tragicomica dei due ultimi leggendari fuorilegge del West, Butch Cassidy (Newman) e Sundance Kid (Redford), dalle rapine ai treni e alle banche al rocambolesco e tragico epilogo in Sudamerica. Tutti gli ingredienti – il carisma degli interpreti, i dialoghi e le gag, la colonna sonora – contribuirono a rendere popolarissima questa raffinata rivisitazione del mito del West; voglia di libertà e ribellismo sessantottino trovarono la loro ironica rappresentazione in questi due ingenui eroi, descritti come bambini mai cresciuti, incapaci di accettare un mondo irrimediabilmente cambiato. Quattro Oscar: fotografia (Conrad Hall), sceneggiatura originale (William Goldman), musica e canzone (*Raindrops Keeps Fallin' On My Head*) di Burt Bacharach. Indimenticabili Newman e la Ross che giocano in bicicletta. La giovinezza dei due personaggi sarà raccontata nel *Ritorno di Butch Cassidy* (1979).

Butcher Boy, The *** (*The Butcher Boy*, Usa/Irlanda 1998, col, 110') Neil Jordan. Con Eamonn Owens, Stephen Rea, Fiona Shaw, Aisling O'Sullivan, Alan Boyle, Brendan Gleeson, Milo O'Shea, Sinéad O'Connor. ◆ Irlanda, anni Sessanta: con una madre suicida (O'Sullivan) e un padre ubriacone (Rea), la vita non è facile per il dodicenne Francis Brady (Owens), che trova un capro espiatorio in un'odiosa signora borghese (Shaw) alla quale combina ogni tipo di scherzi. Ma dopo riformatori, preti pedofili, apparizioni della Madonna (O'Connor) e il tradimento del suo migliore amico, il fragile equilibrio del ragazzo si spezza. Uno dei film più riusciti e più sinceri di Jordan (guarda caso distribuito in Italia solo in cassetta), che tiene a bada gli eccessi grotteschi ed evita i patetismi moraleggianti nel ricostruire un mondo di provincia bigotto e favoloso, tragico e ridicolo, all'ombra della paura dei comunisti e dell'avvento della Tv. La voce over di Francis adulto – ma per nulla pacificato – che accompagna tutta la vicenda stabilisce una distanza ironica e al tempo stesso favorisce un'immersione nella mente del piccolo protagonista, che attraversa il film con una vitalità spesso travolgente e inquietante. Patrick McCabe (che interpreta l'ubriacone Jimmy) ha adattato con Jordan il suo romanzo *Il garzone del macellaio*. Notevole il contributo della fotografia di Adrian Biddle e delle musiche di Elliot Goldenthal.

Buttane, Le ** (Italia 1994, b/n, 83') Aurelio Grimaldi. Con Guja Jelo, Ida Di Benedetto, Lucia Sardo, Sandra Sindoni, Marco Leonardi, Alessandro Di Sanzo, Paola Pace, Adriano Chiaralmida. ◆ Storie intrecciate di prostitute di Palermo: Liuccia (Jelo) può contare su spasimanti giovani, ma la sua voglia di indipendenza le sarà fatale; Orlanda (Di Benedetto) fa la razzista, ma l'unico a rispettarla è un marocchino; una marchetta (Leonardi) uccide l'intellettuale che lo ammorba con la musica classica; la spavalda Milù (Sardo) se la prende con Dio e i testimoni di Geova. Dalla sua omonima raccolta di racconti, Grimaldi ha tratto un film spiazzante nell'odierno panorama italiano, ma pieno di contraddizioni irrisolte. Troppo calcolate le provocazioni, troppo cinefilo (con obbligatoria evocazione di Pasolini) il realismo, troppo liriche le crudezze, troppo raffinata la fotografia di Maurizio Calvesi. Eppure si scorge una capacità di raccontare e un piglio finora assenti nei film di questo regista.

Buttati Bernardo! **½ (*You're a Big Boy Now*, Usa 1966, col, 96') Francis Ford Coppola. Con Peter Kastner, Elizabeth Hartman, Geraldine Page, Julie Harris, Rip Torn, Tony Bill, Michael Dunn. ◆ La difficile educazione sentimentale di un giovane goffo e timido (Kastner), tra genitori oppressivi e irresponsabili, e una leggiadra quanto crudele fanciulla dalle velleità artistiche (Hartman). Oggi tutto appare fatalmente datato – le ampie strade e le mille luci di New York, i circoli d'avanguardia e i locali della gioventù beat, le canzoni dei Lovin' Spoonful – ma i toni da commedia quasi surreale, con le sue stralunate caratterizzazioni, sono a tratti molto divertenti e il finale è a dir poco frenetico. Esordio di Karen Black, nella parte di Amy.

Butterfly * (*Butterfly*, Usa/Canada 1981, col, 107') Matt Cimber. Con Stacy Keach, Pia Zadora, Orson Welles, Lois Nettleton, Edward Albert. ◆ L'onesto e puritano Jess Tyler (Keach) fa il custode a una miniera d'argento in disuso. Ma un giorno la sua vita è sconvolta dall'arrivo di Kady (Zadora), una lolita che sostiene di essere sua figlia e per la quale prova un'attrazione perversa. Da un romanzo di James M. Cain (totalmente stravolto) uno dei vani tentativi di trasformare in star la piccola e indisponente Pia Zadora: una soap-opera pruriginosa, riscattata solo da un'apparizione di Welles nella parte di un debordante e folcloristico giudice.

Butterfly Kiss *** (*Butterfly Kiss*, Gb 1994, col, 98') Michael Winterbottom. Con Amanda Plummer, Saskia Reeves, Paul Bown, Kathy Jameson, Paula Tilbrook, Freda Dowie. ◆ Eunice (Plummer) vaga rabbiosa alla ricerca di una fantomatica Judith e uccide chiunque le capiti a tiro. Quando incontra la goffa e gentile Miriam (Reeves), tra le due s'instaura un rapporto d'amore sado-maso: Miriam tenta di salvare Eunice, Eunice cerca di far emergere il lato oscuro di Miriam. Opera prima di un trentaquattrenne con vari film televisivi alle spalle, *Butterfly Kiss* è un plumbeo melodramma lesbico che va al di là dei generi (si possono riconoscere il road movie, la tragedia, il noir, il filone serial killer) e rivisita con originalità binomi abusati (eros/thanatos, sanità/follia, sadismo/masochismo) alla luce macabra del secolo che tramonta nella disperazione. La stilizzazione iperrealista della messa in scena – con la struttura narrativa che fa scaturire il racconto da una inchiesta non meglio definita, senza ricorrere alla retorica dei flashback – sottolinea per contrasto la dimensione religiosa-metafisica-psicoanalitica dell'assunto. La sceneggiatura è di Frank Cottrell Boyce, da un soggetto suo e del regista.

Bwana devil * (*Bwana Devil*, Usa 1952, col, 79') Arch Oboler. Con Robert Stack, Barbara Britton, Nigel Bruce, Ramsay Hill, Paul McVey, Hope Miller, John Dodsworth, Pat Aherne. ◆ I lavori per la costruzione di una ferrovia nell'Africa orientale britannica devono essere sospesi perché due feroci leoni fanno strage tra gli operai: per salvare la moglie (Britton), un inesperto ingegnere (Stack) riuscirà dove hanno fallito cacciatori professionisti. Il primo film in Natural Vision tridimensionale è un prevedibile film d'avventure con poca tensione e ancor meno esotismo, sceneggiato dallo stesso regista: visto senza occhialini 3D, poi, oggi rasenta la noia, anche se alla sua uscita a New York tenne il cartellone per 122 settimane, un record. La stessa storia, vera, è all'origine di *Spiriti nelle tenebre*.

Bye Bye Baby * (Italia 1988, col, 95') Enrico Oldoini. Con Luca Barbareschi, Carol Alt, Brigitte Nielsen, Jason Connery. ◆ Capricci, egoismi, liti e riconciliazioni di due giovani sposi (Barbareschi e Alt) indecisi tra la stabilità di coppia e i nuovi rispettivi partner. Una commovente fiducia di Oldoini – e dei produttori di ReteItalia – nell'ingenuità del pubblico: un cast di stelline da cronaca rosa (persino una ancora sconosciuta Alba Parietti) si muovono su fondali fastidiosamente lucidi e finti (la Milano degli yuppie, una Mauritius da dépliant turistico). Un inconsapevole e involontario, quanto agghiacciante, campionario delle stupidità anni Ottanta.

Cabal ** (*Nightbreed*, Usa/Gb 1989, col, 103') Clive Barker. Con Craig Sheffer, Anne Bobby, David Cronenberg, Charles Haid, Hugh Quarshie. ◆ Per sfuggire a uno psicoanalista psicopatico (interpretato dal regista di horror Cronenberg), un adolescente (Sheffer) si rifugia nel regno sotterraneo di Midian, popolato di mostri fuggiti dal mondo dei vivi: guidati dal giovane, che si è trasformato in Cabal e che è stato raggiunto dalla sua ragazza (Bobby), dovranno respingere l'attacco della polizia guidata fin là dal folle psichiatra. Dopo il fortunato *Hellraiser*, lo scrittore britannico Barker porta sullo schermo un suo romanzo, nel quale descrive i mostri non come creature ripugnanti ma come paria della società. Però la rilettura di un tema classico (la riabilitazione della mostruosità) è sorretta soprattutto da grandi mezzi produttivi (sono almeno 200 i mostri del film), non da un'autentica partecipazione emotiva. Gli effetti speciali sono stupefacenti, ma la trama è piuttosto confusa e il gusto di usare il grand guignol per enfatizzare la mostruosità fisica fino al limite della sopportazione visiva, rischia di saturare.

Cabaret *** (*Cabaret*, Usa 1972, col, 123') Bob Fosse. Con Liza Minnelli, Michael York, Joel Grey, Helmut Griem, Marisa Berenson, Fritz Wepper. ◆ Nella Berlino ambigua e opulenta del primo nazismo, intorno alla spregiudicata Sally Bowles (Minnelli) che canta in un cabaret e arrotonda i guadagni facendo compagnia a facoltosi signori, si intrecciano le vite di Brian (York) che ama Sally ma forse non a sufficienza, di Max (Griem), che si diverte con entrambi, e della ricca ebrea Natalia (Berenson). Da un successo a Broadway di Fred Ebb e John Kander (tratto dalla pièce di John van Druten *I Am a Camera* e ispirato al romanzo di Christopher Isherwood *Addio a Berlino*, che ispirò a sua volta il film *La donna è un male necessario* di Henry Cornelius) uno dei musical moderni più riusciti e famosi, in perfetto equilibrio tra *vis* comica e tensione drammatica: ispirandosi a Kurt Weill e a certe astuzie melodrammatiche riesce a riflettere nel cabaret una parte delle tensioni di quegli anni e il disfacimento di un mondo. Celeberrimo il numero musicale *Money, Money, Money*, cantato dalla Minnelli e da Joel Grey, «maschera maligna e perversa dell'ambiguità». Otto Oscar: miglior regia, attrice, attore non protagonista (Grey), fotografia (Geoffrey Unsworth), adattamento musicale (Ralph Burns), scenografia (Rolf Zehetbauer, Jurgen Kiebach, Herbert Strabl), montaggio (David Bretherton) e suono (Robert Knudson, David Hildyard). Il tedesco Fritz Wepper ha proseguito la carriera come assistente dell'ispettore Derrick.

Cabiria **½ (Italia 1914, b/n, 150') Giovanni Pastrone. Con Letizia Quaranta, Bartolomeo Pagano, la piccola Catena, Italia Almirante Manzini, Umberto Mozzato, Gina Marangoni, Dante Testa, Raffaele Di Napoli, Vitale De Stefano, Enrico Gemelli, Alex Bernard, Luigi Chellini, Emilio Vardannes. ◆ Fuggita dalla Sicilia dopo l'eruzione dell'Etna e rapita dai pirati, la piccola Cabiria (Catena) viene venduta come schiava a Cartagine, dove il sacerdote Karthalo (Testa) la vuole sacrificare al dio Moloch: sarà salvata da Maciste (Pagano), liberto del romano Fulvio Axilla (Mozzato) a Cartagine come spia, ma verranno catturati da Sofonisba (Almirante Manzini), figlia di Asdrubale. Dieci anni dopo, Cabiria (Quaranta) viene riconosciuta da Karthalo che di nuovo la reclama per il sacrificio: saranno ancora Axilla e Maciste a salvarla mentre Scipione l'Africano marcia su Cartagine. Celebrazione della romanità trionfante poco dopo la vittoria in Libia (1911) nel secondo kolossal della storia del cinema (il primo era stato *Quo vadis?* di Guazzone), impregnato di decadentismo letterario ma anticipatore di Griffith e DeMille. Sotto il profilo narrativo è un pastiche di più generi, tra lo storico e il meraviglioso, organizzati secondo parallelismi che avranno molto seguito (la storia di Cabiria si incrocia con la traversata delle Alpi di Annibale; la distruzione della flotta romana a Siracusa grazie agli specchi ustori di Archimede; la guerra del nubiano Massinissa contro Syphax, re di Cirta; la fine della seconda guerra punica con il trionfo di Scipione). Sotto il profilo tecnico, il film è assolutamente innovatore per l'uso espressivo della panoramica e del carrello (secondo un procedimento brevettato dallo stesso Pastrone due anni prima), che permettono di costruire inquadrature e sequenze su grandi volumi e ariose linee prospettiche, infondendo alle immagini un dinamismo sorprendente per i tempi. Tra i personaggi e gli attori, traboccanti di lirismo inanimato e accademico come le didascalie scritte da Gabriele D'Annunzio («le più spaventosamente letterarie e mistificanti della storia del cinema»), si difende bene solo l'esordiente Bartolomeo Pagano nel ruolo del gigante Maciste, futuro mito del cinema italiano, che si distingue per una prestanza fisica irriducibile a qualsiasi costrizione poetica o pseudo tale. Un feuilleton grandioso, che segna il passaggio del cinema dall'infanzia alla giovinezza piena (si sente, tra il gigantismo scenografico e la complessità narrativa, «il desiderio di spezzare la dittatura del piano totale e la voglia – impossibile da realizzare a quei tempi – di un montaggio più libero e più articolato»), un punto fermo che tuttavia oggi risulta imprescindibile soltanto dal punto di vista storico. Costò un milione di lire-oro (con riprese in Tunisia, in Sicilia e in Val di Lanzo, dove si dice che Annibale avesse varcato le Alpi), mentre il finanziamento medio del periodo era di cinquantamila lire, e l'edizione originale del film fu colorata e virata in dodici tonalità diverse. Ildebrando Pizzetti compose la *Sinfonia del fuoco* per le scene dei sacrifici umani, mentre il resto dell'accompagnamento musicale fu adattato da Manlio Mazza che diresse l'orchestra anche la sera della prima proiezione pubblica, il 18 aprile 1914, al Teatro Vittorio Emanuele di Torino.

Caboblanco *½ (*Caboblanco*, Usa 1980, col, 87') J. Lee Thompson. Con Charles Bronson, Dominique Sanda, Jason Robards, Fernando Rey, Gilbert Roland. ◆ Un ex nazista (Robards) alleato con il capo della polizia locale (Rey) e il servizio segreto inglese si contendono un tesoro inabissato vicino al villaggio peruviano nel quale un americano (Bronson) gestisce un locale. Poco credibile, scontato, spiacevole tentativo – perdente in partenza – di riproporre le atmosfere e l'intreccio dell'immortale, e inimitabile, *Casablanca* di Curtiz.

Caccia, La (di Kjell Sundvall) → *Hunters, The – La caccia*

Caccia, La **½ (*The Chase*, Usa 1966, col, 135') Arthur Penn. Con Marlon Brando, Jane Fonda, Robert Redford, Angie Dickinson, Janice Rule, James Fox, Robert Duvall, Miriam Hopkins. ◆ L'inseguimento di un giovane evaso (Redford) scatena tutte le tensioni che covano sotto la finta armonia di una cittadina del Texas: l'arroganza dei ricchi, le contraddizioni della legalità, il ricatto morale che pesa su chi non ha perso del tutto la propria dignità. Una sceneggiatura spesso «ampollosa e troppo esplicita» di Lillian Hellman (da un romanzo, poi testo teatrale, di Horton Foote) limita l'efficacia drammatica dell'insieme, ma non la forza di alcune scene: l'incendio del deposito, il pestaggio dello sceriffo (Brando), l'uccisione del prigioniero che ricorda quella di Oswald da parte di Jack Ruby. Pesantissimi gli interventi del produttore Sam Spiegel che tagliò la descrizione della vita dei negri (pensati come controcanto al ruolo dei bianchi) e ridusse il ruolo di alcuni personaggi tra cui quello della moglie (Dickinson) dello sceriffo.

Caccia, La *** (*La caza*, Spagna 1966, b/n, 93') Carlos Saura. Con Ismael Merlo, Alfredo Mayo, José Maria Prada, Emilio Gutierrez Caba, Violetta Garcia. ◆ Per tre amici, ex combattenti franchisti nella guerra civile spagnola, quella che doveva essere una tranquilla giornata di caccia al coniglio si trasforma in una resa dei conti con il passato. Dalle evidenti influenze buñueliane, uno dei film che hanno segnato la rinascita del cinema spagnolo: teso e forte, offre un ritratto appassionatamente critico della borghesia spagnola, incapace di uscire dai propri incubi (con il fucile che diventa la più evidente delle metafore) e ancora legata a quella «illusione di potenza e delirio di comando che rende impossibile la soluzione incruenta delle invidie e degli odii accumulati in un ingombrante passato comune». Orso d'argento a Berlino.

Caccia al ladro *** (*To Catch a Thief*, Usa 1955, col, 107') Alfred Hitchcock. Con Cary Grant, Grace Kelly, Jessie Royce Landis, Brigitte Auber, John Williams. ◆ Sulla Costa Azzurra, John Robie detto «il gatto» (Grant), ex ladro di gioielli riscattatosi con la Resistenza, decide di collaborare con la polizia per smascherare il colpevole di alcuni furti realizzati con il suo vecchio stile: catturerà il vero ladro ma conquisterà anche una miliardaria americana (Kelly), che all'inizio non crede alla sua innocenza. Una commedia gialla raffinata e piena di ironia, fondata – secondo un meccanismo di «spostamento» narrativo tipicamente hitchcockiano – non tanto sulla scoperta del ladro vero quanto sul tema dell'identità del ladro presunto. Da antologia il bacio, di insospettabile carica erotica, tra la glaciale Grace e lo stupito Cary sulla porta della camera, e «fiori di retorica» la sigaretta spenta nell'uovo e le spettacolari, ultraimitate sequenze dei fuochi d'artificio. Robert Burks conquistò l'Oscar per la fotografia, Grace conquistò Ranieri di Monaco, spesso ospite sul set. Hitchcock compare seduto in autobus tra Grant e una gabbia di uccelli.

Caccia alla volpe *½ (Italia/Gb 1966, col, 103') Vittorio De Sica. Con Peter Sellers, Victor Mature, Britt Ekland, Akim Tamiroff, Paolo Stoppa, Tino Buazzelli, Lando Buzzanca, Vittorio De Sica, Maria Grazia Buccella, Mac Ronay, Carlo Delle Piane. ◆ Aldo Vannucci detto «la volpe», ladro specializzato in furti d'oro (Sellers), viene coinvolto nel colpo «dell'oro del Cairo», organizzato da una finta troupe che sta girando un film in via Veneto. Tratto dall'omonima commedia di Neil Simon, che lo ha sceneggiato insieme a Cesare Zavattini, è un film sconclusionato, che De Sica diresse pur non essendo convinto della sceneggiatura. Gli unici momenti un po' divertenti sono quelli in cui si scherza col mondo del cinema (un critico cinematografico, interpretato da Giustino Durano, viene portato via con la camicia di forza).

Caccia alle farfalle ***½ (*La Chasse au papillons*, Francia 1992, col, 115') Otar Ioseliani. Con Narda Blanchet, Tamara Tarasašvilj, Alexandr Čerkassov, Alexandra Liebermann, Emmanuel de Chauvigny, Pierrette Pompom Bailhache, Lilia Ollivier, Saša Pjatigorskij. ◆ Nella provincia francese, due anziane amiche, Marie-Agnès (Tarasašvilj) e Solange (Blanchet), abitano in un castello ricevendo amici e intrattenendo rapporti con gli abitanti del villaggio. Quando Marie-Agnès muore, il castello va in eredità a una sorella di Mosca (che però lo venderà subito ad alcuni speculatori giapponesi) e quel vecchio mondo di amicizie finirà per sempre e tragicamente. Giocando con una trama frastagliata e divertente che non risparmia ironia e sarcasmo per nessuno (dal prete ubriacone all'avida antiquaria, ai parenti russi con gli stessi difetti e la stessa fame di denaro di quelli occidentali), il film lascia emergere, scena dopo scena, «un coerentissimo ritratto dell'avidità umana descritta con il cinismo disincantato che richiedono i tempi ma anche con lievità e naturalezza». Lontano da ogni dogma, Ioseliani cerca di raccontare con questo raffinato racconto morale quello che rendeva la vita vivibile e che oggi non c'è più, come la caccia alle farfalle del titolo, che non ha nessun rapporto con la trama ma rimanda a «un gioco irrimediabilmente perso, a un ricordo di tempi più distesi, in cui c'era spazio per inseguire farfalle (e sogni)». Il regista appare nella parte del fantasma che fuma.

Caccia all'uomo → *Miserabili, I* (di Riccardo Freda)

Caccia all'uomo nella giungla * (*Jungle Manhunt*, Usa 1951, b/n, 66') Lew Landers. Con Johnny Weissmuller, Bob Waterfield, Sheila Ryan, Rick Vallin, Lyle Talbot. ◆ Un campione di football americano (Waterfield) si perde nella giungla ma Jim della giungla (Weissmuller) riuscirà a trovarlo. Settimo film della serie, stanco e ripetitivo; Bob Waterfield era anche nella vita reale un vero campione di football americano.

Caccia al marito *½ (Italia 1960, col, 110') Marino Girolami. Con Sandra Mondaini, Lorella De Luca, Valeria Fabrizi, Mario Carotenuto, Ingrid Simon, Enio Girolami, Carlo Delle Piane, Raffaele Pisu, Walter Chiari, Pierre Cressoy, Gérard Landry, Raimondo Vianello, Bice Valori, Pietro De Vico, Raffaele Tinti, Anna Campori, Mimmo Poli, Nanda Primavera, Fanfulla [Luigi Visconti], Marco Tulli. ◆ Per trovare dei buoni partiti, Lilli (Simon), Giulia (De Luca), Maresa (Fabrizi) e Ilde (Mondaini) investono i loro risparmi in una vacanza alla moda: il progetto sarà rovinato dagli spasimanti delle prime tre (Delle Piane, Girolami [figlio del regista] e Pisu) che le hanno inseguite da Roma, ma anche dal fatto che non è tutt'oro quel che luccica. Commediola estiva sul più frusto dei temi: la caccia all'uomo, sceneggiata senza vere idee da Castellano, Pipolo e Girolami. L'unico sorriso lo strappano Walter Chiari e Mario Carotenuto, in un duetto in cui si «contendono» Valeria Fabrizi.

Caccia al maschio ** (*La Chasse à l'homme*, Francia/Italia 1964, b/n, 90') Edouard Molinaro. Con Jean-Paul Belmondo, Jean-Claude Brialy, Françoise Dorléac, Claude Rich, Marie Laforêt, Mireille Darc, Catherine Deneuve, Micheline Presle, Bernadette Lafont. ◆ Terrorizzato dalle esperienze negative di Antoine (Brialy) e Fernand (Belmondo), il giovane Julien (Rich) alla vigilia delle nozze fugge in Grecia, dove si fa sedurre da una professionista della caccia ai turisti danarosi. Qualche caduta di tono, ma nel complesso una commedia spigliata e divertente.

Caccia al montone ** (*L'Ordinateur des pompes funèbres*, Francia/Italia 1976, col, 95') Gérard Pirès. Con Jean-Louis Trintignant, Lea Massari, Mireille Darc, Bernadette Lafont. ◆ Grazie alla collaborazione dell'amante segretaria, un uomo (Trintignant), con l'aiuto di un computer, riesce a organizzare la morte «accidentale» della moglie indisponente, del marito di una collega desiderabile, del capufficio. Ma la macchinazione si ritorce presto contro il suo cinico ideatore. Commedia spregiudicata e simpaticamente amorale, tratta da un romanzo di William Kempley, con un Trintignant in ottima forma.

Caccia al tesoro con Gianni e Pinotto → *Gianni e Pinotto banditi col botto*

Caccia al testamento *½ (*Daddy's Dyin' – Who's Got the Will?*, Usa 1990, col, 95') Jack Fisk. Con Beau Bridges, Beverly D'Angelo, Keith Carradine, Bert Remsen, Jessica Harper, Judge Reinhold, Amy Wright. ◆ Mentre un patriarca texano (Remsen) sta tirando le cuoia, un campionario di figli – che comprende una cantante country ninfomane (D'Angelo), una fanatica religiosa (Wright) e un alcolizzato (Bridges) – tirano fuori le unghie e si scambiano amanti e mogli. Da una commedia di Del Shores, un film vecchio nell'umorismo e fiacco nel ritmo, che tradisce continuamente la propria origine teatrale.

Caccia a Ottobre Rosso **½ (*The Hunt For Red October*, Usa 1990, col, 137') John McTiernan. Con Sean Connery, Alec Baldwin, Scott Glenn, Sam Neill, James Earl Jones, Tim Curry, Joss Ackland, Peter Firth. ◆ Il capitano di un sottomarino nucleare sovietico (Connery) smette di obbedire agli ordini: vuole fuggire all'Ovest o scatenare una guerra privata contro gli Stati Uniti? I suoi connazionali vogliono affondarlo, ma un esperto dei servizi segreti americani, Jack Ryan, (Baldwin) capisce le sue vere intenzioni. Imponente, spettacolare, non sempre all'altezza delle sue ambizioni di racconto ad alta tensione, può contare su un magnetico Connery. Da un romanzo di Tom Clancy liberamente ispirato a un caso reale. Oscar per gli effetti speciali sonori.

Caccia fatale → *Pericolosa partita, La*

Caccia implacabile *½ (*The Pursuit of D.B. Cooper*, Usa 1981, col, 100') Roger Spottiswoode. Con Robert Duvall, Treat Williams, Kathryn Harrold, Ed Flanders, Paul Gleason. ◆ Dove è scomparso l'uomo che nel 1971 si paracadutò nelle foreste del Wyoming dopo aver compiuto un furto e dirottato un aereo? Spottiswoode prende spunto da un fatto reale e inventa un inseguimento verso il Messico tra un reduce (Williams), diventato ladro per riconquistare la fiducia della moglie, e l'agente delle assicurazioni (Duvall), che era stato suo sergente in Vietnam, attraverso zone desolate, aeroplani e macchine distrutte, tentativi di commedia brillante. Ma il ritmo necessario non si innesca quasi mai.

Caccia riservata ** (*Le Roi*, Francia 1936, b/n, 113') Pierre Colombier. Con Victor Francen, Raimu [Jules Muraire], Gaby Morlay, Elvire Popesco, André Lefaur, Hélène Robert. ◆ Il re Giovanni IV di Cerdagna (Francen), in visita a Parigi per firmare un trattato commerciale con la Francia, conquista sia l'amante (Popesco) che la moglie (Morlay) del deputato repubblicano Bourdier (Raimu), che però verrà ironicamente risarcito con l'incarico di un ministero. Tra il vaudeville e la satira politica (del parlamentarismo e delle relazioni internazionali), una commedia vivace e ben interpretata, tratta da una pièce del 1908 (di Flers, Caivallet e Arène) con ampi interventi di attualizzazione che però non pregiudicano la fedeltà allo spirito originario. Brutto remake nel 1949 (*Il re dei cuori* di Marc- Gilbert Sauvajon) con Maurice Chevalier nel ruolo del re.

Caccia sadica ** (*Figures in a Landscape*, Gb 1970, col, 106') Joseph Losey. Con Robert Shaw, Malcolm McDowell, Christopher Malcolm, Pamela Brown. ◆ Due evasi, un omicida (Shaw) e un maniaco sessuale (McDowell), con le mani ancora legate dietro la schiena, tentano di raggiungere la frontiera inseguiti da un onnipresente elicottero. Tratto dal romanzo di Barry England, ma completamente stravolto dalla sceneggiatura di Robert Shaw e dello stesso Losey (l'ambientazione vietnamita è diventata quella di un paese senza nome) è un film teso e incalzante, pessimistica riflessione sull'impossibilità di fuggire, apologo amaro su un mondo dove «non c'è alcun luogo in cui rifugiarsi». Il film ha avuto molte vicissitudini produttive: in Italia è praticamente invedibile l'edizione originale (118') mentre nei cinema è stata distribuita anche una versione ridotta (90'), tagliata in malo modo e inevitabilmente confusa nel suo troppo rarefatto simbolismo.

Caccia selvaggia ** (*Death Hunt*, Usa 1981, col, 97') Peter Hunt. Con Charles Bronson, Lee Marvin, Angie Dickinson, Andrew Stevens, Ed Lanter. ◆ Accusato ingiustamente di omicidio, un cacciatore (Bronson) viene braccato per quarantotto giorni dalle Giubbe Rosse sui ghiacci del Canada. Ispirato a un fatto realmente accaduto nel 1931, potrebbe avere la forza metaforica di una violenta parabola esistenziale se non fosse così carico di compiaciute brutalità. Notevole l'interpretazione di Lee Marvin nella parte di un sergente disilluso e alcolizzato.

Cacciatore, Il **** (*The Deer Hunter*, Usa 1978, col, 183') Michael Cimino. Con Robert De Niro, Christopher Walken, Meryl Streep, John Savage, John Cazale, George Dzundza. ◆ Tre amici, operai nelle acciaierie della Pennsylvania, partono per il Vietnam, vengono catturati dai vietcong (che li torturano col rituale della roulette russa), ma riescono a fuggire: Michael (De Niro) sa rientrare nella vita (e rinuncerà a uccidere un cervo durante una battuta di caccia); Steven (Savage) si lascia sopravvivere in ospedale dopo aver perduto le due gambe e aver scoperto che la moglie ha avuto un figlio da un altro uomo; Nick (Walken) rimane a Saigon dove si è trasformato in un «professionista» della roulette russa. Magniloquente e appassionato ritratto dell'America degli anni Settanta, il film mescola abilmente commozione e crudeltà nel raccontare il tormento autodistruttivo che attanagliava gli Usa dopo la sconfitta del Vietnam, perfettamente sintetizzato dalla scena che vede Nick giocare per l'ultima volta con la morte, «in un duello con se stesso e non con il nemico, contro la parte maledetta propria e di un'intera società». Diversamente da Coppola, Cimino non vuole raccontare la guerra (per chi l'ha fatta è un'esperienza incomunicabile, per gli altri è incomprensibile), gli interessa piuttosto filmare «l'epopea di una sconfitta». E lo fa attraverso alcuni momenti forti, capaci di trasformare l'apparente realismo del film in elementi allegorici (il matrimonio, la caccia, la prigionia, il duello) che trovano il loro momento più alto nella scena finale (dopo aver seppellito Nick, gli amici cantano *God Bless America*) dove la commozione del lutto si trasfigura nel bisogno di speranza, perfetta e commovente rappresentazione del vitalismo assolutamente non ideologico di una nazione e di una cultura. Vincitore di cinque Oscar: miglior film, regia, attore non protagonista (Walken), montaggio (Peter Zinner) e suono.

Cacciatore bianco, cuore nero ** (*White Hunter, Black Heart*, Usa 1990, col, 113') Clint Eastwood. Con Clint Eastwood, Jeff Fahey, George Dzundza, Marisa Berenson, Richard Vanstone. ◆ Il regista John Wilson (Eastwood), in Congo per le riprese di un film, ha un solo pensiero: uccidere un elefante, e per farlo sembra disposto anche a dimenticare il set. Ispirato alla lavorazione della *Regina d'Africa* e basato sul romanzo autobiografico dello sceneggiatore Peter Viertel (il cui personaggio, chiamato nel film Pete Verrill, è interpretato da Jeff Fahey), è sceneggiato da Burt Kennedy, James Bridges e lo stesso Viertel ed è un omaggio a John Huston, uomo generoso e crudele, macho e infantile, eroico e irresponsabile. Ma vorrebbe anche essere la storia di un'ossessione, quella che hanno i grandi artisti, e qui il film (ben fotografato da Jack Green) scivola in un ritratto di maniera.

Cacciatore del Missouri, Il ** (*Across the Wide Missouri*, Usa 1951, col, 78') William A. Wellman. Con Clark Gable, Ricardo Montalban, John Hodiak, Adolphe Menjou, J. Carrol Naish, Alan Napier. ◆ Nei primi dell'Ottocento il trapper Flint Mitchell (Gable) guida una spedizione di cacciatori nei territori indiani del Missouri. Sceneggiato da Talbot Jennings a partire dal romanzo di Bernard De Voto e pensato come una specie di poema rousseauiano, con un ritmo lento e contemplativo, senza peripezie né violenze (una delle scene più belle è quella in cui un gruppo di cacciatori canta, in francese, i canti tradizionali della notte di Natale), il film fu massacrato dalla produzione che non condivise le scelte di Wellman e lo ridusse a 78', impoverendo così quello che poteva essere un vero poema dedicato all'epica della frontiera.

Cacciatore di indiani, Il ** (*The Indian Fighter*, Usa 1955, col, 88') André de Toth. Con Kirk Douglas, Elsa Martinelli, Walter Abel, Walter Matthau, Lon Chaney jr, Alan Hale, Elisha Cook jr, Diana Douglas, Harry Landers. ◆ La ferrovia per l'Oregon deve attraversare il territorio indiano: a proteggerla c'è il *trapper* Johnny Hawks (Douglas) che saprà smascherare i traffici di chi (Matthau e Chaney jr) vuole depredare i pellerossa del loro oro. E conquisterà anche l'amore della bella Onahti (Martinelli), la figlia del capo tribù. Per l'esordio come produttore con la sua compagnia Bryna (dal nome della madre), Douglas sceglie un western non originalissimo (sceneggiato da Ben Hecht e Frank Davis) ma splendidamente fotografato in CinemaScope da William Schorr, dove le complicazioni della trama passano in secondo piano di fronte all'esaltazione della natura selvaggia. Indimenticabile la Martinelli (al suo esordio a Hollywood) mentre fa il bagno nuda. Diana Douglas, ex moglie di Kirk, è la pioniera che gli dà il suo cappello.

Cacciatore di taglie, Il *½ (*The Hunter*, Usa 1980, col, 97') Buzz Kulik. Con Steve McQueen, Eli Wallach, Kathryn Harrold, Ben Johnson, Levar Burton. ◆ Dalla biografia di Ralph Thorson la vita pericolosa di un moderno cacciatore di taglie (McQueen), angosciato dall'idea della futura paternità in un mondo che sa violento e disperato. Ultimo film per McQueen, nettamente inferiore alle precedenti prove.

Cacciatore di teste **½ (*The Borrower*, Usa 1991, col, 93') John McNaughton. Con Rae Dawn Chong, Antonio Fargas, Don Gordon. ◆ Un alieno caduto sulla Terra deve cambiare testa di continuo per sopravvivere. Riflessione sul tema del serial killer e del cambiamento d'identità, in equilibrio tra il grottesco e il thriller. Girato sempre di notte, con quattro soldi ma con le idee chiare. Sarcastico e, malgrado il tema, né repulsivo né troppo truculento.

Cacciatori, I *½ (*The Hunters*, Usa 1958, col, 108') Dick Powell. Con Robert Mitchum, Robert Wagner, Richard Egan, May Britt, Lee Philips. ◆ Durante il conflitto coreano un veterano d'aviazione (Mitchum) si innamora della moglie (Britt) di uno sfortunato compagno di squadriglia, ma il senso della solidarietà e del dovere prevalgono sulla confusione del cuore. Avvincente nelle sequenze aeree, con grossi limiti nei dialoghi e nelle situazioni sentimentali.

Cacciatori dell'oro, I ** (*The Spoilers*, Usa 1942, b/n, 87') Ray Enright. Con Marlene Dietrich, John Wayne, Randolph Scott, Margaret Lindsay, Harry Carey, Richard Barthelmess, George Cleveland, Samuel S. Hinds, Marietta Canty, Charles Halton. ◆ Alaska, 1900: le schermaglie amorose non impediscono a Cherry Mallotte (Dietrich) di aiutare Ray Glennister (Wayne) a salvare la proprietà della sua miniera d'oro e a smascherare le truffe dell'addetto minerario del governo (Scott). Quarta versione, dopo quelle del 1914, 1923 e 1930, di un popolare romanzo di Rex Beach (sceneggiato da Lawrence Hazard e Tom Reed): gli stereotipi dei film coi minatori ci sono tutti, ma gli inverosimili abiti della Dietrich giustificano da soli la visione e la scazzottata finale è insolitamente violenta. Rifatto nel 1956 (*I pionieri dell'Alaska*).

Cacciatori del tempo, I *½ (*Timestalkers*, Usa 1987, col, 100') Michael Schultz. Con William Devane, Lauren Hutton, Klaus Kinski, John Ratzenberger, Forrest Tucker, Gail Youngs. ◆ Avventure tra i secoli – dal nostro al 26°, e poi al 18° – di scienziati e donne fatali, per un film televisivo con un cast eterogeneo (tra cui Kinski al debutto per la Tv americana e il veterano Forrest Tucker nella sua ultima interpretazione) e un risultato passabile.

Cacciatori di donne *½ (*The Girl Hunters*, Usa 1963, b/n, 103') Roy Rowland. Con Mickey Spillane, Shirley Eaton, Lloyd Nolan, Hy Gardner. ◆ Il detective privato Mike Hammer (Spillane) si muove tra spie, informatori, assassini e affascinanti vedove per ritrovare l'ex segretaria in pericolo di vita. Girato in Inghilterra, è un thriller privo di ispirazione, che si fa ricordare perché è Spillane stesso a interpretare il personaggio che ha inventato nei suoi libri.

Cacciatorpediniere Torrin, Il → *Eroi del mare – Il cacciatorpediniere Torrin*

Caccia tragica *** (Italia 1946, b/n, 80') Giuseppe De Santis. Con Vivi Gioi, Andrea Checchi, Massimo Girotti, Carla Del Poggio, Vittorio Duse, Checco Rissone, Umberto Sacripante, Folco Lulli. ◆ Nell'Emilia dell'immediato dopoguerra, la vita di una cooperativa agricola è minacciata da banditi che agiscono per conto di un proprietario terriero. Impasto di attualità e finzione secondo la «logica di un cinema di intervento politico diretto e immediato sulla realtà nazionale» in una storia ben congegnata e avvincente, scritta da sceneggiatori d'eccezione: Antonioni, Puccini, Lizzani, Zavattini, Barbaro e lo stesso regista. De Santis dirige il suo primo lungometraggio con un occhio al documentario e l'altro al cinema hollywoodiano, realizzando un mirabile quadro barocco dell'Italia in via di ricostruzione, col suo mondo contadino padano sconvolto dalla guerra, coi suoi reduci, banditi, borsari neri, «kulaki» e cooperative «dentro a pagine di autentico soffio epico usando con acume i miti populisti della terra e della giustizia popolare». Lizzani compare anche come attore, nel ruolo di un reduce che tiene un comizio sul treno.

Cactus *½ (*Cactus*, Australia 1986, col, 93') Paul Cox. Con Isabelle Huppert, Robert Menzies, Norman Kaye, Monica Maughan. ◆ Il lento dramma di una donna (Huppert) dalla vista danneggiata per un incidente automobilistico, che si lega in una relazione sempre più intensa a un non-vedente (Menzies). Qualche momento di forte intensità (come la panoramica a 360° che apre il film) e l'attenzione nella decrizione della vita quotidiana non bastano a far decollare il film. Resta la bravura della Huppert (e l'immancabile scena in cui si spoglia).

Cadavere dagli artigli d'acciaio, Il * (*Qui?*, Francia/Italia 1970, col, 83') Léonard Keigel. Con Romy Schneider, Maurice Ronet, Gabriele Tinti, Simone Bach, Jacques Duby, Jean Berger, Dany Jacquet. ◆ Claude (Tinti) sparisce nel mare bretone con la sua spider; suo fratello (Ronet) sospetta di omicidio la fidanzata Marina (Schneider), ma il presunto morto si mette a fare il babau. Assurdo titolo italiano per un fiacco gialletto, degno di oblio malgrado gli attori di buon nome, e che stenta a riempire la sua smilza durata.

Cadavere in cantina, Il **½ (*Nothing But the Best*, Gb 1964, col, 99') Clive Donner. Con Alan Bates, Denholm Elliott, Harry Andrews, Millicent Martin, Pauline Delaney, Godfrey Quigley. ◆ Un giovane ambizioso di modeste origini (Bates) sopprime l'amico aristocratico (Elliott) che lo ha guidato nella scalata sociale quando questi sembra abbandonarlo. Graffiante e raffinata satira dell'alta società finanziaria britannica, densa di humour nero a partire dal classico tema del cadavere ingombrante, con situazioni paradossali e riuscite caratterizzazioni. Fotografia del futuro regista Nicholas Roeg.

Cadavere per signora – I due detectives *½ (Italia 1964, b/n, 96') Mario Mattoli. Con Sylva Koscina, Sergio Fantoni, Rosalba Neri, Sandra Mondaini, Scilla Gabel, Lando Buzzanca, Piero Mazzarella, Paolo Bonacelli, Franco Franchi, Ciccio Ingrassia. ◆ Laura (Koscina), moglie di un ricco armatore, viene ricattata da un giovane a cui ha scritto alcune lettere d'amore. Per metterlo a tacere, tre sue amiche (Neri, Mondaini, Gabel) fanno una colletta, ma quando si recano all'appuntamento trovano il ricattatore morto: indagheranno per conto proprio. Un giallo-rosa insolito per Mattoli (e anche per il cinema italiano), sulla scia del rilancio del genere avvenuto l'anno precedente con *La pantera rosa* di Blake Edwards. Curioso il cast, con la Koscina e la Neri in uno dei loro ultimi ruoli prima della svolta erotica.

Cadaveri eccellenti **½ (Italia 1976, col, 105') Francesco Rosi. Con Lino Ventura, Tino Carraro, Marcel Bozzuffi, Paolo Bonacelli, Alain Cuny, Maria Carta, Max von Sydow, Charles Vanel, Luigi Pistilli, Tina Aumont, Renato Salvatori, Anna Proclemer, Corrado Gaipa, Paolo Graziosi. ◆ L'indagine sull'omicidio di tre magistrati nell'Italia del Sud conduce l'ispettore Rogas (Ventura) a Roma, dove tra ostacoli e intrighi di palazzo scopre l'esistenza di un complotto eversivo. Verrà ucciso in un museo insieme al segretario del Pci a cui voleva raccontare tutto, ma le loro morti non serviranno a niente: i superiori di Rogas lo faranno passare per mitomane, i compagni del segretario taceranno («la verità non è sempre rivoluzionaria») perché giudicano prematuro l'avvento al potere dei comunisti. Tratto da *Il contesto* di Leonardo Sciascia (sceneggiato dal regista con Tonino Guerra e Lino Jannuzzi), il film usa tutto il materiale di cronaca degli anni Settanta – attentati, strategie terroristiche, depistaggi – e lo rielabora in un giallo dalla trama serrata e angosciosa. Ma il discorso sulla «mostruosità» del potere non riesce a trasformarsi in una vigorosa denuncia civile e finisce per dare un'immagine astratta e metafisica delle aberrazioni che vuole combattere. Lo scrittore Alfonso Gatto interpreta il signor Nocio, il regista Florestano Vancini è il dirigente del Pci nell'ultima scena.

Cadaveri e compari *½ (*Wise Guys*, Usa 1986, col, 91') Brian De Palma. Con Danny DeVito, Joe Piscopo, Harvey Keitel, Ray Shorkey, Patti LuPone. ◆ Un italoamericano (DeVito) e il suo amico di origine ebraica (Piscopo) sognano di abbandonare la manovalanza nel crimine per aprire il primo ristorante italogiudaico; per finanziarsi tentano di rubare i soldi al loro boss che si vendicherà costringendoli a... uccidersi a vicenda. Un avvio promettente, buoni spunti e la perizia tecnica di De Palma non bastano a far decollare il film e la comicità cinica e irresistibile del piccolo DeVito appare quanto mai senza mordente.

Cadetti di Guascogna, I *½ (Italia 1950, b/n, 90') Mario Mattoli. Con Ugo Tognazzi, Walter Chiari, Carlo Campanini, Virgilio Riento, Fulvia Mammi, Riccardo Billi, Mario Riva, Carlo Croccolo. ◆ I due commilitoni Walter e Ugo (Chiari e Tognazzi), bersaglio prediletto dei «cadetti di Guascogna» (cioè dei congedanti), fanno la corte alla stessa ragazza e vengono coinvolti nell'organizzazione di uno spettacolo in caserma. Esordio cinematografico di Tognazzi e battesimo del «soldato Pinozzo», celebre macchietta di Croccolo. Lo spettacolo si regge quasi tutto sui numeri di Billi (che ripropone il pezzo in cui si traveste da Anna Magnani) e Riva.

Cadillac Man – Mister occasionissima *½ (*Cadillac Man*, Usa 1990, col, 97') Roger Donaldson. Con Robin Williams, Tim Robbins, Pamela Reed, Fran

Drescher, Annabella Sciorra. ◆ Un fidanzato (Robbins), che la gelosia ha fatto impazzire, prende in ostaggio tutto l'ufficio di un venditore di automobili: così il miglior impiegato (Williams) dovrà usare la sua parlantina non per convincere i clienti (o conquistare le donne) ma per salvare la vita a tutti. Pensato come una specie di parodia in nero della commedia sui sogni erotico-finanziari della middle class americana, il film deve invece accontentarsi delle doti istrioniche di Robin Williams, qui decisamente sfruttato male.

Cadillac tutta d'oro, Una **½ (*The Solid Gold Cadillac*, Usa 1956, b/n e col, 99') Richard Quine. Con Judy Holliday, Paul Douglas, Fred Clark, John Williams, Arthur O'Connell, Ray Collins. ◆ Laura Partridge (Holliday), nonostante sia proprietaria di sole 10 azioni, mette in imbarazzo con le sue domande i dirigenti di una grossa società finanziaria di New York. I tentativi di metterla a tacere o di corromperla non hanno effetto e così, diventata leader dei piccoli azionisti, riesce a modificare il vertice della società e riceve in premio dai suoi elettori una Cadillac tutta d'oro. Tratto dalla pièce omonima di George S. Kaufman e Howard Teichmann, è una commedia garbata e briosa (anche se di un'ingenuità eccessiva perfino a Hollywood) tutta centrata sulla verve di Judy Holliday e su una serie di piacevoli caricature di capitalisti cattivi. La scena finale, con l'auto, è stata girata in technicolor.

Caduta degli angeli ribelli, La *½ (Italia 1981, col, 103') Marco Tullio Giordana. Con Clio Goldsmith, Vittorio Mezzogiorno, Yves Beneyton, Alida Valli, Francesca Rinaldi, Vittorio Marchetti. ◆ Sconvolta per la malattia incurabile del padre, una giovane (Goldsmith) della Milano bene abbandona la famiglia e il lavoro per diventare l'amante di un terrorista in profonda crisi (Mezzogiorno), condannato a morte dai suoi stessi compagni: sarà lei a ucciderlo, dopo una convivenza all'insegna della paura. Sulla falsariga di *Ultimo tango a Parigi*, contaminato con *Tristano e Isotta* di Wagner, Giordana (che firma anche la sceneggiatura con Vincenzo Caretti e Mario Gallo) costruisce un melodramma sovraccarico e ambizioso, che filtra la tesissima attualità del periodo (per «nobilitarla»?) attraverso una serie di rimandi letterari, musicali e figurativi (in particolare il quadro del secentista Andrea Commodi, che dà il titolo al film e raffigura la cacciata di Lucifero dal Paradiso, angelo ribelle come è ribelle Vittorio alle sue origini borghesi prima e alla lotta armata poi). All'epoca provocò fastidio per un certo compiacimento sentimental-narcisistico e scalpore per la riduzione del terrorismo a sogno proibito di una borghese sotto shock. In un piccolo ruolo compare la futura regista Francesca Archibugi.

Caduta degli dèi, La **½ (Italia 1969, col, 155') Luchino Visconti. Con Dirk Bogarde, Ingrid Thulin, Helmut Griem, Helmut Berger, Renaud Verley, Umberto Orsini, Charlotte Rampling, Florinda Bolkan. ◆ I drammatici giorni dell'ascesa del nazismo, tra l'incendio del Reichstag (27 febbraio 1933), la «notte dei lunghi coltelli» (30 giugno 1934) e il plebiscito nella Saar (gennaio 1935) raccontati attraverso le vicende di una potente famiglia di industriali tedeschi dilaniata dalla corruzione e dalla lotta per il potere. «Ho voluto fare un Macbeth moderno, dove gli dèi si mescolano agli umani: lo strumento del loro potere è il denaro, il tempio della loro caduta la fabbrica irta di ciminiere». L'atmosfera decadente e crudele del nuovo regime è raccontata, senza nessuna preoccupazione realistica, in un affresco sontuoso e impressionante, con la cadenza opprimente e apocalittica del dramma wagneriano. Ma dopo una prima parte molto serrata (la cena della famiglia Von Essenbeck) la tensione del film si sfrangia in una serie di scene sulle tare della borghesia (Martin/Berger che imita la Marlene dell'*Angelo azzurro*, lo stupro incestuoso tra madre/Thulin e figlio/Berger) e sul fascino luciferino del male crescente, cadendo così in una serie di eccessi melodrammatici che non convincono. Così come non convince la tesi storica del film: il nazismo non uccise né fagocitò la borghesia industriale, che invece ha saputo sopravvivergli.

Caduta delle aquile, La ** (*The Blue Max*, Usa 1966, col, 156') John Guillermin. Con George Peppard, James Mason, Ursula Andress, Jeremy Kemp, Karl Michael Vogler, Carl Schell. ◆ Prima guerra mondiale: un ambizioso ufficiale tedesco (Peppard), da poco in una squadriglia di piloti d'origine nobile, sfida in amore e in battaglia il nipote di un generale. Ingenti mezzi produttivi per uno spettacolare affresco storico e psicologico. Per una volta le scene d'amore tra Peppard e la Andress non sono male. Ma le parti migliori sono senza dubbio le sequenze aeree e la colonna sonora di Jerry Goldsmith.

Caduta dell'impero romano, La ** (*The Fall of the Roman Empire*, Usa 1964, col, 153') Anthony Mann. Con Alec Guinness, Sophia Loren, Stephen Boyd, Christopher Plummer, James Mason, John Ireland, Eric Porter, Anthony Quayle, Mel Ferrer, Omar Sharif. ◆ Gli ultimi tumultuosi anni dell'Impero sotto i successori di Marco Aurelio, tra guerre, pestilenze e pressioni dei popoli confinanti. Kolossal di fastosa spettacolarità con ambizioni intellettuali («ho voluto raccontare la follia del mondo, il declino e la morte dello spirito»), ebbe molti problemi produttivi (la battaglia centrale del film è girata da Andrew Morton perché sarebbe costata troppo farla come voleva Mann); può comunque contare su alcuni buoni interpreti come Guinness e Mason e, soprattutto nella prima parte, sulla capacità di trarre il meglio dagli ambienti naturali, come per i funerali di Marco Aurelio sotto la neve o la foresta che «sfida» la fortificazione romana. Originariamente durava 185'.

Café Chantant ** (Italia 1954, col, 84') Camillo Mastrocinque. Con Alberto Talegalli, Virgilio Riento, Anna Carena, Franco Coop. ◆ Il Sor Clemente (Talegalli), con la complicità del maggiordomo (Coop), riesce a sottrarsi per una sera all'insopportabile moglie contessa (Carena) e in compagnia dello zio Angelino (Riento) si gode uno spettacolo di varietà, e non solo, finché la moglie lo raggiunge in teatro. Una trama-pretesto per inanellare «il meglio delle riviste dell'annata». Presentati da un giovanissimo Corrado, sfilano tra vari intermezzi: Fiorenzo Fiorentini ed Elena Giusti; Ugo Tognazzi e Raimondo Vianello (da *Ciao Fantasma* di Giulio Scarnicci e Renzo Terabusi); il Quartetto Cetra (nell'interpretazione di *Nel vecchio palco della Scala* di Garinei e Giovannini); le Peter Sisters (con la canzone *Merci beaucoup* di Gorni Kramer, da *Attanasio cavallo vanesio*); Nino Taranto e Dolores Palumbo (nella rivista *Scio Scio* di Nelli e Mangini) con i ballerini Georig e Weissmuller. Nella scenetta televisiva *Il tranviere* ci sono Aldo Fabrizi e Leopoldo Valentini. Già all'epoca il film aveva lo scopo di raccogliere gli ultimi fuochi di un mondo in declino (il varietà si sarebbe poi trasferito in tv, con metamorfosi inevitabili). Oggi *Café Chantant*, diretto da Mastro 5 (così nei titoli di testa) in sfavillante technicolor, è un filmetto a tratti molto divertente (esilaranti la Palumbo che si butta a destra in politica e il marito Taranto che minaccia di buttarsi a sinistra nel «letame»), ma soprattutto un prezioso documento storico di un genere e di una stagione irripetibili, la cui eredità si trova non di rado nella successiva commedia all'italiana.

Café Europa *½ (*G.I. Blues*, Usa 1960, col, 104') Norman Taurog. Con Elvis Presley, James Douglas, Robert Ivers, Juliet Prowse, Leticia Roman. ◆ Tre soldati americani di stanza in Germania (Presley, Douglas, Ivers) decidono di aprire un locale al ritorno negli Usa. Per raccogliere i soldi necessari, uno di loro, Tulsa McCauley (Presley), scommette con gli altri soldati del reggimento di riuscire a passare una notte con Lilli (Prowse), inaccessibile vedette del Café Europa. Ce la farà, ma nel ruolo di babysitter in panne costretto a chiedere aiuto. Prima commedia musicale per Presley dopo il servizio militare. Finanzia l'esercito, dirige un po' in sordina il veterano Taurog ed Elvis si presenta ai fan con tutto il suo repertorio: sono le sue esibizioni l'interesse principale del film e l'acme arriva con *Wooden Heart*, in cui Elvis canta ballando con una marionetta.

Café express ** (Italia 1980, col, 100') Nanni Loy. Con Nino Manfredi, Vittorio Caprioli, Vittorio Mezzogiorno, Adolfo Celi, Marisa Laurito. ◆ Per mantenere sé e il figlioletto un disoccupato intraprendente (Manfredi) si è inventato un servizio bar clandestino sul treno per Napoli, sopravvivendo alla giornata tra piccoli boss, ispettori e la solidarietà dei viaggiatori abituali. Tra comicità e patetismo, un mondo di risorse e umanità che Loy aveva già esplorato nelle sue indagini televisive, affidato all'estro agrodolce di Manfredi.

Caffè internazionale *** (*Café de Paris*, Francia 1938, b/n, 82') Yves Mirande [Anatole Le Querrec], Georges Lacombe. Con Jules Berry, Véra Korène, Simone Berriau, Jacques Baumer, Pierre Brasseur. ◆ Nello scicchissimo Café de Paris, la mancanza di luce durante un ricevimento permette l'assassinio del direttore di un giornale: naturalmente molti invitati avrebbero delle buone ragioni per desiderare la sua morte, compresa la moglie (Korène), il cui amante (Berry) diventa il sospettato numero uno. Una delle commedie più brillanti del cinema francese degli anni Trenta, parte di una ideale trilogia satirica sulla società del periodo (insieme a *Dietro la facciata* e *Transatlantico*): sempre in abito da sera, quel mondo ignora elegantemente l'atmosfera plumbea che lo circonda, ma non riesce a mascherare il cinismo, la corruzione e l'ipocrisia che lo pervadono. L'intrigo poliziesco è inserito a meraviglia nell'affresco di costume secondo le regole classiche dell'unità di tempo, di luogo e anche d'azione, dal momento che le molteplici storie vengono tutte ricondotte all'omicidio. Straordinari gli interpreti, che dànno vita a una galleria di personaggi-tipo insolitamente ricchi di sfumature.

Caffè Metropol ** (*Café Metropol*, Usa 1937, b/n, 84') Edward H. Griffith. Con Loretta Young, Tyrone Power, Adolphe Menjou, Gregory Ratoff, Charles Winninger, Helen Westley. ◆ Parigi: per pagare il suo debito con Monsieur Victor (Menjou), direttore del Caffè Metropol, l'americano Alexander Brown (Power) accetta di farsi passare per un principe russo. Solo così potrebbe conquistare la ricca Laura Ridgeway (Young) e risolvere i problemi finanziari, suoi e di Monsieur Victor. Ma naturalmente nessuno ha fatto i conti con l'amore. Una commediola scanzonata da un soggetto di Gregory Ratoff (che nel film interpreta il cameriere Paul) sceneggiata da Jacques Deval: niente di nuovo, ma un tocco leggero e una messa in scena professionale che scorre via.

Cagliostro *½ (*Black Magic*, Usa 1949, b/n, 105') Gregory Ratoff. Con Orson Welles, Nancy Guild, Akim Tamiroff, Valentina Cortese, Frank Latimore, Raymond Burr. ◆ La singolare carriera del celebre alchimista italiano del Settecento (Welles), dal successo presso le corti europee alle accuse di mistificazione, alla prigionia e alla tragica fine. Nonostante la sceneggiatura di Charles Bennett (ispirata a *Joseph Balsamo, mémoires d'un médecin* di Alexandre Dumas) è un film confuso e ambizioso, in cui Welles (che diresse anche alcune scene) giganteggia nelle atmosfere cupe e barocche che circondano il misterioso personaggio. Prima coproduzione italostatunitense, considerata «americana» solo per ragioni burocratiche.

Cagna, La **** (*La Chienne*, Francia 1931, b/n, 100') Jean Renoir. Con Michel Simon, Janie Marèze, Georges Flamant, Magdelaine Bérubet, Roger Gaillard, Jean Gehret. ◆ Il dramma di Maurice Legrand (Simon), un modesto cassiere spinto all'omicidio quando l'amore con la giovane prostituta Lulu (Marèze), unica luce tra le umiliazioni del lavoro e del triste ménage familiare, si rivela un crudele inganno: per l'omicidio pagherà il protettore di Lulu (Flamant), che in fondo ne era stato il responsabile, ma Maurice finirà i suoi giorni come un barbone nonostante che i quadri dipinti nel tempo libero vadano a ruba. Primo film sonoro di Renoir, tratto dal romanzo di Georges de La Fouchardière e dalla pièce che ne era stata tratta da André Mouézy-Eon, è un tragico e sardonico ritratto di quell'eterna commedia degli errori e degli inganni che è la vita (per il delitto viene condannato un innocente, l'autore dei quadri che tutti vogliono è un barbone). Alla grandissima prova di Michel Simon, Renoir aggiunge la sua maestria nel filmare la Parigi dell'epoca, con le viuzze di Montmartre e i luccicanti viali delle gallerie d'arte, il vibrante realismo e le psicologie dei personaggi colti lucidamente nel loro tormento interiore. È praticamente impossibile stabilire se davvero il regista Paul Fejos ha partecipato al montaggio del film. Subito dopo le riprese Janie Marèze è morta in un incidente d'auto alla cui guida c'era Georges Flamant. Rifatto da Fritz Lang nel 1957 (*Strada scarlatta*).

Cagna, La **½ (Italia 1972, col, 90') Marco Ferreri. Con Marcello Mastroianni, Catherine Deneuve, Corinne Marchand, Claudine Berg, Dominique Marca. ◆ Un disegnatore di fumetti (Mastroianni) abbandona la famiglia per vivere in solitudine su un'isola con il suo cane, Melampo. Ma irrompe nella sua vita una donna (Deneuve) che uccide l'animale per gelosia e ne prende il posto nella vita dell'uomo. Quando avranno terminato i viveri si lasceranno morire l'uno accanto all'altra. Dal racconto *Melampo* di Ennio Flaiano (sceneggiato da Ferreri con Jean-Claude Carrière), un film intriso di senso del paradosso e della provocazione, nel quale il tema caro a Ferreri dell'inconciliabilità tra i sessi si stempera nella comprensione che accomuna la donna alla stessa miseria dell'uomo.

Cagnaccio dei Baskervilles, Il ° (*The Hound of the Baskervilles*, Gb 1977, col, 84') Paul Morrissey. Con Peter Cook, Dudley Moore, Joan Greenwood, Denholm Elliott. ◆ Una bestiaccia sbrana tutti gli eredi maschi della casata dei Baskervilles: Sherlock Holmes (Cook) e il dottor Watson (Moore) indagano sul fatto. L'allievo di Andy Warhol, già autore di *Flesh* e *Trash*, si fa coinvolgere in una noiosa e scombinata parodia dell'omonimo romanzo di sir Arthur Conan Doyle, sceneggiata insieme a Cook e Moore (che interpreta anche il ruolo della madre di Holmes).

Caino e Abele *½ (*Cain and Abel*, Usa 1936, b/n, 90') Lloyd Bacon. Con Marion Davies, Clark Gable, Allen Jenkins, Roscoe Karns. ◆ La storia d'amore di un pugile (Gable) con una ballerina (Davies) tra equivoci e ripensamenti, tentativi di commedia brillante e ambiziosi quanto inconcludenti numeri musicali.

Caino e Caino * (Italia 1992, col, 102') Alessandro Benvenuti. Con Alessandro Benvenuti, Enrico Montesano, Daniela Poggi, Novello Novelli, Emy Kay. ◆ A Prato i fratelli Casamei – Fabio (Montesano) e Franco (Benvenuti) – si rendono impossibile la vita, avvelenati anche dalla contesa per l'eredità del padre (Novelli). Benvenuti vorrebbe essere caustico, ma il suo cinema vernacolare convince qui meno del solito. Incerto tra il comico farsesco e la commedia all'italiana (sceneggiano Leo Benvenuti e Piero De Bernardi), e con un Montesano visibilmente spaesato e fuori parte.

Cal **½ (*Cal*, Gb 1984, col, 102') Pat O'Connor. Con Helen Mirren, John Lynch, Donald McCann, John Kavenagh, Ray McAnally, Steven Rimkus, Catherine Gibson. ◆ Ulster. Un ragazzo cattolico di diciannove anni, Cal McCluskie (Lynch), che ha partecipato come autista a un agguato dell'Ira a un poliziotto, incontra la vedova dell'uomo, la matura Marcella Morton (Mirren), e se ne innamora. Lei gli offre prima un lavoro, poi l'alloggio nella sua fattoria. Nonostante l'amore per la donna e i fantasmi del delitto che lo ossessionano, non abbandonerà la lotta armata: finirà in carcere, chiedendo perdono alla vedova senza confessare il crimine. Un esordio alla regia di tutto rispetto, favorito dal produttore David Puttnam: una storia d'amore estrema e bizzarra, ambientata in una provincia scossa da conflitti sanguinosi, nella quale i dialoghi sono ridotti al minimo (la sceneggiatura è di Bernard MacLaverty dal suo romanzo omonimo) e O'Connor passa dal romanticismo edipico alla cronaca di guerra per pura forza di immagini. Notevole la sequenza in cui il giovane protagonista si lascia alle spalle gli edifici sventrati dalle bombe per fuggire inutilmente attraverso la campagna irlandese accompagnato dalle sirene della polizia. La colonna sonora è di Mark Knopfler. Palma d'oro a Cannes per Helen Mirren.

Calabuig **½ (*Calabuig*, Spagna/Italia 1956, b/n, 95') Luis Garcia Berlanga. Con Edmund Gwenn, Franco Fabrizi, Valentina Cortese, Juan Calvo, José Isbert. ◆ La fuga dalle terribili responsabilità di uno scienziato atomico (Gwenn), che sotto false spoglie si nasconde a Calabuig, uno sperduto villaggio di pescatori in Catalogna, dove ritrova, tra partite a scacchi, chiacchiere e piccole storie sentimentali, se stesso, l'armonia e la semplicità dei rapporti umani. Immediato ma non superficiale pamphlet ispirato alle idee di Rousseau sullo «stato di natura» (anche la maestra, interpretata dalla Cortese, si chiama Eloisa), è un film dolce e piacevole. Nutrita la presenza italiana, non solo nel cast: Flaiano firmò i dialoghi e Guido Guerrini le musiche. Premio Ocic a Venezia.

Càlamo *½ (Italia 1976, col, 105') Massimo Pirri. Con Lino Capolicchio, Paola Montenero, Valeria Moriconi, Paola Senatore, Raffaele Curi, Lorenzo Piani, Aldo Reggiani. ◆ In crisi per le nozze della sorellastra (Moriconi), di cui era l'amante, il seminarista Riccardo (Capolicchio) cerca di aggregarsi a un gruppo di hippie: rivelandosi alla fine più sincero nel desiderio di cambiare rispetto a loro, borghesi con l'hobby della trasgressione. Per il suo esordio Pirri (anche cosceneggiatore con Pier Giovanni Anchisi) cerca la provocazione sia nello stile (spesso alogico e asintattico) che nei contenuti (sesso e droga): ma il risultato - come si notava già all'epoca - è velleitaristico e al di sotto delle ambizioni. Resta la presenza sensuale della Montenero, poi risucchiata nell'oblio: il titolo dovrebbe riferirsi a un fiore carnivoro, con allusione al suo sesso depilato.

Calandria, La *½ (Italia 1973, col, 103') Pasquale Festa Campanile. Con Lando Buzzanca, Salvo Randone, Agostina Belli, Barbara Bouchet, Mario Scaccia, Giusi Raspani Dandolo, Cesare Gelli, Maria Grazia Spina. ◆ Per una scommessa, Lidio (Buzzanca) conquista Fulvia detta Calandria (Belli), la bella e ingenua moglie del vecchio e impotente Calandro (Randone). Le troppe beffe a sfondo sessuale, però, faranno fare a Lidio una brutta fine. Festa Campanile si inserisce nel filone boccaccesco del nostro cinema sceneggiando l'omonima commedia cinquecentesca del cardinal Bernardo Dovizi detto il Bibbiena, ma il senso gioioso dell'amore carnale presente nel testo letterario svapora sotto un dialogo che non si nega nessun doppio senso. È comunque un po' meglio della produzione di quegli anni per merito dell'ambientazione e delle grazie delle attrici.

Calata dei barbari, La *½ (*Kampf um Rom* e *Der Verrat*, Rft/Italia/Romania 1969, col, 89') Robert Siodmak. Con Laurence Harvey, Orson Welles, Sylva Koscina, Honor Blackman, Robert Hoffmann, Michael Dunn. ◆ Intrighi e guerre cruente, nell'Italia del VI secolo: la lotta degli ostrogoti contro Roma e Bisanzio, la morte di Teodorico, la cacciata dei germani dalla penisola a opera di Giustiniano (Welles). Ispirato al romanzo omonimo di Felix Dahn (sceneggiato da Ladislav Fodor e David Ambrose), un pasticcio pseudostorico dalla spettacolarità altalenante. In originale diviso in due parti (*Kampf um Rom* di 103' e *Der Verrat* di 64') fuse poi dalla produzione con tagli draconiani.

Calcutta ** (*Calcutta*, Francia 1969, col, 97') Louis Malle. ◆ Documentario sulla sterminata città indiana, la sua folla, i bambini, gli animali, il degrado dei vicoli, le differenze di casta, i riti, la spiritualità... Da trentasette ore girate con mezzi tecnici minimi (una cinepresa a 16mm e un registratore Nagra), cercando un approccio libero da schemi preconcetti, Malle ricava un film che evita concessioni folcloristiche e, senza voler dare giudizi affrettati o superficiali, offre allo spettatore europeo qualche spunto per riflettere.

Calda amante, La **½ (*La Peau douce*, Francia 1964, b/n, 115') François Truffaut. Con Françoise Dorléac, Jean Desailly, Nelly Benedetti, Daniel Ceccaldi, Jean Larnier, Paule Emanuèle. ◆ Uno scrittore (Desailly) sposato con figli, si innamora di una hostess (Dorléac) e vuole lasciare la famiglia. Quando l'amante rifiuta di vivere con lui, decide di tornare dalla moglie (Benedetti), ma è troppo tardi: questa in preda alla gelosia lo uccide. Storia di un triangolo amoroso speculare e complementare rispetto a *Jules e Jim*, questo film racconta «la tragedia del conformismo, l'incapacità storica ed esistenziale di realizzare se stessi contro le limitazioni che soffocano i conati vitali e affettivi dei protagonisti». Ma la scelta stilistica del film (il dramma si risolve in una progressione di gesti banali e quotidiani, raccontati con freddo distacco) può sembrare allo spettatore d'oggi eccessivamente straniante e datata.

Calda emozione ** (*White Palace*, Usa 1990, col, 103') Luis Mandoki. Con Susan Sarandon, James Spader, Jason Alexander, Kathy Bates, Eileen Brennan. ◆ Una matura cameriera di fastfood (Sarandon) fa riscoprire la voglia di vivere a un giovane yuppie (Spader) in crisi per la morte della moglie; ma i pregiudizi per le differenze di età, cultura e posizione sociale contrastano la relazione. L'improbabile conclusione fu aggiunta all'ultimo momento, ma la recitazione della Sarandon non si dimentica.

Calda notte dell'ispettore Tibbs, La **½ (*In the Heat of the Night*, Usa 1969, col, 109') Norman Jewison. Con Sidney Poitier, Rod Steiger, Warren Oates, Quentin Dean, Lee Grant, Scott Wilson, Larry Gates. ◆ Un ispettore di colore (Poitier) collabora, tra scontri, incomprensioni e pregiudizi, con un rude sceriffo di provincia (Steiger) in un'inchiesta per omicidio nel profondo Sud degli Stati Uniti. Apprezzato oltre i reali meriti per il vago sapore liberal della denuncia sociale, è comunque un incisivo e appassionante thriller, illuminato dall'ottima interpretazione di Rod Steiger e dalle musiche di Quincy Jones. Cinque Oscar: miglior film, attore (Steiger), sceneggiatura (Stirling Silliphant), montaggio (Hal Ashby) e suono. Poitier interpreterà lo stesso personaggio nei successivi *Omicidio al neon per l'ispettore Tibbs* e *L'organizzazione sfida l'ispettore Tibbs*. La canzone che prende il nome dal titolo originale del film è cantata da Ray Charles.

Calda pelle, La ** (*De l'amour*, Francia/Italia 1965, b/n, 90') Jean Aurel. Con Anna Karina, Michel Piccoli, Elsa Martinelli, Philippe Avron, Joanna Shimkus, Jean Sorel, Cécil Saint-Laurent, Paola Pitagora. ◆ Sotto gli occhi di un osservatore (Saint-Laurent) che commenta ciò che vede con l'aiuto di citazioni stendhaliane, si incrociano le storie del timido Serge (Avron), innamorato della finta ingenua Hélène (Karina), e del dongiovanni Raoul (Piccoli) che, geloso della sua amante (Shimkus), finisce per attirare l'attenzione di una disinvolta automobilista (Martinelli). Un'opera curiosa e originale, una delle poche a essere davvero impregnata dell'*esprit* stendhaliano (la sceneggiatura, firmata dal regista e da Cécil Saint-Laurent, si ispira direttamente a *Dell'amore*), di cui il film sa ritrovare la passionalità, la libertà di tono e soprattutto l'insolenza e l'assenza di pregiudizi. Sfolgorante la bellezza della Martinelli.

Calda preda, La *½ (*La Curée*, Francia 1965, col, 90') Roger Vadim. Con Jane Fonda, Peter McEnery, Michel Piccoli, Tina Marquand. ◆ Un ricco industriale (Piccoli) accetta senza scomporsi la relazione tra il figlio (McEnery) e la giovane seconda moglie (Fonda). Ma, con il divorzio imminente, spinge per interessi economici il figlio verso un'altra donna, facendo impazzire la moglie. Il cinismo, la supremazia dell'interesse, lo sfacelo della famiglia in un affresco malamente sceneggiato da Jean Cau (da un romanzo di Émile Zola), che risulta falso perché eccessivamente compiaciuto.

Calda vita, La ** (Italia 1964, col, 110') Florestano Vancini. Con Catherine Spaak, Gabriele Ferzetti, Jacques Perrin, Fabrizio Capucci. ◆ La prima drammatica esperienza sentimentale di tre giovanissimi: Sergia (Spaak) è una ragazza irrequieta che gioca a farsi corteggiare dai due coetanei con cui è in vacanza, ma poi si concede a un adulto incontrato per caso, provocando il suicidio del più sensibile. Dal romanzo omonimo di P.A. Quarantotti Gambini, un film che ai tempi fece scandalo per l'immagine pressoché inedita di una gioventù spregiudicata e determinata nelle proprie scelte. Anche se molto di maniera.

Calde notti d'estate **½ (*The Night*, Usa 1993, col, 90') Craig Bolotin. Con Juliette Lewis, C. Thomas Howell, Helen Shaver, Eliza Dukshu. ◆ Long Island, 1961: l'educazione sentimentale di una bambina di dieci anni, Alice, vissuta attraverso l'esperienza della sua giovane e reclusa dirimpettaia (Lewis), a cui fa da messaggera d'amore. Prima ancora di morire nell'inferno del Vietnam, i sogni degli adolescenti americani dei primi anni Sessanta s'infrangono contro il moralismo delle famiglie piccolo-borghesi: *Giulietta e Romeo* in salsa *American Graffiti*, tra tragedia imminente e romantica nostalgia, soprattutto musicale. Craig Bolotin è al suo esordio registico e Juliette Lewis al suo debutto come attrice protagonista.

Caldo soffocante *½ (Italia 1991, col, 101') Giovanna Gagliardo. Con Christine Boisson, Ennio Fantastichini, Maurizio Fardo, Gabriele Saitta, Cinzia Leone, Fiorenza Marchegiani, Gabriele Ferzetti, Laura Betti. ◆ In una Roma estiva più caotica che mai per i Mondiali di calcio del '90, una donna sola e insoddisfatta (Boisson) cerca una ragazza per restituirle i documenti trovati per caso, e scopre di essere inseguita da un misterioso malvivente tra extracomunitari, barboni e tossicodipendenti, ville con feste per vip e artisti. Un film ambizioso quanto confuso, sovraccarico di fragili caratterizzazioni psicologiche, che trova in Fantastichini (l'inseguitore) gli spunti più interessanti.

Calendar *** (*Calendar*, Canada/Armenia/Germania 1993, col, 75') Atom Egoyan. Con Arsinée Khanjian, Atom Egoyan, Asot Adamian, Michelle Bellerose. ◆ Un fotografo (Egoyan) torna in Armenia per riprendere delle chiese, e non si accorge che tra sua moglie (Khanjian, consorte del regista) e la guida locale nasce una storia d'amore. Solo, in Canada, cerca di ricostruire gli eventi, servendosi dei video che ha girato. La metafora non potrebbe essere più chiara: chi ha gli occhi incollati all'obiettivo non vede niente. Egoyan sintetizza i suoi temi tipici (i sentimenti nell'epoca della riproduzione tecnica, la perdita delle radici, l'incomunicabilità fra i sessi) con un tocco di autoironia che nei film precedenti latitava, e si districa agilmente in un puzzle di passato e presente, cinema e video, finzione e realtà. Il medium privilegiato, questa volta, è comunque il telefono, presenza invadente che non fa che ricordare, al protagonista, la sua solitudine. Non per tutti i gusti, o per chi si aspetti una storia chiara e lineare: ma non si tratta neanche di sterile accademismo d'avanguardia.

Calibro 20 per lo specialista, Una **½ (*Thunderbolt and Lightfoot*, Usa 1974, col, 114') Michael Cimino. Con Clint Eastwood, Jeff Bridges, George Kennedy, Geoff Lewis, Catherine Bach. ◆ Tra motel e cittadine della provincia americana, un ladro (Eastwood) e uno sbandato (Bridges) si uniscono a due banditi (Kennedy e Lewis) per recuperare la refurtiva di un vecchio colpo e progettarne un altro. Cimino debutta affrontando senza mezze misure la brutalità e la retorica del gangster-film, che rilegge con humour (l'inizio nella chiesa) ma anche con partecipazione (tutto il rapporto tra Eastwood e Bridges è quello di un padre con il proprio figlio). Sorretto da una bella precisione formale che prefigura le intense e controverse prove future e molto ben recitato: su tutti si distingue il giovane Jeff Bridges, che ottenne una candidatura all'Oscar.

Calice d'argento, Il * (*The Silver Chalice*, Usa 1954, col, 144') Victor Saville. Con Paul Newman, Virginia Mayo, Pier Angeli [Annamaria Pierangeli], Jack Palance, Joseph Wiseman, E.G. Marshall, Natalie Wood. ◆ Un giovane scultore greco, Basil (Newman), viene scelto per realizzare il calice con cui conservare il sacro sangue di Cristo, vent'anni dopo l'ultima cena: verrà coinvolto in battaglie e orge, tentato dal mondo pagano (Mayo) e combattuto da Simon Mago (Palance) ma saprà tornare dalla moglie cristiana (Pier Angeli). Dal romanzo di Thomas Costain, avventure bibliche inverosimili e involontariamente umoristiche, che si ricordano solo per il debutto sullo schermo di Paul Newman (che se ne vergognò sempre, tanto da far pubblicare un annuncio a pagamento – «Paul Newman si scusa tutte le sere, questa settimana, sul nono canale» – quando una televisione di Los Angeles programmò il film per sette giorni di seguito).

Califfa, La * (Italia 1970, col, 99') Alberto Bevilacqua. Con Ugo Tognazzi, Romy Schneider, Marina Berti, Roberto Lo Bisacco, Guido Alberti, Luigi Ballista, Eva Brown. ◆ La giovane e spregiudicata vedova (Schneider) di un operaio ucciso in una manifestazione fa innamorare il padrone della fabbrica (Tognazzi), che per amore concede aperture sociali così radicali da provocare la drastica reazione dei colleghi industriali. L'esordio di Bevilacqua, dal suo romanzo omonimo, è un ritratto femminile che si perde tra generici (e gratuiti) riferimenti alle tensioni sociali del periodo.

California Dolls ** (*...All the Marbles*, Usa 1981, col, 113') Robert Aldrich. Con Peter Falk, Vicki Frederick, Laurene Landon, Burt Young, Tracy Reed, Ursula Bryant-King. ◆ Harry (Falk) è il manager delle California Dolls (Frederick e Landon), una coppia di lottatrici di catch con cui attraversa la provincia americana partecipando agli incontri per il titolo nazionale. Ultimo film di Robert Aldrich, prodotto da suo figlio William, racconta il tema non nuovissimo del sogno americano e di un gruppo di persone costretto a fare i conti con un mondo ancora più violento del loro sport. Le sequenze del campionato sono coinvolgenti e ben girate, ma il resto del film resta in superficie.

California Dreaming ** (*California Dreaming*, Usa 1979, col, 92') John Hancock. Con Dennis Christopher, Glynnis O'Connor, Seymour Cassel, Dorothy Tristan, Tanya Roberts, Ned Wynn. ◆ Escluso come sempre dal resto della compagnia, un impacciato perdente (Christopher) partecipa al periodico surf-party sulla spiaggia senza percepire la fatuità dell'esistenza di chi considera un vincente. Inferiore alle ambizioni, ma efficace e incisivo per come racconta psicologie e situazioni.

California-Express *½ (*Without Reservations*, Usa 1946, b/n, 107') Mervyn LeRoy. Con Claudette Colbert, John Wayne, Don Defore, Frank Puglia, Phil Brown, Raymond Burr. ◆ Sul treno verso Hollywood una scrittrice (Colbert) incontra un ufficiale (Wayne), perfetto per interpretare il protagonista del film tratto dal suo libro. L'avvio è molto promettente, con la curiosa presenza di Wayne in una commedia sentimentale, ma nonostante qualche ironia sulla Mecca del cinema e le star ospiti a sorpresa (Louella Parsons, Cary Grant, Jack Benny), il ritmo si perde e la qualità scade.

California Poker **½ (*California Split*, Usa 1974, col, 108') Robert Altman. Con Elliott Gould, George Segal, Gwen Welles, Ann Prentiss, Joseph Walsh, Jeff Goldblum. ◆ Due sbandati, Charlie Waters (Gould) e Bill Denny (Segal), che hanno fraternizzato nelle sale da gioco tra bevute e scommesse, tentano il grande colpo in una memorabile nottata a Reno. Imprevedibile, apparentemente improvvisato, estenuante come la scoperta della fatuità della vittoria, porta alle estreme conseguenze la negazione altmaniana delle sceneggiature rigide, la concezione della regia come happening, «arte della digressione e della stratificazione». Senza perdere di vista, però, il fondo amaro del sogno dei due giocatori, nel quale la brillantezza si trasforma in malinconia e spleen.

California Skate *½ (*Gleaming the Cube* poi rititolato *A Brother's Justice*, Usa 1989, col, 104') Graeme Clifford. Con Christian Slater, Steven Bauer, Ed Lauter, Nicole Mercurio, Charles Cyphers, Le Tuan. ◆ Per indagare sulla morte del fratellastro vietnamita, lo skater ribelle Brian (Slater) è disposto a tutto: perfino a mettersi in giacca e cravatta. Incroci di generi nella prima sceneggiatura di Michael Tolkin: tuttavia il film non riesce mai a staccarsi dal suo target di *teen-agers*, e Slater non è mai credibile, né con la T-shirt dei Cramps, né con l'aria da bravo ragazzo. Il titolo originale indica il momento in cui lo skateboard è sospeso in aria.

California Suite ** (*California Suite*, Usa 1978, col, 103') Herbert Ross. Con Jane Fonda, Alan Alda, Michael Caine, Bill Cosby, Walter Matthau, Richard Pryor, Maggie Smith, Elaine May. ◆ Le disavventure di quattro coppie scese al Beverly Hills Hotel durante la notte della consegna degli Oscar: due coniugi separati (Fonda e Alda) si battono per la custodia della figlia; un tranquillo marito (Matthau) si trova in camera una ragazza compiacente; due ospiti di colore (Cosby e Pryor) con le loro mogli subiscono tutti i possibili disservizi dell'albergo; un'attrice nominata all'Oscar (Smith) si consola della sconfitta con il comprensivo consorte (Caine). Sceneggiato da Neil Simon (dalla sua omonima commedia *Plaza Suite*, 1968) ha qualche brillante descrizione comportamentale, ma non convince per l'artificiosità del filo conduttore. Decisamente pessimo l'episodio della coppia comica Pryor-Cosby. Smentendo il suo personaggio, Maggie Smith vinse veramente l'Oscar per questo film, come attrice non protagonista.

Caligola → *Io, Caligola*

Caligola... l'altra storia → *Caligola... la storia mai raccontata*

Caligola... la storia mai raccontata * (Italia 1982, col, 100') David Hills [Aristide Massaccesi]. Con David Cain [David Haughton Brandon], Laura Gemser, Gabriele Tinti, Fabiola Toledo, Michele Soavi. ◆ Stupri, orge, mutilazioni, impalamenti... altro che storia mai raccontata: Joe D'Amato-Massaccesi (anche sceneggiatore e direttore della fotografia) confeziona un'imitazione povera del kolossal di Tinto Brass *Io, Caligola*, che almeno un briciolo di follia ce l'aveva. Ma il tono serioso e la recitazione dilettantesca ammazzerebbero anche il cavallo-senatore (il quale si gode qui un servizietto particolare: che però, come tutte le scene hard, è tagliato nell'edizione italiana). Noto anche come *Caligola ...l'altra storia*.

Calle Mayor *** (*Calle Mayor*, Spagna/Francia 1956, b/n, 89') Juan Antonio Bardem. Con José Suarez, Betsy Blair, Yves Massar, Dora Doll, Luis Peña. ◆ Per uno degli scherzi crudeli ideati dagli sfaccendati di una piccola città di provincia, Juan (Suarez) finge di amare Isabel (Blair), una donna non più giovane. Quando si scopre la verità, il giovane è divorato dal rimorso, ma Isabel saprà superare il dolore per l'inganno e dimostrerà coraggio non lasciando la città. La noia e le piccole/grandi cattiverie, l'amarezza e il sottile disagio della vita di provincia sono raccontati in questo film con un ritratto incisivo e nitido, aiutato da una fotografia (di Michel Kelber) felicemente espressiva e da un appropriato commento musicale di Joseph Kosma.

Calma, signori miei! → *Palla numero 13, La*

Calore **½ (*Heat*, Usa 1971, col, 100') Paul Morrissey. Con Joe Dallesandro, Sylvia Miles, Andrea Feldman, Eric Emerson, Pat Ast. ◆ Un aspirante attore (Dallesandro) va a Hollywood in cerca di fortuna e per fare carriera concederà il suo corpo a uno stuolo di donne voraci. Bizzarra rilettura di *Viale del tramonto*, il film permette a Morrissey, uscito dalla Factory di Andy Warhol, di confermare il suo talento per un cinema libero dagli schemi narrativi hollywoodiani, capace di offrire un ritratto cupissimo e senza riscatto dell'umanità che descrive, in cui certi toni quasi umoristici non fanno che sottolineare il disincantato pessimismo di fondo.

Calore e polvere **½ (*Heat and Dust*, Gb 1982, col, 130') James Ivory. Con Julie Christie, Greta Scacchi, Shashi Kapoor, Wakir Hussain, Julian Glover, Christopher Cazenove. ◆ Una donna inglese (Christie) e una sua lontana prozia (Scacchi) vivono, in India, a sessant'anni di distanza, esperienze sentimentali analoghe. Sceneggiato da Ruth Prawer Jhabvala dal suo romanzo, il film usa, con intensità e raffinatezza, la sensibilità femminile come filtro per rappresentare due mondi – quello britannico coloniale e l'affascinante ma impenetrabile civiltà orientale – contigui e distanti allo stesso tempo, in un groviglio di convenzioni e mentalità inconciliabili.

Caltiki, il mostro immortale ** (Italia 1959, b/n, 75') Robert Hampton [Riccardo Freda]. Con John Merivale, Didi Sullivan [Didi Perego], Gérard Herter, Daniela Rocca, Giacomo Rossi Stuart. ◆ Una spedizione guidata da due archeologi trova nella giungla messicana la statua di Caltiki, la dea della morte. Ma così «risveglia» un mostro che infetterà uno dei due esploratori, trasformandolo in una creatura terrificante. Fantahorror un po' alla Lovecraft e un po' precursore di Indiana Jones per un Freda sempre geniale, abile nell'arte di arrangiarsi (i trucchi di John Foam, cioè Mario Bava, erano fatti con la trippa) e nel tirare fuori il massimo da un soggetto approssimativo.

Calunnia, La **½ (*These Three*, Usa 1936, b/n, 93') William Wyler. Con Merle Oberon, Miriam Hopkins, Joel McCrea, Bonita Granville, Margaret Hamilton, Walter Brennan, Catherine Doucet. ◆ Due giovani donne, Karen (Oberon) e Martha (Hopkins), sono travolte da uno scandalo suscitato dalle bugie di una perfida bambina (Granville) iscritta al collegio che le due donne hanno aperto con fatica. Tratto dal dramma omonimo di Lilian Hellman (sceneggiato da lei stessa), il film annulla completamente le implicazioni lesbiche del testo teatrale, ma offre un affresco sinistro e impietoso della provincia americana, nonostante il lieto fine d'obbligo (la bambina viene smascherata e Martha non si suicida, come invece accadeva nella pièce). La qualità migliore del film, però, è il contrasto cromatico della fotografia, opera di Gregg Toland. Wyler stesso rifarà questa storia nel 1962 (*Quelle due*) senza più censure moralistiche.

Calvario di una madre, Il * (*Le Droit de l'enfant*, Francia 1949, b/n, 95') Jacques Daroy. Con Jean Chevrier, Michel Jourdan, Renée Devillers, René Blancard, Henri Crémieux, Marc Valbel, Claire Duhamel. ◆ Sedotta e abbandonata dal perfido marchese Daniel (Valbel), Louise (Devillers) torna all'ovile coniugale. Cinque anni dopo il marchese torna alla carica, insidiando questa volta la figlia di Louise, Cécile (Duhamel). Dal romanzo di Georges Ohnet (sceneggiato dal regista con lo pseudonimo di Jacques Rey), un goffo melodramma ambientato nell'alta società, dove i cattivi alla fine vengono puniti: fasullo e prevedibile.

Camaleonte ** (*Chameleon*, Usa 1978, col, 90') Jon Jost. Con Bob Gaudini, Kathleen MacKay, Ellen Blake, Lee Kissman. ◆ Ritratto di uno spacciatore di cocaina e di quadri falsi (Gaudini), omicida che frequenta ambienti intellettuali e che, cospargendosi di vernice, si accusa di disumanità. Primo film a essere distribuito in Italia (in versione originale con sottotitoli) di un regista underground subito battezzato «il Godard americano». Monologhi a ruota libera, silenzi, improvvisazioni, immagini capovolte, giochi col suono e i colori: un noir stravolto (e girato in stretta economia) che anticipa il minimalismo, ma pecca di autoindulgenza. Ebbe guai con la censura perché accusato di «istigare alla diffusione della droga».

Camaleonte, Il *** (*Chameleon Street*, Usa 1990, col, 100') Wendell B. Harris. Con Wendell B. Harris, Angela Leslie, Paula McGee. ◆ Impostore nato e bugiardo suo malgrado, Doug Street (Harris) si fa passare per giornalista, chirurgo, intellettuale e uomo d'affari, riscuotendo il successo e la stima dei bianchi, prima di finire in galera. Nella società americana, l'unico modo di sopravvivere è mentire e uniformarsi alle aspettative altrui: l'esordiente Harris è molto più beffardo, amaro e irriverente di tanti suoi fratelli neri più ricchi e blasonati. Girato con due soldi, ma con continui cambiamenti di stile e di tono, grazie anche a un montaggio bizzarro che rimanda al rap. Imperdibili i titoli di coda, con una versione a più voci della favola dello scorpione e della rana, già raccontata da Orson Welles in *Rapporto confidenziale*.

Cambiale, La ** (Italia 1959, b/n, 91') Camillo Mastrocinque. Con Totò [Antonio de Curtis], Peppino De Filippo, Aroldo Tieri, Vittorio Gassman, Erminio Macario, Ugo Tognazzi, Raimondo Vianello, Giorgia Moll, Paolo Ferrari, Sylva Koscina, Lia Zoppelli, Luigi Pavese, Gina Rovere, Toni Ucci, Dina Perbellini, Nanda Primavera, Eduardo Passarelli, Giacomo Furia, Mario Castellani. ◆ I vorticosi passaggi di mano di una cambiale da 100 mila lire, da quelle di due piccoli truffatori, i cugini Dante e Peppino Posalaquaglia (Totò e De Filippo), a una serie di variopinti personaggi. Scanzonata rivisitazione del vero motore economico dell'Italia del boom (sceneggiata senza molto impegno da Vittorio Metz, Roberto Gianviti, Giulio Scarnicci, Renzo Tarabusi, Luigi Magni e Federico Zardi), ridotta però a esile canovaccio per i virtuosismi di un cast che sembra continuamente libero di improvvisare: dal gigionesco «principe russo» di Gassman alla curiosamente (per i tempi) disinibita mondana della Koscina, dalle citazioni chapliniane di Tognazzi finito su un ring di lotta libera all'irresistibile duetto processuale dei falsi testimoni Totò e Peppino.

Cambiar vita *½ (*Rich in Love*, Usa 1992, col, 105') Bruce Beresford. Con Albert Finney, Jill Clayburgh, Kathryn Erbe, Kyle MacLachlan, Piper Laurie, Suzy Amis, Ethan Hawke, Alfred Woodward. ◆ La diciassettenne Lucille (Erbe) aiuta il padre Warren (Finney) a superare lo shock per essere stato abbandonato dalla moglie (Clayburgh): ma anziché badare ai coetanei cade nelle braccia del cognato Bill (MacLachlan). Dopo *A spasso con Daisy*, Beresford e lo sceneggiatore Alfred Uhry (che ha adattato il romanzo di Josephine Humphreys) tornano nel profondo Sud, ma i personaggi hanno poco da dire, e la saccarina abbonda. La colonna sonora è di Georges Delerue.

Cambio della guardia, Il * (Italia 1962, b/n, 92') Giorgio Bianchi. Con Gino Cervi, Franco Parenti, Fernandel [Fernand Contandin], Milla Sannoner, Jimmy il Fenomeno [Origene Soffrano]. ◆ Mentre l'esercito alleato si avvicina il podestà di Ardea, Mario (Cervi), cerca di passare i poteri all'amico-nemico Attilio (Fernandel, doppiato da Carlo Romano), notoriamente antifascista e futuro consuocero. Ma l'improvviso assassinio di un noto esponente fascista complica molto le cose. Sperando di sfruttarne il successo, i protagonisti di *Don Camillo* sono coinvolti in una inutile commediola.

Cambio d'identità ** (*True Identity*, Usa 1991, col, 93') Charles Lane. Con Lenny Henry, Frank Langella, Charles Lane, J.T. Walsh, Andreas Katsulas, Anne-Marie Johnson. ◆ L'attore nero Miles Pope (Henry) vorrebbe recitare l'*Otello*, ma trova solo parti da spacciatore. Per salvarsi da un vero gangster (Langella), di cui per caso ha scoperto l'identità, si trasforma in bianco con l'aiuto del suo truccatore (Lane). Al suo secondo film, Lane non mantiene le promesse dell'ambizioso *Sidewalk Stories* (muto e in bianco e nero, inedito in Italia), e sceglie una commedia che, una volta esaurita la trovata iniziale, fatica a passare da una situazione comica all'altra. Ottimo il lavoro dei truccatori (il team è lo stesso di *Dick Tracy*), ma la versatilità del protagonista, che imita diversi accenti e personaggi americani, si perde col doppiaggio. James Earl Jones compare nella parte di se stesso, e il regista Melvin Van Peebles (padre di Mario) in quella di un tassista.

Cambio marito *½ (*Switching Channels*, Usa 1987, col, 105') Ted Kotcheff. Con Kathleen Turner, Burt

Reynolds, Christopher Reeve, Ned Beatty, Henry Gibson. ◆ Un sarcastico giornalista, direttore di una televisione d'assalto (Reynolds), è deciso a contrastare in ogni modo il matrimonio dell'ex moglie (Turner) con un inamidato yuppie (Reeve). Scherzacci, colpi di scena e amenità varie (tra cui una grottesca esecuzione capitale non riuscita) sono alla base della quarta versione di *Prima pagina* di Ben Hecht e Charles MacArthur. Il regista del primo *Rambo* guida senza vivacità una scialba satira del cinismo dell'informazione televisiva.

Camelot * (*Camelot*, Usa 1967, col, 178') Joshua Logan. Con Richard Harris, Vanessa Redgrave, Franco Nero, David Hemmings, Lionel Jeffries. ◆ Dall'opera di Lerner e Loewe un musical in grande stile ma confuso, fiacco, indeciso tra tragedia e comicità – volontaria e non – su re Artù (Harris) e l'amore impossibile tra Ginevra (Redgrave) e il valoroso Lancillotto (Nero). Premiati con l'Oscar le scenografie (John Truscott, Edward Carrere e John W. Brown) e i costumi (John Truscott), che pure sono tra gli elementi meno convincenti.

Camera con vista **½ (*A Room with a View*, Gb 1985, col, 115') James Ivory. Con Maggie Smith, Helena Bonham Carter, Denholm Elliott, Julian Sands, Daniel Day-Lewis, Simon Callow. ◆ 1907: Lisa Honeychurch (Carter), una beneducata ma irrequieta ragazza inglese, conosce durante il sospirato viaggio a Firenze in compagnia della cugina Charlotte (Smith) un giovane conterraneo stravagante e anticonformista (Sands), che turba il suo placido mondo; al ritorno in patria spodesterà dal suo cuore il futuro sposo, campione di buone maniere (Day-Lewis). Elegante e ironica trasposizione del romanzo omonimo di E.M. Forster, il film rischia, per eccesso di attenzione ai dettagli, di risultare un po' freddo. Lo riscattano le splendide interpretazioni (ottimo il reverendo di Simon Callow) e una sottile nostalgia per il mondo che descrive. Tre Oscar: miglior sceneggiatura (Ruth Prawer Jhabvala), scenografia (Gianni Quaranta, Brian Ackland-Snow, Brian Savegan, Elio Altamura) e costumi (Johnny Beavar, John Bright).

Camera d'albergo ** (Italia 1981, col, 105') Mario Monicelli. Con Vittorio Gassman, Monica Vitti, Enrico Montesano, Nestor Garay, Ida Di Benedetto, Roger Pierre, Gianni Agus, Isa Danieli, Daniele Formica. ◆ Tre giovani cinefili, seriamente intenzionati a realizzare un'opera tale da arricchire la storia del cinema, dopo l'incontro con un produttore di Cinecittà (Gassman) finiscono per utilizzare il materiale registrato con la macchina da presa nascosta in una camera d'albergo, per un film dai toni scandalistici e di sicuro successo di cassetta. Satira sul cinema, sui suoi registi (della vecchia e della nuova generazione), sui critici, sulla morale sempre soggiacente alla logica commerciale, che però rischia di disperdersi in una certa frammentarietà narrativa. L'idea del film risale al 1961: era uno dei progetti della Film Cinque (di Age, Bini, Comencini, Monicelli, Scarpelli).

Camera delle torture cinesi, La * (*Manqing shida kuxing*, Hong Kong 1994, col, 90') Bosco Lam. Con Yvonne Yung, Lawrence Ng, Wong Kwong Leung, Ching Mei, Or Yan See. ◆ La giovane Shaw (Yung) viene accusata con l'amante (Ng) dell'omicidio del marito; dopo lunghe sedute di tortura riuscirà a provare la propria innocenza. Ma più che un esercizio di sadomasochismo, è un filmaccio incredibilmente triviale a metà strada tra il q.i. di *Quel gran pezzo dell'Ubalda* e le esagerazioni di *Sex and Zen*, pieno di gag su contadini superdotati ed eiaculazioni a idrante. L'unica scena divertente è quella dell'accoppiamento volante: per il resto, vai di fast forward. Produce Wong Jing, il corrispondente hongkonghese di Joel Silver. Noto anche come *Chinese Torture Chamber*.

Camera in città → *Chambre en ville, Une*

Cameraman, Il **** (*The Cameraman*, Usa 1928, b/n, 70') Edward Sedgwick [e Buster Keaton]. Con Buster Keaton, Marceline Day, Harold Goodwin, Sidney Bracy, Harry Gribbon, Ed Brophy. ◆ Luke Shannon (Keaton), un cineamatore innamorato di Sally Richards (Day), impiegata alla Mgm, cerca con ogni espediente di farsi assumere, ma i filmati che presenta sono un'accozzaglia di immagini sconnesse e di incomprensibili sovrimpressioni. Sarà una scimmia ad assisterlo nel suo scopo, aiutandolo a filmare una rissa a Chinatown e soprattutto recuperando la pellicola in cui è impressionato anche l'atto di coraggio con cui ha salvato Sally che stava per annegare: così verrà assunto alla Mgm e conquisterà l'amore. Primo lungometraggio prodotto da Keaton dopo il suo passaggio alla Mgm, è uno dei capolavori della sua carriera: riprendendo il tema del cinema e dei suoi rapporti con la realtà (già al centro di *La palla numero 13*) il film ne approfondisce alcuni aspetti (Keaton davanti alla cinepresa che gioca da solo tutti i ruoli di una partita di baseball arrivando a riempire uno stadio vuoto) fino ad affrontare il nodo centrale della sua riflessione – «l'estraneità dal mondo e l'impossibilità di vivere in sintonia con la realtà» – nelle scene in cui è soffocato da una folla che non riesce mai a controllare, nemmeno con la macchina da presa. Esilarante la satira del mondo del cinema, del quale mette a confronto le due tendenze estreme: l'avanguardia più intellettualistica (i primi filmati che mostra, con le loro sovrimpressioni, sembrano uscire da un film di Dziga Vertov) e il racconto più tradizionale (tanto tradizionale da poter essere filmato da una scimmia). Conosciuto anche col titolo *Io... e la scimmia*.

Cameraman e l'assassino, Il ° (*C'est arrivé près de chez vous*, Belgio 1992, b/n, 95') Rémy Belvaux, André Bonzel, Benoît Poelvoorde. Con Benoît Poelvoorde, Jacqueline Poelvoorde- Pappaert, Nelly Pappaert, Rémy Belaux, André Bonzel, Malou Madou. ◆ Una troupe televisiva (Belvaux e Bonzel) registra la vita quotidiana di un assassino (Poelvoorde) specializzato nell'eliminazione di vecchi e indifesi, e disposto a spiegare allo spettatore tutti i trucchi del mestiere. Dopo la partecipazione a uno stupro-omicidio collettivo, la troupe sarà coinvolta in prima persona dall'escalation di violenza. Il film d'esordio di tre giovani belgi (che hanno coinvolto nell'impresa parenti e amici) è una virulenta satira della tv-verità che finisce col compiacersi delle nefandezze che esibisce: lo spettatore viene coinvolto con malizia – il taglio, all'inizio, è comico – e poi viene fatto sentire in colpa per il suo voyeurismo. E il film finisce per risultare cinico e ipocrita come la televisione che critica.

Camera verde, La *** (*La Chambre vert*, Francia 1978, col, 94') François Truffaut. Con François Truffaut, Nathalie Baye, Jean Dasté, Jean-Pierre Moulin, Antoine Vitez. ◆ Est della Francia, 1924: un giornalista di provincia (Truffaut) vive onorando la memoria della moglie scomparsa e degli amici morti, per i quali restaura una vecchia cappella diroccata, la «camera verde». Neanche l'amore di una giovane donna (Baye) potrà distrarlo dalla scelta che lo porterà alla morte. Liberamente ispirato ad alcuni temi di Henry James (contenuti nei racconti *L'altare dei morti*, *Gli amici degli amici* e *La tigre nella giungla*) il film racconta, con un tono sommesso e cupo, la storia di un'ossessione della quale il regista sa mettere in evidenza prima di tutto le componenti positive (il suo comportamento è una ribellione all'indifferenza tanto diffusa verso il culto dei defunti). La bella fotografia di Nestor Almendros, poi, aiuta lo spettatore a entrare nell'atmosfera magica e soprannaturale del film. Nei ritratti che adornano la stanza del culto si distinguono, tra gli altri, quelli di James e di Cocteau.

Camere da letto *½ (Italia 1997, col, 104') Simona Izzo. Con Diego Abatantuono, Maria Grazia Cucinotta, Simona Izzo, Ricky Tognazzi, Giobbe Covatta, Giuppy Izzo, Francesco Venditti, Alexandra La Capria, Isa Bellini, Chiara Salerno, Giuseppe Manfridi. ◆ Ostia: Maddalena (Cucinotta) e Dario (Abatantuono) si amano, ma i turni di lavoro opposti e una nidiata di bambini rendono difficili i loro incontri; Sandro (Covatta) rivede Tatiana (G. Izzo), slava emigrata in Italia, e per trattenerla vince la sua maniacale avarizia; Margherita (S. Izzo) e Fabrizio (Tognazzi), due attori in tournée, portano in scena il loro litigioso matrimonio scambiando finzione e realtà; Lorenzo (Venditti) cerca di tenere tranquilla la nonna rompiscatole (Bellini) per poter fare l'amore con Luisa (La Capria), preoccupata per la «prima volta». Interni sentimentali strapaesani, all'insegna di un bozzettismo e di un buonumore alla Emmer con una maggiore spigliatezza nei costumi dettata dai tempi: scenette e battute a profusione (sceneggiatura di S. Izzo, Graziano Diana e Giuseppe Manfridi, che interpreta l'amministratore delle troupe teatrale), con la coppia Abatantuono/Cucinotta, fisicamente indovinata, che svetta su tutte le altre, e quella Izzo/Tognazzi che cade nel patetico. Eccesso di familismo: Lorenzo Venditti è figlio del cantante Antonello e di Simona Izzo, Alexandra La Capria dello scrittore Raffaele, Giuppy è sorella di Simona Izzo, a sua volta compagna di Ricky Tognazzi.

Camere e corridoi ** (*Bedrooms & Hallways*, Gb 1998, col, 96') Rose Troche. Con Kevin McKidd, Hugo Weaving, Jennifer Ehle, Simon Callow, Harriet Walter. ◆ Alla ricerca di una storia seria, il gay Leo (McKidd) si unisce a un gruppo di terapia maschile e viene sedotto da Brendan (Weaving): che però si rivela etero, non ha voglia di relazioni impegnative e per giunta esce da una convivenza con la fidanzata (platonica) che Leo aveva al liceo. Dopo *Go Fish - Segui il pesce*, la Troche abbandona la verve sperimentale in bianco e nero per una commedia più tradizionale, simpatica e professionale, ma anche prevedibile. Se l'obiettivo è la «normalizzazione» per un'audience più vasta, la causa omo sicuramente ne guadagna, ma il cinema ne soffre un po'.

Cameriera bella presenza offresi..... ** (Italia 1951, b/n, 101') Giorgio Pàstina. Con Elsa Merlini, Gino Cervi, Giulietta Masina, Alberto Sordi, Peppino De Filippo, Eduardo De Filippo, Titina De Filippo, Vittorio De Sica, Isa Miranda, Milly Vitale, Aroldo Tieri, Arturo Bragaglia, Aldo Fabrizi, Enrico Viarisio, Armando Migliari, Carlo Ninchi, Bella Starace Sainati, Pina Piovani. ◆ Le disavventure della cameriera Maria (Merlini) che cambia quattro padroni in pochi giorni, aspettando che l'inattendibile fidanzato (Cervi) dopo 15 anni la sposi: sarà a servizio da un marito tradito (P. De Filippo), un attore geloso (De Sica), un «commendatore» esaurito (Fabrizi) e un professore di matematica (E. De Filippo) con il pallino dell'esoterismo. Commedia di costume superficiale ma divertente, la cui trama pretestuosa (nonostante la sceneggiatura di Age, Scarpelli, Aldo De Benedetti, Federico Fellini, Ruggero Maccari, Nicola Manzari e Tullio Pinelli) è sorretta da uno stuolo di grandi attori in piccoli ruoli. Su tutti, il vanitoso De Sica che si fa spruzzare l'acqua di colonia nei capelli e Fabrizi che cerca di combattere il caldo di ferragosto stravaccato sul letto in pigiama, rinfrescandosi con pezzi di ghiaccio, il phon e succhiando da una brocca come fosse un narghilé. Sordi invece, nei panni di un alpino bamboccione, non è al meglio.

Camerieri *½ (Italia 1995, col, 101') Leone Pompucci. Con Paolo Villaggio, Diego Abatantuono, Marco Messeri, Antonio Catania, Enrico Salimbeni, Ciccio Ingrassia, Dany Tesoro, Carlo Croccolo, Antonello Fassari, Regina Bianchi, Ludovica Modugno, Ugo Conti, Mario Bianco, Sandra Milo, Sy Fatou, Cristina Gajoni Visentin. ◆ L'improvviso malore del padrone (Ingrassia) mette quattro camerieri (Villaggio, Abatantuono, Messeri, Salimbeni) e un cuoco (Catania) nella condizione di dover gestire da soli il pranzo di gala da cui dipende il loro futuro, perché il festeggiato (Croccolo) ha appena comprato il ristorante e deciderà dal servizio se confermarli nei loro posti o trasformare il locale in un negozio di mobili come vuole il figlio (Fassari). Tutti i difetti della cosiddetta nuova commedia all'italiana: protagonisti senza consistenza ridotti a macchiette somatiche, sceneggiatura (del regista, Filippo Pichi e Paolo Rossi [non il comico, solo un omonimo, che interpreta uno dei tre musicisti]) fintamente «cattiva» che non spiega l'eterna litigiosità tra i camerieri ma la esaspera solo con «la matita di un Grosz all'amatriciana», personaggi che fluttuano nel nulla e spariscono senza ragione (il figlio di Abatantuono, l'amante di Croccolo interpretata da una garrula Sandra Milo) e un disprezzo per la materia raccontata che svela una punta di fastidioso razzismo. Giustamente ignorato dal pubblico.

Camicie rosse (Anita Garibaldi) *½ (Italia 1952,

b/n, 99') Goffredo Alessandrini. Con Anna Magnani, Raf Vallone, Michel Auclair, Serge Reggiani, Carlo Ninchi, Alain Cuny, Enzo Cerusico, Gino Leurini. ◆ La vita e le imprese di Garibaldi (Vallone), dalla caduta della Repubblica Romana, nel 1819, alla fuga verso Venezia fino alla morte di Anita (Magnani). Un film d'avventura non del tutto riuscito che smorza l'oleografia consueta per lasciar spazio all'intensità della Magnani, coinvolta anche nella produzione. Terminato dall'esordiente Francesco Rosi dopo l'abbandono del set da parte di Alessandrini per contrasti con la protagonista. La sceneggiatura è firmata da Enzo Biagi, Renzo Renzi, Mario Serandrei, Sandro Bolchi, ma hanno collaborato anche Suso Cecchi d'Amico, Nino Frank e la stessa Magnani.

Camilla ** (Italia/Francia 1954, b/n, 90') Luciano Emmer. Con Gabriele Ferzetti, Franco Fabrizi, Gina Busin, Luciana Angiolillo, Irene Tunc, Michele Emmer, Elisabetta Emmer. ◆ Attraverso gli occhi della domestica Camilla (Busin) dall'animo semplice e buono, viene mostrata la meschinità dell'ambiente borghese dei suoi padroni. Un piccolo «saggio del nostro realismo minore» che descrive la crisi di un nucleo familiare attraverso una somma di notazioni rapide e acute, a volte edulcorate, altre volte penetranti, così che la parabola della famiglia Rossetti si configura come «una favola sulla società dell'epoca» (con l'inizio e la fine ambientati in un quartiere in costruzione, destinato alle classi sociali in ascesa). E se le soluzioni narrative sono spesso prevedibili e scontate, è proprio questa assenza di originalità che permette al regista di concentrarsi sul momento descrittivo e ottenere i risultati più convincenti negli affanni di Mario (Ferzetti) o le angosce di Giovanna (Angiolillo) o il disorientamento dei due bambini (interpretati dai due figli del regista, Michele ed Elisabetta). Oltre a Emmer firmano la sceneggiatura Ennio Flaiano e Rodolfo Sonego.

Camilla – Un amore proibito ** (*Camila*, Argentina/Spagna 1984, col, 105') María Luisa Bemberg. Con Susu Pecoraro, Imanol Arias, Hector Altiero, Elena Tasito. ◆ L'amore sofferto e perseguitato nell'Argentina di fine Ottocento tra un padre gesuita e la giovane figlia di un governatore. Ritratto appassionato di una donna pronta ad affrontare convenzioni e pregiudizi, e di un uomo combattuto tra i sentimenti e la sincera fede. La regia e la recitazione, però, sono troppo manierate per essere davvero convincenti.

Camilla ** (*Camilla*, Canada/Gb 1993, col, 95') Deepa Mehta. Con Jessica Tandy, Bridget Fonda, Elias Koteas, Maury Chaykin, Hume Cronyn, Graham Greene. ◆ Incontratesi in vacanza, un'anziana violinista (Tandy) schiacciata da un figlio arrivista e protettivo (Chaykin) e una giovane cantautrice (Fonda) in crisi col marito (Koteas) decidono di partire con la scassata Volkswagen della ragazza: tre giorni di peripezie e riflessioni, e la visita a un'ex fiamma (Cronyn) per la matura musicista. Generazioni femminili a confronto (in tutti i sensi: il privato, la musica e la recitazione), in una commedia on the road sceneggiata da Paul Quarrington che sembra la risposta bucolica e vitalistica all'aggressivo e mortifero *Thelma & Louise*. Hume Cronyn nella vita è il marito della Tandy, che nonostante i suoi 84 anni si fa vedere nuda mentre fa il bagno in mare. Il regista porno è interpretato da Atom Egoyan.

Camille Claudel *½ (*Camille Claudel*, Francia 1988, col, 170') Bruno Nuytten. Con Isabelle Adjani, Gérard Depardieu, Laurent Grevill, Alain Cuny, Madeleine Robinson. ◆ La sofferta parabola esistenziale della scultrice «maledetta» Camille Claudel (Adjani), attraverso l'infelice storia d'amore e di sfida con l'affermato Auguste Rodin (Depardieu), le ostilità della famiglia e il rapporto controverso con il fratello Paul (Grevill), destinato alla notorietà come poeta. Vissuto, più che interpretato, da una Adjani sempre sopra le righe, ancora una volta nei panni di un personaggio disperato e folle. Accuratissimo per fotografia e ricostruzione scenografica; ridondante e interminabile (nonostante il fascino di Depardieu) nel suo sviluppo narrativo.

Camionisti, I * (Italia 1982, col, 99') Flavio Mogherini. Con Daniela Poggi, Gigi Sammarchi, Andrea Roncato, Giorgio Bracardi, Sergio Leonardi, Luciana Turina. ◆ Un camionista (Roncato) si innamora della benzinaia (Poggi), ma l'avvenenza della donna genera gelosie e ripicche. Soliti doppi sensi e trivialità di quart'ordine caratteristici della comicità di Gigi e Andrea.

Cammelli, I ** (Italia 1988, col, 100') Giuseppe Bertolucci. Con Paolo Rossi, Diego Abatantuono, Giulia Boschi, Giancarlo Sbragia, Sabina Guzzanti, Laura Betti, Ennio Fantastichini. ◆ Ferruccio Ferri (Rossi) esperto in cammelli nel telequiz «Chi ne sa di più», è costretto da un impresario senza scrupoli (Abatantuono) a girare la Padania sopra un cammello: si libererà dell'impresario accettando di passare per l'amante di una ragazza (Boschi) che fugge dal suo promesso sposo. E con lei scapperà in treno. Finché la storia (sceneggiata dal regista con Vincenzo Cerami) si muove tra atmosfere surreali e grottesche sullo sfondo della Bassa, il film è agile e divertente, tagliato su misura per le doti cabarettistiche degli interpreti. Ma poi si confonde, si chiude in uno scompartimento ferroviario e non si risolve. Esilarante il personaggio della cantante interpretato da Sabina Guzzanti.

Cammina cammina *½ (Italia 1983, col, 171') Ermanno Olmi. Con Alberto Fumagalli, Antonio Cucciarré, Eligio Martellucci, Renzo Somminiatesi, Marco Bartolini. ◆ Il cammino dei Re Magi verso il luogo della nascita del Messia, con il popolo che si unisce alla marcia, desiste deluso o continua tenacemente. Olmi ricerca il pathos collettivo, una spiritualità per l'umanità in cammino, ma si perde in un affresco interminabile e irrisolto.

Cammina, non correre ** (*Walk, Don't Run*, Usa 1966, col, 114') Charles Walters. Con Cary Grant, Samantha Eggar, Jim Hutton, John Standing, Miiko Taka. ◆ Durante le Olimpiadi del 1964 a Tokyo un ricco lord inglese (Grant) e un atleta americano (Hutton) per circostanze fortuite si sistemano nell'appartamento di una ragazza (Eggar). Grazie alle sapienti mosse del lord tra i due giovani nasce l'amore. Commedia sentimentale di mestiere, ma piacevole per il garbato umorismo. È l'ultima apparizione sugli schermi di Cary Grant. Remake (inferiore) di *Molta brigata, vita beata* (1943).

Cammino della speranza, Il **½ (Italia 1950, b/n, 101') Pietro Germi. Con Raf Vallone, Elena Varzi, Saro Urzì, Saro Arcidiacono, Franco Navarra, Mirella Ciotti. ◆ La mancanza di lavoro costringe un gruppo di minatori siciliani ad affrontare l'odissea del viaggio di emigrazione verso la Francia. Ingannati da un mediatore di braccia (Urzì), vengono denunciati: devono tornare al paese, ma alcuni, dopo una drammatica sosta alla stazione di Roma, continuano il viaggio fino ad attraversare a piedi i gelidi passi alpini. Sceneggiato da Germi con Federico Fellini e Tullio Pinelli (dal romanzo *Cuori negli abissi* di Nino Di Maria), è una specie di viaggio morale attraverso l'Italia (in origine doveva intitolarsi *Terroni* ed ebbe molti problemi con la censura, che impose il taglio di alcune scene sulla polizia). Costruito come un'opera corale attenta soprattutto ai momenti melodrammatici, è quasi una ballata popolare che oggi può risultare datata, soprattutto nel finale con la irritante voce off (Germi stesso). Bella la fotografia di Leonida Barboni. Orso d'argento a Berlino.

Cammino delle stelle, Il *½ (*The Stars Are Singing*, Usa 1953, 99') Norman Taurog. Con Rosemary Clooney, Anna Maria Alberghetti, Lauritz Melchior, Fred Clark, Bob Williams. ◆ Una giovane polacca (Alberghetti), arrivata in America senza documenti, ha l'ugola d'oro e un gruppo di artisti cerca di fare il possibile per la sua carriera. Così, quando quelli dell'immigrazione l'arrestano, l'opinione pubblica è tutta per lei. Musical più futile che inconsistente con qualche buona scena comica tra Bob Williams e il suo cane ammaestrato. La Alberghetti canta anche Verdi (*Ah! Fors'è lui che l'anima*) e Melchior gorgheggia Leoncavallo (*Vesti la giubba*).

Camorra *½ (Italia 1972, col, 114') Pasquale Squitieri. Con Fabio Testi, Jean Seberg, Raymond Pellegrin, Charles Vanel, Lilla Brignone, Enzo Cannavale. ◆ Un piccolo delinquente ambizioso (Testi) fa carriera nel mondo della camorra, arrivando a uccidere il boss che l'ha scoperto. Melodramma popolare elementare e schematico, in cui Squitieri evita almeno il tono predicatorio che lo contraddistinguerà in seguito.

Camorrista, Il **½ (Italia 1986, col, 168') Giuseppe Tornatore. Con Ben Gazzara, Laura Del Sol, Leo Gullotta, Nicola Di Pinto, Marzio Onorato, Franco Interlenghi, Lino Troisi. ◆ L'inarrestabile ascesa del «Professore» (Gazzara), fondatore e guida di una feroce e potente organizzazione criminale, capace, anche restando in carcere, di trattare da pari a pari con servizi segreti, boss americani, politici e terroristi. Debutto da 5 miliardi per Tornatore, che dal romanzo di Giuseppe Marrazzo realizza un instant-movie sulla camorra e sul suo boss (Raffaele Cutolo, che vi si è riconosciuto e ha promosso azioni legali per bloccare la programmazione del film). Nonostante le prevedibili polemiche per i riferimenti precisi alle cronache (c'è anche il rapimento di un assessore napoletano da parte delle Br che rimanda al caso Cirillo) il film è teso e ben fatto, capace di fondere risvolti spettacolari e riflessione politica.

Campana del convento, La **½ (*Thunder on the Hill*, Usa 1951, b/n, 84') Douglas Sirk. Con Claudette Colbert, Ann Blyth, Robert Douglas, Anne Crawford, Gladys Cooper. ◆ Una religiosa (Colbert) riesce con coraggio e determinazione a salvare dalla condanna a morte una giovane (Blyth) – rifugiatasi nel convento con i poliziotti per un'alluvione – scoprendo il vero colpevole dell'omicidio di cui è accusata. Ambientazione inusuale, claustrofobica e notturna, e recitazione avvincente fino all'epilogo risolutore.

Campana ha suonato, La ***½ (*Silver Lode*, Usa 1954, col, 80') Allan Dwan. Con John Payne, Dan Duryea, Lizabeth Scott, Dolores Moran, Emile Meyer. ◆ A Silver Lode, Dan Ballard (Payne) viene arrestato poco prima delle nozze dallo sceriffo federale Ned McCarthy (Duryea), con l'accusa di averne ucciso il fratello. Con l'aiuto della fidanzata (Scott) e di un'ex amante (Moran), Ballard tenta di dimostrare che Ned non è un vero sceriffo e che vuole espropriarlo dei suoi beni, ma si troverà contro l'intera cittadina. La resa dei conti avverrà in una chiesa. Un capolavoro western che mette al centro della storia (sceneggiata da Karen de Wolfe) i forti temi sociali del genere: l'ingiustizia, la maldicenza collettiva, l'isolamento dell'innocente all'interno di una comunità smemorata e servile. In particolare Dwan sottolinea come qualsiasi cittadino onesto e rispettabile può trovarsi messo al bando da un momento all'altro, e per il «cattivo» sceglie non a caso il cognome McCarthy, dando al film inequivocabili implicazioni politiche. Le due donne opposte per carattere e provenienza che si alleano nella difesa dell'antieroe e perciò sono emarginate a loro volta, costituiscono una rarità nel western e l'unico motivo di ottimismo in un'opera durissima e intensa, girata secondo i canoni di un classicismo rigoroso, essenziale, solido.

Campana per Adano, Una **½ (*A Bell for Adano*, Usa 1945, b/n, 103') Henry King. Con John Hodiak, Gene Tierney, William Bendix, Glenn Langan, Richard Conte. ◆ Durante l'occupazione degli Alleati un maggiore italoamericano (Hodiak), nominato commissario civile di un paesino siciliano, si adopera per recuperare la campana della chiesa, fino a violare i regolamenti e farsi allontanare. I prevedibili stereotipi sull'Italia, e Gene Tierney improbabile nella parte di una siciliana innamorata, non penalizzano molto il film (tratto da un romanzo del giornalista-scrittore John Hersey e cosceneggiato da Lamar Trotti). Il ritorno dei prigionieri al villaggio è una sequenza da antologia.

Campane a martello *½ (Italia 1949, b/n, 109') Luigi Zampa. Con Gina Lollobrigida, Yvonne Sanson, Eduardo De Filippo, Carlo Romano, Carlo Giustini. ◆ Agostina Bortolozzi (Lollobrigida) torna a Ischia, suo paese di origine, insieme alla «collega» Australia (Sanson) e scopre che i soldi guadagnati prostituendosi in città, e inviati al vecchio parroco perché li custodisse, sono stati utilizzati dal nuovo sacerdote, ignaro della provenienza, per opere di beneficenza. Ambizioso, superficiale, non ben equilibrato tra patetismo e commedia, il film ha i suoi momenti migliori nell'interpretazione delle due protagoniste.

Zampa girò contemporaneamente la versione inglese del film (titolo: *O.K. Agostina*) con Patricia Medina e Manning Whiley nei ruoli delle due prostitute. La Lollo è doppiata da Andreina Pagnani.

Campane di San Fernando, Le * (*Bells of San Fernando*, Usa 1947, b/n, 75') Terry Morse. Con Donald Woods, Gloria Warren, Anthony Warde, Shirley O'Hara. ◆ Il malvagio Mendoza, che tiene schiavo un intero villaggio, vuole fare il don Rodrigo della situazione sposando la bella Maria (Warren): ma un baldo irlandese (Woods) e le provvidenziali campane salvano i peones. Insulso cinema da oratorio, criptorazzista, paternalista e inguardabile da occhi contemporanei.

Campane di Santa Maria, Le ** (*The Bells of St. Mary's*, Usa 1945, b/n, 126') Leo McCarey. Con Bing Crosby, Ingrid Bergman, Henry Travers, William Gargan, Ruth Donnelly, Rhys Williams, Joan Carroll. ◆ L'intraprendente padre O'Malley (Crosby) risolve i problemi della scuola parrocchiale di sorella Mary Benedict (Bergman) convincendo un vecchio avaro (Travers) a finanziare la costruzione di una nuova scuola. Seguito meno premiato, ma altrettanto popolare e lacrimoso di *La mia via* (1944). Crosby lancia verso il successo la canzone *Aren't You Glad You're You?* e canta l'Ave Maria; la Bergman insegna con una piccola lezione di boxe come si fa a non porgere sempre l'altra guancia.

Camping * (Italia 1957, b/n, 108') Franco Zeffirelli. Con Marisa Allasio, Nino Manfredi, Paolo Ferrari, Lyla Rocco, Pina Cei, Francesco Mulé. ◆ Da un'idea di Manfredi e Ferrari le avventure comiche e sentimentali di due fidanzati e un amico in un camping internazionale. L'esordiente Zeffirelli lascia spazio alle trovate facili dei due attori e all'appeal mediterraneo di Marisa Allasio, incorrendo nelle ire cattoliche per le spregiudicatezze estive. Comparsata di Marino Barreto jr e il suo complesso.

Campione, Il *½ (*The Champ*, Usa 1979, col, 121') Franco Zeffirelli. Con Jon Voight, Faye Dunaway, Ricky Schroeder, Jack Warden, Arthur Hill, Joan Blondell, Elisha Cook jr. ◆ Per riconquistare il figlio, conteso dalla moglie separata (Dunaway), un maturo ex pugile (Voight) ritorna sul ring e va incontro all'inevitabile fine. Enfatico, lacrimoso remake del successo omonimo del 1931 (di King Vidor, con Wallace Berry e Jackie Cooper). I protagonisti adulti appaiono improbabili nei ruoli loro affidati, il piccolo Schroeder piange sempre. Un melodramma ricattatorio.

Campo, Il ** (*The Field*, Gb 1990, col, 107') Jim Sheridan. Con Richard Harris, John Hurt, Tom Berenger, Sean Bean, Brenda Fricker. ◆ La tragedia di un caparbio contadino (Harris) pronto a tutto pur di non perdere il terreno coltivato per tutta la vita. Dal lavoro teatrale di John B. Keane (autore di *Il mio piede sinistro*), ambienta, sullo sfondo dell'Irlanda remota e selvaggia degli anni Trenta, un dramma dai toni shakespeariani, con un intenso Harris, che torna dopo anni sugli schermi nel ruolo di un eroe disposto a scendere nell'abisso della follia. Ma tra suggestioni classiche e cultura pagana della terra, la storia fatica ad appassionare.

Campo de' Fiori ** (Italia 1943, b/n, 95') Mario Bonnard. Con Aldo Fabrizi, Caterina Boratto, Peppino De Filippo, Anna Magnani, Olga Sorbelli, Cristiano Cristiani, Rina Franchetti, Guido Morisi, Ciro Berardi, Checco Rissone, Saro Urzì. ◆ Il pescivendolo Peppino (Fabrizi) s'innamora di un'affascinante cliente (Boratto) e vorrebbe sposarla, anche se scopre che è molto meno altolocata di quanto immagini e ha un figlio (Cristiani) a balia, ma i suoi sogni non si realizzeranno: deluso, ritornerà tra le braccia della fruttarola (Magnani) che lavora al suo fianco al mercato di Campo de' Fiori. Secondo film di Fabrizi e primo ruolo da popolana per la Magnani, in una storia tutta girata a Cinecittà ma nella quale si intravedono elementi pre-neorealisti (le dispute al mercato, la scena con la Boratto in prigione, quelle dalla balia in Abruzzo). E i toni della commedia sono abbastanza lontani dagli schemi estetici dell'epoca, con accenni di critica sociale (i «borghesi» che giocano d'azzardo) e qualche divertente notazione sul maschio conquistatore (specie nel personaggio del parrucchiere ganimede interpretato da De Filippo). Il soggetto di Marino Girolami è adattato da Federico Fellini, Tullio Pinelli e dallo stesso Fabrizi.

Campo di cipolle, Il **½ (*The Onion Field*, Usa 1979, col, 122') Harold Becker. Con John Savage, James Woods, Franklyn Seales, Ted Danson, Ronny Cox, Christopher Lloyd. ◆ Una notte del 1963 a Los Angeles: due poliziotti di pattuglia fermano due balordi in una zona disabitata, il più anziano viene ucciso a freddo, il giovane affronterà sconvolto l'inchiesta e le vicissitudini giudiziarie. Sceneggiato dall'autore del romanzo, Joseph Wambaugh, è un poliziesco dalle sfumature nere, violento e disperato, specchio inquietante di un'America in crisi incapace di garantire la giustizia.

Campo Thiaroye **½ (*Camp de Thiaroye*, Senegal 1987, col, 90') Sembene Ousmane, Thierno Faty Sow. Con Ibrahima Sane, Dansogho Mohamed Camara, Jean Daniel Simon, Pierre Orma. ◆ Nel 1944 un battaglione di fucilieri arriva al campo di transito di Thiaroye, fiero di aver combattuto i nazisti in Europa; ma l'orgoglio si trasforma in delusione davanti alle promesse non mantenute, all'umiliazione, al razzismo della gerarchia militare francese. Esasperati, i soldati sequestrano un generale. Sembra che finalmente possano ottenere il dovuto ma poi, premeditato e agghiacciante, arriva il massacro. Passano quasi inosservate le ingenuità e le cadute di ritmo, nel complessivo rigore con cui i registi ricostruiscono una pagina di storia recente alla quale affidano una vigorosa denuncia delle ambiguità e della ferocia della sopraffazione colonialista d'ogni tempo. Premio speciale della giuria a Venezia.

Canaglia, La → *Voyou – La canaglia*

Canaglia a tutto gas, Una *½ (*Smokey and the Bandit II*, Usa 1980, col, 104') Hal Needham. Con Burt Reynolds, Jackie Gleason, Sally Field, Jerry Reed, Dom DeLuise, Paul Williams. ◆ Inseguimenti pirotecnici, sceriffi e simpatici contrabbandieri, auto e camion sfracellati, comicità al grado minimo con l'esile pretesto di trasportare attraverso il Sud degli States una elefantessa incinta(!). Seguito sciagurato, con formula e cast identici, dell'inaspettato successo *Il bandito e la «Madama»*. Seguìto da *Smokey and the Bandit III*, fortunatamente inedito in Italia.

Canaglie di lusso → *Desiderio* (di Frank Borzage)

Canaris ** (*Canaris*, Rft 1954, b/n, 92') Alfred Weidenmann. Con O.E. Hasse, Adrian Hoven, Barbara Rutting, Martin Held. ◆ La ricostruzione della vita del capo del servizio segreto nazista che partecipò alle congiure per destituire Hitler, e pagò con la vita il desiderio di riscattare l'onore della nazione dagli abomini del regime. Interpretato con austera drammaticità, ma privo di picchi o particolari spunti.

Can-Can ** (*Can-Can*, Usa 1960, col, 131') Walter Lang. Con Frank Sinatra, Shirley MacLaine, Maurice Chevalier, Louis Jourdan. ◆ Il giovane e inflessibile giudice che tenta nella Parigi di fine secolo di chiudere il locale in cui si balla il peccaminoso Can-Can finisce per innamorarsi della bella proprietaria. Sfarzosa versione del musical di Cole Porter, il film non è proprio irresistibile e il cast francoamericano non si integra perfettamente. Restano, naturalmente, le bellissime canzoni di Porter: *I Love Paris, C'est Magnifique, Just One of Those Things* e *Let's Do It*.

Cancelli del cielo, I **** (*Heaven's Gate*, Usa 1980, col, 149') Michael Cimino. Con Kris Kristofferson, Isabelle Huppert, Christopher Walken, Jeff Bridges, John Hurt, Sam Waterston, Joseph Cotten, Brad Dourif, Richard Masur, Geoffrey Lewis, Paul Koslo, Mickey Rourke. ◆ Wyoming, 1890: ricchi baroni del bestiame assoldano dei mercenari per sterminare i poveri contadini immigrati, ladri presunti e comunque per necessità. Averill (Walken) e Champion (Kristofferson) combattono su opposti versanti, ma sono entrambi innamorati della prostituta Ella (Huppert). Atipico, maestoso e curatissimo western (sceneggiato dallo stesso Cimino), che contemporaneamente celebra e distrugge il mito della Frontiera. Determinò il fallimento della United Artists, che spese 44 milioni di dollari incassandone 1 e mezzo, e stroncò la carriera di Cimino, sottoposto a ostracismo dalle varie major (per paura di disavventure produttive) e al linciaggio ideologico da parte della critica Usa per l'attacco frontale al Sogno Americano. Tempi lunghi, storia «incoerente» e ritmo fluviale non sono difetti ma virtù di questo film maledetto, che lascia senza fiato anche per la straordinaria fotografia di Vilmos Zsigmond. In origine 325'; oggi circola anche in una versione di 219'.

Candidato, Il **½ (*The Candidate*, Usa 1972, col, 109') Michael Ritchie. Con Robert Redford, Peter Boyle, Don Porter, Allen Garfield, Karen Carlson, Melvyn Douglas. ◆ Un avvocato idealista (Redford) affronta la carriera politica e arriva al Senato schiacciato dal gigantesco apparato della campagna elettorale, estenuato dai compromessi, svuotato della passione civile. Retorico e ammiccante, ma incisivo, avvincente, ben calibrato sul fascino liberal di Redford. Oscar alla sceneggiatura di Jeremy Larner.

Candidato all'obitorio * (*St. Ives*, Usa 1976, col, 93') J. Lee Thompson. Con Charles Bronson, John Houseman, Jacqueline Bisset, Harry Guardino, Maximilian Schell, Elisha Cook. ◆ Uno scrittore squattrinato (Bronson) si fa coinvolgere in un gioco pericoloso tra un ricco delinquente-gentleman (Houseman) e la sua affascinante collaboratrice (Bisset). Trama intricata e confusa e ritmo lentissimo: non certo un thriller riuscito. Particina di teppisti per Jeff Goldblum e Robert Englund.

Candy e il suo pazzo mondo ** (*Candy*, Italia/Francia/Usa 1968, col, 115') Christian Marquand. Con Ewa Aulin, Marlon Brando, Charles Aznavour, Richard Burton, James Coburn, Ringo Starr, Walter Matthau, John Huston, Elsa Martinelli, Anita Pallenberg, Umberto Orsini, Florinda Bolkan, Nicoletta Machiavelli, Marilù Tolo, Lea Padovani. ◆ Piccanti peripezie oniriche di una giovane bionda studentessa (Aulin), insidiata da ogni uomo che incontra. Una confusa sequela di paradossi e gustose caratterizzazioni per un cast all-star impegnato nei ruoli più improbabili – fachiri, santoni, giardinieri messicani – per gli amanti della fantasia pop più sfrenata. Comparsate anche per il Living Theatre con Julian Beck e Judith Malina. Il regista Christian Marquand interpreta se stesso. Per ragioni di coproduzione, l'aiuto regista Giancarlo Zagni appare in alcune copie come coregista.

Candyman – Terrore dietro lo specchio ** (*Candyman*, Usa 1992, col, 93') Bernard Rose. Con Virginia Madsen, Tony Todd, Kasi Lemmons, Vanessa Williams, Ted Raimi. ◆ Indagando su leggende metropolitane, la dottoressa Lyle (Madsen) si imbatte in un babau armato di uncino, Candyman, che compare se si ripete il suo nome cinque volte davanti a uno specchio. Horror urbano con sottofondi razziali (Candyman era un pittore nero fatto divorare dalle api perché innamoratosi di una bianca) e senza finale accomodante: uno dei migliori film tratti da un soggetto di Clive Barker (il racconto *The Forbidden*), che non si solleva troppo dalla crisi di idee in cui versa attualmente il genere. Musiche di Philip Glass. Il regista Rose interpreta Archie Walsh. Seguito da *L'inferno nello specchio – Candyman 2*.

Cane bianco **½ (*White Dog*, Usa 1982, col, 89') Samuel Fuller. Con Kristy McNichol, Paul Winfield, Burl Ives, Jameson Parker, Marshall Thompson, Paul Bartel. ◆ Una giovane attrice (McNichol) ignora che il cane bianco da lei adottato è stato addestrato ad attaccare a vista le persone di colore. Molto ben fotografato da Bruce Surtees (straordinarie le panoramiche circolari intorno alle fauci), ricco di riferimenti metaforici (la scena del nero che viene attaccato in chiesa), sicuramente personale, il film però non appare proprio irresistibile, incapace della provocazione che ci si aspetta dal tema trattato. Questo non ha impedito alla Paramount di non distribuire il film negli Usa per le proteste contro il presunto razzismo del soggetto, smentito dal finale: l'odio che gli è stato instillato rende il cane folle, comincerà ad attaccare anche i bianchi e dovrà essere abbattuto. Fuller si riserva una particina come agente dell'attrice.

Cane dell'ortolano, Il *½ (*El perro del hortelano*, Spagna 1999, col, 109') Pilar Miró. Con Emma Suárez, Carmelo Gómez, Ana Duato, Fernando Conde,

Miguel Rellán, Juan Gea, Maite Blasco. ◆ La contessa di Belfior (Suárez) è talmente gelosa del suo segretario (Gómez) da finirne innamorata, ma per coronare il loro sogno d'amore c'è il problema della differenza di casta: che fare? Dall'opera omonima di Lope de Vega, adattata dalla regista e da Rafael Perez Sierra, una commedia sul potere dell'amore, recitata in versi e diretta con immobile piattezza. A parte il testo, tutto è artificialmente e inutilmente «grazioso»; e la matrice teatrale, enfatizzata di proposito, finisce per accentuarne i difetti. Il titolo fa riferimento a un proverbio spagnolo, equivalente del nostro «chi ha il pane, non ha i denti».

Cane di paglia *** (*Straw Dog*, Usa 1971, col, 113') Sam Peckinpah. Con Dustin Hoffman, Susan George, Peter Vaughan, T.P. McKenna, David Warner. ◆ Uno dei film più controversi sulla violenza umana. Un americano (Hoffman) si trasferisce nella campagna inglese per studiare: sopporta con stoicismo gli sfottò dei contadini, ma quando, ubriachi, vogliono assaltare la sua casa per linciare un mentecatto (Warner), allora il matematico pacifista si trasforma in un genio del massacro. Tratto dalla novella *The Siege of Trencher's Farm* di Gordon M. Williams, il film riassume due dei temi più cari al regista – la violenza come sintesi di tutte le relazioni umane e lo stupro come sintesi di tutti i rapporti sessuali (il comportamento provocante della moglie del matematico, infatti, eccita a tal punto alcuni maschi del luogo che la donna viene violentata, ma senza che questo abbia conseguenza diretta sul comportamento del marito) – e lo racconta con uno dei montaggi più frammentati e caotici della storia di Hollywood, chiaro riferimento al caos materiale e morale che domina le persone. In questo modo, ispirandosi alle teorie dell'etologo Eibl-Eibensfeld, Peckinpah ambienta il film «in un presente che è anche il passato dell'Inghilterra e dello sviluppo sociale umano» per chiedersi se la civiltà non sia ancora ferma alle leggi tribali. La Tv potrebbe diminuire la forza delle immagini. E sarebbe un peccato.

Cane e gatto * (Italia 1982, col, 98') Bruno Corbucci. Con Bud Spencer [Carlo Pedersoli], Tomas Milian, Marc Laurence, Margherita Fumero. ◆ Bloccato alla partenza per le vacanze dal compito di arrestare un impomatato ladruncolo italoamericano (Milian), il capitano Mark della polizia di Los Angeles (Spencer) sgominerà anche la banda del locale boss della mafia. Stanca riproposizione degli schemi di tanti film di successo, appena ravvivata dalle mossette dell'ex commissario Monnezza.

Cane randagio **½ (*Nora inu*, Giappone 1949, b/n, 122') Akira Kurosawa. Con Toshiro Mifune, Ko Kimura, Takashi Shimura, Keiko Awaji, Reisaburo Yamamoto. ◆ Murakami (Mifune), poliziotto idealista alle prime armi, si fa un punto d'onore di ritrovare la pistola che gli è stata rubata e che viene usata per commettere una serie di omicidi: conoscerà la miseria dei bassifondi di Tokyo, e finirà col provare pietà per l'assassino (Kimura). La tesi secondo cui poliziotto e criminale sono entrambi figli derelitti del caos del Giappone postbellico è fin troppo enfatizzata («Non ci sono uomini malvagi ma ambienti malsani» dice Murakami), ma è originale l'idea di girare un noir che si trasforma in un documentario quasi neorealista. Grande suspense nel finale, dove Murakami deve identificare l'assassino in una sala d'aspetto gremita e poi lo affronta disarmato dopo un inseguimento convulso. Il disilluso ispettore Sato (Shimura), che affianca il protagonista nelle sue ricerche, nelle intenzioni di Kurosawa doveva essere un Maigret senza pipa.

Caniche *½ (*Caniche*, Spagna 1979, col, 87') José Juan Bigas Luna. Con Consol Tura, Angel Jové. ◆ Inferno piccolo-borghese di due fratelli ossessionati dai cani: la zoofilia rimpiazza le pulsioni incestuose, che alla fine però esplodono, con esiti letali. La deliberata ricerca dello sgradevole rimane fine a se stessa: più dalle parti di Ferreri, comunque, che da quelle di Buñuel. I film successivi del regista, come *Prosciutto prosciutto*, non faranno comunque che riprendere temi e ossessioni analoghe in confezione patinata.

Canicola ** (*Canicule*, Francia 1983, col, 101') Yves Boisset. Con Lee Marvin, Miou-Miou [Sylvette Hery], Jean Carmet, Victor Lanoux, Bernadette Lafont, Pierre Clémenti, Jean-Pierre Kalfon. ◆ Jimmy (Marvin), un gangster americano in trasferta francese, sotterra il bottino di una rapina in un campo di grano, e chiede asilo in una fattoria che si rivela il classico nido di vipere. Tra i vari litiganti, ne approfitterà un ragazzino. L'esperto dialoghista Michel Audiard ha adattato, assieme ad altri, un romanzo di Jean Vautrin: Boisset cerca un difficile equilibrio tra thriller e grottesco, concedendo qualcosa di troppo alle macchiette. Marvin, in uno dei suoi ultimi film, non è comunque sprecato.

Cani da rapina → *Iene, Le*

Cani perduti senza collare *½ (*Chiens perdus sans collier*, Francia 1955, b/n, 93') Jean Delannoy. Con Jean Gabin, Anne Doat, Serge Lecointe, Dora Doll, Jane Marken, Jacques Moulières. ◆ Un giudice del tribunale dei minorenni (Gabin) si prodiga per comprendere e aiutare tre giovanissimi allo sbando tra famiglie disgregate, disperazione e piccola criminalità. Dal romanzo omonimo di Gilbert Cesbron, un film che fonde toni melodrammatici e pedagogia spicciola. Gabin, comunque, è sempre grande.

Cannibale metropolitano, Il ** (*The Vagrant*, Usa 1992, col, 88') Chris Walas. Con Bill Paxton, Michael Ironside, Colleen Camp, Marshall Bell, Mitzi Kapture. ◆ Il giovane rampante Graham Krakowski (Paxton) si trasferisce in una villetta suburbana: ma un onnipresente barbone orbo (Bell) rovina la sua quiete domestica, fino a diventare un'ossessione che lo porta alle soglie della follia. Prodotto da Mel Brooks e scritto da Richard Jefferies, l'opera seconda dell'ex mago degli effetti speciali Walas punta, più che sull'horror puro, sulla satira sociale e su atmosfere kafkiane. La metafora delle labili sicurezze degli yuppie è promettente, ma la soluzione in chiave di thriller banalizza tutto.

Cannibal ferox *½ (Italia 1981, col, 92') Umberto Lenzi. Con John Morghen [Giovanni Lombardo Radice], Lorraine De Selle, Zora Kerowa, Bryan Redford [Danilo Mattei], Robert Kerman, Venantino Venantini. ◆ Un'antropologa newyorkese (De Selle) va nella giungla della Colombia per dimostrare la tesi che il cannibalismo è un'invenzione razzista: ma di fronte alle violenze di un avventuriero (Morghen), gli indios reagiscono adeguatamente. Sashimi di cervello umano fresco, donne appese per i seni, castrazioni: la riduzione del corpo umano a cosa è ancora più estrema che in *Cannibal Holocaust*. La cornice, comunque, è di una banalità sconfortante. *Cult* internazionale underground (pare sia stato bandito in 31 Paesi), in Italia si è beccato solo un V.M. 14. Effetti speciali di Giannetto De Rossi e Giuseppe Ferranti. Lenzi è anche sceneggiatore.

Cannibal Holocaust ** (Italia 1979, col, 95') Ruggero Deodato. Con Robert Kerman, Francesca Ciardi, Luca Barbareschi, Gabriel Yorke, Perry Pirkanen, Salvatore Basile. ◆ Quattro giovani reporter americani (Ciardi, Barbareschi, Pirkanen e Yorke) scompaiono in Amazzonia: il ritrovamento del film che hanno girato mostra che sono stati uccisi e mangiati dagli indigeni dopo aver commesso ogni sorta di atrocità. Un'operazione gelida e sgradevole, ma a suo modo abile (molti direbbero cinica): l'espediente del film nel film non solo avvolge di un alone inquietante, da finto snuff, la violenza mostrata (tant'è che il fatto che gli attori fossero semisconosciuti permise a qualcuno di equivocare sulla realtà delle riprese), ma costituisce una precisa riflessione sulla prassi dei *mondo movie* e – insieme – una pietra tombale e una satira del genere: oltre a essere responsabili di buona parte degli orrori che «documentano», i cameraman arrivano all'abnegazione di non fuggire, pur di riprendere quello che sta succedendo ai loro colleghi. Di vero, comunque, ci sono solo le violenze sugli animali, che anche molti fan del genere trovano insopportabili. All'epoca fu sequestrato e condannato, sollevando un coro unanime di esecrazione; poi è tornato in circolazione con qualche taglio. Resta un documento indiretto sul malessere dell'epoca, e una tappa obbligata per chiunque voglia riflettere sulla rappresentazione della violenza. Musiche di Riz Ortolani; Lamberto Bava è aiuto-regista. Kerman, protagonista della prima parte, ha interpretato alcuni hard di Gerard Damiano con lo pseudonimo di Richard Bolla.

Cannibali, I *½ (Italia 1969, col, 95') Liliana Cavani. Con Britt Ekland, Pierre Clementi, Tomas Milian, Delia Boccardo. ◆ In una città moderna e spettrale una ragazza, Antigone (Ekland), aiutata dal misterioso Tiresia (Clementi), trova il coraggio di sfidare le autorità che impediscono di seppellire i corpi dei ribelli uccisi perché servano da monito. Sceneggiato con Italo Moscati, il film usa la tragedia di Sofocle come suggestione e stimolo per un discorso politico contro le aberrazioni di una società autoritaria e repressiva. Ma il simbolismo si dimostra forzato e meccanico, mentre le immagini perdono consistenza nella metafora troppo scoperta. Lo scrittore Francesco Leonetti interpreta il ruolo del padre di Emone. Musica straripante di Ennio Morricone.

Cannibali, I *** (*Os Canibais*, Portogallo/Francia 1988, col, 90') Manoel de Oliveira. Con Luis Miguel Cintra, Leonor Silveira, Diogo Doria, Oliveira Lopez, Joel Costa. ◆ La notte delle nozze, la sposa scopre che il marito, il visconte d'Alveda (Cintra), è mezzo uomo e mezzo automa: disperata si uccide mentre lo sposo si suicida sulla graticola del camino. E così, quando nella stanza entrerà il padre di lei con i due figli, i tre ne mangeranno inconsapevolmente le carni arrostite. Liberamente ispirato a un racconto fantastico di Alvaro do Carvalhal questo film interamente cantato rischia di disorientare lo spettatore: se ne possono apprezzare il ritmo da commedia, la buffonesca ma crudele capacità di rappresentare un'aristocrazia in decomposizione, l'ironia con cui se ne descrive l'avidità (i tre «cannibali» si consolano velocemente del loro comportamento perché sono diventati gli eredi delle fortune del visconte), ma si può anche non condividere la libertà tutta surreale con cui l'ottantenne regista racconta il suo apologo, e preferire film più tradizionali.

Cannonball *½ (*Cannonball*, Usa/Hong Kong 1976, col, 93') Paul Bartel. Con David Carradine, Veronica Hamel, Bill McKinney, Robert Carradine, Gerrit Graham. ◆ Bartel cerca di fare il bis di *Anno 2000: la corsa della morte*, senza lo stesso spirito provocatore. La corsa d'auto clandestina più famosa d'America, che in seguito ispirò altri due film, è pretesto per sequenze di stunt e sprazzi di humour grottesco. In piccole parti Sylvester Stallone (un mafioso) e i registi Martin Scorsese (il capo mafioso), Joe Dante (Kid), Roger Corman (il procuratore distrettuale), Jonathan Kaplan (il gestore notturno della stazione di servizio). Miniapparizione anche per Bartel: è Lester Marks.

Cannoni a Batasi *½ (*Guns at Batasi*, Gb 1964, b/n, 103') John Guillermin. Con Richard Attenborough, Flora Robson, John Leyton, Jack Hawking, Mia Farrow. ◆ Un sergente maggiore dell'esercito inglese (Attenborough) fronteggia una rivolta in una regione africana appartenente al Commonwealth. Un film chiaramente razzista che ha il coraggio delle sue idee: cinico e odioso, anche se ben fatto.

Cannoni di Navarone, I *** (*The Guns of Navarone*, Usa 1961, col, 157') J. Lee Thompson. Con Gregory Peck, David Niven, Anthony Quinn, Anthony Quayle, Stanley Baker, James Darren, Irene Papas, Gia Scala, James Robertson Justice, Richard Harris, Bryan Forbes, Allan Cuthbertson. ◆ Durante la seconda guerra mondiale, un commando alleato – formato da quattro ufficiali (Peck, Niven, Baker e Quayle), un partigiano greco (Quinn) e un giovane troppo affascinato dalla morte (Darren) – deve sabotare una postazione su un'isola dell'Egeo dove i nazisti hanno installato due potentissimi cannoni. Tratto dal romanzo di Alistair MacLean, sceneggiato (e prodotto) da Carl Foreman, un kolossal intenso e spettacolare, ricchissimo di colpi di scena, dove le emozioni maggiori nascono dai contrasti psicologici dei protagonisti, piuttosto che dalla riuscita della missione, inevitabilmente votata al lieto fine. Seguito, nel 1978, da *Forza 10 da Navarone*, che però ha poco a che fare con l'originale.

Cannoni di San Sebastian, I *½ (*Guns for San Sebastian*, Usa/Francia 1968, col, 111') Henri Verneuil. Con Anthony Quinn, Anjanette Comer, Charles

Bronson, Sam Jaffe, Silvia Pinal. ◆ Un avventuriero in fuga (Quinn) viene scambiato per un sacerdote dagli abitanti di uno sperduto villaggio messicano: si fermerà per insegnare loro a difendersi dagli indiani yaqui e dalle bande criminali. Western di mestiere, sostenuto dalla magnetica interpretazione di Quinn. Ma i limiti della sceneggiatura sono più che evidenti.

Canta che ti passa → *Due marinai e una ragazza*

Cantando sotto la pioggia **** (*Singin' in the Rain*, Usa 1952, col, 102') Gene Kelly, Stanley Donen. Con Gene Kelly, Debbie Reynolds, Jean Hagen, Donald O'Connor, Millard Mitchell, Rita Moreno, Douglas Fowley, Cyd Charisse, Kathleen Freeman, Bobby Watson. ◆ Uno dei più bei musical mai realizzati. È la storia del passaggio del cinema dal muto al sonoro, raccontata attraverso le disavventure di due star: Don Lockwood (Kelly) non avrà problemi grazie alle sue doti di cantante e ballerino, Lina Lamont (Hagen) dovrà cambiare la propria orrida voce e così aprirà il successo alla sua doppiatrice, Kathy Selden (Reynolds). Una divertente sceneggiatura di Betty Comden e Adolph Green, capace di mantenere spunti documentari e unghiate satiriche in divertente equilibrio, ripercorre la storia del cinema dei padri, tra omaggi a Busby Berkeley e ironiche rivisitazioni della storia di Hollywood (la fine della carriera di John Gilbert, incapace di adeguarsi al sonoro, ha più di un punto in comune). Compatto e coerente nel suo programmatico ottimismo dove professionismo, tenacia e amicizia riescono sempre a vincere le avversità (e che tonifica anche «ideologicamente» il vitalismo interpretativo di Gene Kelly, strabordante di energia e voglia di vivere a ogni passo), il film sa mantenere il tono leggero e affascinante di una satira mai cattiva e impregnata di buon umore. Ottimi i numeri musicali di Arthur Freed e Nacio Herb Brown, tra cui spicca l'assolo di Gene Kelly che canta sotto la pioggia (*Singin' in the Rain*) e il duetto *Would You* con Debbie Reynolds (che però in quest'unica canzone è doppiata da Betty Royce). Il tema dell'esibizione acrobatica di Donald O'Connor *Make 'Em Laugh* (che in italiano è tradotta *Ma che fa*) è in realtà «plagiata» dalla canzone di Cole Porter *Be a Clow* (dal *Pirata* di Minnelli). Citazione speciale per le gambe di Cyd Charisse nell'unico numero «modernista» del film (*Broadway Melodies*). Una curiosità della versione originale: nelle sequenze in cui Kathy Selden (cioè la Reynolds) doppia i dialoghi cinematografici di Lina Lamont (cioè la Hagen), è in realtà Jean Hagen che doppia Debbie Reynolds che la sta doppiando.

Cantante del luna park, Il *½ (*Roustabout*, Usa 1964, col, 101') John Rich. Con Elvis Presley, Barbara Stanwyck, Sue Ann Langdon, Joan Freeman. ◆ Un cantante giramondo si unisce sentimentalmente e professionalmente alla padrona di un luna park in decadenza. Ennesimo film-pretesto per un divo ormai lontano dalla sensualità ribelle degli esordi. Nessun brano immortale (eccetto *Little Egypt*), ma un risultato più spigliato del solito grazie alla presenza incisiva della Stanwyck, una delle poche star nella filmografia sempre a basso costo di Elvis. Particina per Raquel Welch. Teri Garr è una delle ballerine.

Cantante di jazz, Il ** (*The Jazz Singer*, Usa 1927, b/n, 90') Alan Crosland. Con Al Jolson, May McAvoy, Warner Oland, Eugenie Besserer. ◆ Il giovane ebreo Yussel Rabinovitch (Al Jolson), figlio di un cantore della sinagoga e dotato a sua volta di talento musicale, è irresistibilmente attratto dalla musica dei neri di Harlem. Ostacolato dal genitore, fugge di casa ma rinuncia al debutto a Broadway quando scopre che il padre non può più cantare per una grave malattia: verrà perdonato e riuscirà a fare carriera come Jack Robin, il cantante di jazz. Il primo film sonoro della storia del cinema ha una trama del tutto convenzionale riscattata solo in parte da Al Jolson, noto a Broadway come showman truccato da nero. Ma di fronte a qualche frase e a qualche canzone i botteghini impazzirono, salvando la Warner Bros dalla bancarotta e imponendo all'industria cinematografica il sistema vitaphone (il sonoro inciso su disco). Tra le ragazze del coro c'è Myrna Loy, tra le canzoni *My Mammy*, *Toot Toot Tootsie Goodbye*, *Blue Skies*. Due remake: nel 1953 (di Michael Curtiz, inedito in Italia) e nel 1980 (di Richard Fleischer).

Cantante di jazz, Il ° (*The Jazz Singer*, Usa 1980, col, 116') Richard Fleischer. Con Neil Diamond, Laurence Olivier, Lucie Arnaz, Catlin Adams, Franklyn Ajaye, Paul Nicholas. ◆ Innamorato della musica afro, Yussel Rabinovitch (Diamond) va a Los Angeles per far carriera contro la volontà del padre (Olivier) e della moglie (Adams), diventa una star e si innamora di una dirigente discografica (Arnaz). Tornato a New York per una tournée, si riconcilia con il padre malato cantando al suo posto nella sinagoga, e il padre ricambia il gesto assistendo al suo trionfale concerto newyorkese. Remake del primo film sonoro, di cui non si sentiva la mancanza: riprendendo e aggiornando pari pari tutti i cliché della versione originaria, già melensa e vecchiotta all'epoca, Fleischer confeziona un film del tutto anonimo, disastroso anche come trampolino di lancio per Neil Diamond nelle vesti di attore. Solo per i fans del Diamond cantante.

Cantante matto, Il *½ (*The Stooge*, Usa 1952, b/n, 100') Norman Taurog. Con Dean Martin, Jerry Lewis, Polly Bergen, Marion Marshall. ◆ Un cantante egocentrico (Martin) cerca di disfarsi del partner di scena (Lewis) ma scopre che la «spalla» è fondamentale per il suo successo. I risvolti psicologici (che verranno recuperati e ampliati nei film che Lewis diresse da solo) mal si addicono alla facile comicità della coppia Lewis-Martin, e il risultato è alquanto modesto, lontano dalle prove migliori del duo. Da citare il numero di Jerry che entra in un bar per chiedere un bicchier d'acqua.

Cantico dei cantici, Il *½ (*Song of Songs*, Usa 1933, b/n, 90') Rouben Mamoulian. Con Marlene Dietrich, Brian Aherne, Lionel Atwill, Alison Skipworth. ◆ Una affascinante contadina tedesca (Dietrich) dell'Ottocento si innamora di uno scultore romantico (Aherne), ma va sposa a un rozzo conte (Atwill) prima di potersi congiungere all'amato. Tratta da un romanzo di Herman Soudermann (a cui si era già ispirato Murnau per *Aurora*) è una vicenda improbabile che Mamoulian non sa padroneggiare, oscillando tra la commedia sentimentale e il melodramma. Disastrosa la recitazione degli interpreti maschili. Briciole di erotismo nella statua per cui Marlene ha posato nuda e nel capezzolo che si intravede sotto un casto grembiule disegnato da Travis Banton.

Canto d'amore ** (*Song of Love*, Usa 1947, b/n, 119') Clarence Brown. Con Katharine Hepburn, Paul Henreid, Robert Walker, Henry Daniell, Leo G. Carrol, Henry Stephenson, Gigi Perreau. ◆ Biografia romanzata di Clara Wieck (Hepburn) e del marito Robert Schumann (Henreid), con grande risalto per l'amicizia con Johannes Brahms (Walker). Lento e con tutti gli stereotipi del melodramma classico, arriva a punte di kitsch epocale nel descrivere la relazione tra Clara e «zio Brahms» e nell'incontro dei tre con Franz Liszt (Daniell). È comunque realizzato con cura e arricchito da splendidi brani musicali, valorizzati dall'esecuzione al pianoforte di Arthur Rubinstein.

Canto del cigno, Il **½ (*Swan Song*, Gb 1992, col, 23') Kenneth Branagh. Con John Gielgud, Richard Briers. ◆ Calato il sipario dopo l'ultima recita, un anziano attore disilluso (Gielgud) divide ricordi con un timido ma entusiasta suggeritore (Briers), che difende la nobiltà dell'illusione teatrale e arriva a fargli da spalla in una carrellata di classici shakespeariani. Da un atto unico di Čechov, un omaggio del giovane Branagh a uno dei massimi attori inglesi del Novecento. Regia classica e non intrusiva, tutta al servizio della recitazione asciutta e senza tempo di Gielgud. Grazie al cielo in edizione originale con sottotitoli.

Canto del deserto, Il *½ (*Desert Song*, Usa 1943, col, 96') Robert Florey. Con Dennis Morgan, Irene Manning, Bruce Cabot, Victor Francen, Marcel Dalio. ◆ 1939: la costruzione della ferrovia che deve collegare Dakar alle colonie francesi sul Mediterraneo è disturbata dal predone El Cadir. Ma questi non è altro che un pianista americano transfugo (Morgan), che ha sposato la causa dei ribelli e veglia contro le spie naziste. Adattamento di una vecchia operetta di Romberg e Hammerstein, che tiene conto dell'atmosfera e dei personaggi di *Casablanca* (l'ufficiale francese [Cabot] è palesemente ricalcato su Claude Rains). Ma a furia di cantate nei momenti meno opportuni, finisce col cadere nel ridicolo involontario. Remake di uno dei primissimi film musicali Warner (1929) diretto da Roy Del Ruth (*Il canto del deserto*, con John Boles e Carlotta King ma naturalmente senza nazisti), rifatto anche da Bruce Humberstone nel 1953 (*I cavalieri di Allah*).

Canto dell'uomo ombra, Il * (*Song of the Thin Man*, Usa 1947, b/n, 86') Edward Buzzell. Con William Powell, Myrna Loy, Keenan Wynn, Dean Stockwell, Gloria Grahame. ◆ Ultimo film della fortunatissima serie dell'*Uomo ombra*: in questo episodio, decisamente tra i meno convincenti, l'affiatata coppia Nick & Nora (Powell e Loy) si cimenta con gli intrighi di una bisca-jazzclub di New York. Dean Stockwell, allora undicenne, interpreta Nick jr.

Can't Stop the Music *½ (*Can't Stop the Music*, Usa 1980, col, 118') Nancy Walker. Con i Village People, Valerie Perrine, Paul Sand, June Havoc, Barbara Rush, Jack Weston, Leigh Taylor-Young. ◆ Biografia romanzata del noto gruppo di discomusic provenienti dagli ambienti gay del Greenwich Village, tra palestre, discoteche, audizioni, e primi contatti col music business. Improbabile, approssimato, ma a suo modo divertente per i travestimenti carnevaleschi, il clima forzosamente festoso, le coreografie e gli ambienti coloratissimi fino ai confini immaginabili del kitsch.

Canzone del cuore, La * (Italia 1955, b/n, 99') Carlo Campogalliani. Con Milly Vitale, Alberto Farnese, Germana Paolieri, Maria Grazia Sandri, Nico Pepe, Marisa Merlini, Dante Maggio, Anna Campori, Loris Gizzi. ◆ Rimasta vedova, Lucia (Vitale) si guadagna da vivere cantando nei tabarin, il che non fa che aumentare il disprezzo della suocera (Paolieri), pronta a portarle via la figlia (Sandri) quando viene arrestata per un furto che non ha commesso: per fortuna c'è un amico medico (Farnese) che cerca di risolvere tutti i problemi. Melodramma improbabile e melenso sceneggiato da Guglielmo Santangelo, Piero De Bernardi e Campogalliani, che non evita nessun ricatto sentimentale, compresa la bambina che rischia di diventare cieca e la mamma che le canta (doppiata da Jula De Palma) *Bimba, non piangere*. Forse in omaggio alla «modernizzazione del Paese», la soluzione del dramma passa attraverso un registratore a nastro che incide la confessione dei malvagi (Pepe e Merlini) a loro insaputa.

Canzone dell'amore, La *½ (Italia 1930, b/n, 94') Gennaro Righelli. Con Dria Paola, Isa Pola, Elio Steiner, Mercedes Brignone, Camillo Pilotto, Olga Capri, Fulvio Testi. ◆ Lucia (Paola), una studentessa del conservatorio, accetta di tenere con sé il bambino della madre, morta di parto, senza rivelare che si tratta di un figlio illegittimo, e per questo viene abbandonata dal fidanzato Enrico (Steiner): alcuni anni dopo, il vero padre (Pilotto) verrà a riprendersi il figlio e solo allora Enrico riconoscerà i suoi torti chiedendo a Lucia di sposarlo. Il primo film sonoro distribuito in Italia (il primo girato fu *Resurrezione* di Blasetti, ma venne presentato solo nel 1931) è un melodramma strappalacrime liberamente tratto dalla novella *In silenzio* di Luigi Pirandello, di nessun interesse dal punto di vista della trama, ma importante sotto il profilo tecnico perché presenta un insolito dinamismo dei movimenti di macchina e sfrutta la profondità di campo visiva e sonora (voce e canzoni off) in modo originale. Tra le scene più significative in questo senso c'è un vero e proprio piano sequenza (da un gruppo di giovani per strada si passa all'incontro tra i due protagonisti nascosti dietro un albero e poi si ritorna di nuovo ai ragazzi), dove il virtuosismo registico riesce a creare quell'atmosfera lirico-sentimentale che l'intreccio e i personaggi contribuiscono solo a banalizzare. Righelli ne realizzò contemporaneamente altre due versioni, francese e tedesca. Assistente alla regia è Ferdinando Maria Poggioli, cosceneggiatore Giorgio C. Simonelli. La canzone a cui fa riferimento il titolo è *Solo per te, Lucia* di Cesare A. Bixio.

Canzone di Carla, La ** (*Carla's Song*, Gb/Nicaragua/Spagna 1996, col, 127') Ken Loach. Con Robert Carlyle, Oyanka Cabezasd, Subash Sing Pall, Gary Lewis, Scott Glenn. ◆ Glasgow, 1987: il conducente di autobus George (Carlyle) incontra per strada Carla (Cabezasd), rifugiata nicaraguense, e se ne innamora. Ma la ragazza non riesce a dimenticare il suo Paese e l'ex fidanzato, così George decide di accompagnarla in Nicaragua affinché possa fare i conti con il proprio passato. Sulla scia militante-didattica di *Terra e libertà*, Loach porta sullo schermo il copione di Paul Laverty (avvocato che ha trascorso sei anni in Nicaragua per un'organizzazione umanitaria) e realizza un film «bicefalo», in cui la correttezza politica finisce curiosamente per frenare la passione ideologica: bella la prima parte scozzese, ma la seconda centroamericana sconta degli inserti didascalici (la difesa della collettivizzazione delle terre, la requisitoria contro la Cia affidata a un legnoso Scott Glenn) che oscillano tra la retorica e la superficialità, e appesantiscono una struttura narrativa sempre più sfilacciata e incerta. Strepitoso, comunque, Carlyle.

Canzone di Magnolia, La **½ (*Show Boat*, Usa 1936, b/n, 113') James Whale. Con Irene Dunne, Allan Jones, Helen Morgan, Charles Winniger, Hattie McDaniel, Paul Robeson. ◆ La figlia (Dunne) dell'impresario di un teatro galleggiante sul Mississippi trova a Chicago il successo come cantante e il marito (Jones), scomparso da tempo. Dal musical di Jerome Kern e Oscar Hammerstein (tratto da un romanzo di Edna Ferber e trasposto per il cinema già nel 1929 e poi, in una versione a colori, nel 1951 col titolo di *Show Boat*) un abile accostamento di sentimenti, melodramma e canzoni celeberrime. Indimenticabile Paul Robeson che canta *Old Man River*, così come Helen Morgan in *Bill*. La sceneggiatura, curata da Hammerstein in persona, semplifica troppo l'incontro finale, ma per il resto il film (ultima grande produzione Universal prodotta sotto la guida di Carl Laemmle jr) è di grande forza visiva e fonde perfettamente spettacolo musicale e melodramma. Incomprensibilmente una delle canzoni più popolari dell'edizione teatrale (*Why Do I Love You*) fu usata come sottofondo musicale per l'azione, ma Kern e Hammerstein scrissero tre nuove canzoni: *I Have the Room Above Her* (per la Dunne e Jones), *Ah Still Suits Me* (per Robeson) e *Gallivantin' Around* (cantata da Irene Dunne con la faccia dipinta di nero).

Canzoni, canzoni, canzoni * (Italia 1953, col, 92') Domenico Paolella. ◆ Film in cinque episodi, ognuno ispirato a una canzone: *Io cerco la Titina* (con Alberto Sordi, Delia Scala), *Signora Grandi Firme* (con Silvana Pampanini, Aroldo Tieri, Enrico Viarisio), *Signorinella* (con Antonella Lualdi, Franco Interlenghi, Franco Coop), *Guapperia* (con Erno Crisa, Cosetta Greco), *Bel soldatino* (con Marina Vlady, Galeazzo Benti, Renato Malavasi). Il successo di *Canzoni di mezzo secolo* (1952) spinge Carlo Infascelli a produrre questo nuovo film, nella cui sceneggiatura (se così si può chiamare) sono coinvolti anche Antonio Ghirelli, Ennio Flaiano, Vinicio Marinucci, Giuseppe Patroni Griffi, Ettore Scola e Ugo Pirro. Più scombinato e approssimativo del precedente, il film verrà utilizzato in larga parte per *Canzoni di ieri, canzoni di oggi, canzoni di domani* (1962).

Canzoni a due voci * (Italia 1953, b/n, 92') Gianni Vernuccio. Con Tito Gobbi, Gino Bechi, Franca Marzi, Isa Barzizza, Fiorella Mari, Adolfo Geri, Loretta Lanciani, Alberto Collo, Anna Arena, Renato Negri. ◆ Il baritono Tito Robbi (Gobbi) è minacciato di morte da un pazzo che gli assomiglia come una goccia d'acqua (sempre Gobbi) e che arriva a sequestrargli la figlia: con l'aiuto dell'avvocato Bolla (Bechi) riuscirà a trarsi d'impaccio, anche rispetto agli impegni teatrali. Commedia degli equivoci con risvolto giallo, nella quale si perdono del tutto le possibilità comiche della coppia di sceneggiatori Metz e Marchesi: non bastano una Barzizza ultragelosa (è la moglie di Bolla) e il vertiginoso cambio in scena tra i due baritoni durante la recita del *Barbiere* a riscattare un film che è solo un pretesto per una serie di esibizioni canore.

Canzoni di ieri, canzoni di oggi, canzoni di domani *½ (Italia 1962, col e b/n, 95') Domenico Paolella. Con Enrico Viarisio, Katrin Korwiski, Marina Vlady, Galeazzo Benti, Renato Malavasi, Antonella Lualdi, Franco Interlenghi, Franco Coop, Carlo Dapporto, Olga Villi, Floria Mariel, Renato Rascel, Lauretta Masiero, Mimmo Craig, Piero Ferrara, Rudy Solinas, Mario Siletti, Alberto Sordi, Delia Scala, Lilli Scaringi, Patrizia Lari, Rosy Mazzacurati, Nino Manfredi, Erno Crisa, Nico Pepe, Alida Cappellini, Adriano Celentano, Don Backy [Aldo Caponi], Ricky Gianco [Riccardo Sanna]. ◆ «Furbata» del produttore Carlo Infascelli, che riutilizza spezzoni di due suoi film precedenti – *Canzoni di mezzo secolo* (1952) e soprattutto *Canzoni, canzoni, canzoni* (1953) – uniti insieme da un commento di Ernesto Calindri che ripercorre, con l'aiuto di materiale di repertorio, lo scorrere del tempo e un secolo di musica italiana, chiuso da un'esibizione di Celentano (che canta *Stai lontana da me*), Don Backy e Ricky Gianco. Si apprezzano maggiormente le scenografie di cartone di Mario Chiari e Beni Montresor che non il *pot pourri* musicale, anche se Sordi – che si esibisce in *Io cerco la Titina* e tenta buffi approcci sessuali – è sempre esilarante. La sceneggiatura (?) è firmata da Alvaro F. De Torres, Antonio Ghirelli, Carlo Infascelli, Giuseppe Mangione, Vinicio Marinucci, Domenico Paolella, Giuseppe Patroni Griffi, Ugo Pirro ed Ettore Scola. Numero conclusivo nazional-popolare con balie, militari e musicanti che cantano *'O sole mio* sotto la pioggia, mentre alla fine appare alle loro spalle un arcobaleno.

Canzoni di mezzo secolo *½ (Italia 1952, col, 86') Domenico Paolella. ◆ Film a episodi dove ogni siparietto prende il titolo dalla canzone che fa da trama: *Amore romantico* (con Anna Maria Ferrero e Franco Interlenghi); *Ninì Tirabouchon* (con Maria Fiore e Achille Millo); *Scettico blu* (con Carlo Dapporto e Olga Villi. Altra canzone: *Biondo corsaro*); *Come pioveva* (con Cosetta Greco e Mario Vicario. Altre canzoni: *Yvonne, Lodovico* e *Biagio adagio*); *Sogni proibiti* (con Renato Rascel e Lauretta Masiero. Altre canzoni: *Faccetta nera* e *Ziki Paki*); *Stramilano* (con Silvana Pampanini e Galeazzo Benti. Altre canzoni: *Vivere* e *Tornerai*); *Napoli oggi* (con Erno Crisa. Altra canzone: *Munastero 'e Santa Chiara*). Antologia della canzone italiana prodotta da Carlo Infascelli, specialista nel costruire film composti da tanti piccoli episodi. Sceneggiata da Vinicio Marinucci, Dino Falconi, Oreste Biancoli, Giuseppe Patroni Griffi e Antonio Ghirelli, montata con un po' di materiale documentario, è un'opera sensibile più al folclore che alla rievocazione storica.

Capannina, La *½ (*The Little Hut*, Gb 1957, col, 90') Mark Robson. Con Ava Gardner, Stewart Granger, David Niven, Walter Chiari, Finlay Currie. ◆ Una bella moglie (Gardner), il marito (Granger) e il presunto amante (Niven) sono costretti, da un naufragio, al confronto diretto su di un'isola deserta. Dalla spregiudicata – almeno per i tempi – opera di André Roussin una commedia statica che rivela decisamente la derivazione dal teatro.

Cape Fear – Il promontorio della paura ** (*Cape Fear*, Usa 1991, col, 128') Martin Scorsese. Con Robert De Niro, Nick Nolte, Jessica Lange, Juliette Lewis, Joe Don Baker, Robert Mitchum, Gregory Peck, Illeana Douglas, Martin Balsam. ◆ Uscito di galera, lo stupratore Cady (De Niro) perseguita l'avvocato (Nolte) che non l'aveva difeso a dovere, sconvolgendo il suo instabile ménage familiare. Rifacimento del *Promontorio della paura* di J. Lee Thompson, sceneggiato da Wesley Strick, che mira a confondere i confini tra bene e male, confezionato con gran classe, ma con molte cadute di tono (nello scontro finale, Cady è praticamente invulnerabile come Freddy Krueger). I momenti migliori sono gli ambigui duetti tra De Niro e Juliette Lewis, la figlia dell'avvocato. I protagonisti del primo film, Peck e Mitchum, tornano in piccole parti che ribaltano le scelte di campo di allora: il perseguitato qui difende il perseguitatore e il criminale di ieri oggi fa il poliziotto.

Capitalista, Il ** (*Has Anybody Seen My Gal?*, Usa 1952, col, 89') Douglas Sirk. Con Charles Coburn, Piper Laurie, Rock Hudson, Lynn Bari, Gigi Perreau. ◆ Per lasciare la sua ingente fortuna a degni eredi, un vecchio uomo d'affari (Coburn) va a vivere sotto false spoglie nella cittadina della famiglia prescelta, per osservare come questa reagisce all'arrivo di una grossa somma di denaro. Piccola commedia (con numeri musicali) per famiglie con garbata ricostruzione degli anni Venti e una breve apparizione, come cliente della gelateria, per il giovanissimo James Dean. Sceneggiato da Joseph Hoffman, il film, che segnò l'inizio della lunga collaborazione tra Sirk e Hudson (nel ruolo di Dan, l'impiegato della gelateria), sa mescolare con grazia la nostalgia e la caricatura per esaltare i valori di una vita dove «i soldi non fanno la felicità». In sintonia con l'ideologia da socialismo utopistico, l'Universal lanciò il film con lo slogan «Chissà che ne pensa Carlo Marx».

Capitan Barbablù **½ (*A Girl in Every Port*, Usa 1928, b/n, 97') Howard Hawks. Con Victor McLaglen, Louise Brooks, Robert Armstrong, Myrna Loy, William Demarest. ◆ A Bombay, durante una rissa, il marinaio Spike Madden (McLaglen), noto per avere una donna in ogni porto, fa amicizia col rivale Bill (Armstrong), e insieme buttano in acqua il poliziotto che li voleva dividere. Quando Spike viene a sapere che la sua nuova fiamma, la trapezista Mary (Brooks), è stata legata a Bill, decide di rinunciare a lei: non dopo un'ultima, colossale, rissa. «Storia d'amore fra uomini» la definì lo stesso regista che, ispirandosi a *Gloria* di Walsh ma evitandone l'esuberanza, esplora per la prima volta il tema (su una sceneggiatura di Seton Miller e James K. McGuinnes), che gli sarà caro, della solidarietà maschile. Già riconoscibile il suo stile inafferrabile, secco e laconico, ma pieno di ritmo e attento ai particolari, capace di cambiare improvvisamente il tono del racconto (come quando il rude cameratismo dei due amici lascia il posto alla commozione per la vedova con il bambino che cerca lavoro). Difficile, tuttavia, comprendere come si possa rinunciare tanto facilmente a Louise Brooks.

Capitan Blood **½ (*Captain Blood*, Usa 1935, b/n, 98') Michael Curtiz. Con Errol Flynn, Olivia de Havilland, Lionel Atwill, Basil Rathbone, Ross Alexander, Guy Kibbee, J. Carrol Naish. ◆ Nel Seicento, Peter Blood (Flynn), un medico inglese che si è ribellato al re, è venduto come schiavo in Giamaica: fuggirà e diventerà un temuto corsaro nel Mar dei Caraibi. Tratto da un romanzo di Rafael Sabatini sceneggiato da Casey Robinson, è il film che rilancia il filone delle avventure di cappa e spada e impone Flynn come star (in una parte che era stata pensata per Robert Donat). Nonostante una certa povertà di mezzi (i modellini delle navi sono facilmente identificabili in alcune scene) il film mantiene ancora oggi una sua piacevole atmosfera di divertente (e infantile) avventura.

Capitan Conan ** (*Capitaine Conan*, Francia 1996, col, 130') Bertrand Tavernier. Con Philippe Torreton, Samuel Le Bihan, Bernard Le Coq, Catherine Rich, Claude Rich, André Falcon, François Berléand, Claude Brosset, Pierre Val. ◆ 1918: prima nei Balcani e poi, dopo l'armistizio, in Romania contro i bolscevichi, Conan (Torreton) guida un corpo speciale in attacchi spericolati e sanguinosi: quando tre suoi uomini sono accusati di aver ucciso due civili durante una rapina, non condividerà che l'amico tenente Norbert (Le Bihan) accetti il ruolo di accusatore nel processo militare. Ispirandosi al romanzo parzialmente autobiografico di Roger Vercel (sceneggiato con Jean Cosmos), Tavernier ritorna sul tema delle responsabilità personali, mettendo a confronto l'irruento e irregolare Conan con il laico e garantista Norbert. Due concezioni del dovere, ma raccontate con troppa verbosità e troppa ideologia, mentre la voglia di spiegare la carneficina che è stata la Grande Guerra, con i generali inadeguati al loro ruolo (come Pitard de Lauzier, interpretato da Claude Rich) o i soldati schiacciati dalla loro debolezza (come l'Erlane di Pierre Val), sfilaccia il film togliendo vigore ed essenzialità.

Capitan Fracassa

Capitan Fracassa è una celebre maschera della commedia dell'arte che raccoglie in sé tipi e caratteri nati in epoche e luoghi diversi. Lontano parente del soldato fanfarone presente nelle commedie latine di Plauto (*Pirgopolinice*) e di Terenzio (*Eunuco*), si afferma come carattere originale nel Quattrocento nei

panni di un guerriero vagabondo e senza patria, sognatore di amori e glorie, truculento solo a parole e mai nei fatti; si trasforma nel periodo barocco in una inconsapevole satira di certa arroganza spagnola, tragicomico simbolo storico di un confuso internazionalismo linguistico (le varie personificazioni di questa maschera, si chiamino Rodomonte o Matamoro o Terremoto, si esprimono sempre con sgangherate metafore che rimescolano italiano, spagnolo, francese e anche tedesco). A teatro, la sua rappresentazione più stilizzata è quella dell'*Horribilicribrifax* di Andreas Gryphius (1663) dove viene presentato con un enorme naso, baffi terribili,una lunga spada, un mantello sbrindellato a strisce gialle e rosse e un gran feltro piumato. Ma è nell'Ottocento che Capitan Fracassa si conquista la sua consacrazione letteraria, con l'omonimo romanzo di Théophile Gautier, apparso a puntate dal 1861 al 1863 sulla *Revue Nationale et Etrangère.* Ambientato nella prima metà del Seicento, il romanzo racconta la storia del barone di Sigognac che, ridotto in miseria, si unisce a una troupe di comici per raggiungere Parigi in loro compagnia. Morto l'attore che impersona Matamoro, il barone lo sostituisce, col nome di Capitan Fracassa. Si innamora dell'ingenua Isabella, ma il duca di Vallombrosa, incapricciato della fanciulla, la fa rapire. Il barone gli dà la caccia e salva Isabella: si batte col duca e lo uccide. Così almeno crede: ma Vallombrosa è stato soltanto ferito e la vicenda, avvicinando fortuitamente Isabella al padre del duca, ha fatto sì che questi riconoscesse in lei una figlia rapitagli da bambina. Sigognac, che intanto è ritornato al suo vecchio castello e vi ha scoperto un tesoro, potrà sposare Isabella e riprendere il rango che gli compete.
Sdoppiando la maschera della tradizione teatrale nei personaggi di Matamoro e in quello in cui si cala il conte di Sigognac, Gautier accentua da una parte la componente di disperata e misconosciuta tristezza (per educazione, storia e stile di vita non ci sono personaggi più distanti di Matamoro e Sigognac, eppure è proprio quest'ultimo che decide di farlo rivivere sulla scena, imponendosi con la maschera di Capitan Fracassa un forzato «tradimento» della propria natura psicologica) e dall'altra innescando una riflessione sulla «messinscena» e sulla fascinazione teatrale che ha stimolato molte interpretazioni e riletture. Grazie anche alle sue innumerevoli invenzioni narrative, Capitan Fracassa ha, da sempre, divertito la fantasia dei suoi lettori e ha goduto di numerose riduzioni cinematografiche, soprattutto in Italia, dove si ricordano due produzioni della Pasquali (nel 1909 e nel 1912), poi quella diretta da Mario Caserini nel 1919, da Duilio Coletti (nel 1940) per finire con quella di Ettore Scola del 1990. In Francia, alla riduzione di Alberto Cavalcanti del 1928 seguiranno quelle di Abel Gance (1942) e di Pierre Gaspard-Huit, del 1961, con Jean Marais.

I FILM PRINCIPALI
Capitan Fracassa (1919) di Mario Caserini
Capitan Fracassa (1928) di Alberto Cavalcanti
Capitan Fracassa (1940) di Duilio Coletti
La maschera sul cuore (1942) di Abel Gance
Capitan Fracassa (1961) di Pierre Gaspard-Huit
Il viaggio di Capitan Fracassa (1990) di Ettore Scola

Capitan Fracassa *½ (Italia 1919, b/n, 93') Mario Caserini. Con Franco Zeni (Capitan Fracassa), Thea, Ferruccio Biancini, Ninì Dinelli, Roberto Spiombi, Gemma de' Ferrara, Ernesto Treves. ◆ Una versione fedele al testo di Gautier del quale perde però «lo smagliante splendore dello stile», apprezzata all'epoca per il grande fasto produttivo tipico della Palatino-film.
Capitan Fracassa, Il ** (*Le Capitaine Fracasse*, Francia 1928, b/n, 106') Alberto Cavalcanti. Con Pierre Blanchar, Lien Deyers, Charles Boyer, Daniel Mendaille, Armand Numès, Marguerite Moreno, Odette Josylla, Paul Velsa. ◆ Questo film muto rilegge con una certa libertà il romanzo: Matamoro muore per paura del bandito Agostino e, soprattutto, il carro degli attori arriva a Parigi: è qui che Vallombrosa insidia Isabella, e Sigognac (Blanchar) non solo la salva, ma interessa il re alla sorte di lei. Così Vallombrosa è imprigionato, Sigognac è nominato governatore e Isabella può fare la baronessa nel castello restaurato. La grande interpretazione di Pierre Blanchar sottolinea nel personaggio più il lato del nobile decaduto che quello dell'attore girovago.
Capitan Fracassa *½ (Italia 1940, b/n, 94') Duilio Coletti. Con Osvaldo Valenti, Elsa De Giorgi, Clara Calamai, Nevio Bernardi, Giorgio Costantini, Franco Coop. ◆ La storia del barone di Sigognac (Valenti), povero ma abilissimo spadaccino che si unisce a una compagnia di attori nomadi e salva l'attrice giovane da un rapimento, conquistandone così l'amore e ottenendo la reintegrazione dei beni. Realizzazione decorosa, ma priva del brio e della vivacità del romanzo.
Capitan Fracassa *½ (*Le Capitaine Fracasse*, Francia/Italia 1961, col, 105') Pierre Gaspard-Huit. Con Jean Marais, Geneviève Grad, Gérard Barray, Philippe Noiret, Louis de Funès, Riccardo Garrone, Danielle Godet, Sophie Grimaldi, Joëlle Latour, Jean Rochefort, Anna Maria Ferrero, Jean Yonnel, Sacha Pitoëff. ◆ Lo spiantato barone di Sigognac (Marais) decide di unirsi alla troupe di comici di Hérode (Noiret): reciterà nei panni di Capitan Fracassa, conquisterà l'amore della dolce Isabelle (Grad) e ne difenderà l'onore dalle voglie del duca di Vallombrosa (Barray). Versione accademica e pomposa del romanzo di Gautier adattata dal regista con Albert Vidalie: anche in un Seicento di cartapesta come questo la nobiltà d'animo di Fracassa appare spropositata e fuori luogo, né risolleva il tono generale il tentativo di strappare qualche sorriso con de Funès, nei panni di Scapino, e Noiret che affronta gli spadaccini con una clava da Ercole.
Capitan Gennaio ** (*Captain January*, Usa 1936, b/n, 75') David Butler. Con Shirley Temple, Guy Kibbee, Slim Summerville, Tune Lang, Buddy Ebsen. ◆ Il guardiano di un faro (Kibbee) raccoglie una bambina (Temple) scampata a una tempesta e la alleva come fosse sua figlia. Classico film per famiglie su misura

per «boccoli d'oro», qui al suo meglio grazie a dialoghi e numeri musicali efficaci (*At the Codfish Ball*, danzata insieme a Buddy Ebsen). Per la prima volta, nei manifesti pubblicitari il nome della Temple è più grande del titolo stesso del film.

Capitani coraggiosi *** (*Captains Courageous*, Usa 1937, b/n, 116') Victor Fleming. Con Spencer Tracy, Freddie Bartholomew, Melvyn Douglas, Lionel Barrymore, Mickey Rooney, John Carradine. ◆ Rieducazione alla vita e ai valori essenziali, sotto l'affettuosa tutela del maturo marinaio portoghese Manuel (Tracy), d'un piccolo e indisponente milionario (Bartholomew), salvato in mare da una goletta di pescatori. Ottima trasposizione (sceneggiata da John Lee Mahin, Marc Connelly e Dale Van Every) dell'omonimo romanzo di Kipling, capace a tutt'oggi di commuovere per il romantico affresco della vita di mare e la superba interpretazione, che gli valse l'Oscar, di un riccioluto Spencer Tracy. Belli i titoli di testa, che cambiano al ritmo delle ondate. Ne esiste una versione colorizzata.

Capitan Kidd * (*Captain Kidd*, Usa 1945, b/n, 89') Rowland V. Lee. Con Charles Laughton, Randolph Scott, Barbara Britton, Reginald Owen, John Carradine, Gilbert Roland. ◆ Scorrerie di un audace e temuto pirata al soldo di Guglielmo III d'Inghilterra. Kidd-Laughton, piacevolmente sanguigno, spadroneggia su palesi fondali per la gioia degli amanti dell'avventura a basso costo.

Capitan Newman ** (*Captain Newman, M.D.*, Usa 1963, col, 126') David Miller. Con Gregory Peck, Tony Curtis, Bobby Darin, Angie Dickinson, Eddie Albert, Robert Duvall. ◆ Dal bestseller di Leo Rosten la figura di un sensibile psichiatra militare (Peck) che nella seconda guerra mondiale combatte lo zelo e il cieco autoritarismo dei superiori: affronterà i casi di tre uomini afflitti da gravi problemi mentali, un caporale carico di decorazioni (Darin, che conquistò una nomination), un colonnello ossessionato dalla morte dei suoi sottoposti (Albert) e un pilota che si considera un fifone (Duvall). Intenzioni nobili, ma una realizzazione modesta e interminabile.

Capitano, Il * (*His Woman*, Usa 1931, b/n, 80') Edward Sloman. Con Gary Cooper, Claudette Colbert, Douglas Dumbrille, Harry Davenport. ◆ L'amore tra il comandante (Cooper) di una nave da carico e una ragazza (Colbert) ospitata a bordo per una delle prime, incerte produzioni sonore.

Capitano di Castiglia, Il *** (*Captain from Castille*, Usa 1947, col, 145') Henry King. Con Tyrone Power, Jean Peters, Cesar Romero, Lee J. Cobb, John Sutton, Antonio Moreno. ◆ Sfuggito all'Inquisizione, Pedro De Vargas (Power) parte per il Messico con l'esercito di Cortez (Romero) insieme a una serva innamorata di lui, Catana (Peters al suo esordio). Tra gli ufficiali c'è anche Diego De Silva (Sutton), l'inquisitore che Pedro credeva di aver ucciso in duello e che verrà assassinato da uno schiavo facendo ricadere la colpa su De Vargas: per evitargli il disonore dell'impiccagione, Catana lo pugnalerà poco prima che sia riconosciuta la sua innocenza. Uno straordinario film d'avventura sceneggiato da Lamar Trotti da un romanzo di Samuel Shellabarger, in cui le azioni sono utilizzate «per mettere i personaggi, e soprattutto il protagonista, di fronte alla loro verità». Allo stesso modo, con uno stile apparentemente freddo ma in realtà dotato di una plasticità vigorosa ed elegante, King mette gli spettatori di fronte a una storia dalle tinte forti senza far leva sull'identificazione sentimentale. Un film sobrio e austero nonostante i colori smaglianti (fotografati da Charles Clarke e Arthur E. Arling), che preferisce proteggere le emozioni invece di esaltarle, persino nella scena madre in cui Catana pugnala a morte l'amato Pedro, una scelta poetica che rappresenta un'eccezione degna di nota nella produzione cinematografica del periodo e che anche oggi conserva il suo fascino. La colonna sonora di Alfred Newman è considerata una delle migliori mai composte a Hollywood.

Capitano di Koepenick, Il **½ (*Der Hauptmann von Köpenick*, Rft 1956, col, 93') Helmut Käutner. Con Heinz Rühmann, Hannelore Schroth, Martin Held, Walter Giller, Erich Schellow, Friedrich Domin. ◆ Prussia, fine Ottocento: la burocrazia impedisce al calzolaio Gugliemo Voight (Rühmann) di avere il passaporto con cui emigrare. Convinto del prestigio della divisa militare, non gli resta che indossarne una da capitano e ordinare così a un gruppo di soldati di marciare sul sobborgo berlinese di Köpenick, per obbligare il borgomastro a dargli l'agognato passaporto: naturalmente la burocrazia è sempre in agguato... Divertente e scanzonata satira del militarismo prussiano (e più in generale tedesco) che Käutner adatta con Carl Zuckmayer dalla pièce ominima di quest'ultimo, ispirata a un fatto di cronaca che scatenò l'ilarità, e il perdono, dell'imperatore Guglielmo II. Un'insolita e riuscita incursione nel terreno della commedia da parte di un regista altrove apprezzato per i suoi drammi, sorretta dalla straordinaria interpretazione del comico tedesco Heinz Rühmann.

Capitano di lungo... sorso ° (*The Extraordinary Seaman*, Usa 1968, col, 80') John Frankenheimer. Con David Niven, Faye Dunaway, Alan Alda, Mickey Rooney, Jack Carter. ◆ A uno strambo ufficiale della marina inglese (Niven), morto nella prima guerra mondiale cadendo in mare ubriaco, è concesso di ricomparire come fantasma nella guerra successiva, per poter finalmente portare a termine una missione: affondare un incrociatore nemico. Farsa militare altalenante tra la classe degli interpreti e amenità male assortite, infortunio professionale per Frankenheimer.

Capitano Nemo e la città sommersa, Il *½ (*Captain Nemo and the Underwater City*, Gb 1969, col, 105') James Hill. Con Robert Ryan, Chuck Connors, Nanette Newman, Luciana Paluzzi. ◆ Dopo il naufragio del loro veliero al largo delle coste americane, i superstiti vengono raccolti dal Nautilus del Capitano Nemo (Ryan) e condotti in una straordinaria città sottomarina. La storia attrae sempre, ma una regia piatta e poco attenta non sfrutta la ricca fantasia del romanzo *L'isola misteriosa* di Jules Verne a cui si ispira.

Capitano soffre il mare, Il *½ (*All at Sea*, Gb 1957, b/n, 87') Charles Frend. Con Alec Guinness, Irene

Brown, Victor Maddern, Lionel Jeffries, Donald Pleasence. ◆ I cocciuti tentativi di superare i disagi della vita marinara da parte dell'ultimo rampollo (Guinness) di una dinastia di grandi navigatori. Commedia piccola piccola, più malinconica che divertente, appena sorretta dalla bravura di Guinness.

Capitan Tempesta * (Italia 1942, b/n, 85') Corrado D'Errico [e Umberto Scarpelli]. Con Carla Candiani, Carlo Ninchi, Adriano Rimoldi, Doris Duranti, Rafael Rivelles, Erminio Spalla, Annibale Betrone, Dina Sassoli. ◆ Durante l'assedio di Famagosta, Capitan Tempesta aiuta i veneziani a reggere all'assedio turco. In realtà il misterioso cavaliere è Eleonora (Candiani), la figlia del governatore, che aspetta con impazienza il ritorno del fidanzato Marcello (Rimoldi) andato a Venezia a chiedere aiuti e caduto in mano ai nemici per il tradimento dell'avventuriero Lachinsky (Rivelles): solo dopo molte peripezie i due fidanzati potranno riunirsi, grazie anche alla lealtà del saraceno Moulai el Kader, detto «il leone di Damasco» (Ninchi). Scialba riduzione del romanzo omonimo di Emilio Salgari, a volte involontariamente ridicola (soprattutto nei duelli) e superficialmente propagandistica dello «spirito di Venezia che è erede di quello di Roma antica». Sceneggiato da Alessandro De Stefani con la revisione di Omar Salgari, il film, che fu girato contemporaneamente a *Il leone di Damasco* (dove proseguono le avventure di Eleonora e Marcello e di Moulai el Kader), fu portato a termine da Umberto Scarpelli per l'improvvisa morte di Corrado D'Errico. Contemporaneamente fu girata la versione spagnola, con Luis Hurtado al posto di Ninchi e Carmen Navascués invece di Doris Duranti nel ruolo di Haradia, la nipote di Alì Pascià.

Capitolo secondo *½ (*Chapter Two*, Usa 1979, col, 124') Robert Moore. Con James Caan, Marsha Mason, Joseph Bologna, Valerie Harper. ◆ I turbamenti di uno scrittore, sconvolto dalla morte della moglie, che convola troppo in fretta a nuove nozze. Sceneggiato da Neil Simon, da una sua opera ampiamente autobiografica, soffre di tutti i difetti delle trascrizioni dal teatro. Caan, oltretutto, sembra decisamente fuori ruolo.

Capo della gang, Il → *Mani lorde*

Caporale di giornata * (Italia 1958, b/n, 87') Carlo Ludovico Bragaglia. Con Maurizio Arena, Nino Manfredi, Rossella Como, Franca Rame, Gianrico Tedeschi, Dolores Palumbo, Gisella Sofio, Bice Valori, Aurelio Fierro. ◆ Un neonato è abbandonato all'ingresso di una caserma e un biglietto attribuisce la paternità al soldato Felice (Arena). Ma più di un militare porta questo nome. Commedia superficiale, ma con un bel numero di Manfredi pugile dilettante. Il film lanciò la canzone *Calipso ninna nanna* cantata da Aurelio Fierro che interpreta il medico militare.

Caporale Sam, Il ** (*Jumping Jacks*, Usa 1952, b/n, 96') Norman Taurog. Con Dean Martin, Jerry Lewis, Mona Freeman, Don DeFore, Robert Strauss. ◆ Per partecipare a una rivista militare un attore comico sotto false spoglie si cimenta con la disciplina e le rischiose manovre di un plotone di paracadutisti. Sceneggiata in parte dallo stesso Lewis (anche se non è citato nei titoli), questa divertente commedia può contare su un grande numero comico: la partita di biliardo, chiaro omaggio di Jerry al suo idolo W.C. Fields.

Cappello a cilindro **** (*Top Hat*, Usa 1935, b/n, 99') Mark Sandrich. Con Fred Astaire, Ginger Rogers, Edward Everett Horton, Eric Blore, Helen Broderick, Erik Rhodes. ◆ Il ballerino Jerry Travers (Astaire) cerca di conquistare Dale Tramont (Rogers), che però lo crede già sposato. Tra mille equivoci, scambi di persona e bisticci amorosi, tra sfavillanti e bizzarre scenografie (anche un night-club camuffato da città italiana sul mare), forse il più famoso musical della coppia, che può contare sulle canzoni di Irvin Berlin e su alcuni numeri indimenticabili come *The Piccolino* (al ritmo della tarantella), *Isn't This a Lovely Day? (To Be Caught in the Rain)* scandito dai tuoni di un temporale, *Top Hat, White Tie and Tails* e, su tutti, *Cheek to Cheek*. Le coreografie di Hermes Pan (e Fred Astaire) e le scenografie di Van Nest Polglase «fanno di Londra una città quasi finta e di Venezia una pura invenzione kitsch». Straordinario come sempre il contributo dei caratteristi guidati da Edward Everett Horton. La fioraia è interpretata da Lucille Ball.

Cappello a tre punte, Il ** (Italia 1935, b/n, 71') Mario Camerini. Con Eduardo De Filippo, Peppino De Filippo, Leda Gloria, Dina Perbellini, Enrico Viarisio, Tina Pica. ◆ A Napoli, durante la dominazione spagnola, il governatore (Eduardo) s'infatua di una bella mugnaia (Gloria) e fa incarcerare il marito di lei (Peppino), ma scatta la vendetta, con sorpresa finale. Ispirandosi al romanzo di Pedro de Alarcón *El sombrero de tres picos*, Camerini abbandona i consueti temi piccolo-borghesi e realizza una genuina commedia d'ambientazione popolaresca. Mussolini in persona impose il taglio delle scene relative al malcontento popolare per le tasse e le ruberie del governatore e la censura fascista manipolò il film a tal punto da rendere incomprensibile la sua presunta componente eversiva. Rifatto dallo stesso Camerini nel 1955 (*La bella mugnaia*).

Cappello da prete, Il ** (Italia 1945, b/n, 82') Ferdinando Maria Poggioli. Con Roldano Lupi, Lyda Baarowa, Luigi Almirante, Carlo Lombardi, Checco Rissone. ◆ Nella Napoli fine Ottocento un barone gaudente (Lupi) non esita a trasformarsi in uno spietato assassino per non perdere gli agi e i piaceri. Dramma a fosche tinte, dall'atmosfera decadente e oppressiva, inconsueta per il cinema italiano del periodo. Liberamente ispirato al romanzo omonimo di Emilio De Marchi, fu affidato inizialmente ad Alberto Lattuada (con il titolo originario *Il cappello del prete*). Girato nel 1943, uscì dopo la Liberazione.

Cappello di paglia di Firenze, Un **½ (*Un Chapeau de paille d'Italie*, Francia 1927, b/n, 110') René Clair. Con Albert Préjean, Olga Tschékowa, Yvonneck, Jim Gérald, Alice Tissot, Paul Ollivier, Marise Maïa, Alex Bondi, Vital Geymond, Max Lerel [Maurice Versel]. ◆ La giornata che dovrebbe essere dedicata al matrimonio tra Fadinard (Préjean) e la sua promessa sposa (Maïa) viene occupata dall'ansiosa ricerca di un cappello uguale a quello che il cavallo dello sposo ha mangiato: dal suo ritrovamento dipendono la rispettabilità di una baronessa (Tschékowa), che tornando a casa senza verrebbe smascherata come fedifraga, e la tranquillità di Fadinard, che non vuole vedere il suo matrimonio turbato da uno scandalo. Scatenata versione cinematografica di un vaudeville di Eugène Labiche e Marc Michel adattato dallo stesso regista: all'interno di una serie di spazi scenici perfettamente circoscritti (le case dei protagonisti, la strada, il luogo della cerimonia) si muovono personaggi ridotti a manichini e in balìa del ritmo folle dell'azione, secondo una tecnica che Clair mutua dalle comiche di Mack Sennett. Costruito come «un libero sfogo all'esagerazione», il film si regge soprattutto sul ritmo del montaggio e ha i suoi momenti più originali nei due surreali «sogni» di Fadinard (i mobili della sua casa distrutti dal geloso amante della baronessa [Vital] e il resoconto fatto al marito tradito). La pièce è stata adattata altre tre volte: in Germania (*Der florentiner Hut*, 1939, di Wolfgang Liebeneimer), in Francia (*Un Chapeau de paille de Florence*, 1940 ma uscita nel 1944, di Maurice Cammage) e in Argentina (*Un modelo de Paris*, 1946, di Luis Bayon Herrera, dove l'azione è spostata a Buenos Aires e il cappello diventa un modello di Parigi).

Cappello pieno di pioggia, Un ** (*A Hatful of Rain*, Usa 1957, b/n, 109') Fred Zinnemann. Con Eva Marie Saint, Don Murray, Anthony Franciosa, Lloyd Nolan, Henry Silva. ◆ Un reduce dalla Corea (Murray), reso morfinomane dalle cure per lenire le sofferenze, sconvolge la vita della sua piccola famiglia. Applaudito alla sua uscita per il coraggio della denuncia, il film oggi risulta decisamente invecchiato e anche un po' irritante nel suo «coraggio»: è diretto e interpretato con rigore ma è molto condizionato dalla dimensione teatrale della sceneggiatura che Michael V. Gazzo trasse dal suo applaudito lavoro teatrale.

Cappotto, Il *** (Italia 1952, col, 95') Alberto Lattuada. Con Renato Rascel, Yvonne Sanson, Giulio Stival, Antonella Lualdi. ◆ Il modesto impiegato Carmine De Carmine (Rascel) ha un unico sogno, farsi fare un cappotto. Quando finalmente si conquista il sudato indumento, se lo fa rubare mentre è in giro di notte: vaga fino all'alba e per il freddo muore. Dal racconto omonimo di Gogol' (ambientato con felice intuizione nella Pavia degli anni Trenta e sceneggiato dal regista con Cesare Zavattini, Giorgio Prosperi, Giordano Corsi, Enzo Curreli, Leonardi Sinisgalli e Luigi Malerba) uno dei film più riusciti di Lattuada che, liberatosi dell'influenza neorealista, rivela tutto il suo pessimismo venato di malinconia, ancor più sottolineato dall'ironica descrizione del mondo in cui si muove De Carmine/Rascel: i discorsi del sindaco, la seduta del consiglio comunale, i dialoghi surreali della burocrazia («Chiami il cancelliere». «È morto». «Morto?». «Morto, morto». «Lo sostituisca»). Al successo del film contribuì non poco l'interpretazione di Renato Rascel, altrove attore mediocre, che invece qui oscilla magistralmente tra il patetico e il grottesco.

Cappotto di astrakan, Il *½ (Italia/Francia 1980, col, 105') Marco Vicario. Con Johnny Dorelli, Andréa Ferréol, Marcel Bozzuffi, Carole Bouquet, Paolo Bonacelli, Nanni Svampa. ◆ Un italiano (Dorelli) in vacanza a Parigi viene coinvolto in una storia di equivoci e scambi di persona e vive inaspettate avventure con la moglie e la giovane amante di un misterioso detenuto. Liberamente ispirato al romanzo di Piero Chiara, ne coglie solo gli aspetti comici e grotteschi, in un superficiale e faticoso intreccio.

Capra, La **½ (*La Chèvre*, Francia 1981, col, 93') Francis Veber. Con Pierre Richard, Gérard Depardieu, Pedro Armendariz jr, Corynne Charbit. ◆ Un coriaceo detective (Depardieu) deve rintracciare la figlia di un ricco industriale, notoriamente soggetta per la sua distrazione a sciagure di ogni genere. Gli viene affiancato un dipendente della stessa industria (Richard), altrettanto distratto e sfortunato, con cui seguirà il percorso Francia-Messico-Amazzonia sulle tracce della ragazza scomparsa. Sullo schema collaudato dello scontro tra caratteri incompatibili una ininterrotta serie di belle gag, con un Richard esilarante e un Depardieu in forma smagliante. I due protagonisti e il regista torneranno ancora insieme per *Les Compères – Noi siamo tuo padre* (1983) e *Due fuggitivi e mezzo* (1986).

Capricci **½ (*Caprices*, Francia 1941, b/n, 80') Léo Joannon. Con Danielle Darrieux, Albert Préjan, Germaine Reuver, Jean Parédès, Christiane Ribes. ◆ Un'attrice (Darrieux) cerca di farsi finanziare le repliche del suo spettacolo da uno scapolo chic e disponibile (Préjan), recitando la parte dell'attrice vessata da protettori vecchi e libidinosi. L'uomo per gelosia le dà il denaro, poi si vendica della trappola facendole credere di essere un falsario ricercato dalla polizia. Ma i colpi di scena non finiscono qui. Un divertissement scatenato (sceneggiato dal regista con Jacques Companeez e André Cayatte), una «bolla di sapone» difficile da tenere in vita, in cui realtà e finzione, sogno e menzogna si mescolano e si confondono con grande eleganza e fluidità. Valorizzata al massimo la coppia protagonista.

Capricci ** (Italia 1969, col, 89') Carmelo Bene. Con Anne Wiazemsky, Carmelo Bene, Tonino Caputo, Ornella Ferrari, Giovanni Davoli, Piero Vida, Giancarlo Fusco. ◆ La gerontofila Alice (Ferrari) vuole liberarsi del marito Arden per amore di un altrettanto vecchio amante: per farlo assolda un pittore (Caputo) che cerca di ottenere lo scopo facendo vedere alla vittima un quadro dipinto con «colori avvelenati». Non ci riuscirà e dovrà scontrarsi con un poeta (Bene) che cerca di suicidarsi insieme all'amante (Wiazemsky) con una serie interminabile di incidenti d'auto da lui stesso provocati. Girato in 16mm e molto liberamente ispirato al dramma anonimo elisabettiano *Arden of Feversham*, il film prosegue (con meno originalità) il discorso cominciato con *Nostra Signora dei turchi* sull'immaginario e sulla sua capacità di conquistarsi uno spazio e un ruolo. È una riflessione sull'inadeguatezza dell'arte nei confronti della realtà che si intreccia con il tema dell'integrazione dell'artista nella società consumistica (il pittore cede alle lusinghe, il poeta le rifiuta) e che si mescola, con una buona dose di ironia, a una particolarissima rilettura delle suggestioni culturali di questo secolo (come l'intreccio tra erotismo e kitsch nella scena del pranzo o l'uso straniante della musica; le citazioni off che accompagnano la Ferrari nuda che porta in tavola imponenti piatti di cibo sono tratte da *Miti d'oggi* di Roland Barthes). Forse il film più ostico di Bene e quello programmaticamente meno accattivante e bello.

Capriccio * (Italia 1987, col, 103') Tinto Brass. Con Nicola Warren, Francesca Dellera, Andy J. Forrest, Luigi Laezza, Vittorio Caprioli. ◆ 1947: divagazioni erotiche con vecchie fiamme ritrovate per due giovani sposi angloamericani (Warren e Dellera) in viaggio in Italia, dove si erano conosciuti durante la guerra. Ispirandosi (con vergognosa disinvoltura) a *Le lettere da Capri* di Mario Soldati e girando tra l'isola campana, Roma e la Toscana, Brass è recidivo nella «ricostruzione di atmosfere e ambienti» come alibi per riproporre le sue ossessioni abituali, scoprire – in tutti i sensi – nuove attrici (in questo caso Francesca Dellera, tra tutte le sue «pupille» quella destinata a maggior fortuna), per comparire addirittura in scena, ovviamente come assatanato voyeur.

Capriccio all'italiana ** (Italia 1968, col, 95'). Steno [Stefano Vanzina], Mauro Bolognini, Pier Paolo Pasolini, Pino Zac [e Franco Rossi]. ◆ Film a episodi. In *Il mostro della domenica* (Steno. Con Totò [Antonio de Curtis]) un distinto signore ossessionato dai capelloni dà loro la caccia armato di forbici; in *La bambinaia* (Mario Monicelli. Con Silvana Mangano) un'istitutrice vuol far dimenticare la violenza dei fumetti leggendo ai bambini le favole di Perrault, ma ottiene solo di atterrirli con storie di lupi e orchi; in *Viaggio di lavoro* (Pino Zac [e Franco Rossi]. Con Silvana Mangano, Renzo Marignano) una regina, ospite all'estero, legge un discorso scritto per un altro Stato; in *Perché?* (Mauro Bolognini. Con Renzo Marignano, Silvana Mangano) una ragazza incita il fidanzato a sconsiderati sorpassi e a punire chi finisce fuori strada; in *Che cosa sono le nuvole?* (Pier Paolo Pasolini. Con Totò, Ninetto Davoli, Laura Betti, Adriana Asti, Franco Franchi, Ciccio Ingrassia, Francesco Leonetti, Domenico Modugno) dopo esser servite per recitare la tragedia del Moro di Venezia, due marionette, Jago (Totò) e Otello (Davoli), sono buttate in una discarica e guardando la bellezza delle nuvole dimenticano il luogo in cui sono finite; in *La gelosa* (Mauro Bolognini. Con Ira Fürstenberg, Walter Chiari) Silvana segue il marito, che crede fedifrago, per ucciderlo ma lui è andato solo da un sarto per provare un vestito. Tenuto insieme senza nessuna logica, il film si salva solo per la bravura di Totò e l'improvviso squarcio di poesia dell'episodio di Pasolini. L'episodio *Viaggio di lavoro* è stato in realtà diretto da Franco Rossi nel 1966 (doveva entrare nel film *Le Streghe*): Zac è l'autore solo delle animazioni iniziali.

Capriccio spagnolo **½ (*The Devil Is a Woman*, Usa 1935, b/n, 83') Josef von Sternberg. Con Marlene Dietrich, Lionel Atwill, Cesar Romero, Edward Everett Horton, Alison Skipworth. ◆ Durante il carnevale di Siviglia un'affascinante e dissoluta sigaraia, Concha (Dietrich), «la donna più pericolosa che si può incontrare», fa perdutamente innamorare due uomini fino a spingerli al duello, per poi preferire il perdente (Atwill). Tratto dal romanzo di Pierre Louÿs *La donna e il fantoccio* (usato anche da Buñuel per *Quell'oscuro oggetto del desiderio*), settimo e ultimo film del connubio Sternberg-Dietrich, csceneggiato da John Dos Passos, è un film barocco e sontuoso, ambientato in una Spagna ottocentesca da melodramma. Nel crudele rapporto tra la Dietrich e i suoi uomini (lei canta la canzone *I'm Romantic... Three Sweethearts Have I*, Sono romantica... ho tre amori) si può leggere un amaro riferimento alla tormentata storia che aveva unito l'attrice al suo regista e pigmalione e che stava finendo. L'unico personaggio davvero comico del film di Sternberg, il governatore interpretato da Edward Everett Horton, costrinse la Paramount a ritirare il film per le pressioni del governo spagnolo che si considerava offeso.

Caprice: la cenere che scotta *½ (*Caprice*, Usa 1967, col, 98') Frank Tashlin. Con Doris Day, Richard Harris, Ray Walston, Jack Kruschen, Edward Mulhare, Lilia Skala, Irene Tsu. ◆ Per indagare sulla misteriosa morte del fratello, Patricia Foster (Day) scopre che una cipria può essere trasformata in un potente allucinogeno: per fortuna che sulla stessa pista sta lavorando anche un agente dell'Interpol (Harris) che saprà trarla d'impaccio più di una volta. Una commedia gialla sceneggiata da Jay Jayson ma riscritta da Tashlin che non si merita la fama tanto negativa che l'accompagna: anche se non perfettamente riuscito, il film spinge le convenzioni del poliziesco fino a trasformarle in farsa, utilizzando «il cinismo dei polizieschi per ribaltarne le assurdità» e mescolando i generi con qualche bella idea (Doris Day che entra in un cinema dove danno *Caprice* e si siede quando sente la canzone dei titoli di testa).

Capricorn One **½ (*Capricorn One*, Usa 1978, col, 124') Peter Hyams. Con Elliot Gould, James Brolin, Sam Waterston, Telly Savalas, Karen Black, Brenda Vaccaro. ◆ Un giornalista (Gould) scopre che la tanto pubblicizzata e acclamata missione verso Marte è fallita e l'astronave, inutilizzabile per un guasto, è nascosta in una base nel deserto. Fantapolitica sul potere mistificatore dei media e sul cinismo della «ragion di Stato», sono spunto per una miscela riuscita di avventura, dialoghi brillanti e buone caratterizzazioni.

Capro espiatorio, Il ** (*The Scapegoat*, Gb 1959, b/n, 92') Robert Hamer. Con Alec Guinness, Nicole Maurey, Irene Worth, Bette Davis. ◆ Un conte francese uxoricida (Guinness) mette in seri guai l'ignaro sosia inglese in vacanza. Adattato (dal regista e da Gore Vidal) dal romanzo di Daphne Du Maurier, si regge tutto sulla bravura degli interpreti. Peccato che Guinness abbia imposto di ridurre (per invidia?) il ruolo di Bette Davis, la madre del conte, una vecchia strega costretta a letto, che fuma sigari, morfinomane, tutta avvolta in pizzi e piume di struzzo.

Captives – Prigionieri *½ (*Captives*, Gb 1994, col, 100') Angela Pope. Con Julia Ormond, Tim Roth,

Richard Hawley, Jeff Nuttall, Keith Allen, Kenneth Cope. ◆ La dentista Rachel Clifford (Ormond) nel tempo libero lavora in una prigione e, visto che si è appena separata dal marito, si innamora del detenuto Philip Chaney (Roth). Approfittando dei suoi permessi di libera uscita, consuma amplessi selvaggi nei cessi dei pub. Ma un altro detenuto pone a Philip un aut aut: o convince Rachel a portare dentro un pacco di droga, o la farà violentare da un suo compare a piede libero. La verosimiglianza non doveva essere una delle preoccupazioni dello sceneggiatore Frank Deasy; e la regista, dopo le iniziali osservazioni sul potenziale erotico dell'odontoiatria, non osa troppo, scivolando man mano nel banale, lieto fine (o quasi) compreso.

Carabbimatti, I * (Italia 1981, col, 90') Giuliano Carnimeo. Con Gianni Agus, Leo Gullotta, Giorgio Bracardi, Daniele Formica, Giorgio Ariani, Licinia Lentini, Enzo Robutti, Ria De Simone, Enzo Andronico, Jimmy il Fenomeno [Origene Soffrano], Enzo Liberti. ◆ Per sfuggire all'arresto, il commendator Marroni (Agus) vorrebbe farsi ricoverare in una clinica privata ma finisce in una casa di cura per matti, invano inseguito dai due imbranatissimi carabinieri Pasta (Gullotta) e Ceci (Formica). Scemenza ai minimi storici che cerca di spacciare barzellette stantie per sceneggiatura, rubando le uniche ideuzze a *Hollywood party* (il cameriere che si ubriaca) ed *Hellzapoppin'* (il tormentone del matto con la fune). Insopportabile la recitazione sovreccitata di Bracardi. Comparsata non accreditata di Renzo Montagnani, il matto che si crede il J.R. di *Dallas*.

Carabbinieri, I * (Italia 1981, col, 92') Francesco Massaro. Con Giorgio Bracardi, Diego Abatantuono, Leo Gullotta, Andy Luotto, Donatella Damiani, Mario Marenco, Renzo Montagnani, Bombolo [Franco Lechner]. ◆ Una squadra speciale di Carabinieri contende alla Polizia l'arduo compito di incastrare un politico coinvolto in uno scandalo. Macchiette, lazzi pseudodialettali, turpiloquio a mille, un cast imperdibile per i fans della commedia pecoreccia.

Carabina «Quigley» **½ (*Quigley Down Under*, Usa 1990, col, 119') Simon Wincer. Con Tom Selleck, Laura San Giacomo, Alan Rickman, Chris Haywood, Ron Haddrick. ◆ Epica lotta western negli inconsueti scenari australiani per un tiratore scelto (Selleck) che si ribella al dispotico proprietario terriero che lo ha assoldato. Passato pressoché inosservato alla sua uscita nei cinema, ma realizzato con tocco esperto, è un film che sfrutta con abilità il fascino degli spazi sconfinati, valorizzando finalmente Selleck.

Carabina Williams *½ (*Carbine Williams*, Usa 1952, b/n, 91') Richard Thorpe. Con James Stewart, Jean Hagen, Wendell Corey, Paul Stewart, James Arness. ◆ Ingiustamente condannato a una lunghissima detenzione, un onesto e operoso artigiano (Stewart) inventa in cella un nuovo modello di fucile destinato a grande fortuna. Da una storia vera un film poco convincente con un protagonista visibilmente fuori ruolo.

Carabiniere a cavallo, Il *½ (Italia 1961, b/n, 95') Carlo Lizzani. Con Nino Manfredi, Peppino De Filippo, Annette Stroyberg, Maurizio Arena, Clelia Matania, Luciano Salce, Aldo Giuffré. ◆ Il carabiniere Francesco Bartolomucci (Manfredi) passa la luna di miele di ventiquattr'ore alla ricerca del cavallo d'ordinanza che gli ha rubato una carovana di zingari. Scritto da Antonio Pietrangeli, Ruggero Maccari ed Ettore Scola, è una specie di epigono del neorealismo rosa: il pretesto del furto porta il film nelle zone periferiche della Roma anni Sessanta, imprimendo alla commedia sfumature di denuncia sociale. Molti problemi con la censura che impose il taglio di numerose battute e aggiunse «a cavallo» al titolo originale *Il carabiniere*.

Cara, dolce Delilah... morta * (*Dear, Dead Delilah*, Usa 1972, col, 90') John Farris. Con Agnes Moorehead, Will Geer, Michael Ansara, Patricia Carmichael. ◆ Una serie di orribili delitti per un'eredità coinvolge una famiglia a Nashville. Horror a basso costo, godibile solo per i fanatici del genere.

Cara insopportabile Tess *½ (*Guarding Tess*, Usa 1994, col, 98') Hugh Wilson. Con Shirley MacLaine, Nicolas Cage, Austin Pendleton, Edward Albert. ◆ L'agente speciale Doug Chesnic (Cage) viene incaricato di badare alla sicurezza dell'ex first lady Tess Carlisle (MacLaine), una vedova bisbetica e testarda: prima sono solo piccole provocazioni e capricci senili, poi si tratterà addirittura di un rapimento a scopo d'estorsione. Una commediola stanca e noiosa, costruita attorno all'idea che la moglie di un ex presidente sia un monumento nazionale da vegliare fino alla fine. Ma la MacLaine non è svitata a sufficienza per riscattare il film giocando la carta dell'autoironia irriverente: rimane il confronto, un po' tirato per le lunghe, tra il giovane professionista ambizioso e la vecchietta insopportabile. Un colpo all'orgoglio nazionale e un altro alla melassa.

Cara mamma, mi sposo *½ (*Only the Lonely*, Usa 1991, col, 105') Chris Columbus. Con John Candy, Maureen O'Hara, Ally Sheedy, Anthony Quinn, James Belushi. ◆ Difficoltà sentimentali del poliziotto Danny Muldoon (Candy), diviso tra l'amore per l'italoamericana Theresa, truccatrice di cadaveri per il cinema (Sheedy), e l'ingombrante influenza della madre irlandese Rose (O'Hara). Commediola esilissima sul matriarcato americano (risolto narrativamente con una serie di «sogni proibiti»: la mamma che precipita in un tombino, oppure viene aggredita da un maniaco) con un piacevole Anthony Quinn nel ruolo dell'irriducibile spasimante di Rose. Cammeo di Macaulay Culkin nella parte di un imbranato nipotino.

Carambola d'amore *½ (*Love Laughs at Andy Hardy*, Usa 1946, b/n, 94') Willis Goldbeck. Con Mickey Rooney, Lewis Stone, Fay Holden, Sara Haden, Bonita Granville, Lina Romay, Dorothy Ford. ◆ Andy (Rooney) torna al college dopo aver combattuto in guerra e scopre che la sua ragazza sta con un altro. Quindicesimo film della serie con Andy Hardy, il cui spirito risultò troppo scanzonato per l'atmosfera del dopoguerra. Il prevedibile insuccesso portò alla fine della serie. Dodici anni più tardi la Mgm tentò – invano – di riproporre il personaggio (*Il ritorno di Mr. Hardy*, 1958).

Caramelle da uno sconosciuto * (Italia 1987, col,

94') Franco Ferrini. Con Barbara De Rossi, Marina Suma, Athina Cenci, Mara Venier, Annie Papa, Laura Betti, Antonella Ponziani, Anna Galiena, Sabrina Ferilli. ◆ Un gruppo di prostitute si coalizza per affrontare un maniaco responsabile di efferati delitti ai danni di loro colleghe. Esordio di un ex critico e sceneggiatore, è un film ispirato in modo imbarazzante a *M* di Lang – con tanto di «parlamento» riunito per fare giustizia –, che approfitta del cast di richiamo per disseminare ingenuità, luoghi comuni e un po' di nudo.

Cara segretaria, La *½ (*My Dear Secretary*, Usa 1948, col, 94') Charles M. Martin. Con Laraine Day, Kirk Douglas, Keenan Wynn, Rudy Vallee, Florence Bates, Alan Mowbray. ◆ Quando una segretaria (Day) raggiunge il successo pubblicando un libro, il marito (Douglas), letterato di professione, ne soffre non poco. Commediola familiare brillante senza particolare ispirazione, con Wynn che emerge su tutti. Per questo, che fu il suo primo ruolo brillante, lo stesso Douglas ammise: «Cercavo di recitare come Cary Grant, ma non sono Cary Grant».

Cara sposa * (Italia 1977, col, 110') Pasquale Festa Campanile. Con Agostina Belli, Johnny Dorelli, Maria Pilar, Enzo Cannavale, Lina Volonghi. ◆ Disavventure di una donna (Belli) indecisa tra la convivenza affidabile e quieta con il nuovo partner e l'amore disordinato e avventuroso del marito, un truffatore manesco e opportunista, appena uscito dal carcere. Rovesciate le consuete caratterizzazioni regionali – il milanese Dorelli vive allegramente alla giornata, la moglie napoletana aspira alla serenità borghese – rimane la spiacevole sensazione del gratuito e dell'inconcludente.

Caravaggio (Il pittore maledetto) ** (Italia 1941, b/n, 106') Goffredo Alessandrini. Con Amedeo Nazzari, Clara Calamai, Beatrice Mancini, Lauro Gazzolo, Lamberto Picasso. ◆ Il genio e la sregolatezza di Michelangelo Merisi da Caravaggio (Nazzari), tra miseria e nobiltà nella Roma seicentesca. Pittura, intrighi di corte, donne e duelli, poi una vita morigerata che gli vale la nomina a Cavaliere dell'Ordine di Malta: un falso storico che corrisponde alla parte più noiosa del film, altrimenti bello e vivace. Riccardo Freda contribuì alla sceneggiatura e alle scenografie.

Caravaggio **½ (*Caravaggio*, Gb 1986, col, 99') Derek Jarman. Con Nigel Terry, Sean Bean, Tilda Swinton, Gary Cooper, Spencer Leigh, Nigel Davenport, Lol Coxhill. ◆ La vita convulsa di Michelangelo Merisi detto il Caravaggio ripercorsa dal pittore (Terry) durante la sua agonia: la sua gioventù miserabile, la protezione del cardinale Del Monte, il legame con il baro Ranuccio Tomasoni e la prostituta Lena. Jarman pone l'accento sul binomio genio-sregolatezza sottolineando le scelte di vita passionale che hanno portato il pittore alla morte. Uno dei pochi film a chiara tematica omosessuale che abbia raccolto un buon successo di pubblico. Belle soluzioni scenografiche che mettono in scena le più importanti opere dell'artista. Premiata al festival di Berlino la fotografia di Gabriel Beristain.

Caravan petrol *½ (Italia 1960, b/n, 80') Mario Amendola. Con Nino Taranto, Glamor Mora, Raffaele Pisu, Lauretta Masiero, Pietro De Vico, Renato Carosone, Pupella Maggio, Fanfulla [Luigi Visconti], Carlo Campanini. ◆ Avventure mediorientali – tra rivoluzionari, agenti russi e americani, imbroglioni e il miraggio del petrolio – per un povero e maltrattato barbiere napoletano (Taranto) a cui spetta in eredità un vasto terreno in Irat (!). Di modesta fattura, con qualche momento godibile, ma inferiore a quanto suggerito dall'omonima, riuscitissima canzone-leitmotiv di Carosone cantata da Gegé Di Giacomo.

Carcerato * (Italia 1981, col, 98') Alfonso Brescia. Con Mario Merola, Regina Bianchi, Biagio Pelligra, Aldo Giuffré, Erika Blanc, Antonio Allocca, Lucio Montanaro, Marta Zuffoli, Michele Esposito, Sergio Castellitto, John Benedy, Nino Vingelli, Roberto Caporale, Giorgio Ardisson. ◆ Imprigionato con la falsa accusa di aver ucciso l'uomo (Giuffré) che gli aveva rubato la moglie (Blanc), Francesco Improta (Merola) si strugge in carcere per la madre (Bianchi) che sta morendo e perché ha promesso alla figlia (Zuffoli) di cantare alla sua prima comunione: ma anche per i poveracci esiste una giustizia. Sceneggiata ultratradizionale - scritta dal regista con Francesco Calabrese - che oggi sembra uscita dall'età della pietra, con le madri che si accasciano a terra e i «malamente» che si accaniscono contro il protagonista (imperdibile la sua esecuzione dell'*Ave Maria* di Schubert nonostante la ferita sanguinante: al di là del trash). Sergio Castellitto è Scapricciatello, il «servo» in carcere del mafioso don Nicola (Pelligra).

Cardinale, Il ** (*The Cardinal*, Usa 1963, col, 175') Otto Preminger. Con Tom Tryon, Dorothy Gish, John Huston, Raf Vallone, Romy Schneider, Maggie McNamara, Burgess Meredith. ◆ Attraverso la storia di un prete di origine irlandese (Tryon), poi diventato cardinale, Preminger analizza una delle grandi istituzioni umane, la Chiesa cattolica: un'impresa titanica. Eccessivo, oltre che per durata, per quantità di temi ed episodi. Durante le riprese Preminger aiutò alcuni ebrei sovietici (tra i quali il regista Kalik) a uscire dall'Urss. Dal bestseller di Henry Morton Robinson, con sceneggiatura non accreditata di Gore Vidal.

Cardinale Lambertini, Il *½ (Italia 1954, b/n, 103') Giorgio Pastina. Con Gino Cervi, Nadia Gray, Arnoldo Foà, Sergio Tofano, Tino Buazzelli, Virna Lisi, Paolo Carlini, Gianni Agus. ◆ Nel 1789 il cardinale bolognese prossimo al soglio pontificio (Cervi) si destreggia tra occupanti spagnoli e intrighi di nobili ambiziosi, riuscendo a unire in matrimonio il proprio cameriere e la figlia di una baronessa ambita da un ufficiale spagnolo. Trasposizione della popolare commedia di cappa e spada di Alfredo Testoni (già adattata nel 1934 da Parsifal Bassi con Ermete Zacconi), poco incisiva nella regia; risalta soprattutto la colorita e arguta interpretazione di Gino Cervi.

Cari amici miei... ** (*Les Gaspards*, Francia/Belgio 1973, col, 94') Pierre Tchernia. Con Michel Serrault, Philippe Noiret, Gérard Depardieu, Michel Galabru, Charles Denner. ◆ Alla ricerca della figlia, scomparsa come altri parigini, un libraio del Quartiere latino (Serrault) scopre un regno di allegri e intelligenti anticonformisti (i *gaspard*, i «topi» del titolo originale) che vivono nel sottosuolo della città decisi a sabotare il corrotto ministro dei Lavori pubblici. Paradossale, garbato, recitato brillantemente, recuperato dai distributori italiani solo dopo il successo del *Vizietto*, e lanciato come il «nuovo» successo comico di Serrault.

Carica dei 101, La *** (*One Hundred and One Dalmatians*, Usa 1961, col, 79') Wolfgang Reitherman, Hamilton Luske, Clyde Geronimi [e Walt Disney]. ◆ Peripezie canine per liberare novantanove cuccioli dalmati che l'orrida Crudelia vuole usare per farsi una pelliccia: i genitori di quindici di loro (con un cane, un gatto e un cavallo) sapranno riportarli tutti al sicuro a Londra. Sul successo di una commedia a basso costo (*Geremia cane e spia*), Disney sceglie i cani come protagonisti di un film a cartoni animati. Niente aspetti favolistici ma piuttosto gag collaudate (l'evasione di massa tipo *Grande fuga*; la goffaggine del novantanovesimo cucciolo) e una cattiva che non fa malefici ma organizza rapimenti: l'ossuta, sfiorita Crudelia De Mon coi capelli bianchi e neri e l'eterno, lunghissimo bocchino (animata perfettamente da Marc Davis). Fu il primo lungometraggio animato a usare il procedimento xerox che elimina l'inchiostratura (riducendo i tempi di lavorazione), facilita il disegno degli sfondi e permette di «moltiplicare» i soggetti animati. Rifatto «dal vero» nel 1996.

Carica dei 101, La – Questa volta la magia è vera **½ (*101 Dalmatians*, Usa 1996, col, 102') Stephen Herek. Con Glenn Close, Jeff Daniels, Joely Richardson, Joan Plowright, Hugh Laurie, Mark Williams. ◆ Per farsi una pelliccia, Crudelia Demon non esita a rapire novantanove cuccioli dalmati, ma Pongo e Peggy, i genitori di quindici di loro, sapranno ritrovarli e portarli tutti in salvo a casa dei loro padroni, Anita e Roger (Richardson e Daniels). Il remake dal vivo del film a disegni animati del 1961 è curiosamente il film più «disneyano» del decennio, anche se non usa il marchio di fabbrica più celebre della casa (i cartoon): la sceneggiatura che John Hughes (anche produttore) trae dal romanzo di Dodie Smith mette da parte il «revisionismo ideologico» recente per ritrovare l'entusiasmo fiabesco e l'elementarità inventiva (e manichea) del passato, mentre la Crudelia Demon (in originale Cruella DeVil) di Glenn Close non ha niente da invidiare al suo modello disegnato. Gran lavoro di addestramento dei cani, ma anche di animatronic ed effetti speciali vari della Industrial Light & Magic.

Carica dei 600, La *** (*The Charge of the Light Brigade*, Usa 1936, col, 116') Michael Curtiz. Con Errol Flynn, Olivia de Havilland, Patric Knowles, Donald Crisp, Henry Stephenson, Nigel Bruce, C. Henry Gordon, David Niven. ◆ Durante la guerra di Crimea due ufficiali dei lancieri inglesi (Flynn e Knowles) che si contendono l'amore della figlia (de Havilland) del comandante muoiono eroicamente nella leggendaria carica di Sebastopoli. Dal poema di Alfred Tennyson, non certo un film storico, ma una realizzazione giustamente popolare di forte impatto narrativo e visivo (la caccia al leopardo, l'attacco di Surat Khan), con la sequenza della carica del 27° lancieri, ritmata dalla musica di Max Steiner, che rimane a tutt'oggi tra i più impressionanti esempi di azione corale.

Caricatore, Il ** (Italia 1997, b/n, 1997, 90') Eugenio Cappuccio, Massimo Gaudioso, Fabio Nunziata. Con Eugenio Cappuccio, Massimo Gaudioso, Fabio Nunziata, Gianluca Arcopinto, Antonio Ricossa. ◆ Tre amici aspiranti registi (Cappuccio, Gaudioso, Nunziata) cercano disperatamente di fare un film: dopo un corto girato con un solo caricatore di pellicola, scrivono una sceneggiatura per un produttore indipendente (Arcopinto), ma non tutto va come speravano. Una storia semiautobiografica scritta e realizzata a sei mani, già trattata in un cortometraggio dal titolo omonimo e trasformata in una commedia dichiaratamente povera di mezzi. L'umorismo grottesco mette al bando l'autocommiserazione e l'apparenza amatoriale rivela una vera pratica cinematografica (Nunziata, ad esempio, ha montato gli ultimi due film di Corsicato), ma non ci si allontana dall'ostentazione di una cinefilia un po' narcisistica. Curiosa (perché sostanzialmente vera) la partita di calcio tra due troupe guidate dai produttori Gianluca Arcopinto e Domenico Procacci. La Boccia Film, casa di produzione dei tre anche nella realtà, prende il nome da Tanio Boccia, regista di film di genere a bassissimo costo negli anni Cinquanta e Sessanta. Divertente la colonna sonora di Daniele Sepe.

Cari fottutissimi amici ° (Italia 1994, col, 113') Mario Monicelli. Con Paolo Villaggio, Massimo Ceccherini, Vittorio Benedetti, Marco Graziani, Giuseppe Oppedisano, Chris Childs, Beatrice Macola, Antonella Ponziani, Eva Grimaldi, Paolo Hendel, Novello Novelli. ◆ Nell'estate del 1944, nella Toscana appena liberata, l'ex boxeur Dieci (Villaggio) mette insieme una scalcagnata squadra di pugili che si spostano da una piazza all'altra tra campi minati, sparatorie e incontri con personaggi stravaganti. Un'armata Brancaleone di furbastri dal cuore tenero, un road-movie picaresco che è l'ennesimo ritratto dell'Italia strapaesana, retta dall'incrollabile «arte di arrangiarsi» e osservata con l'occhio falso-cinico-grottesco dell'ex commedia all'italiana riciclata. Tutto déjà vu, e più volte, con la fondamentale differenza che trent'anni fa un'operazione del genere aveva la sua ragione d'essere nella critica di costume, mentre oggi risulta indulgente e nostalgica. Sceneggiatura di Leo Benvenuti, Piero De Bernardi, Suso Cecchi d'Amico. Monicelli voleva un altro titolo: *Bazza di vetro* o *Dieci*.

Cari genitori * (Italia 1973, col, 94') Enrico Maria Salerno. Con Florinda Bolkan, Catherine Spaak, Maria Schneider, Tom Baker, Malcolm Stoddard. ◆ Una signora italiana della buona borghesia (Bolkan) cerca a Londra la figlia scomparsa, attraversando bar, agenzie e comunità hippie, per trovarla in un teatro d'avanguardia mentre proclama al pubblico di aver abortito. Una materia importante e incandescente (per quegli anni) come il drastico scontro generazionale in atto, la messa in discussione di tutti i valori, la crisi irreparabile dell'istituzione famigliare, viene affrontata in maniera generica e (conseguentemente) fuorviante, con la superficialità irritante dell'instant-movie di costume. E oggi quei difetti rendono il film anche ridicolo.

Carioca ** (*Flying Down to Rio*, Usa 1933, b/n, 89') Thornton Freeland. Con Dolores Del Rio, Gene Raymond, Ginger Rogers, Fred Astaire, Eric Blore. ◆ Musical con atmosfere esotiche che racconta l'allestimento di un varietà a Rio de Janeiro. Interessante per la prima apparizione della coppia Ginger e Fred (che ballano *The Carioca*) e per la coreografia finale (*Flying Down to Rio*) con le ballerine messe sulle ali di un aereo.

Cari vicini di casa, I **½ (*Meet the Applegates*, Usa 1991, col, 89') Michael Lehmann. Con Ed Begley jr, Stockard Channing, Dabney Coleman, Cami Cooper, Bobby Jacoby. ◆ Una famiglia di insetti giganti, scacciata dalla foresta amazzonica, si traveste da esseri umani e si stabilisce in una cittadina dell'Ohio, col proposito di sabotare una centrale nucleare: ma presto l'*american way of life* ha la meglio sui loro propositi, non fosse per la bellicosa zia Bea (Coleman, en travesti). Il sarcasmo di Lehmann non è al livello del suo primo e miglior film, *Schegge di follia*, ma il suo gusto figurativo pop e il suo umorismo nero ci sono tutti. Peccato per il fiacco finale.

Carlito's Way *** (*Carlito's Way*, Usa 1993, col, 144') Brian De Palma. Con Al Pacino, Sean Penn, Penelope Ann Miller, Luis Guzman, John Leguizamo, Viggo Mortensen, Ingrid Rogers. ◆ Il trafficante di eroina Carlo Brigante (Pacino) esce di prigione grazie a un cavillo e cerca di rifarsi una vita riciclandosi come gestore di un locale notturno. Ma il suo avvocato (Penn) lo coinvolge nell'omicidio di un boss mafioso da cui era ricattato: e inizia una fuga frenetica quanto vana. Il romanticismo dei perdenti, la celebrazione della sconfitta ineluttabile, la suspense di arrivare a una conclusione già nota (che Carlito muoia, lo si sa fin dalla prima sequenza): nulla di nuovo, forse, ma la dimostrazione di come lo stile e una solida sceneggiatura (di David Koepp, da due libri-verità di Edwin Torres) bastino a fare un grande film. Da un regista come De Palma, reduce da una serie di mezzi fiaschi, non ci si aspettava un'opera così tesa e trascinante, virtuosistica ma senza compiacimenti e anche le abbondanti autocitazioni (la stazione di *The Untouchables*, la metropolitana di *Vestito per uccidere*) non sono mai fatte pesare. Un noir fuori dal tempo e dalle mode (in epoca di montaggio da videoclip, De Palma ama lunghi piani sequenza), che sa costruire scene d'azione memorabili senza nulla sacrificare al disegno dei personaggi. Al Pacino (ben doppiato da Giancarlo Giannini) è al suo meglio, ma Penn, mefistofelico yuppie, è una rivelazione.

Carmela *½ (Italia 1942, b/n, 90') Flavio Calzavara. Con Doris Duranti, Pal Javor, Aldo Silvani, Egisto Olivieri, Anna Capodaglio, Bella Starace Sainati. ◆ Alla fine del secolo scorso, Carmela Ferrari (Duranti), impazzita a causa della fuga dell'ufficiale di cui era innamorata, viene salvata da un altro ufficiale (Javor), prima per compassione, poi per amore. Da una novella di De Amicis, sceneggiata dal regista con l'aiuto di Corrado Alvaro e Italo Cremona, un melò d'epoca che ha i suoi motivi di interesse nell'interpretazione di Doris Duranti (l'«orchidea nera» del cinema fascista, davvero attrice solo in questa occasione) e nel rigoroso bianco e nero di Gabor Pogany. Ambientato in Sicilia, il film fu però girato in esterni in Liguria. Il regista interpreta il ruolo del capitano Ferri.

Carmela è una bambola ** (Italia 1958, b/n, 85') Gianni Puccini. Con Marisa Allasio, Nino Manfredi, Ugo D'Alessio, Gianrico Tedeschi, Carlo Taranto, Flaminia Jandolo, Mauro Carbonoli, Gianni Bonagura, Piera Arico, Maria Donati, Renato Terra. ◆ Nonostante il padre (D'Alessio) vuole che sposi il barone Prospero (Carbonoli), l'avvocatessa Carmela (Allasio) tutte le notti si rifugia in stato di sonnambulismo nella camera di Toto Improta (Manfredi): è l'unico modo, le spiegherà uno psicoanalista (Tedeschi), per dar retta alle pulsioni che le vengono dall'inconscio... Commediola regionale ispirata al successo della canzone di Pisano e Alfieri *'A sonnambula* (cantata sui titoli di testa da Sergio Bruni) che mescola le prorompenti forme dell'Allasio (però castigate anche sotto le camicie da notte) con un po' di folclore campano (la costiera amalfitana, quattro camorristi in età da pensione, la guerra per rubarsi i turisti). Da macchietta lo psicoanalista di Tedeschi, che non usa il lettino ma la sedia e fa la diagnosi con il «metodo» dell'associazione delle parole.

Carmen

Personaggio inventato dalla fantasia di Prosper Mérimée ma reso famoso dall'opera in quattro atti che vi ricavò Georges Bizet, Carmen è una delle più celebri rappresentazioni della moderna femminilità, affascinante ma funesta nella sua solare incostanza amorosa. La novella di Mérimée (pubblicata nel 1845) racconta l'amore del brigadiere don José per la zingara Carmen: per lei viene degradato ed espulso dal reggimento dei dragoni, per starle vicino accetta di trasformarsi in contrabbandiere prima, ladro e brigante poi. Ma lo spirito ribelle di Carmen eccita la gelosia di José: questi prima uccide il marito della zingara (appena uscito dalla prigione) poi supplica la donna di seguirlo in America dove potranno rifarsi una nuova vita. Ma Carmen rifiuta, e non tanto per amore del picador Luca, ma per bisogno di libertà: per sprezzo supremo butta via l'anello che José le aveva regalato e allora l'uomo la uccide.

Dominata dall'ombra della morte (la novella è raccontata da un viaggiatore che ha ascoltato la storia da José, in attesa di essere giustiziato), la Carmen di Mérimée incarna l'amore funesto che afferma il diritto all'incostanza con lo stesso eroismo con cui tante altre eroine difesero la costanza del loro amore e, come loro, è capace di affrontare la morte, orgogliosa e prigioniera della propria «solitudine tragica e selvaggia».

La versione musicale di Bizet su libretto di H. Meilhac e L. Halévy (rappresentata per la prima volta a Parigi nel 1875) apporta alcuni significativi cambiamenti, primo fra tutti la presenza di Micaela, un personaggio femminile che bilancia la violenza di Carmen, non più gitana ma sigaraia. Il fiore che Carmen lancia a don José conquista l'uomo che dimentica Micaela e, per amore, fa fuggire la sigaraia arrestata per una lite. Lui la segue anche tra i monti, al bivacco dei contrabbandieri, dove le carte predicono a Carmen una morte imminente. Ma il torero Escamillo scatena la gelosia di José. Carmen vuole andare ad applaudirlo nell'arena e rifiuta l'invito di don José: respinto, l'uomo la pugnala a morte.

Nella versione musicale Carmen rappresenta una femminilità procace più elementare e istintiva, quintessenza della donna fatale spagnola, la cui violenza nasce dal sangue e dal sole e la cui inconsistenza è come giustificata dalla generosità dei suoi sentimenti. La tragedia nasce allora dalla fatalità che sembra incombere sulla coppia dei protagonisti, condannati alla morte dalla necessità di sciogliere solo col sangue e nel sangue il nodo delle loro passioni. E questa seconda lettura del personaggio (esasperato nei suoi comportamenti dalla gelosia dell'uomo) fu quella che affascinò maggiormente il cinema che vide in Carmen soprattutto il ritratto dell'amante passionale, incapace – per troppa generosità – di piegarsi alle regole della morale borghese o, con un'interpretazione protofemminista, di accettare i limiti alla propria libertà imposti dall'uomo.

Durante l'epoca muta si contano almeno tredici versioni di *Carmen* tra cui spiccano quella di DeMille (1915), Chaplin (1916), Lubitsch (1918), Jacques Feyder (1926) e la doppia versione di Raoul Walsh (prima nel 1915 e poi nel 1927). Dopo l'avvento del sonoro, oltre ad alcune accurate ma tradizionali versioni (come quella diretta da Christian-Jaque [Christian Maudet]) vanno segnalate le letture più originali di Florian Rey, di Otto Preminger, di Peter Brook e quella, in musica, di Francesco Rosi.

I FILM PRINCIPALI

Carmen * (Usa 1915, b/n, 5 bobine) Raoul Walsh. Con Theda Bara, Eimar Linden, Elsie MacLeod, Marie De Beneditto, Carl Harbaugh, James A. Marcus. ◆ La passione tra il soldato José (Linden) e la gitana Carmen (Bara): per amore lui diserta e la segue sulle montagne ma la gelosia non gli fa accettare il comportamento libero e indipendente della donna. Quando scoprirà che lei ama il torero Escamillo (Harbaugh) la pugnalerà. Una riuscita minore, nonostante la presenza di una «vamp» come Theda Bara, girato e messo in circolazione in fretta e furia per anticipare l'uscita dell'omonimo film di DeMille. Walsh è autore anche della sceneggiatura. Inedito in Italia. Nel 1927 Walsh diresse una versione parodistica di questo stesso film intitolato *Loves of Carmen* (in italiano *Gli amori di Carmen* o anche *La cortigiana di Siviglia*) con Dolores Del Rio e Victor McLaglen ma il film è praticamente invedibile.

Carmen (1915) di Cecil B. DeMille

Carmen (1916) di Charlie Chaplin

Sangue gitano (1918) di Ernst Lubitsch

Carmen (1926) di Jacques Feyder

Carmen la de Triana **½ (Spagna/Germania 1938, b/n, 95') Florian Rey. Con Imperio Argentina, Rafael Rivelles, Manuel Luna, Pedro Fernandez Cuenca, Pedro Barreto. ◆ Condannato per non aver arrestato la bella Carmen (Argentina), il brigadiere don José (Rivelles) è liberato dagli amici della donna durante il trasferimento alla prigione e costretto così a seguirli sulle montagne. Ma l'amore tra la bella gitana e il disertore dura poco e Carmen riprende una sua vecchia relazione col torero Antonio (Luna) il quale però, distratto durante una corrida dalla bellezza della donna, viene ucciso dal toro. Don José intanto si è costituito e guida i soldati all'assalto dei contrabbandieri, ma durante l'attacco è ucciso, lasciando così Carmen sola a piangere i suoi due amori. Interessante rilettura del mito di Carmen a cui Imperio Argentina (e suo marito, il regista Florian Rey) dà la forza dei personaggi neri e malefici, dove la sensualità lascia il campo al dramma e all'orgogliosa affermazione della propria indipendenza («Chi mi amerà dovrà vivere come dico io»). Indimenticabili le esibizioni di danza e canto dell'attrice, una delle più grandi interpreti di flamenco di questo secolo. Inedito in Italia.

Carmen (1943) di Christian-Jaque [Christian Maudet]

Gli amori di Carmen (1948) di Charles Vidor

Carmen proibita (1953) di Giuseppe Maria Scotese

Carmen Jones (1954) di Otto Preminger

Carmen di Trastevere (1962) di Carmine Gallone

L'uomo, l'orgoglio, la vendetta (1967) di Luigi Bazzoni

Carmen Story (1983) di Carlos Saura

Prénom Carmen (1983) Jean-Luc Godard

La Tragédie de Carmen **½ (Francia 1983, col, 80' ognuna delle tre versioni) Peter Brook. Prima versione con Hélène Delavault (Carmen), Howard Hansel (don José), Agnès Host (Micaela), Jake Gardner (Escamillo); seconda versione con Zehava Gal (Carmen), Laurence Dale (don José), Véronique Dietschy (Micaela), Carl-Johan Falkman (Escamillo); terza versione con Eva Saurova (Carmen), Laurence Dale (don José), Véronique Dietschy (Micaela), John Rath (Escamillo). ◆ Tripla versione del dramma di Carmen e di don José il quale per amore della gitana lascia la bella Micaela e diventa un assassino, fino a quando scopre che Carmen lo tradisce con Escamillo e allora, folle di gelosia, la pugnala. Le tre versioni riprendono i tre spettacoli recitati, alternativamente, al teatro delle Buffes du Nord a Parigi nella stagione 1981/82 sotto la direzione di Peter Brook. Dal punto di vista narrativo i tre film sono praticamente identici (e quando furono distribuiti in Francia vennero programmati in tre sale diverse): cambia solo il tono dell'interpretazione e così la Carmen di Hélène Delavault è più romantica e commovente, mentre quella di Zehava Gal è più fragile e tormentata lasciando a Eva Saurova di legarsi maggiormente all'immmagine classica, sensuale e anticonformista, dell'eroina. L'originale esperimento permette a Brook di scavare dentro l'essenza dell'opera teatrale, depurando la recitazione di ogni componente folcloristica e facendo recitare i suoi attori in un recinto scenico stilizzato ed essenziale. Di grande fascino il commento sonoro di Marius Constant. Inedito in Italia.

Carmen (1984) di Francesco Rosi

Carmen (di Raoul Walsh) → *voce «Carmen»*

Carmen *½ (*Carmen*, Usa 1915, b/n, 65') Cecil B. DeMille. Con Geraldine Farrar, Wallace Reid, Pedro de Cordoba, Billy Elmer, Jeannie MacPherson, Anita King. ◆ Il tragico amore tra la bella zingara Carmen (Farrar) e il soldato José (Reid), disertore per amore e assassino, per gelosia, del torero Escamillo (de Cordoba). Ispirato al racconto di Mérimée perché i diritti dell'opera di Bizet erano troppo cari, è il film (muto!) che segna l'esordio a Hollywood della cantante lirica Geraldine Farrar, messa sotto contratto da Jesse L. Lasky. Le parti migliori del film sono le riprese delle corride. La sceneggiatura è del fratello di DeMille, William.

Carmen ** (*Carmen*, Usa 1916, b/n, 44') Charlie Chaplin. Con Charlie Chaplin, Edna Purviance, Ben Turpin, Jack Henderson, John Rand. ◆ Versione moderna ambientata nel XX secolo: il gendarme Darn Hosiery (Chaplin) accetta per amore di Carmen (Purviance) di favorire le attività dei contrabbandieri e per farlo uccide anche il suo superiore. Ma la donna si stanca e lo lascia per il torero Escamillo (Rand): quando Darn lo ritrova lo uccide e poi si uccide, ma la spada è finta e Darn, dopo uno sberleffo al torero, se ne va insieme a Carmen. Più che alla novella di Mérimée, il film si ispira, parodiandole, alle versioni cinematografiche di DeMille e Walsh. Pensato prima con una lunghezza di due rulli (nel dicembre del 1915, in una copia oggi introvabile), fu allungato a quattro rulli diluendo le trovate del film – soprattutto il duello/balletto tra Darn e il suo superiore – e alterando il ritmo originale.

Carmen *½ (*Carmen*, Francia 1926, b/n, 111') Jacques Feyder. Con Raquel Meller, Louis Lerch, Gaston Modot, Victor Vina, Jean Murat. ◆ Espulso dall'esercito per aver fatto fuggire di prigione Carmen (Meller), don José (Lerch) diventa per amor suo contrabbandiere, ma poi la uccide quando si accorge che ama un picador. Molto fedele al testo di Mérimée, questa versione ha il suo punto di forza nell'uso delle scenografie naturali, impreziosite da un uso del chiaroscuro molto raffinato.

Carmen *½ (Italia/Francia 1943, b/n, 124') Christian-Jaque [Christian Maudet]. Con Viviane Romance, Jean Marais, Adriano Rimoldi, Elli Parvo, Marguerite Moreno, Cesare Fantoni, Julien Bertheau. ◆ La storia della sigaraia di Siviglia (Romance) che dopo aver condotto alla rovina il sottufficiale don José (Marais) lo tradisce per amore di un torero ma paga la sua infedeltà con la morte. Girata in doppia versione italiana e francese il film è sostanzialmente fedele alla versione che Meilhac e Halévy avevano fatto per Bizet. Bella la fotografia che favorisce i toni bianchi forti e drammatici.

Carmen **½ (Italia/Francia 1984, col, 142') Francesco Rosi. Con Placido Domingo, Julia Migenes-Johnson, Ruggero Raimondi, Faith Esham, Julien Guiomar. ◆ La passione fatale del brigadiere don José (Domingo) per la sensuale sigaraia Carmen (Migenes-Johnson): quando diserta per raggiungerla sulle montagne, lei lo tradisce con il torero Escamillo (Raimondi) e don José non può impedirsi di ucciderla davanti all'arena di Siviglia dove Escamillo sta toreando. Un film-opera molto fedele all'opera di Bizet, anche se Rosi trasporta i cantanti in una Spagna realistica e solare, eliminando così gli elementi troppo teatrali. Lo assistono la splendida fotografia di Pasqualino De Santis e l'ottima recitazione della Migenes e di Raimondi. A disagio, invece, Domingo.

Carmen di Trastevere *½ (Italia/Francia 1962, b/n, 94') Carmine Gallone. Con Giovanna Ralli, Jacques Charrier, Lino Ventura, Fiorenzo Fiorentini, Carlo Romano. ◆ Mentre il marito Vincenzo (Ventura) è in carcere, Carmen (Ralli) si innamora di Antonio (Charrier), un poliziotto che verrà coinvolto da Vincenzo in imprese criminose: quando perderà l'impiego e anche l'amante, Antonio, pazzo di gelosia, ucciderà Carmen. Rilettura in abiti moderni del dramma di Prosper Mérimée, ma l'ambientazione dialettale (carente per realizzazione e sceneggiatura) è decisamente inferiore alle ambizioni.

Carmen Jones ***½ (*Carmen Jones*, Usa 1954, col, 107') Otto Preminger. Con Dorothy Dandridge, Harry Belafonte, Olga James, Pearl Bailey, Diahann Carroll, Joe Adams. ◆ Trasposizione della celeberrima commedia di Mérimée, adattata in musica da Oscar Hammersmith II e Billy Rose: operaia in una fabbrica di paracaduti, Carmen Jones (Dandridge) evita l'arresto concedendosi al caporale Joe (Belafonte) che per amor suo litiga con un sergente. Inseguiti dalla polizia militare i due si rifugiano a Chicago, ma Carmen non sopporta quella vita miseranda e va a vivere con Husky, un pugile (Adams): folle di gelosia Joe la raggiunge nello stadio dove Husky combatte e la strangola. Film «drammatico con musica» con un cast completamente nero, senza alcun cedimento al folclore, è una specie di «saggio antropologico su un mondo primitivo e ritualizzato, fortemente soggetto alle tentazioni e alle leggi del destino». Straordinario uso dei movimenti della macchina da presa all'interno di una struttura sostanzialmente teatrale. I protagonisti sono tutti doppiati: Belafonte da Laverne Hutchinson, la Dandridge dall'allora sconosciuta Marilyn Horne, la Carroll da Berenice Peterson e Adams da Marvin Hayes. Quando uscì gli eredi di Bizet (nonostante il film fosse tratto da un musical) cercarono di bloccare la distribuzione commerciale del film perché avrebbe tradito lo spirito dell'opera. Fu un enorme successo.

Carmen la de Triana → *voce «Carmen»*

Carmen proibita ** (Italia/Spagna 1953, b/n, 80') Giuseppe Maria Scotese. Con Aña Esmeralda, Fausto Tozzi, Mariella Lotti, Umberto Spadaro, Mario Cabré. ◆ Un giovane ufficiale di un mercantile panamense (Tozzi) si innamora follemente di una danzatrice spagnola (Esmeralda) legata alla malavita. Per seguirla diventa assassino, ma la vita esasperata che è costretto a fare lo porta a uccidere, per gelosia, anche la donna amata. Originale rilettura della storia di Carmen che deve tutto il suo fascino alla carica erotica della ballerina di flamenco Aña Esmeralda. L'edizione spagnola del film è firmata da Alejandro Perla.

Carmen Story *** (*Carmen*, Spagna 1983, col, 102') Carlos Saura. Con Antonio Gades, Laura Del Sol, Paco De Lucia, Cristina Hoyos, Sebastiano Moreno, Juan Antonio Jimenez. ◆ Durante la preparazione di un balletto ispirato all'opera di Bizet, il maestro di ballo (Gades) si innamora di Carmen (Del Sol), una giovane ballerina di flamenco a cui vorrebbe affidare la parte della protagonista. E come nell'opera, la ragazza si offre al suo scopritore ma poi civetta con altri ballerini: così l'amante tradito, folle di gelosia, non potrà che uccidere Carmen. Seconda collaborazione (dopo *Nozze di sangue* e prima dell'*Amore stregone*) tra Saura e il ballerino-coreografo Gades che rileggono il mito più famoso della letteratura spagnola mescolando perfettamente finzione narrativa e danza: la musica di Bizet è adattata (da Paco De Lucia) ai ritmi del flamenco; la componente erotica del dramma è distillata in un gioco di sguardi e di corpi che si sfiorano e si incrociano (come nella bellissima scena delle prove nel salone con gli specchi) e il finale ambiguo (forse l'omicidio non c'è mai stato) sottolinea quello che sembra essere il messaggio di tutta una cultura: «tutto può essere falso salvo la danza. E la danza è la Spagna».

Carne, La ** (Italia 1991, col, 95') Marco Ferreri. Con Sergio Castellitto, Francesca Dellera, Philippe Léotard, Farid Chopel, Petra Reinhard. ◆ Lui è un funzionario comunale e pianista di pianobar (Castellitto), lei una disinibita amatrice (Dellera): si incontrano e vivono in una casa vicino al mare un amore totalizzante e ossessionante. E quando lei cercherà di andarsene lui la ucciderà e ne conserverà il corpo in frigorifero per cibarsene. Con il consueto gusto della provocazione Ferreri, partendo dall'idea di amore come reclusione e aspirazione alla fusione reciproca, mescola ossessioni gastronomiche ed erotiche, ma il risultato finale delude e il film assomiglia a un bigino di tutti i temi affrontati (meglio) negli altri film del regista. Il meglio lo dànno gli attori: anche se il regista avrebbe voluto Villaggio (che rifiutò su consiglio dei Cecchi Gori per non «rovinarsi l'immagine presso il pubblico»), Castellitto è azzeccato nei registri grotteschi e iperrealisti del film e la Dellera inquieta con la sua esuberante presenza.

Carne cruda *½ (*Blacksnake*, Usa 1972, col, 85') Russ Meyer. Con Anouska Hempel, David Warbeck, Percy Herbert, Milton McCollin, Thomas Baptiste. ◆ Nei primi dell'Ottocento, in una piantagione caraibica, gli schiavi si ribellano alla crudeltà dei sorveglianti e della aristocratica ex prostituta, padrona dell'isola (Hempel). Uno dei pochi film di Meyer distribuiti al cinema in Italia (e non certo il migliore) è girato in uno stile delirante eppure nitidissimo, com'è nella tradizione del famoso cineasta indipendente, ma risulta lontano dallo scoppiettante cocktail di sesso e violenza da fumetto delle sue opere migliori.

Carne e il diavolo, La **½ (*Flesh and the Devil*, Usa 1927, b/n, 109') Clarence Brown. Con Greta Garbo, John Gilbert, Lars Hanson, Marc MacDermott, Barbara Kent, George Fawcett. ◆ Germania, fine secolo: Felicitas (Garbo) seduce il giovane tenente Leo von Harden (Gilbert), lo convince a uccidere il marito in un duello, e così il tenente viene costretto all'esilio. Al suo ritorno, egli scopre che Felicitas si è risposata e che il nuovo marito (Hanson) è un suo vecchio amico: sarà più forte la voce della passione o quella dell'amicizia? Tratto da un romanzo di Herman Sudermann, un insolito melodramma con un finale violentemente misogino che passò alla storia del cinema per la presenza della Divina, impegnata in scene d'amore torride per l'epoca (lei che, accostandosi all'Eucarestia, sceglie di bere il calice con il vino consacrato proprio nel punto in cui l'amante ha appena bevuto e ha lasciato l'umido delle sue labbra) e che da quel momento divenne oggetto di un vero e proprio culto; per la presenza di Gilbert, considerato l'erede di Rodolfo Valentino; per i pettegolezzi su un'eventuale relazione tra i due al di fuori dello schermo. Dal punto di vista cinematografico vanno segnalate almeno due scene: il duello sulla neve ripreso con un carrello aereo e il viso perfetto della Garbo rischiarato da una semplice fiammella (la fotografia è di William Daniels).

Carnet del maggiore Thompson, Il ° (*Les Carnets du Major Thompson*, Francia 1955, b/n, 96') Preston Sturges. Con Jack Buchanan, Martine Carol, André Luguet, Noël Noël [Lucien Noël], Paulette Dubost. ◆ Un maggiore inglese (Buchanan) sposa una giovane francese (Carol) e si stabilisce a Parigi dove, tra discussioni e piccole baruffe familiari, pubblica il suo diario di osservazioni ironiche sulle differenti abitudini e mentalità tra i due popoli. Indegna conclusione di una grande carriera, è l'ultimo film di Sturges, per niente a proprio agio con la satira bonaria e la garbata comicità di una prevedibile commediola a lieto fine. L'idea iniziale della sua sceneggiatura era molto più intrigante (un inglese si presenta all'autore del libro e sostiene di essere il vero maggiore Thompson: ha perso i suoi diari e poi se li è visti pubblicati) ma la Gaumont la bocciò per paura che l'eccessiva ironia potesse far loro perdere il pubblico che aveva decretato il successo del libro di Pierre Daninos.

Carnet di ballo **½ (*Un Carnet de bal*, Francia 1937, b/n, 100') Julien Duvivier. Con Marie Bell, Françoise Rosay, Harry Baur, Pierre Blanchar, Fernandel [Fernand Contandin], Louis Jouvet, Pierre Richard-Willm, Raimou [Jules Muraire], Robert Lynen. ◆ Dopo la morte del marito, Christine de Guérande (Bell) ritrova il carnet di ballo dei suoi sedici anni e decide di rivedere i compagni di quella serata: uno si è suicidato per amor suo, l'avvocato Bertier (Jouvet) dirige una banda di malviventi, un terzo (Baur) si è fatto prete, Eric (Richard-Willm) fa la guida in montagna, un altro (Raimou) è diventato sindaco e sta per sposare la sua cameriera, un medico (Blanchar) sta per commettere un crimine e l'ultimo, un parrucchiere (Fernandel), la porta a visitare la sala da ballo. Una galleria di storie emblematiche, dal dramma alla farsa, ma tutte permeate di disillusione e amarezza. L'incanto del ricordo infranto dallo scorrere del tempo è reso da Duvivier con sensibilità e raffinatezza in un film che ottenne uno straordinario successo di pubblico. Premio per il miglior film straniero a Venezia. Rifatto dallo stesso Duvivier nel 1941 (*Lydia*).

Carne tremula *** (*Carne trémula*, Spagna/Francia 1997, col, 96') Pedro Almodóvar. Con Liberto Rabal, Francesca Neri, Javier Bardem, Angela Molina, José

Sancho, Penélope Cruz, Pilar Bardem, Angel Angulo, Maria Pujalte. ◆ Il proletario Victor (Rabal) finisce in galera per aver costretto alla sedia a rotelle il poliziotto David (J. Bardem), in realtà ferito dal collega Sancho (Sancho) durante una concitata corte alla ricca Elena (Neri): quando uscirà di prigione, per vendicarsi diventerà l'amante della moglie (Molina) di Sancho e manderà in crisi il matrimonio tra Elena e David. Almodóvar mescola melodramma, commedia e noir (all'origine c'è il romanzo *Carne viva* di Ruth Rendell, molto liberamente adattato dal regista con Ray Loriga e Jorge Guerricaechevarria) e attraverso destini incrociati e amori folli racconta il passaggio della Spagna dalla fine del franchismo all'inizio liberatorio della movida. Ripreso da una macchina mobilissima e ambientato in un décor dai colori accesi e caldi, un inno all'amore e all'impossibilità di resistere alle proprie pulsioni (anche se la scena di *Estasi di un delitto* di Buñuel trasmessa dalla Tv introduce una sana dimensione ironica). Geniale la scena d'apertura, con la nascita di Victor in un autobus durante il coprifuoco (la partoriente è Penélope Cruz). Francesca Neri recita molto meglio nella versione originale che in quella italiana, in cui si doppia da sé.

Carnevale della vita, Il ** (*Flesh and Fantasy*, Usa 1943, b/n, 93') Julien Duvivier. Con Charles Boyer, Barbara Stanwyck, Robert Benchley, Edward G. Robinson, Thomas Mitchell, Betty Field, Robert Cummings. ◆ Tre episodi collegati tra loro da un narratore (Benchley) su fenomeni paranormali, con presagi, metamorfosi ed eventi straordinari sempre a lieto fine: una brutta ragazza (Field) che corteggia un uomo (Cummings), sempre mascherata, è trasformata dall'amore; a un famoso avvocato (Robinson) un indovino (Mitchell) predice che commetterà un delitto; un acrobata (Boyer) ha paura di morire il giorno in cui una donna (Stanwyck) griderà durante una sua esibizione. Un film confezionato con garbo, ma, a parte l'episodio di Robinson (tratto dal racconto *Il delitto di lord Arthur Savile* di Oscar Wilde), privo della sensibilità delle prove migliori di Duvivier. Un quarto episodio fu soppresso e trasformato da Reginald LeBorg in un film a lungometraggio, *Destiny* (1944, con Gloria Jean, Alan Curtis, Frank Craven), inedito in Italia.

Carniere, Il ** (Italia 1997, col, 94') Maurizio Zaccaro. Con Massimo Ghini, Antonio Catania, Leo Gullotta, Paraskeva Djukelova, Roberto Zibetti, Fabio Sartor, Giorgio Tirabassi. ◆ Autunno 1991: tre amici italiani (Ghini, Catania e Zibetti), in Bosnia per una battuta di caccia, rimangono coinvolti nei primi scontri bellici. Riusciranno a lasciare Sarajevo grazie a Rada (Djukelova), la ragazza serbo-croata che ha fatto loro da guida. Il drammatico inizio del conflitto balcanico visto con gli occhi ignoranti e increduli di tre italiani in vacanza (e raccontato da un giornalista sportivo [Gullotta] anch'egli per caso in mezzo alla guerra): lo spunto è buono, ma arriva talmente in ritardo da risultare superato, con il rischio che nel 1997 gli spettatori rimangano nello stesso stato di incoscienza confusa e stuporosa dei protagonisti, e che il film, mantenendo vaghissimi i riferimenti geografici a vantaggio di un indistinto «paesaggio dell'anima», perpetui l'idea errata della guerra nell'ex Jugoslavia come guerra tribale, dunque caotica e «incomprensibile». Pregevoli la sensibilità di Zaccaro alla natura e il suo pudore nemico del sensazionalismo, onesta la partecipazione degli attori, non sempre curata la sceneggiatura (di Marco Bechis, Gigi Riva, Umberto Contarello, Lara Fremder e Maurizio Zaccaro). In origine il film doveva essere diretto da Marco Bechis.

Carny, un corpo per due uomini ** (*Carny*, Usa 1980, col, 107') Robert Kaylor. Con Gary Busey, Jodie Foster, Robbie Robertson, Kenneth McMillan, Elisha Cook, Meg Foster, Bert Remsen. ◆ Storia dell'intenso legame tra due inseparabili amici (Busey e Robertson) e una giovane (Foster) senza fissa dimora che si unisce a loro nel luna park in cui lavorano. Malessere esistenziale ed echi di *Jules e Jim* nella desolazione della provincia americana, in un film che vuole ricostruire l'atmosfera fascinosa e crudele del mondo dello spettacolo viaggiante; ma tutto è vagamente sfocato, compiaciuto, lontano. Molto convincente Robertson, noto come chitarrista della band che accompagnava Bob Dylan negli anni Sessanta, anche coproduttore e sceneggiatore del film.

Caro diario **** (Italia 1993, col, 100') Nanni Moretti. ◆ Film in tre «capitoli». In *In vespa* (con Nanni Moretti, Giulio Base, Carlo Mazzacurati, Italo Spinelli, Jennifer Beals, Alexander Rockwell) Nanni gira d'agosto con la sua vespa in una Roma deserta riflettendo sull'architettura e gli abitanti di quartieri come la Garbatella, Casalpalocco, Spinaceto e alla fine si reca sul litorale di Ostia, dove è stato ucciso Pier Paolo Pasolini; in *Isole* (con Nanni Moretti, Renato Carpentieri, Raffaella Lebboroni, Marco Paolini, Lorenzo Alessandri, Moni Ovadia, Antonio Neiwiller) Nanni va a Lipari dall'amico Gerardo e per trovare un po' di tranquillità gireranno le Eolie di isola in isola; in *Medici* (con Nanni Moretti, Valerio Magrelli, Sergio Lambiase, Gianni Ferraretto, Pino Gentile, Serena Nono), dopo aver mostrato l'ultima seduta di chemioterapia a cui si è sottoposto, Nanni ricostruisce la sua odissea attraverso i più affermati specialisti della capitale, incapaci di riconoscere nell'anormale prurito che lo tormenta uno dei sintomi del morbo di Hodgkin. Raccontando *Caro diario* in prima persona, senza la mediazione dell'alter ego Michele Apicella, Moretti si mette in gioco come mai aveva fatto prima e si offre al pubblico in una libera via crucis sulla sofferenza e la solitudine nella nostra società. Tre capitoli, tre tappe o forse tre punti di vista («l'anima, la mente, il corpo») attraverso i quali osserva un mondo di cui si è perso il senso, prendendo su di sé, senza la baldanza del passato, il peso delle sue e delle altrui contraddizioni: di volta in volta, Moretti è spettatore di un universo senza vita (la città deserta in estate, con caseggiati dove non si vedono inquilini), ospite di una società incapace di comunicare (gli isolani prigionieri delle loro manie), malato costretto a servirsi di una scienza senza scientificità (e senza umanità). Il film comincia con una dichiarazione di fiducia («sono uno splendido quarantenne»), include alcuni episodi divertenti (il sogno in cui perseguita il critico cinematografico leggendogli le sue recensioni, l'incontro con Jennifer Beals) e prosegue con momenti di intensa commozione come lo struggente omaggio a Pasolini, il solitario exploit calcistico, il tragico labirinto della diagnosi medica. Dal punto di vista dello stile, è costruito su (poche) parole accuratamente selezionate e silenzi sospesi tra il vuoto e la forte comunicazione preverbale, su un dinamismo inedito della macchina da presa e su una fisicità delle immagini mai raggiunta prima, come se il «cinema contro i luoghi comuni» tanto caro al regista fosse diventato anche e soprattutto un «cinema di luoghi», pieno di ironica e dolorosa poesia. Premio per la miglior regia al festival di Cannes. Il film con Silvana Mangano che scatena la voglia di danza di Moretti è *Anna* di Lattuada. Il critico cinematografico è interpretato da Carlo Mazzacurati, il filosofo di Alicudi da Moni Ovadia; il primo dermatologo è il poeta Valerio Magrelli, il «principe dei dermatologi» è il jazzista Mario Schiano. Ultima apparizione di Antonio Neiwiller (il sindaco di Stromboli). Nel terzo capitolo, Angelo e Silvia sono il socio-produttore di Moretti e la sua compagna.

Caro estinto, Il **½ (*The Loved One*, Usa 1965, b/n, 116') Tony Richardson. Con Robert Morse, Anjanette Comer, John Gielgud, Rod Steiger, Liberace, Dana Andrews, Milton Berle, James Coburn, Tab Hunter, Roddy McDowell, Robert Morley, Lionel Stander. ◆ Per provvedere al funerale dello zio, un giovane poeta inglese (Morse) scopre l'immensa e articolatissima industria funeraria americana e si innamora di un'estetista della premiata agenzia «Sentieri melodiosi» (Comer): la donna, però, si uccide e il suo cadavere verrà lanciato nello spazio, aprendo così la strada a nuove forme di funerali (e alla possibilità di riciclare gli spazi dei cimiteri). Tratto dal romanzo omonimo di Evelyn Waugh, è una satira sinistra e feroce del business americano, che può contare su alcune caratterizzazioni strepitose (il mister Joyboy di Rod Steiger), anche se la struttura sfrangiata e sconnessa della storia attenua la carica eversiva del film.

Carogne (Ciro and me) *½ (Italia 1995, col, 90') Enrico Caria. Con Alessandro Haber, Carlotta Natoli, Leo Gullotta, Daniele Formica, Milena Vukotic, Angelo Infanti. ◆ In un futuro prossimo, Lello Prototipo (Haber), che di mestiere riscuote crediti, insieme alla nipote (Natoli) si mette a indagare su uno strano incidente aereo e scopre le manovre di una multinazionale che mira a impadronirsi dello Stato: a prevalere sarà la meschinità di tutti. Modesto tentativo di fantapolitica italiana, piuttosto lento e macchinoso: la sceneggiatura del regista e Luca D'Ascanio) divaga nell'illusione della complessità, mentre Caria, che si riserva un cammeo nel ruolo di De Luca, per movimentare la regia si affida agli effetti speciali di Sergio Stivaletti e alla presenza esuberante di Haber. Bella la colonna sonora di Daniele Sepe, anche se avulsa dal film. Ciro è la piovra del protagonista. Breve apparizione del fumettista Stefano Disegni nella parte di un infermiere.

Caro Gorbaciov *½ (Italia 1988, col, 81') Carlo Lizzani. Con Harvey Keitel, Flaminia Lizzani, Gianluca Favilla, Rick Boyd, Francesca Lucidi. ◆ La notte del 26 febbraio 1937, nel suo appartamento di Mosca, Nicolaj Bucharin (Keitel), conscio della prossima tragica fine, implora la moglie di imparare a memoria una lettera di condanna ai totalitarismi da indirizzare alle generazioni future. Lunghi flashback, che ripercorrono la vita dei due coniugi, spezzano il claustrofobico impianto teatrale, ma non riescono a dare coerenza – e vitalità – all'instant-movie di Lizzani (che precede di poco la riabilitazione del capo del Comintèrn destituito da Stalin).

Caroline Chérie ** (*Caroline Chérie*, Francia 1950, b/n, 120') Richard Pottier. Con Martine Carol, Jacques Dacqmine, Alfred Adam, Marie Déa. ◆ Le vicissitudini di Caroline de Bièvre (Carol), una giovane di nobile ma decaduta famiglia che negli anni confusi del Terrore concede le sue grazie all'affascinante Gaston (Dacqmine), sposa per convenienza un vecchio rivoluzionario, è costretta alla fuga, ritorna con Gaston, ritorna con il marito... Dal romanzo di Cécil Saint-Laurent, un ritratto spensieratamente reazionario e libertino della Rivoluzione francese (sceneggiato con umorismo crudele e glaciale da Jean Anouilh), tra galanterie e avventure, amenità e ammiccamenti erotici: rivisto oggi potrebbe essere una sorpresa. Il film che lanciò Martine Carol. Rifatto da Denys de La Patellière nel 1967. Il personaggio fu riproposto in *Un capriccio di Caroline Chérie* (1952, di Jean Devaivre con Martine Carol, Jacques Dacqmine, Jean-Claude Pascal e Maria Mercader) e *Il figlio di Caroline Chérie* (1954, di Jean Devaivre con Jean-Claude Pascal, Brigitte Bardot, Magali Noël).

Caroline Chérie * (*Caroline Chérie*, Francia 1967, col, 106') Denys de La Patellière. Con France Anglade, Vittorio De Sica, Bernard Blier, Karin Dor, Charles Aznavour, Giorgio Albertazzi. ◆ Riproposizione (già filmata nel 1950 da Richard Pottier) delle vicende amorose di Caroline de Bièvre impegnata – senza troppa fantasia ma con un cast di tutto rispetto – tra Girondini, Legittimisti e Sanculotti, a salvarsi la vita e recuperare il vero amore e l'avito castello.

Caro Michele ** (Italia 1976, col, 115') Mario Monicelli. Con Mariangela Melato, Lou Castel, Alfonso Gatto, Fabio Carpi, Delphine Seyrig, Aurore Clément, Isa Danieli, Eriprando Visconti, Giuliana Calandra. ◆ Michele, deluso dalla militanza sessantottina, decide di andarsene dalla famiglia benestante cui appartiene (morirà in uno scontro con la polizia durante un corteo a Bruges). Attraverso le lettere che ha scritto vengono in luce i diversi personaggi che gli stanno intorno: la madre (Seyrig), il padre, il cognato, la giovane Mara (Melato), il carattere più forte e più positivo, con la sua fresca voglia di ribellione e di avventura. Dall'omonimo romanzo epistolare di Natalia Ginzburg, è un film velatamente intimista, riflessivo e cupo, nel quale però un'eccessiva preoccupazione formale toglie vigore alla descrizione di un borghese che si scontra con il cambiamento dei tempi. Laura Antonelli, dopo aver letto il soggetto, rifiutò il ruolo principale.

Caro papà *½ (Italia 1979, col, 109') Dino Risi. Con

Vittorio Gassman, Stefano Madia, Julien Guiomar, Aurore Clément, Andrée Lachapelle. ◆ Un capitano d'industria (Gassman) scopre, nel periodo degli anni di piombo, che il figlio non solo simpatizza per i terroristi, ma è anche coinvolto nella preparazione di un attentato. E il bersaglio è proprio lui. All'apparenza, l'illustrazione di un drammatico conflitto generazionale durante un periodo caldo della recente storia italiana, in realtà uno dei film meno riusciti di Risi, indeciso tra l'istrionismo di Gassman e la tragicità del soggetto. Palma d'oro come miglior attore non protagonista a Stefano Madia.

Carosello matrimoniale ° (*The Marriage-Go-Round*, Usa 1960, col, 98') Walter Lang. Con James Mason, Susan Hayward, Julie Newmar, Robert Paige. ◆ Scontro tra le ragioni del matrimonio e quelle eugenetiche: una ragazza svedese (Newmar) propone a un professore americano (Mason) di fare, insieme, un figlio perfetto: bello come la madre e intelligente come il padre. Ma la moglie del professore (Hayward) non è d'accordo. Commediola insulsa, che ai tempi passava per spregiudicata, in cui spiace veder coinvolto un attore della levatura di Mason.

Carosello napoletano *** (Italia 1953, col, 129') Ettore Giannini. Con Sophia Loren, Paolo Stoppa, Léonide Massine, Achille Millo, Tino Buazzelli, Clelia Matania, Maria Fiore, Tina Pica, Nadia Gray, Giacomo Rondinella, Galeazzo Benti, Maria Pia Casilio, Dolores Palumbo, Aldo Bufi Landi, Alberto Bonucci, Vittorio Caprioli, Carlo Mazzarella, Folco Lulli, Antonio Cifariello, Enrico Viarisio, Aldo Giuffré, Franco Coop. ◆ Le vicende della famiglia di un cantastorie napoletano (Stoppa e Matania) fanno da cornice a vari episodi di vita partenopea, ognuno dei quali prende spunto da una canzone o un numero coreografico. Tratto dall'omonimo lavoro teatrale di Giannini, anche sceneggiatore insieme a Giuseppe Marotta e Remigio Del Grosso, un insolito – per l'Italia – film-rivista, che ripercorre la storia di Napoli dalle scorrerie dei mori al dopoguerra, con un gioco di specchi tra le varie epoche che mette a confronto psicologie e classi sociali in una specie di limbo della Storia (e paradiso della fantasia) dove anche la morte diventa una figura vivente (come nel discorso tenuto dal figlio di Petito al pubblico del San Carlino dopo la morte del padre). Folcloristico ma non dozzinale, aiutato da procedimenti stilistici piuttosto originali per il cinema italiano di quegli anni (soprattutto nei modi con cui le vicende si animano per introdurre i singoli numeri musicali), dalle ricche e fantasiose scenografie di Mario Chiari (ogni inquadratura è «gremita come un pinnacolo barocco»), dalla fotografia di Giorgio Sommer che fonde l'eredità colta del vedutismo con l'ingenuità surreale degli ex voto, e naturalmente dalla musica di Raffaele Gervasio. È l'unico film di tutta la produzione musicale italiana degli anni Cinquanta che per «rigore, felicità nell'invenzione coreografica, ricchezza di costumi, legami forti con la tradizione musicale, integrazione perfetta tra regia teatrale e cinematografica» è in grado di confrontarsi con i grandi musical americani. Responsabile delle coreografie, il grande ballerino russo Léonide Massine è Antonio Petito, superbo interprete di Pulcinella.

Carousel ** (*Carousel*, Usa 1956, col, 128') Henry King. Con Gordon MacRae, Shirley Jones, Cameron Mitchell, Barbara Ruick, Claramae Turner, Robert Rounseville, Gene Lockhart, Audrey Christie, Susan Lucket. ◆ In cielo, Billy Bigelow (MacRae) racconta al guardiastelle (Lockhart) la sua vita scioperata sulla Terra, di come non abbia reso felice la moglie (Jones) e sia morto in seguito a una rapina: tuttavia ottiene ugualmente il permesso di tornare per 24 ore fra i vivi e aiutare la figlia (Lucket) che non ha mai conosciuto. Versione musical del dramma di Ferenc Molnár *Liliom*, già portato sullo schermo da Borzage (*Liliom*) e Lang (*La leggenda di Liliom*). La musica di Rodgers e Hammerstein (*If I Loved You*, *June Is Bustin' Out All Over*, *Soliloquy*) a Broadway fece sfracelli, ma sullo schermo non trova un'adeguata trasposizione: il Maine del 1874 è falso e stereotipato, così come i personaggi, senza psicologia ma anche senza vera energia, che finiscono per lasciare nello spettatore l'impressione di un'opera malinconica perché non riuscita. Né la regia di Henry King, alle prese con un CinemaScope a lui non molto congeniale, riesce ad alleggerire l'impostazione teatrale dello spettacolo.

Carovana dei mormoni, La ***½ (*Wagon Master*, Usa 1950, b/n, 86') John Ford. Con Ben Johnson, Joanne Dru, Harry Carey jr, Ward Bond, Alan Mowbray, Jane Darwell, Jim Thorpe. ◆ Una carovana di mormoni in viaggio alla volta dell'Utah accoglie due cowboy (Johnson e Carey) e instaura rapporti amichevoli con i navajos: per loro l'unico pericolo verrà da una banda di fuorilegge. Una parabola sulla tolleranza (i mormoni accolgono anche dei commedianti) come risposta al clima persecutorio dell'America del tempo. John Ford (autore non accreditato del soggetto, sceneggiato da Frank S. Nugent e Patrick Ford) torna a girare nella Monument Valley ma non usa star e dirige il suo film più «omerico», appassionata variazione su uno dei suoi temi preferiti: la conquista della terra promessa. Al centro del film c'è l'analisi della natura umana, descritta in tutte le sue facce contraddittorie (la tolleranza dei mormoni e la crudeltà dei fuorilegge) e raccontata in quello che ha di più vitale, cioè «la ricerca individuale e collettiva della pace, che assume le forme di una lunga erranza, di un viaggio costellato di danze, feste e sofferenze, episodi sanguinari o familiari». Animato da infiniti piccoli episodi, il film non ne privilegia nessuno, lasciando al centro del proprio racconto lo sforzo fisico necessario per conquistare la felicità: la sete, la polvere del deserto, la fatica, il sudore.

Carovana dell'Alleluia, La ° (*The Hallelujah Trail*, Usa 1965, col, 165') John Sturges. Con Burt Lancaster, Lee Remick, Brian Keith, Donald Pleasence, Martin Landau, Pamela Tiffin. ◆ Uomini della cavalleria scortano un convoglio di whisky, subendo gli attacchi di indiani ubriaconi e delle puritane capeggiate da Lee Remick. John Sturges è a disagio col registro comico-grottesco, e il gioco è tirato troppo per le lunghe.

Carovana d'eroi ** (*Virginia City*, Usa 1940, b/n, 121') Michael Curtiz. Con Errol Flynn, Miriam Hopkins, Randolph Scott, Humphrey Bogart, Frank McHugh, Alan Hale, Douglas Dumbrille. ◆ Durante la guerra di secessione il capitano nordista Bradford (Flynn) deve stroncare il contrabbando d'oro a favore dei Confederati: ci riuscirà conquistando anche il cuore di una spia sudista (Hopkins) e respingendo gli attacchi di un bandito messicano (Bogart, con un paio di baffi). Secondo dei tre western girati da Curtiz con Errol Flynn (dopo *Gli avventurieri* e prima dei *Pascoli dell'odio*), è un inno alla nuova America (che «nasce» dal matrimonio tra una donna del Sud e un uomo del Nord) raccontato con i toni sobri e vigorosi del grande affresco di genere.

Carovana di fuoco *½ (*War Wagon*, Usa 1967, col, 101') Burt Kennedy. Con John Wayne, Kirk Douglas, Howard Keel, Bruce Cabot, Bruce Dern. ◆ Un ex detenuto (Wayne) torna a rivendicare la sua miniera e con l'aiuto di un killer (Douglas) mette su una banda scalcinata. Il tipico western semicomico (con gli indiani nella parte dei buffoni) in cui è specializzato Burt Kennedy, indigesto per la maggior parte dei palati.

Carovana verso il Sud ° (*Untamed*, Usa 1955, col, 111') Henry King. Con Tyrone Power, Susan Hayward, Agnes Moorehead, Richard Egan. ◆ Western ambientato nel Sudafrica, con coloni boeri come eroi e cattivi zulù al posto degli indiani. Interludi sentimentali tra Power e la Hayward in un prodotto dozzinale, che in più ha il torto di celebrare le origini dell'apartheid.

Carretto fantasma, Il ***½ (*Körkarlen*, Svezia 1921, b/n, 90') Victor Sjöström. Con Victor Sjöström, Astrid Holm, Tore Svennberg, Concordia Selander. ◆ David Holm (Sjöström), ubriacone tisico e impenitente, muore la notte di Capodanno: in conformità alla leggenda, dovrà fare il carrettiere della morte per tutto l'anno entrante. Quando vede che sua moglie si sta per suicidare e che Edit (Holm), una missionaria dell'Esercito della salvezza, sta morendo di tubercolosi, disperata per non averlo potuto redimere, David si pente e ottiene di tornare in vita, fermando in tempo la moglie e chiedendole perdono. Dal romanzo di Selma Lagerlöf (autrice anche dell'adattamento per lo schermo), Sjöström ha tratto un film sospeso tra fiaba e tranche de vie naturalista, che ha influenzato molto cinema successivo con le sue trovate fantastiche, basate sull'uso sistematico delle sovraimpressioni. Bellissime le scene in cui l'anima di David si distacca dal suo corpo morto, e dopo vi torna dentro a «nascondersi», rifiutando la propria condizione di morto: il Wenders del *Cielo sopra Berlino*, in cui gli angeli «staccano» dagli oggetti un doppio fantasmatico, non ha inventato nulla. La conclusione edificante è un inchino alle convenzioni del tempo: ma il personaggio di David resta impresso sia per la sua inaudita malvagità (sputa, lui tubercolotico, su un fazzoletto che sbatte in faccia a Edit; sfonda una porta con un'accetta come Jack Nicholson in *Shining*), sia per la modernità e la furia dell'interpretazione di Sjöström. Due remake: *Il carro fantasma* di Duvivier (1938) e l'inedito *Körkarlen* di Arne Mattson (1958).

Carrie - Lo sguardo di Satana **½ (*Carrie*, Usa 1976, col, 97') Brian De Palma. Con Sissy Spacek, Piper Laurie, Amy Irving, William Katt, John Travolta, Nancy Allen, Betty Buckley. ◆ Carrie White (Spacek) ha una madre bigotta e oppressiva (Laurie) e delle compagne di classe di rara crudeltà, che prima la prendono in giro per la sua ignoranza in fatto di mestruazioni e poi le buttano un secchio di sangue in testa, dopo averla eletta per burla reginetta del ballo di fine anno. La vendetta di Carrie, che ha poteri telecinetici, sarà apocalittica. Dal romanzo omonimo di Stephen King, il primo grande successo di De Palma, e un trampolino di lancio per la Spacek. L'innesto dell'horror nella commedia di ambiente studentesco farà scuola: ma ciò che interessa al regista è la poesia del sangue e del voyeurismo. Un cinema cinico e sensuale, che sacrifica i personaggi all'occhio che li riprende, riducendoli a corpi da far morire allegramente. Grandi sfoggi di tecnica (carrellate circolari, piani sequenza acrobatici), anche se lo split screen nelle scene del massacro finale appare oggi goffo e datato. Piper Laurie torna sul set quindici anni dopo *Lo spaccone*.

Carrington ** (*Carrington*, Gb/Francia 1995, col, 120') Christopher Hampton. Con Emma Thompson, Jonathan Pryce, Steven Waddington, Samuel West, Rufus Sewell, Penelope Wilton, Janet McTeer, Peter Blythe, Jeremy Northam, Sebastian Harcombe. ◆ La lunga e intensa relazione tra Giles Lytton Strachey (Pryce) e Dora Carrington (Thompson), lui omosessuale snob prima ancora che acuto scrittore, lei pittrice che sostanzialmente non ama gli uomini, nonostante un marito (Waddington) e un paio di appassionati amanti (West e Harcombe): si conobbero nel 1915 e non si lasciarono più – vivendo nelle stesse case – fino al 1932, quando lei non seppe sopravvivere alla morte di lui. Per la sua prima regia cinematografica, il drammaturgo e sceneggiatore Christopher Hampton (sua la riduzione teatrale da cui Frears trasse *Le relazioni pericolose*) sceglie di raccontare la più eccentrica delle coppie uscite dal circolo di Bloomsbury: la regia si lascia andare a troppe ingenuità (come gli insistiti carrelli laterali), ma la scrittura sa fermarsi sempre prima di scivolare nel banale o nel pruriginoso, nonostante la confusione sessuale che attraversò la vita dei protagonisti (Strachey si innamorò anche del marito di Dora). Bella prova degli attori, ma musica inutilmente magniloquente di Michael Nyman. Pryce ha vinto la palma del miglior attore a Cannes e il film ha ricevuto un premio dalla giuria.

Carro fantasma, Il ° (*La Charrette fantôme*, Francia 1939, b/n, 93') Julien Duvivier. Con Micheline Francey, Pierre Fresnay, Louis Jouvet, Marie Bell, Ariane Borg, Marie-Hélène Dasté, Andrée Méry. ◆ Edith (Francey), una sorella dell'Esercito della salvezza, cerca invano di redimere Davide (Fresnay), un vagabondo crudele e violento. Prossima alla fine, spera in una sua visita, ma Davide si presenta soltanto dopo aver avuto la visione del «carro fantasma» guidato dall'amico Giorgio (Jouvet), che trasporta gli agonizzanti nell'aldilà. Edith muore e David promette di espiare i suoi peccati. Un dramma mistico «discontinuo, confuso e artificioso», approssimativo remake dell'omonimo film svedese di Victor Sjöström (1921).

Carrozza d'oro, La **½ (Italia/Francia 1952, col, 98') Jean Renoir. Con Anna Magnani, Duncan Lamont, Georges Higgins, Odoardo Spadaro, Riccardo Rioli. ◆ Nel XVIII secolo il successo di popolo porta una compagnia di guitti alla corte del Perù e Camilla, la primadonna (Magnani), viene contesa dal viceré, un torero e un cavaliere. Alla fine sceglierà il teatro e la carrozza d'oro avuta in dono dal sovrano servirà al vescovo per visitare i moribondi. Mixage tra realtà e teatro in un Settecento di maniera, ispirato a *La Carrosse du Saint Sacrament* di Mérimée. Scritto per Visconti fu girato da Renoir che decise di fare un film con la Magnani senza gli elementi chiave del suo successo: per questo la critica italiana parlò di «sopraffazione» e «raggelamento». Invece è una bella riflessione sull'italianità della commedia dell'arte. Straordinario l'uso pittorico del technicolor.

Cars Duel → *Fantastica sfida, La*

Carta che vince, carta che perde **½ (*The Flim-Flam Man*, Usa 1967, col, 104') Irvin Kershner. Con George C. Scott, Michael Sarrazin, Sue Lyon, Harry Morgan, Jack Albertson, Alice Ghostley, Albert Salmi, Slim Pickens. ◆ Un giovane disertore (Sarrazin, al suo debutto) si associa a un vecchio imbroglione (Scott) per spennare polli col gioco delle tre tavolette. Ma il giovane non ha la stoffa del truffatore, e per di più si innamora anche di una diciassettenne (Lyon). Commedia picaresca acida e graffiante sceneggiata da William Rose, il cui tono evoca a momenti quello dei romanzi di Jim Thompson. E lo stile classico di Kershner non smussa più di tanto la cattiveria aggressiva del soggetto, tratto da un romanzo di Guy Owen. Bellissima la scena dell'inseguimento automobilistico, con Scott e Sarrazin che mettono a soqquadro un villaggio rivelando insospettate qualità comiche.

Cartagine in fiamme *½ (Italia/Francia 1960, col, 100') Carmine Gallone. Con José Suarez, Pierre Brasseur, Daniel Gélin, Anne Heywood, Ilaria Occhini, Mario Girotti, Paolo Stoppa, Ivo Garrani, Erno Crisa, Edith Peters, Gianrico Tedeschi, Cesare Fantoni, Aldo Silvani. ◆ Mentre Cartagine è assediata da Scipione, il prode Hiram (Suarez) salva una romana (Heywood) dal sacrificio a Baal, bisticcia con Tsour (Girotti, futuro Terence Hill) per la fidanzata e compie inutili eroismi. Statico adattamento (firmato Gallone, Ennio De Concini e Duccio Tessari) di un romanzo di Salgari, pieno di discorsi retorici (anche se dalla parte degli sconfitti) e con scene di battaglia che sembrano *tableaux vivants*. Sorprendente nude-look della Heywood nella scena iniziale.

Cartoline dall'inferno *½ (*Postcards from the Edge*, Usa 1990, col, 101') Mike Nichols. Con Meryl Streep, Shirley MacLaine, Dennis Quaid, Gene Hackman, Richard Dreyfus, Annette Bening. ◆ La mamma (MacLaine) è un'ex star alcolizzata e possessiva, che adombra Debbie Reynolds; la figlia (Streep) è un'attrice drogata in decadenza. Alla fine la figlia fa la pace con la mamma e, seguendo i suoi consigli, si mette a cantare. Dal libro autobiografico di Carrie Fisher, figlia della Reynolds e di Eddie Fisher, un ritratto di Hollywood-Babilonia al caramello, con vecchi giochi di cinema nel cinema. Nichols ha smesso da un pezzo di essere pungente. Il regista Rob Reiner recita nella parte di un produttore.

Cartoline italiane ° (Italia 1987, col, 97') Memé Perlini. Con Geneviève Page, Lindsay Kemp, Rosa Fumetto, Cristiana Borghi, David Brandon. ◆ Malesseri esistenziali e/o sessuali di attori ospiti di un'ambigua pensioncina, che mescolano realtà e finzione. Temi risaputi, intellettualismi datati e ritmo soporifero. Neanche gli incredibili accostamenti del cast riescono a suscitare qualche curiosità.

Cartouche *½ (*Cartouche*, Francia/Italia 1962, col, 114') Philippe de Broca. Con Jean-Paul Belmondo, Claudia Cardinale, Marcel Dalio, Jean Rochefort. ◆ Belmondo è Cartouche, il capo di una banda di borsaioli nella Parigi della Reggenza; la Cardinale è una zingara che si sacrifica per lui. Avventure in costume di tono scanzonato. Nelle scazzottate Belmondo usò la controfigura (il pugile Maurice Auzel).

Caruso Pascoski (di padre polacco) * (Italia 1988, col, 100') Francesco Nuti. Con Francesco Nuti, Clarissa Burt, Ricky Tognazzi, Antonio Petrocelli, Novello Novelli. ◆ Uno psicoanalista (Nuti) viene abbandonato dalla moglie (Burt) per un paziente (Tognazzi) che lui ha schedato come gay. Pretenziosa operina da quattro soldi, con battute di poco spirito, irritanti e volgari. Il comico toscano versa in brutte condizioni, molto meglio Ricky Tognazzi.

Car Wash – Stazione di servizio * (*Car Wash*, Usa 1976, col, 97') Michael Schultz. Con Richard Pryor, Franklin Ayaje, The Pointer Sisters, Sully Boyar. ◆ Una stazione di servizio fa da collante a una serie d'episodi più o meno comici, con un occhio particolare al pubblico nero e dosi massicce di musica soul. Richard Pryor e lo sceneggiatore Joel Schumacher (bianco) faranno carriera ma quel tipo di black cinema appare oggi stucchevole.

Casa, La **½ (*Evil Dead*, Usa 1983, col, 85') Sam Raimi. Con Bruce Campbell, Ellen Sandweiss, Betsy Baker, Hal Delrich. ◆ In una casa sperduta tra i boschi, cinque ragazzi evocano incautamente un demone sumero: segue la prevedibile carneficina. Horror sopra le righe, che ammicca di continuo allo spettatore. La macchina da presa non sta ferma un momento, e gli effetti speciali sono artigianali, ma divertenti. Girato tra amici, ebbe un successo insperato che rese obbligatorio il seguito.

Casa 2, La ** (*Evil Dead II*, Usa 1987, col, 85') Sam Raimi. Con Bruce Campbell, Sarah Berry, Dan Hicks, Kassie Wesley. ◆ Con i soldi di De Laurentiis Raimi gira in pratica un remake del suo film d'esordio, con effetti speciali elaborati e una vera steadycam, puntando ancora di più sul grottesco e sull'umorismo macabro. La sequenza in cui gli oggetti si animano e beffeggiano il protagonista è degna di un disegno animato di Tex Avery. Seguito dal più riuscito *L'armata delle tenebre*.

Casa 3, La – Ghosthouse * (Italia 1988, col, 96') Humphrey Humbert [Umberto Lenzi]. Con Lara Wendel, Greg Scott, Mary Sellers. ◆ Primo di una serie di seguiti abusivi della *Casa* di Raimi. Una sadica ragazzina fantasma viene evocata vent'anni dopo sui luoghi del misfatto. Prevedibile e derivativo.

Casa 4, La - Witchcraft *½ (Italia 1989, col, 94') Martin Newlin [Fabrizio Laurenti]. Con Linda Blair, David Hasselhof, Catherine Hickland, Hildegard Knef. ◆ Una famiglia scopre a sue spese che la casa su un'isoletta al largo di Boston è infestata dallo spirito di una strega molto vendicativa. Girato con una certa professionalità negli Stati Uniti, il film di Newlin-Laurenti copia più *Hellraiser* che la *Casa* di Raimi, e ha almeno un cast per cinefili (Linda Blair torna all'horror dopo l'*Esorcista* e la Knef rende sinistro il ruolo di una misteriosa nobildonna già recitato per Billy Wilder in *Fedora*).

Casa 5, La * (Italia 1990, col, 95') Clyde Anderson [Claudio Fragasso]. Con Gene Le Brock, Barbara Bingham, David Brandon. ◆ Uno spirito maligno che si impossessa delle anime dei bambini viene combattuto da due preti (uno dei quali spretato). L'unico brivido arriva dopo i titoli di coda, se qualcuno avrà avuto la pazienza di attenderli.

Casa 6, La → *Casa di Helen, La*

Casa 7, La * (*The Horror Show*, Usa 1989, col, 95') James Isaac. Con Lance Henriksen, Brion James, Rita Taggart, Matt Clark. ◆ Un maniaco giustiziato sulla sedia elettrica torna a terrorizzare la famiglia del poliziotto che l'ha catturato. Buona interpretazione di Henriksen, che stranamente non fa il cattivo, in un horror derivato non dalla *Casa* (come vogliono far credere i distributori italiani), bensì da *Nightmare* e dalla *Casa di Helen*. Prodotto da Sean S. Cunningham, l'iniziatore della serie di *Venerdì 13*.

Casablanca **** (*Casablanca*, Usa 1942, b/n, 102') Michael Curtiz. Con Humphrey Bogart, Ingrid Bergman, Paul Henreid, Claude Rains, Conrad Veidt, Peter Lorre, Dooley Wilson, S. Z. Sakall, Sydney Greenstreet. ◆ Il triangolo amoroso e il locale più celebri della storia del cinema. Durante la seconda guerra mondiale, al Rick's Bar di Casablanca, gestito da Rick Blaine (Bogart), c'è di tutto: musica, risse, seduzione, gioco d'azzardo, amore, patriottismo, spionaggio, ufficiali francesi (come il capitano Renault [Rains]) e tedeschi. E l'atmosfera si fa ancora più tesa quando vi compaiono Victor Laszlo (Henreid), eroe della Resistenza, e la moglie Ilse (Bergman), ex fiamma – mai spenta – di Rick, in cerca di due «lettere di transito» per lasciare il Marocco: ci penserà Rick a procurarle, riscoprendo dentro di sé quell'impegno morale che una patina di cinismo sembrava aver fatto scomparire. Un film che ormai è leggenda al di là di qualsiasi considerazione estetica, con un Bogart mitico nella parte che in origine doveva essere di Ronald Reagan. Come ha scritto Umberto Eco, «quando tutti gli archetipi irrompono senza decenza, si raggiungono profondità omeriche. Due cliché fanno ridere, cento commuovono». Candidato a otto Oscar, ne ottenne tre: miglior film, regia e sceneggiatura (Julius e Philip Epstein e Howard Koch, che trassero il film dalla pièce *Everybody Comes to Rick's* di Murray Burnett e Joan Alison). Uscito in Italia nel 1945, il film fu modificato da qualche zelante funzionario in alcuni dialoghi. Nell'originale Rick non ha «venduto armi ai cinesi», bensì «agli etiopi contro l'aggressione dei fascisti italiani» e la battuta di Laszlo «avete combattuto contro i fascisti in Spagna» è stata sfumata in «avete combattuto per la democrazia in Spagna», mentre è stato completamente tagliato il personaggio del capitano Tonelli (interpretato da Charles LaTorre) che accoglie Strasser all'aeroporto e saluta «alla romana» il capitano Renault. Anche di questo capolavoro circola in Tv una versione (ahimè) colorizzata. Entrata nel mito anche anche l'esecuzione di *As Time Goes By* da parte di Doodley Wilson.

Casablanca, Casablanca *½ (Italia 1985, col, 105') Francesco Nuti. Con Francesco Nuti, Giuliana De Sio, Daniel Olbrychski, Novello Novelli, Marcello Lotti, Alfredo Acampora. ◆ Seguito non dichiarato di *Io, Chiara e lo Scuro*: Francesco (Nuti) e Chiara (De Sio), coppia in crisi, si ritrovano a Casablanca, lei impegnata in una tournée, lui nel torneo mondiale di biliardo. Film garbato e scorrevole, ma gracile. La nostalgia non è tanto per Bogart quanto per «l'ottavina reale a nove sponde», un magistrale colpo di biliardo. Nuti comico è ancora in forma, ma come regista appare poco convincente fin dal suo esordio.

Casablanca Passage * (*The Passage*, Gb 1979, col, 98') J. Lee Thompson. Con Anthony Quinn, James Mason, Malcolm McDowell, Kay Lenz, Christopher Lee, Patricia Neal, Michael Lonsdale. ◆ Durante la seconda guerra mondiale, un padre basco (Quinn) aiuta la famiglia di uno scienziato americano (Mason) a scappare attraverso i Pirenei; alle loro calcagna c'è un implacabile capitano delle SS (McDowell, al suo peggio). Dramma bellico dozzinale, con una imbarazzante assenza di regia.

Casa con la scala nel buio, La *½ (Italia 1983, col, 97') Lamberto Bava. Con Andrea Occhipinti, Annie Papa, Fabiola Toledo, Lara Naszinki, Michele Soavi, Stanko Molnar, Valeria Cavalli. ◆ Thriller alla Dario Argento, prima maniera, girato con due soldi, claustrofobico e con una vena cattiva abbastanza insolita: rifugiatosi in una villa per comporre le musiche di un film horror, Bruno (Occhipinti) è il testimone di una serie di omicidi che scoprirà essere legati al soggetto del film che deve musicare. Gli attori, però, non recitano, e gli sceneggiatori scopiazzano senza pudore da *Vestito per uccidere*.

Casa dalle finestre che ridono, La **½ (Italia 1976, col, 110') Pupi Avati. Con Lino Capolicchio, Francesca Marciano, Gianni Cavina, Giulio Pizzirani, Bob Tonelli. ◆ Horror di ambientazione padana, originale e realmente inquietante. Un restauratore (Capolicchio), alle prese con un macabro *San Sebastiano* di un artista locale, soprannominato «il pittore dell'agonia», scopre un passato di riti satanici e sacrifici umani che sarebbe stato meglio non riaprire. Il climax non delude le attese, e il finale è assolutamente non convenzionale. Gianni Cavina e Maurizio Costanzo hanno collaborato alla sceneggiatura.

Casa da tè alla luna d'agosto, La ° (*The Teahouse of the August Moon*, Usa 1956, col, 123') Daniel Mann. Con Glenn Ford, Marlon Brando, Machiko Kyo, Eddie Albert. ◆ Amenità tra i militari americani di stanza a Okinawa: loro vorrebbero aprire una scuola, mentre i giapponesi locali vogliono la sala da tè. Glenn Ford sta sulle sue, mentre Brando (al minimo storico) truccato e col kimono è il giapponese che fa il traduttore. Da un successo di Broadway con qualche pretesa antirazzista (i giapponesi non sono solo «musi gialli» da colonizzare) un film decisamente noioso, rovinato anche dalla guerra che Ford e Brando si fecero sul set.

Casa degli incubi, La **½ (*Goupi-Mains-Rouges*, Francia 1942, b/n, 96') Jacques Becker. Con Fernand Ledoux, Georges Rollin, Robert Le Vigan, Arthur Devire, Blanchette Brunoy, Germaine Kerjean. ◆ In un villaggio della Charente imperversa il clan dei Goupi (che si chiamano tra di loro solo con nomignoli), tanto attaccati al denaro da arrivare all'omicidio. Girato durante l'occupazione nazista (come *Il corvo* di Clouzot, per certi versi affine) e sceneggiato da Pierre Véry da un suo romanzo, offre un ritratto della provincia francese tra il realistico e il grottesco, dove la complessa ramificazione della trama (con tutti i suoi flashback) trova la sua forza unificante nella ferocia e nell'ironia con cui viene descritto l'ambiente contadino. Il film rivelò tutto il talento di Becker (specie come direttore d'attori), capace di toccare anche i toni del dramma quando fa intuire, dietro a certi personaggi, la tragedia di un destino subìto passivamente (come Goupi Tonkino, interpretato da Robert Le Vigan, con il suo passato di vita in Indocina). In originale 104'.

Casa degli orrori, La – Al di là del mistero *½ (*House of Dracula*, Usa 1945, b/n, 67') Erle C. Kenton. Con Lon Chaney jr, Onslow Stevens, John Carradine, Lionel Atwill, Glenn Strange, Jane Adams. ◆ Un medico (Stevens) prova a curare Dracula (Carradine), ma un errore nella trasfusione di sangue trasforma anche lui in un vampiro che riporta in vita Frankenstein (Strange). Meeting di mostri, questa volta a casa di Dracula (nel 1944 era già uscito *House of Frankenstein*, inedito in Italia). Le uniche sorprese derivano dal make-up escogitato da Jack B. Pierce (è il suo ultimo lavoro del genere) e dalla presenza di John Carradine, il più degno successore di Bela Lugosi nel ruolo del conte transilvano. La sequenza dell'incendio è presa in prestito da *Il terrore di Frankenstein* (1942).

Casa degli spiriti, La ° (*The House of the Spirits*, Germania/Danimarca/Portogallo 1993, col, 138') Bille August. Con Jeremy Irons, Meryl Streep, Glenn Close, Winona Ryder, Antonio Banderas, Maria Conchita Alonso, Vanessa Redgrave, Armin Müller-Stahl, Sarita Choudhury, Vincent Gallo. ◆ La saga di una famiglia cilena dagli anni Venti al colpo di Stato del 1973. Sullo sfondo delle trasformazioni in atto nel Paese, i difficili rapporti tra il padre-padrone Esteban Trueba (Irons) e le tre donne fondamentali della sua vita: l'eterea moglie Clara (Streep); la lugubre e sofferente sorella Ferula (Close); la figlia Blanca (Ryder). Dal romanzo omonimo di Isabel Allende, a cui August si ispira molto alla lontana nonostante le intenzioni, un kolossal falso-hollywoodiano dove le scene madri si sprecano e il kitsch regna sovrano. Ossessionato dal tema della famiglia, il regista si appropria della storia della nipote di Salvador Allende scrivendo da sé la sceneggiatura e privandola dell'originario «realismo magico» (ridotto a qualche tavolino semovente e alla presenza fantasmatica della Streep), di molti personaggi significativi (tra cui i due fratelli di Blanca) e di una dignitosa contestualizzazione storica (l'avvento del socialismo è folclore da telenovela). Spreco del cast (solo la Close è davvero a suo agio) e di make-up (soprattutto nell'invecchiamento di Irons), enfasi fuori luogo e persino un errore climatico: il Natale con la neve e il cappotto non è cileno. Location in Portogallo.

Casa dei fantasmi, La ** (*House on Haunted Hill*, Usa 1959, b/n, 75') William Castle. Con Vincent Price, Carol Omhart, Richard Long, Elisha Cook jr. ◆ Un milionario (Price) offre 50.000 dollari a un gruppo di persone per resistere una notte in una casa stregata. La presenza di Price garantisce il divertimento, ma anche William Castle (un maestro di serie C, che più tardi produrrà *Rosemary's Baby*) mostra di manipolare i generi con una certa ironia.

Casa dei giochi, La **½ (*House of Games*, Usa 1987, col, 102') David Mamet. Con Lindsay Crouse, Joe Mantegna, Lilia Skala, J.T. Walsh. ◆ Una psicoanalista di fama (Crouse) viene attirata in un giro di giocatori e di bidonisti: scopre piaceri che si era sempre negata, ma il gioco le sfuggirà di mano. Parabola amara sulla repressione degli istinti in una società puritana, e satira discreta della psicanalisi, ma anche abile giallo. Primo (e, per ora, migliore) film del commediografo David Mamet, conta su una sceneggiatura di ferro e su ottimi attori. Nella realtà, Lindsay Crouse è la moglie di Mamet.

Casa dei nostri sogni, La **½ (*Mr. Blandings Builds His Dream House*, Usa 1948, b/n, 94') Henry C. Potter. Con Cary Grant, Myrna Loy, Melvyn Douglas, Reginald Denny, Ian Wolfe, Louise Beavers. ◆ Deciso a costruirsi in campagna la casa ideale, Jim Blandings (Grant), un ingenuo dirigente pubblicitario frustrato da una serie di esperienze urbane, va incontro a mille disavventure. Tratto dal romanzo di Eric Hodgins e sceneggiato da Norman Panama e Melvin Frank (con un occhio alla commedia di George S. Kauffman e Moss Hart *George Washington Slept Here*), è una graziosa e arguta presa in giro di uno dei miti del cittadino di New York – costruirsi una casa nel Connecticut – alla quale offrono un contributo determinante tre protagonisti in grande forma.

Casa del buon ritorno, La * (Italia 1986, col, 90') Beppe Cino. Con Amanda Sandrelli, Stefano Gabrini, Fiammetta Carena, Lola Ledda. ◆ Un giovane (Gabrini) torna nella casa d'infanzia e viene ossessionato dal fantasma di una bambina uccisa molti anni prima. Horror in salsa intellettuale, che si trascina verso una conclusione prevedibile.

Casa del corvo, La *½ (*Man with a Cloak*, Usa 1951, b/n, 81') Fletcher Markle. Con Joseph Cotten, Barbara Stanwyck, Louis Calhern, Leslie Caron. ◆ Noir ambientato a New York nell'Ottocento, con una domestica (Stanwyck) che brama l'eredità del suo padrone, un esule francese. In difesa degli interessi della nipote interviene, sotto mentite spoglie, Edgar Allan Poe (Cotten). Il cast lascia sperare più di quanto il film mantenga.

Casa del delirio, La → *Delirium House – La casa del delirio*

Casa del destino, La ** (*Fools of Fortune*, Gb 1990, col, 109') Pat O'Connor. Con Iain Glen, Julie Christie, Mary Elizabeth Mastrantonio, Michael Kitchen, Niamh Cusack. ◆ Irlanda, anni Venti: le truppe irregolari filo-inglesi del «Black and Tans» sconvolgono la vita della famiglia Quinton. Cinque anni dopo la madre (Christie) è alcolizzata, e il figlio Willie (Glen) giura vendetta contro gli assassini del padre. Da un romanzo di William Trevor, il tipo di ricostruzioni storiche accurate e vecchio stile, ma prive di vere emozioni, che si continuano a produrre in Inghilterra. Il regista, irlandese, tornava in Europa dopo una parentesi americana poco felice.

Casa della 92ª strada, La ** (*The House on 92nd St.*, Usa 1945, b/n, 88') Henry Hathaway. Con William Eythe, Lloyd Nolan, Signe Hasso, Gene Lockhart, Leo G. Carroll, Lydia St. Clair. ◆ Grazie a un agente infiltrato (Eythe) e a una serie di circostanze fortunate, l'Fbi smaschera un covo di spie naziste che, nel cuore di Manhattan, trasmette informazioni sulla bomba atomica. Prodotto da Louis de Rochemont (l'ideatore dei cinegiornali *The March of Time*), venne assai lodato ai tempi per l'intreccio di noir - con discreta suspense - e documentario, che inaugurò un filone (cfr., dello stesso regista, *Chiamate Nord 777*). Visto oggi, a parte il divertimento per i gadget antiquati, è un film di propaganda monocorde, xenofobo e un po' razzista (le spie donna sembrano sempre lesbiche): fortemente voluto da Edgar J. Hoover (che nell'edizione originale, più lunga, compariva di persona), sembra già prospettare il clima della guerra fredda. Oscar a Charles G. Booth per il soggetto.

Casa delle brave donne, La **½ (*Rebro Adama*, Urss 1990, col, 78') Viačeslav Krišofovič. Con Inna Čurikova, Maša Golurkina, Svetlana Riabova, Elena Bogdanova, Andrej Tolovbejev, Andrej Kasianov. ◆ In un minuscolo appartamento alla periferia di Mosca quattro donne cercano di sopravvivere ai problemi di tutti i giorni: la nonna (Bogdanova) è immobilizzata a letto, la madre Nina (Čurikova) lavora in un museo, le due figlie Lida (Golurkina) e Nastia (Riabova) – avute da due mariti diversi – devono fare i conti con la vigliaccheria e la fanciullaggine dei loro uomini. Tratto da un romanzo di Anatolj Kuršatkin e sceneggiato da Vladimir Kunin, il film definisce i personaggi attraverso tante piccole scene per arrivare al confronto finale, quando riunisce tutti attorno a un tavolo (oltre alle donne, i due ex mariti e un nuovo spasimante di Nina) e ribadisce la scelta femminile di affrontare la realtà con le sole proprie forze. Una storia minimalista e crepuscolare, ma raccontata con onestà e capace di spiegare la crisi di un ex impero meglio di tanti discorsi dottorali.

Casa delle ombre lunghe, La *½ (*House of the Long Shadows*, Gb 1982, col, 96') Pete Walker. Con Vincent Price, Christopher Lee, Desi Arnaz jr, Peter Cushing, John Carradine, Richard Todd. ◆ Uno scrittore scommette di poter resistere fino al mattino in una casa infestata dai fantasmi. Colpi di scena e giochi di scatole cinesi in un thriller-parodia, che si segnala unicamente per la presenza (spesso solo decorativa) dei quattro grandi dell'horror. Tratto da un racconto di Earl Dear Biggers che ha già ispirato una mezza dozzina di film (tra i quali *Il mistero delle sette chiavi*).

Casa delle perversioni, La ** (*Yaneura no sanposha*, Giappone 1976, col, 75') Noboru Tanaka. Con Hasuji Ishibashi, Junko Miyashita, Tokuko Watanabe, Shiro Yumemura. ◆ Il nullafacente Goda (Ishibashi) striscia sotto i tetti facendo il voyeur: quando incontra una ninfomane esibizionista, è colpo di fulmine, e l'inizio di un rapporto che li porterà all'omicidio. Da un racconto di Edogawa Ranpo, un ermetico catalogo di patologie ambientato nello stesso Giappone prebellico dell'*Impero dei sensi*. Maniacale e gelido nel descrivere un mondo condannato a morte, dove solo il sadismo dell'atto gratuito e la perversione portano qualche sussulto, non ha però la forza visionaria e il coraggio del film di Oshima, anche se la messa in scena è di eleganza sconcertante. Noto anche come *L'uomo che camminava nei solai*.

Casa dell'esorcismo, La ** (Italia/Spagna/Rft 1975, col, 93') Mario Bava. Con Telly Savalas, Elke Sommer, Alessio Orano, Alida Valli, Sylva Koscina, Gabriele Tinti, Robert Alda. ◆ In Spagna la turista Lisa (Sommer) finisce in una magione dove un maggiordomo-diavolo (Savalas) costringe le anime di una congrega di nobili viziosi a rivivere i fattacci che hanno portato alla loro morte. Versione rimontata di *Lisa e il diavolo*, un film inedito in Italia che Bava aveva girato nel 1972 e che il produttore Alfred Leone volle rimpolpare con scene trucide di esorcismo. Il tono surreale e quasi klossowskiano, l'assenza di logica e il cast rendono il tutto abbastanza divertente, ma la versione originale (reperibile all'estero come *Lisa and the Devil*) è ancora più delirante, e molto migliore.

Casa del peccato mortale, La ** (*The House of Mortal Sin*, ritirolato *The Confessional*, Gb 1975, col, 104') Pete Walker. Con Anthony Sharp, Susan Penhaligon, Stephanie Beacham, Sheila Keith, Norman Eshley, Hilda Barry, Stuart Bevan, Mervyn Johns, Julia McCarthy. ◆ Convinto di dover estirpare in ogni modo il peccato, padre Meldrum (Sharp) pensa bene di eliminare direttamente i peccatori: tra le sue vittime la giovane Jenny (Penhaligon), che ricatta avendone registrato la confessione. Un horror che mescola con fin troppo ostentato cinismo sesso e sangue, secondo una politica dell'eccesso (e del rifiuto di ogni autoritarismo ideologico: siamo in pieni anni Settanta) che ieri faceva scandalo e oggi rischia di diventare solo moda trash. Imperdibile, comunque, la comunione avvelenata con cui il protagonista elimina la propria ossessiva madre. Sceneggiatura di David McGillivray.

Casa del sì, La ** (*The House of Yes*, Usa 1997, col, 83') Mark Waters. Con Parker Posey, Josh Hamilton, Tori Spelling, Freddie Prinze jr, Geneviève Bujold, Richard Leigh. ◆ Durante il week-end del Ringraziamento del 1983, Marty Pascal (Hamilton) torna a Washington per presentare alla famiglia altoborghese l'amata Leslie (Spelling), commessa in un negozio di frittelle: costei scoprirà a sue spese il torbido rapporto che lega il fidanzato alla sorella gemella (Posey), emula di Jackie O. e affascinata dal poter mimare con lui l'assassinio di JFK. Dalla pièce di Wendy McLeod, adattata dal regista, una black comedy sulla famiglia americana nella quale i legami più inconfessabili si mascherano dietro battute al vetriolo, e la violenza della politica non ha ancora finito di condizionare l'immaginario collettivo. La psicopatologia di una nazione è raccontata con fantasia sferzante, ma la regia dell'esordiente Waters si limita a rispettare il testo con fedeltà e correttezza. Notevole la performance della Posey.

Casa del sorriso, La **½ (Italia 1991, col, 95') Marco Ferreri. Con Ingrid Thulin, Dado Ruspoli, Enzo Cannavale, Francesca Antonelli, Maria Mercader, Nuccia e Nunzia Fumo, Lucia Vasini, Elisabeth Kazà. ◆ Passione d'amore tra due ospiti di una casa di riposo (Thulin e Ruspoli), tutt'altro che anziani nei sensi. I perbenisti protestano, e per punizione rubano a lei la dentiera. La sostituirà con una protesi da vampiro. Orso d'oro a Berlino per un'opera che unisce sprazzi di humour nero a una vena dolciastra. Scenografie postmoderne (ambientato nel complesso fascista «Le navi» progettate dall'architetto Clemente Busiri Vici), tocchi d'attualità (gli extracomunitari), dialoghi non sempre all'altezza: lo stile di Ferreri rischia la maniera.

Casa del tappeto giallo, La * (Italia 1983, col, 89') Carlo Lizzani. Con Béatrice Romand, Erland Josephson, Vittorio Mezzogiorno, Milena Vukotic. ◆ Giallo (appunto) con colpi di scena concatenati, un po' sul modello di *La casa delle ombre lunghe*. Di più c'è di mezzo uno psicodramma, con una giovane sposa che ha incubi edipici e uccide (o almeno crede) un sostituto paterno. L'ultimo colpo di scena, comunque, Lizzani poteva risparmiarcelo. Dalla commedia *Teatro a domicilio* di Aldo Selleri.

Casa di bambola ** (*A Doll's House*, Gb/Francia 1973, col, 106') Joseph Losey. Con Jane Fonda, David Warner, Trevor Howard, Edward Fox, Delphine Seyrig. ◆ La Fonda del periodo contestatario interpreta (forse con un po' troppa furbizia produttiva) l'eroina di Ibsen che proclama la sua libertà abbandonando marito e figli. Losey, con l'aiuto dello sceneggiatore David Mercer, toglie mistero all'antefatto teatrale, distruggendo l'articolazione ibseniana del racconto per allargare il dramma di Nora a quello di tutta una piccola società provinciale. Interessanti le sfumature che Warner dà a un Torvald non del tutto odioso. Girato in Norvegia.

Casa di bambola *½ (*A Doll's House*, Gb 1973, col, 95') Patrick Garland. Con Claire Bloom, Anthony Hopkins, Ralph Richardson, Denholm Elliott, Anna Massey. ◆ Girata contemporaneamente e in concorrenza a quella di Losey, questa versione del dramma ibseniano di una donna (Bloom) che arriva a lasciare i figli e il marito troppo perbenista per difendere la propria dignità femminile deriva direttamente da un allestimento di Broadway del 1971. Fedele all'originale ma un po' inerte e accademico. Il cast è comunque superlativo. La versione italiana risulta più breve di 10' rispetto all'originale.

Casa di bambù, La **½ (*House of Bamboo*, Usa 1955, col, 105') Samuel Fuller. Con Robert Ryan, Robert Stack, Shirley Yamaguchi, Cameron Mitchell, Brad Dexter. ◆ Nel Giappone appena uscito dalla guerra un poliziotto americano (Stack) si infiltra nella banda di un ex soldato (Ryan) che è diventato un boss della malavita. I due condividono vari rischi, e tra loro quasi nasce un'amicizia (o un amore?) prima dell'ovvia vittoria della giustizia. Un film assolutamente classico nella struttura, remake della *Strada senza nome* sceneggiato da Harry Kleiner, che Fuller sa reinventare con un tocco personalissimo (per esempio nel modo con cui sono studiati i rapporti ambigui tra un gangster nevrotico e un poliziotto che uccide senza provare nessuna emozione). E così, al di là dell'esotismo di maniera, ne esce un noir sottilmente ambiguo con rapine studiate come manovre militari e personaggi non convenzionali, i cui temi saranno più volte riciclati (per esempio in *Point Break*). Il poliziotto colpito a una spalla nell'automobilina della giostra è lo stesso Fuller. Primo film americano girato in Giappone dopo il secondo conflitto mondiale.

Casa di Helen, La *½ (*House II: the Second Story*, Usa 1987, col, 88') Ethan Wiley. Con Arye Gross, Jonathan Stark, Royal Dano. ◆ Seguito semiparodistico di *Chi è sepolto in quella casa?* prodotto dal Cunningham di *Venerdì 13*, che combina il tema della casa maledetta con quello del viaggio interdimensionale. L'incauto giovanotto di turno si trova così ad avere a che fare con pterodattili, sacrifici aztechi e zombi pistoleri. Caotico e fumettistico, a volte divertente. Per l'ineffabile distribuzione italiana questo film avrebbe dovuto essere la puntata n. 6 della serie *La casa*.

Casa, dolce casa? *½ (*The Money Pit*, Usa 1986, col, 87') Richard Benjamin. Con Tom Hanks, Shelley Long, Alexander Godunov, Maureen Stapleton, Philip Bosco. ◆ Prodotta dalla Amblin di Spielberg, una commediola esile esile. Due aspiranti sposi (Hanks e Long) acquistano a prezzo stracciato una casa che si rivela fatiscente. Piccoli guai quotidiani e gag ispirate al cinema muto.

Casa e il mondo, La *** (*Ghare baire*, India 1984, col, 140') Satyajit Ray. Con Soumitra Chatterjee, Victor Banerjee, Swatilelkha Chatterjee, Gopa Aich, Jennifer Kapoor, Manoj Mitra, Indrapramit Roy. ◆ Nel 1905, mentre il movimento nazionalista swadeshi si mobilita contro il progetto inglese di dividere il Bengala tra indù e musulmani, Bimala (Swatilelkha Chatterjee), educata nel culto della cultura occidentale dal marito Nikhil (Banerjee), si fa affascinare dalle idee violentemente nazionaliste e anti-inglesi di Sandip (Soumitra Chatterjee) prima di scoprirne la sua vera natura. Eliminando in fase di sceneggiatura l'io narrante presente nel romanzo omonimo di Rabindranath Tagore da cui è tratto il film (che il regista indiano voleva adattare fin dal 1955), Ray rinchiude quasi interamente la sua storia all'interno della villa di campagna di Bimala e Nikhil per raccontare «una tragedia da camera in cui la casa è il riflesso di un ordine del mondo». Utilizzando ora un arredo ora un vestito ora un'atmosfera, il film riesce a far penetrare lo spettatore nell'intimità dei tre protagonisti, mescolando con straordinaria abilità il tema più privato di un marito che sa di non possedere davvero l'amore della moglie fino a quando la donna non si sarà confrontata anche con altri uomini, al tema più politico del fascino di un pensiero radicale e a volte demagogico (come rivela tragicamente il finale). Ne esce un film dove «i personaggi *sono* il mondo» e le parole la bussola con cui muoversi in «un teatro invisibile di valori che diventa spazio morale e poetico».

Casa Howard *** (*Howards End*, Gb 1992, col, 142') James Ivory. Con Vanessa Redgrave, Anthony Hopkins, Emma Thompson, Helena Bonham Carter, James Wilby, Prunella Scales, Samuel West, Joseph Bennett. ◆ L'incontro-scontro fra tre famiglie (e tre differenti condizioni sociali) nell'Inghilterra del 1910, durante l'epoca edoardiana: i conservatori Wilcox, ricchi, sprezzanti e un po' ignoranti, padroni di Howards End (cioè di «casa Howard»); gli Schlegel, piccolo-borghesi più emancipati, colti e progressisti; e Leonard Bast (West), un impiegato povero ma orgoglioso. L'amicizia tra Ruth Wilcox (Redgrave) e Margaret Schlegel (Thompson) – oltre al successivo matrimonio di Margaret con il marito di Ruth, Henry (Hopkins), rimasto vedovo – farà cambiare di proprietà casa Howard, mentre si consumano i drammi (sentimentali, sociali e legali) degli altri personaggi, così che alla fine la tenuta finirà in eredità a Helen Schlegel (Bonham Carter) e al figlio che aveva avuto fuori dal matrimonio con Leonard Bast. Confrontandosi per la terza volta con un romanzo di E.M. Forster (dopo *Camera con vista* e *Maurice*), Ivory e la sua sceneggiatrice Ruth Prawer Jhabvala finalmente si rinnovano senza tradire se stessi: una certa propensione per il sentimentalismo un po' stucchevole viene tonificata dalla forza dei conflitti di classe e la cura maniacale dell'ambientazione è ravvivata dalla lettura sociologica. Anche il cast, straordinario, infonde nerbo ai personaggi, rompendo la galleria di ritratti di maniera allestita dal regista negli ultimi anni. Premio «per il 45° anniversario» a Cannes e tre Oscar: attrice protagonista (Emma Thompson), scenografia (Luciana Arrighi) e costumi (Jenny Beavan e John Bright).

Casa in bilico, Una ** (Italia 1986, col, 80') Antonietta De Lillo, Giorgio Magliulo. Con Marina Vlady, Riccardo Cucciolla, Luigi Pistilli, Stefania Graziosi. ◆ Tre anziani decidono di andare a vivere sotto lo stesso tetto. L'equilibrio è fragile, e la gelosia in agguato. Una trama esile girata con tocco fin troppo leggero da due esordienti, abbastanza insolito, allora, nel cinema italiano.

Casa in Hell Street, La * (*Scream for Help*, Usa 1984, col, 84') Michael Winner. Con Rachael Kelly, David Brooks, Marie Masters. ◆ Una ragazzina sospetta – a ragione – che il patrigno stia cercando di far fuori lei e la madre. Assediata in casa, saprà difendersi con molta determinazione. Una sceneggiatura piena di incongruenze (dovuta al futuro regista Tom Holland) realizzata da un regista che non ha mai saputo cos'è la suspense.

Casa mia casa mia... * (Italia 1988, col, 86') Neri Parenti. Con Renato Pozzetto, Paola Onofri, Athina Cenci, Gianfranco Agus, Patrizia Loreti. ◆ Un commesso (Pozzetto) alle prese con lo sfratto si inventa agente immobiliare di appartamenti fantasma. Commediola con pretese d'attualità senza sceneggiatura e senza regia. Pozzetto è più divertente quando è più volgare.

Casa nera, La **½ (*The People Under the Stairs*, Usa 1991, col, 102') Wes Craven. Con Brandon Adams, Everett McGill, Wendy Robie, A.J. Langer, Ving Rhames. ◆ Ai margini del ghetto nero di Los Angeles, due fratelli bianchi, razzisti e antropofagi (McGill e Robie), uccidono i malcapitati e tengono segregati una schiera di figli adottivi ridotti a zombi. Saranno sconfitti da un ragazzino nero. Originale horror gotico in chiave politicamente progressista. Ricca di fascino la struttura labirintica della casa, fatta di intercapedini e passaggi segreti. Stonati, invece, i tentativi di inserire tocchi comici e grotteschi. McGill e Robie facevano coppia già nel *Twin Peaks* televisivo di Lynch.

Casanova di Federico Fellini, Il **** (Italia 1976, col, 165') Federico Fellini. Con Donald Sutherland, Tina Aumont, Olimpia Carlisi, Margareth Clementi, Carmen Scarpitta, Cicely Browne, Daniel Emilfork Berenstein, Silvana Fusacchia. ◆ In un Settecento genialmente reinventato in studio, storia dell'ascesa e della decadenza del seduttore veneziano Casanova (Sutherland). Fellini è impietoso verso il suo protagonista, che vorrebbe essere apprezzato più come letterato che come stallone; ma il film è soprattutto il viaggio in un universo femminile mostruoso: gigantesse, gobbe, monache assatanate, vecchie repellenti. Il sesso è ridotto a performance meccanica (come sottolinea la divertita colonna sonora di Nino Rota) e la donna ideale di Casanova, che compare nel sogno finale, è proprio un automa. Uno dei migliori Fellini di sempre: funebre, immaginifico, denso come un saggio ma beffardo e godibile. Sutherland si cala nei panni di Casanova con controllata ironia, ed è ben doppiato da Gigi Proietti. Qua e là vengono declamate poesie di Andrea Zanzotto e di Tonino Guerra molto in tema (come *La grande mona*).

Casanova & Company * (*Casanova & Co.*, Austria/Italia/Francia/Rft 1976, col, 88') Franz Antel. Con Tony Curtis, Marisa Berenson, Sylva Koscina, Britt Ekland, Umberto Orsini, Marisa Mell, Hugh Griffith. ◆ Curtis nel doppio ruolo di Casanova e di un suo sosia non nobile in una parodia non troppo spiritosa con un po' di tette al vento. Per salvare la baracca, Curtis si mette in abiti femminili e fa il verso a se stesso in *A qualcuno piace caldo*.

Casanova farebbe così! ** (Italia 1942, b/n, 62') Carlo Ludovico Bragaglia. Con Eduardo De Filippo, Peppino De Filippo, Clelia Matania, Giorgio De Rege, Gildo Bocci, Nietta Zocchi, Nicola Maldacea, Alberto Sordi, Eduardo Passarelli, Roberto Bianchi. ◆ Convinto di essere un irresistibile tombeur de femmes, il vanesio Agostino (P. De Filippo) scommette con tre amici (Sordi, Passarelli e Bianchi) di riuscire a passare una notte da solo in casa di Maria Grazia (Matania), la virtuosa moglie di Don Ferdinando (E. De Filippo). Ma le conseguenze dello strattagemma che ha messo in atto (accusandosi di un assassinio che non ha mai commesso) gli si rivolgeranno ben presto contro. Dal testo omonimo di Peppino De Filippo e Armando Curcio (sceneggiato dal regista e, non accreditato, dallo stesso Peppino) una commedia «nera» piuttosto interessante, che sul tradizionale canovaccio di equivoci e gallismo innesta una svolta piena di suspense. Bragaglia, quasi intimidito dall'autorevolezza degli interpreti, inibisce il suo fervido estro cinematografico lasciando il campo alla consumata maestria teatrale dei De Filippo. Il film ne risente un po' sotto l'aspetto stilistico, ma è sempre un gran piacere veder recitare i due fratelli napoletani.

Casanova '70 ° (Italia/Francia 1965, col, 102') Mario Monicelli. Con Marcello Mastroianni, Virna Lisi, Michèle Mercier, Marisa Mell, Moira e Liana Orfei, Enrico Maria Salerno, Guido Alberti. ◆ Un ufficiale della Nato (Mastroianni) anche in convalescenza si dedica allo sport preferito dall'uomo, eccitandosi solo in situazioni di pericolo. Farsaccia che approda a un improbabile svolta gialla e a un roseo lieto fine. Lavoro alimentare sia per Mastroianni che per Monicelli. Il regista Marco Ferreri interpreta il conte.

Casa Ricordi ** (Italia 1954, col, 110') Carmine Gallone. Con Paolo Stoppa, Nadia Gray, Andrea Checchi, Elisa Cegani, Miriam Bru, Danièle Delorme, Renzo Giovampietro, Roldano Lupi, Micheline Presle, Memmo Carotenuto, Sergio Tofano, Carlo Hintermann. ◆ La storia della famiglia Ricordi e del suo capostipite Giovanni (Stoppa), che da piccolo stampatore raggiunge il successo promuovendo la grande musica operistica. Prodotto dalla stessa Ricordi per celebrare i 150 anni della ditta, il film non riesce a sollevarsi da una piatta agiografia, nonostante l'impegno produttivo (la scenografia è di Mario Chiari e Beni Montresor) e una buona prova di Stoppa. Carrellata sulla musica ottocentesca italiana, con apparizione di Verdi (Fosco Giachetti), Rossini (Roland Alexandre), Donizetti (Marcello Mastroianni), Bellini (Maurice Ronet), Puccini (Gabriele Ferzetti) e Boito (Fausto Tozzi). Numerosi gli errori storici: Rossini scrive il *Barbiere* 15 anni dopo la data effettiva, Verdi si trasforma in un capopopolo e Bellini muore «a sproposito». Passerella di famosi brani d'opera cantati da Mario Del Monaco, Renata Tebaldi, Giulietta Simionato, Tito Gobbi. In originale 1289.

Casa rossa, La ** (*The Red House*, Usa 1947, b/n, 100') Delmer Daves. Con Edward G. Robinson, Lon McAllister, Allene Roberts, Rory Calhoun. ◆ Melodramma con suspense, in cui Robinson è un fattore che nasconde un duplice omicidio nel suo passato. L'interpretazione tormentata di Robinson è enfatizzata dalla colonna sonora del grande Miklos Rozsa. Daves è autore anche della sceneggiatura.

Casa Russia, La *½ (*The Russia House*, Usa 1990, col, 123') Fred Schepisi. Con Sean Connery, Michelle Pfeiffer, Roy Scheider, James Fox, Klaus Maria Brandauer, Ken Russell. ◆ Dal romanzo omonimo di John Le Carré (adattato da Tom Stoppard), la prima spy story post-guerra fredda, non a caso girata in Russia. Connery è un editore coinvolto nello spionaggio da una bella (Pfeiffer), di cui ovviamente si innamora: il manoscritto che lei gli offre e che smaschera l'inefficienza nucleare sovietica è autentico o no? Ma la love story diventa più interessante dell'intrigo dove spie e spiati di entrambi i fronti sono così pieni di buon senso da essere improbabili. I tempi della *Talpa* sono passati.

Casa senza tempo, La *½ (Italia 1945, b/n, 85') Andrea Della Sabbia [Andrea Forzano]. Con Rossano Brazzi, Vivi Gioi, Guido Notari, Carlo Romano, Ugo Sasso, Armando Migliari, Fausto Guerzoni, Cristina Zacconi, Angelo Calabrese, Lia Orlandini, Celio Bucchi. ◆ Il capitano Paolo Sivera (Brazzi), che sta mettendo a punto un rivoluzionario motore aeronautico, salva una donna e sua madre (Gioi e Orlandini) da una macchina che voleva investirle. Ma quando cerca di rivederle, scopre che la casa in cui le ha accompagnate è abbandonata da venticinque anni e che le due donne sarebbero morte da tempo: Sivera rischia di essere preso per pazzo, e il suo motore di fare una brutta fine. Insolita ma scadente commedia gialla con venature fantastiche scritta, prodotta e diretta da Andrea Forzano, figlio di Giovacchino, con lo pseudonimo di Andrea Della Sabbia. Rossano Brazzi è assolutamente inespressivo e la storia, dopo qualche momento sottilmente inquietante, ha bisogno di una complicata spiegazione finale per arrivare a capo del mistero. Distribuito solo nel 1945, due anni dopo essere stato prodotto, il film trasforma in agente «nazista» le evidenti origini sovietiche di Vodkin (Bucchi), l'agente segreto che ha orchestrato tutto il mistero e che nel 1943 non poteva venire certo da una nazione alleata.

Casa stregata, La * (Italia 1982, col, 95') Bruno Corbucci. Con Renato Pozzetto, Gloria Guida, Lia Zoppelli, Yorgo Voyagis. ◆ Un antico incantesimo grava sulla casa affittata dal neosposo (Pozzetto), che è costretto a rimandare continuamente la prima notte di nozze. Parodia non irresistibile dei film dell'orrore, con un lato fantasy patetico. Il massimo dell'umorismo è un alano che parla in napoletano (gag copiata, tra l'altro, dal precedente *W la foca*).

Casa sulla scogliera, La **½ (*The Uninvited*, Usa 1944, b/n, 98') Lewis Allen. Con Ray Milland, Ruth Hussey, Donald Crisp, Gail Russell, Cornelia Otis Skinner, Dorothy Stickney, Barbara Everest, Alan Napier. ◆ Diventati proprietari di Villa Ventosa in Cornovaglia, una coppia di londinesi (Milland e Hussey) cerca di spiegarsi la fama di posto maledetto che circonda la casa e soprattutto perché le visite, sempre più frequenti, di una ragazza (Russell) sembrano accompagnate da una evidente presenza del male. Per il suo esordio dietro la macchina da presa il regista teatrale inglese Lewis Allen sceglie una ghost story senza porte che scricchiolano o passaggi segreti, ma con un'atmosfera di autentica tensione orrorifica che la sceneggiatura di Dodie Smith e Frank Partos (da un romanzo di Dorothy Macardle) non fa mai scivolare nel grand guignol o risolvere banalmente con un sorriso. Prodotto da Charles Brackett (allora abituale sceneggiatore per Billy Wilder) il film può contare su un cast di ottimi professionisti del teatro inglese e sull'insolita presenza della scrittrice C.O. [Cornelia

Otis] Skinner, di cui Allen porterà sullo schermo l'anno successivo il bestseller autobiografico (*Our Hearts Were Young and Gay*, inedito in Italia). La canzone *Stella by Starlight*, che Victor Young scrisse per il film, fu immediatamente un hit.

Casa tutta per noi, Una ** (*A Home of Our Own*, Usa 1993, col, 104') Tony Bill. Con Kathy Bates, Edward Furlong, Soon-Teck Oh, Clarissa Lassig, T.J. Lowther, Tony Campisi, Sarah Schaub. ◆ 1962: Frances Lacey (Bates), vedova con sei figli, lascia Los Angeles e va nell'Idaho, dove risistema un rudere con l'aiuto dei piccoli e tenta di iniziare una nuova vita. Ma la jella sembra sempre dietro l'angolo. In bilico tra tocchi realistici e le oleografie alla Norman Rockwell, Bill cerca di risuscitare l'ottimismo problematico dei film di Frank Capra. Ma sia i colpi di scena che i personaggi (Furlong è il figlio più grande e ribelle) sono stereotipati. Sceneggiatura autobiografica di Patrick Duncan. Campisi, che interpreta il corteggiatore della Bates, è anche il suo compagno nella vita reale. Particina per Tony Bill come dottore.

Casco d'oro ***½ (*Casque d'or*, Francia 1952, b/n, 96') Jacques Becker. Con Simone Signoret, Serge Reggiani, Claude Dauphin, Raymond Bussières, Gaston Modot, Dominique Davray. ◆ Parigi 1898: per amore della bella prostituta Maria, detta «casco d'oro» (Signoret), il carpentiere Georges Manda (Reggiani) uccide in un duello il suo protettore, ma viene coinvolto da Leca (Dauphin), capo della banda di cui faceva parte il malavitoso, in un gioco di ricatti e denunce che lo porteranno al patibolo. Ispirandosi a un fatto di cronaca della Belle époque, Becker e il suo cosceneggiatore Jacques Companeez hanno idealizzato profondamente i personaggi (nella realtà anche Manda era un malvivente, a capo di una banda) creando un film di forti sentimenti sull'amore, l'amicizia e la lealtà, raccontato «con il tono e il profumo di un nostalgico lamento» che recupera una dimensione politica della storia e fa di Manda e del suo amico Raymond (Modot) due ribelli chiaramente anarchici. Magistrale la ricostruzione filologica dell'ambiente e dell'epoca, la solare composizione figurativa del direttore della fotografia Robert Le Febvre ispirata alle copertine del popolare *Petit journal* (che stilizzava la vita quotidiana senza mai cadere nella parodia) e soprattutto l'interpretazione dei due protagonisti, un Reggiani «piccolo gatto da marciapiede tutto nervi» e una Signoret nel fulgore della sua bellezza, «bella pianta carnivora che sa apprezzare anche il formaggio», come li descrisse Truffaut. Indimenticabile il finale, con Marie nella sordida stanza di un alberghetto che aspetta di vedere la ghigliottina piombare sul collo del suo amante. Da questo film è ritornato in uso nella lingua francese il termine «apache» come sinonimo di malavitoso d'inizio secolo.

Casinista, Il * (Italia 1980, col, 87') Pier Francesco Pingitore. Con Pippo Franco, Renzo Montagnani, Bombolo [Franco Lechner], Enzo Cannavale, Sal Borgese. ◆ Pippo Franco è uno sceneggiatore che decide di ispirarsi alla vita reale, creando sfaceli. Deciderà infine di fare l'accalappiacani. Parabola involontariamente autocritica, con penose pretese di satira (terrorismo, ospedali sovraffollati, fughe facili).

Casinò **** (*Casino*, Usa 1995, col, 178') Martin Scorsese. Con Robert De Niro, Sharon Stone, Joe Pesci, James Woods, Don Rickles, Alan King, Kevin Pollak, L.Q. Jones, Frank Vincent, Vinny Vella, John Bloom, Melissa Prophet. ◆ 1983: Sam «Asso» Rothstein (De Niro), metodico e puntiglioso giocatore d'azzardo, è messo dalla Famiglia a capo del casinò Tangiers di Las Vegas. Ma il suo sogno di rifarsi una reputazione senza macchie, proprio come i suoi abiti dove camicie e cravatte sono sempre impeccabilmente in tinta, si infrangerà contro una donna e un amico: Ginger (Stone) non saprà controllare la propria sudditanza ai soldi, alla droga e al suo ex sfruttatore (Woods) e farà crollare i sogni famigliari di Sam; Nicky (Pesci) lo trascinerà nella polvere con la sua arroganza di gangster che si crede al di sopra di ogni legge. Il più bel film dell'anno, incomprensibilmente dimenticato agli Oscar e non amato dal pubblico che l'ha scambiato erroneamente per un remake di *Quei bravi ragazzi*, è un viaggio nell'unico tempio che conti veramente in America, quello del Dio denaro. Ispirandosi alla storia vera di Frank Rosenthal (sceneggiata dal regista con Nicholas Pileggi), Scorsese scava nei comportamenti di chi cercava di conquistare la rispettabilità nel Nevada degli anni Ottanta, senza lasciarci affezionare davvero a nessun personaggio e negando ostinatamente qualsiasi aspettativa di narrazione lineare. Eppure, a partire dai bellissimi titoli di testa (di Elaine e Saul Bass), il film sorprende quasi a ogni scena per come usa le luci (di Robert Richardson) e il montaggio (di Thelma Schoonmaker) in maniera non convenzionale, per come mescola la storia degli uomini con quella delle cose (la prima ora racconta praticamente solo l'importanza del denaro e il suo percorso dai tavoli da gioco alle tasche della mafia), per come fonde dialoghi e voci off, per come miscela melodramma e gangster-movie. E per come racconta e giudica l'America (il sottofinale, con una Las Vegas degli anni Novanta ridotta a una Disneyland per anziani, mette i brividi). Come sempre perfetti gli attori, a cominciare da una grande Sharon Stone. La madre e la figlia di Scorsese, Catherine e Catherine T., interpretano rispettivamente la madre e la figlia di Piscano (Vella).

Caso Carey, Il *½ (*The Carey Treatment*, Usa 1972, col, 101') Blake Edwards. Con James Coburn, Jennifer O'Neill, Pat Hingle, James Hong, Jennifer Edwards. ◆ Giallo ospedaliero, in cui un probo dottore (Coburn) si decide a far luce su un decesso per aborto di cui è accusato un collega innocente. Vano cercare il tocco di Edwards in questo prodotto di ordinaria amministrazione. Tratto da un romanzo scritto da Michael Crichton sotto lo pseudonimo di Jeffrey Hudson: in pratica una prova generale del più riuscito *Coma profondo*.

Caso del cavallo senza testa, Il *½ (*The Horse without a Head*, Usa 1963, col, 89') Don Chaffey. Con Leo McKern, Jean-Pierre Aumont, Herbert Lom, Pamela Franklin. ◆ Malgrado il titolo truce, si tratta di una produzione Disney. Gli abili ragazzi di turno, con l'aiuto di una banda di cani, hanno la meglio sui soliti cattivi imbranati, sventando la rapina a un treno. Innocuo.

Caso del dottor Gailland, Il * (*Docteur Françoise Gailland*, Francia 1975, col, 100') Jean-Louis Bertuccelli. Con Annie Girardot, Jean-Pierre Cassel, François Perier, Isabelle Huppert, Suzanne Flon, Joséphine Chaplin. ◆ Una donna medico, fredda e sicura di sé (Girardot), scopre di avere un cancro e rimette in discussione la propria esistenza (e il proprio amante) riavvicinandosi alla famiglia. Avrà fortuna. Dal romanzo di Noëlle Loriot, premio Goncourt, un film banale e prevedibile nel suo ottimismo.

Caso del giurato Morestan, Il ** (*Gribouille*, Francia 1937, b/n, 95') Marc Allégret. Con Raimu [Jules Muraire], Michèle Morgan, Gilbert Gil, Jacqueline Pacaud, Jean Worms, Julien Carette, Oléo [Emilienne Lapeyre Arnaud], Marcel André. ◆ Assolta dall'accusa di omicidio grazie alla determinazione del giurato Camillo Morestan (Raimu), la giovane Natalie (Morgan) trova lavoro nel negozio dello stesso Morestan. La situazione precipita quando il figlio Claudio (Gil) si innamora di Natalie facendo emergere l'inconscia gelosia del padre che finirà per trovarsi nella condizione in cui aveva trovato la ragazza al processo: accusato di un omicidio. Celeberrimo melodramma sceneggiato da Marcel Achard che alterna momenti commoventi ad altri decisamente comici e che scava dentro il perbenismo piccolo-borghese per metterne in evidenza le meschinità e il falso altruismo. Piuttosto datato nel suo messaggio sociale (alla fine tutto si conclude per il meglio, con la tranquillità familiare garantita dalla comprensiva moglie di Morestan), il film si fa ancora apprezzare soprattutto per la grande prova di Raimu e della Morgan, qui al suo primo ruolo da protagonista. Rifatto a Hollywood nel 1940 (*Seduzione*).

Caso di coscienza, Un **½ (Italia 1970, col, 105') Gianni Grimaldi. Con Lando Buzzanca, Antonella Lualdi, Dagmar Lassander, Saro Urzì, Raymond Pellegrin, Françoise Prévost, Michele Abruzzo, Giselle Pascal, Nando Gazzolo, Monica Pardo, Marcella Michelangeli, Carletto Sposito, Aldo Bufi Landi, Helga Liné, Alfredo Rizzo, Aldo Puglisi, Paolo Carlini, Aura D'Angelo. ◆ Svelando alla posta del cuore di un giornale il proprio sofferto tradimento, una donna agita le acque del paesino siciliano di Maddà: aizzati dall'avvocato Vaccagnino (Buzzanca), i notabili del luogo vorrebbero scoprire la colpevole, sperando di gioire delle corna altrui ma timorosi in cuor loro di essere i traditi. Commedia di costume tratta dall'omonimo racconto di Sciascia, che il regista ha adattato con molta fedeltà. La regia scolastica e qualche ingenua concessione voyeuristica non tolgono forza a un ritratto acido e crudele del perbenismo maschilista siciliano, nel quale l'invidia e l'omertà dominano i comportamenti di tutti. E scoprire che anche le donne sono parte di questo gioco non fa che accentuare la carica satirica del film.

Caso di coscienza per il dottor Gillespie ** (*Dr. Gillespie's Criminal Case*, Usa 1943, b/n, 89') Willis Goldbeck. Con Lionel Barrymore, Van Johnson, Donna Reed, Keye Luke, John Craven, William Lundigan, Walter Kingsford, Nat Pendleton, Marilyn Maxwell, Alma Kruger, Marie Blake, Henry O'Neill, Nell Craig. ◆ Il dottor Gillespie (Barrymore) deve affrontare un maniaco omicida (Craven), un mutilato che non vuole farsi operare e i problemi sentimentali tra un medico della sua équipe (Johnson) e la sua fidanzata (Reed). Tredicesimo episodio della serie ispirata ai personaggi inventati da Max Brand e al suo dottor Kildare e terzo senza il dottor Kildare (eliminato dalla serie perché l'attore che lo interpretava, Lew Ayres, si era dichiarato obiettore di coscienza): aumentano i casi legati all'atmosfera degli anni di guerra – il mutilato, l'omicidio come nevrosi – ma il ritmo e soprattutto il cast di caratteristi tiene elevato il livello del film.

Caso difficile del commissario Maigret, Il *½ (*Maigret und sein größter Fall*, Austria/Francia/Italia 1966, col, 93') Alfred Weidenmann. Con Heinz Rühmann, Françoise Prévost, Gunter Stoll, Ulli Lommel. ◆ Maigret (Rühmann) abbandona Parigi per Losanna, dove si trova alle prese con il furto di un van Gogh e con l'uccisione del sospettato principale, un noto collezionista d'arte. Convenzionale, ma vedibile. Nel ruolo del commissario, Rühmann se la cava anche se appare eccessivamente teutonico. Tratto da *La Danseuse du Gai-Moulin* di Simenon, è fino a oggi l'ultimo Maigret realizzato per il grande schermo.

Caso d'incoscienza, Un *½ (Italia 1984, col, 124') Emidio Greco. Con Erland Josephson, Brigitte Fossey, Rüdiger Vogler, John Steiner, Rada Rassimov, William Berger, Claudio Cassinelli. ◆ Un giornalista (Vogler), negli anni Trenta, si mette sulle tracce di un magnate svedese sparito nel nulla. Mistery esistenzial-pirandelliano con implicazioni sociostoriche: non esattamente avvincente. Freddo e un po' anonimo come il suo cast internazionale.

Caso Drabble, Il ** (*The Black Windmill*, Usa 1974, col, 106') Don Siegel. Con Michael Caine, Joseph O'Connor, Donald Pleasence, Delphine Seyrig, John Vernon, Joss Ackland. ◆ Caine è un agente segreto cui viene rapito il figlio e che se la deve vedere con contrabbandieri d'armi legati all'Ira e capi doppiogiochisti. Siegel sottotono in un thriller corretto, ma che non riserva mai vere sorprese.

Caso Katharina Blum, Il ** (*Die verlorene Ehre der Katharina Blum*, Rft 1975, col, 106') Volker Schlöndorff. Con Angela Winkler, Dieter Laser, Mario Adorf, Heinz Bennent. ◆ Una giovane cameriera, Katharina Blum (Winkler), amante casuale di un ricercato, è vittima di una campagna scandalistica montata da un bieco giornalista: Katharina lo ucciderà, dopo che questi è andato a tormentare sua madre sul letto di morte. Storia della presa di coscienza di una piccolo-borghese e lucido atto d'accusa contro l'isteria dei media, il film è tratto dal romanzo di Böll e sceneggiato da Schlöndorff con la von Trotta (allora sua moglie). Boicottato, ai tempi, da alcuni gruppi editoriali tedeschi.

Caso Martello, Il **½ (Italia 1991, col, 90') Guido Chiesa. Con Alberto Gimignani, Roberta Lena, Felice Andreasi, Luigi Diberti, Valeria Cavalli, Ivano Marescotti, Bruno Gambarotta. ◆ Un assicuratore in carriera (Gimignani) si trova a dover risolvere una pratica in corso da 35 anni, il cui beneficiario, un ex partigiano di nome Martello (Andreasi), sembra scomparso da altrettanto tempo. Un esordio piuttosto interessante (e anomalo per un regista cresciuto tra gli indipendenti americani), all'insegna del confronto generazionale. Ciò che intriga di più, però, non è tanto l'urto di valori tra i due protagonisti e la riscoperta del «padre resistenziale» (entrambi affidati a soluzioni piuttosto didascaliche), quanto la messa a fuoco di una «piemontesità» che rimanda – in modo non scontato – alla memoria di Pavese e di Fenoglio.

Caso Mattei, Il *** (Italia 1972, col, 118') Francesco Rosi. Con Gian Maria Volonté, Luigi Squarzina, Peter Baldwin, Renato Romano, Gianfranco Ombuen, Edda Ferronao, Franco Graziosi, Camillo Milli. ◆ La storia di Enrico Mattei (Volonté) che, diventato presidente dell'Eni, pose le basi per una politica nazionale dell'energia svincolata dal potere delle «sette sorelle» e la cui carriera fu improvvisamente troncata da un misterioso incidente aereo il 27 ottobre 1962, a Bascapé, presso Pavia. Costruito come una grande inchiesta, che mescola inserti televisivi, ricostruzioni documentarie e interventi diretti di testimoni e giornalisti (oltre che di Rosi stesso), il film mette a confronto le varie ipotesi sulla morte per allargare il suo sguardo al mondo politico e imprenditoriale italiano di cui Mattei fu uno dei più interessanti esponenti. L'estroversa interpretazione di Volonté (ben lontana dal carattere grigio e chiuso del vero Mattei) e l'accento narrativo posto sulla «guerra personale» del manager rischiano però di enfatizzarne la figura finendo con «l'essere funzionali più alla costruzione del personaggio che all'analisi dei problemi ai quali rimanda e sfocando la visione del più vasto scontro di classe in cui la fine di Mattei viene inserita». Furio Colombo interpreta il ruolo dell'assistente di Mattei mentre i giornalisti Arrigo Benedetti, Ugo Zatterin, Gianni Farneti, Umberto D'Arrò, Giuseppe Rosselli, i parlamentari Ferruccio Parri e Michele Pantaleone, l'ex capo dei servizi segreti francesi Thyraud De Vosjoli e lo stesso Rosi appaiono nel ruolo di se stessi.

Caso Maurizius, Il ** (*L'Affaire Maurizius*, Francia/Italia 1954, b/n, 110') Julien Duvivier. Con Daniel Gélin, Charles Vanel, Madeleine Robinson, Anton Walbrook, Eleonora Rossi Drago, Paola Borboni, Jacques Chabassol. ◆ Etzel von Andergast (Chabassol) vuole riaprire dopo vent'anni il caso di Léonard Maurizius (Gélin) che il proprio padre (Vanel) aveva fatto condannare all'ergastolo per l'omicidio della moglie (Robinson): scoprirà la verità ma forse è troppo tardi. Adattando il romanzo di Jakob Wasserman, Duvivier vuole offrirci il quadro di una società dove l'odio sconfigge la verità e la complicità soffoca ogni anelito vitale (in questo senso l'impossibilità finale di rivelare tutto per non far scoppiare uno scandalo conclude il film con una nota non demagogica), ma la pessima recitazione di tutti – escluso Vanel – vanifica di molto gli sforzi del regista.

Caso Moro, Il *½ (Italia 1986, col, 110') Giuseppe Ferrara. Con Gian Maria Volonté, Mattia Sbragia, Enrica Maria Modugno, Margarita Lozano, Bruno Zanin, Sergio Rubini. ◆ Discusso instant-movie in cui il rapimento di Moro (interpretato da Volonté) è ricostruito con uno stile tra il documentario televisivo e il thriller all'americana. Ferrara e i suoi sceneggiatori (Robert Katz e Armenia Balducci) non hanno paura di muovere accuse (alla Dc, ai servizi segreti ecc.), ma si resta al livello della generica indignazione. Il film è di maniera come l'interpretazione di Volonté.

Caso Myra Breckindridge, Il *½ (*Myra Breckindridge*, Usa 1970, col, 86') Michael Sarne. Con Raquel Welch, Mae West, John Huston, Farrah Fawcett, John Carradine. ◆ Versione pasticciata e sconnessa di un romanzo-scandalo aggressivo e straordinariamente comico di Gore Vidal, in cui un uomo decide di cambiare sesso (trasformandosi in Raquel Welch) per diventare una star di Hollywood. Alla fine tornerà uomo. Pretese di satira del cinema e Mae West che, a 78 anni, fa la femme fatale, recitando battute che, quarant'anni prima, le sarebbero state tagliate dalla censura.

Caso Paradine, Il *** (*The Paradine Case*, Usa 1947, b/n, 116') Alfred Hitchcock. Con Gregory Peck, Alida Valli, Ann Todd, Charles Laughton, Ethel Barrymore, Louis Jourdan, Charles Coburn, Leo G. Carroll. ◆ Un avvocato (Peck), incaricato di difendere Maddalena Paradine (Valli) dall'accusa di aver ucciso il marito, si innamora della cliente e mette in gioco il matrimonio e la dignità professionale. Al processo, la testimonianza dello stalliere (Jourdan), ex amante della Paradine, ne provocherà il tracollo. Un melodramma giudiziario con la «tentazione della decadenza», centrato sulla figura di un avvocato (l'autentico protagonista della storia) che compie una vera e propria discesa all'inferno a causa di una Eva ambigua e opportunista. Il tribunale diventa così il palcoscenico per la rappresentazione feroce di un intricato gioco delle coppie: l'avvocato felicemente sposato perde la testa per la cliente e trascina in tribunale il suo amante, il giudice è ostile all'avvocato perché la moglie di lui ha respinto le sue avances, la moglie non rivela il segreto al marito, la signora Paradine, che ha effettivamente ucciso il marito, rovina per sempre la carriera del suo legale incolpandolo del suicidio dell'amante. Un film a porte chiuse, come per Hitchcock è chiuso e senza scampo il mondo dell'abiezione morale, in cui l'obiettivo della macchina da presa «si ritrova al posto di Dio». Poco apprezzato soprattutto perché poco compreso, *Il caso Paradine* è stato considerato un «infortunio» per Alida Valli che, nella sua prima trasferta hollywoodiana, ripresa a mezzo busto come una statua, appare glaciale e pericolosamente bellissima. Charles Laughton giganteggia nel ruolo del giudice viscido e cinico. Hitchcock si vede con la custodia di un violoncello mentre esce dalla stazione con Peck. In origine 132', poi ridotto a 125', infine a 116'.

Caso Pisciotta, Il * (Italia 1972, col, 100') Eriprando Visconti. Con Tony Musante, Carla Gravina, Salvo Randone, Saro Urzì, Marcella Michelangeli, Duilio Del Prete. ◆ Visconti inizia dove finisce *Salvatore Giuliano* di Rosi: dall'assassinio in carcere di Gaspare

Pisciotta. Non dice però nulla di nuovo sulla mafia e lo stile americaneggiante fa rimpiangere quello di Rosi.

Caso Raoul, Il * (Italia 1975, col, 100') Maurizio Ponzi. Con Stanko Molnar, Delia Boccardo, Alida Valli, Milena Vukotic. ◆ Caso freudiano per un attore (Molnar) separato a quattro anni dalla vera madre e che ignorava che suo fratello fosse in realtà suo padre. Ovviamente, quando lo scopre, dà fuori di matto. Film-saggio sulla schizofrenia, intellettualoide e pretenzioso, diretto da un ex critico poi convertito al cinema di routine.

Caso Thomas Crown, Il *½ (*The Thomas Crown Affair*, Usa 1968, col, 102') Norman Jewison. Con Steve McQueen, Faye Dunaway, Paul Burke, Yaphet Kotto, Jack Weston. ◆ Lui (McQueen) è un ladro gentiluomo milionario, abile a svaligiare banche, lei (Dunaway) una detective delle assicurazioni decisa (ma non troppo) a incastrarlo. Giallorosa cinico e amorale che è invecchiato in fretta. Lo *split-screen* (due o più immagini in contemporanea sullo schermo) e il montaggio sincopato – tipici della fine degli anni Sessanta – oggi sono insopportabili. Rifatto come *Gioco a due* (1999).

Caso Trafford, Il *½ (*Quest For Love*, Gb 1971, col, 90') Ralph Thomas. Con Tom Bell, Joan Collins, Denholm Elliott, Laurence Naismith, Simon Ward. ◆ Uno scienziato (Bell) finisce, a conferma delle sue teorie, in un mondo parallelo, dove si innamora di una ragazza che poi morirà. Nel mondo di partenza, però, il suo doppio è ancora vivo e vegeto. Fantasy romantica e un po' insulsa, che profetizza gli intrecci di *Ritorno al futuro*.

Casotto *** (Italia 1977, col, 100') Sergio Citti. Con Franco Citti, Gigi Proietti, Jodie Foster, Michele Placido, Paolo Stoppa, Mariangela e Anna Melato, Ugo Tognazzi, Catherine Deneuve, Ninetto Davoli, Carlo Croccolo, Massimo Bonetti. ◆ Storie di ordinaria miseria ambientate in uno spogliatoio su una spiaggia laziale. Stoppa cerca di far sposare la nipote incinta (Foster) al nipote tonto (Placido). Proietti tenta di rimorchiare e intanto sogna la Deneuve. Le due Melato concupiscono Tognazzi, che però ha la cintura di castità. Un film cattivo e anche sgradevole, molto coerente e compatto, che ha per tema le pulsioni più elementari – il sesso in primo luogo – nel quale Citti fa funzionare alla perfezione un cast eterogeneo.

Caso «Venere privata», Il *½ (*Cran d'arrêt*, Francia/Italia 1971, col, 91') Yves Boisset. Con Bruno Cremer, Renauld Verlay, Marianne Comtell, Raffaella Carrà. ◆ Tratto da *Venere privata* del rivalutato Giorgio Scerbanenco, vede Bruno Cremer nei panni del milanese Duca Lamberti, anomalo e pessimista detective-medico: scoprirà che il «suicidio» per cui si tormenta di rimorsi un alcolizzato era, in realtà, il delitto di un maniaco. Boisset, però, banalizza lo spirito del romanzo puntando tutto sull'azione, anche se il film resta una curiosità.

Caso Winslow, Il **½ (*The Winslow Boy*, Usa/Gb 1999, col, 110') David Mamet. Con Nigel Hawthorne, Guy Edwards, Jeremy Northam, Rebecca Pidgeon, Gemma Jones, Matthew Pidgeon, Aden Gillett, Colin Stinton. ◆ Inghilterra, 1912: per salvare l'onore del figlio Ronnie (Edwards), accusato di furto al college, il padre Arthur Winslow (Hawthorne) arriva a ottenere un processo in Parlamento, coinvolgendo l'opinione pubblica. Ma la difesa dell'onore dei Winslow contro la rispettabilità della Corona sconvolge la serenità familiare e manda a monte le nozze della primogenita Catherine (R. Pidgeon). Dalla pièce di Terence Rattigan *Il cadetto Winslow* (riscritta dal regista), un «film giudiziario» ispirato a una storia vera, già portata sullo schermo da Anthony Asquith (*Tutto mi accusa*, 1948). Mamet ritrova i temi dei suoi lavori teatrali (conservazione e trasgressione, regole e gioco), ma il suo viaggio all'interno dei salotti di South Kensington e delle aule del Parlamento non trova mai lo scatto della verità: tutto è perfetto, attori compresi, ma come mummificato in una recita di cui si è smarrita la vera ragione.

Casper ** (*Casper*, Usa 1995, col, 100') Brad Silberling. Con Christina Ricci, Bill Pullman, Cathy Moriarty, Eric Idle, Garette Ratliff, Jessica Wesson, Amy Brenneman. ◆ Per liberare un castello che nasconderebbe un tesoro dai fantasmi che lo abitano, l'avida signora Carrigan (Moriarty) e il suo socio Dibs (Idle) chiamano uno stralunato «fantasmologo» (Pullman), che arriva con la figlia Kat (Ricci) al seguito: e così il «tesoro» più vero si rivelerà essere l'amicizia che legherà Kat al piccolo fantasma Casper. Una commedia blandamente fantastica che recupera il personaggio inventato da Joe Oriolo alla fine degli anni Quaranta (e diventato popolare nei Cinquanta grazie ai cartoon della Harvey Comics) per cavalcare la voglia di ottimismo e innocenza che attraversa l'America, dove tra i buoni sentimenti e l'avidità non possono che vincere i primi (e per fortuna che i tre zii «cattivi» di Casper, Molla, Puzza e Ciccia, riescono a creare un po' di scompiglio in questo quadretto edificante). Perfetto, naturalmente, il lavoro di fusione tra i fantasmi animati e i personaggi reali anche grazie ai trucchi della Industrial Light&Magic. Cammei di Dan Aykroyd (ovviamente nella parte di un ghostbuster), Mel Gibson, Clint Eastwood e Rodney Dangerfield.

Cassandra Crossing * (*The Cassandra Crossing*, Gb 1977, col, 137') George Pan Cosmatos. Con Richard Harris, Sophia Loren, Burt Lancaster, Ava Gardner, Martin Sheen, Ingrid Thulin, Alida Valli, Lou Castel, Lee Strasberg, Lionel Stander. ◆ Un treno su cui viaggia un terrorista infettato da un virus prodotto dai servizi segreti viene fatto deviare verso un ponte pericolante. Sarà evitato il disastro? Convenzionale film catastrofico-fantapolitico, con molti volti noti che non tentano neanche di dare spessore ai loro personaggi.

Cassa sbagliata, La ** (*The Wrong Box*, Gb 1966, col, 105') Bryan Forbes. Con John Mills, Ralph Richardson, Michael Caine, Dudley Moore, Peter Cook. ◆ Una lotteria, il cui premio viene assegnato all'ultimo sopravvissuto, scatena la rivalità di due fratelli (Mills e Richardson), che cercano di farsi fuori a vicenda. Morti presunte ed equivoci in una farsa (sceneggiata da Larry Gelbart e Burt Shevelove) che è la quintessenza dell'humour nero anglosassone, anche se un po' slegata e sopra le righe. Sellers compare brevemente nei panni di un bizzarro medico.

Casta Diva ** (Italia 1935, b/n, 95') Carmine Gallone. Con Sandro Palmieri, Martha Eggerth, Bruna Dragoni, Lamberto Picasso, Gualtiero Tumiati, Ennio Cerlesi, Maurizio D'Ancona. ◆ La vita di Vincenzo Bellini (Palmieri): gli anni di studio al conservatorio di Napoli e dell'amore infelice per Maddalena Fumaroli (Eggerth), a cui dedica la romanza *Casta Diva*; i primi successi e la relazione con il soprano Giuditta Pasta (Dragoni); la prima disastrosa rappresentazione della *Norma* e la sua ripresa trionfale a distanza di anni, grazie all'intervento di Maddalena che riconsegna a Bellini la romanza scritta per lei e muore poco dopo la definitiva affermazione del compositore. La biografia romanzata di un grande musicista: il genere in cui Gallone era e rimane un maestro. Anche in *Casta Diva*, arrivato all'epoca dopo una lunga serie di film analoghi, il regista non si limita a utilizzare la colonna sonora come supporto pretestuoso alla vicenda personale, ma fonde storia e musica in modo fluido e propriamente cinematografico. Accolta bene all'estero la versione inglese (*The Divine Spark*) girata in contemporanea. Coppa Mussolini per il miglior film italiano alla Mostra di Venezia. Remake dello stesso Gallone nel 1954.

Casta Diva *½ (Italia 1954, col, 99') Carmine Gallone. Con Antonella Lualdi, Nadia Gray, Maurice Ronet, Renzo Ricci, Jacques Castelot, Fausto Tozzi, Marina Berti, Paola Borboni, Camillo Pilotto. ◆ L'amore impossibile tra Maddalena Fumaroli (Lualdi) e Vincenzo Bellini (Ronet) che compose per lei la romanza *Casta Diva*. Le loro vite si dividono, ma quando Maddalena salva dal fallimento la *Norma* ottenendo che vi sia aggiunta la «sua» romanza, il compositore comprende l'amore che la donna ha sempre avuto per lui e la raggiunge su letto di morte. Remake in technicolor dell'omonimo film realizzato dallo stesso Gallone nel 1935. Decisamente scontato. Le musiche di Bellini, Donizetti e Paganini sono dirette da Renzo Rossellini.

Casta e pura * (Italia 1981, col, 95') Salvatore Samperi. Con Laura Antonelli, Fernando Rey, Massimo Ranieri, Enzo Cannavale, Christian De Sica, Vincenzo Crocitti, Valeria Fabrizi, Riccardo Billi. ◆ Storia della emancipazione della Antonelli, che ha fatto voto di rimanere illibata, nel solito Veneto cattolico. Satira piuttosto pesante, come ci si aspetta da Samperi, mai veramente divertente.

Castagne sono buone, Le * (Italia 1970, col, 99') Pietro Germi. Con Gianni Morandi, Stefania Casini, Nicoletta Machiavelli, Patricia Allison. ◆ Un regista Rai, noto donnaiolo (Morandi), corteggia una ragazza perbenino (Casini) che ci pensa tre volte prima di concedersi (nonostante il film sia ambientato nel 1970): strategia giusta, perché Morandi, fedele al cliché che l'ha reso famoso, si trasforma in un bravo ragazzo. Germi (con l'aiuto di Tullio Pinelli e dei micidiali Benvenuti e De Bernardi) fa l'elogio dei valori di una volta («le castagne sono buone») e perde il tono graffiante. Amelio (cioè Memé) Perlini interpreta il ruolo del vescovo.

Castaway, la ragazza Venerdì ** (*Castaway*, Usa 1987, col, 117') Nicolas Roeg. Con Oliver Reed, Amanda Donohoe, Tony Richards, Todd Rippon. ◆ In compagnia di una «moglie» trovata attraverso un'inserzione, un cinquantenne decide di vivere per un anno su un'isola deserta. La storia vera di Gerald Kingsland (Reed) e Lucy Irvine (Donohoe), così come è raccontata nel libro *Via dal mondo*, ovvero una verifica sul campo di tanti sogni di fuga ma soprattutto la scoperta dell'eterna conflittualità tra uomo e donna. Insolito apologo morale che deve molto all'esordiente Amanda Donohoe, solare e quasi sempre nuda.

Castelli di sabbia *½ (*The Sandpiper*, Usa 1965, col, 116') Vincente Minnelli. Con Elizabeth Taylor, Richard Burton, Eva Marie Saint, Charles Bronson, Robert Webber. ◆ La Taylor è un'improbabile (e sposata) pittrice beatnik che vive sulla spiaggia a Big Sur. Burton è un pastore, direttore di un collegio per ricchi. Nasce l'amore, ma il senso di colpa e la volontà di espiazione sono dietro l'angolo. Bei paesaggi e begli attori in una soap-opera al di sotto del livello medio di Minnelli, cofirmata da Dalton Trumbo, sceneggiatore un tempo anticonformista. Oscar per il tema musicale *The Shadow of Your Smile*.

Castello dei morti vivi, Il *½ (Italia/ Francia 1964, b/n, 90') Herbert Wise [Luciano Ricci], Warren Kiefer [Lorenzo Sabatini]. Con Christopher Lee, Gaia Germani, Philippe Leroy, Donald Sutherland. ◆ Il conte Drago (Lee) è uno scienziato pazzo che mummifica i suoi ospiti. Horror nella media italiana degli anni Sessanta, in cui fa il suo esordio Donald Sutherland, in ben due ruoli (uno dei quali *en travesti*).

Castello della paura, Il * (Italia 1973, col, 89') Robert H. Oliver. Con Rossano Brazzi, Michael Dunn, Edmund Purdom, Christiane Royce, Boris Lugosi. ◆ In un castello che assomiglia a uno zoo umano, il dottor Frankenstein (Brazzi) trapianta un cervello a un uomo corpulento e ritardato. Messo alla porta, il suo malefico assistente nano (Dunn) chiede aiuto all'Uomo di Neandertal (Lugosi). Ne segue una carneficina in cui muoiono tutti. Pasticciaccio confuso e involontariamente esilarante. Boris Lugosi non ha alcuna relazione con il più famoso Bela.

Castello di Dragonwyck, Il *** (*Dragonwyck*, Usa 1946, b/n, 103') Joseph L. Mankiewicz. Con Gene Tierney, Vincent Price, Walter Huston, Glenn Langan, Anne Revere, Jessica Tandy. ◆ Valle dell'Hudson, 1844: il latifondista e despota Van Ryn (Price) sposa una lontana parente, la candida Miranda (Tierney). Ossessionato da fantasmi, blasfemo, in preda all'oppio, Van Ryn ha ucciso la prima moglie perché sterile, e vuole riservare a Miranda – il cui figlio è morto subito – lo stesso trattamento. Splendido melodramma gotico sul tema di Barbablù e della sposa-vittima. Price è una grandiosa incarnazione del male, Gene Tierney una succube perfetta. Prodotto da Lubitsch che non poté dirigerlo per una malattia, è il film con cui esordisce Mankiewicz e nel quale è già presente il tema portante di tutta una carriera: la forza della parola, usata come il più forte degli elementi drammatici della quale ci si serve per affrontarsi, studiarsi, combattersi e annientarsi.

Castello in Svezia, Il * (*Château en Suède*, Francia/Italia 1963, col, 105') Roger Vadim. Con Monica Vitti, Jean-Claude Brialy, Curt Jurgens, Jean-Louis Trintignant, Suzanne Flon, Françoise Hardy. ◆ Da una commedia di una declinante Françoise Sagan il solito Vadim con pretese erotico-intellettuali. Quattro personaggi, chiusi in un castello tra le nevi, si scambiano i partner e dissertano dei massimi sistemi. Arriva una vittima (Trintignant) che tuttavia riesce a scappare. Il guaio è che tutti si prendono molto sul serio.

Castello sull'Hudson, Il ** (*Castle on the Hudson*, Usa 1940, b/n, 77') Anatole Litvak. Con John Garfield, Ann Sheridan, Pat O'Brien, Burgess Meredith. ◆ Tra il detenuto Garfield e il direttore O'Brien c'è stima reciproca. Approfittando di un permesso, il prigioniero però si caccia nei guai, e, per salvare la sua ragazza, si addossa la colpa di un omicidio. Finirà sulla sedia elettrica. Onesto remake di *20.000 anni a Sing-Sing* di Michael Curtiz. Come al solito, a Hollywood, i delinquenti si redimono solo morendo. Grande prova di Burgess Meredith nei panni di un carcerato psicopatico.

Castigo (di Mario Mattoli) → *Fiacre n. 13, Il*

Castigo, Il (di Josef von Sternberg) → *Notti di Chicago, Le*

Casual sex *½ (*Casual sex?*, Usa 1988, col, 96') Genevieve Robert. Con Lea Thompson, Victoria Jackson, Stephen Shellen, Jerry Levine. ◆ Due amiche (Thompson e Jackson) incerte tra l'avventura usa e getta e la ricerca dell'uomo giusto si danno da fare in una palestra. Commedia sui costumi contemporanei (il sesso nell'èra dell'Aids, il mito della forma fisica) svolta da un punto di vista femminile.

Cat Ballou *½ (*Cat Ballou*, Usa 1965, col, 96') Elliot Silverstein. Con Jane Fonda, Lee Marvin, Michael Callan, Nat King Cole, Stubby Kaye. ◆ Umorismo e western non sono mai andati troppo d'accordo, come mostra questa semiparodia invecchiata in fretta. La Fonda è una maestrina che, per vendicare il padre, diventa una fuorilegge. Marvin si guadagna l'Oscar dividendosi tra un pistolero ubriacone e un killer dal naso artificiale. King Cole e Stubby Kaye fanno i menestrelli narratori.

Catene *** (Italia 1949, b/n, 86') Raffaello Matarazzo. Con Amedeo Nazzari, Yvonne Sanson, Aldo Nicodemi, Roberto Murolo, Aldo Silvani. ◆ Convinto che sua moglie Rosa (Sanson) lo tradisca con l'ex fidanzato, Guglielmo (Nazzari) uccide il rivale e fugge in America, ma è arrestato e rimpatriato: per questo la moglie, pur di scagionarlo, confessa un adulterio inesistente. Sarà l'avvocato a spiegare il sacrificio di Rosa a Guglielmo, che riuscirà in extremis a salvare la moglie dal suicidio. Scritto da Aldo De Benedetti e Nicola Manzari (da un soggetto di Libero Bovio e Gaspare Di Majo), questo film, inaspettato record d'incassi della stagione, lanciò il nome di Matarazzo come quello di un autentico maestro del melodramma. Primo di una serie di sette film tutti prodotti dalla Titanus e interpretati dalla stessa coppia di attori (l'allora ventitreenne Sanson e il già celebre Nazzari, protagonisti dei successivi *Tormento*, 1950, *I figli di nessuno*, 1951, *Chi è senza peccato*, 1952, *Torna!*, 1954, *Angelo bianco*, 1955 e *Malinconico autunno*, 1958), *Catene* apre una strada nazionale al genere: nessuna magniloquenza hollywoodiana per concentrarsi solo sulle passioni, sull'evoluzione dei sentimenti, in un mondo che ruota intorno alla donna, che «sopporta nel corpo e nell'anima le ferite di una condizione di sofferta inferiorità» [A. Prudenzi], costretta a una sottomissione quasi «esistenziale» (e questa scelta costò molte critiche a Matarazzo, soprattutto dall'intellighenzia di sinistra che si riconosceva nella rivista *Cinema nuovo*). Questa centralità femminile ne esalta il ruolo familiare di angelo del focolare, ribadendone la vocazione sacrificale, ma la chiude a ogni esperienza sociale, scelta peraltro obbligata alla poetica di Matarazzo, tutta centrata sugli elementi forti di una psicologia popolare che in questo film ruotano attorno al ruolo dell'eros e al suo impossibile appagamento (la ricostituzione dell'unità familiare equivale, per Rosa, alla rinuncia della passione). Nelle scene in America, Murolo canta *Lacrime napulitane*, che sarà il titolo di un deludente remake di Ciro Ippolito.

Catene del passato ** (*Smilin' Through*, Usa 1941, col, 100') Frank Borzage. Con Jeannette MacDonald, Gene Raymond, Brian Aherne, Ian Hunter. ◆ Solido melodramma che coinvolge tre generazioni. Un vecchio gentiluomo osteggia l'amore della figlia adottiva per il figlio di colui che ha ucciso sua moglie nel giorno delle nozze. Ma *amor omnia vicit*, specie quando c'è di mezzo un invalido di guerra. Remake di *Catene* del 1932 (ma c'era già un precedente muto), diretto da Sidney Franklin, che contava su un cast più flamboyant (Norma Shearer, Fredric March, Leslie Howard).

Catene della colpa, Le ***** (*Out of the Past*, Usa 1947, b/n, 97') Jacques Tourneur. Con Robert Mitchum, Jane Greer, Kirk Douglas, Richard Webb, Rhonda Fleming. ◆ Un detective privato che si è ritirato in un paesino di provincia (Mitchum) scopre di non poter sfuggire al proprio passato quando un ex datore di lavoro (Douglas) e la sua ex amante (Greer), moglie di costui, lo irretiscono in una trappola fatale. Uno dei più alti esempi di noir anni Quaranta, dramma dell'ossessione e della predestinazione, nel quale un tragico fatalismo sottolinea l'impotenza dell'individuo a liberarsi dall'influenza perversa e avvelenata che il passato ha sul presente. Ognuno dà il meglio di sé, e l'acme è raggiunto nella scena in cui Mitchum aspetta la dark lady in un bar messicano: non accade nulla, ma c'è tutto il senso del film. Sceneggiatura di Daniel Maiwaring (*L'invasione degli ultracorpi*) tratta dal proprio romanzo *Build My Gallows High* (pubblicato però con lo pseudonimo di Geoffrey Homes), fotografia di Nicholas Musuraca (*Il bacio della pantera*), regia del francese più hollywoodiano dell'epoca. Anche in versione colorizzata. Il remake del 1984, *Due vite in gioco*, è senza confronto. Mario Sesti, per la Rai, ha restaurato l'edizione distribuita nei cinema italiani introducendo alcune scene tagliate. Conosciuto anche col titolo *La banda degli implacabili*.

Catene invisibili ** (Italia 1942, b/n, 79') Mario Mattoli. Con Alida Valli, Carlo Ninchi, Andrea Checchi, Giuditta Rissone, Carlo Campanini, Jone Morino,

Luigi Almirante, Arturo Bragaglia, Ada Dondini. ◆ Alla morte del ricco padre, la bella e indipendente figlia Elena (Valli) decide di aiutare Enrico (Checchi), il fratello illegittimo e sbandato, che il genitore aveva sempre trascurato. Costui approfitta della sua generosità finché non fa una brutta fine, ma Elena, maturata dall'esperienza, decide di non tornare alla vita indipendente e «sregolata» di prima, e sposa il tranquillo ingegnere che gestisce l'azienda paterna (Ninchi). Un melodramma ricattatorio e socialmente mortificante sceneggiato da Mattoli, Vittorio Malpassuti, Marcello Marchesi e (non accreditato) Aldo De Benedetti, dove però la regia stempera nella commozione l'impianto punitivo della storia (come nella toccante scena della «sparizione» della madre nella nebbia dopo la morte di Enrico), con una splendida Alida Valli (soprattutto nella prima parte, dove a tratti sembra la versione italiana di Katharine Hepburn) e un Andrea Checchi perfettamente a suo agio nel torbido ruolo del fratellastro. È il secondo dei quattro «film che parlano al vostro cuore» (gli altri sono *Luce nelle tenebre*, *Stasera niente di nuovo* e *Labbra serrate*), nel quale le necessità predicatorie dell'espiazione guastano il buon inizio della storia. Esemplare l'intuito registico di Mattoli nella direzione degli attori, tutti provenienti dal teatro leggero. Decisamente insolito, per i tempi, il ritratto scherzoso ma inequivocabilmente gay dell'amico di famiglia interpretato da Carlo Campanini che vive con un maggiordomo (Bragaglia) che fa le pulizie con il foulard in testa.

Caterina sei grande * (*Great Catherine*, Gb 1967, col, 97') Gordon Flemyng. Con Jeanne Moreau, Peter O'Toole, Zero Mostel, Akim Tamiroff. ◆ Versione fastosa ma scipita di *Whom Glory Still Adores* di G.B. Shaw. Caterina di Russia si innamora di un ufficiale inglese, e arriva a farlo rapire, ma invano. Cast sprecato.

Catholic boys ** (*Heaven Help Us*, Usa 1985 , col, 104') Michael Dinner. Con Donald Sutherland, John Heard, Andrew McCarthy, Mary Stuart Masterson, Kevin Dillon, Kate Reid, Wallace Shawn. ◆ Brooklyn, 1965: cinque ragazzi in un collegio cattolico fanno fronte all'assurda disciplina. Commedia dolceamara con vena satirica, il cui principale difetto è di sfondare porte aperte. Banco di prova per divi in erba.

Catlow *½ (*Catlow*, Usa 1971, col, 103') Sam Wanamaker. Con Yul Brynner, Richard Crenna, Leonard Nimoy, Daliah Lavi. ◆ Western ibrido, tratto da un racconto di Louis L'Amour e girato in Spagna: Catlow (Brynner) esce di galera e va a recuperare il bottino, inseguito dal suo amico sceriffo. Trattamento da commedia non irresistibile ma attori abbastanza convincenti.

Cattedra, La *½ (Italia 1991, col, 86') Michele Sordillo. Con Giulio Brogi, David Riondino, Claudio Bigagli, Enrica Maria Modugno, Michele Mirabella, Enzo Robutti. ◆ L'improvvisa malattia di un «barone» universitario scatena le rivalità dei suoi ricercatori (Riondino e Bigagli), pronti a occupare il suo posto. Lo spunto è originale, la descrizione del sottobosco dei portaborse accademici pungente, ma il racconto si perde per strada, e si resta nella categoria del «carino» – come capita a troppi film italiani recenti. Opera prima di Sordillo, girata a Milano e dintorni.

Cattiva ** (Italia 1990, col, 105') Carlo Lizzani. Con Giuliana De Sio, Julian Sands, Erland Josephson. ◆ Una madre (De Sio) è lacerata dai sensi di colpa per la morte della figlioletta. Secondo lo psichiatra tradizionale è una schizofrenica «cattiva», ma il giovane Jung la pensa diversamente. Buona la ricostruzione d'epoca e il trattamento non stereotipato della follia femminile. Sceneggiatura di Furio Scarpelli e Francesca Archibugi.

Cattive abitudini *½ (*Bad Habits*, Usa 1976, col, 90') Michael Lindsay-Hogg. Con Glenda Jackson, Melina Mercouri, Geraldine Page, Sandy Dennis, Rip Torn, Eli Wallach. ◆ In un convento di Philadelphia, alla morte della badessa, si scatenano complotti per la successione degni del Watergate. La carognesca suora Glenda Jackson si serve di microfoni spia e si ispira a Machiavelli. Tentativi non sempre riusciti di umorismo dissacrante.

Cattive compagnie *** (*Bad Company*, Usa 1972, col, 93') Robert Benton. Con Jeff Bridges, Barry Brown, Jim Davis, David Huddleston, John Savage, Jerry Houser. ◆ Due ragazzi, uno per bene (Brown) e uno scapestrato (Bridges), si arrangiano durante la guerra di Secessione, diventando alla fine dei criminali in piena regola. Lo sceneggiatore di *Gangster Story* esordisce nella regia con questa anticonformista educazione alla vita scritta insieme al suo complice di sempre David Newman: nei modi di una originale ballata western, il film insegue le disavventure di due ragazzi «incapaci di essere all'altezza né dei loro sogni né delle loro azioni». I continui cambi di tono nel racconto, capace di rovesciare una situazione burlesca con un tragico colpo di scena, sono sottolineati dalla stupenda fotografia di Gordon Willis che esalta con i toni dominanti dell'ocra i riferimenti pittorici alle fotografie di Matthew Brady e ai quadri di Eastman Johnson.

Cattive compagnie **½ (*Bad Influence*, Usa 1990, col, 99') Curtis Hanson. Con Rob Lowe, James Spader, Lisa Zane, Christian Clemenson, Kathleen Wilhoite. ◆ Aggiornamento del mito di Faust: un fascinoso psicopatico (Lowe) fa scoprire a uno yuppie depresso (Spader) i piaceri della trasgressione. Finché si tratta di donne e di furti va bene, ma di fronte all'omicidio lo yuppie vuol fare marcia indietro. Hanson imposta bene la prima parte del film, ma non mantiene tutte le promesse. Grande sfoggio di look e di loft.

Cattive ragazze * (Italia 1992, col, 90') Marina Ripa di Meana. Con Eva Grimaldi, Brando Giorgi, Florence Guérin, Debbie Lee Carrington, Anita Ekberg, Burt Young, Apollonia. ◆ Inseguito dalla sua ex complice (Guérin) che è convinta di essere stata tradita, un gigolo (Giorgi) scappa per il Venezuela in compagnia di una vogliosa divorziata (Grimaldi), a sua volta inseguita dalla vendicativa ex suocera (Ekberg). Scritto e diretto dall'esordiente Ripa di Meana e finanziato con uno scandaloso articolo 28, è un pasticciaccio insulso che può servire solo a capire cosa *non* è il cinema. I dialoghi sono volgari e cretini («mi sei mancato come un mal di pancia con diarrea» o «non si cambia un uomo come un assorbente»), ma la recitazione è molto peggio. Può concorrere al titolo di film più brutto della storia del cinema. E vincere. Comparsata per Kid Creole.

Cattivi dormono in pace, I **½ (*Warui yatsui hodo yoku nemuru*, Giappone 1960, b/n, 151') Akira Kurosawa. Con Toshiro Mifune, Takeshi Kato, Kyoko Kagawa, Takashi Shimura, Masayuki Mori, Chishu Ryu. ◆ Nishi (Mifune), figlio segreto di un uomo fatto defenestrare dal presidente della società Iwabuchi, per vendicarsi fa carriera in quell'azienda, arrivando a sposare la figlia (Kagawa) del capo. Ma quando il suo complotto provoca il suicidio di un innocente, ha un momento di esitazione che gli sarà fatale. Grande melodramma moralista, pieno di umorismo nero, di acri spunti satirici e di situazioni pirandelliane (finti funerali, giochi delle apparenze). Kurosawa, per la prima volta produttore di se stesso, tende a essere troppo didascalico, ma è coraggiosamente pessimista, e sa mescolare bene tragedia e grottesco, puntando il dito contro il formalismo ipocrita della società giapponese.

Cattivi pensieri ** (Italia 1976, col, 100') Ugo Tognazzi. Con Ugo Tognazzi, Edwige Fenech, Luc Merenda, Massimo Serato, Verushka, Piero Mazzarella, Mara Venier, Laura Bonaparte. ◆ Tognazzi in un classico del suo repertorio, l'industriale lombardo volgare con la paura di essere tradito. Così quando se ne va in giro con la moglie (Fenech) pensa soprattutto a chi potrebbe essere il presunto amante di lei e i suoi cattivi pensieri sono i sogni a occhi aperti in cui la Fenech lo tradisce. Versione aggiornata del *Magnifico cornuto*, tratta da un racconto del regista Antonio Leonviola (cosceneggiatore con Tognazzi, Enzo Jannacci, e Beppe Viola), con numerose sequenze degne di un softcore. Particina per Beppe Viola che interpreta il commissario di polizia. Le nudità della Fenech giustificano le due stellette.

Cattivo tenente, Il *** (*The Bad Lieutenant*, Usa 1992, col, 94') Abel Ferrara. Con Harvey Keitel, Peggy Gormley, Frankie Thorn, Victor Argo, Shawn McLean, John Steven Jones. ◆ Un tenente newyorkese (Keitel) drogato e pervertito rimane sconvolto dallo stupro di una suora e, ancora di più, dal perdono che questa accorda ai suoi aggressori: al punto da avere visioni di Cristo e da rinunciare alla vendetta, consegnandosi alla morte. Scritto da Ferrara con Zoë Lund (l'interprete dell'*Angelo della vendetta*, che qui compare nel ruolo della drogata), un noir cupo e sgradevole, che tratta temi tipicamente cattolici (la colpa, il peccato, il perdono, la redenzione) con una radicalità – visiva e ideologica – che non si trova neanche in Scorsese. Ferrara come Keitel, non arretra di fronte a nulla e ogni tanto si lascia prendere da un fastidioso autocompiacimento per quello che racconta: ma quanto vi può essere di gratuito nell'esibizione di nefandezze non va a scapito della tensione di racconto. Girato in economia, ma con una personalità di stile e un'efficacia narrativa rare a trovarsi. La versione italiana abbrevia la scena del buco e doppia male Keitel.

Causa di divorzio *½ (Italia 1972, col, 99') Marcello Fondato. Con Lino Toffolo, Catherine Spaak, Senta Berger, Enrico Montesano, Arnoldo Foà, Gastone Moschin, Lino Banfi. ◆ Disavventure nell'Italia pre-referendum sul divorzio: la coppia sposata in chiesa (perché lui è «socialdemocratico») ottiene l'annullamento dalla Sacra Rota, quella sposata in municipio no. Per cui Toffolo, ancora sposato, non può sposare la divorziata Spaak. Spunti di satira sociale in una commedia molto datata. Lino Banfi parla addirittura in lombardo.

Cava, La → *Quarry, The - La cava*

Cavalcarono insieme *½ (*Two Rode Together*, Usa 1961, col, 109') John Ford. Con James Stewart, Richard Widmark, Linda Cristal, Shirley Jones, Andy Devine. ◆ L'anziano sceriffo e il giovane ufficiale (Stewart e Widmark) devono riscattare delle donne bianche da anni prigioniere dei comanche. Alcune, però, si sono adattate, e scelgono di rimanere. Lo stesso tema antirazzista di *Sentieri selvaggi* torna in questo western girato con grandi mezzi ma con uno strano (per Ford) cinismo diffuso.

Cavalcata dei resuscitati ciechi, La ** (*El ataque de los muertos sin ojos*, Spagna 1973, col, 88') Amando de Ossorio. Con Tony Kendall [Luciano Stella], Fernando Sancho, Esther Ray [Esperanza Roy], Frank Blake [Frank Braña], Lone Fleming, Loreta Tovar, José Vanalejas. ◆ I templari vampiri sterminati secoli prima escono dalle tombe e vanno in cerca di sangue fresco, proprio mentre nel vicino paese si celebra la ricorrenza dell'anniversario: gli assediati – ognuno dei quali ha dei segreti da nascondere – daranno il peggio di sé. Ossorio ricicla alla bell'e meglio molte sequenze di *Le tombe dei resuscitati ciechi* e continua a plagiare Romero, ma introduce temi nuovi, che ispireranno *Fog* di Carpenter: e la sequenza finale all'alba, con gli zombi che crollano sotto la luce, è da classico dell'horror. Ai tempi ci fu chi lesse il film in chiave antifranchista.

Cavalca vaquero! *½ (*Ride, Vaquero*, Usa 1953, col, 90') John Farrow. Con Robert Taylor, Ava Gardner, Howard Keel, Anthony Quinn. ◆ Il fratellastro buono (Taylor) di un bandito (Quinn) decide, anche per amore di una donna (Gardner), di difendere i coloni che invece il fratello rapina. Western melodrammatico, con un cast bene assortito e Ava Gardner che innesca torride tensioni: deve anche prendersi uno schiaffo da Taylor perché lei tenta di baciarlo e lui ritiene che il suo codice d'onore (di vaquero) sia stato violato.

Cavaliere della valle solitaria, Il *** (*Shane*, Usa 1953, col, 118') George Stevens. Con Alan Ladd, Jean Arthur, Van Heflin, Brandon de Wilde, Walter [Jack] Palance, Ben Johnson, Edgar Buchanan, Emily Meyer, Elisa Cook jr. ◆ Arrivato nel Wyoming, l'ex pistolero Shane (Ladd) si erge a paladino della famiglia di coloni che lo ospita, affascinando tanto la moglie (Arthur, qui al suo ultimo film) che il figlioletto (de Wilde): insegnerà al probo e pacifico padre (Heflin) a farsi rispettare, e ripartirà dopo aver sconfitto gli allevatori che vogliono impadronirsi di tutte le terre per far pascolare le loro mandrie. Singolare ritratto di avventuriero errabondo, specie di reincarnazione del cavaliere medioevale alla ricerca del Graal, che decretò immediatamente il successo popolare di questo western, di cui oggi non possono sfuggire le concessioni all'accademismo e un gusto un po' facile per la poesia del paesaggio (così come veniva esaltato dall'uso del technicolor). Senza essere un capolavoro (specie se si confronta con la modernità di certe letture coeve del West, in registi come Mann o Ray), il film – sceneggiato da A.B. Guthrie a partire da un romanzo di Jack Schaefer – riesce comunque a fondere in modi anche paradossali ma affascinanti il realismo con cui è descritta la vita degli agricoltori e la forza mitica con cui è rappresentato Shane, specie di archetipo dell'eroe solitario capace di uscire dagli scontri più omerici senza un graffio. Indimenticabile il duello finale, di cui Stevens prolunga l'impatto emotivo aumentando a dismisura gli angoli e gli assi di ripresa (sono più di quaranta in pochi minuti) così da cancellare il realismo spazio-temporale della scena per sottolineare maggiormente la figura mitica di Shane. Oscar alla fotografia di Loyal Griggs.

Cavaliere dello spazio, Il → *La sposa di Boston*

Cavaliere del male, Il ** (*Tales from the Crypt: Demon Knight*, Usa 1995, col, 92') Ernest Dickerson. Con Billy Zane, William Sadler, Jada Pinkett, CCH Pounder, Dick Miller. ◆ Texas: un inviato dell'inferno (Zane) ha localizzato in un motel l'ultimo possessore di una chiave necessaria per liberare ogni male sul mondo, e inizia un assedio con i suoi demoni. Appendice cinematografica della serie Tv *Racconti dalla cripta*, sotto l'egida di Walter Hill, Robert Zemeckis, Richard Donner e Joel Silver: cinismo da fumetto, cinefilia in abbondanza, e abbastanza *gore* da non lasciare a bocca asciutta i fan del genere. Esordio dell'ex direttore della fotografia dei film di Spike Lee.

Cavaliere del sogno, Il (Donizetti) *½ (Italia 1946, b/n, 78') Camillo Mastrocinque. Con Amedeo Nazzari, Mariella Lotti, Mario Ferrari, Giulio Tomassini, Dina Sassoli, Giulio Donadio. ◆ Accorsa al capezzale del maestro Gaetano Donizetti (Nazzari), la principessa Luisa di Cerchiara (Lotti) ricorda il suo infelice amore per il compositore, che incontrò a Napoli, e poi a Selvaplana in Svizzera, a Bergamo e a Parigi. Biografia romanzatissima e abbondantemente melodrammatica con divagazioni patriottiche, visto che il marito di Luisa è il feldmaresciallo von Waldenburg (Ferrari), rappresentate del governo austro-ungarico nel Lombardo-Veneto. Curioso per quegli anni, ma irrisolto, il gioco a incastro dei vari flashback che collegano (con evidente illogicità) i ricordi dei due amanti. Un cartello all'inizio del film rileva che l'agonia di Donizetti è stata ricostruita a partire da documenti d'epoca e utilizzando oggetti e mobili del museo donizettiano di Bergamo. Per le parti cantate, Mariella Lotti è doppiata da Angelica Tuccari. Piccole parti per Sergio Tofano (il maestro Zingarelli) e Tito Schipa (il tenore Dupré). La durata originale era di 85', ma in Tv circola una copia tagliata (soprattutto dei prodromi al primo incontro tra i due e della rappresentazione dell'*Elisir d'amore* a Bergamo). Il film è conosciuto anche col titolo *L'inferno degli amanti*.

Cavaliere di ferro, Il → *Conte Ugolino, Il*

Cavaliere di Lagardère, Il *½ (*Le Bossu*, Francia/Italia/Germania 1997, col, 120') Philippe de Broca. Con Daniel Auteuil, Vincent Perez, Marie Gillain, Fabrice Luchini, Philippe Noiret, Claire Nebout, Jean-François Stévenin, Yann Collette, Didier Pain, Charlie Nelson. ◆ Il malvagio Gonzague (Luchini) uccide il duca di Nevers (Perez), ma lo scanzonato spadaccino Lagardère (Auteuil, che per preparare la sua vendetta si traveste da gobbo) ne salva la figlioletta, la alleva e le insegna il colpo segreto di suo padre: l'ora della vendetta non potrà non venire. Quarta versione sonora del romanzo *Le Bossu* di Paul Féval (adattato, col regista, da Jean Cosmos e Jérôme Tonnerre): cappa e spada nella tradizione di *Angelica*, malizie comprese, e con una punta di revisionismo e spettacolarità hollywoodiana (vedi *La maschera di ferro*). Il genere di film prevedibile e agghindato con cui il pubblico d'oltralpe si diverte, ritrovando i suoi attori preferiti, e che in Italia non interessa a nessuno.

Cavaliere di Maison Rouge, Il ** (Italia/Francia 1953, b/n, 96') Vittorio Cottafavi. Con Armando Francioli, Renée Saint-Cyr, Vittorio Sanipoli, Yvette Lebon, Alfred Adam, Franca Marzi, Marcel Pérès. ◆ Alcuni monarchici fedeli alla causa lealista cercano per due volte di far evadere Maria Antonietta (Saint-Cyr), condannata alla ghigliottina. In equilibrio tra generi diversi – cappa e spada, melodramma, dramma psicologico e tragedia storica – senza appartenere ad alcuno, il film di Cottafavi si distingue soprattutto per i ritratti di figure tragiche e sole, sconfitte dal destino ma ancora «nobili» nell'affrontarlo, che ricorrono qui come altrove nella sua filmografia.

Cavaliere elettrico, Il *½ (*The Electric Horseman*, Usa 1979, col, 120') Sydney Pollack. Con Robert Redford, Jane Fonda, Valerie Perrine, Willie Nelson, John Saxon. ◆ Un ex campione di rodeo (Redford), degradatosi a pagliaccio, in un sussulto d'orgoglio scappa con un cavallo dal valore milionario sulle montagne. Una giornalista cinica (Fonda), cerca lo scoop ma trova un vero macho e il vero amore. Redford come rude cowboy non è molto credibile; ma è tutto il film a non essere troppo sincero nell'elogiare il ritorno alla natura e il romanticismo anarchico dei pionieri.

Cavaliere implacabile, Il **½ (*Passion*, Usa 1954, col, 84') Allan Dwan. Con Cornel Wilde, Yvonne De Carlo, Raymond Burr, Lon Chaney jr, John Qualen. ◆ Nella California spagnola, Juan Oberon (Wilde) sfida uno per uno i sicari che gli hanno ucciso la sposa promessa (De Carlo). La cognata innamorata (ancora De Carlo) lo aiuta, uno sceriffo titubante (Burr) gli dà la caccia: insolito finale tra le nevi. Western e melodramma in parti uguali: la formula non è originale, ma Dwan è il classico artigiano hollywoodiano che crede in quanto racconta, e sa renderlo appassionante. Il tema dell'uomo che si fa giustizia da sé è trattato senza manicheismi e con qualche sfumatura problematica, tanto da ricordare i western coevi di Anthony Mann. Buon cast di star di secondo piano. Sceneggiatura di Beatrice A. Dresher e Josef Leytes. Fotografia di John Alton.

Cavaliere inesistente, Il *½ (Italia 1971, col, 97') Pino Zac. Con Lana Ruzichova, Stefano Oppedisano. ◆ Zac alterna sequenze d'animazione e riprese dal vero in questa riduzione del romanzo di Italo Calvino, fedele all'intreccio fiabesco ma non allo spirito. Agilulfo – cavaliere inesistente in quanto armatura vuota – deve dimostrare il suo titolo cavalleresco per non rientrare nel nulla. Attorno a lui si muovono altri personaggi, che riprendono con ironia i luoghi comuni della letteratura cortese.

Cavaliere misterioso, Il **½ (Italia 1948, b/n, 93') Riccardo Freda. Con Vittorio Gassman, Maria Mercader, Yvonne Sanson, Gianna Maria Canale, Elli Parvo, Antonio Centa, Tino Buazzelli. ◆ Per salvare il fratello ingiustamente perseguitato, Casanova (Gassman) insegue un documento trafugato, fino alla corte di Russia. Arriverà in tempo e troverà anche l'amore della sua vita. Remake di un famoso film muto, diretto da Freda con la consueta maestria e con i larghi mezzi della Lux: il ritmo ultradinamico del racconto non soffoca la personalissima visione del XVIII secolo, mentre una tensione insolita e angosciante (specie nelle scene ambientate a Vienna) e il ritratto di un mondo crudele e perfido, in cui la sincerità è sempre perdente, dànno al film un'atmosfera da raccon-to fantastico. Primo ruolo da protagonista per Gassman.

Cavaliere pallido, Il *** (*Pale Rider*, Usa 1985, col, 115') Clint Eastwood. Con Clint Eastwood, Michael Moriarty, Carrie Snodgress, Sydney Penny, Christopher Penn, Richard Kiel, John Russell. ◆ Un cavaliere solitario e taciturno venuto dal nulla (Eastwood), forse un sedicente predicatore, forse un angelo della vendetta, si erge a difensore di una comunità di pacifici cercatori d'oro, vessati da un uomo d'affari che arriva ad assoldare dei killer pur di scacciarli. Al suo terzo western come regista, Eastwood liquida definitivamente i conti con Leone, e guarda indietro al *Cavaliere della valle solitaria*, di cui conserva lo schema dello straniero-messia che si introduce in una famiglia, sostituendo però il ragazzino con una fanciulla (Penny) che si innamora invano di lui. Il risultato è tutt'altro che nostalgico e patinato: Eastwood gioca sul contrasto tra la natura e la violenza umana, e approfondisce le venature mistiche e fantastiche che da sempre erano presenti nei suoi western. Il duello finale tra Eastwood e Russell, coreografato in modo imprevedibile, è uno dei suoi migliori pezzi di cinema. La fotografia di Bruce Surtees è rispettosa della luce naturale, e non ha paura dell'oscurità.

Cavaliere solitario, Il ** (*Buchanan Rides Alone*, Usa 1958, col, 77') Budd Boetticher. Con Randolph Scott, Craig Stevens, Manuel Rojas, Barry Kelley. ◆ Buchanan (Scott) è un cavaliere errante, che, arrivato nella città di Agaytown, salva un ragazzo messicano dal linciaggio e combatte i cattivi. Ispirato al protagonista di una popolare serie di romanzi, il film forse meno interessante nato dalla collaborazione artistica e produttiva tra Boetticher e Scott. Non sempre coerente nella sceneggiatura, il film riesce comunque, nel finale, a dare concretezza alla descrizione dell'avidità umana.

Cavalieri azzurri, I *½ (*Ten Gentlemen From West Point*, Usa 1942, b/n, 102') Henry Hathaway. Con George Montgomery, Maureen O'Hara, John Sutton. ◆ I cadetti di West Point, all'inizio dell'Ottocento, dimostrano il loro valore combattendo contro gli indiani. Amore e cavalleria in un Hathaway minore.

Cavalieri dalle lunghe ombre, I *** (*The Long Riders*, Usa 1980, col, 100') Walter Hill. Con David, Keith e Robert Carradine, Stacy e James Keach, Dennis e Randy Quaid, Nicholas e Christopher Guest, Pamela Smith. ◆ Western degno di Peckinpah, sia per il respiro epico che per le sparatorie sanguinose, in cui Hill – al suo meglio – celebra le gesta della banda di Jesse James (James Keach), alla cui caccia si mettono gli uomini di Pinkerton. Jesse James è dipinto come una specie di Robin Hood, adorato e protetto dai contadini, nonché padre di famiglia impeccabile: verrà ammazzato a tradimento. Sequenze da antologia e musica adeguata di Ry Cooder. I fratelli del film sono interpretati da fratelli veri: i tre Younger dai Carradine, i due James dai Keach, i Miller dai Quaid e i Ford dai Guest.

Cavalieri del cielo, I *½ (*I Wanted Wings*, Usa 1941, b/n, 115') Mitchell Leisen. Con Ray Milland, William Holden, Wayne Morris, Constance Moore, Veronica Lake, Brian Donlevy, Harry Davenport, Phil Brown. ◆ Avventure aeronautico-sentimentali di tre aspiranti piloti militari: Jeff (Milland) vuole dimostrare quanto vale indipendentemente dai milioni di papà, Al (Holden) cerca di dimenticare una donna troppo arrivista (Lake) e Tom (Morris) insegue il proprio idealismo patriottico. Non bastano i 16' che mancano all'edizione italiana (in originale 131') per spiegare il fallimento di questo film, poco avvincente come veicolo propagandistico (tutti fanno a gara per prendersi le responsabilità degli altri) e irrisolto come melodramma sentimentale (non c'è gara tra l'amore puro di Constance Moore e quello interessato di Veronica Lake nel conquistare il cuore di Jeff). Così come la sceneggiatura di Frank Wead, Eleanore Griffin, Beirne Lay jr, Richard Maibaum e Sig Herzig spreca malamente il masochismo misogino e l'omosessualità latente del personaggio di William Holden, che sposa la Lake - dopo essere stato da lei tradito e conoscendone l'avidità - solo per impedirle di ricattare Ray Milland (in qualche modo anticipando il distruttivo triangolo di *Gilda*). La bionda attrice, comunque, conquistò il pubblico proprio con questo film, nel quale sfoggia la sua celeberrima pettinatura «peekaboo» e, precedendo di 47 anni Jessica Rabbit, dice: «Io non voglio fare del male, ma mi costringono gli altri». Poco significativo Oscar per i migliori effetti speciali.

Cavalieri della regina, I *½ (Italia 1954, col, 80') Joseph Lerner. Con Jeff Stone, Domenico Modugno, Sebastian Cabot, Paul Campbell, Marina Berti, Tamara Lees, Paola Borboni, Enzo Fiermonte, Roldano Lupi. ◆ D'Artagnan (Stone), Athos (Modugno), Porthos (Cabot) e Aramis (Campbell) sono impegnati a difendere il piccolo erede al trono di Spagna dalle congiure ordite dal principe di Condé. Un cappa e spada senza infamia e senza lode da *I tre moschettieri* di Alexandre Dumas padre, alla cui sceneggiatura hanno lavorato – tra gli altri – Ennio De Concini, Ivo Perilli e Mauro Bolognini. Per lungo tempo il film è stato attribuito a quest'ultimo, ma Bolognini in un'intervista specificò che il suo ruolo era stato solo di aiuto di «un regista americano»: al nome di Joseph Lerner si è arrivati per attribuzione indiretta, dal momento che lo stesso Lerner aveva fatto la regia di altri quattro episodi tratti da Dumas con il medesimo cast. Paola Borboni fa la regina di Spagna.

Cavalieri della Tavola Rotonda, I *½ (*Knights of the Round Table*, Usa 1953, col, 115') Richard Thorpe. Con Robert Taylor, Ava Gardner, Mel Ferrer, Stanley Baker, Anne Crawford, Felix Aylmer, Robert Urqalart. ◆ Primo film in CinemaScope della Mgm, girato in Inghilterra, offre una versione fastosa ma banale ed edulcorata delle vicende di Re Artù (Ferrer), Lancillotto (Taylor) e Ginevra (Gardner), il cui amore è castigatissimo e si limita ad alcuni sguardi assassini. Artificioso e non troppo azzeccato nel cast.

Cavalieri della vendetta, I *½ (*Llanto por un bandido*, Spagna/Francia/Italia 1963, col, 101') Carlos Saura. Con Francisco Rabal, Lea Massari, Philippe Leroy, Lino Ventura. ◆ Rabal è un bandito incerto se passare dalla parte dei liberali che combattono la Restaurazione. Tragedia storica piuttosto convenzionale e girata con lo spirito delle coproduzioni, nella quale Saura (al secondo film) non si sforza troppo di uscire dal genere. Luis Buñuel interpreta la parte del boia che maneggia la garrota nella prima sequenza.

Cavalieri del Nord-Ovest, I **½ (*She Wore a Yellow Ribbon*, Usa 1949, col, 103') John Ford. Con John Wayne, Joanne Dru, Ben Johnson, Harry Carey jr, John Agar, Victor McLaglen. ◆ Secondo film della trilogia di Ford sulla cavalleria, prima di *Rio Bravo* e dopo *Il massacro di Fort Apache*, con alcuni personaggi (e interpreti) di contorno che ritornano. Dopo la morte di Custer gli indiani sono in agitazione: il capitano Nathan Brittles (Wayne), che sta per andare in congedo, deve proteggere le donne del forte e trattare con gli indiani e per questo non può impedire che gli indiani si riuniscano e si riforniscono d'armi. Ma proprio quando il suo comando sta per scadere guida un audacissimo raid contro il campo indiano riuscendo a mettere in fuga i loro cavalli ed evitare così una guerra sanguinosa. Western antimilitarista dove Ford inizia a riflettere sulla vecchiaia, il «periodo più triste per l'uomo perché quello dove rischia di essere considerato inutile»: non a caso la sceneggiatura di Frank S. Nugent e Laurence Stalling (da un racconto di James Warner Bellah) si «inventa» due colpi di scena finali – la memorabile carica nella tempesta contro il campo indiano e il richiamo di Brittles come responsabile delle guide – per permettere al suo eroe di chiudere il film (e la carriera) in bellezza. Indimenticabile Wayne mentre monologa sulla tomba della moglie con un cielo da delirio sullo sfondo. Oscar alla fotografia di Winton C. Hoch.

Cavalieri del Texas, I **½ (*The Texas Rangers*, Usa 1936, b/n, 95') King Vidor. Con Fred MacMurray, Jack Oakie, Jean Parker, Lloyd Nolan, Edward Ellis. ◆ I rapinatori di diligenze Jim (MacMurray) e Wahoo (Oakie) si arruolano nei Texas Rangers contando di passare utili informazioni al loro socio Sam (Lloyd): ma sotto le armi si ravvedono, si comportano da eroi, e danno la caccia al loro ex amico irredento. Il soggetto (di Vidor e della moglie Elizabeth Hill, da un romanzo di Walter Prescott) è schematico, ma la regia è intelligentemente spettacolare e tocca in modo non banale i temi dell'amicizia virile e del sacrificio. Troppo cattivi gli indiani (ma i tempi sono una scusante). La sparatoria finale all'ultimo sangue sembra la prova generale (con sfumature omoerotiche) di quella, celebre, di *Duello al sole*.

Cavalieri di Ekebù, I → *Leggenda di Gösta Berling, La*

Cavalieri selvaggi *½ (*Horsemen*, Usa 1971, col, 109') John Frankenheimer. Con Omar Sharif, Jack Palance, Leigh Taylor-Young, David De. ◆ Non è un western ma un film d'avventure ambientato a Kabul e dintorni (e girato di fatto in Spagna e in Afghanistan). Il figlio di un capotribù (Sharif), sconfitto al torneo annuale dove si misura l'abilità dei cavalieri della regione, per provare al padre (Palance) il suo coraggio si imbarca in un'impresa impossibile, da cui uscirà malconcio ma fiero. Da una sceneggiatura di Dalton Trumbo, un film venato di cupo pessimismo, ma piuttosto velleitario nel suo messaggio vitalistico.

Cavalleria ** (Italia 1936, b/n, 88') Goffredo Alessandrini. Con Amedeo Nazzari, Elisa Cegani, Enrico Viarisio, Mario Ferrari, Anna Magnani. ◆ Torino inizio secolo: l'ufficiale di cavalleria Solaro (Nazzari) ama Speranza (Cegani), che però va in sposa a un ricco diplomatico austriaco. Per sfogare il dolore diventa prima un campione di equitazione, poi un eroe dell'aviazione nella prima guerra mondiale: morirà sul campo. Prototipo di grande successo del genere eroico-sentimentale, ispirato alle figure del campione ippico Caprilli e di Francesco Baracca. Insolite, per i tempi, le caratterizzazioni dialettali di alcuni personaggi.

Cavalleria rusticana **½ (Italia 1939, b/n, 75') Amleto Palermi. Con Isa Pola, Doris Duranti, Carlo Ninchi, Leonardo Cortese, Bella Starace Sainati, Luigi Almirante, Carlo Romano. ◆ Versione cinematografica del dramma di Verga e non dell'opera di Mascagni, il film si svolge quasi tutto in interni: informato dalla gelosa Santuzza (Pola) della tresca che sua moglie Lola (Duranti) ha con il giovane Turiddu (Cortese), il carrettiere Alfio (Ninchi) sfida il rivale a un duello rusticano e lo uccide. Vigoroso melodramma dell'onore e della vendetta, il film sceneggiato dal regista con Tomaso Smith, Pier Maria Rosso di San Secondo e Santi Savarino, ha i suoi momenti forti nello scontro tra le varie personalità dei protagonisti (la morte di compare Turiddu avviene fuori scena), marionette di un destino che il realismo della regia tende ad accentuare nella sua ineluttabilità. Coerentemente con le scelte stilistiche verghiane, Palermi utilizza con grande abilità le poche scene all'aperto, riuscendo a trasmettere allo spettatore il senso di un paesaggio duro e ostile, sottolineato da un uso della musica che utilizza solo motivi folcloristici siciliani, pur se liberamente arrangiati. Di grande efficacia le scene della processione a San Vincenzo. Secondo un referendum popolare fatto dalla rivista *Cinema* nel

1939, era il più bel film italiano degli anni Trenta. Rifatto nel 1953. Cavalleria rusticana ** (Italia 1953, col, 80') Carmine Gallone. Con Anthony Quinn, Kerima, May Britt, Ettore Manni, Umberto Spadaro, Virginia Balistrieri. ◆ Per le grazie della bella Lola (Kerima) compare Turiddu (Manni) affronta in un duello rusticano compare Alfio (Quinn), lasciandoci la pelle. Seconda versione cinematografica della celebre novella di Verga dopo quella del 1939 di Amleto Palermi. Questa di Gallone usa con abbondanza la musica di Mascagni. Alcune arie sono cantate da Tito Gobbi.

Cavalli di razza ** (*The Lords of Discipline*, Usa 1983, col, 102') Franc Roddam. Con David Keith, Robert Prosky, Michael Biehn, Judge Reinhold, Jason Connery. ◆ In un'accademia militare della Carolina, un'organizzazione segreta, *I dieci*, vessa e tortura i novizi, specialmente se neri o ciccioni. Dietro un titolo italiano senza senso un film (tratto dal romanzo *The Lords of Discipline* di Pat Conroy) con una buona progressione drammatica, anche se il tutto è un po' risaputo.

Cavallina storna, La * (Italia 1956, b/n, 80') Giulio Morelli. Con Gino Cervi, Franca Marzi, Carlo Ninchi, Cesare Danova, Nino Nini, Riccardo Foti. ◆ Ingenua nouvellisation della poesia di Giovanni Pascoli (e di altre ancora) in cui si rievoca l'omicidio del padre. Cervi è Ruggero Pascoli, ucciso da un ufficiale disonesto, che dopo qualche anno finirà sotto gli zoccoli della vendicativa cavallina. Girato nel 1953.

Cavalli si nasce * (Italia 1989, col, 104') Sergio Staino. Con Paolo Hendel, David Riondino, Franca D'Amato, Vincent Gardenia, Delia Boccardo, Pietra Montecorvino, Bonvi [Franco Bonvicini], Riccardo Pangallo, Giacomo Marramao, Beniamino Placido, Franco Angrisano. ◆ Opera prima del polemista e vignettista satirico, autore del celeberrimo personaggio dei fumetti Bobo. Ambientato intorno alla metà del secolo scorso nel Regno delle Due Sicilie, il film narra il viaggio di un giovin signore toscano (Riondino), e del suo accompagnatore (Hendel), in un mondo spaventosamente lontano dalla modernità e dalle idee liberali. Ospiti nella residenza di un nobile, i due vengono condotti in un tourbillon di equivoci e di avventure amorose, mentre prendono corpo il dramma politico e la repressione più bestiale. Recitato in maniera approssimativa e sostanzialmente senza sceneggiatura (ma solo con una serie di situazioni messe in fila), il film vorrebbe essere un apologo morale sulla crisi delle idee ma risulta solo una noiosa tirata pseudomoralista dove tutto è spiegato e sottolineato fino all'esasperazione.

Cavallo d'acciaio, Il ** (*The Iron Horse*, Usa 1924, b/n, 114') John Ford. Con George O'Brien, Madge Bellamy, Charles Edward Bull, William Walling, Fred Kohler. ◆ Nel 1862 Davy Brandon (O'Brien), figlio dell'uomo ucciso mentre cercava di costruire una ferrovia che collegasse la costa atlantica con la California, riprende l'impresa paterna sotto l'impulso di Lincoln (Bull), e nel contempo cerca vendetta. Superando le differenze razziali, organizza gli operai irlandesi, italiani e giapponesi in squadre di difesa contro gli indiani e riesce in ogni suo intento – sogni d'amore compresi. Voluto da William Fox in risposta a *I pionieri* di James Cruze, fu il primo kolossal diretto dal trentenne regista, e un grande successo di pubblico (3 milioni di incasso contro 280.000 dollari di costo), che ripagò le difficoltà della realizzazione (riprese a 20 gradi sottozero, ricostruzione di interi tratti di ferrovia e di ben tre villaggi). Non mancano le lungaggini, e sarebbe facile oggi accusare certi passaggi di razzismo: ma il tema della lotta contro la natura (prima il deserto, poi le nevi), l'afflato mitico e lo spirito patriottico sono espressi con la sincerità cristallina che si ritroverà nell'opera a venire del regista. La versione originale durava 160'.

Cavalloni, I * (*Gidget*, Usa 1959, col, 95') Paul Wendkos. Con Sandra Dee, James Darren, Cliff Robertson, Arthur O'Connell, Doug McClure. ◆ Film da spiaggia con Sandra Dee appena reduce da *Scandalo al sole*. La sua cotta per un surfer californiano, in questo caso, è molto meno travagliata, e ottiene presto il placet paterno. I cavalloni, comunque, non sono quelli di *Un mercoledì da leoni*.

Cave du Majestic, La → *voce «Maigret»*

Cavernicolo, Il *½ (*Caveman*, Usa 1981, col, 92') Carl Gottlieb. Con Ringo Starr, Barbara Bach, John Matuszak, Shelley Long, Dennis Quaid, Avery Schreiber, Jack Gilford. ◆ Allontanato dalla sua tribù, il cavernicolo Atuk (Starr) fonda una nuova comunità, fatta tutta di emarginati e *drop-out* come lui. Squinternata commedia preistorica con qualche sprazzo di divertente anacronismo (il rock inventato con le rocce), in cui l'ex Beatles coinvolge anche la moglie Barbara Bach. Improbabile ma comico il dinosauro creato da Jim Danforth e David Allen.

CB4 **½ (*CB4*, Usa 1993, col, 89') Tamra Davis. Con Chris Rock, Allen Payne, Deezer D., Chris Elliot, Charlie Murphy, Halle Berry. ◆ Tre ragazzi borghesi neri riescono a diventare dei divi del rap solo quando il loro leader Albert (Rock, anche co-sceneggiatore) ruba lo pseudonimo di McGusto a uno spacciatore finito in galera (Murphy, fratello di Eddie), e comincia a ostentare atteggiamenti da duro e a scrivere canzoni dai titoli come «Sweat of My Balls» («Sudore delle mie palle»). Ma il vero McGusto evade di prigione e costringe Albert a partecipare a una rapina. Uno sguardo satirico sul fenomeno del «gangsta-rap» che, dietro la caricatura spesso gustosa dei suoi aspetti più folcloristici (machismo e apologia della violenza), si interroga in modo pungente su come i neri americani rappresentano se stessi. Cammeo dei più celebri rappresentanti del «gangsta-rap»: Ice-T, Ice Cube, Flavor Flav, Eazy E. Col doppiaggio, ovviamente, si perde molto.

Cécile est morte → *voce «Maigret»*

Cecilia – Storia di una comune anarchica ** (*La Cecilia*, Francia/Italia 1976, col, 113') Jean-Louis Comolli. Con Massimo Foschi, Maria Carta, Vittorio Mezzogiorno, Mario Bussolino. ◆ Nel 1890 un anarchico pisano, Giovanni Rossi (Foschi), fonda una comunità agricola in Brasile: una città ideale, in cui è abolita sia la proprietà che la famiglia. Il fallimento è inevitabile. Storia critica di un'utopia, nutrita di molta ideologia anni Settanta, ma ricostruita con precisione storica e scrupolo rosselliniano. Comolli è stato uno dei critici più arcigni dei *Cahiers du cinéma*.

Celebri amori di Enrico IV, I *½ (*Vive Henri IV, Vive l'amour*, Francia/Italia 1961, col, 96') Claude Autant-Lara. Con Jean Sorel, Francis Claude, Pierre Brasseur, Danièle Gaubert, Lise Delamare, Vittorio De Sica, Danielle Darrieux, Roger Hanin, Melina Mercouri. ◆ Il re di Francia Enrico IV (Claude) si innamora di una ragazza (Gaubert) e la fa sposare al nipote, il principe Enrico di Condé (Sorel), che però non accetta di «dividere» la moglie. Dopo molte peripezie, i due fuggono a Bruxelles ed Enrico IV è disposto a dichiarare guerra per avere la sua conquista, ma per fortuna di tutti verrà pugnalato da Ravaillac (Hanin). Dramma in costume meno monumentale del solito, ma ugualmente indigesto per palati odierni. Melina Mercouri interpreta Maria de' Medici. In originale dura 118'.

Celebrità * (Italia 1981, col, 117') Ninì Grassia. Con Nino D'Angelo, Regina Bianchi, Sonia Viviani, i Fatebenefratelli. ◆ Sceneggiata su un onesto ragazzo napoletano (D'Angelo) che lascia il lavoro di meccanico per la carriera canora, ma viene tentato da cattive compagnie. Il climax del film è la scena della morte della mamma mentre il figlio Pasqualino canta *Celebrità* in televisione. D'Angelo è meno legnoso quando a dirigerlo è Mariano Laurenti.

Celebrity ** (*Celebrity*, Usa 1998, b/n, 114') Woody Allen. Con Kenneth Branagh, Judy Davis, Melanie Griffith, Charlize Theron, Bebe Neuwirth, Winona Ryder, Joe Mantegna, Leonardo DiCaprio, Famke Janssen, Gretchen Mol, Hank Azaria, Michael Lerner. ◆ Il giornalista Lee Simon (Branagh) lascia la moglie Robin (Davis) e insegue invano sesso e successo passando da una diva (Griffith) a una modella (Theron), da una editor d'assalto (Janssen) a una comparsa (Ryder). All'ex moglie va meglio: conosce un produttore televisivo (Mantegna) e sistema amore e carriera in un colpo solo. Affidando a Branagh il compito di portare in scena se stesso (i tic e la parlata sono riconoscibilissimi), Allen ironizza sulle tentazioni mondane di tutto un mondo, da cui però sembra incapace di chiamarsi fuori. Ripetitivo, prevedibile, falsamente moralistico nella sua disincantata acrimonia, il film finisce per essere un monumento al proprio autocompiacimento, di una furbizia che rasenta il cinismo (nonostante le richieste di aiuto tracciate in cielo dal fumo di un aereo), anche se naturalmente le battute divertenti non mancano. Inutile DiCaprio nel ruolo dell'attore drogato e sessuomane, e preoccupante l'ormai ricorrente presenza nei film di Allen di scene di *fellatio* (qui addirittura una lezione con banana, maneggiata da una prostituta). Camei per il magnate Donald Trump, il regista Greg Mottola e la scrittrice Erica Jong. André Gregory è John Papadakis, Aida Turturro una sensitiva. Bianco e nero smagliante di Sven Nykvist.

Celeste ** (*Céleste*, Rft 1984, col, 106') Percy Adlon. Con Eva Mattes, Jürgen Arndt, Norbert Wartha, Wolf Euba. ◆ Céleste Albaret (Mattes) è la governante di Marcel Proust (Arndt) dal 1914 alla sua morte, nel 1922: dapprima non vede quasi mai il suo padrone, né le è concesso rivolgergli la parola; poi apre uno spiraglio nel suo mondo astratto, e partecipa alla nascita della *Recherche*, raccogliendo e incollando i foglietti volanti da lui prediletti. Ispirandosi alle memorie della stessa Albaret, il regista di *Bagdad café* non pretende di addentrarsi nei misteri della creazione letteraria, ma vuole privilegiare i silenzi, le attese, le allusioni arcane celate sotto la quotidianità. Ma non evita né il rischio dell'aneddoto né quello dell'esercizio di stile.

Celestina P... R..., La ** (Italia 1964, col, 103') Carlo Lizzani. Con Assia Noris, Venantino Venantini, Piero Mazzarella, Franco Nero, Marilù Tolo, Beba Loncar, Raffaella Carrà, Milla Sannoner, Goffredo Alessandrini, Massimo Serato, Daliah Levi. ◆ Ispirato più o meno pretestuosamente a una commedia spagnola del Cinquecento (*La Celestina* di Fernando de Rojas) è la storia di una ruffiana (Noris) che rifornisce di ragazze i cumenda lombardi, tenendosi sempre a galla. Prodotto coi soldi del marito arabo da Assia Noris, ex diva dei telefoni bianchi qui anche soggettista con Giorgio Stegani (la sceneggiatura è di Massimo Franciosa, Luigi Magni e Lizzani), il film riesce comunque a dare un quadro del cinismo e dello sprezzante perbenismo che si nasconde dietro il boom economico, specie attraverso i ritratti dei personaggi secondari. Peccato che Lizzani non sappia esimersi da qualche caduta di gusto di troppo.

Cella della morte *½ (*Why Must I Die?*, Usa 1960, b/n, 86') Roy Del Ruth. Con Terry Moore, Debra Paget, Bert Freed, Julie Reding. ◆ Una cantante (Moore) viene ingiustamente accusata di omicidio, e finisce sulla sedia elettrica. Remake non dichiarato del più noto *Voglio vivere* con Susan Hayward; come nel prototipo, la condanna alla pena capitale resta ambigua e male argomentata.

Cellini – Una vita scellerata → *Vita scellerata, Una*

Celluloide ** (Italia 1996, col e b/n, 115') Carlo Lizzani. Con Massimo Ghini, Giancarlo Giannini, Anna Falchi, Lina Sastri, Massimo Dapporto, Antonello Fassari, Milva [Maria Ilva Biolcati], Christopher Walken, Francesca Ventura, Francesco Siciliano. ◆ Nel giugno del 1944, a Roma, Roberto Rossellini (Ghini) lavora con lo sceneggiatore Sergio Amidei (Giannini) a un film prodotto da Peppino Amato (Dapporto), che si aspetta una commedia sull'arte di arrangiarsi durante la guerra. I due invece vogliono fare un film-verità sulla citta occupata dai nazisti, interpretato da Anna Magnani (Sastri) e Aldo Fabrizi (Fassari): è *Roma città aperta* che, portato a termine tra mille difficoltà, alla sua prima proiezione non sarà capito dal pubblico. L'avventurosa storia del cinema italiano diventa un film, sulla base del romanzo omonimo di Ugo Pirro, anche sceneggiatore con Furio Scarpelli e il regista. Lizzani evita il macchiettismo e aggira (con qualche filmato d'epoca) le ristrettezze produttive riuscendo a ritrovare l'atmosfera di rigore morale e povertà materiale che era stata alla base del capolavoro di Rossellini. Se tutto non funziona, bisogna ammettere che le colpe non sono certo di Giannini o della Sastri e in fondo nemmeno di un Ghini schiacciato da un confronto «impossibile» con Rossellini, ma di una preoccupazione antiretorica che ha evitato (forse a torto) di calcare ancor più il pedale sull'emozione e l'enfasi. Comunque l'Istituto Luce, dopo averlo prodotto, ha fatto di tutto perché il pubblico non lo vedesse.

Cena, La ** (Italia/Francia 1998, col, 126') Ettore Scola. Con Fanny Ardant, Vittorio Gassman, Giancarlo Giannini, Marie Gillain, Stefania Sandrelli, Eros Pagni, Antonio Catania, Daniela Poggi, Francesca D'Aloja, Riccardo Garrone, Giorgio Tirabassi, Adalberto Maria Merli, Nello Mascia, Venantino Venantini, Lea Gramsdorf, Rolando Ravello, Gordana Miletic, Francesca Rettondini, Giovanna Sanesi. ◆ Una serata nella trattoria della malinconica Flora (Ardant): dove l'affresco della fine degli anni Novanta passa per un professore in pensione (Gassman), un filosofo (Giannini) con amante giovane (Gillain) che dà fuori da matto, una madre volgarotta (Sandrelli) con figlia che vuole farsi monaca (Gramsdorf), uno chef comunista (Pagni) che protesta contro le 35 ore e il Superenalotto, un mago (Catania) forse cialtrone e forse no. I vecchi hanno sbagliato tutto, i quarantenni annaspano e i loro figli, orecchino al naso, cantano De Gregori: se il futuro sono loro... Tra l'immalinconimento crepuscolare e la barzelletta, Scola è sempre troppo didascalico senza essere mai abbastanza esemplare. Spara sulla Croce Rossa (gli arricchiti col telefonino, i teatranti da strapazzo) e di rado è cattivo. E quando si invola sulle ali della poesia (come nella sequenza in cui tutti ascoltano rapiti Mozart) si vede quanto poco abbia da dire. Non che sia sgradevole, ma è emblematico della crisi di un cinema che non riesce più a tenere il passo della realtà. Sceneggiatura di padri (Scola e Furio Scarpelli) e figli (Silvia Scola e Giacomo Scarpelli), fotografia di Franco Di Giacomo e musica di Armando Trovajoli.

Cena a sorpresa ** (*Kuai Can Che*, conosciuto anche col titolo inglese *Wheels on Meals*, Hong Kong 1984, col, 100') Sammo Hung. Con Jackie Chan, Yuen Biao, Sammo Hung, Lola Forner, Benny Urquidez, Keith Vitali, Wu Ma, Richard Ng, John Sham. ◆ A Barcellona, Tom (Chan) e David (Biao), proprietari di un chiosco ambulante, salvano un'ereditiera (Forner) da una banda di malvagi. Trasferta europea (con la partecipazione di due campioni d'arti marziali occidentali nella parte dei cattivi: Urquidez e Vitali) per il secondo dei sei film d'azione comici diretti da Hung con i suoi due ex compagni di scuola Jackie Chan e Yuen Biao. Divertimento fracassone e abbastanza ingenuo, con combattimenti assai apprezzati dai fan del genere. Il titolo inglese è volutamente sbagliato (dovrebbe essere *Meals on Wheels*) perché il produttore era convinto che i titoli con la M iniziale portassero jella. Noto anche come *Il mistero del conte Lobos*.

Cena delle beffe, La *** (Italia 1941, b/n, 86') Alessandro Blasetti. Con Amedeo Nazzari, Osvaldo Valenti, Clara Calamai, Valentina Cortese, Elisa Cegani, Luisa Ferida, Alfredo Varelli, Memo Benassi, Alberto Capozzi. ◆ Nella Firenze rinascimentale, Neri Chiaramantesi (Nazzari) e Giannetto Malespini (Valenti) si contendono la bella Ginevra (Calamai) a colpi di scherzi sempre più feroci. Dopo l'ennesima beffa di Neri, Giannetto si vendica facendo passare per folle il rivale, che viene arrestato ma subito liberato grazie a una ragazza innamorata di lui (Cortese). Certo di trovare l'odiato Giannetto con Ginevra, Neri si precipita a casa dell'amata e uccide la persona che c'è nel letto della donna, senza accorgersi che è Gabriello (Varelli), suo fratello: era l'ultima beffa di Giannetto, che farà impazzire davvero Neri. Dall'opera omonima di Sem Benelli (sceneggiato da Blasetti e dal futuro regista Renato Castellani), un melodramma torbido e serrato, incredibilmente ambiguo e sanguinoso per l'epoca, che il regista dichiara di aver realizzato senza interesse. Viene sempre ricordato per il primo seno nudo della storia del cinema italiano sonoro (è della Calamai, quando Nazzari le strappa la camicetta), ma in realtà colpisce per la forte componente omosessuale nella relazione tra gli antagonisti, intenti – più che a conquistare la donna contesa – a esaurire le pulsioni erotiche autodistruttive all'interno del loro legame maledetto. Per qualcuno mette anche in scena la castrazione del maschio (quale in effetti Nazzari era nell'immaginario cinematografico del Ventennio), e quindi del padre e del dittatore. Per Valenti è il primo film da protagonista. Diventata popolarmente celebre la battuta di Neri «Chi non beve con me, peste lo colga».

Cena quasi perfetta, Una ** (*The Last Supper*, Usa 1996, col, 92') Stacy Title. Con Cameron Diaz, Annabeth Gish, Ron Eldard, Jonathan Penner, Courtney B. Vance, Ron Perlman, Bill Paxton, Charles Durning, Nora Dunn, Mark Harmon. ◆ Cinque studenti universitari di stampo «liberal» (Diaz, Gish, Eldard, Penner e Vance) ogni sabato sera organizzano una cena il cui ospite, se sgradito ideologicamente, fa una brutta fine. Dopo undici omicidi e crescenti tensioni interne al gruppo, arriva l'ultimo, attesissimo, ospite: il politico di destra che impazza in Tv (Perlman). Un'anarchica *black comedy*, insolita negli Usa anche per la produzione indipendente, che sembra rileggere *Arsenico e vecchi merletti* con lo spirito politicamente irriverente di Buñuel. L'idea è interessante, i dialoghi (di Dan Rosen) sono brillanti, il cast funziona, ma dopo un po' il meccanismo diventa ripetitivo, e le esecuzioni capitali (variante borghese e leggermente goliardica della furia igienica da strada di *Taxi Driver*), oltre a perdere via via la loro efficacia narrativa e il loro sapore di indignata ribellione, sollevano non pochi dubbi sull'effettiva liberalità del film.

Cenere **½ (Italia 1916, b/n, 30') Febo Mari, Arturo Ambrosio. Con Eleonora Duse, Febo Mari. ◆ Rosalia, ragazza madre in miseria (Duse), è costretta ad affidare il figlio Anania al padre naturale, regolarmente sposato. Ormai adulto e in procinto di sposarsi, Anania (Mari) torna a cercare la madre: vorrebbe portarla con sé, ma la futura moglie non accetta. Rosalia muore in solitudine. Unica interpretazione cinematografica della Duse, che per l'occasione volle partecipare attivamente alla sceneggiatura dell'omonimo romanzo di Grazia Deledda. Caricato di significati simbolici che accentuano il fatalismo della scrittrice, a cui fanno da contrappunto preziose immagini documentarie sul lavoro contadino nella Sardegna dell'epoca, *Cenere* deve praticamente tutto alla presenza della grande attrice ormai anziana: consapevole della specificità del mezzo cinematografico, la Duse adotta uno stile opposto a quello dominante negli anni Dieci-Venti, scegliendo «l'annullamento del corpo e il rifiuto più totale del gesto enfatizzato» e autoconfinandosi, tranne che in un'occasione, sempre in campi medi o lunghi che nascondono il suo volto alla macchina da presa (da notare come, nelle stesse condizioni di ripresa, la recitazione di Mari risulti eccessiva e sorpassata). Il suo audace tentativo di rinnovarsi come attrice (e di imporre un modello che sarebbe stato salutare per il cinema italiano) non ebbe però successo né di critica né di pubblico, e nemmeno la Deledda si espresse al riguardo.

Cenere e diamanti *** (*Popiół i diament*, Polonia 1958, b/n, 106') Andrzej Wajda. Con Zbigniew Cybulski, Ewa Krzyżewska, Wacław Zastrzeżyński, Adam Pawlikowski, Bogumił Kobiela, Jan Ciecierski. ◆ Finita la seconda guerra mondiale, il primo giorno di pace, il giovane partigiano bianco Maciek Chełmicki (Cybulski) riceve l'ordine di uccidere il segretario (Pawlikowski) della cellula del Partito comunista polacco: anche se una donna (Krzyżewska) gli fa capire l'assurdità di uccidere a guerra finita, il giovane compie il suo «dovere», ma si farà uccidere da una pattuglia e morirà in un deposito di rifiuti. Wajda, al suo terzo film, continua a «scavare nella formazione di un nuovo che nasce malato» e rovesciando le prospettive tradizionali del cinema zdanoviano racconta la storia di un perdente, di un non-integrato. Tratto dal romanzo di Jerzy Andrzejewski (anche cosceneggiatore col regista), il film riesce perfettamente a descrivere il «meschino grigiore della nuova Polonia» a cui si oppone il dramma di una gioventù tradita dalla politica: evitando accuratamente ogni tipo di manicheismo, Wajda descrive l'assassino e il perseguitato come due vittime, decise comunque nel rivendicare il proprio diritto a non essere spossessate del proprio passato (l'idealistica brutalità della guerra tedesco-sovietica per il giovane, l'idealità politica dell'impegno contro Franco per il vecchio) per quanto impuro e squallido possa essere. Il titolo – del film e del romanzo – è tratto da un verso di Cyprian Norwid e la scena finale, con Maciek che muore al suono di una macabra polonaise è un'allusione alle *Nozze* di Stanisław Wyspiański. Accolto con una specie di venerazione dal pubblico polacco (ma non dalla critica ufficiale), il film fu presentato in una sezione collaterale di Venezia e immediatamente considerato il più bel film mai realizzato in Polonia. Ai tempi furono obbligatori i paragoni con *Gioventù bruciata*, oggi colpisce soprattutto per lo stile barocco e liricheggiante e l'abbondanza di simboli.

Cenerentola *** (*Cinderella*, Usa 1950, col, 74') Wilfred Jackson, Hamilton Luske, Clyde Geronimi [e Walt Disney]. ◆ Nella versione a cartoni animati, la favola di Charles Perrault (sulla povera ragazza angariata da matrigna e sorellastre che sposerà il principe grazie a una scarpetta di vetro) è riambientata in una Mitteleuropa ottocentesca dove, come dice la canzone, *I sogni sono desideri* e Disney manda in soccorso di Cenerentola non solo la fata che trasforma la zucca in carrozza al suono di *Bibbidi Bobbidi Boo*, ma anche una schiera di simpatici animaletti, guidati da due topolini, il grasso Gus e lo smilzo Jacques. Uno dei più famosi (e piacevoli) successi della casa Disney, dove l'azione comica conta molto di più della lezione morale e le possibili leziosità della ricostruzione (come il castello del principe in puro stile Metro Goldwin Mayer) sono stemperate da tocchi umoristici (la scena del ballo, per esempio, è vista attraverso il monocolo deformante del Granduca).- Curiosa, e significativa della voglia di rendere la fiaba un po' meno infantile, la scena quasi sexy dell'inizio, con la doccia di Cenerentola nascosta da un lenzuolo sostenuto da due uccellini.

Cenerentola a Parigi **½ (*Funny Face*, Usa 1957, col, 103') Stanley Donen. Con Audrey Hepburn, Fred Astaire, Michel Auclair, Kay Thompson, Suzy Parker, Ruta Lee. ◆ A Parigi, una commessa di libreria (Hepburn) è indecisa tra la carriera come modella e gli studi di filosofia: ci penserà il suo fotografo (Astaire) a farle scegliere la strada giusta. Uno degli ultimi fuochi d'artificio del musical hollywoodiano che riesce a fondere l'energia innovatrice della scuola Mgm (da cui veniva Donen) con la leggendaria eleganza Paramount (che aveva sotto contratto Astaire e la Hepburn). La sceneggiatura di Leonard Gershe riprende uno schema molto vicino a *Cantando sotto la pioggia* (satira di un mondo «frivolo», con un eroe che è una star e un'eroina che disprezza quel mondo in nome di ideali più alti: l'esistenzialismo è qui ribattezzato enfaticalismo) e anche Donen sembra involontariamente citare il suo film più famoso (il numero *Think Pink* esprime una filosofia della professione come *Make 'em Laugh*, *Bonjour Paris* rimanda a *Good Morning*, il primo incontro d'amore tra Astaire e la Hepburn avviene su una scala, come quello tra Kelly e la Reynolds). Peccato che la voglia di satireggiare gli ambienti intellettuali parigini (dove peraltro si confonde Montmartre con Saint-Germain-des-Prés) appesantisca quella che poteva essere una deliziosa storia d'amore in musica, stranamente povera nella seconda parte di grandi coreografie, se si esclude la danza semiacrobatica della Hepburn sulle note di *Basal Metabolism* (che poi è un arrangiamento modernista di *How Long Has This Been Going On?*). Il modello dichiarato del personaggio di Fred Astaire è Richard Avedon, peraltro ingaggiato dalla produzione come consulente del colore e degli effetti fotografici.

Cenerentola '80 * (Italia 1983, col, 140') Roberto Malenotti. Con Bonnie Bianco, Pierre Cosso, Sandra Milo, Adolfo Celi, Vittorio Caprioli, Sylva Koscina, Edy Angelillo. ◆ Cindy (Bianco), diciottenne italoamericana venuta a Roma con la matrigna e le due sorellastre desiderose di trovar marito nell'aristocrazia capitolina, si innamora di Mizio (Cosso), un aspirante cantante, senza sapere che è figlio del «gran cerimoniere di Sua Santità». Perfetto come telenovela senza pretese, fiducioso nel richiamo dell'imbronciato eroe del *Tempo delle mele 2*, paradossale grazie alla scelta di Sandra Milo come cartomante e aiuto di Cindy, una scontatissima riproposta del mito di Cenerentola.

Cenerentolo, Il *½ (*Cinderfella*, Usa 1960, col, 88') Frank Tashlin. Con Jerry Lewis, Ed Wynn, Judith Anderson, Henry Silva, Robert Hutton, Anna Maria Alberghetti, Milton Frome, Barry Gordon. ◆ Tiranneggiato dalla matrigna (Anderson) e dai fratellastri (Silva e Hutton), l'imbranato Fella (Lewis) saprà conquistare la bella principessa (Alberghetti) con l'aiuto di un genio (Wynn, con insoliti – per l'epoca – accenti gay, compreso un irresistibile travestimento da fata) che per una notte ne farà un affascinanate ballerino. Fiacca modernizzazione della fiaba di Perrault dove Lewis, nel doppio ruolo di protagonista e produttore, sembra abbia tagliato dalla sceneggiatura di Tashlin la maggior parte delle gag. In effetti le scene davvero comiche sono pochissime (quella in cucina in cui Fella mima tutta un'orchestra, quella del pranzo quando deve continuamente trasformarsi da commensale in cameriere per servire matrigna e fratellastri dall'altra parte di un interminabile tavolo) a tutto favore di un'insistita sottolineatura del ruolo metaforico di Fella, americano povero e imbranato che conquistando la principessa dimostra che «tutti i mariti poveri e imbranati d'America possono ottenere i suoi stessi successi». L'orchestra che fa ballare i protagonisti è quella di Count Basie.

Cenere sotto il sole ** (*Kings Go Forth*, Usa 1958, b/n, 109') Delmer Daves. Con Frank Sinatra, Tony Curtis, Natalie Wood, Leora Dana. ◆ Due soldati americani, in Francia durante la seconda guerra mondiale, si innamorano della stessa ragazza. Uno (Curtis), saputo che è di sangue misto, la pianta; l'altro (Sinatra) giura di vendicarla, ma i tedeschi lo precedono. La mano di Daves è un po' pesante in questo melodramma antirazzista, ma resta qualche motivo d'interesse, specie per le comparse di musicisti jazz come Red Norvo, Richie Kamuca e Pete Candoli (che doppia Curtis quando suona la tromba). Rieditato col titolo *Attacco in Normandia*.

Cento anni d'amore *½ (Italia 1954, b/n, 120') Lionello De Felice. ◆ Film a episodi. In *Garibaldina* (con Aldo Fabrizi, Franco Interlenghi, Irene Galter, Carlo Ninchi, Nietta Zocchi, Turi Pandolfini. Da un racconto di Guido Gozzano) l'amore che nasce tra un garibaldino e la nipote di un parroco di campagna converte alla causa dell'Italia unita anche il reazionario zio prete; in *Pendolin* (con Carlo Campanini, Vittorio De Sica, Nadia Gray, Luigi Cimara, Franco Scandurra. Da un racconto di Gabriele D'Annunzio) l'attaccamento al dovere del portiere Pendolin rischia di smascherare la storia d'amore adulterina di due nobili della Roma umbertina; in *Purificazione* (con Eduardo De Filippo, Titina De Filippo, Angiola Faranda, Giulietta Masina. Da un atto unico di Gino Rocca) un attendente, che porta l'ultima lettere di un ufficiale caduto in guerra, scopre che la donna amata non è degna di quell'amore; in *Nozze d'oro* (con Ernesto Almirante, Rina Morelli, Virgilio Riento, Nino Pavese. Da un racconto di Mario Moretti) due anziani coniugi emigrati in Svizzera tornano a Milano nel 1938 per festeggiare le nozze d'oro e scoprono con delusione che tutto è cambiato; in *Gli ultimi dieci minuti* (con Gabriele Ferzetti, Myriam Bru. Da un soggetto di Lionello De Felice, in realtà elaborato da un racconto di Alba De Céspedes) un partigiano condannato a morte saluta per l'ultima volta la moglie; in *Amore 1954* (con Maurice Chevalier, Jacques Sernas, Alba Arnova, Xenia Valderi, Ferdinando Cappabianca. Dalla commedia di Oreste Biancoli) un padre accusato di avere idee antiquate impedisce che figlia e genero divorzino organizzando per loro una «festa di separazione». Sei spunti letterari per raccontare le diverse facce dell'amore attraverso un secolo d'Italia: la ricostruzione storica è superficiale e a volte gratuita (insopportabile la finta anti-morale dell'ultimo episodio che, come dice Chevalier, «fa tanto Sartre»), ma il parroco papalino di Fabrizi e il nobile infedele di De Sica sono gustosi e l'episodio sulla resistenza decisamente commovente. Adattati da Giorgio Prosperi e dal regista, gli episodi hanno coinvolto una delle più lunghe liste di sceneggiatori del cinema italiano: Leo Benvenuti, Oreste Biancoli, Eduardo De Filippo, Franco Brusati, Suso Cecchi d'Amico, Alba De Céspedes, Giuseppe Marotta, Vittorio Nino Novarese, Giorgio Prosperi, Guido Rocca, Pietro Paolo Trompeo, Fabrizio Sarazani, Vincenzo Talarico e Gino Visentini.

Cento cavalieri, I **½ (Italia/Spagna/Rft 1964, col, 125') Vittorio Cottafavi. Con Mark Damon, Antonella Lualdi, Arnoldo Foà, Gastone Moschin, Rafael Alonzo. ◆ Spagna nel Medioevo: gli arabi conquistano un villaggio col tradimento, e la popolazione cristiana, fino ad allora mite e pacifica, comincia a organizzarsi per cacciarli, aiutata prima dai frati del convento e poi da cento cavalieri. Film in costume con voglie di apologo brechtiano e richiami all'attualità: contrariamente a quanto ci si aspetta da un film «popolare» la ragione e il torto sono divisi imparzialmente, e gli eroi sono ridicoli. La scena dei bambini che si allontanano dal campo di notte per derubare i nemici e vengono poi rimproverati e sculacciati al loro ritorno è un'esplicita citazione da *Roma città aperta*. L'insuccesso commerciale indusse Cottafavi a dedicarsi, da allora, solo alla televisione.

110 e lode ** (*With Honors*, Usa 1994, col, 102') Alex Keshishian. Con Joe Pesci, Brendan Frase, Moira Kelly, Patrick Dempsey, Josh Hamilton, Deborah Fortson. ◆ Il barbone Simon (Pesci) trova un tetto all'Università di Harvard, diventa amico di un laureando in difficoltà (Frase) e gli dà lezioni di vita vera. Prima opera di finzione di Keshishian, ex harvardiano con lode diventato famoso per il documentario *A letto con Madonna* (e la star qui lo «sostiene» cantando il tema del film, *I'll Remember*). La trovata è un po' semplicistica e un po' troppo *politically correct* (la sceneggiatura è di William Mastrosimone), ma Joe Pesci, in uno dei suoi migliori travestimenti, è trascinante per simpatia e buon senso. Cammeo per lo scrittore Gore Vidal. Fotografia del bergmaniano Sven Nykvist.

Cento di questi giorni ** (Italia 1933, b/n, 62') Augusto [e Mario] Camerini. Con Diomira Jacobini, Mino Doro, Cesare Zoppetti, Gianfranco Giachetti,

Francesco Amodio, Romolo Costa, Nora Dani Pines. ◆ Per non deludere il conte zio (Giachetti) che festeggia i cento anni, i cugini Marina e Guglielmo (Jacobini e Doro) accettano di fingersi fidanzati e così alla festa per il centoduesimo anniversario «devono» presentarsi addirittura con un bambino, avuto in prestito da una contadina: naturalmente scopriranno di amarsi veramente. Una commediola scontata nel suo evidente lieto fine, ma curiosa per come utilizza – specie nei festeggiamenti per il compleanno del conte Augusto (e non Agostino, come erroneamente tramandato) – riprese molto realistiche di popolani, suonatori e ragazzini (i primi piani delle scolarette che cantano la canzoncina di fidanzamento o la famiglia al cui bambino Marina fa il ritratto) e squarci quasi documentari di vita contadina (le oche, le bufale). Secondo i titoli di testa, la «messa in scena» è di Augusto Camerini sotto la supervisione («direzione» nei titoli) del fratello e più conosciuto regista Mario.

Cento e una notte ° (*Les Cents et une nuits*, Francia/Gb 1995, col, 105') Agnès Varda. Con Michel Piccoli, Marcello Mastroianni, Julie Sayet, Henri Garcin, Mathieu Demy, Emmanuel Salinger. ◆ Una ragazza cinefila (Sayet) viene assunta per mantenere in vita l'anziano e smemorato Monsieur Cinéma (Piccoli) parlandogli di cinema. Nel frattempo i suoi amici stanno cercando di girare un film indipendente. L'omaggio della Varda al centenario del cinema, affollato di citazioni obbligatorie e ospiti illustri (oltre a Mastroianni, che ha il ruolo dell'amico italiano, nella parte di se stessi o di personaggi da loro interpretati compaiono Gérard Depardieu, Jeanne Moreau, Hanna Schygulla, Alain Delon, Robert De Niro, Catherine Deneuve, Jean-Paul Belmondo, Gina Lollobrigida, Sandrine Bonnaire, Anouk Aimée, Harrison Ford, Sabine Azéma, Jane Birkin, Stephen Dorff, Assumpta Serna), comincia come una favola alla Shéhérazade e finisce in una pagliacciata senza capo né coda: lo spirito lieve e giocoso di Jacques Demy non è nelle corde della regista, e dopo un po' il gioco diventa ripetitivo e ridicolo. Il doppiaggio italiano commette varie sciocchezze, come far ripetere in francese a Mastroianni i titoli dei suoi film.

Cento giorni a Palermo *½ (Italia 1984, col, 107') Giuseppe Ferrara. Con Lino Ventura, Giuliana De Sio, Stefano Satta Flores, Lino Troisi, Adalberto Maria Merli. ◆ Gli ultimi tre mesi di vita del generale Dalla Chiesa (Ventura), dall'insediamento come prefetto a Palermo all'assassinio insieme alla giovane moglie (De Sio). Ferrara parte con nobili intenzioni di denuncia, e suggerisce che Dalla Chiesa fu lasciato solo dallo Stato; ma non sempre evita gli scivoloni nel romanzesco e gli stereotipi dei film sulla mafia.

Centomila dollari *½ (Italia 1940, b/n, 85') Mario Camerini. Con Amedeo Nazzari, Assia Noris, Maurizio D'Ancona, Lauro Gazzolo, Emilio Cigoli, Ernesto Almirante. ◆ I centomila dollari sono quelli offerti da un miliardario americano (Nazzari) al fidanzato di una centralinista (Noris) per avere il permesso di portarla a cena. Tra gli ultimi sussulti del cinema dei telefoni bianchi: l'azione, ovviamente, si svolge in Ungheria, ma non manca qualche cenno ai tempi difficili. Camerini sposò la Noris dopo aver girato questo film. Alla sceneggiatura hanno collaborato Luigi Zampa e, non accreditato, Renato Castellani.

100.000 dollari al sole *½ (*Cent mille dollars au soleil*, Francia/Italia 1963, col, 120') Henri Verneuil. Con Jean-Paul Belmondo, Lino Ventura, Andrea Parisy, Gert Fröbe, Bertrand Blier. ◆ Incrocio degenere tra *Vite vendute* e *Il tesoro della Sierra Madre* ambientato in Algeria. Un artista di pochi scrupoli (Belmondo) fugge in camion, col malloppo, nel Sahara inseguito da un suo amico (Ventura). I soldi, tanto, se li beccherà la ragazza (Parisy). Storia di simpatiche canaglie che appariva vecchia già quando era uscita. Dialoghi di Audiard.

Cento ragazze e un marinaio * (*Girls! Girls! Girls!*, Usa 1962, col, 95') Norman Taurog. Con Elvis Presley, Stella Stevens, Laurel Goodwin, Jeremy Slate. ◆ Presley vuole acquistare un peschereccio ma non ha i soldi: si produce allora come cantante. Buon per lui che trova una ragazza ricca. La solita parata di numeri canori (tra cui *Return to Sender*) in questo reperto per soli fans.

Central do Brasil *** (*Central do Brasil*, Brasile 1998, col, 115') Walter Salles. Con Fernanda Montenegro, Vinicius de Oliveira, Marilia Pêra, Sôia Lira. ◆ Maestra in pensione, cinica e zitella, Dora (Montenegro) scrive lettere a pagamento per gli analfabeti (e non le imbuca) alla stazione di Rio: finché si ritrova tra i piedi Josué (de Oliveira), un ragazzino che ha perso la madre ed è alla ricerca del padre. Lo accompagnerà controvoglia nel Nordeste, in un viaggio che le farà riscoprire i sentimenti a lungo soffocati. Salles gira fin troppo bene (ed è stato anzi criticato come «brasilian-hollywoodiano»), ma ha un occhio attento e a tratti allarmato nel descrivere un Brasile per nulla turistico, senza scadere per questo nel miserabilismo o nel patetico. E anche l'alchimia tra i due protagonisti non cede al carino e alla lacrima facile. Scritto da João Emanuel Carneiro e Marcos Bernstein, musiche di Antonio Pinto e Jaques Morelenbaum. Orso d'oro a Berlino.

Centro della terra: continente sconosciuto *½ (*At the Earth's Core*, Gb 1976, col, 88') Kevin Connor. Con Doug McClure, Caroline Munro, Peter Cushing, Godfrey James. ◆ In epoca vittoriana uno scienziato (Cushing) trova al centro della terra una landa abitata da mostri preistorici e uomini primitivi. Fantasy naïf con alcuni attori di culto, tra cui la splendida Caroline Munro.

Centro storico *½ (Italia 1992, col, 104') Roberto Giannarelli. Con Giuliana De Sio, Serena Grandi, Amanda Sandrelli, Blas Roca Rey, Sabrina Ferilli, Nadia Rinaldi. ◆ Sandra (De Sio), aspirante regista, e la giovane Graziella (Sandrelli), aspirante giornalista, condividono un costoso appartamento nel centro storico di Roma. La convivenza diventa insostenibile con l'arrivo dell'invadente Carola (Grandi), e rancori, gelosie e frustrazioni sono ulteriormente complicati dall'intervento di Fabrizio (Roca Rey) e dell'ultima inquilina (Ferilli). Un film minimalista prevalentemente d'interni e di attrici (piuttosto brave, anche se costrette in ruoli stereotipati), tratto dalla commedia *Coabi-*

tazione di Roberto Giannarelli, Luciana Luppi e Paolo Virzì. Ha qualche spunto umoristico garbato, ma la regia di Giannarelli (che esordisce sul grande schermo dopo varie esperienze radiofoniche, pubblicitarie e televisive) non riesce a stemperare l'origine teatrale di soggetto e sceneggiatura. Serena Grandi canta *Call Me Beeboo* di Calabrese e Trovaioli.

C'è posto per tutti *½ (*Room For One More*, Usa 1952, b/n, 98') Norman Taurog. Con Cary Grant, Betsy Drake, Lurene Tuttle, Randy Stuart. ◆ Da un romanzo di Anna Perrott Rose, la storia vera di una coppia con cinque figli (tre propri e due adottati) e animali vari. Qualche briciola di umorismo nasce dalle inevitabili complicazioni abitative: la gatta fa i micini nella stufa, gli sforzi per fare l'amore nonostante le continue intrusioni dei figli in camera.

C'è post@ per te *½ (*You've Got Mail*, Usa 1998, col, 119') Nora Ephron. Con Tom Hanks, Meg Ryan, Greg Kinnear, Parker Posey, Heather Burns, Jean Stapleton, Steve Zahn, David Chappelle, Dabney Coleman, John Randolph. ◆ Kathleen Kelly (Ryan) gestisce una libreria per bambini e convive con Frank (Kinnear), mentre Joe Fox (Hanks), fidanzato con Patricia (Posey), è l'erede del megastore dietro l'angolo che potrebbe costringere Kathleen alla chiusura: ovviamente si odiano, ma non sanno di essere gli stessi che si scambiano confidenze via Internet con i nomi fittizi di Shopgirl e NY152. Versione elettronica di *Scrivimi fermo posta* di Lubitsch sceneggiata da Nora e Dehlia Ephron, che ripropone la formula narrativa cara alla regista di *Harry ti presento Sally* (ti odio, ti odio, ci amiamo). Questa volta però il divertimento non c'è, le battute non fanno ridere e il lieto fine è più scontato e prevedibile che mai. Per non dire della superficialità accomodante con cui il film rimuove il nodo economico della storia: la legge del capitalismo che vuole i piccoli divorati dai grandi.

C'è posto per tutti * (Italia 1990, col, 95') Giancarlo Planta. Con Luigi Laezza, Elvira Giannini, Francesco de Rosa, Vincenzo Salemme, Pino Ammendola, Tatti Sanguineti, Armando Marra, Giacomo Furia. ◆ Giovani napoletani diplomati o laureati allo sbaraglio, tra raccomandazioni e lavori-truffa: troveranno impiego il Primo maggio, per smontare il palco di un comizio. Incerto tra il patetico e il truce, la radiografia sociale e la barzelletta, il film di Planta finisce per adagiarsi nel grottesco e nella caricatura facile facile, perdendo ogni verve polemica. Né aiutano i formalismi e i vezzi da cinema d'autore, come l'uso smodato di Mozart e Bellini in colonna sonora, come controcanto alle miserie.

Cerasella ° (Italia 1959, b/n, 104') Raffaello Matarazzo. Con Claudia Mori, Mario Girotti, Luigi De Filippo, Carlo Croccolo, Alessandra Panaro, Piera Farfarella, Mario Carotenuto, Lia Zoppelli, Franco Ricci, Fausto Cigliano, Giancarlo Zarfati. ◆ Imprevedibile e umorale, Cerasella (Mori, al suo esordio) non si convince mai a sposare il fidanzato Alfredo (De Filippo): si accorgerà di non amarlo e si innamorerà invece di Bruno (Girotti, non ancora Terence Hill), figlio di un ricco industriale che lo disereda – momentaneamente – per impedirgli di cadere tra le braccia dell'interessata Nora (Panaro). Dopo due anni di inattività Matarazzo (con una sceneggiatura ispirata a una canzone di successo e scritta insieme a Sandro Continenza e Dino Verde) torna alla regia coniugando il cinema popolare con la musica. Il risultato, però, è decisamente deludente: la storia sembra ricordare i suoi vecchi melò (la povera Cerasella deve superare prove infinite prima di sposare il ricco Bruno), ma l'inserimento della comicidà dà origine solo a un irritante ibrido. Fausto Cigliano canta la canzone del titolo.

C'era una volta ° (Italia 1967, col, 115') Francesco Rosi. Con Sophia Loren, Omar Sharif, Dolores Del Rio, George Wilson, Leslie French, Carla Pisacane, Marina Malfatti, Anna Nogara, Rita Forzano, Giacomo Furia. ◆ Cenerentola a Napoli nel Seicento, con la mediazione delle favole di Basile (*Lo cunto de li cunti*) e della produzione Ponti. Sharif è il nipote del viceré che si innamora di una popolana (Loren), bella e abile in cucina. Ambizioni di ricostruzione storica e tentativi metaforici non salvano questo film lento, inutile e sbagliato. La Loren si doppia solo per metà del film, per il resto le dà voce Rita Savagnone.

C'era una volta... *½ (*Marvin and Tige*, Usa 1983, col, 104') Eric Weston. Con John Cassavetes, Gibran Brown, Billy Dee Williams, Denise Nicholas Hill. ◆ Storia strappalacrime di un fannullone (Cassavetes) che cerca di fare qualcosa di buono prendendosi cura di un ragazzino reduce da un tentato suicidio. Il genere di film che Cassavetes interpretava per finanziare i propri progetti.

C'era una volta Hollywood ** (*That's Entertainment*, Usa 1974, col, 132') Jack Haley jr. ◆ Film di montaggio: agiografia della Mgm, che antologizza sequenze (specie musicali) da un centinaio di film, da *Hollywood che canta* a *Gigi*. Per essere una storia del musical è incompleta (mancano Busby Berkeley e il primo Fred Astaire), e il montaggio troppo rapido spesso massacra le sequenze originali. Come ripasso e panoramica del cinema classico hollywoodiano può comunque andare. Seguito da *Hollywood Hollywood* e da *That's Entertainement III*.

C'era una volta Hollywood, II → *Hollywood Hollywood*

C'era una volta il West **½ (Italia 1968, col, 167') Sergio Leone. Con Charles Bronson, Henry Fonda, Claudia Cardinale, Jason Robards, Gabriele Ferzetti, Woody Strode, Jack Elam, Paolo Stoppa, Lionel Stander, Frank Wolff, Keenan Wynn. ◆ Un avido magnate delle ferrovie (Ferzetti) vuole mettere le mani sul terreno di proprietà dell'ex prostituta Jill (Claudia Cardinale), e pertanto assolda un killer, Frank (Fonda). In difesa della donna compare un misterioso innominato (Bronson), che ha vecchi conti da saldare con Frank: troverà un alleato nel pittoresco bandito Cheyenne (Robards), e alla fine ritornerà nel nulla da dove è venuto. Il western più ambizioso di Leone vuole raccontare la fine dell'epopea e la scomparsa della razza dei titani, i quali, buoni o cattivi che siano, vengono sostituiti dai comuni mortali che costruiscono la civiltà stanziale, simboleggiata dalla città che alla fine sorge nel deserto. In bilico tra la storia e la mitologia, l'omaggio agli stereotipi del western classico e la loro revisione critica, l'autocitazione narcisista e l'invenzione genuina: un colosso cui non giova un intreccio inutilmente contorto (il soggetto è firmato da Leone assieme a Bernardo Bertolucci e Dario Argento), e finisce con l'essere troppo frammentato. Il lungo prologo muto, con i due pistoleri (Strode ed Elam) che aspettano Bronson, e quasi tutte le sequenze d'azione, sono dei capolavori di montaggio e di combinazione tra musica (Morricone) e immagine; ma le parti di raccordo sono macchinose, e non tutti i personaggi sono ben risolti. Insolito per Fonda interpretare un ruolo negativo. Girato in parte nella Monument Valley immortalata da Ford.

C'era una volta in America **½ (*Once Upon a Time in America*, Usa 1984, col, 218') Sergio Leone. Con Robert De Niro, James Woods, Elizabeth McGovern, Scott Tyler, Rusty Jacobs, Jennifer Connelly, Tuesday Weld, Treat Williams, Joe Pesci, Danny Aiello, Burt Young, Darlanne Fleugel, William Forsythe, James Russo, Mario Brega. ◆ 1923-1968: l'ascesa e il declino di due gangster ebrei newyorkesi, Noodles (Tyler nella versione da ragazzo, De Niro in quella adulta) e Max (Jacobs da ragazzino, Woods da adulto), amici inseparabili che verranno divisi da una donna, Deborah (Connelly da ragazzina, McGovern da adulta). Dopo averla vagheggiata da piccolo e violentata da grande, Noodles la ritroverà proprio al fianco del suo ex amico, diventato senatore e sull'orlo del suicidio: ma forse sono solo i vaneggiamenti di un vecchio gangster che fuma oppio. Dalle prime imprese nel Lower East Side agli anni rampanti del proibizionismo, una saga di storia americana raccontata come un romanzo di Proust, con intrecci di flashback e vertiginosi salti nel tempo. Leone, che da tredici anni pensava a questo film, l'ultimo che poté dirigere, intendeva celebrare da europeo l'immaginario del cinema classico americano, approdando a un finale *cupio dissolvi* carico di malinconia per i sogni perduti. Ma lo sforzo di sei sceneggiatori (Leo Benvenuti, Piero De Bernardi, Enrico Medioli, Franco Arcalli e Franco Ferrini, oltre a Leone, che si sono ispirati al romanzo *Mano armata* di Harry Grey) non ha prodotto un solo personaggio coerente, e la durata spropositata non basta a evitare buchi nel racconto. Come sempre, a Leone riesce bene la trasfigurazione lirica del triviale: rende epica una mano che mescola lo zucchero in una tazzina, e struggente il ricordo di uno stupro tanto gratuito quanto repellente. Ma lo stile non basta: per quanto le singole sequenze siano dirette magistralmente, c'è troppo autocompiacimento, oltre a un'aridità di sentimento che lascia perplessi in un film che vorrebbe essere anche una grande elegia romantica. La fotografia è di Tonino Delli Colli e la musica di Ennio Morricone. Il produttore Arnon Milchan (nei panni dell'autista che rifiuta i soldi da Noodles) volle rimontare e ridurre il film a due ore per la versione da distribuire negli Usa, col risultato di incorrere in un sonoro fiasco.

C'era una volta un merlo canterino *** (*Žil pevčij drožd*, Urss 1973, b/n, 85') Otar Ioseliani. Con Gela Kandelaki, Gogi Čkeidze, Irina Giandieri, Elena Landia, Marina Karcivadze. ◆ Guja, il timpanista dell'orchestra sinfonica di Tbilisi (Kandelaki), arriva sempre trafelato e in disordine, ma tuttavia in tempo per eseguire le poche battute del concerto che gli spettano. Quando non è impegnato nell'orchestra, gironzola, chiacchiera con decine di persone, non arriva agli appuntamenti presi in precedenza, capita in casa di ragazze che non lo aspettano. Il suo continuo zigzagare fisico e morale, la sua incoscienza e irrequietezza ne fanno uno dei personaggi più significativi del cinema sovietico degli anni seguenti il disgelo krusciovviano: una «simpatica cicala in un mondo di formiche», ma di formiche sempre più egoiste e sempre meno preoccupate, al di là delle dichiarazioni di comodo, degli altri e della società. Uno dei film più riusciti del regista georgiano, affresco raffinato, lieve, ironico, puntuale, intelligente di una città e di un'atmosfera culturale.

C'era una volta un piccolo naviglio ** (*Saps at Sea*, Usa 1940, b/n, 57') Gordon Douglas. Con Stan Laurel, Oliver Hardy, James Finlayson, Richard Cramer, Ben Turpin, Harry Bernard. ◆ Impiegato in una fabbrica di clacson per auto, Ollio scopre di essere allergico a quel rumore e così è costretto a licenziarsi. Per rimettersi noleggia con Stanlio una barca dove però si è nascosto anche un pericoloso evaso. Ultimo film della coppia prodotto da Hal Roach, è diviso in due parti: la prima (quella della fabbrica e dell'inizio della convalescenza a casa) è molto divertente e persino surreale in alcune trovate (che portano la firma del cosceneggiatore Harry Langdon), la seconda (quella nella barca) spenta e scontata. Esilaranti gli effetti dello strabismo di Ben Turpin (operaio per la casa di Stanlio e Ollio e qui nel suo ultimo ruolo) che per colpa del suo difetto visivo «incrocia» tutti i comandi: così la cucina a gas comanda i rubinetti dell'acqua, il frigorifero fa sentire la musica, e la radio produce freddo.

C'era una volta un piccolo naviglio * (*Don't Give Up the Ship*, Usa 1959, b/n, 89') Norman Taurog. Con Jerry Lewis, Dina Merril, Diana Spencer, Mike Shaughnessy. ◆ Farsa di ambiente militare, in cui Lewis è St. John Paul Steckler VII, un tenente accusato di aver smarrito un cacciatorpediniere durante un'azione bellica. Troppo poco spazio alle gag di Jerry (un incontro di catch e un corpo a corpo con una piovra).

C'era un castello con 40 cani * (Italia/Francia/Spagna 1990, col, 105') Duccio Tessari. Con Peter Ustinov, Roberto Alpi, Salvatore Cascio, Gina Rovere, Delphine Forest, Jean-Claude Brialy. ◆ Un castello ricevuto in eredità e la scoperta della vita di campagna convincono un manager milanese (Ustinov) a lottare contro le speculazioni progettate sul maniero e a trasformarsi in un difensore della natura e, soprattutto, dei cani. Favoletta ecologica solo per cinofili, dove Ustinov (veterinario ecologista e saggio) e il piccolo Cascio fanno a gara a chi gigioneggia di più. Da un romanzo di Remo Forlani.

C'eravamo tanto amati ***½ (Italia 1974, col, 125') Ettore Scola. Con Nino Manfredi, Vittorio Gassman, Stefano Satta Flores, Stefania Sandrelli, Giovanna Ralli, Aldo Fabrizi. ◆ Trent'anni di storia italiana raccontati attraverso le storie incrociate di tre ex partigiani: Antonio (Manfredi), portantino d'ospedale, Nicola (Satta Flores), un intellettuale frustrato, e Gianni (Gassman), un avvocato arrivista, tutti e tre innamorati della stessa donna, Luciana (Sandrelli). Dagli entusiasmi e le speranze del dopoguerra alle delusioni degli anni Settanta, un'apologia del populismo comunista (impersonato da Antonio e Luciana) contro l'inconcludenza di certi intellettuali, stanchi ma recuperabili, e i tradimenti centristi. Sceneggiato da Age [Agenore Incrocci], Scarpelli e Scola con un «impeccabile meccanismo a orologeria» che intreccia le storie dei tre protagonisti a una serie di scene da antologia (il portantino Antonio che ritrova Luciana sul set della *Dolce vita*; sempre Antonio che scambia Gianni per un posteggiatore a piazza del Popolo), il film rivela una tenerezza e un'indulgenza verso i propri personaggi tali da fargli superare i limiti della commedia all'italiana. E in questo modo, mettendo al centro del film il tema del Tempo che scorre, l'intreccio narrativo permette di osservare con più emozione che amarezza i tanti ideali traditi che attraversano la storia dei tre (da quelli politici e sociali legati alla ricostruzione del Paese a quelli più culturali dell'impegno neorealista). Dedicato a Vittorio De Sica (che, come Federico Fellini, Marcello Mastroianni e Mike Bongiorno, appare nel ruolo di se stesso) è anche un omaggio al neorealismo e al cinema italiano, tra ironia e malinconia.

C'eravamo tanto odiati ** (*The Ref*, noto anche col titolo britannico *Hostile Hostages* Usa 1994, col, 97') Ted Demme. Con Judy Davis, Kevin Spacey, Denis Leary, Glynis Johns, Raymond J. Barry. ◆ La notte di Natale, in un sonnolento paese del Connecticut, Gus (Leary), ladro in fuga, prende in ostaggio i coniugi sull'orlo del divorzio Caroline (Davis) e Lloyd (Spacey): rischierà l'esaurimento nervoso, ma li aiuterà a sfogare le loro frustrazioni. Scritta da Richard LaGravenese e Marie Weiss, la commedia del nipote di Jonathan Demme gioca abilmente su meccanismi consolidati (equivoci, rovesciamenti di ruoli) e prende di mira bersagli facili (i miti americani della famiglia, del Natale, del buon vicinato, della psicanalisi), pur sfoderando una discreta dose di cattiveria: almeno sino al finale, inutilmente buonista e accomodante.

Cerca di capirmi * (Italia 1970, col, 88') Mariano Laurenti. Con Massimo Ranieri, Beba Loncar, Didi Perego, Andrea Checchi. ◆ Un ragazzo romano (Ranieri) si innamora di una straniera ma non ha il coraggio di lasciare l'Italia. Fotoromanzo di poche pretese, scritto da Maurizio Costanzo e Alessandro Continenza.

Cerca e distruggi *½ (*Search and Destroy*, Usa 1995, col, 90') David Salle. Con Griffin Dunne, Christopher Walken, John Turturro, Illeana Douglas, Dennis Hopper, Rosanna Arquette, Ethan Hawke, Dan Hedaya. ◆ L'aspirante produttore Martin Mirkhein (Dunne), alla ricerca di fondi per comprare i diritti del romanzo di un cialtrone New Age (Hopper), si associa con due narcotraficantes da operetta (Walken e Turturro), arrivando al delitto. Come parabola sul cinismo del mondo del cinema non dice nulla di nuovo, come commedia nera può contare su qualche interprete in vena di gigionerie. Ma la regia dell'esordiente Salle, noto artista newyorkese, è inetta, né si capisce cosa abbia spinto Martin Scorsese a essere coproduttore esecutivo e a comparire nella parte di un agente delle tasse. La sceneggiatura è di Michael Almereyda, la musica di Elmer Bernstein.

Cercando la Garbo ** (*Garbo Talks*, Usa 1984, col, 103') Sidney Lumet. Con Anne Bancroft, Ron Silver, Carrie Fisher, Catherine Hicks, Steven Hill. ◆ Un figlio (Silver) cerca di realizzare l'ultimo desiderio della madre (Bancroft), quello di poter incontrare Greta Garbo, notoriamente ritiratasi a vita privata dal 1941. Ritratto di vita familiare con spunti cinefili, ben interpretato, ma che scivola inesorabilmente nella melassa. Nell'ultima scena la sceneggiatrice Betty Comden interpreta la Divina.

Cercasi avventura ** (*Bulldog Drummond*, Usa 1929, b/n, 89') F. Richard Jones. Con Ronald Colman, Joan Bennett, Lilyan Tashman, Montagu Love, Lawrence Grant, Claud Allister. ◆ Bulldog (Colman) e Algy (Allister) corrono in aiuto di una ereditiera americana (Bennett) il cui zio è stato rinchiuso in una clinica per malati di mente da un dottore sadico. Piacevole ritmo da commedia (scritta da Sidney Howard), bella fotografia di Gregg Toland e George Barnes, ottima scenografia di William Cameron Menzies: con Colman nella parte di Bulldog Drummond, il personaggio acquista credibilità e fascino.

Cercasi Gesù *½ (Italia/Francia 1982, col, 106') Luigi Comencini. Con Beppe Grillo, Maria Schneider, Fernando Rey, Memé Perlini, Alexandra Stewart, Giuseppe Cederna. ◆ Un editore cattolico cerca una faccia da Gesù per lanciare un'opera a fascicoli, e la trova in Giovanni (Grillo), uno sbandato senza fissa dimora che vive presso un falegname. Mite e stralunato, Giovanni prima viene rapito dalla terrorista (Schneider) che aveva cercato di aiutare, poi viene spedito dai preti in manicomio. Forse era veramente Gesù... Parabola modestamente provocatoria, che stecca tutta la parte sul terrorismo. Grillo esordisce al cinema ma non funziona; la sceneggiatura (anche di Antonio Ricci), d'altronde, non è strepitosa.

Cercasi l'uomo giusto *½ (*Making Mr. Right*, Usa 1987, col, 95') Susan Seidelman. Con John Malkovich, Ann Magnuson, Glenne Headly, Laurie Metcalf. ◆ Uno scienziato pazzo (Malkovich) costruisce un androide a sua immagine, capace anche di innamorarsi. E cosa c'è di meglio, per una donna, di un robot bello, macho e wasp? Incrocio decisamente poco riuscito tra il mito di Frankenstein e la sophisticated comedy, con pretese di satira pseudofemminista e di fantascienza alla Woody Allen (*Il dormiglione*). Futile.

Cercasi Susan disperatamente **½ (*Desperately Seeking Susan*, Usa 1985, col, 104') Susan Seidelman. Con Rosanna Arquette, Madonna [Louise Veronica Ciccone], Aidan Quinn, Richard Hell, Steven Wright, John Turturro, John Lurie, Anne Carlisle, Giancarlo Esposito, Arto Lindsay, Ann Magnuson, Will Patton. ◆ Commedia degli equivoci in cui una romantica e frustrata casalinga di provincia (Arquette) decide di scoprire chi è la Susan (Madonna) «disperatamente cercata» su un annuncio di giornale. Finirà per essere scambiata per lei e verrà coinvolta in un intrigo giallo, ma alla fine si libererà da molte inibizioni e troverà l'amore. Mezzo underground newyorkese è coinvolto in questo divertissement leggero e frizzante che deve il suo successo alla presenza di Madonna (che non canta), allora astro nascente, e a una spregiudicata rivisitazione dei nuovi destini femminili.

Cercatori d'oro, I *½ (*Road to Utopia*, Usa 1945, b/n, 90') Hal Walker. Con Bing Crosby, Bob Hope, Dorothy Lamour, Hilary Brooke. ◆ Quarto film della serie *Road to...* (solitamente tradotti come *Avventura a...*) col terzetto Crosby-Hope-Lamour, che fornisce il solito cocktail di canzoni, gag e avventure a lieto fine, ambientate, questa volta, in Alaska, dove la legittima erede di una miniera d'oro insegue i banditi che le hanno rubato i documenti di proprietà, finiti nel frattempo nelle mani di due comici del varietà. Il doppiaggio, ovviamente, non rende Hope più digeribile.

Cerchio di fuoco, Il *½ (*Appointment with Danger*, Usa 1951, b/n, 89') Lewis Allen. Con Alan Ladd, Phyllis Calvert, Paul Stewart, Jack Webb, Harry Morgan. ◆ Un ispettore (Ladd) si infiltra in una banda e risolve un caso di omicidio con la testimonianza determinante di una suora. Un intreccio di sacro e profano che si fa ricordare perché usa come «cattivi» due attori (Webb e Morgan) famosi ai tempi come poliziotti della serie tv *Dragnet*. Ma solo negli Stati Uniti.

Cerchio si chiude, Il ** (*Framed*, Usa 1947, b/n, 82') Richard Wallace. Con Glenn Ford, Janis Carter, Barry Sullivan, Edgar Buchanan, Karen Morley, Jim Bannon. ◆ Un ingegnere minerario dal passato poco chiaro (Ford) cade nella reta di due amanti (Carter e Sullivan) che vorrebbero utilizzarlo per derubare una banca e scaricare su di lui ogni responsabilità. Ma la donna si innamora della vittima designata e all'ultimo momento cambia il piano, lasciandogli comunque la colpa di un assassinio che non ha commesso. Piccolo noir di vite perdute, sceneggiato da Ben Maddow: più o meno routine, se non fosse per la presenza conturbante di Janis Carter, femme fatale che con un po' più di fortuna avrebbe potuto rivaleggiare con Barbara Stanwyck e che sa sprigionare una carica sensuale ancor oggi intrigante, toccando punte (nella scena in cui la macchina con il suo ex amante precipita nel vuoto) di autentica frenesia erotica. Fotografia di Burnett Guffey.

Cerco il mio amore **½ (*The Gay Divorcee*, Usa 1934, b/n, 98') Mark Sandrich. Con Fred Astaire, Ginger Rogers, Alice Brady, Eric Blore, Edward Everett Horton, Erik Rhodes, Betty Grable. ◆ Classico musical in cui Fred Astaire e Ginger Rogers sono assieme per la seconda volta (e per la prima volta da protagonisti). Trama pretestuosa (un ballerino in vacanza a Brighton si innamora di un'americana in cerca di inghippi per divorziare), ma numeri di danza superlativi, tra i quali *Night and Day* di Cole Porter e *The Continental* di Con Conrad, premiato con l'Oscar. Indimenticabili Rhodes (amante italiano a pagamento col pallino della lirica e la fisarmonica) e Blore (cameriere capace di giochi linguistici per convincere i clienti a ordinare). Il titolo del musical di Broadway da cui deriva il film era *The Gay Divorce* (L'allegro divorzio), ma, per ragioni moralistiche, lo si dovette mutare in *The Gay Divorcee* (L'allegro divorziato). Ginger Rogers, sposata nella versione originale, diventa addirittura fidanzata in quella italiana.

Cerimonia, La **** (*Gishiki*, Giappone 1971, col, 122') Nagisa Oshima. Con Kenzo Kawarazaki, Atsuo Nakamura, Akiko Koyama, Atsuko Kaku, Kiyoshi Tsuchiya. ◆ La storia del Giappone dal 1947 al 1971, rivista attraverso le cerimonie che hanno segnato la vita del giovane Masuo (Kawarazaki): tre funerali e due matrimoni che mettono in evidenza lo scontro, spesso crudele, tra i formalismi di un'organizzazione tradizionale come la famiglia Sakurada (sempre pronta ad anteporre la volontà del gruppo agli interessi particolari) con la realtà in via di trasformazione che la circonda. Forse l'opera più ambiziosa del regista, tutta costruita dentro una ritualità esasperata, dove «ogni cerimonia è una tragedia in un solo atto, destinata da sempre a lasciar tutto come prima». Disperato grido di ribellione di un giapponese che cerca di fare i conti col proprio passato, macchiato da una «infamia» come la guerra che non potrà mai razionalizzare né esorcizzare. Interrogandosi sui propri fantasmi, Masuo (ma evidentemente anche Oshima stesso) ricompone così, in un'opera personalissima calata nelle radici dell'anima giapponese, i temi eterni della cultura di un Paese: l'ossessione della morte e del suicidio, la forza dei legami familiari e di clan, l'oppressione di un'autorità che continua a far sentire il peso delle tradizioni, lo scontro tra irrazionalismo e razionalismo. Bello e angoscioso.

Cerimonia infernale * (*The Ceremony*, Usa 1963, col, 105') Laurence Harvey. Con Laurence Harvey, Sarah Miles, Robert Walker jr, Fernando Rey. ◆ Un ladro che sta per essere giustiziato a Tangeri viene fatto evadere dal fratello (Harvey), il quale però ci lascia le penne. Pretenzioso melodramma per l'esordio di Harvey alla regia, in cui suona falsa anche la perorazione contro la pena di morte.

Cerimonia per un delitto ° (*Eye of the Devil*, Gb 1967, col, 92') J. Lee Thompson. Con David Niven, Deborah Kerr, Donald Pleasence, Flora Robson, Sharon Tate, David Hemmings. ◆ Il marchese di Bellac (Niven) si deve sacrificare in un rituale pagano per ossequio alle tradizioni di famiglia. La sua signora (Kerr) non è d'accordo, ma il destino è fissato. La pretesa atmosfera da incubo volge facilmente al ridicolo nonostante un buon cast.

Cerimonia segreta *½ (*Secret Ceremony*, Gb 1968, col, 109') Joseph Losey. Con Elizabeth Taylor, Mia Farrow, Robert Mitchum, Pamela Brown, Peggy Ashcroft. ◆ Una ricca orfana (Farrow) paga una prostituta (Taylor) perché le faccia da madre sostitutiva; e questa, che ha perso la figlia, prende la parte troppo seriamente. Gioco in cui è coinvolto anche un barbuto Mitchum, patrigno edipico della Farrow. Turgido psicodramma in interni liberty decisamente deludente, sceneggiato da George Tabori dal racconto dell'argentino Marco Denevi.

Certi piccolissimi peccati ** (*Un Eléphant, ça*

trompe énormément, Francia 1976, col, 105') Yves Robert. Con Jean Rochefort, Claude Brasseur, Victor Lanoux, Guy Ledos, Danièle Delorme, Annie Duperey. ◆ *Amici miei* alla francese, con quattro professionisti quarantenni che passano il tempo a scherzare, ma soprattutto ad aiutare uno di loro a conquistare una bella morettina. La Duperey si fa alzare le gonne da un soffio d'aria sopra una grata e Rochefort finisce in mutande su un cornicione, ripreso dalla televisione. Seguito da *Andremo tutti in Paradiso* e rifatto da Gene Wilder con *La signora in rosso*.

Certo certissimo anzi... probabile *½ (Italia 1969, col, 120') Marcello Fondato. Con Claudia Cardinale, Catherine Spaak, Nino Castelnuovo, John Philip Law, Antonio Sabato, Alberto Lionello, Aldo Giuffré, Francesco Mulé. ◆ Marta (Cardinale) vive con Nanda (Spaak), che cerca di rubarle gli uomini. Finalmente si sposa, ma scopre che il marito è gay. E così torna a vivere con l'amica. Commedia che ai tempi passava per spregiudicata, tratta da *Diario di una telefonista* di Dacia Maraini. Lino Banfi interpreta il ruolo del regista di fotoromanzi.

Certo giorno, Un **½ (Italia 1968, col, 95') Ermanno Olmi. Con Brunello Del Vita, Lidia Fuortes, Raffaele Modugno, Walter Valdi. ◆ Un pubblicitario rampante (Del Vita) insegue solo il successo professionale e le avventure extraconiugali. Un giorno investe un operaio e l'incidente lo porta a mettere in discussione la sua esistenza. Elogio della famiglia nei toni mesti e meditativi diventati tipici di questo regista cattolico, interessato più alla pulizia morale che ai condizionamenti sociali: l'incidente permette al protagonista di riscoprire il senso dei suoi legami con la vita, non mettendo in discussione il proprio destino ma «il modo di starci dentro», con maggior rigore sentimentale e morale.

Certosa di Parma, La * (*La Chartreuse de Parme*, Francia/Italia 1947, b/n, 170') Christian-Jaque [Christian Maudet]. Con Gérard Philipe, Maria Casarès, Maria Michi, Tina Lattanzi, Louis Salou, Tullio Carminati, Renée Faure, Lucien Coëdel, Louis Seigner, Enrico Glori. ◆ Gérard Philipe nei panni di Fabrizio Del Dongo – giovane nobile italiano alla conquista della sua felicità, tra la Sanseverina (Casarès), il principe Mosca (Carminati) e la giovane Clelia (Faure) – ha anche una faccia stendhaliana, ma Christian-Jaque banalizza un capolavoro per altro infilmabile: la sceneggiatura (di Pierre Véry) ha cancellato tutto quello che precede l'arrivo di Fabrizio a Parma, battaglia di Waterloo compresa, per sviluppare, con poca fedeltà al testo, gli episodi che seguono la sua evasione. Ne risulta un film sontuoso ma superficiale. Ai tempi distribuito in due episodi: *L'ombra del patibolo* e *Amanti senza speranza*.

Cervellini fritti impanati *½ (Italia 1996, col, 105') Maurizio Zaccaro. Con Anna Galiena, Alessandro Haber, Roberto Citran, Dannis Lawson. ◆ Portiere in un grande albergo, Valerio (Citran) è succube del fratello Antonio (Haber), diventato schizofrenico in seguito a un trauma di cui si sente responsabile. L'amore per Marianna (Galiena), con cui vorrebbe convivere, lo costringe a prendere in mano la situazione, ma la gita a tre nella laguna di Marano prende una piega drammatica. Un film su commissione per Zaccaro che riprende e rielabora la pièce di Vittorio Franceschi *Scacco pazzo*, messa in scena a teatro da Nanny Loy nel 1991 (il film è dedicato al regista scomparso): un veicolo per Haber mattatore, pazzo simpatico e non violento, ma niente di più. La Galiena è prima bruna e poi bionda. Chi affitta la barca ai tre è Skardy dei Pitura Freska. Lo sciagurato e fuorviante titolo imposto dalla produzione al posto di *Testa matta* voleva richiamare evidentemente *Pomodori verdi fritti*.

Cervello, Il *½ (*Le Cerveau*, Francia/Italia 1969, col, 115') Gérard Oury. Con Jean-Paul Belmondo, David Niven, Bourvil, Eli Wallach, Sylvia Monti. ◆ Storia semiumoristica di una rapina con successiva caccia al bottino. Come prevedibile, tutti resteranno a bocca asciutta. Giallorosa in confezione internazionale uguale a cento altri.

Cervello da un miliardo di dollari, Il *½ (*Billion Dollar Brain*, Gb 1967, col, 105') Ken Russell. Con Michael Caine, Françoise Dorléac, Karl Malden, Oscar Homolka, Ed Begley. ◆ Terza e peggiore avventura dell'agente Harry Palmer, dopo *Ipcress* e *Funerale a Berlino*. Questa volta il cattivo è un miliardario texano (Malden) che vuole far scoppiare la terza guerra mondiale. Girato in Finlandia, con sequenze sul ghiaccio che pretendono di citare *Alexander Nevskij*. Qualche svolazzo di regia per un Russell non ancora affermato. La cosa migliore sono i titoli di testa. Ultimo film della prematuramente scomparsa Françoise Dorléac, sorella di Catherine Deneuve.

Cervello dei morti viventi, Il * (*Nothing But the Night*, Gb 1972, col, 90') Peter Sasdy. Con Christopher Lee, Peter Cushing, Diana Dors, Georgia Brown. ◆ Una setta cerca l'immortalità proiettando le proprie volontà nei corpi dei bambini. Thriller con la pretesa di elevarsi al di sopra del cinema di genere, ma che risulta solo fiacco e noioso. Prodotto da Chris-topher Lee.

Cervello di Frankenstein, Il *½ (*Abbot and Costello Meet Frankenstein*, Usa 1948, b/n, 83') Charles Barton. Con Bud Abbot, Lou Costello, Bela Lugosi, Lon Chaney jr, Lenore Aubert. ◆ Prima di una serie di parodie in cui Abbot e Costello (italianamente, Gianni e Pinotto) incontrano le star dell'horror hollywoodiano. Dracula (Lugosi) progetta di mettere il cervello di Costello dentro Frankenstein; Chaney è il lupo mannaro che aiuta i due sprovveduti.

Cesar *** (*César*, Francia 1936, b/n, 135') Marcel Pagnol. Con Raimu [Jules Muraire], Pierre Fresnay, Fernand Charpin, Orane Demazis, André Fouché, Alida Rouffe, Milly Mathis, Paul Dullac, Robert Vattier. ◆ Sono passati vent'anni dai fatti raccontati in *Fanny*: Panisse (Charpin) muore e Césariot (Fouché), che ha saputo dalla madre (Demazis) chi è il suo vero padre va a Tolone per scoprire chi sia davvero Marius (Fresnay). Per un equivoco lo scambia per un poco di buono ma poi tutto si chiarisce e i due eterni «fidanzati» decidono finalmente di sposarsi con la benedizione del vecchio César (Raimu) e del giovane Césariot. Il film che conclude la trilogia iniziata con *Marius*

(1931) e *Fanny* (1932) viene scritto da Pagnol direttamente per il grande schermo (e non per il teatro come i due precedenti) e diretto personalmente dal suo autore. La messinscena sfrutta perfettamente la componente corale del racconto e la forza di questa «fiaba regionalistica», che l'autore aveva messo a punto nei testi precedenti, riesce a far vivere nei suoi personaggi i temi eterni della vita umana, come il conflitto generazionale, il contrasto tra romanticherie sognate e la banale pienezza della realtà quotidiana, l'amore diviso e spesso contrastato. Anche se qualche volta si lascia andare a qualche ricercatezza stilistica di troppo e a qualche «inutile» divagazione comica (come il funerale di Panisse a cui César partecipa con un cappello non suo), il film mantiene un'effervescenza che il tempo non ha intaccato e che si ritrova tutta intera nei dialoghi, mezzi privilegiati nella poetica di Pagnol per comunicare e ingannare, per esprimersi e nascondersi insieme. Nella realtà Orane Demazis era la moglie di Pagnol.

Cesare e Cleopatra *½ (*Caesar and Cleopatra*, Gb 1946, col, 134') Gabriel Pascal. Con Vivien Leigh, Claude Rains, Stewart Granger, Flora Robson, Anthony Harvey, Jean Simmons. ◆ Dalla commedia di G.B. Shaw, racconta con toni parodistici l'incontro tra un condottiero romano, presentato negli abiti mentali di un puritano anglosassone, e una femme fatale ridotta a imbalsamata mummietta. Uno dei più costosi film inglesi di ogni tempo: due anni e mezzo di lavorazione, e sabbia fatta venire dall'Egitto. Il cast già ai tempi destò dei dubbi: Vivien Leigh (Cleopatra) credeva ancora di essere in *Via col vento*, e Claude Rains (Cesare) non aveva la stoffa del protagonista. Come stravaganza, è ancora in attesa di una rivalutazione.

C'è sempre un domani *** (*The Pride of the Marines*, Usa 1945, b/n, 119') Delmer Daves. Con John Garfield, Eleanor Parker, Dane Clark, John Ridgely, Ann Todd. ◆ Un marine (Garfield) viene accecato durante un attacco giapponese; vorrebbe fuggire da tutti, ma la fidanzata (Parker) gli fa tornare la voglia di vivere. Bel melodramma scritto da Albert Maltz, uno dei primi a occuparsi dell'inserimento dei reduci della guerra appena finita. Il dialogo tra i soldati feriti è una delle pagine più politiche della Hollywood di allora.

C'è sotto una donna ** (*There's Always a Woman*, Usa 1938, b/n, 82') Alexander Hall. Con Joan Blondell, Melvyn Douglas, Mary Astor, Frances Drake. ◆ Giallorosa sulla scia dell'*Uomo ombra*: la moglie (Blondell) del detective privato (Douglas) lavora di nascosto allo stesso caso del marito, e anzi lo precede nella soluzione. Una commedia piacevolmente di routine.

C'è un fantasma nel mio letto * (Italia/Spagna 1981, col, 94') Claudio De Molinis [Claudio Giorgi]. Con Renzo Montagnani, Lilli Carati, Vincenzo Crocitti, Vanessa Hidalgo, Luciana Turina, Guerrino Trivello, Alejandra Crepi. ◆ In viaggio di nozze in Inghilterra, Camillo Fumagalli (Crocitti) e sua moglie Adelaide (Carati) finiscono in un castello infestato dal fantasma di un barone donnaiolo (Montagnani) che saprà sostituirsi allo sprovveduto neomarito: la donna dimostra di gradire, non altrettanto il valletto (Trivello) dello spirito. L'idea più o meno dichiarata era quella di fare una versione «casereccia» del *Rocky Horror Picture Show*, il risultato è solo un campionario di corpi nudi (della Carati ma anche della Hidalgo) e di battutacce volgari. La Turina è una cuoca assatanata.

C'è... un fantasma tra noi due ° (*Kiss Me Goodbye*, Usa 1982, col, 102') Robert Mulligan. Con Sally Field, James Caan, Jeff Bridges, Paul Dooley, Claire Trevor. ◆ Remake di *Donna Flor e i suoi due mariti*, con Sally Field visitata dal fantasma dell'ex marito (Caan), proprio mentre sta per sposare un nuovo pretendente (Bridges). Fallimentare sia come commedia romantico-fantastica che come commedia sofisticata e maliziosa. Un passo decisamente falso di un regista altrove straordinario.

C'è un sentiero nel cielo * (Italia 1957, b/n, 95') Marino Girolami. Con Claudio Villa, Ivana Kislinger, Dante Maggio, Carlo Campanini, Pina Gallini, Laura Carli, Aldo Silvani, Enio Girolami, Wandisa Guida, Arturo Bragaglia. ◆ Per favorire il proprio figlio (Girolami), l'avida zia (Carli) ha fatto sparire il testamento del ricco nonno (Silvani) a favore di Manuela (Kislinger), sposata con un tenore (Villa) costretto a cantare canzoni napoletane nelle taverne per campare. Ma il maggiordomo (Campanini), che conosce la verità, non si dà per vinto. Commedia sentimentale con aspirazioni melodrammatiche, stranamente ambientata in una improbabile Madrid, dove i cattivi non si ravvedono e la polizia crede alla parola dei ladri colti sul fatto. Claudio Villa, che si esibisce anche in *Una furtiva lacrima*, ha la faccia disperata più comica del cinema.

Chacal di Nahueltoro, El *** (*El chacal de Nahueltoro*, Cile 1969, b/n, 100') Miguel Littin. Con Nelson Villagra, Shenda Romá, Marcelo Romo, Luis Melo. ◆ Ricostruzione della vicenda realmente accaduta in Cile di José Carmen Valenzuela Torres (Villagra), un diseredato che uccide la convivente e i cinque figli di lei. La prigione, primo contatto col «benessere», lo cambierà profondamente e davanti al plotone di esecuzione c'è un uomo nuovo, ma è troppo tardi. Film girato in stato di grazia da Littin a cui non è estranea la lezione del nostro neorealismo: dietro il fatto di cronaca, cerca le ragioni antropologiche, storiche e morali della sperequazione sociale (e politica) a cui è condannato il popolo latinoamericano. Drammaticissima fotografia in bianco e nero di Hector Rios.

Challenge, The → *voce «Bulldog Drummond»*

Chamade, La ** (*La Chamade*, Francia 1968, col, 99') Alain Cavalier. Con Michel Piccoli, Catherine Deneuve, Roger Van Hool, Amidou. ◆ La Chamade è il rullo di tamburi che annuncia la resa. Qui la Deneuve lascia il ricco amante per fare la bohémienne; ma quando si ritrova in attesa di un figlio indesiderato, ritorna pentita all'ovile. Dramma di amore e soldi firmato Françoise Sagan, portato sullo schermo da un Cavalier ancora imbrigliato da condizionamenti produttivi.

Chambre en ville, Une ° (*Une Chambre en ville*, Francia 1982, col, 92') Jacques Demy. Con Dominique Sanda, Michel Piccoli, Danielle Darrieux, Richard Berry, Jean-François Stévenin. ◆ Amore, morte e politica a Nantes negli anni Cinquanta: un operaio (Berry) lascia la sua ragazza, incinta, per una borghese degenerata (Sanda), che va in giro nuda sotto la pelliccia. Quando la scopre, il marito impotente (Piccoli, in uno dei ruoli più ingrati della sua carriera) si taglia la gola davanti a lei, che a sua volta si suiciderà sul cadavere dell'operaio, morto durante una manifestazione. Sullo sfondo di epici scioperi ferocemente repressi dalla polizia un film interamente cantato (come *Les Parapluies de Cherbourg*), che rievoca il realismo poetico di Carné e ricerca le situazioni più esasperate e melodrammatiche, con notevole sprezzo del ridicolo: Demy osa troppo, e stecca.

Champagne in paradiso * (Italia 1984, col, 91') Aldo Grimaldi [e Maurizio Lucidi]. Con Al Bano [Albano Carrisi], Romina Power, Francesca Romana Coluzzi, Gegia [Francesca Antonaci], Edmund Purdom, Gianni Magni, Gigi Reder, Anna Mazzamauro, Renzo Montagnani. ◆ Ormai nonni, Marco e Paola (Al Bano e Power) raccontano ai nipotini (Ylenia e Yari, nella realtà i loro veri figli) la loro storia d'amore: supplente licenziato per gli scherzi dell'intemperante Paola, il professor Allegri ritrova la sua studentessa per darle lezioni private e inevitabile sboccia l'idillio. Specie di squinternato racconto autobiografico, sceneggiato dallo stesso Al Bano e ambientato in un mondo di belle statuine (non mancano neanche dei succedanei di Peppone e don Camillo che giocano a scopone al bar, interpretati da Magni e Montagnani), che sembra voler confermare la vulgata diffusa dai giornali sui caratteri della coppia: imprevedibile e con un passato un po' troppo vivace Romina; povero, lavoratore e naturalmente comprensivo Al Bano. Comunque epocali le scene di apertura e chiusura, con i due invecchiatissimi e con fantasmagoriche parrucche bianche.

Champions * (*Champions*, Gb 1983, col, 115') John Irvin. Con John Hurt, Edward Woodward, Ben Johnson, Kirstie Alley. ◆ Un famoso fantino (Hurt) si ammala di cancro e il suo cavallo favorito si azzoppa. Entrambi però trovano la forza di guarire e, insieme, vincono il Grand National. Basato su una storia vera, un film troppo schematico che usa tutti i mezzi (anche i bambini malati) per ricattare attraverso le emozioni lo spettatore.

Chandler * (*Chandler*, Usa 1972, col, 88') Paul Magwood. Con Warren Oates, Leslie Caron, Gloria Grahame, Alex Dreier. ◆ Detective privato alcolizzato si innamora di una testimone che deve proteggere. L'ottimo Warren Oates non salva il film dalla mediocrità, e l'evocazione del nome di Chandler è del tutto gratuita.

Changeling * (*The Changeling*, Canada 1980, col, 109') Peter Medak. Con George C. Scott, Trish Van Devere, Melvyn Douglas, John Colicos. ◆ Compositore da poco vedovo si trasferisce in una casa infestata dal fantasma di un bimbo ucciso alcuni anni prima. Thriller parapsicologico vecchio stile e senza tocchi d'autore, sostanzialmente una noia. Trish Van Devere è la moglie di Scott anche nella realtà.

Chaplin → *Charlot (Chaplin)*

Chappaqua ** (*Chappaqua*, Usa 1966, col, 92') Conrad Rooks. Con Conrad Rooks, Jean-Louis Barrault, William S. Burroughs, Ravi Shankar, Allen Ginsberg, Peter Orlovsky, Ornette Coleman. ◆ Prodotto, diretto e interpretato da un ricco bizzarro che non si è più fatto sentire in seguito, è la storia, autobiografica, di un drogato (Rooks) che cerca di disintossicarsi a Parigi: visioni psichedeliche e miti della beat generation, in omaggio ai quali Ginsberg si fa riprendere a Central Park con il cappello a cilindro stile zio Sam (su cui è scritto *I want you for US Army*) mentre intona un mantra accompagnandosi con un cimbali. La splendida colonna sonora di Ornette Coleman non fu utilizzata nel montaggio definitivo e fu rimpiazzata da quella di Shankar. Riprese di Robert Frank. Leone d'argento a Venezia grazie all'interessamento del giurato Michel Butor.

Character - Bastardo eccellente ** (*Karakter*, Olanda 1997, col, 128') Mike Van Diem. Con Jan Decleir, Fedja Van Huêt, Betty Schuurman, Tamar van der Dop, Victor Löw. ◆ A Rotterdam, negli anni Venti, Jakob Katadreuffe (van Huêt), figlio illegittimo del crudele ufficiale giudiziario Dreehaven (Decleir), riesce a scalare la gerarchia dei travet malgrado l'ostilità dello spietato genitore: ma poi è l'indiziato numero uno del suo omicidio. Tra flashback e accurate ricostruzioni d'epoca, tutto quello che ci si aspetta da un Oscar per il miglior film straniero: un romanzone girato bene, accademico, impersonale, con personaggi *bigger than life* e appena un tocco di grevità olandese. Il regista ha adattato un libro di Ferdinand Bordewijk.

Charles mort ou vif **½ (*Charles, mort ou vif*, Svizzera 1969, b/n, 90') Alain Tanner. Con François Simon, Marcel Robert, Marie-Claire Dufur. ◆ Ricco industriale di orologi, Charles Dé (Simon), decide di piantare tutto: fa nuove amicizie, ritrova la figlia rivoluzionaria, ma finisce alcolizzato e viene chiuso in una clinica psichiatrica. Tanner, per il suo esordio (premiato a Locarno), si ispira a una storia vera e rappresenta una Svizzera grigia e disperata, allora controcorrente. Costruito come una specie di «poema contestatario, corrosivo ma con molta tenerezza e malinconico quasi fino alla disperazione», il film (scritto dopo lunghe discussioni con John Berger) traccia senza nessuna condiscendenza il bilancio di un sessantenne che è poi quello di un Paese, lacerato tra il desiderio di ricominciare da zero e la realtà mediocre e grigia. Indimenticabile il viso del protagonista, figlio di Michel Simon.

Charleston *½ (Italia 1978, col, 96') Marcello Fondato. Con Bud Spencer [Carlo Pedersoli], James Coco, Herbert Lom, Michele Starck, Peter Glaze. ◆ «Charleston» (Spencer) è un truffatore internazionale, la cui vittima designata è un miliardario gangster (Coco), al quale fa credere che una guerra tra arabi e israeliani ha improvvisamente fatto alzare le quotazioni delle sue navi. Film derivato dalla *Stangata*, con Bud Spencer meno manesco del solito che si produce in un numero di canto e danza. Senza Terence Hill però il divertimento (già modesto) si dimezza.

Charlie: anche i cani vanno in paradiso *½ (*All Dogs Go to Heaven*, Usa/Irlanda 1989, col, 85') Don Bluth. ◆ Ucciso da Carface, il cane con cui gestiva una bisca, il pastore tedesco Charlie finisce in Paradiso, ma qui riesce a rimettere in moto il suo orologio della vita e a tornare sulla terra per vendicarsi. Scoprirà che la fortuna di Carface era merito di Anne-Marie, una bambina che parla agli animali (e scopre chi vincerà le corse) e cercherà di sfruttare a suo vantaggio la situazione, ma poi l'affetto per l'orfanella porterà Charlie a sacrificare la sua vita per la bambina, permettendogli così di tornare in Paradiso. La prova più deludente dell'animatore Don Bluth che qui si limita a riciclare vecchie idee con una storia sgangherata e ripetitiva. Godibile solo un numero musicale con un alligatore cajun. I personaggi ritornano in *Le nuove avventure di Charlie* (1996).

Charlie Chan

È questo il nome dell'ispettore cinese in forze alla polizia di Honolulu, creato dall'ex critico e commediografo Earl Derr Biggers nel romanzo *La casa senza chiave* (*The House Without a Key*, 1925). Il successo premiò immediatamente questo detective «essenzialmente grasso, la cui andatura era lieve come quella di una donna. Le sue guance erano lisce come quelle di un bambino, la sua pelle color avorio, i suoi occhi ambrati e obliqui. E s'inchinava con una cortesia rara nella nostra epoca strafottente...».

Al centro di altri cinque romanzi, Charlie Chan sopravvisse alla morte del suo creatore (1933) grazie al cinema, che l'ha reso protagonista di una cinquantina di film – le cui storie sono state quasi tutte inventate di sana pianta da un gruppo di sceneggiatori – attraverso varie interpretazioni (la più famosa è quella di Warner Oland), una gran quantità di serial radiofonici, alcuni adattamenti teatrali, una striscia a fumetti quotidiana (firmata da Alfred Andriola tra il 1938 e il 1942), due serie televisive e una di cartoni animati.

Il primo a portare sullo schermo il personaggio di Charlie Chan fu l'attore di origine giapponese George Kuwa (nel serial *The House Without a Key*, 1926), seguito dal cinese Kamiyama Sojin (*The Chinese Parrot*, 1928 di Paul Leni) e dall'americano E.L. Park (*Behind That Courtain*, 1929 di Irving Cummings). Ma il successo popolare doveva arrivare con il quarto interprete, Warner Oland, scelto per il ruolo dalla moglie di Derr Biggers perché, nonostante le origini svedesi (all'anagrafe faceva Werner Ölund), aveva un'intima rassomiglianza con il dolce, ma inesorabile ispettore, capace di risolvere ogni mistero con l'aiuto dei suoi «sette fiori»: cortesia, umorismo, pazienza, lentezza, rassegnazione, umiltà e prudenza. Oland interpretò sedici film di Charlie Chan, quattro dei quali (compreso il primo) sono sfortunatamente andati persi: *Charlie Chan Carries On* (di Hamilton MacFadden, 1931), *Charlie Chan's Chance* (di John Blyston, 1932), *Charlie Chan's Greatest Case* (di Hamilton MacFadden, 1933) e *Charlie Chan's Courage* (di George Hadden, 1933). Un contributo fondamentale al successo dei film fu dato dalla scelta di Keye Luke di interpretare la parte di Lee, il suo «figlio numero uno» a partire dal film *L'uomo dai due volti* (1935), permettendo così alle storie di aumentare piacevolezza e humour. La morte di Oland nel 1937 non fermò la Century Fox, che decise di continuare a produrre le avventure di Charlie Chan (sempre di durata non superiore ai 75 minuti) scegliendo come nuovo protagonista Sidney Toler (primo film: *Charlie Chan in Honolulu*, 1938) affiancato da Sen Yung nel ruolo di Jimmy Chan, il «figlio numero due». Toler interpretò ventidue volte il detective cinese, per la Fox fino al 1942 e per la Monogram Pictures fino alla sua morte, avvenuta nel 1947. Fu sostituito da Roland Winters che interpretò i sei ultimi film della serie Monogram, dal 1947 al 1949.

Negli anni Cinquanta il personaggio, col volto di J. Carrol Naish (che aveva recitato al fianco di Oland in *Il terrore del circo*), apparve in televisione in 39 puntate di mezz'ora l'una, *The New Adventures of Charlie Chan*, prodotte dall'inglese Vision/Itc. In anni più recenti Charlie Chan è stato ripreso, in verità senza che se ne sentisse il bisogno, da Ross Martin nel tv-movie inglese *Charlie Chan: Happiness Is a Warm Clue* (di Daryl Duke, 1971) e da Peter Ustinov (in una delle sue peggiori interpretazioni: da dimenticare) in *Charlie Chan e la maledizione della Regina Drago* (di Clive Donner, 1981).

I film migliori, e ancor oggi maggiormente godibili, rimangono quelli prodotti tra la fine degli anni Trenta e i primissimi anni Quaranta, piuttosto ben sceneggiati (notevole il lavoro di John Larkin, per esempio, in *Charlie Chan nell'isola del tesoro*), nei quali la preoccupazione di scoprire l'assassino è stemperata da una buona dose di umorismo (spesso sintetizzata in una serie di massime e aforismi – la più famosa: «Alibi è come pesce morto, non resiste alla prova del tempo» – che sono il marchio di fabbrica dell'indagine alla Charlie Chan e che sono diventate popolarissime tra il pubblico statunitense, tanto che John F. Kennedy, trent'anni dopo, ne parafrasò una in un suo discorso) e sorretta da un uso sapiente degli attori caratteristi (Boris Karloff e William Demarest in *Il pugnale scomparso*, Cesar Romero in *Charlie Chan nell'isola del tesoro*, Rita Cansino non ancora Rita Hayworth in *Il segreto delle piramidi*, Layne Tom jr, che interpreta il ruolo di Charlie Chan jr nell'inedito *Charlie Chan in Honolulu*, Mantan Moreland in quasi tutti i film Monogram, Lon Chaney jr in *Mezzanotte a Broadway*, Mary Nash e Jack La Rue in *Charlie Chan a Panama*).

I FILM

Behind That Curtain * (Usa 1929, b/n, 90') Irving Cummings. Con Warner Baxter, Lois Moran, E.L. Park, Gilbert Emery, Boris Karloff. ◆ Un'ereditiera (Moran) vittima delle mascalzonate del marito, trova aiuto tra le braccia di un nuovo uomo (Baxter). Melodramma senza particolari interessi, è il primo film parlato in cui appare il personaggio di Charlie Chan (interpretato da E.L. Park) che si limita però a entrare in scena verso la fine del film. È tratto, con una certa libertà, dal romanzo *Charlie Chan e la donna inesistente*, conosciuto anche col titolo *Sangue sul grattacielo*. Inedito in Italia.

Charlie Chan Carries On (Usa 1931, b/n) Hamilton MacFadden. ◆ Primo film interpretato da Warner Oland. È andato perduto. È stato rifatto nel 1940 col titolo *Charlie Chan e la crociera del terrore*.

Black Camel *½ (Usa 1931, b/n, 71') Hamilton MacFadden. Con Warner Oland, Sally Eilers, Bela Lugosi, Dorothy Revier, Victor Varconi, Robert Young. ◆ Charlie Chan è coinvolto nell'omicidio di un regista da parte di un'attricetta. Tratto dal romanzo *Charlie Chan e il cammello nero*, è un film che può contare su un buon cast e alcune piacevoli scenette sulla vita domestica dell'investigatore attorniato dai suoi dieci figli. Inedito in Italia.

Charlie Chan's Chance (Usa 1932, b/n) John G. Blystone. Con Warner Oland. ◆ Tratto dal romanzo *Charlie Chan e la donna inesistente* o *Sangue sul grattacielo*. È andato perduto.

Charlie Chan's Greatest Case (Usa 1933, b/n) Hamilton MacFadden. Con Warner Oland. ◆ Tratto dal romanzo *La casa senza chiavi*. È andato perduto.

Charlie Chan's Courage (Usa 1934, b/n) George Hadden. Con Warner Oland. ◆ Tratto dal romanzo *Il pappagallo cinese*. È andato perduto.

Il nemico invisibile (1934) di Eugene Forde
L'uomo dai due volti (1935) di Lewis Seiler
Il segreto delle piramidi (1935) di Louis King
L'artiglio giallo (1935) di James Tinling
L'ora che uccide (1936) di Gordon Wiles
Il tesoro del circo (1936) di Harry Lackman
La freccia avvelenata (1936) di Bruce Humberstone
Il pugnale scomparso (1937) di Bruce Humbeistone
Charlie Chan alle Olimpiadi (1937) di Bruce Humberstone
Mezzanotte a San Francisco (1937) di Josephe Peoney
La valigia dei venti milioni (1937) di Eugene Forde

Charlie Chan in Honolulu *½ (Usa 1938, b/n, 68') Bruce Humberstone. Con Sidney Toler, Phyllis Brooks, Sen Yung, Eddie Collins, John King, Claire Dodd, Layne Tom jr. ◆ Charlie Chan (Toler) deve scoprire il responsabile di un assassinio avvenuto su una nave ancorata alle Hawaii proprio mentre la moglie sta dandogli un altro figlio. Da un soggetto originale di Charles S. Belden, è il primo film interpretato da Sidney Toler, che accentuò nella sua interpretazione la componente di servizievole sottomissione orientale del personaggio. Fa il suo debutto anche il «figlio numero due» interpretato da Sen Yung. Inedito in Italia.

Charlie Chan a Reno (1939) di Norman Foster
Charlie Chan nell'isola del tesoro (1939) di Norman Foster

Charlie Chan in City in Darkness * (Usa 1939, b/n, 75') Herbert I. Leeds. Con Sidney Toler, Lynn Bari, Richard Clarke, Harold Huber, Pedro de Cordoba, Lon Chaney jr, Leo G. Carroll. ◆ A Parigi Charlie Chan smaschera un commerciante di marmi che traffica con la Germania. Tratto dalla pièce di Gina Kaus e Ladislav Fodor (modificata da Robert Ellis e Helen Logan per far introdurre il personaggio di Charlie Chan), è un film evidentemente soffocato dalle preoccupazioni propagandistiche. Inedito in Italia.

Charlie Chan a Panama (1940) di Norman Foster
Charlie Chan e la crociera del terrore (1940) di Eugene Forde
Charlie Chan al museo delle cere (1940) di Lynn Shores
Charlie Chan: delitto a New York (1940) di Harry Lachman
Charlie Chan e i morti che parlano (1941) di Harry Lachman
Charlie Chan a Rio (1941) di Harry Lachman
Charlie Chan e il castello nel deserto (1942) di Harry Lachman

Charlie Chan in the Secret Service * (Usa 1944, b/n, 63') Phil Rosen. Con Sidney Toler, Mantan Moreland, Gwen Kenyon, Benson Fong, Arthur Loft. ◆ Charlie Chan (Toler) trova l'assassino di un inventore. Da una sceneggiatura originale di George Callahan, il primo dei film prodotti dalla Monogram, decisamente di bassa qualità. Inedito in Italia.

The Chinese Cat * (Usa 1944, b/n, 65') Phil Rosen. Con Sidney Toler, Benson Fong, Mantan Moreland, Weldon Heyburn, Joan Woodbury. ◆ Charlie Chan (Toler) è coinvolto in una serie di morti legate dal tentativo di impadronirsi di una statuetta che nasconde un diamante grezzo. Sceneggiatura originale di George Callahan. Inedito in Italia.

Black Magic * (rititolato *Meeting at Midnight*, Usa 1944, b/n, 67') Phil Rosen. Con Sidney Toler, Mantan Moreland, Frances Chan, Joe Crehan, Jaqueline DeWit, Helen Beverly. ◆ Charlie Chan (Toler) deve scoprire il responsabile di un omicidio avvenuto durante una seduta spiritica. Sceneggiatura originale di George Callahan. Inedito in Italia.

The Jade Mask * (Usa 1945, b/n, 66') Phil Rosen. Con Sidney Toler, Mantan Moreland, Edwin Luke, Janet Warren, Edith Evanson. ◆ Charlie Chan (Toler) deve arrestare una coppia di criminali abilissima nel mascherarsi e assumere identità segrete. Sceneggiatura di George Callahan. Inedito in Italia.

The Scarlet Clue * (Usa 1945, b/n, 65') Phil Rosen. Con Sidney Toler, Mantan Moreland, Benson Fong, Helen Devereaux, Jack Norton, Janet Shaw. ◆ Charlie Chan (Toler) insegue un gruppo di spie che hanno rubato i piani segreti di un radar. Sceneggiatura originale di George Callahan. Nella sua mediocrità è probabilmente il migliore dei Charlie Chan prodotti dalla Monogram. Inedito in Italia.

The Shanghai Cobra * (Usa 1945, b/n, 64') Phil Karlson. Con Sidney Toler, Benson Fong, Mantan Moreland, Joan Barclay, Walter Fenner, George Chandler, James Cardwell, Addison Richards. ◆ Charlie Chan (Toler) smaschera una banda di assassini che uccide le sue vittime con il morso di un serpente. Sceneggiatura originale di George Callahan. Inedito in Italia.

Charlie Chan e il drago rosso (1945) di Phil Rosen
Charlie Chan e l'alibi oscuro (1946) di Phil Karlson
Charlie Chan a Chinatown (1946) di Terry Morse
Charlie Chan e il denaro che scotta (1946) di Terry Morse

Charlie Chan in trappola (1947) di Howard Bretherton
L'anello cinese (1947) di William Beaudine
I docks di New Orleans (1948) di Derwin Abrahams
Lo scrigno orientale (1948) di William Beaudine
L'occhio d'oro (1948) di William Beaudine
Il serpente piumato (1949) di Lesley Selander
Il drago volante (1949) di Lesley Selander
Charlie Chan e la maledizione della regina Drago (1981) di Clive Donner

---

Charlie Chan a Chinatown * (*Shadows Over Chinatown*, Usa 1946, b/n, 61') Terry Morse. Con Sidney Toler, Mantan Moreland, Sen Yung, Tanis Chandler, Bruce Kellogg, Jack Norton. ◆ Arrivato a San Francisco, Charlie Chan (Toler) scopre che tutta una serie di omicidi sono collegati a una truffa ai danni di un'assicurazione. Sceneggiatura originale di Raymond Schrock.

Charlie Chan alle Olimpiadi *½ (*Charlie Chan at the Olympics*, Usa 1937, b/n, 71') Bruce Humberstone. Con Warner Oland, Keye Luke, Katherine DeMille, Pauline Moore, Allan Lane, Jonathan Hale, Morgan Wallace, Layne Tom jr, John Eldredge. ◆ Sulle tracce di un pericolosissimo dispositivo elettronico che è stato rubato, Charlie Chan (Oland) arriva a Berlino dove il «figlio numero uno» (Luke) è rapito per vendetta. Da una sceneggiatura originale di Robert Ellis e Helen Logan, il film mescola spezzoni documentari sulle gare olimpioniche con le avventure del detective e alcune divertenti digressioni con Charlie Chan jr (Tom). È il primo film che anche in Italia porta il nome di Charlie Chan nel titolo.

Charlie Chan al museo delle cere *½ (*Charlie Chan at the Wax Museum*, Usa 1940, b/n, 63') Lynn Shores. Con Sidney Toler, Sen Yung, C. Henry Gordon, Marc Lawrence, Joan Valerie. ◆ Un criminale, abilissimo nel modificare i lineamenti del proprio volto, si nasconde dentro un museo delle cere, ma non sfuggirà alla caccia di Charlie Chan (Toler). Da una sceneggiatura originale di John Larkin, un discreto thriller con qualche bella scena di tensione.

Charlie Chan a Panama * (*Charlie Chan in Panama*, Usa 1940, b/n, 67') Norman Foster. Con Sidney Toler, Jean Rogers, Kane Richmond, Lionel Atwill, Mary Nash, Jack La Rue, Sen Yung. ◆ Charlie Chan (Toler) sventa un piano per sabotare il canale di Panama e bloccare i movimenti della flotta americana. Sceneggiatura originale di John Larkin e Lester Ziffren: solo propaganda o poco più.

Charlie Chan a Reno *½ (*Charlie Chan in Reno*, Usa 1939, b/n, 70') Norman Foster. Con Sidney Toler, Ricardo Cortez, Phyllis Brooks, Pauline Moore, Sen Yung, Slum Summerville. ◆ Charlie Chan (Toler) scagiona da una falsa accusa di omicidio una donna hawaiana venuta a Reno, nel Nevada, per divorziare. Tratto dal romanzo di Philip Wilit, adattato da Frances Hyland, Albert Ray e Robert Kent che introducono nella trama il personaggio di Charlie Chan.

Charlie Chan a Rio *½ (*Charlie Chan in Rio*, Usa 1941, b/n, 61') Harry Lachman. Con Sidney Toler, Mary Beth Hughes, Cobina Wright jr, Ted [Michael] North, Sen Yung, Victor Jory. ◆ Arrivato in Brasile, Charlie Chan (Toler) collabora alla soluzione dell'enigma che si nasconde dietro un duplice omicidio. Sceneggiato da Samuel G. Engel e Lester Ziffren, è un libero rifacimento di *Black Camel* (1931) il regista del quale, Hamilton MacFadden, appare in questo film nella parte di Bill Kellogg.

Charlie Chan: delitto a New York *½ (*Murder Over New York*, Usa 1940, b/n, 65') Harry Lachman. Con Sidney Toler, Marjorie Weaver, Robert Lowery, Ricardo Cortez, Sen Yung, Melville Cooper. ◆ Charlie Chan (Toler) smaschera una banda di sabotatori che opera a New York. Soggetto originale di John Larkin.

Charlie Chan e il castello nel deserto ** (*Castle in the Desert*, Usa 1942, b/n, 62') Harry Lachman. Con Sidney Toler, Arleen Whelan, Richard Derr, Douglass Dumbrille, Sen Yung, Ethel Griffies. ◆ Invitato in uno spettrale castello nel deserto del Mojave, Charlie Chan (Toler) smaschera l'assassino che si nasconde tra gli ospiti, il quale tenta di eliminare gli eredi di una grande fortuna. Sceneggiato da John Larkin è l'ultimo film prodotto dalla Twentieth Century-Fox.

Charlie Chan e il denaro che scotta * (*Dangerous Money*, Usa 1946, b/n, 64') Terry Morse. Con Sidney Toler, Sen Yung, Willie Best, Joseph Crehan, Alaine Lange, Amira Moustafa. ◆ Charlie Chan (Toler) scopre gli assassini di un agente federale, ucciso sulla nave che fa rotta da Samoa a Pago Pago. Sceneggiatura originale di Miriam Kissinger.

Charlie Chan e il drago rosso * (*The Red Dragon*, Usa 1945, b/n, 64') Phil Rosen. Con Sidney Toler, Benson Fong, Willie Best, Fortunio Bonanova, Robert Emmett Keane, Carol Hughes. ◆ Charlie Chan (Toler) insegue in Messico una banda di spie che vuole impossessarsi dei piani della bomba atomica. Sceneggiatura originale di George Callahan.

Charlie Chan e i morti che parlano *½ (*Dead Men Tell*, Usa 1941, b/n, 60') Harry Lachman. Con Sidney Toler, Sheila Ryan, Robert Weldon, Sen Yung, Don Douglas, Kay Aldridge. ◆ Charlie Chan (Toler) indaga sulla morte di una vecchia signora, uccisa mentre cercava di recuperare il tesoro nascosto da un antenato pirata. Sceneggiatura originale di John Larkin.

Charlie Chan e la crociera del terrore * (*Charlie Chan's Murder Cruise*, Usa 1940, b/n, 75') Eugene Forde. Con Sidney Toler, Sen Yung, Lionel Atwill, Marjorie Weaver, Leo G. Carroll, Layne Tom jr, Cora Witherspoon, Don Beddoe. ◆ Per scoprire chi ha ucciso un ispettore di Scotland Yard, Charlie Chan (Toler) si imbarca sulla nave dove il defunto poliziotto avrebbe dovuto compiere un arresto. Tratto dal romanzo *Charlie Chan Carries On* di Earl Derr Biggers, è un rifacimento dell'omonimo film del 1931.

Charlie Chan e l'alibi oscuro * (*Dark Alibi*, Usa 1946, b/n, 61') Phil Karlson. Con Sidney Toler, Benson Fong, Mantan Moreland, Teala Loring, George Holmes, Edward Earle, Janet Shaw, John Eldredge. ◆ Charlie Chan (Toler) smaschera un criminale, il quale era riuscito a riprodurre le impronte digitali altrui facendo così accusare dei propri furti persone innocenti. Sceneggiatura originale di George Callahan.

Charlie Chan e la maledizione della regina Drago * (*Charlie Chan and the Curse of the Dragon Queen*, Usa 1981, col, 97') Clive Donner. Con Peter Ustinov, Lee Grant, Angie Dickinson, Richard Hatch, Brian Keith, Michelle Pfeiffer, Roddy McDowall. ◆ Per smascherare il colpevole di una serie di delitti, il detective Lee Chan (Hatch) richiama in servizio il nonno Charlie Chan (Ustinov): scoprirà che tutto è la conseguenza di un caso risolto anni prima alle Hawaii, quando aveva fatto arrestare la regina Drago (Dickinson). Inutile tentativo di rispolverare il personaggio inventato dalla fantasia di Earl Derr Biggers: un cast di bei nomi (da non perdere una giovanissima Michelle Pfeiffer nella parte di Cordelia) e la grande ricchezza produttiva non evitano la noia.

Charlie Chan in City in Darkness → *voce «Charlie Chan».*

Charlie Chan in Honolulu → *voce «Charlie Chan».*

Charlie Chan in the Secret Service → *voce «Charlie Chan».*

Charlie Chan in trappola * (*The Trap*, Usa 1947, b/n, 68') Howard Bretherton. Con Sidney Toler, Sen Yung, Mantan Moreland, Tanus Chandler, Larry Blake, Krik Alyn, Anne Nagel, Minerva Urecal. ◆ Charlie Chan (Toler) smaschera l'autore di una serie di delitti in una compagnia di attori che recitano a Malibu Beach. Sceneggiatura originale di Miriam Kissinger. È l'ultimo film interpretato da Sidney Toler.

Charlie Chan nell'isola del tesoro ** (*Charlie Chan at the Tresaure Island*, Usa 1939, b/n, 75') Norman Foster. Con Sidney Toler, Cesar Romero, Pauline Moore, Sen Yung, Douglas Fowley, June Gale. ◆ Grazie all'aiuto di un mago (Romero), Charlie Chan (Toler) dimostra che dietro il presunto suicidio di un amico c'è un omicidio e una rete di ricatti manovrata da un illusionista. Da una (bella) sceneggiatura originale di John Larkin, una delle migliori prove del Charlie Chan interpretato da Toler.

Charlot (Chaplin) ** (*Chaplin*, Gb 1992, col, 145') Richard Attenborough. Con Robert Downey jr, Anthony Hopkins, Geraldine Chaplin, Milla Jovovich, Moira Kelly, Kevin Kline, Dan Aykroyd, Kevin Dunn, Diane Lane, Penelope Ann Miller, Paul Rhys, Marisa Tomei, Nancy Travis, John Thaw, James Woods, Hugh Downer, Tom Bradford, Maria Pitillo, Deborah Maria Moore. ◆ A Vevey, in Svizzera, di fronte al manoscritto della sua autobiografia, il consulente editoriale (Hopkins) chiede al settantenne Charles Chaplin (Downey) di spiegare e approfondire alcuni momenti della vita trascurati nel libro: il ruolo della madre (Chaplin) finita in manicomio, l'ingresso nella troupe di Fred Karno (Thaw), l'invenzione del personaggio di Charlot, il ruolo del fratello Sydney (Rhys), il successo a Hollywood, la sua instabile vita sentimentale, il processo per riconoscimento di paternità intentatogli da Joan Barry (Travis), l'accusa di comunismo e la «persecuzione» da parte di J. Edgar Hoover (Dunn), il ritorno in Inghilterra, la consacrazione dell'Oscar alla carriera e la riconciliazione con gli Stati Uniti... Concretizzando un sogno inseguito per più di 30 anni, Attenborough (con i suoi sceneggiatori William Boyd, Bryan Forbes e William Goldman che hanno utilizzato, oltre all'autobiografia di Chaplin, anche la vita scritta da David Robinson) ha scelto di raccontare soprattutto l'incontro/scontro con Hollywood – la maniacale professionalità sul lavoro, le tentazioni sessuali, gli scandali politici – evitando di mostrare i suoi film, come fosse alla ricerca delle contraddizioni dell'uomo dietro la figura dell'artista. Ma il risultato è frammentario e abbastanza freddo (nonostante l'insolità ricchezza produttiva) e l'unico momento di autentico divertimento e commozione c'è quando – all'attribuzione dell'Oscar nel 1972 – sullo schermo scorrono finalmente le scene migliori delle sue comiche. Totalmente riuscita invece l'interpretazione, e la straordinaria somiglianza, di Robert Downey jr nella parte di Charlot. Commovente Geraldine Chaplin che interpreta il ruolo di sua nonna. Tra i tanti ruoli di contorno, Diane Lane è Paulette Godard, Kevin Kline un divertente Douglas Fairbanks, Maria Pitillo è Mary Pickford e Dan Aykroyd interpreta Mack Sennett.

Charlotte for ever *** (*Charlotte for ever*, Francia 1987, col, 94') Serge Gainsbourg. Con Serge Gainsbourg, Charlotte Gainsbourg, Roland Bertin, Roland Dubillard. ◆ Lo chansonnier Gainsbourg, al terzo film, mette in scena il suo rapporto tra Satana (S. Gainsbourg), sceneggiatore alcolizzato e alla deriva, e la figlia (C. Gainsbourg), in una calcolata confusione di realtà e finzione. Nessun incesto, ma uno sguardo quantomeno morboso. Autoironico ed esibizionista, al di là della provocazione Gainsbourg sa andare nel profondo e usa la macchina da presa con maestria tra le pareti dello studio. Da amare o da odiare senza mezze misure.

Chat, l'implacabile uomo di Saint-Germain, Le ** (*Le Chat*, Francia/Italia 1971, col, 86') Pierre Granier-Deferre. Con Jean Gabin, Simone Signoret, Annie Cordy, Jacques Rispal. ◆ Dal romanzo di George Simenon, il gioco al massacro di due anziani coniugi senza più nulla da dirsi. Finale tragico e senza speranza. Ottime prove di Gabin e della Signoret. Il titolo italiano è più fuorviante del solito: il gatto del titolo francese è quello che Gabin si porta a casa e che la moglie gli uccide.

Chato *½ (*Chato's Land*, Gb/Spagna 1972, col, 110') Michael Winner. Con Charles Bronson, Jack Palance, Jill Ireland, Richard Basehart, James Whitmore, Simon Oakland. ◆ Il mezzosangue Chato (Bronson) ha ucciso per legittima difesa ma viene braccato; quando gli violentano la moglie si scatena. Tutti i cliché del Bronson-pensiero in un western che ai tempi sembrava molto violento.

Che! ° (*Che!*, Usa 1969, col, 96') Richard Fleischer. Con Omar Sharif, Jack Palance, Cesare Danova, Robert Loggia, Woody Strode. ◆ Biografia di Che Guevara (interpretato da Omar Sharif), dalla rivoluzione cubana alla morte. La guerriglia a fumetti come poteva essere fatta solo a Hollywood. Fleischer tocca il fondo della sua carriera, ma Palance nei panni di Fidel Castro è veramente spassoso.

Che? *** (*What?*, Italia/Francia/Rft 1972, col, 112') Roman Polanski. Con Sydne Rome, Marcello Mastroianni, Romolo Valli, Hugh Griffith, Guido Alberti, Carlo Delle Piane, Cicely Browne, Pietro Tordi, Anton Giulio Majano. ◆ Una ragazza (Rome, semiesordiente e quasi sempre nuda), fuggendo da una banda di pervertiti (tra cui Delle Piane), si ritrova in una villa (quella di Zeffirelli, a Positano) popolata da eccentrici d'ogni genere. Commedia paradossale, surreale e sempre imprevedibile, servita da un cast in vena di divertirsi: in pratica, la versione per adulti di *Alice nel paese delle meraviglie*. Uno dei film più sottovalutati di Polanski (che vi compare come sommozzatore). Alvaro Vitali è un imbianchino.

Che aria tira lassù? ** (*The Air Up There*, Usa 1993, col, 107') Paul Michael Glaser. Con Kevin Bacon, Charles Gitonga Maina, Yolanda Vazquez, Winston Ntshona. ◆ Assistente allenatore di basket, Jimmy Dolan (Bacon) va in Kenya alla ricerca di watussi da importare negli Usa: e lì prende a cuore le sorti della tribù cui appartiene un potenziale campione (Maina). Scritto da Max Apple, il film di Glaser non risparmia buoni sentimenti e partite la cui sorte si decide all'ultimo secondo: ma ha un ritmo discreto, e si sforza di non descrivere con stereotipi colonialistici la vita della tribù (autentica) dei Samburu.

Che bella vita ** (*Easy Living*, Usa 1937, b/n, 86') Mitchell Leisen. Con Jean Arthur, Edward Arnold, Ray Milland, Luis Alberni, Esther Dale, Mary Nash, Franklin Pangborn, William Demarest, Robert Greig. ◆ Infuriato per le spese della moglie, il banchiere J.B. Ball (Arnold) getta dalla finestra il suo ultimo acquisto, una pelliccia di zibellino che cade addosso alla povera Mary Smith (Arthur). Per una serie di equivoci Mary verrà scambiata per l'amante di Ball: lusingata da tutti, scatenerà involontariamente il panico in borsa, ma alla fine tutto si accomoderà e Mary sposerà il figlio del magnate, John (Milland). Commedia degli equivoci e delle coincidenze, sceneggiata dal futuro regista Preston Sturges a partire da un racconto di Vera Caspary (che però era molto diverso e più realistico): la storia – molto verbosa – ha qualche spunto di critica sociale (l'aleatorietà dell'andamento di borsa; la stupidità dei pettegolezzi e delle rubriche mondane), ma la regia di Leisen non sempre sa mantenere il giusto ritmo, anche nella scena più celebre, quella della rissa al self service, «incursione deliberata nello slapstick che ci si stupirebbe di meno di trovare in un film di Tay Garnett» e che fu inventata tutta da Leisen.

Che botte se incontri gli «Orsi» ** (*The Bad News Bears*, Usa 1976, col, 102') Michael Ritchie. Con Walter Matthau, Tatum O'Neal, Vic Morrow, Joyce Van Patten. ◆ Lo scalcinato allenatore Matthau salva una squadra di baseball di ragazzi poveri. La vittoria del campionato è rimandata alla prossima puntata; intanto la lezione di ottimismo e competitività ha dato i suoi frutti. Compendio di ideologia americana per teen-ager, un po' noioso per chi non conosce il baseball. Seguìto da altri due capitoli: *Gli «Orsi» interrompono l'allenamento* (1977) e *Gli «Orsi» vanno in Giappone* (1978).

Che cavolo mi combini papà?! *½ (*Tout feu tout flamme*, Francia 1982, col, 110') Jean-Paul Rappeneau. Con Yves Montand, Isabelle Adjani, Alain Souchon, Lauren Hutton, Jean-Luc Bideau. ◆ Rapporto tormentato tra un padre (Montand) che si fa vivo dopo anni e la figlia (Adjani) che non ne vuole sapere dei suoi progetti strampalati. La riconciliazione è dietro l'angolo, e padre e figlia gestiranno insieme un casinò. Commedia che affonda le pretese intimistiche in un intreccio (anche giallo) improbabile, sprecando i suoi interpreti. Il regista è lo stesso di *Cyrano de Bergerac*, anche se non sembra.

Che c'entriamo noi con la rivoluzione? ** (Italia/Spagna 1972, col, 103') Sergio Corbucci. Con Vittorio Gassman, Paolo Villaggio, Riccardo Garrone, Eduardo Fajardo. ◆ Un attore (Gassman) e un prete (Villaggio) vengono coinvolti nella rivoluzione messicana; scampano fucilazioni e cambiano fronti finché diventano paladini dei poveri e dei martiri. Gassman tragicomico in un ruolo da manuale, con Villaggio prefantozziano che in quegli anni gli faceva da spalla.

Che cosa è successo tra mio padre e tua madre? *** (*Avanti!*, Usa 1972, col, 144') Billy Wilder. Con Jack Lemmon, Juliet Mills, Clive Revill, Edward Andrews, Pippo Franco, Gianfranco Barra, Giselda Castrini, Franco Angrisano, Franco Acampora. ◆ Wendell Armbruster III (Lemmon), ricco uomo d'affari di Baltimora, vola a Ischia per recuperare la salma del padre e scopre che è morto tra le braccia della sua amante, che incontrava regolarmente da dieci anni durante le sue vacanze italiane. Naturalmente a Ischia c'è anche la figlia della donna, Pamela Piggott (Mills) che ha, verso i due vecchi amanti, un atteggiamento molto meno moralista e risentito di quello di Wendell. Ritratto autoironico di quello che gli americani vedono nell'anima mediterranea e più in generale europea (Pamela Piggott, come sua madre, è di Londra), il film – sceneggiato dal regista e I.A.L. Diamond a partire da una pièce di Samuel Taylor – è una specie di inno all'epicureismo, un elogio dell'adulterio «terapeutico» che permette finalmente all'esagitato manager americano di godersi i piaceri della vita (che poi si riducono a uno solo: prendere le cose con un po' di calma, come il direttore dell'albergo Carlucci [Revill] ha imparato a fare da tempo). Non mancano le unghiate satiriche (sulla giustizia americana verso Sacco e Vanzetti, o sulla stupidità dell'inviato della Cia), ma è l'esaltazione dell'*otium* il vero centro del film. L'orchestrina che suona nell'albergo è quella di Sergio Bruni che rischiò di litigare con Wilder durante le riprese perché impose numerosissimi rifacimenti delle scene in cui cantava, rivelandosi molto più pignolo del regista. Lo straordinario exploit comico di Pippo Franco come impiegato dell'obitorio fa rimpiangere le potenzialità dell'attore solo qui ben utilizzato.

Che cosa hai fatto quando siamo rimasti al buio? * (*Where Were You When the Lights Went Out?*, Usa 1968, col, 94') Hy Haverback. Con Doris Day, Robert Morse, Terry-Thomas, Steve Allen. ◆ Doris Day aveva perso molto smalto all'epoca di questa scipita commedia di equivoci coniugali a lieto fine, che prende spunto dal blackout che paralizzò New York nel 1965: durante l'oscuramento un'attrice famosa scopre il tradimento del marito e decide di rendergli pan per focaccia.

Che fatica essere lupi **½ (*Full Moon High*, Usa 1981, col, 94') Larry Cohen. Con Adam Arkin, Ed McMahon, Elizabeth Hartman, Raz Kelly, Alan Arkin. ◆ Il più bravo giocatore della squadra di football americano della Full Moon High School (Arkin) è talmente condizionato dal padre (McMahon), un agente ultraconservatore della Cia, che quando questi decide di portarlo in vacanza in Transilvania, non riesce a opporsi. E la sua vita avrà una svolta inaspettata. La prima commedia di Larry Cohen è una esilarante parodia dell'horror con qualche intelligente frecciata sui rapporti tra licantropia ed estrema destra. Adam Arkin è il figlio di Alan, che appare brevemente nel film. Gli effetti speciali sono di Steve Neill, un pupillo di Rick Baker.

Che fine ha fatto Baby Jane? *** (*What Ever Happened to Baby Jane?*, Usa 1962, col, 132') Robert Aldrich. Con Bette Davis, Joan Crawford, Victor Buono, Anna Lee. ◆ Il ménage di due anziane sorelle: Blanche (Crawford) è un'ex star paralitica; Jane (Davis) è un'ex bambina prodigio ancora piena di gelosia per la sorella. Giochi tra vittima e carnefice da manuale, con Jane che diventa sempre più matta e segrega la sorella, servendole topi per pranzo. Dramma eccessivo (anche nella lunghezza) e volutamente sgradevole, con un finale sorprendentemente misurato, malgrado il colpo di scena. Le performance di Joan Crawford e soprattutto di Bette Davis hanno un che di masochistico che Aldrich accentua inserendo spezzoni di film nei quali le due attrici recitavano in gioventù: *Uomini nello Spazio* ed *Ex-lady* per la Davis, *Tormento* per la Crawford. Ben sceneggiato da Lukas Heller da un romanzo a tinte forti di Henry Farrell. Un inutile remake televisivo nel 1991, diretto da David Greene e interpretato dalle sorelle Redgrave, Vanessa e Lynn.

Che fine ha fatto Totò Baby? ** (Italia 1964, b/n, 110') Ottavio Alessi. Con Totò [Antonio de Curtis], Pietro De Vico, Mischa Auer, Ivy Holzer, Edy Biagetti, Alicia Brandet, Mario Castellani. ◆ I due fratelli Totò e Pietro vivono di piccoli furti: nel tentativo di liberarsi di una valigia, che hanno scoperto contenere un cadavere, incontrano un coltivatore di marijuana (Auer), che promette di aiutarli se gli uccideranno la moglie. Ma Totò scambia la droga per insalata e mangiandola impazzisce, trasformandosi nel ferocissimo Totò Baby. Un canovaccio che permette a Totò alcune delle sue migliori improvvisazioni: la cena con l'insalata alla marijuana, gli omicidi con l'acido solforico e la calza, il gelato sulla spiaggia, le vittime murate lasciando fuori le braccia nude che funzionano da applique, la cena col postino, il momento in cui intona *Non ho l'età per amarti*. Celebre il dialogo col carabiniere: «Capitano», «Non sono capitano, sono maresciallo», «Italiano però».

Che fortuna avere una cugina nel Bronx ** (*Quackser Fortune Has a Cousin in the Bronx*, Irlanda 1970, col, 90') Waris Hussein. Con Gene Wilder, Margot Kidder, Eileen Olgen, Seamus Ford. ◆ Un poveraccio (Wilder) raccoglie il letame dalle strade di Dublino per rivenderlo come concime. Ma un giorno i cavalli vengono sostituiti dalle automobili. Troverà in compenso l'amore di una studentessa americana. Un Wilder degli inizi (doppiato male da Oreste Lionello) in una commediola dall'intreccio esilissimo.

Che gioia vivere! *½ (Italia/Francia 1961, b/n, 123') René Clément. Con Alain Delon, Barbara Lass, Gino Cervi, Rina Morelli, Paolo Stoppa, Aroldo Tieri, Ugo Tognazzi, Didi Perego, Gastone Moschin, Leopoldo Trieste, Rosalba Neri. ◆ Appena terminato il servizio di leva, nella Roma del 1921, l'ingenuo Ulisse (Delon) vorrebbe schierarsi dalla parte dei fascisti, ma si innamora della figlia di un anarchico. Ricostruzione d'epoca semifarsesca con qualche bella notazione e un buon dialogo di Pierre Bost. Barbara Lass, attrice meteora, allora era moglie di Polanski. Tognazzi veste i panni di un anarchico obbligatoriamente barbuto.

Che ho fatto io per meritare questo?! ** (*¿Qué he hecho yo para merecer esto!*, Spagna 1984, col, 102') Pedro Almodóvar. Con Carmen Maura, Angel de Andrés Lopez, Verónica Forqué, Kiti Manver, Jaime Chávarri. ◆ Disavventure di una donna delle pulizie madrilena (Maura), con un figlio spacciatore e uno omosessuale (14 e 12 anni rispettivamente), nonché un marito fedifrago (che ucciderà con un osso di prosciutto). Una sequenza d'apertura quasi hard e un finale da melodramma per un Almodóvar che continua a puntare sul grottesco, abbastanza divertente ma girato alla meno peggio. Il regista interpreta il ruolo di un cassiere.

Che la festa cominci... **½ (*Que la fête commence*, Francia 1975, col, 120') Bertrand Tavernier. Con Philippe Noiret, Jean Rochefort, Jean-Pierre Marielle, Christine Pascal, Marina Vlady, Gérard Desarthe, Thierry Lhermitte, Nicole Garcia, Alfred Adam. ◆ La decadenza della corte di Francia ai tempi della reggenza del 1719: il disincantato Philippe D'Orléans (Noiret) si adatta alla vita dissoluta della corte mentre l'intrigante abate Dubois (Rochefort) costruisce il suo potere sulle ingenue illusioni di un signorotto di provincia (Marielle) che farà condannare alla ghigliottina. Dal romanzo di Alexandre Dumas *La Fille du Régent* (sceneggiato dal regista con Jean Aurenche), un racconto morale in cui la linearità narrativa si spezzetta in una gran massa di personaggi e d'ambienti, con continui cambiamenti di tono. Una lezione di cinema storico, dove l'approccio realista ai fatti non impedisce di cogliere il senso politico di un'epoca. La colonna sonora rielabora musiche scritte originariamente dal reggente stesso.

Che mi dici di Willy ** (*Longtime Companion*, Usa 1990, col, 96') Norman René. Con Bruce Davison, Campbell Scott, Stephen Caffrey, Mary-Louise Parker. ◆ La scoperta, tra i gay benestanti di New York, del virus dell'Aids, dal primo articolo sul *New York Times* al dramma odierno. Molte lacrime e qualche sorriso in un film non troppo autocompiaciuto ma in certi momenti scontato come i tv-movie sull'argomento. Il finale, con gli amici morti richiamati con la memoria, è fuori tono. Campbell Scott, figlio di

George C., che interpreta Willy, sembra fare le prove generali per il malato di *Scelta d'amore*. Il titolo originale ricalca la formula con cui i gay partecipavano nei necrologi la loro situazione affettiva: «compagni da molto tempo».

Che nessuno scriva il mio epitaffio ** (*Let No Man Write My Epitaph*, Usa 1960, b/n, 106') Philip Leacock. Con Burl Ives, Shelley Winters, James Darren, Jean Seberg, Ricardo Montalban, Ella Fitzgerald. ◆ Nick Romano (Darren), figlio naturale di una donna costretta dalla miseria alla disonestà (Winters), cerca di cambiare vita studiando pianoforte. Rischia di venir coinvolto nelle trame di un gangster (che ha avviato la madre alla tossicodipendenza) ma verrà salvato da un vecchio giudice (Ives) che affronta il bandito e permette così al giovane di non macchiarsi di un delitto. Il film riprende i personaggi dei *Bassifondi di San Francisco* e descrive, con un certo efficace verismo, gli squallidi quartieri di Chicago, anche se la storia eccede, specie nella seconda parte, in retorica melodrammatica. La Fitzgerald interpreta la parte di una cantante tossicomane che si esibisce in *Reach for Tomorrow*.

Che notte, ragazzi! * (Italia 1966, col, 103') Giorgio Capitani. Con Philippe Leroy, Alberto Lionello, Marisa Mell, Pepe Calvo, Franco Fabrizi, Gianni Bonagura. ◆ L'incaricato di un'assicurazione (Leroy) che deve risarcire una vedova si trova coinvolto in un gioco più grande di lui. Mediocre giallo con venature rosa, con molti colpi di scena come si usava a quei tempi.

Che ora è ** (Italia/Francia 1989, col, 102') Ettore Scola. Con Marcello Mastroianni, Massimo Troisi, Anne Parillaud, Lou Castel. ◆ Un avvocato sessantenne (Mastroianni) decide di andare a trovare il figlio (Troisi) che sta terminando il servizio militare a Civitavecchia. Una giornata faccia a faccia tra un padre arrivato e un figlio scontroso che non hanno mai comunicato. Con qualche pecca (Troisi troppo vecchio per la parte e troppo napoletano per essere figlio di Mastroianni, le forzature della sequenza con la fidanzata), un film sulla difficoltà di comunicare, che sembra costruito soprattutto sulle qualità recitative dei due attori. Premiati a Venezia i due protagonisti.

Cherchez la femme *½ (*Find the Lady*, rititolato *Call the Cops!*, Canada/Gb 1976, col, 79') John Trent. Con Lawrence Dane, John Candy, Michel Rooney, Peter Cook, Alexandra Bastedo, Dick Emery. ◆ Due poliziotti assolutamente incapaci (Dane e Candy) sono incaricati di ritrovare una donna scomparsa. Una specie di precursore del filone demenziale alla *Scuola di polizia*, ma si ride veramente solo due o tre volte. Il resto è soltanto volgarità.

Cherry, Harry and Raquel *½ (*Cherry, Harry and Raquel*, Usa 1969, col, 71') Russ Meyer. Con Charles Napier, Larissa Ely, Linda Ashton, Bert Santos, Franklin H. Bolger, Ushi Digard, Michele Grant. ◆ Tre amici – il vecchio Franklin (Bolger), il poliziotto corrotto Harry (Napier) e il messicano Enrique (Santos) – spacciano marijuana, litigano tra loro, si dividono le grazie dell'infermiera Cherry (Ashton) e di Raquel (Ely), in teoria la donna di Enrique, e danno la caccia a Geronimo, un indiano che fa loro concorrenza nello spaccio di droga. Uno dei film più sconclusionati e deliranti di Russ Meyer la cui storia è continuamente inframmezzata con scene di una prorompente indiana (Digard) negli abbigliamenti più impensati. Secondo alcuni esegeti «un softcore thrilling con contaminazioni dada». Mah?

Che tempi! ** (Italia 1947, b/n, 90') Giorgio Bianchi. Con Gilberto Govi, Lea Padovani, Walter Chiari, Paolo Stoppa, Alberto Sordi, Anna Caroli, Daniele Chiapparino, Luigi Dameri. ◆ Felice Pastorino (Govi) vorrebbe vedere la figlia Anna (Padovani) sposata con Alessandro Ratto (Stoppa), ma l'improvviso ritorno di un marinaio (Chiari) che durante la guerra ha fatto fortuna in Argentina, fa capire ad Anna cosa sia il vero amore. Commedia sentimentale tratta dalla pièce di Emerico Valentinetti *Pignasecca e Pignaverde* (sceneggiata dal regista con Aldo De Benedetti e Gilberto Govi): l'intreccio romantico è improbabile e scontato, ma basta la presenza di Govi e della sua irresistibile comicità per risollevare il film. Indimenticabili certe sue tirate contro gli sprechi familiari o la spiegazione di come si deve fumare il sigaro per farlo durare di più. Secondo film di Walter Chiari (doppiato da Giuseppe Rinaldi) e sesto di Sordi, nel ruolo dell'argentino Manuel Aguirre. La partenza di Chiari per mare è accompagnata da *La canzone del marinaio* (più napoletana che genovese, peraltro) cantata da Luciano Tajoli. Anna Caroli, che interpreta la domestica di casa Pastorino, è la madre di Gian (quello di Ric).

Che vita con un cowboy! * (*Never a Dull Moment*, Usa 1950, b/n, 89') George Marshall. Con Irene Dunne, Fred MacMurray, Andy Devine, Natalie Wood. ◆ Commediola di scarso peso sulla difficoltà di una raffinata musicista (Dunne) ad adattarsi alla vita rustica del marito cowboy (MacMurray). La piccola Natalie Wood è una delle due figliastre.

Che vita da cani! ** (*Life Stinks*, Usa 1991, col, 95') Mel Brooks. Con Mel Brooks, Lesley Ann Warren, Jeffrey Tambor, Rudy De Luca, Stuart Pankin. ◆ Per scommessa, l'avido miliardario Goddard Bolt (Brooks) deve sopravvivere un mese in miseria tra i barboni di Los Angeles: cambierà Weltanschauung, sposerà un'ex ballerina (Warren) conosciuta tra i rifiuti e sconfiggerà il suo rivale. Brooks riesuma una storia vecchia come il mondo ed è fiero di ostentare uno spirito alla Frank Capra volutamente anacronistico: ma se la satira sociale era nei suoi intenti, avrebbe fatto meglio a scegliere altre armi. Non mancano i momenti divertenti (lo scontro finale tra i due ricconi a colpi di scavatrici sembra preso di peso dai duelli tra Paperone e Rockerduck), ma anche Brooks, invecchiando, è diventato buono e propende alla melassa.

Chewingum * (Italia 1984, col, 96') Biagio Proietti. Con Mauro Di Francesco, Isabella Ferrari, Massimo Ciavarro, Anna Melato, Orsetta Gregoretti. ◆ Proietti tenta di rinverdire la formula della *Terza liceo* di Emmer ispirandosi allo spirito di *Sapore di mare* e raccontando le piccole disavventure quotidiane di una classe di maturandi che all'aula scolastica preferisce il bar «Chewingum». Comunque i suoi ragazzi sono improbabili e neanche troppo simpatici. Gli stessi ingredienti hanno avuto successo, pochi anni dopo, in Tv col serial *I ragazzi della 3ª C.*

Chiamami aquila ** (*Continental Divide*, Usa 1981, col, 103') Michael Apted. Con John Belushi, Blair Brown, Allen Goorwitz [Garfield], Carlin Glynn, Tony Ganios. ◆ Un reporter d'assalto irrimediabilmente metropolitano (Belushi), si mette nei guai con la malavita e viene spedito sulle Montagne Rocciose per evitare rappresaglie. Perduta la vitale provvista di sigarette, entrato in collisione con gli orsi, prostrato dalla vita all'aria aperta, troverà però il vero amore. Commedia piacevole vecchia maniera, scritta da Lawrence Kasdan e con Steven Spielberg come produttore esecutivo. Quasi la storia della conversione del mitico John dai personaggi misantropi a quelli con risvolti sentimentali.

Chiamami di notte **½ (*Call Me*, Usa 1988, col, 96') Sollace Mitchell. Con Patricia Charbonneau, Patti D'Arbanville, Sam Freed, Steve Buscemi. ◆ Giornalista (Charbonneau) delusa dal fidanzato incomincia a ricevere telefonate oscene, e decide di stare al gioco. L'intreccio giallo non si innesta perfettamente su quello erotico, tuttavia alcune sequenze – come quella che suggerisce usi poco ortodossi delle arance – sono da antologia (ma in televisione rischiano di essere censurate). Un B-movie dall'atmosfera sinuosa, con una vera attrice come protagonista.

Chiamata per il morto ** (*The Deadly Affair*, Usa 1967, col, 107') Sidney Lumet. Con James Mason, Simone Signoret, Maximilian Schell, Harriet Andersson, Lynn Redgrave. ◆ Lumet si ispira a *Chiamata per il morto* di John Le Carré ma ne tradisce in parte lo spirito. Attori e ambientazione (una Londra da depressione) sono quelli giusti. Tuttavia Smiley, il funzionario che si fa licenziare pur di poter continuare le indagini sul presunto suicidio di un funzionario poco fidato del controspionaggio, diventa, chissà perché, Dobbs, e l'inchiesta condotta insieme all'ex agente Mendel e al collega Appleby viene arbitrariamente intrecciata con le disavventure della sua vita privata.

Chiamata urgente per il dottor Gillespie ** (*Calling Dr. Gillespie*, Usa 1942, b/n, 84') Harold S. Bucquet. Con Lionel Barrymore, Philip Dorn, Donna Reed, Phil Brown, Nat Pendleton, Alma Kruger, Mary Nash, Walter Kingsford, Charles Dingle, Nell Craig, Marie Blake. ◆ Il dottor Gillespie (Barrymore) con il suo nuovo assistente, uno psichiatra olandese (Dorn), affronta il caso di un maniaco omicida (Brown). Dopo che la Mgm fu costretta a togliere dalla serie dedicata al dottor Kildare – arrivata qui all'undicesimo episodio – proprio il protagonista, perché l'attore Lew Ayres che lo impersonava si era dichiarato obiettore di coscienza, pregiudicandosi la simpatia del pubblico, i film continuarono mettendo al centro la figura del dottor Gillespie, sempre interpretato da Lionel Barrymore sulla carrozzella. Invariato il contorno di caratteristi. Piccolissima parte per Ava Gardner.

Chiamate Nord 777 **½ (*Call Northside 777*, Usa 1948, b/n, 111') Henry Hathaway. Con James Stewart, Richard Conte, Lee J. Cobb, Helen Walker, Betty Garde, Kasia Orzaewski, Jeanne de Bergh, Lionel Stander. ◆ Durante il proibizionismo Frank Wiecek (Conte) è accusato dell'omicidio di un poliziotto e condannato nonostante si proclami innocente. Il direttore di un giornale (Cobb) manda un cinico e sfiduciato giornalista (Stewart) a indagare: dapprima scettico, poi convinto dall'appassionata difesa della madre (de Bergh), riuscirà a dimostrare l'innocenza del giovane. Abile fusione tra film noir e stile documentaristico, nella quale una fotografia dai toni particolarmente realistici (di Joseph McDonald) e una sceneggiatura (di Jeroma Cady e Jay Dratler da una serie di articoli di James P. McGuire) che non elimina i dettagli burocratici della vicenda riescono a rendere molto credibile il fatto che un'inchiesta giornalistica potesse aver successo dove aveva fallito la legge. Nel montaggio finale furono tagliate tutte le scene con Thelma Ritter.

Chiamate 22-22 tenente Sheridan * (Italia 1960, b/n, 95') Giorgio Bianchi. Con Ubaldo Lay, Nadine Duca, Umberto Orsini, Tilde Damiani. ◆ Versione a lungometraggio delle avventure poliziesche di un personaggio televisivo popolare dell'epoca, con ambientazioni e atteggiamenti all'americana di imbarazzante probabilità. Convinto che una donna condannata per omicidio sia innocente, il tenente Ezechiele (!) Sheridan (Lay) ha quarantotto ore per scagionarla e sottrarla all'esecuzione capitale. Il giornalista John Francis Lane interpreta il ruolo dell'avvocato Jordan.

Chi amerà i miei bambini? ** (*Who Will Love My Children?*, Usa 1983, col, 100') John Erman. Con Ann-Margret, Frederic Forrest, Cathryn Damon, Donald Moffat, Lonny Chapman. ◆ Lugubre dramma familiare basato su una storia autentica: Lucille Fray (Ann-Margret), che vive in una fattoria dello Iowa con il marito invalido e una covata di dieci figli, si scopre malata di cancro. Prima di morire deve riuscire a sistemare la figliolanza. Malgrado i presupposti lacrimosi, un film condotto con un certo pudore e interpretato con intensità da un'antica pin up del cinema americano.

Chiari di luna *½ (Italia 1988, col, 128') Lello Arena. Con Lello Arena, Julia Nickson, Tosca D'Aquino, Giovanni Mauriello, Franco Angrisano, Rosalia Maggio. ◆ Davide (Arena) lascia il paesello e si reca a Napoli, dalla zia suora, fingendo un esaurimento, perché vuole realizzare il sogno della sua vita: diventare mago. Debutto nella regia dell'attore napoletano formatosi con Massimo Troisi e sua spalla in *Ricomincio da tre*. In una Napoli non troppo convenzionale, fra presenze cosmopolite e teatrini di varietà, Arena racconta le sue prime, non entusiasmanti esperienze nel mondo dello spettacolo, con tutti i difetti della generazione dei nuovi comici degli anni Ottanta tentati dal cinema: tendenza al bozzetto, regia elementare, prevedibili variazioni sulle disavventure amorose.

Chiaro di donna *½ (*Clair de femme*, Francia 1979, col, 103') [Constantin] Costa-Gavras. Con Yves Montand, Romy Schneider, Romolo Valli, Lila Kédrova, Roberto Benigni, Heinz Bennent. ◆ Lasciato improvvisamente dalla moglie (che si suiciderà perché ammalata di cancro), Michel (Montand) incontra Lydia (Schneider), una donna che ha appena perso il figlio, e i due uniscono per una notte le loro solitudini. Alla mattina, forse, avranno trovato una ragione per continuare a vivere. Tratto da un romanzo di Romain Gary, un film dagli sviluppi lentissimi e dall'umore depressivo, che annega i suoi buoni propositi (esaltare la forza vitale degli esseri umani) in una serie di luoghi comuni.

Chiave, La *½ (*The Key*, Gb 1958, b/n, 134') Carol Reed. Con William Holden, Sophia Loren, Trevor Howard, Oscar Homolka, Kieron Moore, Bryan Forbes. ◆ Stella (Loren) è una donna delusa dalla vita che passa la chiave del titolo (e della propria stanza) a una serie di capitani di marina, tutti con due cose in comune: essere suoi amanti e incontrare la morte in guerra. L'ultimo si salva, ma insorgono complicazioni sentimentali. Assurdo melodramma da un romanzo di Jan de Hartog, che mescola frammenti di storia d'amore, schegge di soprannaturale e spicchi di azione guerriera assemblandoli con innegabile competenza tecnica, ma con scarsa convinzione. Particina per Michael Caine.

Chiave, La * (Italia 1983, col, 108') Tinto Brass. Con Stefania Sandrelli, Frank Finlay, Franco Branciaroli, Maria Grazia Bon, Armando Marra, Marina Cecchetelli, Maria Pia Colonnello. ◆ Una coppia (Sandrelli e Finlay) dalle pulsioni erotiche in declino è protagonista di un caso di voyeurismo scritturale: entrambi confidano alle pagine dei rispettivi diari sensazioni e avventure, sperando che il coniuge legga le pagine «segrete». Successo di scandalo, che rilanciò la Sandrelli come star erotica e alzò le quotazioni di Brass, reduce dal disastro di *Io, Caligola*. Il soggetto pretenderebbe di essere preso dal romanzo omonimo di Tanizaki (che è un vero capolavoro e non un polpettone pseudoerotico come il film), ma è trasferito a Venezia negli anni del fascismo per nobilitare la squallida operazione con una pennellata di facile sociologia (la repressione sessuale come riflesso di quella politica).

Chiave della città, La *½ (*Key to the City*, Usa 1950, b/n, 101') George Sidney. Con Clark Gable, Loretta Young, Frank Morgan, Marilyn Maxwell, Raymond Burr. ◆ Durante una convention di sindaci che si svolge a San Francisco, due primi cittadini (Young e Gable) restano coinvolti in equivoci che li portano dritti alla polizia. Commedia romantica decisamente scontata.

Chiave di vetro, La *** (*The Glass Key*, Usa 1942, b/n, 85') Stuart Heisler. Con Alan Ladd, Brian Donlevy, Veronica Lake, Joseph Calleia, William Bendix. ◆ Paul Madvig, un politico corrotto ma con una propria morale (Donlevy), è implicato nell'omicidio del figlio di un suo avversario politico. Verrà scagionato dal suo uomo di fiducia (Ladd), che dimostrerà la sua innocenza. Dal romanzo omonimo di Dashiell Hammett, che aveva già avuto una versione cinematografica nel 1935 (di Frank Tuttle con George Raft, Claire Dodd e Ray Milland, inedita in Italia) e ispirò Kurosawa per *La sfida del samurai*, un film che ai tempi scosse per la cruda violenza di alcune scene: il corpo di Ladd sbattuto in una vasca piena d'acqua, il soffocamento di Calleia e soprattutto l'uccisione del figlio del boss. Ottima produzione con un grande ritmo e un bel cast: restano memorabili una misteriosa e seducente Veronica Lake e William Bendix, nel ruolo della brutale guardia del corpo.

Chiave magica, La **½ (*The Indian in the Cupboard*, Usa 1995, 969) Frank Oz. Con Hal Scardino, Litefoot, Lindsay Crouse, Richard Jenkins, Rishi Bhat, David Keith. ◆ Per il suo nono compleanno Omri (Scardino) riceve in regalo un armadietto magico, capace di far animare in carne e ossa i pupazzi che contiene: il suo preferito è Piccolo Orso, un guerriero pellerossa (Litefoot). Ma l'amico Patrick (Bhat) usa l'armadietto per dar vita a Boone (Keith), un cowboy texano che dichiara guerra a Piccolo Orso. Un bel film per bambini basato sul romanzo di Lynne Reid Banks e sceneggiato da Melissa Mathison (la stessa di *E.T.*), dove la magia necessaria all'infanzia fa i conti con la scoperta del Bene e del Male (senza contare che, per il pubblico americano, il film ha anche forti valenze storiche, e forse non a caso Piccolo Orso è affidato al rapper Litefoot). Eccellenti gli effetti speciali della Industrial Light & Magic.

Chiavi del Paradiso, Le ** (*The Keys of the Kingdom*, Usa 1944, b/n, 137') John M. Stahl. Con Gregory Peck, Thomas Mitchell, Vincent Price, Rose Stradner, Roddy McDowall, Cedric Hardwicke, James Gleason. ◆ Francis Chisholm (Peck) dopo essere rimasto orfano e aver perso la ragazza che ama (morta dando alla luce il figlio illegittimo di un altro), si fa prete ma le sue prime esperienze sono fallimentari. La sua esistenza cambia solo quando accetta una missione in Cina dove scopre il vero senso della vita: aiutare i miseri e i poveri. Dal romanzo omonimo di Cronin, adattato per lo schermo da Joseph L. Mankiewicz e Nunnally Johnson, un lungo melodramma interamente realizzato in studio nel quale la mancanza di un autentico climax narrativo risolve la storia in una giustapposizione di episodi.

Chiavi in mano * (Italia 1996, col, 95') Mariano Laurenti. Con Martufello [Fabrizio Maturani], Angela Cavagna, Sergio Vastano, Cinzia Roccaforte, Ramona Badescu, Silvio Spaccesi, Antonella Troise. ◆ Al ritorno dalle crociate, Baccello da Sernanu (Martufello) scopre che la cintura di castità messa alla moglie Ubalda (Roccaforte) non è servita a niente: così, per vendicarsi del fabbro (Vastano) che aveva duplicato la chiave, cerca di sedurgli la moglie (Cavagna). Ventiquattro anni dopo *Quel gran pezzo dell'Ubalda tutta nuda e tutta calda*, Mariano Laurenti tenta il remake fallendo su tutta la linea: nessuna idea, troppe strizzatine d'occhio alla peggior televisione (compresa una comparsata per l'insostenibile presentatore d'aste Enio Drovandi) e naturalmente zero sex appeal. Giustamente ignorato dal pubblico.

Chicago Joe ** (*Chicago Joe and the Showgirl*, Gb 1989, col, 103') Bernard Rose. Con Kiefer Sutherland, Emily Lloyd, Patsy Kensit, Keith Allen, Liz Fraser, Alexandra Pigg. ◆ Londra, seconda guerra mondiale: una diciottenne mitomane (Lloyd) che s'ispira ai gangster dello schermo, coinvolge in un crescendo di violenza il giovane disertore americano Joe (Sutherland). Ispirato a un caso di vita reale, un dramma con qualche ambizione stilistica, che osserva i suoi personaggi con occhio distaccato.

Chi c'è c'è ** (Italia 1987, col, 98') Piero Natoli. Con Piero Natoli, Luisa Maneri, Nicola Pistoia, Annie Chaplin. ◆ Uno svogliato dirigente editoriale quarantenne, con un passato sessantottino (Natoli), è in rotta col mestiere, con la moglie e con l'esistenza: nemmeno il colpo di fulmine per una doppiatrice di cartoon lo aiuta a uscire dall'apatia. Una commedia ricca di buone intenzioni, omaggi cinefili (c'è sempre una Tv accesa dove trasmettono *Via col vento* e *Gli ammutinati del Bounty*) e tic generazionali. Comparsate per i registi amici Felice Farina e Luca Verdone.

Chicken Park * (Italia 1994, col, 93') Jerry Calà. Con Jerry Calà, Demetra Hampton, Rossy de Palma, Lawrence Steven Meyers, Alessia Marcuzzi, Maria Cristina Rinaldi, Roberto Posse, Eleonora Rossi. ◆ Per ritrovare il gallo da combattimento che gli è stato rubato a Santo Domingo, l'italiano Vladimiro Corsetti (Calà) finisce sull'isola dove Mr. Heggs (Meyers) con l'aiuto della dottoressa Sigourney (Hampton) vuole creare un parco d'attrazioni con polli giganti. Squinternatissima parodia di *Jurassic Park* su soggetto del produttore Galliano Juso che non riesce quasi mai a far sorridere: tra le troppe citazioni, dall'*Aereo più pazzo del mondo* al *Cacciatore* (una roulette russa con bombe a mano), da *Edward mani di forbice* alla *Rosa purpurea del Cairo* (per come la Hampton è trascinata dentro il film) si salva solo la Morticia di Rossy de Palma (attrice cult di Almodóvar) che usa la Mano della Famiglia Addams per farsi masturbare. Imperdibile per gli amanti dell'orrido la versione inglese con Calà che si doppia (!) da solo. Musiche, compreso il rap del pollo, di Umberto Smaila.

Chi dice donna... ** (*The Feminine Touch*, Usa 1941, b/n, 97') W.S. Van Dyke II. Con Rosalind Russell, Don Ameche, Kay Francis, Van Heflin, Robert Ryan. ◆ Un professore (Ameche), che ha scritto un saggio sulla gelosia, sperimenta le sue teorie sulla moglie venendo alle mani con un potenziale rivale. Commedia matrimoniale occasionalmente divertente, dove Rosalind Russell ha agio di imperversare sui colleghi in un personaggio adatto al suo tipo energico.

Chi dice donna dice donna *½ (Italia 1976, col, 120') Tonino Cervi. ◆ Film a episodi. In *Donne d'affari* (con Stéphane Audran, Françoise Fabian) due annoiate donne borghesi decidono di dare un senso alla loro vita aprendo una casa di piacere specializzata in maniaci sessuali; in *La signorina X* (con Giovanna Ralli) una donna poverissima che ha perso la memoria vive per una giornata la vita di una gran signora; in *La donna erotica* (con Adriana Asti) un'operaia cerca di aumentare il proprio fascino erotico seguendo i consigli di un libro; in *Papà e mamma* (con Lea Massari, Gigi Proietti) una coppia borghese si guadagna la vita recitando nei locali per travestiti, lui nel ruolo di una donna, lei di un uomo; in *Ma non ci sposano* (con Janet Agren, Gigi Proietti) una donna-prete svedese per correggere i tabù di un emigrato italiano si vede costretta a sposarlo. Cinque episodi sul tema del matrimonio, della coppia e dell'emancipazione femminile congegnati senza molta fantasia.

Chiedi la luna ** (Italia 1991, col, 88') Giuseppe Piccioni. Con Giulio Scarpati, Margherita Buy, Roberto Citran, Stefano Abbati, Sergio Rubini, Daniela Giordano. ◆ Alla ricerca del fratello scapestrato che è fuggito con la cassa, Marco (Scarpati), ventisei anni e una vita carica di responsabilità, incontra Elena, la fidanzata del fratello (Buy), e intravede i piaceri della fuga e della vita alla giornata che non ha mai conosciuto. Si sente la mano di Franco Bernini (e certe influenze «salvatoresche») nell'opera seconda di Piccioni: on the road all'italiana, generazionale e accattivante, ma troppo esile quando si tratta di stringere le fila dell'intreccio. Piccioni è l'amico che saluta Elena quando fa colazione al bar.

Chiedo asilo **½ (Italia/Francia 1979, col, 109') Marco Ferreri. Con Roberto Benigni, Dominique Laffin, Francesca De Sapio, Carlo Monni, Luca Levi. ◆ Maestro in una scuola materna, Roberto (Benigni) conosce il modo di farsi piccolo tra i piccoli e nonostante qualche prevedibile lamentela, riesce benissimo nel suo mestiere, tanto che si porterà alcuni bambini anche in vacanza in Sardegna, mentre aspetta che la sua compagna (Laffin) metta al mondo un bambino. Apologo morale sul contrasto tra uomo naturale e uomo storico e sulla distruzione della spontaneità e della poesia da parte di un mondo alienato e alienante, il film oscilla tra un vitalismo istintivo (come è istintiva la gioia dei bambini) e un'immagine funerea del nostro destino (l'albero morto, i girini morti, le lenzuola nere). Comunque un Ferreri assai più delicato del solito, che fa recitare in presa diretta un simpaticissimo Benigni.

Chi è Harry Crumb? *½ (*Who's Harry Crumb?*, Usa 1989, col, 98') Paul Flaherty. Con John Candy, Jeffrey Jones, Annie Potts, Tim Thomerson, James Belushi. ◆ Henry (Candy) è un investigatore pasticcione ai limiti dell'imbecillità. Gli affideranno un caso, contando sulla sua incapacità a risolverlo. Qualche momento divertente, stemperato in una maggioranza di sciocchezze.

Chi è Harry Kellerman e perché parla male di me? ** (*Who Is Harry Kellerman and Why Is He Saying Those Terrible Things About Me?*, Usa 1971, col, 108') Ulu Grosbard. Con Dustin Hoffman, Barbara Harris, Jack Warden, David Burns, Dom DeLuise. ◆ Una celebre rockstar (Hoffman) si sente perseguitata da un misterioso nemico: è lui, in realtà, che accusa se stesso pubblicamente in preda a sindrome schizoide. Tratto dall'opera teatrale di Herb Gardner (che Hoffman aveva già recitato a teatro), è un selvaggio psico(melo)dramma pieno di valori simbolici, molto legato al gusto del cinema americano «contro» che si produceva negli anni Settanta. Una bravissima Harris cancella tutti gli altri interpreti.

Chi è l'altro? *** (*The Other*, Usa 1972, col, 100') Robert Mulligan. Con Uta Hagen, Diana Muldaur, Chris Udvarnoky, Martin Udvarnoky, Norma Connolly. ◆ In un tranquillo paesino di campagna due bambini gemelli (ma forse sono un unico bambino, perché uno è un fantasma che rivive grazie alla fantasia schizofrenica dell'altro) si macchiano di efferati delitti. La madre e la nonna intuiscono la verità, finché l'orrore si stringe intorno alla famiglia. Tratto da un abile romanzo di Thomas Tryon (che firma anche l'adattamento), è un curioso e inconsueto film fantastico che si sforza di mantenere per tutta la sua durata la medesima dose di ambiguità che faceva del libro un tour de force narrativo. In bilico tra una soluzione soprannaturale e il thriller psicologico, straordinariamente ben fotografato da Robert Surtees, agghiacciante senza ricorrere a trucchi sanguinolenti, rischia forse di disorientare, con la sua struttura così conchiusa in se stessa, lo spettatore abituato a horror di grana più grossa.

Chien andalou, Un **** (*Un Chien andalou*, Francia 1929, b/n, 25') Luis Buñuel. Con Pierre Batcheff, Simone Mareuil. ◆ Primo film di Buñuel (che convinse sua madre a finanziarlo), ideato assieme a Salvador Dalì a partire dai loro sogni, e subito acclamato dai surrealisti parigini, che ne fecero il loro manifesto. Si apre con una delle immagini più raccapriccianti della storia del cinema, quella di un uomo (Buñuel) che taglia con un rasoio l'occhio di una donna (si trattava in realtà di un occhio bovino). Segue una sarabanda di episodi a forte viratura sadico-erotica, con nessuna logica che non sia quella del desiderio e del caso, in cui un uomo rincorre una donna ed è ucciso da un suo doppio. Dalì è uno dei due preti trainati dentro un pianoforte. Non tutte le copie contengono l'ultima sequenza, con i due protagonisti sepolti nella sabbia. Forse il miglior lascito delle avanguardie storiche nel campo del cinema.

Chien jaune, Le → *voce «Maigret»*

Chi era quella signora? ** (*Who Was That Lady?*, Usa 1960, b/n, 115') George Sidney. Con Tony Curtis, Dean Martin, Janet Leigh, James Whitmore, John McIntire, Barbara Nichols. ◆ Nel tentativo di sviare i sospetti di una scappatella, un marito si fa credere un agente segreto e chiede aiuto a un amico. Il problema è che la moglie prende tutto sul serio. Commedia a equivoci per star, che nella parte centrale riesce a creare un clima di piacevole follia.

Chiesa, La *½ (Italia 1989, col, 100') Michele Soavi. Con Tomas Arana, Fëdor Čaliapin, Barbara Cupisti, Hugh Quarshie, Asia Argento. ◆ Nella Germania di oggi, l'incauto visitatore di una cattedrale gotica riesuma mostri e fantasmi del passato: cavalieri teutonici, demoni, alchimisti accusati di stregoneria e cacciatori di streghe infieriscono sui miseri turisti del Ventesimo secolo. Discepolo ufficiale di Dario Argento, Soavi non manca di immaginazione visiva. Ma la storia è frammentaria e incoerente.

Chi è senza peccato... ** (Italia 1952, b/n, 118') Raffaello Matarazzo. Con Amedeo Nazzari, Yvonne Sanson, Françoise Rosay, Enrica Dyrell, Enrico Olivieri, Teresa Franchini, Aldo Nicodemi. ◆ In cerca di fortuna, Stefano (Nazzari) va a lavorare in Canada e sposa per procura Maria (Sanson), la donna che l'aveva convinto col suo amore ad abbandonare la vita del contrabbandiere. Ma la sorella della donna, ragazza madre, muore lasciandole il suo bambino e Maria decide di sacrificarsi per proteggere quel nipotino che tutti – Stefano compreso – credono sia suo figlio. Quarto film interpretato dalla coppia Nazzari- Sanson, è uno dei melodrammi meno riusciti di Matarazzo per l'eccessivo accumulo di situazioni e personaggi che ruotano attorno alla vicenda principale (la relazione non consumata tra Stefano e la donna che lo ospita in Canada, tutta la storia della sorella di Maria e della sua infelice relazione, certi episodi della vita di Nino, il figlio adottato). Resta solo il bel ritratto di Maria, nuova eroina nella galleria delle donne umiliate e offese del regista.

Chi è sepolto in quella casa? * (*House*, Usa 1985, col, 93') Steve Miner. Con William Katt, George Wendt, Richard Moll, Kay Lenz, Michael Ensign. ◆ Uno scrittore di storie orrorifiche (Katt) in crisi matrimoniale e angosciato dai ricordi del periodo passato sotto le armi, va a vivere in un vecchio edificio vittoriano dopo avere perduto il figlio. Riuscirà a recuperarlo proprio nella casa, battendosi con lo zombi (un suo antico compagno d'armi) che lo ha rapito. Poco inventivo horror sul tema della casa stregata, che mischia ai temi topici del genere l'eco della guerra del Vietnam. La storia continua con *La casa di Helen*.

Chi è Susan? *½ (*As Good as Dead*, Usa 1995, col, 84') Larry Cohen. Con Crystal Bernard, Traci Lords, Judge Reinhold, George Dickerson. ◆ Dovendo sottoporsi a un intervento chirurgico ed essendo senza mutua, Nicole (Lords) entra in ospedale con l'identità dell'amica Susan (Bernard). Ma quando muore sotto i ferri, per Susan, che è sola al mondo, inizia un incubo. Giallo di ordinaria amministrazione stiracchiato e poco plausibile. Cohen, anche sceneggiatore e produttore, ha fatto molto di meglio. La Lords è un'ex attrice porno, ma ormai il massimo che concede è la minigonna.

Chi giace nella bara della zia Ruth? **½ (*Who Slew Auntie Roo?*, Usa 1971, col, 89') Curtis Harrington. Con Shelley Winters, Mark Lester, Ralph Richardson, Judy Cornwell. ◆ Una ricca vedova (Winters) vive nel ricordo della figlioletta morta. E quando incontra una bambina che assomiglia alla figlia scambia il sequestro per un'adozione. Ma ha fatto i conti senza il fratellino. Moderna versione della favola di *Hansel e Gretel* con tanto di inversione di ruoli. Un gioiellino dell'horror di serie B sull'inarrestabile crudeltà dei bambini.

Chi giace nella mia bara? **½ (*Dead Ringer*, Usa 1964, b/n, 115') Paul Henreid. Con Bette Davis, Karl Malden, Peter Lawford, Jean Hagen, Philip Carey, Estelle Windwood. ◆ Dopo molti anni di separazione, Edith (Davis) uccide la ricca sorella gemella, che le aveva rubato il fidanzato, e ne assume l'identità. Tratto da un romanzo di Rian James e diretto da un ex partner cinematografico della Davis, è un film pieno di citazioni dal repertorio dell'attrice e sinistro al punto giusto. Un po' troppo lungo per il potenziale drammatico del soggetto, ma con una protagonista diabolicamente in forma. Lo stesso romanzo era già stato alla base del film *Vita rubata* (1946, di Roberto Gavaldon).

Chi ha incastrato Roger Rabbit **** (*Who Framed Roger Rabbit*, Usa 1988, col, 103') Robert Zemeckis. Con Bob Hoskins, Christopher Lloyd, Joanna Cassidy, Stubby Kaye, Alan Tilvern. ◆ Nella Hollywood del 1948, dove esseri umani e cartoni animati vivono insieme, il coniglio a cartoon Roger Rabbit sembra essere – per gelosia verso la moglie Jessica Rabbit – il responsabile di un misterioso omicidio. Chiederà aiuto al detective privato Eddie Valiant (Hoskins) che scoprirà il vero autore del delitto: è il giudice Doom (Lloyd) che vuole far sparire Cartoonia dalla faccia di Hollywood. Coprodotto dalla Touchstone (Walt Disney) e dalla Amblin (Steven Spielberg) e record d'incassi della stagione, è il film che ha rivoluzionato la tecnica cinematografica con la sua perfetta sincronizzazione tra persone e cartoon (tre meritatissimi Oscar: miglior montaggio, effetti speciali visivi e sonori), ma ha anche ridato fiato a un genere, l'animazione, che sembrava dimenticato. L'inizio del film, con Roger Rabbit e Baby Herman (chiaramente modellato sul Baby Butch inventato da Frank Tashlin per il cartoon *Brother Brat*, 1944), nello stile dei cortometraggi Warner degli anni Cinquanta, è assolutamente perfetto per ritmo, gag e genialità di raccordo con il mondo «reale». Così come indimenticabili sono le esuberanti curve di Jessica Rabbit («Io non sono cattiva. Mi hanno disegnato così!») che canta con la voce roca e sexy di Kathleen Turner ed è diventata una delle icone del decennio. «Partecipazioni straordinarie» di moltissime celebrità dei cartoon, da Betty Boop a Paperino, Duffy Duck, Topolino, Bugs Bunny.

Chi ha paura delle streghe **½ (*The Witches*, Usa 1990, col, 91') Nicolas Roeg. Con Anjelica Huston, Mai Zetterling, Bill Paterson, Brenda Blethyn, Rowan Atkinson, Jasen Fisher, Charlie Potter. ◆ Nonna e nipotino (Zetterling e Fisher) scoprono che nell'albergo dove sono in vacanza si svolge il raduno annuale delle streghe, decise a trasformare tutti i bambini d'Inghilterra in topi. Dal bel romanzo di Roald Dahl *Streghe*, qualcosa di più di una favola horror: un ritratto crudele del mondo degli adulti. L'ex regista Mai Zetterling è una nonna simpatica e intraprendente mentre Anjelica Huston si trasforma in diretta nella Grande Strega grazie ai trucchi di Steve Norrington e del Jim Henson's Creature Shop.

Chi ha paura di Virginia Woolf? **½ (*Who's Afraid of Virginia Woolf?*, Usa 1966, b/n, 127') Mike Nichols. Con Elizabeth Taylor, Richard Burton, George Segal, Sandy Dennis. ◆ Gioco al massacro fra Martha (Taylor) e George (Burton), coniugi di mezza età che una sera invitano a casa loro una giovane coppia di conoscenti occasionali, Nick (Segal) e Honey (Dennis). Tratto dal lavoro teatrale di Edward Albee, un film eccessivamente ridondante, che ai tempi scandalizzò per la sua spregiudicatezza (fu visto come una «lucida fotografia dei cadaveri che la borghesia americana teneva nascosti negli armadi») ma che oggi appare solo un'estremizzazione, a base di insulti e scoppi di aggressività, delle commedie sulle crisi familiari. La regia di Nichols valorizza al massimo l'impianto claustrofobico del dramma, sfruttandone a proprio vantaggio l'originaria destinazione per il palcoscenico, mentre l'interpretazione della Taylor, accentuando la componente romantica del personaggio, addolcisce l'originaria misoginia del testo di Albee. Tre Oscar: miglior attrice, attrice non protagonista e fotografia (Haskell Wexler).

Chi ha rubato il Presidente? *½ (*Le Grand restaurant*, Francia 1966, col, 95') Jacques Bernard. Con Louis de Funès, Bernard Blier, René Blancard, Maria Rosa Rodriguez, Venantino Venantini. ◆ Durante il pranzo in un elegante ristorante di Parigi, un presidente americano scompare. Il direttore (de Funès) se la dovrà vedere con tutti: polizia, agenti dello scomparso e oppositori del regime. Cento pretesti per proporre il repertorio classico di de Funès, l'omino tartassato dagli eventi.

Children – Ragazzi *½ (*Children*, Gb/ Germania 1990, col, 115') Tony Palmer. Con Ben Kingsley, Kim Novak, Geraldine Chaplin, Karen Black, Joe Don Baker. ◆ Un ingegnere annoiato (Kingsley) conosce in vacanza una masnada di ragazzini, figli di una sua vecchia amica (Novak), che lo invitano nella loro casa a Venezia: la più grandicella rischia di fargli perdere la testa. Versione cartolinesca di un romanzo di Edith Wharton, girata con stile antiquato e un cast di vecchie glorie.

Chi l'ha vista morire? *½ (*Malastrana*, Rft/Italia 1972, col, 95') Aldo Lado. Con George Lazenby, Anita Strindberg, Peter Chatel, Adolfo Celi, Alessandro Haber, Nicoletta Elmi, Dominique Boschero, José Quaglio, Piero Vida, Vittorio Fanfoni. ◆ Dopo che la figlioletta (Elmi) gli viene uccisa da un serial killer in abito femminile, un pittore (Lazenby) inizia una laboriosa indagine che scopre i classici altarini. Dopo una partenza promettente, il giallo (sceneggiato dal regista con Massimo D'Avack e Francesco Barilli) si perde con scarsa suspense tra le calli veneziane. E anche le nenie diaboliche con voci bianche di Ennio Morricone, sentite per la decima volta, stufano. *Cult* la partecipazione di Haber nel ruolo di padre James.

Chi l'ha visto? * (Italia 1945, b/n, 93') Goffredo Alessandrini. Con Valentina Cortese, Virgilio Riento, Carlo Campanini, Aroldo Tieri, Pina Renzi, Tino Scotti. ◆ Capitato per caso presso una famiglia, che lo prende per il congiunto scomparso da anni, Emilio (Riento) se ne fa paladino contro le angherie di un parente prepotente. Cosceneggiato da Federico Fellini e prodotto nel 1943, una commedia senza nerbo, che ricorda un po' troppo *Quattro passi tra le nuvole*. Alberto Sordi interpreta la parte dell'idraulico, fidanzato di Valentina Cortese.

Chi lavora è perduto ** (Italia 1963, b/n e col, 90') Tinto Brass. Con Sady Rebbot, Pascale Audret, Tino Buazzelli, Franco [Kim] Arcalli, Piero Vida. ◆ Girovagando per Venezia, Bonifacio (Rebbot), un giovanotto restio a integrarsi nel sociale, ripercorre le piccole disavventure della propria vita. Primo lungometraggio di Brass, realizzato con umori anarcoidi: non proprio rivoluzionario, ma abbastanza caustico. Brass ebbe noie con la censura, ma se la cavò cambiando solo il titolo, ritenuto troppo provocatorio, con *In capo al mondo*.

Chimera * (Italia 1968, col, 98') Ettore M. Fizzarotti. Con Gianni Morandi, Laura Efrikian, Nino Taranto, Katya Moguy, Lino Toffolo, Pippo Franco, Gino Bramieri, Enzo Cannavale. ◆ Il cantante Gianni (Morandi) va in tournée musicale in Brasile mentre la moglie aspetta un bambino. Una sbandata per un'altra donna non gli impedirà di ravvedersi per cantare in tempo la canzone che dà il titolo al film (ma anche *La fisarmonica* e *Un mondo d'amore*). Melodramma sentimentale con contorno di (numerosi) comici. Morandi e la Efrikian facevano coppia anche nella vita. Il cantante Roberto Carlos interpreta se stesso.

Chimere *** (*Young Man with a Horn*, Usa 1950, b/n, 112') Michael Curtiz. Con Kirk Douglas, Lauren Bacall, Doris Day, Juano Hernandez, Hoagy Carmichael, Mary Beth Hughes. ◆ La vita disperata di Rick Martin (Douglas), trombettista jazz arrivato al successo dopo un duro apprendistato e caduto nelle braccia dell'alcol per dimenticare una donna (Bacall, a cui la sceneggiatura attribuisce tendenze lesbiche: «sei una ragazza malata Amy, dovresti vedere un dottore»). Tratto dal romanzo di Dorothy Baker e liberamente ispirato alla vita di Bix Beiderbecke (a cui Pupi Avati dedicherà il deludente *Bix*), è uno dei migliori film di Curtiz, notturno e sinuoso, straordinariamente ben interpretato (anche da Doris Day, che canta *With a Song in My Heart*), perfetta fusione tra jazz e nottambulismo, voglia di musica e voglia di masochismo. Arrangiamenti non sempre ortodossi di Max Steiner ma efficaci. La tromba di Kirk Douglas è doppiata da Harry James, ma l'attore aveva preso tre mesi di lezioni e *Variety* lodò la sua «buona diteggiatura e la tecnica delle labbra».

Chimere ° (*Chimère*, Francia 1989, col, 104') Claire Devers. Con Béatrice Dalle, Wadeck Stanczack, Francis Frappat, Julie Bataille, Adriana Asti. ◆ La gravidanza annunciata mette in crisi la coppia: lui (Stanczack) si spaventa e fugge; la sensibile sorella (Bataille) della donna (Dalle) si suicida. Secondo lungometraggio di Claire Devers, pieno di ambizioni, ma francamente deludente. Personaggi stereotipati e privi di vita: troppo per coinvolgerci con i fatti loro. Restano le labbra indimenticabili della Dalle.

Chi mi aiuta? *½ (Italia 1985, col, 99') Valerio Zecca. Con Luca Barbareschi, Marilù Prati, Geppy Gleijeses, Victor Cavallo, Anna Melato, Giancarlo Palermo. ◆ Intrighi sentimentali diretti da un giovane regista italiano: due amici, Paolo e Carlo (Gleijeses e Barbareschi), vengono divisi da una ragazza (Prati), Paolo se ne innamora, ma Carlo ne diventa l'amante. Non molto più che la buona volontà.

China Blue ** (*Crimes of Passion*, Usa 1984, col, 106') Ken Russell. Con Kathleen Turner, Anthony Perkins, John Laughlin, Annie Potts, Bruce Davison. ◆ La doppia vita di Joanna Crane (Turner), che fa la donna in carriera di giorno e la prostituta di notte col nome di China Blue. C'è un prete che vorrebbe redimerla con la violenza (Perkins in una variante del solito personaggio allucinato alla Norman Bates di *Psycho*), mentre un piccolo imbroglione resta preso dai suoi fascini perversi. Thriller che sfrutta fino all'osso le tematiche sessuali, colpito a suo tempo dalla classificazione «X» (cioè pornografico) in patria e che circolò integralmente solo in Europa. Comunque Russell non controlla completamente il film e la brutalità programmatica di questa variante di Jekyll e Hyde finisce per disturbare.

China Girl ** (*China Girl*, Usa 1987, col, 88') Abel Ferrara. Con Richard Panebianco, Sari Chang, James Russo, Judith Malina, Russell Wong, David Caruso. ◆ Romeo e Giulietta tra Little Italy e Chinatown: lui (Panebianco) è un pizzaiolo, lei (Chang) è sorella di un mafioso rampante (Wong). I venti minuti iniziali, praticamente muti, e tutti giocati tra la discoteca e gli inseguimenti nei vicoli, sono un gran pezzo di cinema, né si sono viste zuffe coreografate meglio dai tempi di *West Side Story*. Peccato che in seguito la sceneggiatura si squagli, e gli attori mostrino i loro limiti. Il genere di film che i fan di Ferrara sopravvalutano e tutti gli altri sottovalutano. Judith Malina, membro storico del Living Theatre, interpreta la madre del ragazzo.

China Moon – Linea mortale **½ (*China Moon*, Usa 1991, col, 99') John Bailey. Con Ed Harris, Madeleine Stowe, Benicio Del Toro, Charles Dance, Pruitt Taylor Vince. ◆ Florida: lo sbirro Kyle Bodine (Harris) si innamora di Rachel Munro (Stowe), moglie di un banchiere violento e adultero (Dance): e quando lei fa fuori il marito, la copre cacciandosi in un mare di guai. Scritto (con qualche virtuosismo di troppo) da Roy Carlson, un noir a metà strada tra romanticismo d'altri tempi e cinismo contemporaneo. Godibile prodotto medio per l'esordio alla regia del direttore della fotografia Bailey, che a dirigere le luci chiama il collega europeo Willy Kurant.

Chinatown *** (*Chinatown*, Usa 1974, col, 131') Roman Polanski. Con Jack Nicholson, Faye Dunaway, John Huston, John Hillerman, Perry Lopez, Burt Young, Bruce Glover, Diane Ladd. ◆ Il detective J.J. Gittes (Nicholson) investiga su delitti e speculazioni edilizie a Los Angeles. Ma finirà per incappare in un caso di incesto, azionando, inconsapevole, un meccanismo tragico. L'inappuntabile ricostruzione filologica di ambienti e atmosfere del vecchio noir, viene vivificata (anche grazie a un cast carismatico) dalla descrizione di un mondo corrotto non solo politicamente, nel quale la presenza del male diventa «ossessiva e sinuosa, mostruosamente ambigua, davvero diabolica» e trova nel personaggio del capitalista Noah Cross (interpretato dal regista John Huston) una rappresentazione indimenticabile. Comparsata per Polanski che interpreta il teppistello che ferisce al naso il protagonista. Oscar per la sceneggiatura a Robert Towne. Seguito da *Il grande inganno*.

Chinese Box ° (*Chinese Box*, Usa/Francia/Giappone 1997, col, 109') Wayne Wang. Con Jeremy Irons, Gong Li, Maggie Cheung, Michael Hui, Rubén Bladesthorne, Russel Caw. ◆ 1997: Hong Kong sta per tornare cinese e il giornalista inglese John (Irons) sta per morire, con una storia d'amore in sospeso con l'ex spogliarellista Vivian (Gong) e vari conti esistenziali da saldare. Il cinoamericano Wang non ripete a Hong Kong quello che gli era riuscito a Brooklyn con *Smoke*: mescola pellicola e video (John gira per Hong Kong con la sua videocamera), cronaca e mélo senza scalfire mai le apparenze, appesantito da una sceneggiatura scontata malgrado i nomi illustri coinvolti (Paul Theroux e Jean-Claude Carrière). L'unico personaggio interessante è quello della sfuggente Maggie Cheung, nella parte di una punk con una cicatrice e molti segreti.

Chinese Cat, The → *voce «Charlie Chan»*

Chi non salta bianco è **½ (*White Men Can't Jump*, Usa 1992, col, 112') Ron Shelton. Con Wesley Snipes, Woody Harrelson, Rosie Perez, Tyra Ferrell. ◆ A Venice, California, il nero Sydney Deane (Snipes), giocatore di basket di strada specializzato in scommesse e gare truccate, trova il socio ideale nel bianco Billy Hoyle (Harrelson), che nessun altro nero è disposto a prendere sul serio, e che ha bisogno disperato di soldi per saldare un debito con alcuni gangster. Commedia sui rapporti e i pregiudizi fra razze, meno accomodante di quanto potrebbe sembrare. Più scontata la parte dedicata all'arte della truffa e alla vita privata dei due protagonisti: ma Shelton (anche sceneggiatore) mostra del talento coreografando e riprendendo le partite di basket come se fossero scene erotiche. Orrendi il doppiaggio e il titolo italiano.

Chi più spende... più guadagna *½ (*Brewster's Millions*, Usa 1985, col, 97') Walter Hill. Con Richard Pryor, John Candy, Lonette McKee, Stephen Collins, Pat Hingle. ◆ Un giocatore di baseball (Pryor) è obbligato a dilapidare 30 milioni di dollari in un mese per ereditarne 300. Rifacimento di *Milioni in pericolo* (1945, di Allan Dwann, con Dennis O'Keefe e Ellen Walker), a sua volta ennesima riduzione cinematografica della commedia di George Barr McCutcheon, questa versione si basa su una sceneggiatura poco inventiva, che non aggiunge contributi all'idea di partenza; incomprensibile tonfo di un regista più a suo agio con l'azione.

Chi protegge il testimone **½ (*Someone to Watch Over Me*, Usa 1987, col, 106') Ridley Scott. Con Tom Berenger, Mimi Rogers, Lorraine Bracco, Jerry Orbach, John Rubinstein. ◆ Un poliziotto (Berenger) felicemente sposato con una collega deve proteggere una sofisticata ragazza (Rogers), testimone di un delitto. Custode e custodita si innamoreranno e la pace familiare sarà compromessa. Thriller romantico dove – più del soggetto – contano il gioco della regia e l'uso simbolico degli ambienti. I temi classici di Scott – lo scontro in un luogo chiuso, i rapporti fondati sul voyeurismo, il pericolo latente che sembra non esplodere mai – sono costruiti con un elegante gioco di contrapposizioni fisiche e sociali (la casa piccolo-borghese nei sobborghi e l'appartamento a Manhattan, la festa chiassosa tra colleghi e l'atmosfera inquietante dei cocktail party, il cattivo gusto del poliziotto e l'eleganza innata della donna) ma rischiano di scivolare in un formalismo un po' convenzionale. Grande versione di Sting della canzone di Gershwin *Someone to Watch over Me*, durante i titoli di testa.

Chiromante, Il *½ (Italia 1941, b/n, 75') Oreste Biancoli. Con Erminio Macario, Luisella Beghi, Enzo Fiermonte, Carlo Rizzo, Mario Ancillotti. ◆ Garzone di una giostra di cavalli, Candido (Macario) si trucca da chiromante per salvare la pelle e s'innamora di una giovane fioraia (Beghi) rapita da una banda di falsari. Con l'aiuto dei suoi amici, una banda di ragazzi che si fanno chiamare Mohicani, sgominerà la gang e libererà la fanciulla. Modesta farsa rosa, ravvivata solo dalla performance dell'attore principale: stralunato eroe di periferia, candido di nome e di fatto, Macario tratteggia con delicatezza il suo personaggio alla Charlot, dando al film un originale tocco di surrealismo romantico.

Chi si ferma è perduto ** (Italia 1961, b/n, 103') Sergio Corbucci. Con Totò [Antonio de Curtis], Peppino De Filippo, Aroldo Tieri, Alberto Lionello, Luigi De Filippo, Alberto Tallegalli, Mario Castellani, Lia Zoppelli, Pietro De Vico, Renzo Palmer. ◆ Antonio Guardialavecchia (Totò) e Peppino Colabona (P. De Filippo) sono due impiegati tartassati da un superiore che ringalluzziscono quando il loro nemico passa a miglior vita. Ma i tentativi per ingraziarsi il nuovo capufficio non avranno alcun successo. Divertenti, come sempre, i duetti fra i due che in ufficio architettano dispetti l'uno contro l'altro e vengono immancabilmente colti in flagrante. Totò si concede anche un intermezzo «shakespeariano» recitando una specie di elogio funebre del capufficio Cesare.

Chissà perché... capitano tutte a me * (Italia 1980, col, 102') Michele Lupo. Con Bud Spencer [Carlo Pedersoli], Cary Guffey, Ferruccio Amendola, Robert Hundar, Carlo Reali. ◆ Seguito di *Uno sceriffo extraterrestre... poco extra e molto terrestre*. Questa volta l'imponente sceriffo (Spencer) e il suo piccolo aiutante alieno H7-25 (Guffey) devono vedersela con un gruppo di «visitor» venuti da un altro pianeta. Più che armi fantascientifiche servono i tradizionali schiaffoni di Spencer.

Chissà se lo farei ancora ** (*Si c'était à refaire*, Francia 1976, col, 105') Claude Lelouch. Con Catherine Deneuve, Anouk Aimée, Charles Denner, Francis Huster, Niels Arestrup, Colette Baudot, Jean-Pierre Kalfon, Jean-Jacques Briot. ◆ Le disavventure della bionda Catherine (Deneuve): accusata di complicità in omicidio e condannata a sedici anni, farà un figlio in carcere, ma il reinserimento nella società non sarà facile. Come quasi sempre in Lelouch: tempi narrativi lunghi e accurati personaggi secondari (Anouk Aimée, ex compagna di carcere della protagonista, è un'ottima spalla). Attento alle mode e astuto, ma non privo di un certo brio.

Chi sta bussando alla mia porta? **½ (*Who's That Knocking at My Door?*, Usa 1969, b/n, 90') Martin Scorsese. Con Zina Bethune, Harvey Keitel, Anne Collette, Lennard Kuras, Michael Scala. ◆ Charlie (Keitel), cresciuto nel quartiere di Little Italy, passa la maggior parte del tempo girando per bar in compagnia dei suoi due inseparabili amici Joey e Salvatore. Si innamora di una giovane donna indipendente (Bethune), ma la propria ossessiva educazione cattolica e la scoperta che la ragazza non è vergine (essendo stata violentata dall'ex fidanzato) mettono fine alla loro relazione. Il primo lungometraggio di Scorsese, un dramma crudo e realistico, basato su esperienze semiautobiografiche del regista che appare in una piccola parte di gangster. Alcune parti sono state girate in 16mm, mentre la sequenza erotica, con Anne Collette, è stata girata ad Amsterdam e messa nel film su richiesta esplicita del distributore. Nell'edizione originale, il personaggio di Harvey Keitel non si chiama Charlie, ma J.R., che è anche il titolo con cui il film è stato presentato a Los Angeles nel 1970.

Chisum ** (*Chisum*, Usa 1970, col, 111') Andrew V. McLaglen. Con John Wayne, Forrest Tucker, Christopher George, Ben Johnson, Glenn Corbett, Bruce Cabot. ◆ John Chisum, cattivo della storia di Billy the Kid, diventa buono in questo western fatto su misura per Wayne: è un barone del bestiame vecchia maniera che regna nel suo ranch secondo giustizia. Con l'aiuto addirittura del Kid e di Pat Garrett sconfiggerà un corrotto funzionario governativo che trama contro di lui. Omerico corpo a corpo finale.

Chi te l'ha fatto fare? ** (*For Pete's Sake*, Usa 1974, col, 90') Peter Yates. Con Barbra Streisand, Michael Sarrazin, Estelle Parsons, William Retfield, Molly Picon. ◆ La moglie (Streisand) di un giovane tassista (Sarrazin) di New York vuole migliorare il tenore di vita familiare: si mette in affari delicati e riesce soltanto a far lievitare i debiti. Commedia farsesca in stile anni Quaranta, in cui la Streisand fa una variante del personaggio portato al successo con *Ma papà ti manda sola?*

Chi tocca il giallo muore *½ (*The Big Brawl*, Usa 1980, col, 95') Robert Clouse. Con Jackie Chan, José Ferrer, Kristine DeBell, Mako, Ron Max. ◆ Storia di arti marziali interpretata da Jackie Chan, l'attore cinese che i fans considerano il successore di Bruce Lee. A Chicago, i gangster terrorizzano un quartiere. Per liberare gli amici dalla minaccia della malavita, il giovane Jerry Kwan (Chan) accetta di correre in una gara di maratona per un boss; ma poi dovrà passare alle maniere forti del kung-fu.

Chi trova un amico trova un tesoro * (Italia 1981, col, 114') Sergio Corbucci. Con Bud Spencer [Carlo Pedersoli], Terence Hill [Mario Girotti], Sal Borgese, John Fujoka, Luise Bennett. ◆ Il tesoro del titolo mette in concorrenza una coppia di amici (Spencer e Hill) e una banda di malviventi, su un'isola esotica. Tra le acrobazie di Hill e le sberle gargantuesche di Spencer, un altro dei film a formula che rinnovarono per anni il successo della serie *Trinità* spostando epoca e scenari, ma lasciando invariato il resto.

Chi ucciderà Charley Varrick? **** (*Charley Varrick*, Usa 1974, col, 111') Don Siegel. Con Walter Matthau, Joe Don Baker, Felicia Farr, Andy Robinson, John Vernon, Sheree North. ◆ Varrick (Matthau), ex acrobata sugli aerei, rapina una banca senza sapere che la mafia vi ricicla il suo denaro sporco. Messo sotto mira, riuscirà a salvarsi usando contro i persecutori le loro stesse armi. Stupenda storia di crimine, che celebra il trionfo dell'intelligenza con un accuratissimo piano di difesa congegnato da un protagonista solo contro tutti. Dal veterano Siegel un film di lucida crudeltà, composto tutto di inquadrature oblique, colori freddi e giudizi impietosi sulla società americana. Ma anche una dose robusta di humour, cui Matthau presta al meglio i suoi tratti vissuti e sarcastici.

Chiudi gli occhi e guarda le stelle → *Xanadu*

Chi vive in quella casa? * (*The Comeback*, ritolato *The Day the Screaming Stopped*, Gb 1978, col, 100') Pete Walker. Con Jack Jones, Pamela Stephenson, Bill Owen, Sheila Keith, Holy Palance. ◆ Un cantante americano va in Inghilterra per preparare uno spettacolo che dovrebbe rinverdire la sua fama appannata. Ma finisce coinvolto in una catena di trucidi delitti. Nessuna idea, solo truculenza.

Chi vuole un milione? ** (*I'll Give a Million*, Usa 1938, b/n, 70') Walter Lang. Con Warner Baxter, Peter Lorre, Marjorie Weaver, Jean Hersholt, John Carradine. ◆ Disgustato dall'avidità della propria classe, un milionario si traveste da vagabondo e va alla ventura, creando scompiglio tra ricchi e poveri. Commedia sulla Grande Depressione con echi di Frank Capra, divertente e non priva di tocchi satirici graffianti.

Chocolat **½ (*Chocolat*, Francia/Germania/Camerun 1988, col, 105') Claire Denis. Con Isaach de Bankolé, Giulia Boschi, François Cluzet, Cécile Ducasse, Jean-Claude Adelin. ◆ Africa occidentale francese: France (Ducasse), la figlia di un funzionario governativo e di una madre bella ma insoddisfatta, sperimenta le diverse forme del razzismo cui i colonizzatori sottopongono gli africani, compreso Protée (de Bankolé), un servitore fiero e silenzioso. Sul filo della memoria, l'infanzia (quasi) autobiografica di una regista debuttante: messinscena distesa e allusiva, tanto più efficace quanto meno declamatoria.

Choose Me – Prendimi *** (*Choose Me*, Usa 1984, col, 106') Alan Rudolph. Con Keith Carradine, Geneviève Bujold, Lesley Ann Warren, Rae Dawn Chong, Patrick Bauchau, John Considine, John Larroquette. ◆ Mickey (Carradine) è un'ex spia, ex poeta e impostore di professione che, scappato da un manicomio, cerca una donna da sposare. Le seduzioni incrociate coinvolgono altri quattro personaggi, tra cui una barista divoratrice di uomini (Warren) e una sessuologa radiofonica repressa (Bujold). Commedia notturna e sofisticata, sorretta da una sceneggiatura esemplare, in cui Rudolph dà il suo meglio alternando l'ironia ai toni onirici. Musica e scenografie sono utilizzate in modo antirealistico, mentre gli attori reggono piani sequenza di 109 con la massima naturalezza. Grande esercizio di stile che riesce a evitare la freddezza.

Chorus Line ** (*A Chorus Line*, Usa 1985, col, 117') Richard Attenborough. Con Michael Douglas, Terrence Mann, Alyson Reed, Vicki Frederick, Audrey Landers, Yamil Borges, Cameron English, Nicole Fosse, Gregg Burge, Janet Jones. ◆ Il regista Zack (Douglas) sottopone a una dura selezione un gruppo di giovani ballerini che aspirano a far parte della «linea del coro» di un grande spettacolo a Broadway. L'audizione per trovare gli otto prescelti diventa così una specie di psicodramma collettivo, dove ciascuno si confessa pubblicamente. Riduzione cinematografica di un musical di grandissimo successo (di James Kirkwood e Nicholas Dante), con bei numeri (*I Can Do That*, *At the Ballet*, *What I Did for Love*) e interpreti ben scelti. L'intrattenimento funziona, ma Attenborough non si mostra particolarmente dotato per affrontare la complessità del film musicale.

Chosen **½ (*The Chosen*, Usa 1981, col, 108') Jeremy Paul Kagan. Con Rod Steiger, Maximilian Schell, Robby Benson, Barry Miller, Hildy Brooks, Ron Rifkin, Val Avery. ◆ L'amicizia tra due giovani, uno ebreo (Miller) l'altro hassidico (Benson), entra in crisi per il divergente rigore religioso dei rispettivi padri. Tratta dal romanzo di Chaïm Potok *Danny l'eletto*, il film ricostruisce con sommessa partecipazione l'atmosfera della Brooklyn all'inizio della seconda guerra mondiale e gli ambienti della comunità ebraica. Il film evita ogni trappola melodrammatica nel raccontare il dramma di un ragazzo che, mentre si affaccia all'età adulta, si trova a dover scegliere tra una concezione immutabile e dottrinale della propria fede religiosa e una più aperta alle suggestioni dei tempi che cambiano. Ottima l'interpretazione di Rod Steiger come padre rabbino hassidico.

Christian *½ (*Christian*, Danimarca/Francia 1989, col, 100') Gabriel Axel. Con Nikolaj Christensen, Nathalie Brusse, Preben Lendorff Rye, Jens Arentzen. ◆ Giovane ribelle in cerca di libertà, Christian (Christensen) fugge dalla natia Danimarca e attraversa l'Europa con l'aiuto casuale delle persone che incontra. Troverà se stesso, e l'amore (Brusse) in un villaggio del Sud del Marocco, non ancora contaminato dalla civiltà. Il romanzo di formazione di uno hippie degli anni Novanta, alle prese con il fallimento del sogno socialdemocratico del Nordeuropa: il film non è privo di atmosfere, ma la descrizione di una insoddisfazione generazionale è molto di superficie. Una delusione per gli ammiratori del precedente *Il pranzo di Babette*.

Christiane F. noi i ragazzi dello zoo di Berlino ** (*Christiane F. wir Kinder von Bahnhof Zoo*, Rft 1981, col, 138') Ulrich Edel. Con Nadja Brunkhorst, Thomas Haustein, Jens Kuphal, René Wölk, Jan George Effler. ◆ Basato su una storia vera – diventata un bestseller – la cronaca della degradazione di una quattordicenne berlinese, Christiane (Brunkhorst) che ha rapporti con uno junkie, si droga, vede gli amici andare in rovina e trova, alla fine, una possibilità di riscatto. Referto realistico e programmaticamente crudele, il film evoca con una sguardo distante e asettico l'odissea di una generazione allo sbando, ma non riesce mai a diventare davvero cinema-verità. Sono incluse alcune sequenze di un concerto di David Bowie.

Christine la macchina infernale ** (*Christine*, Usa 1983, col, 111') John Carpenter. Con Keith Gordon, John Stockwell, Alexandra Paul, Robert Prosky, Harry Dean Stanton, Christine Belford. ◆ Studente liceale restaura una Plymouth del 1958 che diventa morbosamente gelosa del proprietario: animata da possessioni demoniache, l'auto minaccia la vita della fidanzata e fa vittime fino allo scontro decisivo con una ruspa. Un thriller nel classico repertorio di Stephen King, con situazioni quotidiane in cui germoglia la rivolta degli oggetti. Carpenter sceglie una messinscena senza molti effetti, filologicamente ispirata ai film di genere degli anni Cinquanta.

Christmas Oratorio – Oratorio di Natale *½ (*Juloratoriet*, Danimarca/Svezia/Norvegia 1996, col, 124') Kjell-Åke Andersson. Con Krister Henriksson, Peter Haber, Johan Widerberg, Lena Endre, Henrik Linnros, Sophia Johansson, Eddie Axberg, Sif Ruud. ◆ Alla morte della madre, il direttore d'orchestra Victor (Henriksson) scopre la storia del padre Sidner (Widerberg), mai conosciuto. E vai con la saga, tra Svezia e Nuova Zelanda: matti in famiglia e complessi di Edipo, fantasmi e musica classica, e una nonna melomane (Endre) che si spiaccica in bici contro una vacca. Degno di Bille August questo patinatissimo polpettone, in cui le cose accadono senza un perché e tutto è avvolto da un'aura enfatica che vorrebbe essere tragica e magica come la vita. E anche la musica dell'Oratorio di Bach (la composizione preferita dalla nonna melomane) è solo decorativa. Il regista ha adattato con Kjell Sundstedt *L'oratorio di Natale* di Göran Tunström.

Christmas Story, A – Una storia di Natale **½ (*A Christmas Story*, Usa 1983, col, 98') Bob Clark. Con Peter Billingsley, Darren McGavin, Melinda Dillon, Ian Petrella, Scott Schwartz. ◆ Anni Quaranta: il piccolo Ralphie (Billingsley) vuole per Natale un fucile automatico Red Ryder, che nessuno vuole regalargli per la sua pericolosità. Quando il padre cede alle sue insistenze, il ragazzo si rompe gli occhiali con il fucile e così, per evitare conseguenze, racconterà una bugia. Tratta da un capitolo autobiografico del romanzo *In God We Trust, All Others Pay Cash* di Jean Shepherd, è una commedia ben raccontata, messa in scena con cura e molto senso dell'umorismo.

Chroma Angel chiama Mandrake **½ (*Citizens Band*, rititolato *Handle with Care*, Usa 1977, col, 98') Jonathan Demme. Con Paul LeMat, Candy Clark, Ann Wedgeworth, Marcia Rodd, Charles Napier, Ed Begley jr. ◆ Storia delle imprese di un camionista radioamatore (LeMat), i suoi tic, i comportamenti, le ossessioni. Originale film on the road di uno dei migliori cineasti indipendenti americani: le situazioni sono risolte con la rapidità di uno sketch, ma il tocco della regia è sempre felice. Particolarmente divertente la storia del conducente bigamo (Napier) che resta ferito in un incidente ed è curato dall'amante.

Chuck Berry Hail! Hail! Rock'n'Roll → *Hail Hail Rock'n'Roll*

Ciao America **½ (*Greetings*, Usa 1968, col, 88') Brian De Palma. Con Robert De Niro, Jonathan Warden, Gerrit Graham, Richard Hamilton, Megan McCormick, Allen Garfield. ◆ In attesa di partire per il Vietnam, tre amici vivono le speranze e la paure degli anni Sessanta: Shaw (Warden) cerca in tutti i modi di evitare la visita di leva; Clay (Graham), ossessionato dal delitto Kennedy, indaga in proprio e viene fatto sparire come gli altri testimoni scomodi; Rubin (De Niro), invece, ha la mania del voyeurismo cinematografico e passa il suo tempo a filmare le donne che si spogliano davanti alle finestre. Debutto di De Palma nel cinema professionale (ma di produzione indipendente) con una commedia satirica sul Greenwich Village negli anni Sessanta, la controcultura, la guerra del Vietnam. Influenzato dalle utopie radicali sull'uso dei mass media, De Palma cerca di fondere l'insegnamento di Godard con la scuola underground americana: il film è troppo eclettico per essere riuscito, ma è comunque importante per come riesce a farsi beffe delle regole del «bel cinema» hollywoodiano. Le avventure di Rubin (De Niro) continueranno in *Hi, Mom!* (1969).

Ciao America ** (*Auf Wiedersehen Amerika*, Germania 1994, col, 85') Jan Schütte. Con Otto Tausig, Jakov Bodo, Zofia Merle, Christa Berndl, Ben Lang, Josh Mostel, George Tabori. ◆ Un ebreo tedesco (Tausig) e una coppia di polacchi (Bodo e Merle), da trent'anni emigranti a New York, decidono di tornare in Europa, via nave. Ma quando arrivano a destinazione dopo molte peripezie, non tardano ad accorgersi che il molo di Long Island non è molto dissimile da quello del loro paese d'origine. Una storia minimalista in cui gli apolidi protagonisti assomigliano a esuli più per gioco senile che per necessità: fragile e tenero, riesce comunque a sintetizzare lo spaesamento post caduta del Muro di Berlino. Il copione è scritto dal regista a quattro mani con Thomas Strittmatter.

Ciao amici! ° (*Grat Guns*, Usa 1941, b/n, 74') Monty Banks. Con Stan Laurel, Oliver Hardy, Sheila Ryan, Dick Nelson, Edmund McDonald, Mae Marsh. ◆ Per continuare a occuparsi del giovane miliardario di cui sono tutori, Stanlio e Ollio si arruolano nell'esercito e devono fare i conti con tutti i problemi della vita militare. Un fallimento, segno inequivocabile della decadenza della coppia. Si salvano solo due gag: quella dell'asse interminabile portata a spalle alle due estremità sempre da Stanlio (ripresa dal cortometraggio *The Finishing Touch*, 1928) e quella dell'orologio e del bicchiere d'acqua che si rovescia sempre addosso a Ollio.

Ciao amico **½ (*Tchao Pantin*, Francia 1983, col, 100') Claude Berri. Con Coluche [Michel Colucci], Richard Anconina, Agnès Soral, Philippe Léotard, Mahmoud Zemmuri. ◆ Lambert (Coluche), un benzinaio senza famiglia e senza amici, dedito alla bottiglia, si affeziona come un padre a un giovane spacciatore di droga (Anconina), l'unico che ricambi la sua amicizia. Quando il ragazzo viene ucciso da alcuni malviventi, l'uomo decide di vendicarlo, anche se questo atto di ribellione gli costerà la vita. Primo ruolo drammatico per Coluche che nella prima parte del film dà forza a una malinconica atmosfera di tristezze e solitudini metropolitane. Quando invece la trama gialla prende il sopravvento, il film ritorna nei binari della normalità ben fatta.

Ciao Charlie *½ (*Goodbye Charlie*, Usa 1964, col, 116') Vincente Minnelli. Con Debbie Reynolds, Pat Boone, Walter Matthau, Tony Curtis, Laura Devon. ◆ Ucciso da un marito geloso (Matthau), un gangster di Philadelphia torna sulla terra nei panni della bionda Virginia (Reynolds). E il suo vecchio amico George (Curtis) è perplesso: non sa come reagire all'attrazione che prova per la rediviva creatura. Da una commedia di Broadway scritta da George Axelrod, un adattamento un po' troppo lungo che affronta alcuni bei temi (la mitologia del maschio conquistatore, le componenti inconsciamente omosessuali dell'amicizia) ma che non li approfondisce a sufficienza. Anche la regia, dopo la bella scena iniziale del party, è piattamente teatrale. Forse ci sarebbe voluta Marilyn Monroe che Minnelli avrebbe preferito per il ruolo di protagonista. Lo stesso tema è alla base del film *Nei panni di una bionda* (1991).

Ciao, ciao, bambina * (Italia 1959, b/n, 95') Sergio Grieco. Con Elsa Martinelli, Antonio Cifariello, Lorella De Luca, Riccardo Garrone, Elisa Cegani, Carlo Romano, Aroldo Tieri, Gianni Garcovich (poi Garco), Carlo Giuffré. ◆ Il titolo è quello di una notissima canzone di Domenico Modugno, che fa da leitmotiv a una storiella sui malintesi amorosi di due ricchi fratelli (Cifariello e Garrone). L'uno finirà per sposare la fidanzata dell'altro, che si scoprirà innamorato di una segretaria.

Ciao ciao Birdie ** (*Bye Bye Birdie*, Usa 1963, col, 112') George Sidney. Con Janet Leigh, Dick Van Dyke, Ann-Margret, Bobby Rydell, Ed Sullivan, Paul Lynde, Maureen Stapleton. ◆ Prima di partire per il servizio militare, Conrad Birdie, idolo della musica leggera, tiene uno spettacolo di commiato, ripreso dalla televisione. I minorenni della città impazziscono. Ancora un adattamento da uno spettacolo musicale di successo a Broadway, molto in voga all'epoca tra il pubblico degli adolescenti. Collezione di bei numeri musicali, incluso il celebre *Put on a Happy Face*. Simpatico Van Dyke, nel ruolo dell'autore di canzoni.

Ciao Gulliver *½ (Italia 1971, col, 110') Carlo Tuzii. Con Antonello Campodifiori, Lucia Bosé, Sydne Rome, Enrico Maria Salerno, Lea Padovani. ◆ Il reporter televisivo Daniele (Campodifiori, anche cosceneggiatore assieme al regista, esordiente) realizza programmi di denuncia sulla fame del mondo e la guerra, per vederseli sistematicamente manomessi da un subdolo funzionario Rai (Salerno). Niente meno che a un Gulliver assediato dai pigmei si paragona il giovane rivoluzionario: che alla fine (come capitava spesso nel cinema dell'epoca) commette un omicidio gratuito e si suicida. Il tema della manipolazione della realtà e dell'immobilismo della televisione è interessante, ma il film cade nel descrivere le lagne sentimentali del protagonista. Breve apparizione di Marco Ferreri.

Ciao Julia, sono Kevin *½ (*Speechless*, Usa 1994, col, 112') Ron Underwood. Con Michael Keaton, Geena Davis, Christopher Reeve, Bonnie Bedelia, Ernie Hudson, Charles Martin Smith, Gailard Sartain, Ray Baker. ◆ Senza sapere di essere stati assunti dai due aspiranti senatori in gara per un collegio nel New Mexico, i ghostwriter Kevin Vallick (Keaton) e Julia Mann (Davis, anche coproduttrice) prima si corteggiano, poi si combattono e alla fine, quando hanno mangiato la foglia, danno più retta al cuore che alla politica. Innocua commediola sceneggiata da Robert King ispirandosi a due vere penne del giornalismo Usa, la clintoniana Mary Matalin e il repubblicano James Carville: della commedia sofisticata di una volta c'è solo il ritmo con cui sono detti i dialoghi (non certo la loro elegante cattiveria), degli anni Novanta c'è il superficiale scintillio di un cinismo che ha contaminato ogni cosa. Per fortuna che i due protagonisti sono almeno simpatici.

Ciao Ma'... * (Italia 1988, col, 96') Giandomenico Curi. Con Silvia Ramenghi, Marco Leonardi, Valerio Andrei, Claudia Gerini, Sonia Cameriere, Loredana Romito. ◆ Intreccio di personaggi e storielle, intorno al concerto di Vasco Rossi al Palasport di Roma: fanatici del cantante, amichette in cerca di emozioni, critici musicali, studenti e bulli. Curi (che viene dalla critica musicale e cinematografica) tenta il saggio di sociologia giovanile (cosceneggiato da Roberto D'Agostino) ma fallisce l'obiettivo.

Ciao marziano * (Italia 1980, col, 92') Pier Francesco Pingitore. Con Pippo Franco, Isabella Biagini, Silvia Dionisio, Bombolo [Franco Lechner], Aldo Giuffré, Teo Teocoli, Adriana Russo, Oreste Lionello, Luciana Turina, Franco Citti, Laura Troschel. ◆ Modesta parodia di *Ultimatum alla Terra*, dove un marziano arrivato sul nostro pianeta annuncia la prossima fine del mondo. Ma i suoi ultrapoteri utilizzati a fin di bene infastidiscono i potenti che lo trasformano in un provocatore. Cast di attori di varietà, che fanno quello che possono. Comparsata anche del visagista Gil Cagné.

Ciao maschio ** (Italia/Francia 1978, col, 113') Marco Ferreri. Con Gérard Depardieu, James Coco, Marcello Mastroianni, Gail Lawrence, Géraldine Fitzgerald, Stefania Casini, Francesca De Sapio, Mimsy Farmer. ◆ Gérard Lafayette (Depardieu) mentre rifiuta la paternità che gli vorrebbe imporre Angelica (Lawrence), la sua compagna incinta, adotta come proprio figlio una scimmietta trovata sulla spiaggia. Ma un giorno la scimmia viene uccisa e divorata dai topi: sconvolto Gérard provoca involontariamente un incendio nel museo delle cere in cui lavora e muore lasciando così soli Angelica e la figlia che ha messo al mondo. Parabola fantastica sull'aridità affettiva dell'uomo e sulla «naturale superiorità» della donna, il film soffre – specie se non viene contestualizzato nel periodo in cui fu pensato e girato – di un eccessivo schematismo apocalittico che appiattisce le tesi del film in una generalizzazione banalmente metafisica. Resta comunque la grande forza visionaria del regista e soprattutto l'utilizzo per gli esterni di una New York angosciosa e drammaticamente allucinante.

Ciao nemico * (Italia 1981, col, 115') E.B. Clucher [Enzo Barboni]. Con Giuliano Gemma, Johnny Dorelli, Vincent Gardenia, Sal Borgese, Vincenzo Crocitti, Eros Pagni, Carmen Russo. ◆ Sbarco alleato in Sicilia: il tenente americano Kirby (Gemma) e l'italiano Tocci (Dorelli) devono far saltare lo stesso ponte, ma per motivi tattici opposti. Le loro truppe, però, non mostrano intenzioni molto bellicose. Farsa di guerra, diretta dal regista che aveva portato al successo la coppia Bud Spencer e Terence Hill.

Ciao Nì * (Italia 1979, col, 92') Paolo Poeti. Con Renato Zero [Renato Fiacchini], Enzo Rinaldi, Nerina Montagnani, Victoria Zinni, Rita Di Lernia, Carlo Monni. ◆ Monumento al cantante Renato Zero, che mescola brani musicali con ambizioni di storia alla *Chi è Harry Kellerman e perché parla male di me?* Durante una serie di concerti, Zero riceve un biglietto intimidatorio, firmato «Ciao Nì»: è stato il suo superio (Rinaldi) a farglielo scrivere, per punirlo delle «ambiguità» del suo personaggio. Solo per cultori.

Ciao Norma Jean * (*Goodbye Norma Jean*, Usa 1976, col, 95') Larry Buchanan. Con Misty Rowe, Terence Locke, Patch Mackenzie, Preston Hanson. ◆ Nuova biografia di Marilyn Monroe (interpretata da Misty Rowe) di cui non si sentiva affatto il bisogno. Il soggetto ritaglia le vicende della futura star ancora adolescente, insistendo con tono moraleggiante e pietistico sui compromessi cui si dovette assoggettare per raggiungere il successo, compresa la notte d'amore con cui ringraziò un attore di averla costretta a fare un provino e durante la quale lui morì per collasso cardiaco.

Ciao Pussycat **½ (*What's New Pussycat?*, Gb 1965, col, 108') Clive Donner. Con Peter O'Toole, Peter Sellers, Romy Schneider, Capucine [Germaine Lefèbvre], Ursula Andress, Paula Prentiss, Woody Allen. ◆ Michael James (O'Toole), ossessionato dalle donne, accetta di mettersi in cura dallo psicoanalista Fritz Fassbender (Sellers), più maniaco di lui del bel sesso. Pochade di successo filmata con brio e recitata da un ricchissimo cast. Allen, autore della sceneggiatura e per la prima volta sullo schermo, è il paziente complessato e insicuro. Il climax cresce in un albergo alla Feydeau, dove tutti si incontrano con tutti. Parecchie gag memorabili e un orecchiabilissimo motivo conduttore di Burt Bacharach. Piccole parti per Françoise Hardy (la segretaria del sindaco) e Richard Burton (l'uomo nel bar).

Ciapaiev **½ (*Čapaev*, Urss 1934, b/n, 92') Sergej Vasil'ev, Georgij Vasil'ev. Con Boris Babockin, Boris Blinov, Leonid Kmit, Varvara Mjasnikova, Ilarion Pevcoc, Boris Cirkov. ◆ Negli Urali, nel 1919, i partigiani guidati dal contadino Ciapaiev (Babockin) incalzano i bianchi, ma quando arriva il commissario politico Furmanov (Blinov) tra i due leader scatta l'incomprensione e la gelosia: sarà la preparazione del funzionario di partito, e una famosa lezione di strategia fatta con le patate, a conquistare la fiducia e il rispetto di Ciapaiev che morirà eroicamente attraversando l'Ural per unirsi all'Armata rossa, lasciando il ricordo del suo eroismo e del suo senso di responsabilità. Campione incontrastato del realismo socialista, questo film è il prototipo, elementare ma convincente, di un cinema educativo e militante, che celebra le gesta degli eroi ufficiali del socialismo secondo i dettami del regime stalinista quando, a partire dal 1935, viene abolita ogni ricerca «formalista». Tratto dai libri di Dimitrij A. Furmanov e sceneggiato dai due registi (che nonostante l'omonimia non sono parenti), il film «ricorre all'artiglieria pesante dell'esaltazione patriottica, spalleggiate da una costruzione narrativa in cemento armato» mettendo in scena caratteri semplici e rigorosamente manichei, raccontati con un ottimismo tanto ingenuo quanto (sostanzialmente) sincero. E proprio queste qualità rendono ancor oggi interessante un film che, nella sua presa di posizione tutta ideologica contro le tendenze anarchiche e individualiste, anticipa la più autoritaria e terribile delle evoluzioni staliniste.

Ciarlatano, Il **½ (*The Big Mouth*, Usa 1967, col, 107') Jerry Lewis. Con Jerry Lewis, Susan Bay, Harold J. Stone, Buddy Lester, Del Moore, Paul Lambert. ◆ La straordinaria rassomiglianza tra il tranquillo impiegato di banca Gerald (Lewis) e un terribile gangster coinvolge il povero dipendente in interminabili fughe e/o inseguimenti; un gruppo di banditi è infatti convinto che il poveraccio sappia dove è nascosto il bottino di un furto di diamanti, ma teme di affrontarlo apertamente poiché non è in grado di distinguere il timido impiegato dal feroce gangster. Utilizzando uno dei suoi artifici più collaudati, lo scambio di persona, Lewis costruisce una commedia scatenata sull'impossibilità di una tranquilla vita borghese: il terrore incontrollabile che innesta l'apparizione di Gerald (perché tutti credono di vedere, invece, il gangster cattivissimo), scatena nel povero dipendente tutte le ragioni che stanno alla base dell'angoscia dell'uomo americano: la colpevolezza irrisolta, la nevrosi, l'ansia di liberazione, la voglia di fuga, la maschera come necessità di sopravvivenza. In questo modo ogni fuga corrisponde a un nuovo problema e «ogni soluzione non può che essere provvisoria e di riadeguamento a una realtà che costringerà l'individuo inadattabile a una nuova fuga».

Ciascuno cerca il suo gatto *½ (*Chacun cherche son chat*, Francia 1996, col, 90') Cédric Klapisch. Con Garance Clavel, Romain Duris, Zinedine Soualem, Joël Brisse, Olivier Py. ◆ Parigi, 11° *arrondissement*: Chloé (Clavel) mobilita mezzo quartiere per cercare il suo felino perduto, ha un'avventura con un batterista fatuo (Duris) e forse trova l'amore di un pittore (Brisse). L'ambizione di Klapisch (anche sceneggiatore) è di girare un Rohmer al passo coi tempi, documentando con piglio da *cinéma-verité* le modificazioni urbane, sociali, razziali e generazionali del tessuto parigino: ma l'intreccio è talmente futile, e i personaggi così stereotipati e poco interessanti, che questo cinema da portineria, sopravvalutato in patria, si fa dimenticare subito.

Cibo degli dei, Il *½ (*The Food of the Gods*, Usa 1976, col, 90') Bert J. Gordon. Con Marjoe Gortner, Pamela Franklin, Ida Lupino, Ralph Meeker, Tom Stovall. ◆ Una misteriosa sostanza sgorgata dal sottosuolo di una fattoria fa crescere mostruosamente vespe, polli e topi. Nella casa assediata dai roditori grandi come maiali c'è il solito campionario di giovanotti coraggiosi, donne incinte cui si rompono le acque nel momento meno opportuno e avidi affaristi predestinati a un'orribile fine. Vagamente ispirato a un romanzo di H.G. Wells (da cui Gordon aveva già tratto *Village of the Giants*, inedito in Italia), un horror di serie C come se ne facevano una volta, maldestro nella confezione, con le solite vecchie glorie malinconicamente recuperate dal pensionamento.

Cicala, La *** (Italia 1980, col, 100') Alberto Lattuada. Con Virna Lisi, Anthony Franciosa, Clio Goldsmith, Barbara De Rossi, Renato Salvatori, Michael Coby [Antonio Cantafora], Mario Maranzana, Riccardo Garrone, Antonello Fassari. ◆ La giovane Cicala (Goldsmith) vive nel culto dell'amica Wilma (Lisi), una ex prostituta che ora gestisce, assieme al compagno Ulisse (Franciosa), un motel per camionisti nella pianura padana. L'equilibrio del gruppo è sconvolto dall'arrivo della figlia di Wilma, Saveria (De Rossi), adolescente inquieta la cui sensualità costerà cara a tutti. Melodramma ispirato ironicamente all'universo del romanzo d'appendice e impreziosito da alcune scene erotiche, ma sensibile alle influenze iconografiche del road-movie americano, è un film a forti tinte ben padroneggiato da Lattuada, che fotografa spesso gli ambienti in luce naturale per ottenere effetti di autenticità. Nel cast si distingue l'interpretazione di Virna Lisi che, assieme a quella anagrafica, ha raggiunto la maturità dei propri mezzi espressivi. Particina per Serena Grandi nel ruolo della segretaria di Bertazzoni (Maranzana).

Cicciabomba * (Italia 1982, col, 92') Umberto Lenzi. Con Donatella Rettore, Anita Ekberg, Paola Borboni, Adriana Russo, Piero Vida, Didi Perego. ◆ Miris (Rettore) soffre per gli scherzacci sulla sua taglia extralarge, che le ha procurato il soprannome del titolo. Vinto un viaggio a New York, sperimenta gli effetti di una miracolosa cura dimagrante e trova la meritata felicità. La cantante Donatella Rettore in una commedia vecchia maniera sulla metamorfosi del bruco in farfalla.

Ciccio perdona... io no! *½ (Italia 1968, col, 100') Marcello Ciorciolini. Con Franco Franchi, Ciccio Ingrassia, Fernando Sancho, Vincenzo Monteduro, Mario Maranzana, Adriano Micantoni. ◆ Franco e Ciccio rifanno in versione farsesca lo spaghetti-western nel ruolo di due imbranati ladri di cavalli che, per caso, rubano il carro d'oro del bandito El Diablo (Sancho). Parodia di una parodia con due scenette discrete: la sfida dei numeri al registratore di cassa e il funerale dei mormoni.

Ciclista, Il *** (*Baysikelran*, Iran 1989, 75') Mohsen Makhmalbaf. Con Moharram Zeynalzadeh, Esma'il Soltanian, Mohamad Reza Maleki. ◆ In cerca di soldi per curare la moglie, l'afghano Nassim (Zeynalzadeh) accetta di correre in cerchio con la bicicletta per sette giorni di fila: gli organizzatori barano, ma alla fine Nassim non scende più. Makhmalbaf (anche sceneggiatore, scenografo e montatore) consolida le promesse di *L'ambulante*, raccontando in modo nuovo una storia dal simbolismo fin troppo facile: non cerca la compiutezza dell'apologo, bensì l'intreccio di ridicolo e tragico, due facce di una stessa medaglia; e inventa un linguaggio nervoso e moderno - complesso e sovente barocco - per dare spessore a personaggi marginali, espressione di una disperazione quanto mai laica e concreta. Notevoli, per duttilità e sperimentalismo, la fotografia di Ali Reza Zarrindast e le musiche di Majid Entezami.

Ciclone, Il ** (Italia 1996, col, 90') Leonardo Pieraccioni. Con Leonardo Pieraccioni, Lorena Forteza, Barbara Enrichi, Massimo Ceccherini, Sergio Forconi, Alessandro Haber, Tosca d'Aquino, Patrizia Corti, Gianni Pellegrino, Paolo Hendel, Natalia Estrada, Benedetta Mazzini, Pilar Marín, Ana Valeria Dini, Corinna Lo Castro. ◆ Nella provincia toscana, la vita del commercialista Levante (Pieraccioni) si trascina tra il lavoro, gli amici e la famiglia, fino a quando una troupe di ballerine di flamenco si ferma per sbaglio alla sua cascina: l'incontro con la bella Caterina (Forteza) non potrà non lasciare traccia. Snobbato dalla critica, il primo film italiano che abbia incassato più di sessanta miliardi al botteghino, diventato un fenomeno di costume (e la maledizione degli intellettuali). In realtà il suo successo si spiega con una comicità mai volgare (nonostante le disavventure lesbiche della sorella [Enrichi] o gli exploit «sessuali» immaginati dal fratello [Ceccherini] e dall'amico meccanico [Hendel]), con il fascino accattivante del protagonista e la bellezza non aggressiva della Forteza, oltre che con il più scontato e gratificante dei lieti fini: il vero trionfo del «carino». La voce del nonno Gino è di Mario Monicelli.

Ciclone sulla Giamaica ** (*A High Wind in Jamaica*, Gb 1965, col, 104') Alexander Mackendrick. Con Anthony Quinn, Deborah Baxter, James Coburn, Isabel Dean, Nigel Davenport, Gert Fröbe, Lila Kedrova. ◆ Ai tempi della regina Vittoria, i figli di un funzionario inglese in Giamaica vengono catturati dai pirati mentre sono in viaggio verso l'Inghilterra. Storia d'avventure semiseria dal bel romanzo di Richard Hughes con un ottimo cast, qualche insolita notazione sul carattere dei bambini (che dopo essere stati rapiti rivelano il loro vero animo) e un finale inaspettatamente macabro in cui il capopirata viene impiccato, per essersi accusato dell'omicidio compiuto da una bambina.

Cid → *El Cid*

Ci divertiamo da matti ** (*Smashing Time*, Gb 1967, col, 96') Desmond Davis. Con Rita Tushingam, Lynn Redgrave, Ian Carmichael, Anna Quayle, Michael York, Irene Handl. ◆ Due ragazze di provincia (Tushingam e Redgrave) approdano nella capitale, dove hanno esperienze farsesche nell'ambiente della moda e in quello artistico in voga all'epoca. Commedia sulla Swinging London piena di trovate dove più di una sequenza cita i ritmi delle vecchie comiche slapstick, che però non riesce granché nel tentativo di base: trasformare un paio di giovani attrici in una coppia alla Laurel & Hardy.

Cieca di Sorrento, La *½ (Italia 1934, b/n, 68') Nunzio Malasomma. Con Dria Paola, Mario Steni, Dino Di Luca, Anna Magnani, Corrado Racca, Giulio Tempesti, Diana Lante, Adolfo Geri. ◆ Diventata cieca da bambina per aver assistito all'assassinio della madre, Beatrice di Rionero (Paola) viene curata dal medico Oliviero Simon (Steni), che in realtà è il figlio di chi fu ingiustamente condannato a morte per il delitto. E l'operazione che ridà la vista a Beatrice servirà a smascherare il vero assassino (Di Luca), grazie anche alla tardiva denuncia della sua amante (Magnani). Prima versione parlata del romanzo omonimo di Francesco Mastriani (a cui seguiranno altre due versioni, nel 1952 e nel 1963), è un melodramma piuttosto scontato, che lascia cadere quasi subito l'intreccio con la politica (il padre del dottor Simon accetta di venir condannato a morte anche se innocente solo per non tradire i compagni con cui stava organizzando la rivolta contro re Ferdinando II). È il film di esordio al cinema di Anna Magnani, in un ruolo – quello della donna perduta ma generosa – da cui farà fatica a liberarsi.

Cieca di Sorrento, La *½ (Italia 1952, b/n, 93') Giacomo Gentilomo. Con Antonella Lualdi, Paul Campbell, Paul Müller, Enzo Biliotti, Vera Carmi, Marilyn Buferd, Corrado Annicelli, Carlo Fazzetti [Charles Fawcett], Giuliano Montaldo, Carlo Hintermann, Ina La Jana. ◆ Cieca da bambina per colpa dell'assassino della madre, Beatrice di Rionero (Lualdi) accetta di sposare il disonesto amministratore di famiglia, Carlo Basileo (Müller) senza sapere che è lui il responsabile del delitto. Ma Oliviero Pisani (Campbell), figlio dell'uomo ingiustamente condannato per l'assassinio, saprà ridare la vista a Beatrice, permettendo così che venga ristabilita la verità. La seconda versione dell'omonimo romanzo di Frrancesco Mastriani (dopo quella del 1934 e prima di quella del 1963) annulla ancora di più il retroterra politico per accentuare melodrammaticamente la figura dell'assassino, senza però riuscire a trasformare un romanzo d'appendice in qualcosa di più appassionante.

Cieca di Sorrento, La * (Italia/Usa 1963, col, 105') Nick Nostro. Con Diana Martin, Anthony Steffen [Antonio De Teffé], Leontine May, Albert Farley [Alberto Farnese], Alfredo Censi, Pierre Vivaldi, Laura Nucci, Ray Martino. ◆ L'assassino della principessa di Rionero, responsabile anche della cecità della figlia Isabella (Martin) verrà smascherato solo quando il dottor George Wellby (Steffen), figlio del patriota ingiustamente condannato per il delitto, ridarà la vista alla giovane. Terza e più approssimativa versione dell'omonimo romanzo di Francesco Mastriani (dopo quelle del 1934 e del 1952), dove l'unica originalità è data da una (scadente) ambientazione da cappa e spada. Il film fu rieditato col titolo *La vendetta del cavaliere nero.*

Cieli azzurri **½ (*Blue Skies*, Usa 1946, col, 104') Stuart Heisler. Con Bing Crosby, Fred Astaire, Joan Caulfield, Billy De Wolfe, Olga San Juan, Jimmy Conli, Cliff Nazarro. ◆ Jed Potter (Astaire), un artista di music-hall, e Johnny Adams (Crosby), un gestore di night-club, s'innamorano della stessa donna, Mary (Caulfield). Lei ama Johnny e riesce a farsi sposare ma il matrimonio vacilla presto, e Jed cerca di consolarla, anche se alla fine Mary e Johnny si riconcilieranno. Un tipico intreccio hollywoodiano, tra commedia e melodramma (lo scacco sentimentale di un personaggio professionalmente affermato), serve da pretesto per mettere in scena 25 numeri musicali ideati tempo prima da Irving Berlin. Funzionale al genere ma poco innovativo nella regia (Heisler subentrò a Mark Sandrich, morto di infarto al nono giorno di riprese), fu il più grande successo commerciale di Fred Astaire, che inizialmente non era previsto (sostituì Paul Draper, una vedette di Hollywood, dopo la scomparsa di Sandrich). Tra i numeri più significativi: *Puttin' on the Ritz*, splendidamente cantato e ballato da Astaire, *A Couple of Song and Dance Men*, in cui duettano Astaire e Crosby e il gran finale *Heat Wave.*

Cieli puliti **½ (*Čistoe nebo*, Urss 1961, col, 105') Grigorij Čuchraj. Con Nina Dobriševa, Evgenij Urbanskij, N. Kuz'mina, O. Tabakov. ◆ Il pilota Aleksej (Urbanskij), fresco sposo dell'operaia Sasa (Dobriševa), viene dato per disperso in un'azione di guerra. Quando torna finalmente a casa, qualche anno dopo la fine del conflitto, ritrova l'amore della moglie e di un figlio, ma si scontra con i sospetti della gente. Prototipo del cinema del disgelo, più attento alle realtà di personaggi anonimi che alle formule del realismo socialista, il film si lascia ancora andare, però, alla retorica dei sentimenti e della commozione. Molto elusivo sui problemi dello stalinismo che pure erano stati alla base delle degenerazioni verso i prigionieri. Raccontato in flashback per sintetizzare vicende che attraversano un quindicennio di storia dell'Unione Sovietica.

Cielo di fuoco **** (*Twelve O'Clock High*, Usa 1949, b/n, 132') Henry King. Con Gregory Peck, Hugh Marlowe, Gary Merrill, Dean Jagger, Millard Mitchell, Robert Arthur, Paul Stewart. ◆ Gran Bretagna, 1942: il generale Frank Savage (Peck), subentrato al più paterno Davenport (Merrill), impone ai soldati del 918° stormo dell'aviazione americana decimato dalle perdite una disciplina durissima e un allenamento massacrante, provocando la richiesta di trasferimento in massa. Il successo delle prime missioni riporta l'entusiasmo tra i soldati, che accettano di buon grado di bombardare la Germania in pieno giorno, ma lo sforzo disumano a cui lui stesso si sottopone costringerà Savage a restare a terra. Sceneggiato da Sy Bartlett e Beirne Lay da un loro romanzo in cui rievocavano la figura del generale Frank K. Armstrong (che effettuò per primo bombardamenti diurni), è un film che ruota attorno al tema preferito di King (le reazioni dell'uomo di fronte a esperienze estreme) e al concetto di «limite»: dopo aver messo a confronto due diverse concezioni del comando (esercitato in veste di padre partecipe o guida glaciale), il regista spinge a poco a poco il protagonista in una zona *borderline* che lo sconvolge e lo riporta alle posizioni duramente negate in partenza, polverizzando le certezze su cui aveva costruito la sua monolitica personalità. Lo stile, impeccabilmente classico, sorregge splendidamente una tensione emotiva anch'essa al limite della rottura, mentre Gregory Peck, attore «a sangue freddo», incarna alla perfezione il complesso personaggio creato da King, offrendo secondo alcuni la migliore interpretazione della sua carriera e inaugurando una collaborazione con il regista che proseguirà per altri cinque film. Oscar a Dean Jagger, che interpreta il maggiore Stovall, come miglior attore non protagonista.

Cielo di piombo, ispettore Callaghan ** (*The Enforcer*, Usa 1976, col, 96') James Fargo. Con Clint Eastwood, Tyne Daly, Harry Guardino, Bradford Dillman, John Mitchum, John Crawford. ◆ In lotta con una banda di sadici assassini, comandati dall'immancabile reduce del Vietnam, Callaghan (Eastwood) si vede affiancare una collega (Daly) che considera un impiccio. Terza avventura dell'ispettore «dirty» di San Francisco, trova la sua forza soprattutto nelle scene di violenza, appena riscattate da una sottotrama di «strana coppia» poliziesca, che non si giova granché di una sceneggiatura strettamente a formula.

Cielo è rosso, Il **½ (Italia 1950, b/n, 100') Claudio Gora. Con Marina Berti, Jacques Sernas, Misha Auer jr, Anna Maria Ferrero, Lauro Gazzolo, Liliana Tellini, Vittoria Giuditta Ritá, Amedeo Trilli. ◆ Persi i genitori in guerra, il giovane Daniele (Auer jr) fugge dal collegio e si unisce a un gruppo di disperati: il ladro Tullio (Sernas), la prostituta Carla (Berti), l'orfana Giulia (Ferrero). Precipiterà anche lui nell'orrore e nella desolazione dei tempi, ma la violenta morte di Tullio e quella tragica di Giulia gli daranno la forza per cercare una nuova vita. L'attore Claudio Gora esordisce nella regia adattando l'omonimo romanzo di Giuseppe Berto e lo sceneggia con Leopoldo Trieste, Cesare Zavattini e Lamberto Giuseppe Santilli. Il tema nichilista di «rovina, morte e adolescenze turbate» del libro è caricato di eccessive ingenuità melodrammatiche (come l'orfanella bionda che ha perso i genitori in un bombardamento) e l'innocenza troppo programmatica del protagonista ne fa un testimone stranito più che sofferente. Ma i personaggi di Giulia e soprattutto di Carla, raccontati senza falsi moralismi e inutile manicheismo, sono indimenticabili e il loro disperato bisogno di amore (tenera e impotente la prima, volgare ma vitale la seconda) ne fa i simboli toccanti di un'umanità che non riesce a illudersi in un domani migliore.

Cielo è sempre più blu, Il *½ (Italia 1996, col, 107') Antonello Grimaldi. Con Asia Argento, Dario Argento, Luca Barbareschi, Monica Bellucci, Claudio Bisio, Margherita Buy, Antonio Catania, Roberto Citran, Carlo Croccolo, Maurizio Donandoni, Gianina Facio, Iaia Forte, Alessandro Haber, Lucrezia Lante Della Rovere, Enrico Lo Verso, Daniele Luchetti, Ivano Marescotti, Margaret Mazzantini, Francesca Neri, Andrea Occhipinti, Silvio Orlando, Alessandra Panelli, Remo Remotti, Sergio Rubini, Gabriele Salvatores, Giulio Scarpati, Monica Scattini, Rocco Tanica, Gianmarco Tognazzi, Massimo Wertmüller. ◆ In un giorno, a Roma, possono succedere mille storie: un uomo (Marescotti) pensa al suicidio, una vigilessa (Buy) non cede alle suppliche di un automobilista (Rubini), un postino (Lo Verso) fa strani incontri, un rappresentante (Bisio) non riesce a piazzare la sua merce, una moglie (Della Rovere) tradisce il marito, un killer (Haber) fa il suo lavoro con scrupolo, un commercialista (Citran) è spiazzato dai discorsi spregiudicati della cugina (A. Argento)... Minimalismo cinematografico all'italiana: tante piccolissime parti per cercare di fare un film intero, ma la trovata produttiva (di Procacci e Totti) non è sorretta da nessuna idea cinematografica se non quella di raccogliere più rappresentanti possibili dell'«arco caratteriale nazionale». Il che, francamente, non interessa a nessuno. La sceneggiatura, ma meglio sarebbe dire il collage di scenette, è di Daniele Cesarano e Paolo Marchesini. Già da culto Alessandro Baricco che schiaffeggia (male) la Bellucci.

Cielo è vostro, Il ***½ (*Le Ciel est à vous*, Francia 1944, b/n, 195') Jean Grémillon. Con Charles Vanel, Madelaine Renaud, Jean Debucourt, Anne Vandenne, Léonce Corne, Raymond Vernay, Raoul Marco, Michel François, Paul Demange, Anne-Marie Labaye,

Albert Rémy. ◆ Contagiati dalla passione per il volo, Pierre e Thérèse Gauthier (Vanel e Renaud) sacrificano ogni cosa, quasi anche l'avvenire della figlia, in nome dell'aviazione. Quando Thérèse tenta di battere un record di durata e, priva di radio, non dà notizie per ore, la gente del paese accusa Pierre di colpevole imprudenza, ma il raid riesce ed entrambi saranno portati in trionfo. Il capolavoro di Grémillon è la ricostruzione romanzata (e sceneggiata da Charles Spaak e Albert Valentin) della vera impresa di Andrée Dupeyron, moglie di un garagista di Mont-de-Marsan, che nel 1937 batté il record femminile di volo in linea retta. Ma al regista non interessa la rievocazione storica, piuttosto la possibilità di innalzare, nel cupo periodo dell'Occupazione, «un inno alla necessità di una fede più grande di noi, capace di purificarci e innalzarci». Per questo tutto il film è costruito come un elogio della passione, dell'artigianato (i due protagonisti sono dei poveri garagisti), dell'ostinazione (per finanziarsi arrivano a sacrificare il pianoforte della figlia che vuole entrare al Conservatorio), del gusto per la perfezione, quintessenza di quelle «virtù francesi» che hanno caratterizzato in molti periodi storici lo spirito nazionale. Accusato di cedimento allo spirito di Vichy (e per questo opposto al coevo *Il corvo*, che invece ne è solo il riflesso speculare e pessimista), il film è invece un invito alla trascendenza, alla capacità di superare «la tensione invisibile tra la materia e lo spirito», a metà strada tra Malraux e Peguy.

Cielo giallo **½ (*Yellow Sky*, Usa 1948, b/n, 97') William A. Wellman. Con Gregory Peck, Richard Widmark, Anne Baxter, John Russell, Robert Arthur, James Barton. ◆ Un gruppo di fuorilegge arriva in un villaggio minerario, dove vivono soltanto un vecchio cercatore e sua nipote: Dude (Widmark) vuole impadronirsi dell'oro, mentre James (Peck) si converte gradualmente alla causa delle vittime. Regoleranno i conti nel vecchio saloon della città morta. Bel western ispirato alla *Tempesta* di Shakespeare, nel quale Wellman sfronda tutto quello che potrebbe arricchire la psicologia dei personaggi a colpi di «ricercatezze visive, più plastiche che dinamiche». In questo modo, il classico conflitto tra antichi amici che si schierano su due fronti diversi si regge sulla ricerca di un sobrio realismo e sul rifiuto di ogni tipo di individualismo romantico per dare ai protagonisti la statura di eroi quasi fuori dal tempo. Rifatto nel 1966 da Robert Webb (*6 pistole per 6 carogne*).

Cielo in una stanza, Il * (Italia 1999, col, 103') Carlo Vanzina. Con Elio Germano, Gabriele Mainetti, Alessandro Cianflone, Francesco Venditti, Ricky Tognazzi, Cinzia Mascoli, Tosca D'Aquino, Maurizio Mattioli, Sacha Zacharias, Albano Bufalini, Angelo Bernabucci, Elisabetta Pellini, Beppe Convertini, Alessandro Bucci. ◆ Figlio insofferente della Roma d'oggi, Marco (Mainetti) si ritrova nel passato a fianco del suo futuro genitore Paolo (Germano), e impara ad apprezzarlo. Tristissima riesumazione degli anni Sessanta, tra il Piper e una volenterosa citazione di Kerouac, scontate canzoni d'epoca e un'improbabile puntata in Svezia (col treno Roma-Stoccolma!) stile *Il diavolo*. Un *Back to the Future* funebre che celebra il luogo comune e ricicla gag antidiluviane, forse a uso e consumo di un pubblico giovanile senza memoria (che di film così comunque non sa che farsene). Dei buchi della sceneggiatura (scritta da Carlo col fratello Enrico) è meglio tacere.

Cielo può attendere, Il **½ (*Heaven Can Wait*, Usa 1943, col, 112') Ernst Lubitsch. Con Don Ameche, Gene Tierney, Laird Cregar, Charles Coburn, Marjorie Main, Eugene Pallette, Louis Calhern. ◆ Henry Van Cleve (Ameche) muore e va all'Inferno: è stato un impenitente acchiappasottane, ma ha amato tanto la moglie quanto le altre conquiste e Sua Eccellenza il Diavolo (Cregar), alla fine, non si sente di condannarlo. Una commedia decisamente anticonformista (molto liberamente tratta dalla pièce *Compleanno* di Laszlo Bus-Fekete) che rievoca la società americana alla svolta del secolo e ricapitola moltissimi motivi e figure che hanno ossessionato Lubitsch nella sua carriera – il mito di don Giovanni, quello di Faust, quello del Doppio, la funzione della Donna come Madre e come Morte – col tocco leggero del «piacevole e finanche un po' stucchevole rappresentante d'una società invecchiata». Ma l'amoralismo dell'ultimo Lubitsch fu smorzato dalla produzione, che censurò un finale deliziosamente impertinente (mentre viene autorizzato dal Diavolo a prendere l'ascensore per il Paradiso, Van Cleve vede passare una bella donna e, strizzando l'occio allo spettatore, decide di seguirla: come dice il titolo «il cielo può attendere»).

Cielo senza stelle ** (*Himmel ohne Sterne*, Rft 1955, b/n, 96') Helmut Käutner. Con Erik Schuman, Eva Kotthaus, Georg Thomalla, Horst Buchholz. ◆ Per riportare nella Germania dell'Est il figlioletto che viveva oltre frontiera coi nonni, l'operaia Anna Kaminski (Kotthaus) viene aiutata da Karl (Schuman), una guardia dell'Ovest: l'amicizia diventerà amore, ma il loro destino non potrà essere che tragico: verranno uccisi dalle guardie di entrambe le Germanie durante un tentativo di fuga nella terra di nessuno. Un melodramma sulle assurdità della guerra fredda e sulle responsabilità di chi impediva l'unificazione delle due Germanie: sceneggiato dallo stesso regista e fotografato con efficacia da Kurt Hasse, il film perde un po' della sua forza nello sviluppare le vicissitudini sentimentali dei due protagonisti, anche per colpa di un eccessivo schematismo psicologico. Selezionato per il festival di Cannes del 1956, il film fu ritirato dalla competizione per non urtare la suscettibilità dell'Urss e dei Paesi dell'Est ma questo non impedì che la delegazione della Rdt abbandonasse per protesta il festival.

Cielo sopra Berlino, Il ** (*Der Himmel über Berlin*, Rft 1987, b/n e col, 130') Wim Wenders. Con Bruno Ganz, Otto Sander, Solveig Dommartin, Peter Falk. ◆ Due angeli, Daniel (Ganz) e Cassiel (Sander), mescolandosi non visti tra la popolazione di Berlino, scoprono che la tristezza diffusa è dovuta alla incapacità degli umani di comunicare. Un problema simile si pone anche a Daniel che si innamora di una trapezista (Dommartin) da cui non può nemmeno essere visto perché è puro spirito. Ma un ex angelo (Falk) lo aiuterà a diventare un semplice mortale e a farsi così amare dalla donna. Dopo i film «americani» Wenders torna in Europa e cambia tono, facendosi aiutare a scrivere la sceneggiatura da Peter Handke. Ma la loro favola metafisica rischia francamente di annoiare: dopo un inizio folgorante (dove Berlino vista con l'occhio di un angelo appare insolita e vagamente magica), la trama si ripete e si perde dietro il tentativo di essere a tutti i costi poetica. E la storia d'amore, né umana né spirituale ma solo confusa, non riesce mai a coinvolgere i protagonisti e tantomeno gli spettatori. Il tentativo di riflettere sul destino dell'umanità (e non sulle concretissime angosce dei suoi personaggi precedenti) svela tutta la debolezza «filosofica» di Wenders come confermerà il successivo (e più presuntuoso perché ancor più universale) *Fino alla fine del mondo*. La storia continua in *Così lontano, così vicino* (1993). Premio a Cannes per la miglior regia. Remake hollywoodiano nel '98: *City of Angels - La città degli angeli*.

Cielo sulla palude ** (Italia 1949, b/n, 114') Augusto Genina. Con Ines Orsini, Mauro Matteucci, Giovanni Martella, Assunta Radico, Francesco Tomolillo. ◆ Agiografia della beata Maria Goretti (Orsini). Tra le paludi pontine, madre e figlia devono lottare contro la povertà e soprattutto contro le insidie degli uomini: dopo un tentativo di violenza, Maria viene colpita a morte e spira perdonando il suo assassino. Esempio irripetuto di neorealismo cattolico, che utilizza attori presi dalla strada e modi linguistici del cinema neorealista con intenti di tutt'altro genere. Sceneggiatura del regista con la collaborazione di Suso Cecchi d'Amico e Fausto Tozzi.Bella fotografia di G.R. Aldo [Aldo Graziati] e straordinaria scenografia «fintamente realista» (anche gli alberi spogli sono rifatti in studio) di Virgilio Marchi e Duilio Cambellotti.Premio internazionale per la regia e premio per il miglior film italiano alla Mostra di Venezia.

Cielo tempestoso ** (*The Clouded Yellow*, Gb 1951, b/n, 85') Ralph Thomas. Con Jean Simmons, Trevor Howard, Barry Jones, Maxwell Reed, Kenneth More. ◆ Agente del servizio segreto britannico in ritiro (Howard) è distratto dalla sua occupazione preferita, la collezione di farfalle, per indagare su un caso di omicidio. Scagionerà una ragazza (Simmons) accusata ingiustamente. Un thriller alla Hitchcock senza grandi pretese e con un intrigo poco plausibile. Ma il cast è ottimo e ci sono sequenze coinvolgenti.

Cient'anne ** (Italia 1999, col, 105') Ninì Grassia. Con Gigi D'Alessio, Mario Merola, George Hilton, Giorgio Mastrota, Cristina Parovel, Alessandra Monti. ◆ Gigi (D'Alessio), promettente cantante, è stato adottato da piccolo da Mario Merola (se stesso): e scopre che il suo vero genitore (Hilton) è il suo datore di lavoro, nonché il padre del suo rivale (Mastrota) in amore. Grassia traghetta la sceneggiata verso la *soap-opera* con ritmi placidamente televisivi, fino a un grandioso finale in cui irrompe il melodramma, fiero della propria inverosimiglianza, con Merola morente che canta (in playback) sulla barella. Fantasmi di un cinema popolare che non c'è più, e si può rivitalizzare solo con vertiginose *mise en abyme* e giochi quasi brechtiani sulla coincidenza tra realtà e finzione: col grandioso Merola *as himself*, un po' geloso del successo del figliastro. D'Alessio si esibisce, quasi sempre al piano (ché il budget è ristretto), in una dozzina di canzoni.

Cigno, Il *½ (*The Swan*, Usa 1956, col, 112') Charles Vidor. Con Grace Kelly, Alec Guinness, Louis Jourdan, Agnes Moorehead, Brian Aherne, Leo G. Carroll. ◆ La principessa di un paese mitteleuropeo (Kelly), destinata alle nozze con il cugino erede al trono (Guinness), s'innamora del suo istitutore (Jourdan). Ma la corte obbliga il giovane a partire e la principessa obbedisce alla ragion di Stato. Dramma romantico tratto da una commedia di Ferenc Molnar, già portata due volte sullo schermo (1925 e 1930), ben recitato ma senza molto interesse.

Cigno nero, Il **½ (*The Black Swan*, Usa 1942, col, 85') Henry King. Con Tyrone Power, Maureen O'-Hara, Laird Cregar, Thomas Mitchell, George Sanders, Anthony Quinn. ◆ Il giovane Jimmy Warren (Power), che agisce per conto del governatore della Giamaica, conquista la fiducia di una ciurma di pirati irriducibili, la sconfigge e libera la ragazza tenuta in ostaggio (O'Hara). Movimentate avventure di cappa e spada in cui Tyrone Power cerca di fare concorrenza al più atletico Errol Flynn. Vinse un Oscar per la fotografia di Leon Shamroy.

Ci hai rotto papà * (Italia 1993, col, 99') [Franco] Castellano, Pipolo [Giuseppe Moccia]. Con Elio Germano, Luca Virgulti, Paolo Vivio, Adriano Pantaleo, Francesca Martana, Tzebo Leokaoke, Matteo Naldi, Alessandro Tiberi, Pippo Santonastaso. ◆ I riti, le burle e le vendette contro gli adulti da parte di una banda di adolescenti, detti gli «intoccabili», nel quartiere Prati di Roma. Dimenticatevi *I ragazzi della via Pal* e anche Gian Burrasca: *Ci hai rotto papà* è l'esatto sviluppo del suo titolo insulso, un trionfo di falsi luoghi comuni ad alto tasso d'improbabilità. A quali ragazzini si sono ispirati sceneggiatori e registi?

Cimarron ** (*Cimarron*, Usa 1960, col, 147') Anthony Mann. Con Glenn Ford, Maria Schell, Anne Baxter, Arthur O'Connell. ◆ Quasi western sulle imprese di Yancey Cravat (Ford), giornalista e avventuriero: partecipa alla grande corsa per conquistare le terre dell'Oklahoma, combatte i fuorilegge, estrae il petrolio e muore in Europa durante la Grande Guerra. Dal romanzo di Edna Ferber, un lungo racconto che si svolge tra il 1890 e il 1915, alternando le sequenze epiche a larga scala con i toni di soap-opera familiare.

Cime tempestose (di William Wyler) → *Voce nella tempesta, La*

Cime tempestose *** (*Abismos de pasión*, Messico 1953, b/n, 90') Luis Buñuel. Con Irasema Dilián, Jorge Mistral, Lilia Prado, Ernesto Alonso, Luis Aceves Castaneda, Francisco Reiguera. ◆ Dopo aver fatto fortuna, il trovatello Alejandro (Mistral) torna da Caterina (Dilián), che ama da quando era bambino, ma la trova sposata al vuoto Eduardo (Alonso). Per vendicarsi ne sposa la cognata Isabel (Prado) e obbliga il fratello Ricardo (Aceves Castaneda) a fargli da servo: sarà proprio lui a uccidere Alejandro, dopo che Caterina era morta dando alla luce il figlio di Eduardo, ma confessando di aver amato sempre e solo Alejandro. Un progetto che Buñuel inseguiva dagli anni Trenta e che, insieme agli sceneggiatori Julio Alejandro e Arduino Maiuri, gli permette di innalzare uno dei più grandi elogi cinematografici dell'*amour fou* capace di opporsi non solo alle convenzioni sociali ma anche a Dio, fino a distruggere i protagonisti stessi. Nonostante l'ambientazione messicana, il film è molto fedele allo spirito del romanzo di Emily Brontë (più delle due altre versioni, di Wyler e di Fuest), di cui conserva l'esaltazione dell'amore capace di superare qualsiasi ostacolo, anche la morte, come viene sottolineato nel finale «erotico-necrofilo» quando Alejandro, distrutto dal dolore per la morte di Caterina, bestemmia Dio chiedendogli di farlo sprofondare nell'Inferno per raggiungere l'amata. Cosa che farà letteralmente, scendendo nella tomba e stringendo il cadavere in un disperato abbraccio fino a quando una voce lo chiama: nella sua follia è convinto che la persona che vede in controluce sia Caterina stessa, invece è Ricardo che lo uccide con una fucilata, unendo così per sempre i corpi dei due amanti. Peccato solo che la recitazione degli attori, specie della Dilián, non sia sempre a registro e che l'accompagnamento musicale (un adattamento del *Tristano e Isotta* di Wagner) sia a tratti fastidiosamente debordante. Conosciuto anche col titolo *Abissi di passione*.

Cime tempestose *½ (*Wuthering Heights*, Gb 1970, col, 105') Robert Fuest. Con Anna Calder-Marshall, Timothy Dalton, Harry Andrews, Pamela Browne, Ian Ogilvy, Hugh Griffith. ◆ L'amore tra Cathy (Calder-Marshall) e Heathcliff (Dalton) è spezzato dalle convenienze sociali: lei sposerà il nobile figlio dei vicini e il selvaggio trovatello se ne andrà all'estero. Ma quando tornerà il loro amore li unirà di nuovo, fino al tragico epilogo. Terza versione (dopo *La voce nella tempesta* di Wyler e *Cime tempestose* di Buñuel) dell'omonimo romanzo di Emily Brönte, con il futuro agente 007 nel ruolo di Heathcliff. Non bastano gli esterni nello Yorkshire e alcuni bravi caratteristi per dare nerbo a una trasposizione piuttosto scolastica: Fuest non è Wyler e soprattutto Dalton non è Olivier.

Cimitero del sole, Il **½ (*Taiyo no hakaba*, Giappone 1960, col, 87') Nagisa Oshima. Con Kayoko Honoo, Isao Sasaki, Masahiko Tsugawa, Yusuke Kawazu, Fumio Watanabe. ◆ Nella periferia di Osaka, la giovane Hanako (Honoo) diventa l'amante di Shin (Sasaki), ex soldato che sfrutta dei poveracci vendendone il sangue agli ospedali. Ma la ragazza ha ambizioni più alte, e mette una contro l'altra le bande del quartiere, restando alla fine unica padrona della piazza. Seguito ideale di *Racconto crudele della giovinezza*, è il film che segna l'abbandono dell'affinità elettiva con la Nouvelle Vague europea a favore di uno stile violentemente espressionistico, esagitato fino al parossismo. La protagonista si muove come un angelo della distruzione tra incendi, stupri, suicidi, duelli all'ultimo sangue: i pretesti narrativi sono quelli del noir, ma dietro l'angolo fa capolino Brecht. Uno shock per il cinema giapponese del periodo, di cui si trovano tracce nei successivi film di Imamura e Suzuki. Urlato ed eccessivo, ma sorretto da una lucidità formale (splendido l'uso dei primissimi piani) che non sempre si trova nel cinema – non solo giapponese – dell'epoca.

Cimitero vivente ** (*Pet Semetary*, Usa 1989, col, 103') Mary Lambert. Con Dale Midkiff, Fred Gwynne, Denise Crosby. ◆ Trasferitisi nella campagna del Maine, un dottore e la sua famigliola restano vittime di una maledizione e i morti sepolti in un antico cimitero indiano tornano in vita trasformati in mostri. Da uno dei romanzi più inquietanti di Stephen King, un horror per amanti del genere con i nervi saldi. Il senso del macabro della messa in scena è di classe e il crescendo orrorifico è ben dosato. Con un seguito.

Cimitero vivente 2 * (*Pet Semetary 2*, Usa 1992, col, 105') Mary Lambert. Con Anthony Edwards, Edward Furlong, Clancy Brown, Jared Rushton. ◆ Un sequel senza nerbo né motivo, che ricicla l'idea del cimitero indiano dove «risorgono» i sepolti, umani e animali. Il protagonista questa volta è un bambino (Furlong) a cui è appena morta la madre, il romanzo di Stephen King è un pallido ricordo e la Lambert dirige con una svogliatezza quasi imbarazzante, ottenendo effetti decisamente più grotteschi che orrorifici.

Cina è vicina, La *½ (Italia 1967, b/n, 95') Marco Bellocchio. Con Glauco Mauri, Elda Tattoli, Paolo Graziosi, Pierluigi Aprà, Daniela Surina, Alessandro Haber, Claudio Cassinelli. ◆ Carlo (Graziosi), giovane ragioniere del Partito socialista unificato che aspira a un posto di assessore, si vede preferire il più ricco Vittorio (Mauri). Deluso, Carlo decide allora di sistemarsi mettendo incinta Elena (Tattoli), la sorella di Vittorio, e lo stesso farà Giovanna (Surina), ex fidanzata di Carlo, che obbligherà Vittorio a sposarla col ricatto della propria maternità. Col secondo film Bellocchio allarga il campo della sua analisi: dopo la borghesia dei *Pugni in tasca* ecco l'incontro tra individui appartenenti a classi diverse, mentre col personaggio di Camillo (Aprà), il fratello marxista-leninista di Vittorio, critica le posizioni velleitarie e certe mitomanie dei gruppuscoli extraparlamentari (alla base dell'ironico titolo del film). Ma queste due storie, raccontate accentuando l'uso del grottesco e dei toni caricaturali (il ruolo «sacro» della maternità, la scena del prete che interrompe l'aborto, le discussioni intorno alla tavola da pranzo), si intrecciano a fatica e le esigenze didascaliche appesantiscono il film di discorsi e sequenze inutilmente teatrali.

Cin Cin *½ (*Stowaway*, Usa 1936, b/n, 86') William A. Seiter. Con Shirley Temple, Robert Young, Alice Faye, Eugene Pallette, Helen Westley. ◆ L'orfanella (Temple) di un missionario di Shangai è adottata da una coppia, che si è costituita per questo scopo. Con le sue moine, la piccola farà in modo che i genitori adottivi s'innamorino davvero. La Temple canta persino in cinese.

Cin Cin *½ (*Tchin-Tchin*, Francia/Italia 1991, col, 97') Gene Saks. Con Julie Andrews, Marcello Mastroianni, Jonathan Cecil, Ian Fitzgibbon, Jean-Pierre Castaldi. ◆ A Parigi si incontrano Cesario e Pamela (Mastroianni e Andrews), traditi dai rispettivi coniugi (che sono fuggiti insieme), infelici e dediti entrambi alla bottiglia. Finiranno per comprendere che anche fra abbandonati ci si può consolare. Da una commedia di François Billetdoux (sceneggiata da Ronald Harwood) che Mastroianni aveva già recitato in teatro, un film con due protagonisti bene affiatati, ma irrimediabilmente fragile e inconsistente.

Cincinnati Kid **½ (*The Cincinnati Kid*, Usa 1965, col, 113') Norman Jewison. Con Steve McQueen, Edward G. Robinson, Karl Malden, Tuesday Weld, Ann-Margret, Joan Blondell. ◆ A New Orleans, negli anni Trenta, un giovane asso del poker (McQueen) gioca la partita della sua vita con un re delle carte, considerato il migliore giocatore d'America (Robinson). Film di tavolo da gioco con parentesi private, tratto da un romanzo di Richard Jessup e sceneggiato da Terry Southern e Ring Lardner Jr, che firma qui la sua prima sceneggiatura ufficiale dopo la sua condanna per attività antiamericane come uno dei «dieci di Hoollywood». Non tutto funziona a meraviglia, il soggetto ricorda un po' troppo *Lo spaccone*, ma la capacità del regista di ricostruire l'atmosfera degli anni Trenta è notevole e non mancano suggestive sequenze in esterni, come quella del funerale soul per le strade della città. Il film doveva essere girato da Sam Peckinpah che fu sostituito dopo i primi giorni da ripresa

Cinderella → *Leggenda di un amore, La – Cinderella*

Cinecittà Cinecittà * (Italia 1993, col, 85') Vincenzo Badolisani. Con Amanda Sandrelli, Corso Salani, Massimo Wertmüller, Fabio Traversa, Franco Trevisi, Giovanni Pallavicino, Saverio Vallone, Eugenio Masciari. ◆ I tentativi di un aspirante sceneggiatore (Salani) per farsi ricevere da un produttore si incrociano con le peripezie dei «peones» di Cinecittà: attori più o meno falliti (Wertmüller e Traversa), direttori di produzione con l'ulcera (Trevisi), divette in cerca di scrittura (Sandrelli)... Girato utilizzando il set del *Viaggio di Capitan Fracassa* di Scola (anche coproduttore con la sua Massfilm) è un tentativo (velleitario) di descrivere i marginali del cinema italiano attraverso tante microstorie di solitudini e fallimenti (scritte addirittura da 10 sceneggiatori più o meno esordienti) esageratamente compiaciute nelle loro sconfitte.

Cinema d'altri tempi ** (Italia 1953, b/n, 98') Steno [Stefano Vanzina]. Con Walter Chiari, Lea Padovani, Jean Richard, Maurice Teynac, Luigi Pavese. ◆ Una ragazza di umili origini (Padovani) diventa una diva del cinema muto, mentre l'attore che ha fatto la sua fortuna muore in ospedale, dimenticato da tutti. Affettuosa parodia del muto, che riassume decenni di cinema italiano a cominciare dagli inizi del secolo. Le scenografie sono disegnate da Beni Montresor. Particine per Carlo Mazzarella e per lo stesso Steno.

Cinese, La *** (*La Chinoise*, Francia 1967, col, 90') Jean-Luc Godard. Con Anne Wiazemsky, Jean-Pierre Léaud, Michel Semeniako, Lex de Bruijn, Juliet Berto. ◆ Un gruppo di giovani militanti marxisti-leninisti tenta di applicare alle proprie azioni le teorie di Mao: l'attore Guillaume (Léaud) deciderà di dedicarsi solo al socialista teatro di strada, mentre la studente Véronique (Wiazemsky) metterà in pratica le proprie idee compiendo un attentato contro il ministro sovietico in visita a Parigi. Forse il film più noto di Godard che qui utilizza alcuni procedimenti stilistici che si sono identificati con il «godardismo» (la conservazione dei ciak all'inizio delle inquadrature; la sottolineatura del «cinema nel cinema» con scene in cui si vede l'operatore Coutard intento alle riprese; il ricorso agli effetti di straniamento brechtiano) e rivaluta le teorie di Ejzenštejn sul montaggio. Mettendo costantemente in rapporto le forme visive della cultura contemporanea (copertine di libri e fumetti, foto di personaggi celebri e pubblicità) con la realtà che dà vita a quelle forme – cioè l'attore con il suo corpo e la sua voce, ripresi spesso con primissimi piani – e filmando i brandelli di un mondo che comincia a trovare un senso unitario nella politica, Godard anticipa la «tensione utopica che annuncia la rivolta studentesca del '68 e pone problemi che tutta una generazione va ponendosi». Il finale, poi, aperto a più soluzioni che vanno dal suicidio alle scelte della sinistra tradizionale, dal terrorismo al lavoro sociale, sottolinea che il cinema «non serve a cercare soltanto la verità del cinema (come nei suoi precedenti film) ma bensì la verità delle cose, dei rapporti, dei conflitti». Il filosofo sartriano Francis Jeanson appare nella parte di se stesso.

Cinesi a Parigi, I *½ (*Les Chinois à Paris*, Francia 1974, col, 102') Jean Yanne. Con Nicole Calfan, Macha Méril, Michel Serrault, Georges Wilson, Bernard Blier. ◆ I cinesi occupano la Francia e si impegnano in un'opera di moralizzazione dei corrotti occidentali. Fino a quando qualcuno non convincerà gli occupanti a lasciare il Paese, per poterlo poi utilizzare, didascalicamente, come esempio di immoralità. Commedia fantapolitica diretta da un attore con inclinazione al qualunquismo. Ma ci sono momenti divertenti.

Cinico, l'infame, il violento, Il *½ (Italia 1977, col, 100') Umberto Lenzi. Con Maurizio Merli, Tomas Milian, John Saxon, Renzo Palmer, Gabriella Lepori, Bruno Corazzari, Guido Alberti, Gianni Musy. ◆ Dimessosi per protesta, l'ex ispettore Tanzi (Merli) continua a usare i suoi metodi poco ortodossi mettendo uno contro l'altro due boss romani, il Cinese (Milian) e Di Maggio (Saxon). Successo dell'epoca per una formula consolidata: Merli nella maschera impassibile del difensore dell'ordine dai metodi spicci, Milian in quella del delinquente spietato ma quasi simpatico per l'inventiva parolacciara (merito del doppiatore Ferruccio Amendola). Non uno dei migliori esempi del genere, comunque. Scritto da Lenzi con Ernesto Gastaldi e Dardano Sacchetti.

52 miglia di terrore * (*Hot Road to Hell*, Usa 1966, col, 92') John Brahm. Con Dana Andrews, Jeanne Crain, Mimsy Farmer, Laurie Mock, Paul Bertoya, Gene Kirkwood, Tim Stafford, George Ives. ◆ Costretto a cambiare lavoro per le conseguenze di un incidente automobilistico, Tom Phillips (Andrews) decide di gestire un motel: durante il viaggio di trasferimento la sua auto sarà presa di mira da una coppia di teddy boy (Bertoya e Kirkwood), che pensano di impaurire l'uomo con il loro mezzo più potente. L'ultima regia di Brahm è un filmaccio ignobile e moralistico, perfetto esempio della filosofia da maggioranza silenziosa secondo la quale i giovani sono tutti violenti e l'americano medio deve ricorrere alle maniere forti per farsi rispettare.

55 giorni a Pechino ** (*55 Days at Peking*, Usa 1962, col, 154') Nicholas Ray. Con Charlton Heston, Ava Gardner, David Niven, Flora Robson, Leo Genn, John Ireland. ◆ Durante la rivolta dei boxer, nella Pechino del 1900, i membri di otto delegazioni internazionali vengono assediati per 55 giorni. Tra il ferro e il fuoco, fiorisce anche una love story fra il comandante dei marine (Heston) e una fiera aristocratica (Gardner). Alto livello produttivo, dove il grande Nicholas Ray riesce ugualmente a realizzare sequenze insolite e personali. Meglio la prima parte, con i preparativi per l'assedio tra la moltiplicazione degli alzabandiera e la cacofonia degli inni nazionali.

52 gioca o muori **½ (*52 Pick-up*, Usa 1986, col, 110') John Frankenheimer. Con Roy Scheider, Ann-Margret [Ann Margaret Olsson], Vanity, John Glover, Robert Trebor, Lonny Chapman, Kelly Preston, Clarence Williams III, Doug McClure. ◆ L'industriale Harry Mitchell (Scheider), sposato e avviato alla carriera politica, ha la pericolosa passioncella di registrare in video i propri incontri erotici con la bella amante (Vanity): e per ricattarlo ci si mettono in tre. Un thriller incalzante e coinvolgente, per una volta fedele al tono noir e incattivito dell'omonimo romanzo di Elmore Leonard (autore della sceneggiatura) da cui è tratto. E le ricercatezze formali della regia, che utilizza spesso i movimenti di gru ed è lontanissimo dallo stile da videoclip di moda in quegli anni, accentuano per contrasto la volgarità e la bassezza del mondo in cui cade Mitchell, evidente specchio di una società che conosce solo il ricatto e la violenza. Lo stesso romanzo era stato alla base del più deludente *I guerrieri del vento*.

58 minuti per morire ** (*Die Hard 2*, Usa 1990, col, 124') Renny Harlin. Con Bruce Willis, Bonnie Bedelia, William Atherton, Franco Nero. ◆ Seguito di *Trappola di cristallo* con lo stesso protagonista. L'aereo su cui viaggia la moglie (Bedelia) del poliziotto McClane (Willis) è messo in pericolo da un commando di narcotrafficanti, che minaccia tutto l'aeroporto. Anche qui McClane sarà solo contro tutti. Quasi un remake, con grandi mezzi produttivi e problemi giganteschi (servivano mille quintali di ghiaccio triturato al giorno per rendere credibile l'ambientazione natalizia), ma senza l'autoironia del prototipo. Effetti speciali pirotecnici e record dei morti ammazzati: nei 58 minuti del titolo muoiono in 264. McClane sarà protagonista anche di *Duri a morire* (1995).

Cinque bambole per la luna d'agosto ** (Italia 1970, col, 85') Mario Bava. Con William Berger, Ira Fürstenberg, Edwige Fenech, Howard Ross [Renato Rossini], Justine Gall [Ely Galleani]. ◆ L'inventore (Berger) di una nuova formula, su cui molta gente vuole mettere le mani, accetta l'invito nella villa di un ricco signore. Mario Bava ricorre all'estetica del fumetto per dirigere una variazione sullo schema dei *Dieci piccoli indiani* di Agatha Christie. E si diverte a mettere alla berlina l'egoismo umano, trattando i suoi personaggi come topi in trappola.

Cinque chiavi del terrore, Le ** (*Doctor Terror's House of Horrors*, Gb 1964, col, 98') Freddie Francis. Con Peter Cushing, Ursula Howells, Max Adrian, Donald Sutherland, Christopher Lee, Michael Gough. ◆ Un misterioso signore (Cushing), in uno scompartimento ferroviario, predice morti violente ai compagni di viaggio. Suddiviso in episodi non originalissimi (uomini-lupo, vegetali assassini, sette segrete, mani mozzate, vampiri) ha però un ritmo abbastanza sostenuto e un finale a sorpresa ben congegnato.

Cinque della squadra d'assalto, I * (*Band of the Hand*, Usa 1986, col, 103') Paul Michael Glaser. Con Stephen Lang, Michael Carmine, Lauren Holly, John Cameron Mitchell, Daniele Quinn. ◆ Cinque criminali minorenni di Miami sono addestrati da un veterano del Vietnam, Joe Tiger (Lang), e combattono un boss della droga. Vendicheranno la morte di Tiger con una strage. Prodotto da Michael Mann, uno dei realizzatori della serie televisiva *Miami Vice*, diretto dall'ex protagonista di un'altra serie poliziesca, *Stursky e Hutch*, e girato come un telefilm, racconta una storia inutilmente violenta e chiaramente irreale. La canzone del titolo è cantata da Bob Dylan.

Cinque dita di violenza ** (*Tian xia di yi quan*, noto anche coi titoli inglesi *Five Fingers of Death* e *Invincible Boxer*, Hong Kong 1973, col, 102') Cheng Chang Ho. Con Lo Lieh, Wang Ping. ◆ In vista di un campionato di arti marziali, un giovane (Lieh) esperto di kung-fu viene addestrato dal suo maestro e apprende un colpo invincibile. Gli avversari gli massacrano le mani, per impedirgli di gareggiare: ma il campione si vendicherà. Considerato dagli estimatori del genere un piccolo classico, fu importato in Europa con grande successo.

Cinque furbastri, un furbacchione → *Come ti rapisco il pupo*

Cinque giornate, Le *½ (Italia 1973, col, 123') Dario Argento. Con Adriano Celentano, Enzo Cerusico, Sergio Graziani, Marilù Tolo, Carla Tatò, Ivana Monti, Glauco Onorato, Luisa De Santis. ◆ Durante l'insurrezione milanese (18-22 marzo 1848), il ladruncolo Cainazza (Celentano) e il fornaio romano Romolo (Cerusico) vengono coinvolti nei moti popolari, aiutano a erigere barricate, assistono alle violenze dei patrioti e alle rappresaglie degli austriaci fino a quando Romolo viene fucilato per aver involontariamente ucciso un rivoluzionario che violentava una ragazza, mentre al ladro non resta che gridare il proprio sdegno («Ci hanno fregato») nel mezzo della festa per la vittoria del popolo. L'unica regia non gialla di Argento vorrebbe essere una rilettura spregiudicata di uno dei più celebri episodi del nostro Risorgimento per dimostrarne il contenuto di classe. Ma la sceneggiatura in chiave grottesca (del regista, Vincenzo [Enzo] Ungari, Luigi Cozzi e soprattutto Nanni Balestrini) è troppo grossolana per essere credibile, finendo per risultare «qualunquista nonostante le pretese populiste». Nel 1974 poteva far scandalo un'interpretazione antiborghese e sessantottina della Storia, oggi non fa neanche sorridere.

Cinque giorni di tempesta **½ (Italia 1997, col, 94') Francesco Calogero. Con Roberto De Francesco, Chiara Caselli, Amanda Sandrelli, Gigio Alberti, Rocco Papaleo, Massimo Ceccherini, Massimo Reale, Renato Carpentieri, Umberto Orsini, Karin Proia, Angiola Baggi, Tonino De Bernardi. ◆ Arrivato a Bolzano da Salina con cinque giorni d'anticipo sulla chiamata di leva, Giovanni (De Francesco) si mette a girare per l'Italia, da Padova a Prato, da Roma a Malamocco, inseguendo labili colpi di fulmine: alla fine deciderà che è meglio mollare tutto e andare in Australia. Elogio della fuga a rischio di overdose di macchiette, che i due fratelli Veronesi (lo scrittore Sandro e il regista Giovanni) hanno sceneggiato anni fa e che Calogero depura e porta sullo schermo col suo stile personale: segnato da una poetica delle piccole coincidenze e da guizzi surreali ma anche da scompensi e ingenuità, proprio come l'antieroe protagonista. Comunque insolito e degno di attenzione nel panorama del cinema italiano.

Cinque giorni a giugno ** (*Cinq jours en juin*, Francia 1989, col, 100') Michel Legrand. Con Annie Girardot, Sabine Azéma, Matthieu Rozé, Jean-Jacques Moreau. ◆ Nel 1944, il giovane Michel (Rozé) vince una medaglia al conservatorio di Parigi, ma le comunicazioni sono interrotte, e lui e la madre (Girardot) non riuscirebbero a tornare a casa, in provincia, se non fosse per una ciarliera sconosciuta (Azéma), che li aiuta a rubare delle biciclette: la fuga diventerà una scampagnata, dove Michel scopre per la prima volta i sentimenti. Opera prima e dichiaratamente autobiografica di un celebre compositore di colonne sonore: naïf e simpatica quando cerca di recuperare la leggerezza del cinema francese d'anteguerra, pretenziosa quando cerca effetti smaccatamente «artistici».

Cinque giorni, un'estate **½ (*Five Days One Summer*, Usa 1982, col, 108') Fred Zinnemann. Con Sean Connery, Betsy Brantley, Lambert Wilson, Jennifer Hilary, Isabel Dean, Gerald Buhr. ◆ Nel 1932 un medico scozzese di mezza età (Connery, doppiato non dal consueto Pino Locchi ma da Gianni Musy) e la sua giovane nipote (Brantley) passano le vacanze in Svizzera. Sono amanti, ma il rapporto è travagliato. Una giovane guida alpina (Wilson) si innamora della ragazza, ma muore in un incidente. Ispirato in parte da una novella di Kay Boyle e soprattutto dai ricordi personali del regista, questo dramma psicologico che ha i suoi punti di forza nell'interpretazione degli attori (accanto a un sempre più bravo Connery non sfigura l'esordiente Betsy Brantley) e nelle bellissime riprese di montagna (fotografate da Giuseppe Rotunno) è una riuscita meditazione sul problema del tempo e sull'attimo fuggente che si cerca invano di fermare. Girato all'età di 75 anni, è l'ultimo film di Fred Zinnemann.

Cinque marines per cento ragazze * (Italia 1962, col, 96') Mario Mattoli. Con Raimondo Vianello, Mario Carotenuto, Little Tony, Virna Lisi, Ugo Tognazzi, Bice Valori, Vittorio Congia, Hélène Chanel, Franco Franchi, Ciccio Ingrassia, Pietro De Vico, Raffaella Carrà, Rita Forzano. ◆ Durante un'esercitazione, cinque militari finiscono in un collegio femminile. Con il favore delle ragazze ci restano, ma dovranno partecipare a uno spettacolo alla presenza degli antipatici studenti di un collegio maschile. Commedia militare più commedia di college all'italiana, con contorno di comici e situazioni-pretesto per consentire all'allora popolare Little Tony di cantare le sue canzoni.

Cinque mogli dello scapolo, Le ** (*Who's Been Sleeping in My Bed?*, Usa 1963, col, 103') Daniel Mann. Con Dean Martin, Elizabeth Montgomery, Carol Burnett, Martin Balsam, Jill St. John, Richard Conte. ◆ Una star della televisione (Martin), malgrado le nozze imminenti, ha una serie di tresche con le mogli dei suoi compagni al tavolo da poker. Una farsa non particolarmente originale, ma con un buon cast di supporto e variazioni più riuscite della media del genere. Film d'esordio di Carol Burnett.

Cinque penny, I ** (*The Five Pennies*, Usa 1959, col, 117') Melville Shavelson. Con Danny Kaye, Barbara Bel Geddes, Louis Armstrong, Bob Crosby, Harry Guardino, Tuesday Weld. ◆ Un cornettista (Kaye) si incolpa di avere trascurato la figlia, che una grave malattia ha lasciato paralizzata alle gambe. Per restarle vicino, il padre rinuncia alla musica e accetta umili lavori. Solo dopo la guarigione della ragazza riprenderà a suonare lo strumento. Biografia romanzata del musicista Loring «Red» Nichols, in cui l'unico tocco di originalità è l'attribuzione di un carattere irascibile al protagonista. Grande carrellata di jazzisti: tra gli altri si vedono Bob Crosby, Bobby Troup, Billy Kaye, Joe Venuti, e naturalmente Armstrong. Quando Danny Kaye suona è doppiato dal vero Red Nichols.

Cinque per la gloria ** (*The Secret Invasion*, Usa 1964, col, 95') Roger Corman. Con Stewart Granger, Mickey Rooney, Raf Vallone, Henry Silva, Edd Byrnes, Mia Massini. ◆ Durante la seconda guerra mondiale, i servizi segreti britannici offrono a cinque criminali la possibilità di riguadagnare la libertà compiendo una pericolosa missione in territorio jugoslavo. Il commando verrà decimato. Acconto di *Quella sporca dozzina*, che ottenne un successo molto inferiore al suo epigono. Eppure, anche se prodotto con mezzi ridotti, il film è movimentato, felicemente diretto e ben fotografato in paesaggi naturali.

Cinque pezzi facili *** (*Five Easy Pieces*, Usa 1970, col, 98') Bob Rafelson. Con Jack Nicholson, Karen Black, Susan Anspach, Lois Smith, Billy Green Bush. ◆ Robert Eroica Dupree ([Nicholson] secondo una tradizione che assegna a tutti in famiglia un nome musicale: sua sorella si chiama Partita, suo fratello Fidelio) è un pianista che ha rinunciato alla carriera e alla classe borghese cui appartiene per mettersi on the road. Tornerà a casa quando apprende che il padre è gravemente malato, ma il tentativo di reinserimento sarà inutile e il giovane se ne andrà di nuovo. Secondo film di Rafelson (il primo, *Head*, sul gruppo musicale dei Monkees, è inedito in Italia) e piccolo cult di una generazione, per il suo sguardo critico e amaro sui modelli di vita americani, analizzati attraverso una serie di episodi che mettono a confronto due o più personaggi appartenenti a tipi socioculturali diversi. La galleria di caratteri che ne esce è forse l'elemento più datato del film (troppo legato all'anticonformismo di moda in quegli anni) ma le interpretazioni – di Karen Black nella parte della fidanzata impacciata e sgraziata di Robert, e soprattutto di Susan Anspach in quella della promessa sposa del fratello «Fidelio» – sono superlative. Così come la divertente performance di Helena Kallianiotes come autostoppista. Su tutti emerge Nicholson nel ruolo di Robert Eroica, la cui popolarità internazionale si inaugurò proprio con questo film. La sceneggiatura è di Adrien Joyce, pseudonimo di Carol Eastman.

Cinque poveri in automobile *½ (Italia 1952, b/n, 101′) Mario Mattoli. Con Aldo Fabrizi, Eduardo De Filippo, Walter Chiari, Titina De Filippo, Isa Barzizza, Aldo Giuffré, Riccardo [Raimondo] Vianello, Mario Pisu, Enzo Garinei. ◆ Gli squattrinati acquirenti del biglietto di una lotteria scoprono di avere vinto una lussuosa automobile. Se la passeranno per cercare di risolvere – a turno – alcuni problemi personali: chi con successo, chi meno. Alla fine, però, dovranno vendere la vettura. Nata da un soggetto che Zavattini aveva scritto nel 1934 (e sceneggiata anche da Monicelli, Steno, Maccari oltre che da Titina De Filippo e Fabrizi) è una commedia a sfondo blandamente satirico, che si fa apprezzare solo per la prova di alcuni interpreti.

Cinque ragazze e una corda ** (*Qu jia nu*, Taiwan 1991, col, 123′) Yeh Hung-wei. Con Chang Shih, Yang Chien-mei, Nang Yue-wen,Wu Pei-yu, Lu Yuan-chi, Ai Jing. ◆ In un villaggio cinese del secolo scorso, cinque amiche assistono alle sopraffazioni di cui è vittima il sesso femminile (matrimoni combinati, mogli cacciate di casa perché non fanno figli maschi, adultere sepolte vive, partorienti sacrificate al nascituro) e decidono la soluzione più drastica: il suicidio collettivo. Un partecipe ritratto di come il peso delle tradizioni schiacci ogni possibile riscatto femminile, girato con uno stile ieratico e controllato che non sempre evita le tentazioni del manierismo. Comunque, il film del regista di Taiwan, anche se si è fatto una certa fama tra i festival, è troppo didascalico ed enfatico (e lungo) per essere davvero toccante.

Cinque schiave, Le **½ (*Marked Woman*, Usa 1937, b/n, 96′) Lloyd Bacon. Con Bette Davis, Humphrey Bogart, Jane Bryan, Eduardo Ciannelli, Isabel Jewell, Allen Jenkins, Mayo Methot. ◆ Mary Dwight (Davis), attricetta nel locale notturno di un boss della malavita, resta sconvolta quando sua sorella è uccisa da un uomo del gangster. Insieme alle altre ragazze del locale decide di testimoniare contro di lui, ma è sfregiata. Saranno gli sforzi di un procuratore (Bogart) a far trionfare la giustizia. Sceneggiato da Robert Rossen e Abem Finkel su un tema d'attualità (il processo a Lucky Luciano aveva portato all'attenzione del pubblico il problema delle ragazze che lavoravano nei locali malfamati), il film colpisce ancora per il suo realismo e il ritratto cupo e disperato del mondo della malavita. Ottima prova della Davis, e di Eduardo Ciannelli nella parte del boss, chiaramente ispirato alla figura di Lucky Luciano. Il film dovette subire anche un intervento censorio per alcuni riferimenti scabrosi a uno stupro.

Cinque segreti del deserto, I ** (*Five Graves to Cairo*, Usa 1943, b/n, 96′) Billy Wilder. Con Franchot Tone, Anne Baxter, Erich von Stroheim, Akim Tamiroff, Peter Van Eyck, Fortunio Bonanova. ◆ Sostituitosi a una spia che fa il doppio gioco, un agente segreto inglese (Tone) scopre i depositi di carburante dell'armata di Rommel. Grazie a lui, gli alleati vinceranno una battaglia decisiva. Coinvolgente melodramma di spie ambientato in un hotel nel deserto, con esterni africani realizzati in California e a Yuma. Ottima mescolanza di suspense e umorismo, nella sceneggiatura scritta da Wilder e Charles Brackett. Erich von Stroheim fa una delle sue migliori variazioni sul tipo del «crudele unno» prestando i tratti al feldmaresciallo Rommel. La storia è, in parte, un rifacimento di *Hotel Imperial* (1939, di Robert Florey, con Isa Miranda, Ray Milland, Reginald Owen).

Cinque serate **½ (*Pjat' vecerov*, Urss 1978, col, 102′) Nikita Michalkov. Con Ljudmilla Gurcenko, Stanislav Ljubsin, Valentina Teleckina, Larisa Kuznetzova, Aleksandr Adabas'jan. ◆ Il camionista Aleksandr Petrovic Ilin (Ljubsin), deluso della propria vita, torna a Mosca dopo 18 anni di assenza e ritrova Tamara (Gurcenko), che fu il suo grande amore. Dopo cinque serate l'uomo decide di ripartire, ma cambierà idea. Ambientato alla fine degli anni Cinquanta, di cui racconta le esistenze segnate da ferite recenti e da cicatrizzazioni troppo evidenti, le delusioni e «se soltanto non ci fosse stata la guerra» (come dice Tamara alla fine, mentre l'ambiente si colora e si anima in una bella panoramica), il film descrive un mondo chiuso, esemplare dello stile di Michalkov, che rifiuta l'epica e preferisce un realismo bagnato di tenerezza e popolato da eroi nient'affatto positivi, ma feriti e sconfitti. Di grande suggestione le immagini, con la loro tonalità monocroma, ottenuta con un viraggio in seppia.

Cinque settimane in pallone *½ (*Five Weeks in a Ballon*, Usa 1962, col, 101′) Irwin Allen. Con Red Buttons, Barbara Eden, Fabian, Cedric Hardwicke, Peter Lorre, Richard Haydn, Barbara Luna. ◆ Nel secolo scorso, un gruppo di inglesi decide di raggiungere l'Africa e il fiume Volta in mongolfiera: ci riusciranno dopo molte peripezie, compresa una rocambolesca fuga dalle mani dei Tuareg. Versione senza particolare smalto del romanzo omonimo di Jules Verne, salvata (in parte) dalle piccole parti affidate a vecchi divi di Hollywood (Herbert Marshall, Reginald Owen, Billy Gilbert).

5 tombe per un medium * (Italia 1965, b/n, 87′) Ralph Zucker [Massimo Pupillo]. Con Barbara Steele, Walter Brandi, Marilyn Mitchell [Mirella Maravidi], Alan Collins [Luciano Pigozzi], Riccardo Garrone, Alfredo Rizzo, Edward Bell [Ennio Balbo]. ◆ Lo spiritista dr. Hauff torna dall'aldilà per vendicarsi della moglie adultera (Steele) e dei cinque complici che l'hanno buttato giù da una scala: ma è morto davvero o fa solo finta? Probabile che gli sceneggiatori Roberto Natale e Romano Migliorini abbiano risolto il dilemma l'ultimo giorno di riprese. Malgrado il bagno schiuma della Steele, il cast di caratteristi e la fotografia di Carlo Di Palma (alias Charles Brown), sgangheratezza, noia e comicità involontaria sono a livello del peggiore Ed Wood.

Cinque vite di Hector, Le ° (*Being Human*, Usa

1994, col, 122') Bill Forsyth. Con Robin Williams, John Turturro, Anna Galiena, Vincent D'Onofrio, Hector Elizondo, Lorraine Bracco, Lindsay Crouse. ◆ Le cinque vite di Hector (Williams): cavernicolo scozzese la cui famiglia è felice di fuggire con invasori stranieri; schiavo romano che rifiuta di suicidarsi assieme al padrone vanesio e superstizioso (Turturro); cavaliere medioevale che, sulla strada del ritorno, medita di crearsi una nuova vita a fianco di una vedova ilare (Galiena, che parla in friulano); nobiluomo portoghese naufrago sulle coste africane nel XVI secolo, che non si rende conto dell'assurdità del suo mondo; uomo d'affari negli Stati Uniti contemporanei, che ha un weekend di tempo per fare la pace con i due figli del primo matrimonio, che non vede da quattro anni. Secondo Forsyth (anche autore della sceneggiatura) si tratterebbe di una riflessione sulle costanti del comportamento umano. Ma a parte le oscillazioni di tono (i primi due episodi sono una sagra del ridicolo involontario), il discorso non conclude e non va da nessuna parte, malgrado la patetica narrazione fuori campo (di Theresa Russell nell'originale). Venti milioni di dollari (alcuni dei quali di David Puttnam) buttati via in bei paesaggi mentre Williams, dopo *Mrs. Doubtfire*, gioca al risparmio; degli altri nomi noti, chi ne esce meglio, a sorpresa, è la Galiena. Accorciato di 40' e rimontato dalla Warner che, dopo il flop negli Usa, l'ha distribuito solo in cassetta.

Cinque volti dell'assassino, I **½ (*The List of Adrian Messenger*, Usa 1963, 989) John Huston. Con George C. Scott, Kirk Douglas, Dana Wynter, Clive Brook, Herbert Marshall, Walter Tony Huston, Gladys Cooper, Jacques Roux, Marcel Dalio. ◆ Per impadronirsi di una grossa eredità, un assassino con inclinazioni per il travestimento (Douglas) compie una serie di delitti. Un ufficiale dell'Intelligence (Scott) riuscirà a smascherarlo e acciuffarlo, dopo una caccia in campagna. Thriller vecchia maniera nel gusto dei racconti di Sherlock Holmes, messo in scena con spirito e interpretato da ottimi attori. Per aggiungere sapore, Huston affidò piccoli camei a una serie di star hollywoodiane (Robert Mitchum è J. Slattery, Frank Sinatra si traveste da gitano, Burt Lancaster si trasforma in una vecchia, Tony Curtis è quello che suona l'organo di Barberia), truccandole al punto da renderle quasi irriconoscibili. Apparizione fulminea di Huston nei panni di un cavaliere.

Cintura, La * (Italia 1989, col, 95') Giuliana Gamba. Con Eleonora Brigliadori, James Russo, Giuliana Calandra, Anna Bonaiuto, Karen Moore. ◆ Bianca (Brigliadori), ragazza di buona famiglia, si innamora di uno scrittore dai gusti particolari (Russo). Dopo avergli regalato una cintura deve sperimentarne i colpi sulla propria pelle, ma il rapporto sadomaso non ha vita lunga: finita al pronto soccorso, Bianca denuncerà il partner alla polizia. Liberamente ispirato all'omonima commedia di Alberto Moravia (sceneggiata da Francesca Archibugi, Gloria Malatesta e Claudia Sbarigia), un tentativo di eros perverso con scarsa convinzione e cast improbabile. Veder picchiare la Brigliadori (che per questo ruolo perse il posto di presentatrice dello Zecchino d'oro) è comunque una bella soddisfazione.

Cintura di castità, La * (Italia 1950, b/n, 82') Camillo Mastrocinque. Con Nino Taranto, Tina De Mola, Alba Arnova, Camillo Pilotto. ◆ Una preziosa cintura di castità, gioiello di famiglia, viene rubata dal castello di un duca. Guidati dal capocomico (Taranto), il gruppo di attori che è ospite del castello indaga, e recupera la refurtiva. Commedia semipoliziesca di routine, con un cast non troppo brillante.

Cintura di castità, La *½ (Italia 1967, col, 108') Pasquale Festa Campanile. Con Tony Curtis, Monica Vitti, Nino Castelnuovo, Ivo Garrani, Hugh Griffith, Francesco Mulé. ◆ Alla vigilia della partenza per le crociate, Guerrando (Curtis) impone alla moglie (Vitti) l'oggetto del titolo. Lei, però, non è affatto rassegnata a restarsene a casa e segue il guerriero. Passerà molti guai prima di potersi liberare dell'antipatico attrezzo. Farsa medioevale nata sull'onda del successo dell'*Armata Brancaleone*. Niente di grave, salvo che l'assortimento tra Monica Vitti e Tony Curtis non dà i risultati sperati dalla produzione.

Cioccolato bollente *½ (*Consuming Passions*, Usa/Gb 1988, col, 98') Giles Foster. Con Vanessa Redgrave, Jonathan Pryce, Tyler Butterworth, Freddie Jones, Sammi Davis, Prunella Scales. ◆ Una fabbrica di cioccolato rischia il fallimento. Ma il giorno in cui tre operai cadono accidentalmente nell'impasto, il prodotto, che è stato messo ugualmente in commercio, suscita l'entusiasmo degli amanti del cioccolato. Commedia nera tratta da un soggetto di due ex membri del gruppo Monty Python (Michael Palin e Terry Jones). Il tentativo di satira è debole e le promesse iniziali non vengono mantenute.

Ciò che si chiama amore ** (*This Thing Called Love*, Usa 1941, b/n, 98') Alexander Hall. Con Rosalind Russell, Melvyn Douglas, Binnie Barnes, Allyn Joslyn, Lee J. Cobb. ◆ Rodaggio matrimoniale per la giovane Rosalind Russell, che induce il partner (Douglas) a tentare la vita a due prima del matrimonio. Lui non è persuaso, le difficoltà si moltiplicano e la coppia entra in crisi. Commedia per adulti abbastanza divertente, che all'epoca suscitò un piccolo scandalo e fu bollata d'immoralità dalla Legione per la Decenza.

Ciociara, La **½ (Italia/Francia 1960, b/n, 110') Vittorio De Sica. Con Sophia Loren, Eleonora Brown, Jean-Paul Belmondo, Raf Vallone, Renato Salvatori, Carlo Ninchi, Pupella Maggio. ◆ Nel 1943 la giovane vedova Cesira e la figlia Rosetta (Loren e Brown) si rifugiano in un paese della Ciociaria per sfuggire ai bombardamenti alleati. Di ritorno verso Roma, sono aggredite e violentate da un gruppo di soldati marocchini aggregati all'esercito americano. Dramma naturalistico tratto dall'omonimo romanzo di Alberto Moravia, con alternanza di scene madri e parentesi bozzettistiche. Uno spettacolo europeo prodotto all'americana, puntando sul divismo della Loren: che fu puntualmente premiata con un Oscar per la migliore interpretazione e il medesimo riconoscimento al festival di Cannes. La Loren è tornata a interpretare lo stesso personaggio per la televisione: nel 1989 è ancora Cesira in *La ciociara* (di Dino Risi, con Sidney Penny, Andrea

Occhipinti, Robert Loggia) un tv-movie in due puntate di 100' ognuna.

Ci penseremo domani ** (*See You in the Morning*, Usa 1989, col 1199) Alan J. Pakula. Con Jeff Bridges, Alice Krige, Farrah Fawcett, Linda Lavin, Drew Barrymore, Lukas Haas, David Dukes, Frances Sternhagen, Theodore Bikel, Macaulay Culkin, Heather Lilly, George Hearn. ◆ Lasciato dalla moglie (Fawcett) che si è tenuti i figli (Culkin e Lilly), Larry Livingstone (Bridges) incontra Beth Goodwin (Krige), una vedova che coi due figli (Barrymore e Haas) vive nel rimpianto del marito (Dukes), pianista suicidatosi: paura dei propri sentimenti, problemi coi figli altrui, ritorni di fiamma, speranza di farcela. Melodramma traballante ma non ricattatorio, il secondo, dopo *La scelta di Sophie,* che Pakula abbia sceneggiato tutto da solo: molti spunti sono autobiografici e la descrizione dei rapporti tra Larry e i due adolescenti di Beth – divisi tra la lealtà verso il vero padre morto e la simpatia per il nuovo compagno della madre – ha momenti di allegria e di dramma che «danno un suono giusto e si finisce spesso per essere commossi senza provare la sgradevole impressione di essere stati manipolati». Anche se certi dialoghi lasciano l'impressione di essere troppo scritti per essere veramente naturali. Intensa prova di Alice Krige.

Cirano di Bergerac

Hector Savinien Cyrano (o, italianamente, Cirano) de Bergerac fu un bizzarro poeta francese vissuto tra il 1619 e il 1655, polemista, filosofo «d'avanguardia», scrittore teatrale innovatore e uomo d'arme. Il suo frastagliato personaggio trovò un'appropriata e appassionata rievocazione nella commedia eroica in cinque atti in versi di Edmond Rostand, rappresentata a Parigi per la prima volta nel 1897. L'opera si apre al teatro dell'Hôtel de Bourgogne dove Cirano impedisce a un pessimo attore di recitare e ridicolizza con la spada e la lingua il visconte di Valvert che aveva osato sottolineare l'immensità del suo naso; naso che, rendendo consapevole il poeta spadaccino della sua bruttezza, gli impedisce di trovare il coraggio per dire tutto l'amore che prova alla cugina Rossana. La giovane, invece, ama Cristiano di Neuvillette, giovane cadetto di Guascogna, bello quanto privo di spirito, e chiede proprio a Cirano di tenerlo sotto la sua protezione. Ma Cirano farà di più: metterà al servizio di Cristiano la sua eloquenza (e il suo amore), scrivendo per conto del giovane lettere appassionate e addirittura sostituendolo (con l'aiuto del buio notturno) in una meravigliosa dichiarazione d'amore. Sempre con l'aiuto di Cirano, Cristiano e Rossana riusciranno a sposarsi, rintuzzando le pretese del conte di Guisa, che per vendetta manderà i cadetti (e Cirano) all'assedio di Arras, dove il giovane sposo morirà. Rossana si chiude allora in convento, visitata ogni sabato per quindici anni dal cugino, fino al giorno in cui, colpito a tradimento, lo spadaccino dal lungo naso morirà tra le braccia dell'amata Rossana, la quale dalle parole dette nel delirio capisce – finalmente, ma troppo tardi – la verità.

Perfetta fusione di ingenuità e irruenza, spadaccino terribile e dolcissimo amante, Cirano di Bergerac è il personaggio ideale per riassumere alcune costanti dell'eroe nobile e sfortunato, francesissimo nel suo misto di cavalleria e di romanzesco e nell'amore per la scintillante eleganza dei modi e delle parole. Romantico nel suo appassionato idealismo e nel suo patetico spirito di sacrificio, parnassiano nel suo gusto per i giochi di parole e i preziosismi della forma, decadente nel piacere per i contrasti e le contraddizioni, Cirano è essenzialmente un personaggio teatrale, che trova in se stesso il suo primo e più esigente pubblico, e un personaggio tragico nel suo destino di perdente.

Nonostante le sue radici lo leghino saldamente alla cultura d'oltralpe (e al trionfo che lo accolse al suo debutto parigino) fu l'italiano Augusto Genina a portarlo con più successo sullo schermo durante l'epoca del muto. I francesi gli diedero tre volti diversi, quello segretamente malinconico di Claude Dauphin (1945), quello impalpabile e fantastico di José Ferrer (1963) e quello irruente ed eroico di Gérard Depardieu (1990). Da notare che José Ferrer aveva già interpretato il ruolo nell'ineccepibile riduzione hollywoodiana diretta da Michael Gordon (1950). Il mito del poeta dal naso smisurato doveva infine tornare nella non esaltante rilettura di Fred Schepisi (*Roxanne*, 1987).

I FILM PRINCIPALI

Cirano di Bergerac (1923) di Augusto Genina
Cirano di Bergerac (1945) di Fernand Rivers
Cirano di Bergerac (1950) di Michael Gordon
Cyrano e D'Artagnan (1963) di Abel Gance
Roxanne (1987) di Fred Schepisi
Cyrano di Bergerac (1990) di Jean-Paul Rappeneau

Cirano di Bergerac ** (Italia 1923, b/n, 103') Augusto Genina. Con Pierre Magnier, Linda Moglia, Angelo Ferrari, Alex Bernard, Gemma de' Sanctis, Umberto Casilini, Maurice Schutz. ◆ L'amore impossibile di Cirano (Magnier) per Rossana (Moglia) prende la forma di lettere e dichiarazioni «firmate» da Cristiano (Ferrari), il giovane bello e vacuo amato dalla donna, la quale scoprirà la verità troppo tardi. Girato nel 1921-22 e presentato al Concorso internazionale di cinematografia di Torino del 1923 (dove vinse il primo premio), il film fu distribuito nello stesso anno a Parigi ma dovette aspettare fino al 1925 prima di essere visto in Italia perché considerato «troppo difficile» per il pubblico. Particolarmente apprezzate le scene della battaglia di Arras («una delle più belle pagine che siano state trasportate sullo schermo») e quelle della morte dell'eroe. Non accreditato, Mario Camerini girò alcune scene del film.

Cirano di Bergerac *½ (*Cyrano de Bergerac*, Francia 1945, b/n, 100') Fernand Rivers. Con Claude Dauphin, Christian Bertola, Ellen Bernsen, Pierre Bertin, René Sarvil. ◆ Cirano (Dauphin), rimatore non meno famoso per le proporzioni del suo naso che per l'imbattibilità della sua spada, ama la «preziosa» Rossana (Bernsen), ma non osa dichiararsi. Favorirà l'amore tra la donna e il bel cadetto Cristiano (Bertola), che però non ha spirito né talento poetico. Riduzione del celebre dramma di Rostand messa in scena con diligenza un po' accademica. I personaggi parlano in prosa, esclusa la ballata del duello col visconte di Valvert e la presentazione dei cadetti di Guascogna, che sono dette in rima nella traduzione classica di Mario Giobbe.

Cirano di Bergerac **½ (*Cyrano de Bergerac*, Usa 1950, 112') Michael Gordon. Con José Ferrer, Mala Powers, William Prince, Morris Carnovsky, Ralph Clanton, Virginia Farmer. ◆ Cirano (Ferrer) e Cristiano (Prince) sono entrambi innamorati di Rossana (Powers). Il primo ha un naso gigantesco ma è un vero poeta, il secondo è bello ma vacuo e così Cirano presterà il suo amore e le sue poesie alla corte che farà Cristiano. E troppo tardi Rossana scoprirà la verità. Ricostruzione americana della Parigi del diciassettesimo secolo, in un'accurata produzione di Stanley Kramer. L'adattamento della pièce di Rostand è abbastanza fedele e José Ferrer vinse un Oscar per la sua bella interpretazione dell'infelice innamorato dalla lama proibita. Ne esiste anche una versione colorizzata al computer.

Cirano di Bergerac (di Jean-Paul Rappeneau, con Gérard Depardieu) → *Cyrano de Bergerac*

Cirano e D'Artagnan → *Cyrano e D'Artagnan*

Circo, Il **** (*The Circus*, Usa 1928, b/n, 70') Charlie Chaplin. Con Charlie Chaplin, Allan Garcia, Merna Kennedy, Harry Crocker. ◆ Inseguito come ladro, Charlot (Chaplin) in fuga si ritrova sulla pista di un circo e viene scambiato per un clown. Il successo è tale che viene scritturato: ma la ripetizione del numero, persa la spontaneità, non ha più successo. Anche il tentativo di fare l'equilibrista fallisce a causa di alcune scimmie dispettose; e la cavallerizza (Kennedy) di cui Charlot si è innamorato sposa un altro. Dopo lo scandalo dovuto al suo divorzio da Lita Grey, Chaplin si mette metaforicamente alla berlina: Charlot è costantemente schernito dal pubblico e frustrato in tutti i suoi buoni propositi; e inoltre perde quasi tutti i suoi lati anarcoidi, accentuando la vena maliconica. La coreografia delle gag e il ritmo nelle sequenze comiche forse non sono mai stati così perfetti: e le annotazioni che sembrano casuali sulla vanità del mondo dello spettacolo sono in realtà più pungenti e amare che nel successivo *Luci della ribalta*. L'esigenza di non sfilacciare il racconto spinse Chaplin a sacrificare sequenze per-altro assai divertenti, che sono state recuperate da Kevin Bronlow e David Gill nel loro *Chaplin Unknown*. Nel 1969 Chaplin scrisse le musiche per una riedizione.

Circo a tre piste, Il *½ (*Three Ring Circus*, Usa 1954, col, 103') Joseph Pevney. Con Jerry Lewis, Dean Martin, Joanne Dru, Zsa Zsa Gabor, Wallace Ford, Nick Cravat, Elsa Lanchester. ◆ Due amici (Martin e Lewis), congedati dall'esercito, si uniscono a un circo e hanno successo. Ma uno si lascia fuorviare da una donna egoista (Gabor), mettendo in crisi l'armonia di tutto il circo. Lo aiuteranno a ravvedersi. Mescolanza di numeri divertenti e sentimenti un po' melensi, non fra le cose migliori della coppia Lewis-Martin. Il blando successo impose la distribuzione di una versione abbreviata col titolo *Jerrico, The Wonder Clown*.

Circo degli orrori, Il **½ (*Circus of Horrors*, Gb 1960, col, 88') Sidney Hayers. Con Anton Diffring, Erika Remberg, Yvonne Monlaur, Kenneth Griffith, Donald Pleasence, Jane Hylton, Yvonne Romaine. ◆ Dopo un intervento fallito, il dottor Rossiter (Diffring) lascia l'Inghilterra e si nasconde in un circo per continuare i suoi esperimenti di chirurgia plastica: ridà la bellezza a donne sfigurate e le obbliga a lavorare per lui, ma le morti sospette di chi vorrebbe abbandonarlo mettono sulle sue tracce la polizia. Inquietante ritratto di una misoginia mascherata da ossessione privata, che vede nelle deturpazioni del viso il segno di una ontologica indegnità femminile: vistosamente procaci, le donne che capitano sotto i ferri di Rossiter (che Diffring carica di un magnetico sadismo) sono ex delinquenti o prostitute, la cui dubbia moralità rimane tale nonostante la riacquistata bellezza. Sceneggiato da George Baxt e fotografato da Douglas Slocombe nei colori contrastati della Pop Art, il film non risparmia raccapriccianti inquadrature dei volti sfigurati.

Circo di Tati, Il ** (*Parade*, Francia/Svezia 1974, col, 83') Jacques Tati. Con Jacques Tati, Karl Kossmayr, Michèle Brado, Pia Colombo, Les Williams. ◆ Sotto il tendone di un circo, Jacques Tati si produce in alcune delle sue celebri pantomime: il boxeur, il portiere di una squadra di calcio, il tennista, il cavallerizzo, il vigile, il pescatore. Col nome di Mr. Loyal, Tati fa anche il presentatore dello spettacolo. Realizzato per la televisione svedese, uno show che il regista usò anche come occasione per sperimentare nuove tecniche di linguaggio: a partire dalla telecamera, per lui inedita.

Circo e la sua grande avventura, Il ** (*Circus World*, Usa 1964, col, 138') Henry Hathaway. Con John Wayne, Rita Hayworth, Claudia Cardinale, John Smith, Lloyd Nolan, Richard Conte. ◆ Il proprietario di un grande circo (Wayne) parte per una tournée europea con la figlia adottiva (Cardinale). Ricompare Lili (Hayworth), la madre della ragazza che l'uomo ha amato a suo tempo, e ottiene di lavorare nel numero del trapezio senza rivelarsi alla figlia. Lunghissima saga circense che, esaurite le risorse spettacolari nella prima ora, procede poi faticosamente intorno all'intrigo familiare di identità nascoste, prima di risollevarsi in un epilogo movimentato.

Circo insanguinato, Il *½ (*The Wagons Roll at Night*, Usa 1941, b/n, 83') Ray Enright. Con Humphrey Bogart, Sylvia Sidney, Eddie Albert, Joan Leslie, Sig Rumann, Cliff Clark. ◆ Accusato ingiustamente della morte di un collega, un domatore di leoni (Albert) si innamora della sorella (Sidney) del padrone del circo (Bogart). Questi tenta di eliminarlo mandandolo allo sbaraglio tra le belve; ma si ravvede e sacrifica se stesso per salvarlo. Riambientazione, senza molto interesse, dell'*Uomo di bronzo* nel mondo del circo che nemmeno un discreto cast riesce a salvare. Nella scena in cui Eddie Albert doma un leone scappato, si vede benissimo che la bestia è «interpretata» da un uomo nascosto dentro una pelle leonina.

Circolo della fortuna e della felicità, Il ** (*The Joy Luck Club*, Usa 1993, col, 139') Wayne Wang. Con Ming Na-wen, Tamlyn Tomita, Tsai Chin, Andrew McCarthy, Russell Wong, Victor Wong. ◆ L'ingresso della giovane June (Ming) nel circolo di mah-jong (sorta di domino cinese) delle tre amiche della madre appena morta è il pretesto per raccontare la storia di una dozzina di donne cinesi, divise in tre generazioni, prima e dopo l'emigrazione negli Stati Uniti. Il best-seller di Amy Tan offrirebbe abbastanza materiale per un serial: segreti inconfessabili, bambini abbandonati, infanticidi, mariti fedifraghi, conflitti razziali e generazionali. Wang, al suo primo film hollywoodiano (patrocinato da Oliver Stone), mostra un'invidiabile capacità di raccontare, alternando sapientemente la lacrima al sorriso. Non mancano momenti non banali (il rapporto tra la piccola June, pianista in erba, e la madre tiranna), la direzione degli attori è eccellente, e la confezione accurata: ma è inevitabile l'impressione di déjà vu (una delle storie sembra la versione condensata di *Lanterne rosse*).

Circostanza, La ** (Italia 1974, col, 92') Ermanno Olmi. Con Ada Savelli, Raffaella Bianchi, Gaetano Porro, Mario Sireci, Barbara Pezzuto, Massimo Tabak. ◆ I membri di una ricca famiglia milanese intrattengono tra loro rapporti solo formali. Un giorno la madre capita sul luogo di un incidente, raccoglie un giovane ferito e prendendosi cura di lui riesce a riscoprire il senso del suo legame con la vita. Film dalla struttura narrativa frammentata, con molti personaggi e situazioni parallele. Il montaggio riflette, nella sua complessità, la frantumazione familiare, che Olmi osserva con sguardo pessimistico e molta nostalgia per i modelli di vita del passato.

Ci sarà la neve a Natale? *** (*Y-aura-t'il de la neige à Noël?*, Francia 1996, col, 89') Sandrine Veysset. Con Dominique Reymond, Daniel Duval, Jessica Martinez, Alexandre Roger, Xavier Colonna, Fanny Rochetin, Flavie Chimènes, Jérémy Chaix, Guillaume Mathonnet, Eric Huyard, Loys Cappatti, Marcel Guilloux-Delaunay. ◆ Un contadino (Duval) tiene a lavorare nei propri campi la donna (Reymond) con cui ha fatto sette figli pur avendo una regolare famiglia a pochi chilometri di distanza: l'amore per i bambini aiuta la donna a sopportare la situazione, ma la solitudine del Natale le sembra insostenibile. Sospeso fra la magia della favola e il realismo del documentario, un esordio intenso e promettente che parla di un argomento insolito come la vita nei campi evitando stereotipi morali e concessione alle mode. Alla regista non interessa distribuire colpe o meriti, ma piuttosto descrivere una società dove tutto è scandito dal lento e inesorabile andamento dei mesi (nei titoli di coda si ringraziano «le stagioni che passano e gli spettatori che restano») e il mondo è fatto di sofferenza e dignità, di dolore e sogni. Proprio come l'ultima scena, che lascia allo spettatore il compito di scegliere tra la vita e la morte, tra un inverno senza neve o bianco di fiocchi.

Ci sono dei giorni... e delle lune ** (*Il y a des jours... et des lunes*, Francia 1990, col, 117') Claude Lelouch. Con Gérard Lanvin, Patrick Chesnais, Vincent Lindon, Annie Girardot, Marie-Sophie L. [Lelouch], Francis Huster, Philippe Léotard, Christine Boisson, Serge Reggiani, Amidou, Arlette Gordon. ◆ Come spiega un vecchio a una giovane donna, la luna piena spesso influisce sui comportamenti umani. E una serie di storie incrociate lo dimostreranno: un camionista (Lanvin) perde il posto per avere guidato troppo in fretta. Un ristoratore e sua moglie (Lindon e Boisson) decidono se restare insieme o separarsi, gettando in aria una moneta. Un cantante (Léotard), lasciato dalla moglie, passa una notte in un motel, lo stesso dove arriva anche un chirurgo (Chesnais), sollecitato alle nozze dalla fidanzata. Ma queste storie possono anche finire in un dramma. Girato con stile documentaristico che dà l'impressione di aver «rubato» alcune delle scene all'insaputa dei protagonisti, interpretato da una bella compagnia d'attori, il film soffre però di una struttura troppo ripetitiva (lei e lui, gli uni e gli altri...) ed è viziato dai presupposti narrativi di un regista che crede di essere il Destino.

Ci troviamo in galleria *½ (Italia 1953, col, 94') Mauro Bolognini. Con Nilla Pizzi, Carlo Dapporto, Mario Carotenuto, Sophia Loren, Alberto Sordi, Fiorenzo Fiorentini, Carletto Sposito, Gianni Agus, Giusi Raspani Dandolo. ◆ Ignazio Panizza in arte «Gardenio» (Dapporto), attore di varietà senza fortuna, scopre una cantante (Pizzi) e la sposa. Mentre la donna ottiene grandi successi, il comico resta nell'ombra: a sua insaputa, la moglie organizza uno spettacolo che regalerà all'uomo la gioia degli applausi. Assortimento di personaggi popolari dello spettacolo, per una commedia sentimentale costellata di numeri vari. Cino Tortorella, futuro mago Zurlì, interpreta il ruolo di Catalani. Alberto Sordi fa la macchietta di Mario Pio al telefono.

Città amara – Fat City **** (*Fat City*, Usa 1972, col, 100') John Huston. Con Stacy Keach, Jeff Bridges, Susan Tyrrell, Candy Clark, Nicholas Colasanto. ◆ Tully, un anziano pugile fallito (Keach), prende sotto la sua protezione Ernie, un aspirante boxeur (Bridges). I due tenteranno di lasciare Stockton, la povera città californiana in cui vivono, ma le loro speranze, sportive e umane, sono destinate al fallimento. Dramma iperrealista venato da uno struggente lirismo, tratto da un romanzo di Leonard Gardner che firma anche la sceneggiatura, ci offre un ritratto disperato della condizione umana. Più che i pochi accadimenti della trama (qualche incontro perso, i tentativi di unire le proprie solitudini con quelle di donne altrettanto sole, la triste fatica di guadagnare pochi dollari lavorando a giornata nei campi), il film segue i personaggi, i loro dialoghi, i sogni, le bevute, l'amicizia cameratesca, la complicità maschile ma soprattutto il comune destino al fallimento: quella che per Tully è un'abitudine scontata per Ernie diventa una scoperta a cui non potrà sfuggire. E intorno a loro prende forma il mondo del pugilato di serie Z, descritto (da un ex pugile dilettante quale fu Huston) come un mattatoio e un luogo di violenza bestiale. Straordinaria anche la fotografia di Conrad Hall, capace di fondere esigenze realistiche a un gusto sofisticato e crepuscolare. Contrariamente a quanto può far credere il titolo italiano, nello slang americano *Fat City* vuol dire Eldorado.

Città assediata, La ** (*The Big Lift*, Usa 1950, b/n, 119') George Seaton. Con Montgomery Clift, Paul Douglas, Cornell Borchers, O.E. Hasse, Bruni Lobel, Danny Davenport. ◆ Alla fine della seconda guerra mondiale, piloti americani e inglesi riforniscono con un ponte aereo i settori di Berlino che non sono occupati dai sovietici: uno di loro (Clift) si innamora di una ragazza tedesca (Borchers) e vorrebbe sposarla, ma un suo collega (Douglas) scopre che la donna nasconde un secondo fine. Curioso film bellico girato quasi interamente sul posto e sceneggiato dallo stesso Seaton, che mescola (non sempre con grande equilibrio) convenzioni e buone intenzioni, idee liberali e una certa tendenza ad appesantirle con complicazioni da vaudeville (Clift che deve travestirsi perché si è macchiato la divisa). Eppure non mancano le sequenze intense, come quella delle donne che lavorano tra le rovine o quella di Paul Douglas che segue il suo boia tra le strade di una Berlino distrutta. O, ancora, personaggi curiosi, come quello interpretato da O.E. Hasse, che passa il suo tempo a inviare ai russi informazioni per niente segrete. Nei secondi ruoli recitano quasi solo autentici soldati americani.

Città cinese *½ (*Mr. Wong in Chinatown*, Usa 1939, b/n, 70') William Nigh. Con Boris Karloff, Grant Withers, William Royle, Marjorie Reynolds, Peter George Lynn, Lotus Long. ◆ Una principessa cinese che va a far visita a Mr. Wong (Karloff) viene uccisa da una freccia avvelenata. L'investigatore, con l'aiuto del capitano Street (Withers) e della sua fidanzata giornalista (Reynolds), scoprirà la causa dell'omicidio. Terzo film della serie di Mr. Wong: niente più che ordinaria amministrazione. La trama verrà riciclata per un film con Charlie Chan, *L'anello cinese* (1947).

Città degli acquanauti, La *½ (*City Beneath the Sea*, Usa 1970, col, 98') Irwin Allen. Con Stuart Whitman, Robert Wagner, Rosemary Forsyth, Robert Colbert, Richard Basehart, Joseph Cotten, Ray Sugar Robinson. ◆ Una città sottomarina, che il governo americano ha destinato a deposito di risorse aurifere e atomiche, è minacciata da un planetoide errante. Un traditore cerca di approfittare della situazione. Avventura futuristica ambientata nel 2053, fra turbamenti personali e pericoli sottomarini. Un tv-movie migliore della media grazie alla presenza del regista e produttore Irwin Allen, specializzato in questo genere di storie.

Città dei mostri, La ** (*The Haunted Palace*, Usa 1963, col, 85') Roger Corman. Con Vincent Price, Lon Chaney jr, Debra Paget, Frank Maxwell, Leo Gordon, Elisha Cook. ◆ Un gentiluomo (Price) eredita un palazzo nel New England, ma viene accolto con ostilità dalla gente del posto. Scoprirà che il luogo emana influssi criminali e che la responsabilità risale a un suo antenato, bruciato sul rogo per stregoneria. Non vivacissimo anche se ben prodotto, un esempio minore del ciclo di film dedicati da Roger Corman a storie dell'orrore: il soggetto è tratto dal racconto *Lo strano caso di Charles Dexter Ward* di H.P. Lovecraft.

Città dei ragazzi, La ** (*Boys Town*, Usa 1938, b/n, 93') Norman Taurog. Con Spencer Tracy, Mickey Rooney, Henry Hull, Gene Reynolds, Sidney Miller, Frankie Thomas. ◆ Padre Flanagan (Tracy) fonda nel Nebraska una scuola e una comunità per ragazzi abbandonati e affronta molte difficoltà finanziarie e psicologiche per farle sopravvivere. Sarà ostacolato da un giovane teppista (Rooney), destinato però a ravvedersi e a essere addirittura eletto sindaco della città dei ragazzi. Ispirato a un fatto reale, il film mescola il melodramma sociale ai toni da commedia, rischiando più di una volta di scivolare in un sentimentalismo eccessivamente sciropposo, riscattato solo dalla recitazione di Spencer Tracy. Caso unico a Hollywood, l'attore ottenne per il secondo anno consecutivo il premio Oscar come miglior attore (l'anno precedente l'aveva vinto per *Capitani coraggiosi*) e in segno di riconoscimento regalò la statuetta al vero padre Edward J. Flanagan. Il film vinse anche il premio per la miglior sceneggiatura (a Eleanor Griffin e Dore Schary) ed ebbe un seguito, dal titolo *Uomini nella città dei ragazzi* (1941).

Città degli angeli, La → *City of Angels - La città degli angeli*

Cittadella, La **** (*The Citadel*, Usa/Gb 1938, b/n, 113') King Vidor. Con Robert Donat, Rosalind Russell, Ralph Richardson, Emlyn Williams, Penelope Dudley Ward. ◆ Il dottor Andrew Manson (Donat) compie un difficile apprendistato come medico condotto di villaggio, sposa la maestrina del villaggio (Russell), sperimenta la medicina di lusso, ma sceglie infine di curare i poveri. Solido adattamento dell'omonimo bestseller di Cronin sceneggiato da Frank Wead (con la collaborazione di Emlyn Williams, Ian Dalrymple, Elizabeth Hill e John Van Druten), realizzato negli studi londinesi della Mgm con senso dello spettacolo e sensibilità per i gusti del pubblico dell'epoca. Alcune sequenze sono rimaste classiche nel repertorio del melodramma e sono state riprese – dichiaratamente e no – in moltissime serie televisive di dottori e ospedali.

Città della gioia, La *½ (*City of Joy*, Gb/Francia 1992, col, 135') Roland Joffé. Con Patric Swayze, Pauline Collins, Om Puri, Shabana Azmil, Art Malik, Nabil Shaban, Debtosh Ghosh. ◆ Nella «città della gioia», la bidonville di Calcutta che raccoglie lebbrosi ed emarginati, si intrecciano le vite di un medico americano in crisi esistenziale, Max (Swayze), e dell'indiano Hasari (Puri), emigrato dalla campagna: il primo ritroverà la voglia di lottare impegnandosi nel centro sanitario gestito da una donna (Collins), il secondo troverà la solidarietà e l'aiuto per permettere alla figlia di sposarsi con una bella dote. Dal romanzo omonimo di Dominique Lapierre (sceneggiato da Mark Medorff), un trionfo dei buoni sentimenti e della forza di volontà, con la solita ottica occidentale secondo cui lo yankee insegna agli indiani la coscienza dei propri diritti e la giustezza della ribellione contro il boss del quartiere.

Città della speranza → *City of Hope*

Città delle donne, La ** (Italia 1979, col, 134') Federico Fellini. Con Marcello Mastroianni, Anna Prucnal, Ettore Manni, Donatella Damiani, Fiammetta Baralla, Alessandra Panelli, Sara Tafuri, Silvana Fusacchia, Sibilla Sedat. ◆ Il sogno di un uomo di mezza età, Snàporaz (Mastroianni), che segue una donna incontrata in treno e capita nella città del titolo. Assieme a un maschilista irriducibile, Sante Katzone (Manni), ripercorre la storia dei propri rapporti con l'altro sesso in toni da incubo. Sull'onda dei movimenti femministi Fellini realizza un suo antico progetto sceneggiato con Bernardino Zapponi. Ma colorisce polemicamente, in modo non sempre raffinato, i pezzi del suo abituale repertorio poetico-visivo: costumi circensi, caratterizzazioni iperboliche, divagazioni sullo straniamento, nostalgia del tempo che fu. Valeria Moriconi doppia Anna Prucnal. Ettore Manni morì alla fine delle riprese, ucciso da un colpo di arma da fuoco.

Città del jazz, La ** (*New Orleans*, Usa 1947, b/n, 89') Arthur Lubin. Con Arturo de Cordova, Dorothy Patrick, Richard Hageman, Louis Armstrong, Billie Holliday, Woody Herman, Meade Lux Lewis, «Kid» Ory. ◆ La storia del jazz e della fatica necessaria per imporsi, attraverso le peripezie di un biscazziere (de Cordova) che si trasforma in impresario musicale: dal blues di New Orleans, al ragtime di Chicago fino alla consacrazione newyorkese con Woody Herman ammesso a suonare in una sala sinfonica. Un musical piuttosto scontato ma con indimenticabili numeri musicali, specie quando Billie Holliday (nel suo unico film non documentario) canta *Do You Know What It Means to Miss New Orleans*. Nell'edizione italiana «Satchmo» Armstrong diventa «Sambo» e Herman ha la voce di Sordi. Brevissima apparizione di Shelley Winters come segretaria di de Cordova.

Città del peccato, La **½ (*City for Conquest*, Usa 1940, b/n, 106') Anatole Litvak. Con James Cagney, Ann Sheridan, Arthur Kennedy, Frank McHughn, Frank Craven, Anthony Quinn, Donald Crisp, Elia Kazan. ◆ Il destino di due fratelli nell'East Side di New York: uno, Danny (Cagney), camionista, diventa un pugile di fama ma perde la vista in un incontro; l'altro, Eddie (Kennedy), si afferma come compositore. Un convincente melodramma che riesce a non scivolare nel patetico, influenzato dall'estetica del Group Theatre e ricostruito interamente in studio. Di grande forza e misura l'interpretazione di Cagney.

Città del piacere, La ** (*The Las Vegas Story*, Usa 1952, b/n, 88') Robert Stevenson. Con Jane Russell, Victor Mature, Vincent Price, Hoagy Carmichael, Brad Dexter, Jay C. Flippen. ◆ Una cantante (Russell), tornata a Las Vegas assieme al marito (Price), ritrova un poliziotto, sua vecchia fiamma (Mature). Quando il marito, giocatore incallito, resta implicato in un omicidio, l'agente riesce a scagionarlo, ma prima deve salvare la cantante. Un film di produzione minore che organizza un ottimo crescendo d'azione nella seconda parte, utilizzando un elicottero e paesaggi desertici. In un ruolo fatto su misura per lei, Jane Russell contribuisce a far decollare il film col suo esuberante sex appeal.

Città del sole, La *½ (Italia 1973, col, 84') Gianni Amelio. Con Giulio Brogi, Daniel Sherrill, Umberto Spadaro, Riccardo Mangano, Ernesto Colli, Bedi Moratti, Luigi Valentino. ◆ Nell'Italia meridionale, alle soglie del XVII secolo, la Chiesa condanna come eretico il monaco Tommaso Campanella (Brogi) al carcere a vita: si fingerà pazzo per sopravvivere. Amelio, da poco laureato in filosofia, sceneggia e realizza in 16mm il suo secondo film ambientandolo nella natia Calabria, sul colle di Stilo. Protagonista è Giulio Brogi, all'epoca attore perfetto per ruoli-simbolo dalla parte dell'Utopia nonché «feticcio» del primo cinema dei fratelli Taviani, che il film cita nelle scenografie così come rimanda al Pasolini «sacro». Se la maggior opera filosofica di Campanella è il luogo vagheggiato dove essere, al contempo, ricchi e poveri («ricchi, perché forniti di ogni cosa; poveri perché non servono le cose, ma ogni cosa serve loro»), se è una repubblica governata con la ragione e non con l'inganno, in cui non esiste la paura della morte, il film diventa un manifesto anticlericale contro la proprietà privata, necessariamente traslato e libero come solo i programmi sperimentali della Rai rinnovata permettevano, che vive di carrelli e di dolly – malgrado l'assoluta austerità scenica – a conferma che, parafrasando Campanella, «il tempo nuovo nasce dall'opera delle nostre mani».

Città del vizio, La **½ (*The Phenix City Story*, Usa 1955, b/n, 100') Phil Karlson. Con John McIntire, Richard Kiley, Kathryn Grant, Edward Andrews, Lenka Peterson, Biff McGuire, Truman Smith, John Larch. ◆ La dura lotta che un gruppo di onesti cittadini, guidati dall'avvocato Albert Patterson (McIntire), devono condurre per liberare Phenix City dallo strapotere dei biscazzieri e dei gangster di Rhett Tanner (Andrews): Patterson verrà assassinato, ma la lotta sarà continuata dal figlio John (Kiley). Un poliziesco teso e compatto che racconta con taglio semidocumentaristico la storia vera di una cittadina dell'Alabama dove l'anno prima i cittadini erano scesi in strada per chiedere il ripristino della legalità (il film si apre con tredici minuti di interviste a veri cittadini, che spesso sono tagliati dalle copie in circolazione). La sceneggiatura di Crane Wilbur e Daniel Mainwaring racconta senza compromessi la collusione tra malavita e polizia locale, mentre la regia secca ed essenziale di Karlson mostra le violenze dei gangster con un realismo ai tempi scioccante. Anche se l'abuso di queste tecniche da parte di troppi telefilm tende a far dimenticare oggi l'originalità dell'operazione.

Cittadino dello spazio **½ (*This Island Earth*, Usa 1954, col, 86') Joseph M. Newman. Con Jeff Morrow, Rex Reason, Faith Domergue, Russell Johnson, Lance Fuller, Douglas Spencer. ◆ Pacifici extraterrestri prendono contatto con scienziati del nostro pianeta, per chiedere aiuto contro i mostri che minacciano il loro mondo. Malgrado l'intervento dei ricercatori, gli invasori galattici dalle chele di granchio avranno ragione degli uomini dello spazio. Piccolo classico della fantascienza prima maniera attraversato da una vena malinconica e disperata, capace di far nascere nello spettatore un sentimento molto raro in questo tipo di film, la pietà e la compassione. Molto prima delle mode ecologiche, un film che riflette sul possibile destino del nostro pianeta e sulla limitatezza delle risorse. Decisamente interessanti gli effetti visivi a fondali dipinti, i migliori realizzati all'epoca.

Città di notte ** (Italia 1958, b/n, 90') Leopoldo Trieste. Con Antonio De Teffé, Henri Vilbert, Patrizia Bini, Luciana Lombardi, Corrado Pani, Adriana Asti, Franco Castellani, Riccardo Fellini, Ivo Garrani, Rina Morelli, Attilio Zago, Patrizia Remiddi. ◆ Innamorata dell'attore dilettante Antonio Fubini (De Teffé), la quindicenne Marina (Bini) cerca di convincere il padre commerciante (Vilbert) a finanziare la loro tournée: di fronte al suo rifiuto e alla scoperta che Antonio ama Lidia (Lombardi), fugge di casa girando una notte per Roma con propositi suicidi, offrendo così al padre l'occasione per riflettere sulle proprie certezze «borghesi». Per il suo debutto dietro la macchina da presa l'attore e drammaturgo Leopoldo Trieste (che si ritaglia il ruolo dell'amico dell'attrice svedese) sceglie un soggetto non privo d'originalità sulle aspirazioni artistiche (leggi: anticonvenzionali e ribellistiche) dei giovani: peccato che l'eccesso di toni moraleggianti e convenzionalmente antiborghesi – la madre frustrata interpretata da Rina Morelli; il fratello arrogante (Pani), i genitori che soffrono in silenzio la loro incapacità a comunicare – finiscano per togliere forza ai personaggi. Antonio De Teffé finirà la sua carriera interpretando spaghetti-western con lo pseudonimo di Anthony Steffen. Da notare che già in quegli anni la scalinata di Piazza di Spagna era affollato luogo d'appuntamento notturno per giovani e artisti. Fotografia di Mario Bava. Prodotto nel 1956.

Cittadino si ribella, Il ** (Italia 1974, col, 100') Enzo G. Castellari [Enzo Girolami]. Con Franco Nero, Giancarlo Prete, Barbara Bach, Renzo Palmer, Massimo Vanni, Steffen Zacharias, Romano Puppo, Nazzareno Zamperla. ◆ Genova: l'ingegner Carlo Antonelli (Nero), dopo essere stato preso in ostaggio da alcuni rapinatori, decide di farsi giustizia da sé: e diventa quasi amico di un delinquente da quattro soldi, (Prete) che costringe ad aiutarlo. Scandito da tormentoni come «che cacchio fa la polizia?» e «quando una legge è ingiusta bisogna ribellarsi», un film che cavalca l'ondata revanchista dell'epoca, anche se il personaggio di Nero non si trasforma mai in un vendicatore infallibile e conserva tratti più che umani. Castellari possiede una tecnica notevole, il senso dell'azione e dell'amplificazione espressiva: ma non bada alle ovvietà e agli scompensi della sceneggiatura di Massimo De Rita e Dino Maiuri. Musiche di Guido e Maurizio De Angelis. Uno dei poliziotteschi più visti all'epoca: un miliardo e settecento milioni di incasso.

Cittadino X *½ (*Citizen X*, Usa 1995, col, 95') Chris Gerolmo. Con Donald Sutherland, Stephen Rea, Max von Sydow, Jeffrey DeMunn, Joss Ackland, John Wood, Radu Amzulescu, Imelda Staunton. ◆ Un patologo (Rea) viene assunto da un colonnello dell'esercito dell'Unione Sovietica (Sutherland) per aiutarlo a trovare il responsabile di alcune strane uccisioni: ci vorranno dieci anni di indagini, mentre l'Urss passa da Brežnev a Gorbacëv, prima di scoprire il responsabile. Gerolmo (che si vede nella parte di un polziotto) scrive e dirige ispirandosi all'atroce vicenda del serial-killer russo Andrei Chikatilo che, con i suoi cinquantadue omicidi, fece impazzire le autorità sovietiche fino all'arresto, nel novembre del '90. La ricostruzione delle indagini, ostacolata dall'allora rigidissimo Partito comunista, avrebbe potuto raccontare in filigrana la decadenza di un ex impero e invece tutto si limita a qualche tocco goliardico, come il responsabile della propaganda (Ackland) che si chiama Bondarčuk (proprio come Sergej). Girato a Budapest.

Città dolente ** (*Beiqing chengshi*, Taiwan 1989, col, 160') Hou Xiaoxian. Con Tony Leung Chiu-wai, Li Tianlu, Chen Song-yong, Gao Jie. ◆ Taiwan, 1945-1949: dopo la dominazione giapponese, l'isola torna alla Cina, per diventare poi sede del governo nazionalista anticomunista, e questi anni sono raccontati dal punto di vista degli sfortunati fratelli Lin: Weng-Chin (Leung), fotografo sordomuto, appoggia i guerriglieri che combattono Chiang Kai-Shek, e viene arrestato; Wen-Heung (Songyong) si immischia con i gangster; Wen-Leung (Jie) è tornato dalla guerra coi nervi a pezzi ed è perseguitato come collaborazionista. Xiaoxian ha affrontato un periodo controverso della storia del suo paese evitando ogni didatticismo, con uno stile sussurrato e allusivo, dove spesso gli eventi capitali restano fuori campo. Ma in tal modo lo spettatore occidentale brancola nel buio, e può solo ammirare l'accurata costruzione delle scene, dove la staticità dell'inquadratura è compensata dalla quantità di informazioni (luci fortemente simboliche, discorsi alla radio...). Leone d'Oro a Venezia nel 1989, ha avuto una circolazione assai limitata.

Città è salva, La **½ (*The Enforcer*, Usa 1951, b/n, 87') Bretaigne Windust [e Raoul Walsh] . Con Humphrey Bogart, Everett Sloane, Zero Mostel, Ted de Corsia, Roy Roberts. ◆ Un procuratore distrettuale (Bogart) ottiene la testimonianza di una ragazza che ha assistito al delitto commesso da un gangster. Dovrà sostenere una pericolosa gara col tempo, per sottrarre la teste ai sicari incaricati di ucciderla. Classico del thriller urbano non accreditato a Raoul Walsh, che invece lo diresse in parte. Il soggetto è ispirato a un fatto di cronaca e il crescendo degli avvenimenti è calibrato con effetti di suspense infallibile. Grandi caratterizzazioni di Bogart e di tutto il cast.

Città in agguato ** (*Pool of London*, Gb 1951, b/n, 85') Basil Dearden. Con Bonar Colleano, Susan Shaw, Renée Asherson, Moira Lister, James Robertson Justice. ◆ Nel porto di Londra due marinai sono coinvolti in una storia di contrabbando: il primo si lascia corrompere, il secondo fa da corriere involontario e rischia di pagare per l'altro. Poliziesco con risvolti sentimentali dalle situazioni standard, ma ambientato negli autentici docks di Londra e realizzato con uno stile semidocumentario e qualche bella notazione antirazzista. Un buon esempio dell'estetica della casa produttrice britannica Ealing.

Città in fiamme *½ (*City on Fire*, Usa 1979, col, 106') Alvin Rakoff. Con Barry Newman, Susan Clark, Shelley Winters, Henry Fonda, Leslie Nielsen, Ava

Gardner, James Franciscus. ◆ Per la vendetta di un dipendente licenziato, le raffinerie di una città canadese trasmettono un incendio all'abitato. Tra prodigi di abnegazione, viltà e opportunismi, l'incendio è alla fine domato. Epigono non molto fortunato del filone catastrofico, con un cast tutto stelle come d'obbligo in questi casi, ma non assortito in modo convincente.

Città gioca d'azzardo, La *½ (Italia 1975, col, 101') Sergio Martino. Con Luc Merenda, Dayle Haddon, Corrado Pani, Enrico Maria Salerno, Lino Troisi, Carlo Alighiero, Giovanni [Franco] Javarone, Salvatore Putillo, Carlo Alighiero, Tom Fellenghi. ◆ Il baro Luca Antieri (Merenda) fa carriera in una bisca milanese: ma poi ruba la ragazza (Haddon) al violento figlio (Pani) del boss (Salerno), e iniziano i guai. Spaccato di malavita quasi picaresco, ma del tutto ovvio e prevedibile: e con una svolta melodrammatica poco convincente. Scritto da Ernesto Gastaldi e dal regista.

Città magica, La ** (*Magic Town*, Usa 1947, b/n 103') William A. Wellman. Con James Stewart, Jane Wyman, Kent Smith, Regis Toomey, Donald Meek. ◆ Giornalista alla ricerca di scoop (Stewart) individua il prototipo della perfetta città americana e richiama su di essa l'attenzione dell'opinione pubblica. Ma la fama travia i cittadini, che diventano egoisti e litigiosi. Meglio riportare tutto com'era in origine. Storia alla Frank Capra scritta dallo sceneggiatore abituale del regista, Robert Riskin, ma diretta da Wellman. La struttura narrativa è meno solida dell'usuale e la produzione resta al di sotto delle possibilità. Esiste una versione colorizzata.

Città nella paura, La **½ (*City of Fear*, Usa 1959, b/n, 81') Irving Lerner. Con Vince Edwards, Lyle Talbot, John Archer, Steven Ritch, Patricia Blair, Joseph Mell, Sherwood Price. ◆ Vince Ryker (Edwards) fugge dal carcere portando con se un tubo rubato in infermeria: lui è convinto che contenga eroina, invece è pieno di cobalto 60, le cui radiazioni possono mettere in pericolo una intera città. Una caccia all'uomo tesa e angosciata (la sceneggiatura è di Steven Rich e Robert Dillon), dove la totale mancanza di alibi morale nel descrivere il comportamento di un personaggio nevrotico e disprezzabile finisce per dinamitare dall'interno le regole del genere. Bella fotografia di Lucien Ballard.

Città nera *½ (*Dark City*, Usa 1950, 889) William Dieterle. Con Charlton Heston, Lizabeth Scott, Viveca Lindfors, Dean Jagger, Jack Webb, Don DeFore, Ed Beagley. ◆ Per vendicare il fratello, suicida dopo una perdita al gioco, uno psicopatico uccide a uno a uno gli uomini che hanno condiviso con lui la partita fatale. Alla fine si salva soltanto un cinico reduce di guerra (Heston, al suo primo ruolo da protagonista) diventato giocatore di professione. Cupo thriller dalle situazioni e dai caratteri stereotipati, a partire da Lizabeth Scott come prevedibile intrattenitrice del casinò.

Città nuda, La *** (*Naked City*, Usa 1948, b/n, 95') Jules Dassin. Con Barry Fitzgerald, Howard Duff, Dorothy Hart, Don Taylor, Ted de Corsia. ◆ Dan Muldoon e Jimmy Halloran, un ispettore di origine irlandese (Fitzgerald) e il suo assistente (Taylor), indagano su un caso di omicidio. La vittima era una ragazza ambiziosa e l'assassino (de Corsia) verrà ucciso dopo uno spettacolare inseguimento sul ponte di Brooklyn. Sceneggiato da Albert Maltz (uno dei futuri «dieci di Hollywood») e Malvin Ward e girato con uno stile semidocumentario, questo film è soprattutto il ritratto di una città. Più che gli investigatori, i veri protagonisti del film sono i quartieri poveri e gli abitanti di New York, che il regista usa come controcanto alle vicende poliziesche così da far emergere l'ambiente sociale in cui certe storie e certi destini prendono forma. Dassin ha assimilato la lezione del neorealismo italiano, soprattutto per quanto riguarda la parte visiva; ma la storia è moraleggiante e la versione definitiva del film fu montata, senza il consenso del regista, dal produttore Mark Hellinger che la appesantì con un ridondante commento off.

Città prigioniera, La *** (*Captive City*, Usa 1952, b/n, 91') Robert Wise. Con John Forsythe, Joan Camden, Harold J. Kennedy, Marjorie Crossland, Victor Sutherland, Hal K. Dawson. ◆ L'investigatore privato Nelson (Dawson) scopre che il marito di una cliente è coinvolto in attività mafiose e si confida con un amico giornalista, Austin (Forsythe), che all'inizio non gli crede. Quando il detective muore, il giornalista prosegue le indagini insieme alla moglie (Camden) e viene a scoprire che la polizia del luogo, restìa ad aiutarli, è anch'essa legata alla mafia. Ispirandosi a una vicenda realmente accaduta, Wise mette a punto, con freddezza e alta precisione, un noir che può essere letto sia come «documentario sociale» che come film di fantascienza: in effetti *La città prigioniera* è la storia di una cittadina invasa da un Male tentacolare (che si sente solo per telefono, o si intravvede come silhouette) in cui un piccolo giornalista, ereditando l'indagine dell'amico detective, compie un'inchiesta del tutto verosimile e lancia un messaggio di particolare attualità negli anni Cinquanta («bisogna combattere il crimine organizzato»). È uno dei migliori film del regista, che riesce – lavorando all'interno di diversi generi – a esprimere la sua personale visione della società, tanto angosciante quanto efficace.

Città prigioniera, La **½ (Italia 1962, b/n, 108') Mario Chiari, Joseph Anthony. Con David Niven, Lea Massari, Ben Gazzara, Martin Balsam, Michael Craig, Giulio Bosetti. ◆ Atene, 1944: dopo la ritirata dei tedeschi, un gruppo di inglesi capeggiato dal maggiore Whitfield (Niven) e asserragliato in un albergo insieme ad alcuni civili deve difendersi dagli attacchi di insorti che vorrebbero impadronirsi del deposito d'armi lasciato dai nazisti nelle cantine. Sarà la figlia dell'albergatore (Massari) a salvare i superstiti. Un episodio della guerra civile che si scatenò in Grecia in seguito alla cacciata dei tedeschi e all'arrivo degli alleati. Dal bestseller di John Appleby, un film di guerra con venature gialle, debole nella cornice storica ma piuttosto robusto nel racconto avventuroso dell'assedio e della lotta di Resistenza. Posticcio il finale e ottimo il cast internazionale. Ne esiste una versione americana (*The Captive City*, poi ritifolato *Conquered City*), curata da Joseph Anthony.

Città sconvolta: caccia spietata ai rapitori, La *½

(Italia 1975, col, 90') Fernando di Leo. Con Luc Merenda, James Mason, Vittorio Caprioli, Valentina Cortese, Marino Masè, Irina Maleeva, Daniele Dublino, Marco Liofredi, Francesco Impeciato. ◆ Assieme al figlio (Liofredi) del costruttore Filippini (Mason) viene rapito per sbaglio anche quello (Impeciato) del meccanico Colella (Merenda): e quando il riccone comincia a trattare sul riscatto, all'onesto lavoratore cedono i nervi. Parte come una (verbosa) variazione di *Anatomia di un rapimento*, e sfocia in un banale film di vendetta, che ricicla situazioni di altri lavori del regista. Ma resta curiosa l'impostazione «di sinistra»: il commissario Magrini (Caprioli), all'assistente che invoca leggi più dure contro i rapitori, obietta che questi crimini non si commetterebbero se non ci fosse chi fa i miliardi a palate. Scritto dal regista, Ernesto Gastaldi e Nicola Manzari, da un soggetto del produttore Galliano Juso.

Città senza legge, La ** (*Town Tamer*, Usa 1965, col, 89') Lesley Selander. Con Dana Andrews, Terry Moore, Pat O'Brien, Lon Chaney, Bruce Cabot. ◆ Un ex sceriffo (Andrews) accetta da un proprietario terriero l'incarico di liberare una città del West dalla banda che la terrorizza. Western vecchia maniera realizzato già in fase di decadenza del genere. Vi spira aria di nostalgia, ma il cast di vecchi volti familiari lo rende migliore della media.

Città si difende, La *½ (Italia 1951, b/n, 90') Pietro Germi. Con Fausto Tozzi, Gina Lollobrigida, Renato Baldini, Patrizia Manca, Enzo Maggio, Cosetta Greco, Paul Müller, Tamara Lees. ◆ Quattro banditi occasionali (un pittore fallito, un disoccupato, un calciatore finito a causa di un incidente e un giovane esaltato) rapinano l'incasso di uno stadio. I fuorilegge pagheranno il fio dell'azione illegale e saranno perseguitati dalla malasorte: due moriranno, gli altri verranno arrestati. Nello stile del primo Germi, un poliziesco d'azione ispirato alla serie B americana, sceneggiato da Federico Fellini e Tullio Pinelli. Ricorda *Rapina a mano armata* (nel soggetto, non nella direzione) ma non va più in là di una certa esaltazione del lavoro della polizia contro il gangsterismo dei poveri.

Città sommersa, La *½ (*City Beneath the Sea*, Usa 1953, col, 87') Budd Boetticher. Con Robert Ryan, Anthony Quinn, Mala Powers, Suzan Ball, Karel Stepanek, George Matthews, Woody Strode, Lajo Rios. ◆ Chiamati a Kingstone, in Giamaica, per recuperare i lingotti d'oro di una nave affondata, Brad e Tony (Ryan e Quinn) scoprono che chi li ha ingaggiati (Stepanek) non ha interesse a un risultato positivo delle ricerche: localizzeranno ugualmente il relitto, affondato tra le rovine di una città sommersa, ma un terremoto sottomarino metterà in pericolo le loro vite. Un fiacco film di avventure sceneggiato da Jack Harvey e Ramon Romero con nessuna suspense e un prevedibile elogio dell'amicizia virile (i due si salveranno reciprocamente la vita sott'acqua). Anche la catastrofe subacquea è di scarsissimo effetto, nonostante i lugubri rintocchi di una gigantesca campana sommersa. Pleonastiche le avventure sentimentali di Brad con Terry (Powers) e Tony con Venita (Ball).

Città spenta, La ** (*Crime Wave*, Usa 1954, b/n, 74') André de Toth. Con Sterling Hayden, Gene Nelson, Phyllis Kirk, Ted de Corsia, Charles Buchinsky [Bronson], Jay Novello, James Bell, Dub Taylor, Timothy Carey. ◆ Per sfuggire alla polizia, tre malviventi si nascondo in casa di un loro ex compagno di cella (Nelson): uno muore ma gli altri due (de Corsia e Buchinsky) lo ricattano minacciandone la moglie (Kirk). E il tenente Sims (Hayden) non vuol credere alla sua buona fede e lo crede tornato sulle vie del crimine. Un piccolo noir metropolitano, che utilizza in funzione documentaria e drammatica gli esterni (le ronde della polizia, i rastrellamenti) e mette al centro un uomo qualunque a cui nessuno vuole concedere il diritto a redimersi, né la polizia né i gangster i cui metodi ricattatori sono praticamente identici. Primo film drammatico dell'ex ballerino Gene Nelson. Sceneggiatura di Crane Wilbur, Bernard Gordon e Richard Wormser.

Città spietata, La *½ (*Town Without Pity*, Usa 1961, b/n, 105') Gottfried Reinhardt. Con Kirk Douglas, E.G. Marshall, Christine Kaufmann, Robert Blake, Richard Jaekel, Frank Sutton. ◆ Quattro militari americani di stanza in Europa violentano una ragazza tedesca. Per sottrarli alla pena capitale, un avvocato (Douglas) insinua che la donna sia stata consenziente. Su di lei l'esito della sentenza sarà tragico. Realizzato in Germania, un film volutamente spiacevole che però non riesce a dire niente di nuovo sul problema della violenza sulle donne e su quello della mentalità militare.

Città verrà distrutta all'alba, La ** (*The Crazies*, rititolato *Code Name: Trixie*, Usa 1973, col, 103') George A. Romero. Con Lane Carroll, W.G. McMillan, Harold Wayne Jones, Lloyd Hollar, Lynn Lowry. ◆ Un virus, destinato alla guerra batteriologica, si diffonde casualmente in una cittadina della Pennsylvania. Il governo decreta la legge marziale, ma gli abitanti si ribellano all'esercito. Un soggetto dal notevole potenziale polemico è valorizzato più negli effetti che nelle cause, riducendo tutto ad azione truculenta. Risultato medio per il talentoso (ma discontinuo) Romero.

Città violenta ** (Italia 1970, col, 107') Sergio Sollima. Con Charles Bronson, Telly Savalas, Michel Constantin, Jill Ireland, Umberto Orsini. ◆ Appena scarcerato, un killer professionista (Bronson) scopre che la sua amante (Ireland) è diventata la donna del boss della città. La dark lady gli propone di succedere a questi, prendendone il posto anche nel racket: in realtà, gli prepara una trappola per servirsi della sua pistola. Storia di crimine prodotta in Italia con star americane, del genere dove alla fine ci restano tutti secchi. La sceneggiatura è firmata anche da Lina Wertmüller.

Citty Citty, Bang Bang ** (*Chitty Chitty Bang Bang*, Gb 1968, col, 145') Ken Hughes. Con Dick Van Dyke, Sally Ann Howes, Lionel Jeffries, Robert Helpmann, Gert Fröbe, Benny Hill. ◆ Caractacus Potts (Van Dyke), di professione inventore, restaura una decrepita auto d'epoca che diventa uno straordinario veicolo aereo. Con i figli e la graziosa Stella al fianco, trionferà sul barone von Bombarda, che vuole impossessarsi dell'auto. Basato sui racconti di Ian Fleming, un musical per bambini prodotto in Gran Bretagna che tenta di ripercorrere l'estetica degli studi Disney. Ma sentimenti, farsa e parodia si amalgamano poco, dando al tutto un tono d'incertezza.

City Hall ** (*City Hall*, Usa 1995, col, 114') Harold Becker. Con Al Pacino, John Cusack, Bridget Fonda, Danny Aiello, Anthony Franciosa, Martin Landau, David Paymer, Richard Schiff. ◆ L'uccisione di un poliziotto e di un bambino nero di sei anni da parte di uno spacciatore stranamente in libertà vigilata innesca un'inchiesta che rischia di mettere in crisi l'onorabilità del sindaco di New York John Pappas (Pacino), perché per difenderlo il suo intraprendente vicesindaco (Cusack) scopre troppe cose marce. Viaggio nella politica e nella corruzione della Grande Mela lungo l'incerta linea che separa il crimine dalla legalità, dove il potere è costretto a troppi compromessi. L'ottimo Al Pacino si ispira al leggendario Fiorello La Guardia e al deputato comunista del Bronx Vito Marcantonio, ma il suo personaggio (uscito dalle memorie del vero braccio destro del sindaco Koch, Ken Lipper) ha subito troppi interventi in sede di sceneggiatura (prima da parte di Paul Schrader e Nicolas Pileggi, poi di Bo Goldman) per non perdere in efficacia. E il finale è troppo retorico per non sembrare posticcio.

City of Angels – La città degli angeli * (*City of Angels*, Usa/Germania 1998, col, 114') Brad Silberling. Con Nicolas Cage, Meg Ryan, Dennis Franz, André Braugher, Colm Feore. ◆ Per amore della dottoressa Maggie (Ryan), l'angelo Seth (Cage) si incarna: rinuncia all'immortalità e può godere anche lui le gioie del sesso. Peccato che la tragedia sia in agguato. Grida vendetta questo remake (scritto da Dana Stevens) del *Cielo sopra Berlino* di Wenders, in cui fin dall'inizio l'angelo è visibile dai mortali. Pruriti New Age e romanticismo da pubblicità di cioccolatini, col ridicolo involontario sempre dietro l'angolo. Perfetto sintomo dell'imbarbarimento del gusto. Fotografia di John Seale e musica di Gabriel Yared.

City of Hope **½ (*City of Hope*, Usa 1991, col, 130') John Sayles. Con Vincent Spano, Joe Morton, Tony Lo Bianco, Barbara Williams, David Strathairn, Lawrence Tierney, Angela Bassett, Todd Graff, Gina Gershon, Joe Grifasi, Josh Mostel. ◆ Hudson City, New Jersey: il costruttore Joe Rinaldi (Lo Bianco) esita a sfollare uno *slum*, che fa gola a un gruppo di speculatori che ricattano il sindaco nero. Ma quando suo figlio Nick (Spano) si trova coinvolto in una rapina, viene ricattato e costretto a dare alle fiamme l'edificio: è solo il primo passo verso la rovina. Sayles (anche sceneggiatore e attore nel ruolo di Carl) constata amaramente l'impossibilità di essere onesti in un sistema politico come quello americano, e architetta una trama complessa, popolata da una miriade di personaggi, nessuno dei quali è totalmente malvagio o onesto, idealisti neri compresi. Qualche stecca retorica, ma un gusto autentico del racconto che ricorda, a volte, il cinema di Altman. Uscito in video come *La città della speranza*.

Civil Action, A *½ (*A Civil Action*, Usa 1999, col, 115') Steven Zaillian. Con John Travolta, Robert Duvall, Tony Shalhoub, William H. Macy, John Lithgow, Stephen Fry, Kathleen Quinlan. ◆ Un penalista di successo (Travolta) mette a repentaglio carriera e finanze personali per difendere alcune famiglie del Massachusetts contro due grandi industrie americane, colpevoli di aver inquinato le acque di un piccolo paese provocando la morte per leucemia di otto ragazzi. Da una storia vera, raccontata in un libro-inchiesta di Jonathan Harr (adattato dal regista), un'epopea giudiziaria *politically correct* con qualche modesta idea di regia (il leit-motiv dell'acqua) e una reiterazione eccessiva di azioni e confronti legali più o meno identici, che sottraggono ritmo al film. Meccanica l'evoluzione di Travolta da avvocato egocentrico e vanesio a francescano paladino della giustizia; molto meglio la controparte Duvall. Coprodotto da Robert Redford.

Clan dei Barker, Il **½ (*Bloody Mama*, Usa 1970, col, 90') Roger Corman. Con Shelley Winters, Pat Hingle, Don Stroud, Diane Varsi, Bruce Dern, Robert De Niro, Clint Kimbrough. ◆ Nel Middle West, durante gli anni della Grande Depressione, mamma Kate Barker (Winters) e i suoi quattro figli formano una banda che semina il terrore a colpi di mitra. La gang tenta il colpo grosso con un sequestro di persona, ma sarà la fine della loro carriera criminale. Violento dramma gangster, tutto centrato sul rapporto edipico e incestuoso (fatto intuire ma mai esplicitato, per fortuna!) tra questa ingombrante mamma (splendidamente interpretata da Shelley Winters) e i suoi quattro figli complici. Corman, in sintonia con l'aria dei tempi, inserisce anche qualche notazione anarchico-ribellistica, ma il film rischia di scivolare nel banale quando tenta di mescolare l'azione alla riflessione filosofeggiante. De Niro interpreta uno dei quattro figli, Lloyd, che muore per una overdose.

Clan dei francesi, Il *½ (*Les Caïds*, Francia 1972, col, 103') Robert Enrico. Con Serge Reggiani, Juliet Berto, Michel Constantin, Jean Bouise, Patrick Bouchitey. ◆ Un giovane (Bouchitey), che ha commesso un duplice omicidio per gelosia, s'innamora della figlia (Berto) di chi lo nasconde. Con l'aiuto di un avventuriero (Reggiani), tenta un colpo ma le cose si mettono male e i due giovani innamorati, in fuga verso un'impossibile libertà, vengono uccisi dalla polizia. I classici elementi del film nero – malavita, solidarietà virile e la cattiva sorte che ci mette la coda – avrebbero dovuto farne una specie di Bonnie e Clyde alla francese, ma la storia è molto scontata, quando non addirittura ridicola (nelle scene al ralenti).

Clan dei marsigliesi, Il *½ (*La Scoumoune*, Francia 1972, col, 110') José Giovanni. Con Jean-Paul Belmondo, Claudia Cardinale, Michel Constantin, Enrique Lucero, Michel Peyrelon. ◆ Incarcerato dopo un regolamento di conti, Roberto (Belmondo) ritrova il vecchio amico Xavier (Constantin). In cambio della libertà, i due accettano di ripulire le coste francesi dalle mine tedesche che vi sono rimaste dalla guerra. Possono così lasciare Marsiglia e stabilirsi a Parigi dove diventano i boss della zona di Pigalle, ma quando stanno pensando di ritirarsi Xavier è ucciso da una banda avversaria. Tratto da un romanzo dello stesso regista (*La Scoumoune*) già all'origine del film di Becker *Quello che spara per primo* (in cui Belmondo interpretava lo stesso personaggio di Roberto), il film è uno scontato inno all'amicizia virile che si fa ricordare solo per la buona ricostruzione della Francia negli anni Trenta e Cinquanta. Piccola parte per Gérard Depardieu nei panni di un gangster.

Clan dei siciliani, Il **½ (*Le Clan des siciliens*, Francia 1969, col, 110') Henri Verneuil. Con Alain Delon, Jean Gabin, Lino Ventura, Irina Demik, Amedeo Nazzari, Sidney Chaplin, Marc Porel. ◆ Il francese Roger Sartet (Delon) si associa al clan siciliano dei Manalese e a un gangster americano per fare un grosso colpo. L'operazione riesce perfettamente e il poliziotto che deve indagare (Ventura) brancola nel buio. Ma il patriarca dei siciliani (Gabin) scopre che Roger ha una relazione con sua nuora e, per vendicarsi, lo uccide. Megaproduzione noir che riunisce le star del genere di tre diverse generazioni. La regia non è particolarmente brillante, ma gli attori sono impeccabili e lo spettacolo è assicurato.

Clan del terrore, Il *½ (*The Comedy of Terror*, Usa 1963, col, 88') Jacques Tourneur. Con Vincent Price, Peter Lorre, Boris Karloff, Basil Rathbone, Joe E. Brown, Joyce Jameson. ◆ In crisi d'affari, un impresario di pompe funebri (Price) si procura lavoro ammazzando in prima persona i propri clienti. Una farsa macabra al di sotto delle promesse, e del nome del regista, che si raccomanda per il cast di specialisti dell'horror al gran completo. Scritto da Richard Matheson, che ne fu anche il produttore.

Clandestino a Trieste *½ (Italia 1952, b/n, 78') Guido Salvini. Con Jacques Sernas, Edda Albertini, Doris Duranti, Giovanni Grasso, Vittorio Sanipoli, Massimo Girotti, Carlo D'Angelo, Giancarlo Sbragia, Alberto Bonucci, Cesare Polacco, Gianni Bonagura, Ettore Gaipa, Arnoldo Foà. ◆ Nascosto tra gli operai di Monfalcone, l'ex tenente Piero Valbruna (Sernas) è ricercato per aver silurato una nave ospedale durante la guerra. La sua ex amante (Duranti) mette involontariamente la polizia sulle sue tracce, ma l'amore della giovane Marcella (Albertini) sarà più forte delle apparenze e lo aiuterà a difendersi dalle accuse. Un tentativo di ricucire le ferite della guerra con buona volontà e fede nella giustizia: decisamente troppo, anche perché la recitazione è sotto il livello di guardia. Curiosa solo l'ambientazione tra Monfalcone e Trieste e lo squarcio semidocumentario sul potere di comunicazione della radio. Tratto da un racconto di Camillo Del Signore, sceneggiato da Diego Fabbri e Turi Vasile, che non risparmiano alla Duranti i peggiori stereotipi di mangiauomini e madre senza cuore.

Claretta * (Italia 1984, col, 127') Pasquale Squitieri. Con Claudia Cardinale, Caterina Boratto, Philippe Lemaire, Nancy Brilli, Catherine Spaak, Angela Goodwin, Giuliano Gemma. ◆ Per scrivere la sceneggiatura di un film sull'amante di Mussolini, una giornalista (Spaak) ricostruisce gli ultimi giorni di Claretta Petacci intervistandone la sorella Miriam (che interpreta se stessa, mentre in gioventù ha il volto di Nancy Brilli, al suo esordio). Diretto senza idee, in uno stile da sceneggiato televisivo, con inserti di materiale documentaristico, il film fu al centro di un'accesa polemica per il tono positivo e compassionevole con cui Squitieri e il suo sceneggiatore Arrigo Petacco rappresentarono il personaggio del titolo (interpretato dalla Cardinale) e la sua famiglia.

Class * (*Class*, Usa 1983, col, 98') Lewis John Carlino. Con Rob Lowe, Jacqueline Bisset, Andrew McCarthy, Stuart Margolin, Cliff Robertson, John Cusack. ◆ Un ingenuo liceale (Lowe) fa conoscenza per caso di una donna più anziana di lui, sofisticata e nevrotica (Bisset), e ne diventa l'amante. Scoprirà poi che è la madre del suo migliore amico. Insulsa mistura di commedia, storia d'amore e dramma in cui uno studentello va a letto con una splendida Jacqueline Bisset, prima di scoprire che quel che conta di più è l'amicizia con i compagni di scuola.

Classe dirigente, La ** (*The Ruling Class*, Gb 1971, col, 155') Peter Medak. Con Peter O'Toole, Harry Andrews, Arthur Lowe, Alastair Sim, Coral Browne. ◆ Alla morte del conte di Gurney gli succede il figlio Jack (O'Toole), convinto di essere il Redentore. I parenti cercano prima di interdirlo, poi di controllarne il patrimonio facendogli procreare un erede. Così cambia personalità e prende a comportarsi come Jack lo Squartatore. Versione cinematografica della commedia di Peter Barnes, è una satira, a momenti feroce, a momenti squinternata, sull'establishment britannico. Il film è decisamente un po' troppo lungo, ma tutto il cast è azzeccato e Peter O'Toole quasi perfetto col suo humour e il suo istrionismo sardonico.

Classe 1984 ** (*Class of 1984*, Usa 1981, col, 98') Mark L. Lester. Con Perry King, Merrie Lynn Ross, Timothy Van Patten, Roddy McDowall, Michael J. Fox. ◆ Giovane professore di musica (King) alle prese con studenti turbolenti (praticano abitualmente lo spaccio, il sadomasochismo e, all'occorrenza, lo stupro di gruppo) sopporta pazientemente fin che può: poi, quando gli violentano la moglie, reagisce e li ammazza uno per uno. Sconcertante versione delle antiche storie sulla «scuola della violenza», messa in scena con un violentissimo gusto da striscia di fumetti e una rozza, ma efficace, descrizione delle incongruenze del sistema educativo americano. Repellente dal punto di vista ideologico.

Classe 1999 * (*Class of 1999*, Usa 1990, col, 98') Mark L. Lester. Con Bradley Gregg, Tracy Lind, Malcolm McDowell, Stacy Keach, Patrick Kilpatrick. ◆ Seguito e rovesciamento del «film dell'abuso» diretto da Lester nel 1984. Il preside (Keach) del liceo «Ronald Reagan», stufo del teppismo studentesco, ricorre all'aiuto di tre insegnanti cyborg che fanno strage degli indisciplinati. Non necessaria estensione fantascientifica del prototipo, con scene di violenza così compiaciute da fare repulsione.

Classe mista 3ª A * (Italia 1996, col, 93') Federico Moccia. Con Leonardo Ruta, Alessio Bonini, Clotilde Clover, Eleonora D'Urso, Marco Bonini, Simone Barazzotto, Alba Cuomo, Vanessa Frassica, Solena Nocentini, Gianfranco Barra, Vittorio Viviani. ◆ Batticuori e litigate durante l'ultimo anno di liceo: Stefano (Ruta) e Gianluca (Bonini) rompono la loro amicizia per Caterina (Frassica), Giuliano (Federici) perde Alex (D'Urso, sorella minore di Barbara) per i suoi modi da burino, la bella Monroe (Cuomo) deve guardarsi dalle avances di un professore (Viviani)... Il figlio di Pipolo esordisce alla regia cercando di sfruttare il successo della *Scuola*: ma qui ci sono solo battute riciclate (dai *Vitelloni* a *Tootsie*) o vecchissime (l'Infinito di Leopardi? Leopardare!) e una misoginia davvero disgustosa. Pietosa anche l'apparizione di Paolo Bonolis come venditore pseudo-rasta di animali.

Classe non è acqua, La *½ (Italia 1997, col, 100') Cecilia Calvi. Con Roberto Citran, Valerio Mastandrea, Barbara Livi, Antonio Catania, Alessandra Acciai, Paola Tiziana Cruciani, Stefano Masciarelli, Luigi Petrucci, Cecilia Dazzi. ◆ Le disavventure del professor Marinelli (Citran), odiato dal preside (Petrucci) ma amato dagli studenti: riuscirà persino a convincere Anna (Livi), una delle sue allieve, a tenere il bambino che aveva abbandonato per paura della famiglia. Il primo lungometraggio di Cecilia Calvi (autrice anche della sceneggiatura con Luca Manfredi) è una specie di clone tra il grottesco e il melodrammatico della *Scuola* di Luchetti: battute scontate e notazioni «progressiste». L'allievo irrecuperabile ma dal cuore d'oro (Mastandrea) e il collega omosessuale represso e gentile (Catania), la dottoressa comprensiva (Acciai) e la madre succube (Cruciani): commedia e farsa che il buonismo di Citran non basta a tener insieme.

Classe operaia va in Paradiso, La ** (Italia 1971, col, 125') Elio Petri. Con Gian Maria Volonté, Mariangela Melato, Mietta Albertini, Salvo Randone, Gino Pernice. ◆ Lulù Massa (Volonté), operaio comunista imbattibile nel cottimo, perde un dito e cambia atteggiamento nei confronti della fabbrica. Per avere sostenuto lo sciopero a oltranza, Lulù è licenziato, ma grazie ai sindacati, di cui aveva criticato l'arrendevolezza politica, sarà riassunto e finirà di nuovo alla catena di montaggio. Utilizzando «la patologia come chiave di scoperta della realtà», lo sceneggiatore Ugo Pirro e il regista Petri costruiscono un racconto allegorico sulla condizione operaia che all'epoca scatenò polemiche infinite all'interno della sinistra, e che oggi mette in evidenza soprattutto una poco stimolante propensione alla metafisica. La polemica contro il capitalismo e la cultura di massa fatica, infatti, a entrare in una formula narrativa che cerca di sposare cinema politico e commedia all'italiana, denuncia ed erotismo, impegno e seduzioni spettacolari del divismo nazionale. Resta la prova di Volonté in una interpretazione caricaturale, ma piena di vitalità.

Classe violenta, Una → *The Principal – Una classe violenta*

Clementine chérie * (*Clémentine chérie*, Francia/Italia 1963, b/n, 108') Pierre Chevalier. Con France Anglade, Pierre Doris, Adrienne Servantie, Philippe Noiret, Jean Richard, Rita Pavone, Jacques Dufilho, Michel Galabru, Michel Serrault. ◆ Clémentine (Anglade) partecipa a una sfilata di costumi da bagno, presentando un tessuto rivoluzionario che lascia filtrare i raggi del sole. Il tessuto si rivela trasparente e decreta il suo successo. Ispirato ai disegni di Bellus, è una commedia che all'epoca sembrava maliziosa, oggi solo castigata.

Cléo dalle 5 alle 7 *** (*Cléo de 5 à 7*, Francia 1962, b/n, 98') Agnès Varda. Con Corinne Marchand, Antoine Bourseiller, José-Luis de Villalonga, Michel Legrand, Dominique Davray, Dorothée Blank. ◆ Il 21 giugno 1961, mentre attende il risultato di un esame radiologico, Cléo (Marchand), una bella ragazza viziata, si aggira per Parigi. Al parco Montsouris incontra un giovane soldato in partenza per l'Algeria (Bourseiller) e da lui impara a guardare la vita in modo nuovo. Opera pessimista e delicata (l'esito delle analisi cliniche non esclude la possibilità che Cléo abbia un cancro), realizzata in un curioso stile a metà fra la ricercatezza linguistica e la semplicità del documentario, il film racconta in tempo reale (dalle 17 alle 18,30) l'evoluzione interiore di Cléo che passa dall'irrazionalismo della cartomante a una lucida presa di coscienza della propria identità.

Cleopatra **½ (*Cleopatra*, Usa 1934, b/n, 101') Cecil B. DeMille. Con Claudette Colbert, Henry Wilcoxon, Warren William, Gertrude Michael, Joseph Schilkraut, Ian Keith. ◆ Dopo la morte di Cesare, Cleopatra (Colbert) fugge ad Alessandria e seduce Antonio (Wilcoxon), che l'ha inseguita. Quando questi è sconfitto da Ottaviano e muore, Cleopatra si toglie la vita. La classica macchina spettacolare alla DeMille, piena di virtù (cinematografiche) e di vizi d'ogni genere. Una successione di banchetti, battaglie, danze, trionfi non precisamente fedeli dal punto di vista storico, anche se visivamente superbi. Ma ci sono anche quote rilevanti di cattivo gusto e volgarità. Da antologia la scena dell'orgia sul battello di Cleopatra. Oscar per la miglior fotografia a Victor Milner.

Cleopatra ** (*Cleopatra*, Usa 1963, col, 243') Joseph L. Mankiewicz. Con Elizabeth Taylor, Richard Burton, Rex Harrison, Pamela Brown, George Cole, Hume Cronyn, Cesare Danova, Martin Landau, Roddy McDowall. ◆ La storia della regina d'Egitto (Taylor) e dei suoi illustri amanti: prima Cesare (Harrison), a cui darà anche un figlio – Cesarione –, poi Antonio (Burton) che per lei romperà il fidanzamento con Ottavia. E la sconfitta di Antonio ad Azio segnerà l'inizio della fine di Cleopatra, accelerata dalla volontaria morsicatura di un aspide. Il film, che ha mandato in rovina la Fox, fu iniziato da Rouben Mamoulian a Londra, sostituito, controvoglia, da Mankiewicz quando il set fu spostato a Cinecittà. «Concepito in stato d'urgenza, girato in isteria e terminato nel panico» il film è ricordato per gli eventi e gli scandali che accompagnarono le riprese romane (la Taylor subisce una tracheotomia e s'innamora di Burton), per le spese incontrollate (45 milioni di dollari, anche per i furti di alcuni produttori italiani), per il gigantismo scenografico (l'entrata di Cleopatra a Roma, nonostante sia più hollywoodiana che antica romana, lascia a bocca aperta). Inevitabile che sparisse quello che avrebbe potuto essere l'apporto di Mankiewicz, che cercò di leggere la prima parte del film (quella con Cesare) come un grande dramma sociale e la seconda (quella del rapporto tra Antonio e Cleopatra) come una tragedia della passione, del conflitto – già raccontato da Shakespeare – tra amore e dovere. Quattro Oscar (fotografia, scenografia, costumi ed effetti speciali) non salvarono il film dall'insuccesso e l'anno di *Cleopatra*, il 1963, è diventato unanimemente la data ufficiale di morte dello studio system hollywoodiano.

Cleopatra Jones: licenza di uccidere * (*Cleopatra Jones*, Usa 1973, col, 89') Jack Starrett. Con Tamara Dobson, Bernie Casey, Shelley Winters, Brenda Sykes. ◆ Cleopatra Jones (Dobson), agente del governo ed esperta di karatè, combatte spacciatori e poliziotti corrotti. Molta azione e violenza, in un black-movie di routine. Sequel: *Operazione casinò d'oro* (1975).

Clerks – Commessi **½ (*Clerks*, Usa 1994, b/n, 90') Kevin Smith. Con Brian O'Halloran, Jeff Anderson, Marylin Ghigliotti, Lisa Spoonhauer. ◆ Leonardo, New Jersey: commesso al Quick Stop Grocery, Dante Hicks (O'Halloran) è costretto a lavorare nel suo giorno di riposo. Gli tiene compagnia Randal (Anderson), il suo migliore amico e commesso nel videostore adiacente: la giornata trascorre tra attacchi di clienti bizzarri e inferociti, chiacchiere esistenziali, shock provocati da fidanzate attuali (Ghigliotti) ed ex (Spoonauer). E ci scappa anche il morto. Pochissimi soldi (27 mila dollari) e molte idee per l'esordio alla regia di un indipendente che ama il cinema totale. Senza vezzi d'autore (nemmeno underground), ma con un notevole senso dell'ironia, il ventitreenne Smith scrive, dirige, monta e produce una frizzante commedia antihollywoodiana, una sorta di «caro diario» della generazione X (Hicks è infatti il cognome del protagonista) e della marginalità in bianco e nero, basato su pochi elementi essenziali e inondato di dialoghi a raffica, come capita sempre più spesso ai giovani registi d'oltreoceano (ma Smith tiene per sé la parte di Silent Bob, ambiguo personaggio che staziona davanti all'emporio senza dire una parola). Irresistibile la scena sugli exploit sessuali di Veronica, la fidanzata di Dante. La colonna sonora comprende brani dei Soul Asylum, Alice in Chains, Seaweed, The Jesus Lizard e Bad Religion. Premio per la miglior regia al Sundance Film Festival e premio della Settimana della Critica a Cannes.

Cliente, La ** (*En plein cœur*, Francia 1998, col, 101') Pierre Jolivet. Con Gérard Lanvin, Virginie Ledoyen, Carole Bouquet, Guillaume Canet, Denis Podalydès, Aurélie Vérillon, Jean-Pierre Lorit, Anne Le Ny. ◆ Avvocato di grido, Michel (Lanvin) accetta di difendere la ladruncola Cécile (Ledoyen), che poi si introduce nella sua vita mandandogli all'aria il matrimonio e, forse, la carriera. Roselyne Bosch adatta e aggiorna *In caso di disgrazia* di Georges Simenon, e il regista cerca di costruire con cura personaggi che non giudica, ma che sono un po' troppo prevedibili perché lo spettatore non rischi di vederli dall'alto in basso. La Bouquet mostra un sorprendente spessore drammatico nella parte della moglie tradita.

Cliente, Il ** (*The Client*, Usa 1994, col, 121') Joel Schumacher. Con Susan Sarandon, Tommy Lee Jones, Mary-Louise Parker, Brad Renfro, Anthony LaPaglia, Ossie Davis, Bradley Whitford, J. T. Walsh, Anthony Edwards, William H. Macy, Will Patton. ◆ In un bosco, il piccolo Mark (Renfro) incontra un avvocato che, prima di suicidarsi, gli rivela alcuni particolari sull'omicidio di un senatore. La mafia lo cerca per eliminarlo, il giudice federale (Lee Jones) per fare carriera: sarà una avvocatessa energica e testarda (Sarandon) a prendersi cura di lui. Comincia come una fiaba sinistra e prosegue come un classico film giudiziario, con suspense e colpi di scena obbligatori: tratto dall'omonimo (e macchinoso) bestseller di John Grisham (come già *Il socio* e *Il rapporto Pelikan*), che gli sceneggiatori Akiva Goldsman e Robert Getchell hanno semplificato eccessivamente, *Il cliente* è però soprattutto la storia del rapporto tra l'avvocatessa Sarandon e il suo giovanissimo cliente, che – stralciato dal contesto, prevedibile e un po' noioso – ricorda da vicino quello tra Gena Rowlands e il piccolo portoricano in *Gloria, una notte d'estate*. Tommy Lee Jones si conferma torbido anche in un ruolo legale, avvalorando la sua fama di nuovo «cattivo» del cinema americano. Girato quasi completamente a Memphis. Non ancora famoso come dottor Greene in *E.R. – Medici in prima linea*, Anthony Edwards è l'assistente della Sarandon.

Cliffhanger *½ (*Cliffhanger*, Usa 1993, col, 109') Renny Harlin. Con Sylvester Stallone, John Lithgow, Michael Rooker, Janine Turner, Caroline Goodall, Paul Winfield. ◆ La guida alpina Gabe (Stallone) si redime dai suoi sensi di colpa (in passato ha causato la morte della fidanzata del suo migliore amico) contrastando una banda di spietati rapinatori, che lo obbligano a collaborare al recupero di un bottino sparso sulle Montagne Rocciose dopo un incidente aereo. Fumetto, o piuttosto cartone animato, giocato esclusivamente sulle sequenze acrobatiche. Alternando set veri (le Dolomiti) a ricostruzioni in studio, Harlin vuole ottenere un realismo ignoto al cinema del passato: ma non c'è mai vera suspense. Stallone – che con questo film è tornato a imporsi al botteghino – è anche coautore della sceneggiatura. Il titolo è il termine gergale con cui a Hollywood si indicavano gli episodi dei serial cinematografici che finivano con l'eroe che pendeva nel vuoto, appeso solo per le dita.

Clockers *** (*Clockers*, Usa 1995, col, 128') Spike Lee. Con Mekhi Phifer, Harvey Keitel, John Turturro, Isaiah Washington, Delroy Lindo, Keith David, Regina Taylor, Pee Wee Love. ◆ L'ennesimo omicidio di uno spacciatore nero, a Brooklyn. Victor (Washington), nero tutto casa e lavoro, si costituisce: ma il detective Rocco Klein (Keitel) non gli crede, e torchia suo fratello Strike (Phifer), sedicenne spacciatore di strada (in gergo «clocker»), innescando una catena di sospetti e malintesi che farà precipitare la situazione. Adattando il romanzo omonimo di Richard Price, Lee ha scelto il punto di vista di Strike, delinquente «innocente» e con una coscienza, che non è mai uscito dal suo quartiere e sogna una fuga impossibile. Ma non c'è manicheismo nel film, che divide equamente i personaggi negativi tra neri e bianchi, ed evita la retorica degli «sbirri bastardi». Un noir corale, che inizia come un documentario sulla vita di strada e diventa pamphlet sulla cultura nera (la discussione iniziale su chi è il rapper più duro), affresco realista, melodramma visionario e thriller; fotografato con gusto sperimentale da Malik Hassan Sayeed, e accompagnato da una partecipe colonna sonora di Terence Blanchard. Lee appare nella parte di Chucky. Coprodotto da Martin Scorsese, che in un primo momento avrebbe dovuto essere anche regista.

Clockwatchers - Impiegate a tempo determinato **½ (*Clockwatchers*, Usa 1997, col, 92') Jill Sprecher. Con Toni Collette, Parker Posey, Lisa Kudrow, Alanna Ubach, Helen Fitzgerald, Paul Dooley, Bob Balaban. ◆ La timida Iris (Collette) solidarizza con le colleghe precarie – la scansafatiche Margaret (Posey) e la fatalona Paula (Kudrow) – in un ufficio-lager: ma una serie di furti le mette le une contro le altre. Divertente anatomia della vita d'ufficio, condotta col tono di minimalismo carino tipico del cinema indipendente Usa. Alla fine affiorano ambizioni più complesse, anche se mai a scapito del disegno dei personaggi e della godibilità delle interpretazioni. Scritto da Jill e Karen Sprecher. Vincitore al festival Torino Giovani.

Clockwise ** (*Clockwise*, Gb 1986, col, 96') Christopher Morahan. Con John Cleese, Penelope Wilton, Alison Steadman, Stephen Moore, Sharon Maiden. ◆ Mr. Stimpson (Clease), preside con il culto della puntualità, deve recarsi a una riunione importante, ma trova continui ostacoli sulla propria strada. Un ruolo che sottopone John Cleese, membro storico dei Monty Python, a uno sforzo notevole e impone la visione del film ai fans dell'attore. Per il resto, una farsa solo a tratti divertente.

Close-up ***½ (*Nema-ye nazdik*, Iran 1990, col, 100') Abbas Kiarostami. Con Hossein Sabzian, Hassan Farazmand, Abolfarzi Ahankhah, Hushang Shahai, Mosen Makhmalbaf. ◆ A Teheran un poveraccio (Sabzian) si fa passare per il noto regista Makhmalbaf, lusinga una ricca famiglia e quasi riesce a farsi finanziare un film: portato davanti al tribunale islamico, si dirà pentito e verrà perdonato. A poca distanza dall'evento, Kiarostami ha ricostruito la vicenda con i suoi protagonisti reali: ne è risultata una riflessione vertiginosa sulla messa in scena del reale e sulla menzogna dell'attore. L'impostore Sabzian, rivivendo la scena del tribunale, dice di non recitare, ma di essere se stesso: ma diceva lo stesso quando fingeva di essere il regista. Ancora più interessante, però, è l'analisi della funzione del cinema nella società iraniana: sogno proibito capace di far impazzire un uomo. La regia di Kiarostami non ha paura di ostentare la povertà dei mezzi, ma come sempre si apre a squarci lirici inaspettati.

Clowns, I **½ (Italia/Francia/Rft 1970, col, 93') Federico Fellini. Con Fanfulla [Luigi Visconti], Tino Scotti, Riccardo Billi, Pierre Etaix, Victor e Annie Fratellini, Anita Ekberg, Liana Orfei, Alvaro Vitali, il domatore Buglioni, i quattro Colombaioni. ◆ Dopo un'introduzione nella quale un bambino guarda rapito il montaggio di un tendone da circo, Fellini conduce in prima persona una inchiesta sui clown: prima visita il circo di Liana Orfei, poi va a Parigi e con l'aiuto di Tristan Rémy rintraccia alcuni grandi pagliacci del passato; con loro mette in scena una gigantesca parata, che ha un po' il sapore allegorico del funerale. Realizzato per la televisione, un film insolito tra la parodia del genere documentario e l'omaggio al circo, di cui Fellini ha sempre amato la dichiarata falsità, il sapore di favola e soprattutto i clown, «aberranti, grotteschi, ciabattoni e straccioni... ambasciatori ubriachi e deliranti di una vocazione senza scampo».

Club dei mostri, Il ** (*The Monster Club*, Gb 1980, col, 97') Roy Ward Baker. Con Vincent Price, John Carradine, Anthony Steel, Donald Pleasence, Britt Ekland, Stuart Whitman, Patrick Magee. ◆ Un cacciatore di vampiri diventa vampiro a sua volta. Un produttore dà un ruolo orrorifico a un autentico vampiro. Un regista finisce in un villaggio stregato. Raccontate da un vampiro (Price), anfitrione nel club del titolo, tre storie dell'orrore messe assieme con una formula consueta per il genere. Il cast è ricco, ma il risultato non molto interessante.

Club dei 39, Il **** (*The Thirty-Nine Steps*, Gb 1935, b/n, 81') Alfred Hitchcock. Con Robert Donat, Madeleine Carroll, Godfrey Tearle, Lucie Mannheim, Peggy Ashcroft, John Laurie. ◆ Un giovane canadese a Londra per affari, Richard Hanney (Donat), è coinvolto per caso in una vicenda di spionaggio. Ricercato dalla polizia e dai membri dell'organizzazione segreta «I trentanove scalini», deve togliersi dai guai con le sue sole forze. Troverà la soluzione del mistero allo spettacolo del prodigioso Mister Memory. Tratto dal romanzo *I trentanove scalini* di John Buchan, è un thriller raccontato col ritmo della commedia, pieno di colpi di scena, realizzato con eccezionale senso dei caratteri. Il moralismo di fondo di Hitchcock, poi, si diverte a complicare la storia con quello che si rivelerà essere il vero filo rosso dell'intrigo, «l'incredulità, lo scetticismo, la mancanza di fiducia che i personaggi dimostrano gli uni per gli altri e che trasformano le relazioni interpersonali in una trama di conflitti, di menzogne e di aggressività senza fine». Non mancano i momenti di piacevole humour, come la conversazione in treno tra i due rappresentanti di biancheria femminile. Hitchcock si vede passare per la strada e buttar via la carta di una caramella, mentre il protagonista cerca di raggiungere un autobus. Rifatto nel 1959 da Ralph Thomas e, meglio, nel 1978 da Don Sharp con il titolo *I 39 scalini*.

Club delle prime mogli, Il ** (*The First Wives Club*, Usa 1996, col, 102') Hugh Wilson. Con Diane Keaton, Goldie Hawn, Bette Midler, Sarah Jessica Parker, Maggie Smith, Dan Hedaya, Stockard Channing, Marcia Gay Harden, Elizabeth Berkley, Eileen Heckart, Philip Bosco, Heather Locklear. ◆ Compagne di università negli anni Sessanta, Annie (Keaton), Elise (Hawn) e Brenda (Midler) si ritrovano al funerale di Cynthia (Channing), morta suicida per l'abbandono del marito. E siccome anche loro sono state lasciate per donne molto più giovani, decidono di fondare un club per vendicarsi dei loro ex coniugi. Una sorta di sit-com per il grande schermo, ambientata nell'alta borghesia newyorkese e tratta da un romanzo di Olivia Goldsmith (sceneggiato da Robert Harling), con ambigui ruggiti pseudofemministi e tre mattatrici più simpatiche dei loro personaggi.

Qualche battuta divertente, qualche affondo blandamente polemico (per la prima volta nel film di una major non si criminalizza la scelta lesbica della figlia di Annie), un po' di autoironia (soprattutto sui lifting della Hawn) e tanto stridore nevrotico e carrierista. Cammeo di Rob Reiner nel ruolo del dottor Packman e di Ivana Trump e Edward I. Kock nel ruolo di loro stessi. Belli i titoli di testa pop (di Balsmeyer & Everett) ispirati allo stile di Roy Lichtenstein.

Club delle vedove, Il ** (*The Cemetery Club*, Usa 1992, col, 107') Bill Duke. Con Ellen Burstyn, Olympia Dukakis, Diane Ladd, Danny Aiello, Lainie Kazan, Jeff Howell, Christina Ricci, Bernie Casey, Wallace Shawn. ◆ Tre amiche inseparabili reagiscono in modo diverso all'improvvisa vedovanza: Doris (Dukakis) passa ore e ore sulla tomba del marito, Lucille (Ladd) non si perde un'occasione mondana, ma solo Esther (Burstyn) saprà davvero uscire dal proprio lutto accettando – non senza difficoltà – la corte di un ex poliziotto che fa il tassista (Aiello). Sceneggiata da Ivan Menchell a partire dalla sua pièce (anche se lo scrittore comico Marshall Brickman è accreditato come «consulente della produzione»), la storia di queste tre amiche ebree (interpretata da tre attrici non ebree) è una commedia spigliata ma abbastanza prevedibile sulla frustrazione vedovile e la legittimità del desiderio, che si regge soprattutto sulla recitazione e su qualche innocua frecciatina alle manie ebraiche.

Club Paradise ** (*Club Paradise*, Usa 1986, col, 104') Harold Ramis. Con Robin Williams, Peter O'-Toole, Rick Moranis, Jimmy Cliff, Twiggy, Joanna Cassidy. ◆ Jack (Williams) è un pompiere di Chicago che acquista una casa su un'isola dei Caraibi. Per impedire che il paradiso esotico venga trasformato in meta turistica, si batterà contro un gruppo di speculatori con l'aiuto di un indigeno. La storiella è divertente, ma è appesantita da troppe prediche ecologiche. Jimmy Cliff presta al film la sua interpretazione (mediocre) e tutto il suo repertorio musicale.

Cobb *½ (*Cobb*, Usa 1994, col, 128') Ron Shelton. Con Tommy Lee Jones, Robert Wuhl, Lolita Davidovich, Ned Bellamy, Scott Burkholder, Allan Malamud, Bill Caplan. ◆ Chi era veramente il campione di baseball Ty Cobb (Lee Jones)? Un giocatore scorretto, violento con la moglie, impotente e fanfarone? O un uomo generoso coi vecchi compagni, una leggenda made in Usa? Il giornalista Al Stump (Wuhl), nel 1960, dopo essere andato a puttane con lui e avere sentito varie versioni della morte di suo padre, opta per nascondere le verità scomode. Shelton (anche sceneggiatore), al suo terzo film sul baseball dopo *Bull Durham* e il copione di *L'uomo dei sogni*, osa ispirarsi niente meno che alla struttura a inchiesta di *Quarto potere* (con tanto di cinegiornale iniziale) e al tema della costruzione dei miti di *L'uomo che uccise Liberty Valance*. C'è più cattiveria che nella media dei film biografici sportivi, ma dire che non se ne sentiva un grande bisogno è un eufemismo. Tommy Lee Jones è troppo vecchio per interpretare Cobb da giovane e troppo giovane per interpretare Cobb da vecchio.

Cobra ** (*Cobra Woman*, Usa 1944, col, 67') Robert Siodmak. Con Maria Montez, Sabu [Sabu Dastagir], Jon Hall, Louis Collier, Edgar Barrier, Lon Chaney jr, Mary Nash. ◆ Gli abitanti dell'isola del Cobra sono terrorizzati dalla sanguinaria sacerdotessa Naja: solo la sua gemella Tollea potrà aiutare la vecchia regina a riportare una vita di pace e armonia. Avventure erotiche, in un technicolor fiammeggiante, sul tema del doppio (la Montez interpreta sia la sorella cattiva che quella buona), cosceneggiate da Richard Brooks: la storia è decisamente infantile ma le scenografie kitsch e una danza col serpente diventata «un pezzo d'antologia per cinefili decadenti» hanno trasformato il film in un oggetto di culto. Nell'edizione originale tutta la storia era raccontata in flashback e infatti durava quattro minuti in più.

Cobra * (*Cobra*, Usa 1986, col, 87') George Pan Cosmatos. Con Sylvester Stallone, Brigitte Nielsen, Reni Santoni, Andrew Robinson, Lee Garlington. ◆ Marion Cobretti, detto Cobra (Stallone), è un duro della polizia che si batte con tutti i mezzi contro criminali spietati, repellenti e preferibilmente psicopatici. Guida una Mercury del 1949 e dà al film l'occasione per molte sequenze acrobatiche. Poliziesco d'azione a costo moderato, con cui Stallone tentò d'imporre un nuovo personaggio che emulasse i successi al botteghino di *Rocky* e di *Rambo*. Tentativo andato a vuoto. Il film è tratto dal romanzo di Paula Gosling *Bersaglio facile*, rieditato col titolo di *Facile preda* quando è servito da base anche per il film *Facile preda* con Cindy Cawford.

Cobra Verde ** (*Cobra Verde*, Rft 1987, col, 111') Werner Herzog. Con Klaus Kinski, Peter Berling, King Ampaw, Salvatore Basile, José Lewgoy. ◆ Francisco Manoel da Silva, detto Cobra Verde (Kinski), è un avventuriero brasiliano trafficante di schiavi che, nel secolo scorso, diventa viceré del Dahomey, ma quando la sua merce non avrà più valore perderà ogni potere e finirà annegato cercando la fuga. Quinto e ultimo dei personaggi allucinati che Kinski interpretò per Herzog ispirato a quello raccontato in *Il viceré di Ouidah* di Bruce Chatwyn. Ma questa volta il regista tedesco tenta il kolossal, con scene di massa, battaglie e una iconografia tradizionale, molto lontane dalla sua vena di ribelle del cinema. E che gli si dimostrano ben poco congeniali.

Coca Cola Kid ** (*The Coca-Cola Kid*, Australia 1985, col, 94') Dušan Makavejev. Con Eric Roberts, Greta Scacchi, Bill Kerr, Chris Haywood, Kris McQuade, Rebecca Smart. ◆ Un giovane e intraprendente executive della Coca-Cola (Roberts) viene mandato in missione in Australia, per far salire il fatturato della bibita. Trova vari ostacoli, inclusa una bevanda di produzione locale, e l'aiuto di una bella segretaria (Scacchi, veramente sexy). Satira della guerra delle coche realizzata in Australia da un regista jugoslavo: inizialmente divertente, ma con sviluppi troppo modesti per non procurare un po' di noia lungo la via.

Cocaina ** (*Johnny Stool Pigeon*, Usa 1949, b/n, 75') William Castle. Con Howard Duff, Shelley Winters, Dan Duryea, Gar Moore, Anthony [Tony] Curtis, John McIntire. ◆ Un detective della polizia (Duff) rilascia un carcerato (Duryea), a condizione che lo aiuti a incastrare una banda di spacciatori di droga. Finirà dalla loro parte anche la ragazza mandata a spiarli. Dramma poliziesco a basso costo ma con una buona progressione drammatica (sceneggiato da Robert L. Richard), girato nello stile semidocumentaristico di questo genere.

Cocaina * (*The Boost*, Usa 1988, col, 95') Harold Becker. Con James Woods, Sean Young, John Capelos, Steven Hill, Kelle Kerr, John Rothman. ◆ Stressato uomo d'affari (Woods) si dà alla cocaina per sopportare le fatiche della professione: finisce all'inferno e in bancarotta, trascinando con sé anche la bella moglie (Young). Moraleggiante pamphlet antidroga, fintamente melodrammatico e interpretato senza convinzione (Woods è sempre esagitato allo stesso modo, sia prima sia dopo essere diventato un tossicodipendente).

Cochecito, El *** (*El Cochecito*, Spagna 1960, b/n, 81') Marco Ferreri. Con José Isbert, Pedro Porcel, J. Luis Lopez Vazques, Maria Luisa Ponte. ◆ Per poter stare in compagnia dei suoi amici paralitici, l'anziano don Anselmo (Isbert) chiede ai parenti di regalargli una carrozzella a motore. La ottiene malgrado la loro opposizione e, pur di conservarla, arriva a fare una strage. Bellissimo apologo grottesco e nero di Ferreri, prodotto in Spagna e arrivato in Italia con diciotto anni di ritardo. Una parabola anarchica sceneggiata da Raphael Azcona con un gusto che risente della lezione surrealista e del cinema di Buñuel. Per Ferreri, anche l'occasione per fare la parodia del neorealismo italiano, mettendone alla berlina messaggi positivi e buoni sentimenti.

Cocktail *½ (*Cocktail*, Usa 1988, col, 100') Roger Donaldson. Con Tom Cruise, Elisabeth Shue, Bryan Brown, Lisa Banes, Gina Gershon, Kelly Lynch, Laurence Luckinbill. ◆ Aspirante yuppie, Brian Flanagan (Cruise) si accontenta di diventare il miglior barista «a Sud della 14a Strada», poi commette l'errore di mollare la brava ragazza (Shue) che ha messo incinta in Giamaica per una ricca tardona (Banes): ma a tutto c'è un rimedio. Quanto era odioso il galletto Cruise col sorriso stampato in faccia! Heywood Gould ha scritto una parabola esemplare degli anni Ottanta, tra maschilismo e sogni di vita facile, perfetto prodotto di intrattenimento che stordisce a suon di musica e fotografia patinata (di Dean Semler) e maschera l'ipocrisia di fondo.

Cocktail *½ (*Cocktail*, Usa 1988, col, 100') Roger Donaldson. Con Tom Cruise, Elisabeth Shue, Bryan Brown, Lisa Banes, Gina Gershon, Kelly Lynch, Laurence Luckinbill. ◆ Aspirante yuppie, Brian Flanagan (Cruise) si accontenta di diventare il miglior barista «a Sud della 14a Strada», poi commette l'errore di mollare la brava ragazza (Shue) che ha messo incinta in Giamaica per una ricca tardona (Banes): ma a tutto c'è un rimedio. Quanto era odioso il galletto Cruise col sorriso stampato in faccia! Heywood Gould ha scritto una parabola esemplare degli anni Ottanta, tra maschilismo e sogni di vita facile, perfetto prodotto di intrattenimento che stordisce a suon di musica e fotografia patinata (di Dean Semler) e maschera l'ipocrisia di fondo.

Cocktail per un cadavere → *Nodo alla gola*

Cocoanuts, The **½ (*The Cocoanuts*, Usa 1929, b/n, 96') Joseph Santley, Robert Florey. Con Groucho, Harpo, Chico e Zeppo Marx, Kay Francis, Margaret Dumont, Mary Eaton, Oscar Shaw, Cyril Ring. ◆ Sulla costa della Florida, Hammer (Groucho) dirige il fallimentare Cocoanut Hotel, dove si danno convegno: una matrona (Dumont) che corteggia appassionatamente, una coppia di goffi ladri (Harpo e Chico), due topi d'albergo professionisti (Francis e Ring) e una coppietta di sciropposi innamorati (Eaton e Shaw). Primo film dei Marx, tratto da uno spettacolo di Broadway di quattro anni prima, scritto da George S. Kaufman e Morrie Ryskind. L'intreccio, coi suoi modesti equivoci coronati da happy end, è francamente noioso, ma quando sono in scena i tre «veri» Marx (lo scipito Zeppo fa solo il segretario di Groucho), il tempo si arresta e tutto sembra impazzire. Groucho è un capitalista anarchico che maltratta i suoi clienti e si serve dei giochi di parole per ingannarli; Harpo è l'incarnazione della *libido* scatenata di un bambino di quattro anni, mangia telefoni e ruba giacche senza sfilare il cappotto; Chico suona il piano come un artista di Fluxus. Celebre la scena dell'asta dove Chico ha il compito di alzare i prezzi, con risultati disastrosi. Uno dei primi film sonori della storia del cinema, con canzoni di Irving Berlin. Lo spettatore italiano – anche nella versione sottotitolata – perde però gran parte dei giochi di parole, fulcro della comicità di Groucho e Chico, come la celebre catena di equivoci che nasce quando Groucho parla di un «viadotto» (*viaduct*) e Chico non capisce perché parli di anatre (*why a duck?*).

Cocoon – L'energia dell'universo **½ (*Cocoon*, Usa 1985, col, 117') Ron Howard. Con Don Ameche, Wilford Brimley, Hume Cronyn, Brian Dennehy, Steve Guttenberg, Jessica Tandy, Tahnee Welch, Tyrone Power jr. ◆ In Florida, i vecchi ospiti di una casa di riposo scoprono la fonte della giovinezza immergendosi in una piscina che contiene i resti di visitatori di un altro pianeta. E alla fine partiranno anche loro per lo spazio, su invito dei gentili alieni. Storia fantastica a sfondo umanistico, con un finale di fantascienza un po' troppo romanzesco. Ma il cast di veterani dello schermo è eccellente (Don Ameche vinse un Oscar come miglior attore non protagonista), gli effetti speciali ottimi senza essere invadenti (premiati con l'Oscar) e Ron Howard riesce a raccontare la storia con il candore necessario per rendere accettabile la favoletta. Seguìto da *Cocoon – Il ritorno*.

Cocoon – Il ritorno *½ (*Cocoon: The Return*, Usa 1988, col, 116') Daniel Petrie. Con Don Ameche, Wilford Brimley, Hume Cronyn, Jack Gilford, Gwen Verdon, Maureen Stapleton, Steve Guttenberg, Jessica Tandy, Thanee Welch. ◆ I vecchietti di *Cocoon*, colti da un attacco di nostalgia, chiedono di ritornare a vedere la Terra. La rimpatriata non sarà senza complicazioni. Seguito non necessario del prototipo di Howard, dove si perde quasi tutta l'atmosfera originaria da favola. Anche i bravi attori sembrano sentirsi sottoutilizzati e mostrano scarso entusiasmo.

Coda del diavolo, La ** (Italia/Francia 1987, col,

90') Giorgio Treves. Con Robin Renucci, Isabelle Pasco, Piera Degli Esposti, Erland Josephson, Carole Bouquet, Paolo Rossi. ◆ Nel Quindicesimo secolo, un giovane medico (Renucci) cura i sifilitici e s'innamora di una paziente. Cercherà di farla fuggire, ma provocherà un incidente e finirà sotto inchiesta. Parabola medioevale sul potere repressivo, l'intolleranza e la trasgressione che nasconde anche (ma non troppo) un'allegoria sull'Aids. Treves dirige con senso pittorico e gusto compositivo, avvalendosi di un cast d'attori di diversa nazionalità una volta tanto ben assortito. Ma la sceneggiatura (di Vincenzo Cerami) concede troppo al gusto della metafora e toglie forza al film.

Codice del disonore → *Base, The – Codice del disonore*

Codice del silenzio, Il *½ (*Code of Silence*, Usa 1985, col, 101') Andrew Davis. Con Chuck Norris, Henry Silva, Bert Remsen, Molly Hagan, Joseph Guzaldo, Mike Genovese. ◆ Cusack (Norris), solitario poliziotto di Chicago sul tipo di Callaghan, si trova a combattere contro due bande rivali di spacciatori di droga. Colleghi e superiori si dissociano dai suoi metodi, lasciandolo solo. Violento film d'azione, ideologicamente equivoco, ma realizzato discretamente.

Codice d'onore ** (*Le Choix des armes*, Francia 1981, col, 135') Alain Corneau. Con Yves Montand, Gérard Depardieu, Catherine Deneuve, Gérard Lanvin, Michel Galabru, Christian Marquand, Richard Anconina. ◆ Noël (Montand), antico fuorilegge a riposo, è felicemente sposato e fa l'allevatore di cavalli. L'arrivo di Mickey (Depardieu), evaso dal penitenziario, gli sconvolge l'esistenza e costa la vita a sua moglie (Deneuve). Malgrado tutto, Noël e Mickey finiranno per comprendersi. Storia d'amore e odio tra un vecchio e un giovane, interpretata da star di prima grandezza, piuttosto convenzionale nel tratteggio dei caratteri ma raccontata con un piglio nervoso e secco, che ne fa un thriller crepuscolare e funereo.

Codice d'onore **½ (*A Few Good Men*, Usa 1992, col, 138') Rob Reiner. Con Tom Cruise, Jack Nicholson, Demi Moore, Kevin Pollak, Kevin Bacon, Kiefer Sutherland, Wolfgang Bodison, James Marshall, J.T. Walsh, Cuba Gooding jr, J.A. Preston, Matt Craven, Noah Wyle. ◆ Un trio di avvocati militari di primo pelo (Cruise, Moore e Pollak) vuole dimostrare che due marine (Bodison e Marshall) della base di Guantanamo, a Cuba, accusati dell'omicidio di un loro commilitone, non hanno fatto altro che eseguire il «codice rosso», cioè gli ordini del loro superiore, l'esaltato colonnello Jessep (Nicholson). Tratto dalla pièce *A Few Good Men* di Aaron Sorkin e da lui stesso sceneggiato (a partire dalla storia vera del marine David Cox, processato nel 1987), il film usa molti luoghi comuni del cinema giudiziario (compreso un finale retorico e fintamente progressista) ma riesce ugualmente ad appassionare, anche grazie a Nicholson, in un paio di assoli veramente d'antologia. Da non perdere i titoli di testa con le evoluzioni dei marine in tenuta da parata. Comunque si tratta di un passo indietro nella carriera di un regista interessante come Reiner.

Codice Magnum * (*Raw Deal*, Usa 1986, col, 97') John Irvin. Con Arnold Schwarzenegger, Kathryn Harrold, Darren McGavin, Sam Wanamaker, Paul Shenar, Steven Hill, Joe Regalbuto. ◆ Kaminski (Schwarzenegger), ex agente dell'Fbi, aiuta un amico contro la mafia. Infiltratosi in una «famiglia» dà filo da torcere a un'altra; viene sospettato, ma è pronto a difendersi. Banale storia di crimine tutta botti e colpi d'arma da fuoco, dove Schwarzenegger si fa in quattro per mostrarsi dotato di senso dell'ironia. Esagerando, come al solito.

Codice Mercury *½ (*Mercury Rising*, Usa 1998, col, 111') Harold Becker. Con Bruce Willis, Alec Baldwin, Miko Hughes, Chi McBride, Kim Dickens, Robert Stanton, Carrie Preston, Peter Stormare. ◆ Un bambino di nove anni autistico (Hughes) risolve un gioco enigmistico e scopre un codice segreto della Cia: il colonnello Kudrow (Baldwin) lo vuole morto, ma un agente dell'Fbi caduto in disgrazia (Willis) decide di proteggerlo a ogni costo. L'idea di affidare al muscoloso e crepuscolare Bruce Willis il ruolo di *baby guard* poteva essere promettente, ma subito dopo la sceneggiatura di Lawrence Konner e Mark Rosenthal (dal romanzo di Ryne Douglas Peardon) non sa trovare altro che botti, spari e inseguimenti e non riesce mai a farci dubitare dell'inevitabile lieto fine.

Codice Omicidio 187 ** (*One Eight Seven*, Usa 1997, col, 110') Kevin Reynolds. Con Samuel L. Jackson, John Heard, Kelly Rowan, Clifton Gonzales Gonzales, Karina Arroyave. ◆ Dopo essere stato accoltellato in una scuola di Brooklyn, il professore di scienze Trevor Garfield (Jackson) si scontra con i teppisti di Los Angeles: sarà possibile che un mite cattolico deamicisiano come lui si trasformi nel misterioso giustiziere che mutila o uccide gli studenti più pericolosi? «Scritto da un insegnante» (Scott Yagemann), come specificano i titoli di coda, un film che non rinnova il filone - quanto mai a rischio di retorica - delle scuole minacciate: i sociologismi sono un po' meno banali del solito, ma i toni sono quasi horror e prevale il sensazionalismo. Reynolds (con la fotografia di Ericson Core) gira bene, Jackson è bravo, ma alla fine si rimane scettici.

Codice privato *½ (Italia 1988, col, 90') Francesco Maselli. Con Ornella Muti. ◆ In un elegante appartamento una donna (Muti), forse abbandonata, compie piccoli gesti quotidiani, erra, spia la vita del suo uomo attraverso un computer, si dispera. Un film programmaticamente sperimentale, che parte dal vecchio presupposto di «spiare» la vita con la macchina da presa, ma naufraga nell'intellettualismo. Evidentemente ispirato a *La voce umana*, vorrebbe essere un po' omaggio a Cocteau e un po' alla Magnani (che aveva interpretato il monologo nel film *Amore* di Rossellini, 1948), ma li fa rimpiangere entrambi.

Codice segreto ** (*Rendez-vous*, Usa 1935, b/n, 106') William K. Howard. Con William Powell, Rosalind Russell, Binnie Barnes, Lionel Atwill, Cesar Romero. ◆ Assegnato a una sezione dei servizi segreti, esperto in codici (Powell) sventa una congiura di spie. Tra dramma e commedia romantica, un intrigo spionistico della prima guerra mondiale movimentato dalla presenza della Russell, nel ruolo dell'invadente fidanzata del protagonista.

Codice 3: emergenza assoluta ** (*Mother, Jugs & Speed*, Usa 1976, col, 95') Peter Yates. Con Bill Crosby, Raquel Welch, Harvey Keitel, Allen Garfield, Larry Hagman, Bruce Davison. ◆ A Los Angeles, due ditte di ambulanze private si fanno concorrenza, preoccupandosi molto più del numero dei clienti trasportati che della loro salute. Commedia nera discontinua, che alterna toni da farsa (Larry Hagman, futuro J.R., nel ruolo del conducente maniaco) con altri inopportunamente sentimentali.

Coffy ** (*Coffy*, Usa 1973, col, 91') Jack Hill. Con Pam Grier, Booker Bradshaw, Robert DoQui, William Elliott, Allan Arbus. ◆ L'infermiera Coffy (Grier) si finge una squillo per vendicare la sorella che alcuni delinquenti hanno reso tossicomane: finché si tratta di eliminare i pesci piccoli è facile, ma poi iniziano i guai. Nudità (più che sesso) e violenza in un caposaldo della *blaxploitation*, con una filosofia in anticipo sul *Giustiziere della notte*: che però ha suscitato molta meno esecrazione, visto che l'eroina è una volitiva donna nera che usa il proprio corpo con cinismo post-femminista. *Cult* negli Usa, lanciò definitivamente la prorompente Grier, generando un'ovvia ondata di imitazioni più o meno ufficiali. Per il gusto odierno, dialoghi e regia sono francamente pessimi, ma innegabilmente divertenti. Sceneggiatura del regista e musica di Roy Ayers.

Cognome e nome: Lacombe Lucien *** (*Lacombe Lucien*, Francia/Italia 1974, col, 135') Louis Malle. Con Pierre Blaise, Aurore Clément, Holger Lowenadler, Thérèse Giehse, Stéphane Bouy. ◆ Nel 1944 Lucien Lacombe (Blaise), un contadino francese di diciassette anni, viene rifiutato dalla Resistenza e si unisce alla Gestapo: innamoratosi di una ragazza ebrea, France (Clément), ucciderà un ufficiale tedesco e fuggirà con lei verso i Pirenei, ma verrà catturato dai partigiani e fucilato. Un film che indaga il confine fra il traditore e l'eroe, che suscitò molte polemiche per l'ambiguità della sua tesi (l'impegno politico non è sempre motivato da coerenti scelte ideologiche, a volte può essere dettato dal caso). Pensato (con Patrick Modiano) e girato in un periodo di grandi tensioni emotive (l'epoca giscardiana tentava di riconciliare le diverse anime francesi – collaborazionisti e resistenziali – arrivando a sopprimere le commemorazioni per l'8 maggio, la festa della Liberazione), il film offre un'immagine non riconciliata e programmaticamente «sgradevole» di quegli anni, quando povertà e voglia di riconoscimento sociale giustificarono scelte di campo in contrasto con le scelte di classe. Inevitabile, quindi, che anche il mito della Resistenza entrasse in crisi. Su questo tessuto, Malle innesta le debolezze psicologiche di Lacombe Lucien (bisogno di affetto, ricerca della figura paterna), raccontate forse con eccessiva partecipazione emotiva. L'uso di attori non professionisti e di tecniche di ripresa semidocumentaristiche con la macchina da presa a spalla, poi, sottolineano maggiormente la voglia di confondere finzione e realtà, dando al film un senso di disperazione e d'angoscia che è una delle sue grandi qualità. Ottima la ricostruzione d'epoca (c'è molta musica jazz del leggendario Hot Club de France, con Django Reinhardt e Stéphane Grappelli) e grande senso del paesaggio nella fotografia di Tonino Delli Colli. Particina per Ave Ninchi come signora Georges.

Colazione da Tiffany **½ (*Breakfast at Tiffany's*, Usa 1961, col, 115') Blake Edwards. Con Audrey Hepburn, George Peppard, Patricia Neal, Buddy Ebsen, Martin Balsam, Mickey Rooney, José Luis de Villalonga. ◆ Paul (Peppard), giovane scrittore newyorkese, e Holly (Hepburn), una ragazza texana dalla turbolenta vita sessuale affascinata dai diamanti (che va a guardare ogni mattina nelle vetrine di Tiffany's), s'innamorano. La loro relazione è travagliata, ma una serie di incidenti (tra cui la fuga del gatto di Holly) li rimetteranno insieme. Pensata per Marilyn Monroe (e la regia di John Frankenheimer), questa versione ammorbidita del romanzo omonimo di Truman Capote, abbandona con Edwards i temi della commedia sofisticata – così come erano stati pensati dallo sceneggiatore George Axelrod – per privilegiare le notazioni satiriche: party selvaggi, atteggiamenti alla moda e divertenti camei di attori familiari. Il sentimentalismo, però, taglia le unghie al film man mano che si procede verso il lieto fine.

Colazione dei campioni, La ** (*Breakfast of Champions*, Usa 1999, col, 110') Alan Rudolph. Con Bruce Willis, Albert Finney, Nick Nolte, Barbara Hershey, Glenne Headly, Lukas Haas, Vicki Lewis, Omar Epps, Buck Henry, Will Patton, Alison Eastwood. ◆ Venditore d'auto usate, Dwayne Hoover (Willis) si suiciderebbe ogni mattina se non lo chiamassero a far colazione: lo scalcinato scrittore Kilgore Trout (Finney), assertore di complotti cosmici, forse lo aiuterà a districarsi dal sogno americano. Adattando il romanzo di Kurt Vonnegut, Rudolph sembra essere rimasto fermo agli anni Settanta: satira del consumismo, ricerca del bizzarro e anarchia narrativa. Come è successo anche a Tom Robbins e Hunter S. Thompson, le immagini faticano a stare al ritmo di una narrativa polifonica e giocata su più livelli di realtà e linguaggio. Uno di quei film nei quali attori e regista sembrano divertirsi un mondo, e lo spettatore un po' meno. Azzeccato uso dell'*exotica* di Martin Derry in colonna sonora.

Col cuore in gola *½ (Italia 1967, col, 107') Tinto Brass. Con Jean-Louis Trintignant, Ewa Aulin, Charles Köhler, Vira Silenti, Roberto Bisacco. ◆ Bernard (Trintignant), attore francese in tournée a Londra, incontra una ragazza in stato di shock (Aulin) presso un cadavere. Ne resta affascinato e cerca di scagionarla dai possibili sospetti: quando si accorgerà che è la vera assassina, sarà troppo tardi. Sconfinamento di Brass nella commedia gialla, con un film non memorabile ma che si lascia vedere. Guido Crepax ha fatto il consulente artistico per la scenografia.

Cold Comfort Farm **½ (*Cold Comfort Farm*, Gb 1996, col, 104') John Schlesinger. Con Kate Beckinsale, Sheila Burrell, Eileen Atkins, Ian McKellen, Ivan Kaye, Sheila Burrell, Stephen Fry, Freddie Jones, Joanna Lumley, Miriam Margolyes. ◆ Rimasta orfana a ventitre anni, Flora Poste (Beckinsale) pensa di potersi guadagnare la vita facendo la scrittrice, e per trovare ispirazione si trasferisce nella fattoria mezza in abbandono di alcuni zotici ed eccentrici zii (Atkins e McKellen). L'ispirazione letteraria stenta ad arrivare, ma il suo paziente lavoro di rieducazione dei vari membri della famiglia darà risultati inaspettati. Tornato alle produzioni televisive da cui era partito (il film è stato realizzato a basso costo per la Bbc) e libero dai condizionamenti hollywodiani, il settantenne Schlesinger, con sottile ironia, gioca a rovesciare il luogo comune secondo cui la campagna inglese del ricco sud (siamo nel Sussex, negli anni Venti) è il paradiso della civiltà, ma allo stesso tempo sembra prendersi gioco, complice lo spiritoso romanzo di Stella Gibbons sceneggiato da Malcolm Bradbury, anche del recente innamoramento del cinema per la letteratura di Jane Austen e di Charlotte Brönte (Flora va nella desolata fattoria per raccogliere materiale umano in vista della sua attività di scrittrice, e non trova certo romanticismo di alto livello). Una commedia intelligente e divertente, dove serpeggia anche una piccola, feroce, vendetta contro un'Inghilterra tenacemente abbarbicata alle proprie tradizioni. Notevole il cast, per lo più proveniente dal teatro.

Cold Feet – Piedi freddi * (*Cold Feet*, Usa 1989, col, 94') Robert Dornhelm. Con Keith Carradine, Sally Kirkland, Tom Waits, Bill Pullman, Rip Torn. ◆ Una coppia di criminali (Carradine e Waits) tenta di passare il confine con una partita di smeraldi, nascosti nella pancia di un cavallo. Si unisce a loro una ragazza (Kirkland) che ha cambiato idea sul matrimonio sul punto di sposarsi. Commedia a equivoci di ambiente western, con capovolgimenti a ripetizione e toni parodistici sceneggiata da Jim Harrison e Thomas McGuane (che riprende alcuni temi del suo precedente *Rancho Deluxe*, inedito in Italia). Troppo discontinua, però, perché corse, inseguimenti e beffa finale sorprendano veramente lo spettatore. Particina per Jeff Bridges come barista e comparsata per McGuane, un cliente al bar.

Collana di perle, La **** (*Romanze in Moll*, Germania 1943, b/n, 100') Helmut Käutner. Con Marianne Hoppe, Paul Dahlke, Siegfried Breuer, Ferdinand Marian, Elisabeth Flickenschildt, Karl Günther, Eric Helgar. ◆ Parigi, 1880: un impiegato di banca (Dahlke), per salvare la moglie Madeleine (Hoppe) che ha tentato il suicidio, impegna una sua preziosa collana e dal gioielliere viene a scoprire che il collier era stato il regalo di un ammiratore, Michel (Marian), un compositore che aveva permesso alla donna di realizzare i suoi sogni di successo ma che poi lei aveva lasciato. Madeleine era però stata costretta a cedere col ricatto a Victor (Breuer), diventato in banca il superiore del marito: così alla donna non era rimasto che il suicidio, mentre Victor era stato ucciso in duello dal suo ex amico Michel. A partire da un racconto di Maupassant, *I gioielli* (non citato nei credit perché autore sgradito alla censura nazista), Käutner mette a punto un film fatto di incastri e sfumature, quasi un mosaico di immagini e parole perfettamente legate tra loro, che per la raffinatezza e l'eleganza malinconica ricorda il coevo calligrafismo italiano. Centrata sulla figura di una donna prigioniera e fuggitiva che aveva creduto alla felicità di un matrimonio borghese sposando senza amore un impiegato e che invece la forza dei sentimenti aveva fatto ricredere, e costruita in modo originale secondo un gioco di flashback che nel dopoguerra diventerà la norma nel cinema noir americano, *La collana di perle* è sicuramente un'opera «senza etichetta e senza propaganda», un film «di resistenza» nella Germania nazista, che con una forza sottile e inesorabile insinua malessere e dubbi tra le efferate certezze del suo paese d'origine. Il regista evita infatti qualsiasi giudizio moralistico sulla vicenda e la Hoppe riesce a rendere il suo personaggio meritevole di compassione anziché di condanna: non a caso Goebbels trovò il film «disfattista».

Collana insanguinata, La *½ (*Mistery in Mexico*, Usa 1948, 65') Robert Wise. Con William Lundigan, Jacqueline White, Ricardo Cortez, Tony Barrett, Jacqueline Dalya, Walter Reed. ◆ Il detective privato Steve Hastings (Lundigan) deve indagare, per conto di una compagnia di assicurazioni, su un collega sospettato del furto di una preziosa collana (Reed). Per arrivare a lui segue fino in Messico la sorella, Victoria (White), e se ne innamora. Scoprirà che il collega, effettivamente responsabile del furto, ha qualche scusante. Un B-movie costruito sulla falsariga delle *Catene della colpa* (1947) e diretto da Wise senza tanta convinzione e disprezzato senza mezzi termini. Dal punto di vista narrativo è un noir in piena regola, con i motivi classici del tradimento e della caccia all'uomo. Oltre alla regia quasi invisibile, sconta anche la mancanza di attori di punta e gli assilli economici del produttore (era stato ambientato e girato in Messico nella speranza di arginare i costi). L'anno successivo il medesimo produttore (Sid Rogell) ne finanzierà un remake non confessato: *Il tesoro di Vera Cruz* di Don Siegel. College * (Italia 1984, col, 96') [Franco] Castellano, Pipolo [Giuseppe Moccia]. Con Federica Moro, Christian Vadim, Nicola Farron, Mila Sannoner. ◆ Arianna Silvestri (Moro), ereditiera col gusto della trasgressione, viene iscritta dai genitori all'esclusivo collegio «Il Gabbiano». Assieme a un gruppo di coetanee comincia a frequentare i cadetti della vicina accademia navale e s'innamora di uno di essi. Sciocchezza affidata a una protagonista particolarmente antipatica, miss Italia 1982. Il film diede origine a una serie televisiva.

Collegio si diverte, Il *½ (*She's Working Her Way Through College*, Usa 1952, col, 101') Bruce H. Humberstone. Con Virginia Mayo, Ronald Reagan, Don Defore, Gene Nelson, Patrice Wymore. ◆ Un'attrice di successo (Mayo), che frequenta sotto falso nome un corso universitario, furoreggia tra i compagni, procura turbamenti al professore d'inglese (Reagan) ed è la protagonista del saggio di fine anno. Tratto da un ottimo testo teatrale di Elliott Nugent e James Thurber (già portato sullo schermo nel 1942 col titolo *L'uomo, questo dominatore!*), è una versione involgarita e banalizzata in forma di musical, dove le scarse doti canore di Reagan costrinsero a ridurre notevolmente la parte del professore, in origine vero mattatore della storia.

Collera di Dio, La ** (*The Wrath of God*, Usa 1972, col, 111') Ralph Nelson. Con Robert Mitchum, Ket Hutchinson, Frank Langella, Rita Hayworth, Victor Buono, John Colicos. ◆ Durante una rivoluzione, nel Centroamerica degli anni Venti, un contrabbandiere (Hutchinson) e un ex prete (Mitchum) sono costretti a collaborare per salvarsi la pelle. Il loro compito: uccidere un giovane leader rivoluzionario amato dal popolo. Improbabile storia d'avventure che prevede un crescendo d'azione sanguinosa, ma ha l'accortezza di non prendersi troppo sul serio. Accanto a Mitchum (che rifà il personaggio di *La morte corre sul fiume*), Rita Hayworth nella sua ultima interpretazione, quella della madre, armata fino ai denti, del giovane ribelle.

Collezionista, Il ** (*Kiss the Girls*, Usa 1997, col, 109') Gary Fleder. Con Morgan Freeman, Ashley Judd, Cary Elwes, Bill Nunn, Tony Goldwyn, Jay O. Sanders, Brian Cox, Roma Maffia. ◆ Il serial killer mascherato Casanova ha allestito un harem-carcere sotterraneo: ma una delle vittime, la dottoressa Kate MacTiernan (Judd), gli sfugge e aiuta nella caccia il detective e psicologo Alex Cross (Freeman), al quale il mostro ha rapito la nipote. Se non fosse per il sempre convincente Morgan Freeman, è triste che abbia ottenuto un grande successo questa imitazione del *Silenzio degli innocenti*, nel cui improbabile intreccio (con raddoppiamento dei serial killer e colpi di scena in saldo) non si avverte mai il minimo senso di pericolo. Lo sceneggiatore David Klass ha edulcorato il trucido thriller *Un bacio alle ragazze* di James Patterson.

Collezionista, Il *** (*The Collector*, Usa 1965, col, 119') William Wyler. Con Terence Stamp, Samantha Eggar, Mona Washbourne, Maurice Dallimore. ◆ Freddie (Stamp), un giovanotto inibito che colleziona farfalle, decide di aggiungere una ragazza alla propria raccolta. Rapisce Miranda (Eggar) e la tiene prigioniera in una fattoria isolata, dichiarandole il proprio amore. Lei un po' resiste, un po' finge di cedere; ma finirà male. Tratto dal romanzo omonimo di John Fowles (molto ben sceneggiato, nonostante l'evidente complessità, da Stanley Mann e Joe Kohl), è un gioco al massacro a due soli personaggi, messo in scena da Wyler con autentico senso di claustrofobia. Pesano un po' certi dialoghi fitti e concettosi, ma l'efficacia non manca e Terence Stamp riesce perfettamente a offrire un ritratto «pietoso e rivoltante» del giovane entomologo represso e sadico. Palma d'oro a Cannes per la Stamp e la Eggar.

Collezionista, La **½ (*La Collectionneuse*, Francia 1966, col, 90') Eric Rohmer. Con Haydée Politoff, Patrick Bauchau, Daniel Pommereulle, Eugene Archer, Mijanou Bardot, Donald Cammell. ◆ Una graziosa ninfetta di Saint-Tropez (Politoff), che per principio passa ogni notte con un uomo diverso, incontra Adrien (Bauchau), un giovane dandy deciso a resisterle. Finiscono in casa di un collezionista di oggetti d'arte e hanno altre esperienze in comune, ma il loro modo d'interpretarle è opposto. E Adrien se ne va. Intellettualismo contro istintualità nel terzo dei «racconti morali» di Rohmer, i cui dialoghi rischiano oggi di apparire molto datati, così come un certo anticonformismo di moda. Ancora molto affascinante, invece, l'occhio da entomologo di Rohmer, che registra – con una naturalità e una semplicità cristallina – la vita quotidiana dei suoi personaggi: gli ambienti sono scelti nel presente, ma la filosofia smaliziata e il tono del racconto appartengono alla letteratura del XVIII secolo.

Collina degli stivali, La *½ (Italia 1969, col, 90') Giuseppe Colizzi. Con Terence Hill [Mario Girotti], Bud Spencer [Carlo Pedersoli], Woody Strode, Glauco Onorato, Edward Ciannelli, Victor Buono, Lionel Stander. ◆ Un pistolero (Hill), ferito dai banditi che vogliono sottrargli una concessione aurifera, viene curato dagli artisti di un circo. La battaglia finale contro i cattivi si svolgerà sotto il tendone. Spaghetti-western di transizione fra la prima fase del genere – quella drammatica – e la serie comica di *Trinità*, ambientato – molto italianamente – in un circo. Qui ci sono ancora i morti ammazzati, ma il tono è generalmente burlesco.

Collina dei conigli, La **½ (*Watership Down*, Gb 1978, col, 92') Martin Rosen. ◆ Il coniglio Quintilio ha una premonizione e convince alcuni roditori a lasciare con lui la loro terra, alla ricerca di un luogo più sicuro. Nel gruppo scoppieranno molte tensioni che porteranno anche a una specie di dittatura: ma i buoni si metteranno in salvo, con l'aiuto di un gabbiano pazzo. Parabola a sfondo ecologico tratta dal bestseller di Richard Adams: un cartoon fatto non esclusivamente per i bambini. I disegni sono stilizzati senza eccedere e il film è tra i migliori lungometraggi d'animazione realizzati fuori dagli studi Disney.

Collina del demonio, La ** (*The Dark Wind*, Usa 1991, col, 111') Errol Morris. Con Lou Diamond Phillips, Gary Farmer, Fred Ward, Guy Boyd, Jane Loranger, Gary Basaraba. ◆ L'agente navajo Jim Chee (Phillips) indaga su un incidente aereo provocato a bella posta (le luci della pista portavano dritto contro una roccia), e si trova in un viluppo di vendette personali e traffici di droga organizzati da pezzi grossi. La trasposizione di *Vento oscuro* di Tony Hillerman, autore di una serie di gialli ambientati nelle riserve indiane, è una mezza delusione e l'intreccio di mystery e cultura navajo funzionava meglio sulla pagina. Il documentarista Morris, al suo primo film di finzione, sfodera buone intenzioni ma è pedissequo nell'attenersi alle regole. Prodotto sotto l'egida di Robert Redford.

Collina del disonore, La **½ (*The Hill*, Gb 1965, b/n, 122') Sidney Lumet. Con Sean Connery, Harry Andrews, Ian Hendry, Michael Redgrave, Alfred Lynch, Ossie Davis. ◆ Durante la seconda guerra mondiale, in un campo di disciplina dell'esercito britannico in Nordafrica, cinque detenuti sono tormentati dai guardiani con la connivenza degli ufficiali. Uno morirà. Crudele melodramma che, a tratti, assume toni da farsa nera. Un po' lungo per un'azione programmaticamente senza sviluppo, ma interpretato da un cast ineccepibile. A cominciare da Connery, che proprio col film di Lumet cominciò a emanciparsi da James Bond. Esiste una versione colorizzata.

Collina 24 non risponde **½ (*Hill 24 Doesn't An-*

swer, Israele 1955, b/n, 101') Thorold Dickinson. Con Edward Mulhare, Haya Harareet, Michael Wager, Arie Lavi, Michael Shilo, Zalman Lebiush, Margalit Oved, Azaria Rappaport. ◆ Quattro volontari dell'esercito israeliano – James Finnegan (Mulhare), Allan Goodman (Wager), Esther Hadassi (Harareet) e David Amiram (Lavi) – devono difendere la collina 24 fino al mattino successivo, quando entrerà in vigore il cessate il fuoco imposto dalle Nazioni Unite al conflitto arabo-israeliano: quando sorgerà il sole gli inviati dell'Onu troveranno quattro cadaveri, che però col loro sacrificio hanno tenuto la collina in mano degli israeliani. Un film commovente e appassionato che attraverso la storia di quattro volontari (durante il viaggio si raccontano vicendevolmente le proprie storie) ritrae uno dei momenti cruciali del nascente stato ebraico. Senza prendere mai la forma della predica (escluso nel troppo teatrale discorso di un rabbino), il film ha intensi momenti documentari e la regia di Dickinson sa guidare un'opera dichiaratamente «propagandistica» fuori dalle secche della retorica. Sceneggiatura di Zvi Kolitz e Peter Frye.

Colline blu, Le **½ (*Ride in the Whirlwind*, Usa 1966, col, 82') Monte Hellman. Con Jack Nicholson, Cameron Mitchell, Tom Filler, Millie Perkins, Harry Dean Stanton. ◆ Tre cowboy che hanno chiesto ospitalità per una notte in una capanna di sconosciuti, sono scambiati per dei fuorilegge e linciati. Western antieroico e antispettacolare, pessimista e realistico fino allo squallore, tutto centrato su una cruda descrizione delle forme di vita e dei rapporti sociali dove la violenza è insieme storica e naturale. Jack Nicholson è anche autore della sceneggiatura, ispirata a diari dell'epoca. Monte Hellman, per risparmiare, lo girò contemporaneamente a *La sparatoria*.

Colline bruciano, Le **½ (*The Burning Hills*, Usa 1956, col, 94') Stuart Heisler. Con Tab Hunter, Natalie Wood, Skip Homeier, Eduard Franz, Earl Holliman. ◆ Trace Jordan (Hunter) affronta un latifondista (Homeier) che gli ha appena ucciso il fratello e lo ferisce gravemente, scatenando la rabbiosa reazione dei complici. Grazie all'aiuto preziosissimo di una giovane anglomessicana (Wood) e all'intervento fortuito di un gruppo di comanche, riuscirà ad aver ragione dell'assassino e ad avvertire la guarnigione vicina. Uno degli ultimi western classici, sceneggiato da Irving Wallace da un romanzo di Louis L'Amour, in cui «la violenza non è altro che la conseguenza dello slancio frustrato dei due protagonisti verso la pace e la felicità». Nessun compiacimento, poesia dei grandi spazi e un tocco di originalità dovuto alla presenza di attori giovanissimi (tendenza di cui i successivi western hollywoodiani s'impadroniranno con accanimento). Notevole il sangue freddo di Homeier e splendida Natalie Wood nel ruolo di Maria, ragazza ribelle che sgomina praticamente da sola un'intera banda di assassini. Da antologia la resa dei conti tra le rocce. A causa di una breve malattia di Heisler, qualche scena in studio fu girata dal produttore (ed ex regista) Richard Whorf.

Colline dell'odio, Le ** (*The Angry Hills*, Usa 1959, b/n, 93') Robert Aldrich. Con Robert Mitchum, Stanley Baker, Elisabeth Mueller, Gia Scala, Theodore Bikel, Sebastian Cabot. ◆ Un giornalista americano (Mitchum) si trasforma da spettatore in membro attivo della Resistenza antinazista in Grecia. Aldrich definisce in questo film i contorni della sua epica (libertà, fierezza, sacrificio, eroismo), ambientandola nel Paese che è stato la culla della tragedia e del fato. Da un romanzo di Léon Uris.

Colline hanno gli occhi, Le **½ (*The Hills Have Eyes*, Usa 1977, col, 89') Wes Craven. Con Susan Lanier, Robert Houston, Martin Speer, Dee Wallace. ◆ Una famiglia in viaggio nel deserto viene aggredita e massacrata da un gruppo di selvaggi sanguinari e cannibali. Sangue e macelleria a profusione, ma anche molta ironia e qualche bella invenzione di sceneggiatura hanno trasformato questo film del regista di *Nightmare* in un cult-movie su cui si è formata tutta una generazione di amanti del *gore*. A testimoniarlo, il manifesto di questo film che campeggia nella cantina del film *La casa* di Sam Raimi. Craven ha firmato anche il seguito, *The Hills Have Eyes Part II* (1985), inedito in Italia.

Collo d'acciaio *½ (*Hooper*, Usa 1978, col, 100') Hal Needham. Con Burt Reynolds, Sally Field, Brian Keith, Jan-Michael Vincent, John Marley. ◆ Attaccamento professionale del «più grande stuntman ancora vivo» (Reynolds) che continua imperterrito a rischiare l'osso del collo per lavoro o per beneficenza (durante il week- end) e a fare stravizi fuori orario. Fratture e frustrazioni come contrappasso al successo nello show business, ma la commediola è molto esile.

Colombia Connection: il massacro * (*Delta Force 2*, Usa 1990, col, 110') Aaron Norris. Con Chuck Norris, Billy Drago, Bobby Chavez, John P. Ryan, Paul Perri, Richard Jaeckel. ◆ Sudamerica, guerra ai narcotrafficanti. Un manipolo di marines (guidati da Norris) fanno nella fiction quello che gli Usa non hanno saputo fare nella realtà: sconfiggere i signori della droga. Uno scontato campionario di pallottole, esplosioni e muscoli. Il film è dedicato ai membri della troupe che sono morti nell'incidente d'elicottero che si vede nel film. Praticamente nessun rapporto col film di Menahem Golan *Delta Force* (1986).

Colonna infame, La *½ (Italia 1973, col, 105') Nelo Risi. Con Helmut Berger, Vittorio Caprioli, Francisco Rabal, Lucia Bosé, Salvo Randone, Sergio Tofano. ◆ La storia dei fatti «assurdissimi e atrocissimi», raccontati da Alessandro Manzoni e accaduti nella Milano del 1630, quando si torturavano a morte gli untori accusati di diffondere la peste. Ricostruzione spettacolare e denuncia delle ingiustizie perpetrate in nome della ragion di Stato, mescolando (furbescamente o malamente) citazioni pittoriche colte ed effettacci di bassa lega, la *Messa da requiem* di Verdi alle urla dei torturati. Sceneggiatura di Vasco Pratolini.

Colonnello Chabert, Il ** (*Le Colonel Chabert*, Francia 1943, b/n, 102') René Le Hénaff. Con Raimu [Jules Muraire], Marie Bell, Aimé Clariond, Jacques Baumer, Arlette Wherly, Fernard Fabre, Roger Blin, Jacques Charon, Pierre Alcover, Pierre Brûlé. ◆ Dato per morto alla battaglia di Eylau – dove nel 1807 la cavalleria napoleonica sconfisse i russi – il colonnello

Chabert (Raimu) torna a Parigi nel 1817: è senza un braccio, senza un soldo e tutti lo prendono per matto perché reclama la sua fortuna e la moglie Rose (Bell), che si è risposata col conte Ferraud (Fabre). L'avvocato Derville (Clariond) crede nella sua identità e cerca di convincere Rose a concedergli almeno un appannaggio, ma l'attaccamento ai soldi dell'ex moglie disgusta Chabert che rinuncia a ogni pretesa e si lascia scivolare nella povertà e nell'accattonaggio. Monumento al mattatorismo di Raimu in questa versione della novella di Balzac che Pierre Benoît e Maurice Griffe hanno adattato con più di una libertà: oltre al braccio destro di Chabert e al personaggio di Vergniaud, si perde anche il tema centrale del testo balzachiano (l'imbarazzo, per non dire il disprezzo, con cui la Restaurazione accoglie i reduci dell'età napoleonica) a favore di una lettura melodrammatica dove tutto si gioca tra una donna troppo avida e un uomo troppo orgoglioso. Qualche battuta antiretorica, dati i tempi di occupazione (contro chi esalta la patria, Chabert dice che quella «è una piccola parola quando se n'è inventata una come umanità»), ma soprattutto tanti *coups de théâtre* nel «duello selvaggio» tra Rose e Chabert. Il campione olimpico Edward Gardère interpreta il maestro di scherma del piccolo Ferraud. Rifatto nel 1994.

Colonnello Chabert, Il ** (*Le Colonel Chabert*, Francia 1994, col, 110') Yves Angelo. Con Gérard Depardieu, Fanny Ardant, André Dussolier, Fabrice Luchini, Daniel Prevost, Olivier Saladin, Claude Rich, Maxime Leroux, Romane Bohringer. ◆ Parigi, 1817: il colonello Chabert (Depardieu), che tutti davano per morto nella battaglia di Eylau (quando la cavalleria napoleonica sconfisse i russi nel 1807) si rifà vivo per reclamare i suoi beni e la moglie (Ardant) che intanto si è sposata con il conte Ferraud (Dussolier): l'avvocato Derville (Luchini) cerca di convincere le parti a una transazione, ma disgustato dalla doppiezza della moglie, Chabert preferisce tornare nell'ombra e finire i suoi giorni in un ospizio. Sceneggiato dal regista e Jean Cosmos (che interpreta il ruolo di Costaz), questo adattamento del magnifico racconto balzachiano recupera – a differenza di quella del 1943 – la centralità della riflessione politica su chi ha tradito gli ideali repubblicani; ma il dramma di un «sopravvissuto», che scopre di poter essere solo compatito o umiliato, annega sotto le ridondanze di un «cinema di qualità» che esagera in primi piani mattatoriali (con Depardieu che sembra addirittura magro) ed eccessive sottolineature della decadenza politica. Che Yves Angelo fosse un ex direttore della fotografia lo si capisce dalle riprese al rallentatore della carica di Eylau, magniloquenti e accademiche. La cameriera Julie è interpretata da Julie Depardieu, figlia di Gérard.

Colonnello Hollister, Il ** (*Dallas*, Usa 1951, col, 94') Stuart Heisler. Con Gary Cooper, Ruth Roman, Steve Cochran, Raymond Massey, Reed Hadley. ◆ Un bandito ex ufficiale sudista (Cooper) si spaccia per uno sceriffo del Nord e una cittadina del Texas gli dà la stella per difendere la popolazione dai temibili fratelli Marlowe (Cochran e Massey). Un western insolito, ricco di spunti comici e personaggi allegramente caricaturali.

Colonnello Redl, Il *** (*Redl ezredes*, Ungheria/Rft/Austria 1985, col, 140') István Szabó. Con Klaus Maria Brandauer, Armin Müller-Stahl, Gudrun Landgrebe, Jan Niklas, Laszlo Mensaros. ◆ Sullo sfondo del tramonto asburgico, Alfred Riedl (Brandauer), un ufficiale morbosamente zelante, riesce a salire le tappe della carriera tradendo gli amici, rinnegando le sue origini e dissimulando la propria omosessualità. Coinvolto in vicende spionistiche sarà costretto al suicidio alla vigilia dell'attentato di Sarajevo. Secondo tassello del trittico che comprende anche *Mephisto* e *Hanussen* (sempre interpretati da Brandauer), liberamente ispirato a un dramma di John Osborne (che rielaborava fatti reali), il film mette in scena l'impossibilità per l'individuo di salvarsi dai disastri della Storia. Eccezionale la fotografia di Lajos Koltai, specie nella scena del ballo mascherato. Premio speciale della giuria a Cannes.

Colonnello Von Ryan, Il *½ (*Von Ryan's Express*, Usa 1965, col, 117') Mark Robson. Con Frank Sinatra, Trevor Howard, Raffaella Carrà, Sergio Fantoni, Brad Dexter. ◆ Il «Von» del titolo viene appiccicato a un ufficiale americano (Sinatra) dai suoi commilitoni, che lo accusano di accondiscendenza verso gli italiani di cui sono prigionieri. Ma il suo valore si vedrà al momento buono. Sfoggio notevole di mezzi e azione, per un piatto assemblaggio di luoghi comuni del cinema bellico. Raffaella Carrà è nei panni, anzi nelle calze di seta, di una presunta tipica bellezza italiana.

Colore dei soldi, Il **½ (*The Color of Money*, Usa 1986, col, 119') Martin Scorsese. Con Paul Newman, Tom Cruise, Mary Elizabeth Mastrantonio, John Turturro, Helen Shaver, Forest Whitaker, Iggy Pop. ◆ *Lo spaccone* vent'anni dopo. Il mitico giocatore di biliardo Eddie Felson (Newman), dopo anni di eclissi, torna sulla breccia, prima come trainer di un giovane di talento (Cruise) e poi come suo avversario. Su uno sfondo dominato da cinismo e avidità, il film racconta la voglia di vincere di un vecchio leone sul viale del tramonto. Ritmo nervoso e preziosismi tecnici in un film che ha fruttato a Newman il primo, sospiratissimo Oscar. Sceneggiatura di Richard Price (dal romanzo di Walter Tevis) e fotografia virtuosistica di Michael Ballhaus.

Colore dei suoi occhi, Il * (*On My Own*, Canada/Italia/Germania/Australia 1992, col, 99') Antonio Tibaldi. Con Matthew Ferguson, Judy Davis, David McIlwraith, Jan Rubes. ◆ In un collegio canadese, Simon (Ferguson) dà l'addio all'adolescenza dopo la morte della madre (Davis), psicopatica separata dal marito che non trovava nulla di strano a dormire nuda col figlio quindicenne. L'esordiente regista sembra giocare sottotono, ma sul più bello propina scene a effetto di incubi e sogni di imbarazzante bruttezza. Pasticcio inconcludente, misteriosamente coprodotto da Leo Pescarolo. Musiche di Franco Piersanti.

Colore della menzogna, Il *** (*Au cœur du mensonge*, Francia 1998, col, 103') Claude Chabrol. Con Jacques Gamblin, Sandrine Bonnaire, Antoine de

Caunes, Valeria Bruni Tedeschi, Bernard Verley, Bulle Ogier, Noël Simsolo. ◆ Bretagna: il pittore René Sterne (Gamblin) è sospettato dell'assassinio di una bambina; intanto sua moglie Viviane (Bonnaire) cede alle lusinghe di un vanitoso giornalista (de Caunes) in vacanza, che però un giorno viene trovato morto. Un giallo dove tutti mentono, ma i segreti non sempre corrispondono ai sospetti: Chabrol (cosceneggiatore con Odile Barski) parte dal classico tema del *trompe l'œil* e dell'illusorietà delle apparenze, ma non è interessato a geometrie astratte e virtuosismi illusionistici ai danni del pubblico. Pedina invece con calma implacabile i personaggi, cercando una possibile verità morale nelle cose e costringendo lo spettatore a identificarsi in questo ritratto di borghesia provinciale squallida e quotidiana. La cattiveria di un tempo è soffusa ma non sopita, la forma controllata ed elegante (la fotografia è di Eduardo Serra): uno dei suoi migliori film degli ultimi anni, nel quale il personaggio del pittore in crisi che non sa più disegnare paesaggi e torna a dipingere figure umane sembra parlare del cinema per «rivendicare un modo di vedere e di raccontare [...] che sappia andare oltre le mode e rinunciare alle prepotenze narcisistiche di ego fasulli» (Fofi).

Colore della notte, Il * (*Color of Night*, Usa 1994, col, 121') George Pan Cosmatos. Con Bruce Willis, Jane March, Ruben Blades, Lesley Ann Warren, Brad Dourif, Lance Henriksen, Kevin J. O'Connor. ◆ Sconvolto dal suicidio di un cliente, uno psicoanalista di New York (Willis) va a Los Angeles da un collega, che verrà ucciso a coltellate: per scoprire l'assassino, accetta di prendere il suo posto come terapeuta di gruppo e naturalmente s'innamora della sua donna fatale (March). Che è la chiave del mistero. Uno psycothriller piuttosto trucido, molto pasticciato e ambizioso (Hitchcock impera a sproposito, da *Marnie* a *La donna che visse due volte*). In origine la regia era stata affidata al sessantaquattrenne Richard Rush (disoccupato dal 1980, anno dell'interessante *Professione pericolo*), poi – a causa di un suo malore cardiaco – l'imperdonabile scelta di George Pan Cosmatos, nell'intenzione di fare del *Colore della notte* un film «eroticamente bollente». Delusione anche su questo fronte: la Buena Vista-Disney, al suo primo film «per adulti», ha dovuto tagliare di otto minuti le scene di sesso (resta la March nuda e, per qualche frazione di secondo, un Bruce Willis che si fa vedere in acqua come mamma l'ha fatto), ambientate in stile porno soft high-tech nell'improbabile mega villa dello psicologo ammazzato, miliardario con soli cinque pazienti.

Colore dell'odio, Il *½ (Italia 1989, col, 97') Pasquale Squitieri. Con Carolina Rosi, Salvatore Marino, Victor Cavallo, Anna Zinnermann, Ermanno De Biagi. ◆ L'amore fra la figlia (Rosi) del padrone e un extracomunitario (Marino) mette a nudo la falsa coscienza del paese, svelandone la disponibilità al razzismo. Gli intenti sono encomiabili ma il risultato è troppo melodrammatico.

Colore del melograno, Il *** (*Sayat Nova*, Urss 1969, col, 73') Sergej Paradžanov. Con Sofiko Caureli, Melkop Alekjan, Vilen Galustjan, Onnik Minassian, Georgj Gegetskori. ◆ La vita del trovatore armeno Sayat Nova (Caureli), vissuto nel XVIII secolo, dall'infanzia al ritiro nel monastero, raccontata attraverso una serie di quadri statici e stilizzati. Il regista georgiano inaugurò con questo film, assai diverso dai suoi precedenti, uno stile personalissimo (anche se a tratti in curiosa sintonia con gli esperimenti che tentava, in quegli anni, Carmelo Bene) e antirealistico: le immagini mostrano ma non raccontano, alludono ma non dicono. Proliferano simboli e visioni inaudite (decine di libri messi ad asciugare sui tetti e sfogliati dal vento, pesci che si dibattono fuor d'acqua, greggi che invadono una chiesa, angeli della morte che scendono dal soffitto): lo spettatore non deve però decifrarli pedantemente, ma immergersi in essi, come in un quadro o in una musica. Un cinema sensuale e abbagliante, fatto per gli occhi (Paradžanov è stato anche pittore, ed esperto dell'arte del suo paese, l'Armenia) e l'udito (fondamentali i rumori e le musiche). Sicuramente decorativo e fine a se stesso, ma spesso folgorante, e comunque unico. Il film ebbe a lungo dei problemi con le autorità sovietiche, sconcertate dallo stile ermetico e insospettite dall'estetismo. In lingua armena il titolo è *Nran guouïn*.

Colore del sangue, Il ** (*Miss Evers' Boys*, Usa 1997, col, 118') Joseph Sargent. Con Alfre Woodard, Joe Morton, Laurence Fishburne, Craig Sheffer, Ossie Davis, E.G. Marshall, Obba Babatundé. ◆ Nel 1932 il governo americano inizia un esperimento disumano sui neri ammalati di sifilide di Tuskagee, Alabama: viene loro somministrato un placebo per studiare il decorso della malattia. Un'infermiera (Woodard) e un medico (Morton) di colore, in buona fede, accettano. Quarant'anni dopo la verità salta fuori: di recente Clinton si è pure scusato per questi metodi da nazisti. Da una commedia di David Feldshuh sceneggiata dallo scrittore Walter Bernstein, un discreto tv-movie con qualche ambizione di ricostruzione d'epoca, coi neri di campagna che sognano di andare al Cotton Club (dove però gli spettatori sono solo bianchi). Fishburne è uno dei produttori.

Colore viola, Il **½ (*The Color Purple*, Usa 1985, col, 152') Steven Spielberg. Con Whoopi Goldberg, Danny Glover, Margaret Avery, Oprah Winfrey, Willard Pugh, Adolph Caesar, Rae Dawn Chong. ◆ Il duro calvario, nell'America degli anni Venti, della nera Celie (Goldberg), brutalizzata dalla violenza maschile e riscattata dall'amore di una donna. La generosa ispirazione antirazzista (il film è tratto dal romanzo in parte autobiografico di Alice Walker vincitrice del Pulitzer), l'eccezionale interpretazione della protagonista e il mestiere sicuro non salvano Spielberg da qualche scivolata in un lirismo un po' troppo facile, specie nell'ultima parte. Ne approfitta Hollywood per consumare la sua vendetta contro un regista odiato per i suoi troppi successi: 11 nomination e nessun Oscar assegnato. Coprodotto da Quincy Jones, autore anche della colonna sonora.

Colori della vittoria, I *½ (*Primary Colors*, Usa 1998, col, 143') Mike Nichols. Con John Travolta, Emma Thompson, Kathy Bates, Adrian Lester, Billy Bob Thornton, Maura Tierney, Larry Hagman, Diane

Ladd, Paul Guilfoyle, Rebecca Walker, Caroline Aaron, Tommy Hollis, Rob Reiner, Tony Shalhoub. ◆ Il candidato democratico alla Presidenza Jack Stanton (Travolta) ha un imbarazzante debole per le donne. I suoi sostenitori - l'idealista Henry Burton (Lester), la pura Libby Holden (Bates) e lo scafato Richard Jemmons (Thornton) - fanno di tutto per parare i colpi bassi durante la campagna elettorale, ma quando una ragazzina nera annuncia di aspettare un figlio da lui sarà la moglie (Thompson) a difenderlo: non vuole rinunciare a essere la First Lady. Una commedia satirica che per congiunture politiche (è uscita in concomitanza con l'affaire Clinton-Lewinsky) è sembrata un *instant movie*, ma che in realtà non vale molto come affresco dietro le quinte del potere. Sceneggiato da Elaine May da un romanzo anonimo (in realtà scritto dal giornalista Joe Klein), il film oscilla tra la denuncia - mai troppo severa - e le pastoie del *politically correct*, e non regge il confronto con la tradizione civile del cinema anni Sessanta/Settanta. Travolta e la Thompson sono perfetti nel rifare i tic dei coniugi Clinton. Colonna sonora di Ry Cooder.

Colors – Colori di guerra ** (*Colors*, Usa 1988, col, 120') Dennis Hopper. Con Sean Penn, Robert Duvall, Maria Conchita Alonso, Trinidad Silva. ◆ A Los Angeles, per fronteggiare le street gang, cioè le bande giovanili organizzate militarmente, c'è un reparto speciale di polizia addetto alla loro repressione, dove prestano servizio l'esperto Hodges (Duvall) e l'irruente McGavin (Penn). Un film diseguale e graffiante che recupera alla fiction sollecitazioni sociologiche e documentariste, sporca il cinema con la realtà e svela l'altra faccia dell'edonismo reaganiano. La versione voluta da Hopper era di 127', ridotta e rimontata dalla produzione.

Colosso d'argilla, Il *** (*The Harder They Fall*, Usa 1956, b/n, 105') Mark Robson. Con Humphrey Bogart, Rod Steiger, Max Baer, Jan Sterling, Mike Lane, Carlos Montalban. ◆ Toro Moreno (Lane) è un boxeur al centro degli incontri truccati della banda di Benko (Steiger). Ma un giornalista fallito e cinico, Eddie Willis (Bogart), viene in aiuto dell'ingenuo pugile. L'ultima, indimenticabile interpretazione di Bogart: corruzione e ribellione individuale raccontata con grande efficacia drammatica, nella quale il ring è parafrasi della lotta per la vita. All'origine, un forte romanzo di Budd Schulberg (sceneggiato da Philip Yordan), ispirato alla carriera di Primo Carnera.

Colosso di Bagdad, Il * (*Sabu and the Magic Ring*, Usa 1957, b/n, 61') George Blair. Con Sabu [Dastagir], Daria Massey, William Marshall, Robert Shafto, Peter Mamakos, John Doucette, George Khoury. ◆ Grazie al genio (Marshall) che appare strofinando un anello, lo stalliere Sinbad (Sabu) sventa il piano di chi vuole avvelenare il visir e sposa la ragazza del cuore (Massey). Pilot di una serie mai realizzata - e si capisce perché - vagamente ispirata alle *Mille e una notte*: battute telefonate, gag da asilo Mariuccia e opprimente aria di falso. Nei cinema americani fu distribuito in una copia a colori, ma in Tv - di qua e di là dell'Atlantico - è rigorosamente in bianco e nero.

Colosso di Rodi, Il *½ (Italia/Spagna/Francia 1960, col, 142') Sergio Leone. Con Rory Calhoun, Lea Massari, Georges Marchal, Conrado Sanmartin, Mabel Karr, Mimmo Palmara. ◆ A Rodi l'infido consigliere Tireo (Sanmartin) opprime la popolazione e congiura contro il suo re, Serse. L'eroe Dario (Calhoun) capisce troppo tardi che la bella Diala (Massari) sta dalla parte dei cattivi: ma un provvidenziale terremoto abbatte il colosso in cui si sono rifugiati Tireo e i suoi. La prima regia ufficiale di Leone si distingue dalla media dei peplum dell'epoca per i tentativi abortiti di ironia, le citazioni travestite (il duello sulle braccia del colosso, omaggio a *Intrigo internazionale* di Hitchcock) e uno spiccato sadismo (vedi la tortura a base di metallo fuso). E si nota già l'enfasi tonitruante che, nei film successivi del regista, sarà supportata da uno stile qui ancora assente. Collaborano due futuri registi del western all'italiana: Michele Lupo (aiuto regista) e Duccio Tessari (cosceneggiatore assieme a Ennio De Concini, il critico teatrale dell'*Unità* Aggeo Savioli, Luciano Martino e altri).

Colpa, La – Guiltrip → *Guiltrip*

Colpa di Janet Ames, La ** (*The Guilt of Janet Ames*, Usa 1947, b/n, 83') Henry Levin. Con Rosalind Russell, Melvyn Douglas, Sid Caesar, Betsy Blair, Nina Foch. ◆ Una vedova di guerra (Russell), dopo un incidente non grave, viene colpita da paralisi isterica. Un giornalista la aiuta a risalire alla causa delle sue turbe. Dramma freudiano con eccessi di semplificazione da psicanalisi divulgativa ma diretto con mestiere e ottimamente recitato.

Colpevole innocente ** (*The Young Stranger*, Usa 1957, b/n, 84') John Frankenheimer. Con James MacArthur, Kim Hunter, James Gregory, Whit Bissell, James Daly. ◆ Un ragazzo (MacArthur) picchia il gestore di un cinema, ma nessuno dà credito alle sue ragioni. Dramma robusto e sincero sul difficile rapporto fra un adolescente inquieto e un padre scostante. Prova d'esordio, di impianto vagamente televisivo, sia dell'attore che del regista.

Colpevole senza volto, Un ** (*Conduct Unbecomig*, Gb 1975, col, 105') Michael Anderson. Con Michael York, Susannah York, Richard Attenborough, Trevor Howard, Stacy Keach, Christopher Plummer. ◆ In India, un giovane ufficiale (M. York) finisce sotto processo con l'accusa di aver abusato della vedova (S. York) di un eroe del reggimento. Dramma giudiziario di buon livello con atmosfere torbide che richiamano E.M. Forster, e un cast eccellente.

Colpi di timone *½ (Italia 1942, b/n, 95') Gennaro Righelli. Con Gilberto Govi, Dina Sassoli, Elio Steiner, Amelia Chellini, Marisa Vernati, Alberto Capozzi, Cesare Bettarini, Elena Altieri, Giuseppe Porelli, Nino Marchesini, Arturo Bragaglia. ◆ Convinto, per l'errore di un medico, di avere pochi mesi di vita, il capitano Giovanni Bevilacqua (Govi) smette di dar «colpi di timone» alla propria sincerità per piegarla ai compromessi: così troverà la forza di smascherare le malefatte del presidente e dell'amministratore (Capozzi e Bettarini) della cooperativa marittima e costringerà il fratello (Steiner) a liberarsi di una spasimante interessata (Vernati) per sposare l'innamorata

Paola (Sassoli). Gilberto Govi debutta al cinema con la riduzione dell'omonima commedia di Enzo La Rosa, ma nonostante il contributo di quattro sceneggiatori (La Rosa, Ettore Margadonna, Alessandro De Stefani e Righelli), il film non riesce mai a prendere il largo. Resta solo l'impagabile simpatia della sua recitazione genovese.

Colpire al cuore **½ (Italia 1983, col, 105′) Gianni Amelio. Con Jean-Louis Trintignant, Laura Morante, Fausto Rossi, Sonia Gessner, Vanni Corbellini. ◆ Conflitto generazionale fra un professore (Trintignant), amico di brigatisti, e il figlio (Rossi) che, per gelosia, racconta le frequentazioni del padre ai carabinieri. Amelio racconta il terrorismo filtrandolo nel quotidiano per dissolvere semplificazioni e luoghi comuni ed evitare facili demonizzazioni. E così mette al centro del suo film la caduta delle certezze e l'ansia di verità, in una realtà in cui tutti sono vittime di un fenomeno più grande di loro.

Colpiscono senza pietà **½ (*Pulp*, Gb/Italia 1972, col, 90′) Michael [Mike] Hodges. Con Michael Caine, Mickey Rooney, Lionel Stander, Lizabeth Scott, Nadia Cassini, Al Lettieri, Dennis Price, Leopoldo Trieste, Ave Ninchi. ◆ Un'ex gloria di Hollywood (Rooney) chiede a uno scrittore inglese (Caine), specializzato in gialli scandalistici, di aiutarlo a scrivere la sua autobiografia. Ma il committente ben presto viene ucciso e lo scrittore si trova coinvolto in un intrigo mafioso. Un bel giallo, strutturato con diabolica intelligenza, sorretto da un'ottima recitazione, specialmente dall'autoironico ritratto dell'attore fatto da Mickey Rooney.

Colpita da improvviso benessere ** (Italia 1976, col, 100′) Franco Giraldi. Con Giovanna Ralli, Stefano Satta Flores, Mario Carotenuto, Franco Citti. ◆ Una bottegaia truffaldina (Ralli) vende pesce marcio per far soldi in fretta e ottenere l'agognato status symbol: la moquette. La critica al potere trasferita su una popolana schiava del miraggio consumista, in una colorita commedia d'ambiente che può contare su un'ottima Giovanna Ralli.

Colpo, Il **½ (*The Hit*, Gb 1984, col, 100′) Stephen Frears. Con Terence Stamp, John Hurt, Tim Roth, Laura Del Sol, Bill Hunter, Fernando Rey, Jim Broadbent. ◆ Dopo dieci anni, due killer (Hurt e Roth) catturano in Spagna Will Parker (Stamp), un delinquente che aveva fatto la spia, con l'intenzione di portarlo in macchina a Parigi. Ma l'atteggiamento filosofico dell'ostaggio di fronte alla morte e una serie di imprevisti mettono a dura prova i nervi dei due esecutori. Scritto da Peter Prince, il ritorno alla regia di Frears dopo l'inedito *Gumshoe* (1971) e prima dei successi che gli daranno fama internazionale. Ambizioso thriller esistenziale e teso *roadmovie* girato a regola d'arte, sacrifica qualcosa ai bei paesaggi e alle convenzioni del genere (la presenza femminile come ovvia nemesi), ma tratteggia personaggi interessanti. La palma va al giovane e irriconoscibile Roth nella parte del killer sbruffoncello. Musiche di Eric Clapton e Roger Waters. Distribuito in cassetta anche con il titolo di *Vendetta*.

Colpo all'italiana, Un *½ (*The Italian Job*, Gb 1973, col, 92′) Peter Collinson. Con Michael Caine, Noel Coward, Maggie Blye, Benny Hill, Tony Beckley, Raf Vallone, Rossano Brazzi. ◆ Un colpo da 4 milioni di dollari ai danni della Fiat: piano all'inglese, tutto tecnica e previsioni. E un megaingorgo stradale per favorire la fuga. Una commediola gialla, con qualche buona idea, che serve anche per capire come ci vedono al di là della Manica.

Colpo da due miliardi, Un *½ (*Sait-on jamais?*, Francia/Italia 1957, col, 96′) Roger Vadim. Con Françoise Arnoul, O.E. Hasse, Robert Hossein, Christian Marquand, Franco Fabrizi, Carlo Delle Piane. ◆ Venezia, 1957: bella protegée di un barone (Hasse) che si è arricchito spacciando valuta falsa durante la guerra, Sophie (Arnoul) attira le mire di Sforzi (Hossein), segretario e complice del nobile che progetta di sposare la ragazza destinata a ereditare tutto. Il barone rifiuta e Sforzi lo uccide, facendo ricadere la colpa su un giornalista francese, Michel (Marquand), di cui Sophie è innamorata. Opera seconda di Vadim, che passa dalla Provenza selvaggia alla Laguna ipersofisticata, sostituendo lo stile da reportage con una confezione di lusso e già di maniera. La freschezza e l'impatto diretto di *Piace a troppi* sembrano lontanissimi: la Arnoul cerca di resistere a tanta decadenza, ma a lei Vadim non regala nulla. Colonna sonora di John Lewis, eseguita dal Modern Jazz Quartet.

Colpo della metropolitana, Il **½ (*The Taking of Pelham One Two Three*, Usa 1974, col, 104′) Joseph Sargent. Con Walter Matthau, Robert Shaw, Martin Balsam, Hector Elizondo. ◆ Walter Matthau, in versione drammatica, è un commissario alle prese con una banda che ha dirottato un metrò: vogliono un milione di dollari nel giro di un'ora per liberare tutti i passeggeri. Suspense, notazioni sociologiche, sbeffeggiamento dei politici inetti e contrappunti umoristici per un bel thriller, professionale e teso.

Colpo di fionda ** (*Kådisbellan*, Svezia 1993, col, 101′) Åke Sandgren. Con Jesper Salén, Stellan Skarsgård, Basia Frydman, Niclas Olund. ◆ Stoccolma, anni Venti: il dodicenne Roland Schütt (Salén), figlio di un socialista zoppo e di un'ebrea russa femminista, impara l'arte di arrangiarsi inventando usi creativi (come quello di elastici per fionde) per i preservativi di cui la madre vuole diffondere l'uso: ma in questo modo conoscerà la prepotenza delle autorità. Da un romanzo autobiografico del vero Schütt, il classico film svedese sull'adolescenza, tra ribellismo e intenerimento, pathos e risate, nostalgia e denuncia. L'unica novità è che la Svezia di settant'anni fa era un Paese molto meno liberale di oggi. Girato a Praga.

Colpo di fortuna, Un **½ (*Christmas in July*, Usa 1940, b/n, 70′) Preston Sturges. Con Dick Powell, Ellen Drew, Raymond Walburn, Alexander Carr, William Demarest, Ernest Truex, Al Bridge. ◆ Jimmy McDonald (Powell) è convinto, da tre colleghi d'ufficio, d'aver vinto 25 mila dollari a un concorso. Per un equivoco incassa anche i soldi e comincia a far regali a tutti, a partire dalla fidanzata (Drew). Anche in ufficio la sua vita cambia in meglio, fino a quando scopre che era tutta una beffa... Per il suo secondo film, Preston Sturges utilizza una pièce che aveva scritto ma mai rappresentato, *A Cup of Coffe*: al centro c'è ancora il «sogno americano» raccontato sempre con ironia ma con toni meno caustici e distruttivi del precedente *Il grande McGinty*. In compenso la regia è molto più fluida e dinamica e la comicità con cui racconta le disavventure di McDonald è temperata dalla tenerezza con cui giudica gli sforzi di chi insegue un (quasi) impossibile sogno di felicità.

Colpo di fulmine **½ (*Ball of Fire*, Usa 1942, b/n, 111') Howard Hawks. Con Gary Cooper, Barbara Stanwyck, Oscar Homolka, Dana Andrews, Henry Travers, S.Z. Sakell, Leonid Kniskey, Aubrey Mather, Tully Marshall, Richard Haydn, Allen Jenknis. ◆ Una spogliarellista (Stanwyck) amica di un gangster, sfugge alla polizia approfittando di un glottologo (Cooper) che la ingaggia come consulente sul gergo della mala. Soggetto e sceneggiatura di Billy Wilder che rovescia cinicamente i temi di Biancaneve: lei è il «principe» che libera un timidissimo Cooper circondato da sette antiquati professori, in una commedia che bistratta bonariamente gli intellettuali. Da non perdere l'assolo di batteria che Gene Krupa fa davanti alla Stanwyck usando come bacchette due fiammiferi e la scatoletta come tamburo. Lo stesso Hawks ne girò un remake musicale nel 1948, *Venere e il professore*.

Colpo di fulmine *½ (Italia 1985, col, 95') Marco Risi. Con Jerry Calà, Vanessa Gravina, Ricky Tognazzi, Valeria D'Obici, Elisabetta Giovannini. ◆ Un trentenne separato, licenziato e con problemi esistenziali (Calà), non trova niente di meglio che innamorarsi della figlia dodicenne di un amico (Gravina). Umorismo lieve diretto da un Marco Risi prerealista.

Colpo di fulmine *½ (*Kicked in the Head*, Usa 1997, col, 89') Matthew Harrison. Con Kevin Corrigan, James Woods, Linda Fiorentino, Michael Rapaport, Lili Taylor, Burt Young. ◆ Giovane sciroccato con il trip della spiritualità, Redmond (Corrigan) deve vedersela con la malavita da cartoon cui appartiene lo zio Sam (Woods): nel giro di quattro giorni consegnerà una partita di cocaina nelle mani sbagliate, verrà coinvolto da un amico spacciatore (Rapaport) in una guerra fra bande rivali e s'innamorerà di una hostess (Fiorentino) dai modi rudi ma dal cuore tenero. Una commedia di formazione sgangherata e «simpatica» per partito preso, che mescola Hartley e Tarantino con la petulanza filosofica del primo ma senza la smagliante verve linguistica del secondo. Scritto dal regista insieme a Corrigan, e prodotto da Martin Scorsese.

Colpo di grazia ** (*Der Frangschuss*, Rft 1976, 95') Volker Schlöndorff. Con Margarethe von Trotta, Mathias Habich, Mathieu Carrière, Valeska Gert, Rüdiger Kirschstein. ◆ Curlandia 1919-21, scontro fra tedeschi e bolscevichi: un aristocratico ufficiale controrivoluzionario (Habich) resiste alle profferte della sorella (von Trotta) dell'amico (Kirschstein), con il quale ha un rapporto di cameratismo dalle chiare valenze omosessuali. Passioni, abiezione, rimpianto per l'innocenza perduta e la fine di un mondo, in un gioco al massacro tratto dal racconto omonimo di Marguerite Yourcenar, sceneggiato da tre donne: Margarethe von Trotta, Jutta Brücknen e Geneviève Dormann.

Colpo di luna * (Italia/Francia/Olanda 1995, col, 80') Alberto Simone. Con Tcheky Karyo, Nino Manfredi, Isabelle Pasco, Jim Van der Woude, Johan Leysen, Paolo Sassanelli, Mimmo Mancini, Andrea Cagliesi, Turi Scalia. ◆ Ereditata una villa in Sicilia, l'astrofisico milanese Lorenzo (Karyo) affida i lavori di restauro all'introverso Salvatore (Manfredi) che si fa aiutare dal figlio minorato e dagli altri ospiti di una comunità terapeutica: dopo una prevedibile ostilità, il razionalissimo scienziato scoprirà che le ragioni del cuore vengono prima di quelle dell'efficienza. Esilissimo esordio di un pubblicitario che racconta una storia semi-autobiografica (quando fu chiamato a tenere un seminario sulla creatività in una comunità per alienati mentali): prodotto dalla figlia di Manfredi, Roberta, il film fa dimenticare subito le buone intenzioni sotto una marea di luoghi comuni e qualche inutile «furbizia» da botteghino (il nudo della Pasco, anche lei alienata). Quasi insopportabile l'edificante coretto finale.

Colpo di mano a Creta ** (*I'll Met by Moonlight*, Gb 1956, b/n, 104') Michael Powell, Emeric Pressburger. Con Dirk Bogarde, Marius Goring, David Oxley, Cyril Cusack. ◆ Creta, durante l'occupazione tedesca: agenti inglesi e partigiani locali cercano di risollevare il morale dell'isola con lo spettacolare rapimento del generale Kreipe. Una lettura avventurosa e cavalleresca della guerra. Durante i sopralluoghi Powell, che indossava il kilt, fu scambiato dagli isolani per «un generale scozzese che faceva un sacco di domande sui partigiani».

Colpo di pistola, Un *** (Italia 1942, b/n, 88') Renato Castellani. Con Assia Noris, Fosco Giachetti, Antonio Centa, Ruby Dalma, Renato Cialente, Mimì Dugini. ◆ Andrea (Giachetti) e Sergio (Centa), due ufficiali della guardia russa, si battono in duello per amore di Mascia (Noris): Sergio spara per primo, ma a vuoto; Andrea rinuncia, riservandosi il colpo per il futuro. Lo esigerà quattro anni dopo, quando, tornato da Mascia per dichiararsi apertamente, scoprirà che si è fidanzata con l'antico rivale. Seguirà un altro duello mancato e, finalmente, l'amore. Opera prima di Renato Castellani, che narrativamente punta sul sicuro (un racconto di Aleksandr Puškin sceneggiato e rielaborato da Mario Bonfantini, Corrado Pavolini, Mario Soldati, Alberto Moravia, all'epoca non accreditato perché ebreo, e lo stesso Castellani) per concentrarsi soprattutto sulla tecnica e la fattura cinematografica in un periodo in cui la «resistenza» artistica si esprimeva anche attraverso una forma impeccabile (naturalmente fu accusato di «calligrafismo»). La struttura a flashback (è Andrea a raccontare la storia, in due tempi diversi, e questa sfasatura allora rappresentava una novità), il bianco e nero di «grande estro geometrico», la fotografia evanescente di Massimo Terzano, il sonoro ricco di dettagli sono le prove di un esordio di alto livello stilistico, più facile da apprezzare oggi che non negli anni in cui infuriava la battaglia antifascista per un cinema meno raffinato ma più incisivo sulla realtà. Mario Soldati e Renato Castellani fanno due brevi apparizioni.

Colpo di scena ** (*From the Hip*, Usa 1987, col,

112') Bob Clark. Con Judd Nelson, Elizabeth Perkins, John Hurt, David Alan Grier. ◆ Uno strafottente avvocato alle prime armi (Nelson) accetta la difesa di un gelido professore (Hurt), accusato di avere ucciso l'amante. Film giudiziario in chiave goliardico-giovanilista che, dopo varie amenità, imbocca prevedibilmente un finale serio. Meno peggio, comunque, di altri film sui giovani rampanti degli anni Ottanta: poco noto, e parecchio imitato.

Colpo di silenzio, Un → *Cronaca di un assassinio*

Colpo di spugna **½ (*Coup de torchon*, Francia 1981, col, 128') Bertrand Tavernier. Con Philippe Noiret, Isabelle Huppert, Jean-Pierre Marielle, Stéphane Audran, Eddy Mitchell, Guy Marchand, Irène Skobuline. ◆ Trasposizione nel Senegal del 1938 del romanzo di Jim Thompson *Pop. 1280*: un poliziotto sciatto e superficiale (Noiret) trova nella propria abiezione le risorse per far rispettare una giustizia più attenta alla propria efficacia che al rispetto delle norme. Un film straniante (dove l'uso di una steadycam volutamente traballante amplifica l'instabilità delle immagini) che sembra un giallo, ma assomiglia di più a una riflessione sul dovere e sul fondamento religioso della morale.

Colpo di stato *½ (Italia 1969, b/n, 101') Luciano Salce. Con Stephen Zacharias, Dimitri Tamarov, Orchidea De Santis, Anna Casalino, Alberto Plebani. ◆ Italia, 1972: i comunisti vincono finalmente le elezioni, e i ricchi scappano sui loro yacht. Ma i dirigenti del Pci, dopo essersi consultati con Mosca, decidono di dichiarare falsi i risultati per non compromettere gli equilibri internazionali. Scritta da Salce con Ennio De Concini, una satira a metà strada tra il cabaret e il (finto) cinema-verità: spesso generica e qualunquista, ma a volte, paradossalmente, ancora attuale, specie quando dipinge i trasformismi dell'ultima ora. Con sosia di Saragat, Johnson e De Lorenzo.

Colpo doppio ** (*Timebomb*, Usa 1990, col, 95') Avi Nesher. Con Michael Biehn, Patsy Kensit, Robert Culp, Richard Jordan, Raymond St. Jacques. ◆ Perché un colonnello della Cia (Jordan) vuole uccidere l'orologiaio Edy Kay (Biehn)? Non certo perché ha l'hobby di salvare donne da edifici in fiamme, ma in quanto è il sopravvissuto di un esperimento di lavaggio del cervello per creare macchine per uccidere. Il regista (autore anche della sceneggiatura) ha combattuto nell'esercito israeliano, e cerca di mostrare la psicologia dell'uomo combattente. La confezione, per un film d'azione di serie B, è più che passabile. Produce Raffaella De Laurentiis.

Colpo grosso *½ (*Ocean's Eleven*, Usa 1960, col, 127') Lewis Milestone. Con Frank Sinatra, Dean Martin, Sammy Davis jr, Peter Lawford, Angie Dickinson, Richard Conte, Cesar Romero, Akim Tamiroff, Henry Silva. ◆ Undici ex commilitoni, guidati da Danny Ocean (Sinatra), organizzano un supercolpo a incastro in cinque casinò di Las Vegas. Sceneggiatura pressoché nulla per un film costruito su misura per Sinatra e il suo clan.

Colpo grosso al casinò *½ (*Mélodie en sous-sol*, Francia/Italia 1963, b/n, 117') Henri Verneuil. Con Jean Gabin, Alain Delon, Maurice Biraud, Viviane Romance, Carla Marlier, José Luis De Villalonga, Dora Doll, Henri Virlojeux. ◆ Prima di ritirarsi, Charles (Gabin) vuole realizzare un ultimo colpo da un miliardo di franchi. Con l'aiuto del giovane truffatore Francis (Delon) e di suo cognato Louis (Biraud), rapina gli incassi del casinò di Cannes: tutto fila alla perfezione ma una casuale fotografia sul giornale rischia di smascherare l'imprudente Francis. Un giallo senza tensione, anche se si assiste in diretta al colpo, tratto da un romanzo di John Trinian e sceneggiato con poca voglia da Albert Simonin e Michel Audiard: Gabin fa il «padre» esperto e calcolatore, Delon il «figlio» irruente e sventato. Unica scena da salvare, il finale quasi muto che riunisce intorno a una piscina ladri e poliziotti.

Colpo grosso alla napoletana * (*The Biggest Bundle of Them All*, Usa 1967, col, 110') Ken Annakin. Con Raquel Welch, Robert Wagner, Vittorio De Sica, Yvonne Sanson, Edward G. Robinson, Paola Borboni. ◆ Gruppo a nazionalità mista di ladri dilettanti, guidati da ex gangster, tenta rapina a treno carico di platino. Squinternata commedia girata fra Italia e Francia, con cast di lusso ma risultati men che mediocri.

Colpo grosso ma non troppo **½ (*Le Corniaud*, Francia/Italia 1965, col, 110') Gérard Oury. Con Bourvil [André Raimbourg], Louis de Funès, Venantino Venantini, Henri Genès, Saro Urzì, Lando Buzzanca, Alida Chelli, Pierre Roussel. ◆ Un trafficante internazionale (de Funès) distrugge in un incidente la macchina di un rappresentante (Bourvil) in partenza per l'Italia. In cambio gli presta la sua Cadillac, non dicendogli che è piena d'oro, di droga e di gioielli rubati, e lo segue di nascosto a bordo di un'altra vettura. Dopo mille disavventure e aver appreso la verità dalla polizia, il rappresentante si vendicherà a modo suo. Due grandi comici francesi a confronto in una serie di sketch legati tra loro dal tema del viaggio. La tranquillità naïf e innocente di Bourvil contro la tensione pasticciona e disonesta di de Funès: un contrasto molto ben gestito, sia dagli interpreti sia dal regista, che genera una comicità – di caratteri e di situazioni – scatenata e piacevole.

Colpo in canna * (Italia 1975, col, 100') Fernando di Leo. Con Ursula Andress, Woody Strode, Lino Banfi, Marc Porel, Aldo Giuffrè, Maurizio Arena, Isabella Biagini, Jimmy il Fenomeno [Origene Soffrano], Sergio Ammirata, Carla Brait, Renato Baldini. ◆ A Napoli la finta hostess americana Nora (Andress) mette l'una contro l'altra le gang di Silvera (Strode) e di Calò (Giuffrè), e scappa coi soldi. A parte Strode e Giuffrè che si affrontano in una parodia dei duelli di Sergio Leone, c'è poco da salvare (e da ridere) in questo giallo farsesco scritto dal regista. La Andress si spoglia spesso, anche davanti a Jimmy il Fenomeno, che per conto suo si tira giù le mutande.

Colpo rovente *½ (Italia 1970, col, 104') Pietro Zuffi. Con Michael Reardon, Barbara Bouchet, Carmelo Bene, Susanna Martinkova, Isa Miranda, Edward Ciannelli, Victoria Zinny. ◆ Un capitano del Narcotic Bureau di New York (Reardon), dai modi discutibili, sgomina una banda di spacciatori. Mezzi dispendiosi e collaboratori eccellenti (cosceneggiatura di Ennio Flaiano, fotografia di Pasqualino De Santis, montaggio di Kim Arcalli) ma troppe concessioni alle mode d'epoca, effetti psichedelici compresi. Carmelo Bene è un killer prezzolato.

Colpo secco ** (*Slap Shot*, Usa 1977, col, 122') George Roy Hill. Con Paul Newman, Michael Ontkean, Lindsay Crouse, Jennifer Warren, Strother Martin, Melinda Dillon. ◆ Una squadra provinciale di hockey su ghiaccio, incoraggiata da un allenatore senza scrupoli (Newman) gioca duro per vincere e scatena un'escalation di scontri sul campo. Commedia violenta (negli scontri in campo ma soprattutto nel linguaggio) e a tratti umoristica, che vorrebbe essere una specie di metafora sulla legge del profitto che invade ogni campo dell'esistenza. Meglio le scene più intimiste (con una bravissima Jennifer Warren, moglie separata dell'allenatore) di quelle, pur girate con brio, delle partite-combattimento.

Colpo su colpo * (*The Naked Runner*, Usa 1967, col, 104') Sidney J. Furie. Con Frank Sinatra, Peter Vaughan, Derren Nesbitt, Nadia Gray, Edward Fox. ◆ Un architetto americano (Sinatra) è coinvolto in una complicata macchinazione con cui si vuole spingerlo ad assassinare un agente nemico. Melodramma spionistico di insostenibile pesantezza.

Colpo vincente ** (*Hoosiers*, Usa 1986, col, 115') David Anspaugh. Con Gene Hackman, Barbara Hersey, Dennis Hopper, Sheb Wooley, Fern Parson, Brad Boyle. ◆ Primi anni Cinquanta nell'ottusa provincia americana: un tenace allenatore (Hackman) porta alla vittoria la locale squadra di basket e al riscatto personale un ex giocatore alcolizzato (Hopper). Tradizionale sport-movie con una bella interpretazione di Hopper (il beone) dalle chiare valenze autobiografiche.

Coltelli del vendicatore, I **½ (Italia 1966, col, 86') John Old [Mario Bava]. Con Cameron Mitchell, Fausto Tozzi, Elisa Mitchell [Elissa Pichelli], Giacomo Rossi Stuart. ◆ Perseguitato dal rimorso, il vichingo Rurik (Mitchell) protegge dal malvagio Hagen (Tozzi) la donna che aveva violentato: ma quando torna in circolazione il marito (Stuart), la faccenda si complica. Su un canovaccio che prende spunto dal *Cavaliere della valle solitaria*, ma con un eroe molto più «sporco» e tormentato, Bava costruisce un interessante western vichingo che mescola i generi allegramente. Carrelli degni di Kurosawa, immagini liriche ed epiche (la fotografia è di Antonio Rinaldi), aria da fine dei tempi (e di un genere): un cinema popolare e raffinato come non si è più fatto. Noto anche come *Raffica di coltelli*. In Tv circola una versione di 65'.

Coltello di ghiaccio, Il * (Italia/Spagna 1972, col, 92') Umberto Lenzi. Con Carroll Baker, Alan Scott, Evelyn Stewart [Ida Galli], Eduardo Fajardo, Franco Fantasia, Dada Gallotti. ◆ Muta in seguito a un trauma, Martha (Baker) torna a casa giusto in tempo perché un presunto satanista cominci a sfoltire il parentado. Modesto giallo che non tiene fede alla citazione di Poe iniziale («La paura è un coltello di ghiaccio che lacera i sensi fino al fondo della coscienza»), e serve un disonestissimo colpo di scena. Scritto dal regista e Antonio Troisio.

Coltello in testa, Il **½ (*Messer im Kopf*, Rft 1978, col, 108') Reinhard Hauff. Con Bruno Ganz, Angela Winkler, Hans Christian Blech, Heinz Hönig, Hans Brenner. ◆ Colpito in testa da un proiettile, un uomo (Ganz) deve imparare a riapprendere tutte le facoltà e mentre la polizia lo vuole terrorista e la sinistra cerca di trasformarlo in un martire, lui inizia la sua personale indagine per scoprire la verità. Ispirato a due casi reali, la morte di Benn Ohnesurg e l'attentato a Rudy Dutschke (in occasione dei quali, l'interpretazione dei media divenne più importante delle vicende stesse) il film cerca di capire il ruolo della violenza nella società tedesca di quegli anni e sottolinea l'importanza della resistenza individuale (il protagonista è una specie di «santo folle degli anni di piombo») contro la violenza delle istituzioni e l'egoismo sociale.

Coltello nell'acqua, Il **** (*Nóż w wodzie*, Polonia 1962, b/n, 94') Roman Polanski. Con Leon Niemczyk, Jolanta Umecka, Zygmunt Malanowicz. ◆ Il giornalista Andrzej (Niemczyk) e l'inquieta moglie Krzystyna (Umecka) ospitano un giovane autostoppista (Malanowicz) sulla propria barca. Sotto un cielo costantemente plumbeo, la competizione fra il ragazzo e l'uomo maturo finisce per degenerare. Primo lungometraggio di Polanski, cosceneggiato e montato dal futuro regista Jerzy Skolimowski, è una sottile analisi di caratteri, uno sguardo impietoso sulle diverse ipocrisie di una realtà asfissiante e attraversata dall'insofferenza giovanile. Un autentico capolavoro, con cui il regista abbandona la metafora storica, tratto caratteristico della Scuola polacca di cinema, a favore di una parabola più «panteistica» dove l'antipsicologismo con cui vengono tratteggiati i personaggi prende «cadenze metafisiche» e l'ambiguo fascino del lago di Masuria (teatro della storia) assume un ruolo che va al di là della semplice ambientazione scenografica per diventare con la sua bellezza geometrica un vettore fondamentale della tragedia.

Coltello nella piaga, Il *½ (*Le Couteau dans la plaie*, Francia/Italia/Usa 1962, b/n, 100') Anatole Litvak. Con Sophia Loren, Anthony Perkins, Jean-Pierre Aumont, Elina Labourdette. ◆ Ex pilota (Perkins) scampa a disastro e si finge morto per incassare l'assicurazione con la complicità della moglie (Loren) che spera, accettando, di sbarazzarsi di lui. Una Parigi non convenzionale, un Perkins inquieto e una Loren, se non altro, procace, per un medio thriller con finale a sorpresa e accenti hitchcockiani.

Colui che deve morire *½ (*Celui qui doit mourir*, Francia/Italia 1957, b/n, 126') Jules Dassin. Con Jean Servais, Pierre Vaneck, Carl Möhner, Maurice Ronet, Fernand Ledoux, Gert Fröbe, Roger Hanin, René Lefèvre, Teddy Billis, Melina Mercouri, Grégoire Aslan. ◆ 1922: in un villaggio dell'Asia minore sottomesso agli ottomani, mentre il pope Grigoris (Ledoux) sta organizzando la rappresentazione della Passione, l'arrivo di un gruppo di profughi greci guidati da padre Fotis (Servais) rischia di rompere gli equilibri col potere turco e ridurre i privilegi della comunità locale. Il pastore che doveva interpretare Cristo (Vaneck) e la donna indicata come Maria Maddalena (Mercouri) cercano di aiutarli, ma faranno la fine che è scritta nei loro personaggi. Volonterosa ma anonima riduzione di un romanzo di Nikos Kazantzakis, sceneggiato da Ben Barzman e André Obey. Invece di sfumare il pesante risvolto cristologico di questo scontro tra carità ed egoismo, la regia (e una scelta di cast approssimativa) finisce per accentuarne le sottolineature metaforiche, trasformando il film in una lunga - e supponente - predica.

Comanceros, I *½ (*The Comancheros*, Usa 1962, col, 107') Michael Curtiz. Con John Wayne, Stuart Whitman, Ina Balin, Lee Marvin, Bruce Cabot, Nehemiah Persoff. ◆ Un ricercato (Whitman), una bella avventuriera (Balin) e un capitano dei ranger (Wayne) alle prese con una banda di fuorilegge che istiga gli indiani alla violenza. L'ultimo film di Curtiz, più pittoresco che altro. Buona colonna sonora di Elmer Bernstein.

Comandante, Il *½ (Italia 1964, b/n, 109') Paolo Heusch. Con Totò [Antonio de Curtis], Andreina Pagnani, Linda Sini, Britt Ekland, Franco Fabrizi. ◆ Nel suo centesimo film Totò è il generale Cavalli che, per limiti d'età, deve passare alla vita civile con evidenti problemi. Una sceneggiatura di Sonego che cerca di costruire un personaggio più crepuscolare che umoristico. La sequenza del tentato suicidio ricorda troppo Buster Keaton.

Comandante Johnny, Il * (*You're in the Navy Now*, Usa 1951, b/n, 93') Henry Hathaway. Con Gary Cooper, Jane Greer, Eddie Albert, Millard Mitchell, Jack Weeb, Lee Marvin, Charles Bronson. ◆ Seconda guerra mondiale: un inesperto comandante (Cooper) viene richiamato per guidare la ciurma scalcinata di una carretta del mare con motore a vapore. Una commedia piatta e banale che si può ricordare solo per l'esordio di due futuri duri come Lee Marvin e Charles Bronson.

Coma profondo **½ (*Coma*, Usa 1978, col, 120') Michael Crichton. Con Geneviève Bujold, Richard Widmark, Michael Douglas, Elizabeth Ashley, Rip Torn, Tom Selleck. ◆ Una dottoressa (Bujold) indaga su due casi di coma nella sua clinica e scopre un traffico di organi umani. Azione e suspense che Crichton trae da un romanzo di Robin Cook, in un buon thriller che dà corpo ai fantasmi dell'orrore quotidiano e alza il velo sul lato oscuro della scienza. Particina d'esordio per Ed Harris.

Combat Dance – A colpi di musica ° (*Rooftops*, Usa 1989, col, 95') Robert Wise. Con Jason Gedrick, Troy Beyer, Eddie Velez, Alexis Cruz, Tisha Campbell. ◆ I ragazzi di Alphabet City, disgregato quartiere newyorkese, si sfidano in combattimenti a suon di musica, dal senso rituale e quasi terapeutico. Deludentissimo ritorno di Wise (il regista di *West Side Story*) sulle strade del musical.

Combattenti della notte *½ (*Cast a Giant Shadow*, Usa 1966, col, 142') Melville Shavelson. Con Kirk Douglas, Angie Dickinson, Senta Berger, John Wayne, Frank Sinatra, Yul Brynner. ◆ Un colonnello Usa (Douglas) si unisce, nel 1947, all'esercito degli israeliani in lotta contro gli arabi. Le vicende belliche non lo distraggono da quelle sentimentali, diviso com'è fra la moglie (Dickinson) e una bella ebrea (Berger). Biografia dell'eroe di guerra David «Mickey» Marcus di sincera ispirazione ma logorroico svolgimento.

Com'è cambiata la nostra vita *½ (*F comme Fairbanks*, Francia 1976, col, 92') Maurice Dugowson. Con Miou-Miou [Sylvette Hery], Patrick Dewaere, Michel Piccoli, John Berry, Jean-Michel Folon, Diane Kurys, Thierry Lhermitte. ◆ André Fragman (Dewaere), ingegnere chimico ventiseienne (soprannominato Fairbanks dal padre che fa il proiezionista in un vecchio cinema), si sente fuori posto nella cinica concretezza materialistica della Francia anni Settanta e trova rifugio nel mondo di celluloide dei divi hollywoodiani anni Venti. Ma la contraddizione è insolubile e André impazzisce. Idealismo e sensibilità psicologica, nella discreta seconda prova di un regista di provenienza televisiva. In originale dura 110'.

Com'è difficile farsi ammazzare * (*Short Time*, Usa 1990, col, 95') Gregg Champion. Con Dabney Coleman, Matt Frewer, Teri Garr, Barry Corbin, Joe Pantoliano. ◆ Un poliziotto depresso e divorziato (Coleman), convinto di avere i giorni contati, decide di buttarsi in missioni suicide per far incassare ai suoi l'assicurazione sulla propria vita. Coleman funziona, il film molto meno.

Come dire... **½ (Italia 1983, col, 80') Gianluca Fumagalli. Con Mariella Valentini, Alessandra Comerio, Francesco Guzzetti, Silvano Cavatorta, Claudio Bisio. ◆ Adriana (Valentini), cantautrice alle prese col suo primo disco, immagina una trama per le sue composizioni: Nanni e Carlina (Guzzetti e Comerio) – lui incaricato di un'inchiesta per una radio privata, lei appena tornata dagli Stati Uniti – si incrociano a una fermata del metrò di Milano, si perdono, si cercano, si sfiorano, si ritrovano... Esordio girato in 16mm e gonfiato a 35mm, il film racconta le peregrinazioni di un gruppo di giovani che cercano di comunicare tra loro. Fumagalli e il suo cosceneggiatore Fabio Carlini, però, rifiutano la facile sociologia giovanilistica per cercare, non senza qualche acerbità, attraverso la gratuità offerta dal destino, «la gratuità dell'atto cinematografico»: filmare fuori dagli schemi commerciali, con la stessa libertà delle improvvisazioni jazz di Gaetano Liguori che fanno da colonna sonora.

Come divenni padre *½ (*Sorrowful Jones*, Usa 1949, b/n, 88') Sidney Lanfield. Con Bob Hope, Lucille Ball, William Demarest, Mary Jane Saunders, Bruce Cabot. ◆ Un allibratore (Hope) si trova a doversi occupare della figlioletta (Saunders) di un amico ucciso dai soci. Commediola gangster-sentimentale, remake di *Little Miss Marker* e a sua volta rifatta nel 1963 (*Venti chili di guai... e una tonnellata di gioia*) e nel 1980 (*E io mi gioco la bambina*).

Come due coccodrilli ** (Italia 1993, col, 100') Giacomo Campiotti. Con Fabrizio Bentivoglio, Giancarlo Giannini, Valeria Golino, Sandrine Dumas, Angela Baraldi. ◆ Gabriele (Bentivoglio), esperto d'arte quarantenne, torna da Parigi sul lago di Como dove è nato e da dove è fuggito vent'anni prima: vuole vendicarsi dei fratellastri che gli avevano sempre rinfacciato di essere il frutto, insieme a un fratello più piccolo, della relazione tra il padre (Giannini) e una donna sola (Golino), ma quando il suo piano sta per andare in porto capirà anche l'inutilità del suo gesto. Un melodramma familiare che si dispiega come un noir, con un duro solitario che naviga a ritroso nel suo passato e una vicenda dolorosa che riemerge a squarci e frammenti: si punta in alto e la storia (scritta dallo stesso regista insieme a Lucia Zei) è fin troppo ricca di spunti, ma Campiotti – bravo nel dirigere i bambini – non riesce a governare completamente il film quando i suoi protagonisti crescono: tocca a Bentivoglio (sempre un po' troppo torvo) tenere insieme un racconto che, dopo un discreto avvio, tende a sfilacciarsi in una cattiveria programmatica e più raccontata che vissuta davvero, proprio là dove dovrebbe coagularsi per la sofferenza e la tensione.

Com'è dura l'avventura * (Italia 1987, col, 97') Flavio Mogherini. Con Paolo Villaggio, Lino Banfi, Gastone Moschin, Alessandro Haber, Flavio Bucci. ◆ Per truffare l'assicurazione un industriale (Moschin) mette nei guai il cognato contabile e un lupo di mare (Banfi e Villaggio). Scenari esotici e marinari per un insulso assemblaggio di sketch televisivi. Unica soddisfazione, Lino Banfi sodomizzato da un beduino. Fugace apparizione di Brigitta Boccoli come nipote del lupo di mare sedotta dall'industriale.

Come eravamo *** (*The Way We Were*, Usa 1973, col, 118') Sydney Pollack. Con Barbra Streisand, Robert Redford, Bradford Dillman, Viveca Lindfors, Lois Chiles, James Woods, Sally Kirkland, Susie Blakely. ◆ Amore e conflitti sociali dal 1937 ai primi anni Cinquanta, fra uno scrittore di talento disponibile al compromesso (Redford) e un'ebrea comunista irriducibile e rooseveltiana (Streisand). Operazione nostalgia sulle spinte democratiche e le speranze travolte di una generazione che, in un finale agrodolce, non rinuncia ai propri ideali. Dopo le prime proiezioni furono tagliati 75', soprattutto di argomento politico (sulle conseguenze del maccartismo a Hollywood) stravolgendo la sceneggiatura di Arthur Laurents e David Rayfiel. Premio Oscar per la canzone *The Way We Were* musicata da Marvin Hamlisch che appare brevemente nella scena della proiezione a Beverly Hills.

Come essere donna senza lasciarci la pelle *½ (*Como ser mujer y non morir en el intento*, Spagna 1991, col, 89') Ana Belén. Con Carmen Maura, Antonio Resines, Tina Sainz, Juan Diego Botto, Olaya Aguirre. ◆ Stanca dell'insensibilità quotidiana del suo terzo marito, peraltro innamorato, Carmen (Maura) decide di abbandonarlo, non senza qualche titubanza. Tanto è destinata a reincontrarlo... Sganciatasi da Almodóvar, Carmen Maura dimostra quanto è brava (ce n'era bisogno?), ma anche quanto fosse importante un regista sintonizzato sulle sue corde. L'esordiente Belén ci prova, «confondendo il realismo con la prevedibilità», ma almeno non peccando di presunzione: un film senza infamia e senza lode.

Come far carriera... molto disonestamente *½ (*A Shock to the System*, Usa 1990, col, 91') Jan Egleson. Con Michael Caine, Elizabeth McGovern, Peter Riegert, Swoosie Kurtz, Will Patton. ◆ Un dirigente (Caine) prossimo alla promozione, ma superato da un giovane rampante, si convince che il delitto perfetto esiste, e comincia a farne uso sistematico per arrivare ai propri scopi. Caine garantisce un tocco di umorismo nero britannico in una commedia ripetitiva e che non mantiene tutte le sue promesse.

Come ho vinto la guerra **½ (*How I Won the War*, Gb 1967, col, 110') Richard Lester. Con Michael Crawford, John Lennon, Jack McGowran, Karl Michael Vogler. ◆ Durante la seconda guerra mondiale il tenente Goodboy (Crawford), che ha il compito di creare un campo di cricket penetrando nelle linee nemiche, vede morire tutti i suoi uomini. Il film più ambizioso di Lester, per il quale vorrebbe «essere giudicato e ricordato»: una inquietante e disarticolata farsa antimilitarista, scritta da Charles Wood, vicina allo spirito dei fratelli Marx e alla loro *Guerra lampo*. La miglior interpretazione cinematografica del leader dei Beatles John Lennon, divertente esegeta delle tattiche «dell'astuto afgano».

Come imparai ad amare le donne *½ (Italia/Rft/ Francia 1966, col, 110') Luciano Salce. Con Robert Hoffmann, Romina Power, Michèle Mercier, Nadia Tiller, Elsa Martinelli, Sandra Milo, Gianrico Tedeschi, Orchidea De Santis, Anita Ekberg, Zarah Leander, Vittorio Caprioli, Mita Medici, Gigi Ballista, Carlo Croccolo. ◆ Tanto ingenuo quanto belloccio, Roberto Monti (Hoffmann) viene educato al sesso dalle donne che incontra, fino a che la quindicenne Irene (Power) non riuscirà a portarlo all'altare. Stanca commedia che si vorrebbe «all'americana» sulla mitologia tutta maschile delle donne e dei motori (Roberto preferisce la meccanica al sesso e la sua carriera passa da garagista a secondo pilota e venditore di Cadillac), ma la sceneggiatura di Castellano e Pipolo inanella episodi in modo meccanico e senza brio (la storia è sempre la stessa: lui non capisce molto, lei lo «istruisce») sprecando anche l'idea delle vacanze al tempo della rivoluzione francese nell'episodio con Michèle Mercier professore di fisica atomica. Molte promesse di nudità ma – in ossequio alla censura di quegli anni – poca epidermide in vista: una Ekberg nuda ma sott'acqua, una Martinelli con i seni coperti dall'alloro del vincitore di una gara, un fianco della Mercier, Romina Power pre-Al Bano di schiena ma con un fiocco in posizione strategica. L'ex diva nazi Zarah Leander nella parte della contessa Olga si esibisce al pianoforte e Mita Medici è la sua nipotina.

Come ingannare mio marito * (*Who's Got the Action?*, Usa 1963, col, 93') Daniel Mann. Con Dean Martin, Lana Turner, Walter Matthau, Eddie Albert, Paul Ford. ◆ Dino (Martin) è un assatanato scommettitore alle corse dei cavalli e l'innamorata mogliettina (Turner) si improvvisa allibratrice per riprenderselo. Una commedia futile e fiacca con un cast sottotono.

Come inguaiammo l'esercito * (Italia 1965, b/n, 89') Lucio Fulci. Con Remo Germani, Alicia Brandet, Franco Franchi, Ciccio Ingrassia, Gina Rovere, Lino Banfi, Moira Orfei. ◆ Un cantante in servizio di leva (Germani) nasconde in caserma il figlio, aiutato da due commilitoni pasticcioni, il soldato Franco Piscitello (Franchi) e il sergente Camilloni (Ingrassia). Ramazze, adunate e goliardia da caserma, in una scontata commedia degli equivoci.

Come in uno specchio **½ (*Säsom i en spegel*, Svezia 1960, b/n, 89') Ingmar Bergman. Con Harriet Andersson, Max von Sydow, Gunnar Björnstrand, Lars Passgård. ◆ Una famiglia in vacanza sul Baltico: Karin (Andersson) è appena uscita dall'ospedale psichiatrico, il padre David (Björnstrand) è uno scrittore che vede in lei soprattutto uno spunto letterario, il marito Martin (von Sydow) è un medico positivista, il fratello Minus (Passgård) subisce le attenzioni morbose e i racconti allucinatori-religiosi di Karin. Ognuno legge negli altri, come in uno specchio, la realtà dell'incomprensione e del proprio male di vivere. Uno straordinario quartetto di personaggi in un «dramma da camera» scandito dalla suite n. 2 in Re minore per solo Violoncello, che affronta i nodi della vita: lo scopo della malattia, il ruolo della famiglia, il senso dell'arte, la ricerca dell'infinito e della trascendenza, la presenza di Dio (problema posto per la prima volta esplicitamente nell'opera di Bergman e rappresentato, nei sogni di Karin, con un ragno gigante). È considerato il primo capitolo della trilogia dedicata alla questione religiosa, che all'epoca Bergman accettò di descrivere così: «*Come in uno specchio*: certezza conquistata. *Luci d'inverno*: certezza messa a nudo. *Il silenzio* – silenzio di Dio – la copia in negativo». Il titolo del film è tratto dagli *Atti degli Apostoli*, dalla prima Lettera di San Paolo ai Corinti («Adesso noi vediamo come in uno specchio, in maniera confusa: allora vedremo faccia a faccia»), mentre la «certezza acquisita» (Dio è amore, l'amore è Dio) è dichiarata apertamente nel finale, un po' didattico e staccato dal resto del film. Eccezionale la Andersson. Girato a Fårö, l'isola in cui più tardi lo stesso Bergman si stabilì. Oscar per il miglior film straniero.

Come l'acqua per il cioccolato *½ (*Como agua para chocolate*, Messico 1992, col, 113') Alfonso Arau. Con Lumi Cavazos, Marco Leonardi, Regina Torne, Ada Carasco, Yareli Arizmendi, Claudelle Maille. ◆ Messico, gli anni della rivoluzione: pur di restare vicino all'amata Tita (Cavazos), che la tradizione familiare relega allo zitellaggio, Pedro (Leonardi) ne sposa la sorella. E Tita esprime la sua passione imbandendo raffinati manicaretti. Tratto dal romanzo *Dolce come il cioccolato* di Laura Esquivel (moglie del regista e sceneggiatrice del film), un'opera a metà strada tra la telenovela e *Il pranzo di Babette*, con molto realismo magico e fiabesco alla Garcia Marquez: il risultato è ruffiano ma piuttosto insipido, e il film sembra fatto apposta per l'esportazione. Il titolo, che traduce troppo letteralmente quello originale, è un modo di dire messicano che significa essere nervosissimi, bollenti come l'acqua che deve sciogliere il cioccolato. In originale dura 144'.

Come l'amore *½ (Italia 1968, b/n, 87') Enzo Muzii. Con Alfred Lynch, Anna Maria Guarnieri, Valentino Esposito, Giuseppe Salierno. ◆ Una coppia insegue l'ombra dell'amore perduto sullo sfondo di Positano. Troppi echi di Antonioni (il ricorso alla fotografia per recuperare una lettura razionale delle cose). Orso d'argento a Berlino.

Come le foglie ** (Italia 1934, b/n, 80') Mario Camerini. Con Isa Miranda, Mimi Aylmer, Nino Besozzi, Ernesto Sabbatini, Cesare Betterini. ◆ Nennele (Miranda), divisa fra l'amore per il cugino Max (Besozzi) e i suoi doveri verso il padre aristocratico prossimo al tracollo economico, medita il suicidio. Ma poi si deciderà a sposare il laborioso cugino. Melodrammone di sapore naturalistico e a lieto fine, tratto dall'omonima commedia di Giuseppe Giacosa (già filmata nel 1916 da Gennaro Righetti) e sceneggiata da Ivo Perilli ed Ercole Patti.

Come le foglie al vento **½ (*Written on the Wind*, Usa 1956, col, 98') Douglas Sirk. Con Lauren Bacall, Dorothy Malone, Robert Stack, Rock Hudson, Robert Keith, Grant Williams. ◆ Kyle Hadley (Stack) e sua sorella Marylee (Malone), figli di un petroliere texano, non riescono a coronare i loro rispettivi sogni d'amore con Lucy (Bacall) e Mitch (Hudson), il primo perché alcolizzato, la seconda perché fondamentalmente arida: dopo una violenta resa dei conti, nella quale Kyle muore, Lucy e Mitch se ne andranno insieme, lasciando Marylee sola con tutte le sue ricchezze. Ripensando la struttura narrativa del melodramma, Sirk innova con questo film la tradizione del genere, sostituendo agli accadimenti della cronaca l'esacerbarsi dei sentimenti (soprattutto negativi: invidia, frustrazione, senso della sconfitta) e mettendo al centro della sua storia l'impotenza sottaciuta o l'edipo irrisolto. Ma questa scelta oggi rischia di sembrare invecchiata: il film continua a farsi apprezzare soprattutto per la superba fotografia in technicolor di Russell Metty e per la recitazione, «esasperatamente lirica» di Dorothy Malone (Oscar come non protagonista), ma manca completamente la finezza di notazioni psicologiche e la sottile ironia che Sirk aveva dimostrato in molti altri film, a cominciare da *La magnifica ossessione*.

Come mi vuoi * (Italia/Francia 1996, col, 92') Carmine Amoroso. Con Enrico Lo Verso, Vincent Cassel, Monica Bellucci, Francesco Casale, Urbano Barberini, Memé Perlini, Massimo Bulla. ◆ Durante una retata, l'agente Pasquale (Cassel) scopre che un suo ex compagno di scuola fa la vita *en travesti* col nome di Desideria (Lo Verso): e tra i due scocca anche una scintilla, nonostante il poliziotto abbia al paese una prosperosa fidanzata (Bellucci). Al suo debutto come regista, Amoroso dirige un pasticciaccio goliardico e sessuofobico, dove la speranza di dare scandalo spinge sui binari della peggior farsa (le «compagne» d'appartamento di Desideria – Gioia [Casale] e Gaia [Barberini] – sono caricature stucchevoli). Resta un mistero perché Lo Verso accetti certi ruoli.

Come nacque il nostro amore *½ (*Mother Wore Tights*, Usa 1947, col, 107') Walter Lang. Con Betty Grable, Dan Dailey, Mona Freeman, Connie Marshall, Vanessa Brown. ◆ L'onorata carriera di Myrtle McKinley (Grable) e Frank Burt (Dailey), coppia fissa nel vaudeville e poi nella vita: genitori esemplari anche se spesso in tournée, il sorriso sempre sulle labbra. Iris (Freeman), la figlia più grande, quando è in età da marito se ne vergogna un po', ma cambierà idea. Musical zuccheroso e sgargiante (la fotografia è di Harry Jackson), che trasuda perbenismo e gioia di vivere. Lo spettatore che non ama il kitsch rischia di esserne sconvolto al punto da trasformarsi in serial killer. Oscar alla colonna sonora di Alfred Newman.

Come perdere una moglie... e trovare un'amante * (Italia 1978, col, 104') Pasquale Festa Campanile. Con Johnny Dorelli, Barbara Bouchet, Gabriella Giorgelli, Carlo Bagno, Elsa Vazzoler. ◆ Lui e lei (Dorelli e Bouchet), dopo un incidente, tornano a casa fuori orario e scoprono i rispettivi coniugi intenti a tradirli. Disavventure parallele fin troppo ovvie.

Come, quando, perché *½ (Italia 1969, col, 102') Antonio Pietrangeli. Con Danielle Gaubert, Philippe Leroy, Horst Bucholz, Elsa Albani, Lilly Lembo, Liana Orfei. ◆ Paola (Gaubert) prima rifiuta e poi accetta la corte di Alberto (Bucholz): quando l'amante se ne va vorrebbe confessare tutto al marito (Leroy) ma preferisce continuare a fingere con lui una passione inesistente. Crisi coniugale e aridità dei sentimenti borghesi, sullo sfondo della società neocapitalista. L'ultimo film di Pietrangeli morto durante le riprese (e portato a termine da Valerio Zurlini) non è all'altezza delle altre opere del regista.

Com'era verde la mia valle *** (*How Green Was My Valley*, Usa 1941, b/n, 118') John Ford. Con Walter Pidgeon, Maureen O'Hara, Donald Crisp, Anna Lee, Roddy McDowall, John Loder, Sara Allgood, Barry Fitzgerald, Mae Marsh. ◆ Lasciando la città del Galles dove è vissuto, Huw Morgan (McDowall) ricorda i mutamenti sociali che la miniera ha innescato nella sua famiglia, e attraverso di essa, in tutto il villaggio: la conflittualità operaia, la nascita del sindacato, la fine di una concezione paternalistica dei rapporti interpersonali, la crisi della comunità familiare, l'emigrazione come risposta alla povertà. Tratto dal romanzo omonimo di Richard Llewellyn (sceneggiato da Philip Dunne), il film racconta, con i toni struggenti dell'epica familiare, la fine di un'epoca che si conclude con la morte del vecchio Morgan (Crisp) nel crollo di un pozzo minerario. Una fine dolorosa, che Ford rievoca con partecipazione ma senza nascondere l'inadeguatezza di quel mondo (e di quei valori) di fronte ai mutamenti sociali: ai suoi eroi non resta che sopportare in silenzio la propria sconfitta, come il reverendo Gruffydd (Pidgeon) che non ha il coraggio di accettare il proprio amore per Anghard Morgan (O'Hara) e così fallisce come uomo e come ministro di culto. Fotografato in un bel bianco e nero da Arthur Miller, il film impose a Zanuck un enorme sforzo produttivo (l'intero villaggio fu ricostruito in studio) ma fu ripagato da cinque Oscar: miglior film, regia, attore non protagonista (Crisp), fotografia e scenografia (Richard Day e Nathan Juran). In originale la voce narrante è di Irving Pichel.

Come rubare un milione di dollari e vivere felici **½ (*How To Steal a Million*, Usa 1966, col, 127') William Wyler. Con Audrey Hepburn, Peter O'Toole, Eli Wallach, Hugh Griffith, Charles Boyer. ◆ Un falso furto di una statua finta, commissionato a un ladro fasullo dalla figlia di un falsario che teorizza: «era molto facile per Gauguin, lui poteva fare quel che voleva, io invece devo fare un Gauguin». Lo spunto non diventa discorso strutturale, come nel wellesiano *F for Fake*, ma il film, ultima commedia di Wyler, è garbato e tutto da godere.

Come salvare un matrimonio e... rovinare la propria vita *½ (*How to Save a Marriage (And Ruin Your Life)*, Usa 1968, col, 108') Fielder Cook. Con Dean Martin, Stella Stevens, Eli Wallach, Anne Jackson, Betty Field, Jack Albertson. ◆ Per salvare il matrimonio del suo miglior amico (Wallach), uno scapolo impenitente (Martin) decide di corteggiarne l'amante, ma sbaglia donna (Stevens). Una di quelle improbabili commedie anni Sessanta dove tutto suona falso, dai vestiti (chi mai metterebbe la giacca gialla a scacchi neri e la cloche, sempre gialla, con veletta fatte indossare alla Stevens?) alle battute sul matrimonio, che sembra ridursi a un problema di «polpettone freddo». L'unica ideina è la cinefilia necrofila (solo gli attori morti sono bravi) della vera amante di Wallach, Anne Jackson.

Come scopersi l'America * (Italia 1950, b/n, 89') Carlo Borghesio. Con Erminio Macario, Carlo Ninchi, Delia Scala, Folco Lulli, Nino Pavese, Nunzio Filogamo, Pina Gallini, Carlo Rizzi, Alfredo Rizzi, Dario Michaelis. ◆ Stanchi della povertà e dei disordini dell'Italia, i due poveracci Cristoforo Colombo (Macario) e Gaetano (Ninchi) decidono di cercare fortuna in Sud America: il primo s'innamora di una soubrette (Scala) che sta cercando il fidanzato emigrato, il secondo è sempre sul punto di sposarsi con una vecchia mostruosa (Gallini), ma le loro speranze di far fortuna saranno sempre deluse. Commediola qualunquista, scritta dal regista con Leo Benvenuti, Mario Monicelli, Steno e Mario Amendola: la comicità di Macario è ai minimi storici e i tentativi di satira politica, equamente rivolti a destra (i tre nazisti che fuggono in Sudamerica) e a sinistra (Gaetano giustifica i suoi «furti» con la teoria della socializzazione dei mezzi), sono pietosi. Per dimostrare il degrado dell'Italia, all'attacchino Macario che sta incollando il manifesto di *Ladri di biciclette* rubano naturalmente la bicicletta.

Come si distrugge la reputazione del più grande agente segreto del mondo ** (*Le Magnifique*, Francia 1973, col, 92') Philippe de Broca. Con Jean-Paul Belmondo, Jacqueline Bisset, Vittorio Caprioli, Fabrizio Moresco, Monique Tarbès. ◆ François Merlin (Belmondo), un mediocre scrittore di successo, presta all'agente segreto dei suoi romanzi, Bob Saint-Clair, i propri umori quotidiani fino a confondere il rapporto che lo lega alla vicina di casa (Bisset) con quello burrascoso e letterario fra l'eroe e la sua bella. Avventura parodistica costruita su misura per un Belmondo incontenibile, con piglio umoristico e sentimentale.

Come sono buoni i bianchi! ** (*Los negros también comen*, conosciuto anche col titolo *Y'a bon les blancs*, Spagna/Francia/Italia 1988, col, 98') Marco Ferreri. Con Marushka Detmers, Michele Placido, Juan Diego, Michel Piccoli, Nicoletta Braschi. ◆ Una scalcinata spedizione di bianchi è impegnata a portare aiuti alimentari ai bambini del Sahel. Ne succedono di tutti i colori fino all'epilogo antropofago che dà un senso più compiuto al titolo. Smascheramento, in chiave grottesca, della vocazione colonialista dell'Occidente, perché anche «la carità è una forma di sopruso: chi ha il cibo comanda su chi ha fame».

Come sposare una figlia ** (*The Reluctant Debutante*, Usa 1958, col, 96') Vincente Minnelli. Con Rex Harrison, Kay Kendall, John Saxon, Sandra Dee, Angela Lansbury. ◆ Jane Broadbent (Dee), figlia americana (e di primo letto) di un distinto londinese (Harrison), sbava per un batterista yankee ma è costretta dalla matrigna snob (Kendall) al debutto in società. Una provvidenziale eredità mette tutto a posto. La plebea società americana a confronto con quella inglese, sofisticata e tutta presa da etichetta e mondanità, in una commedia ben dialogata (da William Douglas Home), nella quale però un Minnelli raffinato come sempre, ma un po' estetizzante, non riesce a graffiare veramente e finisce per «fare un film frivolo sulla frivolezza».

Come sposare un milionario *** (*How to Marry a Millionaire*, Usa 1953, col, 92') Jean Negulesco. Con Marilyn Monroe, Lauren Bacall, Betty Grable, William Powell, Rory Calhoun, David Wayne, Cameron Mitchell. ◆ Tre modelle (Monroe, Bacall e Grable) a caccia di milionari da sposare riescono a incastrare un riccone e due squattrinati. Secondo film in CinemaScope della storia, elegante e divertente, rifacimento (di Nunnally Johnson) di *The Greeks Had a Word for Them* (1932, di Lowell Sherman con Joan Blondell). Ottime Bacall e Grable, ma strepitosa la Monroe miope, che non vuole portare gli occhiali e così inciampa continuamente e legge i libri alla rovescia.

Come te movi, te fulmino! *½ (Italia 1958, col, 89') Mario Mattoli. Con Renato Rascel, Giovanna Ralli, Mario Carotenuto, Xenia Valderi, Dori Dorika, Dino Curcio. ◆ Un timido maestro di scuola, Renato Tuzzi (Rascel), perseguitato dai creditori e umiliato dagli scolari, trova un po' di conforto solo presso Giovanna (Ralli), la figlia del ristoratore, della quale è segretamente innamorato. Sarà il padre di lei (Carotenuto) a spiegargli che per avere successo nella vita è meglio essere prepotenti: insegnamento che Renato saprà mettere in pratica. Versione cinematografica della commedia musicale *Un paio d'ali* di Garinei e Giovannini prodotta senza economia di mezzi da Angelo Rizzoli e Peppino Amato (che per l'occasione fondarono la Riama Film). Ma le coreografie di Hermes Pan e lo sfoggio di citazioni letterarie nel copione non nascondono la prevedibilità della trama, che si regge solo sulla comicità (non esuberante per la verità) di Renato Rascel e su qualche debole tentativo di satira sociale. Assistente alla regia Lina Wertmüller.

Come ti ammazzo un killer *½ (*The Survivors*, Usa 1983, col, 102') Michael Ritchie. Con Walter Matthau, Robin Williams, Jerry Reed, James Wainwright, Kristen Vigard. ◆ Un dirigente d'azienda licenziato (Williams), che durante una rapina ha disarmato, un po' fortuitamente, un killer disoccupato (Reed), decide di coltivare le sue qualità «maschili» partendo per un campo di addestramento alla sopravvivenza. Qui viene raggiunto dal killer (che vuole vendicarsi) e da un benzinaio (Matthau), già coinvolto nella rapina, la cui stazione di servizio è bruciata. Vicenda un po' sconclusionata sulla passione tutta yankee per l'autodifesa, i campi paramilitari e la sindrome da invasione. Serio il problema, satirico il trattamento, deludente, nonostante Walter Matthau e Robin Williams, il risultato.

Come ti rapisco il pupo *½ (Italia 1976, col, 95') Lucio De Caro. Con Walter Chiari, Renato Cestié, Stefania Casini, Teo Teocoli, Felice Andreasi, Massimo Boldi, Umberto Smaila, Franca Valeri. ◆ Una banda di sgangherati delinquenti rapisce il figlio di un agente di cambio. Fortunatamente fanno amicizia con la loro vittima (più furba di loro) e riusciranno così a evitare almeno le ire della legge. Versione milanese-brianzola dell'omonimo, divertentissimo, romanzo di Donald E. Westlake: sfortunatamente, però, nel film è rimasta solo qualche scheggia della scintillante intelligenza del giallista americano. Conosciuto anche col titolo *Cinque furbastri, un furbacchione*.

Come uccidere vostra moglie ** (*How to Murder Your Wife*, Usa 1964, col, 118') Richard Quine. Con Jack Lemmon, Virna Lisi, Terry-Thomas, Eddie Mayehoff, Claire Trevor. ◆ Un autore di fumetti (Lemmon), felice della sua vita da scapolo, cerca di sbarazzarsi della moglie greca, con cui si trova sposato dopo una notte di eccessive bevute. La bella partner di Lemmon, svampita ma non troppo, è Virna Lisi, al suo esordio oltreoceano. Ovunque, eccetto che nell'edizione per l'Italia, la sposa è naturalmente di origine italiana. Matriarcato e misoginia in una commedia brillante un po' disomogenea, dello stesso sceneggiatore di *Quando la moglie è in vacanza*.

Come una donna * (*Just Like a Woman*, Gb 1992, col, 106') Christopher Monger. Con Adrian Pasdar, Julie Walters, Paul Freeman, Susan Wooldridge. ◆ Il rampante Gerald Tilson (Pasdar) ha una doppia vita da travestito: gli piacciono le donne, niente paura, ma solo se anche lui porta la gonna. Messo in strada dalla moglie, Gerald trova l'affetto di un'affittacamere divorziata (Walters). Trattare oggi il tema della normalità della diversità significa sfondare porte aperte: e l'approccio di Monger è il più innocuo e superficiale possibile. Per di più bisogna sorbirsi un fiacco intreccio giallo, in cui Gerald smaschera il suo boss disonesto. Sceneggiatura di Nick Evans, da un libro di Monica Jay.

Come una rosa al naso * (Italia 1974, col, 110') Franco Rossi. Con Vittorio Gassman, Ornella Muti, Lou Castel, Adolfo Celi, Antonino Faà di Bruno, Alessandro Haber. ◆ Per Antonio Macaluso, ormai diventato Anthony M. Wilson (Gassman), ristoratore inglese d'adozione, le radici siciliane sono solo un pallido ricordo, almeno fino al giorno in cui la famiglia non gli spedisce la cuginetta Lucia (Muti) per espandere l'attività sul suolo britannico. Uno sguardo ironico sulla mafia (alla sceneggiatura ha collaborato Roberto Lerici), ma senza troppa convinzione e con un clamoroso errore di cast: un improponibile Lou Castel truccato da siculoamericano.

Come vinsi la guerra *** (*The General*, Usa 1926, b/n, 84') Buster Keaton, Clyde Bruckman. Con Buster Keaton, Marion Mack, Charles Smith, Frank Barnes. ◆ Durante la guerra di Secessione un macchinista sudista (Keaton), che ama la sua locomotiva, *The General*, poco meno della sua fidanzata (Mack), viene respinto da lei poiché non è stato arruolato: si riscatta salvandola dai nordisti e portando al presidente Jefferson informazioni preziose. Uno dei film più noti di Keaton: la Storia vista attraverso la sua maschera impassibile di innocente individualista, che non sembra rendersi mai conto di quanto accade intorno a lui. La guerra è descritta come una girandola senza senso, dove gli uomini cascano a terra come soldatini di piombo. Il climax spettacolare è offerto dagli inseguimenti su rotaie, che vennero girati senza risparmio di mezzi e senza modellini.

Comiche, Le * (Italia 1990, col, 89') Neri Parenti. Con Paolo Villaggio, Renato Pozzetto, Enzo Cannevale, Tiziana Pini, Gian Fabio Bosco, Fabio Traversa, Alessandra Casella, Pier Francesco Villaggio. ◆ Durante una proiezione, i due protagonisti di una comica (Villaggio e Pozzetto), in fuga davanti a una locomotiva, fuoriescono dallo schermo e combinano un sacco di guai, impegnati nei più diversi mestieri (restauratori in una chiesa, benzinai, piazzisti di una macchina schiumogena lavapavimenti, agenti di pompe funebri, sosia di mafiosi). Squinternato riciclaggio di classici del muto e autocitazioni dal repertorio comico dei due protagonisti, in una farsa di grande successo ma di corto respiro. Con un seguito.

Comiche 2, Le * (Italia 1991, col, 91') Neri Parenti. Con Paolo Villaggio, Renato Pozzetto, Roberto Della Casa, Antonio Allocca, Catherine Zago, Loredana Romito. ◆ I soliti due attori di comiche (Villaggio e Pozzetto), usciti questa volta da un manifesto, continuano imperterriti a seminare catastrofi travestiti da infermieri, metronotte, steward, legionari, concorrenti alla Parigi-Dakar e finti Babbi Natale. Il recidivo Neri Parenti, visto che il primo episodio «non è stato un successo, ma un trionfo», continua a spremere i due comici in situazioni ripetitive.

Comiche dell'altro mondo * (*Slapstick of Another Kind*, Usa 1982, col, 94') Steven Paul. Con Jerry Lewis, Madeline Kahn, Marty Feldman, Samuel Fuller, Merv Griffin. ◆ A causa della loro bruttezza, due gemelli (Lewis e Kahn) sono cresciuti segregati: ma sono dei geni, purché tengano le teste in contatto, e le potenze mondiali li vogliono utilizzare. La satira di Kurt Vonnegut (autore dell'adattamento del suo libro), tradotta in immagini, diventa goffa e puerile. Un fiasco anche commerciale, giunto in Italia solo in cassetta.

Cominciò per gioco... ** (*The Happening*, Usa 1967, col, 101') Elliot Silverstein. Con Anthony Quinn, Michael Parks, George Maharis, Faye Dunaway, Oscar Homolka, Martha Hyer. ◆ Un mafioso (Quinn) è vittima di uno pseudorapimento che gli svela come di lui non importi nulla alla moglie (Hyer), al socio, alla madre e ai compari di Cosa Nostra. Satira con morale alla Frank Capra (i valori contano più dei soldi) e bel ritmo, animato da battute fulminanti e dalla musica dei Supremes. Spicca fra i rapitori l'esordiente Faye Dunaway.

Cominciò tutto per caso *½ (Italia 1993, col, 92') Umberto Marino. Con Margherita Buy, Massimo Ghini, Barbara Jane Ricasa, Raoul Bova, Laura Marinoni, Ludovica Modugno. ◆ La crisi matrimoniale tra una doppiatrice (Buy) e un giornalista di sinistra (Ghini) si incrocia con la nascita dell'amore tra la loro domestica filippina (Ricasa) e un giovane e ingenuo idraulico (Bova). Per il suo esordio come regista il commediografo e sceneggiatore Umberto Marino (*La stazione* e *Italia-Germania 4-3*) sceglie di raccontare due storie d'amore antitetiche con l'ottica della cultura «bassa» – le canzoni di Baglioni, le battute delle telenovela, i luoghi comuni delle commedie hollywoodiane – ma si dimostra incapace di utilizzare con ironia questo materiale (come invece faceva Risi in *Straziami ma di baci saziami*) e tutto finisce in una melassa fastidiosamente appiccicosa e in un inutile sfoggio di citazioni.

Comizi d'amore **½ (Italia 1964, b/n, 90') Pier Paolo Pasolini. Con Pier Paolo Pasolini, Alberto Moravia, Cesare Musatti, Graziella Chiarcossi, Giuseppe Ungaretti, Camilla Cederna, Oriana Fallaci, Antonella Lualdi, Ignazio Buttitta, Adele Cambria, i calciatori del Bologna F.C., Peppino Di Capri. ◆ Un'inchiesta, commentata dallo stesso Pasolini, con la collaborazione di Moravia e Musatti, su amore e sesso nell'Italia degli anni Sessanta: dopo un prologo (nel quale il regista discute con i suoi due collaboratori) le risposte ottenute da uomini e donne di ogni età, intervistati in tutte le parti d'Italia, e nei posti più diversi, sono montate in quattro capitoli: *Ricerche 1, grande fritto misto all'italiana*; *Ricerche 2, schifo o pietà?*; *Ricerche 3, la vera Italia?* e *Ricerche 4, dal basso e dal profondo*. Chiude il film l'episodio (ricostruito) della sposina (Chiarcossi), nel quale Pasolini fa il punto con Moravia sul lavoro svolto. Un interessantissimo documento sociologico e, insieme, un eccezionale esempio di cinema-verità e della combattiva passione civile del regista che si interroga di continuo sul proprio ruolo d'intervistatore. Centrale il ruolo dell'ultimo episodio (di finzione) in cui la verità dell'inchiesta trova la sua sintesi poetica e in cui «l'autore esplicita quasi teoricamente il conflitto dialettico tra la realtà e la sua inevitabile interpretazione stilistica». Al montaggio definitivo furono tagliate le interviste a Eugenio Montale e Susanna Pasolini. La voce fuori campo è di Lello Bersani.

Commandments *½ (*Commandments*, Usa 1996, col, 92') Daniel Taplitz. Con Aidan Quinn, Courteney Cox, Anthony LaPaglia, Pamela Gray, Shirl Bernem, Louis Zorich. ◆ Dopo aver perso moglie e lavoro, l'ebreo Seth (Quinn) si sente come Giobbe, ma in spregio a Dio decide di trasgredire i dieci comandamenti: l'unico che pone dei problemi è il sesto. Finirà come Giona, ma riconciliato con il mondo. Il regista-sceneggiatore scherza coi santi per la prima mezz'ora, poi si smarrisce e si rabbonisce all'insegna dell'assurdo. Produce Ivan Reitman.

Commando *½ (*Commando*, Usa 1985, col, 97') Mark L. Lester. Con Arnold Schwarzenegger, Rae Dawn Chong, Dan Hedaya, Vernon Walls, James Olson, Bill Duke. ◆ Gli rapiscono la figlia per ricattarlo, ma il colonnello a riposo (Schwarzenegger) decide di tornare in azione proprio contro i ricattatori.

Schwarzy in formato Rambo evita milioni di proiettili e da solo ammazza centinaia di cattivi: troppi anche per la sceneggiatura delicatamente ironica di Steven E. de Souza.

Commandos *½ (*Darby's Rangers*, Usa 1958, b/n, 121') William A. Wellman. Con James Garner, Etchika Choureau, Jack Warden, Venetia Stevenson, Stuart Whitman, David Janssen. ◆ A Napoli durante la seconda guerra mondiale, il maggiore Darby (Garner) si innamora di Angelina (Choureau), onesta malgrado abbia prole a carico: e per salvarla con la penicillina, che l'esercito distribuisce solo ai familiari dei soldati, la sposa. Penultimo e poco ispirato film di Wellman, tratto da un romanzo del maggiore James Altieri. Buoni sentimenti, battaglie girate in studio, fanfare di Max Steiner.

Commare secca, La ** (Italia 1962, b/n, 100') Bernardo Bertolucci. Con Francesco Ruiu, Giancarlo De Rosa, Vincenzo Ciccora, Alvaro D'Ercole. ◆ Sulle rive del Tevere viene trovata uccisa una prostituta. L'inchiesta diviene un pretesto per raccontare la vita degli indiziati: un ladruncolo specializzato in coppiette, un soldato perso nella città, un mantenuto, due adolescenti. Esordio di Bertolucci che sceglie un soggetto di Pasolini e costruisce la propria misura narrativa sui registri dell'attesa e della memoria. In ogni caso un «esercizio di stile», ancora appesantito da una preziosità di racconto (le varie storie si incastrano secondo regole più estetiche che temporali) e uno sguardo liricheggiante che deve troppo alla volontà di fare un cinema d'autore. La «commare secca» del titolo è la morte, chiamata così in un sonetto di Gioachino Belli.

Comma 22 **½ (*Catch-22*, Usa 1970, col, 120') Mike Nichols. Con Alan Arkin, Martin Balsam, Art Garfunkel, Anthony Perkins, Jon Voight, Paula Prentiss, Martin Sheen, Buck Henry, Orson Welles, Olimpia Carlisi. ◆ Un capitano dell'aeronautica (Arkin) non ne può più della guerra e cerca di passare per matto, ma la norma militare del titolo spiega che «chi è pazzo può chiedere di essere esonerato dalle missioni, ma chi chiede di essere esonerato dalle missioni non è pazzo». Il romanzo omonimo di Joseph Heller diventa un pamphlet ricco di humour nero, nel clima della radicale polemica antimilitarista che agitava l'America al tempo del Vietnam. Grande performance di Orson Welles nei panni di un generale svampito e militarista.

Commedia di Dio, La **½ (*A comédia de Deus*, Portogallo/Francia/Italia/Germania 1995, col, 143') João César Monteiro. Con Max [João César] Monteiro, Manuela de Freitas, Cláudia Teixeira, Raquel Ascensão, Gracinda Nave, Patricia Abreu. ◆ Il vecchio João de Deus (Monteiro, già protagonista di *Ricordi della casa gialla*), padrone della gelateria «Paraiso do gelado», concupisce le sue giovani e avvenenti commesse, collezionandone i peli pubici, sodomizzandole o costringendole a pratiche inedite a base di musica di Wagner, uova e bagni nel latte: finché verrà mezzo ammazzato di botte e la sua gelateria diventerà un'anonima rivendita di prodotti industriali. «Rigore e fantasia», sentenzia João, «sono l'ultimo privilegio dell'uomo libero»: e una celebrazione dell'anarchia del desiderio e della disciplina della forma vuole essere il film, che snocciola interminabili pianisequenza riempiendoli di discorsi stralunati e rituali bizzarri. Molti cinefili sono andati in estasi per gli omaggi alla Nouvelle Vague (il critico Jean Douchet interpreta Antoine Doinel, rappresentante di un'industria di gelati americana), l'iconoclastia antiborghese vagamente buñueliana e l'erotismo così surrealista da acquistare un'impossibile purezza. Ma il gioco non cela profondità abissali: metafore e allegorie sono prese sempre alla lettera, e gli sberleffi ricadono su se stessi. Un cinema comunque artigianale, confezionato da una specie di innocuo vampiro (Monteiro attore non cela la sua rassomiglianza con Max Schreck, l'interprete del *Nosferatu* di Murnau, tanto da usare il suo nome nel cast), lieto di essere prigioniero delle proprie ossessioni. La versione originale dura 172'. Gran premio speciale della giuria a Venezia ex aequo con *L'uomo delle stelle*, dove però fu già presentato nella versione «breve».

Commedia è finita, La *½ (*Because of Him*, Usa 1946, b/n, 88') Richard Wallace. Con Deanna Durbin, Franchot Tone, Charles Laughton, Helen Broderick. ◆ Kim Walker (Durbin), aspirante attrice di teatro disposta a fingere tentati suicidi pur di far parlare di sé, fa innamorare un giovane commediografo (Tone) e una vecchia gloria del palcoscenico (Laughton). Diventerà una star. Scialba commediola con canzoni, con la Durbin venticinquenne ormai in declino.

Commediante, Il **½ (*Funny Bones*, Usa/Gb 1994, col, 128') Peter Chelsom. Con Oliver Platt, Lee Evans, George Carl, Freddie Davis, Jerry Lewis, Leslie Caron, Richard Griffiths, Oliver Reed. ◆ Dopo il suo fallimento sulle scene di Las Vegas, il comico Tommy Fawkes (Platt), figlio del celebre ed egoista George (Lewis), torna nella natia Blackpool, una specie di Coney Island sulla costa inglese, alla ricerca di artisti da imitare: e lì incontra il fratellastro Jack (Evans), comico estroso e mezzo scemo, che è stato allevato da due clown geniali (Carl e Davis), il cui repertorio è stato saccheggiato proprio da George Fawkes. Al terzo film, il regista di *Il mistero di Jo Locke, il sosia e Miss Britannia 1958*, definisce la sua poetica del grottesco, ambientando la storia, come sempre, in un mondo di cartapesta, metà circo e metà luna park. Chelsom sa cogliere il lato oscuro della comicità e la tristezza del clown, con un gusto bizzarro nel mescolare humour macabro, elogio dei perdenti e poesia della solitudine: ma anche con molti scompensi, cadute di ritmo e un'eccessiva autoindulgenza. Nel curioso cast, Lewis torna ai toni sgradevoli di *Re per una notte*, Platt non ha sempre la statura del protagonista, Evans è un talento (un Jim Carrey intelligente), mentre Carl e Davis hanno due facce da beccamorti (la gag nel tunnel degli orrori è straordinaria) che fanno ridere solo a guardarle. Scritto da Chelsom con Peter Flannery.

Commedianti, I *½ (*Komödianten*, Germania 1941, b/n, 112') Georg Wilhelm Pabst. Con Käthe Dorsh, Henny Porten, Hilde Krahl, Gustav Diessl, Richard Häussler, Friedrich Domin. ◆ Nel XVIII secolo, l'attrice Karoline Neuber (Dorsh) lotta contro i pregiudizi che accompagnano la professione dell'attore: trova un momentaneo alleato nella duchessa Amalia di Weissenfels (Porten), ma è praticamente impossibile sradicare l'idea che un'attrice non sia fatta per il divertimento. Il primo film girato da Pabst dopo il suo ambiguo ritorno in Germania: la trasposizione del romanzo di Olly Boeheim *Philine* mette in disparte la storia d'amore tra il nipote della duchessa e l'attrice giovane per sottolineare il ruolo sociale e le responsabilità morali di chi fa il mestiere d'attore, ma la regia di Pabst si perde tra troppe azioni parallele per dare energia alla propria tesi. Anche perché la Porten riesce a rendere la duchessa che sniffa tabacco molto più convincente della sua invasata antagonista.

Commedianti, I *½ (*The Comedians*, Usa 1967, col, 107') Peter Glenville. Con Elizabeth Taylor, Richard Burton, Alec Guinness, Peter Ustinov, Paul Ford, Lillian Gish, James Earl Jones. ◆ Sullo sfondo di una Haiti soffocata dalla dittatura di Duvalier, si consuma un pirandelliano gioco delle parti: un commerciante d'armi (Guinness) che si vantava di un passato da eroico combattente muore perché sceglie, per una volta, di schierarsi con i perdenti e un gestore d'alberghi (Burton), che sembrava interessato solo alle grazie della moglie di un diplomatico (Taylor), accetta di guidare un'insurrezione destinata alla sconfitta. La vicenda, tratta da un romanzo di Graham Greene (qui autore anche della sceneggiatura), si risolve nella prova poco convincente, se si eccettua Alec Guinness, di un cast prestigioso. L'edizione italiana, però, è stata massacrata dalla distribuzione: in originale, il film dura 148'.

Commedianti, I **½ (*Who Am I This Time?*, Usa 1982, col, 60') Jonathan Demme. Con Christopher Walken, Susan Sarandon, Robert Ridgely, Dorothy Patterson. ◆ In una cittadina dell'Illinois, una compagnia di dilettanti mette in scena *Un tram che si chiama desiderio*: l'impacciata telefonista Helen (Sarandon), che recita Stella, si innamora del timido commesso Harry (Walken), spavaldo solo quando è nei panni di Kowalski, e riesce a farlo uscire dal suo guscio. La mano di Demme, in questo onesto film televisivo, si vede nella poetica della gente comune, nell'affetto per i personaggi e nell'attenta direzione degli attori. Scritto da Morton Neal Miller, con musiche originali di John Cale.

Commedia sexy in una notte di mezza estate, Una ** (*A Midsummer Night's Sex Comedy*, Usa 1982, col, 98') Woody Allen. Con Woody Allen, Mia Farrow, José Ferrer, Julie Hagerty, Mary Steenburgen, Tony Roberts. ◆ Primi del Novecento: un tronfio e anziano professore e la sua promessa sposa, un inventore svitato e sua moglie, un medico casanova si incontrano in una casa di campagna. La magia della notte risveglierà i sensi e confonderà le coppie. Una commedia leggera e spumeggiante immersa in una natura complice e partecipe (splendidamente fotografata da Gordon Willis), sotto il segno di Shakespeare e Bergman. Allen dichiara il suo amore cinefilo con la scena memorabile della sfera magica che irradia immagini stregando i presenti. È il primo film di Allen interpretato da Mia Farrow, sua compagna di allora.

Commedia umana, La *** (*The Human Comedy*, Usa 1943, b/n, 118') Clarence Brown. Con Mickey Rooney, Frank Morgan, James Craig, Marsha Hunt, Fay Bainter, Donna Reed, Van Johnson. ◆ L'esistenza quotidiana di una famiglia americana durante la seconda guerra mondiale, con il figlio maggiore al fronte e il minore (Rooney) che tira avanti la baracca. Tratto da un racconto dello scrittore William Saroyan – che all'inizio doveva debuttare nella regia ma ci rinunciò dopo aver diretto un cortometraggio orribile – è uno dei film più rappresentativi dello stile di Clarence Brown che lavorò a lungo sulla sceneggiatura con Howard Eastbrook e William Ludwing per farne un ritratto delle più autentiche qualità americane. Una commozione sincera anche se a tratti ingenua innerva la storia di questo apprendistato alla vita dove «ogni scena e ogni frase viene dal cuore» così da sollecitare continuamente l'emozione dello spettatore. Questa sovrabbondanza a volte dà l'impressione di essere troppo studiata (certi stacchi canori, certi manierismi nella recitazione), ma in altre scene conquista immediatamente come in quella in cui il piccolo Ulysses (interpretato da Butch Jenkins) si trova faccia a faccia con un automa e scoppia in una crisi di paura isterica. Particina per un giovanissimo Robert Mitchum, nel ruolo di un soldato.

Commissadro, Il **½ (*Les Ripoux*, Francia 1984, col, 106') Claude Zidi. Con Philippe Noiret, Thierry Lhermitte, Grace De Capitani, Régine, Julien Guiomar. ◆ L'ispettore René Boisrond (Noiret) è una canaglia di poliziotto che teorizza la necessità dell'intrallazzo per sopravvivere nella Parigi di trafficanti, immigrati e prostitute: l'arrivo di un nuovo collega (Lhermitte) rischia di sconvolgere il suo stile di vita, ma poi l'allievo supererà il maestro. Serrato e incisivo, amato da pubblico e critica in patria, il film ha pagato caro in Italia il terribile titolo-neologismo coniato da Forattini (in francese *ripoux* vuol dire marci, corrotti). Nel 1990, regista e interpreti sono tornati insieme per *Ripoux contre Ripoux*, inedito in Italia.

Commissaria, La → *Kommissar - La commissaria*

Commissariato di notturna *½ (Italia 1974, col, 95') Guido Leoni. Con Rosanna Schiaffino, Gastone Moschin, Giorgio Ardisson, Emma Danieli, Giacomo Furia. ◆ Prima notte di servizio alla questura di Roma, per un commissario di fresca promozione. Il battesimo del fuoco è il ferimento di una ragazza, che coinvolge politici democristiani e alti prelati. Ultimi bagliori di satira di costume per un regista prossimo a passare all'erotico all'italiana. La musica è di Renato Rascel.

Commissario, Il **½ (Italia 1962, b/n, 102') Luigi Comencini. Con Alberto Sordi, Franca Tamantini, Alessandro Cutolo, Alfredo Leggi, Mino Doro. ◆ Lo zelante e ottuso vicecommissario Dante Lombardozzi (Sordi), dall'esilarante pettinatura, per risolvere il mistero della morte di un noto sociologo pesta i piedi a tutti finendo per rovinarsi la carriera e cercarsi una sistemazione nell'azienda del suocero. Efficace e divertente satira sul notabilato politico-giudiziario, venato però da «una consapevolezza nuova, un poco triste, che è tipica di molti film dell'attore intorno a quel periodo».

Commissario al di sotto di ogni sospetto, Un *½ (*Inspecteur La Bavure*, Francia 1980, col, 100') Claude Zidi. Con Coluche [Michel Colucci], Gérard Depardieu, Dominique Lavanant, Julien Guiomar, Alain Mottet, Richard Anconina, Richard Bohringer. ◆ Un maldestro commissario parigino (Coluche), dopo aver praticamente consegnato la giornalista che deve proteggere (Lavanant) al pericolo pubblico n. 1 (Depardieu), si riscatta e riesce a liberare la donna. Commedia poliziesca brillante, tutta giocata sulla contrapposizione tra due caratteri opposti (l'ingenuo e il cattivissimo), diretta con garbo da un regista che ai suoi film tenta «sempre di imporre un ritmo da cavalcata».

Commissario Lo Gatto, Il * (Italia 1986, col, 94') Dino Risi. Con Lino Banfi, Maurizio Ferrini, Maurizio Micheli, Isabel Russinova, Gianluigi Pizzetti, Galeazzo Benti. ◆ Il solerte poliziotto Lo Gatto (Banfi) combina troppi guai: chiede l'alibi al Papa e scopre amicizie compromettenti del Presidente del Consiglio. Un tentativo di uscire dall'impasse (di Risi e della commedia all'italiana) buttandosi sull'attualità politica. Ma Lino Banfi è deludente. Meglio Ferrini nella parte del gustoso appuntato romagnolo Gridelli.

Commissario Maigret, Il **½ (*Maigret tend un piège*, Francia/Italia 1958, b/n, 116') Jean Delannoy. Con Jean Gabin, Annie Girardot, Jean Desailly, Jeanne Boitel, Olivier Hussenot, Lino Ventura. ◆ In una Parigi soffocata dall'afa un maniaco ammazza quattro donne, sfidando telefonicamente il commissario Maigret (Gabin). Tratto dal romanzo di George Simenon *Una trappola per Maigret* (e molto ben dialogato da Michel Audiard) è uno dei migliori film della serie, nel quale Jean Gabin, al suo esordio nei panni del commissario parigino, riesce a realizzare il ritratto di un personaggio «senza scrupoli, contadino, goffo, trasudante volgarità a ogni passo», molto più vicino alla creazione letteraria del perbenistico Maigret di Gino Cervi tanto amato in Italia. Il motivo musicale del film, *Ça ne sert à rien*, divenne immediatamente un hit.

Commissario Pelissier, Il **½ (*Max et les ferrailleurs*, Francia/Italia 1971, col, 110') Claude Sautet. Con Michel Piccoli, Romy Schneider, Bernard Fresson, François Perier, George Wilson. ◆ Max (Piccoli) è un poliziotto ossessionato da un'idea fissa: arrestare i colpevoli in flagranza di delitto. Per questo arriva a organizzare lui stesso un colpo coinvolgendo un suo vecchio amico (Fresson), che è a capo di una banda di rapinatori, e una prostituta tedesca (Schneider). Ma il suo piano non prevede che anche la donna possa essere arrestata. Tratto da un romanzo di Claude Néron (che firma la sceneggiatura col regista e Jean-Loup Debadie – nell'edizione italiana si aggiunge il nome di Sandro Continenza), è un intrigante ritratto di un caso di paranoia, «più vicino a Dostoevskij che a Simenon» nel raccontare la disperata ricerca di identità da parte di un outsider ostinato e narcisista, straordinariamente affascinante anche nella descrizione minuta della vita di un gruppo di marginali, su cui emerge una magnifica Schneider nel ruolo di una prostituta libera e sincera. In originale 1259.

Commissario Pepe, Il **½ (Italia 1969, col, 107') Ettore Scola. Con Ugo Tognazzi, Silvia Dionisio, Gino Santercole, Gaetano Cimarosa, Marianne Contell, Veronique Vendell, Dana Ghia, Umberto Simonetta, Pippo Starnazza. ◆ Una serie di lettere anonime spinge il commissario Antonio Pepe (Tognazzi) a indagare sui vizi privati della provincia veneta. Così scopre che un'ex manicure convive con dieci studenti, che la figlia minorenne del prefetto esercita la prostituzione, che l'illustre clinico ha tendenze particolari, persino una suora lesbica... Il potere, però, non tollera scandali e il commissario non può che dichiararsi sconfitto. Dal romanzo omonimo di Ugo Facco De Lagarda, Scola (con la sceneggiatura di Maccari) costruisce una bella commedia di costume, puntando più sulla malinconia del protagonista che sul facile versante della critica sociale (nella quale non sa rifiutarsi qualche concessione al bozzettismo aneddotico).

Commitments, The *** (*The Commitments*, Gb 1991, col, 120') Alan Parker. Con Robert Arkins, Michael Aherne, Angeline Ball, Maria Doyle, Dave Finnegan, Bronagh Gallagher, Felim Gormley, Glen Hansard, Dick Massey, Andrew Strong. ◆ Formazione, successo e dissoluzione di una band di musica soul, *The Commitments*, nella periferia proletaria di Dublino. Tratto molto liberamente dal romanzo di Roddy Doyle (qui cosceneggiatore), con un occhio alla storia degli U2, il film racconta sogni, disperazioni e ribellismo di una generazione che ha sostituito i miti dei padri (Elvis Presley e Giovanni Paolo II, come si vede chiaramente sulle pareti della casa del protagonista) con la carica della musica nera, il soul, perché «gli irlandesi sono i neri d'Europa, i dublinesi sono i neri dell'Irlanda, e noi siamo i neri di Dublino». Esilarante la sequenza in cui si scelgono i componenti della band e indimenticabile la voce dell'esordiente Andrew Strong.

Comodo posto in banca, Un *** (*The Bank Dick*, Usa 1940, b/n, 74') Edward Kline. Con W.C. Fields, Grady Sutton, Cora Witherspoon, Una Merkel, Evelyn Del Rio, Franklin Pangborn, Shemp Howard, Harlan Briggs. ◆ Ubriacone e pasticcione, Egbert Sousé (Fields) riesce involontariamente a catturare il ladro che ha svaligiato una banca e come ricompensa viene assunto come guardia giurata: convincerà il fidanzato (Sutton) della figlia a fare una speculazione azzardata, cercherà di impedire a un ispettore bancario (Pangborn) di svolgere il suo compito, verrà sequestrato da un altro rapinatore, ma la fortuna sarà sempre dalla sua. Veicolo perfetto - pur nella sua apparente pochezza narrativa - per mettere in risalto la comicità surreale e distruttiva di Fields, che firma anche la sceneggiatura con lo stravagante pseudonimo di Mahatma Kane Jeeves. Il film dinamita dall'interno ogni forma di rispettabilità borghese (Egbert Sousé «svaligia il salvadanaio di sua figlia per pagare una cambiale») sottolineandone i continui cedimenti verso l'avidità, la carità pelosa (la «calorosa» stretta di mano di ringraziamento del direttore della banca), la credulonera, la rispettabilità di facciata. Elogio dell'etilismo come unico modo per sopravvivere agli asfissianti rapporti familiari e cosciente distruzione del mito del cinema, quando anche uno scroccone come Sousé può vantarsi di essere un regista (e dirigere le riprese); da «confrontare» con *Taxi Driver* la scena in cui, davanti a uno specchio, fa le prove nell'estrarre la pistola. Peccato che il doppiaggio italiano faccia sparire il suo inconfondibile «monologo nasale».

Compagna di banco, La * (Italia 1976, col, 85') Mariano Laurenti. Con Lilli Carati, Gianfranco D'Angelo, Alvaro Vitali, Lino Banfi, Francesca Romana Coluzzi, Gigi Ballista, Antonio Melidoni, Linda Sini, Niki Gentile. ◆ Nuova arrivata al liceo di Trani, la studentessa Simona (Carati) si fa convincere dalle amiche che la corte del compagno di classe Mario (Melidoni) è solo una scommessa: ma le loro schermaglie finiranno in gloria. Primo film di Lilli Carati, ancora impacciata e quasi sempre vestita, in una commediola ancor più impacciata che non trova idee per utilizzare la comicità di Gianfranco D'Angelo (il professor Cacioppo) e di Alvaro Vitali (il bidello). Si spoglia di più Niki Gentile, la donna di un gelosissimo boss.

Compagna di viaggio **½ (Italia 1996, col, 108') Peter Del Monte. Con Michel Piccoli, Asia Argento, Silvia Cohen, Lino Capolicchio, Max Malatesta. ◆ Cora (Argento), ventenne ribelle e precaria, è pagata da una signora (Cohen) per seguire, senza farsi vedere, l'anziano padre Cosimo (Piccoli), ex professore di filologia vagabondo e smemorato: da Roma i due viaggeranno per tutta l'Italia e forse impareranno a conoscersi meglio. Tornato al cinema dopo sei anni di assenza, Del Monte realizza un road movie spirituale e anarchico sulle tracce di Rossellini (citato esplicitamente con *Stromboli*), ma senza la sua speranza cosmica: niente cronaca né avventura in questo «viaggio in Italia», ma due percorsi in parallelo e in libertà rispetto alle regole (sociali) e ai luoghi comuni (narrativi) per riscoprire emozioni dimenticate e riaffermare la necessità di mettersi in relazione con gli altri superando il cinismo e l'egoismo che provengono da una solitudine tanto rabbiosa quanto difensiva. Notevole la Argento, perfettamente in grado di dialogare (spesso a distanza e in silenzio) con un mostro sacro come Piccoli.

Compagni, I *** (Italia 1963, b/n, 128') Mario Monicelli. Con Marcello Mastroianni, Annie Girardot, Renato Salvatori, Folco Lulli, Bernard Blier, Gabriella Giorgielli, Raffaella Carrà, Vittorio Sanipoli, Pippo Starnazza, Mario Pisu. ◆ Il professore Sinigaglia (Mastroianni) guida uno sciopero di lavoratori tessili torinesi alla fine dell'Ottocento. L'arrivo di un gruppo di crumiri, alcuni tafferugli – durante i quali muore un operaio (Lulli) – e l'intervento della polizia fanno fallire lo sciopero, ma gli operai hanno cominciato a prendere coscienza delle loro forze. Sceneggiato da Monicelli stesso insieme ad Age e Scarpelli, il film è un affresco spettacolare, divertito e malinconico sul nascente movimento operaio dove qualche sdolcinatura alla De Amicis non limita la forza di questa commossa rievocazione del socialismo torinese agli inizi del secolo. Per niente in sintonia con l'ostinato ottimismo della rampante Italia del boom, il film non fu amato in Italia (Chiarini lo bocciò per il festival di Venezia) ma ottenne due nomination all'Oscar per il soggetto e la sceneggiatura. Per il lancio pubblicitario del film furono utilizzate una serie di interviste a vecchi quadri operai.

Compagnia della teppa, La * (Italia 1941, b/n, 70') Corrado D'Errico. Con Adriano Rimoldi, Maria Denis, Corrado Racca, Giorgio Costantini, Fausto Guerzoni, Nicoletta Parodi, Clelia Matania, Carlo Duse, Erminio Spalla, Dina Perbellini, Michele Riccardini, Saro Urzì. ◆ A Milano, un gruppo di irredentisti riuniti nella «Compagnia della teppa» cospira con spirito goliardico contro gli invasori napoleonici: eviteranno, con l'aiuto della cantante Ada Mellerio (Denis) e soprattutto del marchese Carrera (Racca), che la *Passione* del Bellini venga portata da Brera a Parigi. Commedia in costume pseudopropagandistica, sceneggiata da Ferruccio Cerio e Alessandro De Stefano: la trama è risibile, la recitazione volonterosa e la ricostruzione storica serve solo per esaltare l'italianità e l'odio per gli stranieri. La «Compagnia della teppa» fu veramente un'associazione di gaudenti rissosi costituitasi a Milano negli anni 1816-1817, chiamata così dal muschio (in lombardo *tepa*) che copriva i prati del Castello Sforzesco, loro luogo di riunione.

Compagni di scuola **½ (Italia 1988, col, 118') Carlo Verdone. Con Carlo Verdone, Eleonora Giorgi, Nancy Brilli, Christian De Sica, Athina Cenci, Piero Natoli, Fabio Traversa, Maurizio Ferrini, Massimo Ghini, Alessandro Benvenuti. ◆ La rimpatriata di una classe, quindici anni dopo la maturità, degenera in una squallida serata. Verdone cerca di comporre in un quadro corale l'amaro bilancio di alcuni trenta/quarantenni che la vita ha allontanato irreparabilmente. Ancora troppe concessioni all'umorismo di grana grossa, ma il tentativo è interessante.

Compagni miei atto I *½ (*Twist again à Moscou*, Francia 1986, col, 105') Jean-Marie Poiré. Con Philippe Noiret, Christian Clavier, Martin Lamotte, Marina Vlady, Bernard Blier. ◆ Un albergatore intrallazzone di Mosca (Noiret), è coinvolto controvoglia nell'espatrio clandestino di una cantante rock e della sua famiglia, naturalmente inseguiti dal Kgb. Satira agrodolce, di alterna efficacia, sul dilagante consumismo straccione dell'Urss pre-Gorbaciov, in parte riscattata da un ottimo Noiret e dal grande Blier.

Compagno, Il *½ (Italia 1999, col, 91') Francesco Maselli. Con Lucio Zagaria, Amanda Sandrelli, Antonio Pennarella, Daniele Romita, Laurence Bruffaerts, Silvia De Santis, Nicola Di Pinto, Nunzia Greco, Liliana Dell'Aquila, Davide Sebasti, Sabrina Impacciatore, Eleonora Mazzoni. ◆ 1939: lasciata Torino per Roma, il giovane e impolitico Pablo (Zagaria) scopre grazie al gobbo Carletto (Pennarella) e a un gruppo d'attrici d'avanspettacolo l'impegno antifascista, ma è l'incontro prima con Gina (Sandrelli) e poi con alcuni operai comunisti a maturare in lui la definitiva scelta di campo e di classe. Apologia dell'impegno comunista prima ancora che versione per la Tv dell'omonimo romanzo di Cesare Pavese. Maselli, autore anche della sceneggiatura, insiste sulla strada di un cinema in controtendenza, politico e impegnato, ma poi riduce i dialoghi a comizi, ora falsi e retorici («Noi stampiamo i volantini, noi traduciamo i poeti»), ora appiattiti sulle parole d'ordine togliattiane. Né la fotografia enfatica e antirealistica di Pierluigi Santi riesce a vivificare un tv-movie dove la Politica finisce per uccidere la Storia.

Compagno B, Il ** (*Pack Up Your Troubles*, Usa 1932, b/n, 68') George Marshall, Raymond McCarey. Con Stan Laurel, Oliver Hardy, James Finlayson, George Marshall, Jacquie Lyn, Richard Cramer, Charles Middleton, Billy Gilbert. ◆ Tornati negli Stati Uniti alla fine della prima guerra mondiale, Stanlio e Ollio devono prendersi cura della figlia di un loro commilitone morto in combattimento: prima devono trovarla (sanno solo che si chiama Smith), poi evitare che finisca in un orfanotrofio e solo dopo molte peripezie riusciranno a consegnarla ai nonni. Strana fusione di commedia e melodramma, corrosiva nella prima parte (quella militare) e sdolcinata nella seconda. Stranamente, la copia originale porta come coregista Ray McCarey, fratello del più famoso Leo, che invece lavorò solo come gagman: la regia è completamente di Marshall, che interpreta anche il ruolo del cuoco.

Compagno di scuola, Il ** (*Old Boyfriends*, Usa 1978, col, 103') Joan Tewkesbury. Con Talia Shire, Richard Jordan, John Belushi, Keith Carradine, John Houseman, Buck Henry, Bethel Leslie. ◆ Dopo il divorzio, la psichiatra Dianne Cruise (Shire) attraversa gli States per ritrovare i suoi vecchi boyfriend: il dolce Jeff (Jordan) che adesso fa il regista, il dongiovanni Eric (Belushi) – che Dianne umilierà con un diabolico piano – e Lewis, che però è morto in Vietnam e col cui disturbato fratello Wayne (Carradine) la donna fa amicizia. Per il suo esordio nella regia, la sceneggiatrice di *Gang* e *Nashville* sceglie una sceneggiatura di Paul e Leonard Schrader, viaggio nel passato di una donna che solo dopo alcune dolorose esperienze (il tentativo di rivivere con Wayne la storia d'amore vissuta con Lewis rischia di finire in tragedia) troverà la forza per accettare il proprio presente. Non tutto funziona nel film, un po' schematico e meccanico (il viaggio di Dianne avanza di pari passo con un'inchiesta sul passato della donna fatta da un detective e che finisce per «spiegare» quello che la sceneggiatura non riesce a dire), ma si respira «un'atmosfera meditativa e quotidiana» che è abbastanza rara nel cinema hollywoodiano di quegli anni. E John Belushi, nella parte del macho castigato, è sempre grande. Uscito in Tv col titolo *Primo amore*, ma poi distribuito in cassetta come *Il compagno di scuola* e in una nuova edizione col titolo *Old Boyfriends* (*Vecchi amori*).

Compagno Don Camillo, Il *½ (Italia 1965, b/n, 109') Luigi Comencini. Con Fernandel [Fernand Contandin], Gino Cervi, Saro Urzì, Marco Tulli, Graziella Granata, Leda Gloria, Gianni Garko. ◆ Don Camillo (Fernandel) con uno stratagemma – e un travestimento – accompagna Peppone (Cervi) in Urss, seminando dissenso con il conforto del consueto dialogo con Cristo, che parla sottovoce per non farsi sentire dai comunisti. È il quinto film sui personaggi di Guareschi e il peggiore di Comencini, estorto al regista dal produttore Rizzoli, che già gli aveva pignorato i mobili per estinguerne i debiti.

Compari, I *** (*McCabe and Mrs. Miller*, Usa 1971, col, 121') Robert Altman. Con Julie Christie, Warren Beatty, René Auberjonois, Shelley Duvall, Keith Carradine, Michael Murphy. ◆ John McCabe (Beatty) è un avventuriero un po' millantatore, Constance Miller (Christie) una ruvida prostituta: insieme gestiscono un bordello ma devono difendersi dalle mire della compagnia mineraria che vuole a tutti i costi il terreno su cui è costruita la loro casa di piacere. Accompagnato dalle ballate di Leonard Cohen e fotografato con straordinaria perizia da Wilmos Zsigmond, il film ha tutte le caratteristiche del western (compreso il duello finale) vivificato da una vicenda amorosa di ambiente squallido. Ma poi si trasforma, grazie anche al suo esito tragico, in un severo apologo che demolisce la mitologia americana sulle sorti magnifiche e progressive della libera iniziativa.

Compères, Les – Noi siamo tuo padre ** (*Les Compères*, Francia 1983, col, 92') Francis Veber. Con Pierre Richard, Gérard Depardieu, Anny Duperey, Stéphane Bierry, Pedro Armendariz jr, Michel Aumont, Gisèle Pascal. ◆ Tristan (Bierry) scappa di casa cacciandosi nei guai e la madre gli sguinzaglia dietro due suoi ex amanti, François Pignon (Richard) e Jean Lucas (Depardieu) convincendo entrambi di essere i veri padri del ragazzo. Dopo il successo della *Capra* (1981) e prima di *Due fuggitivi e mezzo* (1986) torna la coppia Richard-Depardieu, secondo il classico schema di incontro-scontro fra caratteri opposti, e infila una sequenza di gag di umorismo garbato e ritmo impeccabile.

Competition *½ (*The Competition*, Usa 1980, col, 129') Joel Oliansky. Con Richard Dreyfuss, Amy Irving, Lee Remick, Sam Wanamaker, Ty Henderson. ◆ Un concorso pianistico: lui (Dreyfuss) è un trentenne troppe volte secondo, lei (Irving) un'esordiente spronata dall'insegnante ambiziosa. Entrambi devono vincere e finiscono per innamorarsi. Il conflitto e la competizione come fondamento di una società assillata dal primato. Ottimi gli attori, soprattutto Dreyfuss, un po' troppo accomodante il finale.

Compleanno da ricordare, Un → *Sixteen Candles - Un compleanno da ricordare*

Complessi, I * (Italia 1965, b/n, 101') Dino Risi, Franco Rossi, Luigi Filippo d'Amico. ◆ Film a episodi. In *Una giornata decisiva* (Dino Risi. Con Nino Manfredi, Ilaria Occhini, Donatella Della Nora) un impiegato in gita aziendale non si dichiara alla bella collega e finisce con una racchia; in *Il complesso della schiava nubiana* (Franco Rossi. Con Ugo Tognazzi, Claudie Lange, Paola Borboni, Claudio Gora, Nanda Primavera) un marito moralista cerca di distruggere le prove che testimoniano un passato da attricetta della moglie; in *Guglielmo il dentone* (Luigi Filippo d'Amico. Con Alberto Sordi, Franco Fabrizi, Romolo Valli, Ugo Pagliai) il miglior candidato al posto di speaker televisivo è un concorrente il cui volto è deturpato da un'orribile dentatura. Tre episodi-barzelletta nell'Italia degli anni Sessanta. In quello con Sordi appaiono, recitando se stessi, Gaia Germani, Alice ed Ellen Kessler, Alessandro Cutolo, Nanni Loy, Edy Campagnoli, Lelio Luttazzi e Armando Trovajoli.

Complesso del sesso, Il ** (*I'll Never Forget What's 'is Name*, Gb 1967, col, 97') Michael Winner. Con Orson Welles, Oliver Reed, Carol White, Harry Andrews, Michael Orderux, Wendy Craig. ◆ Un regista pubblicitario (Reed), nauseato della sua vita, abbandona donne e lavoro per ricominciare con una piccola rivista. Ma sfuggire al sistema, e al suo vecchio boss (Welles), è impossibile. Una caustica commedia sul rampantismo nella Swinging London. Assolutamente fuori luogo il posticcio titolo italiano.

Complesso di colpa **½ (*Obsession*, Usa 1976, col, 97') Brian De Palma. Con Cliff Robertson, Geneviève Bujold, John Lithgow, Wanda Blackman, Patrick McNamara. ◆ Tornato a Firenze, la città dove si era sposato vent'anni prima, Michael Courtland (Robertson) incontra Sandra (Bujold), una giovane identica alla moglie, rapita e uccisa anni prima assieme alla loro bambina. È sua figlia, al centro di una oscura macchinazione che replica il rapimento. Quasi un remake dell'hitchcockiano *La donna che visse due volte*, il film affronta con grande maestria registica il rapporto fra realtà e apparenza là dove resta irrisolto il confine fra naturale e sovrannaturale. Sceneggiatura di Paul Schrader.

Complicato intrigo di donne, vicoli e delitti, Un ** (Italia 1986, col, 105') Lina Wertmüller. Con Angela Molina, Harvey Keitel, Daniel Ezralow, Francisco Rabal, Paolo Bonacelli, Isa Danieli, Annie Papa. ◆ Camorristi e poliziotti sulle tracce degli assassini che ammazzano trafficanti di droga, firmando il delitto con una siringa piantata nei genitali. Un giallo calato in una Napoli melodrammatica, tra madri coraggio e impegno civile, spesso sopra le righe. Ma sincero.

Complicazioni nella notte *½ (Italia 1993, col, 95') Sandro Cecca. Con Patrick Bauchau, Marina Giulia Cavalli, Barbara Kero, Stefano Abbati, Marioletta Bideri, Sergio Fiorentino. ◆ Mentre un uomo tenta invano di sopravvivere a un incidente, all'ospedale si trovano la figliastra (Kero) e l'amante (Cavalli), un investigatore privato suo amico (Bauchau) e un killer (Abbati): viene a galla un «nido di vipere» che svela la poca moralità del morto. Ma le sorprese non finiscono qui. Presuntuoso tentativo di raccontare un noir postmoderno: scenografie high tech, illuminazione bluastra e angolazioni di ripresa che fanno tanto autore. Manca solo l'interesse, e non è poco.

Complice la notte * (*One Night Stand*, Usa 1997, col, 99') Mike Figgis. Con Wesley Snipes, Nastassja Kinski, Robert Downey jr, Ming-Na Wen, Kyle MacLachlan, Glenn Plummer, Julian Sands. ◆ L'avventura di una notte mette a repentaglio i matrimoni di Max (Snipes) e Karen (Kinski): che scoprono di amarsi un anno dopo, quando si ritrovano casualmente al capezzale di un giovane malato di Aids (Downey jr), miglior amico dell'uno e cognato dell'altra. Dovrebbe essere un mélo dei nostri tempi e per certi versi lo è, col suo concentrato di luoghi comuni e sentimentalismo patinato, furbo e programmatico come lo sceneggiatore Joe Eszterhas. In più Figgis evita il dramma e sceglie la melassa leccata e consolatoria, con un finale accomodante e assolutorio che grida vendetta al cielo. A Venezia '97, incomprensibile Coppa Volpi a Snipes come miglior interprete.

Complotto alla Casa Bianca → *Voglia di potere*

Complotto di famiglia **½ (*Family Plot*, Usa 1976, col, 120') Alfred Hitchcock. Con Karen Black, Bruce Dern, Barbara Harris, William Devane, Cathleen Nesbitt. ◆ Due storie presentate prima in parallelo si avvicinano a poco a poco fino a formarne una sola. La prima è quella di una falsa veggente e di un tassista (Black e Dern), l'altra quella di un gioielliere e della sua compagna (Devane e Harris), una coppia con l'hobby dei sequestri di persona: l'indovina scoprirà, con qualche rischio personale, che il gioielliere è in realtà il nipote di una ricca signora (Nesbitt) che vorrebbe riabbracciarlo. Nonostante l'originale impianto narrativo, tra suspense e ironia, il cinquantatreesimo e ultimo film di Hitchcock non è all'altezza della sua leggenda, anche se non mancano una buona dose di umorismo macabro e una serie di attacchi ad alcune delle ossessioni del regista, come il sesso, la religione o il cibo. Nella scena all'ufficio dell'anagrafe, dietro il vetro, compare la silhouette del regista.

Compromesso, Il **½ (*The Arrangement*, Usa 1969, col, 120') Elia Kazan. Con Kirk Douglas, Faye Dunaway, Deborah Kerr, Richard Boone, Hume Cronyn. ◆ Eddie Anderson (Douglas), un pubblicitario radical-chic, pieno di contraddizioni, viene sconvolto dall'incontro con una donna (Dunaway). Quasi sul baratro della follia, trova un nuovo equilibrio nella prospettiva di una vita più semplice. Kazan condensa nel film, tratto da un proprio romanzo di successo, le riflessioni autobiografiche su una vita tormentata e densa di contraddizioni, segnata irreparabilmente dal tradimento consumato durante gli anni della tragedia maccartista. Ricco di brani folgoranti (come l'inizio) ed eccellente nella descrizione dei personaggi (i vecchi immigrati, la moglie interpretata da Deborah Kerr), il film insegue una possibile – e faticosa – rinascita che porta il protagonista a confrontarsi con temi che saranno centrali negli imminenti anni Settanta, come il rifiuto del conformismo e una più marcata sensibilità antiborghese.

Computer con le scarpe da tennis, Il * (*The Computer Wore Tennis Shoes*, Usa 1970, col, 87') Robert Butler. Con Kurt Russell, Cesar Romero, Joe Flynn, Richard Bakalyan, William Schallert. ◆ Uno studente (Russell) viene colpito da una scarica elettrica mentre ripara il computer, si trasforma in genio e diventa molto appetibile per alcuni loschi individui. Avventura formato famiglia con melassa disneyana. La storia continua in *Spruzza, sparisci e spara* (1972).

Comune senso del pudore, Il *½ (Italia 1976, col, 130') Alberto Sordi. ◆ Film a episodi. Nel primo episodio (con Alberto Sordi e Rossana Di Lorenzo) Giacinto Colonna e sua moglie Erminia finiscono per sbaglio in un cinema porno; nel secondo (con Cochi Ponzoni, Florinda Bolkan, Silvia Dionisio, Gisella Hahn) un ingenuo intellettuale di sinistra viene circuito dall'astuta editrice di una rivista per soli uomini; nel terzo (con Claudia Cardinale, Giuseppe Colizzi) un pretore ultramoralista compra riviste porno nelle edicole di un paesino vicino; nel quarto (con Dagmar Lassander, Philippe Noiret, Giacomo Furia) un gruppo di «esperti» convince un'attrice a sottoporsi a scene osé che non vorrebbe interpretare. Sordi, che per la sua apparizione recupera i personaggi del film *Le coppie*, si misura in quattro episodi comico-grotteschi sul ruolo del sesso nella società consumista. Si ride anche di gusto ma gli intenti critici dichiarati sono ampiamente disattesi dalla superficialità con cui vengono affrontati. Nel quarto episodio gli «esperti» di cinema sono interpretati da Giulio Cesare Castello, Ugo Gregoretti, Francesco Callari, Mino Doletti e Marina Cicogna.

Con Air **½ (*Con Air*, Usa 1997, col, 115') Simon West. Con Nicolas Cage, John Cusack, John Malkovich, Ving Rhames, Steve Buscemi, Rachel Ticotin, Monica Potter, Mykelti Williamson, Colm Meaney, Danny Trejo. ◆ Il giorno in cui dovrebbe essere scarcerato dopo otto anni di galera, l'innocente Cameron Poe (Cage) ha la sfortuna di trovarsi su un aereo per il trasporto dei detenuti («con air») pieno della peggior feccia, che viene dirottato dal supercriminale Cyrus «Vaiolo» Grissom (Malkovich). Il produttore Jerry Bruckheimer (*The Rock*) trova questa volta uno sceneggiatore vero, Scott Rosenberg (*Beautiful Girls*), capace di trarre il meglio dall'accumulo dei cliché e dalla classica situazione claustrofobica. E la solita spettacolarità fracassona spinta al limite dell'autoparodia è alleggerita da una buona dose di umorismo surrealista, come mostra l'atterraggio finale dell'aereo per le vie di Las Vegas. Grande cast, con un Cage impassibilmente eroico nelle situazioni più assurde e un Buscemi assai simpatico nella parte di un serial killer che Larkin definisce un «patrimonio nazionale».

Conan il barbaro **½ (*Conan the Barbarian*, Usa 1981, col, 140') John Milius. Con Arnold Schwarzenegger, James Earl Jones, Sandahl Bergman, Ben Davinson, Max von Sydow, Gerry Lopez, Mako. ◆ Conan (Schwarzenegger) è un guerriero cimmeriano che si muove in un primordiale mondo di sangue, acciaio e magia: rapito bambino, diventerà un gigante spietato, il cui unico scopo è quello di vendicare l'assassinio dei genitori. Ci riuscirà grazie all'aiuto di Valeria (Bergman) e Sabotai (Lopez) che sapranno aggiungere l'astuzia alla sua forza. Ispirandosi all'esotico personaggio di Robert E. Howard e alle illustrazioni di Frank Frazetta, il film cerca di dare concretezza ai miti del fantasy, creando un mondo a metà tra il primitivo e il fantastico, dove si mescolano echi barbarici a evidenti suggestioni nietzschiane. Milius usa tutte le sue migliori risorse figurative e plastiche per raccontare il proprio ideale di superomismo, ora cupo inno alla forza ora decadente invito all'antimodernismo. Più di una volta l'enfasi deborda, ma nella corsa del guerriero nella prateria si respira il segreto della vera epica. Fondamentale il contributo dell'art director Ron Cobb e della colonna sonora di Basil Poledouris. Cosceneggiatura di Oliver Stone. Con un seguito.

Conan il distruttore * (*Conan the Destroyer*, Usa 1984, col, 103') Richard Fleischer. Con Arnold Schwarzenegger, Grace Jones, Wilt Chamberlain, Mako, Tracey Walter, Olivia D'Abo, Sarah Douglas. ◆ Continua l'epopea dell'ipertrofico eroe barbaro. Questa volta deve scortare la principessa Jenna (D'Abo) a recuperare il corno di Dagoth e difenderla dalle mire della feroce regina Taramis. Un'abbuffata di combattimenti e magia, ma senza le suggestioni epiche di Milius e il suo vigore d'immagine. Fa una certa impressione vedere l'ex campionissimo di basket Wilt Chamberlain trasformato in Bambaata, «il subdolo capo delle guardie».

Concerto con delitto **½ (*Etude in Black*, Usa 1978, col, 96') Nicholas Colasanto. Con Peter Falk, John Cassavetes, Blythe Denner, Myrna Loy, Anjanette Comer, James Olson. ◆ Un direttore d'orchestra (Cassavetes) si sbarazza della giovane amante, simulando che si sia tolta la vita. Il tenente Colombo pensa che se «l'omicidio è brutto, il suicidio è triste» e così lavora ai fianchi il malcapitato musicista. L'affiatamento tra Falk e Cassavetes fa miracoli e il duello dei nervi fra investigatore e investigato è gustoso come un duetto di opera buffa.

Concerto per pistola solista *½ (Italia 1970, col, 105') Michele Lupo. Con Gastone Moschin, Anna Moffo, Evelyn Stewart [Ida Galli], Peter Baldwin, Giacomo Rossi Stuart, Marisa Fabbri, Beryl Cunningham, Orchidea De Santis. ◆ Suffolk: l'apertura di un testamento e la classica riunione di parenti-serpenti scatena la solita catena di omicidi. Il sergente Thorpe (Moschin), tonto solo in apparenza, smaschera il colpevole. Scritto da Fabio Pittorru, Massimo Felisatti e Sergio Donati, un giallo alla Agatha Christie discretamente congegnato, che cerca toni da humour nero britannico. Ma troppo lungo, e con troppi zoom, per il gusto odierno.

Condanna La ° (Italia 1991, col, 90') Marco Bellocchio. Con Vittorio Mezzogiorno, Claire Nebout, Andrzej Sewerin, Grazyna Szapołowska. ◆ Chiusa nottetempo per errore in un museo, una donna (Neibout) fa l'amore con un architetto (Mezzogiorno); poi, sentendosi ingannata, lo denuncia per violenza carnale. Qual è il confine fra la violenza «morbida» e desiderata e lo stupro? Bellocchio, spalleggiato dal suo psicoanalista-sceneggiatore Massimo Fagioli, continua a esplorare l'inconscio, ma con piglio troppo didascalico e involontarie cadute nel ridicolo. Orso d'argento al festival di Berlino.

Condannata senza colpa – Maria Zef *½ (Italia 1953, b/n, 90') Luigi De Marchi. Con Eva Vanicek, Piero Lulli, Anna Sassoli, Tullio Navarra, Silvana Jachino, Bruno Corelli, Ada Dondini, Oscar Carboni. ◆ Rimasta orfana, Maria (Vanicek) va a vivere in una baita alpina con lo zio ubriacone Barbe (Lulli): quando lui la violenta lei lo uccide, ma la fuga per le montagne le sarà fatale. Prima versione del romanzo di Paola Drigo (che sarà adattato anche da Cottafavi: *Maria Zef*, 1981). La sceneggiatura del regista, esordiente, accentua gli aspetti melodrammatici della vicenda (gli anni passati in convento da Maria, le ubriacature dello zio) e annulla il drammatico realismo della vicenda.

Condannatemi, se vi riesce! **½ (*Roxie Hart*, Usa 1942, b/n, 75') William A. Wellman. Con Ginger Rogers, Adolphe Menjou, George Montgomery, Nigel Bruce, Phil Silvers, George Chandler, Spring Byington. ◆ L'avvocato Billy Flynn (Menjou) convince Roxie Hart (Rogers), aspirante ballerina in cerca di pubblicità, a dichiararsi colpevole di un omicidio di cui è colpevole suo marito (Chandler): «nessuna giuria di Chicago condannerebbe mai una donna carina». La sospirata celebrità arriva, ma presto la situazione diventa tragica. Scritta e prodotta dall'esperto Nunnally Johnson, una rara incursione di Wellman nella commedia. A suo agio soprattutto con i toni caricaturali e sopra le righe, Wellman riesce a reggere il ritmo paradossale, aiutato da un cast ispirato. La fotografia da noir è di Leon Shamroy, la musica di Alfred Newman. Dalla commedia *Chicago* di Maurice Watkins, già portata sullo schermo da Frank Urson nel 1927.

Condannato! ** (*Convicted*, Usa 1950, b/n, 91') Henry Levin. Con Glenn Ford, Broderick Crawford, Dorothy Malone, Ed Begley, Millard Mitchell. ◆ Un recluso, assassino involontario, si guadagna la fiducia del rigido ma onesto direttore, opponendosi ai torbidi comportamenti di altri detenuti. Solido e convincente dramma carcerario, remake di *Codice Penale* (di Howard Hawks, 1931) e *Penitenziario* (John Brahm, 1939).

Condannato a morte *½ (*Doomed to Die*, Usa 1940, b/n, 57') William Nigh. Con Boris Karloff, Grant Withers, Marjorie Reynolds, Melvin Lang, Guy Usher. ◆ Un armatore viene misteriosamente assassinato e il capitano Street (Withers) arresta il figlio del suo rivale. Certa dell'innocenza del ragazzo, la sua fidanzata giornalista (Reynolds) si rivolge a Mr. Wong (Karloff) che risolve il caso. Senza infamia e senza lode, il quinto e penultimo Mr. Wong.

Condannato a morte → *Dead Man Walking – Condannato a morte*

Condannato a morte è fuggito, Un **** (*Un Condamné à mort s'est échappé*, conosciuto anche col titolo *Le Vent souffle où il veut*, Francia 1956, b/n, 102') Robert Bresson. Con François Leterrier, Roland Monod, Charles Le Clainche, Maurice Neerblock, Jean-Paul Delumeau. ◆ Lione 1943, prigione di Montluc: il tenente Fontaine (Leterrier), uomo della Resistenza condannato a morte, prepara minuziosamente la fuga dal carcere nazista. Ispirato da un articolo autobiografico di André Devigny (che seguì le riprese come consulente tecnico), il film è preceduto da un cartello dove si legge: «Questa storia è vera. Io ve la racconto com'è, senza ornamenti». Per il suo quarto lungometraggio (il primo senza attori professionisti) Bresson riduce al minimo i riferimenti storici e concentra la sua attenzione sull'atmosfera e sul rapporto metafisico dell'uomo con la libertà: per farlo elimina tutto quello che gli appare superfluo, arrivando a costruire il film con una lunga serie di primi e primissimi piani dei volti dei protagonisti, ma soprattutto delle mani e degli oggetti con cui Fontaine cerca di preparare la sua fuga (un cucchiaio, una molla del letto, i pezzi di stoffa che formeranno una fune). La *Messa in do minore* di Mozart contrappunta, mescolata ai rumori reali dei passi o delle chiavi, una successione di inquadrature in dissolvenza. Per Truffaut «il film francese più decisivo degli anni Cinquanta».

Condannato a morte per mancanza di indizi ** (*The Star Chamber*, Usa 1983, col, 109') Peter Hyams. Con Michael Douglas, Hal Holbrook, Yapeth Kotto, Sharon Gless, James B. Sikking. ◆ Un magistrato (Douglas) aderisce, combattuto, a un'organizzazione segreta di giudici decisa ad ammazzare i criminali che la fanno franca grazie ai cavilli legali. È giusto ignorare le prove per vizi di forma? Turbamenti morali e suspense, in un film aspro e serrato.

Condannato a nozze ° (Italia 1993, col, 110') Giuseppe Piccioni. Con Sergio Rubini, Margherita Buy, Asia Argento, Patrizia Piccinini, Valeria Bruni Tedeschi, Olivia Gozzano, Stefano Abbati. ◆ Roberto (Rubini), combattuto tra il desiderio di stare con la fidanzata Sandra (Buy) e di sentirsi libero di corteggiare altre donne, finisce per sdoppiarsi e condurre una duplice vita: il primo Roberto sposa Sandra, mentre il secondo si abbandona alle avventure più disparate, in particolare con Gloria (Bruni Tedeschi) e Olivia (Argento), finché i due personaggi non entrano in collisione. Una commedia pasticciata, misogina e velleitaria. Tra battutacce e luoghi comuni, regista e attori sono irriconoscibili: Piccioni volgarizza ciò che nei film precedenti aveva trattato con ben altra sensibilità, Rubini gigioneggia in modo insopportabile, la Buy piagnucola senza dignità e Asia Argento improvvisa una lolita in versione grunge-dark, persecutoria fino a sfiorare il ridicolo. Si salva solo Valeria Bruni Tedeschi, sorella della top model Carla.

Condominio ** (Italia 1991, col, 100') Felice Farina. Con Carlo Delle Piane, Ciccio Ingrassia, Ottavia Piccolo, Roberto Citran, Nicoletta Boris. ◆ In un palazzone della disastrata Magliana un timido ma puntiglioso inquilino (Delle Piane) viene nominato amministratore condominiale: spalleggiato da un ex poliziotto (Ingrassia), cercherà di far prevalere le ragioni della convivenza e della solidarietà. Il regista impagina una riuscita galleria di ritratti (come l'estetista in tuta di finto leopardo disperatamente sola interpretata da Ottavia Piccolo) in un film gradevole, dichiaratamente ispirato al cinema popolare, che sarebbe piaciuto a Zavattini e che, come quello, rischia di scivolare nel patetismo. Il giornalista Tv Antonio Lubrano interpreta se stesso. Sceneggiatura di Paolo Virzì, Francesco Bruni, Gianluca Greco e del regista.

Condottieri ** (Italia/Germania 1937, b/n, 90') Luis Trenker. Con Luis Trenker, Loris Gizzi, Laura Nucci, Carla Sveva, Ethel Maggi, Giulio Cirino, Tito Gobbi, Sandro Dani, Augusto Marcacci. ◆ Giovanni Medici (Trenker) decide di fondare le «bande nere» per realizzare un suo ideale di unità e libertà italiana. Per l'invidia del Malatesta (Gizzi) e la paura dei signori fiorentini viene prima imprigionato e poi esiliato, ma saprà tornare a Firenze dove riorganizza le sue milizie e marcia su Roma: ottenuto il perdono del Pontefice, deve affrontare gli eserciti del Malatesta e del duca D'Argentière (Dani), che sconfigge a prezzo della vita. Chiamato dalla cinematografia di Stato a girare un film in Italia, Trenker sceglie come soggetto una biografia «ideale», più che storicamente attendibile, di Giovanni dalle Bande Nere (1498-1526): sfacciatamente retorico e propagandistico, il film suggerisce più di un parallelo tra la figura di Giovanni e l'epica mussoliniana. Ma la superficiale adesione del regista Trenker a questa storia è dimostrata dalle numerose arditezze cinematografiche dove la macchina da presa annulla l'eroismo dei singoli e riduce i vari personaggi in un gioco geometrico di luci e ombre, ancor oggi affascinanti. Molto più personali – e convincenti – le scene ambientate in montagna (quando l'eroe ritrova la sua amata Maria [Sveva]) pervase da un grande lirismo e da un autentico sentimento panico della Natura. Realizzato contemporaneamente in versione tedesca (con altri attori – August Eichhorn nei panni di Malatesta, Hans Zesch-Ballot in quelli del duca d'Argentière – e una durata maggiore di 8'), il film scatenò le ire di Hitler che vide, nella scena della sottomissione al Papa, gli estremi di un film clericale.

Confession, The - La confessione ** (*The Confession*, Usa 1997, col, 110') David Jones. Con Ben Kingsley, Alec Baldwin, Amy Irving, Ryan Marsini, Boyd Gaines, Anne Twomey, Lazaro Perez, Jay O. Sanders. ◆ Ebreo osservante, Harry Fertig (Kingsley) uccide le tre persone che ritiene responsabili della morte del figlio per omissione di soccorso e poi si costituisce; il suo capo, preoccupato per i segreti finanziari di cui Fertig è a conoscenza, assolda l'ambizioso avvocato Roy Bleakie (Baldwin) per fargli ottenere la temporanea infermità mentale: il problema è che Fertig insiste nell'accusarsi. Dal romanzo di Sol Yurich sceneggiato da David Black, un melodramma leguleio che in realtà attinge a più generi (noir, thriller, dramma morale) per sciogliere un aggrovigliato dilemma tra etica e cinismo. La storia è robusta, ma la regia non ha mai un guizzo. Baldwin, impacciato ma più consistente che in ruoli precedenti, è anche produttore del film.

Confessionale, Il ** (*Le Confessional*, Canada/Gb/ Francia 1995, col, 101') Robert Lepage. Con Lothaire Bluteau, Patrick Goyette, Jean-Louis Millete, Suzanne Clément, Ron Burrage, Kristin Scott-Thomas, Richard Fréchette, François Papineau, Marie Gignac. ◆ Tornato nel 1989 a Québec per la morte del padre, Pierre Lamontagne (Bluteau) cerca di scoprire la verità sulle origini del fratellastro Marc (Goyette), che sembra scomparso. Finirà per metterle in relazione con lo scandalo scoppiato in famiglia nel 1952, proprio mentre Hitchcock stava girando in città *Io confesso*: la sedicenne Rachel (Clément), sorella della madre di Pierre e cameriera del curato, era rimasta incinta e si rifiutava di svelarne il responsabile. Mescolando le due epoche, alla ricerca di un legame tra la «finzione» hitchcockiana e la «realtà» del dramma familiare, l'esordio al cinema del regista teatrale *québequois* (autore anche della sceneggiatura) sembra preoccupato più di ingarbugliare le carte (con la melodrammatica carica autodistruttiva del fratellastro e le sue tentazioni nipponiche) che di intrecciare davvero il privato di una famiglia con il pubblico (e il bigotto) di una città. E le strizzatine d'occhio cinefile su Hitchcock (Burrage) lasciano assolutamente il tempo che trovano.

Confessione, La → *Confession, The - La confessione*

Confessione, La **½ (*L'Aveu*, Francia 1970, col, 138') [Constantin] Costa-Gavras. Con Yves Montand, Simone Signoret, Gabriele Ferzetti, Michel Vitold. ◆ Arrestato nella Praga del 1951, Anton Ludvik (Montand) subisce interrogatori estenuanti, alla fine dei quali confessa ogni possibile colpa. Processato e sconfessato pubblicamente anche dalla moglie (Signoret), verrà riabilitato solo nel 1968: ritroverà sua moglie proprio quando i carri armati sovietici invadono la Cecoslovacchia. Tratto dal romanzo di Arthur London, in cui l'ex viceministro cecoslovacco narra del tragico processo-farsa per cospirazione trotzkista che subì nel 1951, Costa-Gavras e il suo sceneggiatore Jorge Semprun denunciano con passione, e un po' troppa retorica, le degenerazioni della sinistra. Uno sguardo lucido e asciutto che, associando poliziesco e dramma psicologico, affonda il bisturi nella tragedia dello stalinismo e della guerra fredda.

Confessione della signora Doyle, La ** (*Clash by Night*, Usa 1952, b/n, 105') Fritz Lang. Con Barbara Stanwyck, Paul Douglas, Robert Ryan, Keith Andes, Marilyn Monroe, J. Carrol Naish. ◆ Mae Doyle (Stanwyck) torna nella piccola città natale, stanca e disillusa: sposa un pescatore (Douglas) ma, inquieta, lo tradisce con l'amico proiezionista (Ryan). Un torbido melodramma familiare sulla disperata, e forse impossibile, ricerca della libertà. Marilyn, in un ruolo minore, è un autentico concentrato di sensualità, sia in blue jeans sia nel costumino da bagno con cui offre – secondo il critico del *New York Post* – uno «splendido esempio dell'arte di uscire dall'acqua».

Confessione di un commissario di polizia al procuratore della Repubblica ** (Italia 1971, col, 106') Damiano Damiani. Con Franco Nero, Martin Balsam, Marilù Tolo, Michele Gammino, Claudio Gora. ◆ Un commissario siciliano (Nero) deciso a farsi giustizia da sé si scontra con un procuratore (Balsam) rispettoso della lettera della legge. La fine tragica del primo aprirà gli occhi all'altro su chi protegge i mafiosi. Tipico film impegnato degli anni Settanta, che in nesta ritmi da poliziesco su contenuti civili in modo abbastanza efficace. Buona l'interpretazione di Nero.

Confessione finale *** (*Mother Night*, Usa 1996, col, 113') Keith Gordon. Con Nick Nolte, Sheryl Lee, Alan Arkin, John Goodman, Kirsten Dunst, Arye Gross, David Strathairn, Frankie Faison, Bernard Behrens, Brawley Nolte. ◆ L'americano Howard Campbell jr (Nolte), noto commediografo nella Germania nazista, accetta di trasmettere informazioni in codice agli alleati nei suoi discorsi radiofonici di propaganda antisemita; ma nessuno lo sa, e dopo la guerra è costretto alla clandestinità: finché, tra neonazisti americani, israeliani vendicativi e sensi di colpa, il mondo gli crolla addosso. Il migliore, finora, degli adattamenti di Kurt Vonnegut (che è il passante triste verso il finale) su grande schermo: merito di una regia e di una sceneggiatura (di Robert B. Weide, dal romanzo *Madre notte*) poco invasive, ma soprattutto dell'interpretazione di Nolte, che rende le molte sfumature di un eroe vigliacco e roso dalle contraddizioni, e col poco invidiabile privilegio di trovarsi al centro della follia dell'universo. Il fascino del male è l'altra faccia di quello dell'idiozia.

Confessioni di un fumatore d'oppio * (*Confessions of an Opium Eater*, Usa 1962, b/n, 85') Albert Zugsmith. Con Vincent Price, Linda Ho, Richard Loo, June Kim, Philip Ahn. ◆ Un avventuriero (Price), nei bassifondi della San Francisco del secolo scorso, viene in soccorso delle giovani e belle prigioniere di un trafficante di schiave. Un B-movie caotico e sconnesso salvato dalla classe del grande Price.

Confessioni di un pulitore di finestre * (*Confessions of a Window Cleaner*, Gb 1974, col, 90') Val Guest. Con Robin Askwith, Anthony Booth, Linda Hayden, Bill Maynard, Dandy Nichols. ◆ Strana commedia pseudoerotica che segue le avventure di un pulitore di finestre e le sue occasionali conquiste. Val Guest, maestro del cinema di genere e della fantascienza, scopre il sesso con risultati purtroppo sconclusionati: troppo scontato anche per essere divertente.

Confidenze a uno sconosciuto *½ (*Confidances à un inconnu*, Francia/Italia 1995, col, 92') Georges Bardawil. Con Sandrine Bonnaire, William Hurt, Jerzy Radziwilowicz, Denis Siniavski, Alexandre Kaidanovsky, Marie Dubois. ◆ San Pietroburgo, 1907: Natalia (Bonnaire), sospettata di aver assassinato il marito dentista, stringe amicizia con uno sconosciuto coinvolto in alcuni disordini (Hurt) e ne fa il proprio confidente. Pretenzioso melodramma-giallo sulle sommosse dell'anima che dovrebbero preludere a quelle rivoluzionarie (l'omicidio ha valore politico), con una sceneggiatura che gronda idiozia e un'attrice protagonista a dir poco sprecata.

Conflitti del cuore *½ (*The Evening Star*, Usa 1996, col, 128') Robert Harling. Con Shirley MacLaine, Bill Paxton, Juliette Lewis, Miranda Richardson, Ben Johnson, Scott Wolf, George Newbern, Marion Ross, Mackenzie Astin, Donald Moffat, Jennifer Grant, China Kantner, Jack Nicholson. ◆ 1988: dopo la morte della figlia, Aurora Greenaway (MacLaine) si dedica con tutta l'invadenza del suo amore ai nipoti: Tommy (Newbern), che la droga ha portato in prigione, Teddy (Astin), che per mantenersi lavora in un bar, e Molly (Lewis), che sogna di fare l'attrice. Questo non le impedisce di avere una storia con il suo giovanissimo analista (Paxton) e soprattutto di litigare quotidianamente con la miglior amica (Richardson) della sua defunta figlia o con la governante (Ross). A quattordici anni da *Voglia di tenerezza*, Harling (autore anche della sceneggiatura) riesuma i personaggi del romanzo di Larry McMurtry, ma questa volta non c'è più il «cocktail di sorrisi e lacrime» alla base di quel successo: la MacLaine è troppo di maniera, i dolori e le morti disseminati con troppo tempismo nella lunga trama; e anche la comparsata di Nicholson nei panni del cosmonauta Garrett Breedlove (meno di cinque minuti, verso la fine) sa di specchietto per le allodole. Ultimo film di Ben Johnson, tenero marito della governante.

Conflitti di famiglia ** (*The War at Home*, Usa 1996, col, 119') Emilio Estevez. Con Emilio Estevez, Kathy Bates, Martin Sheen, Kimberly Williams, Carla Gugino, Lane Smith, Corin Nemec, Renee Estevez. ◆ Texas, 1972, il giorno del ringraziamento: il reduce Jeremy Collier (Estevez), traumatizzato dal Vietnam, non regge più agli orrori della normalità, ai genitori patetici (Sheen e Bates) e alla sorella acida (Williams), esplode e se ne va di casa. James Duff adatta un suo testo teatrale, e il figlio più grande di Martin Sheen dirige lancinanti liti in famiglia, aderendo al suo personaggio di disadattato con evidente sincerità. Peccato che, come regista, non conosca concisione e allusione.

Conflitto di classe **½ (*Class Action*, Usa 1990, col, 110') Michael Apted. Con Gene Hackman, Mary Elizabeth Mastrantonio, Colin Friels, Joanna Merlin, Larry Fishburne, Donald Moffat. ◆ Conflitto politico e familiare nello scontro giudiziario fra padre e figlia, entrambi avvocati: lui (Hackman) è un democratico paladino dei deboli, lei (Mastrantonio) una rampante mercenaria del capitale. Le due Americhe a confronto, in un buon film ispirato a sani princìpi liberal, con un ritmo sostenuto e un processo da manuale.

Conflitto di interessi ** (*The Gingerbread Man*, Usa 1997, col, 113') Robert Altman. Con Kenneth Branagh, Embeth Davidtz, Robert Duvall, Robert Downey jr, Daryl Hannah, Tom Berenger, Famke Janssen, Clyde Hayes, Mae Whitman. ◆ Terrorizzata da un padre maniaco religioso (Duvall), la cameriera Mallory Doss (Davidtz) si porta a letto un celebre avvocato divorziato di Savannah, Rick Magruder (Branagh): lei ha trovato il pollo, lui l'inizio dei suoi guai. Soggetto originale di John Grisham (adattato da Altman sotto lo pseudonimo di Al Hayes), ma poche scene in tribunale. Piuttosto, una parabola sull'avidità e il tradimento, con annessa misoginia, in una cornice di gotico americano. Ma ad Altman il film di genere non riesce bene come a Coppola (*L'uomo della pioggia*): il risultato non è brutto ma, vista la firma, insoddisfacente. Finale banale e personaggi (come quello di Duvall) buttati via. Ottima fotografia di Gu Changwei (*Addio, mia concubina*).

Conflitto finale * (*The Final Conflict*, Usa 1981, col, 108') Graham Baker. Con Sam Neill, Don Gordon, Lisa Harrow, Rossano Brazzi, Mason Adams, Robert Arden. ◆ L'Anticristo si è impossessato dell'ambasciatore Usa (Arden) a Londra proprio quando una congiunzione stellare annuncia la nascita del nuovo Cristo. Il demoniaco essere cerca di scatenare una nuova strage degli innocenti, ma sarà fermato da sette benedettini armati di sacro pugnale e partiti da Subiaco sotto la guida del dottor Carlo (Brazzi). Chiusura sfilacciata del cupo trittico che comprende *Il presagio* e *La maledizione di Damien*.

Conformista, Il *** (Italia 1970, col, 116') Bernardo Bertolucci. Con Jean-Louis Trintignant, Stefania Sandrelli, Dominique Sanda, Pierre Clementi, Gastone Moschin, Enzo Tarascio, Milly, Yvonne Sanson, Fosco Giachetti. ◆ Marcello Clerici (Trintignant) accetta di recarsi a Parigi per conto della polizia politica fascista: deve avvicinare uno dei rifugiati antifascisti più noti, il professor Quadri (Tarascio), suo vecchio insegnante all'università, e prepararne l'assassinio.

Tratto dall'omonimo romanzo di Alberto Moravia sceneggiato dallo stesso Bertolucci, il film, tutto centrato sull'aspirazione all'ordine e al conformismo come compensazione di un'inconfessata e repressa omosessualità, affronta in maniera molto personale il nodo complesso dei rapporti tra fascismo e borghesia: l'ambiguità di Marcello, il suo voler uccidere il proprio padre ideale, il panorama di donne vili e personaggi brutali che accompagnano il viaggio a Parigi (rievocata con bel gusto nostalgico) portano a leggere nel fascismo la parte nera della borghesia, la sua tentazione «malata», in eterna lotta con la parte sana (qui l'antifascismo). Un'interpretazione che ai tempi procurò al regista più di un'incomprensione e di cui, bisogna aggiungere, Bertolucci «subisce la fascinazione più di quanto non sembri capace di analizzarla e scavarla». Primo successo commerciale del regista. L'edizione integrale, presentata solo al festival di Berlino del 1970 e restaurata nel 1993, dura 10' in più.

Confortorio *** (Italia 1992, col, 84') Paolo Benvenuti. Con Emidio Simini, Franco Pistoni, Emanuele Carucci Viterbi. ◆ Nella Roma pontificia del '700, due ragazzi ebrei condannati a morte per furto devono lottare per non accettare la conversione *in extremis* che gli vorrebbero imporre. Una storia vera, ricostruita con una cura impeccabile dopo laboriose ricerche d'archivio, che diventa un'impressionante parabola dell'arroganza e del fanatismo della Chiesa Cattolica, incapace di amministrare la giustizia terrena e «garante» di una irrispettosa salvezza eterna. Un film d'interni e di attori, che osserva quasi del tutto le regole canoniche della tragedia (unità d'azione, di luogo, di tempo) facendo della claustrofobia senza scampo la sua dimensione e il suo senso profondo. Un esempio di cinema italiano rigoroso, originale, ammirevole. E purtroppo ignorato nelle sale. Il titolo si riferisce al luogo in cui i condannati trovavano «conforto» nell'ultima notte della loro esistenza.

Con... fusione *½ (Italia 1980, col, 100') Piero Natoli. Con Carlotta Natoli, Piero Natoli, Luisa Maneri, Bruna Cealtò. ◆ Abbandonato dalla moglie con bimba a carico (C. Natoli), un regista (P. Natoli) parte per il Sud con una roulotte su cui carica anche una giovane autostoppista (Maneri). Fra la bimba e la donna s'instaura un rapporto di complicità che mette fuori gioco l'uomo e crea confusione di ruoli. Cinema e vita in un film autarchico di ispirazione wendersiana di un ex aiuto regista di Agosti e Bellocchio. Delicato e timido. Anche troppo. La bambina è interpretata da Carlotta Natoli, vera figlia del regista e protagonista.

Congiuntura, La *½ (Italia 1964, col, 110') Ettore Scola. Con Vittorio Gassman, Joan Collins, Jacques Bergerac, Hilde Barry, Pippo Starnazza, Paolo Bonacelli, Ugo Fangareggi. ◆ Un nottambulo latin-lover, rampollo della nobiltà nera romana (Gassman), viene strumentalizzato da un'affascinante esportatrice di capitali in Svizzera (Collins). Blanda satira di costume in formato giallorosa, dello Scola prima maniera. L'istrionico Gassman salva un po' le cose con un finale ginnico-rocambolesco.

Congiura al castello * (*Francis in the Haunted House*, Usa 1956, b/n, 80') Charles Lamont. Con Mickey Rooney, Virginia Welles, James Flavin, Paul Cavanagh, Mary Ellen Kaye, David Janssen. ◆ Testimone di un omicidio avvenuto in un castello scozzese ricostruito in America e abitato da strani fantasmi, il mulo Francis aiuterà l'ingenuo amico Prescott (Rooney) a evitare di essere accusato del delitto e a risolvere il caso. Settimo e ultimo episodio della serie cominciata con *Francis, il mulo parlante*, dove Mickey Rooney sostituisce Donald O'Connor nel ruolo di «spalla» del mulo: interesse e divertimento praticamente nulli.

Congiura degli innocenti, La *** (*The Trouble with Harry*, Usa 1955, col, 99') Alfred Hitchcock. Con Edmund Gwenn, John Forsythe, Shirley MacLaine, Mildred Natwick, Jerry Mathers, Mildred Dunnock, Royal Dano. ◆ In un bosco del Vermont, il cadavere di Harry fa scattare in tre persone l'idea di esserne stato l'assassino: la moglie Jennifer (MacLaine) crede di averlo ucciso colpendolo con una bottiglia; un capitano di marina in pensione (Gwenn) pensa di averlo ammazzato incidentalmente durante una battuta di caccia; una signora di una certa età (Natwick) è convinta di averlo ucciso con il tacco di una scarpa. Tutti si danno da fare per nascondere il cadavere, che viene così sotterrato, dissotterrato e trasportato più volte fino al colpo di scena finale. Riducendo il romanzo di John Trevor Story (sceneggiato da John Michael Hayes), Hitchcock non punta sulla suspense, ma sulla comicità: lo humour, decisamente nero e tipicamente britannico, è basato sull'indifferenza esagerata con cui viene trattato il cadavere nonostante le mille attenzioni per farlo sparire. E anche il lieto fine, spesso criticato, fa parte di questa scelta di registro. Perfetta la partitura di Bernard Herrmann (qui alla prima di tante collaborazioni col maestro) che sottolinea le azioni dei protagonisti in maniera ironica e grottesca. Per Shirley MacLaine un grande debutto, per John Forsythe (che interpreta Sam Marlowe) l'unica prova significativa prima di venire inghiottito dalla televisione e da *Dynasty*. Hitchcock appare mentre attraversa la strada. Belle le location nel New England, che il direttore della fotografia Robert Burks ha trasformato in un tripudio di rosso e oro che sottolinea per contrasto il tema della morte.

Congiura dei Boiardi, La → *Ivan il Terribile*

Congiura dei 10, La → *Spadaccino di Siena, Lo*

Congiura di spie ** (*Peau d'espion*, Francia/Italia/Rft 1967, col, 90') Edouard Molinaro. Con Louis Jourdan, Senta Berger, Edmond O'Brien, Bernard Blier, Maurice Garrel, Fabrizio Capucci. ◆ La Cina è un po' troppo vicina per uno scienziato francese simpatizzante comunista (Garrel) che vuole passare dall'altra parte. Per questo uno scrittore ex parà (Jourdan) viene ingaggiato per controllarlo. Dal regista del *Vizietto*, un'intricata vicenda spionistica con editori che fanno il doppio gioco e mogli finte (Berger) tratta da un romanzo di Jacques Robert, girata con buon mestiere e attenzione per le sfumature psicologiche.

Con gli occhi chiusi ** (Italia 1994, col, 110') Francesca Archibugi. Con Marco Messeri, Stefania Sandrelli, Deborah Caprioglio, Alessia Fugardi, Gabriele

Bocciarelli, Angela Molina, Fabio Modesti, Sergio Castellitto. ◆ Campagna senese, fine Ottocento: Pietro (Bocciarelli), figlio sensibile di un padrone volgare e tirannico (Messeri), s'innamora di Ghìsola (Fugardi), giovanissima contadina senza famiglia, bisognosa d'affetto e marchiata dalla sottomissione. Cinque anni dopo si reincontrano: Pietro (Modesti) è ancora innamorato di lei e vorrebbe sposarla, ma la ragazza (Caprioglio) è diventata l'amante di un uomo sposato (Castellitto). Ed è anche incinta. Dall'omonimo romanzo di Federigo Tozzi (1909), adattato dalla stessa Archibugi, un melodramma psico-sociale sul tema, caro alla regista, del diventare adulti in un mondo che non si cura dei figli. Ma nonostante l'attenzione psicologica alla vicenda (l'amore è impossibile non solo per le differenze sociali, ma soprattutto per l'abisso che separa l'idealismo cieco di Pietro dalla fisicità condannata all'abuso di Ghìsola), il film filtra l'universo tozziano attraverso una sensibilità troppo cerebrale, procedendo a blocchi, confinando la nevrotica tensione della pagina scritta in singoli personaggi forti, in dialoghi e mutismi non bene amalgamati, in scene madri isolate dal montaggio. Sorprendente l'espressività della Caprioglio, smagrita e drammatica, nel suo primo ruolo importante e «vestito» dopo l'esordio con Brass. Efficace Messeri nel dare voce e corpo all'arrogante trivialità del suo personaggio, a cui fa da contrappunto una Sandrelli fragile e rassegnata nel ruolo della moglie. Colonna sonora di Battista Lena, compagno della regista, che si esibisce al banjo nell'orchestrina con cui canta Nada. Il regista Paolo Virzì è uno dei sindacalisti socialisti, l'ex sindaco di Siena Roberto Barzanti è l'avventore che teorizza il pugno di ferro coi figli.

Congo ** (*Congo Crossing*, Usa 1956, b/n, 87') Joseph Pevney. Con George Nader, Virginia Mayo, Peter Lorre, Rex Ingram, Michael Pate. ◆ Il corso di un fiume esce dal suo letto e una città, fino ad allora indipendente e ricettacolo di ogni tipo di criminali, si trova improvvisamente a essere annessa al Congo Belga: toccherà a un corrotto commissario della polizia (Lorre) indagare sul passato di questi nuovi cittadini. Un B-movie girato con pochi mezzi ma qualche bella idea, che si fa ricordare per le forme di Virginia Mayo e la straordinaria divisa di Lorre, tutta coperta di decorazioni.

Congo * (*Congo*, Usa 1995, col, 108') Frank Marshall. Con Dylan Walsh, Laura Linney, Ernie Hudson, Tim Curry, Grant Heslov, Joe Don Baker. ◆ La spedizione scientifica che dovrebbe permettere a Peter Elliot (Walsh) di riportare il gorilla «parlante» Amy tra i suoi simili si rivela uno schermo per permettere alla potente compagnia Travicom di recuperare un rarissimo diamante blu dalle straordinarie potenzialità laser: il giacimento, infatti, è «difeso» da una tribù di primati dalle strane capacità comunicative e dalla straordinaria ferocia, con cui Amy potrebbe forse entrare in comunicazione. Lo straordinario romanzo omonimo di Crichton diventa qui uno dei più noiosi e indigesti film del decennio sul tema della natura che si ribella all'uomo: sceneggiatura (di John Patrick Shanley) senza ritmo, scenari dilettanteschi e gorilla visibilmente interpretati da uomini.

Congresso si diverte, Il ** (*Der Kongress tanzt*, Germania 1931, b/n, 101') Erik Charell. Con Lilian Harvey, Willy Fritsch, Conrad Veidt, Lil Dagover, Jean Dax, Odette Talazac. ◆ Durante il Congresso di Vienna, lo zar Alessandro I (Fritsch) sembra interessarsi più della bella Christel (Harvey) che della politica, lasciando così mano libera ai progetti di Metternich (Veidt); ma la fuga di Napoleone dall'Elba mette fine ai sogni. Operetta filmata su musica di Werner R. Heymann, che ironizza con delicatezza sulla vita privata dei grandi, prodotto da Erich Pommer per la Ufa con grande dispendio di mezzi. Successo internazionale per le canzoni di Lilian Harvey, che mantenne il ruolo di Christel anche nella versione francese (co-diretta da Jean Boyer), nella quale Henry Carat e Pierre Magnier presero il posto di Willy Fritsch e Conrad Veidt. Rifatto con minor verve nel '66 (*Vienna, amori al Congresso*).

Coniglio non scappare *½ (*Rabbit, Run*, Usa 1970, col, 94') Jack Smight. Con James Caan, Carrie Snodgress, Anjanette Comer, Jack Albertson, Arthur Hill. ◆ Un ex campione sportivo (Caan) scopre quanto è dura la vita, con una moglie incline all'alcolismo che causa la morte del loro figlio. Melodramma familiare non troppo riuscito, in cui rimane poco del tono beffardo del romanzo di John Updike.

Coniglio o leone? ** (*Strike Me Pink*, Usa 1936, b/n, 100') Norman Taurog. Con Eddie Cantor, Ethel Merman, Sally Eisers, Brian Donlevy. ◆ Il tintore Eddie Pink (Cantor), diventato direttore di un luna park, cerca aiuto in un manuale di autosuggestione per vincere la timidezza. Riuscirà a sventare le minacce di un gangster (Donlevy) che vuole imporgli le sue slot-machine. Lo scipito Cantor sembra quasi anticipare Danny Kaye nella parte dell'ingenuo vittorioso: ma la comicità è innocua e senza sale. Merita comunque una menzione il movimentato finale sull'ottovolante. Bella (anche se non c'entra col film) una sequenza di danza (musica di Howard Arlen, fotografia di Gregg Toland, coreografia di Robert Alton), dove Ethel Merman e la sua immagine riflessa ballano il tip tap, ognuna per conto proprio.

Con la morte non si scherza **½ (*Penn & Teller Get Killed*, Usa 1989, col, 89') Arthur Penn. Con Penn Jillette, Teller, Caitlin Clarke, David Patrick Kelly, Jon Cryer, Christopher Durang, Leonardo Cimino, Celia McGuire. ◆ L'illusionista Penn Jillette, che con il suo socio «muto» Teller ha raggiunto il successo grazie a spettacoli truculenti e macabri, dichiara durante una trasmissione televisiva che, per provare un vero brivido, qualcuno dovrebbe minacciare di ucciderlo veramente. E uno sconosciuto sembra prendere sul serio questa battuta. Interpretato da una coppia di illusionisti che impersonano se stessi (senza nessun rapporto anagrafico col regista), il film mescola un po' troppo le carte per essere veramente efficace (il tentato omicidio reale si intreccia con tanti tentati omicidi finti, scherzi che i due maghi si fanno l'un l'altro) così che persino il finale ha bisogno di un commento fuori campo per non venir confuso con l'ennesimo numero illusionistico. Resta, comunque, l'acida descrizione della volgarità e della stupidità del mondo televisivo. E non è poco.

Con la rabbia agli occhi * (Italia 1976, col, 98') Anthony Dawson [Antonio Margheriti]. Con Yul Brynner, Massimo Ranieri, Barbara Bouchet, Martin Balsam, Giacomo Furia. ◆ Un manierato killer italo-americano (Brynner) è deciso a vendicare il fratello ucciso da un boss: un insopportabile guaglioncello, aspirante malavitoso (Ranieri), che lo idealizza. Un mediocre nero all'italiana, condito del peggior folclore partenopeo.

Con le migliori intenzioni *** (*Den goda viljan*, Svezia 1992, col, 180') Bille August. Con Samuel Froler, Pernilla August, Max von Sydow, Björn Kjellman, Börje Ahlstedt, Björn Granath. ◆ Dieci anni della vita dei genitori di Ingmar Bergman, dal primo incontro nel 1909 alla vigilia della nascita del regista nel 1918. Lui (Froler) è un poverissimo studente di teologia, lei (August) una ragazza ricca e un po' viziata: si sposeranno contro il volere di tutti e sopporteranno la dura vita nella canonica di Norrland, tra miserie e scontri di classe. Sceneggiato dallo stesso Bergman – che poi ha trasformato la sceneggiatura nell'omonimo romanzo e che ha indicato in Bille August il regista più adatto a dirigerlo – il film procede con il respiro lento e maestoso degli sceneggiati televisivi (esiste anche una versione per la Tv di 360'). Una regia corretta, ma mai originale, e una scenografia accurata, ma scontata nel suo realismo, stridono un po' con le punte più drammatiche del racconto (che nascono dall'orgogliosa ostinazione pauperistica di lui e dal retroterra sociale di lei). Premiato a Cannes con una generosa Palma d'oro (la seconda per August dopo quella di *Pelle alla conquista del mondo*, nel 1988) e con il premio per la miglior attrice a Pernilla August, imposta da Bergman – con qualche screzio – ma poi piaciuta talmente al regista da diventare sua moglie. E la pancia che fa vedere nel film custodisce il loro primo figlio.

Con mia moglie è un'altra cosa * (*Affectionately Yours*, Usa 1941, b/n, 90') Lloyd Bacon. Con Merle Oberon, Dennis Morgan, Rita Hayworth, Ralph Bellamy, George Tobias. ◆ Un corrispondente americano gran cacciatore di sottane (Morgan) abbandona l'amante e l'Europa per tornare dalla moglie (Oberon) che minaccia il divorzio, promettendo di lasciare il giornalismo. Il preoccupato direttore del quotidiano decide allora di farlo rapire per non perdere la sua penna migliore. Commedia (poco) brillante, zavorrata e noiosa, nonostante la discreta prova della Hayworth nella parte dell'amante.

Conoscenza carnale ***** (*Carnal Knowledge*, Usa 1971, col, 97') Mike Nichols. Con Jack Nicholson, Candice Bergen, Arthur Garfunkel, Ann-Margret, Rita Moreno, Cynthia O'Neal, Carol Kane. ◆ Solidarietà virile e rapporti col sesso debole attraverso il dialogo negli anni di due amici, Jonathan (Nicholson) e Sandy (Garfunkel), dal primo triangolo al college con Susan (Bergen) fino ai bilanci della mezza età. Nichols porta sullo schermo un testo teatrale del cartoonist Jules Feiffer sulla miseria sessuale della società americana, di cui mantiene le arditezze di linguaggio e di comportamento ma di cui evita i rischi della ripetitività narrativa (come sono le strip di Feiffer, prive di ogni progressione drammatica o psicologica) con uno straordinario lavoro sugli attori. Impregnate di puritanesimo e di un cinismo che nasconde malamente le paure del maschio americano verso l'altro sesso, le «scene di vita erotica» che i due si raccontano vicendevolmente (memorabile quella in cui Nicholson mostra il catalogo in diapositive delle sue conquiste femminili) acquistano vita grazie alla regia che lascia liberi gli attori di recitare in lunghi piani fissi, a volte stringendo su un volto, a volte isolando arbitrariamente uno dei protagonisti della scena. Arthur Garfunkel era più famoso come cantante in coppia con Paul Simon.

Con quale amore, con quanto amore * (Italia 1970, col, 107') Pasquale Festa Campanile. Con Catherine Spaak, Lou Castel, Claude Rich, Erika Blanc, Michel Bardinet, Marisa Traversi. ◆ La moglie (Spaak) trascurata di un architetto lascia il marito per un suo collaboratore ma poi, dopo che l'ex coniuge ammette i suoi torti, comincia a rivederlo di nascosto cornificando l'amante. Un film piccante e un po' grossolano, costruito su quel sex appeal così poco italiano della Spaak che andava tanto di moda.

Conquista del West, La **½ (*The Plainsman*, Usa 1936, b/n, 113') Cecil B. DeMille. Con Gary Cooper, Jean Arthur, James Ellison, Charles Bickford, Helen Burgess, John Miljan. ◆ La vendita illegale di armi scatena gli indiani che assaltano un forte. In loro aiuto si muoveranno Buffalo Bill (Ellison) e il generale Custer (Miljan) mentre Wild Bill Hickock e Calamity Jane (Arthur) cadranno in mano dei pellerossa. L'essenza del genere western come poteva essere pensata negli anni Trenta da DeMille: verosimiglianza assoluta (tutte le 64 pistole usate nel film venivano dalla collezione personale del regista), grandissimi mezzi, precisione filologica (DeMille si impuntò perché la celebre frase «Go west, young man», cioè «Vai verso il west, ragazzo», fosse correttamente attribuita a John B. Searle, direttore di *The Terra Haute Express*), ritmo incalzante e colpi di scena (il regista riuscì persino a imporre alla produzione la melodrammatica morte di Wild Bill Hickock): anche a distanza di tanti anni, il film mantiene una sua piacevolezza. Imperdibili alcune finezze: Hickock che dice «Io e le donne non andiamo d'accordo» dopo che Calamity Jane lo ha baciato e con una mano si pulisce la bocca; oppure la poetica metafora finale che riscatta l'uccisione dell'eroe (Hickock, anche morto, è come il grano da cui germinerà una stirpe di giganti), tutta a base di dissolvenze incrociate. Una delle facce di guerriero cheyenne è quella di Anthony Quinn, che aveva sposato una nipote del regista. Le scene di massa furono riciclate in molti altri film.

Conquista del West, La *** (*How the West Was Won*, Usa 1962, col, 155') Henry Hathaway, John Ford, George Marshall. Con Henry Fonda, Gregory Peck, George Peppard, James Stewart, John Wayne, Debbie Reynolds, Richard Widmark, Carroll Baker, Lee J. Cobb, Karl Malden, Robert Preston, Eli Wallach, Walter Brennan, Agnes Moorehead, Thelma Ritter, Lee Van Cleef. ◆ Le vicende di tre generazioni di una famiglia di pionieri attraversano le tappe più importanti della conquista del West: i primi insediamenti, la corsa all'oro, la battaglia di Shiloh (ricordata come il più sanguinoso episodio della guerra civile), l'avanzata della ferrovia verso il Pacifico, la lotta per stabilire la legge. Primo film girato in cinerama, è un'epopea edulcorata e celebrativa, ma di indubbia presa spettacolare. La parte migliore è la ricostruzione della cruentissima battaglia di Shiloh, unico episodio del film girato da Ford. Hathaway ne ha firmati tre (il fiume, le pianure, i fuorilegge) e Marshall uno solo (la ferrovia). Tre Oscar: miglior soggetto e sceneggiatura (James R. Webb), montaggio (Harold F. Kress), suono (Franklin E. Milton).

Conquistatore, Il * (*The Conqueror*, Usa 1956, col, 110') Dick Powell. Con John Wayne, Susan Hayward, Pedro Armendariz, Agnes Moorehead, Thomas Gomez. ◆ Temujin (Wayne) rapisce e sposa la figlia di Kumlek, diventa capo dei mongoli, sconfigge i tartari ed entra nella storia come Gengis Khan. Pessimo polpettone storico- avventuroso. Il film fu girato nel deserto del Nevada e c'è chi sostiene che i luoghi delle riprese fossero contaminati da esperimenti nucleari e abbiano causato la morte per tumore di quasi tutti i partecipanti, fra cui lo stesso Wayne.

Conquistatore del Messico, Il ** (*Juarez*, Usa 1939, b/n, 132') William Dieterle. Con Paul Muni, Bette Davis, Brian Aherne, Claude Rains, John Garfield. ◆ Lo scontro fra Massimiliano d'Asburgo (Aherne), imperatore del Messico francese, e Benito Pablo Juarez (Muni), capo dei guerriglieri repubblicani. Un kolossal di grande respiro dove, con tono epico e (troppo) melodrammatico, Dieterle allude alle dittaure del tempo. Nel ruolo della moglie di Massimiliano, la Davis è grande come sempre e in una delle scene più belle scoppia in una crisi di pianto isterico perché si convince che Napoleone III (Rains) sia Satana incarnato.

Conquistatore del mondo, Il ** (*It Conquered the World*, Usa 1956, b/n, 68') Roger Corman. Con Lee Van Cleef, Peter Graves, Beverly Garland, Sally Fraser, Dick Miller. ◆ Uno scienziato (Van Cleef) fa da quinta colonna a un'invasione aliena, illudendosi che porti la pace nel mondo: invece il mostro venusiano (un incrocio tra un'aragosta e una melanzana) vuole solo controllare gli uomini come robot. Fantascienza di serie Z dell'era della guerra fredda, ma con idee «di sinistra» e antimilitariste. Gli effetti speciali (di Paul Blaisdell) sono risibili, ma Corman, oltre a sfoderare ambizioni filosofiche, ha il tocco del regista vero, interessato ad atmosfere di minaccia e di follia collettiva, ed evita sempre la cialtroneria.

Conquistatori, I **½ (*Canyon Passage*, Usa 1946, col, 92') Jacques Tourneur. Con Dana Andrews, Brian Donlevy, Susan Hayward, Hoagy Carmichael, Andy Devine, Ward Bond, Patricia Roc, Lloyd Bridges, Stanley Ridges. ◆ Oregon, 1856: l'onesto pioniere Logan (Andrews) si ribella alla giustizia amministrata nel suo villaggio natale, prima salvando il perfido Brent (Bond) da una condanna a morte senza prove, poi, durante un attacco pellerossa, facendo fuggire dalla prigione George (Donlevy), fidanzato dell'amica Lucy (Hayward). Ma i suoi sforzi saranno inutili e Robert riprenderà la sua vita nomade insieme a Lucy. Primo western (e primo film a colori) per Tourneur, che affronta il genere destabilizzandolo come se fosse un noir: in questo Ovest, rifugio di nomadi senza equilibrio, tutto fluttua e scricchiola, dalla legge alla morale, e tutti hanno paura, sia degli indiani che dei propri passi falsi. L'intreccio appassionante e complicato fino alla tortuosità (ma la sceneggiatura di Ernest Pascal e William Fosche, dal romanzo di Ernest Haycox, è essenziale e incisiva) e la messa in scena realistica in ogni dettaglio contribuiscono in modo determinante a frantumare la linearità, il manicheismo e l'aura mitica del western, anticipando l'epoca della revisione e della riflessione sull'eredità della Frontiera.

Conquistatori dei sette mari, I * (*The Fighting Seabees*, Usa 1944, b/n, 100') Edward Ludwig. Con John Wayne, Susan Hayward, Dennis O'Keefe, Paul Fix, William Frawley. ◆ In un'isola del Pacifico durante la seconda guerra mondiale, il responsabile delle costruzioni (Wayne) pensa che i suoi uomini debbano lavorare e non combattere. Dopo l'attacco giapponese si ravvede e diventa un eroe. Un John Wayne carismatico per un mediocre film targato Republic.

Conquistatrice, La **½ (*I Can Get It for You Wholesale*, ritItolato *Only the Best*, Usa 1951, b/n, 90') Michael Gordon. Con Susan Hayward, Dan Dailey, Sam Jaffe, George Sanders, Randy Stuart, Marvin Kaplan, Harry Von Zell. ◆ L'inarrestabile carriera di Harriet Boyd (Hayward) tra i fabbricanti di abiti della Settima strada, a New York: da modella a disegnatrice, poi a coproprietaria di una società. E quando il titolare di una catena di grandi magazzini (Sanders) la vuole in esclusiva, lei sembra disposta a tradire i suoi due soci (Dailey e Jaffe). Ma non ha fatto i conti con l'amore. Ritratto di una carrierista senza scrupoli che sembra voler replicare quello reso celebre da *Eva contro Eva*: la componente melodrammatica è abbastanza prevedibile (con l'amore/odio per Dan Dailey, «il più bravo venditore d'America»), ma il mondo del commercio è raccontato con crudo realismo, senza chiudere gli occhi né sui compromessi né sulle bassezze che si compiono in nome dei soldi. Non per niente la sceneggiatura è di Abraham Polonsky (dall'adattamento che Vera Caspary aveva fatto del romanzo di Jerome Weidman) e il regista sarà inquisito dal maccartismo.

Con rabbia e con amore *½ (Italia 1997, col, 98') Alfredo Angeli. Con Francesco Bonelli, Raffaella Formicola, Claudia Alessandra Marcello, Massimo Dapporto, Teresa De Sio, Angela Finocchiaro, Gabriele Ferzetti, Jean-Pierre Cassel, Shawn H. Logan, Antonella Avolio, Roberto Trifirò, Franco Diogene, Dino Conti. ◆ Ferita da un rapinatore, Francesca (Formicola) entra in coma sconvolgendo la vita di Claudio (Bonelli), che l'aveva conosciuta - e forse se n'era innamorato - solo un'ora prima, e che coinvolgerà a catena nella propria crisi esistenziale chi gli sta vicino. Ambizioso quanto superficiale ritratto di un paio di generazioni che hanno perso i propri punti di riferimento; il film (sceneggiato dal regista con il figlio Christian e Luisa Montagnana) le descrive con uno schematismo da dibattito televisivo, risolvendosi in un buonismo che assolve e giustifica tutti: i giovani che non capiscono nemmeno i propri sentimenti e i genitori che non hanno neppure il coraggio delle loro crisi. Ridicolo, per non dire di peggio, il nonno (Ferzetti) che sentenzia «non ne posso più dei vostri ricordi» e poi passa il tempo con un amico (Cassel) a rimpiangere il cinema dei papà e a montare un documentario sulle lotte sociali del dopoguerra.

Conrak **½ (*Conrak*, Usa 1974, col, 107') Martin Ritt. Con Jon Voight, Paul Winfield, Hugh Cronyn, Madge Sinclair, Tina Andrews. ◆ Un insegnante anticonformista, coi capelli lunghi e contestatore (Voight) cerca di far uscire la sua classe di bimbi negri dal binomio povertà-ignoranza. Ispirandosi al libro di Pat Conroy *The Water Is Wide*, Ritt aggredisce, senza compiacimenti narrativi, il conservatorismo bianco e la rassegnata omologazione negra, dimostrando che sono aspetti complementari di un'integrazione solo formale.

Conseguenze pericolose *½ (*The Last Word*, Usa 1994, col, 95') Tony Spiridakis. Con Timothy Hutton, Joe Pantoliano, Michelle Burke, Richard Dreyfuss, Chazz Palminteri, Cybill Shepherd, Jimmy Smits. ◆ Cronista di nera di Detroit, Martin (Hutton) accetta di trarre un film dalle sue inchieste-verità: ma la spogliarellista (Burke) di cui si è innamorato non accetta che la sua storia venga data in pasto al pubblico. Vecchi dilemmi sulla deontologia dei mass media per un film scontato e mai coinvolgente. Tratto da una commedia dello stesso regista.

Consiglio di famiglia ** (*Conseil de famille*, Francia 1986, col, 127') [Constantin] Costa-Gavras. Con Johnny Halliday, Fanny Ardant, Guy Marchand, Rémi Martin, Fabrice Luchini. ◆ La famiglia di François (Martin) rispetta tutti i simboli del perbenismo borghese: la scuola privata per i bambini, l'appartamento elegante, l'estate in Bretagna; unica eccezione: il lavoro del padre (Halliday) consiste nello scassinare casseforti. Un Costa-Gavras insolito, impegnato in una commediola leggera ma non priva di analisi d'ambiente. Qualcuno, forse per la presenza di Fanny Ardant, ha tirato in ballo Truffaut.

Consigliori, Il * (Italia 1973, col, 100') Alberto De Martino. Con Tomas Milian, Martin Balsam, Francisco Rabal, Dagmar Lassander, Franco Angrisano. ◆ Il giovane avvocato (Milian), figlioccio e «consigliori» di un boss americano, vuole sposarsi e cambiare vita. La lotta per il potere che si scatena lo costringe però a un coinvolgimento ancora maggiore. Una sorta di *Padrino*, banale e senza storia, nato sulla scia del successo di Coppola.

Consigli per gli acquisti *½ (Italia 1997, col, 80') Sandro Baldoni. Con Carlo Croccolo, Ivano Marescotti, Silvia Cohen, Ennio Fantastichini, Maurizio Crozza, Cosimo Cinieri, Mariella Valentini, Flavio Bonacci, Pietro Biondi, Barbara Cupisti. ◆ Per liberarsi di una partita di cibo per cani avariata, un industriale (Croccolo) chiede aiuto alla sua agenzia di pubblicità: e tutti, dal direttore (Fantastichini) al creativo (Marescotti), si mettono al lavoro senza farsi domande. Voleva essere una satira del mondo della pubblicità (da cui provengono sia il regista che il suo cosceneggiatore Johnny Dell'Orto, che appare brevemente nel ruolo di Faccia di Matto) ma tutto gira a vuoto, tra luoghi comuni e allusioni che i non addetti ai lavori - e sono la stragrande maggioranza del pubblico - non coglieranno mai (tipo la rassomiglianza tra il personaggio di Marescotti e Gavino Sanna). Certo, il tentativo di battere strade nuove, tra lo sberleffo irriverente e la satira surreale, è encomiabile, ma alla fine non si va al di là del qualunquismo e di un facile massimalismo (ci sono persino i dipendenti licenziati che si fanno tentare dal luddismo). E non se ne può più della Valentini che fa l'oca in calore.

Console onorario, Il *½ (*The Honorary Consul*, Gb 1983, col, 99') John Mackenzie. Con Richard Gere, Michael Caine, Bob Hoskins, Elpidia Carrillo, Joaquim de Almeida. ◆ Un medico (Gere), che fa servizio al confine tra Argentina e Paraguay, viene coinvolto nel rapimento di un console onorario inglese (Caine): dovrebbe solo curare una brutta ferita, ma il capo dei rapitori è un suo vecchio amico, un ex prete passato ai ribelli, e così finirà per subire la stessa sorte dei rapitori. L'influenza di Graham Greene e del suo romanzo omonimo si fanno sentire solo nella descrizione di alcuni caratteri (il cinismo del dottore, l'umanità del console disilluso e beone). Il resto scivola anche nel fumetto.

Constans **½ (*Constans*, Polonia 1979, col, 90') Krzysztof Zanussi. Con Tadeusz Bradecki, Zofia Mrozowska, Małgorzata Zajaczkowska, Cezary Morawski, Witold Pyrkosz, Marek Litewka. ◆ Dopo il servizio militare nei paracadutisti e la morte della madre, Witold (Bradecki), alpinista come il padre morto in montagna, viene assunto come elettricista in una ditta. Scoprirà un mondo di corruzione e tradimenti da cui riesce a rimanere immune, ma a prezzo di diventarne la vittima e finirà per esercitare la sua passione per l'alpinismo come lavavetri o muratore sospeso a una fune. La tragedia totale di un puro di cuore, onesto e perseguitato dal destino, in uno dei film più cupi e fatalisti di Zanussi («ormai più stoico che cattolico») che in qualche modo prefigura la speranza del Paese per «gli uomini nuovi» di Solidarnosc, di cui Witold, per caparbia rettitudine morale, potrebbe essere il simbolo. Un severo richiamo alle responsabilità individuali (oltreché una scontata condanna del regime delle malversazioni e del privilegio) che tuttavia, per quantità di morti e di profittatori, si risolve quasi in un inno al pessimismo della ragione, con un finale amaro al di là di ogni immaginazione. Tra i momenti più intensi e più lucidamente strazianti, c'è la veglia di Witold della madre in fin di vita. Capitolo conclusivo della trilogia iniziata con *Illuminazione* e proseguita con *La spirale*, *Constans* (come «costante» matematica, cercata dal protagonista travolto dal Caso, e come «costanza» morale) vinse la Palma d'oro a Cannes.

Contact **½ (*Contact*, Usa 1997, col, 150') Robert Zemeckis. Con Jodie Foster, Matthew McConaughey,

David Morse, Jena Malone, James Woods, John Hurt, Tom Skerritt, William Fichtner, Angela Bassett, Rob Lowe, Geoffrey Blake, Jake Busey. ◆ Appassionata di astronomia sin da piccola, la ricercatrice Ellie Arroway (Foster) capta dei segnali da Vega: dopo molti ostracismi riesce a farsi lanciare nello spazio alla ricerca di vite extraterrestri, ma del suo viaggio non resterà alcuna prova. Fantascienza concettuale e comunicativa sul tracciato di *Incontri ravvicinati* e *2001: Odissea nello spazio* e di quell'irrazionalismo religioso da sempre presente nella cultura americana, capace di mescolare le più profonde istanze morali con le degenerazioni New Age (il pianeta visitato dalla Foster è una specie di Paradiso delle anime tipo Seychelles). La regia è impeccabile e gli attori sono più che convincenti, ma il film emoziona poco, per colpa di una sceneggiatura troppo schematica e didattica (di James V. Hart e Michael Goldenberg, dal bestseller di Carl Sagan) che fa l'effetto di un teorema spiegato a una classe di principianti: passaggio dopo passaggio si capiscono tutti i nessi logici, ma si perde il gusto dell'intuizione. La tecnica digitale permette di «far recitare» anche Bill Clinton.

Conta fino a tre e prega *½ (*Count Three and Pray*, Usa 1955, col, 102') George Sherman. Con Van Heflin, Joanne Woodward, Raymond Burr, Nancy Kulp. ◆ Nell'America che esce dalla guerra civile, la ricostruzione passa attraverso i campi e un pastore dal passato burrascoso (Heflin) guida la riscossa. Non ancora trasformatosi in Perry Mason, Burr sfoggia tutta la sua aria da cattivo, mentre Joanne Woodward, qui al suo debutto, fa l'orfana intraprendente.

Con tanti cari... cadaveri, detective Stone ** (*Black Eye*, Usa 1974, col, 98') Jack Arnold. Con Fred Williamson, Rosemary Forsyth, Richard Anderson, Teresa Graves. ◆ Il padre di una ragazza scomparsa ingaggia un detective negro (Williamson) per recuperare la figliola. Da uno dei maestri indiscussi dell'horror anni Cinquanta, una versione *black* dei vari Marlowe, con tutti gli stereotipi del genere ma abbastanza godibile.

Conta solo l'avvenire ** (*Tomorrow Is Forever*, Usa 1946, b/n, 105') Irving Pichel. Con Orson Welles, Claudette Colbert, George Brent, Lucile Watson, Richard Long, Natalie Wood. ◆ John MacDonald (Welles), dichiarato morto nella prima guerra mondiale, ritorna dopo vent'anni in America e trova la moglie (Colbert) risposata. Lui non vuole turbare la ritrovata felicità della donna e preferisce non rivelarsi, ma la lezione di antimilitarismo che fa al figlio della donna, che vorrebbe arruolarsi, lo smaschera. Orson Welles è uno strepitoso redivivo in un drammone strappalacrime (un provvidenziale attacco di cuore, toglie alla moglie ogni problema riguardo al marito ritrovato) che oggi appare un po' ridicolo.

Conte di Essex, Il **½ (*The Private Lives of Elizabeth and Essex*, Usa 1939, col, 105') Michael Curtiz. Con Bette Davis, Errol Flynn, Olivia de Havilland, Donald Crisp, Vincent Price. ◆ Il tormentato amore tra la regina Elisabetta (Davis) e l'ambizioso conte di Essex (Flynn): tradimenti, passioni, ragion di Stato e un drammatico epilogo in una spettacolare evocazione storica di grande magnificenza visiva. Certe verbosità del dialogo e le ingenuità della trama si dimenticano facilmente davanti alla straordinaria prova della Davis, che per interpretare la brutta regina Elisabetta (che nei suoi attacchi di furia rompeva gli specchi per non vedersi) si fece rasare di cinque centimetri i capelli, indossò una parrucca rossa e si fece truccare con un fondotinta bianco e gessoso. Al contrasto fra i protagonisti, poi, corrispose fedelmente quello fra gli attori, perché la prima donna Bette Davis mal sopportava la concorrenza di Errol Flynn, al posto del quale avrebbe voluto Laurence Olivier.

Conte di Montecristo, Il **½ (*The Count of Monte Cristo*, Usa 1934, b/n, 115') Rowland V. Lee. Con Robert Donat, Elissa Landi, Louis Calhern, Sidney Blackmer, Raymond Walburn, O. P. Heggie, Irene Hervey, Georgia Caine, Walter Walker, Lawrence Grant, Luis Alberni. ◆ Per salvare il padre, l'ambizioso giudice Raymond de Villefort (Calhern) fa ricadere le colpe di un presunto golpe bonapartista sul capitano Edmond Dantès (Donat), aiutato da Danglers (Walburn) e da Fernando di Montego (Blackmer) che spera così di conquistarne la fidanzata Mercedes (Landi). Imprigionato nell'isola d'If, Dantès evade dopo quattordici anni e arricchitosi col tesoro di cui gli aveva svelato l'esistenza il suo compagno di cella, l'abate Faria (Heggie), torna a Parigi per vendicarsi di chi l'aveva fatto imprigionare e riconquistare l'amore di Mercedes. Una delle più avvincenti riduzioni del romanzo di Alexandre Dumas, a opera di Philip Dunne, che firma qui la sua prima sceneggiatura (rielaborando un trattamento fatto dal regista e da Dan Totheroh). I dubbi di Rowland V. Lee sull'efficacia di Donat sparirono dopo le prime riprese, talmente belle che la United Artists raddoppiò il budget del film e allungò le riprese. Ne è uscita una versione piena di brio e ricca di scenografie, vivificata da un formidabile terzetto di cattivi (Calhern, Blackmer e Walburn) e raccontata con una essenzialità nei dialoghi e nelle scene di grade efficacia. Nel 1940 Lee ha diretto un deludente *Figlio di Montecristo*.

Conte di Montecristo, Il **½ (*Le Comte de Monte-Christo*, Francia 1943, b/n, diviso in due parti di 90' e 94') Robert Vernay. Con Pierre Richard-Willm, Michèle Alfa, Lise Delamare, Alexandre Rignault, Aimé Clariond, Line Noro, Marie-Hélène Dasté, Marcel Herrand, Charles Granval, Jacques Baumer, Henri Bosc, Louis Salou, Ermete Zacconi, Jean Chaduc, Carmen Boni. ◆ Nella prima parte, *Il conte di Montecristo*, il marinaio Edmond Dantès (Richard-Willm) viene accusato di essere un cospiratore bonapartista e arrestato la sera del suo fidanzamento con Mercedes (Alfa): imprigionato per vent'anni nel castello d'If, diventa amico e allievo di un altro prigioniero, l'abate Faria (Zacconi) che prima di morire gli rivela l'esistenza del tesoro dell'isola di Montecristo. Nella seconda parte, *La rivincita di Montecristo*, l'evaso Dantès torna a Parigi col nome di conte di Montecristo in compagnia della misteriosa Haydée (Delamare) e usa la sua immensa fortuna per vendicarsi delle tre persone responsabili della sua incarcerazione: l'infido Fernand (Bosc), l'avido Caderousse (Rignault) e il corrotto giudice Villefort (Clariond). Probabilmente il miglior Montecristo cinematografico, per merito dell'ottima interpretazione di Pierre Richard-Willm, attore dotato di una elegante e segreta malinconia, credibile sia quando è perseguitato sia quando si trasforma in un giustiziere, ma soprattutto per l'appassionante sceneggiatura di Charles Spaak, capace di restare fedele al romanzo di Alexandre Dumas e nello stesso tempo di mantenere viva l'attenzione dello spettatore, costruendo la progressione drammatica con una serie di scene brevi ed efficaci che non scivolano mai nel melodrammatico o nel prevedibile. Verney diresse una nuova (ma meno interessante) edizione del *Conte di Montecristo* nel 1954.

Conte di Montecristo, Il (1954)→ Tesoro di Montecristo, Il; Vendetta di Montecristo, La

Conte di Montecristo, Il ** (*Le Comte de Monte-Christo*, Francia/Italia 1961, col, 170') Claude Autant-Lara. Con Louis Jourdan, Yvonne Furneaux, Pierre Mondy, Bernard Dhéran, Henri Guisol, Claudine Coster, Marthe Marty, Jean-Claude Michel, Roldano Lupi, Franco Silva. ◆ Arrestato il giorno del suo matrimonio con Mercedes (Furneaux) e imprigionato all'isola d'If per quattordici anni, Edmond Dantès (Jourdan) riesce a evadere: diventato ricco con il tesoro di cui gli ha rivelato l'esistenza l'abate Faria (Guisol) e tornato a Parigi con il nome di conte di Montecristo, si vendicherà di chi l'aveva tradito, il marinaio Caderousse (Mondy), il giudice Villefort (Dhéran) e il rivale in amore Fernand (Michel). Suggestiva spettacolarizzazione (la venticinquesima della serie) del classico di Alexandre Dumas sceneggiato da Jean Halain, animata fra le righe dalla polemica antiborghese di Autant-Lara ma girata senza molte idee, attenta più alle esigenze del décor che a quelle dell'avventura. In originale dura 180'.

Conte di Montecristo, Il *½ (*The Count of Monte Cristo*, Usa 1975, col, 100') David Greene. Con Richard Chamberlain, Trevor Howard, Louis Jourdan, Donald Pleasence, Alessio Orlando, Tony Curtis, Kate Nelligan, Taryn Power, Angelo Infanti, Carlo Puri. ◆ Incastrato da chi credeva un amico, Edmond Dantès (Chamberlain) passa quattordici anni nella prigione d'If. Evaso e impossessatosi del favoloso tesoro di Montecristo, di cui gli aveva parlato l'abate Faria (Howard), tornerà a Parigi per vendicarsi dei suoi nemici – il finanziere D'Anglars (Pleasence), il procuratore generale Villefort (Jourdan), il malvivente Caderousse (Orlando) e il generale Mondego (Curtis) – ma non riuscirà a ritrovare l'amore della donna che avrebbe dovuto sposare prima dell'arresto, la bella Mercedes (Nelligan). Tv- movie prodotto dalla Nbc che modifica gli equilibri all'interno della storia di Dumas (Dantès si compra anche un giornale, perché «ogni uomo d'affari dovrebbe possederne uno») e fa del generale Mondego interpretato da un credibile Tony Curtis la vera anima nera del complotto. La relativa ricchezza della produzione e la buona prova di Chamberlain e Howard, premiati con due nomination all'Emmy, non riescono però a sollevare un film che finisce per essere una sequela di mancati colpi di scena e di inutili stereotipi del cinema avventuroso. In originale 120'.

Conte Dracula, Il * (*El conte Dracula*, Spagna/Rft/Italia/Gb 1969, col, 97') Jesús Franco. Con Christopher Lee, Klaus Kinski, Maria Romm, Fred Williams, Herbert Lom, Soledad Miranda. ◆ Un incauto viaggiatore arriva in Transilvania ed entra nel castello di Dracula (Lee) cadendovi prigioniero. Attenendosi scrupolosamente al testo di Stoker, il più noto specialista iberico del terrore recupera un collaudato principe delle tenebre (Lee) e un futuro Nosferatu (Kinski). Un ennesimo remake a basso costo dove il ridicolo prevale sull'horror.

Conte Max, Il *½ (Italia 1957, b/n, 120') Giorgio Bianchi. Con Alberto Sordi, Vittorio De Sica, Anne Vernon, Tina Pica, Susanna Canales. ◆ Il giornalaio Alberto (Sordi), con l'aiuto dello squattrinato conte Max Orsini Baraldo (De Sica), riesce a entrare nella buona società: ha anche una relazione con la baronessa Elena di Vallombrosa (Vernon), ma poi si accorge che quella vita non è adatta a lui e torna alla sua edicola e all'amore per la serva Lauretta (Canales). Remake del *Signor Max* (1937) di Mario Camerini. De Sica, protagonista nel film precedente, interpreta qui il ruolo del nobile spiantato che assiste Sordi nella sua duplice vita di giornalaio e falso conte. Buona la prova degli attori, dignitosa, pur nei limiti dell'onesto artigianato, la regia. Rifatto da Christian De Sica nel 1991.

Conte Max, Il ° (Italia 1991, col, 83') Christian De Sica. Con Christian De Sica, Ornella Muti, Galeazzo Benti, Maria Mercader, Anita Ekberg, Alain Flick. ◆ Un meccanico romano (De Sica), per entrare nel mondo della top model che ha salvato da uno scippo (Muti), la raggiunge a Parigi assumendo l'identità del conte Max Gonzaga Pallavicini Scotti Varaldo (Benti) un nobile decaduto, e citrullo, che gli dava lezioni di francese. Ma l'impatto con quel mondo è scioccante e alla fine, travestito da odalisca, il conte-meccanico rapirà la sua bella per portarsela a Roma. Terza, sconsiderata versione del *Signor Max*, con il figlio di De Sica che si lancia in un volgarissimo rifacimento (la Ekberg nella parte di una mangia-uomini che colleziona calchi in gesso di attributi maschili) di cui si poteva davvero fare a meno.

Contessa Alessandra, La **½ (*Knight Withour Armour*, Gb 1937, b/n, 101') Jacques Feyder. Con Marlene Dietrich, Robert Donat, Irene Vanbrugh, Herbert Lomas, Miles Malleson, David Tree. ◆ Russia, 1917: un giornalista inglese (Donat), tra le fila dei bolscevichi per motivi di controspionaggio, s'innamora di una contessa vedova (Dietrich) e cerca di salvarla, finendo prigioniero dell'Armata bianca. I due si ritroveranno e fuggiranno insieme grazie a un bolscevico dal cuore tenero e alla Croce Rossa. Tratto dal romanzo *Without Armour* di James Hilton (sceneggiato da Lajos Biro, Frances Marion e Arthur Wimperis), è un melodramma avventuroso che naturalmente privilegia la storia d'amore sulla Rivoluzione, anche se Feyder, pur non muovendosi dall'Inghilterra, riesce a ricreare piuttosto bene l'atmosfera russa (è probabile che si sia ispirato ai film sovietici che circolavano allora). La Dietrich, splendida, qui sfodera una sensualità molto più esplicita che nei film di Sternberg (basta vedere il bagno nella tinozza dopo essere sfuggita ai bolscevichi). Sontuosamente prodotto da Alexander Korda, l'unico in Gran Bretagna che potesse rivaleggiare con Hollywood.

Contessa azzurra, La **½ (Italia 1960, col, 105') Claudio Gora. Con Amedeo Nazzari, Elly Davis, Zsa Zsa Gabor, Paolo Stoppa, Roberto Camardiel, Ugo D'Alessio, Nicla Di Bruno, Franca Marzi, Angela Luce, Pastor Serrado, Mario Passante, Irene Tunc, Carlo Pisacane, Carlo Giuffré. ◆ Napoli, inizio secolo: trasformata in attrice per sostituire una diva capricciosa (Gabor), la stiratrice Teresa Curcio (Davis) si innamora dell'avventuroso regista, don Salvatore Acierno (Nazzari). Diventata celebre con *La contessa azzurra*, Teresa cercherà per tutta la vita di concretizzare il suo infelice amore: se lei passerà di successo in successo, don Salvatore vedrà fallire i suoi innovativi esperimenti artistici, spesso a spese del produttore Peppino Razzi (Stoppa) e quando si ritroveranno sarà troppo tardi. Curioso melodramma prodotto dal «comandante» Achille Lauro per lanciare la sua protetta Elly Davis che rievoca, con uno stile appassionato e vivace, l'evoluzione del café chantant e gli albori del cinema a Napoli. Con una libertà narrativa abbastanza inusitata (la sceneggiatura è firmata da Suso Cecchi d'Amico, Luigi Bazzoni e Gora da un soggetto di Alberto De Rossi, con la supervisione ai dialoghi di Titina De Filippo ed Elio Scardamaglia), il film racconta in maniera sommaria la storia d'amore per privilegiare invece i numeri musicali, ricostruiti con precisione e grande accuratezza filologica dallo scenografo Aldo Tomassini e dal costumista Piero Tosi (Nicla Di Bruno e Angela Luce cantano *Ninì Cangì*, Irene Tunc *La giarrettiera*). Così come gli albori del cinema sono utilizzati per sottolineare il rapporto tra finzione e realtà che pervade un po' tutto il film, riflessione malinconica su un mondo di apparenze che sembra incapace di incidere sui veri destini dei protagonisti.

Contessa di Hong Kong, La ** (*A Countess from Hong Kong*, Usa 1967, col, 117') Charlie Chaplin. Con Sophia Loren, Marlon Brando, Sydney Chaplin, Patrick Cargill, Tippi Hedren, Margaret Rutherford, Geraldine Chaplin. ◆ Natasha (Loren), entraîneuse dall'età di tredici anni, si imbarca da clandestina a Hong Kong su un transatlantico di lusso e si nasconde nella cabina di un diplomatico milionario, Ogden Mears (Brando). Prima del loro arrivo a Honolulu l'avrà fatto innamorare, nonostante l'improvviso arrivo della moglie (Hedren). Ultima, deludente fatica di Chaplin e suo unico film a colori. La Loren e Brando non sembrano all'altezza del loro compito, ma è soprattutto la storia («una commedia romantica raccontata con troppo romanticismo») che stenta a ingranare. Il grande maestro, che in un piccolo cammeo è uno steward col mal di mare, risorge nell'episodio esilarante del maggiordomo eccitato (Cargill) che deve sposare Natasha.

Contessa di Montecristo, La *½ (*The Wife of Monte Cristo*, Usa 1946, b/n, 85') Edgar G. Ulmer. Con John Loder, Lenore Aubert, Martin Kosleck, Eduardo Ciannelli, Charles Dingle, Eva Gabor. ◆ Il conte di Montecristo (Kosleck), nelle segrete vesti del Vendicatore, guida una banda di pezzenti in lotta contro i ricchi imprenditori capeggiati da De Villefort, il capo della polizia (Loder). Una ferita potrebbe tradire la sua doppia identità ma la moglie Haydée (Aubert) lo sostituisce e riesce a sconfiggere De Villefort. Rilettura del personaggio di Dumas (trasformato in una specie di Zorro) firmata dal maestro riconosciuto del B-movie, che disegnò pure le scene: non all'altezza della sua fama.

Contessa di Parma, La ** (Italia, 1937, b/n, 86') Alessandro Blasetti. Con Elisa Cegani, Antonio Centa, Maria Denis, Umberto Melnati, Osvaldo Valenti, Pina Gallini, Nunzio Filogamo. ◆ A Torino, Marcella, un'indossatrice lanciata con lo pseudonimo di Contessa di Parma (Cegani), affascina il centravanti della nazionale di calcio (Centa) che la crede una vera nobildonna mentre la ricca zia (Gallini), proprietaria della casa di mode, prende a benvolere Marcella, ignara del legame tra la ragazza e il nipote: inevitabili malintesi (il calciatore a un certo punto pensa che la contessa sia una prostituta d'alto bordo) e inevitabile lieto fine. Gustosa commedia sofisticata ambientata nella high society emergente dell'epoca (moda + calcio), che Blasetti definì come il «film più cretino» che avesse mai fatto. Eppure, in linea con il filone dei «telefoni bianchi» che spopolava in quegli anni, il film ha una scrittura effervescente e spontanea (sceneggiatura di Gherardo Gherardi, Aldo De Benedetti e Mario Soldati), un ritmo serrato ed elegante e una sottile ironia che caratterizza tutti i personaggi. La figura del centravanti è ispirata al famoso calciatore della Juventus Felice «Farfallino» Borel. Interessanti gli esterni girati dal vero nell'ambiente dell'alta moda torinese, notevoli i titoli di testa «urbani», stilizzati secondo i canoni estetico-pubblicitari degli anni Trenta.

Contessa scalza, La ***½ (*The Barefoot Contessa*, Usa 1954, col, 128') Joseph L. Mankiewicz. Con Ava Gardner, Humphrey Bogart, Edmond O'Brien, Marius Goring, Valentina Cortese, Rossano Brazzi, Franco Interlenghi, Alberto Rabagliati. ◆ Al funerale della gitana Maria Vargas (Gardner), diventata una stella di Hollywood col nome di Maria d'Amato e uccisa dal marito geloso Vincenzo Torlato-Favrini (Brazzi), ognuno dei presenti, a partire dal regista che l'aveva scoperta (Bogart), rievoca un frammento della tempestosa vita sentimentale di lei. Mankiewicz (unico autore della sceneggiatura che voleva addirittura trasformare in un romanzo) descrive tre microcosmi decadenti – il cinema hollywoodiano, la società dorata degli ultraricchi che passano la loro vita sulla Riviera italiana, la nobile famiglia Torlato-Favrini – e il loro scontro con la figura di Maria «eroina dalla bellezza irreale, inaccessibile e fintamente serena, che vuole provare a se stessa di essere libera» e che per questo andrà incontro solo a frustrazioni e tragedie. La costruzione complessa del film (otto flashback raccontati da quattro personaggi diversi: il regista, l'addetto alle pubbliche relazioni, il marito e la stessa Maria) viene così attraversata da questa riflessione (come può la libertà individuale produrre felicità anche per gli altri?) che conduce a una visione cupa e disperata del destino umano («un'amara versione di Cenerentola»), in sintonia con l'atmosfera funeraria che attraversa tutto il film. Mankiewicz, qui per la prima volta regista, sceneggiatore e produttore, fondò la propria casa di produzione (Figaro Inc.) per poter girare il film, a cui teneva moltissimo. Oscar come miglior attore non protagonista a Edmond O'Brien nella parte dell'addetto alle pubbliche relazioni. Nei titoli di testa e di coda originali, Valentina Cortese è scritta Cortesa.

Contestazione generale *½ (Italia 1970, col, 131') Luigi Zampa. ◆ Film a episodi. In *La bomba alla televisione* (con Vittorio Gassman, Cesare Gelli, Paola Gassman, Mariangela Melato) un regista d'avanguardia gira per la Tv un servizio sulla contestazione in maniera troppo moderna; in *Concerto a tre pifferi* (con Nino Manfredi, Michel Simon, Milly Vitale, Enzo Garinei) uno zelante ragioniere capisce le ragioni del figlio capellone quando anche lui riuscirà a ribellarsi al suo tirannico e cafone datore di lavoro; in *Università* (con attori non professionisti) gli studenti occupano un ateneo e si fanno portar via a braccia dalla polizia; in *Il prete* (con Alberto Sordi, Marina Vlady, Enrico Maria Salerno, Sergio Tofano) un ingenuo prete di campagna, stordito dai mutamenti nell'aria, chiede al vescovo di potersi sposare. Una commedia di ordinaria fattura artigianale, dal sapore vagamente postsessantottino.

Conte Tacchia, Il * (Italia 1982, col, 118') Sergio Corbucci. Con Enrico Montesano, Vittorio Gassman, Paolo Panelli, Zoe Chauveau, Giuseppe Pambieri, Ninetto Davoli, Ania Pieroni, Lia Zoppelli, Claudio Gora. ◆ Nella Roma del 1910, Checco (Montesano), il figlio di un falegname soprannominato, per la sua voglia di essere ammesso tra la nobiltà, «conte Tacchia» (dalle «tacchie», i cunei di legno che si porta sempre in tasca per assicurare l'equilibrio ai mobili che traballano) riesce, con l'aiuto del re Vittorio Emanuele III e di una inattesa eredità, a coronare il suo sogno. Ma il cuore batterà sempre per la popolana Fernanda. Molte banalità e altrettante volgarità, notazioni d'ambiente stantie, poche risate.

Conte Ugolino, Il **½ (Italia 1949, b/n, 95') Riccardo Freda. Con Carlo Ninchi, Gianna Maria Canale, Peter Trent, Piero Palermini, Carla Calò, Luigi Pavese, Ugo Sasso, Ciro Bernardi. ◆ Inviso agli altri pisani, il conte Ugolino della Gherardesca (Ninchi) è vittima del complotto del cardinale Ruggieri (Trent): ritenuto responsabile della sconfitta della Meloria contro la Repubblica di Genova (1284), viene murato vivo insieme ai figli maschi. La figlia (Canale) riescirà a smascherare il complotto, ma non a impedire la prematura morte dei fratelli e la follia del padre che arriva a mangiare le loro carni. Ispirato all'episodio raccontato nel XXXIII canto dell'*Inferno* dantesco (soggetto di Luigi Bonelli, sceneggiatura di Freda, Steno e Mario Monicelli), un melodramma gotico fatto di intrighi, sangue e lacrime, capace di usare lo spazio architettonico con inusitata forza drammatica. Il celebre verso «Poscia, più del dolor poté il digiuno», ricordato in una didascalia, è risolto non con un exploit orrorifico bensì con un'ellissi di grande efficacia: il primo piano urlante della figlia, splendida metonimia che chiude in modo netto il film e lascia fuori campo – enfatizzandolo – il tragico pasto del conte Ugolino. Stranamente effeminato il cattivo cardinale Ruggieri. La famiglia della Gherardesca si complimentò con il regista per la riabilitazione dell'avo. Il film è stato distribuito anche con il titolo *Il cavaliere di ferro*.

Continuavano a chiamarli... er più, er meno *½ (Italia 1972, col, 97') Giuseppe Orlandini. Con Franco Franchi, Ciccio Ingrassia, Didi Perego, John Bartha, Renato Malavasi, Sandro Moretti, Valentino Macchi, Emanuela Fallini. ◆ Per saldare un debito di gioco che il ricco zio (Baltha) non vuole pagare, il principe Francisco Ribanera Mendoza d'Espinoza (Ingrassia) si associa al ladruncolo Franco Pietrasicca (Franchi): cercheranno prima di rubare un collier e poi uno Stradivari alla contessa Janos (Perego), quindi organizzeranno una truffa ai danni dello zio, ma i risultati saranno sempre più o meno fallimentari. Un film inutilmente lungo e sfilacciato che indovina anche qualche gag (Franchi che si presenta a una festa con lo smoking rubato a un prestigiatore, con le prevedibili conseguenze a base di colombe che escono dal cilindro e conigli dalla giacca) ma che finisce per essere solo una somma di macchiette, slegate le une dalle altre.

Continuavano a chiamarli i due piloti più matti del mondo * (Italia 1972, col, 86') Mariano Laurenti. Con Franco Franchi, Ciccio Ingrassia, Lino Banfi, Isabelle Marshall, Didi Perego, Marisa Merlini. ◆ I figli di un industriale, ai quali papà ha vietato di sposare due umili donzelle, dirottano l'aereo pilotato da Franco e Ciccio. Ma dopo le disavventure i nostri potranno consolarsi con hostess e Bahamas. Tentativo di ridere sulle incomprensioni tra padri e figli.

...Continuavano a chiamarlo Trinità *½ (Italia 1971, col, 128') E.B. Clucher [Enzo Barboni]. Con Terence Hill [Mario Girotti], Bud Spencer [Carlo Pedersoli], Enzo Tarascio, Pupo De Luca, Dana Ghia. ◆ I due fratellastri Trinità (Hill) e Bambino (Spencer) promettono al padre morente di fare solo i bravi ladri ma c'è un contrabbandiere che merita proprio una lezione. Dopo l'insperato, e straordinario, successo di *Lo chiamavano Trinità...*, regista e attori ripropongono, senza sostanziali novità, la loro burlesca rilettura del western all'italiana, depurato dei suoi elementi più caratteristici (sudore, sangue, lacrime e violenza) a favore di asettiche scazzottature in chiave ridanciana.

Conto alla rovescia ** (*Countdown*, Usa 1967, col, 101') Robert Altman. Con James Caan, Robert Duvall, Joanna Moore, Barbara Baxley, Charles Aidman. ◆ La gara fra russi e americani per raggiungere la Luna: i sovietici partono per primi e gli Usa li seguono dappresso, in scenografie straordinariamente vicine al reale allunaggio del 1969. Il tentativo di Altman di focalizzare l'attenzione sui retroscena umani dell'impresa (meschinità politica e protagonismi di astronauti e mogli) è sotterrato dal montaggio iperbanale imposto dalla produzione.

Conto alla rovescia * (*Countdown*, Usa/Giappone 1996, col, 86') Keoni Waxman. Con Lori Petty, Jason London, James LeGros, Yuki Amami. ◆ Una poliziotta di Seattle (Petty) e una sua collega giapponese cercano di fermare un pazzo (London) che ha nascosto una bomba programmata per esplodere la vigilia di Natale. Clone di *Blown Away*, *Blue Steel* e cento altri film, con effetti poco speciali.

Contrabbandieri del cielo, I ** (*The Hell with Heroes*, Usa 1968, col, 95') Joseph Sargent. Con Claudia Cardinale, Rod Taylor, Harry Guardino, Kevin McCarthy, William Marshall, Peter Duel. ◆ Coinvolti nel contrabbando di sigarette, MacKay (Taylor) e Brewer (Duel), due ex piloti dell'esercito americano, decidono di smettere, ma il boss Lee Harris (Guardino) li denuncia al controspionaggio che li lascia agire per poter arrivare a Harris. Brewer morirà, Harris sarà arrestato e MacKay si metterà con Elena (Cardinale), la donna di Harris della quale era innamorato da tempo. Film d'azione senza pretese, con un occhio alla pulp fiction e un altro al botteghino. Niente di speciale, ma piuttosto avvincente.

Contrabbando a Shanghai * (*Intrigue*, Usa 1947, b/n, 90') Edwin L. Marin. Con George Raft, June Havoc, Helena Carter, Tom Tully, Marvin Miller, Dan Seymour, Philip Ahn, Michael Ansara. ◆ Radiato ingiustamente dall'esercito, il pilota Brad Dannan (Raft) diventa uno dei capi della borsa nera nella Shanghai dell'immediato dopoguerra, ma la morte di un amico giornalista (Tully), assassinato dai suoi soci, lo convince a ravvedersi. Risibile intrigo esotico con annesso messaggio moralistico (e scene documentarie sulla povertà dei cinesi), con un Raft improbabile che si comporta come un gangster di Chicago ma si commuove davanti ai bambini che non mangiano.

Contras – Urla di guerra dal Nicaragua ** (*Latino*, Usa 1985, col, 105') Haskell Wexler. Con Robert Beltran, Annette Cardona, Tony Plana, Ricardo Lopez, Luis Torrentes. ◆ Un berretto verde (Beltran) reduce dal Vietnam si unisce ai mercenari antisandinisti, ma aprirà gli occhi sulla politica statunitense in Centroamerica. Secondo film come regista, dopo *America, America dove vai?*, di Haskell Wexler, uno dei maggiori direttori della fotografia Usa, che ribalta con determinazione la propaganda reaganiana, in un anti-Rambo girato in Nicaragua, finanziato con capitali privati e sostenuto dalla Lucas Film. L'entusiasmo sopperisce a qualche incertezza della sceneggiatura (come la storia d'amore).

Contratto di matrimonio *** (*Kontrakt*, Polonia 1980, col, 112') Krzysztof Zanussi. Con Maja Komorowska, Leslie Caron, Tadeusz Lomnicki, Magda Jaroszowna, Krzysztof Kolberger, Christine Paul Podleski. ◆ Piotr (Kolberger), figlio di un famoso cardiologo, e Lilka (Jaroszowna), figlia di un noto esponente della nomenklatura, decidono di sposarsi per ottenere in breve tempo un ampio alloggio. La cerimonia civile fila via liscia, ma quella religiosa viene interrotta dall'inaspettato «no» della sposa, che fa perdere le sue tracce. Poco male: i due per l'anagrafe sono già sposati e il sontuoso ricevimento può svolgersi ugualmente. Humour grottesco, satira politica, metafora e realismo calibrati in modo felice: una commedia al vetriolo per il tormentato e austero Zanussi, che osserva i (mal)costumi dell'alta «borghesia» polacca con un occhio ai modelli americani (*Accadde una notte*, *Il matrimonio*, *Hollywood Party*) e l'altro al corrosivo Buñuel. Solo alla fine, nel dialogo tra Lilka e la matrigna Dorota (Komorowska), si avverte l'eco del Zanussi metafisico e dolente, per il resto *Kontrakt* è un pamphlet brillante e scatenato sulle miserie del socialismo reale, un'aggressiva variazione di tono sul suo tema-chiave (l'insofferenza e la ribellione morale dei giovani contro la corruzione dei padri) e il tentativo, riuscito, di comporre un quadro a più voci anziché il consueto ritratto di un solo personaggio a tutto tondo. Perfetto il cast, tra cui spiccano Maja Komorowska nel ruolo della seconda moglie del politico maneggione e la Caron in quello della sorella, ex ballerina cleptomane. Prodotto dalla televisione polacca, il film uscì nelle sale (d'essai) italiane solo nel 1985, nonostante una trionfale partecipazione fuori concorso al festival di Venezia, quasi contemporanea all'agosto operaio di Danzica.

Contratto per uccidere *** (*The Killers*, Usa 1964, col, 95') Don Siegel. Con Lee Marvin, John Cassavetes, Angie Dickinson, Ronald Reagan, Clu Gulager, Claude Akins. ◆ Charlie (Marvin) è un killer che, con un collega più giovane e sregolato (Gulager), deve uccidere l'autista di una rapina (Cassavetes) per conto del capobanda (Reagan), al quale poi cercheranno di soffiare il bottino. Remake di *I gangsters* di Siodmak liberamente ispirato al racconto di Hemingway (a condurre la storia non c'è più l'agente dell'assicurazione ma i due killer): era stato pensato per la televisione, ma poi fu distribuito nelle sale perché «troppo violento». Siegel cancella l'atmosfera romanticamente noir del film precedente e immerge la storia in un mondo freddo e ingannevole, in cui si è costretti a convivere con la violenza e dove si scopre che l'esistenza non ha morale e le aspirazioni sono prive di fondamento. Ne esce il ritratto senza speranza di un mondo futile e privo di emotività (oltre che di morale) nel quale anche il ruolo della donna non è più quello di una dark lady ma piuttosto di una fredda predatrice pronta al tradimento. Il cast è tutto d'eccezione (compreso Ronald Reagan, qui al suo ultimo film) e Cassavetes è grande nel ruolo centrale dell'autista finito che attende di essere ammazzato.

Controfigura, La **½ (Italia 1971, col, 91') Romolo Guerrieri [Romolo Girolami]. Con Jean Sorel, Ewa Aulin, Lucia Bosé, Silvano Tranquilli, Marilù Tolo, Giacomo Rossi Stuart, Pupo de Luca. ◆ Una coppia male assortita – il maturo e geloso Frank (Sorel) e la giovane e inquieta Lucia (Aulin) – vanno in vacanza in Marocco: quando li raggiunge la madre di lei (Bosé) scatta il triangolo e, forse, il delitto. Ispirandosi a un romanzo di Libero Bigiaretti (adattato da Sauro Scavolini e Alessandro Continenza), Guerrieri crea un rischioso gioco di flashback dentro i flashback e di andirivieni temporali, punteggiato da un *ralenti* rivelatore: ma la suspense tiene fino all'ultimo, grazie anche alla convinzione degli interpreti e a un montaggio quasi sperimentale. Cinema di genere e d'avanguardia, che merita di essere recuperato. Musiche di Armando Trovajoli.

Controfigura per un delitto ° (*One More Time*, Usa

1970, col, 93') Jerry Lewis. Con Peter Lawford, Sammy Davis jr, Esther Anderson, Maggie Wright. ◆ Un gestore di night-club (Lawford), a corto di soldi, sostituisce il fratello gemello assassinato, un illustre personaggio politico, e finisce nei guai insieme al suo socio (Davis jr). Séguito di *Sale e pepe: super spie hippy*: calamità apocalittiche e gag tipicamente lewisiane che senza il magico Jerry, qui per l'unica volta solo regista, scadono nella più piatta banalità.

Contro il destino **½ (*Paris s'éveille*, Francia/Italia 1991, col, 95') Olivier Assayas. Con Judith Godreche, Jean-Pierre Léaud, Thomas Langmann, Martin Lamotte, Ounie Lecomte. ◆ Adrien (Langmann), un diciannovenne che vive alla giornata, ritrova il padre (Léaud) dopo quattro anni di separazione. Il genitore ha un'amante diciottenne, Louise (Godreche), ambiziosa e opportunista, che finisce tra le braccia del figlio. Ma Adrien rivendica una marginalità esistenziale che la ragazza non tollera: lui s'imbarcherà per l'Argentina, mentre lei, accettando le avances di un produttore, diventerà annunciatrice televisiva. Fedele alla sua indagine sull'ultima generazione, Assayas offre in questo film delle «istantanee» di due giovani emblematici, le cui opposte concezioni di vita riassumono e aggiornano con una certa efficacia il tipico conflitto adolescenziale tra fuga e integrazione. Una tranche de vie più riuscita nella rappresentazione, fluida e verosimile, che non nella sceneggiatura, talvolta troppo letteraria e formale. Evidente l'amore del regista per il cinema della Nouvelle Vague, di cui recupera uno degli attori-simbolo, Jean-Pierre Léaud, assegnandogli, dopo una carriera di eterno adolescente, l'inevitabile ruolo di padre.

Contro la legge *½ (Italia 1950, b/n, 95') Flavio Calzavara. Con Marcello Mastroianni, Fulvia Mammi, Renato Malavasi, Tino Buazzelli, Paolo Panelli. ◆ Un piccolo trafficante di valùta (Mastroianni), accusato ingiustamente di omicidio, indaga con la fidanzata per trovare l'assassino. Da un soggetto di Pietro Germi un dignitoso poliziesco, ben cadenzato e con un buon lavoro degli attori, Mastroianni e Buazzelli (nel ruolo del commissario) in testa.

Contronatura – The Unnaturals **½ (Italia/Rft 1969, col, 100') Anthony M. Dawson [Antonio Margheriti]. Con Marianne Koch, Dominique Boschero, Alan Collins [Luciano Pigozzi], Joaquim Fuchsberger, Claudio Camaso [Claudio Volonté], Giuliano Raffaelli, Marianne Leibl. ◆ In una notte di pioggia, una compagnia di ricchi corrotti capita in una casa sinistra, interrompendo la seduta spiritica che il padrone di casa Uriaht (Collins) ha organizzato con la madre (Leibl). Verranno alla luce le malefatte di tutti gli ospiti, che subiranno adeguata punizione. Forse il migliore film di Margheriti (anche sceneggiatore), è una strana *ghost story* quasi senza fantasmi ed effettacci, dove il vero male è quello dell'avidità umana. E il cocktail di feuilleton, erotismo (per l'epoca) morboso, scenografie anni Venti e horror psicologico sortisce effetti – anche figurativi (la fotografia è di Riccardo Pallottini) – tutt'altro che indifferenti. La sequenza finale, in cui un fiume di fango travolge la casa, ricorda in modo impressionante quella dell'onda di sangue di *Shining*: sarà un caso, visto che si tratta anche qui di case infestate e paradossi temporali?

Controsesso ** (Italia 1964, b/n, 112') Franco Rossi, Marco Ferreri, Renato Castellani. ◆ Film a episodi. In *Cocaina di domenica* (Franco Rossi. Con Nino Manfredi, Anna Maria Ferrero) due coniugi azzardano il brivido della droga; in *Il professore* (Marco Ferreri. Con Ugo Tognazzi) un professore feticista e morboso, per non permettere uscite durante le lezioni, fa installare nell'armadio dell'aula un gabinetto e si delizia ai rumori che le allieve fanno usandolo; in *Una donna d'affari* (Renato Castellani. Con Nino Manfredi, Dolores Wettach) un professore cerca inutilmente di concretizzare il suo rapporto con una indaffaratissima donna manager. Tre episodi di sesso all'italiana dall'inconfondibile sapore anni Sessanta. L'episodio migliore è di gran lunga quello di Ferreri, scritto insieme a Rafael Azcona.

Controspionaggio ** (*Betrayed*, Usa 1954, col, 108') Gottfried Reinhardt. Con Clark Gable, Lana Turner, Victor Mature, Louis Calhern, O.E. Hasse, Wilfried Hyde-White, Ian Carmichael. ◆ Il colonnello Deventer (Gable) addestra allo spionaggio Carla Van Oven (Turner), una giovane olandese a cui i nazisti hanno fucilato il marito. Paracadutata in Olanda, Carla partecipa sotto la guida di Sciarpa (Mature), l'eroe della Resistenza locale innamorato di lei, a una serie di azioni che però si concludono sempre con gravissime perdite. Deventer sospetta che la ragazza sia una spia, ma la verità è un'altra. Un melodramma di guerra come tanti eccetto che per l'ambigua figura del «cattivo», interpretato da un bravissimo Victor Mature con tanto di labbro leporino, complesso di Edipo (si dà al collaborazionismo per vendicare la madre rapata a zero dai partigiani) e cedimenti sentimentali per il nemico. È il quarto e ultimo film girato dalla coppia Gable-Turner, meno sensuale e ironica che mai.

Conversa di Belfort, La *** (*Les Anges du péché*, Francia 1944, b/n, 85') Robert Bresson. Con Renée Faure, Jany Holt, Louise Sylvie, Marie-Hélène Daste, Mila Parély, Silvia Monfort. ◆ Il percorso parallelo verso la grazia di Anne-Marie (Faure) e Thérèse (Holt): la prima è una ragazza che entra nella congregazione domenicana di Betania dedicata alla redenzione delle peccatrici e che fatica, per troppa vocazione, a controllare il suo eccessivo amor proprio; l'altra cerca nel convento solo un nascondiglio perché ha ucciso l'uomo che l'ha tradita e le aveva fatto scontare un'ingiusta pena in carcere. La fede di Anne-Marie nella salvezza riuscirà, in punto di morte, a convertire la ribelle Thérèse. Opera prima del regista (sceneggiata insieme a Jean Giraudoux), dove già sono presenti i temi della lotta tra Bene e Male che affronterà in tutti i suoi film futuri, il film racconta il sacrificio di chi è disposto a perdersi per redimere una peccatrice e si impose immediatamente per la rigorosa descrizione di un universo chiuso, sostenuta da una straordinaria fotografia e da un dialogo asciutto e penetrante.

Conversazione, La **** (*The Conversation*, Usa 1974, col, 113') Francis Ford Coppola. Con Gene

Hackman, John Cazale, Frederick Forrest, Allen Garfield, Cindy Williams, Teri Garr, Harrison Ford. ◆ Harry Caul (Hackman), un maestro dell'intercettazione telefonica, spia una coppia di amanti, ma una frase che ha registrato gli fa venire il dubbio che qualcuno voglia commettere un omicidio. Cercherà di andare più a fondo e verrà preso dal dubbio di essere a sua volta spiato. Evidentemente influenzato dall'atmosfera di paranoia e disillusione prodotta dallo scandalo Watergate, il film si svolge come «una sorta di incubo, in una dimensione di "realtà irreale" che fa sentire la sua minaccia, ma si camuffa dietro a elementi occulti», magistralmente sintetizzati nella disperata solitudine della scena finale. Al centro c'è la figura di Harry, un uomo che si è volontariamente emarginato col suo comportamento antisociale, ossessionato dal bisogno di proteggere gelosamente una vita privata in evidente conflitto con l'illegalità della sua professione (un tema che dominerà tutta la saga del *Padrino*) e che non riesce a veder chiaro nei nastri che registra perché non vede chiaro in se stesso. Straordinario il lavoro fatto, col direttore del suono Walter Murch, su una colonna sonora elaboratissima e complessa. Meritata Palma d'oro a Cannes. Titanica l'interpretazione di Gene Hackman.

Conversazione conclusa tra Pessoa e Sá-Carneiro ** (*Conversa acabada sobre Fernando Pessoa e Mário de Sá-Carneiro*, Portogallo 1980, col, 100') João Botelho. Con Cabral Martins, André Gomes, Juliet Berto, Jorge Silva Melo, Isabel Ruth. ◆ Nel 1912 lo scrittore piccolo-borghese Pessoa (Martins) diventa amico del ricco collega Mário de Sá-Carneiro (Gomes), che dopo un esilio volontario a Parigi si suicida nel 1916. La vita grigia del primo, che si nasconde dietro identità fittizie («eteronimi»), è complementare al male di vivere del secondo, che sfocia nell'autodistruzione: specchio, secondo il regista, della tormentata identità portoghese, ma emblematica anche di una disgregazione dell'Io che occupa un ruolo centrale nella letteratura del Novecento. Il film, volutamente gelido e straniato, con fondali fotografici, voci fuori campo, svolazzi liberty e attori che spesso leggono i brani dei due scrittori, fa venir voglia di recuperare i libri: ma, per quanto intelligente e raffinato, richiede molta, molta pazienza. Manoel de Oliveira interpreta il prete.

Conversazione con l'uomo dell'armadio ** ½ (*Rozmowa z człowiekiem z szafy*, Polonia 1993, col e b/n, 94') Mariusz Grzegorzek. Con Bozena Adamek, Rafal Olbrychski, Karol Ciesłar, Maciej Wilk, Adam Ferency, Marek Walczewski. ◆ Il ventunenne Karol (Olbrychski), che ormai vive chiuso in un armadio, si abbandona ai ricordi: l'amore possessivo della madre vedova (Adamek) che lo isola dal mondo esterno per poi abbandonarlo quando si risposa; il ricovero in un centro speciale e l'incontro con un professore sensibile (Walczewski); le prime esperienze di lavoro, con un capo che lo maltratta (Ferency); la vendetta di Karol e il suo definitivo esaurimento nervoso. Da un racconto di Ian McEwan (sceneggiato dallo stesso regista), la storia di un vampiresco rapporto madre-figlio, segnato dalla morte e dalla claustrofobia. Grzegorzek si inserisce bene nel clima patologico che regna in tutte le famiglie raccontate dallo scrittore, ed esplora con sensibilità e crudezza ogni risvolto dello psicodramma, alternando al colore il bianco e nero per esprimere l'assenza di vitalità a cui è condannato il protagonista: le fantasie di angoscia che proietta sulla madre (la vede vagare, cieca, in una specie di regno dei morti) sono quasi più impressionanti di ciò che gli è capitato nella realtà. Meno riuscita la metafora politica, con una Polonia in stato di abbandono e chiusa in se stessa dopo il declino del comunismo.

Conversazioni private *** (*Enskilda samtal*, Svezia 1997, col, 130') Liv Ullmann. Con Pernilla August, Max von Sydow, Samuel Fröler, Thomas Hanzon, Anita Björk, Vibeke Falk, Gunnel Fred, Kristina Adolphson, Hans Alfredsson, Bengt Schott. ◆ Anna (August), moglie infelice del pastore Henrik Bergman (Fröler), ha un'appassionata relazione con Thomas (Hanzon), giovane studente di teologia. Su consiglio del suo vecchio pastore (von Sydow) la donna, che non se la sente di rinunciare all'amante, confessa l'adulterio e la rivelazione innesca il dramma. Un viaggio nell'anima umana, sceneggiato da Ingmar Bergman a partire dal romanzo in cui ha raccontato la storia dei suoi genitori, e dallo stesso regista affidato a una delle sue attrici simbolo - ed ex moglie - perché lo mettesse in scena. Organizzato lungo cinque confronti-scontri eminentemente verbali (le «conversazioni private» - cioè la formula luterana della confessione - che mettono la protagonista di fronte agli uomini della sua vita: il marito, l'amante, il consigliere spirituale), il film non si preoccupa tanto di spiegare le ragioni dell'adulterio quanto di esplorare l'interiorità umana e il significato più profondo (e individuale) di alcuni valori, come la Sincerità e la Fedeltà, e di alcuni sentimenti, come l'Amore e la Religiosità. Dal canto suo, la regia della Ullmann si dimostra capace di cogliere anche da un particolare gli stati d'animo dei personaggi (il tuffo «liberatorio» nel lago, la lampada che aiuta a «vedersi in faccia») senza rinunciare alle letture personali (come lo sguardo sorridente e interrogativo con cui si conclude il film).

Conviene far bene l'amore * (Italia 1975, col, 106') Pasquale Festa Campanile. Con Gigi Proietti, Agostina Belli, Eleonora Giorgi, Mario Scaccia. ◆ La soluzione reichiana alla crisi energetica: in una Roma prossima ventura uno scienziato scopre nella copulazione una nuova fonte energetica e il sesso diventa obbligatorio. Uno spunto divertente sparisce in un'inutile commediola erotica. Il giovane Christian De Sica esordisce come seduttore ricalcando le orme di papà.

Convoglio verso l'ignoto *** (*Action in the North Atlantic*, Usa 1943, b/n, 127') Lloyd Bacon. Con Humphrey Bogart, Raymond Massey, Alan Hale, Julie Bishop, Ruth Gordon, Sam Levene. ◆ Sopravvissuti all'attacco di un sottomarino, il capitano Jarvis (Massey) e il suo assistente Rossi (Bogart) vengono imbarcati dalla Sea Witch, una nave che fa parte di un convoglio in viaggio verso Murmansk ma che presto resta isolata. Durante un bombardamento della Lutwaffe, Jarvis muore mentre Rossi prende il comando e riesce a portare la nave a destinazione protetto dall'aviazione sovietica. «L'archetipo perfetto del film di guerra marittima all'americana», che per circostanze di convenienza propagandistica (siamo nel 1943) esalta la marina sovietica. La spettacolarità delle scene d'azione, tipica del genere, e la psicologia dei personaggi, meno scontata, sono miscelate con naturalezza ed esemplificano splendidamente l'ideologia di fondo: il conflitto bellico come guerra di nervi e d'astuzia, come esperienza collettiva e come regolamento di conti individuale. Bacon abbandonò la regia a metà delle riprese, che furono continuate da Byron Haskin con l'aiuto di Don Siegel. Esiste una versione colorizzata al computer.

Convoy – Trincea d'asfalto **½ (*Convoy*, Usa 1978, col, 115') Sam Peckinpah. Con Kris Kristofferson, Ali MacGraw, Ernest Borgnine, Burt Young, Madge Sinclair, Cassie Yates. ◆ Il perfido sceriffo «Dirty» Wallace (Borgnine) non dà tregua a una carovana di camionisti capitanati da «Anitra di gomma» (Kristofferson) e ben decisi a non rispettare i limiti di velocità. Sulle note della canzone country che dà il titolo al film Peckinpah innesta su un road-movie i moduli western di cui è maestro: coraggio, sprezzo della legge, rischio quotidiano. Con una MacGraw insolitamente sexy nella parte della fotoreporter. Un po' insensato ma tonificante.

Cookie ** (*Cookie*, Usa 1989, col, 93') Susan Seidelman. Con Emily Lloyd, Peter Falk, Dianne Wiest, Brenda Vaccaro, Lionel Stander. ◆ Cookie (Lloyd), una diciottenne avida di libertà e vestiti stravaganti, incontra finalmente il padre gangster (Falk) dopo tredici anni di galera. E gli dimostra di essere un'ottima figlia d'arte. La regista di *Cercasi Susan disperatamente* miscela mafia e punk in una commedia brillante con retrogusto amaro dove Falk si conferma all'altezza della sua ormai collaudata italianità. Cammei per Jerry Lewis (nella parte del gangster Arnold Ross) e per Arto Lindsay.

Cool Runnings – Quattro sottozero *½ (*Cool Runnings*, Usa 1993, col, 100') Jon Turteltaub. Con Leon, Doug E. Doug, Rawle D. Lewis, Malik Yoba, John Candy. ◆ Quattro giamaicani, falliti in altri sport, sfidano il ridicolo e decidono di partecipare alle Olimpiadi invernali di Calgary, nella specialità del bob a quattro. Li allena un ex campione di slittino (Candy) in cerca di riscatto. Produzione Disney, che tenta di inserire una comicità di tipo demenziale, smaliziata e politicamente corretta, in una favoletta dalla morale che vorrebbe essere anticonformista: l'importante non è vincere, ma partecipare. Il regista Michael Ritchie è uno degli autori del soggetto.

Copacabana ° (*Copacabana*, Usa 1947, b/n, 91') Alfred E. Green. Con Carmen Miranda, Gloria Jean, Groucho Marx, Andy Russell, Steve Cochran. ◆ Uno scombinato impresario teatrale (Marx) deve fare i conti con una cantante tutto fuoco che gli fa passare un sacco di guai. Una farsa musicale di infimo livello, un autentico disastro per il maggiore dei Marx, che riesce comunque a piazzare qualche buona battuta.

Copacabana Palace * (Italia 1962, col, 100') Steno [Stefano Vanzina]. Con Sylva Koscina, Walter Chiari, Mylène Demongeot, Paolo Ferrari, Franco Fabrizi, Gloria Paul. ◆ Ladri raggirati, principi gelosi e ragazze appetitose, protagonisti di tre storielle sullo sfondo del carnevale di Rio. Languori esotici ed erotici anni Sessanta affidati alla verve di Chiari e alle curve della Koscina.

Copkiller (L'assassino dei poliziotti) *½ (Italia 1983, col, 115') Roberto Faenza. Con Harvey Keitel, Nicole Garcia, Leonard Mann, John Lydon, Sylvia Sidney, Carla Romanelli. ◆ Qualcuno sta uccidendo i poliziotti della squadra narcotici di New York con un coltello da cucina, ma il tenente incaricato delle indagini (Keitel) non vuole denunciare il vero assassino (Lydon) per paura che riveli la sua corruzione. Tratto dal romanzo *The Order to Death* di Hugh Fleetwood, il film vorrebbe raccontare la contorta psicologia di un tutore dell'ordine, ma si perde in troppi sociologismi e in un eccessivo didascalismo (il vero copkiller resterà impunito perché la società è corrotta).

Cop Land **½ (*Cop Land*, Usa 1997, col, 100') James Mangold. Con Sylvester Stallone, Harvey Keitel, Ray Liotta, Robert De Niro, Annabella Sciorra, Michael Rapaport, Janeane Garofalo, Peter Berg, Robert Patrick, Noah Emmerich, Cathy Moriarty. ◆ Per un handicap all'udito, Freddy Heflin (Stallone) deve accontentarsi di fare lo sceriffo a Garrison, una cittadina del New Jersey abitata soprattutto da poliziotti newyorkesi: ma quando scopre che un agente ufficialmente morto è in realtà vivo, saprà dimostrare di meritarsi l'agognata promozione nella polizia. Scritto dal regista con qualche cedimento nel finale, un noir crepuscolare e disincantato, non nuovo nell'argomento (i veri criminali sono i poliziotti) ma raccontato con bella attenzione per l'ambiente (una cittadina dormitorio) e i vari personaggi (i cui passati emergono in modi mai didascalici). Ma la vera sorpresa del film è Stallone nei panni del loser stanco e disilluso, sordo per un gesto di altruismo e malinconico fan di Springsteen.

Coppia d'azione *½ (*Undercover Blues*, Usa 1993, col, 90') Herbert Ross. Con Kathleen Turner, Dennis Quaid, Fiona Shaw, Stanley Tucci, Larry Miller. ◆ In vacanza a New Orleans col marmocchio, Jane (Turner) e Jeff Blue (Quaid) accettano di rientrare in servizio come agenti dell'Fbi per catturare una trafficante d'armi (Shaw). Il lato comico dovrebbe essere fornito dalla costante presenza dell'infante nelle scene d'azione e dal tormentone di un tanghero vendicativo quanto pasticcione (Tucci), che ce l'ha su con Jeff. Ma il tentativo di riprendere la formula di *All'inseguimento della pietra verde* naufraga nell'umorismo puerile, e ogni gag è ripetuta almeno due volte.

Coppia omicida * (Italia 1998, col, 95') Claudio Fragasso. Con Raoul Bova, Francesca Schiavo, Laura Morante, Thomas Kretschmann, Raz Degan, Jacques Sernais. ◆ Una coppia di borghesi in crisi (Bova e Schiavo) scopre di abitare di fianco a due killer (Morante e Kretschmann) e riapprezza sesso e avventura. Idee passabili per un film di genere annegano nel ridicolo involontario e in citazioni della serie «vorrei ma non posso» (*La conversazione* di Coppola, niente meno). Ma in confronto a «Testosterone» Degan, che ripete con l'occhio sbarrato una sola frase («Sei... belissima», con una elle sola), Bova sembra Laurence Olivier.

Coppia perfetta, Una ** (*A Perfect Couple*, Usa 1979, col, 110') Robert Altman. Con Paul Dooley, Marta Heflin, Titos Vandis, Belita Moreno, Henry Gibson, Dimitra Arliss. ◆ Lui, Alex Theodopoulos (Dooley) è figlio di una tradizionalista famiglia di antiquari greci, amanti della musica classica; lei, Sheila Shea (Heflin), è una cantante rock che vive in una sorta di comune: una supertecnologica agenzia per cuori solitari li fa incontrare e l'amore sboccerà contro ogni previsione. Commedia leggera ma con dissonanze realiste e un finale sul palco tutti assieme appassionatamente con retrogusto acido di ipocrisia trionfante. Piacevole colonna sonora scritta dai Keepin' 'em Off the Streets, che nel film interpretano loro stessi.

Coppia quasi perfetta, Una * (*Almost You*, Usa 1984, col, 96') Adam Brooks. Con Brooke Adams, Griffin Dunne, Karen Young, Josh Mostel, Joe Silver. ◆ Moglie e marito (Dunne e Adams), in cerca di evasioni, si accordano sul ménage a tre dopo varie scappatelle. Modesto tentativo di commedia sofisticata con due attori che avrebbero meritato maggior fortuna.

Coppie, Le *½ (Italia 1970, col, 111') Mario Monicelli, Alberto Sordi, Vittorio De Sica. ◆ Film a episodi. In *Il frigorifero* (Mario Monicelli. Con Enzo Jannacci, Monica Vitti) due poverissimi immigrati sardi a Torino sono disposti a qualsiasi sacrificio – compresa la prostituzione di lei – per pagare le rate del gigantesco, ma inutile, frigorifero da 180 litri che troneggia nel seminterrato in cui vivono; in *La camera* (Alberto Sordi. Con Alberto Sordi, Rossana Di Lorenzo) l'operaio metalmeccanico Giacinto Colonna tenta invano di festeggiare il decimo anniversario di nozze con la moglie Erminia in un albergo di lusso della Costa Smeralda; in *Il leone* (Vittorio De Sica. Con Alberto Sordi, Monica Vitti) due amanti sono bloccati nella stanza in cui si incontrano ogni settimana da un leone fuggito chissà da dove. Esempio pretestuoso e fuori tempo massimo della gloriosa formula del film a episodi. Da segnalare, comunque, l'esordio comico del pirotecnico Jannacci nei panni di un venditore sardo di castagnaccio. Il personaggio di Giacinto Colonna ritornerà in un episodio del *Comune senso del pudore* (1976).

Coppie infedeli ** (*L'Escapade*, Francia 1973, col, 100') Michel Soutter. Con Marie Dubois, Philippe Clévenot, Antoinette Moya, Jean-Louis Trintignant, Georges Wod. ◆ Paul (Clévenot) ha un'avventura con Virgine (Moya) e poi la presenta alla moglie Anne (Dubois), cui Virgine presenta Auguste (Wod), per il quale Anne lascia Paul. Poi tutto torna come prima, tranne il particolare che Anne è incinta. Un film alla Truffaut, leggero e discreto, che analizza con sottile ironia, accompagnato dalle note di Scarlatti, le dinamiche di coppia.

Copycat – Omicidi in serie *½ (*Copycat*, Usa 1995, col, 123') Jon Amiel. Con Sigourney Weaver, Holly Hunter, Dermot Mulroney, Will Patton, William McNamara, Harry Connick jr, J. E. Freeman. ◆ Per catturare un serial killer (McNamara) che si ispira ai più famosi mostri della cronaca nera americana, l'agente M.J. Monahan (Hunter) chiede aiuto alla psicologa Helen Hudson (Weaver), che vive segregata e traumatizzata dopo essere stata quasi ammazzata da un altro serial killer (Connick jr), ora in prigione. Con un killer-fotocopia (*copycat*, in inglese) non ci si poteva aspettare che una sagra del già visto, a partire dal *Silenzio degli innocenti*: per non dire della Weaver, perseguitata dai ricordi e sola di fronte al mostro come in *Aliens*. Ma non è mai chiaro quando l'operazione smette di essere citazionismo consapevole (il che sarebbe comunque poco interessante) e diventi invece ricerca dello spavento, ingenua quanto effettistica. Con un compiacimento del male quasi macabro, insolito in una produzione di serie A, anche se incapace di trasmettere brividi metafisici come in *Seven*. Sceneggiatura di Ann Biderman e David Madsen.

Coraggio, Il *½ (Italia 1955, b/n, 95') Domenico Paolella. Con Totò [Antonio de Curtis], Gino Cervi, Anna Campori, Gianna Maria Canale, Irene Galter, Gabriele Tinti, Ernesto Almirante, Leopoldo Trieste. ◆ Gennaro Vaccariello (Totò) è un disoccupato aspirante suicida, salvato dall'incauto industriale Paoloni (Cervi), che è così costretto a mantenere lui e la sua numerosa famiglia. Purtroppo i buoni presupposti e l'incipit esilarante affondano immediatamente nella mediocrità.

Coraggio della verità, Il *½ (*Courage Under Fire*, Usa 1996, col, 117') Edward Zwick. Con Denzel Washington, Meg Ryan, Lou Diamond Phillips, Michael Moriarty, Scott Glenn, Bronson Pinchot, Sean Astin, Matt Damon. ◆ Il colonnello Nathanel Serling (Washington), anche lui con qualche scheletro nel passato, deve indagare sull'operato del capitano pilota Karen Warden (Ryan), morta in combattimento durante la guerra in Kuwait e prima donna candidata alla Medaglia d'onore: secondo i superiori si è comportata eroicamente, ma alcuni suoi commilitoni danno versioni opposte. Primo film sulla guerra del Golfo, più simile a un giallo che a un film bellico. L'intenzione, encomiabile, era quella di affrontare un argomento tabù (la cosiddetta «sindrome Desert Storm», di cui soffrono migliaia di reduci), ma tutto si riduce a una questione d'onore: tra qualche immagine documentaristica e molta spettacolarizzazione, abbonda la retorica dell'eroismo abilmente giocata sul senso di colpa e su una ricerca della verità stile *Rashomon* che alla fine annega nella melassa delle lacrime e delle medaglie. Sceneggiatura di Patrick Shean Duncan.

Coraggio di Lassie, Il * (*Courage of Lassie*, Usa 1946, col, 92') Fred M. Wilcox. Con Elizabeth Taylor, Frank Morgan, Tom Drake, Harry Davenport. ◆ Lassie viene reclutato dall'esercito e per combattere viene trasformato in una belva feroce, ma l'incontro con la sua piccola padroncina (Taylor) lo fa tornare un cane docile e ubbidiente. Terzo episodio della mielosa saga del più famoso cane dello schermo, fiancheggiato da un'insopportabile piccola Liz Taylor, già star a 14 anni.

Coraggio di parlare, Il *½ (Italia 1987, col, 99') Leandro Castellani. Con Gian Luca Schiavoni, Riccardo Cucciolla, Lello Arena, Leopoldo Trieste, Enzo Cannavale, Giuliana Calandra. ◆ A Capo Rizzuto i ragazzi si trovano di fronte la droga, la violenza e il silenzio di chi dovrebbe guidare la denuncia. Fino a che il quattordicenne Vincenzino (Schiavoni) non trova il coraggio di parlare. Dal romanzo di Gina Basso, un film di buone intenzioni e troppa retorica. E si capisce che il regista viene dalla televisione.

Coraggio e la sfida, Il **½ (*The Singer Not the Song*, GB 1961, col, 129') Roy [Ward] Baker. Con Dirk Bogarde, John Mills, Mylène Demongeot, Laurence Naismith, John Bentley, Leslie French, Eric Pohlmann, Roger Delgado. ◆ Convinto di dover «solo» riconquistare alla Chiesa la popolazione di uno sperduto villaggio messicano terrorizzata dal pistolero Valentino (Bogarde) [ma nell'originale si chiama Anacleto], padre Michael (Mills) dovrà lottare contro un nemico ben più insidioso, l'amore: della giovane Linda (Demongeot), ma anche del contorto (e omosessuale) Valentino. Un melodramma passionale travestito da western, sceneggiato da Nigel Balchin (a partire dal romanzo di Andrey Erskine Lindrop) e attraversato da una sensibilità *camp* totalmente in anticipo sui tempi: lo scontro distruttivo tra Bene e Male al centro della storia finisce per coincidere con la fascinazione erotica che lega i tre protagonisti, in un «duello» dove il tormentato e isterico Dirk Bogarde, curiosamente vestito sempre con pantaloni di pelle nera e una camicia immacolata, impone una presenza di trasgressione sessuale che offusca nettamente la sensualità espressa dalla Demongeot. E che la scena finale, con i due uomini che muoiono nella polvere, uno sopra all'altro, ribadisce con forza.

Coraggio... fatti ammazzare **½ (*Sudden Impact*, Usa 1983, col, 117') Clint Eastwood. Con Clint Eastwood, Sondra Locke, Pat Hingle, Paul Drake, Jack Thibeau, Bradford Dillman. ◆ Tutti vorrebbero mandare in pensione l'ispettore Callaghan (Eastwood), che continua ad ammazzare criminali come mosche. Ma questa volta trova l'anima gemella: una pittrice (Locke) che si vendica con metodi drastici (un proiettile nei genitali e uno in testa) di chi stuprò lei e sua sorella molti anni prima. Quarto Callaghan, primo con la regia di Eastwood, in bilico tra consapevole autoparodia (la pittrice dice con ostentazione: «Ho una sola regola: non bevo mai con i critici»), apologo reazionario e noir gotico. Insolitamente violento (tanto che la versione che circola in Tv è sforbiciata), indubbiamente grezzo, ma visionario e pieno di ombre e specchi come un film di serie B degli anni Cinquanta. Il titolo italiano cerca di tradurre le parole, diventate celebri, con cui Callaghan apostrofa i delinquenti («Go ahead... make my day», letteralmente: «Avanti... fammi contento»). Questa volta, a entrare nel mito, è la battuta con cui Callaghan minaccia quattro rapinatori: «Dovrete fare i conti con noi tre... Smith, Wesson e me».

Coraggio scappiamo *½ (*Courage, fu-yons*, Francia 1979, col, 98') Yves Robert. Con Jean Rochefort, Catherine Deneuve, Philippe Leroy-Beaulieu, Robert Webber, Michel Beaune, Dominique Lavanant, Michel Aumont. ◆ Un farmacista (Rochefort) fa la sua rivoluzione personale, mollando moglie e malati per una bella cantante (Deneuve). Poi ci ripensa ma la moglie lo lascia e lui finisce per fare lo chaffeur del boss americano, amante della sua bella artista. Il sottovalutato Rochefort è balzano quanto basta per impersonare le velleità inconcludenti del piccolo-borghese, ma la vicenda è troppo esile e l'algida Deneuve (che canta veramente con la sua voce) non è sfruttata al meglio.

Coraggioso, Il **½ (*The Brave*, Usa 1997, col, 117') Johnny Depp. Con Johnny Depp, Marlon Brando, Elpidia Carrillo, Luis Guzmán, Clarence Williams III, Frederic Forrest, Marshall Bell. ◆ L'indiano Rafael (Depp), che vive in una baraccopoli, accetta l'offerta di un laido regista (Brando): si farà torturare e uccidere davanti a una macchina da presa, affinché la sua famiglia possa avere dei soldi. Dopo *Dead Man*, un altro viaggio verso l'autodistruzione per Depp, che esordisce alla regia scegliendo le soluzioni meno facili: senza concedere nulla alla curiosità morbosa sugli *snuff movies*, e lavorando invece sull'attesa e sull'allegria impossibile degli ultimi sette giorni di vita del suo protagonista. La parte centrale è troppo lunga, picaresca alla Kusturica, ma ci si accorge che dietro la cinepresa c'è un occhio capace di scavare nella realtà, di stupirsi e di reagire. Depp ha adattato con Paul McCudden e D.P. Depp il bel omonimo romanzo di Gregory MacDonald. Comparsata per Iggy Pop, autore delle musiche.

Corazzata Potëmkin, La **** (*Bronenosec Potëmkin*, Urss 1926, b/n, 50') Sergej M. Ejzenštejn. Con Aleksandr Antonov, Grigorij Aleksandrov, Michail Gomarov, Repnikova, attori del teatro Proletkul't, la popolazione di Odessa. ◆ Forse il film più famoso della storia del cinema: l'ammutinamento dell'equipaggio del Potëmkin all'àncora a Odessa e la feroce repressione dei cosacchi che spararono sulla folla, riunita in segno di solidarietà sulla scalinata del porto. Ma la flotta zarista si rifiutò di cannoneggiarla e permise alla nave di riprendere il mare e alzare la bandiera rossa (dipinta a mano fotogramma per fotogramma). Commissionato dal governo sovietico per festeggiare il ventennale della rivolta del 1905, musicato nel 1950 e accompagnato (a volte) da un ridondante e apocrifo commento fuoricampo, il film è costruito come una tragedia in cui l'esplosione rivoluzionaria viene vista come «tappa indispensabile dello sviluppo sociale» e dove l'organizzazione dei materiali (i cannoni, la scalinata, i fucili, le cose concrete più ancora degli uomini) rivela l'adesione di Ejzenštejn al costruttivismo e l'influenza delle teorie formaliste. Applaudito (ma anche censurato) in tutto il mondo è diventato, come la *Gioconda*, un'opera d'arte scomoda. Così Fantozzi ha potuto sceglierlo come bersaglio della sua ribellione («È una boiata pazzesca» nel *Secondo tragico Fantozzi*) e Zbigniew Rybezynski, in *Steps*, l'ha usato come materiale su cui creare nuovamente, proprio come i surrealisti facevano col quadro di Leonardo. Ma nonostante le inevitabili mitizzazioni, resta un vero capolavoro. Inevitabili le citazioni in altri film: ricordiamo almeno l'omaggio alla scena della carrozzella voluto da De Palma in *The Untouchables – Gli intoccabili* e la stessa scena mimata da Satta Flores in *C'eravamo tanto amati*.

Corazziere, Il *½ (Italia 1961, b/n, 100') Camillo Mastrocinque. Con Renato Rascel, Tino Buazzelli, Claudia Mori, Carlo Giuffré, Capannelle [Carlo Pisacane], Mario Castellani, Giacomo Furia, Rosalba Neri. ◆ Troppo piccolo per fare il corazziere com'è tradizione nella famiglia, Urbano Marangoni (Rascel) riesce lo stesso a ottenere il sospirato brevetto facendo la controfigura al re e favorirne così la fuga. Ma all'avvento della Repubblica, il brevetto gli viene tolto e Urbano dovrà accontentarsi di indossare mezza divisa per far pubblicità a un formaggio. Una classica macchietta dal repertorio d'avanspettacolo di Rascel, malamente coniugata a una satira politica di grana grossa. Qualche spunto felice grazie alla *vis* comica dell'attore e alla canzonetta («mamma ti ricordi come ero piccoletto...») che dà il titolo al film.

Corbari ** (Italia 1970, col, 107') Valentino Orsini. Con Giuliano Gemma, Tina Aumont, Frank Wolff, Vittorio Duse. ◆ Le epiche gesta del partigiano Silvio Corbari (Gemma), mitico combattente libero da ogni logica di partito o formazione regolare, impiccato (due volte) dai fascisti, la cui immagine, con un cartello, è in tutti i libri di storia. Un film di taglio popolare dove, mescolando Marcuse e Ringo, Orsini getta un ponte fra lo spontaneismo della contestazione giovanile e il versante ribellistico della Resistenza.

Corda di sabbia, La *** (*Rope of Sand*, Usa 1949, b/n, 99') William Dieterle. Con Burt Lancaster, Paul Henreid, Corinne Calvet, Claude Rains, Peter Lorre, Sam Jaffe. ◆ Un avventuriero (Lancaster) torna in Sudafrica per recuperare i diamanti che aveva nascosto e vendicarsi del sadico poliziotto (Henreid) che l'aveva torturato. Sulla sua strada troverà una ballerina in cerca di fortuna (Calvet) che saprà riscattarsi per amore. Ambientazione esotica (anche se fu girato nel deserto di Yuma, in Arizona) e atmosfera torbida da noir vivificano questo piccolo gioiello che riecheggia qua e là *Casablanca* (molti caratteristi simili, da un ambiguo Rains a un viscido Lorre, frequentano un bar dove però si giocano normali partite a poker) e che ebbe molti guai con la censura per le sottolineature erotiche, il cinismo e la violenza dichiaratamente sadica di certe scene: lo scontro a pugni nudi, nella sabbia del deserto, tra Lancaster e Henreid illuminati solo dai fari di una jeep, è un pezzo da antologia di una forza visiva e di una violenza eccezionali per quegli anni.

Corda tesa ** (*Tightrope*, Usa 1984, col, 115') Richard Tuggle. Con Clint Eastwood, Geneviève Bujold, Alison Eastwood, Dan Hedaya. ◆ Wes Block (Eastwood), un poliziotto di New Orleans con due figlie a carico (la più grande è interpretata dalla vera figlia di Eastwood, Alison) è alla caccia di un serial killer che fa strage di prostitute. Visto che Block è un assiduo frequentatore della categoria, sarà mica lui l'assassino? Eastwood, con risoluzione masochista, vuole sporcare la propria immagine, ma i tentativi di creare dubbio e ambiguità rimangono sulla carta: e alla fine la suspense è quella, tradizionale, della famiglia in pericolo. Un mezzo bluff sopravvalutato dai cinefili e dai fans di Clint. Prima regia dello sceneggiatore di *Fuga da Alcatraz*.

Cordelia Grey: detective privato *½ (*An Unsuitable Job for a Woman*, Gb 1981, col, 90') Christopher Petit. Con Pippa Guard, Billie Whitelaw, Paul Freeman, Dominique Guard, Dawn Archibald. ◆ Il primo caso di una giovanissima detective (P. Guard): scoprire perché si è ucciso il figlio di un miliardario. Un noir nella campagna inglese, dal romanzo di P.D. James *Un lavoro inadatto a una donna*, più attento alle atmosfere che ai meccanismi della trama. Bella la scena di Cordelia che cerca di uscire da un pozzo. In originale 949.

Cordura *½ (*They Came to Cordura*, Usa 1959, col, 123') Robert Rossen. Con Gary Cooper, Rita Hayworth, Van Heflin, Tab Hunter, Richard Conte. ◆ Durante la campagna della cavalleria Usa contro Pancho Villa, nel 1916, una pericolosa missione viene affidata al maggiore Thorn (Cooper), perseguitato dal suo passato di vigliacco. La tensione fra gli uomini è alimentata dall'incontro di una donna (Hayworth). Smitizzazione della retorica militare in un film verboso e con poca azione.

Core 'ngrato * (Italia 1951, b/n, 110') Guido Brignone. Con Carla Del Poggio, Frank Latimore, Gabriele Ferzetti, Tina Lattanzi, Carletto Sposito. ◆ La giovane e introversa segretaria (Del Poggio) di una vecchia signora viene accusata della sparizione di un gioiello, s'innamora dell'avvocato difensore (Latimore), diventa cantante e ammazza il vero ladro. Drammone strappalacrime di largo consenso popolare e onesta realizzazione artigiana per uno dei più bei volti femminili del neorealismo.

Corea in fiamme *** (*The Steel Helmet*, Usa 1950, b/n, 84') Samuel Fuller. Con Gene Evans, Robert Hutton, Richard Loo, Steve Brodie, James Edward. ◆ La guerra di Corea del sergente Zack (Evans): l'amicizia virile con un giovane coreano che lo salva e muore, il conflitto di caratteri con un tenente che cade eroicamente. Classico clima da guerra fredda in un film girato con sapiente economia di mezzi, che suscitò polemiche per la descrizione estremamente realistica della guerra, nel quale si alternano scene parossistiche e lunghe attese, che la regia sottolinea con un montaggio superbo e utilizzando al meglio il contrasto sapiente tra vitalismo americano e misticismo orientale. Indimenticabile l'immagine del vaso per la trasfusione appeso alla mano della statua di Budda. Fuller ebbe delle noie per la scena in cui Zack uccide un prigioniero e si difese così: «Non credo alla convenzione di Ginevra. L'uomo in guerra è una macchina, un animale», ma nell'edizione italiana distribuita in cassetta questa frase non si sente.

Coreografia di un delitto *½ (*Dancing Machine*, Francia/Spagna 1990, col, 106') Gilles Béhat. Con Alain Delon, Claude Brasseur, Patrick Dupond, Tonya Kinzinger. ◆ Le allieve di una scuola di danza muoiono come mosche: si sospetta il tenebroso direttore (Delon). L'ispettore di turno (Brasseur) arriverà alla soluzione molto dopo lo spettatore. Giallo nato vecchio e già in ritardo sulle mode, con un occhio a Dario Argento e uno alla tradizione del noir francese.

Corleone *½ (Italia 1978, col, 108') Pasquale Squitieri. Con Giuliano Gemma, Claudia Cardinale, Michele Placido, Stefano Satta Flores, Francisco Rabal, Remo Girone, Orazio Orlando. ◆ Un bracciante che si trasforma in killer (Gemma), un sindacalista da eliminare (Placido), un parlamentare al soldo della «famiglia» (Satta Flores). Squitieri vorrebbe denunciare l'intreccio politica-mafia ma l'analisi sociopolitica non è nelle sue corde e la storia (sceneggiata da Orazio Barrese, Massimo De Rita, Arduino Mainzi e dal regista) si risolve sul piano del racconto d'avventura.

Cornetti alla crema * (Italia 1981, col, 109') Sergio Martino. Con Edwige Fenech, Lino Banfi, Gianni Cavina, Milena Vukotic, Marisa Merlini. ◆ Un sarto (Banfi), marito e padre rassegnato, conosce in viaggio una femmina mozzafiato (Fenech) che lo raggiunge nella sua città, impegnandolo in una movimentata relazione extraconiugale. Le grazie incontestabili della Fenech e le battute opinabili di Banfi, per una piatta commedia all'italiana.

Corona di ferro, La **½ (Italia 1941, b/n, 83') Alessandro Blasetti. Con Elisa Cegani, Luisa Ferida, Gino Cervi, Massimo Girotti, Rina Morelli, Paolo Stoppa, Osvaldo Valenti. ◆ Nel fantastico regno di Kindaor, il corteo che porta la sacra corona darà il via alla rovina del tiranno fratricida Sedemondo (Cervi) e permetterà finalmente la pace tra i popoli. Amori, lotte e rivolte in un film spettacolare e pacifista realizzato in piena guerra mondiale e premiato a sorpresa al festival di Venezia 1941. Utilizzando i moduli della fiaba, Blasetti si stacca dalle tendenze veriste o comico-sentimentali del cinema italiano del periodo, per realizzare una sorta di fantasy complesso, cupo e tormentato, con evidenti allusioni politiche (nel tiranno è adombrata la figura di Mussolini, mentre i popoli in rivolta fanno pensare alle colonie africane). Secondo il nazista Goebbels «un regista tedesco che avesse fatto questo film, oggi in Germania sarebbe stato messo al muro». Sia la Cegani che la Ferida interpretano due personaggi ciascuna, madre e figlia. Nel cast anche l'erculeo Primo Carnera e una comparsa a seni nudi legata a un albero. Tutto rifatto a Cinecittà, compresa la valle dei leoni, su scenografie di Virgilio Marchi.

Corona nera, La **½ (*La corona negra*, Spagna/Italia 1950, b/n, 100') Luis Saslavsky. Con María Felix, Rossano Brazzi, Vittorio Gassman, José María Lado, Concha López Silva, Avelino Santana, Pieral, Antonia Herrero, Antonia Plana. ◆ A Tangeri, l'ingegner Andrea (Brazzi) incontra Mara (Felix): la donna pare non rammentare nulla di un passato da cui emergeranno un marito ucciso (Lado) e un amante (Gassman) che la ricatta. Bizzarro melodramma fantastico pieno di simboli e di ossessioni sul peso dei ricordi e del passato (vedi i titoli di testa con le mani che escono dalla sabbia), che Saslavsky e Miguel Mihura hanno sceneggiato da un soggetto di Jean Cocteau. Il vero tema di fondo è l'intrinseca colpevolezza della donna, alla quale solo un'amnesia «compiacente» sembra permettere di non scavare dentro un cuore pieno di ombre e di «fango vischioso e sudicio»: curiosamente però sono gli uomini a pagare con la vita, lasciando alle donne il fardello del rimorso e del rimpianto. Ciò nonostante, l'elegante regia di Saslavsky e la bella fotografia di Antonio López Ballestreros e Valentin Janvier - oltre a un'intensa interpretazione di Maria Felix - riescono a dare spessore e intensità a un melodramma fin troppo misogino. La corona nera del titolo è quella che gli avvoltoi descrivono intorno alla testa dei cadaveri.

Corpi estranei → *Body Bags – Corpi estranei*

Corpi presentano tracce di violenza carnale, I ** (Italia, 1973, col, 90') Sergio Martino. Con Suzy Kendall, Tina Aumont, Luc Merenda, John Richardson, Roberto Bisacco, Ernesto Colli, Cristina Airoldi, Angela Covello, Vincenzo Crocitti. ◆ Per sfuggire a un serial killer, tre studentesse di storia dell'arte fuggono in un'isolata villetta di montagna: le raggiunge un'amica, e pure l'assassino. Il film (scritto dal regista con Ernesto Gastaldi) non vale certo per la storia, uguale a tante altre (l'identità del killer si intuisce dopo 10', nonostante il regista si ostini a zoomare su volti catatonici per renderli sospetti), o per gli interpreti, quasi tutti impresentabili. La suspense della seconda parte, invece, è magistrale: un efficace esercizio della tensione, con un uso notevole del grandangolo e della distanza (vedi l'omicidio nella palude) e sprazzi di *gore* che avrebbero ispirato il genere *slasher* dei vari *Venerdì 13* e *Halloween* (il film è stato distribuito con successo negli Usa con il titolo di *Torso*). Peccato che in seguito Martino si sia dedicato quasi esclusivamente alla commediaccia. Musiche di Guido e Maurizio De Angelis. Produce Carlo Ponti.

Corpo a corpo ** (*L'Arme à gauche*, Francia 1964, col, 90') Claude Sautet. Con Lino Ventura, Sylva Koscina, Léo Gordon, Alberto De Mendoza, Antonio Martin. ◆ Una vedova americana e un lupo di mare (Ventura) si mettono alla ricerca dello yacht ereditato dal marito e rubato da una banda di contrabbandieri. Il regista padroneggia le strutture del film d'azione bilanciandole con i temi a lui congeniali dell'amicizia e dei sentimenti adulti.

Corpo a cuore **½ (*Corps à cœur*, Francia 1979, col, 126') Paul Vecchiali. Con Hélène Surgère, Nicolas Silberg, Madeleine Robinson, Béatrice Bruno, Christine Murillo, Myriam Mézières. ◆ Un garagista seduttore (Silberg), sorta di moderno Jean Gabin, si innamora di una farmacista più vecchia di lui (Surgère): dopo un lungo corteggiamento, lei accetterà di passare tre settimane con lui in Provenza, ma una malattia incurabile metterà fine a questa passione. Omaggio dichiarato al cinema francese degli anni Trenta (con tutta la sua galleria di personaggi pittoreschi e popolari), il film mescola coscientemente romanticismo e melodramma trattandoli con uno stile distaccato e una recitazione di alto livello.

Corpo d'amore **½ (Italia 1973, col, 105') Fabio Carpi. Con François Simon, Mimsy Farmer, Giovanni Rosselli, Lino Capolicchio. ◆ Un vecchio entomologo (Simon, figlio del grande Michel) e suo figlio (Rosselli) entrano in competizione per una giovane sconosciuta (Farmer), ritrovando l'accordo solo per sbarazzarsi di un nuovo pretendente. Illuminata dalla fredda luce di un ottimo Storaro, la prova d'esordio del regista in una vicenda amara e tesa, dolorosa metafora (solo nel delitto padre e figlio trovano un punto d'incontro) narrata con insolito rigore e «un singolare miscuglio di pudore e amore della geometria», solo a tratti scompaginato da una sensualità mediterranea.

Corpo da possedere, Un * (*Hellé*, Francia 1971, col, 90') Roger Vadim. Con Gwen Welles, Jean-Claude Bouillon, Didier Haudepin, Robert Hossein, Maria Mauban, Bruno Pradal, Maria Schneider, Annick Berger. ◆ Alta Savoia, 1951: Fabrizio (Haudepin), timido studente di medicina, fa ritorno a casa dove la madre vedova (Mauban) cerca facili avventure e il fratello Giuliano (Bouillon) è traumatizzato dall'esperienza in Indocina. Per evadere dal pesante clima familiare, il ragazzo s'innamora di Ellé (Welles), orfana sordomuta di cui tutti approfittano e che egli vede come il simbolo dell'innocenza della Natura. Un melò alpestre tra l'erotico (con scene piuttosto spregiudicate, tagliate dalla censura italiana), il mistico (a completare il quadro ci sono anche una coppia di spiritisti, musica d'organo e crocifissi vari) e il turistico (così finisce la bella fotografia di Claude Renoir). Vadim, persa completamente l'ispirazione degli anni Cinquanta, si affida ambiziosamente a un decadentismo di maniera, sconcertante e ridicolo, che tenta di mascherare col décor l'assoluta povertà creativa. Pretestuoso il dettaglio cronologico (sarebbe l'anno in cui è morto Pétain) per suggerire il passato collaborazionista della squallida famiglia altoborghese. In Italia fu lanciato come un film con Maria Schneider, sulla scia dello scandalo di *Ultimo tango a Parigi*: in realtà l'attrice compare e si spoglia solo per qualche minuto.

Corpo dell'anima, Il **½ (Italia 1999, col, 105') Salvatore Piscicelli. Con Roberto Herlitzka, Raffaella Ponzo, Ennio Fantastichini, Gianluigi Pizzetti, Sabrina Vannucchi. ◆ Mentre sta scrivendo una sceneggiatura sulla mistica Teresa d'Avila, l'anziano e colto Ernesto (Herlitzka) scopre il sesso grazie a Luana (Ponzo), una cameriera ignorante e disinibita, che si concede senza nulla chiedere. Piscicelli (sceneggiatore con Carlo Apuzzo) invoca i suoi numi protettori, San Sirk e San Fassbinder, e tiene alla larga la volgarità senza rinunciare a un'onesta crudezza senza eufemismi. Con un approccio freddo (voce over letteraria e puntuta, contrasto straniante tra stili di recitazione), che conserva un che di risaputo nel vecchio tema della lotta tra la carne e il cervello: ma riuscendo a raccontare una storia vera e ricca di sfumature, tra passione e malinconia. Il suo, comunque, è uno sguardo autenticamente cinematografico, che manca spesso al cinema italiano.

Corpo della ragassa, Il ° (Italia 1979, col, 104') Pasquale Festa Campanile. Con Enrico Maria Salerno, Lilli Carati, Renzo Montagnani, Marisa Belli, Elsa Vazzoler, Giuliana Calandra. ◆ Nella Bassa pavese del ventennio fascista, la bella Tirisin (Carati), svezzata nel casino Grotta Azzurra, conquista con le sue grazie rispetto, ricchezza e felicità. Un progetto di Lattuada è diventato, nelle mani di Festa Campanile, un'occasione sprecata per cavare qualcosa di buono dall'incontro fra il corpo della Carati e il romanzo omonimo di Gianni Brera, cui il film è ispirato.

Corpo del reato, Il *½ (*Physical Evidence*, Usa 1989, col, 112') Michael Crichton. Con Burt Reynolds, Theresa Russell, Ned Beatty, Kay Lenz, Ted McGinley. ◆ Qualcuno cerca di incastrare un poliziotto (Reynolds) facendolo passare per l'assassino di un boss della malavita. L'accusato non vuole rivelare il suo alibi, ma ha dalla sua un combattivo avvocato in gonnella (Russell). Una Theresa Russell sempre inquietante non basta a salvare un mediocre film di genere, dalla trama poco incisiva e dal finale confuso.

Corpo in prestito, Un → *Machine, La – Un corpo in prestito*

Correre per vincere → *That Championship Season – Correre per vincere*

...Correva l'anno di grazia 1870 *½ (Italia 1971, col, 110') Alfredo Giannetti. Con Anna Magnani, Marcello Mastroianni, Mario Carotenuto, Osvaldo Ruggeri. ◆ Vigilia della breccia di Porta Pia: un rivoluzionario (Mastroianni) langue nella prigione papalina, mentre la sua donna (Magnani) è costretta a barcamenarsi di fronte all'indifferenza popolare. Prodotto dalla Rai all'interno della serie *Storie italiane* per esaltare l'arte della Magnani, è un piatto film in costume, parzialmente nobilitato dall'amara riflessione sull'illusione rivoluzionaria.

Corridoi del potere, I *½ (*True Colors*, Usa 1991, col, 105') Herbert Ross. Con James Spader, John Cusack, Imogen Stubbs, Mandy Patinkin, Richard Widmark, Dina Merrill. ◆ Le carriere divergenti di due amici, studenti di legge: uno (Spader, nella parte del buono come in *Cattive compagnie*) riesce ad arrivare nell'ufficio del procuratore, l'altro (Cusack) fa il portaborse di un senatore (Widmark), e si caccia nei guai. Ovvio e moralistico, con qualche battuta discreta («Ci sono due modi di affondare la carriera di un politico: trovarlo con un ragazzo vivo o con una ragazza morta»).

Corridoio della paura, Il **** (*Shock Corridor*, Usa 1963, b/n e col, 101') Samuel Fuller. Con Peter Breck, Constance Towers, Gene Evans, James Best, Hari Rodhes. ◆ A caccia del Pulitzer, il giornalista Johnny Bennet (Breck) si finge, con l'aiuto della fidanzata e di uno psichiatra, un maniaco sessuale per essere internato e indagare su un delitto compiuto in manicomio. Scoprirà la verità, ma a prezzo dello sconvolgimento psichico. Una delle vette dell'arte di Fuller che qui ricapitola tutti i temi e le ossessioni di una carriera: il lavoro del giornalista, l'ambizione che diventa follia e soprattutto la tentazione infernale di cambiare la propria identità, cioè il proprio destino. Un film visionario – anche per merito della bellissima fotografia di Stanley Cortez – che si inoltra in un mondo dove tutto può succedere (come il nero diventato pazzo per colpa di un bianco e che ora si crede un membro del Kkk, straordinario esempio di come Fuller ribalti i luoghi comuni di 180 gradi), «cinema-dinamite, dove, di colpo, ci troviamo di fronte al genio». Con la scena dell'incubo, girata per ultima, il set fu completamente distrutto. Le sequenze dell'allucinazione sono a colori e utilizzano scene distorte in CinemaScope dei suoi film *La casa di bambù* e *Tigrero* (cominciato in Brasile nel 1955 e mai finito).

Corridor, The ** (*Koridorius*, Lituania/Rft 1994, b/n, 83') Sharunas Bartas. Con Katerina Golubëva, Viacheslav Amirkhanian, Sharunas Bartas, Eimuntes Nekrochius, Mantvydas Janeliunas, Tania Dovydenaite, Jurga Kuranskaite, Alina Mishalo. ◆ Lungo un corridoio si affacciano le stanze di un caseggiato in cui abitano un giovane (Bartas) che vive tra i libri, una donna (Golubëva), un ragazzo che si ubriaca e poi dà fuoco ai panni stesi, un uomo che guarda dalla finestra. E intanto fuori, sulla piazza, le persone si riscaldano come possono dal freddo della notte. Opera seconda del regista lituano, dalle evidenti valenze metaforiche (il corridoio è «un luogo di passaggio nello spazio come nel tempo» [Martin]), nella quale viene messo a punto uno stile fatto di lunghe inquadrature accompagnate solo da rumori di fondo e di azioni apparentemente casuali. Ipnotico, ma anche disturbante nella sua ossessività. E sicuramente non per tutti i gusti.

Corridore, Il ***½ (*Davandeh*, Iran 1985, col, 75') Amir Naderi. Con Majid Nirumand. ◆ In un porto dell'Iran un ragazzino senza famiglia, Amir (Nirumand), vive sulla strada: raccoglie bottiglie vuote, vende acqua, si improvvisa lustrascarpe, compra riviste che non sa leggere, e alla fine decide di andare a scuola. Con uno sguardo distante e al tempo stesso intimamente partecipe (la storia è in parte autobiografica), rispettando i tempi degli eventi ma con una struttura precisa che va al di là del documentario, Naderi costruisce un cinema che dal realismo procede verso l'astrazione, dalla cronaca all'universale: parlando sempre con una semplicità rivelatrice, in cui anche i simboli (il mare, le fiamme, il ghiaccio) possiedono un'evidenza immediata. Lo scavo sul reale ha evocato paragoni con Rossellini, ma sarebbe più sensato un confronto con Herzog e la sua capacità di distillare la magia dalla realtà. Esemplare il lavoro sul sonoro – che sostituisce efficacemente la musica di commento – e sulla fotografia, che trova la bellezza nella povertà senza mai cadere nell'estetismo miserabilista.

Corriere diplomatico **½ (*Diplomatic Courier*, Usa 1952, b/n, 97') Henry Hathaway. Con Tyrone Power, Patricia Neal, Lee Marvin, Hildegarde Neff [Hildegard Knef], Charles Bronson. ◆ Power vuole vendicare l'amico ucciso a Trieste, agente segreto in possesso di importanti microfilm, e si trasforma nell'esca per portare allo scoperto le spie sovietiche. Clima da piena guerra fredda in una spy-story dal ritmo incisivo. Bravi gli attori fra cui si segnalano, in sapidi ruoli minori, Marvin e Bronson.

Corri libero e selvaggio *** (*Run Wild, Run Free*, Gb 1969, col, 101') Richard C. Sarafian. Con Mark Lester, John Mills, Sylvia Syms, Fiona Fullerton, Gordon Jackson. ◆ Il piccolo Philip non parla, chiuso nell'universo claustrofobico di una famiglia protettiva e indifferente. L'amore per un cavallo e un falco, assieme all'amicizia di un vecchio colonnello e di una bambina, lo aiutano a uscire dalla sua condizione. Il disadattamento come forma di resistenza a un'educazione sbagliata e conformista. Magnifiche le scene nella brughiera.

Corrina Corrina → *Moglie per papà, Una – Corrina Corrina*

Corrispondente X *½ (*Comrade X*, Usa 1940, b/n, 90') King Vidor. Con Clark Gable, Hedy Lamarr, Felix Bressart, Oscar Homolka, Eve Arden, Sig Rumann, Natasha Lytess. ◆ Corrispondente da Mosca, il giornalista McKinley Thompson (Gable) è in realtà una spia: chi lo scopre (Homolka) non vuole denunciarlo ma costringerlo a sposarne la figlia, tranviere e militante convinta (Lamarr), per portarla in America e liberarla così dall'indottrinamento comunista. Una farsa pesante e impersonale, fallimentare tentativo di bissare il successo di *Ninotchka*: l'impiego del soggettista Walter Reisch (che aveva lavorato al film di Lubitsch) e degli sceneggiatori Ben Hetch e Charles Lederer non riesce a sollevare un film che cerca di divertire con i peggiori luoghi comuni sull'Urss e si rivela un autentico infortunio nella carriera di Vidor. Si salva solo la travolgente fuga finale a bordo di un carro armato.

Corri uomo corri ** (Italia 1968, col, 113') Sergio Sollima. Con Tomas Milian, Donald O'Brien, Linda Veras, Marco Guglielmi, José Torres, Orso Maria Guerrini, John Ireland, Chelo Alonso ◆ Un peone simpatico e cialtrone, Cuchillo (Milian), finito in cella con un oppositore di Porfirio Diaz, viene convertito alla rivoluzione e si impossessa di un tesoro con cui finanziare la lotta. Milian, canonico ispanico del cinema italiano anni Settanta, è al suo meglio e sostiene egregiamente un più che dignitoso western all'italiana con strizzatine d'occhio alla politica (non a caso Cuchillo – che era già stato protagonista di *La resa dei conti* – diventerà un mito tra i giovani di Lotta continua e Marco Lombardo-Radice lo userà per un suo racconto-sceneggiatura).

Corruptor, The – Indagine a Chinatown ** (*The Corruptor*, Usa 1999, col, 109') James Foley. Con Chow Yun-fat, Mark Wahlberg, Ric Young, Paul Ben-Victor, Brian Cox, Elizabeth Lindsey. ◆ A New York, mentre è in atto una guerra tra triadi, l'agente Wallace (Wahlberg) viene affiancato al collega cinese Chen (Chow): è un pivello da iniziare all'arte della bustarella o un infiltrato in cerca di prove? Sparatorie e inseguimenti non mancano, eseguiti a volte con perizia superiore alla media, ma Foley (dato anche che coproduce Oliver Stone) ha nostalgia per personaggi più veri e una morale più amara: anche se poi finisce per arrancare dietro alle contorsioni della sceneggiatura di Robert Pucci e per accontentarsi delle bellurie della fotografia di Juan Ruiz-Anchia. Se non altro l'attore preferito di John Woo (che qui delega il suo braccio destro Terence Chang alla produzione) trova il primo ruolo decente negli Usa, malgrado Foley non sappia bene come dirigerlo.

Corruzione *½ (*The Bribe*, Usa 1949, b/n, 98') Robert Z. Leonard. Con Robert Taylor, Ava Gardner, Charles Laughton, Vincent Price. ◆ Un federale (Taylor) che indaga su un giro di contrabbando si innamora, ricambiato, della moglie del boss (Gardner), la bella e disponibile cantante che si aggira nel club in abiti neri e lustrini. Atmosfera densa e surriscaldata, sottolineata da un'ottima fotografia. Taylor si consolò della sua sfocata interpretazione flirtando (anche fuori del set) con la bella Ava.

Corruzione, La *½ (Italia 1963, b/n, 98') Mauro Bolognini. Con Rosanna Schiaffino, Jacques Perrin, Alain Cuny, Isa Miranda. ◆ Un editore milanese (Cuny) spinge il figlio (Perrin), che vuol farsi frate, fra le braccia della propria amante (Schiaffino), riducendolo così al conformismo e all'alienazione a suon di «hully gully». Un film di sapore moraviano (da un soggetto di Ugo Liberatore), sul conflitto fra l'individuo e il contesto sociale che stronca le sue aspirazioni, ma che non va più in là delle buone intenzioni.

Corruzione a Jamestown **½ (*Never Take Sweets from a Stranger*, Gb 1960, b/n, 81') Cyril Frankel. Con Gwen Watford, Patrick Allen, Felix Aylmer, Allison Leggatt, Niall MacGinnis, Bill Nagy. ◆ Un preside (Allen) porta in tribunale un vecchio pedofilo voyeur (Aylmet) che ronza attorno alla sua figlioletta: ma è un notabile del posto e viene assolto con formula piena, in attesa di fare danni ancora peggiori. La didascalia iniziale che sposta l'ambientazione in Canada sembra fatta apposta per evitare polemiche: tuttavia ai tempi questa coraggiosa produzione Hammer fece scalpore, ed ebbe circolazione assai ridotta. Ogni morbosità è bandita, e il tono è ovviamente allusivo: ma la descrizione del perbenismo e dell'ipocrisia è piuttosto dura, senza mai affondare nel moralismo. Toni gotici nella fotografia di Freddie Francis. Regia di servizio, ma efficace sceneggiatura di John Hunter, da una commedia di Roger Garis.

Corruzione al palazzo di giustizia ** (Italia 1975, col, 110') Marcello Aliprandi. Con Franco Nero, Martin Balsam, Fernando Rey, Gabriele Ferzetti, Umberto Orsini, Mara Danaud. ◆ All'interno del palazzo di giustizia, un'indagine poliziesca scatena una guerra fratricida, nella quale ogni consigliere rivela debolezze e immoralità dei colleghi. Il dramma teatrale con cui Ugo Betti denunciava nel 1944 la corrotta magistratura fascista, viene attualizzato e chiuso da un più pessimistico finale, dove il marcio del potere non lascia speranza. Siamo dalle parti di Sciascia e della sua indignazione civile. Ottima l'interpretazione di Ferzetti e compagni.

Corruzione nella città *½ (*The Big Operator*, poi rititolato *Anatomy of a Syndicate*, Usa 1959, b/n, 91') Charles Haas. Con Mickey Rooney, Steve Cochran, Mamie Van Doren, Mel Torme, Ray Danton, Charles Chaplin jr, Jim Backus, Jackie Coogan. ◆ Boss mafioso che controlla il sindacato, Joe Brown (Rooney) è indagato dalla Commissione del Senato per l'omicidio di un sindacalista: cercherà con ogni mezzo di convincere due operai (Cochran e Torme) a non testimoniare contro di lui. Fiacco recupero della sceneggiatura scritta da Paul Gallico per *Un americano qualunque*, dove il mélo si alterna al *gangster movie*, e in cui sembra di intravvedere l'indagine condotta in quegli anni dai fratelli Kennedy contro Jimmy Hoffa: entrambi i generi sono irrigiditi in formule ripetitive fino allo stereotipo, con un happy end tanto improbabile quanto contrastante con le precedenti scene di tortura. Insolita per il cinema americano l'esaltazione dell'integrità morale e del coraggio dei due operai: ma non è lotta di classe, è «buoni contro cattivi».

Corsa della lepre attraverso i campi, La *½ (*La Course du lièvre à travers les champs*, Francia 1972, col, 122') René Clément. Con Lea Massari, Jean-Louis Trintignant, Robert Ryan, Aldo Ray, Jean Gaven, Tisa Farrow. ◆ Un libraio francese (Trintignant), causa involontaria della morte di alcuni zingarelli, fugge dalla vendetta dei parenti finendo invischiato nel colpo di una gang e nelle attenzioni della donna del capo (Massari). Un'avventura di taglio quasi onirico, diretta con discreto mestiere e sulla quale aleggia la (pesante) metafora della lepre che sfugge ai cacciatori finché decide di andare verso di loro. Esordio per la piccola Emmanuelle Béart.

Corsa della morte, La *½ (*Salty O'Rourke*, Usa 1945, b/n, 100') Raoul Walsh. Con Alan Ladd, Gail Russell, William Demarest, Bruce Cabot, Spryng Byington. ◆ Salty O'Rourke (Ladd) ha un mese di tempo per rimborsare un debito a un gangster (Cabot). Compra un purosangue e trova il fantino adatto, ma se lo vede ammazzare appena dopo la vittoria. Sceneggiatura fiacca per un noir a metà, che si perde in intermezzi sentimentali di scarso interesse. Walsh era appassionato di ippica, ma è evidente che si tratta solo di un lavoro alimentare.

Corsa dell'innocente, La *½ (Italia/ Francia 1992, col, 100') Carlo Carlei. Con Manuel Colao, Federico Pacifici, Francesca Neri, Jacques Perrin, Nicola Di Pinto. ◆ In Aspromonte, una famiglia dell'Anonima sequestri viene eliminata da un clan rivale, in disaccordo sulla gestione del rapimento di un bambino. L'unico sopravvissuto (il piccolo Vito Colao) riesce a fuggire nonostante la persecuzione del boss (Pacifici), e a consegnare ai genitori del rapito (Neri e Perrin), ucciso come i suoi famigliari, parte del riscatto pagato invano. Un esordio cinematografico condannato senza appello in Italia e apprezzato invece negli Usa, dove Carlei si è poi rifugiato. In effetti potrebbe essere letto come una crudele favola simil-disneyana, dove l'impegno civile viene assorbito tutto dalle necessità dei sentimenti: ambientato in un contesto di frontiera, che spesso fa solo da sfondo, *La corsa dell'innocente* è soprattutto la storia di un orfano che cerca il perdono per una colpa non sua e una famiglia pulita e serena che lo sappia amare.

Corsa di primavera **½ (Italia 1989, col, 100') Giacomo Campiotti. Con Giusi Cataldo, Roberto Citran, Alessandro Borrelli, Massimo Filimberti, Federico Campiotti. ◆ La vita in provincia di tre bambini: le iniziazioni, un piccolo giallo che anima la scuola, le vacanze di Natale, i sogni d'avventura portati da un circo sgangherato. Un tuffo nel mondo magico dell'infanzia, sul filo della memoria e della nostalgia.

Corsa in discesa *½ (Italia 1989, col, 100') Corrado Franco. Con Rüdiger Vogler, Bruno Stori, Debbie Jones, Patrizia Terreno, Astrid Raber. ◆ Assassino (Vogler) pretende protezione da un poliziotto, dopo avergli salvato la figlia. Tratto dal racconto di Cornell Woolrich *Deby of Honor*, è il primo lungometraggio – dalla gestazione lunga e problematica – di un giovane regista torinese, non ben risolto nella sua voglia di cercare qualche profondità in un pretesto giallo.

Corsa più pazza d'America, La *½ (*The Cannonball Run*, Usa 1981, col, 95') Hal Needham. Con Burt Reynolds, Roger Moore, Farrah Fawcett, Dom DeLouise, Dean Martin, Sammy Davis jr, Peter Fonda, Bianca Jagger, Jackie Chan, Jack Elam, Adrienne Barbeau. ◆ È la nota Cannonball Run, la gara automobilistica da New York a Los Angeles senza regole né limiti di velocità, alla quale partecipa come superfavorito il contrabbandiere J.J. McClure (Reynolds) in coppia con Victor, alias Capitan Caos (DeLouise). La trama funge da mero pretesto per una continua serie di gag soprattutto ai danni della polizia che tenta invano di far rispettare i limiti di velocità: alcune appaiono riuscite, parecchie altre meno. Con un seguito.

Corsa più pazza d'America 2, La ° (*The Cannonball Run 2*, Usa 1984, col, 108') Hal Needham. Con Burt Reynolds, Dom DeLouise, Shirley MacLaine, Marilu Henner, Dean Martin, Catherine Bach, Jim Nabors, Jack Elam. ◆ Al secondo appuntamento con la corsa senza limiti di velocità si presentano numerosissimi personaggi, tra cui gli ospiti d'onore Frank Sinatra, Telly Savalas, Sid Caesar e Ricardo Montalban. Il risultato è quasi nullo.

Corsara, La *½ (*Buccaneer's Girl*, Usa 1950, col, 77') Frederick De Cordova. Con Yvonne De Carlo, Philip Friend, Elsa Lanchester, Andrea King, Henry Daniell. ◆ L'intrepida De Carlo riesce a sfuggire ai pirati e poi scopre che il loro capo è una specie di Robin Hood dei mari. Avventure scacciapensieri, all'insegna di una spettacolarità semplice, ma godibile.

Corsari * (*CutThroat Island*, Usa 1995, col, 120') Renny Harlin. Con Geena Davis, Matthew Modine, Frank Langella, Patrick Malahide, Maury Chaykin, Stan Shaw, Rex Linn. ◆ 1668: per trovare il tesoro abbandonato di un galeone spagnolo bisogna riunire una mappa divisa in tre parti: ci tenta la piratessa Morgan Adams (Davis) con l'aiuto, più o meno spontaneo, dello «schiavo» William Shaw (Modine), ma l'oro fa gola anche allo zio Dawg Brown (Langella). Chi dei due la spunterà? Renny Harlin cerca di costruire un monumento alla moglie Geena Davis, ma fallisce miseramente, incapace di rivitalizzare un genere in disuso come lo *swashbuckler* con tutto l'apparato di esplosioni e catastrofi che hanno fatto la fortuna dei film sull'apocalisse urbana: veder saltare in aria una Giamaica ricostruita a Malta non interessa a nessuno.

Corsari del grande fiume, I *½ (*The Rawhide Years*, Usa 1956, col, 85') Rudolph Maté. Con Tony Curtis, Colleen Miller, Arthur Kennedy, William Demarest, William Gargan. ◆ Ex giocatore d'azzardo (Curtis) si trova coinvolto nell'omicidio del nuovo datore di lavoro. Un film d'avventura con tutti gli ingredienti del caso, diretto senza infamia e senza lode.

Corsari della strada, I **½ (*Thieves' Highway*, Usa 1949, b/n, 94') Jules Dassin. Con Richard Conte, Valentina Cortese, Lee J. Cobb, Barbara Lawrence, Jack Oakie, Millard Mitchell. ◆ Reduce di guerra sbaraglia la banda di mafiosi che spadroneggia nella sua cittadina. Ultimo capitolo di una interessante trilogia (dopo *Forza bruta* e *La città nuda*), è un vigoroso noir melodrammatico, concentrato non tanto sui personaggi, comunque ben caratterizzati, quanto piuttosto sul contesto urbano, che induce a una vera e propria lotta per la sopravvivenza. A differenza dei classici del genere, il film abbandona le suggestioni espressioniste per adottare uno stile naturalistico. Segna il debutto americano della Cortese.

Corsari della terra *½ (*Wild Harvest*, Usa 1947, b/n, 92') Tay Garnett. Con Alan Ladd, Dorothy Lamour, Robert Preston, Lloyd Nolan, Richard Erdman, Allen Jenkins. ◆ Due trebbiatori lottano insieme contro i latifondisti per cui lavorano, ma rischiano di diventare nemici a causa di una donna. Il solito inno all'amicizia virile, celebrato in un polpettone dall'andamento prevedibile e privo di guizzi di regia.

Corsaro della Giamaica, Il * (*Swashbuckler*, Usa 1976, col, 101') James Goldstone. Con Robert Shaw, James Earl Jones, Peter Boyle, Beau Bridges, Anjelica Huston, Geneviève Bujold, Geoffrey Holder. ◆ Le gesta di un impavido pirata irlandese (Shaw) contro un corrotto governatore giamaicano. Teoricamente ispirato ai cappa e spada di Errol Flynn, è in realtà un modestissimo film d'azione, incerto sul registro da adottare e infarcito di dialoghi che lasciano senza parole. Il cast è del tutto sprecato.

Corsaro dell'isola verde, Il *** (*The Crimson Pirate*, Usa 1951, col, 104') Robert Siodmak. Con Burt Lancaster, Nick Cravat, Eva Bartok, Torin Thatcher, James Hayter, Leslie Bradley, Margot Grahame. ◆ In un'isola dei Caraibi, il capitano Vallo (Lancaster) combatte a fianco dei ribelli contro gli emissari di un sovrano tirannico. Riuscita rivisitazione in chiave farsesca del genere cappa e spada, che mette in luce un'insospettata propensione di Siodmak per il burlesque, capace di sfruttare al meglio la coppia comico-acrobatica Lancaster-Cravat «inventata» da Tourneur per *La leggenda dell'arciere di fuoco*. Molto merito per aver inventato un diciottesimo secolo fantascientifico (con armi che anticipano carri armati, sommergibili e palloni bombardieri) è del soggettista Roland Kibbee. Venne girato a Ischia e contiene alcune sequenze ispirate a *Il pirata nero* di Douglas Fairbanks senior (1926). Movimentato e coloratissimo, fu l'ultimo film di successo del regista tedescoamericano.

Corsaro Nero, Il ** (Italia 1976, col, 125') Sergio Sollima. Con Kabir Bedi, Carole André, Mel Ferrer, Angelo Infanti, Soja Jeanine, Sal Borgese, Franco Fantasia, Jackie Basehart, Niccolò Piccolomini, Dagmar Lassander. ◆ Il Corsaro Nero, alias il Duca di Ventimiglia (Bedi), fa un patto col diavolo per vendicarsi del governatore di Maracaibo, lo spietato Van Guld (Ferrer), che gli ha ucciso i fratelli – il Corsaro Rosso e il Corsaro Verde – e continua a massacrare gli indios, ma s'innamora – ricambiato – proprio della figlia del nemico, la bella Honorata (André): il governatore farà comunque una brutta fine e i due partiranno insieme. L'avventura alla riscossa in un film di pura azione, tratto da due romanzi salgariani, *Il Corsaro Nero* e *La regina dei Caraibi*: personaggi dalla psicologia elementare, un paesaggio esotico da favola, un pizzico di magia (il patto con il diavolo) e un susseguirsi di inseguimenti, duelli, vendette a metà tra cappa e spada e western. Un po' troppo rigida e algida Carole André. Girato a Cartagena, in Colombia.

Corsa sul prato, Una * (*International Velvet*, Gb 1978, col, 127') Bryan Forbes. Con Tatum O'Neal, Christopher Plummer, Anthony Hopkins, Nanette Newman, Dinsdale Landen. ◆ Con l'aiuto degli zii inglesi, una teen-ager americana (O'Neal) diventa un fantino di successo. Una storia così spudoratamente melensa da risultare spiazzante, con bravi attori costretti a pronunciare dialoghi terribili e una confezione manierata stile vecchia Inghilterra. Sarebbe un rifacimento-seguito di *Gran Premio* (1944), con Liz Taylor e Mickey Rooney.

Corse a perdicuore ** (Italia 1980, col, 95') Mario Garriba. Con Andy Luotto, Mirella D'Angelo, Claudio Spadaro, Cristina Manni, Pino Luongo, Mario Garriba. ◆ Giovane timido e imbranato (Luotto) s'innamora di ragazza emancipata e capricciosa. Una commedia intimista dagli equilibri delicati e dal sapore piacevolmente naïf.

Corta notte delle bambole di vetro, La ** (Italia/Rft/Jugoslavia 1971, col, 92') Aldo Lado. Con Barbara Bach, Jean Sorel, Mario Adorf, Ingrid Thulin, Hrvoje Svod, Petar Dumicic, Fabian Sovagovic, José Quaglio, Piero Vida. ◆ Sul tavolo di un obitorio, apparentemente morto ma tuttora cosciente, il giornalista americano Moore (Sorel) rivive la sua disavventura, iniziata con l'inspiegabile scomparsa della sua amante (Bach). Uno di quei thriller (scritto dal regista) nei quali la rivelazione di orrori innominabili non è all'altezza del clima di mistero: anche se le indagini condotte in un'imprecisata città dell'Est (le riprese avvennero a Praga e Zagabria), ancora avvolta in un'atmosfera da cortina di ferro, hanno una certa efficacia. Inoltre, come spesso accade in questo film, le musiche di Ennio Morricone sono un atout formidabile per il regista. Sprecata la Thulin in una parte di contorno.

Corte di Re Artù, La ** (*A Connecticut Yankee in King's Arthur Court*, Usa 1949, col, 107') Tay Garnett. Con Bing Crosby, Rhonda Fleming, William Bendix, Cedric Hardwicke, Henry Wilcoxon, Virginia Field. ◆ Un americano (Crosby) sogna di trovarsi prigioniero alla corte di Re Artù e di salvarsi grazie al possesso di alcuni oggetti della sua epoca. Il romanzo di Mark Twain, già portato sullo schermo nel 1929 e nel 1931, diventa ora uno spensierato musical, un po' improbabile nella messa in scena ma gradevole per gli amanti del genere.

Corteggiamento di Andy Hardy, Il * (*The Courtship of Andy Hardy*, Usa 1942, b/n, 93') George B. Seitz. Con Mickey Rooney, Lewis Stone, Fay Holden, Ann Rutherfod, Cecilia Parker, Sara Haden, Donna Reed, William Lundigan. ◆ Andy (Rooney) su consiglio dei genitori frequenta la figlia (Reed) di una coppia che sta per divorziare e se ne innamora. Dodicesimo film della serie con Andy Hardy.

Corte marziale *** (*The Court-Martial of Billy Mitchell*, Usa 1955, col, 100') Otto Preminger. Con Gary Cooper, Charles Bickford, Ralph Bellamy, Rod Steiger, Elizabeth Montgomery, Fred Clark. ◆ La storia vera del generale dell'aviazione americana William Mitchell (Cooper) che pagò con il deferimento alla corte marziale il tentativo di denunciare l'incoscienza dei superiori. Film di una «classicità monumentale», è il primo lavoro in cui Preminger analizza le grandi istituzioni e il conflitto tra realtà e morale, che qui si scontrano nella funzione dei mass media e della stampa in primo luogo. Grande interpretazione di Cooper (perfettamente esitante tra le ragioni delle proprie idee e il rispetto per il ruolo delle forze armate e della gerarchia: «L'esercito non mi deve niente, io devo tutto all'esercito») e Steiger nel ruolo dell'accusatore, il maggiore Allan Gullion.

Cortesie per gli ospiti ° (*The Comfort of Strangers*, Gb/Italia 1990, col, 104') Paul Schrader. Con Christopher Walken, Rupert Everett, Natasha Richardson, Helen Mirren. ◆ A Venezia due turisti inglesi giovani e annoiati (Everett e Richardson) diventano le vittime di un'ambigua coppia (Walken e Mirren) tra l'omosessuale e il sadomaso. Venezia si conferma una delle città più difficili da filmare, e la recitazione, fatta eccezione per Walken, è pedestre. Schrader dirige in modo anonimo, affondando nel ridicolo involontario le ambizioni del bel romanzo omonimo di Ian McEwan. Costumi di Giorgio Armani. Orripilante la colonna sonora di Angelo Badalamenti.

Cortina del silenzio, La **½ (*Circle of Danger*, Gb 1951, b/n, 86') Jacques Tourneur. Con Ray Milland, Patricia Roc, Marius Goring, Hugh Sinclair, Naunton Wayne, Marjorie Fielding, Edward Rigby. ◆ Un americano (Milland) va nel Galles per indagare sulla morte del fratello, unica vittima di un raid durante la seconda guerra mondiale. Scoprirà che è stato giustiziato dai commilitoni, stanchi di ritrovarsi in pericolo per la sua spericolatezza. Sceneggiato da Philip MacDonald, un noir «esiliato» in un dramma post-bellico, con il tipico eroe alla Tourneur che procede tra dubbi e incertezze sempre più grandi fino allo scoppio di una verità senza appello. Il regista smorza la curiosità connaturata alla struttura dell'indagine e accentua il senso di labirinto esistenziale in cui si trova il protagonista, quasi un fantasma che vaga solo e smarrito in una terra affine e straniera allo stesso tempo.

Corto circuito **½ (*Short Circuit*, Usa 1986, col, 98') John Badham. Con Ally Sheedy, Steve Guttemberg, Fisher Stevens, Austin Pendleton, G.W. Bailey, Brian McNamara. ◆ La lotta per la vita di Numero Cinque, robot dotato di sentimenti ed emozioni, che i creatori vogliono eliminare. Contro la demonizzazione tout court della tecnologia, Badham celebra l'avvento della macchina positiva, individuando i veri nemici nei suoi programmatori: è un'idea brillante e acuta, ma che rischia di passare in secondo piano rispetto agli sbalorditivi effetti speciali. Con un seguito.

Corto circuito 2 *½ (*Short Circuit 2*, Usa 1988, col, 110') Kenneth Johnson. Con Fisher Stevens, Michael McKean, Cynthia Gibb, Jack Weston, Dee McCaffrey, David Hemblen. ◆ Il geniale robot umano ha trovato lavoro presso un produttore di giocattoli tecnologici, ma la sua vita è ancora in pericolo. La regia è televisiva e spesso tende al mieloso, eppure questa specie di Candido del XX secolo conquista con il suo disarmante umorismo. Imperdonabile l'amico indiano interpretato da un bianco appositamente colorato.

Corvi, I → *Krays, The – I corvi*

Corvo, Il ***½ (*Le Corbeau*, Francia 1943, b/n, 93') Henri-Georges Clouzot. Con Pierre Fresnay, Pierre Larquey, Noël Roquevert, Antoine Balpêtré, Ginette Leclerc, Jean Brochard, Louis Seigner, Pierre Bertin. ◆ Una cittadina di provincia è sconvolta da infamanti lettere anonime che colpiscono soprattutto il tranquillo dottor Germain (Fresnay). Spietato ritratto in noir della borghesia francese ispirato a un fatto di cronaca, il caso di Tulle, che all'epoca scatenò furibonde polemiche nel paese occupato dai nazisti, sia per la suscettibilità dei francesi riguardo alla propria immagine, sia perché la produzione era la tedesca Continental Film. Abilmente congegnato dal punto di vista narrativo, fustiga i vizi privati con una crudeltà forse esagerata ma anche rara nel cinema d'oltralpe: la scena in cui il dottor Vorzet (Larquey) espone la sua teoria sulla relatività del bene e del male, dondolando una lampada accesa, riassume perfettamente il senso del film che voleva affrontare (con una tempestività sconcertante) il tema della delazione, tanto tristemente attuale durante l'occupazione. Fu vietato per due anni dopo la Liberazione, mentre regista e sceneggiatore (Louis Chavance) furono sospesi dall'attività per sei mesi. Il soggetto è stato ripreso da Otto Preminger per il suo film *La penna rossa* (1951).

Corvo, Il – The Crow **½ (*The Crow*, Usa 1994, col, 101') Alex Proyas. Con Brandon Lee, Michael Wincott, Ernie Hudson, Rochelle Davis, Jon Polito. ◆ A un anno dalla sua morte, il chitarrista Eric Draven (Lee) risorge dalla tomba e, guidato da un corvo, si vendica di Topdollar (Wincott), il malvagio che tiene in pugno una città in confronto della quale Gotham City è un giardino d'infanzia. La trama è scheletrica, il look debitore dei due *Batman*, ma il film dell'esordiente Proyas (tratto dal fumetto di James O'Barr, e scritto da David J. Schow e John Shirley) ha uno strano fascino, se si è nella disposizione d'animo adatta. Forse perché il protagonista, figlio di Bruce Lee, è morto durante le riprese in circostanze misteriose (e per finire il film si è dovuti ricorrere a tecniche digitali); forse perché il tema dell'ossessione funerea è portato fino alle estreme conseguenze (riprese esclusivamente notturne, un tasso di crudeltà superiore alla media); forse perché il personaggio di Draven è un novello paladino, nichilista e protettore dei buoni sentimenti. Se col tempo diventerà un piccolo *cult*, se lo sarà meritato. Con un seguito.

Corvo 2, Il * (*The Crow – City of Angels*, Usa/Gb 1996, col, 86') Tim Pope. Con Vincent Perez, Mia Kirshner, Richard Brooks, Vincent Castellanos, Ian Dury, Iggy Pop. ◆ Ucciso col figlio da una gang di drogati, Ashe (Lindon) risorge per vendicarsi con l'aiuto di una tatuatrice (Kirshner) e di un corvo magico che volteggia sopra una città senza nome. Dal regista dei videoclip dei Cure non ci si aspettava molto di più che belle immagini e nessuna trama. Ma anche l'atmosfera romantico-gotico-noir-dark-sadomaso, che nel primo *Corvo* funzionava, qui si riduce a pura patina. E Perez non ha un briciolo del carisma di Brandon Lee. Scritto da David S. Goyer, ispirandosi al fumetto di James O' Barr.

Corvo rosso non avrai il mio scalpo *** (*Jeremiah Johnson*, Usa 1972, col, 108') Sydney Pollack. Con Robert Redford, Will Geer, Delle Bolton, Stefan Gierasch, Allyn Ann McLearie, Charles Tyner, Josh Albee. ◆ Nel 1850 l'ex soldato Jeremiah Johnson (Redford) abbandona la civiltà per andare a fare il trapper solitario sulle montagne: stringerà amicizia con gli indiani, ma se li trova contro quando farà da guida a una colonna dell'esercito che vuole attraversare il loro cimitero. Un western maestoso e malinconico, che celebra tanto il mito quanto la difficile realtà della wilderness (il vivere liberi e selvaggi in armonia con la natura) mescolando l'avventura al documentario. Rappresenta uno dei contributi più significativi nella revisione del genere, cominciata a metà degli anni Sessanta: gli indiani sono ostili, ma non appaiono inferiori ai bianchi. È stato girato nello Utah e la splendida fotografia si deve a Duke Callaghan. Tra gli sceneggiatori c'è il futuro regista John Milius. Il «Corvo rosso» del titolo è un'invenzione dei distributori italiani: in realtà l'indiano che per tutto il film fa da antagonista a Johnson è senza nome, anche se appartiene alla tribù dei Corvi.

Cosa, La **½ (*The Thing*, Usa 1982, col, 108') John Carpenter. Con Kurt Russell, Wilford Brimley, Richard Dysart, Richard Masur, Donald Moffat, T.K. Carter, Keith David, Charles Hallahan, David Clennon. ◆ Al Polo Nord, un gruppo di scienziati è minacciato da un mostro riportato alla vita dalle radiazioni e capace di assumere qualsiasi sembianza. Remake di *La «cosa» da un altro mondo*, è un thriller orrorifico dagli strabilianti effetti speciali (dovuti a Rob Bottin), che nella caratterizzazione del mostro sembra ispirarsi ad *Alien*. Non è il miglior film di Carpenter, ma costituisce una appassionata dichiarazione d'amore nei confronti dei suoi generi cinematografici preferiti, e chi la pensa allo stesso modo vi troverà delle appaganti sorprese.

Cosa, La *** (Italia 1990, col, 60') Nanni Moretti. Con militanti del Pci. ◆ Alcuni momenti del dibattito all'interno del Pci sulla proposta del segretario Achille Occhetto di rifondazione del partito, ripreso in otto sezioni sparse per l'Italia: a Francavilla di Sicilia, a San Giovanni Teduccio, alla Ca' Nuova di Genova, alla Bolognina di Bologna, alle Carrozzerie Mirafiori di Torino, a Milano Lambrate, a San Casciano Val di Pesa e a Roma Testaccio. Girato in 16mm con la macchina che inquadra gli interventi dei militanti e le loro discussioni, senza nessun tipo di commento, questo documentario (mandato in onda la prima volta da Raitre il 6 marzo 1990, alla vigilia del Congresso di Bologna) testimonia «un momento unico di autocoscienza collettiva» nella storia della sinistra italiana, alternando senza particolari diplomazie programmatiche i fautori del «sì» e del «no». Campionario straordinario di un'umanità altrove ridotta a folclore o a macchietta, questo documentario trova una sua perfetta giustificazione nel percorso di Moretti che qui dimostra concretamente la possibilità di «fare cinema» con (e contro) uno dei luoghi comuni più abusati del carattere degli italiani (il piacere un po' narcisista di discutere e di schierarsi), evitando ancora una volta di cadere nelle trappole della faciloneria e del qualunquismo dei mass media.

Cosa avete fatto a Solange? ** (Italia/Rft 1972, col, 107') Massimo Dallamano. Con Fabio Testi, Christine Galbo, Maria Monti, Karin Baal, Joachim Fuchsberger, Günther Stoll. ◆ A Londra, l'indiziato principale per l'uccisione di tre studentesse è un professore di italiano (Testi) e invece saranno proprio le sue personali indagini a offrire alla polizia la chiave dell'enigma che ruota attorno a un gruppo di ragazze tentate dai giochi del sesso e poi costrette a ricorrere a una mammana per «rimediare» alle conseguenze. Un giallo discreto, scritto con convincente precisione dal regista e Bruno Di Geronimo, che sa mescolare qualche disinvolta annotazione ambientale (il film è ambientato in un collegio cattolico) con un clima torbido e morboso che sa tenere alta l'attenzione. Tra le molte lolite usate (e abbondantemente spogliate) c'è anche Camille Keaton, nipote del celebre Buster.

Cosa buffa, La * (Italia/Francia 1973, col, 108') Aldo Lado. Con Ottavia Piccolo, Gianni Morandi, Angela Goodwin, Fabio Garriba, Claudia Giannotti, Nino Formicola. ◆ Il rapporto impossibile tra un giovane insegnante di provincia (Morandi) e la figlia di un ricco industriale veneziano (Piccolo). Tratto dall'omonimo romanzo di Giuseppe Berto, è modesto sotto il profilo psicologico e poco efficace nel ritratto sociale. Morandi ha l'aria ingenua e pulita che occorre al personaggio, ma come attore è da dimenticare.

Cosa c'entra con l'amore ** (Italia 1996, col, 80') Marco Speroni. Con Stefania Orsola Garello, Giovanni Guidelli, Alessandro Zamattio, Carla Fioravanti, Rossana Mortara, Lydia Biondi. ◆ Roma: Laura (Garello) molla l'amante e accetta un appuntamento con uno sconosciuto; Luca (Guidelli), padre di famiglia, cerca goffamente avventure gay; Massimo (Zamattio), innamorato di una ragazza vista in biblioteca, si butta sotto la metro. Solitudini metropolitane raccontate con uno sguardo mobile, che tenta sempre di cogliere il significato nascosto nel banale quotidiano: anche se il gioco di incastri dei vari episodi è fin troppo virtuosistico, e alla fine tautologico. Premio Solinas alla sceneggiatura di Silvia Barbiera, Ivan Cotroneo e del regista, cui ha collaborato Mario Sesti. Invadenti musiche dei Kirlian Camera.

«Cosa» da un altro mondo, La ***½ (*The Thing From Another World*, Usa 1951, b/n, 87') Christian Nyby. Con Kenneth Tobey, Margaret Sheridan, Robert Cornthwaite, Douglas Spencer, James Arness, Dewey Martin, William Self, George Fenneman. ◆ Una spedizione americana nel Polo Nord è minacciata da un mostro vampiresco precipitato sulla Terra insieme al suo disco volante. Costruito sul dilemma – mai chiaramente risolto – tra la legittima curiosità della scienza (che vorrebbe cercare di comunicare) e la necessità di difendere la razza umana, il film è un classico della fantascienza orrorifica, con una mirabile escalation di tensione creata sia dal lavoro di regia (che rifiuta però i facili effetti speciali a favore di una intensità della messinscena, rigorosa e austera), sia dalle interpretazioni degli attori, a cominciare dall'alieno (Arness). La regia è firmata da Christian Nyby (che aveva montato *Acque del Sud*, *Il grande sonno* e *Rio Bravo* di Hawks) e Howard Hawks figura nei titoli solo come produttore e supervisore: molte situazioni, però, sono in effetti tipiche del suo cinema e si avverte la sua influenza anche nelle tecniche di ripresa. Ne esiste una versione colorizzata al computer ed è stato rifatto nel 1982 col titolo *La cosa*.

Cosa fare a Denver quando sei morto ** (*Things to Do in Denver When You Are Dead*, Usa 1995, col, 110') Gary Fleder. Con Andy Garcia, Christopher Walken, Gabrielle Anwar, William Forsythe, Treat Williams, Christopher Lloyd, Steve Buscemi, Bill Nunn, Jack Warden, Fairuza Balk. ◆ Passato a vendere messaggi video da lasciare in eredità, l'ex gangster Jimmy (Garcia) non può rifiutare un favore al suo vecchio boss (Walken) e così riunisce la vecchia banda. Ma quello che doveva essere un semplice avvertimento si trasforma in tragedia: e i responsabili adesso devono guardarsi dallo scatenato sicario (Buscemi) che è stato messo sulle loro tracce. Primo film per il grande schermo di un regista dal passato televisivo, contrassegnato da estetiche e umori tarantiniani, schegge romantiche e improvvise virate nella violenza: lo stile è convenzionale ma alimentato da una più che discreta padronanza della macchina da presa. Memorabile la performance di Treat Williams nei panni di Critical Bill, una caricatura del reduce del Vietnam andato in corto circuito. Sceneggiatura di Scott Rosenberg.

Cose cambiano, Le ** (*Things Change*, Usa 1987, col, 101') David Mamet. Con Don Ameche, Joe Mantegna, Robert Prosky, J. J. Johnston, Ricky Jay, Mike Nussbaum, Jack Vallace. ◆ Ciabattino italoamericano (Ameche) si autoaccusa di un omicidio per salvare un boss mafioso e viene scambiato per un membro di Cosa Nostra. Classica commedia degli equivoci su un argomento alquanto logoro, realizzata con un evidente occhio per il botteghino: la sceneggiatura di Mamet è arguta e gli attori sono formidabili, ma da una squadra simile era lecito aspettarsi di più e di meglio. Comparsata per Luca Barbareschi.

Cose che non ti ho mai detto, Le ** (*Things I Never Told You*, noto anche come *Cosas que nunca te dije*, Usa/Spagna 1996, col, 95') Isabel Coixet. Con Lili Taylor, Andrew McCarthy, Alexis Arquette, Debi Mazar, Richard Edson, Seymour Cassel, Leslie Mann. ◆ Portland: Ann (Taylor), piantata telefonicamente dal fidanzato che lavora a Praga, videoregistra appelli d'amore che finiscono nelle mani del vicino di casa (Arquette), spasimante senza speranze. Don (McCarthy) vende case per conto del padre (Cassel), ma è più interessato al lavoro a un telefono amico, anche se è più depresso di chi gli telefona. Diane (Mazar) ha cambiato sesso ma si è pentita. Solitudini che si intersecano a metà tra commedia surreale e dramma malinconico: un po' troppo calcolato, e con pesanti débiti a Hartley, per farsi guardare con emozione e non solo con curiosità. La regista, catalana, è anche autrice della sceneggiatura.

Cose da pazzi * (Italia 1953, b/n, 90') Georg Wilhelm Pabst. Con Aldo Fabrizi, Carla Del Poggio, Lianella Carell, Enrico Viarisio, Enrico Luzi, Rita Giannuzzi, Enzo Fiermonte. ◆ Una giovane donna (Del Poggio), scambiata per la pazza che abita nel suo condominio, è ricoverata in un manicomio dove accadono cose sorprendenti. Commedia degli equivoci sui «matti da slegare», concitata e insulsa. Resta solo da capire come mai il regista di *Lulù* abbia accettato di dirigerla. Il direttore della fotografia è Mario Bava.

Cose dell'altro mondo *½ (*Suburban Commando*, Usa 1991, col, 90') Burt Kennedy. Con Hulk Hogan, Christopher Lloyd, Shelley Duvall, William Ball, Larry Miller, Jack Elam. ◆ Un guerriero intergalattico (Hogan), in missione nell'Universo per salvare i pianeti dalle mire di un genio del male (Ball), è costretto da una defaillance tecnica a prendere alloggio in incognito presso una tipica famiglia californiana. Quando i nemici lo raggiungono, lo scialbo capofamiglia (Lloyd) si trasforma in un eroe. Fantascienza comica, con scontri interspaziali ridotti a schermaglie tra vicini di casa e prevedibili difficoltà d'adattamento da parte dell'alieno (impara ad andare in skateboard, prende per veri i videogames, eccetera). Il disarmante semplicismo delle scene d'azione è in parte compensato dalla vivacità della sceneggiatura. Adatto a un pubblico di ragazzini, che nel film sono i protagonisti, insieme al gigante buono, delle scene più divertenti.

Cose di cosa nostra *½ (Italia/Francia 1971, col, 93') Steno [Stefano Vanzina]. Con Carlo Giuffré, Pamela Tiffin, Aldo Fabrizi, Jean-Claude Brialy, Salvo Randone, Vittorio De Sica, Agnès Spaak, Mario Feliciani, Angela Luce, Nino Vignarelli, Enzo Cannavale. ◆ L'italoamericano Salvatore Lo Cocco (Giuffré) vola dagli Usa alla Sicilia su ordine della mafia per uccidere un traditore (Randone), ma non avendone il coraggio cerca di trovare un killer: invece assolda uno spasimante (Brialy) della moglie (Tiffin), mentre un brigadiere romano (Fabrizi) lo insegue credendolo uno spacciatore di droga. Farsa piuttosto squinternata che mescola i soliti luoghi comuni sulla mafia (coppole, grandi baffi e poche parole) con qualche innocua volgarità (la Tiffin si mostra al massimo in camicia da notte). Gustosa, invece, la macchietta autoironica di De Sica, «principe del foro» rovinato dal gioco.

Cose molto cattive **½ (*Very Bad Things*, Usa 1998, col, 100') Peter Berg. Con Cameron Diaz, Christian Slater, Daniel Stern, Jeanne Tripplehorn, Jon Favreau, Jeremy Piven, Leland Orser, Lawrence Pressman. ◆ Prima di sposarsi, Kyle (Favreau) va a Las Vegas con gli amici (Slater, Stern, Piven e Orser), ma l'addio al celibato finisce con un doppio omicidio: e al ritorno a casa l'isterica promessa sposa (Diaz) si rivela disposta a tutto pur di arrivare all'altare. Una feroce black comedy sui giovani mostri della normalità *middle class*, scritta dal regista esordiente (attore in *L'ultima seduzione* e *Cop Land*). L'esempio a cui guarda è *Pulp Fiction* (sebbene il soggiorno a Las Vegas sia di un realismo agghiacciante): Berg non ha la sapienza narrativa di Tarantino, ma una buona dose di humour macabro-grottesco lo aiuta a smascherare l'ultimo sogno americano (il matrimonio piccolo-borghese) senza arrivare al trash e senza permettere mai allo spettatore di provare simpatia per i personaggi. Colonna sonora di Stewart Copeland. Da confrontare con *Omicidi occasionali*, un B-movie girato prima.

Cose preziose ** (*Needful Things*, Usa 1993, col, 120') Fraser C. Heston. Con Max von Sydow, Ed Harris, Bonnie Bedelia, Amanda Plummer, J.T. Walsh, Ray McKinnon. ◆ I pacifici cittadini di Castle Rock sembrano in preda a un'epidemia di aggressività: tutto è iniziato quando un misterioso antiquario (von Sydow) ha aperto un negozietto, dove chicche di modernariato sono in vendita in cambio dell'anima. A fronteggiare l'ondata di follia rimane solo lo sceriffo Pangborn (Harris). Dal romanzo omonimo di Stephen King, adattato da W.D. Richter, una parabola fin troppo chiara sulla diabolicità del consumismo. Von Sydow cerca di trasmettere qualche brivido, giocando a fare un Nosferatu che nelle ore di riposo ascolta l'*Ave Maria*, ma la regia del figlio di Charlton Heston è piattamente televisiva. Peter Yates è il produttore esecutivo.

Così bella così dolce *** (*Une Femme douce*, Francia 1969, col, 98') Robert Bresson. Con Dominique Sanda, Guy Frangin, Jane Lobre. ◆ In un lungo flashback, un marito usuraio (Frangin) rievoca la propria esistenza di fronte al cadavere della moglie suicida (Sanda). Una tormentatissima riflessione sul senso della vita, a partire dalla traccia di un racconto di Dostoevskij (*La mite*) riambientato nella Parigi degli anni Sessanta e rielaborato con uno stile secco e scarno: i personaggi non hanno nemmeno dei nomi (solo la domestica si chiama Anna) e tutto il film «diventa una marcia verso il suicidio, dove l'odore della morte si mescola alle immagini erotiche, che per una volta sono estremamente presenti». È il primo film a colori di Bresson, che però ha evitato i forti contrasti cromatici «per non distrarre l'occhio dello spettatore». Esordio della diciottenne Sanda.

Così bello così corrotto così conteso * (*Les Voraces*, Francia/Italia 1972, col, 91') Sergio Gobbi. Con Helmut Berger, Françoise Fabian, Paul Meurisse, Massimo Girotti, Florence Lafuma. ◆ Cannes: il croupier Kosta (Berger) rapina un giocatore che ha vinto forte (Girotti), ma poi un ispettore di polizia finto tonto (Meurisse) comincia il gioco del gatto col topo. Gialletto amorfo senza cadaveri e dal timido erotismo balneare: esempio tipico delle produzioni infime in cui finiva Berger tra un Visconti e l'altro.

Così carina → *She's So Lovely - Così carina*

Così come sei ** (Italia/Spagna 1978, col, 109') Alberto Lattuada. Con Marcello Mastroianni, Nastassja Kinski, Francisco Rabal, Monica Randal, Giuliana Calandra, Barbara De Rossi. ◆ La relazione tra un maturo architetto (Mastroianni) e una studentessa minorenne (Kinski), con sospetto di incesto. Solo a tratti, però, Lattuada sa ancora possedere la leggerezza del tocco che serve per trasformare una storia scabrosa in un gioioso inno all'erotismo libero da costrizioni morali, adeguatamente celebrato dall'irresistibile Kinski.

Alla sceneggiatura ha collaborato Enrico Oldoini. Il regista appare fugacemente nel ruolo di un barbone.

Così è la vita **½ (*That's Life!*, Usa 1986, col, 102') Blake Edwards. Con Jack Lemmon, Julie Andrews, Sally Kellermann, Robert Loggia, Jennifer Edwards, Rob Knepper, Matt Lattanzi, Felicia Farr. ◆ Un weekend in famiglia, con il padre ipocondriaco (Lemmon) e la madre (Andrews) in angosciosa attesa di un referto medico. Commedia arguta, sottilmente venata d'amarezza e ricca di puntuali osservazioni sulla vita di ogni giorno. Lemmon è perfetto nella parte del malato immaginario, la Andrews (moglie reale di Blake Edwards) è la mamma che tutti vorrebbero avere. L'invidiabile villa di Malibu nella realtà appartiene ai coniugi Edwards. Lemmon nella realtà è sposato a Felicia Farr, che nel film interpreta l'imbrogliona che gli trasmette una malattia venerea.

Così è la vita - Una storia vera *½ (Italia 1998, col, 110') Aldo, Giovanni & Giacomo [Aldo Baglio, Giovanni Storti, Giacomo Poretti], Massimo Venier. Con Aldo, Giovanni & Giacomo [Aldo Baglio, Giovanni Storti, Giacomo Poretti], Marina Massironi, Antonio Catania, Francesco Pannofino, Giovanni Cacioppo, Elena Giusti, Carlina Torta, Augusto Zucchi, El Sayed Gaber, Arturo Brachetti. ◆ Sequestrati dal detenuto Aldo detto Bancomat (Baglio), l'agente Giacomo (Poretti) e l'inventore Giovanni (Storti) vengono dati per morti durante la fuga: decidono allora di vendicarsi di chi li aveva angosciati in vita, ma la donna (Massironi) che incontrano forse è già l'angelo che li deve guidare in Paradiso. La seconda prova del trio comico è più ambiziosa ma meno riuscita di quella d'esordio: dopo un'introduzione in cui si rifà il verso a film come *Nick mano fredda*, la sceneggiatura (firmata dai quattro registi più Giorgio Gherarducci, Graziano Ferrari, Gino [Vignali] e Michele [Mozzati]) non va oltre il semplice canovaccio, in cui le gag (la sfortuna di Giovanni, le ambizioni culturali di Giacomo) non trovano né coesione né sviluppo. E il finale è troppo in odore di New Age per non sembrare alla moda. Tutto ciò non ha impedito al film di essere il campione d'incassi della stagione '98/99.

Così fan tutte * (Italia 1992, col, 99') Tinto Brass. Con Claudia Koll, Paolo Lanza, Ornella Marcucci, Franco Branciaroli, Renzo Rinaldi, Isabella Deiana, Lucia Lucchesino. ◆ Diana (Koll) scopre le gioie dell'adulterio (e della sodomia), restando però fedele – nello spirito – al maritino (Lanza), che finisce con l'accettare quelle che lei chiama «solo botte di vita». Brass (che compare nella parte di un vecchio maiale) si spinge ai limiti dell'hardcore senza fare il passo decisivo, e si limita a riempire lo schermo di falli di gomma e di tette che sembrano dello stesso materiale. Con l'aggiunta di ambizioni sociologiche da rotocalco. Ma più che trasgressivo (parola spesso usata nel film), riesce a essere solo deprimente. Fin irritante l'uso malizioso delle aree di Mozart (*Là ci darem la mano*, *Madamina il catalogo è questo*, ecc. ecc.) per sottolineare ideologicamente le «botte di vita» della protagonista.

Così finisce la nostra notte **½ (*So Ends Our Night*, Usa 1941, b/n, 117') John Cromwell. Con Fredric March, Glenn Ford, Anna Sten, Erich von Stroheim, Allan Brett. ◆ Due ebrei e un tedesco antinazista fuggono a Parigi, ma l'ultimo torna in Germania per rivedere la moglie morente. Tratto da un romanzo di Erich M. Remarque, è un dramma ben strutturato e parecchio sofferto, che alterna l'azione al mèlo con dosaggi attenti e mano sicura.

Così lontano così vicino! ° (*In weiter Ferne, so nah!*, Germania 1993, col e b/n, 147') Wim Wenders. Con Otto Sander, Bruno Ganz, Nastassja Kinski, Willem Dafoe, Solveig Dommartin, Rüdiger Vogler, Horst Buchholz, Peter Falk, Heinz Ruhmann. ◆ Seguito di *Il cielo sopra Berlino*: l'angelo Cassiel (Sander), per salvare una ragazzina, diventa uomo, incontra l'ex angelo Damiel (Ganz), incarnatosi nella precedente puntata, finisce ingenuamente nel giro di un gangster sulla via del pentimento (Buchholz) che traffica in armi e filmati porno, e muore tra i suoi amici, dopo aver fatto del bene anche come uomo. Il cinema di poesia di Wenders vorrebbe stare in equilibrio tra il lirismo meditabondo e la leggerezza ironica: il primo è affidato soprattutto ai personaggi ultraterreni, (l'angelo Raphaela [Kinski] e il diavolo Emit Flesti [Dafoe], anagramma di Mefistofele), la seconda a quelli umani. Come in *Fino alla fine del mondo*, l'intreccio si perde in intrighi noir semiparodici, e manca qualunque capacità di sintesi. Wenders vuole parlare di tutto, della vita e dell'amore, della pace nel mondo e delle perversioni della civiltà dell'immagine, ma ormai ha assunto il tono di un predicatore da parrocchietta. Il risultato è innocuo, bamboleggiante, e spesso involontariamente ridicolo. Oltre a Falk nella parte di se stesso, vi sono Lou Reed che canta e consola un barbone, e Mikhail Gorbacëv che riflette sul destino del mondo. Henri Alekan, direttore della fotografia di *Il cielo sopra Berlino*, è il capitano della chiatta.

Così parla il cuore **½ (*Deep in My Heart*, Usa 1954, col, 132') Stanley Donen. Con José Ferrer, Merle Oberon, Helen Traubel, Doe Avedon, Tamara Toumanova, Paul Stewart, Walter Pidgeon, Paul Henreid. ◆ La storia del compositore ungherese Sigmund Romberg (Ferrer), emigrato agli inizi del secolo a New York: grazie all'intuito dell'impresario J.J. Schubert (Pidgeon) e poi di Bert Townsend (Stewart) e alla fiducia che gli accorda la librettista Dorothy Donnelly (Oberon), Romberg potrà festeggiare molte volte la prima dei suoi spettacoli (tra gli altri: *Maytime*, *Jazza-doo*, *Artists and Models*, *The Desert Song*, *New Moon*) al ristorante di Anna Mueller (Traubel) com'era usanza a Broadway per i successi (e anche per gli insuccessi). Ma la sua vita non sarà realizzata fino a quando non sarà riuscito a conquistare il cuore dell'altezzosa Lillian Harris (Avedon) e a coronare la sua carriera musicale dirigendo un concertro sinfonico alla Carnegie Hall. Commosso omaggio di Donen – lui che aveva rivoluzionato il genere facendolo uscire dagli studios e portandolo in ambienti reali – alla forma più tradizionale di commedia musicale, quella ancora debitrice dell'operetta e a un impianto teatrale: sfruttando a suo vantaggio i limiti del décor, di cui sottolinea con discrezione l'artificiosità scenica, e la rigidità della struttura narrativa (costruita sull'alternanza tra scene in teatro e scene nel ristorante di Anna Mueller), il film si trasforma in un «elogio della musica popolare, del suo sentimentalismo di grana grossa che però non esclude né la fantasia né l'intensità», come appunto fu l'opera di Sigmund Romberg (1887-1951), un artista sempre leggermente *in ritardo* sui tempi. Originale – e coraggiosa – la scelta del cast con un José Ferrer «superbo outsider che offre una interpretazione memorabile» e la cantante wagneriana Helen Traubel che esordisce qui sullo schermo (e canta una commovente versione di *Auf Wiedersehn*). Tra le numerose guest-star che appaiono sulla scena, ricordiamo almeno i fratelli Gene e Fred Kelly (nella loro unica apparizione cinematografica insieme), Jane Powell, Ann Miller e Cyd Charisse, che si esibisce con James Mitchell in un ballo squisitamente sensuale.

Così parlò Bellavista *½ (Italia 1984, col, 102') Luciano De Crescenzo. Con Luciano De Crescenzo, Renato Scarpa, Isa Danieli, Lorella Morlatti, Geppy Gleijeses. ◆ Dirigente milanese dell'Alfasud (Scarpa) è accolto con estrema diffidenza in un condominio napoletano, finché un incontro con Gennaro Bellavista, il «geometra della felicità» (De Crescenzo) sblocca la situazione. Insieme poco coeso di scenette garbate ma superficiali che mettono a confronto due (supposte) filosofie di vita, quella milanese e quella napoletana. Riducendo per lo schermo, con la collaborazione di Riccardo Pazzaglia, il suo libro omonimo, De Crescenzo mescola gli epigoni della commedia all'italiana con un atteggiamento «nonsensico» vagamente oblomoviano: si sorride, a tratti, e niente di più.

Così ridevano ***½ (Italia 1998, col, 124') Gianni Amelio. Con Enrico Lo Verso, Francesco Giuffrida, Fabrizio Gifuni, Rosaria Danzé, Claudio Contartese, Simonetta Benozzo, Pietro Paglietti, Rosanna Rovere, Giorgia Scuderi, Edoardo Ciciriello, Aldo Rendina. ◆ Sul finire degli anni Cinquanta due fratelli emigrano dalla Sicilia a Torino: il maggiore, Pietro (Lo Verso), è analfabeta e fa di tutto - fino all'illegalità - per mantenere Pietro (Giuffrida) agli studi magistrali, convinto che il riscatto sociale passi attraverso la cultura. Ma la delusione arriverà per entrambi. Un poema «interiore» e personale sull'immigrazione italiana come perdita dell'innocenza di un'intera nazione, articolato nell'arco di sei anni (dal 1958 al 1964) e suddiviso in altrettanti capitoli (*Arrivi*, *Inganni*, *Soldi*, *Lettere*, *Sangue*, *Famiglie*). Sceneggiato dal regista, è un grande mélo disperato e asciutto, più astratto che realistico, che scava nella memoria senza nostalgia e nei rapporti familiari con spietata tenerezza. Procedendo per ellissi, stilizzando l'ambientazione (con il notevole contributo di Luca Bigazzi per le luci, di Giancarlo Basili per le scenografie e Gianni Gissi per i costumi), lavorando sul «non detto», Amelio intreccia Storia e privato scommettendo con coraggio sulla forza delle emozioni profonde. Per questo il film è incorso in incomprensioni da parte della critica e del pubblico, maggiormente predisposti verso narrazioni lineari e tradizionalmente ricostruttive. Leone d'oro a Venezia '98. Il titolo allude a una rubrica umoristica della *Domenica del Corriere* di quegli anni.

Così scura è la notte *** (*So Dark the Night*, Usa 1946, b/n, 71') Joseph H. Lewis. Con Steven Geray, Micheline Cheirel, Eugene Borden, Ann Codee, Egon Brecher, Helen Freeman. ◆ Detective parigino in vacanza (Geray) si trova a indagare su tre omicidi: quello della ragazza che si era invaghita di lui (Cheirel), del suo ex fidanzato e di sua madre. Grazie alla straordinaria sensibilità visuale del regista, una storia banale e ambientata in una Francia del tutto improbabile si trasforma in un noir raffinatissimo, formalmente superiore a tanti film contemporanei di serie A: ne risulta un'originalissima variazione sul tema di Jekyll e Hyde e uno studio sulla mostruosità della natura umana, spesso al centro dei film di questo regista ingiustamente sottovalutato.

Così vinsi la guerra ** (*Up in Arms*, Usa 1944, col, 106') Elliott Nugent. Con Danny Kaye, Dana Andrews, Constance Dowling, Dinah Shore, Louis Calhern, Lyle Talbot, Margaret Dumont, Elisha Cook jr. ◆ Un ipocondriaco (Kaye) viene suo malgrado arruolato nell'esercito, dove ne combina di tutti i colori. Il brioso esordio di Danny Kaye (che canta *The Lobby Number* e *Melody in 4F*) è messo un po' in ombra dalla esuberante performance di Dinah Shore. Tra le coriste c'è Virginia Mayo. All'origine c'è il musical *The Nervous Wreck*, già portato sullo schermo con Eddie Cantor nel 1930 col titolo *Whoopee!* e inedito in Italia.

Così vive un uomo *** (*Živët takoj paren'*, Urss 1964, b/n, 95') Vasilij Šukšin. Con Leonid Kuravlëv, Lidia Aleksandrovna, L. Burkova, R. Grigor'eva, Nina Sazonova, A. Zueva, Boris Balakin. ◆ Il «debutto nella vita» di un giovane camionista siberiano (Kuravlëv), tra tentativi sentimentali più o meno fallimentari (le donne sono spaventate dalla sua aggressività) e gesti eroici (guidando un camion in fiamme evita l'esplosione di un deposito di carburante): ma alla giornalista venuta a intervistarlo dice di essere solo uno scemo. Šukšin, uno dei registi più anticonformisti dell'Urss, esordisce nella regia con un'incantevole commedia semiseria, tanto più profonda quanto più si mantiene su toni lievi e arguti: invece di far emergere il proprio giudizio sulla realtà, il film preferisce accavallare avventure, sogni ed episodi semiseri (come il matrimonio combinato tra due timidi solitari di mezza età) per far emergere a tutto tondo il protagonista, «primo rappresentante di quella "strana gente" che si muove ai margini della norma, e che pure è un prodotto di una civiltà antica e resistente». Piccola parte per la poetessa Bella Achmadulina, la giornalista di città che lo intervista. Il film ottenne il premio come miglior film per ragazzi (!) a Venezia.

Cosmos ** (*Cosmos*, Canada 1996, b/n, 100') Marie-Julie Dallaire, Manon Briand, Denis Villeneuve, André Turpin, Jennifer Alleyn, Arto Paragamian. ◆ Film a episodi. In *L'individuo* (di Marie-Julie Dallaire. Con Sébastien Joannette) un insospettabile serial killer si aggira per Montreal; in *Il lancio* (di Manon Briand. Con Marie-Hélène Montpetit, Pascal Contamine) Joël sarà o no sieropositivo?; in *Il technétium* (di Denis Villeneuve. Con David La Haye) un filmmaker intellettuale si ribella agli idioti che lo intervistano; in *Jules e Fanny* (di André Turpin. Con Marie-

France Lambert, Alexis Martin) una specie di Woody Allen *québecois* cerca di portarsi a letto la sua ex col seno rifatto, in una sfida all'ultimo paradosso; in *Aurora e crepuscolo* (di Jennifer Alleyn? Con Sarah-Jeanne Salvy, Gabriel Gascon) una ragazza piantata incontra un vecchio; in *Cosmos e l'agricoltura* (di Arto Paragamian. Con Igor Ovadis, Marc Jeanty) un tassista filosofo insegue i ladri che gli hanno rubato l'auto. L'unico a inventare qualcosa è Turpin, brillante dialoghista; per il resto ambizioni da generazione X, poeticismi di maniera, satire blande. Il solito, carino, accademico cinema indipendente.

Cospiratori, I ** (*The Conspirators*, Usa 1944, b/n, 101') Jean Negulesco. Con Hedy Lamarr, Paul Henreid, Sydney Greenstreet, Peter Lorre, Victor Francen, Vladimir Sokoloff, George Macready, Monte Blue, Joseph Calleia. ◆ Lisbona, seconda guerra mondiale: il leader della Resistenza (Henreid) s'innamora di una ragazza misteriosa e affascinante (Lamarr). Un clone di *Casablanca*: debole nella sceneggiatura (di Vladimir Pozner e Leo Rosten, da un romanzo di Frederic Prokosh), si riscatta per l'atmosfera e il cast. Lamarr è al massimo del fulgore.

Cospiratori, I **½ (*A Terrible Beauty*, ritthe titolato negli Usa *Night Fighters*, Gb 1960, b/n, 85') Tay Garnett. Con Robert Mitchum, Anne Heywood, Dan O'Herlihy, Cyril Cusack, Richard Harris, Marianne Benet. ◆ Sotto la guida di Dermont O'Neill (Mitchum), un gruppo di indipendentisti irlandesi dell'Ira compie sabotaggi e attentati contro l'Inghilterra impegnata nella seconda guerra mondiale. Un soggetto interessante (sul rapporto tra libertà individuale e libertà politica) tratto dal romanzo di Arthur Roth, dall'intreccio ben costruito e insolitamente critico nei confronti dell'Ira, ma con qualche incertezza di regia: è l'ultimo film di rilievo di Garnett, con un Mitchum a tutto tondo.

Cospiratori, I *** (*The Molly Maguires*, Usa 1970, col, 108') Martin Ritt. Con Richard Harris, Sean Connery, Art Lund, Samantha Eggar, Frank Finlay, Anthony Zerbe, Bethel Leslie. ◆ Nella Pennsylvania del 1876 alcuni minatori si riuniscono segretamente sotto la guida di Jack Kehoe (Connery) per compiere atti di sabotaggio, ma tra loro s'infiltra un agente di polizia (Harris). Ispirandosi a un romanzo di Arthur H. Lewis, Ritt ritorna alle tematiche sociali degli esordi con un dramma di agghiacciante realismo, solidamente strutturato e privo di cedimenti patetici. Scritto dal regista insieme al coproduttore Walter Bernstein, è l'unico film che porti sullo schermo l'espe rienza degli operai radicali Wobblies, rileggendone la storia senza forzature ma sottolineando i legami con l'attualità (il ruolo della violenza rivoluzionaria) e facendone anche una riflessione sul maccartismo (di cui entrambi gli autori avevano subìto le conseguenze), sulla delazione e sul tradimento (la spia infiltrata è un proletario come quelli che deve denunciare). Spiazzante il finale volutamente antihollywoodiano. Straordinario il lavoro del direttore della fotografia James Wong Howe che dà al film una coerenza plastica straordinaria (nelle scene coi bambini che scavano il carbone anche lo spettatore «respira» la polvere della miniera): per aumentare la drammaticità Wong Howe – così come Ritt – avrebbe voluto il bianco e nero e comunque per apprezzare tutte le qualità il film andrebbe visto nel formato scope e non rimpicciolito in tv. Per i fan di Connery è assolutamente imperdibile.

Cospiratori del golfo, I (Re burlone) ** (Italia 1935, b/n, 87') Enrico Guazzoni. Con Armando Falconi, Luisa Ferida, Diana Lante, Maria Denis, Luigi Pavese, Mario Pisu, Luigi Cimara, Nicola Maldacea, Paolo Stoppa, Achille [ma nei titoli è Dante] Majeroni, Ellen Meis. ◆ Nonostante la bonomia di Ferdinando II (Falconi) e le sua attività sociali come l'apertura della ferrovia Napoli-Caserta (nel 1844), nel regno di Napoli gli ufficiali vorrebbero rapire il sovrano per convincerlo a firmare la costituzione: due capitani (Pavese e Pisu) vengono scoperti e arrestati, ma con l'aiuto di Nennella (Ferida), di Fania e Rosalia Mirabella (Denis e Lante) riusciranno a evadere da Gaeta e mettersi in salvo. Strana commistione tra film storico e commedia boulevardienne tratta dalla pièce di Gerolamo Rovetta riadattata da Lucio D'Ambra: la sceneggiatura di Guglielmo Giannini dimentica per buona parte del film il tema della cospirazione, dando spazio all'istrionismo di Falconi (l'ammirazione per i deretani delle cuoche, la lezione di ragù all'ambasciatore prussiano) e mescolando populismo e demagogia in una specie di teatrino delle parti dove nessuno è mai veramente responsabile o colpevole. Ma anche questi scompensi aiutano a rendere più corale il film, che utilizza al meglio facce più o meno note (come Nicola Maldacea nel ruolo di Gennarì). Il figlio del re è interpretato da Giorgio Locchi, che diventerà un celebre doppiatore col nome di Pino.

Costa Azzurra *½ (Italia 1959, col, 84') Vittorio Sala. Con Alberto Sordi, Antonio Cifariello, Elsa Martinelli, Giovanna Ralli, Franco Fabrizi, Lorella De Luca, Nino Besozzi, Tiberio Murgia. ◆ Alcune storie, ora patetiche ora grottesche, si intrecciano sulla Costa Azzurra: una diva americana instaura una relazione con un uomo sposato; un giornalista incaricato di fare un servizio su un magnate dell'industria s'invaghisce della protetta di costui; una coppia di sposi in luna di miele rischia di compromettere la propria tranquillità in un night-club; un fruttivendolo (Sordi) si fa tentare dall'ambiguo mondo del cinema. Esotismo fuori porta per i peccati e i desideri proibiti dell'Italia anni Cinquanta: stilisticamente disomogeneo e contenutisticamente risibile, merita però un'occhiata come reperto archeologico.

Costa dei barbari, La **½ (*Barbary Coast*, Usa 1935, b/n, 90') Howard Hawks. Con Miriam Hopkins, Edward G. Robinson, Joel McCrea, Walter Brennan, Frank Craven, Brian Donlevy. ◆ Tra il padrone di un night-club (Robinson) e un minatore-poeta spennato al tavolo da gioco (McCrea) scoppia un'accesa rivalità per amore della ballerina Swan (Hopkins). Un melodramma intrigante, che riesce a conciliare senza stridore la sceneggiatura insolitamente poetica di Ben Hecht e Charles MacArthur e la regia tipicamente concreta di Hawks. L'ambientazione nella San Francisco del tardo XIX secolo è di grande suggestione. In un ruolo secondario compare David Niven.

Costantino il grande (In hoc signo vinces) ** (Italia 1961, col, 133', ridotti a 93') Lionello De Felice. Con Cornel Wilde, Belinda Lee, Massimo Serato, Elisa Cegani, Fausto Tozzi, Christine Kaufmann, Carlo Ninchi, Vittorio Sanipoli, Tino Carraro, Nando Gazzolo, Annibale Ninchi, Nando Tamberlani. ◆ Nel 303 d.C., Costantino (Wilde) torna dalle Gallie invocato come imperatore e Massenzio (Serato), fratello della sua promessa sposa Fausta (Lee), cerca invano di farlo assassinare: lo scontro decisivo tra i due avverrà al ponte Milvio, presso Roma, dopo che Costantino ha visto in sogno la croce cristiana con la celebre scritta *in hoc signo vinces*. Un kolossal made in Italy che cerca di mediare esigenze spettacolari con il rispetto per la verità storica: gran lavoro degli sceneggiatori (Ennio De Concini, Fulvio Palmieri, Franco Rossetti, Ernesto Guida, Luigi De Felice, Guglielmo Santangelo) e supervisione ai dialoghi di Diego Fabbri. Girato in esterni in Jugoslavia, richiese un notevole sforzo produttivo ma ottenne un risultato commerciale inferiore alle attese. Le scene di massa, però, sono state riutilizzate in almeno una ventina di péplum.

Costanza della ragione, La ** (Italia/Francia 1965, b/n, 120') Pasquale Festa Campanile. Con Catherine Deneuve, Sami Frey, Enrico Maria Salerno, Andrea Checchi, Valeria Moriconi, Glauco Mauri, Sergio Tofano. ◆ L'intransigente Bruno (Frey), frustrato sia negli ideali che nella vita privata, decide di abbandonare la logica del sentimento per quella del compromesso. Dall'omonimo romanzo di Vasco Pratolini (sceneggiato dal regista con Fabio Carpi), un interessante film a tesi con qualche sconnessione tra la parte intimista e quella politicosociale, a causa del frequente ricorso alla voce fuori campo e ai flashback. Rappresenta una parentesi positivamente particolare nella filmografia del regista, popolata soprattutto di commedie erotiche.

Costola di Adamo, La **** (*Adam's Rib*, Usa 1949, b/n, 100') George Cukor. Con Katharine Hepburn, Spencer Tracy, Judy Holliday, Tom Ewell, David Wayne, Jean Hagen, Hope Emerson, Eve March. ◆ Una donna (Holliday) spara al marito fedifrago (Ewell) e in tribunale le loro rispettive ragioni vengono sostenute da due magistrati che sono marito e moglie (Tracy e Hepburn). La battaglia tra i sessi in un duplice confronto matrimoniale: il tono è quello della migliore commedia sofisticata, ma le implicazioni sono molto più serie di quanto possano sembrare a prima vista. Indimenticabile l'arringa «femminista» della Hepburn. Per sfruttare al massimo l'abilità dei suoi attori, Cukor usa lunghi piani fissi (come quello di sette minuti per raccontare l'interrogatorio della Holliday da parte della Hepburn) che lasciano massima libertà alla recitazione. La brillante sceneggiatura, che mescola vita professionale e vita privata dei due avvocati, si deve a Ruth Gordon e a Garson Kanin (un'altra coppia!), mentre la canzone *Farewell, Amanda* è di Cole Porter. Esiste anche una versione colorizzata.

Costretti ad uccidere *½ (*The Replacement Killers*, Usa 1998, col, 87') Antoine Fuqua. Con Chow Yun-fat, Mira Sorvino, Michael Rooker, Jürgen Prochnow, Kenneth Tsang Kong, Danny Trejo. ◆ Il killer John Lee (Chow) si rifiuta di uccidere un poliziotto padre di famiglia (Rooker), e gli scatenano contro mezzo mondo; una falsaria (Sorvino) lo aiuta contro voglia. John Woo, coproduttore, patrocina l'esordio americano del suo attore preferito, Chow Yun-fat, che però sembra un'immagine campionata digitalmente. La Sorvino gli ruba la scena ma non basta a tenere in piedi un film anonimo e fasullo, nel quale il regista si sforza invano di copiare il ritmo del cinema hongkonghese.

Costretto a uccidere **½ (*Will Penny*, Usa 1968, col, 108') Tom Gries. Con Charlton Heston, Joan Hackett, Ben Johnson, Slim Pickens, Anthony Zerbe, Clifton James. ◆ Un cowboy solitario (Heston) si ritrova a dover combattere contro un predicatore folle, in difesa di una donna e di un ragazzo incontrati per caso. Inconsueta e interessante la caratterizzazione del personaggio nella prima parte, quasi documentaristica nel suo realismo minuzioso alieno da ogni romanticismo, mentre successivamente la tensione si perde un po' nell'intrigo sentimental-avventuroso. Ottima la prova con cui Heston dà vigore al suo personaggio di uomo rude, chiuso, abituato a subire le regole di una vita difficile («Si ha paura prima, si è nei guai dopo»). La sceneggiatura è dello stesso regista.

Cotta importante, Una ** (*No Small Affair*, Usa 1984, col, 102') Jerry Schatzberg. Con Jon Cryer, Demi Moore, George Wendt, Peter Frechette, Elizabeth Daily, Ann Wedgeworth, Jennifer Tilly. ◆ Un sedicenne (Cryer) s'innamora di una ragazza che ha fotografato casualmente (Moore), e con una brillante trovata l'aiuta a diventare una rockstar. Bizzarra iniziazione sentimentale, che riesce a evitare le trappole del melenso e del «carino» grazie all'accorta regia di Schatzberg e alla nitida fotografia di Vilmos Zsigmond.

Cotton Club **½ (*The Cotton Club*, Usa 1984, col, 127') Francis Ford Coppola. Con Richard Gere, Diane Lane, Gregory Hines, Lonette McGee, Bob Hoskins, James Remar, Nicolas Cage, Allen Garfield, Joe Dallesandro, Fred Gwynne, Tom Waits, Julian Beck, Woody Strode, Larry Fishburne. ◆ La musica, le armi e gli amori nella Harlem anni Trenta, attraverso le peripezie di un cornettista (Gere che suona davvero gli assolo di tromba) che si esibisce, unico bianco tra neri, nel celebre locale che dà il nome al titolo. Uno sfavillante omaggio all'epoca d'oro del jazz e del gangster-movie, accuratissimo nella messa in scena ed eccellente nella colonna sonora. Il piccolo schermo spezza irrimediabilmente l'incantesimo audiovisivo e mette ancora più in rilievo le debolezze della trama, meno appassionante delle innumerevoli disavventure produttive in cui è incorso il film. Un trionfo di numeri musicali con musiche di Duke Ellington, Louis Armstrong, Fats Waller, Gene Austin e Cab Calloway che interpreta se stesso per cantare *Minnie The Moocher*. Ottimi i numeri di tip tap di Gregory Hines.

Countdown dimensione zero *½ (*The Final Countdown*, Usa 1980, col, 104') Don Taylor. Con Kirk Douglas, Martin Sheen, Katharine Ross, James

Farentino, Ron O'Neal, Charles Durning. ◆ Per gli effetti di una tempesta magnetica, una portaerei atomica americana torna indietro nel tempo e si ritrova alla vigilia dell'attacco di Pearl Harbor. Una bella idea sviluppata maldestramente dalla regia, con ritmi e modalità più consoni al piccolo che al grande schermo. Il meglio si trova nella sceneggiatura.

Country **½ (*Country*, Usa 1984, col, 109') Richard Pearce. Con Jessica Lange, Sam Shepard, Wilford Brimley, Matt Clark, Therese Graham, Levi L. Knebel. ◆ Una famiglia di piccoli agricoltori lotta per rimanere unita contro le misure economiche prese dal governo reaganiano. Un film scomodo, ben costruito e ben recitato, che ha il merito di puntare l'obiettivo su soggetti attualmente dimenticati dal cinema. Efficace la sceneggiatura non stereotipata di William D. Wittliff. L'indomita matriarca Jessica Lange figura anche come coproduttrice esecutiva.

Courier ** (*The Courier*, Irlanda 1987, col, 85') Joe Lee, Frank Deasy. Con Gabriel Byrne, Ian Bannan, Cait O'Riordan, Kevin Doyle, Mary Ryan, Michelle Houlden, Pedraigh O'Loingsigh. ◆ Ex tossicodipendente dirige una compagnia di pony express e scopre che i suoi corrieri sono utilizzati dal più grosso spacciatore di droga della città. A tratti sembra un teleromanzo, ma si riscatta con frequenti inserti di ben dosata tensione. Suggestiva la fotografia dimessa di Gabriel Beristein.

Cousin, Le – Per la polizia è uno di famiglia **½ (*Le cousin*, Francia 1997, col, 112') Alain Corneau. Con Patrick Timsit, Alain Chabat, Agnès Jaoui, Marie Trintignant, Samuel Le Bihan, Caroline Proust, Mehdi, Fabienne Tricottet, Christophe Peyroux. ◆ Lo spacciatore Nounours (Timsit), ingordo e col culto della famiglia, a furia di aiutare i suoi amici poliziotti si sente quasi uno di loro; ma il capitano Gérard (Chabat) è nel mirino di un giudice (Trintignant) che lo vuole incastrare per favoreggiamento. Corneau (sceneggiatore con Michel Alexandre) torna al genere che gli riesce meglio: il noir, che questa volta declina in chiave di commedia cinica e paradossale sul relativismo della morale. Con attori ben diretti (che in mani altrui, come comici, sono insopportabili), bella tensione e qualche rimando addirittura a *Vivere e morire a Los Angeles* (Gérard vende droga per procurarsi i soldi per allettare una banda di spacciatori). Niente di nuovo, e la durezza iniziale sfuma man mano: ma un cinema che sa raccontare, e da cui gli americani avrebbero di che imparare.

Covata malefica, La → *Brood, la covata malefica*

Covo dei contrabbandieri, Il *** (*Moonfleet*, Usa 1955, col, 87') Fritz Lang. Con Stewart Granger, George Sanders, Joan Greenwood, Viveca Lindfors, Jon Whiteley, Liliane Montevecchi, Sean McClory, John Hoyt. ◆ Nel 1757, il piccolo John Mahune (Whiteley), rimasto orfano, viene affidato a un cinico tutore dedito al contrabbando, Jeremy Fox (Granger), che mira a impadronirsi della sua misteriosa eredità in combutta col cinico lord Ashwood (Sanders). Molto liberamente tratto dal romanzo di John Meade Falkner (gli sceneggiatori Jan Lusting e Margaret Fitts, in accordo con Lang, naturalmente, inventarono di sana pianta i personaggi di Fox e di lord e lady Ashwood, cioè dei «genitori» putativi che influenzano la maturazione del piccolo John), è un film d'avventure immerso in un'atmosfera stevensoniana, raffinato nel ritmo e sapiente nei contrasti cromatici, ben coordinati intorno alle tonalità brune del metrocolor. Ma la grandezza di Lang si vede soprattutto nel modo con cui fonde le esigenze narrative del film di genere (la rete di misteri in cui si muove John: società segrete, grotte, caverne, aspetti contraddittori dei personaggi), il tema centrale del film (la scoperta del mondo degli adulti fatta attraverso gli occhi di un bambino) e le preoccupazioni fondamentali della sua ricerca d'autore (gli aspetti negativi dell'umanità, dalla doppiezza di Fox al cinismo di Ashwood; l'innocenza infantile che si rivela essere ignoranza della realtà e vuota illusione; una giustizia non uguale per tutti predicata dal «magistrato» Maskew [Hoyt]). Mirabile l'uso del CinemaScope, imposto dalla produzione nonostante la riluttanza di Lang.

Cowboy **½ (*Cowboy*, Usa 1958, col, 92') Delmer Daves. Con Glenn Ford, Jack Lemmon, Anna Kashfi, Brian Donlevy, Dick York. ◆ Nel 1870, il mercante di bestiame Reece (Ford) si vede costretto ad accompagnare in Messico il portiere d'albergo Frank Harris (Lemmon), che a Chicago gli ha prestato dei soldi per saldare un debito di gioco. Basato sui ricordi mendaci di Frank Harris, è un godibile western d'atmosfera, più romantico che realistico, giocato sugli inevitabili contrasti tra un vero cowboy e un impreparato cittadino. Suggestivi i paesaggi, ritratti senza pennellate di maniera dal fotografo Charles Lawton.

Cowboy con il velo da sposa, Il * (*The Parent Trap*, Usa 1960, col, 124') David Swift. Con Hayley Mills, Maureen O'Hara, Brian Keith, Charlie Ruggles, Una Merkel, Leo G. Carroll, Joanna Barnes. ◆ Due gemelle (entrambe interpretate da Hayley Mills), da sempre affidate l'una al padre e l'altra alla madre, decidono di scambiarsi i ruoli per riunire la famiglia. Commedia edificante, che vorrebbe essere sofisticata ma che in realtà oscilla maldestramente tra il fintolacrimevole e lo zuccheroso. Inevitabile che venticinque anni dopo la Disney la riesumasse per una serie di tv-movie (*Parent Trap II*, 1986, di Ronald F. Maxwell, *Parent Trap III*, 1989, di Mollie Miller e, per ora, *Parent Trap Hawaiian Honeymoon*, 1989, di Mollie Miller, tutti inediti in Italia e tutti interpretati da una «doppia» Hayley Mills irrimediabilmente adulta).

Cowboy dilettante *½ (*Out West with the Hardys*, Usa 1938, b/n, 90') George B. Seitz. Con Mickey Rooney, Lewis Stone, Fay Holden, Cecilia Parker, Ann Rutherford, Sara Haden, Don Castle, Virginia Weidler, Gordon Jones. ◆ Gli Hardy passano le vacanze in un ranch di un amico che ha dei problemi a far valere i suoi diritti su una sorgente. Quinto film della serie dedicata alle avventure di Andy Hardy.

Cowboys, I *½ (*The Cowboys*, Usa 1972, col, 128') Mark Rydell. Con John Wayne, Roscoe Lee Browne, Bruce Dern, Colleen Dewhurst, Slim Pickens, Lonny Chapman. ◆ Il ranchero Will Anderson (Wayne) ammaestra una banda di ragazzini per trasferire le sue mandrie verso nord. Il finale contrario alla tradizione si carica di significati allegorici per la presenza del mitico attore, stabilendo il principio della violenza come *magistra vitae*. Eticamente inquietante, stilisticamente trascurabile.

Cowgirl – Il nuovo sesso ** (*Even Cowgirls Get the Blues*, Usa 1993, col, 96') Gus Van Sant. Con Uma Thurman, John Hurt, Rain Phoenix, Lorraine Bracco, Keanu Reeves, Noryuki «Pat» Morita, Angie Dickinson, Carol Kane, Udo Kier, Victoria Williams, Grace Zabriskie. ◆ Ragazza dagli enormi pollici, Sissy Hankshaw (Thurman) vive facendo l'autostop e, occasionalmente, la modella per prodotti di igiene intima creati dall'eccentrico Contessa (Hurt). Per girare uno spot pubblicitario, viene mandata al Rubber Rose Ranch, una beauty farm di proprietà di Contessa ma gestita da cowgirl insofferenti all'etichetta: s'innamorerà di una di loro, Bonanza Jellybean (Phoenix), e assisterà alla rivolta delle cowgirl contro il loro datore di lavoro e le autorità americane. Dall'omonimo romanzo di Tom Robbins, bibbia della controcultura hippy, un film sfortunato e «maledetto» (sceneggiato dal regista), di cui è possibile vedere solo la seconda versione, tagliata e rimontata dallo stesso Van Sant (e dedicata a River Phoenix, morto nel frattempo) dopo la disastrosa accoglienza della prima ai festival di Toronto e Venezia 1993. Le omissioni sono molte e arrivano a pregiudicare la comprensibilità dell'intreccio, oltreché a snaturare quasi del tutto il progetto originario, nato all'insegna dell'anarchia formale e narrativa; rimangono, in frammenti visivi, l'esaltazione del nomadismo e della libertà, la felice celebrazione dell'ambiguità, della diversità e della marginalità, il sesso e la droga come liberazione della personalità, la necessità di una illuminazione visionaria che metta in comunicazione l'individuo con l'intero universo, la ribellione a ogni autoritarismo. Piccole parti per Sean Young, Crispin Glover, Roseanne (Barr) Arnold, Ed Begley jr. Notevole colonna sonora di k.d. Lang, musicista dichiaratamente lesbica.

Crack *½ (Italia 1991, col, 95') Giulio Base. Con Giulio Base, Gianmarco Tognazzi, Antonella Ponziani, Pietro Genuardi, Franco Bertini, Giuseppe Pianviti, Valeria Marini. ◆ Una squallida palestra di periferia è il punto d'incontro di alcuni ragazzi che cercano nella boxe più lo sfogo alle proprie frustazioni che la speranza di un futuro migliore: per amore di Roberta (Ponziani), la rivalità tra Rodolfo (Bertini) e Michele (Pianviti) finisce tragicamente sul ring. Tratto da una pièce di Franco Bertini, il film dell'esordiente Giulio Base (che interpreta la parte di Wolfango) ha tutti i difetti del cosiddetto neo-neorealismo: storie esageratamente melodrammatiche, recitazioni sopra le righe, temi sociali mai approfonditi veramente e una fotografia più adatta alla pubblicità che al dramma.

Cranio e il corvo, Il ** (*The Mind Benders*, Gb 1963, b/n, 101') Basil Dearden. Con Dirk Bogarde, Mary Ure, John Clements, Michael Bryant, Wendy Craig. ◆ Uno scienziato (Bogarde) si sottopone a esperimenti di deprivazione sensoriale, diventa sadico e viene accusato di essere una spia. Nonostante il ritmo lento e le incongruenze della storia, risulta piuttosto avvincente. Il cast è di alto livello.

Crash *** (*Crash*, Canada 1996, col, 100') David Cronenberg. Con James Spader, Deborah [Kara] Unger, Elias Koteas, Holly Hunter, Rosanna Arquette, Peter MacNeill. ◆ Grazie a un incidente d'auto quasi letale, il regista pubblicitario James Ballard (Spader) impara ad associare il piacere sessuale al rischio di morire su un'autostrada: inizia una relazione con la dottoressa Helen Remington (Hunter), che nello scontro ha perduto il marito, coinvolge la moglie Catherine (Unger) in complessi scambi di coppia, e subisce il fascino del sinistro Vaughan (Koteas), autore di ricostruzioni *live* di celebri incidenti (James Dean, Jayne Mansfield), che arriverà a mettere in pratica le sue teorie in cui la meccanica dell'automobile fa da raccordo tra eros e thanatos. Cronenberg (anche sceneggiatore) trova nel romanzo di James G. Ballard pane per le proprie ossessioni: la nascita di nuove forme di sessualità indotte dalla tecnologia, il rapporto perverso e autodistruttivo tra eros e civiltà. Ma dai tempi del *Demone sotto la pelle* non è cambiata solo la forma, allora sgangherata da B-movie, oggi gelida e controllatissima (come sempre la fotografia è di Peter Suschitzky e la musica di Howard Shore), si è trasformato anche il suo cinema: ridotto a un occhio tanto inflessibile (non ci nasconde niente) quanto privo di curiosità (le ossessive carrellate laterali che girano intorno ai corpi negano per prima cosa la libertà dello spettatore, impedendogli di allontanarsi o di avvicinarsi alle cose). Come in un quadro di Bacon, la carne martoriata rende esplicito e visibile il dramma nascosto che dilacera uomini e donne: un sogno di liberazione attraverso il sesso che si rivolta contro chi lo insegue e che ci consegna l'immagine di un mondo che può solo autodistruggersi.

Crazy for you – Pazzo per te * (*Vision Quest*, Usa 1985, col, 105') Harold Becker. Con Matthew Modine, Linda Fiorentino, Michael Schoeffling, Ronny Cox, Harold Sylvester, Roberts Blossom, Charles Hallahan, Forest Whitaker. ◆ I duri allenamenti e le astinenze di un liceale californiano (Modine) che vuole battere il campione di lotta dello Stato di Washington. Sport & erotismo, secondo uno scontato binomio americano in cui l'importante è vincere e non solo partecipare. Fugace apparizione di Madonna che canta *Crazy for You*.

Crazy Joe ** (Italia 1974, col, 100') Carlo Lizzani. Con Peter Boyle, Paula Prentiss, Eli Wallach, Luther Adler. ◆ L'ascesa di un gangster proletario (Boyle), ribelle contro i padrini-padroni. Un soggetto interessante, ma sviluppato in modo non del tutto adeguato: Lizzani riconduce il vibrante materiale di cronaca nei binari di una narrazione piuttosto convenzionale e Boyle – stranamente – fatica a dotare il complesso personaggio del necessario spessore psicologico.

Crazy Runners – Quei pazzi pazzi sulle autostrade *½ (*Honky Tonk Freeway*, Usa 1981, col, 91') John Schlesinger. Con Beau Bridges, Hume Cronyn, Beverly D'Angelo, William Devane, Celia Weston, Geraldine Page. ◆ Gli abitanti di Ticlaw City, cittadina non lontana da Miami, cercano con tutti i mezzi di ottenere uno svincolo autostradale per favorire l'afflusso turistico. Lo spunto è buono, ma il tentativo di satira sociale riesce solo in parte: l'impianto narrativo in stile *Nashville* si dimostra troppo debole e tutto il peso ricade su una serie di gag concitate e mal collegate tra loro.

Creatura degli abissi * (*Deepstar Six*, Usa 1989, col, 100') Sean S. Cunningham. Con Greg Evigan, Nancy Everhard, Cindy Pickett, Miguel Ferrer, Taurean Blacque. ◆ Un mostro marino minaccia una postazione missilistica. Dopo un primo tempo tutto di attesa, l'apparizione della creatura nel secondo è una delusione. Il regista di *Venerdì 13* si è evidentemente ispirato ad *Alien*, ma Ridley Scott non c'entra affatto con questo anonimo bagno di sangue.

Creatura di Frankenstein, La → *Frankenstein e il mostro dell'inferno*

Creature del cielo **½ (*Heavenly Creatures*, Nuova Zelanda 1994, col, 98') Peter Jackson. Con Melanie Lynskey, Kate Winslet, Sarah Peirse, Clive Merrison, Diana Kent. ◆ Nuova Zelanda, 1953: Pauline Parker (Lynskey), bruna, grassoccia e piccolo-borghese, diventa l'amica del cuore della compagna di classe Juliet Hulme (Winslet), inglese bionda e spocchiosa. Insieme danno vita a un mondo fantastico, da cui escludono con disprezzo il resto dell'umanità. E quando i rispettivi genitori sono preoccupati della piega morbosa che ha preso la loro amicizia, scalpitano e si scalmanano, finché uccidono la madre (Peirse) di Pauline. Nel 1959 (la storia è vera) le due ragazze vennero liberate, a patto che non si vedessero mai più. Jackson affronta temi cari alla Campion (la ribellione al conformismo, l'isteria, il mondo visto dalla parte delle bambinacce) con un armamentario visivo da regista horror, quale era fino all'altro ieri. E di fatto riesce a entrare nella testa di due mostriciattoli in gonnella, anche se non riesce a far provare un briciolo di simpatia per loro. Il risultato è esagitato, sgradevole e spesso imprevedibile: Jackson ricostruisce magistralmente il clima asfittico dell'epoca, ma non rinuncia a pacchianerie da regista horror (come il mondo di fantasia delle due ragazze, che si materializza con personaggi di fango) dando l'impressione di chi non vuole ancora convertirsi al cinema «serio».

Creature dell'inferno → *Hemoglobin - Creature dell'inferno*

Créatures, Les *½ (*Les Créatures*, Francia 1966, b/n, 90') Agnès Varda. Con Catherine Deneuve, Michel Piccoli, Eva Dahlbek, Britta Patterson, Nino Castelnuovo. ◆ Edgar (Piccoli), uno scrittore di romanzi polizieschi, si rifugia sull'isola di Noirmoutier insieme alla compagna incinta (Deneuve), e i personaggi del romanzo a cui sta lavorando pian piano si confondono con la gente del posto. Il senso di mistero della creatività e della nascita si perde quasi del tutto in un congegno narrativo troppo elaborato, che manca di equilibrio e abbonda di ricercatezze intellettuali.

Creature selvagge * (*Fierce Creatures*, Usa 1996, col, 93') Robert Young, Fred Schepisi. Con John Cleese, Jamie Lee Curtis, Kevin Kline, Michael Palin, Ronnie Corbett, Carey Lowell, Robert Lindsay. ◆ Rollo Lee (Cleese), neodirettore dello zoo di Marwood, decide di attirare il pubblico mostrando solo gli animali più selvaggi: ma il vero selvaggio è il figlio del capo, Vince McCain (Kline), yuppie cinico e ladro che lo rimpiazza mettendo a repentaglio la vita dello zoo. Si ricostituisce il gruppo di *Un pesce di nome Wanda* (Palin, questa volta logorroico, è il guardiano degli insetti, mentre la Curtis è una dirigente d'azienda che s'innamora di Rollo e degli animali) per una commedia che si vorrebbe surreale: invece lo scontro tra animalismo utopistico e capitalismo «marketizzato» non ha mai ritmo, e la ricerca di una comicità «fisica» (a base di inseguimenti e travestimenti) sfocia in uno sberleffo senza energia, né cattiveria. Schepisi sarebbe stato chiamato per rigirare alcune scene, dopo le prime disastrose *preview*.

Credere per vivere ** (*Will There Really Be a Morning?*, Usa 1983, col, 150') Fielder Cook. Con Susan Blakely, Lee Grant, Joseph Maher, John Heard, Melanie Mayron, Royal Dano. ◆ La tragica vita di Frances Farmer (Blakely), antidiva hollywoodiana degli anni Trenta, vessata da una madre-mostro (Grant) ancora prima che dallo spietato star system. Basato sull'autobiografia dell'attrice, rispetto al precedente *Frances* (1982) si propone una maggior aderenza ai fatti, risultando, in effetti, meno rielaborato in senso melodrammatico ma non per questo più efficace.

Credimi *½ (*Please Believe Me*, Usa 1950, b/n, 87') Norman Taurog. Con Deborah Kerr, Robert Walker, James Whitmore, Peter Lawford, Mark Stevens, Spring Byington. ◆ Una ragazza inglese (Kerr), in America per riscuotere un'eredità, viene insistentemente corteggiata da tre uomini. Schermaglie d'amore inconsistenti, ma abbastanza briose e gradevoli. Per chi ama il genere.

Creepshow **½ (*Creepshow*, Usa 1982, col, 120') George A. Romero. Con Hal Holbrook, Adrienne Barbeau, Fritz Weaver, Leslie Nielsen, Carrie Nye, E.G. Marshall, Viveca Lindfors, Ed Harris, Domenick John. ◆ Un ragazzino legge quattro storie horror su *Creepy*, una rivista di fumetti anni Cinquanta: un vecchio, ucciso sette anni prima dalla figlia, si vendica sulla propria famiglia; due amanti, uccisi dal marito tradito, tornano sotto forma di zombi; un professore cerca di capire il mistero di una cassa vecchia di un secolo; un genio dell'informatica domestica, maniaco dell'ordine e dell'igiene, viene divorato da un esercito di insetti neri. La regia di Romero è un suggestivo omaggio alle strisce di Bill Gain, ma la sceneggiatura di Stephen King è inferiore alle aspettative e non sempre riesce a mantenersi in equilibrio tra sangue e black humour. Dall'edizione italiana manca il terzo episodio, interpretato dallo scrittore. Effetti speciali di Tom Savini. Con un seguito.

Creepshow 2 *½ (*Creepshow 2*, Usa 1987, col, 92') Michael Gornick. Con Lois Chiles, George Kennedy, Dorothy Lamour, Tom Savini, Domenick John. ◆ Questa volta Romero ha sceneggiato tre racconti di Stephen King per il suo abituale direttore della fotografia, passato dietro la macchina da presa: la statua di legno di un capo indiano si anima e vendica l'assassinio di una vecchia coppia; il bagno in un lago di quattro amici si trasforma in un incubo mortale; una ragazza è ossessionata dal fantasma dell'autostoppista che ha investito. A parte il secondo episodio, il risultato è abbastanza deludente. Stephen King appare brevemente come autista di un camion.

Crema, cioccolata e pa... prika * (Italia 1981, col, 91') Michele Massimo Tarantini. Con Barbara Bouchet, Renzo Montagnani, Silvia Dionisio, Giuseppe Greco, Franco Franchi, Ciccio Ingrassia, Giorgio Bracardi. ◆ La clinica del professor Osvaldo (Montagnani), popolata di pazienti sospetti come Matteo e Ossobuco (Franchi e Ingrassia), è in realtà una copertura per attività illecite. Un valido esempio della peggior comicità casereccia.

Crepa padrone, tutto va bene **½ (*Tout va bien*, Francia/Italia 1972, col, 95') Jean-Luc Godard. Con Jane Fonda, Yves Montand, Vittorio Caprioli, Jean Pignol, Pierre Oudry, Elizabeth Chauvin, Eric Chartier, Yves Gabrielli. ◆ Due giornalisti legati sentimentalmente (Fonda e Montand), si recano per lavoro in una fabbrica occupata, ma vengono trattati dagli operai alla stregua dei padroni e anche il loro rapporto di coppia entra in profonda crisi. Il cinema, la politica, la vita secondo l'agguerrito e lucido Godard degli anni Settanta: «prendere l'offensiva, oggi, è fare *Love Story*, ma in un modo diverso. È dire: state per vedere un film d'amore coi vostri attori preferiti. Si amano, litigano come in tutti i film. Ma ciò che li separa o li riunisce noi lo chiamiamo: lotta di classe». Anne Wiazemsky interpreta la parte di una gauchiste. Il film fu scritto e firmato, in nome del lavoro collettivo che si faceva in quegli anni, da Godard e Jean-Pierre Gorin.

Crepuscolo di gloria **** (*The Last Command*, Usa 1928, b/n, 88') Josef von Sternberg. Con Emil Jannings, Evelyn Brent, William Powell, Nicholas Soussanin, Jack Raymond. ◆ Nel 1917 il generale Sergio Alessandro (Jannings), cugino dello zar, si salva grazie all'amore della rivoluzionaria Natascia (Brent) e fugge in America dove si riduce a fare la comparsa a Hollywood. Il regista rivoluzionario russo Andreiev (Powell), alla ricerca di qualcuno col *physique du rôle* per un generale, si imbatte proprio nell'uomo che l'aveva fatto condannare: sul set Sergio Alessandro torna a essere l'uomo orgoglioso di una volta, rivive il crollo del suo mondo, e muore dopo aver pronunciato il suo ultimo comando. Dopo il successo di *Le notti di Chicago*, Sternberg poté girare in piena libertà un film ambizioso che rimane tra i suoi capolavori: un melodramma che riflette pirandellianamente sulla verità delle apparenze, e dove il distacco ironico è inscindibile da un senso grandioso della tragedia. La scena dello zar che passa in rassegna i soldati si rispecchia in quella del regista che ispeziona le comparse: di rado si è vista una descrizione tanto disillusa di una Hollywood popolata da straccioni che fanno a gomitate per fare le comparse. Ma il set, come i fastosi palazzi zaristi, diventa il luogo di un'illusione così pura da portare alla morte: e Sergio Alessandro ama tanto i suoi ideali di cartapesta da meritarsi il rispetto del suo vecchio nemico. L'interpretazione di Jannings (che vinse la prima edizione degli Oscar per questo film e per *Nel gorgo del peccato* di Fleming) è straordinaria, il talento visivo del regista già maturo. Al soggetto contribuì Ernst Lubitsch.

Cresceranno i carciofi a Mimongo ** (Italia 1996, b/n, 80') Fulvio Ottaviano. Con Daniele Lotti, Francesca Schiavo, Valerio Mastandrea, Francesco Siciliano, Rocco Papaleo, Piero Natoli, Simona Marchini. ◆ Giovane agronomo disoccupato, Sergio (Lotti) cerca lavoro seguendo i suggerimenti dell'insulso manuale di un certo Ermanno Lopez e si dispera perché l'ex fidanzata Rita (Schiavo) ha deciso di sposarsi: tutto l'opposto dell'amico Enzo (Mastandrea) che non si preoccupa di non avere un lavoro e in compenso è circondato dalle donne. Una commedia povera che cerca di mettere a fuoco la generazione dei trentenni ispirandosi a *Clerks*, citato anche in un manifesto gigante: ma nel film scritto da Francesco Ranieri Martinotti e Fulvio Ottaviano la filosofia esistenziale rientra nella tradizione (posto fisso e matrimonio), la verve dei dialoghi non appare altrettanto spontanea (solo Mastandrea riesce a rendere davvero credibile le sue battute), e su tutto pesa un'aria un po' fasulla da pauperismo d'autore. Rimangono lo sforzo di aggirare gli schemi della solita commedia all'italiana e qualche momento decisamente divertente, soprattutto quando sono in scena i due amici. Mimongo è un paese africano dove alla fine Sergio decide di fare l'agronomo. La baldanzosa voce fuori campo di Ermanno Lopez è di Piero Chiambretti, mentre il giovane scrittore Niccolò Ammaniti è l'assistente del regista horror, interpretato a sua volta da Christopher Buchholz, figlio dell'attore Horst.

...Cresus... ** (*Crésus*, Francia 1960, b/n, 100') Jean Giono. Con Fernandel [Fernand Contandin], Marcelle Ranson, Rellys [Henri Marius Bourelly], Miguel Gamy, Paul Préboist, Edouard Hemme, Sylvie [Louise Sylvie], Jeanne Pérez. ◆ Un povero pastore dell'Alta Provenza, Jules (Fernandel), trova tra i monti un'incredibile quantità di banconote: atterrito più che contento per l'insperata fortuna, comincia a distribuirne a tutti gli abitanti del suo villaggio, ottenendo solo di diffondere paura e sospetti. L'unico film diretto, e sceneggiato, dal romanziere Jean Giono (con la collaborazione tecnica di Claude Pinoteau) è un'«allegoria provenzale» sui disastri che comporta la ricchezza, abbastanza scontata e prevedibile e mai veramente cattiva. Decisamente buona, invece, la prova di Fernandel e più in generale di tutto il cast, composto di grandi vecchi (e vecchie) del cinema francese.

Cría Cuervos **½ (*Cría Cuervos*, Spagna 1975, col, 112') Carlos Saura. Con Ana Torrent, Geraldine Chaplin, Conchita Pérez, Maite Sanchez Almendros, Monica Randall, Florinda Chico, Hector Alterio. ◆ Le fantasie «nere» di una giovane donna, che si rivede bambina intenta ad avvelenare il padre e la zia. «Alleva i corvi [*cria cuervos*] e ti beccheranno gli occhi», recita il proverbio da cui deriva il titolo: una storia familiare che è anche un'amara allegoria politica (il padre rappresenterebbe Franco, la zia la monarchia), costruita con uno stile nervoso, personale ed efficace anche se non ancora pienamente sicuro di sé. Vinse il

Premio speciale della giuria al festival di Cannes.

Crimen **½ (Italia/Francia 1960, b/n, 124') Mario Camerini. Con Alberto Sordi, Vittorio Gassman, Nino Manfredi, Dorian Gray, Franca Valeri, Silvana Mangano, Bernard Blier, Tino Scotti. ◆ Sul treno per Monte Carlo tre coppie di italiani vengono accusati di un omicidio che non hanno commesso. La loro ingenuità confusionaria e la paura li mettono sempre nei guai, ma un commissario lungimirante (Blier) dipana la matassa. Usciti di prigione, mentre tornano in treno verso Roma, finiscono nuovamente nei guai per eccesso di zelo. Deliziosa commedia sulla paura per la polizia e la febbre del gioco, con i personaggi osservati con scrupolo e profondità dal regista. Uno dei primi ruoli importanti per Gassman. Dilagante Sordi nei panni del commendator Alberto Franzetti. Rifatto dallo stesso Camerini nel 1971 (*Io non vedo, tu non parli, lui non sente*).

Crime Story – Vite sbagliate ** (*Crime Story*, Usa 1986, col, 96') Abel Ferrara. Con Dennis Farina, Anthony Denison, William Smitrovich, Stephen Lang. ◆ Il tenente Mike Torello (Farina), animato da un impulso quasi mistico di ripulire Chicago dalla delinquenza, è alle prese col figlio di una coppia di amici che si dà alle rapine di gioiellerie. *Pilot* di una serie di telefilm prodotta da Michael Mann e ispirata alla vita di un vero poliziotto. Ferrara, a mezzo servizio, evita di strafare e si adatta ai cliché. Musica di Todd Rundgren.

Crimetime – Dentro il delitto *½ (*Crimetime*, Gb/Usa/Germania 1996, col, 118') George Sluizer. Con Stephen Baldwin, Pete Postlethwaite, Sadie Frost, Geraldine Chaplin, Karen Black, James Faulkner, Philip Davis. ◆ Londra: il programma *Crimetime* ricostruisce omicidi nello stile della Tv verità; il serial killer Sidney (Postlethwaite), che con le sue imprese ha fatto alzare gli indici d'ascolto, si mette in contatto con l'attore che lo interpreta (Baldwin), finendo per plagiarlo. Tema vecchio (il cinismo della televisione, i labili confini tra finzione e realtà) servito con giochetti alla *Get Shorty* e nessuna suspense: un'occasione mancata, malgrado il tono occasionalmente bizzarro e surreale. Sceneggiatura di Brendan Somers. Marianne Faithfull è la cantante del club. Sluizer interpreta il regista che si vede nell'ultima scena.

Criminale di turno ** (*Pushover*, Usa 1954, b/n, 88') Richard Quine. Con Fred MacMurray, Kim Novak, Phil Carey, Dorothy Malone, E.G. Marshall. ◆ Un onesto poliziotto (MacMurray), incaricato di pedinare la moglie di un gangster, viene da lei (Novak) sedotto e strumentalizzato. Il modello è *La fiamma del peccato*, i risultati sono molto più modesti ma comunque in grado di soddisfare gli amanti del noir. La Novak è una dark lady debuttante e convincente. La stessa idea sarà alla base del film *Sorveglianza speciale* (1987) di John Badham.

Criminali della galassia, I ** ½ (Italia 1966, col, 95') Anthony Dawson [Antonio Margheriti]. Con Massimo Serato, Tony Russell, Jane Fate [Lisa Gastoni], Franco Nero, Enzo Fiermonte, Carlo Giustini, Umberto Raho. ◆ Il dr. Nurmi (Serato) rimpicciolisce la gente, fabbrica cloni e progetta l'androgino; il comandante della stazione spaziale Gamma 1 (Russell) non è d'accordo. Spassoso misto di horror e fantascienza (scritto da Ivan Reiner e Renato Moretti) che non si prende sul serio neanche un secondo, tematicamente assai in anticipo sui tempi, girato tra scenografie di cartone e ammiccamenti al gusto pop e psichedelico dell'epoca. Il design della stazione spaziale Gamma 1 è passato direttamente a *2001: Odissea dello spazio*, l'ondata rossa a *Shining*. Effetti speciali sorprendentemente splatter di Carlo Rambaldi e musica di Francesco Lavagnino. Primo episodio della tetralogia margheritiana conosciuta come «Gamma 1», in origine prevista per la televisione, seguito da *I diafanoidi vengono da Marte*, *Il pianeta errante* e *La morte viene dal pianeta Aytin*.

Criminals, The *** (*Persons Unknown*, Usa 1996, col, 95') George Hickenlooper. Con Joe Mantegna, Kelly Lynch, Naomi Watts, J.T. Walsh, Xander Berkeley. ◆ L'ex poliziotto Holland (Mantegna), pieno di debiti, sottrae a due sorelle rapinatrici dilettanti – la drogata Amanda (Lynch) e la paralitica Molly (Watts) – un ricco bottino. Ma quando i narcotrafficanti si fanno vivi per reclamare il maltolto, Holland, pentito, si mette in contatto con le due donne, che presto scoprono chi è. Scritto da Craig Smith, un noir fuori dalle mode e che punta sui complessi rapporti tra i personaggi, sfumati e imprevedibili anche quando si affaccia il mélo. E le secche esplosioni di violenza lasciano segni profondi anziché essere semplici tarantinate. Noir sinuoso e riuscito, edito solo in cassetta e degno di miglior sorte, malgrado il demente titolo italiano. Passato in Tv col titolo *Delitto senza colpevole*.

Criminal Story ** (*La Route de Corinthe*, Francia/Italia/Grecia 1967, col, 100') Claude Chabrol. Con Jean Seberg, Maurice Ronet, Christian Marquand, Saro Urzì, Antonio Passalia, Paolo Giusti. ◆ La vedova (Seberg) risolve il misterioso assassinio di un agente americano, che era stato incaricato di individuare una centrale elettrica che disturbava le comunicazioni nel Mediterraneo. Parodia del thriller spionistico, dal ritmo vivace e dallo humour nerissimo. Gli svariati riferimenti intellettuali (dalla tragedia greca a Hitchcock) sono assemblati col gusto del divertissement raffinato, anche se alla lunga rischiano di stancare. Cammeo per Chabrol nel ruolo di Alcibiades.

Crimini del cuore ** (*Crimes of the Heart*, Usa 1986, col, 105') Bruce Beresford. Con Diane Keaton, Sissy Spacek, Jessica Lange, Tess Harper, Sam Shepard. ◆ Le tre sorelle MacGrath (Keaton, Spacek e Lange) sono uno dei migliori campionari di fallimenti, nevrosi (e pazzia) della provincia americana. Ma anche di sorellanza e voglia di sopravvivere. Tre grandi attrici (e una splendida fotografia di Dante Spinotti) per un testo premio Pulitzer, applaudito già sulla scena a Broadway e sceneggiato dalla sua autrice, Beth Henley.

Crimini e misfatti ***½ (*Crimes and Misdemeanors*, Usa 1989, col, 104') Woody Allen. Con Woody Allen, Martin Landau, Mia Farrow, Anjelica Huston, Alan Alda, Sam Waterston, Joanna Gleason, Caroline Aaron, Daryl Hannah. ◆ Le storie, in parallelo e a incastro, di un oculista perseguitato dall'amante (Landau e Huston) e di un documentarista (Allen), frustrato tanto sul lavoro quanto negli affetti: gli sviluppi sono crimini e misfatti. Allen trova il magico punto di fusione tra commedia e tragedia, disegnando con raffinata precisione geometrica la deriva morale ed esistenziale dell'umanità trascinatasi alle soglie del Duemila. Cecità è la parola-chiave: l'uomo non sa più vedere né se stesso né il cinema, e anche Dio sembra aver distolto il suo sguardo dai mortali.

Crimini immaginari ** (*Imaginary Crimes*, Usa 1994, col, 105') Anthony Drazan. Con Harvey Keitel, Fairuza Balk, Kelly Lynch, Vincent D'Onofrio, Diane Baker, Chris Penn, Amber Benson, Elisabeth Moss, Seymour Cassel. ◆ La morte della moglie (Lynch) non rende Ray Weiler (Keitel) più responsabile rispetto al futuro delle due figlie Sonya (Balk) e Greta (Moss): continua a inseguire disastrosi progetti di facile arricchimento, anche se proprio i suoi sogni di grandezza permetteranno a Sonya di iscriversi alla prestigiosa Edgemont School, dove la sua passione per la scrittura potrà venire apprezzata e incoraggiata. Ambientato nell'America dei primi anni Sessanta e tratto dal romanzo di Sheila Ballantyne (adattato da Kristine Johnson e Davia Nelson), un piccolo film di formazione, non proprio originale nella struttura (la figlia diventata scrittrice che racconta le disavventure di famiglia), ma curioso per il modo in cui smonta il mito del successo (per il padre fare affari e fare imbrogli sono quasi la stessa cosa). Straordinario il livello di recitazione di tutti, con una citazione speciale per Kelly Lynch, madre uccisa dal cancro.

Crimini invisibili **½ (*The End of Violence*, Usa/Germania/Francia 1997, col, 121') Wim Wenders. Con Bill Pullman, Andie MacDowell, Gabriel Byrne, Loren Dean, Traci Lind, Henry Silva, Udo Kier, Pruitt Taylor-Vince, Daniel Benzali, Marisol Padilla Sánchez, Frederic Forrest, Samuel Fuller, Me'shell Ndegéocello. ◆ La fine della violenza (così il titolo originale) è quella che la Cia vuole ottenere sistemando migliaia di videocamere a Los Angeles: salvo eliminare un ricercatore (Byrne) che ha intenzione di rivelare la cosa. Ma è anche quello che desidera il produttore Mike Max (Pullman), che dopo aver rischiato la morte si eclissa facendo il giardiniere, rinunciando alla moglie (MacDowell) e ai soldi. Noir dai molti intrecci e senza soluzioni certe (scritto da Wenders con Nicholas Klein), che tenta con qualche affanno di raccontare il caos di un'era senza più paura né nemici, e in cui si usa il telefono per parlare con chi sta nella stessa casa. Ma Wenders è uno dei pochi che si può permettere di riflettere ancora sullo sguardo e di esibire il suo amore per il cinema classico: e qui è molto meno predicatorio dei suoi ultimi film. Necessariamente aporetico, in parte datato (l'idea di girare un «film di genere d'autore», come ai tempi di *Hammett - Indagine a Chinatown*, e il tema del regista tedesco [Kier] a disagio negli *studios*), ma degno di maggiore attenzione. E la ripresa subacquea di Andie MacDowell che nuota nella piscina è di quelle che non si dimenticano. Musica di Ry Cooder.

Cripta e l'incubo, La **½ (Italia/Spagna 1964, b/n, 82') Thomas Miller [Camillo Mastrocinque]. Con Christopher Lee, Audry Amber [Adriana Ambesi], José Campos, Ursula Davis [Pier Anna Quaglia], Vera Valmont, Carla Calò. ◆ Il conte Ludwig Karlstein (Lee) teme che la figlia Laura (Ambesi) sia la reincarnazione di un'antenata strega: e mentre si ricerca un ritratto rivelatore, le morti si moltiplicano. Elegante gotico italiano pieno di personaggi doppi e tripli, che unisce, come d'abitudine, velate suggestioni morbose (il lesbismo) a un'atmosfera di minaccia e di mistero, qui più riuscita che in altri epigoni. Scritto da Roberto Bohr [Bruno Valeri] e Julian Berry [Ernesto Gastaldi]; fotografia di Giuseppe Aquari.

Crisantemi per un delitto *½ (*Les Félins*, Francia 1964, b/n, 98') René Clément. Con Jane Fonda, Alain Delon, Lola Albright, Sorrell Booke, André Oumansky. ◆ Un truffatore (Delon) inseguito da alcuni sicari trova rifugio nella villa di due ricche americane, dove c'è già un altro ospite ricercato. La storia, anche se abbastanza ironica e discretamente congegnata, risulta macchinosa e prolissa. Gli attori sono meno brillanti del solito.

Crisi!, La ** (*La Crise*, Francia 1992, col, 95') Coline Serreau. Con Vincent Lindon, Patrick Timsit, Zabou, Maria Pacôme. ◆ Un giovane avvocato francese (Lindon), abbandonato dalla moglie e licenziato dal lavoro lo stesso giorno, mentre cerca invano qualcuno a cui raccontare le sue disavventure incontra un ometto in apparenza poco sveglio (Timsit), che invece diventerà la sua guida spirituale. Da tempo la Serreau gioca a stigmatizzare, divertendo, il vacuo narcisismo piccolo-borghese. Qui l'inizio è tanto efficace quanto nevrotico e fa pensare a una screwball comedy alla francese. Poi, però, il piacevole stordimento intellettuale si stempera in una parata di sketch prevedibili: deludente, anche se il sorriso non viene mai a mancare.

Criss Cross → *Doppio gioco*

Cristoforo Colombo: la scoperta ° (*Christopher Columbus: the Discovery*, Usa 1992, col, 121') John Glen. Con George Corraface, Marlon Brando, Tom Selleck, Rachel Ward, Nigel Terry, Mathieu Carrière. ◆ Accusato di eresia dal grande inquisitore Torquemada (Brando), Cristoforo Colombo (Corraface) riesce comunque a farsi dare tre caravelle dai re di Spagna (Selleck e Ward): ritornerà dalle Indie coperto d'oro. Ma perché Colombo si trasformi da messia perseguitato in colonizzatore schiavista, la sceneggiatura di Mario Puzo non lo spiega. Dialoghi ridicoli, situazioni (l'ammutinamento, i selvaggi ospitali) viste mille volte, recitazione da filodrammatica: il film di Glen ha battuto sul tempo quello di Ridley Scott (*1492 – La conquista del Paradiso*), ma è stato un tale fiasco che in Italia non è arrivato neanche nelle sale. Brando è visibilmente svogliato, anche se si è beccato due milioni e mezzo di dollari.

Cristo fra i muratori **½ (*Give Us This Day*, Gb 1949, b/n, 120') Edward Dmytryk. Con Sam Wanamaker, Lea Padovani, Kathleen Ryan, Bonar Colleano, Bill Sylvester, Charles Goldner, Nino Pestellides, Philo Hauser. ◆ La misera vita di Geremia (Wanamaker), un muratore italiano nella New York degli anni Venti. Teso dramma sociale, tratto dal romanzo

Christ in Concrete di Pietro Di Donato, che coniuga – non senza qualche difficoltà – afflati cristiani e prospettive marxiste. L'enfasi della scrittura (Geremia muore un venerdì santo, vittima di quell'insicurezza sul lavoro che aveva fatto subire ai suoi colleghi) è bilanciata dalla splendida sobrietà figurativa e dalle incisive interpretazioni degli attori, e ovunque si avverte una forte sintonia con le poetiche del neorealismo: la presenza della Padovani non è casuale, e l'iniziativa produttiva si deve a un indipendente, Rod E. Geiger, che successivamente distribuì negli Usa i film di Rossellini. La lavorazione venne conclusa in Inghilterra, a causa dell'ostracismo subìto dal regista per supposte «attività antiamericane».

Cristo proibito, Il **½ (Italia 1950, b/n, 95') Curzio Malaparte. Con Raf Vallone, Elena Varzi, Gino Cervi, Alain Cuny, Rina Morelli, Anna Maria Ferrero. ◆ Un reduce di guerra (Vallone) cerca chi ha tradito il fratello, fucilato dai nazisti, ma si scontrerà con l'omertà dei suoi compaesani. L'unica regia dello scrittore, tratta dal suo romanzo omonimo, è un film a tesi, «onirico nel suo lirismo e turgido nella sua oratoria» e in cui si parla molto, ma in cui la parte ideologica è preparata dall'orchestrazione dell'immagine in modo tale che non ci sia conflitto tra parole ed espressione visiva, ma piuttosto alternanza dialettica. Autore a pieno titolo, Malaparte elaborò anche il commento musicale.

Cristo si è fermato a Eboli ** (Italia/Francia 1979, col, 150') Francesco Rosi. Con Gian Maria Volonté, Lea Massari, Paolo Bonacelli, Irene Papas, Alain Cuny, François Sumon, Antonio Allocca, Frank Ravielle. ◆ La vita di un intellettuale antifascista, Carlo (Volonté), mandato al confino in un paese della Lucania. Sotto il profilo narrativo Rosi traspone fedelmente il romanzo autobiografico di Carlo Levi, ma dal punto di vista stilistico sostituisce alla sobrietà descrittiva dell'autore un accorato e poco felice lirismo. Notevole l'apporto dell'intero cast. Prodotto per Raidue e ridotto per l'uscita nei cinema.

Critters – Gli extraroditori ** (*Critters*, Usa 1986, col, 86') Stephen Herek. Con Dee Wallace Stone, M. Emmet Walsh, Billy Green Bush, Scott Grimes, Don Opper. ◆ Palle di pelo fornite di temibile dentatura, stupidi e maligni, i Critters sono alieni evasi da una prigione spaziale che fanno base in una fattoria del Kansas: dopo aver tagliato la luce e mangiato un pesce rosso, passano alla carne umana; per fortuna arrivano sgangherati cacciatori di taglie intergalattici. Fortunata (almeno negli Usa) parodia-derivazione di Gremlins e cento altri film, con il tipico umorismo goliardico di chi non si prende mai sul serio. Nel suo genere, un film non da buttare via. Efficaci effetti speciali dei fratelli Chiodo. Con tre seguiti, di cui il quarto (*Critters 4*, 1992 di Rupert Harvey) inedito in Italia.

Critters 2 * (*Critters 2: The Main Course*, Usa 1988, col, 87') Mick Garris. Con Scott Grimes, Liane Curtis, Don Opper, Barry Corbin, Tom Hodges, Sam Anderson. ◆ I roditori spaziali hanno deposto uova e tornano a Grover's Bend, Texas, per fare polpette degli abitanti. Ma i personaggi simpatici, si capisce subito, non possono morire. Più esplosioni e più effetti speciali che nel prototipo, ma nessuna nuova idea, come succede nei sequel girati in fretta.

Critters 3 *½ (*Critters 3*, Usa 1992, col, 86') Kristine Peterson. Con Aimee Brooks, John Calvin, Katherine Cortez, Leonardo DiCaprio, Don Opper, Geoffrey Blake, Diana Bellamy. ◆ I Critters assediano gli abitanti di un fatiscente condominio di Los Angeles, in cui l'avido proprietario ha pure tagliato la luce. Un diciottenne ed esordiente DiCaprio, grassoccio e dall'aria impubere, non illumina questo sequel: modesto humour nero, suspense a suo modo efficiente, nessuna pretesa.

Croce di diamanti, La * (*Mara Maru*, Usa 1952, b/n, 98') Gordon Douglas. Con Errol Flynn, Ruth Roman, Raymond Burr, Richard Webb, Nestor Paiva. ◆ Al largo delle Filippine, due avventurieri (Flynn e Burr) si contendono un tesoro nascosto e l'amore della Roman. Polpettone esotico con qualche (presunta) riminiscenza, nell'intreccio, del *Falcone maltese*.

Croce di ferro, La ** (*Cross of Iron*, Gb/Rft 1977, col, 130') Sam Peckinpah. Con James Coburn, Maximilian Schell, James Mason, David Warner, Senta Berger, Klaus Lowitsch. ◆ Fronte russo, 1943: al reggimento tedesco guidato dal colonnello Brandt (Mason) e dal sergente Steiner (Coburn) arriva un nuovo comandante, il capitano Stransky (Schell) che ha un unico desiderio, conquistarsi l'onorificenza della Croce di ferro. Per farlo arriva a rischiare le vite dei suoi uomini e addirittura a tradirli. Unico film di guerra di Peckinpah, la cui maestria registica si rivela appieno nella sequenza allucinatoria dell'ospedale e nelle scene di morte dilatate al rallentatore. Ma la fascinazione con cui descrive la guerra desta molte perplessità.

Croce di fuoco, La ** (*The Fugitive*, Usa 1947, b/n, 104') John Ford. Con Henry Fonda, Dolores Del Rio, Pedro Armendariz, J. Carrol Naish, Leo Carrillo, Ward Bond. ◆ In un paese anticlericale dell'America Latina, un prete (Fonda) troverà, non senza contraddizioni, la forza per compiere il proprio dovere fino al supremo sacrificio. La sceneggiatura di Dudley Nichols (e le imposizioni del Codice Hays) semplificano il romanzo di Graham Greene *Il potere e la gloria* (da cui è tratto il film e dove il prete era alcolizzato e viveva con una donna), ridimensionando le implicazioni morali per enfatizzare la dimensione drammatica. Il ritmo è discontinuo e lo schematico simbolismo religioso alla lunga disturba, ma lo stile è quello di un maestro e la fotografia di Gabriel Figueroa è eccellente.

Croce di Lorena, La **½ (*The Cross of Lorraine*, Usa 1943, b/n, 90') Tay Garnett. Con Jean-Pierre Aumont, Gene Kelly, Cedric Hardwicke, Richard Whorf, Joseph Calleia, Peter Lorre, Hume Cronyn. ◆ Le diverse storie di alcuni francesi prigionieri in un campo di concentramento nazista. Un robusto dramma di propaganda, con un'acuta caratterizzazione dei personaggi e una sceneggiatura essenziale, perfettamente funzionale alle esigenze figurative.

Croce e delizia *½ (Italia 1995, col, 100') Luciano

De Crescenzo. Con Teo Teocoli, Marina Confalone, Luciano De Crescenzo, Isabella Rossellini, Massimo Wertmüller, Renato Scarpa, Riccardo Pazzaglia, Adriana Volpe, Fanny Cadeo, Ludovica Tinghi, Silvia Annicchiarico. ◆ I languori della sarta di scena Rosa (Confalone) per il supponente primattore Alberto (Teocoli) durante una travagliata versione cinematografica della *Traviata*, spingono alcuni membri della troupe a organizzare uno scherzo crudele: farle credere, con l'aiuto di una finta maga (Rossellini), di essere l'incarnazione di Violetta. Sulla scia del suo best-seller omonimo, De Crescenzo (che appare nel film prima nella parte di se stesso e poi in quella dell'esperto culturale assoldato dalla produzione) cerca di dare forma cinematografica al suo excursus pedagogico-filosofico sui tre piani che hanno formato nei decenni il mito della *Traviata*, quello musicale con l'opera di Verdi, quello letterario con *La signora delle camelie* di Dumas e quello storico con la figura di Alphonsine Duplessis. Ma la sceneggiatura, scritta con Riccardo Pazzaglia (che interpreta il ruolo del regista), è solo pedante e il garbo didattico del progetto si perde dietro inutili scenette sulla beceraggine del produttore (Scarpa) o il dietro le quinte delle riprese.

Crocevia della morte *** (*Miller's Crossing*, Usa 1990, col, 114') Joel Coen. Con Gabriel Byrne, Albert Finney, Marcia Gay Harden, Jon Polito, John Turturro, J.E. Freeman, Mike Starr. ◆ America 1929: l'amore per la stessa donna (Gay Harden) manda in crisi l'amicizia tra il boss locale Leo (Finney) e il suo consigliere Tom (Byrne), che passa dalla parte di Johnny Caspar (Polito). Ma forse questo «tradimento» è solo un altro dei piani diabolici di Tom... Terzo film dei fratelli Coen (il regista Joel e il produttore Ethan, anche se queste divisioni hanno poco senso all'interno di un autentico lavoro di coppia) che prendono un tradizionale film di gangster – con tutti i luoghi comuni canonici, tradimenti e sparatorie comprese – per mettere in discussione le sicurezze dello spettatore (e della critica): comincia come una tragedia e passa ai toni della commedia, trasformando così il film in una riflessione sull'apparenza e la menzogna, sull'inconsistenza dei sentimenti umani (tutti tradiscono tutti) ma anche sulla intercambiabilità dei generi cinematografici. La ricchezza di citazioni, però (il film si apre con una sequenza identica a quella con cui inizia *Il Padrino* e si chiude con lo stesso movimento di macchina e la stessa inquadratura del *Padrino – Parte II*), non è mai fine a se stessa, ma (a differenza del successivo *Barton Fink*) è funzionale a un ripensamento sulle possibilità espressive dello stile postmoderno. Molto merito della perfetta riuscita spettacolare del film va alla fotografia del futuro regista Barry Sonnenfeld.

Crocevia per l'inferno *** (*Normal Life*, Usa 1996, col, 98') John McNaughton. Con Luke Perry, Ashley Judd, Bruke Young, Jim True, Dawn Maxey, Penelope Milford, Tom Towles. ◆ L'agente Chris Anderson (Perry) sposa la squinternata Pam (Judd), molla il posto e, per mantenere alto il tenore di vita e non perdere la moglie, comincia a rapinare banche, finendo col coinvolgere anche la sua metà. McNaughton segue le imprese di questa coppia di Bonnie e Clyde piccolo-borghesi con uno sguardo asettico e al tempo stesso partecipe, scavando negli odi e rancori della lotta tra i sessi con una radicalità d'approccio e un naturalismo della messa in scena come non se ne vedevano dagli anni Settanta. Un piccolo film che cresce, disperato e sinuoso, senza eroi né redenzione; e uno spaccato della provincia americana che mette i brividi. Deluderà le fan l'impiego controruolo di Perry; la Judd è una forza della natura. Sceneggiatura di Peg Haller e Bob Schneider.

Crociati, I *½ (*The Crusades*, Usa 1935, b/n, 123') Cecil B. DeMille. Con Loretta Young, Henry Wilcoxon, Ian Keith, Catharine DeMille, C. Aubrey Smith. ◆ Riccardo Cuor di Leone (Wilcoxon) affronta la guerra santa per ritrovare l'amata Ermengarda (Young), fatta prigioniera dal Saladino (Keith). Storicamente irrilevante, didatticamente inutile, artisticamente poco rimarchevole: un cineromanzo epico che si ispira alle suggestive incisioni medioevali, lento nel ritmo e non molto spettacolare nella resa figurativa: solo la scena della battaglia di Acra è all'altezza della fama di DeMille che qui ha diretto il suo film storico meno interessante.

Crociera di lusso * (*Luxury Liner*, Usa 1948, col, 98') Richard Whorf. Con George Brent, Jane Powell, Frances Gifford, Lauritz Merlchior, Marina Kishetz, Richard Derr, Xavier Cugat, Thomas E. Breen. ◆ Imbarcata come clandestina sulla nave dov'è comandante il padre vedovo (Brent), la scatenata Pina (Powell [ma nella versione originale si chiama Polly]) riesce a favorire l'amore tra il genitore e una bella passeggera (Gifford) e a coronare il suo sogno: cantare col tenore Eriksen (Melchior). Più che un musical, una commedia con musiche di tutti i tipi, dalle rumbe suonate da Xavier Cugat (col suo immancabile chihuahua ma ancora senza Abbe Lane) a *Torna a Surriento*. La bella voce della Powell non riesce a far dimenticare la sua innata antipatia. E la vuotezza della storia.

Cromwell *½ (*Cromwell*, Gb 1970, col, 141') Ken Hughes. Con Richard Harris, Alec Guinness, Robert Morley, Dorothy Tutin, Frank Finley, Timothy Dalton, Patrick Wymark, Patrick Magee. ◆ La presa del potere di Oliver Cromwell (Harris) durante la guerra civile inglese del XVII secolo. Una lezione di storia da manuale scolastico, sontuosa nella messa in scena, ma carente nella caratterizzazione psicologica dei personaggi. L'elemento di maggior interesse è dato dalle vigorose scene di battaglia. Oscar per i migliori costumi a Vittorio Nino Novarese.

Cronaca di Anna Magdalena Bach *** (*Chronik der Anna Magdalena Bach*, Rft 1967, b/n, 94') Jean-Marie Straub, Danièle Huillet. Con Gustav Leonhardt, Christiane Lang, Paolo Carlini, Ernst Castelli, Hans-Peter Boye, Joachim Wolf, Rainer Kirchner. ◆ La vita e la musica di Bach (Leonhardt) raccontate attraverso il diario (immaginario) della moglie Anna (Lang) e 25 brani, uno per ogni genere da lui praticato, eseguiti integralmente con strumenti dell'epoca. Momento centrale nella carriera di questi due cineasti solitari «irriconciliati con le regole di un cinema e di un'industria in cui non si riconoscono», questo film è insieme un «documentario» sul musicista, una lezione sull'ascolto e le modalità d'esecuzione delle sue opere, una intensa e serena storia d'amore: operazione complessa e straordinariamente riuscita, che è costata oltre tredici anni di meticoloso lavoro in mezzo a grandi difficoltà economiche, dovute soprattutto alla presa diretta dei concerti, perché la scommessa (vinta) da Straub e Huillet non era quella di filmare dei musicisti, ma piuttosto di «mostrare delle persone *mentre* eseguono della musica, delle persone che compiono realmente un lavoro davanti alla macchina da presa» in nome di quell'idea di cinema che vuole rifiutare le convenzioni della messa in scena ed esibirne la materialità impura. In questo modo la musica non è mai un *vertice* del film, ma piuttosto uno degli elementi della storia da «mostrare» sullo schermo e non solo da far «sentire». Esattamente agli antipodi di *Amadeus* o *Casa Ricordi*.

Cronaca di un amore *** (Italia 1950, b/n, 110') Michelangelo Antonioni. Con Lucia Bosé, Massimo Girotti, Ferdinando Sarmi, Gino Rossi, Marika Rowsky, Rosi Mirafiori, Vittoria Mondello, Franco Fabrizi. ◆ La moglie di un ricco industriale (Bosé) riallaccia il rapporto con un vecchio amante (Girotti) e insieme a lui progetta di uccidere il marito. Una struttura gialla, la crisi della borghesia, l'analisi psicologica: a quasi quarant'anni Antonioni debutta nel lungometraggio con un grande film (curiosamente simile nell'intreccio all'esordio di Visconti, *Ossessione*), prendendo le distanze dal neorealismo e inaugurando il cinema del disagio esistenziale a colpi di lunghi e lenti piani sequenza, in contrasto con la sintassi spezzata degli anni Quaranta. Più della storia, che si sviluppa secondo il modello dell'inchiesta, contano l'inedito discorso di classe che mostra una borghesia vuota, ipocrita ed egoista: sono trascorsi solo cinque anni dalla fine della guerra, ma per i futili esponenti dell'alta società milanese sembra che non sia accaduto nulla. È il film rivelazione di Lucia Bosé, bellezza inquieta, ex commessa nella vita reale perfettamente a suo agio nelle toilette lussuose del cinema. Sceneggiatura di Antonioni, Daniele D'Anza, Piero Tellini, Silvio Giovaninetti e Francesco Maselli.

Cronaca di un amore violato *½ (Italia/Francia/Spagna 1995, col, 105') Giacomo Battiato. Con Roberto Zibetti, Isabella Ferrari, Sophie Brustal, Marisa Paredes, Goya Toledo, Riccardo Rossi. ◆ Luca (Zibetti), in apparenza un ragazzo tranquillo, con la passione per l'ingegneria spaziale e la telecamera, in realtà è uno stupratore. Violenta e poi cerca di corteggiare l'ingenua Valeria (Broustal), che sulle prime non lo riconosce a causa dello shock, ma con Lorena (Ferrari) gli va male: abituata a difendersi, la ragazza prima lo denuncia e alla fine gli spara. Ispirandosi al romanzo *Diario di uno stupratore* di Anna Maria Pellegrino, Battiato e il co-sceneggiatore Graziano Diana tentano un'analisi psicologica delle ragioni che portano allo stupro e finiscono nella trappola del giallo a sfondo sessuale, dove Freud è ridotto ai minimi termini (è sempre colpa della mamma possessiva ed egoista, e del papà assente), il voyeurismo solipstistico della telecamera impazza e il colpo di pistola della Ferrari esplode inaspettato e illogico. Gli attori resistono come possono (soprattutto Zibetti, nevrotico e bugiardo al punto giusto, e la Paredes, consumata mamma alla Almodóvar), ma il pasticcio non li risparmia.

Cronaca di una morte annunciata *½ (Italia/Francia 1987, col, 110') Francesco Rosi. Con Gian Maria Volonté, Ornella Muti, Rupert Everett, Anthony Delon, Irene Papas, Lucia Bosé, Sergi Mateu, Alain Cuny. ◆ Vent'anni dopo l'accaduto, un testimone (Volonté) rievoca la morte del giovane Santiago (Delon), ucciso dagli amici per questioni di onore. Rosi raffredda il sanguigno materiale tratto dal romanzo omonimo di García Márquez per costruire un melodramma elegante e superficiale. Peccato, perché la giusta tensione non mancherebbe, come si può vedere nei flashback. La sceneggiatura è dello stesso regista e di Tonino Guerra.

Cronaca di un assassinio *** (*Blast of Silence*, Usa 1961, b/n, 88') Allen Baron. Con Allen Baron, Molly McCarthy, Larry Tucker, Peter Clune, Danny Meehan, Milda Memonas, Charles Creasap. ◆ Il killer Frank Bono (Baron) va a New York nel periodo delle feste di Natale per eseguire un contratto. Freddo e spietato, prende per la prima volta coscienza della solitudine e dello squallore della propria vita, incontrando un vecchio compagno di scuola ignaro della sua professione (Meehan) e innamorandosi di una donna (McCarthy). Ma alla sua prima esitazione, i mandanti perdono la fiducia in lui e lo condannano a morte. Opera prima di un regista/attore/sceneggiatore (con la collaborazione per i dialoghi di Mel Davenport) poi passato alla televisione, ignorato all'epoca e riscoperto in anni recenti, è un noir molto personale, che parte con ambizioni sperimentali (la scena iniziale è una specie di nascita simbolica del killer), per assestarsi poi su un tono di realismo psicologico secco e brutale, a metà strada tra Fuller e il primo Kubrick. Grazie al ricorso sistematico della voce off (in originale era quella di Lionel Stander), Baron cerca di far vedere la realtà in una soggettiva permanente, accentuando il senso di fatalismo. Grande uso delle *locations*, sapiente tratteggio dei personaggi di contorno: un vero peccato che non abbia avuto un seguito. Rieditato da Raitre col titolo *Un colpo di silenzio*.

Cronaca familiare *** (Italia 1962, col, 122') Valerio Zurlini. Con Marcello Mastroianni, Jacques Perrin, Salvo Randone, Valeria Ciangottini, Sylvie, Serena Vergano, Marco Guglielmi, Miranda Campa, Nino Fuscagni. ◆ Alla notizia della morte del fratello minore Dino (Perrin), il giornalista Enrico (Mastroianni) ripercorre le varie fasi del loro difficile rapporto: dalla separazione alla morte della madre, quando Dino fu adottato dal maggiordomo di un nobile che gli cambiò il nome in Lorenzo perché più «aristocratico», alla riunione, dalle visite alla vecchia nonna (Sylvie) ai difficili tentativi di Dino/Lorenzo di trovare un lavoro e farsi una famiglia fino alla morte improvvisa. Fedele trasposizione del lungo racconto autobiografico di Vasco Pratolini (sceneggiato dal regista con

Pratolini stesso e Mario Missiroli), il film è un acuto e commovente dramma psicologico che riprende il tema dei rapporti affettivi colti nella cornice di un sorvegliato senso del paesaggio che erano già al centro di *La ragazza con la valigia*: qui, è soprattutto la scoperta di una persona diversa, eppure simile, sullo sfondo di una Firenze autunnale (con la fotografia di Peppino Rotunno che cita esplicitamente i quadri di Rosai) che «rende ancor più struggente e malinconico questo tardivo incontro». Forse, però, l'eccessiva fedeltà al testo pratoliniano ha finito per imbrigliare la forza espressiva di Zurlini, che rischia, nelle scene finali dell'agonia, di scivolare nel patetismo, «sostituendo al lirismo della confessione letteraria una sorta di maestà delle immagini capace di saturare l'emozione dello spettatore», unico vero limite di un film per altri versi esemplare.

Cronache del terzo millennio *½ (Italia 1996, col, 85') Francesco Maselli. Con Sara Altieri, Luciano Bartoli, Francesco Branchetti, Giacomo Ferri, Giovanna Rovere, Chantal Ughi, Gaia Zoppi, Rinaldo Rocco, Armando De Ceccon, Luca Cantilena, Valentina Emeri, Manuela Morabito, Vincenzo Preziosa, Edoardo Scatà. ◆ L'annuncio di demolizione porta il panico tra gli inquilini di un immenso palazzo popolare ma li aiuta anche a unire le forze: cercano di sensibilizzare i media, di sfruttare al meglio i luoghi di cui hanno la disponibilità, di rendere produttivi i mesi prima dello sfratto. Ma il risultato è quello di creare nuove gerarchie e nuovi sfruttamenti, sulle spalle dei più deboli... Per raccontare un apologo dichiaratamente politico, Maselli (autore anche della sceneggiatura) sceglie un impianto narrativo originale e coraggiosamente libero da ogni concessione al successo o alla facilità. Ma cade (rovinosamente) nello stile voyeuristico e «senile», morbosamente incollato ai corpi inutilmente nudi, eccessivamente elaborato nei movimenti di macchina e involgarito da una luce che non ricorda la pittura controriformistica e Caravaggio (come era nelle intenzioni dichiarate del regista e del suo fotografo Pierluigi Santi) ma piuttosto il peggior realismo, tra Guttuso e Vespignani. Imbarazzante sostegno critico («Citto Maselli ci ha narrato una tragedia e ci ha detto di una speranza») del compagno di partito Fausto Bertinotti.

Cronache di poveri amanti **½ (Italia 1954, b/n, 109') Carlo Lizzani. Con Marcello Mastroianni, Antonella Lualdi, Cosetta Greco, Anna Maria Ferrero, Wanda Capodaglio, Adolfo Consolini, Bruno Berellini, Gabriele Tinti, Eva Vanicek, Giuliano Montaldo. ◆ Gli amori, l'amicizia e le lotte antifasciste di un gruppo di giovani di via del Corno nella Firenze del 1925. Dramma corale, con qualche incertezza narrativa ma di forte impatto emotivo, tratto dall'omonimo romanzo di Vasco Pratolini (sceneggiato da Sergio Amidei, Giuseppe Dagnino, Massimo Mida e dal regista), del quale vengono privilegiati i personaggi socialmente più interessanti: il tipografo Mario (Tinti) e la fidanzata Bianca (Vanicek), gli antifascisti Ugo e Maciste (Mastroianni e Consolini), i bottegai Milena e Alfredo (Lualdi e Montaldo). Prodotto dalla Cooperativa spettatori produttori cinematografici e realizzato in un momento politico di grande tensione, ebbe dei problemi con la censura e la distribuzione, e non ottenne il permesso di esportazione, nonostante l'assegnazione del premio speciale della giuria al festival di Cannes.

Cronache di un convento * (*The Reluctant Saint*, Usa/Italia 1962, b/n, 105') Edward Dmytryk. Con Maximilian Schell, Ricardo Montalban, Lea Padovani, Akim Tamiroff, Harold Goldblatt, Mark Damon. ◆ Un frate dotato di poteri paranormali è costretto dai confratelli a farsi esorcizzare. Ritratto agiografico del francescano Giuseppe di Cupertino, in un film fantasioso ma di scarso interesse.

Cronache metropolitane → *Subway Stories - Cronache metropolitane*

Cronisti d'assalto *½ (*The Paper*, Usa 1994, col, 112') Ron Howard. Con Michael Keaton, Marisa Tomei, Glenn Close, Robert Duvall, Randy Quaid, Jason Robards, Jason Alexander, Spalding Grey. ◆ Il giorno più lungo del redattore Henry Hackett (Keaton): sua moglie (Tomei) sta per partorire con rischio della vita e due ragazzi negri stanno per essere accusati di un omicidio che non hanno commesso, se non si sbriga a trovare la verità. *Dentro la notizia*, in confronto, era un esempio di crudo realismo: Howard (ex star di *Happy Days*) crede ancora che il mondo sia uguale a un telefilm, dove alla fine vincono i buoni e tutte le tessere tornano a posto. Attori amabili, ma personaggi ridicoli e tagliati con l'accetta, dalla giornalista cinica e assetata di potere (Close) al burbero direttore (Duvall). Da uno sceneggiatore come David Koepp ci si aspettava di più: ci vuole un bel coraggio, nel 1994, per fare dell'ironia su battute come «Fermate la stampa!».

Cronos ** (*Cronos*, Messico 1992, col, 92') Guillermo del Toro. Con Federico Luppi, Ron Perlman, Claudio Brook, Margarita Isabel, Tamara Shanath. ◆ Il mite antiquario Jesus Gris (Luppi), punto da un marchingegno inventato da un alchimista del XVI secolo, acquista l'immortalità diventando un vampiro, e rovinando i piani di un miliardario malato (Brook) che avrebbe voluto essere al suo posto. Horror senza spaventi ma con un certo humour nero (memorabile la scena in cui Jesus, in un gabinetto, scopre di essere attratto dal sangue). Vagamente inquietante (vedi la costante presenza della nipotina, verso cui il vampiro si comporta sempre da nonno affettuoso) ma, in definitiva, solo decorativo.

Crooklyn **½ (*Crooklyn*, Usa 1994, col, 114') Spike Lee. Con Alfre Woodard, Delroy Lindo, Zelda Harris, David Patrick Kelly, Carlton Williams, Sharif Rashed, Tse-Mach Washington, Frances Foster, Spike Lee. ◆ A Brooklyn, all'inizio anni Settanta, la caotica vita quotidiana della famiglia Carmichael: padre musicista fallito (Lindo), madre insegnante col polso di ferro (Woodard), cinque figli e una figlia, Troy (Harris), in perenne lite con loro. Nel quartiere l'unica droga che circola è la colla (Lee interpreta il bulletto sniffatore), e i conflitti razziali sono sopiti. Il dramma arriva quando la madre si ammala di cancro: ma nel cinema di Lee i morti continuano a parlare ai vivi, e il messaggio finale è di ottimismo. Uno dei film più personali e autobiografici del regista – scritto con la sorella Joie Susannah (che recita nella parte della zia più giovane) e il fratello Cinqué – meno provocatorio e più ironico che in passato. Lo stile è sempre più raffinato (anche se l'uso delle lenti anamorfiche in tutta la sequenza del viaggio di Troy alla fine è fastidiosa), e controlla perfettamente il caos dentro e fuori le case di Brooklyn. L'idea di vedere il mondo con gli occhi della piccola Troy è riuscita, ma alla fine l'operazione rischia di esaurirsi nella nostalgia. Musica di Terence Blanchard, fotografia di Arthur Jafa. RuPaul è il travestito che balla nel drugstore. Il titolo è un gioco tra «Brooklyn» e «crook» (truffatore). In Italia è uscito solo in video accorciato di 18′ (in originale 132′).

Cross My Heart – Prendi il mio cuore ** (*Cross My Heart*, Usa 1987, col, 90′) Armyan Bernstein. Con Martin Short, Annette O'Toole, Paul Reiser, Joanna Kerns. ◆ Tutto sembra andare storto al primo appuntamento tra due single quarantenni nell'elegante appartamento di un amico. Commedia in agrodolce, con alcuni momenti spassosi e qualche debolezza nell'impianto. Produce il regista Lawrence Kasdan.

Cruising **½ (*Cruising*, Usa 1980, col, 106′) William Friedkin. Con Al Pacino, Karen Allen, Paul Sorvino, Richard Cox, Powers Boothe. ◆ Un poliziotto newyorkese (Pacino) si infiltra negli ambienti gay alla ricerca di un serial killer. Il suo rapporto con la moglie si incrina, e incomincia a cambiare profondamente. Friedkin ha l'unico torto di rendere troppo esplicita l'ambiguità, ma il suo ritratto della metropoli notturna è di quelli che restano nella memoria e gelano il sangue. Criticato sia dai benpensanti, per il tema scabroso e le immagini molto crude, sia dai gay, che si sono visti dipinti come perversi necrofili.

Cruna dell'ago, La ** (*Eye of the Needle*, Usa 1981, col, 112′) Richard Marquand. Con Donald Sutherland, Kate Nelligan, Ian Bannen, Christopher Cazenove, Philip Martin Brown. ◆ Londra, 1940: una spia tedesca (Sutherland) sfugge alla polizia britannica, ma s'imbatte in una donna che scopre la sua identità. Thriller spionistico tratto dall'omonimo romanzo di Ken Follett, ben strutturato e teso, ma dall'esito prevedibile. Particolarmente riuscito il tentativo di ricreare la cupa atmosfera dell'epoca, nonostante l'azione si svolga fra soli tre personaggi in un'isola della Scozia.

Crush ** (*Crush*, Nuova Zelanda 1992, col, 97′) Alison Maclean. Con Marcia Gay Harden, Donogh Rees, Caitlin Bossley, William Zappa. ◆ Dopo un incidente automobilistico che ha lasciato Christina (Rees) in stato vegetativo, l'americana Lane (Haden) entra nella vita dello scrittore neozelandese Colin (Zappa), che l'altra avrebbe dovuto intervistare: e seduce sia lui che sua figlia Angela (Bossley). Ma Angela cura Christina, cercando di vendicarsi di Lane per suo tramite. Inizia come un *Teorema* al femminile e finisce come un melodramma sopra le righe: un viluppo di passioni sotterranee e quasi sempre inespresse, dove il sesso diventa manipolazione. Troppe ambizioni e troppi facili simbolismi freudiani (ombrelli che non si aprono, pesci che palpitano) in un'opera prima a volte inquietante e insinuante.

Cry Baby **½ (*Cry Baby*, Usa 1990, col, 85′) John Waters. Con Johnny Depp, Amy Locane, Traci Lords, Ricki Lake, Susan Tyrrell, Iggy Pop, Polly Bergen. ◆ A Baltimora (città natale di Waters), nel 1954, una ragazza perbene (Locane), «stanca di essere buona», si innamora di un teppista dal cuore d'oro (Depp). Ma il fidanzatino perbene lo provoca e lo manda in galera. Dopo *Hairspray*, un altro musical parodistico che coniuga ribellismo e buoni sentimenti. La ricostruzione d'epoca e la parte musicale sono curatissime, e non mancano tocchi assurdi o dissacranti (la sequenza del french kissing) degni del Waters di un tempo. Numerosi cammeo: Willem Dafoe (un poliziotto), Joe Dallesandro (il predicatore), Patricia Hearst (la mamma di Wanda), Troy Donahue (il padre di Mannaia). L'ex pornostar Traci Lords riveste con ironia i panni della bellona Wanda, mentre Kim McGuire (Mannaia) si candida a erede di Divine. Jim Abrahams è il produttore esecutivo.

Crying Freeman *½ (*Crying Freeman*, Usa/Canada/Francia 1995, col, 100′). Christophe Gans. Con Mark Dacascos, Julie Condra, Tcheky Karyo, Rae Dawn Chong, Yoko Shimada. ◆ Il killer dei Figli del Drago (Dacascos) che semina il panico negli ambienti della Yakuza, si «commuove» dopo ogni esecuzione: l'incontro con la bellissima Emu (Condra) modificherà il suo rigido rispetto delle regole. Dal personaggio di un celebre Manga creato nel 1986 da Kazuo Koike e Ryoichi Ikegami e già ispiratore di un paio di film di Hong Kong (tra cui *Killer Romance* con Simon Yam), Gans e il cosceneggiatore Thierry Cazals traggono un patinato film di arti marziali, nello stanco filone di *L'ultima sfida* e *In trappola*. Il regista è il fondatore di *Starfix*, la rivista francese consacrata al genere fantastico; il protagonista è un campione di ben sei pratiche di combattimento.

Cuando calienta el sol... vamos a la playa * (Italia 1983, col, 96′) Mino Guerrini. Con Claudia Vegliante, Alex Freyberger, Orsetta Gregoretti, Sebastiano Somma, Luciano Barbati, Carmen Russo, Gianni Agus. ◆ Stefano (Freyberger) fa il meccanico e combatte per il titolo giovanile estivo; Giulia (Vegliante) è figlia della borghesia ma non ha preconcetti di classe: riusciranno a coronare il loro amore estivo mentre tutt'intorno si agitano adolescenti senza molte idee, macchiette scontate e situazioni risapute. I Rigueiras (citati nel titolo) non si sentono mai, ma impazzano Peppino di Capri, Edoardo Vianello, Rita Pavone e Little Tony. Carmen Russo è patetica nel tentativo di sembrare sexy.

Cuba ** (*Cuba*, Usa 1979, col, 121′) Richard Lester. Con Sean Connery, Brooke Adams, Jack Weston, Hector Elizondo, Denholm Elliott, Chris Sarandon, Lonette McKee. ◆ Un ufficiale inglese (Connery), assoldato dal governo cubano contro i castristi, passa dalla parte dei ribelli. La scelta del tempo e del luogo sottolinea la tematica crepuscolare cara al regista anche se lo svolgersi dell'azione tende a perdere interesse nell'ultima parte. Restano comunque alcune belle scene (i duetti tra Connery e Adams) e, qua e là, il tocco del suo corrosivo umorismo (in una scena, il dittatore Batista visiona una copia in bianco e nero di *Dracula il vampiro* di Terence Fisher).

Cuba libre – La notte del giudizio **½ (*Judgment Night*, Usa 1993, col, 109') Stephen Hopkins. Con Emilio Estevez, Cuba Gooding jr, Stephen Dorff, Denis Leary, Jeremy Piven, Peter Greene. ◆ Per arrivare in tempo a un match di boxe, quattro borghesi di Chicago – tre bianchi e un nero (Estevez, Dorff, Piven e Gooding jr) – prendono una scorciatoia attraverso un quartiere malfamato: assistono a un omicidio, e vengono braccati dalla banda di un sadico (Leary). C'è chi scopre l'animale che ha in sé e chi si scopre vigliacco: ma quello che più colpisce è l'indifferenza degli abitanti della zona a questa caccia all'uomo. Scritto da Lewis Colick, un piccolo saggio di paranoia metropolitana e di etologia spicciola: anche se l'attaccamento ai valori della civiltà che mostra fino alla fine il migliore dei quattro borghesi – il padre di famiglia Wyatt (Estevez) – fa pendere il film verso una morale consolatoria. Regia efficace e capace di creare situazioni di tensione insostenibile senza effettacci: qualche cedimento solo nel finale. Musica di Alan Silvestri, corredata da una serie di canzoni in cui gruppi heavy metal e trash (Slayer, Faith No More, Living Colour, Sonic Youth...) accompagnano *rapper* (Ice T, B.O.O. Ya Tribe, Run DMC, Cypress Hill...).

Cuba libre – Velocipedi ai tropici *½ (Italia 1996, col, 90') David Riondino. Con David Riondino, Sabina Guzzanti, Antonio Catania, Dario Cassini, Remo Remotti, Tatti Sanguineti, Vladimir Cruz, Rodney Imenez. ◆ David (Riondino), regista cinematografico, va a Cuba per girare un remake di *Ladri di biciclette* e rimane effettivamente coinvolto nella sparizione di una bicicletta. Attorno a lui, vari prototipi di turisti: il critico diretto al festival di cinema dell'Avana (Sanguineti), la volontaria col mito di Guevara (Guzzanti), il fotografo di moda cinico (Cassini), il poeta nostalgico (Remotti). Una commedia bislacca e sfilacciata che vorrebbe prendere di mira gli stereotipi europei su Cuba, soprattutto di sinistra, ma che si risolve tra il serio e il faceto in una fiacca galleria di ritratti risaputi. Sceneggiatura pasticciata (di Francesco Bruni, Riondino e Roberto Duiz, con la collaborazione di Paolo Virzì), regia «turistica» e incolore, attori spaesati tranne il giovane cubano Imenez (compagno di strada di David) e Sanguineti (di fatto nel ruolo di se stesso).

Cube – Il cubo **½ (*Cube*, Canada 1997, col, 90') Vincenzo Natali. Con Nicole deBoer, Nicky Guadagni, Maurice Dean Wint, Andrew Miller, David Hewlett, Wayne Robson. ◆ Sei persone si ritrovano chiuse in un labirinto, una specie di cubo di Rubik dagli scomparti semoventi, disseminato di trappole micidiali: non sanno perché sono lì, ma ognuno ha un talento per uscirne, compreso l'autistico Kazan (Miller). L'esordiente regista, sceneggiatore con André Bijelic e Graeme Morson, è bravo nel mantenere la suspense per tutta la durata del film, inventando sempre nuove trovate e trasmettendo la vertigine dell'infinito in un set che più claustrofobico non si potrebbe. Certo, c'è un po' di compiacimento da primo della classe che accetta una sfida difficile, e il gioco alla fine è perfettamente tautologico. Ma è solo un gioco, appunto.

Cubo, Il → *Cube - Il cubo*

Cuccagna, La *½ (Italia 1962, b/n, 95') Luciano Salce. Con Donatella Turri, Luigi Tenco, Umberto D'Orsi, Anna Baj, Liù Bosisio, Gianni Dei, Jimmy il Fenomeno [Origene Soffrano]. ◆ Rossella (Turri), una ragazza romana in cerca di lavoro per conquistarsi l'indipendenza dalla famiglia, s'imbatte in profittatori d'ogni genere, ma troverà un aiuto in un giovane arrabbiato, Giuliano (Tenco). Commedia amara, a tratti incisiva, ma nel complesso un po' stanca. La caratterizzazione dei personaggi è discreta, anche se la tendenza al macchiettismo grottesco contrasta con le apparenti intenzioni realistiche. Buone le interpretazioni degli attori non professionisti. Alla sceneggiatura ha collaborato Goffredo Parise. Tenco canta *Quello che conta*, *La ballata dell'eroe* e *Tra la gente*. Salce si ritaglia una comparsata nella parte del colonnello ai tiri.

Cucciolo * (Italia 1998, col, 96') Neri Parenti. Con Massimo Boldi, Claudia Koll, Bruno Gambarotta, Maurizio Micheli, Gisella Sofio, Mirko Setaro, Lunetta Savino. ◆ Massimo (Boldi) ha quarantadue anni ma si comporta come un bambino di dieci; per farlo crescere i genitori (Gambarotta e Sofio) lo abbandonano, e lui trova ospitalità da Claudia (Koll): può evitare di innamorarsene? Sceneggiata dal regista con Enrico Vanzina, una commedia che trasforma una buona idea - anche se tutt'altro che originale - in un susseguirsi di situazioni risapute e banali. Peccato per il cast, Boldi in testa: un'occasione sprecata. Gerry Scotti e Cristina d'Avena compaiono nella parte di loro stessi.

Cucciolo, Il **½ (*The Yearling*, Usa 1946, col, 128') Clarence Brown. Con Gregory Peck, Jane Wyman, Claude Jarman jr, Chill Wills, Margaret Wycherly, Henry Travers, Jeff York, Forrest Tucker, June Lockhart. ◆ Un cucciolo di cervo, unica ragione di vita di un giovane contadino (Jarman jr), si rivela una calamità per il podere dei genitori (Peck e Wyman). Una storia struggente, tratta dal romanzo omonimo di Marjorie Kinnan Rawlings, che ha fatto piangere intere generazioni, splendidamente filmata in technicolor e sostenuta da interpreti impeccabili. Vinse l'Oscar per la miglior fotografia (Charles Rosher), direzione artistica e un premio speciale per il debuttante Claude Jarman jr.

Cugina, La *½ (Italia 1974, col, 95') Aldo Lado. Con Massimo Ranieri, Dayle Haddon, Stefania Casini, Christian De Sica, Loredana Martinez. ◆ Due cugini siciliani flirtano per gioco e diventano amanti nel momento in cui lei sposa per convenienza un nobile locale. Una peccaminosa commedia di costume tratta dall'omonimo romanzo di Ercole Patti, di cui viene restituita a stento la parte migliore, ovvero l'impietoso ritratto d'ambiente.

Cugina Fanny, La ** (*Fanny Hill*, Gb 1965, b/n, 105') Russ Meyer. Con Miriam Hopkins, Laetitia Roma, Walter Giller, Alex d'Arcy, Helmut Weiss. ◆

Londra, 1750: un'ingenua provinciale appena arrivata in città finisce direttamente in un bordello, ma viene salvata da un onesto e innamorato giovanotto. Una risaputa storia di sfruttamento, ma raccontata con tocchi d'umorismo letterario e lampi di raffinato erotismo.

Cugini, I *** (*Les Cousins*, Francia 1958, b/n, 110') Claude Chabrol. Con Gérard Blain, Jean-Claude Brialy, Juliette Mayniel, Claude Cerval, Guy Decomble, Corrado Guarducci, Stéphane Audran. ◆ Il rapporto di accesa rivalità tra due cugini, uno timido e studioso (Blain), l'altro gaudente e smaliziato (Brialy). Un «melodramma allegro», secondo la definizione dello stesso regista, con evidenti soluzioni hitchcockiane (tra cui l'appartamento maledetto, ripreso da *Nodo alla gola*). È il secondo film di Chabrol e uno dei primi della Nouvelle Vague. Nonostante le polemiche sulla caratterizzazione seminazista di un personaggio, si aggiudicò l'Orso d'oro al festival di Berlino.

Cugini *½ (*Cousins*, Usa 1989, col, 113') Joel Schumacher. Con Ted Danson, Isabella Rossellini, Sean Young, William Petersen, Lloyd Bridges, Norma Aleandro, Keith Coogan. ◆ Durante un matrimonio si consuma un adulterio, ma le vittime, cugino e cugina, fanno amicizia e s'innamorano. Remake dichiarato e americanizzato di *Cugino cugina* di Tacchella, in cui si avvertono echi di altre feste e di altri intrecci (*Il Padrino*, *Un matrimonio*), riciclati alla leggera e senza apporti personali. Smagliante e «bergmaniana» la Rossellini.

Cugino cugina ** (*Cousin, cousine*, Francia 1975, col, 90') Jean-Charles Tacchella. Con Marie-Christine Barrault, Victor Lanoux, Marie-France Pisier, Guy Marchand, Ginette Garcin. ◆ In mezzo a matrimoni, feste per bambini e funerali, divampa la passione irresistibile tra un cugino e una cugina, Ludovic (Lanoux) e Marthe (Barrault). Il trionfo della famiglia tribale e dell'amore totale, celebrato con tono leggiadro ma un po' superficiale da un ex critico cinematografico. Rifatto a Hollywood da Joel Schumacher (*Cugini*, 1989).

Cujo *½ (*Cujo*, Usa 1983, col, 91') Lewis Teague. Con Dee Wallace, Danny Pintauro, Daniel Hugh-Kelly, Ed Lauter, Christopher Stone. ◆ Un enorme terranova contrae la rabbia, dopo essere stato morso da un pipistrello. Inferocito, comincia a uccidere e a seminare il terrore: tra le sue vittime una donna e il figlioletto, asserragliati dentro a un'auto per sfuggire alla furia omicida. Una storia d'incredibile suspense tratta da un racconto di Stephen King. Al bravo Teague non riesce però il miracolo di tenere per novanta minuti un soggetto che ne meriterebbe al massimo venti.

Culastrisce nobile veneziano *½ (Italia 1976, col, 110') Flavio Mogherini. Con Marcello Mastroianni, Lino Toffolo, Claudia Mori, Anna Miserocchi, Flora Carabella, Olga Bisera, Adriano Celentano. ◆ Il nobile Luca (Mastroianni) fantastica che la moglie defunta sia ancora accanto a lui, finché un amico non gli procura una donna in carne e ossa. Libero adattamento di una commedia di Maurizio Costanzo (*Un coperto in più*), il film è curato nell'impaginazione ma progressivamente scadente nel contenuto, con battute di dubbio gusto e pretenziosi ammiccamenti a Fellini. Flora Carabella, che interpreta la parte della zia Luisa, è nella realtà la moglie di Mastroianni.

Cul de sac ***½ (*Cul-de-sac*, Gb 1966, b/n, 111') Roman Polanski. Con Donald Pleasence, Françoise Dorleac, Lionel Stander, Jack MacGowran, Ian Quarrier, Jackie [Jacqueline] Bisset. ◆ Due gangster scalcinati – uno sbruffone (Stander) e l'altro melanconico (MacGowran) – si rifugiano in un castello che la marea isola da terra, dove vive una coppia male assortita: lui (Pleasence) è impotente, nevrotico e ridicolo, lei (Dorleac) giovane e un po' matta. Le tensioni esplodono e la commedia diventa gioco al massacro. Sceneggiato assieme a Gérard Brach, uno dei film più riusciti di Polanski, che fonde perfettamente la sua vena crudele con quella grottesca e surreale (debitrice, in questo caso, del teatro di Samuel Beckett). Stander, Pleasence e la sfortunata Dorleac non hanno mai recitato tanto bene – anche se sul set non si potevano soffrire. Orso d'oro al festival di Berlino. Particina d'esordio per la Bisset, allora protetta del regista.

Culo e camicia *½ (Italia 1981, col, 131') Pasquale Festa Campanile. ◆ Film a episodi. In *Il televeggente* (con Enrico Montesano, Daniela Poggi, Gianni Agus) l'assistente montatore di una Tv privata sogna di fare il telecronista sportivo nonostante la sua balbuzie e conquistare l'amore di Ornella; in *Un uomo, un uomo e... evviva, una donna!* (con Renato Pozzetto, Maria Rosaria Omaggio, Leopoldo Mastelloni) il rapporto tra due omosessuali è messo in crisi dall'incontro di uno di loro con una giovane fotografa. Il più riuscito è il primo, abbastanza agile e divertente, mentre il secondo è grossolano e stiracchiato. Alla sceneggiatura di quest'ultimo ha collaborato anche Pozzetto.

Cuoco e la bionda, Il *½ (*Pure Danger*, Usa 1995, col, 90') C. Thomas Howell. Con C. Thomas Howell, Teri Ann Linn, Michael Russo, Marius Chong, Lou Casal, Rick Shapiro, Leon, Ray Laska, Elisa Leonetti. ◆ Addosso a un cliente morto, il cuoco Johnny (Howell) e la cameriera Becky (Linn) trovano una fortuna in diamanti grezzi: pensano di aver azzeccato il colpo della vita, ma non hanno fatto i conti con due bande di gangster che si considerano proprietarie delle pietre. Esordio nella regia dell'attore lanciato da Coppola nei *Ragazzi della 56ª strada*. Per fortuna non si prende molto sul serio e alleggerisce la storia con una buona dose di ironia, ma poi non sembra dotato di nessun'altra qualità: troppi inseguimenti automobilistici, troppe sparatorie e troppe citazioni di *Pulp Fiction* (compresa la circolarità della scena nel drugstore).

Cuoco, il ladro, sua moglie e l'amante, Il *** (*The Cook, the Thief, His Wife & Her Lover*, Gb/Francia 1989, col, 124') Peter Greenaway. Con Richard Bohringer, Michael Gambon, Helen Mirren, Alan Howard, Tim Roth, Ciaran Hinds, Gary Olsen, Ewan Stewart, Roger Ashton Griffiths. ◆ In un ristorante si consuma un adulterio con la complicità del cuoco (Bohringer): il ladro tradito (Gambon) uccide l'amante della moglie e lei (Mirren) lo costringe a mangiarne il cadavere. Sul classico tema del ménage a tre, un potente incubo culinario-viscerale, fitto di simbolismi e riferimenti culturali d'ogni tipo. Stomachevole per alcuni, sublime per altri: chi non ama i sapori forti di Greenaway è meglio che lasci perdere. Fondamentale l'apporto degli scenografi (Ben Van Os, Jan Roelfs), del direttore della fotografia (Sacha Vierny) e dell'autore della colonna sonora (Michael Nyman).

Cuor di leone *½ (*Lionheart*, Usa 1987, col, 104') Franklin J. Schaffner. Con Eric Stoltz, Gabriel Byrne, Nicola Cowper, Deborah Barrymore. ◆ Un giovane aspirante cavaliere (Stoltz) organizza una crociata di ragazzini e sconfigge il malvagio (Byrne) che li vorrebbe vendere come schiavi ai musulmani. Avventure per un pubblico di adolescenti, che si ispirano a un episodio autentico, ma finito in modo molto meno glorioso. Prodotto da Francis Ford Coppola per la compagnia di sua sorella, Talia Shire.

Cuore ** (Italia 1947, b/n, 95') Duilio Coletti. Con Vittorio De Sica, Maria Mercader, Giorgio De Lullo, Ave Ninchi, Luigi Pavese, Guido Notari, Gino Leurini, Salvo Randone, Carlo Delle Piane, Enzo Cerusico, Toni Ucci, Lamberto Picasso, Vittorio Sanipoli, Carlo Tamberlani, Franco Pesce. ◆ Gli indelebili ricordi scolastici della maestrina dalla penna rossa (Mercader), dai quali emerge un piccolo affresco dell'Italia fine secolo: l'impegno didattico e sociale del maestro Edmondo Perboni (De Sica), i primi moti socialisti, la guerra d'Africa. Una vera e propria operazione nostalgia (adattata da Oreste Biancoli a partire dal libro omonimo di Edmondo De Amicis e sceneggiato da Biancoli, Vittorio De Sica, Adolfo Franci, Gaspare Cataldo), curata nella ricostruzione dell'ambiente e lenta nel ritmo, come prescrive la pagina deamicisiana.

Cuore cattivo *½ (Italia 1994, col, 92') Umberto Marino. Con Kim Rossi Stuart, Cecilia Genovesi, Massimo Ghini, Massimo Wertmüller, Ludovica Modugno, Mauro Leuce, Federico Scribiani. ◆ Dopo una rapina fallita, un teppistello di periferia (Rossi Stuart) si barrica nella casa di un'handicappata (Genovesi). Per arrendersi alla polizia chiede la mediazione del giornalista televisivo (Wertmüller) che conduce il programma *Dove nasce la notizia*, ma le cose non andranno come previsto. Superficiale riflessione sui mali della Tv che Marino ha tratto da una sua pièce teatrale: nella prima parte la tensione regge (nonostante qualche punta di esagerata agitazione) specie per la bella prova di Kim Rossi Stuart che mette nella sua recitazione un'energia davvero encomiabile, ma quando entra in campo il giornalista i luoghi comuni si sprecano, le battute cult impazzano («Io sono un giornalista, non il tuo ufficio stampa») e il dramma si riduce a farsa.

Cuore come una ruota, Il *½ (*Heart Like a Wheel*, Usa 1983, col, 113') Jonathan Kaplan. Con Bonnie Bedelia, Beau Bridges, Leo Rossi, Hoyt Axton, Bill McKinney, Anthony Ewards, Dean Paul Martin, Paul Bartel. ◆ La vita e la difficile carriera di Shirley Muldowney (Bedelia), una delle prime campionesse d'automobilismo. L'analisi di un'ossessione, ben realizzata sul piano tecnico ma poco coinvolgente su quello emotivo. L'*Observer* lo definì: «Un *Momenti di gloria* americanizzato per il mercato del drive-in».

Cuore di cane ** (Italia 1976, col, 113') Alberto Lattuada. Con Max von Sydow, Cochi Ponzoni, Mario Adorf, Eleonora Giorgi, Gina Rovere, Vadim Glowna. ◆ In Russia, dopo la rivoluzione, alcuni scienziati trapiantano gli organi di un funzionario di partito su un cane randagio, senza ottenere i risultati sperati. Dal romanzo omonimo di Bulgakov, riletto con intelligenza e autonomia, una favola grottesca estranea alle abituali corde del regista, ma intrigante e complessivamente ben costruita. Dal punto di vista formale, appare molto indovinato il taglio semiorrorifico di alcuni passaggi, che bilancia una certa tendenza al manierismo.

Cuore di Dixie ** (*Heart of Dixie*, Usa 1989, col, 95') Martin Davidson. Con Ally Sheedy, Virginia Madsen, Phoebe Cates, Treat Williams, Don Michael Paul. ◆ In Alabama, nel 1957, una studentessa fidanzata al figlio di un ricco piantatore scopre il femminismo e la lotta antirazzista. Discreto college-movie all'insegna della ribellione, non molto profondo ma sincero negli intenti e curato nella ricostruzione dell'epoca.

Cuore di mamma *½ (Italia 1969, col, 92') Salvatore Samperi. Con Carla Gravina, Beba Loncar, Philippe Leroy, Paolo Graziosi. ◆ Una madre (Gravina) subisce i soprusi dei familiari senza reagire, finché l'incontro con un gruppo di rivoluzionari la convince a ribellarsi. Tra sussulti godardiani e provocazioni di varia natura, Samperi si indigna come già aveva fatto in *Grazie, zia*, ma in modo più farraginoso e meno brillante. Comparsata di Paolo Ciarchi nei panni del ragazzo chitarrista.

Cuore di tenebra *½ (*Heart of Darkness*, Usa 1993, col, 120') Nicolas Roeg. Con Tim Roth, John Malkovich, James Fox, Isaach de Bankole, Patrick Ryecart, Geoffrey Hutchings, Iman. ◆ Il capitano Marlowe (Roth) viene assunto da una compagnia di commercio belga per un pericoloso viaggio in Congo sulle tracce di Kurtz (Malkovich), cacciatore d'avorio che da tempo non invia più nessuna merce in Europa: è Marlowe stesso a raccontare come è andata, senza nascondere il forte fascino esercitato da Kurtz. Versione televisiva dell'omonimo romanzo di Joseph Conrad: dialoghi troppo letterari (sceneggiatura di Benedict Fitzgerald) e scarsa ispirazione per tutti (Roeg dirige senza estro, Roth ha una gamma limitata di espressioni e Malkovich dà il meglio quando replica l'agonia moribonda del *Tè nel deserto*). La top model Iman è una specie di sacerdotessa della giungla, presumibilmente la donna di Kurtz. In Italia è uscito solo in videocassetta.

Cuore di tuono ** (*Thunderheart*, Usa 1992, col, 118') Michael Apted. Con Val Kilmer, Graham Greene, Sam Shepard, Chief Ted Thin Elk, Fred Ward, Sheila Tousey. ◆ Un giovane federale con ascendenze indiane (Kilmer) indaga sull'omicidio di un sioux in una riserva del Sud Dakota: dopo l'iniziale diffidenza, familiarizza con gli attivisti del movimento tradizionalista, e riscopre le proprie radici, rivivendo in sogno il massacro di Wounded Knee. Retorica capovolta (indiani simpatici e bianchi cattivi) in un poliziesco senza grosse sorprese e con divagazioni nella magia, nel folclore e nell'ecologia. Già Uccello Scalciante in *Balla coi lupi*, Greene diventa Cavallo Esultante: va in giro in moto ma invita l'agente mezzo bianco ad ascoltare il vento e gli alberi. Coprodotto da Robert De Niro e dallo sceneggiatore John Fusco, sioux adottivo. Il poeta e musicista sioux John Trudell interpreta il personaggio di Jimmy doppio sguardo. Apted, sugli stessi luoghi, ha girato un documentario su un attivista sioux da anni in prigione, *Incident at Oglala*.

Cuore di vetro **½ (*Herz aus Glas*, Rft 1976, col, 94') Werner Herzog. Con Josef Bierbichler, Stefan Guttler, Clemens Scheitz, Volker Prechtl, Sonja Skiba, Brunhilde Klöckner. ◆ Un vetraio bavarese cerca di scoprire il segreto della fabbricazione del vetro-rubino, mentre un indovino atterrisce il paese con le sue esatte previsioni. Una storia difficile da seguire per un'opera di pura fascinazione visiva: Herzog riplasma tempo e spazio secondo le regole del suo eccentrico immaginario e ipnotizza lo spettatore per condurlo nell'universo oscuro del sogno e della leggenda. Un'esperienza magica, che il piccolo schermo non potrà mai restituire nella sua pienezza.

Cuore in inverno, Un **½ (*Un Cœur en hiver*, Francia 1992, col, 105') Claude Sautet. Con Daniel Auteuil, Emmanuelle Béart, André Dussolier, Elisabeth Bourgine, Maurice Garrel, Jean-Luc Bideau. ◆ Un liutaio (Auteuil) che sostiene di essere impermeabile ai sentimenti si insinua nel ménage tra il suo migliore amico (Dussolier) e una bella violinista (Béart), per poi subire un degno contrappasso. In tempi di volgarità diffusa Sautet, maestro di psicologie, costruisce una sceneggiatura esemplare, in cui le passioni rimangono sotterranee e non si esplicitano mai. Resta tuttavia l'impressione dell'esercizio di stile elaborato a tavolino, un pochino serioso e compreso di sé. Auteuil, nei panni del solitario, è misurato e al tempo stesso teso come una corda di violino; la Béart si limita a suonare Ravel con espressioni altamente tragiche.

Cuore matto... matto da legare * (Italia 1967, col, 96') Mario Amendola. Con Little Tony [Antonio Ciacci], Eleonora Brown, Ferruccio Amendola, Lucio Flauto, Maria Pia Casilio, Fidel Gonzales, Ignazio Leone. ◆ Mentre i genitori vorrebbero fargli sposare la ricca ma bruttina Erminia, Tony (Little Tony) ama una studentessa di architettura, Carla (Brown), e intanto cerca di trovare i soldi per organizzare un complesso musicale: ci penseranno gli amici (Amendola e Flauto) ad allontanare Erminia, permettendo a Tony di ottenere un contratto con la Tv e sposare Carla. La solita, insipida commedia-veicolo per il cantante protagonista, che ha modo di presentare il suo repertorio: *Cuore matto*, *My Turn*, *La fine di agosto*, *Non mi rimane che chiederti perdono*, *Qui la gente sa vivere*, *Ogni mattina*. Sul resto è meglio sorvolare: il senso dell'umorismo scarseggia e d'ironia neanche a parlarne.

Cuore nero di Paris Trout, Il ** (*Paris Trout*, Usa 1991, col, 100') Stephen Gyllenhaal. Con Dennis Hopper, Barbara Hershey, Ed Harris, Tina Lifford. ◆ Nel Sud razzista degli anni Cinquanta il perfido Paris Trout (Hopper) ammazza una bambina nera, stupra la moglie (Hershey) con una bottiglia, corrompe un giudice, uccide la propria madre paralitica e alla fine si spara in bocca. L'interpretazione allucinata di Hopper è l'unico punto di forza di un film che stenta a mettere a fuoco i suoi obiettivi e sbaglia spesso il ritmo, incerto com'è tra la denuncia sociale e l'esplorazione del Male. Accurata ma di maniera la ricostruzione d'epoca.

Cuore prigioniero **½ (*The Captive Heart*, Usa/Gb 1946, b/n, 98') Basil Dearden. Con Michael Redgrave, Mervyn Johns, Basil Radford, Jack Warner, Jimmy Hanley, Gordon Jackson. ◆ In un campo di concentramento un cecoslovacco assume l'identità di un ufficiale inglese morto e continua a scrivere lettere alla moglie di costui. Melodramma archetipico sui prigionieri di guerra, con un intreccio struggente ma rielaborato in uno stile sobrio. Notevole l'interpretazione del protagonista, ottimamente supportata da tutti gli altri attori. Le riprese furono effettuate in Germania.

Cuore selvaggio **½ (*Wild at Heart*, Usa 1990, col, 127') David Lynch. Con Nicholas Cage, Laura Dern, Diane Ladd, Willem Dafoe, Isabella Rossellini, Harry Dean Stanton, John Lurie, Grace Zabriskie, Freddie Jones, Sheryl Lee. ◆ La fuga impossibile di Sailor e Lula (Cage e Dern), Romeo e Giulietta di fine millennio, per sottrarsi alle persecuzioni della sordida mamma di lei (Ladd, anche nella realtà madre di Laura Dern). Tratto dal romanzo omonimo di Barry Gifford (sceneggiato dallo stesso Lynch), è un'odissea attraverso la melma dell'immaginario cinematografico americano, che si risolve in un gigantesco falò del Kitsch: premiato con la Palma d'oro a Cannes da un Bertolucci entusiasta presidente di giuria, è certamente intrigante eppure meno eversivo rispetto agli illustri precedenti lynchiani. C'è tutto (la fatina buona del *Mago di Oz*, il road-movie, la soap-opera, gli incidenti visionari di James Ballard, le canzoni di Elvis Presley) e tutto è spinto all'eccesso. Ma, quando l'esuberanza diventa norma, si corre il rischio di smorzare la provocazione e di imboccare la pericolosa strada del manierismo. Sherilyn Fenn è la donna ferita nell'incidente.

Cuore semplice, Un ** (Italia 1977, col, 105') Giorgio Ferrara. Con Adriana Asti, Joe Dallesandro, Alida Valli, Tina Aumont, Alberto Asti, Ugo Bologna. ◆ La triste vita di Felicita (Asti), giovane contadina del secolo scorso al servizio di una famiglia padronale. Trasposizione in chiave populista dell'omonimo racconto di Flaubert, sulla base della sceneggiatura che Zavattini aveva scritto a suo tempo per De Sica. Un esordio difficile e piuttosto riuscito, anche se non rende giustizia alle innumerevoli sfumature del ritratto femminile flaubertiano.

Cuori al verde ** (Italia 1996, col, 95') Giuseppe Piccioni. Con Margherita Buy, Gene Gnocchi, Giulio Scarpati, Gaia De Laurentiis, Delphine Telesio, Antonio Catania, Corso Salani, Piero Natoli, Katarina Vasilissa. ◆ Rimasto senza lavoro, l'intellettuale Stefano (Scarpati) pensa al suicidio. Ma anche Lucia

(Buy) non se la passa meglio: reduce da una relazione che le ha devastato il cuore e il conto in banca, finisce per fare la squillo pur di pagare un imbarazzante scoperto. Per fortuna le loro strade si incrociano e soprattutto incappano nell'idraulico Giulio (Gnocchi). Commedia amara sullo stress da disoccupazione e lo smarrimento dei cosiddetti «nuovi poveri». Piccioni, con l'aiuto del cosceneggiatore Gualtiero Rossella, riprende per mano i due protagonisti di *Chiedi la luna* affrancandoli dalla carineria e «sporcandoli» coi piccoli deliri surreali di Gnocchi e un velato pessimismo cosmico. Ma il coraggio si ferma a metà, il quadro sociologico è piuttosto superficiale e l'invito a una sana amoralità non proprio convinto.

Cuori del mondo ** (*Hearts of the World*, Usa 1918, b/n, 108') David Wark Griffith. Con Lillian Gish, Robert Harron, Dorothy Gish, Adolphe Lestina, Josephine Crowell, Noël Coward. ◆ Francia, luglio 1914: un giovane scrittore, in procinto di sposarsi e appena insignito del premio Goncourt (Harron), è chiamato a difendere il suo paese dagli invasori tedeschi. Nel giorno fissato per le nozze, mentre infuriano i combattimenti, la fidanzata (L. Gish) corre a cercarlo sul campo di battaglia: non trovandolo, lo crede morto. Ma il ragazzo si ripresenterà all'improvviso e la salverà dall'aggressione di un ufficiale tedesco. Un melodramma di propaganda (il dovere patriottico viene prima dei sogni d'amore e delle aspirazioni letterarie, per quanto forti siano entrambi), commissionato a Griffith dai governi inglese e francese. L'intreccio è piuttosto scontato, ma la mano del maestro si vede nella struttura parallela della storia, nel sapiente montaggio drammatico di scene sentimentali alternate a quelle belliche e nella cura dei dettagli (gli interni, i bambini). All'epoca ebbe un grande successo commerciale. Fu girato in parte in Francia e in Inghilterra, ma il villaggio e i campi di battaglia furono ricostruiti in studio, in California, utilizzando anche il set di *Intolerance*. La madre di un rifugiato è interpretata da Mary Gish, moglie delle sorelle Lillian e Dorothy mentre Erich von Stroheim è un soldato tedesco.

Cuori incatenati *½ (*Way Down East*, Usa 1935, b/n, 80') Henry King. Con Henry Fonda, Rochelle Hudson, Russell Simpson, Slim Summerville, Edward Trevor, Margaret Hamilton, Andy Devine. ◆ Una donna (Hudson), che in passato ha avuto e subito perso un figlio illegittimo, trova lavoro in una fattoria. Quando il possidente viene a sapere della sua relazione passata, la caccia mentre infuria una tempesta. Sarà il figlio (Fonda), innamorato di lei, a salvarla dalla morte. Remake di *Agonia sui ghiacci* di Griffith: la storia, già datata all'epoca del muto, qui è senza speranza a causa di una sceneggiatura ridicola (di Howard Estabrook e William Hurlbut) che non trova consistenti vie d'uscita nella regia di King. In origine l'operazione era stata concepita per rilanciare la coppia Fonda-Gaynor, ma poi l'attrice diede forfait e venne sostituita dalla Hudson, assolutamente incolore se paragonata all'intensa Gish dell'originale.

Cuori infranti, I ** (Italia 1963, b/n, 90') Vittorio Caprioli, Gianni Puccini. ◆ Film a episodi. In *La manina di Fatma* (Vittorio Caprioli. Con Franca Valeri, Aldo Giuffré, Paola Quattrini, Tino Buazzelli, Gigi Ballista) la proprietaria di un baraccone da fiera cerca di impedire (anche con la magia) il matrimonio del suo ex fidanzato; in *...E vissero felici* (Gianni Puccini. Con Nino Manfredi, Norma Bengell, Gianni Bonagura) il ménage familiare funziona perché mentre lei lavora sul marciapiede lui pensa ai problemi domestici. Due quadretti satirici sul tema dell'amore, paradossale e surreale il primo (nel quale Caprioli appare brevemente nei panni di un passante), tipo pochade il secondo (dove Manfredi partecipa alla sceneggiatura). Rieditato col titolo *Un marito ideale*.

Cuori nel deserto **½ (*Desert Hearts*, Usa 1985, col, 93') Donna Deitch. Con Helen Shaver, Patricia Charbonneau, Audra Lindley, Andra Akers, Dean Butler, Jeffrey Tambor. ◆ Giovane professoressa prossima al divorzio (Shaver) s'innamora, ricambiata, della figlia adottiva di una amica. Un mélo femminista (sceneggiato dall'esordiente regista), giocato sul contrasto tra l'ambientazione desertica e le appassionate anime in pena dei personaggi, con momenti di insolita emozione.

Cuori nella tormenta * (Italia 1984, col, 102') Enrico Oldoini. Con Carlo Verdone, Lello Arena, Marina Suma, Rossana Di Lorenzo, Franca Fioravanti, Sandra Mantegna. ◆ Un marinaio (Verdone) e un cuoco (Arena) s'innamorano della stessa donna (Suma): va male a entrambi, mentre per lei si aprono le porte del cinema. Un remake di *Dramma della gelosia: tutti i particolari in cronaca*, molto meno caustico e acuto nel ritratto di costume. Tra gli sceneggiatori, oltre allo stesso regista, ci sono Scola, Scarpelli e Verdone.

Cuori ribelli *½ (*Far and Away*, Usa 1992, col, 140') Ron Howard. Con Tom Cruise, Nicole Kidman, Thomas Gibson, Robert Prosky, Barbara Babcock, Michelle Johnson, Cyril Cusack. ◆ Alla fine dell'Ottocento Joseph (Cruise) e Shannon (Kidman), irlandesi, tentano la fortuna in America. Joseph dapprima si lascia tentare dalla boxe, ma dopo molti battibecchi capisce che Shannon è la ragazza per lui, e che il loro destino è nelle praterie dell'Oklahoma: parteciperanno alla «corsa per la terra» del 1893 e diventeranno così coloni. Western epico in panavision super 70, girato con dispendio di mezzi ma con poco cuore. Musica rintronante di John Williams, smancerie e scazzottate, centinaia di cavalli e di comparse: e una coppia di protagonisti, sposati nella vita reale, troppo pulitini per destare un minimo di simpatia.

Cuori senza frontiere **½ (Italia 1950, b/n, 90') Luigi Zampa. Con Gina Lollobrigida, Raf Vallone, Cesco Baseggio, Erno Crisa, Enzo Staiola. ◆ Alla fine della seconda guerra mondiale, la linea di confine tra Italia e Jugoslavia attraversa un piccolo paese, separando case e affetti. Dramma politicosociale discontinuo nel ritmo, ma efficace nelle interpretazioni. Le parti migliori sono quelle più leggere, in cui si fa sentire la felice vena di Zampa per le annotazioni di costume. Nel cast compaiono anche i critici cinematografici triestini Kezich e Cosulich, rispettivamente nella parte di un tenente jugoslavo e di un ufficiale sovietico.

Cuori solitari *½ (Italia 1970, col, 121') Franco Giraldi. Con Ugo Tognazzi, Senta Berger, Gianna Serra, Silvano Tranquilli. ◆ Scambio di coppie tra borghesi annoiati, troncato nel momento in cui si profila il rischio di un innamoramento. Inquietudini pseudoantonioniane in una commedia di costume piuttosto dispersiva e datata. Buona la caratterizzazione dei personaggi, resa con efficacia soprattutto dai duetti tra Tognazzi e la Berger.

Cuori sul mare * (Italia 1949, b/n, 95') Giorgio Bianchi. Con Doris Dowling, Jacques Sernas, Milly Vitale, Marcello Mastroianni, Paolo Panelli, Gualtiero Tumiati. ◆ Le esperienze d'amore e di mare di due amici, allievi dell'Accademia navale di Livorno, tessono l'esile trama di una commedia ingenua e superata. Nella scena del ristorante è riconoscibile Sophia Loren, allora Sofia Scicolone.

Cuori umani ** (*Of Human Hearts*, Usa 1939, b/n, 100') Clarence Brown. Con Walter Huston, James Stewart, Gene Reynolds, Beulah Bondi, Guy Kibbee, Charles Coburn, John Carradine, Ann Rutherford. ◆ Stewart, diventato medico grazie ai sacrifici della mamma, compie miracoli durante la guerra di Secessione, ma affinché si ricordi dell'amorosa genitrice deve intervenire il presidente Lincoln (Carradine). Una favola morale tutta americana, interpretata da un cast ragguardevole, in cui spicca Huston padre e pastore intransigente.

Cupo tramonto **** (*Make Way for Tomorrow*, Usa 1937, b/n, 90') Leo McCarey. Con Victor Moore, Beulah Bondi, Thomas Mitchell, Fay Bainter, Barbara Read, Porter Hall, Maurice Moscovitch. ◆ Costretti a lasciare la casa dopo cinquant'anni di matrimonio, Barkley e Lucy Cooper (Moore e Bondi) sperano di trovare nei figli aiuto e comprensione e invece ne scoprono l'egoismo e la grettezza: aspettando il treno che li dividerà (lei finirà in un ospizio a New York, lui da una delle figlie in California) vivranno un'ultima serata felice sui luoghi della loro luna di miele. Capolavoro inclassificabile, né commedia né melodramma (tratto dal romanzo di Josephine Lawrence e dalla commedia di Helen e Nolan Leary che ne fu tratta, e sceneggiato da Vina Delmar), questa «miscela unica ed esplosiva di emozione, amarezza, crudeltà e collera repressa» è una delle punte più alte del cinema hollywoodiano classico che il pubblico rifiutò per la sua storia non tradizionale e la mancanza di qualsiasi finale consolatorio. Raccontando, con molta amarezza e precisi riferimenti all'attualità, i problemi della terza età, l'egoismo delle giovani generazioni e la difficoltà di invecchiare, McCarey porta lo spettatore a dare uno sguardo non solo sociale ma anche morale sull'America. E lo fa con lo stile smagliante e limpido delle sue commedie slapstick (è perfetta la rapidità con cui entra subito in *medias res*) e con un'intensità emozionale struggente, convinto com'è che «la morale passa sempre attraverso i sentimenti»: ciascuna scena è costruita su una somma di piccoli dettagli che «portano il racconto a entrare nel cuore dello spettatore senza passare dalla sua testa» e che si conclude con un finale più sconvolgente e più insopportabile di qualsiasi scena tragica.

Cura la tua destra... ° (*Soigne ta droite*, Francia 1987, col, 90') Jean-Luc Godard. Con Jean-Luc Godard, François Périer, Jacques Villeret, Jane Birkin, Dominique Lavanant, Pauline Lafont, Michel Galabru. ◆ Godard, nei panni dell'Idiota (o del Principe), va in giro con le pizze di un film cercando finanziatori e sentenzia: «La fatica più grossa, nel fare del cinema, è portare le pizze». Che è vero, se si considera come è fatto questo suo film: le riprese di nuvole che imperversano da *Je vous salue, Marie*, i soliti dialoghi strampalati cui ci ha abituato da *Made in Usa*, gli ammiccamenti cinefili e le autocitazioni. Ancora meno raccontabile di altri film di Godard, ma meno provocatorio e, nel complesso, innocuo. Attori sprecati.

Curdled * (*Curdled*, Usa 1996, col, 90') Reb Braddock. Con Angela Jones, William Baldwin, Bruce Ramsay, Mel Gorham, Lois Chiles, Barry Corbin, Kelly Preston. ◆ Miami: una ragazza colombiana (Jones) con la mania del macabro si fa assumere da un'agenzia che ripulisce le case dopo gli omicidi e smaschera un serial killer decapitatore (Baldwin), imitandolo efficacemente. L'episodio di Wolf in *Pulp Fiction* deve aver ispirato questo clone senza humour - scritto dal regista con John Maas - e girato con i piedi, con la scusa che tanto si cita lo stile di un C-movie. Penose strizzatine d'occhio ad altri film di Tarantino, qui produttore esecutivo e sceneggiatore (che sforzo!) del minuto della finta trasmissione televisiva «D.O.A.».

Custer, eroe del West ** (*Custer of the West*, Usa 1967, col, 146') Robert Siodmak. Con Robert Shaw, Robert Ryan, Mary Ure, Jeffrey Hunter, Lawrence Tierney. ◆ Dopo la guerra di Secessione, il generale Custer (Shaw) cerca la gloria combattendo contro cheyenne e sioux: pessimo stratega, inviso a Washington, viene ucciso con i suoi 264 uomini dai sioux di Toro Seduto nel 1876, nella battaglia di Little Big Horn. Uno dei primi film hollywoodiani che cercò di riscrivere la storia del West, rendendo giustizia agli indiani, i cui massacri sono sempre la risposta alla violenza dei bianchi. Non ne viene fuori, tuttavia, un ritratto coerente di Custer, al tempo stesso pazzo e vittima dei politici: colpa, in parte, dei numerosi rimaneggiamenti della produzione. Il progetto era stato pensato per Akira Kurosawa e per Fred Zinnemann.

Cyclo ** (*Xích Lo*, Francia/Vietnam 1995, col, 123') Tran Anh Hung. Con Le Van Loc, Tony Leung Chiu-wai, Tran Nu Yên Kê. ◆ A Ho Chi Minh Ville (ex Saigon) un ragazzo (Le) finisce nel giro della malavita dopo che gli è stato rubato il suo risciò a pedali. Sua sorella (Tran, moglie del regista) viene avviata alla prostituzione. Un gangster meditabondo detto «il Poeta» (Leung) va incontro alla morte. Ma la vita continua... L'opera seconda del regista vietnamita mescola le carte: affresco neorealista di una metropoli post-comunista dominata dalla corruzione, affabulazione lirica sull'innocenza perduta nutrita di immagini surreali e deliranti, film di genere iperviolento che strizza l'occhio a Hong Kong (vedi la presenza della star Leung). Con risultati che a volte lasciano meravigliati per il talento visivo, l'uso sapiente dello spazio e dei movimenti di macchina (sembra ogni volta incredibile che a due passi da dove si consumano efferatezze la vita scorra normale), e più spesso irritati per il formalismo fine a se stesso. In ogni caso, esagerato il Leone d'oro a Venezia nel 1995.

Cyrano de Bergerac *** (*Cyrano de Bergerac*, Francia 1990, col, 135') Jean-Paul Rappeneau. Con Gérard Depardieu, Anne Brochet, Vincent Pérez, Jacques Weber, Roland Bertin, Philippe Morier-Genoud. ◆ Il nasuto Cyrano, spadaccino e rimatore abilissimo (Depardieu), presta il proprio talento poetico al bello ma sciocco Cristiano (Pérez) per sedurre la cugina Rossana (Brochet) di cui anch'egli è innamorato senza speranza. Intelligente e spettacolare versione cinematografica dell'omonima opera in versi di Edmond Rostand, che alterna momenti intimisti a scene turbinose con uno squisito senso dell'immagine e del ritmo. Depardieu giganteggia nella parte del protagonista, aggiudicandosi la Palma d'oro al festival di Cannes. L'ineccepibile doppiaggio è a cura di Oreste Lionello.

Cyrano e D'Artagnan ** (*Cyrano et D'Artagnan*, Francia/Italia/Spagna 1963, col, 145') Abel Gance. Con José Ferrer, Jean-Pierre Cassel, Sylva Koscina, Daliah Lavi, Philippe Noiret, Ivo Garrani, Michel Simon, Polidor [Ferdinand Guillaume]. ◆ Per licenza cinematografica, Cyrano (Ferrer) e D'Artagnan (Cassel) s'incontrano sulla strada che dalla Guascogna porta a Parigi, accomunati dall'odio per Richelieu e dall'amore per la stessa donna. Ultimo film firmato per il cinema da un maestro del muto, un classico di cappa e spada a sfondo romantico, un po' appesantito nel ritmo ma grandioso nella messa in scena e vivificato dall'identificazione del regista per il personaggio di Cyrano, eroe fascinoso e geniale (nel film Cyrano è ossessionato dall'invenzione delle sue macchine volanti) ma votato all'incomprensione. Regista della seconda unità, l'americano Nathan Juran ha diretto le scene d'azione.

Dad – Papà *½ (*Dad*, Usa 1989, col, 117') Gary David Goldberg. Con Jack Lemmon, Ted Danson, Olympia Dukakis, Kathy Baker, Kevin Spacey, Ethan Hawke. ◆ Dopo due anni di yuppismo, il figliol prodigo (Danson) torna a casa perché la mamma (Dukakis) ha avuto un infarto e il padre (Lemmon) sta per morire. Il debutto furbetto e strappalacrime di un commediografo televisivo, che ha sceneggiato un romanzo di William Wharton e che si regge esclusivamente sulle robuste spalle del mattatore Jack Lemmon.

Daddy Nostalgie ***½ (*Daddy Nostalgie*, Francia 1990, col, 105') Bertrand Tavernier. Con Dirk Bogarde, Jane Birkin, Odette Laure, Charlotte Kady, Emmanuelle Bataille, Michèle Minns, Louis Ducreux. ◆ La malattia del padre (Bogarde) riavvicina la figlia Caroline (Birkin) alla propria famiglia: al genitore, piacevole uomo di mondo che aveva lasciato la figlia spesso sola, e alla madre Miche (Laure) che per amore del marito aveva condiviso più i doveri di moglie che di mamma. La convalescenza nella casa di Bandol, sulla Costa Azzurra, permette ai tre di capirsi e di lasciarsi andare a qualche momento di intimità. Fino all'arrivo dell'inevitabile e prevista morte. Triste e delicata riflessione sulla difficoltà di comunicare e sul senso ultimo della vita, sceneggiata dall'ex moglie Colo Tavernier O'Hagan (che si ispirò alla morte del proprio padre, mentre quello di Tavernier – per un'amara ironia – morì durante le riprese), il film continua il discorso del regista sulla memoria (questa volta degli affetti e non della Storia) e lo fa con un pudore rarissimo nel cinema contemporaneo. Straordinariamente ben recitato da tutti e tre i protagonisti, il film usa il bilinguismo (lui parla prevalentemente inglese, le due donne francese) per sottolineare con delicatezza il diverso modo di approccio alle cose dei personaggi. Nell'edizione originale, la voce fuori campo è di Bertrand Tavernier.

Da Do Da * (Italia 1994, col, 83') Nico Cirasola. Con Totò Onnis, Gilla Novak, Donato Castellaneta, Frank Lino, Tina Corinaldi, Max Delgado, Elia Canestrari, Adolfo Stani, Marina Marini, Diego Verdegiglio. ◆ Convinto dai discorsi del semidio Nemo (Onnis), Giove (Castellaneta) scende sulla terra, in Puglia, alla ricerca della dea a cui è stata innalzata la Statua della Libertà, suscitando naturalmente le gelosie di Giunone (Novak). Lanciato come «il più originale e pazzo film italiano», il lavoro di Cirasola (che firma con alcuni suoi attori anche la sceneggiatura) scambia il dilettantismo per l'indipendenza: quasi impossibile trovare un senso al pasticciaccio di radicalismo e goliardia che serve solo a ingigantire il narcisismo del regista. Non capisco e non mi adeguo.

Da Corleone a Brooklyn **½ (Italia 1979, col, 92') Umberto Lenzi. Con Maurizio Merli, Mario Merola, Biagio Pelligra, Laura Betti, Van Johnson, Venantino Venantini, Sonia Viviani, Tom Felleghi, Giovanni Cinfriglia. ◆ Palermo: il commissario Berni (Merli) deve scortare a New York il supertestimone Scalia (Pelligra) per ottenere l'estradizione del boss Barresi (Merola): ma le insidie, sia in Italia sia in America, non finiscono mai. Un'originale e movimentata struttura di *road movie* (ancorché non sempre verosimile) porta aria fresca nel poliziesco italiano; e la sceneggiatura di Lenzi e Vincenzo Mannino si sforza di costruire personaggi a tutto tondo, siano mafiosi o poliziotti. Cinema di genere da apprezzare senza sensi di colpa o alibi trashisti, e che rinuncia anche alla violenza: peccato solo che a New York tutti parlino italiano. Luca Barbareschi è uno sbirro capellone a New York.

Da dove vieni? → *Non si deve profanare il sonno dei morti*

Da giungla a giungla ** (*Jungle 2 Jungle*, Usa 1997, col, 107') John Pasquin. Con Tim Allen, Sam Huntington, JoBeth Williams, Lolita Davidovich, Martin Short, LeeLee Sobieski, David Ogden Stiers. ◆ Un agente di Borsa newyorkese (Allen) va in Amazzonia per far firmare alla moglie (Williams) le pratiche del divorzio, e scopre di avere un figlio adolescente (Huntington) cresciuto nella giungla: lo porterà con sé a New York dove, tra un guaio e l'altro, il ragazzino sgominerà una banda di mafiosi russi. Remake hollywoodiano, quasi letterale, di *Un indiano in città* (sceneggiato da Bruce A. Evans e Raynold Gideon), con il comico televisivo Tim Allen che si esibisce in qualche scena gustosa (come quando tenta, lui yuppie di Wall Street, di usare una cerbottana e finisce per narcotizzarsi un piede e tramortire un gatto).

Dagli Appennini alle Ande *½ (Italia 1943, b/n, 90') Flavio Calzavara. Con Cesarino Barbetti, Leda Gloria, Nino Pavese, Margherita Del Prata, Giulio Battiferri, Pietro Tordi, Mario Siletti, Cesco Baseggio. ◆ Il piccolo Marco (Barbetti) va in Argentina a cercare la mamma di cui non ha più notizie. Melodramma edificante tratto da *Cuore* di De Amicis, che sfrutta poco gli spunti potenzialmente cinematografici del racconto (le avventurose peripezie del protagonista) per dare la precedenza alla sfera dei nobili e patetici sentimenti filiali.

Dagli Appennini alle Ande *½ (Italia/Argentina 1959, col, 95') Folco Quilici. Con Marco Paoletti, Eleonora Rossi Drago, Fausto Tozzi, Guillermo Battaglia, Mario Baroffio, Jacinto Herrera. ◆ Imbarcatosi clandestinamente per Buenos Aires, l'undicenne Marco (Paoletti) attraversa mezza Argentina alla ricerca della madre Laura (Rossi Drago), emigrata due anni prima per accudire il padre morente e sparita nel nulla. Piatta versione del celeberrimo episodio di *Cuore* di De Amicis (sceneggiato da Giuseppe Mangione e Quilici), di cui sembra interessare al regista solo l'aspetto folcloristico e documentario del viaggio (i balli dei gauchos, la caccia ai nandù, le feste andine) e non la possibile forza melodrammatica del racconto.

Dagobert *½ (*Le Bon roi Dagobert*, Francia/Italia 1984, col, 110') Dino Risi. Con Coluche [Michel Colucci], Ugo Tognazzi, Michel Serrault, Carole Bouquet, Michael Lonsdale, Isabella Ferrari, Venantino Venantini. ◆ Il re dei Franchi Dagobert (Coluche) si adopera per rimettere in carica il legittimo pontefice (Tognazzi), ma poi rimane vittima di una congiura di palazzo, ordita dal fidato consigliere Otario (Serrault). Grottesco, e inutilmente volgare, apologo sul potere secondo i moduli della commedia all'italiana, che promette più di quanto riesca a mantenere nonostante il valido apporto del cast e dell'équipe di sceneggiatori (Age, Brach e lo stesso Risi). Pregevole la ricostruzione degli ambienti del VII secolo, dovuta allo scenografo Dante Ferretti. Per consolarsi, gustare le nudità di Carole Bouquet.

Da grande **½ (Italia 1987, col, 98') Franco Amurri. Con Renato Pozzetto, Joska Versari, Giulia Boschi, Alessandro Haber, Ottavia Piccolo, Gaia Piras. ◆ Il piccolo Marco, oppresso da una famiglia nevrotica, diventa grande di colpo ma non muta comportamento e abitudini. Fiaba metaforica sul disagio infantile, trattata con fine umorismo e interpretata da un bravissimo Pozzetto, perfettamente a suo agio nella parte del bambino cresciuto. Casuale, ma strana, rassomiglianza tematica con il contemporaneo *Big* di Penny Marshall.

Dai... muoviti *½ (*Move*, Usa 1970, col, 90') Stuart Rosenberg. Con Elliott Gould, Paula Prentiss, Genevieve Waite, John Larch, Joe Silver, Ron O'Neal. ◆ Un difficile trasloco mette a nudo il precario equilibrio psicologico di uno scrittore porno. Gould è di nuovo alle prese con «l'impossibilità di essere normale», ma la sua paranoica comicità viene fortemente penalizzata in una serie di gag sfilacciate e velleitarie.

Dai papà... sei una forza * (*Superdad*, Usa 1974, col, 96') Vincent McEveety. Con Bob Crane, Kurt Russell, Barbara Rush, Joe Flynn, Kathleen Cody, Dick Van Patten, B. Kirby jr [Bruno Kirby], Ed Begley jr. ◆ I genitori l'allontanano dal fidanzato, sperando in un partito migliore, e lei si vendica mettendosi con un artista squinternato. Dai laboratori Disney questa volta esce una pessima farsa sul divario generazionale, con personaggi deliranti e situazioni ridicole. Diseducativo.

Dai sbirro ** (*Adieu poulet*, Francia 1975, col, 95') Pierre Granier-Deferre. Con Lino Ventura, Patrick Dewaere, Claude Rich, Victor Lanoux, Françoise Brion. ◆ Un caparbio commissario (Ventura) indaga sull'assassinio di un poliziotto e di un candidato elettorale nell'ambiente politico di destra. Tipico poliziesco alla francese, dall'ambientazione realistica e dal ritmo nervoso. È tratto dal romanzo *Adieu poulet* di Raf Vallet.

Daisy Miller **½ (*Daisy Miller*, Usa 1974, col, 91') Peter Bogdanovich. Con Cybill Shepherd, Barry Brown, Eileen Brennan, Duilio Del Prete, Cloris Leachman. ◆ Rispettosa versione del racconto omonimo di Henry James, che narra come un americano (Brown) trapiantato a Ginevra si innamori di una sua connazionale, Daisy Miller (Shepherd), dal carattere indipendente e capriccioso. In lei proietta il suo desiderio di libertà e le sue ossessioni moraliste, ma alla fine non avrà nulla. Bogdanovich restituisce bene il punto di vista della novella di James, e non insegue ricostruzioni storiche oleografiche. La Shepherd, allora moglie del regista, fu criticatissima per la sua interpretazione, ma il personaggio di Daisy sembra fatto apposta per lei. Girato tra la Svizzera e l'Italia.

Dal big bang ai buchi neri **½ (*A Brief History of Time*, Gb/Usa 1991, col, 80') Errol Morris. Con Stephen Hawking. ◆ Un documentario sullo scienziato Stephen Hawking: colpito da sclerosi amiotrofica e quasi completamente paralizzato, è autore di teorie rivoluzionarie sull'origine dell'universo. Morris punta sul contrasto tra la finitezza dell'individuo e l'infinità del cosmo, alternando interviste a immagini di sintesi, accompagnate dalla musica vorticosa di Philip Glass. L'ottimismo di cui danno prova i familiari e lo stesso Hawking finisce col mettere i brividi, esattamente come le prospettive inaudite che aprono le sue teorie.

Dalia azzurra, La **½ (*The Blue Dahlia*, Usa 1946, b/n, 99') George Marshall. Con Alan Ladd, Veronica Lake, William Bendix, Howard da Silva, Hugh Beaumont, Doris Dowling. ◆ Al ritorno dalla guerra, John (Ladd) scopre che la moglie (Dowling), alcolizzata e infedele, ha provocato la morte del figlioletto. Quando la donna viene trovata cadavere, i sospetti si incentrano sull'amante di lei, Eddie (da Silva), e su John stesso. In suo aiuto intervengono la moglie di Eddie (Lake) e un ex commilitone, Buzz (Bendix), psicologicamente menomato in guerra, che si accusa dell'omicidio. Non un capolavoro del noir (messinscena e regia, per quanto impeccabili, sono piuttosto anonime), e tuttavia un film interessante sul tema della disillusione postbellica e sul trauma psicologico del rientro in una società moralmente alla deriva, preludio alla nascita di quella dark lady che ossessionerà per anni il cinema americano. La sceneggiatura è di Raymond Chandler, da un suo romanzo incompiuto, ed è l'unica scritta appositamente per il cinema. Bravissimi Ladd nella parte del reduce spaesato e la Lake in quella della salvatrice che, con il suo carico di sensuale ambiguità, arriva ad alterare anche il tradizionale personaggio della «buona». Inizialmente il colpevole doveva essere Buzz, vittima di guerra tanto simpatica quanto inquietante, ma la Marina si oppose e Chandler dovette modificare l'intreccio. Indimenticabile la scena in cui la Lake, al volante di notte, «abborda» Ladd a piedi sotto una pioggia torrenziale.

Dalla Cina con furore ** (*Jingwu men,* noto anche coi titoli inglesi *Fist of Fury* e *The Chinese Connection*, Hong Kong 1972, col, 106') Lo Wei. Con Bruce Lee, Nora Miao, Maria Yi, James Tien, Tien Feng, Hwong Chung. ◆ Nella Shangai del 1908, quando la città era territorio internazionale, due scuole di kung fu, una cinese e l'altra giapponese, sono in lotta. Bruce Lee, campione della prima scuola, per vendicare l'assassinio del maestro fa strage di giapponesi. Prodotto da Raymond Chow. Secondo film da protagonista del leggendario Lee, ma primo a essere distribuito in Italia, dove conobbe (come nel resto del mondo) un successo clamoroso.

Dall'altro lato della strada ** (*Crossing Delancey*, Usa 1988, col, 97') Joan Micklin Silver. Con Amy Irving, Reizl Bozyk, Peter Riegert, Jeroen Krabbe, Sylvia Miles, Suzzy Roche, George Martin. ◆ La nonna cerca di procurarle un marito attraverso un'agenzia matrimoniale, e la nipote ancora signorina (Irving) si ritrova in situazioni imbarazzanti. Una commedia di costume abbastanza divertente, che mette a confronto due generazioni irrimediabilmente lontane. È tratta da una pièce di Susan Sandler, che ha curato anche l'adattamento cinematografico.

Dalla nube alla Resistenza *** (Italia 1979, col, 104') Jean-Marie Straub, Danièle Huillet. Con Olimpia Carlisi, Guido Lombardi, Gino Felici, Lori Pelosini, Walter Pardini, Ennio Lauricella, Fiorangelo Pucci, Carmelo Lacorte, Mauro Monni, Mario di Mattia, Luigi Giordanello, Gianni Toti. ◆ Film in due parti. Nella prima, tratta da 6 dei 27 *Dialoghi con Leucò* di Cesare Pavese (*La nube, La Chimera, I ciechi, L'uomo lupo, L'ospite, I fuochi*), viene ricreato il mondo del mito, dove gli dèi-tiranni svolgono un'influenza fondamentale sulle vite degli uomini. I più estesi sono i confronti tra la Nube (Carlisi) e Issione (Lombardi), e tra Tiresia (Lauricella) e Edipo (Pardini), ripresi di spalle su un carro che attraversa i campi coltivati in un lunghissimo piano sequenza. Quest'ultimo dialogo rimanda al nucleo narrativo della seconda parte, tratta da *La luna e i falò*: l'incontro tra un uomo detto il «bastardo» (Monni), tornato dall'America nelle Langhe dopo la guerra di Liberazione, e Nuto (Lacorte), il falegname-musicista ammirato da ragazzino, che gli racconta della guerra e della propria lotta con i partigiani. Un film sul potere e sulla «resistenza con la r minuscola» (come ha scritto Franco Fortini) contro i dominatori di ogni genere – si tratti di dèi o di uomini che da essi traggono legittimità e prestigio per le loro opprimenti gerarchie – sullo sfondo di un paesaggio rurale ripreso con grande sensualità, che via via conquista un ruolo di primo piano. La recitazione (di attori non professionisti, tranne la Carlisi) è straniata e straniante, con evidenti echi brechtiani, e segue scansioni musical-poetiche che quasi superano il testo di Pavese, alternando i dialoghi (in rigorosa presa diretta) al silenzio e il silenzio allo schermo buio quando l'orrore, esprimibile con la razionalità delle parole, non può trovare emotivamente un'immagine adeguata. Un film complesso, a tratti ostico, ma affascinante e controcorrente ancora oggi, destinato – come tutte le opere di Straub e Huillet – a dividere critica e pubblico, ma che rivendica con infinita coerenza «la presa di coscienza di una rivolta sempre necessaria, di una irriconciliazione permanente, ideologica ed estetica». La prima parte è stata girata in Toscana, la seconda nelle Langhe.

Dalla parte del cuore ** (*Where the Heart Is*, Usa 1990, col, 94') John Boorman. Con Dabney Coleman, Uma Thurman, Crispin Glover, Christopher Plummer, Joanna Cassidy ◆ Il proprietario di un'impresa di demolizioni (Coleman) mette sulla strada i propri tre figli, perché imparino ad arrangiarsi da soli; quando sarà lui a trovarsi sul lastrico, saranno loro ad aiutarlo. Superficiale come pamphlet sui rapporti generazionali e sull'importanza del denaro, il film di Boorman (scritto insieme alla figlia Telsche) si salva per la verve grottesca e per l'eleganza visiva: ma resta un progetto monco in partenza. Disastro commerciale negli Usa, in Italia non è mai arrivato nelle sale.

Dalla terra alla luna * (*From the Earth to the Moon*, Usa 1958, col, 100') Byron Haskin. Con Joseph Cotten, George Sanders, Debra Paget, Don Dubbins, Patric Knowles, Melville Cooper, Carl Esmond, Henry Daniell. ◆ Scienziato scopre l'esistenza di un'energia potentissima, che utilizza prima per fabbricare una bomba, poi per farsi sospingere sulla luna. Ispirato a un romanzo di Jules Verne, è un esercizio di fantascienza di scarsa suggestione, con dialoghi improbabili e attori imbarazzati.

Dalla terrazza ** (*From the Terrace*, Usa 1960, col, 144') Mark Robson. Con Paul Newman, Joanne Woodward, Myrna Loy, Ina Balin, Leon Ames, Elizabeth Allen, Barbara Eden, George Grizzard. ◆ Figlio di un ricco industriale e marito di una donna che ha spinto verso l'infedeltà (Woodward), l'ambizioso Alfred Eaton (Newman), incontra l'anima gemella (Balin) e decide di cambiare vita. Una commedia moraleggiante, eccessivamente lunga e poco coesa, tratta dal romanzo di John O'Hara e sceneggiata da Ernest Lehman. La convenzionalità è in agguato, ma gli interpreti fanno del loro meglio per tenere desta l'attenzione: la Loy è straordinaria nella parte della madre alcolizzata, Ames non è da meno in quella del padre sgradevole e la coppia Newman-Woodward è giovane e bella.

Dalle nove alle cinque... orario continuato ** (*Nine to Five*, Usa 1980, col, 110') Colin Higgins. Con Jane Fonda, Lily Tomlin, Dolly Parton, Dabney Coleman, Sterling Hayden, Elizabeth Wilson, Henry Jones, Lawrence Pressman, Marian Mercer. ◆ Tre segretarie (Fonda, Tomlin e Parton) si coalizzano contro il loro capo (Coleman), vero campione di maschilismo, e ottengono l'agognata vendetta. Sceneggiata dal regista con Patricia Resnick, è una commedia femminista che nella prima parte promette molto, ma poi smorza la potenziale carica eversiva in una girandola di situazioni *slapstick*, risolte grazie all'intervento di un uomo. Ottime le interpretazioni femminili, tra cui spicca quella della Tomlin, segretaria con esilaranti fantasie omicide. Primo film della cantante country Dolly Parton.

Dal nostro inviato a Copenaghen *½ (Italia 1970, col, 89') Alberto Cavallone. Con Alain N. Kalsjy [Walter Fabrizio], Anthony Vernon [Antonio Casale], George Stevenson, Jane Avril [Maria Pia Luzi], Anna Ciucci. ◆ Due soldati americani reduci dal Vietnam, con l'aiuto di un'organizzazione pacifista, disertano da una base tedesca e riparano a Copenaghen, dove il più debole (Kalsjy), ossessionato dalle violenze di cui si è macchiato, cede alla schizofrenia. A Cavallone (anche sceneggiatore) non faceva certo difetto il tempismo nella denuncia degli orrori della «sporca guerra»: ma il film è confuso, assai datato anche nella confezione - zoom e immagini di repertorio a iosa - e al di sotto delle sue ambizioni. Obbligatorio (anche se assai pudibondo) il tour nell'industria del porno della capitale danese. Il titolo di lavorazione era *Così U.S.A.*

Dal Pentagono al Pacifico: uccidete Yamamoto! *½ (*Kengo – Kantai Shireichokan Yamamoto Isoruko*, Giappone 1968, col, 87') Seiji Maruyama. Con Toshiro Mifune, Toshio Krosawa, Makoto Sako, Koshiro Matsumoto. ◆ La biografia dell'ammiraglio Yamamoto (Mifune), responsabile del vittorioso attacco a Pearl Harbor. Sommaria la trattazione del complesso periodo storico, più riuscito il ritratto del personaggio interpretato da Mifune, ormai entrato definitivamente nella fase post-Kurosawa.

Dal Polo all'Equatore *** (Italia/Rft 1986, col, 101') Yervant Gianikian, Angela Ricci Lucchi. ◆ Montaggio di spezzoni tratti dall'archivio del cineasta Luca Comerio girati nel primo e nel secondo decennio del secolo: un treno e una funicolare attraversano le Alpi; una spedizione italiana al Polo Sud; l'esercito russo al confine con l'Iran; soldati e missionari italiani in Africa; scene di vita in India; ancora Africa, prima a Tangeri, poi in Eritrea e in Uganda al seguito del barone Franchetti che fa caccia grossa; materiali della prima guerra mondiale (parate e combattimenti). Una delle opere più interessanti (e affascinanti) del cinema sperimentale italiano: rifotografando a uno a uno 347.600 fotogrammi tratti dall'archivio di Comerio e montandoli secondo un ritmo personalissimo – che a volte spezza il flusso delle immagini, a volte le rallenta e in altri momenti le accelera – Gianikian e Ricci Lucchi, da una parte recuperano e approfondiscono la lezione narrativa del cinema delle origini (come molto cinema d'avanguardia ha fatto: Jonas Mekas, Ken Jacobs, Robert Nelson), dall'altra riescono a evidenziare elementi che difficilmente sarebbero stati colti – la violenta bellezza della caccia all'orso bianco, l'opprimente tristezza di certi abbigliamenti a cui i bianchi costringono i neri – e soprattutto a svelare come davvero «la macchina da presa rappresenta l'avanguardia dell'impero coloniale». Accompagnato soltanto da un commento sonoro (di Keith Ullrich e Charles Anderson) il film richiede evidentemente una visione attenta e concentrata e soprattutto la disposizione a farsi prendere dalla bellezza e dal fascino delle immagini tutte virate con delicata sensibilità monocroma.

Dal tramonto all'alba ** (*From Dusk Till Dawn*, Usa 1995, col, 107') Robert Rodriguez. Con George Clooney, Quentin Tarantino, Harvey Keitel, Juliette Lewis, Ernest Liu, Fred Williamson, Tom Savini, Salma Hayek, Cheech Marin, Danny Trejo, Tito Larriva, Michael Parks, John Saxon. ◆ I fratelli Seth (Clooney) e Richard Gecko (Tarantino), ricercati per rapina e omicidio, sequestrano il predicatore senza più fede Jacob Fuller (Keitel) e i suoi figli Kate (Lewis) e Scott (Liu), e passano la frontiera messicana nascosti nel loro camper. Ma il locale in cui è stato dato loro appuntamento si rivela un covo di vampiri: rapitori e rapiti diventeranno alleati nella lotta contro i mostri. Metà noir, metà splatter eccessivo e semiparodistico alla Peter Jackson, il film di Rodriguez (tratto da una vecchia sceneggiatura di Tarantino) è un costoso divertimento per ragazzacci patiti del cinema di serie C (basta vedere il cast di contorno), che gronda cinismo e idiozia ricercata a bella posta: fino al paradosso di prendersi sul serio. Posto che si accettino le regole, ci si alza da tavola sazi, rintronati e col bisogno irrefrenabile di rifarsi la vista con un Bresson o un Mizoguchi: che come effetto non è da buttar via. Rodriguez è anche montatore e operatore alla macchina. Cheech Marin interpreta tre personaggi (il poliziotto alla frontiera, il buttafuori e il gangster alla fine). Tarantino, nella parte dello psicopatico, non ha mai recitato così bene.

Dama bianca, La *½ (Italia 1938, b/n, 82') Mario Mattoli. Con Elsa Merlini, Nino Besozzi, Paolo Stoppa, Ada Cristina Almirante, Vincenzo Scarpetta. ◆ Un marito dongiovanni (Besozzi) è geloso della moglie (Merlini): nell'albergo a Cervinia dove i due sono in vacanza, si aggira nottetempo una dama bianca «bacia-uomini» che complica i problemi di fedeltà reciproca. Per il terzo film del 1938, Mattoli torna ai telefoni bianchi, con una commedia borghese, non molto vivace, incentrata su Elsa Merlini, allora all'apice della notorietà. Uno dei primi ruoli per il giovanissimo Stoppa, qui nella parte del direttore d'albergo.

Dama e il cowboy, La *½ (*The Cowboy and the Lady*, Usa 1938, b/n, 80') Henry C. Potter. Con Gary Cooper, Merle Oberon, Patsy Kelly, Walter Brennan, Fuzzy Knight, Harry Davenport. ◆ Il cowboy Cooper sposa la figlia di un candidato alla presidenza e costui, temendo uno scandalo elettorale, cerca di ostacolare l'unione. Commedia blanda e deludente, che si affida soprattutto alla bravura degli attori. La fotografia è del grande Gregg Toland.

Dama e l'avventuriero, La **½ (*Mr. Lucky*, Usa 1943, b/n, 100') Henry C. Potter. Con Cary Grant, Laraine Day, Charles Bickford, Gladys Cooper, Alan Carney, Henry Stephenson, Paul Stewart. ◆ Un ufficiale di marina (Grant), patito del gioco d'azzardo, pensa di imbrogliare una ricca ereditiera, ma poi se ne innamora. Una commedia ben scritta e divertente, addirittura spassosa se il doppiaggio non smorzasse la vivacità dei dialoghi in slang. Grant è un profittatore sornione e irresistibile.

Damasco '25 *½ (*Sirocco*, Usa 1951, b/n, 98') Curtis Bernhardt. Con Humphrey Bogart, Marta Toren, Lee J. Cobb, Everett Sloane, Gerald Mohr, Zero Mostel. ◆ Nel 1925, un trafficante d'armi (Bogart), che rifornisce i ribelli siriani in guerra contro i francesi, si innamora della donna (Toren) del capo della polizia e sacrificherà la propria vita proprio per salvare quella del rivale in amore (Cobb). Tentativo poco riuscito di coniugare (da parte degli sceneggiatori Hans Jacoby e A. I. Bezzerides) il romanzo *Colpo di grazia* di Joseph Kessel con elementi presi da *Casablanca* e più in generale dalla mitologia bogartiana (l'amore senza speranza, il personaggio che si muove con disinvoltura in un Paese in guerra, ufficiali più o meno corrotti), ma il colpo di scena finale è assurdo e gratuito. Si salva solo Nick Dennis nel ruolo di Nasir Saline.

Da Mayerling a Sarajevo ** (*De Mayerling à Sarajevo*, Francia 1940, b/n, 89') Max Ophuls. Con Edwige Feuillère, John Lodge, Gabrielle Dorziat, Jean Worms, Marcel André, Colette Régis, Aimé Clariond, Aimos, Jean-Paul Dreyfus. ◆ È la storia di Francesco Ferdinando d'Austria (Lodge), successore al trono austroungarico, politico progressista e sposo felice, ma morganatico, della contessa céca Sophie Chotek (Feuillère), fino al fatidico 28 giugno 1914, quando viene assassinato a Sarajevo. Per uno strano caso del destino, l'inizio della prima guerra mondiale nel film venne a coincidere con l'occupazione della Polonia nella realtà: il regista, ormai cittadino francese, dovette arruolarsi, e il montaggio venne effettuato senza il suo intervento. Specie di *suite* di *Mayerling* (girato tre anni prima dal maestro di Ophuls, Anatole Litvak), questo melodramma non riuscito trova il suo centro nella contrapposizione tra le ragioni dell'amore e quelle della ragion di stato. Considerato da molti come un'opera spuria, appare meglio riuscita e pienamente ophulsiana solo nella prima parte. Da notare un grave errore storico: il film fa vedere l'arciduchessa Maria Teresa (Dorziat), madre di Ferdinando, mentre nella realtà era morta molto prima del matrimonio del figlio.

Da mezzogiorno alle tre ** (*From Noon Till Three*, Usa 1976, col, 99') Frank D. Gilroy. Con Charles Bronson, Jill Ireland, Douglas Fowley, Stan Haze, Damon Douglas, Anne Ramsey. ◆ Tra una vedova (Ireland) e un bandito (Bronson) nasce un'attrazione che risulta fatale all'equilibrio psichico di entrambi. Una storia bizzarra dà origine a un western molto incerto, che alterna momenti da commedia romantica a flash da incubo. Bronson cambia look e registro, ma non convince del tutto. La sceneggiatura è dello stesso regista.

Damigella di Bard, La ** (Italia 1936, b/n, 75') Mario Mattoli. Con Emma Gramatica, Luigi Cimara, Carlo Tamberlani, Mirella Pardi, Cesare Bettarini, Amelia Chellini, Armando Migliari. ◆ Torino: un'anziana nobildonna soprannominata la damigella di Bard (Gramatica) viene sfrattata per morosità da un marchese (Cimara) ma diventa la confidente della figlia di costui (Pardi), in pena per un ingegnere (Bettarini) che il padre le impedisce di sposare e che scoprirà essere il proprio nipote, scomparso da piccolo dopo l'omicidio del fratello. La nobildonna riuscirà a dimostrare l'origine nobile del ragazzo, a far sposare i due e a rientrare in possesso del suo palazzo. Dall'omonimo testo di Salvator Gotta, sceneggiato da Aldo De Benedetti e Mario Mattoli, una commedia vivace (all'epoca si parlò di regia «alla francese») e molto ben recitata, che riconferma i valori dell'*ancien régime* contro la volgarità e le malversazioni dei nuovi ricchi (a mandare in rovina la damigella è stato il suo spericolato ragioniere [Migliari] che trama anche per sposare la figlia del marchese ed entrare nell'alta società; il giovane ingegnere, tutto lavoro e buoni sentimenti, in realtà è nobile). Straordinaria la Gramatica, mostro sacro del teatro che rivela le sue doti anche davanti alla macchina da presa.

Da morire **½ (*To Die For*, Usa 1995, col, 106') Gus Van Sant. Con Nicole Kidman, Matt Dillon, Joaquin Phoenix, Alison Folland, Casey Affleck, Illeana Douglas, Dan Hedaya, Kurtwood Smith, Maria Tucci. ◆ Suzanne Stone (Kidman), sposata all'italoamericano Larry Maretto (Dillon) e diplomata in giornalismo elettronico, plagia due giovani per farsi uccidere il marito ed essere libera di scalare le alte vette dei network, perché «non sei nessuno se non appari in tv». Da un'ottima sceneggiatura di Buck Henry (che si ritaglia il piccolo ruolo di un insegnante) tratta dal romanzo di Joyce Maynard, una commedia noir costruita come un «balletto perverso», graffiante e spregiudicata contro una società instupidita dalla televisione ma non certo originalissima. Van Sant conferma il suo stile visionario e vivacissimo ma qui anche un po' di maniera, come se dovesse far dimenticare alla committenza (la major Columbia) il fallimento catastrofico del suo precedente, e ben più libero, *Cowgirls*. Piuttosto, è il film che ha permesso alla Kidman di dimostrare che non è solo «la moglie di Tom Cruise». L'uomo sepolto sotto la neve è David Cronenberg. Musiche di Danny Elfman.

Dance Academy * (Italia 1987, col, 116') Ted Mather. Con Julie Newmar, Tony Fields, Galyn Gorg, Eliska Krupka, Steve La Chance. ◆ Un'antica scuola di danza classica si trova finanziariamente in difficoltà e deve aprire le porte al jazz e al rock'n roll. Italiano nella produzione e americano nel corpo di ballo, è consigliabile solo ai fan del genere.

Dance Party **½ (*The «In» Crowd*, Usa 1988, col, 96') Mark Rosenthal. Con Donovan Leitch, Scott Plank, Jennifer Runyon, Joe Pantoliano, Bruce Kirby, Wendy Gazelle, Page Hannah. ◆ Uno scanzonato e divertente musical comico-sentimentale sulla Tv americana anni Sessanta, centrato sulla figura di un manager intrallazzone. Leitch è il figlio del famoso cantante Donovan.

Dancer, Texas ** (*Dancer, Texas Pop. 81*, Usa 1998, col, 95') Tim McCanlies. Con Breckin Meyer, Peter Facinelli, Ethan Embry, Eddie Mills, Ashley Johnson, Patricia Wettig, Michael O'Neill. ◆ Quattro ragazzi (Meyer, Facinelli, Embry e Mills) di Dancer, paese texano di 81 anime, sognano di scappare dal luogo natio sin da quando erano bambini. All'annuncio della loro partenza per Los Angeles, dopo il diploma, gli altri 77 abitanti fanno di tutto per bloccarli. Un'insolita commedia adolescenziale sul sempreverde *american dream*, scritta dal regista (esordiente) guardando più a Frank Capra e ai suoi personaggi di depressi sognatori che ai moderni film per teenager, ma con un'atmosfera malinconica non indegna dell'*Ultimo spettacolo*.

Dance – Voglia di successo * (*Fast Forward*, Usa 1985, col, 110') Sidney Poitier. Con John Scott Clough, Don Franklin, Tamara Mark, Tracy Silver, Cindy McGee, Gretchen F. Palmer, Irene Worth, Constance Towers. ◆ Le peripezie di otto ballerini bianchi e neri che vanno a New York per partecipare a una prestigiosa competizione. Non si sa se saranno famosi. Di sicuro sono già visti e stravisti.

Dance with Me *½ (*Dance with Me*, Usa 1998, col, 126') Randa Haines. Con Vanessa L. Williams, Chayanne, Kris Kristofferson, Jane Krakowski, Joan Plowright. ◆ Texas: la ballerina di salsa Ruby (Williams) trova nel cubano Rafael (Chayanne) un partner che la porta al successo: ma la vittoria a un torneo di Las Vegas le fa capire che c'è altro nella vita. I soliti vecchi cliché (la sceneggiatura è di Daryl Matthews) e un pizzico di *Ballroom*: cambia solo la colonna sonora. Niente politica, poco sesso: 126' sono lunghi.

Dangerous Woman – Una donna pericolosa ** (*A Dangerous Woman*, Usa 1993, col, 100') Stephen Gyllenhaal. Con Debra Winger, Barbara Hershey, Gabriel Byrne, David Strathairn, Chloe Webb. ◆ Santa Paula, Los Angeles. Il disagio mentale e il candore assoluto di Martha (Winger), mantenuta dalla zia Frances (Hershey) e pericolosamente ribelle alle menzogne che la circondano: rivaleggerà con la zia per amore di Mackey (Byrne), un muratore con frustrate ambizioni letterarie; conoscerà l'omicidio e il carcere; ma alla fine darà alla luce la bambina di Mackey e riunirà la strana «famiglia». Un torbido melodramma di provincia formato soap-opera: per uscire dal vicolo cieco del solito handicap-movie hollywoodiano, la moglie del regista (Naomi Foner) farcisce la sceneggiatura con tutti gli ingredienti possibili e immaginabili; Gyllenhaal ci sguazza, ma il risultato è francamente eccessivo e prevedibile, e finisce per appesantire anche la sincera interpretazione dell'indomita Winger, unico Dustin Hoffman in gonnella (per amore del personaggio, si abbandona persino a un momento di autoerotismo tenero, disperato e – pare – autentico). Produzione di Steven Spielberg.

Danger Zone – Fuga dal futuro ** (*Project X*, Usa 1987, col, 106') Jonathan Kaplan. Con Matthew Broderick, Helen Hunt, Bill Sadler, Johnny Ray McGhee, Jonathan Stark, Jean Smart. ◆ Scimpanzé addestrati dall'Air Force per missioni suicide si ribellano e riescono a tornare nella foresta d'origine, grazie all'aiuto di un giovane istruttore (Broderick). La rivincita di Tarzan in una favola gradevole e ben confezionata, con alcuni passaggi costruiti sulla falsariga di analoghi prodotti disneyani.

Daniel **½ (*Daniel*, Usa 1983, col, 128') Sidney Lumet. Con Lindsay Crouse, Mandy Patinkin, Timothy Hutton, Amanda Plummer, Ilan M. Mitchell-Smith, Jean Greco, Ellen Barkin. ◆ Negli anni Sessanta, il pacifista Daniel (Hutton) cerca la verità sui genitori comunisti condannati a morte durante il maccartismo. Dal libro di Edgar L. Doctorow sul caso Rosenberg, un robusto dramma familiare d'ispirazione radical, costruito su continui flashback dal taglio rigoroso e provocatorio.

Dan il terribile *½ (*Horizons West*, Usa 1952, col, 81') Budd Boetticher. Con Robert Ryan, Julia Adams, Rock Hudson, Raymond Burr, James Arness, John McIntire, Dennis Weaver. ◆ Per due fratelli (Ryan e Hudson), tornati in Texas dopo la guerra, la vita ricomincia su versanti contrapposti. Western un po' lugubre, con scene d'azione costruite come fossero scene madri. Il fuorilegge Ryan se la cava meglio del rispettabile Hudson.

Danko ** (*Red Heat*, Usa 1988, col, 106') Walter Hill. Con Arnold Schwarzenegger, James Belushi, Peter Boyle, Ed O'Ross, Richard Bright, Gina Gershon. ◆ Il poliziotto sovietico Danko (Schwarzy) va a Chicago in caccia di un trafficante di droga, e viene aiutato – non senza qualche problema – da un collega americano (Belushi). Poliziesco postperestroijka, all'insegna della cooperazione possibile, con spettacolari scene d'azione e una stilizzatissima, ma divertente, caratterizzazione dei personaggi. È il primo film made in Usa girato sulla Piazza Rossa, e l'orologio con lo zero è diventato il primo gadget occidentale della glasnost gorbacioviana.

Dannati, I ***½ (*Decision Before Dawn*, Usa 1951, b/n, 119') Anatole Litvak. Con Richard Basehart, Gary Merrill, Oskar Werner, Hans Christian Blech, Hildegarde Neff [Hildegard Knef], Dominique Blanchar, Otto E. Hasse, Wilfred Seyfert. ◆ Dopo lo sbarco in Normandia, il comando americano in Francia cerca collaborazionisti tra i prigionieri tedeschi. Si offre Maurer (Werner) che, insieme al tenente americano Rennick (Basehart) e a un sottufficiale tedesco soprannominato il Tigre (Blech), viene paracadutato dietro le linee nemiche per raccogliere informazioni. E sarà proprio il sacrificio di Maurer a permettere il successo della missione. Ispirato a una storia vera, raccontata da George Howe nel romanzo *Call It Trahison* e sceneggiata da Peter Viertel, il film si colloca con originalità a metà strada tra il genere di guerra e quello di spionaggio, raffreddando il più possibile l'elemento avventuroso per dare rilievo al significato del tradimento, considerato legittimo e nobile in determinate circostanze storiche. Notevole la caratterizzazione psicologica dei personaggi, in particolare di Werner, spia tormentata ma convinta, superpatriota tragico e supremo; e straordinaria l'ambientazione realistica (alcune scene sono state effettivamente girate in Germania e poi inserite mediante l'uso del trasparente), che sa coniugare un alto senso dello spettacolo con la descrizione di un paese, ormai alla vigilia della disfatta finale, tutto fiamme e macerie. Tra le comparse c'è Klaus Kinski, in una delle sue prime apparizioni.

Dannati della terra, I *½ (Italia 1969, col, 100') Valentino Orsini. Con Frank Wolff, Marilù Tolo, Marina Malfatti, Serigne N'Diaye Gonzales, Roberto Bisacco, Romano Scavolini, Carlo Cecchi. ◆ Un regista italiano (Wolff) porta a termine il film di un collega africano morto di leucemia, suo ex allievo, sulla base degli appunti che costui ha lasciato alla moglie. Con una messa in scena ispirata a Brecht e una dialettica sarcastica, più verbale che visiva, l'ex assistente dei fratelli Taviani esprime la sua insofferenza nei confronti della sinistra europea, sostenendo le tesi rivoluzionarie di Che Guevara contro il pacifismo di Lumumba. Bella la sequenza della veglia per il Vietnam (dove si riconoscono Sergio Endrigo, Cesare Zavattini, Gian Maria Volonté e Tino Buazzelli), ma al film nuoce una diffusa autocommiserazione.

Dannati dell'oceano, I **** (*The Docks of New York*, Usa 1928, b/n, 80') Josef von Sternberg. Con George Bancroft, Betty Compson, Olga Baclanova, Clyde Cook, Mitchell Lewis, Gustav von Seyffertitz. ◆ Sceso a terra per una notte, il fuochista Bill Roberts (Bancroft) salva dal suicidio in mare la disperata Mae (Compson) che poi sposa per scherzo sotto l'effetto del vino. Al mattino, le lacrime di Mae non riescono a fermare Bill dal tornare a imbarcarsi, ma una volta a bordo il fuochista si accorge di amare veramente la sua sposa. Tratto da un racconto di John Monk Sauders sceneggiato da Jules Furthman e dichiaratamente ispirato agli esperimenti registici di Max Reinhardt, questo melodramma è uno dei punti più alti della carriera di von Sternberg, che dimostra una padronanza stilistica dell'uso della luce già magistrale. Tutto costruito per opposizioni, il film non si preoccupa di dare ai due protagonisti un passato o un ambiente sociale: Bill viene dal fuoco (della caldaia), Mae dall'acqua (del tentato suicidio) e questa dualità quasi metafisica si riverbera per tutta la storia: la notte della prima parte (con il suo corollario di desiderio e illusione) opposta al giorno della seconda (con il tempo della delusione, della resa dei conti, del dovere), ma soprattutto il contrasto tra luce e ombra, in un gioco luministico «di una raffinatezza estrema ma estremamente autentica». Ne esce un racconto crudele ma anche malinconico, che sa fondere l'ambigua realtà dell'amore con un diffuso senso di disillusione, tipico di tanti personaggi sternberghiani. Entrata giustamente nella storia del cinema l'inquadratura in soggettiva di Mae che, con gli occhi pieni di lacrime per la decisione di Bill di imbarcarsi, non riesce a infilare l'ago con cui cucirgli la tasca della camicia, ma altrettanto indimenticabili sono la festa di matrimonio nei bassifondi, e tutta la parte finale, con Bill e l'amico Steve (Cook) che parlano davanti alla caldaia (una scena «di una bellezza luministica inarrivabile»), l'arrivo dell'ufficiale che chiede «Vapore, non ciance», la decisione improvvisa di Bill di tornare da Mae abbandonando la nave a nuoto, la scoperta che la moglie è accusata del furto di alcuni vestiti, l'autoaccusa del marito che viene condannato a due mesi di carcere, le ultime, indimenticabili frasi (Bill: «Sessanta giorni non sono una crociera molto lunga, baby. E sarà la mia ultima se mi aspetterai». Mae: «Credo che ti aspetterò per sempre, Bill»).

Dannati di Varsavia, I *** (*Kanał*, Polonia 1957, b/n, 94') Andrzej Wajda. Con Teresa Iżewska, Emil Karewicz, Tadeusz Janczar, Wieńczysław Glinski, Władysław Sheybal, Tadeusz Gwiazdowski, Stanisław Mikulski, Teresa Berezowska. ◆ Durante l'insurrezione di Varsavia, alla fine del settembre 1944, un gruppo di soldati cerca di raggiungere attraverso le fogne il quartiere di Srodmięście: si divideranno in tre gruppi, ma i tradimenti, le imboscate dei tedeschi e gli ostacoli del percorso faranno fallire la missione. Per il suo secondo film, Wajda chiede a Jerzy Stefan Stawiński di sceneggiare un suo racconto autobiografico, censurato durante lo stalinismo. Specie di discesa dantesca nel sottosuolo di una città ma anche di una nazione e della sua storia, il film vuole dimostrare – attraverso i suoi personaggi sconfitti e l'atmosfera di disperazione e sofferenza che si respira – che l'insurrezione armata aveva portato solo dolore e morte alle giovani generazioni: ne esce un'opera lontanissima dalla retorica ufficiale, che si guarda bene dal canonizzare il patriottismo o glorificare un'azione che si era rivelata fallimentare (ma che si continuava a ricordare come un atto di grande coraggio) e che spiega la freddezza con cui il film fu accolto in patria. Nonostante le ristrettezze produttive, *Kanał* è invece di una grande ricchezza emotiva e visiva insieme e l'abilità con cui Wajda tiene alta la tensione giustifica appieno gli elogi che accompagneranno la presentazione del film al festival di Cannes, dove otterrà il premio speciale della giuria.

Dannati e gli eroi, I **½ (*Sergeant Rutledge*, Usa 1960, col, 111') John Ford. Con Jeffrey Hunter, Constance Towers, Woody Strode, Billie Burke, Juano Hernandez, Willis Bouchey, Carleton Young, Mae Marsh. ◆ Il tenente Tom Cantrell (Hunter) assume la difesa di Braxton Rutledge (Strode), sergente di un reggimento composto solo da soldati di colore, accusato di violenza carnale e omicidio. Un western che si trasforma in un'analisi del razzismo che permea la società americana, evidente nei pregiudizi della corte ma non meno presente dietro la «curiosità» del pubblico femminile che partecipa al processo o negli atteggiamenti inconsci (la paura irrazionale di Mary [Towers], l'esasperata imparzialità di Tom) di chi si dichiara dalla parte dell'accusato. Un soggetto socialmente insolito per Ford (che pure sottolinea l'importanza del gruppo: qui il reparto di cavalleria formato tutto di neri) e che dà luogo a un altrettanto inconsueto e interessante tentativo di contaminazione tra il western e il sottogenere giudiziario: la storia vera e propria appartiene al primo, ed è raccontata all'interno di una lunga serie di flashback processuali, in ossequio alle regole narrative del secondo.

Dannati non piangono, I ** (*The Damned Don't Cry*, Usa 1950, b/n, 103') Vincent Sherman. Con Joan Crawford, David Brian, Steve Cochran, Kent Smith, Richard Egan. ◆ Dopo aver abbandonato il marito e una vita di privazioni, Ethel Whitehead (Crawford) entra nella vita di due uomini: un gangster con interessi politici (Brian) che se ne serve per far bella figura nel gran mondo, e il suo mortale nemico (Cochran), che poi è colui che lei ama veramente. Inevitabile che tutto finisca in tragedia. Nella speranza di ripetere il successo di *Viale Flamingo*, la Warner spinge la Crawford a interpretare la saga di una donna della piccola borghesia che si fa tentare dai fasti della malavita: la storia (sceneggiata da Harold Medford e Jerome Weidman) è ovvia e piuttosto sciocca, l'età dell'attrice è poco adatta a parti da fatalona capace di suscitare fischi d'ammirazione da parte di clienti viziati («Lurida femmina!» le ringhia un improbabile Cochran), ma la recitazione enfatica della Crawford riesce a risollevare questo materiale di serie B.

Danno, Il ° (*Damage*, Gb/Francia 1992, col, 112') Louis Malle. Con Jeremy Irons, Juliette Binoche, Miranda Richardson, Rupert Graves, Ian Bannen, Leslie Caron. ◆ Un ministro inglese (Irons) non sa frenare la passione per la futura sposa (Binoche) del figlio (Graves): quando il ragazzo scoprirà la relazione, sarà la tragedia. Dall'omonimo bestseller internazionale di Josephine Hart, un cocktail di eros e thanatos in confezione patinata a uso del pubblico perbene, per il quale il brivido della trasgressione consiste nel vedere due attori di buon nome (ma solo Irons compare nudo frontalmente) contorcersi in pose scomode ma assai plastiche. A più di trent'anni da *Les Amants*, Malle vorrebbe scrivere un nuovo inno all'*amour fou* e in un'epoca di banalizzazione del sesso cerca di reagire all'eccesso di smancerie e romanticismo di molti colleghi con una regia cruda e realistica, ma gli amanti del *Danno* finiscono per sembrare figurine posticce costruite a tavolino. Solo Miranda Richardson, nel ruolo della moglie tradita, riesce a trasmettere un'autentica e intensa tragicità. Il «danno» a cui fa riferimento il titolo è il trauma incestuoso subito in gioventù dalla protagonista, e che l'ha resa insensibile al dolore altrui. Ma in fondo anche lei «non è diversa dalle altre».

D'Annunzio * (Italia 1987, col, 110') Sergio Nasca. Con Robert Powell, Stefania Sandrelli, Sonia Petrovna, Florence Guerin, Roberto Alpi, Thérèse Ann-Savoy, Eva Grimaldi, Fiorenza Marchegiani. ◆ Il Vate (Powell) dal 1887 al 1892, tra salotti mondani e camere da letto. Ispirato alla biografia romanzesca di Piero Chiara, il noioso ritratto di una star magniloquente e autocompiaciuta, con un improbabile Powell nel ruolo principale e un'ambientazione che risulta fasulla, nonostante il diligente impegno dello scenografo. Degne di nota solo le bellezze femminili.

Dans la ville blanche **½ (*Dans la ville blanche*, Svizzera 1982, col, 107') Alain Tanner. Con Bruno Ganz, Teresa Madruga, Julia Vonderlinn, José Carvalho. ◆ Un uomo di mare in crisi (Ganz) si rifugia a Lisbona, la «città bianca» del titolo, riprende ciò che vede in super8, ha una storia con la cameriera dell'alberghetto in cui vive (Madruga), ma continua a pensare alla moglie Elisa rimasta in Svizzera (Vonderlinn). Giocato tutto sul tema della dualità (due città, due donne, due formati, il Super8 e il 35mm), è un film disperatamente inseguito più che compiutamente realizzato, fragile e magico allo stesso tempo, nel quale il regista racconta il momento di crisi che sta attraversando. Ganz è l'interprete ideale del mal sottile tanneriano.

Dante's Peak – La furia della montagna *½ (*Dante's Peak*, Usa 1997, col, 112') Roger Donaldson. Con Pierce Brosnan, Linda Hamilton, Jamie Renée Smith, Jeremy Foley, Elizabeth Hoffman, Charles Hallahan, Grant Heslov, Kirk Trutner. ◆ Un vulcanologo del servizio geologico americano (Brosnan), allarmato dal risveglio di un vulcano, si batte contro colleghi e politici per far evacuare la cittadina sottostante: sua unica alleata è l'avvenente sindaco (Hamilton). Un catastrofico a scoppio ritardato, in cui la prevedibilità del genere non è riscattata né dal ritmo né dagli effetti speciali. Brosnan fa le prove acrobatiche per 007, ma chi osa di più è lo sceneggiatore (Leslie Bohem): davvero spericolato, si lancia in un groviglio di banalità e retorica senza risparmio. Il vulcano del film è ispirato a quello reale, e inattivo, dello Stato di Washington, il Mount St. Helena.

Danton **½ (*Danton*, Francia 1982, col, 136') Andrzej Wajda. Con Gérard Depardieu, Wojciech Pszoniak, Patrice Chéreau, Roger Planchon, Jacques Villeret, Angela Winkler, Bogusław Linda. ◆ 1793, la Francia repubblicana è in grave crisi. Danton (Depardieu) chiede più indulgenza e i negoziati di pace con le forze realiste, Robespierre (Pszoniak) continua a sostenere la necessità del Terrore e della guerra fino alla vittoria. Tratto dall'*Affare Danton* di Stanislawa Przybyszewska, è stato spesso letto in analogia con le coeve vicende di Danzica, ma il rapporto è meno stretto e più complesso di quanto possa sembrare. Agli occhi del polacco Wajda, la Storia non è *magistra vitae*, bensì uno psicodramma concitato e ambiguo, in cui i protagonisti hanno solo da perdere. La demagogia di Danton trova in Depardieu l'interprete ideale, mentre l'incorruttibilità di Robespierre risulta un po' semplificata nella rigida maschera che le presta Pszoniak.

Danubio rosso, Il *½ (*The Red Danube*, Usa 1949, b/n, 119') George Sidney. Con Walter Pidgeon, Ethel Barrymore, Peter Lawford, Angela Lansbury, Janet Leigh, Louis Calhern, Francis L. Sullivan. ◆ A Vienna, un colonnello (Pidgeon) incaricato di rimpatriare i profughi russi si fa un'idea della situazione sovietica attraverso i racconti personali di costoro, specie quello di una ballerina (Leigh) e del suo fidanzato (Lawford). Tipico film di propaganda dell'epoca della guerra fredda, grossolano e noioso.

Danza degli elefanti, La ** (*Elephant Boy*, Gb 1937, b/n, 80') Robert Flaherty, Zoltan Korda. Con Sabu [Sabu Dastagir], W.E. Holloway, Walter Hudd, Allan Jeayes, Bruce Gordon, Wilfrid Hyde-White. ◆ Accettato nonostante la sua giovanissima età a far parte di una spedizione per catturare elefanti selvaggi, Toomai (Sabu) perderà il padre (Holloway) ucciso da una tigre, ma conquisterà la stima del cacciatore bianco (Hudd) e degli altri scout indiani scoprendo un gigantesco branco di elefanti e riuscendo a vedere la loro mitica danza notturna. L'opera meno personale del documentarista Flaherty, abbondantemente manomessa dal produttore Alexander Korda, che prima lasciò il regista girare per un anno in India senza preoccuparsi di fargli rispettare il progetto originario (una riduzione del racconto di Kipling *Toomai degli* *elefanti*, sceneggiato da John Collier con la collaborazione di Akos Tolnay e Marcia da Silva), e poi fece girare nuove scene negli studi inglesi di Denham al fratello Zoltan Korda (compresa la brutta sequenza della danza degli elefanti, con gigantesche zampe di gomma costruite all'uopo). Inevitabile che il materiale documentario mal si integrasse con la storia dell'educazione alla vita del giovane Toomai, ruolo con cui esordisce sullo schermo l'undicenne Sabu Dastagir, mozzo di stalla degli elefanti del maharaja di Mysore.

Danza dei milioni, La *½ (Italia 1940, b/n, 73') Camillo Mastrocinque. Con Nino Besozzi, Iole Voleri, Miretta Mauri, Enzo Biliotti, Carlo Campanini, Armando Migliari, Giovanni Rosa, Guido Notari, Arturo Bragaglia. ◆ Un laureato disoccupato (Besozzi) convince un amico (Campanini) a farlo passare per un impiegato della banca in cui lavora e si rivela un ottimo uomo d'affari. Tratto dalla commedia *L'affare Kubinsky* di Laszlo Fodor sceneggiata da Luigi Zampa, è un contributo tutto italiano all'ideologia del *self made man*, all'insegna dell'improvvisazione e della fantasia. La prima parte è spigliata, la seconda piuttosto dozzinale e l'appello finale all'autarchia produttiva (con tanto di parola d'ordine italiana: «oh-issa») è francamente comica nella sua demagogia propagandistica.

Danza delle luci, La *** (*Gold Diggers of 1933*, Usa 1933, b/n, 96') Mervyn LeRoy. Con Joan Blondell, Ruby Keeler, Aline MacMahon, Dick Powell, Guy Kibbee, Warren William, Ginger Rogers. ◆ Un ricchissimo giovanotto (Powell) corteggia in incognito una graziosa ballerina (Keeler). Trama-pretesto per esaltare le splendide coreografie di Busby Berkeley: alle raffinate geometrie delle danze corrispondono eleganti movimenti di macchina, particolarmente articolati e complessi per l'epoca (*The Shadow Waltz*, con gli indimenticabili violini luminosi). Spiritosamente erotico il numero *Pettin' in the Park*, con un amorino che, armato di un gigantesco apriscatole, «forza» le corazze che difendono le virtù delle donne, mentre la grande coreografia *Remember My Forgotten Man*, che descrive la disperazione materiale e morale dei soldati che tornavano dal fronte e subivano le conseguenze della Depressione, possiede una virulenza e un impatto sociale ben maggiore delle scene non musicali (il che la dice lunga sulle qualità di LeRoy, potenzialmente capace di far uscire il musical dai binari di quella sdolcinatezza in cui lo condannavano le convenzioni del genere). La giovanissima Rogers (che si esibisce da solista in *We're in the Money*) è già una sicura promessa.

Danza di Venere, La *½ (*Dancing Lady*, Usa 1933, b/n, 94') Robert Z. Leonard. Con Joan Crawford, Clark Gable, Franchot Tone, May Robson, Nelson Eddy, Fred Astaire, Ted Healy e i suoi Stooges. ◆ Un regista (Gable) corteggia con bella tenacia una ballerina (Crawford), ma deve vedersela con un altrettanto determinato rivale. Quasi un musical sentimentale, ambientato dietro le quinte: l'intrigo è banale, ma Gable è brioso e soprattutto Astaire fa il suo debutto nella parte di se stesso.

Danza macabra *** (Italia 1964, b/n, 90') Anthony Dawson [Antonio Margheriti]. Con Barbara Steele, Georges Rivière, Margaret Robsham, Montgomery Glenn [Silvano Tranquilli], Sylvia Sorent [Sorrente], Henry Kruger [Umberto Raho]. ◆ Sotto gli auspici di Edgar Allan Poe (Tranquilli), uno scettico giornalista (Rivière) accetta la scommessa di passare una notte in una villa stregata da cui nessuno è mai uscito vivo. Vi incontrerà fantasmi così concreti da essere affamati di sesso, ma soprattutto del suo sangue. Scritto da Gianni Grimaldi e Bruno Corbucci (nascosti sotto gli pseudonimi di Jean Grimaud e Gordon Wiles jr), uno dei migliori gotici italiani dell'epoca, dove l'eleganza classica della messa in scena (con una prodigiosa fotografia contrastata di Riccardo Pallottini e abbondanza di piani-sequenza) fonde il romanticismo macabro con temi sottilmente morbosi, creando un clima sinuoso e suggestivo, senza il lieto fine d'obbligo. L'erotismo è abbastanza audace per l'epoca, con esplicite avances saffiche della Robsham alla Steele; ma la versione francese è molto più succosa. Un remake dello stesso regista, *Nella stretta morsa del ragno*.

Danzatrice di Singapore, La ** (*Road to Singapore*, Usa 1940, b/n, 84') Victor Schertzinger. Con Bing Crosby, Dorothy Lamour, Bob Hope, Charles Coburn, Judith Barrett, Anthony Quinn. ◆ Crosby e Hope decidono di farla finita con le donne e partono per Singapore, ma la Lamour li aspetta al varco. Primo film della serie avventurosa *Road to...*, piacevolmente leggero e scacciapensieri.

Danzón **½ (*Dansón*, Messico 1991, col, 96') Maria Novaro. Con Maria Rojo, Carmen Salinas, Bianca Guerra, Tito Vasconcelos, Victor Carpentéiero. ◆ Julia (Rojo), madre nubile impiegata ai telefoni, balla regolarmente il dansón (una specie di bolero messicano) con lo stesso partner ogni settimana in una balera. Quando, improvvisamente, lui non si presenta più, decide di andarlo a cercare nella sua città natale, Vera Cruz, dove troverà il calore di altre donne e un breve, intenso amore con un giovane marinaio. Ma non il suo partner. Favola sensuale e populista, con un delicato sottofondo femminista, il film della regista messicana Maria Novaro riesce a restituire l'atmosfera erotica e fantastica del mondo dei ballerini (alla ricerca di una sintonia musicale col mondo più che di una reale soluzione ai loro tanti problemi) offrendo anche uno spaccato di vita (il gruppo delle amiche, il ruolo del macho che «sa guidare il ballo», le amicizie occasionali di Vera Cruz), capace di restituire i colori e gli umori di una poco nota tradizione culturale.

Da parte degli amici: firmato mafia ** (*Le Cobra*, Francia 1971, col, 99') Yves Boisset. Con Jean Yanne, Senta Berger, Sterling Hayden, Giancarlo Sbragia. ◆ A Marsiglia, il clan degli Orsini viene sterminato da una cosca rivale che mira ad aggiudicarsi gli appalti edilizi con l'appoggio di un influente uomo politico. Cupo poliziesco alla francese, un po' ripetitivo ma interessante e tecnicamente ben fatto.

Da quando te ne andasti *** (*Since You Went Away*, Usa 1944, b/n, 150') John Cromwell. Con Claudette Colbert, Jennifer Jones, Shirley Temple, Joseph Cotten, Robert Walker, Monty Woolley, Hattie McDaniel, Lionel Barrymore, Agnes Moorehead, Craig Stevens, Keenan Wynn, Albert Basserman, Lloyd Corrigan. ◆ La vita degli Hilton, dopo che il capofamiglia si è arruolato: la madre Anna (Colbert) deve far fronte alle ristrettezze economiche e all'angoscia di sapere il marito disperso in una missione, la figlia maggiore Jane (Jones) scopre l'amore per un soldato (Walker, ai tempi primo marito della Jones) e l'impegno come crocerossina, la piccola Brig (Temple) si incarica di smussare il carattere del burbero colonnello (Wooley) a cui hanno subaffittato una camera. Nonostante i dichiarati intenti propagandistici (il film si apre con il cartello «Questa è la storia di una fortezza inespugnabile, la famiglia Americana... 1943»), uno straordinario melodramma che sa fondere le convenzioni hollywoodiane con una coinvolgente delicatezza intimista. La sceneggiatura del produttore David O. Selznick (che adatta il racconto di Margaret Buell Wilder) riesce a essere puntuale e credibile descrivendo i diversi atteggiamenti della società – vista attraverso la sua classe più rappresentativa, la media borghesia – di fronte alla guerra: dal problema dei reduci a quello dell'egoismo individuale (indimenticabile l'acida pettegola interpretata dalla Moorehead). La regia di Cromwell aggiunge un'atmosfera vagamente onirica, che accentua il fascino dei singoli personaggi, aiutato dalla fotografia quasi espressionista di Stanley Cortez (che iniziò il film prima di essere chiamato sotto le armi) e di Lee Garmes. Molte nomination ma solo un Oscar alla musica di Max Steiner. Particina per Barrymore nella parte del sacerdote, esordio per Guy Madison (il marinaio Harold Smith) e John Derek (una comparsa). Ultimo film per la Nazimova nel ruolo di un'operaia immigrata, completamente tagliato nella versione italiana: in originale, infatti, il film dura 172' e approfondisce meglio i problemi economici della famiglia e l'impegno militare dell'amico di famiglia Tony (Cotten).

Da qui all'eternità *** (*From Here to Eternity*, Usa 1953, b/n, 118') Fred Zinnemann. Con Montgomery Clift, Deborah Kerr, Burt Lancaster, Donna Reed, Frank Sinatra, Philip Ober, Ernest Borgnine, Jack Warden. ◆ Passioni, invidie e vessazioni in un comando americano di stanza nelle Hawai alla vigilia di Pearl Harbor, dove si incrociano le vite del sergente di carriera Milton Warden (Lancaster), dell'ex pugile Robert Prewitt (Clift), del piccolo e allegro Angelo Maggio (Frank Sinatra), il quale pagherà con la vita un gesto di sfida, della triste e vulnerabile adultera Karen (Kerr), della nobile prostituta Alma (Reed) e del sadico sergente della compagnia di disciplina Judson (Borgnine). Dal fortunato romanzo di James Jones (sceneggiato da Daniel Taradash), un robusto melodramma antimilitarista che mette a nudo la corruzione, la brutalità e la meschineria dell'esercito e che suscitò non poche polemiche in quegli anni di guerra fredda. Teso nella scrittura e asciutto nello stile, è rimasto nella memoria soprattutto per le intense interpretazioni degli attori – tra cui spicca quella sofferta e nevrotica di Clift – e per l'audace bacio sulla spiaggia tra Lancaster e la Kerr. Si aggiudicò sei Oscar: miglior film, regia, sceneggiatura, fotografia (Burnett Guffey), attore non protagonista (Sinatra) e attrice non protagonista (Reed).

Darby O'Gill e il re dei folletti **½ (*Darby O'Gill and the Little People*, Usa 1959, col, 93') Robert Stevenson. Con Albert Sharpe, Sean Connery, Jimmy O'Dea, Kieron Moore, Estelle Winwood. ◆ Un vecchio irlandese (Sharpe), famoso per i suoi voli di fantasia, fa credere di essere diventato l'amico del re dei folletti. Una graziosa favola disneyana, con il futuro agente 007 ancora imberbe e qualche bel momento di terrore. Decisamente buoni i trucchi e gli effetti speciali d'animazione (di Pat McNalley e Joshua Meador).

Dark City **½ (*Dark City*, Usa/Australia 1997, col, 100') Alex Proyas. Con Rufus Sewell, William Hurt, Jennifer Connelly, Kiefer Sutherland, Richard O'-Brien, Ian Richardson, Colin Friels. ◆ In una città anni Cinquanta dove è sempre notte, un gruppo di alieni manipola le memorie delle persone, cambiando le loro vite e le loro case mentre sono addormentate: ma John Murdoch (Sewell), accusato di omicidio, resiste al trattamento. La sceneggiatura di Proyas, Lem Dobbs e David S. Goyer precede alcuni temi di *The Truman Show* e pone domande vertiginose su cosa sia l'identità. Peccato che la regia risulti un po' più banale, affidandosi a un'iconografia noir tra *Metropolis* e *Batman*. Comunque un film di fantascienza curioso, a tratti affascinante, non per bambocci.

Dark Crystal ** (*Dark Crystal*, Gb 1983, col, 94') Jim Henson, Frank Oz. Con Jim Henson, Kathryn Mullen, Frank Oz, Dave Goelz, Brian Muhel, Jean Pierre Amiel, Kiran Shah. ◆ Il frammento mancante di un cristallo nero è essenziale per liberare definitivamente il mondo dall'influenza del diavolo. Una favola fantastica in stile Tolkien, rielaborata dai creatori dei Muppets: l'intreccio è banale, ma i pupazzi sono spettacolari.

Darkman **½ (*Darkman*, Usa 1990, col, 95') Sam Raimi. Con Liam Neeson, Frances McDormand, Colin Friels, Larry Drake, Nelson Mashita. ◆ Uno scienziato (Neeson) in procinto di sintetizzare artificialmente la pelle umana viene sfigurato da una banda di gangster e si vendica assumendo le sembianze degli aguzzini. Un horror sulla cognizione della sofferenza, con pochi effetti speciali e molte idee brillanti. L'abbondante cinefilia (il richiamo visivamente più evidente è al *Fantasma dell'opera*, ma non è il solo) non disturba, anzi crea un humus ideale per l'incubo di Raimi, perfettamente sintonizzato con quelli rievocati nelle citazioni.

Dark Star *** (*Dark Star*, Usa 1974, col, 83') John Carpenter. Con Dan O'Bannon, Dre [Andreijah] Pahich, Brian Narelle, Joe Saunders, Miles Watkins. ◆ Nel 2250, quattro astronauti in volo sull'astronave Dark Star, quando non devono bombardare i pianeti instabili usciti dalle orbite, ammazzano il tempo come possono. Prodotto in tre anni di lavoro, «gonfiando» il saggio di fine corso all'University of South California, il film è il felice debutto di Carpenter, che lui stesso ha definito una sorta di «*Aspettando Godot* nello spazio»: Beckett a parte, è un recupero in chiave satirica di *2001* di Kubrick (come la conversazione filosofica tra la bomba intelligente n. 20 e il cosmonauta) e della California hippy, ma anche un'anticipazione del nuovo filone fantascientifico anni Settanta. Una vera delizia (anche grazie alle scenografie di Dan O'Bannon, che nel film interpreta pure il ruolo di uno dei quattro astronauti) per gli appassionati del genere.

Darling *** (*Darling*, Gb 1965, b/n, 122') John Schlesinger. Con Julie Christie, Dirk Bogarde, Laurence Harvey, Roland Curram, José Luis de Villalonga, Alex Scott, Basil Henson, Giusva [Valerio] Fioravanti. ◆ La scalata al successo di un'ambiziosa fotomodella (Christie), prima opportunista e poi vittima dello sfruttamento altrui. Pungente ritratto di un mondo cinico e spietato, stilisticamente a metà strada tra il Free Cinema e la Nouvelle Vague. Nel corso del tempo ha perso parte della pregnanza che aveva, ma rimane un considerevole documento dell'epoca. Oscar meritato per la miglior attrice (Julie Christie), la sceneggiatura (Frederic Raphael) e i costumi (Julie Harris).

Darò un milione *** (Italia 1935, b/n, 79') Mario Camerini. Con Vittorio De Sica, Assia Noris, Luigi Almirante, Mario Gallina, Franco Coop, Cesare Zoppetti, Gemma Bolognesi, Umberto Sacripante. ◆ Il ricchissimo Gold (De Sica) regala i suoi soldi a un mendicante e si dichiara disposto a dare un milione a chi farà un gesto caritatevole verso di lui, diventato indigente. Una situazione tipica della commedia classica – lo scambio di persona – diventa lo strumento di una satira raffinata contro la superbia e la beneficenza interessata dell'alta borghesia. Coautore del soggetto e della sceneggiatura è Cesare Zavattini, che si presenta al cinema con uno stile già marcato, mordace e controcorrente. Il film segna anche il debutto della coppia De Sica-Noris, protagonista delle commedie cameriniane fino al 1939. Fu ambientato in Francia per prudenza, in seguito ai problemi di censura avuti dal regista per *Il cappello a tre punte*.

Darsela a gambe ** (*La Poudre d'escampette*, Francia/Italia 1971, col, 110') Philippe de Broca. Con Marlène Jobert, Michel Piccoli, Michael York, Didi Perego, Amidou, Louis Velle. ◆ In Africa, durante la seconda guerra mondiale, due uomini (Piccoli e York) inseguiti dai nazifascisti e una donna (Jobert) cercano di raggiungere l'armata britannica stanziata nel deserto. Un film d'avventura in chiave sostanzialmente grottesca, che contempla, però, degli inserti romantici e riserva un finale drammatico a sorpresa.

D'Artagnan

Di D'Artagnan non ce n'è uno solo. Il più famoso, quello che tutti conosciamo dalla trilogia di Alexandre Dumas padre (*I tre moschettieri*, *Vent'anni dopo* e *Il visconte di Bragelonne*) in realtà è il risultato della rielaborazione fantastica di un altro D'Artagnan, a sua volta modellato sulla figura di un cadetto di Guascogna realmente esistito. Charles de Batz-Castelmore, conte d'Artagnan per parte di madre, nasce a Lupiac nel 1623. A raccontarne la vita, non senza interventi romanzeschi, fu per primo Gatien Courtilz de Sandras, un ex soldato a riposo divenuto gazzettiere e scrittore. C'è chi suppone che il moschettiere e il suo futuro storico si siano conosciuti di persona, e chi invece individua le fonti di Courtilz nei compagni di cella della Bastiglia (dove lo scrittore fu rinchiuso per sei anni a causa dei suoi pastiche storico-letterari pieni di rivelazioni private su personaggi famosi), detenuti che avevano partecipato alle avventure di Castelmore, morto durante l'assedio di Maastricht il 25 maggio 1673, prima di essere nominato Maresciallo di Francia, mentre cercava insieme ai suoi moschettieri di riprendere una posizione conquistata dagli olandesi. Le *Memorie di D'Artagnan* sono dunque apocrife e furono pubblicate con grande successo in Olanda nel 1700, più di un quarto di secolo dopo la scomparsa dell'eroico personaggio. Per Dumas e il suo assistente Adrian Maquet, a cui si deve la prima stesura dei *Tre moschettieri*, la scoperta dei tre volumi di Courtilz (1800 pagine circa) costituì una vera e propria miniera: non solo D'Artagnan, ma anche gli inseparabili Porthos, Athos e Aramis e persino Milady erano già pronti per entrare nel primo romanzo della serie. Lo scrittore francese modificò i nomi (Armand de Sillègue d'Athos, Isaac Porteau, Henri d'Aramitz), tenne alcuni episodi com'erano e ne adattò altri secondo le sue proprie esigenze. Gatien Courtilz de Sandras finì nell'oblio e tutto il merito della creazione di D'Artagnan fu attribuito al solo Dumas che, nella prima concezione dell'opera, pensava di riservare al celeberrimo moschettiere un ruolo secondario. Il D'Artagnan di Alexandre Dumas, per quanto esemplato sul precedente di Courtilz, presenta delle differenze rispetto al protagonista delle *Memorie*: mentre quest'ultimo è ritratto, certamente con qualche licenza, come un avventuriero boccaccesco, che passa da un duello a un appuntamento amoroso con la stessa virilità spaccona, il primo – pur non rinunciando alla spavalderia – appare più simile a un eroe da romanzo cortese, che compie imprese ardite per il bello sguardo della regina piuttosto che per i favori di qualche scaltra prostituta parigina. I tempi sono cambiati: la Francia borghese di Luigi Filippo e Napoleone III non tollera niente di meno romantico e Dumas sostituisce il maggior realismo e la spregiudicatezza morale di Courtilz, comunemente accettati nel Settecento libertino, con l'idealismo militar-sentimentale conforme allo spirito della nuova società.

Simpatico guascone con molte ambizioni e pochi danari, provinciale intraprendente ma non privo di una certa ingenuità, baldanzoso ma sempre dotato di buoni principi, il D'Artagnan di Dumas nel corso dei tre romanzi attraversa la Francia di Richelieu, di Mazzarino e del Re Sole maturando via via senza mai perdere lo smalto iniziale. Per il grande schermo è un personaggio ideale. E infatti già nel muto si registrano ben quattro film di rilievo: *Le Mousquetaire de la Reine* di George Méliès, 1909; *I tre moschettieri* di Mario Caserini, 1909 (con il futuro regista Amleto Palermi nella parte di D'Artagnan); *The Three Musketeers* di Fred Niblo, 1921 (prima grande interpretazione di Douglas Fairbanks che ripeterà il ruolo nel

1929 in *The Iron Mask* di Allan Dwan); e *The Three Must-Get-There* di Max Linder, 1922, divertissement dal titolo geniale. Con l'avvento del sonoro, i romanzi di Dumas si prestano benissimo ad alimentare il genere del cappa e spada, particolarmente amato negli anni Cinquanta e Sessanta, e a tutt'oggi è impossibile stilare una lista completa dei film che hanno come protagonisti i quattro moschettieri o loro parenti stretti. Quanto agli attori, dopo l'elegante interpretazione di Fairbanks, che impose a D'Artagnan il suo stile «acrobatico», vanno segnalate quella del ballerino Gene Kelly, marcatamente «alla Fairbanks» (*I tre moschettieri* di George Sydney, 1948); quella vitalistica, naïf e un po' yankee di Michael York nei tre film diretti da Richard Lester; e soprattutto quella di Jean Marais nel mediocre film di Henri Decoin, *L'uomo dalla maschera di ferro* (1963): bellissimo e ancora aitante nonostante i quasi cinquant'anni, Marais riesce a servire il personaggio di D'Artagnan con una forza e uno charme che Alexandre Dumas avrebbe certamente approvato. Nell'ambito della produzione italiana, sono da ricordare un film erroneamente attribuito a Mauro Bolognini e invece di Joseph Lerner (*I cavalieri della regina, 1954*) e un «facsimile» firmato da Vittorio Cottafavi, *Il boia di Lilla* (1952), insolitamente centrato sul personaggio della perfida Milady quando ancora era sposata con Athos (Rossano Brazzi), cioè prima dell'incontro di D'Artagnan con gli inseparabili moschettieri.

FILM PRINCIPALI

D'Artagnan e i tre moschettieri (1939) di Allan Dwan
La maschera di ferro (1939) di James Whale
I tre moschettieri (1948) di George Sydney
Il figlio di D'Artagnan (1949) di Riccardo Freda
La lama di D'Artagnan (1951) di Budd Boetticher
I figli dei moschettieri (1952) di Lewis Allen
Il boia di Lilla (1952) di Vittorio Cottafavi
I cavalieri della regina (1954) di Joseph Lerner
I tre moschettieri (1961) di Bernard Borderie
L'uomo dalla maschera di ferro (1962) di Henri Decoin
Cyrano e D'Artagnan (1963) di Abel Gance
D'Artagnan contro i tre moschettieri (1963) di Fulvio Tulli
I quattro moschettieri (1963) di Carlo Ludovico Bragaglia
I tre moschettieri (1974) di Richard Lester
Milady e i quattro moschettieri (1975) di Richard Lester
L'uomo dalla maschera di ferro (1977) di Mike Newell
La maschera di ferro (1988) di Randall Wallace
Il ritorno dei tre moschettieri (1989) di Richard Lester
I tre moschettieri (1993) di Stephen Herek
Elisa - La figlia di D'Artagnan (1994) di Bertrand Tavernier

D'Artagnan e i tre moschettieri ° (*The Three Musketeers*, Usa 1939, b/n, 73') Allan Dwan. Con Don Ameche, Ritz Brothers, Lionel Atwill, Binnie Barnes, Miles Mander, Gloria Stuart, Pauline Moore, John Carradine. ◆ D'Artagnan (Ameche) è un vero moschettiere, Athos, Porthos e Aramis (i fratelli Ritz) sono tre servitori travestiti che vogliono impadronirsi dei gioielli della regina. Insopportabile parodia del film di cappa e spada, sulla falsariga del romanzo di Dumas. L'azione ristagna, e gli attori cercano invano di intrattenere il pubblico con numeri musicali.

D.A.R.Y.L. ** (*D.A.R.Y.L.*, Usa 1985, col, 99') Simon Wincer. Con Mary Beth Hurt, Michael McKean, Barret Oliver, Kathryn Walker, Colleen Camp, Josef Sommer, Steve Ryan. ◆ Il ragazzino superdotato in realtà è un sofisticato congegno robotico che l'esercito americano vuole sfruttare a fini militari. Una favola spigliata e meno scontata di quanto sembra, che tra provette, computer e manipolazioni di vario genere sostiene un possibile Umanesimo anche per il 2000.

Daughter of the Dragon → *voce «Fu Manchu»*

Daunbailò **½ (*Down By Law*, Usa 1986, b/n, 107') Jim Jarmusch. Con Roberto Benigni, John Lurie, Tom Waits, Ellen Barkin, Billie Neal, Nicoletta Braschi, Rockets Redglare, Vernel Bagneris. ◆ Tre carcerati (Lurie, Waits e Benigni) riescono a evadere grazie alla fantasia dell'ultimo arrivato. Sembrerebbe la parodia del film carcerario, invece si tratta di un film delicatamente onirico, «costruito a piccoli tocchi, sequenza per sequenza, come una suite d'aforismi o di strofe di un poema», in cui gioca un ruolo fondamentale l'irresistibile slang anglotoscano di Roberto Benigni. Fotografia di Robby Müller.

Da un momento all'altro * (*Moment To Moment*, Usa 1966, col, 108') Mervyn LeRoy. Con Jean Seberg, Sean Garrison, Arthur Hill, Honor Blackman, Gregoire Aslan, Peter Robbins, Donald Woods. ◆ L'avventura occasionale di una donna (Seberg) che il marito psichiatra (Hill) abbandona troppo spesso sembra finire in tragedia, ma quella che sembrava morte si rivelerà essere solo una perdita momentanea di conoscenza. Un intrigo da romanzo d'appendice (sceneggiato da Lee Mahin e Alec Coppel), con cambiamenti di registro forzati e toni cartolineschi che Mervyn LeRoy (qui al suo ultimo film) dirige immemore del suo passato professionale. Ambientato sulla Costa Azzurra è stato interamente girato a Hollywood, negli studi della Universal. L'unica cosa da ricordare del film sono i vestiti di Yves Saint-Laurent che la Seberg porta con grande eleganza.

Da un paese lontano ** (Italia 1981, col, 125') Krzysztof Zanussi. Con Ceżary Morawski, Sam Mill, Christopher Cazenove, Lisa Harrow, Warren Clarke, Jonathan Blake. ◆ La vita di Karol Woytila, dall'inizio della guerra alla proclamazione pontificia, raccontata da suoi ex compagni di scuola. Il ritratto e la storia del Papa vengono a coincidere con quelli della Polonia, interamente votata al cattolicesimo e irriducibile nel difendere la propria fede. Piuttosto sobrio, a dispetto delle apparenze, e molto ben fotografato.

Da uomo a uomo **½ (Italia 1967, col, 120') Giulio Petroni. Con Lee Van Cleef, John Phillip Law, Luigi Pistilli, Anthony Dawson [Antonio Margheriti], Mario Brega, José Torres, Felicita Fanny. ◆ Il piccolo

Bill è l'unico sopravvissuto al massacro della sua famiglia. Divenuto adulto (Law), si mette in cerca degli assassini e incrocia un uomo, Ryan (Van Cleef), che sta dando la caccia agli stessi banditi. Scoprirà che Ryan aveva partecipato all'attacco e che era stato proprio lui a metterlo in salvo mentre gli altri uccidevano i suoi familiari. Un western riuscito, che rielabora in modo originale lo schema collaudato della coppia di pistoleri senior e junior trasformando le solite maschere in veri e propri personaggi. Anthony Dawson, che interpreta il ruolo di Burt, è il regista Antonio Margheriti. Colonna sonora di Ennio Morricone. Esterni girati in Algeria. Rifatto nel 1971 come *Viva Django*, episodio della serie omonima.

Davanti a lui tremava tutta Roma → *Avanti a lui tremava tutta Roma*

Dave – Presidente per un giorno **½ (*Dave*, Usa 1993, col, 110') Ivan Reitman. Con Kevin Kline, Sigourney Weaver, Frank Langella, Kevin Dunne, Ving Rhames, Ben Kingsley, Charles Grodin. ◆ Dave Kovic (Kline), gestore di un'agenzia di collocamento a Baltimora, è il sosia del 44° presidente degli Usa, William Harrison Mitchell (Kline). Per coprire le scappatelle del presidente, il suo infido consigliere (Langella) usa Kovic per sostituire Mitchell alle cene ufficiali, ma un ictus costringe il sosia a rimanere alla Casa Bianca, dove si rivelerà molto più capace del vero presidente e riconquisterà anche l'amore della first lady (Weaver). Sul tema del doppio caro al regista (*Gemelli*, 1989), una brillante commedia degli equivoci che riscopre la politica in chiave comico-grottesca e rilancia, in sintonia con l'ottimismo clintoniano, il sogno americano (mai svanito) del self made man. Per smascherare la corruzione del potere basta un po' di senso dell'umorismo, per risolvere gli annosi problemi sociali solo un pizzico di buon senso: semplicistico, ma confortante e soprattutto molto spassoso. Kline in forma smagliante. L'ala ovest della Casa Bianca è stata ricostruita negli studi della Warner.

David Copperfield ** (*David Copperfield*, Usa 1970, col, 110') Delbert Mann. Con Robin Phillips, Susan Hampshire, Edith Evans, Michael Redgrave, Ralph Richardson, Laurence Olivier, Wendy Hiller, Emilyn Willimas, Richard Attenborough, Cyril Cusak, Corin Redgrave. ◆ Le disavventure di David (Phillips), fuggito dalla famiglia per colpa del patrigno e salvato dalla strada per merito della zia Betsy (Evans) che lo farà studiare e gli aprirà le strade di una tranquilla maturità. Tratto dall'omonimo romanzo di Charles Dickens, questo tv-movie soffre di una trascrizione un po' fiacca e di una regia poco vivace. Ma per interpretarlo si è dato appuntamento tutto l'Olimpo del teatro britannico. E Laurence Olivier vinse un Emmy per la sua caratterizzazione di mister Creakle.

Davide Copperfield *** (*The Personal History, Adventures, Experience and Observation of David Copperfield, the Younger*, Usa 1935, b/n, 130') George Cukor. Con Freddie Bartholomew, Frank Lawton, W.C. Fields, Maureen O'Sullivan, Basil Rathbone, Elsa Lanchester, Edna May Oliver, Jean Cadell, Lionel Barrymore, Jessie Ralph, Roland Young, Madge Evans. ◆ La grama fanciullezza di David (Bartholomew) costretto dal patrigno ad abbandonare gli studi per andare a lavorare fino a quando una stramba zia (May Oliver) lo toglie dalla strada e lo aiuta a studiare: diventato adulto (Lawton) conosce Agnes (Evans), aiuta il padre di lei a liberarsi dall'avido segretario Uriah Heep (Young), si sposa ma resta vedovo, consolato dall'amicizia e dall'amore di Agnes. Dal romanzo di Charles Dickens, un film con un cast eccellente e una cura dei particolari quasi maniacale (per Micawber fu scelto Charles Laughton, ma dopo alcuni giorni di riprese fu sostituito dall'eccellente W.C. Fields: «non era pelato come Dickens lo descriveva, ma come spirito era perfetto»). Cukor accentua una certa artificialità antirealistica della scenografia (le strade stilizzate e il relitto della nave) e smorza i toni crudi dello scrittore inglese a vantaggio di una maggior gradevolezza d'insieme, ottenendo un grande successo di pubblico e di critica.

Davide e Betsabea *½ (*David and Bathsheba*, Usa 1951, col, 116') Henry King. Con Gregory Peck, Susan Hayward, Raymond Massey, Kieron Moore, James Robertson Justice, Jayne Meadows, John Sutton, George Zucco. ◆ Un'accurata ma noiosa versione cinematografica del celebre episodio biblico (l'amore adulterino del re David per la moglie di un suo ufficiale) che gli attori cercano di vivacizzare come possono.

David e Golia *½ (Italia 1959, col, 113') Ferdinando Baldi, Richard Pottier. Con Orson Welles, Eleonora Rossi Drago, Giulia Rubini, Ivo Payer, Edward Hilton, Pierre Cressoy, Furio Meniconi, Kronos, Dante Maggio, Gabriele Tinti, Massimo Serato. ◆ La biblica storia di David (Payer), innamorato di Micol (Rubini) e vittorioso sui filistei, capeggiati dal gigante Golia (Kronos). Diligente l'ambientazione, compassata la sceneggiatura, complessivamente impacciato il cast. La voce di Orson Welles, gagliardo Re Saul, è di Gino Cervi.

David e Lisa **½ (*David and Lisa*, Usa 1963, b/n, 94') Frank Perry. Con Keir Dullea, Janet Margolin, Howard da Silva, Neva Patterson, Clifton James. ◆ Due giovanissimi malati mentali (Dullea e Margolin) trovano l'uno nell'altra la ragione e la forza per guarire. Il debutto di un indipendente, originale dal punto di vista tematico, ma classicamente hollywoodiano nello sviluppo dell'intreccio. Ottenne due nomination all'Oscar (regia e sceneggiatura [alla moglie Eleanor Perry]) e vinse il premio per la migliore opera prima a Venezia.

Day After, The – Il giorno dopo *½ (*The Day After*, Usa 1983, col, 120') Nicholas Meyer. Con Jason Robards, JoBeth Williams, Steve Guttenberg, John Lithgow. ◆ Scoppia la guerra nucleare tra Usa e Urss: qui si vede il «giorno dopo» americano, con le città rase al suolo e i pochi sopravvissuti devastati dalle radiazioni. Tipico film catastrofico, che fa propri tutti gli stereotipi del genere. Ha avuto un sensazionale impatto orrorifico sul pubblico, e tale risvolto sociale conta molto di più delle sue qualità artistiche, decisamente scarse.

Daylight – Trappola nel tunnel *½ (*Daylight*, Usa

1996, col, 114') Rob Cohen. Con Sylvester Stallone, Amy Brenneman, Viggo Mortensen, Dan Hedaya, Claire Bloom, Karen Young, Jay O. Sanders, Bobby Rhodes. ◆ In seguito a un'esplosione di gas tossici, dodici persone rimangono intrappolate nel tunnel sottomarino che collega Manhattan al New Jersey. L'eroico e tormentato Kit Latura (Stallone) si cala sotto le volte pericolanti per salvarli e per combattere il suo nemico più grande: la sfiga. Costosa ripresa del filone catastrofico anni Settanta, con variopinto campionario di umanità e suspense relativa: il risultato è tonitruante, scontato e, a volte, involontariamente ridicolo. Scritto da Leslie Bohem e girato quasi interamente a Cinecittà.

Days of Being Wild *** (*A-fei zheng chuang*, Hong Kong 1991, col, 93') Wong Kar-wai. Con Leslie Cheung, Maggie Cheung, Carina Lau, Andy Lau, Jacky Cheung, Alex Man, Tony Leung Chiu-wai. ◆ Hong Kong, 1960: il vitellone Yuddy (L. Cheung) spezza due cuori – quelli della sensibile Su (M. Cheung) e della patetica Lulu (C. Lau) – prima di partire per le Filippine, alla ricerca di una madre mai incontrata e di qualche forma di redenzione. Che per Wong (anche sceneggiatore) non sta nella morte, ma nell'oblio: in un film dove tutti i personaggi sono ossessionati dal farsi ricordare, si innamorano sempre della persona sbagliata e non si incontrano mai, anche quando il caso è dalla loro parte. Difficile da raccontare, bellissimo da vedere (la fotografia è di Christopher Doyle), è il film che ha fatto scoprire il talento di Wong. Inclassificabile come genere (commedia sentimentale, melodramma, film d'azione), è girato con una libertà formale, una malinconia struggente e un amore per i personaggi che ricorda la Nouvelle Vague. Con un fondo ermetico ed enigmatico, che può sconcertare lo spettatore occidentale (ma anche gli hongkonghesi hanno gradito poco), ma evita le soluzioni facili. Una seconda parte, anticipata dall'ultima scena in cui appare Leung Chiu-wai, non è mai stata girata.

Dead, The (Gente di Dublino) **** (*The Dead*, Usa/Gb 1987, col, 82') John Huston. Con Anjelica Huston, Donal McCann, Helena Carroll, Cathleen Delany, Ingrid Craigie, Rachael Dowling, Dan O'Herlihy, Donald Donnelly. ◆ Dublino, primi del Novecento: una cena post-natalizia, a casa di anziane zie del marito, ridesta in Gretta (Huston) dolorosi ricordi di gioventù, mai confessati prima e destinati ad aprire uno squarcio nella sua vita matrimoniale. Da un racconto di Joyce, contenuto in *Gente di Dublino*, il testamento spirituale di John Huston che si è circondato di una straordinaria troupe di vecchi attori del teatro irlandese – in mezzo ai quali la figlia Anjelica si integra magnificamente – per affrontare il tema di ciò che non c'è più ma che è ancora dentro ognuno: il dialogo con i propri «morti», che poi sono quanto non potrà più tornare, quanto non si è vissuto o è durato troppo poco o non si è voluto vivere. Una grande lezione di cinema e di vita, espressa con ammirevole semplicità e senza vezzi intellettualistici. Il figlio Tony Huston ha firmato la sceneggiatura.

Dead bang – A colpo sicuro **½ (*Dead Bang*, Usa 1989, col, 109') John Frankenheimer. Con Don Johnson, Bob Balaban, Penelope Ann Miller, William Forsythe, Tim Reid. ◆ Investigatore di Los Angeles in crisi (Johnson) abbandona gli scenari urbani per incastrare un'organizzazione neonazista. Film d'azione che dichiara la sua nostalgia verso il western. Serrato e politicamente progressista. Niente di trascendentale, ma Don Johnson è convincente, e la scena dell'inseguimento a piedi è da antologia.

Dea della città perduta, La * (*She*, Gb 1965, col, 106') Robert Day. Con Ursula Andress, John Richardson, Peter Cushing, Bernard Cribbins, Christopher Lee, Andre Morell. ◆ Giovane inglese s'innamora della regina immortale (Andress) di un'antica città egizia, ma il suo sogno svanisce sul più bello. Ennesimo e scialbo adattamento del romanzo fantastico di Henry Rider Haggard, *Lei*, ambientato al caldo presumibilmente per scoprire le grazie della Andress. Molto più riuscita la versione del 1935, *La donna eterna*.

Dea dell'amore, La → *Lilith, la dea dell'amore*

Dea dell'amore, La **½ (*Mighty Aphrodite*, Usa 1995, col, 95') Woody Allen. Con Woody Allen, Helena Bonham Carter, Mira Sorvino, F. Murray Abraham, Steve Randazzo, Olympia Dukakis, Michael Rapaport, Jack Warden, Dan Mullane, Jeffrey Kurland. ◆ Chi è la madre del bambino che Lenny (Allen) e Amanda (Bonham Carter) hanno adottato? Impacciato giornalista sportivo, lui indaga e scopre che è figlio della stralunata prostituta Linda Ash (Sorvino), occasionale attrice porno col nome di Judy Orgasm, che naturalmente tenterà di riportare sulla retta strada. Per raccontare un dramma sul male di vivere che rischia di scivolare nella farsa (e sul problema morale, più che biologico, della paternità), Allen contamina la commedia con la tragedia, facendo interagire i protagonisti con un autentico coro greco che dal teatro di Taormina commenta gli avvenimenti e interviene nell'azione. Ma nonostante l'abituale e malinconica leggerezza e una strepitosa Sorvino (giustamente premiata con l'Oscar per la miglior attrice non protagonista), il film rimane un'esile commedia degli equivoci, più compiaciuta che davvero divertente.

Dead Man ***½ (*Dead Man*, Usa/Germania 1995, b/n, 122') Jim Jarmusch. Con Johnny Depp, Gary Farmer, Lance Henriksen, Michael Wincott, Crispin Glover, Gabriel Byrne, John Hurt, Robert Mitchum, Alfred Molina, Mili Avital, Billy Bob Thornton. ◆ Nel West dell'Ottocento, il timido contabile William Blake (Depp) arriva in un paese di frontiera alla ricerca di un lavoro presso le officine Dickinson. Cacciato in malo modo, uccide per legittima difesa il figlio (Byrne) del principale (Mitchum), e fugge in mezzo ai boschi: dove, inseguito da un cacciatore di taglie cannibale (Henriksen), inizia un viaggio verso la morte, assistito da un nativo americano che si chiama Nessuno (Farmer), ed è convinto di avere a che fare con l'omonimo poeta visionario inglese di cui è diventato ammiratore avendo studiato, da piccolo, in Inghilterra. Nel West più laido e sporco che si sia mai visto al cinema, Jarmusch trasforma il *road movie* in una parabola allucinata e nichilista, dove lo spazio della frontiera diventa un limite interiore e tutto introiettato, specie di fuga dal mondo fatta di visioni e allucinazioni (c'è chi ha parlato di «western lisergico»), in fondo alla quale c'è la morte invece del paradiso delle droghe artificiali. William Blake ferito, febbricitante e sempre più vittima degli eventi – per quanto causa prima di una catena inarrestabile di violenze – diventa uno specchio dello spettatore, condotto in un viaggio imprevedibile e angosciante, anche se illuminato da squarci di poesia bizzarra e da umorismo macabro in dosi massicce. Jarmusch, anche sceneggiatore, ha perso ogni vezzo buonista e frequenta territori che si direbbero lynciani, ma con un'originalità di tocco unica, realizzando un film che scava dentro ognuno di noi obbligandoci a confrontarci con i limiti della nostra finitezza. Luminosa fotografia in bianco e nero di Robby Müller e musica ipnotica di Neil Young. Iggy Pop è il cowboy vestito da donna. In originale 129'.

Dead Man Walking – Condannato a morte ** (*Dead Man Walking*, Usa 1995, col, 122') Tim Robbins. Con Susan Sarandon, Sean Penn, Robert Prosky, Raymond J. Barry, R. Lee Ermey, Scott Wilson. ◆ Suor Helen Prejean (Sarandon), attivista sociale in un quartiere nero di New Orleans, accetta di interessarsi al caso di Matthew Poncelet (Penn), un condannato a morte per stupro e omicidio che protesta la propria innocenza. La macchina della legge non si ferma, ma la suora, con pietà e ostinazione evangelica, riuscirà a cavar fuori un briciolo di umanità e di pentimento da un nazistello strafottente (e omicida) come Matthew. L'impegno civile di Robbins (che ha adattato il romanzo autobiografico della vera Prejean), per quanto sincero, celebra una voglia di *politically correct* non sempre convincente. Lo stile piatto funziona quando obbliga a confrontarsi con la morte (e naturalmente con le componenti di classe della giustizia); ma la messa in scena della violenza (nei flashback che vorrebbero sottolineare l'indiscutibile colpevolezza del condannato) risulta paradossalmente morbosa e compiaciuta. La Sarandon ha vinto l'Oscar e Sean Penn è stato premiato a Berlino. Musiche di David Robbins, con la voce di Nusrat Fateh Ali Khan; la canzone dei titoli di coda è di Bruce Springsteen.

Dear America **½ (*Dear America*, Usa 1987, col, 87') Bill Couturie. ◆ La storia della guerra del Vietnam attraverso 60 lettere scritte dai soldati alle loro famiglie, la cui lettura è affidata, nella versione originale, ai più famosi attori americani (Robert De Niro, Matt Dillon, Ellen Burstyn, Sean Penn, Willem Dafoe, Kathleen Turner, Robin Williams e molti altri). Un docudrama di notevole tensione emotiva, creata soprattutto dal rapporto tra le immagini di repertorio (telegiornali e documentari degli anni 1967-69) e le voci fuori campo. Eccellente la colonna sonora, che va dai classici del rock a *Born in the Usa* di Springsteen. Prodotto dal regista Frank Perry e finanziato da Hbo (una rete via cavo) che ha devoluto i guadagni alla New York Vietnam Veterans Memorial Commission e alla Vietnam Veteran Ensemble Theatre Company.

•Deathstalker II – Duello di Titani * (*Deathstalker II*, Usa 1987, col, 77') Jim Wynorski. Con John Terlesky, Monique Gabrielle, John La Zar, Toni Naples, Maria Socas. ◆ Un guerriero alla Conan (Terlesky) aiuta una bionda principessa spodestata (Gabrielle) a ritornare sul trono. Fantasy medievaleggiante, girato a basso costo in Argentina: l'intreccio è scontato in partenza, ma anche l'apparato iconografico lascia molto a desiderare. La sovrana in esilio più che un'attrice è un'ex modella (che però esibisce un bel topless). Misteri del mercato italiano che distribuisce il secondo episodio, ma non il primo (*Deathstalker*, 1984, di John Watson) e il terzo (*Deathstalker III*, 1989, di Alfonso Corona). Comunque non si è perso niente.

Debito coniugale, Il * (Italia 1970, col, 91') Franco Prosperi. Con Lando Buzzanca, Barbara Bouchet, Orazio Orlando, Pippo Franco, Angela Luce, Mario Carotenuto. ◆ Buzzanca lascia la famiglia e si mette a girovagare con un ex compagno d'armi e una spogliarellista. Una serie di gag insopportabilmente triviali e noiose. A sorpresa, la fotografia è di Aldo Tonti.

Decalogo

Vero caso cinematografico degli anni Ottanta, il *Decalogo* è «un film in dieci episodi» nato da un'idea di Krzysztof Piesiewicz (avvocato polacco, difensore di noti oppositori del regime) e girato, tra il 1988 e il 1989, da Krzysztof Kieślowski sulla base di una sceneggiatura scritta dallo stesso Kieślowski e da Piesiewicz, dalla quale il film a volte si discosta. I dieci episodi sono dieci film di circa 609 l'uno, prodotti dalla televisione polacca, ognuno dei quali illustra uno dei comandamenti della Chiesa cattolica, raccontati come altrettanti casi «giudiziari», generalmente secondo una struttura binaria dove si scontrano due diversi comportamenti che però non si risolvono mai con un vincitore o con un vinto (o con un dannato o un redento, come vorrebbe la morale cattolica). Lo stesso riferimento al comandamento, poi, diventa più o meno riconoscibile o problematico secondo l'episodio, lasciando il dubbio, talvolta, su quale personaggio sia il suo reale destinatario. Si capisce così che questi film (e i loro autori) non sposano una posizione confessionale o laica. Piuttosto, come ha scritto Gianni Buttafava, il *Decalogo* di Kieślowski si sviluppa «su una corda tesa, anzi sull'orlo di due precipizi, mantenendosi in un equilibrio per lo più ammirevole. Non v'è la parola o l'intervento di Dio – giustamente non nominato invano – ma non è certo assente la Grazia, o se si vuole, manzonianamente, la Provvidenza. Solo che – rigettando ogni determinismo socioideologico più o meno aggiornato – la Grazia si manifesta come Caso».

Il destino dei vari protagonisti del *Decalogo* si determina così tra infinite possibilità e questo tema metaforico collega saldamente il film all'opera del regista. Il suo precedente film *Destino cieco* (1981) aveva cercato di mettere in scena tre diversi esiti della vita di un uomo in funzione del variare di una singola circostanza. Il primo trattamento del *Decalogo, 4* prevedeva che la storia venisse raccontata tre volte, secondo i punti di vista della figlia, del padre e del regista stesso. E il soggetto del successivo *La doppia vita di Ve-*

ronica è la corrispondenza di due destini «paralleli». Ne esce così il ritratto di un mondo abbandonato dal sacro (anche se vi si aggira una presenza forse angelica ma comunque impotente, quella dell'osservatore Artur Barciś, presente in quasi tutti gli episodi), una specie di «inferno dell'etica» (come si intitola la lezione dell'insegnante nel *Decalogo, 8*), dove i casi personali invece che aiutare lo spettatore a consolidare le proprie certezze portano ad aumentare i propri dubbi: «tra la prescrizione assoluta delle Tavole della Legge, enunciate semplicemente con il loro numero, e l'infinito manifestarsi del dramma morale nell'universo plumbeo del caseggiato (in cui sono ambientate la maggior parte delle storie), negli interni in penombra, nei volti annichiliti dallo smarrimento, si apre l'abisso dell'interpretazione, in cui tutto diventa dubbio, dilemma, enigma». E la volontà di scegliere un diverso direttore della fotografia quasi a ogni episodio, anche per conseguire differenti impostazioni visive, conferma la volontà di non obbedire a nessun «spirito del sistema».

Il piano produttivo del *Decalogo* prevedeva la possibilità di affiancare agli episodi alcuni film di durata maggiore, «versioni lunghe» destinate alle sale cinematografiche. Ne furono realizzate solo due: *Krótki film o zabijaniu* (1987, col, 85', letteralmente *Breve film sull'uccidere*, che non è mai arrivato in Italia) sul quinto comandamento e *Krótki film o miłości* (1988, col, 87', letteralmente *Breve film sull'amore*, distribuito però in Italia col titolo fuorviante *Non desiderare la donna d'altri*) sul sesto comandamento.

Decalogo, 1 ***½ (*Dekalog, jeden*, Polonia 1989, col, 53') Krzysztof Kieślowski. Con Henryk Baranowski, Wojciech Klata, Maja Komorowska, Artur Barciś. ◆ Primo comandamento (*Io sono il Signore Dio tuo. Non avrai altro Dio fuori di me*): un docente universitario ritiene che col computer si possa programmare la vita. Insegna a suo figlio a calcolare fin dove può spingersi a pattinare nel laghetto ghiacciato vicino a casa. Ma il destino (o forse Dio) si vendica. Degli episodi del *Decalogo*, è quello più esplicitamente legato al tema della presenza di Dio. Duro e senza possibilità di consolazione. Kieślowski rischia molto (nella scena dell'icona che piange), ma è convincente e toccante.

Decalogo, 2 **½ (*Dekalog, dwa*, Polonia 1989, col, 57') Krzysztof Kieślowski. Con Krystyna Janda, Aleksander Bardini, Olgierd Lukaszewicz, Artur Barciś. ◆ Una donna (Janda, attrice cara a Wajda) si accorge di essere incinta del suo amante, mentre suo marito lotta contro la morte in ospedale. Il destino, questa volta, pur smentendo ogni previsione umana, agisce quasi con ironia, e lascia un filo di speranza. L'immagine della vespa che si dibatte per non cadere in un bicchiere è entrata nell'antologia del *Decalogo*, ma l'intreccio è macchinoso, e il legame col secondo comandamento (*Non nominare il nome di Dio invano*) abbastanza vago.

Decalogo, 3 *** (*Dekalog, trzy*, Polonia 1989, col, 56') Krzysztof Kieślowski. Con Daniel Olbrychski, Maria Pakulnis, Joanna Szczepkowska, Artur Barciś. ◆ Un uomo (Olbrychski, il più noto attore polacco) sta festeggiando in famiglia il Natale, quando una ex amante lo costringe a seguirla in un pellegrinaggio tra obitori e stazioni di polizia alla ricerca del marito scomparso. *Ricordati di santificare le feste*, ossia inventa anche una menzogna pur di vincere la solitudine nella notte di Natale. Uno degli episodi più cupi, girato in una Varsavia da incubo.

Decalogo, 4 **** (*Dekalog, cztery*, Polonia 1989, col, 55') Krzysztof Kieślowski. Con Adrianna Biedrzynska, Janusz Gajos, Adam Hanuszkiewicz, Jan Tesarz, Artur Barciś. ◆ Una lettera scritta dalla madre morta rivela alla giovane Anka di non essere figlia di suo padre. Tra i due, non più legati dal sangue, sta per nascere un'attrazione fisica, ma la verità non la conoscerà nessuno. Scavo di incredibile intensità sui limiti e l'ambiguità dell'amore. Anka studia recitazione, ma Kieślowski non scioglie il suo gioco a metà tra verità e simulazione. Lo stile riesce a essere concreto e, al tempo stesso, simbolico e allusivo come in nessun altro episodio del *Decalogo*. È anche il più blasfemo degli episodi, visto che commenta il quarto comandamento (*Onora il padre e la madre*). Per un attimo compaiono il chirurgo di *Decalogo, 2* e il tassista che sarà ucciso in *Decalogo, 5*.

Decalogo, 5 *** (*Dekalog, pięć*, Polonia 1989, col, 57') Krzysztof Kieślowski. Con Mirosław Baka, Krzysztof Globisz, Jan Tesarz, Artur Barciś, Krystyna Janda. ◆ *Non uccidere*: uno degli episodi più celebrati del *Decalogo*. Un giovane sbandato commette un omicidio atroce e ingiustificato, e viene punito dalla legge con altrettanta crudeltà. Un tema classico, quello della condanna della pena di morte, affrontato con durezza estrema (le sequenze dei due omicidi sono allucinanti) ma con alcune sbandature (la crisi di coscienza dell'avvocato è accessoria). Formalmente, è comunque l'episodio più bello, con una geniale fotografia di Sławomir Idziak. Kieślowski ha girato una versione più lunga di questo episodio (*Breve film sull'uccidere*), che però in Italia non è mai stata distribuita nelle sale.

Decalogo, 6 *** (*Dekalog, sześć*, Polonia 1989, col, 58') Krzysztof Kieślowski. Con Grażyna Szapołowska, Olaf Lubaszenko, Stefania Iwińska, Artur Barciś. ◆ Un ragazzo, che probabilmente ha visto *La finestra sul cortile*, si innamora di una vicina che spia col cannocchiale. Riuscirà a incontrarla, ma verrà umiliato dalla sua inesperienza in fatto di sesso e tenterà il suicidio. Il film dedicato al sesto comandamento (*Non commettere atti impuri*) riflette su cosa sia l'amore, e, malgrado la durezza e l'evidenza, rischia di essere un po' troppo platonizzante. Ottimi, comunque, gli attori. La versione lunga (*Breve film sull'amore*) è stata distribuita in Italia con un titolo fuorviante, *Non desiderare la donna d'altri*, e ha un finale meno convincente.

Decalogo, 7 **½ (*Dekalog, siedem*, Polonia 1989, col, 55') Krzysztof Kieślowski. Con Anna Plony, Maja Barełkowska, Władysław Kowalski, Bogusław Linda. ◆ Il settimo comandamento è *Non rubare*, ma il furto che commette Majka è, paradossalmente, quello del suo stesso figlio. L'aveva avuto a 16 anni e sua madre l'aveva adottato per coprire lo scandalo. Ora lo rivuole per sé. Un tema melodrammatico abbastanza convenzionale, affrontato con sensibilità e spirito umanitario. Singolare coincidenza d'argomento con il melodramma di Delmer Daves *Qualcosa che scotta*.

Decalogo, 8 **½ (*Dekalog, osiem*, Polonia 1989, col, 55') Krzysztof Kieślowski. Con Maria Kościałkowska, Teresa Marczewska, Artur Barciś, Tadeusz Łomnicki. ◆ Un altro caso da manuale: è lecito trasgredire il comandamento che impone di *Non dire falsa testimonianza*, se in questo modo si può salvare una vita? Un'anziana docente di filosofia, tornata in Polonia, si trova di fronte a un episodio oscuro del suo passato, all'epoca dell'occupazione nazista. Assieme a *Decalogo, 7* è uno degli episodi più critici nei confronti della morale tradizionale. Kieślowski, tuttavia, sembra divertirsi soprattutto a intrecciare riferimenti con i film precedenti. Il filatelico che compare è il padre dei due fratelli di *Decalogo, 10*.

Decalogo, 9 ***½ (*Dekalog, dziewięć*, Polonia 1989, col, 58') Krzysztof Kieślowski. Con Ewa Błaszczyk, Piotr Machalica, Jan Jankowski, Artur Barciś. ◆ *Non desiderare la donna d'altri* continua, di fatto, la riflessione sui confini tra sesso e amore iniziata in *Decalogo, 6*. Un marito diventato impotente può continuare a pretendere di essere amato da sua moglie? Ritorna anche il tema del voyeurismo, ma i personaggi sono meno idealizzati che nell'altro episodio. La svolta drammatica è congegnata con consumata abilità ed è molto emozionante. Verso la fine del *Decalogo* Kieślowski non perde il suo rigore ma sembra essere meno disperato.

Decalogo, 10 ***½ (*Dekalog, dziesięć*, Polonia 1989, col, 57') Krzysztof Kieślowski. Con Jerzy Stuhr, Zbigniew Zamachowski, Henryk Bista, Olaf Lubaszenko. ◆ Geniale conclusione in chiave di humour nero al progetto del *Decalogo*. Due fratelli (uno dei quali è un cantante rock) ereditano la collezione di francobolli paterna, e vengono presi dalla stessa mania filatelica. *Non desiderare la roba d'altri*: uno dei due arriva a dare un rene pur di procurarsi un pezzo raro, poi si sospettano a vicenda di un furto. Parabola caustica sull'avidità umana, con un ritmo da commedia grottesca degno di Polanski, che bilancia bene l'austerità di altri episodi.

Decameron, Il **½ (Italia/Francia/Rft 1971, col, 111') Pier Paolo Pasolini. Con Franco Citti, Ninetto Davoli, Angela Luce, Silvana Mangano, Pier Paolo Pasolini, Guido Alberti, Vincenzo Amato. ◆ Trasposizione di nove novelle del Boccaccio, due delle quali – quella di Ser Ciappelletto (Citti) che dopo una vita di peccati muore con la nomea di santo e quella di un allievo di Giotto (Pasolini) – funzionano da filo conduttore alle altre: la storia del credulone Andreuccio da Perugia (Davoli); quella del furbo ortolano Masetto da Lamporecchio (Amato) che si finge sordomuto per entrare in un convento di suore; di Lisabetta che seppellisce in casa la testa dell'amante ucciso; di Caterina e Ricciardo che riescono a coronare il loro sogno d'amore; di Tingoccio che torna dall'aldilà per rivelare a Meuccio come far l'amore non sia considerato peccato; di Donno Gianni che possiede l'amata davanti al marito di lei, facendogli credere di poterla tramutare in una cavalla; dell'infedele Peronella (Luce) che fa entrare il marito in una giara per concedersi all'amante. Primo film di una trilogia (con i successivi *I racconti di Canterbury* e *Il fiore delle mille e una notte*) che per Pasolini costituì il tentativo di superamento dei tabù e di esaltazione della giocosità dell'atto sessuale: per farlo trasferisce l'azione del *Decameron* da Firenze a Napoli e sostituisce alla vitalità (laica e anticlericale) della nascente borghesia raccontata dal Boccaccio la gioia e l'innocenza popolare di un mondo che non è più protagonista della Storia (come era nel Trecento toscano) ma che vive fuori dalla Storia, in una specie di paradiso terrestre senza poteri e colpe. Pasolini cura, insieme a Ennio Morricone, anche la musica. La Mangano è la donna che fa da modella per la Madonna. Inevitabili code polemiche e richieste di sequestro all'uscita del film in Italia.

Decamerone nero, Il * (Italia 1972, col, 100') Piero Vivarelli. Con Beryl Cunningham, Djbril Diop, Serigne N'Diaye Gonzales, Line Senghor, Jusy McGregor, Fatur Diame. ◆ Boccaccio non c'entra in questa ignobile commedia sulla sessualità nera, ovviamente superdotata e offerta in alternativa a quella bianca: il testo ispiratore è firmato da Leo Frobenius.

Decamerone orientale, Il * (*Chin P'ing Mei*, Giappone 1970, b/n, 87') Koji Wakamatsu. Con Tomoko Myama, Rikyok Takashima, Kazuko Wakamatsu, Kooei Tsuzaki. ◆ Nella Cina del XII secolo, una moglie adultera avvelena il marito, ma il fratello di costui è pronto a vendicarlo. Fotoromanzo di scarso interesse, tratto da un bel testo erotico cinese del Cinquecento, del quale sono state completamente ignorate le implicazioni di carattere storicosociale.

Decima vittima, La *½ (Italia 1965, col, 90') Elio Petri. Con Marcello Mastroianni, Ursula Andress, Elsa Martinelli, Salvo Randone, Massimo Serato. ◆ Nella società del futuro l'aggressività viene sfogata con la caccia all'uomo, ripresa dalla Tv in diretta. La prossima vittima di Caroline (Andress) è il pacioso Mastroianni, ma finirà con l'innamorarsene. La sceneggiatura (cui ha collaborato Flaiano) tradisce lo spirito del brillante racconto *La 7a vittima* di Robert Sheckley. La Roma futuribile fa sorridere, ma alcuni spunti satirici (come i caroselli che interrompono la diretta della caccia all'uomo) all'epoca non erano banali.

Decimo uomo, Il ** (*The Tenth Man*, Usa 1988, col, 100') Jack Gold. Con Anthony Hopkins, Kristin Scott-Thomas, Derek Jacobi, Cyril Cusack, Brenda Bruce. ◆ Nella Francia occupata dai nazisti un ricco avvocato (Hopkins) cede ogni suo possesso a un uomo perché prenda il suo posto davanti al plotone di esecuzione. Dopo la guerra ritorna nella sua casa, ma come servo. Versione diligente e senza voli di un racconto-apologo di Graham Greene. Girato per la televisione.

Decisione al tramonto **½ (*Decision at Sundown*, Usa 1957, col, 77') Budd Boetticher. Con Randolph Scott, John Carroll, Karen Steele, Noah Berry. ◆ Burt Allison (Scott) arriva all'improvviso in un villaggio, Sundown, per uccidere il presunto responsabile della morte della moglie. Terzo dei western a low budget girati da Boetticher con Scott, tratta in modo non banale il tema della vendetta, e capovolge alcuni cliché (la defunta non era un angelo del focolare). Il vero centro del film, però, è «l'itinerario morale di una comunità», poiché lo scontro va di pari passo con la presa di coscienza della popolazione di fronte alla violenza dei due contendenti, passando dalla passività alla cattiva coscienza fino alla ribellione.

Decisione critica ** (*Executive Decision*, Usa 1996, col, 131') Stuart Baird. Con Kurt Russell, David Suchet, Oliver Platt, Joe Morton, Halle Barry, Steven Seagal, John Leguizamo, J.T. Walsh. ◆ Un terrorista islamico (Suchet) dirotta un 747 carico di passeggeri con l'intenzione di fare esplodere una bomba chimica su Washington: ma una squadra del Pentagono, a bordo di uno Stealth, riesce ad agganciare il Boeing in volo e a introdursi a bordo. Il tipico thriller catastrofico che va di moda a Hollywood, con l'antieroe inesperto che mostra il proprio valore (Russell) di fianco al veterano tutto d'un pezzo (Seagal, che però esce di scena presto). Più o meno la stessa storia di *The Rock*, con qualche mese di anticipo, e debiti inchini a *Trappola in alto mare*, *Passenger 57* e addirittura *Airport*. Con un filo di suspense e di ironia in più, a patto che si digerisca la xenofobia. Sceneggiatura di Jim e John Thomas, musica di Jerry Goldsmith.

Decisione di uccidere ** (*Intent to Kill*, Gb 1958, b/n, 89') Jack Cardiff. Con Richard Todd, Herbert Lom, Warren Stevens, Betsy Drake, Lisa Gastoni, Peter Arne, Alexander Knox. ◆ Un dittatore sudamericano (Lom) – nemico però dei ricchi – è in Canada per un'operazione: un dottorino (Todd) scopre che qualcuno sta cercando di ammazzarlo. Ben sfruttata l'ambientazione ospedaliera e discreta la suspense, malgrado certe ingenuità non reggano alla prova del tempo. Jimmy Sangster ha adattato un romanzo di Michael Bryan.

Decisionista, Il *½ (Italia 1997, col, 90') Mauro Cappelloni. Con Gian Marco Tognazzi, Maria Grazia Cucinotta, Luca Lionello, Cinzia Carrea, Adriana Russo, Sabrina Knaflitz, Marino Masè. ◆ Cinico yuppie con il mito del denaro, Gian Luigi Rossi Distante (Tognazzi) ha la vita sconvolta da una giornalista (Cucinotta) che attraverso di lui cerca di appropriarsi di documenti scottanti. Una specie di giallo pre-Tangentopoli, popolato di personaggi ambigui, compromessi e antipatici: l'intenzione non sarebbe male e l'atmosfera tardi anni Ottanta è piuttosto efficace (anche se, a ben ricordare, la cupezza appartiene al senno di poi), ma l'intreccio, che punta tutto sull'allusività (la sceneggiatura è di Cappelloni e Elide Cortesi), diventa farraginoso ai limiti della comprensibilità, e la regia è da sceneggiato televisivo. La Cucinotta è quasi sempre in pantaloni, e la sua recitazione è uno strazio. Prodotto dal regista e da Gian Marco Tognazzi.

Declic – Dentro Florence * (*Le Déclic*, Francia 1985, col, 82') Jean-Louis Richard. Con Florence Guérin, Jean-Pierre Kalfon, Bernard Kuby, Jasmine Maimone, Lisa Marks. ◆ Claudia (Guérin), la bellissima giovane moglie di un maturo industriale perde ogni inibizione sessuale grazie al marchingegno telecomandato dal dottor Fez (Kalfon), uno scienziato satiro che vuole in questo modo vendicarsi di essere stato respinto dalla donna. Grande rumore e clamoroso flop per la trasposizione della fortunatissima storia a fumetti di Milo Manara, girata negli States con Bob Rafelson regista di alcune riprese: scomparso tutto l'erotismo giocoso e il sarcasmo verso il conformista «bel mondo» borghese, si rimane nell'inconcludente softcore della splendida, ma sprecata, Guérin.

Declino dell'impero americano, Il **½ (*Le Déclin de l'empire américain*, Canada 1986, col, 103') Denys Arcand. Con Dominique Michel, Dorothée Berryman, Pierre Curzi, Remy Girard. ◆ Alcuni universitari rampanti del Quebec si ritrovano un pomeriggio in una casa di campagna e parlano soprattutto di sesso, mentre le loro mogli o amiche si ritrovano in una palestra e discorrono soprattutto di uomini. Alla sera i due gruppi si ritrovano e alcune tensioni dimostrano che la libertà sessuale di cui tutti parlavano rischia di rimanere solo un bel discorso. Tra gay depressi, amanti sadomaso e chi si fa ancora un problema della fedeltà coniugale, il film registra la confusione dei valori, così tipica degli anni Ottanta. Non tutto è perfetto e questo «Rohmer della parolaccia», verboso ma non sempre spassoso, cinico ma non sempre graffiante, rischia di non scavare molto in profondità, ma il film è decisamente piacevole e girato con straordinaria freschezza.

Dédée d'Anvers ** (*Dédée d'Anvers*, Francia 1948, b/n, 87') Yves Allégret. Con Simone Signoret, Bernard Blier, Marcel [Marcello] Pagliero, Marcel Dalio, Jane Marken, Marcel Dieudonné. ◆ Una prostituta di Anversa, Dédée (Signoret), spera di cambiare vita partendo con un marinaio italiano, Francesco (Pagliero), ma il protettore della donna, Marco (Dalio), lo ammazza. Ma Dédée saprà vendicarsi. Una «metamorfosi decadente» del realismo poetico di Carné e Prévert: pensato nel 1939, ma girato solo nel 1947, questo film – per reagire all'ottimismo da paccottiglia di certo cinema francese del dopoguerra – finisce per farsi prendere dagli «eccessi di un naturalismo compiaciuto e superato»: peccato, perché il rifiuto di scegliere un tema che non disturbasse il consenso politico su cui si fondava la IV Repubblica (costruita sull'ostracismo verso la sinistra del Partito comunista e la destra di quello gollista e che spingeva molti registi a evitare argomenti «delicati») avrebbe meritato un trattamento migliore di quello, convenzionale e a volte involontariamente ridicolo, che Yves Allégret ha riservato alla sceneggiatura scritta insieme a Jacques Sigurd (a partire da un romanzo di Ashelbé). Resta solo la bella fotografia di Jean Bourgoin e la spettacolare interpretazione di Simone Signoret (bellissima!) e di Marcel Dalio, in uno dei suoi ruoli più sordidi. In originale dura 100'.

Dedizione **½ (*The Big Street*, Usa 1942, b/n, 88') Irving Reis. Con Henry Fonda, Lucille Ball, Barton MacLane, Eugene Pallette, Agnes Moorehead, Sal Levene, Ray Collins. ◆ Un cameriere timido, Little Pinks (Fonda), si innamora di una cantante egocentrica (Ball): quando lei rimane paralizzata dopo una zuffa con il suo amante-gangster, Pinks sarà al suo fianco e arriverà a rubare per mantenerla. Prodotto da Damon Runyon a partire da un suo racconto (e sceneggiato da Leonard Spigelgass), è un insolito melodramma che sa unire humour crudele e *amour fou*: la continua degradazione e l'assoluta dedizione dell'uomo di fronte alla natura meschina della donna (nelle prime scene del film lui la chiama «mia regina», lei lo disprezza e lo umilia davanti a tutti) non impediscono che quell'amore ostinato alla fine trionfi in una scena follemente geniale: dopo aver organizzato una festa da ballo in onore dell'ex cantante, Pinks la conduce a danzare sulla pista e lei, paralizzata, gli si appoggia completamente addosso per morire improvvisamente tra le sue braccia. La big street del titolo originale si riferisce a Broadway e al mondo che vi si identifica.

Deep Impact **½ (*Deep Impact*, Usa 1998, col, 120') Mimi Leder. Con Robert Duvall, Morgan Freeman, Téa Leoni, Vanessa Redgrave, Maximilian Schell, Elijah Wood, James Cromwell, Jon Favreau. ◆ L'ambiziosa giornalista Jenny Lerner (Leoni) crede di essere sulle tracce di uno scandalo, e spinge il presidente Beck (Freeman) a rivelare che un'enorme cometa sta per abbattersi sulla Terra. Un milione di americani sono selezionati per rifugiarsi nel sottosuolo, e una missione spaziale capeggiata dal veterano Keeney (Duvall) cerca di intercettare l'astro. La fine del mondo nell'era della diretta Tv rimette l'uomo di fronte alla morte: la produzione Spielberg amministra con giudizio gli effetti speciali, mentre la sceneggiatura di Michael Tolkin, Bruce Joel Rubin e John Wells si bilancia tra ottimismo New Age e la critica di un'America che sembra non aspettare altro che l'Apocalisse. Kolossal con sentimenti, il film che negli Usa ha preceduto *Armageddon* ha un indubbio interesse sociologico e il fascino di un inquietante sceneggiato tv, con un mosaico di personaggi e di storie non tutte a lieto fine.

Deep Rising - Presenze dal profondo *½ (*Deep Rising*, Usa 1998, col, 106') Stephen Sommers. Con Treat Williams, Famke Janssen, Kevin J. O'Connor, Wes Studi, Anthony Heald. ◆ Una banda multietnica sale su un transatlantico-casinò per rapinarlo, e ci trova il mostro: un polipone con voraci tentacoli stile *Alien*. Come *Relic* + *Anaconda* ambientati sul Titanic. Solo per chi ama il genere e gli stravisti effetti speciali di Rob Bottin; molto digitale e poco splatter, comunque. Scritto dal regista.

De generazione * (Italia 1994, col, 110') Giorgio Bellocchio, Marco Manetti, Antonio Manetti, Andrea Maulà, Alberto Taraglio, Alex Infascelli, Asia Argento, Antonio Antonelli, Andrea Prandstraller, Eleonora Fiorini, Alessandro Valori. ◆ Film a episodi. In *Arrivano i nostri* (di Giorgio [Piergiorgio] Bellocchio. Con Alessandro Haber) un produttore armato di David di Donatello viene inseguito e ucciso da mostri con la t-shirt del film; in *Consegna a domicilio* (di Marco e Antonio Manetti. Con Alberto Rossi, Gloria Strabella) un borghese uccide lo zombi che è venuto a portargli una cassapanca; in *Just Another Vampire Story* (di Andrea Maulà. Con Stefano Abbati, Cesare Bocci) un gay abborda un sedicente vampiro in una discoteca: in realtà il mostro è lui; in *La Tv fa male ai bambini* (di Alberto Taraglio. Con Pier Francesco Loche) una bambina viene inseguita dal televisore; in *Vuoto a rendere* (di Alex Infascelli. Con Alessandro Haber, Mariella Valentini, Frankie HI NRG) un borghese alieno fa la fine di un noto personaggio di *Scanners* di Cronenberg; in *Prospettive* (di Asia Argento) una persona sogna torri falliche, levitazioni e numeri del lotto; in *Catene* (di Antonio Antonelli. Con Corrado Guzzanti) le donne non sognano altro che portare gli uomini al guinzaglio; in *India 21* (di Andrea Prandstraller. Con Giorgio Tirabassi) un tassista porta a spasso l'uomo invisibile, che forse è uno stragista; in *Finalmente insieme* (di Eleonora Fiorini. Con Cesare Bocci, Maria Pia Calzoni) una coppia è perseguitata da incubi sanguinosi; in *Squeak!* (di Alessandro Valori. Con Mario De Candia, Asia Argento) un terzetto di trucidi cerca vittime per horror-verità. Una specie di *Adrenaline* all'italiana, fatto da una schiera di esordienti (molti i figli d'arte): una generazione poco promettente, per cui il cinema inizia con Sam Raimi e finisce con *Avanzi* e i videoclip. Inutile cercare idee e sceneggiature decenti: l'episodio più scritto, quello del vampiro, è ispirato non a caso a un racconto preesistente.

Delfini, I ** (Italia 1960, b/n, 110') Francesco Maselli. Con Claudia Cardinale, Gérard Blain, Betsy Blair, Antonella Lualdi, Anna Maria Ferrero, Sergio Fantoni, Tomas Milian, Enzo Garinei, Claudio Gora. ◆ Fidanzate alcolizzate, arrampicatrici sociali ed ex giovani cadute in rovina sono le protagoniste di questo ritratto di vitelloni della provincia italiana. Secondo film di Maselli (da un soggetto di Antonio Pietrangeli), dal tono realistico e impietoso. Convincente la Blair nel ruolo della contessa Rita Cherè, un personaggio patetico e meschino, vittima delle sue stesse speculazioni. Alberto Moravia collaborò alla sceneggiatura di Maselli, Ennio De Concini e Aggeo Savioli. La Cardinale è doppiata da Adriana Asti, Blain da Riccardo Cucciolla e Milian da Paolo Ferrari.

Delfino verde, Il * (*Green Dolphin Street*, Usa 1947, col, 141') Victor Saville. Con Lana Turner, Van Heflin, Donna Reed, Richard Hart, Frank Morgan. ◆ Due sorelle (Lana Turner, appena reduce del *Postino suona sempre due volte*, e Donna Reed) si contendono Van Heflin nella Nuova Zelanda dell'Ottocento. Drammone in costume, costoso e prolisso.

Delicatessen **½ (*Delicatessen*, Francia 1990, col, 97') Jean-Pierre Jeunet, Marc Caro. Con Dominique Pinon, Marie-Louise Dougnac, Jean-Claude Dreyfus, Karin Viard, Rufus, Ticky Holgado, Anne-Marie Pisani. ◆ Guidati da un macellaio (Dreyfus), gli abitanti di un condominio attirano, col miraggio di un posto da portiere, ignare persone per ucciderle e mangiare così un po' di carne. Ma l'eccentrico Louison (Pinon) non cade nella trappola e con l'aiuto della figlia del macellaio e dei trogloditi (strani uomini-rana vegetariani che vivono nelle fogne della città) riuscirà a ripulire la casa dai suoi occupanti cannibali. Un godibile *pastiche* eccentrico e sgangherato che racconta un mondo (futuro?) ormai disumanizzato, attraverso una serie di gag impertinenti e provocatorie. Ispirato allo stile di *Brazil* e girato usando regolarmente obiettivi deformanti, e col gusto (derivato da *Harakiri*) per le tipizzazioni eccessive, è un'opera prima curiosa e originale con più di una scena decisamente divertente. Il coregista Marc Caro appare nella parte di Fox, uno dei trogloditi.

Delinquente delicato, Il ** (*The Delicate Delinquent*, Usa 1957, b/n, 100') Don McGuire. Con Jerry Lewis, Martha Hyer, Darren McGavin, Horace McMahon. ◆ Sydney Pythias (Lewis) è un ragazzo di quartiere, che vorrebbe emulare i teppisti ma, data la sua vocazione da assistente sociale, finisce con l'indossare la divisa. Primo film di Lewis senza Martin, con meno gag del solito, e una vena dolciastra più insistente che in passato.

Delinquente del Rock & Roll, Il **½ (*Jailhouse Rock*, Usa 1957, b/n, 96') Richard Thorpe. Con Elvis Presley, Judy Tyler, Vaughn Taylor, Dean Jones. ◆ Un ex galeotto, che ha imparato in prigione a suonare la chitarra, diventa una star del rock. In quello che è forse il suo miglior film, Elvis Presley «the king» regge bene il ruolo drammatico, pur riuscendo a mantenere la giusta grinta per alcune tra le sue canzoni più movimentate: *Treat Me Nice*, *Don't Leave Me Now* e soprattutto *Jailhouse Rock*, accompagnata da un numero di danza coreografato dallo stesso Presley. Esiste anche una versione colorizzata.

Deliria *½ (Italia 1987, col, 89') Michele Soavi. Con David Brandon, Barbara Cupisti, Giovanni Lombardo Radice, Robert Gligorov. ◆ Un attore fallito (Brandon) fa strage di giovani colleghi in un teatro nel quale si sta girando un videoclip. Variazione sul *Fantasma del palcoscenico* (l'assassino qui ha una maschera da gufo), realizzata con qualche idea da un esordiente, già allievo e aiuto di Dario Argento. È piaciuto agli appassionati del genere, e ha vinto un premio al festival di Avoriaz.

Delirio **½ (*Orage*, Francia 1938, b/n, 98') Marc Allégret. Con Michèle Morgan, Charles Boyer, Lisette Lanvin, Jean-Louis Barrault, Michel Vitold, Robert Manuel. ◆ La vita di André Pascal (Boyer) è sconvolta dalla conoscenza di Françoise (Morgan), una studentessa dalla vita sentimentale disordinata ma in cerca del vero amore, per la quale lascia la moglie Gisèle (Lanvin). Anche Françoise vuole lasciare il suo vecchio fidanzato (Barrault), ma quando scopre che Gisèle è incinta, si avvelena per non costringere André a distruggere la sua famiglia. Dramma sulla violenza della passione che Allégret libera dalle inevitabili pesantezze melodrammatiche costruendo tutto il film sull'ingenua (e autodistruttiva) spontaneità della protagonista, una ragazza che cerca di sfuggire ai condizionamenti della morale borghese ma che finisce per esserne schiava e che Michèle Morgan vivifica con la sua «luminosa e meravigliosa presenza». Questi rimaneggiamenti (firmati dagli sceneggiatori Marcel Achard e H. G. Lustig) non piacquero a Henry Bernstein, dalla cui pièce era tratto il soggetto del film, che fece togliere il suo nome dai titoli e impose di cambiare il titolo originale da *Le Venin* (come si chiamava il suo testo teatrale) a *Orage*.

Delirio d'amore ** (*La Symphonie fantastique*, Francia 1942, b/n, 95') Christian-Jaque [Christian Maudet]. Con Jean-Louis Barrault, Renée Saint-Cyr, Lise Delamare, Jules Berry, Bernard Blier, Julien Bertheau, Roland Armontel, Chaterine Fonteney, Gilbert Gil, Louis Seigner, Jean Darcante. ◆ Innamorata di Hector Berlioz (Barrault), l'arpista Marie Martin (Saint-Cyr) lascia la Francia perché il musicista decide di sposare l'attrice Harriett Smithson (Delamare). Ma il matrimonio fallisce e anche la carriera del compositore entra in crisi, fino al nuovo incontro con Marie che saprà rinfrancare Berlioz e, dopo aver conquistato anche l'affetto del figlio di primo letto (Gil), dargli finalmente giorni felici. Biografia piuttosto scontata di una delle glorie francesi sceneggiata (da Jean-Pierre Feydeau e Henri-André Legrand) con tutti i luoghi comuni dell'eroe incompreso che può creare solo nella disperazione. Ma riscatta il film un entusiasmo patriottico che attraverso le parole e le azioni dei protagonisti della cultura francese ottocentesca – Hugo (Bertheau), Delacroix (Armontel), Mérimée (Darcante), il discorso d'accettazione all'Académie française – rende un vibrante omaggio al passato nazionale e nemmeno molto indirettamente condanna il collaborazionismo di quegli anni (da cui l'odio di Goebbels per il film).

Delirious – Il baratro della follia *½ (*Tales That Witness Madness*, Gb 1973, col, 90') Freddie Francis. Con Kim Novak, Donald Pleasence, Joan Collins, Suzy Kendall, Peter McEnery, Jack Hawkins. ◆ Il direttore di un manicomio racconta a un collega quattro casi di suoi pazienti: un ragazzino gioca con una tigre immaginaria, che però sbrana i genitori; una donna accusa un principe orientale di cannibalismo; un antiquario viaggia nel tempo su un velocipede; un giovanotto si innamora di un albero antropomorfo e uccide la moglie. Delirio o realtà? Il collega scettico lo proverà sulla propria pelle. Collana di episodi nella media, inferiore ad altri prodotti analoghi di Francis.

Delirium *½ (*Succubus*, conosciuto anche coi titoli *Necronomicon* e *Geträumte Sünden*, Rft/Spagna 1967, col, 80') Jess Franco. Con Janine Reynaud, Howard Vernon, Jack Taylor, Michel Lemoine. ◆ La spogliarellista Lorna (Reynaud), incapace di amare, vive in un mondo allucinato, finché commette nella realtà i delitti che sogna: all'incirca, ché ritrovare un filo logico è arduo. Pare che Fritz Lang abbia speso parole di simpatia per il film: probabilmente affascinato dal surrealismo povero ma a tratti elegante, dai dialoghi metacinematografici alla Godard e dall'armamentario psicanalitico che fa il verso a *Marnie*. Audace per l'epoca (i flani italiani: «Una delle più sconvolgenti opere del cinema mondiale»), oggi fa sorridere, oltre a sembrare molti passi indietro rispetto a quanto faceva Robbe-Grillet negli stessi anni. Musiche di Friedrich Gulda e Jerry Van Rooyen. Alla versione italiana pare appiccicato un finale posticcio e moralista.

Delirium House – La casa del delirio ** (*Terror*, Gb 1978, col, 79') Norman J. Warren. Con John Nolan, Carolyn Courage, James Aubrey, Sarah Keller. ◆ Il produttore cinematografico John Garrick (Nolan), ultimo discendente assieme alla cugina (Courage) di una famiglia su cui grava una maledizione centenaria, scatena inavvertitamente una serie di sanguinosi delitti. Warren non è interessato allo sviluppo consequenziale della storia, ma a una scarica incessante di sensazioni e visioni, nella quale si avverte la lezione di Bava e Argento (anche se *Inferno* prenderà in prestito la ghigliottina di vetro): suoni elettronici, vortici d'aria, colori accesi a macchie, sangue copioso, ombre ovunque. Le singole sequenze valgono più della loro somma, e anche l'incredibile scemenza di un'auto che gironzola sospesa nel vuoto tra alberi squassati dal vento risulta azzeccata.

Delitti, amore e gelosia *½ (Italia 1984, col, 110') Max Bunker [Luciano Secchi]. Con Saverio Marconi, Cochi Ponzoni, Fiorenza Marchegiani, Lilla Brignone, Paolo Bonacelli. ◆ Semi-giallo scritto e diretto dal creatore di Alan Ford, al suo esordio nel cinema. Fabio (Marconi), archivista in un commissariato, scopre un intrigo a base di lettere anonime, e viene coinvolto in un omicidio. Volenteroso tentativo di mescolare diversi generi e di evitare la comicità pecoreccia.

Delitti del gatto nero, I ** (*Tales From the Darkside: the Movie*, Usa 1990, col, 93') John Harrison. Con Deborah Harry, Christian Slater, David Johansen, William Hickey, James Remar, Rae Dawn Chong, Robert Klein, Matthew Lawrence. ◆ In una cornice a metà tra la favola di Hansel e Gretel e le avventure di Sherazade trovano spazio tre racconti fantaorrorifici: *Lotto 249* da sir Arthur Conan Doyle (su una mummia che cammina, sceneggiato da Michael McDowell), *Il gatto nero* da Stephen King (su un gatto con poteri soprannaturali, adattato da George Romero), *Le promesse degli amanti* di Michael McDowell. Dei tre episodi, ispirati alla serie televisiva *The Tales From the Darkside*, il migliore è il secondo, grazie anche alle guizzanti soggettive del felino. La cuoca ingannata è l'ex Blondie Deborah Harry.

Delitti della palude, I *½ (*Sister, Sister*, Usa 1987, col, 91') Bill Condon. Con Eric Stoltz, Jennifer Jason Leigh, Judith Ivey, Dennis Lipscomb. ◆ Due sorelle (Jason Leigh e Ivey), non esattamente equilibrate, vivono in una casa ai margini della palude. Ovvio che i loro ospiti dovrebbero stare all'erta. Thriller non molto originale e non troppo emozionante, con alcune promesse del cinema americano.

Delitti della via Morgue, I *½ (*The Murders in Rue Morgue*, Usa 1986, col, 100') Jeannot Szwarc. Con George C. Scott, Rebecca de Mornay, Ian McShane, Val Kilmer, Neil Dickson. ◆ Ennesima versione del racconto di Poe: Dupin (Scott), intellettuale che fa l'investigatore dilettante, risolve il caso di un raccapricciante doppio delitto nella Parigi dell'Ottocento. Scott si impegna, la fotografia di Bruno de Keyzer non è quella che ci si aspetta da un tv-movie come questo, ma manca la vera suspense, specie se si conosce già Poe.

Delitti del rosario, I ** (*The Rosary Murders*, Usa 1987, col, 101') Fred Walton. Con Donald Sutherland, Charles Durning, Belinda Bauer, Josef Sommer. ◆ Variazione sul tema del ben più riuscito *Io confesso* di Hitchcock: uno psicopatico assassino di preti e suore si confessa a un sacerdote (Sutherland), che ovviamente non può tradire il segreto. La sceneggiatura di Elmore Leonard non mantiene le sue promesse, anche se la descrizione della comunità cattolica di Detroit è abbastanza riuscita.

Delitti e champagne → *Scandale, Le – Delitti e champagne*

Delitti e profumi * (Italia 1988, col, 98') Vittorio De Sisti. Con Jerry Calà, Umberto Smaila, Lucrezia Lante Della Rovere, Eva Grimaldi, Mara Venier. ◆ Un detective e un poliziotto cercano un omicida che uccide donne con un profumo incendiario. Tentativo di parodia del noir americano con penosi ammiccamenti cinefili, portato in basso dalla innata volgarità di Calà. Smaila compone anche le musiche. I critici (o ex critici) Oreste De Fornari e Franco Ferrini hanno scritto la sceneggiatura insieme a Francesco Massaro.

Delitti e segreti * (*Kafka*, Usa/Francia 1991, b/n e col, 100') Steven Soderbergh. Con Jeremy Irons, Theresa Russell, Joel Grey, Ian Holm, Jeroen Krabbe, Armin Müller-Stahl, Alec Guinness. ◆ Assicuratore di giorno e scrittore di notte, Kafka (Irons) decide di condurre delle indagini personali sulla sparizione di un collega, inimicandosi i superiori e trovando un aiuto insperato in Gabriella, una giovane anarchica (Russell). Arriverà a scoprire l'esistenza di un laboratorio con cavie umane. Comincia come un presunto film espressionista anni Venti e finisce come un James Bond orwelliano: in mezzo, Soderbergh pensa di metterci Kafka e Welles (*Il processo*), Murnau e la mitteleuropa. Invece ci sono solo vaghe reminiscenze del tenente Colombo, una Praga artificialmente magica e un cast di serie A dove spicca un memorabile Jeremy Irons, per arrivare a dire che alla fine siamo tutti colpevoli, aguzzini e vittime. Molto zelo per niente.

Delitti in forma di stella * (*Night Visions*, Usa 1990, col, 100') Wes Craven. Con Loryn Locklin, James Remar, Jo Tenney, Mitch Pileggi. ◆ Fresca di laurea, la psicologa Sally Powers (Locklin) è affiancata al ruvido tenente Mackey (Remar) per indagare sul solito serial killer: ma comincia ad avere visioni e sdoppiamenti di personalità, che la fanno cascare nelle braccia del mostro. Routine piattamente televisiva con pochi guizzi: da Craven (anche cosceneggiatore) è lecito aspettarsi di più. Timothy Leary è il sacerdote New Age.

Delitti inquietanti *½ (*The Glimmer Man*, Usa 1996, col, 91') John Gray. Con Steven Seagal, Keenan Ivory Wayans, Bob Gunto, Brian Cox, Michelle Johnson, Stephen Tobolowsky, Wendy Robie. ◆ Los Angeles: Jack Cole (Seagal), poliziotto esperto in arti marziali e buddismo, indaga con un collega nero (Wayans) su un serial killer che crocifigge le sue vittime (cattoliche). Lo sceneggiatore Kevin Brodbin deve essersi visto *Seven*, ma la soluzione dell'intreccio è molto più banale. Seagal, anche produttore, incomincia a non avere più l'età per fare troppi salti, e cerca di prendersi in giro come Eastwood e Schwarzenegger. Auguri.

Delitti inutili *½ (*The First Deadly Sin*, Usa 1980, col, 112') Brian G. Hutton. Con Frank Sinatra, Faye Dunaway, David Dukes, Brenda Vaccaro, James

Whitmore. ◆ Sinatra torna a recitare dopo dieci anni di assenza nei panni di un poliziotto alla caccia di un serial killer, mentre sua moglie (Dunaway) agonizza in ospedale. Il tentativo di dare spessore al solito poliziesco riesce solo in parte, e anche le interpretazioni non sono memorabili.

Delitti senza castigo **½ (*King's Row*, Usa 1942, b/n, 127') Sam Wood. Con Robert Cummings, Ann Sheridan, Ronald Reagan, Claude Rains, Betty Field, Charles Coburn, Nancy Coleman, Maria Ouspenskaya, Harry Davenport, Judith Anderson, Karen Verne, Ernest Cossart. ◆ Sogni e drammi in una cittadina di provincia a cavallo del secolo raccontati attraverso le storie di due amici: Parris Mitchel (Cummings) che seguendo gli insegnamenti del misterioso dottor Tower (Rains) diventerà un bravo psichiatra e Drake McHugh (Reagan) che grazie all'amore di Randy (Sheridan) troverà la forza prima di affrontare la povertà in cui improvvisamente si è trovato e poi il dramma di avere due gambe amputate. Cronaca provinciale cupa e melodrammatica tratta dallo «scandaloso» romanzo di Henry Bellamann che spinge all'estremo il classico tema delle vergogne nascoste dietro la facciata di una cittadina tranquilla. Così, per non incorrere nelle censure del codice Hays, lo sceneggiatore Casey Robinson dovette stemperare molte situazioni, col risultato di rendere i rapporti tra i personaggi ancora più strani: il sadismo del dottor Gordon (un grande Charles Coburn) è giustificato da una specie di fanatismo morale che lo spinge a punire nella carne chi crede abbia una condotta indecente (come il troppo frivolo Drake, cui amputa senza vera ragione le due gambe per punirlo di aver fatto innamorare la figlia Luise [Coleman]), mentre l'uccisione di Cassie (Field) da parte del dottor Tower non è tanto una specie di eutanasia messa in atto da chi ha scoperto nella figlia i segni della *dementia precox* quanto una «punizione» per aver ceduto all'amore di Parris. Peccato che la regia di Wood sia quanto di più anodino si possa immaginare, con inquadrature statiche e dialoghi altisonanti o lacrimevoli, in stridente contrasto con il bel lavoro del direttore della fotografia James Wong Howe e lo scenografo William Cameron Menzies. Reagan, nel suo miglior ruolo, dice la battuta cult di tutta una carriera quando si sveglia dall'operazione: «Che fine hanno fatto le mie gambe?» (in originale: *Where's the rest of me?*). In Tv circola un'edizione colorizzata e con le voci dei bambini pessimamente doppiate.

Delitto → *Fiacre n. 13, Il*

Delitto al Blue Gay * (Italia 1984, col, 98') Bruno Corbucci. Con Tomas Milian, Bombolo [Franco Lechner], Olimpia Di Nardo, Paco Fabrini. ◆ Ultima avventura del commissario Nico Giraldi (Milian), lanciato nel 1977 da *Squadra antiscippo*: la mutazione tra giallo e film-barzelletta si è ormai compiuta. Un omicidio nell'ambiente gay fa scoprire a Giraldi un complotto internazionale, in cui è coinvolto anche il Kgb. Penoso l'umorismo, di cui fanno le spese dei travestiti indegni del *Vizietto*.

Delitto alla televisione *½ (*The Glass Web*, Usa 1953, b/n, 81') Jack Arnold. Con Edward G. Robinson, John Forsythe, Kathleen Hughes, Marcia Henderson. ◆ L'autore televisivo di una serie di gialli (Robinson) viene sospettato dell'omicidio dell'amante, un'attrice da cui era ricattato. Mistery convenzionale, ma con un soggetto e un'ambientazione ai tempi poco sfruttati.

Delitto al microscopio **½ (*Kid Glove Killer*, Usa 1942, b/n, 74') Fred Zinnemann. Con Van Heflin, Lee Bowman, Marsha Hunt, Samuel S. Hinds. ◆ Primo lungometraggio di Zinnemann, e primo ruolo da protagonista per Van Heflin, nei panni di un poliziotto della scientifica che incastra il suo superiore, responsabile dell'omicidio di un sindaco. Thriller da laboratorio, girato con uno stile secco da documentario, di cui Zinnemann si ricorderà trent'anni dopo, nel *Giorno dello sciacallo*. Minuscola particina per Ava Gardner.

Delitto al ristorante cinese * (Italia 1981, col, 95') Bruno Corbucci. Con Tomas Milian, Bombolo [Franco Lechner], Enzo Cannavale, Olimpia Di Nardo, John Chen. ◆ L'autista Bombolo rivela la chiave che permette al commissario Giraldi (Milian) di risolvere l'ennesimo caso di omicidio. L'umorismo è ancora meno sofisticato del solito, e le idee latitano. Seguìto da *Delitto sull'autostrada*.

Delitto a luci rosse → *8mm – Delitto a luci rosse*

Delitto a Porta Romana *½ (Italia 1980, col, 92') Bruno Corbucci. Con Tomas Milian, Bombolo [Franco Lechner], Olimpia Di Nardo, Nerina Montagnani, Lino Patruno, Marina Fraiese. ◆ Dopo la serie delle *Squadre* (*antiscippo*, *antimafia*, *antigangster*) il commissario Giraldi (Milian) e Corbucci inaugurano quella dei *Delitti*. Ospite fisso, e spalla ideale, è l'ex piattaro Bombolo, qui nella parte del ladruncolo Venticello, testimone di un delitto, che viene usato come esca da Giraldi in trasferta a Milano. Un inseguimento per Milano su pattini a rotelle è la cosa più spettacolare del film. La formula Corbucci promette risate alla buona, e avrà quattro seguiti, a partire da *Delitto al ristorante cinese*. Da notare Marina Lothar (qui ancora Fraiese), in un ruolo prehard.

Delitto a Posillipo - Londra chiama Napoli * (Italia 1967, col, 93') Renato Parravicini. Con Pupetta Maresca, Giancarlo Del Duca, Ingrid Schoeller, Franco Ressel, Dina De Santis, Dakar [Alessandro Barrera], Tullio Altamura, Antonio La Raina, Anna Di Padova, Nino Vingelli. ◆ Diventato amministratore di un night dietro cui si nascondono traffici illeciti, Roberto (Del Duca) tradisce la moglie Pupetta (Maresca) accettando la corte della proprietaria (Schoeller): così, quando quest'ultima viene assassinata, tutti i sospetti sono per la moglie gelosa. L'unica regia di un direttore di produzione partenopeo, autore anche della sceneggiatura, è un melodramma improbabile e sconclusionato (con battute tipo: «L'avrei aspettata se fosse stata solo un'assassina, ma adultera e madre di un figlio che non è mio, questo no, non lo posso perdonare!»), il cui solo interesse consiste nell'aver affidato a Pupetta Maresca un ruolo che ricorda le sue vere disavventure giudiziarie: una specie di *mise en abyme* in cui il riferimento, più che alla realtà, è all'ordine morale delle cose, come se si volesse riconfermare anche dallo schermo l'intrinseca «onestà» della donna accusata da una serie di ingiuste coincidenze. Doppiata nei dialoghi, la Maresca canta con la propria voce *'O bbene mio*, da lei stessa scritta.

Delitto d'amore ** (Italia 1974, col, 100') Luigi Comencini. Con Giuliano Gemma, Stefania Sandrelli, Brizio Montinaro, Renato Scarpa. ◆ Due operai immigrati al Nord (Gemma e Sandrelli) si innamorano: lei muore per una malattia presa sul posto di lavoro, lui ammazza il padrone per vendicarla. Condita da una lieve satira sociale, è una favola ambientata nell'alienante (e mortale) hinterland industriale milanese.

Delitto del diavolo, Il - Le regine ** (Italia/Francia 1970, col, 82') Tonino Cervi. Con Ray Lovelock, Haydée Politoff, Silvia Monti, Evelyn Stewart [Ida Galli], Gianni Santuccio, Guido Alberti. ◆ Un hippie (Lovelock) viene ospitato nella villa di tre donne misteriose (Politoff, Monti e Stewart), ignorando che sono streghe o parche incaricate dal diavolo in persona (Santuccio) per fargli rinnegare i suoi ideali. A parte la curiosa interpretazione del satanismo come forza reazionaria (il soggetto è del regista e di Benedetto Benedetti), questa «favola thrilling» - come recita un sottotitolo alternativo - va ricordata anche come sfilata di eccessi della moda e del design dell'epoca: brillantemente decorativi e allegramente assurdi. Il film era uscito col titolo *Le regine*, poi diventato sottotitolo.

Delitto del giudice, Il **½ (*An Act of Murder*, Usa 1948, b/n, 91') Michael Gordon. Con Fredrich March, Florence Eldridge, Edmond O'Brien, Geraldine Brooks. ◆ Un giudice (March) decide di uccidersi insieme alla moglie, gravemente malata. Il destino vuole, tuttavia, che lui rimanga in vita: non rimane che consegnarsi alla giustizia. Melodramma piuttosto appassionante e ben recitato sul tema dell'eutanasia. Peccato che la carriera di questo regista sia stata stroncata dalla caccia alle streghe.

Delitto della signora Allerson, Il *½ (*I Thank a Fool*, Gb 1962, col, 100') Robert Stevens. Con Susan Hayward, Peter Finch, Cyril Cusack, Diane Cilento. ◆ La Hayward, condannata per eutanasia, si innamora del suo avvocato, che le procura un lavoro da infermiera; ma, visti i precedenti, la sua paziente farebbe bene a non aggravare la sua situazione. Drammone che sfida l'inverosimile.

Delitto della villa, Il **½ (*La Tête d'un homme*, Francia 1933, b/n, 102') Julien Duvivier. Con Harry Baur, Gina Manès, Valéry Inkijinoff, Line Noro, Alexandre Rignault. ◆ Dopo aver consegnato il presunto assassino di una ricca americana alla giustizia, Maigret (Baur) ci ripensa e lo fa evadere, dimostrando che il colpevole è un altro. Duvivier prefigura il noir francese degli anni Trenta e il massiccio Baur (una ventina di chili più del dovuto) lascia la tradizionale bombetta per uno sconsolato copricapo a cencio. Ne risulta uno dei migliori Maigret dello schermo. Dal racconto omonimo di Simenon.

Delitto del signor Lange, Il *** (*Le Crime de Monsieur Lange*, Francia 1935, b/n, 82') Jean Renoir. Con Jules Berry, René Lefèvre, Florelle [Odette Rousseau], Nadia Sibirskaïa, Sylvie Bataille, Henri Guinsol, Jean Dasté, Paul Grimault. ◆ Per salvare la tipografia di Batala (Berry), un affarista scappato per i debiti e creduto morto in un incidente ferroviario, i suoi dipendenti decidono di fondare una cooperativa, guidati dal romantico Amédée Lange (Lefèvre), che aveva fatto la fortuna dell'impresa scrivendo i romanzi di *Arizona Jim*. Ma quando le cose stanno andando per il meglio ritorna Batala (travestito da prete): Lange lo uccide, poi fugge con la fidanzata Valentine (Florelle), aiutato e protetto da tutti. Favola sociale impregnata delle idee del Fronte popolare e scritta da Jacques Prévert, questo film non si accontenta di vantare i meriti delle imprese autogestite ma arriva a giustificare l'assassino del cattivo facendolo approvare, per così dire, da una giuria popolare (incarnata simbolicamente dai clienti del bar ai quali Valentine racconta la storia). Ambientato quasi completamente all'interno di un caseggiato parigino, con la sua corte di popolani variopinti (per la maggior parte attori del Groupe Octobre), il film fonde con abilità il messaggio ideologico con la freschezza e l'humour della commedia (la gag più famosa: Batala, vestito da sacerdote, che muore chiedendo «un prete»).

Delitto di Giovanni Episcopo, Il **½ (Italia 1947, b/n, 94') Alberto Lattuada. Con Aldo Fabrizi, Roldano Lupi, Yvonne Sanson, Ave Ninchi, Nando Bruno, Alberto Sordi, Folco Lulli, Amedeo Fabrizi, Francesco De Marco, Lia Grani, Maria Gonnelli, Galeazzo Benti. ◆ La discesa verso l'autodistruzione dell'archivista Giovanni Episcopo (Aldo Fabrizi), affascinato dall'avventuriero Giulio Wanzer (Lupi) fino a dilapidare i propri risparmi e a giungere alle soglie del furto, e tanto ingenuamente innamorato della leggera Ginevra (Sanson) da sposarla: per amore del figlio Ciro (Amedeo Fabrizi, anche nella realtà figlio di Aldo) sopporterà ogni genere di umiliazioni, ma quando si rifarà vivo Wanzel, sparito per sette anni per sottrarsi alla legge, la tragedia sarà inevitabile. Lattuada (che firma la sceneggiatura con Suso Cecchi d'Amico, Piero Tellini, Federico Fellini e Aldo Fabrizi) sintetizza e riordina razionalmente il prolisso e onirico romanzo di Gabriele D'Annunzio, ottenendo un singolare noir italiano in costume ambientato in una Roma umbertina carica di contrasti chiaroscurali, dove un discendente di Mefistofele prende il posto della classica dark lady. Particolarmente accurato il lavoro di ricostruzione scenografica, firmato da Guido Fiorini, ma è la sofferta e sommessa interpretazione di Aldo Fabrizi a dare al film la sua vera forza emotiva. Microscopiche apparizioni per Silvana Mangano (una ballerina al tabarin) e Gina Lollobrigida (un'invitata alla festa di capodanno). Le musiche sono del padre del regista, Felice Lattuada.

Delitto di polizia – Phoenix ** (*Phoenix*, Usa 1998, 104') Danny Cannon. Con Ray Liotta, Anthony LaPaglia, Anjelica Huston, Daniel Baldwin, Jeremy Piven, Giancarlo Esposito, Giovanni Ribisi. ◆ Phoenix, Arizona: per pagare i debiti di gioco, il poliziotto Harry Collins (Liotta) organizza con alcuni colleghi (LaPaglia, Baldwin, Piven) un colpo ai danni del proprietario di un night club, noto strozzino (Esposito); nemmeno la saggia Leila (Huston), sua amante, riuscirà a metterlo in guardia. Discesa agli inferi e redenzione, secondo il classico modello del *gangster movie*, in un mondo dove l'innocenza è perduta da tempo: niente di nuovo, ma Cannon ha il merito di accettare le regole del genere senza strafare e il cast fa un buon gioco di squadra.

Delitto di Thérèse Desqueyroux, Il ** (*Thérèse Desqueyroux,* Francia 1962, b/n, 109') Georges Franju. Con Emmanuelle Riva, Philippe Noiret, Edith Scob, Sami Frey, Jacques Monod, Lucien Nat, Renée Devillers. ◆ Sposa infelice soffocata da un ambiente conformista, Thérèse (Riva) finisce per tentare di avvelenare il marito Bernard (Noiret), ma al processo viene assolta proprio dalla testimonianza del coniuge che non può accettare di disonorare il buon nome dei Desqueyroux: segregherà la moglie in casa, impedendo così che anche la sorellastra Anne (Scob) sposi l'uomo che ama (Frey). Fedele adattamento del romanzo omonimo di François Mauriac (che firma la sceneggiatura col figlio Claude e con il regista), dove però la regia di Franju non riesce ad andare oltre la corretta illustrazione di un ambiente provinciale soffocante e bigotto: anche il confronto finale (quando Bernard lascia finalmente libera Thérèse a Parigi, cercando di capire dopo anni il perché di quell'avvelenamento), il film non si solleva da una tradizionale e scolastica messinscena. Suggestiva la fotografia di Christian Matras. Coppa Volpi a Venezia per Emmanuelle Riva.

Delitto di via Monti Parioli, Il * (Italia 1998, col, 97') Antonio Bonifacio. Con Luca Lionello, Veronika Logan, Katarina Vassilissa, Salvatore Marino, Giovanni Visentin, Gianni Pellegrino, Ivano de Matteo, Raffaele Vannoli. ◆ Investigatore dilettante, Mirko detto Marlowe (Lionello) viene incaricato di pedinare una moglie forse fedifraga (Vassilissa): finirà accusato dell'omicidio del marito, tra morti ammazzati ed eredità miliardarie. Improbabile giallo metropolitano sceneggiato da Daniele Stroppa con uno dei finali più gratuiti mai visti. Recitazione (e dialoghi) da filodrammatica, regia televisiva e qualche scolastica scena di nudo (la Vassilissa viene da *L'uomo che guarda* di Brass): non basta nemmeno per essere cinema di serie C.

Delitto imperfetto **½ (*Susan's Plan,* Usa 1998, col, 89') John Landis. Con Nastassja Kinski, Lara Flynn Boyle, Billy Zane, Dan Aykroyd, Michael Biehn, Rob Schneider, Bill Duke, Thomas Haden Church, Adrian Paul, Lisa Edelstein, Joey Travolta. ◆ Per uccidere l'ex marito (Paul) e incassare l'assicurazione, Susan (Kinski) assolda due killer dilettanti (Schneider e Biehn) che falliscono il compito: ma pian piano il giro di chi vuole spartirsi la torta si allarga, in un intreccio di incubi horror e intrighi boccacceschi. Una parabola di amara frivolezza sull'avidità, che per Landis (anche sceneggiatore) fa il paio con la stupidità radicale degli individui: con un ritmo bizzarro che ricorda *Tutto in notte* e con la capacità di andare oltre il facile cinismo della farsa nera, puntando invece su un surrealismo stralunato. Peccato che le caratterizzazioni siano spesso di seconda mano e che quasi tutti gli attori non siano tagliati per la commedia. I registi Randal Kleiser e Stuart Gordon sono i due medici nell'ascensore, Adam Rifkin e Danny Huston i due giocatori. Fotografia di Ken Kelsch.

Delitto in bianco ** (*Green for Danger,* Gb 1946, b/n, 91') Sidney Gilliat. Con Trevor Howard, Sally Gray, Alastair Sim, Rosamund John, Leo Genn. ◆ In tempo di guerra, un portalettere ferito muore sotto anestesia: il giorno dopo viene assassinata un'infermiera che aveva parlato di omicidio. L'ameno ispettore Cockrill (Sim) torchia i medici e le infermiere superstiti, e scopre il colpevole dopo qualche errore e innumerevoli sorprese.Tratto da un romanzo di Christianne Brand (sceneggiato dal regista e Claude Gurney), un giallo alla Agatha Christie non troppo onesto nel manipolare lo spettatore. Gilliat costruisce alcune sequenze di suspense degne della *Scala a chiocciola,* l'atmosfera è cupa (anche perché vige l'oscuramento), ma i personaggi sono convenzionali e la soluzione tanto macchinosa da sfiorare il ridicolo.

Delitto in Formula Uno * (Italia 1984, col, 90') Bruno Corbucci. Con Tomas Milian, Dagmar Lassander, Pino Colizzi, Olimpia Di Nardo, Maria Grazia Buccella. ◆ Ennesima avventura del commissario Nico Giraldi (Milian), sorta di Serpico nostrano. Questa volta indaga nell'ambiente dell'automobilismo: per i suoi metodi poco ortodossi viene sospeso, ma ritorna al suo posto, a minacciare nuovi film. Seguìto da *Delitto al Blue Gay.*

Delitto in pieno sole ** (*Plein soleil,* Francia 1959, col, 120') René Clément. Con Alain Delon, Marie Laforêt, Maurice Ronet, Elvire Popesco, Erno Crisa, Ave Ninchi. ◆ Tom Ripley (Delon), raggiunge Philippe (Ronet), il figlio di un industriale americano in vacanza e congegna un piano per impossessarsi della sua donna (Laforêt) e del suo denaro. Ma non tutto andrà come previsto. Corretto adattamento di un romanzo di Patricia Highsmith (sceneggiato da Paul Gégauff) da parte di un regista attento all'aspetto formale e commerciale, molto meno a quello artistico e culturale. Debutto della Laforêt. Il film è conosciuto anche col titolo *In pieno sole.*

Delitto in prima pagina *½ (*The Underworld Story,* Usa 1950, b/n, 90') Cy [Cyril] Endfield. Con Gale Storm, Dan Duryea, Herbert Marshall, Mary Anderson. ◆ Il reporter di un giornale di provincia difende una mulatta dall'accusa di omicidio e riesce a incastrare dei gangster. Film di routine, in cui la cosa migliore è Dan Duryea, specializzato in parti di cattivo.

Delitto in silenzio * (*The Spiral Staircase,* Gb 1975, col, 89') Peter Collinson. Con Jacqueline Bisset, Christopher Plummer, Sam Wanamaker, John Phillip Law, Gayle Hunnicut, Elaine Strich. ◆ Inutile remake della *Scala a chiocciola* di Siodmak. La Bisset è la fanciulla muta, attorno alla quale si stringe la rete tesa da un assassino psicopatico che, nazisticamente, vuole liberare il mondo dalle creature imperfette. La suspense e lo splendore formale del film del 1946 sono ben lontani, e la recitazione è da filodrammatica.

Delitto Matteotti, Il ** (Italia 1973, col, 122') Florestano Vancini. Con Franco Nero, Mario Adorf, Riccardo Cucciolla, Vittorio De Sica, Damiano Damiani, Giulio Girola, Manuela Kustermann, Umberto Orsini, Gastone Moschin, Maurizio Arena, Gino Santercole. ◆ Un anno di storia italiana, dal maggio del 1924 al gennaio del 1925: dal brutale assassinio, per mano fascista, del deputato socialista Giacomo Matteotti (Nero) il 10 giugno, alla formalizzazione della dittatura. Un film che si sfoglia come un album di storia, con attori più o meno azzeccati che interpretano personaggi famosi (il regista Damiani è Amendola, Adorf è Mussolini). Didattico ma corretto.

Delitto nella strada ** (*Crime in the Streets*, Usa 1956, b/n, 91') Don Siegel. Con John Cassavetes, James Whitmore, Sal Mineo, Mark Rydell, Virginia Gregg. ◆ Un ragazzo disadattato (Cassavetes) sfoga il suo bisogno di amore facendo il teppista nei quartieri newyorkesi. Un assistente sociale (Whitmore) riesce a fermarlo prima che si macchi di un omicidio. Dramma sociale sulla scia di *Gioventù bruciata*, dove anche i duri hanno un cuore sotto la scorza. Buone, comunque, le interpretazioni dei tre giovani. Due (Cassavetes e Rydell) diventeranno registi.

Delitto per amore (L'edera) → *Edera, L'*

Delitto per delitto → *Altro uomo, L'*

Delitto perfetto ** (*A Perfect Murder*, Usa 1998, col, 107') Andrew Davis. Con Michael Douglas, Gwyneth Paltrow, Viggo Mortensen, David Suchet, Sarita Choudhoury, Michael P. Moran, Novella Nelson. ◆ Il finanziere Steven Taylor (Douglas) progetta di uccidere la moglie Emily (Paltrow) ingaggiando come killer il di lei amante (Mortensen), pittore di talento e ridotto in miseria: ma il «delitto perfetto» non va secondo i piani. Più che il remake dell'omonimo film di Hitchcock, una versione attualizzata dell'opera teatrale di Frederick Knott (*Dial "M" for Murder*, ampiamente risceneggiata da Patrick Smith Kelly), con New York al posto di Londra e un termometro per arrosti al posto delle forbici con cui si difendeva Grace Kelly. Invece della suspense c'è il trionfo del colpo di scena, secondo una regola di regia che vuole evitare ogni tempo morto: il resto è solo piatta (e patinata) illustrazione, ma non se ne ha quasi la possibilità di accorgersene. I quadri che si vedono nel film sono di Viggo Mortensen.

Delitto perfetto, Il *** (*Dial M for Murder*, Usa 1954, col, 105') Alfred Hitchcock. Con Grace Kelly, Ray Milland, Robert Cummings, John Williams, Anthony Dawson. ◆ Un ex campione di tennis (Milland) decide di sbarazzarsi della moglie (Kelly). Col ricatto affida l'incarico a un altro uomo, ma le cose non andranno come previsto. Hitchcock non nasconde l'origine teatrale del film, da lui stesso sceneggiato a partire da una pièce di Frederick Knott, ma accentua il senso del ritmo e la suspense. Una prova generale del successivo *La finestra sul cortile*, anch'esso tutto in interni. Girato originariamente in 3D per contrastare la nascente popolarità della televisione, con una scena da antologia (quella in cui l'assassino aggredisce Grace Kelly al telefono) pensata proprio per il rilievo plastico che avrebbero avuto le forbici tridimensionali in primissimo piano. Hitchcock appare fotografato a un banchetto in un quadretto appeso al muro.

Delitto poco comune, Un * (Italia 1988, col, 90') Ruggero Deodato. Con Michael York, Edwige Fenech, Donald Pleasence, Fabio Sartor. ◆ Un assassino di donne terrorizza Perugia: ma gli indizi rimandano stranamente a uomini di età diversa. Thriller in formato esportazione prodotto da Reteitalia, dove Deodato evita gli effettacci che l'hanno reso noto, senza salvare però il film dalla banalità.

Delitto quasi perfetto * (Italia/Francia 1966, col, 96') Mario Camerini. Con Philippe Leroy, Pamela Tiffin, Graziella Granata, Massimo Serato, Bernard Blier, Alan Collins [Luciano Pigozzi], Fernando Sancho. ◆ Un giornalista in cerca di scandali (Leroy) viene coinvolto in un intrigo internazionale con ereditiere ed equivoci. Commedia gialla con esterni a Beirut, girata da un Camerini stanco e svogliato.

Delitto senza colpevole → *Criminals, The*

Delitto senza peccato **½ (*The Accused*, Usa 1948, b/n, 101') William Dieterle. Con Loretta Young, Robert Cummings, Wendell Corey, Sam Jaffe. ◆ Una professoressa di psicologia (Young) uccide uno studente che voleva violentarla. Tiene nascosta la verità, e finisce nei guai. Meno male che il poliziotto si innamora di lei. Melodramma giudiziario diretto da Dieterle con gran senso della misura e con personaggi tutt'altro che banali. La tormentata Loretta Young è in uno dei suoi ruoli migliori.

Delitto senza scampo ** (*Crime of Passion*, Usa 1957, b/n, 85') Gerd Oswald. Con Barbara Stanwyck, Sterling Hayden, Raymond Burr, Fay Wray, Royal Dano, Virginia Grey, Dennis Cross, Robert Griffin, Jay Adler. ◆ Giornalista ambiziosa, Kathy Ferguson (Stanwyck) vorrebbe che il marito, l'ispettore della polizia Bill Doyle (Hayden) migliorasse la sua posizione sociale: per farlo diventa prima amica poi amante del suo superiore, il commissario Pope (Burr), ma quando questi nomina suo successore un altro agente (Dano), non esita ad ammazzarlo. E toccherà proprio a Bill cercare l'assassino. Tipica produzione noir degli anni Cinquanta, basata più sulla sceneggiatura (di Jo Eisinger) e sulla recitazione che sui valori espressionistici della fotografia e della messinscena. La ragione va cercata nella mutazione sociologica che ha fatto abbandonare le storie romantiche con le sue vittime innocenti e gli investigatori privati capaci di trasformarsi in paladini della giustizia, a favore della descrizione di un malessere sociale più diffuso e meno romanzesco che rifletteva, come qui, la delusione di larghi strati della società americana per un sogno promesso e mai afferrato.

Delitto sotto il sole ** (*Evil Under the Sun*, Gb 1982, col, 102') Guy Hamilton. Con Peter Ustinov, Jane Birkin, Colin Blakely, Maggie Smith, James Mason, Sylvia Miles, Roddy McDowall, Nicholas Clay, Diana Rigg. ◆ Il gigionesco Peter Ustinov torna nei panni di Hercule Poirot dopo *Assassinio sul Nilo*. In una località balneare viene uccisa una donna affascinante. Poirot, invadente e ficcanaso, romperà le uova nel paniere ai simpatici assassini. Come in tutti i gialli di Agatha Christie (questo è tratto da *Corpi al sole*) il colpo di scena non è troppo onesto. Girato a Majorca in confezione cartolina, con molte vecchie glorie e l'inquietante Jane Birkin.

Delitto sulla spiaggia ** (*Female on the Beach*, Usa

1955, b/n, 97') Joseph Pevney. Con Joan Crawford, Jeff Chandler, Jan Sterling, Cecil Kellaway, Natalie Schafer, Charles Drake. ◆ Ricca e vedova, Lynn Markham (Crawford) non sa respingere la corte di un bel marinaio (Chandler), che però potrebbe nascondere un animo da assassino. Una storia scontata (sceneggiata da Richard Alan Simmons e Robert Hill da una sua pièce) che però la regia di Pevney e l'interpretazione della Crawford sanno riscattare: i rapporti ambigui e nevrotici tra i due protagonisti – una donna solitaria ma fiera e un gigolò – sono molto ben diretti e i momenti di scontro non mancano di forza e intensità, malgrado qualche cliché di troppo. Nonostante il titolo originale, nessun rapporto con il film di Renoir *La donna della spiaggia*.

Delitto sull'autostrada * (Italia 1982, col, 91') Bruno Corbucci. Con Tomas Milian, Viola Valentino, Adriana Russo, Olimpia Di Nardo. ◆ Il commissario Giraldi (Milian) questa volta sgomina una banda specializzata in furti di Tir. Scazzottate e parolacce, con la presenza di Viola Valentino, allora frequentatrice del festival di Sanremo. Seguìto da *Delitto in Formula Uno*.

Delitto tra le righe **½ (*Tiré à part*, Francia 1997, col, 90') Bernard Rapp. Con Terence Stamp, Daniel Mesguich, Maria de Medeiros, Jean-Claude Dreyfus, Frank Finlay, Hannah Gordon. ◆ Per vendicarsi di uno scrittore (Mesguich) di cui ha scoperto un delitto innominabile, un agente (Stamp) prima porta al successo un suo romanzo e poi, con una serie di falsificazioni diaboliche, convince tutti che è un plagio. Senza sangue ma con sprazzi di umorismo *british*, un curioso thriller letterario con caratterizzazioni azzeccate e un'indubbia conoscenza dell'ambiente, anche se un po' ingessato e ovattato. Tipico film di sceneggiatura (del regista e Richard Morgiève, da un soggetto di Jean-Jacques Fiechter) e di attori.

Delizia * (Italia 1987, col, 84') Aristide Massaccesi. Con Tinì Cansino, Luca Giordana, Giorgio Pietrangeli, Adriana Russo. ◆ Un giovane si innamora di una fotomodella americana (Cansino) e riesce a realizzare il suo sogno di conquista poco prima che lei parta. Un pretesto per esibizioni sotto la doccia della protagonista (ex starlet del *Drive In* televisivo). Massaccesi abbassa il tasso di erotismo e rinuncia allo pseudonimo per cui è noto nel campo dell'hard, Joe D'Amato.

DellaMorte DellAmore ° (Italia/Francia 1994, col, 106') Michele Soavi. Con Rupert Everett, Anna Falchi, François Hadij-Lazaro, Barbara Cupisti. ◆ Nel cimitero di Boffalora c'è un'epidemia di zombi, ma per il becchino DellaMorte (Everett) e il suo aiutante muto Gnaghi (Hadij-Lazaro) ammazzare morti è ormai una routine. I guai iniziano quando entrano in gioco le donne (nel numero di tre, tutte assatanate e interpretate dalla Falchi): DellaMorte, ormai mezzo zombizzato, si metterà a uccidere gente viva (si fa per dire, dato che a Buffalora sembrano tutti cerebrolesi), e tenterà una fuga impossibile. Portando sullo schermo l'omonimo romanzo di Tiziano Sclavi (l'inventore di Dylan Dog, che la scelta di Rupert Everett come protagonista vuole ricordare ancora di più), Soavi vorrebbe trasformare un horror grottesco e fumettistico in una meditazione sul destino e l'amore, con annesso schifo per l'Italia contemporanea. Un colpo al cerchio (con cadute nella satira televisiva e nell'erotismo da *Colpo grosso*) e uno alla botte (le presuntuose citazioni di Magritte – le teste che si baciano avvolte da un drappo – o di Böcklin – l'*Isola dei morti* – e perfino Orson Welles – la boccia con la neve): un cinema così cinico e privo di autoironia che testimonia solo l'imbarbarimento del gusto e il vuoto pneumatico di idee.

Del perduto amore **½ (Italia 1998, col, 95') Michele Placido. Con Giovanna Mezzogiorno, Fabrizio Bentivoglio, Sergio Rubini, Piero Pischedda, Rocco Papaleo, Enrico Lo Verso, Rino Cassano, Michele Placido. ◆ Don Gerardo (Placido), parroco in un piccolo paese pugliese, torna con la memoria agli anni Cinquanta: al momento in cui, quattordicenne (Pischedda) ed espulso dal seminario, si affeziona alla giovane Liliana Rossi (Mezzogiorno), insegnante e militante comunista, che organizza in una baracca una scuola per i più poveri; soffrirà per la relazione che la ragazza ha con il medico del paese (Lo Verso), scoprirà la violenza della politica, ma imparerà a crescere. Cinema civile, che racconta le contraddizioni e le difficoltà di emanciparsi dell'Italia contadina, prima ancora che rievocazione di una storia vera (e in buona parte autobiografica). Placido evita l'enfasi delle ricostruzioni folcloristiche, Giovanna Mezzogiorno conferisce una sofferta vitalità a questa militante femminista troppo in anticipo sui tempi (e morta a soli 24 anni), la sceneggiatura (del regista e Giovanni Starnone) riesce a intrecciare politica e mélo ma non ad aggirare i fastidiosi schematismi del senno di poi (il dibattito politico, specie nel «processo» in sezione). Musiche di Carlo Crivelli. Il titolo deriva da un verso di Carducci («... dilla ancora la favola del perduto amore»).

Delta di Venere, Il * (*Delta of Venus*, Usa 1994, col, 95') Zalman King. Con Audie England, Costa Mandylor, Bernard Zette, Rory Campbell, Raven Snow, Emma Moore, Eric Da Silva. ◆ Parigi 1939: aspirante scrittrice, l'americana Elena (England) cede alla seduzione di Lawrence (Mandylor), scrittore di successo, ma poi scopre che lui la tradisce con le puttane di Montparnasse: cercherà di fare prima la modella, poi per sopravvivere scriverà storie pornografiche a duecento franchi la pagina. Nelle intenzioni doveva essere la libera rivisitazione della storia d'amore tra Anaïs Nin e Henry Miller, in realtà è il solito fumetto (semi)patinato per esteti da strapazzo, con tanto di debosciati che si uniscono a cortei di bandiere rosse. Dopo *Orchidea selvaggia*, il sedicente «re del soft-core» Zalman King continua a fare di peggio.

Delta Force *½ (*Delta Force*, Usa 1986, col, 129') Menahem Golan. Con Lee Marvin, Chuck Norris, Martin Balsam, George Kennedy, Hanna Schygulla Shelley Winters, Lainie Kazan, Susan Strasberg, Bo Svenson, Robert Vaughn, Assaf Dayan. ◆ Un commando di terroristi prende in ostaggio un aeroplano; non sanno, però, che a comandare la squadra speciale antiterrorismo ci sono Chuck Norris e Lee Marvin (purtroppo alla sua ultima apparizione). Golan, allora in fase ascendente, dirige un film d'azione tagliato con l'accetta, pensando anche alla formula di *Airport* (tanti nomi famosi, tante storie che si intrecciano). Hanna Schygulla (!) fa l'hostess.

Demetrio e i gladiatori → *Gladiatori, I*

Demolition Man ** (*Demolition Man*, Usa 1993, col, 114') Marco Brambilla. Con Sylvester Stallone, Wesley Snipes, Sandra Bullock, Nigel Hawthorne, Benjamin Bratt, Bob Gunton, Glenn Shadix, Denis Leary, Jesse Ventura. ◆ San Angeles, 2032: il poliziotto John Spartan, detto Demolition Man (Stallone), è liberato dall'ibernazione perché solo i suoi modi violenti e spicci (che 36 anni prima gli erano costati il «congelamento») possono fermare l'ossigenato Simon Phoenix (Snipes), nemico storico di Spartan e lui pure sfuggito dall'ibernazione. Il milanese Marco Brambilla debutta a Hollywood con un fumettone che mescola film d'azione e satira politica: qualche sorriso per le citazioni autoironiche dell'ex Rambo (comprese le multe per violazione della moralità verbale), ma non basta «spagnolizzare» Los Angeles trasformando tutti i ristoranti in Taco Bar e far alleare Stallone con i «ribelli» legati alle cattive maniere del XX secolo per fare fantapolitica. Il nudo di Stallone decongelato è integrale, ma il dettaglio che ha fatto tanto scandalo non si vede. Sceneggiatura di Daniel Waters, Robert Reneau e Peter M. Lenkov.

Demone del gioco, Il *½ (*La Dame de pique*, Francia 1937, b/n, 87') Fëdor Ozep. Con Pierre Blanchar, Marguerita Moreno, Madeleine Ozeray, André Luguet, Raymone [Raymonde Duchâteau], Abel Jacquin, Camille Bert. ◆ La contessa Tomski (Moreno), soprannominata la donna di picche perché possiede il segreto di Cagliostro per vincere a faraone, muore di paura quando il capitano Hermann (Blanchar) cerca di strapparglielo. La rivincita se la prende quando il giovane impazzisce al tavolo da gioco, ma l'amore della dolce Lisa (Ozeray) saprà riportare Hermann alla vita e alla felicità. Secondo, ma infedele, adattamento del racconto di Aleksandr Puškin *La dama di picche* (dopo quello muto di Jakov A. Protazanov, *Pikovaja Dama*, 1916 e prima di quelli di Thorold Dickinson, *La dama di picche*, 1949 e di Léonard Keigel, *La Dame de pique*, 1965 inedito in Italia), dove Ozep si preoccupa soprattutto di sottolineare l'atmosfera pseudoesotica e cupa che i film d'ambientazione russa sembravano allora richiedere, costringendo la Moreno a un'interpretazione volontariamente caricaturale, oggi troppo datata.

Demone delle galassie infernali, Il → *Sfida oltre il futuro*

Demone sotto la pelle, Il *** (*The Parasite Murders*, Canada 1975, col, 87') David Cronenberg. Con Barbara Steele, Paul Hampton, Joe Silver, Lynn Lowry. ◆ Il primo film di Cronenberg a essere distribuito. Un condominio ultramoderno viene infestato da schifosissimi vermoni che si introducono all'interno delle persone. Ne derivano esplosioni di aggressività e, soprattutto, di appetiti sessuali di ogni genere. Un film decisamente non per tutti i gusti, ma in cui è già chiara la poetica del regista canadese: l'intreccio tra orrore e sessualità, il tema del contagio, le mutazioni della carne. Barbara Steele, regina dell'horror anni Sessanta, è ancora splendida e possiede le physique du rôle: memorabile la scena in cui viene penetrata (fuori campo) da un vermone. Il film è conosciuto anche col titolo inglese con cui fu distribuito negli Usa, *They Came from Within*.

Demoni *½ (Italia 1985, col, 104') Lamberto Bava. Con Natasha Hovey, Urbano Barberini, Fiore Argento, Karl Zinny, Paola Cozzo. ◆ Ottima l'idea di partenza, quella di ambientare un horror in un cinema dove si proietta un film dell'orrore dagli influssi malefici. Ben presto gli spettatori cominciano a trasformarsi in mostri. Peccato che la sceneggiatura, dopo un'ora, annaspi, e gli attori siano risibili. Dario Argento, produttore e cosceneggiatore, impone effetti speciali truculenti e fa recitare sua figlia Fiore. La stessa idea di *Demoni* è stata realizzata, con più coerenza, da Bigas Luna in *Angoscia*.

Demoni, I ° (*Les Possédés*, Francia 1988, col, 124') Andrzej Wajda. Con Lambert Wilson, Isabelle Huppert, Jerzy Radziwilowicz, Omar Sharif, Bernard Blier, Philippe Leroy, Jutta Lampe, Laurent Mallet. ◆ C'è puzza di televisione in questa riduzione del romanzo di Dostoevskij, cui ha collaborato il solito Jean-Claude Carrière. Wilson, col suo ghigno da esaltato, ha gioco facile nell'impersonare Stavrogin, il terrorista che, nella Russia dell'Ottocento, organizza un omicidio per rafforzare la solidarietà tra i suoi compagni. Si sospetta che Wajda avesse in mente una lettura di Dostoevskij in chiave di attualità (il terrorismo, lo stalinismo), ma il film è di quelli nati male che, giustamente, non vuole vedere nessuno.

Demoniaca **½ (*Dust Devil*, Gb 1992, col, 93') Richard Stanley. Con Robert Burke, Zakes Mokae, Chelsea Field, Marianne Sägebrecht, John Matshikiza, Rufus Swart. ◆ Namibia, 1990, pochi giorni prima dell'indipendenza: mentre la città di Betheny è allo stremo per una siccità che dura da sette anni, un poliziotto di colore (Mokae), con l'aiuto di un proiezionista mezzo cieco, tenta di individuare il misterioso serial killer che si aggira nel deserto: è il «Demone della Polvere» (Burke), spirito famelico che colleziona le anime dei morti per consolidare il proprio potere. Un intreccio non lineare per un film assolutamente visionario, dove politica e magia s'intrecciano in un paesaggio sospeso tra sogno e realtà. Dopo un inizio da western alla Leone, *Demoniaca* prosegue come un giallo mistico con inserti horror, contaminando generi e influenze varie (oltre a Leone, anche Tarkovskij e Argento) con uno stile sorprendentemente personale. Non per tutti i gusti e con qualche momento d'incertezza (sprecata la Sägebrecth in una scena mortuaria), ma un'opera seconda che può vantare sicuri sprazzi di talento, come nella splendida sequenza nel cinema riempito di sabbia.

Demoni 2 – L'incubo ritorna * (Italia 1986, col, 88') Lamberto Bava. Con David Knight, Nancy Brilli, Virginia Bryant, Corallina Tassoni. ◆ Frullato di luoghi comuni dell'horror contemporaneo, con pesanti riferimenti a *Gremlins* e a *Videodrome*, e senza una trama degna di questo nome. In un condominio ultramoderno i soliti ragazzotti vengono trasformati in demoni dalla televisione. Prodotto e cosceneggiato da Dario Argento, e pensato per il mercato internazionale. Lamberto Bava appare anche come attore (è il padre di una ragazza), ma, poco coerentemente, non è una delle vittime.

Demoni e dei **½ (*Gods and Monsters*, Usa 1998, col, 105') Bill Condon. Con Ian McKellen, Brendan Fraser, Lynn Redgrave, Lolita Davidovich, David Dukes, Kevin J. O'Connor, Mark Kiely, Jack Plotnick, Martin Ferrero. ◆ 1957: James Whale (McKellen), l'anziano regista di *Frankenstein*, cerca di aggrapparsi alla vita e di esorcizzare i traumi del passato instaurando uno strano rapporto col giardiniere Clayton Poole (Fraser), quasi una versione in bello del suo mostro preferito; il giovanotto, per conto suo, è incerto tra pietà, curiosità e turbamenti inconfessabili. Adattando il romanzo *The Father of Frankenstein* di Christopher Bram, Condon accenna – senza mai spiegare davvero – il triangolo fra trauma della Grande guerra, omosessualità e creazioni horror che attanaglia la vecchiaia del regista, ma in compenso descrive con intelligenza e una buona dose di perfidia il mondo di Hollywood (facendo partecipare i due a una festa a casa di George Cukor [Ferrero], dove incontrano Elizabeth Taylor, Boris Karloff ed Elsa Lanchester). Il lavoro di ricostruzione scenografica di Richard Sherman è talmente accurato da dare al film un'immagine fin troppo patinata, ma l'interpretazione di McKellen, di Fraser e di Lynn Redgrave – nel ruolo della governante Hanna – è da urlo (e l'Oscar li ha scandalosamente dimenticati). Fuorviante titolo italiano (in originale si parla di «mostri», con tutte le allusioni del caso, e non di demoni) e inadeguato doppiaggio, che lascia in originale i frammenti dei vecchi film con buona pace di chi non sa l'inglese.

Demonio amore mio *½ (*My Demon Lover*, Usa 1987, col, 86') Charles Loventhal. Con Scott Valentine, Michelle Little, Arnold Johnson, Gina Gallego. ◆ Un ragazzo (Valentine) si trasforma in un demone quando è sessualmente eccitato: la sua ultima conquista (Little) cerca di aiutarlo. Film basato su un'idea sola, che tenta di mescolare horror e commedia con risultati alterni. Ma gli effetti speciali (dovuti tra gli altri a John Caglione, Oscar per i trucchi di *Dick Tracy*) sono buoni e gli attori più spiritosi della media.

Dennis la minaccia * (*Dennis the Menace*, Usa 1993, col, 94') Nick Castle. Con Mason Gamble, Walter Matthau, Joan Plowright, Christopher Lloyd, Lea Thompson, Robert Stanton, Paul Winfield. ◆ Esuberante e incontenibile, il piccolo Dennis (Gamble) è una minaccia per ogni cosa incontri sulla strada: ne fa le spese l'iracondo vicino maniaco di fiori (Matthau), ma soprattutto un ladro vagabondo (Lloyd). Qui nei panni del produttore, John Hughes cerca di sfruttare – più o meno apertamente – il successo di Macaulay Culkin e il suo *Mamma ho perso l'aereo*, rispolverando lo zazzeruto protagonista dei fumetti di Hank Ketchman (in Italia usciti sul *Corrierino dei piccoli* col nome di Totò Tritolo): ma la sceneggiatura si riduce a una misera serie di prevedibili gag che nemmeno Walter Matthau riesce a rendere accettabili. Per un pubblico under 5.

Dentist, The *½ (*The Dentist*, Usa 1996, col, 85') Brian Yuzna. Con Corbin Bernsen, Linda Hoffman, Molly Hagan, Earl Boen, Ken Foree. ◆ Il dottor Feinstone (Bernsen), dentista per ricchi accecato dalla gelosia, prima sfigura la moglie, e poi si accanisce contro i pazienti con i ferri del mestiere. C'è del marcio dietro i miti dell'igiene e del lusso: Yuzna lo mostrava dai tempi di *Society*. Ma in questo caso, al massimo, c'era materia per un telefilm. Per gli animi facilmente impressionabili, primissimi piani (con ottimi effetti sonori) di trapanazioni ed estrazioni senza anestesia. Scritto da Dennis Paoli, Stuart Gordon e Charles Finch. Inedito in sala.

Dentro Florence → *Declic – Dentro Florence*

Dentro il delitto → *Crimetime – Dentro il delitto*

Dentro la casa della vecchia signora *½ (Italia 1972, col, 76') Giacomo Battiato. Con Felice Andreasi, Elsa Boni, Adriana Alben. ◆ Pittore squattrinato diventa amico di un vecchio bizzarro e di una ragazza che lo trascinano in trame terroristiche. Da un racconto di Stevenson, un film curioso, ma che si perde nell'aneddoto, e che non giustifica la svolta drammatica.

Dentro la grande mela *** (*Five Corners*, Usa 1988, col, 92') Tony Bill. Con Jodie Foster, John Turturro, Tim Robbins, Todd Graff, Elizabeth Berridge, John Seitz. ◆ Bronx 1964: uno psicopatico uscito di galera (Turturro) torna a perseguitare la ragazza (Foster) che aveva già tentato di violentare. Thriller stralunato, pieno di storie parallele e di notazioni d'epoca, che conserva un tocco da commedia paradossale anche nel crescendo drammatico. Lo sceneggiatore John Patrick Shanley evita in modo brillante che il film affondi nel finale. Bizzarro e fuori da ogni convenzione, avrebbe meritato maggiore fortuna. Il miglior film della defunta Handmade, la casa di produzione dell'ex Beatles George Harrison.

Dentro la notizia – Broadcast News ** (*Broadcast News*, Usa 1987, col, 131') James L. Brooks. Con William Hurt, Holly Hunter, Albert Brooks, Robert Prosky, Joan Cusack, Jack Nicholson, Lois Chiles. ◆ Dietro le quinte di un network americano, una produttrice (Hunter) è legata da profonda amicizia a un reporter competente e imbranato (Brooks), ma si sente attratta da un anchorman arrivista (Hurt). Una satira leggera leggera sul mondo del giornalismo televisivo, ma a tratti molto divertente. Sette nomination all'Oscar, compresa quella per il direttore della fotografia, il fassbinderiano Michael Ballhaus. Cammeo per Nicholson, nella parte di una star della rete televisiva.

Deportati di Botany Bay, I *½ (*Botany Bay*, Usa 1953, col, 94') John Farrow. Con Alan Ladd, James Mason, Patricia Medina, Cedric Hardwicke. ◆ Romanzone d'avventura ambientato nel 1790 su una nave di deportati alla volta dell'Australia. Mason è il capitano sadico. Ladd, vittima di un errore giudiziario, è tanto buono da tornare sulla nave a fare da infermiere (è scoppiata un'epidemia) dopo esserne fuggito.

Dernier combat, Le *½ (*Le Dernier combat*, Francia 1983, b/n, 90') Luc Besson. Con Pierre Jolivet, Fritz Wepper, Jean Bouise, Jean Reno, Chistiane Kruger.

◆ Nel mondo distrutto dall'olocausto, un sopravvissuto (Jolivet) a bordo di un rudimentale aeroplano inizia una fuga senza meta, schivando bande di neoselvaggi e trovando ospitalità presso un medico balzano (Bouise) e conforto presso una bionda (Kruger). Esordio a 24 anni di Besson, con un film che, ispirato al ciclo di *Mad Max*, scosse il cinema francese con il suo tono fumettistico e l'uso del formato Scope in bianco e nero (che «traccia nuove prospettive e snatura completamente il panorama»). Gran successo giovanilistico per un film furbetto e concitato, pieno di violenza gratuita, sonoro ma praticamente senza dialogo, che finge di avere qualcosa da dire sulla difficolta degli esseri umani a comunicare tra di loro. Premiato al festival di fantascienza di Avoriaz.

Derobade, La – Vita e rabbia di una prostituta parigina ** (*La Dérobade*, Francia 1980, col, 108′) Daniel Duval. Con Miou-Miou [Sylvette Hery], Maria Schneider, Daniel Duval, Niels Arestrup, Jacques Doniol-Valcroze. ◆ Marie (Miou-Miou), commessa, viene convinta a battere. Il suo pappone le trasforma la vita in un inferno, ma lei trova il coraggio di reagire. Dal libro autobiografico di Jeanne Cordelier, un film crudo e asciutto, che cede al melodramma solo nel finale. Miou-Miou vinse il César come migliore attrice; il regista Duval veste i panni ingrati del pappone.

Dersu Uzala, il piccolo uomo delle grandi pianure **** (*Dersu Uzala*, Giappone/ Urss 1975, col, 130′) Akira Kurosawa. Con Maksím Munzuk, Jurij Solomin, Svetlana Daniel'čhenko, Schmeikl Čokomorov. ◆ Nel 1902, un ufficiale russo (Solomin) che deve fare dei rilievi topografici nella taiga siberiana incontra un cacciatore solitario, Dersu Uzala (Munzuk). Si salvano reciprocamente la vita, e diventano amicissimi, malgrado le differenze. Il russo inviterà il cacciatore a venire da lui in città, ma il cacciatore ritornerà nella taiga, dove verrà ucciso. Il ritorno al cinema di Kurosawa dopo l'insuccesso commerciale di *Dodes'ka-den*, il suo tentativo di suicidio e un silenzio di cinque anni: ispirato alle memorie del capitano Vladimir Arsen'ev (sceneggiato dal regista e Jurij Nagibin), è uno dei più bei film sull'amicizia e sul rapporto dell'uomo con la natura, semplice ed emozionante come solo i capolavori sanno essere. Commovente il modo con cui Kurosawa sa raccontare l'ingenuo animismo di Dersu (il suo parlare al fuoco e al vento, all'acqua e alla tigre), ma anche il suo senso di fratellanza universale (quando lascia qualche provvista nella capanna per il prossimo, eventuale occupante). Girato nel corso di due anni in condizioni disagiate. Maksím Munzuk nella vita fa il musicologo. Oscar come miglior film straniero. La versione italiana dura 15′ in meno dell'originale.

De Sade *½ (*De Sade*, Usa/Rft 1969, col, 92′) Cy [Cyril] Endfield. Con Keir Dullea, Senta Berger, Lilli Palmer, John Huston, Anna Massey, Sonja Ziemann, Christiane Krueger. ◆ De Sade abbandona la moglie, che gli era stata fatta sposare con l'inganno, per dedicarsi al libertinaggio. Biografia fittizia del noto marchese, accurata nella messa in scena, ma carente sotto il profilo psicologico, al quale sembra voler dare una certa importanza. L'erotismo è tiepido. Il film fu triturato dai produttori (nonostante la solidarietà degli attori, tutti dalla parte di Endfield) e furono aggiunte alcune scene di orge girate da Corman. In origine 113′.

Deserto che vive ** (*The Living Desert*, Usa 1953, col, 73′) James Algar [e Walt Disney]. ◆ Documentario prodotto da Disney, primo lungometraggio della serie *La natura e le sue meraviglie*. Protagonista è il deserto americano con i suoi abitanti. La morale enunciata («La natura non conosce né cattivi né eroi») non viene rispettata, e Algar fa sempre perdere i «cattivi» (linci, serpenti). Ingombrante il commento musicale, che antropomorfizza gli animali (celebre la danza dello scorpione). Invecchiato e dolciastro, ma tecnicamente ineccepibile. Premiato con l'Oscar.

Deserto dei tartari, Il *½ (Italia/Francia 1976, col, 150′) Valerio Zurlini. Con Jacques Perrin, Vittorio Gassman, Giuliano Gemma, Philippe Noiret, Jean-Louis Trintignant, Max von Sydow, Helmut Griem, Laurent Terzieff, Fernando Rey. ◆ Il tenente Drogo (Perrin), trasferito in una fortezza ai margini del deserto, sogna la gloria, ma quando i tartari arrivano, viene portato via moribondo. Lunga e scolastica versione del romanzo omonimo di Dino Buzzati, appesantita da episodi e personaggi assenti nel libro. Più televisivo che kafkiano.

Deserto rosso, Il *½ (Italia 1964, col, 120′) Michelangelo Antonioni. Con Monica Vitti, Richard Harris, Carlo Chionetti, Xenia Valderi, Rita Renoir, Lili Rheims, Valerio Bartoleschi. ◆ Giuliana (Vitti), moglie insoddisfatta della propria vita sociale e affettiva, si fa tentare da un'avventura con Corrado (Harris) ma così non fa che peggiorare il suo stato di crisi: il sogno di fuggire su una spiaggia deserta è il solo (e insufficiente) sbocco alla propria profonda depressione. Pessimistica (e datatissima) riflessione sull'incapacità della borghesia di uscire dalla propria gabbia esistenziale, il film appare oggi francamente lento e a tratti indigeribile. Resta solo la grande ricerca cromatica in questo che fu il primo film a colori di Antonioni (i grigi e i verdi della fabbrica, i rossi e i neri degli interni sono un grande merito del direttore della fotografia Carlo Di Palma), ma non bastano a dare autentico rigore a un film eccessivamente intellettualistico. Leone d'oro a Venezia. Rita Renoir, ex regina dello spogliarello, interpreta il ruolo di Emilia. Entrata nel mito la battuta della Vitti: «Mi fanno male i capelli», in realtà una citazione da una poesia di Amelia Roselli (nel cui contesto aveva ben altro senso), voluta da Tonino Guerra, qui cosceneggiatore con Antonioni.

Desiderami ** (*Desire Me*, Usa 1947, b/n, 91′) George Cukor (non accreditato). Con Greer Garson, Richard Hart, Robert Mitchum, Morris Ankrum, George Zucco. ◆ Alla fine della guerra, a casa di Marise (Garson) si presenta un soldato (Hart) che si è innamorato della donna attraverso i ricordi del legittimo marito (Mitchum), suo compagno di prigionia morto in un tentativo di fuga: e lei lo contraccambia proprio quando si scopre che il legittimo consorte è vivo e vegeto... Una storia vagamente pirandelliana sul tema dei reduci e della solitudine delle donne rimaste a casa (il film è ambientato in Bretagna), dove le disavventure della lavorazione ingigantiscono i difetti di una sceneggiatura (di Marguerite Roberts e Zoë Akins) che non sa far interagire il contesto sociale con il tema dell'*amour fou*: iniziato da George Cukor con Robert Montgomery nella parte del soldato «tentatore», poi sostituito da Richard Hart, il film fu rigirato quasi completamente da Mervyn LeRoy e Jack Conway; ma nessuno dei tre registi volle firmare il film, che uscì (caso unico nella storia della Mgm) senza un regista accreditato nei titoli.

Desiderando Giulia * (Italia 1986, col, 85') Andrea Barzini. Con Serena Grandi, John Leysen, Valeria D'Obici, Sergio Rubini, Giuliana Calandra. ◆ Il debuttante Barzini (poi autore di *Italia-Germania 4-3*) non ha avuto timore di scomodare *Senilità* di Italo Svevo per legare con qualche filo narrativo le esibizioni delle nudità di Serena Grandi. Ma la storia dell'intellettuale che si innamora della modella è tanto stiracchiata che anche i fan della Grandi non hanno risposto all'appello.

Desideria, la vita interiore * (Italia/Rft 1980, col, 104') Gianni Barcelloni. Con Stefania Sandrelli, Lara Wendel, Klaus Lowitsch, Vittorio Mezzogiorno, Orso Maria Guerrini, Lory Del Santo. ◆ Quando Desideria (Wendel) scopre di essere figlia di una prostituta, impazzisce, si concede a destra e manca e, contattato un gruppo terrorista, organizza il sequestro della matrigna. Come parabola sulla borghesia il romanzo di Moravia *La vita interiore* era già ridicolo, ma Barcelloni (con lo sceneggiatore Enzo Ungari), col suo fotoromanzo osé, fa di peggio. Particina per Gabriella Cristiani (una prostituta), futuro Oscar al montaggio per *L'ultimo imperatore*.

Desideri nel sole **½ (*Adieu Philippine*, Francia/Italia 1963, b/n, 106') Jacques Rozier. Con Jean-Claude Aimini, Yveline Cery, Vittorio Caprioli, Stefania Sabatini, Jean-Claude Brialy. ◆ Ai tempi fu uno dei film più noti della Nouvelle Vague, poi dimenticato assieme al suo regista. Con una leggerezza tutta francese, uno stile da cinema-verità e un uso molto moderno del sonoro, Jacques Rozier (autore anche della sceneggiatura con Michèle O'Glor) racconta la storia di un giovane tecnico della televisione (Aimini) che, in procinto di partire soldato per l'Algeria, si innamora di due ragazze (Cery e Sabatini) e folleggia sulla Costa Azzurra. Caprioli è un imbroglione che lo coinvolge in società cinematografiche fasulle. Ammirato da Truffaut e da Godard.

Desiderio **½ (*Desire*, Usa 1937, b/n, 91') Frank Borzage. Con Marlene Dietrich, Gary Coper, John Halliday, William Frawley, Akim Taminroff. ◆ Un ingenuo americano (Cooper), in vacanza in Spagna, viene raggirato da una ladra (Dietrich), con la quale finirà per convolare a nozze. Dopo sette film con Sternberg, la Paramount cerca di modificare l'immagine dell'attrice con una commedia brillante affidata, stranamente, a Borzage e in cui, invece, si riconosce (specie nelle scene iniziali e nel furto delle perle col trucco del «doppio» marito) il tocco del produttore Ernst Lubitsch. La Dietrich ritrova Cooper dopo *Marocco*, e replica il suo personaggio glamour con gran sfoggio di toilettes di Travis Banton: canta anche *Awake in a Dream* (Svegliarsi in un sogno) ma non riesce più a ritrovare la forza dei suoi film precedenti.

Desiderio **½ (Italia 1946, b/n, 85') Marcello Pagliero, Roberto Rossellini. Con Elli Parvo, Massimo Girotti, Carlo Ninchi, Roswita Schmidt, Lia Corelli. ◆ Una prostituta (Parvo) torna nel suo paese, decisa a rifarsi una vita, ma l'ipocrisia della gente (e i ricatti del cognato) la spingono al suicidio. Iniziato da Rossellini nel 1943 (ma di sua mano rimangono non più di 15' di proiezione), il film venne ultimato dopo la guerra da Pagliero, l'ingegnere comunista di *Roma città aperta*. Un film coraggioso e onesto, che purtroppo venne sequestrato e rimesso in circolazione con tagli assurdi, che lo snaturarono completamente.

Desiderio * (Italia 1984, col, 95') Anna Maria Tatò. Con Fanny Ardant, Leonardo Treviglio, Francesca De Sapio, Carlo Giuffré, Isa Danieli. ◆ Lucia (Ardant) ritorna nella Puglia della sua infanzia. Mentre i flashback si seguono a ritmo serrato, uno stallone locale la insegue e la possiede animalescamente. La sensualità mediterranea non è mai stata rappresentata in modo così ridicolo, e il tono semionirico stufa presto. Le scelte di Fanny Ardant, al solito, sono imperscrutabili.

Desiderio di donna ** (*All I Desire*, Usa 1953, b/n, 79') Douglas Sirk. Con Barbara Stanwyck, Richard Carlson, Lyle Bettger, Marcia Aderson. ◆ Naomi (Stanwick) vive da tre anni separata dal marito e dai suoi tre figli, facendo l'attrice in teatri di provincia. Un giorno le scrive una figlia, dando così inizio a una tormentata ricomposizione dell'unità familiare. Un melodramma non perfettamente riuscito: Sirk non avrebbe voluto il lieto fine, ma il suo spaccato della famiglia americana è meno idilliaco del prevedibile.

Desiderio di re ° (*The King Steps Out*, Usa 1936, b/n, 85') Josef von Sternberg. Con Grace Moore, Franchot Tone, Walter Connolly, Raymond Walburn, Vistor Jory, Elizabeth Risdon. ◆ In un'Austria da operetta, l'imperatore Francesco Giuseppe (Tone) si traveste da cittadino qualunque per conquistare Sissy (Moore), sorella della sua promessa sposa: naturalmente le ragioni del cuore vinceranno su quelle del protocollo. «Assurda paccottiglia hollywoodiana» di un regista che in passato ha saputo essere molto più tagliente, e che qui si accontenta di girare in modo svogliato una storia irritante nella sua assenza di ironia.

Desiderio e la corruzione, Il *½ (*Rive droite, rive gauche*, Francia 1984, col, 109') Philippe Labro. Con Gérard Depardieu, Nathalie Baye, Carole Bouquet, Bernard Fresson. ◆ Un avvocato (Depardieu) decide di smascherare gli intrallazzi dell'affarista che finora ha coperto. Un film civile nella tradizione di Cayatte, abbastanza prevedibile, con un cast prestigioso ma sottotono.

Desiderio nel sole *½ (*The Sins of Rachel Cade*, Usa 1961, col, 124') Gordon Douglas. Con Angie Dickinson, Peter Finch, Roger Moore, Woody Strode, Scatman Crothers. ◆ La Dickinson è infermiera nel Congo Belga durante la seconda guerra mondiale. Divisa fra un colonnello e un chirurgo, sceglierà di continuare la sua missione. Melodramma vecchio stile, con atti d'eroismo e stoici innamorati pronti ad accettare figli altrui.

Desiderio sotto gli olmi *½ (*Desire Under the Elms*, Usa 1958, b/n, 114') Delbert Mann. Con Sophia Loren, Anthony Perkins, Burl Ives, Frank Overton. ◆ Dal dramma di Eugene O'Neil, un triangolo edipico nella Nuova Inghilterra dell'Ottocento. La Loren è la giovane moglie di Ives, interessata al suo patrimonio. Il figliastro (Perkins) prima la vede come una rivale, poi se ne innamora. Gran finale con infanticidio. Mann, che aveva esordito con *Marty*, dirige in modo convenzionale, pensando a fare cassetta.

Désirée *½ (*Désirée*, Usa 1954, col, 110') Henry Koster. Con Marlon Brando, Jean Simmons, Merle Oberon, Cameron Mitchell, Elizabeth Sellars, Michael Rennie, Cathleen Nesbitt. ◆ La vita pubblica di Napoleone (Brando) – dagli esordi come ufficiale alla sconfitta di Waterloo – viene alternata a quella sentimentale. La Simmons è Désirée, amore giovanile messo da parte per il matrimonio d'interesse con Giuseppina de Beauharnais (Oberon). Diventata regina di Svezia, Désirée rimpiange il suo amore, ma sa dargli ancora buoni consigli. Brando non si impegna molto e il film (tratto dal romanzo omonimo di Anne Marie-Selinko e sceneggiato da Daniel Taradash) resta storicamente inverosimile e abbastanza fiacco.

Désordre – Disordine ** (*Désordre*, Francia 1986, col, 90') Olivier Assayas. Wadeck Stanczak, Ann-Gisel Glass, Lucas Belvaux, Philippe Demarie. ◆ Tre amici che fanno parte di un gruppo rock uccidono un uomo durante un furto di strumenti musicali. Il loro destino ne sarà sconvolto, ma c'è anche chi troverà l'amore. Esordio alla regia di un critico dei *Cahiers du cinéma* con un controverso ritratto del «romanticismo febbricitante, tormentato e torturato» di una generazione: certe ingenuità (silenzi, sguardi persi, dialoghi semplicistici) possono sembrare anche ridicole, ma la forza narrativa del film riesce a dare un'immagine dura e disincantata di una gioventù incapace di superare le avversità.

Despair **½ (*Eine Reise ins Licht – Despair*, Rft 1978, col, 119') Rainer Werner Fassbinder. Con Dirk Bogarde, Andréa Ferréol, Volker Spengler, Klaus Löwitsch, Bernhard Wicki, Peter Kern, Gottfried John, Ingrid Caven. ◆ Germania anni Trenta: un industriale del cioccolato (Bogarde), perseguitato dall'idea del doppio, trova un sosia, lo uccide, e scappa in Svizzera con una nuova identità. Durerà poco. Lussuosa fantasia pirandelliana, tratta dal romanzo di Nabokov e sceneggiata da Tom Stoppard. Tutto è un po' freddo e cervellotico, ma Fassbinder aveva indubbiamente stile e Bogarde (poco prima di scomparire dagli schermi per oltre un decennio) sa rendere coinvolgente un personaggio un po' troppo letterario.

Desperado ** (*Desperado*, Usa 1995, col, 107') Robert Rodriguez. Con Antonio Banderas, Joaquim De Almeida, Selma Hayek, Steve Buscemi, Cheec Marin, Quentin Tarantino, Angel Aviles, Danny Trejo, Tito Larriva, Abraham Verduzco. ◆ Preceduto da una fama sinistra il Mariachi (Banderas), un ex chitarrista che trasporta nella custodia del suo strumento un vero arsenale, arriva in una sonnolenta cittadina messicana dove tutti, o quasi, fabbricano e spacciano stupefacenti: cerca Bucho (De Almeida), il boss con cui ha più di un conto da regolare, ma mentre semina morti trova il tempo di innamorarsi della bella bibliotecaria (Hayek). Doveva essere il remake del *Mariachi*, con cui il giovane *tex-mex* Rodriguez aveva sbancato il mercato degl indipendenti, invece è un sequel dalle due facce. La prima metà regala sorprese su sorprese, incluse due guest star come Buscemi e Tarantino (che appare in una spassosa autocitazione). Poi tutto si sgonfia e le trovate si ripetono in maniera fiacca. Da segnalare, al di là delle intenzioni di Rodriguez di creare una saga che veda come eroe un «latinoamericano», il primo ruolo da protagonista di Antonio Banderas a Hollywood e la sensuale apparizione di Selma Hayek, già protagonista della telenovela messicana *Teresa*.

Desperate Remedies *½ (*Desperate Remedies*, Nuova Zelanda 1993, col, 93') Stewart Main, Peter Wells. Con Jennifer Ward-Lealand, Kevin Smith, Lisa Chapell, Cliff Curtis, Kiri Mills. ◆ In un'immaginaria colonia inglese dell'Ottocento, la bisessuale Dorothea Brook (Ward-Lealand), preoccupata perché sua sorella è succube di un avventuriero oppiomane, decide di cercare un uomo che la distragga: e lo trova in uno stallone (Smith) appena sbarcato, di cui però commette l'errore di innamorarsi. I due esordienti registi, mentre fanno la parodia del mélo in costume alla Jane Austen, ne portano alla radici i lati oscuri, le perversioni occulte e le tensioni di classe: ma finiscono per perdersi in un gioco estetizzante, a base di costumi stravaganti, set teatrali, Verdi e Berlioz a manetta, e una sensualità sudaticcia e polimorfa che fa il verso a Fassbinder, Jarman e Schroeter. Visivamente lussureggiante, vagamente irritante e abbastanza inutile.

Destinazione marciapiede *½ (*Le Voyage du père*, Francia 1966, col, 85') Denys de La Patellière. Con Fernandel [Fernand Contandin], Lilli Palmer, Laurent Terzieff, Madeleine Robinson, Michel Auclair, Philippe Noiret. ◆ Un contadino (Fernandel) va a Lione sulle tracce della figlia, di cui non ha notizie da tempo. Non rivelerà la verità (anticipata dal titolo italiano) alla moglie. Il tema dell'ingenuo vittima della grande città (tratto dal commovente romanzo di Bernard Clavel, sceneggiato dal regista con Pascal Jardin) è molto scontato, ma il cast – con Fernandel in testa – è bene assortito e riesce a compensare un po' l'eccesso di melodrammaticità.

Destinazione Mongolia **½ (*Destination Gobi*, Usa 1953, col, 90') Robert Wise. Con Richard Widmark, Don Taylor, Casey Adams, Murvyn Vye, Darryl Hickman, Ross Bagdasarian, Martin Milner, Earl Holliman, Edgar Barrier. ◆ Deserto del Gobi, 1944: Mac Hale (Widmark), responsabile di un distaccamento della Marina americana incaricato di compiere ricerche meteorologiche, per difendersi dagli attacchi giapponesi stringe un'alleanza con il capo di una tribù mongola (Vye). Più che un film di guerra, un western avventuroso, costruito sullo schema consolidato di un piccolo gruppo coinvolto in una perigliosa odissea. Wise si basa su dei fatti realmente accaduti, ma li priva della consueta enfasi epica per immergerli in un contesto ironico e improbabile, dove psicologia e stereotipi dialogano in continuazione: Widmark, duro dal cuore tenero, sembra uscito da un romanzo hard boiled, i mongoli ricordano gli indiani pellerossa, i cinesi sono melliflui e sornioni, e i giapponesi naturalmente cattivi e stupidi (tra l'altro va notato che non c'è nessun problema di lingua tra queste quattro popolazioni diverse). Un film stravagante e piacevole, il primo in technicolor per Wise.

Destinazione Parigi ** (*The Happy Road*, Usa 1957, b/n, 80') Gene Kelly. Con Gene Kelly, Barbara Laage, Michael Redgrave, Brigitte Fossey, Bobby Clark. ◆ Papà e mamma single si incontrano quando i loro figli scappano da scuola. Commediola senza troppe pretese, ma simpatica, girata in Francia, prodotta e diretta da Kelly, alla sua seconda regia da solo.

Destinazione Piovarolo ** (Italia 1955, b/n, 90') Domenico Paolella. Con Totò [Antonio de Curtis], Nino Besozzi, Paolo Stoppa, Tina Pica, Marisa Merlini, Arnoldo Foà, Irene Cefaro, Ernesto Almirante, Zoe Incrocci, Enrico Viarisio, Leopoldo Trieste, Mario Carotenuto, Giacomo Furia, Carlo Mazzarella. ◆ Il capostazione Antonio La Quaglia (Totò) da lunghi anni è in servizio a Piovarolo dove si ferma solo un accelerato, ma tutti i tentativi di ottenere un trasferimento vanno in fumo. In bilico tra il comico e la satira politica (si snoda dal periodo fascista al dopoguerra) il film ha i suoi momenti migliori nei duetti con Tina Pica (nella parte di Beppa, la casellante) e nel surreale dialogo col ministro dei Trasporti, comicamente all'oscuro della materia su cui dovrebbe legiferare.

Destinazione San Remo *½ (Italia 1959, b/n, 91') Domenico Paolella. Con Yvonne Monlaur, Gabriele Tinti, Tino Scotti, Pina Renzi, Alberto Talegalli, Dolores Palumbo, Gisella Sofio. ◆ Una valanga blocca un treno di fan, che si accontentano di vedere il IX festival di Sanremo in televisione. Intanto nascono vari flirt. Instant movie che ricicla furbamente le esibizioni canore del festival. Reperto sociologico di un'Italia che non esiste più. Si esibiscono Fausto Cigliano, Betty Curtis, Jula De Palma, Aurelio Fierro, Gino Latilla, Domenico Modugno e Johnny Dorelli (che vinsero con *Piove*), Natalino Otto, Nilla Pizzi, Teddy Reno, Arturo Testa, Achille Togliani, Tonina Torielli e Claudio Villa.

Destinazione Terra **½ (*It Came from Outer Space*, Usa 1953, b/n, 80') Jack Arnold. Con Richard Carlson, Barbara Rush, Charles Drake, Russell Johnson, Alan Dexter. ◆ Costretti a scendere sul nostro pianeta per riparare la loro astronave, alcuni extraterrestri prendono l'aspetto dei cittadini che hanno fatto prigionieri per potersi così procurare i materiali di cui hanno bisogno. Scoperti da un giovane scienziato (Carlson), vengono attaccati dagli abitanti della città presso cui sono scesi, ma riusciranno a ripartire. Primo film di fantascienza di Jack Arnold, sceneggiato da Ray Bradbury (da un suo romanzo) e da Harry Essex, è un film che si fa ancora apprezzare per il suo anticonformismo (i «diversi» sono sostanzialmente pacifici, mentre lo sceriffo – interpretato da Charles Drake – è il simbolo dell'odio e della paura dell'altro che si respirava in quegli anni di maccartismo) e per le sue invenzioni narrative (l'idea degli extraterrestri replicanti fu ripreso da Siegel in *L'invasione degli ultracorpi*). Prodotto da William Allan (già membro del Mercury Theatre con Orson Welles e interprete di *Quarto potere*), il film, che riprendeva – ribaltandolo – il tema centrale di un altro film di quegli anni, *The Man from Planet X* di Edgar G. Ulmer (1951, inedito in Italia), fu girato originariamente in 3D.

Destinazione Tokyo ** (*Destination Tokyo*, Usa 1943, b/n, 130') Delmer Daves. Con Cary Grant, John Garfield, Alan Hale, John Ridgely, William Prince. ◆ Film di propaganda bellica, in cui Grant comanda un sommergibile in missione in acque giapponesi. I contrasti con lo scanzonato Garfield si risolvono di fronte al pericolo. Spirito patriottico e xenofobia serviti con tocchi da commedia. Fu un buon lasciapassare per l'esordiente Delmer Daves, che in seguito firmò film molto più interessanti.

Destini di donne ** (*Destinées*, Francia/Italia 1954, b/n, 99') Marcello Pagliero, Jean Delannoy, Christian-Jaque [Christian Maudet]. Film a episodi. ◆ In *Vittime di guerra* (di Marcello Pagliero. Con Claudette Colbert, Eleonora Rossi Drago, Mirko Ellis), la vedova di un ufficiale americano, venuta in Italia per visitare la tomba del marito, scopre l'esistenza di un'amante e di un figlio. In *La santa guerriera Giovanna d'Arco* (di Jean Delannoy. Con Michèle Morgan, Daniel Ivernel, Michel Piccoli), Giovanna non sente più le «voci» e perde la fiducia dei suoi uomini, ma un miracolo le ridarà fiducia e rispetto. In *La nemica della guerra – Lisistrata* (di Christian-Jaque. Con Martine Carol, Raf Vallone, Paolo Stoppa, Mario Carotenuto), nel 411 a.C., per fermare la guerra con Sparta, le donne ateniesi, capeggiate da Lisistrata, attuano uno «sciopero dell'amore». Tre ritratti di donne di fronte alla guerra, emblematici di altrettante posizioni: c'è chi la subisce, chi la combatte e chi ne ha ragione. Il primo episodio, sceneggiato da Vladimir Pozner e André Tabet da un soggetto di Sergio Amidei, risente di una drammatizzazione non ben equilibrata tra eredità neorealiste e romanzo popolare-fumettistico. Il secondo, sceneggiato da Jean Aurenche e Pierre Bost, è il migliore dei tre: l'intreccio non ha legami con la vera storia della Pulzella, ma risulta efficace grazie anche all'interpretazione della Morgan. L'ultimo, adattato da *Lisistrata* di Aristofane (sceneggiatura di Jean Ferry, Henri Jeanson e Gian Luigi Rondi, con la collaborazione di Ennio Flaiano e Carlo Rim), è il più deludente.

Destino **½ (*Der müde Tod*, Germania 1921, b/n, 100') Fritz Lang. Con Bernhard Goetzke, Lil Dagover, Walter Janssen, Rudolph Klein-Rogge, Georg John. ◆ La morte (Goetzke) dà a una ragazza (Dagover) la possibilità di riavere l'uomo che ama (Janssen), purché salvi la vita di un altro essere umano, e la porta in tre epoche e in tre paesi diversi. Ma né a Bagdad, né a Venezia né in Cina la ragazza riesce nell'impresa: alla fine offre in cambio la propria vita, unendosi al suo amato in paradiso. Per il trentenne Lang la cornice da ballata romantica serve come pretesto per un catalogo delle meraviglie offerte dall'ottava arte, che passa con disinvoltura dal naturalismo all'espressionismo, dal fantastico a un gusto decorativo debitore del teatro di Max Reinhardt, temperato, a volte, da una consapevole ironia nel gusto dell'esotico e nelle situazioni da feuilleton. I trucchi sorprendenti, per l'epoca, vennero imitati a Hollywood: da ricordare l'esercito in miniatura e il tappeto volante. Fu il primo grade successo critico di Lang: allora, per giudicare l'eccellenza di un film, contavano soprattutto i riferimenti alla letteratura e alla pittura, che qui si sprecano (Dürer, Grünewald, Rembrandt, Friedrich...).

Destino ** (*Tales of Manhattan*, Usa 1942, b/n, 118') Julien Duvivier. Con Charles Boyer, Rita Hayworth, Henry Fonda, Charles Laughton, Edward G. Robinson, Ethel Waters, Thomas Mitchell, Cesar Romero, George Sanders. ◆ Collana di episodi cui fa da filo conduttore uno smoking portajella. Indossato da un direttore d'orchestra alla sua prima prova importante, si lacera destando l'ilarità del pubblico, ma può causare anche la morte. Finirà su uno spaventapasseri. Galleria di attori diretti con stile, ma il risultato è di maniera, inferiore all'analogo *Il carnevale della vita*, diretto da Duvivier l'anno dopo. Conosciuto anche col titolo *Destino su Manhattan*.

Destino, Il *** (*Al-Massir*, Egitto/Francia 1997, col, 130') Yusuf Shahin. Con Nour El Sherif, Laila Eloui, Mahmud Hemeida, Safia El Emary, Mohamed Mounir, Khaled El Naboui, Hani Salama, Ahmed Fuad Selim. ◆ Cordoba, 1195: il filosofo Averroè (El Sherif) – il cui cenacolo è frequentato anche dai figli del califfo, Nasser (El Naboui) e Abdallah (Salama) – è ormai apertamente osteggiato dal gruppo di fondamentalisti al servizio dello sceicco Riad (Selim); la sua biblioteca viene data alle fiamme, ma i suoi testi vengono salvati da un giovane seguace, ricopiati dai suoi discepoli e messi al sicuro da Nasser in Egitto. Un kolossal vitale e euforico contro l'integralismo di ogni epoca e luogo, che il maggior cineasta del mondo arabo (più volte bersaglio, guarda caso, della censura integralista) costruisce secondo le regole dell'intrattenimento popolare: un fantasmagorico caleidoscopio di generi (musical, avventura, peplum, western, cappa e spada, melodramma, commedia) che non dimentica la lezione «didattica» di Rossellini. Girato in Siria, un film non perfetto, forse anche anacronistico (a tratti pare una fantasia anni Cinquanta), ma trascinante e talvolta geniale. Sceneggiatura di Shahin e Khaled Yussef, con dichiarata ammirazione per il romanzesco alla Dumas. Palma d'oro del Cinquantenario a Cannes '97.

Destino cieco **½ (*Przypadek*, Polonia 1982, col, 122') Krzysztof Kieślowski. Con Bogusław Linda, Tadeusz Łomnicki, Zbigniew Zapasiewicz, Marżena Trybala. ◆ *Il caso* (questa la traduzione letterale del titolo originale) mostra, in tre episodi, come un incidente banale (lo scontro con un ubriaco alla stazione) possa cambiare la vita del giovane Witek (Linda). Nelle varie vite Witek diventa attivista di partito, militante dell'opposizione e scienziato che odia la politica. Un po' troppo didascalico ma acuto, e sceneggiato con abilità. Kieślowski ha dichiarato di preferire il terzo destino.

Destino di una imperatrice * (*Sissi, Schicksalsjahre einer Kaiserin*, Austria 1957, col, 106') Ernst Marischka. Con Romy Schneider, Karlheinz Böhm, Magda Schneider, Gustav Knuth. ◆ Quarto e ultimo capitolo della serie di Sissi, iniziata nel 1954 con *L'amore di una grande regina*. Sissi (Schneider) ha sposato Cecco Beppe (Böhm, figlio del celebre direttore d'orchestra Karl), e col suo fascino tiene a freno i patrioti (ungheresi e italiani) che fremono sotto il giogo imperiale. Oleografico e manierato più degli altri episodi, con tanto di abbraccio finale tra mamma e figlia in una Venezia da cartolina.

Destino sull'asfalto ° (*The Racers*, Usa 1955, col, 112') Henry Hathaway. Con Kirk Douglas, Bella Darvi, Lee J. Cobb, Cesar Romero, Katy Jurado. ◆ Douglas è un pilota cui il successo dà alla testa, ma prima della fine del film si ravvede. I film d'amore e d'automobilismo non sono mai esaltanti, ma questo è tra i più fiacchi. Girato in Europa da un Hathaway in vacanza.

Destino su Manhattan → *Destino* (di Julien Duvivier)

Detective, Un **½ (Italia 1969, col, 100') Romolo Guerrieri [Romolo Girolami]. Con Franco Nero, Florinda Bolkan, Adolfo Celi, Delia Boccardo, Renzo Palmer, Susanna Martinkova, Maurizio Bonuglia, Roberto Bisacco, Silvia Dionisio, Marino Masé. ◆ Roma: dopo l'omicidio di un discografico, il commissario Belli (Nero), già al soldo di un avvocato (Celi), conduce le indagini per conto suo e pensa di poter spillare denaro – e altro – ai vari sospettati. Con un intreccio di complicazione chandleriana e un protagonista corrotto e non particolarmente simpatico, Guerrieri guarda fin troppo in avanti rispetto al poliziesco italiano non ancora codificato. E se le annotazioni di costume sono superficiali e l'intreccio è spesso involuto, vanno apprezzati l'atmosfera ambigua e gli scatti imprevedibili che portano a un finale memorabile e – come aveva notato Giovanni Buttafava – degno di Melville. Una giovanissima Laura Antonelli bionda interpreta il ruolo di Franca. Francesco Verucci, Alberto Silvestri e Massimo D'Avack adattano un un romanzo di Ludovico Dentice. Musiche di Fred Bongusto. Rieditato col titolo *Macchie di belletto (Un detective)*.

Detective ** (*Nestor Burma, détective de choc*, Francia 1982, col, 100') Jean-Luc Miesch. Con Michel Serrault, Jane Birkin, Guy Marchand, Alain Bashung, Jean-Pierre Kalfon, Florence Giorgetti, Pierre Arditi. ◆ Il detective Nestor «Dynamite» Burma (Serrault) indaga sul presunto suicidio dell'amante di una rockstar (Bashung, autore anche della colonna sonora), e smaschera una banda di trafficanti di droga con l'aiuto di una bella sconosciuta (Birkin). Il personaggio di Nestor Burma venne creato dallo scrittore Leo Malet (che qui compare nella parte di un venditore di giornali) negli anni Quaranta, come tentativo di adattare a un ambiente parigino le situazioni della scuola hard boiled americana. Ma per certi aspetti Burma è anche un precursore dello stile picaresco di Sanantonio: il film di Miesch punta proprio sul lato farsesco, e imbastisce una trama volutamente contorta per giocare con gli stereotipi del noir, a metà tra la parodia e il manierismo. Il risultato è simpatico (grazie soprattutto a Serrault) ma senza spessore.

Detective *½ (*Détective*, Francia 1985, col, 95') Jean-Luc Godard. Con Johnny Halliday, Nathalie Baye, Claude Brasseur, Jean-Pierre Léaud, Laurent Terzieff, Alain Cuny, Emmanuelle Seigner. ◆ Halliday, attempata rockstar d'oltralpe in cerca di un recupero intellettuale, interpreta un manager di pugilato minacciato di morte dalla mafia. Il suo destino si incrocia con quello di altri personaggi, tutti ospiti di un albergo. Omaggio al noir nel tipico stile Godard: intrighi incomprensibili, dialoghi strampalati e pieni di citazioni, musica classica, fanciulle con le tette di fuori. A volte arguto, più spesso pedante. Da vero snob, Godard dedica il film a Clint Eastwood, John Cassavetes e Edgar G. Ulmer.

Detective coi tacchi a spillo *½ (*V.I. Warshawsky*, Usa 1991, col, 89') Jeff Kanew. Con Kathleen Turner. ◆ V.I. Warshawsky (Turner), detective privata con un debole per le scarpe col tacco, viene ingaggiata dalla figlia di un occasionale amico per scoprire chi le ha ucciso il padre. Tratto da alcuni racconti e dal romanzo *Nodo alla gola* di Sara Paresky, il film cerca di rispolverare – al femminile – il mito del *private eye* disincantato e un po' cinico, abile con la lingua come con la pistola, ma dal cuore d'oro. La trama, però, è senza mordente (tutta colpa di una speculazione di capitalisti giapponesi) e la Turner troppo stereotipata ed elegante nei suoi tailleur Cerruti per dare credibilità al personaggio.

Detective con la faccia di Bogart, Il *½ (*The Man with Bogart's Face*, Usa 1980, col, 100') Robert Day. Con Robert Sacchi, Michele Phillips, Olivia Hussey, Franco Nero, Sybill Danning, Herbert Lom, Victor Buono, George Raft, Yvonne De Carlo. ◆ Un detective col mito di Bogart (si è anche fatto fare una plastica) viene coinvolto in un caso ricalcato sul *Mistero del falco*. A metà tra la parodia e l'inchino cinefilo, ma mai veramente divertente. Vecchie glorie in apparizione speciale, tra cui Raft, al suo ultimo film. La presunta somiglianza di Sacchi con Bogart non gli fruttò altri impieghi al cinema ma solo contratti per pubblicità.

Detective Harper: acqua alla gola ** (*The Drowning Pool*, Usa 1976, col, 108') Stuart Rosenberg. Con Paul Newman, Joanne Woodward, Tony Franciosa, Melanie Griffith, Murray Hamilton, Gail Strickland. ◆ Newman (anche coproduttore) riprende il personaggio di *Detective's Story* e viene coinvolto da un'ex amante (Woodward) nel solito caso torbido e incomprensibile. Il regista pensa solo ad arrivare alla lunghissima scena del titolo (con Newman che rischia di soffocare in uno stanzone progressivamente riempito d'acqua) che è ancora molto spettacolare. La giovane Melanie Griffith si atteggia a Lolita. Sceneggiatura di Walter Hill, Lorenzo Semple jr. e Tracy Keenan Wynn da un romanzo di Ross MacDonald.

Detective... particolare, Un *½ (*The January Man*, Usa 1989, col, 97') Pat O'Connor. Con Kevin Kline, Mary Elizabeth Mastrantonio, Susan Sarandon, Harvey Keitel, Danny Aiello, Rod Steiger. ◆ Un bizzarro detective privato (Kline) aiuta il fratello poliziotto ad acchiappare un serial killer. Giallo divagante e verboso, con parentesi di commedia sentimentale e tentativi di humour. Lo sceneggiatore John Patrick Shanley era stato molto più bravo in *Dentro la grande mela*. Poco riuscito, malgrado il cast.

Detective privato... anche troppo *½ (*The Public Eye*, Gb 1972, col, 95') Carol Reed. Con Mia Farrow, [Chaim] Topol, Michael Jayston, Margaret Rawlings. ◆ Marito anzianotto e geloso (Topol) assolda un detective per sorvegliare la giovane moglie (Farrow). Peccato che il detective si innamori della donna. Da un regista come Carol Reed (*Il terzo uomo*) e da uno sceneggiatore come Anthony Schaeffer (*Frenzy*) era lecito aspettarsi di più.

Detective Stone * (*Split Second*, Gb 1992, col, 89') Tony Maylam. Con Rutger Hauer, Kim Cattrall, Neil Duncan, Michael J. Pollard, Alun Armstrong. ◆ Nella Londra del 2008, il poliziotto Harley Stone (Hauer) e il suo assistente Durkin (Duncan) danno la caccia a un serial killer che strappa il cuore alle proprie vittime. Di insolito c'è che Stone è in contatto telepatico con l'assassino, il quale a sua volta gli lascia criptici messaggi scritti nel sangue. Fanta-horror all'insegna del riciclaggio, con tanto di scenario futuristico, alien che emerge dalle acque e l'ex replicante Hauer ormai ridotto ad action-man buono per ogni occasione. Il budget è basso, ma il film è davvero scontatissimo.

Detective's Story **½ (*Harper*, Usa 1966, col, 121') Jack Smight. Con Paul Newman, Julie Harris, Shelley Winters, Robert Wagner, Lauren Bacall, Janet Leigh, Arthur Hill, Pamela Tiffin, Robert Webber. ◆ Newman gigioneggia a ruota libera nei panni di un detective privato cinico e scalcinato, assoldato da una multimilionaria (Bacall) per ritrovarle il marito scomparso. Giallo sovraccarico ma avvincente, che vuole essere un dichiarato omaggio al mondo di Raymond Chandler, con troppi personaggi femminili psicopatici (Winters, Harris), ma con finale molto ben architettato. Tratto da un romanzo di Ross MacDonald (adattato da William Goldman), a cui Newman impose di cambiare il cognome del protagonista, da Lew Archer in Harper, perché convinto che le H gli portino fortuna. Seguito da *Detective Harper: acqua alla gola*.

Detenuto in attesa di giudizio ** (Italia 1971, col, 99') Nanny Loy. Con Alberto Sordi, Elga Andersen, Lino Banfi, Mario Pisu, Tano Cimarosa, Gianni Bonagura. ◆ Il geometra Di Noi (Sordi) torna in Italia dopo aver vissuto sette anni in Svezia e finisce in carcere per un errore. Passerà l'inferno, tra lungaggini burocratiche e condizioni disumane, prima di venire rilasciato. Tragicommedia con pretese di denuncia civile, come si usava negli anni Settanta dove un «umorismo disperato riesce, a momenti, a dare forza espressiva a questa parabola sulle aberrazioni del sistema giudiziario e penitenziale italiano». Sordi fa bene la vittima sgomenta; Lino Banfi è il direttore di un carcere. Soggetto di Rodolfo Sonego, sceneggiatura di Sergio Amidei ed Emilio Sanna.

Detour **** (*Detour*, Usa 1946, b/n, 65') Edgar G. Ulmer. Con Tom Neal, Ann Savage, Claudia Drake, Edmund MacDonald, Tim Ryan. ◆ Lo sconosciuto che gli ha dato un passaggio in macchina muore improvvisamente, ma Al Roberts (Neal), per paura della polizia, nasconde il cadavere e continua il viaggio coi documenti e i soldi del morto. Una donna incontrata per caso, Vera (Savage), lo smaschera e lo coinvolge in un ricatto: Al accetta, poi si pente e nella discussione uccide involontariamente la donna. Ossessionato dai due cadaveri, Al fugge, convinto che il destino non potrà che fargli pagare i suoi comportamenti. Prodotto dalla Prc e definito «il film di serie B più famoso del mondo», *Detour* utilizza gli schemi del noir per innovarli profondamente, rovesciandone la logica narrativa. Strutturato come un lungo flashback raccontato con la tecnica del monologo interiore, il film è tutto costruito sul (vano) tentativo di dominare una catena di eventi completamente irrazionali, che fanno precipitare il protagonista in una serie continua di incongruenze, mirabilmente esemplificate nella scena in cui, tirando attraverso una porta il filo del telefono per impedire a Vera di denunciarlo, Al non si accorge di strozzarla (filmato con un lungo piano sequenza di sei minuti). In questo modo lo sviluppo della storia (il viaggio verso la California per incontrare la fidanzata) si trasforma in un incubo che porta Al sempre più lontano dai suoi obiettivi romantici via via che egli si avvicina a Hollywood e che fa di *Detour* «un misconosciuto capolavoro dell'assurdo, capace di rivaleggiare persino con i lavori di Kafka nella sua determinazione a spogliare la vita di logica e stabilità».

Détruire dit-elle *½ (*Détruire dit-elle*, Francia 1969, b/n, 90') Marguerite Duras. Con Catherine Sellers, Michel Lonsdale, Henry Garcin, Nicole Hiss, Daniel Gélin. ◆ I pochi pensionanti di un albergo si raccontano a vicenda le rispettive storie e instaurano tra loro rapporti di diverso tipo. Opera massimamente sperimentale, che mira a destrutturare la sintassi filmica a colpi di dialoghi illogici e lunghissimi piani sequenza. Il ritmo è lento e ossessivo, gli effetti quasi ipnotici. È tratto dall'omonimo romanzo della stessa regista.

Devi essere felice ** (*You Gotta Stay Happy*, Usa 1948, 100') H.C. Potter. Con Joan Fontaine, James Stewart, Eddie Albert, Roland Young, Willard Parker, Percy Kilbride, Porter Hall. ◆ «L'orfana più ricca del mondo» (Fontaine), indotta a sposare un giovanotto distinto che non ama, la prima notte di nozze si rifugia nella camera di un pilota civile (Stewart) e lo convince a portarla con sé. Tra i due, naturalmente, scoppia l'amore. Commedia prevedibile, ma condotta con un certo brio, soprattutto da parte dei due attori protagonisti.

Devil Goddess → *voce «Jim della giungla»*

Devil in Miss Jones, The *** (*The Devil in Miss Jones*, Usa 1972, col, 68') Gerard Damiano. Con Georgina Spelvin, Harry Reems, John Clemens, Marc Stevens. ◆ La vergine Miss Jones (Spelvin) si suicida: giunta nell'aldilà, dapprima le viene concesso di conoscere i piaceri della carne che rimpiange di non aver provato, ma poi le viene negato l'orgasmo ed è condannata a masturbarsi inutilmente per l'eternità. Il porno esistenzialista e metafisico di Damiano al suo meglio: senza paura di mettere in scena fobie e ossessioni cattoliche, e con un talento visionario (anche se concentrato nei primi e negli ultimi 10') davvero insolito per un hardcore. Senza tocchi di humour, questa volta, e con una strana malinconia soffusa, accentuata dalla lirica colonna sonora di Alden Shuman. Damiano interpreta il dannato farneticante del finale. Splendida la frase di lancio originale: «Se devi andare all'inferno... vacci con un motivo».

Diabolica invenzione, La *** (*Vynáles skázy*, Cecoslovacchia 1957, col, 83') Karel Zeman. Con Arnošt Navrátil, Lubor Tokoš, Miroslav Holub, František Šlégr, Jana Zatloukalová, Václav Kyzlink. ◆ Inventore di un potentissimo esplosivo, il professor Roch (Navrátil) viene rapito dal conte D'Artigas (Holub) e rinchiuso nella sua città sottomarina perché continui gli esperimenti. Con l'aiuto della coraggiosa Jana (Zatloukalová), il suo collaboratore Hart (Tokoš) riesce a dare l'allarme: una flotta internazionale parte per distruggere la città sommersa ma ci vorrà il sacrificio di Roch per salvare Jana e Hart. Straordinario omaggio a Georges Méliès, che mescola attori veri, marionette, disegni animati e fondali dipinti. Ispirato a un romanzo di Jules Verne, di cui mantiene il gusto per la tecnica e lo spirito modernista (con un'amara riflessione sul fallimento della scienza disinteressata di Roch), il film ritrova grazie alla sua tecnica mista il senso del meraviglioso – e la poesia – tipico dei film dei pionieri, dando l'impressione che tutto si muova come all'interno di «un'affascinante *gravure* animata, di chiara derivazione ottocentesca». Sceneggiatura di Zeman e František Hrubin, effetti speciali e scenografia di Zdeněk Rozkopal.

Diabolicamente tua ** (*Diaboliquement vôtre*, Francia/Rft/Italia 1967, col, 92') Julien Duvivier. Con Alain Delon, Senta Berger, Sergio Fantoni, Claude Piéplu, Peter Mosbacher. ◆ Un giovane soldato (Delon) si risveglia in un ospedale in preda ad amnesia, e si trova sposato con una donna (Berger) a lui del tutto sconosciuta. Fiuta l'imbroglio, e ha ragione. Duvivier si congeda dal cinema con un giallo corretto (da lui stesso sceneggiato a partire da un romanzo di Louis Thomas), la cui idea base ha l'unico torto di essere stata sfruttata troppe volte.

Diabolici, I *** (*Les Diaboliques*, Francia 1954, b/n, 110') Henri-Georges Clouzot. Con Simone Signoret, Véra Clouzot, Paul Meurisse, Charles Vanel, Jean Brochard, Michel Serrault. ◆ Nicole (Signoret) e il suo amante Michel (Meurisse), rispettivamente insegnante e padrone di uno squallido collegio, progettano un piano diabolico per far venire un colpo alla debole moglie di lui (Clouzot). Finti omicidi e presunti morti che ritornano, in un noir che vira verso l'horror. Ma anche un saggio sul marcio della provincia francese e dell'anima umana in genere. Suspense e atmosfere da manuale, grandi interpretazioni, e nessuna caduta di tono. Tratto dal romanzo di Pierre Boileau e Thomas Narcejac *Celle qui n'était plus*, sceneggiato dal regista con Jérôme Geromini, René Masson e Frédéric Grendel. Rifatto a Hollywood nel 1996 (*Diabolique*).

Diabolico complotto del dr. Fu Manchu, Il * (*The Fiendish Plot of Dr. Fu Manchu*, Gb 1980, col, 108') Piers Haggard. Con Peter Sellers, Helen Mirren, Sid Caesar, David Tomlinson. ◆ Per produrre l'elisir di giovinezza con cui si tiene in vita, Fu Manchu deve rubare un diamante conservato nella Torre di Londra. L'ultimo film di Sellers non è neanche uno dei più riusciti, malgrado si divida nelle parti del genio del male cinese Fu Manchu e del suo nemico, il detective di Scotland Yard Nayland Smith. Umorismo fiacco e puerile.

Diabolico dottor Mabuse, Il *** (*Die 1000 Augen des dr. Mabuse*, Rft/Francia/Italia 1960, b/n, 104') Fritz Lang. Con Dawn Addams, Peter van Eyck, Lupo Prezzo [Wolfgang Preiss], Gert Fröbe, Andrea Checchi, Howard Vernon, Reinhard [René] Koldehof. ◆ L'assassinio di un giornalista televisivo spinge la polizia a indagare all'interno dell'hotel Luxor, dove il cieco Cornelius (Prezzo) coinvolge un miliardario e la donna di cui è innamorato (van Eyck e Addams) in un finto omicidio: un piano (quasi) perfetto per intascare l'eredità di lei, mandato a monte dal cane di Cornelius che riconosce il suo padrone anche quando, abbandonato il travestimento da cieco, prende l'aspetto di un certo dottor Jordan. A trent'anni di distanza dal *Testamento del dottor Mabuse*, Lang resuscita, nella sua ultima regia, il fantasma dello scienziato pazzo, maestro dei travestimenti, che vuole conquistare il mondo (la sua base, questa volta, è in un albergo dove ogni stanza è controllata da una telecamera). Il produttore avrebbe voluto che Cornelius/Jordan fosse materialmente il figlio di Mabuse, ma Lang, temendo di cadere nel ridicolo, non accettò e fece dire all'ispettore Kraus (Fröbe) che se i delitti ricordavano Mabuse, lui sapeva bene che il folle scienziato era morto da anni. Costruito come una macchina filmica perfetta sul tema degli sguardi e delle apparenze, dove lo spettatore è ingannato più di una volta nelle sue aspettative, è il film testamento di Lang, che chiude una carriera con un messaggio pessimistico sull'incombere di una nuova èra, quella delle nuove forme di comunicazione audiovisive troppo facile preda del Male.

Diabolico imbroglio * (*Dirty Tricks*, Canada/Usa 1980, col, 91') Alvin Rakoff. Con Elliott Gould, Kate Jackson, Arthur Hill, Rich Little. ◆ Gould è un professore di storia coinvolto in un intrigo al centro del quale c'è una lettera di George Washington. Attardato e scipito giallorosa, per il quale anche Gould può fare poco.

Diabolik ** (Italia/Francia 1968, col, 105') Mario Bava. Con John Phillip Law, Marisa Mell, Michel Piccoli, Adolfo Celi, Claudio Gora, Terry-Thomas [Thomas Terry Hoar-Stevens], Caterina Boratto, Carlo Croccolo, Francesco Mulé, Tiberio Mitri. ◆ Considerato da Tullio Kezich «uno dei più stupidi film degli anni Sessanta», la versione filmata del fumetto di Angela e Luciana Giussani, prodotta da Dino De Laurentiis, fu un buon successo. Non c'è trama, ma solo il ripetersi delle stesse situazioni: Ginko (Piccoli) tende una trappola a Diabolik (Law), che puntualmente lo beffa. Mario Bava sopperisce alle carenze della storia con impennate barocche e tocchi sarcastici. Scenografie pop-art e notevoli musiche di Morricone.

Diabolique *½ (*Diabolique*, Usa 1996, col, 107') Jeremiah Chechik. Con Sharon Stone, Isabelle Adjani, Chazz Palminteri, Kathy Bates, Spalding Gray, Shirley Knight, Allen Garfield, Adam Hann-Byrd, Diana Bellamy. ◆ Rispettivamente moglie e amante del direttore (Palminteri) della piccola St Anselm's School, dove insegnano entrambe, Mia (Adjani) e Nicole (Stone) uniscono le loro forze per liberarsi dell'uomo che le domina uccidendolo. Ma il cadavere che era stato gettato in una piscina non si trova più e una poliziotta in pensione (Bates) sembra fare troppe domande. Anche se non se ne fa cenno nei titoli di testa, è il remake di *I diabolici* di Clouzot, tratto dal libro di Boileau e Narcejac *Celle qui n'était plus*, e sceneggiato per l'occasione da Don Roos. Ma il perfetto meccanismo narrativo che trasformava un giallo in un mistero e poi in un horror viene snaturato per sfruttare il sex appeal delle due protagoniste, come se i vestiti attillati bastassero a trasmettere i turbamenti dell'animo. E gli unici veri cambiamenti rispetto all'originale – il detective donna invece del commissario uomo (in Clouzot era Charles Vanel) e il doppio colpo di scena finale – invece di funzionare come ribaltamento femminista, confermano la misoginia della cultura americana.

Día de la bestia, El * (*El día de la bestia*, Spagna/Italia 1995, col, 91') Alex de la Iglesia. Con Alex Angulo, Armando de Razza, Santiago Segura, Terele Pavéz, Maria Grazia Cucinotta, Gianni Ippoliti. ◆ Madrid, vigilia di Natale 1995: Angel Berriartua (Angulo), sacerdote e teologo, si prepara all'avvento dell'Anticristo improvvisandosi criminale per stanarlo. Con lui, un gruppo di truffatori sciroccati tra cui Cavan (de Razza), presentatore televisivo italiano specializzato in esorcismi in diretta, la sua fidanzata Susanna (Cucinotta) e un produttore senza scrupoli (Ippoliti). Una «commedia di azione satanica» (parole del regista) per aggredire i botteghini natalizi con un po' di satira succulenta: ma Iglesia, al suo secondo lungometraggio, si limita a far bollire nel pentolone tutte le scempiaggini che gli vengono in mente, mescolando fantahorror, trash televisivo e giovanilismo caricaturale (il fanatico di *death metal*, la vergine videodipendente) in una brodaglia di pessimo gusto. La Cucinotta è in versione bionda e la Porta de Europa dove avviene l'incontro col Demonio è il simbolo della Madrid anni Novanta.

Diafanoidi vengono da Marte, I ** (Italia 1965, col, 97') Anthony Dawson [Antonio Margheriti]. Con Tony Russell, Jane Fate [Lisa Gastoni], Franco Nero, Michel Lemoine, Enzo Fiermonte, Carlo Giustini, Umberto Raho, Linda Sini, Claudio Scarchilli. ◆ I diafanoidi sono entità immateriali, visualizzate da un fumo verdolino, che si impossessano dei corpi umani per zombizzarli e renderli ubbidienti a una «mente suprema»: per fortuna vigila il comandante della stazione spaziale Gamma 1 Mike Halstead (Russell). Gli sceneggiatori Ivan Reiner e Renato Moretti approntano una versione povera di *La «cosa» da un altro mondo* e *L'invasione degli ultracorpi*, che Margheriti mette in scena con sufficiente ingegno da rendere divertenti e funzionali gli impagabili effetti speciali. La serie della Gamma 1 (iniziata con *I criminali della galassia*) continua, con personaggi diversi, in *Il pianeta errante*. Noto anche come *Polizia dello spazio contro Ufo - Allarme! I diafanoidi vengono dallo spazio*.

Dialoghi delle Carmelitane, I ** (*Les Dialogues des Carmélites*, Francia/Italia 1960, b/n, 112') Philippe Agostini. Con Jeanne Moreau, Alida Valli, Madeleine Renaud, Pascale Audret, Judith Magre, Anne Doat, Paula Dehelly, Pierre Brasseur, Jean-Louis Barrault, Georges Wilson, Anouk Ferjac, Hélène Dieudonné. ◆ La vita del carmelo di Compiègne durante la rivoluzione francese: la morte della vecchia priora (Renaud), i timori della nuova entrata Bianca della Forza (Audret), l'elezione di madre Teresa di Sant'Agostino (Valli) a nuova priora, la determinazione di madre Maria dell'Incarnazione (Moreau). Quando il Terrore porterà alla distruzione del carmelo, le converse faranno voto di martirio e finiranno sulla ghigliottina. Appassionata descrizione della vita religiosa di un convento durante la rivoluzione francese, diretta con mano severa – e un po' accademica – da uno dei migliori direttori della fotografia francesi, già collaboratore di Bresson. Il film, sceneggiato da Agostini e padre Brukberger a partire dall'omonimo testo di Bernanos (a sua volta tratta dalla novella *L'ultima al patibolo* di Gertrud von Le Fort), risente della sua origine teatrale ma sa far rivivere con emozione e intensità le persecuzioni del clero durante il Terrore. L'autorizzazione ecclesiastica a realizzare quest'opera non impedì agli eredi di Georges Bernanos di far causa alla produzione perché non avevano rispettato il testo originale della pièce.

Diamante fatale, Il * (*Bulldog Drummond's Peril*, Usa 1938, b/n, 66') James Hogan. Con John Howard, John Barrymore, Louise Campbell, Reginald Denny, E.E. Clive, Porter Hall. ◆ Il matrimonio di Bulldog (Howard) è interrotto da un omicidio, legato a un traffico di diamanti sintetici. Un giallo appena passabile con Bulldog Drummond.

Diamanti a colazione * (*Diamonds for Breakfast*, Gb 1968, col, 102') Christopher Morahan. Con Marcello Mastroianni, Rita Tushingham, Warren Mitchell, Elaine Taylor. ◆ Il figlio squattrinato di un nobile russo (Mastroianni) tenta di recuperare, col furto, i gioielli persi al gioco dal padre. Datato giallorosa, in cui Mastroianni (che non sapeva una parola d'inglese) sembra capitato per caso.

Diamanti dell'ispettore Klute, I *½ (*Lady Ice*, Usa 1973, col, 92') Tom Gries. Con Donald Sutherland, Jennifer O'Neill, Robert Duvall, Patrick Magee, Jon Cypher, Eric Braeden, Buffy Dee. ◆ Hammond Klute (Sutherland), ispettore per conto di una società assicurativa, riesce a smascherare un losco traffico di gioielli ai danni dei clienti della società con l'aiuto della figlia del boss (O'Neill). Un giallo promettente che si affloscia strada facendo: l'intreccio alla lunga diventa noioso e la seconda parte, centrata sui due protagonisti in reciproca adorazione, sembra quasi appartenere a un altro film. Inseguimenti, riprese subacquee e qualche battuta brillante servono a poco. Sutherland è sprecato e con l'ispettore Klute che aveva interpretato per Pakula ha in comune solo il nome.

Diamanti sporchi di sangue ** (Italia 1978, col, 95') Fernando di Leo. Con Claudio Cassinelli, Martin Balsam, Barbara Bouchet, Vittorio Caprioli, Pier Paolo Capponi, Olga Karlatos, Roberto Reale. ◆ Uscito di galera, il ladro Guido Mauri (Cassinelli) vuole vendicarsi del suo ex boss Rizzo (Balsam), da cui pensa di essere stato tradito: ma avrà più di una sorpresa. Interessante noir crepuscolare, con un antieroe che sbaglia tutto e una sceneggiatura (del regista) tutt'altro che banale. Degna di Scorsese la scena della tortura. Peccato per i mezzi limitati e gli attori (quasi tutti) svogliati.

Diario di Anna Frank, Il **½ (*The Diary of Anna Frank*, Usa 1959, b/n, 156') George Stevens. Con Millie Perkins, Joseph Schildkraut, Shelley Winters, Richard Beymer, Lou Jacobi, Diane Baker. ◆ Adattamento dalla commedia di Frances Goodrich e Albert Hackett, tratta dal celebre *Diario* di una ragazza ebrea (Perkins), che nel 1942 cercò invano scampo nell'Olanda invasa dai nazisti. La Winters, col personaggio tragicomico della signora Van Daan, eternamente spaventata dai nazisti, vinse un Oscar come miglior attrice non protagonista (così come il film vinse il premio per la fotografia [William C. Mellor] e la scenografia [Lyle R. Wheeler, George W. Davis, Walter M. Scott, Stuart A. Reiss]). Millie Perkins, invece, venne giudicata inadeguata e non sfondò mai a Hollywood. Stevens – che come operatore dell'esercito americano aveva filmato uno dei documentari più sconvolgenti, quello della liberazione di Dachau – dirige con nobili intenzioni e con la cura consueta (e riesce a tenere sempre alta la tensione pur non uscendo mai, per quasi tre ore, da un appartamento).

Diario di Edith, Il *½ (*Ediths Tagebuch*, Rft 1983, col, 105') Hans W. Geissendörfer. Con Angela Winkler, Vadim Glowna, Leopold von Versucher, Irm Herrmann. ◆ Il romanzo di Patricia Highsmith era ambientato negli Stati Uniti dal 1955 al 1970, il film nella Germania degli anni di piombo. Edith (Winkler) è una moglie abbandonata che, silenziosamente, finisce col sostituire la fantasia alla realtà. Geissendörfer rende però tutto esplicito e urlato, e la Winkler si limita a fare la nevrotica da manuale.

Diario di una cameriera, Il *½ (*The Diary of a Chambermaid*, Usa 1946, b/n, 87') Jean Renoir. Con Paulette Goddard, Hurd Hatfield, Burgess Meredith, Francis Lederer, Judith Anderson. ◆ Renoir sognava da anni di portare sugli schermi il romanzo omonimo di Mirbeau, ma ne tradisce totalmente lo spirito e gira uno dei suoi film più fiacchi. Celestina (Goddard) è una cameriera che accende la fantasia di servi e padroni; finirà proprio con lo sposare il padroncino. Nel romanzo, invece, Celestina sposava il domestico. Renoir si ispirò ai pittori impressionisti, ma non convinse nessuno. Coprodotto e scritto da Burgess Meredith, marito della Goddard, che interpreta la parte di un ufficiale un po' tocco che invano aspira alla mano della serva. Rifatto da Buñuel nel 1963.

Diario di una cameriera, Il **½ (*Le Journal d'une*

femme de chambre, Francia 1963, b/n, 97′) Luis Buñuel. Con Jeanne Moreau, Michel Piccoli, Georges Geret, Françoise Lugagne, Jean Ozenne. ◆ Buñuel sposta l'azione del romanzo di Octave Mirbeau nella Francia del 1928, ed è più fedele di Renoir allo spirito acido e pessimista del romanzo. Celestina (Moreau), cameriera in una ricca famiglia di provincia, fronteggia le avances del padrone erotomane (Piccoli) e scopre che il giardiniere, il fascista Giuseppe (Geret), è un maniaco che uccide bambine. Malgrado gli sforzi di Celestina, la giustizia non trionfa, ma lei, se non altro, compie l'agognata ascesa sociale sposando un ufficiale rimbambito. Da antologia il dialogo della padrona con un prete (interpretato dallo sceneggiatore del film Jean-Claude Carrière) a proposito del dovere coniugale. Il Chiappe cui inneggiano i manifestanti nel finale era il prefetto fascista che aveva condannato *L'age d'or* di Buñuel.

Diario di una casalinga inquieta ** (*Diary of a Mad Housewife*, Usa 1970, col, 95′) Frank Perry. Con Carrie Snodgress, Richard Benjamin, Frank Langella, Lorraine Cullen. ◆ Trascurata dal marito, Tina (Snodgress) inizia una relazione con uno scrittore vanesio (Langella). Alla fine pianta tutti e due, e inizia una terapia di gruppo. Ritratto della borghesia newyorkese (sceneggiato dalla moglie del regista, Eleanor, a partire dal romanzo di Sue Kaufman) con ambizioni psicologiche e sociologiche, nello stile antispettacolare e un po' verboso tipico di Perry.

Diario di una donna perduta **** (*Das Tagebuch einer Verlorenen*, Germania 1929, b/n, 92′) Georg Wilhelm Pabst. Con Louise Brooks, Fritz Rasp, Joseph Rovensky, André Roanne, Valeska Gert, Andrew Engelmann, Franciska Kinz, Arnold Korff. ◆ Sedotta da un assistente (Rasp) del padre farmacista, Thymiane Henning (Brooks) viene chiusa in una casa di correzione, da cui evade per diventare l'attrazione di un bordello. Risale la china sposando l'anziano conte Osdorff (Korff); tornata nella casa di correzione come dama di carità, non nasconde il suo passato, ma prende le difese delle derelitte. Pabst rispetta le regole del melodramma (la sceneggiatura è di Rudolf Leon, dal romanzo omonimo di Margarethe Böhme), ma la sua critica sociale non è mai stata così feroce. Famiglia, prigione e bordello sono messi sullo stesso piano, ma non c'è ingenua contrapposizione tra bene e male. La sistematica confusione di valori è esemplificata anche dalle scelte fisiognomiche: se alcuni cattivi hanno tratti mostruosi (l'indimenticabile coppia degli aguzzini del riformatorio, Gert ed Engelmann), altri hanno facce rispettabili, se non da buoni. E la stessa Thymiane è personaggio più complesso della Lulu del film omonimo, in quanto unisce natura e cultura, innocenza e pregiudizio. In origine Thymiane doveva diventare la maîtresse del bordello, ma il lieto fine attuale, con Thymiane e il suo stesso marito che sfidano le dame di carità, ha pur sempre una carica provocatoria. Malgrado i tagli di censura dell'epoca, rimangono memorabili la potenza visionaria, la violenza sadica (celebri le sequenze nel riformatorio) e l'erotismo privo di gioia.

Diario di una schizofrenica **½ (Italia 1968, col, 109′) Nelo Risi. Con Ghislaine D'Orsay, Margarita Lozano, Gabriella Mulachié, Umberto Raho, Marjia Tocinowski. ◆ Storia della terapia di una ragazza dell'alta borghesia (D'Orsay) che ha tentato il suicidio per mancanza d'affetto. Un'analista materna e anticonformista (Lozano) la rieduca ai movimenti, alla parola e alla presa di coscienza del suo passato. Secondo film del medico e poeta Nelo Risi, fratello di Dino. Ai tempi assai ammirato per l'economia dello stile e il rigore scientifico. Fabio Carpi collaborò alla sceneggiatura e Franco Fornari fece da consulente.

Diario di un assassino * (*Where Sleeping Dogs Lie*, Usa 1991, col, 90′) Charles Finch. Con Dylan McDermott, Tom Sizemore, Sharon Stone, Mary Woronov, David Combs. ◆ Uno scrittore in crisi (McDermott) va ad abitare nella villa in cui un serial killer ha compiuto una strage. Ovviamente l'assassino (Sizemore) torna sul luogo del delitto. Thriller orrorifico da camera, con due soli personaggi che si fronteggiano in modo ambiziosamente titanico. Sharon Stone appare in un paio di scene del tutto anonime, abilmente sfruttate per lanciare un film che altrimenti sarebbe passato inosservato.

Diario di un condannato, Il ** (*The Lawless Breed*, Usa 1952, col, 83′) Raoul Walsh. Con Rock Hudson, Julia Adams, Hugh O'Brian, Michael Ansara, Dennis Weaver. ◆ Un pistolero famoso (Hudson) cerca di convincere il figlio che il delitto non paga: a lui è costato 15 anni di prigione. Un western ispirato all'autobiografia di John Westley Hardin: intenti didattici ma passione straripante per l'azione (la prima parte, con le avventure del bandito, è molto più affascinante del resto). Ben fatto.

Diario di un curato di campagna, Il **** (*Le Journal d'un curé de campagne*, Francia 1950, b/n, 117′) Robert Bresson. Con Claude Laydu, Armand Guibert, Nicole Maurey, Marie-Monique Arkell, Nicole Ladmiral. ◆ Dal romanzo omonimo di Georges Bernanos, la storia di un giovane curato (Laydu) di Ambricourt, nell'Artois, il quale, malgrado la buona volontà, colleziona insuccessi e viene isolato dai suoi parrocchiani ipocriti e dai suoi superiori. Morirà di un cancro allo stomaco. «Creare il soprannaturale muovendo dal reale»: questa la poetica di Bresson, che suggerisce i tormenti interiori con un'esemplare sobrietà espressiva mentre racconta «la confessione dolorosa di tutta una vita» scandita dagli umili compiti quotidiani, la lotta per conquistare ogni anima (con la contessa e sua figlia) e l'avventura mistica che segue il cammino dell'agonia di Cristo. Fedele allo spirito, ma anche al testo di Bernanos (che aveva già rifiutato due adattamenti del suo romanzo, di Jean Aurenche e di padre Bruckberger), Bresson – come sempre anche sceneggiatore – lega intimamente il dolore fisico (del cancro) alla sofferenza morale (la solitudine, il dubbio), utilizzando numerose scene in cui i simboli materiali della scrittura (la mano, le pagine, il calamaio, la penna) accompagnano la riproposta di passi interi del romanzo. Tra disperazione e rassegnazione, un film sull'impotenza dell'uomo di fronte al male per nulla confessionale e fideistico.

Diario di un killer **½ (*Diary of a Hitman*, Usa

1992, col, 91') Roy London. Con Forest Whitaker, Sherilyn Fenn, John Bedford-Lloyd, Seymour Cassel, James Belushi, Sharon Stone, Lois Chiles, Lewis Smith. ◆ In pieno travaglio esistenziale, un killer (Whitaker) accetta un ultimo contratto, ma quando scopre di dover uccidere una donna (Fenn) e il suo bambino in fasce tutte le sue sicurezze svaniscono. Intenso ritratto di una solitudine, che descrive la crisi di un assassino a pagamento come quella di un qualsiasi essere umano: non per evitare il giudizio morale, ma piuttosto per sottolineare ciò che lo rende identico alle altre persone (a cominciare dalle motivazioni: deve pagare il mutuo per la casa). E l'identificazione – che scatta anche grazie alla straordinaria prova di Whitaker – rende ancora più sconvolgente il delitto che deve compiere. La sceneggiatura di Kenneth Pressman (che ha adattato la sua pièce *Insider's Price*) è efficace, ma non sempre la regia sa cancellare l'evidente derivazione teatrale (confrontare con *Cronaca di un assassinio* per rendersi conto di cosa si può fare sull'argomento).

Diario di un maestro ** (Italia 1972, col, 135') Vittorio De Seta. Con Bruno Cirino, Massimo Bonini, Luciano Dal Croce. ◆ Nella borgata di Tiburtino un maestro (Cirino) prova metodi didattici non tradizionali. Conquista i ragazzi «difficili», ma viene osteggiato dalle autorità. Dal libro autobiografico *Un anno a Pietralata* di Albino Bernardi, una specie di *Cuore* aggiornato e progressista, realizzato con le migliori intenzioni e con la produzione Rai.

Diario di un vizio *** (Italia 1993, col, 100') Marco Ferreri. Con Jerry Calà, Sabrina Ferilli, Massimo Bucchi, Valentino Macchi. ◆ Rappresentante di prodotti per pulire i gabinetti, Benito (Calà) vive in squallide pensioni cercando di evitare i creditori. La sua preoccupazione principale è scrivere su un diario tutto ciò che gli accade e soprattutto gli incontri con le donne, i più frequenti dei quali sono con la cameriera Luigia (Ferilli), che dice di amare ma a cui non si preoccupa di rubare soldi per concedersi qualche bel pranzo. Il film con cui Ferreri (anche sceneggiatore con Liliana Betti e Riccardo Ghione) torna a graffiare, recuperando più nell'amoralità del personaggio di Luigia che in quello monocorde di Benito il gusto della provocazione capace davvero di incrinare le nostre certezze per aprire degli squarci nella melassa di sottomissioni e piccole furbizie, sconfitte e umiliazioni, narcisismi e paure che sono diventati il panorama quotidiano di questi nostri anni. E lo fa con uno stile ellittico, accumulando brevi sequenze sospese nell'aria, senza inizio e senza conclusione e arrivando così a un cinema «laconico, fatto di emozioni che si formano tra le immagini, tra le sequenze, tra le parole». Una vera rivelazione la bravura di Sabrina Ferilli.

Diario per i miei amori **½ (*Napló szerelmeimnek*, Ungheria 1987, col, 141') Márta Mészáros. Con Zsuzsa Czinkóczi, Anna Polony, Jan Nowicki, Pál Szemes, Erzsébet Kutvölgy. ◆ Dopo la morte di Stalin, un'ondata di libertà attraversa l'Ungheria e Juli (Czinkóczi) – che ha visto la memoria del padre riabilitata e l'amico János (Nowicki) uscire dal carcere – decide di diplomarsi alla scuola di cinema di Mosca: si trasferisce nella capitale sovietica, ma nel novembre del '56, quando i carri armati entrano a Budapest, rientra in patria. Nel secondo film della sua trilogia (dopo *Diario per i miei figli* e prima di *Diario per mio padre e mia padre*) la Mészáros affronta in maniera più diretta (ma forse con minor efficacia) i temi forti che tengono uniti i suoi *Diari*: il tormentato rapporto tra Ungheria e Unione Sovietica e le differenti idee di comunismo che si scontrano negli anni della ricostruzione di Rákosi e Nagy. Senza schematismi, l'Urss appare agli occhi della protagonista (che ripercorre in parte la storia stessa della regista) come uno strano «paradiso proibito» dove si può vivere intensamente ma al prezzo di improvvise restrizioni di libertà, con quella stessa confusione ideologica che si respirava in Ungheria negli anni Cinquanta e che la Mészáros non ha voluto cancellare col senno di poi.

Diario per i miei figli *** (*Napló gyermekeimnek*, Ungheria 1984, b/n e col, 106') Márta Mészáros. Con Zsuzsa Czinkóczi, Anna Polony, Jan Nowicki, Tamás Tóth, Pál Zolnay. ◆ Rientrata nell'Ungheria di Rákosi con alcuni militanti comunisti rifugiatisi in Urss per sfuggire alle persecuzioni del dopoguerra, l'orfana Juli (Czinkóczi) viene adottata da una rigida funzionaria (Polony) e impara a soffrire prima che a capire: che fine ha fatto il padre, uno scultore portato via un giorno dalla polizia? Perché nessuno ne vuole parlare? Perché l'amico di famiglia János (Nowicki) finisce in carcere? Mescolando elementi autobiografici e ricordi storici (la Mészáros come Juli ebbe il padre scultore morto nei lager staliniani e fu educata in Unione Sovietica prima di rientrare nella natia Ungheria) questo film, con cui si apre una trilogia formata anche da *Diario per i miei amori* e *Diario per mio padre e mia madre*, riesce nel difficile tentativo di trasformare un'educazione alla vita in una lezione di storia, trascolorando il resoconto privato in un diario politico: l'anticonformismo di Juli, la sua voglia di cinema e non di scuola, il bisogno di scoprire che fine ha fatto il padre sono raccontati dalla Mészáros come i sintomi di una scelta libertaria e non conformista che si scontrano con le sicurezze pedagogiche (e le certezze politiche) dei zelanti funzionari di partito. Uno scontro che non passa attraverso lunghi discorsi ma si eprime nell'intensità degli sguardi, simboli concreti (e quanto più parlanti!) di una voglia di libertà che nessuna disciplina, familiare o politica che sia, riesce a incatenare.

Diario per mio padre e mia madre ** (*Napló apámnak, anyámnak*, Ungheria 1990, col, 113') Márta Mészáros. Con Zsuzsa Czinkóczi, Jan Nowicki, Mari Töröcsik, Ildikó Bánsági, Anna Polony, Lajos Balázsovits, Jolán Jászai, Eva Szabo. ◆ Rientrata a Budapest quando l'insurrezione è già stata piegata, Juli (Czinkóczi) riesce a filmare solo il clima di terrore che si respira in città. Il capodanno del '57 diventa così una festa di morte, preludio a tempi più bui, quando János (Nowicki) verrà giustiziato per le sue idee libertarie. Dopo *Diario per i miei figli* e *Diario per i miei amori* si conclude la trilogia, ma in questo inseguirsi di avvenimenti (la destalinizzazione del '56, il governo Nagy, la creazione da parte di Kadar di un «governo rivoluzionario di operai e contadini» che chiede l'intervento sovietico, i processi del '58) chi non conosce bene la storia ungherese rischia di perdersi un po', proprio come la protagonista Juli, schierata col cuore dalla parte di chi difende la democrazia magiara, ma incapace di troncare coerentemente con il passato e chi lo rappresenta. Non certo, da parte della Mészáros, una dimostrazione di paura o un elogio dell'ambiguità, ma piuttosto la dimostrazione dell'estrema coerenza di chi, avendo vissuto quei fatti, ha ancora l'onestà di riconoscere le proprie paure e le proprie debolezze, anche a costo di sembrare reticente.

Diario segreto di una moglie americana *½ (*The Secret Life of an American Housewife*, Usa 1968, col, 92') George Axelrod. Con Walter Matthau, Anne Jackson, Patrick O'Neal, Edy Williams. ◆ Una casalinga insoddisfatta cerca di sedurre un divo (Matthau) che gode di fama (usurpata) di donnaiolo. Commedia degli equivoci, sotto sotto molto conformista, e priva di mordente, secondo e ultimo film come regista di uno sceneggiatore invece molto apprezzato.

Diavoli, I **½ (*The Devils*, Gb 1971, col, 113') Ken Russell. Con Oliver Reed, Vanessa Redgrave, Dudley Sutton, Max Adrian, Gemma Jones. ◆ Padre Grandier (Reed) è un prete che nel 1634 difende la libertà municipale della sua città, Loudun, nella Francia di Richelieu. Ha un solo difetto, non resiste alle tentazioni della carne. Per evidenti opportunità politiche verrà accusato di stregoneria e mandato al rogo, mentre gli inquisitori scatenano le fantasie represse delle monache. Russell racconta una storia vera (seguendo il libro di Aldous Huxley) con uno stile barocco non ancora ridotto a maniera. Truculento, aggressivo, provocatorio, ai tempi suscitò molte polemiche, ed è ancora un pugno nello stomaco. Reed e la Redgrave (la monaca pazza innamorata del virile prete) sono al loro meglio. Presentato alla mostra di Venezia, costò il posto di recensore a Giovanni Raboni, licenziato dal giornale cattolico *Avvenire* perché aveva parlato bene del film.

Diavoli alati, I ** (*Flying Leathernecks*, Usa 1951, col, 102') Nicholas Ray. Con John Wayne, Robert Ryan, Don Taylor, Janis Carter, Jay C. Flippen. ◆ Avventure aviatorie nelle Hawaii durante la seconda guerra mondiale: un inflessibile maggiore (Wayne) si scontra con un capitano più umano (Ryan), che però farà tesoro del suo stile. Film girato da Ray mentre era sotto contratto per la Rko, e a cui il regista non era particolarmente interessato. Non banale l'attenzione alle diverse componenti etniche dell'esercito americano. Principale fonte di ispirazione del film *L'ultimo attacco* di John Milius.

Diavoli del Grand Prix, I *½ (*The Young Racers*, Usa 1963, col, 87') Roger Corman. Con Mark Damon, William Campbell, Patrick Magee, Luana Anders, Robert Campbell. ◆ Triangolo amoroso tra un giovane campione di automobilismo, un ex campione e la sua donna. Un Corman di routine e non troppo ispirato, girato in Europa tra *I racconti del terrore* e *I maghi del terrore*. Francis Ford Coppola e Menahem Golan erano gli assistenti alla regia.

Diavoli del Pacifico, I *** (*Between Heaven and Hell*, Usa 1956, col, 94') Richard Fleischer. Con Robert Wagner, Terry Moore, Buddy Ebsen, Broderick Crawford, Brad Dexter. ◆ Durante la seconda guerra mondiale, l'ex sergente e ricco possidente sudista Sam Gifford (Wagner) uccide un tenente e viene mandato in un campo disciplinare su un'isola del Pacifico, sotto la ferrea direzione dello strano capitano Waco (Crawford). Sopravvissuto a un attacco nemico insieme al suo migliore amico Willie (Ebsen), un contadino che in altri tempi avrebbe maltrattato, ritorna in patria con una diversa coscienza umana e sociale. Nel suo primo film di guerra, invece di soffermarsi sulla spettacolarità delle azioni, Fleischer preferisce concentrare l'attenzione sulla psicologia dei personaggi in preda a patologie prodotte dalla guerra (Sam è portato all'omicidio dalla folle contingenza bellica, Waco è uno psicopatico ossessionato dal nemico). Quasi un'opera pacifista, condotta con la freddezza dell'analisi clinica che descrive senza giudicare e un sapiente gioco di flashback enfatizzati dall'uso del CinemaScope, ma anche un pregevole film di formazione con Wagner interprete perfetto del tipico eroe fleischeriano che, affrontando la morte, scopre un nuovo se stesso. E proprio il tema dell'avvicinamento tra le classi è l'unico filo di speranza che consente al film una via d'uscita rispetto al pessimismo totale di opere analoghe. Da sottolineare anche il tema dell'omosessualità, evidente anche se solo alluso per motivi di censura, sia nel rapporto tra Sam e Willie che in quello tra Waco e le sue guardie del corpo.

Diavoli volanti, I * (*The Flying Deuces*, Usa 1939, b/n, 65') Edward Sutherland. Con Stan Laurel, Oliver Hardy, Jean Parker, Reginald Gardiner, Charles Middleton, James Finlayson, Richard Cramer. ◆ Arruolatisi nella legione straniera per una delusione d'amore di Ollio, i due amici pensano di poterla lasciare quando il trauma sentimentale sembra superato, ma così si trasformano in disertori e vengono condannati alla fucilazione. Riescono a fuggire su un aereo che però precipita: quando Stanlio riprende conoscenza scopre che Ollio è morto e si è reincarnato in un cavallo. Deludente rifacimento dei *Due legionari* (nonostante la presenza tra gli sceneggiatori di Harry Langdon) senza nessuna trovata veramente originale. Durante le riprese Oliver Hardy conobbe Virginia Lucille Jones, segretaria d'edizione sul set, e i due si sposarono l'anno successivo.

Diavolo, Il *½ (Italia 1963, b/n, 105') Gian Luigi Polidoro. Con Alberto Sordi, Gunila Elm-Tornqvist, Ulf Palme, Anne Charlotte Sjöberg. ◆ In Svezia per affari, Amedeo (Sordi) scopre un mondo dalla morale rilassata e senza senso del peccato. Andrà sistematicamente in bianco, ma si sentirà il diavolo in mezzo a quelle fanciulle innocenti. Bozzetto sul gallismo italiano con divagazioni semidocumentaristiche sul pianeta Svezia («paradiso e inferno», si diceva allora). Visto oggi, una discreta noia, con un Sordi a mezzo servizio. Orso d'oro a Berlino.

Diavolo alle quattro, Il * (*The Devil at 4 O'Clock*, Usa 1961, col, 126') Mervyn LeRoy. Con Spencer Tracy, Frank Sinatra, Jean Pierre-Aumont, Kerwin

Mathews, Barbara Luna. ◆ Tre ergastolani si riscattano evacuando un ospedale di bambini durante un'eruzione vulcanica nei mari del Sud. Nel disastro lascia le penne anche il prete Tracy. Film catastrofico, tedioso e pieno di buoni sentimenti.

Diavolo bianco, Il *½ (Italia 1947, b/n, 85') Nunzio Malasomma. Con Rossano Brazzi, Annette Bach, Roldano Lupi, Aldo Silani, Harry Feist, Mario Ferrari, Lea Padovani, Folco Lulli, Vittorio Sanipoli. ◆ Nel Caucaso, il principe Andrej Mdwani (Brazzi) si mette segretamente a capo dei ribelli e compie imprese leggendarie. Il soggetto è tratto dal racconto *Hadschi Murat* di Tolstoj, ma il film ricorda piuttosto le movimentate avventure di Zorro. Fu realizzato con una profusione di mezzi notevole per l'epoca. Rifatto nel 1958 da Riccardo Freda (*Agi Murad – Il diavolo bianco*).

Diavolo del volante, Il *½ (*The Last American Hero*, Usa 1973, col, 100') Lamont Johnson. Con Jeff Bridges, Valerie Perrine, Gary Busey, Ed Lauter, Ned Beatty, Geraldine Fitzgerald. ◆ Bridges è un asso del volante che dà una mano al padre, proprietario di una distilleria clandestina. Alla fine entrambi rientrano nella legalità. Storia scanzonata anni Settanta (con i poliziotti che fanno sempre la figura dei polli), ma abbastanza insulsa.

Diavolo è femmina, Il **** (*Sylvia Scarlett*, Usa 1935, b/n, 94') George Cukor. Con Katharine Hepburn, Cary Grant, Brian Aherne, Edmund Gwenn, Natalie Paley, Dennie Moore. ◆ In fuga da Marsiglia insieme al padre (Gwenn) ricercato dalla polizia, Sylvia Scarlett (Hepburn) si traveste da ragazzo per far perdere le proprie tracce: arrivati in Inghilterra si uniscono a Jimmy e Maudie (Grant e Moore) per formare una compagnia di attori ambulanti fino a quando, incontrato un pittore (Aherne), Sylvia se ne innamorerà e lascerà i panni da ragazzo per tornare «femmina». Il più originale, il meno conformista, e il più cukoriano di tutti i film di Cukor, tratto da un racconto di Compton Mackenzie e sceneggiato da Gladys Unger, John Collier e Mortimer Offner. Shakespeariano nell'impostazione narrativa (più di uno sono i rimandi a *Come vi pare*), questo film trascende i generi tradizionali del cinema hollywoodiano mescolandoli e procedendo per spostamenti continui da un'atmosfera all'altra (il che può spiegare la pessima accoglienza che il pubblico decretò ai tempi a questa commedia troppo moderna). La storia di una troupe di attori girovaghi (ma in realtà, degli imbroglioni che sfruttano la credulità del pubblico) «gioca sull'ambiguità dei ruoli e l'incertezza dei sentimenti con una sottigliezza quasi perversa» perché personaggi che recitano durante tutta la vita non possono che accettare i travestimenti e l'ipocrisia degli altri con la stessa serenità con cui rifiutano di distinguere tra fantasia e realtà. Il primo dei film che la Hepburn interpretò accanto a Cary Grant, qui indimenticabile nei panni di un cockney simpatico e miserabile.

Diavolo e l'acquasanta, Il * (Italia 1983, col, 93') Bruno Corbucci. Con Tomas Milian, Piero Mazzarella, Savina Gersak, Margherita Fumero. ◆ Milian è un ex calciatore che viene salvato dal suicidio dal parroco Mazzarella. Si installa in canonica con la fidanzata e dice parolacce in romanesco, ma non fa ridere nessuno. Quasi quasi era meglio la serie del commissario Giraldi.

Diavolo e Max, Il *½ (*The Devil and Max Devlin*, Usa 1981, col, 96') Steven Hilliard Stern. Con Elliott Gould, Bill Cosby, Susan Anspach, Adam Rich. ◆ Il diavolo (Cosby) fa tornare sulla terra Gould affinché gli procuri tre anime innocenti. Ma visto che si tratta di una produzione Disney, i patti non verranno rispettati. Farsa esile e innocua.

Diavolo in blu, Il ** (*Devil in a Blue Dress*, Usa 1995, col, 102') Carl Franklin. Con Denzel Washington, Jennifer Beals, Tom Sizemore, Don Cheadle, Maury Chaykin, Terry Kinney. ◆ Los Angeles, 1948: il disoccupato Easy Rawlings (Washington) accetta da un losco figuro (Sizemore) l'incarico di cercare la scomparsa Daphne Monet (Beals), e si trova impelagato nella classica rete di ricatti e di omicidi. Ne uscirà con l'aiuto di Mouse (Cheadle), killer schizofrenico suo amico, e deciderà di fare il detective privato. Creato da Walter Mosley e protagonista ormai di sei romanzi, Easy Rawlins è uno dei personaggi più interessanti del noir di questi anni: un nero dallo spirito indipendente che sogna la normalità borghese, ma è costretto a stare alle regole del gioco imposte dai bianchi e a usare la violenza. Il film di Franklin (che ha adattato il romanzo omonimo) riesce bene nell'affresco d'epoca e nel costruire i personaggi, e ha un tono personale nelle scene di violenza, secche e sarcastiche: ma la confezione non si solleva da un'aria patinata di déjà vu, e rimangono troppi buchi nel racconto. Coprodotto da Jonathan Demme e fotografato da Tak Fujimoto.

Diavolo in calzoncini rosa, Il ** (*Heller in Pink Tights*, Usa 1960, col, 100') George Cukor. Con Sophia Loren, Anthony Quinn, Margaret O'Brien, Steve Forrest, Ramon Novarro, Eileen Heckart, Edmund Lowe, George Matthew. ◆ Una compagnia di guitti va in tournée nel Far West verso la fine dell'Ottocento, presentando versioni aggiornate dei classici ma anche preoccupandosi di scappare dalle città dove la primattrice italiana, Angela Rossini (Loren), lascia debiti troppo grandi. Collana di episodi semifarseschi tratti da una storia di Louis L'Amour (sceneggiata da Dudley Nichols e Walter Bernstein) che prendono spunto dai luoghi comuni del western. In questo, che è l'unico western della sua eclettica carriera, si possono ritrovare due caratteristiche dello stile di Cukor: la tenera e partecipe comprensione per il lavoro e la vita degli attori (soprattutto per le esitazioni sentimentali di una donna, Angela, indecisa tra diversi stili di vita e diversi pretendenti) e la ricercatezza coloristica con cui costruisce le scene (raffinatissima quella in cui gli indiani danno fuoco ai costumi e ai materiali di scena della compagnia). Cukor si preoccupò anche di introdurre numerose scene sulla vita quotidiana (e sul lavoro) degli attori che non erano previste in sceneggiatura, ma quasi tutte furono tagliate (contro la volontà del regista) al montaggio. A quei tempi la Loren era il massimo della provocazione erotica. Prodotto da Carlo Ponti per la Paramount.

Diavolo in corpo, Il *** (*Le Diable au corps*, Francia 1947, b/n, 110') Claude Autant-Lara. Con Gérard Philipe, Micheline Presle, Jean Debucourt, Denise Grey, Pierre Palau, Jean Varas, Richard Francœur, Jacques Tati, Maurice Lagrénée, Albert Michel. ◆ 1918: il giovane François (Philipe) segue con lo sguardo i funerali dell'amante Marthe (Presle), morta di parto, e ricorda la storia del loro amore, che si è infranto sull'immaturità e la debolezza di carattere di lui. Dal romanzo omonimo di Raymond Radiguet, sceneggiato da Pierre Bost e Jean Aurenche, un adattamento molto letterario che sostituisce alla prima persona del libro una struttura a incastri e flashback. Realizzato in modo raffinato e con un montaggio fluido grazie all'uso delle dissolvenze incrociate, il film riesce ancora a commuovere (specie nella parte finale, quella più tragica, dell'abbandono e poi della malattia e della morte di Marthe) ma fatica a trasmettere l'entusiasmo romantico e appassionato dei due innamorati. Il libro (nel 1923) e il film (nel 1947) scandalizzarono l'opinione pubblica, non tanto per l'erotismo, ma per lo spirito antimilitarista (perché il marito tradito è al fronte a fare il suo dovere di soldato). La censura italiana lo bloccò a lungo e lo ridusse di 15' (dai 125' originali). Rifatto due volte, nel 1985 e nel 1986.

Diavolo in corpo, Il ** (*Devil in the Flesh*, ritirolato per l'uscita negli Usa *Beyond Innocence*, Australia 1985, col, 103') Scott Murray. Con Katia Caballero, Keith Smith, John Morris, Jill Forster. ◆ Durante la seconda guerra mondiale, Marthe Foscari (Caballero), moglie di un immigrato italiano (fermato dal governo dopo la dichiarazione delle ostilità), vive un'appassionata storia d'amore con un liceale (Smith). Adattamento australiano del romanzo di Radiguet, diretto e sceneggiato da un esordiente che ha scelto una messa in scena classica e sobria, capace di mettere in risalto l'esplosione della passione tra i due innamorati, ma anche l'ambiente chiuso e grigio della borghesia che in qualche modo giustifica il comportamento della coppia.

Diavolo in corpo * (Italia 1986, col, 110') Marco Bellocchio. Con Maruschka Detmers, Federico Pitzalis, Anita Laurenzi, Riccardo De Torrebruna, Claudio Botosso. ◆ Giulia (Detmers), figlia di un commissario ucciso dalle B.R. e fidanzata con un terrorista sotto processo, si innamora follemente di uno studente (Pitzalis), figlio del suo psicoanalista. Presuntuoso pasticcio (sceneggiato da Bellocchio ed Enrico Palandri) ispirato alle teorie dell'analista romano Fagioli, senza un filo narrativo coerente. La Detmers non recita, si limita a muoversi. In televisione non vedrete mai la scena della fellatio, (che invece c'è nella versione in cassetta, ma è talmente scura che si vede poco) ma non perderete molto. Ogni riferimento al *Diavolo in corpo* di Autant-Lara è puramente pretestuoso.

Diavolo nel cervello, Il *½ (Italia 1972, col, 106') Sergio Sollima. Con Stefania Sandrelli, Keir Dullea, Tino Buazzelli, Micheline Presle, Renato Cestié, Maurice Ronet, Orchidea De Santis, Gaia Germani. ◆ Il piccolo Cestié viene chiuso in clinica, sospettato di essere un baby-omicida. Un dottore non ci crede, e inizia a indagare. I colpi di scena abbondano, ma il livello di coinvolgimento resta abbastanza modesto. Da non confondersi, comunque, con le imitazioni di Dario Argento che imperversavano in quegli anni.

Diavolo nella carne, Il ** (*Surrender*, Usa 1950, b/n, 90') Allan Dwan. Con Vera Ralston, John Carrol, Walter Brennan, Francis Lederer, Jane Darwell. ◆ Violetta (Ralston), con la sua aria angelica, è una donna interessata e cinica: fingendo di aver divorziato dal primo marito (che è in prigione) prima diventa l'amante di un biscazziere, poi sposa il più ricco proprietario della regione. E quando il consorte legittimo si fa vivo, lei lo uccide, facendo ricadere la colpa sull'uomo che aveva sposato. Melodramma nero a forti tinte, diretto da Dwan con pochi soldi (è prodotto dalla Republic) ma molta professionalità.

Diavolo nella mia mente, Il → *Rosie - Il diavolo nella mia mente*

Diavolo nello specchio, Il **½ (*Libel*, Gb 1959, b/n, 100') Anthony Asquith. Con Dirk Bogarde, Olivia de Havilland, Paul Massie, Robert Morley, Wilfrid Hyde-White, Richard Wattis, Millicent Martin. ◆ Un baronetto che soffre di amnesie ricorrenti (Bogarde) è accusato da un suo ex commilitone di essere in realtà un truffatore, che durante la fuga da un campo di concentramento ha ucciso il vero nobile e ne ha preso l'identità. Ambientato per una buona metà in un'aula giudiziaria, è un dramma processuale che si regge su un complicato intreccio di flashback e sensazioni soggettive e che permette a Bogarde di costruire il personaggio che Losey saprà sfruttare benissimo per *Il servo*, quello dell'arrivista «maligno e di basso ceto, in bilico tra insinuante umiltà e violenza furibonda». Sceneggiato da Karl Tunberg e Anatole de Grunwald a partire dalla pièce di Edward Wooll, è l'ultimo buon film di Asquith, splendidamente sorretto dall'interpretazione di Bogarde nel doppio ruolo del nobile e del plebeo, che spia con rancore e arroganza il suo ricco sosia, imitandone la pettinatura e l'accento.

Diavolo probabilmente..., Il *** (*Le Diable probablement*, Francia 1978, col, 96') Robert Bresson. Con Antoine Monnier, Tina Irissari, Henri de Maulblanc, Laetitia Carcano. ◆ Angosce esistenziali di uno studente parigino, Charles (Monnier), che non trova ragione di vivere né in Dio né nella politica, né nell'amore né nel sesso. Finirà col pagare un drogato per farsi uccidere in un cimitero. «Quello che mi ha spinto a fare questo film è lo spreco che si fa di tutto. È questa civiltà di massa dove ben presto l'individuo non esisterà più. Questa folle agitazione. Questa immensa impresa di demolizione dove moriremo per colpa di ciò per cui avevamo sperato di vivere. È anche la stupefacente indifferenza della gente, con l'esclusione di alcuni dei giovani più lucidi»: il film di Bresson (costruito come un unico flashback che parte dall'annuncio della morte di Charles) a tratti è agghiacciante, e nel suo pessimismo non risparmia nessuno.

Diavolo si converte, Il ** (*The Devil and Miss Jones*, Usa 1941, b/n, 91') Sam Wood. Con Charles Coburn, Jean Arthur, Robert Cummings, William

Demarest, Spring Byington. ◆ Un milionario (Coburn) si fa assumere in incognito come commesso in uno dei suoi grandi magazzini. Si rivela un buon diavolo, partecipa con entusiasmo alle lotte sindacali (rivolte contro di lui) e impalma una ragazza. Una tipica parabola sociale hollywoodiana, con l'indispensabile ed eccellente Coburn, che sembra abbia sempre avuto sessant'anni.

Diavolo zoppo, Il ** (*Le Diable boiteux*, Francia 1948, b/n, 120') Sacha Guitry. Con Sacha Guitry, Lana Marconi, Georges Spanelly, Robert Dartois, Renée Devillers, Emile Drain, Henry Laverne, Maurice Teynac, Philippe Richard. ◆ La vita di Charles-Maurice de Talleyrand-Périgord (Guitry) detto «il diavolo zoppo» per la malformazione a un piede, nato nel 1754 e morto nel 1838, vescovo, monarchico, giacobino, ministro del Direttorio, consigliere intimo di Napoleone (Drain) poi di Luigi XVIII (Laverne), in disgrazia con Carlo X (Teynac) e riabilitato con Luigi Filippo (Richard) che lo nomina ambasciatore a Londra e gli permette di stipulare quell'alleanza con gli inglesi che sembra essere stata lo scopo di tutta la sua vita. Sceneggiatura bocciata dalla censura, poi diventata una pièce e infine approdata sullo schermo (ma senza la morte di Talleyrand che a teatro era una scena madre molto commovente), questa biografia più elogiativa che critica segna un momento di transizione nella carriera di Guitry «tra la fantasia, la leggerezza e il dinamismo delle opere d'anteguerra e la secchezza, l'amarezza e la geniale causticità di quelle degli anni Cinquanta». Nel ritratto di questo controverso francese, che antepose sempre l'amore per la patria a quello per i suoi governanti e che fu spesso calunniato e disprezzato, è possibile vedere un'eco delle polemiche che Guitry stesso dovette affrontare dopo la Liberazione, oltre che un orgoglioso elogio di quella «megalomania» che contraddistinse sempre la sua vita d'attore (e che nell'idea di far interpretare ai medesimi attori i quattro servi di Talleyrand e i quattro grandi che attraversarono la sua vita – Napoleone, Luigi XVIII, Carlo X e Luigi Filippo – suggerisce un'ulteriore, insolente sottolineatura della grandezza del proprio ruolo). Guitry tornerà a interpretare Talleyrand nel film *Napoleone Bonaparte* che dirigerà nel 1954.

Dicembre *½ (Italia 1990, col, 92') Antonio Monda. Con Pamela Villoresi, Alessandro Haber, Pino Colizzi, Mattia Sbragia, Susanna Marcomeni, Leonardo Trame. ◆ Storia del rapporto di complicità tra una zia (Villoresi) e un bambino (Trame), ambientato in una famiglia romana intorno alle vacanze di Natale. Tra il bozzetto e l'esercizio pseudoproustiano, il film di Monda annega in troppe ambizioni, e rimane solo un esercizio di stile senza mordente.

Diceria dell'untore * (Italia 1990, col, 96') Beppe Cino. Con Franco Nero, Lucrezia Lante Della Rovere, Fernando Rey, Salvatore Cascio, Vanessa Redgrave, Remo Girone. ◆ Palermo, 1946: un ex soldato incontra varia umanità in un sanatorio, dibatte di morte e di Dio, e ama una tisica all'ultimo stadio. Il romanzo omonimo di Gesualdo Bufalino comunicava un senso barocco di disfacimento. Cino lo riduce a un fotoromanzo, con uno dei cast peggio assortiti della storia del cinema.

Di che segno sei? * (Italia 1975, col, 130') Sergio Corbucci. ◆ Quattro episodi pretestuosamente uniti da referenze astrologiche: in *Acqua* (con Paolo Villaggio, Giuliana Calandra, Gino Pernice, Gil Cagné) un pilota portuale di navi crede di essere sul punto di cambiare sesso e comincia a fare i preparativi; in *Aria* (con Mariangela Melato, Adriano Celentano) una ballerina cerca un partner per partecipare a una gara di ballo in cui c'è un milione in premio; in *Terra* (con Renato Pozzetto, Giovanna Ralli, Luciano Salce) un muratore seduce la moglie del suo datore di lavoro; in *Fuoco* (con Alberto Sordi, Ugo Bologna, Marcello Di Falco, Shirley Corrigan, Jack La Caienna, Lucia Alberti) un poliziotto della società di vigilanza Security Police, Moriconi Nando, rende impossibile la vita a chi deve proteggere. Divertimento modesto, e gag tirate per le lunghe nonostante il ritorno del personaggio protagonista di *Un americano a Roma*.

Dichiarazioni d'amore * (Italia 1994, col e b/n, 91') Pupi Avati. Con Alessio Modica, Arnaldo Ninchi, Angiola Baggi, Carlotta Miti, Carlo Delle Piane, Dino Sarti, Delia Boccardo, Ivano Marescotti. ◆ I ricordi dell'amore adolescenziale di Dado (Modica) e Sandra (Miti), sbocciato a Bologna nel 1948, e il tragico epilogo adulto: lei (Boccardo) continua a tradirlo come un tempo, lui la uccide e si suicida. Ennesimo *Amarcord* di Avati, questa volta in chiave noir: dalla prima sequenza in b/n parte il classico flashback, con tanto di morto che parla fuori campo come in *Viale del tramonto*, mentre sullo schermo, in un costante andirivieni temporale, scorrono immagini intrise di nostalgia borghese, accompagnate dalle immancabili canzoni d'epoca. Attorno ai due protagonisti, una folla di figurine Liebig tutte intente a tener fede alle solite caratterizzazioni provinciali (dal padre appassionato d'arte alla cameriera scema, dal nonno incattivito alla zia zitella) dove i ruoli si moltiplicano ma nessuno si differenzia dall'altro e tutto resta sempre uguale. Impossibile seguirlo su una strada che dalla nostalgia scivola, attraverso la sua ideologia rinunciataria, nell'apologia della mediocrità: solo per avatiani convinti.

Di chi è la mia vita? *½ (*Whose Life Is It Anyway?*, Usa 1981, col, 118') John Badham. Con Richard Dreyfuss, John Cassavetes, Christine Lahti, Bob Balaban, Kenneth McMillan, Kaki Hunter. ◆ Uno scultore (Dreyfuss), rimasto completamente paralizzato dopo un incidente, incomincia a combattere con medici e tribunali per il suo diritto alla morte. Badham pone sul tappeto temi scottanti, ma non decide se girare un melodramma o se sdrammatizzare tutto con un umorismo fasullo. Ovvio che il film non abbia il coraggio di andare fino in fondo. Tratto da una commedia di Brian Clark.

Diciottenni, Le *½ (Italia 1955, col, 94') Mario Mattoli. Con Marisa Allasio, Virna Lisi, Antonio De Teffè, Nora Ricci, Ave Ninchi, Pietro De Vico, Virgilio Riento, Rina Morelli, Luisella Boni, Luigi Pavese, Adriana Benedetti, Carlo Micheluzzi, Virgilio Riento, Gianni Santuccio, Ivo Garrani, Ughetto Bertucci, Enzo Garinei. ◆ Per gelosia, Anna (Allasio, con una insopportabile erre moscia) accusa la campagna di collegio Maria (Lisi) di avere una relazione con il professore La Rovere (De Teffé): in realtà l'uomo che ha visto una notte con la ragazza è suo padre (Santuccio). Scoperta la verità, Anna cercherà di farsi perdonare. Remake di *Ore 9: lezione di chimica*, con la Allasio nel ruolo della Valli e De Teffé in quello di Checchi (il padre di Anna è ancora Carlo Micheluzzi). Molti dialoghi sono identici alla prima versione (la sceneggiatura è di Aldo De Benedetti, Ennio De Concini, Carlo Musso e Mattoli) ma ci sono anche alcune modifiche interessanti: il professore non vive in pensione ma con una madre (Morelli) maniaca degli elettrodomestici, Anna è definita come «orientata a sinistra» e il professore alla fine parte non per un'altra città ma per la Columbia University. Commercialmente fu un insuccesso e in effetti il ritmo è lentissimo (con «senili» e per niente erotiche concessioni ai corpi torniti delle studentesse) nonostante il tentativo di inseguire i gusti del periodo (melodramma + film giovanile). La Lisi aveva davvero diciott'anni, la Allasio diciannove.

Diciottenni al sole * (Italia 1962, col, 92') Camillo Mastrocinque. Con Catherine Spaak, Gianni Garko, Spiros Focas, Luisa Mattioli, Fabrizio Capucci, Lisa Gastoni, Gabriele Antonini, Giampiero Littera, Stelvio Rossi, Eleonora Morana. ◆ Avventure più o meno innocue durante un weekend a Ischia, dove si incrociano i destini amorosi di Nicola (Garko) e Nicole (Spaak), Nanni (Focas) e Franca (Gastoni), mentre Carlo e Massimo (Capucci e Littera) saranno costretti a fare i mozzi sulla nave-traghetto di chi li ha spennati al gioco. Commediola balneare all'acqua di rose, sceneggiata da [Franco] Castellano e Pipolo [Giuseppe Moccia], con colonna sonora d'epoca: Jimmy Fontana e Gianni Meccia cantano *Nicole* e *Twist n. 9*, Gianni Morandi *Go-kart*, Edoardo Vianello *Pinne, fucile ed occhiali* e *Guarda come dondolo*.

18.000 giorni fa * (Italia 1993, col, 100') Gabriella Gabrielli. Con Maurizio Donadoni, Massimo Foschi, Silvia Cohen, Gianfranco Barra, Alfredo Pea, David Brandon, Pier Paolo Capponi, Franco Diogene, William Berger, Franco Interlenghi, Ubaldo Lo Presti, Stefano Sabelli. ◆ Fuggito da Treblinka su una tradotta in viaggio verso l'Italia, l'ebreo polacco Moshe Matoviezski (Donadoni) viene arrestato al Brennero e spedito nel campo di concentramento di Ferramonti, in Calabria, dove scoprirà la solidarietà della popolazione civile e che non tutti i fascisti sono uguali. Le indubbie buone intenzioni (consacrate da una breve testimonianza di Simon Wiesenthal all'inizio del film) non bastano certo a riscattare un film schematico e velleitario, sceneggiato dalla regista con Roberto Leoni a partire dal libro di Carlo Spartaco Capogreco: i dialoghi sono sempre dichiarazioni ideologiche, mentre la storia misconosciuta del campo di concentramento italiano (liberato dall'VIII Armata britannica il 14 settembre 1943) si riduce a una serie di scontate scenette.

Dick Tracy

Il detective «con la mascella quadrata» fu creato dal disegnatore Chester Gould (1900-1985) per la prima volta in una tavola del *Detroit Mirror* il 4 ottobre 1931, per cominciare poi ad apparire regolarmente in strisce giornaliere dal 12 ottobre 1931, conquistando una fama duratura sul *Chicago Tribune* e su altri 800 quotidiani. Da allora Gould disegnò il suo personaggio fino al 1977 quando la serie fu affidata alle sceneggiature di Max Allan Collins e ai disegni di Richard Fletcher (che già da tempo si occupava del ripasso a china delle tavole originali). La morte di Fletcher nel 1983, portò Dick Tracy nelle mani di Dick Locher.

Pragmatico, testardo, abile, Dick Tracy segna una svolta importante nella tradizione del fumetto e delle storie poliziesche più in particolare. La sua linea è fortemente stilizzata (tanto che qualcuno ha paragonato il tocco di Gould a quello di un Grosz) e i suoi disegni si distinguono per l'uso di forti contrasti, in bianco e nero senza grigi, e fanno a meno anche delle onomatopee tipiche dei fumetti. L'atmosfera da film noir che pervade tutte le sue storie, comunque, non gli impedisce di avere una vita privata, che spesso interagisce con le sue scelte professionali. E la prima svolta importante delle sue avventure a fumetti – la sua decisione di entrare nella polizia – è dettata dal bisogno di vendicare la morte del padre di Tess Trueheart (la sua fidanzata) ucciso da alcuni gangster che erano entrati nella sua salumeria per rapinarlo. Da quel momento Dick Tracy non smette mai di dare la caccia ai criminali più spietati, senza per questo trascurare la sua vita privata. Fatto quasi unico nella storia dei personaggi a fumetti, Tracy evolve col passare degli anni: si sposa con Tess, ha una figlia (chiamata Bonny Treccina, traduzione di Bonny Braids), poi un figlioccio, Junior, che diventa uomo, si sposa a sua volta e lo rende nonno.

Ideale erede dello spirito della frontiera, Dick Tracy è convinto, come i calvinisti americani, della natura egoista dell'uomo ma anche, come insegnavano i vecchi Padri Pellegrini, della possibilità di trionfo della legge. Un atteggiamento perfettamente in sintonia con lo spirito di tutta una nazione che, negli anni Trenta, si appassiona alla lotta dei G-Men per ristabilire la legalità messa in discussione dai grandi gangster. Ma diversamente da altri personaggi nati nello stesso periodo, questo poliziotto in borghese il cui unico segno distintivo (oltre a un volto «scolpito con l'accetta» e che ricorda vagamente quello di James Cagney) è un cappello stile Borsalino, evita accuratamente atteggiamenti da supereroe: a volte è sconfitto, altre è ferito perché gli avversari sono più abili di lui, altre volte ancora deve chiedere aiuto ai colleghi della Polizia scientifica, che gli hanno messo a disposizione i più moderni ritrovati della tecnica, come una piccola radio ricetrasmittente (che in anni successivi diventerà anche tv) da portare al polso come un orologio, una telecamera con batteria e luce propria, sofisticati apparecchi per decodificare le voci umane.

Necessario complemento all'incorruttibilità e alla dirittura morale di Dick Tracy è la demonizzazione degli avversari, che nella fantasia di Chester Gould assumono aspetti mostruosi (lombrosianamente mostruosi) come a incarnare anche nei connotati fisici il loro essere Male. Nasce così una grottesca galleria di celebri e variopinti cattivi da Zucca piatta al Grinza e Spaldoni.

Il cinema si interessò ben presto a questo personaggio e nel 1937, la Republic produsse un serial di 15 episodi, *Dick Tracy* (di circa 15' di durata ciascuno, legati l'un l'altro da una storia unitaria) con Ralph Byrd nel ruolo del protagonista. Il successo fu subito grandissimo, anche perché il pubblico ritrovò nel serial quegli elementi di dura e violenta lotta al crimine che avevano fatto la fortuna del fumetto e che gli episodi riproposero anche grazie alla collaborazione dell'ufficio di Los Angeles del Federal Bureau of Investigation. A questo dovevano seguire altri due serial, *Dick Tracy Returns* (1938), dove il poliziotto combatteva contro Pa Stark e i suoi cinque figli criminali (evidente richiamo alla storia di Ma Barker e i suoi quattro figli, che in quegli anni aveva impressionato l'America) e *Dick Tracy's G-Men* (1939) dove il nemico era invece Zarnoff, potente capo di un'organizzazione di spie. A interpretare il detective era sempre Ralph Byrd che doveva dare la sua faccia anche a due dei quattro film girati subito dopo la fine della seconda guerra mondiale a partire dalle storie di Chester Gould, *Il dilemma di Dick Tracy* (1947) e *Dick Tracy e il gas misterioso* (1947), mentre *Dick Tracy* (1945) e *Dick Tracy contro Cueball* (1946) proponevano Morgan Conway nel ruolo principale.

Il continuo successo popolare della striscia di Dick Tracy fu testimoniato, negli anni successivi, da un serial radiofonico, da uno televisivo prodotto dalla Nbc, dalla parodia che Al Capp (l'autore di Li'l Abner) fece col suo Fearless Fosdick, poliziotto pasticcione e scalognato; ma bisognerà aspettare Warren Beatty, nel 1990, perché l'investigatore ritornasse da protagonista al cinema. Sul personaggio è stato realizzato anche uno special, *Dick Tracy. Saga di un nemico del crimine* (*Dick Tracy. Saga of a Crime Fighter*, 1989 di James Gordon) che ripercorre la storia del personaggio, dalle strisce a fumetti fino ai film, compreso quello di Warren Beatty che era in lavorazione nello stesso periodo.

FILM PRINCIPALI

Nel regno del ragno (1937) di William Witney e John English
La morte corre nei cieli (1937) di William Witney e John English
Battaglia fra le nuvole (1937) di William Witney e John English
La pista del ragno (1937) di William Witney e John English
Dick Tracy (1945) di William Berke
Dick Tracy contro Cueball (1946) di Gordon M. Douglas
Il dilemma di Dick Tracy (1947) di John Rawlins
Dick Tracy e il gas misterioso (1947) di John Rawlins
Dick Tracy (1990) di Warren Beatty

Dick Tracy *½ (*Dick Tracy*, rititolato *Dick Tracy, Detective*, Usa 1945, b/n, 62') William Berke. Con Morgan Conway, Anne Jeffreys, Mike Mazurki, Jane Greer, Lyle Latell, Joseph Crehan. ◆ Dick Tracy (Conway) è sulle tracce di Faccia Spaccata (Mazurki), un folle omicida che vuole uccidere i membri della giuria che l'ha mandato in prigione. Primo, mediocre lungometraggio prodotto dalla Rko e dedicato al personaggio dei fumetti disegnato da Chester Gould, basato su una storia originale di Eric Taylor.

Dick Tracy ** (*Dick Tracy*, Usa 1990, col, 103') Warren Beatty. Con Warren Beatty, Charlie Korsmo, Glenne Headly, Madonna [Louise Veronica Ciccone], Al Pacino, Dustin Hoffman, William Forsythe, Charles Durning, Mandy Patinkin, Paul Sorvino, R.G. Armstrong, Dick Van Dyke, Henry Silva, James Caan, Michael J. Pollard, Kathy Bates, Seymour Cassel, Allen Garfield. ◆ Dick Tracy (Beatty), fidanzato con un'assistente sociale (Headly) e con un orfanello a carico, è nemico giurato del gangster Big Boy Caprice (Al Pacino) che per neutralizzarlo vuole farlo sedurre dalla sua amante Mozzafiato Mahoney (Madonna). Lussuoso involucro con poco ritmo (e troppo poca autoironia) ispirato al personaggio e alle storie disegnate da Chester Gould e sceneggiato da Jim Cash e Jack Epps jr. Grandi applausi per «l'autore della fotografia» (così nei titoli!) Vittorio Storaro che ha utilizzato solo i colori primari dei fumetti, anche se *Dick Tracy* è sempre stato disegnato in bianco e nero. La colonna sonora è interpretata da Madonna che all'epoca era la fidanzata di Beatty. Tre Oscar: miglior direzione artistica (Richard Sylbert e Rick Simpson), canzone (*Sooner or Later*, di Stephen Sondheim) e makeup (John Caglione jr e Doug Drexler. Per ricalcare i caratteristici volti ideati da Gould sono state usate maschere in lattice di gomma che rendono irriconoscibili molti volti noti: Zucca Piatta è Forsythe, 88 Tasti è Patinkin, Labbra è Sorvino, il Grinza è Armstrong, Influence è Silva, Spaldoni è Caan, Cimice Bailey è Pollard e Dustin Hoffman interpreta Borbotto).

Dick Tracy contro Cueball *½ (*Dick Tracy Versus Cueball*, Usa 1946, b/n, 62') Gordon M. Douglas. Con Morgan Conway, Anne Jeffreys, Lyle Latell, Rita Corday, Ian Keith, Dick Wessel. ◆ Sulle tracce di una banda di ladri di gioielli, Dick Tracy (Conway) scopre che qualcuno sta uccidendo i banditi: è Cueball (Wessel), il loro ex capo che vuole vendicarsi di essere stato tradito. Secondo film con Morgan Conway nella parte del detective dalla mascella quadrata (dopo *Dick Tracy* del 1945), qui piuttosto credibile nella parte.

Dick Tracy e il gas misterioso *½ (*Dick Tracy Meets Gruesome*, Usa 1947, b/n, 65') John Rawlins. Con Ralph Byrd, Boris Karloff, Anne Gwynne, Edward Ashley, June Clayworth, Lyle Latell. ◆ Dick Tracy (Byrd) deve sgominare la banda dello spietato Gruesome (Karloff) che è riuscito a impadronirsi del gas paralizzante inventato dal dottor A. Tomic. Ultimo film prodotto dalla Rko a partire dal personaggio di Dick Tracy, che però qui passa quasi in secondo piano davanti alla bravura di Boris Karloff nel recitare la sua parte di cattivo. Il guidatore dell'ambulanza è un giovane Lex Barker.

Di corsa dietro un cuore ***½ (*Tramp, Tramp, Tramp*, Usa 1926, b/n, 65') Henry Edwards. Con Harry Langdon, Joan Crawford, Edwards Davis, Carlton Griffin, Alec B. Francis. ◆ Per conquistare Betty (Crawford), Harry (Langdon) si iscrive a una gara di podismo promossa dal padre di lei. Ma quando la vince si accorge che Betty è già fidanzata. Primo lungometraggio interpretato da Langdon (anche produttore di se stesso) che fonde il romanticismo delle storie d'amore con il dinamismo delle commedie di gag. Oggi è questa seconda componente quella che fa ancora la forza del film, grazie a una sceneggiatura cui collaborò Frank Capra (che in seguito doveva passare a dirigere Langdon) insieme a Tim Whelan, Hal Conklin, J. Frank Holliday, Gerald Duffy e Murray Roth.

Didier * (*Didier*, Francia 1997, col, 105') Alain Chabat. Con Alain Chabat, Jean-Pierre Bacri, Isabelle Gélinas, Lionel Abelanski, Dominique Farruggia, Jean-Marie Frin, Zinedine Soualem, Caroline Cellier, Josiane Balasko. ◆ Pur conservando il cervello canino, un labrador assume inspiegabilmente la forma umana dell'attore-regista-sceneggiatore: il quale, dopo gli inconvenienti del caso, si scopre calciatore e aiuta a cavarsi dai guai un procuratore (Bacri) in crisi. L'idea iniziale poteva essere alla Ferreri, ma gli sviluppi sono di una scemenza assoluta. Fa ridere vedere un uomo che va in giro ad annusare gli alberi e gli altri cani? Secondo molti francesi, pare di sì.

«10» **½ (*10*, Usa 1979, col, 122') Blake Edwards. Con Dudley Moore, Bo Derek, Julie Andrews, Robert Webber, Dee Wallace, Brian Dennehy. ◆ Un musicista quarantenne in crisi (Moore) con la vocazione del guardone riscopre la voglia del sesso dopo avere incontrato Bo Derek (cui assegna il voto del titolo). Tornerà, comunque, al talamo coniugale, dopo essere andato in bianco. Il film del fallito lancio della Derek (con la chioma a treccine e le camicie trasparenti) è in realtà una tipica commedia di Blake Edwards, e non tra le meno riuscite. Edwards sembra continuamente sbagliare tono (dal piccante al surreale, dal volgare al malinconico), ma in questo modo tiene lo spettatore sempre sveglio. Gli americani hanno trovato molto piccante che la Derek faccia l'amore al ritmo del *Bolero* di Ravel.

Dieci comandamenti, I *** (*The Ten Commandments*, Usa 1923, col e b/n, 126') Cecil B. DeMille. Con (prologo) Theodore Roberts, Charles de Rochefort, Estelle Taylor, Julia Faye, Terrence Moore, James Neill, Lawson Butt, Clarence Burton, Noble Johnson; (episodio moderno) Edythe Chapman, Richard Dix, Rod LaRocque, Leatrice Joy, Nita Naldi, Robert Ederson, Charles Ogle, Agnes Ayres. ◆ A un prologo basato sul *Libro dell'Esodo* (46ʹ, ripreso anche con una camera supplementare messa a disposizione dalla technicolor, cosicché oggi il DeMille Trust ha potuto stampare delle copie con numerose sequenze a colori), che racconta la cattività in Egitto degli Ebrei, la fuga attraverso il Mar Rosso sotto la guida di Mosè (Roberts), la consegna delle tavole sul Sinai e l'episodio del Vitello d'oro, segue la storia moderna (80ʹ) di due fratelli, John e Dan (Dix e LaRocque) innamorati della stessa donna (Joy): uno rispetta i dieci comandamenti, l'altro no e per questo viene annientato. Megaproduzione costata 1.200.000 dollari (cioè il doppio del budget preventivato) che DeMille non poté girare sui luoghi reali; per questo fu costretto a trasportare 2.500 comparse e 4.000 animali nel deserto di Mojave e a Balboa Beach, in California. Magnifico poutpourri che se pure dà l'idea di essere cresciuto disordinatamente durante la lavorazione (il soggetto di F.C. Nelson, che fabbricava lubrificanti, fu scelto tramite un concorso indetto dal *Los Angeles Times* e risente della paura dei produttori di investire troppi soldi su un soggetto esclusivamente biblico), comunque fu uno dei più grandi successi del muto e ancora oggi si può apprezzare per la passione narrativa – specie nella parte moderna – e alcune belle trovate cinematografiche (le riprese sottomarine degli egiziani annegati nel Mar Rosso, il testo dei comandamenti che appaiono in sovrimpressione sulla cima di un vulcano in eruzione). Rifatto dallo stesso regista nel 1956.

Dieci comandamenti, I *** (*The Ten Commandments*, Usa 1956, col, 219') Cecil B. DeMille. Con Charlton Heston, Yul Brynner, Anne Baxter, Edward G. Robinson, Yvonne De Carlo, Debra Paget, John Derek, Nina Foch, Vincent Price, John Carradine, H.B. Warner, Douglas Dumbrille, Martha Scott, Henry Wilcoxon, Judith Anderson. ◆ Cresciuto alla corte del Faraone, Mosè (Heston) scopre di essere ebreo e di essere stato destinato da Javhé a ricondurre il suo popolo nella terra promessa: la maledizione delle sette piaghe costringerà il faraone Ramsete (Brynner) a lasciar partire i suoi schiavi ebrei che, attraverso il Mar Rosso, arriveranno al Sinai, dove Mosè riceverà le tavole della legge. Basato sul *Libro dell'Esodo*, sul *Corano*, le cronache di Flavio Giuseppe, di Eusebio e il romanzo *Prince of Egypt* di Dorothy Clarke Wilson (e sceneggiato da Aeneas Mackenzie, Jesse L. Lasky jr, Jack Gariss e Fredric M. Frank), è l'ultimo film di DeMille, che ha voluto raccontare, attraverso la storia del popolo ebreo, l'allegorica odissea della «lotta per la Libertà contro ogni forma di totalitarismo». Scritto in tre anni e preparato per due, il film utilizzò 20 mila comparse e 15 mila animali (la scena della partenza degli ebrei è certamente quella più popolata di tutta la storia del cinema), fu girato nel deserto egiziano e sbalordì il mondo con il trucco delle acque del Mar Rosso che si aprono al passaggio di Mosè (premio Oscar per gli effetti speciali a John Fulton). La magniloquenza e il gigantismo non tolgono però al film la sua appassionata carica emotiva e le libertà storiche che DeMille si è preso (per esempio nel personaggio di Nefertiti/Anne Baxter) colorano la storia con alcune sfumature ancor oggi godibili. La storia vera e propria è preceduta da un prologo di 2' dove DeMille in persona presenta la sua opera davanti a un sipario chiuso, ma questa scena è quasi sempre tagliata nelle copie in circolazione.

Dieci giorni che sconvolsero il mondo, I * (*Desjat' dnej perevertyvajuscie mir*, Urss/Italia/Messico 1982, col, 128') Sergej Fëdorovič Bondarčuk. Con Franco Nero, Sydne Rome, Bogdan Stupka, Alessandro Sajko. ◆ La vita di John Reed (Nero), il giornalista e idealista americano testimone e protagonista della rivoluzione d'ottobre, ispirata al suo libro omonimo. Sydne Rome, nei panni della sua compagna, la libera pensatrice Louise Bryant, non ha spessore drammatico, ma anche Franco Nero non lascia il segno. Bondarčuk dirige col suo stile zdanoviano. Il personaggio di Reed aveva ispirato anche *Reds* di Warren Beatty, con ben maggiore intensità.

10 in amore *½ (*Teacher's Pet*, Usa 1958, b/n, 120') George Seaton. Con Clark Gable, Doris Day, Gig Young, Mamie van Doren, Nick Adams, Charles Lane. ◆ Uno scafato e pragmatico capocronista (Gable) vuol prendersi beffe, in incognito, di una docente di giornalismo (Day) e dimostrare che giornalisti si diventa con la pratica, non con le lezioni serali. Ovviamente nascerà l'amore. Se Gable è plausibile come vecchio marpione (indimenticabile il modo in cui prepara il cocktail Martini), Doris Day come intellettuale fa ridere. Stereotipato il ritratto del mondo giornalistico.

Dieci incredibili giorni ** (*La Décade prodigieuse*, Francia 1971, col, 108') Claude Chabrol. Con Michel Piccoli, Anthony Perkins, Orson Welles, Marlène Jobert, Guido Alberti, Sylvana Blasi. ◆ Un professore di filosofia (Piccoli) assiste impotente a un gioco di massacro familiare, tra padre (Welles), figlio (Perkins) e matrigna (Jobert). Giallo di Ellery Queen trasformato in una truculenta tragedia biblico-edipica: Chabrol vorrebbe inchinarsi di fronte a Welles, citando qua e là i suoi film, ma scivola in una magniloquenza fine a se stessa. Welles, per conto suo, si muove nel pasticcio con incredibile dignità, facendo sembrare i suoi colleghi dei dilettanti.

10 lune di miele di Barbablù, Le *½ (*Bluebeard's Ten Honeymoon*, Gb 1963, b/n, 93') W. Lee Wilder. Con George Sanders, Corinne Calvet, Patricia Roc, Ingrid Hafner, Jean Kent, Greta Gynt, Maxine Audley, George Coulouris. ◆ Per mantenere la propria amante (Calvet), il negoziante di mobili Henry Landru (Sanders) trova più semplice attirare ricche vedove nella sua villa e ucciderle. E quando si accorge che l'amante esagera con i desideri, decide di sottoporre anche lei allo stesso trattamento. Ibrida rilettura del mito di Barbablù, che comincia come una commedia nera e si trasforma pian piano in un campionario horror di efferatezze varie. Né serve a riscattare il film la troppo esplicita metafora «anticapitalistica» che vede nell'assassinio il modo più semplice per arricchirsi.

10 minuti a mezzanotte *½ (*Ten to Midnight*, Usa 1983, col, 100') J. Lee Thompson. Con Charles Bronson, Lisa Eilbacher, Andrew Stevens, Gene Davis, Geoffrey Lewis. ◆ Uno psicopatico esibizionista fa strage di belle ragazze finché non incontra Bronson sulla sua strada (che ha anche una figlia da difendere). Piuttosto morboso e violento, con l'aggiunta di una condanna del garantismo. E poi Bronson non ha un briciolo dell'ironia dell'ispettore Callaghan.

Dieci piccoli indiani *** (*And Then There Were None* distribuito anche col titolo *Ten Little Niggers*, Usa 1945, b/n, 98') René Clair. Con Barry Fitzgerald, Walter Huston, Louis Hayward, June Duprez, C. Aubrey Smith, Mischa Auer, Judith Anderson, Richard Haydn, Queenie Leonard. ◆ Dieci personaggi, tutti (o quasi) con qualcosa di turpe da nascondere, vengono invitati su un'isola, dove incominciano a morire come mosche, al ritmo cadenzato di una filastrocca per bambini. Prima e migliore versione dell'omonimo racconto di Agatha Christie, anche se René Clair tradisce il finale del romanzo (del 1939) e adotta quello della commedia (del 1943) sempre della Christie che si conclude con una specie di lieto fine. Clair (e il suo sceneggiatore Dudley Nichols) non percorrono la strada del thriller vero e proprio, bensì una via di mezzo tra un giallorosa e un esercizio di humour nero. Notevoli alcune invenzioni visuali. Walter Huston (che interpreta il dottor Armstrong) è il padre del regista John. Rifatto nel 1966 (con lo stesso titolo) e nel 1975 (*... E poi non rimase nessuno*).

Dieci piccoli indiani *½ (*Ten Little Indians*, Gb 1966, col, 92') George Pollock. Con Hugh O'Brian, Shirley Eaton, Fabian, Daliah Lavi, Wilfrid Hyde-White, Leo Glenn, Stanley Holloway, Marianne Hoppe, Dennis Price, Mario Adorf. ◆ Dieci ospiti vengono invitati in uno chalet di montagna, dove incominciano a essere vittime di un giustiziere. Seconda versione del giallo della Christie, col lieto fine della commedia già utilizzato da René Clair (1945). Regia anonima e cast scipito. Rifatto nel 1975 (*... E poi non rimase nessuno*).

Dieci secondi col diavolo ** (*Ten Seconds to Hell*, Usa 1959, b/n, 93') Robert Aldrich. Con Jack Palance, Jeff Chandler, Martine Carol, Robert Cornthwaite. ◆ Sei soldati tedeschi, finita la guerra, accettano di lavorare come sminatori, ma tra due di loro, Körtner (Palance) e Wirtz (Chandler), c'è un odio che l'amore per la medesima donna, Margot (Carol), ingigantisce. Tratto dal romanzo *The Phoenix* di Lawrence P. Bachman, un Aldrich minore, lontano dai livelli di *Prima linea*, interessante soprattutto per la descrizione di una desolata Germania postbellica.

Dieci secondi per fuggire *½ (*Break-out*, Usa 1975, col, 96') Tom Gries. Con Charles Bronson, Robert Duvall, Jill Ireland, Randy Quaid, John Huston, Emilio Fernandez. ◆ Un pilota (Bronson) è ingaggiato per far evadere da una prigione messicana un uomo d'affari (Duvall), vittima di un complotto ordito da un concorrente (Huston). Film d'azione con tocchi da commedia, precocemente invecchiato anche per i vezzi di regia di Gries (ralenti, fotostop, montaggio a raffica).

Die Hard – Duri a morire → *Duri a morire*

Die Hard – Trappola di cristallo *** (*Die Hard*, Usa 1988, col, 131') John McTiernan. Con Bruce Willis, Alan Rickman, Bonnie Bedelia, Alexander Godunov, Reginald Veljohnson, Ron Silver, James Shigeta. ◆ Il poliziotto McClane (Willis) si trova chiuso in un grattacielo che è caduto in mano a spietati terroristi. Lui è praticamente disarmato, ma loro, almeno all'inizio, ignorano la sua presenza. Gioco tra gatto e topo con molti capovolgimenti, che sfrutta al meglio l'ambientazione claustrofobica. Tocchi d'ironia, massicce dosi d'azione, effetti visivi strabilianti, una suspense ininterrotta e Bruce Willis che azzecca una delle sue parti migliori: che cosa si può volere di più? Sceneggiato da Steven E. De Souza, è seguìto dai meno riusciti *58 minuti per morire* (1990) e *Duri a morire* (1995).

Dien Bien Phu *½ (*Dien Bien Phu*, Francia 1992, col, 115') Pierre Schoendoerffer. Con Donald Pleasence, Patrick Catalifo, Ludmila Mikaël, Jean-François Balmer, Maxime Leroux. ◆ A Diên Biên Phû, nel Vietnam del Nord, i francesi difendono nel marzo 1954, con ostinazione ed eroismo degno di miglior causa, un impero coloniale presto destinato a cadere: ma a intuire il corso della storia è solo un giornalista americano (Pleasence). Film bellico corale e nostalgico, vecchio stile e manierato, benché il regista abbia partecipato agli eventi che racconta. La Francia si lecca le proprie vetuste ferite e celebra se stessa; meno peggio, comunque, di *Indocina*. Agli spettatori italiani sono stati risparmiati 15'.

Dies Irae **** (*Vredens Dag*, Danimarca 1943, b/n, 105') Carl Theodor Dreyer. Con Thorkild Roose, Lisbeth Movin, Sigrid Neiiendam, Preben Lerdorff Rye, Albert Höeberg, Olaf Ussing. ◆ Nel 1623, Anne (Movin), scopre che il marito, il pastore della comunità Absalon Pederssön (Roose), aveva salvato dall'accusa di stregoneria sua madre in cambio della mano della figlia. La donna subisce il fascino delle arti magiche e diventa l'amante di Martin (Rye), figlio di primo letto del pastore, poi in un momento di sconforto per la sua umiliante vita confessa il tradimento ad Absalon: questi muore e la suocera (Neiiendam) la accusa di stregoneria. Quando scoprirà che il giovane Martin non la difende, si autoaccusa di ogni crimine e si prepara al rogo. Tratto dal dramma del norvegese Hans Wiers-Jensen e girato mentre i nazisti occupavano la Danimarca, questo film è prima di tutto una dolente parabola sull'intolleranza e la superstizione. Ma anche un'acuta riflessione sull'impossibilità di attribuire schematicamente colpe e assoluzioni: ogni personaggio, e Anne in primo luogo, manifesta una personalità ambigua e contraddittoria, che non permette allo spettatore di dare giudizi certi. Certa è solo la condanna al dolore, unico mezzo possibile per raggiungere purezza e chiarificazione (che Dreyer sintetizza nel volto tormentato di Lisbeth Movin), e il peso dell'orrore, di cui si è insieme vittime e responsabili (come nella scena finale in cui Anne, circondata da chierichetti salmodianti, decide di confessare).

Dietro la facciata *** (*Derrière la façade*, Francia 1939, b/n, 85') Yves Mirande [Anatole Le Querrec], Georges Lacombe. Con Gaby Morlay, Lucien Baroux, Jacques Baumer, Elvire Popesco, Jules Berry, Marguerite Moreno, André Lefaur, Gaby Silvia, Michel Simon, Erich von Stroheim. ◆ La proprietaria di un palazzo nel pieno centro di Parigi viene trovata assassinata. Il commissario Boucheron (Baroux) e l'ispettore Lambert (Baumer), incaricati dell'inchiesta, indagano senza troppi scrupoli nelle vite private dei condomini, mettendone a nudo i vizi più che le virtù. Un'affollata schiera di personaggi intenti in un gioco al massacro di brillante raffinatezza, in cui – tra l'aneddoto e il sorriso – emerge, implacabile, il giudizio di condanna del regista. Come già in *Caffè internazionale*, Mirande prende a pretesto un cadavere per chiamare a raccolta tutti gli interpreti del cinema francese e mettere a punto un affresco acido e straordinariamente ricco della società del tempo (sceneggiato dal regista con la collaborazione di Georges Lacombe e Max Kompe), che per capacità critiche e cinematografiche gli vale un posto di tutto rispetto nel cinema francese degli anni Trenta.

Dietro la maschera *** (*Mask*, Usa 1985, col, 120') Peter Bogdanovich. Con Eric Stoltz, Cher, Sam Elliott, Laura Dern, Estelle Getty, Harry Carey jr. ◆ La storia di Rocky (Stoltz), un ragazzo sensibile e intelligente cui una rara malattia ha reso il viso deforme. La madre (Cher) è una sbandata, ma almeno i fricchettoni che frequenta trattano Rocky come uno di loro. Come *The Elephant Man*, un film molto toccante sulla diversità (sceneggiato da Anna Hamilton Phelan e ispirato alla storia vera di Rocky Dennis), che evita ogni effetto-melassa. Memorabile l'amore impossibile tra Rocky e una ragazza cieca (Dern), alla quale riesce a far capire cosa siano i colori. Cher se la cava bene e vince la Palma d'oro a Cannes.

Dietro la pianura * (Italia 1994, col, 100') Gerardo Fontana, Paolo Girelli. Con Remo Girone, Vanessa Gravina, Claudio Bisio, Bruno Armando, Karl Zinny, Vasco Mirandola. ◆ Due concertisti altoatesini, fratello e sorella, in trasferta sul delta del Po: lui (Zinny) sparisce con una ragazza che poi viene trovata cadavere nel fiume; lei (Gravina), come se niente fosse, si giostra abilmente tra l'ambiguo medico del paese (Girone) e l'altrettanto strano commissario di polizia (Bisio). Presuntuoso tentativo di noir all'italiana, finanziato da uno degli ultimi articoli 28. Le citazioni si sprecano (da Antonioni a *Twin Peaks*!), la sceneggiatura, fintamente ricercata, dice troppo (Albertine come la fuggitiva proustiana, i nomi dei poliziotti che pescano nel registro televisivo: Santoro, Liguori, Costanzo...) e le immagini dicono troppo poco (siamo nel regno della nebbia, perché non usarla in un noir?). Quanto al cast, Girone è mortificato, Bisio bogarteggia del tutto spaesato e la Gravina è semplicemente ridicola nei panni della misteriosa dark lady di provincia.

Dietro la porta chiusa **** (*Secret Beyond the Door*, Usa 1948, b/n, 98') Fritz Lang. Con Joan Bennett, Michael Redgrave, Anne Revere, Barbara O'Neil, Natalie Schafer. ◆ Celia (Bennett) sposa Mark (Redgrave), un milionario che ha ossessioni omicide, il quale ha ricostruito una serie di stanze in cui si sono svolti delitti celebri. L'ultima stanza – quella chiusa – è la copia esatta della camera da letto della moglie. La storia (una variazione della fiaba di Barbablù sceneggiata da Sylvia Richards a partire dal romanzo *Camera chiusa n. 13* di Rufus King e non un plagio da *Rebecca* o dal *Sospetto* di Hitchcock, come molti credono ancora) viene raccontata come un sogno, con uno stile stupefacente in bilico tra espressionismo e surrealismo. Anche i tocchi psicoanalitici, di moda in quegli anni, non sono accessori e non sciolgono l'ambiguità di fondo: «Noi siamo tutti figli di Caino» dice Mark, e il film lo descrive infatti non come un vero criminale ma piuttosto – come molti eroi langhiani – un uomo ossessionato dall'idea del crimine. Il fascino e la magia, poi, sono aumentati dalla soluzione narrativa che fa raccontare tutto il film (con l'aiuto della voce off, qui utilizzata veramente al meglio) dal punto di vista delle suggestioni e delle angosce di Celia, cosicché «il soggetto maschile può essere descritto volta a volta come oggetto di fascinazione, poi d'amore, quindi di stupore e di terrore, ma sempre intimamente legato all'attrazione e all'amore» [Lourcelles]. Perfettamente in sintonia con l'idea registica di Lang la fotografia di Stanley Cortez, capace di trasformare ogni spazio in un luogo di paura e di fascino.

Dietro lo specchio *** (*Bigger Than Life*, Usa 1956, col, 95') Nicholas Ray. Con James Mason, Barbara Rush, Christopher Olsen, Walter Matthau, Robert F. Simon, Roland Winter. ◆ Un insegnante e padre di famiglia esemplare (Mason), sotto stress, inizia una terapia sperimentale a base di cortisone. Il farmaco altera la sua personalità e lo fa diventare megalomane. Alla fine, novello Abramo, vorrebbe uccidere suo figlio. Tratto da un articolo pubblicato sul *New Yorker* da Berton Roueche (*Ten Feet Tall*) e sceneggiato a più mani (anche con contributi del critico inglese Gavin Lambert e del commediografo Clifford Odets, che scrisse l'ultima scena) il film è un allucinante spaccato della piccola borghesia americana e delle sue velleità di rivalsa, anche se non raggiunge – per le notevoli pressioni censorie da parte delle organizzazioni mediche – uno degli obiettivi che si era proposto, quello di stigmatizzare la follia della «droga miracolosa» che stava contagiando l'America di quei tempi. Ray adotta uno stile da melodramma e usa splendidamente i contrasti cromatici, descrivendo la vita della gente di minor reddito della classe media con il grigio e il marrone, sui quali poi irrompono colori più vivi (il giallo del taxi, l'arancio-Givenchy dello stravagante vestito comprato dalla moglie) e riesce così a firmare un'opera tagliente e sociologicamente scrupolosa. James Mason, che volle produrre il film, è da ovazione.

Difensore misterioso, Il *½ (*The Return of Bulldog Drummond,* Gb 1934, b/n, 71') Walter Summers. Con Ralph Richardson, Ann Todd, Francis L. Sullivan, Claud Allister. ◆ Bulldog (Richardson) spalleggiato dal solito Algy (Allister) teorizza che per eliminare il crimine dall'Inghilterra bisogna espellere tutti gli stranieri. Forse il più fascista di tutti i film su Bulldog Drummond.

Difesa ad oltranza *½ (*The Last Dance*, Usa 1995, col, 105') Bruce Beresford. Con Rob Morrow, Sharon Stone, Randy Quaid, Peter Gallagher, Jack Thompson, Jayne Brook, Pamala Tyson, Ken Jenkins. ◆ Il procuratore alle prime armi Rick Hayes (Morrow) si prende a cuore il ricorso di Cindy Ligget (Stone), pluriomicida confessa e condannata a morte: in galera lei è diventata un'altra persona, ma la macchina della giustizia non si ferma. In pratica un *Dead Woman Walking*, schematico e ingenuo nell'usare il ricatto emozionale, con l'aggravante di qualche risvolto sgradevole (la macchietta del petulante condannato a morte nero che ha scritto un best-seller). Stone, struccata e senza isterie, cerca di mostrare il proprio talento e forse ci riesce, ma il film affonda nel personaggio del giovane idealista Hayes, improbabile figlio di papà in cerca di riscatto. Sceneggiatura di Ron Koslow e Steve Haft. Musica di Mark Isham.

Difetto di essere moglie, Il ** (*Pas si méchant que ça*, Francia/Svizzera 1974, col, 110') Claude Goretta. Con Gérard Depardieu, Marlène Jobert, Dominique Labourier, Philippe Léotard, Jacques Debray. ◆ Un piccolo artigiano svizzero in crisi (Depardieu) compie una serie di furti per risollevare le sorti dell'azienda e così si trova anche un'amante (Jobert), e tutto all'insaputa della moglie (Labourier). Tra la denuncia e la satira, uno spaccato della società svizzera, un po' sottotono per essere veramente graffiante. Meno acclamato di altri film del regista ginevrino.

Difficile prova del dottor Kildare, La ** (*Calling Dr. Kildare*, Usa 1939, b/n, 86') Harold S. Bucquet. Con Lew Ayres, Lionel Barrymore, Laraine Day, Lana Turner, Lynne Carven, Nat Pendleton, Samuel S. Hinds, Emma Dunn, Walter Kingsford, Marie Blake, Donald Barry. ◆ Il dottor Kildare (Ayres) non sa resistere al fascino della sorella di un gangster (Turner) e viene coinvolto in un caso di omicidio, che gli può costare la carriera. Ma l'intervento del dottor Gillespie (Barrymore) lo trae d'impaccio. Terzo film della serie e secondo con Ayres nel ruolo del protagonista.

Diffidenti, I *½ (*Shy People*, Usa 1987, col, 118') Andrej [Michalkov] Končalovskij. Con Barbara Hershey, Jill Clayburgh, Martha Plimpton, Merrit Butrick. ◆ Una fotografa di Manhattan (Clayburgh), nelle paludi della Louisiana per un servizio, si confronta con la sua lontana parente Ruth (Hershey), il suo mondo chiuso e i suoi segreti. Končalovskij affronta grandi temi, ma con le idee poco chiare sull'atteggiamento da assumere nei confronti dei generi (commedia, dramma, avventura, documentario, apologo grottesco – coautore della sceneggiatura è Gérard Brach). La Hershey è stata premiata a Cannes. Fotografia virtuosistica di Chris Menges. Il progetto originale era stato pensato per Melina Mercouri e Liv Ullmann, ed era ambientato in un'isola greca.

Di fronte all'uragano ° (*I Want You*, Usa 1951, b/n, 102') Mark Robson. Con Dana Andrews, Dorothy McGuire, Farley Granger, Peggy Dow, Robert Keith. ◆ Le reazioni di una famiglia americana di fronte alla guerra di Corea: il fratellino scapestrato (Granger) viene raddrizzato dalla leva; quello più vecchio (Andrews), già eroe di guerra, non resiste ancora una volta al richiamo della patria. Becero (e noioso) film di propaganda girato in piena guerra fredda sceneggiato da Irwin Shaw.

Diga sul Pacifico, La *½ (Italia 1957, col, 102') René Clément. Con Silvana Mangano, Anthony Perkins, Jo Van Fleet, Richard Conte, Alida Valli, Yvonne Sanson. ◆ La storia del disfacimento di una famiglia di proprietari terrieri nell'Indocina francese: solo dopo la morte della madre (Van Fleet) i figli Suzanne e Joseph (Mangano e Perkins), che avevano lasciato la casa per la vita meno faticosa della città, accettano di tornare nella proprietà e costruire la diga contro le inondazioni del fiume che era il grande sogno della mamma. Dal romanzo omonimo di Marguerite Duras (sceneggiato dal regista con Diego Fabbri e Ivo Perilli), un film più folcloristico che realmente partecipe: della scrittrice francese rimangono le psicologie contorte e gli amori impossibili, ma il regista si fa tentare dal kolossal, visto il tema dell'inondazione. Diseguale e, nel complesso, poco riuscito, con evidenti tentativi di ammorbidire alcuni personaggi scomodi (Michel e Carmen [interpretati da Conte e la Sanson]) e di togliere ogni rilievo alla crisi del colonialismo raccontata in filigrana. Prodotto da De Laurentiis. Perkins sostituì James Dean, morto in un incidente stradale poco prima dell'inizio delle riprese.

Di giorno e di notte *½ (*Pédale douce*, Francia 1996, col, 102') Gabriel Aghion. Con Patrick Timsit, Fanny Ardant, Richard Berry, Michèle Laroque, Jacques Gamblin, Boris Terral, Christian Bujeau, Facundo Bo. ◆ Invitato a cena dal suo superiore Alexandre (Berry), il manager omosessuale Adrien (Timsit) spaccia l'amica Eva (Ardant) per sua moglie: il colpo di fulmine tra il padrone di casa e la donna, proprietaria di una boîte gay, innesca una serie di equivoci, di cui fanno le spese anche la moglie di Alexandre (Laroque) e un altro manager «velato» (Gamblin). Il più grande successo del 1996 in Francia incrocia la tradizione *boulevardière* con la «spregiudicatezza» delle commedie gay: si dovrebbe ridere perché il marito vuole confessare la propria sbandata per una donna e la moglie sfodera tutta la sua comprensione pensando a una tentazione omosessuale. I soliti stereotipi, dallo strip maschile alle disavventure sadomaso, e un finale tanto consolatorio quanto rassicurante: la sceneggiatura di Aghion, Timsit e Pierre Palmade non sa trovare molto di più della prevedibile mistura tra birignao, sculettamenti, piume, rimmel e (finte) lacrime. Il titolo originale è un modo gergale per dire omosessuale.

Dilemma del dottore, Il *½ (*The Doctor's Dilemma*, Gb 1958, col, 99') Anthony Asquith. Con Dirk Bogarde, Leslie Caron, Alastair Sim, Robert Morley. ◆ Da una commedia di G.B. Shaw, il caso di un medico che deve decidere se salvare un anziano luminare o un artista scapestrato. Cosa si deve scegliere tra arte e morale, tra arte e scienza? Melodramma con camici bianchi troppo schematico.

Dilemma di Dick Tracy, Il *½ (*Dick Tracy's Dilemma*, Usa 1947, b/n, 60') John Rawlins. Con Ralph Byrd, Lyle Latell, Kay Christopher, Jack Lambert, Ian Keith, Bernardene Hayes, Jimmy Conlin. ◆ Dick Tracy (Byrd) sgomina una banda di ladri di pellicce, guidati dal temibile Artiglio (Lambert). Terzo lungometraggio prodotto dalla Rko sul personaggio dei fumetti inventato da Chester Gould, che qui torna a essere interpretato da Ralph Byrd, già protagonista dei serial Republic.

Dilettanti, I **½ (*I Went Down*, Irlanda/Gb/Spagna 1997, col, 105') Paddy Breatnach. Con Brendan Gleeson, Peter McDonald, Peter Caffrey, Tony Doyle, Donal O'Kelly, Antoine Byrne, David Wilmot, Michael McElhatton, Joe Gallagher. ◆ Appena uscito di prigione, Git Haynes (McDonald) deve rintracciare il misterioso Frank (Caffrey) e portarlo da un boss mafioso (Doyle): il complice che gli hanno assegnato è uno psicopatico (Gleeson) e l'operazione si rivela un sequestro in piena regola, ma i due criminali dilettanti sapranno cavarsela egregiamente. Al suo esordio alla regia, prendendo le distanze dal cinema irlandese quasi sempre impegnato in drammi più o meno storici, Breatnach scrive e dirige un divertente *gangster movie*, ispirandosi al cinema americano di serie B rivisitato dai fratelli Coen con qualche incursione stilistica nel fumetto: ingenuità spiazzanti, dialoghi brillanti, attori bravissimi e perfetta sintonia tra la brughiera irlandese e le atmosfere noir.

Diligenza per l'Ovest, Una *½ (*Winds of the Wasteland*, Usa 1936, b/n, 53') Mack V. Wright. Con John Wayne, Lane Chandler, Douglas Cosgrove, Phyllis Fraser, Sam Flint, Lew Kelly, Yakima Canutt. ◆ Chiuso il servizio del Pony Express, John e Larry (Wayne e Chandler) sperano di far fruttare la loro esperienza guidando diligenze, ma l'infido Cal Drake (Cosgrove) rifila loro la linea per una città quasi fantasma: si rifaranno sconfiggendolo nella gara per ottenere la concessione postale dal governo. Un western di routine che riporta Wayne a lavorare con il regista dei suoi primi film Warner: solo qualche discreta ripresa di cavalli in corsa solleva una storia largamente prevedibile. Canutt, che diventerà un celeberrimo stuntman, qui è lo sgherro di Drake che cerca di fermare Wayne.

Dillinger **½ (*Dillinger*, Usa 1973, col, 96') John Milius. Con Warren Oates, Ben Johnson, Michelle Phillips, Richard Dreyfuss, Harry Dean Stanton, Cloris Leachman. ◆ Le vite parallele di John Dillinger (Oates), gangster sbruffone e romantico, e di Melvin Purvis (Johnson), poliziotto cinico e galantuomo, capace di non arrestare l'altro quando lo trova in un night-club con una donna. Milius dirige con spirito epico e tocchi malinconici, ma la sua scelta di raccontare con lo stesso disincanto poliziotti e gangster finisce per far perdere al film forza e coerenza. La violenza del film, che ai tempi apparve eccessiva, oggi sembra molto stilizzata. Milius rende omaggio a *La legge del mitra* di Corman citando la sequenza dell'arresto di Machine Gun Kelly.

Dillinger è morto **** (Italia 1969, col, 95') Marco Ferreri. Con Michel Piccoli, Annie Girardot, Anita Pallenberg, Carole André, Gino Lavagetto, Adriano Aprà. ◆ Un ingegnere (Piccoli) torna a casa, proietta vecchi film, perde tempo, si fa da mangiare, trova una pistola, la dipinge a pallini, fa giochi erotici con la cameriera (Girardot), mima il suicidio, spara alla moglie dormiente (Pallenberg), si imbarca come cuoco su uno yacht. L'assurdo quotidiano, il sesso, il cibo, la fuga impossibile: forse la sintesi migliore del cinema di Ferreri, che qui riesce a descrivere perfettamente l'alienazione, colta nel cuore stesso del quotidiano, «l'amorfa e piatta oppressione del tessuto sociale, la caduta di senso, la sconnessione di un gestire senza presa sul reale, l'impotenza totale». Il titolo del film, che rievoca molto sotterraneamente il favoloso gangsterismo degli anni Trenta («favoloso» come l'irreale fuga finale verso una Tahiti di sogno), deriva da quello di un vecchio giornale, in cui il protagonista trova la pistola.

Dillinger lo sterminatore *½ (*Dillinger*, Usa 1945, b/n, 67') Max Nosseck. Con Lawrence Tierney, Edmund Lowe, Anne Jeffreys, Eduardo Ciannelli, Elisha Cook jr. ◆ La carriera di John Dillinger (Tierney, al suo esordio), da rapinatore dilettante a terrore delle banche negli anni Trenta. Dalla fuga con la pistola di legno verniciata col lucido da scarpe alla donna traditrice, la sceneggiatura di Philip Yordan non risparmia un luogo comune: e la regia amatoriale di Nosseck può contare solo sulla rapidità, in mancanza di un budget decente. Alcune scene di rapina sono rubate da *Sono innocente* di Lang. Milius ha tratto ispirazione da alcuni dettagli (a cominciare dalla spavalderia del protagonista), ma il suo *Dillinger* ha ben altro respiro.

Di mamma non ce n'è una sola *½ (Italia 1973, col, 100') Alfredo Giannetti. Con Lino Capolicchio, Senta Berger, Sonia Petrova, Vittorio Caprioli, Lionel Stander. ◆ Gioco al massacro in una famiglia di nobili: protagonisti una presunta vedova (Berger) e suo figlio (Capolicchio), a lei legato da un affetto morboso. Ne esce salvo proprio il rampollo che, maturato, impalma la servetta (Petrova). Commedia grottesca con risvolti gialli, parentesi piccanti e spunti di satira, interpretata con un certo brio da caratteristi che potrebbero fare ben di meglio.

Dimensione della paura *½ (*Return From the Ashes*, Gb 1965, b/n, 105') J. Lee Thompson. Con Ingrid Thulin, Maximilian Schell, Samantha Eggar, Herbert Lom. ◆ Tra il patrigno (Schell) e la figliastra (Eggar) sta nascendo un idillio, quando ricompare la prima moglie (Thulin), data per morta in un lager. Evidentemente, c'è qualcuno di troppo. Melodramma che diventa thriller negli ultimi 20 minuti, ma senza grandi sorprese. Attori allora sulla cresta dell'onda, ma sprecati.

Dimensione inferno *½ (*Purple Hearts*, Usa 1984, col, 115') Sidney J. Furie. Con Ken Wahl, Cheryl Ladd, David Harris, Annie McEnroe, James Whitmore jr. ◆ Film sul Vietnam, che vorrebbe mostrare gli orrori del fronte e la vita caotica delle retrovie, ma si risolve in una banale love story tra un tenente (Wahl) e un'infermiera (Ladd). Vecchiotto e poco appassionante, con troppi ingenui colpi di scena.

Dimensione terrore ** (*Night of the Creeps*, Usa 1988, col, 83') Fred Dekker. Con Jason Lively, Steven Marshall, Tom Atkins, Jill Whitlow. ◆ Una città universitaria è messa in subbuglio da larve spaziali che spappolano i cervelli: ma la strada scelta dall'esordiente Dekker è quella dell'umorismo nero e dell'ammiccamento cinefilo (con personaggi che si chiamano Romero, Cronenberg, Carpenter). Solo per i fan del genere, che non ne saranno delusi.

Dimenticare Palermo *½ (Italia 1990, col, 104') Francesco Rosi. Con James Belushi, Joss Ackland, Mimi Rogers, Philippe Noiret, Vittorio Gassman, Carolina Rosi. ◆ Un italoamericano di origini palermitane, Carmine Bonavia (Belushi), in corsa per la carica di sindaco di New York, costruisce la sua campagna sulla liberalizzazione della droga. Ma durante una visita a Palermo, la sua città natale, è incastrato dalla mafia, disposta a tutto per fargli cambiare idea. Dal romanzo *Oublier Palermo* di Edmonde Charles-Roux, il film che vede il ritorno di Rosi ai temi dell'attualità politicosociale è poco credibile quando descrive i misteri di Palermo e della Vucciria, meno ancora quando racconta l'America (specie il mondo della moglie di Bonavia, interpretata da Mimi Rogers). Sceneggiato per la parte americana da Gore Vidal e per quella italiana da Tonino Guerra, in due stili molto diversi, che Rosi stenta ad amalgamare, il film scivola in una specie di metafisica politica (c'è persino l'incontro «didattico» col boss dei boss [Ackland] che spiega a chi non l'avesse capito come mai la malavita è contraria alla liberalizzazione) che toglie mordente alla narrazione e credibilità alla storia.

Dimenticare Venezia ° (Italia/Francia 1979, col, 103') Franco Brusati. Con Mariangela Melato, Erland Josephson, Eleonora Giorgi, David Pontremoli, Hella Petri, Nerina Montagnani. ◆ Psicodramma in una villa veneta, con crisi e rimescolamenti di due coppie omosessuali. Brusati vorrebbe atteggiarsi a Visconti, ma il mondo chiuso di questi personaggi che vivono di ricordi puzza di letteratura. E le musiche di Gluck e Mercadante, anziché nobilitare il tutto, lo rendono piuttosto ridicolo.

Dimenticate Mozart * (*Vergesst Mozart*, Rft 1985, col, 87') Slavo Luther. Con Armin Müller-Stahl, Max Tidoof, Catarina Raake, Wolfgang Preiss. ◆ A cadavere ancora caldo, il capo della polizia segreta indaga sulla morte di Mozart. Fu Salieri o la massoneria, la moglie o, più semplicemente, una sifilide mal curata? Aneddotica piccante in un film stucchevole che banalizza i temi di *Amadeus*.

Dimenticati, I ***½ (*Sullivan's Travels*, Usa 1942, b/n, 90') Preston Sturges. Con Joel McCrea, Veronica Lake, Robert Warwick, William Demarest, Franklin Pangborn, Porter Hall, Eric Blore. ◆ Il giovane regista Sullivan (McCrea) pensa che dirigere film comici in tempi di guerra sia immorale, e decide perciò di ispirarsi alla vita dei senza tetto. Si traveste da vagabondo ma è solo con l'aiuto di un'aspirante attrice (Lake) che fa qualche esperienza concreta. Quando pensa di averne viste abbastanza, finisce per uno sbaglio giudiziario in un campo di lavori forzati e la visione dei detenuti che si divertono con i disegni animati di Topolino lo convincerà che il cinema è fatto non per mostrare le sofferenze umane, ma per alleviarle. Commedia architettata alla perfezione, con un'inattesa svolta drammatica, *I dimenticati* spezza una lancia in favore del cinema cosiddetto leggero, capace (come dimostra perfettamente tutta la carriera di Preston Sturges) di divertire lo spettatore facendolo anche riflettere sul mondo che lo circonda. I problemi estetici sono affrontati con humour ma con grande lucidità: fa impressione un film del 1942 che inizia con un film nel film, e in cui si discute di Lubitsch, Capra o delle commedie con le torte in faccia e che usa le gag narrative come sottolineatura o antitesi ai dialoghi (tutto il discorso con il maggiordomo sul «valore» della povertà o la «condanna» delle scene con gli inseguimenti fatte ancora come li facevano nelle comiche Keystone seguita da un inseguimento in automobile che ne è una evidente citazione). McCrea e la Lake al loro meglio.

Dimenticati, I *½ (*The Forgotten*, Usa 1989, col, 100') James Keach. Con Keith Carradine, Steve Railsback, Stacy Keach, Richard Lawson, Don Opper, Mimi Maynard, Pepe Serna. ◆ Sei berretti verdi americani vengono rilasciati dai vietnamiti dopo 16 anni, ma un pezzo grosso del governo, che ha qualcosa da nascondere, non vuole farli tornare in patria. Thriller per la televisione, che ricicla i luoghi comuni sui reduci del Vietnam e sugli eroi sacrificati. James Keach dirige suo fratello Stacy (nella parte del cattivo) e sua moglie Mimi. Railsback e Carradine partecipano alla produzione, il primo anche alla sceneggiatura. Ambientato in Germania, ma girato in Jugoslavia.

Dimmi addio ** (*Repeat Performance*, Usa 1947, b/n, 93') Alfred L. Werker. Con Louis Hayward, Joan Leslie, Tom Conway, Benay Venuta, Richard Basehart, Virginia Field. ◆ La sera di capodanno un'attrice (Leslie) uccide il marito (Hayward) e poi si dispera perché alle persone non è concessa un'altra chance. Improvvisamente il tempo torna indietro di un anno, ma nonostante tutti i suoi sforzi per non perdere l'amore del coniuge, il destino tenderà a ripetersi (quasi) identico. Uno spunto interessante, sceneggiato da Walter Bullock (e quasi certamente influenzato dal film francese *Risorgere per amare*, scritto da Sartre), che oggi appare invecchiato precocemente e non riesce a sfruttare fino in fondo le possibilità offerte dallo spunto iniziale. Film d'esordio di Richard Basehart.

Dimmi che fai tutto per me *½ (Italia 1976, col, 100') Pasquale Festa Campanile. Con Johnny Dorelli, Pamela Villoresi, Jacques Dufilho, Andréa Ferréol, Nanni Svampa, Pino Caruso. ◆ Medico trevigiano (Dorelli) progetta di fuggire con l'amante e con i soldi del suocero mafioso ma verrà battuto da suo figlio. Da un racconto di Piero Chiara, una modesta farsa con i classici ceffoni e porte sbattute in faccia.

Dimmi che mi ami, Junie Moon ** (*Tell Me That You Love Me, Junie Moon,* Usa 1970, col, 112') Otto Preminger. Con Liza Minnelli, Ken Howard, Robert Moore, James Coco, Fred Williamson, Anne Revere. ◆ Tre giovani handicappati decidono di andare a vivere insieme per compensare l'un con l'altro le proprie menomazioni: Junie Moon (Minnelli) è una ragazza col volto sfigurato dall'acido che un maniaco le ha gettato addosso, Warren (Moore) è paralizzato su sedia a rotelle e Arthur (Howard) soffre di attacchi epilettici: incontreranno anche persone umane e comprensive – come il bagnino nero (Williamson, che dice: «Noi paria dobbiamo fare lega») o il pescivendolo italoamericano (Coco) – ma la durezza della vita non lascia spazio all'ottimismo. Tratto dal romanzo omonimo di Marjorie Kellog (che cura anche la sceneggiatura), è un melodramma programmaticamente anticonformista, fin sgradevole nella sua disperazione (i flashback che raccontano l'origine delle disgrazie – specie l'aggressione subita da Junie Moon – sono duri e crudeli), ma molto datato nei suoi vezzi di montaggio (tipici degli anni Settanta), che lo rendono eccessivamente spezzettato e ridondante.

Dimmi di sì *½ (*Dis-moi oui*, Francia 1995, col, 106') Alexandre Arcady. Con Jean-Hugues Anglade, Julia Maraval, Nadia Farès, Patrick Braoudé, Valérie Kaprisky, Claude Rich, Anouk Aimée, Jean-François Stévenin, Bernard Verley, Marie Laforêt, Carmen Chaplin. ◆ Bordeaux: il medico playboy Stéphane (Anglade) si ritrova tra i piedi una tredicenne innamorata (Maraval) e per di più ammalata di angioma cerebrale. Lei gli cambia la vita, lui la guarisce e otto anni dopo la ritrova a Siviglia, in età scopabile: che ardita fantasia quella del regista, cosceneggiatore con Olivier Dazat e Antoine Lacomblez! Tra leggerezza e melodramma, con un retrogusto un po' ipocrita. Basta il cast?

Dimmi, dove ti fa male? *½ (*Where Does It Hurt?*, Usa 1972, col, 88') Rod Amateau. Con Peter Sellers, Jo An Pflug, Rick Lenz, Hope Summers, Eve Bruce. ◆ Una delle prime satire ospedaliere, con Sellers nei panni dell'avido direttore di una clinica. Dopo essere stato radiato, torna travestito da paziente a ordire i suoi intrighi. Sellers non è irresistibile, ma era difficile fare di meglio.

Dimmi quello che vuoi *½ (*Just Tell Me What You Want*, Usa 1980, col, 112') Sidney Lumet. Con Ali MacGraw, Alan King, Myrna Loy, Keenan Wynn, Tony Roberts, Peter Weller, Dina Merril. ◆ Un manager televisivo (King) deve districarsi tra una moglie alcolizzata, due amanti, e concorrenti spietati. Equivoci e battute a raffica, ma abbastanza freddo e artefatto. Myrna Loy fa la segretaria.

Dinamitardi, I *½ (*Live Wire*, Usa 1992, col, 88') Christian Duguay. Con Pierce Brosnan, Ron Silver, Ben Cross, Lisa Eilbacher, Brent Jennings, Tony Plana, Al Waxman. ◆ Un giovane esperto di esplosivi (Brosnan) è chiamato a indagare sui misteriosi attentati mortali compiuti a Washington contro due senatori. Separato dalla moglie (Eilbacher), ha il suo rivale più pericoloso nel senatore che dirige le indagini (Silver). Confuso film a sfondo terroristico, con la solita vicenda sentimentale parallela a controbilanciare gli aspetti più violenti della storia. Di scarso interesse.

Dinamite bionda * (*Keep Your Powder Dry*, Usa 1945, b/n, 93') Edward Buzzell. Con Lana Turner, Laraine Day, Susan Peters, Agnes Moorehead, Bill Johnson. ◆ La Turner è un'artista che si arruola nel corpo delle ausiliarie; la rivalità con una collega non incrinerà la sua scelta patriottica. Mediocre film di propaganda, che offusca anche l'allora splendente Lana Turner.

Dingus: quello sporco individuo * (*Dirty Dingus Magee*, Usa 1970, col, 90') Burt Kennedy. Con Frank Sinatra, George Kennedy, Anne Jackson, Jack Elam, Harry Carey jr, Michele Carey. ◆ Western semiparodico, come si usava negli anni Settanta, con Sinatra nei panni di un ricercato inseguito dallo sceriffo George Kennedy. Se la vedrà con indiani, maestrine e prostitute. Burt Kennedy non ha mai avuto la mano leggera, e da lui non si può pretendere dell'umorismo.

Dinne una per me * (*Say One for Me*, Usa 1959, col, 119') Frank Tashlin. Con Debbie Reynolds, Bing Crosby, Robert Wagner, Stella Stevens, Frank McHugh, Sebastian Cabot. ◆ La Reynolds non è ancora una monaca canterina, ma il pastore Crosby se ne innamora lo stesso, e insieme allestiscono uno show di beneficenza. Zuccheroso e banale anche musicalmente.

Dinosauri * (*Dinosaurs*, Usa 1991, col, 90') Brett R. Thompson. Con Omri Katz, Shawn Hoffman, Tiffanie Poston, Pete Koch, Megan Hughes. ◆ Tre adolescenti entrano nel laboratorio dei genitori scienziati e, azionando il telecomando dello schermo gigante, vengono afferrati da un turbine che li trasporta nel mondo dei cartoni animati, al tempo dei dinosauri. Cinema fantastico per minorenni, inconsistente anche per loro. I dinosauri sono da barzelletta.

Dinosauri a colazione *½ (*Movers and Shakers*, Usa 1985, col, 79') William Asher. Con Walter Matthau, Charles Grodin, Vincent Gardenia, Tyne Daly, Gilda Radner, Steve Martin. ◆ Modesta satira della Hollywood degli anni Ottanta, che parte da un'ideina (un produttore vuole realizzare un film dal bestseller *Love in sex*), e si perde in chiacchiere e caratterizzazioni scontate. Cast sprecato. Il maggior responsabile è Charles Grodin, anche autore della sceneggiatura e coproduttore.

Dio della peste, Il **½ (*Götter der Pest*, Rft 1970, b/n, 91') Rainer Werner Fassbinder. Con Harry Baer, Hanna Schygulla, Margarethe von Trotta, Günther Kaufmann, Ingrid Caven. ◆ Uscito di galera, Franz (Baer) forma una banda assieme all'uomo (Kaufmann) che gli ha ucciso il fratello perché aveva tradito: ma le donne li tradiscono. Seguito più maturo dell'*Amore è più freddo della morte*: noir disperato che volge al melodramma, ambientato in una Monaco tenebrosa. Uno dei migliori Fassbinder prima maniera, che ormai ha assimilato bene le citazioni del cinema di genere. Il regista (che cede a Baer la parte del protagonista) è il cliente nel sexshop.

Dio ha bisogno degli uomini **½ (*Dieu a besoin des hommes*, Francia 1950, b/n, 100') Jean Delannoy. Con Pierre Fresnay, Madeleine Robinson, Daniel Gélin, Andrée Clément, Jean Brochard. ◆ Nel 1850, gli abitanti di un'isola bretone sono ligi alle formalità della religione, ma depredano senza problemi le navi sorprese dalle tempeste. Il curato, scandalizzato, abbandona i parrocchiani e questi cominciano a chiedere conforti spirituali al tormentato sacrestano (Fresnay), incerto se attribuirsi prerogative sacerdotali. Tratto dal romanzo *Un Recteur de l'île de Sein* di Henri Quéffelec e sceneggiato con grande ritmo narrativo da Jean Aurenche e Pierre Bost, il film fu affidato a un regista protestante, Delannoy, che affrontò i problemi religiosi con spirito ecumenico e non particolarmente innovativo, tenendo d'occhio *La terra trema* e il neorealismo. Ai tempi venne considerato un capolavoro e vinse il premio internazionale speciale a Venezia. Oggi fa sentire tutti i suoi anni.

Dio li fa e poi li accoppia * (Italia 1982, col, 100') Steno [Stefano Vanzina]. Con Johnny Dorelli, Lino Banfi, Marina Suma, Giuliana Calandra, Franco Caracciolo. ◆ In un paesino dell'Italia centrale, l'integerrimo don Celeste (Dorelli) viene violentato da Paola (Suma) che però rimane incinta: così, per impedire alla ragazza di abortire, lui è costretto a denunciarla e il tribunale la obbliga a sposare il padre del suo futuro figlio. Divertimento nullo, tra i soliti doppi sensi e Banfi che fa il commerciante gay. Sceneggiatura di Enrico Vanzina (figlio del regista Steno e fratello di Carlo) e di Bernardino Zapponi, che un tempo collaborava con Fellini.

Dio nero e il diavolo biondo, Il *** (*Deus e o Diabo na terra do sol*, Brasile 1964, b/n, 115') Glauber Rocha. Con Geraldo Del Rey, Yoná Magalhïes, Mauricío Do Valle, Lidio Silva, Othon Bastos. ◆ Un povero contadino del Nordeste, Manuel (Del Rey) si unisce alla banda di un ambiguo santone, il «beato» Sebastião (Silva) e finisce col prenderne il posto, diventando *cangaceiro* col nome di Satanás. Ma nel sertão compare il sicario Antonio das Mortes (Do Valle) col compito di uccidere tutti i «beati», strumento ambivalente e cieco della dialettica storica: da una parte è al soldo dei proprietari terrieri e della Chiesa, ma dall'altro fa anche giustizia delle rivolte sbagliate, mito di morte che rappresenta comunque per i diseredati una vera liberazione. Storia a forti tinte, fluviale e abbastanza confusa, narrata con la mediazione di un cantastorie e di molte canzoni, con un finale aperto dove Manuel continua a correre nel sertão e il cantastorie spiega che il mondo non è né di Dio né del Diavolo, ma solo dell'uomo. Capostipite del Cinema nôvo brasiliano, affascinò soprattutto i critici europei per il suo stile grezzo e povero (l'uso frequente della macchina a mano che sottolinea con le sue imperfezioni di ripresa la drammaticità del Nordeste brasiliano), il tono populista e finto-ingenuo (dove si mescolano la cultura popolare, la tradizione barocca, le influenze di una religiosità mistica e violenta). Può anche lasciar sconcertato lo spettatore che non condivide l'ossessione di Rocha di «scompaginare ciò che è ordinato» per definire un possibile nuovo ordine narrativo. Il sicario Antonio das Mortes sarà protagonista, nel 1969, del film omonimo, sempre di Rocha.

Dio perdona... io no! ** (Italia/Spagna 1969, col, 101') Giuseppe Colizzi. Con Terence Hill [Mario Girotti], Bud Spencer [Carlo Pedersoli], Frank Wolff, Gina Rovere. ◆ Spencer e Hill sono due amici-nemici all'inseguimento di un malvivente e del suo bottino. Il tono scanzonato e meno violento rispetto agli altri spaghetti- western prefigura già la chiave del successo, non solo italiano, della coppia. Angel Oliver Piña, autore delle musiche, è lo pseudonimo di Carlo Rustichelli.

Dio salvi la regina *½ (*For Queen and Country*, Gb/Usa 1988, col, 105') Martin Stellman. Con Denzel Washington, Dorian Healey, Amanda Redman, Sea Chapman. ◆ Un paracadutista nero (Washington) dell'esercito di sua Maestà, dopo nove anni di servizio, si vede sottrarre la cittadinanza inglese per motivi burocratici. Prevedibile ritratto arrabbiato dell'Inghilterra thatcheriana. Quando le buone intenzioni non bastano.

Dio serpente, Il * (Italia 1970, col, 94') Piero Vivarelli. Con Nadia Cassini, Beryl Cunningham, Sergio Tramonti, Galeazzo Bentivoglio. ◆ In vacanza ai Caraibi, la Cassini viene iniziata al culto del dio serpente e perde la testa. Modestissimo epigono del genere esotico-erotico inaugurato da Ugo Liberatore. Il leitmotiv *Djamballà*, di Augusto Martelli, fu un grande successo.

Di padre in figlio ° (Italia 1982, col, 96') Alessandro e Vittorio Gassman. Con Alessandro Gassman, Vittorio Gassman, Diletta Gassman, Paola Vittoria Gassman, Jacopo Gassman, Emanuele Salce, Giancarlo Scarchilli, Adolfo Celi, Ugo Pagliai, Luigi Proietti. ◆ Due generazioni a confronto in un braccio di ferro ideale tra immagini. Dal 1974 Gassman filma suo figlio per realizzare in futuro una specie di riflessione sul complesso d'Edipo. A questo intercala citazioni di vecchi successi (*Kean*, *Il sorpasso*, *Brancaleone*) e scene dalla propria messa in scena di *Affabulazione* di Pasolini, in una mistura di intime realtà e trite buffonerie da arena. Fastidioso, specie nell'esaltazione delle qualità artistiche del figlio.

Di pari passo con l'amore e con la morte ** (*A Walk with Love and Death*, Usa 1969, col, 90') John Huston. Con Anjelica Huston, Assaf Dayan, Anthony Corlan, John Hallam, Robert Lang, Guy Deguy. ◆ Il poeta dissidente Heron de Foix (Dayan) e la giovane Claudia (Huston) si amano nella Francia del Trecento sconvolta da guerre e jacqueries. John Huston – che interpreta la parte di Robert il primogenito – fa esordire la figlia Anjelica e si preoccupa più dei rimandi all'attualità («fate l'amore e non la guerra») che della verosimiglianza storica. Costumi firmati dalla pittrice surrealista Leonor Fini.

Di più, ancora di più... **½ (*More*, Gb 1969, col, 117') Barbet Schroeder. Con Mimsy Farmer, Klaus Grumberg, Heinz Engelmann, Michael Chandali. ◆ Estelle (Farmer) inizia l'amante all'uso degli stupefacenti e lo trascina verso l'autodistruzione. Sesso, droga e morte senza moralismi ma con stile da cinéma verité e musiche dei Pink Floyd. Schroeder, produttore (e attore) di Rohmer e di Rivette, definisce il suo primo film una «storia di vampiri sotto il sole di Ibiza».

Di questo non si parla **½ (*De eso no se habla*, Argentina/Italia 1993, col, 102') María Luisa Bemberg. Con Marcello Mastroianni, Luisina Brando, Alejandra Podestà, Betiana Blum, Alberto Segado, Monica Villa. ◆ Negli anni Quaranta, in una piccola città della provincia argentina vive Charlotte (Brando), una ragazzina nana, intelligente e colta. Di lei s'innamora un ricco e maturo casanova, Ludovico d'Andrea (Mastroianni), che la sposa e diventa sindaco. Il matrimonio sembra scorrere tranquillo, ma una notte Charlotte scappa, perché non sa resistere al richiamo del circo di passaggio in città. Un racconto fiabesco sulla possibilità di essere diversi e affascinanti nonostante i pregiudizi pettegoli degli altri: la Bemberg sceglie il registro del realismo magico venato di malinconia, ricordandosi di Fellini e anche di Buñuel ma con affetto sincero più che con compiacimento cinefilo. Mastroianni è perfetto nel ruolo del viveur in declino che perde sorprendentemente la partita con il cavallo bianco che lui stesso aveva regalato all'amata.

Direttore d'orchestra *½ (*Dyrygent*, Polonia 1980, col, 102') Andrzej Wajda. Con John Gielgud, Krystyna Janda, Andrzej Seweryn, Jan Ciecierski. ◆ Un direttore d'orchestra (Gielgud) torna dopo 50 anni d'esilio nel paese natale, in Polonia. Preparando un concerto (ha scelto, con scarsa fantasia, la *Quinta* di Beethoven), si scontra col direttore locale (Seweryn), che cova gelosie sentimentali e professionali. Wajda mescola il mélo ai quesiti sull'arte (del tipo: la musica è un fine o un mezzo), e pretende di inserire qualche sottile allegoria politica. L'esito si uniforma alla media del film europeo d'autore, levigato e senza vita.

Diritti all'inferno * (*Straight to Hell*, Usa 1987, col, 86') Alex Cox. Con Sy Richardson, Joe Strummer, Dick Rude, Courtney Love, Dennis Hopper. ◆ Sgangheratissimo spaghetti-western intorno a un assolato villaggio spagnolo con l'acclamato regista di *Sid e Nancy*, *Walker* e *Repo Man*, che «scrittura» per una sarabanda autoindulgente di lazzi e citazioni il collega Jarmush e una bizzarra accolita di musicisti rock, dal cantante dei Clash Joe Strummer a Elvis Costello, da Grace Jones agli irlandesi Pogues. Il divertimento è tutto loro, o al limite dei fan più benevoli.

Diritto d'amare *½ (*The Good Mother*, Usa 1988, col, 103') Leonard Nimoy. Con Diane Keaton, Liam Neeson, Asia Vieira, Jason Robards, Ralph Bellamy, Teresa Wright, James Naughton, Joe Morton. ◆ Donna divorziata (Keaton) con figlia a carico convive con un amante disinibito (Neeson) che va in giro nudo per casa. Il legittimo padre, scandalizzato, le intenta processo per riavere la piccola. Da una storia di Sue Miller (sceneggiata senza nerbo da Michael Bortman), un dramma giudiziario con pretese liberal ma alquanto farraginoso. Il regista (famoso come attore per essere il signor Spock di *Star Trek*) deve ringraziare Diane Keaton se il suo film si lascia vedere.

Diritto del più forte, Il ***½ (*Faustrecht der Freiheit*, Rft 1974, col, 123') Rainer Werner Fassbinder. Con Rainer Werner Fassbinder, Peter Chatel, Karlheinz Böhm, Rudolf Lenz, Harry Baer, Karl Scheydt, Ingrid Caven, Lilo Pempeit. ◆ Il proletario omosessuale Franz Biberkopf, soprannominato «Fox, la testa parlante» (Fassbinder) vince 500 mila marchi al lotto. Si mette con il raffinato figlio di una famiglia borghese in declino Eugen (Chatel), che farà in modo di depredarlo progressivamente di tutti i suoi soldi. Splendida parabola di stampo brechtiano, cinica e lucida, sui rapporti di classe, sul «diritto del più forte» – che è sempre quello del borghese che maschera il proprio utilitarismo dietro le buone maniere, il galateo e la cultura. Uno dei migliori film di Fassbinder, con un finale da antologia: in una stazione della metropolitana il corpo di Franz, suicida, è prima perquisito da due ragazzini che gli rubano i pochi soldi rimastigli e poi ignorato da due vecchi amici omosessuali, che vogliono evitare di essere implicati nella vicenda.

Diritto di cronaca **½ (*Absence of Malice*, Usa 1981, col, 116') Sydney Pollack. Con Paul Newman, Sally Field, Bob Balaban, Melinda Dillon, Luther Adler. ◆ Una giornalista (Field), strumentalizzata da un funzionario Fbi, si accanisce contro un innocente (Newman) accusandolo dell'assassinio di un sindacalista. Scritta da Kurt Luedtke, ex reporter premio Pulitzer, una buona riflessione sugli eccessi della stampa. Nonostante il consueto ottimo livello degli attori (specie quelli di secondo piano, come Melinda Dillon e Bob Balaban) la regia è corretta ma senza l'originalità che ci si potrebbe aspettare da un regista come Pollack.

Diritto di uccidere, Il ***½ (*In a Lonely Place*, Usa 1950, b/n, 94') Nicholas Ray. Con Humphrey Bogart, Gloria Grahame, Frank Lovejoy, Carl Benton Reid, Art Smith, Jeff Donnell. ◆ Uno sceneggiatore in crisi, Dixon Steel (Bogart), sospettato di un omicidio viene scagionato da una vicina, Laurel Gray (Grahame). Tra i due nasce l'amore, ma la donna scopre che lui è un tipo violento e instabile, che potrebbe veramente arrivare all'omicidio. Grande suspense psicologica in un film insolitamente duro e non consolatorio, dove tutto esce sconfitto: l'amore, l'amicizia e anche, in sottofondo, il mondo di Hollywood. Bogart è ottimo nei panni di un personaggio ambiguo, affascinante e repulsivo e Gloria Grahame, allora moglie di Ray, costruisce un bel personaggio di donna indipendente e appassionata, perfettamente a proprio agio in un melodramma nero e disperato, proprio come la frase di Dixon con cui racconta la loro relazione: «Sono nato quando tu mi hai baciato. Sono morto quando tu mi hai lasciato. Ho vissuto le poche settimane che tu mi hai amato». Il film è conosciuto anche col titolo *Paura senza perché*.

Dirsi addio *½ (*Every Time We Say Goodbye*, Usa 1986, col, 98') Moshe Mizrahi. Con Tom Hanks, Cristina Marsillach, Benedict Taylor, Anat Atzmon. ◆ Durante la seconda guerra mondiale, un tenente della Raf (Hanks) di stanza a Gerusalemme si innamora di una ragazza ebrea (Marsillach), che appartiene alla confessione ultraortodossa dei sefarditi. Vecchia storia, raccontata in modo volutamente anacronistico («Ti aspetterò per secoli», dice lei mentre l'amato si allontana). Hanks nel suo primo ruolo non farsesco, in un flop girato in Israele dal regista di *La vita davanti a sé*.

Dirty dancing – Balli proibiti *½ (*Dirty Dancing*, Usa 1987, col, 97') Emile Ardolino. Con Patrick Swayze, Jennifer Grey, Jerry Orbach, Cynthia Rhodes, Jack Weston. ◆ Anni Sessanta: una ragazzina perbene (Grey) in vacanza viene iniziata al sesso dall'aitante Swayze. Galeotti furono i balli proibiti, a base di strusciamenti e pose plastiche, anticipatori della lambada. Il romanticismo dozzinale e il tema pruriginoso spiegano il sorprendente successo di questo fumettone presso i teen-ager.

Dirty Little Billy → *Billy the Kid*

Dirty Weekend – Uno sporco weekend * (*Dirty Weekend*, Gb 1992, col, 103') Michael Winner. Con Lia Williams, Rufus Sewell, Michael Cule, David McCallum. ◆ Vittima di bruti, guardoni, fidanzati fedifraghi, corteggiatori impotenti e incazzosi, la segretaria Bella (Williams) passa all'azione, ammazzando con vari metodi gli esemplari di sesso maschile che le capitano a tiro. Winner è rimasto ancora ai tempi del *Giustiziere della notte*: il tocco è quello pesante di sempre, né si capisce dove voglia parare (di certo non in un pamphlet femminista). Da un romanzo di Helen Zahavi, adattato dall'autrice e dal regista. Neanche da paragonare con *L'angelo della vendetta*.

Disavventure di un commissario di polizia ** (*Tendre poulet*, Francia 1977, col, 106') Philippe de Broca. Con Annie Girardot, Philippe Noiret, George Wilson, Hubert Deschamps, Catherine Alric. ◆ Il commissario Lise Tanquerelle (Girardot) si innamora di un professore di greco (Noiret), mentre è alle prese con un serial killer che fa fuori deputati. Giallorosa spigliato e leggerino, gustosamente recitato da due mostri sacri del cinema francese. Seguito da *Hanno rubato le chiappe di Afrodite*.

Discepolo del diavolo, Il ** (*The Devil's Disciple*, Gb 1959, b/n, 82') Guy Hamilton, Alexander Mackendrick. Con Burt Lancaster, Kirk Douglas, Laurence Olivier, Janette Scott, Eva La Gallienne, Harry Andrews. ◆ Dalla commedia omonima di G.B. Shaw, la storia della rivoluzione americana in chiave di tragicommedia. Un pastore (Lancaster) e un ribelle (Douglas) fanno una gara di generosità a chi finisce sulla forca al posto dell'altro. Il generale Burgoyne (Olivier), perfido ma raffinato militare inglese che suscita l'odio dei sudditi delle colonie durante la rivoluzione americana, borbotta ma poi si arrende. Regia anonima. Douglas, anche produttore esecutivo, recita per la seconda volta a fianco di Lancaster dopo *Sfida all'O.K. Corral*.

Discesa all'inferno *½ (*Descente aux enfers*, Francia 1986, col, 90') Francis Girod. Con Sophie Marceau, Claude Brasseur, Betsy Blair, Marie Dubois, Hippolyte Girardot, Gérald Rinaldi. ◆ Alain (Brasseur) è uno scrittore fallito che annega la sua disperazione nell'alcol: durante una vacanza ad Haiti è tradito dalla moglie (Marceau), uccide un uomo e va incontro a un destino di morte. Tratto da un noir di David Goodis, è un elogio della figura del maudit piuttosto insincero e artefatto, che si raccomanda solo ai fan della Marceau.

Discesa di Aclà a Floristella, La * (Italia 1992, col, 86') Aurelio Grimaldi. Con Francesco Cusimano, Tony Sperandeo, Luigi Maria Burruano, Lucia Sardo, Giovanni Alamia. ◆ Il biondo Aclà (Cusimano), a undici anni, conosce gli orrori della vita del «caruso» in una miniera di zolfo siciliana, dove gli uomini sono trattati come bestie e i soprusi sessuali sono all'ordine del giorno. Fugge, viene ripreso, fugge ancora. Lo sceneggiatore di *Mery per sempre* esordisce alla regia con un compitino prevedibile e vagamente pedofilo, dove le brutalità sono compensate da un fastidioso stile estetizzante ed enfatico. E non se ne può più dei finali che citano *I quattrocento colpi* di Truffaut.

Discoteca, La * (Italia 1983, col, 91') Mariano Laurenti. Con Nino D'Angelo, Roberta Olivieri, Cinzia Bonfantini, Bombolo [Franco Lechner], Enzo Cannavale. ◆ Amori, gelosia e canzoni per un giovane pizzaiolo di Positano (D'Angelo) in trasferta al Nord per lavorare in un grande albergo. Sceneggiata, film musicale, fotoromanzo e commedia all'italiana disinvoltamente miscelati per i fan del cantante napoletano.

Disco volante, Il ** (Italia 1963, b/n, 94') Tinto Brass. Con Alberto Sordi, Monica Vitti, Silvana Mangano, Eleonora Rossi Drago, Piero Morgia. ◆ In un paesino del veneto atterrano i marziani e i carabinieri interrogano i testimoni: tutto verrà messo a tacere, e gli onesti finiranno in manicomio. Sordi si prodiga in quattro ruoli diversi (prete, brigadiere, impiegato e nobile checca), e Brass insegue virtuosismi stilistici; ma la satira è abbastanza prevedibile e il soggetto di Sonego ricorda troppo da vicino *Un marziano a Roma* di Flaiano. Carlo Mazzarella e Lello Bersani interpretano la parte di due cronisti.

Disertore, Il ** (Italia 1983, col, 92') Giuliana Berlinguer. Con Irene Papas, Omero Antonutti, Mattia Sbragia, Adolfo Lastretti, Pasqualino Satta, Piero Nuti. ◆ Dal romanzo omonimo di Giuseppe Dessì, la storia di una madre sarda (Papas) che ha perso i suoi due figli nella grande guerra: il primo è caduto in battaglia, l'altro è morto di malaria mentre si nascondeva sui monti. Il ritmo televisivo (produzione di Rai 2) e il tono serioso non rendono il film molto appetibile. Parlato in sardo.

Disertore e i nomadi, Il ** (*Zbéhove a poutnici*, Cecoslovacchia/Italia 1969, col, 103') Juraj Jakubisko. Con Stefan Ladižinský, August Kubán, Ferenc Gejza, Jana Stehnová, Helena Grodová, Albert Pagác. ◆ Tre episodi sul tema della guerra e della violenza. Nel primo (ambientato durante la prima guerra mondiale) un soldato slovacco (Gejza) diserta e si unisce a un gruppo di zingari. Nel secondo partigiani e nazisti si uccidono in uno scontro. Nell'ultimo, ambientato dopo una catastrofe nucleare, la morte (Kubán), ormai senza più lavoro, viene uccisa da aerei telecomandati. Allegorie barocche e deformazioni coloristiche nello stile tipico di questo regista: un film sontuoso, sfarzoso, sovraccarico (anche di sangue e bestialità, specie nei primi due capitoli) e invecchiato in fretta.

Disonesto, Il *** (*The Private Affairs of Bel-Ami*, Usa 1947, b/n, 112') Albert Lewin. Con George Sanders, Angela Lansbury, Ann Dvorak, Frances Dee, John Carradine. ◆ Ispirato a *Bel-Ami* di Maupassant, è la storia del cinico giornalista parigino (Sanders) che si arrampica in società a spese delle donne che seduce. I produttori imposero un finale moralista, ma Lewin trasformò la scena del duello in un esercizio di stile (grazie anche alla fotografia di Russell Metty). Sontuoso e raffinato, con Sanders perfettamente nella parte. Darius Milhaud compose la colonna sonora, e a Max Ernst venne commissionato lo splendido quadro delle *Tentazioni di Sant'Antonio* che si vede nel film.

Disonorata *** (*Dishonored*, Usa 1931, b/n, 91') Josef von Sternberg. Con Marlene Dietrich, Victor McLaglen, Lew Cody, Gustav von Seyffertitz, Warner Oland, Barry Norton. ◆ Durante la prima guerra mondiale, una prostituta viennese (Dietrich) accetta di trasformarsi in spia per l'Austria e col nome in codice di X-27 smaschera un generale traditore (Oland, il futuro Charlie Chan). Ma poi si innamora della sua seconda vittima, l'ufficiale russo H-14 che si fa passare per il tenente Kranau (McLaglen) e dopo aver permesso la sua cattura lo fa scappare, venendo così condannata a morte per tradimento. Film tra le punte estreme del cinema sternberghiano, astratto e melodrammatico nei suoi gesti folli, nel quale domina un destino imperscrutabile, pieno di inverosimiglianze (le scene al confine russo-polacco con Marlene prima aviatrice poi contadina) e di scelte che possono sembrare assurde (MacLaglen per il ruolo dell'amoroso), ma che viene riscattato dal coraggio con cui gioca con i miti della donna fatale e rifiuta volutamente qualsiasi concessione al «buon gusto». E in questo senso la scena finale, dove la spia affronta il plotone d'esecuzione con i suoi vecchi vestiti da prostituta, mettendosi il rossetto e aggiustandosi le calze (la sua bellezza commuove il tenentino che deve comandare il plotone e lei gli asciuga le lacrime con la benda che dovrebbe coprirle gli occhi), è veramente un «delirio di gusto trasgressivo». Da amare o detestare. In ogni caso alla follia.

Disonorata *½ (*Dishonored Lady*, Usa 1947, b/n, 85') Robert Stevenson. Con Hedy Lamarr, Dennis O'Keefe, John Loder, William Lundigan, Paul Cavanagh. ◆ La direttrice di una rivista d'arte (Lamarr) è accusata di omicidio, ma verrà scagionata dal suo psichiatra. Giallo d'ordinaria amministrazione basato interamente sul fascino della protagonista.

Disordine, Il *½ (Italia 1962, b/n, 95') Franco Brusati. Con Renato Salvatori, Alida Valli, Sami Frey, Curd Jurgens, Antonella Lualdi, Susan Strasberg, Jean Sorel, George Wilson, Louis Jourdan, Tomas Milian, Adriana Asti. ◆ Un giovane in cerca di lavoro (Salvatori) viene a contatto con una serie di personaggi che incarnano il disordine morale della borghesia di Milano: un'abietta famiglia di industriali, una coppia dagli stravaganti costumi sessuali, un falso prete. Scandito in tre episodi, unificati solo dalla figura del protagonista, un tentativo estetizzante, ellittico e diseguale di fare una *Dolce vita* alla milanese.

Disordine (di Olivier Assayas) → *Désordre – Disordine*

Disperata notte, La ** (*The Long Night*, Usa 1947, b/n, 101') Anatole Litvak. Con Henry Fonda, Barbara Bel Geddes, Vincent Price, Ann Dvorak, Queenie Smith. ◆ Un operaio (Fonda) uccide un maturo rivale in amore e si asserraglia in camera. L'intervento della fidanzata lo convincerà a costituirsi. Teso remake di *Alba tragica*, ma con un lieto fine che stravolge la visione di Carné e Prévert.

Disperata ricerca *½ (*Desperate Search*, Usa 1952, b/n, 73') Joseph H. Lewis. Con Jane Greer, Patricia Medina, Howard Keel, Keenan Wynn. ◆ Dopo un incidente aereo due bambini vengono dati per dispersi in Canada. Ma il padre, pilota esperto, li ritroverà. Tanti buoni sentimenti e poche sorprese, ma avvince.

Disperati di Sandor, I *** (*Szegénylegények*, Ungheria 1964, b/n, 94') Miklós Jancsó. Con János Görbe, Tibor Molnár, András Kozák, Gábor Agárdy, Zoltán Latinovits. ◆ Ungheria, 1869: la polizia tenta di individuare in un gruppo di prigionieri i ribelli che nella rivoluzione del '48 affiancarono il mitico patriota Sàndor Rosza. Non riuscendoci né con la corruzione né con le torture, ricorre a uno stratagemma. Presentato a Cannes nel '66, il film rivelò al mondo Jancsó e la sua originale ricerca stilistica (asettica esposizione delle azioni, riduzione al minimo dell'intreccio e dei dialoghi, messa al bando del sentimentalismo e dell'introspezione psicologica) con la quale tende a eliminare «tutti quegli attributi che mirano a dare un senso all'opera filmica al di là della pura visibilità, della pura apparizione dei fatti filmati sullo schermo».

Disperato amore **½ (*Deep Valley*, Usa 1947, b/n, 104') Jean Negulesco. Con Ida Lupino, Dane Clark, Wayne Morris, Fay Bainter, Henry Hull. ◆ Lei è una ragazza di campagna balbuziente (Lupino), lui un giovane evaso (Clark): si innamorano e fuggono insieme, ma i loro sogni sono destinati a infrangersi. Una storia toccante e tesa (alla cui sceneggiatura deve aver collaborato anche Faulkner) capace di raccontare con accenti insoliti e un senso acuto del paesaggio i rapporti tra due «marginali». Una delle migliori interpretazioni della Lupino. Il film fu girato quasi interamente in esterni perché uno sciopero alla Warner impediva l'accesso agli studios.

Disposta a tutto * (Italia 1977, col, 92') Giorgio Stegani. Con Eleonora Giorgi, Bekim Fehmiu, Barbara Magnolfi, Laura De Marchi. ◆ Una ventenne (Giorgi) si fa plagiare dal maturo ingegnere (Fehmiu) di cui è innamorata. Ma poi trova la forza di ribellarsi. Un insulso tentativo di nobilitare il genere sexy con un accenno di problematica femminista.

Disprezzo, Il ? (*Le Mépris*, Francia/Italia 1963, col, 84') Jean-Luc Godard. Con Michel Piccoli, Brigitte Bardot, Jack Palance, Giorgia Moll, Fritz Lang. ◆ Nella Roma anni Sessanta uno sceneggiatore (Piccoli) viene ingaggiato per rendere più commerciale un film sull'Odissea diretto da Fritz Lang (nella parte di se stesso). L'uomo dapprima tollera le avances del produttore (Palance) nei confronti di sua moglie (Bardot), suscitando il disprezzo della consorte, poi si ribella. Ma è troppo tardi. Dal romanzo omonimo di Moravia, un film «tragico e disperato» che riflette sulla purezza del cinema (simbolizzato da uno degli autori più amati dal Godard critico e da tutti i *Cahiers du cinéma*, Fritz Lang) e il mercantilismo della produzione, i compromessi cui costringe la vita e il rigore delle scelte morali. Ma tutto questo non c'è più nella versione italiana, tradito da un'edizione scandalosa: il produttore Ponti (che già aveva imposto una serie di nudi della Bardot per rendere più commerciale il film) lo fece rimontare completamente, stampare con colori diversi da quelli previsti dal regista, accorciare di 209 (in originale dura 1039). Cambiò la colonna sonora (il jazz di Piero Piccioni al posto degli archi di Georges Delerue) e persino il finale. Volle infine doppiare i dialoghi (nell'originale ogni personaggio si esprimeva nella propria lingua), provocando effetti grotteschi, specie in Giorgia Moll che dovrebbe fare l'interprete e non si capisce perché, nell'edizione italiana, ripete frasi già dette nella stessa lingua. Godard, che disconobbe questa edizione, appare nelle vesti dell'aiuto regista. Le scene a Capri sono state girate nella villa di Malaparte. In francese è un film da non perdere, nell'edizione commerciale italiana un film da dimenticare.

Distintivo di vetro, Il **½ (*The Glass Shield*, Usa 1995, col, 108') Charles Burnett. Con Michael Boatman, Lori Petty, Ice Cube, Bernie Casey, Michael Ironside, M. Emmet Walsh, Victoria Dillard, Richard Anderson, Elliot Gould. ◆ La recluta J.J. Johnson (Boatman), unico nero in un reparto di poliziotti bianchi, collabora in buona fede a incastrare un nero (Ice Cube) accusato di omicidio: ma quando scopre il marcio che c'è dietro, tenta di rimediare con le sue deboli forze. Ispirandosi a una storia vera, Burnett (anche sceneggiatore) bilancia l'immediatezza bruciante della polemica con l'accuratezza del disegno psicologico, scegliendo una narrazione corale e molteplici punti di vista. Con un effetto di sano disorientamento che costringe lo spettatore a prendere posizione, anche se nella seconda parte tutto prende una piega più tradizionale. Burnett è uno dei più rigorosi registi neri, sconosciuto in Italia, qui al suo primo film (quasi) *mainstream*. Inconsueta la colonna sonora di Stephen James Taylor.

Distinto gentiluomo, Il *½ (*The Distinguished Gentleman*, Usa 1992, col, 113') Jonathan Lynn. Con Eddie Murphy, Lane Smith, Sheryl Lee Ralph, Joe Don Baker, Charles S.Dutton, Victoria Rowell, James Garner, Kevin McCarthy, Cynthia Harris. ◆ Sfruttando l'omonimia con un defunto senatore, il piccolo truffatore Thomas Jefferson Johnson (Murphy) riesce a entrare in Campidoglio: ma di fronte ai suoi colleghi corrotti, capisce di essere un dilettante, e passa dalla parte della giustizia. Prevedibile e poco credibile, anche se congegnato in modo meno grossolano della media dei film con Murphy, che comunque non rinuncia a nulla del suo repertorio.

Distretto 13 – Le brigate della morte *** (*Assault on Precinct 13*, Usa 1976, col, 90') John Carpenter. Con Austin Stoker, Darwin Joston, Laurie Zimmer, Martin West, Tony Burton. ◆ Una pattuglia di poliziotti che trasporta un condannato a morte viene assediata in un posto di polizia di Los Angeles da una banda di guerriglieri metropolitani, ormai padroni di vaste aree della città e in grado di isolare completamente gli assediati. Rivisitazione moderna del western *Un dollaro d'onore* (per firmare il montaggio Carpenter usa lo pseudonimo di John T. Chance, che era il nome del personaggio interpretato da John Wayne), è un film violento, tesissimo, perfetto esempio di fantathriller metropolitano, dove gli assedianti non hanno volto e l'assedio assume il valore metaforico di un incubo. Carpenter è autore anche della musica.

Distruggete Frankenstein! **½ (*Frankenstein Must Be Destroyed*, Gb 1970, col, 101') Terence Fisher. Con Peter Cushing, Simon Ward, Veronica Carlson, Freddie Jones, Thorley Walters. ◆ Quarto episodio della saga del geniale e terribile dottore diretta da Fisher. Questa volta il barone Victor Frankenstein (Cushing) è il titolare di una clinica clandestina dove effettua trapianti di cervello. Il casuale intervento di un ladruncolo permette alla polizia di distruggere il laboratorio. Cushing è sempre più calato nella parte del folle barone, spietato e senza scrupoli.

Distruzione ** (*Looking for Trouble*, Usa 1934, b/n, 93') William A. Wellman. Con Spencer Tracy, Constance Cummings, Jack Oakie, Arline Judge, Judith Wood. ◆ Un addetto della compagnia dei telefoni (Tracy) per scagionare la fidanzata (Cummings), ingiustamente accusata di omicidio, indaga personalmente fino a scoprire la vera colpevole. Un melodramma confezionato senza grandi invenzioni, che si fa ricordare solo per la scena del terremoto, durante la quale Tracy strappa la confessione, che potrà salvare la sua fidanzata, alla vera colpevole.

Disubbidienza, La * (Italia/Francia 1981, col, 95') Aldo Lado. Con Stefania Sandrelli, Thérèse Ann-Savoy, Mario Adorf, Karl Diemunch, Marc Porel, Nanni Loy, Jacques Perrin. ◆ Un quindicenne irrequieto e votato all'autodistruzione (Diemunch) si salva grazie all'infermiera (Sandrelli) e alla governante (Ann-Savoy), che lo iniziano al sesso. Da un romanzo breve di Moravia sceneggiato dal regista con Barbara Alberti e (l'allora suo marito) Amedeo Pagani (l'azione è però spostata da Roma a Venezia e dal 1919 al periodo tra il '44 e il '46), un film pretenzioso che in realtà punta molto sulle scene osé. Tutto suona ridicolo e stonato, anche le musiche di Ennio Morricone e la preziosa fotografia di Dante Spinotti.

Dito più veloce del West, Il ** (*Support Your Local Sheriff!,* Usa 1968, col, 93') Burt Kennedy. Con James Garner, Joan Hackett, Walter Brennan, Harry Morgan, Jack Elam, Bruce Dern, Henry Jones. ◆ Uno sceriffo (Garner), il suo vice e una ragazza affrontano da soli, con astuzia, un'intera banda di fuorilegge. Deliziosi l'inetto deputato interpretato da Jack Elam e il killer di Bruce Dern. Scritta e prodotta da William Bowers, una divertente parodia western.

Dittatore, Il → *Il grande dittatore*

Dittatore dello Stato libero di Bananas, Il **½ (*Bananas,* Usa 1971, col, 82') Woody Allen. Con Woody Allen, Louise Lasser, Carlos Montalban, Natividad Abascal, Howard Cosell. ◆ Dopo una delusione amorosa, il maldestro Fielding Mellish (Allen) parte per un paese dell'America centrale dove viene nominato, suo malgrado, capo dello Stato. Da un soggetto di Allen e Mickey Rose, un film sconnesso ma divertente, ricco di trovate brillanti e di riferimenti cinematografici (da *La corazzata Potëmkin* a *Tempi moderni*). Nella particina del teppista in metropolitana, Sylvester Stallone al suo esordio.

Dittatore del Parador in arte Jack, Il *½ (*Moon Over Parador,* Usa 1988, col, 104') Paul Mazursky. Con Richard Dreyfuss, Sonia Braga, Raul Julia, Jonathan Winters, Polly Holliday, Fernando Rey. ◆ Un attore newyorkese (Dreyfuss) viene costretto ad assumere le spoglie del dittatore di uno Stato dell'America centrale. E prende gusto alla parte. Basato sul vecchio gioco degli equivoci e pieno di stereotipi, il film non funziona né come satira politica né come puro intrattenimento. Il regista compare grottescamente nei panni della madre del despota, Sammy Davis jr in quelli di se stesso.

Diva, La **½ (*The Star,* Usa 1952, b/n, 89') Stuart Heisler. Con Bette Davis, Sterling Hayden, Natalie Wood, Warner Anderson, June Travis. ◆ Margaret Elliot (Davis) è una star, già premiata con l'Oscar, in declino che cerca invano di riconquistare la perduta popolarità: venderà i suoi effetti personali per mantenere il suo standard di vita, viene arrestata perché guida ubriaca, tenta un provino – penoso – e alla fine trova la felicità accanto a un costruttore navale (Hayden). Scritto originariamente per Joan Crawford, è una specie di *Viale del tramonto* pieno di cliché, sceneggiato da Katherine Albert e Dale Eunson, ma non privo di fascino negli assoli della Davis (specie nella scena del provino, prima quando tenta di fare la giovane sexy e poi quando, riguardandosi, si accorge di quanto sia stata patetica).

Diva **½ (*Diva,* Francia 1981, col, 115') Jean-Jacques Beineix. Con Frédéric Andreï, Roland Bertin, Wilhelmenia Wiggins Fernandez, Jacques Fabbri, Richard Bohringer, Thuy Ann Luu. ◆ A Parigi, un postino (Andreï) incide piratescamente il concerto della soprano (Wiggins Fernandez) di cui è innamorato. La cassetta viene casualmente scambiata con quella in cui una prostituta denuncia i crimini del capo della polizia, dando il via a una girandola di inseguimenti. Per l'esordio di Beineix una storia improbabile, popolata di personaggi inverosimili – l'enigmatico Gorodish (Bohringer) e l'euroasiatica Alba (Luu) – che però sanno incarnare bene lo spirito dei tempi (un certo ribellismo senza implicazioni politiche o sociali, il gusto postmoderno per l'ambientazione e i costumi, un onirismo lontanamente surreale: in definitiva una maniera facile e immediata di essere «diversi» senza appesantimenti ideologici). A sorpresa fu un grande successo di pubblico, anche in Italia. Indimenticabile lo stratagemma per non piangere mentre si taglia la cipolla.

Divano a New York, Un *½ (*Un Divan à New-York,* Belgio/Francia/Germania 1996, col, 100') Chantal Akerman. Con Juliette Binoche, William Hurt, Stéphanie Buttle, Barbara Garrick, Paul Guilfoyle, Richard Jenkins, Kent Broadhurst. ◆ Grazie a un annuncio sull'«Herald Tribune», un ricco psicoanalista in crisi (Hurt) si trasferisce a Parigi nella casa popolare di Béatrice (Binoche), a cui lascia il suo lussuoso appartamento a Manhattan: non aveva previsto che i suoi clienti la scambino per una analista (molto più simpatica di lui) né che il suo fascino sbarazzino finisca per farlo innamorare. Alle prese per la prima volta con una produzione ricca e attori famosi, l'originalità della Akerman finisce per essere schiacciata dalle regole codificate della commedia: i soprassalti di libertà narrativa (lo scontro tra il rigido psicoanalista e la variopinta popolazione del quartiere di Belleville, il «bagno» di Béatrice in Central Park) sono soffocati da una sceneggiatura prevedibile dove tutto rientra nei binari di un rigido montaggio alternato.

Divertiamoci stanotte ** (*On the Riviera,* Usa 1951, col, 90') Walter Lang. Con Danny Kaye, Gene Tierney, Corinne Calvet, Marcel Dalio, Jean Murat, Gwen Verdon. ◆ Un aviatore (Kaye) deve partire e chiede a un ballerino, suo sosia perfetto, di sostituirlo a una festa. Al ritorno sorgeranno mille equivoci. Svolgimento prevedibile ma brioso per il remake di *Folies Bergère* (1935, di Roy Del Ruth con Maurice Chevalier e Merle Oberon) e *Una notte a Rio* (1941).

Divertimenti della vita privata, I ** (Italia 1990, col, 88') Cristina Comencini. Con Delphine Forest, Christophe Malavoy, Giancarlo Giannini, Vittorio Gassman, Roberto Infascelli, Roberto Citran. ◆ Sullo sfondo della rivoluzione francese, una prostituta (Forest) accetta di assumere il ruolo di una signora altoborghese che le somiglia come una goccia d'acqua. Uno scambio temporaneo, che però diventa più di un gioco. Ambizioso e accuratissimo nei dettagli, il secondo film di una delle figlie del regista Luigi Comencini vorrebbe, al di là del gioco brillante dello scambio dei ruoli, affrontare anche discorsi più profondi (il finto moralismo della borghesia nascente, il ruolo «maschile» della cultura) ma risulta impacciato da una certa macchinosità della trama.

Divieto d'amore ** (*Happy Anniversary*, Usa 1959, b/n, 81') David Miller. Con David Niven, Mitzi Gaynor, Carl Reiner, Loring Smith, Patty Duke. ◆ Dopo tredici anni felici, il matrimonio di Alice e Chris (Gaynor e Niven) entra in crisi perché la nipote (Duke) svela durante uno show televisivo le scappatelle giovanili dello zio. Litigi e ripicche, ma l'arrivo di un bebè risolve tutto. Dalla commedia di Chodorov e Fields, un film senza troppe trovate ma piacevole.

Divina, La **½ (*The Goddess*, Usa 1958, b/n, 105') John Cromwell. Con Kim Stanley, Lloyd Bridges, Steven Hill, Betty Lou Holland, Patty Duke. ◆ Una ragazza cresciuta nei bassifondi (Stanley), pur di diventare una star, perde l'amore del marito e della figlia. Scritto, ispirandosi a Marilyn Monroe, da Paddy Chayefsky (che durante il montaggio impose al regista un taglio di 229), un melodramma coinvolgente e ben recitato da Bridges e dalla debuttante Stanley.

Divina commedia, La ** (*A Divina Comédia*, Portogallo/Francia 1991, col, 140') Manoel de Oliveira. Con Maria de Medeiros, Miguel Guilherme, Luís Miguel Cintra, Leonor Silveira, Diogo Doria, Paulo Matos, Maria Joïo Pires, Miguel Yeco, Carlos Gomes. ◆ I degenti di un manicomio odierno si credono figure bibliche o della letteratura: Sonya (de Medeiros) e Raskolnikov (Guilherme) rivivono *Delitto e castigo*, Lazzaro (Yeco) se ne va in giro con una bara in spalla, il profeta (Cintra) riflette sulla realtà della resurrezione, Adamo ed Eva (Gomes e Silveira) se ne stanno nudi in giardino. L'intreccio è ancora più pretestuoso che negli altri film del regista portoghese: qui i personaggi sono figurine di un privato dibattito sulla cultura occidentale, in cui si alternano Nietzsche, i Vangeli e la teosofia. L'ironia e le bizzarrie non mancano, l'idea del cinema-follia come resurrezione e replica all'infinito del proprio ruolo può essere suggestiva: ma occorre essere già iniziati all'arte del Maestro. Visto anche quanto dura il film, la pianista Pires ha modo di esibire la propria arte.

Divina creatura ** (Italia 1975, col, 115') Giuseppe Patroni Griffi. Con Laura Antonelli, Terence Stamp, Marcello Mastroianni, Michele Placido, Duilio Del Prete, Ettore Manni, Carlo Tamberlani, Cecilia Pozzi, Marina Berti. ◆ Nella Roma degli anni Venti il duca Dany di Bagnasco (Stamp) scopre che la ragazza borghese di cui è innamorato, Manoela Roderighi (Antonelli) frequenta un bordello a cui era stata iniziata dal cugino Michele Barra (Mastroianni). Si instaura allora un perverso triangolo che finirà solo con la fuga di Manoela a Parigi: Barra entrerà nelle Camicie nere mentre Bagnasco si ucciderà con la cocaina. Rivisitazione calligrafica e ridondante del romanzo *La divina fanciulla* di Luciano Zuccoli: non manca l'ironia (i cartelli che punteggiano l'azione alla maniera del muto) e il tentativo di leggere la storia di Manoela sotto una luce protofemminista (tanto che il finale tragico del romanzo è trasformato in una fuga liberatoria), ma l'interpretazione dell'Antonelli non sa dare spessore a quella che dovrebbe essere un'enigmatica donna oggetto. Così restano i costumi di Gabriella Pescucci, le scenografie di Fiorenzo Senese (che ha utilizzato anche i saloni di palazzo Rospigliosi a Roma) e una schiera di nobili veri (il principe Gaetano Torlonia, la marchesa Berlingieri, il principe Lanza di Trabia, la principessa Rita Jussupov, la duchessa Paula Martinez y Cabrera) ingaggiati come comparse.

Divine armonie **½ (Italia 1938, b/n, 110') Carmine Gallone. Con Fosco Giachetti, Gaby Morlay, Germana Paolieri, Camillo Pilotto, Cesco Baseggio, Maria Jacobini, Maria Cebotari, Carlo Tamberlani, Gustavo Serena. ◆ Respinto al Conservatorio di Milano, incerto nei suoi primi passi musicali e disperato per la morte di moglie e figli, Giuseppe Verdi (Giachetti) trova la forza di comporre il *Nabucco* grazie all'amore della soprano Giuseppina Strepponi (Morlay). È il suo primo successo, a cui fanno seguito un trionfo dietro l'altro fino alla débacle della *Traviata*. Verdi però non demorde e nel 1854 la ripresenta alla Scala: l'opera diventa l'emblema degli ideali risorgimentali e per l'autore è la consacrazione definitiva. La biografia musicale è la specialità di Gallone e qui, grazie anche alla sceneggiatura di Lucio D'Ambra, il regista affronta il genere con un gusto cinematografico e una accuratezza formale di alto livello per l'epoca: mentre musica e romanzo s'intrecciano in modo fluido, alcune sequenze puramente visive (come quella iniziale, quasi d'avanguardia) sottraggono il film al rischio del teatro filmato e lo proiettano nel vero e proprio melodramma al di là dei presupposti agiografici. Interessante ancora oggi per gli amanti del genere. In tutte le filmografie del regista, il film compare con il titolo *Giuseppe Verdi* che nei credits della pellicola è invece messo tra parentesi. Con Pierre Brasseur nella parte di Alexandre Dumas figlio e Beniamino Gigli in quella del tenore Mirate. Tra le comparse figura Gianni Agus.

Divoratori della giungla, I * (*Cannibal Attack*, Usa 1954, b/n, 69') Lee Sholem. Con Johnny Weissmuller, Judy Walsh, David Bruce, Bruce Cowling. ◆ Johnny (Weissmuller) riesce a smascherare una banda di contrabbandieri che si travestono da coccodrilli per rubare il cobalto. Primo dei tre film (con *La valle degli uomini luna* e l'inedito *Devil Goddess*) in cui il protagonista non si chiama più Jim della giungla ma Johnny, pur mantenendo struttura e ambientazioni dei film precedenti. Infantile.

Divorcing Jack ** (*Divorcing Jack*, Gb/Francia 1998, 110') David Caffrey. Con David Thewlis, Rachel Griffiths, Jason Isaacs, Laura Fraser, Richard Grant, Laine Megaw, Robert Lindsay, Kitty Aldridge, George Shane, Alan McKee. ◆ Alla vigilia delle elezioni che dovrebbero segnare la riappacificazione dell'Irlanda, il caustico giornalista Dan Starkey (Thewlis) si ritrova accusato della morte di una ragazza (Fraser), piantato dalla moglie (Megaw) e inseguito da colui (Isaacs) che lo crede in possesso di uno scottante segreto sul futuro primo ministro (Lindsay). Sceneggiato da Colin Bateman (che ha adattato un suo romanzo), un'opera prima che azzarda con humour tutto irlandese la contaminazione tra commedia sentimentale e thriller politico: i dialoghi sono brillanti, ma i due generi si fondono con una certa fatica (la prima parte è romantica, la seconda sanguinaria), e il film – ambientato nel futuro prossimo – finisce per rivelarsi un po' troppo programmatico. Non male, comunque, l'apparizione della «suora» in calze a rete e pistola (Griffiths). Il titolo rimanda alle ultime, indecifrabili parole della ragazza assassinata.

Divorzia lui, divorzia lei ** (*Divorce His – Divorce Hers*, Gb 1973, col, 80') Waris Hussein. Con Elizabeth Taylor, Richard Burton, Carrie Nye, Gabriele Ferzetti, Barry Foster. ◆ Una coppia sull'orlo del divorzio tenta la riconciliazione, trovandosi davanti imprevedibili ostacoli. Ideata per la tv, l'analisi superficiale e scontata di una crisi coniugale, con Burton e la Taylor scritturati *honoris causa* per il loro ménage burrascoso anche nella realtà. In originale 148'.

Divorzio, Il *½ (Italia 1969, col, 100') Romolo Guerrieri [Romolo Girolami]. Con Vittorio Gassman, Anna Moffo, Anita Ekberg, Nino Castelnuovo, Riccardo Garrone, Hélène Ronée, Massimo Serato, Francesco Mulé, Tiberio Murgia, Alessandro Momo. ◆ Afflitto dalla crisi di mezza età, un architetto (Gassman) decide di separarsi e andare in cerca di avventure. Salvo poi tornare sui suoi passi. Una commedia di costume tanto pretenziosa quanto prevedibile, con un Gassman eccessivamente sopra le righe.

Divorzio all'americana **½ (*Divorce American Style*, Usa 1967, col, 109') Bud Yorkin. Con Dick Van Dyke, Debbie Reynolds, Jason Robards, Jean Simmons, Van Johnson, Joe Flynn, Shelley Berman, Martin Gabel, Lee Grant, Pat Collins, Tom Bosley, Eileen Brennan. ◆ Il lauto stipendio di Richard (Van Dyke), divorziato dalla moglie Barbara (Reynolds), se ne va quasi tutto in alimenti. Un giorno conosce Nelson (Robards), nelle stesse condizioni, che lo presenta alla ex moglie Nancy (Simmons) sperando che la sposi e lo liberi dalle spese. Ma Richard non può risposarsi, a meno che Barbara a sua volta non trovi un nuovo marito che la mantenga. Un'esilarante satira hardboiled sul divorzio e le sue maglie burocratiche, scritta da Norman Lear e trasformata dal regista in una brillante commedia Hollywood style con l'immancabile happy end: se il divorzio è il tema sociale del momento, il matrimonio rimane la conclusione obbligata di qualsiasi commedia made in Usa. Indovinate le star in ruoli di contorno. Da ricordare che cinque anni prima *Divorzio all'italiana* di Germi aveva vinto l'Oscar come miglior film straniero.

Divorzio all'italiana ***½ (Italia 1961, b/n, 120') Pietro Germi. Con Marcello Mastroianni, Daniela Rocca, Stefania Sandrelli, Leopoldo Trieste, Odoardo Spadaro, Lando Buzzanca. ◆ Il barone Fefé Cefalù (Mastroianni), innamorato della giovane cugina (Sandrelli), spinge la moglie (Rocca) tra le braccia di un vecchio spasimante. Così potrà ucciderla e scontare una pena simbolica invocando il «delitto d'onore». Dietro la farsa divertente e grottesca, un affresco acuto della realtà siciliana ma anche un amaro pamphlet contro l'inciviltà dell'articolo 587 del codice penale. Grande prova di Mastroianni che inventò il tic del barone ispirandosi allo stesso Germi. La lavorazione venne funestata dalla paresi facciale che colpì il regista e dal tentato suicidio della Rocca, innamorata di Germi. Grande successo internazionale (con conseguente «esportazione» di tanti stereotipi sulla Sicilia): premio per la miglior commedia a Cannes e Oscar per la sceneggiatura a Germi, Ennio De Concini e Alfredo Giannetti. Rita Savagnone doppiò sia la Sandrelli che Daniela Rocca.

Divorzio stile New York *½ (*One-Trick Pony*, Usa 1980, col, 98') Robert M. Young. Con Paul Simon, Blair Brown, Rip Torn, Joan Hackett, Lou Reed, The B-52's, Harry Shearer, Sam and Dave, Tiny Tim, The Lovin' Spoonful, Daniel Stern. ◆ Una rockstar in crisi (Simon) tenta di salvare il suo matrimonio e di riconquistare il pubblico. Scritto con elementi autobiografici dallo stesso Simon (ex componente del duo Simon & Garfunkel, anche autore della colonna sonora), un film fiacco, compromesso anche dalla mancanza di carisma del protagonista.

Django *½ (Italia 1966, col, 97') Sergio Corbucci. Con Franco Nero, Josè Bodalo, Loredana Nusciak, Angel Alvarez, Jimmy Douglas [Gino Pernice]. ◆ Nel Messico dell'Ottocento, Django (Nero) – che gira trascinandosi una bara – vendica la morte della moglie inseguendo e uccidendo il suo assassino. Un western all'italiana che si distingue dagli altri per l'eccesso di violenza e di sadismo (per altro limato nelle versioni che circolano oggi) e che segnò la trasformazione di questo sottogenere verso altre strade (che niente avevano più a vedere con il West). Per il resto, Corbucci rifà il verso a Leone e Nero (qui al primo ruolo importante) a Clint Eastwood. Ma nonostante i difetti, il budget modesto e il cast di sconosciuti, fu a sorpresa un grande successo internazionale. Esordio come produttore di Franco Rossellini. Il nome del protagonista divenne subito famoso e fu riutilizzato in altri quattro film (tre italiani e uno spagnolo, *Django cacciatore di taglie* di León Klimowsky), ma con attori differenti. Franco Nero, invece, attese 21 anni per interpretare il numero 2.

Django 2 – Il grande ritorno * (Italia 1987, col, 99') Ted Archer [Nello Rossati]. Con Franco Nero, Christopher Connelly, Donald Pleasence, Licia Lee, Robert Posse. ◆ Dopo anni passati in convento, Django (Nero) deve disseppellire le sue pistole e andare alla ricerca della figlia rapita. Ambientato nella giungla colombiana, un western pieno di luoghi comuni: sarebbero già stati scontati ai tempi del primo Django.

Django il bastardo * (Italia 1969, col, 102') Sergio Garrone. Con Anthony Steffen [Antonio De Teffé], Rada Rassimov, Paolo Gozlino, Lu Kamante, Furio Meniconi. ◆ Finita la guerra di Secessione, Django (Steffen) si vendica di chi l'aveva tradito quando era nell'esercito sudista. Approssimato anche come spaghetti-western. Gozlino, ex ballerino tv, fa ridere come cattivo.

Django sfida Sartana * (Italia 1970, col, 98') William Redford [Pasquale Squitieri]. Con George [Giorgio] Ardisson, Tony Kendall [Luciano Stella], José Torres, Doro Corrà, John Alvar. ◆ Django (Kendall) prima sfida Sartana (Ardisson) credendolo colpevole della morte del fratello, poi si allea con lui per cercare il vero assassino. Nell'inconfondibile paesaggio laziale, uno spaghetti-western tutto già visto.

Django spara per primo * (Italia 1967, col, 97') Alberto De Martino. Con Glen Saxon, Evelyn Stewart [Ida Galli], Fernando Sancho, Nando Gazzolo, Alberto Lupo. ◆ Il pistolero Glenn Garwin detto Django (Saxon) stavolta è alle prese con un banchiere corrotto (Gazzolo) che ha diffamato suo padre e ne ha provocato la morte. Un western all'italiana che si sforza inutilmente di dire qualcosa di nuovo. Lupo e Gazzolo assolutamente fuori posto.

D.O.A. (di Rudolph Maté) → *Due ore ancora*

D.O.A. (Cadavere in arrivo) *½ (*D.O.A.*, Usa 1988, col, 98') Rocky Morton, Annabel Jankel. Con Dennis Quaid, Meg Ryan, Charlotte Rampling, Daniel Stern, Christopher Neame, Jay Patterson. ◆ Un professore universitario (Quaid) si trova accusato di due delitti e scopre di avere nel sangue un veleno che uccide lentamente: gli restano solo ventiquattr'ore per trovare il bandolo della matassa. Dai creatori del personaggio televisivo Max Headroom, un remake confuso e stilisticamente troppo compiaciuto di *Due ore ancora*, diretto nel 1950 da Rudolph Mate e già rifatto nel 1969 da Eddie Davis come *L'uomo che doveva uccidere il suo assassino*.

Dobermann * (*Dobermann*, Francia 1997, col, 101') Jan Kounen. Con Vincent Cassel, Monica Bellucci, Tcheky Karyo, Dominique Bettenfeld, Romain Duris, Chick Ortega. ◆ Con una pupa sordomuta (Bellucci) e un codazzo di delinquenti mistici, cinofili o travestiti al seguito, il superladro Dobermann (Cassel) sfida il sadico poliziotto Christini (Karyo). Tratto da un fumetto (di Joel Hussin, anche sceneggiatore), con una struttura narrativa elementare come quella di un gameboy, uno stile da spot e una cattiveria fasulla da disegno animato: l'eurocinema dà il peggio quando vuole imitare quello americano. Con immeritato (visto il pulpito) sberleffo ai *Cahiers du cinéma*, usati come carta igienica. In confronto Luc Besson è Ingmar Bergman.

Doc **½ (*Doc*, Usa 1971, col, 96') Frank Perry. Con Stacy Keach, Faye Dunaway, Harris Yulin, Mike Witney, Denver John Collins ◆ 1881, Tombstone (Arizona). La rivalità tra i fratelli Earp, spalleggiati dal mitico pistolero Doc Holliday (Keach), e la famiglia Clanton si conclude, il 26 ottobre 1881, con la «sfida dell'O.K. Corral» e con una strage. Scritto da Pete Hamill, è un western che concede alla moda del tempo la voglia di demistificare il mito (la sfida sarebbe stata una trappola preparata da Earp), ma che ricostruisce meglio di ogni altro film la realtà storica dello scontro (il quale sarebbe durato poco più di un minuto) e che sa ancora sedurre con le sue scelte cromatiche che privilegiano la penombra e i toni quasi seppiati, contro la tradizione dei colori eclatanti del western classico.

Doc Hollywood – Dottore in carriera * (*Doc Hollywood*, Usa 1991, col, 103') Michael Caton-Jones. Con Michael J. Fox, Julie Warner, Woody Harrelson, Barnard Hughes, David Ogden Stiers. ◆ Un giovane medico (Fox) parte per Hollywood sognando un posto in una clinica di chirurgia plastica; per un guasto si ferma in un paesello della Carolina del Sud e finisce per rimanervi. Tremenda parabola sullo yuppie pentito che decide di dedicarsi al bene del prossimo: Fox ha il fisico (e la faccia da schiaffi) del ruolo, l'inglese Caton-Jones invece non ha la mano per la commedia.

Docks di New Orleans, I * (*Docks of New Orleans*, Usa 1948, b/n, 64') Derwin Abrahams. Con Roland Winters, Mantan Moreland, Sen Yung, Virginia Dale, John Gallaudet, Carol Forman, Douglas Fowley. ◆ Charlie Chan (Winters) dà la caccia a un feroce criminale che si è nascosto in una nave carica di pericolosi prodotti chimici all'àncora nel porto di New Orleans. Rifacimento del film *La morte invisibile* (di William Neigh, 1938) dove il protagonista, il criminologo Mr. Wong (Karloff), qui diventa Charlie Chan.

Doc Savage, l'uomo di bronzo *½ (*Doc Savage: The Man of Bronze*, Usa 1975, col, 100') Michael Anderson. Con Ron Ely, Michael Miller, Darrell Zwerling, Eldon Quick, Pamela Hensley, Paul Wexler. ◆ 1936: con l'aiuto di cinque amici scienziati Doc Savage (Ely), una specie di Superman, va in Sudamerica e combatte contro i criminali che lo vogliono privare della preziosa eredità del padre. Dai racconti di Kenneth Robeson, che creò il personaggio nel 1933, un film volutamente ingenuo, girato come fosse un fumetto. Funzionali le musiche di Philip Sousa. È l'ultimo impegno del produttore ungherese George Pal.

Doctor Cyclops → *Dr. Cyclops*

Doctor Detroit *½ (*Doctor Detroit*, Usa 1983, col, 89') Michael Pressman. Con Dan Aykroyd, Howard Hesseman, George Furth, Donna Dixon, James Brown. ◆ Un tranquillo professore (Aykroyd) si trova coinvolto suo malgrado nel mondo della malavita. Da una storia di Bruce Jay Friedman, un film che non riesce a essere divertente quanto promette. Dopo le riprese, Aykroyd ha sposato la coprotagonista Dixon.

Doctor Glas ** (*Doctor Glas*, Danimarca 1967, b/n, 89') Mai Zetterling. Con Per Oscarsson, Lone Hertz, Ulf Palme, Bente Dessau. ◆ La moglie del pastore Gregorius chiede al dottor Glas (Palme) di convincere il marito a lasciarla. Il medico farà di più: ucciderà l'uomo, finendo però tormentato dai rimorsi. Tratto dal romanzo di Hjalmar Söderberg, un film lento e artificioso per il ricercato intellettualismo, riscattato solo dalla appassionata interpretazione di Ulf Palme.

Doctor M *½ (*Dr. M*, Francia/Rft/Italia 1990, col, 116') Claude Chabrol. Con Alan Bates, Jan Niklas, Jennifer Beals, Hanns Zischler, Daniela Poggi. ◆ Berlino anni Novanta: un'ondata di suicidi percorre la metropoli tedesca. Responsabile è il Dr. Marsfeldt (Bates), cervello di un'organizzazione che, in vista di una «soluzione finale», ipnotizza le vittime con l'immagine della bella Sonja (Beals) trasmessa dal suo network. Sviluppo fiacco, qualche oscurità ma anche una certa dose di fascino sinistro per un film che, in parte evocandone l'atmosfera, riprende i Mabuse di Lang e sviluppa il tema del controllo sugli individui in un moderno contesto massmediologico di sapore orwelliano.

Dodes'ka-den *** (*Dodès'ka-dèn*, Giappone 1970, col, 140') Akira Kurosawa. Con Yoshitaka Zushi, Tomoko Yamazaki, Hiroshi Akutagawa, Noboru Mitani. ◆ Ritratto della società contemporanea giapponese e degli emarginati, diseredati e disadattati da essa prodotti. Otto episodi per otto situazioni di dolore: il barbone lascia morire il proprio figlio; un quindicenne gira la bidonville alla guida di un tram immaginario (e continua a ripetere il suono onomatopeico con cui imita il rumore delle ruote sui binari e che dà il titolo al film); l'impiegato vittima della moglie bisbetica; un marito si rifiuta di parlare alla moglie; due operai ubriaconi si scambiano le mogli; lo zio violenta la nipote che si vendica su un coetaneo, l'unica persona che le aveva dimostrato un po' d'umanità; il marito di una moglie infedele ama i cinque figli come fossero suoi; a un artigiano è rimasta solo l'ironia per parare i colpi della sfortuna. Tratto dal romanzo di Shugoro Yamamoto *La città senza stagioni*, il film è la summa delle opere sociali del regista, nonché sua prima pellicola a colori, ai quali dà un forte valore simbolico (il contrasto violento di rossi, gialli e neri evoca l'ebbrezza dell'alcol; la nipote è violentata su un tappeto di fiori scarlatti). L'originalissima fusione di iperrealismo e fantasia, il ritmo lento e ripetitivo con cui descrive questo mondo di reietti, gli eccessi (di follia, di violenza ma anche di bontà) che dimostrano i suoi personaggi, i toni farseschi usati nel descrivere la miseria sconcertarono il pubblico: il film fu un fallimento e per questo motivo il regista tentò il suicidio.

Dodge City → *Avventurieri, Gli*

12ª notte, La ** (*Twelfth Night*, Gb/Usa 1996, col, 133') Trevor Nunn. Con Imelda Staunton, Helena Bonham Carter, Toby Stephens, Stephen Mackintosh, Richard E. Grant, Nigel Hawthorne, Ben Kingsley, Mel Smith. ◆ Scampata a un naufragio, Viola (Staunton) si traveste da uomo per mettersi al servizio del duca Orsino (Stephens) e prende il nome di Cesario: Orsino è innamorato di Olivia (Bonham Carter), Olivia s'innamora di Cesario, Cesario del duca, finché l'arrivo di Sebastian (Mackintosh), fratello gemello di Viola creduto morto nel naufragio, permetterà la formazione di coppie «regolari». Dall'omonimo testo shakespeariano, sceneggiato dal regista e trasposto in Cornovaglia in epoca vittoriana, quando il sesso era tabù, una commedia degli equivoci (sessuali) che ha i suoi punti di forza nel geniale intreccio d'origine e nell'eclettico cast, con un magnetico Kingsley nel ruolo del buffone Feste. Purtroppo Nunn esagera con la regia, sprecando intere sequenze e concitati movimenti di macchina per far vedere che sa fare anche il cinema: ma l'insieme è inesorabilmente teatrale e la noia, nonostante Shakespeare, è spesso in agguato.

Dodici donne **½ (*Elles étaient douze femmes*, Francia 1940, b/n, 80') Georges Lacombe. Con Gaby Morlay, Françoise Rosay, Micheline Presle, Betty Stockfeld, Blanchette Brunoy, Simone Berriau, Simone Renant, Mila Parély, Marion Delbo, Primerose Perret, Paméla Stirling, Nina Myral. ◆ Un gruppo di signore della buona borghesia vuole fondare un'associazione benefica per aiutare gli uomini al fronte, ma per farlo deve chiedere l'aiuto della ricca e chiacchierata madame Marion (Morlay), che vive sola con la figlia Geneviève (Brunoy). Costrette a frequentarsi, molte donne si ricrederanno di fronte alla generosità e alla correttezza di madame Marion e nonostante le insinuazioni di una di loro (Renant), madame Bernier (Berriau) chiederà la mano di Geneviève per suo figlio. Interpretato solo da attrici femmine (come *Donne* di Cukor) questo ironico e acido ritratto di gruppo sottolinea l'ipocrisia e la cattiveria di un certo mondo aristocratico, fiero dei propri privilegi e dei propri pregiudizi. Sceneggiato da Yves Mirande, il film evita di cadere nella misoginia allora convenzionale e piuttosto rivela un'amarezza e una disillusione indicativi del generale stordimento di quei tempi (fu girato e distribuito nei primi mesi di guerra quando la sconfitta non era ancora evidente ma incombeva già, tanto che oggi questo film ci appare come una specie di testamento premonitore). Straordinaria la scena iniziale, quando le donne si trovano attorno a un tavolo nel rifugio antiaereo e le maschere antigas impediscono di capire quello che dicono.

Dodici lo chiamano papà ** (*Cheaper by the Dozen*, Usa 1950, col, 85') Walter Lang. Con Clifton Webb, Myrna Loy, Jeanne Crain, Mildred Natwick, Edgar Buchanan. ◆ La movimentata vita familiare di Frank e Lillian (Webb e Loy), una coppia con dodici figli. Una commedia divertente ed edificante, con un seguito: *Ragazze alla finestra* (1952) di Henry Levin.

12 metri d'amore ** (*The Long, Long Trailer*, Usa 1954, col, 96') Vincente Minnelli. Con Lucille Ball, Desi Arnaz, Marjorie Main, Keenan Wynn, Moroni Olsen. ◆ Una giovane coppia (Ball e Arnaz) decide di trascorrere la luna di miele su un'ingombrante roulotte, andando incontro a tutta una serie di disavventure. Dal romanzo di Clinton Twiss, una commedia sui miti del consumismo americano con due protagonisti collaudati (Ball e Arnaz erano già stati coniugi in un famoso programma tv): insolita, per un regista raffinato come Minnelli, la scelta «realistica» e tutto sommato «volgare» della messa in scena (la Ball finisce spesso nel fango, o coperta di uova, farina e altri alimenti). Con una breve apparizione di Liza Minnelli bambina.

Dogfight – Una storia d'amore *** (*Dogfight*, Usa 1991, col, 95') Nancy Savoca. Con River Phoenix, Lili Taylor, Richard Panebianco, Mitchell Whitfield, Anthony Clark, Holly Near, E.G. Daily. ◆ Nel 1963, alla vigilia della partenza per il Vietnam, Eddie Birdlace (Phoenix) e i suoi amici Okie (Clark), Berzin (Panebianco) e Benjamin (Whitfield) organizzano una gara di caccia alla racchia (*dog* in inglese): vince chi invita la ragazza più brutta. Ma Eddie finirà con l'innamorarsi della timida e sgraziata Rose (Taylor). Un ritratto generazionale fuori dalle convenzioni che smaschera molti dei miti dei «favolosi anni Sessanta» a cominciare dalla figura di Kennedy e dall'ingenuità di una nazione mandata a morire in Vietnam (come ben spiega il ragionamento sulla necessità di credere alle balle altrui, presupposto e conseguenza del bisogno di inventarsi bugie). Scritto da Bob Comfort, il film descrive, senza rabbia ma con una lucidità inesorabile (e proprio per questo ancor più tagliente), il vuoto morale di tutta una generazione, educata nel mito della propria superiorità (fisica ed estetica, soprattutto) e indifferente alla sensibilità e ai sentimenti altrui. Se la regia è corretta e niente più, la prova dei giovani attori, specie di Phoenix e della Taylor, è invece intensa e commovente. Suggestiva la colonna sonora dove si sentono tra gli altri Van Morrison, Joan Baez, Muddy Waters, Woody Guthrie e Bob Dylan. Mai uscito nei cinema, da recuperare assolutamente in cassetta.

Dolce ala della giovinezza, La *** (*Sweet Bird of Youth*, Usa 1962, col, 120') Richard Brooks. Con Paul Newman, Geraldine Page, Shirley Knight, Ed Begley, Rip Torn, Mildred Dunnock, Madeleine Sherwood, Philip Abbott, Corey Allen. ◆ Chance Wayne (Newman), diventato gigolò di un'attrice ormai in declino, Alessandra Del Lago (Page), nella speranza di sfondare nel mondo del cinema, torna al suo paese d'origine pensando di sposare Heavenly (Knight), figlia di un boss locale. Ma deve combattere l'ostilità del padre (Begley) e subire la vendetta del fratello (Torn) di lei, deciso a fargli pagare il fatto di aver messo incinta la sorella e averla abbandonata, spingendola ad abortire. Liberamente ispirato al dramma omonimo di Tennessee Williams (che considerava il film «probabilmente migliore» della pièce), fu ammorbidito nella sua crudezza dalla censura (la malattia venerea trasmessa da Chance che rende sterile Heavenly è sostituita da un aborto; la castrazione finale da parte del fratello di lei diventa uno sfregio sul volto) e dalla Mgm che impose un finale ottimista (Heavenly raggiunge Chance dopo il pestaggio e decide di stare con lui). Resta comunque un grande affresco sull'America sudista, sul sesso e sulla sconfitta, sull'alcolismo e la corruzione, interpretato da attori magistrali. Oscar a Ed Begley come non protagonista. Girato in CinemaScope (quindi in televisione perde molto). Newman, la Page, Torn e la Sherwood l'avevano già interpretato in teatro (1959) con la regia di Elia Kazan.

Dolce domani, Il **½ (*The Sweet Hereafter*, Canada 1997, col, 112') Atom Egoyan. Con Ian Holm, Sarah Polley, Bruce Greenwood, Tom McCamus, Brooke Johnson, Gabrielle Rose, Maury Chaykin, Arsinée Khanjian, Alberta Watson, David Hemblen, Caerthan Banks. ◆ A Sam Dent, sperduta località della Columbia Britannica, quattordici bambini sono morti nell'incidente del bus scolastico, e l'avvocato Mitchell Stephens (Holm) si presenta ai genitori delle vittime per convincerli a fare causa: è un mostro di cinismo o la cartina al tornasole dei sensi di colpa di una comunità, nella quale si nascondono segreti innominabili come quello di Nicole (Polley), rimasta paralizzata nel disastro? Sceneggiando il romanzo omonimo di Russell Banks, il regista di *Exotica* ha cercato una via d'uscita dal suo mondo claustrofobico e ossessivo e ha scavato dentro emozioni vere (il dolore, la perdita, il senso della propria inadeguatezza) di cui il cinema parla di rado, senza peraltro rinunciare alla struttura a enigmi e agli intrecci temporali tipici delle opere precedenti. Ne è uscito un film assai complesso e pieno di sfumature, ma anche raggelato in una forma così levigata da produrre un effetto distanziante (la fotografia è di Paul Sarossy). E se Egoyan sa sfiorare con suggestione il tema del disgregarsi terribile dell'esistenza, si sente in dovere di ricamarci sopra con inutili quanto arcane sottolineature simboliche (come la ricorrente citazione dalla *Ballata del Pifferaio magico* di Browning).

Dolce è la vita ** (*Life is Sweet*, Gb 1990, col, 103') Mike Leigh. Con Alison Steadman, Jim Broadbent, Claire Skinner, Stephen Rea, Jane Horrocks. ◆ Modesta follia e squallore quotidiano della lower middle class inglese: attorno ai coniugi Wendy ed Andy (Steadman e Broadbent) si agitano compagni di sbronze, gastronomi che aprono ristoranti destinati al fallimento immediato e figlie sessualmente precoci. Un ritratto implacabile «capace di conciliare la freddezza di uno sguardo comportamentale con la ferocia della denuncia caricaturale» per raccontare un gruppo di personaggi che sognano più di quanto vivano e che non vogliono rassegnarsi a perdere l'illusione di una vita migliore. Iperrealismo quotidiano sulla scia di Ken Loach: straparlato, sgradevole, grottesco e ovviamente antithatcheriano. Bella la sobria fotografia di Dick Pope.

Dolce Emma, cara Böbe *** (*Edes Emma, droge Böbe*, Ungheria 1991, col, 95') István Szabó. Con Johanna Ter Steege, Eniko Börcsök, Peter Andorai, Eva Kerekes, Erzsi Pastzor. ◆ A Budapest, dopo la caduta dell'impero sovietico, due insegnanti di russo sono costrette a imparare l'inglese per tutelare il loro posto di lavoro. Emma (Ter Steege) arrotonda lo stipendio prestando servizio come domestica in una ricca famiglia. Böbe (Börcsök), coinvolta in un giro di droga e prostituzione, viene arrestata. Tornata in libertà, si suicida, mentre l'amica finirà per fare la venditrice ambulante di quotidiani. L'Ungheria disorientata, ferita, allo sbando: Szabó non rimpiange il passato, ma analizza e condanna con spietata lucidità il presente di una generazione «di mezzo», stretta tra l'inganno di un guadagno facile, sganciato da qualsiasi consapevolezza storica, e l'illusione di poter vivere dignitosamente ai margini della neonata frenesia consumistica. Permeato di un pessimismo con scarse vie d'uscita, *Dolce Emma, cara Böbe* «sbanda» anche nello stile, volutamente disomogeneo, claustrofobico e convulso, che alterna incubi notturni e squarci da commedia, voci fuori campo e siparietti teatrali.

Dolce far niente * (*Dolce Farniente*, Francia/Italia/Romania 1998, col, 106') Nae Caranfil. Con François Cluzet, Isabella Ferrari, Margherita Buy, Giancarlo Giannini, Pierfrancesco Favino, Teresa Saponangelo, Francesco Domenidò, Marco Cavicchioli. ◆ 1816: bloccato a Terracina, Henri Beyle non ancora Stendhal (Cluzet) incrocia il furbo Rossini (Favino), ha sfortuna come seduttore e si mette nei guai con la polizia pontificia in quanto ospite di un conte bonapartista

(Giannini) amico dei briganti. Dal romanzo *La commedia di Terracina* di Frédéric Vitoux, adattato dal regista, un improbabile bozzetto all'insegna di un folclorismo da sceneggiato tv. Modesti aneddoti e recitazione anacronistica di quasi tutto il cast: Beyle non è un paradigma dell'impotenza dell'intellettuale, è solo un babbeo finito nel film sbagliato.

Dolce film → *Sweet Movie*

Dolce inganno ** (*Quality Street*, Usa 1937, b/n, 84') George Stevens. Con Katherine Hepburn, Franchot Tone, Fay Bainter, Cora Witherspoon, Estelle Winwood, Helena Grant, Florence Lake, Joan Fontaine, Eric Blore. ◆ Inghilterra, inizio del secolo scorso: convinta di essere troppo zitella per riconquistare l'uomo che ama (Tone) dopo che lui ha passato dieci anni in guerra, Phoebe Throssel (Hepburn) si «trasforma» nella più giovane e spumeggiante «cugina Livvy»: farà strage di cuori, ma scoprirà anche che la zitella Phoebe non è poi così disprezzata. Tratto da una pièce di James M. Barrie, una commedia decisamente improbabile, sorretta solo dalla mercuriale prova della protagonista e dalla colorita caratterizzazione dei comprimari (a partire dalla sorella Susan [Bainter] e dalla invadente vicina [Winwood]). Remake di un film del 1927 con Marion Davies (*Quality Street*, di Sidney Franklin).

Dolce mattatoio → *Spell - Dolce mattatoio*

Dolce novembre ** (*Sweet November*, Usa 1968, col, 114') Robert Ellis Miller. Con Sandy Dennis, Anthony Newley, Theodore Bikel, Burr DeBenning, Sandy Baron. ◆ Condannata da un male incurabile, la giovane Sara (Dennis) decide di trascorrere il tempo che le resta da vivere cambiando un uomo al mese. Ma poi incontra Charles, e si innamora. Da una storia di Herman Raucher, una commedia divertente e toccante, anche se poco plausibile.

Dolce viaggio, Un **½ (*Le Voyage en douce*, Francia 1979, col, 98') Michel Deville. Con Geraldine Chaplin, Dominique Sanda, Jacques Zabor, Valerie Masterson. ◆ In crisi con il marito, Lucie (Chaplin) parte con una sua compagna d'infanzia, Hélène (Sanda). Si libererà dalla depressione, dopo aver però contagiato l'amica. Pervasa di sottile erotismo, l'ambigua storia di un viaggio alla ricerca dei ricordi e delle dolcezze perdute è raccontato da Deville con grazia e delicatezza. Per ricostruire il complesso percorso psicologico di queste due donne, il regista ha rielaborato suggestioni e idee di quattordici scrittori contemporanei, ognuno dei quali ha contribuito a un momento della sceneggiatura (con un ricordo, una scena, un'immagine mentale).

Dolce vita, La **** (Italia 1960, b/n, 173') Federico Fellini. Con Marcello Mastroianni, Anita Ekberg, Anouk Aimée, Yvonne Furneaux, Alain Cuny, Annibale Ninchi, Walter Santesso, Riccardo Garrone, Renée Longarini, Enzo Cerusico, Valeria Ciangottini, Lex Barker, Jacques Sernas, Nadia Gray, Magali Noël, Nico [Christa Paffgen], Adriano Celentano, Fabrizio Capucci, Leonida Repaci, Eugenio Ruspoli, Doris Pignatelli, Franco Rossellini, Gianfranco Mingozzi, Giuliana Lojodice, Umberto Orsini, Liana Orfei. ◆ Dopo aver rinunciato alle ambizioni letterarie, il giornalista Marcello Rubini (Mastroianni) si muove con superficialità e insoddisfazione nel mondo convulso che ruota intorno a via Veneto: tra gli altri incontrerà Steiner (Cuny), uno scrittore che durante una crisi si suiciderà; una diva americana (Ekberg) che finirà per fare un bagno nella fontana di Trevi; una congrega di nobili che lo coinvolgerà in un festino osé e, all'alba, una ragazzina sulla spiaggia (Ciangottini) nei cui occhi innocenti Marcello riesce a vedere un po' di speranza. Da un soggetto di Fellini, Tullio Pinelli ed Ennio Flaiano, un affresco composito di un mondo senza più nessun punto di riferimento, «un viaggio nella notte, durante il sonno della ragione, attraverso una civiltà corrotta e putrescente nella quale tutto crolla di schianto, valori autentici e falsi miti, tradizioni secolari e convinzioni nate appena ieri». Dopo i fischi alla prima milanese, il film scatenò polemiche accesissime, che videro scendere in campo contro Fellini l'*Osservatore romano* (un articolo si intitolava *Basta!*, un altro chiamava il film *Sconcia vita* e pare siano stati scritti da Oscar Luigi Scalfaro), i missini e la Dc, oltre a numerosi nobili. Palma d'oro a Cannes e Oscar a Piero Gherardi per i costumi. Ben presto divenne un cult-movie anche all'estero, diffondendo l'uso di neologismi come «paparazzo».

Dolci inganni, I ** (Italia/Francia 1960, b/n, 95') Alberto Lattuada. Con Catherine Spaak, Christian Marquand, Jean Sorel, Oliviero Prunas, Juanita Faust, Marilù Tolo, Giacomo Furia. ◆ L'educazione sentimentale della sedicenne benestante Francesca (Spaak), dalle confidenze con le compagne di scuola all'amicizia con Renato (Sorel) fino alla prima esperienza con un maturo architetto (Marquand). Commedia intimista che affronta con mano sensibile i temi dell'educazione sessuale e dell'universo dei teen-ager. Feroci i tagli della censura, rientrati solo in parte dopo l'assoluzione dall'accusa di oscenità: in origine il film durava 1029. Piccolissima parte per Donatella Raffai, trent'anni prima di *Chi l'ha visto?*

Dolci signore, Le *½ (Italia 1967, col, 116') Luigi Zampa. Con Ursula Andress, Virna Lisi, Claudine Auger, Marisa Mell, Jean-Pierre Cassel, Frank Wolff, Lando Buzzanca, Mario Adorf, Vittorio Caprioli, Luciano Salce, Franco Fabrizi, Lia Zoppelli, Nello Pazzafini. ◆ I problemi e le confidenze di quattro signore borghesi. Luisa (Lisi) è ricattata per una relazione extraconiugale, Anna (Andress) è ossessionata da un sogno erotico ricorrente, Paola (Mell) pensa di dedicarsi allo striptease, Esmeralda (Auger) è perseguitata da un corteggiatore. Dietro l'apparente satira di costume, una commedia che punta più sulle scene licenziose che sull'ironia. Molte cadute, interpreti scoloriti.

Dolci vizi al foro **½ (*A Funny Thing Happened on the Way to the Forum*, Usa 1966, col, 99') Richard Lester. Con Zero Mostel, Buster Keaton, Phil Silvers, Michael Crawford, Jack Gilford, Annette André, Michael Hordern, Leon Greene. ◆ Nell'antica Roma lo schiavo Pseudolus (Mostel), per guadagnarsi la libertà, aiuta il padrone (Crawford) a conquistare la donna (André) di cui è innamorato che però un mercante (Silvers) ha già promesso a un torvo e trionfante Generale (Greene). Da un musical di Burt Shevelove e Larry Gelbart che aveva liberamente manipolato spunti e personaggi mutuati dalle commedie di Plauto (interpretato anche a Broadway da Mostel), il primo film prodotto in America dall'inglese Lester, ricco di scene divertenti, con una pregevole colonna sonora di Stephen Sondheim. È la penultima interpretazione di Keaton, che interpreta il saggio Erronius.

Dollari che scottano **½ (*Private Hell 36*, Usa 1954, b/n, 81') Don Siegel. Con Ida Lupino, Steve Cochran, Howard Duff, Dean Jagger, Dorothy Malone. ◆ Durante un'inchiesta, il poliziotto Cal Bruner (Cochran) si impossessa di una parte di una somma rubata, costringendo il collega Jack Farnham (Duff) a tacere. Ma sulle tracce dei soldi ci sono altri poliziotti. Scritto e prodotto da Collier Young e Ida Lupino (che qui interpreta una cantante di night con cui Cal vorrebbe fuggire e che canta *Didn't You Know*), è un film che sa utilizzare a proprio vantaggio le ristrettezze del budget: Siegel punta tutto sulle scene d'azione e di violenza, girate e montate con uno stile nervoso e tranciante, e lascia in secondo piano i risvolti psicologici della storia, così da far emergere una «contiguità» fisica ma anche (im)morale tra gangster e poliziotti, in precario equilibrio sul filo che divide il Bene dal Male (come appunto succede a Jack che quasi non s'accorge di essersi trasformato in un bandito).

Dollari sporchi **½ (*Dead Presidents*, Usa 1995, col, 115') Albert e Allen Hughes. Con Larenz Tate, Keith David, Chris Tucker, Rose Jackson, Bokeem Woodbine, N'Bushe Wright. ◆ L'educazione di Anthony Curtis (Tate), dal Bronx al Vietnam fino al difficile ritorno da reduce, quando per disperazione deciderà di rapinare un furgone blindato con una banda male assortita di ex commilitoni. Un passo avanti, per gli Hughes Brothers (coautori del soggetto con Michael Henry Brown) rispetto al semplicismo di *Nella giungla di cemento*: la tesi dei neri costretti alla violenza è sempre la stessa, ma il tasso di retorica si abbassa, il racconto ha il respiro di una saga e i personaggi di contorno, come lo psicopatico Cleon (Woodbine) che tornato a New York fa il predicatore, sono interessanti. E anche i frequenti pugni nello stomaco non sono gratuiti. Le (poche) musiche originali sono di Danny Elfman, la fotografia di Lisa Rinzler. Martin Sheen è il giudice, Seymour Cassel il macellaio.

Dollaro di fifa, Un * (Italia 1960, col, 90') Giorgio Simonelli. Con Ugo Tognazzi, Walter Chiari, Mario Carotenuto, Dominique Boschero, Hélène Chanel, Aroldo Tieri. ◆ Nel Far West due attorucoli, Alamo e Mike (Tognazzi e Chiari) vivono imbrogliando la gente. Un vizio che li metterà nei guai. La voglia di parodia è solo nel titolo, il resto sono «bambocciate da dimenticare».

Dollaro d'onore, Un **** (*Rio Bravo*, Usa 1959, col, 141') Howard Hawks. Con John Wayne, Dean Martin, Ricky Nelson, Angie Dickinson, Walter Brennan, Ward Bond, John Russell, Claude Akins. ◆ A Rio Bravo, lo sceriffo John T. Chance (Wayne) arresta per omicidio Joe Burdette ma deve fare i conti con la banda del fratello Nathan (Russell), un ricco e prepotente proprietario terriero. Lo aiutano solo un vicesceriffo ubriacone (Martin), che saprà trovare la forza di riscattarsi, un vecchietto (Brennan), un ragazzo (Nelson) e una bella avventuriera (Dickinson). Sceneggiato da Jules Furthman e Leigh Brackett da un racconto di B.H. McCampbell (in realtà il figlio di Hawks), ben ritmato dalle musiche di Dimitri Tiomkin (che rielabora il popolarissimo tema del *deguello*) è una summa perfetta del genere western e dei temi cari a Hawks: le dinamiche (morali) che si scatenano all'interno del gruppo, il ruolo pedagogico degli anziani, la nostalgia di una passata integrità, l'orgoglio del professionista per il suo lavoro ben fatto, le schermaglie virili. Parafrasato da Carpenter in *Distretto 13 – Le brigate della morte*.

Dolls – Bambole *½ (*Dolls*, Usa 1987, col, 77') Stuart Gordon. Con Ian Patrick Williams, Carolyn Purdy-Gordon, Carrie Lorraine, Guy Rolfe, Hilary Mason. ◆ In una villetta isolata, un vecchio giocattolaio e la moglie trasformano coloro che si avvicinano in bambole assassine. Un horror che saccheggia spunti dai suoi predecessori. Ma funziona abbastanza.

Dolly's Restaurant *** (*Heavy*, Usa 1995, col, 103') James Mangold. Con Pruitt Taylor Vince, Liv Tyler, Shelley Winters, Deborah Harry, Joe Grifasi, Evan Dando, David Patrick Kelly. ◆ La studentessa Callie (Tyler) viene assunta come cameriera in una deprimente pizzeria di provincia, che la vedova Dolly (Winters) gestisce assieme al figlio Victor (Vince), obeso, timido e afasico. Turbato dal proprio sogno di un amore impossibile con Callie e sconvolto dalla morte della madre in ospedale, Victor non trova di meglio che nascondere a tutti la notizia, sperando che le cose proseguano il loro corso monotono. Spaccato di un'America profonda e fuori dal tempo, descrizione di una maturazione dolorosa, l'opera prima di Mangold (anche sceneggiatore) colpisce per il tono di sommessa disperazione e per l'adesione simpatetica al mondo patetico e inerme (con tanto di sogni di ingenuo erotismo) del suo protagonista. Senza violenza o morbosità, senza scampo, e con un filo di luce finale. Ottimo il cast e la direzione degli attori (la Tyler alla ricerca di un'identità, la Winters che addolcisce il suo classico personaggio di madre possessiva, la Harry che fa la fatalona invecchiata, la popstar Dando che fa un ragazzetto mediocre): ma batte tutti Vince, che sfoggia un inquietante quanto incredibile tremito agli occhi. Musica originale di Thurston Moore.

Dolores Claiborne → *Ultima eclisse, L'*

Domani accadrà ** (Italia 1988, col, 95') Daniele Luchetti. Con Paolo Hendel, Giovanni Guidelli, Ugo Gregoretti, Dario Cantarelli, Claudio Bigagli, Angela Finocchiaro, Agnese Nano, Margherita Buy, Ciccio Ingrassia. ◆ Nel 1848 due butteri maremmani, Lupo ed Edo (Hendel e Guidelli) in fuga dopo una rapina fatta per aiutare un amico, vagabondano per la Toscana: Edo si fa affascinare da un marchese dedito a dispute filosofiche, Lupo finisce in una comunità dove si predica l'amore per le scienze, ma poi si ritroveranno per raggiungere Milano. Da un soggetto di Carlo Mazzacurati, Franco Bernini e Angelo Pasquini, l'esordio ironico, divertente e originale di Luchetti, che con una buona dose di ironia (ma anche con un po' di semplicismo narrativo) illustra il relativismo delle scelte umane e la difficoltà di essere coerenti con le proprie scelte ideologiche. Nanni Moretti (anche produttore) è Matteo, un carbonaio dall'incomprensibile dialetto.

Domani è troppo tardi ** (Italia 1949, b/n, 100') Léonide Moguy. Con Gino Leurini, Anna Maria Pierangeli, Vittorio De Sica, Gabriella Dorziat, Ave Ninchi, Lauro Gazzolo, Carlo Delle Piane, Lois Maxwell, Carlo Romano, Olga Solbelli. ◆ Due adolescenti, Franco (Leurini) e Mirella (Pierangeli) scoprono di amarsi, ma il loro sentimento viene turbato da insinuazioni maligne. Lei tenta il suicidio: ci penserà un saggio professore (De Sica) a mettere le cose a posto. Da *Printemps sexuel* di Alfred Machard, un tentativo (decisamente anticonformista negli anni Cinquanta) di denunciare l'ipocrisia del periodo in materia di educazione sessuale. Il messaggio non basta però a sollevare un film ridondante, che ebbe un premio minore a Venezia. Esordio della Pierangeli.

Domani è un altro giorno *½ (Italia 1950, b/n, 100') Léonide Moguy. Con Laura Gore, Aldo Silvani, Lamberto Sorrentini, Mario Riva, Anna Maria Ferrero, Arnoldo Foà, Olga Solbelli, Giuseppe Chinnici, Rina De Liguoro, Franca Tamantini, Anna Maria Pierangeli, Rossana Podestà. ◆ Salvata da un medico (Silvani) dopo un tentato suicidio, la giovane Linda (Gore) passa la notte in ospedale e viene a conoscenza di altre tristi storie: una popolana disonorata (Tamantini) ha tentato il suicidio; una vecchia signora (De Liguoro) si è uccisa dopo che i vicini le avevano avvelenato il cagnolino; una ragazza di buona famiglia (Ferrero) ha cercato la morte convinta (dalla madre) che il figlio avuto fuori dal matrimonio è morto. Nato sul successo di *Domani è troppo tardi*, un film a episodi che assomiglia troppo a una predica moralistica sulla sacralità della vita.

Domani m'impiccheranno ** (*Good Day for a Hanging*, Usa 1958, col, 85') Nathan Juran. Con Fred MacMurray, Maggie Hayes, Robert Vaughn, Joan Blackman, James Drudy, Denver Pyle. ◆ Solo lo sceriffo Ben Cutler (MacMurray) è convinto della colpevolezza di Eddie Campbell (Vaughn), accusato di aver ucciso uno sceriffo durante una rapina: la popolazione di Springdale e la stessa figlia dello sceriffo, Laurie (Haynes), simpatizzano per il giovane fuorilegge, che rivelerà la sua vera natura quando due suoi complici cercheranno di liberarlo. Western inconsueto su uno sceriffo che sacrifica tutto (affetto della figlia compreso) in nome della giustizia, più interessante per la storia (tratta da un racconto di John Reese e sceneggiata da Daniel B. Ullman e Maurice Zim) che per il modo con cui la regia – scolastica – ce lo racconta.

Domani mi sposo * (Italia 1984, col, 90') Francesco Massaro. Con Jerry Calà, Isabella Ferrari, Milly Carlucci, Guido Micheli, Claudio Bisio, Pupo De Luca. ◆ Alla vigilia delle nozze, Jerry (Calà) se la dovrà vedere con gli scherzi degli amici, il ritorno di ex fiamme e nuove tentazioni. Da un soggetto di Enrico Vanzina (cosceneggiatore con Calà), un tipico esempio di comicità grassoccia (e stupida) anni Ottanta.

Domani non muore mai, Il → *007 – Il domani non muore mai*

Domani si balla *½ (Italia 1982, col, 102') Maurizio Nichetti. Con Mariangela Melato, Maurizio Nichetti, Paolo Stoppa, Elisa Cegani, Francesco Carnelutti. ◆ Due redattori di una scalcinata Tv privata, durante un servizio in una casa di riposo, vedono atterrare in giardino l'aereo di un'emittente misteriosa. I componenti dell'equipaggio, cantando e ballando, diffondono un'epidemia di buonumore in città. Sceneggiata da Nichetti con Guido Manuli e musicata da Eugenio Bennato, una favola scompaginata e povera di trovate. Non la nobilita neanche l'omaggio a Méliès e al suo *Viaggio sulla luna*.

Domani splenderà il sole *½ (*A Kid for Two Farthings*, Gb 1955, col, 96') Carol Reed. Con Diana Dors, Celia Johnson, David Kossof, Jonathan Ashmore, Joe Robinson, Brenda de Banzie, Vera Day, Sidney Tafler, Lou Jacobi. ◆ Il piccolo Joe (Ashmore) trova una capretta e la crede un magico unicorno, con cui soddisfare ogni desiderio. Così, decide di aiutare il suo amico Sam (Robinson). Da un soggetto di Wolf Mankowitz, una favola smielata, lontanissima dalle corde del regista. Particina per Primo Carnera.

Domani vinco anch'io ** (*One on One*, Usa 1977, col, 97') Lamont Johnson. Con Robby Benson, Annette O'Toole, Gail Strickland, G.D. Spradlin, Melanie Griffith. ◆ Un campione di basket (Benson), ingaggiato da una squadra universitaria, si scontra con l'allenatore che vuol fargli trascurare gli studi per gli allenamenti. Convenzionale e manicheo, un film che mira solo ad assecondare il gusto delle grandi platee. Il personaggio di Barry Brunes è interpretato dallo stesso regista.

Domenica a New York, Una ** (*Sunday in New York*, Usa 1964, col, 105') Peter Tewksbury. Con Jane Fonda, Cliff Robertson, Rod Taylor, Robert Culp, Jim Backus. ◆ Sconcertata dalle avances del fidanzato, una ragazza (Fonda) si rifugia a New York dal fratello. Equivoci e bugie, poi trova un nuovo amore. Dalla commedia di Norman Kresna, un film brioso che però risente molto dell'impianto teatrale.

Domenica d'agosto **½ (Italia 1950, b/n, 87') Luciano Emmer. Con Anna Baldini, Vera Carmi, Emilio Cigoli, Andrea Compagnoni, Anna Di Leo, Franco Interlenghi, Salvo Libassi, Elvy Lissiak, Pina Malgarini, Marcello Mastroianni, Ave Ninchi, Mario Vitale, Massimo Serato, Anna Medici, Corrado Verga, Nora Sangro, Fernando Vitali, Jone Morino. ◆ Storie e personaggi che si incrociano durante una scampagnata domenicale a Ostia: Marcella ed Enrico (Baldini e Interlenghi) si vergognano della loro condizione sociale e si spacciano per quello che non sono; Luciana (Lissiak) sogna di evadere dalla povertà ma scopre l'immoralità dei ricchi; un vedovo (Cigoli) preferisce l'amore della figlioletta a quello egoista dell'amante (Malgarini)... e intanto a Roma il disoccupato Renato (Vitale) si fa coinvolgere in una rapina, e un vigile (Mastroianni, doppiato da Sordi!) deve trovar casa per la fidanzata incinta (Medici). L'esordio nella regia di Emmer avviene con una «commedia neorealista» (non ancora rosa) sotto l'influenza di Sergio Amidei, soggettista e produttore. L'interclassismo dei protagonisti – popolani caciaroni, borghesi in cerca d'affetto, nobili annoiati, sottoproletari ai margini della legalità – è raccontato con una forte connotazione morale che allude ai drammi del dopoguerra («da quando è tornato dalla prigionia non si è più ripreso», dice Luciana di Renato) e sottolinea l'egoismo della piccola borghesia usando più le emozioni che i comportamenti. E la sceneggiatura (firmata da Franco Brusati, Giulio Macchi, Cesare Zavattini e dal regista) rivela una delicatezza inedita nel registrare i sentimenti che irrompono con forza nella routine del quotidiano, lasciando ai poli estremi della scala sociale – i nobili («non cattivi, soltanto un po' stupidi») e i popolani – il compito di ironizzare sul mito della ricchezza e di rappresentare la spontanea vitalità dei più poveri.

Domenica della buona gente, La ** (Italia 1953, b/n, 95') Anton Giulio Majano. Con Maria Fiore, Sophia Loren, Renato Salvatori, Vittorio Sanipoli, Piero Palermini, Ave Ninchi, Carlo Romano, Fiorenzo Fiorentini, Mariolina Bovo, Memmo Carotenuto, Alberto Talegalli, Nino Milano, Laura Tiberti, Turi Pandolfini, Bice Valori, Riccardo Cucciolla. ◆ Mentre si gioca la partita Roma-Napoli (che finirà 5 a 2 per i giallorossi), alcune persone vivono momenti importanti: un pensionato (Romano) spera di aver indovinato la schedina vincente, un giovane (Salvatori) trascura momentaneamente la fidanzata (Fiore) per impedire a una giovane vedova (Loren) di uccidere l'uomo che l'ha compromessa (Sanipoli), un ex giocatore giallorosso (Palermini) sogna di trovare finalmente un posto come allenatore. Dal radiodramma omonimo di Vasco Pratolini e Giandomenico Giagni, cosceneggiatori insieme al regista e Massimo Mida, un film sincero e ricco di sensibilità ma squilibrato: se i momenti più drammatici (il dramma della vedova e quello della «vecchia gloria» del calcio) sono esageratamente enfatizzati, le parti di commedia (i battibecchi tra fidanzati e tra tifosi, le famiglie della Fiore e di Romano) annunciano con brio la nascita del neorealismo rosa. Nino Manfredi è Lello, uno degli amici romanisti di Salvatori.

Domenica delle palme, La **½ (*Virágvasán ap*, Ungheria 1969, b/n, 79') Imre Gyöngyössy. Con Frantisek Velecky, Benedek Tóth, Gábor Koncz, Mária Meggyesi, Sándor Kómives, Philppe March, Erzsi Hegedus. ◆ Durante gli ultimi giorni della Repubblica dei Consigli, nel 1919 in Ungheria, la popolarità di padre Simon (Velecky), che in nome di un ritorno alla parola di Cristo predica l'assegnazione delle terre a chi lavora, preoccupa le autorità che temono – erroneamente – l'influenza del fratello del sacerdote, il maestro di fede comunista Urenus (Tóth). Ma prima che l'utopia dei Consigli si concretizzi la repressione bianca ucciderà entrambi. L'esordio alla regia di Gyöngyössy mescola storia, leggenda, politica e religione rileggendo in chiave metaforica (e a volte favolistica) il tentativo rivoluzionario di Béla Kun e la successiva offensiva della Destra. Influenzato dallo stile di Jancsó, ma più di lui incline a un simbolismo acceso e liricheggiante (nella storia del prete-redentore si legge facilmente il destino della Passione cristiana), il film si schiera dalla parte di un umanesimo sociale che – come è avvenuto nella tradizione di certo clero ungherese – ha saputo difendere quei messaggi di pace e di umanità che la repressione aveva cercato di sradicare.

Domenica d'estate, Una *½ (Italia 1961, col, 96') Giulio Petroni. Con Ugo Tognazzi, Raimondo Vianello, Anna Maria Ferrero, Françoise Fabian, Franco Fabrizi, Jean Pierre Aumont, Dominique Bosquero, Annabella Incontrera, Daniela Bianchi, Jimmy il Fenomeno [Origene Soffrano]. ◆ In una domenica d'agosto, su una spiaggia vicino Roma, si incrociano vari personaggi: litigi, corteggiamenti, equivoci e persino tentati suicidi, ma alla sera tutto torna alla normalità. Da un soggetto di Alberto Moravia, Sergio Amidei e Ugo Pirro, un film senza qualità.

Domenica in campagna, Una **½ (*Un Dimanche à la campagne*, Francia 1984, col, 94') Bertrand Tavernier. Con Louis Ducreux, Sabine Azéma, Michel Aumont, Geneviève Mnich, Monique Chaumette. ◆ Sul finire dell'estate del 1912, come tutte le domeniche, Gonzague Edouard (Aumont) va con la famiglia a trovare il padre, monsieur Ladmiral (Ducreux), un pittore mediamente famoso che vive in campagna. Il solito tran tran è interrotto dall'improvviso arrivo dell'altra figlia, Irène (Azéma), che convince il padre ad accompagnarla in una guenguette, dove si lasceranno tentare dalle note di una polka. Ma al tramonto i figli devono rientrare a Parigi e monsieur Ladmiral resterà solo nel suo studio, davanti a una tela bianca. Tratto dal romanzo dello sceneggiatore Pierre Bost *Monsieur Ladmiral va bientôt mourir*, il film ricostruisce perfettamente il clima psicologico di un'epoca perduta per sempre, con le sue tensioni (lo scontro generazionale, la ribellione femminile) ma soprattutto le sue paure (l'inadeguatezza del calore familiare a proteggere le persone, la difficoltà di comunicare), offrendo un ritratto malinconico ed emozionante di certi sentimenti un po' segreti. Louis Ducreux, inattivo come attore dal 1957, è anche l'autore della polka che viene ballata nella guenguette.

Domenica in chiesa, lunedì all'inferno → *Mean Streets*

Domenica, maledetta domenica *** (*Sunday, Bloody Sunday*, Gb 1971, col, 110') John Schlesinger. Con Peter Finch, Glenda Jackson, Murray Head, Peggy Ashcroft, Maurice Denham, Vivian Pickles. ◆ A Londra uno scultore giovane ed egocentrico, Bob Elkin (Head) si divide tra un medico ebreo di mezza età (Finch) e una trentenne divorziata (Jackson): un triangolo da cui si libererà partendo per l'America e lasciando i due ex amanti a spartirsi quelle loro domeniche «maledette» e sconsolate. Da una sceneggiatura di Penelope Gilliat, un affresco di vita borghese sensibile e malinconico, tra perbenismo, nevrosi e solitudine, che mette in evidenza quel «romanticismo malinconico e preciso, tutto sfumature, sospensioni e sguardi» che rappresenterà d'ora in poi la qualità migliore di Schlesinger. Nella particina del vandalo, il giovanissimo Daniel Day-Lewis. Un insuccesso al botteghino che convinse il regista britannico a darsi alle produzioni americane.

Domenica sì, Una *½ (Italia 1986, col, 85') Cesare Bastelli. Con Nik Novecento, Dario Parisini, Elena Sofia Ricci, Davide Celli. ◆ La maledetta domenica di tre reclute in libera uscita a Perugia: Dario litiga con la fidanzata, Nik si affanna per trovare una donna, Davide è completamente solo. Per l'esordio dell'ex assistente di Avati, un ritratto furbetto e manieristico di ventenni un po' anacronistici. Produce lo stesso Avati.

Domenica specialmente, La ° (Italia 1991, col, 105') Giuseppe Tornatore, Marco Tullio Giordana, Giuseppe Bertolucci, Francesco Barilli. ◆ Film a episodi. Quattro melense storie d'amore, sceneggiate da un Tonino Guerra ormai votato al fellinismo: in *Il cane blu* (Giuseppe Tornatore. Con Philippe Noiret, Nicola Di Pinto) un barbiere spara a un cane «brutto, sporco e con i pidocchi»; in *La neve sul fuoco* (Marco Tullio Giordana. Con Maria Maddalena Fellini, Chiara Caselli, Ivano Marescotti) un segreto viene «sepolto» nella neve e nel confessionale; in *La domenica specialmente* (Giuseppe Bertolucci. Con Ornella Muti, Bruno Ganz, Andrea Prodan, Nicoletta Braschi) una donna è desiderata da due uomini incapaci di amarla; in *Le chiese di legno* (Francesco Barilli. Con Bustric [Sergio Bini], Betty Romani, Jean-Hugues Anglade) un uomo insegue il miraggio dell'amore tra la Romagna delle discoteche e dei turisti. La scrittura è iperletteraria e noiosa, le regie – a parte quella di Giordana – sono maldestre e pretenziose. Tra gli attori, la migliore è Chiara Caselli, nel ruolo della giovane sposa che apprezza il voyeurismo.

Dominatore di Chicago, Il *** (*Party Girl*, Usa 1958, col, 99') Nicholas Ray. Con Robert Taylor, Cyd Charisse, Lee J. Cobb, John Ireland, Kent Smith. ◆ Chicago, anni Trenta: un avvocato della mala (Taylor) si innamora di una ballerina (Charisse) e decide di dare l'addio alla vecchia professione. Ma il boss (Cobb) cui è legato tenta di impedirglielo con ogni mezzo. Da un romanzo inedito di Leo Katcher sceneggiato da George Wells, un film che fonde perfettamente il gangster-movie con il melodramma e persino col musical e che, come aveva già fatto *Johnny Guitar*, racconta come sia possibile riscattare una vita attraverso l'amore e contemporaneamente mostrare alcune delle scene più crude e barbare del genere gangsteristico. Giustamente famoso l'uso cromatico del CinemaScope, con le sue tinte purpuree e violacee. Salvò dal fallimento la Mgm ma ebbe un'accoglienza calorosa soprattutto in Francia, grazie ai critici dei *Cahiers*. Nell'edizione originale il personaggio interpretato da Lee J. Cobb si chiama Rico Angelo, in quella italiana il nome è stato trasformato in Johnny Gallagher.

Dominatore di Wall Street, Il **½ (*Ruthless*, Usa 1948, b/n, 104') Edgar G. Ulmer. Con Zachary Scott, Louis Hayward, Diana Lynn, Sydney Greenstreet, Lucile Bremer, Martha Vickers, Raymond Burr. ◆ L'irresistibile carriera di Horace Vendig (Scott) che non si ferma di fronte ad alcuna nefandezza nella sua scalata a Wall Street: per interesse corteggia la figlia di un finanziere, convince una moglie a tradire il marito e tenta di rubare la fidanzata al suo socio. Appassionante morality play che fonde con intelligenza le due facce della moralità (e dell'immoralità) secondo il regista: da una parte il film critica l'ambizione smisurata del protagonista, ma dall'altra descrive quella specie di «intimo demonio che lo spinge a passare la propria vita a prendersi una rivincita sulla vita stessa» (il protagonista è di umilissime origini e l'aver salvato una ragazza che stava annegando gli ha permesso di essere adottato da una famiglia di superiore rango sociale). A emergere è allora il fatalismo caro a Ulmer (come già in *Detour*) che qui si colora di una perversa tendenza all'autodistruzione. La sceneggiatura era di Alvah Bessie, che però si nascose dietro due pseudonimi (S.K. Lauren e Gordon Kahn) per l'avvento del maccartismo.

Dominatori della metropoli, I → *Arriva John Doe*

Dominatori dell'universo, I * (*Masters of the Universe*, Usa 1987, col, 106') Gary Goddard. Con Dolph Lundgren, Frank Langella, Meg Foster, Billy Barty, Courteney Cox. ◆ Il terribile Skeletor (Langella) mira a diventare il padrone dell'universo, ma deve fare i conti con l'eroico e muscoloso He Man (Lundgren). Un film nonsense girato solo per sfruttare la fortuna dei *Masters of the Universe*, i giocattoli Mattel già diventati fumetti e cartoon.

Dominatrice, La ** (*Annie Oakley*, Usa 1935, b/n, 88') George Stevens. Con Barbara Stanwyck, Preston Foster, Melvyn Douglas, Pert Kelton, Andy Clyde, Moroni Olsen. ◆ Un uomo e una donna (Foster e Stanwyck), abilissimi tiratori, vengono ingaggiati dal circo di Buffalo Bill e si innamorano. Ma quando lui ferisce lei a una mano, nasce il sospetto che l'abbia fatto per rivalità professionale. Diretta con professionalità e ben interpretata, una commedia che vale soprattutto per l'affresco dell'America fine Ottocento. Esiste una versione colorizzata. Lo stesso soggetto, in musical, è alla base di *Anna prendi il fucile* (1950).

Dominatrice del destino, La ** (*With a Song in My Heart*, Usa 1952, col, 117') Walter Lang. Con Susan Hayward, Rory Calhoun, David Wayne, Thelma Ritter, Robert Wagner. ◆ Il matrimonio pieno di conflitti tra una cantante di successo (Hayward) e un musicista frustrato. Dopo un grave incidente aereo, lei troverà la felicità accanto al pilota che l'ha salvata. Ispirato alla vita di Jane Froman, un melodramma convenzionale con qualche momento interessante: per amarlo, però, bisogna farsi piacere lo stile canoro della Froman, che non è per tutti i gusti. Oscar ad Alfred Newman per la colonna sonora.

Dominique *½ (*The Singing Nun*, Usa 1966, col, 98') Henry Koster. Con Debbie Reynolds, Ricardo Montalban, Greer Garson, Chad Everett, Agnes Moorehead, Katharine Ross. ◆ Una suora dalla bellissima voce (Reynolds) incide un disco e diventa improvvisamente famosa: si trova così divisa tra la vocazione e le tentazioni mondane. Ispirato alla storia della religiosa belga Luc-Gabrielle, diventata celebre negli Stati Uniti grazie al programma Tv di Ed Sullivan (qui nel ruolo di se stesso), un film ingenuo e sciropposo.

Domino * (Italia 1988, col, 96') Ivana Massetti. Con Brigitte Nielsen, Stephane Ferrara, Pascal Druant, Joy Garrison. ◆ Una regista di video (Nielsen) sessualmente inappagata è attirata morbosamente da incontri – reali o soltanto sognati? – con uomini misteriosi. Dialoghi allucinanti, superficiale gusto voyeur, atmosfere oniriche solo nelle intenzioni, virtuosismi e giochi di luce e ombre insulsi ed estenuanti, in un prodotto vuoto e falso come le forme statuarie dell'ex moglie di Stallone.

Doña Herlinda e suo figlio ** (*Doña Herlinda y su hijo*, Messico 1986, col, 91') Jaime Humberto Hermosillo. Con Guadalupe Del Toro, Arturo Meza, Marco Antonio Treviño, Leticia Lupercio, Angélica Guerrero. ◆ Doña Herlinda (Del Toro) non vede l'ora di avere dei nipotini, peccato che il figlio Rodolfo (Meza), psicologo infantile rimasto un po' bambinone, è gay. Ma cosa impedisce di sposarsi e tenersi in casa il fidanzato, sotto lo sguardo vigile e affettuoso di mamma? C'è umorismo nel gusto kitsch di chiara marca ispanica, e nella descrizione di come viene accettata con nonchalance la trasgressione alla norma. Ma l'Almodóvar messicano (che firma anche la sceneggiatura a partire da una pièce di Jorge López Páez) si rivolge a un pubblico già complice, con troppe strizzate d'occhio. Prodotto nel 1984.

Donatella ** (Italia 1956, col, 104') Mario Monicelli. Con Elsa Martinelli, Gabriele Ferzetti, Walter Chiari, Aldo Fabrizi, Virgilio Riento, Alan Furlan, Giuseppe Porelli, Liliana Bonfanti, Giovanna Pala, Catherine Williams, Abbe Lane, Xavier Cugat. ◆ Figlia di un rilegatore di libri (Fabrizi), Donatella (Martinelli) si trasferisce nella villa di una ricca signora per non dare l'impressione che la casa sia disabitata durante i suoi viaggi. Qui incontra Maurizio (Ferzetti) che se ne innamora ma poi la scambia per un'arrampicatrice sociale e rischierebbe di perderla se non fosse per l'intervento, più o meno involontario, dell'ex fidanzato della ragazza, Guido (Chiari). Prodotto dal napoletano Roberto Amoroso, autore anche della sceneggiatura insieme al regista, a Piero Tellini, Sandro Continenza e Ruggero Maccari, il film tenta di «contaminare sceneggiata e melodramma» secondo i modelli di un neorealismo rosa allora vincente. Di suo Monicelli ci mette il tema dell'emancipazione femminile fatta da una Cenerentola attiva e sbarazzina che affronta problemi sociali con i toni frivoli della favola. Divertente caratterizzazione di Walter Chiari, benzinaio rubacuori che fantastica su un bacio di Abbe Lane. Orso d'argento a Berlino per la Martinelli.

Don Bosco *½ (Italia 1988, col, 96') Leandro Castellani. Con Ben Gazzara, Piera Degli Esposti, Edmund Purdom, Patsy Kensit, Leopoldo Trieste, Raymond Pellegrin, Philippe Leroy, Karl Zinny, Silvano Tranquilli, Laurent Terzieff, Pierluigi Misasi. ◆ Sul finire della vita, don Bosco (Gazzara) ricorda gli anni fondamentali della sua esistenza: dal 1848, quando a Torino si batte contro le autorità, la Chiesa e gli industriali pur di fondare un oratorio per ragazzi sfortunati, fino al 1860, quando ottiene dal Papa, prima Pio IX (Pellegrin) e poi Leone XIII (Leroy), il riconoscimento dell'ordine dei Salesiani. Sceneggiata da Ennio De Concini e musicata da Stelvio Cipriani, un'esangue biografia modello esportazione, girata nel centenario della morte del santo. Perde il confronto con il *Don Bosco* del '35, diretto da Goffredo Alessandrini.

Don Camillo e Peppone

Creati da Giovanni Guareschi per una serie di racconti apparsi sul settimanale *Candido* e poi raccolti e unificati in un libro, *Mondo piccolo «Don Camillo»* (publicato nel 1948), questi due personaggi hanno saputo dare concretezza e colore, nell'Italia del dopoguerra, a due delle anime più diffuse nell'immaginario della piccola borghesia nazionale, divisa dalle ideologie ma unita dal «buon senso delle cose concrete». Don Camillo è il sanguigno parroco di campagna di Brescello, un paesino emiliano di quella «fettaccia di terra che sta tra il Po e l'Appennino»; Peppone è il sindaco, acceso comunista e nemico dichiarato della Chiesa: la loro convivenza è eternamente polemica, e la passione trascina spesso i due contendenti a far volare pugni, panche e tavole per difendere i loro argomenti, salvo poi aiutarsi vicendevolmente quando la necessità lo richiede. A raffreddare gli animi interviene anche il Cristo crocefisso dell'altar maggiore, a cui don Camillo chiede spesso consigli e che a volte richiama il parroco a più miti comportamenti.

Salutati da un immediato successo di pubblico, i due personaggi trovarono nuova fortuna nella versione cinematografica che Julien Duvivier doveva dirigere nel 1952, dove per una volta le leggi della coproduzione (Fernandel [Fernand Contandin] per il pubblico francese nella parte del parroco, Gino Cervi per l'Italia in quella di Peppone) non ostacolarono ma anzi aiutarono il successo dell'operazione. Adattandosi perfettamente allo spirito di Guareschi (che cercò in tutti i modi di interpretare il ruolo di Peppone) e smussando il pessimismo delle sue precedenti opere, Duvivier diede nuova forza all'esaltazione dell'amicizia e del buon senso, capaci di superare anche le barriere dell'ideologia che in quegli anni divideva l'Italia in due. Letto erroneamente negli anni Settanta come una anticipazione del «compromesso storico», questo film (e questo libro) è invece un'esaltazione totalmente acritica dei valori utopici e astratti della piccola borghesia, che asseconda una certa (pericolosa, permetteteci di aggiungere) tendenza italiana alla «riconciliazione» e alla rimozione dei veri nodi storici del nostro sviluppo. Questo non toglie che la scaltra regia di Duvivier, l'ottima interpretazione dei due attori protagonisti (specie Fernandel, qui al meglio della sua carriera, capace di unire maturità e gusto del pittoresco) e una divertente varietà nei caratteri secondari, fanno di *Don Camillo* e dell'immediatamente successivo *Il ritorno di Don Camillo* due film piacevoli e ancora abbastanza divertenti. Cosa che invece non si può dire dei film successivi, tratti dalle altre opere che Guareschi scrisse (*Don Camillo e il suo gregge*, 1953, *Il compagno Don Camillo*, 1963 e *Don Camillo e i giovani d'oggi*, uscito postumo nel 1969). E anche il tentativo di Terence Hill di rinverdirne il successo adattando le storie al giorno d'oggi ha ottenuto l'effetto opposto, quello di sottolineare con crudezza l'inadeguatezza di certe maschere a interpretare veramente la storia del nostro Paese.

I FILM

Don Camillo (1952) di Julien Duvivier
Il ritorno di Don Camillo (1953) di Julien Duvivier
Don Camillo e l'Onorevole Peppone (1955) di Carmine Gallone
Don Camillo monsignore... ma non troppo (1961) di Carmine Gallone
Il compagno Don Camillo (1965) di Luigi Comencini
Don Camillo e i giovani d'oggi (1972) di Mario Camerini
Don Camillo (1983) di Terence Hill

Don Camillo ** (Italia/Francia 1952, b/n, 100') Julien Duvivier. Con Gino Cervi, Fernandel [Fernand Contandin], Leda Gloria, Vera Falqui, Franco Interlenghi, Saro Urzì, Luciano Manara, Armando Migliari, Giorgio Albertazzi, Cesare Polacco. ◆ Don Camillo (Fernandel) e Peppone (Cervi) sono rispettivamente il parroco e il sindaco comunista di Brescello, un paesino emiliano dell'Italia agricola del dopoguerra. Appartengono a campi avversi (il primo vorrebbe costruire un «villaggio del fanciullo», il secondo una «casa del popolo»), ma si stimano come uomini e finiscono per accordarsi sui piccoli grandi problemi della vita quotidiana. Tratta dal romanzo omonimo di Giovanni Guareschi, la storia è improntata a un generico qualunquismo, in cui di solito risulta più simpatico don Camillo del rozzo Peppone. Memorabile, comunque, la verve comica dei due protagonisti, alla base dello straordinario successo di pubblico. La voce di Cristo, con cui dialoga spesso don Camillo, è di Ruggero Ruggeri. Rifatto nel 1983.

Don Camillo * (*The World of Don Camillo*, Usa 1983, col, 123') Terence Hill [Mario Girotti]. Con Terence Hill, Colin Blakely, Mimsy Farmer, Andy Luotto, Lew Ayres, Ciryl Cusack, Monica Gravina. ◆ Remake dei film di Duvivier e di Gallone, col parroco (Hill) e il sindaco comunista (Blakely) divisi dalla fede e dalla politica, ma uniti dalla stima e dall'affetto reciproci. A trent'anni di distanza l'epopea di Brescello perde attualità e tutto si risolve (noiosamente) con un'italica partita di pallone, occasione per coinvolgere nel film i calciatori Roberto Boninsegna, Carlo Ancelotti, Roberto Pruzzo e Luciano Spinosi.

Don Camillo e i giovani d'oggi * (Italia 1972, col, 111') Mario Camerini. Con Gastone Moschin, Lionel Stander, Carole André, Daniele Dublino, Dolores Palumbo, Paolo Giusti. ◆ Il parroco (Moschin) e il sindaco (Stander), questa volta litigano a causa dell'amore tra due giovani, fonte di mille guai. Ma il tempo è passato e l'Italia degli anni Settanta ha meno certezze e più inquietudini di quella di vent'anni prima. Su pressione di Andrea Rizzoli, Camerini accetta di riprendere il film (iniziato due anni prima da Christian-Jaque) rimasto incompiuto per l'improvvisa morte di Fernandel, ma il cambio dei protagonisti e la sempre più accentuata anacronisticità dell'idea di base appesantiscono irrimediabilmente il film, l'ultimo di Camerini.

Don Camillo e l'Onorevole Peppone *½ (Italia 1955, b/n, 100') Carmine Gallone. Con Gino Cervi, Fernandel [Fernand Contandin], Leda Gloria, Claude Silvain, Umberto Spadaro, Memmo Carotenuto, Saro Urzì, Marco Tulli, Lamberto Maggiorani. ◆ Peppone (Cervi), sindaco comunista, sta per candidarsi alle elezioni e prende una cotta per una militante proveniente dalla direzione del partito (Silvain). Don Camillo (Fernandel), però, vigila sull'integrità della famiglia e sulla moralità del suo proverbiale nemico, che alla fine preferisce la sua terra alla carriera politica. La saga ideata da Guareschi s'arricchisce di un nuovo episodio, ma il canovaccio rimane immutato. La voce di Cristo è di Ruggero Ruggeri, quella del narratore di Emilio Cigoli.

Don Camillo monsignore... ma non troppo *½ (Italia 1961, b/n, 100') Carmine Gallone. Con Gino Cervi, Fernandel [Fernand Contandin], Gina Rovere, Leda Gloria, Valeria Ciangottini, Saro Urzì, Marco Tulli, Andrea Checchi, Emma Gramatica, Carlo Giuffré. ◆ Entrambi i rivali hanno fatto carriera: il primo (Fernandel) è diventato monsignore, il secondo (Cervi) senatore. Ma sentono la nostalgia di Brescello e tornano al paese a litigare: don Camillo per far sposare anche in chiesa il figlio del sindaco, e Peppone per far suonare le campane della chiesa al funerale civile di un comunista. Lo spunto sociologico del romanzo di Guareschi ormai si è perso e le avventure faticano a sollecitare l'attenzione. Bravi, come sempre, i due interpreti.

Don Cesare di Bazan ** (Italia 1942, b/n, 78') Riccardo Freda. Con Gino Cervi, Anneliese Uhlig, Paolo Stoppa, Enrico Glori, Enzo Biliotti. ◆ Imprese temerarie e romantiche di un invincibile spadaccino (Cervi) al servizio del re e di se stesso nella Spagna secentesca: salverà il sovrano da una congiura, uscirà incolume da una fucilazione e, creduto morto, riuscirà a vendicarsi dei suoi nemici. Prima regia di Freda, il film dimostra, nella cura dei particolari e la puntuale ricostruzione d'ambiente, le qualità future del regista. Bella l'interpretazione del giovane Cervi. La sceneggiatura di Freda, Vitaliano Brancati e Cesare Zavattini, con i suoi colpi di scena e il suo tono popolaresco, si adatta perfettamente al gusto avventuroso e dinamico di un regista che rilancia il film di genere contro l'imperante (ed esangue) calligrafismo di quegli anni. Il film è conosciuto anche col titolo *La lama del giustiziere*. Una storia molto simile (con un protagonista che si chiama Don Carlos di Bazan) sarà all'origine di *Le sette spade del vendicatore*, che Freda girerà nel 1962.

Don Chisciotte ** (*Don Quichotte*, Francia 1933, b/n, 83') Georg Wilhelm Pabst. Con Fëdor Šaljapin,

Dorville [Georges Dodane], Renée Valliers, Mady Berry, Mireille Balin, René Donnio, Jean de Limur. ◆ Confuso dai troppi romanzi cavallereschi che ha letto, l'hidalgo Don Chisciotte (Šaljapin) in compagnia del suo servitore Sancho Panza (Dorville) vuole rendersi degno dell'amore per una serva che si ostina a chiamare dama Dulcinea (Valliers) e nella sua follia scambia un gregge di pecore per un gruppo di giganti e combatte contro tre mulini a vento. Riportato a casa malconcio, morirà tra le braccia di Sancho mentre i suoi amatissimi libri di cavalleria vengono dati alle fiamme. Primo film di Pabst dopo la partenza dalla Germania (e unico ruolo cinematografico del cantante russo Šaljapin che canta cinque romanze), il film è la trasposizione di alcuni dei più celebri episodi del capolavoro di Cervantes sceneggiata da Alexandre Arnoux e Paul Morand, nel quale la cavalleria errante del protagonista «non è vista tanto come contrapposizione al buonsenso umano quanto come rivolta anarchica contro i meccanismi repressivi delle istituzioni». Le ricercatezze della fotografia di Nikolas Farkas e Paul Portier (esterni girati in Provenza, inquadrature di Don Chisciotte quasi sempre angolate e dal basso) non evitano però al film una certa freddezza decorativa. Le scene di ombre cinesi sono di Lotte Reininger. Pabst girò contemporaneamente una versione inglese sempre con Šaljapin, ma con Sidney Fox come Dulcinea e George Robey come Sancho Panza.

Don Chisciotte (di Grigorij Kozinčev) → *Avventure di Don Chisciotte, Le*

Don Chisciotte ** (Italia 1984, col, 107') Maurizio Scaparro. Con Pino Micol, Peppe Barra, Concetta Barra, Marina Confalone, Sandro Merli. ◆ Le avventure di don Chisciotte (Micol), accompagnato dal fedele Sancho Panza (Barra): la lotta contro i mulini a vento, il tentativo di volare, il salvataggio di Dulcinea. Fino alla malinconica morte. Dal capolavoro di Cervantes (ridotto da Tullio Kezich e Rafael Azcona), un film molto teatrale ma suggestivo, esordio di Scaparro nella regia cinematografica. Significativo il contributo del gruppo catalano Els Comediants, dei pupi siciliani dei fratelli Pasqualino e delle musiche di Eugenio Bennato.

Don Chisciotte e Sancio Panza ** (Italia 1968, col, 105') Gianni Grimaldi. Con Franco Franchi, Ciccio Ingrassia, Fulvia Franco, Paolo Carlini, Umberto D'Orsi, Franco Giacobini, Enzo Garinei, Franco Fantasia, Aldo Bufi Landi, Carlo Delle Piane, Liana Trouché. ◆ Contagiato dalla lettura di troppi libri, don Chisciotte (Ingrassia) vuole rivivere le gesta dei cavalieri erranti: insieme allo scudiero Sancho Panza (Franchi) gira la Spagna per meritare con le sue gesta l'amore dell'amata Dulcinea. Azzardata ma curiosa incursione nel mondo di Cervantes sceneggiata dallo stesso regista. Franco Franchi non rinuncia ai suoi più o meno divertenti giochi di parole («Errare umanum est, ma voi errate a est e a ovest, a nord e a sud») ma c'è un certo spirito libertario alla base della riduzione (Sancho che diventa governatore e legifera a favore del popolo, l'incitamento finale di don Chisciotte a «combattere contro il vento» come inevitabile destino di una vita non omologata) che ne fa un episodio inconsueto nella carriera dei due comici. Che però la loro comicità non diventi mai geniale lo dimostra anche il fallimentare tentativo di Franchi di «misurarsi» a distanza con Totò dettando una lettera («metti un punto e virgola un po' interrogativo». Perché? «Perché non sono sicuro»).

Don Franco e Don Ciccio nell'anno della contestazione * (Italia 1970, col, 94') Marino Girolami. Con Franco Franchi, Ciccio Ingrassia, Edwige Fenech, Ennio Girolami, Umberto D'Orsi, Yvonne Sanson, Lino Banfi. ◆ In un paesino siciliano don Franco dimostra comprensione per i contestatori di sinistra, attirandosi le ire delle autorità, mentre don Ciccio si mantiene su posizioni conservatrici: il conflitto si risolverà con una partita di pallone tra le due parrocchie. A rendere ancora più parodistico il contributo del film all'immagine del periodo provvede una giovanissima Fenech nella parte di una spregiudicata contestatrice.

Don Giovanni *½ (*Le Farceur*, Francia 1962, b/n, 88') Philippe de Broca. Con Jean-Pierre Cassel, Anouk Aimée, Geneviève Cluny, Anne Tonietti, Georges Wilson. ◆ Il giovane Edouard Berlon (Cassel) impara molto presto a consolarsi dal fallito tentativo di vita di coppia con la bella Hélène (Aimée): si mette a corteggiare subito un'altra donna. Secondo film di de Broca, che riprende il personaggio della sua opera d'esordio, *I giochi dell'amore* (1959), riproponendo il ritratto anticonformista di un giovane simpatico ma immaturo cacciatore di gonnelle.

Don Giovanni **½ (Italia 1970, col, 80') Carmelo Bene. Con Carmelo Bene, Salvatore Venditelli, Lydia Mancinelli, Gea Marotta, Vittorio Bodini. ◆ Stanco delle conquiste facili, don Giovanni (Bene) è attratto da una fanciulla in preda a una mania religiosa. Tenta inutilmente di sedurla offrendole oggetti sacri e assumendo addirittura le sembianze del Crocifisso. Liberamente ispirato al racconto *Il più bell'amore di Don Giovanni* dai *Diaboliques* di Barbey D'Aurevilly, il film è una divagazione parodistica, stravagante e barocca sul tema del grande seduttore, visto beffardamente come vittima delle sue vittime: al centro di tutto, c'è l'ossessione per l'impotenza di fronte al mancato «possesso», che Carmelo Bene rielabora in un personalissimo senso di esclusione di fronte alla vita stessa, espresso in forme «provocatorie, chiuse, reiterate, strane, smisurate nei costumi, nella recitazione, senza spiragli se non di morte e autodistruzione».

Don Giovanni **½ (*Don Giovanni*, Francia/Italia/Rft 1979, col, 185') Joseph Losey. Con Ruggero Raimondi, John Macurdy, Edda Moser, Kiri Te Kanawa, Kenneth Riegel, José van Dam, Teresa Berganza, Eric Adjani. Orchestra e coro dell'Opéra di Parigi diretti da Lorin Maazel. ◆ Don Giovanni (Raimondi), seduttore incallito, uccide in duello il padre di una sua conquista (Kanawa). Niente e nessuno sembrano capaci di farlo fermare e pentire del suo comportamento: ci penserà la statua sepolcrale dell'ucciso (Macurdy), che durante un banchetto lo trascina con sé all'inferno. Nel filmare l'opera di Mozart, il regista ha spogliato l'azione degli elementi troppo teatrali, calandola nel realistico scenario del Veneto e delle cinquecentesche ville palladiane, «in una concreta geografia di spazi» e permettendosi l'unica libertà di un valletto nero (Adjani, fratello di Isabelle), specie di coro che accompagna Don Giovanni come un muto testimone. Losey accentua la dimensione tragica del protagonista, quasi un ribelle anarchico che «spinge fino alle estreme conseguenze il comportamento della sua classe sociale e che difende il vizio e il privilegio come estremizzazione parossistica dell'individualismo borghese» (per esempio nella seduzione di Zerlina/Berganza). Il tentativo non è riuscito perfettamente, ma l'interpretazione di Raimondi, la fotografia di Gerry Fisher e la scenografia di Alexandre Trauner sono di grande fascino.

Don Giovanni in Sicilia ** (Italia 1966, b/n, 104') Alberto Lattuada. Con Lando Buzzanca, Katia Moguy, Kathia Christine, Ewa Aulin, Pino Ferrara, Carletto Sposito, Pippo Starnazza, Elio Crovetto. ◆ Giovanni Percolla (Buzzanca), un giovane catanese che si era sempre vantato della propria virilità si trasferisce a Milano con la moglie (Moguy): sfonda nel mondo degli affari, ma la nuova vita gli fa perdere tutta la carica sessuale e decide così di tornarsene in Sicilia con la moglie. Dall'omonimo romanzo di Vitaliano Brancati (sceneggiato dal regista con Giorgio Salvioni, Sabatino Ciuffini e Attilio Riccio), una commedia amara e ironica che aggiorna e recupera l'amarezza e la presa di posizione moralistica del libro: la dicotomia tutta letteraria tra la donna sognata (e quindi passionale) e quella concreta (e fredda) è risolta da Lattuada nella rappresentazione (non sempre originalissima, bisogna dire) di nuove immagini femminili: la moglie che si taglia i capelli cortissimi e indossa un abito maschile o la ninfetta (Aulin) ingenua e sensuale. I versi recitati dal protagonista sono tratti dal volume *Occhi antichi* di Antonio Cremona.

Don Juan De Marco maestro d'amore ** (*Don Juan DeMarco*, Usa 1995, col, 100') Jeremy Leven. Con Johnny Depp, Marlon Brando, Faye Dunaway, Rachel Ticotin, Bob Dishy, Talisa Soto, Geraldine Pailhas, Jo Champa, Franc Luz. ◆ Psichiatra alle soglie della pensione, Jack Mickler (Brando) viene chiamato in soccorso di un aspirante suicida mascherato da spadaccino, che gli si presenta come «Don Juan De Marco, il più grande seduttore di tutti i tempi» (Depp). Il medico si farà affidare il caso contro il parere dei colleghi e il paziente lo coinvolgerà nella sua rutilante fantasia, aiutandolo a ravvivare il monotono rapporto con la moglie Marilyn (Dunaway). Un'insolita commedia romantica, in cui la (presunta) follia sprizza vitalità e ottimismo a confronto di un'esistenza «normale» fatta di disastri familiari, miseria quotidiana e abitudini monotone. L'elogio della fantasia è forse un po' facile ma il film merita la visione per la meravigliosa coppia Brando-Depp che recita in perfetta sintonia, contro tutto e tutti, attraverso un irresistibile gioco di sguardi e risposte facciali (e Brando, nonostante l'esagerata pinguetudine, risulta fascinoso quasi quanto Depp). Prodotto da Francis Ford Coppola. Tra le canzoni, *A Tu Vera* dei Gipsy Kings e *God's Child (Baile Conmigo)* di David Byrne (da lui cantata insieme a Selena). Il regista esordiente, già scrittore e sceneggiatore (suoi il romanzo e la sceneggiatura di *Dr. Creator specialista in miracoli*), in passato è stato anche psicoterapeuta. L'ispettore che sveglia nella notte Mikler per il tentativo di suicidio di don Juan (e che commenta la stazza propria e di Brando con la frequentazione dello stesso pasticciere) è interpretato dal regista Richard Sarafian.

Donna alla finestra, Una **½ (*Une Femme à sa fenêtre*, Francia/Italia/Rft 1976, col, 106') Pierre Granier-Deferre. Con Romy Schneider, Philippe Noiret, Victor Lanoux, Umberto Orsini, Gastone Moschin, Martine Brochard. ◆ Grecia, 1936: Margot (Schneider), moglie di un diplomatico italiano (Orsini) e stancamente corteggiata da un industriale francese (Noiret), si innamora di un comunista (Lanoux) braccato dalla polizia. Riesce a farlo fuggire, ma va con lui incontro a un destino tragico. Dal romanzo di Pierre Drieu La Rochelle, sceneggiato dallo stesso Deferre e da Jorge Semprun, una sofisticata storia d'amore, costruita sulla luminosa sensualità della Schneider.

Donna allo specchio, Una * (Italia 1984, col, 93') Paolo Quaregna. Con Stefania Sandrelli, Marzio Honorato, Paolo Quaregna, Emilio Lo Curcio, Franco Olivero, Alberto Signetto. ◆ Lui (Honorato) e lei (Sandrelli) s'incontrano a Ivrea, durante il carnevale. Tra una battaglia delle arance e l'altra vengono travolti dalla passione. Erotismo alle stelle durante il fine settimana, al termine del quale tornano alla routine e alla normalità. «Abbi cura di te», la frase con cui la Sandrelli saluta il suo amante, è forse il passaggio più poetico del film. Operazione mediocre che sfrutta il côté erotico dell'attrice, sull'onda di *La chiave* di Brass.

Donna che amo, La **½ (*Lady by Choice*, Usa 1934, b/n, 78') David Burton. Con Carole Lombard, May Robson, Walter Connolly, Roger Pryor, Arthur Hohl. ◆ Una ballerina (Lombard) cerca di far carriera con ogni espediente. Sarà tutto vano, ma troverà l'amore. Commedia senza pretese ma divertente, che riprende i personaggi di *Signora per un giorno* (1933).

Donna che inventò l'amore, La * (Italia 1952, b/n, 102') Ferruccio Cerio. Con Silvana Pampanini, Rossano Brazzi, Lauro Gazzolo, Juan De Landa, Franco Fabrizi, Tina Allori, Vittorio Sanipoli. ◆ Un giovane ufficiale dissoluto (Brazzi) si sposa per interesse e si mette nei guai con il gioco. Deciso ad arruolarsi nella Legione straniera, scopre di amare la moglie (Pampanini). Dal romanzo omonimo di Guido da Verona, un melodramma superficiale, privo di regia. Primo ruolo drammatico per la Pampanini.

Donna che inventò lo strip-tease, La **½ (*Gypsy*, Usa 1962, col, 149') Mervyn Le Roy. Con Natalie Wood, Rosalind Russell, Karl Malden, Paul Wallace, Betty Bruce. ◆ Una ragazzina (Wood), seguita a vista dalla madre, entra nel mondo del varietà e sfonda con i primi spogliarelli. Da un musical di Broadway ispirato alla vita di Gypsy Rose Lee, regina dello striptease negli anni Trenta, un film divertente con l'ottima colonna sonora di Stephen Sondheim e Jule Styne.

Donna che venne dal mare, La * (Italia/Spagna/Francia 1957, b/n, 96') Francesco De Robertis. Con Sandra Milo, Vittorio De Sica, Peter Lynn, Pedro Gimenez, Juan Calvo, Rossella Monti. ◆ Durante la seconda guerra mondiale, a Gibilterra, le spie italiane si avvalgono dell'aiuto di una bella ragazza. Un fumettone pseudobellico, con una Milo (al suo primo ruolo da protagonista) poco credibile come Mata Hari.

Donna che visse due volte, La ****** (*Vertigo*, Usa 1958, col, 128') Alfred Hitchcock. Con James Stewart, Kim Novak, Barbara Bel Geddes, Henry Jones, Tom Helmore, Ellen Corby, Konstantin Shayne. ◆ John «Scottie» Ferguson (Stewart), un poliziotto che soffre di vertigini, viene incaricato dal suo ex compagno di scuola Gavin Elster (Helmore) di sorvegliare la moglie Madeleine (Novak) per le sue tendenze suicide. Scottie si innamora addirittura di lei, ma non riesce a evitare che si butti da un campanile. Precipitato in uno stato di depressione, ne verrà risollevato all'improvviso da Judy Barton (Novak), una donna troppo simile a quella scomparsa... Forse il capolavoro «filosofico» di Hitchcock, il film dove la sua concezione della vita come «passaggio necessario attraverso le tenebre» viene raccontata nella maniera più compiuta e coinvolgente. Riducendo il racconto omonimo di Pierre Boileau e Thomas Narcejac ai termini minimi di un canovaccio giallo (nella sceneggiatura di Alec Coppel e Samuel Taylor l'inganno dell'ex compagno di scuola è come ricacciato in un angolo del racconto e sembra non avere mai un grande interesse per Scottie, nemmeno dopo che ne ha scoperto l'uxoricidio), il regista ci racconta soprattutto il cammino di un uomo che si sente tradito dalla sua razionalità: l'importante non è tanto smascherare un omicidio quanto capire come è potuto succedere che la passione dell'innamorato abbia accecato la razionalità del poliziotto. E allora un giallo diventa un viaggio nella parte scura della psiche, che una donna (o una vertigine, il che poi per il «cattolico» Hitchcock non è molto diverso) all'improvviso può far venire in superficie. Celeberrima la scena in cui Stewart guarda nella tromba delle scale del campanile: la «soggettiva» delle vertigini fu realizzata con una carrellata indietro combinata a una zoomata in avanti. Perfetta la Novak (anche se la parte era stata pensata per Vera Miles) e la colonna sonora del fedele Bernard Herrmann. Hitchcock si vede mentre passeggia con la custodia di una tromba davanti ai cantieri di proprietà di Elster. I titoli di testa sono di Saul Bass. Restaurato e rieditato in edizione originale con sottotitoli nel 1997.

Donna che voglio, La **** (*Mannequin*, Usa 1938, b/n, 95') Frank Borzage. Con Joan Crawford, Spencer Tracy, Mary Philips, Ralph Morgan, Alan Curtis. ◆ Jessie Cassidy (Crawford), la moglie di un bandito, si rifà una vita come modella e trova un nuovo amore (Tracy). Ma l'ex marito torna a ricattarla. Un melodramma con qualche momento di bella intensità, cucito su misura per la Crawford, ma che non riesce pienamente a convincere: la storia ha troppi colpi di scena, compreso uno sciopero che riduce sul lastrico il marito «buono»; la luna di miele in Europa (con cottage coperto d'edera) è quasi ridicola.

Donna che volevano linciare, La ***** (*The Woman They Almost Lynched*, Usa 1953, b/n, 90') Allan Dwan. Con John Lund, Brian Donlevy, Audrey Totter, Joan Leslie, Ben Cooper, James Brown, Nina Varela, Ellen Corby, Fern Hall, Minerva Urecal, Jim Davis. ◆ Durante gli anni confusi della guerra civile, la banda di Charles Quantrill (Donlevy) e della moglie Kate (Totter) impone la legge delle sue pistole: rischierà di farne le spese il direttore di una miniera (Lund), ma l'intervento della sua fidanzata Sally (Leslie) e di una ravveduta Kate eviterà un doppio linciaggio. Un western insolito e coinvolgente dove, contrariamente a tutte le regole del genere, Dwan si disinteressa alla violenza e alle sue influenze sulla narrazione (tanto che molti, erroneamente, vi hanno visto un atteggiamento parodistico), per privilegiare invece l'importanza dei sentimenti e delle passioni, che descrive con un lirismo commovente. Coerentemente, allora, i veri protagonisti del film diventano Sally e Kate, donne moralmente riprovevoli (una è fuorilegge, l'altra non può certo vantare una moralità specchiata) ma che trovano nel rifiuto dei compromessi e del perbenismo borghese la forza per scegliere, rousseauianamente, una vita in sintonia con i propri sentimenti e il rispetto della natura.

**Donna chiamata moglie, Una ****½ (*Zandy's Bride*, Usa 1975, col, 116') Jan Troell. Con Liv Ullman, Gene Hackman, Eileen Heckart, Harry Dean Stanton, Susan Tyrrell. ◆ Nella California del secolo scorso, un allevatore (Hackman) trova moglie (Ullman) grazie a un'inserzione. Crede di poterla trattare come una serva, ma lei saprà fargli cambiare idea. Per il suo primo film americano, il regista svedese ha scelto una storia non originalissima (dal romanzo *The Stranger* di Lillian Bos Ross) ma vivificata dalla brillante interpretazione dei protagonisti e da un'ambientazione suggestiva.

Donna come me, Una * (*Don Juan 73*, Francia 1972, col, 87') Roger Vadim. Con Brigitte Bardot, Maurice Ronet, Jane Birkin, Robert Hossein, Mathieu Carrière. ◆ Jeanne (Bardot) odia gli uomini e si diverte a sedurli e farli soffrire. Ma finirà male. Dal romanzo di Jan Cau, un'improbabile e pasticciata versione al femminile del mito di Don Giovanni. Dopo questo film, B.B. pensò bene di ritirarsi dalle scene.

Donna con tanto amore, Una **** (*La vraie nature de Bernadette*, Canada 1972, col, 100') Gilles Carle. Con Micheline Lanctot, Donald Pilon, Reynard Bouchard, Maurice Beaupré. ◆ Una ragazza madre, Bernadette (Lanctot), come la santa di Lourdes e la ribelle irlandese Bernadette Devlin, si trasferisce in campagna alla ricerca di una vita più autentica di quella borghese. Dopo molti gesti generosi, viene considerata addirittura una santa, fino a che Thomas (Pilon) non le fa capire che la vera liberazione contro il potere borghese passa attraverso la rivolta armata. Una storia improbabile, piena di citazioni da Rabelais a Dino Risi, ma diretta con un bel garbo. Peccato che il doppiaggio faccia perdere gli effetti comici della parlata in québécois.

**Donna... cosa si fa per te ***½ (Italia 1976, col, 100') Giuliano Biagetti. Con Renzo Montagnani, Jenny

Tamburi, Enzo Liberti. ◆ Sull'autostrada del Sole un uomo (Montagnani) dà un passaggio a una ragazza (Tamburi). Pur essendone attratto, non fa avances credendola un'anima candida: in realtà, è una prostituta. Quasi mai volgare, scritta tenendo conto della lezione del *Sorpasso*, una commediola che riesce tuttavia esile, insignificante.

Donna dai due volti, La **½ (*Le Grand jeu*, Francia 1933, b/n, 120') Jacques Feyder. Con Pierre Richard-Willm, Charles Vanel, Marie Bell, Françoise Rosay, George Pitoëff. ◆ Per dimenticare la capricciosa Florence (Bell), Pierre (Richard-Willm) si arruola nella Legione straniera, dove conosce Irma (Bell), una prostituta che è la sosia di Florence. Dopo cinque anni, decide di tornare a Parigi con Irma, ma per le vie di Casablanca reincontra Florence: capendo che non riuscirà mai a dimenticarla, accompagna Irma alla nave e si arruola di nuovo per cercare la morte in qualche missione impossibile. Un melodramma coloniale impregnato di fatalismo senza scampo, che Feyder girò dopo il suo ritorno da Hollywood: spogliando il genere di qualsiasi connotazione ideologica e facendo propria la lezione di Pirandello sul tema del sosia (nei suoi progetti c'era un film tratto da *Come tu mi vuoi*), Feyder e il suo csceneggiatore Charles Spaak costruiscono un'opera-modello sia per il trattamento originale del duplice personaggio femminile (i due ruoli sono affidati alla stessa attrice, Marie Bell, ma la voce di Irma appartiene a Claude Marcy), sia per la visione rigorosamente pessimistica della vita. Non a caso *La donna dei due volti* avrà una forte influenza su Marcel Carné, qui assistente alla regia, e può essere considerato come il film che diede l'avvio al cosiddetto «realismo poetico». Rifatto nel 1954 da Siodmak (*Il grande gioco*).

Donna dai tre volti, La **½ (*Three Faces of Eve*, Usa 1957, b/n, 91') Nunnally Johnson. Con Joanne Woodward, Lee J. Cobb, David Wayne, Nancy Kulp, Vince Edwards. ◆ Una casalinga (Woodward) soffre di schizofrenia e si ritrova ben tre personalità contrastanti. Ma il marito riuscirà a farla curare da uno psichiatra (Cobb). Tratto dal libro di due medici, un dramma a forti tinte (sceneggiato e prodotto da Johnson) che ha fatto vincere l'Oscar alla Woodward, più bello per la storia che racconta che per come la mette in scena.

Donna da scoprire, Una * (Italia 1986, col, 95') Riccardo Sesani. Con Marina Suma, Jean Marie Marion, Agostina Belli. ◆ Una cantante rock abbandona il proprio amante e manager per un fotografo. Finirà tragicamente. Tra melodramma, giallo ed esibizioni musicali, un film che non scorre. Con la Suma fuori parte.

Donna degli altri è sempre più bella, La * (Italia 1962, b/n, 105') Marino Girolami. ◆ Film a episodi. In *Bagnino lover* (con Walter Chiari, Franco Fabrizi, Maria Grazia Spina) un giovane si finge gay per non destare sospetti in un marito geloso; in *I promessi sposi* (con Franco Franchi, Ciccio Ingrassia, Rosemarie Wells, Anita Todesco, Alberto Bonucci) due siciliani partono per il continente alla ricerca di una ragazza; in *La dirittura morale* (con Mario Carotenuto, Rosalia Maggio, Maria Grazia Buccella) un industriale fa recitare all'amante la parte della moglie; in *Luna di miele* (con Aroldo Tieri, Hélène Chanel, Ugo Tognazzi) un uomo è ossessionato dalla paura che la neoconsorte lo tradisca; in *La natura vergine* (con Raimondo Vianello, Sandra Mondaini, Umberto D'Orsi) moglie e marito finiscono in un campo di nudisti. Cinque episodi con un comune denominatore: regia inesistente, rare trovate. La voce narrante è di Corrado.

Donna del bandito, La ***½ (*They Live By Night*, Usa 1947, b/n, 95') Nicholas Ray. Con Farley Granger, Cathy O'Donnell, Howard da Silva, Jay C. Flippen, Helen Craig. ◆ Nella dura America degli anni Trenta, un giovane (Granger), imprigionato ingiustamente, evade con due criminali e si fa coinvolgere in una rapina. Innamoratosi di una ragazza (O'Donnell), si dà con lei alla latitanza, ma i vecchi amici purtroppo ritornano a proporre un'altra rapina. Dal romanzo di Edward Anderson *Thieves Like Us* (portato sullo schermo anche in *Gang* di Robert Altman), una storia tesa e di forte impatto narrata con sensibilità da Ray, al suo esordio nella regia: al centro del film, come in molte sue opere successive, una coppia la cui vulnerabilità è raccontata con un lirismo tenero e commovente (l'iniziazione al mondo del crimine è la metafora che Ray usa per descrivere, senza cadere nella retorica melodrammatica, «l'esilio interiore dell'uomo e il sentimento di estraneità a tutto e a tutti»). Innovative le sequenze riprese dall'elicottero «che vogliono rappresentare la grande mano del destino, del fato».

Donna del destino, La **½ (*Designing Woman*, Usa 1957, col, 118') Vincente Minnelli. Con Gregory Peck, Lauren Bacall, Dolores Gray, Sam Levene, Chuck Connors. ◆ Un giornalista sportivo molto pragmatico (Peck) sposa una raffinata disegnatrice di moda (Bacall). Solo dopo una brutta avventura riusciranno a superare le incompatibilità. Una commedia sofisticata e brillante che risente della lezione di *La donna del giorno* e delle schermaglie Hepburn-Tracy. Oscar a George Wells per soggetto e sceneggiatura.

Donna del fiume, La *½ (Italia 1954, b/n, 104') Mario Soldati. Con Sophia Loren, Rick Battaglia, Gérard Oury, Lise Bourdin, Enrico Olivieri, Maria Conventi. ◆ Una bella mondina (Loren) sceglie tra i suoi corteggiatori un contrabbandiere, che finisce in prigione lasciandola incinta. Il bambino morirà, ma i due amanti si ricongiungeranno. Da un soggetto di Alberto Moravia ed Ennio Flaiano, sceneggiato dallo stesso Flaiano con Soldati, Giorgio Bassani, Pier Paolo Pasolini (al primo incarico nel cinema), Florestano Vancini, Antonio Altoviti e Basilio Franchina: malgrado l'impressionante lista di collaboratori, un melodramma mediocre, studiato a tavolino da Ponti (il regista fu convocato solo 15 giorni prima delle riprese) per il lancio della Loren. Lo spunto venne offerto da alcuni documentari girati da Vancini sul Po.

Donna del giorno, La *** (*Libeled Lady*, Usa 1936, b/n, 98') Jack Conway. Con Jean Harlow, Spencer Tracy, William Powell, Myrna Loy, Walter Connolly, Cora Witherspoon. ◆ Querelato per diffamazione da un'ereditiera (Loy) offesa per essere stata definita una «cacciatrice di mariti altrui», il direttore di un giornale Warren Haggerty (Tracy) cerca di coinvolgerla in uno scandalo, costringendo la fidanzata (Harlow) e un amico donnaiolo (Powell) ad aiutarlo. Sceneggiata da Maurine Watkins, Howard Emmet Rogers e George Oppenheimer, una commedia dalla trama complicata ma dalle trovate scoppiettanti (tra le scene migliori, il finto matrimonio tra Powell e la Harlow, la partita di pesca di Powell nella tenuta della Loy e, in generale, la sfrenata vitalità della Harlow). Con un remake (molto inferiore): *Sposarsi è facile ma...* (1946) di Edward Buzzell, con Keenan Wynn, Lucilla Ball, Van Johnson, Esther Williams.

Donna del giorno, La *** (*The Woman of the Year*, Usa 1942, b/n, 112') George Stevens. Con Spencer Tracy, Katharine Hepburn, William Bendix, Fay Bainter, Reginald Owen. ◆ Un cronista sportivo (Tracy) e una famosa commentatrice politica (Hepburn) si sposano, ma l'attaccamento di lei al lavoro mina il matrimonio. Litigi, ripicche e fughe, fino al compromesso. Da una sceneggiatura di Ring Lardner jr e Michael Kanin (premiata con l'Oscar), una commedia deliziosa trasformata poi in un musical a Broadway e, nel '76, in un film per la tv. Indimenticabile la scena (senza commento parlato ma con un'eccezionale accompagnamento di rumori) in cui la Hepburn tenta per la prima volta in vita sua di preparare la colazione (l'idea fu di Stevens, perché la sceneggiatura non la prevedeva). Esiste anche la versione colorata al computer. Sul set nacque l'amore tra la Hepburn e Tracy.

Donna del giorno, La *½ (Italia 1956, b/n, 95') Francesco Maselli. Con Virna Lisi, Antonio Cifariello, Serge Reggiani, Haya Hararit, Elisa Cegani, Franco Fabrizi, Giuliano Montaldo, Mario Carotenuto, Peter Van Wood e il suo quartetto. ◆ Un'indossatrice (Lisi) scende a ogni compromesso per farsi strada nel mondo dello spettacolo. Ma ne farà le spese. Sceneggiato da Maselli con Franco Bemporad, Aggeo Savioli, Luigi Squarzina e Cesare Zavattini, un melodramma con pretese da film di denuncia (e «l'ambizione inconscia di rifare *La Traviata*»): non riuscito, per ammissione dello stesso regista.

Donna della domenica, La **½ (Italia 1975, col, 105') Luigi Comencini. Con Marcello Mastroianni, Jean-Louis Trintignant, Aldo Reggiani, Jacqueline Bisset, Claudio Gora, Lina Volonghi, Pino Caruso, Omero Antonutti, Maria Teresa Albani, Tina Lattanzi, Franco Nebbia. ◆ Un commissario romano (Mastroianni) si ritrova nella Torino bene alle prese con una serie di delitti. E con una misteriosa aristocratica (Bisset). Dal romanzo omonimo di Fruttero & Lucentini, sceneggiato da Age [Agenore Incrocci] e Scarpelli, un film superficiale ma ben confezionato: l'intrigo funziona, il ritratto della città e della società incuriosisce, gli attori sono bravi. E lasciò al pubblico il dubbio sull'esatta pronuncia di Boston.

Donna della luna, La * (Italia 1987, col, 92') Vito Zagarrio. Con Greta Scacchi, Luca Orlandini, Tim Finn. ◆ Angela (Scacchi) sta per traghettare in Sicilia. Sulla sua auto sale un giovane che, con una bugia, la convince a dargli un passaggio. Tra paesaggi di mare, sole, luna, avviene l'iniziazione sessuale del ragazzo, che viene poi casualmente ucciso. Inutile presenza della Scacchi in un film patinato e banale.

Donna della montagna, La ** (Italia 1945, b/n, 93') Renato Castellani. Con Amedeo Nazzari, Marina Berti, Maurizio D'Ancora, Fanny Marchiò, Oscar Andriani. ◆ Rodolfo (Nazzari), un ingegnere che ha perso la fidanzata durante una gita in montagna, decide di lasciare il lavoro e sposare la ricca fanciulla che gli è stata vicina dopo la tragedia, Zosi (Berti): il matrimonio è un disastro, con lui sempre più scostante e ossessionato dai ricordi e dai sensi di colpa, e lei sempre più amorosa e servile, decisa a soffrire in povertà ma non a rivelargli che la donna lo tradiva con l'autista. Tratto con molta libertà da *I giganti innamorati* di Salvator Gotta (sceneggiato da Gastone Medin), è un film incompiuto (gli eventi dell'8 settembre interruppero la lavorazione, che non venne più ripresa: mancava un quarto del film, ma i produttori fecero montare ugualmente il materiale girato, senza il consenso di Castellani, e lo distribuirono nel 1945), e l'incompiutezza pesa soprattutto nel finale, tanto prevedibile quanto brusco e apparentemente «appiccicato». Di notevole c'è l'atmosfera mortifera che riflette quella di un'epoca (vedi il coevo *Ossessione*), splendidamente resa dalla fotografia di Massimo Terzano: un clima che aleggia sin dalla prima, memorabile sequenza del funerale sotto la pioggia, prosegue con l'ostinato senso di vuoto degli interni, cui fa da contrappunto la solitudine delle cime, e culmina nell'enorme croce commemorativa che staziona per mesi nella casa degli sposi. Esterni girati a Cervinia. Colonna sonora di Nino Rota, montaggio di Mario Serandrei (non accreditato).

Donna della spiaggia, La **½ (*The Woman on the Beach*, Usa 1946, b/n, 71') Jean Renoir. Con Robert Ryan, Joan Bennett, Charles Bickford, Nan Leslie, Walter Sande, Irene Ryan. ◆ Un ufficiale di Marina (Ryan) si innamora di Peggy (Bennett), la moglie di un pittore cieco (Bickford). Ma, dopo un drammatico confronto tra i due, la donna sceglie di restare accanto al marito. Dal romanzo *None So Blind* di Mitchell Wilson (sceneggiato dal regista con Frank Davis e J.R. Michael Hogan), un film frammentario, ma affascinante nel suo onirismo, snaturato dai tagli imposti dalla produzione alle scene troppo audaci (Renoir voleva dimostrare che, a volte, sono proprio destini simili che riescono a separare le persone, e non i conflitti o le differenze, ma la Rko impose il finale moralistico in cui la donna sceglie di stare col marito, che pure ha detestato per tutto il film). Fu un fiasco e segnò per il regista la fine del soggiorno negli Stati Uniti.

Donna delle meraviglie, La * (Italia 1985, col, 111') Alberto Bevilacqua. Con Ben Gazzara, Lina Sastri, Claudia Cardinale, Flavio Bucci, Orazio Orlando, Fabrizio Bentivoglio, Carlo Monni, Angela Goodwin. ◆ Uno scrittore di mezza età in crisi (Gazzara) trova uno scopo alle sue giornate grazie alle telefonate di una donna misteriosa. Ispirandosi con qualche variazione al suo romanzo omonimo, Bevilacqua ha realizzato un film tanto pretenzioso quanto freddo e, a tratti, addirittura incomprensibile.

Donna del miracolo, La **½ (*The Miracle Woman*, Usa 1931, b/n, 87') Frank Capra. Con Barbara Stanwyck, David Manners, Sam Hardy, Beryl Mercer, Charles Middleton. ◆ Una predicatrice (Stanwyck), sobillata da un manager disonesto, sfrutta la sua abilità oratoria per approfittarsi dei fedeli. Finché incontra l'amore. Da un testo teatrale di John Meehan e Robert Riskin, un film problematico e duro – malgrado il lieto fine – che punta il dito contro la religione-spettacolo e contro l'ipocrisia della massa. E poi questa specie di Elmer Gantry al femminile introduce per la prima volta una dei temi più cari a Capra, quello di un protagonista cinico e imbroglione che si riscatta con una confessione pubblica (come farà l'indimenticabile Gary Cooper di *Arriva John Doe*, anche lui sceneggiato da Riskin). Fu un grande fiasco al botteghino.

Donna del ritratto, La **** (*The Woman in the Window*, Usa 1944, b/n, 99') Fritz Lang. Con Joan Bennett, Edward G. Robinson, Raymond Massey, Dan Duryea, Edmond Breon, Thomas E. Jackson. ◆ Mentre moglie e figli sono in vacanza, un professore di criminologia (Robinson) conosce una bella ragazza (Bennett) e precipita in un incubo pieno di misteri e delitti. Dal romanzo *Once off Guard* di J.H. Wallis (sceneggiato da Nunnally Johnson, qui anche produttore), un noir avvincente che ripropone il tema più caro al regista: il sottile confine tra innocenza e colpevolezza, raccontato con una narrazione minuziosamente realistica ma sviluppato con un andamento potentemente onirico. Uno dei migliori ritratti del grigiore borghese e di quello che potrebbe nascondere dietro la sua faccia rispettosa. Il finale a sorpresa, spesso criticato (ma girato magistralmente con un'unica inquadratura, grazie a dei vestiti che si staccavano e che potevano essere tolti a Robinson durante i pochi secondi in cui la macchina da presa era fissa sul suo primo piano) è stato difeso da Lang come «l'unico in grado di rendere plausibile l'intera storia».

Donna del tenente francese, La **½ (*The French Lieutenant's Woman*, Gb 1981, col, 123') Karel Reisz. Con Meryl Streep, Jeremy Irons, Hilton McRae, Emily Morgan, Charlotte Mitchell, Lynsey Baxter. ◆ Sul set di un film ambientato nell'Inghilterra vittoriana, la tormentata storia d'amore dei protagonisti si intreccia con quella dei due attori che li interpretano. Dal bestseller di John Fowles, rimaneggiato in chiave contemporanea dallo sceneggiatore Harold Pinter (sue le idee – non particolarmente originali – del film nel film e della doppia passione), un melodramma psicologico di grande suggestione, dove la letterarietà un po' cerebrale dei due scrittori viene equilibrata dal resto: perfetto il montaggio parallelo ideato da Reisz e messo a punto da John Bloom, magistrale la fotografia di Freddie Francis, impeccabile la coppia Irons-Streep. Purtroppo con il doppiaggio si perde la performance della Streep, che parla ora americano ora inglese con l'accento del Dorset, come richiede la doppia parte. Le riprese sono state effettuate nei luoghi del romanzo, e si vede.

Donna del traditore, La **½ (*To the Victor*, Usa 1948, b/n, 100') Delmer Daves. Con Dennis Morgan, Viveca Lindfors, Victor Francen, Bruce Bennett, Dorothy Malone, Eduardo Ciannelli, William Conrad, Tom D'Andrea, Konstantin Shayne, Douglas Kennedy. ◆ In molti vorrebbero che Christine (Lindfors) non testimoniasse contro il marito accusato di collaborazionismo: verrà protetta dall'ispettore Beauvais (Francen) e soprattutto da Paul Taggart (Morgan), un americano che campa facendo la borsa nera e che troverà nell'amore per la donna la forza di riscattarsi. Curioso ritratto degli sbandamenti postbellici («una Parigi tutta ricostruita in studio e le cautele sentimentali di Daves, più portato al melodramma che alla denuncia, non tolgono forza alle ardite arringhe e alle perlustrazioni politico-sociali della storia sceneggiata da Richard Brooks» [Fofi]), fotografato da Robert Burks nel tipico stile noir della Warner. Due scene su tutte: la visita di Paul e Christine a Omaha Beach, in Normandia - dove lui aveva partecipato allo sbarco e dove ora vede una fotografia di lei rapata perché collaborazionista - e la spiegazione di Beauvais a Taggart nel museo dei dinosauri sulla terza guerra mondiale già iniziata («questo è solo il prologo: la guerra dei nervi e dell'odio e della paura, prima che si scateni la battaglia finale della Democrazia e del Dollaro contro la Cortina di ferro»), il cui esito non potrà che essere «l'estinzione dell'uomo».

Donna del traghetto, La ** (Italia 1986, col, 96') Amedeo Fago. Con Alessandro Haber, Thérèse Ann-Savoy, Paolo Rossi, Philippe Leroy, Nicola Di Pinto. ◆ Nella Padania profonda un generoso burattinaio (Haber), un vero puro di cuore, sogna di avere un figlio per essere meno solo. Lo farà felice una strana traghettatrice fluviale, nonostante l'opposizione dei suoi. Nata da un suggerimento dello stesso Haber, una favola fresca e piena di sentimento, ma diseguale.

Donna d'estate *½ (*The Stripper* rititolato *The Woman of Summer*, Usa 1963, b/n, 95') Franklin J. Schaffner. Con Joanne Woodward, Richard Beymer, Claire Trevor, Carol Lynley, Robert Webber, Michael J. Pollard. ◆ La non più giovane Lila (Woodward) torna nel suo paese natale al seguito di una scalcinata compagnia di varietà, dove si esibisce in un (castigatissimo) numero di spogliarello scatenando la passione di Kelly (Beymer), figlio ventenne di una sua amica. Lila fugge, riprende il mestiere, ma alla fine trova la forza di cambiare vita. Dalla commedia *Rose perdute* di William Inge, la prima regia di Schaffner è pesantemente compromessa dagli interventi del produttore Darryl Zanuck, che eliminò il suicidio finale di Lila. Ma è tutto il moralismo di fondo ad apparire oggi datato.

Donna di paglia, La ** (*Woman of Straw*, Gb 1964, col, 117') Basil Dearden. Con Sean Connery, Ralph Richardson, Gina Lollobrigida, Alexander Knox, Johnny Sekka. ◆ Pur di mettere le mani sul patrimonio dello zio, un uomo (Connery) convince la sua amante (Lollobrigida) a sposare il vecchio. Ma subito dopo le nozze l'uomo muore, e l'ingenua sposina si ritrova accusata di omicidio. Dal romanzo di C. Arley, un giallo di buona fattura. Stona solo la Lollobrigida.

Donna di Parigi, La **½ (*A Woman of Paris*, Usa

1923, b/n, 89') Charlie Chaplin. Con Edna Purviance, Adolphe Menjou, Carl Miller, Lydia Knott. ◆ Marie Saint-Clair (Purviance), credendosi a torto abbandonata dall'amato Jean (Miller), parte da sola per Parigi, dove diventa l'amante del ricco Pierre Revel (Menjou). A distanza di un anno ritrova Jean, che fa il pittore ed è sempre innamoratissimo, ma la madre di lui si oppone alla relazione, spingendo il figlio al suicidio. Per liberarsi dalla maschera di Charlot, Chaplin diresse un film serio e ambizioso, senza esserne protagonista (fa solo una breve apparizione nei panni di un facchino), intendendo mostrare di quali raffinatezze visive e di quali complessità tematiche fosse capace l'arte cinematografica. L'affresco sociale che ne viene fuori – con una scontata opposizione tra amore e ricchezza – è più debitore del romanzo d'appendice che del naturalismo di Emile Zola, ma lo stile secco del trentacinquenne regista, col suo gusto per il dettaglio allusivo dietro cui si intuisce un'intera storia, allora impressionò molti, tra cui René Clair. Non piacque però al pubblico: Chaplin tornò a Charlot, e per molti decenni il film scomparve dalla circolazione.

Donna di piacere *½ (*The Last Prostitute*, Usa 1991, col, 89') Lou Antonio. Con Wil Wheaton, Sonia Braga, Woody Watson, Dennis Letts, Cotter Smith. ◆ Danny (Wheaton) decide di perdere la verginità andando a trovare una mitica prostituta (Braga) che gli ha magnificato lo zio. Ma questa ha cessato l'attività, e vorrebbe cacciare su due piedi il marmocchio: gli darà invece lezioni di vita nella sua fattoria. Il solito racconto sul passaggio all'età adulta (tratto dalla pièce di William Borden e sceneggiato da Carmen Culver) raccontato con qualche tocco lirico e pretesa psicologica, ed evitando accuratamente ogni crudezza. Ma la destinazione e la confezione televisiva appiattiscono tutto.

Donna di picche, La **½ (*The Queen of Spades*, Gb 1949, b/n, 90') Thorold Dickinson. Con Anton Walbrook, Edith Evans, Ronald Howard, Yvonne Mitchell, Mary Jerrold, Pauline Tennant. ◆ Per farsi dire il segreto avuto dal diavolo per vincere al gioco, il capitano Herman Suvorin (Walbrook) spaventa a tal punto la contessa Ranevskaja (Evans) da farla morire. Ma in sogno la donna gli rivela il segreto e Herman impegna tutti i suoi soldi in una partita a faraone, dove la vecchia contessa saprà prendersi una tragica rivincita. Terzo adattamento dell'omonimo racconto di Aleksandr Puškin (dopo quello muto di Jakov A. Protazanov, *Pikovaja Dama*, 1916, e *Il demone del gioco* di Fëdor Ozep, 1937, e prima di quello inedito in Italia di Léonard Keigel con una straordinaria Dita Parlo, *La Dame de pique*, 1965, sceneggiato da Julien Green). Qui Dickinson e i suoi sceneggiatori Rodney Ackland (che in origine avrebbe dovuto anche dirigere il film) e Arthur Boys accentuano la dimensione fantastica e sottolineano gli elementi di conflitto sociale tra la nobile contessa, l'ambizioso capitano e la dolce Lisaveta (Mitchell), il cui ruolo di dama di compagnia della Ranevskaja è stato ampliato per costruire un intreccio secondario romantico. Più che per la regia, effettistica ma mai geniale nonostante un grande spreco di grandangoli e movimenti vorticosi, il film si fa ricordare per la scenografia di Oliver Messel, che ha ricostruito «il barocco ammuffito e cariato di una San Pietroburgo decadente», e la bella fotografia di Otto Heller, il cui bianco e nero conferisce «un tono di follia espressionistica» al dramma senza speranza di un giocatore sfortunato che assomiglia a un lacché piuttosto che a un genio del male.

Donna di platino, La **½ (*Platinum Blonde*, Usa 1931, b/n, 90') Frank Capra. Con Loretta Young, Robert Williams, Jean Harlow, Walter Catlett, Louise Closser Hale, Reginald Owen. ◆ Un reporter (Williams) durante un servizio conosce una ricca ereditiera (Harlow) e la sposa, trovandosi così snobbato dal nuovo ambiente ed emarginato dai vecchi amici. Ma saprà ribellarsi e scegliere l'amore di una collega meno spocchiosa (Young). Da un soggetto di Harry Chandler e Douglas Churchill, una commedia divertente girata dal regista mirando soprattutto a riconquistare il pubblico dopo il fiasco della *Donna del miracolo*; vi si possono trovare alcuni temi della sua carriera futura: l'esaltazione delle qualità dell'uomo comune e l'impossibilità di adattarsi a finte convenzioni sociali (la Harlow pretende che suo marito metta le giarrettiere per le calze). Anche se «sconfitta» nello sviluppo della storia, la vera dominatrice del film è, comunque, la Harlow, che con questo film si impose definitivamente come attrice brillante ma anche sexy.

Donna di quella notte, La ** (*The Imperfect Lady*, Usa 1947, b/n, 97') Lewis Allen. Con Ray Milland, Teresa Wright, Anthony Quinn, Cedric Hardwicke, Reginald Owen. ◆ Nell'Inghilterra del secolo scorso, un nobile (Milland) sposa una ballerina (Wright). Coinvolta suo malgrado in un omicidio, la donna metterà a rischio la carriera politica del marito. Conflitti di coscienza e slanci di generosità per un melodramma corretto ma senza pregi particolari.

Donna di sabbia, La **½ (*Suna no onna*, Giappone 1964, b/n, 127') Hiroshi Teshigahara. Con Kyoko Kishida, Eiji Okada, Koji Mitsui, Hicoko Ito. ◆ Sulle coste giapponesi un entomologo (Okada) viene ospitato per la notte da una donna (Kishida) che vive in fondo a un burrone e che combatte contro l'avanzata della sabbia del deserto: ne resterà prigioniero. Dal romanzo di Abe Kobo (da lui stesso sceneggiato), una storia allegorica e piena di fascino sul senso «assurdo» del vivere, che rischia di disorientare lo spettatore con le sue atmosfere surreali e angosciose, alla ricerca di «una libertà che si può trovare solo nei limiti della nostra condizione esistenziale». Premio speciale a Cannes.

Donna distrusse, Una **½ (*Smash-up - The Story of a Woman*, Usa 1947, b/n, 103') Stuart Heisler. Con Susan Hayward, Lee Bowman, Eddie Albert, Marsha Hunt, Carl Esmond, Carleton Young, Charles D. Brown, Janet Murdoch. ◆ Angie Evans (Hayward) è disposta a sacrificare la propria carriera per aiutare il marito Ben (Bowman) ad affermarsi come cantante, ma il successo li allontana: lei affoga la solitudine nell'alcool e lui finisce per chiedere il divorzio e impedirle di vedere la figlia. Una specie di *Giorni per-*

duti al femminile, che offre alla Hayward (giustamente nominata per l'Oscar) l'occasione per dimostrare il proprio valore. Tratto da un soggetto semiautobiografico di Dorothy Parker (e Frank Cavett), il film racconta con magistrale economia espressiva la discesa nella solitudine di una donna che crede di risolvere le proprie insicurezze affidandosi alla bottiglia, ma un cast non all'altezza della protagonista e una sceneggiatura inutilmente melodrammatica di John Howard Lawson (la polmonite della figlia, la gratuita gelosia per l'efficiente segretaria [Hunt], l'incendio «purificatore» del finale) finiscono per dissolvere la tensione narrativa che Heisler aveva saputo costruire con una messa in scena ricca di invenzioni originali (il carrello con cui scopriamo per la prima volta Angie mentre beve per darsi il coraggio di entrare in scena, l'ellittico montaggio con cui racconta l'inizio del suo alcolismo, lo specchio che le fa sbagliare direzione durante la festa).

Donna di vita → *Lola, donna di vita*

Donna d'ombra *½ (Italia 1989, col, 90') Luigi Faccini. Con Anna Bonaiuto, Francesco Capitano, Luciano Bartoli, Daniela Morelli, Carla Cassola. ◆ Dopo la morte del padre, una donna (Bonaiuto) parte per un viaggio alla ricerca di un'identità e di un equilibrio nuovi. Sulla scia del cinema di Antonioni, un film diseguale, con molte intuizioni e altrettante cadute. Brava la protagonista, intensa e problematica.

Donna è donna, La ** (*Une Femme est une femme*, Francia 1962, col, 78') Jean-Luc Godard. Con Anna Karina, Jean-Claude Brialy, Jean-Paul Belmondo, Marie Dubois, Jeanne Moreau. ◆ Angela (Karina), una stripteaseuse, vuole un figlio. Visto che il suo ragazzo, Emile Récamier (Brialy), non ne vuol sapere, lei persegue il suo scopo con un ammiratore, Alfred Lubitsch (Belmondo). Ma alla fine, non si sa chi sia il vero padre. «Tu es infame» le dice Emile. «Non, je suis une femme» risponde lei con un (godardiano) gioco di parole. Un film-documentario nelle intenzioni dell'autore, per svelare la donna al di là dell'attrice, quasi un omaggio alla bellezza della Karina (che infatti sposò il regista subito dopo le riprese). Strutturato con una serie di quadri ed episodi totalmente disarticolati, inframmezzato di assurdità e stravolgimenti (ma anche belle gag, come quella delle persiane aperte e chiuse che servono ai due amanti per comunicare), è un film importante per capire il cammino di Godard, che sperimenta qui il CinemaScope, il colore, la musica e il sonoro, e introduce uno degli stilemi più famosi del suo cinema: l'utilizzo dei titoli dei libri come linguaggio visivo. Ma queste ricerche (che modificano il ritmo e rompono il tono del film) possono lasciare disorientati, specie nell'edizione italiana, dove sono state tagliate due scene (Emile accetta l'invito di una prostituta, Angela va a casa di Alfred) ed è stato alterato il missaggio sonoro del film che produceva inconsueti accavallamenti di musica e parole. In originale 84'.

Donna e il mostro, La ** (*The Lady and the Monster*, Usa 1944, b/n, 86') George Sherman. Con Erich von Stroheim, Vera Ralston, Richard Arlen, Sidney Blackmer. ◆ Il cervello di un uomo morto in un incidente viene tenuto in vita da uno scienziato folle, e si impadronisce della mente di un assistente di questi. Da un romanzo di Curt Siodmak, una storia intrigante sollevata dall'interpretazione di Stroheim e dalla fotografia di John Alton. Con due remake, inediti in Italia: *Donovan's Brain* (Usa 1953, di Felix Feist, con Lew Ayres, Gene Evans, Nancy Davis e futura signora Reagan) e *Vengence* (Gb/Rft 1965, di Freddie Francis, con Peter Van Eyck, Anne Heywood, Cecil Parker, Bernard Lee).

Donna è mobile, La *½ (*Forsaking All Others*, Usa 1934, b/n, 84') W.S. Van Dyke II. Con Clark Gable, Joan Crawford, Robert Montgomery, Charles Buterworth, Billie Burke, Rosalind Russell, Frances Drake. ◆ Abbandonata il giorno del matrimonio, una ragazza (Crawford) non sa scegliere tra l'ex fidanzato (Montgomery), pentito del suo gesto, e un innamorato paziente (Gable). Da una sceneggiatura di Joseph L. Mankiewicz (basata su un testo teatrale scritto per Tallulah Bankhead), una commedia banale riscattata però da una certa verve (Montgomery in négligé è divertente).

Donna è mobile, La ** (Italia 1942, b/n, 76') Mario Mattoli. Con Ferruccio Tagliavini, Fioretta Dolfi, Carlo Campanini, Dora Bini, Arturo Bragaglia. ◆ Un maestro di scuola (Tagliavini) con l'ambizione di diventare cantante d'opera, va in città con la fidanzata (Dolfi) dove viene scritturato da un impresario: arriverà il successo e il matrimonio. Film vicino allo schema del musical hollywoodiano, con il protagonista circondato da spalle comiche (Campanini, Bragaglia). Sceneggiatura e soggetto di Steno e Monicelli.

Donna esplosiva, La *½ (*Weird Science*, Usa 1985, col, 91') John Hughes. Con Kelly LeBrock, Anthony Michael Hall, Ilan Mitchell-Smith, Bill Paxton, Robert Downey jr. ◆ Due ragazzini timidi (Hall e Mitchell-Smith) decidono di elaborare al computer la loro donna ideale. E quando riescono a farla materializzare (avrà le forme di Kelly LeBrock), vengono da lei coinvolti in movimentate avventure. Uno spunto originale per un mediocrissimo film da teen-ager, anche se l'ex «signora in rosso» si fa sempre apprezzare. Nella scena dei grandi magazzini viene utilizzata la canzone *Pretty Woman* per sottolineare la bellezza di Kelly LeBrock cinque anni prima del film con Julia Roberts.

Donna e una canaglia, Una ** (*La Bonne année*, Francia 1972, col, 128') Claude Lelouch. Con Lino Ventura, Françoise Fabian, Charles Gérard, Silvano Tranquilli, Bettina Rheims. ◆ Mentre prepara una rapina a una gioielleria di Cannes, un pregiudicato (Ventura) si innamora della proprietaria del negozio vicino (Fabian). Porterà ugualmente a segno il colpo e sarà arrestato, ma lei lo aspetterà. Ennesima storia d'amore per Lelouch, con un pizzico di giallo e di malinconia in più. Ma la vicenda è troppo forzata. Con Mirelle Mathieu nel ruolo di se stessa e le musiche di Francis Lai. Bettina Rheims, che interpreta la commessa, diventerà famosa come fotografa.

Donna è una cosa meravigliosa, La * (Italia 1964, b/n, 85') Mauro Bolognini. ◆ Film a episodi. In *Una donna dolce, dolce* (cosceneggiato da Goffredo Parise, con Sandra Milo, Vittorio Caprioli, Beba Loncar, Tinto Brass) una signora senza figli riversa sul marito i suoi istinti materni; in *La balena bianca* (con Arnaldo Fabrizio, Nanni Colombo, Carmen Nayarro doppiata da Ave Ninchi) il nano Eros si innamora della nana Luciana, ma viene ostacolato dalla moglie, una donna cannone. Preceduto da un breve disegno animato di Pino Zac, un film gratuito e irrisolto.

Donna è un male necessario, La **½ (*I Am a Camera*, Gb 1955, b/n, 99') Henry Cornelius. Con Julie Harris, Laurence Harvey, Shelley Winters, Ron Randell, Anton Diffring, Patrick McGoohan. ◆ Nella Berlino degli anni Trenta, lo scrittore inglese Christopher Isherwood (Harvey) diventa il confidente dell'esuberante Sally Bowles (Harris) che cerca di cogliere dalla vita – e dall'amico americano Clive (Randell) – tutto il meglio possibile senza tanti problemi morali. Quando Sally crede di essere incinta di Clive, Christopher si offre di sposarla, ma lei rifiuta, spingendo lo scrittore a tornare in America. Prendendo spunto dal romanzo *Addio a Berlino* di Isherwood e da una pièce di John Van Druten (sceneggiata da John Collier), è un interessante tentativo di mescolare le convenzioni del melodramma (lui ama lei che ama un altro) con le notazioni acide della commedia di costume e i ricordi autobiografici di una giovinezza vissuta in Germania (Cornelius era nato in Africa del Sud da una famiglia tedesca che poi si era trasferita a Berlino e quindi in Francia all'avvento di Hitler). Il tentativo non è perfettamente riuscito, ma la prova di Julie Harris, perfetta nel ruolo della vitale quanto amorale Sally, non si dimentica facilmente. Servirà da base per il musical teatrale e poi cinematografico *Cabaret*.

Donna fantasma, La *** (*Phantom Lady*, Usa 1944, b/n, 87') Robert Siodmak. Con Franchot Tone, Ella Raines, Alan Curtis, Aurora Miranda, Thomas Gomez, Elisha Cook jr. ◆ Scott Henderson (Curtis) è ingiustamente accusato dell'omicidio della moglie ma non ha alibi: la sconosciuta con cui era al momento del delitto è scomparsa. Sarà la sua segretaria (Raines), innamorata di lui, a ritrovarla e a salvarlo. Da un romanzo di William Irish (pseudonimo di Cornell Woolrich), un noir ben costruito e carico di suspense malgrado la rinuncia a un accompagnamento musicale (tranne nei titoli di testa e di coda). Straordinaria la capacità di utilizzare una scenografia volutamente astratta (il palcoscenico di un teatro vuoto, il parlatorio del carcere che assomiglia a un ring, lo studio di uno scultore) per creare un universo magico e tenebroso. E indimenticabili i risvolti erotici della scena in cui la Raines accompagna il batterista (Elisha Cook jr) a una jam session. Dopo il grande successo, Cecil B. DeMille ne ricavò un adattamento radiofonico.

Donna Flor e i suoi due mariti **½ (*Dona Flor e seus dois maridos*, Brasile 1977, col, 106') Bruno Barreto. Con Sonia Braga, José Wilker, Mauro Mendonca, Dinorah Brillanti, Nelson Xavier. ◆ Durante il carnevale di Bahia il marito di un'insegnante di cucina (Braga) muore per i troppi stravizi. Lei si risposa con un noioso farmacista ma lo rimpiange: tanto da evocarne il fantasma, e cominciare così un ménage a tre. Dal romanzo di Jorge Amado sceneggiato dallo stesso Barreto, una commedia surreale con tutte le caratteristiche della cultura brasiliana: la frenesia del carnevale, la magia, la visione gioiosa del sesso ma anche l'aleggiare costante del senso della morte. Musiche di Chico Buarque. Con un remake: *C'è un fantasma tra noi due* (1982).

Donna francese, Una *½ (*Une Femme française*, Francia 1995, col, 100') Régis Wargnier. Con Emmanuelle Béart, Daniel Auteuil, Gabriel Barylli, Jean-Claude Brialy, Heinz Bennent. ◆ Jeanne (Béart) sposa l'ufficiale Louis (Auteuil) poco prima della seconda guerra mondiale: lui parte, lei è incapace di rimanergli fedele. Si riconciliano e fanno tre figli, ma lei non resiste alla successiva partenza di lui e si trova un amante sincero e appassionato (Barylli). Gli uomini fanno le guerre, le donne hanno bisogno d'amore e se lo prendono: su questo schema reiterato, dalla seconda guerra mondiale alla guerra d'Algeria, Wargnier costruisce un mélo ripetitivo e stucchevole, che è stato paragonato a *Venti di passione*: ma almeno lì tutto era eccessivo, barocco e sfrontato, mentre qui raffinate pretese d'autore si affacciano a ogni fotogramma. E né la Béart (sempre imbronciata come B.B.) né Auteuil (spaesato come mai) riescono ad infondere un po' di spirito al greve copione scritto dal regista.

Donna ha ucciso, Una ** (Italia 1951, b/n, 97') Vittorio Cottafavi. Con Frank Latimore, Lianella Carell, Alexander Serbaroli, Vera Palumbo, Umberto Spadaro, Marika Rowski, Celeste Aida Zanchi. ◆ Nella Napoli del secondo dopoguerra, il capitano Roy Prescott (Latimore) frequenta, più per divertirsi che per altro, la giovane Anna (Carell) che invece se ne innamora a tal punto da seguirlo ovunque. Quando il soldato arriva a umiliarla per farle capire il suo disinteresse, lei lo uccide. Melodramma raffrenato che per forza di stile e artifici «brechtiani» arriva a smontare dall'interno i meccanismi del delitto d'onore, secondo una logica femminista ante litteram che il regista esprimerà in maniera più compiuta nei successivi *Traviata 53* e *Una donna libera*. Qui colpisce ancora la capacità di ricostruire una storia così appassionata con una messinscena distante e quasi «giudiziaria» ma capace di improvvisi scarti melò come nella serata al club alleato.

Donna in carriera, Una ** (*Working Girl*, Usa 1988, col, 113') Mike Nichols. Con Melanie Griffith, Harrison Ford, Sigourney Weaver, Alec Baldwin, Joan Cusack, Philip Bosco, Olympia Dukakis, Kevin Spacey, Oliver Platt. ◆ L'ambiziosa segretaria Tess McGill (Griffith) si spaccia per la sua odiosa capufficio (Weaver), costretta a letto per una caduta sugli sci, dimostrando di aver il pallino degli affari e soffiandole anche il fidanzato (Ford). Una commediola pseudosociologica (scritta da Kevin Wade) ma piacevole, premiata troppo generosamente da sei nomination. Oscar alla canzone *Let the River Run* di Carly Simon. La fotografia, inutilmente sofisticata, è di Michael Ballhaus.

Donna in «crescendo», Una *½ (*Attack of the 50 Ft. Woman*, Usa 1994, col, 89') Christopher Guest. Con Daryl Hannah, Daniel Baldwin, Frances Fisher, Christi Conaway, William Windon. ◆ La bionda

Nancy Archer (Hannah), tradita dal marito (Baldwin) e vessata dal padre, diventa una gigantessa dopo essere stata bombardata dai raggi di un Ufo: e decide di portare avanti le sue rivendicazioni femministe con i metodi di King Kong. Lo sceneggiatore Joseph Dougherty calca la mano sulla guerra tra i sessi, e rovescia la morale del prototipo del 1958 (*Attack of the 50 Ft. Woman* di Nathan Juran), che finiva con la sconfitta dell'eroina. La simpatica Hannah (anche coproduttrice) riesce quasi a essere credibile mentre si muove tra case in miniatura, ma gli effetti speciali sono mediocri, l'umorismo pedestre e la sceneggiatura piena di buchi.

Donna in fiamme, La **½ (*Die flambierte Frau*, Rft/Austria 1983, col, 103') Robert van Ackeren. Con Gudrun Landgrebe, Mathieu Carrière, Hanns Zischler, Gabriele Lafari, Mathias Fuchs, Magdalena Montezuma. ◆ La laureanda Eva (Landgrebe) molla la sua vita borghese e si mette in società con Chris (Carrière): lei fa la *dominatrix*, lui il gigolò per entrambi i sessi. Ma se il ménage funziona economicamente, la gelosia maschile rovina tutto. Scritta da van Ackeren con Catharina Zwerenz, una commedia cinica sugli anni Ottanta, nella quale il sesso, i soldi e la voglia di umiliazione cercano di essere una chiave di lettura della società. Van Ackeren sa tenere il tono freddo e plumbeo che si rifà a Fassbinder (evocato anche dall'autore della colonna sonora, Peer Raben); peccato che questo regista promettente si sia poi perso per strada, come la protagonista del film.

Donna in fuga **½ (*Woman in Hiding*, Usa 1950, b/n, 92') Michael Gordon. Con Ida Lupino, Howard Duff, Stephen McNally, Peggy Dow, John Litel. ◆ Una donna (Lupino) scopre che il marito (McNally) le ha ucciso il padre e vuol togliere di mezzo anche lei. Decide allora di fingersi morta per raccogliere le prove della sua colpevolezza. Un buono spunto per un giallo avvincente ma diseguale sceneggiato da Oscar Segal.

Donna libera, Una **½ (Italia/Francia 1954, b/n, 94') Vittorio Cottafavi. Con Françoise Christophe, Pierre Cressoy, Christine Carère, Elisa Cegani, Gino Cervi, Antoine Balpêtré, Galeazzo Benti. ◆ Dopo aver scoperto che il direttore d'orchestra (Cressoy) per cui ha rotto il fidanzamento è solo un vanesio dongiovanni, Liana (Christophe) si trasferisce da Napoli a Parigi dove accetta la corte di un ricco armatore (Cervi). Ma la ricomparsa del musicista, che per vendicarsi del disprezzo di Liana vorrebbe sedurne la sorella, trasforma la sua vita in una tregedia. Un melodramma protofemminista dove l'attenzione alla condizione della donna «guida lo spettatore a mettere in discussione la vicenda tramite artifici quasi brechtiani». E il valore dell'operazione è proprio da cercarsi soprattutto nel rigore formale della messinscena, nella perfezione di ritmi e movimenti di macchina che trasformano una storia tardoromantica (come in effetti è la commedia di Milena Sandor adattata da Fabrizio Sarazani e Oreste Biancoli) in un'opera personale e in anticipo sui tempi.

Donna lupo, La *½ (Italia 1999, col, 80') Aurelio Grimaldi. Con Loredana Cannata, Arturo Paglia, Pascal Persiano, Loredana Solfizi. ◆ Solitaria come un lupo, una donna (Cannata) ogni volta dà un nome diverso ai suoi amanti di una notte: ma il solito studentello innamorato è deciso a stanarla. Come ritratto di donna è scritto in fretta (dallo stesso regista) e pieno di banalità; come film erotico, malgrado qualche lampo hard, gioca sul già visto, con pretestuose citazioni di *The Devil in Miss Jones* e *Una fiamma nel mio cuore*. È solo quando mette in scena la sessualità maschile (con i sottoproletari frequentatori di travestiti) che il regista ritrova la sua vena ruspante e pasoliniana, la cui sincerità stride con i velleitarismi del resto del film.

Donna mancina, La ** (*Die linkshändige Frau*, Rft 1978, col, 95') Peter Handke. Con Edith Clever, Markus Mühleisen, Bruno Ganz, Angela Winkler, Bernard Wicki, Rüdiger Vogler, Gérard Depardieu, Michel Londsale. ◆ Una traduttrice (Clever) abbandona il marito (Ganz) e parte con il figlio di otto anni alla ricerca di un'esistenza più autentica, più libera. E riscopre il piacere di una vita in solitudine. Handke (alla prima regia) ha trasformato il suo romanzo omonimo (che era stato pensato all'inizio come progetto cinematografico) in un film ambiguo, scarno, dove il dialogo è ridotto all'essenziale. Il film è stato prodotto da Wim Wenders, con cui Handke ha spesso collaborato come sceneggiatore. L'edizione italiana dura 15' in meno di quella originale (110').

Donna misteriosa, La *½ (*The Mysterious Lady*, Usa 1928, b/n, 96') Fred Niblo. Con Greta Garbo, Conrad Nagel, Gustav von Seyferitz, Albert Pollet. ◆ Il capitano austriaco Karl von Rhaden (Nagel) cade nella trappola tesagli dalla spia russa Tania Fedorova (Garbo). Per riscattarsi, va in missione a Varsavia: ma Tania nel frattempo si è innamorata di lui. Scritto da Bess Meredyth, un polpettone a lieto fine senza un personaggio credibile. Von Sternberg ne avrebbe potuto ricavare un grande film, Niblo riesce solo a valorizzare il fascino magnetico della Garbo – che comunque non è poco.

Donna molto speciale, Una **½ (*Décroches les étoiles*, conosciuto anche col titolo inglese *Unhook the Stars*, Francia 1996, col, 104') Nick Cassavetes. Con Gena Rowlands, Marisa Tomei, Gérard Depardieu, David Sherrill, David Thornton, Moira Kelly, Jake Lloyd, Bridgette Wilson. ◆ La vedova Mildred (Rowlands), con un figlio yuppie (Sherrill) e una figlia ribelle (Kelly), si affeziona al figlioletto di una vicina dissestata (Tomei): e si accorge sconcertata che un gentile camionista *québecois* (Depardieu) le fa la corte. Per il debutto alla regia, patrocinato da Depardieu, il figlio di Cassavetes (sceneggiatore con Helen Caldwell) fa recitare mamma Gena (nella sua migliore interpretazione del decennio) e mostra di avere imparato dal padre come si dirigono gli attori. La storia non supera comunque la soglia della soap-opera intelligente: gradevole, senza stonature, ma senza voli. Cassavetes jr oserà di più con *She's So Lovely*.

Donna nel fango **½ (*The Woman in Question*, Gb 1950, b/n, 82') Anthony Asquith. Con Jean Kent, Dirk Bogarde, John McCallum, Susan Shaw, Hermione Baddeley, Charles Victor. ◆ Chi era veramente la chiromante Astra Huston (Kent), trovata strangolata nella sua camera? Gli indiziati danno risposte diverse: per la sorella e l'ex spasimante (Shaw e Bogarde) una donna gretta e interessata, per i vicini una vera signora, per il marinaio un grande amore che però non aveva meritato la sua fiducia... Nello stesso anno di *Rashomon* di Kurosawa, Asquith utilizza il medesimo procedimento pirandelliano per descrivere le diverse personalità di una donna attraverso una serie di flashback incrociati, ma usa molto di più il meccanismo dell'inchiesta poliziesca per tracciare in filigrana un ritratto abbastanza disincantato e pessimista della società inglese, attraversata da una acuta e patologica insoddisfazione.

Donna nel lago, Una **½ (*Lady in the Lake*, Usa 1947, b/n, 103') Robert Montgomery. Con Robert Montgomery, Audrey Totter, Lloyd Nolan, Tom Tully, Leon Ames. ◆ L'investigatore privato Philip Marlowe (Montgomery) indaga sulla scomparsa della moglie di un editore. Ma un funzionario di polizia ostacola inspiegabilmente il suo lavoro. Dal romanzo omonimo di Raymond Chandler, una detective story celebre soprattutto per un singolare espediente: la macchina da presa si identifica con lo sguardo dell'investigatore, che è dunque visibile allo spettatore solo quando si riflette in uno specchio.

Donna pericolosa, Una * (*La Garce*, Francia 1984, col, 90') Christine Pascal. Con Isabelle Huppert, Richard Berry, Vittorio Mezzogiorno, Jean Benguigui, Clément Harari. ◆ Un poliziotto (Berry) violenta una minorenne (Huppert) e viene condannato a sei anni di carcere. Quando esce, incontra una ragazza che assomiglia in maniera sorprendente a quella per cui era finito in prigione. Ambientato in una comunità ebraica, un giallo violento e velleitario, strano scivolone di gusto di una regista altrove interessante.

Donna pericolosa, Una (di Stephen Gyllenhaal) → *Dangerous woman – Una donna pericolosa*

Donna per tutti, Una ** (*Rosa la rose, fille publique*, Francia 1986, col, 85') Paul Vecchiali. Con Marianne Basler, Jean Sorel, Pierre Cosso, Catherine Lachens, Evelyne Buyle, Jacques Nolot, Laurent Lévy, Noël Simsolo. ◆ La prostituta parigina Rosa (Basler) commette l'errore di innamorarsi, e piuttosto che chiedere la libertà al suo protettore (Sorel) cerca un destino da eroina del melodramma: come ci si aspetta da un film dedicato, tra gli altri, a Max Ophuls e Jean Renoir. Sarebbe fare un torto al regista (che come sceneggiatore è troppo sbrigativo) se lo si accusasse di insincerità o citazionismo presuntuoso: ma i suoi eleganti piani-sequenza e la sua poesia sporca da realismo poetico non vanno al di là della nostalgia, in un gioco fin troppo privato. Resta l'abilità nel far parlare i corpi, in un erotismo solare e pansessuale. Passato in Tv come *Rosa la rosa, ragazza di strada*.

Donna più bella del mondo, La *½ (Italia 1955, col, 104') Robert Z. Leonard. Con Gina Lollobrigida, Vittorio Gassman, Robert Alda, Tamara Lees, Anne Vernon, Nanda Primavera, Valeria Fabrizi. ◆ La vita, abbondantemente romanzata, di Lina Cavalieri (Lollobrigida), la cantante del secolo scorso: dagli esordi al successo e all'amore per il principe Sergio (Gassman). Una mediocre produzione destinata al grosso pubblico. Con il contributo di Monicelli al soggetto e alla sceneggiatura e la coregia (non accreditata) di Piero Pierotti.

Donna proibita, La *** (*Back Street*, Usa 1932, b/n, 89') John M. Stahl. Con Irene Dunne, John Boles, June Clyde, George Meeker, ZaSu Pitts, Shirley Grey. ◆ Innamoratissima di un uomo sposato (Boles), la giovane Ray Schmidt (Dunne) si adatta a diventare la sua amante senza mai esigere nulla. Rifiuta una vantaggiosa offerta di matrimonio da parte di un ex spasimante e sopporta il disprezzo del figlio di lui: starà sempre al suo fianco nell'ombra e morirà a poca distanza dalla sua morte. Melodramma sulla fatalità dell'amore e del tempo (tratto da un romanzo popolare di Fannie Hurst sceneggiato da Gladys Lehman e Lynn Starling) che Stahl dirige con uno stile semplice e classicissimo, senza cercare giustificazioni o spiegazioni a un amore totale ed eterno: e «come i personaggi sono chiusi dentro una sola situazione da cui non potranno più uscire durante la loro vita, così lo spettatore è poco a poco invaso da questa malinconia che si trasforma in tristezza e poi in disperazione e che nasce proprio dall'uniformità melodica dello stile». Con due remake: *Gli amanti* (1941) e *Il sentiero degli amanti* (1961).

Donna proibita, La **½ (*La Femme défendue*, Francia 1997, col, 100') Philippe Harel. Con Isabelle Carré, Philippe Harel, Nathalie Conio, Sophie Niedergang, Julien Niedergang. ◆ François (Harel), architetto quarantenne sposato e un po' viscido, inizia una tormentata relazione con la giovane Muriel (Carré): il tutto visto attraverso i suoi occhi, in rigorosa soggettiva stile *Una donna nel lago*. L'espediente formale serve a raccontare con un punto di vista nuovo tradimenti, menzogne e meschinerie della vita di coppia, creando in ugual misura identificazione e distacco critico. Il finale è debole, ma il gioco, per quanto intellettualistico, si fa seguire con interesse, specie nella fase della seduzione. La sceneggiatura è di Eric Assous; il regista presta il volto a François nei rari momenti in cui si specchia.

Donna qualunque, Una ** (*And So They Were Married*, Usa 1936, b/n, 74') Elliott Nugent. Con Mary Astor, Melvyn Douglas, Edith Fellows, Dorothy Stickney, Jackie Moran. ◆ L'amore tra un vedovo e una vedova è ostacolato dai rispettivi figli. Lacrime e nobili sacrifici prima del lieto fine. Una commedia prevedibile ma divertente e ben interpretata.

Donna scimmia, La *** (Italia/Francia 1963, b/n, 92') Marco Ferreri. Con Annie Girardot, Ugo Tognazzi, Achille Majeroni, Filippo Pompa Marcelli, Elvira Paoloni. ◆ Antonio (Tognazzi), che vive di espedienti tra una fiera e l'altra, scopre presso un convento una donna pelosa (Girardot). Strappatala alla rapace carità delle suore con qualche soldo e l'impegno a sposarla, ne fa un fenomeno da baraccone. E quando morirà per un parto che tutti avevano sconsigliato (ma da cui il marito sperava di ottenere anche un «figlio scimmia»), Antonio non esiterà a esibire i corpi imbalsamati nel suo baraccone. Un film volutamente sgradevole e amaro sullo sfruttamento e l'emarginazione come fondamento dei rapporti umani, dove la rappresentazione della «mostruosità» morale di Tognazzi e quella fisica della Girardot sono solo il prodotto della presunta normalità delle convenzioni sociali. Uno dei più lucidi film di Ferreri sulla mistificazione del rapporto tra i sessi che all'epoca scatenò violente reazioni della censura, che spinsero il produttore Carlo Ponti a modificare il finale per l'uscita francese: durante la gravidanza la donna perde i suoi peli, il figlio che nasce è normale e Antonio deve mettersi a lavorare.

Donna semplice, Una **½ (*Une Histoire simple*, Francia 1978, col, 100') Claude Sautet. Con Romy Schneider, Bruno Cremer, Claude Brasseur, Arlette Bonnard, Sophie Daumier, Eva Darlan, Francine Bergé. ◆ Marie (Schneider), una quarantenne divorziata e madre di un ragazzo, decide di abortire perché il rapporto con il compagno si sta esaurendo. Riavvicinatasi all'ex marito (Cremer), resta di nuovo incinta: anche se continuerà a vivere da sola, decide di tenersi il bambino. Sautet continua a raccontare le vite dei suoi non-eroi borghesi alle prese con i drammi della vita quotidiana (qui, oltre alle decisioni sulla maternità di Marie, c'è il gruppo delle sue amiche, e il dramma del marito di una di loro che si suicida per aver perso il posto di lavoro) senza particolare realismo ma con una giustezza di modi e un understatement molto coinvolgenti, anche grazie ai dialoghi assai naturali di Jean-Loup Dabadie. Un po' datato nelle sue tematiche, ma illuminato da una grande Schneider.

Donna senza amore, Una ** (*The Mating of Millie*, Usa 1948, b/n, 87') Henry Levin. Con Glenn Ford, Evelyn Keyes, Ron Randell, Willard Parker, Virginia Hunter. ◆ Una ragazza vuol adottare il figlio di un'amica, morta in un incidente. Ma per farlo, deve prima trovare un marito. Una commedia piacevole e brillante, anche se scontata.

Donna senza volto, Una *½ (*Mister Buddwing*, Usa 1966, b/n, 100') Delbert Mann. Con James Garner, Jean Simmons, Suzanne Pleshette, Angela Lansbury, Katharine Ross, Raymond St. Jacques. ◆ Un uomo in preda ad amnesia (Garner) riesce lentamente a ricostruire il suo passato e a scoprire cosa l'ha traumatizzato. Da un romanzo di Evan Hunter (vero nome di Ed MacBain), un film corretto ma freddo.

Donna si ribella, Una ** (*A Woman Rebels*, Usa 1936, b/n, 88') Mark Sandrich. Con Katharine Hepburn, Herbert Marshall, Elizabeth Allan, Donald Crisp, Van Heflin. ◆ Nell'Inghilterra vittoriana la scrittrice femminista Pamela Thistlewaite (Hepburn) si batte per i diritti delle donne e per risolvere i suoi problemi personali (ha avuto una figlia senza essere sposata). Tratta da un romanzo di Netta Syrett, una commedia che non ha perso la sua carica polemica, costruita su misura per l'irruenza protofemminista della Hepburn.

Donna sposata, Una *** (*Une Femme mariée*, Francia 1964, b/n, 98') Jean-Luc Godard. Con Bernard Noël, Macha Méril, Philippe Leroy, Roger Leenhardt, Rita Maiden. ◆ Ventiquattr'ore della vita di Charlotte (Méril), una signora borghese che si divide fra marito (Leroy), amante (Noël) e vari appuntamenti (dal medico, in piscina). Un film-saggio sull'alienazione femminile, freddo e dolente, strutturato in tre scene d'amore e sette monologhi tipo cinema-verità (tra i quali quella al critico e regista Roger Leenhardt). Procedimenti stranianti, didascalie, giochi (godardiani) di parole, un'analisi sociologica sull'industria culturale (la pubblicità, le riviste femminili) compiuta con il distacco, la lucidità e l'ironia del miglior Godard. Il titolo originale *La Femme mariée* fu censurato e cambiato sostituendo l'articolo determinativo con quello indeterminativo. Sylvie Vartan canta *Quand le film est triste*. Il monologo della collaboratrice domestica è tratto dal romanzo di Céline *Morte a credito*.

Donna tutta sola, Una **½ (*An Unmarried Woman*, Usa 1977, col, 124') Paul Mazursky. Con Jill Clayburgh, Alan Bates, Michael Murphy, Cliff Gorman, Pat Quinn. ◆ Una quarantenne (Clayburgh) con figlia adolescente viene abbandonata dal marito (Murphy). Superato un duro momento di crisi, scopre il piacere della libertà. Da un soggetto dello stesso regista, una commedia intelligente e amara, dai dialoghi pieni di humour. Mazursky appare nel ruolo di Hal. Premio a Cannes per la Clayburgh.

Donna: una storia vera, Una *½ (*Marie*, Usa 1985, col, 104') Roger Donaldson. Con Sissy Spacek, Jeff Daniels, Keith Szarabajka, Morgan Freeman, Lisa Banes, John Cullum, Don Hood. ◆ Nel Tennessee, la neopresidente (Spacek) della Commissione per la libertà combatte una coraggiosa crociata contro politici e amministratori corrotti. Dal romanzo di Peter Maas, ispirato alla storia vera di Marie Ragghianti, un film convenzionale ma di appassionato impegno civile. Nel ruolo dell'avvocato, il vero legale della Ragghianti, Fred Thompson. In originale, 112'.

Donna venduta, La *½ (*Hot Blood*, Usa 1955, col, 85') Nicholas Ray. Con Jane Russell, Cornel Wilde, Luther Adler, Joseph Calleia. ◆ Stephan Torino (Wilde) è candidato alla guida degli zingari newyorkesi. Ma il giovanotto ha in testa la danza e non ha voglia di sposarsi: pertanto combina un inghippo con un'imbrogliona di professione (Russell), che però si innamora di lui, e gli rimane appiccicata. Uno dei film meno personali di Ray, che abbandonò le riprese prima della fine. Superficiale e convenzionale, non spiega mai quale rapporto intrattengano con la metropoli questi zingari semi-inurbati. Restano solo le sgargianti sequenze della festa.

Donna vivace, Una *½ (*Vivacious Lady*, Usa 1938, b/n, 90') George Stevens. Con Ginger Rogers, James Stewart, James Ellison, Charles Coburn, Beulah Bondi, Hattie McDaniel. ◆ Un professore (Stewart) sposa una ballerina di night-club (Rogers) ma si vergogna a dirlo ai genitori. Così costringe la moglie a vivere in un pensionato universitario e a spacciarsi per studentessa di botanica. Una commedia degli equivoci non sempre divertente.

Donne ***½ (*The Women*, Usa 1939, b/n, 120') George Cukor. Con Norma Shearer, Joan Crawford, Rosalind Russell, Mary Boland, Joan Fontaine, Paulette Goddard. ◆ Una signora altoborghese (Shearer) scopre di essere tradita dal marito e, su suggerimento delle amiche, chiede il divorzio. Ma poi si pente, e va alla riconquista del consorte. Dalla commedia di Claire Booth Luce (sceneggiata da Anita Loos e Jane Murfin dopo la bocciatura del copione preparato da Francis Scott Fitzgerald), una commedia ironica e pungente, con uno straordinario cast tutto al femminile. Delicato nella messa in scena ma ferocemente ironico nei dialoghi, il film si rivela una specie di racconto morale protofemminista, acuto (e non pedante) ritratto del cammino delle donne per conquistare la loro emancipazione. Qualche battuta fu censurata in ossequio al Codice Hays. La cronista mondana Hedda Hopper interpreta se stessa. Nella versione originale, la produzione impose a Cukor la scena del defilé di moda, che conteneva una sequenza di 59 a colori. Rifatto come *Sesso debole* (1956) ma con degli uomini nel cast.

Donne – Waiting to Exhale *½ (*Waiting to Exhale*, Usa 1995, col, 123′) Forest Whitaker. Con Whitney Houston, Angela Bassett, Loretta Devine, Lela Rochon, Gregory Hines, Dennis Haysbert, Mykelti Williamson, Michael Beach, Wendell Pierce, Donald Adeosun Faison. ◆ Da un capodanno all'altro, le infelicità amorose di quattro amiche di colore: Savannah (Houston) aspetta il principe azzurro, Robin (Rochon) si accontenterebbe di fare sesso quasi tutte le sere, Bernardine (Bassett) pensa a farla pagare più cara possibile al marito (Beach) che l'ha lasciata dopo undici anni e Gloria (Devine) vuole preoccuparsi soprattutto del figlio (Faison). L'attore Whitaker esordisce alla regia con un film *all black*, tratto dal romanzo omonimo di Terry McMillan, anche sceneggiatrice insieme a Ronald Bass. Ma il ritratto della borghesia nera vista attraverso gli occhi delle sue donne suona falso ed edulcorato quasi dalla prima scena e la melassa affoga ogni spunto critico.

Donne amazzoni sulla luna ** (*Amazon Women on the Moon*, Usa 1987, col, 82′) Joe Dante, Carl Gottlieb, Peter Horton, John Landis, Robert K. Weiss. Con Lou Jacobi, Steve Guttenberg, Rosanna Arquette, Raph Bellamy, Henry Silva, Carrie Fisher, Griffin Dunne, Michelle Pfeiffer, Sybil Danning, Ed Begley jr, Paul Bartel, B.B. King, Arsenio Hall, Joe Pantoliano. ◆ Venti, brevissimi episodi (l'ultimo, parodia dei film degli anni Trenta sulle malattie veneree, firmato da Joe Dante, è montato dopo i titoli di coda) tenuti insieme dagli imprevedibili sconvolgimenti tra telespettatori e le immagini del video impazzito: i soggetti prendono in giro vecchi B-movie di fantascienza, le pubblicità televisive, videocassette hard (attenzione: compare il regista-culto Russ Meyer). Una sarabanda vorticosa di segmenti rapidissimi assemblati con gusto provocatoriamente trash da Landis e C. che ritorna, dieci anni dopo *Ridere per ridere*, al tema dell'invadenza dei media. Qualche caduta di ritmo, ma un inizio e alcune gag irresistibili. Il titolo originale è una parodia di *Cat Women on the Moon*, dimenticabile film di fantascienza in 3D diretto da Arthur Hilton nel 1954.

Donne... che terrore!, Le → *Tutte e nessuna*

Donne con le gonne * (Italia 1991, col, 115′) Francesco Nuti. Con Francesco Nuti, Carole Bouquet, Gastone Moschin, Didi Perego, Cinzia Leone, Antonio Petrocelli, Daniele Dublino, Patrizia Corti. ◆ Un affermato dentista, Renzo (Nuti), viene processato per violenze fisiche e psicologiche alla moglie Margherita (Bouquet). L'avvocato difensore (Moschin), ripercorre la contrastata vicenda sentimentale che ha portato Renzo, incapace di accettare il divorzio, a rapire la moglie per costringerla a diventare una tradizionale «donna di casa». Richiesta d'assoluzione e lieto fine ambientato nel 2035. Una commedia violentemente misogina, in cui la donna ha tutti i torti (è, di volta in volta, tossica, hippie, frigida, lesbica, brigatista, poligama, carrierista) e l'uomo ha solo ragione in nome dell'amore (quale?). Il peggio della televisione al cinema, con ambizioni strindberghiane tradotte nel solito spirito vernacolare caro al regista, a dire il vero più controllato del solito sul piano linguistico. Nei noir americani, gli uomini soccombono con dignità di fronte alle dark ladies: ma siamo in Italia, il paese della Mamma e dell'Anonima Sequestri, e le «cattive» devono convincersi a portare le gonne e a servire il marito prigioniere in un casolare di campagna stile Mulino Bianco. Trailer da scandalo: Nuti crocifisso, mentre risuona l'inno di Mameli e lo slogan recita «Condannato ancora una volta a essere il primo a Natale».

Donne... dadi... denaro ** (*Meet Me in Las Vegas*, Usa 1956, col, 112′) Roy Rowland. Con Cyd Charisse, Dan Dailey, Lili Darvas, Jim Backus, Agnes Moorehead, Paul Henreid, Oscar Karlweis, Cara Williams, Liliane Montevecchi, George Kerris [Chakiris]. ◆ Al ranchero Chuck Rodwell (Dailey) basta tenere la mano della *étoile* Maria Corvier (Charisse) per sbancare Las Vegas. E a lei basta una notte tra i tavoli da gioco per scoprire che non esiste solo la danza. Ma il loro amore saprà conciliare le esigenze di due persone così diverse? Il solito musical (sceneggiato da Isobel Lennart) sull'ingenuo dal cuore d'oro e la stakanovista che non conosce la vita, risollevato dalle straordinarie gambe della Charisse, che rispolvera anche il suo passato di ballerina classica su musica di Čajkovskij e Mendelssohn (dove Hermes Pan ed Eugene Loring coreografano addirittura una partita di pallavolo). Molto più aggressiva la sua prova, a fianco dell'esplosiva Liliane Montevecchi, in *Frankie and Johnny*, accompagnate dalla voce di Sammy Davis jr. Lena Horne canta *If You Can't Dream*. Il giovane Chakiris (ma nei titoli di coda è citato come George Kerris) non balla ma interpreta il ruolo dello sposino in luna di miele. Cammeo per Frank Sinatra (l'uomo alle *slot machine*), Peter Lorre (il giocatore di carte), Debbie Reynolds (spettatrice al balletto finale).

Donne dentro: storie dal carcere *½ (*Prison Stories: Women on the Inside*, Usa 1991 col, 90′) Joan Micklin Silver, Donna Deitch, Penelope Spheeris. ◆ Film a episodi. In *Parole Board* (di Joan Micklin Silver. Con Lolita Davidovich, Kimberly Scott) Loretta, scontata la condanna per uxoricidio, deve riallacciare i legami con i figli cresciuti senza di lei; in *Esperanza* (di Donna Deitch. Con Rachel Ticotin, Talisa Soto) madre e figlia, entrambe in prigione, comunicano grazie a un registratore; in *New Chicks* (di Penelope Spheeris. Con Rae Dawn Chong, Annabella Sciorra, Grace Zabriskie) due amiche, una delle quali incinta, subiscono le angherie di secondine e detenute. Tre registe rispondono idealmente al cinema erotico-carcerario degli anni Settanta: realismo, buoni sentimenti, tentativi di analisi psicologica, ma poco cinema.

Donne di lusso 1935 ** (*Gold Diggers of 1935*, Usa 1935, b/n, 95') Busby Berkeley. Con Dick Powell, Gloria Stuart, Adolphe Menjou, Alice Brady, Glenda Farrell. ◆ Una miliardaria, sovvenzionatrice di uno spettacolo musicale, vuol far sposare alla figlia (Stuart) un ricco collezionista. Finirà col sposarlo lei stessa lasciando via libera all'amore tra la figlia e uno studente di medicina (Powell). Un musical sfarzoso e stereotipato, ma con qualche scena memorabile: *The Worlds Are In My Hearts* e soprattutto *Lullaby of Broadway*, il cui tema guida, cantato da Wini Shaw, vinse anche l'Oscar per la miglior canzone.

Donne di piacere ** (*Dames galantes*, Francia/Italia/Canada 1990, col, 101') Jean-Charles Tacchella. Con Richard Bohringer, Isabella Rossellini, Marianne Basler, Marie-Christine Barrault, Laura Betti, Eva Grimaldi. ◆ Nella Francia di Caterina de' Medici, travagliata dalle guerre di religione, un cortigiano di rango (Bohringer) si dedica all'arte della seduzione. Tra le sue compiacenti vittime, le dame più importanti della corte. Dalle cinquecentesche memorie di Pierre de Bourdeille, signore di Brantôme, un film raffinato con un'accurata ricostruzione storica, ma discontinuo e troppo ripetitivo.

Donne e briganti *½ (Italia 1950, b/n, 88') Mario Soldati. Con Amedeo Nazzari, Maria Mauban, Jean Chevrier, Paolo Stoppa, Jacqueline Pierreux, Enrico Viarisio, Virgilio Riento. ◆ Quando i francesi invadono il Regno di Napoli un generoso bracconiere, Michele Pezza (Nazzari), si dà alla macchia e organizza la resistenza col nome di Fra' Diavolo. Dopo varie disavventure (sarà anche catturato dai francesi), sposerà la figlia segreta del re. Una ricostruzione storica convenzionale, girata con professionalità ma senza troppa ispirazione.

Donne e diamanti ** (*The Dolly Sisters*, Usa 1945, col, 114') Irving Cummings. Con Betty Grable, John Payne, June Haver, Reginald Gardiner, Frank Latimore. ◆ Due sorelle, con l'aiuto di uno showman, imparano a ballare e cantare, diventando famose. La maggiore sposerà il pigmalione, ma sarà un matrimonio travagliato. Un musical corretto, con bravi protagonisti e canzoni tradizionali.

Donne erano sole, Le *** (*The Unfaithful*, Usa 1947, 109') Vincent Sherman. Con Ann Sheridan, Lew Ayres, Zachary Scott, Eve Arden, Steven Geray, John Hoyt. ◆ Quando il marito (Scott) torna dalla guerra, la moglie (Sheridan) è costretta a uccidere l'amante per evitare che la relazione venga allo scoperto e cerca in ogni modo di far passare l'omicidio come legittima difesa. Sfavillante melodramma noir cosceneggiato da David Goodis e James Gunn, e musicato da Max Steiner, che ha solo qualche momento di debolezza durante il processo trasformato in un accorato appello alla pietà. È il remake non dichiarato (e aggiornato all'epoca postbellica) di *Ombre malesi*. In gran forma Ann Sheridan. Pubblicizzato all'epoca con lo slogan: «Se fosse vostra moglie la perdonereste?».

Donne e soldati ** (Italia 1954, b/n, 85') Antonio Marchi, Luigi Malerba. Con Marcella Mariani, Marco Ferreri, Sandro Somaré, Gaja Servadio, Enrico Magretti, Anna Albertelli, Emanuela Dell'Orta, Giuseppina Vicari, Herman Atzwanger, Bruno Blanchesteiner. ◆ Nel 1422, non essendo riuscito a sconfiggere le truppe di Torrecchiara, l'esercito invasore stringe d'assedio il castello. La fame degli assediati e la mancanza da entrambe le parti di vere ragioni per combattersi spingono alcune donne, guidate da Rosa (Dell'Orta), Margherita (Mariani) e Gertrude (Vicari), a instaurare rapporti con gli «invasori»: quando i due condottieri (Ferreri e Atzwanger) vorranno riprendere le ostilità, saranno gli unici a scontrarsi – e a finire male – mentre tutti gli altri fraternizzeranno. Curioso e dimenticato film in costume sceneggiato dai due registi con Luciana Momigliano e, non accreditato, Marco Ferreri (con la collaborazione di Attilio Bertolucci e Riccardo Ghione come consulenti artistici) che anticipa, «con lo spirito rabelaisiano della sua guerra a colpi di salame», la stagione delle commedie medioevali più o meno boccaccesche (Age e Scarpelli hanno dichiarato il loro debito a Marchi e Malerba per *L'armata Brancaleone*). Peccato che la voglia di farne una specie di scanzonato apologo pacifista imbrigli un po' troppo il film e impedisca di sviluppare meglio il lato più irriverente della commedia (da anti *Lisistrata*: cibo in cambio d'amore). Divertente prova di Marco Ferreri, comicamente doppiato in emiliano, nel ruolo del duca di Torrealta, goloso, vanesio e vigliacco.

Donne e uomini: storie di seduzione *½ (*Women & Men: Stories of Seduction*, Usa 1990, col, 84') Frederic Raphael, Ken Russell, Tony Richardson. ◆ Film a episodi. In *L'uomo nella camicia Brooks Brothers* (Frederic Raphael. Con Elizabeth McGovern, Beau Bridges) una giornalista radicale si lascia sedurre in treno da un goffo capitalista: da un racconto di Mary McCarthy; in *Crepuscolo prima dei fuochi d'artificio* (Ken Russell. Con Peter Weller, Molly Ringwald) un gigolo finisce col preferire le vecchie amanti danarose alla giovane fidanzata: da un racconto di Dorothy Parker; in *Colline come bianchi elefanti* (Tony Richardson. Con James Woods, Melanie Griffith) una coppia in crisi, in Spagna, discute se tenere o no il proprio nascituro: ultimo lavoro di Richardson, tratto da un racconto di Hemingway. Cinema da camera in una lussuosa produzione televisiva. Molti nomi di spicco, ma scipito malgrado le accurate sceneggiature. La serie continua con *Women and Men 2*.

Donne e veleni **½ (*Sleep, My Love*, Usa 1948, b/n, 90') Douglas Sirk. Con Claudette Colbert, Robert Cummings, Don Ameche, Rita Johnson, George Coulouris, Hazel Brooks, Keye Luke, Raymond Burr. ◆ Convinta di soffrire di sonnambulismo, Alison Courtland (Colbert) accetta le cure cui la sottopongono il marito (Ameche) e un ambiguo psichiatra (Coulouris): in realtà vorrebbero farla passare per pazza e spingerla al suicidio, ma un giovane innamorato di Alison, Bruce Elcott (Cummings), sventerà il piano. Tratto da un racconto di Leo Rosten (anche cosceneggiatore con St. Clair McKelway), è un noir che fonde mirabilmente il tono da commedia con la tensione del thriller: al centro, una donna-vittima, che ribalta lo stereotipo della dark lady ma cancella anche il ruolo determinante del destino (come in molti dei successivi melodrammi di Sirk: sono gli individui che devono risolvere i propri problemi o sfuggire alle congiure). Fondamentale, come sempre, la funzione della casa, palcoscenico dell'azione e indicatore sociale (specie nel contrasto tra gli asettici ricevimenti dei Courtland e l'allegro matrimonio cinese dell'amico di Bruce). Eccellente tutto il cast, superlativa Hazel Brooks come amante del marito.

Donne facili ** (*Les Bonnes femmes*, Francia 1959, b/n, 95') Claude Chabrol. Con Bernadette Lafont, Stéphane Audran, Clotilde Joano, Lucille Saint-Simon, Sacha Briquet, Claude Berri. ◆ Quattro commesse cercano di evadere a modo loro dalla mediocrità quotidiana: Jane (Lafont) va a caccia di esperienze erotiche occasionali, Ginette (Audran) si esibisce in un music-hall, Rita (Saint-Simon) punta sul fidanzato abbiente e bottegaio, Jacqueline (Joano) sogna il grande amore e finisce in una tragica avventura. Un film volutamente sgradevole che con taglio oggettivo e naturalistico descrive quattro casi di alienazione femminile in una società irrimediabilmente volgare e violenta, nella quale ogni ideale è destinato a soccombere. Conosciuto anche con il titolo (indegno) di *Parigi di notte*.

Donne in amore *** (*Women in Love*, Gb 1969, col, 129') Ken Russell. Con Alan Bates, Oliver Reed, Glenda Jackson, Jennie Linden, Eleanor Bron, Alan Webb. ◆ Nell'Inghilterra del 1920 una timida maestra (Linden) si innamora di un ispettore scolastico (Bates), mentre la sorella, una scultrice anticonformista (Jackson), dà vita a un rapporto passionale e torbido con un industriale (Reed). E anche tra i due uomini nascerà un sentimento ambiguo. Dal romanzo di David H. Lawrence (adattato dal regista con Larry Kramer), un'analisi delle varie facce dell'amore, intrecciato indissolubilmente alla morte. Oscar per la miglior attrice a Glenda Jackson e scandalo per la scena della lotta nuda dei due uomini che si dicono: «Noi siamo mentalmente e spiritualmente vicini, perciò dobbiamo esserlo anche fisicamente». Nell'89 Russell ha girato *The Rainbow*, che racconta le vicende antecedenti a questo film.

Donne in attesa ** (*Kvinnors väntan*, Svezia 1952, b/n, 107') Ingmar Bergman. Con Anita Björk, Maj-Britt Nilsson, Eva Dahlbeck, Gunnar Björnstrand, Birger Malmsten, Jarl Kulle, Karl-Arne Holmsten, Aino Taube, Håkan Westergren, Gerd Andersson. ◆ Quattro donne, riunite in una casa sul lago per una vacanza, in attesa dei mariti (che sono fratelli) si raccontano le proprie esperienze matrimoniali, rivelando un destino più o meno comune di slanci delusi e monotonia quotidiana. Questo non impedirà alla giovane sorella di una di loro, Maj (Andersson), di fuggire col fidanzato nella speranza di un futuro sentimentale migliore. Tipica indagine bergmaniana nel frustrante universo della coppia (soprattutto per le donne, sempre più inquiete e vitali dei loro compagni): strutturato geometricamente in modo insolito, con l'elemento drammatico in progressiva diminuzione dal primo all'ultimo racconto (decisamente comico-grottesco), il film può forse risultare un po' datato nei suoi contenuti, ma dal punto di vista cinematografico colpisce ancora per il suggestivo equilibrio con cui il regista bilancia l'introspezione, gli eventi e l'ambientazione. Sceneggiatura dello stesso Bergman.

Donne in bianco * (Italia 1998, col, 90') Tonino Pulci. Con Susana Werner, Barbara Enrichi, Claire Keim, Danny Quinn, Davide Bechini, Eric Vu-An, Filippo Nigro, Enrico Mutti, Anita Caprioli. ◆ Stanche di fidanzati inaffidabili, tre amiche (Werner, Enrichi e Keim) vanno in cerca di marito, ma poi concludono che è meglio divertirsi ai tropici. Improbabile commedia (scritta dal regista con Giuseppe Pavia e Lina Sotis) in cui tutto vuole essere carino e spiritoso, ma sembra un horror involontario. Non aiuta la fidanzata di Ronaldo (Werner), che starnazza in italo-brasileiro.

Donne in cerca d'amore *½ (*The Best of Everything*, Usa 1959, col, 121') Jean Negulesco. Con Hope Lange, Stephen Boyd, Suzy Parker, Diane Baker, Robert Evans, Joan Crawford, Louis Jourdan, Martha Hyer. ◆ Tre donne (Lange, Parker e Baker), che lavorano da un editore newyorkese, hanno in comune la voglia di emergere e le sventure sentimentali. Dal mediocre romanzo di Rona Jaffe, un melodramma melenso e francamente reazionario (le donne possono solo fare le mogli e le madri oppure devono soffrire, e molto, per colpa degli uomini), ma con una superba Crawford nel ruolo di Amanda Farrow, il terrore della casa editrice che dà lavoro alle tre protagoniste.

Donne in un giorno di festa * (Italia 1993, col, 90') Salvatore Maira. Con Françoise Fabian, Sabrina Ferilli, Daniela Giordano, Bettina Giovannini, Valentina Lainati, Flora Mastroianni, Lorella Morlotti, Claudia Muzii. ◆ In occasione del compleanno di suor Faustina (Mastroianni), ormai molto malata, suor Esperanta (Giordano) organizza una festa nell'orfanotrofio, invitando quattro giovani donne (Fabian, Ferilli, Giovannini, Morlotti) che da bambine sono state cresciute come figlie dalla Madre in fin di vita. Un monumento al buon cuore di religiose sempre e solo affettuose, calme e prodighe, a cui fa da contraltare un mondo infantile e adolescenziale che è il concentrato dell'infelicità e della sfortuna. Schematico, improbabile e prolisso.

Donne non vogliono più, Le * (Italia 1993, col, 100') Pino Quartullo. Con Pino Quartullo, Lucrezia Lante Della Rovere, Antonella Ponziani, Rosalinda Celentano, Francesca Reggiani, Giuseppe Antonelli, Bedi Moratti, Alessandra Acciai. ◆ Francesca (Della Rovere) non vuol sentir parlare di figli e allora Luca (Quartullo) si ingegna come può: prima con una collega zitella (Reggiani), poi una coppia di signorine lesbiche (Ponziani e Celentano) che desiderano un pargolo senza avere un marito tra i piedi e infine la banca del seme. Favoletta furbastra che finisce per trasformarsi in un elogio della famiglia come fabbrica di figli: scanzonata solo in superficie e invece profondamente moralista, questa commedia (sceneggiata dal regista-interprete con Claudio Masenza e Luca D'Ascanio) «titilla l'eros quotidiano degli anni Novanta» mescolando il più smaccato conservatorismo ideologico con una scaltra e astuta pruderie di superficie. Fremiti promozionali per un bacio tagliato dalla censura tra la Ponziani e la figlia di Celentano (che aveva sostituito Benedetta Mazzini, figlia di Mina, costretta a lasciare il set per un incidente automobilistico).

Donne proibite ** (Italia 1953, b/n, 94') Giuseppe Amato. Con Linda Darnell, Valentina Cortese, Lea Padovani, Giulietta Masina, Lilla Brignone, Anthony Quinn, Carlo Dapporto, Alberto Farnese, Alberto Talegalli, Checco Durante, Maria Pia Casilio, Rossella Falk, Tino Buazzelli, Antonio Cifariello, Memmo Carotenuto. ◆ Le peripezie di quattro mondane a cui chiudono la «casa»: Tamara (Brignone) che ha tentato il suicidio entra in un convento, Franca (Padovani) trova un lavoro e potrà pensare alla sua bambina, Vally (Cortese) non riesce a sposare l'uomo che ama per le calunnie della gente e muore tragicamente, mentre Lola (Darnell), pur di non nuocere al matrimonio della sorella, non torna a casa e riprende la vita di prima. Melodramma a tinte fosche, tratto dalla commedia *Vita nuova* di Bruno Paolinelli, sceneggiata da Giuseppe Mangione, Giuseppe De Santis, Elio Petri, Gianni Puccini, Bruno Paolinelli, Cesare Zavattini, Siro Angeli e Gigliola Falluto: più abile come produttore che come regista, Amato mescola peccato e redenzione, moralismo e riflessione sociale, lacrime e speranze in un film convenzionale ma efficace.

Donne senza nome – Le indesiderabili ** (Italia 1950, b/n, 100') Geza Radvanyi [Géza I. von Radvány]. Con Simone Simon, Françoise Rosay, Valentina Cortese, Irasema Dilian, Gina Flackenberg, Gino Cervi, Vivi Gioi, Mario Ferrari, Umberto Spadaro, Carletto Sposito, Lamberto Maggiorani, Liliana Tellini, Fausto Tozzi. ◆ Incinta e senza documenti, la jugoslava Anna Petrovic (Cortese) viene inviata nel campo di concentramento di Alberobello dove conoscerà le miserie e l'abiezione di altre donne come lei. Con l'aiuto di Yvonne (Simon) cercherà di fuggire, ma morirà dando alla luce il bambino, che verrà adottato da un brigadiere vedovo (Cervi). Un film corale e polemico, scritto dal regista con Liana Ferri, Corrado Alvaro, René Barjavel, Géza Herézof e Fausto Tozzi, che significativamente mette l'accento sul fatto che le donne possono essere vittime della guerra allo stesso modo degli uomini. Inevitabile il confronto con *Stromboli* (e il meno noto *Il grido della terra*): ma qui il tono «neorealista» della fotografia (di Gabor Pogany) e della storia è temperato non dal melodramma ma da un convinto pacifismo, anche se di maniera.

Donne senza trucco **½ (*Abgeschminkt!*, Germania 1993, col, 55') Katja von Garnier. Con Katja Riemann, Nina Kronjäger, Gedeon Burkhard, Max Tidof, Daniela Lunkewitz, Peter Sattmann. ◆ Il weekend di due amiche dalla vita sentimentale non molto brillante: Maischa (Kronjäger) fa di tutto per conquistare René (Burkhard), anche se a letto non sarà proprio come aveva sperato, mentre Frenzy (Riemann), molto più preoccupata di terminare in tempo le strisce a fumetti di cui è autrice, finisce per innamorarsi quasi controvoglia di Mark (Tidof). Delizioso esordio di una regista ventottenne che ha scalato a sorpresa i botteghini tedeschi: i temi dell'infelicità sentimentale e del grande amore non sono certo nuovi, ma la massiccia dose di autoironia con cui descrive le due amiche e l'autenticità che si sente tra le pieghe di un dialogo che rimbalza dalla realtà ai fumetti di *Rubi – la donna zanzara*, ne fanno un bel ritratto di chi ha visto «sbriciolarsi troppi ruoli preconfezionati e adesso cerca di adeguarsi come può alla crisi del maschio e al tramonto dei ruoli». Il successo di questo film ha aperto alla von Garnier le porte di Hollywood.

Donne sole *½ (*The Brute*, Gb 1977, col, 90') Gerry O'Hara. Con Sarah Douglas, Julian Glover, Bruce Robinson, Jenny Twigge, Suzanne Stone, Sylvester Morand, Peter Bull, Nicholas Barnes. ◆ Per sfuggire alle violenze del marito (Glover) che vorrebbe addirittura marchiarla a fuoco, la modella Diane Shepherd (Douglas) si rifugia a casa di Mark e Carrie (Robinson e Stone): scoprirà che non è l'unica moglie a essere picchiata e che dovrà lottare contro più di un pregiudizio per avere l'affidamento del figlio (Barnes). Uno strano incrocio tra mélo e soap-opera dove gli uomini inglesi fanno la figura degli ubriaconi violenti e infoiati, quando non addirittura degli psicopatici. Ma il rigore della «denuncia» non si accorda con le troppe (e gratuite) concessioni al nudo, senza parlare degli atteggiamenti un po' troppo disinvolti (anche in anni di «rivoluzione sessuale») della protagonista.

Donne sull'orlo di una crisi di nervi ***½ (*Mujeres al borde de un ataque de nervios*, Spagna 1988, col, 95') Pedro Almodóvar. Con Carmen Maura, Julieta Serrano, Maria Barranco, Antonio Banderas, Fernando Guillén, Rossy de Palma, Kiti Manver, Guillermo Montesinos. ◆ Abbandonata dal collega Ivan (Guillén) nonostante aspetti un figlio, la doppiatrice Pepa (Maura) decide di dargli la caccia. Ma le capitano tra i piedi un'amica (Barranco) ricercata dalla polizia, il figlio di Ivan (Banderas) con la sua fidanzata (de Palma) e persino una sua ex amante (Serrano) intenzionata a ucciderlo. Lontanamente ispirato alla *Voce umana* di Cocteau (di cui resta la centralità del telefono e dei messaggi registrati), è un'irresistibile farsa degli equivoci dal ritmo indiavolato, elegante come una sophisticated comedy hollywoodiana. Campione riconosciuto del postmoderno, Almodóvar «ripercorre tutto lo spettro del cinema, dal più strettamente formalista al più laboriosamente triviale» per fondere – con una energia e un talento istintivi ma solidi – gli elementi che formano la composita cultura della movida madrilena, dalla pop-art al teatro da boulevard, dalla sit-com alla moda, dai rotocalchi femminili alla pubblicità. Ne esce un ritratto irriverente e graffiante insieme della società spagnola, come nessun altro regista – e film – è riuscito a darci. Il fratello Augustín Almodóvar, produttore esecutivo del film, interpreta la parte di un impiegato immobiliare.

Donne verso l'ignoto *** (*Westward the Women*, Usa 1952, b/n, 118') William A. Wellman. Con Robert Taylor, Denise Darcel, Hope Emerson, John McIntire, Henry Nakamura, Julie Bishop, Beverly Dennis, Renata Vanni, Marilyn Erskine, Lenore Lonergan. ◆ Nel 1851, Buck Wyatt (Taylor) deve guidare una carovana di 140 donne da Chicago alla costa Ovest per dare una famiglia ai pionieri che hanno colonizzato una valle della California. Basato su un soggetto di Frank Capra sceneggiato da Charles Schnee, un western epico e corale, girato completamente in esterni, dove l'elogio dello spirito dei pionieri e del carattere indomabile della volontà umana passa (singolarmente, per un genere «maschile» come è il western) attraverso l'esaltazione delle donne: «quelle che sopravviveranno saranno degne dei vostri uomini», afferma il capocarovana, e alla fine del viaggio sopravviveranno in molte, giustificando così implicitamente nella scena finale il diritto di essere loro a scegliere i mariti e non viceversa. Come spesso in Wellman le peripezie della storia (qui le insidie del viaggio, si tratti di indiani o di ostacoli naturali come il deserto e le montagne) e gli accadimenti del racconto (la morte di un ragazzo, la nascita di un bambino, la fine o l'inizio della speranza di un amore) sono «spogliati e disseccati di ogni elemento avventuroso per sottolineare la reazione unitaria del gruppo»: così la forza epica del film nasce soprattutto dalla regia e dal lavoro sulle inquadrature – sempre curatissime e ricercate – capaci di controbilanciare stilisticamente il rifiuto di ogni individualismo romantico a livello narrativo (il passato di ogni donna è accennato con pochissimi elementi, lasciati all'intuizione dello spettatore, e anche la misoginia di Buck non è mai pienamente spiegata). Di grande commozione due scene: l'elenco delle donne morte dopo l'attacco degli indiani con i loro nomi ripetuti dall'eco e il parto nel carro senza una ruota ma sostenuto da tutte le altre donne, quasi fossero compartecipi della nascita. Curiosa, per quegli anni postbellici, la simpatica presenza di un cowboy giapponese (Nakamura), l'unico comunque che arrivato in California non si sposerà. In Tv si vede solitamente la versione colorizzata, che impedisce di apprezzare il lavoro fotografico di William C. Mellor.

Donne, v'insegno come si seduce un uomo ** (*Sex and the Single Girl*, Usa 1964, col, 114′) Richard Quine. Con Tony Curtis, Natalie Wood, Henry Fonda, Lauren Bacall, Mel Ferrer, Edward Everett Horton, Count Basie. ◆ Per intervistare una psichiatra (Wood), autrice di un bestseller sulla sessualità femminile, un giornalista (Curtis) si finge bisognoso di consulenza medica. Nella sarabanda di equivoci viene coinvolta anche una coppia di vicini del reporter. Da un libro di Helen Gurley Brown, cosceneggiato da Joseph Heller, una commedia spiritosa e divertente.

Donnie Brasco *** (*Donnie Brasco*, Usa 1997, col, 122′) Mike Newell. Con Al Pacino, Johnny Depp, Anne Heche, Michael Madsen, Bruno Kirby, James Russo, Zeljko Ivanek, Gerry Becker, Zach Grenier, Brian Tarantina, Robert Miano. ◆ New York, 1978: col nome di Donnie Brasco, l'agente dell'Fbi Joe Pistone (Depp) stringe amicizia con Lefty Ruggiero (Pacino), mafioso di piccolo taglio ormai sul viale del tramonto, e s'infiltra con successo nel suo clan; sacrificherà la propria vita privata in nome di una giustizia cui nessuno sembra più credere. Dall'autobiografia del vero Joseph D. Pistone, sceneggiata da Paul Attanasio, un dolente *maffia movie* che è innanzitutto la storia di una «adozione» ai limiti della schizofrenia (il rapporto tra i due protagonisti è quello tra un padre e un figlio, tanto più che Lefty ha un figlio tossicodipendente senza speranza), con due perdenti condannati alla solitudine e divisi soltanto dalla barriera della legalità. Stupisce, dopo i capolavori di Coppola e Scorsese, trovare un regista che sappia inventare toni così originali – tra il naturalismo del documentario e l'intensità del melodramma – per raccontare la piccola manovalanza del crimine. Assolutamente perfetti i due protagonisti, e per una volta gran lavoro di doppiaggio (l'espressione gergale «Forget about it», resa benissimo con «Che te lo dico a fare?»). Tra i produttori c'è Barry Levinson.

Dono d'amore *½ (*The Gift of Love*, Usa 1958, col, 105′) Jean Negulesco. Con Lauren Bacall, Robert Stack, Evelyn Rudie, Lorne Greene, Anne Seymour. ◆ Condannata da un male incurabile, una giovane donna (Bacall) decide di adottare una bambina per non lasciare solo il marito. Alla sua morte l'uomo ripudia la piccola, ma poi si pente, anche per l'intervento «dal cielo» della sua ex moglie. Caramelloso remake di *Non dirmi addio* (1946), non è all'altezza dell'originale. Nell'84 è stata girata una versione televisiva da James Goldstone con Jaclyn Smith, David Dukes e Maureen Stapleton.

Doom Generation ** (*The Doom Generation*, Usa/Francia 1995, col, 85′) Gregg Araki. Con James Duval, Rose McGowan, Johnathon Schaech, Cress Williams, Skinny Puppy. ◆ Los Angeles: Jordan White (Duval) e Amy Blue (McGowan), due sciroccati innamorati, aiutano lo sconosciuto Xavier Red (Schaech), più sbandato di loro, a mettersi in salvo da presunti inseguitori: cominciano così un ménage à trois in cui tutti stanno con tutti e un viaggio da incubo costellato di cadaveri, con Tv e Fbi alle calcagna. Un road movie adrenalinico tra cinismo e tenerezza, dove il maledettismo ormai è solo dannazione (catartica, sostiene il regista) e aspirazione a una purezza impossibile. In realtà si tratta di un film più furbo che davvero ispirato: la trama viene dalla *Donna del bandito* di Nicholas Ray, il resto strizza l'occhio a *Pulp Fiction*, David Lynch, grand guignol, satanismo e screwball comedy, e la disperazione generazionale finisce per essere risucchiata in un'estetica dell'osceno più gratuita ed effettistica che ribelle al sistema. La tenutaria dei divi Heidi Fleiss appare nel ruolo dell'impiegata dello spaccio di liquori.

Doors, The *½ (*The Doors*, Usa 1991, col, 139′) Oliver Stone. Con Val Kilmer, Meg Ryan, Kathleen Quinlan, Kyle MacLachlan, Michael Wincott, Frank Whaley, Kevin Dillon, Michael Madsen, Billy Idol, Debi Mazar, Wes Studi. ◆ Vita e morte (?) di Jim Morrison (Kilmer), leader dei Doors, profeta della trasgressione e dell'uso creativo delle droghe. Stone è incerto tra il tono celebrativo, il reportage sugli anni Sessanta e la deformazione grottesca. Approssimativo e semplicistico quando scende nel privato o quando parla di musica, si riscatta per qualche efficace scena di massa. Crispin Glover è Warhol, Kristine Fulton è Nico; Stone (sceneggiatore con J. Randal Johnson) è il professore.

Dopo la prova *** (*Efter repetitionen*, Svezia/Rft 1984, col, 70') Ingmar Bergman. Con Erland Josephson, Lena Olin, Ingrid Thulin, Nadja Palmstjerna-Weiss, Bertil Guve. ◆ Dopo la prova del *Sogno* di Strindberg, «nell'ora del crepuscolo in cui piomba il silenzio sul grande teatro», il regista Henrik Vogler (Josephson) s'intrattiene a parlare con la giovane attrice Anna (Olin), figlia anche lei di un'attrice morta alcolizzata. I ricordi si materializzano e compare Rakel (Thulin), la madre di Anna, che tenta di sedurre Henrik e protesta perché ha affidato alla figlia la troppo breve parte di Agnes. Si intuisce così che probabilmente Anna è figlia di Henrik. La ragazza, che ammette di aver già subito un aborto, se ne va per una prova alla radio, mentre Henrik rimane solo con i suoi fantasmi. Un piccolo grande dramma da camera realizzato per la Tv (secondo Bergman è «un pezzo di televisione cinematografata che tratta di teatro»), che racchiude e sintetizza molti temi della poetica del regista, rappresentatosi attraverso l'alter ego di Josephson, suo eccellente attore-amico. Una struttura geometrica perfetta (tre dialoghi simmetrici che corrispondono alla triangolazione dei rapporti tra i personaggi), poche spoglie scenografie, alcuni grandi attori e la luce di Sven Nykvist: tanto basta a creare la fascinazione irresistibile della fiction, più vera della vita perché «tutto è immaginazione e nulla è realtà». Da antologia il confronto tra la disfatta Thulin e l'acerba Olin.

Dopo la vita *** (*The Legend of Hell House*, Gb 1973, col, 95') John Hough. Con Pamela Franklin, Roddy McDowall, Clive Revill, Gayle Hunnicutt, Roland Curver. ◆ Un fisico scettico (Revill) e due medium (Franklin e McDowall) vengono ingaggiati per indagare su villa Belasco, una casa maledetta dove la presenza maligna del defunto proprietario li inganna e li attacca in ogni modo. Un piccolo classico del genere, che l'esperto Richard Matheson ha adattato dal suo romanzo *Hell House*. Hough è abile a costruire la suspense e la minaccia di un'entità invisibile servendosi di mezzi abbastanza tradizionali (dalle porte che sbattono alle possessioni), ma con un tono - è il caso di dirlo - spiritato e convinto, capace di trasmettere brividi metafisici. Non a caso il film si apre con un imprimatur di Tom Corbett, «consulente medianico delle case regnanti europee». Originale musica elettronica di Brian Hodgson e Delia Derbyshire.

Dopo l'uomo ombra ** (*After the Thin Man*, Usa 1936, b/n, 113') W.S. Van Dyke II. Con William Powell, Myrna Loy, James Stewart, Elissa Landi, Joseph Calleia, Sam Levene. ◆ Con l'aiuto della moglie Nora (Loy), il detective Nick Charles (Powell) indaga sulla morte di un uomo facoltoso, assassinato mentre era in procinto di fuggire con l'amante. Una trama ben congegnata e battute divertenti, con un finale a sorpresa che coinvolge il cane Asta, per il secondo film della serie *L'uomo ombra*.

Doppia anima ** (*Prelude to a Kiss*, Usa 1992, col, 100') Norman René. Con Alec Baldwin, Meg Ryan, Sydney Walker, Ned Beatty, Patty Duke, Kathy Bates, Stanley Tucci. ◆ Peter (Baldwin) e Rita (Ryan) sarebbero gli sposini più felici del mondo, se un anziano signore (Walker) non scambiasse la propria anima con la sposa. Peter si accorge della verità solo dopo la luna di miele: al che preferisce portarsi in casa il vecchio signore con l'anima di Rita, piuttosto che restare con l'intruso/a. Detto così, sembra una farsa sugli scambi di sesso tipo *Nei panni di una bionda*. In realtà al regista e allo sceneggiatore Craig Lucas importa chiedersi che cosa sia l'amore, e quanto dipenda dal sesso e dal corpo. Le premesse paradossali, tuttavia, non vengono sviluppate, e l'approccio misticheggiante rischia di essere stucchevole. Classico ibrido riuscito a metà. Bella musica di Howard Shore.

Doppia identità **½ (*Impulse*, Usa 1989, col, 110') Sondra Locke. Con Theresa Russell, Jeff Fahey, George Dzundza, Alan Rosenberg, Nicholas Mele, Eli Danker. ◆ A Hollywood, di notte, una poliziotta (Russell) si traveste da prostituta per indagare sugli spacciatori. A poco a poco scopre in sé lati oscuri e perversi, ma l'amore di un viceprocuratore distrettuale la salverà. Uno psicothriller con un bel ritmo e atmosfere suggestive per la seconda prova della Locke, ex attrice ed ex moglie di Clint Eastwood. Ottima la prova della Russell.

Doppia personalità – Raising Cain ** (*Raising Cain*, Usa 1992, col, 92') Brian De Palma. Con John Lithgow, Lolita Davidovich, Steven Bauer, Frances Sternhagen, Gregg Henry. ◆ Lo psicologo Carter (Lithgow) ha una personalità dissociata, frutto degli esperimenti cui il padre l'ha sottoposto quand'era piccolo. Ora è sposato e ha una figlia, ma continua a procurare la materia prima al suo papà. Dopo un inizio alla grande, in cui De Palma spiazza lo spettatore facendolo entrare senza preavviso nel mondo distorto dove Carter dialoga coi suoi alter ego, il film diventa simile al personaggio, e sembra perdere identità. Tra una citazione di *Psycho* e un'autocitazione di *Vestito per uccidere* (al limite del remake), non si capisce se De Palma faccia sul serio o la butti sul ridere – visto anche la recitazione farsesca che impone. Bizzarro e imprevedibile, ingenuo e insopportabile. Buono il finale, comunque.

Doppia verità *½ (*Listen to Me*, Usa 1989, col, 107') Douglas Day Stewart. Con Kirk Cameron, Jami Gertz, Roy Scheider, Amanda Peterson, Tim Quill, Christopher Atkins. ◆ Amicizie, rivalità, amori, in un college americano dove si impara l'oratoria e ci si sfida a colpi di dialettica. Da uno spunto interessante, un melodramma banale, parente povero di *L'attimo fuggente*.

Doppia vita **½ (*A Double Life*, Usa 1947, b/n, 103') George Cukor. Con Ronald Colman, Signe Hasso, Edmond O'Brien, Shelley Winters, Ray Collins. ◆ Dopo aver recitato per due anni l'Otello, un attore (Colman) è ossessionato dal suo personaggio. Finirà col confondere vita e palcoscenico, strangolando per gelosia la sua amante (Winters). Da una sceneggiatura di Ruth Gordon e Garson Kanin (la prima di sette, felici, collaborazioni), un cupo melodramma che assimila l'estetica del noir sul contrasto tra realtà e finzione, con un'ottima descrizione del mondo teatrale (in cui Cukor aveva cominciato la carriera di regista).

Primo ruolo importante per Shelley Winters. Oscar al protagonista Ronald Colman e alla colonna sonora di Miklos Rosza.

Doppia vita di Andy Hardy, La * (*Andy Hardy's Double Life*, Usa 1942, b/n, 92') George B. Seitz. Con Mickey Rooney, Lewis Stone, Ann Rutherford, Cecilia Parker, Sara Haden, Esther Williams, William Lundigan, Susan Peters, Robert Blake. ◆ Al college Andy (Rooney) si innamora di una ragazza ottima nuotatrice (l'inevitabile Esther Williams). Tredicesimo film della serie dedicata ad Andy Hardy, che ha praticamente esaurito ogni interesse.

Doppia vita di Dan Craig, La **½ (*Night Must Fall*, Gb 1964, b/n, 101') Karel Reisz. Con Albert Finney, Mona Washburne, Susan Hampshire, Sheila Hancock, Martina Wyldeck. ◆ Danny Craig (Finney) diventa cameriere in una villa di campagna e, dopo aver sedotto la domestica, conquista la padrona e sua figlia. Ma quando lo strano ménage finisce, la sua follia esplode e lo porta a uccidere. Dalla commedia di Emlyn Williams (già portata sullo schermo nel 1937 in *Notturno tragico* di Richard Thorpe con Robert Montgomery), il film, trasferendo l'azione dagli anni Trenta agli anni Sessanta, accentua i temi della conflittualità di classe per tentare la radiografia di un «diverso», a suo modo vittima della società. Un film importante, ai tempi, per il suo tentativo di «saldare un malessere palpabile e ossessivo e le ineguaglianze sociali con gli incubi più profondi ed endemici», anche se oggi disturba un certo eccesso di sociologia non ben integrata nella storia nera di questo psicopatico che va in giro con la testa della sua ultima vittima in una cappelliera. Reisz e Finney sono anche produttori.

Doppia vita di Sylvia West, La ** (*Sylvia*, Usa 1965, b/n, 115') Gordon Douglas. Con Carroll Baker, George Maharis, Joanne Dru, Peter Lawford, Viveca Lindfors, Edmond O'Brien, Aldo Ray. ◆ Un detective (Maharis) indaga sul passato della fidanzata di un miliardario. E resta affascinato dalla strana personalità della ragazza (Baker). Un melodramma frammentario, appesantito dall'uso eccessivo di flashback, ma piuttosto appassionante.

Doppia vita di Veronica, La **½ (*La Double vie de Véronique*, Francia 1991, col, 92') Krzysztof Kieślowski. Con Irène Jacob, Philippe Volter, Aleksander Bardini, Louis Ducreux, Sandrine Dumas. ◆ Una ragazza polacca, Weronica, e una francese, Véronique (entrambe interpretate da Irène Jacob), pur non avendo nessun legame, sono uguali come gocce d'acqua, hanno lo stesso amore per la musica e la stessa malformazione al cuore. Per una misteriosa corrispondenza, la francese farà tesoro della tragica esperienza dell'altra. Scritto dal regista con Krzysztof Piesiewicz (con cui aveva già sceneggiato il *Decalogo*), un film criptico ma emozionante, tutto centrato su uno dei temi forti del regista, la possibilità di vivere la vita in modi differenti, qui esemplificato dal caso di due vite diverse ma simili. Un'avvertenza: per apprezzare il film non bisogna sforzarsi di spiegare razionalmente tutti i simboli che il regista vi mette (cosa vuol dire l'ultima inquadratura, con la mano sulla corteccia? Forse che Véronique sta «sentendo il cuore» alla natura?) ma piuttosto lasciarsi prendere dal gioco delle libere associazioni e dei rimandi inconsci, aiutati anche dalla straordinaria colonna sonora di Zbigniew Preisner. Premio a Cannes per Irène Jacob nei doppi panni della protagonista.

Doppio bersaglio *½ (*The Double Man*, Gb 1967, col, 105') Franklin J. Schaffner. Con Yul Brynner, Britt Ekland, Clive Revill, Anton Diffring, Moira Lister. ◆ Un agente segreto americano (Brynner) viene attirato in un agguato da spie tedesco-orientali e sostituito da un sosia. Riuscirà però a liberarsi e a neutralizzare il rivale. Dal romanzo di H.S. Maxfield, una spy story senza originalità. Unica qualità la fotografia di Denys Coop che perde molto se vista in tv.

Doppio delitto *½ (Italia 1977, col, 103') Steno [Stefano Vanzina]. Con Marcello Mastroianni, Ursula Andress, Peter Ustinov, Agostina Belli, Jean-Claude Brialy, Mario Scaccia, Gianfranco Barra. ◆ Un commissario (Mastroianni) indaga sulla morte di un principe e di un operaio, folgorati contemporaneamente sulle scale di un palazzo durante un temporale. Dal romanzo *Doppia morte al Governo Vecchio* di Ugo Moretti, sceneggiato con Age e Scarpelli, un giallo che né avvince né convince, con un Mastroianni inaspettatamente scialbo.

Doppio gioco *** (*Criss Cross*, Usa 1949, b/n, 87') Robert Siodmak. Con Burt Lancaster, Yvonne De Carlo, Dan Duryea, Stephen McNally, Richard Long, Tom Pedi, Alan Napier. ◆ Un uomo (Lancaster), ancora innamorato della ex moglie (De Carlo), pur di riconquistarla si unisce alla banda del nuovo marito (Duryea) di lei. Pensa di fare il doppio gioco, ma finirà male. Dal romanzo di Don Tracy (sceneggiato da Daniel Fuchs), un film cupo e disperato che, puntando più sull'analisi psicologica che sull'azione, racconta «l'inesorabile avvilimento di un uomo debole e passionale» attraverso alcuni dei temi forti di Siodmak: l'amore ossessivo, la violenza fredda e precisa, l'inesorabile fatalismo che schiaccia l'uomo (magistrale l'uso del flashback per sottolineare il peso asfissiante del passato, che toglie al presente ogni possibilità di riscatto e di speranza). Debutto di Tony Curtis nella particina del gigolò. Conosciuto anche col titolo *Criss Cross*.

Doppio inferno *½ (*Chattahoochee*, Usa 1990, col, 94') Mick Jackson. Con Gary Oldman, Dennis Hopper, Frances McDormand, Ned Beatty, M. Emmet Walsh, Pamela Reed. ◆ Anni Cinquanta: il reduce della guerra di Corea Emmet Foley (Oldman) dà fuori da matto e viene rinchiuso nel manicomio criminale di Chattahoochee. Trattato come una bestia e piantato dalla moglie (McDormand), troverà la forza di denunciare soprusi e angherie. Scritto da James Hicks e ispirato a una storia vera, il genere di film di denuncia che sfonda porte aperte e ristagna nel sensazionalismo di maniera e nel manierismo delle interpretazioni.

Doppio inganno *½ (*Deceived*, Usa 1991, col, 103') Damian Harris. Con Goldie Hawn, John Heard, Robin Bartlett, Ashley Peldon. ◆ Sposata da sei anni, con una figlia adorabile, Adrienne (Hawn) si trova di colpo vedova, e scopre che il marito (Heard) non era quell'uomo perfetto che credeva. Il classico thriller in cui lo spettatore ci mette poco a indovinare la sorpresa. Suspense fiacca, e la Hawn che tenta volenterosamente di riciclarsi in una parte drammatica.

Doppio intrigo ** (*The Double McGuffin*, Usa 1979, col, 89') Joe Camp. Con Ernest Borgnine, George Kennedy, Elke Sommer, Rod Browning, Dion Pride, Jeff Nicholson, Vincent Spano. ◆ Un gruppo di ragazzini scopre un complotto omicida. Ma nessuno vuol credere loro. Un thriller per famiglie con un'introduzione di Orson Welles, che spiega il titolo originale: «McGuffin» è il termine coniato da Hitchcock per indicare il motivo, lo scopo che spinge all'azione i protagonisti di un film.

Doppio misto * (Italia 1986, col, 90') Sergio Martino. Con Gigi Sammarchi, Andrea Roncato, Tinì Cansino, Moana Pozzi, Gianni Ciardo, Silvio Spaccesi, Loredana Romito. ◆ Due coppie (Roncato-Pozzi e Ciardo-Cansino) tentano di farsi le corna vicendevolmente ma scelgono lo stesso appartamento sfitto per i loro incontri adulterini. Porte che si aprono e si chiudono e battute pietose («sono l'unico ninfomane maschio al mondo») per una farsa al di sotto del limite sopportabile di scemenza, deludente anche dal punto di vista del voyeurismo (spesso in mutandine e reggiseno, le due protagoniste si concedono nude una sola volta ciascuna – di lato – sotto la doccia). Gigi [Sammarchi] fa il cugino un po' tonto che naturalmente finirà per approfittare delle grazie femminili.

Doppio taglio *½ (*Jagged Edge*, Usa 1985, col, 108') Richard Marquand. Con Glenn Close, Jeff Bridges, Peter Coyote, Robert Loggia, John Denher, Lance Henriksen, Michael Dorn, Leigh Taylor-Young, Karen Austin. ◆ L'avvocatessa di grido Teddy Barnes (Close), chiamata a difendere l'editore Jack Forrester (Bridges), accusato di un efferato uxoricidio, non trova di meglio che innamorarsi di lui. Non impiegherà molto a pentirsene. Un intreccio di thriller basso e *courtroom drama* che all'epoca ebbe un certo successo, anche di critica. Ma lo sceneggiatore Joe Eszterhas, non ancora celebre, fa già i suoi danni: colpi di scena a ripetizione che sorprendono solo i polli, mano pesante nelle caratterizzazioni.

Dora, bambola bionda! ** (*Oh, You Beautiful Doll*, Usa 1949, col, 93') John M. Stahl. Con June Haver, Mark Stevens, S.Z. Sakall, Charlotte Greenwood, Gale Robbins, Jay C. Flippen. ◆ Alfred Breitenbach (Sakall) è un compositore che non riesce ad avere successo finché un discografico (Stevens), fidanzato della figlia (Haver), non adatta le sue opere al gusto del tempo decretandone il successo presso il grande pubblico. Scritto da Albert e Arthur Lewin, un musical che ripercorre la storia di Fred Fisher (questo lo pseudonimo che Breitenbach adottò quando arrivò il successo) senza grandi colpi di genio. Tra le canzoni, oltre a quella che dà il titolo originale al film, da ricordare *Peg O' My Heart* e *Dardanella*.

Dora Nelson *** (Italia 1939, b/n, 76') Mario Soldati. Con Assia Noris, Carlo Ninchi, Luigi Cimara, Nino Crisman, Carlo Campanini, Miretta Mauri, Massimo Girotti. ◆ Dora Nelson (Noris), ex principessa russa vedova e risposata con un ingegnere (Ninchi), diventata una capricciosa diva del cinema, abbandona il set per seguire un falso principe (Crisman). Verrà sostituita con Pierina, una giovane modista che le assomiglia come una goccia d'acqua (ancora Noris), che finirà anche per conquistare l'amore dell'ingegnere. Dopo aver firmato le versioni italiane di due film stranieri e la coregia (con Carlo Borghesio) di *Due milioni per un sorriso*, Soldati esordisce da solo con una brillante commedia «all'americana» tratta dall'omonimo testo di Louis Verneuil, già portato sullo schermo in Francia nel 1935 (*Dora Nelson* di René Guissart con Elvire Popesco nel doppio ruolo della protagonista) ma molto rimaneggiato nella sceneggiatura firmata da Luigi Zampa e dallo stesso Soldati. Poco amato alla sua uscita (Zavattini scrisse che «in *Dora Nelson* non c'è Soldati») il film è invece un'autentica sorpresa, ironica e divertente, con i suoi continui rovesciamenti di prospettiva (l'inizio è perfetto con quella scena in costume da pessimo film storico che si rivela essere un set cinematografico e si trasforma da dramma in farsa e poi in commedia) e la sua polemica contro gli snobismi della borghesia arricchita. Oltre a un eccellente uso degli attori, specie degli esordienti Carlo Campanini (nella parte dell'ingenuo innamorato sempre in taxi) e Massimo Girotti (il fidanzato della figlia dell'ingegnere, anche lei esordiente: Miretta Mauri). Ma è anche un interessante film nel film, con una splendida Noris nel doppio ruolo dell'insopportabile vamp dall'accento francese (nonostante le origini russe) e della modesta fanciulla dalla cadenza romanesca che il cinema (anzi, la parte più popolaresca e «operaia» del cinema: i macchinisti, gli assistenti) risarcisce generosamente.

Dormiglione, Il **½ (*Sleeper*, Usa 1973, col, 88') Woody Allen. Con Woody Allen, Diane Keaton, John Beck, Mary Gregory, Don Keefer. ◆ Ibernato nel 1973, un clarinettista (Allen) si risveglia duecento anni dopo e si trova coinvolto, con una fatua poetessa (Keaton), nella lotta di liberazione contro il Grande Dittatore. Da un soggetto di Allen e Marshall Brickman, una storia costruita sul modello dei vecchi film comici muti, con un protagonista un po' a disagio. L'indiavolata colonna sonora è composta e suonata da Allen con la Preservation Hall Jazz Band di New Orleans.

Dossier 51 **½ (*Le Dossier 51*, Francia 1978, col, 108') Michel Deville. Con François Marthouret, Anna Prucnal, Françoise Lugagne, Roger Planchon, Patrick Chesnais, Christophe Malavoy. ◆ Un'organizzazione segreta mette sotto controllo un alto funzionario francese (Marthouret), scoprendo poco a poco tutto di lui. Al punto da spingerlo al suicidio. Da un romanzo di Gilles Perrault (anche sceneggiatore assieme al regista), un film ambiguo e sottilmente inquietante, costruito con la tecnica del mosaico, dove anche gli atti più banali vengono analizzati e pantografati con gli strumenti del controspionaggio. Una sceneggiatura rigorosa, sostenuta da un montaggio spumeggiante, trasforma così quello che poteva essere un esercizio di stile in un'amara riflessione sulla condizione umana in un mondo dove la tecnologia domina i pensieri e i sentimenti.

Dossier confidenziale ** (*Defence of the Realm*, Gb 1985, col, 96') David Drury. Con Gabriel Byrne, Greta Scacchi, Denholm Elliot, Ian Bannen, Bill Paterson. ◆ Un deputato viene accusato di essere una spia del Kgb ed è costretto a dimettersi. Ma un giornalista (Byrne) e la segretaria (Scacchi) del politico scopriranno che è stato tolto di mezzo perché al corrente di un disastro nucleare avvenuto in una base Nato inglese. Thriller politico a tratti farraginoso e con alcuni cali di tensione.

Dossier Odessa ** (*The Odessa File*, Gb 1974, col, 128') Ronald Neame. Con Jon Voight, Mary Tamm, Maximilian Schell, Derek Jacobi, Maria Schell, Peter Jeffrey. ◆ Un giornalista tedesco (Voight) sulle tracce di un criminale nazista scopre l'esistenza di un'organizzazione che assicura copertura alle ex SS. Si scatenerà una lotta senza esclusione di colpi, con l'intervento del controspionaggio israeliano. Dal romanzo omonimo di Frederick Forsyth, un film che affronta problemi scottanti mirando solo agli effetti spettacolari. La colonna sonora è di Andrew Lloyd Webber.

Dottor Akagi → *Dr. Akagi*

Dottor Creator → *Dr. Creator, specialista in miracoli*

Dottor Cyclops → *Dr. Cyclops*

Dottor Dolittle, Il *½ (*Dr. Dolittle*, Usa 1998, col, 85') Betty Thomas. Con Eddie Murphy, Ossie Davis, Oliver Platt, Peter Boyle, Kristen Wilson, Richard Schiff. ◆ Il dr. Dolittle (Murphy) recupera il dono che aveva da piccolo, quello di parlare con gli animali. Un cane randagio diffonde la voce, e la casa del dottore diventa uno zoo. Nel *Favoloso dottor Dolittle* c'era il giuggioloso Rex Harrison; oggi Murphy vorrebbe quasi essere un anarchico che combatte il sistema, e infatti lo mettono in manicomio. Ma l'umorismo è a base di rutti, scorregge e stupidi antropomorfismi, con in più l'esibizionismo dei doppiatori italiani appioppati a ogni animale (dal criceto Lello Arena alla tigre Andrea Roncato). Puerile.

Dottor Giggles → *Dr. Giggles*

Dottore a spasso *½ (*Doctor at Large*, Gb 1957, col, 98') Ralph Thomas. Con Dirk Bogarde, Muriel Pavlow, Donald Sinden, James Robertson Justice, Shirley Eaton, George Coulouris. ◆ La gavetta professionale e le avventure sentimentali di un giovane medico (Bogarde), fino all'arrivo del successo. Terzo di una serie di sette film, è una commedia ormai datata e piena di cliché, che ha perso completamente la carica di equivoca sfacciataggine sessuale che aveva caratterizzato i primi due film (*Quattro in medicina*, 1954 e *Un dottore in alto mare*, 1955). Record d'incassi in Inghilterra.

Dottore e la ragazza, Il *½ (*The Doctor and the Girl*, Usa 1949, b/n, 98') Curtis Bernhardt. Con Glenn Ford, Charles Coburn, Gloria DeHaven, Janet Leigh, Nancy Davis [Reagan]. ◆ Un medico (Ford) della buona società sposa una ragazza di umili origini e si dedica ai poveri. Il padre, indispettito, tronca i rapporti con lui, ma un problema familiare li riavvicinerà. Un melodramma convenzionale per un inespressivo Ford.

Dottore in alto mare, Un ** (*Doctor at Sea*, Gb 1955, col, 93') Ralph Thomas. Con Dirk Bogarde, Brigitte Bardot, Brenda de Banzie, James Robertson Justice, George Coulouris. ◆ Stanco della vita cittadina, il giovane medico Simon Sparrow (Bogarde) accetta di fare il medico di bordo: e sulla nave troverà, con la giovane cantante Hélène (Bardot), anche l'amore. Thomas e Bogarde ripropongono il personaggio tanto amato dal pubblico inglese di *Quattro in medicina* (1954) e rinforzano la vivacità di una commediola delicatamente libertina con la freschezza sensuale della Bardot.

Dottore nei guai *½ (*Doctor In Distress*, Gb 1963, col, 102') Ralph Thomas. Con Dirk Bogarde, James Robertson Justice, Samantha Eggar, Mylène Demongeot, Donald Houston, Barbara Murray, Dennis Price, Leo McKern. ◆ Per far breccia nel cuore di una giovane fisioterapista il celebre chirurgo (Robertson Justice) chiede aiuto al suo più scafato assistente (Bogarde) che intanto è alle prese con una modella decisa a diventare attrice. Quinto film della serie ispirata alle storie di Richard Gordon e iniziate con *Quattro in medicina* (1954), ma ormai la ripetitività della formula ha spento ogni carica dissacrante. Resta solo un po' di sfacciataggine erotica (per i tempi, s'intende) grazie alle forme di Mylène Demongeot. Ultimo film in cui Bogarde interpreta la parte del dottor Sparrow.

Dottoressa ci sta col colonnello, La * (Italia 1980, col, 87') Michele Massimo Tarantini. Con Lino Banfi, Nadia Cassini, Alvaro Vitali, Marisa Longo. ◆ Un colonnello (Banfi) invita in caserma una dottoressa straniera (Cassini), specialista in trapianti, progettando uno scambio d'organi tra sé e una recluta superdotata. Battutacce e infimi doppi sensi.

Dottoressa del distretto militare, La * (Italia 1976, col, 93') Nando Cicero. Con Edwige Fenech, Alvaro Vitali, Alfredo Pea, Carlo Delle Piane, Gianfranco D'Angelo, Paola Senatore. ◆ L'arrivo, come sostituto medico in un distretto militare, di una dottoressa (Fenech) porta scompiglio nella caserma per le prevedibili conseguenze. Alcuni buoni attori (tra i quali Delle Piane) fanno da comprimari alle grazie muliebri della maggiorata, in una delle infinite varianti della commedia pecoreccia nazionale.

Dottoressa preferisce i marinai, La * (Italia 1981, col, 88') Michele Massimo Tarantini. Con Alvaro Vitali, Paola Senatore, Gianni Ciardo, Renzo Montagnani, Marisa Mell, Gordon Mitchell. ◆ Addetti alle pulizie, marinai scatenati, donne compiacenti e persino improbabili spie russe si ritrovano in un albergo per una serie di gag di infima lega. Non riesce ad avere la dignità di film.

Dottor Faustus, Il *½ (*Doctor Faustus*, Gb 1967, col, 93') Richard Burton, Nevill Coghill. Con Richard Burton, Elizabeth Taylor, Andreas Teuber, Patrick Barwise. ◆ Cedendo la sua anima al diavolo, Faustus (Burton) ottiene in cambio la giovinezza e la possibilità di far rivivere la donna più bella della storia, Elena di Troia (Taylor). Dal dramma di Christopher Marlowe, un film letterario e ingenuo: vale solo per l'interpretazione di Burton (qui alla sua unica regia).

Dottor Fisher di Ginevra, Il *½ (*Dr. Fisher of Geneva*, Gb 1983, col, 110') Michael Lindsay-Hogg. Con James Mason, Alan Bates, Greta Scacchi, Clarissa

Kaye, Cyril Cusack. ◆ Un miliardario svizzero (Mason) si diverte cinicamente a manipolare le persone, per metterne a nudo l'avidità. Ma dopo una caccia al tesoro in cui gli ospiti della sua villa rischiano la vita pur di vincere, l'uomo si vede sconfiggere da un giovane (Bates) innamorato della figlia. Fedelissimo al romanzo di Graham Greene (che ne ha seguìto la stesura e poi la realizzazione giorno per giorno), è un film corretto e ben interpretato, nato per la tv, ma senza un guizzo di originalità, nemmeno nella descrizione del satanico dr. Fisher o della miseria morale dei ricchi.

Dottor Jekyll

Creato da Robert Louis Stevenson, il dottor Jekyll è il protagonista del romanzo breve *Lo strano caso del dottor Jekyll e del signor Hyde* pubblicato nel 1886, dopo che la prima versione («un magnifico pezzo di sensazionalismo») fu bruciata dallo stesso autore. La storia è raccontata dall'avvocato Utterson, preoccupato perché un suo cliente, il medico londinese Henry Jekyll, ha fatto testamento a favore di un certo signor Hyde. Attraverso i contatti dell'avvocato con varie persone (un perdigiorno, tale Enfield, che ha visto Hyde maltrattare una bambina; il dottor Lanyon, collega di Jekyll, preoccupato per la svolta che hanno preso le ricerche dell'amico; il maggiordomo Poole; una cameriera che ha visto Hyde uccidere un uomo) scopriamo cosa è successo: affascinato, e turbato, dall'opposizione tra Bene e Male, il dottor Jekyll ha creato una pozione che elimina temporaneamente uno di questi due elementi e permette così di liberare una componente della personalità, quella maggiormente tenuta a freno dall'educazione. Jekyll prova la scoperta su se stesso, ma ben presto non riesce più a controllare questo sdoppiamento: la metamorfosi non è solo morale ma anche fisica (il medico si trasforma in un essere piccolo, peloso, ripugnante, che nei suoi diari chiama Edward Hyde) e la trasformazione avviene sempre più spesso, anche senza bere la pozione, mentre per tornare normale Jekyll ha bisogno di sempre maggiori quantità di antidoto. Quando diventa Hyde, il medico si abbandona ai suoi istinti più bassi e arriva a uccidere sir Danvers Carew, un gentiluomo che si è perso e gli ha chiesto la strada. Finché, per paura di essere scoperto, si uccide: così il maggiordomo Poole e l'avvocato Utterson, forzando la porta del laboratorio e trovando il corpo di Hyde invece di quello di Jekyll, scoprono la verità.

Capolavoro della letteratura mondiale, *Lo strano caso del dottor Jekyll e del signor Hyde*, ambienta, con molta coerenza, nell'epoca vittoriana il tema del moderno stregone che si fa tentare dal desiderio di liberare la tendenza al Male che è dentro a ognuno e offre alla rappresentazione del conflitto tra Bene e Male una delle sue più apprezzate versioni letterarie. Applaudito alla sua uscita, ma trascurato – dal punto di vista della critica letteraria – nei decenni successivi, il testo conobbe una grande fortuna prima a teatro (con la riduzione di Thomas Russel Sullivan, nel 1887, che introdusse alcuni personaggi femminili – tra cui la fidanzata di Jekyll, figlia di quel Carew destinato a diventare vittima di Hyde – e fu interpretata dal celebre Richard Mansfield) e poi con numerose e interessanti versioni cinematografiche, spesso debitrici, senza citarlo, del lavoro di Sullivan.

Adattato durante il muto fin dal 1908 (e sarà la prima di una settantina di versioni), poi nel 1913, nel 1914 e tre volte nel 1920 (da John S. Robertson con John Barrymore nella parte di Jekyll/Hyde; da Louis Mayer con Sheldon Lewis in una versione che trasportava l'ambientazione dall'Ottocento al secondo decennio del Novecento e da Friedrich W. Murnau con Conrad Veidt, ma la copia è perduta), il romanzo divenne popolarissimo grazie alla bellissima versione di Rouben Mamoulian del 1932, che sistematizzò una serie di variazioni destinate a imporsi nella fantasia popolare e a sovrapporsi al testo stevensoniano: la vittima di Jekyll non è solo un uomo, come nel romanzo, in cui le donne entrano solo marginalmente (una bambina calpestata per strada, ma che «non si era fatta niente, si era solo presa una gran paura» e una venditrice di fiammiferi, che si beccò un «manrovescio»), ma anche una prostituta, Ivy Pierson, contraltare peccaminoso alla figura della fidanzata Muriel Carew, e si introduce così anche nel campo femminile il tema del doppio. E poi Mamoulian inventa la trasformazione finale, dopo il suicidio, di Hyde in Jekyll sotto gli occhi dello spettatore, che nel romanzo non c'è.

Se la versione di Victor Fleming del 1941 recupera con molta fedeltà le innovazioni di Mamoulian (con una significativa novità: fa interpretare la prostituta dalla Bergman e la fidanzata da Lana Turner, ribaltando intelligentemente le aspettative del pubblico e aumentando l'effetto melodrammatico), saranno le interpretazioni di Jean-Louis Barrault (in *Il testamento del mostro* di Jean Renoir) e di Jerry Lewis (in *Le folli notti del dr. Jerryll*, sempre di Lewis) a modificare sostanzialmente il mito di Jekyll, rivalutando la sua metà trasgressiva «per restituirci un Hyde maligno e sfacciato ma simpaticissimo (Renoir) e fatuo ma dotato di sex appeal (Lewis)». Mentre Fisher (in *Il mostro di Londra*) opera un parziale rovesciamento nelle figure femminili, contrapponendo alla moglie adultera di Jekyll una ballerina di buon cuore che amerà Hyde (ma che finirà comunque male).

In Italia ebbe molto successo la riduzione televisiva prodotta dalla Rai e mandata in onda nel 1969: diretta da Giorgio Albertazzi, che la sceneggiò insieme a Ghigo De Chiara, era interpretata naturalmente da Giorgio Albertazzi nel ruolo del protagonista e da Ugo Cardea, Claudio Gora, Bianca Toccafondi e Massimo Girotti (nel ruolo dell'avvocato Utterson, in una delle poche versioni che non hanno cancellato questa parte).

I FILM PRINCIPALI

Dr. Jekyll and Mr. Hyde **½ (Usa 1920, b/n, 63') John S. Robertson. Con John Barrymore, Martha Mansfield, Brandon Hurst, Nita Naldi, Charles Lane. ◆ La storia della tragica trasformazione del dottor Jekyll (Barrymore) nel signor Hyde. Le principali innovazioni riguardano il ruolo di Carew (Hurst) che qui svolge la funzione di tentatore («è un vecchio gaudente che spinge il troppo serioso e zelante Jekyll a frequentare i cabaret e, visti i risultati, in certo senso quasi merita la brutta fine che farà») e la conseguente curiosità (scientifica ma anche morbosa) del medico londinese, che è alla base delle sue tentazioni. Non è reperibile una copia italiana.

Der Januskopf (Germania 1920, b/n, 75') Friedrich Wilhelm Murnau. Con Conrad Veidt, Margarete Schlegel, Willy Kaiser-Heyl, Margarete Kupfer, Gustav Botz. ◆ Ispirato al romanzo di Stevenson, anche se il personaggio principale, interpretato da Conrad Veidt, si chiama dottor Warren e mister O'Connor, il film sembra abbia avuto un ruolo importante negli esordi della carriera di Murnau (è la sua quinta regia) per la presenza del tema del doppio, rielaborato con gli stimoli espressionisti e psicoanalitici che circolavano allora nella società tedesca. Il film, però, è andato perduto e non è possibile verificare queste ipotesi, così come non esistono prove sicure della presenza, nel cast, di Bela Lugosi. La traduzione letteraria del titolo è *La testa di Giano* e si riferisce a una statua che avrebbe dovuto essere una sorta di muto testimone della vicenda.

Il dottor Jekyll (1932) di Rouben Mamoulian
Il dottor Jekyll e Mr. Hyde (1941) di Victor Fleming
Il figlio del dottor Jekyll (1951) di Seymour Friedman
Gianni e Pinotto contro il dottor Jekyll (1953) di Charles Lamont
La figlia del dott. Jekyll (1957) di Edgar G. Ulmer
Il prezzo del demonio (1958) di Rafael Baledon
Il testamento del mostro (1959) di Jean Renoir
Il mostro di Londra (1960) di Terence Fisher
Il mio amico Jekyll (1960) di Marino Girolami
Le folli notti del dr. Jerryll (1963) di Jerry Lewis
La vera storia del dottor Jekyll (1972) di Stephen Weeks
Barbara, il mostro di Londra (1972) di Roy Ward Baker

Dr. Black, Mr. Hyde ** (rititolato *The Watts Monster, Dr. Black and Mr. Hyde*, Usa 1976, col, 87') William Crain. Con Bernie Casey, Rosalind Cash, Marie O'Henry, Ji-Tu Cumbuka, Milt Kogan. ◆ Uno scienziato nero (Casey) riesce a trovare la formula per trasformarsi in bianco, ma in questo modo non riesce più a controllare il proprio istinto omicida. Originale rilettura del romanzo di Stevenson con una evidente metafora politica. Inedito in Italia.

Dottor Jekyll e gentile signora (1979) di Steno

Dr. Heckyl and Mr. Hype *½ (Usa 1980, col, 99') Charles B. Griffith. Con Oliver Reed, Sunny Johnson, Maia Dazinger, Mel Welles, Virgil Frye, Jackie Coogan, Corinne Calvet. ◆ Un podologo dall'aspetto mostruoso (Reed) decide di suicidarsi, ma la pozione che beve lo trasforma in un uomo bellissimo, dalle tendenze assassine. Rilettura farsesca del testo di Stevenson, scritta e diretta da un ex allievo di Corman. Inedito in Italia.

Nel profondo del delirio (1981) di Walerian Borowczyk
Scuola di sesso (1982) di Jerry Belson
Dottor Jekyll e Mr. Hyde sull'orlo della follia (1989) di Gérard Kikoine
Jekyll & Hyde (1990) di David Wickes
Dr. Jekyll & Miss Hyde (1995) di David F.Price

Dottor Jekyll, Il **** (*Dr. Jekyll and Mr. Hyde*, Usa 1932, b/n, 97') Rouben Mamoulian. Con Fredric March, Miriam Hopkins, Rose Hobart, Holmes Herbert, Halliwell Hobbes, Edgar Norton. ◆ Nella Londra della fine del secolo scorso, un dottore (March) scopre di avere una doppia personalità: stimato professionista, cela dentro di sé un orribile alter ego, mister Hyde, che libera con l'aiuto di una pozione di sua invenzione e che si rivela autore di ogni nefandezza ed efferati crimini. All'inizio della stagione del sonoro, il film conquistò il pubblico con una lettura dichiaratamente sessuale del capolavoro di Robert Louis Stevenson: inventando due personaggi femminili che non esistono nel libro – la fidanzata Muriel (Hobart) e la prostituta Ivy (una bravissima Hopkins) – Mamoulian non rappresenta, attraverso l'opposizione di Jekyll e Hyde, la lotta tra il Bene e il Male, ma piuttosto il dramma di due tipi di personaggi diversamente complessati e condizionati: Jekyll è un puritano represso costretto ad aspettare otto mesi per poter sposare la fidanzata, Hyde un selvaggio incapace di trattenere i suoi istinti sessuali («Libero, finalmente!» esclama Hyde alla sua prima trasformazione e dopo che sullo schermo sono apparsi, con audacissimi mascherini trasversali che dividono l'immagine, gli incubi e i ricordi che ossessionano Jekyll). Questo scontro tra Natura e Civiltà venne reso ancor più ambiguo da Mamoulian con l'utilizzo di inquadrature soggettive (l'ingresso di Jekyll nell'anfiteatro dove tiene la sua lezione sulla natura umana; la prima trasformazione) e con una serie di trucchi che permisero di girare in una sola sequenza la trasformazione da Jekyll in Hyde che avviene nel laboratorio e nel parco (e che a tanti anni lascia ancora a bocca aperta). Celeberrima la scena del lento spogliarello di Ivy davanti a Hyde, con la macchina da presa che inquadra a lungo la gamba nuda della ragazza che oscilla lentamente. Oscar come miglior attore a Fredric March, per la prima e unica volta nella storia del premio, ex aequo con Wallace Beery per *Il campione*. Alcune copie sono state ridotte a 82'. Primo film straniero che la censura tedesca bandì dagli schermi nazionali dopo l'avvento di Hitler al potere.

Dottor Jekyll e gentile signora * (Italia 1979, col, 107') Steno [Stefano Vanzina]. Con Paolo Villaggio, Edwige Fenech, Gianrico Tedeschi, Gordon Mitchell, Paolo Arduini. ◆ Il dottor Jekyll (Villaggio), consigliere di una multinazionale che ha invaso il mondo con i suoi prodotti inquinanti, è più sbadato che perfido: convinto di sottoporsi a una cura di cattiverie, beve il «siero del Bene» e si trasforma nel pacioso mister Hyde, che fa innamorare la segretaria Barbara (Fenech). Parodia della celebre novella dell'orrore di Stevenson. Nonostante la recitazione di Villaggio, i trucchi sono scontati e il risultato non ha nulla di interessante.

Dottor Jekyll & Miss Hyde → *Dr. Jekyll & Miss Hyde*

Dottor Jekyll e Mr. Hyde, Il **½ (*Dr. Jekyll and Mr. Hyde*, Usa 1941, b/n, 114′) Victor Fleming. Con Spencer Tracy, Ingrid Bergman, Lana Turner, Donald Crisp, C. Aubrey Smith, Peter Godfrey. ◆ Remake del celebre film di Mamoulian: anche in questo caso il punto di partenza è il racconto di Stevenson e le orribili violenze compiute dal dottore inglese Henry Jekyll (Tracy) quando si trasforma nel mostruoso mister Hyde. Fleming mantiene i due personaggi femminili, la prostituta Ivy (sorprendentemente affidata alla «pudica» Ingrid Bergman) e la fidanzata Beatrix Emery (interpretata dalla più sensuale Lana Turner), ma li ambienta in un universo più puritano e tradizionalista (anche qui c'è il tema del fidanzamento trascinato troppo per le lunghe, come nel film di Mamoulian), privilegiando una lettura psicologica del romanzo, e sottolineando così le falsità e le ipocrisie dell'epoca vittoriana, delle quali Jekyll è la tragica conferma (il film si apre con un sermone del vescovo per il giubileo della regina Vittoria e si chiude con la preghiera del servo Poole sul cadavere di Jekyll). Abbastanza deludenti i trucchi usati per le quattro trasformazioni del protagonista, niente più di semplici sovrimpressioni. Comiche le italianizzazioni dei nomi dei protagonisti: Enrico, Eva, Beatrice e Paolo (improbabile traduzione per il servo Poole). Esiste una versione colorizzata.

Dottor Jekyll e Mr. Hyde sull'orlo della follia * (*Edge of Sanity*, Gb 1989, col, 90′) Gérard Kikoine. Con Anthony Perkins, Glynis Barber, Sarah Maur-Thorp, David Lodge, Ben Cole, Noel Coleman. ◆ Lo scienziato dalla doppia personalità (Perkins) si serve di un comune allucinogeno non solo per cambiare vita, ma anche per migliorare le sue prestazioni erotiche. Una delle innumerevoli (e in questo caso peggiori) varianti del famoso «caso» del cinema dell'orrore: un'insidiosa e maldestra scivolata in un campo non suo, da parte di un regista specializzato in film erotici.

Dottor Kildare

James Kildare è un giovane medico nato dalla fantasia dello scrittore Max Brand, che ne fece il protagonista di una serie di romanzi popolari (*The Secret of Dr. Kildare, Calling Dr. Kildare, Young Dr. Kildare* e *Dr. Kildare Takes Charge*) scritti negli anni Trenta. Convinto difensore della medicina moderna, il dottor Kildare lavora al Blair General Hospital sotto la supervisione dell'esuberante e irascibile dottor Gillespie, diventando l'emblema del giovane medico impegnato, puntiglioso, progressista ma un po' ingenuo.

La storia fu riesumata da Norman A. Daniels nel 1963, sfruttando il successo di una serie televisiva, ma i due nuovi romanzi (*Dr. Kildare's Secret Romance* e *Dr. Kildare's Finest Hour*) non ebbero molto successo.

Al cinema, fu la Paramount che decise per prima di portare le avventure del giovane medico sugli schermi, con *La figlia perduta* (1937) con Joel McCrea nella parte del protagonista. Ma fu la Mgm che rese popolare il personaggio con il film *Il giovane dottor Kildare* (1938) affidando a Lew Ayres il ruolo del titolo e a Lionel Barrymore quello del dottor Leonard Gillespie, mentre gli altri personaggi erano interpretati da Laraine Day (nella parte di Mary Lamont), Alma Kruger (l'infermiera Molly Byrd), Walter Kingsford (il dottor Carewe, capo dell'ospedale), Nat Pendleton (Joe Wayman, l'autista dell'ambulanza), Emma Dunn e Samuel S. Hinds (i genitori di Kildare), Nell Craig (l'infermiera Parker), Marie Blake, sorella dell'attrice Janette MacDonald (interpreta Sally, l'addetta al centralino), Frank Orth (Mike) e George Reed (Conover). A questo film ne seguirono altri otto con Ayres nella parte di Kildare, fino a quando il suo rifiuto a combattere nella seconda guerra mondiale gli costò il licenziamento. (Da notare che proprio Ayres aveva interpretato il personaggio di Paul Baumer – l'ex studente che spiega la crudeltà della guerra – nel film più decisamente pacifista fatto a Hollywood, *All'ovest niente di nuovo*).

Barrymore, invece, continuò a interpretare il dottor Gillespie anche senza il giovane amico medico in *Chiamata urgente per il dottor Gillespie* (1942) e in altri cinque film, l'ultimo dei quali (*Torbidi amori*, 1947) segnò, dopo sedici titoli in undici anni, la fine dell'esistenza cinematografica dei personaggi inventati da Max Brand.

Nonostante una certa confusione nelle sceneggiature (in ogni film ci sono almeno due o tre storie che si intrecciano, mescolando vita d'ospedale con disavventure sentimentali più o meno melodrammatiche) i film sono tutti piuttosto ben confezionati e mediamente piacevoli, nonostante i segni evidenti degli anni. Di buon livello anche il cast che poteva contare, oltre a quelli citati, su attori del livello di Van Johnson e Keye Luke (in eterna gara per diventare – invano – assistenti del dottor Gillespie) e sulle occasionali interpretazioni di Lana Turner, Ava Gardner, Robert Young e Red Skelton.

Negli anni Sessanta il personaggio del dottor Kildare fu ripreso, con nuovo successo, in due serie televisive prodotte dalla Nbc intitolate *Il dottor Kildare*: 142 episodi in b/n di 50′ prodotti tra il 1961 e il 1964 e 58 episodi di 28′ a colori tra il 1965 e il 1966 con Richard Chamberlain nella parte del protagonista e Raymond Massey in quella del dottor Leonard Gillespie. Decisamente fallito, invece, il tenativo di riproporlo nel 1972 (24 episodi di 25′ a colori) con Mark Jenkins come Kildare e Gary Merrill come Gillespie.

I FILM

La figlia perduta (1937) di Alfred Santell

Il giovane dottor Kildare (1938) di Harold S. Bucquet

La difficile prova del dottor Kildare (1939) di Harold S. Bucquet

Il segreto del dottor Kildare (1939) di Harold S. Bucquet

Lo strano caso del dottor Kildare (1940) di Harold S. Bucquet

Il dottor Kildare torna a casa (1940), di Harold S. Bucquet

Il dottor Kildare sotto accusa (1940) di Harold S. Bucquet
The People vs. Dr. Kildare * (Usa 1941, b/n, 78') Harold S. Bucquet. Con Lew Ayres, Lionel Barrymore, Laraine Day, Bonita Granville, Alma Kruger, Red Skelton, Rom Conway, Walter Kingsford, Chick Chandler, Diana Lewis, Marie Blake, Nell Craig. ◆ Il dottor Kildare (Ayres) viene portato in tribunale e accusato di negligenza dopo l'intervento alla gamba di una pattinatrice (Granville). Il più verboso dei film della serie, dove anche la parentesi comica di Red Skelton fatica molto a far sorridere. Inedito in Italia.
Il dottor Kildare si sposa (1941) di Harold S. Bucquet
La vittoria del dottor Kildare (1942) di W.S. Van Dyke II
Chiamata urgente per il dottor Gillespie (1942) di Harold S. Bucquet
Dr. Gillespie's New Assistant *½ (Usa 1942, b/n, 87') Willis Goldbeck. Con Lionel Barrymore, Van Johnson, Susan Peters, Richard Quine, Keye Luke, Alma Kruger, Nat Pendleton, Stephen McNally, Walter Kingsford, Nell Craig, Marie Blake, Frank Orth. ◆ Per sostituire Kildare, il dottor Gillespie mette alla prova tre chirurghi (Johnson, Luke e Quine) per vedere chi gli potrà fare da assistente. Quine e la Peters si sposarono l'anno successivo. Inedito in Italia.
Caso di coscienza per il dottor Gillespie (1943) di Willis Goldbeck
La scelta difficile del dottor Gillespie (1944) di Willis Goldbeck
Fra due donne (1944) di Willis Goldbeck
Torbidi amori (1947) di Willis Goldbeck

Dottor Kildare si sposa, Il ** (*Dr. Kildare Wedding Day*, Usa 1941, b/n, 82') Harold S. Bucquet. Con Lew Ayres, Lionel Barrymore, Laraine Day, Red Skelton, Fay Holden, Walter Kingsford, Alma Kruger, Samuel S. Hinds, Emma Dunn, Nils Asther, Nell Craig. ◆ Il giorno in cui Kildare (Ayres) si deve finalmente sposare con Mary Lamont (Day), la ragazza muore in un incidente stradale. Sarà il dottor Gillespie (Barrymore) a rincuorare il giovane medico, svelandogli di aver subito un'esperienza simile. Ma la vera ragione di questa improvvisa svolta drammatica nella serie fu la decisione della Mgm di lanciare Laraine Day in ruoli più importanti (togliendole gli impegni pressanti di una produzione in serie).

Dottor Kildare sotto accusa, Il *½ (*Dr. Kildare's Crisis*, Usa 1940, b/n, 75') Harold S. Bucquet. Con Lew Ayres, Lionel Barrymore, Laraine Day, Robert Young, Emma Dunn, Nat Pendleton, Bobs Watson, Walter Kingsford, Alma Kruger, Nell Craig, Frank Orth, Marie Blake. ◆ Quello che Kildare (Ayres) aveva diagnosticato come epilessia nella fidanzata del fratello (Young) sono solo i postumi di una vecchia ferita alla testa. Lo scopre il dottor Gillespie che così trova in errore il suo giovane collega ma lo solleva anche da una grande angoscia. Settimo film della serie.

Dottor Kildare torna a casa, Il *½ (*Dr. Kildare Goes Home*, Usa 1940, b/n, 78') Harold S. Bucquet. Con Lew Ayres, Lionel Barrymore, Laraine Day, Samuel S. Hinds, Emma Dunn, Gene Lockhart, Nat Pendleton, Walter Kingsford, Alma Kruger, Nell Craig, Marie Blake. ◆ L'altruista dottor Kildare (Ayres) spreca l'occasione di diventare assistente del dottor Gillespie (Barrymore), ma si impegna nel favorire la costruzione di un ospedale nella sua città natale. Sesto film della serie con una piccola parte per un giovane Arthur O'Connell.

Dottor Korczak **½ (*Korczak*, Polonia/Rft/Francia 1990, b/n, 113') Andrzej Wajda. Con Wojciech Pszoniak, Ewa Dalkowska, Piotr Kozlowski, Marżena Trybala. ◆ Henryk Goldzmitt (Pszoniak) prosegue la sua opera di assistenza agli orfani di Varsavia anche dopo che i nazisti, in quanto ebreo, l'hanno chiuso nel ghetto; accompagnerà i suoi bambini nel campo di sterminio di Treblinka. Commosso e spesso toccante, girato con compostezza quasi anacronistica, nel rifiuto di ogni lusinga spettacolare. Un tipo di cinema che forse non si fa più, ma che ogni tanto è bene recuperare. Fondamentale il bianco e nero sporco della fotografia di Robby Müller.

Dottor Knock → *Knock, ovvero il trionfo della medicina*

Dottor Mabuse, Il **½ (*Dr. Mabuse, der Spieler*, Germania 1922, b/n, 217') Fritz Lang. Con Rudolf Klein-Rogge, Alfred Abel, Aud Egede Nissen, Bernhard Goetzke, Gertrude Welcker. ◆ Genio del Male dai mille volti, il dottor Mabuse (Klein-Rogge) si serve dei poteri della sua mente per rendere succube il prossimo. Causa sconquassi in borsa, vince al gioco, ma trova un avversario degno di lui nel procuratore Wenck (Goetzke). Catturato, diventerà folle. Tratto dal romanzo di Norbert Jacques e sceneggiato dal regista con la moglie Thea von Harbou, è diviso in due parti: *Der grosse Spieler – Ein Bild der Zeit* (*Il grande giocatore – Un quadro dell'epoca*) e *Inferno – Ein Spiel von Menschen unserer Zeit* (*Inferno: un ritratto degli uomini dell'epoca*). La struttura narrativa, articolata come un fluviale feuilleton del mistero che rispetta tutte le regole del genere, permette a Lang di giocare con due codici espressivi: da una parte l'irrealismo del serial con la sua mitologia popolaresca e fantasiosa e dall'altra il realismo che ambienta le avventure di questo superuomo, deciso a controllare il proprio destino, in un contesto sociale e morale ben preciso, quello della Germania postweimeriana. Lang confermò (in seguito) un significato antinazista, e di fatto il film fu proibito già nel 1933. Diretto con grande sagacia (la scena dell'assedio alla casa di Mabuse è da antologia), più volte imitato, oggi è ancora suggestivo per l'atmosfera e le interpretazioni. Lang riprese due volte il personaggio, nel *Testamento del dottor Mabuse* (1933), sonoro e molto più vicino al gusto odierno, e nel suo ultimo film *Il diabolico dottor Mabuse* (1960).

Dottor Miracolo, Il ** (*Murders in the Rue Morgue*, Usa 1932, b/n, 75') Robert Florey. Con Bela Lugosi, Sidney Fox, Leon Ames, Brandon Hurst. ◆ Parigi, 1845: il dottor Miracolo (Lugosi), che esibisce un gorilla in un baraccone, ha bisogno di vittime per incrociarne il sangue con quello del suo primate, e dimostrare così la teoria dell'evoluzione. Ma lo scimmione si ribella, e fugge per i tetti di Parigi con la bella Camille (Fox) sottobraccio. La sceneggiatura (cui ha posto mano il giovane John Huston) contamina *Gli assassinii della rue Morgue* di Poe con cento altre cose, tra cui *Il gabinetto del dottor Caligari* e *King Kong*. Malgrado la fotografia di un maestro come Karl Freund, il film ha poca atmosfera, e ancor meno suspense. Si intuisce, tuttavia, come all'epoca potesse risultare sconvolgente (Miracolo lega una prostituta a una croce di Sant'Andrea per dissanguarla; un cadavere spunta giù da un caminetto) ed è piuttosto chiaro come l'invaghimento dello scimmione per Camille abbia ben poco di platonico. Il racconto di Poe ha ispirato, più o meno vagamente, anche *Il mostro della via Morgue*, *I terrificanti delitti degli assassini della via Morgue* e *I delitti della via Morgue*.

Dottor Stranamore, ovvero come imparai a non preoccuparmi e ad amare la bomba, Il **** (*Dr. Strangelove, or: How I Learned to Stop Worrying and Love the Bomb*, Gb 1964, b/n, 93') Stanley Kubrick. Con Peter Sellers, George C. Scott, Sterling Hayden, Keenan Wynn, Slim Pickens, Tracy Reed, James Earl Jones. ◆ Il generale Ripper (Hayden), convinto che esista un complotto comunista per conquistare il mondo libero, ordina un attacco di bombardieri atomici B52 sull'Unione Sovietica. Il presidente degli Stati Uniti cerca di rimediare coinvolgendo anche l'ambasciatore sovietico, ma sarà tutto inutile: un aereo non obbedirà all'ordine di rientrare e, a cavalcioni di una bomba, il pilota T. J. «King» Kong (Pickens) scenderà sul suo obiettivo. Dal romanzo omonimo di Peter George (cosceneggiatore col regista e Terry Southern), un lucidissimo atto d'accusa contro la follia atomica e il militarismo, condotto con le armi del sarcasmo e dell'ironia: la catastrofe atomica che incombe sull'umanità è vissuta come un lungo, insistito rapporto erotico («Iconologia fallica di missili e bombardieri, segretarie-amanti e "fluidi vitali" più o meno fecondi, equazioni per calcolare la sopravvivenza erotica e previsioni di accoppiamenti: la virilità tutta yankee dell'attacco a sorpresa è raddoppiata da quella più esplicitamente sessuale»), senza che lo sberleffo nasconda l'attacco ai miti cardine del potere, quali la scienza, l'efficientismo, la sacralità della proprietà privata, la logica distruttiva del sistema. Da antologia la telefonata tra il presidente americano e quello sovietico. In un cast superbo spiccano il generale guerrafondaio Buck Turgidson interpretato da George C. Scott e i tre ruoli affidati a Peter Sellers: il capitano Lionel Mandrake, il presidente americano Muffey e il suo consigliere dottor Stranamore, il cui braccio meccanico ne svela le origini naziste. Bellissime le scenografie di Ken Adam, come la sala da guerra del Pentagono.

Dottor Tanzanella, medico personale del fondatore dell'impero, Il → *Sua eccellenza si fermò a mangiare*

Dottor Zivago, Il ** (*Doctor Zhivago*, Usa 1965, col, 193') David Lean. Con Omar Sharif, Julie Christie, Alec Guinness, Geraldine Chaplin, Tom Courtenay, Rod Steiger, Ralph Richardson, Rita Tushingham, Klaus Kinski. ◆ Negli anni della rivoluzione sovietica il dottor Yurij Zivago (Sharif) e l'infermiera Lara (Christie) si amano con disperata passione, ma sono destinati a rimanere divisi. Dall'omonimo romanzo di Boris Pasternak, un kolossal più melenso che epico, con una Russia ricostruita per gran parte in Spagna, ma che si adatta perfettamente ai temi più cari del regista: la fusione tra sensibilità e idealismo, il coinvolgimento tra vita privata e grandi eventi storici a cui i protagonisti sono incapaci tanto di adattarsi quanto di opporsi, la nostalgia per un'esistenza diversa. A dispetto dei critici, comunque, uno dei maggiori successi della storia del cinema (celebrato anche da Nanni Moretti in *Palombella rossa*): a Roma fece registrare la tenitura record di 600 giorni in prima. Cinque Oscar: per le musiche struggenti (Maurice Jarre), la sceneggiatura (Robert Bolt), la scenografia (John Box, Terence Marsh, Dario Simoni), la fotografia (Freddy Young) e i costumi (Phyllis Dalton).

Double Impact: la vendetta finale *½ (*Double Impact*, Usa 1991, col, 108') Sheldon Lettich. Con Jean-Claude Van Damme, Geoffrey Lewis, Alan Scarfe, Alonna Shaw. ◆ Due gemelli (entrambi interpretati da Van Damme), resi orfani dal socio malavitoso del padre, crescono separati: da grandi si ritrovano innamorati della stessa ragazza, e dopo un chiarimento a suon di pugni, uniscono le forze e vendicano i genitori. Immagini di corpi, buon montaggio e coreografie ottimamente sincronizzate. Van Damme interpreta con disinvoltura il doppio ruolo dei gemelli, uno perbenino e l'altro mafiosetto. Un personaggio minore da non dimenticare: il transessuale campione malvagio di kung-fu, al soldo del socio cattivo.

Double Team - Gioco di squadra *½ (*Double Team*, Usa 1997, col, 91') Tsui Hark. Con Jean-Claude Van Damme, Dennis Rodman, Mickey Rourke, Natacha Lindinger, Paul Freeman, Valeria Cavalli, Orso Maria Guerrini, Umberto Raho. ◆ Per punizione un agente segreto (Van Damme) viene fatto credere morto: ma evade quando il suo peggior nemico (Rourke), cui per sbaglio ha fatto ammazzare il pargolo, mette le grinfie sulla sua mogliettina incinta (Lindinger). Neonati rapiti (citazione di *Hardboiled*?), tigri al Colosseo (che in realtà è l'arena di Arles), cyberfrati sotto l'Isola Tiberina: ci sarebbe quasi da divertirsi, ma l'hongkonghese Tsui Hark, maestro dell'action surreale, soffre l'ormai nota sindrome Van Damme; e del suo cinema, trapiantato in un Occidente digitalizzato e terra di nessuno, restano solo le briciole. Penosa la variopinta star del basket Rodman.

Doug - Il film ** (*Doug, 1st Movie*, Usa 1999, col, 78') Maurice Joyce. ◆ Il giovane Doug, dodicenne tenero e bizzarro, si trova ad affrontare alcuni dilemmi esistenziali con la complicità dell'inseparabile cane Skeeter: salvare un mostro in un lago inquinato o accompagnare Patti Mayonnaise al ballo della scuola? Battersi contro il cattivo Bill Bluff, magnate dell'industria, o sfidare Guy Graham che ha messo gli occhi sulla bella Patti? Dall'omonimo serial televisivo disegnato da Jim Jinkins, un insolito cartoon di formazione, con un piccolo eroe che, senza venir meno alle regole della fiaba (le prove da superare contro mostri e paure di ogni specie), ha desideri, sentimenti e aspettative comuni ai bambini reali della sua età.

Dove al sole fa freddo **½ (*Unde la soare e frig*, Romania/Germania 1991, b/n, 91') Bogdan Dumitrescu. Con Oana Pellea, Gheorghe Visu. ◆ Nei pressi della città di Costanza, sul Mar Nero, il difficile rapporto tra una ragazza in fuga e un giovane guardiano del faro, destinato a trasformarsi in una coinvolgente storia d'amore. Interessante debutto alla regia di un rumeno che ha studiato cinema in Italia. Dialoghi ridotti al minimo e immagini di sorprendente intensità emotiva: Bergman è in agguato ma fortunatamente rimane nell'ombra.

Dove comincia la notte **½ (Italia 1991, col, 90') Maurizio Zaccaro. Con Tom Gallop, Cara Wilder, Don Pearson, Kim Mai Guest, Blaire Bybee. ◆ Indagando sulle cause del suicidio del padre, coinvolto nella provincia americana in un affaire con una sedicenne, un giovane uomo (Gallop) fa riemergere i fantasmi inconsci dei suoi famigliari. Un pretesto giallo per uno psicodramma collettivo riuscito, dove tutto vacilla e si disfa in un'America che sembra la proiezione del sogno europeo fattosi incubo. Scritto da Pupi Avati e girato da Zaccaro in America, in inglese, durante le riprese e con la stessa troupe di *Bix*.

Dov'è la casa del mio amico? **** (*Khaneh-ye doust kojast?*, Iran 1987, col, 87') Abbas Kiarostami. Con Babak Ahmadpoor, Ahmad Ahmadpoor, Khodabakhsh Defai. ◆ Per evitare che un suo compagno di scuola venga punito, Ahmad (B. Ahmadpoor) gli deve riportare il quaderno, finito per sbaglio nella propria cartella: ma non sa dove abiti. Kiarostami mette in scena con apparente neutralità le peregrinazioni di Ahmad tra adulti indifferenti e ostili: ma poco per volta lo spettatore si ritrova dentro la storia, a soffrire col piccolo protagonista. Si potrebbe citare Rossellini per la purezza dello sguardo e il taglio semidocumentaristico; Bresson per la depurazione formale e per la bellezza mai estetizzante delle immagini; ma non si deve cadere nel vizio di ricondurre al noto ciò cui non si è abituati. Kiarostami, tra i più noti cineasti del suo paese, è semplicemente un grande maestro: che, con nulla, costruisce una suspense incredibile. Il realismo sfonda verso il fantastico (specie nell'uso del sonoro, con quel vento e quei latrati), e la poesia emerge sorprendendo lo spettatore (come il fiore nel quaderno nell'ultima, splendida immagine), lasciandolo disarmato.

Dov'è la libertà...? ** (Italia 1954, b/n, 90') Roberto Rossellini. Con Totò [Antonio de Curtis], Leopoldo Trieste, Vera Molnar, Nyta Dover, Franca Faldini, Giacomo Rondinella, Mario Castellani. ◆ Dopo vent'anni di prigione per un delitto passionale, Salvatore Lojacono (Totò) torna in famiglia. Scandalizzato dalla meschinità e dall'ipocrisia dei parenti, preferisce farsi incarcerare di nuovo. Da una sceneggiatura di Vitaliano Brancati, Ennio Flaiano, Antonio Pietrangeli e Vincenzo Talarico (che interpreta il ruolo dell'avvocato difensore), una commedia pungente ma diseguale: Rossellini abbandonò la lavorazione e alcune sequenze furono girate un anno dopo da Mario Monicelli, mentre le inquadrature finali sono firmate Fellini. Il film fu anche manipolato dai produttori Ponti e De Laurentiis nel tentativo di renderlo meno amaro: ne uscì un apologo pessimista e filosofeggiante, ineguale nel suo ritmo (troppo farsesca la scena nel tribunale) ma con non poche notazioni acute e pungenti.

Dove la terra scotta ***½ (*Man of the West*, Usa 1958, col, 100') Anthony Mann. Con Gary Cooper, Julie London, Lee J. Cobb, Arthur O'Connell, Jack Lord, John Dehner. ◆ Un ex bandito (Cooper) mandato dalla comunità del villaggio in cui vive a ingaggiare una maestra per la scuola, viene catturato insieme a una sciantosa (London) dai suoi vecchi compagni fuorilegge. Ma saprà resistere alla tentazione di tornare con loro, e li sconfiggerà. Da una sceneggiatura di Reginald Rose (che fu imposta dalla produzione malgrado il regista la trovasse in qualche punto ridicola), un western amaro e crepuscolare nel quale un protagonista invecchiato (ma con «l'andatura e lo sguardo di un eroe da leggenda») è costretto a far ricorso alla violenza delle armi per cercare un'impossibile conciliazione tra un futuro di tranquillità sempre rimandato e un passato che rende prigionieri. Magistrale come sempre l'uso del CinemaScope (che penalizza la visione in tv), dove la disposizione dei vari personaggi nell'inquadratura funziona come una specie di montaggio «aggiuntivo» capace di sottolineare anche spazialmente i rapporti tra i vari personaggi così da aumentare la tensione drammatica delle scene. Quasi un testamento per Anthony Mann.

Dove osano le aquile **½ (*Where Eagles Dare*, Gb 1969, col, 158') Brian G. Hutton. Con Richard Burton, Clint Eastwood, Mary Ure, Patrick Wymark, Anton Diffring. ◆ Durante la seconda guerra mondiale, un gruppo di agenti del controspionaggio è incaricato di liberare un generale americano, tenuto prigioniero dai tedeschi in un castello inaccessibile. La missione riuscirà, ma ci saranno sorprese. Dal romanzo di Alistair Mac Lean, un film teso e avvincente, con scene mozzafiato.

Dove siete? Io sono qui * (Italia 1993, col, 108') Liliana Cavani. Con Chiara Caselli, Gaetano Carotenuto, Anna Bonaiuto, Valeria D'Obici, Ines Nobili, Ko Morobushi, Giuseppe Petruccio, Doriana Chierici. ◆ Storia dell'incontro di due ragazzi sordomuti: il borghese Fausto (Carotenuto), ossessionato da una madre che vuole a tutti i costi «integrarlo» nella società delle persone udenti, e la proletaria Elena (Caselli), che invece vive con maggior rabbia la sua marginalità. Si trovano, si amano e insieme riescono anche ad accettare in maniera più naturale le proprie menomazioni. Deprimente incursione melodrammatica della Cavani nel mondo degli handicappati, dove una sceneggiatura schematica e grossolana (della regista e di Italo Moscati) cerca invano di dire tutto (problemi umani, affettivi, psicologici, legislativi) ma finisce per raccontare solo una serie interminabile di luoghi comuni. Poteva almeno risparmiarci i quadretti poetici col mimo giapponese (Morobushi) che «parla col corpo». Cercano di salvarsi solo i due protagonisti (non handicappati) che interpretano con convinzione il ruolo dei sordi. Se si vuole davvero capire qualcosa sull'argomento bisogna vedere *Nel paese dei sordi*.

Dove sognano le formiche verdi ** (*Wo die grünen Ameisen träumen*, Rft 1984, col, 110') Werner Herzog. Con Bruce Spence, Wandjuk Marika, Roy Marika, Ray Barret, Norman Kaye. ◆ In Australia un gruppo di aborigeni lotta per difendere un luogo sacro dalle speculazioni di una multinazionale in cerca di uranio. Un geologo si convertirà alla loro causa. Scritta dallo stesso Herzog, una favola moderna contro il mito del progresso. Ma la fusione tra documentario, commedia e analisi psicologica non è perfettamente riuscita.

Dove sta Zazà *½ (Italia 1947, b/n, 95') Giorgio Simonelli. Con Nino Taranto, Isa Barzizza, Guido Notari, Amedeo Trilli, Giuseppe Porelli, Galeazzo Benti. ◆ Due sosia, un ricco americano e un napoletano (Taranto), si divertono a scambiarsi i ruoli, sfruttando la loro incredibile somiglianza. E si cacciano nei guai. Una commediola di basso costo (furono utilizzate parecchie sequenze dell'incompiuto *Arcobaleno* di Aldo Rubens, del '43) che confida sulla popolarità di Taranto e la Barzizza presso gli appassionati della rivista. Un giovane Francesco Rosi nella parte del domestico dell'americano.

Dove vai in vacanza? *½ (Italia 1978, col, 160') Mauro Bolognini, Luciano Salce, Alberto Sordi. ◆ Film a episodi. In *Sarò tutta per te* (Mauro Bolognini. Con Ugo Tognazzi, Stefania Sandrelli) un dentista piantato dall'amante decide di raggiungere l'ex moglie nella sua villa al mare. Dopo varie insistenze finiranno a letto ma lui non riuscirà a fare l'amore; in *Sì buana* (Luciano Salce. Con Paolo Villaggio, Anna Maria Rizzoli, Gigi Reder) un organizzatore di safari aiuta una biondona a uccidere un commendatore di Brescia; in *Vacanze intelligenti* (Alberto Sordi. Con Alberto Sordi, Anna Longhi, Evelina Nazzari, Filippo Cirò) un fruttivendolo romano e la sua rubiconda signora sono convinti dai figli snob a trascorrere le vacanze in modo intelligente: dieta, tombe estrusche e Biennale. Tre episodi senza molto rapporto tra loro: pecoreccio (o presunto tale) il primo, inutile il secondo (nel suo tentativo di essere una parodia del racconto di Hemingway *Breve vita felice di Francis Macomber*), qualunquista il terzo nella sua voglia di stemperare i contrasti generazionali nella filosofia della pastasciutta.

Dove vai se il vizietto non ce l'hai ** (Italia 1979, col, 87') Marino Girolami. Con Renzo Montagnani, Alvaro Vitali, Paola Senatore, Mario Carotenuto, Lory Del Santo. ◆ Per indagare su un caso di infedeltà coniugale, gli investigatori Diogene Colombo (Montagnani) e Sorcio (Vitali) si travestono da maggiordomo gay e da cuoca. Il primo non resiste alle avances dell'indagata (Senatore), il secondo deve tenere a bada un giardiniere allupato. Una delle commediacce erotiche più divertenti e audaci dell'epoca, che si segnala sia per la verve degli interpreti che per le gag metacinematografiche: Montagnani che commenta «sembra d'essere in un film porno» mentre si fa la Senatore (in seguito attrice hard), o Alvaro Vitali continuamente paragonato a Dustin Hoffman. Imitata cento volte la gag della torcia scambiata per un membro spropositato.

Dove vai sono guai *** (*Who's Minding the Store?*, Usa 1963, col, 90') Frank Tashlin. Con Jerry Lewis, Jill St. John, Ray Walston, Agnes Moorehead, John McGiver, Francesca Bellini, Nancy Kulp, Milton Frome, Kathleen Freeman. ◆ Per sfuggire a una madre tirannica (Moorehead), l'ereditiera Barbara Tuttle (St. John) va a lavorare sotto falso nome nei grandi magazzini di famiglia e s'innamora dell'imbranatissimo Norman Phiffier (Lewis) che si guadagna da vivere portando a spasso i cani: per screditarlo, la madre lo fa assumere ai grandi magazzini e gli fa affidare i compiti più ingrati, ma otterrà solo di rinsaldare l'amore tra i due innamorati. La più indiavolata e, probabilmente, la più divertente delle commedie di Lewis dirette da Tashlin (e sceneggiata dal regista insieme a Harry Tugent), dove le gag trasformano l'attore in una specie di «oggetto tra gli oggetti» capace di utilizzare il proprio corpo come un vero e proprio meccanismo comico. Perfetta la fusione tra i temi più propriamente tashliniani (le macchine terrificanti che si «ribellano» ai loro utenti, come l'apparecchio per giocare a golf che esplode o l'aspirapolvere che risucchia ogni cosa, cani compresi) e le gag lewisiane (l'incapacità di coordinare i movimenti mentre mangia o l'imperdibile numero di scrittura con una macchina inesistente). Né manca l'incubo anti-matriarcale con la calca delle compratrici durante i saldi.

Dove vai tutta nuda? *½ (Italia 1969, col, 93') Pasquale Festa Campanile. Con Maria Grazia Buccella, Tomas Milian, Gastone Moschin, Vittorio Gassman, Angela Luce. ◆ Manfredo (Milian), un modesto impiegato di banca, sposa in stato di ubriachezza l'esuberante «Tonino» (Buccella) abituata a girare nuda per casa. Film di scarso interesse, giocato sull'equivoco e sulle grazie della svampita Buccella, anche interprete della canzoncina omonima scritta da Trovaioli. Il produttore Mario Cecchi Gori interpreta la parte dell'avvocato.

Dovevi essere morta ** (*Deadly Friend*, Usa 1986, col, 92') Wes Craven. Con Matthew Laborteaux, Kristy Swanson, Michael Sharrett, Anne Twomey, Richard Marcus. ◆ Geniale adolescente (Laborteaux) fa uscire dal coma la ragazza (Swanson) di cui è innamorato trapiantando su di lei il cervello di un robot che aveva costruito. Ma da adolescente acqua e sapone, la novella Frankenstein si è trasformata in una macchina di morte. Un film inconsueto per Craven, lontano dai cult dell'orrore che aveva firmato (*Nightmare*, *Le colline hanno gli occhi*), dove le scene di sangue passano in secondo piano davanti al tentativo di fondere sentimentalismo e fantastico.

Dracula

Protagonista dell'omonimo romanzo epistolare scritto dall'irlandese Bram Stoker nel 1897 (trasformato in una pièce teatrale prima dallo stesso Stoker nel 1898 e poi, con maggior successo, da Hamilton Deane e John Balderston nel 1925), il conte Dracula è il vampiro per eccellenza, il non-morto (nosferatu) che per sopravvivere si nutre del sangue dei viventi. Il tema del vampirismo è rintracciabile in pressoché tutte le culture del mondo, ma in quella europea del secolo scorso sfiora l'ossessione. Oltre al *Dracula* di Stoker, ci sono infatti almeno altri due testi fondamentali sull'argomento: *Vampyr* di John Polidori, che costituisce il primo grande modello letterario del nobile misterioso assetato di sangue, e *Carmilla* di Joseph Sheridan Le Fanu, che fissa il prototipo del vampiro femmina. *Dracula*, che non a caso arriva sul finire del secolo, ha il merito di approfondire e sintetizzare a livello popolare i sottintesi ideologici del vampirismo ottocentesco, che – grazie al cinema – avranno un grande seguito anche nel nostro secolo.

Il conte transilvano è in pratica l'ultimo degli eroi romantici: alle prese con l'irrazionale, il magico, il misterioso, in sospeso tra il Bene e il Male, la Vita e la Morte, la Morte e l'Immortalità. Naturalmente è destinato alla sconfitta in una società che si è votata alla Scienza (e più tardi alla Tecnologia), ma non prima di aver scosso alle fondamenta il sistema di valori su cui tale società è fondata.

La sua comparsa nella Londra vittoriana, notoriamente convenzionale e repressiva, equivale all'apparizione di un rimosso che sfugge a qualsiasi costrizione. Straniero in un mondo a lui estraneo, Dracula non si adegua alle regole del paese ospitante, ma si ostina a voler soddisfare le sue esigenze primarie: un morso che placa allo stesso tempo la fame, l'appetito sessuale e il desiderio di dominio sugli altri, garantendogli l'immortalità. Ciò che più sorprende in lui è l'assenza di rimorso, la noncuranza delle conseguenze delle sue azioni. Agli occhi degli altri personaggi maschili del romanzo, che sotto la guida del dottor Abraham si schierano a tutela dell'ordine ideologico costituito, Dracula è l'incarnazione di Satana senza senso di colpa, del potere senza limiti, del sesso senza coscienza né controllo. Al contrario, le figure femminili, Lucy e Mina, due promesse spose, soccombono fatalmente al suo fascino e scoprono tanto il godimento erotico quanto la sofferenza della passione illecita.

Il cinema ha pescato a piene mani da questo intreccio di base e dal repertorio iconografico a esso collegato (croci, sangue, ambientazione rigorosamente notturna, ecc.), contaminando e rielaborando personaggi e immagini secondo alchimie che non sempre risultano facilmente catalogabili. Le varie versioni di Dracula sono solo una parte dei cosiddetti «film di vampiri» (per l'esattezza, 62 su oltre 1000), film che – quasi sempre inseriti nel genere horror – arrivano a costituire un capitolo a sé nella storia della settima arte. Sin dall'epoca del muto, il film di vampiri si è imposto non solo come moderno racconto morale, ma anche come luogo privilegiato di riflessione sociale, estetica e di costume del periodo a cui appartiene. C'è chi ne ha tentato una classificazione, distinguendo i film di vampiri tradizionali (un uomo o la reincarnazione di un altro vampiro è costretto a cercare sangue per sopravvivere: i vari Dracula, *Vampyr*, *Amanti vampiri*) da quelli in cui i vampiri si presentano come razza alternativa all'umana (come i recenti *Miriam si sveglia a mezzanotte* e *Il buio si avvicina*, ma anche *Nosferatu* di Murnau) dai film a sfondo psicotico (in cui un uomo crede di essere un vampiro e si comporta di conseguenza: *Martin* di Romero, ad esempio) da quelli in cui i vampiri vengono creati dagli uomini (come *Il ritorno del dottor X* o *L'ultimo uomo sulla terra*), fino all'ibrido fantascientifico (in cui il vampiro è un alieno, proveniente da un altro pianeta: *I vampiri dello spazio* e *Terrore nello spazio*).

Per quanto riguarda specificamente Dracula, la prima delle undici versioni cinematografiche del romanzo di Stoker è un adattamento pirata: costretto – per problemi di diritti d'autore – a cambiare nome al personaggio, nel 1922 Murnau intitola il suo capolavoro *Nosferatu*, recuperando un vocabolo in uso nel folclore transilvano. Dracula quindi debutta sullo schermo come tale solo nel 1931, nell'omonimo film di Tod Browning, prodotto dalla Universal e interpretato da Bela Lugosi: è un vampiro elegante, mondano, seducente, più vicino al modello di Stoker di quanto non fosse lo spaventevole protagonista del film di Murnau. Dopo una serie di incontri spuri e poco significativi con altri mostri in auge all'epoca (il più famoso è *La casa degli orrori*), Dracula ritrova la sua dignità cinematografica grazie a Terence Fisher che, a partire dal 1958, con *Dracula il vampiro*, realizza per la britannica Hammer tre film con Christopher Lee nel ruolo protagonista. A colori, con abbondanza di effetti speciali e una colonna sonora inquietante, i film della Hammer (sedici in totale) hanno un'impronta decisamente horror, sconosciuta alla produzione Universal. Una delle innovazioni fondamentali del personaggio è l'introduzione dei celebri canini affilati, da quel momento in poi irrinunciabili per qualsiasi vampiro. In seguito all'esperienza fisheriana, Christopher Lee continuerà a interpretare il conte assetato di sangue per lungo tempo, con risultati sempre meno efficaci (in tutto quattordici volte, dal '58 al '76). Suo anche il ritratto del presunto Dracula storico, Vlad Tepes, nell'unico film a lui dedicato (il documentario *In Search of Dracula*, 1971).

Le evidenti implicazioni sessuali del romanzo di Stoker, portate alla luce da Fisher in chiave romantica, nel corso del tempo tendono a prendere il sopravvento sul resto, dando origine a un prolifico filone di vampirismo erotico: i registi più attivi in questo senso sono il francese Jean Rollins (*La vampira nuda*) e lo spagnolo Jesus Franco (l'autore di *Jacula* e *Spermula*), mentre Roger Vadim – ispirandosi a *Carmilla* – in *Il sangue e la rosa* sviluppa il tema in chiave lesbica secondo una presunta prospettiva d'autore.

Presenti in tutte le cinematografie mondiali, Dracula e i vampiri occupano un posto di grande rilievo in quella messicana sin dal 1936, anche se la saga del vampiresco Conte Lavud comincia nel 1959 con *El vampiro* di Fernando Mendez, uno dei pochi film del genere ad aver varcato i confini nazionali. Neanche la produzione italiana, per tradizione poco propensa a evadere dalla realtà, è immune dal vampirismo: nel 1957 Riccardo Freda batte in velocità la Hammer realizzando *I vampiri* e durante gli anni Sessanta, al seguito di Mario Bava, non sono pochi i nostri registi che si cimentano sul tema, magari contaminandolo con elementi del péplum (come *Ercole al centro della terra* di Bava o *Maciste contro il vampiro* di Gentilomo). Tra le parodie, la migliore è senz'altro *Per favore non mordermi sul collo* di Roman Polanski (a un altro livello vanno ricordati anche *Dracula cerca sangue di vergine... e morì di sete!!!* e *Fracchia contro Dracula* di Neri Parenti). Negli anni Ottanta il vampirismo ha goduto di un'insolita popolarità al cinema, come si noterà dall'elenco seguente. E i Novanta sono già segnati da un appuntamento storico: il *Dracula* di Bram Stoker rivisto da Francis Ford Coppola, in cui l'avidità di sangue diventa avidità d'immagini: quasi a dire che, se alla fine dell'Ottocento il vampiro era Dracula, alla fine del Novecento il vero vampiro è chi fa cinema. E chi lo guarda.

I FILM PRINCIPALI SUI VAMPIRI
Nosferatu (1922) di Fredrick Wilhelm Murnau
Dracula (1931) di Tod Browning
Vampyr (1932) di Carl T. Dreyer
Il ritorno del dottor X (1939) di Vincent Sherman
La casa degli orrori – Al di là del mistero (1945) di Erle C. Kenton
I vampiri (1956) di Riccardo Freda
Il vampiro del pianeta rosso (1957) di Roger Corman
La stirpe dei vampiri (1957) di Fernando Mendez
I vampiri dello spazio (1957) di Val Guest
Dracula il vampiro (1958) di Terence Fisher
Le spose di Dracula (1960) di Terence Fisher
La maschera del demonio (1960) di Mario Bava
Il sangue e la rosa (1960) di Roger Vadim
Tempi duri per i vampiri (1960) di Steno
Ercole al centro della Terra (1961) di Mario Bava
Maciste contro il vampiro (1961) di Giacomo Gentilomo
Danza macabra (1964) di Antonio Margheriti
L'ultimo uomo della terra (1964) di Ubaldo Ragona
Dracula, principe delle tenebre (1965) di Terence Fisher
La vendetta ei Lady Morgan (1965) di Massimo Pupillo
Per favore non mordermi sul collo (1967) di Roman Polanski
Le amanti di Dracula (1968) di Freddie Francis
Il conte Dracula (1969) di Jess Franco
Il marchio di Dracula (1970) di Roy Ward Baker
Vampiri amanti (1970) di Roy Ward Baker
Las vampiras (1970) di Jess Franco
1972: Dracula colpisce ancora! (1971) di Alan Gibson
Blacula (1972) di William Crain
I satanici riti di Dracula (1973) di Alan Gibson
Dracula cerca sangue di vergine... e morì di sete!!! (1974) di Paul Morrissey e Anthony M.Dawson [Antonio Margheriti]
Vampira (1974) di Clive Donner
Leonor (1975) di Juan Luis Buñuel
Dracula padre e figlio (1976) di Edouard Molinaro
Martin (1978) di George Romero
Dracula (1979) di John Badham
Nosferatu, il principe della notte (1979) di Werner Herzog
Miriam si sveglia a mezzanotte (1983) di Tony Scott
Ammazzavampiri (1985) di Tom Holland
Fracchia contro Dracula (1985) di Neri Parenti
Se ti mordo sei mio (1985) di Howard Storm
Space Vampires (1985) di Tobe Hooper
Transylvania 6-5000 (1985) di Rudy De Luca
Vamp (1986) di Richard Wenk
Il buio si avvicina (1987) di Kathryn Bigelow
Ragazzi perduti (1987) di Joel Schumacher
Ammazzavampiri 2 (1988) di Tommy Lee Wallace
Nosferatu a Venezia (1988) di Augusto Caminito
Stress da vampiro (1988) di Robert Bierman
Vampiro a mezzanotte (1988) di Gregory McClatchy
Amore all'ultimo morso (1992) di John Landis
Dracula di Bram Stoker (1992) di Francis Ford Coppola
Intervista col vampiro (1994) di Neil Jordan
Dracula morto e contento (1995) di Mel Brooks

Dracula ** (*Dracula*, Usa 1931, b/n, 75') Tod Browning. Con Bela Lugosi, Helen Chandler, David Manners, Dwight Frye, Edward van Sloan, Frances Dade. ◆ Con l'aiuto di Renfield (Frye), andato in Transilvania per concludere una vendita col conte Dracula e di cui era diventato schiavo, il conte (Lugosi) arriva in Inghilterra dove si installa nell'abazia di Carfax: dopo aver vampirizzato molte vittime, tra cui la giovane Lucy (Dade), vorrebbe far cadere in suo potere anche Mina (Chandler), ma uno studioso di fenomeni paranormali, il dottor Van Helsing (van Sloan), scopre i piani del conte e riesce a ucciderlo piantandogli un paletto nel cuore. Ispirato più alla versione teatrale di Hamilton Deane e John L. Balderston che al romanzo di Bram Stoker, questo film rese famoso il personaggio di Dracula e fece di Lugosi una star (dopo che quel ruolo avrebbe dovuto essere di Lon Chaney – che morì prima di iniziare le riprese – Conrad Veidt e Paul Muni): l'impianto teatrale della sceneggiatura (e la recitazione teatrale di Lugosi, che quel testo aveva reso famoso a Broadway) appesantiscono molto il film che trova i suoi momenti migliori nella parte iniziale (in Transilvania, con l'apparizione delle tre mogli di Dracula) e in certi momenti di magica tensione (Lucy diventata la «donna in bianco», le trasformazioni di Dracula in vampiro e in lupo, il sonno diurno nelle bare piene di terra trasportata dai Carpazi). Ma il suo merito più grande è quello di aver rilanciato la moda del fantastico che troverà proprio all'Universal, produttrice del film, alcune delle sue più interessanti interpretazioni. Di questo film esiste anche una versione spagnola, girata nelle stesse scenografie da George Melford e interpretata da Carlos Villaris nella parte di Dracula (durata: 102').

Dracula **½ (*Dracula*, Usa 1979, col, 109') John Badham. Con Frank Langella, Laurence Olivier, Donald Pleasence, Kate Nelligan, Trevor Eve, Jan Francis. ◆ Naufragato sulle coste dello Yorkshire, il conte

Dracula (Langella) conquista col suo fascino prima la giovane Mina (Francis) poi l'amica Lucy (Nelligan). I padri delle due ragazze (Olivier e Pleasence) scoprono però la vera natura del conte e gli danno la caccia: riescono a far decomporre il suo corpo dalla luce del giorno ma il suo mantello vola via trasportato dal vento e si trasforma in un pipistrello. Interessante rilettura del personaggio inventato da Bram Stoker, di cui Badham (e lo sceneggiatore W. D. Richter) accentua l'aspetto di fascinazione erotica, grazie anche alla scelta di farlo interpretare dall'italoamericano Frank Langella: ne esce il ritratto di un seduttore «byroniano», alla disperata ricerca dell'assoluto, solitario e romantico, che si prende gioco delle convenzioni sociali e combatte i tabù puritani, offrendo alle sue vittime non solo la condivisione del desiderio del sangue ma soprattutto una festa dei sensi e un autentico delirio erotico. Molto raffinata la fotografia di Gilbert Taylor.

Dracula cerca sangue di vergine... e morì di sete!!! **½ (Italia/Francia 1974, col, 93') Paul Morrissey e Anthony M.Dawson [Antonio Margheriti]. Con Udo Kier, Joe Dallesandro, Vittorio De Sica, Stefania Casini, Dominique Darel, Milena Vukotic, Silvia Dionisio, Roman Polanski. ◆ Come *Il mostro in tavola... Barone Frankenstein*, questo film venne girato dal clan di Warhol in Italia, coi soldi di Carlo Ponti, Jean Yanne e Jean-Paul Rassam. Da noi è circolato con un titolo che rende bene l'idea di base, ma sotto il nome dell'aiuto regista Anthony Dawson (alias Antonio Margheriti) per ottenere benefici fiscali. Morrissey immagina che Dracula (Kier) venga nell'Italia degli anni Trenta in cerca di vergini. Capita però nella famiglia sbagliata, e verrà fatto a pezzi da un aitante stallone comunista (Dallesandro). L'humour nero, il gusto dell'assurdo, e gli incredibili accostamenti del cast ne hanno fatto un cult-movie. De Sica si congeda dal cinema con questo film, mentre Polanski (allora in Italia per *Che?*) appare nei panni di un contadino. La sceneggiatura dell'edizione italiana risulta firmata da Tonino Guerra (!). Effetti speciali di Carlo Rambaldi. Conosciuto negli Usa col titolo *Andy Warhol's Dracula* o *Blood for Dracula*.

Dracula contro Frankenstein * (*Dracula vs. Frankenstein*, Usa 1971, col, 90') Al Adamson. Con J. Carrol Naish, Lon Chaney jr, Zandor Vorkov, Russ Tamblyn, Jim Davis, Anthony Eisley. ◆ Il vampiro (Naish) stringe un patto con l'ormai anziano scienziato (Chaney) per assicurarsi la razione di sangue quotidiana. Ma nemmeno due veterani di talento come Naish e Chaney (qui al loro ultimo film) possono trasformare una misera farsa in un horror decente.

Dracula di Bram Stoker **½ (*Bram Stoker's Dracula*, Usa 1992, col, 130') Francis Ford Coppola. Con Gary Oldman, Winona Ryder, Anthony Hopkins, Keanu Reeves, Cary Elwes, Richard E. Grant, Tom Waits, Sadie Frost, Monica Bellucci, Michaela Bercu, Florina Kendrick. ◆ Nel Medioevo, il prode principe Vlad (Oldman), dopo il suicidio della moglie Elisabeta (Ryder), è diventato il vampiro immortale Dracula, per odio contro Dio e i suoi ministri. Ma quando nella Londra vittoriana conosce Mina Murray (Ryder), fidanzata dell'agente immobiliare (Reeves) che ha lasciato chiuso nel suo castello in Carpazia, aspetta a vampirizzarla come tutte le altre: sarà proprio lei l'agente della sua redenzione. Coppola (che ha utilizzato la sceneggiatura di James Hart) vede Dracula come Lucifero e angelo caduto, con una lettura che non è delle più abusate, capace di dare al personaggio una statura epica che sorprende chi conosceva la malinconia romantica del *Nosferatu* di Herzog. Ma poi lo appesantisce con un immaginario cattolico e sessuofobo, tutto giocato sull'ambivalenza di angelo e bestia, piacere e morte, che lascia freddi. Difficile, invece, esserlo di fronte a immagini tutt'altro che «già viste»: recuperando, in anni di gadget elettronici, tecniche vecchie come il cinema (iridi, dissolvenze e sovraimpressioni), Coppola ricostruisce la meraviglia della visione senza citazioni e ammiccamenti, e sa reinventare le figure più abusate come quella del campo/controcampo. È il Coppola più sperimentale, lo stesso di *Un sogno lungo un giorno*, e quello che fa imbestialire molti. Pleonastico, in tanto splendore visivo, il tema del cinema nel cinema (Dracula che porta Mina a vedere un film): bastano già i contrasti tra tenebre e abbagliamenti (la fotografia è di Michael Ballhaus) per far capire che l'esperienza della visione è un vampirismo reciproco tra film e spettatore. Grande successo, alla faccia di chi vuol male al regista. Da segnalare i costumi di Eiko Ishioka (premiati con l'Oscar, così come il montaggio degli effetti sonori [Tom C. McCarthy e David E. Stone] e il trucco [Greg Cannom, Michele Burke e Matthew W. Mungle]) e la colonna sonora di Wojciech Kilar, in cui spicca la voce spettrale di Diamanda Galás.

Dracula il vampiro *** (*Dracula* rititolato negli Usa *Horror of Dracula*, Gb 1958, col, 82') Terence Fisher. Con Peter Cushing, Christopher Lee, Michael Gough, Melissa Stribling, Carol Mash, John Van Eyssen. ◆ Venuto in Europa centrale sulle tracce di Jonathan Harker, il dottor Van Helsing (Cushing) si trova a dover affrontare il conte Dracula (Lee) che ha già trasformato in vampiri Jonathan, la sua fidanzata Lucy e tenterà di farlo anche con la bella Mina (Stribling). Ma Van Helsing saprà esporre il conte ai raggi del sole e far così decomporre il suo corpo. Molto fedele allo spirito del romanzo di Bram Stoker, questo film definisce l'aspetto moderno di Dracula (i canini sporgenti sono un'invenzione di Fisher e l'interpretazione di Christopher Lee aggiunge un tocco di inquietante perversità al personaggio letterario). L'atmosfera oppressiva deve molto ai colpi di scena del montaggio, ma soprattutto alla forza evocativa della musica di James Bernard. Nonostante il successo di pubblico la Hammer aspettò sette anni prima di produrre un seguito (*Dracula, principe delle tenebre*), che comincia con alcune scene di questo film.

Dracula morto e contento ° (*Dracula: Dead and Loving It*, Usa 1995, col, 90') Mel Brooks. Con Leslie Nielsen, Peter MacNicol, Steven Weber, Amy Yasbech, Lysette Anthony, Harvey Korman, Mel Brooks, Mark Blankfield. ◆ Arrivato in Inghilterra dalla Transilvania per entrare in possesso dell'abbazia che ha comprato, il conte Dracula (Nielsen) deve fare i conti con il direttore del confinante manicomio, il dottor Seward (Korman), e soprattutto con l'esperto in faccende soprannaturali Van Helsing (Brooks): il vampiro riuscirà a fare sua l'infermiera Lucy (Anthony) ma non gli basterà per vincere la sua battaglia. Non una parodia come ci ha spesso abituato Brooks, ma uno strano pastiche tra scontato citazionismo (di cui fa le spese soprattutto la versione di Coppola) e un'ormai stanca comicità goliardico-caotica. Per lunghe scene il film non fa né ridere né sorridere e la sceneggiatura (del regista, Steve Haberman e Rudy De Luca, che interpreta il ruolo della guardia) resta ingabbiata dentro un testo forse troppo strutturato e conosciuto per essere reinventato. Comparsate per la moglie del regista Anne Bancroft nel ruolo della zingara e per Ezio Greggio in quella del cocchiere.

Dracula padre e figlio ** (*Dracula père et fils*, Francia 1976, col, 100') Edouard Molinaro. Con Christopher Lee, Bernard Menez, Marie-Hélène Breillat, Raymond Bussières, Anna Gael. ◆ Con l'avvento del comunismo Dracula (Lee) e il figlio Anacleto (Menez) devono emigrare in Occidente. Il padre diventa una star del cinema horror, Anacleto fa il guardiano notturno, ma dovrà difendere la propria fidanzata dagli appetiti del genitore. Parodia dei film sui vampiri con qualche sfumatura politica e un simpatico conflitto generazionale.

Dracula, principe delle tenebre ** (*Dracula – Prince of Darkness*, Gb 1965, col, 90') Terence Fisher. Con Christopher Lee, Barbara Shelley, Andrew Keir, Suzan Farmer, Francis Matthews. ◆ Il conte Dracula (Lee), riportato in vita da un servitore, scatena il terrore tra due coppie di incauti turisti che hanno voluto visitare il suo castello, a Carlsbad, nei Carpazi. Sette anni dopo *Dracula il vampiro*, la Hammer convince Lee a riprendere il personaggio, ma la sceneggiatura di Jimmy Sangster scontenta tutti e Lee decide di non recitare le battute del dialogo ma emettere solo urla terrificanti (tanto che Sangster ottenne che il suo lavoro fosse firmato con lo pseudonimo di John Sansom). Il tocco di Fisher si ritrova nella condanna di ogni moralismo (il Male incarnato da Dracula, ma anche l'eccesso di pruderie di una delle due coppie, proprio per questo vittime designate del vampiro) e soprattutto nella lettura parareligiosa del mito di Dracula, visto come un nuovo anti-Cristo (la prima vittima è sgozzata a testa in giù e ricorda le crocifissioni blasfeme degli adoratori di Satana). Alcune scene sono decisamente forti (lo sgozzamento, Dracula che fa abbeverare una vampira da un'arteria tagliata del proprio petto, come peraltro aveva scritto Bram Stoker nel suo romanzo) altre, come la morte per annegamento nell'acqua gelata di Dracula, sono molto spettacolari. Peter Cushing, non citato nei titoli di testa, interpreta il ruolo del dottor Van Helsing nelle primissime scene del film, riprese da *Dracula il vampiro* (1958), necessarie per legare la storia dei due film.

Drago d'acciaio ** (*Rapid Fire*, Usa 1992, col, 95') Dwight H. Little. Con Brandon Lee, Powers Boothe, Nick Mancuso, Raymond J. Barry, Kate Hodge. ◆ Il cinese Jake Lo (Lee), cresciuto negli Usa, assiste alla morte di suo padre in piazza Tien An Men. Ritornato a Chicago, è testimone di un agguato mafioso contro un narcotrafficante della sua razza e trova un sostituto paterno in un onesto tenente della polizia. Un B-movie più nella forma che nel budget (gli stuntmen sono quasi un centinaio), che fa l'effetto di un «involtino primavera»: ricco e gustoso anche se poco sostanzioso, con scene d'azione particolarmente vivaci. È stato il trampolino di lancio per Brandon Lee, figlio di Bruce, morto a soli ventotto anni sul set di *Il corvo – The Crow*.

Drago del lago di fuoco, Il **½ (*Dragonslayer*, Usa 1982, col, 106') Matthew Robbins. Con Peter MacNicol, Caitlin Clarke, Ralph Richardson, John Hallam, Peter Eyre. ◆ Un vecchio mago (MacNicol) si sacrifica per liberare un villaggio dalla presenza di un drago a cui vengono sacrificate giovani fanciulle. Film per ragazzi intelligente e ben diretto la cui uscita nelle sale è passata praticamente inosservata.

Dragonheart ** (*DragonHeart*, Usa 1996, col, 103') Rob Cohen. Con Dennis Quaid, David Thewlis, Julie Christie, Pete Postlethwaite, Dina Meyer, Jason Isaacs. ◆ Gran Bretagna, poco prima dell'anno 1000: sia i valori di re Artù che i dragoni sono in via d'estinzione. E il cavaliere Bowen (Quaid), da sterminatore di mostri, diventerà amico dell'ultimo, nobile dragone esistente, per combattere il malvagio tiranno Einon (Thewlis), suo discepolo di un tempo. Gradevole film d'avventure per ragazzi (scritto da Charles Edward Pogue e prodotto dalla figlia di Dino De Laurentiis, Raffaella), con qualche accenno ironico subito riassorbito. Convincenti gli effetti speciali del drago, cui contribuisce la Industrial Light & Magic. La voce del drago è di Sean Connery nell'edizione originale e di Luigi Proietti in quella italiana.

Dragon: la storia di Bruce Lee ** (*Dragon: The Story of Bruce Lee*, Usa 1993, col, 120') Rob Cohen. Con Jason Scott Lee, Lauren Holly, Robert Wagner, Nancy Kwan. ◆ La breve vita di Bruce Lee (1949-1973) interpretata da un suo omonimo, da non confondersi col figlio Brandon, che ha avuto un destino ugualmente sfortunato. Dalla natia Hong Kong a Oakland (dove incomincia a insegnare arti marziali), dalla televisione al cinema, la storia di uomo (Scott Lee) ossessionato fin dall'infanzia da un demone (il padre da piccolo lo faceva vestire da bambina, perché il maligno non lo trovasse), che cerca invano di distinguere finzione e realtà. Basandosi sulla biografia di Lee scritta dalla moglie Linda Caldwell, il regista Cohen (che appare nel film nella parte del regista dei *Tre dell'operazione drago*) sceglie la strada più facile, quella della leggenda. Il trattamento delle discriminazioni razziste di cui Lee soffre negli Usa è a livello di un film degli anni Cinquanta. Eccellenti invece le coreografie delle scene d'azione.

Drago rosso, Il ** (*The Mysterious Dr. Fu Manchu*, Usa 1929, b/n, 80') Rowland V. Lee. Con Warner Oland, Jean Arthur, Neil Hamilton, O.P. Heggie. ◆ Deciso a uccidere gli ufficiali britannici che ritiene responsabili della morte della moglie e del figlio, il dottor Fu Manchu (Oland) istruisce sotto ipnosi la figlia adottiva (Arthur). Dopo due omicidi, un giovane inglese rivela alla ragazza il diabolico piano e il padre rivolge la sua furia contro di loro. Un thriller teso e ben fatto per l'epoca, sostenuto da una sceneggiatura piuttosto brillante (di Florence Ryerson e Lloyd Corrigan).

Drago volante, Il * (*The Sky Dragon*, Usa 1949, b/n, 64') Lesley Selander. Con Roland Winters, Keye Luke, Mantan Moreland, Noel Neill, Rim Ryan, Iris Adrian, Elena Verdugo, John Eldredge. ◆ Charlie Chan (Winters) indaga sull'assassinio e sul furto avvenuti in un aereo di linea dove tutti i passeggeri e i membri dell'equipaggio possono essere sospettati. Da un soggetto originale di Clint Johnston, è l'ultimo film interpretato da Winters e uno dei più brutti di tutta la lunga serie dedicata all'investigatore cinese.

Dr. Akagi ** (*Kanzo sensei*, Giappone/Francia 1998, col, 128') Shohei Imamura. Con Akira Emoto, Kumiko Aso, Masanori Sera, Jyuro Kara, Jacques Gamblin. ◆ Estate 1945: il Giappone è sull'orlo della sconfitta, ma il medico condotto di provincia Akagi (Emoto) è infaticabile e *super partes*, tant'è che cura e protegge anche un prigioniero olandese evaso. Ma il sogno di sconfiggere l'epatite (che gli è valso il soprannome di «Dottor Fegato») rischia di fargli perdere il senso della realtà. L'umorismo nero e l'anti-idealismo del regista (che ha adattato con Daisuke Tengan il romanzo di Ango Sakaguchi) col tempo si sono addolciti in uno spirito più umanitario e sorridente, a tratti anche coinvolgente. Il tentativo di metaforizzare la «guerra in casa» è in complesso riuscito, ma la carne al fuoco è tanta (digressioni erotiche sui bordelli comprese) e verso la fine i simbolismi – tra balene e funghi atomici simili a cancri al fegato – si fanno troppo invadenti.

Dramma borghese, Un *½ (Italia 1979, col, 104') Florestano Vancini. Con Franco Nero, Dalila Di Lazzaro, Lara Wendel, Carlo Bagno. ◆ Breve incontro tra un padre (Nero) e la figlia (Wendel) cresciuta lontano. L'affetto represso per anni si scatena fino a investire i sensi e l'apparizione di un'amica (Di Lazzaro) del padre scatena la tragedia. Da un romanzo di Guido Morselli pubblicato dopo il suo suicidio nel 1973 (e sceneggiato da Lucio Battistrada, Florestano e Fiorenzo Vancini), un film che non riesce a riprodurre le ossessive sfumature psicologiche del testo letterario e che non supera l'onesta pulizia formale.

Dramma della gelosia, tutti i particolari in cronaca **½ (Italia/Spagna 1969, col, 107') Ettore Scola. Con Marcello Mastroianni, Monica Vitti, Giancarlo Giannini, Marisa Merlini, Corrado Gaipa. ◆ La fioraia Adelaide (Vitti) ha una relazione con il muratore Oreste (Mastroianni), ma l'apparizione dell'elegante pizzaiolo Nello (Giannini) scatena la gelosia di Oreste che involontariamente causa la morte dell'amata. Primo film di Mastroianni con Scola, che cerca di aggiornare (con la sceneggiatura di Age e Scarpelli) lo schema della commedia all'italiana utilizzando le forme espressive della sottocultura popolare (feuilleton, canzonette, fotoromanzi). Con qualche cedimento di troppo al gusto per la risata facile. Monica Vitti è nella sua forma comica migliore. Bella la fotografia di Carlo Di Palma. Palma d'oro a Cannes per Marcello Mastroianni.

Dramma nello specchio *½ (*Crack in the Mirror*, Usa 1960, b/n, 97') Richard Fleischer. Con Orson Welles, Juliette Gréco, Bradford Dillman, Alexander Knox, Catherine Lacey. ◆ Due storie parallele di un triangolo sentimentale, interpretate dagli stessi attori: in una, Eponine (Gréco), moglie di un marito ubriacone (Welles) decide di uccidere il coniuge con l'aiuto dell'amante (Dillman), ma i due assassini verranno scoperti e condannati; nell'altra, Florence (Gréco) vorrebbe sposare il giovane Claude (Dillman), ma la notizia scatena una crisi cardiaca nel vecchio amante di lei (Welles) e i due giovani decidono di lasciarsi. Un film confuso e senza molti motivi di interesse, se si esclude la consueta bravura di Welles.

Dr. Black, Mr. Hyde → *voce «Dottor Jekyll»*

Dr. Creator specialista in miracoli ** (*Creator*, Usa 1985, col, 107') Ivan Passer. Con Peter O'Toole, Mariel Hemingway, Vincent Spano, Virginia Madsen, David Ogden Stiers. ◆ In un campus californiano uno stravagante premio Nobel per la biologia (O'Toole) cerca di ricreare in laboratorio la moglie, morta trent'anni prima, osteggiato da colleghi rivali ma aiutato da un assistente (Spano) e una ragazza spregiudicata (Hemingway). Commedia decisamente anomala tra la fantagenetica e i buoni sentimenti, malinconica, stralunata e simpatica come il suo protagonista, ottimamente interpretato da O'Toole.

Dr. Cyclops **½ (*Dr. Cyclops*, Usa 1940, col, 75') Ernest B. Schoedsack. Con Albert Dekker, Janice Logan, Thomas Coley, Charles Halton, Victor Kilian. ◆ Nella giungla peruviana uno scienziato pazzo (Dekker) conduce degli esperimenti sulla miniaturizzazione degli esseri viventi e tre esploratori americani cadono nelle sue mani. Un piccolo classico del terrore, diretto dal regista di *King Kong*: i trucchi, di Farciot Edouart e Gordon Jennings, ai tempi all'avanguardia (ma segnalati solo con una nomination), e le lotte dei mini-uomini con un gatto, una gallina e un topo grandi come mostri colpirono l'immaginazione popolare, ma oggi si apprezza maggiormente lo straordinario technicolor delle riprese (di Henry Sharp e Winton Hoch) e l'idea di base della sceneggiatura.

Dream Lover *½ (*Dream Lover*, Usa 1986, col, 104') Alan J. Pakula. Con Kristy McNichol, Gayle Hunnicutt, Paul Shenar, Ben Masters, Matthew Penn. ◆ Aspirante musicista (McNichol) è perseguitata da un misterioso nemico. Incubo o realtà? Uno psichiatra (Masters) la sottopone alla terapia del sogno e fa venire alla luce il rapporto possessivo che la lega al padre. L'interessante idea di rimettere in discussione la passività di chi dorme e suggerire che l'attività onirica può essere in qualche modo controllata non trova però un'adeguata realizzazione sul piano della regia e della sceneggiatura e il film non riesce a diventare un vero thriller psicologico. Gran premio al festival di Avoriaz.

Dreamscape – Fuga nell'incubo ** (*Dreamscape*, Usa 1986, col, 99') Joseph Ruben. Con Dennis Quaid, Max von Sydow, Kate Capshaw, Christopher Plummer, Eddie Albert. ◆ Dotato di facoltà parapsicologiche, il giovane Alex (Quaid) è allenato dalla Cia a penetrare nei sogni altrui a scopo terapeutico. Lo scopo è guarire il presidente Usa (Albert) dai suoi incubi notturni postatomici. Interessante sceneggiatura (del regista, David Loughery e Chuck Russell) sulla violazione del sogno, ultimo baluardo di libertà dell'uomo moderno. Cast di grandi nomi penalizzato dalla regia piatta di Ruben, già autore della serie softcore delle *Pom Pom Girls*.

Dredd – La legge sono io ** (*Judge Dredd*, Usa 1995, col, 96') Danny Cannon. Con Sylvester Stallone, Armand Assante, Diane Lane, Rob Schneider, Joan Chen, Max von Sydow, Joanna Miles, Jürgen Prochnow, Ian Dury. ◆ Nel 2139, a Megalopoli Uno, ex New York, i giudici cercano di far rispettare la legge a bordo di motociclette blindate: il più duro e testardo è il giudice Dredd (Stallone), che però rimane vittima di un complotto. Basato sui personaggi dell'omonimo fumetto di John Wagner e Carlos Ezquerra (sceneggiatura di Michael De Luca e William Wisher), una specie di videogame apocalittico e vecchiotto, anche se graficamente raffinato, dove il corpo muscoloso e inespressivo di Stallone (vestito da Gianni Versace) diventa, definitivamente, una «macchina da guerra» sempre pronta ad agire ma senza sapere perché. Peccato: dato il buon lavoro sulle immagini, qualche sfumatura in più nella storia e nei personaggi sarebbe stata auspicabile.

Dr. Giggles *½ (*Dr. Giggles*, Usa 1992, col, 95') Manny Coto. Con Larry Drake, Holly Marie Combs, Cliff De Young, Richard Bradford, Doug E. Doug. ◆ Il figlio (Drake) di un medico assassino evade dal manicomio e torna in paese per vendicarsi. Tipico horror che saccheggia illustri antecedenti (l'umorismo nero dell'*Abominevole dottor Phibes*) e che viene a sua volta saccheggiato da epigoni più recenti (come *The Dentist* e tanti altri). Splatter ma non troppo, abbastanza noioso e solo per i fan più convinti del genere.

Dr. Gillespie's New Assistant → *voce «Dottor Kildare»*

Dr. Heckyl and Mr. Hype → *voce «Dottor Jekyll»*

Driftwood - Ossessione fatale *½ (*Driftwood*, Gb/Irlanda 1998, col, 95') Ronan O'Leary. Con James Spader, Anne Brochet, Anna Massey, Barry McGovern. ◆ Sarah (Brochet), scultrice che vive sola in una casa in riva al mare, trova sulla spiaggia un uomo privo di sensi (Spader): gli cura la gamba rotta, ma ossessionata dal ricordo del padre che l'aveva lasciata fa di tutto perché il giovane non l'abbandoni. L'idea di partenza è la stessa di *Misery non deve morire*, ma la sceneggiatura (del regista) non va oltre le turbe mentali di Sarah, con tanto di colloqui con la madre morta (Massey) alla maniera di *Psyco*. Spader mostra le chiappe, la Brochet una recitazione spiritata abbastanza convincente.

Driller Killer ** (*Driller Killer*, Usa 1979, col, 96') Abel Ferrara. Con Jimmy Laine [Abel Ferrara], Carolyn Marz, Baybi Day, Harry Schultz. ◆ Incompreso dai galleristi, tradito dalla fidanzata lesbica, stressato da un gruppo punk che suona al piano di sotto, il pittore Remo Miller (Laine) si arma di trapano elettrico e va in giro di notte ad ammazzare barboni. Dopo i porno firmati con uno pseudonimo, è il primo, acerbo lungometraggio del regista, cupo e malsano (visto anche il coinvolgimento in prima persona), spesso goffo e stiracchiato. Anche se è interessante per come rinuncia alle convenzioni dell'horror, affrontando temi molto più ambiziosi: la solitudine dell'artista e la paranoia newyorkese, quest'ultima derivata direttamente da *Taxi Driver*. Il jazzista Butch Morris interpreta un barbone.

Dritte, Le *½ (Italia 1958, b/n, 90') Mario Amendola. Con Franco Fabrizi, Sandra Mondaini, Monica Vitti, Riccardo Garrone, Bice Valori, Paolo Panelli, Memmo Carotenuto, Leopoldo Valentini, Gina Amendola, Mario De Vico, Vittoriana Benvenuti. ◆ La modista Ofelia (Vitti), l'infermiera Erna (Valori) e la casalinga Rina (Mondaini) riusciranno a realizzare il sogno della loro vita: farsi sposare, rispettivamente, da Amleto (Fabrizi), Ercole (Panelli) e Lello (Garrone), nonostante la loro dichiarata allergia al matrimonio. Commediola spigliata ma innocua (realizzata dopo il successo di cassetta dei *Dritti*) su uno dei luoghi comuni più frequentati dalla satira all'acqua di rose.

Dritti, I *½ (Italia 1958, b/n, 90') Mario Amendola. Con Valeria Moriconi, Corrado Pani, Paolo Panelli, Jacques Torrenz, Franca Badeschi, Checco Durante, Alberto Sorrentino, Ferruccio Amendola, Memmo Carotenuto, Claudine Dupuis. ◆ Convinto di poter sempre fare il «dritto», Aldo (Pani) finisce per mettersi nei guai con un marito gelosissimo che gli farà passare qualche giorno in prigione: basterà per fagli cambiare idea e accorgersi dell'amore di Tosca (Moriconi). Ultimi epigoni dei «poveri ma belli», convenzionale nel raccontare un bulletto troppo sicuro di sé ma spigliato nel seguirne i divertenti «misfatti».

Drive-in 2000 * (*Dead-End Drive In*, Australia 1986, col, 92') Brian Trenchard-Smith. Con Ned Manning, Natalie McCurry, Peter Whitford, Dave Gibson. ◆ In un mondo futuro di rovine e desolazioni, due giovani si ritrovano prigionieri di un drive-in trasformato in campo di concentramento, e dominato da feroci regole per la sopravvivenza. Sottoprodotto del filone apocalittico alla *Mad Max*, con larghi mezzi produttivi e insensatezza patologica.

Driver l'imprendibile *** (*Driver*, Usa 1978, col, 92') Walter Hill. Con Ryan O'Neal, Bruce Dern, Isabelle Adjani, Ronee Blakley, Matt Clark, Frank Bruno, Felice Orlandi. ◆ Pur di catturare un autista (O'Neal) abilissimo, che viene noleggiato dalla mala per scappare dopo le rapine, un poliziotto nevrotico (Dern) non esita a venire a patti con i delinquenti: ma nel loro duello privato si inserisce un'enigmatica giocatrice (Adjani), decisa ad approfittare della situazione. Scritta dal regista, una rilettura del noir dalle ambizioni quasi metafisiche (i personaggi non hanno nome, come fossero degli archetipi), con un occhio al cinema stilizzato di Melville nell'uso degli spazi, e uno a quello di Peckinpah (con cui Hill aveva collaborato come sceneggiatore) nella violenza secca e fatalista. Il mix di inseguimenti spettacolari e rarefazioni intellettuali ha scontentato più di uno spettatore, ma di rado Hill ha girato, in seguito, con la stessa libertà espressiva. Fotografia di Philip H. Lathrop.

Dr. Jekyll & Miss Hyde *½ (*Dr. Jekyll and Ms. Hyde*, Usa 1995, col, 90') David F. Price. Con Tim Daly, Sean Young, Lysette Anthony, Stephen Tobolowsky, Harvey Fierstein, Thea Vidale, Jeremy Piven, Polly Bergen, Stephen Shellen. ◆ Impiegato presso una ditta di cosmetici, il ricercatore Richard Jacks (Daly) decide di sperimentare su se stesso la strana formula di un bisnonno: non solo si trasformerà in una donna provocante (Young), con immaginabili conseguenze nel suo rapporto con la fidanzata (Anthony), ma questa Helen Hyde cercherà anche di soffiargli il posto. Commediola abbastanza insipida e neanche tanto originale (la sceneggiatura di Tim John, Oliver Butcher, William Davies e William Osborne è evidentemente debitrice di *Barbara, il mostro di Londra*) che spreca lo spunto di partenza stevensoniano in una scontata, e misogina, critica del carrierismo delle donne americane. Buona la trasformazione da un sesso all'altro della Dream Quest Images.

Dr. Jekyll and Mr. Hyde (di John S. Robertson) → *voce «Dottor Jekyll»*

Dropout **½ (Italia 1970, col, 109') Tinto Brass. Con Franco Nero, Vanessa Redgrave, Gigi Proietti, Frank Windsor, Carlo Quartucci, Zoe Incrocci. ◆ Nella Londra anni Settanta una signora bene (Redgrave) si innamora del suo rapitore (Nero), un italiano fuggito dal manicomio. Trascinata nei quartieri dei dropout, i barboni, riscopre il piacere della vita e del sesso. Un Brass poetico e sperimentale elogia la follia come poesia di vivere. Da segnalare il cieco interpretato da Proietti e l'apparizione del regista teatrale Carlo Quartucci. Il film non ebbe alcun successo di pubblico.

Drugstore Cowboy ***½ (*Drugstore Cowboy*, Usa 1989, col, 101') Gus Van Sant. Con Matt Dillon, Kelly Lynch, James Le Gros, Heather Graham, William S. Burroughs. ◆ Bob (Dillon) è il capo di una banda di tossicodipendenti formata da due coppie, molto meno interessate al sesso che alla droga e specializzata in rapine a drugstore: girovagano di città in città inseguiti da un poliziotto che vuole incastrarli, fino a quando Bob, accortosi di essere finito in un vicolo cieco, decide di cambiare vita. Opera seconda di Gus Van Sant, tratta da un racconto parzialmente autobiografico di James Frogie e girato con piglio quasi documentaristico, è uno tra i più credibili e vitali film sul mondo della droga, duro, esplicito, non compiaciuto, in cui Matt Dillon offre la sua migliore prova d'attore. Senza cedere al ricatto delle emozioni, «né pietoso né spietato, senza condannare e senza difendere, ricorda che la morte è una componente essenziale di ogni scelta vitalistica e che esiste anche chi, per eccesso, la sfida». William Burroughs, santone della Beat generation interpreta la parte di un prete tossicodipendente che cerca la mistica con l'aiuto della chimica e che vorrebbe dare un'interpretazione politica del fenomeno.

Drum, l'ultimo Mandingo * (*Drum*, Usa 1976, col, 110') Steve Carver. Con Warren Oates, Ken Norton, Isela Vega, Pamela Grieg. ◆ La viziosa figlia del padrone insidia gli schiavi neri e chi non cede alle sue grazie è messo in catene. Ma Drum (Norton) non regge l'umiliazione e capeggia la rivolta. Squallido e brutale sequel di *Mandingo*, con attori completamente diversi che non hanno niente a che vedere con l'originale.

Dubbio, Il *½ (*The Naked Edge*, Gb 1961, b/n, 99') Michael Anderson. Con Gary Cooper, Deborah Kerr, Eric Portman, Diane Cilento. ◆ Una moglie (Kerr) riceve una lettera anonima che accusa il marito (Cooper) di essere l'autore di un omicidio. E naturalmente le circostanze sembrano confermare il sospetto. Nella costruzione del thriller Anderson punta tutto sul colpo di scena finale, ma l'immagine pubblica di Gary Cooper non rende molto credibile il fatto che sia davvero un «cattivo». Ultimo film di Cooper, distribuito dopo la sua morte.

Duca si nasce ** (*Splitting Heirs*, Gb 1993, col, 87') Robert Young. Con Rick Moranis, Eric Idle, Barbara Hershey, Catherine Zeta Jones, John Cleese, Sadie Frost, Stratford Johns. ◆ Dimenticato dai genitori durante un party, Tommy (Idle) cresce in una famiglia pakistana di Londra, fino al giorno in cui scopre di essere l'erede al titolo (e alla fortuna) dei duchi di Bornemouth, finito per caso sulla testa di un bancario americano (Moranis): naturalmente tutto si risolverà in maniera diversa da quello che ognuno si aspettava. L'ex Monty Python Eric Idle, autore anche della sceneggiatura, costruisce un pastiche irriverente che scherza sulle manie degli inglesi e degli americani, ma dopo un po' la farsa diventa ripetitiva e non basta a risollevarla l'avidità inarrestabile dell'avvocato Cleese e l'irresistibile ninfomania della mamma Barbara Hershey. Robert Young (da non confondersi con Robert M. Young, il regista di *Alambrista*) si è formato alla Tv e si vede.

Duchessa dell'Idaho, La *½ (*Duchess of Idaho*, Usa 1950, col, 98') Robert Z. Leonard. Con Esther Williams, Van Johnson, John Lund, Paula Raymond, Amanda Blake. ◆ Impenitente dongiovanni (Johnson) usa la collega (Williams) innamorata di lui per risolvere i pasticci che combina con le donne. Ma anch'egli si innamorerà. Tipico musical anni 50 firmato Mgm, con grande spiegamento di glamour e di star (piccole partecipazioni per Eleanor Powell e Lena Horne).

Dudino il Supermaggiolino * (*Ein Käfer auf Extratour*, Rft 1973, col, 93') Rudolf Zehetgruber. Con Robert Mark [Rudolf Zehetgruber], Sal Borgese, Kathrin Oginski, Walter Giller, Ulrich Beiger. ◆ La Volkswagen Dudù (a cui uno straordinario computer permette di spostarsi di fianco, tirar pugni, volare e molto altro ancora) è iscritta da Jimmy Bondi (Mark) al Rally delle Alpi: con i suoi poteri straordinari potrebbe tranquillamente arrivare prima, ma favorirà la vittoria di due suore che hanno bisogno dei 100 mila franchi in palio per aiutare i molti bambini di cui si prendono cura. Terza avventura tedesca (dopo *Dudù il Maggiolino a tutto gas* e *Dudù il Maggiolino scatenato*) del «Maggiolino» magico in un film zeppo di effetti e riprese aeree. Infantile, verboso e scarso di idee.

Dudù il Maggiolino a tutto gas *½ (*Jimmy Bondi und seinem wunderkäfer Dudù*, Rft 1971, col, 95')

Rudolf Zehetgruber. Con Robert Mark [Rudolf Zehetgruber], Sal Borgese, Kathrin Oginski, Walter Giller, Walter Roderer, Ruth Jecklin. ◆ Dudù, il prodigioso Maggiolino Volkswagen, e i suoi due piloti Jimmy Bondi (Mark) e Aldo (Borgese) sono sulle tracce di un impresario fuggito con la cassa. Tra un'acrobazia automobilistica e l'altra catturano il cattivo e i due amici sposano due belle meccaniche. Primo di tre film prodotti in Germania e ispirati al film della Walt Disney *Un Maggiolino tutto matto* (1969), centrati sulle straordinarie prestazioni di un «maggiolino» giallo. Infantile nella trama e innocuo nelle trovate. In Italia l'automobile parla con la voce di Carlo Romano, tradizionale doppiatore di Jerry Lewis. Seguito da *Dudù il Maggiolino scatenato* e *Dudino il Supermaggiolino*.

Dudù il Maggiolino scatenato * (*Ein Käfen gibt vollgas*, Rft 1972, col, 90') Rudolf Zehetgruber. Con Joachim Fuchsberger, Robert Mark [Rudolf Zehetgruber], Kathrin Oginski, Heidi Hansen, George Goodman. ◆ Il Maggiolino Dudù e il suo pilota Jimmy Bondi (Mark) finiscono in Portogallo dove si trovano alle prese con una banda di falsari e geniali inventrici di improbabili congegni. Secondo film della serie tedesca (dopo *Dudù il Maggiolino a tutto gas* e prima di *Dudino il Supermaggiolino*), scialba parodia del genere spionaggio, con il «maggiolino» che questa volta nuota e tira pugni con i fanali. E continua a parlare con la voce di Carlo Romano.

Due ** (*Deux*, Francia 1988, col, 113') Claude Zidi. Con Gérard Depardieu, Marushka Detmers, Michèle Goddet, Philippe Leroy-Beaulieu, Beata Tyskiewics, François Cluzet. ◆ L'altalenante rapporto sentimentale tra l'agente musicale Marc Lambert (Depardieu) e la giovane agente immobiliare Hélène Muller (Detmers) si conclude con matrimonio e pargoletti. Tentativo di commedia sofisticata da parte di un regista altrove molto poco sofisticato: qui Zidi sa controllare la sua tendenza alla risata sguaiata, ma è soprattutto per merito dei due protagonisti se questo ritratto dolceamaro della vita a due riesce a conquistare l'attenzione.

Due amiche **½ (*Two Friends*, Australia 1986, col, 76') Jane Campion. Con Kris Bidenko, Emma Coles, Kris McQuade, Peter Hehir, Kerry Dwyer, Stephen Leeder. ◆ La travagliata ma intensa amicizia fra due ragazze con piccoli e grandi problemi familiari. Primo lungometraggio (per la tv) della Campion, cineasta abile nel raccontare le insofferenze dell'adolescenza e le malinconie degli adulti raggelando le une e le altre in costruzioni formali che hanno l'accuratezza e l'equilibrio di un quadro. Qui lo stile è ancora in parte incompiuto, ma ci sono una forte e credibile descrizione delle due ragazze e una struttura temporale anomala, all'indietro (così che le scene successive scavano nel passato della storia per spiegarne meglio retroscena e significati) che pur spiazzando inizialmente lo spettatore, si rivela efficace sotto il profilo narrativo.

Due assi del guantone, I * (Italia 1971, col, 97') Mariano Laurenti. Con Franco Franchi, Ciccio Ingrassia, Paola Tedesco, Gino Milli, Ave Ninchi, Tiberio Murgia, Mario Carotenuto. ◆ Ciccio Trapani spaccia il suo amico Franco Marsala come provetto pugile e si fa sponsorizzare da un oste romano (Carotenuto). Ma la loro carriera finirà molto presto, malmenati dai fan di un pugile che Franco aveva sconfitto. Canovaccio senza molte idee che si conclude con l'improbabile fidanzamento tra Ciccio e Ave Ninchi.

Due assi nella manica *½ (*Not with My Wife You Don't*, Usa 1966, col, 118') Norman Panama. Con Tony Curtis, Virna Lisi, George C. Scott, Carroll O'Connor, Richard Eastman. ◆ Trascurata dal marito, un ufficiale d'aviazione carrierista e distratto (Curtis), la bella Julie (Lisi) rivede un suo vecchio amore. Ma alla fine i due sposi capiranno di amarsi ancora. Commedia smorta e senz'anima. Tra i pochi punti di interesse la bellezza della Lisi.

Due carabinieri, I *½ (Italia 1984, col, 118') Carlo Verdone. Con Carlo Verdone, Enrico Montesano, Massimo Boldi, Paola Onofri, Marisa Solinas, John Steiner. ◆ Amiconi, dediti a scherzacci e a imprese sgangherate, i due carabinieri Glauco Sperandio (Montesano) e Marino Spada (Verdone) si contendono l'amore di Rita (Onofri): dimostreranno il proprio eroismo salvando un gruppo di boyscout tenuti in ostaggio da un bandito e Marino accetterà che Glauco sposi Rita. Girato con la collaborazione dell'Arma (che ha messo a disposizione macchine, elicotteri, caserme e comparse), il film ha il merito di non sacrificare la comicità alla facile barzelletta. Ma non può bastare.

Due città, Le ** (*A Tales of Two Cities*, Usa 1935, b/n, 123') Jack Conway. Con Ronald Colman, Elizabeth Allen, Edna May Oliver, Reginald Owen, Basil Rathbone, Blanche Yurka, Henry B. Walthall, Donald Woods, Walter Catlett, Claude Gillingwater, H.B. Warner, Lucille LaVerne. ◆ Cresciuta a Londra mentre il padre (Walthall) era rinchiuso nella Bastiglia, Lucie Manette (Allen) sposa Charles Darnay (Woods), nipote di idee liberali del tirannico marchese di St. Evremonde (Rathbone) che ha cercato anche di farlo condannare dal governo inglese come spia francese e che è stato salvato da un avvocato disilluso e alcolizzato, Sydney Carton (Colman). Dopo lo scoppio della Rivoluzione francese e l'instaurazione del Terrore, Charles rientra a Parigi per aiutare il suo vecchio tutore (Warner) e viene imprigionato e condannato a morte come discendente di un nobile: sarà ancora Sydney, da sempre innamorato di Lucie, a salvargli la vita prendendo il suo posto sulla ghigliottina e riscattando così tutta una vita. L'ultima produzione di Selznick per la Mgm prima di fondare la sua compagnia è una magniloquente riduzione dell'omonimo romanzo di Charles Dickens, sceneggiato da W.P. Lipscomb e S.N. Behrman con cura coscienziosa (tanto che nei titoli di testa c'è anche un cartello con un'indicazione di bibliografia, a cominciare dalla *Rivoluzione francese* di Thomas Carlyle, il cui spirito moralista e religioso influenzò grandemente anche Dickens). «Totalmente dipendente e soffocata dall'estetica Mgm» la regia di Conway è fondamentalmente anonima, legata solo a un'idea di ritmo che accelera o dilata le varie sequenze, ma il film è salvato dall'ottima prova degli attori, a cominciare da Ronald Colman (che avrebbe dovuto interpretare sia Charles Darnay che Sydney Carton, in base a una rassomiglianza su cui il romanzo aveva costruito alcune belle intuizioni psicologiche e che narrativamente giustifica meglio la «sostituzione» finale) e dall'attrice teatrale Blanche Yurka, qui al suo debutto sullo schermo nell'indimenticabile ruolo di madame De Farge, terribile *tricoteuse* assetata di vendetta. La scena dell'assalto alla Bastiglia fu girata da Jacques Tourneur (e dal produttore Val Lewton) che ne ha fatto «una specie di episodio alla Walter Scott, divertente e assolutamente falso». La caratterizzazione che Lucille LaVerne fece della donna che regala la piccola ghigliottina alla figlia di Lucie servirà da ispirazione per la strega Malefica in *Biancaneve*. Circola una versione colorizzata. Lo stesso romanzo era già stato portato sullo schermo nel 1917 da Frank Lloyd (*A Tales of Two Cities* con William Farnum nel doppio ruolo di Darnay e Carton) e lo sarà nel 1958 da Ralph Thomas (*Verso la città del terrore* con Dirk Bogarde come Carton e Paul Guers come Darney) e nel 1980 in un tv-movie di Jim Goddard (*A Tales of Two Cities* con Chris Sarandon che torna a sdoppiarsi in Darnay e Carton).

Due colonnelli, I * (Italia 1962, b/n, 104') Steno [Stefano Vanzina]. Con Totò [Antonio de Curtis], Walter Pidgeon, Nino Taranto, Scilla Gabel, Tony Ucci. ◆ Un paesino sul confine greco-albanese è occupato alternativamente da inglesi e italiani. I due ufficiali nemici finiscono col fraternizzare e combattere assieme i cattivi tedeschi. Nato sull'onda del successo dei *Due nemici*, un film di grana molto grossa (un soldato mimetizzato è scambiato per un albero vicino a cui si può fare pipì).

Due come noi * (*Two of a Kind*, Usa 1983, col, 87') John Herzfeld. Con John Travolta, Olivia Newton-John, Charles Durning, Oliver Reed, Beatrice Straight, Scatman Crothers, Kathy Bates. ◆ Prima di scatenare il nuovo diluvio universale, chi di dovere vuole offrire un'ultima chance all'umanità: tutto dipenderà dal comportamento di una stravagante coppia, lui un inventore incapace anche di diventare ladro (Travolta), lei una bancaria non proprio onestissima (Newton-John). Puerile e inconsistente favoletta surreale e vano tentativo di riportare al successo la coppia di *Grease*. Giustamente snobbato dal pubblico.

Due compari, I *½ (Italia 1955, b/n, 95') Carlo Borghesio. Con Aldo Fabrizi, Peppino De Filippo, Giulia Rubini, Carlo Ninchi, Leonardo Botta, Germana Paolieri, Ilse Petersen, Giacomo Furia. ◆ Un ambulante (Fabrizi), che vende stilografiche che non scrivono con la complicità di un compare (De Filippo), ha educato la figlia Giulietta (Rubini) in un collegio esclusivo facendole credere di essere un milionario. Quando la ragazza scopre la verità, rompe il fidanzamento con il figlio (Botta) di un autentico ricco (Ninchi) e deperisce a vista d'occhio. Ma in quegli anni i ricchi erano anche buoni... L'ultimo film di Borghesio (da un soggetto di Fabrizi sceneggiato dall'attore insieme a Ruggero Maccari e Mario Amendola) cerca di rilanciare Peppino e Fabrizi come coppia comica autonoma, un po' sulla falsariga di Stanlio e Ollio, anche se il ripiegamento patetico della storia (con Fabrizi che cerca disperatamente i soldi per comprare le medicine «americane» alla figlia) punisce oltre misura gli spunti comici del film, quasi tutto sulle spalle di un eternamente affamato Peppino (che, napoletanamente, chiama «maccheroni» tutta la pasta).

Due contro tutti * (Italia/Spagna 1962, col, 89') Alberto De Martino, Antonio Momplet. Con Walter Chiari, Raimondo Vianello, Aroldo Tieri, Licia Calderon, Maria Silva. ◆ I due fratelli Bullivan (Chiari e Vianello) arrivano a Golden City dove domina l'avido sceriffo Fats Missouri (Tieri): sono totalmente imbranati ma riusciranno lo stesso a riportare l'ordine nel paese. Inconsistente commedia travestita da western. Alla sceneggiatura hanno collaborato Ettore Scola, Ruggero Maccari, Giulio Scarnicci e Renzo Tarabusi.

Due contro tutto ** (*L'Union sacrée*, Francia 1989, col, 122') Alexandre Arcady. Con Richard Berry, Patrick Bruel, Bruno Cremer, Claude Brasseur, Saïd Amasis, Marthe Villalonga, Amidou. ◆ Simon Atlan (Bruel) è di origine ebrea, Karim Hamida (Berry) è arabo: entrambi poliziotti naturalizzati francesi, sono costretti a lavorare in coppia nonostante si detestino. Impareranno a conoscersi, a rispettarsi e insieme sventeranno un folle piano di un gruppo di terroristi islamici. Girato in gran segreto per evitare attentati terroristici, il film spezza una lancia in favore della tolleranza e della comprensione interrazziale. Ma non riesce a evitare un fastidioso manicheismo e soprattutto un finale inverosimile.

Due criminali più pazzi del mondo, I **½ (*Crimewave*, Usa 1985, col, 83') Sam Raimi. Con Louise Lasser, Paul L. Smith, Brion James, Sheree J. Wilson, Bruce Campbell, Antonio Fargas. ◆ Una coppia di sterminatori di topi (Smith e James), disponibili a «trattare» anche uomini, viene coinvolta in una serie di omicidi strampalati. Un mix esilarante di horror, farsa, musical e poliziesco. Secondo film del giovanissimo Raimi, sceneggiato insieme ai fratelli Joel ed Ethan Coen. Frances McDormand è una suora.

Due cuori fra le belve ** (Italia 1943, b/n, 82') Giorgio Simonelli. Con Totò [Antonio de Curtis], Vera Carmi, Enrico Glori, Enzo Biliotti, Lia Orlandini, Egilda Cecchini, Primo Carnera, Arturo Bragaglia. ◆ Per seguire l'amata Laura (Carmi), Totò finisce in Africa, dove salverà la fidanzata dalle trame di un disonesto esploratore e la aiuterà a ritrovare il padre, finito in una tribù di selvaggi. Da una novella di Goffredo D'Andrea, un canovaccio per permettere a Totò di usare tutto il suo repertorio di mimica comica (irresistibile quando ha il mal di mare o cerca di far la corte a Laura). Primo Carnera interpreta il re dei cannibali che con uno starnuto fa volar via gli abiti a Totò. Il «consulente coloniale» A.G. Lombardi è il futuro «amico degli animali» Angelo Lombardi. Arturo Bragaglia, che interpreta il ruolo del medico, è il fratello dei registi Anton Giulio e Carlo Ludovico. Fu rieditato col titolo *Totò nella fossa dei leoni*.

Due cuori in cielo **½ (*Cabin in the Sky*, Usa 1943,

b/n, 100') Vincente Minnelli. Con Ethel Waters, Eddie «Rochester» Anderson, Lena Horne, Louis Armstrog, Rex Ingram, John Bublett-Bubbles. ◆ Ucciso in una rissa, Little Joe Jackson (Anderson) ottiene – grazie alle preghiere della moglie Petunia (Waters) – altri sei mesi di vita per conquistarsi il paradiso, ma dovrà lottare contro le tentazioni di Lucifer Junior (Ingram) e le grazie proibite di Georgia Brown (Horne). Tratto dall'omonima commedia musicale di Lynn Root, John Latouche e Vernon Duke (che Minnelli aveva già messo in scena a Broadway con la Waters e Rex Ingram), è il musical che segna l'esordio del regista al cinema. Completamente interpretato da attori neri, il film evita di cadere negli stereotipi razziali grazie soprattutto alla regia di Minnelli che fonde la struttura fiabesca del racconto (tutto il film è un sogno) e il valore simbolico di certe scenografie (l'ufficio di Lucifer Junior, la scala che porta verso il cielo) con l'impianto realistico della messinscena (la vita semplice e ordinata di Joe e Petunia, quella rumorosa e confusa del bar Paradiso) e la forza con cui descrive i suoi personaggi. Grande successo per il numero musicale *Happiness Is a Thing Called Joe* (scritto appositamente per il film) cantato da Ethel Waters e ballato da John Bublett-Bubbles. Duke Ellington e la sua orchestra interpretano *Going up*.

Due cuori, una cappella * (Italia 1975, col, 105') Maurizio Lucidi. Con Renato Pozzetto, Agostina Belli, Aldo Maccione, Leopoldo Trieste, Giusi Raspani Dandolo. ◆ La mamma morente lascia ad Aristide (Pozzetto) i proventi dell'usura e il consiglio di stare lontano dalle donne. Lui, che di professione fa il «modificatore», cioè trucca bilance e tassametri per conto terzi, diventa l'amante di Claudia (Belli) e si trova in un mare di guai. Diretto con pigrizia e recitato in modo eterogeneo è una commedia che sfrutta piattamente la comicità di Pozzetto (che ha rivisto personalmente con Enzo Jannacci la sceneggiatura di Nicola Badalucco). Gustosa solo l'idea di travestirsi da Marco Ferreri per l'episodio del rapimento della fanciulla.

Due della legione, I *½ (Italia 1962, b/n, 97') Lucio Fulci. Con Franco Franchi, Ciccio Ingrassia, Alighiero Noschese, Rosalba Neri, Maria Teresa Vianello, Aldo Giuffré, Cesare Polacco. ◆ Accusati della morte del capo della camorra, Ciccio Fisichella e Franco Cocuzza si arruolano nella Legione straniera per sfuggire alla vendetta dei delinquenti napoletani. Nel deserto, per puro caso, scoprono una congiura ai danni del sultano Mustafà (Noschese). Secondo film da protagonisti dei comici siciliani che cercano di fare la parodia dei «legion-movie» hollywoodiani.

Due del Texas, I → *Texas*

Due deputati, I * (Italia 1968, col, 95') Gianni Grimaldi. Con Franco Franchi, Ciccio Ingrassia, Gabriella Giorgielli, Franca Maria Giardina, Didi Perego, Paolo Carlini, Umberto D'Orsi, Alfredo Rizzo, Enzo Andronico, Ivana Novack, Lino Banfi. ◆ Per contrastare la corsa al parlamento del democristiano Francesco Grassiani (Ingrassia), il Pci presenta suo cognato Franco Franchini (Franchi), capousciere nello stesso ministero dove Grassiani è capodivisione: inevitabili liti e gelosie familiari. Fiacca parodia sulla rivalità partitica nazionale che riduce la politica a una serie di scherzi (Franchi rovina un comizio avversario con una polverina per starnutire, Ingrassia usa quella per far venire il prurito alla tribuna elettorale del Pci) e alla qualunquistica osservazione che tutti dicono le stesse cose (i due candidati si scambiano i discorsi senza che praticamente succeda niente). Finale, ovviamente, anticipatore del compromesso tra opposizioni. Particina per Lino Banfi, il questuante che ha bisogno di una firma su una pratica.

Due donne e un purosangue *½ (*Home in Indiana*, Usa 1944, col, 103') Henry Hathaway. Con Walter Brennan, Jeanne Crain, Lon McCallister, June Haver, Charlotte Greenwood, Ward Bond, Willie Best, George Cleveland. ◆ L'entusiasmo del giovane Sparki (McAllister) ridà la voglia di vivere allo zio allevatore (Brennan) caduto in disgrazia e gli permette di condurre alla vittoria la «sua» puledra al gran premio, oltre che di conquistare l'amore della bella Char (Crain). Commediola da mangiare in un boccone (gli americano le chiamano *apple pie story*) che esalta tutti i buoni sentimenti possibili, ma che ha anche qualche bella scena di corsa e, ai tempi, un fulgido technicolor (di Edward Cronjager).

Due donne in gara **½ (*Personal Best*, Usa 1982, col, 124') Robert Towne. Con Mariel Hemingway, Scott Glenn, Patrice Donnelly, Kenny Moore, Jim Moody. ◆ Il non facile rapporto lesbico di due atlete (Hemingway e Donnelly) durante la preparazione delle Olimpiadi di Mosca. Prima regia dello sceneggiatore Towne (*Chinatown*, *Missouri*), forse un po' fredda e insicura, ma di grande efficacia nella descrizione del rapporto tra le due donne. Sensibile e appassionata l'interpretazione della Hemingway.

Due donne innamorate **½ (*Premier bal*, Francia 1941, b/n, 100') Christian-Jaque [Christian Maudet]. Con Marie Déa, Gaby Sylvia, Fernand Ledoux, Raymond Rouleau, Gabrielle Fontan, Bernard Blier, Jean Brochard. ◆ Le vite parallele e incrociate di due sorelle, figlie di un anziano inventore (Ledoux): Nicole (Déa), selvaggia e amante degli animali, si innamora di un dottore (Rouleau) che le preferisce la sofisticata sorella Danielle (Sylvia). Dopo tre anni di matrimonio, Danielle abbandona la casa parigina, dove si trasferisce Nicole nel tentativo di riconquistare il medico. Ma l'improvvisa morte del padre manda all'aria il piano. Una commedia apparentemente leggera e spensierata, che acquista una sottile e persistente vena di malinconia a partire dalla sequenza alla base del titolo originale: quasi a segnare il doloroso passaggio alla maturità, il ballo separa il mondo fantasioso dell'infanzia (rappresentato fino alla fine dal padre inventore) da quello adulto in cui l'incoscienza del sogno deve fare i conti con la coscienza della realtà. Perfetti i dialoghi di Charles Spaak, elegante la messa in scena, calibratissima la svolta di registro ed efficaci gli interpreti, in particolare la Déa e Ledoux.

Due donne in pericolo * (*In the Spirit*, Usa 1990, col, 94') Sandra Seacat. Con Elaine May, Marlo Thomas, Peter Falk, Jeannie Berlin, Melanie Griffith, Olympia Dukakis, Michael Emil. ◆ Reva (Thomas) e Marianne (May), amiche postfemministe e postsposate tentate dalle dottrine New Age, indagano sull'omicidio di una prostituta (Berlin, anche autrice della sceneggiatura) che abitava accanto a loro. Né giallo né satira, ma una galleria di personaggi recitati istericamente. Falk mostra il sedere, la Griffith (che ha una sola scena) i suoi seni ritoccati al silicone: e l'interesse del film si esaurisce qui.

Due esseri **½ (*Två Människor*, Svezia 1944, b/n, 80') Carl Theodor Dreyer. Con Georg Ryderberg, Wanda Rothgardt. ◆ Il giovane scienziato Arne Lundell (Ryderberg) apprende per radio la morte di un collega, le cui scoperte era ingiustamente accusato di avere plagiato. Il drammatico confronto con la moglie Marianne (Rothgardt) lo porterà alla scoperta di una verità tanto amara quanto impensabile. Dreyer, emigrato in Svezia, accettò di adattare il dramma *Attentat* di W.O. Somin, affascinato soprattutto dalla possibilità di girare in una sola stanza, in tempo reale e con due soli personaggi. Causa anche alcune manipolazioni dei produttori (il vecchio Sjöström impose due attori che erano l'esatto contrario di ciò che voleva Dreyer), il risultato scontentò il regista e non piacque ai critici. Eppure i temi del male che si insinua nel mondo edenico di due sposi apparentemente felici, dei lati oscuri che covano nell'ombra, della menzogna e del sacrificio, sono messi in scena con una lucidità disperata che il pesante impianto teatrale e melodrammatico fa risaltare per contrasto. *Gertrud* è un'altra cosa, d'accordo, ma onore a Dreyer che, anche a mezzo servizio, affronta il ridicolo per sfiorare il sublime.

Due ettari di terra **½ (*Do Bigha Zamin*, India 1953, b/n, 142') Bimal Roy. Con Balraj Sahni, Nirupa Roy, Ratan Kumar, Nana Palsikar, Murad, Nazir Husein. ◆ Nel Bengala orientale, il povero contadino Shambhu (Sahni) deve trovare le 300 rupie con cui pagare un vecchio debito se vuole mantenere il possesso del suo campo. Per trovarli va a Calcutta dove cerca di guadagnarli conducendo un risciò, mentre il figlio fa il lustrascarpe: malattie, furti, un grave incidente alla moglie (Roy) che li ha raggiunti, sono tutti ostacoli sul loro cammino. Ma quando tornano al villaggio, si accorgono che i loro sforzi sono stati inutili: il terreno è già stato espropriato per permettere la costruzione di una fabbrica. Amara riflessione sulla povertà delle classi contadine, dove la polemica contro i latifondisti si mescola alla crudeltà della grande città «che prende tutto e non dà niente». Nonostante sia ancora costruito con la tradizionale presenza di balletti e canzoni, il film (sceneggiato da Salil Chaudhury e parlato in lingua hindi) utilizza abilmente il montaggio parallelo e possiede «una freschezza, una semplicità e una forza emotiva» che ne fanno un'opera innovativa nel panorama indiano. L'influenza del neorealismo (specie di De Sica e del suo *Ladri di biciclette*) impedisce al film di chiudersi in un pessimismo senza uscite, permettendo ai personaggi di non perdere del tutto il loro senso morale (il padre non accetta i soldi che il figlio ha ottenuto dalla sua collaborazione a un furto) mentre la regia, con le sue scelte fatte di recitazione più controllata e uno stile più semplice e trattenuto, annuncia le opere più radicali di un Mrinal Sen. Ottenne il Premio internazionale al festival di Cannes del 1954. In Europa circola un'edizione (tagliata e senza le parti musicali) di 86'.

Due evasi di Sing Sing, I * (Italia 1964, b/n, 99') Lucio Fulci. Con Franco Franchi, Ciccio Ingrassia, Gloria Paul, Arturo Dominici, Mimmo Poli. ◆ A causa dell'amicizia col boss Attanasia, Franco e Ciccio, dopo aver truccato molti incontri di boxe, finiranno a Sing Sing accusati ingiustamente di mafia e omicidi. Per paura della sedia elettrica si barricano in cella, da dove non vorranno più uscire anche quando saranno riconosciuti innocenti. Esile farsa con i soliti numeri di Franchi pugile fifone e sbruffone.

Due facce del male, Le ** (*Brimstone and Treacle*, Gb 1982, col, 85') Richard Loncraine. Con Sting [Gordon Matthew Sumner], Denholm Elliott, Joan Plowright, Suzanna Hamilton. ◆ Un giovane (Sting) si insinua nella vita di una coppia, che vive con una figlia in coma irreversibile con la quale il ragazzo sembra comunicare. Ma in realtà abusa della poveretta che non può reagire. Film spigoloso e inquietante, piuttosto televisivo nella sua struttura, tratto da una commedia di Dennis Potter, che firma anche l'adattamento. Di Sting, qui nel suo primo ruolo da protagonista, anche la colonna sonora: cinque brani sono firmati solo da lui (tra cui quello che prende il titolo dal film) e tre con i Police.

Due figli di... ** (*Dirty Rotten Scoundrels*, Usa 1988, col, 110') Frank Oz. Con Steve Martin, Michael Caine, Barbara Harris, Glenne Headly, Anton Rodges. ◆ Due maturi seduttori professionisti (Martin e Caine) si sfidano per conquistare il cuore di una ricchissima ereditiera (Headly). Scopriranno che si tratta della modesta vincitrice di un concorso. La seconda regia di Oz (dopo *La piccola bottega degli orrori*) è un rifacimento, più sguaiato ma abbastanza divertente, dei *Due seduttori* (1964).

Due figli di Ringo, I *½ (Italia 1967, col, 105') Giorgio Simonelli. Con Franco Franchi, Ciccio Ingrassia, George Hilton, Gloria Paul, Orchidea De Santis, Fulvia Franco, Ivano Staccioli. ◆ Con i nomi di Django e Gringo, Franco e Ciccio si spacciano per terribili pistoleri, figli del celeberrimo Ringo. Ma quando, grazie a una serie di fortunate coincidenze, sgomineranno la banda del famigerato Indio, non potranno godere della taglia che verrà consegnata ai veri figli di Ringo. Scialba parodia del western all'italiana.

Due Foscari, I * (Italia 1942, b/n, 85') Enrico Fulchignoni. Con Carlo Ninchi, Elli Parvo, Rossano Brazzi, Memo Benassi, Nino Crisman, Regina Bianchi, Cesare Fantoni, Gero Zambuto. ◆ La rivalità tra le famiglie veneziane Foscari e Faredana causa la morte del doge Francesco Foscari (Ninchi) e l'accusa al figlio Jacopo (Brazzi) di tradimento. Drammone storico convenzionale e datato tratto dalla pièce di George Byron adattata da Gaetano Campanile Mancini e sceneggiata dal regista con Mimo Doletti e Michelangelo Antonioni.

Due fuggitivi e mezzo ** (*Les Fugitifs*, Francia 1986, col, 89') Francis Veber. Con Gérard Depardieu, Pierre Richard, Jean Carmet, Anaïs Bret, Maurice Barrier, Michel Blanc. ◆ Preso come ostaggio da un rapinatore imbranato (Richard) che ha tentato di rapinare una banca solo per trovare i soldi con cui curare la figlia (Bret), il terribile Jean Lucas (Depardieu) «autore di quattordici rapimenti riusciti» si vede coinvolto suo malgrado nel furto e nel successivo inseguimento della polizia. E naturalmente dovrà liberare dai guai il suo rapitore e rivelarsi fondamentale per aiutare la figlia a uscire dal suo mutismo. Terza avventura, dopo *La capra* e *Les compères – Noi siamo tuo padre* del duo Depardieu-Richard a cui si aggiunge la piccola Bret, il «mezzo» del titolo. L'inizio divertente e brioso si disperde, però, in una sceneggiatura frettolosa e sconclusionata. Rifatto dallo stesso Veber a Hollywood col titolo *In fuga per tre* (1989).

Due gattoni a nove code... e mezza ad Amsterdam *½ (Italia 1972, col, 90') Richard Kean [Osvaldo Civirani]. Con Franco Franchi, Ciccio Ingrassia, John Harwich, Alan Collins, Gigi Bonos, Umberto D'Orsi. ◆ I fotoreporter Franco e Ciccio fotografano l'assassino del re dei diamanti Van Goulden: un misterioso biglietto li fa andare ad Amsterdam, dove sono usati come esca per incastrare dei contrabbandieri dall'agente dell'Interpol Bing Bong. Parodia del film di Dario Argento con sfumature giallo-rosa e qualche allusione maliziosa.

Due giorni senza respiro **½ (*2 Days in the Valley*, Usa 1996, col, 97') John Herzfeld. Con Danny Aiello, James Spader, Glenne Headley, Jeff Daniels, Eric Stoltz, Paul Mazursky, Marsha Mason, Gregg Cruttwell, Teri Hatcher, Charlize Theron, Keith Carradine, Louise Fletcher, Peter Horton, Austin Pendleton. ◆ Un gallerista tiranno con le coliche renali (Cruttwell), la sua assistente repressa (Headley), un regista fallito in vena di suicidio (Mazursky) e un'infermiera (Mason) vengono presi in ostaggio da Dosmo Pizzo (Aiello), un killer di mezza tacca che il suo spietato socio (Spader) ha cercato di uccidere: ma altre variabili complicheranno il gioco. Commedia nera con abbondanza di cadaveri ambientata nella San Fernando Valley losangelina, dove il cinismo non è mai preso troppo sul serio, e rispecchia il divertimento del regista-sceneggiatore nel creare ed eliminare personaggi. E tra opere d'arte kitsch e punzecchiature satiriche, l'elogio dei perdenti suona stranamente convinto. Ricco cast ben diretto. Lawrence Tierney è il vecchio marito.

Due gladiatori, I *½ (Italia 1964, col, 93') Mario Caiano. Con Richard Harrison, Mimmo Palmara, Moira Orfei, Alberto Farnese, Mirko Ellis, Giuliano Gemma, Ivy Holzer, Alvaro De Luna, Peter White, Piero Lulli, Enzo Fiermonte, Gianni Solaro, Nello Pazzafini. ◆ Quando scopre di essere fratello del feroce imperatore Commòdo (Palmara), il centurione Lucio Crasso (Harrison) accetta di guidare la rivolta del popolo affamato: sconfiggerà il rivale in un duello nel circo, ma poi preferirà l'amore di Emilia (Holzer) al potere. Pasticciaccio storico sceneggiato da Mario Amendola e Alfonso Brescia, che spreca qualche discreta idea (come il duello finale con i due contendenti irriconoscibili perché vestiti con la medesima armatura da gladiatore trace) e non sfrutta la componente ludica affidata a Gemma (il centurione Orazio). Quasi *cult* gli incitamenti «democratici» per spingere il popolo alla rivolta.

Due gondolieri, I → *Venezia, la luna e tu*

Due inglesi, Le **½ (*Les deux anglaises et le Continent*, Francia 1971, col, 108') François Truffaut. Con Jean-Pierre Léaud, Kika Markham, Stacey Tendeter, Irène Tunc, Philippe Léotard, Marie Mansart. ◆ L'amore del giovane francese Claude Roc (Léaud) prima per Muriel (Tendeter) e poi per Anne (Markham), due sorelle inglesi, segnerà il trascorrere della sua vita tra la trasgressiva Parigi di inizio secolo e la perbenista provincia inglese. Il secondo romanzo di Henri-Pierre Roché portato sullo schermo da Truffaut (dopo *Jules et Jim*) ribalta la struttura del triangolo sentimentale – due donne amano lo stesso uomo – ma soprattutto sottolinea il pessimismo con cui il regista affronta uno dei temi centrali della propria ricerca, l'impossibilità di realizzare se stessi attraverso l'amore e contro le regole codificate della morale. E all'origine dello scarso successo del film ci può essere proprio la crudezza pignola con cui descrive la fisicità dell'amore (pianti, svenimenti, vomiti, rotture, masturbazioni, deflorazioni), una scelta sgradevole ma coerente con il bisogno di raccontare «il lento, progressivo, inarrestabile divenir morte della vita». L'edizione originale, che si intitolava solamente *Les deux anglaises*, durava 132', ridotti a 118' (ma con l'aggiunta nel titolo di *et le Continent*) dopo le prime reazioni negative del pubblico. Solo nel 1984 Truffaut ripropose la versione di 132'. La copia doppiata in italiano è ancora più breve (108') perché la censura impose il taglio della scena in cui Muriel perde la verginità. La voce narrante nell'edizione originale è del regista. Le due bambine che giocano vicino all'altalena sono le figlie del regista, Laura e Ewa; i due maschietti sono i figli della sua assistente, Suzanne Schiffman.

Due inglesi a Parigi *½ (*To Paris with Love*, Gb 1955, col, 78') Robert Hamer. Con Alec Guinness, Vernon Gray, Odile Versois, Elina Labourdette, Claude Romain, Jacques François, Austin Trevor. ◆ Colonnello e vedovo, sir Edgar Fraser (Guinness) porta a Parigi il figlio John (Gray) sperando di trovargli una fidanzata: finisce per infatuarsi della giovane Lisette (Versois), mentre John, che vorrebbe trovare una nuova moglie per il padre, cede al fascino dell'attempata Sylvie (Labourdette). Ma alla fine rispunta il vecchio «buon» senso inglese. Una commediola piuttosto esile e rigorosamente classista (le donne «borghesi» non possono che restare sole), sceneggiata da Robert Buckner a partire da un racconto di Sterling Noel, dove le frecciate contro lo spirito inglese («Cosa ti vuoi aspettare da gente simile? Bere il tè quando Iddio ci passa il vino», dice il padre di Lisette) sono abbondantemente equilibrate da una descrizione non proprio benevola della «disinvoltura» sentimentale delle francesi. Per fortuna c'è Alec Guinness: un paio di sue occhiate valgono il film.

Due invincibili, I *½ (*The Undefeated*, Usa 1969, col, 119') Andrew V. McLaglen. Con John Wayne, Rock Hudson, Tony Aguillar, Ben Johnson, Bruce Cabot,

Michael [Jan-Michael] Vincent, Harry Carey jr. ◆ Durante la guerra di Secessione, un ex ufficiale nordista (Wayne) e uno confederale (Hudson) si trovano a combattere fianco a fianco contro una banda messicana al servizio di Juarez. Western di routine con pochi spunti di interesse oltre alla curiosa presenza nel cast di due campioni di football americano, Roman Gabriel e Merlin Olsen.

Due irresistibili brontoloni **½ (*Grumpy Old Men*, Usa 1993, col, 104') Donald Petrie. Con Jack Lemmon, Walter Matthau, Ann-Margaret [Ann Margaret Olsson], Burgess Meredith, Daryl Hannah, Kevin Pollak, Ossie Davis, Buck Henry, Christopher McDonald. ◆ Pescatori accaniti, i due pensionati John (Lemmon) e Max (Matthau) non perdono occasione per litigare e farsi ogni tipo di dispetti: figurarsi quando entrambi mettono gli occhi sulla piacente (e disponibile) miss Ariel (Ann-Margaret). Una commediola scritta da Mark Steven Johnson e pensata solo per le qualità istrionesche dei due protagonisti: nessuna vera idea ma solo una serie di scenette più o meno riuscite, che i due attori vivificano con una simpatia e una verve ancora irraggiungibili. Da non perdere gli exploit «erotici» dell'allora ottantaquattrenne Burgess Meredith, nella parte del padre di Lemmon, così come i titoli di coda, antologia esilarante delle papere di lavorazione. Le avventure continuano in *That's Amore – Due irresistibili seduttori.*

Due irresistibili cowboy → *Sonny & Pepper – Due irresistibili cowboy*

Duel **½ (*Duel*, Usa 1971, col, 88') Steven Spielberg. Con Dennis Weaver, Jacqueline Scott, Eddie Firestone, Lou Frizzel, Gene Dynarski. ◆ Un camion insegue una macchina e, senza nessun motivo plausibile, cerca di distruggerla assieme al suo autista (Weaver) fino all'epico scontro finale. Un tv-movie sceneggiato da Richard Matheson (a partire da un suo racconto) che impose all'attenzione di tutti il ventiquattrenne Spielberg, capace, con la sola forza della messinscena, di trasformare in una bella metafora il tema della minaccia oscura di un mondo tecnologico, trasformando il telefilm in una specie di duello mitologico fra l'uomo e il mostro contemporaneo, novello Moby Dick o King Kong. La fortunata carriera del regista spinse la Universal a distribuire nel 1983 il tv-movie anche nei cinema, in un'edizione ampliata, dagli originali 73' a 88' (le scene aggiunte riguardano soprattutto la moglie del protagonista).

Due legionari, I *½ (*Beau Hunks*, Usa 1931, b/n, 40') James W. Horne. Con Stan Laurel, Oliver Hardy, Charles Middleton, Leo Willis, Harry Schultz, Abdul Kasim K'Horne [James W. Horne], Charlie Hall. ◆ Per far scordare a Ollio un amore finito male, i due amici si arruolano nella Legione straniera. Con l'aiuto di un barile di chiodi riescono anche a salvare il forte dall'assalto dei beduini, ma scoprono che tutti, amici o nemici che siano, sono lì per dimenticare la stessa ragazza di Ollio. Piacevole parodia di *Beau Geste,* con alcune divertenti scene specie durante l'addestramento dei legionari. Il capo dei ribelli è interpretato dal regista (sotto lo pseudonimo di Abdul Kasim K'Horne) perché l'attore scelto per il ruolo fu protestato durante le riprese. Lo spunto iniziale fu ripreso per *I diavoli volanti* (1939). Il film è conosciuto anche col titolo *Allegri legionari.*

Due lettere anonime **½ (Italia 1945, b/n, 90') Mario Camerini. Con Clara Calamai, Andrea Checchi, Carlo Ninchi, Otello Toso, Dina Sassoli, Giovanna Scotto, Vittorio Duse. ◆ Attraverso due lettere anonime la partigiana Gina (Calamai) viene a sapere che il suo amante è un collaborazionista. Con *L'Agnese va a morire* (1976) è l'unico ritratto femminile a tutto tondo sulla Resistenza che si trova nel cinema italiano, per certi aspetti incompiuto, ma senz'altro meno stereotipato dei ruoli solitamente creati per le donne dal neorealismo. Nel complesso il film è ben fatto e contiene delle annotazioni di cronaca particolarmente acute. La sensibilità interpretativa della Calamai contribuisce in modo determinante alla riuscita del complesso personaggio.

Duellanti, I *** (*The Duellists*, Gb 1977, col, 101') Ridley Scott. Con Keith Carradine, Harvey Keitel, Edward Fox, Robert Stephens, Cristina Raines, Tom Conti, Albert Finney. ◆ Due ufficiali della cavalleria napoleonica, Armand D'Hubert (Carradine) e Gabriel Feraud (Keitel) si sfidano in un assurdo e sempre interrotto duello che dura tutta la vita. Solo nella vecchiaia, al loro quinto scontro in diciassette anni, arriveranno alla definitiva resa dei conti. Tratto dalla novella *Il duello – Racconto militare* di Joseph Conrad, è l'opera prima del regista inglese futuro autore di *Blade Runner.* Accurato e quasi maniacale nella ricostruzione scenografica e raffinato nella scrittura cinematografica, il film deve gran parte del suo fascino a una scelta estetica antirealistica (il ricorso continuo al controluce, il cambio delle fonti di illuminazione all'interno della medesima scena, così che, quando i due ufficiali si sfidano a cavallo, ognuno galoppa con il sole alle spalle) e a una scelta narrativa che cancella progressivamente le ragioni che potrebbero giustificare il duello per sottolineare solo il lato irrazionale dell'odio che divide i duellanti e che il regista accentua ancor di più riducendo al minimo il ruolo dei sentimenti, dei rapporti sociali, della comunicazione. Vincitore come migliore opera prima a Cannes, il film entusiasmò il presidente della giuria Roberto Rossellini.

Duello a Berlino **** (*The Life and Death of Colonel Blimp*, Gb 1943, col, 103') Michael Powell, Emeric Pressburger. Con Roger Livesey, Anton Walbrook, Deborah Kerr, John Laurie, James McKechnie. ◆ Dopo il duello per difendere l'onore dei rispettivi paesi, che li contrappone nella Berlino di inizio secolo, l'ufficiale inglese Clive Candy (Livesey) e quello tedesco Theo Kretschmar-Schuldorff (Walbrook) diventano amici per la vita. Sapranno conservare il rispetto reciproco a dispetto dei sommovimenti politici (due guerre mondiali, l'avvento del nazismo) e si ritrovano ormai vecchi a ricordare il passato. Primo (di dodici) film «scritto, prodotto e diretto» dai due registi con la propria casa di produzione, The Archers, è il «maggior affresco romantico mai realizzato nel contesto del cinema britannico». Costruito con una struttura a flashback (che però spariscono nell'edizione distribuita in Italia, tagliata di circa un'ora rispetto all'originale), il film racconta la storia di un uomo e del suo paese ma soprattutto quella di alcuni valori (l'onore, lo spirito di casta, l'amore) che la cultura del Ventesimo secolo sembra aver messo in crisi. E lo fa con una libertà di invenzioni e una fantasia narrativa (la panoramica ascendente e discendente con cui è raccontato il duello a Berlino, il salto temporale che accompagna la nuotata in piscina di Clive, altra scena assente nell'edizione italiana) che sconcertarono i critici contemporanei ma la cui forza visionaria oggi è unanimemente riconosciuta. Così come era molto in anticipo sui tempi la capacità del film di scavare «sotto il compassato silenzio del riserbo britannico per far emergere passioni, debolezze, ingenuità, perversioni, malattie dell'anima e languori che non erano necessariamente etici, positivi o educativi». Deborah Kerr interpreta tre personaggi – Edith (la moglie di Theo), Barbara (moglie di Clive) e Angela (autista di Clive) – tre volti della stessa donna amata dai due amici (e amata nella realtà da Powell). Il film ebbe molti problemi con la censura (attivata direttamente da Churchill), perché il titolo sembrava ricordare il protagonista di una striscia antimilitarista, disegnata negli anni Trenta e Quaranta da David Low, e perché Theo è descritto come un «tedesco buono», figura inaccettabile durante la guerra (anche se la commovente scena dell'ufficiale interrogato dalle autorità inglesi allo scoppio della seconda guerra mondiale rende ridicola ogni accusa di disfattismo). Una delle conseguenze fu che Laurence Olivier, che doveva interpretare Clive Candy, non ottenne il permesso che lo esentava dal servizio militare attivo; l'altra, che il film fu distribuito all'estero con notevoli tagli (anche 60', tra cui la scena iniziale nel bagno turco su cui sono innestati tutti i ricordi). In originale il film dura 163'.

Duello all'ultimo sangue → *Suo onore gridava vendetta, Il*

Duello al Rio d'Argento *½ (*Duel at Silver Creek*, Usa 1952, col, 77') Don Siegel. Con Audie Murphy, Faith Domergue, Stephen McNally, Susan Cabot, Gerald Mohr, Lee Marvin. ◆ Uno sceriffo, a cui manca l'indice della mano destra, è sfidato a duello da uno spietato bandito. Sarà salvato dalla morte sicura grazie all'intervento di Silver Kid (Murphy). Western di impianto classico, raccontato con precisione meccanica ma incapace di allargarsi su una visione morale o sociale delle cose.

Duello al sole **½ (*Duel in the Sun*, Usa 1946, col, 138') King Vidor. Con Jennifer Jones, Gregory Peck, Joseph Cotten, Lionel Barrymore, Herbert Marshall, Lillian Gish, Walter Huston, Charles Bickford. ◆ Un re del bestiame ha due figli, quello ardito e cinico (Peck) e quello gentiluomo (Cotten): l'amore per la stessa donna, la meticcia Pearl Chavez (Jones) porterà distruzione e morte nel ranch. L'ambizioso tentativo del produttore Selznick di bissare il successo di *Via col vento* e di fare della moglie Jennifer Jones una superstar: 6 milioni di dollari per la produzione, 2 per il lancio pubblicitario, il fiato sul collo al regista Vidor (che non terminò neppure il film), musica tonitruante (di Dmitri Tiomkin) e una fotografia sanguigna di tramonti e fuochi. Per qualcuno «un'operetta pompata a dimensioni wagneriane», ma con un finale da *amour fou* che ha incantato le platee (pur essendo attratti l'uno dall'altra, Peck e la Jones si uccidono in un ultimo duello sulle montagne e poi si uniscono in un ultimo abbraccio mortale), dove l'eccesso di titanismo e le esagerazioni melodrammatiche (quasi ridicole) vengono abbondantemente riscattate dalla pulsante carica erotica di Jennifer Jones. La scena della danza esotica di Tilly Losch nel saloon pieno di fumo fu girata da William Dieterle con una scenografia ideata da Sternberg. In ogni caso un film di Selznick prima che di ognuno dei quattro registi che vi misero le mani (dei 14 mila piedi di pellicola, 6.280 sono di Vidor, 3.526 di Dieterle, 2.939 di Otto Brewer e 473 di Josef von Sternberg, di cui rimane nel montaggio definitivo un primo piano di Peck insanguinato).

Duello a Thunder Rock *½ (*Stage to Thunder Rock*, Usa 1964, col, 82') William F. Claxton. Con Barry Sullivan, Marilyn Maxwell, Scott Brady, Ralph Taeger, Lon Chaney, Keenan Wynn, Laurel Goodwin, Anne Seymour. ◆ Ferito mentre cercava di catturare un fuorilegge (Taeger), lo sceriffo Horne (Sullivan) passa la notte in un'isolata stazione di posta: in attesa della diligenza, deve difendere i 50 mila dollari che ha recuperato da un cacciatore di taglie (Brady) ma guardarsi anche dalla vendetta del padre (Wynn) di chi ha catturato. Statico western di serie B (con qualche idea originale non sfruttata, come la figlia cieca del cacciatore di taglie) dove la mano del produttore A.C. Lyles (specialista nel mettere insieme vecchie glorie con giovani caratteristi) è più forte di quella dello sceneggiatore (Charles Wallace) che cerca di rubare qualche spunto alla trama dell'*Albero della vendetta*. Regista Tv (*Bonanza*), Claxton non aiuta certo il film a decollare. In originale 89'.

Duello di spie *½ (*The Scarlet Coat*, Usa 1955, col, 101') John Sturges. Con Cornel Wilde, Michael Wilding, George Sanders, Anne Francis, Bobby Driscol. ◆ Durante la guerra di indipendenza americana, un ufficiale americano si infiltra nell'esercito inglese per smascherare una pericolosa spia. Scontato film d'avventure, riscattato da una buona fotografia.

Duello mortale **½ (*Man Hunt*, Usa 1941, b/n, 105') Fritz Lang. Con Joan Bennett, Walter Pidgeon, George Sanders, John Carradine, Roddy McDowall. ◆ Un abile cacciatore, Alan Thorndike (Pidgeon) ha l'occasione di uccidere Hitler, ma se la gioca – perché il suo fucile è scarico – e viene catturato dai nazisti. Riesce a scappare e si rifugia in Inghilterra, aiutato prima da un bambino poi da una prostituta (Bennett): qui si libererà delle spie tedesche che lo vogliono uccidere ed entra nella Raf per farsi paracadutare in Germania e ritentare il colpo. Sceneggiato da Dudley Nichols da un romanzo di Geoffrey Household, un film teso e incalzante, rifiutato da John Ford, pare, per motivi ideologici. Il Codice Hays impose di sfumare il ruolo della prostituta interpretato dalla Bennett (e così in casa di lei si vede in primo piano una macchina da cucire per dare l'impressione che sia una sarta!). Rifatto da Clive Donner per la Tv inglese col titolo *Rogue Male* (1976) e interpretato da Peter O'-Toole e Cyd Hayman.

Duello nell'Atlantico ** (*The Enemy Below*, Usa 1957, col, 98') Dick Powell. Con Robert Mitchum, Curt Jurgens, David Hedison, Theodore Bikel, Doug McClure, Russell Collins. ◆ Un cacciatorpediniere americano, comandato dal capitano Murel (Mitchum) e un sottomarino tedesco, guidato dal capitano Von Stolberg (Jurgens) durante la seconda guerra mondiale si affrontano senza esclusione di colpi nell'Atlantico del nord: come nemici si elimineranno vicendevolmente ma sapranno rispettarsi come uomini. Remake, dei *Dominatori del mare* (1931) di John Ford, più spettacolare ma un po' scontato nel suo ritratto di due cavallereschi nemici. Premio Oscar per gli effetti speciali a Walter Rossi.

Duello nel Pacifico **½ (*Hell in the Pacific*, Usa 1968, col, 103') John Boorman. Con Lee Marvin, Toshiro Mifune. ◆ Durante la seconda guerra mondiale, un aviatore americano (Marvin) precipita su un'isola sperduta del Pacifico dove si nasconde un soldato giapponese (Mifune): la lotta senza quartiere tra i due si trasformerà in solidarietà e poi in collaborazione per costruire una zattera con cui raggiungere un'isola abitata. Film estremo, con due soli personaggi, sempre sul punto di trasformarsi in una specie di esercitazione accademica sulla recitazione; evita questi pericoli con una bella dose di ironia e descrive uno dei punti centrali della riflessione di Boorman: qual è il rapporto dell'individuo con la propria storia sociale? Fino a che punto una persona può conservare le caratteristiche della propria cultura senza gli oggetti in cui essa si concretizza? L'apologo un po' troppo esplicito (quando, sulla nuova isola, i due trovano i resti delle proprie civiltà e di conseguenza ritrovano anche ciò che li divide – tra cui un numero di *Life* con le foto dei giapponesi morti – la solidarietà si rompe di nuovo) ma non sminuisce la forza della bella riflessione sull'aggressività umana e sul suo pessimistico destino. Negli Stati Uniti e in Inghilterra, il produttore impose un finale dove un bombardamento distrugge l'isola dove si sono rifugiati i due protagonisti, annullando così un'altra delle qualità del film, quella di essere un film di guerra dove la guerra non si vede mai.

Duello senza fine **½ (*Un Flic*, Francia 1947, b/n, 95') Maurice de Canonge. Con Lucien Coëdel, Raymond Pellegrin, Suzy Carrier, Michèle Martin, Gaby Bruyère, Jean- Jacques Delbo. ◆ Dopo la Liberazione, un falso partigiano (Pellegrin) si dà prima al mercato nero e progressivamente alla grande criminalità, entrando a far parte di una spietata banda di gangster. Il cognato poliziotto (Coëdel) cerca di riportarlo sulla retta via, ma invano. Attraverso la fenomenologia di un giovane debole e disorientato, appena rielaborata secondo un intreccio «nero» sceneggiato da Jacques Companeez, una lucida analisi dell'immediata situazione post-bellica, risolta in chiave semidocumentaristica. Nessuna ambizione, piuttosto un «realismo ordinario» attraverso il quale filtra tutta l'incertezza di un'epoca vista troppo spesso solo in termini di entusiastica ripresa.

Duello sulla Sierra Madre ** (*Second Chance*, Usa 1953, col, 81') Rudolph Maté. Con Linda Darnell, Robert Mitchum, Jack Palance, Reginald Sheffield, Fortunio Bonanova, Dan Seymour. ◆ Claire (Darnell), testimone di accusa contro un gangster, si rifugia in un paesino messicano per arrivare viva al processo. Qui si innamora di un pugile (Mitchum) che la aiuterà a sfuggire alla caccia di un killer (Palance). Melodramma di buon livello con qualche sfumatura nera, realizzato in 3D.

Duello tra i ghiacci *½ (*North Star*, Francia/Gb/Norvegia/Italia 1996, col, 88') Nils Gaup. Con Christopher Lambert, James Caan, Catherine McCormack, Burt Young, Jacques François. ◆ Alaska: il crudele McLennon (Caan) è disposto a tutto pur di impossessarsi di una concessione che il mezzosangue indiano Hudson (Lambert) non vuole sfruttare per rispettare i diritti della sua gente d'adozione. Anacronistico film d'avventure girato nei bei paesaggi norvegesi. Lambert, produttore esecutivo, fa il *free climbing* tra i ghiacci ed è più strabico del solito. All'adattamento del romanzo di Will Henry hanno messo mano, tra gli altri, Gilles Behat, Sergio e Lorenzo Donati.

Due mafiosi, I * (Italia/Spagna 1963, col, 90') Giorgio Simonelli. Con Franco Franchi, Ciccio Ingrassia, Aroldo Tieri, Mischa Auer, Moira Orfei, Gino Buzzanca, Isabella Biagini. ◆ Incaricati dal locale capomafia di trasportare una valigia dal natio paesino siciliano a Parigi, Franco Fisichella e Ciccio Spampinato accettano con entusiasmo pensando alle follie parigine. Uno scambio di valigie complicherà la situazione. Solo un pretesto per far vedere alcuni numeri di varietà, più o meno sexy, spacciati come show parigini.

Due mafiosi contro Goldginger *½ (Italia/Spagna 1965, col, 85') Giorgio Simonelli. Con Franco Franchi, Ciccio Ingrassia, Fernando Rey, Andrea Bosic, Gloria Paul, Rosalba Neri, George Hilton, Lino Banfi. ◆ Il megalomane Goldginger (Rey) e la sua organizzazione vogliono scatenare la guerra tra Usa e Urss per conquistare il potere planetario. I due fotografi ambulanti Franco e Ciccio, dopo innumerevoli vicissitudini, riescono a sconfiggere la banda. Frenetica parodia di James Bond in cui non manca neanche il maggiordomo coreano che al posto della bombetta tagliente lancia scarpe esplosive.

Due mafiosi dell'F.B.I., I → *Spie vengono dal semifreddo, Le*

Due mafiosi nel Far West * (Italia/Spagna 1964, col, 100') Giorgio Simonelli. Con Franco Franchi, Ciccio Ingrassia, Aroldo Tieri, Hélène Chanel, Fernando Sancho, Aldo Giuffré. ◆ I fratelli Franco e Ciccio Capone ereditano una miniera in America e si trovano a fare i conti con i più grandi miti del Far West, da Liberty Valance all'O.K. Corral, da Calamity Jane ai fratelli James. Sconfiggeranno tutto e tutti e ritroveranno la miniera d'oro avuta in eredità. Tentativo non riuscito di innestare i temi della comicità all'italiana su una materia «nobile» come quella western.

Due Maggiolini più matti del mondo, I * (Italia 1970, col, 87') Giuseppe Orlandini. Con Franco

Franchi, Ciccio Ingrassia, Fiorenzo Fiorentini, Gia Sandri, Katia Kristine, Dada Gallotti. ◆ Franco e Ciccio, commercianti siciliani trapiantati a Roma, sono sequestrati con le relative famiglie da due evasi in fuga per la Corsica. Faranno catturare i malviventi e intascheranno la taglia. Nullo.

Due maghi del pallone, I *½ (Italia 1970, col, 95') Mariano Laurenti. Con Franco Franchi, Ciccio Ingrassia, Karin Schubert, Elio Crovetto, Tiberio Murgia, Paola Tedesco. ◆ Ciccio Ingrassetti, incaricato di trovare un «mago del pallone» per allenare la squadra di Pizzusiccu, si rivolge per errore a un vero chiromante, K.K. (Franchi). Nonostante il malinteso, vinceranno il campionato. Impertinente presa in giro del carisma dell'allenatore Helenio Herrera, allora all'apice della popolarità.

Due magnifici fresconi, I * (Italia 1969, col, 92') Marino Girolami. Con Franco Franchi, Ciccio Ingrassia, Ennio Girolami, Franca Polesello, Valeria Fabrizi, Grazia Maria Spina. ◆ Per vendere una partita di vino a Milano, i due siculi Franco e Ciccio usano le rispettive mogli per sedurre e convincere i compratori. La faccenda non piace al genero, un boss mafioso, che mette sulle loro tracce alcuni killer. Non resta che vivere clandestinamente. Piccola parte per Ave Ninchi, non accreditata. Caotico e insulso.

Due marescialli, I ** (Italia 1961, b/n, 98') Sergio Corbucci. Con Totò [Antonio de Curtis], Vittorio De Sica, Gianni Agus, Arturo Bragaglia, Franco Giacobini, Mimmo Poli, Elvy Lissiak, Olimpia Cavalli, Ronald von Barthrop, Mario Castellani. ◆ Il ladruncolo Antonio Capurro (Totò) ruba la divisa al maresciallo Vittorio Cottone (De Sica). Ma siamo nei giorni successivi all'8 settembre e girare con la divisa di un carabiniere porta a una serie infinita di equivoci, anche per il maresciallo, che dopo essere stato derubato ha dovuto indossare la tonaca da prete con cui Capurro faceva i suoi furti. Da un soggetto di Totò (sceneggiato da Sandro Continenza, Bruno Corbucci e Giovanni Grimaldi), una commedia che sorride dell'idiosincrasia italiana per ogni fanatismo (qui impersonati dal podestà Pennica [Agus] e dal comandante tedesco Kessler [von Barthrop]) e le autorità costituite, riscattando i soliti sberleffi a base di pernacchie. Con una grande prova dei due protagonisti. Indimenticabile il «domenicano» con cui De Sica apostrofa il ladro Totò nella scena finale.

Due marinai e una ragazza ** (*Anchors Aweigh*, Usa 1945, col, 140') George Sidney. Con Gene Kelly, Frank Sinatra, Kathryn Grayson, José Iturbi, Dean Stockwell, Pamela Britton. ◆ Durante una breve licenza premio a Hollywood, due marinai (Kelly e Sinatra) cercano di ottenere dal pianista José Iturbi un'audizione per una comparsa (Grayson). L'esile spunto fa da base a uno sfavillante e coloratissimo musical con canzoni fortunate (Sinatra canta *I Fall in Love Too Easily* e la ninnananna di Brahms) e numeri coreografici tuttora efficacissimi: indimenticabile la danza di Kelly con Jerry, il topolino dei cartoon di Hanna e Barbera (coreografata da Stanley Donen), l'assolo al ritmo della *Cumparsita* e quella con i bambini a scuola. Pensato dalla Mgm per lanciare definitivamente Gene Kelly, il musical è una tappa importante nell'evoluzione del genere per il realismo dell'ambientazione e l'integrazione fra storia e numeri musicali (veri prolungamenti-sostituzioni della realtà e commenti espressivi). Rivisto oggi, il film appare un po' troppo lungo ed esageratamente patriottico. Oscar per la miglior colonna sonora e George Stoll. Conosciuto anche con il titolo *Canta che ti passa*.

Due marines e un generale *½ (Italia 1965, col, 101') Luigi Scattini. Con Franco Franchi, Ciccio Ingrassia, Buster Keaton, Martha Hyer, Barbara Loy, Lino Banfi. ◆ Ciccio e Franco allegri marine siculoamericani sono ad Anzio per distruggere il supercannone tedesco. Più incoscienti che impavidi portano a termine la missione travestiti uno da Hitler, l'altro da generale Von Kassler. Tentativo di parodia del genere bellico. Stringe il cuore a vedere il grandissimo Keaton, vecchio e stanco, annegare in questo mare di banalità.

Due mariti per un matrimonio ** (*Feeling Minnesota*, Usa 1996, col, 95') Steven Beigelman. Con Keanu Reeves, Vincent D'Onofrio, Cameron Diaz, Delroy Lindo, Courtney Love, Tuesday Weld, Dan Aykroyd, Levon Holm. ◆ Contabile per conto di un mafioso, Sam Clayton (D'Onofrio) fa sparire dei soldi e fa ricadere la colpa sulla donna (Diaz) che il boss gli ha assegnato come moglie. Ma il giorno del matrimonio la ragazza seduce Jack (Reeves), il fratello di Sam arrivato per le nozze, e fugge con lui provocando una serie di reazioni a catena. Sceneggiata dall'esordiente regista e coprodotta da Danny DeVito, una commedia indipendente non banale, che demolisce i resti del sogno americano procedendo per accumulazioni comiche quasi surreali (con un indimenticabile Aykroyd nel ruolo del detective sfigato) e spingendo il curioso cast verso una recitazione sempre più straniata. Il titolo originale cita una canzone dei Soundgarden.

Due mariti per volta *½ (*A Pair of Briefs*, Gb 1961, b/n, 91') Ralph Thomas. Con Michael Craig, Mary Peach, Brenda de Banzie, James Robertson Justice, Roland Culver, Liz Fraser, Ron Moody, Jameson Clark, Charles Helsop. ◆ Impiegati nello stesso ufficio legale, due avvocati alle prime armi, Toni Stevens (Craig) e Francine Pilbright (Peach), si trovano l'un contro l'altra in tribunale: scopriranno di amarsi e che certi clienti sono più furbi della giustizia. Tentativo fallito di sfruttare l'idea della *Costola di Adamo*: spariscono le implicazioni più serie del film di Cukor e nella sceneggiatura di Nicholas Phipps (tratta dalla pièce di Harold Brooke e Kay Bannerman) resta solo il cosiddetto umorismo all'inglese, fatto di sessualità repressa, ubriacature evidenti e troppi dialoghi.

Due metri di allergia ** (*The Tall Guy*, Gb 1989, col, 90') Mel Smith. Con Jeff Goldblum, Emma Thompson, Rowan Atkinson, Emil Wolk, Geraldine James. ◆ Dexter King (Goldblum), attore americano a Londra, cerca di farsi strada nel mondo dello spettacolo. Ma l'amore per una disponibile infermiera (Thompson), che ha incontrato per curare i propri starnuti allergici, gli farà prima perdere l'occasione della sua vita e poi trovare il ruolo per imporsi, quello di protagonista nel musical *The Elephant Man*. Esordio nel cinema di un veterano della commedia televisiva: regia scolastica ma qualche bella risata assicurata.

2010, l'anno del contatto ** (*2010*, Usa 1984, col, 114') Peter Hyams. Con Roy Scheider, John Lithgow, Helen Mirren, Bob Balaban, Keir Dullea. ◆ Una missione sovieticoamericana parte per Giove alla ricerca del Discovery, l'astronave di *2001: Odissea nello spazio* e del monolite che racchiude i segreti dell'Universo. Ma dovranno affrontare soprattutto l'ostilità che divide le due superpotenze. Il film comincia dove finisce quello di Kubrick e, sulla scia di un nuovo romanzo di Arthur C. Clarke, vuole dare delle risposte ai quesiti aperti dal primo film (e dal primo romanzo). Ma è impossibile non rimpiangere Kubrick. Gli effetti speciali portano la firma di Richard Edlund. Cammeo per lo scrittore Arthur C. Clarke, seduto sulla panchina nel parco di Washington.

2002, la seconda odissea **½ (*Silent Running*, Usa 1972, col, 89') Douglas Trumbull. Con Bruce Dern, Cliff Potts, Jesse Vint, Ron Rifkin. ◆ L'astronave Valley Forge deve conservare quello che resta della vegetazione terrestre, dopo che sul nostro pianeta la natura è stata distrutta dalle guerre nucleari. Quando il «giardiniere» (Dern) riceve l'ordine di distruggere tutto, disubbidisce e lascia andare la sua serra spaziale verso il nulla sperando che possa essere utilizzata da qualcun altro. Esordio nella regia del premio Oscar per gli effetti speciali di *2001*, che risponde al pessimismo di Kubrick con una dichiarazione di ottimismo ecologico. Uno dei pochi film (con il molto posteriore *Alien*) dove il peso degli effetti speciali non soffoca la dimensione umana del racconto. Anzi, Trumbull arriva a «umanizzare» i simpatici robot che aiutano Dern (bravissimo) nella sua opera. Poetico e affascinante. Tra gli sceneggiatori Michael Cimino.

2013 – La fortezza *½ (*Fortress*, Australia/Usa 1993, col, 95') Stuart Gordon. Con Christopher Lambert, Loryn Locklin, Kurtwood Smith, Jeffrey Combs. ◆ Guai a far troppi figli, nel futuro: si può rischiare di fare la fine del pluridecorato ufficiale Brennick (Lambert), che viene sottoposto a «lobotomie virtuali» in carceri superprotette, dalle quali però si può sempre evadere. Fantascienza a medio costo che saccheggia vent'anni di cinema, a partire dall'*Uomo che fuggì dal futuro*. Lambert è più simpatico dei vari Dolph Lundgren che interpretano questo genere di film, ma espressivo uguale.

2001: Odissea nello spazio **** (*2001: A Space Odyssey*, Gb 1968, col, 160') Stanley Kubrick. Con Keir Dullea, Gary Lockwood, William Sylvester, Daniel Richter. ◆ Nel prologo, un uomo-scimmia, forse influenzato da un monolite nero, scopre che un osso può essere usato come arma di offesa per sottomettere i più deboli. Quattro milioni di anni dopo, nel 2001, per cercare di spiegare cosa si nasconde dietro un immenso monolite nero, scoperto vicino alla base lunare di Clavius, un'astronave, guidata dal sofisticatissimo computer Hal 9000, parte alla volta di Giove con a bordo due astronauti, Frank Poole (Lockwood) e David Bowman (Dullea) e tre scienziati ibernati. Ma durante il viaggio il computer si ribella agli ordini e causa la morte dei tre scienziati e di Poole. Bowman riuscirà a disattivarlo ma verrà risucchiato in un'altra dimensione spaziotemporale che lo farà arrivare in una stanza settecentesca dove, invecchiatissimo, rivede il monolite nero e rinasce sotto forma di feto che galleggia sopra la Terra. Rielaborando con l'autore tre racconti di Arthur C. Clarke (*La sentinella*, scritto nel 1948, *Encounter in the Dawn*, 1950 e *Guardian Angel*, 1950) Kubrick realizza la sua opera più ambiziosa, «il primo film, dai tempi di *Intolerance*, che sia una superproduzione e nello stesso tempo un film sperimentale», uscito, non bisogna dimenticarlo, più di un anno prima dell'arrivo dell'uomo sulla luna (e pensato a partire dal 1964). Il centro del film è il legame che unisce l'Uomo al Tempo e allo Spazio e i suoi rapporti con la tecnologia e l'utilizzo della scienza, ma questa riflessione non passa attraverso un racconto più o meno ben articolato, quanto attraverso il tentativo di rappresentare visivamente queste esperienze. Come ha detto Kubrick: «ognuno è libero di speculare a suo gusto sul significato filosofico e allegorico del film. Io ho cercato di rappresentare un'esperienza visiva, che aggiri la comprensione per penetrare con il suo contenuto emotivo direttamente nell'inconscio». E anche in tv, senza la forza del grande schermo (il film è girato nel formato 70mm superpanavision), le scene finali (ispirate al regista dall'assunzione di allucinogeni) conservano la forza visiva e rimangono una delle prove più alte della magia del cinema. Il nome di Hal 9000 nasce dalle iniziali che compongono i due metodi di conoscenza e comunicazione: heuristic (euristico) e algorithmic (algoritmico), ma è anche un criptico «omaggio» all'Ibm, perché il nome del computer è stato inventato da Kubrick utilizzando le lettere che, nell'alfabeto, precedono quelle della famosa società. Grande popolarità per il brano di Richard Strauss da *Così parlò Zarathustra* che accompagna alcune delle scene più suggestive nello spazio. All'origine durava 160', ridotti da Kubrick a 141'.

2022: i sopravvissuti *** (*Soylent Green*, Usa 1973, col, 97') Richard Fleischer. Con Charlton Heston, Edward G. Robinson, Leigh Taylor-Young, Chuck Connors, Joseph Cotten, Brock Peters. ◆ Nella New York del 2022, dove è garantita l'eutanasia per chiunque, i suoi 30 milioni di abitanti si nutrono di strani alimenti prodotti dalla potente industria Soylent (acrostico da soybean e lentils, semi di soia e lenticchie). Indagando su di un assassinio il detective Thorn (Heston), aiutato dal vecchio Sol Roth (Robinson), che divide con lui la casa, scopre gli ingredienti di quel cibo. Ma qualcuno non vuole che l'investigatore divulghi quello che ha scoperto. Adattamento di un classico della fantascienza – *Make room! Make room!* di Harry Harrison – il film punta il suo fascino non sugli scenari futuristici (anzi, è improbabile che nel XXI secolo tutto sia così simile a oggi) ma sulla apocalittica visione del destino dell'uomo e della voracità cannibalesca del potere. Belle le ambientazioni in una New York notturna e decadente, costantemente avvolta in una nebbia inquinante, superbe le interpretazioni di Charlton Heston e di E.G. Robinson nel suo ultimo, commovente, ruolo.

Due milioni per un sorriso *½ (Italia 1939, b/n, 77') Carlo Borghesio, Mario Soldati. Con Enrico Viarisio, Elsa De Giorgi, Dhia Cristiani, Giuseppe Porelli, Sandra Ravel, Romolo Costa, Pina Renzi. ◆ Arricchitosi in America, un industriale (Viarisio) torna in Italia e produce un film sulla donna che aveva amato in gioventù e non più rivista. Non gli servirà a molto, ma in compenso il regista del film troverà l'amore. La terza prova di Soldati dietro la macchina da presa: tocco leggero e qualche raffinatezza formale.

Due mine vaganti → *Rush Hour - Due mine vaganti*

Due mogli sono troppe *½ (Italia/Gb 1951, b/n, 90') Mario Camerini. Con Lea Padovani, Griffith Jones, Kieron Moore, Sally Ann Howes. ◆ Un ex militare inglese (Jones) torna con la moglie (Howes) in un paese italiano dove era entrato come primo «liberatore» dopo la ritirata tedesca: grandi feste, ma anche l'accusa di aver sedotto e abbandonato una bella ragazza del luogo (Padovani), ora madre di un bambino. Da un soggetto di Suso Cecchi d'Amico e Antonio Pietrangeli (tra gli sceneggiatori poi figura Franco Brusati), una coproduzione italoinglese stranamente di maniera: Camerini riesce, qua e là, a lasciare qualche impronta, ma la sua tipica «anglofilia», espressasi al meglio nelle produzioni italiane degli anni Trenta, qui risulta curiosamente frustrata e beffata. L'ornitologo sul treno è Roger Moore.

Due mondi di Charlie, I **½ (*Charlie* Usa 1968, col, 106') Ralph Nelson. Con Cliff Robertson, Claire Bloom, Lilia Skala, Leon Janney, Ruth White. ◆ Il minorato mentale Charlie Gordon (Robertson), costantemente battuto nei test dal topino Algernon, dopo un'operazione riacquista l'intelligenza e diventa uno studioso della sua vecchia malattia, ma un giorno scopre che Algernon, a cui era stato fatto il medesimo intervento, sta regredendo al suo stadio originale. Commovente adattamento del racconto *Fiori per Algernon* di Daniel Keys (ben sceneggiato da Stirling Silliphant), il film è un'appassionante riflessione sull'uomo – anche se il regista non evita qualche ricatto melodrammatico – che si chiude su una visione di agghiacciante pessimismo. Meritato l'Oscar per la miglior interpretazione a Cliff Robertson.

Due nella folla *½ (*Two in a Crowd*, Usa 1936, b/n, 85') Alfred E. Green. Con Joan Bennett, Joel McCrea, Henry Armetta, Alison Skipworth, Nat Pendleton, Elisha Cook jr. ◆ Un ragazzo squattrinato (McCrea) possiede un cavallo che è la sua grande passione: con la sua ragazza (Bennett) investiranno i mille dollari trovati per caso l'ultimo dell'anno per far vincere una importante gara al cavallo e godersi il premio. Commediola sostenuta soprattutto dalla verve dei due protagonisti.

Due nella tempesta *** (*Millions Like Us*, Gb 1943, b/n, 103') Frank Launder, Sidney Gilliat. Con Patricia Roc, Eric Portman, Gordon Jackson, Anne Crawford, Joy Shelton, Megs Jenkins, Terry Randall. ◆ Durante la seconda guerra mondiale, Celia (Roc) lascia la famiglia per lavorare in una fabbrica di munizioni, dove si confronterà con donne di altre regioni e altre classi sociali – come la gallese Gwen (Jenkins) e l'aristocratica Jennifer (Crawford) – e proverà sulla sua pelle la tragicità della guerra. Nato da una esplicita sollecitazione del ministero dell'Informazione che voleva un film propagandistico sullo sforzo bellico, il film d'esordio degli sceneggiatori Launder e Gilliat riesce a «fondere, sull'onda di una profonda partecipazione emotiva e di un astuto mestiere, il rigore programmatico dei film "ufficiali" e la casalinga bonarietà delle produzioni popolaresche». Alternando sapientemente materiale di repertorio a riprese documentarie, utilizzando soldati, pompieri e aviatori veri come comparse, giocando sull'equilibrio drammatico che si crea con l'alternarsi di storie private e momenti collettivi, i due registi costruiscono un elogio per niente scontato dello spirito di gruppo che passa attraverso le emozioni private e che sa «trasformare un manifesto sociale e ideologico in un romanzo». Indimenticabile l'ultima scena, quando Celia, che ha appena saputo la morte del marito in guerra, finisce per unirsi, dopo un lunghissimo e drammatico zoom sul suo viso, al coro degli operai e delle amiche, mentre una dissolvenza incrociata dal suo volto agli aerei in volo sancisce la sua capacità di superarare il dolore all'interno della comunità in cui lavora.

Due nel mirino *½ (*Bird on a Wire*, Usa 1990, col, 112') John Badham. Con Mel Gibson, Goldie Hawn, David Carradine, Bill Duke, Stephen Tobolowsky. ◆ Marianne e Rick (Hawn e Gibson), due ex hippie ora saldamente integrati nel sistema, sono inseguiti da onnipresenti killer che vogliono la pelle dell'uomo, un tempo complice di un grosso traffico di droga, ma poi collaboratore dell'Fbi. Notevole sforzo tecnicoproduttivo per una commedia on the road, con musiche rigorosamente anni Sessanta, che conferma la tendenza hollywoodiana al «cinema Rank Xerox» in cui nulla si inventa e tutto si ricicla.

Due nemici, I ** (Italia 1961, col, 104') Guy Hamilton. Con David Niven, Alberto Sordi, Amedeo Nazzari, Michael Wilding, Harry Andrews, Aldo Giuffré, Tiberio Mitri. ◆ Abissinia 1941: il capitano Blasi (Sordi) favorisce la fuga dell'ufficiale inglese suo prigioniero (Niven) perché possa riferire ai superiori l'esiguità delle forze italiane e li lasci fuggire indisturbati. Naturalmente avviene il contrario, gli italiani sono catturati ma poi i nemici solidarizzano di fronte al comune pericolo degli abissini. Un film divertente, molto amato dal pubblico, che ironizza con un certo garbo sulla mitologia della guerra e del nostro «glorioso» passato.

Due notti con Cleopatra ** (Italia 1954, col, 78') Mario Mattoli. Con Sophia Loren, Alberto Sordi, Paul Müller, Ettore Manni, Alberto Talegalli, Giacomo Furia, Enzo Garinei. ◆ L'ingenuo ufficiale Cesarino (Sordi) innamorato di Cleopatra (Loren), finalmente riesce a conoscerla ma non si accorge che si tratta, in realtà, di una impaurita sosia; dopo mille vicissitudini finirà per sposarla. Uno dei primi ruoli da protagonista per la Loren, in questa parodia dei kolossal storici: in una scena la si dovrebbe vedere con i seni nudi (come testimonia una fotografia celeberrima) ma nelle copie in commercio questa scena non c'è, così come è più facile vedere il film in bianco e nero che nell'originale Ferraniacolor.

Due occhi diabolici *½ (Italia 1990, col, 120') George A. Romero, Dario Argento. ◆ Film a episodi. In *I fatti nel caso di Mister Valdemar* (George A. Romero. Con Adrienne Barbeau, Ramy Zada, E.G. Marshall, Christine Forrest) una moglie che si vuole impadronire del patrimonio del marito lo tiene in vita con l'ipnotismo, ma scatena un processo irreversibile; in *Il gatto nero* (Dario Argento. Con Harvey Keitel, Madeleine Potter, John Amos, Martin Balsam, Sally Kirkland) si racconta la storia di un fotografo sadico, che prima uccide un gatto nero, e poi impazzisce. Ispirato a due racconti di Poe, girati negli Usa con soldi italiani, il film punta troppo su effettacci da baraccone: il primo episodio (un apologo sull'avidità umana) ha una certa tensione, mentre il secondo, nonostante abbia meno manierismi argentiani del previsto, scende sensibilmente di tono.

Due occhi di ghiaccio *½ (*Blue*, Gb 1968, col, 113') Silvio Narizzano. Con Terence Stamp, Joanna Pettet, Karl Malden, Ricardo Montalban, Sally Kirkland. ◆ Un orfano (Stamp), membro di una banda messicana che razzia il Texas, salva dalle brame dei compagni una tenera ragazza (Pettet) e rimane a vivere con lei. Uno dei tanti western prodotti in serie: nessuna originalità, ma una bella fotografia di Stanley Cortez.

Due ore ancora **½ (*D.O.A.*, Usa 1949, b/n, 83') Rudolph Maté. Con Edmond O'Brien, Luther Adler, Pamela Britton, Neville Brand, Beverly Campbell, Lynn Baggett. ◆ In vacanza a San Francisco, un contabile (O'Brien) scopre di essere stato avvelenato. Ha solo due giorni di vita per scoprire chi lo ha ucciso e perché. Film nero dalla premessa geniale, avvincente e calato in un'atmosfera da incubo, girato quasi tutto nella vera San Francisco. La sceneggiatura di Russell Rouse e Clarence Green (che si ispira a un film tedesco del 1931 inedito in Italia, *Der Mann, der seinen Mörder sucht*, diretto da Robert Siodmak e sceneggiato, tra gli altri, da Billy Wilder) esagera un po' in colpi di scena e trovate – come il veleno luminescente senza antidoto – ma la regia di Maté è perfetta nel tener alta la tensione (bellissima la scena d'apertura così come la fuga del protagonista che si rifugia in un drugstore). Rifatto nel 1969 (*L'uomo che doveva uccidere il suo assassino*) e nel 1988 (*D.O.A.*).

Due ore meno un quarto avanti Cristo *½ (*Deux heures moins le quart avant Jésus-Christ*, Francia 1982, col, 95') Jean Yanne. Con Coluche [Michele Colucci], Michel Serrault, Jean Yanne, Françoise Fabian, Michel Auclair, Michel Constantin, Valérie Mairesse, Mimi Coutelier, Darry Cowl. ◆ Giulio Cesare (Serrault) è in vacanza nella colonia africana di Rahatlocum, dove un gruppo di popolani, guidato dal garagista Ben Hur Marcel (Coluche) vorrebbe ribellarsi al potere imperiale. Ma Cleopatra (Coutelier) riconosce nel garagista ribelle suo fratello e lo fa nominare faraone Aminemephet, principe d'Egitto. Farsa goliardica dall'intreccio inesplorabile, dove Yanne (che interpreta il tassista Paulus) utilizza a piene mani l'anacronismo per far ridere (la nascita di Cristo è annunciata per radio, i giochi sono trasmessi alla tv). Tentativo non riuscito di ripercorrere la comicità dei Monty Python.

Due orfanelle, Le **½ (*Orphans of the Storm*, Usa 1922, b/n, 170') David Wark Griffith. Con Lillian Gish, Dorothy Gish, Joseph Schildkraut, Frank Losee, Catherine Emmet, Lucille La Verne, Monte Ble. ◆ Parigi, 1789: Henriette e Louise Girard, dopo aver subìto la tirannia dell'adottiva Madame Frochard (La Verne), conoscono una brutale separazione: la prima (L. Gish) è rapita da un aristocratico dissoluto, il cavaliere di Vaudry (Schildkrant), mentre la seconda (D. Gish) finisce per strada a chiedere l'elemosina. Quando si ritrovano, è ormai scoppiata la rivoluzione e rischiano la ghigliottina. Le salverà Danton (Ble), arrivato in extremis dopo una forsennata corsa a cavallo per la città insorta. Ultima opera significativa di Griffith, ispirata all'omonimo romanzo di Adolphe-Philippe d'Ennery ed Eugène Cormon e realizzata sull'onda del successo di *Madame Dubarry* di Lubitsch (1919): ne fece un melodramma appassionato ma poco rispettoso della realtà storica, specie per quello che riguarda la Rivoluzione francese di cui dà un'immagine decisamente reazionaria e violenta. Fu una produzione complessa e molto costosa (Parigi venne ricostruita su un'area di 50 mila mq, una singola scenografia arrivò a costare 60 mila dollari), che sullo schermo rivelò tutta la sua macchinosità a scapito del dinamismo e della spettacolarità dello stile di Griffith. In effetti di autenticamente griffithiano sembra esservi solo la sequenza finale, quella del «salvataggio all'ultimo minuto» così caro all'inventore del montaggio parallelo: il resto appare soffocato dal faticoso splendore della messa in scena. I costumi sono un po' troppo anni Venti per essere un film ambientato durante la Rivoluzione francese. Buono il successo all'epoca, ma la United Artists non riuscì a pagare i debiti contratti. Un remake francese (Maurice Tourneur, 1933) e tre italiani (Carmine Gallone, 1942; Giacomo Gentilomo, 1951; Riccardo Freda, 1966).

Due orfanelle, Le *½ (*Les deux orphelines*, Francia 1933, b/n, 87') Maurice Tourneur. Con Rosine Deréan, Renée Saint-Cyr, Yvette Guilbert, Emmy Lynn, Jean Martinelli, Gabriel Gabrio, Pierre Magnier. ◆ Nella Parigi prerivoluzionaria due orfane che si amano come sorelle vengono divise: Enrichetta (Saint Cyr) viene rapita da un marchese libertino, la cieca Luisa (Deréan) viene costretta dalla crudele megera Frochard (Guilbert) a mendicare. Ma dopo mille vicissitudini, Enrichetta potrà sposare il suo vero amore e Luisa, dopo aver ritrovato la vista troverà anche la madre, la contessa de Lignières. Primo adattamento sonoro del romanzo di Adolphe-Philippe d'Ennery e Eugène Cormon, già portato sullo schermo, tra gli altri, da Griffith, nel 1922. Tourneur avrebbe voluto ambientarlo nel 1804, ma la produzione glielo impedì: ne uscì un film ben fatto, curato nelle scenografie, ma non molto appassionante. La copia originale, che durava 100' è data per perduta. Rifatto nel 1942, nel 1954 e nel 1966.

Due orfanelle, Le ** (Italia 1942, b/n, 95') Carmine Gallone. Con Alida Valli, Maria Denis, Osvaldo Valenti, Roberto Villa, Enrico Glori, Otello Toso, Germana Paolieri, Memo Benassi, Tina Lattanzi. ◆ Le vicissitudini di due sorelle adottive nella Francia sull'orlo della rivoluzione: Enrichetta (Valli) è rapita da un nobile geloso del proprio nipote, la cieca Luisa (Denis) è sfruttata da una megera. Ma la loro odissea si concluderà felicemente: Luisa ritrova la vista e la madre, Enrichetta sposa il nipote del suo persecutore. La miglior riduzione sonora del celeberrimo romanzo di Adolphe-Philippe d'Ennery e Eugène Cormon (sceneggiata da Guido Cantini), accurata nelle scenografie, appassionante nei suoi colpi di scena e soprattutto molto ben recitata dalle due protagoniste; bella fotografia di Anchise Brizzi.

Due orfanelle, Le *½ (Italia/Francia 1954, col, 95') Giacomo Gentilomo. Con Miriam Bru, Milly Vitale, André Luguet, Franco Interlenghi, Jacques Castelot, Nadia Gray, Andrea Checchi, Paolo Poli, Alessandro Fersen. ◆ Nella Francia prerivoluzionaria, due sorelle adottive devono sopportare i duri colpi della sorte: Luisa (Vitale) è cieca e costretta a mendicare da una megera, Enrichetta (Bru) è rapita da un marchese libertino. Ma il lieto fine è inevitabile. Terzo adattamento sonoro del romanzo di Adolphe-Philippe d'Ennery e Eugène Cormon, che non risparmia lacrime e singhiozzi ma richiede anche un'ingenuità quasi infantile.

Due orfanelle, Le *½ (*Les deux orphelines*, Francia/Italia 1966, col, 97') Riccardo Freda. Con Valeria Ciangottini, Mike Marshall, Sophie Darès, Jean Desailly, Simone Valère, Jean Carmet. ◆ Due orfane arrivano a parigi nel 1783: Enrichetta (Darès) è rapita da un nobile libertino; Luisa (Ciangottini), che è cieca, viene costretta a mendicare da una megera. Ma il destino farà loro ritrovare la madre e ridarà l'amore a Enrichetta e la vista a Luisa. Per il suo primo film prodotto in Francia, Freda adatta il celeberrimo romanzo di Adolphe-Philippe d'Ennery e Eugène Cormon ma non riesce a ritrovare l'entusiasmo dei suoi film popolari girati negli anni Cinquanta: c'è un tema molto caro al regista – l'ossessione della giovinezza – ma non basta a riscattare tutto il film.

Due orfanelli, I *½ (Italia 1947, b/n, 85') Mario Mattoli. Con Totò [Antonio de Curtis], Carlo Campanini, Isa Barzizza, Nerio Bernardi, Franca Marzi, Luigi Almirante, Galeazzo Benti, Mario Castellani, Raimondo Vianello. ◆ Nella Francia di metà Ottocento, due attempati orfanelli, Gasparre (Totò) e Battista (Campanini), scoprono grazie a una chiromante di essere figli rispettivamente di un conte e del boia di Parigi... peccato che fosse solo un sogno. Cosceneggiato da Age [Agenore Incrocci], il film utilizza scene e costumi di un altro film di Mattoli, *Il fiacre numero 13*, e inevitabilmente ne risente nella logica narrativa. Qualche divertente numero di Totò, quando deve evitare le vendette dello zio Filippo (Bernardi) che gli aveva usurpato il titolo, e molte battute che ironizzano sull'attualità politica.

Due o tre cose che so di lei *** (*Deux ou trois choses que je sais d'elle*, Francia 1966, col, 95') Jean-Luc Godard. Con Marina Vlady, Anny Duperey, Roger Montsoret, Raoul Lévy, Christophe Bourseillier, Claude Miller, Jean Narboni, Juliet Berto. ◆ La parigina Juliette Jeanson (Vlady), con un lavoro, un marito, un figlio, si prostituisce occasionalmente per soddisfare i bisogni indotti dal consumismo. E ne spiega i motivi in un'intervista, mentre la sinistra politica (rappresentata dal marito e da un suo amico che captano con la radio la voce di Johnson che annuncia i bombardamenti sul Vietnam) sembra chiusa nella propria impotenza. Ma il film, che prende spunto da un'inchiesta di Catherine Vimonet pubblicata su *Le nouvel observateur*, non si limita a indagare nella vita di Juliette, vuole raccontare contemporaneamente anche l'ambiente in cui la donna vive. E infatti il «lei» del titolo non si riferisce alla donna ma alla regione parigina, che in quegli anni veniva risistemata urbanisticamente (nel film, tra una sequenza e un'intervista, si vedono i lavori che dovranno dare un nuovo volto a Parigi). Il risultato è un film molto composito, che osserva la mutazione nei comportamenti sociali e nei rapporti umani e che elabora una forma di cinema (con continui richiami all'artificialità del testo e alla negazione del naturalismo, come la presentazione brechtiana dell'attrice Marina Vlady che dovrà recitare il ruolo di Juliette) grazie a cui sia possibile trasformare in «personaggio» una condizione tipica della sociologia del reale, come è appunto la vita nelle megalopoli del capitalismo avanzato.

Due padri di troppo *½ (*Father's Day*, Usa 1997, col, 99') Ivan Reitman. Con Robin Williams, Billy Crystal, Charlie Hofheimer, Nastassja Kinski, Bruce Greenwood, Patti D'Arbanville, Jared Harris, Julia Louis-Dreyfus. ◆ Il figlio Scott (Hofheimer) scappa di casa, e la madre (Kinski) gli sguinzaglia dietro due ex amanti – l'avvocato di successo Jack (Crystal) e lo scrittore fallito Dale (Williams) – cui fa credere separatamente di essere il vero genitore. A corto di idee, Hollywood si rifugia nell'ennesimo remake (Lowell Ganz e Babaloo Mandel adattano *Les compères – Noi siamo tuo padre*). Inevitabile che il ritmo di gag ed equivoci e il gigionismo di Williams facciano scattare la risata, ma malgrado una curiosa scorrettezza politica (i due presunti padri sono scambiati spesso per pedofili) è solo aria fritta. Comparsata per Mel Gibson.

Due palle in buca * (*Caddyshack II*, Usa 1988, col, 93') Allan Arkush. Con Jackie Mason, Robert Stack, Dyan Cannon, Dina Merrill, Jessica Lundy, Chynna Philips, Jonathan Silverman, Randy Quaid, Chavy Chase, Dan Aykroyd, Brian McNamara. ◆ Per assecondare la voglia di elevazione sociale della figlia (Lundy), il neoricco Jack Hartounian (Mason) cerca di farsi ammettere al golfclub Bushwood, ma i suoi modi non formali (e la sua idea di costruire case popolari in una zona residenziale) scatena l'opposizione degli altri soci. Seguito solo di nome di *Caddyshack* (1980, di Harold Ramis, inedito in Italia), dove l'idea di dare voce alle rivendicazioni sociali della classe media contro gli snobismi di una certa America naufraga dopo neanche mezz'ora in un lunapark di battute e situazioni ora demenziali (le ingegnose mazze da golf di Jack, il killer pasticcione interpretato da Aykroyd) ora francamente insulse. L'unico sorriso lo strappa la talpa-squalo durante i titoli di testa. Sceneggiatura di Harold Ramis e Peter Torokvei.

Due pantofole e una ragazza ** (*Lady on a Train*, Usa 1945, b/n, 93') Charles David. Con Deanna Durbin, Ralph Bellamy, David Bruce, Dan Duryea, George Coulouris. ◆ Una donna (Durbin) è convinta di avere assistito a un omicidio dal finestrino del treno, ma solo uno scrittore di gialli accetta di crederle. Scopriranno l'assassino e si sposeranno. Commedia noir di buon livello tratta da un racconto di Leslie Charteris.

Due pericoli pubblici, I *½ (Italia 1964, col, 90') Lucio Fulci. Con Franco Franchi, Ciccio Ingrassia, Margaret Lee, Linda Sini, Riccardo Garrone, Gianni Dei. ◆ Per colpa di due fratelli ladri (Franchi e Ingrassia) tanto incalliti quanto maldestri, fallisce la truffa di una banda. Per sfuggire alle ire del capo i due ne combinano di ogni colore e fanno addirittura esplodere due bombe atomiche. Finiscono in Paradiso dove cercano di rubare l'aureola a san Pietro. Pallida eco del *Dottor Stranamore* con visione antievangelica del Paradiso.

Due per la strada *** (*Two for the Road*, Usa 1967, col, 104') Stanley Donen. Con Audrey Hepburn, Albert Finney, Williams Daniels, Claude Dauphin, Nadia Gray, Jacqueline Bisset, Georges Descrières. ◆ Sul punto di separarsi dopo dodici anni di matrimonio, Joanna e Mark Wallace (Hepburn e Finney) ricorda gli anni felici trascorsi insieme e ritrova la forza di ricominciare. Interpretato con trasporto e ottimamente diretto, il film riesce a trasmettere, sotto una struttura da commedia sofisticata e un complicato ma inappuntabile rimando di flashback, un'amarezza pungente; Donen utilizza il brio di un argomento in fondo classico (una coppia rivive il passato) per trasmettere un discorso in realtà amaro e modernissimo sulla crisi della coppia. Bella colonna sonora di Henry Mancini. Sceneggiatura di Frederic Raphael.

Due pezzi di pane **½ (Italia 1978, col, 110') Sergio Citti. Con Vittorio Gassman, Philippe Noiret, Gigi Proietti, Anna Melato, Alessandro La Torre. ◆ Due suonatori ambulanti, Pippo Mifà (Gassman) e Peppe Doré (Noiret) hanno, senza saperlo, la stessa amante (Melato), che muore mettendo alla luce un figlio, Piripicchio (La Torre). Per un po' crescerà felice con i due uomini, ma poi, col passare degli anni, diventerà crudele e cinico, figlio perfetto dei nostri tempi, e i due padri, abbandonati da Piripicchio, si lasceranno morire di dolore. Triste apologo sulla fine di certe atmosfere romane degli anni Cinquanta, generose e amicali, quando ancora si andava in osteria a ridere e bere insieme, fatte morire dai freddi e cementificati anni Settanta. Scritto da Citti con Giulio Paradisi (e il contributo di Pasolini) è un film decisamente inconsueto nel panorama italiano, non perfettamente padroneggiato e un po' troppo malinconico nel suo rimpianto, ma originale e coraggioso. Lo scrittore Paolo Volponi interpreta il ruolo del giudice.

2 pompieri, I * (Italia 1968, col, 90') Bruno Corbucci. Con Franco Franchi, Ciccio Ingrassia, Monica Pardo, Dante Maggio, Lino Banfi. ◆ L'allievo pompiere Francesco Perricone (Franchi) è in eterna lotta col brigadiere Barrese (Ingrassia), perché entrambi aspirano alle grazie di Caramella. Ma nel momento del bisogno saranno capaci di collaborare. Settimo film girato nel 1968 dal duo siciliano. Ripetitivo.

Due ragazze e un marinaio ** (*Two Girls and a Sailor*, Usa 1944, b/n, 124') Richard Thorpe. Con June Allyson, Gloria DeHaven, Van Johnson, Tom Drake, Jimmy Durante, José Iturbi, Lena Horne, Xavier Cugat e la sua orchestra. ◆ Due sorelle soubrette (Allison e DeHaven) allietano i militari della seconda guerra mondiale con i loro spettacoli. Entrambe troveranno l'amore (Johnson e Drake). Musical dalla trama inesistente ma con qualche piacevole numero (*My Mather Told Me* e *A Love like Ours*).

Due ragazze innamorate **½ (*The Incredibly True Adventure of Two Girls in Love*, Usa 1995, col, 90') Maria Maggenti. Con Laurel Holloman, Maggie Moore, Kate Stafford, Sabrina Artel, Toby Poser. ◆ Randy (Holloman) gestisce una pompa di benzina e vive con la zia lesbica e la sua amante. Un giorno, da una Range Rover scende Evie, bella e ricca afroamericana (Nicole Parker): è amore a prima vista, ma le rispettive famiglie si oppongono. La Maggenti, anche autrice della sceneggiatura, mette molta carne al fuoco (i pregiudizi non riguardano solo la sessualità ma anche la razza e il censo), ma fortunatamente rifugge dal *politically correct* e si lascia andare con raffinata naturalezza al racconto di una storia d'amore che cresce pian piano e non si dimentica. Notevoli le due attrici protagoniste, praticamente esordienti.

Due ragazzi e un leone *½ (*Napoleon and Samantha*, Usa 1972, col, 92') Bernard McEveety. Con Michael Douglas, Jodie Foster, Will Geer, Johnny Whitaker. ◆ Per impedire che un docile leone venga rinchiuso in uno zoo, due ragazzi lo rapiscono per ottenere che venga loro affidato. Zuccherosa produzione Disney in cui debutta la giovane Jodie Foster.

Due rivali, I *½ (*The Cock-eyed World*, Usa 1929, 1189) Raoul Walsh. Con Victor MacLaglen, Edmund Lowe, Lily Damita, Lelia Karnelly, El Brendel. ◆ Il capitano Flagg (MacLaglen) e il sergente Quilt (Lowe) vengono mandati come marines nei mari del Sud: e ancora una volta una donna (Damita) rischia di infrangere la loro amicizia. Il seguito di *Gloria*, tratto da una pièce degli stessi Laurence Stallings e Maxwell Anderson. Caduta la patina antimilitarista, rimane il gusto picaresco e il tema dell'amicizia maschile. Grande successo all'epoca, poco che possa interessare lo spettatore odierno. Girato muto con accompagnamento sincronizzato. Seguito da *Sempre rivali*.

Due rrringos nel Texas * (Italia 1967, col, 94') Marino Girolami. Con Franco Franchi, Ciccio Ingrassia, Gloria Paul, Hélène Chanel, Enzo Andronico. ◆ Franco Caterina e il sergente Ciccio Stevens, arruolati nell'esercito sudista, insieme al cavallo parlante Ciro sfidano banditi, indiani ed esercito nemico alla ricerca di un fantastico tesoro. Tentativo di sfruttare alcune situazioni rese celebri da Sergio Leone.

Due samurai per cento geishe * (Italia 1962, col, 98') Giorgio Simonelli. Con Franco Franchi, Ciccio Ingrassia, Margaret Lee, Mario Carotenuto, Rossella Como, Gianni Agus, Vittorio Congia, Riccardo Billi, Enzo Andronico. ◆ Franco e Ciccio ereditano una grossa somma da un loro lontano parente giapponese, ma per riscuoterla devono diventare samurai. Solo in extremis sapranno salvarsi dalla minaccia di sette samurai che vogliono vendicare su loro i conti in sospeso con il defunto. Franco e Ciccio, all'inizio della loro carriera, in un film che fa ricorso ancora a molte spalle comiche del cinema popolare italiano e ad alcune suggestioni esotiche.

Due sanculotti, I * (Italia 1966, col, 90') Giorgio Simonelli. Con Franco Franchi, Ciccio Ingrassia, Barbara Carrol, Luigi Pavese, Giustino Durano, Oreste Lionello. ◆ Nel 1789 Franco e Ciccio La Capra piombano a Parigi da Caltanissetta in cerca di lavoro. La straordinaria somiglianza di Franco con il fratello del re provoca molti equivoci e allo scoppio della rivoluzione solo l'intervento della Primula Rossa li salva dalla ghigliottina. Scontato.

Due sconosciuti, un destino *½ (*Love Field*, Usa 1993, col, 104') Jonathan Kaplan. Con Michelle Pfeiffer, Dennis Haysbert, Stephanie McFadden, Brian Kerwin, Louise Latham. ◆ Dallas, 1963: casalinga e kennediana convinta, Lurene Hallett (Pfeiffer), alla morte del presidente, molla tutto per andare ai funerali a Washington. In viaggio incrocia un nero (Haysbert) che ha appena rapito la figlia da un orfanotrofio: dopo gli equivoci iniziali (sarà mica un bruto?), è subito amore. Il cinema *politically correct* dell'èra Clinton: facile immaginarsi il Poitier di trent'anni fa al posto dell'aitante Haysbert. Buone intenzioni, buoni sentimenti, cinema mediocre.

Due seduttori, I * (*Bedtime Story*, Usa 1964, col, 99') Ralph Levy. Con Marlon Brando, David Niven, Shirley Jones, Dody Goodman, Marie Windsor. ◆ Due cinici seduttori, un caporale americano di stanza in Europa (Brando) e un presunto nobile decaduto (Niven) si competono le grazie della bella Janet (Jones), scambiata per la figlia del «re del sapone». Ma questa volta uno dei due si innamorerà. Un testo di insopportabile misoginia, diretto senza idee da un ex regista televisivo, dove Brando offre il peggio della sua gigioneria (tra cui una scena in cui si finge paralitico su una sedia a rotelle, e che sembra scandalosamente autoparodiare la sua famosa interpretazione di *Uomini*). Rifatto da Frank Oz con il titolo *Due figli di...* (1988).

Due sergenti, I *½ (Italia 1936, b/n, 93') Enrico Guazzoni. Con Gino Cervi, Mino Doro, Antonio Centa, Evi Maltagliati, Luisa Ferida, Lamberto Picasso, Ugo Ceseri, Nella Maria Bonora, Enzo Biliotti, Nicola Maldacea. ◆ Il sergente dell'esercito napoleonico Guglielmo Salvoni (Cervi), arrestato con il commilitone Roberto Magni (Doro) per aver permesso a una madre di forzare il blocco sanitario intorno a una città infettata di vaiolo, è in realtà il comandante Federico Martelli, costretto a cambiare nome e lasciare la famiglia perchè accusato ingiustamente di tradimento: condannato a morte per dare un esempio, Salvoni riuscirà a rivedere la famiglia per l'atto di coraggio di Magni (che si offre in «ostaggio» del suo ritorno in prigione), prima che il pentimento del vero traditore (Centa) e la grazia dell'imperatore sciolga ogni dramma. Feuilleton pieno di colpi di scena tratto dal romanzo omonimo di Paolo Lorenzini (nipote del Collodi), ispirato al dramma di A. Maillard e B. Daubigny e sceneggiato da Nunzio Malasomma e Carlo Bernard [Bernardi]: Guazzoni smorza i toni troppo lacrimosi, snellisce la complicatissima narrazione con qualche bella ellisse narrativa (il processo, i commenti alle condanne), ma non può nulla di fronte a una recitazione molto datata (specie la Ferida, Centa e, nei momenti più melodrammatici, anche Cervi), mentre Mino Doro gioca con la sua rassomiglianza a Clark Gable. Esordio cinematografico di Alida Valli (che interpreta una delle commesse del negozio), citata nei titoli di testa ancora col suo vero nome, Alida Maria Altenburger.

Due sergenti del generale Custer, I * (Italia/Spagna 1965, col, 97') Giorgio Simonelli. Con Franco Franchi, Ciccio Ingrassia, Moira Orfei, Margaret Lee, Ernesto Calindri, Aroldo Tieri, Fernando Sancho. ◆ Franco e Ciccio La Pera, in forze nell'esercito nordista, salvano le sorti della guerra di secessione, fermando, grazie alla loro stupidità, l'avanzata sudista. Soliti equivoci e solite smorfie.

Due settimane in un'altra città *½ (*Two Weeks in Another Town*, Usa 1962, col, 107') Vincente Minnelli. Con Kirk Douglas, Edward G. Robinson, Cyd Charisse, George Hamilton, Claire Trevor, Rosanna Schiaffino, Daliah Lavi. ◆ Jack Andrus (Douglas), attore americano sul viale del tramonto, è dedito all'alcol. Accetta di girare un film a Roma, sperando di risalire la china, ma riuscirà a ritrovare la voglia di vivere solo sostituendo sul set l'amico regista che ha avuto un collasso (Robinson) e dopo aver rischiato la morte in una stupida corsa notturna in auto. Dieci anni dopo *Il bruto e la bella* (di cui vengono proiettati alcuni spezzoni in una scena in cui Douglas e Robinson ricordano i bei tempi andati), protagonista, regista e il produttore John Houseman si ritrovano ad adattare il romanzo omonimo di Irving Shaw: qui il tema è l'inarrestabile decadimento del cinema americano, che non ha saputo ritrovare forze e idee nemmeno emigrando a Cinecittà. Ma Minnelli sembra essere lui stesso preda di questo amaro dissolvimento e non riesce a dare forza reale ai suoi personaggi. Bisogna però ricordare che il film fu massacrato dalla produzione, che cancellò quasi completamente il ruolo di Cyd Charisse.

Due soldi di speranza **½ (Italia 1951, b/n, 95') Renato Castellani. Con Vincenzo Musolino, Maria Fiore, Filomena Russo, Luigi Astarita, Gina Mascetti, Carmela Cirillo. ◆ Il contrastato amore partenopeo fra Carmela (Fiore), figlia del pirotecnico del paese, e Antonio (Musolino), troppo pezzente per ottenere il favore del padre della ragazza. Ma sull'egoismo trionfa l'amore e la solidarietà popolare. Napoletanità verace, con la supervisione ai dialoghi di Titina De Filippo, per un film brioso e intelligente, riconosciuto – perlopiù in senso spregiativo – come il capostipite del cosiddetto neorealismo rosa. Castellani fonde l'eredità della commedia all'italiana con l'eco della tragedia shakespeariana (*Giulietta e Romeo*, che non a caso realizzerà in seguito), tratteggia una delle figure femminili più vivaci del nostro cinema senza trascurare il «coro», dimostra una rara sensibilità nel legare i personaggi all'ambiente evitando il facile bozzettismo folcloristico, e viene accusato di involuzione ideologica. Da rivalutare, ricordandosi cosa disse all'epoca Corrado Alvaro: «più oltre il film popolare non può andare». Notevole Maria Fiore, appena quindicenne. Il protagonista maschile era un vero pescatore che dopo il successo del film interpretò altri ruoli e poi passò alla regia con lo pseudonimo di Glenn Vincent Davis. Gran premio al festival di Cannes ex aequo con *Otello* di Orson Welles.

Due sorelle, Le ** (*Sisters*, Usa 1973, col, 92') Brian De Palma. Con Margot Kidder, Jennifer Salt, Charles Durning, William Finley, Lisle Wilson. ◆ Danielle Bréton (Kidder), separata chirurgicamente dalla sorella siamese Dominique morta durante l'intervento, in alcuni momenti assume la personalità di quest'ultima e diventa una spietata assassina: lo psichiatra che l'ha in cura (Finley) cerca di nascondere le prove di questa schizofrenia, ma una giornalista (Salt) svelerà il mistero. Primo film dell'orrore di De Palma dopo le commedie semisperimentali degli esordi, il film si regge tutto sul tema del voyeurismo, qui legato indissolubilmente alla morte: l'uomo ucciso da Danielle in una delle sue crisi ha conosciuto la sua futura assassina a una trasmissione che si chiama *Peeping Toms* (titolo originale del film *L'occhio che uccide*) dove aveva spiato la donna per tutta una sera e il suo omicidio è visto dalla giornalista che sta guardando dalla finestra di fronte. De Palma è molto bravo a creare tensione, ribaltando i punti di vista e giocando con le aspettative dello spettatore, ma a volte il suo virtuosismo sembra girare a vuoto. Evidenti gli omaggi a Hitchcock (la perquisizione osservata col binocolo come nella *Finestra sul cortile*, il «dialogo» di Danielle con l'ombra della sorella come in *Psycho*; la donna «sotto influenza» come in *Notorius*, lo psicoanalista come in *Io ti salverò*).

Due sorelle di Boston ** (*Two Sisters from Boston*, Usa 1946, b/n, 112') Henry Koster. Con June Allyson, Kathryn Grayson, Peter Lawford, Jimmy Durante, Lauritz Melchior. ◆ La strada verso il successo per un'aspirante cantante lirica (Grayson) è piena di difficoltà, ma l'amore della sorella (Allyson) e la pratica in un locale della Bowery l'aiuteranno a diventare famosa. Ambientato all'inizio del secolo, un piacevole musical dove i numeri con Durante (*The Fire Chief's Daughter* e *There Are Two Sides to Every Girl*) si alternano a quelli operistici. Melchior canta un'aria dai *Maestri cantori* di Wagner.

Due sotto il divano **½ (*Hopscotch*, Usa 1980, col, 104') Ronald Neame. Con Walter Matthau, Glenda Jackson, Herbert Lom, Sam Waterson, Ned Beatty. ◆ Per vendicarsi del tronfio e stupido capo (Beatty) che lo costringe alla pensione, un agente della Cia (Matthau) scrive le sue memorie e le spedisce ai servizi segreti di mezzo mondo. Commedia rosa piuttosto divertente con un grande Matthau. Dal romanzo di Brian Garfield che sceneggia e produce il film.

Due sporche carogne – Tecnica di una rapina ** (*Adieu l'ami*, Francia/Italia 1968, col, 95') Jean Herman. Con Alain Delon, Charles Bronson, Olga-Georges Picot, Bernard Fresson, Brigitte Fossey. ◆ Sbarcati a Marsiglia, di ritorno dalla Legione straniera Barran e Propp (Delon e Bronson) sono incastrati da due belle ragazze con un piano diabolico. Saranno accusati di rapina e omicidio ma dimostreranno la loro innocenza. Film spettacolare e nel complesso godibile, diretto da un esordiente su una sceneggiatura di Sébastien Japrisot, anche se alcune situazioni incredibili causano delle cadute di tono.

Due strade, Le *½ (*Manhattan Melodrama*, Usa 1934, b/n, 93') W. S. Van Dyke II. Con Clark Gable, Myrna Loy, William Powell, Mickey Rooney, Leo Carrillo. ◆ Due amici di infanzia hanno preso strade opposte: uno è diventato un gangster (Gable), l'altro il procuratore che lo condannerà alla sedia elettrica (Powell), non senza che il primo abbia potuto redimersi e sacrificarsi per il bene della donna che entrambi amano (Loy). Una storia molto comune ai tempi, raccontata senza risparmiare neanche un luogo comune (che però fruttò l'Oscar per il miglior soggetto a Arthur Caesar) e dove Mickey Rooney interpreta il personaggio di Gable bambino. Ma il film ebbe un grandissimo successo perché all'uscita da una sua proiezione, al Biograph Theatre di Chicago, l'Fbi uccise il gangster John Dillinger. Esiste in versione colorizzata. Il film è stato distribuito anche col titolo *Le due vie*.

Due strani papà *½ (Italia 1983, col, 86') Mariano Laurenti. Con Pippo Franco, Franco Califano, Viola Valentino, Piera Bassino. ◆ Alberto e Franco vivono in un asilo abbandonato. Il primo (Franco) provvede a tutto, il secondo (Califano) sperpera soldi al gioco e in automobili. L'arrivo di un neonato abbandonato alle porte dell'asilo cambierà le cose. Tentativo di modernizzare (soprattutto col turpiloquio) una commedia scontata sul trionfo dei buoni sentimenti. Cosceneggiatura di Giancarlo Magalli.

Due sulla strada – The Van **½ (*The Van*, Irlanda/Gb 1996, col, 100') Stephen Frears. Con Colm Meaney, Donal O' Kelly, Ger Ryan, Caroline Rothwell, Brendan O'Carroll, Stuart Dunne. ◆ Barrytown, periferia di Dublino: Larry (Meaney) e Bimbo (O'Kelly), quarantenni e disoccupati, risistemano un furgoncino per vendere hamburger durante i mondiali di calcio 1990: l'impresa andrà a gonfie vele, i rapporti tra i due molto meno. Dall'omonimo libro di Roddy Doyle (sceneggiatore e coproduttore del film), il terzo e ultimo capitolo della cosiddetta «trilogia di Barrytown» (dopo *The Commitments* e *The Snapper*): una commedia sulla sopravvivenza alla disoccupazione, dove non c'è posto né per la sociologia né per il pietismo, ma solo per un'ironia affettuosa e solidale, capace di trasformare due boyscout in trasferta nel libero mercato in due antieroi comici e mai patetici. Straordinario Meaney, che si esibisce in un irresistibile strip-tease casalingo. Molti i momenti indimenticabili (dalla lezione di golf con «recupero pallina» al tifo con maglietta «Fuck Schillaci»). Colonna sonora originale di Eric Clapton e Richard Hartley.

Due suore, Le *½ (*Come to the Stable*, Usa 1949, b/n, 94') Henry Koster. Con Loretta Young, Celeste Holm, Hugh Marlowe, Elsa Lancaster, Regis Toomey. ◆ Due religiose francesi (Young e Holm) tentano di creare un orfanotrofio nel New England. Ci riusciranno grazie a una provvidenziale colletta. Melenso e irritante.

2 Supercolt a Brooklyn ** (*The Super Cops*, Usa 1974, col, 94') Gordon Parks. Con Ron Leibman, David Selby, Pat Hingle, Sheila Frazier, Dan Frazer. ◆ Con metodi poco ortodossi, David Greenberg (Leibman) e Robert Hantz (Selby), due poliziotti neri alle prime armi ma con l'energia di Batman e Robin, ripuliscono Brooklyn dai trafficanti di droga. Film dai ritmi serrati e dalle situazioni divertenti, girato tra molte difficoltà nei luoghi reali (il quartiere nero di Bedford-Stuyvesant).

Due superpiedi quasi piatti, I *½ (Italia 1977, col, 112') E.B. Clucher [Enzo Barboni]. Con Terence Hill [Mario Girotti], Bud Spencer [Carlo Pedersoli], Laura Gemser. ◆ Arruolati per sbaglio nella polizia, due ladruncoli americani affrontano e sgominano la banda di un potente «boss» loro nemico di sempre. Regia scorrevole per l'ennesima avventura della coppia Spencer-Hill, con immancabili buoni sentimenti e sganassoni da cartoon.

Duet for One **½ (*Duet for One*, Usa 1986, col, 110') Andrej [Michalkov] Končalovskij. Con Julie Andrews, Alan Bates, Max von Sydow, Rupert Everett, Macha Méril, Liam Neeson. ◆ All'apice del successo, la violinista Stephanie Anderson (Andrews) scopre di essere affetta dalla sclerosi a placche, che la porterà alla paralisi. Con l'aiuto del suo psichiatra (von Sydow) cerca di prepararsi al peggio, mentre la malattia mette definitivamente in crisi il suo matrimonio. Ispirato alla vicenda della violoncellista inglese Jacqueline Da Prè e alla pièce teatrale di Tom Kempinski (che però era costruita su due soli personaggi, l'artista e il suo psichiatra), il film evita i ricatti melodrammatici e si regge sull'ammirabile prova degli attori (oltre ai due protagonisti, sono bravissimi anche il marito, interpretato da Alan Bates, e il giovane protegé Rupert Everett). Merita una prova d'appello dopo la fredda accoglienza del pubblico all'uscita nei cinema.

Due tigri, Le * (Italia 1941, b/n, 85') Giorgio C. Simonelli. Con Massimo Girotti, Luigi Pavese, Sandro Ruffini, Alanova, Cesare Fantoni, Enzo Gerio, Giovanni Onorato, Agnese Dubbini, Delia Cancellotti. ◆ Per vendicarsi di Tremal-Naik (Girotti), i Thugs gli rapiscono la figlia Darma (Cancellotti) per farne la sacerdotessa della dea Kali, ma Sandokan (Pavese) correrà in suo aiuto e dopo molte peripezie riuscirà a salvarla liberando anche Surama (Alanova), legittima erede al trono di Lahor. Continuano le avventure cominciate con *I pirati della malesia* (di Ernesto Guazzoni). In piena autarchia si cerca di sfruttare il fantastico fatto in casa recuperando Sandokan (sceneggiato da Andrea di Robilant e Marcello Pagliero) e ricostruendo la foresta della Malesia negli studi di Cinecittà: più ingenuo che involontariamente ridicolo.

Due tipi incorreggibili *½ (*Tough Guys*, Usa 1986, col, 103') Jeff Kanew. Con Kirk Douglas, Burt Lancaster, Charles During, Alexis Smith, Eli Wallach. ◆ Dopo trent'anni di galera i gangster Harry Doyle (Lancaster) e Archie Long (Douglas) non riescono a integrarsi in un mondo che trovano troppo cambiato. Così decidono di ritentare la rapina al treno per la quale erano stati incarcerati, per poi scappare in Messico. Settimo film per la coppia Lancaster-Douglas: avrebbe potuto essere una bella e amara riflessione sulla vecchiaia e la professionalità, ma la regia di Kanew è fiacca e smorta. Nel cast tecnico compare Issur Danielovitch: altri non è che Kirk Douglas che con il suo vero nome ha collaborato alla produzione.

Due toreri, I * (Italia/Spagna 1964, col, 115') Giorgio Simonelli. Con Franco Franchi, Ciccio Ingrassia, Maria Teresa Vianello, Rossella Como, Carlo Romano, Fernando Sancho. ◆ Ciccio e Franco non sanno che nel loro orto invece che l'insalata viene coltivata la marijuana. Costretti dai trafficanti di droga a scappare in Spagna, dovranno affrontare anche i tori. Parodia della parodia, il film si rifà a *Fifa e arena* con Totò. Contorno di belle ragazze.

Due uomini e una dote ** (*The Fortune*, Usa 1974, col, 88') Mike Nichols. Con Jack Nicholson, Warren Beatty, Stockard Channing, Scatman Crothers. ◆ Freddie (Nicholson) e Oscar (Beatty) si accordano per ammazzare l'amante (Channing) del secondo e spartirsi la ricca eredità. I loro buffi tentativi andranno in fumo. Nichols si ispira alle comiche anni Venti, aiutato da una divertente sceneggiatura di Adrien Joyce (che col nome di Carol Eastman aveva firmato quella di *Cinque pezzi facili*) ma la bravura dei protagonisti non basta a rendere questa commedia nera davvero esilarante. Gradevole musica old fashion di David Shire.

Due verità, Le **½ (Italia 1951, b/n, 118') Antonio Leonviola. Con Anna Maria Ferrero, Michel Auclair, Michel Simon, Ruggero Ruggeri, Valentine Tessier, Mario Pisu, Giulio Stival, Floria Torriggiani, Lilli Drago, Gino Rossi, Carla Arrigoni. ◆ Secondo la pubblica accusa (Pisu) la morte di Maria Luce (Ferrero) è l'opera evidente del suo cinico amante (Auclair), che peraltro durante il processo non vuole rispondere a nessuna domanda. Ma il casuale intervento di un ex avvocato (Simon), sospeso dall'ordine per le sue tesi irrispettose, dimostra che gli stessi avvenimenti possono essere letti in modo diametralmente opposto: l'accusato è un ingenuo che ha subito il torbido fascino della morta. Melodramma giudiziario, sceneggiato dal regista con Daniele D'Anza e Maurizio Corgnati, costruito in due parti opposte e speculari che piuttosto di rappresentare, pirandellianamente, un'impossibile verità costruiscono il ritratto di una Donna doppia e inafferrabile. Concedendosi anche qualche frecciata antifemminista (nel descrivere il mondo delle pensioncine compiacenti dove vivono i due protagonisti, popolate di «signore» e «signorine» che sono in realtà mezzano od occasionali prostitute), Leonviola centra tutto il film sul fascino ambiguo della Ferrero, ingenua orfanella che finisce schiacciata dagli avvenimenti nella prima parte o perversa arrivista che predilige il mostrarsi in sottoveste, con l'invitante spallina cadente (manca, invece, nelle copie in circolazione la scandalosa scena della sua doccia nuda, ripresa dietro un vetro smerigliato, che però fu interpretata da una controfigura). E proprio la grande prova della Ferrero, santarellina capace di sfoderare una torbido erotismo, dà forza al film, altrimenti un po' troppo schematico nella sua struttura simmetrica. Musiche di Bruno Maderna, fotografia di Enzo Serafin.

Due vie, Le → *Due strade, Le*

Due vigili, I *½ (Italia 1967, col, 90') Giuseppe Orlandini. Con Franco Franchi, Ciccio Ingrassia, Umberto D'Orsi, Luciana Scalise, Andreina Pagnani, Isabella Biagini. ◆ Francesco Lo Cascio (Franchi) e Merendina (Ingrassia), due vigili combinaguai pensando di scortare il ministro favoriscono la fuga dei rapinatori. Espulsi dal corpo, si riscattano catturando i rapinatori dopo un inseguimento a bordo di un camion dell'immondizia. La solita farsa, ma nella scena in cui visita i baraccati fintopoveri Franchi rivela le sue potenzialità di grande attore drammatico.

Due vite di Mattia Pascal, Le **½ (Italia 1985, col, 150') Mario Monicelli. Con Marcello Mastroianni, Laura Morante, Bernard Blier, Senta Berger, Andréa Ferréol, Flavio Bucci, Alessandro Haber, Rosalia Maggio, Giuseppe Cederna. ◆ Mattia Pascal (Mastroianni) è uno svogliato dongiovanni costretto a sposare una donna che ha messo incinta. Fingerà il suicidio per fuggire a Monte Carlo e a Venezia; nuovamente sul lastrico tornerà al paese d'origine. Trasposizione del romanzo di Pirandello *Il fu Mattia Pascal* (già adattato da Pierre Chenal nel 1937), ambientato ai giorni nostri. Esordio nella regia cinetelevisiva di Monicelli (che curò anche una versione «lunga» per la tv). Ottima l'interpretazione di Mastroianni, perfettamente calato nel ruolo di un uomo inetto e insoddisfatto.

Due vite in gioco *½ (*Against all Odds*, Usa 1984, col, 128') Taylor Hackford. Con Rachel Ward, Jeff Bridges, James Wood, Alex Karras, Jane Greer, Kid Creole and the Coconuts. ◆ Ex giocatore di football (Bridges) accetta il difficile incarico di trovare una ragazza (Ward) fuggita dalla possessiva madre. La scova e se ne innamora. Remake del noir *Le catene della colpa* (1947) sceneggiato da Eric Hughes e assolutamente inferiore all'originale. Ci sono alcune belle sequenze (come la corsa lungo Sunset Boulevard), ma hanno pochissimo rapporto con il resto del film. Un tocco cinefilo: Jane Greer, che nel film del 1947 interpretava la fuggiasca, qui interpreta la madre. Phil Collins firma la canzone che prende il titolo del film.

Due vite in pericolo ** (*Jumpin' at the Boneyard*, Usa 1991, col, 103') Jeff Stanzler. Con Tim Roth, Alexis Arquette, Danitra Vance, Samuel L. Jackson. ◆ Cresciuti nel Bronx, i fratelli Manny (Roth) e Danny (Arquette) si ritrovano dopo tre anni: il primo ha appena lasciato moglie e lavoro, il secondo è un tossico e svaligia appartamenti. Sin dall'inizio si capisce che uno dei due ci lascerà le penne. E la colpa, come al solito, è delle donne. Al suo esordio nella regia, Stanzler (anche sceneggiatore) cerca il realismo sociale e la poesia dei bassifondi, ma si respira aria di déjà vu. Coprodotto da Lawrence Kasdan.

Due vite in una *½ (*Glen or Glenda?*, rititolato *I Changed My Sex* o *I Led Two Lives* o ancora *He or She*, Usa 1953, b/n, 61') Edward D. Wood jr. Con Daniel Davis [Edward D. Wood jr], Bela Lugosi, Dolores Fuller, «Tommy» Haines. ◆ Pseudodocumentario che presenta due casi di ambiguità sessuale felicemente risolti, invitando il pubblico alla tolleranza. Glen (Wood jr) ha una vita segreta da travestito e una fidanzata (Fuller) che non tocca mai, anche perché muore dalla voglia di indossarne i golfini. Sposandola e seguendo i consigli di uno psicoanalista, guarisce poiché proietta in lei «sua madre, sua sorella e la sua Glenda». Per l'ex marine Alan (Haines), invece, la soluzione è più drastica: il cambio di sesso (il caso è ispirato a quello di Christine Jorgensen, raccontato poi in *Il primo uomo diventato donna*). A fare da filo conduttore, c'è Bela Lugosi che, nella parte del destino, farnetica di draghi verdi e maggiolini grassi (*sic*). Wood jr, oggi riscoperto anche a Hollywood, è noto a ragione come l'autore dei film più brutti della storia del cinema. In questo caso, a risultare ridicolo, oltre la regia maldestra e la recitazione pedestre, è soprattutto il tono perbenista con cui cerca di rendere accettabile la «perversione». Memorabile, comunque, l'incubo di Glen(da), circondato da una folla che gli punta il dito contro come in *L'invasione degli ultracorpi*: peccato solo che sia girato con una tecnica che Méliès avrebbe giudicato superata.

Due vite, una svolta **½ (*The Turning Point*, Usa 1977, col, 119') Herbert Ross. Con Shirley MacLaine, Anne Bancroft, Mikhail Baryshnikov, Leslie Browne, Tom Skerrit, Martha Scott. ◆ Due amiche, che avevano cominciato a ballare insieme, si ritrovano dopo molti anni: una (Bancroft) è diventata una star del balletto, l'altra (MacLaine) una madre di famiglia con una figlia aspirante danzatrice. Ciascuna invidia all'altra ciò che non ha avuto e tra loro esplodono violenti conflitti. Da un romanzo di Arthur Laurents, il ritratto di due donne di mezza età in crisi e un veloce affresco del mondo della danza (caro al regista, che debuttò come ballerino). Esordio sullo schermo di Baryshnikov, che sulle punte regala i momenti migliori del film.

Due volte cinquant'anni di cinema francese *** (*2 x 50 ans de cinéma français*, Gb 1995, col, 50') Anne-Marie Miéville, Jean-Luc Godard. Con Michel Piccoli, Jean-Luc Godard, C. Reigher, E. Grynspan, D. Jacquet, P. Gillieron, F. Dierx-Benard, X. Jougleux. ◆ Incaricato dal British Film Institute di girare un documentario sul centenario del cinema, Jean-Luc Godard convoca Michel Piccoli, in qualità di presidente dell'associazione francese *Primo secolo di cinema*. Dopo averlo tormentato con domande e dubbi sul senso del «celebrare», e prima di uscire di scena rifugiandosi nelle parti documentarie, il regista affida all'attore il compito di svolgere, tra le persone che incontra, un'indagine su ciò che è rimasto nella memoria del pubblico del cinema francese: ben poco. Unico – nell'euforia generale – ad aver colto il senso luttuoso dell'anniversario, Godard è stato anche l'unico a ricordare che la memoria del cinema va di pari passo con l'amore: il suo omaggio, malinconicamente Nouvelle Vague, va dunque soprattutto ai «cinefili» (critici, intellettuali, teorici, «custodi») grazie ai quali i film hanno continuato ad esistere nel corso del tempo, e la sua panoramica di *maîtres à penser* (tra cui Auriol, Sadoul, Bresson, Cocteau, Malraux, Bazin, Schérer [cioè Rohmer], Truffaut, Duras, Daney, Langlois), fatta di testi e fotografie, sembra rievocare la *Camera verde* di Truffaut. Peccato solo per le risposte un po' troppo scontate delle persone interpellate da Piccoli, che tuttavia vengono scandite con tono straniante e alienato, da teatro brechtiano.

Due volte donna *½ (*Mon premier amour*, Francia 1978, col, 100') Elie Chouraqui. Con Anouk Aimée, Richard Berry, Gabriele Ferzetti, Jacques Villeret, Natalie Baye. ◆ Richard (Berry), studente ventenne, trascorre il suo tempo tra amici e sport. Quando scopre che la madre (Aimée) soffre di leucemia e ha i giorni contati cerca di recuperare il tempo perduto e starle vicino. Opera prima di Chouraqui, abituale collaboratore di Lelouch di cui adotta il tono sempre in bilico tra dramma e melodramma. I costumi sono di Karl Lagerfeld.

Due volte nella vita **½ (*Twice in a Lifetime*, Usa 1985, col, 111') Bud Yorkin. Con Gene Hackman, Ann-Margret, Ellen Burstyn, Amy Madigan, Ally Sheedy, Brian Dennhey. ◆ Uomo di mezza età (Hackman), padre di famiglia con un matrimonio addormentato dalla routine, si innamora di una donna (Ann-Margret) e decide di lasciare la moglie (Burstyn) per vivere con lei. La figlia maggiore (Madigan) ne è sconvolta. Una commedia drammatica sceneggiata da Colin Welland, non originale nella sua storia ma molto credibile nei dialoghi e nel suo svolgersi. Hackman è davvero in gran forma.

Due volti della vendetta, I *** (*One-Eyed Jack*, Usa 1960, col, 141') Marlon Brando. Con Marlon Brando, Karl Malden, Katy Jurado, Pina Pellicer, Ben Johnson, Slim Pickens, Larry Duran, Elisha Cook jr. ◆ Dopo cinque anni passati in prigione, Rio Kid (Brando) vuole vendicarsi del suo ex compagno di rapine, Dad Longworth (Malden), che l'aveva abbandonato e che ora è diventato sceriffo: prima gli seduce la figlia (Pellicer) e poi, dopo aver imparato a sparare con la sinistra, perché Dad gli ha fracassato la destra, lo uccide in un duello. Da un trattamento scritto da Sam Peckinpah, a cui aveva lavorato anche Kubrick (che avrebbe dovuto anche dirigerlo), Marlon Brando firma la sua unica regia, originale e personalissima, dove affronta, in modi confusi ma molto vigorosi, i temi che l'hanno sempre ossessionato o interessato: il rapporto edipico (la relazione tra i due protagonisti è di padre e figlio e infatti si chiamano «kid» e «dad»), il fascino masochista per la violenza, il tema della vendetta, l'interesse per la cultura orientale (Brando «rinasce» e impara a usare la mano sinistra in un villaggio di pescatori cinesi) e, a tener legato tutto, il rifiuto di giudicare i personaggi in maniera manichea. Nonostante alcune imprecisioni di raccordo, un'eccessiva lunghezza (anche dopo che la produzione tagliò il montaggio curato da Brando, riducendolo da 282' ai 141 attuali) e la mancanza di equilibrio tra le scene, è un western affascinante, almeno quanto il suo regista e interprete.

Duffy, il re del doppio gioco *½ (*Duffy*, Usa/Gb 1968, col, 101') Robert Parrish. Con James Coburn, James Mason, James Fox, Susannah York, John Alderton. ◆ Per rapinare il proprio ricco padre (Mason), due fratelli si accordano con un ladro professionista (Coburn): grazie a lui il colpo riesce ma anche i fratelli saranno derubati. Thriller dall'esito scontato, esasperatamente poco emozionante: il tocco malinconico e una certa nostalgica moralità mal si adattano ai tempi dello slapstick.

Dumbo ***½ (*Dumbo*, Usa 1941, col, 64') Ben Sharpsteen [e Walt Disney]. ◆ Atteso da tanto tempo, il piccolo Dumbo non sembra all'altezza degli altri elefanti del circo e quando rovina un numero di equilibrismo viene ridotto a fare da mascotte ai clown. Ma grazie all'aiuto del topolino Timothy scoprirà che con le sue grandi orecchie può volare e diventerà così l'attrazione principale del circo. Quarto lungometraggio d'animazione della Disney (e il più semplice da produrre: sei mesi soli), il film esalta due temi centrali della filosofia disneyana: il diritto alla diversità e la forza dell'istinto materno (la madre di Dumbo viene messa in quarantena perché ha difeso con troppa irruenza il suo piccolo) e lo fa con una tenerezza, una commozione e una abilità narrativa (la messa in posa del tendone e la caduta nel numero con gli elefanti sono indimenticabili) che fanno di *Dumbo* un piccolo capolavoro. Oscar per la miglior colonna sonora (Frank Churchill e Oliver Wallace).

Dune *½ (*Dune*, Usa 1984, col, 137') David Lynch. Con Kyle MacLachlan, Sean Young, Francesca Annis, Max von Sydow, Brad Dourif, Sting [Gordon Matthew Summer], Freddie Jones, Paul Smith, Jürgen Prochnow, José Ferrer, Virginia Madsen, Alicia Witt, Linda Hunt, Richard Jordan, Jack Nance, Everett McGill, Silvana Mangano, Dean Stockwell. ◆ Nell'anno 10191, nel desertico pianeta Dune si scatena la lotta tra i potenti dell'Universo per acquisire il controllo della «spezia», un alimento che conferisce poteri inimmaginabili: da una parte c'è il popolo dei Fremen, che trova in Paul Andreides (MacLachlan) il suo leader, capace finalmente di insegnare l'arte del combattimento, e dall'altro gli avidi Harkonnen. Tratto dal bestseller omonimo di Frank Herbert, capolavoro riconosciuto della fantascienza, questo film era già stato un progetto (fallito) di Alejandro Jodorowski e poi di Ridley Scott: Lynch si fa convincere da De Laurentiis ma durante la lavorazione la voglia di gigantismo del regista si scontra con i limiti imposti dalla produzione. Ne esce un film confuso, anche incomprensibile nel suo svolgimento narrativo, nel quale i personaggi non riescono ad avere nessuno spessore e allo spettatore resta solo la sensazione (desolante) di un gran talento sprecato (irriconoscibile il contributo di Tony Masters, già direttore artistico in *2001*, ma non quello del direttore della fotografia Freddie Francis). Inevitabile flop al botteghino. Esiste (ma non in italiano) una versione televisiva più lunga.

Dunkerque ** (*Dunkirk*, Gb 1958, b/n, 113') Leslie Norman. Con John Mills, Richard Attenborough, Robert Urquhart, Ray Jackson, Meredith Edwards. ◆ Nel 1940, l'operazione «Dinamo» mobilita migliaia di imbarcazioni private e permette così di evacuare gli alleati intrappolati dall'avanzata tedesca a Dunkerque e sbarcarli in Inghilterra. Per rafforzare lo stile documentaristico nel film sono inseriti dei newsreel originali. La versione inglese dura 135'.

Dunston – Licenza di ridere ** (*Dunston Checks In*, Canada 1996, col, 88') Ken Kwapis. Con Eric Lloyd, Graham Sack, Jason Alexander, Faye Dunaway, Rupert Everett. ◆ Il sedicente Lord Rutledge (Everett) arriva al Majestic di New York con l'orango Dunston nel baule, addestrato al furto: ma l'animale si ribella e diventa amico dei due figli (Lloyd e Sack) del manager dell'albergo. Nel mondo di illusori splendori e di ipocrisia di un hotel a cinque stelle l'orangutang porta una salutare ventata di caos anarchico: e pur nei limiti di un film per ragazzi, la regia evita sia le sdolcinature che la grevità della serie *Piccola peste*. L'orango Dunston, che in realtà si chiama Sam, per quanto sostituito in molte scene da *animatronics*, è un attore molto più espressivo di Rupert Everett.

Dura legge, La – Uno, patata, due, patata... ** (*One Potato, Two Potato*, Usa 1964, b/n, 92') Larry Peerce. Con Barbara Barrie, Bernie Hamilton, Richard Mulligan, Robert Earl Jones, Harry Bellaver. ◆ Separata dal marito, dal quale ha avuto una figlia, una donna (Barrie) decide di risposarsi con un nero (Hamilton). E il tribunale le toglie la bambina. Dramma sociorazziale costruito su una sceneggiatura (di Raphael Hayes e Orville H. Hampton) un po' troppo facile per reggere davvero la prova del tempo. Quando uscì, tutti applaudirono questo film indipendente e progressista, oggi svela il facile manicheismo del suo assunto. Palma d'oro a Cannes per Barbara Barrie.

Durante l'estate ** (Italia 1971, col, 105') Ermanno Olmi. Con Renato Paracchi, Rosanna Callegari, Gabriele Fontanesi, Mario Barillà, Mario Cazzaniga. ◆ A Milano un illustratore di carte geografiche (Paracchi) esercita, un po' per passione un po' per lucro, una strana attività: scrutando i visi attribuisce titoli nobiliari. In questo modo offre qualche briciola di gioia ai suoi clienti (un salumiere, un commerciante, una passeggiatrice), ma per la legge è una truffa. Prodotto dalla Rai, il film vuole essere una specie di fiaba moderna (il protagonista è un nano), stralunata e surreale, dove la fantasia e i buoni sentimenti si scontrano con i valori imperanti della società dei consumi. Ma la passione di ieri rischia oggi di sembrare ingenuità.

Duri a morire ** (*Die Hard with a Vengeance*, Usa 1995, col, 128') John McTiernan. Con Bruce Willis, Jeremy Irons, Samuel L. Jackson, Graham Greene, Colleen Camp, Larry Bryggman, Anthony Peck, Nick Wyman, Sam Phillips. ◆ Un maniaco (Irons) semina bombe per New York e pretende che a occuparsene sia un poliziotto alcolizzato e sospeso dal servizio, John McClane (Willis). E McClane, dopo aver coinvolto involontariamente nella sua odissea anche il pacifico negoziante di Harlem Zeus Carver (Jackson), scoprirà che il suo «nemico» ha un piano per svaligiare la Banca federale e che è il fratello del terrorista che lui aveva scaraventato giù dal grattacielo nel primo film della serie, *Die Hard*. Nonostante il ritorno alla regia di John McTiernan, il film non ritrova lo smalto dell'originale: la prima esplosione, dopo pochi secondi dall'inizio del film, lascia a bocca aperta, il piano per rubare l'oro è geniale, ma la sfida è troppo impari perché non debba necessariamente risolversi in un lieto fine. E l'ironia della prima sceneggiatura (di Steven E. de Souza), qui, nelle mani di Jonathan Hensleigh (che però l'aveva pensata non come un sequel di *Die Hard* ma come un film a sé stante), diventa solo farsa.

Duri di Oklahoma, I ** (*Oklahoma Crude*, Usa 1973, col, 108') Stanley Kramer. Con George C. Scott, Faye Dunaway, John Mills, Jack Palance, Harvey Jason. ◆ Convinta che la sua collina nasconda il petrolio, una caparbia signora (Dunaway) la difende dalla società petrolifera che vuole averla a ogni costo. Western moderno di medio livello. Più parole che movimento. Bravo Scott, che interpreta un esperto di gallerie minerarie, in una parte insolitamente brillante.

Duro al servizio della polizia, Un *½ (*Slaughter's Big Rip-Off*, Usa 1973, col, 92') Gordon Douglas. Con Jim Brown, Ed McMahon, Don Stroud, Gloria Hendry. ◆ Detective privato (Brown) per vendicare la morte di alcuni amici incastra un potente narcotrafficante, aiutato dalla polizia. I soliti bassifondi di Los Angeles e la turpe violenza che vi regna. Seguito di *Slaugther, l'uomo mitra*. Fritto e rifritto.

Duro bastardo, Un * (*Toughguy*, Usa 1995, col, 90') James Merendino. Con Heather Graham, Lisa Zane, Rustam Branaman, Paul Herman, Max Perlich. ◆ La giovane e promiscua vedova Olivia (Graham) comincia a essere perseguitata da un energumeno che si introduce in casa sua: complotto o effetto del senso di colpa? Fiacco thriller di ambizioni polanskiane con inconcludenti divagazioni erotiche, in cui non sembra credere neanche il regista-sceneggiatore.

Duro da uccidere *½ (*Hard to Kill*, Usa 1990, col, 95') Bruce Malmuth. Con Steven Seagal, Kelly LeBrock, Bill Sadler, Frederick Coffin, Bonnie Burroughs. ◆ Poliziotto integerrimo (Seagal) per avere scoperto un caso di corruzione politica ad alto livello è vittima di un agguato che lo riduce in coma per sette anni. Al suo risveglio cercherà la vendetta. Steven Seagal, dopo il successo internazionale di *Nico*, è riproposto dalla Warner Bros nei panni del poliziotto. La principale qualità del film è il suo ritmo serrato, merito del regista che ha al suo attivo oltre mille spot pubblicitari. Kelly LeBrock (nella vita, vera moglie di Seagal) è l'infermiera che lo cura durante la convalescenza.

Duro del Road House, Il * (*Road House*, Usa 1989, col, 113') Rowdy Herrington. Con Patrick Swayze, Kelly Lynch, Sam Elliott, Ben Gazzara, Marshall Teague. ◆ Dalton (Swayze), buttafuori laureato in filosofia, accetta di ripulire il Double Douce, locale notturno centro di ogni genere di traffici, taglieggiato dal boss locale (Gazzara). Costruito su schemi western, una commedia senza nerbo con potenti (quanto scontate) scazzottate e una colonna rock molto presente.

Duro per la legge, Un *½ (*Walking Tall*, Usa 1973, col, 125') Phil Karlson. Con Joe Don Baker, Elizabeth Hartman, Gene Evans, Noah Beery. ◆ Reduce di guerra (Baker) diventa sceriffo di una cittadina del Tennessee e la ripulisce a modo suo. Ispirato alla storia reale di Buford Pusser, ebbe un ampio successo di pubblico grazie ai sentimenti di autodifesa su cui fa leva. Seguìto da *I giorni roventi del poliziotto Buford* (1975) e l'inedito *Final Chapter – Walking Tall* (1977, di Jack Starrett con Bo Svenson) e da un serial televisivo. Muscolosa interpretazione di Baker.

Duro più duro, Il ** (*Tough Enough*, Usa 1983, col, 106') Richard Fleischer. Con Dennis Quaid, Carlene Watkins, Warren Oates, Pam Grier, Wilfred Brimley. ◆ Cantante country (Quaid) per sbarcare il lunario si improvvisa pugile: prima del match finale gli arriva una scrittura discografica, ma deciderà di affrontare ugualmente il pericoloso avversario. Film dalla gestazione travagliata (fu girato nel 1981), parente povero di *Rocky*, ma molto più autoironico, non merita tutto il silenzio cui l'ha condannato l'insuccesso in sala.

Dust **½ (*Dust*, Belgio/Francia 1985, col, 85') Marion Hänsel. Con Jane Birkin, Trevor Howard, John Matshikiza, Nadine Uwampa. ◆ In una fattoria solitaria in Sudafrica, una zitella (Birkin) con evidenti frustrazioni sessuali, in un attimo di folle gelosia uccide l'anziano padre (Howard), che aveva sedotto la moglie (nera) del caposquadra. Questi aiuta la bianca a occultare il delitto, ma si stabilisce nella casa da padrone, facendo valere la sua autorità di maschio, cui la zitella razzista non è indifferente. Uno studio sui rapporti reversibili fra carnefice e vittima condotto senza enfasi melodrammatica. Pochi dialoghi, molti silenzi, e una convincente interpretazione della Birkin. Da una novella dello scrittore sudafricano J.M. Coetzee. Leone d'argento a Venezia.

Dusty ** (*Dusty*, Australia 1982, col, 88') John Richardson. Con Bill Kerr, John Stanton, Carol Burns. ◆ Un vecchio contadino australiano alleva con amore un dingo (una specie di cane selvaggio) che diventato adulto ricambierà l'affetto difendendolo dai nemici. Film toccante costruito su misura per il caratterista Bill Kerr, molto noto in patria.

È accaduto in Europa **½ (*Valahol Európában*, Ungheria 1947, b/n, 103') Géza I. von Radványi. Con Artur Somlay, Miklós Gábor, Zsuzsa Bánki, György Bárdi, László Horváth, Endre Harkányi. ◆ Ultimi mesi della seconda guerra mondiale: fuggiti dalla città ridotta in macerie, un gruppo di giovani sbandati trova rifugio in un castello abitato da un ombroso direttore d'orchestra (Somlay): la convivenza dapprima difficile diventerà fraterna, e quando verranno arrestati sarà proprio il musicista a difenderli e a ottenere che il castello venga trasformato nella loro casa. Impressionante documento sui disastri morali e materiali della guerra che soprattutto nella prima parte sa «ritrarre con pudore e convinzione l'infanzia abbandonata a se stessa». Nonostante riproponga molte situazioni già viste nel film di Nikolaj Ekk *Putevka v žizn'* ([*Il cammino della vita*] 1931, inedito in Italia) e una seconda parte eccessivamente predicatoria, il film ha ancora una forza espressiva notevole, mutuata in parte dall'esempio del neorealismo italiano (sono riconoscibili alcuni debiti verso *Sciuscià*) e in parte stimolata dalla ristrettezza di mezzi a disposizione che favoriscono alcune interessanti soluzioni narrative (ellissi, montaggio rapido, contrappunto tra immagini e sonoro). Indubbiamente molti dei meriti del film sono da attribuire ai suoi sceneggiatori (il teorico Béla Balázs, il futuro regista Félix Máriássy e sua moglie Judit Fejér) più che al regista, altrove molto deludente. Secondo premio al festival di Locarno.

E adesso pover'uomo? **½ (*Little Man, What Now?*, Usa 1934, b/n, 90') Frank Borzage. Con Margaret Sullavan, Douglass Montgomery, Alan Hale, Catherine Doucet, Mae Marsh, Hedda Hopper. ◆ Durante la crisi economica del primo dopoguerra, Hans (Montgomery), un impiegato berlinese, perde il lavoro conoscendo la più profonda miseria, proprio mentre la moglie (Sullavan) rimane incinta. Dal romanzo omonimo di Hans Fallada (sceneggiato da William Anthony McGuire), il film, pur intriso di sentimentalismo, colpì il pubblico americano per l'esplicita rappresentazione della miseria e del dramma umano che ne deriva. Ai tempi fu molto apprezzato per il suo contenuto politico (che avrebbe messo in evidenza le contraddizioni sociali da cui nacque il nazismo), ma rivisto oggi questa componente è decisamente secondaria, se non addirittura controproducente (se un discorso politico è presente nel film, benché in termini eccessivamente schematici, questo è piuttosto contro il socialismo). Ottima, invece, la prova della Sullavan, qui al suo secondo film.

È arrivata la felicità ***½ (*Mr. Deeds Goes to Town*, Usa 1936, b/n, 115') Frank Capra. Con Gary Cooper, Jean Arthur, George Bancroft, Lionel Stander, Douglas Dumbrille, Raymond Walburn, H.B. Warner. ◆ Longfellow Deeds (Cooper), proprietario di una fabbrica di candele a Mandrake Falls, eredita 20 milioni di dollari da un lontano zio: trasferitosi a New York, il suo candore è messo alla berlina dalla giornalista Babe Bennett (Arthur), di cui si è innamorato, e la sua generosità (decide di regalare i suoi soldi alle vittime della Depressione) lo porta in tribunale come pazzo. Ma saprà sconfiggere chi lo vuole interdire e conquistare la donna che ama. Sceneggiato da Robert Riskin, è il film che sintetizza meglio l'universo ideologico di Capra, con l'elogio dell'ingenuità infantile (Deeds scende le scale scivolando lungo il corrimano), il patriottismo (la visita alla tomba di Grant), il trionfo dell'individualismo jeffersoniano (e non rooseveltiano), l'omaggio all'idealismo di Lincoln (la sua decisione di regalare a tutti 400 acri di terra ricorda l'Homestead Act di Lincoln del 1862), i riferimenti al cristianesimo (ironici, come la moltiplicazione dei sandwich, e seri, come il discorso sul bisogno di amare il prossimo). Tutte queste tematiche sono perfettamente inserite in una struttura narrativa che alterna scene folgoranti ad altre più lunghe, nelle quali la bravura recitativa degli attori ha modo di esprimersi. E che si conclude nella lunga sequenza del tribunale, magistralmente orchestrata tra suspense (Deeds rifiuta di difendersi per verificare l'amore di Babe) e comicità (la gag delle due sorelle, interpretate da Margaret McWade e Margaret Seddon che considerano tutti «un po' picchiatelli»). Oscar per la miglior regia.

Nell'edizione italiana il soprannome che la stampa affibbia a Deeds, Cincinnato, è stato tradotto con Cenerentolo, probabilmente per «sensibilità» verso la romanità fascista; mancano anche 5 minuti circa, reintrodotti (ma lasciati in inglese) nell'edizione in cassetta.

È arrivato il cavaliere! * (Italia 1950, b/n, 92') Steno [Stefano Vanzina], Mario Monicelli. Con Tino Scotti, Enrico Viarisio, Silvana Pampanini, Galeazzo Benti, Carlo Mazzarella. ◆ Un gruppo di ambulanti, capeggiati dal «cavaliere» (Scotti), è sfrattato dal proprietario del terreno che avevano occupato: con uno stratagemma riescono a restare, ma i costruttori della metropolitana li costringeranno alla resa. Commediola stiracchiata sceneggiata da Vittorio Metz e Marcello Marchesi, dove la storia avanza solo a colpi di (scontate) battute.

È arrivato l'accordatore * (Italia 1951, b/n, 90') Duilio Coletti. Con Nino Taranto, Alberto Sordi, Virgilio Riento, Antonella Lualdi, Tamara Lees, Ave Ninchi, Fanfulla [Luigi Visconti], Galeazzo Benti, Carlo Delle Piane, Carletto Sposito. ◆ Scambiato per l'atteso accordatore di pianoforti, un poveraccio (Taranto) è invitato al pranzo di fidanzamento di Giulietta (Lualdi), la figlia di un ricco avvocato, per fare da quattordicesimo a tavola. L'inatteso ospite, che accetta per fame di trasformarsi nell'ambasciatore del «Nica Rica», saprà strappare la bella ragazza all'inconsistente fidanzato (Sordi) e sposarla. Parata di comici per una mediocre commedia ispirata alla pièce di Pierre Wehee *Gonzague* e sceneggiata da Mario Amendola e Paolo Riccora. Tra gli interpreti Sophia Lazzaro (non ancora Loren), nella parte di un'amica di Giulietta. Rieditato col titolo *Zero in amore*.

È arrivato lo sposo *½ (*Here Comes the Groom*, Usa 1951, b/n, 113') Frank Capra. Con Bing Crosby, Jane Wyman, Alexis Smith, Franchot Tone, Anna Maria Alberghetti, H.B. Warner, Charles Lane. ◆ Stanca di aspettare Pete (Crosby), il fidanzato giornalista in Francia, Emma del Jones (Wyman) sta per sposare un milionario (Tone). Ma l'affascinante Pete torna in tempo per riconquistarla (e adottare due orfanelli francesi). Anodino musical (sceneggiato da Virginia Van Upp, Liam O'Brien e Myles Connolly) girato da Capra solo per rispettare un contratto con la Paramount e che non riescono a riscattare nemmeno le prestigiose apparizioni di Louis Armstrong (che suona e canta *Misto Cristofo Columbo*), Dorothy Lamour e Phil Harris. Unica scena degna del passato del grande regista l'esecuzione di *In the Cool, Cool, Cool of the Evening* di Hoagy Carmichael (la canzone che fu premiata con l'Oscar), filmata dal vivo in una lunga e tortuosa sequenza. Apparizione-omaggio per James Finlayson, l'irascibile baffone di tante comiche con Stanlio e Ollio.

È arrivato mio fratello *½ (Italia 1985, col, 98') [Franco] Castellano, Pipolo [Giuseppe Moccia]. Con Renato Pozzetto, Carin McDonald, Beatrice Palme, Pamela Prati. ◆ Il grigio tran tran del frustrato insegnante Ovidio Ceccani (Pozzetto) viene scombussolato dall'arrivo del fratello gemello Raf, pianista di night dedito alla dolce vita. L'incontro si rivelerà proficuo per entrambi. Commedia natalizia, tra le meno peggio della prolifica coppia Castellano e Pipolo, con un Pozzetto in buona forma.

East Side Story ** (*East Side Story*, Germania/Usa/Francia 1997, col, 80') Dana Ranga. Con Erich Gusko, Karin Schröder, Helmut Hanke, Hans-Joachim Wallstein, Maja Turovskaja, Chris Doerk, Frank Schöbel. ◆ Viaggio documentario tra i musical prodotti nei Paesi ex socialisti, soprattutto quelli della Germania dell'Est e dell'Unione Sovietica, commentati da tecnici, attori e storici del cinema. Una ricerca piena di spunti interessanti, primo fra tutti il dilemma ideologico che il musical visse nei Paesi d'oltrecortina: cinema d'evasione, e quindi borghese, o veicolo utile per la propaganda? «Approfondimento su pellicola» della tesi di laurea della giovane regista rumena, supportato da ottimi materiali d'archivio (tra cui spezzoni di film di Hans Heinrich e Gottfried Kolditz, i maestri del genere in Germania Est), ma molto carente dal punto di vista informativo: la scarsità delle didascalie – soprattutto nelle interviste a registi, attori e produttori – rende difficile l'orientamento per gli spettatori non specialisti.

Easy Rider – Libertà e paura **½ (*Easy Rider*, Usa 1969, col, 94') Dennis Hopper. Con Peter Fonda, Dennis Hopper, Jack Nicholson, Luana Anders, Karen Black, Robert Walker. ◆ Dopo la vendita di una partita di droga, Billy (Hopper) e Wyatt, detto Capitan America (Fonda), attraversano gli States a bordo dei loro chopper [le moto dai lunghi manubri di moda negli anni Sessanta] per recarsi al carnevale di New Orleans. Uno dei più grandi successi del cinema indipendente americano, film-manifesto della cultura alternativa di cui coniuga alcuni elementi centrali come la musica, la ribellione, la droga (qui illustrata nei suoi tre diversi aspetti: cocaina come profitto, marijuana come socialità, Lsd come incubo) con il tema classico del viaggio. La colonna rock (con brani degli Steppenwolf, dei Byrds, della band di Robbie Robertson, di Jimi Hendrix, di Bob Dylan) sottolinea con insistenza l'alternativa rappresentata dalla cultura giovanile, ma poi il film non riesce a liberarsi fino in fondo dei miti ricorrenti della tradizione nazionale, che è quella della Vecchia America e del West (pur procedendo verso Est, il cammino di Wyatt e Billy è quello di chi cerca di aprire una nuova frontiera, anche se la prospettiva non è più quella del cowboy ma piuttosto quella dell'indiano, con il suo tragico destino). Indimenticabile l'apparizione di Jack Nicholson nella parte di George Hanson e il suo strampalato discorso sui venusiani. La scena dell'acido è stata girata in 16mm e al montaggio hanno collaborato amichevolmente Bob Rafelson, Henry Jaglom e lo stesso Nicholson. Nonostante una certa dose di furberia (che rimastica modelli presi da Corman e anche da James Dean) *Easy Rider* resta comunque «un film che conta più del suo reale valore» perché ha saputo interpretare e mitizzare le aspirazioni di tutta una generazione.

Eat it * (Italia 1969, col, 84') Francesco Casaretti. Con Frank Wolff, Paolo Villaggio, Giampiero Albertini, Silvia Dionisio, Orso Maria Guerrini. ◆ Una specie di cavernicolo (Villaggio) viene scelto per reclamizzare in Tv le qualità afrodisiache di una nuova carne in scatola. Quando al primitivo passerà la fame, il produttore (Wolff) prenderà il suo posto ma a forza di mangiarne si trasformerà in una mucca. Velleitario tentativo di satira della pubblicità e della società dei consumi, che annega nella più totale confusione.

Eau froide, L' ***½ (*L'Eau froide*, Francia 1994, col, 92') Olivier Assayas. Con Virginie Ledoyen, Cyprien Fouquet, Lazslo Szabo, Jean-Pierre Daroussin, Dominique Faysse, Smail Mekki. ◆ Gilles (Fouquet) e Christine (Ledoyen), entrambi con problemi affettivi a causa del divorzio dei genitori, rubano dei dischi in un supermercato. Lei viene presa e spedita in un istituto, ma riesce a fuggire e, con l'aiuto di Gilles, si rifugia in una casa abbandonata. Insieme dovrebbero andare al sud... Versione lunga di un film-tv della serie *Tous les garçons et les filles de leur âge*, racconta l'adolescenza degli anni Settanta (è ambientato nell'ottobre 1972) mescolando rock e fragilità emotiva con una sensibilità e un'eleganza stupefacenti: Assayas, pescando nei ricordi autobiografici e lavorandoli con dolorosa «leggerezza» e in perfetta sintonia con la colonna sonora, riesce a distillare un film che è insieme una struggente storia personale e la metafora non nostalgica di un'epoca e di una generazione. Splendide, per fluidità narrativa e senso delle immagini, la lunga sequenza della festa e quella della scoperta dell'alba, ispirata a *Janitor of Lunacy* di Nico. Tra le altre canzoni, tutte uscite nei mesi in cui è ambientato il film, ci sono *Me & Bobby McGee* cantata da Janis Joplin, *Avalanche* di Leonard Cohen, *Knockin'on Heaven's Door* di Bob Dylan e *School's Out* di Alice Cooper.

Ebreo errante, L' ** (Italia 1947, b/n, 100') Goffredo Alessandrini. Con Vittorio Gassman, Valentina Cortese, Noëlle Norman, Inga Gort, Harry Feist, Pietro Scharoff, Cesare Polacco, Armando Francioli. ◆ La leggenda dell'ebreo errante aggiornata all'olocausto. Condannato da Cristo a vagare nei secoli in espiazione delle sue colpe, l'ebreo vive durante la seconda guerra mondiale a Parigi, sotto il nome di Mathieu Blumenthal (Gassman): rinchiuso, con la fidanzata Ester (Cortese) in un lager, si sacrificherà (e si salverà) dando la vita per evitare l'uccisione di cinquecento innocenti. Tratto dal romanzo omonimo di Eugène Sue (cosceneggiato dal regista con Ennio De Concini, Anton Giulio Majano, Flaminio Bollini, Guido De Luca ed Enrico Fulchignoni), porta l'impronta del soggettista Giovan Battista Angioletti, responsabile dello squilibrio tra le due parti del film, dove dal mitico si passa alla minuziosa descrizione delle brutalità naziste, narrate però con partecipata passione.

Ebreo fascista, L' → *Prima della lunga notte (L'ebreo fascista)*

Ecce Bombo **½ (Italia 1978, col, 103') Nanni Moretti. Con Nanni Moretti, Lina Sastri, Luisa Rossi, Fabio Traversa, Glauco Mauri, Paolo Zaccagnini, Piero Galletti, Carola Stagnaro, Susanna Javicoli, Alberto Abruzzese, Nadia Fusini, Filippo La Porta, Giampiero Mughini, Age [Agenore Incrocci]. ◆ Opera seconda di Moretti (prodotta da Mario Gallo) che segna il suo esordio nel cinema professionale dopo il Super8 di *Io sono un autarchico*. Michele (Moretti) vive il disagio di una onnipresente crisi generazionale: il rapporto in famiglia è teso e conflittuale, quello con gli amici stanco e ripetitivo, quello con le donne complicato e contraddittorio. Insieme a Mirko, Vito e Goffredo (Traversa, Zaccagnini e Galletti) si sforza di affrontare i nodi della propria insoddisfazione con sedute di autocoscienza, ma non riesce che a lasciarsi vivere. E ad aspettare il sorgere del sole dalla parte sbagliata. Girato in presa diretta in 16mm e subito diventato un piccolo cult-movie, il film racconta per brevi scene successive «la solitudine e la profonda decadenza della mitologia quotidiana di tutta una generazione» incapace di andare al fondo delle proprie contraddizioni ma anche spaventata dalla propria paura dei sentimenti. Caustico e crudele, il film soffre però di una certa frammentarietà e non riesce ancora a trasformare (come Moretti saprà fare in seguito) la sua vitale aggressività e la sua disillusione da rabbia narcisistica in sofferta scelta morale. Entrati a pieno titolo nella mitologia giovanile il dialogo con l'amica che non fa niente di concreto («giro, vedo gente, faccio cose»), lo sfogo linguistico contro i lombardismi («Silvia, non *la* Silvia. Fortunatamente siamo a Roma, non a Milano: *la* Silvia, *il* Giorgio, *il* Pannella, *il* Giovanni. Cacare, non cagare, fica non figa»), le dissertazioni dell'«amico etiope». Il padre di Moretti, Luigi, interpreta l'attore poeta.

Eccesso di difesa *½ (*Jackson County Jail*, Usa 1976, col, 89') Michael Miller. Con Yvette Mimieux, Tommy Lee Jones, Robert Carradine, Frederic Cook. ◆ Tradita, derubata, arrestata, stuprata, Diana (Mimieux) scopre sulla sua pelle l'altra faccia dell'America in festa per il Bicentenario: la famiglia spezzata, la giustizia cieca, la polizia corrotta, la città disumanizzata. Versione al femminile del filone inaugurato dal *Giustiziere della notte*, il film concede troppo alla descrizione della violenza e scivola inevitabilmente nella morbosità e nel compiacimento.

Eccezzziunale... veramente *½ (Italia 1982, col, 103') Carlo Vanzina. Con Diego Abatantuono, Massimo Boldi, Stefania Sandrelli, Teo Teocoli, Anna Melato, Yorgo Voyagis. ◆ Tre variazioni sul tema del tifoso di calcio interpretate da Abatantuono, ormai elevato da straripante caratterista per commediacce a fenomeno di costume: il milanista Donato manda all'ospedale il capo degli ultrà nerazzurri e gli soffia la fidanzata; l'interista Franco crede di aver vinto al totocalcio e si dà alla pazza vita; lo juventino Tirzan, per vedere una partita della sua squadra, scambia il proprio camion con quello di un collega, ma se lo fa rubare. Ormai il personaggio del «terrunciello», con annesso imitatissimo idioma, comincia a mostrare la corda e a parte qualche scena di rozze gesta ultrà la noia è inevitabile.

Ecco fatto *½ (Italia 1998, col, 88') Gabriele Muccino. Con Giorgio Pasotti, Barbora Bobulova, Claudio Santamaria, Ginevra Colonna, Enrico Silvestrin, Gigio Alberti, Piero Natoli, Anita Laurenzi, Vittorio Duse, Blas Roca Rey, Erika Savastani, Sergio Rubini, Gisella Burinato. ◆ Ripetente a catena, Matteo (Pasotti) si innamora di una bella slovacca (Bobulova) e va a vivere con lei: come affrontare i problemi dello studio e la gelosia crescente per il passato irrequieto della ragazza? Opera prima di promettente mestiere ma deludente sincerità, nata come telefilm ma «gonfiata» all'ora e mezza con il coro dei clienti della lavanderia ai quali viene raccontata in flashback tutta la storia. Confezione furbetta, con ambizioni di filosofia spicciola sull'amore (ma davvero i ventenni di oggi sono così? e così gelosi come neanche nell'*Inferno* di Chabrol?) e intermezzi comici sulla scuola affidati a un romano coatto (Santamaria). Ci si chiede quale pubblico avesse in mente il regista, sceneggiatore con Nicola Alvau e Andrea Garello. Il produttore – ma non di questo film – Gianluca Arcopinto interpreta il professore di lettere, il regista Antonello Grimaldi quello di fisica.

Ecco il film dei Muppet ** (*The Muppet Movie*, Usa 1979, col, 94') James Frawley. ◆ Dietro al ranocchio Kermit, che lascia la Georgia per cercar fortuna a Hollywood, marciano sulla mecca del cinema anche Miss Piggy, l'orso Fozzie, il grande Gonzo e il complesso rock Electric Mayhem, nonostante i tranelli preparati dal bieco Doc Hopper. I mitici Muppet televisivi di Jim Henson (visti da più di 200 milioni di spettatori televisivi) arrivano sul grande schermo: perfetto come al solito il lavoro di animazione di Henson e di Frank Oz, Jerry Nelson, Richard Hunt e Dave Goelz; superfluo lo stuolo di star che fanno una comparsata (Gould, Welles, Pryor, Bob Hope, Savalas, Dom DeLuise, Mel Brooks, Steve Martin, Madeline Kahn). La colonna sonora, purtroppo, non è all'altezza. I personaggi dei Muppets torneranno in *I Muppets alla conquista di Broadway* (1984), *Festa in casa Mappet* (1992) e *I Mappets nell'isola del tesoro* (1996).

Ecco il tempo degli assassini *** (*Voici le temps des assassins*, Francia 1956, b/n, 115') Julien Duvivier. Con Jean Gabin, Danièle Delorme, Lucienne Bogaert, Gérard Blain, Germaine Kerjean, Gabrielle Fontan, Jean-Paul Roussillon. ◆ La giovane Catherine (Delorme) è accolta con affetto dal proprietario di un ristorante presso le Halles, il maturo Chatelin (Gabin), vecchio amante della madre (Bogaert). Ma la ragazza è solo apparentemente ingenua: seguendo le istruzioni della madre, cercherà di impadronirsi dei soldi dell'uomo. Cupo e pessimista noir alla francese, sceneggiato dal regista con Maurice Bessy, Charles Dorat e P.A. Bréal. Sfruttando al meglio la fotografia glaciale e distaccata di Armand Thirard, l'ambientazione minuziosa e naturalista nel vecchio quartiere delle Halles, la recitazione perfetta di un gruppo di attori in stato di grazia (da cui si staccano i ritratti di tre vecchie malefiche: Lucienne Bogaert nella parte dell'infida ex moglie, Germaine Kerjean in quella della odiosa madre di Chatelin e Gabrielle Fontan nel ruolo della governante ipocrita), Duvivier riesce a trasmettere «un quadro astratto e affascinante insieme della ferocia e della mostruosità umana», dove la complessità della trama – che sembra uscita da un romanzo popolare dell'Ottocento – non sminuisce la forza tragica e atemporale di questa tragedia, che si chiude con un insolito epilogo sanguinario.

Ecco la felicità! **½ (*La Comédie du bonheur*, Francia/Italia 1940, b/n, 112') Marcel L'Herbier. Con Michel Simon, Micheline Presle, Ramon Novarro, Jacqueline Delubac, André Alerme, Magdaleine Bérubet, Louis Jourdan, Marcel Vallée, Nicola Maldacea, Renato Chiantoni. ◆ Capitalista filantropo, Jean-Baptiste Jourdain (Simon) evade dal manicomio dove i parenti l'hanno fatto rinchiudere e paga tre attori a corto di scritture per portare la felicità in una pensioncina: il bel Felice (Novarro) si innamorerà della timida figlia (Presle) del padrone, sua moglie Anita (Delubac) ridarà la gioia di vivere a Fedoro (Jourdan), esistenzialista ante litteram, e Déribin (Alerme) farà la corte alla tetra Aglaé (Bérubet). Alla fine le coppie si ricompongono salvando le convenzioni: ma non senza qualche divagazione tardo- pirandelliana (la felicità è illusione, quello che conta è crederci) e, soprattutto, una ventata anarchica sottolineata dall'ambientazione carnevalesca e dal ridicolo con cui è rappresentata la polizia. Già maestro dell'avanguardia, L'Herbier inserisce un prologo e un epilogo quasi brechtiani, in cui viene interrotta la proiezione del film *Ecco la felicità!* e viene smontata la finzione. L'opera sconta numerosi omaggi al gusto dell'epoca, a cominciare dagli inserti canori resi inevitabili dalla presenza del tenore messicano Novarro: ma l'intreccio (tratto da una commedia di Nicolas Evreinoff adattata da Jean Cocteau) è ingegnoso, e riesce spesso a provocare il perbenismo dell'epoca. Tanto più sorprendente se si pensa che il film è stato girato in Italia. Bella fotografia di Massimo Terzano; l'operatore è Mario Bava, al suo primo lavoro importante.

Ecco l'impero dei sensi **½ (*Ai no Korida*, Giappone/Francia 1976, col, 104') Nagisa Oshima. Con Tatsuya Fuji, Eiko Matsuda, Aoi Nakajima, Melka Seri, Taiji Tonoyama, Kanae Kobayashi. ◆ Il morboso rapporto che lega Kitzi (Fuji) alla giovane cameriera Abe Sada (Matsuda) spinge i due amanti alla ricerca di un rapporto sessuale sempre più estremo: chiusi in camere d'albergo o in mezzo a un gruppo di geishe, mettendo in scena un impossibile matrimonio (lui è sposato) oppure coinvolgendo una vecchia cadaverica, inventano giochi erotici con un uovo sodo o con un laccio strangolatore, con cui Sada regalerà a Kitzi e a se stessa l'ultimo irripetibile amplesso. Poi, morto l'uomo durante l'orgasmo, la donna gli taglierà i genitali e fuggirà portandoli con sé. Tratto da un fatto di cronaca del 1936 (a cui si è ispirato anche Noburo Tanaka per il suo *Abesada, l'abisso dei sensi*), il film ha provocato scandali e censure, subendo il marchio pornografico dell'hardcore per le molte scene girate in maniera realistica (ma comunque mai volgare). Influenzato da un Bataille riletto attraverso le componenti più sadomasochistiche della cultura giapponese, il film rifiuta polemicamente la realtà storica per rinchiudersi in una «minuziosa, insostenibile, affascinante descrizione dei suoi rituali di possesso sessuale», nuova e ulteriore rappresentazione dell'alienazione sociale da parte del più immoralista e visionario dei registi nipponici. Il film è uscito anche in

Italia in un'edizione censurata e ridotta (in originale dura 120'), con alcune manipolazioni che ne rovinano irrimediabilmente la forza e il fascino.

Ecco lingua d'argento * (Italia 1976, col, 90') Mauro Ivaldi. Con Carmen Villani, Nadia Cassini, Roberto Cenci, Gianfranco D'Angelo. ◆ Un malizioso ragazzo (Cenci) vuole conquistare la piccante e disinibita amica (Villani): riuscirà a coronare il suo impegno sulle esotiche coste africane con la collaborazione di una generosa psicoanalista (Cassini). Abbondanti siparietti erotici per la cantante tentata dal cinema soft sotto la guida del marito regista. Piuttosto noioso.

Ecco noi per esempio * (Italia 1977, col, 120') Sergio Corbucci. Con Adriano Celentano, Renato Pozzetto, Barbara Bach, Antonio Casagrande, Giuliana Calandra. ◆ Il fotografo Antonmatteo (Celentano) detto Click conosce il poeta di provincia Palmambrogio (Pozzetto): prima gli svuota il portafoglio poi diventa suo amico. Solita commedia fintocomica, costruita sui due maggiori moneymaker di quegli anni: i furbi accenni al femminismo e alla contestazione e un finale predicatorio (Click perde la vista ma non l'ottimismo) non sollevano il film dalla mediocrità.

Echi di gioventù ** (*Remember the Day*, Usa 1941, b/n, 86') Henry King. Con Claudette Colbert, John Payne, John Shepperd [Shepperd Strudwick], Ann Todd, Douglas Croft, Jane Seymour, Anne Revere. ◆ Aspettando di essere ricevuta da un suo ex allievo (Shepperd) ora candidato alla presidenza degli Stati Uniti – e che quando era studente (Croft) si era preso una bella cotta per lei – una vecchia maestra (Colbert) ricorda gli anni dell'insegnamento, il suo legame con un collega (Payne) che la lasciò presto vedova, i rapporti con gli alunni. Un melodramma tutto costruito a flashback che non si risparmia nessun sentimentalismo, tratto da un romanzo di Philo Higley e Philip Dunning e sceneggiato da Tess Slesinger, Frank Davis, Allan Scott e, non accreditato, dallo stesso King: la confezione, comunque, è inappuntabile e la Colbert non sbaglia una scena.

Echi di una breve estate *½ (*Echoes of a Summer*, Usa 1975, col, 98') Don Taylor. Con Richard Harris, Lois Nettleton, Jodie Foster, Geraldine Fitzgerald, Brad Savage. ◆ Una bambina (Foster) è condannata da una malattia incurabile: durante la sua ultima estate di vita convince i genitori ad accettare serenamente il destino. Melodramma strappalacrime, una delizia per i sentimentaloni. Comunque la Foster (qui aveva dodici anni) è sempre brava.

Echo Park ** (*Echo Park*, Austria/Usa 1986, col, 93') Robert Dornhelm. Con Susan Dey, Tom Hulce, Michael Bowen, Christopher Walken, Richard [Cheech] Marin. ◆ In un appartamento in Echo Park, quartiere di Los Angeles che funziona da anticamera di Hollywood, si incontrano i sogni di successo di tre giovani aspiranti attori. Visione disincantata e divertente delle speranze che si infrangono: Mary (Dey) diventa spogliarellista a pagamento alle feste di compleanno, Jonathan (Hulce) continua a consegnare pizze, August (Bowen), emulo di Schwarzenegger, pubblicizza deodoranti. Film sfilacciato ma piacevole.

Eclisse, L' ** (Italia/Francia 1962, b/n, 125') Michelangelo Antonioni. Con Monica Vitti, Alain Delon, Lilla Brignone, Rossana Rory, Francisco Rabal, Louis Seigner. ◆ Vittoria (Vitti), una triste e avvilita ragazza borghese, si lega a Piero (Delon), un agente di borsa dal carattere opposto, cinico e senza problemi. Ma la donna si sente minacciata da qualcosa di sconosciuto: a un appuntamento che dovrebbe chiarire il loro rapporto nessuno dei due si presenterà. Dopo *L'avventura* e *La notte*, Antonioni chiude con questo film la trilogia dell'incomunicabilità: la descrizione di «un'eclisse dei sentimenti» passa qui attraverso i rapporti tra questo oscuramento delle coscienze e comportamenti umani (lunghi silenzi, gesti inutili), ruolo del denaro (il furore demenziale della Borsa di Roma) e descrizione del paesaggio (immagini geometriche e fredde). Allora fece scalpore (e la giuria di Cannes gli attribuì un premio speciale) ma oggi appare irrimediabilmente datato e quella che avrebbe voluto essere la «critica dell'interiorità» (e della mancanza di interiorità) del neocapitalismo italiano si rivela manierata e autoretorica. Imperdibile la canzone dei titoli di testa, *Eclisse Twist*, scritta da Ammonio (cioè lo stesso Antonioni) e Fusco, dove Mina canta «La radioattività / un brivido mi dà / ma tu, ma tu / di più, di più».

E col bambino fanno tre *½ (*And Baby Makes Three*, Usa 1949, b/n, 84') Henry Levin. Con Robert Young, Barbara Hale, Robert Hutton, Billie Burke. ◆ Svenuta alla cerimonia del secondo matrimonio, la sposa (Hale) fa credere di essere incinta per riconquistare il primo marito (Young) di cui è ancora innamorata. Commediola divertente ma con un prevedibile lieto fine.

Ecologia del delitto → *Reazione a catena*

...E continuavano a fregarsi il milione di dollari * (Italia/Spagna/Francia 1971, col, 90') Gene [Eugenio] Martin. Con Lee Van Cleef, Gina Lollobrigida, James Mason, Gianni Garko, Sergio Fantoni, Simon Andreu. ◆ Alicia (Lollobrigida) è un'avventuriera disposta a tutto per arricchirsi: ne faranno le spese un rapinatore di banche (Van Cleef) e un rivoluzionario (Mason). Inutile cedimento alla moda degli spaghetti-western: storia senza ritmo e attori a disagio.

Ecstasy Generation *** (*Nowhere*, Usa/Francia 1997, col, 81') Gregg Araki. Con James Duval, Sarah Lassez, Rachel True, Nathan Bexton, Debi Mazar, Chiara Mastroianni, Jaason Simmons, Kathleen Robertson, Christina Applegate, Heather Graham, Denise Richards, Shannen Doherty, Rose McGowan, Traci Lords, Beverly D'Angelo, John Ritter. ◆ Il liceale Dark Smith (Duval) è alla ricerca del vero amore, senza distinzioni di sesso: ma la fidanzata Mel (True) non è interessata alle passioni eterne, e il timido Montgomery (Bexton) viene rapito da un alieno. Strutturato come la spassosa parodia di una sit-com, con alcune star televisive utilizzate in ruoli irriverenti (Simmons di *Baywatch* è lo stupratore, la Robertson di *Beverly Hills 90210* una lesbica), il film che conclude la «teen apocalypse trilogy» di Araki (*Totally F***ed Up* è inedito in Italia) rinuncia alle provocazioni più marchiane del precedente *Doom Generation* e riesce in quello che manca all'ultimo John Waters: si immerge criticamente nelle sottoculture giovanili, mette sangue e rabbia nell'incubo dai colori pop, fa convivere il sarcasmo nichilista e il gusto dell'assurdo con una vena di straziante romanticismo. Godimento per gli occhi assicurato, ma era un film da non doppiare.

Edera, L' *½ (Italia 1950, b/n, 111') Augusto Genina. Con Columba Dominguez, Roldano Lupi, Juan De Landa, Franca Marzi, Nino Pavese, Gualtiero Tumiati, Patrizia Manca, Emma Baron. ◆ Annesa (Dominguez) per salvare dal fallimento il nipote che ama (Lupi) uccide un ricco parente la cui eredità spetta al giovane. Ma l'ignaro beneficiario è accusato di omicidio. Dall'omonimo romanzo di Grazia Deledda (sceneggiato dal regista con Carlo Musso e Vitaliano Brancati), un film freddo e calligrafico che tradisce tanto lo spirito del libro che la sua coraggiosa battaglia contro un costume e una mentalità (nel romanzo Annesa espiava il suo peccato con una vita di sofferenze volontarie e sacrifici, nel film entra in convento). Decisamente brava invece l'attrice messicana Dominguez, doppiata da Lidia Simoneschi. Il film è stato rieditato col titolo *Delitto per amore (L'edera)* in una versione di 82', che si chiude con un abbraccio tra i due protagonisti mentre lui dice «espieremo insieme».

E Dio creò la donna * (*And God Created Woman*, Usa 1987, col, 100') Roger Vadim. Con Rebecca De Mornay, Vincent Spano, Frank Langella, Donovan Leitch, Judith Chapman. ◆ Per uscire di prigione una donna molto disinvolta con i propri sentimenti (De Mornay) sposa un ragazzo padre (Spano) ma contemporaneamente ha una relazione con il futuro governatore della California (Langella). Lontana variazione americana di *Piace a troppi* dello stesso regista, ma allora c'era la Bardot e Vadim era più provocatore.

Edipo Re **½ (Italia 1967, col, 104') Pier Paolo Pasolini. Con Franco Citti, Silvana Mangano, Alida Valli, Julian Beck, Carmelo Bene, Francesco Leonetti, Ninetto Davoli, Pier Paolo Pasolini. ◆ Versione della tragedia di Sofocle in forma di saggio, con gli opportuni riferimenti alla psicanalisi. La storia dell'uomo (Citti) che, inconsapevolmente, uccide il padre, sposa la madre (Mangano) e, quando scopre la verità, si acceca, diventa per Pasolini un dramma universale e al tempo stesso autobiografico. Prologo negli anni Venti, epilogo nella Bologna moderna, parte centrale in una immaginosa Grecia barbara e fuori dal tempo (ricostruita in Marocco). La messinscena è suggestiva (si veda come viene risolto l'episodio della sfinge), gli attori pienamente in parte, ma tutto suona un po' didascalico. Pasolini compare nei panni del gran sacerdote, il critico (e qui aiutoregista) Jean-Claude Biette in quelli di un sacerdote. Per il ruolo di Tiresia, interpretato da Julian Beck, Pasolini aveva scritturato Orson Welles. Franco Citti è doppiato da Paolo Ferrari. Straordinari i costumi «primitivi» di Danilo Donati.

Edipo sindaco * (*Œdipo alcalde*, Colombia/Spagna/Messico 1996, col, 100') Jorge Alí Triana. Con Jorge Perugorría, Angela Molina, Francisco Rabal, Jairo Camargo, Myriam Colón. ◆ Colombia, oggi: mentre infuria la guerriglia, il prefetto (non il sindaco!) Edipo (Perugorría) cerca di portare la pace in uno sperduto paese, e diventa l'amante di Giocasta (Molina), vedova di Laio – un pezzo grosso ucciso misteriosamente –, ignorando che è sua madre. Gabriel García Márquez è coautore (con Stella Malagón e Orlando Senna) di questo adattamento dell'*Edipo re* di Sofocle: ma in un mondo cattolico, tra preti e crocefissi, la tragedia del destino sembra malamente appiccicata; e lo stile è quello anonimo e patinato del prodotto per il mercato internazionale. Con scarsa eleganza (o facile ironia?) il libro letto da Edipo è *Cronaca di una morte annunciata*.

Edoardo e Carolina *** (*Édouard et Caroline*, Francia 1951, b/n, 85') Jacques Becker. Con Daniel Gélin, Anne Vernon, Jacques François, Jean Galland, Jean Toulut. ◆ Edoardo (Gélin), pianista dotato ma sconosciuto, alla vigilia di un concerto importante litiga con la moglie Caroline (Vernon) e fugge dalla sala. Prima di tornare a casa e riconciliarsi con la moglie, un agente americano, convintosi in precedenza del suo talento, gli proporrà di occuparsi della sua carriera. Ritratto di un matrimonio in una sola serata, osservato con una precisione e una limpidezza tali che allo spettatore sembra di conoscere tutto della vita della coppia. È il manifesto-capolavoro della commedia sentimentale «alla Becker»: classica nella concezione, raffinata sotto il profilo psicologico, sottile nella satira di costume, elegante nel ritmo, accurata nell'ambientazione e leggera solo in apparenza. Il montaggio, più vivace che in altri film del regista, è di Marguerite Renoir, moglie di Jean. La stessa coppia di attori ricompare due anni più tardi in *Rue de l'Estrapade* (1953, inedito in Italia), commedia piuttosto simile a *Edoardo e Carolina*.

Edoardo mio figlio ** (*Edward My Son*, Gb/Usa 1949, b/n, 112') George Cukor. Con Spencer Tracy, Deborah Kerr, Ian Hunter, James Donald, Laueen MacGrath. ◆ Arnold Boult (Tracy) ama talmente il figlio da essere disposto a tutto per lui, anche a imbrogliare e a spingere la moglie (Kerr) verso l'alcolismo: ma il figlio (che nel film non si vede mai, «sostituito» dalle torte con candeline che scandiscono il passare del tempo) si rivela un giovane viziato e finirà tragicamente. Il primo film prodotto dalla Mgm in Inghilterra, tratto dal successo teatrale di Robert Morley e Noel Langley e sceneggiato da Donald Ogden Stewart, è un melodramma a tinte troppo forti, dove Tracy (che all'inizio del film si rivolge direttamente al pubblico e chiede di essere giudicato) eccede in manierismi, così come la Kerr «alcolizzata». In compenso, la descrizione del mondo degli affari dove per il successo si tradiscono gli amici e si infrangono le leggi, offre un duro quadro del capitalismo e dei capitalisti (e forse è per non offendere lo «spirito americano» che il protagonista è un canadese emigrato in Gran Bretagna).

Edoardo II ***½ (*Edward II*, Gb 1991, col, 90') Derek Jarman. Con Steve Waddington, Andrew Tiernan, Tilda Swinton, Nigel Terry, Jerome Flynn, John Lynch, Dudley Sutton, Kevin Collins, Jody Graber. ◆ Appena incoronato sovrano d'Inghilterra, il giovane Edoardo (Waddington) porta a corte l'amante Gaveston (Tiernan), inimicandosi la moglie (Swinton), i nobili e gli ecclesiastici. Il film è liberamente tratto dall'opera omonima di Christopher Marlowe, con una rilettura in chiave di «politica sessuale» che sembra tener conto della versione brechtiana degli anni Venti: Jarman rinuncia alla ricostruzione storica (recuperando la vera messinscena elisabettiana, spoglia e completamente basata sul lavoro degli attori) per concentrarsi sulla contrapposizione tra vita privata e ragion di stato, attualizzata mediante l'inserimento di scontri di piazza tra omosessuali e polizia. Sobrio, elegante e crudele, è probabilmente il film migliore dell'eccentrico regista che si avvale di un cast straordinario, all'interno del quale spicca Tilda Swinton (premiata a Venezia), sofisticata regina dal guardaroba anni Sessanta. È stato girato nei vecchi studi della Hammer Film, la mitica casa di produzione horror. Breve apparizione di Annie Lennox che canta (straordinariamente) *Every Time We Say Goodbye* di Cole Porter.

...E dopo le uccido ** (*Pretty Maids All in a Row*, Usa 1971, col, 92') Roger Vadim. Con Rock Hudson, Angie Dickinson, Telly Savalas, John David Carson, Roddy McDowall, Keenan Wynn. ◆ Uno studente (Carson) difende con convinzione il professore (Hudson), accusato dell'assassinio di una bella allieva. Ma si sbaglia. Una commedia nera senza molte presunzioni ma piuttosto ben oliata, scritta e prodotta da Gene Roddenberry.

Ed ora... sposiamoci **½ (*Stand-In*, Usa 1937, b/n, 91') Tay Garnett. Con Leslie Howard, Joan Blondell, Humphrey Bogart, Alan Mowbray, Maria Shelton. ◆ Mandato a Hollywood come supervisore finanziario del film *Sesso e Satana*, uno sprovveduto funzionario di banca (Howard) è stordito e affascinato dal mondo del cinema: il film è un disastro, ma un produttore ubriacone (Bogart) lo rimonta e lo trasforma in un successo. Divertente e dimenticata satira del mondo cinematografico: la sceneggiatura di Gene Towne e Graham Baker gioca abilmente con tutti i luoghi comuni di Hollywood e il film nel film (superba parodia della magniloquente produzione Mgm che Bogart trasforma tagliando il personaggio principale e innalzando un gorilla a protagonista) è decisamente godibile. Sfortunatamente fu completamente eclissato da *È nata una stella*, uscito nello stesso anno. Da rivalutare.

EDtv ** (*EDtv*, Usa 1999, col, 121') Ron Howard. Con Matthew McConaughey, Jenna Elfman, Woody Harrelson, Ellen DeGeneres, Martin Landau, Sally Kirkland, Rob Reiner, Elizabeth Hurley, Dennis Hopper. ◆ Commesso di videoteca e perfetto americano medio, Ed Pekurny (McConaughey) accetta di essere ripreso in diretta Tv 24 ore su 24 (salvo le pause per il bagno): ma come si fa a innamorarsi, fare sesso o andare a un funerale davanti a milioni di telespettatori? Tanto più che un contratto capestro sembra negare a Ed ogni libertà, e l'audience impone che pianti la sua nuova fidanzata (Elfman). Gli sceneggiatori Lowell Ganz e Babaloo Mandel si sono ispirati al film canadese *Louis XIX: Roi des Ondes* di Michel Poulette, e cercano di aggirare l'inevitabile paragone con *The Truman Show* analizzando i meccanismi del successo («Una volta si era famosi perché si era speciali. Oggi si è speciali perché si è famosi») più che il rapporto tra finzione, realtà e immagine. Secondo il tipico ottimismo del regista, il cinema si prende sempre una rivincita (fa vedere di più e meglio della televisione); ma i momenti potenzialmente più inquietanti e interessanti sono sempre risolti con trovate grossolane. Clint Howard, fratello di Ron, è il regista dello show.

Educazione dei sentimenti, L' **½ (*Sel'skaja učitel'nica*, Urss 1947, 105') Mark Donskoj. Con Vera Mareckaja, Danil' Sagal, Pavel Olenev, Vladimir Maruta, Vladimir Belokurov. ◆ Dai primi anni Dieci al secondo dopoguerra, la vita di Varvara (Mareckaja), insegnante di San Pietroburgo trasferitasi in un villaggio della Siberia per seguire il fidanzato Sergej (Sagal), deportato per attività antizariste. Dopo qualche difficoltà iniziale, la donna si guadagna l'amicizia e la confidenza degli abitanti, sposa Sergej e lo perde, assiste all'evoluzione industriale del villaggio e, diventata direttrice, riceve ogni anno le visite degli ex studenti che tornano in Siberia per festeggiarla. Sceneggiato da Marija Smirnova, uno dei film più vedibili, oggi, tra quelli realizzati in epoca staliniana, in cui l'obbedienza ai canoni del realismo socialista (evidenti soprattutto nella seconda parte, di scarso rilievo perché un po' troppo agiografico-propagandistica) è stemperata dall'interesse del regista per la psicologia dei personaggi e la ricostruzione dell'ambiente. In particolare la tenerezza per la protagonista e l'amore per la terra russa sfociano in uno stile lirico e suggestivo, che dà origine a immagini forti e personali nonostante qualche debito di regia nei confronti di Ejzenštejn e Pudovkin.

Educazione sentimentale, L' *½ (*L'Education sentimentale*, Francia 1961, b/n, 90') Alexandre Astruc. Con Jean-Claude Brialy, Marie-José Nat, Dawn Addams, Michel Auclair, Carla Marlier. ◆ Il timido studente Federico (Brialy) dichiara il suo amore ad Anna (Nat), una donna sposata: quando questa sarà stanca dei tradimenti del marito (Auclair) si concederà al giovane, ma non avrà il coraggio di lasciare il marito. Dal romanzo omonimo di Gustave Flaubert (sceneggiato da Roger Nimier e Roland Laudenbach) un film freddo e di mestiere, modesto anche nelle interpretazioni.

Edward mani di forbice *** (*Edward Scissorhands*, Usa 1990, col, 100') Tim Burton. Con Johnny Depp, Winona Ryder, Dianne Wiest, Vincent Price, Alan Arkin, Anthony Michael Hall, Kathy Baker. ◆ Uno scienziato (Price) dà vita e forma umana a una macchina affettaverdure, ma muore prima di avergli attaccato le mani. Così Edward mani di forbice (Depp) viene adottato da una famiglia-tipo americana: all'inizio il vicinato lo accetta, poi si scatena l'odio contro il diverso. Favola gentile ma anche crudele (scritta dal regista con Caroline Thompson) sull'impossibilità di essere normale e sul dramma di diventare adulti, narrata da Burton con un talento visivo e scenografico stupefacente. Memorabili le performance di Edward, che con le sue mani tosa cani, crea acconciature pop e sagoma cespugli. Molto azzeccato il cast nel quale spicca l'ottantenne Vincent Price. Scontata insipienza grammaticale dei distributori nazionali che ignorano le regole dell'italiano perché lo strumento per tagliare si usa solo al plurale: forbici. Musiche di Danny Elfman e fotografia di Stephan Czapsky.

Ed Wood **½ (*Ed Wood*, Usa 1994, b/n, 124') Tim Burton. Con Johnny Depp, Martin Landau, Sarah Jessica Parker, Patricia Arquette, Bill Murray, Lisa Marie [Smith], Mike Starr, Jeffrey Jones, George «The Animal» Steele. ◆ Da *Glen or Glenda* (1953) a *Plan 9 from Outer Space* (1956), uno scorcio della vita di Edward D. Wood jr (1924-1978), regista senza talento e senza soldi, ottimista inguaribile, travestito eterosessuale: riporta sul set Bela Lugosi (Landau), vecchio e schiavo della droga, si circonda di un'amabile compagnia di svitati e millantatori, e realizza quelli che in seguito saranno proclamati i peggiori film della storia del cinema. Burton celebra lussuosamente il cinema di serie Z della sua infanzia, e torna a santificare la figura dell'innocuo reietto. Depp-Wood è l'ennesimo Edward mani di forbice, goffo e tenero, appena un po' più stupido (anche se l'idiozia, nell'epoca del gumpismo, non è un difetto), ma capace di grandi affetti ed entusiasmi. Landau, premiato con l'Oscar, riesce a fare col personaggio di Lugosi ciò che Burton non riesce a fare con Wood: restituire dignità alla miseria e rendere interessante l'idiozia. Scomparso lui, al film non resta che ripetersi («Perfetto!» dice sempre Wood che non gira mai due volte la stessa scena), divertente ma superficiale, e arrancare verso un immotivato finale roseo. Sceneggiatura didascalica di Scott Alexander e Larry Karaszewski, magistrale fotografia di Peter Czapsky, musica ironica di Howard Shore. Michael Lehman è il produttore esecutivo. Vincent D'Onofrio interpreta Orson Welles nella scena più bella e originale del film, quando il campione del cinema «alto» incontra Ed Wood, il campione del cinema «basso», e i due scoprono di avere la stessa idea di cinema.

Effetti dei raggi gamma sui fiori di Matilde, Gli *** (*The Effect of Gamma Rays on Man-in-the-Moon Marigolds*, Usa 1972, col, 101') Paul Newman. Con Joanne Woodward, Nell Potts, Roberta Wallach, Judith Lowry. ◆ Il dramma della solitudine di Beatrice Hunsdorfer (Woodward), vedova acida e amareggiata a cui sono rimaste solo le due figlie, una (Wallach) malata d'epilessia e in violenta tensione con la madre, l'altra (Potts) introversa ma vitalmente interessata al mondo delle scienze naturali. Tratto dall'opera teatrale di Paul Zindel, premiata con il Pulitzer, è il terzo film diretto da Paul Newman, che riesce a commuovere lo spettatore senza cadere mai nel patetismo: le scene con la figlia appassionata di scienze, il suo intensissimo rapporto con il professore, le piccole gioie della sua vita scolastica sono indimenticabili. Superbo (e ottimamente diretto) il cast: Woodward e Potts sono la moglie e la figlia di Newman, Roberta Wallach è la figlia dell'attore Eli. Palma d'oro a Cannes per Joanne Woodward.

Effetto allucinante **½ (*Rush*, Usa 1991, col, 120') Lili Fini Zanuck. Con Jason Patric, Jennifer Jason Leigh, Sam Elliott, Max Perlich, Gregg Allman. ◆ Due poliziotti (Patric e Leigh) si infiltrano nel sottobosco dei drogati per incastrare un boss dello spaccio: non solo non ci riescono, ma poco per volta prendono gusto a provare su se stessi la roba che comprano con i soldi del governo. Ambientato negli anni Settanta e tratto dal romanzo semibiografico di Kim Wozencraft (sceneggiato da Pete Dexter), è uno strano noir che sembra aver poco da spartire con l'Hollywood degli anni Novanta (anche se è prodotto da Richard D. Zanuck che ha fatto esordire nella regia la moglie), senza morale e senza lieto fine. Ha le carte in regola per diventare un cult, malgrado qualche cedimento melodrammatico. Bella colonna sonora con *Tears in Heaven* e *Help Me Up* di Eric Clapton.

Effetto black-out ** (*The Trigger Effect*, Usa 1996, col, 90') David Koepp. Con Kyle MacLachlan, Elisabeth Shue, Dermot Mulroney, Richard T. Jones, Michael Rooker, Bill Smitrovich. ◆ Salta la corrente in una cittadina di provincia: la gente si arma e dà il peggio di sé, mentre una famigliola borghese (MacLachlan e Shue) scopre quanto è difficile guadagnare la fiducia e il rispetto del prossimo. Prodotto dalla Amblin, un piccolo incubo con qualche ambizione di apologo morale, che lo sceneggiatore degli ultimi De Palma mette in scena pareggiando il conto tra ovvietà e tocchi azzeccati.

Effetto notte *** (*La Nuit américaine*, Francia 1973, col, 115') François Truffaut. Con François Truffaut, Jacqueline Bisset, Valentina Cortese, Alexandra Stewart, Jean-Pierre Aumont, Jean-Pierre Léaud, Nathalie Baye, Jean-François Stévenin. ◆ Agli studi della Victorine, a Nizza, il regista Ferrand (Truffaut) gira un film hollywoodiano, *Vi presento Pamela*: dal primo ciak fino all'ultimo giorno di riprese i problemi produttivi si mescolano con le storie private e le fragilità psicologiche dei vari membri della troupe. Dichiarazione d'amore di Truffaut per il cinema, il film è zeppo di citazioni e di omaggi: Hitchcock, il cui titolo originale di *Paura in palcoscenico* (*Stage Fright*) è usato per una battuta di Alphonse-Léaud: «Do you have stage fright?»; Marcel Ophuls (il segretario di produzione e la moglie sono soprannominati *Le Chagrin et la pitié*); la Marilyn di *Bus Stop* («Lei ha conosciuto molti uomini, io ho conosciuto poche donne»); Renoir («Io sono come il vecchio cuoco della *Règle du jeu*: ammetto le diete, ma non le manie»); Welles dal quale Ferrand-Truffaut sogna di rubare le fotografie in un cinema; e tutti gli altri registi il cui nome viene citato, usato per indicare vie o l'argomento di un libro, o anche solleticare un ricordo. Oltre a tutta una serie di autocitazioni e allusioni ai film di Truffaut stesso. Ma questi rimandi non appesantiscono il film, anzi aiutano a trasmettere allo spettatore il senso più vero del cinema, la sua forza, la sua vitalità (anche se il soggetto può essere letto come una specie di canto funebre in memoria di Hollywood) e a fargli condividere un po' dell'amore che Truffaut ha per il suo lavoro. Premio Oscar come miglior film straniero.

Effi Briest *** (*Fontane Effi Briest*, Rft 1974, b/n, 141') Rainer Werner Fassbinder. Con Hanna Schygulla, Wolfgang Schenck, Karlheinz Böhm, Ulli Lommel, Irm Hermann, Eva Mattes, Lilo Pempeit, Barbara Lass. ◆ La giovane Effi (Schygulla) langue sul Baltico sposata a un barone molto più vecchio di lei (Schenck). Dopo sei anni viene a galla la sua breve relazione con un militare (Lommel), ed è l'inizio della catastrofe: scacciata di casa e privata della figlia, muore perdonando il marito. Fassbinder è fedele al romanzo di Theodor Fontane (del 1896) senza buoni né cattivi, e cerca di rinnovare il rapporto tra cinema e letteratura ricorrendo a una voce fuori campo che commenta l'azione in modo non convenzionale: o «troppo» letterale, o «troppo» slegata dalle immagini. Eppure anche così emerge in modo nitido il ritratto di una società cupa e opprimente (nell'Ottocento, quando si svolge il film, come oggi) dove, come recita il sottotitolo del film, «molti hanno idea delle loro possibilità e bisogni, e tuttavia accettano il sistema dominante attraverso le loro azioni e così lo rafforzano e lo confermano». Splendido il bianco e nero di Dietrich Lohmann e Jürgen Jürges. Lilo Pempeit, che interpreta la madre di Effi, è nella realtà la madre di Fassbinder.

Effrontée → *Sarà perché ti amo*

...e giustizia per tutti ** (*... And Justice for All*, Usa 1979, col, 117') Norman Jewison. Con Al Pacino, Jack Warden, John Forsythe, Lee Strasberg, Christine Lahti, Craig T. Nelson, Sam Levene. ◆ Un giudice «falco» (Forsythe), accusato di violenza carnale, sceglie come difensore proprio l'avvocato idealista (Pacino) che in passato ha condannato per oltraggio alla corte. Quest'ultimo non può rifiutare, cerca di ottenere in cambio dei favori per i suoi clienti innocenti, ma alla fine esplode. Incerto tra la satira del sistema giudiziario e il dramma, Jewison dirige uno show d'attori che alla fine cerca solo la teatralità spettacolare. Lee Strasberg, già direttore dell'Actor's Studio, interpreta il nonno di Al Pacino. Barry Levinson è autore della sceneggiatura insieme a Valérie Curtin.

Egli camminava nella notte *** (*He Walked by Night*, Usa 1948, b/n, 79') Alfred L. Werker [e Anthony Mann]. Con Richard Basehart, Scott Brady, Roy Roberts, Jack Webb, Whit Bissel, Jim Cardwell. ◆ Un tecnico elettronico senza famiglia e amici (Basehart) non esita a uccidere per compiere i suoi furti: per identificarlo la polizia usa tutte le sue risorse tecnico-scientifiche e soprattutto la collaborazione dei civili per stabilire un identikit. E i risultati non tardano ad arrivare. Un noir claustrofobico raccontato con piglio documentaristico dove le prime avvisaglie della caccia alle streghe si possono leggere nel ritratto del paranoico asociale che si nasconde dietro il volto simpatico di Basehart, sospettabile proprio perché rifiuta ogni rapporto con la società civile. Sceneggiatura tesa e incalzante di John C. Higgins, Crane Wilbur e Harry Essex, ma straordinarie soprattutto le scene girate da Anthony Mann (ai tempi sotto contratto alla Eagle Lion, per cui aveva già girato un film simile, *T-Men contro i fuorilegge*): sue tutte le immagini in esterni compresa la fuga finale nelle fogne, magistralmente fotografate da John Alton, oltre alla scena in cui Basehart si estrae con freddezza meccanica una pallottola dal petto.

Egoisti, Gli ** (*Muerte de un ciclista*, Spagna/Italia 1955, 88') Juan Antonio Bardem. Con Lucia Bosé, Alberto Closas, Carlos Casaravilla, Otello Toso. ◆ Due adulteri, Maria José (Bosé) e Juan (Closas), investono e uccidono un ciclista: il rimorso incrinerà il loro rapporto e Maria morirà in un incidente stradale provocato da un ciclista. Allusivo apologo sulla crisi e l'impotenza dell'intellettuale (Juan è un povero supplente, triste e amareggiato, ossessionato dal bisogno di purificazione e di vita nuova), fu apprezzato per la sua tensione morale e fece di Bardem un punto di riferimento per i cineasti della Spagna franchista. Ma oggi il film «rivela crudelmente la sua ridondante retorica nell'indagine degli egoismi della gente e il suo schematismo "a messaggio"».

Ehi amico... c'è Sabata: hai chiuso! *½ (Italia 1969, col, 105') Frank Kramer [Gianfranco Parolini]. Con Lee Van Cleef, William Berger, Pedro Sanchez [Ignazio Spalla], Nick Jordan, Linda Veras. ◆ Un abilissimo pistolero, Sabata (Van Cleef), riesce a evitare tutti i pericolosi attacchi dei possidenti, coinvolti in una rapina, da cui estorce continuamente denaro. Ritmo sostenuto, violenza e situazioni classiche del genere dilatate fino al surreale, per un risultato scherzoso e (quasi) godibile. Seguito da *È tornato Sabata... hai chiuso un'altra volta!* (1971).

Ehi ci stai? *½ (*The Pick-up Artist*, Usa 1987, col, 81') James Toback. Con Robert Downey jr, Molly Ringwald, Dennis Hopper, Danny Aiello, Harvey Keitel, Robert Towne, Lorraine Bracco. ◆ Un inveterato cacciatore di gonne (Downey) finisce nei guai quando si innamora della figlia (Ringwald) di un giocatore che, per debiti, è finito nelle mani della malavita. Uno spunto abbastanza interessante è sprecato da Toback che non riesce ad approfondire il tema dell'adescamento, di cui si serve solo come pretesto per situazioni da commedia convenzionale. La scena migliore è quella dei titoli di testa, nei quali Downey si esercita allo specchio.

Ehrengard ** (Italia 1982, col, 96') Emidio Greco. Con Jean-Pierre Cassel, Audrey Matson, Lea Padovani, Alessandro Haber, Christian Borromeo, Catherine Jarret, Caterina Boratto. ◆ In una immaginaria corte mitteleuropea da operetta, il tentativo di conquistare Ehrengard (Matson), ancella della regina dalla verginità inattaccabile, da parte del pittore e dongiovanni Cazotte (Cassel) si intreccia con l'amore del principe Lotario per la giovane Ludmilla. Tratto dal racconto omonimo di Karen Blixen, csceneggiato da Enrico Filippini, il film è costretto a semplificare la complessa struttura narrativa letteraria (un racconto di un racconto di un racconto) perdendo così irrimediabilmente molto del suo fascino. Resta l'accurata ricostruzione d'epoca e un bel gusto per le immagini raffinate (scenografia di Amedeo Fago, fotografia di Beppe Lanci).

...e il diavolo ha riso ** (*Mademoiselle*, Gb 1966, b/n, 103') Tony Richardson. Con Jeanne Moreau, Ettore Manni, Umberto Orsini, Keith Skinner, Georges Aubert. ◆ In un villaggio francese, una zitella complessata (Moreau) è attratta dal fascino animalesco del boscaiolo Manou (Manni). Ma dopo una notte di folle passione lo accusa davanti alla comunità di ogni sorta di nefandezze, perfino di stupro. Sceneggiato da Jean Genet e pensato inizialmente per Marlon Brando, il film affronta una materia interessante (la repressione sessuale, il razzismo latente) senza la necessaria forza: ne esce un film fumoso e piattamente naturalistico dove nemmeno la bella fotografia di David Watkins (che esalta il contrasto tra la purezza del paesaggio e le contraddizioni umane) può molto.

E il vento disperse la nebbia ** (*All Fall Down*, Usa 1962, b/n, 110') John Frankenheimer. Con Eva Marie Saint, Warren Beatty, Karl Malden, Angela Lansbury, Brandon de Wilde. ◆ Un giovane bello e narcisista (Beatty) è l'idolo della famiglia e soprattutto del fratello minore (de Wilde), ma quando abbandonerà la ragazza (Saint), incinta del fratellino, il suo mito cadrà rovinosamente. Ritratto improbabile (sceneggiato da William Inge), ma ben sostenuto nella recitazione, della gioventù americana irrimediabilmente immatura (e della altrettanto immatura generazione dei genitori). Esiste una versione colorizzata.

Einstein junior **½ (*Young Einstein*, Australia 1988, col, 91') Yahoo Serious [Greg Pead]. Con Yahoo Serious [Greg Pead], Odile Le Clezio, John Howard, Pee Wee Wilson, Su Cruickshank, Lulu Pinkus. ◆ L'incredibile storia del più sconosciuto eroe australiano, il genio della Tasmania Albert Einstein (Serious): l'invenzione della birra con le bollicine gli procurerà riconoscenza generale, quella della chitarra lo porterà in manicomio. Ma potrà coronare il suo sogno d'amore con Marie Curie (Le Clezio). Inusuale e simpatico esordio comico di un attore, regista, montatore, produttore e sceneggiatore: basato soprattutto sulla mimica, con pochissimi dialoghi, è una vera saga della contaminazione tra generi e musiche. A sorpresa un grande successo. Prodotto nel 1985.

E io mi gioco la bambina **½ (*Little Miss Marker*, Usa 1980, col, 103') Walter Bernstein. Con Walter Matthau, Julie Andrews, Tony Curtis, Bob Newhart, Sara Stimson, Lee Grant. ◆ Uno scontroso allibratore soprannominato Tristezza (Matthau) si gioca reputazione e carriera, riuscendo anche a innamorarsi (di Julie Andrews), per accudire la deliziosa bambina (Stimson) che un disperato gli ha lasciato in pegno. Quarto remake, non irresistibile nonostante il sempre ottimo Matthau, di un film del 1934 (*Little Miss Marker*, di Alexander Hall con Adolphe Menjou, Dorothy Dell e Shirley Temple, inedito in Italia), già rifatto nel 1949 (*Come divenni padre*) e nel 1963 (*20 chili di guai!... e una tonnellata di gioia*). Esordio nella regia di un prolifico sceneggiatore: un buon cast (Curtis, protagonista della versione del 1963, qui interpreta con molta ironia il cattivo di turno), i consueti gangster di maniera della New York anni Trenta, tanta tenerezza e una comicità garbata.

E Johnny prese il fucile **½ (*Johnny Got His Gun*, Usa 1971, col, 110') Dalton Trumbo. Con Timothy Bottoms, Kathy Fields, Marsha Hunt, Jason Robards, Donald Sutherland, Diane Varsi. ◆ Durante la prima guerra mondiale il giovane Joe Bonham (Bottoms) per un'esplosione perde gli arti, la vista e l'udito: in ospedale dimostra ai medici, convinti che sia ridotto allo stato vegetativo, che può pensare e riesce a esprimersi imparando a muovere la testa al ritmo dell'alfabeto Morse. Esordio nella regia, a 65 anni, dello sceneggiatore Trumbo, già incarcerato durante la caccia alle streghe maccartista, che dirige un suo romanzo del 1938 (da Cagney interpretato alla radio): durissimo attacco alla follia militare, narrato con «angoscioso, terribile rigore realistico», il film eccede però nel simbolismo per la voglia di dire troppo e in maniera troppo esplicita. I sogni e le fantasie di Bonham (con Sutherland che interpreta il Cristo) sono francamente eccessivi. Questo non toglie che l'onestà di fondo dell'operazione e la carica passionale con cui difende le sue idee pacifiste ne facciano un film unico (e indimenticabile) nel panorama hollywoodiano.

Él ***½ (*Él*, Messico 1952, b/n, 89') Luis Buñuel. Con Arturo de Córdova, Delia Garcés, Luis Beristáin, Aurora Walker, Carlos Martínez Baena. ◆ La gelosia ossessiona a tal punto Francisco Galván de Montemayor (de Córdova) da rovinare la vita a lui e naturalmente alla moglie Gloria (Garcés) che minaccia e opprime in tutti i modi (immagina di torturarla con forbici, corda e rasoio, le spara a salve, la vuole buttar giù da un campanile). Convinto che tutti ridano alle sue spalle, impazzisce e si ritira in un convento dove spera di ritrovare la serenità. Tratto da *Pensamicentos* di Mercedes Puito e sceneggiato dal regista con Luis Alcoriza, è un geniale ritratto delle ossessioni a cui può portare l'idea borghese del «possesso» e un'educazione preoccupata solo del machismo sociale e sessuale: perfettamente in equilibrio tra la commedia e la tragedia il film non dà giudizi moralistici sul protagonista ma racconta, con una coerenza pari solo all'ironia, le conseguenze che certi valori culturali e religiosi hanno sul comportamento umano (e la scena finale, con Francisco che nella presunta tranquillità del convento continua a camminare a zig-zag come durante i suoi eccessi di gelosia, riapre con uno sberleffo tutta la storia). Per esplicita dichiarazione di Buñuel è il film in cui ha messo più di se stesso.

È l'amor che mi rovina ** (Italia 1951, b/n, 90') Mario Soldati. Con Walter Chiari, Lucia Bosé, Virgilio Riento, Aroldo Tieri, Edward Ciannelli. ◆ Il tranquillo commesso di un negozio di articoli sportivi (Chiari) è coinvolto per amore in un affare di spionaggio industriale: deve consegnare un anello atomico ma lo regala alla fidanzata (Bosé). Sceneggiato con cura da Monicelli, Steno, Zapponi e Blasi, il film è piacevole e ben strutturato. Chiari, diretto con misura, offre situazioni comiche originali.

E la nave va **½ (Italia/Francia 1983, col, 132') Federico Fellini. Con Freddie Jones, Barbara Jefford, Peter Cellier, Norma West, Victor Poletti, Philip Locke. ◆ 1914: cronaca di bordo, fatta dall'inviato speciale Orlando (Jones), del viaggio tra l'Italia e l'Egeo del transatlantico Gloria N. che porta le ceneri del grande soprano Edmea Tetua da spargere in mare. Ma dopo aver compiuto la sua missione la nave, bombardata dagli austroungarici, cola a picco con (quasi) tutti i suoi variopinti passeggeri. Fellini, staccandosi dagli abituali temi autobiografici, descrive, con toni melodrammatici, un mondo di fantasmi nella loro falsità, mostrando nell'inquadratura finale addirittura il set e la troupe di Cinecittà. Malinconico e funereo, straordinario sul piano delle immagini (di Peppino Rotunno) e delle invenzioni scenografiche (di Dante Ferretti), il film, sceneggiato da Fellini con Tonino Guerra, si disperde dietro i singoli personaggi (coloratissimi e folcloristici) con un autocompiacimento che fa perdere forza e coesione al ritratto della fine di una civiltà, quella di ieri, ma con evidenti richiami all'oggi (specie nel personaggio del cronista, l'unico che si salva in compagnia di un monumentale e meraviglioso rinoceronte). I testi delle canzoni, su musiche di Gianfranco Plenizio, sono scritti da Andrea Zanzotto. La coreografa Pina Bausch interpreta la sorella del granduca.

...e la vita continua **½ (*Three Came Home*, Usa 1950, b/n, 106') Jean Negulesco. Con Claudette Colbert, Patrick Knowles, Sessue Hayakawa, Florence Desmond, Sylvia Andrew, Phyllis Morris, Mark Keuning, Howard Chuman, Drue Mallory, Carol Savage. ◆ 1941: moglie di un inglese (Knowles) che fa l'amministratore in Borneo, una scrittrice americana (Colbert) viene divisa dal marito e imprigionata col figlioletto in un campo di concentramento giapponese: insieme alle altre donne subirà ogni sorta di angherie e di privazioni, nonostante il comandante del campo (Hayakawa) sia un ammiratore dei suoi libri. Tratto dal romanzo autobiografico di Agnes Newton Keith, il film, grazie anche a una bella sceneggiatura di Nunnally Johnson, riesca a evitare i rischi insiti in un tale soggetto e suggerisce l'oppressione e l'atrocità delle condizioni dei detenuti senza cadere nel voyeurismo e nel razzismo. Senza cancellare la dimensione corale del racconto (la vita nel campo femminile, i disperati tentativi di sapere qualcosa degli uomini segregati in un altro lager), il film si concentra sullo scontro tra i due protagonisti, che si conclude con un commovente incontro dopo la fine delle guerra, e nel rappresentare la lacerazione tra la brutalità degli ordini ricevuti e l'innata decenza del comandante giapponese non si associa all'ondata antinipponica che in quegli anni attraversava gli Usa. Grande interpretazione della Colbert e di Sessue Hayakawa. Fotografia di Milton Krasner.

E la vita continua ***½ (*Zendegi edamé dârad*, Iran 1990, col, 91') Abbas Kiarostami. Con Farhad Kheradmand, Puya Payvar e gli abitanti di Roudbar e Rostamabad. ◆ Iran, 1990: dopo il terremoto che ha sconvolto la parte nord del Paese, un padre (Kheradmand) – alter ego del regista – parte con suo figlio (Payvar) alla volta del villaggio di Potché per scoprire che ne è stato dei ragazzini protagonisti del precedente film di Kiarostami, *Dov'è la casa del mio amico?* Non è il solito gioco intellettualistico in cui finzione e realtà si confondono (anche se Kiarostami racconta fatti che ha vissuto in prima persona, e distinguere il documentario dalla messinscena è arduo), ma una riflessione disarmante e sofisticata sulla morale dell'immagine. È giusto invecchiare e imbruttire una persona per girare un film, come contesta un abitante del villaggio? E appassionarsi per una partita di calcio in mezzo alle macerie, come obietta il protagonista agli ospiti di una tendopoli? Di fronte alle dinamiche della vita e della natura Kiarostami si fa piccolo, svaluta la sua stessa arte, dà voce a tutti, e riesce a cogliere frammenti di bellezza nei momenti più inaspettati. Un esempio di cinema pieno di idee e di emozioni.

E... la vita è bella *½ (*Život je lep*, Jugoslavia 1985, col, 104') Boro Drašković. Con Rade Šerbedžija, Dragan Nikolic, Pedrag Lakovic, Sonja Savić. ◆ Per protesta sindacale, un macchinista ferma il suo treno in mezzo alla campagna: il microcosmo dei viaggiatori si scontra con quello degli abitanti di un paese vicino, mentre gli istinti più bassi – dal sesso alla gola – sono liberi di scatenarsi. Sgradevolmente urlato ed esagitato, il film di Drašković è la solita metafora di una società che va a rotoli, che bilancia il simbolismo con il crudo realismo. In concorso a Venezia nel 1985, ha avuto i suoi estimatori – specie per il pugno nello stomaco del finale.

El chacal de Nahueltoro → *Chacal de Nahueltoro, El*

El «Che» Guevara * (Italia 1968, col, 88') Paolo Heusch. Con Francisco Rabal, John Ireland, Susanna Martinkova, Howard Ross [Renato Rossini], Jack Stuart [Giacomo Rossi Stuart], Andrea Checchi. ◆ Gli ultimi episodi della vita del Che (Rabal), il messaggio rivoluzionario, gli scontri, la sconfitta e l'assassinio a sangue freddo. Dal libro di Adriano Bolzoni, uno dei primi film sul mito del coraggioso guerrigliero, girato in Sardegna con l'aggiunta di panorami boliviani. Coproduttore Corrado Ferlaino, che poi fu anche discusso presidente del Napoli calcio. La *Canzone del guerrigliero* è cantata da Nico Fidenco. Da dimenticare.

El Cid ** (*El Cid*, Usa/Italia 1961, col, 184') Anthony Mann. Con Charlton Heston, Sophia Loren, Raf Vallone, Geneviève Page, John Fraser, Massimo Serato, Rosalba Neri, Herbert Lom. ◆ Le leggendarie imprese di Rodrigo Diaz de Bistravar detto el Cid Campeador (Heston) e della bella moglie Jimena (Loren) nella Spagna dell'undicesimo secolo occupata dagli arabi: ucciso in un assedio, è armato di tutto punto, legato al suo cavallo e lanciato contro i saraceni che al solo vederlo si dileguano. Mastodontico spettacolo dove il tema dell'eroe che entra nel mito a costo della propria vita è raccontato con eccesso di manicheismo e un ritratto monodimensionale del protagonista. La regia di Mann si vede soprattutto nella magia con cui filma il paesaggio spagnolo e nella bellezza delle immagini. Musiche di Miklós Rózsa.

El cochecito → *Cochecito, El*

El Condor * (*El Condor*, Usa 1970, col, 102') John Guillermin. Con Jim Brown, Lee Van Cleef, Marianna Hill, Patrick O'Neal, Elisha Cook jr. ◆ El Condor e un complice di colore (Van Cleef e Brown), tentano di rubare, nel Messico in rivoluzione, il tesoro dell'imperatore Massimiliano, ma qualcuno li precede. Western similciociaro di basso profilo. Eccesso di sangue e brutalità varie.

El día de la bestia → *Día de la bestia, El*

El Dorado *** (*El Dorado*, Usa 1967, col, 127') Howard Hawks. Con John Wayne, Robert Mitchum, James Caan, Arthur Hunnicutt, Charlene Holt, Edward Asner, Christopher George. ◆ Il pistolero Cole

Torton (Wayne) rifiuta l'ingaggio di un allevatore e anzi si schiera con un suo vecchio amico, lo sceriffo Harrah (Mitchum), che deve proteggere gli agricoltori proprio dall'arroganza degli allevatori: con l'aiuto di Cole, del giovane Mississippi (Caan) e del vecchio Bull (Hunnicutt), Harrah riesce a disintossicarsi dall'alcol e ristabilire la legge. Otto anni dopo avere diretto un classico del western come *Un dollaro d'onore*, Hawks si diverte a rifare quasi lo stesso film con una serie di eroi invecchiati, stanchi e malandati, che più che con i nemici devono fare i conti con le stampelle e il tremito da astinenza da whisky. Un piccolo capolavoro di ironia, «fascinoso ritorno-scavo sui temi morali dell'azione e del rischio, l'amicizia virile e la vecchiaia» a cui contribuiscono in modo determinante Wayne e Mitchum, che giocano con intelligenza sulla loro ex immagine di eroi solidali e cocciuti.

El Dorado * (*El Dorado*, Spagna 1988, col, 151') Carlos Saura. Con Omero Antonutti, Lambert Wilson, Eusebio Poncella, Gabriela Roel, Ines Sastre, José Sancho. ◆ L'avventuriero spagnolo Aguirre (Antonutti), dopo avere ucciso il capo della spedizione (Wilson) che l'impero spagnolo aveva mandato lungo il Rio delle Amazzoni nel 1562, ne prende il comando e la guida alla ricerca dell'Eldorado. Dopo Herzog (*Aguirre, furore di Dio*) anche Saura si confronta con l'allucinante storia di Aguirre: prodotto con un finanziamento del governo, è uno spettacolo magniloquente ma freddo, incapace di trasmettere la follia che guidò gli spagnoli alla ricerca di un mito che li ossessionò per secoli. Saura cerca di rileggere la storia in termini più politici (esplicitando i meccanismi «imperialisti» dei conquistadores) ma finisce per annoiare.

Electra Glide ** (*Electra Glide in Blue*, Usa 1973, col, 113') William Guercio. Con Robert Blake, Billy Green Bush, Jeannine Riley, Elisha Cook jr. ◆ Angosciato dalla sua piccola statura, il poliziotto John Wintergreen (Blake) vuole entrare nella sezione criminale per avere finalmente un casco, gli occhiali neri e la mitica moto Electra Glide. Ma quando li otterrà, scoprirà che la realtà è squallida e deludente. Unica regia di un impresario e musicista, il film racconta con delusa partecipazione la fine dei valori tradizionali su cui si era costruito il mito americano. Particolarmente curata, dallo stesso William Guercio, la colonna sonora.

Electric Dreams *½ (*Electric Dreams*, Usa 1984, col, 95') Steve Barron. Con Virginia Madsen, Lenny Von Dohlen, Maxwell Caulfield. ◆ Un impacciato architetto (Von Dohlen) è aiutato nel corteggiamento di una suonatrice di violoncello (Madsen) dal suo computer, a cui un incidente tecnico ha dato sentimenti umani. E che diventa geloso. Un'idea simpatica diretta senza originalità.

Elemento del crimine, L' ** (*Forbrydelsens element*, Danimarca 1984, col, 103') Lars von Trier. Con Michael Elphick, Esmond Knight, Me Me Lai, Jerold Wells. ◆ In un'Europa degradata e invasa dall'acqua, il detective Fisher (Elphick) cerca di catturare un serial killer mettendo in pratica gli insegnamenti del suo maestro, che prevedono l'identificazione con l'assassino. Plagio non dichiarato di un racconto di *Finzioni* di Borges (*La morte e la bussola*), l'opera prima di von Trier è un noir senza suspense, che si affida unicamente al fascino di scenografie e atmosfere a metà tra *Stalker* e *Blade Runner*. Virtuosistico e vuoto, ma innegabilmente bello da vedere. Prima parte della trilogia che comprende *Epidemic* ed *Europa*.

Elena di Troia * (*Helen of Troy*, Usa 1955, col, 118') Robert Wise. Con Rossana Podestà, Jacques Sernas, sir Cedric Hardwicke, Stanley Baker, Niall MacGinnis, Torin Thatcher, Harry Andrews, Brigitte Bardot. ◆ La storia della donna (Podestà) che, per amore di Paride (Sernas), causò la guerra di Troia, infine conquistata dai greci con lo stratagemma di Ulisse (Thatcher). Come recitava la pubblicità americana «Homer's thrilling saga of the immortal love story of Helen and Paris»: un polpettone girato a Cinecittà di una mediocrità rara. Non bastano neanche i registi delle seconde unità Yakima Canutt (e Raoul Walsh, non accreditato) a dare un po' di spessore alle scene di massa.

Elena paga il debito ** (*The Lady Pays off*, Usa 1951, b/n, 80') Douglas Sirk. Con Linda Darnell, Stephen McNally, Gigi Perreau, Virginia Field, Ann Codee. ◆ Una brava ma insoddisfatta insegnante (Darnell) perde una grossa somma al gioco e il proprietario del casinò (McNally) per mettere tutto a tacere le chiede di occuparsi dell'educazione della sua bambina. Con tutte le complicazioni (sentimentali e caratteriali) del caso. Sulla base della bella sceneggiatura di Frank Gill jr e Albert J. Cohen, Sirk affronta un tema melodrammatico in chiave di commedia con qualche bella riflessione sulla frigidità sessuale (lei rifiuta sprezzantemente le avances di lui) e sull'antagonismo. Centrale, come in molti suoi film, il ruolo della bambina, «che non rappresenta simboli di purezza ma piuttosto tragedie che ricominciano». Il personaggio della Darnell in italiano si chiama Elena, ma in originale Evelyn.

Eleni ** (*Eleni*, Usa 1985, col, 117') Peter Yates. Con Kate Nelligan, John Malkovich, Oliver Cotton, Linda Hunt, Ronald Pickup, Glenne Headly. ◆ Un giornalista del *New York Times* di origine ellenica (Malkovich) si fa assegnare alla redazione di Atene per cercare di risolvere il mistero sull'uccisione della madre, Eleni (Nelligan), fucilata dai comunisti alla fine della seconda guerra mondiale. Dall'omonimo romanzo autobiografico di Nicholas Gage, sceneggiato da Steve Tesich, un film dalla struttura a flashback in bilico tra la denuncia (un po' troppo schematica) e il sentimentalismo.

Elephant Man, The **** (*The Elephant Man*, Gb 1980, b/n, 125') David Lynch. Con Anthony Hopkins, Anne Bancroft, John Hurt, John Gielgud, Wendy Hiller, Freddie Jones. ◆ 1884: John Merrick (Hurt), colpito da una forma ripugnante di neurofibrosi che gli deforma le ossa del cranio, è usato come attrazione da fiera. Viene «salvato» da un medico, Frederick Treves (Hopkins), e l'uomo-elefante diventa così un protagonista della Londra vittoriana, anche se a causa del suo aspetto mostruoso continuerà a essere vittima di violenze e umiliazioni. Opera seconda di Lynch, fotografata in un raffinatissimo bianco e nero (da Freddie Francis), il film ribalta completamente le regole del genere: l'incontro con il «mostro» non scatena il nostro terrore ma il suo, perché racconta «la paura che ha Merrick di far paura». Il film diventa così una delle più commoventi riflessioni sullo sguardo e sulle responsabilità dell'istinto voyeuristico perché la vita di Merrick è narrata come un continuo confronto con gli sguardi degli altri: quelli «scientifici» dei medici divisi tra filantropia e vampirismo, quelli «commiserevoli» della buona società londinese, quelli «crudeli» del popolo che continua a vedere in lui un fenomeno da baraccone. «In questo modo l'uomo-elefante non rappresenta (come in *Freaks* di Browning) la parte nascosta e inquietante dell'uomo, ma lo specchio che ne rimanda l'immagine, il completamento di ognuno». Prodotto da Mel Brooks e sceneggiato da Christopher DeVore, Eric Bergren e dal regista a partire dai libri di memorie di Su Fredrick Treeves e di Ashley Montagu, il film non ha niente a che vedere con l'omonima e parallela commedia teatrale di Bernard Pomerance, da cui fu tratto un telefilm verboso e fastidioso (*The Elephant Man* di Jack Hofsiss, 1980). Il trucco complicatissimo, ideato da Christopher Tucker, necessitava di sette ore per essere applicato al viso di John Hurt. Candidato a ben otto Oscar non ne vinse, scandalosamente, nemmeno uno.

E le stelle stanno a guardare **½ (*The Stars Look Down*, Gb/Usa 1940, b/n, 104') Carol Reed. Con Michael Redgrave, Margareth Lockwood, Edward Rigby, Emlyn Williams, Nancy Price. ◆ Nelle miniere del Galles la vita e il lavoro dei minatori è al di là dei limiti dell'umana sopportazione, mentre la classe padronale è avida, spietata e senza scrupoli: inevitabile che anche le relazioni umane siano influenzate da questa triste realtà. Dal romanzo omonimo di Cronin, un affresco corale sulla working class inglese, crudo e psicologicamente molto intenso, efficace nella sua retorica sociale (il disastro della miniera e, soprattutto, il discorso a favore della nazionalizzazione dell'industria mineraria), teso e nervoso nel suo montaggio e nell'interiorizzazione degli elementi melodrammatici. Lo stesso Cronin collaborò senza essere accreditato alla sceneggiatura di J.B. Williams.

Elettra **½ (*Elektra*, Grecia 1961, b/n, 111') Michael Cacoyannis. Con Irene Papas, Iannis Fertis, Aleka Catseli, Manos Katrakis. ◆ Il dramma degli Atridi, al ritorno dalla guerra di Troia: il re Agamennone è ucciso dalla moglie Clitemnestra (Catseli) e dall'amante Egisto; la figlia Elettra (Papas) cova la vendetta, che sarà il fratello Oreste (Fertis) a compiere. Ma sui due giovani pesa il giudizio degli uomini e degli dèi. Rilettura della tragedia di Eschilo, tutta centrata sul rapporto tra colpa individuale e legami familiari e di sangue: affascinante nella sua parte visiva (grazie all'ambientazione tra le reali rovine di Micene e a una drammatica fotografia di Walter Lassaly), troppo pedante nella sua volontà didascalica. Intensissima l'interpretazione dalla Papas, capace di far rivivere l'essenza più vera della tragedia greca. Musica di Mikis Theodorakis.

Elettra, amore mio **½ (*Szerelmen, Elektra*, Ungheria 1975, col, 73') Miklós Jancsó. Con Mari Törócsik, József Madaras, György Cserhalmi, Mária Bajcsay, Lajos Balázsovits, Gabi Jobba. ◆ Per festeggiare il quindicesimo anniversario del regno di Egisto (Madaras), ognuno può dire la verità: ne approfitta solo Elettra (Törócsik) che stigmatizza l'assassinio del padre Agamennone – grazie a cui Egisto ha usurpato il potere – e si augura che il fratello Oreste (Cserhalmi) torni per vendicarla. Cosa che puntualmente avviene, anche se una volta preso il potere fratello e sorella si scontrano e alzano le armi l'un contro l'altra, salvo poi «rinascere» e alzarsi in volo su un elicottero rosso. Ispirandosi per la prima volta a un testo preesistente (la rilettura del mito degli Atridi fatta dal commediografo László Gyurkó, anche cosceneggiatore con Gyula Hernádi) Jancsó ha diretto «un happening con pantomima e balletto animato da oltre 200 danzatori professionali» diviso in dieci piani sequenza: al centro c'è l'idea della rivoluzione che si incarna e si scontra nelle diverse opzioni di Elettra (cosciente dell'oppressione del potere, ma sterile e rituale nel suo disperato bisogno di vendetta) e Oreste (fiducioso nell'uomo e nella sua capacità di riscatto ma pronto a scivolare nel paternalismo oppressivo e nella burocratizzazione), simboli dell'eterno dilemma tra verità e azione. Una dicotomia insanabile, che il film sottolinea con il rigore di una messinscena tanto controllata da diventare asfissiante e che non può chiudersi altrimenti che con il ricorso all'allegoria dell'uccello di fuoco che ogni notte muore e ogni mattino risorge (come l'elicottero del finale), metafora fintamente ottimistica che rimanda all'infinito le domande sul destino della rivoluzione.

Elettroshock *½ (*Shock Treatment*, Usa 1964, b/n, 94') Denis Sanders. Con Stuart Whitman, Carol Lynley, Roddy McDowall, Lauren Bacall, Olive Deering. ◆ Un attore (Whitman) si fa rinchiudere in manicomio per smascherare un omicida che si finge pazzo. Il piano è architettato insieme a un avvocato, che sospetta che il finto pazzo nasconda una grossa somma. Nonostante le buone premesse, il film è farraginoso, meno coinvolgente di quanto potrebbe essere.

El gringo Barbarosa → *Gringo Barbarosa, El*

Eliana e gli uomini **½ (*Eléna et les hommes*, Francia/Gb 1956, col, 95') Jean Renoir. Con Ingrid Bergman, Mel Ferrer, Jean Marais, Pierre Bertin, Juliette Greco. ◆ A Parigi alla fine del secolo scorso la principessa polacca Eléna Sorokovska (Bergman) cerca di stuzzicare l'ambizione del suo amante, il generale Rollan (Marais), spingendolo verso alte mete. Ma i suoi avversari politici tenteranno di neutralizzarlo distogliendo l'attenzione della donna. Liberamente ispirato al fallito colpo di Stato del generale Boulanger, il film sceneggiato dal regista con Jean Serge si sviluppa come «una fantasia musicale», una specie di teatrino delle marionette dove i personaggi di secondo piano (ufficiali, gentiluomini, signorine innamorate) accentuano l'aspetto caricaturale dell'opera, inno spensierato all'amore e alle scaramucce sentimentali esaltati con arguzia e brio. Le canzoni sono cantate da Léo Mariane e Juliette Gréco.

Eliminatore, L' – Eraser ** (*The Eraser*, Usa 1996, col, 115') Charles Russell. Con Arnold Schwarzenegger, James Caan, Vanessa Williams, James Coburn, Robert Pastorelli, James Cromwell, Danny Nucci, Andy Romano. ◆ L'agente John Kruger (Schwarzenegger), incaricato di proteggere una testimone (Williams) che ha svelato le malefatte di una fabbrica d'armi, scopre che la corruzione arriva fin dentro il governo e che, a cominciare dal suo collega Deguerin (Caan), tutti vogliono fargli la pelle. Poliziotti onesti e sindacalisti (quasi) democratici uniti nella lotta: l'ultima fatica di Schwarzy (sceneggiata da Tony Puryear e Walon Green) punta quasi tutto sull'ironia; nella battaglia finale sui dock di Baltimora si fa aiutare addirittura da un gruppo di «simpatici» mafiosi del sindacato, forse per far digerire una storia che è sempre uguale e che non può che vederlo vincitore. Anche perché gli effetti speciali ormai permettono qualsiasi cosa, compreso lanciarsi nel vuoto da un aeroplano, prendere al volo un paracadute e poi vedersi arrivare addosso il suddetto aereo.

Elisabetta d'Inghilterra ** (*Fire Over England*, Gb 1937, b/n, 89') William K. Howard. Con Laurence Olivier, Flora Robson, Leslie Banks, Raymond Massey, Vivien Leigh. ◆ Nel Cinquecento, durante la guerra tra Spagna e Inghilterra per la supremazia sui mari, un soldato di Sua Maestà britannica (Olivier) sventa un piano del re di Spagna contro la regina Elisabetta. Dramma storico, sul set del quale s'innamorarono Olivier e la Leigh. In una particina appare James Mason.

Elisa, vida mia **½ (*Elisa, vida mia*, Spagna 1977, col, 125') Carlos Saura. Con Fernando Rey, Geraldine Chaplin, Norman Briski, Isabel Mestres. ◆ Una donna in crisi sentimentale (Chaplin) va a trovare il padre malato (Rey) nell'avita casa di campagna. I ricordi e le riflessioni del vecchio padre (che sta scrivendo una sorta di autobiografia) e della giovane donna s'intrecciano e si confondono, mentre la malattia dell'uomo giunge allo stadio terminale. Affrontando i temi della difficoltà della vita in comune e quello, opposto ma complementare, della solitudine, Saura costruisce un racconto labirintico «centrato sulla duplice idea di attrazione e distacco», affascinante e complesso, anche grazie a un uso inconsueto della voce fuori campo. Palmarès a Cannes per l'interpretazione di Rey.

Elisir d'amore, L' **½ (Italia 1947, b/n, 85') Mario Costa. Con Nelly Corradi, Gino Sinimberghi, Tito Gobbi, Italo Tajo, Gina Lollobrigida, Silvana Mangano. ◆ Il giovane contadino Nemorino (Sinimberghi), innamorato della ricca Adina (Corradi), chiede al ciarlatano Dulcamara (Tajo) un filtro d'amore. Più sicuro di sé grazie all'elisir, il ragazzo fa innamorare la bella e il «mago» acquista un'insperata celebrità. Brillante e gradevole film musicale tratto dall'opera omonima di Donizetti. Ottima fotografia di Mario Bava.

Elizabeth ** (*Elizabeth*, Gb 1998, col, 124') Shekhar Kapur. Con Cate Blanchett, Geoffrey Rush, Christopher Eccleston, Joseph Fiennes, Richard Attenborough, Kathy Burke, Fanny Ardant, Vincent Cassel, John Gielgud, James Frain, Eric Cantona, Angus Deayton. ◆ Inghilterra, 1554. Alla morte di Maria la Sanguinaria (Burke), la ribelle Elisabetta (Blanchett), figlia di Enrico VIII e Anna Bolena, sale al trono con il nome di Elisabetta I: rinuncia all'amore per il conte di Leicester (Fiennes), si affida al capo della polizia segreta (Rush) per imporre il suo potere assoluto e passa alla storia come la Regina Vergine. Più che una biografia, un feuilleton sanguinario e shakesperiano, che immette un'insolita energia in un genere reso anemico da troppi interventi illustrativi. L'indiano Kapur affronta la sceneggiatura di Michael Hirst con ritmo sostenuto e senso dello spettacolo, non perdendo mai di vista il tema portante: l'affascinante intreccio tra lotta per la sopravvivenza e scalata al potere che caratterizza la tumultuosa vita di Elisabetta, e che fa del film quasi un *gangster movie* d'epoca, cupo e sgargiante al tempo stesso. Azzardata e riuscita la scelta del cast, con Fanny Ardant nel ruolo della regina di Francia, John Gielgud in quello del Papa e l'ex calciatore Eric Cantona in quello dell'ambasciatore francese.

El jardín del Edén → *Motel Eden*

Elliott, il drago invisibile ** (*Pete's Dragon*, Usa 1977, col, 110') Don Chaffey. Con Sean Marshall, Helen Reddy, Jim Dale, Mickey Rooney, Red Buttons, Shelley Winters. ◆ Grazie alla protezione del drago Elliott, l'orfanello Pete (Marshall) riesce a sfuggire ai suoi avidi genitori adottivi (che in verità l'hanno comprato per poche lire e lo sfruttano ignominiosamente) e a diventare il beniamino di un vecchio guardiano di faro (Rooney) e della sua amica Nora (Reddy). Insolito musical di produzione Disney che mescola persone reali e disegni animati (il drago è stato ideato da Ken Anderson): Elliott è una specie di «angelo custode» simpatico e pasticcione (che quando è stanco per il volo fa fatica a vomitare fiamme) a cui sono affidati tutti gli spunti comici del film. Una favola ingenua e bambinesca.

El Mariachi → *Mariachi, El*

Eloise – La figlia di D'Artagnan ** (*La Fille de D'Artagnan*, Francia 1994, col, 130') Bertrand Tavernier. Con Sophie Marceau, Philippe Noiret, Claude Rich, Sami Frey, Jean-Luc Bideau, Raoul Billerey, Charlotte Kady, Nils Tavernier, Jean-Paul Roussillon, Luigi Proietti, Pascale Roberts. ◆ Convinta che il duca di Crassac (Rich) stia tramando un complotto contro il delfino, Eloise D'Artagnan (Marceau) fugge dal convento dove è educata e arriva a Parigi per mettere al corrente dei suoi sospetti il cardinale Mazarino (Proietti). Sarà invece il padre D'Artagnan (Noiret) con i suoi vecchi amici moschettieri – Athos (Bideau), Porthos (Billerey) e Aramis (Frey) – a darle l'aiuto decisivo per smascherare quello che si rivelerà un vero tentativo di avvelenare il giovane erede al trono di Francia. Accettando di dirigere un film che doveva solo produrre e che era stato pensato per permettere all'ottantenne Riccardo Freda di tornare dietro la macchina da presa, Tavernier realizza un piacevole divertissement sospeso tra l'adesione ai moduli del cinema popolare anni Cinquanta e l'ironia della rivisitazione critica e cinefila. Scritto da Michel Levant e Jean Cosmos (da un'idea di Freda e con la collaborazione di Tavernier), il film mescola una tecnica di ripresa «moderna» (come la macchina a mano per filmare i duelli in piani lunghi e nervosi) con il gusto per il particolare incongruo e bizzarro (l'apparecchio per decifrare il messaggio in codice nascosto nella poesia di Quentin [N. Tavernier]) ottenendo, grazie anche alla bella prova di alcuni collaudati attori, un «film leggero sulla pesantezza dell'età», forse un po' anacronistico ma mai sguaiato nonostante i due semi strip della Marceau.

È l'ora del twist *½ (*Twist Around the Clock*, Usa 1961, b/n, 83') Oscar Rudolph. Con John Cronin, Chubby Checker, Dion [Di Mucci], The Marcels, Vicki Spencer. ◆ I ballerini di twist, che un agente (Cronin) cerca di scritturare, infiammano con le loro danze e le loro musiche tutta l'America. Film sulla moda e i divi musicali del periodo: una sorta di remake di *Rock Around the Clock*, con Dion che canta i suoi hit, *Runaround Sue* e *The Wanderer*.

El Topo → *Topo, El*

...e l'uomo creò Satana **½ (*Inherit the Wind*, Usa 1960, b/n, 127') Stanley Kramer. Con Spencer Tracy, Fredric March, Gene Kelly, Florence Eldridge, Dick York, Harry Morgan, Noah Beery jr. ◆ Nel 1925, a Dayton, nel Tennessee, un professore di biologia (York) viene accusato di insegnare la teoria evoluzionistica di Darwin, contraria alle legge di Stato: il lungo e appassionato processo vedrà scontrarsi il difensore Matthew Drummond (Tracy) e l'accusatore Matthew Brady (March). Ispirato a un caso reale, il celebre Monkey Trial (ma i nomi dei protagonisti furono modificati: nella realtà la difesa era assicurata da Clarence Darrow e l'accusa da William Jennings Bryant) e sceneggiato da Nathan Douglas e Harold Smith a partire dalla pièce di Jerome Lawrence e Robert E. Lee, il film riesce a equilibrare una certa pomposità ideologica, e un eccesso di verbosità, con l'ottima interpretazione degli attori: oltre ai protagonisti non sfigurano Gene Kelly nella parte del giornalista E.L. Hornbeck (ispirato al vero H.L. Mencken) capace di dire credibilmente battute come «Sono incantato dalla mia detestabilità» oppure «Posso anche essere burro rancido, ma sono spalmato sulla vostra fetta di pane», Harry Morgan in quella del giudice, Florence Eldridge in quella della moglie devota di Brady-March. Rititolato *L'erede del vento*.

El Verdugo *½ (*100 Rifles*, Usa 1969, col, 110') Tom Gries. Con Jim Brown, Raquel Welch, Burt Reynolds, Fernando Lamas, Dan O'Herlihy. ◆ Western d'ambientazione messicana: un ribelle (Reynolds) è fatto prigioniero dai soldati governativi e condannato a morte. Liberato dai compagni, con l'aiuto di uno sceriffo di colore (Brown), continua la guerra contro la milizia. Un buon cast per un film di maniera, che non ha ben assimilato le innovazioni portate dal western all'italiana.

Elvira Madigan **½ (*Elvira Madigan*, Svezia 1967, col, 84') Bo Widerberg. Con Pia Degermark, Tommy Berggren, Lennard Malmer, Cleo Jensen. ◆ Fine Ottocento: un tenente dell'esercito svedese (Berggren) s'innamora di un'acrobata (Degermark) e per lei diserta e fugge dalla famiglia. Costretti a rifugiarsi in Danimarca e a vivere braccati, i due suggelleranno con un doppio suicidio il loro impossibile amore. La storia, ispirata a un fatto di cronaca, di un amore tenero e tragico, fatto di palpiti e sussurri, è raccontata con uno stile che allora sembrò poetico e romanticissimo, ma oggi assomiglia un po' troppo a quello pubblicitario. Rivelò il direttore della fotografia Jörgen Persson. Comunque commovente. Il film rese celebre il *Concerto per pianoforte n. 21 in do maggiore (K 467)* di Mozart usato per la colonna sonora. Lo stesso episodio era già stato alla base dell'*Impossibile amore* (1943, di Ake Ohberg con Eva Henning e Ake Ohberg). Palma d'oro a Cannes per Pia Dagermark.

Elvis, il re del rock **½ (*Elvis*, Usa 1979, col, 150') John Carpenter. Con Kurt Russell, Shelley Winters, Season Hubley, Pat Hingle, Ed Begley jr, Joe Mantegna. ◆ La vita del più famoso rocker di tutti i tempi, dall'infanzia al successo. Il ruolo di Elvis è inaspettatamente ben interpretato da Kurt Russell (che quando canta è doppiato da Ronnie McDowall) e Carpenter, che è stato musicista, si trova a proprio agio anche in un genere lontanissimo dal prediletto fantahorror. Esiste una versione ridotta di 119'.

Elvjs & Merilijn **½ (Italia 1998, col, 92') Armando Manni. Con Edyta Olszowka, Goran Navojec, Giorgio Faletti, Toni Bertorelli, Julietta Koleva, Saša Vulicevic, Mariana Jichich, Anna Teresa Rossini, Alberto Di Stasio. ◆ Dopo aver vinto a Bucarest un concorso come sosia di Elvis Presley e Marilyn Monroe, il bulgaro Nicolaj (Navojec, in realtà croato) e la rumena Ileana (Olszowka, in realtà polacca) devono raggiungere Riccione, dove li attende un equivoco impresario italiano (Faletti): l'odissea attraverso i Balcani non sarà peggio della sorpresa italiana. Interessante debutto alla regia di un fotografo quarantenne (autore anche della sceneggiatura con Massimo Torre), che racconta il fascino pernicioso dei miti occidentali sulla nuova ricerca di identità dell'Est. Senza scadere mai nel patetismo ed evitando le tentazioni della volgarità, il film è più convincente quando racconta con pudore e sensibilità la triste realtà quotidiana dei due protagonisti, mentre dimostra qualche impaccio negli snodi più drammatici (il monologo di Bertorelli, ufficiale jugoslavo tentato dal suicidio, è un pezzo di bravura quasi stonato rispetto al tono generale). Notevoli la fotografia opaca di Renato Tafuri e la suggestiva colonna sonora di Pivio e Aldo De Scalzi.

Emanuelle (con Sylvia Kristel) → *Emmanuelle*

Emanuelle bianca e nera * (Italia 1976, col, 100') Mario Pinzauti. Con Antonio Gismondi, Malisa Longo, Rita Manna, Serafino Profumo, Percy Hogan. ◆ In una piantagione della Louisiana divampano amori tra schiavi e padroni. Emanuelle bianca è la proprietaria di una tenuta confinante, Emanuelle nera è ovviamente una schiava.

Emanuelle e Françoise – Le sorelline * (Italia 1975, col, 97') Joe D'Amato [Aristide Massaccesi]. Con George Eastman [Luigi Montefiori], Rosemarie Lindt, Patrizia Gori, Karole Annie Edel. ◆ È il primo film della serie realizzata in Italia: Emanuelle (Lindt) segrega e punisce il seduttore dell'amata sorella, colpevole di averla spinta al suicidio. Al soggetto ha collaborato Bruno Mattei.

Emanuelle e gli ultimi cannibali * (Italia 1977, col, 85') Joe D'Amato [Aristide Massaccesi]. Con Laura Gemser, Gabriele Tinti, Susan Scott, Donald O'Brien, Monica Zanchi. ◆ La reporter Emanuelle (Gemser) questa volta partecipa a una spedizione in Amazzonia per fare un servizio sulle ultime tribù di cannibali. Sarà una strage, ma la sexy eroina riuscirà a cavarsela.

Emanuelle in America * (Italia 1976, col, 95') Joe D'Amato [Aristide Massaccesi]. Con Laura Gemser, Gabriele Tinti, Roger Browne, Riccardo Salvino, Paola Senatore. ◆ Emanuelle nera (Gemser), di professione fotoreporter, viaggia come al solito dall'America ai Caraibi a Venezia, ma questa volta ha anche un'altra missione: ritrovare una prostituta scomparsa. Nella vicenda sono inseriti brani di un filmetto, legato alla cronaca nera dell'epoca, in cui vengono torturate e uccise varie prostitute. Sceneggiatura di Maria Pia Fusco.

Emanuelle nera * (Italia 1975, col, 90') Albert Thomas [Adalberto Albertini]. Con Laura Gemser, Karin Schubert, Angelo Infanti, Gabriele Tinti, Don Powell. ◆ Questa volta Emanuelle (Gemser) è un'americana di colore. Recatasi in Africa per un servizio fotografico, subisce un prepotente richiamo alle origini che sconvolge il jet set bianco in cui lavora. È il primo film in cui compare la Gemser, futura protagonista di quasi tutte le *Emanuelle* nostrane. Colonna sonora di Nico Fidenco. *Black Emanuelle* è eseguita da The Bulldog, *An Impossible Love* da Don Powell. Con un seguito.

Emanuelle nera 2 * (Italia 1976, col, 90') Albert Thomas [Adalberto Albertini]. Con Laura Gemser, Angelo Infanti, Sharon Lesley, Don Powell. ◆ A Beirut per un servizio fotografico, Emanuelle (Gemser) perde la memoria in seguito allo scoppio di una bomba. Viene rimpatriata negli Usa e sottoposta a cure psichiatriche che a poco a poco le risvegliano i ricordi dei suoi traumatici rapporti con gli uomini.

Emanuelle nera – Orient reportage * (Italia 1976, col, 95') Joe D'Amato [Aristide Massaccesi]. Con Laura Gemser, Gabriele Tinti, Edy Galleani, Ivan Rassimov, Venantino Venantini. ◆ Alla ricerca di importanti fotografie che le sono state rubate, Emanuelle (Gemser) viaggia da Venezia a Bangkok al Marocco dove intrattiene numerose relazioni sessuali pur dicendosi innamorata di un archeologo. Tra i soggettisti c'è Piero Vivarelli, la sceneggiatura è di Maria Pia Fusco.

Emanuelle: perché violenza alle donne? * (Italia 1977, col, 90') Joe D'Amato [Aristide Massaccesi]. Con Laura Gemser, Karin Schubert, Ivan Rassimov, Don Powell. ◆ Il direttore del giornale la invia in India per un servizio sulle tradizioni religiose, ma Emanuelle nera (Gemser) decide di realizzare un reportage sulla tratta delle bianche. Sceneggiatura di Maria Pia Fusco.

È mezzanotte, dottor Schweitzer *½ (*Il est minuit, docteur Schweitzer*, Francia 1952, b/n, 95') André Haguet. Con Pierre Fresnay, Raymond Rouleau, Jean Debucourt, Jeanne Moreau, André Valmy. ◆ Tre anni della vita di Albert Schweitzer (Fresnay), dal 1912, quando lascia l'Università di Strasburgo per il Gabon, al 1914, quando, una sera a mezzanotte, lo scoppio della guerra lo porta in carcere per la sua origine tedesca: nel frattempo, con l'aiuto della giovane Marie Winter (Moreau), si è dedicato totalmente ad alleviare il miserevole stato della popolazione locale. Il film, che non risparmia nessun colpo basso per descrivere le drammatiche condizioni di vita dei gabonesi e l'eroismo dei protagonisti, rasenta l'agiografia.

Emigrante, L' *½ (Italia/Spagna/Rft 1973, col, 126') Pasquale Festa Campanile. Con Adriano Celentano, Claudia Mori, Sybil Danning, Pepe Calvo, Lino Toffolo. ◆ Un giovane (Celentano) emigra in America per sbarcare il lunario e cercare il padre. Trova invece una cantante (Mori) di cui s'innamora, ma è coinvolto in storie di malavita. Primi assaggi del «personaggio Celentano», qui nella parte del ragazzo del popolo, eroe nazionale di tutti i giorni, un po' ingenuo ma profondamente buono. E già scontato.

Emigrantes ** (Italia 1949, b/n, 105') Aldo Fabrizi. Con Aldo Fabrizi, Ave Ninchi, Loredana [Padoan], Nando Bruno, Giuseppe Rinaldi, Adolfo Celi, Eduardo Passarelli, Saro Urzì, Julio Traversa, Ivan Grondona, Rino Salviati, Michele Malaspina. ◆ Nel dopoguerra Giuseppe Borbone (Fabrizi) lascia Roma con la famiglia e si trasferisce in Argentina in cerca di lavoro, ma la moglie Adele (Ninchi) arriva ad ammalarsi per nostalgia della patria. Per trovare i soldi con cui pagare il viaggio di ritorno, Giuseppe si procura una frattura a un braccio sul luogo di lavoro, ma proprio in questo frangente scoprirà la solidarietà degli altri emigrati e degli argentini, mentre la figlia Maria (Loredana) troverà anche l'amore. Fabrizi, qui al suo debutto come regista (e autore anche della sceneggiatura con Fulvio Palmieri e Piero Ballerini), interpreta in chiave italiana il mito del mondo nuovo e della promozione sociale degli emigrati. Pur in pieno neorealismo, riduce al minimo i dettagli «realistici» (la partenza, straziante per chi se ne va e curioso diversivo per chi si affaccia alle finestre solo per guardare; le gare clandestine di corse coi cavalli; l'incidente sul lavoro) per privilegiare quella commistione di commedia e melodramma che sarà la chiave del suo cinema, capace di passare con grande scioltezza dalla risata alla commozione. E l'unico vero squilibrio è proprio il finale di «riconciliazione internazionale», che concede un po' troppo alla retorica e al sentimentalismo.

Emigranti, Gli → *Emigrantes*

...e mi lasciò senza indirizzo... ** (*Sans laisser d'adresse*, Francia 1951, b/n, 90') Jean-Paul Le Chanois. Con Bernard Blier, Danièle Delorme, Julien Carette, Pierre Trabaud, Arlette Marchal, Simone Signoret, Gérard Oury, Pierre Mondy, France Roche. ◆ Un tassista (Blier) carica Thérèse (Delorme), venuta a Parigi per trovare il padre del suo bebè, un giornalista. Quando finalmente lo trova, scopre che è già sposato: ma il tassista saprà consolarla. Quadretto populista sceneggiato da Alex Joffé e Le Chanois, che deve molto a *Quattro passi tra le nuvole* anche se, in sintonia coi tempi e la militanza politica del regista (era iscritto al Pcf), la città degli umili prende il posto della campagna. Blier, come quasi sempre, è perfetto. La Signoret fa la giornalista. Particina per Juliette Greco nel ruolo di se stessa.

Emilio Zola **½ (*The Life of Emile Zola*, Usa 1937, b/n, 116') William Dieterle. Con Paul Muni, Joseph Schildkraut, Gale Sondegaard, Donald Crisp, Gloria Holden, Erin O'Brien-Moore, John Litel, Louis Calbern. ◆ La vita del grande scrittore naturalista francese (Muni), la sua difficile conquista del successo ma soprattutto la sua battaglia a favore del capitano Dreyfus (Schildkraut). Bocciato dalla censura fascista (fu presentato alla Mostra di Venezia solo nel 1946) e proibito nel nostro paese così come in Germania, in Spagna e in Francia (dove uscì nel 1952, ma la versione integrale fu trasmessa solo nel 1977, alla Tv), il film deve la sua fama proprio alle sue idee libertarie. Ma rivisto oggi, lontano dalle polemiche, mostra i suoi difetti, primo fra tutti il fatto che Dieterle affronta il problema Dreyfus senza parlare di antisemitismo, non dicendo mai la parola «ebreo» (a eccezione di un brevissimo piano dove si legge questa parola sul dossier giudiziario di Dreyfus, di fianco alla casella «religione») e sottovalutando la dimensione sociale del caso. Ancora apprezzabile, invece, la recitazione di tutto il cast dove Vladimir Sokoloff interpreta Cézanne e Morris Carnovsky è Anatole France. Vinse tre Oscar: miglior film, sceneggiatura (Norman Reilly Raine, Heinz Herald e Geza Herczeg) e attore non protagonista (Schildkraut). Esistono anche una versione censurata e ridotta a 89' e una colorizzata.

Emma ** (*Emma*, Gb/Usa 1996, col, 120') Douglas McGrath. Con Gwyneth Paltrow, Toni Collette, Alan Cumming, Ewan McGregor, Greta Scacchi, Jeremy Northam. ◆ L'occupazione preferita di Emma Woodhouse (Paltrow) è cercare marito per la sua protégée Harriet (Collette): ma oltre a scegliere sempre l'uomo sbagliato, rischia anche di perdere l'occasione per non restare zitella. Sceneggiando l'omonimo romanzo di Jane Austen, McGrath (esordiente alla regia) cerca di non perderne né la crudeltà sotterranea appena mascherata dalle buone maniere, né il gusto della parola sentenziosa e ironica. Meno leccato, forse, di altri adattamenti analoghi, ma un po' più rigido. Esisteva già una *Emma* del 1932, diretta da Clarence Brown.

Emmanuelle

Moglie diciannovenne di un diplomatico francese, Emmanuelle si presenta come un'eroina sessualmente emancipata e culturalmente cosmopolita, in omaggio al classico binomio di erotismo ed esotismo. Nasce, non a caso, in un anno indefinito dei Sessanta dalla fantasia di Emmanuelle Arsan (pseudonimo ad hoc della tailandese Marayat Kramsaseddinsh Virajjakam, moglie di un diplomatico d'Oltralpe) e nel giro di poco tempo entra di prepotenza nell'immaginario collettivo contemporaneo come simbolo soft – e quindi accessibile ai più – di quella liberalizzazione sessuale che all'epoca stava rivoluzionando i costumi della società occidentale. Anche se, a ben vedere, si tratta di un personaggio molto più conservatore di come può sembrare: la sua disinibizione, tanto naturale quanto «educata» dai maestri che via via incontra, si esprime infatti in ambienti rigorosamente neoborghesi, con l'affettata disinvoltura che li contraddistingue, quasi a sancire la definitiva appropriazione da parte dei nuovi ricchi di privilegi che un tempo spettavano all'aristocrazia intellettuale e libertina.

Emmanuelle fu pubblicato per la prima volta a Parigi da Eric Losfeld, intorno al 1965: 500 copie senza il nome dell'autrice né quello dell'editore, destinate a una circolazione clandestina e limitata. Le critiche positive dei primi lettori (un gruppo di intellettuali che individuarono nel libro della Arsan qualità letterarie sconosciute all'abbondante produzione pornografica del periodo) convinsero Losfeld a effettuare una ristampa. A un paio d'anni di distanza dall'uscita in sordina, *Emmanuelle* comparve nelle librerie francesi con gran successo di pubblico e addirittura alla Fiera del libro di Francoforte, dove destò immediatamente l'interesse degli editori stranieri. In Italia arrivò nel 1968 attraverso un'edizione pirata di una piccola casa editrice milanese, la Forum, che sbaragliò i concorrenti in trattativa per i diritti appropriandosi della pubblicazione inizialmente anonima di Losfeld. Tradotto da Goffredo Fofi («Mi vergogno di Emmanuelle non perché era porno, ma perché era cretino e reazionario»), il romanzo divenne rapidamente un bestseller. Con *L'antivergine*, il seguito scritto e consegnato insieme a *Emmanuelle*, il libro di Emmanuelle Arsan ha conosciuto traduzioni in dodici lingue diverse, raggiungendo i diciannove milioni di copie vendute in tutto il mondo.

L'inevitabile debutto cinematografico avvenne nel 1973: diretto da Just Jaeckin e interpretato da Sylvia Kristel, *Emmanuelle* fece registrare il più grande successo sexy di tutti i tempi (10 anni di programmazione ininterrotta in una sala di Parigi). Se sulla carta stampata l'avventuriera francese aveva contribuito in modo determinante al rilancio della letteratura licenziosa, sul grande schermo legittimò come culturale un genere da sempre colpito a morte dalla censura.

Con *Emmanuelle* il sesso uscì allo scoperto e fu coniata la differenza tra cinema erotico e cinema pornografico. Lei fu ammessa nella prima categoria, ma indubbiamente diede un impulso fondamentale anche alla proliferazione e alla diffusione nei circuiti normali dei film «a luce rossa». Al primo travolgente campione d'incassi ne seguirono altri cinque «originali», cioè tratti da idee della Arsan (*Emmanuelle l'antivergine*, *Goodbye Emmanuelle*, *Emmanuelle 4*, *Emmanuelle 5*, *Emmanuelle 6*), tutti contrassegnati dalla doppia «m» che costituisce un vero e proprio marchio di fabbrica. Di veramente esplicito c'è poco, rispetto agli standard attuali: la sexy-eroina è quasi sempre senza veli, ma si concede in modo da evitare esibizioni troppo manifeste, tanto che qualcuno ha parlato di «erotismo igienico».

In effetti l'immagine lancio del film (Sylvia Kristel seminuda, con pizzi bene in vista e una collana di perle al collo, seduta su un'ampia poltrona di vimini che assomiglia a una sorta di trono pseudocoloniale)

rimanda a un erotismo studiato a tavolino, patinato e un po' decadente. La fama di Emmanuelle come amante disinibita è pari almeno a quella di strenua viaggiatrice al fianco del marito diplomatico.
Non meno importante delle performance extraconiugali è infatti il contesto esotico in cui queste sono ambientate, fantasiosamente lussurioso e pieno di tentazioni irresistibili: nell'ordine, le vicende si svolgono a Bangkok, Hong Kong, Seychelles, Brasile, India, Venezuela. Come nel caso precedente, si tratta di un esotismo levigato, con paesaggi fotografati in modo splendido, ma cinematograficamente ai limiti del calligrafismo. Niente di selvaggio, dunque. In *Emmanuelle*, la natura esprime la sua istintualità attraverso mediazioni salottiere, sufficienti all'epoca per destare parecchio scalpore.
Sylvia Kristel è stata la prima a (s)vestire i panni dell'eroina creata dalla Arsan e per il pubblico di affezionati è rimasta l'unica, vera e inimitabile Emmanuelle. Le sue apparizioni cominciano a diradarsi dal quarto episodio della serie, dove con il pretesto di un'operazione chirurgica viene «sostituita» da Mia Nygren. Negli ultimi due non compare affatto, ma il suo ritorno è previsto in *Emmanuelle 7*, non in qualità di protagonista (per limiti d'età, il ruolo spetta alla ventenne Marcela Walerstein), bensì come insegnante pronta a passare il testimone.
Il trionfo del primo *Emmanuelle* ha scatenato negli anni Settanta un'abbondante produzione apocrifa, distinguibile per il mancato raddoppio della consonante del titolo. Il maggior numero di *Emanuelle*, che trae ispirazione dall'altra senza avere più nulla a che fare con l'autrice del bestseller, si deve al regista italiano Joe D'Amato (pseudonimo di Aristide Massaccesi).
Rispetto a quella originale, la serie realizzata in Italia è maggiormente pruriginosa e raminga, ed è classificata come pornografica, anziché erotica. La protagonista cambia il colore della pelle (è quasi sempre nera), non ha più un marito giramondo alle spalle, lavora come fotoreporter (sexy, naturalmente) e di conseguenza viaggia per il mondo da sola, con pretesti professionali. Da *Emanuelle nera* (Adalberto Albertini, 1975) in poi, con pochissime eccezioni, l'eroina nostrana è interpretata da Laura Gemser, equivalente boccaccesca della Kristel. Negli anni Ottanta, Bruno Mattei rilegge per l'ultima volta il personaggio in chiave di sesso & sadismo. La firma della Arsan ricompare al di fuori della prima serie solo in *Lettere ad Emmanuelle* (1976), tratto da una sua novella intitolata *Néa*. Ma qui l'avventuriera dell'eros funge solo da punto di riferimento per un'adolescente che vuole sfondare nel mercato editoriale con un romanzo erotico.

I FILM UFFICIALI
Emmanuelle (1973) di Just Jaeckin
Emmanuelle l'antivergine (1975) di Francis Giacobetti
Goodbye, Emmanuelle (1977) di François Laterrier
Emmanuelle 4 (1983) di Francis Leroi e Iris Letans
Emmanuelle 5 (1986) di Walerian Borowczyk
Emmanuelle 6 (1988) di Bruno Zincone

I FILM APOCRIFI
Emanuelle e Françoise - Le sorelline (1975) di Joe D'Amato
Emanuelle nera (1975) di Albert Thomas
Emanuelle nera 2 (1975) di Albert Thomas
Emanuelle nera - Orient reportage (1976) di Joe D'Amato
Emanuelle in America (1976) di Joe D'Amato
Emanuelle bianca e nera (1976) di Mario Pinzauti
Lettere ad Emmanuelle (1976) di Nelly Kaplan
Emanuelle e gli ultimi cannibali (1977) di Joe D'Amato
Emanuelle: perché violenza alle donne? (1977) di Joe D'Amato
Suor Emanuelle (1977) di Joseph Warren
Emanuelle e le porno notti (1978) di Joe D'Amato
Violenza in un carcere femminile (1982) di Vincent Dawn
I violenti (1983) di Gilbert Russel

Emmanuelle *½ (*Emmanuelle*, Francia 1973, col, 95') Just Jaeckin. Con Sylvia Kristel, Alain Cuny, Marika Green, Daniel Sarry, Jeanne Colletin, Christine Boisson. ◆ Tratto dal romanzo autobiografico di Emmanuelle Arsan, è la storia dell'iniziazione sessuale di una giovane donna (Kristel) nell'esotico scenario della Thailandia, e delle sue successive raffinate e fantasiose abitudini erotiche. Sylvia Kristel diviene un sex-symbol universalmente conosciuto (celeberrima la scena dell'amore in aereo), e il film fu campione d'incassi. Innumerevoli i tentativi di imitazione.

Emmanuelle l'antivergine * (*Emmanuelle ou l'antivièrge*, Francia 1975, col, 87') Francis Giacobetti. Con Sylvia Kristel, Umberto Orsini, Catherine Rivet, Frédéric Lagache, Claire Richard. ◆ Una delle prime continuazioni delle avventure erotiche dell'affascinante eroina. La scena si sposta a Hong Kong, dove Emmanuelle (Kristel) raggiunge il marito (Orsini), da troppo tempo lontano, e la coppia sperimenta tutte le possibili variazioni sul tema del sesso. La Kristel è bellissima, ma oltre che antivergine è antiattrice. Alla sceneggiatura ha collaborato Gérard Brach.

Emmanuelle 4 * (*Emmanuelle 4*, Francia 1984, col, 92') Francis Leroi, Iris Letans. Con Sylvia Kristel, Mia Nygren, Patrick Bauchau, Deborah Power, Christian Marquand. ◆ Emmanuelle (Kristel), giornalista trentacinquenne, grazie a un'operazione si trasforma in una pura e incontaminata fanciulla (Nygren). Con il corpo di una quindicenne e il carattere di una donna matura, affronta ogni tipo di esperienza sessuale. Ennesimo episodio della saga erotica, liberamente tratta dal romanzo dell'Arsan. L'escamotage di far ringiovanire Emmanuelle fallisce: la variante erotica dell'araba fenice non riesce a rivitalizzare un filone ormai esaurito.

Emmanuelle 5 * (*Emmanuelle 5*, Francia 1986, col, 85') Walerian Borowczyk. Con Monique Gabrielle, Dana Burns Westberg, Harold Kay, Yaseen Khan. ◆ Emmanuelle, la più famosa eroina del pornosoft (Gabrielle) decide di lasciare la Francia (dove al festival di Cannes è stata apprezzata un po' troppo calorosamente dai suoi fans) per il Benglajistan, ma sta per finire nell'harem del sultano locale. Si salverà grazie all'aiuto di un giovane agente segreto. Da un maestro dell'erotismo come Borowczyk era lecito attendersi molto di più. Grottesco.

Emmanuelle 6 * (*Emmanuelle 6*, Francia 1988, col, 90') Bruno Zincone. Con Nathalie Uher, Jean-Réne Gossart, Tamira, Gustavo Rodriguez. ◆ Emmanuelle (Uher) ha perso la memoria e grazie all'aiuto di uno psichiatra risale all'origine del trauma: durante un viaggio in Venezuela, era stata rapita da un mercante di schiavi insieme alle modelle che l'accompagnavano. Con uno stuolo di giovanissime incolori, ma dal fisico perfetto, e qualche veduta da spot turistico-pubblicitario scadente. Sceneggiatura di infimo livello, produzione miserrima, risultati disastrosi.

Emozione in più, Un' ** (Italia 1979, col e b/n, 85') Francesco Longo. Con Francesco Di Federico, Mara Venier, Luca Bonicalzi, Germano Altomani. ◆ L'anziano Giuseppe (Di Federico) è un immigrato pugliese che vive a casa del figlio in una Milano fredda e inospitale. Con una ragazza molto più giovane (Venier), fugge dalla disumanizzazione della metropoli e torna in un Sud pieno di sole e calore. Tenera e ironica fiaba moderna, con un'interessante alternanza di scene a colori e in bianco e nero. L'esordiente Longo, prodotto da Gian Vittorio Baldi, ha vinto un premio al festival di San Sebastian.

Empire Records **½ (*Empire Records*, Usa 1995, col, 90') Allan Moyle. Con Anthony LaPaglia, Liv Tyler, Maxwell Caulfield, Debi Mazar, Renée Zellweger, Rory Cochrane. ◆ Joe (La Paglia) gestisce il negozio di dischi Empire Records insieme a un gruppo di adolescenti inquieti e pazzi per la musica. Quando il socio entra in trattativa per cedere l'esercizio a un grossa catena commerciale, i ragazzi sono tutti con Joe per difendere a ogni costo il loro regno. Un frammento di *american dream* di provincia dove la pedagogia va a ritmo di rock e la musica è il cemento di una comunità di teen-ager che scelgono l'emarginazione volontaria nell'«impero dei dischi», protetti da un amico-fratello maggiore-padre che non si piega alle regole del capitalismo sfrenato. Più di sessanta le canzoni (scelte dai giovani attori), tra cui brani di AC/DC, Cranberries, Gin Blossoms, Edwyn Collins, Cracker, Better Than Ezra, Lemonheads. In Italia è uscito in sala solo dopo il successo di Liv Tyler in *Io ballo da sola*: qui è Corey, curiosamente alle prese con lo stesso problema di verginità da perdere.

Enamorada *** (*Enamorada*, Messico 1946, b/n, 99') Emilio Fernández. Con Maria Félix, Pedro Armendáriz, Fernando Fernández, José Morcillo, Eduardo Arozamena, Miguel Inclán, Manuel Dondé. ◆ Nel Messico del 1917, il generale rivoluzionario José Juan Reyes (Armendáriz) conquista la città di Cholula deciso a far pagare a caro prezzo la resistenza degli abitanti: solo la bella e orgogliosa Beatriz (Félix) resiste sdegnosa alla sua corte. Ma quando il generale, per evitare inutili spargimenti di sangue, abbandonerà la città davanti all'avanzata delle truppe governative, allora scoprirà che Beatriz – conquistata da tanta magnanimità – è disposta a seguirlo. Uno dei più grandi successi di Fernández, dove il melodramma (qui intrecciato con originali elementi di commedia e una inusitata vena comica) trae la sua forza non tanto dallo scontro sentimentale quanto dalle componenti mitologiche che i due personaggi incarnano: José Juan e Beatrix diventano così «gli archetipi del nazionalismo culturale messicano», lui insieme generoso e crudele, romanti co e osceno, ribelle e capace di sacrificare la vita per un ideale, lei contemporaneamente obbediente e seduttrice, rassegnata e devota, amante appassionata e fedele schiava dei propri figli. A sottolineare questa lettura c'è la fotografia di Gabriel Figueroa che fissa figure ed elementi decorativi (qui i templi di Cholula, dall'evidente valore metaforico) con una ieraticità e una nitidezza estetica che trasformano «il cinema in fotografia in movimento». Fernández rifece questa stessa storia a Hollywood (*Viva il generale José!*, 1949) sempre con Pedro Armendáriz ma con Paulette Goddard nel ruolo che era stato di Maria Félix.

È nata una stella **½ (*A Star Is Born*, Usa 1937, b/n, 111') William A. Wellman. Con Fredric March, Janet Gaynor, Adolphe Menjou, May Robson, Andy Devine, Lionel Stander. ◆ Una giovane provinciale, Esther Blodgett (Gaynor), arriva a Hollywood dove incontra e sposa il divo Norman Maine (March). Mentre lei conosce il successo col nome di Vicki Lester, lui, ormai in declino, comincia a bere. La donna vorrebbe interrompere la carriera per dedicarsi al marito, ma questi, disperato, si uccide. Sceneggiato da Dorothy Parker, Alan Campbell e Robert Carson ispirandosi al film *A che prezzo Hollywood?* di George Cukor, è «un melodramma sobrio, classico, in molti momenti commovente, con un appassionato elogio del coraggio e dell'ostinazione nel realizzare i propri sogni – tema caro a Wellman – e un tocco di romanticismo proprio del produttore Selznick». Il confronto con la successiva versione di Cukor (che utilizzò molte invenzioni di sceneggiatura di questo film) è perdente, specie sul piano del lirismo e della veridicità documentaria, ma questo non sminuisce la bellezza di alcune scene: lo schiaffo involontario che Norman dà alla moglie durante la consegna degli Oscar, il suicidio al crepuscolo, il discorso del giudice a Norman, arrestato per ubriachezza (che ricalca quello che Wellman ricevette veramente in una circostanza analoga). Uno dei primi film non in costume girati in technicolor. Due Oscar: miglior soggetto (Carson e Wellman) e fotografia (W. Howard Greene). Lana Turner fa la comparsa al bar Santa Anita. Rifatto due volte.

È nata una stella ***** (*A Star Is Born*, Usa 1954, col, 134') George Cukor. Con Judy Garland, James Mason, Jack Carson, Charles Bickford, Danny McGuire, Lucy Marlow, Amanda Blake. ◆ Rifacimento con scene musicali del film omonimo del 1937 di Wellman. Anche in questo caso all'ascesa della giovane cantante e attrice Esther Blodgett, che adotta il nome d'arte di Vicky Lester (Garland), corrisponde il progressivo decadimento dell'attore un tempo famoso e suo pigmalione Norman Maine (Mason): l'alcol gli toglie poco a poco lucidità ma quando scopre che la moglie vuole rinunciare alla carriera per stargli vicino si annega. Cukor riprende l'essenziale del film di Wellman (e le sue scene più famose: lo schiaffo alla consegna degli Oscar, il predicozzo del giudice, il suicidio al tramonto, il finale in cui l'attrice si fa presentare col nome del defunto marito), ma con l'aiuto dello sceneggiatore Moss Hart amplia la parte iniziale e fonde perfettamente il crescendo drammatico con la descrizione di vari aspetti della creazione cinematografica (raccontati con veridicità, ironia e soprattutto crudo realismo, come il personaggio dell'odioso agente pubblicitario Matt Libby interpretato da Carson). Ne esce un film emozionante e appassionato, nel quale la descrizione del mondo del cinema si integra perfettamente nel destino dei due protagonisti e ne spiega le tendenze autodistruttrici. Ironia della sorte, la Garland era, al tempo, già distrutta psicofisicamente, e speculare al ruolo svolto nel film da Mason. Celeberrimi alcuni dei suoi numeri musicali, *My Man Got Away*, *Born in a Trunk* (che non fu girato da Cukor ma dal coreografo Richard Barstow) e l'esecuzione di *It's a New World*. Straordinario il lavoro sul colore, che accompagna perfettamente con tonalità calde e sature lo sviluppo della storia: merito dell'operatore Sam Leavitt e del «consigliere» Hoyningen-Huene. Dopo la prima, la Warner ridusse il film da 182' a 134'. Nel 1983, è uscita una copia restaurata di 170' che si avvicina molto all'edizione originale, ormai irrimediabilmente perduta.

È nata una stella *½ (*A Star Is Born*, Usa 1976, col, 130') Frank Pierson. Con Barbra Streisand, Kris Kristofferson, Gary Busey, Paul Mazursky, Oliver Clark, Martha Heflin, Sally Kirkland, Robert Englund. ◆ Secondo remake del film di Wellman, ma ambientato nel mondo del rock: un cantante (Kristofferson), minato da alcol e droga, incontra una giovane collega (Streisand). La trama ricalca quella dei precedenti film, ma qui mancano totalmente la passione e il dramma: gli unici momenti interessanti sono quelli in cui la Streisand canta. Oscar per la miglior canzone, *Evergreen*. In originale dura 140'.

Encore → *Once More*

Enfantasme *½ (*L'Enfant de nuit*, Francia/Italia 1978, col, 100') Sergio Gobbi. Con Stefano Satta Flores, Agostina Belli, Sergino, Antonio Cantafora, Aiché Nanà. ◆ Una donna (Belli), che accusa il marito (Satta Flores)di non aver voluto figli, incontra in montagna un bambino abbandonato e affamato. Si affeziona a lui e lo nasconde alla polizia quando il bambino, geloso, uccide il marito. Dramma psicologico, decisamente forzato, che a poco a poco si colora di giallo.

Enigma *½ (*Enigma*, Gb/Francia 1982, col, 101') Jeannot Szwarc. Con Martin Sheen, Brigitte Fossey, Sam Neill, Derek Jacobi, Michel Lonsdale, Frank Finlay. ◆ Il Kgb è sulle tracce di cinque dissidenti sovietici e i killer inviati da Mosca stanno per eliminarli, ma un agente della Cia (Sheen) li ferma con l'aiuto di un'amica (Fossey). Il buon cast non aiuta un film prevedibile: lo spionaggio da guerra fredda ha ispirato opere migliori.

Enigma di Kaspar Hauser, L' **** (*Jeder für sich und Gott gegen alle*, Rft 1974, col, 109') Werner Herzog. Con Bruno S., Brigitte Mira, Walter Ladengast, Hans Masäus, Willi Semmelrogge, Clemens Scheitz. ◆ Nel 1824 un giovane inerme e incapace di parlare (Bruno S.), dopo anni di segregazione, viene abbandonato in una piazza di Norimberga. Dopo essere stato esibito come fenomeno da baraccone, Kaspar viene adottato da un medico, e compie notevoli progressi, mostrando uno spirito sensibile e incline al fantasticare. Ma viene ucciso, forse, dallo stesso uomo che l'aveva liberato. Ispirato a un fatto reale sceneggiato dallo stesso regista, è quasi una versione pessimista e antirazionalista del *Ragazzo selvaggio* di Truffaut: il mite Kaspar, che si fa beffe dei quesiti di logica con cui viene messo alla prova, e che racconta storie di cui «conosce solo l'inizio», è la vittima predestinata di una società codina. Tra realismo minuzioso e squarci surreali (le visioni di Kaspar sono state girate a 16mm in giro per il mondo, e poi gonfiate a 35mm), forse il miglior film di Herzog – certamente quello più trattenuto e commosso. Bruno S., non-attore dal passato tormentato, sarà il protagonista della *Ballata di Stroszek*. Lo studioso di cinema Enno Patalas interpreta il pastore Fuhrmann; Florian Fricke, il leader dei Popul Vuh che spesso hanno collaborato con Herzog, è il maestro di piano. Il titolo originale vuol dire *Ognuno per sé e Dio contro tutti*. Premio speciale della giuria a Cannes.

...e noi non faremo karakiri *½ (Italia 1981, col, 106') Francesco Longo. Con Vittorio Mezzogiorno, Mara Venier, Germano Longo, Piero Anchisi, Maurizio De Raza. ◆ La vita di due giovani nell'Italia metropolitana dei primi anni Settanta: l'incontro, l'amore, l'addio, il ritrovarsi. Lui (Mezzogiorno) riesce a superare i problemi di lavoro, lei (Venier) quelli emotivi e psicologici. L'importante è non lasciarsi condizionare dai fantasmi di morte: il karakiri (ma sarebbe più corretto harakiri) è per gli eroi tragici, non per la gente comune. L'onestà di fondo non cancella lo schematismo della storia e la rozzezza della sua morale e il secondo film di Francesco Longo (autore anche della sceneggiatura insieme a Lucio Manlio Battistrada) rivela tutta la sua velleitarietà.

Enola Gay ** (*Enola Gay: the Men, the Mission, the Atomic Bomb*, Usa 1980, col, 150') David Lowell Rich. Con Patrick Duffy, Kim Darby, Gregory Harrison, Billy Cristal, Ed Nelson. ◆ La storia dell'equipaggio che, il 6 agosto 1945, guidò il cacciabombardiere *Enola Gay* su Hiroshima per sganciare la prima bomba atomica. Drammatizzazione fatta per la Tv, scolastica e prevedibile. A impersonare il comandante Paul Tibbets è Patrick Duffy, il «Bobby» di *Dallas*.

Enrico Caruso (Leggenda di una voce) ** (Italia 1951, b/n, 91') Giacomo Gentilomo. Con Ermanno Randi, Gina Lollobrigida, Carletto Sposito, Maurizio Di Nardo, Lamberto Picasso, Franca Tamantini. ◆ La giovinezza del grande tenore napoletano (Randi): la povertà lo costringe a dimenticare il canto, ma l'amore di Stella (Lollobrigida) e il suo incredibile talento gli apriranno la strada del successo. Partendo dal materiale biografico, Gentilomo propone una storia romanzata, accentuando le parti melodrammatiche e sentimentali. Le parti cantate sono doppiate da Mario del Monaco.

Enrico IV **½ (Italia 1944, b/n, 90') Giorgio Pastina. Con Osvaldo Valenti, Clara Calamai, Lauro Gazzolo, Enzo Biliotti, Ruby D'Alma, Luigi Pavese, Checco Rissone. ◆ Un ricco e nobile signore (Valenti) impazzisce e crede di essere l'imperatore tedesco Enrico IV. La famiglia arreda la casa con un'ambientazione medioevale, finché il folle non incontra colui che è causa della sua pazzia, e lo uccide; ma per non cadere nelle mani della giustizia, continua a fingersi matto. Tratto dall'omonimo dramma di Pirandello, il film vanta uno dei migliori cast dell'epoca. Notevole, in particolare, la prova di Valenti, giustiziato di lì a poco per essersi compromesso con la Repubblica di Salò. La sceneggiatura è firmata da Angelo Besozzi, Pastina, Fabrizio Sarazani, Stefano Landi, figlio di Pirandello, e, non accreditato, Vitaliano Brancati. Rifatto nel 1984.

Enrico IV ** (Italia 1984, col, 85') Marco Bellocchio. Con Marcello Mastroianni, Claudia Cardinale, Leopoldo Trieste, Paolo Bonacelli, Latou Chardons, Luciano Bartoli, Giuseppe Cederna. ◆ Dopo vent'anni, un gruppo guidato da uno psichiatra (Trieste) va a visitare colui che, in seguito a una caduta, si crede Enrico IV, l'imperatore di Germania scomunicato da Gregorio VII: davanti alla loro compassione e ipocrisia, il folle (Mastroianni) svela il suo dramma e accusa i visitatori di essere i responsabili della sua pazzia e della vita non vissuta. Poi torna a chiudersi nella definitiva finzione della sua follia. Nuova interpretazione per Mastroianni, a quarant'anni dalla prima versione, del dramma di Pirandello. Bellocchio è affascinato dal limite che corre fra normalità e follia e modifica il testo (specie nel finale: Enrico IV fa solo finta di uccidere il responsabile della sua caduta e quindi della sua follia) per sottolineare il rapporto tra repressività borghese e un'impossibile liberazione. Ma nonostante un buon cast il film non riesce a liberarsi da un eccesso di simbolismo. Suggestiva musica di Astor Piazzolla.

Enrico V *** (*Henry V*, Gb 1945, col, 137') Laurence Olivier. Con Laurence Olivier, Renée Asherson, Robert Newton, Leslie Banks, Esmond Knight, Leo Genn. ◆ Il 1° maggio 1600 gli attori del Globe Theatre di Londra mettono in scena l'*Enrico V* di Shakespeare dove si raccontano le gesta del sovrano inglese (Olivier) che sconfisse i francesi ad Azincourt (1415) e poi sposò la principessa Caterina (Asherson). Primo dei tre celebri adattamenti shakespeariani di Olivier (con il *Riccardo III* e l'*Amleto*), questo film, sceneggiato dal regista con Alan Dent, segnò una data nella storia del cinema inglese: per l'ambizione del soggetto (dai tempi del muto non si filmava un'opera di Shakespeare), per l'importanza produttiva (475 mila sterline, un record) ma soprattutto perché seppe trasformarsi in una «celebrazione fastosa della tradizione artistica e morale britannica». Con una bella intuizione interpretativa il film si apre e si chiude su un palcoscenico per passare, attraverso scene dichiaratamente antinaturalistiche (con fondi dipinti e prospettive pittoriche), alla realtà della scena di battaglia, filmata in esterni in Irlanda. I riferimenti alla pittura rinascimentale e alle miniature medioevali (i raffinati costumi di Furse e la scenografia di Paul Sheriff) danno all'insieme un'«affascinante sensazione di ingenuità e preziosità». La dedica del film, poi, («alle truppe d'assalto e aviotrasportate della Gran Bretagna») e qualche intervento nel dialogo («Ora, tutta la gioventù d'Inghilterra è in fiamme» dice il coro) danno al film il valore di un'opera civile, appassionata, capace di usare la tradizione nazionale per dialogare con i propri contemporanei. Eccezionale il successo e Oscar speciale a Olivier «per lo straordinario risultato ottenuto come attore, producer e regista». Rifatto nel 1989.

Enrico V **½ (*Henry V*, Gb 1989, col, 136') Kenneth Branagh. Con Kenneth Branagh, Derek Jacobi, Simon Sheperd, James Larkin, Brian Blessed, James Simmons, Ian Holm, Paul Scofield, Emma Thompson, Judi Dench. ◆ Enrico V Plantageneto (Branagh) si lascia alle spalle le gozzoviglie di gioventù e sconfigge i francesi ad Azincourt (1415). Il dramma di Shakespeare ambientato su un set cinematografico: l'enfant terrible delle scene britanniche trasforma, dove può, la parola poetica in suggestione visiva, e soddisfa sia le esigenze «linguistiche» sia quelle spettacolari, rivelandosi più simile a Welles (e al suo *Falstaff*) che a Olivier. Davvero regale la sua interpretazione dell'incerto e ambiguo sovrano. Oscar ai costumi di Phyllis Dalton.

Entity ** (*The Entity*, Usa 1983, col, 115') Sidney J. Furie. Con Barbara Hershey, Ron Silver, Jacqueline Brooks, David Lablosa, Alex Rocco. ◆ Una donna (Hershey) è terrorizzata da misteriose apparizioni. Si rivolge a esperti di parapsicologia grazie ai quali capisce la natura delle presenze maligne e le combatte. Thriller psicologico con alcune scene di puro orrore: variazione abbastanza inconsueta sul tema delle possessioni e delle infestazioni.

Entr'acte **½ (*Entr'acte*, Francia 1924, b/n, 22') René Clair. Con Jean Borlin, Francis Picabia, Erik Satie, Marcel Duchamp, Man Ray, Georges Auric. ◆ Scritto da Picabia, e concepito come intermezzo del balletto *Relâche* di Picabia e Satie (che compose anche la colonna sonora), il film di Clair allinea con senso ritmico una serie di situazioni che fanno il verso ora al cinema astratto ora alle comiche, legate dai nessi analogici e casuali cari al surrealismo: una ballerina ripresa dal basso (che in realtà è un signore barbuto), una partita a scacchi interrotta, cacciatori che si sparano, un funerale con dromedario, un ottovolante, un prestigiatore che esce dalla bara e fa scomparire tutti, compreso se stesso. «Qui l'immagine, distolta dal suo compito di significare, acquista un'esistenza completa. Nulla mi sembra più rispettoso dell'avvenire del cinema di questi balbettamenti visivi», scrisse Clair: ma il cinema (compreso il suo) poi prese un'altra strada, quella narrativa. Documento di un'epoca di sperimentazione e di provocazione, il cortometraggio di Clair ha comunque consegnato alla storia del cinema un umorismo all'insegna dell'assurdo e dello sberleffo. Negli ultimi anni sembra essere diventato di moda per il cinema italiano citare la sequenza del funerale, col corteo che insegue il carro funebre: vedi Ciprì e Maresco (*Lo zio di Brooklyn*), Ferrario (*Tutti giù per terra*) e Albanese (*La fame e la sete*).

Entrapment *½ (*Entrapment*, Usa/Germania 1999, col, 112') Jon Amiel. Con Sean Connery, Catherine Zeta-Jones, Ving Rhames, Will Patton, Maury Chaykin, Terry O'Neill. ◆ È un'agente delle assicurazioni o una perfetta ladra high-tech la giovane Virginia Baker (Zeta-Jones), che si associa col vecchio marpione scozzese Robert MacDougal (Connery: dichiara dieci anni in meno) per il furto di fine millennio a Kuala Lumpur? E soprattutto, vuole fregarlo o cascherà tra le sue braccia? Quasi tutto come in un giallo-rosa di una volta (niente sesso e violenza), se non che i ladri alla fine scappano col malloppo: ma perché si dovrebbe fare il tifo per loro? Solo perché grondano fascino (almeno nelle intenzioni nei produttori)? Sceneggiatura più arrabattata di quello che sembra, a firma di Ron Bass e William Broyles. Cinema commerciale di vacuità insostenibile, anche se eseguito professionalmente.

E ora: punto a capo **½ (*Starting Over*, Usa 1979, col, 106') Alan J. Pakula. Con Burt Reynolds, Jill Clayburgh, Candice Bergen, Charles Durning, Mary Kay Place, Daniel Stern. ◆ Depresso e reduce da un matrimonio fallito, Phil (Reynolds) potrebbe ricostruirsi una vita con Marilyn (Clayburgh) ma l'ex moglie (Bergen) sembra intenzionata a tornare. Da un soggetto di Dan Wakefield sceneggiato da James L. Brooks, una commedia sentimentale che affronta le difficoltà psicologiche dei divorziati. Piacevole, anche se la tendenza alla caricatura (specie nel personaggio della Bergen) sminuisce la portata di certe giuste osservazioni. Particina per Kevin Bacon nei panni di un giovane marito.

E... ora qualcosa di completamente diverso *** (*And Now For Something Completly Different*, Gb 1972, col, 89') Ian McNaughton. Con John Cleese, Eric Idle, Graham Chapman, Michael Palin, Terry Jones, Terry Gilliam. ◆ Antologia del *Flying Circus*, il programma televisivo della Bbc che rese noti i Monty Python: una serie di sketch alternati ai disegni animati surreali e crudeli di Gilliam. Tra gli episodi migliori: la gara per il borghese più idiota (vince chi si spara per primo); l'esploratore che vede doppio; la casalinga che seduce i lattai; l'uomo che reclama per il pappagallo morto. L'umorismo dei Monty Python unisce il gusto tipicamente britannico per il nonsense a una vena irriverente e grottesca, servendosi con molta consapevolezza del linguaggio cinematografico. È verosimile che Zucker-Abrahams-Zucker abbiano attinto parecchio da qui. Doppiato solo nel 1992, resta tuttora estremamente godibile.

È permesso, maresciallo? (Tuppe, tuppe, marescià!) ** (Italia 1958, b/n, 95') Carlo Ludovico Bragaglia. Con Peppino De Filippo, Giovanna Ralli, Roberto Risso, Lorella De Luca, Aroldo Tieri, Vittoria Crispo, Maria Paris, Memmo Carotenuto, Nino Vingelli, Aldo Bufi Landi, Gildo Bocci, Arturo Bragaglia, Gina Mascetti. ◆ Per piegare alle nozze la barista Maria (De Luca), innamorata del timido maresciallo dei carabinieri (Risso), il ricco Percuoco (De Filippo) apre un locale concorrente e chiama a gestirlo la prosperosa Carmelina (Ralli): gli equivoci, e le gelosie, si sprecheranno. Simpatica commediola sui pettegolezzi e le invidie del mondo di provincia, che ripropone situazioni e attori della serie *Pane, amore e fantasia* (De Sica, che non c'è, appare però in fotografia) e che utilizza come canovaccio i versi della canzone di Gigante, De Mura e Aracri *Tuppe-tuppe, mariscià!*, cantati da Maria Paris come fossero gli interventi di un coro. Sceneggiatura di Ettore Maria Margadonna e Luciana Corda.

...e per tetto un cielo di stelle *½ (Italia 1968, col, 98') Giulio Petroni. Con Giuliano Gemma, Mario Adorf, Julie Menard, Magda Konopka, Rick Boyd [Federico Boido], Anthony Dawson. ◆ Ricercato dal bandito Roger Pratt (Boyd), al quale ha ucciso i figli, Tim (Gemma) trova rifugio presso un minatore vagabondo, Henry (Adorf), che ha appena ricevuto in eredità una vecchia e malandata fattoria. Il rapporto tra i due non è idilliaco, ma la minaccia di Pratt li metterà dalla stessa parte. Discreto western all'italiana, con Adorf nell'insolita parte del buono e Gemma sempre più vicino al prototipo del John Wayne made in Italy.

È piccirella *** (Italia 1922, b/n, 44') Elvira Notari. Con Rosé Angione, Alberto Danza, Eduardo Notari, Elisa Cava, Antonio Palmieri. ◆ Per coprire di regali Margaretella (Angione), il giovane Tore (Danza) dissipa tutti i soldi del fratello Gennariello (Notari) e ruba i gioielli della madre (Cava), ma la piccirella sembra preferigli Carluccio (Palmieri), che sfida il rivale a duello e lo ferisce. Perdonato dalla madre sul letto di morte, Tore si vendica uccidendo Margaretella, ma anche in prigione non potrà togliersi dal pensiero il ricordo della sua vittima. Il più famoso dei film prodotti dalla Dora Film della famiglia Notari, dove a Elvira era affidata la regia e la sceneggiatura, al marito Nicola la produzione, la fotografia e la scenografia e al figlio Eduardo il ruolo dell'attore. Ispirato, come avveniva spesso, a una canzone di largo successo popolare (*È piccirella* di Libero Bovio e Salvatore Gambardella), il film fonde abilmente la recitazione stereotipata degli attori con un contesto molto più povero e selvaggio, «facendo bagnare l'intrigo nelle folle che si accalcano alle feste religiose» (qui il pellegrinaggio alla Madonna di Montevergine) e ottenendo in questo modo «uno stile acre e crudo, una immediatezza espressiva capace di unire la forza del documentario con gli artifici deliranti di una trama e di un'interpretazione apprezzatissima dal pubblico». Coerentemente con questa scelta di spettacolo popolare, le didascalie sono spesso scritte in dialetto mentre la proiezione va accompagnata con l'esecuzione dal vivo dello spartito di Bovio e Gambardella.

Epidemic ** (*Epidemic*, Danimarca 1987, b/n, 90') Lars von Trier. Con Lars von Trier, Niels Vørsel, Udo Kier, Claes Kastholm Hansen. ◆ Von Trier e il suo sceneggiatore Vørsel hanno perso il copione e abbozzano la storia di un'epidemia che serpeggia per l'Europa, di cui è portatore inconsapevole un medico:

non solo si alternano finzione e realtà, ma alla fine l'epidemia colpisce anche i cineasti. Seconda parte della trilogia iniziata con *L'elemento del crimine* e proseguita con *Europa*, è utile per comprendere il metodo del regista: che non nasconde il cinismo, il gusto per il macabro (con anticipazioni di *The Kingdom – Il regno*) e l'irresponsabilità cercata a bella posta. Anche abbastanza spiritoso, per i suoi standard: e meno allegorico di quanto si potrebbe temere, malgrado il logo del titolo stampigliato in rosso sangue in un angolo, per tutta la durata del film.

È più facile che un cammello... *½ (Italia/Francia 1950, b/n, 81') Luigi Zampa. Con Jean Gabin, Julien Carette, Mariella Lotti, Elli Parvo, Antonella Lualdi, Paola Borboni, Maso Lotti, Marga Cella, Bruno Corelli, Dante Maggio, Nerio Bernardi, Peppino Spadaro. ◆ Condannato all'inferno, l'industriale Carlo Bacchi (Gabin) ottiene dodici ore supplementari di vita per compiere qualche buona azione e soprattutto scoprire perché un tale Amedeo Santini (Carette) ce l'ha con lui. Da un soggetto di Zavattini, sceneggiato da Suso Cecchi d'Amico, Vitaliano Brancati, Diego Fabbri, Henri Jeanson e, non accreditato, Giorgio Moser, la tipica favola sull'egoismo dei ricchi e la cattiveria dei poveri. Niente di sconvolgente se non fosse che la reazione della ricca famiglia di Bacchi (la sorella Luisa [Borboni], la moglie Margot [Lotti], gli amici), davanti alla notizia che l'industriale vuole trasformare la fabbrica in una cooperativa e fa elemosine da 5 milioni, anticipa curiosamente la reazione dei parenti di fronte alle scelte radicali della Bergman in *Europa '51*. Così come la scena del pranzo di compleanno dell'industriale (dove si può riconoscere l'acidità di Brancati).

...e poi lo chiamarono il magnifico *½ (Italia 1972, col, 125') Enzo Barboni. Con Terence Hill [Mario Girotti], Gregory Walcott, Harry Carey, Dominic Barto, Yantu Somer, Riccardo Pizzuti. ◆ Un giovanotto inglese (Hill), educato come si usa nel vecchio continente, è improvvisamente catapultato per una questione d'eredità nel rozzo e violento West. In breve tempo impara le dure lezioni della vita e si fa rispettare. Il film è la prova che nel western all'italiana (con un'ambientazione sempre più di maniera) ogni commistione con altri generi è possibile.

È primavera **½ (Italia 1949, b/n, 102') Renato Castellani. Con Mario Angelotti, Elena Varzi, Donato Donati, Ettore Jannetti, Grazia Idonea, Irene Genna, Aida Giannini, Cesare Ranucci, Ernesto Gaione, Gianni Santi ◆ Durante il servizio militare il toscano Beppe Agosti (Angelotti) si sposa due volte, prima a Catania con Maria Antonia (Varzi) poi a Milano con Lucia (Genna): una naia troppo lunga fa scoprire l'inganno, ma tutto si metterà a posto. Film di passaggio verso i temi più leggeri della commedia rosa (scritto da Castellani con Suso Cecchi d'Amico e Cesare Zavattini), sconcertò la critica col suo programmatico cinismo «che non ha a che fare né con la guerra né con il dopoguerra» e che rappresenta il Nord e il Sud staccandosi dal «rancore sociale» del neorealismo, ma accettando il vitalismo popolaresco della gente (sul treno che la porta a Milano, Maria Antonia parla con alcuni conterranei: «Sono stata una volta a Milano, è gente cattiva...». «Perché?». «Non mangiano la pasta come noi». «E che mangiano?». «Polenta»). Ne esce una commedia godibile e sdrammatizzante (che racconta un caso di bigamia con un'allegria inusitata per un paese cattolico) risolta con eleganza all'interno di un vivace bozzetto dialettale. Ernesto Gaione, che interpreta l'avvocato d'ufficio al processo per bigamia, è doppiato da Arnoldo Foà.

Equilibrio delicato, Un *½ (*A Delicate Balance*, Usa 1973, col, 132') Tony Richardson. Con Katharine Hepburn, Paul Scofield, Lee Remick, Joseph Cotten. ◆ In una famiglia del Connecticut (Hepburn e Scofield) arriva in visita una coppia in crisi coniugale (Remick e Cotten): il confronto tra i quattro scatena conflitti e rivela nevrosi. Tratto dall'omonimo dramma teatrale di Edward Albee, vincitore di un premio Pulitzer, il film (come per altro il testo) ripropone i meccanismi conflittuali dell'opera precedente di Albee, *Chi ha paura di Virginia Woolf?*, utilizzando le tecniche e gli artifici del teatro dell'assurdo per conferire vigore scenico all'aspra analisi della nevrosi dell'America contemporanea. Grande cast, ma povertà di ritmo.

Equinox *½ (*Equinox*, Usa 1992, col, 103') Alan Rudolph. Con Matthew Modine, Lara Flynn Boyle, Tyra Ferrell, Marisa Tomei, Fred Ward, M. Emmet Walsh, Lori Singer, Kevin J. O'Connor. ◆ Due gemelli (Modine) sono separati dalla nascita: uno diviene un ricco gangster, l'altro un timido sognatore. Un'aspirante scrittrice (Ferrell) ficca il naso nel mistero. Rudolph, dopo *L'ombra del testimone*, torna a girare un film alla sua maniera: lento, ipnotico, labirintico, pieno di scarti di tono. Ma i personaggi sono privi di consistenza, e la storia impiega troppo tempo a partire, per non sapere poi dove andare a parare.

Equinozio * (Italia 1970, col, 90') Maurizio Ponzi. Con Claudine Auger, Paola Pitagora, Giancarlo Sbragia, Paolo Turco, Claudio Gora, Olimpia Carlisi, Lea Padovani. ◆ Un giovane ritenuto pazzo è accompagnato dal suo medico in un viaggio verso un misterioso castello e una ancor più misteriosa ragazza. Scoprirà di essere una sorta di reincarnazione dell'antico proprietario del maniero, morto nella prima guerra mondiale. Tratto dal romanzo *Le donne muoiono* di Anna Banti, e sceneggiato da Ponzi con Salvatore Samperi, il film resta a metà strada tra il cinema gotico-fantastico e il dramma psicologico, non riuscendo a essere convincente né in un senso né nell'altro.

Equus ** (*Equus*, Usa 1977, col, 138') Sidney Lumet. Con Richard Burton, Peter Firth, Colin Blakely, Harry Andrews, Joan Plowright, Eileen Atkins, Jenny Agutter. ◆ Un ragazzo (Firth) è in cura da uno psicoanalista (Burton) per aver accecato sette cavalli. Il medico riesce a scoprire l'origine delle turbe del ragazzo (un complicato rapporto con i cavalli e una sua coetanea) ma non riesce a risolvere la crisi esistenziale e professionale che a poco a poco lo prende. Tratto dall'omonimo testo teatrale di Peter Shaffer (qui anche sceneggiatore), il film ripropone anche i due protagonisti dell'applauditissima edizione teatrale, ma non riesce a evitare una certa aria di finto e rimane poco coinvolgente.

Era di venerdì 17 *½ (Italia/Francia 1956, col, 97') Mario Soldati. Con Fernandel [Fernand Contandin], Giulia Rubini, Alberto Sordi, Tina Pica, Leda Gloria, Fosco Giachetti, Renato Salvatori, Suzet Maïs, Arius [Henri Bernascon]. ◆ Il maturo commesso viaggiatore Paolo (Fernandel) incontra Maria (Rubini), una ragazza di campagna sedotta e abbandonata, che lo prega di presentarsi ai suoi genitori come marito. Paolo dapprima rifiuta, poi accetta il ruolo e alla fine, venuta a galla la verità, riesce a convincere il padre della ragazza (Giachetti) a riaccoglierla in casa. Remake di *Quattro passi tra le nuvole* trasferito in Provenza e sceneggiato da Aldo De Benedetti, Marc Gilbert Sauvajon (con il contributo di Cesare Zavattini e Piero Tellini) che riprende gli aspetti comico-patetici dell'originale senza poter riproporre il valore di rottura che all'epoca ebbe il film di Blasetti. Già demodé negli anni Cinquanta.

Era lei che lo voleva! * (Italia 1953, b/n, 89') Marino Girolami, Giorgio C. Simonelli. Con Walter Chiari, Lucia Bosé, Carlo Campanini, Jone Morino, Giuseppe Porelli, Rolf Tasna, Carlo Mazzarella. ◆ La giovane Nausicaa (Bosé) studia le conseguenze dei colpi sul cervello dei pugilatori e quando incontra Dinamite (Chiari) lo sposa. Convinta di essere tradita, lo abbandona innescando un inevitabile calo di rendimento nell'atleta. Commedia modesta e non molto divertente (sceneggiata da Vittorio Metz e Marcello Marchesi) che sfrutta la popolarità di Walter Chiari e il breve periodo in cui aveva fatto il pugile prima di darsi al cinema. Il maestro Giovanni D'Anzi interpreta il manager Kid.

Era lui... sì! sì! * (Italia 1951, b/n, 89') Vittorio Metz, Marcello Marchesi. Con Walter Chiari, Isa Barzizza, Carlo Campanini, Enrico Viarisio, Luigi Tosi, Fanfulla [Luigi Visconti], Lilia Landi. ◆ Un industriale (Campanini) tutte le notti ha un incubo: uno strano tipo lo perseguita. Il fatto è che il persecutore ha le sembianze di un suo dipendente (Chiari), di cui la figlia (Barzizza) è innamorata. Uno dei tanti film tratti da una canzone di successo, infarcito di attori del varietà. Metz e Marchesi, sceneggiatori tra i più attivi, hanno abbandonato quasi subito la regia. Silvana Pampanini interpreta se stessa e Sophia Lazzaro (non ancora Loren) appare in due ruoli, quello della modella con l'abito da sposa e quello dell'odalisca.

Erano nove celibi *** (*Ils étaient neuf célibataires*, Francia 1939, b/n, 122') Sacha Guitry. Con Sacha Guitry, Max Dearly, Henri Crémieux, Victor Boucher, Elvire Popesco, Pauline Carton, Betty Stockfeld, Marguerite Moréno, Geneviève Guitry, Saturnin Fabre, André Lefaur, [Raymond] Aimos, Sinoël [Jean-Léonis Bies], Gaston Dubosc, Georges Morton, Anthony Gildès. ◆ Per dare un marito (di nome se non di fatto) a quelle donne nubili e straniere che la legge obbligherebbe a lasciare la Francia, Jean Lécuyer (Guitry) fonda un ospizio per celibi dove ospita nove poveracci ultrasettantenni. In questo modo spera di arricchirsi, ma anche di far sposare la bella contessa russo-polacca Stacia (Popesco) di cui si è innamorato. Naturalmente non tutto andrà come previsto perché alcuni mariti pretenderanno di esserlo di fatto oltre che di nome. Dodicesimo film di Guitry, «splendido bilancio noir gioiosamente amorale di tutta un'epoca». Con una saggezza molto vicina al cinismo, e una grazia narrativa che qui si misura per la prima volta con un soggetto originale non di argomento storico e vive solo di dialoghi, fantasia e colpi di scena (in altre parole di puro piacere della messinscena), Guitry recupera il gusto dell'epoca per i «film panoramici», dove si incrociano un gran numero di personaggi, e distilla attraverso le disavventure dei suoi eroi il condensato della propria «saggezza esistenziale»: solidarietà nel vivere di espedienti quando non si ha una lira (la prima parte del film, all'interno dell'ospizio), ognuno per sé quando si è fatto fortuna e si va a caccia del piacere (la seconda parte, quando i sette vecchietti, con in tasca il premio pattuito per i loro «matrimoni», si presentano alle loro mogli).

Era notte a Roma ** (Italia 1960, b/n, 120') Roberto Rossellini. Con Leo Genn, Giovanna Ralli, Sergej Bondarčuk, Peter Baldwin, Renato Salvatori, Paolo Stoppa, Enrico Maria Salerno, Laura Betti, Sergio Fantoni. ◆ Roma, 1943: tre prigionieri (un russo, un inglese e un americano: Bondarčuk, Genn e Baldwin) evadono da un campo di concentramento e trovano rifugio nella soffitta di Esperia (Ralli), una borsanerista. Ma qualcuno li tradirà. Sceneggiato dal regista con Sergio Amidei, Diego Fabbri e Brunello Rondi, un film moraleggiante puntato più sui comportamenti umani che sull'affresco storico, diretto da un Rossellini ormai stanco di fare cinema tradizionale. Da segnalare l'uso del pancinor, un nuovo obiettivo che consentiva lunghe riprese senza stacco, dunque una recitazione più fluida.

Erano tutti miei figli **½ (*All My Sons*, Usa 1948, b/n, 94') Irving Reis. Con Edward G. Robinson, Burt Lancaster, Mady Christians, Louisa Horton, Howard Duff, Arlene Francis. ◆ La cupidigia e la mancanza d'etica spingono un industriale (Robinson) a vendere all'esercito materiale scadente, che durante la seconda guerra mondiale provoca la morte di molti soldati. Ma un figlio (Lancaster) trova la forza di rifiutare l'immoralità del padre. Questi, abbandonato, rimane solo col rimorso del suicidio dell'altro figlio, uccisosi per la vergogna. Dal dramma omonimo di Arthur Miller, una delle più intense interpretazioni di Robinson, perfetto nel descrivere il dramma di questo capitalista che non vuole ammettere i propri errori e se inganna la legge non potrà evitare lo scontro col figlio. Un eccesso di verbosità nuoce però al progredire della tensione.

Eraserhead - La mente che cancella ***½ (*Eraserhead*, Usa 1978, b/n, 89') David Lynch. Con John [Jack] Nance, Charlotte Stewart, Allen Joseph, Jeanne Bates, Judith Anna Roberts, Laura Near. ◆ Un uomo (Nance), stralunato e praticamente minorato psichicamente, e la sua compagna (Stewart) hanno un figlio. La creatura è mostruosa ma l'uomo cerca di allevarla. L'allucinante trama è di fatto indescrivibile: quel che conta, in quest'opera prima di Lynch, sono le scene surreali e gli incubi, che si inseguono senza soluzione di continuità con una realtà possibile. Le figure di contorno (memorabile l'uomo dei polli meccanici) aggiungono, se possibile, ancor più angoscia. Lynch, che ha girato in forma semiamatoriale e in un bellissimo e molto contrastato bianco e nero, lascia intravedere le doti di grande regista che confermerà nelle opere successive. Vivamente sconsigliato ai deboli di stomaco.

Erasmo il lentigginoso *½ (*Dear Brigitte*, Usa 1965, col, 100') Henry Koster. Con James Stewart, Billy Mumy, Fabian, Glynis Johns, Ed Wynn, Brigitte Bardot. ◆ Erasmo (Mumy) è un ragazzino di otto anni, genio della matematica capace di prevedere chi vincerà alle corse dei cavalli, ma con la passione per Brigitte Bardot. E suo padre (Stewart), per sottrarlo a chi vuole sfruttare le sue doti, lo porta a Parigi dal suo idolo. Una commedia abbastanza scontata che si regge sull'attesa dei quattro minuti finali in cui appare una solare Bardot.

Era una notte buia e tempestosa... *½ (Italia 1985, col, 106') Alessandro Benvenuti. Con Alessandro Benvenuti, Athina Cenci, Daniele Trambusti, Maria Rosaria Omaggio, Maurizio Dami. ◆ Felix (Benvenuti), cabarettista di belle speranze ma senza fortuna, divide con due amici (Cenci e Trambusti) un piccolo appartamento, finché arriva lo sfratto. Scritto e interpretato da tre componenti dei Giancattivi (Trambusti aveva sostituito Francesco Nuti) il film cerca di trasferire al cinema lo stile e i tempi del cabaret, ma la mancanza di una sceneggiatura capace di collegare e giustificare le singole scenette rischia di irritare lo spettatore.

Eravamo sette fratelli *½ (*The Seven Little Boys*, Usa 1955, col, 95') Melville Shavelson. Con Bob Hope, Milly Vitale, George Tobias, Billy Gray, James Cagney. ◆ La storia di Eddie Foy (Hope), una stella del vaudeville che sentendosi invecchiare, decide di lanciare nel mondo dello spettacolo i suoi numerosi figli. Un film biografico corretto e un po' scontato: la scena più bella è quella in cui appare Cagney che, nei panni di George M. Cohan, balla con Hope e riesce ancora a incantare.

Eravamo sette sorelle *½ (Italia 1937, b/n, 97') Nunzio Malasomma. Con Antonio Gandusio, Nino Besozzi, Sergio Tofano, Pina Renzi, Paola Barbara, Ninì Gordini Cervi, Lotte Menas, Anna Maria Dossena, Olivia Fried, Lily Hand [Adonella], Elena Altieri, Nicola Maldacea. ◆ Nella villa di un conte con un passato da donnaiolo (Gandusio) si presentano sette giovani ballerine (Barbara, Gordini Cervi, Menas, Dossena, Fried, Hand e Altieri), che dicono tutte di essere sue figlie naturali: l'inganno verrà scoperto, ma il grigio figlio del conte (Besozzi) si innamorerà della più scatenata (Barbara). Scritto da Aldo De Benedetti, una delle commedie italiane d'anteguerra che cercavano di inseguire (con qualche affanno) suggestioni hollywoodiane. Meglio gli interpreti maschili, specie Gandusio, della vasta schiera femminile.

Erba del vicino, L' ** (*The 'Burbs*, Usa 1989, col, 103') Joe Dante. Con Tom Hanks, Carrie Fisher, Bruce Dern, Henry Gibson, Corey Feldman, Dick Miller. ◆ Un reduce del Vietnam (Dern), alquanto «suonato», convince il suo vicino di casa (Hanks) che nella villetta accanto alla loro si pratica il cannibalismo. L'hobby dello spiare avrà conseguenze tragicomiche. Demistificazione del mito del buon vicinato, in bilico tra farsa demenziale e humour nero. Il regista di *Gremlins* tende a eccedere, ma l'idea e il trattamento sono abbastanza originali. Poco gradito dal pubblico americano, e mai distribuito nelle sale italiane.

Erba del vicino è sempre più verde, L' **½ (*The Grass is Greener*, Usa 1960, col, 105') Stanley Donen. Con Cary Grant, Deborah Kerr, Robert Mitchum, Jean Simmons, Moray Watson. ◆ Una coppia di nobili inglesi decaduti (Grant e Kerr) apre il suo castello a visitatori paganti. Un giorno capita un turista americano (Mitchum) e si innamora, ricambiato, della donna. La situazione è complicata dalla presenza di un'amabile scervellata (Simmons). Da un lavoro teatrale di Hugh e Margaret Williams, una commedia divertente (ma con un tipo di comicità un po' troppo legato alle sfumature della lingua inglese e quindi perduto nell'edizione italiana) con interpreti perfettamente a loro agio.

Ercole al centro della Terra ** (Italia 1960, col, 91') Mario Bava. Con Reg Park, Leonora Ruffo, Christopher Lee, Marisa Belli, Rosalba Neri, Gaia Germani, Giorgio Ardisson. ◆ Per salvare Deianira (Ruffo), prigioniera di un perfido tiranno (Lee), Ercole (Park) deve scendere negli inferi e subire le ire di Plutone. Sceneggiato dal regista con Alessandro Continenza, Franco Prosperi e Duccio Tessari, un film un po' mitologico e un po' horror secondo le preferenze di Mario Bava e data la presenza di Christopher Lee, all'epoca il volto di Dracula il vampiro. Ercole è interpretato da Reg Park, ex calciatore del Leeds, per tre volte Mister Universo.

Ercole alla conquista di Atlantide ** (Italia/Francia 1961, col, 114') Vittorio Cottafavi. Con Reg Park, Fay Spain, Ettore Manni, Laura Altan [Laura Efrikian], Mario Valdemarin, Enrico Maria Salerno, Gian Maria Volonté, Ivo Garrani, Mimmo Palmara, Mino Doro. ◆ Un pericolo incombe sulla Grecia, ma i vari sovrani, il re di Sparta (Volonté), quello di Megalia (Garrani) e quello di Megara (Salerno) non sembrano preoccupati. Sarà Ercole (Park) a guidare la spedizione contro il malvagio potere di Atlantide e della sua regina Antinea (Spain). Regia elegante e sceneggiatura (del regista con Alessandro Continenza e Duccio Tessari) piena di allusioni politiche: i guerrieri di Atlantide sono alti, biondi, ariani e spietati...

Ercole a New York * (*Hercules in New York*, Usa 1970, col, 91') Arthur Siedelman. Con Arnold Strong [Arnold Schwarzenegger], Arnold Stang, Taina Elg, James Karen. ◆ Trasferito in una New York dei nostri giorni, l'eroe mitologico è alle prese con avventure semiserie e finisce con il diventare campione di wrestling. Un film da dimenticare se non fosse per il debutto, sotto il nome di Arnold Strong, di Schwarzenegger, ancora molto lontano dal successo cinematografico.

Ercole contro i figli del Sole * (Italia/Spagna 1964, col, 90') Osvaldo Cipriani. Con Mark Forrest, Giuliano Gemma, Anna Maria Panaro, Giulio Donini, Rosalba Neri. ◆ Naufragato su una spiaggia dell'America centrale, Ercole (Forrest) mette la sua forza a disposizione di una tribù taglieggiata dalla setta dei figli del Sole. Uno degli ultimi film mitologici, girato con pochi mezzi e senza convinzione. Tra gli interpreti un ancora sconosciuto Giuliano Gemma nel ruolo del principe Maytha.

Ercole contro i tiranni di Babilonia * (Italia 1964, col, 92') Domenico Paolella. Con Rock Stevens, Mario Petri, Helga Liné, Anna Maria Polani, Livio Lorenzon, Tullio Altamura. ◆ Un complotto ha spodestato il legittimo sovrano di Babilonia. La figlia, alleatasi con Ercole (Stevens), riesce a guidare la rivolta popolare e a riconquistare il trono. Secondo le regole del maggior risparmio possibile, il film fu girato in coppia con *Golia alla conquista di Bagdad* (stesso cast, stessi produttori). Il cattivo è Mario Petri, noto cantante lirico.

Ercole contro Moloch * (Italia/Francia 1963, col, 90') Giorgio Ferroni. Con Gordon Scott, Alessandra Panaro, Arturo Dominici, Rosalba Neri, Michel Lemoine. ◆ Glauco (Scott), guerriero greco creduto morto, assume il nome di Ercole per combattere i suoi nemici e il mostro Moloch, essere sanguinario con il volto coperto da una maschera. Il culturista di turno è Gordon Scott, noto in America per aver interpretato Tarzan in una lunga serie di film. Molte scene di repertorio furono tratte da altre pellicole e riciclate per risparmiare.

Ercole contro Roma * (Italia/Francia 1964, col, 94') Piero Pierotti. Con Alan Steel [Sergio Ciani], Wandisa Guida, Livio Lorenzon, Daniele Vargas, Carlo Tamberlani, Tullio Altamura, Mimmo Palmara. ◆ Ogni cento anni nasce in Pannonia un essere dotato di grande forza: Ercole (Steel). Questa volta dovrà battersi contro i soprusi di un infedele governatore romano. Dietro lo pseudonimo di Alan Steel si cela Sergio Ciani, culturista diventato poi doppiatore e attore teatrale (anche con Strehler).

Ercole e la regina di Lidia ** (Italia 1958, col, 110') Pietro Francisci. Con Steve Reeves, Sylva Koscina, Primo Carnera, Sylvia Lopez, Gabriele Antonini, Patrizia Della Rovere, Sergio Fantoni, Elda Tattoli, Fulvia Franco. ◆ Ercole (Reeves), in compagnia di Jole (Koscina) e di Ulisse (Antonini), sventa la magia della regina di Lidia (Lopez) grazie all'apporto decisivo degli Argonauti. Secondo film (dopo *Le fatiche di Ercole*) con Mister Universo Steve Reeves nei panni del mitico eroe greco. Grande successo di pubblico (900 milioni d'incasso). Apparizione del vecchio Primo Carnera nel ruolo del gigante Anteo. La scenografia è di Flavio Mogherini, gli effetti speciali di Mario Bava. Cosceneggiatura di Ennio De Concini.

Ercole l'invincibile * (Italia 1964, col, 75') Al World [Alvaro Mancori]. Con Dan Vadis, Spela Rozin, Carol Brown [Carla Calò], Joan Simons [Maria Fiore], Hugo Arden [Ugo Sasso]. ◆ La fanciulla (Rozin) promessa a Ercole è rapita e l'eroe (Vadis) deve affrontare lotte e congiure per poterla liberare. Un Ercole poco convincente per uno dei film minori del genere mitologico.

Ercole, Sansone, Maciste e Ursus, gli invincibili *½ (Italia/Francia/Spagna 1965, col, 100') Giorgio Capitani. Con Alan Steel [Sergio Ciani], Red Ross, Nadir Baltimor, Yann Larvor, Moira Orfei, Lia Zoppelli, Hélène Chanel. ◆ Poutpourri di avventure, muscoli ed eroismi in un imprecisato tempo mitologico: Ercole (Steel) deve sfidare Sansone (Ross) che, privato da Dalila (Orfei) della sua forza a causa del taglio dei capelli, è rapito da Ursus (Larvor) a cui si unisce Maciste (Baltimor). Il genere sta tramontando e si cercano espedienti per tenerlo in vita. Qui il risultato è ancora sufficiente, con l'album di famiglia di tutti gli eroi dell'antichità.

Ercole sfida Sansone ** (Italia 1963, col, 90') Pietro Francisci. Con Kirk Morris [Adriano Bellini], Richard Lloyd, Liana Orfei, Enzo Cerusico, Fulvia Franco, Aldo Giuffré, Diletta D'Andrea. ◆ Ercole e Sansone sono in lotta fra loro ma, alla fine, prevale il sodalizio virile e i due eroi uniscono le forze per sconfiggere i filistei. Uno dei film mitologici più originali, con un buon Kirk Morris nella parte di Ercole e Lloyd in quella di Sansone. Tra i due una conturbante Dalila (Orfei).

Erede, L' ** (*L'Héritier*, Francia 1972, col, 110') Philippe Labro. Con Jean-Paul Belmondo, Carla Gravina, Jean Rochefort, Charles Denner, Pierre Grasset. ◆ Un giovane imprenditore (Belmondo) scopre che il padre – proprietario anche di un giornale – è stato assassinato da un gruppo di industriali neofascisti che non condividevano le sue idee progressiste: il figlio, con l'aiuto di un giornalista (Grasset) denuncia il complotto ma ci rimette la vita. Un ottimo cast ma troppi luoghi comuni nella sceneggiatura di Labro e Jacques Lanzmann e un troppo facile schematismo nell'articolare la trama.

Erede del vento, L' → *...e l'uomo creò Satana*

Eredità dello zio buonanima, L' ** (Italia 1934, b/n, 87') Amleto Palermi. Con Angelo Musco, Elsa De Giorgi, Rosina Anselmi, Annina Bragaglia, Achille Majeroni, Zoe Incrocci, Lulù [Giulia] Marinelli, Enzo Colombo, Adolfo Geri, Dino [Alfredo] Menichelli. ◆ I due rami di una famiglia siciliana si fronteggiano per il possesso dell'eredità di uno zio: prima il legittimo erede, il cavalier Favazza (Musco), scopre dal testamento che quasi tutto il patrimonio è sottoposto a legati, poi la banca in cui è depositato il capitale fallisce. Sarà un triplice matrimonio a sistemare definitivamente le cose. Commedia degli equivoci con un inaspettato piglio grottesco, sceneggiata da Gastone Medin a partire dal testo di Antonino Russo-Giusti *L'eredità dello zio canonico*, che dà l'impressione di essere un possibile capostipite della commedia all'italiana degli anni Sessanta: la spiccata gestualità e la tendenza al bozzetto caricaturale, in aggiunta alla straordinaria prova di Musco e della Anselmi (nella parte della sua acerrima nemica), ne sono una prova. Remake con Franco Franchi.

Eredità dello zio buonanima, L' * (Italia 1975, col, 105') Alfonso Brescia. Con Franco Franchi, Grazia di Marza, Maria Bosco, Patrizia Gori, Enzo Monteduro, Riccardo Garrone, Enzo Andronico. ◆ Un impiegato dalla famiglia numerosa (Franchi) circonda lo zio di ogni attenzione per assicurarsi l'eredità e strapparla agli altri parenti. Quando viene nominato erede universale, scopre che il patrimonio è bloccato quasi per intero da vari legati, ma un quadro del Caravaggio metterà tutto a posto. Dopo il litigio con Ingrassia, Franchi cerca nuove strade e si affida alla commedia di Antonino Russo-Giusti (già portata sullo schermo nel 1934 da Amleto Palermi) ma nella classica parte dell'erede trombato non va più in là della farsa e del solito campionario di smorfie.

Eredità Ferramonti, L' ** (Italia 1976, col, 101') Mauro Bolognini. Con Dominique Sanda, Anthony Quinn, Fabio Testi, Gigi Proietti, Adriana Asti, Paolo Bonacelli. ◆ Roma sta cambiando dopo la conquista da parte dei piemontesi e si sta formando una nuova corrotta burocrazia: una giovane spregiudicata (Sanda) vuol mettere mano all'eredità di un ricco mugnaio (Quinn), ma la seduzione nulla potrà contro le astuzie dei nuovi potenti. Tratto dal romanzo omonimo di Gaetano Carlo Chelli sceneggiato da Ugo Pirro, Sergio Bazzini e Roberto Bigazzi, un film calligrafico (anche se incline al turpiloquio) che resta alla superficie dei temi che affronta. Ennesimo ruolo da italiano per Anthony Quinn. Costumi di Gabriella Pescucci. Palma d'oro a Cannes per Dominique Sanda.

Ereditiera, L' **½ (*The Heiress*, Usa 1949, b/n, 115') William Wyler. Con Olivia de Havilland, Ralph Richardson, Montgomery Clift, Miriam Hopkins, Vanessa Brown. ◆ Nella New York del 1850, Catherine (de Havilland), una giovane ricchissima, è corteggiata solo a causa della sua dote da Morris Townsend (Clift), uomo avido e senza scrupoli: ma il dispotico padre (Richardson) la costringe crudelmente ad aprire gli occhi sulla realtà. Tratto dal romanzo *Washington Square* di Henry James e sceneggiato da Ruth e Augustus Goetz (a partire dalla commedia che ne avevano tratto), il film, piuttosto piatto e scontato nel suo svolgimento drammatico, non è sicuramente una delle regie migliori di Wyler. Ma la recitazione degli attori è assolutamente grandiosa, a cominciare da uno strepitoso Ralph Richardson, e realmente salva il film. Vincitore di due Oscar: miglior attrice protagonista e colonna sonora (Aaron Copland).

È ricca, la sposo e l'ammazzo *** (*A New Leaf*, Usa 1971, col, 102') Elaine May. Con Walter Matthau, Elaine May, Jack Weston, George Rose, James Coco. ◆ Un cinico scapolo (Matthau) cerca di tappare le falle finanziarie sposando una ricca e ingenua ereditiera (May). Il suo piano è quello di eliminare la moglie e impossessarsi così dei suoi beni, ma il maldestro barbablù avrà compassione della donna, rivelando un cuore tenero. Brillante commedia nera, con il burbero e perfido Matthau incontrastato mattatore. La regista, sceneggiatrice (dal racconto omonimo di Jack Ritchie) e coprotagonista, sconfessò però il montaggio finale.

Erik il vichingo *½ (*Erik the Viking*, Usa 1989, col, 104') Terry Jones. Con Tim Robbins, Mickey Rooney, Eartha Kitt, Terry Jones, Imogen Stubbs, John Cleese. ◆ Secondo le leggende, il capo ed esploratore vichingo Erik il Rosso, nel corso del suo peregrinare, scoprì il nuovo mondo alcuni secoli prima di Colombo. Nell'interpretazione di Terry Jones, uno dei Monty Python, l'intrepido eroe vichingo (Robbins) è in realtà un personaggio stralunato. Come negli altri film del gruppo, anche qui c'è un mix di avventura surreale e satira, ma molto meno riuscito del solito.

Eri tu l'amore **½ (*No Love for Johnnie*, Gb 1961, b/n, 107') Ralph Thomas. Con Peter Finch, Stanley Holloway, Mary Peach, Mervyn Johns, Donald Pleasence, Billie Whitelaw, Hugh Burden, Dennis Price, Oliver Reed. ◆ Deluso per non essere stato chiamato al governo, il deputato laburista Johnnie Byrne (Finch) s'impegna nell'opposizione interna, ma i suoi propositi passano in secondo piano quando incontra una giovane modella (Peach). Col matrimonio si sgretola anche il suo impegno politico, fino a quando un posto da ministro gli farà dimenticare le avventure e lo riporta – sicuramente più cinico – alla politica. Ritratto acido e disincantato dell'ambizione e della frustrazione politica all'interno della sinistra laburista, tratto dal romanzo (in buona parte autobiografico) dell'ex deputato Wilfrid Fienburgh e sceneggiato da Nicholas Phipps e Mordecai Richler. Girato in CinemaScope, perde molto se visto in tv.

Ernesto ** (Italia 1979, col, 95') Salvatore Samperi. Con Martin Halm, Michele Placido, Turi Ferro, Virna Lisi, Lara Wendel, Gisela Hann, Stefano Madia, Concepsion Velasco Varona, Francisco Martiny Socias. ◆ Ai primi anni del secolo, un ragazzo triestino di famiglia borghese (Halm) scopre le sue tendenze omosessuali nell'incontro con un giovane facchino (Placido). Licenziato dal lavoro, ricomincia a studiare violino e si fidanza con la sorella di un ricco amico ebreo. Tratto dal romanzo omonimo in cui il poeta Umberto Saba rievocava la propria gioventù, il film sceneggiato da Barbara Alberti, Amedeo Pagani e Samperi evita gli aspetti più pruriginosi e maliziosi della storia e riesce a ricreare abbastanza bene (grazie anche alla fotografia di Camillo Bazzoni) l'atmosfera della Trieste mitteleuropea.

Ernesto il ribelle * (*Ernest le rebelle*, Francia 1938, b/n, 92') Christian-Jaque [Christian Maudet]. Con Fernandel [Fernand Contandin], Pierre Alcover, Mona Goya, Georges Irving, Robert Le Vigan, Arthur Devère, René Génin, Rosita Montenegro, Guillaime de Sax. ◆ Fisarmonicista su una nave, Ernesto Pico (Fernandel) perde lavoro e soldi per colpa di una donna (Montenegro). Un truffatore (Alcover) lo manda a lavorare nella piantagione di banane di un'isoletta a regime totalitario nelle Antille, Cucaracha, dove dovrà vedersela con un marito (Irving) troppo geloso e un dittatore (Le Vigan) con la mania delle fucilazioni, ma saprà anche conquistare l'amore di Suzanne (Goya). Nonostante la sceneggiatura di Prévert (tratta da un romanzo di Jacques Perret), una commedia squinternata e francamente noiosa, dove Fernandel si esibisce in un paio di numeri canori con la sua faccia da cavallone.

Eroe borghese, Un **½ (Italia 1995, col, 93') Michele Placido. Con Fabrizio Bentivoglio, Michele Placido, Omero Antonutti, Philippine Leroy, Daan Hugaert, Laura Betti, Laure Killing, Ricky Tognazzi, Giuliano Montaldo. ◆ Milano, 1974: l'avvocato Giorgio Ambrosoli (Bentivoglio) viene incaricato di liquidare la Banca Privata Italiana di Michele Sindona (Antonutti), arrivata al crack finanziario. Sostenuto solo dal maresciallo Novembre (Placido), Ambrosoli scopre il complicato e fatale intrigo d'interessi che lega l'alta finanza, alcuni esponenti politici (tra cui Andreotti), la mafia e persino il Vaticano. Per questo, nel luglio del 1979, viene ucciso da un sicario di Sindona. Dall'omonimo libro-inchiesta di Corrado Stajano, sceneggiato da Graziano Diana e Angelo Pasquini, un film d'impegno civile lucido e antiretorico, che mette tutta la sua passione nella sobrietà, nella modestia e nel rigore con cui affronta uno degli episodi più inquietanti della recente storia italiana (ma quegli anni Settanta, rievocati con nomi e cognomi, rimandano continuamente ai Novanta). Placido, perfetto direttore d'attori, si dimostra acuto anche nella scelta del doppio tono registico, evidenziato dalla bella fotografia «alternata» di Luca Bigazzi: solo in famiglia ci sono calore e colore, mentre la grigia e plumbea Milano rimanda senza appello alla freddezza e al disinteresse che all'epoca circondò questo «eroe borghese». Il regista Giuliano Montaldo fa la parte di Carli, mentre Ricky Tognazzi è Sarcinelli. Musica di Pino Donaggio.

Eroe dei nostri tempi, Un **½ (Italia 1955, b/n, 90') Mario Monicelli. Con Alberto Sordi, Franca Valeri, Giovanna Ralli, Leopoldo Trieste, Tina Pica, Mario Carotenuto, Carlo Mazzarella. ◆ Alberto Menichetti (Sordi) non si fida di nessuno, non vuole assumersi responsabilità e segna tutto quello che fa su un taccuino, per sapere cosa rispondere a un eventuale interrogatorio. Ma queste perenni indecisioni e la mancanza di coraggio lo coinvolgono in una serie di disavventure (è addirittura accusato di un attentato), insieme a una collega (Valeri) innamorata di lui. Monicelli (che firma la sceneggiatura con Rodolfo Sonego) utilizza al meglio la pirotecnica coppia Sordi-Valeri e offre uno spaccato acido e intelligente della piccola borghesia nell'Italia alla vigilia del boom. Uno dei film importanti per capire il personaggio Sordi. Il regista Alberto Lattuada interpreta il ruolo del direttore e Carlo Pedersoli, futuro Bud Spencer, quello di Fernando.

Eroe della strada, L' **½ (Italia 1948, b/n, 86') Carlo Borghesio. Con Erminio Macario, Carlo Ninchi, Delia Scala, Folco Lulli, Arnoldo Foà. ◆ Felice (Macario) è disoccupato e cerca lavoro, ma quando lo trova si caccia nei guai e costringe l'amico Gaetano (Ninchi) a trarlo ogni volta d'impiccio. Neorealismo sotto forma comica, forse il migliore film di Macario, che si ispira decisamente a Charlie Chaplin e si rivela «attore misurato e sensibile, capace di oltrepassare il repertorio tipico dell'avanspettacolo da cui proveniva». Sceneggiatura dolceamara firmata da Steno, Monicelli, Borghesio, Leo Benvenuti e Mario Amendola.

Eroe della strada, L' **½ (*Hard Times*, Usa 1975, col, 97') Walter Hill. Con Charles Bronson, James Coburn, Jill Ireland, Strother Martin, Michael McGuire. ◆ Shaney (Bronson) è un vecchio pugile che si guadagna da vivere praticando la boxe nelle strade di New Orleans: sport di moda nell'America tra le due guerre. Tra impresari corrotti e piccoli guai quotidiani, emerge la vera stoffa del protagonista, forte d'animo oltre che di braccia. Per Walter Hill, qui al suo debutto registico, chi è campione nello sport deve esserlo anche nella vita. Teso e violento.

Eroe fatto in casa, Un *½ (*Blankman*, Usa 1994, col, 92') Mike Binder. Con Damon Wayans, David Alan Grier, Robin Givens, Christopher Lawford. ◆ Il candido Darry (Wayans), inventore strampalato, si trasforma in Blankman, «il persecutore del crimine», e affronta il mafioso Minnelli (Lawford), terrore della città, conquistando la giornalista in carriera Kimberly Jonz (Givens). Ispirata all'omonimo personaggio dei fumetti e ribattezzata, al cinema, il «Batman dei poveri» (con tanto di Blankciclette al posto della Batmobile, e un mondo sotterraneo che ricorda Gotham City), una commedia demenziale e un po' noiosa sul solito idiota geniale col cuore in mano, che Wayans – star del comico negli Usa – ha costruito su misura per sé (sono suoi sia il soggetto che la sceneggiatura).

Eroe per caso *** (*Accidental Hero*, Usa 1992, col, 118') Stephen Frears. Con Dustin Hoffman, Geena Davis, Andy Garcia, Joan Cusack, Kevin O. Connor, Stephen Tobolowsky, Maury Chaykin. ◆ Un imbroglioncello che teorizza l'egoismo, Bernie Laplante (Hoffman), si trova suo malgrado a salvare i passeggeri di un aereo precipitato. Tra i sopravvissuti c'è la giornalista televisiva Gale Gayley (Davis) che crede di identificare il suo salvatore in un barbone, John Bubber (Garcia), e ne fa un eroe nazionale, «l'angelo del volo 104». Alla fine la verità verrà ristabilita, ma Bernie si preoccuperà più dei possibili vantaggi economici che degli onori popolari. Acido ritratto dell'egoismo interessato su cui si regge la società statunitense, il primo film che Frears dirige per una major hollywoodiana (sceneggiato da David Webb Peoples) comincia come una commedia di Preston Sturges ma ogni tanto scivola verso un sentimentalismo un po' troppo alla Capra. Al centro, lo strapotere della televisione, capace di imporre la propria visione della realtà e di costruire eroi non coi fatti ma con la forza della telegenicità. Comunque, nonostante un finale un po' artificioso anche se ricco di sottile ironia, il film non perde mai il distaccato sarcasmo con cui sa raccontare un mondo che si regge solo sulle truffe e gli inganni. Non accreditato nei titoli, Chevy Chase interpreta l'esagitato e macchiettistico direttore della rete televisiva.

Eroe per famiglie * (*Christmas in Connecticut*, Usa 1992, col, 93') Arnold Schwarzenegger. Con Dyan Cannon, Kris Kristofferson, Tony Curtis, Richard Roundtree, Kelly Cinnante, Gene Lithgow, Vivian Bonnell. ◆ Per il pubblico televisivo Elizabeth Blane (Cannon) è la migliore mamma e cuoca d'America. Ma la verità viene a galla quando il suo agente (Curtis) organizza in diretta un pranzo di Natale per festeggiare l'eroe dell'anno (Kristofferson). L'esordio alla regia di Schwarzenegger è il remake di *Il sergente e la signora* trasformato in una fiacca sit-com per la tv: si salva a stento solo Curtis, che sembra quasi fare la parodia del brillante attore che fu.

Eroe piccolo piccolo, Un **½ (*Jack the Bear*, Usa 1993, col, 99') Marshall Herskowitz. Con Danny DeVito, Robert J. Steinmiller jr, Miko Hughes, Gary Sinise, Art LaFleur, Andrea Marcovicci. ◆ Raccontata con gli occhi del figlio dodicenne Jack (Steinmiller), la vita della famiglia Leary nella California del 1972: lui, il fratellino David (Hughes) e il padre vedovo John (DeVito), un attore televisivo specializzato in parti horror. Jack scoprirà sulla propria pelle che i veri «mostri» esistono anche fuori dalla fantasia e possono prendere le forme di un vicino razzista e psicopatico (Sinise). Il regista televisivo Marshall Herskowitz esordisce al cinema con un piccolo ma intrigante film (sceneggiato da Steven Zillian a partire da un racconto di Dan McCall), tutto giocato sui rapporti tra realtà e fantasia e tra vita e immaginazione. DeVito è straordinario nel trasmettere la tenerezza di questo padre che sembra destinato agli spettacoli di mezzanotte, dato il suo aspetto fisico, e che invece sa dimostrare la forza del vero amore. Negli Usa è stato un flop clamoroso, e si può capire: fare la figura dei teledipendenti creduloni è un colpo inaccettabile per l'orgoglio nazionale.

Eroe sono io, L' * (Italia 1952, b/n, 85') Carlo Ludovico Bragaglia. Con Renato Rascel, Delia Scala, Marisa Merlini, Achille Togliani, Silvio Noto. ◆ Per conquistare Silvia (Scala), che vuole fare l'attrice, il mingherlino Righetto (Rascel) si spaccia per un attore di fotoromanzi. Soliti equivoci e solito lieto fine.

Eroi, Gli *½ (Italia 1973, col, 110') Duccio Tessari. Con Rod Steiger, Rosanna Schiaffino, Rod Taylor, Claude Brasseur, Gianni Garko. ◆ Nell'Africa del Nord durante la seconda guerra mondiale, una donna senza scrupoli tenta d'impossessarsi di un tesoro inviato agli arabi. Sulle tracce del malloppo, però, si spingono anche alcuni soldati degli eserciti avversi. Peripezie e avventure si sprecano in un film che assomiglia, più che a un film di guerra, a un western.

Eroi del deserto, Gli **½ (*Hell's Heroes*, Usa 1930, b/n, 82') William Wyler. Con Charles Bickford, Raymond Hatton, Fred Kolmer, Fritzy Ridgeway, Maria Alba. ◆ Tre banditi (Bickford, Hatton e Kolmer), dopo aver svaligiato una banca, fuggono nel deserto dove una donna morente (Ridgeway) affida loro il figlio appena partorito: e i tre, dopo aver cercato di disfarsene, si inteneriscono e sacrificano la loro salvezza alla sua sopravvivenza. Tratto da un racconto di Peter Kyne sceneggiato da Tom Reed e girato in due versioni (muta e sonora), è un western abbastanza lontano dai canoni del genere, meno moralistico e sentimentale di quanto la storia faccia supporre. La scena in cui l'ultimo bandito sopravvissuto si trascina nel deserto lasciando cadere tutto quello che ha (armi, oro, borraccia), ma non ha il coraggio di abbandonare il bambino, fu additata da Zanuck come esempio di grande cinema (tutta la scena è raccontata in maniera ellittica e del bandito si vedono solo le orme nella sabbia). Rifatto due volte: da Richard Boleslawski (*Three Goodfathers*, 1936, con Chester Morris, Lewis Stone e Walter Brennan, inedito in Italia) e da John Ford (*In nome di Dio*, 1948).

Eroi della domenica, Gli *½ (Italia 1952, b/n, 98') Mario Camerini. Con Raf Vallone, Marcello Mastroianni, Cosetta Greco, Elena Varzi, Franco Interlenghi, Paolo Stoppa, Franca Tamantini, Enrico Viarisio, Marisa Merlini, Galeazzo Benti. ◆ Una piccola squadra di calcio sta per essere promossa, ma il centravanti (Vallone) sembra disposto a farsi corrompere: per fortuna un ragazzino «vigila» perché non accada. Commedia che sfrutta la fama di Raf Vallone (calciatore del Torino prima d'iniziare la carriera cinematografica) e la presenza di alcuni calciatori del Milan dei tempi di Liedholm (difensore, non allenatore) e di Vittorio Pozzo.

Eroi del mare – Il cacciatorpediniere Torrin *** (*In Which We Serve*, Gb 1943, b/n, 100') Noël Coward, David Lean. Con Noël Coward, Celia Johnson, Bernard Miles, John Mills, Kay Walsh, Jocey Carey, Richard Attenborough. ◆ Durante la seconda guerra mondiale, i marinai superstiti di un naufragio vengono raccolti da una nave della marina inglese e raccontano le loro peripezie. Pensato da Coward più per non rimanere prigioniero della propria immagine di dandy che per fare propaganda alla marina di Sua Maestà, il film racconta con appassionata partecipazione la vita di alcuni marinai del cacciatorpediniere Tobin, «secondo un calibratissimo schema socioculturale» che non evita i toni vagamente paternalistici e interclassisti ma sa veramente commuovere (l'allineamento degli uomini tornati da Dunkerque, l'annuncio a un sottufficiale della morte di sua moglie). La scena finale, con il capitano Kinross (Coward) che stringe la mano ai marinai, – secondo il giudizio del regista sovietico Pudovkin – «rimarrà a lungo nella memoria». Il montatore David Lean fu promosso per questo film a coregista e incaricato di tutti gli aspetti tecnici delle riprese.

Eroi del Pacifico, Gli **½ (*Back to Bataan*, Usa 1945, b/n, 95') Edward Dmytryk. Con John Wayne, Anthony Quinn, Fely Franquelli, Lawrence Tierney, Beulah Bondi. ◆ Seconda guerra mondiale: le Filippine cadono in mano giapponese e gli americani devono arrendersi, ma grazie alla resistenza della guerriglia indigena, guidata dal colonnello Joseph Madden (Wayne), l'esercito invasore non ha vita facile e la controffensiva, a prezzo di immani sforzi, libererà le isole. Come tutti i film di guerra nel Pacifico è duro e drammatico e la sceneggiatura di Aeneans MacKanzie e William Gordon non ci risparmia nemmeno i giapponesi che torturano un bambino. Anthony Quinn interpreta il capo dei filippini, Andres Bonifacio. Il film fu ritolato *La pattuglia invisibile*. Esiste una versione colorizzata.

Eroi del West, Gli *½ (Italia 1963, col, 95') Steno [Stefano Vanzina]. Con Walter Chiari, Raimondo Vianello, Silvia Solar, Maria Andersen, Aurora Julia, Tomas Blanco. ◆ Due goffi furfanti, Mike (Chiari) e Colorado (Vianello), che vivono depredando diligenze, si sostituiscono a due eredi di una miniera che il sindaco del paese (Blanco) ha fatto eliminare per impadronirsi delle loro ricchezze. Western degli equivoci, con qualche gag riuscita e l'insolita coppia Chiari-Vianello che merita un'occhiata.

Eroi di Telemark, Gli ** (*The Heroes of Telemark*, Gb 1965, col, 131') Anthony Mann. Con Kirk Douglas, Richard Harris, Michael Redgrave, Ulla Jacobsson, Eric Porter. ◆ Gli occupanti nazisti hanno impiantato a Rjukan, nel Telemark norvegese, uno stabilimento di acqua pesante per costruire la bomba atomica, ma un gruppo di partigiani mette a punto un piano di sabotaggio. Film di guerra dall'insolita ambientazione e pieno di colpi di scena, girato sui luoghi reali, ma piuttosto schematico e povero sia di verità psicologica sia storica.

Eroi di tutti i giorni **½ (*Unstrung Heroes*, Usa 1995, col, 94') Diane Keaton. Con John Turturro, Andie MacDowell, Michael Richards, Maury Chaykin, Nathan Watt, Kendra Kull. ◆ Il mondo di Steven Lidz (Watt), dodici anni, sta andando in frantumi: la madre (MacDowell) si ammala di cancro e il padre (Turturro), sempre distratto dalle sue strane invenzioni, non riesce a stargli vicino. Steve allora si rifugia dagli zii Arthur (Chaykin) e Danny (Richards), anticonformisti eccentrici con la passione per il collezionismo e il comunismo. Opera seconda di Diane Keaton, ambientata negli anni Sessanta: comincia come un normale filmino familiare e si sviluppa come un originale film di formazione sui binari del fantastico, grazie anche alla bella sceneggiatura di Richard LaGravenese (dal libro autobiografico di Franz Lidz) che, come già nella *Leggenda del re pescatore*, esalta l'importanza del meraviglioso nella vita quotidiana, di cui sono portatori solo i personaggi che vivono ai margini della società. Di un certo effetto la sequenza sulle note dell'*Internazionale*.

Eroi per un amico * (*Let's Get Harry*, Usa 1986, col, 107') Alan Smithee [Stuart Rosenberg]. Con Michael Schoeffling, Tom Wilson, Gary Busey, Robert Duvall, Glen Frey, Ben Johnson, Elpidia Carrillo, Mark Harmon. ◆ In Colombia, i ribelli rapiscono un operaio statunitense: a liberarlo ci penseranno i suoi compagni, con l'aiuto di un professionista della violenza, perché il governo nicchia. Un soggetto di Samuel Fuller (affidato alla regia di Stuart Rosenberg, che ebbe il nome tolto dai titoli per dissensi con la produzione) rovinato dal rambismo. Esotismo e voglia di azione, ma pochissime emozioni.

Eroi senza gloria → *Avventurieri dell'aria*

Eroi senza patria * (*The Three Musketeers*, Usa 1933, b/n, 80') Armand Schaefer, Colbert Clark. Con John Wayne, Jack Mulhall, Ralph Bushman, Raymond Hatton, Ruth Hall, Noah Beery jr, Lon Chaney jr, Hooper Atchley. ◆ Con l'aiuto di tre legionari (Mulhall, Hatton e Bushman), Tom Wayne (Wayne) affianca i militari francesi nello smascherare il principe arabo che si fa chiamare El Shaitan, il Diavolo, capo di una setta che vuole sterminare i bianchi. Avventure sahariane raccontate come in un western, con inseguimenti a cavallo e (infantili) colpi di scena a ripetizione. Fragili allusioni ai personaggi di Dumas (praticamente solo il grido di battaglia: «Tutti per uno, uno per tutti») e grandi cavalcate tra le dune.

Eroi senz'armi *** (*Le Père tranquille*, Francia 1946, b/n, 95') René Clément. Con Noël-Noël [Lucien Noël], José Arthur, Nadine Alari, Marcel Dieudonné, Claire Olivier, Paul Frankeur. ◆ Il pacioso sessantenne Martin (Noël-Noël), soprannominato «il papà tranquillo», in realtà è il capo della locale Resistenza antinazista, costantemente in contatto con Londra all'insaputa dei familiari. Quando è costretto a consigliare agli inglesi il bombardamento di un edificio del suo quartiere, invita tutti i vicini alla festa di fidanzamento della figlia, in un ristorante lontano. Poco dopo viene arrestato dai tedeschi. Riuscirà a tornare a casa e solo allora il figlio, anch'egli partigiano, comprenderà il ruolo svolto dal padre. Maliziosa agiografia della Resistenza molto debitrice della straordinaria interpretazione di Noël-Noël, autore anche della sceneggiatura che racconta la guerra come una commedia d'interni, spesso dal punto di vista dei familiari che ignorano l'attività del padre. In questo modo la celebrazione dell'eroe assume un aspetto del tutto insolito, mentre la descrizione della Resistenza guadagna in atmosfera e significato dal contrasto tra la vita clandestina e quella borghese che conducono contemporaneamente gli attivisti, intenti ad ascoltare un concertino domestico e impegnati, a labbra chiuse, a organizzare il successivo sabotaggio. Fotografia di Claude Renoir. All'epoca fu un enorme successo commerciale.

Eroi sono stanchi, Gli *½ (*Les Héros sont fatigués*, Francia 1955, b/n, 115') Yves Ciampi. Con Yves Montand, Jean Servais, Curt Jurgens, Maria Félix, Gérard Oury, Gert Fröbe. ◆ Dopo la seconda guerra mondiale, un ex pilota della Raf (Montand) si trova coinvolto in Africa in un contrabbando di diamanti. Con la bella Manuela (Félix) cerca di fuggire con il bottino, ma le cose andranno male. Ambientazione esotica e sottolineatura degli aspetti più sensuali, per un drammone rovinato dalla pessima recitazione di tutto il cast.

Erotique ** (*Erotique*, col, 1993, 85') Lizzie Borden, Monika Treut, Clara Law. ◆ Film a episodi. In *Let's Talk about Sex* (di Lizzie Borden. Con Kamala Lopez-Dawson) una telefonista erotica si innamora di un cliente e si mette a cercarlo; in *Taboo Parlor* (di Monika Treut. Con Camilla Soeberg, Priscilla Barnes, Peter Kern, Tanita Tikaram) due lesbiche cercano un uomo oggetto per una notte; in *Wonton Soup* (di Clara Law. Con Tim Lounibos, Hayley Man) un cinese espatriato torna a Hong Kong e cerca di imparare il kamasutra della tradizione. *Vexata quaestio*: esiste una specificità (o una sensibilità) femminile nel rappresentare il sesso e il desiderio? Tre registe di diversi Paesi cercano di dimostrarlo, mettendo in scene fantasie non nuove ma che si sforzano di andare al di là del voyeurismo, nelle quali viene elegantemente ridicolizzato il (peraltro imprescindibile) maschio. Risultato abbastanza innocuo ma non deprimente.

Erotissimo *½ (*Erotissimo*, Francia/Italia 1968, col, 84') Gérard Pirès. Con Annie Girardot, Jean Yanne, Didi Perego, Erna Schurer, Venantino Venantini. ◆ Una donna (Girardot) si accorge che il rapporto con il marito (Yanne) è sempre più stanco e distaccato: ma non è una crisi sentimentale, sono i guai finanziari di lui a rendere difficile la vita di coppia. Tra problemi di sesso e di affari, la commedia scivola via esile e senza verve. Serge Gainsbourg interpreta il cacciatore di donne. In originale dura 95'.

Erotomane, L' *½ (Italia 1974, col, 100') Marco Vicario. Con Gastone Moschin, Janet Agren, Isabella Biagini, Silvia Dionisio, Milena Vukotic, Vittorio Caprioli. ◆ Un cinico avvocato (Moschin) sfoga la sua impotenza sessuale diventando uno spregiudicato affarista, mentre tutte le cure per recuperare la virilità sono vane. Solo lo shock di sapersi cornuto lo sblocca e lo trasforma in un forzato del sesso a tutti i costi. Classica commediola, neanche troppo originale, che scivola verso il genere pecoreccio.

Ero una spia americana ** (*I Was an American Spy*, Usa 1951, b/n, 85') Lesley Selander. Con Ann Dvorak, Gene Evans, Douglas Kennedy, Richard Loo. ◆ Una giovane donna (Dvorak) durante la seconda guerra mondiale, apre un locale notturno a Manila per coprire un'attività di spionaggio. Così vendicherà il marito assassinato dai giapponesi. Inconsueta e ben riuscita variante della guerra del Pacifico: un'eroina bianca tra intrighi e doppigiochi contro l'incombente pericolo giallo.

Ero uno sposo di guerra *** (*I Was a Male War Bride*, Usa 1949, b/n, 105') Howard Hawks. Con Cary Grant, Ann Sheridan, Marion Marshall, Randy Stuart. ◆ Catherine Gates (Sheridan), ufficiale americana, e Henri Rochard (Grant), pari grado francese, entrambi sotto le armi, dopo aver compiuto insieme una pericolosa missione, s'innamorano e si sposano. Ma il marito, per poter seguire l'amata in America, ne passa di tutti i colori. Hawks costruisce, su un soggetto apparentemente di guerra, una commedia brillante con spunti esilaranti: Grant è superlativo quando cerca in tutti i modi di stare vicino a sua moglie e ci riesce solo travestendosi da ausiliaria americana. Molte delle battute e delle gag furono improvvisate dai due attori sul set. Durante le riprese, approfittando di un'interruzione per un attacco di epatite, Grant sposò Betsy Drake.

Er più – Storie d'amore e di coltello ** (Italia 1971, col, 108') Sergio Corbucci. Con Adriano Celentano, Romolo Valli, Claudia Mori, Ninetto Davoli, Maurizio Arena, Gianni Macchia. ◆ Amori, baruffe, duelli e gelosie nella Trastevere a cavallo dell'ultimo secolo: un giovane (Celentano) è accusato ingiustamente dell'assassinio di un rivale. Riesce a vincere un duello, ma un tragico destino incombe su di lui. Celentano, qui ancora grezzo come attore ma ben diretto da Corbucci, è a suo agio in un personaggio a metà strada tra il picaresco e l'eroe popolare.

Errore del dio Chang, L' **½ (*Turnabout*, Usa 1940, b/n, 83') Hal Roach. Con Carole Landis, John Hubbard, Adolphe Menjou, William Gargan, Verree Teasdale, Mary Astor, Donald Meek, Joyce Compton. ◆ Stufi dei rispettivi ruoli di marito e moglie, due giovani e ricchi coniugi (Hubbard e Landis) esprimono contemporaneamente il desiderio di invertire i ruoli: grazie alla magica statuina di un dio orientale dono di uno zio esploratore vengono esauditi e si ritrovano lui dentro il corpo di lei e lei dentro il corpo di lui. Con tutti gli equivoci del caso. Un film che porta l'impronta di Thorne Smith, autore del romanzo da cui è tratto il soggetto (sceneggiato da Mickell Novak, Berne Giler e John McClair) e dalle cui opere vennero tratti, tra gli altri, *Ho sposato una strega* di Clair e *La via dell'impossibile* di McLeod, alfiere di un gusto del fantastico e del bizzarro che mai si è spinto così avanti come in questa sex-farsa (più che sex-commedia). Collaudato produttore di slapstick, Hal Roach non va tanto per il sottile nel giocare con gli equivoci sessuali di cui è piena la trama, anche se il pugno di ferro della censura lo costrinse ad annacquare molte trovate. Ciò nonostante questo film è l'antesignano di cento altri titoli degli anni della liberazione sessuale, e ha effetti comici e volgari assolutamente travolgenti. Naturalmente alla fine tutto torna al suo posto, ma – ultimo sberleffo, ai tempi davvero destabilizzante – il marito scopre di essere rimasto, nella fase della trasformazione, incinto.

Errore di vivere, L' **½ (*Charlie Bubbles*, Gb/Usa 1968, col, 91') Albert Finney. Con Albert Finney, Billie Whitelaw, Liza Minnelli, Colin Blakely, Timothy Garland, Diana Coupland. ◆ Lo scrittore di successo Charlie Bubbles (Finney) tenta invano di ricucire i propri rapporti con la moglie e il figlio mentre non riesce a scendere a patti con la propria insoddisfazione e i propri fallimenti. Albert Finney esordisce nella regia con il ritratto (sceneggiato da Shelag Delaney) di una generazione inquieta che non trova pace né adattamento, ma lo racconta con il vitalismo e l'originalità che meglio si adattano alle proprie caratteristiche d'attore. Diretto con la leggerezza di una commedia (nella scena finale, Charlie scompare nel cielo su una mongolfiera, simbolo non traumatico – nelle intenzioni del regista – per indicare la morte del protagonista), questo film riesce comunque a trasmettere allo spettatore il suo carico di nostalgie e amarezze esistenziali. Esordio di Liza Minnelli.

Esatto contrario del sesso, L' → *Opposite of Sex, The – L'esatto contrario del sesso*

È sbarcato un marinaio * (Italia 1940, b/n, 74') Piero Ballerini. Con Amedeo Nazzari, Doris Duranti, Polidor [Ferdinand Guillaume], Germana Paolieri, Enrico Glori, Milena Petrovich, Andrea Checchi. ◆ Per amore della bella Nelly (Duranti), il marinaio Gianni (Nazzari) non s'imbarca più, ma una gelosia eccessiva rischia di fargli perdere la ragazza: per fortuna c'è l'amico Jim (Polidor) che è disposto ad accusarsi di un inesistente delitto per fargli riconquistare Nelly. Interesse quasi nullo per questa «vicenda marinaresca di tutti i tempi» (come dice un cartello nei titoli di testa), liberamente ispirata al romanzo *L'uomo sull'acqua* di Enrico Bassano sceneggiato dal regista stesso. I caratteri sono tratteggiati con l'accetta, compreso un viscido gestore di luna park (Glori) e una sciantosa (Paolieri) che offre le sue grazie con inconsueta immediatezza. Travestita da sirena per lavorare, la Duranti fa intravedere il seno.

Esca, L' *** (*L'Appât*, Francia 1995, col, 115') Bertrand Tavernier. Con Marie Gillain, Olivier Sitruk, Bruno Putzulu, Richard Berry, Philippe Duclos, Marie Ravel, Clotilde Courau, Jean-Louis Richard, Jeanne Goupil. ◆ Per trovare i soldi con cui avviare un'attività commerciale in America, il ventenne Eric (Sitruk) decide di rapinare i ricchi professionisti a cui ogni tanto si concede la sua fidanzata Nathalie (Gillain). Le due irruzioni compiute con l'amico Bruno (Putzulu), però, si concludono con scarsissimi risultati economici e due inutili omicidi. Un dramma poliziesco dove la polizia entra in scena solo alle battute finali e che fa scoprire allo spettatore come nasce il Male nell'animo di tre ragazzi normali. Tavernier (anche sceneggiatore con l'ex moglie Colo Tavernier O'Hagan) prende spunto da un fatto di cronaca ma ci risparmia la didascalia finale con l'elenco delle pene a cui sono stati condannati i tre per evitare qualsiasi tipo di consolatorio «lieto fine»: gli interessa raccontare la banalità del crimine e lo fa con un rigore morale inusitato per tempi di horror e splatter (evidentemente sfuggito alla censura che ha imposto uno scandaloso divieto ai minori di 18 anni). I delitti – nella realtà compiuti con ingiustificata e sadica ferocia – non si vedono mai e lo spettatore è spinto a identificarsi con Nathalie, che dopo aver fatto entrare in casa delle vittime i suoi due complici si chiude in un'altra stanza e per non sentire le urla dei due rapinati si mette il walkman o accende la televisione, estremo e sconvolgente tentativo di recuperare la propria perduta «innocenza». I costumi sono disegnati dall'ex top model Marpessa Djian. Il musicista Philippe Sarde interpreta Philippe, il cliente che all'inizio del film esce con Nathalie e Karine.

Escalation * (Italia 1968, col, 95') Roberto Faenza. Con Claudine Auger, Lino Capolicchio, Gabriele Ferzetti, Didi Perego, Leopoldo Trieste. ◆ Hippy a Londra, il giovane Luca (Capolicchio) prima uccide la psicoterapeuta (Auger) che il padre gli ha messo al fianco per riportarlo sulla retta via, poi torna in Italia a guidare la fabbrica familiare con tutte le mancanze di scrupoli della sua classe. Grottesca allegoria del potere per il film-debutto di Faenza: acerbo nella regia, schematico nelle idee ma significativo come esempio di cinema «arrabbiato» della fine degli anni Sessanta. Rieditato col titolo *L'integrato sessuale.*

Esclusi, Gli *** (*A Child Is Waiting,* Usa 1963, b/n, 102') John Cassavetes. Con Burt Lancaster, Judy Garland, Gena Rowlands, Steven Hill, Bruce Ritchey. ◆ Un'infermiera (Garland) e un dottore (Lancaster) che lavorano in un istituto per la rieducazione di bambini handicappati hanno idee differenti sulla metodologia da impiegare: lei difende la comprensione, lui la rigida severità. Alla fine la donna darà ragione al medico. Tratto da una pièce di Abby Mann scritta per la televisione, il film affronta, con onestà e rispetto, un argomento che non era praticamente mai stato trattato dal cinema. Tutti i bambini, eccetto uno, sono autentici handicappati, ospitati dal Pacific State Hospital di Pomona, in California (dove si svolsero le riprese) e questo dà al film una grande forza espressiva (commovente la scena in cui si festeggia Thanksgiving). Alla sua seconda prova come regista, Cassavetes affronta un tema spinoso con un realismo inusitato per l'epoca e rivela già alcune delle costanti del suo cinema: dal punto di vista del contenuto, i rapporti (o la mancanza di rapporti) tra genitori e i loro figli; da quello della forma, la predilezione per i primissimi piani e per i piani sequenza. Ma il montaggio fu terminato dal produttore Stanley Kramer, che modificò il lavoro del regista. Gena Rowlands fa la sua prima apparizione in un film di suo marito, nella parte di una donna divorziata e risposata.

Escluso, L' **½ (*The Quiet One,* Usa 1948, b/n, 67') Sidney Mayers. Con Donald Thompson, Clarence Cooper, Sadie Stockton, Estelle Evans, Paul Baucum, Sidney Meyers e il personale e gli allievi della Wiltwyck School. ◆ Uno psichiatra (Meyers) della Wiltwyck School (un'istituzione filantropica per la rieducazione di minorenni disadattati) si prende cura del piccolo Donald (Thompson), un ragazzo nero di Harlem costretto a vivere con la nonna (Stockton), che cerca di farsi accettare dai suoi coetanei regalando loro i soldi che ha rubato in casa, che quando va a trovare la madre (Evans) è lasciato solo a curare il fratellino di pochi mesi e che non sa esprimere la propria rabbia se non tirando sassi nelle vetrine. Lungo documentario romanzato sulla rieducazione di un ragazzo nero, è la prima produzione del gruppo indipendente Film Documents, anticipatore delle ricerche di Lionel Rogosin e del New American Cinema. Chiaramente debitore verso il neorealismo e girato in 16mm gonfiati poi a 35, il film nasce da un lavoro di équipe che mescola tecnici, personale della scuola e abitanti di Harlem. Coerente e anticipatore nel sottolineare le implicazioni sociali della devianza, il film ha la sua parte migliore nello studio psicologico del bambino (che «cancella» la propria immagine allo specchio usando la crema della mamma) e nell'uso sapiente del sonoro, dove i pochi dialoghi sono accompagnati da un commento off scritto da James Agee. Premio Pasinetti e premio internazionale (ex aequo) alla Mostra di Venezia.

EsCoriandoli **½ (Italia 1996, col, 95') Antonio Rezza e Flavia Mastrella. Con Antonio Rezza, Isabella Ferrari, Valeria Golino, Claudia Gerini, Valentina Cervi, Fiore Leveque. ◆ Una veglia funebre con cadavere parlante dagli effetti afrodisiaci. Un becchino seduttore colto da senescenza precoce. Una ragazza (Cervi) che non vuole integrarsi uccisa in una clinica psichiatrica. Un poeta che calpesta il piede di un ciccione e muore per il senso di colpa. Un presenzialista televisivo i cui piedi si ribellano portandolo in un posto solitario. Rezza, interprete (e cosceneggiatore) di tutti gli episodi, vuole spiazzare col suo umorismo nero freddo e sopra le righe, violentemente antirealistico e vagamente inquietante. Se resta un che di dimostrativo nei temi prescelti (non nuovissima la satira della società televisiva e della neovolgarità contemporanea), i mezzi stilistici (dall'uso astratto degli spazi, fotografati da Roberto Meddi, ai dialoghi *nonsense*) sono adeguati. E si respira un'aria di follia vicina al miglior Ruiz e certamente insolita nel panorama italiano.

Esecutore, L' *½ (*The Executioner,* Gb 1970, col, 107') Sam Wanamaker. Con Joan Collins, George Peppard, Judy Geeson, Oscar Homolka. ◆ Un agente segreto (Peppard) sospetta che un suo collega faccia il doppio gioco. Lo uccide, ma poi si accorge che era innocente. Nella torbida vicenda s'inseriscono i servizi nemici con conseguenti tentativi d'eliminare lo scomodo 007. Thriller decisamente mediocre con tutti i cliché del genere, compresa la bella conturbante (Collins).

Esecutore oltre la legge ** (*Les Seins de glace,*

Francia/Italia 1974, col, 104') Georges Lautner. Con Alain Delon, Mireille Darc, Claude Brasseur, André Falcon, Fiore Altoviti, Nicoletta Machiavelli. ◆ Una donna (Darc), ex tossicomane con gravi problemi psicologici, commette due omicidi. Viene protetta dai due uomini che la amano, un autore televisivo (Brasseur) e un avvocato (Delon), ma quando è evidente che la sua pazzia è pericolosa, l'avvocato la uccide per non vederla arrestare dalla polizia. Thriller psicologico che il regista ha sceneggiato a partire da un racconto di Richard Matheson piuttosto ben fatto, capace di rendere l'atmosfera cupa e perversa in cui maturano i delitti. Superlativo Brasseur. Primo ruolo drammatico per Mireille Darc dopo tante commedie.

Esecuzione al braccio 3 *** (*Short Eyes*, Usa 1977, col, 104') Robert M. Young. Con Bruce Davison, José Perez, Nathan George, Don Blakely, Shawn Elliott, Tito Goya, Keith Davis, Bob Maroff, Joe Carberry, Bob O'Connell. ◆ La stravagante convivenza tra detenuti neri, portoricani e bianchi nel braccio 3 di una prigione newyorkese trova un nuovo cemento nell'odio per il bianco Clark Davis (Davison), accusato di aver violentato una bambina: verrà condannato a morte dal «consiglio» dei carcerati prima di poter scoprire che era stato imprigionato ingiustamente, per una falsa identificazione. Violento e sconvolgente dramma carcerario costruito sulla contrapposizione tra chi accetta la ferrea logica di un universo concentrazionario e chi invece la rifiuta in nome della propria dignità, il film è tratto da una pièce di Miguel Piñero (autore anche della sceneggiatura) e ambientato nell'ex Men's House of Detention di New York, soprannominata «The Tombs» per la crudeltà del suo regime. La trama corale permette a un gruppo di attori sconosciuti, ma bravissimi, di non far mai scendere la tensione (anche se il doppiaggio cancella parte del loro lavoro) mentre il passato da grande documentarista di Young aiuta il film a non scivolare nel sensazionalismo, evitando ogni tipo di compiacimento visivo. Indimenticabili le scene del canto in comune e la confessione del maniaco. Miguel Piñero interpreta la parte dello spacciatore Go-Go, mentre Curtis Mayfield, autore delle musiche, è Pappy, il vecchio nero con gli occhiali che a causa di Go-Go finisce in segregazione. Il titolo originale è un termine gergale per indicare un adescatore di ragazzine.

Esecuzione per un eroe → *Breaker Morant*

Esecuzione... una storia vera, L' ** (*Act of Vengeance*, Usa 1986, col, 98') John Mackenzie. Con Charles Bronson, Ellen Burstyn, Wilford Brimley, Hoyt Axton, Ellen Barkin, Keanu Reeves. ◆ Il sindacalista Jock Yablonski (Bronson senza baffi) e la sua famiglia vengono barbaramente trucidati. Il mandante è un rivale del sindacato (Brimley), corrotto e privo di scrupoli, che teme per la sua leadership. Ispirato a un fatto di cronaca realmente accaduto, è un tv-movie a metà strada tra il thriller e il dramma politico. Bronson, per una volta, smette i panni del giustiziere e indossa quelli della vittima.

È sempre bel tempo **½ (*It's Always Fair Weather*, Usa 1955, col, 102') Stanley Donen, Gene Kelly. Con Gene Kelly, Dan Dailey, Michael Kidd, Cyd Charisse, Dolores Gray. ◆ Tre commilitoni (Kelly, Dailey e Kidd), che avevano combattuto insieme durante la seconda guerra mondiale, si ritrovano dieci anni dopo. I loro destini sono ormai diversi e non hanno più nulla in comune. Brillante commedia musicale, il cui lieto fine nasconde una venatura amara: il tempo passa, e della solidarietà cameratesca rimane solo il simulacro. Sceneggiato da Betty Comden e Adolph Green, il film – l'ultimo in cui Kelly lavorò con Donen – contiene alcuni bellissimi numeri musicali: quello dei tre protagonisti che ballano per strada con i coperchi dei bidoni di spazzatura, quello di Cyd Charisse in *Baby, You Knock Me Out* e quello di Kelly che gira in pattini a rotelle per New York cantando *I Like Myself*. Girato in CinemaScope, con alcuni interessanti esperimenti di scomposizione dell'immagine, il film soffre molto a essere visto in tv.

Esercito delle dodici scimmie, L' **½ (*12 Monkeys*, Usa 1996, col, 125') Terry Gilliam. Con Bruce Willis, Madeleine Stowe, Brad Pitt, Joseph Melito, Jon Seda, Christopher Plummer, Frank Gorshin, Vernon Campbell, Joey Perillo, Bill Raymond, David Morse. ◆ Nel 2035 quel che resta dell'umanità vive sottoterra per evitare i germi di un'epidemia che nel 1997 ha ucciso cinque miliardi di persone. Per trovare una soluzione, un ergastolano (Willis) viene spedito indietro prima del disastro: si farà influenzare dal figlio mentecatto (Pitt) di un epidemiologo (Plummer), verrà aiutato da una psichiatra (Stowe) ma soprattutto scoprirà cosa vuol dire il sogno di morte che lo ossessiona. Gilliam riflette sul nostro futuro prendendo spunto dal cortometraggio *La Jetée* di Chris Marker, ma la sceneggiatura di David e Janet Peoples è troppo macchinosa (con i suoi tre viaggi nel tempo: due «sbagliati», 1990 e 1917, e l'ultimo finalmente «giusto», 1996) per funzionare davvero. Certo, la capacità visionaria di Gilliam è affascinante nell'immaginare un futuro di degrado e disperazione, ma la sua riflessione sull'oggi causa di tutti i disastri ecologici è superficiale e scontata. Così come la strizzatina d'occhio alla vita rivissuta di *La donna che visse due volte* che il protagonista vede al cinema. E soprattutto l'incubo del bambino (Melito): se in Marker aveva la forza angosciosa di un'interrogazione metafisica, qui diventa un tormentone neanche troppo chiaro.

Esercito di 5 uomini, Un * (Italia 1969, col, 105') Don Taylor [Italo Zingarelli]. Con Peter Graves, Bud Spencer [Carlo Pedersoli], Nino Castelnuovo, Claudio Gora, James Daly, Tetsuro Tamba, Giacomo Rossi Stuart. ◆ In un Messico come sempre sconvolto da eserciti rivoluzionari e bande di desperados, un ribelle commissiona a cinque avventurieri un colpo per impadronirsi di un tesoro: i cinque decidono di passare dalla parte della rivoluzione. Tentativo poco riuscito di far convivere il genere western e quello avventuroso italiano. Soggetto e sceneggiatura di Dario Argento.

Esercizi di stile * (Italia 1996, col e b/n, 90') Francesco Laudadio, Luigi Magni, Lorenzo Mieli, Pino Quartullo, Alessandro Piva, Faliero Rosati, Maurizio Dell'Orso, Dino Risi, Alex Infascelli, Sergio Citti, Volfango De Biasi, Cinzia Th Torrini, Claudio Fragasso, Mario Monicelli. Film a episodi. Con Elena Sofia Ricci, Massimo Wertmüller (in tutti gli episodi), Franco Diogene, Gloria Paul, Sal Borgese. ◆ In *Un addio nel West (omaggio a King Vidor)* (di Francesco Laudadio) due amanti si sparano reciprocamente e muoiono baciandosi; in *Era il maggio radioso* (di Luigi Magni) quando lui torna dalla Grande Guerra scopre che lei, convinta della sua morte, si è fatta monaca; in *L'alibi* (di Lorenzo Mieli) il complice fifone si dimostra più cinico dell'amante ladra; in *In ginocchio da te... La vendetta* (di Pino Quartullo) l'amore tra il marmittone e la ragazzina è più forte della gelosia; in *Uno più bravo di me* (di Alessandro Piva) un poliziotto scopre troppo tardi che la sua amante lo tradisce con l'uomo che deve arrestare; in *L'esploratore* (di Faliero Rosati) lui non riesce a rimettersi in contatto con la replicante che ha appena allontanato; in *La guerra tra noi* (di Maurizio Dell'Orso) l'amante sacrifica la vita perché un colonnello possa andare al fronte a fare il suo dovere; in *Myriam* (di Dino Risi) un romanziere, dopo aver fatto morire l'eroina dei suoi scritti, se ne inventa un'altra; in *Se son rose pungeranno* (di Alex Infascelli) un cicisbeo lascia la sua amante per il di lei marito; in *Anche i cani ci guardano* (di Sergio Citti) due innamorati sono divisi dall'odio dei rispettivi clan; in *Senza uscita* (di Volfango De Biasi) l'ingenuità dell'amante costerà la vita all'uomo in fuga dalla vendetta dei suoi ex complici; in *Ti mangerei di baci* (di Cinzia Th Torrini) lui si accorge troppo tardi che la sua appassionata amante è una vera mantide; in *Guardia e ladro* (di Claudio Fragasso) una guardia giurata avrà una brutta sorpresa quando scoprirà l'identità del rapinatore che ha ferito a morte; in *Idillio edile* (di Mario Monicelli, da un tema di Chaplin) la corte che un muratore scansafatiche fa alla figlia del capomastro è interrotta da un uncino galeotto. Doveva essere la versione cinematografica degli *Esercizi di stile* di Raymond Queneau, invece questi quattordici modi di dirsi addio in quattordici generi diversi (dalla comica al giallo, dal poliziesco all'horror-erotico al western eccetera) stupiscono proprio per la mancanza di stile: un'ideuzza (almeno negli episodi di Mieli, Torrini, Fragasso e Monicelli) e una generale sciatteria registica. Solo Citti si riconferma un vero outsider con il suo «neorealismo canino».

Esibizionista, L' ** (*The Honkers*, Usa 1972, col, 102') Steve Inhat. Con James Coburn, Lois Nettleton, Slim Pickens, Anne Archer, Richard Anderson. ◆ Un brillante spaccone (Coburn), professionista di rodei, sfida la morte in ogni gara. Ma quando, a causa della sua imprudenza, un amico muore, tutti gli voltano le spalle. Unica regia dell'attore Steve Inhat che morì poco dopo aver diretto questo film drammatico e inconsueto.

È simpatico, ma gli romperei il muso **½ (*César et Rosalie*, Francia 1971, col, 111') Claude Sautet. Con Yves Montand, Romy Schneider, Sami Frey, Bernard Le Coq, Umberto Orsini, Isabelle Huppert. ◆ Rosalie (Schneider), una donna divorziata, convive con César (Montand), un tipo simpatico e benestante: quando compare David (Frey), un vecchio amore della donna, il loro rapporto s'incrina. Ma i due rivali, dopo un primo periodo d'insofferenza, diventano grandi amici. Una storia abbastanza tradizionale (un triangolo) diventa un pretesto per raccontare la borghesia francese degli anni Settanta: le sue sicurezze, i suoi dubbi, i suoi amori. E Sautet lo fa con un tocco personalissimo, da autentico sociologo cinematografico, preoccupato (forse fin troppo) di annullare la presenza – in quegli anni a volte ingombrante – dell'occhio del regista: niente vezzi d'autore, niente virtuosismi tecnici e grande attenzione alle qualità tradizionali del racconto cinematografico, soprattutto alla recitazione. E i tre protagonisti sono davvero superbi.

Esorciccio, L' * (Italia 1975, col, 95') Francesco [Ciccio] Ingrassia. Con Ciccio Ingrassia, Lino Banfi, Didi Perego, Mimo Baldi, Ubaldo Lay, Franca Haas, Salvatore Baccaro. ◆ Il figlio del sindaco trova un amuleto e diventa uno scatenato violentatore. Viene chiamato a esorcizzarlo lo stregone del paese (Ingrassia) che pronuncia la formula «aglio, oglio e peperoncino vatten via da questo lettino»: ma uscito dal bambino il demonio farà danni al padre (Banfi) e alla madre (Perego). Parodia dichiarata dell'*Esorcista*, con Ingrassia privo della sua abituale spalla al quale, nel film, lancia delle frecciate.

Esorcista, L' ** (*The Exorcist*, Usa 1973, col, 121') William Friedkin. Con Ellen Burstyn, Max von Sydow, Linda Blair, Jason Miller, Lee J. Cobb, Kitty Winn. ◆ Regan (Blair), una ragazzina di dodici anni, all'improvviso diventa violenta, maligna e blasfema. La causa dello sdoppiamento di personalità è una possessione maligna: dove fallisce il prete locale riuscirà, a costo di terribili sforzi, un vero esorcista (Miller). Tratto dal bestseller omonimo di William Peter Blatty e accolto da uno straordinario successo di pubblico, è un film sopravvalutato, che oggi ha un valore soprattutto di tipo sociologico: anticipava il ripiegamento della società su se stessa e la conseguente «scoperta» dell'elemento demoniaco come canale di sfogo per le paure e le repressioni della cultura urbana. Più interessante l'impulso che ha dato allo sviluppo della tecnica dei trucchi, alla continua ricerca di nuovi effetti e sempre maggior verismo (qui, i «vomiti verdi» conquistarono una certa popolarità). Rappresenta in ogni caso una pietra miliare del cinema dell'orrore, con innumerevoli tentativi di imitazione e due seguiti ufficali. Blatty, autore anche della sceneggiatura, vinse l'Oscar.

Esorcista II: l'eretico, L' *½ (*Exorcist II: The Heretic*, Usa 1977, col, 103') John Boorman. Con Richard Burton, Linda Blair, Louise Fletcher, Max von Sydow, Kitty Winn, James Earl Jones, Ned Beatty. ◆ Padre Lamont (Burton) vuole saperne di più sulla morte dell'esorcista che aveva liberato la giovane Regan (Blair) e scopre che la ragazza è ancora posseduta dal demone assiro Pazuzu: affascinato dal mistero arriverà fino in Africa sulle tracce di un altro esorcista (Jones) ma finirà per scontrarsi con il demonio nella casa in cui aveva vissuto Regan. Il pretesto horror, sceneggiato da William Goodhart, serve al regista per discutere della natura umana, delle origini dell'uomo, dell'opposizione tra religione e scienza (la psicologa interpretata da Louise Fletcher), ma i pochi momenti interessanti del film sono quelli in cui «mette a confronto scienza e civiltà da una parte e un irrazionale che sbuca, un po' ridicolmente, dalle grotte etiopi». Girato quasi interamente in studio (dove sono stati allestiti villaggi, deserti africani e una ciclopica invasione di cavallette), il film può affascinare per lo straordinario dispendio di effetti speciali e invenzioni scenografiche (Max von Sydow si sdraia nella sua camera e senza trucchi ottici si risveglia in una chiesa), ma la sceneggiatura non riesce a organizzare tutto questo materiale visivo e a renderlo funzionale alla storia. Dopo la prima, Boorman fu costretto a tagliare 15' e a modificare il finale (se adesso padre Lamont muore, prima se ne andava dopo aver sconfitto il demonio) ma questo non basta a giustificare gli squilibri dell'opera. Colonna sonora di Ennio Morricone.

Esorcista III, L' *½ (*The Exorcist III*, Usa 1990, col, 110') William Peter Blatty. Con George C. Scott, Ed Flanders, Brad Dourif, Jason Miller, Viveca Lindfors. ◆ Continuazione «doc», a diciassette anni di distanza, del primo *Esorcista*: il regista è il soggettista e sceneggiatore del film capostipite. Un ispettore di polizia (Scott), indagando su una serie di omicidi apparentemente opera di uno psicopatico, scopre un legame con il caso dell'esorcismo. All'interessante soggetto, fantasioso e poco prevedibile, non corrisponde un'adeguata realizzazione.

Esperienze prematrimoniali * (*Experiencia prematrimonial*, Spagna 1972, col, 95') Pedro Maso. Con Ornella Muti, Alessio Orano, Alberto Closas, Julia Gutierrez Caba, Mabel Karr. ◆ Una ragazza (Muti), dopo aver visto il fallimento del matrimonio dei genitori, è scettica sui rapporti sentimentali e la storia d'amore con il fidanzato (Orano) si trasforma in dramma. Fumettone pruriginoso sul conflittuale rapporto tra i giovani e le convenzioni sociali in una Spagna in fase di graduale modernizzazione.

Esperimento, L' *½ (*Endangered Species*, Usa 1982, col, 97') Alan Rudolph. Con Robert Urich, JoBeth Williams, Paul Dooley, Hoyt Axton, Peter Coyote, Harry Carey jr, John Considine. ◆ Indagando su una serie di strane e misteriose mutilazioni ai danni del bestiame, un poliziotto (Urich) scopre che, in un laboratorio segreto, affaristi criminali con degli psicodevianti utilizzati in Vietnam stanno mettendo a punto un folle piano di alterazione genetica. Il tema, ispirato a fatti reali, è interessante, la realizzazione non supera la buona diligenza.

Esperimento del dottor K, L' *** (*The Fly*, Usa 1958, col, 92') Kurt Neumann. Con Al Hedison, Patricia Owens, Vincent Price, Herbert Marshall, Cathleen Freeman. ◆ In seguito a una tragica fatalità (una mosca è entrata nella capsula con un uomo), un esperimento sulla trasmissione dei corpi attraverso la loro disintegrazione e successiva materializzazione ha un drammatico risultato: si formano due ibridi mostruosi, una mosca con la testa d'uomo e un uomo (Hedison) con la testa d'insetto. Per l'infelice sperimentatore sarà la tragedia. Sceneggiato dal futuro romanziere James Clavell (sulla base di un breve racconto di George Langelaan) e prodotto dalla Fox con una larghezza di mezzi inusitata per i tempi, il film ribalta lo stereotipo dello scienziato pazzo per ambientare la storia nella società borghese dove il protagonista, un ingegnere, è vittima di una curiosità in parte giustificata. La «normalità» della situazione di partenza e la reticenza visiva imposta dal Codice Hays (lo scienziato tiene il più delle volte la testa avvolta in una tela nera) aumentano, invece di diminuire, l'orrore che la storia produce. Alcune scene (quella in cui lo scienziato si nutre con una cannuccia emettendo un soffio sinistro e quella finale in cui, con una voce sempre più esile, chiede «aiuto») sono giustamente entrate nella storia dell'horror. Il film, cui seguirono *La vendetta del dottor K* (1959) e *The Curse of the Fly* (1965, di Don Sharp, inedito in Italia), fu rifatto nel 1986 col titolo *La mosca*.

Esploratore scomparso, L' **½ (*Stanley and Livingstone*, Usa 1939, b/n, 101') Henry King. Con Spencer Tracy, Nancy Kelly, Richard Greene, Walter Brennan, sir Cedric Hardwicke, Charles Coburn. ◆ Sulle tracce di un esploratore missionario che non dà più notizie di sé, David Livingstone (Hardwicke), il giornalista Stanley (Tracy) intraprende un viaggio nel continente nero: dopo mille peripezie troverà il missionario in un villaggio di indigeni, ma a Londra nessuno vuole credergli. Uno dei più classici film d'avventura, tratto dal più famoso caso della storia dell'esplorazione dell'Africa. «Il dottor Livingstone, suppongo?» è una frase ormai diventata parte della mitologia avventurosa. Grande prova di recitazione di Tracy nella scena in cui, davanti a un tribunale, si difende dall'accusa di essersi inventato l'incontro con Livingstone.

Espoir **½ (*Espoir – Sierre de Teruel*, Francia 1945, b/n, 77') André Malraux. Con José Sempere, Andrés Mejuto, Julio Peña, Pedro Codina, José Lado, Nicolas Rodriguez. ◆ Dopo un'introduzione nella quale si afferma che tutto quello che si vede è ispirato a episodi autentici della guerra di Spagna, il film rievoca i combattimenti che ebbero luogo nella Sierra de Teruel e il bombardamento notturno di un aeroporto franchista, un'operazione coronata dal successo (nonostante lo smarrimento del contadino che doveva guidare gli aerei: dal cielo non riusciva più a orientarsi) ma che costa la vita a un equipaggio schiantatosi contro una montagna. Per il suo unico film, Malraux rielabora il materiale usato nel romanzo *L'Espoir* e gira un film sulla speranza quando gli avvenimenti storici sembrano volerla negare con violenza (le riprese iniziano nel giugno 1938, a Barcellona, ancora sotto i bombardamenti e si concludono nel gennaio 1939, quando le truppe franchiste occupano la città, anche se per le prime furtive proiezioni del film bisogna aspettare il 1945). Incompleto e rimontato dal produttore, il film che lo stesso Malraux cercò di far dimenticare negli anni in cui divenne un ministro gollista e combatté la Nouvelle Vague (sua la responsabilità della censura a *Susanna Simonin la religiosa* di Rivette), mantiene ancora oggi qualche intensa pagina epica (come la scena finale del corteo popolare che riporta a valle i corpi degli aviatori morti nell'impatto con la montagna) e testimonia di quella carica utopistica che riecheggia talvolta lo spirito animatore della grande epoca del cinema russo.

Essere o non essere **½ (*To Be or not to Be*, Usa 1983, col, 107') Alan Johnson. Con Mel Brooks, Anne Bancroft, Tim Matheson, Christopher Lloyd, Charles Durning, José Ferrer. ◆ I membri di una compagnia teatrale di Varsavia, allo scoppio della seconda guerra mondiale, si trovano improvvisamente coinvolti nella lotta della resistenza e la loro capacità di imitare i gerarchi nazisti (Hitler compreso) li aiuterà a smascherare un traditore. Rifacimento del capolavoro di Lubitsch *Vogliamo vivere*, il film ne segue abbastanza fedelmente lo svolgimento (con la divertente confusione tra disavventure private e drammi politici) ma non riesce a uguagliarne il rigore e l'intelligenza comica. Produttore e interprete, Mel Brooks riesce comunque a dare qui il meglio della sua comicità, dimenticando per una volta volgarità e facilonerie.

Essi vivono **½ (*They Live*, Usa 1988, col, 97') John Carpenter. Con Roddy Piper, Keith David, Meg Foster, Raymond St. Jacques, Peter J. Ason, Jason Robards III. ◆ Un giovane vagabondo (Piper) scopre, grazie a degli strani occhiali neri, che molti umani sono degli extraterrestri mascherati che condizionano l'umanità con messaggi pubblicitari subliminali. Con l'aiuto di un operaio nero (David) inizierà la lotta... Divertente fantahorror che rilegge «da sinistra» uno dei temi classici del genere: il nemico insospettabile che si nasconde in mezzo a noi non è più il comunista (come negli anni Cinquanta) ma lo yuppie reaganiano. E la salvezza può arrivare solo dalla classe operaia. Girato con pochi mezzi ma molta fantasia. Lo sceneggiatore Frank Armitage è lo stesso Carpenter.

Essi vivranno *½ (*Battle Circus*, Usa 1953, b/n, 90') Richard Brooks. Con Humphrey Bogart, June Allyson, Keenan Wynn, Robert Keith, Philip Ahn. ◆ Il difficile amore tra un medico (Bogart) e un'ausiliaria (Allyson) durante la guerra di Corea. Una storia di abnegazione e sacrificio «rovinata» (secondo Brooks, che pure firmò la sceneggiatura tratta da un soggetto di Allen Rivkin e Laura Kerr) dalla componente sentimentale. Eppure girata con secchezza e rifiuto di qualsiasi enfasi.

Estasi ** (*Extase*, Cecoslovacchia 1933, b/n, 82') Gustav Machaty. Con Hedy Kiesler [poi Lamarr], Aribert Mog, Zvonimir Rogoz, Leopold Kramer. ◆ Accortasi dell'impotenza del marito, Eva (Kiesler) va in campagna dal padre dove scopre la sensualità della natura e, grazie al giovane ingegnere Adam (Mog), i piaceri dell'amore fisico. Accortosi dell'adulterio il vecchio marito si suicida togliendo a Eva la forza di fuggire con l'amante. Il film-scandalo degli anni Trenta sceneggiato dal regista con Frantisek Horky e Vietoslav Nezval, censurato e tagliato in molti Stati per le scene in cui la Kiesler mostrava il suo statuario corpo nudo. Più provocanti – anche se oggi molto invecchiate – le metafore con cui Machaty racconta la rinascita del desiderio di Eva: la lotta tra i purosangue nei prati, un aratro che traccia il solco con ossessiva insistenza , una «sinfonia di macchine» che corrisponde al coito. Anche se poi il finale edificante svela l'atteggiamento moralistico che sta alla base del film. Comunque Hedy Kiesler ottenne con questo film un contratto a Hollywood dove cambiò nome in Hedy Lamarr e trovò l'amore di un commerciante di cannoni, Fritz Mandl, che cercò invano di togliere dal mercato tutte le copie di *Estasi* dove la moglie appariva nuda.

Estasi *½ (*Song Without End*, Usa 1960, col, 141') Charles Vidor [e George Cukor]. Con Dirk Bogarde, Capucine [Germaine Lefèbvre], Geneviève Page, Patricia Morrison, Lou Jacobi, Marcel Dalio. ◆ La vita del grande compositore Liszt (Bogarde) incerto tra la passione artistica e la vocazione religiosa: sarà una delusione d'amore a farlo scegliere. Biografia romanzata sceneggiata da Oscar Millard che non si risparmia nessun colpo di basso melodramma. Dopo tre settimane di riprese Vidor morì e Cukor venne chiamato a dirigere il film: non volle firmarlo (perché non era un progetto suo) ma la produzione inserì una nota di ringraziamento nei titoli. Oscar per la colonna sonora (a Morris Stoloff e Harry Suckman) che rielabora musiche di Liszt, Wagner, Beethoven, Chopin, Paganini, Schumann, Verdi, Mendelssohn, Bach e Hendel. George Sand è interpretata da Patricia Morrison, Wagner da Lyndon Brook, Chopin da Alex Davison.

Estasi d'amore – Operazione Love *½ (*Another Time, Another Place*, Usa 1958, b/n, 98') Lewis Allen. Con Lana Turner, Barry Sullivan, Glynis Johns, Sean Connery. ◆ Una donna (Turner) entra in crisi esistenziale quando il suo amante muore tragicamente durante la seconda guerra mondiale. Si reca in Inghilterra alla ricerca del passato e dei precedenti legami dell'uomo. Sentimentale e un po' melenso, il film non riesce mai a decollare. Primo ruolo importante per il giovane Connery.

Estasi di un delitto *** (*Ensayo de un crimen*, Messico 1955, b/n, 91') Luis Buñuel. Con Ernesto Alonso, Miroslava Stern, Ariadna Welter, Rita Macedo, José María Linares Rivas, Andrés Palma. ◆ Arcibaldo de la Cruz (Alonso), giovane messicano altoborghese, vive con l'ossessione di dover uccidere delle donne: ma i suoi tentativi di assassinio «per caso» non vanno mai a termine. L'incubo gli deriva da un trauma infantile, la convinzione di aver ucciso la governante con un carillon; quando si deciderà a buttarlo via troverà finalmente nell'amore la liberazione dai suoi complessi. Ironico e raffinato «sberleffo», sceneggiato da Buñuel e Eduardo Ugarte Pagés a partire dal romanzo di Rodolfo Usigli, sull'impulso omicida e le frustrazioni che derivano dall'educazione cattolica («le mie aspirazioni mi spaventano: a volte desidero ardentemente essere un gran santo e a volte mi pare che potrei diventare un gran criminale» dice Arcibaldo), lungo tutto il film messe ferocemente alla berlina: piccolo gioiello di humour nero del grande regista surrealista.

È stata via **½ (*She's Been Away*, Gb 1990, col, 103') Peter Hall. Con Peggy Ashcroft, Geraldine James, James Fox, Jackson Kyle, Rosalie Crutchley. ◆ La moglie insoddisfatta e incinta (James) di un pedante bancario prima rifiuta di ospitare la zia del marito (Ashcroft), reduce da 50 anni di manicomio, poi scopre di avere molto in comune con la vecchietta e decide di scappare assieme a lei. Sceneggiato da Stephen Poliakoff e prodotto dalla Bbc, un film teso a dimostrare che spesso l'anticonformismo e lo spirito d'indipendenza vengono scambiati per malattia mentale. Forse non molto plausibile, ma sincero e con due grandi protagoniste, premiate a Venezia.

Estate, L' * (Italia 1966, col, 90') Paolo Spinola. Con Enrico Maria Salerno, Nadja Tiller, Carlo Hintermann, Mita Cattaneo, Mita Medici, Gordon Mitchell. ◆ Tra Sergio e Adriana (Salerno e Tiller), due amanti in crisi, s'inserisce Elisa (Medici), la figlia della donna, decisa a tutto pur di non perdere gli agi cui l'uomo l'ha abituata. Dopo i primi ripensamenti, Sergio si fa coinvolgere dal nuovo legame. Dramma dei sentimenti di una coppia anomala, ma il film, nonostante il torbido soggetto (sceneggiato da Rafael Azcona), non lascia traccia.

Estate assassina, L' *½ (*L'Eté meurtrier*, Francia 1983, col, 123') Jean Becker. Con Isabelle Adjani, Alain Souchon, Suzanne Flou, Maria Machado, Jenny Clève, François Cluzet, Michel Galabru. ◆ Una ragazza (Adjani) che nasconde un oscuro e tragico passato, arriva in un paese della Provenza e sposa il giovane Florimond, detto Pin-Pon (Souchon): la donna, in realtà, ha architettato una vendetta contro alcuni uomini del posto che violentarono sua madre e l'inconsapevole marito si troverà coinvolto nel tragico epilogo. Un thriller torbido e melodrammatico, sceneggiato da Sébastien Japrisot, che ha adattato un suo romanzo, dove però la presenza di troppi simbolismi appesantisce la narrazione. Resta l'Adjani che si offre abbondantemente nuda: ai tempi fu uno scandalo. Il regista è il figlio del più celebre Jacques Becker.

Estate d'amore, Un' **½ (*Sommarlek*, Svezia 1951, b/n, 96') Ingmar Bergman. Con Maj-Britt Nilsson, Birger Malmsten, Alf Kjellin, Annalisa Ericson, Georg Funkquist, Stig Olin. ◆ La ballerina Marie (Nilsson) riceve il diario di Henrik (Malmsten), il fidanzato morto in un incidente tredici anni prima e, in un giorno libero dalle prove, raggiunge la località sul mare dove aveva vissuto quell'amore: dopo aver scoperto che il diario le è stato inviato da un maturo amico di famiglia (Funkquist), con il quale aveva avuto una squallida relazione dopo la scomparsa di Henrik, Marie consegnerà lo scritto a un giornalista (Kjellin) innamorato di lei. L'amore, la tragedia e il tempo: Bergman racconta una breve e intensa passione, dilatata nel ricordo e nella realtà dal suo drammatico epilogo fino a provocare un blocco emotivo che sfocia in amare riflessioni sull'amore e sul destino. Contro ogni previsione, però, sceglie un finale aperto alla speranza e alla necessità di ricominciare a vivere con nuova energia. Per il regista, è il primo film in cui si sia sentito davvero in grado di esprimersi. Oltre alla consueta, intensa bellezza del paesaggio, tutt'uno con quello interiore della protagonista (la fotografia è di Gunner Fischer), va sottolineato l'uso programmatico della colonna sonora (dove predominano Cajkovskij e Chopin) che cadenza con puntualità l'atmosfera e i passaggi evolutivi del racconto.

Estate di Bobby Charlton, L' ** (Italia 1995, b/n, 100') Massimo Guglielmi. Con Giulio Scarpati, Agnese Nano, Enrico Guglielmi, Francesco Saverio Guglielmi, Gian Marco Tognazzi, Roberto De Francesco, Carlotta Natoli, Francesca Prandi. ◆ Estate 1966: mentre l'Inghilterra di Bobby Charlton sta vincendo i mondiali di calcio, Edoardo (Scarpati), dopo l'ennesimo litigio con la moglie (Nano), carica i figlioletti in macchina e dall'Austria si dirige verso la natale Puglia. Lei cerca di raggiungerli ma l'aspetta un incidente stradale. Un road-movie in flashback visivamente intrigante, che filtra un'epoca attraverso la sensibilità dei bambini ignari di quanto succede ai genitori. Guglielmi, che punta evidentemente al cinema della memoria personale, addirittura autobiografica, sconta però la scelta del punto di vista infantile e il limite di un'ossessiva contestualizzazione cronologica risolta a colpi di modernariato: in questa *Estate di Bobby Charlton* ci sono tanti caroselli, giornali, oggetti, automobili, canzoni, ma poco o nulla delle tensioni storiche in corso in quel periodo cruciale. Mina canta *Soli*, *E se domani*, *La banda*, *Città vuota*, *Sono come tu mi vuoi*, *Taratatà*.

Estate di Davide, L' ** (Italia 1998, col, 92') Carlo Mazzacurati. Con Stefano Campi, Patrizia Piccinini, Semsudin Mujic, Toni Bertorelli, Silvana De Santis, Alessandro Mizzi, Roberto Messini D'Agostino. ◆ Appena diplomato, il torinese Davide (Campi) va in vacanza nel Polesine dagli zii (Bertorelli e De Santis): nel corso di un'estate scopre l'amore grazie a una sarta dalla doppia vita (Piccinini) e l'amicizia attraverso un rifugiato bosniaco (Mujic), ma il primo finirà nella disillusione e la seconda in una tragica avventura. Sceneggiata dal regista con Claudio Piersanti, la storia di un'educazione sentimentale da «linea d'ombra» di provincia, in un tv-movie d'autore giustamente promosso al grande schermo. Atmosfere rarefatte e insidiose, precisione nello sguardo, attenzioni ai paesaggi reali e interiori: il cinema consapevole e amoroso di Mazzacurati, con molte emozioni rapprese e qualche lentezza di troppo. In un cammeo c'è Jennifer Beals.

Estate di Kikujiro, L' * ½** (*Kikujiro no natsu*, Giappone 1999, col, 120') Takeshi Kitano. Con Takeshi Kitano, Yusuke Sekiguchi, Kayoko Kishimoto, Kazuko Yoshiyuki. ◆ Yakuza da quartiere, il riluttante Kikujiro (Kitano) viene convinto dalla moglie ad accompagnare Masao (Sekiguchi), nove anni, alla ricerca della madre. Ma visto che l'aspetta una delusione (la donna si è risposata e ha un altro figlio), Kikujiro decide di distrarre il bambino improvvisando una serie di giochi folli con i bizzarri compagni di viaggio incontrati per strada. Dopo *Getting Any?*, Kitano ritorna alle sue radici di comico surreale e vagamente sconveniente: ma non rinuncia al controllo dello stile, e trova un equilibrio spesso miracoloso tra la libertà sgangherata delle invenzioni, il perfetto tempismo delle gag, la vena malinconica mai sopita e un amore per l'immagine di attonita purezza. Uno dei rari film che parlano di sentimenti senza scadere nel sentimentalismo, e un elogio dell'infanzia senza illusioni né languori nostalgici: ma al tempo stesso una celebrazione del lato ludico della vita in puro stile Dada-zen, quale già emergeva in film come *Sonatine*. Morte e dolore se ne stanno fuori campo, ma sempre incombenti: i critici occidentali e i giurati del festival di Cannes, fissati sull'immagine del Kitano cinico e noir (ma non avevano visto *Hana-Bi*?), non se ne sono accorti. Fondamentale, come sempre, l'apporto delle musiche trascinanti di Joe Hisaishi.

Estate impura ** (*Noyade interdite*, Francia/Italia 1987, col, 102') Pierre Granier-Deferre. Con Philippe Noiret, Guy Marchand, Elisabeth Bourgine, Anne Roussel, Gabrielle Lazure, Marie Trintignant, Suzanne Flon, Stefania Sandrelli, Andréa Ferréol, Laura Betti, Raoul Billerey. ◆ Incaricato di indagare su una serie di uomini assassinati nella città in cui era cresciuto, l'ispettore Molinat (Noiret) deve confrontarsi anche con i fantasmi del passato che il suo collega Leroyer (Marchand) sembra deciso a evocare: scoprirà che tre turiste (Bourgine, Lazure e Trintignant) hanno più di una ragione per odiare gli uomini. Tratto da un romanzo di Andrew Coburn sceneggiato dal regista con Dominique Roulet, un giallo con tutte le qualità del prodotto medio francese (regia sottotono, attenzione alle notazioni di costume, ottimo cast) anche se la spiegazione psicosociologica dei delitti è decisamente inconsistente.

Estate indimenticabile, Un' ** (*Un Été inoubliable*, Francia/Romania 1994, col, 82') Lucian Pintilie. Con Kristin Scott-Thomas, Claudiu Bleont, Marcel Iurès, Razvan Scripcaru, George Constantin, Olga Tudorache, Ion Pavlescu. ◆ 1925: mandato per castigo – la sua bella moglie (Scott-Thomas) non ha ceduto alla corte di un superiore – in uno sperduto avamposto nella Dobroudja, il capitano Dumitriu (Bleont) si rifiuta di ordinare una rappresaglia contro un gruppo di inermi contadini: la fucilazione comunque verrà fatta eseguire da un sottoposto, mentre lui dovrà subire la reazione delle vedove inferocite. Raccontato dalla voce fuori campo di uno dei suoi bambini (che nonostante tutto considera quella «un'estate indimenticabile»), il film che Pintilie ha tratto da un romanzo di Petru Dumitriu affronta il mito della Romania degli anni Venti, di cui in epoca post Ceausescu si rimpiangeva il benessere e l'espansionismo militare (ma di cui le prostitute della prima scena danno già un acido controcanto). Preoccupandosi soprattutto di togliere epicità al racconto, che avrebbe più di un punto in comune con un western sulla vita di guarnigione, il regista privilegia tanti piccoli particolari (in)significanti – la moglie che legge Proust, la ritualità borghese e militaresca della loro vita familiare, l'ironica attenzione alle buone maniere in un avamposto isolato – ma in questo modo finisce per togliere forza alla sua opera, restando imprigionato in una troppo autoriale scelta di campo.

Estate in quattro, Un' → *Violenza al sole*

Estate sta finendo, L' *½ (Italia 1987, col, 99') Bruno Cortini. Con Fiorenza Tessari, Leonardo Ferrentini, Angelo Infanti, Renato Scarpa, Anna Galiena, Valeria Ciangottini. ◆ Vicissitudini estive di una quindicenne (Tessari) tra fidanzatini, sacchi a pelo, gite in moto, e il padre che la insegue per mezza Italia. Un film estivo, esile ed esiguo. Fra gli sceneggiatori la futura rivelazione Francesca Archibugi e Claudia Sbarigia.

Estate stregata, L' ° (*Haunted Summer*, Usa 1988, col, 118') Ivan Passer. Con Eric Stoltz, Philip Anglim, Laura Dern, Alice Krige, Alex Winter. ◆ Nel 1816 si riunisce in Svizzera una comitiva di giovani geni dissoluti: il poeta Shelley (Stoltz), nudista e assatanato; la sorellastra Claire (Dern); l'amante Mary (Krige); il poeta Byron (Anglim), oppiomane; e il suo tirapiedi Polidori (Winter). Non sapendo come passare il tempo, decidono di raccontarsi storie paurose: ne uscirà fuori, tra l'altro, *Frankenstein*. La storia in versione bigino, la trasgressione in formato cartolina: Passer, un tempo regista di qualche ambizione, riesce a far peggio anche di Ken Russell che, sullo stesso quintetto, aveva girato *Gothic*. Fotografia leccata di Giuseppe Rotunno. Produce la Cannon, che andò in rovina grazie anche a bidoni come questo.

Estate violenta **½ (Italia/Francia 1959, b/n, 104') Valerio Zurlini. Con Eleonora Rossi Drago, Jean-Louis Trintignant, Jacqueline Sassard, Lilla Brignone, Raf Mattioli, Cathia Caro, Federica Ranchi, Enrico Maria Salerno. ◆ Riccione, estate del 1943: nei giorni che precedono il 25 luglio e la caduta del fascismo, il giovane Carlo (Trintignant), figlio di un gerarca, s'innamora della vedova di un combattente (Drago). Il precipitare delle vicende farà drammaticamente maturare il ragazzo. Zurlini (autore anche della sceneggiatura cui hanno collaborato Suso Cecchi d'Amico e Giorgio Prosperi) compie un accurato studio psicologico e sottolinea analogie e contrasti tra gli avvenimenti esterni e le emozioni dei protagonisti, gli orrori fascisti e le paure private, offrendoci «il ritratto di un mondo borghese e delle sue piccole viltà civili».

Ester e il re *½ (*Esther and the King*, Italia/Usa 1960, col, 109') Raoul Walsh [e Mario Bava]. Con Joan Collins, Richard Egan, Rick Battaglia, Daniela Rocca, Sergio Fantoni, Folco Lulli, Gabriele Tinti, Rosalba Neri. ◆ Ester (Collins), una ragazza ebrea, va in sposa al re di Persia (Egan) e allevia le sofferenze del suo popolo: si scontra però con l'invidia della corte e del perfido ministro del re. Libero adattamento del *Libro di Esther* della Bibbia, per un polpettone in costume girato a Cinecittà con personale tecnico quasi tutto italiano: Mario Bava curò la versione italiana e diresse alcune sequenze. Walsh, che utilizza una giovane e affascinante Joan Collins, questa volta non mantiene le promesse.

Esterina ** (Italia/Francia 1959, b/n, 95') Carlo Lizzani. Con Carla Gravina, Domenico Modugno, Geoffrey Horne, Anna Maria Aveta. ◆ La giovane contadina Esterina (Gravina) chiede un passaggio a un camionista (Horne) per andare finalmente in città, dove si accorgerà a sue spese che la vita nella metropoli è meno rosa e sfavillante di quanto appaia dall'esterno. Quadro dell'Italia preboom, sceneggiato da Ennio De Concini e Giorgio Arborio, dove il confronto tra città e campagna nell'Italia che cambia è affrontato, però, con troppe concessioni al facile melodramma.

Estranea fra noi, Una ** (*A Stranger Among Us*, Usa 1992, col, 110') Sydney Lumet. Con Melanie

Griffith, Eric Thal, John Pankow, Tracey Pollan, Mia Sara. ◆ Una poliziotta dalla pistola facile (Griffith) viene mandata nella comunità chassidica di New York per indagare sulla scomparsa di un giovane gioielliere ebreo: dopo aver risolto il caso e rischiato un innamoramento impossibile, la donna tornerà alla sua vita profondamente cambiata. L'intrigo giallo è solo un pretesto, quasi abbandonato strada facendo: a Lumet, ebreo di nascita, interessa il confronto tra due culture inconciliabili e le opposizioni che ne derivano (assoluto contro effimero, misticismo contro materialismo, destino contro casualità, conservatorismo contro – presunta – emancipazione) e con questi temi riesce a iniettare un po' di fascino sottile e meditabondo in una storia piuttosto scontata e appesantita da qualche eccesso di didascalismo. Le comparse appartengono effettivamente alla comunità chassidica, che per tradizione non va al cinema e non guarda la Tv.

Estrema rinuncia, L' **½ (*Till We Meet Again*, Usa 1944, b/n, 88') Frank Borzage. Con Ray Milland, Barbara Britton, Walter Slezak, Lucile Watson, Mona Freeman. ◆ Nella Francia occupata dai nazisti, un pilota americano (Milland) viene nascosto dalle suore di un convento, che segretamente aiutano i partigiani: una giovane conversa (Britton) lo condurrà in salvo. Dramma personale e collettivo, insolito e interessante: alcuni dei temi tipici di Borzage (la vita come esperienza del mondo, un certo misticismo) vengono raccontati qui attraverso la crisi di una religiosa, divisa tra la sua vocazione, l'impegno civile e le tentazioni (respinte) dell'amore. Può essere una sorpresa.

E.T. → *E.T. l'extra-terrestre*

Età acerba, L' → *Roseaux sauvages, Les*

Età della violenza, L' ** (*The Good Die Young*, Gb 1954, b/n, 100') Lewis Gilbert. Con Laurence Harvey, Gloria Grahame, Richard Basehart, Stanley Baker, John Ireland, Joan Collins. ◆ Un giovane balordo di buona famiglia (Harvey) organizza una rapina con tre complici, ma un poliziotto rimane ucciso: la spirale della violenza colpirà a uno a uno i componenti della banda. Teso e violento, è un poliziesco sostenuto da un ritmo discreto. Una delle prime apparizioni della Collins.

Età dell'innocenza, L' **** (*The Age of Innocence*, Usa 1993, col, 136') Martin Scorsese. Con Michelle Pfeiffer, Daniel Day-Lewis, Winona Ryder, Geraldine Chaplin, Miriam Margolyes, Richard E. Grant, Alec McCowen, Mary Beth Hurt, Stuart Wilson, Jonathan Pryce. ◆ New York, 1870: Newland Archer (Day-Lewis), giovane avvocato di belle speranze, è fidanzato con May Welland (Ryder), rampolla della ricca borghesia conformista della città, ma si innamora della contessa Ellen Olenska (Pfeiffer), una donna eccentrica e indipendente, appena tornata dall'Europa per allontanarsi da un marito che la opprimeva. Le convenzioni sociali e le sottili manovre di May, decisa a difendere a ogni costo il suo ménage, spingeranno Archer ad affrettare il matrimonio. Dall'omonimo romanzo di Edith Wharton, riletto con sorprendente fedeltà e sintonia da Jay Cocks e dallo stesso regista, la prima opera in costume di Scorsese è solo in apparenza spuria rispetto alla sua filmografia: anche il bel mondo newyorchese del secolo scorso si regge su un'organizzazione tribale spietata come quello dei *Goodfellas*, anche qui c'è un individuo animato da un impulso libertario che cerca di sottrarsi all'oppressione sociale e se questa volta non deflagra la violenza metropolitana, esplode però – più sottile e perfida – l'eleganza vittoriana, che trasforma gli oggetti in agenti stessi della tragedia, dove l'amore è sconfitto dal décor (arredi, cibi, gioielli, carrozze) e dal ferreo galateo che ne consegue. Con uno stile più impressionista che viscontiano (nonostante la cura maniacale dei dettagli), il regista scompone la luce ingannevole di un mondo che ha perduto la sua innocenza nell'accumulo di status symbol, e naturalmente dichiara a ogni inquadratura la sua simpatia senza riserve per la contessa Olenska, vittima di un American Dream che sembra non essere mai nemmeno cominciato. Grande prova di tutti gli interpreti, e fondamentali gli apporti tecnici: fotografia di Michael Ballhaus, montaggio di Thelma Schoonmaker, scenografia di Dante Ferretti, costumi di Gabriella Pescucci (al suo primo film americano e premiata con l'Oscar). Una curiosità: uno dei quadri alle pareti, *L'Arte, le carezze, la Sfinge* di Khnopff, è del 1896. Difficile pensare a una «svista» cronologica, piuttosto una «licenza cinematografica», dal momento che proprio davanti a quel dipinto, scandaloso e ambiguo, Ellen dichiara il suo amore a Newland e vi rinuncia: come dire che per lei, come per quel dipinto, non c'è posto nella New York perbenista, e che una donna così è troppo in anticipo sui tempi, come appunto l'opera di Khnopff. La sequenza floreale dei titoli di testa è di Elaine e Saul Bass. Nella versione originale la voce narrante è di Joanne Woodward. Scorsese appare nel ruolo del fotografo; suo padre (morto poco prima dell'uscita del film, che gli è dedicato) e la madre sono i due popolani che si vedono per un attimo in primo piano nella scena della stazione ferroviaria.

Età dell'oro, L' → *Age d'or, L'*

Età del malessere, L' *½ (Italia 1968, col, 115') Giuliano Biagetti. Con Haydée Politoff, Jean Sorel, Gabriele Ferzetti, Eleonora Rossi Drago, Claudio Gora, Salvo Randone, Yorgo Voyagis. ◆ La vita sregolata e gli amori occasionali di una giovane sbandata, la diciassettenne Enrica (Politoff) e degli uomini coi quali ha rapporti. Una serie di eventi drammatici la inducono a cambiare vita. Tratto dal romanzo omonimo di Dacia Maraini, (anche cosceneggiatrice insieme al regista e a Luciano Lucignani), vuole essere, in teoria, un film sui cambiamenti di costume nell'Italia del dopo-boom e delle prime inquietudini, in pratica si rivela un film eccessivo e poco credibile.

Età di Lulù, Le ° (*Las edades de Lulú*, Spagna 1990, col, 100') Juan José Bigas Luna. Con Francesca Neri, Oscar Ladoire, Maria Barranco, Pilar Bardem, Fernando Guillen Cuervo. ◆ Dal bestseller di Almudena Grandes, la storia di Lulú (Neri), sedotta a quindici anni, poi vittima dei giochi erotici del marito (che la fa sodomizzare dal di lei fratello), e infine donna libera alla ricerca di emozioni forti tra gay sadomasochisti. Un film sottilmente ipocrita, non solo perché, con scarso coraggio, non fa vedere nulla, ma anche perché Lulú, alla fine, viene riportata all'ovile dal provvidenziale maritino. L'erotismo dal punto di vista femminile resta una pia intenzione. L'almodovariana Maria Barranco interpreta la parte di un travestito, con tanto di pene finto.

Età inquieta * (*That Hagen Girl*, Usa 1947, b/n, 83') Peter Godfrey. Con Shirley Temple, Ronald Reagan, Rory Calhoun, Lois Maxwell, Dorothy Peterson, Conrad Janis. ◆ Una ragazza (Temple), ritenuta figlia illegittima di una miliardaria, è oggetto di maldicenze, invidie e cattiverie: a poco a poco, però, l'equivoco si risolve e la ragazza può riprendere la sua vita normale. Oggi l'accostamento tra Sherley Temple e il futuro presidente Reagan può anche far sorridere, ma questo non toglie che il film sia insulso e fondamentalmente codino.

Età inquieta, L' *** (*La Vie de Jésus*, Francia 1997, col, 96') Bruno Dumont. Con David Douche, Marjorie Cottreel, Geneviève Cottreel, Kader Chaatouf. ◆ In un paese francese al confine col Belgio, Bailleul, il giovane disoccupato epilettico Freddy (Douche) trascina le giornate tra le corse in moto, le visite a un amico malato di Aids e il sesso con la fidanzata Marie (M. Cottreel): e quando un marocchino comincia a ronzare attorno alla ragazza, lui e gli amici lo ammazzano. Il titolo originale invita a leggere la vicenda come quella di un sacrificio e di una redenzione, in cui i ruoli sono intercambiabili: sia il marocchino sia il giovinastro assumono sulle loro spalle il male di vivere e il peso di un'esistenza vuota, mentre la violenza permette a Freddy di prendere coscienza del proprio nulla. L'esordiente regista-sceneggiatore, ex prof di filosofia, ha dichiarato – con una punta di provocazione – di aver voluto realizzare un film profondamente cristiano: e di certo fa tesoro della lezione di un cinema come quello di Bresson, austero e rigoroso, capace di far parlare i paesaggi e i silenzi; ma concentrato anche sulla miseria e l'impellenza dei corpi con la radicalità tipica di questi anni, tant'è che le scene di sesso (nelle quali controfigure sostituiscono i giovani attori) non sono simulate, e si vede.

È tardi per piangere ** (*Too Late for Tears*, rititolato *Killer Bait*, Usa 1949, b/n, 99') Byron Haskin. Con Lizabeth Scott, Don DeFore, Dan Duryea, Arthur Kennedy, Kristine Miller. ◆ Marito e moglie (Kennedy e Scott), in difficoltà economiche, entrano per caso in possesso di una refurtiva di enorme valore. L'uomo vorrebbe restituirla, ma la moglie si oppone e la ricchezza la spinge fino al delitto. Thriller psicologico denso e angosciante sceneggiato da Roy Huggins (a partire da un suo romanzo) ma rovinato da un eccesso di caratterizzazione dei personaggi (la Scott rischia la caricatura di se stessa) e da una regia senza impennate.

È tempo di uccidere, detective Treck *½ (*Truck Turner*, Usa 1974, col, 90') Jonathan Kaplan. Con Isaac Hayes, Yaphet Kotto, Alan Weeks, Annazette Chase. ◆ Un detective nero (Hayes) è braccato da una donna a capo di una pericolosa banda di delinquenti: la criminale tenta, invano, di vendicare il socio in affari, fatto fuori dall'agente. Poliziesco decisamente violento ma con poco da ricordare, a parte la figura insolita del protagonista.

È tempo di vivere *½ (*Let's Live a Little*, Usa 1948, b/n, 85') Richard Wallace. Con Hedy Lamarr, Robert Cummings, Anna Sten, Robert Shayne, Mary Treen. ◆ Un pubblicitario (Cummings), deluso dalla sua fidanzata (Lamarr) sembra deciso a sposare una sua ricca cliente, anche per rinnovare un vantaggioso contratto. Ma alla fine le ragioni del cuore prevalgono e, alla vigilia delle nozze, la precedente innamorata riprende il suo posto. Commedia spensierata con inevitabile lieto fine.

Eterna armonia, L' *½ (*A Song To Remember*, Usa 1944, col, 113') Charles Vidor. Con Cornel Wilde, Paul Muni, Merle Oberon, Stephen Bekassy, Nina Foch, George Coulouris. ◆ La vita del grande musicista Chopin (Wilde): esule dalla Polonia si rifugia a Parigi, dove s'innamora della scrittrice George Sand (Oberon), ma quando arrivano i primi successi, l'artista, minato dalla tisi, non farà in tempo ad assaporarli. Superficiale e caramellosa biografia musicale, dove le belle musiche nascondono solo fino a un certo punto le ingenuità della sceneggiatura di Sidney Buchman (da una storia di Ernst Marischka). Bekassy interpreta Franz Liszt.

Eterna Eva *½ (*My Wife's Best Friend*, Usa 1952, b/n, 87') Richard Sale. Con Anne Baxter, Macdonald Carey, Catherine McLeod, Cecil Kellaway, Leif Erickson, Frances Bavier. ◆ Credendosi nell'imminenza di un disastro aereo, George Mason (Carey) confessa alla moglie Ginny (Baxter) di averla tradita, anni prima, con la sua migliore amica (McLeod). Ma l'aereo atterra senza danni, e Ginny si vendica aizzando la gelosia del marito. Alla fine torna tra le sue braccia, perché l'infedeltà non aveva comportato copulazioni. Quadretto esemplare e deprimente di perbenismo della middle-class americana, diretto in modo pedestre e recitato senza humour.

Eterna illusione, L' *** (*You Can't Take It with You*, Usa 1938, b/n, 127') Frank Capra. Con Jean Arthur, James Stewart, Lionel Barrymore, Edward Arnold, Mischa Auer, H.B. Warner, Ann Miller. ◆ Tony Kirby (Stewart), figlio di un banchiere newyorchese, si innamora della giovane Alice (Arthur), che con le famiglie dei Vanderhof e dei Sycamore vive nell'unica casa di un quartiere che proprio il banchiere vorrebbe comprare per costruirvi una grande fabbrica di armamenti: naturalmente la differenza di condizione sociale intralcia il matrimonio, ma alla fine anche il vecchio Kirby capisce i suoi errori e i due giovani si possono sposare. Divertente commedia sulla società americana del New Deal e sull'opposizione tra denaro e felicità, costruita più per accumulo di situazioni esemplari – le scene corali sono tra le più complicate e meglio dirette in assoluto – che lungo una lineare progressione drammatica. A Capra e al suo sceneggiatore Robert Riskin (che qui hanno adattato una commedia di George S. Kauffman e Moss Hart) interessa ribadire che l'amicizia è più importante dell'ambizione: per questo usano qualsiasi pretesto – anche a costo di spezzettare continuamente la narrazione – per dimostrare che anche nell'uomo più arido c'è una scintilla di bontà. E l'improbabile ma divertente finale, con il banchiere (Arnold) che suona l'armonica insieme al vecchio Vanderhof (Barrymore), ne è l'inevitabile suggello. Oscar come miglior film e miglior regia.

Eternamente femmina **½ (*Forever Female*, Usa 1953, b/n, 94') Irving Rapper. Con Ginger Rogers, William Holden, Paul Douglas, Pat Crowley, James Gleason. ◆ Una diva di teatro in là con gli anni (Rogers) s'innamora di uno sceneggiatore fallito e cinico (Holden) e pretende di avere una parte per cui è decisamente troppo vecchia: l'interprete ideale è una giovane e grintosa attrice (Crowley) che alla fine si conquisterà la parte e lo sceneggiatore, lasciando la star tra le braccia del suo comprensivo ex marito (Douglas). Basato su una commedia di J.M. Barrie e sceneggiato da Julius J. e Philip G. Epstein, il film «denuncia il mondo di ipocrisie e di calunnie che prospera dietro le quinte, fatto di attori drammatici spiantati che si ritrovano da Sardi's per brindare al fallimento delle pièce concorrenti». Un dialogo vivace e scattante e una regia inappuntabile offrono alla Rogers l'occasione per una delle sue migliori interpretazioni drammatiche.

Eternamente tua *½ (*Eternally Yours*, Usa 1939, b/n, 95') Tay Garnett. Con Loretta Young, David Niven, Hugh Herbert, C. Aubrey Smith, Broderick Crawford, ZaSu Pitts. ◆ Un mago prestigiatore (Niven) è lasciato dalla consorte (Young) per le continue discussioni sul suo lavoro: dopo molto tempo i due si rincontrano e capiscono che il loro amore non è finito. Dramma e sentimento si alternano nello scenario desueto di una professione insolita. La sceneggiatura di Gene Towne e Graham Baker doveva essere un remake della pièce *L'illusionista* di Sacha Guitry, ma il risultato fu considerato «troppo vivace» per il pubblico americano e il lavoro fu riscritto totalmente così da meritare il titolo di sceneggiatura originale.

Eternità e un giorno, L' ° (*Mia eoniotita ke mia mera*, Grecia/Francia/Italia 1998, col, 134') Thodoros Anghelopulos. Con Bruno Ganz, Isabelle Renauld, Fabrizio Bentivoglio, Achileas Skevis, Despina Bebedeli, Helene Gerasimidiou. ◆ L'ultima giornata, prima del ricovero ospedaliero, dello scrittore Alexander (Ganz): nelle sue peregrinazioni, reali e interiori, salva un piccolo lavavetri albanese (Skevis) dall'adozione coatta, ripensa alla moglie (Renauld) che ha trascurato per scrivere il poema della sua vita, incontra un poeta ottocentesco (Bentivoglio) intento a comprare le parole che gli mancano, e soprattutto stila un bilancio amaro della sua esistenza. Al confine tra la Grecia e i Balcani, l'estenuante odissea nelle nebbie e nei simboli di un intellettuale di fine secolo inghiottito dalla Storia e dal proprio egoismo nobilitato dall'arte. Sceneggiato da Tonino Guerra con il regista, Petros Markaris e Giorgio Silvagni, il film è l'ennesima variazione sui temi cari ad Anghelopoulos (sembra quasi un doppio «intimo» di *Il viaggio di Ulisse*), ma qualcosa nella messa in scena non funziona più come prima (soprattutto il binomio paesaggio/anima, ormai un po' troppo meccanico) e il manierismo che da tempo minaccia l'opera del regista greco questa volta ha la meglio sulle sincerità delle intenzioni. Palma d'oro a Cannes '98.

Ethan Frome – La storia di un amore proibito ** (*Ethan Frome*, Usa 1992, col, 93') John Madden. Con Liam Neeson, Patricia Arquette, Joan Allen, Tate Donovan. ◆ Da poco arrivato in un inospitale e innevato paese del Massachusetts, il reverendo Smith (Donovan) prende in simpatia un povero storpio evitato da tutti, Ethan Frome (Neeson). Scoprirà che prima della disgrazia Ethan aveva sposato una santarellina ipocondriaca, Zeena (Allen), e che si era innamorato della cugina della moglie, Mattie (Arquette). Ma la tragedia che ha reso storpio Ethan ha consegnato Mattie a un destino ancora peggiore. Diligente versione televisiva (Richard Price, sceneggiatore di Scorsese, è uno dei produttori) del romanzo omonimo di Edith Wharton, è una storia di passioni conculcate che sembra la versione rurale di *L'età dell'innocenza*. La felicità impossibile di Ethan e Mattie è tanto più struggente in quanto dura solo poche ore, ma la regia di Madden non ha abbastanza pathos per conferire ai personaggi una vera statura melodrammatica: e tutto rimane sottotono, come attutito dalla neve onnipresente. Forse perchè sul soggetto grava una qualche maledizione: nel 1940 la Warner aveva messo in cantiere un *Ethan Frome* con Gary Cooper e Bette Davis, ma le riprese furono interrotte; lo stesso accadde dieci anni dopo, con Irving Rapper alla regia, e Charlton Heston e Jane Wyman come protagonisti.

E.T. l'extra-terrestre **** (*E.T. the Extra-Terrestrial*, Usa 1982, col, 115') Steven Spielberg. Con Henry Thomas, Dee Wallace, Peter Coyote, Drew Barrymore, Robert MacNaughton, K.C. Martel, Sean Frye, Tom (C. Thomas) Howell. ◆ Un bambino di dieci anni, Elliott (Thomas) trova un extraterrestre abbandonato sulla Terra dai suoi simili e lo nasconde in casa sottraendolo alla curiosità di un gruppo di scienziati per poi aiutarlo a riunirsi con i suoi, tornati a riprenderlo. Uno dei film che ha incassato di più in tutta la storia del cinema, perfettamente in equilibrio tra messaggio d'amore (chi viene dallo spazio non porta guerra ma bontà) e commozione melodrammatica (allontanato dal suo piccolo amico, E.T. rischia di morire e la scena della sua «resurrezione» è una delle più coinvolgenti e commoventi, che mantiene intatta la sua straordinaria carica emotiva anche dopo molte visioni). Il film è attraversato da un ottimismo entusiasta, sempre sul punto di scivolare in un misticismo di maniera, ma che qui (anche per merito della sceneggiatrice Melissa Mathison) riesce a toccare i tasti più profondi della psiche umana: quella che altrove potrebbe essere definita puerilità qui diventa innocenza. Pieno di citazioni e rimandi alla cultura dell'America popolare (da Disney a *Guerre stellari*, dai giochi di ruolo ai fumetti) il film non nasconde la diffusa misantropia del suo autore e indica nella purezza di cuore dei bambini l'unica possibilità per poter continuare a sperare in un futuro più roseo. Molto del successo del film è dovuto alla simpatia che ispira istintivamente il personaggio dell'extraterrestre, disegnato e costruito da Carlo Rambaldi (e fatto muovere, in alcune scene, da un nano nascosto al suo interno), la cui battuta «E.T. telefono casa» è ormai entrata nel patrimonio linguistico comune. Solo tre Oscar: miglior colonna sonora (John Williams), effetti visivi ed effetti sonori speciali.

Etoile *½ (Italia 1988, col, 103') Peter Del Monte. Con Jennifer Connelly, Gary McCleery, Olimpia Carlisi, Laurent Terzieff, Charles Durning. ◆ Una giovane ballerina americana (Connelly) arriva in una tetra Budapest e insieme a un giovane connazionale è coinvolta in una vicenda dai risvolti macabri e soprannaturali: in un vecchio teatro in disuso, cent'anni prima, una sosia della ballerina doveva interpretare il *Lago dei cigni*. Tra incubo e realtà la presunta reincarnazione sfocia in un finale drammatico. Favola «nera» ambientata in una Mitteleuropa crepuscolare, troppo confusa per essere appassionante. Un film che non rende giustizia al talento di Del Monte.

Etoile du nord **½ (*L'Etoile du nord*, Francia 1981, col, 120') Pierre Granier-Deferre. Con Philippe Noiret, Simone Signoret, Fanny Cottençon, Julie Jézequel, Jean Rougerie. ◆ Francia anni Trenta: l'uomo (Noiret) che madame Baron (Signoret) ha accolto nella sua casa e che l'ha conquistata con il fascino dell'esotismo – per il suo lungo soggiorno in Egitto – è ricercato dalla polizia per un delitto che ha commesso quando era solo e disperato. Un film ben diretto e ben raccontato (la sceneggiatura, tratta da un romanzo di Simenon, è di Jean Aurenche, Michel Grisolia e del regista), tutto giocato sul contrasto tra il grigio del nord della Francia e il sole dell'Egitto. Grande prova di recitazione di Noiret e della Signoret, qui nel suo ultimo ruolo. Alcune scene sono state girate da Bertrand Tavernier, per l'indisposizione del regista.

È tornato Sabata... hai chiuso un'altra volta *½ (Italia 1971, col, 107') Gianfranco Parolini. Con Lee Van Cleef, Reiner Shone, Giampiero Albertini, Pedro Sanchez [Ignazio Spalla], Annabella Incontrera, Gianni Rizzo. ◆ Sabata (Van Cleef) si mette sulle tracce di un bandito che ha truffato un intero paese: con l'aiuto di due compari riuscirà a raggiungerlo e fargli restituire il maltolto. Il terribile pistolero, che aveva fatto il suo esordio in *Ehi amico... c'è Sabata: hai chiuso!* (1969), diventa difensore dei deboli, in un West sempre più simile come ambientazione ai peplum e ai film mitologici italiani. Lee Van Cleef, dopo Leone, scende in serie B.

Etrusco uccide ancora, L' ** (Italia 1972, col, 105') Armando Crispino. Con Alex Cord, Samantha Eggar, John Marley, Enzo Tarascio, Enzo Cerusico, Carlo De Mejo. ◆ A Spoleto, durante il festival dei Due Mondi, vengono scoperti dei misteriosi omicidi compiuti secondo un macabro rituale etrusco. Il commissario che indaga sul caso svelerà che l'omicida colpisce in stato di alterazione psichica. Sulle orme di Dario Argento, un giallo non dozzinale che si segnala per una certa originalità.

Ettaro di cielo, Un → *Un ettaro di cielo*

Ettore Fieramosca **½ (Italia 1938, b/n, 92') Alessandro Blasetti. Con Gino Cervi, Elisa Cegani, Mario Ferrari, Osvaldo Valente, Clara Calamai, Andrea Checchi, Arnoldo Foà, Lamberto Picasso, Nicola Maldacea. ◆ Le imprese del famoso cavaliere di ventura italiano (Cervi) che saprà difendere l'onore della signora di Morreale (Cegani) sfidando i francesi nella disfida di Barletta (1503). E sconfiggendoli. Ispirandosi molto liberamente al romanzo omonimo di Massimo D'Azeglio (sceneggiato dal regista con Cesare Vico Lodovici, Augusto Mazzetti e Vittorio Nino Novarese), il film vuole essere una rivendicazione dell'onore nazionale, in sintonia con la retorica di quegli anni. Rivisto oggi, si fa ancora apprezzare non per l'ingenua occasione propagandistica (comunque più diretta a difendere l'unione degli italiani che a esaltarne gli slanci espansionistici, più «isolazionista» che «nazionalista») ma per le sue qualità di forte figuratività e per la capacità con cui ne esalta l'epica narrativa, eleggendo «a suo mondo lo spazio e a sua bussola l'immaginazione storica, distorta e reinventata in libertà». Le critiche contemporanee sulle debolezze narrative del film portarono Blasetti a rivederne l'edizione, riducendolo dai 105' iniziali agli attuali 92'. Il giovane Tao [poi Paolo] Ferrari interpreta il figlio del torriere.

Ettore lo fusto *½ (Italia 1971, col, 109') Enzo G. Castellari [Enzo Girolami]. Con Vittorio Caprioli, Vittorio De Sica, Michael Forrest, Luis Gallardo, Giancarlo Giannini, Aldo Giuffré, Philippe Leroy, Rosanna Schiaffino, Luciano Salce, Haydée Politoff, Orchidea De Sanctis, Franca Valeri. ◆ Storia della guerra privata che oppone il cardinale Giove (De Sica) a Ettore lo fusto (Leroy), deciso a non vendere al prelato il terreno su cui è costruito un postribolo, visto che questi nasconde la propria attività di speculazioni edilizie dietro la facciata di una pia istituzione. La lotta coinvolgerà i fratelli Menelao e Agamennone De Re (Caprioli e Giuffré), il segretario Mercurio (Salce), il ladro d'automobili Achille (Forrest) e la bella e svergognata Elena (Schiaffino). Il film, tratto dal romanzo *I re dei Mimiduti* di Viard e Zacharias, vorrebbe essere un'ironica rivisitazione in chiave moderna della guerra di Troia, ma lo spunto comico scade spesso al livello di una insipida e volgare farsa.

E tutti risero ** (*They All Laughed*, Usa 1981, col, 115') Peter Bogdanovich. Con Audrey Hepburn, Ben Gazzara, John Ritter, Colleen Camp, Dorothy Stratten, Blaine Novak, Patti Hansen, George Morfogen, Sean Ferrer. ◆ Specializzati in investigazioni sentimentali, i detective privati dell'agenzia Odyssey finiscono per mescolare il dovere con il piacere, concedendosi qualche scappatella con le donne che devono sorvegliare (e, nel decennio della libertà sessuale, anche con un cliente maschio). Commedia dolceamara scritta dallo stesso Bogdanovich che vorrebbe ironizzare su certi temi del cinema hollywoodiano (moralismo, fedeltà, professionismo) ma che ci riesce solo in parte, troppo ingabbiata nel meccanismo a incastri narrativi della trama per riuscire a coinvolgere davvero lo spettatore. Il film fu bloccato per un anno dalla Fox, preoccupata per la pubblicità negativa che avrebbe potuto causare l'assassinio dell'attrice ed ex playmate Dorothy Stratten, uccisa, subito dopo le riprese, dal marito geloso della sua relazione con Bogdanovich (storia, poi, alla base del film di Bob Fosse

Star 80). Sean Ferrer è il figlio della Hepburn e Mel Ferrer. Il titolo è un omaggio alla canzone di George e Ira Gershwin che Fred Astaire interpreta in *Voglio danzar con te*.

...e tutto in biglietti di piccolo taglio **½ (*Fuzz*, Usa 1972, col, 92') Richard A. Colla. Con Burt Reynolds, Jack Weston, Tom Skerritt, Yul Brynner, Raquel Welch. ◆ In seguito a un ricatto, un poliziotto di Boston è ucciso. Gli assassini non si fermano qui: anche le alte cariche della città sono bersaglio dei killer. L'intervento di una squadra di poliziotti maldestri riesce, per caso, a sgominare la banda dei malviventi. Film curioso in cui si alternano sequenze tese e drammatiche ad altre ironiche e quasi comiche: la sceneggiatura è di Evan Hunter, tratta dal suo romanzo *Allarme: arriva la Madama* (della serie *87° Distretto*) firmato con lo pseudonimo di Ed McBain.

È tutto vero → *It's All True (È tutto vero)*

E tu vivrai nel terrore! L'Aldilà *½ (Italia 1981, col, 94') Lucio Fulci. Con Katherine MacColl, David Warbeck, Veronica Lazar, Antoine Saint John, Al Cliver, Michele Mirabella. ◆ Louisiana: un albergo sorge su una delle sette porte dell'inferno, e la nuova proprietaria (MacColl) non dà retta agli avvertimenti di una cieca. Incrocio tra *Inferno* e *Zombi*, sceneggiato (malamente) da Dardano Sacchetti, Fulci e Giorgio Mariuzzo. Gli effetti speciali splatter di Giannetto De Rossi e un paio di scene nevrotizzanti in un obitorio non bastano a riempire i buchi. Peccato, poi, che il film finisca quando comincia a diventare interessante.

Eugenia Grandet *½ (Italia 1946, b/n, 95') Mario Soldati. Con Alida Valli, Gualtiero Tumiati, Giorgio De Lullo, Giuditta Rissone, Pina Gallini, Enrico Luzi. ◆ Saumur, 1820: Eugenia (Valli), figlia del burbero e avarissimo vignaiolo Grandet (Tumiati), s'innamora del raffinato cugino Charles (De Lullo), il quale, in seguito al suicidio del padre per fallimento, si trasferisce nelle Indie orientali grazie ai risparmi della ragazza e non dà più notizie di sé. Dopo sette anni, orfana a sua volta e sempre innamorata, Eugenia rivede il cugino, tornato solo per pagarle il debito e comunicarle l'intenzione di sposare la figlia della marchesa d'Aubrion, di cui era stato l'amante. Da sempre interessato alle trasposizioni cinematografiche di opere letterarie, Soldati questa volta ci prova con il romanzo omonimo di Honoré de Balzac, ma semplifica troppo i caratteri, riducendoli quasi a caricature, ed esagera in teatralità, sia nella messinscena che nella direzione degli attori. Tumiati sembra più simile all'*Avaro* di Molière che a Grandet, la Valli, la più misurata e convincente di tutti gli interpreti, non sempre appare a suo agio. Notevole, come sempre nei film del regista, la cura formale, soprattutto nel taglio elegante delle inquadrature. I costumi sono di Gino Sensani.

È una sporca faccenda, tenente Parker *½ (*McQ*, Usa 1974, col, 116') John Sturges. Con John Wayne, Eddie Albert, Diana Muldaur, Al Lettieri, Julie Adams. ◆ Un ispettore di polizia (Wayne) ha metodi spicci e sbrigativi, ma ottiene i risultati voluti: così, senza più le pastoie dei regolamenti, sgomina una banda di trafficanti. John Wayne interpreta il suo ruolo tradizionale, roccioso e antilegalista. Ma l'ambientazione del western metropolitano è debole, e il film si salva solo per le scene d'azione.

Eureka ** (*Eureka*, Gb/Usa 1982, col, 129') Nicolas Roeg. Con Gene Hackman, Theresa Russell, Rutger Hauer, Jane Lapoitaire, Mickey Rourke, Joe Pesci, Ed Lauter, Joe Spinell. ◆ Jack McCann (Hackman) si è arricchito dopo aver trovato l'oro in Canada: a distanza di vent'anni, nel 1945, vive su un'isola dei Caraibi, senza sapere cosa fare della sua ricchezza, tormentato dalla gelosia per la figlia (Russell) che ha sposato il playboy francese Claude (Hauer), e assediato da un mafioso (Pesci) che vorrebbe costruire un casinò sull'isola. Per questa parabola sul possesso e l'avidità umana (scritta da Paul Mayersberg e prodotta da Jeremy Thomas), Roeg ha scomodato *La tempesta* di Shakespeare, *Rapacità* e *Quarto potere*, costruendo un puzzle pieno di ricorrenze misteriose, di specchi, doppi e divagazioni stravaganti. Squarci fantastici e atmosfere claustrofobiche, generi alla deriva: i fan del regista sono andati in visibilio, il resto del mondo no.

Europa *½ (*Europa*, Danimarca/Francia/Rft/Svezia 1991, col e b/n, 112') Lars von Trier. Con Jean-Marc Barr, Barbara Sukowa, Udo Kier, Eddie Constantine. ◆ Nella Germania postbellica un aspirante controllore (Barr) viene coinvolto nelle trame di un movimento neonazista, che lo costringe a sabotare il treno su cui lavora. Vicenda piena di manierismi kafkiani, girata con uno stile arzigogolato che alterna colore e bianco e nero, scomponendo l'inquadratura in piani diversi. Von Trier (che appare nella parte dell'ebreo pelato) crede di essere un nuovo Orson Welles, ma il suo film, malgrado qualche soluzione elegante, rientra solo nel novero delle curiosità. Il film conclude la trilogia iniziata con *L'elemento del crimine* ed *Epidemic*.

Europa '51 ***½ (Italia 1952, b/n, 110') Roberto Rossellini. Con Ingrid Bergman, Alexander Knox, Sandro Franchina, Ettore Giannini, Giulietta Masina, Teresa Pellati, Maria Zanoli, Bill Tubbs. ◆ Irene (Bergman), la moglie di un industriale americano che vive a Roma, dopo il suicidio del figlioletto che si sentiva trascurato, suggestionata dal cugino comunista si dà alla carità sociale, diventando amica di una «vedova» con prole a carico (Masina). Nel suo fervore missionario, patisce in prima persona l'alienazione del lavoro in fabbrica: preannuncio della follia cui la ridurrà una società ipocrita e moralista, lieta di sbarazzarsi di lei rinchiudendola in una casa di cura. Pazza o santa, il personaggio di Irene turbò anche le coscienze dell'Italia ideologizzata del tempo, e suscitò discussioni che oggi paiono pretestuose sulla fine del neorealismo. Al di là dell'assunto un po' programmatico, è uno dei più intensi ritratti di donna rosselliniani, girato con stile «austero e rigoroso, spoglio a volte fino all'ascesi». La sceneggiatura fu scritta in una prima versione da Massimo Mida e Antonello Trombadori, poi rielaborata da Rossellini, Sandro De Feo, Ivo Perilli, Brunello Rondi, Diego Fabbri, Mario Pannunzio e Antonio Pietrangeli (nel ruolo di uno psichiatra). Lo scrittore Giancarlo Vigorelli interpreta la parte del giudice.

Europa di notte ** (Italia 1959, col, 102') Alessandro Blasetti. Con Domenico Modugno, Carmen Sevilla, Henry Salvador, Alba Arnova, The Platters, i clown Rastelli, il prestigiatore Channing Pollock, il ventriloquo Robert Lamouret e il suo Paperino, The King of Rock and Roll, Colin Hicks and his Band, Le Carousel (con Coccinelle), Crazy Horse Saloon (con Dolly Bell, Lady Phu-Qui-Cuo, Lilly Niagara e i Croq' Messieurs), Graziella Granata, Sergio Parlato, Gustavo Rojo, Tiberio Murgia, Raffaella Pelloni [poi Carrà], Armando Calvo, Eddie Gray, gli Happy Wonderers, le Rockett's. ◆ «Uno spettacolo-documento dei più validi e rari numeri di arte varia, a volte prodigiosi, che si producevano ancora brillantemente a quei tempi, 1956, da Madrid a Parigi, da Berlino a Londra, e di cui in breve volgere di anni non sarebbe rimasta traccia». Nel mettere il cinema al servizio di altre forme di spettacolo per conservarne la memoria, Blasetti da una parte dimostra una perfetta coscienza dell'incipiente tecnica televisiva (il film è costruito come una diretta tv, non più opera unitaria, bensì assemblaggio di frammenti) e dall'altra coglie con perfetto tempismo gli umori dell'Italia del boom: i primi sussulti del rock and roll, ma soprattutto i primi brividi del sesso come svago collettivo notturno. Nonostante la censura, saranno proprio le sequenze degli spogliarelli, soprattutto quelli del Crazy Horse, acme del binomio erotismo-esotismo, a dare origine al filone cinematografico sexy che cominciò a imperversare nelle sale negli anni Sessanta. Dal punto di vista del costume, *Europa di notte* contribuì all'«allineamento dell'Italia con gli altri paesi dell'Occidente sviluppato», dal punto di vista tecnico, vanno sottolineate l'elaborazione dell'inquadratura, la ricerca sul colore (direttore della fotografia è Gabor Pogany) e il lavoro sul ritmo frutto del montaggio di Mario Serandrei.

Europa Europa ** (*Europa Europa*, Germania/ Francia 1991, col, 110') Agnieszka Holland. Con Marco Hofschneider, Julie Delpy, Delphine Forest, Hanns Zichler, Aschley Wanninger. ◆ Un ebreo polacco di 14 anni, Solomon Perel detto Sally (Hofschneider), sfugge all'invasione nazista rifugiandosi in un orfanotrofio sovietico dove diventa marxista, ma quando è catturato dalla Wehrmacht si finge ariano, diventa involontariamente un eroe di guerra e viene mandato in un'accademia militare delle Hitlerjugend dove solo il pene circonciso sembra ricordargli la sua vera natura. Tratto dalle *Memorie* di Solomon Perel (che vive in Israele e appare in prima persona alla fine) e sceneggiato dalla regista, il film vuole essere una riflessione sul disagio di sentirsi diversi e sull'istinto di sopravvivenza che anima ogni essere umano. Ma la regia della Holland sembra preoccuparsi troppo dell'incalzare degli avvenimenti e nonostante alcune belle scene (l'attraversamento del ghetto di Varsavia in tram, il cimitero ebraico nel bosco) non sa approfondire l'inquietante tema di chi è tutti e nessuno. Premiato negli Usa con il Golden Globe, non fu scelto dalla Germania unita per rappresentarla agli Oscar scatenando accese polemiche.

Eutanasia di un amore * (Italia 1978, col, 110') Enrico Maria Salerno. Con Ornella Muti, Tony Musante, Monica Guerritore, Mario Scaccia, Laura Trotter, Gerardo Amato. ◆ Una coppia entra in crisi quando lui (Musante), che non vuol avere figli, costringe lei (Muti) ad abortire. Dal romanzo di Giorgio Saviane (che collaborò alla sceneggiatura), un melodramma pretenzioso quanto stonato e superficiale, a tratti persino ridicolo. Colpa anche dell'inespressività dei due protagonisti.

Eva **½ (*Eve*, Gb/Francia/Italia 1962, b/n, 95') Joseph Losey. Con Jeanne Moreau, Stanley Baker, Virna Lisi, Nona Medici, Giorgio Albertazzi, Lisa Gastoni, Checco Rissone, James Villiers. ◆ Uno scrittore scarsamente dotato (Baker) s'innamora di un'affascinante prostituta (Moreau), ma lei si stanca presto e spinge al suicidio la moglie di lui (Lisi). Tratto dall'omonimo romanzo di James Hadley Chase sceneggiato da Hugo Butler ed Evan Jones, è un noir di grande suggestione, costruito secondo le regole classiche (un lungo flashback in prima persona), ma barocco nello stile e molto elaborato dal punto di vista simbolico. Notevole la Moreau nel ruolo dell'irresistibile dark lady. Ha avuto parecchie difficoltà sia con la produzione che con la distribuzione: in origine durava 135', la versione britannica è di 111', quella francese di 116'. La sequenza al festival di Venezia, dove si vedono Peggy Guggenheim, Vittorio De Sica e lo stesso Losey è filmata da Henri Decaë mentre la fotografia di tutto il resto del film è di Gianni Di Venanzo. La copia italiana porta nei titoli l'indicazione «un film di Joseph Losey» e «regia di Guidarino Guidi»: in realtà Guidi dovrebbe essere stato il responsabile dell'edizione italiana, manipolata dal produttore e misconosciuta da Losey.

Eva contro Eva **** (*All About Eve*, Usa 1950, b/n, 138') Joseph L. Mankiewicz. Con Bette Davis, Anne Baxter, George Sanders, Celeste Holm, Hugh Marlowe, Gary Merrill, Thelma Ritter, Marilyn Monroe. ◆ Una celebre attrice teatrale, Margo Channing (Davis), assume come segretaria una sua fan (e aspirante attrice), Eva Harrington (Baxter). Ma la ragazza è solo un'arrivista che saprà sfruttare la situazione per raggiungere il successo. Dal racconto di Mary Orr *The Wisdom of Eve*, sceneggiato perfettamente dallo stesso regista (la storia è narrata attraverso sette flashback, raccontati da tre narratori, secondo una struttura a incastri che ritornerà nella *Contessa scalza*), il film è una «commedia morale» sul mondo teatrale e i meccanismi del successo (che il disilluso critico Addison De Witt, interpretato da Sanders, illustra cinicamente con le sue battute) ma anche un amaro ritratto della società americana nel suo insieme, dove dominano arrivismo, fragilità psicologica, tendenza alla paranoia, terrore di invecchiare e paura di confrontarsi con se stessi. Tutto, comunque, è visto attraverso la metafora del teatro, cioè la capacità (davvero nel suo senso letterario) di «recitare la commedia», e il ruolo centrale della parola, essenziale per tessere e dipanare inganni: «vince chi recita meglio e nasconde meglio, chi è più insinuante, cinico, funzionale, e usa la parola non per rivelarsi ma per nascondersi, per perdere l'altro». La recitazione perfetta, i dialoghi brillanti, la solida struttura narrativa, il senso dell'ironia e la precisione dell'analisi critica giustificano il titolo di capolavoro e i sei Oscar: miglior film, regia, sceneggiatura, attore non protagonista (Sanders), costumi (Edith Head, Charles LeMaire) e suono. Premio speciale della giuria e Palma come miglior attrice per la Davis a Cannes. Nel 1970, dal film è stato tratto un musical intitolato *Applause* (interpretato da Lauren Bacall). Finite le riprese, la Davis sposò Gary Merrill, che interpreta la parte del regista teatrale Bill Sampson.

Evasi del terrore, Gli *½ (*Voice in the Mirror*, Usa 1958, b/n, 102') Harry Keller. Con Richard Egan, Julie London, Walter Matthau, Troy Donahue, Mae Clark, Peggy Converse, Harry Bartell, Arthur O'Connell. ◆ Dopo la morte della figlia, un bozzettista pubblicitario (Egan) si attacca alla bottiglia: ne uscirà aiutando i suoi colleghi di sventura. Siamo ben lontani da *I giorni del vino e delle rose*, anche se la musica è di Henry Mancini: la sceneggiatura di Larry Marcus intacca appena le certezze borghesi di un'America in bilico tra consumismo e disperazione, e sfocia nell'ottimismo più fasullo e ridicolo in un epilogo «sette anni dopo», col protagonista sobrio e la moglie (London) impellicciata. Donahue è un improbabile sosia alcolizzato di James Dean.

Evasione *** (*Douce*, Francia 1943, b/n, 104') Claude Autant-Lara. Con Odette Joyeux, Roger Pigaut, Madeleine Robinson, Jean Debucourt, Marguerite Moreno, Richard Francoeur, Gabrielle Fontan. ◆ Figlia unica del conte Adalberto (ma in originale è Engelbert) di Bonaffé (Debucourt), l'adolescente Douce (Joyeux) si innamora dell'amministratore della casa, Fabiano (Pigaut), senza sapere che è in realtà l'amante della propria istitutrice Irene (Robinson). Per puro interesse l'uomo accetta di fuggire con Douce che però muore nell'incendio di un teatro: Fabiano e Irene verranno schiacciati sotto il peso delle maledizioni che la nonna (Moreno) e il padre di Douce lanceranno loro. Partendo da un romanzo rosa di Michel Davet (sceneggiato con grande abilità da Pierre Bost e Jean Aurenche), Autant-Lara firma uno dei suoi film più intensi, perfetta fusione di quella «poesia dell'intelligenza e della perversità» che doveva caratterizzare certo cinema francese dell'occupazione: mescolando perfettamente amarezza e passione sensuale, ribellismo e voglie d'integrazione (specie nella coppia dei due «arrampicatori sociali», Fabiano e Irene) il film varia continuamente registro espressivo – dalla malinconia all'asprezza più corrosiva fino ai toni della commedia – per offrire la descrizione di un ambiente fin de siècle che assomiglia all'epilogo di una società e di un'epoca, popolato da personaggi ingenui, frustrati o apertamente malvagi. Straordinario il talento congiunto dello scenografo (Jacques Krauss) e del direttore della fotografia (Philippe Agostini, futuro regista dei *Dialoghi delle Carmelitane*) che sottolinea con «un'atmosfera viziata», rischiarata dai lumi a gas e dalle candele, la grande prova di tutto il cast.

Evaso, L' **½ (*La Veuve Couderc*, Francia/Italia 1971, col, 88') Pierre Granier-Deferre. Con Alain Delon, Simone Signoret, Ottavia Piccolo, Jean Tissier, Monique Chaumette, Bobby Lapointe. ◆ Un giovane assassino (Delon) fugge dal carcere e trova ospitalità nella tenuta di una ricca e anziana donna (Signoret), di cui diviene l'amante. Ma i parenti di lei, timorosi di perdere l'eredità, denunciano l'evaso alla polizia che prepara una tragica trappola. Ambientato durante gli anni del Fronte popolare e tratto da un romanzo di Simenon (adattato da Pascal Jardin) è un giallo passionale dominato da torbidi intrighi familiari. Ben diretto, come al solito, da Granier-Deferre e ancor meglio interpretato dai due protagonisti.

Evaso ha bussato alla porta, Un **½ (*The Talk of the Town*, Usa 1942, b/n, 118') George Stevens. Con Jean Arthur, Ronald Colman, Cary Grant, Glenda Farrel, Edgar Buchanan, Charles Dingle. ◆ Leopold Dil (Grant), «l'unico uomo scontento di tutta la città», evade dal carcere dov'è rinchiuso per una falsa accusa di incendio doloso, e si rifugia nella casa di una maestrina (Arthur) che cercherà di convincere il giurista che è venuto a farle visita (Colman) a difendere l'uomo. Un bizzarro miscuglio di farsa e di impegno politico scritto da Irwin Shaw e Sidney Buchman, dove si ritrovano echi del populismo alla Frank Capra (per il quale i due sceneggiatori avevano scritto *Mister Smith va a Washington*): teso e appassionato finché mette a confronto i due uomini, e le loro diverse concezioni della giustizia, il film scivola nel facile melodramma nell'ultima parte, quando non si risparmia nemmeno un tentativo di linciaggio in tribunale. Comunque uno dei drammi più applauditi e significativi di quella stagione del cinema americano. Sette nomination ma nessun Oscar.

Evelina e i suoi figli ** (Italia 1990, col, 80') Livia Giampalmo. Con Stefania Sandrelli, Maurizio Donadoni, Pamela Villoresi, Cochi Ponzoni, Flavio Bonacci, Roberto De Francesco, Massimo Bellinzoni. ◆ Quarantenne separata, Evelina (Sandrelli) divide la sua vita tra le favole per bambini (che scrive) e i problemi dei figli (che affronta con allegra tolleranza): sarebbe anche interessata alla corte di Marcello (Donadoni), ma la tragica morte di un amico dei figli la riporta drammaticamente al suo ruolo di madre e non di donna. Esordio alla regia dell'attrice e doppiatrice Livia Giampalmo con una storia dai risvolti autobiografici: i dubbi e le incertezze di chi non sa uscire dal suo ruolo di mamma non sono particolarmente originali, ma la delicatezza con cui è raccontato il personaggio di Evelina e la grande prova della Sandrelli riscattano il film.

E venne il giorno dei limoni neri *½ (Italia 1970, col, 99') Camillo Bazzoni. Con Antonio Sabàto, Silvano Tranquilli, Peter Carsten, Pier Paolo Capponi, Florinda Bolkan, Stefano Satta Flores, Didi Perego, Don Backy [Aldo Caponi]. ◆ Riconquistata la libertà, un mafioso detenuto in America (Sabàto) scopre che le cosche criminali hanno ucciso anche sua moglie e per lui sarà impossibile ricominciare una vita normale. Un film sulla mafia, costruito secondo la morale in voga in quegli anni: la spirale di violenza coinvolge inesorabilmente tutti. Alla sceneggiatura hanno collaborato Luciano Vincenzoni e Ugo Pirro.

...e venne il giorno della vendetta ** (*Behold a Pale Horse*, Usa 1964, b/n, 112') Fred Zinnemann.

Con Gregory Peck, Anthony Quinn, Omar Sharif, Christian Marquand, Raymond Pellegrin, Paolo Stoppa, Daniela Rocca. ◆ Vent'anni dopo la guerra civile spagnola, continua la lotta tra un antifranchista rifugiatosi in Francia (Peck) e un poliziotto spagnolo (Quinn): il secondo spera di uccidere il primo durante le sue incursioni in terra spagnola. Girato nella zona francese della regione basca (e osteggiato dal governo franchista) il film, tratto da un romanzo del regista Emeric Pressburger, affronta il tema della vendetta e dell'eroismo evitandone le implicazioni romantiche ma anche senza un vero impatto emotivo. Peck è anche coproduttore del film.

E venne la notte *½ (*Hurry Sundown*, Usa 1967, col, 142') Otto Preminger. Con Michael Caine, Jane Fonda, John Philip Law, Robert Hooks, Faye Dunaway, Gladys Newman, Burgess Meredith, George Kennedy, Rex Ingram, Jim Backus. ◆ Una coppia di latifondisti bianchi (Caine e Fonda) vuol cedere i propri terreni alla speculazione industriale e arriva ad accusare di omicidio un piccolo proprietario nero (Hooks) per espropriarlo delle sue terre. Ma la smania di ricchezza e cinismo non può che portare tragedie e drammi. Tratto dal romanzo fiume di K.B. Gilden e sceneggiato (malamente) da Horton Foote, il film vuole essere soprattutto un'analisi del razzismo che serpeggia ancora nel sud degli Stati Uniti, ma il manicheismo esasperato della vicenda (tutti i neri sono buoni, tutti i bianchi sono cattivi o si comportano male) non serve alla causa del film. E finisce per soffocare il tema dell'autodistruttività della coppia, illustrato dal rapporto devastante tra una donna-bambina (Fonda) e un marito distruttivo (Caine).

E venne un uomo ** (Italia 1965, col, 90') Ermanno Olmi. Con Rod Steiger, Adolfo Celi, Giorgio Fortunato, Ottone Candiani, Alfonso Orlando. ◆ Attraverso le pagine del suo *Diario di un'anima*, viene ricostruita la vita di Giuseppe Roncalli (Steiger) poi papa Giovanni XXIII: la famiglia, il seminario, il periodo come segretario del vescovo Radini-Tedeschi (Celi), gli anni trascorsi in Bulgaria, Turchia e Grecia, la nunziatura a Parigi, il patriarcato a Venezia e l'elezione a pontefice. Appassionata biografia che però non riesce a cogliere il senso profondo del pontificato di Giovanni XXIII, incapace (forse per eccessivo coinvolgimento nel soggetto) di superare un certo bozzettismo di maniera e spiegare davvero la religiosità innovatrice che sarebbe sfociata nel Concilio Vaticano II. La voce del narratore è di Romolo Valli che doppia anche Steiger.

Evil Cult, The ** (*Yitian Tulong Ji zhi Mojiao Jiaozhu*, conosciuto anche coi titoli *The Kung Fu Cult Master* o *The Kung Fu Cult Hero* o *The Evil Cult*, Hong Kong 1993, col, 105') Wong Jing. Con Jet Li, Sammo Hung, Chingmy Yau, Richard Ng, Ngai Sing, Francis Ng, Sharla Cheung Man. ◆ Allevato da un maestro d'arti marziali (Hung), l'orfano Mo-kei (Li) si vendicherà contro la setta che gli ha ucciso i genitori (F. Ng e Cheung). La trama, con le alleanze che si fanno e disfano, è incomprensibile, ma il cinema-supermarket di Wong Jing trova un punto di forza nel cast, ricco e divertito, e nelle sequenze d'azione inventive e frastornanti dirette da Sammo Hung. Secondo (e migliore) dei tre film di kung fu semicomici di Wong Jing con la star cinese Jet Li.

Evita ° (*Evita*, Usa 1996, col, 134') Alan Parker. Con Madonna [Louise Veronica Ciccone], Antonio Banderas, Jonathan Pryce, Jimmy Hall, Victoria Sus, Julian Littman. ◆ Argentina, 1952: muore Eva Perón. Il cantastorie Ché (Banderas) racconta come, vent'anni prima, la bastarda di provincia Eva Duarte (Madonna) si è conquistata un posto al sole andando a letto con gli uomini giusti. Il cantante di tango Augustin Magaldi (Hall) la porta a Buenos Aires, dove diventa una stellina della radio e del cinema, fino a incontrare il colonnello Juan Perón (Pryce): sarà la first lady di un dittatore populista, dama di carità dei *descamisados* che la trasformeranno in santa già prima della morte. Il film di Parker (musical senza una parola di dialogo, e per questo distribuito in Italia con i sottotitoli, ispirato all'opera teatrale di Tim Rice e Andrew Lloyd Webber del 1978, adattata dal regista e da Oliver Stone) non prende mai posizione: né nei confronti dell'eroina, né del genere cinematografico che affronta. Statico e poco musicale nella forma (mai un movimento di macchina, solo un gran lavoro di montaggio), si accontenta di alternare la demistificazione del mito alla sua apoteosi beota, impantanandosi in ripetute esecuzioni della celebre e mielosa canzone *Don't Cry for Me Argentina*. Più che una decostruzione della politica-spettacolo, una serie di cartoline adatte ai nostri tempi superficiali e ambigui, pronti a perdonare tutto in nome del successo. Una canzone nuova (*You Must Love Me*, premiata con l'Oscar) è stata scritta appositamente per il film, ma non se ne sentiva il bisogno. Nel musical il narratore Ché è proprio Guevara (che era nato in Argentina, a Rosario), ma nel film questo simbolismo viene lasciato cadere. Fotografia di Darius Khondji. Parker interpreta il regista. «Offeso» da questa versione, il governo argentino ne ha finanziata una «nazionale», *La vera storia di Eva Peron*.

Evviva la libertà * (*Mister Freedom*, Francia 1968, col, 92') William Klein. Con Delphine Seyrig, John Abbey, Donald Pleasence, Jean-Claude Drouot, Philippe Noiret, Serge Gainsbourg, Sami Frey, Yves Montand, Jacques Rufus, Monique Chaumette, Simone Signoret. ◆ Nella Francia di un improbabile domani, il potere è conteso tra due gruppi: i Rossi e i Super Mao Mao. A nulla serve l'intervento di Mister Freedom (Abbey), sorta di superagente inviato dagli Stati Uniti per difendere la libertà. Farsesco esercizio di fantapolitica, che vorrebbe stigmatizzare l'imperialismo americano con il linguaggio dei fumetti: nessuna ironia e troppa confusione.

Excalibur **½ (*Excalibur*, Usa 1981, col, 140') John Boorman. Con Nicol Williamson, Nigel Terry, Helen Mirren, Nicholas Clay, Cherie Lunghi, Paul Geoffrey, Corin Redgrave, Gabriel Byrne, Liam Neeson. ◆ La storia di Artù (Terry), la sua nascita, frutto di un incantesimo e di un adulterio orditi da Merlino, lo splendore e poi la decadenza del suo regno, fino alla diaspora e alla discordia tra i nobili della sua corte. La sceneggiatura di Rospo Pallenberg e Boorman utilizza i miti e le saghe del Graal per raccontare la ricerca di un'armonia perduta e di un giusto rapporto con la Natura, spezzatosi dopo la fine del mondo pagano. Elaborato e costosissimo, il film cade però sotto l'eccesso di effetti kitsch e un accumulo di simboli e «poesia» che il regista non riesce a controllare: così l'eccessiva enfasi e la grandiosità di alcuni passaggi è solo in parte bilanciata da un Merlino (Williamson) ironico e scanzonato, artefice nascosto di tutta la storia. Mordred bambino è interpretato dal figlio di Boorman, Charley. Esiste una versione ridotta (per la tv) di 119'.

eXistenZ **½ (*eXistenZ*, Canada/Gb 1999, col, 96') David Cronenberg. Con Jennifer Jason Leigh, Jude Law, Ian Holm, Willem Dafoe, Sarah Polley, Don McKellar, Christopher Eccleston. ◆ «eXistenZ» è un nuovo gioco di realtà virtuale, connesso direttamente al sistema nervoso umano, creato da Allegra Geller (Leigh): la quale, dopo essere sfuggita a un attentato, è costretta a cercare la salvezza giocando dentro la sua stessa creatura. La sorpresa finale, in un tale moltiplicarsi di livelli di realtà, è quasi obbligata, ma non è ciò su cui punta Cronenberg (anche sceneggiatore): gli interessa invece il disorientamento dello spettatore e la sostanziale equiparazione di tutte le verità e realtà rappresentate. Meno lucido e suggestivo di altri film su temi analoghi, fin troppo scaltro per come include nel racconto la propria autocritica, rimane comunque un oggetto seducente e morboso, pieno di spassose (e abbastanza innocue) schifezze biomeccaniche, dove Cronenberg abbassa in parte le ambizioni (tanto da legittimare la filiazione diretta rispetto a *Videodrome*) e ritrova una vena ironica cui negli ultimi tempi sembrava avere rinunciato.

Exodus *** (*Exodus*, Usa 1961, col, 212') Otto Preminger. Con Paul Newman, Eva Marie Saint, Ralph Richardson, Sal Mineo, Lee J. Cobb, Peter Lawford, John Derek, Hugh Griffith, Gregory Ratoff, Alexandra Stewart. ◆ Un gruppo di profughi ebrei, internati dagli inglesi in un campo di concentramento di Cipro nel 1947 e guidati dall'attivista Ari Ben Canaan (Newman) fugge con una vecchia nave, l'Olympia ribattezzata Exodus, e dopo uno sciopero della fame riesce a raggiungere la Palestina, dove si unisce alla lotta contro gli arabi. Ispirato all'omonimo romanzo di Leon Uris e sceneggiato da Dalton Trumbo, il film racconta la nascita dello stato di Israele e la dura lotta dei primi pionieri, riuscendo a fondere perfettamente intensità drammatica del racconto e obblighi storicodidattici (in questo senso è importante l'attacco alla prigione di Acre, per spiegare il carattere inevitabile della violenza in una rivoluzione). Abile e credibile nel descrivere i complessi punti di vista di ebrei e inglesi (attraverso una bella serie di personaggi), il film è invece piuttosto reticente sulle ragioni degli arabi. I titoli di testa sono di Saul Bass.

Exorcismus – Cleo, la dea dell'amore **½ (*Blood From the Mummy's Tomb*, Gb 1971, col, 94') Seth Holt, Michael Carreras. Con Andrew Keir, Valerie Leon, James Villiers, Hugh Burden. ◆ Durante una spedizione in Egitto un archeologo (Keir) trova la statua di Cleo, dea dell'amore (ma nella versione originale si chiama Tera), il cui spirito diabolico si incarnerà nella figlia dello scienziato (Leon) una volta diventata adulta. Tratto dal romanzo *Jewel of the Seven Stars* di Bram Stoker (l'autore di *Dracula*) e ben sceneggiato da Christopher Wicking, il film mescola temi horror a suggestioni erotiche e riflessioni morali, emergendo dalla media della produzione corrente del genere. Holt morì durante le riprese e il produttore (e regista) Carreras terminò il film.

Exotica **½ (*Exotica*, Canada 1994, col, 104') Atom Egoyan. Con Bruce Greenwood, Mia Kirshner, Elias Koteas, Don McKellar, Arsinée Khanjian. ◆ Ossessionato dalla morte della figlia, l'agente del fisco Francis (Greenwood) va ogni sera all'Exotica, dove la giovane spogliarellista Christina (Kirshner) si esibisce solo per lui, a patto che non la tocchi. Scacciato dal locale, pensa di vendicarsi servendosi di Thomas (McKellar), gay contrabbandiere di uova di pappagallo. Come tutti i film del regista, anche *Exotica* è costruito come un puzzle sui temi della solitudine, del sesso come simulazione e della memoria. In questo caso il coinvolgimento dello spettatore è più immediato: i diversi filoni narrativi si intrecciano con abilità, e il gioco delle apparenze è condotto con malizia, in modo da indurre lo spettatore a illazioni che poi verranno smentite. Ma, come nello strip-tease, una volta svelata la verità, resta un senso di insoddisfazione e di artificio. Come specchio dei tempi (e dello stato di salute del cinema), il film di Egoyan (che scivola nel cattivo gusto solo quando mostra sua moglie Arsinée Kanjian incinta) è comunque esemplare.

Explorers ** (*Explorers*, Usa 1985, col, 109') Joe Dante. Con Ethan Hawke, River Phoenix, Jason Presson, Amanda Peterson, Dick Miller, Robert Picardo. ◆ Tre ragazzini (Hawke, Phoenix e Presson) patiti di video e di computer scoprono un «campo sferico di energia magnetica» e dopo aver costruito una navetta con rottami di elettrodomestici finiscono imprudentemente in un'avventura spaziale. Qui vengono a contatto con grotteschi alieni, che hanno in comune con gli uomini difetti e manie. Uno dei film meno belli di Dante, dove la storia fantascientifica non riesce mai ad appassionare veramente e tutto si risolve in una serie di gag nemmeno tanto divertenti.

Exterminator * (*Exterminator*, Usa 1980, col, 101') James Glickenhaus. Con Christopher George, Samantha Eggar, Robert Ginty, Steve James, Tony Di Benedetto. ◆ Per vendicare un ex commilitone ucciso da una banda di teppisti, un reduce dal Vietnam (Ginty) si improvvisa giustiziere della notte. Ma una volta imboccata la strada della violenza lo sterminatore non riesce più a fermarsi, e mette a ferro e fuoco la città. Ripetitivo, scontato e con un campionario assolutamente gratuito di scene forti. Seguito da *Dominator* (1984), altrettanto insulso.

Extraconiugale * (Italia 1965, b/n, 105') Massimo Franciosa, Mino Guerrini, Giuliano Montaldo. ◆ Film a episodi. In *La doccia* (Massimo Franciosa. Con Gastone Moschin, Liana Orfei, Lando Buzzanca, Enzo Cerusico, Giuliano Montaldo) un maturo ingegnere, la cui fantasia erotica è stimolata da un nuovo tipo di doccia, ha una relazione con la fidanzata del cognato; in *Il mondo è dei ricchi* (Mino Guerrini. Con Franca Rame, Enzo La Torre) credendo di aver vinto al totocalcio, un impiegatuccio sottomesso e frustrato vuole vendicarsi di una vita di ingiustizie; in *La moglie svedese* (Giuliano Montaldo. Con Renato Salvatori, Turi Ferro, Maria Perschy, Pina Renzi) un siciliano sposato a una svedese non accetta il comportamento disinibito della moglie e difende la decisione del suo clan di uccidere la «scostumata». Spaccato che si vorrebbe ironico del costume italiano, ma che finisce per essere solo volgare e qualunquista. Nel secondo episodio, il regista Mino Guerrini interpreta la parte di Maurizio.

Extreme Measures – Soluzioni estreme *½ (*Extreme Measures*, Usa/Gb 1996, col, 117') Michael Apted. Con Hugh Grant, Gene Hackman, Sarah Jessica Parker, David Morse, Bill Nunn, John Toles-Bey. ◆ New York: il neurologo inglese Guy Lathan (Grant) indaga sulla morte misteriosa di alcuni barboni e si ritrova nelle grinfie del dr. Myrick (Hackman), che si serve di cavie umane per fare ricerche sul midollo spinale. Scritto da Tony Gilroy (dal romanzo di Michael Palmer), un noioso thriller ospedaliero con banalità su scienza ed etica, molto al di sotto del modello *Coma profondo*. Anche se il vero problema è rendere credibile (e simpatico) Grant in una parte di eroe senza macchia. Ma si capisce: produce la sua fidanzata Liz Hurley. Confezione lussuosa: fotografia di John Bailey e musica di Danny Elfman. David Cronenberg è l'avvocato dell'ospedale.

Eyes Wide Shut ***½ (*Eyes Wide Shut*, Usa 1999, col, 155') Stanley Kubrick. Con Tom Cruise, Nicole Kidman, Sydney Pollack, Marie Richardson, Rade Serbedzija, Todd Field, Vinessa Shaw, Alan Cumming, Sky Dumont, Fay Masterson, Leelee Sobieski, Thomas Gibson, Madison Eginton. ◆ Le certezze del dottor William Harford (Cruise) si dissolvono quando la moglie Alice (Kidman) gli racconta i suoi sogni di tradimento e una paziente (Richardson) gli dichiara il suo amore davanti al cadavere del padre. Si farà tentare prima da una prostituta (Shaw) poi entrerà mascherato a una festa orgiastica dove verrà scoperto e «salvato» da una donna misteriosa: è la stessa di cui osserva conturbato il cadavere all'obitorio? L'ultimo film di Kubrick, uscito dopo la sua morte ma in una versione approvata dall'autore, è un lucido e disincantato viaggio dentro le contraddizioni della morale. Adattando con Frederic Raphael *Doppio sogno* di Schnitzler, il regista rispetta l'andamento della novella (anche se la trasporta nella New York di oggi [tutta ricostruita in studio a Pinewood], durante le feste natalizie), ma la depura della sua ambigua morbosità per farne una incalzante e «razionale» riflessione sulla moralità dei comportamenti umani. Se la «confessione» della moglie sembra giustificare per il marito l'abbandono dei suoi principi e la discesa in un mondo proibito, Kubrick sposta subito il suo sguardo dall'oggetto della tentazione alla riflessione sui limiti delle nostre azioni e le conseguenze dei nostri atti: il sogno di Alice è un vero tradimento? E la visita alla prostituta che si conclude senza amplessi? Che cosa è costata alla donna misteriosa la «salvezza» di Harford? Da qui la scelta di un punto di vista freddo e oggettivo (la spoliazione delle donne al sabba è quanto di meno erotico si possa immaginare, così come i 64'' di «orge» che Harford attraversa quasi in trance e che in alcune versioni sono stati mascherati da silhouette nere), perché Kubrick compie il percorso inverso di Schnitzler: se il romanziere cercava l'ambiguità dove la morale borghese evitava di vederla, il regista raffredda anche le emozioni che vengono dal subconscio per riflettere nel modo più obiettivo possibile sui comportamenti umani. Funzionale allora la contrapposizione tra una messa in scena mobilissima e avvolgente, dai colori pastosi e dalla musica insinuante (Ligeti, Šoštakovic, Isaac e il leit-motiv di Jocelyn Pook) e un protagonista apparentemente poco espressivo (della stessa «inespressività» di cui era stato accusato Ryan O'Neal in *Barry Lyndon*) alla disperata ricerca di un'identità che non gli può venire dal mostrare continuamente la propria tessera professionale. E in questo viaggio nel quale ogni regola sembra essere sparita («Tutto cambia», dice beffardo il venditore di costumi [Serbedzija]), la risposta finale della moglie («Qual è la cosa che va fatta il prima possibile?» «Scopare») è l'ennesimo sberleffo di un moralista che non ha mai cessato di interrogarsi sui limiti di ogni morale. Il titolo è un gioco di parole che vuole dire «occhi aperti spalancati». I quadri nell'appartamento degli Harford sono della moglie di Kubrick, Christiane, e della figlia Katarina Hobbs. L'officiante con la cappa rossa che conduce il sabba è interpretato da Leon Vitali, l'assistente di Kubrick.

Fabbrica degli eroi, La ** (*Le Bon et les méchants*, Francia 1976, b/n, 125') Claude Lelouch. Con Marlène Jobert, Jacques Dutronc, Brigitte Fossey, Bruno Cremer, Jacques Villeret, Jean-Pierre Kalfon, Stéphane Bouy. ◆ Durante l'occupazione nazista della Francia tre delinquenti di mezza tacca (Jobert, Dutronc e Villeret) sono coinvolti nella guerra partigiana: decidono di abbandonare il crimine e, insieme al poliziotto (Cremer) che li stava braccando, si mettono a combattere per la libertà. Lontano dal suo solito cliché, Lelouch dirige un film leggero e scanzonato (anche se un po' troppo semplicistico dal punto di vista politico) sceneggiato insieme a Pierre Uytterhoeren.

Fabbrica delle mogli, La **½ (*The Stepford Wives*, Usa 1975, col, 115') Bryan Forbes. Con Katharine Ross, Paula Prentiss, Peter Masterson, Patrick O'Neal, Dee Wallace. ◆ Joanna e Walter (Ross e Masterson) decidono di trasferirsi a Stepford, una cittadina del Connecticut. Tutto è idilliaco e perfetto, ma le donne della comunità si comportano allo stesso modo, quasi come programmate alla sottomissione. E Joanna scopre una sconvolgente realtà. Tratto dal romanzo di Ira Levin e sceneggiato da William Goldman, il film si muove magistralmente tra un'atmosfera surreale e la critica all'ipocrisia sociale nei confronti delle donne. Esordio a sette anni di Mary Stuart Masterson, che interpreta la figlia del suo vero padre, Peter Masterson.

Fabiola *½ (Italia 1947, b/n, 164') Alessandro Blasetti. Con Michèle Morgan, Michel Simon, Gino Cervi, Elisa Cegani, Henri Vidal, Massimo Girotti, Rina

Morelli, Carlo Ninchi, Paolo Stoppa, Franco Interlenghi, Virgilio Riento, Tao [Paolo] Ferrari, Gabriele Ferzetti, Darix Togni. ◆ Nella Roma del IV secolo, la tenera Fabiola (Morgan), innamorata del gladiatore cristiano Rhual (Vidal), capisce che non possono essere stati i cristiani i responsabili della morte del padre (Simon). Tratto dal racconto omonimo del cardinale Nicholas Wiseman e sceneggiato da quattordici persone (tra le quali il regista stesso, Antonio Pietrangeli, Cesare Zavattini, Vitaliano Brancati, Emilio Cecchi, Umberto Barbaro e Suso Cecchi d'Amico), finanziato direttamente dal Vaticano attraverso la Universalia Film e dedicato (come dice un cartello all'inizio del film) «ai perseguitati, agli offesi, alle vittime di ogni violenza», fu un film costosissimo (500 milioni di allora) ma inutilmente retorico e magniloquente, pesante e contorto nel suo svolgimento narrativo. Grande scandalo per le immagini osé della Morgan, coperta da un velo che lascia vedere distintamente i capezzoli, e per le comparse nella scena della crocifissione tutte a seno nudo. Il regista Mattoli ricorda d'aver girato otto film mentre Blasetti dirigeva questo kolossal, che rappresenta il massimo sforzo produttivo del primo dopoguerra.

Facce per l'inferno **½ (*P.J.*, Usa 1968, col, 109') John Guillermin. Con George Peppard, Raymond Burr, Gayle Hunnicutt, Brock Peters, Susan Saint James. ◆ Un poliziotto privato (Peppard) è coinvolto in una torbida faccenda: deve proteggere una donna (Hunnicutt) amante di un magnate (Burr), ma rischia di rimetterci la pelle a causa degli intrighi tra i due. Alla fine, anche se sconvolto, se la caverà. Thriller denso e violento, sceneggiato da Philip Reisman a partire dal proprio romanzo, ricco di scene originali (come, per i tempi, la rissa straordinariamente sadica nel locale gay). Alcune copie non hanno le scene più violente, tra cui una memorabile morte nella metropolitana.

Fabbricante di gattini, Il *½ (*Katzelmacher*, Rft 1969, b/n, 88') Rainer Werner Fassbinder. Con Hanna Schygulla, Rainer Werner Fassbinder, Irm Hermann, Harry Baer, Hans Hirschmüller. ◆ Marie (Schygulla) lascia il fidanzato per il greco Yorgos (Fassbinder), che spiccica a malapena due parole di tedesco: i suoi amici razzisti lo pesteranno. Secondo lungometraggio di Fassbinder, che espande una sua breve pièce riprendendo con fissità antonioniana quadretti di grigiume piccolo-borghese, con dialoghi di banalità esasperante. Statico, freddo, a tesi e assai datato. Il titolo è un termine spregiativo bavarese per indicare gli immigrati mediterranei.

Faccia a faccia **½ (Italia 1967, col, 108') Sergio Sollima. Con Gian Maria Volonté, Tomas Milian, William Berger, Jolanda Modio, Carole André, Lydia Alfonsi. ◆ Un professore (Volonté), preso in ostaggio da un fuorilegge (Milian), impara talmente bene la lezione di violenza che domina nel West da trasformarsi in uno spietato criminale. E al bandito, che invece ha ritrovato dentro di sé i barlumi di una coscienza dimenticata, non resta che ucciderlo. Curiosa lettura politica del western all'italiana sceneggiato dal regista con Sergio Donati, tutto centrato sul tema della «presa di coscienza» (con molti riferimenti alla teoria cheguevarista della rivolta nell'ambiente contadino) e sulla diversa reazione di due individui di fronte alle sollecitazioni esterne, raccontata con bella professionalità e senso del ritmo.

Faccia d'angelo *** (*Baby Face Nelson*, Usa 1957, b/n, 85') Don Siegel. Con Mickey Rooney, Carolyn Jones, sir Cedrick Hardwicke, Leo Gordon, Ted De Corsia, Anthony Caruso, Jack Elam, Chris Dark. ◆ Aiutato dalla sua donna (Jones), il bandito Lester M. Gillis, detto «Baby Face Nelson» per la sua piccola statura (Rooney), scala i gradini della malavita: uccide chi l'aveva incastrato e fatto andare in prigione (De Corsia), entra nella banda di Dillinger (Gordon) e alla sua morte diventa il nemico pubblico numero uno, ma durante una fuga viene mortalmente ferito dalla polizia. Girato in pochi giorni e con pochi mezzi, è un piccolo capolavoro del genere, secco, violento e immediato, senza nessuna concessione al lirismo, né per i fatti raccontati né per il modo con cui sono filmati o montati. Siegel e lo sceneggiatore Daniel Mainwaring (che si è ispirato a una storia di Robert Adler) non cercano scuse per il comportamento di questo «animale feroce» che sembra non conoscere esitazioni o sentimenti umani: la caratteristica centrale del suo destino (e della messinscena) diventa così la velocità che fa di questo film un'opera tutta d'azione, nitida e senza fronzoli, lontanissima dalle ambiguità chiaroscurali del noir del dopoguerra e che Hal Mohr fotografa con una luce diurna cruda e violenta, necessaria per togliere ogni possibile aura romantica ai personaggi.

Faccia d'angelo (di Stan Vance) → *Lunghi giorni della vendetta, I*

Faccia di bronzo *½ (*The Last Time I Saw Archie*, Usa 1961, b/n, 98') Jack Webb. Con Jack Webb, Robert Mitchum, Martha Hyer, France Nuyen, Louis Nye, Joe Flynn, Don Knotts. ◆ Nella base aerea dove è stato assegnato in attesa di partire per il fronte, Archie Hall (Mitchum) sfrutta al meglio la propria sbruffonesca intraprendenza e si fa passare per quello che non è, un agente del controspionaggio che deve smascherare una spia giapponese. Che naturalmente esiste veramente, ma che non è la ragazza che Archie e il suo amico Bill (Webb) sospettano. Commedia farsesca assolutamente non riuscita, che lo sceneggiatore William Bower aveva tratto dalle sue esperienze personali. Peccato, perché sulla carta era una storia potenzialmente molto divertente.

Faccia di c..., Una *½ (*Hammersmith Is Out*, Usa 1972, col, 108') Peter Ustinov. Con Elizabeth Taylor, Richard Burton, Beau Bridges, Peter Ustinov, Leon Ames, George Raft. ◆ Una cameriera di fastfood senza inibizioni (Taylor) con l'aiuto di un infermiere (Bridges) libera da un manicomio mister Hammersmith (Burton) che ha promesso loro ricchezze e potere: insieme scaleranno i gradini del successo. Squinternata commedia e inconsueta variazione sul tema di Faust sceneggiata da Stanford Whitmore, con una Taylor involontariamente comica sotto una medusesca parrucca bionda. Ustinov, nel ruolo del dottore, convince più come attore che come regista.

Faccia di spia * (Italia 1975, col, 110') Giuseppe Ferrara. Con Adalberto Maria Merli, Mariangela Melato, Claudio Volonté, Francisco Rabal, Riccardo Cucciolla, Pietro Valpreda, Dominique Boschero, Lou Castel. ◆ Mettendo in evidenza il ruolo che ha svolto la Cia nella «strategia della tensione», vengono affrontati alcuni dei temi più scottanti per la sinistra italiana e internazionale degli anni Sessanta e Settanta, dal Che (Volonté) a Pinochet, da piazza Fontana a Feltrinelli. Ma il tono semidocumentaristico del film (sceneggiato dal regista con la collaborazione di Saverio Tutino), che mescola documenti e fiction, finisce per produrre solo confusione narrativa e un'analisi politica schematica quanto approssimata. Valpreda è scomparso dalle copie oggi in circolazione; in compenso sono rimaste scene di tortura (su cassetta Sanpaolo Audiovisivi) di incredibile violenza.

Facciamo fiesta * (Italia 1998, col, 95') Angelo Longoni. Con Alessandro Gassman, Gianmarco Tognazzi, Lorena Forteza, Blas Roca Rey, Suárez Borrego, Michelangelo Tarditti, Pier Maria Cecchini. ◆ Il videoperatore Sandro (Gassman) e il giornalista Marco (Tognazzi) vanno a Cuba per un reportage: l'incontro con un connazionale imbroglione (Roca Rey) e con due bellezze locali (Forteza e Borrego) li aiuteranno ad aprire gli occhi sulla realtà del Paese. Trasferta ludico-educativa all'Avana con presa di coscienza finale: Longoni sceglie come riferimento habanero Hemingway invece del Che, ma la sua commedia caraibica (scritta insieme a Massimo Sgorbani) non va al di là dei soliti stereotipi, semplicemente li occulta con moralismo e programmatica simpatia.

Facciamo il «tifo» insieme **½ (*Take Me Out To the Ball Game*, Usa 1949, col, 93') Busby Berkeley. Con Frank Sinatra, Esther Williams, Gene Kelly, Betty Garrett, Edward Arnold, Jules Munshin. ◆ Disavventure a lieto fine di due giocatori di baseball rubacuori (Kelly e Sinatra) e della proprietaria della loro squadra (Williams), alle prese con chi vorrebbe costringerli a perdere una partita. Una trama inesistente per un musical ingiustamente sottovalutato, coloratissimo e movimentato, con uno dei migliori assoli della carriera di Kelly (*The Hat Me Dear Old Father Wore*), indimenticabile anche insieme a Sinatra e Munshin in *O'Brien to Ryan to Goldberg*.

Facciamo l'amore ** (*Let's Make Love*, Usa 1960, col, 118') George Cukor. Con Marilyn Monroe, Yves Montand, Tony Randall, Frankie Vaughan, David Burns. ◆ Un milionario (Montand) cerca di conquistare la ballerina di un musical, Amanda (Monroe): per farlo si spaccia per un attore, e per migliorarsi si fa dare lezioni di canto da Bing Crosby, di comicità da Milton Berle e di danza da Gene Kelly. Liberamente ispirata a un musical di Roy Del Ruth (*On the Avenue*, 1937, inedito in Italia), sceneggiata da Norman Krasna, questa «commedia con canzoni» non riesce a vitalizzare una storia scontata, anche se non manca qualche momento divertente (Marilyn, scoprendo che l'attore e milionario si fa chiamare Alessandro Dumas, esclama: «Quello che scrisse *I tre moschettieri* per la Metro! Com'è piccolo il mondo!»). Indimenticabile la prima apparizione dell'attrice, in maglione e calzamaglia nera, mentre canta *My Heart Belongs to Daddy*. Sul set nacque una relazione tra Montand e la Monroe.

Facciamo paradiso ° (Italia/Francia 1995, col, 108') Mario Monicelli. Con Margherita Buy, Lello Arena, Aurore Clément, Philippe Noiret, Moni Ovadia, Dario Cassini, Mattia Sbragia, Gianfelice Imparato. ◆ Vita, ribellioni e morte di Claudia Bertelli (Buy), nata a Milano nel 1949 da genitori borghesi (Noiret e Clément), educata in Inghilterra, contestatrice e madre nubile, femminista poi sposa, medico terzomondista e alla fine suora mistica, che nel 2011 chiude in pace la sua vita. Monicelli tenta di aggiornare la commedia all'italiana adattando, insieme a Leo Benvenuti, Piero De Bernardi e Suso Cecchi d'Amico, un racconto di Pontiggia tratto da *Vite di uomini non illustri*, ma fallisce. Non solo per le incongruenze cronologiche (la gravidanza di Claudia dura almeno dodici mesi) o la povertà di certe ricostruzioni storiche (la contestazione alla Scala, l'occupazione dell'Università statale di Milano rifatta a Pavia), ma per lo iato inevitabile tra gli interpreti e la storia che devono raccontare: la commedia all'italiana secondo Monicelli & C. è una specie di canovaccio da vivificare con attori-mattatori, cosa che non sono assolutamente capaci di fare Buy, Arena e Ovadia, inevitabilmente spaesati nel misurarsi con ruoli troppo diversi dai loro.

Faccia piena di pugni, Una ** (*Requiem for a Heavyweight*, Usa 1962, b/n, 100') Ralph Nelson. Con Anthony Quinn, Jackie Gleason, Mickey Rooney, Julie Harris. ◆ Un peso massimo (Quinn) è costretto a interrompere la carriera: resterà sul ring a combattere incontri di lotta libera, abbandonando ogni sogno di gloria. Da un teleplay di Rod Serling, il film d'esordio di Ralph Nelson: una drammatica rappresentazione del violento mondo della boxe, dove gli attori sono lasciati liberi di gigioneggiare un po' troppo. L'inizio del film è girato in soggettiva. Particina anche per il grande Cassius Clay.

Faccione *½ (Italia, 1990, col, 89') Christian De Sica. Con Nadia Rinaldi, Paco Reconti, Agnese Nano, Massimo Bonetti, Lucia Poli, Enrica Bonaccorti, Rosalina Neri, Alessandro Ruspoli, Roberto D'Agostino, Achille Bonito Oliva, Antonello Fassari. ◆ Daniela (Rinaldi), una simpatica grassona che pesa 110 chili, è piena di voglia di amare e di gioia di vivere: saprà incontrare l'amore e diventare mamma. Oscillando tra farsa all'italiana, serial Tv e strizzatine d'occhio ai temi di attualità (extracomunitari, televisioni private, salotti mondani) il film affoga nella propria superficialità – e in una volgarità gratuita – senza riuscire a sfruttare convenientemente la carica di vitalità della protagonista. Cammeo per il distributore Jacopo Capanna nel ruolo dell'esercente cinematografico di Campo de' Fiori.

Faccio saltare la banca *½ (*Faites sauter la banque*, Francia/Italia 1964, b/n, 88') Jean Girault. Con Louis de Funès, Anne Doat, Yvonne Clech, Catherine Demongeot, Michel Toureau, Jean-Pierre Marielle, Jean Valmont, Georges Wilson, Jean Lefebvre, Claude Piéplu. ◆ Per vendicarsi del direttore di banca (Marielle) che gli ha fatto perdere tutti i suoi risparmi in borsa, l'armaiolo Victor (de Funès) decide di svaligiare la cassaforte dell'Istituto scavando una galleria sotterranea con l'aiuto di tutta la famiglia; ma quando arriverà a mettere le mani sui lingotti scoprirà di non essere l'unico ladro. Farsa stiracchiata con un de Funès ormai stanco, ridotto a qualche smorfia esagitata e a una comicità verbale senza invenzione (battute come «la tattica è tuttico»). Sceneggiatura di Jacques Vilfrid e del regista.

Face **(*Face*, Gb 1997, col, 102') Antonia Bird. Con Robert Carlyle, Ray Winstone, Philip Davis, Steve Waddington, Lena Headey, Damon Albarn, Peter Vaughan, Sue Johnson. ◆ Per sbarcare il lunario nell'Inghilterra thatcheriana, il proletario Roy (Carlyle) preferisce la malavita agli insegnamenti della mamma comunista: ma quando tenta la rapina della sua vita con un gruppo di complici (Winstone, Davis, Waddington e Albarn) i soldi sono meno del previsto, qualcuno fa sparire il bottino e per recuperarlo bisogna assalire una stazione di polizia. Sceneggiato da Roman Bennett, il film cerca di integrare il cinema sociale alla Ken Loach con il noir d'autore, ma il lavoro di rielaborazione del genere – con forti inserti ideologici – è un po' troppo programmatico per dirsi riuscito. A rendere l'operazione credibile ci pensa soprattutto il cast, capeggiato da un Carlyle in grande forma.

Face/Off – Due facce di un assassino *** (*Face/Off*, Usa 1997, col, 128') John Woo. Con John Travolta, Nicolas Cage, Joan Allen, Gina Gershon, Alessandro Nivola, Nick Cassavetes, Colm Feore, Dominique Swain, John Carroll Lynch, CCH Pounder. ◆ L'agente Fbi Sean Archer (Travolta), per sventare il piano criminale di Castor Troy (Cage), che anni prima gli ha ucciso il figlio e adesso è in coma per un incidente, ne assume i connotati grazie a un sofisticato intervento chirurgico. Ma Troy, risvegliatosi, fa altrettanto, sostituendo Archer sia al lavoro sia nella vita privata. Al suo terzo film americano, sceneggiato da Mike Werb e Michael Colleary, Woo aggiorna definitivamente l'*action movie* Usa, importando il meglio della sua esperienza a Hong Kong: tra Peckinpah e *The Killer*, una variazione da capogiro della classica lotta tra bene e male, dominata da una tensione incessante tra ambiguità e morale, e rinvigorita da una regia che riscrive le coordinate temporali procedendo per accumulazione selvaggia e poetica in egual misura. L'happy end è stato imposto dalla produzione, ma il fascio di luce che avvolge il ritorno a casa dell'eroe è ironico quanto basta. E in ogni caso nulla può cancellare dalla memoria la sua smorfia di dolore quando, guardandosi allo specchio, deve riconoscere se stesso nel volto del suo peggiore nemico. Michael Douglas è uno dei produttori esecutivi. Solo casuale la rassomiglianza col romanzo *Un corpo in prestito* di René Belletto, da cui è stato tratto il mediocre *La Machine*?

Facile preda * (*Fair Game*, Usa 1995, col, 90') Andrew Sipes. Con William Baldwin, Cindy Crawford, Steven Berkoff, Selma Hayek, Christopher McDonald. ◆ Ex agenti del Kgb con base a Cuba hanno deciso di uccidere Kate McQueen (Crawford), una tranquilla avvocatessa di Miami: un ispettore della omicidi (Baldwin) la aiuta a salvarsi. Fiacca produzione Joel Silver per l'esordio della top-model Crawford, una Barbie difficilmente credibile in qualunque contesto. Con una trama così inconsistente (la sceneggiatura è di Charlie Flechter), le vere star del film sono le innumerevoli esplosioni. Da segnalare i rigurgiti comunistofobi e i tocchi di razzismo contro gli ispanici. Il film è tratto dal romanzo di Paula Gosling *Bersaglio facile*, rieditato col titolo di *Facile preda*, che era già stato alla base di *Cobra* di George Pan Cosmatos con Stallone e Brigitte Nielsen.

Facoltà di medicina – Qui non si sana * (*Bad Medicine*, Usa 1985, col, 96') Harvey Miller. Con Steve Guttenberg, Alan Arkin, Julie Hagerty, Bill Macy, Curtis Armstrong. ◆ Un gruppo di studenti statunitensi aspiranti medici finisce negli ospedali del Centroamerica: mancano le strutture e l'impatto con la popolazione locale è fallimentare perché gli indigeni continuano a ricorrere agli stregoni. Una commedia insulsa, che vorrebbe scherzare su argomenti troppo seri: meglio astenersi.

Fahrenheit 451 **½ (*Fahrenheit 451*, Gb 1966, col, 112') François Truffaut. Con Oskar Werner, Julie Christie, Cyril Cusack, Anton Diffring, Bee Duffel, Anne Bell. ◆ In una società del futuro, razionale e dispotica, tutti i libri sono fuorilegge e le forze dell'ordine devono distruggerli, ma una setta di «uomini-libro» li impara a memoria per mantenerne il ricordo: il pompiere Montag (Werner), anche per merito della professoressa Clarissa (Christie), scopre il piacere della lettura e invece di bruciare i libri lascia tutti per unirsi al gruppo dei ribelli. *Gli anni della Fenice*, il romanzo di Ray Bradbury alla base del film, è un lucido apologo su una società irriducibilmente ostile alla cultura: a Truffaut, autore anche della sceneggiatura insieme a Jean-Louis Richard, interessa perché gli permette di «esprimere l'attaccamento quasi feticistico per il libro in quanto oggetto» e perché riscopre il lato familiare del fantastico, ritrovando una dimensione umanistica quasi dimenticata, anche se la forza dell'intreccio e del messaggio (e il disaccordo con il protagonista) appesantiscono il film e mettono in secondo piano (cosa insolita per Truffaut) i sentimenti dei suoi personaggi. Musiche di Bernard Herrmann, fotografia di Nicholas Roeg.

Fai come ti pare *½ (*Any Which Way You Can*, Usa 1981, col, 116') Buddy Van Horn. Con Clint Eastwood, Sondra Locke, Geoffrey Lewis, Harry Guardino, Ruth Gordon, Bill McKinney. ◆ Seguito di *Filo da torcere*. Il camionista Philo Beddoe (Eastwood) ritrova l'amore di Lynne (Locke), ma i mafiosi la rapiscono per obbligarlo a battersi con un loro campione. L'esordiente Buddy Van Horn, già coordinatore degli stunt nei precedenti film di Eastwood, diluisce la vena anarchica del prototipo, e rende più legnoso l'umorismo non raffinatissimo. Resta un montaggio alternato in cui tre coppie (tra cui Philo-Lynne e due oranghi) si apprestano a godere le gioie dell'accoppiamento, degno di *Sammie e Rosie vanno a letto*. Eastwood canta con Ray Charles la canzone dei titoli di testa.

Fai in fretta ad uccidermi... ho freddo! *½ (Italia 1968, col, 99') Francesco Maselli. Con Monica Vitti, Jean Sorel, Roberto Bisacco, Daniela Surina. ◆ Spacciandosi per fratello e sorella, Giovanna (Vitti) e Franco (Sorel) truffano il prossimo, fino al giorno in cui si imbattono in un'altra coppia di truffatori. Un soggetto abbastanza inconsueto (di Maselli e Biagio Proietti, cosceneggiato da Andrea Barbato ed Ennio De Concini) vorrebbe essere lo spunto per una commedia di sinistra, spia di un cambiamento nel cinema italiano capace di mescolare battute e satira. Ma non si va oltre le buone intenzioni.

Fairway – Una strada lunga un sogno * (Italia 1999, col, 94') Angelo Rizzo, Nello Correale. Con Jennifer Driver, Paolo Calissano, Elisabetta Coraina, Francesco Migliaccio. ◆ Tra Milano, la Scozia e la California, una fotomodella (Driver) insegue il suo amore di gioventù, campione di golf. Ai confini della realtà, al di là del brutto, nonché del bene e del male: uno spot dilatato per un produttore di moda, che è riuscito a uscire pure nelle sale. Un relitto della Milano da bere degli anni Ottanta: resistere per più di 10' senza droghe è impresa umanamente impossibile.

Fa' la cosa giusta **½ (*Do the Right Thing*, Usa 1989, col, 113') Spike Lee. Con Danny Aiello, John Turturro, Richard Edson, Giancarlo Esposito, Spike Lee, Bill Nunn, John Savage, Joie Lee, Rosie Perez, Ossie Davis, Ruby Dee Sam[uel L.] Jackson, Frank Vincent. ◆ Nella giornata più calda dell'anno, nel ghetto di Bedford Stuyvesant, a Brooklyn, esplode violentissimo lo scontro tra gli abitanti neri del quartiere e gli italiani proprietari della pizzeria. Ispirato a un fatto di cronaca (la tragedia di Howard Brach, nel 1986, quando un nero fu ucciso da una banda di adolescenti), Spike Lee – che interpreta il ruolo del fattorino Mookie – ha diretto un film sull'intolleranza duro e dal ritmo sostenuto, ben supportato dalle musiche del padre del regista, Bill Lee (con il quale hanno collaborato jazzisti come Branford Marsalis e Terence Blanchard) e dalla fotografia di Ernest Dickerson. Ma la pellicola, che termina con due citazioni antitetiche sull'uso della violenza (di Martin Luther King e Malcolm X), evita di prendere posizione e si rifugia in un'ineluttabilità piuttosto ambigua («non ci sono colpe, se non in un odio e un'intolleranza profonda quanto reciproca, coltivata dalla povertà»). Nella parte di Da Mayor, il regista Ossie Davis, «papà» dei cineasti neri. La canzone dei titoli di testa è *Fight the Power* dei Public Enemy.

Falbalas **½ (*Falbalas*, Francia 1945, b/n, 95') Jacques Becker. Con Micheline Presle, Raymond Rouleau, Jean Chevrier, Gabrielle Dorziat, Jeanne Fusier-Gir, Françoise Lugagne, Chri-stiane Barry. ◆ Applaudito creatore di moda, Philippe Clarence (Rouleau) si mette a corteggiare Micheline (Presle), la fidanzata dell'amico Daniel (Chevrier). Lui pensa a un'avventura, ma poi se ne innamora veramente: abituato ad avere tutto quello che vuole, non riuscirà a sopportare che la donna lo rifiuti. Girato nel 1944 quando ancora Parigi era occupata dai tedeschi (anche se uscito solo nel luglio del '45) è «un film più suggestivo che dimostrativo», il cui insuccesso spinse Becker verso soggetti più realisti. Ambientata quasi totalmente all'interno di una *maison de couture*, la storia (sceneggiata da Maurice Aubergé, Maurice Griffe e dal regista) rivela la profonda crisi di identità del maschio francese e più in generale dell'ordine patriarcale: autoritario e generoso, odioso e dolce, appassionato o apatico, Philippe è un personaggio che sembra non possedere il senso della realtà, tanto da finire per identificare la donna amata con il manichino su cui crea i suoi abiti, mentre lascia alle figure femminili i ruoli decisionali: a Micheline per quel che riguarda i sentimenti, alla direttrice Solange (Durziat) per gli affari della *maison*. È uno dei rari film del periodo con molte allusioni alle restrizioni materiali imposte dall'Occupazione, a partire dalle biciclette usate dai ricchi protagonisti per muoversi in Parigi.

Falchi della notte, I **½ (*Nighthawks*, Usa 1981, col, 99') Bruce Malmuth. Con Sylvester Stallone, Billy Dee Williams, Lindsay Wagner, Rutger Hauer, Persis Khambatta. ◆ Un brillante e atletico poliziotto di New York (Stallone) dopo alcuni successi contro la malavita locale, passa al servizio dell'antiterrorismo: se la dovrà vedere, in un'incalzante sequenza di scene spettacolari, travestimenti e inseguimenti, con un gelido killer internazionale (Hauer). Film avvincente e teso con due attori impegnati in ruoli a loro congeniali: Stallone poliziotto «superman», Hauer spietato e disumano criminale.

Falchi in picchiata *½ (*Fighter Squadron*, Usa 1948, col, 96') Raoul Walsh. Con Edmond O'Brien, Robert Stack, John Rodney, Walter Reed, Henry Hull, Shepperd Strudwick, Tom d'Andrea, Rock Hudson. ◆ A capo di una squadriglia aeronautica di base in Inghilterra, il maggiore Hardin (O'Brien) guida i suoi piloti in numerose incursioni contro il nemico sperimentando nuovi assetti di volo: tra chi cadrà c'è il capitano Hamilton (Stack), freschissimo sposo, e, il giorno dello sbarco in Normandia, lo stesso Hardin. Walsh usa per la prima volta il colore in un'opera che utilizza materiale documentario in maniera massiccia, ma senza riuscire a trasmettere al film un autentico spessore epico. Esordio di Rock Hudson, uno dei tenenti alla mensa.

Falco del nord, Il *½ (*Spawn of the North*, Usa 1938, b/n, 110') Henry Hathaway. Con George Raft, Henry Fonda, Dorothy Lamour, Louise Platt, Akim Tamiroff, John Barrymore. ◆ Tra i ghiacci dell'Alaska, l'amicizia tra due pescatori (Fonda e Raft) è messa in crisi da un gruppo di trafficanti russi: il secondo passerà dalla loro parte, ma poi saprà riscattarsi affrontando eroicamente la morte. Un discreto film d'avventure, meglio recitato dai comprimari (ottima la Lamour e soprattutto John Barrymore nella parte di un giornalista) che dai protagonisti. Oscar per gli effetti speciali, ottici e sonori. Rifatto nel 1954 (*Nei mari dell'Alaska* di Jerry Hopper con Robert Ryan e Jan Sterling).

Falena d'argento, La *½ (*Christopher Strong*, Usa 1933, b/n, 77') Dorothy Arzner. Con Katharine Hepburn, Colin Clive, Billie Burke, Helen Chandler, Jack LaRue. ◆ Cynthia Darrington (Hepburn), abile e spericolata pilota, ha una relazione con un uomo sposato (Clive) e rimane incinta. Comprendendo l'impossibilità del suo amore, sceglie di morire in volo. Tratto da un romanzo di Gilbert Frankau (e adattato da Zoë Akins), un melodramma in bilico tra voglie di emancipazione femminista e inevitabile condanna moralistica. Da dimenticare l'interpretazione della Hepburn.

Fall Time ** (*Fall Time*, Usa 1995, col, 88') Paul Warner. Con Mickey Rourke, Stephen Baldwin, Jason London, David Arquette, Jonah Blechman, Sheryl Lee. ◆ Wisconsin, 1957: tre liceali – Tim (London), David (Arquette) e Joe (Blechman) – hanno progettato una finta sparatoria davanti a una banca per scuotere la noia della provincia: ma proprio nel giorno in cui due criminali (Rourke e Baldwin) vi devono fare un colpo. Una parabola nera sulla perdita dell'innocenza e sui lati oscuri della provincia, che sprofonda man mano in toni sempre più allucinati e orrorifici. Peccato per i buchi nella sceneggiatura (firmata da Steve Alden e Paul Skemp) e la direzione d'attori molto blanda. Rourke, criminale filosofo vestito in stile *Happy Days*, è insopportabile.

Falò delle vanità, Il ** (*The Bonfire of the Vanities*, Usa 1990, col, 125') Brian De Palma. Con Bruce Willis, Tom Hanks, Melanie Griffith, Kim Cattrall, Saul Rubinek, Morgan Freeman, John Hancock, Alan King, Donald Moffat, Kevin Dunn, F. Murray Abraham. ◆ La dolce vita di un rampante operatore di borsa (Hanks) finisce quando, in auto con l'amante (Griffith), travolge un ragazzo nero nel Bronx e fugge: il caso viene amplificato da un giornalista in disgrazia (Willis) e strumentalizzato a fini politici. Dall'omonimo bestseller di Tom Wolfe (sceneggiato da Michael Cristofer), un affresco ambizioso ma diseguale della cinica New York anni Ottanta. Di grande effetto la sequenza iniziale, con l'arrivo di Willis ubriaco a una cerimonia (scena ispirata a un episodio di cui fu protagonista Truman Capote) con la steadycam che insegue il protagonista per 5' senza stacchi.

Falsari, I *½ (Italia 1951, b/n, 90') Franco Rossi. Con Fosco Giachetti, Erno Crisa, Doris Duranti, Lianella Carell, Saro Urzì, Nerio Bernardi, Gabriele Ferzetti, Mario Angelotti, Leopoldo Trieste. ◆ Sulle tracce di una banda di falsari, l'ispettore Moroni (Giachetti) scopre prima l'operaio (Crisa) che procura la carta filigranata, poi smaschera a Napoli tutta la banda guidata da una stilista (Duranti) e un piccolo editore (Bernardi). Per il suo esordio, Franco Rossi (autore anche della sceneggiatura con Ugo Guerra, Leopoldo Trieste, Nazareno Gallo e Edoardo Anton) cerca di mescolare ambientazioni realistiche (la cittadina di Gorico, dove c'è la cartiera) e atmosfere all'americana, caricando di ironia e cinismo il personaggio di Giachetti, presentato come un «intellettuale» e un anticonformista. Ma l'incontro stride più che convincere. Con un simpatico elogio dell'arte napoletana della contraffazione e una partecipazione di Roberto Murolo che canta *Anema e core*.

Falso movimento *½ (*Falsche Bewegung*, Rft 1975, col, 103') Wim Wenders. Con Rüdiger Vogler, Hanna Schygulla, Marianne Hoppe, Hans Christian Blech, Peter Kern, Ivan Desny. ◆ L'aspirazione del giovane Wilhelm (Vogler) è diventare uno scrittore: su consiglio della madre (Hoppe) intraprende un viaggio verso il sud della Germania e questa esperienza lo porterà a concretizzare il suo sogno. Sceneggiato da Wenders con Peter Handke a partire dal *Wilhelm Meister Lehrjahre* di Goethe, il film affronta il tema della formazione in una maniera atipica: il viaggio del protagonista è reale ma allo stesso tempo è falso, perché Wilhelm si spinge incontro agli altri solo per carpire loro del materiale adatto alla scrittura, che pratica in solitudine; il percorso accidentale non è mai fonte di imprevisti, ma serve al giovane semplicemente come conferma del suo mondo interiore, dal momento che egli coglie nelle persone solo quegli aspetti che rimandano a sé; più che imparare a vivere, viaggiando Wilhelm osserva la vita che gli scorre davanti e cerca di sublimarla nell'arte. Ma quello che ai tempi sembrò un film epocale, che segnava la fine del mito on the road anni Settanta, oggi – affievolitosi l'interesse per il tema – appare soprattutto irrisolto. A lasciare perplessi è lo scarto evidente tra la scrittura metafisica di Handke e il tentativo di Wenders di tradurla in immagini. Solo quando il regista è libero dal condizionamento della sceneggiatura i risultati migliorano, come nelle sequenze urbane e paesaggistiche. Notevole il contributo degli attori, tra cui va segnalata l'esordiente Nastassia Kinski (allora Nakszynski) nel bel ruolo di Mignon.

Falstaff **** (*Campanadas de medianoche*, Spagna/Svizzera 1966, b/n, 119') Orson Welles. Con Orson Welles, Keith Baxter, John Gielguld, Jeanne Moreau, Margaret Rutherford, Norman Rodway, Marina Vlady, Walter Chiari, Michael Aldridge, Fernando Rey. ◆ Nell'Inghilterra del 1408, Hal (Baxter), figlio di Enrico IV (Gielguld) ed erede al trono, preferisce la taverna della signora Quickly (Rutherford) e l'amicizia di sir John Falstaff (Welles), inesauribile raccontatore di frottole e consumatore di vino di Spagna, alla reggia e alla compagnia dei suoi pari: riscoprirà i propri doveri quando alcuni nobili dichiareranno guerra alla corona e rinnegherà il proprio passato (e l'amicizia con Falstaff) quando salirà al trono. Capolavoro della maturità di Welles che rielabora materiali tratti da Shakespeare (*Riccardo II*, *Enrico IV* prima e seconda parte, *Le allegre comari di Windsor* ed *Enrico V*) e dalle *Cronicles of England* di Raphael Holinshed per offrire un indimenticabile ritratto del potere e della sua logica perversa. Il tema della nascita del «moderno» (già al centro di un film come *L'orgoglio degli Amberson*) qui è esemplificato dallo scontro tra i due «padri» di Hal – il cinico e politico Enrico IV e il vitale e spontaneo Falstaff – e dall'inevitabile sconfitta che è scritta nella Storia: la lezione di umanesimo che ha cercato di trasmettere al suo pupillo viene schiacciata dalla ragion di Stato, che si era fatta avanti nelle scene della battaglia (di una straordinaria potenza visiva) e che si impone nella condanna che Hal, diventato Enrico V, gli rivolge durante l'incoronazione: «Non ti conosco, vecchio. Inginocchiati e prega. Come mal s'adattano i capelli bianchi a un dissoluto e un buffone». Circondato da un gruppo di attori perfetti (compreso il tartagliante signor Silence interpretato da Walter Chiari), Welles offre il ritratto di un personaggio malinconico e struggente e troneggia in una parte che «propone un Falstaff capace di aderire in modo nuovo al "personaggio" Welles e far da spia a una solitudine che l'autore non osa più nascondere attraverso la dismisura». Il paggio di Falstaff è interpretato dalla figlia di Welles, Beatrice. Gran premio del XX anniversario al festival di Cannes.

Fame e la sete, La *½ (Italia 1999, col, 92') Antonio Albanese. Con Antonio Albanese, Lorenza Indovina, Beatrice Macola, Aisha Cerami, Lucia Guzzardi, Stefania Spugnini. ◆ Alla morte del padre, l'aspirante fotografo siciliano Alex Drastico (Albanese) è costretto a chiamare il fratello Ivo Perego (Albanese), che ha una fabbrichetta nel Nord e odia le proprie origini; del terzo fratello, il timido Pacifico (Albanese), non si ricorda nessuno. Tre maschere familiari ai fan di Albanese (con Pacifico che non entra mai nel vivo del racconto) non fanno un film: così come due personaggi prepotenti non portano un po' di sana cattiveria se restano solo due macchiette (per di più punite alla fine). Vincenzo Cerami, cosceneggiatore con il regista, non garantisce coerenza a un intreccio che si dipana pigramente, pago di ripetere le stesse gag fino alla noia. Con citazioni «vorrei ma non posso» (la Sicilia di Germi, il funerale di *Entr'acte* di Clair) e divagazioni satiriche troppo facili e politicamente corrette.

Famiglia, La **½ (Italia/Francia 1987, col, 127') Ettore Scola. Con Vittorio Gassman, Stefania Sandrelli, Fanny Ardant, Jo Champa, Cecilia Dazzi, Andrea Occhipinti, Carlo Dapporto, Massimo Dapporto, Alberto Gimignani, Athina Cenci, Monica Scattini, Alessandra Panelli, Ottavia Piccolo, Memè Perlini, Giuseppe Cederna, Renzo Palmer, Philippe Noiret, Ricky Tognazzi, Dagmar Lassander, Sergio Castellitto. ◆ Il ritratto di una famiglia della media borghesia romana dal 1906 al 1986: le indecisioni del capoclan Carlo (Gassman), il ruolo insostituibile della moglie Beatrice (Sandrelli), le frustrazioni del fratello Giulio (Dapporto), l'irrequietezza della cognata Adriana (Ardant). Da un soggetto di Scola, Ruggero Maccari e Furio Scarpelli, un film minimalista, tutto girato all'interno di un appartamento, più attento allo scorrere del tempo che ad approfondire le situazioni: la Storia resta fuori dalla porta e tutto è centrato sui microeventi e sulla quotidianità. Alla base c'è l'ambizione di scoprire il privato di una nazione grazie a un «progetto di cinema più didattico che critico», ma il film finisce per reggersi più sulla recitazione degli attori (strepitoso Noiret) che sullo spessore della sceneggiatura. Provocò una sollevazione generale quando, a Cannes, fu escluso dai premi.

Famiglia Addams, La ** (*The Addams Family*, Usa 1991, col, 99') Barry Sonnenfeld. Con Anjelica Huston, Raul Julia, Christopher Lloyd, Dan Hedaya, Elizabeth Wilson, Christina Ricci, Jimmy Workman. ◆ I disegni di Chas Addams, diventati serial Tv per la Abc, arrivano al cinema. Per rubare i dobloni d'oro della famiglia, un impostore si finge lo zio Fester (Lloyd) sparito nel triangolo delle Bermude e tornato miracolosamente a casa dopo 25 anni. Una storia squinternata per tenere insieme le gag sull'inversione comportamentale di questa mostruosa famiglia: qualcuna è divertente, come la recita scolastica con megaspruzzi di sangue di Mercoledì e Pugsley (Ricci e Workman), molte sono francamente spente. I puristi noteranno che Morticia e Gomez (Huston e Julia) qui ballano il valzer – col casqué – invece del tango. La nonna è interpretata da Judith Malina, ex leader del Living Theatre. Con un seguito.

Famiglia Addams 2, La ** (*Addams Family Values*, Usa 1993, col, 93') Barry Sonnenfeld. Con Anjelica Huston, Raul Julia, Christopher Lloyd, Joan Cusack, Christina Ricci, Carol Kane, Jimmy Workman, Katlyn e Kristen Hooper, Tony Shalhoub. ◆ Assunta per badare all'ultimo nato in casa Addams, Pubert (interpretato di volta in volta da due gemelli, K. e K. Hooper), la procace Debbie (Cusack) si rivela invece una pericolosa cacciatrice di uomini e di dote. Riesce a farsi sposare dallo zio Fester (Lloyd), ma sarà smascherata da Mercoledì e Pugsley (Ricci e Workman), tornati a casa giusto in tempo dalle vacanze. Sostanziale delusione anche per questo secondo film sulle avventure dei personaggi di Charles Addams (sceneggiatura di Paul Rudnick): le sequenze migliori sono per i due ragazzini che demoliscono il perbenismo tutto americano del campo-scuola (la casa dei buoni propositi è geniale) o la scena del matrimonio con il campionario variopinto dei parenti, ma il meccanismo comico dell'inversione comportamentale non graffia mai quanto potrebbe (nonostante le promesse del titolo originale, che dovrebbe alludere ai «valori» degli Addams, alternativi a quelli dei tipici borghesi). Rispetto al primo film, qui la nonna è interpretata da Carol Kane e per fortuna Morticia e Gomez (Huston e Julia) tornano a ballare il tango.

Famiglia Dakers, La *½ (*My Brother Jonathan*, Gb 1947, b/n, 108') Harold French. Con Michael Denison, Dulcie Gray, Ronald Howard jr, Stephen Murray, Mary Clare, Finlay Currie, Beatrice Campbell, Arthur Young. ◆ Raccontata in flashback al figlio, ecco la vita di Jonathan Dakers (Denison) che voleva diventare un grande chirurgo ma che per mantenere la famiglia dopo la morte del padre accetta di fare il medico in un quartiere operaio: la sua tenacia e la sua abnegazione lo faranno amare e rispettare, spingendolo a lottare per migliorare la qualità di vita dei più poveri. Agiografia e trionfo dei buoni sentimenti in un melodramma tratto da un romanzo di Francis Brett Young e sceneggiato da Leslie L. Landau e Adrian Alington, curioso per il dichiarato messaggio sociale (i poveri hanno diritto alle cure gratis anche se l'istituzione ospedaliera avrà dei conti passivi) e la comprensione per le donne rimaste incinte dei fidanzati morti in guerra, problema diffusissimo nell'Inghilterra del dopoguerra e che nel film offre l'occasione a Jonathan di un ulteriore atto di generosità, sposando la donna (Gray) che aspetta un figlio dal fratello morto sotto le armi.

Famiglia Gibson, La ** (*This Happy Breed*, Gb 1944, col, 98') David Lean. Con Robert Newton, Celia Johnson, John Mills, Kay Walsh, Stanley Holloway. ◆ Storia della famiglia di Frank Gibson (Newton) fra le due guerre, dal 1919 al 1939. Tratto dalla pièce di Noël Coward, racconta la transizione dell'Inghilterra vittoriana in una società industriale avanzata, con tutti i cambiamenti di valori e di costume che questo comporta. Seconda regia di David Lean che si dimostra buon direttore di attori, ma non ancora capace di far dimenticare le origini teatrali della sceneggiatura. In originale dura 114'.

Famiglia maledetta *½ (*Daddy's Boys*, Usa 1987, col, 83') Joe Minion. Con Daryl Haney, Laura Burkett, Raymond J. Barry, Dan Shor, Christian Clemenson. ◆ Negli anni della Depressione, Jimmy Haggard (Haney, anche sceneggiatore) cerca di sganciarsi dal pazzo padre-patriarca (Barry) e si mette in proprio a rapinare banche con l'aiuto di una prostituta (Burkett). I tempi del *Clan dei Barker* sono passati, ma Corman, produttore, insiste sulla stessa formula: la regia tenta toni grotteschi e di satira sociale, ma non convince mai.

Famiglia Passaguai, La *** (Italia 1951, b/n, 90') Aldo Fabrizi. Con Aldo Fabrizi, Peppino De Filippo, Ave Ninchi, Luigi Pavese, Carlo Delle Piane, Giovanna Ralli, Giancarlo Zarfati, Tino Scotti, Nyta Dover, Jole Silvani, Pietro De Vico. ◆ La domenica al mare della famiglia Passaguai – il capofamiglia Peppe (Fabrizi), la moglie Margherita (Ninchi), i figli Pecorino (Delle Piane), Marcella (Ralli) e Gnappetta (Zarfati) – inizia con i laboriosi preparativi per la colazione in spiaggia, prosegue con un avventuroso viaggio in taxi più autobus e, una volta arrivati al lido di Ostia, diventa una vera ossessione per gli scontri con un bagnante (Pavese) e la sua anguria, per le immotivate gelosie della moglie, gli equivoci innescati dal collega Videtti (De Filippo) e l'inopinata presenza del capufficio (Scotti). Scatenata commedia di costume e degli equivoci dove Fabrizi nel triplo ruolo di regista, attore e sceneggiatore (insieme a Mario Amendola e Ruggero Maccari [a partire dalla commedia *Cabina 27* di Anton Germano Rossi]) ironizza sui comportamenti di una piccola borghesia che si confronta a fatica con i primi segni del benessere. Utilizzando l'esilissima trama come un vero e proprio canovaccio su cui innestare invenzioni e trovate, Fabrizi fonde gli elementi caratteristici della sua comicità (il tipo romano pacioso e un po' tonto, bistrattato da tutti, a cominciare dall'ingombrantissima moglie) in una struttura che alterna elementi addirittura slapstick – le ripetute gag con l'anguria, l'esilarante trovata del volto deformato dal peso della moglie – a situazioni più tradizionali, derivate dall'avanspettacolo o dal teatro boulevardier, ottenendo effetti comici spesso irresistibili. Ottimo anche il lavoro sui caratteristi, a cominciare da un Delle Piane in calzoncini corti. Il grande successo di pubblico spinse Fabrizi a dirigere due sequel: *La famiglia Passaguai fa fortuna* (1952) e *Papà diventa mamma* (1952).

Famiglia Passaguai fa fortuna, La ** (Italia 1952, b/n, 90') Aldo Fabrizi. Con Aldo Fabrizi, Ave Ninchi, Luigi Pavese, Erminio Macario, Carlo Delle Piane, Giovanna Ralli, Giancarlo Zarfati, Virgilio Riento, Marisa Merlini, Carlo Rizzo, Nino Pavese, Lia Rainer. ◆ Disoccupato e senza un soldo, Peppe Passaguai (Fabrizi) tenta di fingersi ricco nella speranza di entrare in affari con un vecchio amico (Macario) che crede miliardario e invece è povero in canna come lui. Quasi senza accorgersene si fanno coinvolgere in una speculazione edilizia che dopo molte peripezie si rivelerà un vero colpo di fortuna. Fabrizi (con gli sceneggiatori Mario Amendola e Ruggero Maccari e prendendo spunto anche questa volta dall'umorista Anton Germano Rossi) porta ancora sullo schermo le avventure della famiglia Passaguai, ma questa volta l'impianto narrativo è troppo meccanico e il gioco degli equivoci troppo rigido per risultare davvero divertente. Non mancano i momenti più comici (affidati soprattutto al tartassato padrone di casa e attore in pensione cavalier Girdini, interpretato da Luigi Pavese) ma il tentativo di fondere la comicità più popolaresca di Fabrizi con quella più stralunata di Macario non funziona. I personaggi torneranno in *Papà diventa mamma* (1952).

Famiglia Perez, La * (*The Perez Family*, Usa 1995, col, 112') Mira Nair. Con Marisa Tomei, Alfred Molina, Anjelica Huston, Chazz Palminteri, Trini Alvarado, Celia Cruz, Vincent Gallo. ◆ Dopo venti anni passati nelle prigioni dell'Avana, un contadino cubano (Molina) riesce finalmente ad approdare sulle agognatissime spiagge della Florida: dovrebbe riabbracciare moglie e figlia (Huston e Alvarado), ma un errore dell'ufficio immigrazione gli appioppa un'ex prostituta cubana (Tomei) come nuova moglie. Regia inesistente e spento adattamento di Robin Swicord da un romanzo di Christine Bell, che trasuda anticomunismo come nemmeno ai tempi del maccartismo. Se il sole, dalle parti di Fidel, è pallido in un cielo biancastro, sulle coste americane emerge nello splendore del technicolor. Potenza dei filtri.

Famiglia sottosopra, Una *½ (*Stella*, Usa 1953, b/n, 83') Claude Binyon. Con Ann Sheridan, Victor Mature, David Wayne, Frank Fontaine. ◆ Morto per caso, uno zio è sotterrato di nascosto da un nipote picchiatello. Ma poi si scopre che il cadavere può valere 20 mila dollari e si apre la caccia al corpo del morto. Una commedia nera che non riesce a mantenere il ritmo da screwball richiesto dalla sceneggiatura.

Famiglia Stoddard, La *½ (*Adam Had Four Sons*, Usa 1941, b/n, 81') Gregory Ratoff. Con Ingrid Bergman, Warner Baxter, Susan Hayward, Richard Denning, Johnny Downs, Fay Wray, Helen Westley. ◆ La governante francese (Bergman) saprà farsi amare da tutti gli Stoddard, ritirarsi nell'ombra quando l'economia familiare traballa e tornare con la riconquistata floridezza, finendo per sentirsi dire dal capofamiglia (Baxter) rimasto vedovo: «Perché non dividi con me la mia eredità?». Una commedia piuttosto insulsa, sorretta solo dall'interpretazione della Bergman e dalla Hayward in un ruolo di giovanissima ninfomane.

Famiglia Sullivan, La **½ (*The Sullivans*, poi rititolato *The Fighting Sullivans*, Usa 1944, b/n, 111') Lloyd Bacon. Con Anne Baxter, Thomas Mitchell, Selena Royle, Ward Bond, Bobby Driscoll, Addison Richards, Edward Ryan, Trudy Marshall, John Campbell, James Cardwell, John Alvin, George Offerman jr, Roy Roberts, Mary McCarthy. ◆ Perfetto esempio di genitori yankee, i Sullivan (Mitchell e Royle) hanno cresciuto i loro cinque figli (Ryan, Campbell, Cardwell, Alvin e Offerman jr) e la loro figlia (Marshall) nell'amore per la terra e nel rispetto delle tradizioni americane: quando il Giappone bombarderà Pearl Harbour, i cinque fratelli si arruoleranno volontari e moriranno eroicamente per l'affondamento della loro nave. Tratto da una storia vera (dopo questo episodio, Roosevelt fece votare una legge per cui i fratelli in guerra dovevano essere separati) e spunto non dichiarato per *Salvate il soldato Ryan* di Spielberg, un film apertamente propagandistico, sceneggiato da Mary C. McCall e prodotto per sostenere lo sforzo bellico (nella scena finale, il padre torna al lavoro e saluta le ombre dei figli che si allontanano nel cielo al suono di un inno patriottico): ma con una certa autenticità nella prima parte, quando descrive la povera vita quotidiana di una famiglia comune. Insieme con *Un americano qualunque*, fu il film scelto dai servizi di propaganda americani per essere proiettato agli italiani immediatamente dopo la liberazione.

Family Life *** (*Family Life*, Gb 1971, col, 110') Ken Loach. Con Sandy Ratcliff, Bill Dean, Grace Cave, Hilar Martyn, Alan MacNauhton. ◆ Una ragazza della piccola borghesia (Ratcliff), con una madre autoritaria che l'ha costretta ad abortire (Cave) e un padre debole (Dean), si rifugia nella schizofrenia ed è curata con l'elettroshock da un medico che non capisce le origini psicologiche della malattia. Tratto dall'originale televisivo di David Mercer *In Two Minds* e direttamente ispirato alle teorie sull'io diviso di Laing (la «normalità» e il rispetto delle convenzioni possono portare alla rovina psichica di una persona), questo film è girato con uno stile secco e documentaristico e stigmatizza, con ferocia glaciale, l'influenza della famiglia nell'alienazione e nella castrazione dei bisogni profondi dei giovani. Anche se risente molto dell'atmosfera libertaria di quegli anni, il film si fa ancora apprezzare per la sua forza polemica e per la straordinaria prova di recitazione della protagonista.

Fammi posto tesoro ** (*Move Over, Darling*, Usa 1963, col, 103') Michael Gordon. Con Doris Day, James Garner, Polly Bergen, Chuck Connors, Thelma Ritter. ◆ Tragicomiche avventure di un presunto vedovo (Garner): quando sta per risposarsi, salta fuori la prima moglie (Day), creduta morta. Una commedia abbastanza divertente anche se non molto originale, remake di *Le mie due mogli* (1940). All'origine, il film doveva intitolarsi *Something's Got to Give* ed essere interpretato da Marilyn Monroe, ma la produzione fu sospesa e l'attrice si suicidò poco dopo.

Fan, The – Il mito ** (*The Fan*, Usa 1996, col, 114') Tony Scott. Con Robert De Niro, Wesley Snipes, Benicio Del Toro, John Leguizamo, Ellen Barkin, Patti D'Arbanville-Quinn, Chris Mulkey, Aaron Neville. ◆ Il giocatore di baseball Bobby Rayburn (Snipes), nuovo acquisto dei San Francisco Giants, è l'idolo di Gil Renard (De Niro), divorziando sull'orlo della crisi di nervi. Dopo aver ucciso di sua iniziativa un giocatore rivale (Del Toro) di Rayburn, Renard, sentendosi disprezzato, prenderà di mira il suo ex mito. Il romanzo di Peter Abrahams (adattato da Phoef Sutton) coglie bene la patologia del tifoso pronto a demolire l'idolo che lui stesso ha costruito: ma Tony Scott, che nella prima metà cerca di dare spessore al personaggio del piccolo-borghese bianco in caduta libera (vedi anche *Un giorno di ordinaria follia*), nella seconda propina il solito thriller esagitato e videoclippato, senza suspense e senza sorprese. Lodevole De Niro nel cercare di evitare il proprio cliché. A proposito di verosimiglianza, Scott sembra non sapere che, quando piove a dirotto, le partite di baseball vengono sospese.

Fanciulla cavaliere errante, La → *Touch of Zen, A*

Fanciulla di Portici, La *½ (Italia 1940, b/n, 88') Mario Bonnard. Con Carlo Ninchi, Luisa Ferida, Giuditta Rissone, Roberto Villa, Oretta Fiume, Giulio Donadio, Armando Migliari, Franco Rondinella, Giacomo Moschini, Luigi Pavese. ◆ La preparazione della rivolta capeggiata da Tommaso Aniello detto Masaniello (Ninchi) contro gli spagnoli si intreccia con il contrastato amore tra la sorella (Ferida) del pescatore patriota e il figlio (Villa) del viceré (Donadio) che si è fatto passare per l'erede di un mercante e che il padre vorrebbe destinare a un matrimonio altolocato: la sollevazione popolare e l'abilità della marchesa Del Vasto (Rissone) risolveranno tutto. Fantasiosa rivisitazione storica (sceneggiata dal regista con Ferruccio Biancini, Alberto Consiglio e, non accreditato, Giacomo Debenedetti) più a suo agio nel raccontare la vitalità popolare che la lotta politica: Bonnard sfrutta bene il campionario di volti e caratteristi a disposizione ma poi tutto finisce in un *embrassons-nous* che sa molto di «suggerimento» agli italiani di allora.

Fanciulle delle follie, Le *** (*Ziegfeld Girl*, Usa 1941, b/n, 131') Robert Z. Leonard. Con James Stewart, Lana Turner, Hedy Lamarr, Judy Garland, Tony Martin, Jackie Cooper, Edward Everett Horton. ◆ Le avventure e gli amori di tre ragazze che vengono scritturate dalle Ziegfeld Folies: una cantante da vaudeville (Garland), una ragazza addetta agli ascensori (Turner) e una violinista senza un soldo (Lamarr). Grazie alle coreografie di Busby Berkeley, alle scenografie di Cedric Gibson e ai costumi di Adrian, la trama passa immediatamente in secondo piano per lasciare spazio a una delle esplosioni più fantasmagoriche dello «stile Mgm», fatto di sfarzo, genialità e gusto «camp»: tra i numeri più famosi *You Stepped Out of a Dream* (su musiche di Gus Kahn e Nacio Herb Brown), *Minnie from Trinidad* e *I'm Always Chasing Rainbows* (cantate dalla Garland). Alcune sequenze, tra cui quella del dolce di nozze, sono riprese da *Il paradiso delle fanciulle* (1936).

Fanciulle di lusso *½ (Italia 1952, b/n, 91') Bernard Vorhaus. Con Susan Stephen, Anna Maria Ferrero, Brunella Bovo, Jacques Sernas, Marina Vlady, Rossana Podestà, Claudio Gora, Elisa Cegani, Paola Mori, Vittoria Febbi. ◆ L'amore tra il giovane operaio Andrea (Sernas) e Susan (Stephen), ricchissima ospite di un college, sembra senza speranza, considerate le differenze sociali. Ma Andrea, vincendo una borsa di studio, può iniziare la scalata al successo e all'amore. Lieve commedia a lieto fine (sceneggiata da Ennio Flaiano e Françoise Lafaurie) con una morale più americana che italiana.

Fanciulli del West, I **½ (*Way Out West*, Usa 1937, b/n, 65') James W. Horne. Con Stan Laurel, Oliver Hardy, Sharon Lynne, James Finlayson, Rosina Lawrence, Stanley Fields, Viviel Oakland. ◆ Stanlio e Ollio devono cercare una ragazza per consegnarle l'attestato di proprietà di una miniera. Il disonesto padrone di un saloon (Finlayson) spaccia la propria moglie per la ragazza, ma dopo molte peripezie la vera proprietaria sarà ritrovata: era la servetta del saloon (Lawrence). Il secondo film prodotto da Stan Laurel (dopo *Allegri gemelli*) conferma il buon periodo della coppia: ottima sceneggiatura (di Charles Rogers, Felix Adler e James Parrott), eccellente uso delle scenografie e alcune gag entrate nella storia: il pollice di Stanlio che si accende come un accendino, il cappello mangiato crudo con l'aiuto di un po' di sale, la salita di Ollio con il mulo. Le tre sequenze musicali sono ben integrate nel film, conosciuto anche col titolo *Allegri vagabondi*.

Fanciullo del West, Il ** (Italia 1943, b/n, 85') Giorgio Ferroni. Con Erminio Macario, Elli Parvo, Giovanni Grasso, Nino Pavese, Adriana Sivieri, Tino Scotti. ◆ In un immaginario paesino del West, Lolita de Fuego (Parvo), corteggiata da un bandito, s'innamora dell'ingenuo rampollo della famiglia rivale, MacCarey (Macario), che contro ogni previsione riuscirà a sgominare una banda di malviventi e a sposare la ragazza, rappacificando le due famiglie rivali. Una commedia western dai personaggi e dalle ambientazioni improbabili (sceneggiata da Vittorio Metz, Gian Paolo Callegari, Vincenzo Rovi e dal regista), a cui però dà un tocco di originalità la presenza di Macario, «Buster Keaton alla rovescia»: mentre tutti sembrano prendere il compito seriosamente, Macario, vero «idiota» del Far West, balbetta, sorride, canta e fredda con il suo disarmante candore tutti i cattivi che lo circondano. Non certo un capolavoro del genere, ma un film che ancora oggi si guarda con piacere e stupore per le sottili doti comico-interpretative del protagonista.

Fandango **½ (*Fandango*, Usa 1985, col, 91') Kevin Reynolds. Con Kevin Costner, Judd Nelson, Sam Robards, Chuck Bush, Brian Cesak, Suzy Amis. ◆ Inizio anni Settanta: prima che due di loro partano per il Vietnam, cinque amici decidono di spassarsela intraprendendo un viaggio senza meta, sconclusionato e surreale. Esordio nel lungometraggio di Kevin Reynolds che, con l'aiuto di Steven Spielberg, riprende il soggetto di un suo filmetto studentesco (*Proof*): il viaggio come possibilità e occasione di riflettere e discutere sulla vita. Ottima colonna sonora (tutta di hit di quegli anni: Cream, Steppenwolf, Blind Faith, Carol King, Pat Metheny, Elton John) e prima affermazione personale per Costner. Snobbato negli Usa, la fortuna del film partì dal successo al festival di Venezia.

Fanfan la Tulipe *** (*Fanfan la Tulipe*, Francia/Italia 1951, b/n, 102') Christian-Jaque [Christian Maudet]. Con Gérard Philipe, Gina Lollobrigida, Nerio Berardi, Noël Roquevert, Olivier Hussenot, Marcel Herrand, Jean Marc Tennberg, Geneviève Page. ◆ Arruolatosi nell'esercito di Luigi XV per evitare un matrimonio riparatore, Fanfan (Philipe) salva dai banditi la Pompadour (Page), rischia la morte per essersi introdotto nel castello reale ma riconquista la fiducia reale facendo prigioniero lo stato maggiore nemico e può finalmente sposare l'amata Adelina (Lollobrigida). Uno dei più celebri film europei d'avventura, con colpi di scena continui e una bella Lollobrigida che inizierà da qui la sua carriera internazionale. L'abilità di Christian-Jaque consiste nell'equilibrare l'esilità della trama con divertenti caratterizzazioni (la stupidità monumentale e picaresca di Noël Roquevert, l'inquietante volgarità di Marcel Herrand). Superba la fotografia di Christian Matras.

Fangio, una vita a 300 all'ora ** (*Fangio*, Panama/Italia 1981, col e b/n, 84') Hugh Hudson. Con Manuel Fangio. ◆ Un documentario sul grande pilota di Formula Uno che racconta la sua vita e commenta vecchi filmati: pur iniziando tardi la carriera agonistica (dopo i 40 anni), vinse per cinque volte il titolo di campione del mondo. Sceneggiatura di Gualtiero Jacopetti che evita di cadere nella facile agiografia. Ottimo montaggio e interessante scelta di materiale di repertorio.

Fango, sudore e polvere da sparo **½ (*The Culpepper Cattle Company*, Usa 1972, col, 92') Dick Richards. Con Gary Grimes, Billy «Green» Bush, Luke Askew, Bo Hopkins, Geoffrey Lewis. ◆ La dura vita dei mandriani nelle sterminate praterie dell'Ovest, vista con gli occhi di un ragazzo (Grimes) che si unisce come aiutocuoco a un gruppo di cowboy: tra sparatorie, furti di bestiame e ogni tipo di pericoli scopre una dimensione di violenza che non aveva immaginato. Un western cronachistico, attento al rigore filologico, «canto concreto di idealismo e sofferenza, con il sapore aspro e veritiero del piccolo fatto di cronaca documentaria». Sceneggiato da Eric Bercovici e Gregory Prentiss.

Fango sulle stelle *** (*Wild River*, Usa 1960, col, 103') Elia Kazan. Con Montgomery Clift, Lee Remick, Jo Van Fleet, Albert Salmi, Jay C. Flippen, Barbar Loden, James Earl Jones. ◆ Chuck Glover (Clift) è inviato nel Tennessee dall'amministrazione Roosevelt per convincere i contadini a lasciare i terreni dove dovrà essere costruita una diga: si scontra con l'irragionevolezza di una vecchia proprietaria (Van Fleet) e i razzisti locali, contrari a pagare gli operai neri quanto i bianchi, ma conquisterà l'amore di Carol (Remick), la nipote della vecchia. Tratto dai romanzi *Mud on the Stars* di William Bradford Huie e *Dunbar's Cove* di Borden Deal, questo film è prima di tutto «una fantasticheria lirica e poetica» sui temi forti di Kazan (l'individualismo, la forza della Natura, la fraternità che sa unire gli avversari, la forza estrema dell'amore) che fa passare in secondo piano il ruolo dei grandi ideali sociali sostenuti dal New Deal. Ma è soprattutto il senso dello scorrere del tempo (filmato con uno stile calmo e maestoso) a emergere dal film e a farne il suo cuore palpitante.

Fanny **½ (*Fanny*, Francia 1932, b/n, 125') Marc

Allégret. Con Raimu [Jules Muraire], Pierre Fresnay, Fernand Charpin, Orane Demazis, Alida Rouffe, Robert Vattier, Milly Mathis, Auguste Mouriès. ◆ Dopo che Marius (Fresnay) ha preferito imbarcarsi che convolare a nozze con Fanny (Demazis), la giovane, dopo aver scoperto di essere incinta, accetta di sposare l'anziano bottegaio Panisse (Charpin), disposto a riconoscere il figlio che nascerà. César (Raimu), padre di Marius, accetta a fatica questo matrimonio – anche se il nipotino viene chiamato Césariot – ma quando il figlio torna sarà proprio lui a spingerlo a imbarcarsi di nuovo, per lasciare un po' di tranquillità alla nuova famiglia di Fanny. Dopo lo straordinario successo di *Marius* (1931), Pagnol scrive un seguito a quella sua prima pièce che poi sceneggia e produce anche per il cinema, affidandone la regia ad Allégret. Perfettamente equilibrata tra scene d'interni e rari squarci en plein air, questo film (a cui Pagnol darà una conclusione nel 1936 con *César*) ha meno forza drammatica del precedente ma sfrutta meglio il lato corale della storia, fatto dei commenti e dei pettegolezzi del villaggio. Anche se la regia di Allégret è fin troppo scolastica, la forza della sceneggiatura di Pagnol dà vita al film, con la linearità di un racconto che permette così di approfondire i caratteri dei pochi personaggi principali, lasciando al dialogo (sempre brillante e scorrevolissimo) il compito di divertire il pubblico ma anche di satireggiare certi atteggiamenti, sottolineando attraverso le parole la loro ignoranza, la loro ribalderia, la loro malafede. Nella realtà Orane Demazis era la moglie di Pagnol.

Fanny ** (*Fanny*, Usa 1961, col, 133') Joshua Logan. Con Leslie Caron, Charles Boyer, Horst Buchholz, Maurice Chevalier, Salvatore Baccaloni, Lionel Jeffries. ◆ Trascurata da Marius (Buchholz), un giovane irresistibilmente attratto dalla vita di mare, Fanny (Caron), ragazza di Marsiglia, accetta, nonostante aspetti un figlio, di sposare Panisse (Chevalier), un uomo maturo e comprensivo, che riconoscerà il figlio dei due giovani e, prima di morire, farà in modo che i due si sposino. Commedia sentimentale ispirata alla famosa trilogia francese (*Marius*, *Fanny* e *César*) di Marcel Pagnol e diventata un successo di Broadway: una fotografia sontuosa (di Jack Cardiff) e una bella prova degli attori (soprattutto Chevalier e Charles Boyer, nella parte di César, padre di Marius) non riscattano completamente una storia (sceneggiata da Julius J. Epstein) fintamente melodrammatica. Molto meglio la meno conciliante versione di Marc Allégret (*Fanny*, 1932) che non si chiude con il matrimonio riparatore dei due giovani.

Fanny e Alexander **** (*Fanny och Alexander*, Svezia/Francia/Rft 1982, col, 197') Ingmar Bergman. Con Pernilla Allwin, Bertil Guve, Börje Ahlsted, Ewa Fröling, Erland Josephson, Allan Edwall, Jan Malmsjö, Käbi Laretei, Gunnar Björnstrand, Harriet Andersson, Stina Ekblad. ◆ In una cittadina di provincia svedese, all'inizio del secolo, vive la famiglia Ekdahl: quando il padre, direttore di teatro, muore, i due figli, Fanny (Allwin) e il sognatore Alexander (Guve) sono costretti a vivere secondo le rigide imposizioni del vescovo protestante Vergérus (Malmsjö) con cui la madre (Fröling) si è risposata, finché un avventuroso intervento della nonna e dell'antiquario ebreo Isak (Josephson) non ricompone l'armonia familiare, grazie anche all'improvvisa morte del vescovo in un incendio. Prodotto originariamente per la televisione (cinque puntate per un totale di 312'), è una sorta di film testamento, girato da Bergman in Svezia dopo cinque anni di esilio volontario per problemi fiscali. È una commedia che si colora anche di dramma, dove l'arte bergmaniana perviene a una serena e armonica conciliazione degli opposti della vita, vista come uno spettacolo dove «tutto può accadere, tutto è possibile e verosimile»: al centro una famiglia di artisti di teatro (il padre muore recitando l'*Amleto*, la vedova riprenderà a recitare col *Sogno* di Strindberg), «dimostrazione quasi utopica della possibilità di vivere naturalmente anche la morte e le passioni», il cui equilibrio verrà distrutto dall'intervento repressivo del ministro ecclesiastico, caricaturale rappresentazione dell'eccessivo puritanesimo della cultura nordica. La fotografia di Sven Nykvist fa miracoli nel rendere il contrasto fisico fra il calore del mondo teatrale, la magia dell'ambiente ebraico, la freddezza ascetica del rigore religioso. Tre Oscar: miglior scenografia (Anna Asp e Susan Lindheim), costumi (Marik Vos) e miglior film straniero.

Fantabus, Il *½ (*The Big Bus*, Usa 1976, col, 88') James Frawley. Con Joseph Bologna, Stockard Channing, John Beck, Ned Beatty, José Ferrer, Ruth Gordon, Lynn Redgrave, Sally Kellerman, Larry Hagman, Stuart Margolin. ◆ Rivalità, sabotaggi, inventori e avventurieri pasticcioni intorno a uno straordinario autobus a propulsione nucleare. Sgangherata parodia dei vari film catastrofici – con tanto di suspense con il bus in bilico su di un burrone – per un risultato nettamente inferiore ai propositi. Divertente solo Murphy Dunne nel ruolo del pianista folle.

Fantasia *** (*Fantasia*, Usa 1940, col, 120') Ben Sharpsteen [e Walt Disney] Samuel Armstrong, James Algar, Bill Roberts, Hamilton Luske, Thornton Hee, Wilfred Jackson ◆ Film a cartoni animati a episodi. In *Toccata e fuga in re minore* (regia di Samuel Armstrong) le ombre dei musicisti e poi una serie di immagini astratte si muovono al suono della trascrizione sinfonica della partitura di Bach; in *Suite dallo Schiaccianoci* (Samuel Armstrong) fiori e piante, fate e creature marine animano lo scorrere delle stagioni al suono degli ultimi sei movimenti della suite; in *L'apprendista stregone* (James Algar) Topolino, svogliato assistente di un mago, utilizza i poteri magici per costringere una scopa a lavorare al suo posto al ritmo dello Scherzo sinfonico di Paul Dukas; in *La sagra della primavera* (Bill Roberts) la composizione di Igor Stravinskij è visualizzata mostrando l'evoluzione degli esseri viventi quando la terra aveva circa un miliardo di anni, dall'esplosione dei vulcani alle lotte dei dinosauri; nell'*Intermezzo* la «colonna sonora» viene fatta vedere come una linea che vibra e si adatta alle varie intensità del suono; in *La pastorale* (Hamilton Luske) una sintesi dei quattro movimenti della Sinfonia n. 6 di Ludwig van Beethoven sono illustrati dalle creature mitologiche e dagli dèi che popolano il monte Olimpo; in *La danza delle ore* (Thornton Hee) il balletto dedicato allo scorrere del tempo e tratto dall'opera *La gioconda* di Amilcare Ponchielli è interpretato da un gruppo di struzzi (*il mattino*), di ippopotami (*il pomeriggio*), di elefanti (*la sera*) e di alligatori (*la notte*); in *Una notte sul monte Calvo/Ave Maria* (Wilfred Jackson) il poema sinfonico di Musorgskij – illustrato dalle immagini di un sabba notturno – si fonde senza soluzione di continuità nelle note dell'*Ave Maria* di Franz Schubert – che accompagnano una processione di fedeli verso una chiesa – per rappresentare la drammatica contrapposizione tra sacro e profano. Il più ambizioso progetto di Walt Disney («dare immagini alla musica», ma anche dare una dignità culturale ai cartoon) fu realizzato in collaborazione col maestro Leopold Stokowski che arrangiò (e ridusse) tutti i brani dirigendoli con la Philadelphia Orchestra. Supervisionato da Ben Sharpsteen, il film ribalta il rapporto tradizionale tra musica e immagine subordinando la seconda alla prima: oggi, lontano dai tempi in cui l'opera veniva accusata di «crimine culturale» per aver osato «visualizzare lo spirito della musica», *Fantasia* può essere apprezzata per la sua indubbia forza innovativa (i brani sono videoclip ante litteram) e per lo spirito «enciclopedico e interdisciplinare» che la anima, oltre che per la quantità di invenzioni visive che rendono indimenticabili i vari episodi (gli animali che interpretano la *Danza delle ore*, ma anche i fiori dello *Schiaccianoci* o il Bacco pacioccone e libertino della *Pastorale*). Alla lavorazione della sequenza degli ippopotami ballerini collaborò il coreografo George Balanchine, mentre Stravinskij seguì la riduzione del suo brano (a opera però di Stokowski). Nel 1982 il film fu rieditato con la colonna sonora rimasterizzata con tecniche digitali.

Fantasma, Il ** (*The Unseen*, Usa 1945, b/n, 81') Lewis Allen. Con Joel McCrea, Gail Russell, Herbert Marshall, Richard Lyon, Phyllis Brooks. ◆ Una governante (Russell) scopre il mistero di una casa sulla quale grava un sinistro passato. Un film poliziesco efficace nell'atmosfera (che richiama Henry James), ma debole nell'intreccio e rovinato da una conclusione scontata, nonostante la professionalità del regista e la presenza tra gli sceneggiatori, accanto ad Hagar Wilde, di Raymond Chandler.

Fantasma d'amore *½ (Italia/Francia/Rft 1981, col, 96') Dino Risi. Con Marcello Mastroianni, Romy Schneider, Eva Maria Meineke, Wolfgang Preiss, Victoria Zinny. ◆ Una donna (Schneider) amata in giovinezza, distrutta e condotta alla morte dalla malattia, compare ripetutamente tra le nebbie e le brume intorno a Pavia, riaccendendo la passione di un maturo commercialista (Mastroianni). Ispirandosi al romanzo omonimo di Mino Milani (sceneggiato dal regista con Bernardino Zapponi), è un tentativo di fare un film «gotico all'italiana» tra parapsicologia e ambiguità spiritistiche, artificioso e contorto nello sviluppo ma con una certa atmosfera, grazie alle sfumature in grigio della curatissima fotografia di Tonino Delli Colli e alla convincente recitazione dei protagonisti.

Fantasma della città, Il * (*Phantom of Chinatown*, Usa 1941, b/n, 61') Phil Rosen. Con Keye Luke, Lotus Long, Grant Withers, Paul McVey, Charles Miller. ◆ Uno studioso viene ucciso in circostanze misteriose. Molti attribuiscono il delitto alle sue strane abitudini di vita, ma Mr. Wong (Luke) scopre che c'è di mezzo un'antica mappa. Sesto e ultimo della serie di Mr. Wong: Luke rimpiazza Karloff, le sorprese sono sempre mediocri.

Fantasma della libertà, Il *** (*Le Fantôme de la liberté*, Francia 1974, col, 103') Luis Buñuel. Con Bernard Verley, Paul Frankeur, Milena Vukotic, Michel Lonsdale, Adolfo Celi, Julien Bertheau, Michel Piccoli, Claude Piéplu, Claude Brialy, Monica Vitti, François Maistre. ◆ Una serie di episodi apparentemente slegati tra loro: la Spagna di fine Settecento è invasa dall'esercito della neonata Repubblica francese, ma il popolo non vuole essere liberato dal giogo del potere; un ufficiale dei dragoni profana la tomba di una nobile e scopre che il cadavere è perfettamente conservato; nella Parigi odierna, uno sconosciuto regala a un bambino alcune foto della città, scandalizzando i genitori; di notte, l'uomo vede nella sua camera una donna, un postino e uno struzzo; in un albergo alcuni frati giocano a poker sostituendo alle fiches dei santini; un giovane s'invaghisce della zia che ha il viso da vecchia ma il corpo da ragazza; un uomo si fa fustigare da una donna; un ispettore di polizia cerca di imporre la disciplina militare a un gruppo di allievi; un uomo denuncia la scomparsa della figlia che è sotto i suoi occhi; un cecchino che spara sulla folla viene arrestato e poi liberato tra il plauso generale; in seguito alla telefonata della sorella morta, il prefetto di Parigi si reca al cimitero e viene arrestato come violatore di tombe; poi incontra il suo sostituto e insieme dirigono una carica contro dei manifestanti nello zoo della città. L'ultima immagine è il primo piano di uno struzzo. Il tripudio dell'assurdo e del surreale, dove le istituzioni della società borghese e le regole del racconto (che a quella cultura appartiene) vengono sovvertite o, meglio, negate con pari veemenza. Un film tra i più criptici di Buñuel, decisamente non per tutti i gusti, ma affascinante nella sua totale disorganicità. La sovversione concettuale, sempre attuata attraverso il puro gioco delle immagini, avviene sulla base di una personale «retorica del disordine», che prevede ad esempio l'inserimento di un elemento spurio in un contesto congruente (la donna nuda che suona il pianoforte in un salotto bene) o l'inversione di due codici di comportamento opposti (mangiare-defecare). Inutile fare appello alla logica e tentare di ricostruire un'ipotesi di storia che consenta di afferrare tutti i significati del film: Buñuel procede per libere associazioni e chiede allo spettatore di scardinare le proprie strutture mentali, riflesso di un sistema sociale errato, per aprirsi a un immaginario senza vincoli di sorta. Solo così la libertà che tutti crediamo di possedere può non ridursi a un mero fantasma. La sceneggiatura è del regista e del suo abituale collaboratore Jean-Claude Carrière.

Fantasma dell'Opera

Creato da Gaston Leroux che ne fece il protagonista

dell'omonimo romanzo (pubblicato per la prima volta nel 1911), il fantasma dell'Opera è un personaggio che ha qualcosa in comune con altre creature terrificanti (la bruttezza di Frankenstein, la solitudine di Dracula, il disperato bisogno d'amore della Bestia in cerca della sua Bella), ma che – per le molteplici suggestioni e un'inedita connotazione artistica – è riuscito da subito a ritagliarsi uno spazio non indifferente nell'immaginario collettivo.

Nel romanzo, il fantasma – che fantasma non è, essendo una persona in carne e ossa – si chiama Erik e sin da piccolo, a causa del deforme aspetto fisico, è stato condannato dalla stessa madre all'emarginazione più totale. Dopo una vita errabonda, ha scelto di vivere nei sotterranei dell'Opéra di Parigi, quel teatro che l'avrebbe consacrato alla gloria della lirica se solo avesse avuto un aspetto più presentabile in pubblico («Avete mai visto dei teschi disseccati dai secoli? Ma quei teschi erano immobili, il loro muto orrore non viveva! Immaginate, se potete, la maschera della morte che di colpo si anima, prende vita»). Tuttavia il suo genio musicale è prolifico (scrive un *Don Giovanni trionfante*) e le sue doti canore non hanno eguali. Proprio grazie alla voce, senza mai farsi vedere, riesce ad affascinare Christine, la giovane soprano di cui è innamorato e alla quale dà segrete lezioni di canto da dietro i muri del suo camerino per farle ottenere il successo che a lui è stato negato. Preso da un amore per il quale arriverebbe «sino al delitto», provoca prima con delle lettere minatorie, poi con un incidente (il crollo di un lampadario in platea) il ritiro definitivo della cantante principale del *Faust* affinché la parte di Margherita venga affidata a Christine. È il trionfo per la ragazza, che accetta di raggiungere il misterioso maestro nei sotterranei del teatro attraverso uno specchio che dà su un passaggio segreto. Lì avviene la spaventosa scoperta: Christine gli strappa la maschera e il fantasma si rivela in tutta la sua bruttezza. Lei lo supplica di lasciarla libera, lui acconsente a patto che la giovane rinunci al fidanzato Raoul. La cantante accetta la proposta, ma poi dà appuntamento a Raoul al ballo mascherato dell'Opéra. Il fantasma si presenta alla festa travestito da Morte Rossa e riesce a scoprire il progetto della coppia: partire per l'Inghilterra dopo la rappresentazione. Preso atto del tradimento, Erik medita vendetta mentre un macchinista del teatro, vicino alla scoperta della verità sul suo conto, viene trovato impiccato. Raoul con un agente della polizia segreta scende nei sotterranei del teatro, ma i due finiscono in una delle stanze di tortura usate nel Medioevo, così che Erik può nuovamente ricattare Christine: la sua mano in cambio della vita dei due uomini. La cantante accetta il patto e il fantasma salva i prigionieri, poi spinge la ragazza nella carrozza di Raoul e parte con lei, ma la folla guidata dal fratello del macchinista trovato morto li insegue: la carrozza ha un incidente, Christine cade sulla strada, mentre Erik viene fatto a pezzi dalla folla inferocita e gettato nella Senna.

Ricco più di emozioni che di brividi, *Il fantasma dell'Opera* recupera la struttura del romanzo popolare, ma la paura del mostro qui viene esorcizzata attraverso la metafora dell'esclusione dal consorzio umano e dal mondo degli affetti, altrove così celebrato nella coeva letteratura rosa: l'orrore che il fantasma incute non è dovuto a terzi o a una sua colpa, come spesso è avvenuto nelle versioni cinematografiche, bensì alla Natura e alla scarsa sensibilità degli uomini, incapaci di andare oltre le apparenze fisiche per cogliere la bellezza dell'arte. Riprendendo un mito caro al cosiddetto secondo romanticismo (si veda, in Italia, la *Fosca* di Tarchetti, anima raffinata e condannata in un corpo deforme), Leroux costruisce un'ambientazione fantasiosa e suggestiva a partire da uno dei monumenti più kitsch del Secondo Impero, l'Opéra di Parigi progettata da Jean-Louis Charles Garnier e realizzata tra il 1861 e il 1876. A questo pasticciato tempio della lirica il romanzo assegna un ruolo di protagonista pari a quello dell'antieroe infelice. Non ci sarebbe il Fantasma senza l'Opéra, trasfigurata nel romanzo in un edificio fascinoso, che si sviluppa per venticinque piani sopra la superficie della città, che si articola in un dedalo di cunicoli, botole, anfratti, passaggi segreti, con al centro un lago che ricorda la palude stigia della Commedia dantesca. Il rapporto tra il fantasma e la cantante riecheggia il mitologico ratto di Proserpina da parte di Plutone, dio degli Inferi, mentre il connubio Eros/Thanatos, come anche il maledettismo dell'arte, sono i capisaldi di quella cultura romantica – e non solo – di cui il romanzo di Leroux costituisce una mirabile sintesi paraletteraria. Dal punto di vista stilistico, lo scrittore alterna registri diversi con effetti vivaci: dalle descrizioni neogotiche agli interventi parodici sul mondo del bel canto, dagli inserti spiccatamente sentimentali all'imitazione della cronaca giornalistica, *Il fantasma dell'Opera* è un romanzo ricco di fantasia e godibilissimo sotto il profilo visivo. Non sorprende, dunque, che abbia dato origine a numerosi adattamenti cinematografici, stimolando i registi a dare sfogo alla propria inventiva più che a rimanere fedeli alla creatività del suo autore.

Purtroppo le deformazioni operate in ambito cinematografico si sono spesso tradotte in risultati approssimativi e molto meno affascinanti di quelli raggiunti da Leroux.

La prima versione, diretta da Rupert Julian nel 1925 e basata su una sceneggiatura pressoché identica al romanzo, rimane a tutt'oggi la migliore, come indimenticabile è anche l'attore che interpreta il fantasma, un Lon Chaney di gran classe e sorprendentemente privato dell'abituale makeup orrorifico. A partire dalla versione successiva, quella di Arthur Lubin del 1943, l'intreccio subisce svariate modifiche, tra cui l'introduzione di un particolare che avrà larga fortuna in seguito: il fantasma non è più deforme dall'infanzia, ma viene sfigurato in un incidente che ha relazione con la sua carriera artistica.

Dopo un discusso remake realizzato dal mago dell'horror Terence Fisher nel 1962, Brian De Palma nel 1974 rilegge il romanzo di Leroux (con un occhio anche alla *Maschera rossa* di Edgar Allan Poe) in chiave di stretta e originale attualità: la vicenda è ambientata nel mondo del rock e la mostruosità fisica del protagonista è attribuita a un incidente avvenuto mentre cerca di sabotare l'attività del potente disco-

grafico che gli ha sottratto la partitura. L'Opéra non c'è più, e al suo posto troviamo il Paradise, il tempio della musica rock nel quale si svolge l'azione. Rispetto al romanzo e a tutte le versioni precedenti, nel *Fantasma del palcoscenico* la storia d'amore tra il musicista e la star è affiancata dal rapporto – non meno importante dal punto di vista narrativo – dello sfortunato compositore con il malefico impresario. Uno dei più recenti fantasmi dell'Opéra ha il volto sanguinante di Robert Englund alias Freddy Krueger, il mostro del celebre serial *Nightmare – Venerdì 13*. Con lui, però, viene meno un elemento fondamentale del romanzo, la maschera: in omaggio all'imperante gusto gore, la bruttezza è sempre visibile e il suo viso si riduce a un ammasso di carne fresca e martoriata. Del 1995 è una versio-ne hongkonghese, *Phantom Lover*, ambientata nel mondo dell'opera cantonese, dove il fantasma è un eroe romantico interpretato da Leslie Cheung. Decisamente deludente, invece, la versione firmata nel 1998 da Dario Argento dove le concessioni all'erotismo annullano le componenti horror e la scelta della figlia Asia come protagonista si rivela un totale fallimento.
Oltre alle trasposizioni realizzate per il grande schermo, vanno senz'altro ricordati sia il musical allestito da Lloyd Webber sia lo sceneggiato televisivo (basato sulla riduzione teatrale di Arthur Kopit) diretto da Tony Richardson nel 1990, che appare piuttosto vicino nello spirito al film di Arthur Lubin. Il fantasma è questa volta interpretato da Charles Dance, la cantante (somigliante piuttosto a Cenerentola che a Christine) da Teri Polo, mentre per il padre di lei il regista si è avvalso di Burt Lancaster.

I FILM
Il fantasma dell'Opera (1925) di Rupert Julian
The phantom of Paris (1931) di John S. Robertson
Il fantasma dell'Opera (1943) di Arthur Lubin
Il fantasma dell'Opera (1962) di Terence Fisher
Il fantasma del palcoscenico (1974) di Brian De Palma
Il fantasma dell'Opera (1983) di Robert Markowitz
Il fantasma dell'Opera (1989) di Dwight H. Little
Phantom Lover (1995) di Ronnie Yu (inedito in Italia)
Il fantasma dell'Opera (1998) di Dario Argento

Fantasma dell'Opera, Il *** (*The Phantom of the Opera*, Usa 1925, b/n e col, 83' versione muta ricostruita) Rupert Julian. Con Lon Chaney, Mary Philbin, Norman Kerry, Bernard Siegel, Gibson Gowland, Virginia Pearson. ◆ Un musicista deforme (Chaney) che vive nei sotterranei dell'Opéra di Parigi, si innamora di una cantante lirica (Philbin) e per facilitarne il successo e conquistarne l'amore non si fermerà nemmeno davanti al ricatto e all'assassinio. La versione più fedele al romanzo di Gaston Leroux (sceneggiata da Elliott J. Clawson e Raymond Schrack), del quale omette solo i rimandi all'infanzia del protagonista-mostro, e la migliore mai realizzata fino a ora: la storia è evocata come un incubo, i fatti sono esposti in modo quasi brutale, senza i «ricami» diventati – non si sa perché – obbligatori nelle edizioni successive; se il terrore, che il fantasma poteva incutere all'epoca, si è dissolto nel corso degli anni, al pubblico di oggi rimane il fascino indiscutibile del mito di Lon Chaney, quasi alla fine della sua carriera artistica, perfetto nella parte di un fantasma elegante, senza mutilazioni di sorta e nascosto dalla maschera per la maggior parte del tempo, la cui silhouette sinistra e carica di pathos conferisce al personaggio e al film lo spessore mitico sconosciuto ai vari Fantasmi dell'Opera successivi. Tra le scene più emozionanti ci sono quella in cui Christine strappa la maschera al maestro (lui sta suonando un lugubre organo, lei lo raggiunge da dietro ed entrambi hanno il viso rivolto verso la macchina da presa) e quella in cui il fantasma, travestito da Morte Rossa, fa il suo ingresso nella sala da ballo dell'Opéra, entrambe virate a colori, nei toni del blu la prima, del rosso la seconda. In seguito a dei problemi intervenuti durante le riprese, alcune sequenze sono state girate da Edward Sedgwick e altre – pare – da Lon Chaney stesso. La versione muta in circolazione in realtà non corrisponde a quella del 1925, che si concludeva con il matrimonio tra Christine e il fidanzato Raoul, bensì a quella ricostruita nel 1929 e destinata alle sale non ancora provviste dell'attrezzatura per il sonoro (esiste anche la versione sonora, con Chaney doppiato da un altro attore). Tra le differenze vanno segnalate la soppressione della presentazione dei personaggi e l'inserimento di ulteriori brani d'opera e di più scene poliziesche.

Fantasma dell'Opera, Il **½ (*Phantom of the Opera*, Usa 1943, col, 92') Arthur Lubin. Con Susanna Foster, Claude Rains, Nelson Eddy, Edgar Barrier, Jane Farrar, Hume Cronyn. ◆ Un violoncellista dell'Opéra di Parigi, Enrique Claudin (Rains) ama in segreto la corista Christine (Foster) e le paga anonimamente delle lezioni di canto. Quando un impresario si rifiuta di prendere in considerazione la musica che ha composto (che gli serve per pagare gli studi alla sua protetta), egli lo uccide, ma viene sfigurato in volto da un acido. Ormai finito, Claudin si mette una maschera e si rifugia nei sotterranei dell'Opéra con un'unica ossessione: fare di Christine una primadonna della lirica. La prima versione parlata del romanzo di Leroux, a cui non si dimostra affatto fedele (sceneggiata da Eric Taylor, Samuel Hoffenstein e John Jacoby), dà più spazio agli elementi lirici e mélo che all'horror e si avvale di uno stile più incline al barocco che al gotico. Con molti personaggi inutili e poche apparizioni del protagonista, con un intreccio bizzarro (anche involontariamente comico) e una messinscena straordinariamente lussuosa, resa ancora più vivida da un technicolor smagliante, il film di Lubin è uno spettacolo tipicamente hollywoodiano, che sembra riflettere soprattutto la volontà della produzione di celebrare il cantante Nelson Eddy (che interpreta il fidanzato di Christine). Riguardo al fantasma, ciò che colpisce maggiormente è la sua duplice natura, benigna nella prima parte e maligna nella seconda, che farebbe del personaggio di Leroux una nuova versione del *Dottor Jekyll e Mister Hyde* se la metamorfosi fosse possibile anche al contrario. Due Oscar: miglior fotografia (Hal Mohr e W. Howard Greene) e direzione artistica (Alexander Golitzen, John B. Goodman).

Fantasma dell'Opera, Il ** (*The Phantom of the Opera*, Gb 1962, col, 84') Terence Fisher. Con Herbert Lom, Heather Sears, Thorley Walters, Edward DeSouza, Michael Gough, Miles Malleson. ◆ Il tragico amore di un compositore (Lom) sfigurato dall'impresario che gli ha sottratto la partitura, per una giovane soprano poco apprezzata nel mondo musicale (Sears). Il film più romantico di Terry Fisher è anche la produzione Hammer più costosa per l'epoca e il primo – temporaneo – insuccesso nella carriera del regista. Sceneggiato da John Elder facendo riferimento più alla versione di Lubin che a quella muta, scontentò i fan dell'horror anni Sessanta per le pochissime concessioni agli standard di violenza del periodo e i critici più esigenti per l'esilità dell'intreccio e la messinscena frammentaria. In effetti il film si fa ricordare quasi solo per alcune sequenze (la scena del lampadario, lo smascheramento del fantasma e soprattutto l'emozione, spinta fino alle lacrime, con cui il protagonista assiste dalle quinte alla performance della sua protetta) in cui comunque il talento di Fisher risulta evidente. Peccato che il look del fantasma sia uno dei meno fantasiosi realizzati per il grande schermo.

Fantasma dell'Opera, Il * (*The Phantom of the Opera*, Usa/Ungheria 1983, col, 100') Robert Markowitz. Con Maximilian Schell, Jane Seymour, Michael York, Jeremy Kemp, Diana Quick. ◆ L'impossibile amore del maestro Sandor Korvi (Schell), che nasconde il suo volto deturpato dietro una maschera, per una giovane cantante (Seymour) in cui crede di rivedere la moglie, suicida dopo il fallimento della sua carriera lirica. Trascurabile adattamento (ambientato non più a Parigi ma a Budapest) prodotto per la tv, con tutti gli attori fuori parte: York (nel ruolo di un regista anche lui innamorato della cantante) è nullo, Maximilian Schell gigioneggia oltre il lecito e la sua morte (precipita nella platea del teatro con il lampadario che sta segando) sfiora il ridicolo.

Fantasma dell'Opera, Il *½ (*The Phantom of the Opera*, Usa 1989, col, 90') Dwight H. Little. Con Robert Englund, Jill Schoelen, Alex Hyde-White, Billy Nighy, Stephanie Lawrence, Terence Harvey. ◆ L'impossibile amore di un compositore col volto deturpato (Englund) per una cantante (Schoelen). Versione gore del romanzo di Leroux, con una cornice di reincarnazioni che rende attuale la storia; Robert Englund, il Freddy Krueger della serie *Nightmare*, nel ruolo del fantasma, funziona più che altro da pretesto per mettere in scena uno dei temi cari all'immaginario orrorifico anni Ottanta, la seduzione della carne in disfacimento. Il rapporto di attrazione/repulsione tra la Bella e la Bestia qui si gioca esplicitamente tra Englund/Freddy e il suo pubblico di fan: con il volto ricoperto da brandelli di carne sanguinolenta (secondo un makeup di Kevin Yagher), il fantasma getta la maschera e punta all'horror puro, senza però suscitare brividi o emozioni particolari (di tenerezza neanche a parlarne, anche perché la sua tragedia è il risultato di un patto con il diavolo: il compositore in realtà è un produttore musicale che ha venduto la faccia in cambio del genio creativo). La confezione è sontuosa, ma la sceneggiatura è piatta e non bastano l'eco di *Nightmare*, qualche sequenza visivamente accattivante e le suggestioni scenografiche a perpetuare la leggenda del fantasma dell'Opera. L'ambientazione non è più parigina, bensì divisa tra un teatro londinese fine secolo e una New York goticheggiante, entrambi ricostruiti a Budapest. Manca la famosa scena del lampadario.

Fantasma dell'Opera, Il ° (Italia 1998, col, 103') Dario Argento. Con Asia Argento, Julian Sands, Nadia Rinaldi, Andrea Di Stefano, Corallina Cataldi-Tassoni, Leonardo Treviglio. ◆ Parigi, 1877: senza cicatrici, politicamente corretto (è animalista, anche se in sospetto di zoofilia, e antipedofilo), il Fantasma dell'Opéra (Sands) ci mette 5 secondi per far innamorare follemente la giovane cantante Christine (Argento), che vuole imporre come star ai danni della soprano cicciona (Rinaldi) non prima di averla posseduta in tutte le posizioni più note. Gaston Leroux si rivolta nella tomba: più che un horror, un soft-core per il mercato bulgaro, che sprizza un cattivo gusto che supera l'umana immaginazione. Dove sono finiti il virtuosismo, lo stile, la suspense e la poesia della violenza di Argento? E il celebrato umorismo nero dello sceneggiatore Gérard Brach? Girato male, pieno di ridicole citazioni «artistiche» (tipo Degas che immortala le ballerine): e anche la musica di Morricone fa dormire.

Fantasma del palcoscenico, Il **½ (*Phantom of the Paradise*, Usa 1974, col, 92') Brian De Palma. Con Paul Williams, William Finley, Jessica Harper, George Memmoli, Gerrit Graham. ◆ Swan (Williams), un discografico senza scrupoli, ruba l'amore e le bellissime partiture ispirate al *Faust* a Winslow Leach (Finley), un musicista in cerca d'affermazione, il quale imprigionato, umiliato e con il volto sfigurato si vendicherà incombendo sugli spettacoli allestiti con le sue canzoni. Rivisitazione pop-rock del *Fantasma dell'Opera*, cult-movie a pieno titolo per la regia visionaria e stravolgente, il décor e le coreografie barocche e coloratissime (firmate da Sissy Spacek), in piena sintonia con le musiche scritte dallo stesso Williams: De Palma usa abilmente tutti gli elementi che concorrono a formare il fascino della musica rock (sfruttamento commerciale e componenti omosessuali e feticiste comprese), ma «non riesce a far coagulare in vera furia fantastica questa storia».

Fantasma del pirata Barbanera, Il **½ (*Blackbeard's Ghost*, Usa 1968, col, 107') Robert Stevenson. Con Peter Ustinov, Dean Jones, Suzanne Pleshette, Elsa Lanchester, Joby Baker, Elliott Reid, Richard Deacon. ◆ Un istruttore di atletica (Jones) scopre il segreto per far resuscitare il fantasma del pirata Barbanera, visibile solo a lui e bisognoso di compiere buone azioni: il fantasma (Ustinov) aiuterà non solo l'allenatore, ma anche una giovane insegnante (Pleshette) in lotta contro un gangster per impedire che la casa di riposo delle discendenti del pirata sia trasformata in un casinò. Tipica commedia in stile Disney, a ritmo slapstick: soprannaturale vincente (grazie anche a uno splendido Ustinov), qualche inevitabile ingenuità e tanto buon cuore.

Fantasma di mezzanotte, Il ** (*The Cat and the Canary*, Usa 1939, b/n, 72') Elliott Nugent. Con Bob Hope, Paulette Goddard, Gale Sondergaard, John Beal, Douglas Montgomery. ◆ Omicidi e fatti misteriosi sconvolgono un gruppo di parenti convocati in una vecchia casa per la lettura di un testamento. Commedia giallorosa spigliata e divertente (tratta dal testo teatrale di John Willard), con brillante colpo di scena finale e uno scatenato Bob Hope nel suo primo ruolo importante. La pièce di Willard era già stata portata sullo schermo nel 1927 (*Il castello degli spettri* di Paul Leni), nel 1930 (*The Cat Creeps* di Rupert Julian) e lo sarà ancora nel 1978 (*Il gatto e il canarino* di Radley Metzger).

Fantasma e la signora Muir, Il **** (*The Ghost and Mrs. Muir*, Usa 1947, b/n, 104') Joseph L. Mankiewicz. Con Gene Tierney, Rex Harrison, George Sanders, Edna Best, Vanessa Brown, Natalie Wood. ◆ La giovane vedova Lucy (Tierney) si trasferisce in una casa infestata dal fantasma di un marinaio (Harrison). Questi prima tenta di farla sloggiare, poi, colpito dal suo carattere, diventa suo amico, e se ne innamora. Offeso che Lucy accetti la corte del vanesio Fairley (Sanders), il fantasma scompare, invano richiamato da lei. Sceneggiato da Philip Dunne da un romanzo di R.A. Dick, è un melodramma gotico e surreale, con uno dei più struggenti amori impossibili della storia del cinema, dove i tocchi da commedia, il lato fantastico e il romanticismo esasperato si fondono perfettamente. Mankiewicz dirige con grande finezza la splendida Gene Tierney e colui che sarà il suo attore preferito, Rex Harrison. La piccola Natalie Wood è la figlia di Lucy.

Fantasma galante, Il ** (*The Ghost Goes West*, Gb 1935, b/n, 95') René Clair. Con Robert Donat, Jean Parker, Eugene Pallette, Elsa Lanchester, Patricia Hilliard. ◆ L'ultimo erede di una nobile famiglia scozzese (Donat) vende il proprio castello a un ricco americano (Pallette), che lo smonta e lo ricostruisce pezzo per pezzo in America, portandosi al seguito il fantasma di un antenato del Settecento (sempre Donat). Una commedia graziosa sospesa tra il fantastico e l'ironico (cosceneggiata da Robert Sherwood) e valorizzata dal garbo del cast.

Fantasma innamorato ** (*Truly, Madly, Deeply*, Gb 1991, col, 106') Anthony Minghella. Con Alan Rickman, Juliet Stevenson, Bill Paterson, Michael Maloney. ◆ Affranta per la morte del fidanzato Jamie (Rickman), Nina (Stevenson) è ben contenta di ritrovarselo in casa sotto forma di fantasma: un po' meno quando pretende di imporre i suoi gusti in fatto di arredamento e invita i suoi amici spettri, cinefili e petulanti. Meglio tornare ad amare persone in carne e ossa. Esordio del commediografo e sceneggiatore Minghella: considerato negli Usa un *Ghost* in versione sofisticata, è stato ignorato dal nostro mercato. Il film con Patrick Swayze e Demi Moore, comunque, era più onesto e dichiarato nel giocare la carta del sentimentalismo che qui, scacciato dalla porta, torna dalla finestra.

Fantasma per amico, Un ** (*Heart Condition*, Usa 1990, col, 95') James D. Parriott. Con Bob Hoskins, Denzel Washington, Chloe Webb, Robert Apisa, Jeffrey Meek. ◆ Per ironia della sorte, uno zelante poliziotto antidroga bianco (Hoskins) si ritrova trapiantato il cuore del «rivale», sospetto spacciatore e perdipiù di colore (Washington), che gli compare come fantasma e lo guida alla difesa dell'amata e alla ricerca dei suoi assassini. Commedia giallorosa (sceneggiata dal regista) senza pretese ma inaspettatamente gradevole, grazie ai brillanti protagonisti e al ritmo sostenuto.

Fantasmi * (*Phantasm*, Usa 1979, col, 87') Don Coscarelli. Con Michael Baldwin, Bill Thornbury, Kathy Lester, Reggie Bannister, Angus Scrimm. ◆ Un ragazzo (Baldwin) scopre con l'aiuto del fratello che misteriosi esseri provenienti da un'altra dimensione trafugano cadaveri dal cimitero locale. Horror e fantascienza di mestiere malamente assortite, con il consueto finale a lasciare il dubbio tra immaginazione e realtà. Nove anni dopo viene prodotto un inutile seguito (*Phantasm II*).

Fantasmi a Roma **½ (Italia 1960, col, 100') Antonio Pietrangeli. Con Marcello Mastroianni, Sandra Milo, Tino Buazzelli, Vittorio Gassman, Eduardo De Filippo, Belinda Lee, Claudio Gora, Ida Galli, Franca Marzi, Lilla Brignone, Enzo Cerusico. ◆ Una metafisica coalizione fra quattro irresistibili fantasmi (Mastroianni, Gassman, Buazzelli, De Filippo) e la Soprintendenza ai beni culturali salva, grazie a un falso dipinto, un antico palazzo dalla speculazione edilizia. Pietrangeli (con gli sceneggiatori Ennio Flaiano, Ruggero Maccari ed Ettore Scola) affida a una godibilissima commedia surreale la sua sferzante polemica contro la grossolana borghesia, avida e ignorante, del boom economico. Per dirla con l'autore «una storia comica può avere una carica di realismo pari a quella di una vicenda drammatica». Due brani musicali (di Nino Rota) verranno riutilizzati in *Film d'amore e d'anarchia* di Lina Wertmüller.

Fantasmi da legare → *High Spirits – Fantasmi da legare*

Fantasmi del cappellaio, I ***½ (*Les Fantômes du chapelier*, Francia 1982, col, 120') Claude Chabrol. Con Michel Serrault, Charles Aznavour, Aurore Clément, Monique Chaumette, François Cluzet. ◆ In una piovosa cittadina della provincia francese, il sarto Kachoudas (Aznavour) si chiede perché la moglie del cappellaio Labbé (Serrault), che abita di fronte, sia sempre così immobile dietro le tende: infatti è un manichino, perché la donna è stata uccisa. Ma gli omicidi di Labbé non sono finiti, e Kachoudas vi assiste impotente e forse ammirato, mentre la comunità è in preda al panico. Uno dei migliori Chabrol di sempre, sceneggiato dallo stesso regista a partire dal romanzo di Georges Simenon: lo scavo della provincia francese, per una volta, non cerca pezze d'appoggio sociologiche, ma sceglie la via del fantastico. Il sarto voyeur e il cappellaio esibizionista vengono direttamente dalla *Finestra sul cortile*, ma il loro rapporto, basato sulla complicità, la paura e la minaccia, è uno dei più bei casi di legame tra carnefice e vittima mai raccontati. È evidente che Aznavour e Serrault si divertono da matti, ma Chabrol non fa scadere l'ironia in farsa: e lo stile, minuzioso e allucinato, anticipa quello di *Un affare di donne* piuttosto che quello tirato via di molti film precedenti.

Fantasmi e ladri *½ (Italia 1959, b/n, 101') Giorgio Simonelli. Con Tina Pica, Susanna Canales, Ugo Tognazzi, Pietro De Vico, Mario Riva, Alberto Talegalli, Raffaele Pisu, Elio Crovetto, Nuto Navarrini, Ferruccio Amendola. ◆ Per liberarsi della zia (Pica), appassionata di romanzi gialli al punto da interferire nel suo lavoro, un poliziotto (De Vico) inventa con amici uno scherzo con «fantasmi» e «criminali» in una villa disabitata, in cui alcuni autentici banditi progettano un colpo. Trama complicatissima (sceneggiata da Vittorio Metz e Roberto Gianviti) per un risultato modesto, con colpi di scena, equivoci e oneste caratterizzazioni che non diventano mai davvero divertenti.

Fantastica sfida, La **½ (*Used Cars*, Usa 1980, col, 111') Robert Zemeckis. Con Kurt Russell, Jack Warden, Gerrit Graham, Frank McRae, Deborah Harmon, Joseph P. Flaherty. ◆ Nella rivalità tra due gemelli di diversa attitudine morale, entrambi commercianti di auto usate, si inserisce un brillante piazzista (Russell) che attira la clientela a colpi di pubblicità «pirata» in Tv e colossali happening, convinto che «50 dollari non hanno mai ucciso nessuno». Distribuito in Italia solo dopo il successo di *All'inseguimento della pietra verde* e *Ritorno al futuro*, il secondo film di Zemeckis (che si avvale della produzione esecutiva di Steven Spielberg e John Milius e di una sceneggiatura scoppiettante scritta dal regista insieme a Bob Gale) dimostra abilità e gusto in una commedia grottesca che tra demenzialità ed esagerazioni ironizza ferocemente su miti e riti dell'America provinciale. Il film è uscito anche col titolo *Cars Duel*.

Fantastico Gilbert, Il ** (*Le Pays d'où je viens*, Francia 1956, col, 94') Marcel Carné. Con Gilbert Bécaud, Françoise Arnoul, Madeleine Lebeau, Chantal Gozzi, Claude Brasseur, Jean Toulout, Marcel Bozzuffi. ◆ In fuga dall'autoritario zio banchiere, Eric Perceval (Bécaud) giunge la sera di Natale nel paese di Saint-Parfait, dove scopre di essere il sosia di un pianista, Julien Barrère, innamorato di Marinette (Arnoul) ma incapace di dichiararsi. Eric, che si fa passare per l'inviato di Babbo Natale, conquista subito Marinette, ma poi, sfruttando la propria somiglianza, lascerà il passo a Julien. Tipica commedia degli equivoci in salsa rosa, basata sullo sdoppiamento del personaggio principale e costruita in parallelo fino al convergente e ottimistico finale. L'intreccio (sceneggiato dal regista, Jacques Emmanuel e Marchel Achard) è inconsistente, ma Carné sa ottenere risultati gradevoli da tutti quei luoghi comuni. Notevole il doppio ruolo sostenuto dall'esordiente Gilbert Bécaud, che inconsapevolmente ispira il titolo italiano. È il primo film a colori del regista, magnificamente fotografato da Philippe Agostini.

Fantastico gioco, Un *½ (*Gra*, Polonia 1968, col, 97') Jerzy Kawalerowicz. Con Lucyna Winnicka, Gustaw Holoubek, Wiesław Golas. ◆ Un rapporto matrimoniale, minato dall'incomunicabilità e dall'angoscia del passare del tempo, spinge la donna (Winnicka) a lasciare suo marito (Holoubek), più anziano di lei, e a fuggire verso incontri occasionali e avvilenti. Più cerebrale che autenticamente poetico (la storia è interrotta da spezzoni di documentari e film scientifici sulle conquiste del mondo moderno, come a dimostrare che la Storia avanza nonostante le crisi del privato), è un film confuso tra troppi simbolismi e una narrazione forzosamente antitradizionale.

Fanteria nello spazio → *Starship Troopers - Fanteria nello spazio*

Fantino deve morire, Il *½ (*Dead Cert*, Gb 1973, col, 99') Tony Richardson. Con Scott Anthony, Judi Dench, Michael Williams, Nina Thomas, Julian Glover. ◆ Un giovane fantino (Anthony) cerca di far luce su alcuni misteriosi incidenti mortali che coinvolgono il suo splendido cavallo. Tecnica notevole, specie nelle sequenze di maggior tensione, ma una sceneggiatura dispersiva (del regista e John Oaksey tratta dal romanzo di Dick Francis) e un taglio commerciale lontano dal vigore dell'esperienza del Free Cinema.

Fantomas

«Io sono il padrone di tutto, dell'ora, del tempo... Sono la morte!»: così, nel 1911, un nuovo personaggio si presenta ai lettori di feuilletons, ottenendo subito un successo travolgente. Bandito in cappuccio e maschera nera, autentico Genio del Male vanamente contrastato dall'ispettore Juve con l'aiuto del giornalista Jerome Fandor, Fantomas nasce dalla fantasia di Pierre Souvestre e Michel Allain in un momento storico delicato, del quale riflette e rielabora – insieme ad altre figure sinistre come il dottor Mabuse e il dottor Cornelius – la profonda crisi europea che qualche anno dopo porterà alla prima guerra mondiale. Le sue storie rocambolesche sono ambientate nell'alta società, con il tipico corredo di travestimenti, inganni, doppi giochi, equivoci e colpi di scena cari alla letteratura d'appendice da cui gli autori derivano l'impostazione e lo sviluppo del racconto. Si tratta di «storie in presa diretta con la volontà della massa», oltreché rispondenti ai suoi gusti narrativi, dove l'intrigo poliziesco tradizionale viene smantellato a favore di un eroe malefico vincente e inafferrabile. Non c'è happy end, lo stile è povero, le invenzioni talvolta lasciano a desiderare, eppure Fantomas diventa ben presto un mito nell'immaginario collettivo, sorprendendo gli stessi creatori. Come misero in rilievo i surrealisti, il grande successo del personaggio si deve sia allo spirito anarchico che lo anima, sia alla prosa «spontanea» di Souvestre e Allain, priva di qualsiasi orpello accademico e condotta a briglia sciolta sul filo delle libere associazioni fantastiche. Indubbiamente partecipe – se non addirittura portavoce – degli umori popolari che l'hanno generato, Fantomas dà corpo a un sogno di ribellione, perpetua il rituale sublime della paura/passione per l'avventura folle e le imprese che compie sono un insulto alla polizia, al potere costituito, alla società: più che un semplice personaggio è quasi una categoria dello spirito, popolare e non. La sua crudeltà, brutalmente rivolta contro la società corrotta della Belle époque, arriva a trascendere la dimensione storica e sociale – che pure non è di poco rilievo rispetto alle precedenti storie di fuorilegge – per assumere delle connotazioni filosofiche assolute, al di là delle intenzioni di Souvestre e Allain. Quella di Fantomas è infatti una cattiveria senza riscatti né remissioni, irriverente e demolitrice, che dalla parte opposta non viene combattuta con efficacia, bensì affrontata con ambiguità. L'ispettore Juve, lungi dall'essere il solito tutore dell'ordine trionfante, si adegua alle strategie d'attacco del nemico e si produce in una serie di travestimenti incredibili che spesso solo l'antagonista riesce a riconoscere. In questo modo gli autori sanciscono l'interscambiabilità tra i due ruoli, rendendo omaggio a un altro tema classico del feuilleton, quello del doppio, e confondendo il Bene e il Male mediante le stesse modalità di rappresentazione. A riprova di tutto ciò, nell'ultimo episodio concepito e scritto dalla coppia, *La fine di Fantomas*, tutti i personaggi (oltre a quelli già citati, ci sono altri caratteri fissi come Lady Beltham, amante di Fandor, e la figlia di lei, Hélène) muoiono durante un naufragio, non prima però che vi siano state la rivelazione e l'agnizione d'obbligo: Juve e Fantomas in realtà sono fratelli gemelli.

Il ciclo originario di Fantomas, iniziato nell'ottobre del 1911 su richiesta dell'editore Arthème Fayard per contenere l'invasione dei polizieschi americani, e lanciato sul mercato editoriale con una campagna pubblicitaria senza precedenti per un prodotto letterario, si conclude all'inizio del 1914, dopo la pubblicazione di ben 32 avventure a scadenza mensile. Il processo creativo, così com'è stato raccontato da Michel Allain alcuni anni più tardi, è quello di una vera e propria produzione in serie: tre giorni per stabilire la trama, tre per dettare il romanzo al dittafono, dieci per trascriverlo e correggere le bozze. In media 450 pagine a puntata, i cui capitoli venivano assegnati a sorte, con qualche scambio dovuto alle diverse competenze e una minima differenziazione introduttiva (Allain cominciava sempre i suoi con «tutte le volte», mentre Souvestre con «nondimeno»). Nel 1914 Pierre Souvestre muore. Il ciclo era già terminato l'anno prima, ma qualche tempo dopo, su commissione dell'editore, Allain prosegue l'opera da solo, riportando in vita i protagonisti in *Fantomas è resuscitato* (Fantomas è stato tratto in salvo dal sottomarino che aveva affondato il Gigantic in *La fine di Fantomas*, Juve e Fandor, finiti su un iceberg, sono stati ibernati). La nuova serie conta altri dodici episodi, di cui l'ultimo risale al 1963.

Tra le trasposizioni cinematografiche la più riuscita rimane tuttora la prima, realizzata da Louis Feuillade nel 1913-14, con René Navarre nel ruolo dell'Angelo del Male. Si tratta di un serial costituito da cinque episodi (*Fantômas*, *Juve contre Fantômas*, *La mort qui tue*, *Fantômas contre Fantômas*, *Le faux magistrat*), che il regista ricava da altrettanti romanzi (i primi e non i migliori) sfrondati qua e là per rendere meno dispersiva la linea d'azione e ottenere una struttura narrativa più solida. Nella messa in scena Feuillade esalta sia l'aspetto realistico che quello fantastico del modello letterario e ne restituisce a meraviglia anche il carattere crudele e sovversivo. Fantomas si muove sempre in un ambiente reale (Parigi e periferia), socialmente definito con cura tanto negli esterni che negli interni. Perciò, oltre che una buona dose di avventure, per le quali il regista utilizza tutti i trucchi cinematografici dell'epoca, questi film contengono anche una preziosa documentazione sulla Francia quotidiana prebellica, le cui immagini ricche di sfumature e dettagli hanno esercitato un'influenza significativa sugli autori francesi degli anni Trenta. Una tale poetica del «realismo fantastico» piacque moltissimo sia al pubblico popolare che agli esigenti spettatori d'avanguardia (Apollinaire, Max Jacob e in generale tutti i surrealisti, già grandi ammiratori dell'eroe romanzesco). Il travolgente successo della serie contribuì ad alimentare la leggenda letteraria e a lanciare la moda dei film a episodi. Nessun altro adattamento cinematografico raggiunse il livello dei *Fantômas* di Feuillade, ma tra i remake vale la pena di ricordare almeno una produzione americana del 1920, l'unica per il momento, intitolata *Diabolos*; un cortometraggio muto del 1936 di un surrealista belga, Ernest Moerman, più vicino a Sade e Magritte che alla letteratura popolare; due film degli anni 1947-48 (*Fantomas* e *Fantomas contro Fantomas*), uno diretto da Jean Sacha, l'altro da Robert Vernay ed entrambi sceneggiati dallo scrittore Jean-Louis Bouquet con molte licenze rispetto ai romanzi (in quello di Sacha, Fandor si sposa con la figlia di Fantomas, interpretata dall'esordiente Simone Signoret); un ciclo degli anni Sessanta, disapprovato dallo stesso Allain, con Louis de Funès nel ruolo principale e un Jean Marais poco convinto nella parte del giornalista Fandor; e infine una serie televisiva del 1979 in quattro episodi (*Fantomas*) alternatamente diretti da Claude Chabrol e da Juan Luis Buñuel, con Helmut Berger che incarna un Fantomas senza nerbo, più simile a una figurina da vaudeville che al personaggio creato da Allain e Souvestre. Anche Clouzot e Clair avrebbero voluto cimentarsi nell'impresa, ma i loro progetti andarono in fumo.

I FILM PRINCIPALI

Fantômas *½ (Francia 1932, b/n, 91') Paul Fejós. Con Jean Galland, Thomy Bourdelle, Tania Fédor, Enielka Elter, Georges Rigaud, Gaston Modot. ◆ Indagando sull'uccisione di una marchesa, il commissario Juve (Bourdelle) riesce a smascherare l'assassino, cioè Fantomas (Galland), ma il criminale riesce a sfuggirgli con la complicità di una donna. Libero adattamento del romanzo di Souvestre e Allain a cui manca il personaggio del giornalista Fandor: discreta l'atmosfera angosciante che circonda il castello, decisamente scadente l'intreccio giallo. Inedito in Italia.

Fantomas (1947) di Jean Sacha

Fantomas contro Fantomas (1948) di Robert Vernay

Fantomas '70 (1964) di André Hunebelle

Fantomas minaccia il mondo (1965) di André Hunebelle
Fantomas contro Scotland Yard (1967) di André Hunebelle

Fantômas (di Paul Fejós) → *voce «Fantomas»*
Fantomas *½ (*Fantômas*, Francia 1947, b/n, 95') Jean Sacha. Con Marcel Herrand, Simone Signoret, Alexandre Rignault, André Le Gall. ◆ Il giornalista Fandor (Le Gall) vuole sposare Hélène (Signoret), figlia di Fantomas, contro il volere del padre di lei e il commissario Juve (Rignault) vuole sfruttare l'occasione per catturare l'imprendibile criminale (Herrand), ma tra colpi di scena, inseguimenti e fughe tutto si risolve con il solito nulla di fatto. Più ritmo che suspense per questo film, liberamente ispirato alle gesta del personaggio inventato da Allain e Souvestre. Harrand, comunque, dà toni inquietanti al suo Fantomas.
Fantomas contro Fantomas * (*Fantômas contre Fantômas*, Francia 1948, b/n, 95') Robert Vernay. Con Aimé Clariond, Maurice Teynac, Marcelle Chantal, Yves Furet, Alexandre Rignault, Nora Coste. ◆ Parigi è nuovamente preda del terrore e tutto fa pensare a un ritorno di Fantomas (Teynac). Sulle sue tracce Fandor (Furet) e il commissario Juve (Rignault) smascherano un chirurgo che sembra capace di trasformare i suoi pazienti in assassini: è lui Fantomas? Molto liberamente ispirato al personaggio inventato da Souvestre e Allain, il film punta tutto su una serie di colpi di scena oggi decisamente prevedibili.
Fantomas contro Scotland Yard *½ (*Fantômas contre Scotland Yard*, Francia/Italia 1967, col, 105') André Hunebelle. Con Jean Marais, Louis de Funès, Mylène Demongeot, Jacques Dynam, Françoise Christophe, Jean-Roger Caussimon, Robert Dalban. ◆ Combattimento in trasferta tra Fandor (Marais) e il maldestro commissario Juve (de Funès) contro il famigerato criminale (Marais), che impone una «tassa sul diritto di vivere» a tutti i possidenti riuniti in un castello scozzese. Travestimenti, colpi di scena e astuzie sono ormai prevedibili e risultano congegnati meno bene del solito. La stripteaseuse Rita Renoir è la vedette che scende dall'aereo.
Fantomas minaccia il mondo ** (*Fantômas se déchaine*, Francia/Italia 1965, col, 94') André Hunebelle. Con Jean Marais, Louis de Funès, Mylène Demongeot, Jacques Dynam, Robert Dalban, Christian Toma. ◆ Per catturare Fantomas (Marais), Fandor (Marais) si sostituisce allo scienziato atomico che il criminale intende rapire, complicando ulteriormente le ricerche del commissario pasticcione Juve (de Funès). Parodia sfrenata del filone (un palazzo avveniristico in un vulcano, e l'inafferrabile che vola via, nella consueta fuga finale, su una Citroën a propulsione aerea!) e comicità più che dignitosa.
Fantomas '70 ** (*Fantômas*, Francia 1964, col, 105') André Hunebelle. Con Jean Marais, Louis de Funès, Mylène Demongeot, Robert Dalban, Marie-Hélène Arnaud, Jacques Dynam. ◆ Il commissario Juve (de Funès) e il giornalista Fandor (Marais) non credono all'esistenza di Fantomas (Marais) che invece riuscirà ad attribuire ai due increduli i propri delitti, grazie a una serie di maschere con cui cambia fisionomia. Riedizione in chiave comica e paradossale dell'interminabile lotta tra un bandito dagli strumenti fantascientifici e una strana coppia commissario e giornalista: inseguimenti, sparatorie, qualche tocco di satira e de Funès che emerge su tutti.

Fantozzi
Creato dall'attore Paolo Villaggio, che gli ha prestato la sua mimica gommosa, il «rag. Fantozzi Ugo» si è imposto immediatamente come il protagonista (al negativo) di un'Italia maldestra e ingorda, servile e ipocrita, disposta a tutto pur di non dispiacere ai propri superiori e disperatamente incapace di godere di quei simboli del benessere che insegue con altrettanta disperata determinazione.
Fantozzi nasce ufficialmente nel 1968, durante la trasmissione televisiva *Quelli della domenica*, dove Paolo Villaggio presenta, oltre all'aggressivo dottor Kranz e all'ipocrita Giandomenico Fracchia, il personaggio di un ragioniere che raccontava le sue disastrose domeniche da impiegato: originariamente Fantocci (chiamato così perché «era fatto di stracci»).
Trasformato ben presto in Fantozzi, diventa il protagonista di una serie di brevi racconti pubblicati da Villaggio sull'*Europeo* che permettono di definire meglio il carattere e la comicità del personaggio: «Fantozzi, come la maggioranza dell'umanità, non ha talento. E lo sa. Non si batte per vincere né per perdere ma per sopravvivere. E questo gli permette di essere indistruttibile. La gente lo vede, ci si riconosce, ne ride, si sente meglio e continua a comportarsi come Fantozzi». In questi testi, raccolti nel 1971 dalla Rizzoli nel libro *Fantozzi* (venduto in più di un milione di copie) appaiono anche i compagni di disavventure del ragionier Ugo, destinati ad accompagnarlo attraverso gli anni: la remissiva e disillusa moglie «signora Pina»; la mostruosa figlia Mariangela; il compagno di lavoro «ragionier Filini» (pericolosamente impegnato nell'organizzare gite aziendali); la collega Silvani, eterna signorina ed eterna fiamma del timido Fantozzi; il «megadirettore galattico» che incombe col suo potere assoluto sulle vite dei suoi dipendenti.
Ma Villaggio inventa soprattutto un nuovo tipo di comicità, basata sull'iperbole e sul paradosso, grazie ai quali «gioca a far esplodere il "banale punk quotidiano" in quadretti di un cattivo gusto iperreale e tragicomico».
Nasce così una nuova maschera (l'unica veramente originale nella comicità italiana degli ultimi trent'anni) in cui si possono sentire molte influenze letterarie (il travet francese, la lezione russa di Gogol' e Čechov) e cinematografiche (il delirio sadomaso dei cartoon e la scuola di Tex Avery, le invenzioni surreali di Frank Tashlin), ma che si distacca dalla tradizione nazionale, aggiornandola e caricandola di tutte le valenze negative di un'Italia che vuole stordirsi con il proprio raggiunto benessere.
Fantozzi è servile come lo sa essere solo il piccolo-

borghese, terrorizzato dai superiori, complessato, timido, vittima naturale dei mass media, del consumismo e della pubblicità televisiva, tragicamente incapace di adeguarsi ai modelli sociali che mitizza quotidianamente.
Nonostante una netta predilezione per la comicità visiva su quella verbale (Fantozzi parla poco, e caso mai nell'impersonale terza persona – equivalente del cinematografico «fuori campo» – per commentare le proprie disavventure), Villaggio ha saputo inventare anche un lessico particolarissimo, sospeso tra l'astrazione metaforica e le degenerazioni burocratiche, entrato immediatamente nel patrimonio comune degli italiani (con espressioni come «megagalattico», «grand uff. cav. lup. mann.», «salivazione azzerata», «spigato siberiano», «mi ripeta la domanda», «ma se ne vadi», «com'è umano lei»).
Al cinema il personaggio di Fantozzi esordisce nel 1975, col film omonimo, diretto da Luciano Salce e sceneggiato, oltre che dal regista, da Leo Benvenuti, Piero De Bernardi, lo stesso Villaggio: impacciato fino al catastrofico, fisicamente tozzo e sgraziato, con «la pelle color topo e i capelli giallo sabbia», vestito in modo improbabile (con pantaloni ascellari e un orribile basco in testa) Fantozzi piomba nelle situazioni e negli ambienti come una «contraddizione commovente ed esplosiva», il cui effetto comico nasce dall'immediato contrasto tra una serie di regole e comportamenti perfettamente codificati e l'incapacità congenita del personaggio di adeguarvisi o di rispettarli.
Accanto a Paolo Villaggio una serie di attori che ritorneranno anche nelle successive avventure e che hanno contribuito non poco al successo dei film: Gigi Reder nella parte dell'occhialuto ragionier Filini, Anna Mazzamauro come riccioluta signorina Silvani, Giuseppe Anatrelli nelle vesti del subdolo geometra Calboni, Plinio Fernando in quelli della mostruosa figlia Mariangela (non a caso fatta interpretare da un uomo). Solo la moglie Pina non sarà interpretata sempre dalla stessa attrice, alternandosi nel ruolo prima Liù Bosisio e poi Milena Vukotic.
Il successo del film convinse la Rizzoli Film a produrre un seguito, *Il secondo tragico Fantozzi* (stessi regista e sceneggiatori), dove fu inserita quella che doveva diventare la frase più famosa di tutta la carriera di Fantozzi («Per me la corazzata Potëmkin è una boiata pazzesca») disperato grido di ribellione di un impiegato costretto a vedere per l'ennesima volta il film di Ejzenštejn al cineforum aziendale e subito diventata la frase simbolo di chi si ribellava ai valori sclerotizzati imposti da una cultura ferma al passato.
Il grande successo, che portò il pubblico a identificare Villaggio con il suo personaggio più famoso, spinse l'attore (e chi lo metteva sotto contratto) a sfruttare in maniera eccessiva questo tipo di comicità, che esaurì ben presto la sua forza in una serie di film fantozziani solo nel titolo (*Il signor Robinson – Mostruosa storia d'amore e di avventure*, *Rag. Arturo De Fanti bancario precario* e *Sogni mostruosamente proibiti*) o che sfruttavano altri personaggi inventati da Villaggio (*Professor Kranz, tedesco di Germania*, *Fracchia, la belva umana* e *Fracchia contro Dracula*, dove uno dei protagonisti è il ragionier Filini).
Con *Fantozzi in paradiso* (1993) sono solo otto le avventure cinematografiche dell'omonimo ragionier Ugo, ma dopo i primi film (e nonostante un tentativo dello stesso Villaggio di assumersi anche la responsabilità della coregia in *Fantozzi contro tutti*), il filone sembrava essersi inaridito: sempre più appesantito nel fisico, Villaggio non sapeva più trovare sostanziali novità narrative in cui far vivere il suo personaggio, che finiva per riproporre banalmente un meccanismo comico collaudato ma usurato. Ma con il più recente *Fantozzi in paradiso*, forse perché depurato delle incrostazioni più autovittimistiche a favore di una comicità tornata essenziale e cinicamente crudele, il personaggio ha ripreso forza e vis comica, persa però nel successivo *Fantozzi – Il ritorno*.

I FILM
Fantozzi (1975) di Luciano Salce
Il secondo tragico Fantozzi (1976) di Luciano Salce
Fantozzi contro tutti (1980) di Neri Parenti, Paolo Villaggio
Fantozzi subisce ancora (1983) di Neri Parenti
Superfantozzi (1985) di Neri Parenti
Fantozzi va in pensione (1988) di Neri Parenti
Fantozzi alla riscossa (1990) di Neri Parenti
Fantozzi in paradiso (1994) di Neri Parenti
Fantozzi – Il ritorno (1996) di Neri Parenti.

Fantozzi *** (Italia 1975, col, 100') Luciano Salce. Con Paolo Villaggio, Anna Mazzamauro, Gigi Reder, Giuseppe Anatrelli, Liù Bosisio, Plinio Fernando, Umberto D'Orsi, Elena Tricoli, Paolo Paoloni. ◆ La vita del ragionier Ugo Fantozzi (Villaggio) oscilla tra una famiglia mostruosa e un'azienda soffocante, nella quale tenta invano di corteggiare la signorina Silvani (Mazzamauro): confinato in un sottoscala per aver battuto a biliardo il vanitosissimo capo del personale (D'Orsi), ha un moto di ribellione che lo farà finire nell'acquario umano del megadirettore galattico. Esordio al cinema del personaggio inventato da Villaggio (cosceneggiatore insieme a Leo Benvenuti, Piero De Bernardi e Luciano Salce): umiliato da una quotidianità mediocre e schiacciato da una aberrante gerarchia aziendale, Fantozzi entra nell'immaginario collettivo fin dalla prima, paradigmatica apparizione sugli schermi. Gag crudeli e paradossalità esasperata, comicità sulfurea e irresistibile, satira volutamente rozza e impietosa. Ma il seguito, *Il secondo tragico Fantozzi*, è più compatto.
Fantozzi – Il ritorno * (Italia 1996, col, 100') Neri Parenti. Con Paolo Villaggio, Milena Vukotic, Gigi Reder, Maria Cristina Maccà, Anna Mazzamauro. ◆ Cacciato anche dall'aldilà (vedi *Fantozzi in paradiso*), il ragionier Ugo (Villaggio) torna sulla terra a sperperare i soldi con le chat line e a farsi abbindolare dalla finta gravidanza della signorina Silvani (Mazzamauro). Al nono film, Villaggio è più gommoso e svogliato che mai e ricorre a un'irritante voce fuori campo per

tenere legati simil-episodi sfilacciati e volgari. Da dimenticare.

Fantozzi alla riscossa * (Italia 1990, col, 94') Neri Parenti. Con Paolo Villaggio, Milena Vukotic, Plinio Fernando, Gigi Reder, Silvia Annichiarico, Pierfrancesco Villaggio, Anna Mazzamauro. ◆ Percosso, imprigionato, inutilmente «educato» alla brutalità da un orribile hooligan (Pierfrancesco Villaggio), il povero Fantozzi (Paolo Villaggio) assapora per poco, e non per suo merito, il fascino del potere manageriale, per poi ricadere nel consueto ménage fallimentare. Settimo episodio della saga, privo della carica corrosiva di un tempo e faticosamente alla ricerca della risata del pubblico natalizio. Pierfrancesco è il figlio di Paolo Villaggio.

Fantozzi contro tutti **½ (Italia 1980, col, 95') Paolo Villaggio, Neri Parenti. Con Paolo Villaggio, Milena Vukotic, Plinio Fernando, Gigi Reder, Camillo Milli, Giuseppe Anatrelli, Paul Muller, Diego Abatantuono. ◆ Una quotidianità aberrante di ingorghi automobilistici, la teledipendenza notturna alla ricerca di squallidi striptease, una apocalittica corsa ciclistica aziendale, sotto la costrizione del maniaco Direttore Totale di turno (Muller). E come non bastasse, l'infatuazione patetica della moglie Pina (Vukotic) per un rozzo fornaio (Abatantuono). Non c'è la verve tagliente di Salce, ma le trovate non mancano (e la sequenza della gara ciclistica è da antologia) nel terzo episodio dell'odissea tragicomica, coordinato approssimativamente dal duo Villaggio-Neri Parenti.

Fantozzi in paradiso *** (Italia 1994, col, 108') Neri Parenti. Con Paolo Villaggio, Milena Vukotic, Gigi Reder, Anna Mazzamauro, Plinio Fernando, Stefano Antonucci, Giuseppe Terranova, Emanuela Magnoni. ◆ Dopo aver cercato invano di arrotondare la pensione rapinando la banca della sua ex Megaditta insieme a Filini (Reder) ed essere stato scacciato di casa dalla figlia (Fernando), Ugo Fantozzi (Villaggio) scopre di avere solo una settimana di vita. Per questo la moglie Pina (Vukotic) vuole permettergli di realizzare il sogno di tutta una vita da ragioniere: una notte d'amore con l'ex collega Silvani (Mazzamauro). Dopo la morte, causata dalla gioia per aver scoperto che la diagnosi mortale si riferiva a un altro, l'aereo che sta trasportando le anime in Paradiso viene dirottato e Fantozzi si ritrova davanti a Buddha che lo obbliga così a ritornare sulla terra reincarnato di nuovo in un piccolo Fantozzino. L'ottavo film su Fantozzi (sceneggiato da Villaggio e Parenti insieme a Leo Benvenuti, Piero De Bernardi, Alessandro Bencivenni e Domenico Saverni) ci riporta ai livelli migliori della serie, dimenticando la componente servile e ipocrita del personaggio per «mettere a confronto chi aveva cercato per tutta la vita non di vivere ma di sopravvivere, addirittura con il tabù centrale dell'esistenza: la morte». E in questa estrema e tragica coincidenza, il film offre alcuni momenti di grande comicità: la bara-sogliola, la lettura delle radiografie, l'inversione di ruoli nell'avventura con la signorina Silvani, disperata per non aver saputo approfittare prima delle «furie erotiche» del ragioniere.

Fantozzi subisce ancora *½ (Italia 1983, col, 85') Neri Parenti. Con Paolo Villaggio, Milena Vukotic, Anna Mazzamauro, Riccardo Garrone, Gigi Reder, Plinio Fernando, Andrea Roncato, Camillo Milli, Marina Hedman Frajese, Michele Mirabella. ◆ Maltrattato in ufficio, nella riunione condominiale, durante le vacanze, nel tragico eterno corteggiamento della collega Silvani (Mazzamauro), Fantozzi conosce l'umiliazione nello scoprire la bruttissima figlia Mariangela (Fernando) messa incinta «per scommessa» da un depravato (Roncato). Sempre più esasperata, la grottesca saga fantozziana – qui alla sua quarta «puntata» – gioca davvero sul pesante, e azzecca solo qualche trovata (ad esempio l'elicottero antincendio che preleva il ragioniere in mare e lo scarica nel bel mezzo di un bosco in fiamme).

Fantozzi va in pensione *½ (Italia 1988, col, 95') Neri Parenti. Con Paolo Villaggio, Gigi Reder, Milena Vukotic, Anna Mazzamauro, Plinio Fernando. ◆ Escluso brutalmente dal ciclo produttivo, a Fantozzi (Villaggio) e consorte (Vukotic) non resta che combattere la noia e l'angoscia con sconfortanti gite per pensionati organizzate da Filini (Reder), hobby con risultati catastrofici, l'imbarazzo di sbagliare cinema e vedere l'hardcore *Le casalingue*. Il sesto capitolo cinematografico del ragionier Ugo Fantozzi vira verso la malinconia, e nonostante i soliti capitomboli suscita più tristezza che ilarità.

Faraone, Il **½ (*Faraon*, Polonia 1966, col, 135') Jerzy Kawalerowicz. Con Jerzy Żelnik, Andrzej Girtler, Krystyna Mikolajewska, Piotr Pawlowski, Leszek Herdegen, Stanislaw Milski. ◆ L'erede al trono d'Egitto (Żelnik) vorrebbe muovere guerra contro gli Assiri, ma a causa della sua giovane età deve rimettersi alle decisioni dei grandi sacerdoti, guidati da Herbor (Pawlowski), che hanno stretto un accordo con i religiosi assiri e puntano all'eliminazione del futuro sovrano. Tratto dal romanzo omonimo di Bolesław Prus (e sceneggiato dal regista e da Tadeusz Konwicki), è uno dei migliori esempi di quel filone storico che caratterizzò il cinema polacco degli anni Sessanta, anche se nulla concede alle esigenze del box office (nelle scene d'amore non c'è mai un bacio perché secondo il regista nessun documento testimonia che baciarsi fosse una forma di contatto erotico nell'antico Egitto). Dietro il conflitto di un sovrano che cerca di affrancarsi da ogni tutela religiosa, il nodo centrale del film è lo scontro tra due concezioni del potere (morale ma anche ingenua quella del giovane faraone, pragmatica ma efficace quella dei sacerdoti) che rimanda, con chiaro riferimento all'oggi, a due diverse concezioni dello Stato e ad altrettante scelte ideologiche. Sfortunatamente l'edizione italiana è più breve di quasi 50' (in originale dura 182') e così si perde molto del fascino narrativo del film, lento e maestoso, scandito da un accompagnamento musicale (di Adam Walacinski) che dà all'opera le cadenze di un balletto astratto.

Farfalla sul mirino, La *** (*Koroshi no rakuin*, Giappone 1967, b/n, 91') Seijun Suzuki. Con Jō Shishido, Anne Marie, Mariko Ogawa, Kōji Nambara, Isao Tamagawa, Hiroshi Minami. ◆ Il killer Hanada (Shishido) si accorge che il suo capo, il boss Yabuhara

(Nambara), ha deciso di eliminarlo: prima ha assoldato la sua stessa moglie (Anne Marie) poi la bella Misako (Ogawa) che invece di eseguire gli ordini si innamora del killer. La caccia si complica con l'ingresso di un nuovo killer, che eliminerà Yabuhara e poi si scontrerà in un tragico duello con Hanada. L'unico film distribuito regolarmente in Italia del regista considerato il «Fuller giapponese», è un noir violento e destrutturato, dove la trama (complicata) perde valore di fronte al processo di stilizzazione e di astrazione delle singole scene, ai movimenti di macchina che ribaltano ogni grammatica tradizionale, all'uso straniante degli stilemi erotici o violenti dei film di serie B. Tra duelli e tradimenti, illuminati spesso in maniera irrealistica e accompagnati da una colonna sonora utilizzata a fini parodici, si compone il ritratto di un universo spietato e reietto che si identifica con il sottobosco malavitoso del Giappone metropolitano e in cui l'unica ragione di vita finisce per identificarsi con l'atto gratuito per eccellenza, quello della morte data e accettata senza spiegazioni. Il titolo originale significa «il marchio dell'assassino» (e si riferisce al tatuaggio che i killer mostrano prima di colpire il nemico), mentre il titolo italiano rimanda alla scena in cui Hanada sbaglia un attentato perché una farfalla passa davanti al mirino telescopico del fucile proprio al momento dello sparo.

Farfalle sono libere, Le **½ (*Butterflies Are Free*, Usa 1972, col, 109') Milton Katselas. Con Goldie Hawn, Edward Albert, Eileen Heckart, Mike Warren. ◆ Una madre possessiva (Heckart) si intromette nella storia d'amore tra il figlio cieco (Albert) e una giovane attrice emancipata (Hawn). Trasposizione cinematografica di una commedia di Leonard Gershe, basata su dialoghi serrati e gustosi, sostenuta da un'ottima recitazione. Oscar alla Heckart come miglior attrice non protagonista.

Farfallon * (Italia 1974, col, 100') Riccardo Pazzaglia. Con Franco Franchi, Ciccio Ingrassia, Gina Rovere, Micky Pignatelli, Fiorenzo Fiorentini, Mario Carotenuto, Salvatore Baccaro. ◆ Condannato per tentato uxoricidio, il pasticciere siciliano Farfallon (Franchi) cerca di evadere per portare a termine l'omicidio della moglie infedele, ma nonostante i consigli del barone di Vistacorta (Ingrassia) gli va (quasi) sempre male. Dopo un periodo di separazione la coppia di comici siciliani riaffronta gli schermi con la formula collaudata della parodia di film celebri (qui *Papillon*), ma nonostante una certa ricchezza produttiva le idee di Pazzaglia (che firma anche la sceneggiatura) sono inesistenti: qualche fiacco doppio senso erotico nell'episodio delle suore Trappistine (presso le quali Farfallon si rifugia in uno dei suoi tentativi di fuga), un po' di seni al vento e inutili strizzatine d'occhio letterarie (il detenuto che declama «fatti non foste a viver detenuti, ma per seguir l'istanza di clemenza» o Franco col viso nero per il cioccolato che intona «vendetta» come l'Otello verdiano). Poca roba comunque, se il meglio finisce per essere la partita di calcio dove i detenuti scambiano il pallone con la palla di ferro che hanno legata al piede.

Fargo ***½ (*Fargo*, Usa 1995, col, 98') Joel Coen [ed Ethan Coen]. Con Frances McDormand, Steve Buscemi, William H. Macy, Peter Stormare, Harve Presnell, Kristin Rudrüd, John Carroll Lynch. ◆ Minnesota: il venditore d'auto Jerry Lundegaard (Macy) fa rapire sua moglie da due balordi, Carl Showalter (Buscemi) e Gaear Grimsrud (Stormare), per chiedere un milione di dollari di riscatto al ricco suocero (Presnell). Ma niente va come previsto, e la poliziotta incinta Marge Gunderson (McDormand), pur scoprendo la verità, non potrà impedire un massacro. Ispirandosi a un fatto di cronaca, i Coen tornano a calarsi, dopo *Blood Simple*, negli orrori della provincia americana, prendendo atto che nel frattempo ci sono stati *Twin Peaks* e Quentin Tarantino. Convincenti nel descrivere la stupidità del male levandovi ogni alone maledetto, i Coen lo sono meno quando livellano ogni personaggio (compreso quello della poliziotta golosa e impicciona come il tenente Colombo) al loro sguardo cinico e distaccato, sempre alla ricerca dell'humour nero: ed è con vero odio che trattano sia la moglie rapita (poi uccisa fuori scena, senza una parola di commento) che il disgustoso marito dalla faccia perbene. Su tutto domina lo spaccato inquietante di un mondo dominato dal caso e dall'assurdo, ricostruito con perizia chirurgica e notevole talento narrativo, dove il dramma sfiora la farsa e la commedia diventa tragedia, come se non esistesse più un modo (e un genere) per raccontare lo squallore della vita. La fotografia è di Roger Deakins, la musica di Carter Burwell. Oscar come migliore attrice a Frances McDormand che nel film era davvero incinta del marito Joel Coen..

Fari nella nebbia **½ (Italia 1942, b/n, 87') Gianni Franciolini. Con Fosco Giachetti, Luisa Ferida, Mariella Lotti, Antonio Centa, Mario Siletti, Lauro Gazzolo, Nelly Corradi. ◆ Un camionista (Giachetti) abbandonato dalla moglie (Lotti) perde la testa per una donna fatale (Ferida) che lo tradisce con il suo compagno di guida. Tornato a casa con l'intenzione di vendicarsi, vi trova la moglie pentita e si riconcilia con lei abbandonando i propositi omicidi. Un film schietto e istintivo per l'epoca (sceneggiato da Corrado Alvaro, Edoardo Anton e Giuseppe Zucca), immerso in un'atmosfera popolare torbida, sensuale e aggressiva, solitamente non tollerata dal regime. È il segno che qualcosa sta davvero cambiando nel cinema italiano, sempre più deciso ad allontanarsi dai telefoni bianchi e a mettersi in sintonia con il malessere del cosiddetto «realismo poetico» francese degli anni Trenta. La svolta decisiva avverrà con *Ossessione*, ma in *Fari nella nebbia* si possono cogliere degli spunti tematici e cinematografici in qualche modo anticipatori. Fotografia di Aldo Tonti, montaggio di Mario Serandrei. La Ferida è doppiata da Tina Lattanzi.

Farinelli – Voce regina * (*Farinelli*, Francia/Italia/Belgio 1994, col, 116') Gérard Corbieau. Con Stefano Dionisi, Enrico Lo Verso, Elsa Zylberstein, Caroline Cellier, Jeroen Krabbe. ◆ Da Napoli a Madrid, dal 1728 al 1740: Carlo Broschi, castrato all'età di dieci anni, diventa Farinelli (Dionisi), la voce più bella del Settecento. Lui canta e il fratello Riccardo (Lo Verso) compone, impedendogli di stringere un più proficuo sodalizio con Haendel (Krabbe) e dividendo con lui persino le conquiste amorose: ma il patto fraterno finirà per spezzarsi drammaticamente. Sontuosa coproduzione europea di stampo zeffirelliano, non certo per la marcata atmosfera sensuale (peraltro sprecata dal regista) quanto per l'estetica dell'orpello che sorregge il vuoto d'ispirazione narrativa. Eppure la storia era più che interessante e l'ambientazione barocca poteva suggerire almeno qualche movimento di macchina: invece tanti cavalli bianchi da spot Vidal, décor sfavillante ma sostanzialmente freddo e inutile, Haendel ridotto a un manichino e solo qualche ammiccamento al perverso rapporto tra i fratelli. Dionisi s'incarna bene nella voce ricostruita al computer, mentre Lo Verso – doppiatosi malamente nell'edizione italiana – è del tutto fuori parte.

Far North ** (*Far North*, Usa 1988, col, 90') Sam Shepard. Con Jessica Lange, Charles Durning, Tess Harper, Donald Moffat, Ann Wedgeworth, Patricia Arquette. ◆ Tornata nel «Lontano Nord» del Minnesota per assistere il padre (Durning) in ospedale, una donna manager (Lange), da tempo stabilitasi a New York, ritrova un mondo di tradizioni e aspri contatti con la natura, e i vecchi rancori familiari che il caparbio genitore alimenta con l'assurdo desiderio di farle eliminare il cavallo che gli ha provocato il grave incidente. Debutto alla regia cinematografica per il commediografo e attore Sam Shepard, che riversa con entusiasmo i motivi tipici della sua opera teatrale (l'America minore dei grandi spazi e dei valori essenziali, i vincoli di sangue e le pulsioni affettive) in una realizzazione sincera e a tratti intensa, ma complessivamente confusa e ridondante.

Faro in capo al mondo, Il * (*The Light at the Edge of the World*, Usa/Spagna/Liechtenstein 1971, col, 119') Kevin Billington. Con Kirk Douglas, Yul Brynner, Samantha Eggar, Jean-Claude Drouot, Fernando Rey, Renato Salvatori, Massimo Ranieri. ◆ La lotta furiosa tra un guardiano di faro in un'isola deserta (Douglas) e una gang di feroci pirati, in una scorribanda avventurosa inconcludente, pretenziosa e spesso involontariamente comica, ispirata a un'opera minore di Jules Verne.

Farrebique *** (*Farrebique*, Francia 1946, b/n, 100') Georges Rouquier. Con gli abitanti di Farrebique e Goutrens. ◆ La vita semplice di una famiglia di contadini nella regione francese dell'Aveyron attraverso un intero ciclo stagionale: i lavori nei campi, le discussioni durante le veglie intorno al fuoco, la morte del vecchio padre di famiglia, i cambiamenti che porta l'arrivo dell'energia elettrica nella fattoria. Film documentario che ricorda i capolavori di Flaherty (e come quelli mescola anche scene di finzione), è girato con un tono asciutto, essenziale e sincero che evita di registrare i momenti celebrativi (come i matrimoni o le nascite) per privilegiare il lavoro nei campi e il grande ciclo delle stagioni, il cui severo lirismo è sottolineato dalla bella fotografia di André Dantan. Pluripremiato dalla critica e purtroppo ignorato dal pubblico (mai distribuito commercialmente in Italia), troverà un seguito trentott'anni dopo con *Biquefarre*, presentato al festival di Venezia del 1984, in cui mostra le radicali trasformazioni che ha subìto quella famiglia, costretta a vendere il proprio podere. Il titolo è un'espressione gergale dell'Aveyron per indicare la «fattoria delle capre».

Far West ** (*A Distant Trumpet*, Usa 1964, col, 117') Raoul Walsh. Con Troy Donahue, Suzanne Pleshette, James Gregory, Claude Akins, Kent Smith. ◆ Un giovane ufficiale (Donahue), appena uscito da West Point è mandato a Fort Delivery, un avamposto in pieno territorio Apache, dove cerca invano di far rispettare i trattati stipulati con gli indiani. Ultimo film di Walsh, di cui rappresenta una specie di disincantata e atonale summa cinematografica: nel suo mondo non c'è più niente di eroico o di esaltante (la vita al forte è squallida, i soldati sono scansafatiche, il generale è un pallone gonfiato) e gli ideali del protagonista sono traditi dai suoi superiori. Un'opera che suggella, con stile volutamente incerto, più che la fine di un'epoca, la fine di una leggenda.

Fascino **½ (*Cover Girl*, Usa 1944, col, 107') Charles Vidor. Con Rita Hayworth, Gene Kelly, Phil Silver, Lee Bowman, Eve Arden, Otto Kruger, Jack Norton. ◆ Lanciata dal concorso in cui viene scelta una ragazza copertina, una ballerina (Hayworth) rinuncia all'ultimo momento al successo per tornare dal collega, suo primo sincero amore (Kelly). La banalità del soggetto, sceneggiato da Virginia Van Upp, Marion Parsonnet e Paul Gaugelin e mero pretesto per assemblare numeri di rivista, è ampiamente riscattata dalla grazia della Hayworth, dalle canzoni di Jerome Kern e Ira Gershwin (tra cui spicca *Long Ago and Far Away*) e dall'abilità di Gene Kelly soprattutto in *Alter Ego*, uno straordinario numero coreografico in antagonismo con la propria ombra. Più interessante, invece, come momento di passaggio verso un'idea di musical più libera dalle costrizioni della ricostruzione scenica: e infatti i numeri più creativi – oltre ad *Alter Ego* – sono *Make Way for Tomorrow* (con la Hayworth, Kelly e Silvers) e l'ironico *Poor Girl* (dove la Hayworth interpreta anche il ruolo di sua nonna). Oscar per la miglior colonna sonora (a Carmen Dragon e Morris Stoloff). Per le canzoni la Hayworth è doppiata da Nan Wynn.

Fascino del delitto, Il **½ (*Série noire*, Francia 1979, col, 110') Alain Corneau. Con Patrick Dewaere, Myriam Boyer, Bernard Blier, Marie Trintignant, Andréas Katsulas, Jeanne Herviale. ◆ Frank Poupart (Dewaere), un rappresentante dai commerci poco chiari, si libera , con la complicità e l'amore di una sventurata (Trintignant), del complice e dei rispettivi congiunti, in una spirale di violenza che non eliminerà i problemi. Affondato in un'atmosfera plumbea percorsa da elementi grotteschi, il film (tratto dal romanzo di Jim Thompson *A Hell of a Woman*, sceneggiato – e soprattutto dialogato – dallo scrittore Georges Pérec insieme al regista) tratteggia le coordinate di un mondo feroce, popolato da naufraghi in lotta per la sopravvivenza, ben vivificato dall'interpretazione intensa e drammatica di Dewaere.

Fascino del palcoscenico *½ (*Stage Struck*, Usa 1958, col, 95') Sidney Lumet. Con Henry Fonda, Susan Strasberg, Joan Greenwood, Christopher

Plummer, Herbert Marshall. ◆ Il costo del successo e la difficoltà dei rapporti sentimentali nell'ambiente teatrale di New York, dove un affabile produttore (Fonda) approfitta di una giovane attrice piena di speranze (Strasberg). Pallido remake di *La gloria del mattino* (sceneggiato da Ruth e Augustus Goetz a partire dalla pièce di Zoë Akins) con la Strasberg che non riesce a essere autentica nel ruolo della giovane e ambiziosa provinciale, mentre il tentativo di cogliere l'atmosfera del «retroscena» di Broadway è spiacevolmente artificiosa.

Fascino discreto della borghesia, Il **** (*Le Charme discret de la bourgeoisie*, Francia 1972, col, 103') Luis Buñuel. Con Fernando Rey, Paul Frankeur, Delphine Seyrig, Bulle Ogier, Michel Piccoli, Stéphane Audran, Jean-Pierre Cassel, Milena Vukotic, Claude Piéplu, François Maistre. ◆ Dopo aver concluso un affare di droga con l'ambasciatore (Piccoli) di uno stato dell'America del Sud, i signori Thévenot (Frankeur e Seyrig) e i signori Sénéchal (Cassel e Audran) si incontrano spesso per pranzi e cene, ma tutte le volte che essi decidono di mangiare insieme un imprevisto manda a monte l'incontro gastronomico. Il miglior film dell'ultimo periodo francese di Buñuel, un «vaudeville metafisico e fantastico» scritto con l'abituale collaboratore Jean-Claude Carrière e rappresentato in modo più agile rispetto alle prime opere surrealiste. Non che il regista rinunci alla demolizione del racconto tradizionale (realtà e sogno si confondono, il tempo è annullato nella ripetitività delle azioni, la verosimiglianza è solo un'illusione), ma il suo spirito anarchico e dissacrante questa volta si avvale di un senso dell'umorismo e di una fluidità narrativa che consentono al pubblico di seguire il discorso senza il panico dell'incomprensione. Contando sulla complicità degli spettatori, messa in moto dal riso, Buñuel fustiga la classe borghese, sociologicamente indeterminata, ma universalmente parassitaria, impotente e comunque padrona dei destini altrui. La rivolta per il regista spagnolo non è mai rivoluzione: anche in questo film non c'è fiducia nella Storia, al massimo c'è la speranza che la borghesia muoia per autodissoluzione. Da qui il furore nichilista del suo cinema, che resta però fondamentalmente intriso di cupo pessimismo. Premio Oscar come miglior film straniero.

Fascista ** (Italia 1974, b/n, 96') Nico Naldini. ◆ I passi salienti, dalla crisi postbellica dell'identità nazionale all'adesione italiana alla seconda guerra mondiale, dell'affermazione del fascismo, sostenuto da borghesia, istituzioni ecclesiastiche e consenso popolare. Realizzato montando spezzoni dei cinegiornali dell'Istituto Luce, il film rivela una fiducia quasi feticista nei documenti d'epoca utilizzati senza un vero commento o un'analisi critica dello strumento cinegiornale, come se «parlassero da soli in quanto oggettivazione interna del fascismo stesso». E così finisce per privilegiare i fenomeni sottoculturali (quelli appunto documentati dal Luce) finendo per trasformare il regime fascista in un fatto irrazionale, troppo connesso con la follia e l'istrionismo di Mussolini.

Fase IV: distruzione Terra *** (*Phase IV*, Usa 1974, col, 86') Saul Bass. Con Nigel Davenport, Lynne Frederick, Michael Murphy, Helen Horton. ◆ In un'Arizona invasa dalle formiche, uno scienziato (Davenport) cerca invano di contrastare la loro avanzata e finisce divorato: si salvano solo uno studioso dei linguaggi animali (Murphy) e una ragazza (Frederick), probabilmente perché agli insetti interessa far prigioniera una coppia di esseri umani. Affascinante e inquietante esordio nel lungometraggio del più acclamato designer cinematografico americano (suoi i titoli di testa di molti film di Preminger), il film – sceneggiato da Mayo Simon – si inserisce nel filone fantascientifico della ribellione della natura e si fa apprezzare più per le sue diverse letture (le formiche possono essere viste come una metafora del nascente pericolo giallo, o come la rappresentazione della massa che fagocita i singoli) che per la sua intrinseca tensione narrativa. Molti degli (straordinari) inserti documentari sono firmati da Ken Middleton, futuro regista di *Bug*.

Faster Pussycat, Kill! Kill! **½ (*Faster Pussycat, Kill! Kill!*, Usa 1966, b/n, 83') Russ Meyer. Con Tura Satana, Haji, Lori Williams, Susan Bernard, Stuart Lancaster, Paul Trinka, Dennis Busch, Ray Barlow. ◆ Tre perfide spogliarelliste superdotate, Varla (Satana), Rosie (Haji) e Billie (Williams), dopo aver ucciso per gioco Tommy (Barlow) e averne rapita la fidanzata Linda (Bernard), arrivano alla fattoria di un vecchio paralitico e dei suoi due figli: per rubargli i risparmi non esitano a fare una carneficina. È l'ultimo bianco e nero di Meyer, tutto girato nel deserto del Mojave. Più delirante e violento dei precedenti, praticamente senza nudo, è perversamente erotico nel suo rifiuto di ogni compromesso moralistico: i simboli di un rassicurante buon gusto come Tommy e Linda (significativamente sprovvista di un seno prorompente) sono sempre perdenti di fronte alla violenza distruttrice delle tre spogliarelliste, comunque più vitali dell'America rurale (e ritardata) che le circonda.

Fast Walking **½ (*Fast-Walking*, Usa 1982, col, 115') James B. Harris. Con James Woods, Kay Lenz, Robert Hooks, Tim McIntire, Susan Tyrrel, M. Emmet Walsh. ◆ Un secondino (Woods) che, nel tempo libero, gestisce un bordello per i clandestini messicani, viene pagato per favorire l'evasione di un leader nero. Un film sanguigno e con troppa carne al fuoco, ma con buoni momenti di suspense, e un clima amorale che si è perso nel cinema americano più recente. Woods, perfetto in un personaggio viscido ma mai totalmente antipatico, è oggetto di una torrida seduzione da parte di Kay Lenz, la quale avrebbe meritato maggior fama.

Fatal Beauty * (*Fatal Beauty*, Usa 1987, col, 104') Tom Holland. Con Whoopi Goldberg, Sam Elliott, Rubens Blades, Harris Yulin, Jennifer Warren, Brad Dourif, Richard [Cheech] Martin. ◆ Un'irrefrenabile detective di colore (Goldberg), impegnata a sgominare lo smercio della droga, vuole incastrare l'irreprensibile boss. Dal regista di *Ammazzavampiri* un poliziesco sciatto e privo di ispirazione, inutilmente violento e pretenzioso nel messaggio, in cui spiace vedere coinvolta la simpaticissima attrice.

Fatal Frames – Fotogrammi mortali * (Italia 1996, col, 125') Al Festa. Con Stefania Stella [Stefania Di Giandomenico], Rick Gianasi, David Warbeck, Linnea Quigley, Ugo Pagliai, Giorgio Albertazzi, Donald Pleasence, Alida Valli, Ciccio Ingrassia, Rossano Brazzi, Angus Scrimm. ◆ Chiamato a Roma per dirigere un videoclip della cantante Stefania Stella (Stella), il regista Alex (Gianasi) è testimone di una serie di ammazzamenti: ma è solo una messa in scena, per fargli confessare l'omicidio (vero) della moglie. Micidiale, lunghissimo giallo tardo-argentiano di incredibile ingenuità, girato come un video per un matrimonio, e fiero di esibire grandangoli e comparsate speciali. La protagonista-produttrice non teme di fare il bagno nella Fontana di Trevi e non si toglie il tanga nelle scene di sesso. Festa è anche autore delle musiche.

Fatal Instinct * (*Fatal Instinct*, Usa 1993, col, 88') Carl Reiner. Con Armand Assante, Sean Young, Sherilyn Fenn, Kate Nelligan, Christopher McDonald, Tony Randall, James Remar. ◆ Una moglie bionda e algida (Nelligan) vuole eliminare il marito (Assante), poliziotto e avvocato insieme, per godersi la vita con l'amante. Giallo parodico dello stesso autore del *Mistero del cadavere scomparso*: trama ingarbugliata, spirito goliardico e citazionista, còntinue strizzatine d'occhio al genere. Ma questa volta i riferimenti sono troppo ovvi (la cliente interpretata dalla Young che cita la Stone senza mutandine, i morti-viventi di *Twin Peaks*, esplicitamente evocati dalla presenza maliziosa di Sherilyn Fenn, che fa la segretaria dell'avvocato-poliziotto), e l'umorismo arranca fino a dissolversi in battute degne di un film di Oldoini (lei è a letto con l'amante, il campanello suona due volte: naturalmente «è il postino... »). Altro che sberleffo programmatico: qui manca la passione per il gioco, e il primo a non crederci più sembra proprio il regista.

Fatalità **½ (*21 Days*, Gb 1940, b/n, 75') Basil Dean. Con Laurence Olivier, Vivien Leigh, Leslie Banks, Francis L. Sullivan, Hay Petrie, David Horne, Robert Newton, William Dewhurst, Esme Percy. ◆ Per difendere la fidanzata (Leigh), Larry Durrant (Olivier) uccide involontariamente un ricattatore, del cui omicidio viene accusato un ex prete alcolizzato (Petrie); per non compromettere la sua nomina a giudice, Keith Durrant (Banks) chiede al fratello di fuggire all'estero ma lo convince solo a rinviare la sua confessione di 21 giorni, per aspettare la sentenza del processo. Un racconto - poi diventato commedia - di John Galsworthy serve da base alla sceneggiatura del regista e di Graham Greene, che amplifica i temi a lui cari della colpa e dell'espiazione mettendo a confronto un innocente che si sente moralmente colpevole (l'ex prete che vuole comunque pagare il suo «tradimento») e un colpevole che nelle tre settimane del titolo originale scopre l'amore che lo può salvare: a farne le spese sarà soprattutto la rispettabilità borghese dell'istituzione Giustizia, nella persona del fratello disposto a tradire la Legge pur di diventarne il difensore ufficiale. Girato nel 1937 e bloccato dai continui rimaneggiamenti del produttore Alexander Korda (che per compiacere la censura eliminò i due suicidi che chiudono il racconto, provocando le ire di Greene), fu comprato dalla Columbia che lo distribuì solo nel 1940, dopo che la Leigh era diventata una star grazie a *Via col vento*. In Tv è programmato anche col titolo *Tre settimane di paura*. Rifatto nel 1957 (*In caso d'innocenza* di Rolf Hansen).

Fatalità *½ (Italia 1991, col, 105') Ninì Grassia. Con Nino D'Angelo, Nina Soldano, Francesco Paolantoni [ma nei titoli è Paoloantoni], Veronica Bartoli, Maridea Santovito, Gabriele Villa, Gianni Rossetti, Laura Piattello, Patrizia De Angelis. ◆ Solo e povero, dopo aver lasciato la famiglia sette anni prima per un'avventuriera (Bartoli) ed essere finito anche in prigione, Nino Santoro (D'Angelo) viene aiutato dapprima da un attore male in arnese (Paolantoni) e poi da un generoso armatore (Villa), che assume entrambi come domestici: troppo tardi scoprirà che il suo benefattore è sposato con la sua ex moglie (Soldano) e che la piccola Antonella (Santovito) è sua figlia. D'Angelo cerca di rinnovarsi riducendo il ruolo delle canzoni e puntando su una trama più complessa, in cui il destino si trasforma in giudice morale (mettendo il marito traditore alla mercé della moglie abbandonata). La regia di Grassia (anche sceneggiatore) è come sempre schematica e si respira un'aria di insopportabile buonismo (l'abbraccio finale, al *ralenti*, tra padre e figlia è da annali del kitsch), ma le performance di Paolantoni - che anticipa gag poi rese celebri in Tv - non sono male.

Fata Morgana **½ (*Fata Morgana*, Rft 1971, col, 78') Werner Herzog. ◆ Ispirandosi al Popol Vuh, il testo sacro degli indios guatemaltechi, Herzog organizza in tre grandi sezioni (*La creazione*, *Il paradiso* e *L'età dell'oro*) il materiale documentario che ha girato nel Sahara, in Kenia e in Tanzania, nei Paesi che si affacciano sul golfo della Guinea e nelle Canarie. Film estremo contraddistinto stilisticamente da reiterazioni ossessive, movimenti lenti e inesorabili e un testo «fuori campo» sconnesso e apocalittico (recitato da Lotte H. Eisner, Wolfgang Bächer e Manfred Eigendorf), è tutto costruito su immagini di una natura impressionante e incombente e sui resti desolati del fallimento di una civiltà (rottami di velivoli, pozzi di petrolio in fiamme) in una lenta, disperata disgregazione del linguaggio e delle capacità comunicative del visibile, che affascina e riesce a trasmettere un disagio profondo.

Fat City → *Città amara – Fat City*

Fate, Le *½ (Italia 1966, col, 120') Luciano Salce, Mario Monicelli, Mauro Bolognini, Antonio Pietrangeli. ◆ Film a episodi. In *Fata Sabina* (Luciano Salce. Con Monica Vitti, Enrico Maria Salerno) un'autostoppista è talmente smaniosa di seduzione che dopo essere stata violentata da tre uomini ne cerca un quarto; in *Fata Armenia* (Mario Monicelli. Con Claudia Cardinale, Gastone Moschin) una babysitter cerca di sedurre un giovane medico facendogli credere che i bambini in custodia siano suoi; in *Fata Elena* (Mauro Bolognini. Con Raquel Welch, Jean Sorel, Pia Lindström) un marito, stufo della moglie troppo casalinga, si concede un'avventura in una città vicina, ma al ritorno scopre che la consorte non è così fedele come credeva; in *Fata Marta* (Antonio Pietrangeli. Con Alberto Sordi, Capucine [Germaine Lefèbvre], Olga Villi, Gigi Ballista, Anthony Steel) la moglie di un affermato chirurgo, in un momento di euforia etilica, ha un'avventura con l'autista, ma una volta sobria dimentica tutto. Storielle boccaccesche raccontate con garbo e professionalità, dove la tipica comicità da sketch spesso sfocia nel paradosso estemporaneo. Gli episodi più riusciti sono il primo (sceneggiato da Ruggero Maccari e Luigi Magni e con la colonna sonora di Mina che canta *Ta, ta, ta, ta*) e l'ultimo (sceneggiato da Rodolfo Sonego).

Fate il vostro gioco *½ (*Any Number Can Play*, Usa 1949, b/n, 112') Mervyn LeRoy. Con Clark Gable, Alexis Smith, Wendell Corey, Audrey Totter, Mary Astor, Lewis Stone, Darryl Hickman. ◆ In una serata di tensione il proprietario di una sala da gioco (Gable) riesce a riconquistare la stima del figlio (Hickman), che lo disprezza per il suo lavoro. Melodramma banale, che nemmeno il cast può riscattare dal suo stanco moralismo.

Fate la rivoluzione senza di noi ** (*Start the Revolution Without Me*, Usa 1970, col, 98') Bud Yorkin. Con Gene Wilder, Donald Sutherland, Hugh Griffith, Jack McGowran, Ewa Aulin, Orson Welles, Victor Spinetti. ◆ Due coppie di gemelli, nati contemporaneamente da un'aristocratica e da una contadina, vengono confusi e si ritrovano rivali nel corso della Rivoluzione francese. Parodia beffarda alla Mel Brooks del film storico, con Wilder e Sutherland impegnati in gag più o meno gustose sugli equivoci da sosia per sopperire all'esilità dell'impianto narrativo.

Fatiche di Ercole, Le **½ (Italia 1958, col, 102') Pietro Francisci. Con Steve Reeves, Sylva Koscina, Gianna Maria Canale, Gabriele Antonini, Ivo Garrani, Fabrizio Mioni, Lydia Alfonsi, Gina Rovere. ◆ Ercole (Reeves), per rimettere sul trono il re di Tessaglia e portare in patria il vello d'oro, deve compiere tre delle sue celeberrime fatiche: la lotta contro il leone di Nemea, quella contro il toro di Creta e lo scontro con le Amazzoni. Liberamente ispirato alle *Argonautiche* di Apollonio Rodio (e cosceneggiato da Ennio De Concini, Gaio Fratini e il regista), è il film che dà inizio al filone italiano dei peplum, capace di coniugare eroismo ed epicità, violenza e umorismo, subito amatissimi dal pubblico (fu record d'incassi della stagione). Ingegnosi effetti speciali di Mario Bava. Paola Quattrini interpreta il ruolo di Iole bambina.

Fatta per amare ** (*Easy to Love*, Usa 1953, col, 96') Charles Walters. Con Esther Williams, Van Johnson, Tony Martin, John Bromfield, Carroll Baker, Edna Skinner, King Donovan, Paul Bryar. ◆ Acclamata protagonista di una rivista acquatica, Giulia (Williams) è corteggiata da tutti ma non dall'unico uomo che lei ama, il suo impresario Rudy (Johnson): ci vorrà la corte del suo istruttore (Bromfield) e di un romantico cantante (Martin) per convincere Rudy che anche lui la ama. Musical Mgm girato quasi interamente nel parco di Cypress Gardens in Florida: la storia (sceneggiata da Laslo Vadnay e William Roberts) è scontata nella sua prevedibilità, ma il numero acquatico con lo scimpanzé è divertente e il gran finale coreografato da Busby Berkeley è degno delle sue migliori creazioni. Gli altri numeri musicali sono affidati alla voce di Tony Martin che canta la canzone del titolo (di Cole Porter) e l'hit *Coquette*. Cammeo per Cyd Charisse e primo film per la Baker.

Fatti di gente perbene *½ (Italia 1974, col, 100') Mauro Bolognini. Con Giancarlo Giannini, Catherine Deneuve, Fernando Rey, Tina Aumont, Laura Betti, Rina Morelli, Paolo Bonacelli, Ettore Manni, Corrado Pani. ◆ L'avvocato Tullio Murri (Giannini) confessa di aver ucciso il conte Francesco Bonmartini con la complicità dei parenti e di altre persone della Bologna bene. Trasposizione di un celebre processo che nel 1905 appassionò l'Italia per l'esplosiva miscela di tensioni familiari, sentimentali e politiche. Il décor è minuzioso, le scelte musicali (Morricone) e fotografiche (Guarneri) sono raffinate e pertinenti all'epoca, ma la vicenda è ricostruita attraverso stereotipi letterari abusati e stanchi (il conte clericale, la contessa dissoluta, il notabile socialista, gli amori dannunziani). Sceneggiatura di Sergio Barzini.

Fatto di sangue fra due uomini per causa di una vedova, si sospettano moventi politici * (Italia 1978, col, 124') Lina Wertmüller. Con Sophia Loren, Marcello Mastroianni, Giancarlo Giannini, Turi Ferro, Mario Scarpetta, Antonella Murgia, Isa Danieli. ◆ Sicilia, 1922. Una carbonaia (Loren), resa vedova da un mafioso (Ferro), intreccia una doppia relazione con un avvocato socialista (Mastroianni) e un contrabbandiere (Giannini). Il triangolo amoroso sarà drammaticamente interrotto alla notizia della marcia su Roma. Un groviglio di passioni erotiche e politiche da fumettone mélo, dove il registro del grottesco (tipico della regista che firma anche la sceneggiatura) è spinto fino all'insopportabilità.

Fattore umano, Il ** (*The Human Factor*, Usa 1979, col, 114') Otto Preminger. Con Nicol Williamson, Richard Attenborough, Iman [Abdulmajid], Robert Morley, Derek Jacobi, John Gielgud, Ann Todd. ◆ Morris Castle (Williamson), una spia inglese al servizio dei russi, teme che la bella moglie Sarah (Iman) possa essere vittima di rappresaglie. Fuggito in Unione Sovietica, capisce che non la rivedrà mai più. Ultimo film di Preminger tratto dal romanzo omonimo di Graham Greene e sceneggiato insieme a Tom Stoppard: questa estrema e lucida riflessione sulla solitudine e sulla morte, sulle ossessioni e il peso del proprio passato, non riesce però a integrare perfettamente i vari tempi della narrazione romanzesca (i flashback smorzano la tensione invece di aumentarla) e il risultato finale è inferiore alle premesse. Primo film per la top model nigeriana Iman, futura moglie della rockstar David Bowie.

Fattoria degli animali, La *** (*Animal Farm*, Gb 1955, col, 75') John Halas, Joy Batchelor. ◆ Stanchi di esser sfruttati dal padrone, gli animali del fattore Jones si ribellano e guidati dai maiali Napoleon e Palla di Neve instaurano la democrazia. Ma poi tutto degenera: Napoleon scaccia Palla di Neve, la costituzione viene abolita (la nuova spiega che «tutti gli animali sono uguali, ma alcuni più uguali degli altri») ma la speranza di un mondo migliore non muore del tutto. Capolavoro del cinema d'animazione inglese e primo lungometraggio in technicolor prodotto in Gran Bretagna, il film adatta l'omonima favola satirica di George Orwell sottolineando soprattutto la componente libertaria del libro e non il suo lato di propaganda antistalinista (il finale triste e beffardo del romanzo – i vecchi rivoluzionari finiscono per allearsi ancora con l'uomo – è modificato nel film da una chiara nota di speranza). Queste smussature ideologiche, però, non diminuiscono la bellezza del film che rifiuta certe leziosità disneyane per un cartone «adulto che costruisce atmosfere drammatiche di grande vivezza e fa un uso sapiente di una tavolozza di colori cupi». Straordinario il lavoro sul sonoro con un unico attore (in originale Maurice Denham) che dà voce a tutti gli animali, anche se solo i maiali hanno un dialogo comprensibile (e Winston Churchill servì, con le sue inflessioni e la pomposità dello stile, a trovare quella di Napoleon). Inutili forzature del doppiaggio italiano che politicizza troppo certe battute.

Fatto su misura *½ (Italia 1984, col, 101') Francesco Laudadio. Con Ugo Tognazzi, Lara Wendel, Ricky Tognazzi, Senta Berger, Ugo Gregoretti, Alessandro Benvenuti. ◆ Lo strano amore tra due giovani «collaboratori» di una clinica per la fecondazione artificiale: quando Tony (R. Tognazzi) scopre che il bimbo atteso da Lisa (Wendel) in Svizzera, presso la ricca famiglia «committente», è frutto del suo seme, non esita a rapirlo e a sostituirlo con un trovatello zingaro. A metà tra ironia e paradosso, il film – sceneggiato dal regista con Filiberto Bandini – vuole affrontare il tema dell'inseminazione artificiale, ma oscilla tra eccessiva meticolosità scientifica (nella prima parte) e sgangherati cedimenti al feuilleton (nella seconda).

Faust **** (*Faust. Eine deutsche Volkssage*, Germania 1925, b/n, 85') Friedrich Wilhelm Murnau. Con Gosta Ekman, Emil Jannings, Camilla Horn, Frieda Richard, Wilhelm Dieterle, Yvette Guilbert, Eric Barclay, Werner Futterer. ◆ Mefistofele (Jannings) scommette con l'Arcangelo Gabriele che riuscirà a corrompere l'integerrimo Faust (Ekman) e ad aggiudicarsi il dominio assoluto sulla Terra. Dopo aver diffuso la peste e aver indotto il vecchio Faust a un patto in cambio di straordinarie virtù taumaturgiche, il diavolo regala alla sua vittima il piacere della giovinezza e dell'amore. Ma proprio il grande e tragico amore per Margherita (Horn) farà rinsavire Faust e renderà nullo il suo accordo con Mefistofele. Un folgorante poema metafisico, in cui Murnau – al suo ultimo film tedesco – profonde tutte le sue qualità registiche. Il testo di Goethe, sceneggiato da Hans Kyser, rivive al cinema grazie a una geniale intuizione visiva: centro propulsore e organizzatore del dramma è lo spazio, «moltiplicato e sfaccettato in modo tale da racchiudere l'intero universo nella limitata cornice dello schermo». In relazione a ciò si modellano tutti gli apporti tecnici, al di là di qualsiasi connotazione realistica ed espressionistica della messinscena: gli scenografi spezzano il medesimo ambiente in più piani secondo le necessità di ripresa; il direttore della fotografia (Carl Hoffmann) sperimenta una gamma vastissima di luci e ombre, creando all'interno di ogni inquadratura una plasticità dinamica e imprevedibile; gli interpreti – tra cui predomina il truculento Jannings – donano ai rispettivi personaggi profonde sfumature. L'eterna lotta tra il Bene e il Male (sviluppata attraverso altri temi come il rapporto tra scienza e magia, la volontà d'onnipotenza e la caduta inevitabile, lo sdoppiamento e la riunificazione dell'essere) in questo *Faust* vibra con un'intensità mai più raggiunta negli adattamenti cinematografici successivi (tra cui *La bellezza del diavolo* di Clair e *Margherita della notte* di Autant-Lara). In origine il ruolo di Margherita doveva essere affidato a Lillian Gish invece che alla debuttante Camille Horn.

Faustina *½ (Italia 1968, col, 106') Luigi Magni. Con Vonetta McGee, Enzo Cerusico, Renzo Montagnani, Franco Acampora, Ottavia Piccolo. ◆ Stanca dei maltrattamenti del marito tombarolo (Montagnani), una mulatta (McGee), figlia di un militare americano e di una romana, fugge ripetutamente con un timido suonatore di chitarra (Cerusico). Un certo garbo ma poco estro e fantasia in una vicenda esile tra il fumettone e il bozzetto «vecchia Roma» da cartolina.

Favole **½ (*Fairy Tale: a True Story*, Usa/Gb 1997, col, 99') Charles Sturridge. Con Florence Oath, Elizabeth Earl, Peter O'Toole, Harvey Keitel, Paul McGann, Phoebe Nicholls, Tim McInnerny. ◆ Yorkshire, 1917: la piccola Frances (Earl), che attende il padre disperso in guerra, e la cugina Elise (Oath) fotografano le fate loro amiche. Sir Arthur Conan Doyle (O'Toole) ci crede, ma mobilita involontariamente i mass media, già temibili all'epoca, e gli elfi rischiano di traslocare. Gradevole e lussuosa fiaba sceneggiata da Ernie Contreras con una certa delicatezza nel disegno dei personaggi e qualche spunto sul tema del rapporto tra fotografia e verità in un'epoca ancora ingenua. Fotografia di Michael Coulter e musiche di Zbigniew Preisner. Keitel è il mago Houdini. Prodotto dalla società di Mel Gibson, che appare in un cammeo. Ma per quali bambini li fanno film così?

Favolosa storia di Pelle d'Asino, La ** (*Peau d'âne*, Francia 1970, col, 91') Jacques Demy. Con Catherine Deneuve, Jean Marais, Jacques Perrin, Micheline Presle, Delphine Deyrig, Fernand Ledoux, Sacha Pitoëff. ◆ In esilio e sotto false e sgradevoli spoglie per un incantesimo, una principessa (Deneuve) fa innamorare un malinconico principino (Perrin), che la cerca fra le donne del regno per sposarla. Dalla celebre fiaba di Perrault una stramba commedia musicale (con canzoni di Michel Legrand) sfarzosa, coloratissima e con qualche curiosa inserzione moderna.

Favolosi Baker, I *** (*The Fabulous Baker Boys*, Usa 1989, col, 113') Steve Kloves. Con Jeff Bridges, Michelle Pfeiffer, Beau Bridges, Wendy Girard, Ellie Raab, Jennifer Tilly. ◆ Da quindici anni i fratelli Baker – lo sregolato Jack (J. Bridges) e il prosaico Frank (B. Bridges) – hanno accettato la routine di un duo pianistico per locali di second'ordine. L'arrivo della cantante Susie (Pfeiffer), voluto da Frank, porterà il successo ma spezzerà il loro sodalizio. Scritta dall'esordiente Kloves (patrocinato da Sydney Pollack), una sottovalutata commedia agrodolce, che scava nel quotidiano con un grande senso del dettaglio, un humour discreto e una cattiveria morbida ma non innocua. Niente luoghi comuni sui geni incompresi o maledetti, ma lo spaccato di un mondo di provincia poco esplorato e di una complessa relazione tra fratelli, resa più sincera dal fatto che i due attori sono tali anche nella realtà (e la carriera di Beau è stata molto meno brillante di quella di Jeff). Bella fotografia di Michael Ballhaus. La direzione musicale è di Dave Grusin, che doppia i due Bridges al piano; la Pfeiffer invece canta con la sua voce.

Favoloso Andersen, Il *½ (*Hans Christian Andersen*, Usa 1952, col, 120') Charles Vidor. Con Danny Kaye, Farley Granger, Zizi Jeanmaire, John Qualen, Roland Petit. ◆ Biografia romanzata in musical del ciabattino danese (Kaye), autore di favole incantevoli, ferito dall'incomprensione degli adulti e dall'amore non corrisposto per la ballerina che gli ha ispirato *La Sirenetta*. Un film malinconico, lontanissimo dalla reale biografia di Andersen, appesantito dalle interminabili coreografie di Petit e dall'edizione italiana delle canzoni di Frank Loesser.

Favoloso dottor Dolittle, Il *½ (*Doctor Dolittle*, Usa 1967, col, 144') Richard Fleischer. Con Rex Harrison, Anthony Newley, Samantha Eggar, Richard Attenborough, Peter Bull. ◆ Uno scienziato (Harrison) si dedica allo studio degli animali, ne impara il linguaggio, ne guadagna l'amicizia e l'aiuto per un avventuroso viaggio di ricerca. Favola kolossal con intermezzi canori (spiacevoli nel doppiaggio italiano) che la bella fotografia di Robert Surtees e le coreografie di Herbert Ross non riescono a vivacizzare. Inesorabilmente soporifero nonostante due Oscar: miglior canzone (Leslie Bricusse) ed effetti visivi (L.B. Abbott). Tratto dai racconti di Hugh Lofting, all'origine anche del remake con Eddie Murphy *Il dottor Dolittle* (1998).

Favorita, La *½ (Italia 1952, b/n, 80') Cesare Barlacchi. Con Gino Sinimberghi, Sophia Lazzaro [poi Loren], Franca Tramantini, Paolo Silveri, Alfredo Colella. ◆ Il valoroso Fernando (Sinimberghi) si innamora perdutamente di Leonora di Guzman (Lazzaro), senza sapere che è la favorita del re di Castiglia (Silveri). Lo scoprirà quando il sovrano, per vendicarsi del loro amore, li costringerà al matrimonio: se ne andrà deluso dalla sposa, per perdonarla in punto di morte. Scolastica versione cinematografica dell'opera di Gaetano Donizetti con la Loren e la Tramantini doppiate, rispettivamente, dal soprano Palmira Vitali Marini e dal mezzosoprano Miriam Di Giove.

Favorita, La * (*The Favorite*, Usa 1988, col, 110') Jack Smight. Con F. Murray Abraham, Amber O'Shea, Maud Adams, James Michael Gregary, Ron Dorth. ◆ Venduta nel 1774 al sultano dell'Impero Ottomano, una spregiudicata damigella francese (O'Shea) riesce a ottenerne i favori, a districarsi tra amori, intrighi di corte e tensioni internazionali fino a portare al potere il suo giovane protetto. Ambizioni da kolossal, décor sfarzoso e soffocante, ammiccamenti erotici insulsi e tutti gli stereotipi sull'Oriente in un feuilleton (tratto da *La Nuit de sérail* di Prince Michel Grèce) incredibilmente mal realizzato.

Favoriti della Luna, I *** (*Les Favoris de la Lune*, Francia 1984, col, 101') Otar Ioseliani. Con Pascal Aubier, Alix de Montaigu, Peter Cloos, Jean-Pierre Beauviala, Bernard Eisenschitz, Christine Bailly, François Michel. ◆ I passaggi di proprietario di un servizio di piatti e di un ritratto di donna sfiorano attraverso varie epoche (dalla Rivoluzione francese alla Parigi odierna) le vite di alcuni personaggi: un trafficante d'armi, un fabbro ferraio, un poliziotto, un anarchico, un ladro... Microstorie di solitudine e inganni che si intrecciano casualmente in una città governata dalla fretta, dall'egoismo e dal furto. Il primo film occidentale del regista georgiano, vincitore del Premio speciale della giuria a Venezia, ironico, disincantato, intelligente affresco della società contemporanea e dei suoi (dis)valori. Cammeo per Ioseliani nella parte di un terrorista arabo e per i critici cinematografici francesi Noël Simsolo e Marcel Martin.

Favorito della grande regina, Il **½ (*The Virgin Queen*, Usa 1955, col, 92') Henry Koster. Con Bette Davis, Richard Todd, Joan Collins, Herbert Marshall, Dan O'Herlihy, Rod Taylor, Jay Robinson. ◆ Rancori e violente gelosie tra la vigorosa Elisabetta I d'Inghilterra (Davis) e sir Walter Raleigh (Todd), ambizioso cavaliere dalla vita tumultuosa. Spettacolo, avventura, melodramma e gli istrionismi della Davis (che per la seconda volta interpreta la famosa sovrana, dopo *Il conte di Essex*, e accetta di farsi rasare una parte della testa per assomigliare al suo personaggio) rendono perfettamente la sete di potere e le frustrazioni sessuali della regina inglese. Prodotto da Charles Brackett e sceneggiato da Harry Brown il film cerca forse l'effetto troppo facile nel gioco dei colori (le vetrate, i bicchieri, il vestito nero e bianco della Collins, le differenti toilette della Davis), ma dà prova di grande attenzione filologica nel rispetto per la lingua e il vocabolario dell'epoca e soprattutto dimostra un'attenzione ai sentimenti dei personaggi poco diffusa a Hollywood.

F.B.I. contro Al Capone ** (*The Scarface Mob*, Usa 1962, col, 92') Phil Karlson. Con Robert Stack, Neville Brand, Keenan Wynn, Barbara Nichols, Pat Crowley, Bruce Gordon. ◆ Chicago, 1929: l'integerrimo poliziotto Elliot Ness (Stack), con una piccola squadra di coraggiosi, sfida apertamente la banda del potentissimo gangster che controlla, con l'aiuto di poliziotti e amministratori corrotti, il traffico illegale di alcolici. Credibile ed efficace poliziesco con i personaggi e la trama base della fortunata serie televisiva *The Untouchables*, a cui De Palma si ispirerà per il suo omonimo film del 1987.

F.B.I. Operazione criminale ** (*La Môme vert-de-gris*, Francia 1953, b/n, 90') Bernard Borderie. Con Eddie Constantine, Dominique Wilms, Howard Vernon, Philippe Hersent, Jean-Marc Tennberg, Dario Moreno, Maurice Ronet, Gaston Modot. ◆ L'agente americano Blankies (Constantine) viene inviato a Casablanca per contrastare una banda di ladri: conquista Wilma (Wilms), la donna del capo gang (Vernon), e dopo aver rischiato più di una volta la vita riesce a sgominare tutta l'organizzazione e a smascherare chi la protegge. Anche se nel doppiaggio italiano i nomi sono incomprensibilmente cambiati, è il primo film in cui Constantine veste i panni dell'agente federale Lemmy Caution, il personaggio creato da Peter Cheyney (qui viene adattato, dal regista e da Jacques Lemare, il romanzo *Che tipo quel Caution!*). A metà tra l'avventura pura e l'autoparodia, il film riflette l'ambigua attrazione dei francesi per il cinema americano, divisa tra la fascinazione e una certa snobistica superiorità. Lo incarnano perfettamente la parlata dall'inconfondibile accento (*amerloque* fu battezzato in Francia) e le maniere fin troppo spicce del protagonista, la cui violenza sopra le righe diventa subito eccessiva e parodica. Oggi però questo mix risulta irrimediabilmente datato, nonostante gli sforzi di Eddie Constantine di non prendersi mai sul serio. Esordio dell'ex modella Dominique Wilms, la pupa «vert-de-gris» del titolo originale, che nell'edizione francese si chiama Carlotta de la Rue. La serie di Lemmy Caution continuerà con *Ricercato per omicidio* (1953), *Operazione dollari* (1954), *Il maggiorato fisico* (1956), *Il magnifico detective* (1960), *L'inesorabile detective* (1962), *L'agente federale Lemmy Caution* (1963), oltre all'eccentrico *Agente Lemmy Caution, missione Alphaville* (1965) di Godard.

F.B.I. operazione gatto ** (*That Darn Cat*, Usa 1965, col, 116') Robert Stevenson. Con Hayley Mills, Dean Jones, Dorothy Provine, Roddy McDowall, Neville Brand, Elsa Lanchester, William Demarest, Ed Wynn. ◆ Un intelligente gatto siamese conduce un agente dell'Fbi (Jones) sulle tracce di una giovane sequestrata. Produzione Disney senza sorprese ma piacevole e ben realizzata.

Fear Inside, The – Paura d'interno * (*The Fear Inside*, Usa 1992, col, 100') Leon Ichaso. Con Christine Lahti, Jennifer Rubin, Dylan McDermott, David Ackroyd, Thomas Ian Nicholas, Paul Linke. ◆ Agorafoba divorziata con figlioletto, Meredith (Lahti) affitta una camera a una coppia di sedicenti fratelli (Rubin e McDermott), senza accorgersi che sono due psicopatici omicidi. Il genere di thriller (per di più con frulli erotici) di cui lo spettatore indovina gli sviluppi con una regolare mezz'ora di anticipo: mortifero. Fotografia di Bojan Bazelli e sceneggiatura di David Birke. Passato in Tv col titolo *Paura dietro la porta*.

Fearless – Senza paura **½ (*Fearless*, Usa 1993, col, 121') Peter Weir. Con Jeff Bridges, Rosie Perez, Isabella Rossellini, Tom Hulce, John Turturro, Benicio Del Toro, Deindre O'Connell. ◆ L'architetto Max Klein (Bridges) sopravvive a uno spaventoso incidente aereo, in cui ha perso la vita il suo migliore amico. La sensazione di immortalità per lo scampato pericolo pregiudica il rapporto con la moglie (Rossellini), mentre la sorte comune lo avvicina a un'altra sopravvissuta (Perez), disperata per la morte del figlioletto. Da sempre affascinato dal mistero e dall'irrazionale, qui Peter Weir dà un suo personale contributo al genere postcatastrofico: a partire dalla sceneggiatura di Rafael Yglesias, che ha adattato un suo romanzo, il regista affronta il tema della morte vista in faccia ma evitata per un soffio, ed elabora una vera e propria fenomenologia del sopravvissuto in preda all'estasi della salvezza, incapace di cancellare la visione estrema e di reinserirsi nella normalità. È questo, anche dal punto di vista stilistico, l'aspetto più interessante e riuscito del film: senza affidarsi minimamente all'intreccio, Weir per mezz'ora riprende Bridges in pieno delirio di onnipotenza, mentre si aggira incredulo ed euforico per la città, facendo cose eccentriche e illogiche. Il resto lascia un po' a desiderare (soprattutto il rapporto tra Bridges e la Perez, sostenuto da dialoghi non sempre all'altezza della situazione), ma la scena iniziale del rogo aereo e quella dell'incidente in macchina, provocato per rivivere e superare l'evento traumatico originario, non si dimenticano facilmente.

Febbre a 90° ** (*Fever Pitch*, Gb 1997, col, 102') David Evans. Con Colin Firth, Ruth Gemmell, Neil Pearson, Lorraine Ashbourne, Mark Strong, Holly Aird. ◆ Londra: Paul Ashworth (Firth) è abbastanza civilizzato da insegnare in un liceo, ma è un tifoso dell'Arsenal tanto sfegatato da mettere in crisi la love story con una prof che ha messo incinta (Gemmell). Sullo sfondo del campionato 1988-'89, che fece venire l'infarto ai tifosi dell'Arsenal, Nick Hornby ha liberamente adattato il suo romanzo autobiografico forzando un po' la metafora del calcio come chiave del rapporto con la realtà, dall'infanzia (mostrata attraverso flashback) all'età adulta. E ogni ambizione psicologica annega nella facile suspense dell'ultima partita di campionato. Ben confezionato e con le musiche giuste, ma abbastanza di maniera, nell'ondata del nuovo finto realismo inglese. Stephen Rea è il funzionario patito del calcio.

Febbre bionda **½ (*Value for Money*, Gb 1955, col, 93') Ken Annakin. Con John Gregson, Diana Dors, Susan Stephen, Derek Farr, Frank Pettingell, Jill Adams, Ernest Thesiger. ◆ Ricco ma taccagno, Carlo Broadbent (Gregson) sembra disposto a scialacquare i suoi soldi solo per fidanzarsi con una ballerina d'avanspettacolo (Dors), ma poi l'avarizia torna a prendere il sopravvento. E così finisce in tribunale, citato dalla vecchia fidanzata (Stephen) e dalla nuova. Una simpatica commedia sceneggiata da R.F. Delderfield e William Ferchild che sfrutta al meglio l'aria (e le forme) da oca giuliva della Dors e punzecchia l'incapacità a esprimere i propri sentimenti degli inglesi con battute che non risparmiano neppure un certo gusto macabro.

Febbre da cavallo *½ (Italia 1976, col, 100') Steno [Stefano Vanzina]. Con Gigi Proietti, Enrico Montesano, Catherine Spaak, Mario Carotenuto, Adolfo Celi, Gigi Ballista. ◆ Per rimediare ai fallimenti ripetuti nelle scommesse sui cavalli, tre indebitatissimi amici che vivono di espedienti (Proietti, Montesano e Carotenuto), tentano di truccare una corsa sostituendo il fantino. Commedia all'italiana sbrigativa con qualche battuta divertente, sceneggiata dal regista, dal figlio Enrico e da Alfredo Giannetti.

Febbre del gioco, La *½ (*Fever Pitch*, Usa 1985, col, 96') Richard Brooks. Con Ryan O'Neal, Catherine Hicks, Giancarlo Giannini, Bridgette Andersen, John Saxon. ◆ Un giornalista (O'Neal) con la passione del gioco, torna a Las Vegas per un'inchiesta giornalistica, ma non riesce a resistere alla tentazione e riprende a giocare. L'ultimo film di Richard Brooks è decisamente una delusione: superficiale nella sceneggiatura (come sempre solo del regista), poco credibile nella scelta degli attori (specie Ryan O'Neal), ha solo qualche momento realmente drammatico (il tentativo di suicidio del marine nella toilette, la figura del vecchio giocatore che cerca per terra il biglietto vincente) e non può bastare un montaggio realizzato dalla Mgm contro la volontà del regista per spiegare la delusione finale.

Febbre dell'oro, La **** (*The Gold Rush*, Usa 1925, b/n, 82') Charlie Chaplin. Con Charlie Chaplin, Mack Swain, Georgia Hale, Tom Murray. ◆ Tra i cercatori d'oro di fine Ottocento, nell'impervia e innevata Alaska, il vagabondo Charlot (Chaplin) condivide con Big Jim (Swain) la fame e gli stenti, e si innamora della bella chanteuse del saloon (Hale). Un capolavoro immortale, in un perfetto equilibrio tra comicità e poesia, dove Chaplin accentua la componente di solitudine del suo personaggio (che l'infelicità amorosa e l'ostilità della natura sottolineano maggiormente) mentre compie una rivisitazione tenera ma disincantata del mito americano della frontiera. Alcune sequenze sono entrate nella storia del cinema: Charlot che per la fame si mangia una scarpa e arrotola sulla forchetta i lacci come fossero spaghetti; la danza dei panini infilati nelle forchette; Big Jim che per la fame vede Charlot come una gallina; la baracca in bilico sullo strapiombo. Rieditato dallo stesso Chaplin nel 1942 in versione sonora.

Febbre del petrolio, La **½ (*Boom Town*, Usa 1940, b/n, 116') Jack Conway. Con Clark Gable, Spencer Tracy, Claudette Colbert, Hedy Lamarr, Frank Morgan, Lionel Atwill. ◆ 1918: la vita avventurosa e sentimentale di due pionieri americani (Gable e Tracy) alla ricerca del petrolio e del facile guadagno. Nessuna sorpresa e divertimento ingenuo, ma il cast – soprattutto Hedy Lamarr, a cui sono affidate le battute migliori – riesce a sostenere l'attenzione.

Febbre del sabato sera, La *** (*Saturday Night Fever*, Usa 1977, col, 119') John Badham. Con John Travolta, Karen Lynn Gorney, Barry Miller, Joseph Cali, Paul Pape. ◆ Commesso in un negozio di vernici, Tony Manero (Travolta) vive solo per esibirsi in discoteca. Qui incontra un'impiegata (Lynn Gorney) con cui vince una gara di ballo, ma per la quale non riesce a provare un sentimento profondo: ci vorrà la morte di un giovane amico, precipitato dal ponte di Brooklyn, per fargli aprire gli occhi sulla vita. Frutto soprattutto della genialità del produttore Robert Stingwood, questo film – sceneggiato da Norman Wexler a partire da un soggetto di Nick Cohn – ha saputo rappresentare con brutale realismo e un turpiloquio inedito per i tempi (che provocherà svariati tagli) il desolante affresco di una gioventù, non solo italoamericana, più che mai «ribelle senza una causa» che vede l'esibizione frenetica sulla pista della discoteca come l'unico possibile riscatto dallo squallore della quotidianità. Campione d'incassi e successo mondiale per la colonna sonora, che consacrò i Bee Gees e con loro John Travolta, assurto a fenomeno di costume (e oggetto di desiderio sessuale) nel suo primo ruolo importante, tanto forte da rischiare di rimanere legato per sempre all'immagine kitsch del commesso ballerino Tony Manero col suo completo bianco e il dito alzato verso il cielo.

Febbre di vivere **½ (*A Bill of Divorcement*, Usa 1932, b/n, 69') George Cukor. Con John Barrymore, Katharine Hepburn, Billie Burke, Henry Stephenson, Elizabeth Patterson, Paul Cavanagh. ◆ Dopo una lunga permanenza in manicomio, Hilary Fairfield (Barrymore) si scopre rifiutato dalla moglie, ma trova nella figlia (Hepburn), mai conosciuta prima, un amore e una dedizione totale. Tratto dalla commedia di Clemence Dane sceneggiata da Howard Estabrook e Harry Wagstaff Gribble, è il debutto cinematografico della Hepburn, primo dei sette film che interpreterà con Cukor; Barrymore è commovente nella parte del vecchio musicista che ha passato 15 anni in manicomio, ma il film è dominato «dalla personalità luminosa anche se acerba della Hepburn» che rende ancor oggi interessante un melodramma decisamente datato. Rifatto nel 1940 (*A Bill of Divorcement*) da John Farrow con Adolphe Menjou e Maureen O'Hara, inedito in Italia.

Febbre di vivere *** (Italia 1953, b/n, 110') Claudio Gora. Con Massimo Serato, Marina Berti, Anna Maria Ferrero, Marcello Mastroianni, Sandro Milani [Alessandro Mancinelli-Scotti], Nyta Dover, Rubi D'Alma, Vittorio Caprioli, Paola Mori, Carlo Mazzarella, Novella Parigini. ◆ Ribelle e amorale, Massimo (Serato) si vede costretto a confrontarsi con le proprie azioni quando scopre che la fidanzata Elena (Ferrero) è incinta e Daniele (Mastroianni), che lui aveva tradito, esce di prigione. Per cavarsi d'impiccio cerca di piegare ai propri voleri il giovane Sandro (Milani) e l'ex fidanzata Lucia (Berti), ma questa volta l'esito delle sue azioni sarà ben più tragico. Uno dei più insoliti e crudeli film dei primi anni Cinquanta, che tra i primissimi punta l'obiettivo su personaggi di giovani borghesi ai margini del bel mondo romano. Liberamente tratto dalla commedia *Cronaca* di Leopoldo Trieste, sceneggiata dall'autore, Suso Cecchi d'Amico, Lamberto Santilli, Filippo Mercati [Luigi Filippo d'Amico] e Gora stesso, il film rivela, dietro una trama non perfettamente controllata e qualche dialogo un po' troppo letterario, un moralismo acre e spregiudicato, decisamente controcorrente per quegli anni (per esempio parlando di aborto – cui Massimo costringe Elena – come di una pratica molto ben conosciuta nella rispettabile, e religiosa, borghesia). Problemi finanziari rallentarono le riprese iniziate nel 1951 e permisero la distribuzione del film solo due anni dopo.

Feccia, La * (*The Revengers*, Usa 1972, col, 112') Daniel Mann. Con William Holden, Ernest Borgnine, Woody Strode, Roger Hanin, Susan Hayward, Warren Vanders. ◆ Un ex ufficiale nordista (Holden) assolda sei canaglie per uccidere il bandito (Vanders) che ha sterminato la sua famiglia. Western inutilmente violento quanto sciatto e sconclusionato, nel fallimentare tentativo (nonostante un cast con Holden e Borgnine) di ricreare la magia del *Mucchio selvaggio*. Ultima apparizione al cinema della Hayward.

Federale, Il ****½** (Italia 1961, b/n, 100') Luciano Salce. Con Ugo Tognazzi, Georges Wilson, Gianni Agus, Gianrico Tedeschi, Elsa Vazzoler, Renzo Palmer, Stefania Sandrelli. ◆ Attraverso peripezie, pericoli e strani incontri uno zelante graduato delle Brigate Nere, Primo Arcovazzi (Tognazzi) «traduce» attraverso il centro Italia un eminente filosofo antifascista (Wilson), che nella Roma ormai liberata dagli alleati lo salverà dal linciaggio. Se non eccezionale come coesione (il film è sceneggiato dal regista con [Franco] Castellano e Pipolo [Giuseppe Moccia]), il campione d'incassi della stagione '61-62 si fa apprezzare per la felicissima caratterizzazione dei due protagonisti benevolmente antagonisti, e grazie a uno strepitoso Tognazzi (indimenticabile alla guida del sidecar), affronta (con un sarcasmo che riequilibra il facile qualunquismo dell'assunto) le meschinità e il grottesco del passato prossimo nazionale. Cammeo per Luciano Salce che interpreta il tenente Rudolf.

Fedora ****** (Italia 1942, b/n, 90') Camillo Mastrocinque. Con Luisa Ferida, Amedeo Nazzari, Osvaldo Valenti, Rina Morelli, Memo Benassi, Sandro Ruffini, Cesare Polacco. ◆ Il pittore Loris (Nazzari), per vendicare il proprio onore, uccide il crudele principe Vladimiro (Valenti). Fedora (Ferida), promessa sposa del secondo, va fino a Parigi alla ricerca dell'assassino, e ovviamente se ne innamora, rendendo ardua la vendetta: ma fin dalla prima sequenza è chiaro che a morire sarà lei. Dal dramma omonimo di Victorien Sardou (1882) aveva tratto un'opera lirica Umberto Giordano, di cui resta nel film qualche melodia (ma nessuna aria). Mastrocinque dirige con notevole competenza tecnica un film sfarzoso (specie per l'epoca) e corrusco, e indovina alcune sequenze di follia melodrammatica (merito soprattutto della recitazione sovraccarica e quasi ophulsiana della Ferida). Peccato che non abbia un'idea di regia unitaria, e si perda in ridicoli intermezzi a base di pecorelle e meli fioriti. Il clima dell'epoca non giustifica la squallida macchietta dell'usuraio ebreo.

Fedora ****½** (*Fedora*, Usa/Rft 1978, col, 114') Billy Wilder. Con William Holden, Marthe Keller, Hildegard Knef, José Ferrer, Frances Sternhagen, Mario Adorf, Henry Fonda, Michael York. ◆ Il maturo produttore Barry Detweiller (Holden) vuole riuscire a far tornare sugli schermi la famosa attrice Fedora (Knef), che si è ritirata a Corfù mantenendo misteriosamente la bellezza di un tempo: scoprirà il morboso rapporto che esiste tra la madre diva e la figlia Antonia (Keller), identica nell'aspetto e costretta a sostituirla per mantenerne la leggenda. Tratto da un racconto di Thomas Tryon (cosceneggiato dal regista con il suo tradizionale compagno I.A.L. Diamond), è un mistery complesso e a volte complicato, ricco di rimandi (e flashback) tra il presente e un passato che viene evocato ossessivamente (e che permette a Wilder, attraverso il suo «portaparola» Detweiller/Holden di stigmatizzare il successo di certi «giovani scalcinati che chiedono solo una macchina a mano con uno zoom»). Senza avere la perfezione classica di *Viale del tramonto* (con cui ha più di un punto in comune, come l'ossessione della morte e la derisione autoironica), *Fedora* è il film-testamento del regista, «appassionante e imperfetto, rischiosissimo tentativo (e per questo ancor più apprezzabile) di affrontare un argomento così ricco di affinità con la sua situazione di regista settantenne». Henry Fonda interpreta il presidente dell'Academy of Motion Pictures.

Fedra ****** (*Phaedra*, Usa/Grecia 1961, b/n, 115') Jules Dassin. Con Melina Mercouri, Anthony Perkins, Raf Vallone, Elizabeth Ercy. ◆ L'amore impossibile tra Fedra (Mercouri), seconda moglie di un ricco armatore greco (Vallone), e il sensibile figlio di prime nozze di lui, Alexis (Perkins), pittore a Londra. Cast di prim'ordine per una rivisitazione in chiave moderna del dramma di Racine, adattato da Margarita Liberaki, dove la riscrittura fa di Teseo un opulento armatore greco, del carro di Ippolito una veloce Aston Martin con cui uscirà di strada, mentre i sacrifici divini di Fedra diventano una specie di atto gratuito gidiano con cui gettare nel Tamigi un anello prezioso. L'ambiente altoborghese, però, non mette Dassin molto a suo agio, facendolo esagerare con una grandiosità melodrammatica che oggi appare molto datata. Cammeo per il regista nella parte di Christo, un contadino greco.

Feldmarescialla, La (Rita fugge... lui corre... egli scappa) ***½** (Italia 1968, col, 104') Steno [Stefano Vanzina]. Con Rita Pavone, Francis Blanche, Terence Hill [Mario Girotti], Aroldo Tieri, Teddy Reno, Jess Hahn, Michel Modo. ◆ Firenze, luglio 1944: in una locanda gestita dalla giovane Rita (Pavone), sopra cui ha sede il laboratorio di un meteorologo (Hill), si verifica un'esplosione accidentale che il capitano delle SS Vogel (Blanche) scambia per un attentato. Rita, lo scienziato e un maggiore americano alloggiato nella locanda (Hahn) sono costretti a fuggire dai tedeschi con l'aiuto di un sacerdote (Reno). Umorismo «nero» in una commedia nostrana pseudoslapstick, farcita con tutti gli ingredienti del caso: equivoci, fughe, inseguimenti e persino un travestimento, che vede la terribile Rita (la «feldmarescialla») indossare i panni del Führer per fare arretrare i nemici. Sceneggiatura di [Franco] Castellano e Pipolo [Giuseppe Moccia], con pause d'obbligo per le inevitabili esibizioni canore della Pavone e qualche inserto da cineteca che mostra i dittatori mentre pronunciano i loro discorsi più celebri.

Felicità (di Todd Solondz) → *Happiness - Felicità*

Felicità, La ******* (Ščast'e, Urss 1935, b/n, 70') Aleksandr Medvekin. Con Petr Zinov'ev, Elena Egorova, L. Nenaševa, V. Uspenskij, G. Mirgor'jan, Lavren'ev. ◆ Nonostante i suoi sforzi, il povero contadino Kmyr (Zinov'ev) non riesce a essere un po' felice: il cavallo non vuole lavorare, il raccolto gli è portato via da parassiti vari (kulaki ed ecclesiastici in testa) e non può nemmeno permettersi di morire, perché altrimenti chi manterebbe i ricchi? Anche dopo la rivoluzione proletaria, però, Kmyr non riesce a fare i compiti che gli assegnano: conquisterà la felicità quando sacrificherà il proprio interesse (e la casa che brucia) per salvare i cavalli di tutta la comunità, riconquistando la stima della moglie Anna (Egorova). L'ultimo film muto sovietico (prodotto quando il sonoro era già molto diffuso, all'interno dell'esperienza rivoluzionaria del cine-treno che percorreva la steppa per fare propaganda attraverso i film), è una straordinaria farsa capace di fondere le esigenze della propaganda con quelle della fantasia. Se il racconto, costruito per episodi conchiusi, dichiara subito la propria volontà didattica, l'originalità di Medvekin risalta nella forza della sua stilizzazione, nell'uso del grottesco (il trucco caricaturale dei vari sfruttatori; le sproporzioni degli oggetti-simbolo), nelle invenzioni comiche (indimenticabile il cavallo a pois che non vuole lavorare e incrocia le gambe), nel gusto scenografico astratto e naïf insieme, nel ritmo burlesco che non risparmia nemmeno le «conquiste» del socialismo (l'episodio finale in cui Kmyr viene portato in città per comprare finalmente un vero vestito), tutte qualità che portarono Sergej Ejzenštein a scrivere di questo film: «Oggi ho visto come ride un bolscevico».

Felicita Colombo ** (Italia 1937, b/n, 78') Mario Mattoli. Con Dina Galli, Armando Falconi, Paolo Varna [Ottorino Visconti], Roberta Mari, Giuseppe Porelli, Angelo Gandolfi, Giovanni Barella, Nando Tamberlani. ◆ L'erede (Porelli) di un nobile decaduto si innamora della figlia (Mari) di una ricca salumiera. Il pragmatico conte Scotti (Falconi) accetta il matrimonio e sperpera allegramente il patrimonio della signora Colombo (Galli) alla quale, per decoro, impone di non lavorare più. Ma la saggia e operosa borghese avrà ragione del nobile spiantato e presuntuoso. Mattoli tributa il suo amore al teatro portando sullo schermo l'umorismo popolar-meneghino dell'omonima commedia di Giuseppe Adami (sceneggiata dall'autore con la collaborazione di Aldo De Benedetti, Ivo Perilli e Mattoli), costruita attorno a una delle più pittoresche macchiette di Dina Galli. Falconi e la Galli torneranno a interpretare questi due ruoli in *Nonna Felicita* (1938).

Felicità è dietro l'angolo, La **½ (*Le Bonheur est dans le pré*, Francia 1995, col, 105') Etienne Chatiliez. Con Michel Serrault, Sabine Azéma, Carmen Maura, Eddy Mitchell, François Morel, Alexandra London. ◆ Francis Bergeade (Serrault), imprenditore stressato dal fisco, dai dipendenti, dalla moglie (Azéma) e dalla figlia (London), guardando la Tv scopre di essere il sosia di un uomo scomparso circa trent'anni prima: decide di cambiare vita e farsi passare per costui. Chatiliez, sui temi a lui cari dell'ossessione dell'identità e degli scherzi del destino, trasforma quella che una volta sarebbe stata una commedia degli equivoci in una commedia nera (caustica e corrosiva pur nella consueta «grazia» francese), aggiornando spunti pirandelliani con la realtà televisiva dei nostri tempi. Ottimo il cast, Serrault in testa. Sceneggiatura di Florence Quentin. Cammeo del calciatore Eric Cantona, insieme al fratello Joël.

Felicità non si compra, La ** (*The Best Things in Life Are Free*, Usa 1956, col, 104') Michael Curtiz. Con Gordon MacRae, Dan Dailey, Ernest Borgnine, Sheree North, Tommy Noonan, Murvyn Vye. ◆ Successi, temporanee incomprensioni e problemi sentimentali per tre musicisti di rivista, Buddy De Silva (MacRae), Lew Brown (Borgnine) e Ray Henderson (Dailey) nell'era dei gangster e del passaggio dal muto al cinema sonoro. Musical pseudobiografico non eccezionale, ma con sequenze musicali – le esecuzioni di *Together* e *The Birth of the Blues* (ballata da Sheree North e Jacques D'Ambroise) – molto belle.

Felicità: singolare femminile *½ (*The Heidi Chronicles*, Usa 1995, col, 94') Paul Bogart. Con Jamie Lee Curtis, Tom Hulce, Peter Friedman, Kim Cattrall, Sharon Lawrence, Eve Gordon, Roma Maffia, Shari Belafonte. ◆ Storica dell'arte e femminista, Heidi (Curtis) ripercorre la sua vita dagli anni Sessanta ai Novanta, scandita dalle presenze di un pediatra omosessuale e amico fraterno (Hulce), di un giornalista in carriera ed eterno amante (Friedman) e dell'amica del cuore sempre al passo coi tempi (Cattrall). Scritto da Wendy Wasserstein dalla sua commedia premio Pulitzer, un Tv movie che, rifacendosi vagamente a *Forrest Gump*, ha l'ambizione di attraversare trent'anni di storia e costume americani con una forte connotazione generazionale e femminile: nella generale superficialità, è abbastanza interessante, perché insolito, il carattere severo, indipendente e perplesso della protagonista di fronte ai risvolti modaioli dei vari rivolgimenti epocali.

Fellini Satyricon *½ (Italia 1969, col, 128') Federico Fellini. Con Martin Potter, Hiram Keller, Max Born, Salvo Randone, Lucia Bosé, Alain Cuny, Magali Noël, Fanfulla [Luigi Visconti], Capucine [Germaine Lefèbvre], Joseph Wheeler, Gordon Mitchell, Luigi Montefiori, Donyale Luna, Alvaro Vitali. ◆ Nella Roma imperiale, Encolpio (Potter) e Ascilto (Keller) vivono di espedienti passando di avventura in avventura (dalla cena del volgare Trimalcione ai salotti intellettuali, dall'assassinio dell'imperatore ai misteri del sesso, dal confronto con il Minotauro all'incontro con l'Ermafrodito), ma per il secondo di loro il viaggio d'iniziazione alla vita si concluderà tragicamente. Una rilettura del *Satyricon* all'insegna della trasgressione, poco felice nonostante le affinità di partenza e l'indubbio estro figurativo del regista: dove Petronio Arbitro metteva alla berlina la decadenza dell'epoca, sfoderando un'ironia feroce e sottile, Fellini si abbandona ai propri deliri onirici, dominati da Eros e Thanatos, con un autocompiacimento greve e ossessivo. All'uscita destò scalpore e ammirazione per la libertà etica ed espressiva praticata, ma oggi appare molto meno convincente e incisivo di un tempo. Ebbe una nomination all'Oscar.

Femina ridens *½ (Italia 1969, col, 88') Piero Schivazappa. Con Philippe Leroy, Dagmar Lassander, Lorenza Guerrieri, Varo Soleri. ◆ Un uomo irreprensibile (Leroy), in incognito seviziatore di donne a pagamento per esorcizzare il terrore dell'amplesso, si innamora fatalmente della segretaria (Lassander), occasionale oggetto del suo macabro gioco. Abbastanza curato e non privo di una certa morbosa eleganza, ma le pretese psicologiche si risolvono solo in una monotona serie di cliché sadomaso. Alcune delle sculture che si vedono sono di Niki De Saint-Phalle.

Femme en bleu, La ** (*La Femme en bleu*, Francia 1972, col, 95') Michel Deville. Con Michel Piccoli, Lea Massari, Michel Aumont, Simone Simon, Geneviève Fontanel. ◆ La vita intensa e ricca di affermazioni di un musicologo (Piccoli) viene sconvolta dalle ripetute apparizioni di una misteriosa «donna in blu» (Massari). Storia di un'ossessione destinata a un epilogo fatale, sceneggiata dal regista con François Boyer e condotta con raffinatezza fin eccessiva tra flashback intersecati e una sofferta recitazione dei protagonisti.

Femme publique, La *½ (*La Femme publique*, Francia 1984, col, 113') Andrzej Zulawski. Con Valérie Kaprisky, Francis Huster, Lambert Wilson, Patrick Bauchau, Gisèle Pascal, Diane Delor. ◆ Una giovane bellissima e aggressiva (Kaprisky), che presta il proprio corpo allo sguardo di fotografi e voyeur, si trova al centro delle ossessioni di un regista (Huster) alle prese con *I Demoni* di Dostoevskij (il quale vorrebbe trasformare la donna in un'attrice) e di un esule ceco (Wilson) che la confonde con la moglie compianta. Isterie e possessione, sdoppiamenti e giochi speculari, blandi accenni all'Est Europa, eccessi e pretese intellettualistiche non risolti per un film-scandalo (sceneggiato dal regista e Dominique Garnier) in cui inequivocabilmente trionfa l'immagine conturbante e magnifica della Kaprisky.

Femmes, Les * (*Les Femmes*, Francia/Italia 1969, col, 90') Jean Aurel. Con Brigitte Bardot, Maurice Ronet, Jean-Pierre Marielle, Annie Duperey, Christina Holm, Tanya Lopert, Patrick Gilles. ◆ Uno scrittore donnaiolo in crisi (Ronet) finisce con l'innamorarsi della segretaria (Bardot) a cui sta dettando, in viaggio per l'Italia, le memorie sentimentali. Pretese di dialogo brillante e audace nella sceneggiatura di Cécil Saint-Laurent e Aurel, ma poche idee per una commedia che nonostante B.B. finisce per annoiare.

Femmina *½ (*La Femme et le pantin*, Francia/Italia 1959, col, 100') Julien Duvivier. Con Brigitte Bardot, Antonio Vilar, Dario Moreno, Lila Kédrova, Jess Hahn. ◆ Una giovane danzatrice di flamenco (Bardot) cede all'amore di un nobile spagnolo (Vilar) solo dopo aver messo a dura prova il suo orgoglio aristocratico e avergli fatto perdere moglie, fortuna e onore. Coreografie e ambientazioni di maniera, per aggiornare il popolare romanzo di Pierre Louÿs (sceneggiato da Jean Aurance, Marcel Achard, Albert Valentin e Duvivier), che aveva già ispirato Sternberg (*Capriccio spagnolo*, 1935) e sarà alla base dell'ultimo film di Buñuel (*Quell'oscuro oggetto del desiderio*, 1977). La Bardot è fascinosa (e abbondantemente svestita) ma non proprio da antologia.

Femmina * (Italia 1997, col, 90') Giuseppe Ferlito. Con Monica Guerritore, Roberto Farnesi, Alberto Di Stasio, Simona Caramelli. ◆ Insoddisfatta della vita matrimoniale, Silvia (Guerritore) si getta tra le braccia di un giovane sconosciuto (Farnesi) con cui progetta di sbarazzarsi del noioso marito (Di Stasio), ma il delitto perfetto non è ancora stato inventato. Sceneggiato da Giuseppe Patroni Griffi, che rende omaggio all'attrice teatrale tratteggiando un consorte odioso quanto i mariti-padroni ibseniani (ma per una banale storia di corna non ce n'era bisogno), un thriller erotico modestissimo e risaputo fino alla noia, che sfoggia il peggio del peggior immaginario maschile (lei nuda sotto la pelliccia che aspetta il ganzo per strada) e nel quale la Guerritore darkeggia con inutile disinibizione. E il colpo di scena finale è tanto inverosimile quanto moralistico.

Femmina contesa **½ (*Take the High Ground*, Usa 1953, col, 101') Richard Brooks. Con Richard Widmark, Karl Malden, Elaine Stewart, Steve Forrest. ◆ Il sergente Ryan (Widmark) sembra un aguzzino quando istruisce le reclute per la guerra di Corea, ma l'incontro con una donna chiacchierata (Stewart) ne svelerà tutta l'umanità. Dietro un insulso titolo italiano, un film intenso e compatto sulla vera natura del militarismo e la solitudine umana sceneggiato da Millard Kaufman. Ottima la scena in cui la recluta deve mirare al bersaglio attraverso le gambe del sergente.

Femmina e mitra **½ (*The Bonnie Parker Story*, Usa 1958, b/n, 81') William N. Witney. Con Dorothy Provine, Jack Hogan, Richard Bakalyan, Joseph Turkel, William Stevens. ◆ La carriera illegale di Bonnie Parker (Provine), che con un complice si afferma come criminale spietata, libera dal penitenziario il marito e muore tragicamente in un colpo azzardato. Piccolo film di serie B, «nervoso e crepuscolare», dove Bonnie Parker è raccontata come una vera furia libertaria, non senza qualche traccia di sensualità lesbica (soprattutto nel disprezzo verso il marito e gli amanti). Da rivalutare. Sullo stesso personaggio Arthur Penn dirigerà *Gangster Story* (1967).

Femmina folle *** (*Leave Her to Heaven*, Usa 1945, col, 110') John M. Stahl. Con Gene Tierney, Cornel Wilde, Jeanne Crain, Vincent Price, Ray Collins, Mary Philips. ◆ Una donna bellissima e passionale fino alla gelosia morbosa (Tierney) non si ferma davanti a niente per restare l'unico interesse del marito (Wilde): annega il cognato handicappato, si precipita dalle scale per uccidere il bambino di cui è incinta e, quando scopre di aver perso l'amore del coniuge, arriva ad avvelenarsi per dare la colpa alla donna di cui è gelosa. Uno dei melodrammi più neri e tragici di Stahl, che utilizza al meglio l'ambigua bellezza della Tierney per scandagliare le contraddizioni di una felicità cercata con tale foga da diventare impossibile. Sceneggiato da Jo Swerling a partire dal romanzo di Ben Ames Williams, il film coinvolge lo spettatore in «una atmosfera sempre più avvelenata dove l'ossessione amorosa si mescola al crimine» anche per merito della fiammeggiante fotografia di Leon Shamroy (premiato con l'Oscar). Indimenticabile la cavalcata della protagonista che disperde al vento le ceneri del padre e la scena in cui si lancia dalle scale.

Femmina infedele, Una *½ (*Une Femme fidèle*, Francia 1976, col, 95') Roger Vadim. Con Sylvia Kristel, Jon Finch, Nathalie Delon, Gisèle Casadeus, Jacques Berthier, Edouard Niermans. ◆ Trame e assedi amorosi del secolo scorso in un castello della provincia francese tra un avventuriero libertino (Finch), affascinanti damigelle e una dama intrigante e corrotta (Delon) facile alle false missive. Vadim ritorna, quasi vent'anni dopo il suo *Relazioni pericolose*, alle atmosfere sensuali e avvolgenti del romanzo di Laclos (senza citarlo apertamente), inesauribile fonte di ispirazione per il cinema, ma nonostante la cura formale (e la fotografia di Claude Renoir) l'impatto e la vitalità mancano, e le raffinatezze finiscono per stancare. La sceneggiatura è di Vadim e Danile Boulanger.

Femmina ribelle ** (*The Revolt of Mamie Stover*, Usa 1956, col, 93') Raoul Walsh. Con Jane Russell, Richard Egan, Joan Leslie, Agnes Moorehead, Jorja Curtright, Michael Pate, Kathy Marlowe. ◆ L'amore contrastato tra uno scrittore probo e disinteressato (Egan) e una piacente quanto ambiziosa entraîneuse (Russell) in un locale di Honolulu durante la seconda guerra mondiale: la sua voglia di arricchirsi finirà per farle perdere il vero amore della sua vita. Melodramma musicale e ipercolorato tratto dal romanzo di Bradford Huie e sceneggiato da Sydney Boehm: non eccelso, ma il furore di ammassare della protagonista (descritta senza nessun cedimento manicheo) la avvicina a tanti altri eroi walshiani alla ricerca di un'onorabilità che, calvinisticamente, solo la ricchezza può dare. L'unghiata del regista si vede nell'uso sapiente del CinemaScope, che dà alle scene «un ritmo ampio e calmo», e nell'abilità con cui tratteggia certi personaggi secondari (come la tenutaria del dancing interpretata da Agnes Moorehead). Appassionata l'esecuzione che Jane Russell fa di *Keep Your Eyes on the Hands*.

Femmine carnivore ** (*Die Weibchen*, Rft/Italia/Francia 1970, col, 90') Zbynek Brynych. Con Pascale Petit, Uschi Glas, Giorgio Ardisson, Françoise Fabian, Irina Pemick. ◆ Appena arrivata in una clinica psichiatrica femminile, Eva (Petit) è testimone di una serie di omicidi, e scopre di essere finita in mezzo a un gruppo di femministe cannibali, fan di Valerie Solanas. Oscura bizzarria d'epoca firmata da un regista praghese dai nobili trascorsi, con musica psichedelica (del maestro Peter Thomas), gusto teratologico che anticipa *La città delle donne*, sperimentalismi caserecci, lungaggini e lampi di humour nero: è tuttora sfuggito agli archeologi del *camp*, ma merita quanto uno dei migliori Jess Franco.

Femmine di lusso **½ (*Ladies of Leisure*, Usa 1930, b/n, 98') Frank Capra. Con Barbara Stanwyck, Ralph Graves, Lowell Sherman, Marie Prevost. ◆ L'amore difficile tra Kay Arnold (Stanwyck), una ragazza con un passato non proprio irreprensibile, e Jerry Strong (Sherman), un pittore che ha trovato in Kay la modella capace di dare un corpo ai propri ideali. Tratto da una pièce di Milton Herbert Gropper sceneggiata da Jo Swerling, è un elogio appassionato delle ragioni dell'arte contro quelle del guadagno (Jerry rifiuta di lavorare nell'industria del padre per seguire la propria vocazione), ma anche un'appassionata storia d'amore con una scena da antologia: il dormiveglia della Stanwyck nello studio del pittore, con la pioggia che batte sui vetri e trasmette sensazioni chiaramente erotiche.

Femmine di lusso *½ (Italia 1960, col, 109') Giorgio Bianchi. Con Ugo Tognazzi, Belinda Lee, Walter Chiari, Sylva Koscina, Gino Cervi, Elke Sommer, Mario Scaccia, Gisella Sofio, Gabriele Ferzetti, Massimo Serato. ◆ Intrecci amorosi tra nobili e arricchiti sul panfilo del commendatore Lemeni (Cervi) in crociera lungo le coste della Sicilia. Pochade pruriginosa dalla trama esigua, sceneggiata da Vittorio Metz, Roberto Gianviti, Oreste Biancoli e fatta di scontate divagazioni turistico-panoramiche ed esili virtuosismi degli attori. Rieditato col titolo *Intrigo a Taormina*.

Femmine folli ***½ (*Foolish Wives*, Usa 1921, b/n, 100') Erich von Stroheim. Con Erich von Stroheim, Maude George, Mae Busch, Rudolph Christians, Miss Dupont, Cesare Gravina, Dale Fuller, Malvine Polo, C.J. Allen. ◆ A Monte Carlo, nel 1920, vivono in esilio l'aristocratico russo Vladislas Sergius Karamzin (Stroheim), le sue due «cugine» (George e Busch) e la cameriera (Fuller) che egli sfrutta con la promessa di sposarla. Quando arriva un diplomatico americano, il nobile ne seduce la moglie (Dupont) e cerca di estorcerle una grossa somma di denaro, ma nel frattempo intreccia una relazione anche con la figlia minorata di un falsario. In realtà il conte è un ladro, come le presunte cugine, e pagherà con la vita il suo dongiovannismo senza scrupoli. Terzo lungometraggio di Stroheim e il primo a riscuotere un successo mondiale, *Femmine folli* è un capolavoro all'insegna della crudeltà e del gigantismo: la decadenza dell'Europa postbellica, una delle ossessioni tematiche del regista, è totale e assurda (le vittime non sono migliori dei carnefici e l'istinto di autodistruzione è controbilanciato da quello di sopravvivenza, altrettanto forte) e per raccontarlo Stroheim non si pone limiti di misura, facendo ricostruire meticolosamente il principato di Monaco negli studi hollywoodiani della Universal (che risultò più costoso della Babilonia di *Intolerance*) e impressionando in un anno 80 mila metri di pellicola per poi ridurli, nella prima versione, di circa 9/10 (pari a otto ore e mezza di proiezione). Partito con intenzioni decisamente realistiche, arriva alla rappresentazione di un ambiente apocalittico che esiste solo nella sua mente. Ma proprio lo «scandaloso» set monegasco, che da una parte esprime la volontà d'onnipotenza di Stroheim e dall'altra lo condanna alla schiavitù come autore, qui funziona a meraviglia non solo «perché metafora di una civiltà ridotta a simulacro di se stessa, ma anche in quanto discorso sulle potenzialità del mezzo cinematografico, che duplica il reale per smascherarne l'ipocrisia e la meschinità». La versione attuale è stata ricostituita negli anni Settanta, sulla base di precedenti edizioni via via sempre più manomesse da produttori e distributori.

Femmine in gabbia **½ (*Caged Heat*, Usa 1975, col, 84') Jonathan Demme. Con Erica Gavin, Juanita Brown, Roberta Collins, Barbara Steele, Rainbeaux Smith, Desirée Cousteau. ◆ Un carcere femminile è terrorizzato da una direttrice sessuofoba e sadica (Steele) che fa lobotomizzare le detenute più ribelli. Due prigioniere evadono, e poi fanno un'irruzione per liberare le loro amiche. Demme, qui al suo esordio e autore anche della sceneggiatura, rispetta le regole della casa produttrice, la New World di Corman (violenza e nudità femminili), ma si fa già riconoscere per il gusto del nonsense, l'attenzione al punto di vista femminile e le invenzioni visive. Negli Usa è un cult-movie, e a ragione. Musica dell'ex Velvet Underground John Cale. Il regista George Armitage è l'uomo cui viene rubata la macchina. Il doppiaggio italiano aggiunge una stupida voce off moralizzante.

Fenomeni paranormali incontrollabili *½ (*Firestarter*, Usa 1984, col, 115') Mark L. Lester. Con David Keith, Drew Barrymore, Heather Locklear, Martin Sheen, George C. Scott, Art Carney, Louise Fletcher, Freddie Jones. ◆ I poteri paranormali di una bambina (Barrymore), capaci di provocare terribili incendi, attirano i servizi segreti militari che inseguono lei e il padre, neutralizzano le doti ipnotiche dell'uomo ed «esaminano» senza scrupoli la piccola. Tratto dal bestseller *L'incendiaria* di Stephen King, il film perde la tensione drammatica e la sensibilità psicologica del romanzo, puntando tutto sui roboanti effetti speciali in CinemaScope.

Ferdinando e Carolina *½ (Italia 1999, col, 102') Lina Wertmüller. Con Sergio Assisi, Gabriella Pession, Nicole Grimaudo, Lola Pagnani, Carlo Caprioli, Moira Grassi, Vanessa Sacet, Mario Scaccia, Elio Pandolfi, Isa Danieli, Silvana De Santis. ◆ Sul letto di morte, Ferdinando di Borbone (Scaccia), re «lazzarone» delle due Sicilie, ripensa alla sua giovinezza (Assisi), tra battute di caccia e avventure galanti con la bella Sara (Pagnani) e la principessa di Medina (Grimaudo) fino al matrimonio combinato con l'ambiziosa arciduchessa Carolina (Pession), figlia di Maria Teresa d'Austria (De Santis). Scritto dalla regista con Raffaele La Capria e prodotto da Edwige Fenech con il figlio Edwin, una storia d'alcova ripetitiva e noiosa, ora grottesca ora solo patinata: un affresco storico-comico imbarazzante, che non serve né la causa della Storia vista dal buco della serratura né quella del cinema popolare. Lo sceneggiatore Leo Benvenuti è il ministro Tanucci, il regista teatrale Armando Pugliese il principe di San Severo e il jazzista Gerardo Gargiulo il re Carlo di Spagna.

Ferdinando il duro **½ (*Der starke Ferdinand*, Rft 1976, col, 98') Alexander Kluge. Con Heinz Schubert, Verena Rudolph, Joachim Hakkethal, Gert Günther Hoffmann, Heinz Schimmelphennig. ◆ Maniaco della disciplina e della sicurezza, il maturo ex funzionario di polizia Ferdinand Rieche (Schubert) tramuta in campo di battaglia lo stabilimento dove è assunto come responsabile della sorveglianza, fino a compiere egli stesso sabotaggi (e l'attentato a un ministro) per dimostrare la necessità dei suoi interventi e della sua stessa esistenza. Tratto da un racconto dello stesso Kluge, questo ritratto di un eroe estremo della tutela della proprietà, vero «bolscevico del capitale» che sa portare fino in fondo valori e comportamenti di un mondo rovesciato rispetto ai princìpi umani, vivifica una commedia grottesca dal sarcasmo amarissimo, dove il regista (utilizzando un'insistita voce fuoricampo e molte ballate) mette alla berlina – con toni decisamente più accessibili del suo solito – un certo sentire tipicamente tedesco.

Ferdinando I, re di Napoli *½ (Italia 1959, col, 105') Gianni Franciolini. Con Peppino De Filippo, Eduardo De Filippo, Titina De Filippo, Aldo Fabrizi, Vittorio De Sica, Marcello Mastroianni, Renato Rascel, Jacqueline Sassard, Rosanna Schiaffino, Nino Taranto, Memmo Carotenuto, Pietro De Vico, Giacomo Furia, Gigi Reder. ◆ Mentre il «re lazzarone» (P. De Filippo) gira in incognito per bettole, tavoli da gioco e avventure boccaccesche, il popolo napoletano, stanco di miserie e ingiustizie, insorge e lo costringe alla fuga. Un'immaginaria Napoli da operetta buffa con scenografie e costumi sontuosi e colorati, per una commedia grottesca fiacca e scontata (sceneggiata da Pasquale Festa Campanile, Massimo Franciosa e il regista), che fa sembrare sprecato il cast straordinario e lo splendido Eduardo, Pulcinella malinconico che sbeffeggia il potere.

Ferdinando uomo d'amore *½ (Italia 1990, col, 100') Memè Perlini. Con Ida Di Benedetto, Marco Leonardi, Alessandra Acciai, Memè Perlini. ◆ 1869: in una villa fatiscente del meridione l'arrivo di un giovane affascinante e di temperamento (Leonardi) sconvolge gli equilibri tra la zia contessa (Di Benedetto), la cugina (Acciai) e il parroco del paese (Perlini). Dalla commedia *Ferdinando* di Annibale Ruccello, una realizzazione approssimativa che si appiattisce sulla struttura teatrale e si concede l'uso del dialetto come unica sperimentazione. Ma la Di Benedetto e Perlini offrono un'ottima prova.

Fergus O'Connell dentista in Patagonia *½ (*Eversmile, New Jersey*, Gb/Argentina 1989, col, 85') Carlos Sorin. Con Daniel Day-Lewis, Miriana Jokovic, Julio De Grazia, Ignacio Quiros. ◆ In Patagonia per diffondere la «coscienza dentaria», l'irlandese Fergus (Day-Lewis) viene piantato in asso dalla fondazione che lo finanzia nonché, telefonicamente, dalla moglie: ma c'è una diciottenne (Jokovic) che per seguirlo è fuggita di casa il giorno delle nozze. I toni fantastico-grotteschi di *La pelicula del rey* e tanti bei paesaggi non tengono in piedi un racconto che non va da nessuna parte.

Ferie d'agosto *** (Italia 1996, col, 108') Paolo Virzì. Con Silvio Orlando, Ennio Fantastichini, Sabrina Ferilli, Laura Morante, Paola Tiziana Cruciani, Piero Natoli, Antonella Ponziani, Gigio Alberti, Silvio Vannucci, Vanessa Marini, Emiliano Bianchi, Claudia Della Seta, Raffaella Lebboroni, Evelina Gori, Mario Scarpetta, Rocco Papaleo, Oumar Mamadou Ba, Agnese Claisse. ◆ A Ventotene, d'agosto, la pace tanto cercata da Sandro Molino (Orlando), giornalista dell'*Unità*, e Cecilia (Morante) – in vacanza con amiche (Della Seta e Lebboroni), amici (Alberti e Vannucci) e occasionali incontri (Ponziani) – viene messo in crisi dall'arrivo nella casa vicina dei vocianti Mazzalupi, Ruggero e Luciana (Fantastichini e Cruciani), con Marcello e Marisa (Natoli e Ferilli): lo scontro è inevitabile, anche a causa di un ambulante (Ba) ingannato e ferito. Quello che non è riuscito all'ultimo Monicelli riesce a Virzì e al suo cosceneggiatore Francesco Bruni: raccontare l'Italia di questi anni, senza molti personaggi con cui identificarsi, riflettendo sulla degenerazione antropolgica dell'Italia, dove «destra» e «sinistra» hanno perso molti dei loro valori e l'omologazione ha fatto più vittime di quanto non si creda. La struttura è quella classica (e perfettamente oliata) della commedia all'italiana figlia di Age e Scarpelli senza le indulgenze di ieri, ma la vera forza del film è l'interpretazione di tutti, con la Morante e Fantastichini finalmente liberi da ruoli malinconici o torvi. La piccola Martina, interpretata da Agnese Claisse, è anche nella vita figlia della Morante.

Fermata d'autobus ** (*Bus Stop*, Usa 1956, col, 96') Joshua Logan. Con Marilyn Monroe, Don Murray, Betty Field, Arthur O'Connell, Hope Lange, Eileen Heckart. ◆ Sceso in una città per un rodeo, un ingenuo e rude cowboy (Murray) si innamora di un'affascinante cantante da locale notturno (Monroe) e non esita a trascinarla con sé verso il Montana per sposarla, incurante delle comprensibili perplessità della ragazza. Una delle migliori interpretazioni di Marilyn – deliziosa nel personaggio dell'entraîneuse ingenua e indimenticabile quando canta *That Old Black Magic* sui tavoli del «saloon» – è soffocata da un film sgangherato (anche nella sceneggiatura di George Axelrod, tratta dalla pièce di William Inge) dove la recitazione di tutti è inutilmente sovreccitata e l'umorismo «leggero come un pachiderma».

Fermate il mondo... voglio scendere! * (Italia 1969, col, 105') Giancarlo Cobelli. Con Lando Buzzanca, Barbara Steele, Paola Pitagora, Claude Vergas, Enzo Robutti, Esmeralda Ruspoli, Pia Rame. ◆ Ricky Ceciarelli (Buzzanca), un giovane anticonformista e abile ventriloquo, sperimenta con la partecipazione a uno show televisivo le gioie della società dei consumi, contagiando presto i compagni contestatori della «comune» in cui vive. Una satira confusa e senza mordente (co-sceneggiata dal regista con Giancarlo Badessi e Laura Betti) si perde tra trovate poco incisive e un cast discutibile per l'esordio nella regia cinematografica di un ex mimo di Mago Zurlì.

Fermati, o mamma spara * (*Stop! Or My Mom Will Shoot*, Usa 1992, col, 87') Roger Spottiswoode. Con Sylvester Stallone, Estelle Getty, JoBeth Williams, Roger Rees. ◆ L'invadente mamma (Getty) di un poliziotto cerca di impedire al figlio (Stallone) di avere una vita sentimentale autonoma, ma non si tira indietro neppure quando c'è da sgominare una banda di gangster. Commedia pasticciata che vorrebbe ironizzare sul mito di Rambo ma finisce solo per annoiare.

Fermi tutti, arrivo io! *½ (Italia 1953, col, 90') Sergio Grieco. Con Tino Scotti, Carlo Romano, Franca Marzi, Giovanna Ralli, Carlo Delle Piane, Alessandro Fersen, Katina Ranieri, Beniamino Maggio, Galeazzo Benti, Mara Berni, Achille Togliani. ◆ Nonostante l'intromissione di un investigatore pasticcione (Scotti), e di una fanatica di letteratura poliziesca (Marzi), un paziente commissario (Romano) scopre il colpevole di un omicidio commesso in un albergo. Commedia gialla senza pretese (sceneggiata da Mario Amendola, Ruggero Maccari ed Ettore Scola), affidata tutta alla classe, più teatrale che cinematografica, di Tino Scotti.

Fermi tutti, cominciamo daccapo! * (*Double Trouble*, Usa 1967, col, 90') Norman Taurog. Con Elvis Presley, Annette Day, John Williams, Yvonne Romain, The Wiere Brothers, Chips Rafferty, Norman Rossington, Michael Murphy. ◆ In tournée in Europa, il cantante Guy Lambert (Presley) è inseguito dall'innamoratissima Jill (Day) e dalla sua appassionata amica (Romain): dovrà guardarsi da una coppia di ladri di gioielli (Rafferty e Rossington), ma soprattutto da chi vuole uccidere Jill per impossessarsi della sua eredità. Indegno canovaccio finto-giallo (scritto da Jo Heim) che era stato previsto per Julie Christie ma che la Mgm fece riscrivere per Elvis e che Taurog, alla fine della sua carriera, dirige senza idee e nerbo. Solo per fans di sicura fede, che tra le dodici canzoni apprezzeranno soprattutto l'esecuzione di *Long Legged Girl*.

Fermo con le mani! *½ (Italia 1937, b/n, 73') Gero Zambuto. Con Totò [Antonio de Curtis], Erzsi Paal, Franco Coop, Tina Pica, Cesare Polacco, Nicola Maldacea. ◆ Assunto in un istituto di bellezza, Totò travestito da donna massaggia una cliente (Paal), provocando uno scandalo e una baruffa che porta tutti in questura. Prodotto dalla Titanus di Goffredo Lombardo, è il primo film di Totò (e l'ultimo di Gero Zambuto che firma anche la sceneggiatura con Guglielmo Giannini), evidente pretesto per sfruttare al cinema le capacità mimiche dell'attore di varietà. E infatti almeno due scene (il massaggio e la direzione dell'orchestra) mettono perfettamente in risalto le qualità comiche e «l'allucinazione irresistibile» di Totò.

Fermo posta Tinto Brass ° (Italia 1995, col, 90') Tinto Brass. Con Tinto Brass, Cinzia Roccaforte, Carla Solaro, Erika Saffo Savastani, Laura Gualtieri, Paolo Lanza, Alessandra Antonelli, Cristina Rinaldi, Ghibly Lombardi, Gabriella Barbuti, Carla Solmaro, Pascal Perisnao, Luca Flauto. ◆ Tinto Brass, assistito da una segretaria (Roccaforte) senza mutandine, spulcia la posta femminile che riceve: storie di belle di giorno, esibizioniste, scambi di coppie, patiti dell'autoscatto. Nel finale onirico Brass, in costume da domatore, tiene a bada il suo harem con un fallo-proboscide. Il Tinto nazionale ormai vive di rendita, si autocita («Lo sanno tutti che la pipì è un mio topos») e sciorina il solito repertorio di vulve, tette e falli di gomma. L'insistita caratterizzazione regionale delle voci, dal Nord al Sud, sembra per altro suggerire che l'unico collante possibile dell'Italietta contemporanea è la contemplazione, più che l'esercizio, di una sessualità di marca ormai televisiva. Collaborano alla sceneggiatura (con perle come: «Apparentemente riservata e pudica, ero in realtà più troia di tutte le troie») Aurelio Grimaldi e Claudio Lizza.

Fernandel al trapezio volante *½ (*L'Acrobate*, Francia 1940, b/n, 90') Jean Boyer. Con Fernandel [Fernand Contandin], Jean Tissier, Thérèse Dorny, Gaby Wagner, Marcel Carpentier. ◆ Per evitare di restituire un prestito, Ernest Sauce (Fernandel) si finge smemorato, e finisce sballottato tra manicomi, nobili spiantati, giornalisti d'assalto e il circo Medrano (!). Pasticcio in cerca di comicità a tutti i costi, retto più che altro dalla maschera accattivante dell'attore, tra allusioni e macchiette da avanspettacolo.

Fernandel e le donne *½ (*Uniformes et grandes manœuvres*, Francia 1950, b/n, 72') René Le Hénaff. Con Fernandel [Fernand Contandin], Andrex [André Jaubert], Ginette Baudin, Thérèse Dorny, Robert Seller, Paulette Dubost. ◆ Un giovane perditempo parigino (Andrex), con l'aiuto di un amico portiere

(Fernandel) si fa passare per il duca di Miramar, un habitué dell'alta società, provocando equivoci e complicazioni. Doppi sensi e trovate da rivista «scollacciata» per una pochade approssimativa e incerta.

Fernandel scopa e pennel *½ (*Cocagne*, Italia/ Francia 1960, b/n, 96') Maurice Cloche. Con Fernandel [Fernand Contandin], Dora Doll, Roberto Risso, Memmo Carotenuto. ◆ Pittore dilettante, per sostituire il dipinto della procace ragazza che allieta il circolo del gioco delle bocce, un pacifico netturbino di Arles (Fernandel) si ritrova artista affermato, ma si stanca presto della solitudine creativa. Più pacato degli altri film del personaggio, ma ugualmente debole e privo di estro.

FernGully – Le avventure di Zak e Crysta * (*FernGully... The Last Rainforest*, Usa 1992, col, 80') Bill Kroyer. ◆ Crysta, una sorta di fatina volante, salva la vita alla guardia forestale Zak, che poi introduce nel mondo incantato di FernGully, minacciato da una melma di nome Hexxsus e da un gruppo di umani antiecologisti. Tra i due scoppia l'amore e Crysta, dopo aver sconfitto le forze del Male con l'aiuto di un piccolo seme magico, cerca di convincere Zak a rimanere a FernGully. Cartoon senz'anima, noiosissimo, moralistico e persino un po' rozzo nel disegno. Kroyer viene dalla scuola Disney ed era stato uno degli animatori di *Tron*. Colonna sonora di Alan Silvestri, canzoni – patetiche – di Thomas Dolby.

Feroce saladino, Il ** (Italia 1937, b/n, 94') Mario Bonnard. Con Rosina Anselmi, Angelo Musco, Alida Valli, Mario Mazzi, Nicola Maldacea, Pina Renzi, Checco Durante, Elli Pardo [poi Parvo]. ◆ Un ex artista di varietà (Musco), ridotto a vendere dolciumi in un teatro, trova tutta una fornitura di tavolette di cioccolata con la rarissima figurina del «feroce Saladino», scatenando uno scompiglio tale in sala da suggerirgli l'idea di usarne lo spunto per una rivista musicale, che avrà un successo strepitoso. Ispirato alla mania per il concorso Perugina-Buitoni (dove la figurina più rara era appunto il «feroce Saladino»), il film sopperisce con un ritmo vertiginoso alle carenze di sceneggiatura (di Ettore Maria Margadonna e del regista) e offre uno spettacolo fantasioso e spesso divertente. Piccolissima parte per Alberto Sordi nascosto sotto il costume del leone.

Ferragosto in bikini * (Italia 1960, col, 88') Marino Girolami. Con Walter Chiari, Raimondo Vianello, Mario Carotenuto, Luigi Pavese, Valeria Fabrizi, Lauretta Masiero, Carlo Delle Piane, Tony Ucci, Bice Valori, Enzo Garinei, Marisa Merlini, Tiberio Murgia, Alberto Talegalli. ◆ Il giorno di ferragosto sulla spiaggia di Fregene si intrecciano le storie di un industriale indebitato (Pavese), un falso pastore protestante (Chiari), alcuni ladruncoli e una serie di coppie con curiosi problemi. Sketch assortiti e trovate «salaci» da rivista approssimativa, sceneggiati da Tito Carpi e dal regista, a malapena riscattata dall'abilità del ricco cast. Il titolo è tratto da una canzone del Quartetto Cetra, che appare brevemente.

Ferro e seta ** (*Iron & Silk*, Usa 1991, col, 90') Shirley Sun. Con Mark Salzman, Pan Qingfu, Jeanette Lin Tsui, Vivian Wu, Sun Xudong. ◆ Un sinologo americano (Salzman) si reca in Cina per apprendere i segreti di un'arte marziale direttamente dal maestro. Una ragazza cinese (Lin Tsui) s'innamora di lui ma, sopraffatta dalle imposizioni della tradizione, è costretta a rinunciare ai suoi sentimenti. Un film sull'incomunicabilità tra due culture agli antipodi, ispirata a una vicenda realmente accaduta all'attore protagonista che infatti è autore del romanzo e della sceneggiatura. Un confronto piuttosto interessante, filtrato attraverso l'esperienza personale e meno stereotipato di quanto ci si aspetterebbe. Finale sospeso, non si capisce bene perché.

Ferroviere, Il **½ (Italia 1956, b/n, 114') Pietro Germi. Con Pietro Germi, Luisa Della Noce, Edoardo Nevola, Silva [Sylva Koscina], Saro Urzì, Renato Speziali, Carlo Giuffré, Amedeo Trilli. ◆ Raccontata dall'ultimo genito Sandrino (Nevola), l'amara parabola del macchinista Andrea Marcocci (Germi, doppiato da Gualtiero De Angelis) che vede disgregarsi la famiglia – il fallimento matrimoniale della figlia Giulia (Koscina), le cattive amicizie del figlio Marcello (Speziali) – e la cui vita professionale deve fare i conti con un incidente (dopo aver investito col treno un suicida rischia di scontrarsi con un altra locomotiva) e la tentazione del crumiraggio. Il film – sceneggiato dal regista con Alfredo Giannetti e Luciano Vincenzoni e la revisione di Ennio De Concini e Carlo Musso – si concede qualche indulgenza di troppo nella descrizione del mondo operaio e rischia di scivolare nel patetismo, ma la storia di un proletario che vede crollare i valori in cui ha creduto è raccontata con molta umanità e può contare su una interpretazione sincera e partecipata del regista e protagonista, che cerca strade originali nell'incerto panorama produttivo successivo all'esperienza neorealista. Esordio della Koscina.

Festa di compleanno ** (*The Birthday Party*, Gb 1968, col, 127') William Friedkin. Con Robert Shaw, Patrick Magee, Dandy Nichols, Sydney Tafler, Moultrie Kelsall. ◆ In una sciatta pensione al mare i proprietari decidono di organizzare una festa per l'ospite (Shaw) che nasconde un passato misterioso, scatenando il dramma. Dialoghi eccellenti e una recitazione d'effetto, ma l'omonima opera di Harold Pinter nonostante sia stata sceneggiata dallo stesso autore trova una trasposizione piatta che non rende appieno la tensione impalpabile e crescente del testo teatrale.

Festa di laurea ** (Italia 1985, col, 94') Pupi Avati. Con Carlo Delle Piane, Nick Novecento, Aurore Clément, Cesare Barbetti, Lidia Broccolino, Dario Parisini, Davide Celli, Adriana Innocenti, Fiorenza Tessari. ◆ Riviera romagnola, 1950: un pasticciere (Delle Piane), segretamente innamorato di una signora dell'alta borghesia (Clément), accetta di allestire la festa di laurea della figlia. Ma sarà un disastro. Da un soggetto di Avati e del fratello Antonio, un'opera fiabesca e minimalista che vorrebbe dire molto su temi come la memoria e il sogno, l'essere e l'apparire, ma finisce per proporre solo luoghi comuni.

Festa di luglio *½ (*Feast of July*, Gb 1995, col, 116') Christopher Menaul. Con Embeth Davidtz, Ben Chaplin, Tom Bell, Gemma Jones, James Purefoy. ◆ Inghilterra, fine Ottocento: Bella Ford (Davidtz), sedotta e abbandonata, trova rifugio presso i Wainwright: quando è in procinto di sposare il figlio più giovane (Chaplin), riappare Arch Wilson (Wise), l'uomo che le aveva rovinato la vita e scoppia la tragedia. Dall'omonimo romanzo di H.E. Bates, sceneggiato da Christopher Neame e diretto da un apprezzato regista di sceneggiati televisivi, un tipico prodotto Merchant-Ivory confezionato impeccabilmente ma, a dispetto dell'abbondante romanticismo originario, senza pathos né guizzi di sorta tranne che nella scena iniziale dell'aborto spontaneo, coraggiosa, sorprendente e del tutto riuscita.

Festa in casa Muppet ** (*The Muppet Christmas Carol*, Usa 1992, col, 86') Brian Henson. Con Michael Caine, Steve Mackintosh, Meredith Braun e pupazzi animati. ◆ La notte di Natale, all'avarissimo Ebenizer Scrooge (Caine) appaiono tre spiriti – del passato, del presente e del futuro – che gli fanno capire l'aridità della sua vita. Versione con musiche del *Canto di Natale* di Charles Dickens, dove la sceneggiatura di Jerry Juhl riesce a far convivere attori in carne e ossa con i personaggi dei Muppet (la rana Kermit fa il capocontabile, miss Piggy una volitiva signora, Gonzo l'io narrante). Ma la regia di Brian Henson, che ha preso le redini della società di animazione creata dal padre Jim, non riesce a creare davvero emozione o ironia. Le musiche sono di Paul Williams e le scenografie di Val Strazovec.

Festa in famiglia → *Festen*

Festa perduta, La *½ (Italia 1981, col, 85') Pier Francesco Murgia. Con Fabrizio Bentivoglio, Stefano Raffi, Giovanni Sulis, Cristina Donadio, Mara Nocilla. ◆ I destini incrociati di quattro giovani romani che condividono il drammatico passaggio dalla contestazione alla scelta della lotta armata, in un film che alterna rude sincerità a confusioni e incertezze formali, ma che dimostra un certo coraggio nell'affrontare «a caldo» il fenomeno terrorismo.

Festa per il compleanno del caro amico Harold **½ (*The Boys in the Band*, Usa 1970, col, 119') William Friedkin. Con Leonard Frey, Kennet Nelson, Cliff Gorman, Frederick Combs, Peter White, Laurence Luckinbill, Keith Prentice, Robert La-Tourneaux, Reuven Greene. ◆ Dei nove partecipanti alla festa di compleanno di un amico otto sono omosessuali dichiarati, uno solo presunto. Stesso cast e trasposizione fedele, impeccabile, tesa e claustrofobica dell'omonima commedia di Mart Crowley, che trionfò a Broadway per il suo argomento scottante, affrontata da Friedkin con franchezza e amara ironia, e una regia che riesce a far dimenticare l'origine teatrale nonostante il rispetto dell'ambientazione unica. In originale dura 127', ma esiste una versione «censurata» di 108'.

Festen – Festa in famiglia * (*Festen*, Danimarca 1998, col, 105') Thomas Vinterberg. Con Ulrich Thomsen, Henning Moritzen, Thomas Bo Larsen, Birthe Neumann, Tryne Dyrholm, Paprika Steen. ◆ Alla festa per il 60° compleanno di Helger Klingenfelt (Moritzen), il figlio Christian (Thomsen) si alza per denunciare gli abusi sessuali subiti da piccolo, e misfatti anche peggiori: ma tutti fanno finta di niente. I modelli del regista sono stratosferici (da Buñuel alla *Regola del gioco*, con un tocco di Strindberg), ma latita sia la drammaturgia (l'intreccio si regge su un'ideuzza continuamente ripetuta) sia un'idea di regia: girare con la macchina da presa traballante e in luce naturale, in omaggio all'estetica di «Dogma 95» (sottoscritto da Vinterberg e von Trier), non aggiunge nulla. Prova del nove: immaginate la stessa storia girata con uno stile accademico e leccato come quello del manifesto del film: che cosa cambierebbe? Un bel niente, perché dietro le modeste provocazioni (in cui cascano solo borghesi timorati) non c'è niente da dire.

Festival *½ (Italia 1996, col, 93') Pupi Avati. Con Massimo Boldi, Isabelle Pasco, Gianni Cavina, Margaret Mazzantini, Massimo Bonetti, Lorenzo Flaherty, Andrea Scorzoni, Irene Grazioli, Elide Melli, Alberto Di Stasio, Paola Quattrini, Cinzia Monreale. ◆ Attore comico in caduta libera, Franco Melis (Boldi) si illude di poter tornare a galla vincendo la coppa Volpi a Venezia, dove è finito in concorso grazie a un film a bassissimo costo: si riavvicina alla moglie (Mazzantini), l'agente dei tempi ricchi (Quattrini) vuole soppiantare quello dei tempi scuri (Cavina), ma in giuria c'è qualcuno (Di Stasio) che sembra avergliela giurata. Avati tenta con Boldi il colpo che gli era riuscito con Abatantuono e *Regalo di Natale*: si ispira più o meno alla storia di Walter Chiari, anche lui applaudito nell'86 a Venezia con *Romance*, ma il suo ritratto del mondo del cinema (sceneggiato con la collaborazione del fratello Antonio, di Doriano Fasoli, di Nino Marino e del consulente del direttore della Mostra, nonché selezionatore delle *Notti veneziane*, Giorgio Gosetti) è superficiale e scontato, cattivo con i deboli (le starlet e i paparazzi) e inutile con gli altri. Né offre a Boldi l'occasione per dimostrare se vale davvero come attore drammatico. Girato durante la Mostra del 1995, con comparsate di Gian Luigi Rondi e di Gillo Pontecorvo.

F.F.S.S. cioè... che mi hai portato a fare sopra a Posillipo se non mi vuoi più bene? * (Italia 1983, col, 98') Renzo Arbore. Con Renzo Arbore, Pietra Montecorvino, Luciano De Crescenzo, Roberto Benigni, Andy Luotto, Gigi Proietti, Isabella Biagini, Stella Pende, Lori Del Santo, Nando Murolo. ◆ Con una sceneggiatura di Fellini, provvidenzialmente reperita, Arbore (che interpreta se stesso) si accinge a girare una «Sud story» sulle avventure di una ragazzotta napoletana con velleità di cantante (Montecorvino), accompagnata da un manager becero (sempre Arbore) in giro per l'Italia in cerca di successo. Lazzi e stramberie, arabi folli e luoghi comuni vari, comparse famose (Pippo Baudo, Bobby Solo, Claudio Villa, Gianni Minà, Renato Guttuso e Nando Martellini) e gli spunti delle bravate televisive della Banda Arbore in un pasticcio frastornante che si perde tra sberleffi, surrealismo e (molta) banalità.

Fiacre n. 13, Il *½ (Italia/Francia 1948, b/n, 186', diviso in due episodi, *Delitto*, 90', e *Castigo*, 96') Mario Mattoli. Con Marcel Herrand, Vera Carmi, Ginette Leclerc, Roldano Lupi, Henri Nassiet, Leonardo Cortese. ◆ Nella prima parte (*Delitto*) l'eredità di una vecchia contessa viene lasciata a uno dei suoi due figli, Filippo, ma l'altro, Giorgio (Herrand), aizzato dall'amante (Leclerc), lo uccide e fa cadere gli indizi su un innocente. La seconda parte (intitolata *Castigo*) inizia vent'anni dopo, quando il figlio di Filippo, Andrea (Cortese), diventato funzionario di polizia riapre il processo per l'uccisione del padre e scopre finalmente tutta la verità. Tratto dall'omonimo romanzo d'appendice di Xavier de Montépin sceneggiato da Jean Jacques Rastier e pensato per essere distribuito in due parti distinte (che poi furono proiettate insieme), il film è un melodramma prodotto con larghezza di mezzi ma diretto senza un'autentica partecipazione, che scivola spesso nei luoghi comuni più scontati. L'edizione francese fu supervisionata da Raoul André.

Fiamma che non si spegne, La ** (Italia 1949, b/n, 104') Vittorio Cottafavi. Con Leonardo Cortese, Gino Cervi, Maria Denis, Carlo Campanini, Tino Buazzelli, Luigi Tosi. ◆ Giuseppe Manfredi (Cortese), figlio di un carabiniere morto eroicamente nella prima guerra mondiale, segue con tenacia le orme paterne e durante l'occupazione nazista si offre coraggiosamente al plotone d'esecuzione per salvare la vita di alcuni ostaggi. Tratto dal romanzo *Italia gens* del generale Franco Navarra Viggiani (e ispirato alle gesta di Salvo D'Acquisto, narrate nel 1975 anche nel film omonimo di Romolo Guerrieri), è un film che fu accusato di cedimenti alla retorica più passatista ai tempi della sua presentazione al festival di Venezia: rivisto oggi, invece, conferma l'originalità di Cottafavi e dei suoi sceneggiatori Oreste Bianchi e Giuliano Conte nel cercare strade alternative all'allora imperante neorealismo (il matrimonio notturno del padre di Giuseppe, interpretato da Cervi, e la notizia della sua morte sono grandi pezzi di bravura) scegliendo la strada di un «tragico lirismo capace di comporre un elogio severo delle virtù morali e del senso di sacrificio» che sono i veri protagonisti del film.

Fiamma d'amore * (*The Skin Game*, Gb 1931, b/n, 85') Alfred Hitchcock. Con Edmund Gwenn, Phyllis Konstam, Jill Edmond, John Longden, C.V. France, George Bancroft. ◆ I nobili Hillcrest sono indignati che lo speculatore Hornblower (Gwenn) sfratti dei poveri contadini per costruire fabbriche sui loro terreni. Per fermarlo, rispolverano uno scandalo in cui era stata coinvolta sua nuora Chloe (Konstam), che per la vergogna si uccide: chi sono i nobili d'animo? Da una pièce di John Galsworthy, adottata da Hitchcock con sua moglie Alma Reville, uno dei film meno personali del grande regista: statico, noioso, involuto. Una sola scena di suspense, quella dell'asta (girata con fulminei carrelli) in cui Hornblower e Hillcrest si contendono il terreno della discordia.

Fiamma del peccato, La **** (*Double Indemnity*, Usa 1944, b/n, 107') Billy Wilder. Con Fred MacMurray, Barbara Stanwyck, Edward G. Robinson, Tom Powers, Porter Hall, Byron Barr (Gig Young), Fortunio Bonanova. ◆ «Non ho avuto i soldi e non ho avuto la donna» recita in un incipit indimenticabile la voce fuoricampo dell'assicuratore Walter Neff (MacMurray) che, travolto dalla passione per una sua cliente, Phyllis Dietrichson (Stanwyck), diventa suo complice nell'assassinio del marito, ma viene smascherato dal collega Barton Keyes (Robinson), meticoloso e pedante responsabile dell'ufficio contenziosi. Tratto dal romanzo omonimo di James C. Cain (sceneggiato dal regista e da Raymond Chandler, qui alla sua prima esperienza per il cinema), è uno dei miglior esempi di film noir, dove «la fatalità sostituisce la suspense nella ricerca del colpevole» (la confessione iniziale non lascia dubbi sullo sviluppo del film, strutturato con un lungo flashback) e dove la protagonista – indimenticabile con la sua catenella alla caviglia – incarna perfettamente i tratti fondamentali della femme fatale (charme fisico, perversità morale, cupidigia, meschineria, ferocia). Lo svelamento del finale, comunque, non toglie tensione al film, perché lo scontro (tipicamente wilderiano) tra due intelligenze, quella puntigliosa di Keyes e quella criminale degli amanti, reintroduce nella struttura narrativa la suspense del film poliziesco. Il film doveva concludersi con il processo e l'esecuzione nella camera a gas di Neff, ma queste scene furono tolte dal montaggio definitivo (senza danneggiare la struttura drammatica dell'opera) poco prima dell'uscita ufficiale.

Fiamma e la carne, La * (*The Flame and the Flesh*, Usa 1954, col, 104') Richard Brooks. Con Lana Turner, Pier Angeli [Anna Maria Pierangeli], Carlos Thompson, Bonar Colleano, Charles Goldner. ◆ Una donna scaltra e calcolatrice (Turner) vive un'appassionata storia d'amore nell'Italia del dopoguerra con un cantante (Thompson), mettendo in crisi il rapporto di questi con la fidanzata (Pier Angeli). Un melodramma scontato, girato, in parte, a Napoli e ad Amalfi, tratto dal romanzo di Auguste Bailly e sceneggiato da Helen Deutsch, già all'origine di *Naples au baiser de feu* (1925 di Serge Nadejdine con Gaston Modot e Gina Manès) e *Napoli terra d'amore* (1937 di Augusto Genina con Tino Rossi, Mireille Balin, Viviane Romance e Michel Simon).

Fiamma nel mio cuore, Una **½ (*Une Flamme dans mon cœur*, Francia/Svizzera 1987, b/n, 110') Alain Tanner. Con Myriam Mézières, Aziz Kabhouche, Benoit Régent, Jean Yves Berthelot. ◆ La passione tra l'attrice parigina Mercedes (Mézières) e l'algerino Johnny (Kabhouche) è resa insostenibile dalla gelosia possessiva di lui. La situazione si ribalta quando lei incontra Pierre (Régent), un giornalista che fa sperimentare alla donna le gelosie e gli abbandoni. E così la malattia d'amore della donna si traduce in leggera follia e in tentazioni di esibizionismo erotico. Girato a bassissimo costo e in totale libertà, il film è un «documentario d'amore» che rifiuta una struttura narrativa classica (è diviso in 25 scene, una per ogni giorno della vicenda narrata) per seguire i sussulti dell'anima e del corpo di Myriam Mézières (coautrice del soggetto) e proporre un tipo di cinema che nasce dalle persone e non dalle ideologie o dalle metafore sociali. La scelta del bianco e nero e la totale mancanza di lirismo, poi, raffreddano l'erotismo esplicito del film, tema a rischio con cui il regista si confronta qui per la prima volta.

Fiammata, La * (Italia 1952, b/n, 100') Alessandro Blasetti. Con Eleonora Rossi Drago, Amedeo Nazzari,

Carlo Ninchi, Elisa Cegani, Roldano Lupi, Delia Scala, Sergio Tofano, Mario Scaccia. ◆ Nella Francia di fine Ottocento, Monica Felt (Rossi Drago) lotta per dimostrare l'innocenza del marito (Nazzari), accusato di omicidio, e sa respingere la corte interessata di alcuni nobili. Tratto dal dramma di Henry Kistemaekers (sceneggiato da Leo Benvenuti, Tullio Pinelli, Luigi Filippo D'Amico [con lo pseudonimo di Filippo Mercati], Blasetti, Vitaliano Brancati e Luigi Chiarini) è un lavoro inesorabilmente teatrale e artificioso, lontano dalle opere migliori di Blasetti. Discreto l'arredamento firmato da Beni Montresor.

Fiamme a San Francisco *½ (*Flame of Barbary Coast*, Usa 1945, b/n, 91') Joseph Kane. Con John Wayne, Ann Dvorak, Joseph Schildkraut, Virginia Grey, William Frawley. ◆ Nel terribile terremoto che sconvolge la città californiana, viene distrutto – proprio la sera dell'inaugurazione – anche il locale che un allevatore di bestiame (Wayne) aveva aperto per amore di una bella canzonettista (Dvorak). Un film scontato e denso di banalità, curioso per gli artigianali effetti speciali del terremoto. Il nome del personaggio interpretato da Wayne (Duke) rimarrà all'attore come soprannome.

Fiamme di passione **½ (*Bank Holiday*, Gb 1938, b/n, 86') Carol Reed. Con John Lodge, Margaret Lockwood, Hugh Williams, René Ray, Linden Travers, Merle Tottenham, Wally Patch. ◆ Tra i molti londinesi che si sono recati a Bixborough per il weekend, c'è anche Catherine (Lockwood), un'infermiera che non riesce a dimenticare la donna (Travers) che è morta mettendo al mondo il figlio. Accortasi che il fidanzato non la ama, decide di tornare dal giovane padre (Lodge): il ritorno è complicato dalla polizia – che la scambia per la complice di un rapinatore – ma Catherine arriverà in tempo per salvare il giovanissimo vedovo dal suicidio. Curioso melodramma realista che mise in evidenza le qualità di Reed, molto abile nel fondere le due anime del film, una documentaria con la descrizione dei mille destini che si incrociano in un fine settimana, e l'altra più dichiaratamente melodrammatica, con quella specie di telepatia sentimentale che unisce i due protagonisti. Scritto con cura da Hans Wilhelm, Rodney Ackland e Roger Buford, il film dimostra la capacità di Reed di «isolare con precisione particolari di autenticità insoliti nel cinema di genere di quegli anni» senza sacrificare l'unitarietà sociale che lega tutti quegli esseri umani.

Fiammiferaia, La *** (*Tulitikkutehtaan tyttö*, Finlandia/Svezia 1989, col, 70') Aki Kaurismäki. Con Kati Outinen, Elina Salo, Esko Nikkari, Vesa Vierikko, Silu Seppälä. ◆ La triste e squallida quotidianità di una ragazza (Outinen) impiegata presso una fabbrica di fiammiferi: tanta solitudine, una famiglia taciturna e ostile, un uomo (Vierikko) che la mette incinta e poi vorrebbe sparire. Con pochi tratti e uno stile rigoroso ed essenziale, Kaurismäki costruisce un'agghiacciante parabola «sulla pazzia del mondo contemporaneo, sulle alienazioni che ci siamo abituati a subire ma che giorno dopo giorno ci annientano» e ci dà il ritratto di un mondo disperato e senza speranza, ma raccontato senza nessun tipo di indulgenza o autocommiserazione.

«Fiat Voluntas Dei» ** (Italia 1936, b/n, 77') Amleto Palermi. Con Angelo Musco, Maria Denis, Sarah Ferrati, Amelia Chellini, Pina Renzi. ◆ Le disavventure quotidiane di un parroco di campagna, don Attanasio (Musco), sempre pronto a farsi in quattro per i suoi parrocchiani. Liberamente tratto dalla commedia omonima di Giuseppe Macrì, sceneggiato dal regista e (non accreditati) da Michele Galdieri e Fulvio Palmieri, il film è soprattutto un'occasione per ammirare l'arte di Angelo Musco, straordinario anche quando confonde le ninnananne con le litanie.

Ficcanaso, Il * (Italia 1981, col, 99') Bruno Corbucci. Con Pippo Franco, Edwige Fenech, Pino Caruso, Laura Troschel, Luc Merenda. ◆ Un trasportatore timido e ingenuo (Franco), a cui l'amica appassionata di astrologia (Fenech) attribuisce doti di premonizione, si ritrova coinvolto nell'omicidio di uno strozzino. Pasticcio giallo-comico lento e scontato, che il protagonista cerca invano di vivacizzare riproponendo il suo repertorio più volgare. Alla sceneggiatura ha collaborato anche Raimondo Vianello.

Fichissimi, I *½ (Italia 1981, col, 90') Carlo Vanzina. Con Diego Abatantuono, Jerry Calà, Simona Mariani, Mauro Di Francesco, Renato Cecchetto. ◆ A Milano, un settentrionale purosangue (Calà) si innamora della sorella (Mariani) del capobanda rivale, un turbolento e geloso immigrato pugliese che fa di tutto per separarli (Abatantuono). Sceneggiata da Carlo ed Enrico Vanzina, una *Giulietta e Romeo* (con qualche traccia di *West Side Story*) nella Lombardia preleghista, con Abatantuono nel ruolo del «terrunciello» dalla parlata inconfondibile: musica da discoteca e comicità facilona, qualche lazzo (linguistico) riuscito e molti frizzi da dimenticare.

Fico d'India ** (Italia 1980, col, 98') Steno [Stefano Vanzina]. Con Renato Pozzetto, Aldo Maccione, Gloria Guida, Daniele Formica, Diego Abatantuono. ◆ Il sindaco di un paesino pettegolo (Pozzetto) ritorna inaspettatamente a casa provocando una crisi cardiaca al playboy locale (Maccione) che stava seducendo l'insoddisfatta mogliettina (Guida), e si ritrova costretto a una difficile convivenza con l'intrasportabile infartato. Sceneggiato da Sandro Continenza e Raimondo Vianello, una farsa più divertente e più curata delle solite, con qualche spunto di salutare ironia sul perbenismo provinciale.

Fidanzata di mio marito, La **½ (*Our Wife*, Usa 1941, b/n, 95') John M. Stahl. Con Melvyn Douglas, Ruth Hussey, Ellen Drew, Charles Coburn, John Hubbard, Lloyd Bridges. ◆ Un musicista (Douglas) depresso per la fine del suo matrimonio, trova in una ragazza (Hussey) la forza di tornare a comporre, ma con il successo tornerà anche la ex moglie (Drew). Insolita incursione nella commedia sofisticata da parte di un indiscusso maestro del melodramma che prende spunto da una pièce di Lillian Day e Lhyon Mearson, sceneggiata da P.J. Wolfson. L'istituzione matrimoniale scricchiola, ma il genere impone un umore frizzante e il lieto fine programmatico. Godibile per tutti e d'obbligo per chi con Stahl ha solo pianto.

Fidanzata di tutti, La *½ (*Pin-Up Girl*, Usa 1944, col, 83') H. Bruce Humberstone. Con Betty Grable, John Harvey, Martha Raye, Joe E. Brown, Eugene Pallette. ◆ Durante la guerra un'intraprendente dattilografa (Grable) con aspirazioni di cantante riesce a far innamorare di sé un famoso eroe di guerra (Harvey). Rivista musicale senza troppa fantasia e brio, una delle performance meno azzeccate della Grable che durante le riprese aspettava un figlio. Coreografie di Hermes Pari che si esibisce anche con la Grable nel numero *Once Too Often*.

Fidanzata per papà, Una ** (*The Courtship of Eddie's Father*, Usa 1963, col, 117') Vincente Minnelli. Con Glenn Ford, Shirley Jones, Stella Stevens, Ronny [Ron] Howard, Dina Merrill, Roberta Sherwood. ◆ Un vivace figlioletto (Howard) si intromette nelle scelte sentimentali del padre vedovo (Ford), indirizzandolo sapientemente verso un felice matrimonio. Commedia familiare bonaria sceneggiata da John Gay, più azzeccata nella prima parte, che ispirerà una serie di telefilm. Reso popolare dalla serie Tv *Happy Days*, Howard diventerà poi un prolifico regista.

Fidanzati, I **½ (Italia 1963, b/n, 81') Ermanno Olmi. Con Carlo Cabrini, Anna Canzi. ◆ La stanca unione tra Liliana (Canzi) e Giovanni (Cabrini), un operaio milanese trasferito per lavoro in Sicilia, viene messa in crisi dalla passeggera relazione con una ragazza locale, di cui Liliana viene a conoscenza: inizia così uno scambio epistolare fra i due fidanzati che, lontani per la prima volta, analizzano il loro rapporto credendo di ritrovare la perduta armonia. Sceneggiato dallo stesso Olmi che spezza la linearità della trama con l'inserimento di flashback, flashforward e immagini mentali, il film racconta, in pieno boom economico, la perdita dell'innocenza in un quadro di logorante modernità. Soffuso di un pessimismo soffocato ma insinuante il film evita di approfondire lo scontro con un ambiente sociale estraneo, per scavare dentro le tensioni dei suoi personaggi, alla ricerca di quei valori umani e affettivi che hanno comunque scarso rapporto con la condizione sociale.

Fidanzati sconosciuti, I **½ (*In the Good Old Summertime*, Usa 1949, col, 102') Robert Z. Leonard. Con Judy Garland, Van Johnson, S.Z. Sakall, Spring Byington, Buster Keaton. ◆ Il commesso di un negozio di strumenti musicali (Johnson) scopre che la sconosciuta (Garland) con cui intrattiene una relazione epistolare è la sua giovane e graziosa collega. Piacevole, elegante e colorato remake in chiave musicale di *Scrivimi fermo posta* (1940) sceneggiato da Albert Hackett, Frances Goodrich e Ivan Tors su una prima stesura di Samson Raphaelson, ha almeno due numeri che strappano gli applausi: *I Don't Care* e *Play That Barber Shop Chord*, entrambe eseguite dalla Garland. Keaton interpreta uno dei dipendenti del negozio che, accennando a un passo di danza, schiaccia inavvertitamente quello che pensa essere un preziosissimo violino Stradivari. La bambina che corona l'amore tra i due nell'inevitabile happy end è la piccolissima Liza Minnelli, figlia nella realtà della Garland.

Fidanzato di tutte, Il *** (*The Tender Trap*, Usa 1955, col, 111') Charles Walters. Con Frank Sinatra, Debbie Reynolds, Celeste Holm, David Wayne, Carolyn Jones, Lola Albright. ◆ Equivoci e baruffe sentimentali per un galante agente teatrale di New York (Sinatra), attorniato da belle ragazze ma destinato a innamorarsi seriamente. Tratta dalla pièce di Max Shulman e Robert Paul Smith (adattata da Julius J. Epstein) è una commedia spumeggiante con un cast in gran forma (soprattutto nei due comprimari, Celeste Holm e David Wayne), una scena indimenticabile (il risveglio dopo la sbornia di Wayne e Sinatra) e l'interpretazione da antologia che Sinatra fa della canzone *The Tender Trap*.

Fidanzato per due, Un ** (*And the Angels Sing*, Usa 1944, b/n, 96') George Marshall. Con Fred MacMurray, Dorothy Lamour, Betty Hutton, Diana Lynn, Mimi Chandler, Raymond Walburn. ◆ Il direttore di un'orchestra jazz dalle intenzioni truffaldine (MacMurray) cerca di sfruttare l'abilità canora di quattro sorelle in cerca del successo come quartetto vocale e finisce per innamorarsi di una di loro (Lamour). Comicità, romanticismo e interventi musicali assortiti in un musical senza guizzi.

Fiera delle illusioni, La ***½ (*Nightmare Alley*, Usa 1947, b/n, 111') Edmund Goulding. Con Tyrone Power, Joan Blondell, Coleen Gray, Helen Walker, Taylor Holmes, Mike Mazurki. ◆ Un giovane bellimbusto (Power) fa carriera in un circo plagiando la compagna (Blondell) di un vecchio mago per strapparne i segreti, e si associa con una psicoanalista (Walker) per ricattare i suoi clienti, approfittando delle confidenze che carpisce loro nel segreto professionale: finisce male, torna al circo e, alcolizzato, viene usato come «fenomeno vivente» in una scena degna di *Freaks*. Scritto da Jules Furthman (da un romanzo di William Lindsay Gresham), è il tentativo (fallito) di Tyrone Power, rientrato dalla dura prova della guerra, di affrontare ruoli adulti e non da bellone. La Fox volle aggiungere un lieto fine, facendo correre lungo il film una love story tra Power e l'ingenua, fedele Coleen Gray, ma non funzionò lo stesso: troppo ardito e disturbante fu per il pubblico il cambiamento di ruolo del loro divo numero uno. Diretto con levigata perizia e malsana compiacenza da un maestro del melodramma per signore, è uno dei più insoliti e cattivi film prodotti dallo studio system nell'immediato dopoguerra.

Fiesta d'amore e di morte **½ (*The Brave Bulls*, Usa 1951, b/n, 108') Robert Rossen. Con Mel Ferrer, Miroslava, Anthony Quinn, Eugene Iglesias. ◆ Le vicissitudini e il riscatto di un acclamato torero (Ferrer), spinto alla disperazione e al bere dalla paura di scendere nell'arena e dalla morte dell'amata e dell'amico impresario. Ispirato a un romanzo di Tom Lea, il film ripropone l'atmosfera sensuale e crudele della corrida con una fotografia raffinata ed estetizzante, e scene così cruente da essere tagliate in alcune edizioni (il film in origine dura 114') per non impressionare il pubblico.

Fievel conquista il West ** (*An American Tail: Fievel Goes West*, Usa 1991, col, 75') Phil Nibbelink, Simon Wells. ◆ Fievel Toposkowitz e la sua famiglia abbandonano New York per cercare fortuna nel

West: dovranno vedersela con il terribile gatto Crudelio, ma saranno aiutati dal cane-sceriffo Wylie Burp e dallo sfortunato gatto Tigre. Seconda avventura a cartoni animati del topolino inventato da Don Bluth dopo *Fievel sbarca in America*: qui sono più dichiarati i rimandi alla tradizione cinematografica (Sergio Leone e Clint Eastwood su tutti) e la regia abbandona certi stilemi favolistici ma viene meno anche quella disincantata rilettura della storia americana che aveva rinvigorito il primo film. Comunque piacevole, specie per i più piccoli.

Fievel sbarca in America **½ (*An American Tail*, Usa 1986, col, 80') Don Bluth. ◆ Verso la fine dell'Ottocento, una famiglia di topolini ebrei perseguitata dai gatti cosacchi emigra dalla Russia verso l'America, ma nel viaggio per mare il piccolo Fievel Toposkowitz (ma in originale si chiama Mousekewitz) si perde e si ricongiungerà coi suoi a New York solo dopo svariate peripezie tra gatti crudeli e animali solidali, scoprendo un Nuovo Mondo lontano dall'immagine idilliaca di terra della libertà. Curioso esperimento di «neorealismo a cartoni animati» prodotto con l'appoggio di Spielberg e Lucas: ex disegnatore della Disney, Bluth sceglie di mescolare i generi (melò, avventura, satira) e rinnova intelligentemente la tradizione zuccherosa dei cartoon. Seguìto da *Fievel conquista il West* (1991).

Fifa e arena ** (Italia 1948, b/n, 85') Mario Mattoli. Con Totò [Antonio de Curtis], Isa Barzizza, Mario Castellani, Giulio Marchetti, Franca Marzi, Galeazzo Benti, Ughetto Bertucci, Adriana Serra, Raimondo Vianello, Luigi Pavese, Cesare Polacco, Vinicio Sofia, Alda Mangini, Loris Gizzi. ◆ Scambiato per un maniaco omicida a causa di un errore tipografico, il farmacista napoletano Nicolino Capece (Totò) fugge a Siviglia dove i ricatti del bandito Cast (Castellani) e l'amore per l'ereditiera americana Patricia Cotten (Barzizza) lo costringono a fingersi il torero Nicolete e a scendere nell'arena. Grande successo per il secondo film del sodalizio Mattoli-Totò su un soggetto di Steno (Stefano Vanzina, non ancora regista) cosceneggiato con Marcello Marchesi, dove le situazioni comiche si innestano su spunti che strizzano l'occhio all'attualità (il pesce «democristiano» perché censura a Totò la vista della Barzizza nuda, il club di tauromachia femminile «Montecitoros» dove tutte le discussioni finiscono in rissa). Non mancano, comunque, momenti di puro delirio totoesco (la sua fame disperata che lo spinge a farsi un panino con una spugna farcita di sapone, dentifricio e una spruzzatina di borotalco) o dialoghi genialmente surreali (Barzizza: «Sei fatalista, pessimista o esistenzialista?». Totò: «Veramente, io sono farmacista»). Il produttore censurò un finale in cui Totò torero doveva tenere un discorso pacifista in difesa dei tori.

Fifty/fifty * (*Fifty/fifty*, Usa 1993, col, 97') Charles Martin Smith. Con Peter Weller, Robert Hays, Charles Martin Smith, Ramona Rahman, Kai Tong Lim. ◆ Nell'isola di Tengara, nel Mar di Cina, due mercenari (Weller e Hays) assoldati da un subdolo agente della Cia (Smith) appoggiano i ribelli del presidente spodestato e rovesciano il dittatore prima che il governo americano lo riconosca ufficialmente. Un pasticcio stracotto di stragi, esplosioni, agguati, e chi più ne ha più ne metta. Qualche sprazzo d'ironia, subito controbilanciato da afflati pseudoumanitari, non basta a risollevare le sorti di questo film pensato solo in funzione del botteghino.

Figaro, barbiere di Siviglia * (Italia 1955, col, 97') Camillo Mastrocinque. Con Tito Gobbi, Cesco Baseggio, Irene Genna, Giulio Neri, Armando Francioli. ◆ L'amore tra il conte d'Almaviva (Francioli) e la bella Rosina (Genna), desiderata in matrimonio dal vecchio tutore (Baseggio), trionfa grazie ai sapienti stratagemmi del barbiere Figaro (Gobbi). Scialba versione cinematografica dell'opera di Rossini di cui vengono riprese fedelmente solo le parti musicali, doppiate da cantanti lirici (Genna da Giulietta Simionato, Francioli da Giulio Neri, e Baseggio da Nicola Monti), mentre i recitativi sono modificati.

Figaro e la sua gran giornata **½ (Italia 1931, b/n, 87') Mario Camerini. Con Gianfranco Giachetti, Leda Gloria, Maurizio D'Ancora, Gemma Schirato, Olga Capri, Ugo Ceseri. ◆ In un teatrino di provincia si sta allestendo il *Barbiere di Siviglia* di Rossini e le prove coinvolgono la gente del luogo, sconvolgendone la quotidiana tranquillità. Tratto dalla commedia *Ostrega, che sbrego!* di Arnaldo Fraccaroli, già portata in teatro da Giachetti e sceneggiata da Tomaso Smith, il film è una misurata riflessione sui rapporti tra vita e teatro, diretto con controllata padronanza (fanno eccezione alcuni ostentati movimenti di macchina sull'orchestra durante l'esecuzione). Il futuro regista Matarazzo – qui assunto come aiuto – fu cacciato dal set per aver scambiato due volte i costumi dei vari atti.

Figaro qua... Figaro là ** (Italia 1950, b/n, 85') Carlo Ludovico Bragaglia. Con Totò [Antonio de Curtis], Gianni Agus, Isa Barzizza, Guglielmo Barnabò, Renato Rascel, Jole Fierro, Luigi Pavese, Franca Marzi, Pietro Tordi, Mario Siletti, Mario Castellani, Ugo Sasso, Nuto Navarrini, Carlo Mazzarella, Franca Tamantini. ◆ Siviglia 1759: innamorato di Rosina (Barzizza), figlia del governatore (Barnabò), il conte di Almaviva (Agus) chiede aiuto al barbiere Figaro (Totò) per rapire la donna che ama e impedire che sposi il comandante delle guardie, don Alonzo (Rascel): a complicare la situazione ci si metteranno anche i banditi, ma alla fine tutto si accomoderà. Insolito tentativo di costruire una commedia sulla falsariga del *Barbiere di Siviglia* di Rossini, con tanto di versi dell'opera recitati dagli attori: peccato che la sceneggiatura (di Vittorio Metz, Marcello Marchesi, Age [Agenore Incrocci] e Scarpelli) si preoccupi troppo di ingarbugliare la trama – con rapimenti plurimi e scambi di persona – lasciando troppo poco spazio a Totò. Curioso il finale, dove il lieto fine passa attraverso il recupero dei meccanismi della commedia dell'arte: per sposare Rosina, Almaviva e Totò (travestito da Pulcinella) recitano davanti al governatore una farsa sullo scambio di persona che si concluderà con un salto dalla finzione alla realtà.

Fighting Mad ** (*Fighting Mad*, Usa 1976, col, 90') Jonathan Demme. Con Peter Fonda, Lynn Lowry, John Doucette, Scott Glenn, Kathleen Miller, Philip

Carey. ◆ Gli speculatori vogliono scacciare i contadini dalle loro terre, ma uno di loro (Fonda), dopo che gli hanno ucciso l'amico, farà un macello armato di arco e frecce. Un film abbastanza grezzo e con una morale alla Charles Bronson, costruito secondo le regole d'oro del produttore Roger Corman: azione senza troppa logica, violenza, e seni nudi ogni 10 minuti per tenere svegli gli spettatori. Abbastanza divertente, comunque.

Figlia del capitano, La ** (Italia 1947, b/n, 73') Mario Camerini. Con Irasema Dilian, Amedeo Nazzari, Vittorio Gassman, Aldo Silvani, Ave Ninchi, Ernesto Almirante, Carlo Ninchi, Cesare Danova, Folco Lulli, Arnoldo Foà. ◆ Due ufficiali dello zar, Pietro (Danova) e Svabrin (Gassman), innamorati della stessa donna (Dilian) sono catturati dal cosacco Pugaciov (Nazzari): il primo tradisce lo zar ma sarà ucciso dal secondo che si conquisterà la libertà e l'amore di Mascia. Tratto dall'omonimo romanzo di Puškin (e sceneggiato dal regista, Carlo Musso, Ivo Perilli, Mario Monicelli e Steno [Stefano Vanzina]), fu uno dei film più costosi realizzati in quel periodo in Italia, una specie di risposta classica e disillusa di Camerini, attraverso una scelta narrativa fatta di passioni e colpi di scena, all'imperante umanitarismo neorealista. Indimenticabile Nazzari, vero protagonista del film che rimane impresso soprattutto nella scena finale, mentre se ne va, di spalle, verso la morte.

Figlia del Corsaro Verde, La ** (Italia 1941, b/n, 78') Enrico Guazzoni. Con Doris Duranti, Fosco Giachetti, Camillo Pilotto, Mariella Lotti, Sandro Ruffini, Enrico Glori, Tina Lattanzi, Ernesto Almirante [ma nei titoli di testa è citato erroneamente Luigi]. ◆ Il figlio del governatore spagnolo nell'America del Sud (Giachetti) riuscirà a sconfiggere i pirati e a liberare la colonia solo grazie all'aiuto della temeraria figlia del corsaro Verde (Duranti). Incalzante riduzione sceneggiata da Alessandro De Stefani dell'omonimo romanzo di Emilio Salgari tra duelli e arrembaggi in una produzione ricca e spettacolare, attenta al ritmo e accesa dal temperamento di una «selvaggia e combattiva» Duranti. Primo Carnera interpreta «el Cabezo».

Figlia del dr. Jekyll, La *½ (*Daughter of Dr. Jekyll*, Usa 1957, b/n, 74') Edgar G. Ulmer. Con John Agar, Gloria Talbott, Arthur Shields, John Dierkes. ◆ Il perfido dottor Lomas (Shields) rivela alla figlia del dottor Jekyll (Talbott) il terribile segreto del padre, ma lo fa solo per turbare la mente della ragazza e farla accusare dei delitti che in realtà commette lui. Eterodossa appendice della famosissima storia di Robert Louis Stevenson, con il repertorio di clima allucinato, effetti e colpi di scena mal sfruttati e banalizzati da una sceneggiatura scadente di Jack Pollexfen.

Figlia dell'ambasciatore, La *½ (*The Ambassador's Daughter*, Usa 1956, col, 102') Norman Krasna. Con Olivia de Havilland, John Forsythe, Myrna Loy, Edward Arnold, Adolphe Menjou. ◆ Per dimostrare al padre, ambasciatore americano in Francia, l'inutilità di dichiarare Parigi «zona proibita» per i soldati Usa in licenza, la figlia (de Havilland) si finge un'indossatrice e si lascia corteggiare da un soldato (Forsythe). Debole commedia degli equivoci, con un umorismo controllato che tenta di imitare i vecchi canoni sofisticati.

Figlia del vento *** (*Jezebel*, Usa 1938, b/n, 103') William Wyler. Con Bette Davis, Henry Fonda, George Brent, Fay Bainter, Margaret Lindsay, Donald Crisp, Henry O'Neill. ◆ Negli anni precedenti la guerra di Secessione, una donna di New Orleans, Julie Marston (Davis), esaspera con le sue stravaganze il ricco possidente suo futuro sposo (Fonda) fino ad allontanarlo da sé, ma quando l'uomo sarà colpito dalla peste che devasta la città non esiterà a dividerne il destino. Tratto dalla commedia omonima – e non particolarmente brillante – di Owen Davis sceneggiata da Clements Ripley, Abe Funkel e John Huston, il film prende forza dalla grande interpretazione della Davis che, perso il ruolo di Rossella O'Hara, si impone (e guadagna il secondo Oscar) portando sullo schermo un'altra risoluta donna del Sud. Come suggerisce il riferimento biblico contenuto nel titolo originale, Julie è «caratterizzata, più che dal male effettivamente compiuto, dal desiderio di ostentarlo e di "commetterlo al cospetto del Signore"», dando vita così a un personaggio ribelle, geloso della propria indipendenza, ma condannato a uscire sconfitto dalla Storia (anche se redento dal sacrificio finale). Indimenticabile la scena in cui Julie appare con uno scandaloso vestito rosso all'Olympus Ball, che la bella fotografia di Ernest Haller riesce a rendere credibile pur col bianco e nero.

Figlia di Caino, La ** (*The Shrike*, Usa 1955, b/n, 88') José Ferrer. Con June Allyson, José Ferrer, Joy Page, Ed Platt, Mary Bell. ◆ Un'attrice ambiziosa (Allyson) interferisce con tirannica invadenza nel lavoro del marito, regista teatrale (Ferrer), fino a procurargli una crisi nervosa e il temporaneo ricovero psichiatrico. Dall'opera di Joseph Kramm una verbosa analisi di coppia, realizzata però con competenza e nitidezza.

Figlia di Frankenstein, La * (*Frankenstein's Daughter*, Usa 1958, b/n, 85') Richard E. Cunha. Con John Ashley, Sandra Knight, Donald Murphy, Sally Todd, Harold Lloyd jr, Wolfe Barzell. ◆ Un discendente del barone Frankenstein (Murphy) uccide una ragazza con la complicità del giardiniere e tenta di trasformarla in un essere femminile superiore. Quando si accorge che il risultato è un mostro ci riprova con la nipote. Teenage-movie del tutto insipido, che procede a tentoni in attesa del prevedibile conflitto finale.

Figlia di Ryan, La ** (*Ryan's Daughter*, Gb 1970, col, 176') David Lean. Con Sarah Miles, Robert Mitchum, Trevor Howard, Christopher Jones, John Mills, Leo McKern. ◆ Passione e tragedia per il comandante del presidio britannico (Jones) e l'irrequieta Rosy Ryan (Miles), moglie insoddisfatta del maestro del villaggio (Mitchum), nell'Irlanda tormentata dalle rivolte per l'indipendenza durante la prima guerra mondiale. Un kolossal con ambizioni di «classicità» ma un risultato apprezzabile solo in parte: la sceneggiatura di Robert Bold non riesce a fondere coerentemente la storia d'amore con il retroterra socio-politico, disperdendosi in troppe storie parallele, e il gigantismo produttivo rischia di schiacciare ogni cosa (anche la carriera di Lean che, ferito dall'accoglienza negativa che ottenne il film, aspettò 15 anni prima di girare *Passaggio in India*). Notevole invece l'ambientazione naturale, colta dalla sontuosa fotografia di Freddie Young. Due Oscar: miglior attore non protagonista (Mills) e fotografia. Il film era stato originariamente presentato in una versione di 206'.

Figlia di un soldato non piange mai, La **½ (*A Soldier's Daughter Never Cries*, Gb 1998, col, 127') James Ivory. Con Kris Kristofferson, Barbara Hershey, LeeLee Sobieski, Jane Birkin, Jesse Bradford, Anthony Roth Costanzo, Dominique Blanc, Virginie Ledoyen, Samuel Gruen, Luisa Conlon, Macha Meril, Bob Swain. ◆ A metà degli anni Sessanta, lo scrittore americano Bill Willis (Kristofferson) si trasferisce con la moglie Marcella (Hershey) e la figlia Channe (Conlon, poi Sobieski) a Parigi, dove adotta il piccolo Benoît (Gruen, poi Bradford): la reciproca gelosia complica la vita dei due ragazzi, fino a quando la malattia cardiaca di Bill non obbligherà tutta la famiglia a tornare in America. Sceneggiato dal regista e Ruth Prawer Jhabvala a partire dall'autobiografia di Kaylie Jones, figlia dello scrittore James Jones (dai cui romanzi sono stati tratti *Da qui all'eternità* e *La sottile linea rossa*), un film su una famiglia particolare, raccontata dal punto di vista della figlia adolescente. Una scelta intimista e persino malinconica, nella quale Ivory non si fa tentare né dalla nostalgia né dalla ricostruzione di costume per concentrarsi piuttosto sui personaggi, riuscendo a restituire con eleganza e sensibilità il *melting pot* di culture e generazioni che caratterizzò la cultura americana affascinata da quella europea.

Figlia in carriera, Una *½ (*I'll Do Anything*, Usa 1994, col, 115') James L. Brooks. Con Nick Nolte, Whittni Wright, Albert Brooks, Julie Kavner, Joely Richardson. ◆ Un attore disoccupato, Matt Hobbs (Nolte), arriva a Hollywood in cerca di lavoro e si ritrova a fare da babysitter alla figlioletta Jeannie (Wright) che l'ex moglie gli ha affidato prima di andare in galera. Per lui nessuna chance, in compenso scritturano la piccola, a cui il padre farà da agente. Vorrebbe essere una commedia sentimental-svitata ambientata nel mondo dei *Protagonisti* altmaniani, ma Brooks (regista di *Voglia di tenerezza*) affonda poco la lama nella giungla cinematografica e il film finisce per diventare una specie di *Kramer contro Kramer* sull'Hollywood Boulevard, aggiornato agli anni Novanta infestati dalle babystar di John Hughes. In origine doveva essere un musical, ma le canzoni sono state cancellate dopo le fallimentari preview americane.

Figlia perduta, La ** (*Internes Can't Take Money*, Usa 1937, b/n, 77') Alfred Santell. Con Joel McCrea, Barbara Stanwyck, Lloyd Nolan, Stanley Ridges, Lee Bowman, Irving Bacon, Pierre Watkin. ◆ Il giovane medico James Kildare (McCrea) aiuta un'ex detenuta (Stanwyck) a salvare la figlia dalle mire di alcuni truffatori. Primo film ispirato al personaggio creato da Max Brand, mescola melodramma e gangster-movie, ma punta le sue carte soprattutto sul dramma dell'amore materno.

Figli dei moschettieri, I ** (*At Sword's Point*, Usa 1952, col, 81') Lewis Allen. Con Cornel Wilde, Maureen O'Hara, Robert Douglas, Gladys Cooper, Dan O'Herlihy, Alan Hale jr, Blanche Yurka, Nancy Gates, June Clayworth. ◆ Morti Richelieu e Luigi XIII, la regina di Francia (Cooper) deve impedire che l'intrigante duca di Lavalle (Douglas) sposi la principessa Henriette (Gates) e attenti alla vita dell'erede al trono. I moschettieri sono morti o vecchi, ma in suo aiuto arrivano i figli, D'Artagnan (Wilde), Aramis (O'Herlihy), Portos (Hale jr) e... Claire (O'Hara), figlia di Athos perché il figlio maschio è troppo piccolo. Divertente rivisitazione del romanzo di Dumas sceneggiata da Walter Ferris e Joseph Hoffman (a partire da un soggetto di Aubrey Wisberg e Jack Pollexfen) dove l'abilità artigianale di Allen prende il sopravvento su qualsiasi possibile operazione nostalgia: a farla da leoni sono il ritmo, i costumi, i colori, in una parola le regole e gli ingredienti del film di genere, come sapevano farli nella Hollywood degli anni d'oro. Girato nel 1949, il film fu distribuito solo tre anni più tardi per l'ingresso nella Rko, che l'aveva prodotto, di Howard Hughes.

Figli del capitano Grant, I *½ (*In Search of the Castaways*, Usa 1962, col, 100') Robert Stevenson. Con Maurice Chevalier, Hayley Mills, George Sanders, Wilfrid Hyde-White, Michael Anderson jr, Keith Hamshire. ◆ Avventure, peripezie e avversità naturali tra Cile e Australia non scoraggiano un eccentrico scienziato (Chevalier) e alcuni intraprendenti ragazzi dal cercare il padre scomparso. Fantasia a ritmo discontinuo nell'adattamento Disney del romanzo omonimo di Verne, con interpretazioni convinte ma trucchi e trovate irrimediabilmente ingenui.

Figli del deserto, I **½ (*Sons of the Desert*, Usa 1934, b/n, 69') William A. Seiter. Con Stan Laurel, Oliver Hardy, Mae Busch, Dorothy Christy, Charlie Chase, Lucien Littlefield, John Elliot. ◆ Con la scusa di andare a Honolulu per curarsi un'inesistente malattia, Stanlio e Ollio vanno a Chicago alla riunione annuale del club «Figli del deserto». Ma le mogli scoprono la verità vedendo i due mariti divertirsi in un cinegiornale. Rielaborando il soggetto di un loro cortometraggio (*We Fawn Down*/Noi sbagliamo, 1928) Laurel e Hardy costruiscono una bella commedia slapstick, compatta e divertente, su uno dei temi forti della loro comicità, il matrimonio come prigione da cui scappare. Il film ebbe un successo eccezionale diventando uno dei campioni d'incasso della stagione e diede il nome anche ai fan-club che sorsero in tutto il mondo per riunire i supporter dei due comici.

Figli della gloria, I *** (*Fixed Bayonets*, Usa 1951, 92') Samuel Fuller. Con Richard Basehart, Gene Evans, Michael O'Shea, Craig Hill, Richard Hylton. ◆ Durante la guerra di Corea, un reggimento americano è costretto alla ritirata e si lascia alle spalle un plotone con una missione decisiva per la salvezza dei fuggiaschi: dopo la morte dei superiori, il comando andrà a un caporale in preda a una crisi psichica e morale (Basehart). La guerra secondo Fuller: un incubo reale, disumano e privo di fronzoli, una terrificante danza della morte, dove il consueto eroismo yankee lascia il posto alla disperazione delle retroguardie abbandonate a se stesse e al fuoco nemico. Anche il set venne trasformato in un fronte di guerra molto vicino alla realtà e il ghiaccio utilizzato produsse veri feriti tra i cascatori. Piccola parte per James Dean. Indimenticabile la scena in cui il sergente Rock (Evans) crede di massaggiare il piede congelato di un sottoposto mentre invece sta massaggiando il proprio. Il soggetto originale è di Samuel Fuller, anche se nei titoli di testa compare – per volontà della produzione – il nome di John Brophy, autore di un romanzo dalla trama simile, ma come disse il regista, «le due storie in ogni caso non hanno niente in comune».

Figli della violenza, I ***½ (*Los olvidados*, Messico 1950, 88') Luis Buñuel. Con Estela Inda, Miguel Inclàn, Alfonso Mejia, Roberto Cobo, Alma Delia Fuentes, Francisco Jambrina. ◆ Nella periferia di Città del Messico, il giovane Jaibo (Cobo), uscito dal riformatorio, ritrova la sua banda: dopo aver ucciso un compagno, stabilisce con Pedro (Mejia), teppista come lui, un rapporto di dominio che sfocia in una vera e propria persecuzione quando il ragazzo cerca di emanciparsi. Il film, sceneggiato insieme a Luis Alcoriza, inaugura la seconda carriera di Buñuel e lo rilancia sulla scena internazionale. Crudele ai limiti della tollerabilità, impassibile nel mostrare tale crudeltà, determinato nel denunciare miseria e ingiustizia come responsabili della violenza cieca e assoluta dei bambini protagonisti: «un film di lotta sociale», dove si ritrovano le influenze del neorealismo, la matrice irrazionale del suo debutto surrealista (soprattutto *Terra senza pane*) e l'eredità figurativa spagnola (specie la pittura di Goya). Uno squarcio d'umanità reietta a tutt'oggi impressionante, anche se rispetto ai risultati successivi il film appare un'opera più preparatoria che compiuta, un mondo disperato dove non esistono tentativi di rivolta, ma solo l'accettazione – quasi complice – della condanna sociale e del proprio destino di morte. Palma d'oro al festival di Cannes del 1951. Insostituibile il contributo della fotografia di Gabriel Figueroa.

Figli del leopardo, I * (Italia 1965, col, 95') Sergio Corbucci. Con Franco Franchi, Ciccio Ingrassia, Evi Marandi, Alberto Bonucci, Vittorio Congia, Mario Castellani, Enzo Andronico, Raimondo Vianello. ◆ Due «cavadenti» girovaghi (Franchi e Ingrassia), figli non riconosciuti di uno spiantato barone del Sud Italia, tirano a campare tra briganti, borbonici e garibaldini. Solito meccanismo della parodia-pretesto per la coppia, ma la trama è sfilacciata e inconcludente, e si resta nelle smorfie e nella guitteria ormai risaputa.

Figli dello spazio **½ (*The Space Children*, Usa 1958, b/n, 69') Jack Arnold. Con Michel Ray, Peggy Webber, Adam Williams, Jackie Coogan, Johnny Washbrook. ◆ In contatto con una creatura extraterrestre (che ha la forma di un grande cervello e che dà loro nuovi poteri), un gruppo di ragazzi californiani sabota il reattore atomico che i loro padri stanno costruendo per portare la guerra nello spazio. Raccontato come una favola per bambini, il film (sceneggiato da Bernard C. Schoenfeld a partire da un racconto di Tom Filer) è in realtà una bella metafora dello scontro tra padri e figli che si conclude con un messaggio pacifista in cui è implicito l'invito a non fidarsi molto degli adulti. Indiretto anticipatore dello spielberghiano *E.T.*, il film è girato con uno stile semplice e pulito e si fa apprezzare anche per la mancanza di quegli effetti orrorifici che imperversavano nella fantascienza di quegli anni.

Figli del secolo, I *½ (*Money From Home*, Usa 1953, col, 100') George Marshall. Con Dean Martin, Jerry Lewis, Margie Millar, Pat Crowley, Robert Strauss, Richard Haydn. ◆ Intrighi e pasticci, tra gangster e corse ippiche, per un allibratore facile all'innamoramento (Martin) e il suo cugino timido quanto pasticcione (Lewis). Comicità facile facile assicurata da Lewis impegnato come fantino.

Figli di Annibale **½ (Italia 1998, col, 90') Davide Ferrario. Con Diego Abatantuono, Silvio Orlando, Valentina Cervi, Flavio Insinna, Ugo Conti, Elena Giove, Caterina Sylos Labini. ◆ Imprenditore con amante poliziotto in Puglia, Tommaso (Abatantuono) non aspettava altro che essere preso in ostaggio dal goffo rapinatore Domenico (Orlando) per iniziare una fuga improbabile e sgangherata che li porta da Como al Sud, sempre più a Sud. Insolito, nel cinema italiano, un modo di raccontare così libero e stralunato: senza intellettualismi, menate generazionali, messaggi telefonati, meridionalismi alla Salvatores. E se la leggerezza programmatica e postmoderna (esemplificata dalla colonna sonora: Almamegretta – la canzone che dà il titolo al film –, Inti Illimani, Johnny Dorelli e Puccini) non è abbastanza forte da diventare una visione della realtà, c'è uno sguardo curioso e divertito, che invita al gioco. Scritto da Ferrario con Abatantuono, e con la collaborazione di Sergio Rubini per il soggetto.

Figli di nessuno, I *** (Italia 1951, b/n, 105') Raffaello Matarazzo. Con Amedeo Nazzari, Yvonne Sanson, Françoise Rosay, Folco Lulli, Enrica Dyrell, Teresa Fraschini. ◆ L'amore tra il proprietario di una cava di marmo (Nazzari) e la figlia di un dipendente (Sanson) è ostacolato dalle differenze sociali. Lei partorisce in segreto un bambino che le viene sottratto dalla madre di lui, e si chiude in convento diventando suor Addolorata. Lui la crede morta e si risposa. Anni dopo si ritrovano entrambi al capezzale del figlio, vittima di un incidente nella cava del padre. Uno dei melodrammi più famosi del regista (remake di un film omonimo del 1920), che insieme a *Catene* e *Tormento* – anch'essi interpretati dalla coppia Nazzari/Sanson – forma la trilogia fondamentale del cosiddetto neorealismo popolare, strettamente imparentato con il feuilleton ottocentesco. La storia (sceneggiata da Aldo De Benedetti a partire dall'opera di Rindi e Salvoni) è arricchita fino alla ridondanza da vicende parallele che duplicano i motivi principali mantenendo tuttavia come punto di riferimento la figura femminile interpretata dalla Sanson. È lei il dolente centro propulsore del film: prima amante, poi madre e infine suora, è il simbolo della vita come progressiva rinuncia, sconfitta e solitudine, perfetta rappresentazione dell'essenza stessa del cinema romanzesco e passionale di Matarazzo. Giorgio Consolini interpreta il cantante sul camion. Con un seguito, *Angelo bianco*, girato quattro anni dopo.

Figli di un Dio minore ** (*Children of a Lesser God*, Usa 1986, col, 119') Randa Haines. Con William Hurt, Marlee Matlin, Piper Laurie, Philip Bosco, Alison Gompf. ◆ Lui (Hurt) è un insegnante per non udenti dai metodi rivoluzionari; lei (Matlin) è una testarda inserviente della scuola, sordomuta dalla nascita. Malgrado le difficoltà di comunicazione, inevitabile l'innamoramento. Girato dall'esordiente Haines e tratto da una pièce teatrale di Mark Medoff, è un film dalla problematica ambiziosa che si rivela però solo un'originale love story (complice una piscina). Il titolo è mutuato da una poesia di Alfred Tennyson. Orso d'argento a Berlino e Oscar per la debuttante Matlin, realmente sordomuta. Sul set è nato l'amore, travolgente quanto breve, tra i due protagonisti.

Figli e amanti **½ (*Sons and Lovers*, Gb 1960, b/n, 103') Jack Cardiff. Con Dean Stockwell, Trevor Howard, Wendy Hiller, Mary Ure, Heather Sears, Donald Pleasence. ◆ Sofferta educazione alla vita e ai sentimenti di un giovane sensibile e promettente pittore (Stockwell), oppresso dalla madre possessiva e dal padre (Howard), un minatore abbrutito dall'alcol. Calligrafica traduzione del romanzo omonimo di D.H. Lawrence (sceneggiato da Gavin Lambert e T.E.B. Clarke), con l'atmosfera dell'epoca edoardiana resa elegantemente dalla smagliante fotografia in bianco e nero (premiata con l'Oscar) di Freddie Francis.

Figlio del Corsaro Rosso, Il *½ (Italia 1959, col, 96') Primo Zeglio. Con Lex Barker, Sylvia Lopez, Vera Silenti, Luciano Marin, Vicky Lagos, Giorgio Costantini, Diego Michelotti, Luigi Visconti [Fanfulla], Saro Urzì, Elio Pandolfi. ◆ Il conte e pirata Enrico di Ventimiglia (Barker) dopo essersi vendicato dell'ex filibustiere Van Hais (Costantini), il cui tradimento costò la vita al padre, il Corsaro Rosso, si mette sulle tracce della sorella Neala (Silenti) scomparsa da anni: la scopre prigioniera del governatore di Panama (Visconti) che tiene in ostaggio anche la marchesa di Montelimar (Lopez), ma con il suo equipaggio saprà ristabilire verità e giustizia. Riduzione piuttosto fedele del romanzo omonimo di Emilio Salgari (sceneggiato dal regista con Alberto Liberati e Fede Arnaud), tanto scorrevole quanto anodina, con l'ex Tarzan Lex Barker più a suo agio negli arrembaggi che nella recitazione. Ultimo ruolo per Sylvia Lopez.

Figlio del dottor Jekyll, Il * (*The Son of Dr. Jekyll*, Usa 1951, b/n, 77') Seymour Friedman. Con Louis Hayward, Jody Lawrence, Alexander Knox, Lester Matthews. ◆ Dopo la morte del padre, il figlio di Jekyll (Hayward) cerca in tutti i modi di continuare gli studi del padre: per fortuna non riuscirà mai a trasformarsi in Hyde. Quasi ridicolo nella sua pochezza.

Figlio del fulmine, Il *½ (*Thunderhead – Son of Flicka*, Usa 1945, col, 78') Louis King. Con Roddy McDowall, Preston Foster, Rita Johnson, James Bell, Diana Hale, Carleton Young. ◆ Il giovane Kent (McDowall) sa che Folgore è il figlio di un cavallo campione e per questo lo prepara alle gare. Perderà una corsa per un improvviso capriccio, ma saprà far recuperare i soldi persi dal padrone nella gara, uccidendo un cavallo selvaggio che aveva attirato tutte le puledre fuori dal ranch. Più che il seguito di *Flicka*, un bel documentario sulla vita dei puledri selvaggi girato da un regista specialista in cavalli (e fratello del più celebre Henry). Seguito da *Green Grass of Wyoming* (1948, sempre di Louis King), inedito in Italia.

Figlio del gangster, Il *½ (*Comme un boomerang*, Francia 1976, col, 85') José Giovanni. Con Alain Delon, Charles Vanel, Louis Julien, Carla Gravina, Suzanne Flon, Laurent Malet. ◆ Un ricco industriale (Delon) usa tutta la sua influenza per togliere dai pasticci il figlio (Julien) che ha ucciso un poliziotto durante un droga-party; ma quando la stampa rivela che il giovane nasconde anche un passato da gangster, al padre non resta che una disperata fuga a due. Tutto per Delon attore-produttore e cosceneggiatore (col regista) questo dramma umano con qualche spunto poliziesco, accenni di critica al conformismo e al cinismo dei media, e rilevanti limiti stilistici. In originale dura 100'.

Figlio della furia, Il **½ (*Son of Fury*, Usa 1942, b/n, 98') John Cromwell. Con Tyrone Power, George Sanders, Gene Tierney, Frances Farmer, John Carradine, Roddy McDowall, Elsa Lanchester. ◆ Un nobile (Power), per sfuggire alle persecuzioni del cugino (Sanders), ripara in un'isola dei mari del Sud, dove conosce una bellissima indigena (Tierney). Poi tornerà in Inghilterra per vendicarsi dei torti e regalare il patrimonio ai poveri. Spettacolarità in costume molto apprezzata all'epoca che mescola melodramma e avventura in una specie di rifacimento del *Conte di Montecristo*. La trama è scontata ma non il messaggio democratico e violentemente antiinglese, con un paio di tirate sugli uomini che nascono uguali e non dovrebbero rivendicare potere o giustificare soprusi in nome del sangue e del titolo (e infatti dopo essere tornato in possesso del nome e delle terre, Blake lascia tutto ai suoi servi e riparte per le isole del Sud dove lo aspetta la sua bella selvaggia). La Tierney è bellissima come sempre. Rifatto da Delmer Daves (*Il tesoro dei condor*).

Figlio della notte, Il → *Bacio della pantera, Il*

Figlio della pantera rosa, Il ** (*Son of the Pink Panther*, Usa-Italia 1993, col, 93') Blake Edwards. Con Roberto Benigni, Herbert Lom, Claudia Cardinale, Debrah Farentino, Jennifer Edwards, Burt Kwouk, Shabana Azmi, Robert Davi. ◆ Il gendarme Jacques Gambrelli (Benigni) è il figlio dell'ispettore Clouseau e di Maria (Cardinale): imbranato quanto il padre, riesce nondimeno a liberare una principessa (Farentino) rapita da un commando di terroristi. Un canovaccio da film di spionaggio degli anni Sessanta è pretesto per una serie di gag che ripropongono l'umorismo farsesco e catastrofico della serie dei film con Peter Sellers. Benigni all'inizio appare spaesato, ma poi sembra cogliere la stupidità volontaria che è l'anima di tanti film di Edwards. Battute che cadono nel vuoto, gag ripetute fino all'usura, nonsense portato all'estremo: il film è talmente sgangherato da riuscire quasi divertente. Comprensibile flop negli Usa, successone in Italia. Nicoletta Braschi, oggi signora Benigni, è la sorella di Gambrelli nella scena finale. Bellissimi i titoli di testa (dello studio Sidley-Wright) dove il disegno animato della Pantera Rosa scherza con Bobby McFerrin e altri cantanti che eseguono, «a cappella», il celebre tema di Henry Mancini.

Figlio della tempesta, Il * (*Deep Waters*, Usa 1948, b/n, 85') Henry King. Con Dana Andrews, Jean Peters, Cesar Romero, Dean Stockwell, Anne Revere, Ed Beagley. ◆ Un pescatore (Andrews) e un'assistente sociale (Peters) si prendono a cuore la sorte di un orfanello disadattato (Stockwell), che fugge da ogni famiglia a cui è affidato perché ha il mare nel sangue. Melodramma edificante e verboso su uno dei cardini della società americana: ognuno ha diritto a una seconda possibilità. Sceneggiatura di Richard Murphy.

Figlio delle stelle * (Italia 1979, col, 90') Carlo Vanzina. Con Alan Sorrenti, Jennifer, Anne Marie Carell, Tommy Polgar, Fausta Avelli. ◆ Stressato da un successo conquistato troppo in fretta, il cantautore Daniel (Sorrenti) si rifugia in un albergo in riva al mare dove scopre l'amore disinteressato di Barbara (Jennifer). La relazione si rompe per l'intervento del produttore che riporta Daniel davanti al suo pubblico: lo smarrimento psicologico rischia di impadronirsi ancora di Daniel, ma la presenza nel pubblico di Barbara risolve tutto. Instant-movie costruito (da un'idea del press agent Enrico Lucherini e sceneggiato da Enrico Vanzina) a partire dal successo della canzone *Figli delle stelle* del cantautore Alan Sorrenti che tenta invano di accreditare questo romanzetto rosa come una storia «parzialmente autobiografica», epigono nazionale del travoltismo.

Figlio delle tenebre *½ (*Child of Darkness, Child of Light*, Usa 1991, col, 82') Marina Sargenti. Con Brad Davis, Anthony John Denison, Sidney Penny, Viveca Lindfors. ◆ Una profezia custodita in Vaticano predice che due vergini partoriranno il figlio della Luce e il figlio delle Tenebre. Dopo che un prete ci ha già rimesso la salute psichica, un altro (Davis), in una delle sue apparizioni si incarica di appurare quale sia quella giusta. Tardo epigono dei film sull'Anticristo, girato nello stile anonimo e senza truculenze delle produzioni televisive. Teologicamente disinvolto, e con sorpresina finale.

Figlio dello sceicco, Il **½ (*The Son of the Sheik*, Usa 1926, b/n, 74') George Fitzmaurice. Con Rodolfo Valentino, Vilma Banky, George Fawcett, Mintague Love, Karl Dane, Bull Montana, Bynunsky Hyman, Agnes Ayres, Charles Requa, William Donovan, Erwin Connelly. ◆ Per raggiungere la bella danzatrice Yasmin (Banky), Ahmed (Valentino), il figlio dello sceicco Ahmed Ben Hassan (sempre Valentino), cade nelle mani di Ghabah il Moro (Love) il quale gli fa credere di essere in combutta con la ballerina. Liberato, Ahmed rapisce la donna e la violenta, ricevendo la disapprovazione del padre e accettando di lasciarla libera. Ma quando Yasmin viene rapita da Ghabah, Ahmed ne scopre l'innocenza e l'amore e corre in suo aiuto, soccorso a sua volta dal padre che si affiancherà a lui nel duello finale. L'ultimo film di Rodolfo Valentino, uscito un mese prima della sua morte (avvenuta il 26 agosto), è un monumento al fascino del più famoso «oggetto sessuale» prodotto dal cinema. Ogni scena serve per mettere in evidenza il suo sex appeal, perché la luce o un'inquadratura ne sottolinea il volto e il corpo (entrata nel mito la scena in cui si strappa le vesti per far vedere a Yasmin le cicatrici delle frustate ricevute da Ghabah) o perché la sua bellezza emerge per contrasto da un confronto a lui favorevole (per esempio col nano, assolutamente comico nella sua cupidigia, o col finto forzuto del Café Maure, dove si esibisce Yasmin). Ma il successo del film (che oggi appare piuttosto arcaico nella sua staticità e nella sua assenza totale d'ironia) fu dovuto alle implicazioni psicoanalitiche che innervano il romanzo di E.M. Hull, sceneggiato da Frances Marion e Fred De Gresac: lo scontro chiaramente edipico tra padre e figlio (accentuato dal fatto che Valentino interpreta entrambi i personaggi) viene ingigantito da uno strano miscuglio razziale. Tutti i personaggi principali non sono arabi ma europei che vivono come arabi (di origine inglese lo sceicco e suo figlio, di origine francese Yasmin e il suo infido padre André [Fawcett]) così da trasformare l'avventura esotica in «un film sulla "vita segreta" della società europea di quel periodo e un'indagine su temi di cui non si poteva parlare apertamente, come il desiderio femminile, la violenza carnale, il conflitto tra padre e figlio», in una specie di fuga nell'inconscio attraverso l'esotismo.

Figlio dello sceicco, Il * (Italia/Francia 1962, col, 90') Mario Costa. Con Gordon Scott, Cristina Gaioni, Alberto Farnese, Moira Orfei, Gordon Mitchell, Grazia Maria Spina. ◆ Amori, intrighi e imboscate nell'Egitto ottocentesco per un valoroso cavaliere del deserto (Scott) che guida le tribù beduine contro l'odiato tiranno Omar (Farnese). Ingenuità e realizzazione modesta, con i consueti cliché avventurosi riciclati in chiave mediorientale.

Figlio dello sceicco, Il * (Italia 1978, col, 100') Bruno Corbucci. Con Tomas Milian, Bo Svensson, Gille Kirsten, Andrea Aureli. ◆ Un vecchio sceicco, desideroso di evitare la successione dell'Emirato all'intrigante fratello, scopre l'esistenza di un ignaro figlio naturale (Milian), aspirante benzinaio a Roma. Equivoci, attentati e fughe rocambolesche per Milian, fedele al fortunato personaggio di «Monnezza», che riempie la scena e turpiloquia a getto continuo.

Figlio del Texas, Il ** (*Return of the Texan*, Usa 1952, b/n, 88') Delmer Daves. Con Dale Robertson, Joanne Dru, Walter Brennan, Richard Boone, Tom Tully. ◆ Un vedovo (Robertson), tornato alla vita rurale con i figlioletti e il cocciuto nonnetto (Brennan), risistema la vecchia fattoria e affronta l'opposizione del ricco padrone (Boone) dei terreni circostanti. Un western insolitamente moderno per i tempi, sceneggiato da Dudley Nichols e con la giusta dose di nostalgia, ma dal ritmo non particolarmente brillante.

Figlio di Bakunìn, Il *½ (Italia 1997, col, 95') Gianfranco Cabiddu. Con Fausto Siddi, Renato Carpentieri, Laura Del Sol, Massimo Bonetti, Simona Cavallari, Claudio Botosso, Paolo Bonacelli, Luigi Maria Burruano, Francesca Antonelli, Claudia Fiorentini,

Paolo Maria Scalondro, Nicola Di Pinto. ◆ Tra gli anni Trenta e i Cinquanta, la vita del sardo Tullio Saba (Siddi) - minatore, sindacalista, cantante, donnaiolo e forse anche assassino, figlio di un calzolaio anarchico soprannominato Bakunìn (Carpentieri) -, ricostruita tra realtà e leggenda attraverso l'indagine compiuta dal figlio. Tratto dal libro omonimo di Sergio Atzeni (sceneggiato dal regista) e prodotto da Tornatore, un film-inchiesta troppo programmatico nel suo mettere a confronto testimonianze contrapposte, che finisce per imbrigliare il fascino di una personalità fuori del comune in un ritratto scolastico e patinato. Romantica colonna sonora di Franco Piersanti.

Figlio di D'Artagnan, Il *½ (Italia 1949, b/n, 86') Riccardo Freda. Con Pietro Palermini, Carlo Ninchi, Gianna Maria Canale, Franca Marzi, Paolo Stoppa, Ugo Sasso. ◆ D'Artagnan (Ninchi) è ormai un anziano gentiluomo, ma i suoi consigli sono decisivi affinché il figlio Raoul (Palermini) possa sgominare un gruppo di spregiudicati e arroganti calunniatori. Cappa e spada girato da Freda (e da lui sceneggiato con lo pseudonimo di Dick Jordan) con il consueto mestiere: «avevo un unico rimpianto, quello di non poterlo realizzare a colori».

Figlio di Frankenstein, Il **½ (*Son of Frankenstein*, Usa 1939, b/n, 99') Rowland V. Lee. Con Basil Rathbone, Boris Karloff, Bela Lugosi, Lionel Atwill. ◆ Il figlio (Rathbone) del folle scienziato scopre che la creatura del padre è ancora in vita, nascosta dal fido servitore nel castello-studio, e si interessa a lui sfidando l'ira degli abitanti del paese e i rischi a cui sottopone la sua stessa famiglia. Terzo episodio della serie, seguito di *La moglie di Frankenstein*, assolutamente godibile per le bizzarre ambientazioni di Jack Otterson e le indimenticabili prove di Bela Lugosi (nella parte del sinistro servitore Igor) e Boris Karloff, per l'ultima volta nei panni del mostro.

Figlio di Giuda, Il ***½ (*Elmer Gantry*, Usa 1960, col, 145') Richard Brooks. Con Burt Lancaster, Jean Simmons, Dean Jagger, Arthur Kennedy, Shirley Jones, Patti Page, Edward Andrews, Rex Ingram. ◆ La straordinaria comunicativa di Elmer Gantry (Lancaster) farà aumentare la popolarità della missione revivalistica guidata da sorella Sharon (Simmons), ma metterà in luce anche il cinismo di questo contraddittorio leader e svelerà il manicheismo credulone della gente. Sceneggiato dal regista a partire dal romanzo *Elmer Gantry* di Sinclair Lewis (che si era ispirato alla storia vera di Aimée McPherson), il film è uno straordinario ritratto di una certa America di provincia, puritana e intollerante, su cui il regista innesta, attraverso il personaggio del giornalista (Kennedy), una riflessione spietata sui meccanismi del consenso e sul ruolo dei mass media. Tre premi Oscar: miglior attore (Lancaster, in una delle sue più dense interpretazioni), attrice non protagonista (Jones) e sceneggiatura. Dopo poco, il regista avrebbe sposato Jean Simmons.

Figlio di ignoti ** (*Close to My Heart*, Usa 1951, b/n, 90') William Keighley. Con Gene Tierney, Ray Milland, Fay Bainter, Howard St. John, Mary Beth Hughes, Ann Morrison, James Seay. ◆ Chi sono i genitori del bambino che una coppia vorrebbe adottare? La neomadre (Tierney) non se ne preoccupa, ma il padre putativo (Milland) decide di indagare e scopre che è figlio di un crudele assassino: e se i caratteri fossero ereditari? Una soap dagli intenti dichiaratamente pedagogici scritta da James R. Webb, più preoccupato di spiegare le trafile di un'adozione che di costruire una vera tensione melodrammatica. E soprattutto di dimostrare che il male non si trasmette per via ereditaria.

Figlio di Kociss, Il *½ (*Taza, Son of Cochise*, Usa 1953, col, 75') Douglas Sirk. Con Rock Hudson, Barbara Rush, Gregg Palmer, Bart Roberts, Jeff Chandler. ◆ Diventato capo degli apache, Taza (Hudson) intende continuare la politica di pace del padre, scontrandosi col fratello Naiche (Roberts), che si allea con Geronimo e Aquila Grigia per combattere i bianchi. Western non propriamente progressista, che premia i buoni selvaggi amici dei visi pallidi: anche se le intenzioni dovevano essere le migliori, visto che il film venne girato in una riserva dell'Utah, con la collaborazione di indiani veri. Banale l'elemento melodrammatico (Taza e Naiche sono innamorati della stessa donna [Rush]), competenti ma anonime le scene d'azione. Girato in 3-D. Chandler, che qui appare brevemente, aveva già interpretato Kociss in *L'amante indiana* e *Kociss, l'eroe indiano*.

Figlio di Montecristo, Il *½ (*The Son of Monte Cristo*, Usa 1940, b/n, 102') Rowland V. Lee. Con Louis Hayward, Joan Bennett, George Sanders, Florence Bates, Lionel Royce, Montagu Love. ◆ In uno staterello ai confini della Russia imperversa il feroce generale Gurko Lanen (Sanders) che ha strappato il potere alla legittima granduchessa Elena (Bennett), ma il galante figlio del Conte di Montecristo (Hayward) saprà usare il suo cuore e la sua spada per ristabilire la legalità. Banale centone di cappa e spada con cui Lee voleva sfruttare il successo del suo *Conte di Montecristo* (1934), ma nemmeno la simpatia di Sanders nel ruolo del cattivo può qualcosa.

Figlio di Spartacus, Il ** (Italia 1962, col, 100') Sergio Corbucci. Con Steve Reeves, Jacques Sernas, Gianna Maria Canale, Claudio Gora, Enzo Fiermonte, Ivo Garrani, Ombretta Colli. ◆ Il valente centurione Rando (Reeves), inviato da Cesare (Garrani) in Lidia, guida la ribellione degli schiavi contro le crudeltà di Crasso (Gora), guadagnandosi la stima della popolazione e scoprendo anche di essere il figlio di Spartacus. Fantasioso seguito del capolavoro di Kubrick sceneggiato da Adriano Bolzoni, Bruno e Sergio Corbucci e Giovanni Grimaldi, ingenuo e fin divertente nella sua manipolazione storica.

Figlio di Tarzan, Il ** (*Tarzan Finds a Son!*, Usa 1939, b/n, 81') Richard Thorpe. Con Johnny Weissmuller, Maureen O'Sullivan, Johnny Sheffield, Ian Hunter, Henry Wilcoxon, Henry Stephenson. ◆ Tarzan (Weissmuller) e Jane (O'Sullivan) adottano il piccolo superstite di un disastro aereo (Sheffield). Il ritorno di Weissmuller nel ruolo di Tarzan doveva coincidere con il commiato della O'Sullivan, da lei stessa invocato, ma alla notizia della morte di Jane, diffusa mentre il film era ancora in lavorazione, l'opinione pubblica s'indignò a tal punto che la produzione (peraltro insensibile alle richieste di Burroughs, inventore del personaggio) dovette rimontare il finale per consentire il suo rientro nel film successivo. In relazione al primo progetto, la presenza del figlio doveva assicurare la fedeltà del pubblico formato famiglia. Johnny Sheffield fu scelto personalmente da Johnny Weissmuller. La critica dell'epoca ironizzò con ferocia sulle debolezze del film, in particolare sulle capacità linguistiche di Tarzan, ancora scarsissime nonostante la prolungata convivenza con l'impeccabile Jane.

Figliol prodigo, Il **½ (*Der verlorene Sohn*, Germania 1934, b/n, 102') Luis Trenker. Con Luis Trenker, Marian Marsh, Franz W. Schröder-Schrom, Eduard Köck, Maria Andergast, Bertl Schultes, Melanie Horeschowsky. ◆ Invitato a New York da un miliardario (Schröder-Schrom) a cui aveva salvato la figlia (Marsh) in montagna, Antonio (Trenker) arriva in America quando i suoi benefattori sono ancora in viaggio: solo e smarrito, ruba per mangiare, finché trova lavoro in una sala di pugilato, dove reincontra il milionario con la figlia. Lei si offre di sposarlo, ma Antonio capisce che il suo mondo è un altro e decide di tornare in Germania. Una parabola semplice semplice (sceneggiata dal regista con Reinhardt Steinbicker), che esalta il ritorno alla terra e alla madrepatria contro l'urbanesimo straniero in obbedienza alla propaganda del regime. Trenker spesso indulge al folclore ma non manca di idee, come la dissolvenza che sposta la scena dai picchi delle montagne ai grattacieli di New York, e la penosa odissea del montanaro nella Grande Mela, costruita sui primi piani dell'emigrato incredulo di fronte a edifici più irti e inaccessibili delle cime a cui era abituato. Coppa del ministero della Stampa e della Propaganda a Venezia per il film straniero più eticamente rappresentativo.

Figlio mio, infinitamente caro... *½ (Italia 1985, col, 114') Valentino Orsini. Con Ben Gazzara, Mariangela Melato, Sergio Rubini, Valeria Golino. ◆ La discesa agli inferi di uno stimato professionista (Gazzara) che, sconvolto dalla tossicodipendenza del figlio (Rubini), dopo l'altalena di comprensione e brutalità sceglie di dividerne fino in fondo il dramma. Irrisolto nella sceneggiatura (di Orsini, Vincenzo Cerami e Giuliani G. De Negri) e colmo di cliché sul problema, riesce qua e là credibile grazie alla prova misurata di Gazzara e alla emergente Golino, efficace nel ruolo della ragazza che si divide tra padre e figlio, vivendo pericolosamente nel mondo di prostituzione e violenza che gravita intorno alla droga.

Figlio perduto, Il - The Lost Son **½ (*The Lost Son*, Gb/Francia 1999, col, 102') Chris Menges. Con Daniel Auteuil, Nastassja Kinski, Katrin Cartlidge, Marianne Denicourt, Ciaran Hinds, Bruce Greenwood, Billie Whitelaw. ◆ Ex poliziotto diventato detective, Xavier Lombard (Auteuil) viene incaricato da un ex collega (Hinds) di indagare sulla scomparsa del cognato, fotografo a Soho: osteggiato dalla sorella (Kinski) dello scomparso, risale alla fidanzata (Cartlidge) e comincia un viaggio che lo porta nell'agghiacciante giro della pedofilia. Dal regista di *Un mondo a parte*, un altro film di denuncia sobrio e vibrante: la sceneggiatura (di Eric e Margaret Leclerc e Mark Mills) sfrutta l'ossatura del thriller per costruire una storia che non scade mai nel sensazionalismo, ma sa insinuare nello spettatore qualche salutare - e disturbante - interrogativo. Perfetto Auteuil, fuori parte la Kinski. Colonna sonora di Goran Bregovic.

Figli... so' pezzi 'e core, I * (Italia 1981, col, 94') Alfonso Brescia. Con Mario Merola, Anna Maria Ackermann, Michele Esposito, Ivan Rassimov, Ernst Thole. ◆ Il desiderio sviscerato di paternità spinge un suonatore ambulante di Napoli (Merola) a sostituire in ospedale il figlio deceduto con il nascituro di una puerpera morta durante il parto, per crescerlo con mille cure e poi vederselo strappare dal padre naturale. Sceneggiata partenopea senza pudori, eccessiva e passionale, commovente per i fan di Merola e inaccettabile per quasi tutti gli altri.

Figliuol prodigo, Il *½ (*The Prodigal*, Usa 1955, col, 114') Richard Thorpe. Con Lana Turner, Edmund Purdom, James Mitchell, Louis Calhern, Audrey Dalton. ◆ La nota parabola evangelica con inserimento di una sacerdotessa bellissima e capricciosa (Turner) come comprensibile tentazione, e una rivolta del popolo di Damasco contro un crudele sacerdote-dittatore. Costosa e spettacolare produzione Metro Goldwyn Mayer, con riferimenti biblici pretestuosi in modo imbarazzante.

Figurine *½ (Italia 1997, col, 100') Giovanni Robbiano. Con Alessio Progetto, Eliana Miglio, Piero Natoli, Gabriele Serventi, Giulio Scarpati, Enzo Jannacci, Maria Pia Calzone, Franco Diogene, Manuele Iacometti. ◆ Genova 1969: il piccolo Alberto (Progetto) scopre le ingiustizie e i (piccoli) dolori della vita cercando di procurarsi la figurina di Reginaldo Bertazzoli con cui terminare l'album dei calciatori Panini. E intanto la madre Carla (Miglio) vive un'effimera avventura col supplente (Scarpati) del figlio. Un esordio in chiave minimalista: sceneggiatura (del regista, Luigi Cuciniello e Riccardo Ferrante) segnalata al premio Solinas, attori composti e indovinati (escluso Jannacci, nella parte del nonno comunista, inutilmente sopra le righe), temi semplici e universali, ma alla fine ti chiedi: perché? Uno dei tanti film di cui non si sente alcun bisogno.

Filibustieri, I ** (*The Buccaneer*, Usa 1938, b/n, 124') Cecil B. DeMille. Con Fredric March, Franciska Gaal, Akim Tamiroff, Margot Grahame, Walter Brennan, Anthony Quinn. ◆ L'intervento a fianco dei ribelli americani del corsaro Jean Lafitte (March), che spadroneggia nella Louisiana con i suoi feroci seguaci, è decisivo per le sorti della battaglia di New Orleans e la lotta di indipendenza dal dominio inglese. Produzione costosa, spettacolare e divertente, nella consueta epica da intrattenimento del regista. Lo stesso DeMille ne produrrà il remake vent'anni dopo (*I bucanieri*).

Film **** (*Film*, Usa 1964, b/n, 22') Alan Schneider. Con Buster Keaton. ◆ Un vecchio (Keaton) prepara la propria morte, celandosi agli sguardi di qualsiasi creatura vivente (compresi cani, gatti, pappagalli e pesci rossi) e distruggendo le foto del proprio passato: ma alla fine si trova di fronte se stesso. «Il tentativo di non essere, nella fuga da ogni percezione estranea, si vanifica di fronte all'ineluttabilità della percezione di sé», spiega lucidamente Samuel Beckett (autore della sceneggiatura) che seguì le riprese, suggerendo anche il nome di Keaton dopo l'indisponibilità di Jack MacGowran. Ma oltre a essere una riflessione filosofica sulla morte e sullo sguardo (in cui la macchina da presa, che pedina il protagonista, è un inquietante ospite indesiderato), *Film* è anche uno straordinario saggio di comicità: il malandato Keaton (morì qualche mese dopo le riprese, e non credeva affatto nel progetto), ripreso quasi sempre di spalle, distilla nella sua pantomima un senso disperato dell'assurdo, nel quale la poesia di Beckett acquista la leggerezza di una comica del tempo che fu. La fotografia, che alterna visioni oggettive e soggettive, è del grande Boris Kaufman, fratello minore di Dziga Vertov e Oscar per *Fronte del porto;* Schneider (1917-1984) è stato un prestigioso regista teatrale, che ha diretto questo solo film.

Film bianco → *Tre colori – Film Bianco*

Film blu → *Tre colori – Film Blu*

Film d'amore e d'anarchia ovvero: stamattina alle 10 in via dei Fiori nella nota casa di tolleranza... ** (Italia 1973, col, 125') Lina Wertmüller. Con Giancarlo Giannini, Mariangela Melato, Lina Polito, Eros Pagni, Pina Cei, Elena Fiore, Isa Danieli, Giuliana Calandra, Anna Bonaiuto. ◆ Arrivato a Roma per vendicare l'amico anarchico, ucciso dalle forze dell'ordine, un giovane contadino lombardo (Giannini) si rifugia in una casa di tolleranza dove si innamora e perde l'occasione per attentare alla vita del Duce. Storia di una presa di coscienza, annacquata (come sempre nei film della regista) da troppi cedimenti all'istrionismo degli attori e da una sguaiataggine che qui appare solo un po' più controllata. Comunque, è uno tra i migliori film della Wertmüller che firma anche la sceneggiatura. Palma d'oro a Cannes per Giancarlo Giannini.

Filming Othello **½ (*Filming Othello*, Rft/Usa 1978, col e b/n, 84') Orson Welles. Con Orson Welles, Hilton Edwards, Michael MacLiammoir. ◆ Dopo aver spiegato l'importanza del montaggio nella creazione cinematografica, Orson Welles ricorda la tormentata lavorazione del film *Otello* mostrando alcune scene del film, discutendone con due amici attori, MacLiammoir (che in *Otello* interpretava Iago) ed Edwards, con gli studenti di un'università di Boston, oppure da solo, davanti al piano di una moviola. Prodotto dalla televisione tedesca, questo film è molto più che l'occasione per avere informazioni di prima mano sul più tormentato film diretto da Welles (tre anni di riprese, quattro attrici per interpretare Desdemona, produttori falliti e negativi sequestrati); è piuttosto l'occasione per un artista di mettersi in scena e di raccontarsi, per cercare di spiegare il proprio «mestiere di regista» («il vero cineasta è l'uomo che sa dominare le catastrofi») e la propria idea di cinema.

Film pirata, Il * (*The Pirate Movie*, Australia 1982, col, 99') Ken Annakin. Con Kristy McNichol, Christopher Atkins, Ted Hamilton, Bill Kerr, Garry McDonald, Maggie Kirkpatrick. ◆ Dopo una festa spettacolo in riva al mare una ragazza (McNichol) insegue lo yacht dell'innamorato (Atkins), fa naufragio e approdata esausta sulla spiaggia sogna scorribande corsare con il suo amato. Parodia, umorismo stracco e bubblegum music assortiti confusamente, in una commedia musicale ispirata a *The Pirate of Penzance* di Gilbert e Sullivan.

Film rosso → *Tre colori – Film Rosso*

Filo da torcere ** (*Every Which Way but Loose*, Usa 1978, col, 114') James Fargo. Con Clint Eastwood, Sondra Locke, Geoffrey Lewis, Beverly D'Angelo, Ruth Gordon, Bill McKinney. ◆ Il camionista Philo Beddoe (Eastwood), campione di boxe a mani nude, cerca invano di conquistare l'amore di Lynne (Locke), una cantante country di dubbia virtù, tenendo a bada poliziotti imbranati e motociclisti neonazisti. A metà strada tra l'anarchia spontanea di Li'l Abner e le scazzottate di un film con Bud Spencer e Terence Hill, il ritratto naïf e sgangherato di un'America minore. Eastwood rinuncia alle pose da duro e al lieto fine, si sceglie come migliore amico un orangutan che ama fare i suoi bisogni nelle macchine della polizia, e azzecca – per incredibile che possa sembrare – il maggiore incasso (negli Usa) della sua carriera. Rozzo ma divertente. Seguìto da *Fai come ti pare*.

Filo del rasoio, Il ** (*The Razor's Edge*, Usa 1946, b/n, 146') Edmund Goulding. Con Tyrone Power, Gene Tierney, John Payne, Anne Baxter, Clifton Webb, Herbert Marshall, Elsa Lancaster, Frank Latimore. ◆ I problemi esistenziali e il bisogno intimo di elevazione rendono sofferti e complicati i rapporti di un giovane americano (Power) con le donne che incontra. Adattamento semplificato (da parte dello sceneggiatore Lamar Trotti) del romanzo omonimo di Maugham, che diventa anche un personaggio del film interpretato da Herbert Marshall: appesantito da una ricchezza produttiva inusitata per l'epoca (89 scenari diversi, che variano da Parigi a Chicago passando per l'Himalaia), il film scivola ben presto nel facile melodramma, di pari passo con la conversione alle filosofie orientali del protagonista. Oscar alla Baxter nel ruolo di una alcolizzata. Rifatto nel 1984.

Filo del rasoio, Il ** (*The Razor's Edge*, Usa 1984, col, 120') John Byrum. Con Bill Murray, Theresa Russell, Catherine Hicks, Denholm Elliott, James Keach, Saeed Jaffrey. ◆ Larry Darrel (Murray), reduce della grande guerra, lascia il posto di lavoro e un matrimonio quasi combinato, e va alla ricerca di se stesso, da Parigi all'Himalaia. Murray, reduce dal successo di *Ghostbusters*, convinse la Columbia a produrre questa seconda versione del romanzo di W.S. Maugham (da lui stesso sceneggiata assieme a Byrum) dove, per la prima volta, si riservava un ruolo serio. Flop commerciale, anche se non tutto è da buttare in questo film ambizioso, vorticoso e sovraccarico. Meglio peccare per eccesso che per difetto.

Filofax → *Agenda che vale un tesoro, Un' – Filofax*

Filumena Marturano **½ (Italia 1951, b/n, 98') Eduardo De Filippo. Con Titina De Filippo, Eduardo De Filippo, Tamara Lees, Tina Pica, Aldo Giuffré. ◆

L'ex prostituta Filumena (Titina), per farsi sposare dall'industriale (Eduardo) con cui convive da tempo, si finge in fin di vita. Svelato l'inganno lui vuole l'annullamento, ma quando scopre che uno dei tre figli della donna è suo, ci ripensa. Fedele trasposizione dell'omonima commedia di Eduardo (anche sceneggiatore con Piero Tellini), il film esalta le capacità interpretative sue e della sorella Titina. Particina per Domenico Modugno nella parte dell'avvocato Nocella. Rifatto da De Sica nel 1964 (*Matrimonio all'italiana*).

Finalmente arrivò l'amore ° (*At Long Last Love*, Usa 1975, col, 118') Peter Bogdanovich. Con Burt Reynolds, Cybill Shepherd, Madeline Kahn, Duilio Del Prete, Eileen Brennan, John Hillerman. ◆ Un miliardario e un'ereditiera in bolletta (Reynolds e Shepherd), un'attricetta di rivista e un italoamericano con il vizio del gioco (Kahn e Del Prete) – e i domestici delle due coppie (Brennan e Hillerman) – sono i protagonisti di un complicato gioco sentimentale di gelosie e ripicche nei quartieri alti della New York anni Trenta. Civetterie e ammiccamenti tra nostalgia sincera e asettica cinefilia, nell'omaggio stilizzatissimo (e fallimentare) di Bogdanovich ai musical di Ginger Rogers e Fred Astaire. Ma la magia di quei film non si ricrea, nonostante le scenografie impeccabili di Lazlo Kovacs, i brani splendidi di Cole Porter (al solito distrutti nel doppiaggio italiano) e la buona volontà degli interpreti.

Finalmente domenica *** (*Vivement dimanche!*, Francia 1983, b/n, 111') François Truffaut. Con Fanny Ardant, Jean-Louis Trintignant, Caroline Sihol, Philippe Laudenbach, Jean-Pierre Kalfon, Jean-Louis Richard. ◆ La bella e innamorata segretaria Barbara (Ardant) viene in aiuto dell'agente immobiliare Julien Vercel (Trintignant), ingiustamente incolpato di un duplice omicidio. Ventunesima e ultima regia di Truffaut: una commedia investigativa divertente e raffinata, condotta da una magnifica Fanny Ardant, segretaria intrepida e volitiva, tutta energia e sex appeal, e illuminata dallo splendido bianco e nero di Nestor Almendros. Tratta dal romanzo di Charles Williams *Morire d'amore* (sceneggiato da Truffaut, Suzanne Schiffman e Jean Aurel), recupera clima, cadenze e stilemi del giallorosa hollywoodiano con ironia, sensibilità e gusto da cinéphile europeo, ma risulta godibile per chiunque grazie alla tipica naturalezza truffautiana, costantemente aliena da qualsiasi citazionismo esibizionista. Indimenticabile la scena in cui un modellino della Torre Eiffel diventa un improvvisato oggetto contundente.

Finalmente soli *½ (Italia 1997, col, 91') Umberto Marino. Con Giorgio Panariello, Marco Milano, Rocco Papaleo, Daniele Liotti, Patrizia Piccinini, Tosca D'Aquino, Domiziana Giordano, Gina Rovere, Manuela Arcuri. ◆ Buttati fuori casa dalle mogli, Sandro (Panariello) e Andrea (Milano) cercano di rifarsi una vita (e altre donne) con l'aiuto del calciatore Christian (Liotti), che di amanti ne ha troppe, e dell'amico Alberto (Papaleo), ossessionato dalla moglie che vuole un figlio. Dopo mezz'ora di buone intenzioni, confezione professionale (la fotografia è di Maurizio Calvesi) e battute quasi sopra la media, la sceneggiatura di Marino, Leo Benvenuti e Piero De Bernardi ricorre agli equivoci e alle beceraggini di sempre. E lo sguardo si fa inesorabilmente complice: i maschi sono ridicoli, ma le donne sono tutte zoccole.

Finché c'è guerra c'è speranza *½ (Italia 1974, col, 125') Alberto Sordi. Con Alberto Sordi, Silvia Monti, Alessandro Cutolo, Matilde Costa Giuffrida, Edy Faietta, Mauro Firmani, Fernando Daviddi, Eliana De Santis. ◆ Quando si scopre che Pietro Chiocca (Sordi) è un commerciante d'armi, i primi a disprezzarlo sono moglie (Monti) e figli, ma poi saranno proprio loro a non volere che cambi lavoro perché temono di perdere la conquistata ricchezza economica. Rozzo e un po' facilone nei suoi ragionamenti, ecco un altro italiano piccolo piccolo per la galleria di Sordi (che firma la sceneggiatura con Leo Benvenuti e Pietro De Bernardi), sicuramente più incisivo come attore che come regista, specie nelle sue ambizioni di grande fustigatore di costumi.

Finché dura siamo a galla *½ (*Captain Ron*, Usa 1992, col, 101') Thom Eberhardt. Con Kurt Russell, Martin Short, Mary Kay Place, Benjamin Salisbury, Meadow Sisto. ◆ Ricevuta in eredità una barca, un uomo d'affari di Chicago (Short) decide di solcare il mar dei Caraibi insieme alla famiglia. Il natante però è in pessime condizioni, e lo skipper piratesco assoldato, il Capitano Ron (Russell), non è molto pratico di navigazione. Peripezie a non finire, compreso un movimentato sbarco a Cuba. Una commediola senza pretese: la coppia Short-Russell se la cava come da copione, ma senza brillare più di quanto sia strettamente necessario. Il redivivo Paul Anka interpreta un venditore di barche.

Finders Keepers, Lovers Weepers! **½ (*Finders Keepers, Lovers Weepers!*, Usa 1968, col, 72') Russ Meyer. Con Ann Chapman, Paul Lockwood, Gordon Westcourt, Duncan McLeod, Robert Rudelson, Lavelle Roby, Jan Sinclair, Joey Duprez. ◆ Il padrone di un night (Lockwood), tradisce sua moglie Kelly (Chapman) con le ragazze del suo locale e per reazione Kelly accetta un posto di spogliarellista. Duro, claustrofobico, quasi interamente girato in un nightclub con attori che rimandano al cinema d'azione, il film è un omaggio dichiarato a Don Siegel, di cui riecheggia il gusto per la violenza smisurata fino all'irrealtà. Curioso l'uso metaforico del montaggio parallelo e delle musiche che accompagnano le scene di sesso (firmate dal suo abituale collaboratore Igo Kantor).

Fine del gioco, La * (*No Man's Land*, Usa 1987, col, 103') Peter Werner. Con Charlie Sheen, D.B. Sweeney, Randy Quaid, Lara Harris, Bill Duke. ◆ Infiltrato in un'officina che funge da copertura a una banda spietata di ladri di auto di lusso, un giovane poliziotto (Sheen) rimane affascinato da uno dei criminali, ne diventa intimo amico, si innamora della sorella; faticosamente, e a caro prezzo, sceglierà di agire per la legge. Un disastro di banalità psicologiche e convenzionalità disarmanti, malamente animate da qualche inseguimento spettacolare.

Fine della corsa ** (*Do Me a Favor*, Usa 1997, col, 104') Sondra Locke. Con Devon Gummersall, Rosanna Arquette, Peter Greene, George Dzundza, Cuba Gooding jr. ◆ Una rapinatrice (Arquette) in fuga dal suo socio violento (Greene) coinvolge un timido liceale (Gummersall) in un'avventura senza lieto fine. Scritto da Tag Mendillo e Timothy Albaugh, un piccolo noir *on the road*, con una malinconia di fondo azzeccata sugli eterni temi della noia della provincia, della tentazione della trasgressione e della maturazione dolorosa. Qualche lungaggine e l'incapacità di andare fino in fondo: la Locke torna alla regia dopo che l'ex fidanzato Clint Eastwood le ha sabotato la carriera. Purché non resti un'eterna promessa.

Fine della famiglia Quincey, La → *Io ho ucciso!*

Fine... della fine, La **½ (*The End*, Usa 1978, col, 100') Burt Reynolds. Con Burt Reynolds, Sally Field, Dom De Luise, Joanne Woodward, Kristy McNichol, Myrna Loy, Robby Benson. ◆ Avventure tragicomiche per un uomo (Reynolds) che scopre di avere pochi mesi di vita e, vista l'incomprensione dei congiunti, tenta ripetutamente il suicidio. Black comedy insolita per l'esordio di Reynolds alla regia, originale ma disordinata, animata dai dialoghi azzeccati di Jerry Belsom, e dalla performance crudelmente ironica di De Luise (solidale compagno di sventura di Reynolds in un manicomio dalla gestione alquanto grottesca).

Fine della notte, La **½ (Italia 1989, col, 90') Davide Ferrario. Con Claudio Bigagli, Dario Parisini, Alessandro Baldinotti, Albino Bignamini, John Sayles, Mario Valdemarin. ◆ Fra delitti e inseguimenti, la notte brava di due ragazzi di paese (Bigagli e Parisini) in cerca di emozioni forti. Malinconico e penetrante quadro di provincia, permeato da un senso di grettezza e oppressione che fa da sfondo ai gesti disperati dei due giovani. Ferrario, al suo esordio nel lungometraggio, dichiara il proprio amore per il cinema americano e dimostra di averne assimilato la lezione, soprattutto nel modo di riprendere il paesaggio e di metterlo in rapporto con i personaggi, ma si concede qualche tic autoriale di troppo. John Sayles, alfiere del cinema indipendente americano, interpreta la parte di uno stravagante meccanico.

Fine della signora Cheyney, La **½ (*The Last of Mrs. Cheyney*, Usa 1937, b/n, 98') Richard Boleslawsky. Con Joan Crawford, Robert Montgomery, William Powell, Frank Morgan. ◆ Un giovane lord (Montgomery) redime con l'amore un'affascinante ladra americana (Crawford) che frequenta l'alta società londinese per organizzare furti di gioielli. Tratto dalla commedia di Frederick Lonsdale è un remake scontato e poco convincente di *L'onestà della signora Cheney*, diretto nel 1929 da Sidney A. Franklin (con Norma Shearer e Basil Rathbone).

Fine della signora Wallace, La ** (*The Great Flamarion*, Usa 1945, b/n, 78') Anthony Mann. Con Erich von Stroheim, Mary Beth Hughes, Dan Duryea, Stephen Barclay. ◆ In un teatro di varietà una donna senza scrupoli (Hughes) circuisce il lanciatore di coltelli (von Stroheim) per convincerlo ad assassinare il marito durante l'esibizione e fuggire poi con l'amante. Dramma in flashback dal gusto vagamente espressionista, incisivo solo grazie all'intensità di Stroheim.

Fine dell'avventura, La ** (*The End of the Affair*, Gb 1955, b/n, 106') Edward Dmytryk. Con Deborah Kerr, Van Johnson, John Mills, Peter Cushing, Michael Goodliffe. ◆ Durante la seconda guerra mondiale, l'amore adulterino tra uno scrittore (Johnson) e la moglie (Kerr) di un suo amico è rotto da un voto religioso, che lei ha formulato nel corso di un bombardamento per chiedere a Dio la salvezza dell'amato. Molta della tensione religiosa del romanzo di Graham Greene (dove si lascia supporre che l'uomo sia vivo proprio per merito del voto) si perde in una trasposizione poco convincente sceneggiata da Lenore Coffee, con un Van Johnson poco convincente. Ma il film era stato pensato come una serie di flashback che dovevano incastrarsi tra loro, poi rimontati quasi tutti nel corretto ordine cronologico per volere della produzione.

Fine del mondo, La **½ (*The World, the Flesh and the Devil*, Usa 1959, b/n, 95') Ranald MacDougall. Con Harry Belafonte, Inger Stevens, Mel Ferrer. ◆ Quando esce da una miniera dove è stato intrappolato per cinque giorni, il nero Ralph Burton (Belafonte) scopre che un conflitto atomico ha spazzato via tutta l'umanità: trova soltanto due superstiti, la bionda Sarah (Stevens) e il bianco Ben (Ferrer), ma gelosia e razzismo riaccendono l'odio tra i due sopravvissuti. Curioso apologo contro l'assurdità dei tabù razziali fortemente voluto da Harry Belafonte e indicativo della fine delle atmosfere da guerra fredda. La sceneggiatura del regista, a partire dall'adattamento del romanzo *La nube purpurea* di Shiel fatto da Ferdinand Reyher, è abbastanza convenzionale (e infatti il mondo fantastico di Shiel sparisce del tutto), ma la fotografia di Harold Marzorati è di grande effetto, capace di trasformare le vie deserte di Manhattan in inquietanti canyon urbani. A sottolineare la speranza di rapporti umani finalmente diversi (e forse una nuova libertà sessuale: la donna non deve scegliere tra il bianco e il nero), il film non si conclude con la parola «Fine» ma con quella «Inizio».

Fine del mondo nel nostro solito letto in una notte piena di pioggia, La * (Italia 1978, col, 100') Lina Wertmüller. Con Giancarlo Giannini, Candice Bergen, Carlo Scarpetta, Anita Paltrinieri, Flora Carabella, Massimo Wertmüller, Vincenzo Vitale. ◆ Un soffertissimo massacro verbale per un matrimonio inesorabilmente in crisi come i propri ideali politici e sociali, tra un giornalista di sinistra (Giannini) e una fervente femminista americana (Bergen) incontrata dieci anni prima, durante una solennità religiosa in un paesino del Sud. Esasperato – ed esasperante – tentativo di affrontare una lacerazione esistenziale collettiva con le solite armi del grottesco e del surreale.

Fine di San Pietroburgo, La **½ (*Konec Sankt-Peterburga*, Urss 1927, b/n, 91') Vsevolod Pudovkin. Con Alexandr Čistjakov, Vera Baranovskaja, Ivan Čuvelev, A. Zemcova, S. Komarov. ◆ San Pietroburgo, 1914: un povero contadino (Čistjakov), al suo primo impiego in fabbrica, denuncia gli scioperanti provocandone l'arresto, ma poi capisce la gravità del gesto, aggredisce il padrone e finisce in carcere anche lui. Dalla prigione viene inviato al fronte, dove completa la sua educazione politica, e nell'ottobre del '17 partecipera all'assalto del Palazzo d'Inverno. Prodotto per festeggiare il decimo anniversario della rivoluzione d'ottobre e sceneggiato da Natan Žarkij, è il secondo capitolo di una ideale trilogia sulla presa di coscienza del proletariato (con *La madre* e *Tempeste sull'Asia*), che qui oltre al tema dell'educazione rivoluzionaria affronta in parallelo quello della trasformazione della città che porterà San Pietroburgo a diventare Leningrado, e che nell'ultima parte tende a perdere di vista la figura del protagonista. Pudovkin (che interpreta il ruolo di un ufficiale tedesco) sviluppa il suo stile epico-lirico attraverso una forte simbologia, non sempre lineare nei risultati (come l'identico scoppio, per la guerra e per la rivoluzione, di un obice che fa saltare un enorme mucchio di terra), mentre oggi ci appaiono molto più efficaci le sue scelte di montaggio (per esempio la frenetica scena alla Borsa, dove regna l'entusiasmo per il rialzo delle azioni, contrappuntata da flash sulla durissima vita al fronte). Celeberrime le sequenze finali della presa del Palazzo d'Inverno.

Fine è nota, La *½ (Italia/Francia 1993, col, 97') Cristina Comencini. Con Fabrizio Bentivoglio, Valérie Kaprisky, Corso Salani, Carlo Cecchi, Mariangela Melato, Valeria Moriconi, Daria Nicolodi, Valeria Milillo, Massimo Wertmüller. ◆ Uno sconosciuto (Salani) sceglie l'appartamento di un avvocato per buttarsi nel vuoto e uccidersi: il professionista (Bentivoglio) cerca di capire chi fosse e perché l'ha fatto e comincia a cercare nel mondo degli ex terroristi, tra l'Italia e Parigi, ma poi scoprirà che chi ne sa di più è la sua giovane moglie (Kaprisky). Trasportando l'ambientazione del bel romanzo di Geoffrey Holliday Hall dagli Usa del dopoguerra all'Italia degli anni Ottanta, la Comencini (cosceneggiatrice con Suso Cecchi d'Amico) disperde completamente il fascino dell'indagine sociopsicologica presente nel giallo scritto (la scoperta di un'America marginale che incrinava le certezze di quella ricca) per perdersi dietro i fumi dei nostri anni di piombo, descritti in maniera sfocata e generica.

Finestra della camera da letto, La **½ (*The Bedroom Window*, Usa 1987, col, 112') Curtis Hanson. Con Steve Guttenberg, Elizabeth McGovern, Isabelle Huppert, Paul Shenar, Carl Lumbly, Wallace Shawn. ◆ Per paura di uno scandalo, la ricca Sylvia (Huppert) convince il proprio amante Terry (Guttenberg) a tacere su uno stupro di cui sono stati involontari testimoni. Ma il colpevole sa di essere stato riconosciuto mentre la polizia si convince che lo stupratore sia proprio Terry. Un ottimo spunto iniziale e una conclusione un po' più prevedibile. Solida la regia di Hanson autore anche della sceneggiatura (ispirata a un romanzo di Anne Holden), brave le attrici: poteva essere un gioiellino, ma Guttenberg non ha la classe di Cary Grant.

Finestra di fronte, La → *Tuoi occhi bruciano, I*

Finestra nella notte, Una ** (*'Night, Mother*, Usa 1986, col, 96') Tom Moore. Con Sissy Spacek, Anne Bancroft, Ed Berke, Carol Robbins. ◆ Una madre (Bancroft) passa tutta la notte a convincere l'infelice figlia (Spacek) a non commettere un suicidio. Tratto dal dramma premio Pulitzer di Marsha Norman (che ha curato anche l'adattamento cinematografico), il film segue il confronto serrato delle due donne rivelando le profonde e intersecate tensioni sentimentali che le uniscono. Ma la bella prova delle due protagoniste non basta a far dimenticare l'origine teatrale del film.

Finestra socchiusa, La **½ (*The Window*, Usa 1949, b/n, 73') Ted Tetzlaff. Con Bobby Driscoll, Barbara Hale, Arthur Kennedy, Paul Stewart, Ruth Roman. ◆ Un bambino fantasioso, Tommy Woodry (Driscoll), non riesce a convincere i genitori di essere l'unico testimone di un delitto e deve difendersi da solo dalla caccia che gli dà la coppia di assassini. Tratto da un racconto di Cornell Woolrich (*The Boy Cried Murder*, sceneggiato da Mel Dinelli), è l'unico film noir che abbia come protagonista centrale un bambino: diretto con un buon ritmo e splendidamente fotografato (da William Steier) nei sobborghi di New York, è un piccolo gioiello da rivalutare, anche per merito della bella interpretazione di Bobby Driscoll e soprattutto dell'inquietante assassino interpretato da Paul Stewart.

Finestra sul cortile, La **** (*Rear Window*, Usa 1954, col, 112') Alfred Hitchcock. Con James Stewart, Grace Kelly, Thelma Ritter, Wendell Corey, Raymond Burr, Judith Evelyn, Ross Bagdasarian. ◆ Un fotoreporter (Stewart), costretto all'immobilità per la frattura di una gamba, passa il tempo spiando con il teleobiettivo i suoi dirimpettai. E con la collaborazione della fidanzata (Kelly) e dell'infermiera (Ritter) scopre che è stato commesso un assassinio. Tratto da un racconto di Cornell Woolrich, sceneggiato da John Michael Hayes, è un film-sfida: in un'unica scenografia, tutto è osservato dal punto di vista del protagonista (il che permette di leggere il film anche come una riflessione sul voyeurismo dello spettatore e più in generale del cinema). Prediletto dal regista (tranne che per la colonna sonora di Franz Waxman), è costruito su un calibratissimo mix di suspense, humour e acuta osservazione delle debolezze umane. Le modalità del delitto sono ispirate a due fatti di cronaca avvenuti in quel periodo in Inghilterra. Hitchcock si vede mentre sistema l'orologio nell'appartamento del musicista. Remake Tv nel 1998.

Finestra sul cortile, La *½ (*Rear Window*, Usa 1998, col, 80') Jeff Bleckner. Con Christopher Reeve, Darryl Hannah, Robert Forster, Ruben Santiago-Hudson, Anne Twomey. ◆ Completamente paralizzato dopo un incidente, l'architetto Jason Kemp (Reeve) riprende a lavorare in una casa high-tech e scopre l'hobby di spiare i vicini: ma quando si convince che uno scultore ha ucciso la propria compagna, nessuno gli crede. Tratto dal racconto di Cornell Woolrich che ha ispirato l'omonimo film di Hitchcock e scritto da Eric Overmyer e Larry Gross, un pubblicizzato tv-movie su misura per il suo sfortunato interprete (anche coproduttore), paralizzato veramente dal collo in giù. A parte le notazioni sociali pretestuose e un po' ipocrite («Hai idea di quanto costi essere disabile in questo Paese?»), Reeve ne esce dignitosamente, ma il film annacqua la suspense nell'esibizione di una miriade di gadget tecnologici e scivola in uno stucchevole lieto fine sentimental-sessuale in cui la bionda dice a Jason: «Cercheremo di usare un po' di creatività».

Finestra sul luna-park, La **½ (Italia/Francia 1957, b/n, 90') Luigi Comencini. Con Gastone Renzelli, Pierre Trabaud, Giancarlo Damiani, Giulia Rubini, Calina Classy, Giselda Mancinotti, Luigi Russo, Silvana Jachino, Primo Raschi. ◆ Tornato in occasione del funerale della moglie (Rubini) da un lungo periodo di lavoro in Africa, Aldo (Renzelli) scopre di essere una specie di estraneo per il figlio Mario (Damiani), legato invece da profondo affetto allo stracciarolo Righetto (Trabaud), che durante la sua assenza ha aiutato la famiglia. Sceneggiato dal regista con Suso Cecchi d'Amico e la collaborazione di Luciano Martino, in bell'equilibrio tra l'ambientazione realistica (una borgata romana) e tensione melodrammatica (i flashback nei quali è protagonista la moglie Ada), è un film volutamente sottotono, poco apprezzato alla sua uscita, e che invece dimostra l'originalità e il coraggio del regista nel cercare strade personali, lontane dai patetismi di un facile neorealismo e dagli ammiccamenti dell'incombente commedia all'italiana.

Fino a farti male * (*Adélaïde*, Francia/Italia 1968, col, 92') Jean-Daniel Simon. Con Jean Sorel, Ingrid Thulin, Sylvie Fennec, Jacques Portet, Joëlle Bernard, Faith Brook. ◆ Amante di una fresca vedova (Thulin), il giovane ingegnere Frédéric Cournault (Sorel) si innamora della figlia (Fennec), convinto di poter gestire la situazione. Invece finirà per diventare schiavo delle due donne che da nemiche in amore diventeranno complici. Adattamento freddo e calligrafico (firmato dal regista) di una novella di Arthur de Gobineau, dove la raffinatezza formale non diventa mai passione o erotismo.

Fino alla fine del mondo ° (*Bis ans Ende der Welt*, Rft/Francia/Australia 1991, col, 158') Wim Wenders. Con Solveig Dommartin, William Hurt, Sam Neill, Jeanne Moreau, Max von Sydow, Chick Ortega, Eddy Mitchell, Rüdiger Vogler, Allen Garfield, Lois Chiles, David Gulpilil. ◆ Trevor McPhee (Hurt) e Claire Tourneur (Dommartin) fuggono intorno al mondo per raccogliere immagini da portare nel deserto australiano: serviranno per cercare di ridare la «vista» a una madre cieca (Moreau), ma soprattutto per mettere a punto un procedimento capace di registrare i sogni. Confuso, e francamente noioso, road movie di un regista che vorrebbe riflettere sulla magia dei ricordi e il ruolo della parola in un mondo ossessionato dall'immagine e invece riesce solo a far rimpiangere i film che faceva negli anni Settanta. Ambientato nel 1999, con povertà d'immaginazione e cadute di gusto, presuntuoso (nel suo «progetto filosofico») e schematico nell'elementarità delle spiegazioni (l'istintività degli aborigeni, la sensibilità dei sessi, la «malattia» delle immagini video rispetto a quelle cinematografiche), il film risulta anche confuso sul piano della logica narrativa e della sceneggiatura (trascinatasi per quasi dieci anni). Disastrosa presenza, soprattutto come cosoggettista, della compagna del regista, Solveig Dommartin, che nel film si chiama Tourneur «perché è la traduzione francese di Wenders». Inutili i mesi e i miliardi spesi per rielaborare con l'alta definizione Sony le immagini dei sogni. E in questo guazzabuglio perde forza anche la bella colonna sonora (con canzoni originali di David Byrne, U2, Elvis Costello, Nick Cave, R.E.M., Peter Gabriel, Depeche Mode, Robbie Robertson). Da dimenticare.

Fino alla follia *½ (*A la folie*, Francia 1994, col, 98') Diane Kurys. Con Anne Parillaud, Béatrice Dalle, Patrick Aurignac, Bernard Verley, Alain Chabat, Jean-Claude De Goros. ◆ Da due anni, Alice (Parillaud) cerca di ricostruirsi una vita lontana dall'influenza della sorella Elsa (Dalle): i suoi quadri sono richiesti a New York e il suo uomo (Aurignac) ha appena deciso di trasferirsi da lei. Un giorno Elsa abbandona il marito e i figli per andare e trovarla: seguono sei giorni e sei notti di ricatti e d'inferno, durante i quali la vita e l'equilibrio mentale di Alice rischiano di saltare. Psicodramma ossessivo, esasperato e piuttosto greve: la Kurys continua a scavare nei bassifondi dei rapporti famigliari e personali, ma questa volta sembra aver letto troppi manuali di psicopatologia e non aver visto nemmeno un film di Bergman. Dalle-Parillaud è la coppia femminile più nevrotica e maledetta che si sia vista negli ultimi anni, ma il loro riconosciuto anticonformismo è soffocato dagli stereotipi e dalla prevedibilità. Colonna sonora di Michael Nyman.

Fino all'ultimo fuoco *½ (*Paoda shuang deng*, conosciuto anche col titolo inglese *Red Firecracker, Green Firecracker*, Hong Kong/Cina 1993, col, 115') He Ping. Con Ning Jing, Wu Gang, Zhao Xiaorui. ◆ In un paese sulle rive del Fiume Giallo, il pittore vagabondo Niu Bao (Wu) si innamora di Cai Chunzhi (Ning), proprietaria di una fabbrica di fuochi d'artificio che, dalla morte del padre, ha vissuto il ruolo di erede dimenticando la propria femminilità: ma il capo- amministratore (Zhao) si rode di gelosia. Tratto da un romanzo di Feng Jicai, è la prevedibile descrizione di un mondo claustrofobico in cui servi e padroni si sorvegliano a vicenda perché le tradizioni siano rispettate, e dove l'eros interviene come forza liberatoria. La regia, tuttavia, è troppo anonima e accademica per non rischiare il ridicolo nel finale mélo; ed è palese l'intenzione di sfruttare il successo di *Lanterne rosse*.

Fino all'ultimo respiro **** (*A Bout de souffle*, Francia 1960, b/n, 89') Jean-Luc Godard. Con Jean-Paul Belmondo, Jean Seberg, Daniel Boulanger, Jean-Pierre Melville, Jean-Luc Godard, Liliane David. ◆ Breve e burrascosa storia d'amore, a Parigi, fra l'omicida di un poliziotto (Belmondo) e una studentessa americana (Seberg), prima che lei si stufi e lo denunci. Il film-bandiera della Nouvelle Vague, il manifesto del cinema che piaceva ai giovani redattori dei *Cahiers du cinéma*: budget ridotto, pochi giorni di lavorazione, riprese effettuate lontano dagli studi e nelle strade, in mezzo alla gente, tanto amore per il poliziesco americano e per un linguaggio visivo lontano dai moduli classici, fatto di sguardi in macchina e di un montaggio sconnesso, di movimenti frenetici e di una narrazione dove è l'azione a essere funzionale ai personaggi e ai loro slanci, e non viceversa. A tanti anni di distanza, non ha perso nulla della sua carica espressiva. Né si può dimenticare, in questa gemma prodotta dal binomio Godard (alla sua prima regia di lungometraggio) e Truffaut (autore del soggetto), il contributo determinante di un Belmondo in stato di grazia nella parte del gangster nevrotico e umorale. Il regista Jean-Pierre Melville interpreta la parte di Parvulesco. Rifatto nel 1983 da Jim McBride (*All'ultimo respiro*).

Fino a prova contraria ** (*True Crime*, Usa 1999, col, 127') Clint Eastwood. Con Clint Eastwood, Isaiah Washington, James Woods, Denis Leary, Diane Venora, Lisa Gay Hamilton, Bernard Hill, Frances Fisher, Bernard Hill, Michael McKean, Anthony Zerbe, Laila Robins, Dina Ruiz. ◆ Al cinico giornalista del «Tribune» di Oakland Steve Everett (Eastwood) non importa niente della giustizia; ma quando intervista il condannato a morte Frank Beechum (Washington) capisce che si tratta di un innocente: e mancano solo poche ore all'iniezione letale. Larry Gross, Paul Brickman e Stephen Schiff adattano, con qualche faciloneria di troppo, il romanzo di Andrew Klavan. Eastwood regista si destreggia nella suspense dei tempi serrati e glissa con sobrietà su quasi tutte le scene madri: ma il tono cinico e pessimistico della prima parte, in cui cerca di andare contro la sua immagine abituale di attore, si ricompone in una visione del mondo pacata e fin troppo corretta, rispetto a quanto avevano abituato i suoi ultimi film. Kate, la piccola figlia di Everett, è la vera figlia di Eastwood, Francesca Fisher-Eastwood.

Finte bionde, Le * (Italia 1989, col, 92') Carlo Vanzina. Con Cinzia Bonfantini, Alessandra Casella, Licia Colò, Bruna Ferri, Francesca Reggiani, Sergio Vastano. ◆ Una decina di coppie di arricchiti smaniosi di ostentazione, ossessionati dalla prestanza esteriore, alla frenetica caccia di status symbol (la casa ai Parioli arredata dall'architetto, il domestico esotico, le vacanze a Cortina), presenzialisti e maniacali. Una galleria di macchiette e sketch insulsi allineati disordinatamente, una pretesa di satira sociale sui nuovi costumi italiani (dall'omonimo libro di Enrico Vanzina) in un instant-movie pessimamente recitato, vacuo e banale come la «tipologia» che pretende di mettere alla berlina.

Fiore delle mille e una notte, Il **½ (Italia/Francia 1974, col, 130') Pier Paolo Pasolini. Con Franco Merli, Ninetto Davoli, Ines Pellegrini, Franco Citti, Tessa Bouchè. ◆ Nell'antico Oriente, il giovane Nur-ed-Din (Merli) cerca l'amata Zumurrud (Pellegrini), rapita dai briganti, e la ritrova dopo varie disavventure sotto le spoglie maschili del re Sair. Ma la vicenda principale si intreccia con numerose altre storie, secondo la citazione-chiave («la verità non sta in un solo sogno, ma in molti sogni») presa da *Le mille e una notte*, la raccolta di novelle orientali rielaborata da Pasolini con l'aiuto di Dacia Maraini. Il tema che sta alla base di tutti gli episodi è la vittoria sui pregiudizi che rendono impossibili i rapporti d'amore, sia etero che omosessuali. Impostato e condotto come un film fantastico, l'ultimo capitolo della cosiddetta «trilogia della vita» (dopo *Il Decameron* e *I racconti di Canterbury*) non manca di risvolti politico-ideologici, ma essi sono ancora filtrati attraverso la cultura popolare, capace di tolleranza, di godimento gioioso, di sogni, una cultura destinata a soccombere quando il legame con il potere si fa diretto e senza scampo (come nel successivo *Salò*, primo e unico capitolo dell'antitetica «trilogia della morte»).

Fiore del mio segreto, Il ***½ (*La flor de mi secreto*, Spagna/Francia 1995, col, 107') Pedro Almodóvar. Con Marisa Paredes, Juan Echanove, Imanol Arias, Carmen Elías, Rossy de Palma, Chus Lampreave, Joaquin Cortés, Manuela Vargas, Kiti Manver, Gloria Muñoz. ◆ Fortunata scrittrice di romanzi rosa con lo pseudonimo di Amanda Gris, Leo Marcia (Paredes) è invece insoddisfatta della propria vita: il marito militare (Arias) è sempre lontano, la madre e la sorella (Lampreave e De Palma) la ossessionano, l'amica psicologa (Elías) non è poi così fidata. Forse la soluzione è accettare l'offerta di un giornalista del *Pais* (Echanove) di collaborare al quotidiano e cominciare stroncando i romanzi rosa di Amanda Gris... Almodóvar abbandona gli eccessi *camp* dei suoi film precedenti a favore di una scrittura asciutta ma piena di calore, capace di scavare dentro i desideri e i dubbi delle persone: fin dalla prima scena (un drammatico incontro tra due medici e la madre di un paziente che si rivela una ingannevole messa in scena) nessuno può, o ha il coraggio di essere veramente se stesso, dalla protagonista che vorrebbe raccontare i dolori della vita invece dei romanzi rosa fino alla domestica (Vargas) che «dimentica» la propria bravura come ballerina di flamenco insieme al figlio (Cortés). Ne esce una giostra della vita, dove i personaggi «sono descritti come persone credibili più che come parodiche figure di un teatro immaginario» [Aprà] e dove gli elementi tradizionali del suo cinema – lacrime, tradimenti, nevrosi, colori, geometrie, citazioni cinefile (dall'*Appartamento* a *Ricche e famose* all'abbraccio tra la folla di *Viaggio in Italia*) – sono utilizzati in funzione antinaturalistica.

Fiore d'equinozio → *Fiori d'equinozio*

Fiore di cactus ** (*Cactus Flower*, Usa 1969, col, 103') Gene Saks. Con Ingrid Bergman, Walter Matthau, Goldie Hawn, Jack Weston, Rick Lenz, Vito Scotti. ◆ Un dentista (Matthau), fermamente deciso a evitare le nozze con la giovane partner (Hawn), chiede alla gelida infermiera (Bergman) di fingersi sua moglie. Equivoci e tenerezze per una commedia brillante, gradevole ma non irresistibile, con Matthau fedele al suo consueto ruolo di burbero e un cast di tutto rispetto, su cui spicca la Hawn (premio Oscar come miglior attrice non protagonista nella sua prima parte di rilievo).

Fiore di carne ** (*Turks fruits*, Olanda 1973 col, 95') Paul Verhoeven. Con Monique Van De Ven, Rutger Hauer, Wim Van Den Brink. ◆ Un artista scanzonato e disinvolto (Hauer) è coinvolto in una storia matrimoniale intensa e contrastata da ostilità familiari, dalla stanchezza e dai tradimenti, che si trasformerà in una malattia. Un affresco spietato e fatalista, che rivela il talento visivo di Verhoeven destinato a manifestarsi soprattutto nella fantascienza high-tech delle successive produzioni americane.

Fiore e la violenza, Il *** (Italia 1962, b/n, 98') Michelangelo Antonioni, François Reichenbach, Jean Renoir. ◆ Film a episodi. In *Il delitto* (Michelangelo Antonioni. Con Peter Reynolds, Patrick Barr, Fay Compton) un mitomane decide di uccidere senza motivo una mondana vecchia e semideficiente; in *I marines* (François Reichenbach) si documenta la vita quotidiana delle reclute in caserma; in *La scampagnata* (Jean Renoir. Con Sylvia Bataille, Jane Marken, Gabriello [André Galopet], Georges Darnoux, Jacques Borel [Jacques B. Brunius]) una domenica d'estate del 1860, la gita domenicale permette alla giovane Henriette di incontrare colui che diventerà suo marito, Henri. Ibrida operazione commerciale con la firma del produttore Moris Ergas, questo film unisce, senza apparente ragione, il terzo episodio del film *I vinti* di Antonioni (il cosiddetto «episodio inglese», ritoltolato per l'occasione), un documentario di Reichenbach del 1958, diretto con vigore e passione, e il capolavoro incompiuto di Renoir (in originale *Partie de campagne*, girato nel 1936 e uscito in Francia nel 1946), fino ad allora rimasto inedito in Italia, infine programmato in Tv con il titolo *Una gita in campagna*; unica ragione, questa, per cui *Il fiore e la violenza* merita di essere ricordato.

Fiore nel deserto, Un *** (*Desert Bloom*, Usa 1986, col, 106') Eugene Corr. Con Jon Voight, JoBeth Williams, Ellen Barkin, Allen Garfield, Annabeth Gish. ◆ 1951: la storia di una famiglia allo sbando che vive nel Nevada, vicino al deserto dove si stanno preparando gli esperimenti atomici: la vivace figliastra (Gish) è in rotta con il patrigno alcolista (Voight), la madre (Williams) sopporta in silenzio il peso del ménage familiare e una cognata disinibita (Barkin) passa di delusione in delusione. Sceneggiato dal regista con Linda Remy, il film racconta le contraddizioni di un Paese attraverso i drammi privati di una micro-comunità, centro di relazioni sofferte, ossessioni, disperazioni, quotidianità e desideri di fuga, che culmineranno in un drammatico finale. Un film lento e disperante, realizzato con cura e recitato con intensità. Un'opera prima, prodotta con un finanziamento del Sundance Film Institute di Robert Redford.

Fiore selvaggio ** (*Driftwood*, Usa 1947, b/n, 90') Allan Dwan. Con Ruth Warrick, Walter Brennan, Natalie Wood, Dean Jagger, Charlotte Greenwood, Jerome Cowan, H.B. Warner, Margaret Hamilton. ◆ Una piccola orfanella (Wood), che provoca scompiglio e dissapori con la sua ostinazione a dire sempre e solo la verità, rischia la vita quando si ammala per un'epidemia infantile: la salverà il medico che l'ha adottata (Brennan), iniettandole il sangue di un cagnolino che era stato vaccinato per esperimento. Curiosa e commovente commedia dove gli accadimenti della storia (sceneggiata da Mary Loos e da suo marito Richard Sale) sono meno importanti dello spirito vagamente roussoiano che rivendica, coerentemente con certa ideologia americana del Paradiso perduto, la supremazia della natura sulla civiltà. Un tema che Dwan esprime «con una dolcezza intimista», stabilendo con la sua regia una relazione «molto stretta e molto familiare» tra intrigo e scenografia, come dimostrano le primissime scene, con quei carrelli prima avanti e poi indietro e che mettono in relazione la piccola bambina, le rovine di una chiesa e un vecchio (il nonno pastore) che non smette di pregare mentre sta morendo.

Fiori d'acciaio ** (*Steel Magnolias*, Usa 1989, col, 118') Herbert Ross. Con Shirley Mac-Laine, Sally Field, Dolly Parton, Daryl Hannah, Olympia Dukakis, Julia Roberts, Sam Shepard, Tom Skerritt, Dylan McDermott, Kevin J. O'Connor, Ann Wedgeworth. ◆ Sei donne del profondo Sud americano intrecciano le loro vite nel salone di una parrucchiera. Solida soap-opera cinematografica con qualche spruzzatina di salutare cinismo, che si appoggia quasi completamente sulle robuste spalle delle interpreti femminili, brave tanto negli assoli quanto nel gioco di squadra. Sceneggiatura di Robert Harling che rielabora la sua pièce e interpreta la parte del reverendo.

Fiori d'equinozio **½ (*Higanbana*, Giappone 1958, col, 110') Yasujiro Ozu. Con Shin Saburi, Kinuyo Tanaka, Ineko Arima, Keiji Sata, Chishu Ryu. ◆ Hirayama (Saburi) posa a uomo moderno solo se si tratta delle figlie degli altri: ma quando sua figlia Setsuko (Arima) gli chiede il permesso di sposare il ragazzo di cui è innamorata, si impunta. Le donne sapranno ricondurlo alla ragione. Adattando un romanzo di Ton Satomi, Ozu (che firma anche la sceneggiatura con Kogo Noda) ripropone, con toni di commedia leggera, il tema a lui caro del contrasto tra tradizione e tempi moderni, divertendosi a smontare un personaggio in apparenza autoritario ma in realtà ridicolo e facile vittima di innocenti inganni. Primo film a colori del regista, che usa i rimandi cromatici per costruire armonie e ritmi astratti, che scorrono paralleli a una vicenda improntata a una sorridente bonomia. Nell'edizione italiana in video è erroneamente intitolato *Fiore d'equinozio*.

Fiori di carta *** (*Kaagaz Ke Phool*, India 1959, b/n, 149') Guru Dutt. Con Guru Dutt, Waheeda Rehman, Baby Naaz, Johnny Walker, Mahesh Kaul, Minoo Mumtaz, Pratina Devi, Sulochana Devi. ◆ Osteggiato dalla moglie che non vuole fargli vedere la figlia, il regista Suresh Sinha (Dutt) si innamora di Shanti (Rehman), una sua scoperta che ha trasformato in attrice. Ma l'alcol e l'insuccesso del suo nuovo film lo fanno allontanare dal mondo del cinema e nemmeno Shanti, ormai diventata una star, riuscirà a ridargli la forza di vivere. Profetica riflessione sul ruolo dell'artista all'interno della società indiana sceneggiata da Albrar Alvi, questo melodramma, che non ebbe nessun successo, precipitò Dutt in una crisi personale da cui sarebbe uscito cinque anni più tardi solo suicidandosi. La tragica conclusione a 39 anni di una carriera molto promettente rende ancora più struggente il tema del film, in cui Dutt (nel doppio ruolo di regista e interprete principale) mette a confronto la purezza dell'arte e dell'amore con la brutalità del mondo reale. Ambientato negli anni Trenta e Quaranta, ai tempi d'oro degli studios indiani (e infatti il film che Suresh sta girando è in realtà una scena di *Devdas*, uno dei più grandi successi popolari del regista bengali Pramatesh Chandra Barua), *Fiori* *di carta* descrive il mondo del cinema come un universo senza pietà, che elimina senza nessun rimpianto tutti quelli che hanno cessato di essere utili. Costantemente alla ricerca di un modo personale di esprimersi pur all'interno dei rigidi schematismi del cinema hindi, Dutt non nasconde il suo debito verso quel mondo (il cui fascino viene amplificato dall'uso del CinemaScope – utilizzato qui per la prima volta in India – che permette inquadrature sempre strabordanti di macchine da presa, riflettori, materiali di scena), ma allo stesso modo ne sottolinea il lato artificiale e corruttore, perché – come ricorda il titolo – nel mondo del cinema gli unici fiori che crescono sono fiori di carta e la celebrità non può difenderti dall'ingratitudine.

Fiori di fuoco → *Hana-Bi – Fiori di fuoco*

Fiorile ° (Italia/Francia/Germania 1993, col, 118') Paolo e Vittorio Taviani. Con Galatea Ranzi, Claudio Bigagli, Chiara Caselli, Renato Carpentieri, Lino Capolicchio, Michael Vartan, Athina Cenci. ◆ Tra Settecento e Novecento, quattro momenti nella storia della famiglia Benedetti, che l'oro di Napoleone ha arricchito e dannato (tant'è che nel circondario li chiamano Maledetti). Al tempo di Napoleone, Elisabetta (Ranzi) ha visto l'amante Jean (Vartan), soldato francese, fucilato per colpa del fratello ladro; all'inizio del Novecento, Elisa (Ranzi) ha ucciso i due fratelli che ostacolavano il suo amore; nel 1945, Massimo (Vartan) ha fatto il partigiano, ma ora si è ritirato in solitudine; e oggi l'ultimo erede (Capolicchio), trasferitosi in Francia, porta moglie e figli a vedere la casa natale. Lezioncina sulle due anime della borghesia: quella libertaria e quella capitalista. Facile la morale, ma ancora più facile la confezione fatta per piacere a tutti: luccicante, neutra e patinata come quella di uno spot del Mulino Bianco. Tra i film più pleonastici del cinema italiano recente. Fiorile è il mese di maggio nel calendario rivoluzionario francese, e il soprannome che Jean dà a Elisabetta.

Fiorina la vacca ** (Italia 1972, col, 103') Vittorio De Sisti. Con Janet Agren, Felice Andreasi, Ewa Aulin, Mario Carotenuto, Rodolfo Baldini, Gastone Moschin. ◆ Padroni e contadini affamati, soldatacci e ruffiani, passioni e sopraffazioni nella campagna veneta del Cinquecento attraverso i passaggi di proprietà di una vacca, un tempo unica proprietà di uno sfortunato soldato di ventura. Un affresco vivace e colorito, sceneggiato dal regista e da Fabio Pittorru e liberamente ispirato al Ruzante, non esaltante ma senz'altro meno rozzo e trasandato della produzione «boccaccesca» del periodo.

Fiori nel fango ** (*Shockproof*, Usa 1949, b/n, 79') Douglas Sirk. Con Cornel Wilde, Patricia Knight, John Baragrey, Esther Minciotti, Howard St. John. ◆ Un poliziotto (Wilde) deve controllare che la (finta) bionda Jenny (Knight) righi dritto durante la libertà vigilata, ma poi se ne innamora. E quando lei spara al suo ex complice per proteggere il suo nuovo amore, anche l'integerrimo agente si fa coinvolgere dal cuore e insieme tentano una fuga disperata. Da un soggetto di Samuel Fuller sceneggiato insieme a Helen Deutsch, una specie di noir melodrammatico con qualche buono spunto (la difficoltà dei sentimenti quando non si trova lavoro, gli inumani formalismi della Legge) edulcorato dalla Columbia che impose un lieto fine. Molto datato, specie nel doppiaggio.

Fiori nella polvere *½ (*Blossoms in the Dust*, Usa 1941, col, 100') Mervyn LeRoy. Con Greer Garson, Walter Pidgeon, Felix Bressart, Marsha Hunt, Fay Holden. ◆ Texas, inizio Novecento: dopo il suicidio della sorellastra (una trovatella) e la morte del figlioletto e del marito, Edna Gladney (Garson) fonda tra mille difficoltà un orfanotrofio modello, e si batte perché venga abolito il marchio di «illegittimo» dai certificati di nascita; ma separarsi dai suoi piccoli è sempre un dramma. L'aggettivo «strappalacrime» sembra essere stato coniato per un film come questo, abbastanza cinico nell'accumulare disgrazie e abbastanza progressista (dopotutto sceneggia Anita Loos) da suscitare un minimo di simpatia. Attenzione, non è stato colorizzato: è il Technicolor dell'epoca (fotografano Karl Freund e W. Howard Greene).

Fiori nell'attico ** (*Flowers in the Attic*, Usa 1987, col, 95') Jeffrey Bloom. Con Louise Fletcher, Victoria Tennant, Marshall Colt, Nathan Davis, Alex Coba. ◆ Con la complicità della nonna (Fletcher), una madre (Tennant) segrega i suoi quattro ragazzini in una stanza della grande villa di campagna della famiglia, e complotta per eliminarli e ottenerne l'eredità. Tratto dall'omonimo bestseller di V.C. Andrews sceneggiato dal regista, è un incubo ricco di allusioni incestuose e ambiguità sadomaso, con un'ambientazione curatissima al confine del kitsch, che finisce per diventare eccessivo nella sua perversione e decisamente sgradevole.

Fire *½ (*Fire*, Canada/India 1996, col, 104') Deepa Mehta. Con Shabana Azmi, Nandita Das, Kulbushan Kharbanda, Jaaved Jaaferi, Ranjit Chowdhry. ◆ New Delhi: sposata per forza a un marito che la tradisce con una cinese, schiava della nuova famiglia, Sita (Das) trova la forza di ribellarsi amando un'altra vittima: la cognata Mundu (Azmi). Spaccato dell'India d'oggi, tra il peso delle tradizioni, l'eterna discriminazione delle donne, l'internazionalizzazione provinciale (cassette porno sottobanco e manifesti di Jackie Chan). Ma lo sguardo della regista-sceneggiatrice (emigrata in Canada) è sempre prevedibile e dimostrativo, corretto e leccato, a uso e consumo dello spettatore occidentale.

Fire and Ice – Fuoco e ghiaccio ** (*Fire and Ice*, Usa 1983, col, 81') Ralph Bakshi. ◆ Alla fine dell'ultima era glaciale, si consuma lo scontro tra il Regno del Ghiaccio, guidato dalla crudele regina Juliana e dal figlio Nekron, e la Terra del Fuoco, dove regna Jarol con la figlia Teegra e i coraggiosi guerrieri Larn e Darkwolf. Ispirato alle saghe a fumetti di Frank Frazetta, di Roy Thomas e Gerry Conway (oltre che ai romanzi di Edgar Rice Burroughs) questo film a cartoni animati cerca di aggiornare l'eterna lotta tra Male e Bene con i temi delle mitologie fantasy e un diffuso (anche se superficiale) spirito pacifista. Prevedibile, ma abbastanza spettacolare, l'avventura riesce a coinvolgere lo spettatore solo nella seconda parte.

Firefox – Volpe di fuoco *½ (*Firefox*, Usa 1982,

136') Clint Eastwood. Con Clint Eastwood, Freddie Jones, Klaus Löwitsch, Warren Clarke, Nigel Hawthorne. ◆ Il colonnello Gant (Eastwood), reduce del Vietnam coi nervi a pezzi, va in Russia a rubare un jet mirabolante, il Firefox, le cui armi rispondono a impulsi cerebrali. Delirio dell'epoca reaganiana, fiacco nel ritmo e mediocre negli effetti speciali. Più di un punto in comune con *Il sipario strappato* (anche Gant commette un omicidio cruento e poco giustificato), malgrado Eastwood non faccia nulla per rendere gli americani simpatici. Effetti speciali (mediocri) di John Dykstra, già collaboratore di *Guerre stellari*. Fu uno dei primi film a ispirare un videogioco.

First Strike ** (*Jingcha Gushi IV: Zhi Jiandan Renwu*, noto anche col titolo inglese *First Strike - Police Story 4*, Hong Kong 1996, col, 83') Stanley Tong. Con Jackie Chan, Annie Wu, Jackson Lou, Bill Tung. ◆ Da Hong Kong all'Australia passando per le nevi russe, l'ispettore Chan (da anni i personaggi di Jackie si chiamano come lui) impedisce che una scheggia impazzita della Cia venda un'atomica ai mafiosi russi. Al quarto episodio della serie di *Police Story* dopo *Supercop*, non si capisce se è un'imitazione o una parodia dei film di 007: di certo è mediamente più spettacolare e divertente. Inventive le sequenza con lo snowboard e la scala, ma imperdibile - anche per comicità - il kung fu sott'acqua in mezzo agli squali. Futile e molto professionale: la versione internazionale, rimontata qua e là, ha attecchito quasi ovunque, tranne che da noi.

Fischio al naso, Il ** (Italia 1967, col, 113') Ugo Tognazzi. Con Ugo Tognazzi, Olga Villi, Alicia Brandet, Franca Bettoja, Tina Louise, Gigi Ballista, Riccardo Garrone, Alessandro Quasimodo. ◆ All'apice della sua brillante carriera, l'industriale Giuseppe Inzerna (Tognazzi) scopre di avere il fastidioso difetto di emettere involontariamente un fischio dal naso. Ricoverato in una clinica di lusso, finirà per restarci prigioniero e lo spostamento di piano in piano, dal terreno al settimo, corrisponderà, inesorabilmente, a un aggravamento del male. Sei anni dopo *Il mantenuto*, Tognazzi tenta nuovamente la regia adattando il racconto *Sette piani* di Dino Buzzati, che sceneggia insieme a Giulio Scarnicci, Renzo Tarabusi e Alfredo Pigna. Peccato che le ambizioni di denuncia sociale contro la società dei consumi e la mercificazione della scienza, presenti nella grottesca metafora di Buzzati, non abbiano trovato un'adeguata realizzazione nel film, dove manca il coraggio di applicare fino in fondo l'acre umorismo nero alle cose drammatiche. La Bettoja, moglie di Tognazzi, qui interpreta l'amante che lo segue anche in clinica, il regista Marco Ferreri è il dottor Salamoia, mentre Gildo Tognazzi, padre di Ugo, fa Gerolamo Inzerna, padre di Giuseppe.

F.I.S.T. ** (*F.I.S.T.*, Usa 1978, col, 145') Norman Jewison. Con Sylvester Stallone, Rod Steiger, Peter Boyle, Melinda Dillon, Tony Lo Bianco. ◆ Un immigrato polacco, Jimmy Kovak (Stallone) fa carriera nel sindacato dei trasportatori convinto di poter sfruttare l'alleanza con la mafia per difendere gli interessi dei lavoratori. E quando l'inchiesta del senatore Andrew Madison (Steiger) lo inchioda alle sue responsabilità, la mafia lo uccide. Vigoroso ritratto del corrotto mondo sindacale americano che comincia con una bella ricostruzione degli scontri di Cleveland nel 1937 (anche per merito della fotografia di Laszlo Kovacs) ma finisce per scivolare nei soliti luoghi comuni sul Potere. Il titolo (che vuol dire anche «pugno») è l'acronimo di Federation of InterState Truckers, un nome fittizio che richiama il celebre sindacato dei camionisti Teamsters, guidato dal corrotto Jimmy Hoffa (anche se l'unidimensionalità recitativa di Stallone non riesce a facilitare l'identificazione con il personaggio storico). Il personaggio sarà ripreso da Jack Nicholson con più credibilità nel film *Hoffa* (1993) di Danny DeVito.

Fitzcarraldo **½ (*Fitzcarraldo*, Rft 1981, col, 158') Werner Herzog. Con Klaus Kinski, José Lewgoy, Claudia Cardinale, Miguel Angel Fuentes, Paul Hittscher, Peter Berling. ◆ Per cercare di portare l'opera lirica nel cuore dell'Amazzonia, a Iquitos dove è nato, l'avventuriero Carlos Firmin Fitzgerald, conosciuto come Fitzcarraldo (Kinski), sfiderà anche la natura, risalendo fiumi impetuosi, affrontando gli indios e con loro trascinando un battello oltre una montagna! Visionario e accademico nello stesso tempo, questo film è un altro sogno folle di Herzog, ormai incapace di scindere la storia dei suoi film dalla storia della loro realizzazione. Otto miliardi di lire investiti personalmente, tre anni di riprese per ripetere nelle stesse condizioni l'avventura di Fitzcarraldo, accuse di sfruttamento degli indios, ma soprattutto rischi vissuti in prima persona (come documenta con rara efficacia il documentario *Burden of Dream* di Les Blank) fanno di questo film squilibrato ma affascinante un nuovo capitolo della poesia dell'ossessione e della forza di volontà, estreme come il suo autore e i suoi eroi.

Fiume, Il **** (*The River*, India 1950, col, 99') Jean Renoir. Con Nora Swinburne, Esmond Knight, Arthur Shields, Radha Shri Ram, Adrienne Corri, Patricia Walters, Richard Foster. ◆ Sulla riva del Gange, nell'India coloniale, assistiamo alle feste, ai primi turbamenti amorosi e ai primi veri dolori di un'adolescente inglese (Walters) e delle sue due amiche (Shri Ram e Corri), ragazze molto diverse tra loro, ma tutte affascinate dallo stesso uomo (Shields). Tratto dal romanzo omonimo di Rumer Godden (cosceneggiatore con il regista) è la storia di un'iniziazione alla vita in un contesto dove natura e spiritualità vanno ancora d'accordo: chiusa la parentesi americana e prima del suo ritorno in Europa, Renoir visita l'India con occhi occidentali e fa il punto sulla sua carriera, aprendosi nuovi orizzonti narrativi, estetici e filosofici. Il racconto rievoca davvero l'immagine del fiume con un corso principale e innumerevoli affluenti, e il regista «spazia dall'intimità frammentata dell'individuo all'immenso equilibrio dell'universo, dove ogni parte trova la sua collocazione nel tutto». Stilisticamente non c'è frattura tra gli inserti documentaristici e le scene di finzione, come non esiste uno scarto tra la recitazione degli attori e quella dei non professionisti. Quanto alla fotografia di Claude Renoir, giocata sia sulle tinte pure dei tropici sia sulle sfumature cangianti dell'acqua del fiume, è un capolavoro che rende il miglior omaggio possibile al primo film a colori dello zio regista.

Fiume, Il **½ (*Heliu*, Taiwan 1997, col, 114') Tsai Ming-liang. Con Li Kangsheng, Miao Tien, Lu Xiaolin. ◆ Il giovane Hsiao Kang (Li), dopo aver fatto da comparsa in un film nella parte di un cadavere che galleggia nel fiume, contrae un inspiegabile dolore al collo. I genitori, che già non parlano con lui (né tra di loro), non sanno come reagire. E l'unico momento di vicinanza sarà quando padre (Miao) e figlio si incontreranno nell'oscurità di una sauna gay, senza riconoscersi fino alla fine. Il regista di *Vive l'amour* prosegue il suo discorso sull'incomunicabilità e la solitudine, presentando allo spettatore eventi senza spiegazione e senza dialoghi: con una radicalità dello sguardo anche affascinante, ma che non evita i simbolismi e una retorica di ritorno. Che qui rischia di cadere all'effettismo, così freddo e calcolato nella messa in scena dell'incesto, da non riuscire a essere un pugno nello stomaco. La cineasta hongkonghese Ann Hui interpreta la regista.

Fiume della paura, Il → *River Wild, The – Il fiume della paura*

Fiume dell'ira, Il ** (*The River*, Usa 1984, col, 122') Mark Rydell. Con Sissy Spacek, Mel Gibson, Scott Glenn, Shane Bailey, Don Hood. ◆ La strenua lotta di una famiglia contro il fiume, che costantemente minaccia la fattoria, e contro coloro che vorrebbero speculare acquistando le sue terre. Situazioni e atmosfera da film anni Trenta, prevedibili sin dalla prima inquadratura. Unico punto a favore, la fotografia di Vilmos Zsigmond.

Fiume di dollari, Un *½ (Italia 1966, col, 93') Lee W. Beaver [Carlo Lizzani]. Con Thomas Hunter, Henry Silva, Nando Gazzolo, Nicoletta Rangoni Machiavelli, Gianna Serra, Dan Duryea, Tiberio Mitri. ◆ Un bandito (Hunter) scopre che il suo socio (Gazzolo) non ha rispettato i patti e mentre lui era in prigione non si è occupato della famiglia di colui che era andato in galera per proteggerlo. Prodotto sulla scia del successo di *Per un pugno di dollari*, questo western all'italiana sfrutta i medesimi temi della vendetta e della violenza, ma non lo eguaglia nella regia e nell'atmosfera. Anche Morricone firma la musica con uno pseudonimo americano (Leo Nichols).

Fiume e la morte, Il → *Rive della morte, Le*

Fiume rosso, Il ***½ (*Red River*, Usa 1949, b/n, 126') Howard Hawks. Con John Wayne, Montgomery Clift, Joanne Dru, Walter Brennan, Coleen Gray, John Ireland. ◆ Alla fine della guerra di Secessione, Tom Dunson (Wayne) guida la propria mandria dal Texas verso il Missouri, attraverso la pista Chisholm e il fiume Rosso. Durante il viaggio il figlio adottivo Matthew (Clift) si ribellerà alla sua autorità e i due finiranno per affrontarsi in un combattimento selvaggio, una volta arrivati ad Abelene. Il primo western a pieno titolo di Hawks (dopo l'ibrido *La costa dei barbari*) prende spunto da un racconto di Borden Chase, che firma la sceneggiatura con Charles Schnee: il film descrive la vita quotidiana dei mandriani e lo scontro edipico tra padre e figlio ignorando molti luoghi comuni del genere, ma affrontando i grandi temi del western (l'itinerario, l'amicizia virile, la dignità, il fascino dell'individualismo, la morale professionale) presenti qui in una forma pura e perfetta. Una delle grandi interpretazioni di John Wayne, «duro, testardo, chiuso e forte, ma consapevole delle sue responsabilità di capo», mentre Clift, al suo secondo film, si conferma già grandissimo. Con la più grande partenza di una mandria mai filmata. Particina per Shelley Winters, una delle donne del convoglio.

Five Heartbeats, The ** (*The Five Heartbeats*, Usa 1991, col, 121') Robert Townsend. Con Robert Townsend, Michael Wright, Leon, Harry J. Lennix, Tico Wells, Diahann Carroll. ◆ Dal 1965 a oggi, l'ascesa e il declino di un gruppo di cinque cantanti neri, col solito corredo di manager senza scrupoli, problemi di droga, rivalità sentimentali, guai in famiglia (il padre predicatore caccia di casa il figlio canterino [Wells], che vent'anni dopo torna all'ovile per seguire le orme paterne). Dove Townsend dice qualcosa di nuovo, è nell'illustrare il merchandising della musica e le sue sottili ipocrisie: il leader Donald Matthews (Townsend), vedendo sulla copertina del suo primo disco una famigliola di bianchi, commenta: «Si sono mai visti cinque negri su un album di Elvis Presley?». Gradevole, ma fiacco in confronto agli esempi più recenti di cinema nero. La sceneggiatura è di Townsend e Keenan Ivory Wayans; la musica originale di Stanley Clarke.

Flagrant désir ** (*Flagrant désir*, Francia 1986, col, 118') Claude Faraldo. Con Sam Waterston, Marisa Berenson, Lauren Hutton, Bernard-Pierre Donnadieu, Anne Roussel, Arielle Dombasle. ◆ Un poliziotto americano (Waterston) indaga in terra francese sulla strana morte avvenuta in un castello. Clima torbido di corruzione e avidità in un interno con delitto di famiglia borghese. Un film asciutto sceneggiato dal regista, ben recitato, costruito con uno stile convenzionale ma efficace.

Flagrante adulterio *½ (*Life at the Top*, Gb 1965, b/n, 117') Ted Kotcheff. Con Laurence Harvey, Jean Simmons, Honor Blackman, Michael Craig, Donald Wolfit, Robert Morley. ◆ Dieci anni dopo aver sposato la ricca figlia (Simmons) di un britannico magnate della lana, la carriera di un rampante (Harvey) segna il passo sia sul terreno sentimentale che su quello politico-industriale. Seconda «puntata», un po' soporifera e confusa, del pluripremiato *La strada dei quartieri alti* di Jack Clayton, cui seguirà nel 1973 *Man at the Top* (di Mike Vardy), inedito in Italia. I momenti migliori sono i flashback dove si ricorda l'amore di Harvey per la Signoret.

Flamingo Kid *½ (*The Flamingo Kid*, Usa 1984, col, 100') Garry Marshall. Con Matt Dillon, Richard Crenna, Hector Elizondo, Jessica Walter, Carole R. Davis, Janet Jones. ◆ Per un ragazzotto di Brooklyn (Dillon) il sogno americano è diventare socio dell'esclusivo club dove lavora, il Flamingo Club: sedotto dal miraggio dei soldi facili che gli prospetta un cliente (Crenna), nonché dalle grazie della di lui nipote, molla studio e famiglia, per poi ravvedersi. Come dire: no all'escalation yuppie, sì a quella con il duro e onesto lavoro. Fragili sogni anni Sessanta sceneggiati dal regista e da Neal Marshall (nessuna parentela), con i pregi e i difetti di un film a misura del mito e delle acerbe capacità del giovane Dillon.

Flashback **½ (Italia 1968, col, 106') Raffaele Andreassi. Con Fred Robsham, Pilar Castel, Sandra Dal Sasso, Dada Gallotti, Gianni Cavina. ◆ Ritirata tedesca del '44 sulla linea gotica: un soldato tedesco (Robsham), lasciato come sentinella su un albero, viene dimenticato e comincia a riflettere sugli orrori della guerra che, all'improvviso, sembra essersi dissolta. Un film di inconsueto fascino figurativo e alta ispirazione morale, realizzato in piena autarchia da un documentarista-poeta appartato e grande amico del naïf Ligabue.

Flashback *½ (*Flashback*, Usa 1990, col, 105') Franco Amurri. Con Kiefer Sutherland, Dennis Hopper, Carol Kane, Cliff De Young, Michael McKean, Richard Masur. ◆ Ultima corvé per il giovane agente Fbi (Sutherland) che deve portare in galera un sovversivo (Hopper) che nei favolosi anni Sessanta aveva sbeffeggiato il vice presidente Spiro Agnew. Ma buon sangue non mente e presto l'inflessibile nipote dei fiori (i genitori avevano fondato una comunità hippie) solidarizza con il vecchio contestatore. Prima prova completamente americana del regista di *Da grande*: gradevole e liberal, ma poco originale.

Flashdance ** (*Flashdance*, Usa 1983, col, 96') Adrian Lyne. Con Jennifer Beals, Michael Nouri, Lilia Skala, Sunny Johnson, Belinda Bauer. ◆ Una bella operaia di Pittsburgh (Beals) vuole diventare ballerina ed essere ammessa a una scuola di danza: supererà l'esame (e conquisterà l'amore) lavorando duramente per realizzare il suo sogno. Aggiornamento musicale della favola di Cenerentola sceneggiato da Tom Hedley e Joe Eszterhas: il film è sostanzialmente un lungo video musicale girato con lo stile falso e coloratissimo della pubblicità, vertiginoso nel montaggio e ossessivo nella musica. Oscar per la canzone del titolo a Giorgio Moroder, Irene Cara e Keith Forsey. Per girare i primi piani delle gambe che ballano, Jennifer Beals è stata doppiata da Marine Jahan.

Flash Gordon ** (*Spaceship to the Unknown*, Usa 1936, b/n, 97') Frederick Stephani. Con Larry «Buster» Crabbe, Jean Rogers, Charles Middleton, Frank Shannon, Priscilla Lawson, Richard Alexander. ◆ Flash Gordon (Crabbe), la bella Dale Arden (Rogers) e il dottor Zarkov (Shannon) raggiungono con un razzo il pianeta Mongo, che minaccia di entrare in collisione con la Terra, dove ingaggiano una lotta mortale con il perfido imperatore Ming (Middleton). Versione condensata del primo serial ispirato al personaggio disegnato da Alex Raymond (che seguì personalmente le riprese): nonostante sia evidentemente invecchiato, bisogna ammettere che le capacità inventive del regista, che collaborò eccezionalmente anche alla sceneggiatura, sono ancora straordinarie e spiegano l'incredibile successo di pubblico che ebbe ai tempi. Flash Gordon è il protagonista anche dei seguenti *The Deadly Ray From Mars* (1938 di Ford Beebe e Robert Hill, versione condensata del secondo serial Universal sempre con «Buster» Crabbe) inedito in Italia; *Flash Gordon* (1940, che deriva dalla terza serie Universal); *Flesh Gordon* (1974, che ne tenta una versione erotica) e la megaproduzione De Laurentiis *Flash Gordon* (1980).

Flash Gordon *½ (*Purple Death From Outer Space*, Usa 1940, b/n, 87') Ford Beebe, Ray Taylor. Con Larry «Buster» Crabbe, Carol Hughes, Charles Middleton, Frank Shannon, Anne Gwynne, Roland Drew. ◆ Per combattere l'epidemia di peste della Morte Purpurea che sta intossicando la Terra, Flash Gordon (Crabbe), Dale Arden (Hughes, che ha preso il posto di Jean Rogers) e il dottor Zarkov (Shannon) stringono alleanza con il principe Barin e attaccano la città dove regna il responsabile dell'avvelenamento, il terribile Ming (Middleton). Versione condensata della terza serie Universal, intitolata *Flash Gordon Conquers the Universe*: le avventure ispirate al personaggio inventato da Alex Raymond possono sfoggiare ancora una certa fantasia nei costumi e nelle scenografie, ma appaiono stanche sul piano dell'invenzione narrativa. Per le scene sul pianeta Frigia, vennero usate alcune sequenze tratte dal film *La tragedia di Pizzo Palù* (1930) di Pabst.

Flash Gordon (di Michael Benveniste e Howard Ziehm) → *Flesh Gordon*

Flash Gordon ** (*Flash Gordon*, Usa 1980, col, 100') Mike Hodges. Con Sam J. Jones, Melody Anderson, [Chaim] Topol, Max von Sydow, Ornella Muti, Timothy Dalton, Mariangela Melato, Brian Blessed, Peter Wyngarde. ◆ Lo scienziato Zarro (Topol) convince Flash Gordon (Jones) e Dale Arden (Anderson) a partire con lui per il pianeta Mongo, dove regna lo spietato Ming (von Sydow) che vuole dirottare la Luna per distruggere la Terra: con l'aiuto della figlia di Ming, Aura (Muti) e l'alleanza degli Uomini Albero e degli Uomini Falco, i nostri eroi riusciranno a sconfiggere Ming. Costato 18 milioni di dollari (all'epoca un record), questa quinta versione delle avventure del personaggio inventato da Alex Raymond è prima di tutto un film del suo produttore, Dino De Laurentiis, che con la collaborazione dello scenografo Danilo Donati ha amplificato le invenzioni fantastiche del fumetto, creando nuovi personaggi, come il metallico Klytus (Wyngarde) e la perfida Kala (Melato). Ma alla fantasia visiva non corrisponde un'adeguata sceneggiatura (di Lorenzo Semple jr adattata da Michael Allin) e la regia a volte è frettolosa e approssimativa, anche se ritmata dall'ottima colonna sonora dei Queen del compianto Freddy Mercury. Da dimenticare certe libertà della traduzione italiana, che mette in bocca ai personaggi battute sugli scioperi o Mike Bongiorno. In originale dura 110'.

Flashpoint *½ (*Flashpoint*, Usa 1984, col, 94') William Tannen. Con Kris Kristofferson, Treat Williams, Rip Torn, Tess Harper, Kevin Conway. ◆ Due agenti texani (Kristofferson e Williams) trovano nel deserto un cadavere con un invitante malloppo in dollari. Ci farebbero un pensierino se la vicenda non fosse in qualche modo legata all'assassinio del presidente Kennedy. Congetture fantapolitiche pre-*JFK*, amicizia virile e western contemporaneo, in un intrigo mal congegnato, con colonna sonora dei teutonici Tangerine Dream.

Flauto magico, Il ***½ (*Troll flöjten*, Svezia 1974, col, 135') Ingmar Bergman. Con Josef Köstlinger, Irma Urrila, Håkan Hagegard, Elisabeth Eriksson, Ulrik Cold, Birgit Nordin, Ragnar Ulfung. ◆ Il principe Tamino (Köstlinger), innamorato di Pamina (Urrila), per avere la giovane ed entrare nel Regno della Luce, deve superare, armato del suo flauto magico, le tre prove del silenzio, dell'acqua e del fuoco. Stupefacente film-opera sulla partitura mozartiana prodotto per la televisione svedese, che – pur rimanendo fedele al testo – si trasforma in una summa delle tematiche bergmaniane: il gusto dell'ignoto e dell'inesprimibile, gli intrighi della vita, lo stupore per lo spettacolo, la malinconia anche nei giochi d'amore. Un unicum non solo nella filmografia del regista (che sognava di mettere in scena *Il flauto magico* da più di vent'anni), ma anche nella storia del genere, e per questo osannato sia dai critici cinematografici che da quelli musicali: il segreto della riuscita è nello straordinario equilibrio tra musica, teatro e cinema, tre arti riunite all'insegna di una rappresentazione intima, giocosa e sensuale, cosciente di essere pura creazione (alla fine di ogni scena appaiono inquadrature di giovani spettatori) e capace di fare di ogni necessità virtù (come nel caso dei «sottotitoli» inseriti direttamente nell'azione mediante cartelli portati dagli stessi personaggi). Da notare la «bergmanizzazione» del personaggio femminile: Pamina non è più una semplice principessa delle favole, ma una donna che entra nel Regno delle Tenebre a testa alta e a occhi aperti, con il coraggio di affrontare la realtà e di cambiare tipico delle figure femminili raccontate dal regista svedese. La fotografia è di Sven Nykvist. La musica è eseguita dall'orchestra della radio svedese diretta da Eric Ericson.

Flauto magico, Il *** (Italia 1978, col, 54') Giulio Gianini, Emanuele Luzzati. ◆ La storia dell'amore del principe Tamino per la bella Pamina e delle prove che deve superare per entrare nel Regno della Luce. Affascinante versione a disegni animati dell'opera di Mozart, dove Luzzati recupera il lavoro fatto come scenografo per l'edizione teatrale diretta da Franco Enriquez al festival di Glyndebourne nel 1963. La trama permette ai due autori di utilizzare al meglio la tradizione del teatro come «macchina magica» (sipari, scene che ruotano, burattini, immagini fisse, luci, ombre, silhouette) vivificata da una sensibilità coloristica sorprendente. Uno dei vertici del disegno animato italiano.

Flavia la monaca musulmana * (Italia 1974, col, 100') Gianfranco Mingozzi. Con Florinda Bolkan, Maria Casares, Claudio Cassinelli, Spiros Focas, Diego Michelotti, Raika Juri. ◆ La donna in questione (Bolkan), monaca per forza nella Puglia di fine Quattrocento, insofferente verso ogni imposizione e ipocrisia, passa dalla parte dei musulmani ai tempi della ferocissima strage di Otranto. Fra stupri, sodomizzazioni e macelleria varia, il regista mette in bocca alla protagonista anacronistiche affermazioni da femminismo anni Settanta, mimando con scarsi risultati il taglio «eccessivo» dei *Diavoli* di Ken Russell.

Flesh *** (*Flesh*, Usa 1968, col, 105') Paul Morrissey. Con Joe Dallesandro, Geraldine Smith, Patti D'Arbanville, Gerri Miller, Candy Darling, Jackie Curtis, Louis Waldon. ◆ La giornata di un marchettaro newyorkese (Dallesandro), che mantiene la moglie (lesbica) e il figlioletto. Incontra varia umanità (uno scultore pederasta e logorroico, dei travestiti, dei colleghi) e si lascia usare con la massima indifferenza. Primo film col marchio di Andy Warhol a godere di una distribuzione normale, mescola improvvisazione e finzione con uno stile grezzo che nessuno è mai riuscito a imitare. Sorprendentemente vitale e spiritoso, ha lanciato il non-attore Joe Dallesandro, corpo senz'anima dal fascino magnetico. Il doppiaggio italiano (posteriore di dieci anni) è curato, con intelligenza, da Alberto Arbasino.

Flesh Gordon *½ (*Flesh Gordon*, Usa 1974, col, 90') Michael Benveniste, Howard Ziehm. Con Jason Williams, Suzanne Fields, Joseph Hudgins, William Hunt, John Hoyt. ◆ Flesh Gordon (Williams), la sua amichetta Dale Arden (Fields) e lo scienziato Vaffa (Hudgins) volano con un'astronave a forma fallica sul pianeta Porno da dove il terribile Wang (Hunt) bombarda la Terra con raggi che trasformano le persone in assatanati sessuali: caduti nelle sue mani, devono sopportare ogni tipo di prova prima di sconfiggerlo con l'aiuto del principe Prila. Prodotto da uno dei grandi registi dell'hardcore americano, William Osco, vorrebbe essere una satira irriverente del personaggio inventato da Alex Raymond, ma l'umorismo scivola ben presto nel peggior spirito goliardico. Il doppiaggio italiano, poi, accentua la già evidente volgarità del progetto.

Fletch – Cronista d'assalto * (*Fletch Lives*, Usa 1989, col, 95') Michael Ritchie. Con Chevy Chase, Hal Holbrook, Julianne Phillips, R. Lee Ermey, Richard Libertini. ◆ Seconda avventura (dopo *Fletch – Un colpo in prima pagina*) del giornalista trasformista Fletch (Chase) che, ereditata in Louisiana una proprietà in patetiche condizioni, si trova coinvolto nell'omicidio dell'esecutrice testamentaria e minacciato da una congiura per soffiargli la tenuta. Su una sceneggiatura di Leon Capetanos, Chevy Chase ce la mette tutta, dando fondo al suo campionario di tic, travestimenti e mossette alla Jerry Lewis. Purtroppo per lui, ridono solo gli americani.

Fletch – Un colpo da prima pagina *½ (*Fletch*, Usa 1985, col, 96') Michael Ritchie. Con Chevy Chase, Joe Don Baker, Dana Wheeler-Nicholson, Richard Libertini, Tim Matheson, Geena Davis. ◆ Un giornalista (Chase) indaga sulla torbida vicenda del marito di una riccona che assolda un tossicomane per simulare il proprio omicidio e sparire dalla circolazione. Altalena di noia e divertimento in un film sceneggiato da Andrew Bergman (da un romanzo di Gregory McDonald) e danneggiato dall'intraducibilità di molte battute di Chase ma comunque sintomatico dell'esaurirsi della spinta propulsiva del filone demenziale nato dal *Saturday Night Live!* Seguito da *Fletch – Cronista d'assalto*.

Flicka ** (*My Friend Flicka*, Usa 1943, col, 89') Harold Schuster. Con Roddy McDowall, Preston Foster, Rita Johnson, James Bell, Jeff Corey. ◆ Per educare il figlio (McDowall) alla responsabilità, un allevatore gli regala la puledra Flicka, nata da una cavalla bizzosa e indomabile: a furia di pazienza e impegno, il ragazzo riuscirà a farsi amica la cavalla, che salverà l'allevatore da una morte certa, avvertendolo della presenza di un puma. Il tipico melodramma «educativo» dove Hollywood spiegava al suo pubblico che il sacrificio e la dedizione aiutano a superare qualsiasi ostacolo. Tratto dal romanzo di Mary O'Hara e sceneggiato da Lillie Hayward e Francis Edwards Faragoh, il film non evita i ricatti di uno sdolcinato moralismo (anche se non in dosi massicce), ma si fa ancora ammirare per certe riprese di cavalli selvaggi filmati in «un technicolor variopinto e spumeggiante» da Natalie Kalmus. C'è anche il cane Lassie. Seguìto da *Il figlio del fulmine* (1945) e dall'inedito in Italia *Green Grass of Wyoming* (1948), entrambi di Louis King.

Flic Story ** (*Flic Story*, Francia 1975, col, 110') Jacques Deray. Con Alain Delon, Jean-Louis Trintignant, Renato Salvatori, Adolfo Lastretti, Claudine Auger. ◆ L'ispettore Borniche (Delon) dà la caccia a un evaso (Trintignant) che lascia dietro di sé cadaveri su cadaveri. Girato con mestiere ma senza colpi d'ala dal regista di *Borsalino*, il film ha i suoi momenti migliori nell'ambiguo rapporto fra poliziotto e malvivente. La vicenda è tratta dal racconto autobiografico di Roger Borniche, famoso ispettore della Sûreté parigina, sceneggiato da Alphonse Bondard e Deray.

Flintstones, I *½ (*The Flintstones*, Usa 1994, col, 92') Brian Levant. Con John Goodman, Rick Moranis, Elizabeth Perkins, Rosie O'Donnell, Kyle MacLachlan, Halle Berry, Elizabeth Taylor. ◆ A Bedrock B.C., Barney (Moranis) aiuta Fred (Goodman) a superare l'esame per un posto di vice-manager alla cava di pietra dove lavorano come operai. Ma, una volta ottenuta la nomina, Fred dimentica l'amico e si monta la testa, irretito dal capo (MacLachlan) e dalla segretaria (Berry), che in realtà sono due imbroglioni. Uno strazio questi Antenati in carne e ossa (pare che si siano messi in trenta per sceneggiare i cartoons di Hanna & Barbera, ma sono accreditati in tre: Steven de Souza, Tom S. Parker e Jim Jennewein), divi dell'età della pietra omaggiati con effetti speciali superiori a quelli di *Jurassic Park*. A parte il parallelismo spicciolo tra paleolitico e contemporaneità (evidente nella segnaletica – gli hamburger RocDonald's, il film *Tar Wars* [invece di Star Wars] – e nello yuppismo beota del protagonista), non c'è granché in questa storia prodotta da «Steven Spielrock» (cioè la Amblin di Spielberg) che si rivela un puro pretesto per sperimentare, con successo, l'uso di tecniche diverse (animazione con pupazzi provenienti tutti dal laboratorio di Jim Henson, scenografie reali e grafica computeristica). Al film partecipa il gruppo rock B-52, ribattezzato BC-52 (Before Christ, avanti Cristo). Enorme successo al botteghino preparato da mesi di accurato e costosissimo merchandising (cento milioni di dollari).

Flippaut **½ (*Get Crazy*, Usa 1983, col, 92') Allan Arkush. Con Daniel Stern, Malcolm McDowell, Allen Goorwitz [Garfield], Gail Edwards, Miles Chapin, Ed Begley jr, Bill Henderson. ◆ La difficile e confusa organizzazione di un concerto a New York (nel mitico locale rock Fillmore East) come pretesto per sketch, trovate e numeri musicali: tra i tanti, un imperdibile autoironico Lou Reed che fa il verso a Bob Dylan e Malcolm McDowell che scimmiotta Mick Jagger. Chiassoso e straripante su una sceneggiatura simpaticamente demenziale di Danny Opatoshu, Henry Rosenbaum e David Taylor.

Flipper *½ (*Flipper*, Usa 1996, col, 96') Alan Shapiro. Con Paul Hogan, Elijah Wood, Chelsea Field, Isaac Hayes, Jessica Wesson. ◆ Florida: durante le vacanze con lo scapestrato zio Porter (Hogan), il quattordicenne Sandy Ricks (Wood) diventa amico di un delfino e di una sua coetanea (Wesson), e col loro aiuto smaschera un malvagio inquinatore. Zuccheroso remake del film *Il mio amico delfino* del 1963 (che aveva dato origine a una serie tv) e tentativo di rilanciare il protagonista di *Mr. Crocodile Dundee*, con un occhio al successo di *Free Willy*: buoni sentimenti ecologici, quindi, e abbozzi di melodramma familiare a lieto fine. Nei dialoghi si citano spesso i Red Hot Chili Peppers, ma il gruppo più giovane che si sente in colonna sonora sono Crosby, Stills e Nash.

Flipper contro i pirati *½ (*Flipper's New Adventure*, Usa 1964, col, 103') Leon Benson. Con Luke Halpin, Pamela Franklin, Helen Cherry, Tom Helmore, Brian Kelly, Francesca Annis. ◆ Il successo di *Il mio amico delfino* spinge la Mgm a girare un sequel: questa volta Flipper e il suo piccolo amico Sandy (Halpin) salvano addirittura da un ricatto una ricca famiglia di turisti britannici. Inoffensivo e zuccheroso come solo a Hollywood sanno fare. Per ingannare il tempo prima dell'inevitabile lieto fine ci si può consolare con le belle riprese subacquee fatte al largo della Florida.

Flirt *½ (Italia 1983, col, 95') Roberto Russo. Con Monica Vitti, Jean-Luc Bideau, Alessandro Haber, Eros Pagni, Giacomo Piperno, Monica Pariante, Marina Confalone, Deddi Savagnone. ◆ La stanca routine di una coppia di mezza età è movimentata dall'amante immaginaria che l'uomo (Bideau) si inventa. Un film sopravvalutato, frammentario e di taglio televisivo, nonostante il collaudato mestiere della Vitti (collaboratrice a soggetto e sceneggiatura e diretta dal suo compagno di vita). Da segnalare l'esordio alla colonna sonora di Francesco De Gregori con la sua *Donna cannone*.

Flirt (New York-Berlino-Tokyo) *½ (*Flirt*, Usa/Germania/Giappone 1995, col, 83') Hal Hartley. Film a episodi. ◆ In *New York, febbraio 1993* (con Bill Sage, Parker Posey, Martin Donovan) Bill deve decidere del suo futuro con Emily ma finisce per innamorarsi della moglie di Walter; in *Berlino, ottobre 1994* (con Dwight Ewell, Dominik Bender, Geno Lechner, Elina Löwensohn) anche Dwight deve una risposta al fidanzato Johan, e invece intreccia una storia con un pittore sposato; in *Tokyo, marzo 1995* (con Miho Nikaidoh, Toshizo Fujisawa, Chikako Hara, Hal Hartley) Miho, ballerina di butoh, ha una relazione con un regista americano, ma è attratta anche dal suo maestro di danza, Ozu (Fujisawa), sposato a un'altra ballerina (Hara). In tutti e tre gli episodi c'è una pistola che, come vuole la regola della drammaturgia, a un certo punto spara. Hartley ormai rifà instancabilmente se stesso, convinto che la filosofia, la stilizzazione e la fede nell'«autorialità» siano sufficienti a proteggerlo dal manierismo e dal demonio del cinema commerciale. Lasciate perdere le spiegazioni a latere (la precarietà dei sentimenti, la tentazione e la casualità della violenza, i dilemmi del linguaggio, i corsi, i ricorsi, i percorsi): *Flirt* è solo il saggio di un regista americano che ha visto troppo cinema di Godard senza capirlo e che proclama un patetico «Vade retro Hollywood» con un coro di operai che disquisiscono dialetticamente in tedesco.

Flirting *½ (*Flirting*, Australia 1989, col, 99') John Duigan. Con Noah Taylor, Nicole Kidman, Thandie Newton, Bartholomew Rose. ◆ Australia, 1965: Danny (Taylor), preso in giro dai ragazzi del St. Alban College per le sue origini umili, si innamora di Thandiwe (Newton), una ragazza dell'Uganda figlia di un professore in esilio. Riti di passaggio, ribellioni contro il razzismo e l'ipocrisia, amori impossibili: una miscela già vista, che parte con le migliori intenzioni, e finisce nel più convenzionale dei modi. Duigan è anche autore della sceneggiatura.

Florida Straits * (*Florida Straits*, Usa 1986, col, 97') Mike Hodges. Con Raul Julia, Fred Ward, Daniel Jenkins, Jamie Sanchez, Victor Argo, Antonio Fargas. ◆ Un trio male assortito di avventurieri arriva a Cuba sulle tracce di un tesoro sepolto nella giungla anni prima, durante il tentativo d'invasione della Baia dei Porci. L'ambientazione e il riferimento a uno dei momenti di massima tensione internazionale degli anni Sessanta sono puro pretesto per un convenzionale e pressoché inutile tv-movie.

Flubber - Un professore tra le nuvole ** (*Flubber*, Usa 1997, col, 90') Les Mayfield. Con Robin Williams, Marcia Gay Harden, Raymond J. Berry, Christopher McDonald, Clancy Brown, Ted Levine, Wil Wheaton, Edie McClurg. ◆ Per mettere a punto il «flubber» (incrocio tra *flying* e *rubber*), una gomma che fa volare ogni cosa a cui viene applicata, il professor Brainard (Williams) si dimentica per la terza volta che Sara (Gay Harden) lo sta aspettando in chiesa per il matrimonio: ci vorrà l'intervento della donna-robot Weebo, altra stravagante invenzione del professore, per riunire la coppia e salvare il flubber dalle mani di una banda di criminali. Remake di un'altra produzione Disney (*Un professore tra le nuvole*, 1961), inutilmente complicato dagli sceneggiatori Bill Walsh e John Hughes che trasformano il protagonista in una specie di Peter Pan autorecluso dentro un laboratorio-stanza dei giocattoli. La partita di basket «modificata» con il flubber, comunque, è molto divertente, e la memoria cine-televisiva (soprattutto Disney) di Weebo sintetizza con affetto e ambiguità il «lavaggio del cervello» operato dall'uso delle immagini. Nancy Olsen, protagonista della versione del 1961, appare brevemente nei panni di una segretaria.

Fluido che uccide, Il *½ (*The Blob*, Usa 1988, col, 92') Chuck [Charles] Russell. Con Shawnee Smith, Kevin Dillon, Donovan Leitch, Jeffrey DeMunn, Candy Clark, Joe Seneca, Art La Fleur. ◆ Un giovanotto ribelle (Dillon, fratello di Matt) e la sua ragazza (Smith) combattono contro la schifosa gelatina color fragola che dilaga nella provincia americana, divorando quel che le capita a tiro. Fiacco remake di *Fluido mortale*: brividi da guerra fredda, panico collettivo ed effetti speciali volutamente retrò, all'insegna della nostalgia per gli happy days degli anni Cinquanta.

Fluido mortale ** (*The Blob*, Usa 1958, col, 86') Irvin S. Yeaworth jr. Con Steve Mc Queen, Aneta Corseaut, Earl Rowe, Olin Howlin. ◆ Una micidiale gelatina di un bel rosso fragola, precipita sulla Terra divorando la terrorizzata popolazione di una cittadina americana e infischiandosene delle armi con cui viene attaccata. Metafora fantascientifica da guerra fredda sull'ossessione del contagio comunista, in un cult-movie noioso ma con punte di ottima tensione che ha il merito, tra l'altro, di aver lanciato il giovane Steve McQueen. La canzone *The Blob* è di Burt Bacharach. Seguìto dall'inedito *Beware! The Blob* (1972, di Larry Hagman, il futuro J.R. di Dallas!). Rifatto nel 1988, *Il fluido che uccide*.

Fluke ** (*Fluke*, Usa 1995, col, 96') Carlo Carlei. Con Matthew Modine, Nancy Travis, Eric Stoltz, Max Pomeranc, Samuel L. Jackson. ◆ Amici e soci, Thomas Johnson (Modine) e Jeff Newman (Stoltz) si sfidano in una gara automobilistica durante la quale il primo ci lascia le penne. In realtà Thomas non è davvero morto: si è trasformato nel cane Fluke. Carlei è dovuto andare a Hollywood per realizzare un fantasy (dal romanzo di James Herbert, sceneggiato da Carlei e James Carrington) che in Italia non sarebbe mai stato possibile, e non solo per questioni di budget. C'è qualche effetto di troppo (la scena della reincarnazione), ma la commedia è divertente e soprattutto non pretenziosa.

Fobia ° (*Phobia*, Canada 1980, col, 90') John Huston. Con Paul Michael Glaser, John Colicos, Susan Hogan, Alexandra Stewart, David Bolt, Robert O'-Ree, David Eisner. ◆ Uno psichiatra (Glaser) sottopone cinque carcerati nevrotici a terapie scioccanti di ispirazione omeopatica, come esibire serpenti a chi ne è terrorizzato o mostrare violenze carnali a chi teme lo stupro. Ma i cinque finiscono ammazzati uno dopo l'altro. Thrilling soporifero sceneggiato da Len Lehman, Jimmy Sangster e Peter Bellwood, autentico incidente di percorso nella carriera di Huston, prodotto perché il sistema canadese di tax-shelter permetteva notevoli vantaggi fiscali. Da dimenticare.

Fobici, I * (Italia 1999, col, 100') Giancarlo Scarchilli. ◆ Film a episodi. In *Turno di notte* (con Luca Laurenti, Paola Tiziana Cruciani, Nicola Pistoia, Ludovica Tinghi, Maurizio Mattioli) Luca gira tutte le notti sui mezzi pubblici dando informazioni, anche se non richieste, su orari e coincidenze; in *Tutto 'n tic* (con Daniele Liotti, Marco Giallini, Sabrina Knaflitz, Francesca Nunzi, Francesco De Rosa, Louis Molteni) Andrea si sottopone a una cura per far sparire i tic fisici che lo perseguitano: guarirà ma perderà entusiasmo sul lavoro e vigore con la fidanzata; in *Ho chiuso il gas?* (con Gianmarco Tognazzi, Giselda Volodi) dubbi e paure bloccano Carlo sulla porta di casa prima di un viaggio che gli deve far cambiare vita; in *Frutto proibito* (con Rodolfo Laganà, Sabrina Ferilli, Lorenzo Alessandroni, Lidia Broccolino, Giovanni Albanese) la mania per l'automobile nuova impedisce ad Alvaro di portare a termine un «acchiappo da paura». Sceneggiati dal regista con Liliana Eritrei e Giovanni Veronesi, vorrebbero essere quattro episodi sulla «condizione dell'uomo moderno», ma il ritmo è soporifero, le gag strascicate e le fobie di fine millennio ridotte a macchietta. E una domanda senza risposta: a che pro togliere dalla cantina il film a episodi?

Fog **½ (*The Fog*, Usa 1980, col, 91') John Carpenter. Con Adrienne Barbeau, Jamie Lee Curtis, Hal Holbrook, Janet Leigh, John Houseman. ◆ Preannunciati da una nebbia improvvisa e irreale, in una cittadina costiera nordamericana, avvengono terribili delitti: la popolazione è terrorizzata e le autorità impotenti, finché si scopre che la causa è l'antica maledizione di un vascello pirata. Originale horror che, come spesso in Carpenter (autore anche della sceneggiatura con la produttrice Debra Hill), è più interessante dal punto di vista narrativo che da quello della regia: di frequente nella cultura americana, la paura nasce da un «peccato originale» dove si mescolano denaro e violenza (qui la cupidigia dei primi cittadini di Antonio Bay che, per rubare il suo carico d'oro, non segnalarono gli scogli a un veliero e lasciarono che in una notte di nebbia si schiantasse), ma poi la realizzazione non riesce a tenere alto il tono del film e gli incubi allusivi si trasformano in inutili atrocità. Janet Leigh (l'altezzosa borghese) e Jamie Lee Curtis (la giovane autostoppista) sono madre e figlia nella realtà.

Foglia di Eva, La *½ (*The Girl From Jones Beach*, Usa 1949, b/n, 78') Peter Godfrey. Con Ronald Reagan, Virginia Mayo, Eddie Bracken, Henry Travers, Florence Bates, Jerome Cowan. ◆ Un pittore (Reagan), che ottiene le donne perfette dei suoi ritratti assemblando le «parti» migliori di varie modelle, cerca la ragazza super (Mayo) per una campagna pubblicitaria, finendo per innamorarsene. Il futuro presidente Reagan impegnato in una fiacca commedia brillante, che sfodera solo un nutrito numero di belle figliole.

Foglie d'autunno ** (*Autumn Leaves*, Usa 1956, b/n, 107') Robert Aldrich. Con Joan Crawford, Cliff Robertson, Vera Miles, Lorne Greene, Ruth Donnelly, Shepperd Strudwick. ◆ Una rassegnata zitella (Crawford) convola a insperate nozze con un uomo molto più giovane (Robertson), per poi scoprire che è uno squilibrato già sposato, la cui mente è stata sconvolta dalla relazione fra il padre (Greene) e l'ex moglie (Miles). Una Crawford di mezza età si cala perfettamente nel primo ritratto femminile di Aldrich (sceneggiato da Jack Jevne, Lewis Meltzei e Robert Blees), ma il resto del cast, e soprattutto un eccessivo Robertson, abbassano il livello del film, nonostante qualche bel tocco di regia (il perpetuo scricchiolio della porta dell'appartamento della Crawford, l'incertezza con cui lei sorride). Il tema del film, versione americana della canzone di Kosma e Prévert, è cantato da Nat «King» Cole.

Foglie d'oro, Le **½ (*Bright Leaf*, Usa 1950, b/n, 110') Michael Curtiz. Con Gary Cooper, Patricia Neal, Lauren Bacall, Jack Carson, Jeff Corey. ◆ Un produttore di sigari viene rovinato e spinto al suicidio dal giovane industriale della sigaretta (Cooper) al quale aveva negato la mano della figlia (Neal) che, sposatolo, vendica il padre. Melodramma di buona confezione (sceneggiato da Ronald MacDougall) con la coppia Cooper-Neal protagonista di un esasperato gioco al massacro (e uniti anche nella realtà da una tormentata vicenda sentimentale). L'attore per una volta è davvero cattivo in un ruolo di solitario arrivista odioso e insieme affascinante in cui Curtiz immette qualcosa di autobiografico. Magnifica la fotografia di Karl Freund. La Bacall è Sonia, una prostituta dai nobili sentimenti.

Folla, La ***½ (*The Crowd*, Usa 1928, b/n, 95') King Vidor. Con James Murray, Eleanor Boardman, Bert Roach, Daniel G. Tomlinson, Dell Henderson, Lucy Beaumont. ◆ Nato il 4 luglio 1900 e orfano a 12 anni, John Sims (Murray) arriva ventenne in una New York anonima e ostile, e quando conosce Mary (Boardman) la felicità sembra entrare nella sua vita: i due si sposano, fanno la luna di miele alle cascate del Niagara, hanno due bambini, ma poi la situazione si degrada. La morte accidentale di una figlia, la perdita del lavoro: John tenta anche il suicidio, ma poi la coppia ritrova fiducia e si perde sorridente in mezzo alla folla che ride a un vaudeville... Prodotto coraggiosamente da Irving Thalberg (che si limitò a imporre il lieto fine) e sceneggiato da Vidor con John V.A. Weaver, questo ritratto dell'uomo comune in un'America che si avvicina alla crisi del '29 rilegge in termini tragici (e inusitati per i tempi) il dilemma centrale dell'uomo: essere padroni o meno del proprio destino, controllare le circostanze della propria vita o esserne vittima. Per raccontarli, Vidor anticipa i metodi che saranno del neorealismo (lavorazione in ambienti naturali, macchine da presa nascoste, attori non professionisti, situazioni quotidiane raccontate senza eccessive drammatizzazioni) ottenendo così di descrivere l'altra faccia del sogno americano con un'intensità e una commozione che colpiscono ancora.

Follia *½ (*Rage in Heaven*, Usa 1941, b/n, 83') W.S. Van Dyke II. Con Robert Montgomery, Ingrid Bergman, George Sanders, Lucile Watson, Oscar Homolka. ◆ Folle di gelosia uno psicotico (Montgomery) fuggito da un manicomio ordisce un diabolico piano ai danni della moglie e dell'amico (Bergman e Sanders) che ritiene amanti. Mediocre adattamento del romanzo di James Hilton (nonostante i dialoghi fossero stati scritti da Christopher Isherwood), il film è un melodramma giallo che solo a tratti riesce a creare un'atmosfera di intenso terrore, soprattutto per merito dell'ottima prova di Robert Montgomery. Il titolo originale è tratto da un verso di William Blake.

Follia d'amore *½ (*Fool for Love*, Usa 1985, col, 106') Robert Altman. Con Sam Shepard, Kim Basinger, Randy Quaid, Harry Dean Stanton. ◆ In uno sperduto motel nel deserto, Eddie (Shepard) cerca di convincere May (Basinger), che l'ha abbandonato esasperata dai suoi tradimenti, a tornare con lui. Tratto dalla pièce omonima di Sam Shepard (responsabile anche dell'adattamento), a cui sono state aggiunte inutili e sciroppose canzoni, è un film eccessivamente teatrale (costretto dalle unità di tempo, luogo e azione) che soffoca anche il ritratto della provincia americana che fa da cornice alla vicenda e in cui Altman ritrova un po' della sua genialità.

Follia della metropoli, La ** (*American Madness*, Usa 1932, b/n, 75') Frank Capra. Con Walter Huston, Pat O'Brien, Kay Johnson, Gavin Gordon, Constance Cummings, Robert Ellis, Arthur Hoyt. ◆ Preoccupato per il futuro della banca di cui è presidente, Thomas Dickson (Huston) trascura la moglie Phyllis (Johnson), che accetta la corte del capocontabile (Gordon). E proprio lo spasimante favorisce un furto che rischia di far fallire la banca, se la lealtà di un ex galeotto (O'Brien) a cui Thomas ha dato un posto, e di una segretaria (Cummings) non aiutassero il banchiere a uscire dai guai. Il primo film che Capra sceneggia con Robert Riskin affronta i temi che saranno alla base delle sue prossime opere, personalissima fusione tra insegnamenti cristiani e populismo americano: la forza dell'idealismo legata alla volontà di carattere che aiuta a superare le prove più difficili, la fiducia nel popolo, la diffidenza verso i potenti e la difesa dei deboli. Lontana dalla maturità delle opere successive, la parabola di Capra funziona meglio quando racconta le isterie collettive che non quando diventa melodramma sulla fedeltà familiare, ma alcune scene (come l'inizio con l'apertura della cassaforte a tempo e il panico tra i clienti) sono girate con uno stile secco ed efficace.

Follia di Barbablù, La ***½ (*Bluebeard*, Usa 1944, b/n, 73') Edgar G. Ulmer. Con John Carradine, Jean Parker, Nils Asther, Iris Adrian. ◆ Un burattinaio omicida (Carradine) invita una modista (Parker) alla rappresentazione del Faust in un teatro di marionette e le racconta del suo primo assassinio, quello di una modella che lo aveva lanciato come pittore ma che in seguito aveva tradito l'immagine dei suoi quadri. Ambientato a Londra e girato in soli sei giorni in uno studio parigino, è un horror psicologico che sintetizza magistralmente, sia nei contenuti che nella forma, suggestioni di varia provenienza: espressioniste (il mercante d'arte come il dottor Caligari, la fuga del mostro sui tetti, i forti contrasti chiaroscurali, le angolazioni inclinate); romantiche (il mito del Faust, l'amore passione più volte frustrato, l'idealizzazione della figura femminile e la conseguente disillusione); surrealiste (i quadri dell'ex pittore, ora burattinaio); ma soprattutto il film è un esplicito e raffinatissimo omaggio al cinema tedesco delle origini: Ulmer infatti era stato allievo di Murnau e aveva collaborato, ufficialmente come scenografo, a sette suoi film, tra cui *Faust*, *Aurora* e *Tabù*.

Follia di Roberta Donge, La ***½ (*La Vérité sur Bébé Donge*, Francia 1952, b/n, 104') Henri Decoin. Con Danielle Darrieux, Jean Gabin, Claude Génia, Jacques Castelot, Daniel Lecourtois, Gabrielle Dorziat, Marcel André. ◆ In ospedale, avvelenato dalla moglie Roberta detta Bébé (Darrieux), il ricco industriale Francesco Donge (Gabin) ripensa alla propria vita, alle sue avventure da dongiovanni, alla decisione di sposarsi per cambiare vita e fare un figlio, ma anche all'incapacità di mantenere i suoi impegni. Morendo, Francesco scopre troppo tardi l'infelicità del suo matrimonio, mentre Bébé, chiusa nel suo mutismo, va incontro alla prigione. L'ultimo (dopo *Gioventù traviata*, 1942, e *L'Homme de Londres*, 1942, inedito in Italia) dei tre adattamenti che Henri Decoin ha fatto da Georges Simenon. Sceneggiato da Maurice Aubergé, questo film da una parte spinge alle estreme conseguenze la cupa nefandezza misogina presente nel romanzo, dall'altro si illumina per la straordinaria interpretazione di Danielle Darrieux, che sfugge alla propria immagine cinematografica e dà al personaggio di Bébé Donge (che in originale si chiama Elizabeth e non Roberta) una «violenza ambigua e piena di umanità» (ambiguità che il titolo italiano cerca banalmente di mitigare), simbolo di una rivolta incosciente contro la prigione dorata dove sente di aver perduto la sua identità e dove gli uomini che la circondano la spingono a un'esistenza vuota e totalmente priva di sostanza.

Follia Esplosiva → *Blown Away - Follia esplosiva*

Folli avventure di Rabbi Jacob, Le *½ (*Les Aventures de Rabbi Jacob*, Francia 1973, col, 100') Gérard Oury. Con Louis de Funès, Josy Eisenberg, Renzo Montagnani, Suzy Delair, Marcel Dalio, Claude Giraud, Janet Brandt. ◆ Diretto al matrimonio della figlia, un notabile parigino (de Funès) finisce coinvolto nell'ingarbugliatissimo rapimento di un rivoluzionario arabo. Tipica concitata commedia costruita sui ritmi agitati e schizofrenici di de Funès.

Follie del cinema *** (*Movie Crazy*, Usa 1932, b/n, 82') Clyde Bruckman. Con Harold Lloyd, Constance Cummings, Kenneth Thomson, Sydney Jarvis, Eddie Fetherstone, Louise Closser Hale. ◆ Harold (Lloyd) va a Hollywood per fare un provino, ma i risultati sono disastrosi. Sul set conosce una ragazza bionda (Cummings), semplice e gentile, che in realtà è la star del film, dove interpreta una spagnola bruna e sofisticata. Harold crede che si tratti di due donne diverse, e che la prima sia gelosa della seconda. A essere gelosa è invece la partner della ragazza (Hale), che lo riempie di botte e lo chiude in un baule da cui riemerge in piena lavorazione e, senza sapere di essere filmato, affronta un eroico combattimento che gli vale la parte. Il migliore dei film sonori di Lloyd (sceneggiato da Vincent Lawrence) ha il suo punto di forza nella relazione di Harold con l'attrice, quasi una versione comica e femminile di Dottor Jekyll e Mister Hyde. Almeno due sono le scene d'antologia: la serata mondana di Harold, durante la quale l'aspirante attore – vestito per sbaglio da illusionista – sconvolge tutti con un piccolo gettito d'acqua che gli esce dal petto e dei topi che gli balzano fuori dalle tasche; e il finale, sul set travolto da un'inondazione, in cui Harold affronta l'avversario in un'interminabile sequenza di gag perfettamente concatenate e portate al parossismo, degne delle sue esilaranti performance del periodo muto.

Follie dell'anno ** (*There's No Business Like Show Business*, Usa 1954, col, 117') Walter Lang. Con Ethel Merman, Dan Dailey, Donald O'Connor, Mitzi Gaynor, Marilyn Monroe, Johnny Ray. ◆ Una compagnia di varietà formata da madre, padre e tre figli finisce per sciogliersi quando uno dei ragazzi sceglie la religione e un altro, più mondano, una bella bionda (Marilyn). Cast di lusso, bei costumi e gustosi numeri musicali, confezionati in una trama inconsistente e noiosa. Ma un brivido caldo percorre la schiena quando Marilyn canta *Heat Wave* su sfondo tropicale e con filtro rosso.

Follie d'estate *½ (Italia 1966, col, 80') Edoardo Anton, Carlo Infascelli. Con Tiberio Murgia, Annie Gorassini, Carlo Dapporto, Renato Rascel, Ugo Tognazzi, Raimondo Vianello, Walter Chiari, Monica Vitti, Giustino Durano, Galeazzo Benti, Francesco Mulè, Riccardo Billi, Carlo Campanini, Memmo Carotenuto, Ferruccio Amendola, Dario Fo, Franca Rame, Franco Parenti. ◆ Su un treno diretto al mare, Turiddu (Murgia) lascia spesso la moglie (Gorassini) per cercare di vendere dei bikini alle altre passeggere e i suoi strani maneggi offrono lo spunto agli altri viaggiatori per raccontare barzellette. Recuperando molte scenette girate da Edoardo Anton per il film *Ridere, ridere, ridere* (1955) il produttore Carlo Infascelli firma un film (che conta al suo attivo dodici sceneggiatori, tra cui Scola, Age [Agenore Incrocci] e Scarpelli, Marchesi, Campanile e Galeazzo Benti) che è un semplice florilegio di barzellette.

Follie di Broadway 1936 *** (*Broad-way Melody of 1936*, Usa 1935, b/n, 110') Roy Del Ruth. Con Jack Benny, Eleanor Powell, Robert Taylor, Una Merkel, Phil Silvers. ◆ Un odioso giornalista (Benny) utilizza una ballerina (Powell) per mettere in crisi il rapporto tra un impresario (Taylor), e la sua fidanzata-finanziatrice. Un piacevolissimo musical che riprende titolo e autori delle canzoni (Arthur Freed e Nacio Herb Brown) di *Broadway Melody*, un film del 1929 che fece epoca. Affascinanti i numeri musicali della Powell (alla sua seconda apparizione sugli schermi) le cui coreografie fecero vincere l'Oscar a Dave Gould. Bellissima la colonna musicale, in cui spiccano *You Are My Lucky Star* e l'elaboratissimo numero di *I've Got a Feeling You're Fooling*.

Follie di Broadway 1938 ** (*Broadway Melody of 1938*, Usa 1938, b/n, 110') Roy Del Ruth. Con Robert Taylor, Eleanor Powell, George Murphy, Judy Garland, Buddy Ebsen, Sophie Tucker. ◆ Un giovane impresario (Taylor) riesce ad allestire, nonostante problemi di ogni sorta, un musical come mai si era visto. Meno creativo del precedente film del '36, ma con la stessa opulenta fastosità targata Mgm e con alcuni numeri eccezionali (*Broadway Rhythm* e *Sun Showers* ballati da Eleanor Powell). È il film che consacra il successo della giovanissima Judy Garland col numero in cui canta a un party in onore di Clark Gable *Dear Mr. Gable*, un adattamento della canzone di Monaco e McCarthy *You Made Me Love You*.

Follie di Hollywood *½ (*The Goldwyn Follies*, Usa 1938, col, 120') George Marshall. Con Adolphe Menjou, Andrea Leeds, Kenny Baker, i Ritz Brothers, Vera Zorina, Jerome Cowan. ◆ Canonica vicenda di amore e spettacolo che coinvolge un produttore cinematografico (Menjou) e la star (Leeds) che lo porta al successo. Da segnalare il balletto di George Balanchine, ispirato a *Giulietta e Romeo*, in cui Capuleti e Montecchi si oppongono a colpi di danza, gli uni secondo i canoni paludati dell'accademia, gli altri con quelli sincopati della danza jazz. Piccola particina per Alan Ladd nella parte di un cantante che si presenta per un'audizione.

Follie di New York ** (*My Gal Sal*, Usa 1942, col, 103') Irving Cummings. Con Rita Hayworth, Victor Mature, John Sutton, Carole Landis, James Gleason. ◆ Paul Dresser (Mature), un giovane destinato agli studi teologici ma stregato dalla musica, fugge dal natio stato dell'Indiana per arrivare a New York dove, grazie al sodalizio artistico-amoroso con una cantante (Hayworth), comincia a sfondare. Ispirato al libro *My Brother Paul* di Theodore Dreiser (sceneggiato da Seton I. Miller, Darrell Ware e Karl Tunberg), è un discreto musical che affida buona parte del suo fascino alle scenografie fin de siècle di Richard Day, Joseph Wright e Thomas Little (che vinsero l'Oscar) e alle toilette seducenti della Hayworth, doppiata per le canzoni da Nan Wynn, ma perfetta nei numeri musicali (specie in *Gay White Way*, coreografato da Hermes Pan). Durante le riprese lei e Mature vissero un'intensa storia d'amore.

Follie d'inverno *** (*Swing Time*, Usa 1936, b/n, 105') George Stevens. Con Fred Astaire, Ginger Rogers, Victor Moore, Helen Broderick, Eric Blore, Georges Metaxa. ◆ Lucky Garnett (Astaire) è un ballerino che ama il gioco e sta per sposarsi. A New York incontra Penny Carrol (Rogers), una ballerina che dovrebbe sposarsi con un direttore d'orchestra. Ovvio che nessun destino potrà separarli. Bella prova di Ginger e Fred, dove la trama (sceneggiata da Howard Lindsay e Allan Scott da un soggetto di Erwin Gelsey) per una volta ha un suo impatto emozionale e non serve solo a unire l'uno all'altro gli sketch musicali. Una sequenza di numeri e canzoni indimenticabili (*A Fine Romance*, *Waltz in Swing Time* o *The Way You Look Tonight*, quest'ultima premiata con l'Oscar) e un Astaire, con faccia nera e labbroni, nel numero *Bojangles of Harlem*, dichiarato omaggio al maestro Bill Robinson e primo numero in cui mescola coreografie ed effetti speciali (qui le tre ombre proiettate sullo sfondo).

Folli e liberi amplessi ** (*Les Galettes de Pont-Aven*, Francia 1975, col, 105') Joël Seria. Con Jean-Pierre Marielle, Bernard Fresson, Dolores MacDonought, Andréa Ferréol, Mario Aderf, Jeanne Goupil, Claude Piéplu. ◆ Dietro l'ammiccante titolo sexy si nascondono le vicende di Henri Serin (Marielle), commesso viaggiatore in ombrelli, frustrato e amante della pittura, che nel suo peregrinare commerciale incontra un sacco di svitati, qualche femmina inquieta e, parrebbe, finalmente l'amore. L'occhio attento del regista (autore anche della sceneggiatura) fruga nel lato oscuro di un'umanità compressa dalle convenzioni sociali, orchestrando una piacevole galleria di caratteri.

Follie per l'opera **½ (Italia 1947, b/n, 92') Mario Costa. Con Aroldo Tieri, Gina Lollobrigida, Carlo Campanini, Constance Dowling, Gino Bechi, Nives Poli e il corpo di ballo della Scala, i pianisti Ornella Santoliquido e Franco Mannino, i cantanti Gino Bechi, Tito Gobbi, Maria Caniglia, Beniamino Gigli, Tito Schipa. ◆ Per raccogliere la somma necessaria per ricostruire a Londra una chiesa italiana distrutta dai bombardamenti, un giornalista (Tieri) organizza un concerto di beneficenza con i maggiori cantanti lirici dell'epoca, impegnando il ristorante dello zio (Campanini) della fidanzata (Lollobrigida) e ingannando la direttrice del Covent Garden (Dowling). Ce la farà, e con successo, dopo molte peripezie, compresi la rottura con la fidanzata, uno sciopero e un tentativo di sabotaggio. Un intreccio divertente e movimentato, pieno di equivoci e imbrogli, che va molto al di là del pretesto per la commedia musicale, in fondo ridotta a pochi numeri. Esilarante la discesa dall'aereo dei «divi» Bechi e Gobbi, braccati dai fans. Il soggetto è di Mario Monicelli e Steno [Stefano Vanzina], anche sceneggiatori col regista, la fotografia di Mario Bava.

Folli notti del dottor Jerryll, Le ***½ (*The Nutty Professor*, Usa 1963, col, 107') Jerry Lewis. Con Jerry Lewis, Stella Stevens, Del Moore, Kathleen Freeman. ◆ Tormentato dalle sue sembianze scimmiesche, il professor Kelp (Lewis) per conquistare una studentessa (Stevens) trova una pozione magica che lo trasforma nell'affascinante Buddy Love. La migliore variante comica del *Dottor Jekyll e Mr. Hyde* (sceneggiata da Lewis e Bill Richmond) dove, genialmente, la mostruosità fisica del professore nasconde un animo generoso, mentre l'arrogante bellezza del suo doppio Buddy Love svela tutta l'aggressività e la volgarità del mito americano della bellezza e del corpo: in questo modo «le interferenze (e dipendenze) tra ordine fisico e mentale non sono mai perfettamente definite e lo spettatore non riesce a consolarsi identificandosi con un eroe troppo buono (ma brutto) o troppo bello (ma cattivo)». Tra le sequenze memorabili ci sono la prima trasformazione del «mostro», la preparazione dello «scaldino per orso polare dell'Alaska» e lo scivolone finale sulla macchina da presa di Buddy Love ridiventato il professor Kelp. Alcuni hanno visto (con qualche ragione) nella figura di Buddy Love una caricatura di Dean Martin, che un tempo faceva coppia fissa con il comico-regista.

Fondo della bottiglia, Il ** (*The Bottom of the Bottle*, Usa 1956, col, 88') Henry Hathaway. Con Van Johnson, Joseph Cotten, Ruth Roman, Jack Carson, Bruce Bennet. ◆ Un assassino alcolizzato (Johnson), fuggito di prigione, chiede al fratello avvocato (Cotten) di aiutarlo. Il professionista teme per la carriera ma la moglie (Roman) lo sollecita alla solidarietà. Tratto da un romanzo di Simenon, *Le Fond de la bouteille*, ottimamente sceneggiato da Sidney Boehm e riambientato in uno scenario semiwestern al confine col Messico, è un melodramma a tinte forti, giocato su due temi consueti al regista come l'individualismo autodistruttivo e la disgregazione del nucleo familiare.

Fontamara ** (Italia 1980, col, 139') Carlo Lizzani. Con Michele Placido, Antonella Murgia, Ida Di Benedetto, Imma Piro, Antonio Orlando, Deddi Savagnone, Ciccio Busacca, Dino Sarti, Marina Confalone. ◆ La vita contadina nei monti del Fucino durante il fascismo e la tragica presa di coscienza politica dei «cafoni» di Fontamara, che passa attraverso la tragica morte di Berardo Viola (Placido) che aveva lasciato l'Abruzzo per cercare fortuna a Roma e aveva scoperto sulla sua pelle la brutalità del potere. Superstizione, legame con la terra, coralità popolare e arroganza fascista, in una dignitosa (ma troppo televisiva) lettura di sapore neorealista del romanzo omonimo di Ignazio Silone sceneggiato dal regista e da Lucio De Caro. Rigorosa colonna sonora di Roberto De Simone.

Fontana della vergine, La *** (*Jungfrukäl lan*, Svezia 1960, b/n, 88') Ingmar Bergman. Con Max von Sydow, Birgitta Valberg, Birgitta Petterson, Gunnel Lindblom, Axel Düberg, Tor Isedal, Ove Porath. ◆ Nella Svezia del Medioevo, tre pastori (Düberg, Isedal e Porath) violentano e uccidono una ragazza (Petterson) per poi cercare ospitalità dai genitori di lei (von Sydow e Valberg) i quali, scoperto l'accaduto, li uccidono. E per miracolo una fonte sgorgherà dove giace il corpo della fanciulla. Ispirato a una leggenda svedese del XIV secolo sceneggiata da Ulla Isaksson, il film riduce al minimo i dialoghi per visualizzare «con una forte fisicità di scenografie e di rituali arcaici le fantasie sacre di Bergman» che qui mette a confronto ragione e passione, cristianesimo e paganesimo (la vendetta è preparata secondo rituali barbarici), tra brutalità primordiali e una raffinata introspezione psicologica. Impregnato di un misticismo severo e aspro, ben più livido di quello del *Settimo sigillo* (la violenza è inevitabile e la scena dello stupro è di un realismo crudele), *La fontana della vergine* è tuttavia uno dei film più ricchi di speranza del regista, come sottolinea la fonte dell'acqua purificatrice (un motivo che ricorrerà anche altrove, per esempio nel finale del *Silenzio*). Fotografia di Sven Nykvist. Oscar per il migliore film straniero.

Fontana di Trevi *½ (Italia/Spagna 1960, col, 102') Carlo Campogalliani. Con Claudio Villa, Ruben Rojo, Pilar Vela, Maria Grazia Buccella, Dori Dorika, Arnaldo Arnaldi, Mario Carotenuto, Tiberio Murgia, Charito Maldonado, Carlo Croccolo. ◆ Cicerone romano, Roberto (Rojo) è convinto di aver fatto colpo su una ricchissima turista spagnola (Vela): durante un viaggio a Barcellona, scoprirà che è solo una «povera» governante; in compenso il collega Claudio (Villa) farà colpo sulla ricchissima Franca (Buccella) e ritroverà il coraggio di cantare in pubblico. Una commediola che vorrebbe scherzare sulle italiche doti del gallismo e che si sfrangia in tante piccole sotto-storie: il mago della fontana e il suo imbranato aiutante (Carotenuto e Croccolo), la ricca bottegaia che cerca di accasarsi (Dorika), il piccolo Ernestino che fa colpo sulla coetanea Carmencita (Rafael Duran e Maria Letizia Gazzoni, ai tempi celebre come campionessa in erba al *Musichiere*). Il Reuccio non esagera e la Buccella, sacrificata nel ruolo della ricca spagnola, si rifà interpretando anche l'avvenente Manuela che si esibisce al night.

Fontane Effi Briest → *Effi Briest*

Fonte meravigliosa, La *** (*The Fountainhead*, Usa 1949, b/n, 114') King Vidor. Con Gary Cooper, Patricia Neal, Raymond Massey, Kent Smith, Robert Douglas. ◆ Un architetto geniale e individualista, Howard Roak (Cooper), è disposto a lavorare anche come muratore pur di non scendere a compromessi con le proprie idee: e quando un miliardario (Massey), marito di quella Dominique (Neal) che l'architetto aveva amato in passato, modifica un suo progetto, lui fa saltare in aria la costruzione. Tratto da un romanzo di Ayn Rand da lei stessa sceneggiato, molto liberamente ispirato alla figura di Frank Lloyd Wright, è uno dei film più personali del regista, autentica «allegoria filosofica dove ogni personaggio rappresenta un'idea e incarna un valore o un non-valore»: il miliardario Wynand è la potenza della non creatività, il critico Toohey (Douglas) la demagogia intellettuale, Dominique è l'illusoria aspirazione alla libertà assoluta e Howard Roak è la creatività individuale, vera forza motrice dell'universo come spiega con passione nell'arringa in tribunale. Ne esce un film «declamatorio e solenne, al limite della magniloquenza» dove l'apparente esaltazione del superomismo e dell'individualismo è equilibrata dalle scelte di regia, che schiacciano gli individui in una scenografia immensa, geometrica e glaciale. Sul set nacque la passione tra Cooper, già sposato, e la Neal, che ebbe conseguenze negative sull'immagine del divo.

Footloose *½ (*Footloose*, Usa 1984, col, 107') Herbert Ross. Con Kevin Bacon, Lori Singer, Dianne Wiest, John Lithgow, Christopher Penn, Sarah Jessica Parker, John Laughlin, Jim Young. ◆ Un ragazzo di città (Bacon) si trasferisce in una cittadina della provincia americana e si scontra con l'ottusa autorità religiosa che vieta la musica e il ballo, considerati dannosi per la moralità dei giovani. Soggetto improbabile (sceneggiato da Dean Pitchford) e musical enfatico ma innocuo sulla scia di *Flashdance*, con evitabili echi di *Gioventù bruciata* (ma qui la prova di coraggio in cui i ragazzi si sfidano è su trattori invece che automobili) e una scontata colonna sonora rock-pop vendutissima negli States.

Forca può attendere, La *½ (*Sinful Davey*, Gb 1969, col, 95') John Huston. Con John Hurt, Pamela Franklin, Nigel Davenport, Ronald Fraser, Robert Morley, Anjelica Huston. ◆ Nella Scozia del secolo scorso (surrogata da riprese in Irlanda) il soldato David Haggar (Hurt), ossessionato dal mito delle imprese paterne, intraprende la carriera del bandito, vegliato dalla sua bella (Franklin) che cerca in tutti i modi di dissuaderlo. Tratto da una storia vera sceneggiata da James R. Webb, il film è uno spreco del talento hustoniano, per un'opaca variazione sul tema di Tom Jones, percorsa da un'allegria ostentata ma poco convincente. Da segnalare la presenza di una giovane Anjelica Huston.

Foresta di smeraldo, La **½ (*The Emerald Forest*, Usa 1985, col, 113') John Boorman. Con Powers Boothe, Charley Boorman, Meg Foster, Dira Pass. ◆ Tommy Markham (Boorman), figlio di un ingegnere (Boothe) impegnato nella costruzione di una diga, scompare nella foresta amazzonica per ricomparire anni dopo, trasformato in un Tarzan ecologista difensore della sua tribù dall'attacco di indigeni antropofaghi asserviti ai bianchi. Sceneggiato da Rospo Pallenberg e girato con indubbia maestria (anche se la recitazione degli attori, specie Powers Boothe, non è impeccabile), il film è prima di tutto la storia di un'educazione al contrario, dove il figlio fa scoprire al padre una civiltà diversa, senza per questo idealizzare la Natura, qui non presentata (come in *Un tranquillo week-end di paura*) come un'alternativa alla civiltà, ma piuttosto come «un catalizzatore che permette a certi personaggi di evolvere a condizione che sappiano accettare l'altro».

Foresta pietrificata, La **½ (*The Petrified Forest*, Usa 1936, b/n, 83') Archie Mayo. Con Leslie Howard, Bette Davis, Humphrey Bogart, Dick Foran, Geneviève Tobin. ◆ In una isolata stazione di servizio un gangster in fuga (Bogart) sequestra alcune persone. Fra queste una cameriera (Davis) e un poeta idealista (Howard) che per amore della donna stringe un drammatico patto con il delinquente. Il deserto ricostruito in studio fa da sfondo a un dramma psicologico di origine teatrale (di Robert Sherwood, sceneggiato da Charles Kenyon e Delmer Daves) che introduce nel noir elementi nuovi e offre a Bogart la sua prima interpretazione di successo, nei panni di un gangster antieroe che avrebbe fatto scuola. Rifatto nel 1945 con pesanti variazioni patriottiche (i gangster diventano nazisti) da Edward A. Blatt, *I fuggitivi delle dune*.

Foresta silenziosa, La *½ (*Cross Creek*, Usa 1983, col, 122') Martin Ritt. Con Mary Steenburgen, Rip Torn, Peter Coyote, Alfre Woodard, Dana Hill. ◆ La vita di Marjorie Kinnan Rawlings (Steenburgen), scrittrice newyorkese autrice del *Cucciolo*, che alla fine degli anni Cinquanta abbandonò i salotti intellettuali per una sperduta fattoria in Florida, per iniziare una nuova vita a contatto con la terra. Ecologismo ante litteram, paesaggi suggestivi e un'ottima Steenburgen nelle vesti dell'eroina anticonformista, purtroppo sprofondati in una narrazione piatta, superficiale, spesso banale. Il marito dell'attrice, Malcolm McDowell, fa una comparsata nei panni dell'editore.

Forestiero, Il *½ (*The Million Pound Note*, poi rititolato *Man with a Million,* Gb 1953, b/n, 92') Ronald Neame. Con Gregory Peck, Jane Griffiths, Ronald Squire, Wilfrid Hyde-White, Joyce Grenfell, A.E. Matthews. ◆ Per la scommessa di due ricchi fratelli un americano squattrinato (Peck) scopre a sue spese cosa vuol dire possedere una banconota da un milione di sterline. Gregory Peck in formato commedia per un film tratto da un racconto di Mark Twain, satira un po' tediosa e a tratti farsesca dell'english way of life, tutta avidità e umane vanità.

Forever Lulù – Una commedia a tinte gialle * (*Forever, Lulù*, rititolato per l'uscita in video *Crazy Streets*, Usa 1987, col, 85') Amos Kollek. Con Hanna Schygulla, Deborah Harry, Alec Baldwin, Annie Golden, Paul Gleason. ◆ Aspirante romanziera (Schygulla) tira avanti lavorando in una fabbrica di sedili da water e scrivendo lettere sexy per *Penthouse*: il tentato suicidio la proietta in una concitata avventura a lieto fine. Una mediocre commedia sullo sfondo della giungla d'asfalto newyorkese è il battesimo americano sottotono della brava Schygulla, impegnata in una sorta di *Cercasi Susan disperatamente* insieme alla cantante Debbie Harry, così calata nella parte da essere stata scambiata per una vera prostituta durante le riprese. Il regista israeliano Amos Kollek appare nella parte dell'agente letterario della Schygulla. Film d'esordio di Baldwin.

Forget Paris ** (*Forget Paris*, Usa 1995, col, 101') Billy Crystal. Con Billy Crystal, Debra Winger, Joe Mantegna, Cynthia Stevenson, Richard Masur, Julie Kavner, William Hickey, Robert Costanzo, John Spencer, Cathy Moriarty. ◆ Il colpo di fulmine scocca a Parigi, ma la vita matrimoniale a Burbank, California, è molto meno romantica: Ellen (Winger) è insoddisfatta del suo lavoro e poi Mickey (Crystal) passa troppo tempo lontano da casa a fare l'arbitro di basket. Per il suo secondo film come regista Crystal (cosceneggiatore con Lowell Ganz e Babaloo Mandel) sceglie una commedia quasi sofisticata, dove la storia di una crisi matrimoniale è alleggerita dalle periodiche riunioni tra amici in cui si dà via libera alle battute. Ma non basta ispirarsi a *Harry, ti presento Sally*... per far dimenticare che si sta vedendo una storia vista troppe volte: per fortuna la verve della Winger e di Cynthia Stevenson (nel ruolo di Liz) aiutano a superare le cadute. Parata di campioni di basket: tra i tanti David Robinson, Pat Ewing, Kareem Abdul-Jabbar, Kurt Rambis, Isiah Thomas.

Formidabili amici ** (*Une Époque formidable*, Francia 1991, col, 90') Gérard Jugnot. Con Gérard Jugnot, Richard Bohringer, Victoria Abril, Tocky Holgado, Chick Ortega. ◆ Michel Berthier (Jugnot) cerca di nascondere il licenziamento alla moglie (Abril), dandosi da fare per garantirle una vita decente. Scoperto, Michel abbandona la donna e si unisce a un gruppo di clochards (Bohringer, Abril, Holgado): un furto finirà in tragedia e Michel cercherà di rimettere insieme il suo matrimonio. Amara commedia dei bassifondi, che sembra un aggiornamento sui generis delle poetiche francesi anni Trenta: la solidarietà esiste solo tra poveracci e il destino, per loro, è segnato. Qualche sprazzo di acuto senso dell'umorismo allontana il rischio della retorica che pure, ogni tanto, fa capolino. Cast bene assortito.

Formula, La *½ (*The Formula*, Usa 1980, col, 118') John G. Avildsen. Con Marlon Brando, George C. Scott, Marthe Keller, John Gielgud, G.D. Spradlin, Beatrice Straight, Richard Lynch, Calvin Jung, Wolfgang Preiss. ◆ Dietro l'uccisione di un ex maggiore dell'esercito americano, c'è la guerra per impadronirsi del piano Genesis, una formula che era stata messa a punto dai nazisti sul finire dell'ultima guerra per ricavare un carburante sintetico dal carbone. Ma nonostante i propri sforzi il detective Barney Caine (Scott) dovrà arrendersi di fronte allo strapotere dei petrolieri, e del loro leader (Brando), decisi a tutto per non perdere i loro ingenti guadagni. Fantapolitica piuttosto confusa e raffazzonata che prende spunto dalla crisi energetica degli anni Settanta, tratta dall'omonimo romanzo di Steve Shagan (da lui stesso sceneggiato): il giallo è aggrovigliato quanto basta, la divagazione melodrammatica (affidata a Marthe Keller) inutile e Brando appare solo in tre scene, mentre tutti si prendono terribilmente sul serio.

Formula di David Mamet, La ** (*The Spanish Prisoner*, Usa 1998, col, 110') David Mamet. Con Campbell Scott, Steve Martin, Ben Gazzara, Rebecca Pidgeon, Ricky Jay, Felicity Huffman, Ed O'Neill. ◆ L'ingegnere Joe Ross (Scott) inventa una formula che farebbe la fortuna della azienda in cui lavora, ma teme che il suo superiore (Gazzara) lo voglia estromettere: per questo accetta l'aiuto casuale di un miliardario (Martin) e si trova vittima di una truffa diabolica, inseguito dall'Fbi e anche accusato di omicidio. Solo una misteriosa segretaria (Pidgeon, nella realtà moglie di Mamet) sembra essere dalla sua parte. Un noir costruito a mosaico (su sceneggiatura del regista), sofisticato e metafisico, che mette in scena il vizio n.1 dell'America: l'avidità di denaro, in un teatrino delle apparenze dove tutti ingannano tutti. Grande eleganza e ancor più grande sfoggio di intelligenza, ma alla fine una dimostrazione di cerebralità nichilista che rischia di girare su se stessa (e che resta ben lontana dalle vette di *Masquerade* di Mankiewicz). Cast, comunque, eccellente, con Steve Martin perfettamente a suo agio fuori dalla farsa.

Fornaretto di Venezia, Il *½ (Italia 1939, b/n, 73') John Bard [Duilio Coletti]. Con Elsa De Giorgi, Roberto Villa, Clara Calamai, Osvaldo Valenti, Enrico Glori, Carlo Tamberlani, Cesare Polacco, Gero Zambuto. ◆ Nella Venezia del Cinquecento il giovane fornaio Piero Tasca (Villa) è accusato di un delitto in realtà commissionato dal Grande Inquisitore (Glori), geloso della moglie: condannato a morte, Piero verrà salvato da un patrizio (Valenti) che scopre la verità. Gradevole ambientazione e confezione professionale per il dramma *Il fornareto* di Francesco Dall'Ongaro sceneggiato da Tomaso Smith con la collaborazione non accreditata di Coletti, che ottenne un clamoroso successo e donò un'enorme e fugace popolarità al protagonista Roberto Villa. Remake nel 1963.

Fornaretto di Venezia, Il ** (Italia/ Francia 1963, col, 100') Duccio Tessari. Con Michèle Morgan, Enrico Maria Salerno, Sylva Koscina, Jacques Perrin, Stefania Sandrelli, Gastone Moschin. ◆ Seconda versione cinematografica, dopo quella del 1939, della cinquecentesca vicenda veneziana che vede il povero figlio del fornaio (Perrin) capro espiatorio per un delitto maturato nell'ambito della nobiltà, decisa a dare una lezione alle voglie ribellistiche del popolo. Tessari (sceneggiatore insieme a Marcello Fondato) sottolinea gli aspetti politici dell'esemplare vicenda tratta dal dramma di Francesco Dall'Ongaro che assume «il significato di un'ardita, precisa metafora sul conservatorismo illuminato e la rivoluzione proletaria»: la lettura morale e la ricostruzione storica cercano così di conciliare spettacolo e impegno, ma la mancanza di una vera intensità nella regia condanna il film alla categoria dei prodotti interessanti e niente più.

Forrest Gump ** (*Forrest Gump*, Usa 1994, 142') Robert Zemeckis. Con Tom Hanks, Robin Wright, Gary Sinise, Sally Field, Mykelti Williamson. ◆ Con un quoziente d'intelligenza ai limiti della normalità e forte dei consigli di mamma (Field), l'ex paraplegico Forrest Gump (Hanks) sopravvive ai ragazzacci della Georgia, al Vietnam e alla contestazione: fa fortuna con la pesca dei gamberi, ispira Elvis e John Lennon, salva dalla disperazione un tenente (Sinise) mutilato di guerra, e dopo decenni di attesa sposa anche la ragazza dei suoi sogni (Wright), poco importa se destinata a morire (di Aids?) di lì a poco. Zemeckis, ispirandosi al romanzo di Winston Groom (adattato da Eric Roth), riscrive trent'anni di storia americana, adottando il punto di vista di un idiot savant, novello Candide e fratello del protagonista autistico di *Rain Man*. Ma la filosofia di Forrest, che ottiene sempre successo *malgré lui*, non è tanto da buon selvaggio quanto da maggioranza silenziosa: non avere dubbi, e non vedere al di là del proprio naso. Zemeckis si presenta come l'anti-Oliver Stone (di cui tenta di rifare, a un certo punto, *Nato il quattro di luglio*), e spazza via le tragedie col sorriso. Gli effetti speciali della Industrial Light & Magic sono serviti a cancellare le gambe di Sinise e a inserire l'immagine di Hanks in filmati d'epoca, in cui lo vediamo dialogare con presidenti e altre celebrità. La fotografia è di Don Burgess, la musica di Alan Silvestri. Premiato con sei Oscar: miglior film, regia, attore protagonista, sceneggiatura non originale, montaggio (Arthur Schmidt), effetti speciali visivi.

Fortezza, La ** (*The Keep*, Usa 1983, col, 96') Michael Mann. Con Scott Glenn, Ian McKellen, Alberta Watson, Robert Prosky, Gabriel Byrne, Jürgen Prochnow. ◆ Nell'estate del 1941, un ufficiale tedesco (Glenn) inviso alla gerarchia nazista viene inviato a presidiare una misteriosa fortezza nei Carpazi, dove un mostro invisibile si scatena improvvisamente infliggendo orribili mutilazioni ai soldati alemanni. Una curiosa commistione fra soprannaturale e bellici scontri virili, fra militari idealisti e fanatici hitleriani sceneggiata dal regista a partire da un romanzo di F. Paul Wilson. Non assomiglia a nient'altro, ma è riuscito a metà. Il mostro è stato disegnato da Enki Bilal.

Fortezza nascosta, La *** (*Kakushi toride no sanakunin*, Giappone 1958, b/n, 139') Akira Kurosawa. Con Toshiro Mifune, Misa Uehara, Minoru Chiaki, Kamatari Fujiwara, Takashi Shimura, Sususmu Fujita. ◆ Nel Medioevo, due poveri contadini giapponesi (Chiaki e Fujiwara) vengono assoldati da un generale (Mifune) per portare in salvo la giovanissima erede al trono (Uehara) e il suo tesoro in lingotti d'oro attraverso un territorio controllato dagli uomini della dinastia nemica. Insoliti accostamenti sociali in una favola avventurosa, a metà tra il film di samurai e il romanzo picaresco di tradizione occidentale. Kurosawa (che collabora alla sceneggiatura di Shinobu Hashimoto, Ryuzo Kikushima e Hideo Oguni) recupera la comicità del teatro kabuki e la fonde con il ritmo del cinema classico americano: la miscela è curiosa, avvincente e spettacolare. Tra le sequenze indimenticabili ci sono la festa notturna del fuoco e l'evasione dei prigionieri dal castello.

Fort Saganne ** (*Fort Saganne*, Francia 1983, col, 180') Alain Corneau. Con Gérard Depardieu, Philippe Noiret, Catherine Deneuve, Sophie Marceau, Michel Duchaussoy, Robin Renucci, Hippolyte Girardot. ◆ Dalle battaglie coloniali del 1911 alla prima guerra mondiale si consuma la parabola di Charles Saganne (Depardieu), un figlio di contadini che entra nella leggenda combattendo nel Sahara dove, nel vento e nel silenzio del deserto, impara a conoscere e amare i Tuareg. Uno dei massimi budget della storia del cinema francese, quattro anni di preparazione e una selezione di star per un kolossal dagli incerti risultati, sceneggiato da Henri de Turenne, Louis Gardel (che in romanzo aveva già raccontato la storia vera del nonno, a cui il film si ispira) e dal regista. Corneau porta a maturazione la sua attenzione per gli sradicati nel deserto, territorio privilegiato per la dissoluzione e rinascita dell'io. E Depardieu è un ottimo complice.

Fortuna bussa alla porta... il problema è farla entrare, La * (*Opportunity Knocks*, Usa 1990, col, 105') Donald Petrie. Con Dana Carvey, Robert Loggia, Todd Graff, Julia Campbell, Milo O'Shea. ◆ Un bidonista di professione (Carvey) viene scambiato per un genio della finanza da un magnate (Loggia) che lo spinge a corteggiare la propria figlia (Campbell). Prevedibile commedia degli equivoci fintamente amorale. Carvey viene dalla scuola televisiva di *Saturday Night Live* e avrà successo in *Fusi di testa*.

Fortuna di Cookie, La **½ (*Cookie's Fortune*, Usa 1999, col, 117') Robert Altman. Con Glenn Close, Julianne Moore, Liv Tyler, Charles S. Dutton, Patricia Neal, Chris O'Donnell, Lyle Lovett, Ned Beatty, Courtney B. Vance, Donald Moffat. ◆ Holly Springs, Mississippi, giorno di Pasqua: l'anziana «Cookie» Orcutt (Neal) decide di passare a miglior vita per raggiungere il marito, e l'ambiziosa nipote Camille (Close), con la complicità della sorella catatonica Cora (Moore), mette in scena un delitto per coprire l'onta del suicidio, facendo ricadere la colpa sul nero Willis (Dutton), il miglior amico della defunta. Ma la prima a non crederci è Emma (Tyler), figlia ribelle di Cora da poco tornata in città. Scritta da Anne Rapp, una commedia dichiaratamente «svitata» nella quale Altman si diverte a ironizzare sulle tradizioni del Sud con colpi di scena imprevedibili e divertenti, ma anche con inutili cadute di tono. Se il personaggio della vecchia Cookie (impersonato dalla settantatreenne Patricia Neal) ha una sua poetica malinconia, Camille e Cora sono ridotte a macchiette sopra le righe, così come molti dei personaggi di contorno. Con gli anni Altman sembra aver perso la capacità (o la voglia) di controllare tutti i personaggi dei suoi affreschi, e finisce per concentrarsi - ottenendone il meglio - solo su alcuni.

Fortuna di essere donna, La **½ (Italia/Francia 1956, b/n, 100') Alessandro Blasetti. Con Sophia Loren, Marcello Mastroianni, Charles Boyer, Nino Besozzi, Titina De Filippo, Elisa Cegani, Memmo Carotenuto, Giustino Durano, Mario Scaccia. ◆ Antonietta (Loren), dopo aver scoperto la propria foto sulla copertina di una rivista, vorrebbe far causa al fotografo (Mastroianni), ma poi finisce per innamorarsene. Sceneggiato da Suso Cecchi d'Amico, Ennio Flaiano e Sandro Continenza, il film è una satira del cinico ed equivoco ambiente cinematografico, stemperata nell'indulgenza di una commedia godibile e (non molto) spregiudicata fatta su misura per una

Loren tenera e altezzosa, che ancheggia come solo lei sa fare.

Fortuna è bionda, La *½ (*Slighty Dangerous*, Usa 1943, b/n, 94') Wesley Ruggles. Con Lana Turner, Robert Young, Walter Brennan, Dame May Whitty, Eugene Pallette, Alan Mowbray. ◆ Un'intraprendente commessa (Turner), vittima di un incidente, simula un'amnesia e viene scambiata per la figlia di un milionario, rapita anni prima. Commedia leggera pressoché inconsistente, costruita sulla bellezza patinata della Turner e recuperata in qualche modo dall'impegno di un cast di buon livello.

Fortuna sfacciata, Una ** (*Outrageous Fortune*, Usa 1987, col, 99') Arthur Hiller. Con Shelley Long, Bette Midler, Peter Coyote, Robert Prosky, John Schuck, George Carlin. ◆ Una coppia mal assortita di ragazze (Long e Miller), sembra preoccupata di litigare continuamente mentre rincorre per il mondo il giovanotto che le ha imbrogliate. Cercando di recuperare la lezione comica della coppia Lemmon e Matthau, Hiller e lo sceneggiatore Leslie Dixon costruiscono una commedia veloce con battute salaci, qualche buona gag e molta musica giovanilistica, da Patty LaBelle agli Eurythmics.

Fortuna si diverte, La ** (*The Jackpot*, Usa 1950, b/n, 85') Walter Lang. Con James Stewart, Barbara Hale, James Gleason, Fred Clark, Lyle Talbot, Natalie Wood. ◆ Vincere alla radio 24 mila dollari in oggetti può complicare la vita quando il fisco ne vuole 7 mila di tasse e per procurarseli si finisce in una retata della polizia. James Stewart è nel suo classico ruolo di cittadino medio, in una satira brillante ma, alla lunga, tediosa, dell'american way of life.

Fortuna viene dal cielo, La * (Italia 1942, b/n, 80') Akos Ratoni [Rathonyi]. Con Vera Carmi, Roberto Villa, Sandro Ruffini, Anna Magnani, Franco Coop, Guglielmo Sinaz, Romolo Costa, Claudio Ermelli, Nicola Maldacea. ◆ Rubato da un ladro (Sinaz), il gioiello che l'avvocato Pap (Ruffini) aveva regalato alla fidanzata Anna Illes (Carmi) finisce prima nelle mani di Zizì (Magnani) e poi in quelle di Andrea (Villa), l'uomo che era con lei in un locale notturno; il che scatena una serie di equivoci che fanno rompere il fidanzamento tra Anna e l'avvocato, ma fanno nascere quello con Andrea. Fiacca commedia degli equivoci di ambientazione ungherese, scritta da Sergio Pugliese e, non accreditato, Alessandro De Stefani: solo la Magnani – il cui personaggio non fa mistero della propria ambigua «attività» notturna – riesce a trasmettere un po' di esuberante realismo a una recitazione altrimenti senza grazia.

Fortunella ** (Italia/Francia 1958, b/n, 101') Eduardo De Filippo. Con Giulietta Masina, Alberto Sordi, Paul Douglas, Franca Marzi, Carlo Dapporto, Carlo Delle Piane. ◆ Le disavventure dell'ingenua Nanda Diotallevi detta Fortunella (Masina), divisa fra l'amore per un rigattiere traditore (Sordi), l'incerta esistenza con una scalcinata compagnia di guitti e il sogno di un riscatto impossibile con il presunto padre nobile e ricco. Fellinismo senza Fellini (solo soggettista e sceneggiatore con Flaiano, Pinelli e De Filippo) che la regia di De Filippo, pure fantasiosa e allegra, non riesce a tradurre che in una sequenza poco amalgamata di frammenti. La Masina e Sordi, a tratti, riescono comunque a esprimersi in autentici pezzi di bravura. Eduardo interpreta la parte del capocomico.

Fort Washington – Vita da cani ** (*The Saint of Fort Washington*, Usa 1993, col, 103') Tim Hunter. Con Matt Dillon, Danny Glover, Rick Aviles, Nina Siemaszko, Ving Rhames, Joe Seneca, Adam Trese. ◆ Rimasto senza casa per colpa degli speculatori edilizi, il giovane e disturbato fotografo Matthew (Dillon) impara a sopravvivere per le strade e nei rifugi dei barboni (il «Fort Washington» del titolo). Per sua fortuna viene protetto dal nero Jerry (Glover), veterano del Vietnam: lo saprà ripagare con la sua generosità d'animo e il suo talento di pranoterapeuta. Realismo documentario con annessa denuncia del neopauperismo degli anni Novanta, favola senza lieto fine, confortante parabola sull'amicizia interrazziale tra diseredati: c'è troppa carne al fuoco nella sceneggiatura di Lyle Kessler perché suoni convincente. Lo spaccato della New York dei senza tetto è comunque impressionante, e la fotografia di Frederick Elmes (e le interpretazioni calibrate) rendono digeribile il sentimentalismo di fondo.

Forza bruta *** (*Brute Force*, Usa 1947, b/n, 98') Jules Dassin. Con Burt Lancaster, Hume Cronyn, Charles Bickford, Yvonne De Carlo, Howard Duff, Jeff Corey, Ann Blyth. ◆ Nella prigione di Westgate, tenuta in pugno da un sadico capo delle guardie, il capitano Munsey (Bickford), un gruppo di prigionieri guidati da Joe Collins (Lancaster) organizza una fuga: il tentativo finirà in una carneficina, ma prima di morire Collins riuscirà a far precipitare Munsey nel vuoto. Capolavoro hollywoodiano di Dassin prima del suo forzato esilio nell'era maccartista, disperato apologo sull'impossibilità della liberazione per l'uomo, «prigioniero fino alla morte dei suoi ricordi (molti flashback insistono su questo aspetto), delle sue debolezze e delle sue ossessioni». Autentica pietra miliare del filone carcerario, il film è sostenuto da una sceneggiatura impeccabile di Richard Brooks.

Forza dei sentimenti, La ** (*Die Macht der Gefühle*, Rft 1983, col, 115') Alexander Kluge. Con Hannelore Hoger, Alexander Kluge, Edgar Böhlke, Klaus Wenneman, Erwin Scherschel, Beate Holle. ◆ Kluge assembla materiali diversi – spezzoni del cinema classico tedesco, personaggi della vita culturale e politica, incursioni dietro le quinte dell'opera lirica – per scavare alle radici del melodramma (uno dei luoghi del film è «una fabbrica di sentimenti intensificati») e dimostrare come il sentimento sia solo frutto dell'ipocrisia del potere che di esso si serve come strumento retorico di legittimazione. Un film programmaticamente difficile che finisce per essere un'opera «fredda, quasi glaciale, che non si cura della narrazione, ma dove le varie scene sono piuttosto delle ipotesi di percorso, che spetta all'intelligenza e alla cultura dello spettatore approfondire».

Forza del destino, La **½ (Italia 1950, b/n, 104') Carmine Gallone. Con Nelly Corradi, Gino Sinimberghi, Tito Gobbi, Giulio Neri, Vito De Taranto, Mira

Vargas, John Kitzmiller, Fausto Tommei, Nerio Bernardi. ◆ Involontario responsabile della morte del padre dell'amata Leonora (Corradi), don Alvaro (Sinimberghi) deve fuggire inseguito da don Carlos (Gobbi): lei si ritira in convento, lui entra nell'esercito spagnolo, ma non potranno sfuggire al loro tragico destino. Il migliore dei film-opera di Gallone, che per mettere adeguatamente in scena il capolavoro verdiano non trascura nessuna delle risorse offerte dal cinema, «alternando continuamente toni e generi, dall'eroico al grottesco, dal mistico al melodrammatico, dal comico all'elegiaco, con persino una scena "neorealista" per il coro dei mendicanti». E a dimostrare che il cinema non è altro che l'estensione dell'opera nello spazio e nel tempo introduce il racconto con la figura del poeta seicentesco Angelo Saavedra (Bernardi), autore del dramma a cui Verdi e Piave si erano ispirati, e poi con un ulteriore flashback, ancora più indietro nel tempo, nel Perù degli Incas, per rievocare la cupa vicenda che lo avrebbe ispirato a scrivere – come mostra l'ultima inquadratura del prologo – il dramma della «forza del destino».

Forza dell'amore, La *½ (*The Bride Walks Out*, Usa 1936, b/n, 75') Leigh Jason. Con Barbara Stanwyck, Gene Raymond, Robert Young, Ned Sparks, Helen Broderick. ◆ Per godersi i lussi che il marito (Raymond) non può garantirle, l'ex indossatrice (Stanwyck) lavora di nascosto. L'uomo scopre l'inganno e dopo il divorzio accetta un lavoro pericoloso per riconquistarla. Una commedia gradevole ma di scarso spessore scaneggiata da P. J. Wolfson e Philip G. Epstein. Particina per Ward Bond come autista di taxi.

Forza del singolo, La ** (*The Power of One*, Usa 1992, col, 127') John G. Avildsen. Con Stephen Dorff, Armin Müller-Stahl, Morgan Freeman, John Gielgud, Maria Marais, Guy Witcher, Simon Fenton. ◆ Sudafrica, 1930: rimasto orfano, un ragazzino inglese chiamato P.K. (Witcher) viene mandato in un collegio di afrikaner filonazisti, dove subisce continue umiliazioni fino a quando un anziano amico del nonno, Doc (Müller-Stahl), non lo manda a lezioni di boxe da un ex carcerato di colore (Freeman). Diventato adulto in un clima di pesante razzismo, che via via gli sottrae le persone amate, alla fine P.K. (Dorff) rinuncia all'università di Oxford per andare a Pretoria, dove si dedicherà alla lotta contro l'apartheid. Dall'omonimo romanzo di Bryce Courtenay, un cineromanzo di formazione a base di sentimenti forti e passioni civili, raccontato con piglio paternalistico-impegnato e un gusto per la messinscena un po' rétro. Nel suo genere non è male, e sembra quasi la sintesi del cinema precedente del regista: il pugilato di *Rocky*, gli insegnamenti di *Karaté Kid* e i conflitti razziali di *Joe*. Sir John Gielgud fa il preside del liceo.

Forza 10 da Navarone * (*Force 10 From Navarone*, Gb 1978, col, 123') Guy Hamilton. Con Robert Shaw, Barbara Bach, Franco Nero, Harrison Ford, Edward Fox, Carl Wheathers. ◆ Un gruppo di sabotatori viene mandato in Jugoslavia dove, con l'aiuto dei partigiani, deve eliminare un agente tedesco e far saltare un ponte. Grande dispiego di mezzi per un film che ricicla piattamente luoghi comuni del cinema bellico e western, aspirando a una qualche continuità con il classico *I cannoni di Navarone*.

Forza d'urto *½ (*Stone Cold*, Usa 1991, col, 93') Craig R. Baxley. Con Brian Bosworth, Lance Henriksen, William Forsythe, Arabella Holzborg. ◆ Chioma bionda sulle spalle, il giustiziere di turno (Bosworth) se la vede con una setta satanica di motociclisti. Sequenze d'azione ben girate, ma confezione da telefilm: per chi si accontenta. Tentativo di lanciare Bosworth, star del football americano.

Forza Italia! ** (Italia 1977, col, 95') Roberto Faenza. ◆ Film di montaggio che ripercorre trent'anni di potere democristiano, dal viaggio di De Gasperi in America (1947) al congresso Dc di Roma (1976), attraverso i comizi di padre Lombardi, i mutilatini di don Gnocchi, i rapporti tra Fanfani e Bernabei, la sciagura del Vajont, la strage alla Banca dell'Agricoltura, la campagna contro il divorzio. Sceneggiato dai giornalisti Antonio Padellaro e Carlo Rossella, il film accosta scene e dichiarazioni registrate in momenti differenti per sottolinearne l'incongruenza, la falsità o la tragica comicità (come per i commenti di Rumor prima e dopo la disgrazia del Vajont). Ne esce un graffiante pamphlet politico, che se in certi momenti rischia di scivolare in un facile spirito goliardico, più spesso mette in campo una salutare ferocia contro la politica italiana. Esilaranti le scene del congresso democristiano del 1976 (girate dalla televisione elvetica) che non censurano gli scongiuri «manuali» dell'allora capo di Stato Giovanni Leone.

Forza maggiore **½ (*Force majeure*, Francia 1989, col, 83') Pierre Jolivet. Con François Cluzet, Patrick Bruel, Kristin Scott-Thomas, Alan Bates, Sabine Haudepin, Thom Hoffman. ◆ Hans (Hoffman) sta per essere giustiziato in un paese orientale perché trovato in possesso di troppo hashish: si può salvare solo se i suoi due compagni di viaggio – il matematico Philippe (Bruel) e il fannullone Daniel (Cluzet) – tornano e si costituiscono. Ma perché sacrificare qualche anno di vita per una conoscenza occasionale? La sceneggiatura del regista e di Olivier Schatzky propone un classico dilemma morale, con la suspense e gli imprevisti del caso. La soluzione, a pensarci bene, è una scelta obbligata, ma il percorso per arrivarci è disseminato di dubbi e notazioni non banali. Remake americano col titolo *Il tempo di decidere* (1998).

Forzate il blocco *½ (*Stand By for Action*, rititolato *Cargo of Innocents*, Usa 1942, b/n, 109') Robert Z. Leonard. Con Robert Taylor, Brian Donlevy, Charles Laughton, Walter Brennan, Henry O'Neill, Marilyn Maxwell, Chill Wills, Douglass Doumbille, Richard Quine. ◆ Lo svezzamento bellico di un ufficiale di Harvard (Taylor) su un vecchio cacciatorpediniere che, già carico di azioni e onore, imbarca un gruppo di naufraghi e si lancia in una valorosa impresa coprendosi di gloria. Patriottismo, sentimenti e azione in un film di propaganda bellica girato con discreto mestiere e interpretato da un Taylor maturo e ispirato. Sceneggiatura di George Bruce, John Balderston e Herman Mankiewicz su un soggetto di Harvey Haislip e R.C. Sherriff.

Forzati della gloria, I *** (*The Story of G.I. Joe*, Usa 1945, b/n, 109') William A. Wellman. Con Burgess Meredith, Robert Mitchum, Wally Cassel, Jimmy Lloyd. ◆ Le memorie del grande corrispondente di guerra Ernie Pyle (sceneggiate da Leopold Atlas, Guy Endore e Philip Stevenson) ispirano la vicenda di questo reporter (Meredith) che segue dal Nordafrica a Roma una compagnia dell'esercito Usa, guidata da un tenente (Mitchum) che cura i suoi uomini come figli. Gli intendimenti patriottici, che infiammarono l'entusiasmo del presidente Eisenhower, non soffocano il film, che fondendo il populismo di Wellman con il calore umano degli articoli di Pyle riesce a trasmettere senza enfasi il senso della routine giornaliera del soldato. Il film consacrò il valore di Mitchum.

Forzati del mare, I **½ (*Two Years Before the Mast*, Usa 1946, b/n, 98') John Farrow. Con Alan Ladd, Brian Donlevy, William Bendix, Barry Fitzgerald, Howard da Silva, Esther Fernandez, Albert Dekker. ◆ Il figlio di un armatore, imbarcato come semplice marinaio (Ladd), si ribella all'inumana disciplina imposta da un tirannico capitano (da Silva): gli ammutinati vengono assolti e il codice di navigazione cambiato. Il primo e il migliore dei film d'ambiente marinaro diretti da Farrow, tratto da un romanzo autobiografico di Richard Henry Dana (nel film interpretato da Donlevy), dove si mescolano azione, individualismo irriducibile e un cast di prim'ordine. Se la sceneggiatura (di Seton I. Miller e George Bruce) ha qualche smagliatura, la regia di Farrow dà consistenza al film, spostando il nucleo drammatico del film sul ruolo del capitano, cui Howard da Silva riesce a dare nuova forza «rinnovando un personaggio stereotipato e la cui morte fuori campo è un colpo di grande regia». Straordinario l'inizio con una serie di piani sequenza che introducono l'azione (il cavaliere che arriva alla villa e si unisce alla conversazione dei presenti) e poi presentano in movimento i personaggi, la folla del porto e infine l'armatore che, salendo sul Pilgrim per discutere con il comandante, permette allo spettatore di vedere l'insieme della nave.

Forzato, Il ** (*Great Expectations*, Usa 1934, b/n, 100') Stuart Walker. Con George Breakstone, Henry Hull, Phillips Holmes, Jane Wyatt, Valerie Hobson, Francis L. Sullivan, Florence Reed, Alan Hale, Rafaela Ottiano. ◆ Il giovane Pip (Breakstone per gli anni della fanciullezza e poi Holmes) mantenuto in incognito da un ex galeotto (Hull), non può sposare la ragazza (Wyatt) che ama, cresciuta dalla matrigna nell'odio per gli uomini. Prima trasposizione, sceneggiata da Gladys Unger e sufficientemente dignitosa, del romanzo dickensiano *Grandi speranze*, ridotto per lo schermo con ben maggiore intensità da David Lean nel 1946 (*Grandi speranze*) e poi da Joseph Hardy nel 1974 (*Tutto mi porta a te*). Da notare che sia *Il forzato* che *Grandi speranze* utilizzano Francis L. Sullivan per il ruolo di Jaggers.

Forze aeree → *Arcipelago in fiamme*

Forze del male, Le *** (*Force of Evil*, Usa 1948, b/n, 78') Abraham Polonsky. Con John Garfield, Thomas Gomez, Beatrice Pearson, Marie Windsor, Roy Roberts. ◆ Un avvocato di successo, Joe Morse (Garfield) lavora per una gang di allibratori ma, quando il fratello (Gomez) viene ammazzato perché rifiuta di entrare nel racket, si ribella e segna il suo destino. Scritto dal regista con Ira Wolfert e prodotto con l'aiuto determinante di Garfield, il film (ricco di rimandi alla cultura ebraica) è costruito come «una parabola biblica su Caino e Abele», dove uno schema narrativo solo apparentemente noir denuncia l'ambiguo ordine della società capitalistica, riflesso speculare della malavita e del gangsterismo. Indimenticabile John Garfield «cavaliere nero dell'America, criminale perché irresponsabile, innocente perché un ordine superiore l'ha trasformato». Allontanato da Hollywood perché finito sulla «lista nera» del senatore McCarthy, Polonsky (al quale, in parte, è ispirato il protagonista di *Indiziato di reato*, diretto da Irvin Winkler) non poté più girare un film fino al 1969, quando diresse *Ucciderò Willie Kid*.

Fossa dei dannati ** (*Make Haste to Live*, Usa 1954, b/n, 90') William A. Seiter. Con Dorothy McGuire, Stephen McNally, Mary Murphy, Edgar Buchanan, John Howard. ◆ Un malvivente (McNally), condannato per tentato uxoricidio, torna dopo anni dalla moglie (McGuire) spacciandosi per il fratello, con l'intenzione di vendicarsi sulla figlia di lei. Inquieto melodramma ottimamente sostenuto dall'intenso e credibile temperamento drammatico di Dorothy McGuire.

Fossa dei disperati, La *** (*La Tête contre le murs*, Francia 1958, b/n, 92') Georges Franju. Con Jean-Pierre Mocky, Pierre Brasseur, Paul Meurisse, Anouk Aimée, Charles Aznavour, Jean Galland, Edith Scob. ◆ Un celebre avvocato fa rinchiudere in manicomio il proprio figlio François (Mocky), ribelle e instabile. Qui diventa amico di un giovane epilettico (Aznavour) e con lui tenta una fuga destinata a finire tragicamente. Tratto da un romanzo di Hervé Bazin e sceneggiato da Jean-Pierre Mocky (che non lo diresse perché la produzione aveva paura di affidarsi a un esordiente), il film è un manifesto libertario splendidamente fotografato da Eugen Shuftan, nel quale lo scontro tra due concezioni della medicina – quella tradizionalista del dottor Varmont (Brasseur) e quella più liberale del dottor Emery (Meurisse) – si trasforma in un «disperato grido di rivolta e di libertà». Straordinaria la prova di tutto il cast, su cui emergono uno sconvolgente Aznavour, qui al suo esordio al cinema, e la fragile apparizione di Edith Scob nel ruolo della ninfomane. È una delle opere che aprono la strada all'affermarsi della Nouvelle Vague, definita dall'entusiasta Godard «un film pazzo sui pazzi e quindi d'una bellezza pazza».

Fossa dei peccati, La *½ (*Another Man's Poison*, Usa 1952, b/n, 89') Irving Rapper. Con Bette Davis, Gary Merrill, Anthony Steel, Emlyn Williams. ◆ Nella brughiera inglese una scrittrice di gialli (Davis) ammazza tranquillamente il marito per poi impazzire e avvelenare il complice (Merrill) quando questi spara al suo amato cavallo azzoppato. La Davis riesce a recitare al meglio, producendosi in un'interpretazione estremamente intensa e manierata, in un film di rara bruttezza, con una sceneggiatura completamente insensata e ridondante di Val Guest. La Davis e Merrill allora erano sposati.

Fossa dei serpenti, La *** (*The Snake Pit*, Usa 1948, b/n, 108') Anatole Litvak. Con Olivia de Havilland, Leo Genn, Mark Stevens, Celeste Holm, Leif Erickson, Helen Craig, Beulah Bondi, Ruth Donnelly, Betsy Blair. ◆ La fossa dei serpenti è il reparto dei malati più gravi del manicomio dove una giovane sposa, Virginia Cunningham (de Havilland), colta da improvvisa amnesia, viene sollecitata con forti shock emotivi a ricostruire il proprio passato. Cruda rappresentazione della vita manicomiale nel primo film che affronta in maniera centrale il tema della follia. Tratto dal romanzo di Mary Jane Ward (i cui diritti erano stati comprati da Litvak ancora prima della sua uscita), sceneggiato da Frank Partos e Millen Brand e prodotto non senza problemi da Zanuk, il film affronta molti argomenti (i progressi e i regressi della cura, il rapporto privilegiato che si instaura con un medico, le implicazioni sociali dell'istituzione psichiatrica, la crudeltà o la stupidità di molto personale sanitario) e lo fa con un vigore, un'attenzione ai dettagli e una passione che fanno dimenticare qualche schematismo di troppo nel trattare i temi psicoanalitici. Intensissima e indimenticabile Olivia de Havilland, in una delle sue migliori interpretazioni.

Foto di Gioia, Le * (Italia 1987, col, 94') Lamberto Bava. Con Serena Grandi, Capucine [Germaine Lefèbvre], Daria Nicolodi, Sabrina Salerno, George Eastman [Luigi Montefiore]. ◆ Una serie di barbari omicidi nella propria villa-studio terrorizzano la piacente proprietaria (Grandi) di una rivista per soli uomini. Bizzarra miscellanea di thriller con opinabili citazioni hitchcockiane (il ragazzo paralizzato che osserva dalla villa accanto) e softcore snervante con annesse banalità e recitazione tragica: perfetto per deludere tutti.

Fotografando Patrizia * (Italia 1984, col, 91') Salvatore Samperi. Con Monica Guerritore, Lorenzo Lena, Gianfranco Manfredi, Gilla Novak, Saverio Vallone. ◆ Sesso raccontato e spiato attraverso un'attrazione torbida tra una sensuale donna di successo (Guerritore) e il fratello minore (Lena) introverso, ipocondriaco e pornofilo. Protagonista sprecata, ambientazioni suggestive ma sfruttatissime (Venezia e dintorni, o sontuosi e claustrofobici interni), citazioni letterarie e non, per un giochino patinato più patologico che intrigante sceneggiato dal regista con Riccardo Ghione ed Edith Bruck, che fa rimpiangere *Grazie Zia* o *Malizia*.

Fotos * (*Fotos*, Spagna 1996, 91') Elio Quiroga. Con Mercedes Ortega, Gustavo Salmerón, Miky [Miguel] Molina, Amparo Muñoz, Diana Peñalver, Simón Andreu, Maria Asquerino. ◆ Una ragazza sessuofoba (Ortega) si innamora di uno spogliarellista (Salmerón) vittima di genitori sadomaso: ed entrambi capiscono che saranno felici se potranno cambiare sesso. Quanti danni ha fatto Almodóvar! Cinefilia da quattro soldi, goffi eccessi melodrammatici che sboccano in un ridicolo rigorosamente involontario. Un doppiaggio allucinante finisce la frittata.

Four Rooms ° (*Four Rooms*, Usa 1995, col, 97') Allison Anders, Alexandre Rockwell, Robert Rodriguez, Quentin Tarantino. Film a episodi ambientati in un albergo. ◆ In *Strano intruglio* (di Allison Anders, con Tim Roth, Madonna [Luisa Veronica Ciccone], Valeria Golino, Lili Taylor, Alicia Witt, Sammi Davis, Ione Skye, Amanda deCadenet) una congrega di streghe ha bisogno di sperma fresco per evocare la loro dea; il portiere di notte Ted (Roth) provvede. In *L'uomo sbagliato* (di Alexandre Rockwell, con Tim Roth, Jennifer Beals, David Proval) una coppia sado-maso coinvolge Ted nelle sue recite. In *I cattivi* (di Robert Rodriguez, con Tim Roth, Antonio Banderas, Tamlyn Tomita, Lana McKissack, Danny Verduzco, Patricia Vonne Rodriguez) due bambini pestiferi, lasciati soli dai genitori, si ribellano alla sorveglianza di Ted, scoprono un cadavere, danno fiamme alla loro stanza e altro ancora. In *L'uomo di Hollywood* (di Quentin Tarantino, con Tim Roth, Quentin Tarantino, Bruce Willis, Jennifer Beals, Paul Calderon), ispirandosi a un vecchio telefilm di Hitchcock (*L'uomo del Sud*), un regista di successo (Tarantino) fa una scommessa con un suo amico (Calderon): se questi riuscirà ad accendere uno Zippo dieci volte di seguito, vincerà una Chevrolet del 964 e salverà il proprio mignolo. Spreco di talento o sintomo di impasse creativa? Quello che doveva essere un *divertissement* è un collage di sketch imbarazzanti (Anders) e noiosi (Rockwell), che solo a tratti tirano il sorriso (Rodriguez) e lasciano comunque il sospetto della presa per i fondelli (l'episodio di Tarantino è una barzelletta tirata per le lunghe). L'unico brio, più che dai cachinni di Roth, viene dalla colonna sonora dei Combustible Edison, che assemblano e rifanno classici della musica *exotica* degli anni Sessanta. Marisa Tomei è la ragazza strafatta al telefono.

Fourth Story * (*Fourth Story*, Usa 1991, col, 91') Ivan Passer. Con Mimi Rogers, Mark Harmon, Cliff DeYoung, Paul Gleason, M. Emmet Walsh, Michael Boatman, Eric Menyuk, Janet Gilmore. ◆ Valerie McCoughlin (Rogers), alla ricerca del marito (DeYoung) misteriosamente scomparso, si rivolge a un detective privato (Harmon) che, si scopre pian piano, ha avuto lo stesso trauma infantile del coniuge scomparso. Arrivare alla scontata soluzione dell'enigma è lasciato allo spettatore di buona volontà, disposto a sorbirsi divagazioni da giallo-rosa e goffi intermezzi (si fa per dire) erotici. Harmon mostra le chiappe. Decadenza di un regista interessante. Passato in Tv col titolo *Il sapore dell'inganno.*

Foxtrot ** (*Foxtrot*, Messico/Gb 1976, col, 89') Arturo Ripstein. Con Peter O'Toole, Charlotte Rampling, Max von Sydow, Jorge Luke, Claudio Brook, Helena Rojo, Max Kerlow, Christa Walter. ◆ Nell'estate del 1939, il nobile rumeno Liviu Milescu (O'Toole) fugge dall'Europa prossima alla guerra, navigando con la seconda moglie (Rampling) nei mari tropicali. Su uno yacht nero sopraggiunge la prima moglie (Rojo) col marito trafficante d'armi (von Sydow) e la situazione precipita. Il primo film distribuito in Italia di un sottovalutato regista messicano, già assistente di Buñuel: non è la sua opera migliore, troppo dialogata per essere davvero coinvolgente, ma la storia di questi anti-Robinson Crusoe, che sperano di fuggire alla violenza della guerra e non si accorgono che la vera violenza è dentro di loro, è più interessante di quanto l'assortito cast internazionale faccia pensare. Sceneggiatura di José Emilio Pacheco, H.A.L. Craig e Ripstein.

F per Falso **½ (*F for Fake*, Francia/Iran 1975, col e b/n, 85') Orson Welles. Con Orson Welles, Oja Kodar, François Reichenbach, Joseph Cotten, Elmyr de Hory, Laurence Harvey, Richard Wilson. ◆ L'inchiesta sul falsario ungherese Elmyr de Hory, specializzato in dipinti postimpressionisti, si intreccia con quella su Clifford Irving (il giornalista che sosteneva di aver incontrato Howard Hughes e di essere entrato in possesso della sua autobiografia) e diventa una riflessione più generale sul ruolo dell'arte e sui suoi rapporti con la realtà condotta da Welles in prima persona rievocando la propria carriera. Pensato a partire da un documentario incompiuto di François Reichenbach sui falsari, il film è un brillantissimo, ma disilluso, testamento sull'inutilità dell'arte, a cui non sembra disposto a concedere alcuna funzione sociale, storica o culturale. Da questa riflessione «verbosa, narcisistica, incontinente ma affascinante» sui rapporti tra arte e vita Welles esce come un abilissimo falsario che paragona il cinema a «un gioco di furbi castelli e specchi e rimandi»: come dice lui stesso, «la mia carriera è cominciata con un falso, l'invasione dei marziani. Avrei dovuto andare in prigione. Non devo lamentarmi: sono finito a Hollywood!». Il montaggio pirotecnico, poi (foto fisse, disegni, immagini di repertorio, riprese documentarie: comunque materiali «poveri»), ingigantisce e aumenta gli aspetti di struggente, autobiografica malinconia del film, ennesima dichiarazione di sconfitta di un regista che sembra divertirsi a prendere le distanze dalla propria opera e da se stesso.

Fracchia contro Dracula *½ (Italia 1985, col, 94') Neri Parenti. Con Paolo Villaggio, Edmund Purdom, Gigi Reder, Anja Pieroni, Isabella Ferrari, Giuseppe Cederna. ◆ Giandomenico Fracchia (Villaggio), sventurato agente immobiliare, accompagna il ragionier Filini (Reder) a visitare un «convenientissimo» castello in Transilvania, e si ritrova a vivere ore di terrore e assurdità tra la corte di vampiri e mostri del conte Dracula (Purdom) e di sua sorella Onoria (Pieroni). Tutti i luoghi comuni del genere (compreso un improbabile Frankenstein) in una parodia non incalzante ma piuttosto graziosa, simpaticamente sconnessa.

Fracchia la belva umana *½ (Italia 1981, col, 99') Neri Parenti. Con Paolo Villaggio, Lino Banfi, Anna Mazzamauro, Massimo Boldi, Gigi Reder, Gianni Agus, Francesco Salvi. ◆ Apocalittica variante del fordiano *Tutta la città ne parla*, con Villaggio nella duplice veste dello spietato gangster e del suo malcapitato sosia Giandomenico Fracchia che messo davanti al vero bandito lo chiama, da umilissimo travet, «Dottor belva umana». Neppure la morte renderà giustizia al povero Fracchia che strappa comunque un sufficiente numero di risate.

Fra Diavolo ** (*Fra Diavolo*, Usa 1933, b/n, 88') Hal Roach, Charles R. Rogers. Con Stan Laurel, Oliver Hardy, Dennis King, Thelma Todd, James Finlayson, Henry Armetta, Lucille Brown. ◆ Trasformatisi in banditi per recuperare i soldi che erano stati loro rubati, Stanlio e Ollio tentano di derubare il terribile bandito Fra Diavolo (King) che risparmierà loro la vita solo se i due collaboreranno a derubare Lord Rockburg (Finlayson). Ma la loro sbadataggine manderà a monte il piano. Uno dei più celebri lungometraggi della coppia, ma non il più bello per la poco riuscita commistione tra commedia e momenti da operetta (la storia è ispirata all'omonima opera comica di Daniel F. Auber e Laurel e Hardy reinventano i ruoli di Giacomo e Beppo). Da antologia, comunque, il giochino d'abilità con le mani in cui si esibisce Stanlio, oltre a due belle scene di riso collettivo e di ubriacatura. Il film durava in origine 117' ma fu ridotto a 88' dopo l'anteprima.

Fra Diavolo * (Italia 1942, b/n, 88') Luigi Zampa. Con Enzo Fiermonte, Laura Nucci, Elsa De Giorgi, Carlo Romano, Cesare Bettarini, Agostino Salvetti. ◆ Michele Pezza detto Fra Diavolo (Fiermonte), brigante sanfedista al soldo dei Borboni, contrasta l'avanzata francese in Campania e, dopo una pausa d'ozio e ricchezza, riprende le armi contro la seconda ondata napoleonica, entrando nella leggenda. Mediocre biografia romanzata di un efferato criminale, sceneggiata dal regista con la collaborazione di Nicola Marzari a partire dal lavoro teatrale di Luigi Bonelli e Giuseppe Romualdi, molto idealizzata per farne un generoso difensore della libertà di Napoli contro francesi e inglesi (come richiedevano i tempi di guerra) e giocata sulla prestanza del popolare protagonista.

Fra due donne * (*Between Two Women*, Usa 1944, b/n, 83') Willis Goldbeck. Con Lionel Barrymore, Van Johnson, Gloria DeHaven, Keenan Wynn, Marilyn Maxwell, Keye Luke, Alma Kruger, Walter Kingsford, Marie Blake, Nell Craig. ◆ Il dottor Adams (Johnson) fa ingelosire la fidanzata (Maxwell) dedicando troppo tempo a guarire una bella ballerina (DeHaven). Insulsa commediola di ambiente medico che riprende i personaggi inventati da Max Brand per le avventure del dottor Kildare, senza però il protagonista, licenziato due anni prima dalla Mgm perché si era dichiarato obiettore di coscienza. Restano però tutti i personaggi della fortunata serie, a cominciare dal dottor Gillespie (Barrymore) fino alle infermiere Molly (Kruger) e Parker (Craig), al capo dell'ospedale (Kingsford), all'addetta ai centralini Sally (Blake).

Fragile virtù ** (*Easy Virtue*, Gb 1927, b/n, 69') Alfred Hitchcock. Con Isabel Jeans, Robin Irvine, Franklin Dyall, Eric Bransby Williams, Violet Farebrother. ◆ Larita Filton (Jeans) ha divorziato dal marito alcolizzato dopo un processo scandalo, in cui è stata condannata per «libertinaggio» [sic]. Sulla Costa Azzurra si risposa col giovane John Whittaker (Irvine), ignaro del suo passato: ma la suocera la porterà in tribunale un'altra volta. Trarre un film muto da una commedia di Noël Coward è un'impresa ardua anche per Hitchcock, più interessato, in questo caso, ai virtuosismi di montaggio che ai personaggi. Un film tutto sommato fuori dalle corde del maestro, ma con una sequenza da antologia: lo spettatore capisce che Larita accetta la proposta di matrimonio di John, osservando semplicemente le espressioni della telefonista che ascolta di soppiatto la loro conversazione.

Fragola e cioccolato **½ (*Fresa y Chocholate*, Cuba/Messico/Spagna 1993, col, 110') Tomás Gutiérrez Alea, Juan Carlos Tabío. Con Jorge Perugorría, Vladimir Cruz, Mirta Ibarra, Francisco Gattorno, Joel Angelino, Marilyn Solaya. ◆ L'Avana, 1979: al caffè Coppelia, David (Cruz), studente di sociologia e militante comunista appena lasciato dalla fidanzata, fa amicizia con Diego (Perugorría), un ex professore gay che organizza mostre d'arte. Sebbene intimorito dall'omosessualità di Diego, David è affascinato dal suo stile di vita tutto whisky e cultura. Alla fine l'intellettuale lascerà Cuba e lo studente avrà la sua prima relazione con una donna (Ibarra). Da un racconto breve di Senel Paz, una commedia, a tratti amara, che denuncia il machismo e l'intolleranza omofobica del regime castrista (anche Nestor Almendros andò in esilio volontario), diretta dal più importante e «rivoluzionario» regista cubano, Alea (classe 1928, fondatore dell'Istituto del Cinema Cubano, autore di *Storie della Rivoluzione*, il *Paisà* cubano) con l'aiuto del suo giovane allievo Tabío a causa di una malattia sopravvenuta durante le riprese. Fragola e cioccolato sono i gusti di gelato preferiti rispettivamente dai gay (o dalle donne) e dagli «uomini veri». Grande successo in patria e Orso d'argento più premio speciale della giuria a Berlino '94.

Fragole e sangue ** (*The Strawberry Statement*, Usa 1970, col, 103') Stuart Hagmann. Con Bruce Davison, Kim Darby, Bud Cort, Murray MacLeod, James Coco. ◆ Amore e rivoluzione, durante un'occupazione universitaria vista dalla parte dell'occhialuto studente Simon (Cort). Dopo il successo di *Easy Rider* le major hollywoodiane scoprono il business della contestazione giovanile in versione edulcorata con sottofondo westcoastiano-beatlesiano. Ma la brutale carica poliziesca finale contro gli studenti che scandiscono *Give Peace a Chance* può ancora accendere gli animi libertari. Lo sceneggiatore Israel Horowitz appare nella parte del dottor Benton.

Fra i giganti ** (*Among Giants*, Gb 1998, col, 93') Sam Miller. Con Pete Postlethwaite, Rachel Griffiths, James Thornton, Lennie James, Andy Serkis. ◆ Yorkshire: il maturo caposquadra Ray (Postlethwaite) si innamora della giovane giramondo australiana Gerry (Griffiths), che ha assunto a riverniciare tralicci, soffiandola allo sbruffone Steve (Thornton): quanto durerà? Prima di *Full Monty*, lo sceneggiatore Stephen Garrett imbastisce attorno ad alcuni simpatici proletari provati dalla vita una drammaturgia assai convenzionale, a base di triangoli e sensi di colpa. La tragedia è solo sfiorata, mentre la confezione è tirata a lucido, con tanti bei paesaggi e riprese aeree dell'esordiente regista. Il finto realismo che tanto piace ai produttori di Stato inglesi (c'è di mezzo la Bbc). Per la serie «non è mai troppo tardi»: Postlethwaite *au poil*.

Fra la gente *** (*V ljudjach*, Urss 1939, b/n, 99') Mark Donskoj. Con Alëša Ljarskij, Michail Trojanovskij, Varvara Massalitinova, V. Novikov, I. Kudrjavčev. ◆ Seconda parte della trilogia di Gor'kij (dopo *L'infanzia di Gor'kij* e prima di *Le mie università*). Nel 1880, il tredicenne Aleksej (Ljarskij) compie le sue prime e penose esperienze lavorative: commesso nella lavanderia dello zio (Kudrjavčev), sguattero su un vaporetto, apprendista in un atelier di icone. Comincia anche a interessarsi di letteratura grazie prima a una ricca vicina e poi a un amico cuoco che gli prestano dei libri (*La regina Margot* di Dumas, le opere di Puškin, *Taras Bulba*) ed è testimone dei primi moti rivoluzionari. Dopo un breve ritorno a casa, il ragazzo – incapace di condividere la rassegnazione della nonna (Massalitinova) e incompreso e perseguitato dagli altri – si imbarca. Dei capitoli che compongono la trilogia, questo secondo (sceneggiato dal regista e Il'ja Gruzdev) è il più denso e più lirico di tutti. Vi si coglie il periodo centrale e propriamente formativo del futuro scrittore, il cui percorso intellettuale, già cominciato nell'infanzia, ora prosegue attraverso il confronto diretto con la dura realtà del mondo esterno, sempre filtrato dal suo sguardo sensibile e critico. Si tratta di un'educazione alla vita avventurosa e completa, in cui ogni aspetto – spirituale, morale e politico – ha la sua fondamentale importanza e in cui l'eroe si prepara gradualmente a passare dalla contemplazione all'azione, dalla compassione alla rivolta. Perciò Donskoj attribuisce a tutti i personaggi che Aleksej incontra, principali o secondari che siano, un rilievo poco comune nelle storie di questo genere, elaborando un affresco umano, sociale e storico-geografico della Russia di fine secolo che si colloca tra i risultati più alti della cinematografia sovietica.

Fra le tue braccia *** (*Cluny Brown*, Usa 1946, b/n, 100') Ernst Lubitsch. Con Charles Boyer, Jennifer Jones, Peter Lawford, Helen Walker, Richard Haydn, C. Aubrey Smith, Reginald Owen, Margaret Bannermann, Sarah Algood, Ernest Cossart, Una O'Connor, Richard Haydn. ◆ 1939: conosciutisi a Londra, la giovane Cluny Brown (Jones), nipote di un idraulico, e lo scrittore cecoslovacco Adam Belinsky (Boyer) si ritrovano nel castello dei Carmel, lui ospite e lei cameriera. Inutile aggiungere che scopriranno di essere fatti l'uno per l'altra. Tratta dal romanzo *La carriera di Cluny* di Margery Sharp, sceneggiato da Samuel Hoffenstein ed Elizabeth Reinhardt, è una deliziosa e disincantata commedia dove lo sguardo di Lubitsch (nell'ultimo film che diresse per intero) si fa più nero e sarcastico. La sua disillusa ferocia non risparmia nessuna classe sociale e il film mette in scena «col rigore langhiano di un ilare entomologo un concentrato di stupidità che avrebbe entusiasmato Flaubert», a cominciare dall'aristocratico sir Henry Carmel (Owen) che a chi vuole «costruire un mondo nuovo e migliore» risponde «Ma perché?». E così è inevitabile che, in un villaggio immobile nei suoi ritmi e nel suo conservatorismo, dovessero incontrarsi la sensuale bellezza di una proletaria e la matura seduzione di un caustico intellettuale, che (come Lubitsch) ha cominciato la sua carriera scrivendo saggi «seri» e la finisce con opere «commerciali».

Fra' Manisco cerca guai... *½ (Italia 1960, b/n, 99') Armando W. Tamburella. Con Aldo Fabrizi, Marisa Merlini, Riccardo Garrone, Luisella Boni, Carlo Croccolo, Nino Vingelli, Maurizio Arena, Vittorio Bottone, Carlo Pisacane, Mimmo Poli, Gigi Reder, Paola Petrini, Mario Meniconi. ◆ 1860: l'arrivo di fra' Pacifico (Fabrizi), ben presto soprannominato fra' Manisco per i suoi modi, e di frate Leone (Croccolo) rimetterà in riga il prepotente don Liborio (Garrone) e permetterà alla figlia Maria (Boni) di sposare l'amato filogaribaldino Giulio (Arena). Sceneggiata da Luigi Angelo Giunta, Pasquale Curatola e Nora de Siebert, una commediola risorgimentale senza pretese (e senza molto interesse) riscattata dalla simpatia di Fabrizi, che in un paio di scontri a sganassoni e panciate anticipa la comicità farsesca di Bud Spencer.

Frammenti di paura ** (*Fragments of Fear*, Gb 1970, col, 95') Richard C. Sarafian. Con David Hemmings, Gayle Hunnicutt, Flora Robson, Wilfrid Hyde-White, Daniel Massey, Adolfo Celi, Roland Culver. ◆ Giovane scrittore ex drogato (Hemmings) indagando sull'assassinio della zia arriverà fino a Pompei per scoprire inquietanti risvolti sulla personalità della buonanima. Un giallo psicologico con atmosfere hitchcockiane dove la buona prova del protagonista e la bella fotografia di Oswald Morris non riescono a far dimenticare una sceneggiatura (di Paul Dehn, tratta da un romanzo di John Bingham) inutilmente effettata, piena di astuzie disoneste e informazioni depistanti, che finiscono per paralizzare una messa in scena interessante.

Frances **½ (*Frances*, Usa 1982, col, 140') Graeme Clifford. Con Jessica Lange, Kim Stanley, Sam Shepard, Bart Burns, Jeffrey De Munn. ◆ La storia vera di Frances Farmer (Lange), attrice brillante e di sinistra, il cui anticonformismo viene tradotto in pazzia dalla brutalità degli studios cinematografici, dalla morbosa ansia di protagonismo della madre (Stanley), dalla compiacenza degli psichiatri. Impacciata e un po' troppo declamatoria la narrazione sceneggiata da Eric Bergren, Christopher DeVore e Nicholas Kazan, ma di una bravura straordinaria Jessica Lange, talmente nella parte da rubare la scena alla Farmer e trasformare il film in un documentario su se stessa. Comparsata per Kevin Costner.

Francesca è mia *½ (Italia 1986, col, 92') Roberto Russo. Con Monica Vitti, Corrado Pani, Pierre Malet, Manuela Gatti. ◆ La vita di un'antiquaria quarantenne (Vitti), che si adatta a vivere uno strano ménage a tre – con il marito (Pani), da cui è separata, e con l'amante di lui (Gatti), di cui è amica – viene sconvolta dall'incontro con un giovane un po' squinternato (Malet), che s'innamora di lei e diventa sempre più possessivo. La mattatrice della commedia all'italiana regge con convinzione un film, sostanzialmente debole, sulla subalternità femminile e l'egoismo maschile. Musica di Tullio De Piscopo.

Francesco **½ (Italia 1989, col, 150') Liliana Cavani. Con Mickey Rourke, Helena Bonham Carter, Andréa Ferréol, Mario Adorf, Fabio Bussotti, Riccardo Di Torrebruna, Paolo Bonacelli. ◆ La vita del benestante di Assisi (Rourke) che rinunciò a ogni bene per dedicarsi ai poveri, attraverso i racconti di Chiara (Bonham Carter) e di alcuni frati che ne stanno scrivendo la biografia a due anni dalla morte. Tornando dopo più di vent'anni sul personaggio con cui esordì alla regia (*Francesco d'Assisi*), la Cavani sceglie il registro mitico senza alcuna concessione all'agiografia tradizionale. Il suo secondo Francesco, molto simile al Cristo, è un outsider, un homeless, un hippie votato alla castità, un ribelle radicale e fondamentalmente solitario, non tanto un santo del XIII secolo quanto un antieroe contemporaneo. La scelta di Rourke si rivela azzeccata per ragioni ben diverse dalla diffusione commerciale: sorprendentemente michelangiolesco nel fisico, verosimilmente più incline all'azione che alla contemplazione, sufficientemente carismatico per spiegare il proselitismo e altrettanto sensuale per rendere plausibile la devota e ricambiata attrazione di Chiara. Splendida la fotografia livida e ricca di controluci di Beppe Lanci, mentre non è sempre puntuale l'ispirata colonna sonora di Vangelis. Soggetto di Liliana Cavani, sceneggiatura della regista e di Roberta Mazzoni: due sensibilità femminili che si avvertono in tutto il film.

Francesco d'Assisi *½ (*Francis of Assisi*, Usa 1961, col, 111') Michael Curtiz. Con Bradford Dillman, Dolores Hart, Stuart Whitman, Eduard Franz, Pedro Armendariz. ◆ La vita del santo (Dillman), dalla giovinezza ricca al rifiuto dei beni terreni, dalla predicazione in solitudine alla fondazione dell'Ordine. Tratto da un romanzo di Louis De Wohl sceneggiato da Eugene Vale, James Forsyth e Jack Thomas e girato in Umbria con mezzi hollywoodiani (3 milioni di dollari), è un ritratto agiografico piuttosto ordinario, in cui il regista rinuncia a una rilettura personale per soddisfare le esigenze del pubblico medio internazionale. Non male il cast, e commovente a tratti l'interpretazione di Dillman.

Francesco d'Assisi **½ (Italia 1966, b/n, 134') Liliana Cavani. Con Lou Castel, Mino Bellei, Marco Bellocchio, Ken Belton, Riccardo Bernardini, Giuseppe Campodifiori. ◆ La vita e le opere del santo dei poveri, secondo una rilettura della vicenda in chiave laica: Francesco d'Assisi (Castel) è presentato come un risoluto oppositore del potere e del denaro e la sua ribellione anticipa le idealità che avrebbero animato il Sessantotto e il dissenso cattolico. Non a caso ha il volto e lo spirito di Lou Castel, personaggio simbolo dell'anticonformismo cinematografico degli anni Sessanta (l'anno precedente era stato il protagonista dei *Pugni in tasca* di Bellocchio). È il film d'esordio della Cavani che firma anche la sceneggiatura con Tullio Pinelli dopo anni di esperienza documentaristica per la tv.

Francesco giullare di Dio ***½ (Italia 1950, b/n, 75') Roberto Rossellini. Con fra' Nazario Gerardi, Aldo Fabrizi, Arabella Lemaître, padre Roberto Sorrentino e altri autentici frati. ◆ Undici episodi tratti dai *Fioretti* e da *La vita di frate Ginepro* raccontano la vita di frate Francesco (Gerardi) e dei suoi compagni religiosi, impegnati a predicare l'amore per ogni piccola cosa terrena e a sopportare le umiliazioni del prossimo. Sceneggiato da Federico Fellini e Brunello

Rondi, il film è composto da una serie di aneddoti giustapposti e autosufficienti, ma uniti dal tema comune della «santità» intesa come anticonformismo, sincerità, ribellione e addirittura follia. Nulla di agiografico e celebrativo: ancora una volta Rossellini va controcorrente, rifiutando ogni falsità ideologica e ogni artificio estetico per lasciare parlare i nudi fatti, sempre legati alla quotidianità e appena illuminati dagli interventi della regia, umile e austera. Insignificante dal punto di vista storico, ma straordinariamente intenso sotto il profilo poetico, il film racconta di una possibile rivoluzione individuale più laica che religiosa e rappresenta uno dei vertici del neorealismo, dove «l'opera d'arte non è nulla, è la realtà che è tutto».

Francese e l'amore, La ** (*La Française et l'amour*, Francia 1960, b/n, 137') Henri Decoin, Jean Delannoy, Michel Boisrond, René Clair, Henri Verneuil, Christian-Jaque [Christian Maudet], Jean-Paul Le Chanois. ◆ Film a episodi. In *Infanzia* (Henri Decoin. Con Jacqueline Porel, Micheline Dax, Pierre-Jean Vaillard, Darry Cowl) Gisella che ha nove anni ed è la figlia dei portieri chiede a tutti gli inquilini come nascono i bambini; in *Adolescenza* (Jean Delannoy, sceneggiato da Louise de Vilmorin. Con Annie Sinigalia, Sophie Desmarets, Pierre Mondy, Roger Pierre, François Nocher) le prime, furtive esperienze sessuali turbano la giovane Bichette, ma i consigli della madre l'aiutano a superare i problemi; in *Verginità* (Michel Boisrond da un soggetto di Françoise Giroud. Con Valérie Lagrange, Pierre Michaël, Nicole Chollet, Paul Bonifas) in attesa delle nozze François vorrebbe convincere la fidanzata Ginette a fare l'amore; in *Matrimonio* (René Clair, sceneggiato in collaborazione con Christiane Rochefort. Con Marie-José Nat, Claude Rich, Liliane Patrick, Jacques Fabri, Yves Robert) innervositi dalle cerimonie del matrimonio, due sposini cominciano a litigare sul treno che li porta in viaggio di nozze; in *Adulterio* (Henri Verneuil, dialogato da Michel Audiard. Con Dany Robin, Paul Meurisse, Jean-Paul Belmondo, Alice ed Ellen Kessler, Claude Piéplu) Nicole accetta la corte di un giovane, ma il marito saprà metterlo in un tale imbarazzo da farlo desistere; in *Divorzio* (Christian-Jaque, sceneggiato da Charles Spaak. Con Annie Girardot, François Périer, Michel Serrault, Jean Poiret, Georges Chamarat) due coniugi che vogliono divorziare senza litigare, finiranno per farlo spinti dai rispettivi avvocati; in *Donne sole* (Jean-Paul Le Chanois, sceneggiato da Marcel Aymé. Con Martine Carol, Silvia Monfort, Robert Lamoureux, Suzanne Nivette, Simone Renant) un maturo dongiovanni che deruba donne sole finirà per sposare l'avvocato che lo deve difendere quando viene arrestato. Sette episodi per raccontare, un po' sull'esempio dello zavattiniano *Amore in città*, il comportamento della donna francese di fronte ai temi dell'amore e del sesso, utilizzando spunti giornalistici (come per il primo episodio, nato da un reportage di Jacques Rémy e Robert Woog) o inchieste sociologiche (il terzo episodio rivela che ai tempi i rapporti prematrimoniali erano praticati dal 63% delle ragazze francesi) per descrivere, con garbo e un po' di autoironia, le tappe di una disillusa «educazione sentimentale» moderna.

France, Société Anonyme ** (*France, Société Anonyme*, Francia 1973, col, 100') Alain Corneau. Con Michel Bouquet, Allyn Ann McLeire, Roland Dubillard, Ann Zacharias, Michel Vitold. ◆ Nel 2222, i narcotrafficanti Usa cercano di instaurare in Francia un monopolio statale della droga come quello delle sigarette. A nulla valgono l'opposizione degli spacciatori nazionali e quella di un fronte antidroga. Violento apologo che associa i modi del noir alla critica fantapolitica del consumismo e del potere autoritario dei mass media. La collaborazione alla sceneggiatura di Jean-Claude Carrière aggiunge un tocco di surrealismo buñueliano a quest'opera prima, interessante ma un po' confusa.

Francis all'accademia *½ (*Francis Goes to West Point*, Usa 1952, b/n, 81') Arthur Lubin. Con Donald O'Connor, Lori Nelson, Cecil Kellaway, James Best, David Janssen. ◆ L'aiuto che il mulo parlante ha dato alla polizia, vale l'ingresso all'Accademia Militare di West Point per il suo padrone Peter (O'Connor) che però deve faticare per portare con sé il suo partner equino. Terzo episodio della serie cominciata con *Francis il mulo parlante*, venato di una bonaria satira dell'apparato militare e costellato da una serie di situazioni impossibili. Tra i cadetti dell'Accademia ci sono due giovanissimi Leonard Nimoy e Paul Burke.

Francis alle corse * (*Francis Goes to the Races*, Usa 1951, b/n, 88') Arthur Lubin. Con Donald O'Connor, Piper Laurie, Cecil Kellaway, Jesse White, Barry Kelley. ◆ Innamorato di una ragazza (Laurie) in cattive acque, Peter (O'Connor) ricorre all'infallibile consulenza del suo mulo parlante per vincere alle corse dei cavalli, finendo nel mirino degli allibratori e della polizia. Secondo banale episodio della fortunata serie iniziata con *Francis il mulo parlante*.

Francisca ***½ (*Francisca*, Portogallo 1981, col, 166') Manoel de Oliveira. Con Teresa Meneses, Diego Dória, Mário Barroso, Rui Mendes, Paulo Rocha, Silvia Rato. ◆ Alla metà del secolo scorso, nel Portogallo del Nord, lo scrittore Camilo Castelo Branco (Barroso) e il dandy José Augusto (Dória) sono legati dalla passione per la filosofia e rivali in amore. Dopo aver conosciuto due sorelle inglesi, José decide di rapire e sposare Francisca (Meneses), la donna che interessa all'amico. Quando Camilo rivela a José della sua corrispondenza con Francisca, José s'ingelosisce fino a compromettere definitivamente il matrimonio. Francisca si lascia morire durante un attacco di tisi, José ne ordina l'autopsia e, avuto prova della sua verginità, si suicida. Una storia veramente accaduta (Camilo Castelo Branco è l'autore di *Amore di perdizione* che de Oliveira aveva già portato sullo schermo nel 1978) e raccontata in un celebre romanzo portoghese, *Fanny Owen*, di Augustina Bessa Luis. Raffinatissimo nell'adattamento letterario, nel décor e nella costruzione delle inquadrature, reso solenne dal ritmo lento dell'azione e «raffreddato» dal fatto che gli attori non parlano tra di loro, bensì alla macchina da presa, *Francisca* conclude la cosiddetta «tetralogia dell'amore frustrato» (*Il passato e il presente*, *Benilde* *o la vergine madre* e *Amore di perdizione*), portando alle estreme conseguenze lo sperimentalismo stilistico dell'autore. Nel raccontare le passioni mostruose attraverso il cerimoniale di una classe ormai in pieno declino, de Oliveira prosciuga il cinema delle sue classiche possibilità espressive, gli toglie il movimento e lo pietrifica nella staticità delle riprese e del décor, raggiungendo «un grado zero dello sguardo tanto ricco di fascino quanto disarmante». Non un film per tutti i gusti, ma senz'altro capace di soddisfare le aspettative del pubblico più radicale e paziente.

Francis contro la camorra *½ (*Francis Covers the Big Town*, Usa 1953, b/n, 86') Arthur Lubin. Con Donald O'Connor, Yvette Dugay, Nancy Guild, Gene Lockhart, Larry Gates. ◆ Raccogliendo pettegolezzi equini, Francis procura numerosi scoop al suo padrone Peter (O'Connor), assunto come fattorino in un giornale: lo farà diventare giornalista ma rischierà di essere accusato dell'omicidio di un boss mafioso. Quarto episodio della serie iniziata con *Francis il mulo parlante*, da ricordare per le scene in cui Francis testimonia in tribunale, alzando la coda per giurare di dire tutta la verità.

Francis il mulo parlante *½ (*Francis*, Usa 1950, b/n, 91') Arthur Lubin. Con Donald O'Connor, Patricia Medina, ZaSu Pitts, Ray Collins, Eduard Franz, Anthony [Tony] Curtis. ◆ Capostipite di una serie di hollywoodiani animali parlanti, il saggio mulo Francis in forza all'esercito protegge il soldatino Peter (O'-Connor), passandogli preziose informazioni militari che fanno la fortuna del suo protetto sia sullo schermo che negli indici di gradimento del pubblico. Tratto dal libro di David Stern, è il primo episodio di una fortunata serie di sette film, seguito da *Francis alle corse* (1951), *Francis all'Accademia* (1952), *Francis contro la camorra* (1953), gli inediti in Italia *Francis Joins the Wacs* (1954) e *Francis in the Navy* (1955) e infine *Congiura al castello* (1956), l'unico non diretto da Lubin ma da Charles Lamont.

Franco, Ciccio e Maciste contro Ercole nella valle dei guai → *Maciste contro Ercole nella valle dei guai*

Franco e Ciccio e il pirata Barbanera * (Italia 1969, col, 97') Mario Amendola. Con Franco Franchi, Ciccio Ingrassia, Mimmo Palmara, Pietro Tordi, Umberto D'Orsi, Enzo Andronico, Fernando Sancho. ◆ In punto di morte il pirata John riconosce in Franco il figlio perduto e gli affida la mappa del tesoro di Flint ucciso da Barbanera (Sancho). La ricerca del tesoro sarà piena di guai. Parodia di *L'isola del tesoro* su un soggetto di Riccardo Pazzaglia e Amedeo Sollazzo. Nullo.

Franco e Ciccio e le vedove allegre * (Italia 1968, col, 96') Marino Girolami. ◆ Film a episodi. In *La nostra signora* (con Franco Franchi, Ciccio Ingrassia, Rossella Como) un marinaio dato per morto torna a casa e trova la moglie risposata: così i due mariti decideranno di dividersela a giorni alterni; in *Una povera vedova* (con Dominique Boschero, Nino Taranto, Adriana Facchetti, Enzo Andronico) la giovane vedova Celestina, per riscuotere un'eredità, deve riuscire ad avere un figlio e naturalmente non si ferma davanti a niente e nessuno; in *La vedova del nonno* (con Margaret Lee, Raimondo Vianello, Adriana Facchetti, Lucio Dalla) la giovane moglie di un anziano siculoamericano rimasta vedova, vola in Sicilia per far la conoscenza del nipote. Tre episodi, solo il primo dei quali con Franchi e Ingrassia, uniti dalla volgarità e dalla pochezza di idee.

Franco e Ciccio... ladro e guardia *½ (Italia 1969, col, 91') Marcello Ciorciolini. Con Franco Franchi, Ciccio Ingrassia, Giusi Raspani Dandolo, Gianni Agus, Umberto D'Orsi. ◆ Franco è un ladro, il cugino Ciccio una guardia in suo perenne inseguimento: scambiati entrambi per assassini, sono costretti per scagionarsi a trovare l'omicida e finiscono in un circo dove combinano un sacco di guai. Prodotto standard dell'industria Franco & Ciccio che rielabora i soggetti di due film, l'italiano *Guardie e ladri* e l'americano *Il circo delle meraviglie*: molte smorfie e poco divertimento.

Franco e Ciccio sul sentiero di guerra * (Italia 1969, col, 95') Aldo Grimaldi. Con Franco Franchi, Ciccio Ingrassia, Renato Balbini, Stelvio Rosi, Lino Banfi. ◆ Franco e Ciccio sono due soldati borboni piuttosto codardi: con l'arrivo dei garibaldini si nascondono in un baule che viene spedito in America dove nonostante il poco coraggio e la stupidità riescono a sconfiggere gli indiani e a sposare le figlie del capotribù. Ennesima parodia, che comincia come (?) *Il gattopardo* e finisce come un western, questa volta dalla parte degli indiani.

Frank Costello faccia d'angelo *** (*Le Samouraï*, Francia/Italia 1967, col, 107') Jean-Pierre Melville. Con Alain Delon, François Périer, Nathalie Delon, Cathy Rosier, Jacques Leroy, Michel Boisrond. ◆ Jeff Costello (Delon; il nome Frank è un'invenzione del doppiaggio) è un killer professionista che deve eliminare il proprietario di un night. Riconosciuto dalla pianista del locale (Rosier), che però non lo denuncia alla polizia, rischia di essere ucciso dai suoi stessi mandanti, poi va praticamente incontro alla morte disarmato. Tratto da un romanzo di Goan McLeod (sceneggiato dal regista con Georges Pellegrin), il film innesca su una trama poliziesca (che però richiama molte mitologie western, come il fatto che Costello lasci sempre le sue vittime sfoderare per prime la loro arma) un'amara riflessione sulla solitudine umana, sottolineata anche dalla citazione con cui si apre il film – «Non c'è solitudine più profonda di quella del samurai, eccetto quella di una tigre nella foresta, forse...» – fintamente tratta dal *Bushido* e invece inventata da Melville stesso. Punto di svolta di una carriera, il film è girato con un rigore capace di evitare ogni cedimento spettacolare o sentimentale, proprio come il suo personaggio (interpretato perfettamente da un Delon freddo e quasi robotizzato) sembra non avere bisogni o emozioni, passato o avvenire. In Italia circola una versione di 95' a cui manca anche la falsa citazione iniziale del *Bushido*.

Frankenstein

Creato dalla diciottenne Mary Wollstonecraft Shelley (la leggenda vuole che sia stato partorito in una notte del 1816 nel corso di un raduno gotico-letterario sul lago di Ginevra, al quale parteciparono anche Byron, il suo segretario Polidori, e Shelley, tradizione ripresa anche nel film *Gothic* di Ken Russell), Frankenstein è il prototipo del demiurgo dell'èra scientifica: il titolo del romanzo pubblicato nel 1818 è infatti *Frankenstein o il Prometeo moderno*, puntualizzazione che fa del personaggio il progenitore di molti mad doctor fantascientifici. Nel romanzo, Frankenstein è uno scienziato che crea, con parti di cadaveri trafugati, un essere dalle sembianze umane. Il mostro possiede una forza inusitata e una potente istintualità che non riesce a soddisfare a causa della sua deformità psicofisica. Desideroso di una compagna ed evitato da tutti, si vendica del creatore uccidendogli l'amico, il fratello e la fidanzata. Il dottor Frankenstein riesce a scampare al massacro e insegue il mostro nelle terre artiche in cui si è rifugiato. Cerca di eliminarlo, ma il pericoloso avversario ha la meglio e, dopo aver portato a termine l'agognata vendetta, scompare senza lasciare traccia. Ispirato sia a conversazioni con Lord Byron, sia all'attività letteraria del marito, il romanzo di Mary Shelley fu subito considerato il migliore tra i tanti del genere apparsi in Inghilterra all'inizio del secolo scorso e si guadagnò ben presto il favore del pubblico. Poiché l'autrice non aveva dato un nome al mostro, questi finì per essere battezzato dai lettori con il nome del suo creatore. Fu così che nell'immaginario collettivo Frankenstein venne sempre più associato alla creatura mostruosa e sempre meno allo scienziato. All'identificazione pressoché completa contribuirono in maniera determinante i vari interpreti del mostro, sul palcoscenico nel XIX secolo e sul grande schermo nel XX.

Prima di debuttare al cinema, Frankenstein ottenne infatti un enorme successo a teatro nell'adattamento di Peggy Webling, grazie soprattutto all'impressionante interpretazione di Thomas Potter Cooke, che fece dell'essere deforme una sorta di «Principe azzurro dell'anomalia», che si presentava in scena con «il volto verde livido, gli occhi acquosi e brillanti, le labbra nere, strette e rugose perennemente contratte in un ghigno, le braccia e le gambe nude e giallastre, due vistosi lucchetti alle mascelle». E il povero dottore passò comprensibilmente in secondo piano.

L'esordio cinematografico avvenne prestissimo: nell'epoca del muto il romanzo di Mary Shelley conta già tre adattamenti, di cui uno italiano (*Il mostro di Frankenstein* di Eugenio Testa, 1920). Ma è con il 1931 che Frankenstein fa il suo trionfale ingresso nel cinema. Nell'omonimo film girato da James Whale per la Universal, il barone scienziato ha il volto di Colin Clive, mentre il mostro è impersonato da Boris Karloff. Sia per la sua inimitabile prova, sia per precise scelte registiche, il vero protagonista di *Frankenstein* diventa subito il mostro: con il viso deturpato e la gestualità da automa, egli appare molto più umanizzato, commovente ed eroico di quanto fosse nelle intenzioni dell'autrice. E nonostante abbia sempre dichiarato di detestare questo ruolo, Karloff è la personificazione più autentica e definitiva della creatura Frankenstein che il grande schermo abbia mai prodotto. A rendere immortale la figura contribuì senza dubbio anche l'eccellente truccatore Jack Pierce, che ogni giorno sottoponeva l'attore a un'operazione di maquillage di circa quattro ore. La testa squadrata era fatta di cotone e caucciù, con una cicatrice trasversale a indicare il punto in cui era stato innestato il cervello assassino. Allo stesso modo venivano rinforzate ciglia e palpebre, mentre nessuna lente era applicata agli occhi per facilitare il tipico sguardo da rettile. Il viso era coperto di fard verde-blu, mentre le placche metalliche sistemate sul collo dovevano suggerire l'origine elettrica. L'andatura robotica era l'effetto di supporti d'acciaio posti a sostegno della colonna vertebrale e delle gambe. Ai piedi furono legati pesi di circa venti chili, mentre le scarpe erano concepite in modo da elevare Karloff (alto un metro e 80) di almeno 25 centimetri. La maschera appartiene tuttora alla Universal, che ne riscuote i diritti d'autore per qualsiasi tipo di riproduzione (compresi cartoni animati e fumetti).

Con *La sposa di Frankenstein*, il seguito girato con la stessa squadra di attori e tecnici, Whale aggiunge al personaggio un tocco di inquietante erotismo e lancia una sfida sottile alle rigide convenzioni sociali, anche se alla fine fa trionfare la ragione sulla passione abnorme. Karloff ricoprì il ruolo della creatura tre volte (oltre che nei film sopra citati, anche in *Il figlio di Frankenstein*) e in due occasioni interpretò la parte del barone scienziato (*House of Frankenstein* e *Frankenstein – 1970*).

I rapporti di forza tra i due antagonisti rimangono pressoché invariati fino agli anni Cinquanta, epoca in cui il romanzo conosce una nuova età dell'oro, passando dal bianco e nero contrastato a un technicolor spento volutamente. Nel 1957 Terence Fisher realizza per la britannica Hammer *La maschera di Frankenstein,* recuperando il punto di vista di Mary Shelley e riportando quindi l'attenzione sullo scienziato, interpretato da Peter Cushing. Tuttavia l'operazione è attuata attraverso un significativo rovesciamento della figura prometeica elaborata dalla scrittrice. Il dottore è infatti moralmente più mostruoso della sua creatura, impersonata da Christopher Lee, e cosí si trasforma in una sorta di divinità diabolica. Subito presentato come un megalomane senza scrupoli, negli episodi che il regista dirigerà in seguito diventerà un concentrato delle nefandezze d'età vittoriana, non più demiurgo in nome della scienza, ma sperimentatore in vista del profitto personale. I mostri dei cinque film di Fisher sono dei poveri diavoli, meri oggetti di laboratorio, intercambiabili e destinati ad atroci sofferenze. Anche il maquillage di Christopher Lee non ha niente a che vedere con quello di Boris Karloff. Sia per la questione dei diritti, che per la volontà del regista di differenziarsi in tutto dal modello, il truccatore Phil Leakey preparò una maschera molto meno forte, attenendosi alle descrizioni vaghe che la Shelley aveva dato nel romanzo. Peter Cushing riprenderà il personaggio più volte nel corso della sua carriera, mentre per Christopher Lee la parte del mostro nel primo film di Fisher rimarrà un unicum.

Moltissimi si sono cimentati nell'adattamento cinematografico del caposaldo della letteratura gotica, ma nessuno come Whale o Fisher ha saputo darne un'interpretazione originale. Balzato subito alla notorietà, il personaggio di Mary Shelley ha conosciuto attraverso il cinema un successo universale e ininterrotto, ma purtroppo anche una degenerazione senza limiti. Presente almeno una volta in quasi tutte le cinematografie del mondo, il mito di Frankenstein è stato spesso un pretesto per film di nessun rilievo artistico. In Italia lo scienziato e la sua creatura sono stati perlopiù oggetto di pessime operazioni commerciali, solitamente infarcite di risvolti erotici, il cui tentativo più illustre è *Il mostro è in tavola... Barone Frankenstein*.

I FILM PRINCIPALI

Frankenstein(1910) di J. Searle Dawley

Life Without Soul **½ (Usa 1915, b/n, 70') Joseph W. Smiley. Con Percy Darrell Standing, William W. Cohill, George De Carlton, Jack Hopkins, Lucy Cotton, Pauline Curley, David McCauley. ◆ Dopo aver inventato la «formula della vita», il giovane scienziato Victor Frawley (Cohill) legge il *Frankenstein* di Mary Shelley e immagina di sostituirsi al protagonista: nel sogno dà vita a una creatura (Standing) che però non ha l'anima e semina terrore e distruzione, uccidendo anche la fidanzata Elizabeth (Cotton) e spingendo Victor verso la morte. Quando lo scienziato si sveglierà dal sogno, distruggerà subito le sue scoperte. Il primo lungometraggio su Frankenstein presenta alcune significative innovazioni: la vicenda è trasferita nella contemporaneità; l'invenzione del sogno permette di compiere un'ulteriore riflessione sulla forza del mito e sui suoi contenuti; gli esterni sono vari e spettacolari (Florida, Georgia, Arizona, New York e Oceano Atlantico). Standing, l'attore inglese che interpreta la creatura, è poco truccato rispetto alle esigenze del personaggio, ma ottenne un grande successo e contribuì a suscitare nel pubblico simpatia e comprensione per l'essere messo al bando dal consorzio civile. In questo senso si ritiene che Standing abbia anticipato la tendenza umanizzante di Boris Karloff nel 1931. Il film non ebbe una distribuzione regolare e fu soggetto quasi subito ad assurde manomissioni (tra cui l'inserimento di filmati sulla riproduzione dei pesci). Inedito in Italia.

Il mostro di Frankenstein (1920) di Eugenio Testa

Frankenstein (1931) di James Whale

La moglie di Frankenstein (1935) di James Whale

Il figlio di Frankenstein (1939) di Rowland V. Lee

Il terrore di Frankenstein (1942) di Erle C. Kenton

Frankenstein contro l'uomo lupo (1943) di Roy W. Neill

House of Frankenstein ** (Usa 1944, b/n, 71') Erle C. Kenton. Con Lon Chaney jr, Boris Karloff, John Carradine, J. Carrol Naish, George Zucco, Glenn Strange, Lionel Atwill. ◆ Uno scienziato pazzo (Karloff), evaso dalla prigione insieme a un gobbo assassino (Naish), commette un omicidio, s'imbatte in un Dracula inoffensivo (Carradine) e s'impossessa di un manoscritto che lo conduce al castello di Frankenstein, dove trova il mostro (Strange) e l'uomo lupo (Chaney). Un pastiche orrorifico all-star confezionato in vista del successo al botteghino, non spiacevole nella sua assurdità. Il materiale è sovrabbondante, pochissimo approfondito e montato come una lunga sequenza di sketch, ma l'operatore George Robinson dà all'insieme un tocco di classe. È il primo film in cui il mitico Karloff sta dall'altra parte e Strange interpreta la parte della creatura. Con un seguito (*La casa degli orrori – Al di là del mistero*). Inedito in Italia.

Il cervello di Frankenstein (1948) di Charles Barton

La maschera di Frankenstein (1957) di Terence Fisher

La strage di Frankenstein (1958) di Herbert L. Strock

La vendetta di Frankenstein (1958) di Terence Fisher

La figlia di Frankenstein (1958) di Richard E. Cunha

Frankenstein 1970 (1958) di Howard W. Koch

La rivolta di Frankenstein (1964) di Freddie Francis

Frankenstein alla conquista della Terra (1965) di Inoshiro [Ishiro] Honda

Jesse James Meets Frankenstein's Daughter * (Usa 1966, col, 88') William Beaudine. Con John Lupton, Cal Bolder, Narda Onyx, Estelita, Steven Geray, Jim Davis. ◆ A essere precisi, non è la figlia ma la nipotina di Frankenstein (Onyx) che incontra il celebre fuorilegge (Lupton) e cerca di trapiantare sul corpo muscoloso del suo compare (Bolder) un cervello artificiale messo a punto dal folle antenato. Tentativo piuttosto rozzo di fondere horror e western da parte di un regista abbonato al B-movie, qui al suo ultimo film. Non male la Onyx, insolita dark lady scienziata. Inedito in Italia.

La maledizione di Frankenstein (1967) di Terence Fisher

Distruggete Frankenstein! (1970) di Terence Fisher

Gli orrori di Frankenstein (1970) di Jimmy Sangster

Lady Frankenstein (1970) di Mel Welles [Ernst von Theumer]

Dracula contro Frankenstein (1971) di Al Adamson

Il castello della paura (1973) di Robert H. Oliver

Frankenstein – 1980 (1973) di Mario Mancini

Frankenstein: the True Story *½ (Gb 1973, col, 190') Jack Smight. Con James Mason, Leonard Whiting, Michael Sarrazin, David McCallum, Jane Seymour, Nicola Paget. ◆ Il dottor Frankenstein (Whiting) crea un essere di bell'aspetto (Sarrazin), che però diventa mostruoso dal momento in cui lo scienziato è costretto col ricatto dal dottor Polidori (Mason) a costruire una compagna degna di lui (Seymour). Tralasciando gli aspetti orrorifici della vicenda, Smight si concentra sui risvolti metafisici: bene e male, bellezza e bruttezza, scienza e fede. Con un taglio piuttosto misogino e una sensibilità molto più letteraria che cinematografica (la sceneggiatura è di Christopher Isherwood), questa «storia vera» ha il merito di recuperare una delle scene più ignorate del romanzo, la resa dei conti tra i ghiacci dell'Artico. Degna di nota anche l'irruzione del mostro durante il ballo in società, dove rapisce la sposa rivelando la sua origine abnorme. Realizzato per la televisione, è stato poi ridotto a 123' per la distribuzione cinematografica, ma lo stile prettamente televisivo si rivela insopportabile sul grande schermo. In un ruolo di secondo

piano c'è anche il grande John Gielgud. Inedito in Italia.
Frankenstein e il mostro dell'inferno (1973) di Terence Fisher
Il mostro è in tavola... Barone Frankenstein (1974) di Anthony M. Dawson [Antonio Margheriti] e Paul Morrissey.
Frankenstein Junior (1974) di Mel Brooks
Frankenstein all'italiana – Prendimi, straziami che brucio di passione (1975) di Armando Crispino
Victor Frankenstein *½ (Svezia/Irlanda 1977, col, 92') Calvin Floyd. Con Leon Vitali, Per Oscarsson, Nicholas Clay, Stacey Dorning, Jan Ohlsson. ◆ Passa per essere la versione cinematografica più fedele al romanzo della Shelley, ma in realtà ne logora il mito con un approccio psicologico e una resa formale pretenziosa (qualcuno dice ispirata a *Barry Lyndon* di Kubrick). L'attenzione è concentrata sull'angoscia del mostro, ritratto come un adolescente che sceglie la delinquenza per vendicarsi dell'emarginazione inflittagli dalla società. Parte degli esterni sono irlandesi. Inedito in Italia.
Frankenstein 90 (1984) di Alan Jessua
La sposa promessa (1985) di Franc Roddam
Transylvania 6-5000 – Una notte in Transylvania (1985) di Rudy De Luca
The Vindicator * (Canada/Usa 1986, col, 88') Jean-Claud Lord. Con David McIlwraith, Terri Austin, Richard Cox, Pam Grier, Maury Chaykin. ◆ Un giovane ricercatore (Grier) che lavora per la Nasa rimane vittima di un incidente organizzato da uno scienziato rivale: trasformatosi in un mostro cyborg, si vendica e si difende con implacabile ferocia. Lo sforzo di attualizzazione appare più interessante che riuscito, sia per l'esiguità del budget, sia per la debolezza dell'intreccio. Notevole il costume «mostruoso» disegnato da Stan Wilson, con un corpo metallico e una scatola cranica trasparente. Prodotto nel 1984 il film era stato originariamente intitolato *Frankenstein '88*. Inedito in Italia.
Lo strano caso del dottor Frankenstein (1988) di Deborah Roberts
Frankenstein oltre le frontiere del tempo (1990) di Roger Corman
Frankenstein di Mary Shelley (1994) di Kenneth Branagh

Frankenstein **½ (*Frankenstein*, Usa 1910, b/n, 16') Searle Dawley. Con Charles Ogle, Augustus Phillips, Mary Fuller. ◆ Un giovane studente di medicina (Phillips) costruisce artificialmente una specie di essere umano (Ogle) che si dilegua nella notte per ricomparire alla vigilia delle nozze del dottore. Nella colluttazione, il mostro si guarda allo specchio: sconvolto dalla sua stessa immagine, scompare, ma torna per insidiare la promessa sposa (Fuller). Richiamato dalle urla della ragazza, il dottor Frankenstein accorre e si batte col mostro che, sopraffatto dall'amore dei due, si dilegua definitivamente. La prima versione cinematografica del romanzo di Mary Shelley è un libero adattamento con un finale curioso, un po' in contrasto con la cupissima atmosfera dominante. Uno sforzo notevole per l'epoca.

Frankenstein **** (*Frankenstein*, Usa 1931, b/n, 71') James Whale. Con Colin Clive, Mae Clarke, Boris Karloff, John Boles, Lionel Belmore. ◆ Tra le montagne svizzere, all'inizio del secolo scorso, il medico Henry Frankenstein (Clive) tenta di realizzare l'impossibile sogno di creare la vita, costruendo una creatura con pezzi di cadaveri. L'esperimento riesce solo in parte, e l'essere (Karloff) si rivolta contro il creatore, seminando lutti e lacrime. Un capolavoro del cinema dell'orrore, tratto dal romanzo di Mary Shelley e dalla pièce di Peggy Webling sceneggiato da Robert Florey, Garrett Fort, Francis Edward Faragoh e John L. Balderston: girato con uno stile spoglio e fluido (così da lasciare molto spazio alla scenografia e conseguentemente all'atmosfera opprimente), il film evita gli effetti troppo facili o le scene troppo cruente (anche per non urtare la sensibilità del pubblico di allora), ma riesce a descrivere i pericoli e le tentazioni della scienza e contemporaneamente a fare della creatura una «rappresentazione simbolica e metafisica dell'uomo, tormentato e diviso tra la riconoscenza e l'odio per un creatore che l'ha fatto così imperfetto» [Lourcelles]. Celeberrime le scene del laboratorio, dell'incontro tra il mostro e la bambina e del tragico finale, dove la folla brucia il mulino in cui si è rifugiato il mostro. La maschera di Boris Karloff, capolavoro del truccatore Jack Pierce, è diventata uno dei più classici simboli dell'orrore.

Frankenstein alla conquista della Terra *½ (*Furankenshu tain tai chitei kaiju Baragon*, Giappone 1965, col, 87') Inoshiro [Ishiro] Honda. Con Nick Adams, Kumi Mizuno, Tadao Takashima, Takashi Shimura, Yoshio Tsuchiya. ◆ Un mutante la cui fronte ricorda quella di Frankenstein sfugge alle cure dei dottori che l'avevano in cura (Adams, Mizuno e Takashima) e terrorizza il paese: si scontrerà con il mostro Baragon, una creatura sotterranea altrettanto crudele, e insieme sprofonderanno nelle viscere della terra. Curioso rifacimento prodotto dalla Toho e sceneggiato da Kaoru Mobuchi (pseudonimo di Takeshi Kimura) del mito di Frankenstein, il cui cuore sarebbe stato portato a Hiroshima da uno scienziato nazista per un misterioso esperimento, interrotto dall'esplosione della bomba atomica statunitense. Peccato che questo fantasioso antefatto (all'origine delle radiazioni che generano vent'anni dopo uno pseudo Frankenstein) non sia sviluppato nel seguito del film. Piuttosto grossolani gli effetti speciali.

Frankenstein all'italiana – Prendimi, straziami che brucio di passione * (Italia 1975, col, 95') Armando Crispino. Con Aldo Maccione, Gianrico Tedeschi, Ninetto Davoli, Jenny Tamburi, Anna Mazzamauro, Lorenza Guerrieri. ◆ Per mettere a freno la libido scatenata del mostro (Maccione), il dottor Frankenstein (Tedeschi) lo rende impotente. Ne approfitta il servo Igor, che a questo punto ha buon gioco nel sedurre la moglie del barone. Si propone come parodia sull'onda di *Frankenstein junior* di Mel Brooks, ma in realtà è la solita farsa pecoreccia fatta in casa.

Frankenstein contro l'uomo lupo **½ (*Franken-*

stein Meets the Wolf Man, Usa 1943, b/n, 72') Roy William Neill. Con Lon Chaney jr, Patric Knowles, Ilona Massey, Bela Lugosi, Maria Ouspenskaya, Lionel Atwill. ◆ Per fuggire alla sua maledizione, un uomo affetto da licantropia (Chaney) cerca il dottor Frankenstein, l'unico che può salvarlo. Il dottore è morto, ma non la sua creatura (Lugosi), che ben presto si scontra con l'altro mostro soprannaturale. Incontro tra due delle più celebri «maschere» del cinema horror dell'anteguerra, con felice esito cinematografico anche per merito della sceneggiatura di Curt Siodmak: atmosfere cariche di tensione e intreccio ben congegnato. L'unico film in cui Lugosi dà vita al mostro, che avrebbe dovuto già interpretare nel film di Whale prima che gli fosse preferito Karloff.

Frankenstein di Mary Shelley ° (*Mary Shelley's Frankenstein*, Usa 1994, col, 123') Kenneth Branagh. Con Kenneth Branagh, Robert De Niro, Helena Bonham Carter, Tom Hulce, Ian Holm, Aidan Quinn, John Cleese, Trevyn McDowell. ◆ Fine del Settecento: sconvolto dalla morte (di parto) della madre, il giovane ginevrino Victor Frankenstein (Branagh) studia il metodo per restituire la vita ai morti. Trapiantando il cervello di uno scienziato (Cleese) nel cadavere di un malfattore, ottiene una creatura infelice (De Niro) che gli giura vendetta per averlo messo al mondo, e gli rovina la luna di miele strappando il cuore alla sposina (Bonham Carter): creatore e creatura periranno assieme, tra i ghiacci del Polo Nord. Dopo *Dracula di Bram Stoker*, Coppola coproduce il «vero» Frankenstein, nelle intenzioni fedele al romanzo gotico della moglie di Shelley. Peccato che abbia assoldato il regista e l'interprete sbagliato: quel Branagh che saprà anche rivitalizzare Shakespeare, ma che non ha né la cultura visiva né la sensibilità per girare un horror filosofico. Il povero De Niro è coperto sotto chili di latex e penalizzato da una sceneggiatura bambinesca (di Steph Lady e Frank Darabont) mentre Branagh è fiero solo di esibire la muscolatura. Temi come quelli dell'umanità del mostro (questa volta fin troppo ciarliero) e della sfida dello scienziato contro Dio restano sulla carta. Si rimpiange così non solo il vecchio Karloff, com'era scontato, ma anche l'ambiguità dei film di Terence Fisher. Tanto rumore per nulla, lussuosamente fotografato da Roger Pratt e musicato con gusto pompieristico da Patrick Doyle.

Frankenstein e il mostro dell'inferno ** (*Frankenstein and the Monster of the Hell*, Gb 1973, col, 99') Terence Fisher. Con Peter Cushing, Shane Briant, Madeline Smith, Dave Prowse. ◆ Rifugiatosi sotto falso nome in un manicomio, il dottore Victor Frankenstein (Cushing) non rinuncia ai suoi esperimenti e usa come cavie dei degenti: un ricoverato (Briant) diventa il suo assistente e una povera muta chiamata «l'angelo» (Smith) sarà la moglie designata del nuovo mostro (Prowse) creato grazie al trapianto del cervello di un medico. Ultimo dei cinque film della saga di Frankenstein diretti dal grande regista inglese per la Hammer: Cushing è un mad doctor emblematicamente rifugiatosi in un manicomio, ma l'atmosfera cupa e austera del film limita le invenzioni visive e la fotografia di Brian Probyn fa rimpiangere il sanguigno technicolor di Jack Asher. Noto anche come *La creatura di Frankenstein*.

Frankenstein junior *** (*Young Frankenstein*, Usa 1974, b/n, 105') Mel Brooks. Con Gene Wilder, Peter Boyle, Marty Feldman, Teri Garr, Madeline Kahn, Cloris Leachman. ◆ Il nipote del celebre barone (Wilder) torna nei luoghi dove sorgeva il laboratorio, teatro dei terribili esperimenti del parente. Con l'aiuto del gobbo Igor (Feldman) e dell'assistente Inga (Garr), tra inconvenienti e gag, inizia anch'egli a costruire un uomo artificiale (Boyle): il risultato più che pauroso è però comicissimo. La migliore e più divertente parodia dei classici dell'orrore (sceneggiata da Wilder con Mel Brooks), prende in giro con ironia, leggerezza e un po' di simpatica volgarità i luoghi comuni del brivido. Indimenticabili i giochi linguistici («lupo ulu-là, castello ulu-lì»), la gobba di Igor che si sposta da destra a sinistra, il terrore che la domestica, frau Blucher (Leachman) sa trasmettere agli animali col suo solo nome. Cammeo per Gene Hackman che interpreta la parte del cieco, in una scena che cita *La moglie di Frankenstein*.

Frankenstein 1990 *½ (*Frankenstein 90*, Francia 1984, col, 92') Alain Jessua. Con Jean Rochefort, Eddy Mitchell, Fiona Gélin, Herma Vos, Serge Marquand. ◆ Un odierno emulo del celebre scienziato (Rochefort) costruisce un essere cibernetico (Mitchell). Anche in questo caso, però, tra creatore e creatura cominciano i dissidi. L'oggetto del contendere è l'amante dello scienziato (Gélin): sconfitto, quest'ultimo ripiega su un'amante cibernetica a sua misura. Aggiornamento satirico del celebre romanzo dell'orrore, sceneggiato dal regista con Paul Gégauff in chiave preminentemente sessuale; la verve però manca, e il tema risulta già ampiamente sfruttato.

Frankenstein – 1980 * (Italia 1973, col, 96') Mario Mancini. Con John Richardson, Renato Romano, Xiro Papas, Gordon Mitchell. ◆ Un mostro chiamato Mosaico (Papas) va in caccia di organi, puntualmente rigettati dal suo cervello, e macella quasi tutti i personaggi del film, compreso lo scienziato che gli ha dato la vita (Mitchell). Becero.

Frankenstein oltre le frontiere del tempo *** (*Frankenstein Unbound*, Usa 1990, col, 87') Roger Corman. Con John Hurt, Raul Julia, Bridget Fonda, Nick Brimble, Catherine Brimble, Jason Patric. ◆ Los Angeles, 2031: nel corso di un esperimento sull'implosione della materia, un ricercatore americano (Hurt) si ritrova nella Svizzera del 1817, dove conosce il dottor Frankenstein (Julia) e viene a sapere dalla stessa Mary Shelley (Fonda) che i fatti narrati nel suo libro sono realmente accaduti. Dopo diciannove anni di assenza, Corman torna sul set per rileggere il mito di Frankenstein in chiave contemporanea e «cronachistica», servendosi sia del testo originale che del romanzo *Frankenstein Unbound* di Brian Aldiss. Oltre all'inserimento in parallelo di uno scienziato/tecnico del XXI secolo, con l'illimitato e ambiguo potere che egli è in grado di esercitare sul pianeta, c'è un'altra novità narrativa: Frankenstein crea la compagna del mostro utilizzando il cadavere della propria fidanzata, che il mostro ha ucciso per vendetta. Ma per un regista come Corman le novità sono anche altrove: un budget di 10 milioni di dollari, otto settimane di riprese, buona parte delle quali effettuate in Italia con una troupe nostrana di cui si è dichiarato molto soddisfatto. Il laboratorio del dottor Frankenstein è stato allestito in una chiesa sconsacrata alle porte di Milano da Enrico Tovaglieri, lo scenografo dell'*Albero degli zoccoli*.

Frankenstein: the True Story → *voce «Frankenstein»*

Frankenstein 70 *½ (*Frankenstein 1970*, Usa 1958, b/n, 83') Howard W. Koch. Con Boris Karloff, Tom Duggan, Jana Lund, Donald Barry. ◆ Nel castello, luogo dei tremendi esperimenti sulla vita artificiale, si muove una troupe cinematografica. E chi ha affittato il maniero è il vecchio barone Frankenstein (Karloff), che non si è ancora dato per vinto e coinvolge nelle sue macabre prove gli ignari occupanti. Variazione inconsueta della celebre storia: il risultato è però scarso e Karloff, avanti con gli anni, non basta più.

Frankenweenie *** (*Frankenweenie*, Usa 1984, b/n, 30') Tim Burton. Con Barret Oliver, Shelley Duvall, Daniel Stern. ◆ Victor Frankenstein (Oliver), ragazzino americano, restituisce la vita al suo defunto cane Sparky coi metodi del suo omonimo predecessore. Il redivivo quadrupede, al contrario di Boris Karloff, non ha alcun istinto aggressivo, ma i vicini gli danno la caccia come a un appestato. Alla fine conquisterà tutti, e troverà una cagnetta con le mèches come Elsa Lanchester nella *Moglie di Frankenstein*. Uno dei primo cortometraggi del regista, abbinato all'edizione italiana di *Tim Burton's Nightmare Before Christmas*, contiene in nuce la sua poetica macabra e gentile, dove i presunti mostri generati dalla creatività dell'infanzia vengono contrapposti al conformismo dei mostri veri, gli adulti. Il tono è semiparodistico, e Burton non si prende sul serio: ma le invenzioni formali e la cura dei particolari non hanno nulla da invidiare ai film «veri». *Frankenweenie*, qualcosa come «piccolo Frankenstein», è il titolo del Super8 girato da Victor, con Sparky protagonista. Cammeo per Paul Bartel che interpreta il professore, mentre Sofia Coppola (col nome di Domino) è la ragazzina smorfiosa.

Frankie delle stelle ** (*Frankie Starlight*, Usa 1995, col, 100') Michael Lindsay-Hogg. Con Anne Parillaud, Gabriel Byrne, Corban Walker, Matt Dillon, Alan Pentony, Julian Wadham, Niall Toibin, Rudi Davies, Georgina Cates. ◆ Affetto da nanismo, Frankie (Walker da adulto, Pentony da bambino) racconta in un libro la storia della sua vita, non facile ma sempre affrontata con grande forza d'animo, da quando la madre francese Bernadette (Parillaud), segnata dalle atrocità della guerra, arrivò a Cork incinta, innamorandosi prima di un ufficiale irlandese (Byrne) e poi di un soldato americano (Dillon), fino alla sua passione per l'astronomia. Un'educazione alla vita vista attraverso gli occhi dei più sfortunati: l'accumulo di disgrazie a volte sembra esagerato (alla giovane Bernadette muoiono gli amici per colpa di una bomba, il padre viene fucilato dai nazisti e la madre si impicca: e in meno di cinque minuti), ma un melodramma così parossistico finisce per trasformarsi in una specie di favola non del tutto sgradevole. E il finale, con Frankie che reincontra Emma (Davies da grande, Cates da piccola), ex suora e pittrice, aggiunge un tocco di bizzarria che impedisce lo strabordare della melassa. Tratto dal romanzo autobiografico di Chet Raymo, cosceneggiatore con Ronan O'Leary.

Frankie e Johnny *½ (*Frankie and Johnny*, Usa 1966, col, 87') Frederick De Cordova. Con Elvis Presley, Donna Douglas, Sue Anne Langdon, Harry Morgan, Nancy Kovack. ◆ Amorosa e tormentata vicenda a bordo di uno show-boat lungo il Mississippi, a uso e consumo delle prodezze canore di Elvis the Pelvis, contornato da appetitose fanciulle. Ventesima e pressoché inutile prestazione cinematografica del re del rock'n'roll che, fortunatamente, canta spesso, cimentandosi anche con classici come *When The Saints Go Marchin'in*.

Frantic *** (*Frantic*, Usa 1988, col, 119') Roman Polanski. Con Harrison Ford, Emmanuelle Seigner, Betty Buckley, John Mahoney, Yorgo Voyagis, Gérard Klein. ◆ Richard Walker (Ford) è appena arrivato a Parigi da San Francisco per un congresso medico quando la moglie (Buckley) sparisce nel nulla: solo, in una città ostile di cui non comprende nemmeno la lingua, il chirurgo americano viene trascinato dalla misteriosa Michelle (Seigner) tra corrieri della droga e agenti segreti alla ricerca disperata della moglie. Sorretto dal cosceneggiatore Gérard Brach, Polanski è geniale quando descrive il disorientamento di uno straniero a Parigi e costruisce la tensione quasi dal nulla, meno bravo quando cerca di destreggiarsi tra le giustificazioni della trama. Ma dà il meglio quando fa scatenare la sua futura moglie Emmanuelle Seigner, fasciata in un miniabito rosso, al ritmo di *I've Seen That Face Before*, cantata da Grace Jones. Grande prova di Harrison Ford. Particina per Alexandra Stewart, la collega che Ford incontra all'aeroporto.

Frate Ambrogio * (*In God We Trust*, Usa 1980, col, 97') Marty Feldman. Con Marty Feldman, Peter Boyle, Louise Lasser, Richard Pryor, Andy Kaufman. ◆ Un frate trappista (Feldman) in missione per conto di Dio e del convento a corto di dollari, smaschera uno dei tanti profeti truffaldini che negli Usa fanno business con la religione. Farsa sconnessa e soporifera dove l'attore con gli occhi più sgranati di Hollywood è solo un pallido ricordo dell'Igor di *Frankenstein junior*. Richard Pryor interpreta Dio.

Fratellanza, La *½ (*The Brotherhood*, Usa 1968, col, 98') Martin Ritt. Con Kirk Douglas, Alex Cord, Luther Adler, Irene Papas, Susan Strasberg. ◆ Un boss mafioso (Douglas), fedele alle tradizioni di Cosa Nostra, soccombe sotto il tiro delle nuove leve criminali che danno l'assalto a Manhattan. Eccessi melodrammatici e folclore di maniera bilanciati da un ottimo Douglas, in una sorta di Padrino pre-Coppola.

Fratelli **** (*The Funeral*, Usa 1996 col, 98') Abel Ferrara. Con Christopher Walken, Chris Penn, Vincent Gallo, Annabella Sciorra, Isabella Rossellini, Benicio Del Toro, John Ventimiglia, Victor Argo, Paul Hipp. ◆ Alla veglia funebre per il fratello Johnny (Gallo), morto ammazzato all'uscita da un cinema,

Ray (Walken) e Chez Tempio (Penn) meditano vendetta cercando un colpevole, un capro espiatorio o, meglio, il modo per esorcizzare la violenza che è in loro: Chez è uno psicopatico sull'orlo dell'esplosione; e Ray, che ha ucciso il primo uomo a tredici anni per ordine di suo padre, trova nella religione cattolica la giustificazione della propria inclinazione al male. Scritto da Nicholas St. John, il primo film di Ferrara ambientato nel passato (siamo negli anni della Depressione e del sindacalismo comunista subito represso) è anche la sua opera più cupa, ambiziosa e complessa. La struttura della famiglia italiana e del clan mafioso viene fatta a pezzi per rivelarne la negatività: ma il discorso scarta sempre di livello, perché i personaggi, per quanto immersi nella Storia, si interrogano sul male e sul ruolo che questo ha nel disegno di Dio. Per cogliere tutte le implicazioni occorrerebbe vedere anche il precedente film di Ferrara e St. John, l'inedito *The Addiction*: ma anche da solo, *The Funeral* ha una forza tragica lancinante, e una tensione emotiva e morale che non viene mai meno. Cast grandioso per un film vergognosamente ignorato dalla giuria del festival di Venezia, che ha solo assegnato un contentino a Chris Penn.

Fratelli coltelli * (Italia 1997, col, 95') Maurizio Ponzi. Con Emilio Solfrizzi, Fabio Canino, Simona Ventura, Antonio Stornaiolo, Flavio Bucci, Katia Beni, Graziella Scaliarini, Mariella Capotorto, Pinuccio Sinisi, Dante Marmone. ◆ All'apertura del testamento, il nobile Guelfo (Canino) scopre di dover dividere l'eredità con il fratellastro Felice (Solfrizzi) che fa il pizzaiolo a Bari: prevedibili scontri di classe e d'interesse mentre una falsa baronessa (Ventura) cerca di truffarli entrambi. Una farsa riciclata dei fratelli Vanzina (anche produttori), sceneggiata da Franco Ferrini con Emilio Solfrizzi e Cesare Frugoni, è il pretesto per far debuttare Simona Ventura (con accento piemontese) accanto a un gruppo di cabarettisti più o meno televisivi. Loro ripetono sullo schermo le solite gag regionalistiche, ma è soprattutto la sciatteria registica a straripare in maniera vergognosa. E pensare che Ponzi aveva iniziato come autore cinefilo.

Fratelli d'Italia ** (Italia 1989, col, 100') Neri Parenti. Con Christian De Sica, Massimo Boldi, Jerry Calà, Sabrina Salerno, Massimo Serato, Gloria Paul. ◆ Un borgataro romano (De Sica) finge di appartenere all'alta società per conquistare la nobildonna di cui si è invaghito. Uno sbruffone provinciale (Calà) scommette con gli amici di portarsi a letto la moglie del capo (Salerno). Un tifoso del Milan in trasferta (Boldi) deve fingersi romanista per salvare la pelle. Tre episodi legati (malamente) insieme da un'auto a nolo che passa da uno sketch all'altro: ecco a cosa si è ridotta la commedia all'italiana degli anni Ottanta. Per fortuna c'è Boldi grandissimo nel suo ruolo preferito, quello del *baüscia* schiacciato dagli eventi e dalla propria esuberanza.

Fratelli e sorelle ° (Italia 1992, col, 106') Pupi Avati. Con Franco Nero, Paola Quattrini, Anna Bonaiuto, Luciano Federico, Lino Capolicchio, Stefano Accorsi, Barbara Wilder, Enrica Modugno. ◆ Abbandonata dal marito per una ventenne, Gloria (Bonaiuto) si trasferisce con i due figli a Saint Louis, nel Missouri, presso la sorella Lea (Quattrini), a sua volta sposata a un vedovo (Nero) con due figlie. La disgregazione del focolare domestico, la perdita dei valori, la confusione dei giovani: purtroppo Avati stila un cahier des doléances moraleggiante e punitivo, dirigendo un coro di infelici, farabutti e «puttane» senza tentare mai un vero affondo nello sfacelo contemporaneo. Gli interpreti sono bravi (anche Franco Nero è meglio del solito), ma l'intreccio è debole e il pessimismo apocalittico è irritante.

Fratelli Kelly, I * (*Ned Kelly*, Gb 1970, col, 100') Tony Richardson. Con Mick Jagger, Clarissa Kaye, Mark McManus, Ken Goodlet, Frank Thring, Bruce Barry. ◆ Nell'Australia del secolo scorso, l'irlandese Ned Kelly (Jagger) e i suoi fratelli diventano fuorilegge per ribellarsi ai soprusi; ingaggiano un'aspra guerriglia contro le truppe inglesi e diventano martiri della resistenza antibritannica. La presenza del leader dei Rolling Stones è l'unico elemento di interesse del film: come attore se la cava come può, ma in compenso canta *The Wild Colonial Boy*.

Fratelli Marx al college, I → *Horse Feathers*

Fratelli McMullen, I **½ (*The McMullen Brothers*, Usa 1995, col, 98') Edward Burns. Con Edward Burns, Jack Mulcahy, Mike McGlone, Maxine Bahns, Connie Britton, Shari Albert, Elisabeth P. McKay, Jennifer Jostyn, Catharine Bolz. ◆ Long Island: dopo la morte del padre e la partenza della madre per l'Irlanda, i tre fratelli McMullen tornano a vivere insieme: Jack (Mulcahy), sposato con Molly (Britton), si fa tentare da una relazione con Ann (McKay); Patrick (McGlone), cattolico fervente, alle soglie della convivenza mette in crisi il suo rapporto con l'ebrea Susan (Albert); e Barry (Burns), aspirante sceneggiatore, rivede il suo cinismo innamorandosi di Audrey (Bahns). Indipendente alla sua opera prima, Burns scrive e dirige una commedia semplice ma efficace, e persino originale: eliminati la nostalgia per il Paese d'origine e i rituali comunitari tipici del cinema sugli emigrati, si concentra con humour e senza vezzi d'autore sulle tribolazioni sentimentali dei tre fratelli «americanizzati» confermando che è possibile un cinema sentimentale al maschile senza battute da caserma. Budget bassissimo (15 mila dollari), due premi al Sundance e al festival di Deauville. Girato in 16 mm e gonfiato a 35.

Fratelli messicani ***½ (*The Naked Dawn*, Usa 1955, col, 82') Edgar G. Ulmer. Con Arthur Kennedy, Betta St. John, Eugene Iglesias, Roy Engel. ◆ Dopo aver rapinato un treno, Santiago (Kennedy) fa amicizia con due giovani peones, Manuel (Iglesias) e sua moglie Maria (St. John): stanca del marito, che la tratta come una specie di schiava, la donna accetta di seguire Santiago, ma il bandito torna sui suoi passi e sacrifica la vita per salvare Manuel, che stava per essere impiccato al suo posto. A metà strada tra una parabola morale e un western crepuscolare ante litteram, *Fratelli messicani* è un capolavoro di precisione narrativa e sensibilità cinematografica, girato in soli dieci giorni e con notevoli limitazioni di mezzi. L'azione lenta (nonostante i colpi di scena) permette di concentrare visivamente l'attenzione sui gesti e alcuni oggetti-simbolo (tra cui la ritornante croce) capaci di sottolineare le somiglianze nelle vite del bandito e dei peones, apparentemente così diverse e in realtà accomunate dalla miseria, dalle illusioni e dal destino fatale. Due i momenti rivelatori dell'originalità di Ulmer: la rapina volutamente in sottotono dell'inizio e la sequenza della danza messicana, tutt'altro che un intrattenimento musicale liberatorio. È il film che ha fatto conoscere Edgar G. Ulmer in Europa e quello in cui il regista rivela maggiormente l'influenza di Murnau, con il quale aveva collaborato in ben sette opere. François Truffaut ha riconosciuto che è stato la fonte d'ispirazione per il suo adattamento di *Jules et Jim*.

Fratelli nei guai ** (*Brothers in Trouble*, Gb 1995, col, 103') Udayan Prasad. Con Om Puri, Pavan Malhotra, Angeline Ball, Ahsen Bhatti. ◆ Londra, anni Sessanta: l'equilibrio di una piccola comunità di immigrati pakistani clandestini si spezza quando il capo Hussein Shah (Puri) si porta in casa la bianca Mary (Ball): ma il peggio succede quando la ragazza accetta di sposare il nipote di Hussein perché possa entrare legalmente in Inghilterra. Tratto da un romanzo di Abdullah Hussein (adattato da Robert Buckler), il film del regista e documentarista televisivo Prasad riesce a mostrare Londra dal punto di vista degli emigrati che temono di essere rispediti a casa da un momento all'altro, ma si adagia nei cliché quando l'intreccio prende una svolta drammatica.

Fratelli nella notte ** (*Uncommon Valor*, Usa 1983, col, 105') Ted Kotcheff. Con Gene Hackman, Robert Stack, Fred Ward, Reb Brown, Patrick Swayze, Randall Cobb, Tim Thomerson, Harold Sylvester, Alice Lau. ◆ Un tenace colonnello americano (Hackman) con un manipolo di soldati fedeli cerca di liberare il figlio, uno tra i tanti prigionieri dimenticati dal governo Usa dopo la sconfitta in Vietnam. Il regista di *Rambo* torna sulla «sporca guerra», con un'avventurosa ricerca in terra ostile che ha quel sapore epico di cui Milius, produttore del film, è maestro. Un po' eccessivo nel suo patriottico eroismo (la sceneggiatura è di Joe Gayton), ma godibile.

Fratelli Rico, I ** (*The Brothers Rico*, Usa 1957, b/n, 92') Phil Karlson. Con Richard Conte, Dianne Foster, Kathryn Grant, James Darren, Larry Gates. ◆ Un gangster (Conte) diventa inconsapevole strumento del boss mafioso (Gates) che vuole eliminare suo fratello. Prendendo spunto dall'omonimo romanzo di Simenon (uno dei pochi ambientati in America perché scritto durante il suo soggiorno negli Usa), il regista descrive un mondo claustrofobico e infido, dove tutto sembra guidato dalla corruzione e dal potere pervasivo della malavita. La sceneggiatura di Lewis Maltzen e Ben Perry si prende più di una libertà con la trama del romanzo ma ne rispetta lo spirito descrivendo i meccanismi complessi dei rapporti familiari.

Fratelli rivali *½ (*Love Me Tender*, Usa 1956, b/n, 89') Robert D. Webb. Con Richard Egan, Debra Paget, Elvis Presley, Neville Brand, William Campbell. ◆ Un redivivo reduce sudista dalla guerra di Secessione (Egan) torna a casa e si ritrova la ragazza (Paget) fidanzata con il fratello minore (Presley). Musical-western di serie Z il cui unico motivo d'interesse è Presley al suo esordio sul set che canta, in un irresistibile e sdolcinato formato country, quattro canzoni fra cui la mitica *Love Me Tender* che dà il titolo originale al film.

Fratelli Skladanowsky, I ** (*Die Gebrüder Skladanowsky*, Germania 1995, b/n e col, 79') Wim Wenders. Con Udo Kier, Otto Kuhnle, Christoph Merg, Nadine Büttner, Lucie Hürtgen-Skladanowsky. ◆ Celebrazione dei fratelli berlinesi che nel 1895 inventarono il bioscopio, progenitore delle immagini in movimento che ebbe breve successo prima che si affermasse il più progredito *cinématographe* dei fratelli Lumière. Wenders alterna la *fiction* al documentario, intervistando l'anziana ma lucida figlia del più geniale dei tre fratelli. Convince poco, però, la scelta di girare in un finto stile primitivo (in realtà leccatissimo); né il discorso va al di là di una generica nostalgia per l'epoca delle immagini ingenue e degli animi semplici. Tipico prodotto della nuova fase buonista di Wenders, gradevole e nulla più. Scritto e diretto con la collaborazione degli allievi della Hochschule für Fernsehen und Film di Monaco.

Fratello, Il *½ (Italia 1975, col, 90') Massimo Mida [Massimo Puccini]. Con Riccardo Cucciolla, Lidia Bednarek, Laura De Marchi, Gigi Ballista. ◆ Comunista atipico e tormentato, un insegnante di borgata (Cucciolla) vive un difficile rapporto con il fratello, regista di successo ma destinato a morte prematura. Pensato a partire dalla propria vicenda autobiografica (Massimo Mida, all'anagrafe Massimo Puccini, è fratello del regista Gianni Puccini, a quei tempi appena morto per infarto), il film vuole essere una pubblica riflessione sul ruolo dell'intellettuale ma soprattutto sui legami che uniscono e allontanano le persone, inutilmente appesantito, però, da un dialogo insistito e ridondante.

Fratello di un altro pianeta *** (*The Brother from Another Planet*, Usa 1984, col, 104') John Sayles. Con Joe Morton, Tom Wright, Leonard Jackson, Darryl Edwards, Steve James. ◆ Per sfuggire alla cattura, un extraterrestre nero e muto (Morton) finisce sulla Terra ad Harlem, dove trova aiuto e solidarietà contro i due bounty killer spaziali (bianchi) che gli danno la caccia: sulla Terra riuscirà anche a sbaragliare una banda di spacciatori e ad avere una love story (con la cantante Dee Dee Bridgewater). Una scoperta metafora per un film di fantascienza liberal, intelligente, malinconico e spesso assolutamente esilarante. Il regista (responsabile anche della sceneggiatura e del montaggio) interpreta la parte di uno dei due killer extraterrestri.

Fratello più furbo di Sherlock Holmes, Il * (*The Adventures of Sherlock Holmes's Smarter Brother*, Usa 1975, col, 91') Gene Wilder. Con Gene Wilder, Marty Feldman, Madeline Kahn, Leo McKern, Dom De Luise. ◆ Il fratello minore di Sherlock Holmes, Sigerson Holmes (Wilder) deve ritrovare i documenti rubati a un tenore italiano: ci riuscirà con l'aiuto del sergente Sacker (Feldman) dopo una serie infinita di equivoci e confusioni. Sulla scia del successo di *Frankenstein junior*, l'attore-feticcio di Mel Brooks azzarda, nella veste di autore e attore, la revisione parodistica del mitico detective, attraverso le sconclusionate avventure di un ipotetico fratello imbranato e roso dall'invidia. Risultato: una serie poco amalgamata di gag che funzionano davvero solo nella sequenza finale dietro le quinte del *Ballo in maschera*.

Fratello Sole, Sorella Luna * (Italia/Gb 1971, col, 137') Franco Zeffirelli. Con Graham Faulkner, Judi Bowker, Leigh Lawson, Kenneth Cranham, Michael Feast, Valentina Cortese, John Sharp, Adolfo Celi, Alec Guinness. ◆ La storia di San Francesco (Faulkner) dalla crisi mistica dopo l'esperienza della guerra fino all'approvazione della regola francescana da parte di papa Innocenzo III (Guinness). Il poverello in versione simil-hippie (sceneggiato da Suso Cecchi d'Amico, Lina Wertmüller e Zeffirelli), perduto in una sequenza zuccherina di radiose immagini da depliant turistico, fotografate da Ennio Guarnieri. La colonna sonora è firmata da Riz Ortolani e Claudio Baglioni.

Frattura del miocardio, La **½ (*La Fracture du myocarde*, Francia 1991, col, 100') Jacques Fansten. Con Sylvain Copains, Nicolas Parodi, Cécilia Rouaud, Olivier Montiège, Jacques Bonnafé. ◆ Per evitare l'orfanotrofio, Martin (Copains) decide di non denunciare la morte della madre (per «frattura del miocardio» dice un compagno) e occultarne il cadavere, aiutato nell'operazione dai suoi compagni di scuola. Nato come un tv-movie sceneggiato dal regista, è una simpatica variazione sul tema antico del passaggio dall'infanzia all'adolescenza e dell'incomprensione che il mondo degli adulti ha per la libertà dei bambini, senza la grazia di certe opere simili di Truffaut, ma con una sincerità di fondo che ne fa dimenticare i difetti.

Frau Holle – La signora della neve ** (*Frau Holle*, Rft/Cecoslovacchia 1985, col, 90') Juraj Jakubisko. Con Giulietta Masina, Valerie Kaplanová, Sona Valentová, Pavol Mikulík, Tobias Hösl, Petra Vancikovà. ◆ Jakob (Höls), scampato da piccolo alla valanga che travolse il suo circo ambulante grazie a frau Holle (Masina), la magica signora che sovraintende al ciclo delle stagioni e della vita umana, fugge dal suo mondo incantato per cercare la felicità come mortale accanto alla giovane Elizabeth (Vancikovà). La Masina torna dopo anni sul set, in una favola cinematografica tratta dai fratelli Grimm. Commedia, humour e orrore fiabesco in un film che cerca di recuperare la classica fantasia europea come antidoto all'anonima irruenza degli effetti speciali americani. Colorato, ma decisamente infantile.

Fräulein Doktor ** (Italia/Jugoslavia 1969, col, 103') Alberto Lattuada. Con Suzy Kendall, James Booth, Kenneth More, Nigel Green, Giancarlo Giannini, Olivera Vucio, Capucine [Germaine Lefèbvre]. ◆ Durante il primo conflitto mondiale sia gli inglesi che i tedeschi vogliono liberarsi della misteriosa Fräulein Doctor (Kendall), agente segreto morfinomane, grazie al quale l'esercito del Kaiser ha potuto impiegare i gas asfissianti contro i francesi nella battaglia di Ypres. Lattuada, ispirandosi anche al film di Pabst *Mademoiselle Docteur*, usa la struttura del film di guerra (ricostruita con grande attenzione ai particolari) per raccontare il dramma di un universo inumano, dove tutto «assomiglia a una partita a scacchi giocata da contendenti incoscienti e crudeli» e ogni azione è governata dalla macchinazione e dall'ambiguità, dal conflitto fra la ragione e quei sentimenti di amore e pietà che progressivamente si fanno strada nella protagonista.

Frau Marlene *½ (*Le Vieux fusil*, Francia/Rft 1975, col, 102') Robert Enrico. Con Philippe Noiret, Romy Schneider, Jean Bouise, Madeleine Ozeray, Joachim Hansen, Robert Hoffman. ◆ Nella Francia occupata del '44 i tedeschi uccidono moglie e figlia di un primario, riparate nel castello di montagna. Scoperto il fatto, il tranquillo chirurgo (Noiret) si trasforma in un terribile vendicatore. Atmosfera plumbea e prodezze d'attore del protagonista, per una variante europea (sceneggiata dal regista con Pascal Jardin e Claude Veillot) sulla giustizia personale già perorata nel *Cane di paglia* di Peckinpah. In Francia, uno dei grandi successi di pubblico del decennio.

Freaked – Sgorbi *½ (*Freaked*, Usa 1993, col, 79') Alex Winter, Tom Stern. Con Alex Winter, Megan Ward, Michael Stoyanov, Randy Quaid. ◆ Ricky Coogan (Winter), divo dello spettacolo all'apice della carriera, accetta di fare da testimonial per un nuovo fertilizzante biogenetico. Ne subirà le conseguenze insieme agli amici Julie e Harry (Ward, Stoyanov): trasformati in mostri orripilanti, i tre finiranno in una specie di lager per mutanti, gestito da uno scienziato malvagio (Quaid). Un doppio debutto alla regia che vorrebbe essere un omaggio al quasi omonimo capolavoro di Tod Browning, con momenti di vuoto, qualche scena decisamente gustosa (tra il satirico e il grottesco) e le partecipazioni straordinarie di Keanu Reeves, Brooke Shields e Morgan Fairchild. Prodotto dagli stessi registi.

Freaks **** (*Freaks*, Usa 1932, b/n, 64') Tod Browning. Con Olga Baclanova, Wallace Ford, Harry Earles, Leila Hyams, Roscoe Ates, Henry Victor. ◆ In un circo, la bella acrobata Cleopatra (Baclanova), amante del forzuto Ercole (Victor), sposa il nano Hans (Earles) per derubarlo, avvelenandolo pian piano. Ma gli altri fenomeni da baraccone (freaks) del circo se ne accorgono e si vendicano, trasformandola in una donna-gallina. Prodotto da Irving Thalberg (che voleva per la sua Mgm un successo dell'orrore che contrastasse il *Frankenstein* della Universal), sceneggiato da Willis Goldbeck e Leon Gordon a partire da un racconto di Tom Robbins, il film è interpretato da autentici freaks (uomini-torso, gemelle siamesi, donne spillo e altre incredibili creature deformi) che trasportano lo spettatore in un mondo di incubi e paure. Browning filma la vita quotidiana di quei «mostri» senza morbosità, ma con l'intenzione di rivelarne la genuina umanità, così da decuplicare la mostruosità morale di certi esseri «normali» come Cleopatra, salvo poi, dopo aver rinsaldato il legame che unisce il normale al diverso, compiere un ulteriore spiazzamento psicologico, perché la solidarietà che i freaks dimostrano per il nano Hans si trasforma in una vendetta altrettanto atroce – se non peggiore – dell'offesa che stava per subire. Diretto senza il minimo compiacimento, con uno sguardo freddo e asettico, questo «film di carne e desiderio, di peccato e violenza», unico nella storia del cinema, riesce ancor oggi a inquietare con i suoi dubbi morali e sessuali (perché tutta la trama è dominata da un desiderio di sesso che gli avvenimenti finiscono per frustrare inesorabilmente). La tradizione vuole che la Mgm, dopo le prime visioni, abbia drasticamente ridotto l'esibizione di creature deformi, riducendo il film di un terzo circa, ma non esistono prove concrete di questi tagli.

Freccia avvelenata, La *½ (*Charlie Chan at the Race Track*, Usa 1936, b/n, 70') Bruce Humberstone. Con Warner Oland, Keye Luke, Helen Wood, Thomas Beck, Gavin Muir, Jonathan Hale. ◆ Charlie Chan (Oland) scopre che l'uccisione di un ricco allevatore di cavalli è legata al mondo delle scommesse e delle gare truccate. Settimo film della serie interpretata da Warner Oland, su soggetto originale di Lou Breslow e Paul Elkins, segna la trasformazione di Luke, nella parte del «figlio numero uno», in un protagonista regolare della serie.

Freccia azzurra, La **½ (Italia/Svizzera/Lussemburgo 1996, col, 92') Enzo d'Alò. ◆ Appofittando di una malattia della Befana (voce di Lella Costa), il cattivo dottor Scarafoni (voce di Dario Fo) vuole distribuire i regali solo ai bambini ricchi che possono pagare. Ma i giocattoli si ribellano e sventano l'imbroglio. Coraggiosa sfida allo strapotere americano, questo lungometraggio a disegni animati utilizza una racconto di Rodari (sceneggiato dal regista e Umberto Marino) per ritrovare il gusto della fiaba, in controtendenza rispetto alla «modernizzazione» di casa Disney. Il tratto non realistico e la tavolozza di colori tenui (del disegnatore Paolo Cardoni) accentua la componente poetica mentre la decisione di privilegiare le figure intere e i totali contro i primi piani sottolinea la scelta volutamente anti-televisiva. Il titolo si riferisce al nome di un trenino. Musica di Paolo Conte

Freccia nel fianco, La ** (Italia 1945, b/n, 90') Alberto Lattuada. Con Mariella Lotti, Leonardo Cortese, Roldano Lupi, Galeazzo Benti, Paola Borboni, Tina Lattanzi. ◆ Nicoletta Dossena (Lotti) lascia il marito per seguire un amore giovanile che ha ritrovato ed è diventato un celebre pianista (Cortese), fino a togliersi la vita quando capisce di essergli d'impaccio. Tratto dall'omonimo romanzo liberty di Luciano Zuccoli (sceneggiato, tra gli altri, da Alberto Moravia, Ennio Flaiano e Cesare Zavattini), è il secondo film di Lattuada, realizzato con molte difficoltà fra il 1943 e il dopo Liberazione, con cui il regista inizia a esplorare alcuni temi che gli diverranno consueti, come l'acerba sessualità giovanile e l'ipocrisia borghese.

Freccia nera, La *½ (*The Black Arrow*, Usa 1948, b/n, 76') Gordon Douglas. Con Louis Hayward, Janet Blair, George Macready, Edgar Buchanan, Lowell Gilmore, Russell Hicks, Paul Cavanagh, Rhys Williams, Walter Kingsford. ◆ Tornato dalla guerra dei Trent'anni, sir Richard Shelton (Hayward) scopre che il padre è stato ucciso a tradimento: dal genitore della bella Joan (Blair), come sostengono tutti, o dallo zio Daniel Brakley (Macready), come dicono i messaggi portati da misteriose frecce nere? Il romanzo omonimo di Robert Louis Stevenson mantiene, nella riduzione firmata da Richard Schayer, Thomas Seller e David P. Sheppard, solo il ritmo dei suoi continui colpi di scena: appesantito da una recitazione maldestra e da un infantilismo imbarazzante, non regge il certo confronto con lo sceneggiato Tv di Anton Giulio Majano (1968).

Freccia sulla croce, La *½ (*The Twinkle in God's Eye*, Usa 1955, b/n, 73') George Blair. Con Mickey Rooney, Hugh O'Brian, Coleen Gray, Don Barry. ◆ Un prete da prima linea (Rooney) profonde il suo impegno missionario nel West, opponendosi ai feroci banditi e ai pagani pellerossa che gli hanno incendiato la chiesa. Un western di serie B con un Rooney già in fase calante ma incrollabilmente positivo e ottimista.

Fredda mattina di maggio, Una * (Italia 1990, col, 102') Vittorio Sindoni. Con Sergio Castellitto, Roberto De Francesco, Leonardo Ferrantini, Alessandra Acciai, Gabriele Ferzetti, Margaret Mazzantini, Marie Laforêt. ◆ Il drammatico assassinio del giornalista Walter Tobagi (Castellitto), ucciso il 28 maggio 1980 dai terroristi, è rievocato in una pellicola che non sa scegliere fra il film-verità e la ricostruzione di fantasia. Sicura, invece, la tesi di fondo del film sceneggiato da Graziano Diana (che sposa quella ufficiale del Partito socialista italiano) e cioè che il tragico evento sia frutto dell'obiettiva convergenza fra i salotti della borghesia radicale e la piazza dei giovani del '77. Castellitto è un protagonista credibile, ma anche la sua prova si stempera in un ibrido stile da sceneggiato.

Fred il ribelle **½ (*Western Union*, Usa 1941, col, 95') Fritz Lang. Con Randolph Scott, Robert Young, Virginia Gilmore, Dean Jagger, John Carradine, Barton MacLane. ◆ Il tragico destino di un ex bandito (Scott) diviso fra la fedeltà alla compagnia telegrafica Western Union che l'ha assunto e l'affetto per il fratello (MacLane) che continua a guidare una banda di fuorilegge. Lang, emigrato a Hollywood, filtra il mito americano della frontiera attraverso la sensibilità europea e il suo personale fatalismo, mettendo al centro del suo film (sceneggiato da Robert Carson a partire da un romanzo di Zane Gray) «un eroe vittima del suo destino e dei suoi legami familiari, i cui sforzi per redimersi finiranno in un tragico fallimento». Il regista si impegnò in questo suo secondo western con estremo vigore (sostenendo di aver impiegato più tempo a girare che la Western Union a posare la linea telegrafica) ottenendo, con una ricerca di realismo quasi maniacale, un accento fortemente antiepico del film.

Freefall – Caduta libera * (*Freefall*, Usa 1993, col, 96') John Irvin. Con Eric Roberts, Pamela Gidley, Jeff Fahey. ◆ Una fotografa newyorkese (Gidley), in trasferta in Africa per riprendere un uccello raro, s'innamora di un ex stuntman (Roberts). Nella loro storia s'inserisce l'Interpol, alla ricerca di una lista di nomi «eccellenti». Un film spionistico-acrobatico-esotico che la regia di John Irvin non riesce a salvare in nessun modo: quel che non è confuso, è scontato, come gli sfondi del continente nero e il machismo di Eric Roberts, fratello di Julia.

Freejack – In fuga nel futuro *½ (*Freejack*, Usa 1992, col, 108') Geoff Murphy. Con Emilio Estevez, Mick Jagger, Rene Russo, Anthony Hopkins, Jonathan Banks, Amanda Plummer. ◆ Nel 2009, per tenere in vita il cervello di alcuni miliardari si torna nel 1991 e si «recupera» un corpo perfettamente efficiente: ma uno di questi freejack (Estevez) si ribella al suo destino e fugge con l'aiuto della fidanzata (Russo). Uno spunto originale rovinato da una sceneggiatura (di Steven Pressfield, Ronald Shusett e Dan Gilroy) confusa e troppo debitrice a *Blade Runner*. Un marmoreo Mick Jagger interpreta la parte del cacciatore di taglie.

Freeway * (*Freeway*, Usa 1996, col, 100') Matthew Bright. Con Reese Witherspoon, Kiefer Sutherland, Amanda Plummer, Dan Hedaya, Brooke Shields, Bokeem Woodbine, Wolfgang Bodison. ◆ Dopo che il patrigno molestatore e la madre mignotta sono finiti dentro, Vanessa (Witherspoon) fa l'autostop per andare dalla nonna e incappa in un serial killer (Sutherland): ma è solo l'inizio di un'odissea tra tribunali, prigioni e omicidi, che il regista-sceneggiatore riempie di rimandi pretestuosi alla fiaba di Cappuccetto Rosso. Con un gusto trash e splatter sempre sul filo del grottesco, ma anche gratuito e abbastanza idiota. Coprodotto da Oliver Stone, con qualche musica di Danny Elfman.

Free Willy – Un amico da salvare ** (*Free Willy*, Usa 1993, col, 112') Simon Wincer. Con Jason James Richter, Lory Petty, Michael Ironside, Michael Madsen, Jayne Atkinson, August Schellenberg. ◆ Jesse (Richter), ragazzino ribelle senza famiglia, diventa il miglior amico di un'orca chiusa in un acquario: la libererà nell'oceano, salvandola dal malvagio di turno (Ironside), e troverà dei nuovi genitori. Prodotta da Richard Donner e sceneggiata da Keith A. Walker e Corey Brechman, una gradevole favoletta ecologista, che punta il dito contro lo sfruttamento dei cetacei nei parchi acquatici (ma lo sfruttamento nei film, allora?). Successo a sorpresa negli Stati Uniti, dove ha innescato una polemica in proposito. Nelle sequenze più rischiose l'orca Keiko è comunque sostituita da una copia «animatronica». Con due seguiti.

Free Willy 2 *½ (*Free Willy 2*, Usa 1995, col, 97') Dwight H. Little. Con Jason James Richter, Michael Madsen, Jayne Atkinson, Elizabeth Peña, August Shellenberg, M. Emmet Walsh, John Considine. ◆ Capitolo 2: il giovane Jesse (Richter) trova un fratellastro e una fidanzatina, e l'orca Willy, ora in libertà, una sorella. Ma i cattivi di una compagnia petrolifera minacciano il paradiso naturale dei cetacei e vorrebbero catturare i due animali. L'avventura di routine – con salvataggi all'ultimo secondo tra acque e fiamme – ha la meglio sui buoni sentimenti ecologisti. Richard Donner è sempre il produttore.

Free Willy 3 – Il salvataggio *½ (*Free Willy 3: The Rescue*, Usa 1997, col, 90') Sam Pillsbury. Con Jason James Richter, August Schellenberg, Annie Corley, Vincent Berry, Tasha Simms. ◆ Ormai diciassettenne, Jesse (Richter) sgomina una banda di pescatori di frodo che decima i cetacei sulla West Coast. Mentre l'orca Willy ha ormai messo su famiglia, il protagonista della serie sembra passare il testimone al piccolo Max (Berry). Routine per famiglie.

French Cancan **½ (*French Cancan*, Francia 1955, col, 97') Jean Renoir. Con Jean Gabin, Maria Felix, Françoise Arnoul, Franco Pastorino, Jean-Roger Caussimon, Gianni Esposito, Michel Piccoli, Dora Doll, Edith Piaf. ◆ La nascita del Moulin Rouge e il trionfale passaggio dalla lavanderia alla scena della mitica ballerina Nini (Arnoul). Il miglior film firmato da Renoir negli anni Cinquanta, un colorito divertissement dove si descrive il mondo del varietà, senza dimenticarne le tristezze e le regole di comportamento. Nato come progetto per Yves Allégret, questo film (sceneggiato dal regista a partire da un'idea di André-Paul Antoine) ripropone l'idea di gruppo tanto cara a Renoir, un clan omogeneo anche nella sua pittoresca diversità che possiede regole e territori in cui gli estranei (si tratti del ricco principe o del povero panettiere) non possono entrare. Un mondo che ruota attorno a Danglard (interpretato da un grande Gabin), l'impresario che fece di Montmartre la capitale del divertimento, e la cui figura ha più di un punto in comune con quella di Renoir stesso. Straordinario, infine, il senso di frenesia che pure nasce dal montaggio di una serie di piani quasi fissi perché, per usare le parole di Lourcelles, «il movimento, negli ultimi film di Renoir, appartiene ai corpi e ai sentimenti più che alla tecnica».

French Kiss ° (*French Kiss*, Usa 1995, col, 111') Lawrence Kasdan. Con Meg Ryan, Kevin Kline, Timothy Hutton, Jean Réno, François Cluzet, Susan Anbeth, Renee Humphrey. ◆ Per inseguire il promesso sposo (Hutton) che in Francia si è innamorato di «una dea» (Anbeth), Kate (Ryan) supera la sua paura dell'aereo e vola da Toronto a Parigi: a Cannes verrà coinvolta nei tentativi di un ladro (Kline) di smerciare una collana rubata ma scoprirà anche chi ama davvero. Romanticismo all'acqua di rose con sbandata finale per la vita di campagna: forse il peggior Kasdan di sempre. Sceneggiatura piena di buchi di Adam Brooks, che appare nella parte del viaggiatore impeccabile. L'unica trovata è, all'inizio del film, cosa fa la protagonista per combattere la sua paura di volare.

Frenesia * (Italia 1939, b/n, 87') Mario Bonnard. Con Dina Galli, Antonio Gandusio, Vivi Gioi, Osvaldo Valenti, Betty Stockfeld, Paolo Stoppa, Titina De Filippo. ◆ Incomprensioni generazionali fra due anziani coniugi (Galli e Gandusio) e il figlio e la nuora rumorosi, che si portano appresso un'allegra brigata di amici. Trionfo del conformismo e della concordia familiare in una insipida commedia leggera (tratta dalla pièce *Alla moda!* di Dino Falconi e Oreste Biancoli, qui anche sceneggiatori), affidata alla simpatia di due attori fra i più amati del genere brillante.

Frenesia del delitto *** (*Compulsion*, Usa 1959, b/n, 103') Richard Fleischer. Con Orson Welles, Bradford Dillman, Dean Stockwell, Diane Varsi, E.G. Marshall. ◆ Nella Chicago del 1924, due ragazzi di buona famiglia (Dillman e Stockwell) eccitati da confuse letture filosofiche ammazzano un ragazzino per il solo gusto di compiere un delitto perfetto. Ispirato a un celebre caso giudiziario (l'assassinio di Bobby Franks da parte di Nathan Leopold e Richard Loeb), che influenzò anche l'hitchcockiano *Nodo alla gola*, è una lucidissima analisi di una mentalità criminale, sceneggiato da Richard Murphy e diretto con una bella maestria (in una scena, accusatore e accusato si riflettono a turno nelle lenti di un paio di occhiali). Sull'inquietante vicenda si staglia la possente caratterizzazione di Welles, l'avvocato che in una memorabile arringa salva i due dalla condanna a morte. Welles, Dillman e Stockwell furono collettivamente premiati a Cannes.

Frenesia dell'estate * (Italia/Francia 1963, b/n, 100') Luigi Zampa. Con Vittorio Gassman, Sandra Milo, Michèle Mercier, Philippe Noiret, Lea Padovani, Amedeo Nazzari, Vittorio Congia, Mario Scaccia, Enzo Garinei, Renzo Palmer, Gabriella Galvani. ◆ Avventure balneari in Versilia che ruotano attorno a uno pseudomarchese indossatore (Nazzari) che vuole ingelosire la sua amante. Gassman è un militare e la Milo si innamora di un ciclista spagnolo. Un mediocre *Sapore di sale* vent'anni prima, con attori e regista poco coinvolti in un bozzettismo di routine. La sceneggiatura è firmata da Age [Agenore Incrocci], Scarpelli, Benvenuti, De Bernardi, Monicelli, Scarnicci e Tarabisi.

Frenesia del piacere ** (*The Pumpkin Eater*, Gb 1964, b/n, 110') Jack Clayton. Con Anne Bancroft, Peter Finch, James Mason, Cedric Hardwicke, Richard Johnson, Maggie Smith. ◆ Una madre possessiva (Bancroft), al terzo matrimonio, scopre l'infedeltà del marito (Finch) e si rinchiude nel passato isolandosi in campagna con gli otto figli. Un dramma familiare attraversato dalle inquietudini esistenziali degli anni Sessanta, sceneggiato da Harold Pinter a partire dal romanzo di Penelope Mortimer. Grande interpretazione della Bancroft che vinse il British Oscar e la Palma d'oro al festival di Cannes.

Frenesie militari **½ (*Biloxi Blues*, Usa 1987, col, 106') Mike Nichols. Con Matthew Broderick, Christopher Walken, Matt Mulhern, Corey Parker, Penelope Ann Miller. ◆ Verso la fine della seconda guerra mondiale, Eugene Jerome (Broderick) lascia Brooklyn per il campo reclute di Biloxi, nel Mississippi, e scopre cos'è la vita militare: conflitto fra gruppi e fra gradi, omosessualità latente e amicizia virile, iniziazione al sesso con le prostitute e inevitabile distacco dalla fidanzata. Nichols e lo sceneggiatore Neil Simon riescono a lavorare su un materiale non proprio originale con stile, misura, battute efficaci e un pizzico di malinconia. Broderick è un'ottima recluta ebrea e Walken un sergente carogna nevrotico al punto giusto. Eugene Jerome è il personaggio attraverso cui Neil Simon ha raccontato la propria autobiografia: era già stato il protagonista di *Ricordi di Brighton Beach* (1986, di Gene Saks) e lo sarà ancora in *Neil Simon's «Broadway Bound»* (1992, di Paul Bogart), entrambi con Jonathan Silverman e il secondo inedito in Italia.

Frenzy **½ (*Frenzy*, Gb 1972, col, 116') Alfred Hitchcock. Con Jon Finch, Alec McCowen, Barry Foster, Barbara Leigh-Hunt, Anna Massey, Vivien Merchant. ◆ Un maniaco terrorizza Londra strangolando donne con una cravatta: Scotland Yard incrimina erroneamente un ex pilota disoccupato, Richard Blaney (Finch), che smaschererà da solo il vero colpevole. Tratto da un romanzo di Arthur LaBern, sceneggiato da Anthony Shaffer, è uno dei rari film di Hitchcock sopravvalutati: rinuncia alle protagoniste belle e glaciali ma esagera con le dosi di violenza e di erotismo (capaci di rendere inutilmente espliciti quei fantasmi e quelle ossessioni che nei film precedenti aveva sempre raccontato facendo ricorso alla metafora, alla litote o all'ironia). La scena iniziale è un'autocitazione del maestro (che per questa pellicola è tornato in Inghilterra dopo vent'anni): un'inquadratura simile c'era già nel suo *Il pensionante*, del '26. Hitchcock si vede tra gli ascoltatori di un comizio ecologico ai bordi del Tamigi.

Frequenze pericolose *½ (*Stay Tuned*, Usa 1992, col, 88') Peter Hyams. Con John Ritter, Pam Dawber, Jeffrey Jones, Eugene Levy. ◆ Per salvarsi l'anima dal diavolo (Jones), una coppia di borghesi (Ritter e Dawber) deve sopravvivere per una giornata dentro un inferno televisivo, i cui programmi variano dal quiz dove non si può vincere allo sceneggiato sulla Rivoluzione francese, dal film noir a quello di cappa e spada. Satira fiacca e vecchiotta, con ben poche trovate originali (l'idea delle persone in carne e ossa sballottate da un programma televisivo all'altro è presa da *Sotto shock*). Episodicamente divertenti, tuttavia, le parodie di fim come *Il silenzio degli innocenti*, *Tre scapoli e un bebè* e *A spasso con Daisy*. La sequenza a disegni animati è diretta da Chuck Jones.

Freud, passioni segrete ** (*Freud*, poi rititolato *Freud: The Secret Passions*, Usa 1962, b/n, 120') John Huston. Con Montgomery Clift, Susannah York, Larry Parks, David McCallum, Susan Kohner. ◆ I cinque anni fondamentali della vita di Sigmund Freud (Clift), quelli dell'autoanalisi e delle prime guarigioni ottenute attraverso la sua nuova scienza. Da una sceneggiatura di Charles Kaufman e Wolfgang Reinhardt (il regista rifiutò quella troppo ponderosa preparata per lui da Sartre), un film poco riuscito, che mostra un Freud più stregone che scienziato. Colpa anche dei tagli: dalla durata originale di 1659, venne ridotto di quasi un terzo, fino a perdere molto in coerenza e significato.

Fric-frac **½ (*Fric-frac*, Francia 1939, b/n, 105') Maurice Lehmann [e Claude Autant-Lara]. Con Michel Simon, Arletty [Léonie Bathiat], Fernandel [Fernand Contandin], Marcel Vallée, Hélène Robert. ◆ Un ingenuo impiegato di una bigiotteria (Simon) diventa prima vittima, poi amico e infine complice involontario di una prostituta (Arletty) e di un piccolo malvivente (Fernandel). Una commedia debole nella sceneggiatura e fiacca nel ritmo (tratta dalla commedia omonima di Edouard Bourdet e Fernand Trignon sceneggiata da Michel Duran), ma ravvivata da un trio di attori strepitosi, capaci di riscattare la convenzione con la spontaneità e di infondere al film il dinamismo e la fantasia che gli mancano. Collaboratore tecnico alla regia è Claude Autant-Lara (per la terza e ultima volta con Lehmann). È l'unico film girato insieme da Simon e Fernandel, sempre in contrasto sul set ma perfettamente sincronizzati sullo schermo.

Frida, l'amante straniera **½ (*Frieda*, Gb 1947, b/n, 97') Basil Dearden. Con David Farrar, Mai Zetterling, Albert Lieven, Glynis Johns, Flora Robson. ◆ Per un ufficiale inglese della Raf (Farrar) i guai cominciano dopo la guerra, quando scatena l'ostilità generale portandosi a casa come moglie la tedesca (Zetterling) che l'ha aiutato a evadere, presto raggiunta addirittura dal fratello nazista. Un film passionale fino al sadomasochismo che affronta uno dei tanti problemi sociali del dopoguerra (quello della rappacificazione) attraverso il melodramma, perché il contrasto tra scelte individuali e la morale convenzionale della società passa qui attraverso la sfera del desiderio femminile (tanto a lungo negata dalla cultura inglese): l'uomo si nega letteralmente alla sua donna, rimandando la consumazione del matrimonio fino a quando non saranno certi che la vita di coppia e l'integrazione culturale della donna funzioneranno.

Fritz il gatto **½ (*Fritz the Cat*, Usa 1971, col, 78') Ralph Bakshi. ◆ Il primo cartone animato vietato ai minori. Il gatto Fritz, seduttore impenitente e gran frequentatore di droga-party e bordelli, per evitare la repressione della polizia fugge con una faina verso la California: coinvolto da un motociclista nazista in un attentato, finisce in ospedale dove ritrova il vigore di un tempo grazie ad alcune visite femminili. Tratto dall'omonimo fumetto underground di Robert Crumb, è un film d'animazione opposto ai prodotti disneyani, sia per i contenuti destinati agli adulti che per l'attribuzione agli animali di caratteristiche esclusivamente antropomorfe. La trasgressione opera a più livelli: linguistico (il vocabolario è spregiudicato, ma si tratta dell'aspetto meno efficace, soprattutto oggi); grafico (contorni incerti e colori contrastati danno origine a una sorta di espressionismo cartoonesco); sociologico (il gatto Fritz è eversivo solo in apparenza perché in realtà incarna tutti i peggiori difetti dell'americano medio dell'epoca, e questa è la migliore intuizione della coppia Bakshi-Crumb). Costato 30 milioni di dollari, ebbe un notevole successo e aprì la strada ad altre simili operazioni. L'edizione italiana, però, è molto discutibile, non tanto nelle intenzioni quanto nei risultati: il gatto Fritz diventa uno sguaiato turista romano (e come italiano medio può funzionare), ma il doppiaggio trasforma gli slang dei ghetti newyorkesi in un campionario di dialetti nostrani e, rivisto oggi, l'ingente lavoro di Bakshi risulta sopraffatto da volgarità sonore degne di Oldoini e C.

Frogs * (*Frogs*, Usa 1972, col, 91') George McCowan. Con Ray Milland, Joan Van Ark, Sam Elliot, Adam Roarke, Judy Pace. ◆ In un'area sconvolta dai trattamenti chimici di un vecchio patriarca (Milland), un'enorme quantità di rane mutanti scatena una gracidante rivoluzione ecologica, divorando tutti gli umani che capitano a tiro. Ridicolo horror pseudo-ecologista, ai tempi pubblicizzato da una frase menzognera: «Se sei veramente debole di stomaco, rimani a casa».

Fronte del porto **½ (*On the Waterfront*, Usa 1954, b/n, 108') Elia Kazan. Con Marlon Brando, Eva Marie Saint, Lee J. Cobb, Karl Malden, Rod Steiger, Leif Erickson. ◆ Un ex pugile fallito, Terry Malloy (Brando), il cui fratello Charlie (Steiger) ha fatto carriera spalleggiando il corrotto boss del sindacato portuale (Cobb), accetta di testimoniare contro il gangster per amore di Edie (Saint), la sorella di un lavoratore ucciso, anche dopo che Charlie è stato ammazzato. Girato verso la fine dell'epoca maccartista durante la quale Kazan aveva «collaborato» denunciando alcuni ex compagni comunisti, ispirato da un servizio giornalistico del 1951 premiato col Pulitzer e sceneggiato da Budd Schulberg (anche lui «collaboratore» di McCarthy), è «uno di quei film che rivelano un'epoca ponendo allo scoperto la falsa coscienza degli intellettuali come pochi altri»: discutibilissimo (e criticatissimo) sul piano dei contenuti sociali, con la sua rappresentazione totalmente negativa delle organizzazioni sindacali e degli operai stessi; effettistico e demagogico nella messa in scena; disequilibrato nella struttura narrativa, con l'ingombrante presenza del prete (Malden) che finisce per essere il vero punto di riferimento della storia. Resta, a riscattare il film, l'interpretazione di Brando, migliore nella scena in cui prende coscienza col fratello in macchina che in quella del pestaggio, eccessiva e masochista come l'ideologia del film. Rimane comunque scolpita nell'immaginario collettivo la scena finale in cui Malloy pesto e barcollante si avvia alla «chiamata» per il lavoro. Ottenne dodici nomination (tra cui – record – tre per lo stesso ruolo, quello di attore non protagonista) e vinse otto premi Oscar: miglior film, regia, attore, attrice non protagonista (Eva Marie Saint), sceneggiatura, fotografia (Boris Kauffman), scenografia (Richard Day) e montaggio (Gene Milford).

Fronte del silenzio, Il ** (*Time Limit*, Usa 1957, b/n, 96') Karl Malden. Con Richard Widmark, Richard Basehart, Dolores Michaels, June Lockhart, Rip Torn. ◆ Un ufficiale (Widmark) è processato dalla corte marziale con l'accusa di collaborazione con il nemico durante la guerra di Corea, per aver firmato una dichiarazione sull'uso americano di armi batteriologiche. Dramma processuale con un certo climax che, lontano da manicheismi patriottici, trova un approccio anticonvenzionale al tema del tradimento. Unica regia dell'attore Malden, prete di *Fronte del porto* e partner di Michael Douglas in *Sulle strade della California*.

Frontera, La **½ (*La Frontera*, Cile 1991, col, 90') Ricardo Larrain. Con Patricio Contreras, Gloria Laso, Alfonso Venegas, Hector Noguera, Aldo Bernalez. ◆ A Santiago, durante la dittatura di Pinochet, un tranquillo professore di matematica (Contreras) viene arrestato e condannato al confino in un'isola al largo della Patagonia. Qui fa amicizia con un palombaro e intreccia un'appassionata storia d'amore con Maite (Laso), finché un maremoto lo priverà anche di questi affetti. Un'opera prima «politicamente impegnata», diretta senza retorica e con un gusto per la metafora e il grottesco tipicamente latinoamericano, che racchiude nell'allusione visiva – prima ancora che nei dialoghi, raffinatissimi – tutto lo strazio di una storia indicibile con i soli strumenti del realismo. Orso d'argento a Berlino.

Frontiera ** (*The Border*, Usa 1982, col, 107') Tony Richardson. Con Jack Nicholson, Harvey Keitel, Valerie Perrine, Warren Oates, Elpidia Carrillo. ◆ La mafia che importa manodopera clandestina dal Messico non trova ostacoli nella compiacente polizia. Ma una guardia di frontiera (Nicholson) ha un soprassalto d'indignazione quando viene rapito il figlio di una chicana (Carrillo). Il regista inglese recupera la vecchia radicalità del Free Cinema per uno pseudo-western populista, impastato di deserto dalle note country di Ry Cooder.

Frontiera, La ° (Italia 1996, col, 107') Franco Giraldi. Con Raoul Bova, Marco Leonardi, Omero Antonutti, Vesna Tominac, Claudia Pandolfi, Giancarlo Giannini, Roberto Totola, Werner Egger, Miranda Caharija, Monika Haasova. ◆ 1941: ufficiale fascista, Franco Velich (Leonardi) torna in convalescenza nell'isola dalmata dove è nato, diventata territorio italiano: il suo disagio nell'appartenere a un esercito occupante trova uno strano parallelo nella vicenda di un altro isolano, Emidio Orlich (Bova), ufficiale austroungarico che durante la prima guerra mondiale disertò per poter combattere con gli italiani contro l'Austria. Il bellissimo romanzo omonimo di Franco Vegliani diventa solo un canovaccio senza anima nella riduzione fatta dallo stesso regista, che spreca (anche per un cast assolutamente non all'altezza, specie in Leonardi) l'occasione di affrontare i temi della lacerazione etnica e delle radici culturali. Un errore da dimenticare nella bella carriera di Giraldi.

Frontiera a Nord-Ovest ** (*Northwest Frontier*, rititolato *Flame Over India*, Gb 1959, col, 87') J. Lee Thompson. Con Kenneth More, Lauren Bacall, Wilfrid Hyde-White, Herbert Lom. ◆ Per salvare un principino indiano, dalla cui sopravvivenza dipende la pace nell'India del Nordovest, il capitano Scott (More) lo fa fuggire, insieme alla sua governante americana (Bacall), su un vecchio treno. Colpi di scena e dimostrazioni di altruismo chiusi in un vagone ferroviario: la storia, ambientata all'inizio del secolo, non è certo nuova ma la tensione è ben congegnata. Massacrata la versione italiana: in originale il film dura ben 130'.

Frontiere dell'odio, Le *½ (*Copper Canyon*, Usa 1950, col, 83') John Farrow. Con Ray Milland, Hedy Lamarr, Macdonald Carey, Percy Helton, Mona Freeman, Harry Carey jr, Frank Faylen, Hope Emerson. ◆ Alla fine della guerra civile, per lo sfruttamento di una miniera di rame, un gruppo di reduci del Sud guidati da una donna (Lamarr) si scontra con alcuni nostalgici confederati sobillati da un disonesto vicesceriffo (M. Carey): in aiuto dei primi arriverà Johnny Carter (Milland), nostalgico dandy e abilissimo pistolero, che naturalmente saprà fare giustizia. Anodino western che risente troppo della sua origine feuilletonesca (è sceneggiato dallo scrittore di romanzi dozzinali Jonathan Latimer) con una spaesata Lamarr nel ruolo di femme fatale. Farrow sembra essersi preoccupato soprattutto dell'uso, allora non comune, del colore (fotografato da Charles B. Lang jr), a scapito dell'ambientazione (interni troppo lussuosi ed esterni troppo poco realistici) e della regia.

Frou-Frou del tabarin * (Italia 1976, col, 88') Gianni Grimaldi. Con Martine Brochard, Fabrizio Moroni, Carmen Scarpitta, Jacques Berthier. ◆ Una contessina (Brochard) e sua mamma (Scarpitta) si danno da fare per incastrare gli uomini: la prima si traveste da ballerina di can can per conquistare l'amato (e in una scena mostra anche il fondoschiena nudo), mentre la seconda si impegna con il futuro suocero. Mediocre l'ambientazione, piatta la regia, ampiamente prevedibile lo svolgimento di questa versione dell'operetta *La duchessa del Bal Tabarin* (sceneggiata dal regista), che le due attrici si sforzano di rendere plausibile. Il tutto con un sapore stantio da sceneggiato televisivo.

Frullo del passero, Il *½ (Italia 1988, col, 99') Gianfranco Mingozzi. Con Ornella Muti, Philippe Noiret, Nicola Farron, Claudine Auger, Sabrina Ferilli, Chiara Argelli. ◆ Un industriale sulla soglia della vecchiaia (Noiret) chiede a una giovane mantenuta (Muti) di fargli da «amante verbale», accettando di ascoltare i racconti erotici della sua giovinezza. Ma le storie finiscono per confondersi con la realtà. Una commedia sul fascino della narrazione, venata dalla serena malinconia di quell'ambientazione provinciale in cui lo sceneggiatore Tonino Guerra è maestro, ma rovinata dalla mancanza di gusto e dagli eccessivi cedimenti al voyeurismo.

Frusta e il corpo, La **½ (Italia/Francia 1963, col, 92') John M. Old [Mario Bava]. Con Dahlia Lavi, Christopher Lee, Tony Kendall [Luciano Stella], Harriet White, Alan Collins [Luciano Pigozzi]. ◆ Un barone sadico (Lee) torna nel castello del fratello per riprendere la sua morbosa relazione con la cognata (Lavi). E il rapporto continua anche dopo la misteriosa morte del barone: sogno o realtà? Un riuscito gioiellino gotico, ambiguo, morboso, e con una bella atmosfera, che alla sua uscita ebbe qualche problema con la censura. Molto bella la fotografia di Ubaldo Terzano (nascosto sotto lo pseudonimo, casuale, di David Hamilton). Bava non ha nulla da invidiare a Corman, e certe volte è stato lui a essere copiato dall'americano, e non il contrario. Pseudomini inglesizzanti anche per gli sceneggiatori: Julian Berry (alis Ernesto Gastaldi), Robert Hugo (alias Ugo Guerra) e Martin Hardy (alias Luciano Martino).

Frusta e la carne, La → *Banda degli angeli, La*

Frustata, La **½ (*Backlash*, Usa 1956, col, 84') John Sturges. Con Richard Widmark, Donna Reed, John McIntire, William Campbell, Martin Balsam. ◆ Un pistolero e una donna (Widmark e Reed) si mettono sulle tracce dell'unico scampato a un attacco indiano (McIntire) e di un tesoro nascosto. Dal regista dei *Magnifici sette*, un western insolitamente violento (sceneggiato con maestria da Borden Chase) con una buona dose di suspense e di mistero e un asciutto vigore che non rinuncia all'approfondimento psicologico, soprattutto nel rapporto chiaramente edipico tra Widmark e McIntire.

Frustrazione ** (*Dr. Phibes Rises Again*, Usa 1972,

col, 89') Robert Fuest. Con Vincent Price, Robert Quarry, Valli Kemp, Peter Cushing, Fiona Lewis, Terry-Thomas, Hugh Griffith. ◆ Il dottor Phibes (Price) parte per l'Egitto alla ricerca del Fiume della Vita nascosto in una tomba faraonica, grazie al quale spera di resuscitare la moglie morta tre anni prima; ma sul suo cammino incontra Darius (Quarry), alla caccia dell'elisir per sé. Seguito di *L'abominevole dottor Phibes*, con lo stesso gusto per le scenografie decò ma con minor inventiva e capacità di scherzare col kitsch. Peccato, perché Price è in forma smagliante e il mix di horror, romanticismo e ironia è ben dosato.

Frutto proibito *** (*The Major and the Minor*, Usa 1942, b/n, 100') Billy Wilder. Con Ginger Rogers, Ray Milland, Rita Johnson, Robert Benchley, Diana Lynn. ◆ Una ragazza squattrinata (Rogers) lascia New York per tornare al paesello, travestendosi da dodicenne per pagare la tariffa ferroviaria ridotta. Sul treno conosce un maldestro maggiore (Milland) che solo dopo aver scoperto il trucco potrà dichiararle il suo amore. Primo film americano di Wilder (sceneggiato con Charles Brackett a partire dalla commedia *Connie Goes Home* di Edward Childs Carpenter) dove, con l'ambiguo gioco di una ben oliata commedia leggera, riesce ad affrontare e a sorridere di un tabù inquietante come il desiderio sessuale per una minorenne. Esilaranti le diverse versioni delle tattiche offensive da usare sulla «linea Maginot», con cui tutti cercano di approfittare delle grazie della Rogers. Verso la fine del film la madre della Rogers è interpretata dalla sua vera madre, Lela. Rifatto malamente in *L'ingenua maliziosa* (1951) e al maschile in *Il nipote picchiatello* (1955).

F.T.W. – Fuck the World ** (*F.T.W.*, Usa 1994, col, 100') Michael Karbelnikoff. Con Mickey Rourke, Lori Singer, Peter Berg, Brion James, Aaron Neville. ◆ Frank T. Wells (Rourke), campione di rodeo appena uscito di galera, si innamora di Scarlett (Singer), una rapinatrice di banche in fuga dopo che la polizia ha ammazzato il suo incestuoso fratello Clem (Berg). Maledetti per scelta o per caso, correranno entrambi verso un destino di autodistruzione. Western moderno girato con uno stile in curioso equilibrio tra il videoclip e la nostalgia per il cinema di una volta, e con tutti i pregi e difetti del suo protagonista: irritante e sincero, compiaciuto e struggente. Rourke, quasi irriconoscibile in seguito alle plastiche facciali e ai pugni, è coautore del soggetto sotto lo pseudonimo di Sir Eddie Cook.

Fucili, I *** (*Os Fuzis*, Brasile 1964, b/n, 110') Ruy Guerra. Con Atila Iorio, Nelson Xavier, Maria Gladys, Ivan Candido, Hugo Carvana, Leonides Bayer. ◆ A Milagres, una cittadina del Nordest brasiliano, il sindaco difende con l'esercito il suo spaccio alimentare dalla popolazione affamata: sarà proprio la crudeltà dei soldati, che uccidono un camionista (Iorio) che voleva ribellarsi, a scatenare la rivolta della popolazione, a cui non bastano più canti e danze tradizionali. Sceneggiato dal regista con Miguel Torres (e a lui dedicato, dopo la sua prematura morte) è uno dei film più forti e più lucidi del Cinema nôvo, ritratto partecipe ma critico di una situazione satura e minacciosa, dove i conflitti si sintetizzano in due grandi filoni tematici, il ruolo delle armi (cioè la rete di rapporti che collega potere, soldati e miseria) e la magia con il suo atavismo religioso: «con un realismo ideologico, simbolico e crudele, il film spiega le strutture portanti di un ordine disumano eppure statico», rotto soltanto dagli alienanti deliri per il bue sacro della pioggia e da sterili e sanguinose esplosioni di rabbia e saccheggio.

Fucilieri del Bengala, I * (*Bengal Brigade*, Usa 1954, col, 87') Laszlo Benedek. Con Rock Hudson, Arlene Dahl, Dan O'Herlihy, Ursula Thiess, Michael Ansara. ◆ Nell'India del secolo scorso, un capitano inglese (Hudson) per scagionarsi dall'accusa di aver ordito un piano antigovernativo deve trovare i veri colpevoli. Rock Hudson è più che impacciato in questa deludente prova con cui il regista del *Selvaggio* punta sull'epica dell'eroismo e scade nell'umorismo involontario.

Fucilieri delle Argonne, I *½ (*The Fighting 69th*, Usa 1940, b/n, 90') William Keighley. Con James Cagney, Pat O'Brien, George Brent, Jeffrey Lynn, Alan Hale. ◆ Durante la Grande Guerra un irlandese ribelle, fanfarone e vigliacco (Cagney) si converte ai valori patriottici trasformandosi in eroe. Una glorificazione della guerra che riesce a temprare il carattere, in sintonia con gli umori di un'America prossima a entrare nel secondo conflitto mondiale. Il film non esce dagli standard collaudati del genere ma Cagney offre un'ottima caratterizzazione nella parte di Jerry Plunckett.

Fuga, La **** (*Dark Passage*, Usa 1947, 106') Delmer Daves. Con Humphrey Bogart, Lauren Bacall, Bruce Bennett, Agnes Moorehead, Tom D'Andrea. ◆ Condannato per l'omicidio della moglie, Vincent Parry (Bogart) evade dal carcere e trova aiuto in Irene Jansen (Bacall), il cui padre è morto innocente in prigione per un'accusa analoga. Dopo aver scoperto che l'amica di Irene ha avuto un ruolo decisivo nel processo e che anche il suo migliore amico è stato ucciso, Parry si sottopone a una plastica facciale e va alla ricerca dei due assassini. Un film noir tanto originale da sfiorare il paradosso: la storia è ai limiti della verosimiglianza e la messinscena è magistrale nell'utilizzare gli stilemi del genere per creare soluzioni inedite. L'happy end, indimenticabile e unico nell'universo cupo del noir, è il punto di arrivo di una fuga idealista che impegna non solo Parry/Bogey ma anche la macchina da presa, in soggettiva per più di metà film (allo scopo di favorire l'identificazione con il protagonista e al tempo stesso non mostrarne la fisionomia prima dell'operazione facciale) e sempre tesa a scandagliare i bassifondi urbani per scoprirvi una possibile via d'uscita nascosta. Questa scommessa registica (vinta da Daves grazie alla propria capacità di trasgredire le regole di Hollywood e al romanzo di David Goodis da cui ha tratto il film e che segue fedelmente) non doveva essere neppure realizzata: Jack Warner aveva infatti accantonato il progetto sostenendo che la soggettiva prolungata avrebbe sacrificato del tutto Bogart e dunque il successo dell'operazione (l'attore si vede in faccia al 64', su una durata di 106'); solo dopo che la

Mgm fece uscire *Una donna nel lago* di Robert Montgomery, costruito su un procedimento identico (Daves ne aveva parlato al regista), il produttore acconsentì alla realizzazione della *Fuga*, molto più riuscito e radicale del suo emulo.

Fuga, La *** (Italia 1964, b/n, 120') Paolo Spinola. Con Giovanna Ralli, Anouk Aimée, Paul Guers, Enrico Maria Salerno, Carol Walker, Guido Alberti. ◆ La bella e ricca Piera (Ralli), figlia infelice prima, moglie e madre insoddisfatta poi, ricorre alle cure di uno psicoanalista (Salerno) e si rifugia nell'intensa amicizia con un'arredatrice, Luisa (Aimée), finché non scopre le implicazioni omosessuali del legame. Sola e disperata, si «suiciderà» in un incidente stradale. Un'opera prima audace per l'epoca, e forse non solo, con evidenti richiami all'Antonioni di *Deserto rosso* e, per qualche squarcio onirico, anche a Fellini. Il ritratto femminile emerge dalla ricostruzione a flash-back fatta da due uomini: il marito (Guers), che racconta tutta la prima parte attraverso le pagine del diario della moglie, recuperato tra le fiamme; e lo psicoanalista, che prosegue nella seconda sulla base dei suoi appunti professionali. Ai classici temi esistenziali antonioniani (il profondo disagio affettivo, la coppia alienata in un matrimonio senza prospettive, la borghesia malata), Spinola ne aggiunge esplicitamente altri due, delicati e tuttora insoliti per il cinema italiano: la psicanalisi e l'omosessualità femminile. Un film interessante, pur con qualche inserto un po' didascalico, che si avvale di una sceneggiatura ben calibrata (di Sergio Amidei, con la collaborazione dell'analista Piero Bellanova), di tre attori indovinati (soprattutto la sorprendente Ralli, fino a quel momento popolana aggressiva) e di una raffinatezza registica rara in un esordiente.

Fuga all'Ovest *½ (*No Time for Flowers*, Usa 1952, b/n, 83') Don Siegel. Con Viveca Lindfors, Paul Christian, Ludwig Stossel, Adrienne Gessner, Peter Preses. ◆ A Praga, un dirigente politico (Christian) che il partito sospetta di infedeltà viene affiancato da una funzionaria (Lindfors) che deve a sua volta sorvegliare. Ovviamente i due finiscono per innamorarsi e fuggire nel mondo libero. Scombinata commedia satirica anticomunista, autoironicamente definita dallo stesso Siegel una «Ninotchka dei poveri». All'epoca la Lindfors e Siegel erano sposati.

Fuga all'inferno → *Legionary, The – Fuga all'inferno*

Fuga da Absolon **½ (*No Escape*, Usa 1994, col, 115') Martin Campbell. Con Ray Liotta, Lance Henricksen, Stuart Wilson, Kevin Dillon, Kevin J. O'Connor, Don Henderson, Ian McNeice, Jack Shepherd. ◆ 2022: troppo insofferente dell'autorità, l'irriducibile ex militare Robbins (Liotta) viene trasferito da un carcere di massima sicurezza a un'isola-prigione selvaggia dove conquista la stima degli «Interni», un gruppo di detenuti guidati da un carismatico leader (Henricksen) che devono difendersi dalle incursioni dei più barbari e feroci «Esterni» guidati dal gigantesco Marek (Wilson): scoprirà che tra gli «Interni» si nasconde una spia e che forse c'è un modo per scappare e denunciare al mondo lo scandalo di quest'isola-prigione. Fantascienza apocalittica tratta da un romanzo di Richard Herley e sceneggiata da Michael Gaylin e Joel Gross. Mescolando riferimenti colti e fantasie popolari, suggestioni bibliche (il carcere si chiama Leviticus, come il terzo libro della Bibbia, quello che illustra le pene per chi trasgredisce la Legge del Signore) e citazioni cinematografiche (il duello suicida che conclude *Spartacus* e naturalmente la saga di *Mad Max*), il film ribalta continuamente le aspettative dello spettatore oscillando tra l'avventura e l'apologo libertario senza mai cedere al compiacimento estetizzante. Costumi e scenografie (rispettivamente di Norma Moriceau e Allan Cameron) sanno reinventare con originalità un mondo postmoderno e neoprimitivo. Imperdibile il prologo con uno dei più freddi e sorprendenti omicidi mai visti al cinema.

Fuga da Alcatraz *** (*Escape from Alcatraz*, Usa 1979, col, 112') Don Siegel. Con Clint Eastwood, Patrick McGoohan, Roberts Blossom, Fred Ward, Jack Thibeau. ◆ Imprigionato ad Alcatraz, Frank Morris (Eastwood) impiegherà tre anni per mettere a punto l'evasione dal carcere più sicuro d'America, ma il suo tentativo, organizzato insieme ai fratelli Clarence e John Anglin (Thibeau e Ward), andrà a buon fine. Ricostruzione dell'unico tentativo di fuga riuscito da Alcatraz, l'11 giugno 1962, il film (sceneggiato da Richard Tuggle) è una delle opere migliori della maturità di Siegel, teso, serrato, capace di «riscattare gli stereotipi prosciugandoli con lo stile e facendo economia di tutto, anche di violenza», così da utilizzare al meglio i personaggi tipici del filone carcerario (il direttore sadico [McGoohan], il carcerato che dipinge quadri, l'italiano panciutello che alleva un topolino, il nero sputasentenze) e mettere in risalto la recitazione asciutta e controllata di Eastwood. Particina per Danny Glover, qui al suo debutto, e Don Siegel nel ruolo del dottore.

Fuga da Hollywood ° (*The Last Movie*, Usa 1971, col, 102') Dennis Hopper. Con Dennis Hopper, Tomas Milian, Julie Adams, Stella Garcia, Sylvia Miles. ◆ Sul set di un western appena finito, gli indios peruviani ricostruiscono, a modo loro, la magia del cinema, confondendo finzione e realtà: uno dei gringo (Hopper) finisce per essere coinvolto nei loro riti, lasciandoci la pelle. Ma alla fine si rialza: è solo un film. Il pasticcio velleitario e farneticante che Hopper diresse dopo *Easy Rider*, col risultato di farsi allontanare da Hollywood (l'Universal aveva messo i capitali) per un decennio. Relitto di un'epoca passata, con echi del Living Theatre e della cultura hippie. Samuel Fuller è il regista; Kris Kristofferson, Peter Fonda e Dean Stockwell fanno brevi comparsate.

Fuga dal futuro → *Danger Zone – Fuga dal futuro*

Fuga dalla scuola media **½ (*Welcome to the Dollhouse*, Usa 1995, col, 87') Todd Solondz. Con Heather Matarazzo, Brendan Sexton jr, Victoria Davis, Christina Bucato, Eric Mabius, Angela Pietropinto, Bill Buell. ◆ Undicenne goffa e bruttina, Dawn Wiener (Matarazzo) ha vita dura: i compagni di scuola la umiliano in continuazione, i genitori le preferiscono la sorellina leziosa o il fratello secchione, e la sua infatuazione per il quindicenne Steve Rodgers

(Mabius) è senza speranza. Sarà Brandon (Sexton jr), un teppistello suo coetaneo che minaccia sempre di «stuprarla alle 16 in punto», a offrirle un po' di rude affetto e una possibilità di fuga. Un film indipendente a basso costo, vincitore del Sundance 1996, che raccontate con humour nero quell'inferno che è l'infanzia: l'originalità narrativa di Solondz (la sceneggiatura è sua) sta nell'aver scelto un contesto di assoluta normalità dimostrando quanto sia impermeabile a qualsiasi bisogno affettivo e nell'aver fatto della protagonista, interpretata in modo straordinario dalla Matarazzo, una ragazzina qualunque, né più intelligente né più lucida dei suoi coetanei, ma in diritto – come tutti – a ricevere attenzioni e amore.

Fuga dal mondo dei sogni * (*Cool World*, Usa 1992, col, 102') Ralph Bakshi. Con Gabriel Byrne, Kim Basinger, Brad Pitt, Michele Abrams, Frank Sinatra jr. ◆ Il disegnatore Jack Deebs (Byrne) finisce nell'universo parallelo a disegni animati di Cool World (Mondofurbo nell'edizione italiana), e trasgredisce con la pin up Holly (Basinger) la regola che vieta il sesso tra i «carnosi» e i disegni, provocando un caos temporaneo. Il flop del 1992: concepito come *Chi ha incastrato Roger Rabbit?* in versione sexy, non azzecca una gag, non ha una sceneggiatura decente, e ha un cast sconfortante. Ineccepibile, dal punto di vista tecnico, la fusione tra animazione e riprese dal vero.

Fuga da Los Angeles ** (*John Carpenter's Escape From L.A.*, Usa 1996, col, 102') John Carpenter. Con Kurt Russell, Stacy Keach, Cliff Robertson, George Corraface, Valeria Golino, A.J. Langer, Pam Grier, Steve Buscemi, Peter Fonda, Michelle Forbes. ◆ 2013: sedici anni dopo *1997: fuga da New York*, Los Angeles è diventata un'isola in cui vengono deportati gli elementi socialmente pericolosi. E il reietto Iena [Snake nell'edizione originale] Plissken (Russell) deve andarvi a recuperare un congegno che controlla satelliti nucleari, caduto nelle mani dal guerrigliero terzomondista Cuervo Jones (Corraface), sosia del Che. Carpenter (sceneggiatore con i produttori Debra Hill e Kurt Russell) gira un nostalgico sequel-fotocopia di uno dei suoi film migliori. Per quanto sia suggestivo l'uso disastrato delle più celebri *locations* losangeline (Disneyland compresa), lo spirito blandamente anarcoide è di maniera, il cast è fiacco e tutto sa di *déjà vu*. Si salvano alcune trovate (la clinica per vittime del silicone, l'inseguimento tra un'automobile e una tavola da surf) e il finale apocalittico. Bruce Campbell è il chirurgo, Robert Carradine uno skinhead e Paul Bartel un deputato.

Fuga dal pianeta delle scimmie ** (*Escape from the Planet of the Apes*, Usa 1971, col, 98') Don Taylor. Con Roddy McDowall, Kim Hunter, Bradford Dillman, Sal Mineo, Albert Salmi, Ricardo Montalban. ◆ Le due scimmie evolute Zira e Cornelius (Hunter e McDowall) sbarcano nella terra del passato, prima dell'olocausto nucleare che farà regredire gli uomini allo stato bestiale. Il terzo episodio della saga iniziata con *Il pianeta delle scimmie*, parte con spunti umoristici ed evolve, pur nell'ambito del cinema di genere, con una lucida e inquietante analisi delle strutture di potere che porteranno al disastro.

Fuga d'amore ** (*Elopement*, Usa 1951, b/n, 81') Henry Koster. Con Clifton Webb, Anne Francis, Charles Bickford, William Lundigan, Reginald Gardiner, Evelyn Varden, Margalo Gilmore, Tommy Rettig, J. Farrell MacDonald. ◆ Per sposarsi con un professore (Lundigan), la neolaureata Jacqueline (Francis) scappa di casa di notte, inseguita da genitori (Webb e Gilmore) e futuri suoceri (Bickford e Varden), che iniziano detestandosi e poi finiscono per proteggere la fuga dei figli. Commediola all'acqua di rose su gioie e dolori del matrimonio, scritta da Bess Taffel. Per fortuna c'è Clifton Webb, irresistibile caricatura del padre apprensivo e possessivo ma soprattutto dell'intellettuale saccente e snob (anche a letto in pigiama ha il fazzoletto nel taschino).

Fuga di Bulldog Drummond, La * (*Bulldog Drummond Escapes*, Usa 1937, b/n, 65') James Hogan. Con Ray Milland, Guy Salding, Heather Angel, E.E. Clive, Fay Holden. ◆ Bulldog (Milland) riesce a liberare l'ereditiera (Angel) rapita da un gruppo di spie. Milland non riesce a rendere simpatica l'arroganza del capitano inglese Hugh «Bulldog» Drummond.

Fuga di Eddie Macon, La ** (*Eddie Macon's Run*, Usa 1983, col, 95') Jeff Kanew. Con Kirk Douglas, John Schneider, Lee Purcell, Leah Ayres, Tom Noonan, John Goodman. ◆ Un detective carogna come pochi (Douglas) non dà tregua a un evaso (Schneider), ingiustamente condannato e in fuga verso il Messico attraverso un'America stagnante e reazionaria. Dignitoso B-movie con azione fluida, notazioni sociologiche e venature antistituzionali.

Fuga di Logan, La * (*Logan's Run*, Usa 1976, col, 120') Michael Anderson. Con Michael York, Richard Jordan, Jenny Agutter, Roscoe Lee Brown, Farrah Fawcett-Majors, Peter Ustinov. ◆ In una megalopoli del 2274, chiusa in asettiche cupole, il potere totalitario impone una vita programmata e la morte a trent'anni. Due giovani, Logan (York) e Jessica (Agutter), fuggono per unirsi alla Resistenza. Tratto dal romanzo omonimo di William F. Nolan e George Clayton sceneggiato da David Goodman, il film cerca di recuperare le utopie e gli incubi orwelliani, ma dopo un buon inizio scade rapidamente nello schematismo e nella prevedibilità. Oscar speciale per gli effetti a L.B. Abbott, Glen Robinson e Matthew Yuricich.

Fuga di mezzanotte **½ (*Midnight Express*, Usa 1977, col, 121') Alan Parker. Con Brad Davis, Randy Quaid, John Hurt, Irene Miracle, Bo Hopkins, Paolo Bonacelli, Gigi Ballista, Franco Diogene. ◆ Un giovane americano (Davis) cerca di uscire dalla Turchia con due chili di hashish, ma viene scoperto e chiuso in prigione, dove viene sottoposto a ogni sorta di brutalità. La storia vera di Billy Hayes (sceneggiata con qualche discutibile libertà da Oliver Stone) serve a Parker per trasferire su un piano di progressiva e allucinante disperazione l'odissea di un uomo che si sente abbandonato in una specie di inferno. Una regia rapida e spesso ellittica, l'ottimo lavoro visivo del fotografo Michael Seresin, ma anche gli ambigui espedienti narrativi con cui il regista rinforza l'identificazione emozionale tra spettatore e protagonista (a costo di sottolineare con enfasi la crudeltà dei carcerieri) ne fanno un film coinvolgente ma discutibile «che dà l'impressione di sfruttare le situazioni e i sentimenti più che di esplorarli o analizzarli». Due Oscar: miglior sceneggiatura e colonna sonora (Giorgio Moroder).

Fuga d'inverno ** (*Mrs. Soffel*, Usa 1984, col, 110') Gillian Armstrong. Con Diane Keaton, Mel Gibson, Matthew Modine, Trini Alvarado, Edward Herman. ◆ Ai primi del Novecento, a Pittsburgh, in Pennsylvania, la moglie (Keaton) del direttore del carcere, impegnata a confortare i detenuti, finisce per innamorarsi di uno di loro (Gibson), aiutandolo a evadere e seguendolo in una fuga disperata. Da una storia vera sceneggiata da Ron Nyswaner, una variante sul tema della coppia criminale, cui la prova della Keaton conferisce un convincente spessore psicologico.

Fuga di Tarzan, La **½ (*Tarzan Escapes*, Usa 1936, b/n, 95') Richard Thorpe. Con Johnny Weissmuller, Maureen O'Sullivan, John Buckler, William Henry, Benita Hume. ◆ Tarzan (Weissmuller) è catturato da un cacciatore che vuole esibirlo in un circo inglese. Il cacciatore viene a sua volta catturato da una tribù di cannibali, mentre Tarzan riesce a salvarsi. Conserva la trama generale di un film precedente, inedito in Italia (*The Capture of Tarzan*), ma dopo le proiezioni di prova viene emendato di tutte le componenti orrorifiche per poter essere presentato ai bambini (la scena più pubblicizzata, che prevedeva la presenza di alcuni vampiri, fu sostituita con quella del coccodrillo già apparsa in *Tarzan e la compagna*). Molto più stravagante rispetto ai film precedenti la dimora dei due innamorati, con tanto di forno di fango secco, ventaglio azionato da Cita e ascensore messo in moto dagli elefanti. La sceneggiatura è di Cyril Hume, autore del primo *Tarzan l'uomo scimmia*. Prima che la Mgm imponesse Thorpe, la regia era stata affidata a John Farrow, che sul set conobbe e poi sposò Maureen O'Sullivan (dall'unione nacque Mia Farrow). Secondo il parere di molti senza le epurazioni sarebbe stato il capolavoro della serie.

Fuga in Francia *** (Italia 1948, b/n, 104') Mario Soldati. Con Folco Lulli, Enrico Olivieri, Pietro Germi, Mario Vercellone, Giovanni Du Four, Rosina Mirafiore, Gino Apostolo, Cesare Olivieri. ◆ Dopo la Liberazione, il tentativo di fuga verso Grenoble dell'ex gerarca Riccardo Torre (Lulli) e di suo figlio Fabrizio (E. Olivieri) si intreccia con quello di tre operai che vogliono emigrare clandestinamente in Francia, il sognatore Gino (Vercellone), il disilluso Tembien (Germi) e il «tunisino» (Du Four), il più allegro e superficiale dei tre. Per non essere denunciato, Torre non esita a uccidere la cameriera Pierina (Mirafiore) che l'ha riconosciuto e ad abbandonare il figlio ferito, ma in Francia invece della libertà troverà le manette. Insolito e coraggioso thriller politico, sceneggiato dal regista con Carlo Musso ed Ennio Flaiano e la collaborazione di Mario Bonfantini, Emilio Cecchi e Cesare Pavese, costruito sapientemente su due dei grandi temi sociali di quegli anni: il fascismo non ancora rimosso e l'emigrazione come unica prospettiva concreta per trovare lavoro. Un'opera da rivalutare per il cinema italiano e una svolta personale per Soldati che, con uno stile a metà strada tra il neorealismo e l'espressionismo made in Usa (possibili le influenze di Welles), vivifica la sua eleganza compositiva con inquadrature dai tagli irregolari e dall'illuminazione contrastata, con riprese dal basso di primi piani e soffitti incombenti, legati tra loro da un montaggio carico di tensione drammatica. Folco Lulli giganteggia nel ruolo di un fascista senza rimorsi, cinico e crudele (che lo scenografo e costumista Piero Gherardi fa vestire sempre con un inquietante cappottone nero), vera anima dannata di un mondo che sembra ancora appartenergli, ma altrettanta bravura mette Pietro Germi nel disegnare il ritratto dolente del reduce Tembien (che ha perduto il figlio e alla fine adotterà quello del fascista) e Soldati nel raccontare la figura del piccolo Fabrizio, a cui la giovanissima età non risparmierà un drammatico confronto con la crudezza della vita.

Fuga nella notte *½ (*Night Crossing*, Usa/Gb 1981, col 106') Delbert Mann. Con John Hurt, Jane Alexander, Glynnis O'Connor, Doug McKeon, Beau Bridges, Ian Banner, Klaus Lowitsch. ◆ Nel 1979 due famiglie, i Wetzel e gli Strelzyck, riuscirono a scappare dalla Germania Est fuggendo su un pallone aerostatico. Una storia vera viene ricostruita con lo stile edulcorato (e manicheo) delle produzioni Disney: la sceneggiatura (di John McGreevey) fa acqua ma gli attori si difendono.

Fuga nell'incubo → *Dreamscape*

Fuga nel tempo *** (*Enchantment*, Usa 1948, b/n, 101') Irving Reis. Con David Niven, Teresa Wright, Evelyn Keyes, Farley Granger, Jayne Meadows, Leo G. Carroll, Philby Friend, Shepperd Strudwick. ◆ A Londra, durante la seconda guerra mondiale, la casa al 99 di Wiltshire Crescent torna a ospitare l'ultimo discendente dei Dane, il generale Rollo (Niven): l'arrivo inaspettato della nipote Grizel (Keyes) e del giovane aviatore Pax (Granger) schiuderanno il flusso dei ricordi del vecchio militare, legati al lontano e infelice amore per Lark (Wright). Un piccolo capolavoro del melodramma fantastico tratto dal romanzo omonimo di Rumer Godden. La sceneggiatura di John Patrick si destreggia con grande abilità nel continuo passaggio tra i diversi tempi della narrazione riuscendo a rendere avvincente una storia fatta soprattutto di rimpianti e di azioni mancate: a dare coesione alla trama è una incondizionata dichiarazione nella forza dei sentimenti e dell'amore, dimostrata per antifrasi attraverso l'infelice rapporto di Rollo e Lark (per colpa della sorella Selina [Meadows], la cui gelosia si mascherava da eccessivo senso del dovere) e rivissuta in parallelo dal legame nascente tra Grizel e Pax. Così, anche il tragico epilogo – legato alla violenza della guerra – finisce per ribadire, con la forza dell'*amour fou*, il messaggio di speranza nella capacità umana di far trionfare i sentimenti sulle paure e gli egoismi. Bella fotografia di Gregg Toland.

Fuga per due → *Hanky Panky (Fuga per due)*

Fuga per la vittoria ** (*Escape to Victory*, Usa 1981, col, 113') John Huston. Con Sylvester Stallone, Michael Caine, Max von Sydow, Pelé, Carole Laure,

Amidou, Jean-François Stévenin. ◆ Nella Parigi occupata del 1943 viene organizzata una partita propagandistica fra la nazionale tedesca e una selezione di alleati prigionieri: il progetto della Resistenza è quello di farli scappare durante l'incontro ma i giocatori, nonostante un arbitraggio scandaloso, preferiscono restare in campo per conquistare un eroico pareggio. Stallone para un rigore, anche se non capisce la differenza tra calcio e rugby, e Pelè segna un goal in rovesciata che strappa l'applauso pure allo sportivo generale tedesco. Cast di lusso equamente spartito fra divi del cinema e del pallone (con Bobby Moore, Osvaldo Ardiles e Hallvar Thorensen) per un fantasioso e improbabile film, con i buoni che vincono e i cattivi che fanno una figuraccia.

Fuga per un sogno ** (*Leaving Normal*, Usa 1991, col, 110') Edward Zwick. Con Christine Lahti, Meg Tilly, Lenny Van Dohlen, Maury Chaykin, James Gammon. ◆ La scafata barista Daryl (Lahti) e l'introversa Marianne (Tilly) decidono di abbandonare il buco in cui vivono – Normal, nel Wyoming – per raggiungere l'Alaska in automobile. *Thelma e Louise* senza morti, ma con puntate dalle parti di *Twin Peaks*. Peccato che alla fine salti fuori un banale sentimentalismo con venature – addirittura – mistiche: i limiti del cinema al femminile, quando sono gli uomini (la sceneggiatura è di Edward Salomon) a farlo.

Fuggiamo insieme *½ (*Once Upon a Honeymoon*, Usa 1942, b/n, 117') Leo McCarey. Con Cary Grant, Ginger Rogers, Walter Slezak, Albert Dekker, Albert Bassermann. ◆ Un radiocronista americano (Grant) si innamora sotto i bombardamenti di Varsavia e insegue per mezza Europa una ballerina (Rogers) che, a caccia di dote, ha sposato un dignitario che in realtà è una spia nazista. Commedia semiseria il cui tono è ispirato al *Grande dittatore* di Chaplin: l'aplomb di Grant e la vitalità della Rogers a tratti risultano esilaranti, ma alcune scene (come quella in cui, scambiati per ebrei, sono chiusi in un campo di concentramento) risultano decisamente di cattivo gusto e danno al film uno sconcertante andamento tra la farsa e il dramma.

Fuggiaschi, I **½ (*Fluchtlinge*, Germania 1933, b/n, 87') Gustav Ucicky. Con Hans Albers, Käthe V. Nagy, Eugen Klopfer, Ida Wüst, Carsta Löck. ◆ In Manciuria, nell'agosto 1928, un gruppo di tedeschi è braccato dai bolscevichi. Mentre i membri di una conferenza internazionale continuano a riunirsi senza trovare soluzioni, i fuggiaschi, sotto la guida di un ufficiale tedesco (Albers) al soldo dei cinesi, riparano una linea della ferrovia e un convoglio che li porterà in salvo. Una parabola politica (la guida-führer che riporta nella madrepatria rinnovata i figli dispersi), ma anche un film d'azione dalla struttura classica (un gruppo di fuggitivi riesce a seminare gli inseguitori). In ogni caso l'interesse dell'opera sta nella stupefacente ricostruzione realistica della città di Charbin negli studi di Neubabelsberg, dovuta sia all'abbondanza di mezzi a disposizione sia all'alto livello tecnico dei realizzatori (in particolare del direttore della fotografia, Fritz Arno Wagner). Le esigenze propagandistiche penalizzano la sceneggiatura (di Gerhard Menzel che adattò un suo romanzo) e la recitazione (i personaggi non hanno alcun rilievo individuale e sono interpretati in modo piatto e anonimo), ma in questo modo sottolineano ancora di più l'ambigua e potente forza documentaristica del film.

Fuggiasco *** (*Odd Man Out*, Gb 1947, b/n, 115') Carol Reed. Con James Mason, Robert Newton, Kathleen Ryan, F.J. McCormick, Cyril Cusack, Fay Compton. ◆ L'ultima notte di vita di un rivoluzionario irlandese, Johnny McQueen (Mason), che durante una rapina per finanziare il movimento uccide un poliziotto e resta a sua volta ferito: incalzato dalla polizia e tradito dalla cialtroneria di due suoi compagni, trova un po' di tacito aiuto dalla gente, ma ben presto la solidarietà si trasforma in un silenzioso abbandono. Tratto da un romanzo di F.L. Green (che lo sceneggiò con Robert Sheriff) e fotografato in un bellissimo bianco e nero da Robert Krasker, il film racconta il percorso morale di «un uomo che fa un gesto sbagliato in nome di una causa giusta» sullo sfondo di una Belfast umida e cupa, imbiancata dalla neve, che si trasforma in «uno stilizzato incubo urbano». E la grandissima prova di Mason, probabilmente la migliore della sua carriera, dà forza alle implicazioni sotterranee che innervano il film: l'ambiguità delle scelte morali, il riflesso delle azioni individuali sui destini altrui, il cinismo e il tradimento degli atti quotidiani. Rifatto con un'ambientazione più noir nel-l'*Uomo perduto* (1969).

Fuggitiva, La **½ (Italia 1941, b/n, 81') Piero Ballerini. Con Iole Voleri, Renato Cialente, Mariù Pascoli, Anna Magnani, Clelia Matania. ◆ Abbandonata alla vigilia delle nozze, Delfina (Voleri) incontra una bambina fuggita di casa, Marina (Pascoli), che le si affeziona subito e costringe il padre (Cialente), un ingegnere mai sposatosi, ad assumerla come istitutrice. Tra Delfina e l'ingegnere sboccia l'amore, ma l'intervento della madre di Marina (Magnani), una cantante di music hall che spera ancora nel matrimonio, induce la ragazza ad abbandonare precipitosamente la casa. Ci vorrà una nuova fuga della bambina per rimettere le cose a posto. Uno strano melodramma tratto dal romanzo omonimo di Milly Dandolo (sceneggiato dal regista e dialogato da Salvator Gotta), pieno di fraintendimenti e di situazioni-limite per l'epoca (tutte le famiglie possibili nel film sono a pezzi e non si ricompongono, tutti i personaggi femminili sono donne sole e indipendenti), che all'enfasi sentimentale predilige i toni smorzati e termina in modo sorprendentemente aperto. Alla base c'è l'idea che tutti soffrono per la mancanza di amore ma evita con cura soluzioni estreme, optando per un registro quotidiano e verosimile che è una rarità nei film italiani dei primissimi anni Quaranta.

Fuggitive, Le ** (*Fugueuses*, Francia/Portogallo 1995, col, 100') Nadine Trintignant. Con Marie Trintignant, Irène Jacob, Nicole Garcia, Stefano Dionisi, François Berleand, Daniel Gélin. ◆ Prune (Jacob), in fuga dalla madre per cercare il padre, e Marina (Trintignant), alla ricerca della madre mai avuta, s'incontrano casualmente su un treno per Lisbona e diventano subito amiche. Quando Prune muore, Marina ne assume l'identità e instaura una fitta corrispondenza con la madre della ragazza (Garcia). Un road movie psicoanalitico più macchinoso da raccontare che da vedere: ma la messa in scena della Trintignant (sceneggiatrice insieme a Gilles Perrault) è piuttosto pedante e scontata. Lisbona, anche se un po' troppo saccheggiata dal cinema negli ultimi anni, si riconferma ancora una volta uno splendido set naturale nonostante i presunti «autori».

Fuggitivi delle dune, I * (*Escape in the Desert*, Usa 1945, b/n, 81') Edward A. Blatt. Con Jean Sullivan, Philip Dorn, Irene Manning, Helmut Dantine, Alan Hale, Samuel S. Hinds, Bill Kennedy. ◆ Nel tentativo di passare in Messico, un gruppo di prigionieri tedeschi evasi da un campo di concentramento californiano prende in ostaggio impiegati e clienti di un motel nel deserto. Improbabile remake antinazista della *Foresta pietrificata*, sceneggiato (malamente) da Thomas Job e Marvin Brorwsky.

Fuggitivo, Il ** (*Escape*, Usa 1948, b/n, 78') Joseph L. Mankiewicz. Con Rex Harrison, Peggy Cummins, Norman Wooland, William Hartnell, Cyril Cisack. ◆ Un ex pilota della Raf (Harrison) evade dal carcere dov'è ingiustamente recluso per un omicidio accidentale: nel suo ossessivo vagare nella campagna inglese trova aiuto e comprensione nell'amore di una ragazza (Cummins) ma poi, convinto anche dalle parole di un prete, si costituisce per pagare la sua colpa. Prodotto per volere di Harrison e sceneggiato da Philip Dunne (da una commedia di John Galsworthy), il film è controllato abbastanza bene da Mankiewicz nella prima parte – quando descrive un rapporto capace di trasformarsi da caustico in complice – ma scivola nel facile melodramma quando i riferimenti biblici sul peccato originale (molto presenti nella pièce e non rielaborati da Dunne) appesantiscono la storia. Primo film americano girato in Inghilterra nel dopoguerra (per rispettare l'ambientazione originale nel Devonshire) e ultimo film di Mankiewicz di cui il regista non firmi anche la sceneggiatura. Remake di un film del 1930 (*Escape* di Basil Dean, con sir Gerald du Maurier e Madeleine Carroll).

Fuggitivo, Il **½ (*The Fugitive*, Usa 1993, col, 127') Andrew Davis. Con Harrison Ford, Tommy Lee Jones, Jeroen Krabbé, Sela Ward, Joe Pantoliano, Andreas Katsulas, Julianne Moore. ◆ A Chicago, il chirurgo Richard Kimble (Ford) viene accusato di aver ucciso la moglie (Ward). Condannato, riesce a fuggire, e torna in città sotto mentite spoglie, per cercare il vero assassino. L'agente federale Samuel Gerard (Jones), che gli dà una caccia serrata, se lo vede scappare sotto il naso in più occasioni: ma alla fine riconoscerà la sua innocenza. Ispirato a una serie televisiva che ebbe grande successo in America negli anni Sessanta e sceneggiato da David Twohy, è una macchina filmica quasi perfetta, dove il divertimento e l'emozione nascono più dalla prevedibilità delle situazioni che dalla sorpresa. Cinema preconfezionato che riesce a tenere incollati allo schermo: bisogna riconoscere che capita di rado. Enorme successo, più per merito degli attori che dell'anonima regia: Ford è un innocente perseguitato ma pieno di risorse che sarebbe piaciuto a Hitchcock; Jones (premiato con l'Oscar), sbirro testardo e superefficiente con una vena di ironia, rischia spesso di rubargli la scena. Spettacolarità al passo coi tempi: nella scena dell'incidente, è un treno vero quello che si vede deragliare.

Fuggitivo della missione impossibile, Il *½ (*Wrongfully Accused*, Usa 1998, col, 85') Pat Proft. Con Leslie Nielsen, Kelly LeBrock, Richard Crenna, Melinda McGraw, Michael York. ◆ Il violinista Ryan Harrison (Nielsen) viene scelto da una dark lady (LeBrock) come colpevole ideale per l'omicidio che sta per commissionare ai danni del marito (York). Trama volutamente pretestuosa - rubata, come quasi tutto il resto, ad altri film - per l'ennesimo clone della *Pallottola spuntata*, di cui Proft, qui esordiente alla regia e sceneggiatore, è stato co-autore. Più che un film, un divertissement parodistico per cinefili, aggiornato alle ultime stagioni cinematografiche (*Titanic*) e con qualche excursus tra i classici (gli abusati *Intrigo internazionale* e *Casablanca*, il meno ovvio *Chinatown*). Humour surreale fino al nonsense, regia intermittente, Nielsen esilarante e sempre più fantozziano. Harrison Ford, «bersaglio» principale dell'operazione per *Il fuggitivo*, ha rifiutato di apparire in un cammeo.

Full Metal Jacket **** (*Full Metal Jacket*, Usa 1987, col, 115') Stanley Kubrick. Con Matthew Modine, Adam Baldwin, Kevyn Major Howard, John Terry, Lee Ermey, Vincent D'Onofrio. ◆ Nel campo di Parris Island diciassette reclute vengono addestrate dall'autoritario sergente Hartman (Ermey) a diventare veri marine, «non dei robot, ma dei killer»: uno di loro, Pyle (D'Onofrio) non regge e uccide l'istruttore prima di suicidarsi, gli altri vengono mandati in Vietnam dove scopriranno le atrocità della guerra, ma alla fine impareranno a «non avere paura». Un altro capolavoro di Kubrick, tratto dal romanzo omonimo di Gustav Hasford (anche sceneggiatore con Michael Herr e il regista), astratta e agghiacciante rappresentazione di «quella violenza istituzionale che la collettività (Stato, Potere o popoli che siano) delega ai militari»: verbale e psicologica quella dell'istruzione, metafisica e cruenta quella della guerra. Diviso in due parti distinte – l'addestramento e la guerra – il film riassume nella schizofrenia del militare Joker (Modine), che sull'elmetto ha scritto «Born to Kill» accanto al simbolo dei pacifisti, la contraddizione di una visione del mondo che non riesce a conciliare le «dualità dell'uomo». Girato con uno stile freddo e oggettivo fatto di carrellate rettilinee e inquadrature controllatissime che si adattano perfettamente alla meticolosità ossessiva dell'organizzazione militare, *Full Metal Jacket* ha lo spessore di una tragedia assoluta, dove la lacerante contraddizione fra ansia di vita e pratica di morte si traduce nel film nel continuo contrappunto fra partecipazione e straniamento (e giustifica così il ricorso costante a un umorismo greve e osceno, necessario ai militari per mantenere il loro equilibrio di fronte alla paura e alla morte). Esemplare l'episodio del cecchino viet, dove Kubrick sollecita l'identificazione con i soldati americani bersagliati per poi gelare il sangue con la scoperta di una realtà inaspettata che ribalta il punto di vista. Il sergente Lee Ermey è un autentico istruttore dei marine.

Full Monty - Squattrinati organizzati ** (*The Full Monty*, Gb/Usa 1997, col, 92') Peter Cattaneo. Con Robert Carlyle, Mark Addy, William Snape, Steve Huison, Tom Wilkinson, Paul Barber, Hugo Speer, Lesley Sharp, Emily Woof, Deirdre Costello, Bruce Jones, Diane Lane. ◆ Per sbarcare il lunario, Gaz (Carlyle) e Dave (Addy) decidono di mettere in piedi uno spettacolo di strip-tease maschile coinvolgendo altri disoccupati come loro: Gerald (Wilkinson), Lomper (Huison), Guy (Speer) e Horse (Barber); sarà un trionfo. Una commedia proletaria che guarda al mondo di Ken Loach ma lo racconta con meno drammi e più furbizia, fiutando gli umori del momento e caricando lo humour di toni quasi grotteschi. Sceneggiato da Simon Beaufoy e prodotto dall'italiano Uberto Pasolini, un buon film di genere, ironico e disinvolto, che ha ottenuto un clamoroso successo di pubblico. Con un cast indovinato e una scena memorabile (i passi di danza accennati dagli stripper mentre sono in coda all'ufficio di collocamento); il titolo originale pare derivi dalla colazione completa che il generale Montgomery, detto Monty, pretendeva anche in guerra: per estensione, il «servizio completo» indica la natura dello strip.

Fulminati ** (*Manpower*, Usa 1941, b/n, 105') Raoul Walsh. Con Edward G. Robinson, George Raft, Marlene Dietrich, Alan Hale, Eve Arden, Ward Bond. ◆ Una cameriera francese (Dietrich) dal torbido passato («Se voglio rotolarmi nel fango, lasciami rotolare») crea una corrente addizionale di tensione fra due operai addetti alle linee elettriche. Per noia ne sposa uno, più o meno impotente (Robinson), ma poi s'infiamma per l'altro (Raft). Una Dietrich inquieta e al giro di boa della sua carriera, in un film sostanzialmente fragile (sceneggiato da Richard Macaulay e Jerry Wald) in cui Walsh tesse l'elogio del duro lavoro quotidiano, un tema che gli era decisamente poco congeniale.

Fu Manchu

Tra i vari maestri del crimine, il dottor Fu Manchu rappresenta la variante orientale più famosa. Nato dalla penna di Sax Rohmer (alias Arthur Henry Sarsfield Ward), a sua volta ispiratosi a una specie di Al Capone della Chinatown londinese, il diabolico mandarino compare per la prima volta in un racconto breve del 1911, ma raggiunge la notorietà due anni più tardi grazie al romanzo *Il mistero del Fu Manchu*, a cui ne seguirono altri dodici, scritti senza regolarità e con due intervalli piuttosto lunghi (dal 1917 al 1931, e dal 1948 al 1957: l'ultimo, *Fu Manchu imperatore*, è del 1959).

Generalmente identificato come alto, snello, con feroci occhi a mandorla e baffetti mongoli, in realtà il dottor Fu Manchu ha un'iconografia abbastanza variabile nei dettagli. Già Rohmer nei libri lo presenta ora calvo, ora dotato di capigliatura, ma sono soprattutto le illustrazioni – dei libri prima e dei fumetti poi – a operare la più rilevante modificazione fisica, aggiungendo sul mento pronunciato un pizzetto che l'autore non aveva previsto. Un'evoluzione molto più significativa avviene sotto il profilo ideologico, anche se per il dottor Fu Manchu lo scopo della vita rimane quello di combattere la razza bianca e di rovesciare i rapporti di potere esistenti a livello mondiale. Nel primo romanzo, il suo grande nemico sir Nayland Smith, ex ispettore di Scotland Yard passato alla libera professione, lo descrive così: «è sicuramente la persona più temibile e malvagia che esista al mondo, parla con facilità moltissime lingue, conosce anche alcune arti e scienze oscure che nessuna università oggi può insegnare, ha il cervello di tre uomini geniali». Se in quell'occasione Fu Manchu è un modello di perfidia raffinata e gratuita (uccide una dozzina di agenti solo per provare l'efficacia di un fungo velenoso), nel ciclo di romanzi degli anni Trenta viene in qualche modo «riabilitato». Le sue imprese vengono raccontate non più dall'amico fedele di Nayland Smith, ma dall'assistente di sir Lionel Barton, archeologo e orientalista britannico di chiara fama. Il nuovo punto di vista mette in evidenza la sottigliezza strategica e le ragioni del Fu Manchu, a cui Rohmer fa addirittura dichiarare: «speravo di dare alla Cina quel posto nel mondo a cui le danno diritto la sua intelligenza, la sua industriosità e i suoi ideali. Speravo di svegliare la Cina. I miei metodi erano malvagi, ma le motivazioni erano buone». La lotta spietata tra Fu Manchu e Nayland si trasforma dunque in un confronto tra due civiltà diverse, l'orientale – antica e desiderosa di riscatto – e l'occidentale – più recente e ben decisa a salvaguardare il predominio conquistato. Non solo: il criminale cinese, provvisoriamente sconfitto, distribuisce doni e saluti ai suoi antagonisti in ossequio alle regole di un fair play degno del migliore gentleman inglese.

Il cinema non poteva certamente ignorare un personaggio di questo calibro, ma Hollywood se ne appropria sposando e accentuando l'ottica di Nayland Smith. Sul grande schermo Fu Manchu è la perfetta incarnazione del «pericolo giallo», temibilissimo perché depositario di una sapienza sconosciuta. Dopo due serial muti, prodotti in Gran Bretagna nel 1923 e nel 1924, la creatura di Sax Rohmer viene recuperata dalla Paramount che per tre volte ne affida l'interpretazione a Warner Oland, lo svedese specializzato in ruoli orientali (sarà infatti Charlie Chan), convincente dal punto di vista recitativo, ma un po' troppo in carne per la parte. È con Boris Karloff che Fu Manchu diventa immortale presso il pubblico di cinefili. In *La maschera di Fu Manchu* (1932), vero e proprio film culto, l'attore che l'anno precedente aveva fatto di Frankenstein una figura dolente e umanizzata riesce a compiere il miracolo opposto: il suo Fu Manchu è un modello di disumanità, freddo, impassibile, sublime. Ma quanto più il dottore sperimenta nuovi metodi di tortura sulla base di una «raffinata» farmacopea orientale, tanto più Karloff riesce a conferire a tali pratiche una dimensione estetico-liturgica fino a quel momento sconosciuta. Più che una minaccia, il «pericolo giallo» è un vero e proprio incubo nei confronti del quale lo spetta-

tore prova sensazioni perlomeno ambigue grazie al talento dell'interprete.
Negli anni Sessanta, tra un Dracula e l'altro, Christopher Lee ripropone il personaggio infondendogli nuova linfa vitale, anche se le storie originali vengono ridotte all'essenziale. La criminalità esotica di Fu Manchu gode di minor autonomia: strettamente funzionale all'esclusivo punto di vista britannico, il malefico genio con gli occhi a mandorla nel *Giorno dei fazzoletti rossi* arriva a esprimersi secondo conosciuti modelli occidentali, come la ricerca scientifica orientata verso progetti di distruzione militare, effettivamente in atto all'epoca nelle basi militari inglesi e americane. L'impostazione fa leva sul disorientamento, poiché non solo il cinese si appropria delle armi del nemico, ma lo stesso Nayland (l'ottimo Nigel Green) si muove per i bassifondi di Londra incerto e smarrito, quasi si trovasse nella «satanica» Pechino. Della serie interpretata da Christopher Lee, il film migliore è sicuramente il primo, *Fu Manchu A.S. 3 – Operazione tigre*, diretto da Don Sharp nel 1968, mentre in seguito il livello degenera sempre più, soprattutto nelle coproduzioni internazionali. Nel 1980, a distanza di oltre un decennio dall'ultimo episodio, si fa avanti Peter Sellers nel doppio ruolo del criminale e dell'antagonista. Goffo tentativo parodistico, *Il diabolico complotto del Fu Manchu* è il film d'addio del grande attore e rappresenta la peggiore trasposizione cinematografica del personaggio ideato da Sax Rohmer.

I FILM

Il drago rosso (1929) di Rowland V. Lee

The Return of Dr. Fu Manchu *½ (Usa 1930, b/n) Rowland V. Lee. Con Warner Oland, Jean Arthur, Neil Hamilton, O.P. Heggie. ◆ Fu Manchu (Oland) cerca di eliminare la famiglia del fidanzato inglese della figlia adottiva. Seguito di *Il drago rosso*. Inedito in Italia.

Daughter of the Dragon *½ (Usa 1931, b/n, 72') Lloyd Corrigan. Con Warner Oland, Anna May Wong, Sesue Hayakawa, Bramwell Fletcher, Frances Dade. ◆ Ultimo film prodotto dalla Paramount e interpretato da Warner Oland. Quando Fu Manchu viene ucciso a Londra, la figlia porta avanti il suo piano criminale finché viene presa in trappola dall'amante, un detective orientale. Inedito in Italia.

La maschera di Fu Manchu (1932) di Charles Brabin

Fu Manchu mistero d'Oriente (1940) di William N. Witney

Fu Manchu A.S. 3 – Operazione tigre (1965) di Don Shara

Il giorno dei fazzoletti rossi (1966) di Don Shara

La vendetta di Fu Manchu (1967) di Jeremy Summers

El Castillo de Fu Manchu * (Spagna/ Italia/Rft 1968, col, 92') Jess Frank [Jesus Franco]. Con Christopher Lee, Tsai Chin, Richard Greene, Maria Perschy, Gunther Stoll, Howard Marion-Crawford, Rosalba Neri. ◆ Quarto, e disastroso, Fu Manchu interpretato da Christopher Lee. Nel tentativo di aver la meglio sul suo nemico di sempre, Nayland Smith (Greene), questa volta il cinese provoca l'affondamento di una grossa nave trasformando l'acqua in ghiaccio. È ambientato a Istanbul. Inedito in Italia nonostante una coproduzione minoritaria.

Fu Manchu y el beso de la muerte * (Spagna/Rft/ Usa/Gb 1968, col, 92') Jess Frank [Jesus Franco]. Con Christopher Lee, Richard Greene, Gotz George, Howard Marion Crawford, Shirley Eaton, Maria Rohm. ◆ Spostatosi in Amazzonia, Fu Manchu (Lee) rapisce dieci belle ragazze e inietta loro una pozione velenosa affinché seducano e uccidano con un bacio i suoi nemici nelle varie città del mondo, cominciando naturalmente da Nayland Smith (Greene). Quinto e ultimo film di quelli interpretati da Christopher Lee, coproduzione internazionale di basso livello, con alcune scene di erotismo sadico. La sceneggiatura è di Peter Welbeck (pseudonimo di Harry Alan Towers) che in precedenza aveva firmato quella di *Il giorno dei fazzoletti rossi*. Esiste una versione di 61', praticamente incomprensibile. Inedito in Italia.

Il diabolico complotto del dr. Fu Manchu (1980) di Piers Haggard

---

Fu Manchu A.S. 3 – Operazione tigre **½ (*The Face of Fu Manchu*, Gb 1965, col, 96') Don Sharp. Con Christopher Lee, Nigel Green, James Robertson-Justice, Howard Marion Crawford, Tsai Chin, Walter Rilla. ◆ Con l'aiuto di uno scienziato, Fu Manchu (Lee) cerca di trovare una sostanza tossica capace di uccidere in pochi minuti un intero villaggio, ma troverà sulla sua strada il nemico di sempre, sir Nayland Smith (Green). Il primo film con Chistopher Lee nella parte di Fu Manchu, non ha nulla da invidiare alle migliori prove di Karloff, grazie anche a un'abile regia capace di sfruttare le tonalità fiammeggianti della fotografia in CinemaScope di Ernest Steward e gli inquietanti riferimenti agli esperimenti di guerra chimica contenuti nella sceneggiatura di Peter Welbeck (pseudonimo di Harry Alan Towers). Ottimo cast guidato da un inquietante Christopher Lee. Seguito da *Il giorno dei fazzoletti rossi* (1966).

Fu Manchu, mistero d'Oriente *½ (*Drums of Fu Manchu*, Usa 1940, b/n, 81') William N. Witney, John English. Con Henry Brandon, William Royle, Robert Kellard, Gloria Franklyn. ◆ Fu Manchu (Brandon) cerca di impadronirsi dello scettro di Gengis Khan, fondamentale per essere legittimato a guidare i suoi seguaci alla conquista dell'Asia: naturalmente si troverà contro sir Nayland Smith (Royle) e soprattutto l'archeologo Allan Parker (Kellard). Troppo simile (e decisamente inferiore) alla *Maschera di Fu Manchu*, il film cerca di conquistare l'attenzione dello spettatore con una dose di colpi di scena inusitata per lo standard delle produzioni Republic.

Fu Manchu y el beso de la muerte → *voce «Fu Manchu»*

Fu Mattia Pascal, Il **½ (*Feu Mathias Pascal*, Francia 1925, b/n, 140') Marcel L'Herbier. Con Ivan Mozzuchin, Marcelle Pradot, Loïs Moran, Pierre Batcheff, Jean Hervé, Michel Simon, Pauline Carton. ◆

Bibliotecario in una città toscana, Mattia Pascal (Mozzuchin) è stufo del matrimonio con una donna che non ama (Pradot) e decide di scomparire. Grazie a una vincita al gioco, va a Roma per rifarsi una vita e s'innamora di Adriana (Moran), ma non la può sposare senza documenti né può impedire la corte di un ambiguo rivale, Terenzio Papiano (Hervé). Tenta di tornare sui suoi passi per riconquistare la sua identità, ma scopre che la moglie si è risposata con Pomino (Simon), suo assistente in biblioteca, ed è tanto il disgusto per quel mondo che fugge definitivamente per raggiungere Adriana. Primo testo di Pirandello portato sullo schermo, a cui L'Herbier apporta in fase di sceneggiatura varie e notevoli modifiche (approvate dallo scrittore) che si riflettono anche sul peculiare stile della messinscena, onirica, pittoresca, quasi barocca: delle pagine di Pirandello L'Herbier coglie e sperimenta soprattutto l'aspetto fantastico, lasciando al grande Mozzuchin il compito di equilibrare il tutto con un'interpretazione sobria e potente. Bizzarra l'ambientazione nella campagna toscana, con i paesaggi di San Gimignano utilizzati in modo documentaristico, quasi un inserto a sé nell'economia del film. Splendide le scenografie di Alberto Cavalcanti (a volte persino col soffitto) e dell'allora principiante Lazare Meerson. Film d'esordio per Michel Simon.

Fu Mattia Pascal, Il ** (*L'Homme de nulle part*, Francia/Italia 1937, b/n, 98') Pierre Chenal. Con Pierre Blanchar, Isa Miranda, Robert Le Vigan, Sinoël [Jean-Léonis Bies], Ginette Leclerc, Catherine Fonteney. ◆ Considerato morto per uno scambio d'identità, Mattia Pascal (Blanchar) decide di lasciare moglie e suocera – che non sopporta più – e di rifarsi una vita grazie a una vincita al casinò. Trasferitosi a Roma con il nome di Adriano Meis, si innamora di Luisa (Miranda) ma per sposarla ha bisogno di un certificato dell'anagrafe, che riuscirà a farsi falsificare proprio dall'uomo che ha risposato la sua prima moglie. Tratto dal romanzo omonimo di Pirandello, che collaborò ai dialoghi e, in parte, alla direzione degli attori (ma morì prima della fine delle riprese), il film – sceneggiato dal regista e Christian Stengel, Armand Salacrou e Roger Vitrac – è fondamentalmente uno studio di costume «che ha sostituito il fantastico e il tragico del libro con il grottesco, l'agrodolce e l'abietto» e che ruota intorno alla storia di un uomo alla difficile ricerca di se stesso in un mondo caotico e scenograficamente barocco. Se la recitazione dei due protagonisti è un po' datata, il meglio del film viene dai caratteristi (il «mascalzone» di Le Vigan, il medium di Sinoël, la vedova «abusiva» della Fonteney) che «tratteggiano in modo perfetto un caustico quadro della piccola borghesia toscana». L'edizione italiana, supervisionata da Corrado D'Errico, mantiene solo Blanchar e la Miranda e utilizza Camillo Pilotto, Luisa Ferida, Enrico Viarisio, Amedeo Nazzari. Il romanzo era già stato portato sullo schermo da Marcel L'Herbier (*Il fu Mattia Pascal*, 1925 con Ivan Mosjoukine e Marcelle Pradot). Rifatto nel 1985 (*La doppia vita di Mattia Pascal*).

Fumeria d'oppio *** (Italia 1947, b/n, 90') Raffaello Matarazzo. Con Emilio Ghione jr, Mirella Lotti, Emilio Cigoli, Paolo Stoppa, Enrico Glori, Umberto Spadaro, Adriana De Roberto, Armando Francioli, Checco Durante, Arnoldo Foà, Fiore Davanzati, Erminio Spalla, Maria Enrichetta Stoppa. ◆ Il capo di una banda di criminali (Cigoli), che ha trasformato la sua villa in una fumeria d'oppio, addossa la colpa di un omicidio a un tossicodipendente (Francioli). Ma la sorella del ragazzo (Lotti) non crede alla sua colpevolezza e con l'aiuto decisivo di Za-la-Mort (Ghione jr), specie di ladro-giustiziere a capo di una banda di simpatici imbroglioni, riuscirà a salvarlo. Il film (per anni considerato disperso), che segna il ritorno in Italia del regista dopo il soggiorno in Spagna, trascende subito, per forza di regia e rigore stilistico, l'iniziale pretesto produttivo, che era quello di far rivivere le avventure di Za-la-Mort, popolare personaggio del muto interpretato dal padre di Ghione. Il ruolo del protagonista maschile, infatti, è ridimensionato dalla presenza preponderante della ragazza-vittima, che anticipa la dolente centralità dei personaggi femminili dei melodrammi matarazziani e che bilancia – con la sua indifesa ingenuità – la rappresentazione in chiave noir di un'Italia cupa e sordida, tipica del periodo immediatamente postbellico. A questo si aggiunge una messinscena controllatissima e fortemente stilizzata dove è evidente la lezione di Lang (nell'utilizzo di elementi simbolici che legano una scena alla successiva, come già nell'*Anonima Roylott*) o il fascino di atmosfere derivate dal «realismo poetico» francese (la Lotti è abbigliata come Michèle Morgan nel *Porto delle nebbie*) e che permette di raccontare il dopoguerra italiano e le sue miserie – la droga e la prostituzione come conseguenze della povertà, gli intrecci regionali della malavita – senza appesantimenti ideologici e con qualche tocco satirico (sul Com missario per gli alloggi o la fame: «Voi che c'avete i soldi, mangiateve bistecche invece de fumà 'ste porcherie» dice Stoppa ai fumatori d'oppio). All'operazione contribuiscono in modo determinante gli sceneggiatori (Ettore M. Margadonna, Mario Monicelli e lo stesso regista). Alcune filmografie riportano tra gli sceneggiatori anche Federico Fellini e Tullio Pinelli, che però non compaiono nei titoli di testa, così come non risulta che il sottotitolo del film sia *Ritorna Za-la-Mort*.

Fumo di Londra *½ (Italia 1966, col, 122') Alberto Sordi. Con Alberto Sordi, Fiona Lewis, Amy Dalby, Alfredo Marchetti, Clara Bindi, Caroline Munro. ◆ L'antiquario perugino Dante Fontana (Sordi) riesce finalmente a concedersi una vacanza in Gran Bretagna, dove scopre il fascino della caccia alla volpe ma anche le tentazioni della cultura (e delle ragazze) hippy e finisce per essere rispedito in Italia dalla polizia. Esordio nella regia di Sordi, che racconta con Sergio Amidei la «storia di un italiano» all'estero, pieno di luoghi comuni e sostanzialmente gracile. Sordi continua a dare il meglio di sé come attore, con il caschetto beat o la bombetta e l'ombrello.

Fun ** (*Fun*, Canada 1994, col, 100') Rafal Zielinski. Con Alicia Witt, Renee Humphrey, William R. Moses, Leslie Hope. ◆ Due quindicenni disadattate amiche per la pelle, l'introversa Hilary (Humphrey) e l'estroversa Bonnie (Witt), uccidono una vecchietta: «per divertimento», dicono loro. Un giornalista (Moses) e una psicologa (Hope) tentano goffamente di introdursi nel loro mondo. James Bosley ha adattato un suo testo teatrale, che funziona finché si tratta di descrivere i rapporti tra i personaggi, tutti in qualche modo bugiardi; ma al momento di venire al dunque, emerge la retorica. E lo sguardo, né acritico né partecipe, non convince pienamente, se non nella lunga sequenza al *fast forward* che rende bene il senso di vuoto e dissipazione. La battuta migliore è di Hilary: «Che ne dici di Drew Barrymore nel mio ruolo? No, è un'oca».

Funerale a Berlino *½ (*Funeral in Berlin*, Gb 1966, col, 102') Guy Hamilton. Con Michael Caine, Paul Hubschmid, Oscar Homolka, Eva Renzi, Guy Doleman. ◆ Seconda avventura di Harry Palmer (dopo *Ipcress* e prima di *Il cervello da un miliardo di dollari*), in cui l'agente segreto creato dallo scrittore Len Deighton deve far attraversare il muro di Berlino a un colonnello sovietico nascosto in una bara. Caine dà il suo apprezzabile contributo alla definizione anticonvenzionale di una spia miope e sempliciotta, ma il film scivola comunque rapidamente nella noia.

Funerale delle rose, Il ** (*Bara no soretsu*, Giappone 1969, b/n, 105') Toshio Matsumoto. Con Peter [Hisashi Nagawa], Osamu Ogasawara, Don Madrid. ◆ Il travestito Eddie (Peter, futuro *fool* in *Ran*) briga per spodestare il/la rivale Leda, *madame* di un locale gay: ma scopre che un suo cliente fisso è suo padre. *Edipo* perverso messo in scena con armamentario alla Godard (film nel film, interviste agli attori, inserti documentari) e stile d'avanguardia. Autoironico e visivamente ricercato, audace per l'epoca, ma spesso confuso e velleitaristico come si usava allora, anche in Giappone.

Funny Games *** (*Funny Games*, Austria 1997, col, 102') Michael Haneke. Con Susanne Lothar, Ulrich Muehe, Arno Frisch, Frank Giering, Christoph Bantzer, Stefan Clapczynski, Doris Kunstmann. ◆ La vacanza sul lago di una famigliola borghese si trasforma in dodici ore d'inferno, poiché padre (Muehe), madre (Lothar) e figlio (Clapczynski) vengono presi in ostaggio da due giovani (Giering e Frisch) «ospiti» dei loro vicini di casa, che sotto l'apparenza perbene si rivelano assassini e torturatori per il gusto di esserlo. Vagamente e intelligentemente hitchockiano (l'ambiguità della normalità, la poetica degli oggetti), un viaggio quasi insostenibile nell'incubo della violenza «allo stato puro», con due killer che sembrano una coppia di comici efferati. Eliminando qualsiasi spiegazione (sociologica, psicologica, ecc.) e non facendo vedere una sola goccia di sangue, il regista-sceneggiatore porta a galla il rimosso del non-mostrabile e impedisce allo spettatore qualsiasi scappatoia (verso la fine uno dei torturatori riavvolge una videocassetta con le violenze perpetrate e subite, quasi a rassicurare il pubblico che si tratta solo di fiction: ma tutta la tensione precedente impedisce una vera catarsi). Un horror da salotto borghese, glaciale, implacabile, senza autocompiacimenti intellettuali, e uno dei film più controversi e ambiguamente morali degli ultimi anni.

Funny Girl ** (*Funny Girl*, Usa 1968, col, 151') William Wyler. Con Barbra Streisand, Omar Sharif, Walter Pidgeon, Kay Medford, Anne Francis. ◆ Un lungo flashback rievoca le tappe della carriera di Fanny Brice (Streisand), star comica del varietà, e della sua contrastata love story con il giocatore d'azzardo Nick Arnstein (Sharif). Tratto dall'omonima commedia musicale di Isobel Lennart (qui anche sceneggiatrice), questo ritratto di donna sostanzialmente sola non aiuta Wyler a ritrovare la forza delle sue eroine femminili più famose (anche per le paure dei produttori, eredi della vera Fanny Brice e preoccupati di mascherare gli ambigui affari di Nick): le qualità migliori del film sono le coreografie di Herbert Ross e l'energia interpretativa dell'esordiente Streisand (indimenticabile il suo numero *Don't Rain on My Parade*), che riescono a rendere con efficacia la vitalità dello scintillante mondo del musical americano fra le due guerre. Oscar come miglior attrice alla Streisand, ex aequo con Katherine Hepburn. La storia di Brice e Arnstein era già stata raccontata in *La rosa di Washington* (1939). Seguìto da *Funny Lady* (1975).

Funny Lady *½ (*Funny Lady*, Usa 1975, col, 137') Herbert Ross. Con Barbra Streisand, James Caan, Omar Sharif, Roddy McDowall, Ben Vereen, Larry Gates. ◆ Non indispensabile sequel di *Funny Girl*, dove si narra poco attendibilmente la vita della stella del musical Fanny Brice (Streisand), il suo matrimonio con Billy Rose (Caan) e il successivo divorzio. Notevole il budget, meno il risultato, piuttosto prevedibile (con la Streisand che sembra fare il verso a se stessa): resta solo qualche buon numero (*Great Day*) e la fotografia di James Wong Howe.

Funny Man * (*Funny Man*, Gb 1994, col, 93') Simon Sprackling. Con Tim James, Benny Young, Pauline Black, Ingrid Lacey, Christopher Lee. ◆ Funny Man (James), un jolly in carne ossa dotato di gobba e fallo spropositato, uccide tutti gli ospiti di un'antica magione con bizzarre messe in scena. Risposta britannica a Freddy Krueger e ai film di Sam Raimi, il «primo autentico horror da hooligan» non riesce a liberarsi da un'aria di assoluta gratuità: l'umorismo è fiacco, gli eccessi *splatter* mai liberatori, e la cattiveria puerile.

Funny Money – Come fare i soldi senza lavorare ** (*The Associate*, Usa 1996, col, 115') Donald Petrie. Con Whoopi Goldberg, Dianne Wiest, Tim Daly, Eli Wallach, Bebe Neuwirth, Laine Kazan, Kenny Kerr. ◆ Scavalcata nella carriera da un collega solo perché maschio (Daly), la consulente finanziaria Laurel Ayers (Goldberg) si mette in proprio: nessuno le darà retta fino a quando non inventerà un fantomatico socio maschile a cui attribuire la genialità delle sue idee. Col problema che poi i clienti vorranno incontrarlo. Simpatico remake in chiave femminista del film francese *Il mio socio*, sceneggiato da Nick Thiel: orgogliosa sottolineatura della superiorità intellettuale femminile, un certo disprezzo per le donne che puntano tutto sul sesso e sul fisico (la Goldberg e la Wiest, che interpreta la sua segretaria, si mostrano con abiti che quasi le imbruttiscono) ma nessuna messa in discussione della logica del successo e dell'accumulazione. Inevitabile comparsata per Donald Trump.

Fuochi d'artificio * (Italia 1997, col, 92') Leonardo Pieraccioni. Con Leonardo Pieraccioni, Vanessa Lorenzo, Massimo Ceccherini, Barbara Enrichi, Mandala Tayde, Claudia Gerini, Luigi Petrucci, Roberto Brunetti, Renzo Cantini, George Hilton, Milena Miconi. ◆ Dog-sitter in cerca di fidanzate, Ottone (Pieraccioni) si innamora della spagnola Luna (Lorenzo), ma poi scopre che ha già un marito. Dopo troppe disavventure si accorgerà che quella giusta (Tayde) ce l'aveva sotto il naso. Girato in gran fretta per sfruttare l'effetto-*Ciclone* (e rispettare il contratto d'esclusiva con Cecchi Gori), il terzo film di Pieraccioni ripropone pedissequamente gli elementi che avevano fatto il successo del precedente: bellezze esotiche, ingenuità programmatica, comicità toscana (e un po' romana con Er Patata [Brunetti], forse per allargare l'audience). Ma la sceneggiatura scritta dal regista col solito Giovanni Veronesi non ha un'idea che sia una (della regia è meglio non parlare). Comunque, successo assicurato. Comparsate per Alessandro Haber (l'attore che recita schiacciato dal masso), Bud Spencer (il cantastorie cieco) e il padre di Pieraccioni, Osvaldo (l'edicolante).

Fuochi nella pianura *** (*Nobi*, Giappone 1959, b/n, 105') Kon Ichikawa. Con Eiji Funakoshi, Osamu Takizawa, Micky Curtis, Asao Sano, Masaya Tsukida. ◆ Nel febbraio del 1945, un gruppo di soldati giapponesi braccati dagli americani nella giungla delle Filippine si abbandona, per sopravvivere, alle più atroci nefandezze. Completamente disgustato, uno di loro (Funakoshi) cerca una salvezza impossibile verso gli inquietanti fuochi che vede all'orizzonte. Ispirandosi al romanzo *La strana guerra del soldato Tamura* di Shôhei Oka, il regista dell'*Arpa birmana* dà una visione ancor più cupa e disperata dell'assurda follia della guerra (nel libro il soldato si salva), come in «un affresco degno di Bosch, con alcune delle più terribili visioni che la macchina da presa abbia registrato» raccontando l'odissea di personaggi travolti da un destino ineluttabile.

Fuoco! ** (Italia 1968, b/n, 86') Gian Vittorio Baldi. Con Mario Bagnato, Lydia Biondi, Giorgio Maulini. ◆ Durante una processione un disoccupato (Bagnato) spara dalla finestra sulla statua della Madonna. Asserragliato con la famiglia resiste per 12 ore all'assedio della polizia fino al tragico epilogo. Nonostante sia tratto da un fatto di cronaca, il film (sceneggiato dal regista) non vuole dare nessuna spiegazione dell'accaduto ma offrire solo un'asciutta e documentaristica descrizione, in un bianco e nero contrastato firmato da Ugo Piccone, di una vicenda spoglia e misera. Prodotto con finanziamenti indipendenti, ha ricevuto numerosi riconoscimenti internazionali fra cui il primo premio a San Sebastian.

Fuoco a Cartagena * (*The Golden Hawk*, Usa 1952, col, 83') Sidney Salkow. Con Rhonda Fleming, Sterling Hayden, John Sutton, Helena Carter. ◆ Amore battagliero fra un pirata (Hayden) e una bella avventuriera (Fleming), sullo sfondo della secentesca guerra nei Caraibi che oppone Spagna e Inghilterra alla Francia. Sterling Hayden e una Rhonda Fleming bella e aggressiva galleggiano a malapena nel naufragio di questo film di serie B.

Fuoco alle spalle *½ (*Backfire*, Usa 1950, b/n, 91') Vincent Sherman. Con Virginia Mayo, Gordon MacRae, Viveca Lindfors, Edmond O'Brien, Ed Begley. ◆ Sulle tracce dell'amico accusato di omicidio, un uomo (MacRae) arriva alla bisca dove è tenuto prigioniero. Mistero, amicizia virile e una bionda prosperosa per un noir in parte confuso ma abbastanza godibile e coinvolgente.

Fuoco assassino **½ (*Backdraft*, Usa 1991, col, 135') Ron Howard. Con Kurt Russell, William Baldwin, Robert De Niro, Scott Glenn, Donald Sutherland, Rebecca De Mornay, Jennifer Jason Leigh, J.T. Walsh. ◆ Seguendo l'esempio del padre, morto sul campo, due fratelli diventano pompieri in perenne antagonismo tra loro. Mentre uno (Russell) arriva ad assumere il comando di una squadra, l'altro (Baldwin) lascia il corpo e viene assunto per indagare su alcuni incendi dolosi. Finale esplosivo in tutti i sensi. Un film all men, che una inesatta traduzione italiana colloca erroneamente nel filone catastrofico. Intreccio ben congegnato, bei personaggi e cast d'eccezione (Sutherland è un «Hannibal Lecter fiammeggiante», De Niro un «Marlowe acceso»): ma il vero protagonista è il fuoco, incubo e incanto allo stesso tempo, «bestia» intelligente, flusso di pensiero ininterrotto, visualizzazione portentosa di ossessioni sotterranee che si aprono un varco distruttivo. Può essere, secondo i punti di vista, un kolossal pompieristico, un action-movie di protesta o un cineromanzo filosofico sull'anima del fuoco. In ogni caso, è il miglior film dell'ex amico di Fonzie e il primo a esplorare le pieghe più nascoste delle fiamme. Il micidiale effetto backdraft è spiegato all'inizio. Scritto da Gregory Widen.

Fuoco cammina con me! ° (*Twin Peaks – Fire Walk with Me*, Usa 1992, col, 135') David Lynch. Con Sheryl Lee, Ray Wise, Kyle MacLachlan, Kiefer Sutherland, Chris Isaak, Harry Dean Stanton, Jürgen Prochnow, James Marshall, Mädchen Amick, Peggy Lipton, Miguel Ferrer, David Lynch, David Bowie. ◆ L'antefatto, o prequel, della serie televisiva che ha reso celebre Lynch. Sniffate di cocaina, sesso con omaccioni e un po' di dirty dancing: le trasgressioni di Laura Palmer (Lee) sono tutte qui. Col contorno già noto: il padre incestuoso posseduto dal fantasma di Bob, i nani che appaiono in sogno, gli svitati del paese. I poliziotti brancolano nel buio (o meglio: scompaiono nel nulla) prima ancora che l'omicidio avvenga. Diviso in due parti (fuori e dentro Twin Peaks), il film di Lynch è un'operazione furbesca che delude i fan del serial e risulta incomprensibile agli altri. Una presa per i fondelli dello spettatore cinica e premeditata, si spera, più che il delirio di un regista che ormai si prende troppo sul serio. Curatissimo il *sound design* (opera dello stesso Lynch), e degno di migliori occasioni. L'unico a uscirne a testa alta, e a non vivere di rendita è – a sorpresa – l'autore delle musiche, Angelo Badalamenti.

Fuoco di paglia **½ (*Strohfeuer*, Rft 1972, col, 95') Volker Schlöndorff. Con Margarethe von Trotta, Friedhelm Ptock, Martin Lüttge, Ute Ellin, Georg

Marischka. ◆ Una trentenne sposata e con prole (von Trotta) cerca la propria indipendenza ma deve scontrarsi con la difficoltà a trovare un lavoro e con l'ostilità dell'ex marito che non è disposto a concederle l'affidamento del figlio. Storia di un tentativo sincero e ingenuo, destinato a fallire perché «l'uomo guarda verso l'orizzonte e la donna guarda all'uomo», sceneggiato dal regista e dalla protagonista (ai tempi, sposati), il film è un penetrante ritratto della condizione femminile, sostenuto con partecipazione e humour dall'interpretazione della von Trotta, al servizio di una riflessione militante sull'alienazione borghese e sul ruolo repressivo della famiglia. L'edizione italiana è appesantita da una scadente traduzione dei dialoghi e da alcuni tagli (in originale dura 101').

Fuoco e ghiaccio → *Fire and Ice – Fuoco e ghiaccio*

Fuoco fatuo *** (*Le Feu follet*, Francia/Italia 1963, b/n, 110') Louis Malle. Con Maurice Ronet, Jeanne Moreau, Alexandra Stewart, Bernard Noël, Lena Skerna. ◆ Alain Leroy (Ronet) è un ex alcolizzato che non riesce a reinserirsi in una vita normale e, lucidamente, decide di suicidarsi dopo un'ultima visita a luoghi e persone della sua vita. Tratto dal romanzo omonimo di Pierre Drieu La Rochelle, è un film glaciale e severo, in cui Malle, attraverso le laceranti angosce del protagonista, dà una visione lucida e disperata di una società senza scampo.

Fuoco magico * (*Magic Fire*, Usa 1956, col, 95') William Dieterle. Con Alan Badel, Yvonne De Carlo, Carlos Thompson, Rita Gam, Valentina Cortese. ◆ La vita del musicista Richard Wagner (Badel) riveduta e corretta da Hollywood. Notevole lo sforzo produttivo per scene e costumi, ma fiacco e poco rigoroso l'impianto biografico e non all'altezza l'interprete. Ottima la parte musicale che vede protagonista l'Opera di Stato Bavarese. Da segnalare una brava Valentina Cortese, nelle vesti di Mathilde, una delle donne importanti nella vita dell'artista.

Fuoco nella stiva ** (*Fire Down Below*, Usa 1957, col, 116') Robert Parrish. Con Rita Hayworth, Robert Mitchum, Jack Lemmon, Herbert Lom, Bernard Lee. ◆ L'amicizia tra due contrabbandieri alle Antille entra in crisi quando si innamorano di una profuga polacca dall'ambiguo passato, Irena (Hayworth): tra il romantico Tony (Lemmon) e il volgare Felix (Mitchum), Irena sceglierà il secondo, sensuale e disilluso come lei («un esercito è passato sul mio corpo» spiega), scatenando l'odio del primo. Una storia piuttosto scontata che però era stata scritta (da Irwin Shaw) e diretta con altre idee, e soprattutto un montaggio che doveva cominciare con Lemmon bloccato nella stiva in fiamme e continuare con una serie di flashback a incastro. Invece la produzione (Columbia) alterò il montaggio distruggendo ogni suspense, modificò il dialogo e cancellò il personaggio interpretato da Joan Miller, trasformando un possibile film conradiano in un melodramma scontato che si regge solo sul sex appeal della Hayworth.

Fuoco, neve e dinamite * (*Feuer, Eis und Dynamit*, Rft 1990, col, 102') Willy Bogner. Con Roger Moore, Shari Belafonte, Simon Shepher, Uwe Ochsenknecht, Geoffrey Moore. ◆ Brillante imprenditore (Moore) si finge morto e, per mettere alla porta i tre figli, organizza una serie di gare sportive a propria memoria. Un Roger Moore pressoché imbalsamato, che pensa di essere ancora Bond al servizio, in questo caso, di sua maestà lo sponsor, in una noiosissima sequenza di acrobazie sportive indistinguibili dagli spot pubblicitari.

Fuori dalla nebbia ** (*Out of the Fog*, Usa 1941, b/n, 93') Anatole Litvak. Con Ida Lupino, John Garfield, Thomas Mitchell, Eddie Albert, George Tobias, John Qualen. ◆ Due marinai (Mitchell e Qualen) decidono di farla finita con il taglieggiatore che li perseguita (Garfield), e il caso dà loro una mano. Elegia della gente comune un po' troppo schematica e retorica, tratta da un romanzo di Irwin Shaw e sceneggiata da Robert Rossen, Jerry Wald e Richard Macauley. John Garfield non è molto a suo agio nel ruolo di un gangster di piccolo calibro che ama i sigari costosi e le prostitute mentre la Lupino veste con poca convinzione i panni della donna che lo frequenta, nonostante sia figlia di uno dei marinai bistrattati.

Fuori dal mondo *** (Italia 1999, col, 100') Giuseppe Piccioni. Con Margherita Buy, Silvio Orlando, Carolina Freschi, Marina Massironi, Maria Cristina Minerva, Sonia Gessner, Giuliana Lojodice, Alessandro Di Natale, Fabio Sartor. ◆ Milano: Caterina (Buy), suora in attesa dei voti definitivi, trova un neonato, cerca di scoprire chi possono essere i genitori e sconvolge la vita di Ernesto (Orlando), solitario padrone di una lavanderia e possibile padre, senza accorgersi di mettere in discussione anche le proprie scelte. Un cinema senza clamori e coraggiosamente «inattuale», ma che parla di ciò che ci circonda e semina dubbi più che cercare risposte. La sceneggiatura di Piccioni, Gualtiero Rosella e Lucia Zei cerca di scavare nei caratteri con sensibilità e in modo non scontato, rifuggendo sia dal carino sia dal pietismo, mentre la regia non aiuta a ipotizzare possibili vie d'uscita o facili soluzioni alla solitudine che si è impadronita dei vari personaggi, ma spinge invece lo spettatore a confrontarsi con una parte di sé (e della propria vita) forse nascosta o dimenticata. Luca Bigazzi fotografa adeguatamente una città fredda e dove ci si sente «fuori dal mondo». Ludovico Einaudi scrive musiche fin troppo poetiche. Esordio nella produzione di Lionello Cerri.

Fuori dal tunnel ** (*Clean and Sober*, Usa 1988, col, 125') Glenn Gordon Caron. Con Michael Keaton, Kathy Baker, Morgan Freeman, M. Emmet Walsch, Tate Donovan, Pat Quinn. ◆ Dedito ad alcol e droga, braccato dai creditori e sorvegliato dalla polizia dopo che la sua convivente è stata trovata in coma, un agente immobiliare (Keaton) decide di affrontare un programma di disintossicazione. Bella e appassionata prova di Keaton in un film sceneggiato da Tod Carroll che cerca, riuscendovi in parte, di portare il problema droga fuori dalle secche del moralismo o del dolciastro compiacimento consolatorio.

Fuori di cresta ** (*SLC Punk!*, Usa 1998, col, 93') James Merendino. Con Matthew Lillard, Michael Goorjian, Annabeth Gish, Til Schweiger, Jennifer Lien, Adam Pascal, James Duval. ◆ Salt Lake City,

1985: il figlio di papà Stevo (Lillard) e l'amico povero Bob (Goorjian) si atteggiano a punk anarchici duri e puri; ma uno finirà col rientrare nei ranghi, e l'altro morirà in uno stupido incidente. Spaccato d'epoca (scritto dal regista) abbastanza convincente, che riesce quasi sempre a evitare le trappole del folclorismo e della demenzialità fine a se stessa. Anche se stile (discorsi in macchina, voci over) e snodi drammatici sanno di già visto. Coprodotto da Jan De Bont.

Fuori di testa **½ (*Fast Times at Ridgemont High*, Usa 1982, col, 92') Amy Heckerling. Con Sean Penn, Jennifer Jason Leigh, Judge Reinhold, Phoebe Cates, Brian Backer, Forest Whitaker, James Russo, Vincent Schiavelli. ◆ I ragazzi di un college della California si dividono tra il lavoro part-time in un drugstore e le prime esperienze sessuali: Stacy (Leigh) non vede l'ora di perdere la verginità, e rimane subito incinta; il timido Mark (Backer), innamorato di lei, si dà alla masturbazione; e il surfer Jeff Spicoli (Penn) vaga in un perenne stato di inebetimento da marijuana. Da un libro-inchiesta del futuro regista Cameron Crowe, un ritratto onesto e divertito della gioventù americana senza arte né parte dell'era Reagan, molto diverso sia dalle farse goliardiche come *Porky's* che dalla seriosità sciropposa dei successivi *Breakfast Club* e *St.Elmo's Fire*. Sorprendentemente diretta l'illustrazione delle attività sessuali, che in patria ha causato qualche problema con la censura. Esordio per Eric Stoltz, Anthony Edwards e Nicolas Cage (ancora col suo vero cognome, Coppola).

Fuori di testa ** (*Bad Taste*, Nuova Zelanda 1987, col, 92') Peter Jackson. Con Peter Jackson, Terry Potter, Pete O'Herne, Craig Smith, Mike Minett. ◆ In una cittadina della Nuova Zelanda, Derek (Jackson) e l'Alien Investigation Defense Service («un giorno o l'altro dovrebbero cambiargli nome») organizzano la resistenza contro degli orribili alieni in cerca di nuova materia prima per una catena di fast food intergalattica. Quattro anni di lavorazione per l'equivalente neozelandese della *Casa* di Raimi: umorismo demenziale, gusto del nonsense, e soprattutto il grand guignol portato a livelli inauditi. Il regista ha una spiccata predilezione per budella e materia cerebrale, ma in seguito è riuscito a superarsi. Il titolo originale – «cattivo gusto» – è molto appropriato nella sua autoironia.

Fuori di testa * (*Delirious*, Usa 1991, col, 96') Tom Mankiewicz. Con John Candy, Mariel Hemingway, Emma Samms, David Rasche, Raymond Burr. ◆ Gable (Candy), sceneggiatore di soap-opera, si ritrova ad Ashford Falls, nel mondo della propria finzione, dove fa il demiurgo e apre gli occhi su cosa conta veramente nella vita. Morale da Frank Capra e giochi tra vari livelli di realtà che anticipano *Last Action Hero*. Ma il figlio di Joseph, Tom, ha scarso sense of humour, e la vertigine presto diventa semplice confusione.

Fuorilegge, Il *** (*This Gun for Hire*, Usa 1942, b/n, 80') Frank Tuttle. Con Alan Ladd, Veronica Lake, Robert Preston, Pamela Blake, Laird Cregar. ◆ Assoldato da un ambiguo industriale (Cregar), il killer psicopatico Philip Raven (Ladd) rivela, grazie alla comprensione che saprà dimostrargli una cantante di night-club (Lake), il suo contorto lato umano e si riscatta sacrificando la sua vita per giustiziare chi l'aveva ingaggiato, rivelatosi un traditore disposto a vendere segreti industriali ai giapponesi. Tratto dal romanzo *Una pistola in vendita* di Graham Greene (dove però il killer veniva assoldato da un industriale per far fuori un ministro socialista) e sceneggiato da Albert Matz – uno dei «dieci di Hollywood» perseguitato durante la caccia alle streghe – e da W.R. Burnett, il film trasferisce l'ambientazione dalla Gran Bretagna alla California e apre la via del successo ad Alan Ladd, nel suo primo ruolo importante (e per la prima volta in coppia con Veronica Lake): più che la trama, resta nella memoria la sua interpretazione, quella di un personaggio che ha il fascino romantico del malinconico travet del delitto che si muove in un'atmosfera nevrotica e squallida, chiuso in un impermeabile che diventerà un indumento obbligato per il noir e ossessionato da un passato (le violenze subite dalla zia; l'amore per i gatti, solitari e indipendenti come lui) che l'ha segnato per sempre. James Cagney, come regista, ne girerà il remake nel 1957, *Scorciatoia per l'inferno*. Rifatto in tv-movie anche nel 1991 (*Affittasi Killer*).

Fuorilegge, I * (Italia 1949, b/n, 95') Aldo Vergano. Con Vittorio Gassman, Maria Grazia Francia, Ermanno Randi, Umberto Spadaro, Tino Buazzelli. ◆ Turi (Gassman), tornato al paese in Sicilia, scopre che la sorella (Francia) è l'amante del bandito Cosimo (Randi) e vuole lavare l'onore ammazzandolo con l'aiuto di un viscido avvocato. Pessima retorica neorealista per un film irrilevante il cui primo abbozzo (intitolato *Montelepre*) era esplicitamente riferito al bandito Giuliano, che si disse essere addirittura fra i finanziatori della produzione.

Fuorilegge del matrimonio, I *½ (Italia 1963, b/n, 100') Valentino Orsini, Paolo e Vittorio Taviani. Con Ugo Tognazzi, Annie Girardot, Romolo Valli, Didi Perego, Scilla Gabel, Marisa Malfatti, Isa Crescenzi, Enzo Robutti. ◆ Sei episodi illustrano con una certa fantasia dei casi-limite per i quali la legislazione italiana dell'epoca non contemplava il divorzio: la pazzia di una donna non le fa nemmeno riconoscere il marito; una vedova bianca (Gabel) è rinchiusa nuda in una torre dal cognato che vuole punirla per aver tradito il marito ergastolano; due amanti (Valli e Girardot), entrambi separati da anni, vedono il loro rapporto finire per motivi di lavoro; una donna (Crescenzi) che si è rifatta una famiglia è perseguitata dall'ex marito che anni prima aveva tentato di ucciderla; un emigrato (Tognazzi), convinto di essere vedovo, scopre che la moglie è diventata suora di clausura e così non riesce a ottenere i documenti per risposarsi; Caterina (Perego) si era sposata a 15 anni con un soldato americano, ma la Sacra Rota non vuole annullare il matrimonio anche se l'uomo l'ha già ottenuto in America. Ispirato a una proposta di legge sul «piccolo divorzio» avanzata nel 1956 dal senatore Luigi Renato Sansone, questo film a sei mani si rivela molto invecchiato sia sul versante sociologico, sia quando rielabora gli spunti di costume secondo i moduli della commedia all'italiana. L'episodio più grottesco e divertente è quello della Gabel prigioniera senza veli nella torre medievale di un borgo toscano.

Fuorilegge del Texas, Il → *Romantico avventuriero*

Fuorilegge del Wyoming, I * (*The Lawless Nineties*, Usa 1936, b/n, 55') Joseph Kane. Con John Wayne, Ann Rutherford, George Hayes, Harry Woods, Lane Chandler, Charles King, Etta [Hattie] McDaniel. ◆ L'agente federale John Tipton (Wayne) viene mandato nel Wyoming per verificare la regolarità del referendum che deve deciderne l'annessione agli Stati Uniti: si scontrerà con chi (Woods) vuole sabotare il voto. Il primo dei tre western che Wayne interpretò per la Republic sotto la direzione di Kane (gli altri sono *Il re del Pecos* e *Sentiero solitario*): molte cavalcate, colpi di scena prevedibili e dimostrazioni di «maschia virilità a suon di pugni», temperate solo nel finale da un sorriso per la figlia (Rutherford) del proprietario del giornale. La regia è sorprendentemente evanescente.

Fuori nel buio *½ (*Out of the Dark*, Usa 1988, col, 89') Michael Schroeder. Con Karen Black, Cameron Dye, Divine [Harris Glenn Milstead], Tracey Walter, Bud Cort, Geoffrey Lewis, Paul Bartel, Lainie Kazan, Tab Hunter. ◆ Un killer con maschera di clown fa strage tra le addette di un sevizio di telefono erotico: si sospettano un fotografo (Dye) e un pornomane (Cort). Un film in cui Divine, alla sua ultima apparizione, rinuncia ai suoi panni femminili e fa il poliziotto, non si prende certo sul serio. In ogni caso è adatto solo agli amanti del kitsch e ai maniaci che si divertono a riconoscere i cammeo.

Fuori orario *** (*After Hours*, Usa 1985, col, 97') Martin Scorsese. Con Griffin Dunne, Rosanna Arquette, Verna Bloom, Linda Fiorentino, Teri Garr, Thomas Chong, Cheech Marin, John Heard, Will Patton, Bronson Pinchot, Catherine O'Hara, Rockets Redglare. ◆ Un tranquillo tecnico di computer, Paul Hackett (Dunne), è trascinato da una serie di coincidenze a vivere un'odissea notturna dentro una sconcertante e frenetica New York popolata di artisti e scultrici, cameriere e taxisti, omosessuali e punk, ladri e suicidi. Scritto da Joseph Minion e prodotto dallo stesso Dunne, è il viaggio iniziatico dell'uomo ordinario dentro il malessere e l'incomunicabilità urbana, una specie di «incubo kafkiano però divertito e sornione». Il film è raccontato come una commedia nera, dove si ritrovano i fantasmi masochisti di Scorsese (Hackett, trasformato in una scultura di cartapesta, finisce per diventare un oggetto inerte, come nelle relazioni padrone-schiavo), si possono leggere le sue ossessioni religiose (la trama è «una parodia dell'itinerario cristologico, con le sue tentazioni, le sue prove, la consumazione del sacrificio e la rinascita finale»), vengono esplicitate le paure – sue e della società americana – sull'aggressività delle donne e il loro ruolo castratore, in una sconvolgente sarabanda di colpi di scena impeccabilmente orchestrati e piena di inquietante ironia. Scorsese interpreta il datore di luci punk al Berlin Café e venne premiato a Cannes per la miglior regia.

Fuori servizio → *Out of Order – Fuori servizio*

Furia ***½ (*Fury*, Usa 1936, b/n, 94') Fritz Lang. Con Spencer Tracy, Sylvia Sidney, Walter Abel, Bruce Cabot, Edward Ellis, Walter Brennan. ◆ Di passaggio nella cittadina di Strad, Joe Wilson (Tracy) viene ingiustamente accusato del sequestro di una ragazzina: prima rischierà il linciaggio poi di trasformarsi in un ossessivo vendicatore. Appena arrivato in America, il regista tedesco prende spunto da un fatto di cronaca per proseguire la sua riflessione sulla colpa e la giustizia, ancorati però in una precisa dialettica sociale: procedendo per piccole sequenze – che si sviluppano attaverso parallelismi, false parentesi, metafore, simbologie (come l'indimenticabile discorso del barbiere che deve trattenersi dalla voglia di sgozzare ogni suo cliente) – il film mostra l'evoluzione di una stessa idea che si ingigantisce e si intensifica in azioni e luoghi diversi riuscendo così a costruire un sinistro e impietoso quadro della provincia, da sempre roccaforte dei valori positivi made in Usa e che invece Lang descrive come un crogiolo di malignità, cattiveria, rabbia e violenze represse. E allo stesso modo trasforma (con più di un richiamo al racconto *Michael Kohlhaas* di Heinrich von Kleist) un cittadino onesto in un criminale solo con la forza della sua indignazione, secondo uno dei temi langhiani per eccellenza che vede un assassino potenziale in ogni uomo. Peccato soltanto che il taglio di alcune scene e il lieto fine – impostigli dal produttore, il futuro regista Joseph L. Mankiewicz – affievolisca proprio in chiusura la carica drammatica e polemica del film. Esiste una versione colorizzata (male).

Furia *½ (Italia 1947, b/n, 94') Goffredo Alessandrini. Con Isa Pola, Gino Cervi, Rossano Brazzi, Adriana Benetti, Camillo Pilotto, Umberto Spadaro, Bella Starace Sainati, Checco Durante, Cesare Polacco. ◆ Una ragazza (Benetti) sposa l'amante (Brazzi) della matrigna per evitare un dolore al padre (Cervi) e l'unione reggerà nonostante gli ostacoli. Melodramma a tinte forti, uno degli ultimi film italiani per la Benetti, prima di andare in Spagna.

Furia cieca * (*Blind Fury*, Usa 1990, col, 89') Phillip Noyce. Con Rutger Hauer, Blandon Call, Lisa Blount, Terry O'Quinn, Nick Cassavetes. ◆ Cieco ma insuperabile nelle arti marziali, un reduce dal Vietnam (Hauer) aiuta un ex compagno d'armi coinvolto in loschi traffici di droga. Della serie: se non fosse stato cieco, cosa avrebbe combinato? Prevedibile e ridicolo.

Furia d'amare – La romanzesca vita di Diana Barrymore ** (*Too Much, Too Soon*, Usa 1958, b/n, 121') Art Napoleon. Con Dorothy Malone, Errol Flynn, Efrem Zimbalist jr, Ray Danton, Neva Patterson, Martin Milner, Murray Hamilton, Kathleen Freeman, John Doucette. ◆ Con la carriera scritta nel cognome, la diciottenne Diana Barrymore (Malone) raggiunge a Hollywood il padre John (Flynn) che non ha praticamente mai visto: vorrebbe diventare una grande attrice e invece finirà per farsi contagiare solo dalla sua dipendenza dall'alcol. Una storia vera (tratta dall'autobiografia che la Barrymore scrisse con Gerold Frank) che la sceneggiatura firmata dai fratelli Art e Jo Napoleon trasforma in un mélo inutilmente piagnucoloso, appiattito dalla regia in una serie di scene prevedibili. Qualche briciola di verità c'è solo nell'interpretazione di Errol Flynn, costantemente ubriaco durante le riprese (a sentire Jack Warner) ma indubbiamente coinvolto nel ruolo di un grande a cui sentiva per molti versi di assomigliare.

Furia degli uomini, La ** (*Germinal*, Francia/Italia/ Ungheria 1962, b/n, 110') Yves Allégret. Con Jean Sorel, Berthe Grandval, Claude Brasseur, Claude Cerval, Bernard Blier, Lea Padovani. ◆ Nel 1863, Etienne Lantier (Sorel) si guadagna duramente da vivere in miniera, mentre cerca di strappare Catherine (Grandval) al legame con il violento Chaval (Brasseur): durante uno sciopero, represso nel sangue dall'esercito, un nichilista inonda le gallerie causando la morte di moltissimi minatori, ma non quella di Lantier che continuerà la lotta operaia. Tratto da *Germinal* di Zola, romanzo-faro del naturalismo letterario, il film, sceneggiato da Charles Spaak, sottolinea il melodramma a scapito della lezione sociale di Zola: la messa in scena è attenta e puntigliosa, soprattutto per l'ambientazione, ma qualche pausa di troppo toglie drammaticità agli eventi. Rifatto nel 1993 da Claude Berri (*Germinal*).

Furia dei Baskerville, La **½ (*The Hound of the Baskervilles*, Gb 1959, col, 87') Terence Fisher. Con Peter Cushing, Christopher Lee, Andre Morell, Marla Landi, Miles Malleson, John LeMesurier. ◆ Sherlock Holmes (Cushing), con l'aiuto del dottor Watson (Morell), accetta di proteggere l'ultimo erede dei Baskerville, sir Henry (Lee), dalla maledizione che lo vorrebbe ucciso da un cane mastino. Tratto da *Il mastino dei Baskerville* di Arthur Conan Doyle, il film accentua lo scontro tra Male e Bene già presente nel romanzo, dando al primo connotazioni seducenti e sottilmente sadiche (col personaggio di Cecilia, interpretata dalla Landi) e al secondo sfumature mistiche che avvicinano religione e scienza dell'indagine. Perfetta l'utilizzazione drammatica del technicolor e l'ambientazione misteriosa e inquietante tra le nebbie inglesi, nella miglior tradizione produttiva della Hammer.

Furia dei tropici ** (*Slattery's Hurricane*, Usa 1949, b/n, 83') André de Toth. Con Richard Widmark, Linda Darnell, Veronica Lake, John Russell, Gary Merrill, Walter Kingsforth. ◆ Nel mezzo di una tempesta, un pilota d'aereo (Widmark) ripensa alla sua vita, ai suoi errori (è stato un trafficante di stupefacenti) e ai suoi amori, divisi tra una bruna (Darnell) e una bionda (Lake). Una storia originale (di Herman Wouk) raccontata senza troppe impennate.

Furia del Congo * (*Fury of the Congo*, Usa 1951, b/n, 69') William Berke. Con Johnny Weissmuller, Sherry Moreland, William Henry, Lyle Talbot. ◆ Jim della giungla (Weissmuller) sgomina una tribù di pericolosi neri che producono e consumano la droga prodotta da un ragno gigante. Sesto film della serie, fantasiosamente insulso.

Furia del peccato, La **½ (*Kvinna utan ansikte*, Svezia 1947, b/n, 102') Gustaf Molander. Con Alf Kjellin, Gunn Wållgren, Anita Björk, Björn Montin, Syig Olin, Sif Ruud, Linnéa Hillberg, Olof Winnerstrand. ◆ L'incontro con la sensuale Jeanne (Wållgren, che in originale si chiama Ruth) stravolge la vita di Martin (Kjellin), che lascia la famiglia, diserta, vive di espedienti ed è divorato dalla gelosia: non gli basterà un processo e il perdono della moglie (Björk) per tornare sulla retta via. Sceneggiato da Ingmar Bergman (che pare intendesse così vendicarsi di una donna), un melodramma dichiaratalmente misogino, che racconta in parallelo la desolazione in cui può cadere l'uomo e quella della Stoccolma del '45, quando la cosa più importante sembrava essere il possesso di una tessera per il razionamento (indipensabile per procurarsi l'agognatissimo pacchetto di sigarette). Omaggio nascosto del regista al suo sceneggiatore nella scena in cui inquadra l'orologio illuminato al di sopra della chiesa Hedvig Eleanore, che Bergman vedeva dalla casa dei genitori quando era giovane a Stoccolma.

Furia di Ercole, La *½ (Italia/Francia 1962, col, 95') Gianfranco Parolini. Con Brad Harris, Brigitte Corey [Luisella Boni], Mara Berni, Serge Gainsbourg, Carlo Tamberlani. ◆ Chiamato da Daria (Corey), figlia del defunto re di Nisia, Ercole (Harris) aiuta il popolo a ribellarsi contro il violento e dispotico tiranno Meniste (Gainsbourg). Realizzato con una certa abbondanza di mezzi, il film mescola abilmente avventure fantasiose con un popolaresco «messaggio» libertario. Curioso l'utilizzo del cantautore francese Serge Gainsbourg nella parte del cattivo.

Furia di Tarzan, La * (*Tarzan's Savage Fury*, Usa 1952, b/n, 80') Cyril Endfield. Con Lex Barker, Patric Knowles, Dorothy Hart, Tommy Carlton, Charles Korvin. ◆ Un presunto cugino (Knowles) di Tarzan (Barker) viene ucciso da un agente sovietico (Korvin) che mira a impadronirsi dei diamanti necessari alla sicurezza militare dell'Inghilterra. È uno degli episodi più deboli della serie e quello in cui l'uomo-scimmia parla più a lungo. Barker compare anche con barba e baffi come Lord Greystoke Senior, nel diario che dovrebbe provare la parentela del cugino. Per ricostituire la «famiglia» di Tarzan, priva di Piccolo dal 1947, viene introdotto un nuovo figlio adottivo, Joey (Carlton).

Furia e passione ** (*Flesh and Fury*, Usa 1952, b/n, 82') Joseph Pevney. Con Tony Curtis, Mona Freeman, Jan Sterling, Wallace Ford, Harry Guardino. ◆ Un pugile sordomuto (Curtis) passa da una ragazza che lo prende in giro a una (Sterling) che lo aiuta persino a recuperare l'udito. Uno dei primi ruoli da protagonista per Curtis, che se la cava con dignità, anche se il suo non è proprio un volto da pugile.

Furia infernale *½ (*The Unholy Wife*, Usa 1957, col, 94') John Farrow. Con Rod Steiger, Diana Dors, Tom Tryon, Beulah Bondi, Marie Windsor, Arthur Franz. ◆ La moglie (Dors) di un agricoltore cerca di sbarazzarsi del marito, ma a rimetterci è qualcun altro. Da un soggetto di Jonathan Latimer, un film troppo confuso per essere un buon melodramma, troppo inverosimile per essere un buon thriller.

Furia nel deserto **½ (*Desert Fury*, Usa 1947, col, 95') Lewis Allen. Con Lizabeth Scott, John Hodiak, Wendell Corey, Burt Lancaster, Mary Astor. ◆ Un'irrequieta bionda platino (Scott) si fa irretire da un gangster (Hodiak) fascinoso ma violento, nonostante la corte di un poliziotto (Lancaster). Un insolito film noir fotografato in technicolor e sceneggiato da Robert Rossen, che si muove perfettamente, con un bel dialogo asciutto e incisivo, tra i complessi rapporti che legano i personaggi, perché l'amante della bionda è stato legato anche alla madre della ragazza (un'eccellente Mary Astor) e il suo tirapiedi (Corey) prova per lui un misto di fascinazione (per non dire amore) e odio. Una maggiore originalità nella messinscena ne avrebbe fatto un piccolo capolavoro.

Furia selvaggia (Billy the Kid) ***½ (*The Left-Handed Gun*, Usa 1958, b/n, 102') Arthur Penn. Con Paul Newman, Lita Milan, John Dehner, Hurt Hatfield, James Congdon, James Best, Colin Keith-Johnston. ◆ Per vendicare la morte dell'allevatore che l'aveva accolto come un figlio, Billy Bonney (Newman) uccide due dei suoi assassini, ma questo primo delitto ne trascinerà altri. Billy cercherà di starsene fuori ma la rabbia per chi ha ucciso l'unica persona che l'aveva saputo capire lo spinge a uccidere nuovamente: per finirla affronterà disarmato il suo ex amico e sceriffo Pat Garrett (Dehner) e si farà uccidere. Per il suo esordio nel cinema Arthur Penn sceglie un teleplay di Gore Vidal (sceneggiato da Leslie Stevens) che affrontava in chiave psicoanalitica il mito di Billy the Kid: il regista accentua l'originalità di quella lettura facendo di Newman, che recita alla James Dean, un adolescente insicuro di sé, incapace di controllare il proprio edipo (la seduzione di Celia [Milan], moglie dell'amico che l'ha soccorso e sua improvvisata mamma) e attraversato da una latente omosessualità (l'amicizia con Charlie Boudre [Congdon] e Tom Folliard [Best], suoi compagni di vendetta): al centro, però, c'è uno dei temi del futuro cinema di Penn, la fisicità del personaggio, «il non sapere dove mettere il proprio corpo, incapace di esprimere il proprio bisogno di comunicazione se non con esplosioni di inconsulta vitalità quasi infantile». Rifiutando uno sviluppo narrativo lineare a favore di momenti di intenso lirismo che si alternano a scene di violenta esplosione emotiva, Penn non vuole proporre una rilettura del West (anche se non mancano le riflessioni sul ruolo del mito come nel personaggio del giornalista), ma piuttosto darci il ritratto di una generazione che cerca di ritrovarsi mentre passa dall'infanzia all'età adultà, dalle tenebre alla luce (lo «specchio scuro» della *Lettera ai Corinti*), dal frammentario all'unità.

Furia umana, La **** (*White Heat*, Usa 1949, b/n, 114') Raoul Walsh. Con James Cagney, Virginia Mayo, Edmond O'Brien, Steve Cochran, Margaret Wycherly, John Archer. ◆ Spietato con tutti tranne che con la sua adorata madre (Wycherly), il gangster Coddy Jarret (Cagney) si fa ingannare da un poliziotto (O'Brien) che con l'astuzia riesce a guadagnarsi la sua amicizia. Sceneggiato da Ivan Goff e Ben Roberts, che accentuano la moderna tragicità del soggetto di Virginia Kellogg, il film è il canto del cigno del genere gangster (di cui Walsh accentua tre caratteristiche: la violenza, il realismo documentario e il comportamento patologico dell'eroe) e una sorta di omaggio all'attore che più di ogni altro ne aveva decretato la fortuna. Con molti più anni sulle spalle di quanti ne richiederebbe la parte, e ben sorretto dalla robusta regia di Walsh, Cagney tratteggia con straordinaria intensità la brutalità del bandito e il suo morboso attaccamento alla madre, la violenza e il cinismo dietro ai quali si nascondono inquietanti fobie nonché una folle ambizione – quella di arrivare «in cima al mondo» – che, nel leggendario finale, troverà una sua beffarda realizzazione.

Furie, Le **½ (*The Furies*, Usa 1950, b/n, 109') Anthony Mann. Con Barbara Stanwyck, Walter Huston, Wendell Corey, Judith Anderson, Beulah Bondi, Gilbert Roland. ◆ Il dispotico proprietario di ranch (Huston) entra in violento conflitto con la figlia (Stanwyck) quando decide di sposare una donna dai modi raffinati. La Stanwyck e Walter Huston (qui nella sua ultima interpretazione) sono grandi, e conducono in porto un western molto parlato e dai risvolti psicoanalitici (il romanzo alla base del film è di Niven Busch, lo stesso autore di *Duello al sole*), più attento alle atmosfere (nomination per il direttore della fotografia, Victor Milner) che all'azione.

Furie umane del kung fu, Le **½ (*Wu Du*, noto anche col titolo inglese *The Five Venoms*, Hong Kong 1978, col, 95') Zhang Che. Con Chiang Sheng, Kuo Chui, Sun Chien, Ku Feng. ◆ L'allievo (Chiang) di un maestro viene mandato in missione: deve scoprire i cinque membri della setta degli spietati, ognuno specializzato in uno stile di combattimento diverso (il centopiedi, il serpente, lo scorpione, la lucertola e il rospo), che hanno tralignato dagli insegnamenti e sono diventati degli assassini. In un gioco di alleanze e tradimenti, smascheramenti e colpi di scena, emerge il ritratto di un mondo cavalleresco in degrado, dominato dall'avidità. Zhang sottolinea i motivi di spettacolarità popolare, a volte naïf ma comunque spassosa, conservando una lucidità di regia e un'amarezza di fondo non indegna dei suoi film migliori. Grande successo tra i ragazzini americani quando all'epoca venne trasmesso in tv.

Furore **** (*The Grapes of Wrath*, Usa 1940, b/n, 129') John Ford. Con Henry Fonda, John Carradine, Jane Darwell, Russel Simpson, John Qualen, Ward Bond, Grant Mitchell, Charley Grapewin, Doris Bowdon, Frank Sully. ◆ Appena uscito di prigione, Tom Joad (Fonda) scopre che la sua fattoria è stata espropriata dalle banche. Insieme alla famiglia partirà per la California, in cerca di fortuna. Potente e incisiva versione cinematografica del romanzo omonimo di John Steinbeck, sceneggiato da Nunnally Johnson, dove il regista attenua la violenza contestatrice della denuncia sociale (pur sottolineando con energia la presa di coscienza di Tom che scopre la lotta di classe) mentre racconta con partecipata passione il dramma e il disorientamento di chi, sradicato dalla propria terra, deve attraversare un'America che stenta a riconoscere (e nel cui andamento narrativo «ritrova le strutture del western, con uno scassato camioncino che sostituisce la diligenza, inserendole in un contesto moderno capace però di rifarsi al mito dell'Esodo»). Memorabile e struggente la prima parte, più complessa e «rooseveltiana» ma meno toccante la seconda, riscattata da un finale indimenticabile dove la madre (Darwell) riassume a Tom la propria filosofia – e quella di Ford – sulla vita: «Siamo vivi. Siamo il popolo, la gente, che sopravvive a tutto. Nessuno può distruggerci. Nessuno può fermarci. Noi andiamo sempre avanti». Perfetta la dura e drammatica fotografia di Gregg Toland e la recitazione di tutto il cast. Due soli, ma meritatissimi Oscar: miglior regia e attrice non protagonista (Darwell).

Furore della Cina colpisce ancora, Il ** (*Tangshan daxiong*, Hong Kong 1971, col, 102') Lo Wei. Con Bruce Lee, Maria Yi, Han Ying Chieh, Tony Liu, Paul Tien, Miao Ker Hsiu. ◆ Chang (Lee), arrivato a Bangkok dal paese natio, si impiega in una fabbrica di ghiaccio che è in realtà una centrale per lo spaccio di droga: spinto dalla amata Kyoto (Yi) vendica tutti coloro che sono stati uccisi per avere scoperto il traffico. Il film che ha lanciato Bruce Lee sulla ribalta internazionale imponendo la magistrale padronanza dell'attore nell'eseguire la tecnica del kung-fu. Il film è conosciuto anche con i suoi due titoli americani, *The Big Boss*, poi sostituito con *Fists of Fury*.

Furore e grida ** (*De Bruit et de fureur*, Francia 1988, col, 95') Jean-Claude Brisseau. Con Vincent Gasperitsch, Lisa Heredia, François Negret, Bruno Cremer, Fabienne Babe. ◆ Nella periferia parigina, il quattordicenne Bruno (Gasperitsch) si lega alla banda del giovane Jean-Roger (Negret): il primo va incontro a un destino di morte, per il secondo si apre la redenzione. In equilibrio volutamente azzardato tra realismo brutale e onirismo, letteratura (il titolo allude a un celebre verso del *Macbeth*) e fascinazione per l'immagine, in patria allora venne salutato quasi come un capolavoro. Lo stile del racconto, spesso, è sorprendente, la posta in gioco è alta (si parla di violenza, anarchismo – con citazione di *Zero in condotta* di Vigo – e di rapporti tra generazioni): ma l'ex professore di liceo Brisseau finisce col rifugiarsi nell'estetismo, quando stringere le fila del discorso diventa arduo.

Furore nelle strade → *Quattordici o guerra*

Furore sulla città ** (*The Turning Point*, Usa 1952, b/n, 85') William Dieterle. Con William Holden, Alexis Smith, Edmond O'Brien, Ed Begley, Tom Tully, Don Porter, Ted de Corsia. ◆ Un giornalista (Holden) segue con distaccato cinismo l'inchiesta sui casi di corruzione all'interno di un comitato che dovrebbe combattere la criminalità urbana. Sceneggiato da Warren Duff, che si era ispirato al rapporto della Commissione Kefauver sul crimine organizzato, il film è sorretto da un buon ritmo e dall'ottima prova dei caratteristi (soprattutto Ed Begley).

Furtive seduzioni *½ (*The Spree*, Usa 1996, col, 95') Tommy Lee Wallace. Con Jennifer Beals, Powers Boothe, Garry Chalk, John Cassini, Rita Moreno. ◆ Un poliziotto (Boothe) diventa l'amante di una ladra d'appartamenti (Beals), che lo inizia al brivido del crimine: ma presto iniziano i guai. Una coppia non troppo maledetta e qualche contenuto brivido da soft-core (anche se c'è puzza di controfigura, come sempre per la Beals) in un gialletto di formato televisivo.

Furto alla Banca d'Inghilterra **½ (*The Day They Robbed the Bank of England*, Gb 1960, b/n, 85') John Guillermin. Con Aldo Ray, Elizabeth Sellars, Peter O'Toole, Hugh Griffith, Kieron Moore, Albert Sharpe. ◆ Per finanziarsi, un gruppo di terroristi irlandesi dell'Ira decide di svaligiare la Banca d'Inghilterra. Attento, preciso e serrato nel ritmo, come devono essere i film che descrivono una rapina. Gli attori reggono con efficacia i propri ruoli.

Furto è l'anima del commercio?!..., Il * (Italia 1971, col, 105') Bruno Corbucci. Con Alighiero Noschese, Enrico Montesano, Bernard Blier, Pia Giancaro, Ave Ninchi, Lino Banfi, Elio Crovetto, Enzo Cannavale. ◆ Due ladruncoli di mezza tacca (Noschese e Montesano) progettano una finta eruzione del Vesuvio, così da far aumentare le scommesse in una ricevitoria del lotto che vorrebbero poi ripulire. Comicità stantia, regia anonima, attori sopra le righe.

Furto su misura *½ (*The Happy Thieves*, Usa 1962, b/n, 88') George Marshall. Con Rex Harrison, Rita Hayworth, Joseph Wiseman, Gregoire Aslan, Alida Valli. ◆ Costretto da un ricattatore a rubare un Goya esposto al museo del Prado, un ladro e la sua complice (Harrison e Hayworth) decidono di sfruttare la confusione che si creerà per la concomitanza con una corrida. Attori troppo stanchi non riescono a dare smalto a una trama che già in partenza non brilla per originalità. Yazmine Khan, che appare nel ruolo della ragazzina, è la figlia della Hayworth e del principe Alì Khan.

Fury **½ (*The Fury*, Usa 1978, col, 118') Brian De Palma. Con Kirk Douglas, John Cassavetes, Carrie Snodgress, Amy Irving, Fiona Lewis, Charles Durning. ◆ Dotata di poteri parapsicologici che le permettono di muovere e distruggere le cose a distanza, Gillian (Irving) aiuta Peter Sanders (Douglas) a ritrovare suo figlio che, in possesso di facoltà analoghe, è stato sequestrato da un'organizzazione criminale guidata da Childress (Cassavetes). Delirante e inverosimile, ma anche affascinante nella sua programmatica tendenza all'esagerazione, il film – sceneggiato da John Farris a partire da un suo libro – si fa apprezzare soprattutto per la sua ricercatezza formale (la fotografia è di Richard H. Kline), capace di «utilizzare il colore in maniera originale e sofisticata, soprattutto nei paesaggi urbani». In perfetta armonia con l'assetto complessivo, tutti gli attori sono un paio di spanne sopra le righe.

Furyo **** (*Senjo No Merry Christmas*, Giappone/Gb/Nuova Zelanda 1983, col, 122') Nagisa Oshima. Con David Bowie, Ryuichi Sakamoto, Tom Conti, Jack Thompson, Takeshi Kitano. ◆ In un campo di concentramento giapponese a Giava, nel 1942, il comandante Yonoi (Sakamoto), frustrato per non essere al fronte a morire per l'imperatore, non riesce a combattere il fascino che esercita su di lui l'ufficiale inglese Jack Celliers (Bowie). Tratto da un romanzo di sir Laurens Van Der Post (sceneggiato dal regista con Paul Mayesberg), il film «narra e illumina i meandri di ogni conflitto che dilania gli uomini» superando immediatamente i limiti di una lettura solo in chiave omosessuale: il desiderio non vive attraverso due uomini, ma investe due culture e due tradizioni, acutissima espressione di quel movimento oscillante di attrazione/repulsione che caratterizza la cultura giapponese dell'intero Novecento. Raccontato in maniera corale, attraverso i drammi e le angosce dei prigionieri e dei soldati giapponesi, scandito nel dialogo dall'ossessiva citazione dei paragrafi del regolamento militare, il film diventa così un'intensa ed emozionante riflessione sull'irrazionalità della guerra e delle passioni, sulle contraddizioni della storia e dell'educazione (le sevizie subite fanno ricordare a Celliers una sua antica colpa e i crudeli riti di iniziazione dei novellini in un college inglese), sulla ferocia e l'insensatezza della giustizia. Il film si chiude, infatti, dopo la fine della guerra, con l'inutile condanna a morte da parte del tribunale militare del sergente Hara – interpretato da un indimenticabile Takeshi Kitano, che in seguito passerà alla regia – che saluta uno dei suoi ex prigionieri, il dottor Lawrence (Conti), con un commovente «Buon Natale, mister Lawrence». Da antologia la scena del bacio di Bowie a Sakamoto (la più famosa rockstar giapponese, autore della straordinaria colonna sonora).

Fusi di testa *½ (*Wayne's World*, Usa 1992, col, 92') Penelope Spheeris. Con Mike Myers, Dana Carvey, Rob Lowe, Tia Carrere, Lara Flynn Boyle, Donna Dixon, Brian Doyle Murray, Meat Loaf, Ed O'Neill. ◆ Da Aurora, nella provincia americana, Wayne Campbell (Myers) trasmette via cavo con l'inseparabile Garth Algar (Carvey) un programma artigianale, che ha grande successo tra gli adolescenti metallari. Quando un rampante executive (Lowe) gli offre un lancio in grande stile accetta, senza sapere che rischia di perdere la libertà, l'amico e la fidanzata. Scritto da Myers con i coniugi Bonnie e Terry Turner, è la versione gonfiata per il cinema degli sketch demenziali da lui proposti nel programma tv *Saturday Night Live*. L'effetto comico (che ne ha fatto un grande successo negli Usa) punta tutto sullo slang dei giovani teledipendenti, che nel doppiaggio si perde completamente. Però Alice Cooper nella parodia di se stesso è divertente.

Fusi di testa 2 * (*Wayne's World 2*, Usa 1993, col, 95') Stephen Surjik. Con Mike Myers, Dana Carvey, Tia Carrere, Christopher Walken, Kim Basinger, Olivia D'Abo, Michael Nickles. ◆ In seguito a un'apparizione onirica di Jim Morrison (Nickles), Wayne (Myers) decide di organizzare un nuovo Woodstock. Il suo amico Garth (Carvey) viene intanto concupito dalla bellona Honey Hornée (Basinger), che cerca un killer per uccidere suo marito. L'arrivo finale degli Aerosmith salva tutti. Al secondo capitolo (e con lo stesso team di sceneggiatori), le avventure dei due cerebrolesi metallari perdono il loro unico motivo d'interesse: quello di essere lo specchio dei teen-ager americani cresciuti con la televisione. Umorismo rancido e maschilisticamente puerile. Charlton Heston è l'attore, Drew Barrymore la segretaria scandinava.

Futuresport ** (*Futuresport*, Usa 1998, col, 89') Ernest Dickerson. Con Dean Cain, Wesley Snipes, Vanessa L. Williams, Bill Smitrovich, Françoise Yip. ◆ 2025: Chelsea Clinton è presidente, e gli Usa stanno per entrare in guerra contro l'Alleanza del Pacifico. Ma Tremaine Ramsay (Cain), star del Futuresport (una specie di Rollerball su skate), propone di risolvere il conflitto con una partita. Nei limiti di un tv-movie, una satira abbastanza azzeccata e attuale, con una punta di cinismo (gli eroi sono sempre preoccupati dell'indice di popolarità) che non guasta e un tocco di ideologia afro-americana (l'equiparazione delle guerre tra superpotenze a quelle tra bande). Coprodotto da Snipes, che sfoggia una chioma rasta. Steve DeJarnatt è coautore del soggetto.

Futureworld – 2000 anni nel futuro ** (*Futureworld*, Usa 1976, col, 104') Richard T. Heffron. Con Peter Fonda, Blythe Danner, Arthur Hill, Yul Brynner, John Ryan, Stuart Margolin. ◆ A Delos, magico mondo di divertimento dove gli umani possono vivere avventure in ogni tempo (dall'antica Roma al Medioevo al West) grazie a dei robot in tutto simili agli uomini, qualcosa comincia a non funzionare più secondo le previsioni e gli automi si ribellano ai comandi dei loro padroni. È il seguito del *Mondo dei robot* (1973), meno originale e più statico del primo, anche se realizzato con cura e intelligenza.

Futurismo → *Inhumaine, L'*

Futuro è donna, Il *½ (Italia/Francia/Rft 1984, col, 105') Marco Ferreri. Con Ornella Muti, Hanna Schygulla, Niels Arestrup, Maurizio Donadoni, Isabella Biagini, Ute Cremer. ◆ In una balera, una donna sposata (Schygulla) incontra una ragazza incinta (Muti) e se la porta in casa. All'inizio il ménage coniugale ci guadagna, ma poi la moglie preferisce al marito (Arestrup) la giovane ospite e il bimbo che le sta in grembo. Ferreri (autore anche della sceneggiatura con Dacia Maraini e Piera Degli Esposti) osserva con disincanto l'evoluzione odierna dei rapporti sentimentali, ma il suo sguardo questa volta è molto meno pungente e attento del solito. Una delusione d'autore.

FX2 - Replay di un omicidio → *Replay di un omicidio*

FX – Effetto mortale **½ (*F/X*, Usa 1986, col, 106') Robert Mandel. Con Bryan Brown, Brian Dennehy, Jerry Orbach, Diane Venora, Cliff De Young, Mason Adams, Joe Grifasi. ◆ Un esperto in effetti speciali cinematografici (Brown) viene assunto dal dipartimento di Giustizia per organizzare un falso attentato contro un boss della mafia (Orbach) e salvarlo così dalle vendette di chi ha tradito, ma poi scopre che rischia di rimetterci la vita per colpa di un conto segreto in Svizzera. Un giallo originale e divertente sceneggiato da Robert T. Megginson e Gregory Fleeman, con una dose massiccia di azione, suspense e ritmo, oltre a un uso inventivo e sorprendente dei trucchi. Bravissimi Dennehy e Grifasi, capaci di dare smalto a una figura risaputa come quella della coppia di poliziotti. Seguìto da *Replay di un omicidio* (1991).

Gabbia, La ° (Italia/Spagna 1985, col, 101') Giuseppe Patroni Griffi. Con Tony Musante, Laura Antonelli, Florinda Bolkan, Cristina Marsillach, Blanca Marsillach, Laura Troschel [Costanza Spada]. ◆ Durante le feste natalizie, due ex amanti riprendono la loro relazione: ma questa volta la ricca Maria (Antonelli) decide di mettere sotto chiave il suo bello (Musante), riducendolo a oggetto di piacere. Sulla carta era un gioco al massacro claustrofobico e morboso, anche se non troppo originale. Il risultato è un fotoromanzo che spesso scade nel ridicolo involontario: uno dei punti più bassi della breve stagione dell'erotismo all'italiana. Sceneggiatura di Francesco Barilli e Lucio Fulci, musiche di Ennio Morricone.

Gabbia di ferro, La *½ (*Outside the Wall*, Usa 1950, b/n, 80') Crane Wilbur. Con Richard Basehart, Marilyn Maxwell, Dorothy Hart, Joseph Pevney, John Hoyt, Signe Hasso, Henry Morgan, Lloyd Gough. ◆ Uscito di galera, Larry Nelson (Basehart) trova posto come infermiere in un sanatorio, ma tra i ricoverati c'è anche un ex galeotto che ha rapinato un milione di dollari e vuole coinvolgerlo nella gestione del bottino. E come se non bastasse Larry s'innamora anche dell'infermiera sbagliata (Maxwell). Sceneggiato dal regista, romanziere di un certo nome, un giallo schematico e semplicistico nel suo manicheismo programmatico: la donna biondo-platino (Maxwell) è arrivista e infedele, quella bruna, e si suppone non tinta, (Hart) è affettuosa e onesta, e in mezzo a loro Nelson – che ha passato 15 dei suoi 30 anni in prigione – scopre il bene e il male. Con una certa rude efficacia «pedagogica», ma troppo elementare e meccanico dal punto di vista narrativo.

Gabbianella e il gatto, La **½ (Italia 1998, col, 75') Enzo d'Alò. ◆ Per tener fede alla promessa fatta alla madre morente, il gatto Zorba alleva la gabbianella Fortunata, nata dall'uovo che ha amorevolmente covato: lei si crede un gatto, ma dopo essere stata catturata dai topi di fogna – ed essere stata salvata da Zorba e i suoi amici – prenderà coscienza della sua vera identità e imparerà anche a volare. Dieci miliardi per un cartoon italiano che punta al mercato internazionale; per raggiungere l'obiettivo, d'Alò e i suoi collaboratori (Silvio Pautasso, Walter Cavazzuti, Michel Fuzellier) abbandonano le delicatezze cromatiche – e poetiche – della *Freccia azzurra* per adattare con Umberto Marino il facile messaggio della *Storia di una gabbianella e del gatto che le insegnò a volare* di Luis Sepúlveda: rispetto di ogni diversità e delle regole dell'ecologia. Se il disegno evita l'antropomorfismo disneyano, non per questo non insegue la caratterizzazione più immediata, alla ricerca di un «realismo» facilmente riconoscibile da parte del pubblico infantile. E gli intermezzi con il padre poeta (doppiato dallo stesso Sepúlveda) sono decisamente pleonastici. Molto indovinate le musiche di David Rhodes, a cominciare dall'hit *Siamo gatti*. Carlo Verdone dà la voce a Zorba, Antonio Albanese al Grande Topo, Melba Ruffo di Calabria alla gatta Bobulina, Paola Tedesco a Rosa dei Venti e Sofia Baratta, Veronica Puccio e Domitilla d'Amico alla gabbianella nei vari stadi della crescita.

Gabbiani volano basso, I *½ (Italia 1978, col, 100') George Warner [Giorgio Cristallini]. Con Maurizio Merli, Nathalie Delon, Mel Ferrer, Dagmar Lassander, Orlando Urdaneta, Andrea Esterhazy, Franco Garofalo, Gianni Di Benedetto. ◆ Costretto a venire in Italia per uccidere un uomo, un disertore dal Vietnam (Merli) non riesce più a far ritorno negli Usa, e nonostante l'aiuto che gli offre una sconosciuta (Delon) finirà stritolato dalle vendette incrociate di chi l'aveva assoldato. Un giallo troppo contorto per essere davvero avvincente, e venato da una troppo sottile (e mal utilizzata) vena di malinconia per conquistare un pubblico abituato a ben altri «poliziotteschi».

Gabbiano, Il ** (*The Sea Gull*, Gb 1968, col, 141') Sidney Lumet. Con James Mason, Vanessa Redgrave, Simone Signoret, David Warner, Harry Andrews, Denholm Elliott. ◆ Rispettosa versione del dramma di Čechov sceneggiata da Mour Boudberg: il giovane Konstantin (Warner) frustrato nelle sue aspirazioni di scrittore dalla madre (Signoret), viene tradito dalla ragazza che ama (Redgrave), che gli preferisce lo scrittore di successo Trigorin (Mason): sceglierà il suicidio. Lumet si era già cimentato nel teatro filmato in *Lungo viaggio verso la notte*: malgrado l'ottimo cast (preso in parte da *Chiamata per il morto*), il risultato questa volta è solo accademico.

Gabbiano, Il ** (Italia 1977, col, 132') Marco Bellocchio. Con Remo Girone, Giulio Brogi, Pamela Villoresi, Laura Betti, Remo Remotti, Antonio Piovanelli. ◆ Konstantin (Girone), figlio di una famosa attrice di teatro, Irina (Betti), aspira a diventare scrittore per conquistare l'attrice Nina (Villoresi). Il giovane fallirà, anche per colpa della madre, e si suiciderà, mentre Nina verrà sedotta e abbandonata, senza alcun motivo, dal letterato alla moda Trigorin (Brogi): atto inutilmente crudele, che era stato preannunciato dal gabbiano che Konstantin aveva ucciso per gioco. Bellocchio ambienta l'omonimo dramma di Čechov nelle campagne del Veneto, sceneggiandolo (insieme a Stefano Rulli, Sandro Petraglia e Lù Leone) alla luce di suggestioni psicoanalitiche e di rimandi all'*Edipo re* e all'*Amleto*. Qualche indulgenza simbolica di troppo in un'opera tormentata, interiorizzata ma anche un po' datata. Prodotto dalla Rai.

Gabbiano Jonathan, Il *½ (*Jonathan Livingston Seagull*, Usa 1973, col, 120') Hall Bartlett. ◆ Dal best-seller di Richard Bach, la storia di un giovane gabbiano che abbandona lo stormo per volare da solo, più in alto che può. Come documentario non sarebbe male, anche perché le riprese sono tecnicamente eccellenti. Ma è risibile la pretesa di dare valenza lirica e metaforica alla storia. Musica sciropposa di Neil Diamond.

Gabinetto del dottor Caligari, Il **** (*Das Kabinett des Dr. Caligari*, Germania 1920, b/n, 78') Robert Wiene. Con Werner Krauss, Conrad Veidt, Lil Dagover, Friedrich Feher. ◆ «L'opera cinematografica espressionista per eccellenza», capostipite del fantastico cinematografico. Un losco imbonitore da fiera (Krauss), che si è identificato con un ipnotizzatore del Settecento (e che vede dovunque scritte che gli intimano: «Du mußt Caligari werden», «Devi diventare Caligari» – frase usata allora anche per il lancio pubblicitario del film –), fa compiere azioni delittuose a un sonnambulo (Veidt) di cui controlla la volontà. E se invece tutto fosse solo l'allucinazione dell'ospite di un manicomio? Le celebri scenografie sghembe di Hermann Warm, Walter Reimann e Walter Röhrig (strade a zigzag, prospettive deformate, quinte aggressivamente dipinte) e la recitazione stilizzata dei protagonisti creano un'atmosfera irreale, che in parte smorza l'allegoria politica (sono gli anni della Repubblica di Weimar) a vantaggio di un mondo fantastico che rimanda a E.T.A. Hoffmann o ad Achim von Arnim. Temi come quelli del mostro e della bella (con umanizzazione del primo) e dell'incertezza fra sogno e realtà avranno innumerevoli reincarnazioni e influenzeranno il cinema tedesco degli anni Venti. In origine il film (sceneggiato da Carl Mayer e Hans Janowitz e fotografato da Willy Hameister) era virato in verde, bruno e blu. Wiene sostituì Fritz Lang, impegnato a dirigere *I ragni*, che gli suggerì il finale. Rifatto nel 1962.

Gabinetto del dottor Caligari, Il * (*The Cabinet of Dr. Caligari*, Usa 1962, b/n, 104') Roger Kay. Con Glynis Johns, Dan O'Herlihy, Dick Davalos, Estelle Winwood. ◆ L'unico collegamento con l'omonimo film di Wiene è che la protagonista (Johns) è internata in un manicomio, e dice di essere prigioniera del direttore. Al solito, resta il dubbio che tutto non sia che il parto della fantasia di una mente isterica. Thriller modesto e di fattura mediocre.

Gable e Lombard: un grande amore *½ (*Gable and Lombard*, Usa 1976, col, 131') Sidney J. Furie. Con James Brolin, Jill Clayburgh, Allen Garfield, Red Buttons, Joanne Linville, Melanie Mayron. ◆ L'amore tra Clark Gable (Brolin) e Carole Lombard (Clayburgh) fu una favola di Hollywood, ma anche uno scandalo, dato che lui non aveva ancora divorziato dalla seconda moglie. Il film di Furie vorrebbe mostrare la fabbrica dei sogni dietro le quinte, ma non ha la virulenza di *Hollywood Babilonia* di Kenneth Anger. Una ricostruzione inutile e decorativa, con due protagonisti inadeguati.

Gabriela *½ (*Gabriela*, Brasile/Italia 1983, col, 102') Bruno Barreto. Con Sonia Braga, Marcello Mastroianni, Antonio Cantafora, Riccardo Petraglia, Paulo Coulart. ◆ Il proprietario di un bar (Mastroianni) sceglie come amante e cuoca una ragazza sensuale ma di liberi costumi (Braga): la scaccia quando lo tradisce, ma poi torna fra le sue braccia. Dal romanzo di Jorge Amado *Gabriella, garofano e cannella* (trasformato anche, più adeguatamente, in una telenovela) un film sceneggiato dal regista e Leopoldo Serran con esotismi ed erotismi di maniera.

Gabriel over the White House **½ (*Gabriel over The White House*, Usa 1933, b/n, 87') Gregory La Cava. Con Walter Huston, Karen Morley, Franchot Tone, Arthur Byron, Dickie Moore, C. Henry Gordon, David Landau. ◆ Eletto alla Casa Bianca solo per favorire gli affari del proprio partito, Judson C. Hammond (Huston) cambia radicalmente dopo un incidente in cui ha rischiato la vita: arriverà a imporre la legge marziale al Paese pur di risolvere il problema della disoccupazione e del crimine, ottenendo (con le minacce) il disarmo mondiale e i pagamenti dei debiti di guerra. Il film più controverso di La Cava, tratto da un romanzo di Thomas Tweed (anche se nei titoli di testa si parla di «autore anonimo») e sceneggiato da Carey Wilson: prodotto da Walter Wagner per il diretto interessamento di William Randolph Hearst (il magnate a cui si sarebbe poi ispirato Welles per il suo Kane) come appoggio alla politica di Franklyn D. Roosevelt, il film è stato spesso letto come un pericoloso elogio del decisionismo più radicale (e in effetti la scena del processo al gangster Nick Diamond [Gordon] non è per niente garantista), anche se è comunque difficile attribuire un preciso valore politico a discorsi così generici da permettere interpretazioni opposte (l'elogio dell'autoritarismo può trasformarsi in una «denuncia swiftiana» delle tentazioni fasciste). In ogni modo è certo che l'intervento del repubblicano Louis B. Mayer e del censore Will Hays imposero rimaneggiamenti e *retakes* che hanno alterato le intenzioni originali del regista, quali che fossero. In questo stato resta un'opera curiosa, piuttosto qualunquista ma dotata di un indubbio fascino retorico e vivificata dalla interpretazione sanguigna di Walter Huston (nonostante le «visioni» mistiche suggerite dal titolo, comunque solo vagamente accennate nel film).

Gaby *½ (*Gaby*, Usa 1956, col, 97') Curtis Bernhardt. Con Leslie Caron, John Kerr, sir Cedric Hardwicke, Taina Elg, Margalo Gillmore. ◆ Sul ponte di Waterloo, a Londra, scoppia l'amore tra un ufficiale inglese (Kerr) e la ballerina Gaby (Caron), ma il sogno del loro matrimonio si infrange sulla sua partenza per il fronte e la notizia della sua morte. Gaby finisce per prostituirsi e quando si reincontrano lei gli confessa tutto decisa a scomparire. Scialbissimo rifacimento del *Ponte di Waterloo* ambientato nella seconda guerra mondiale e sceneggiato da Albert Hackett, Frances Goodrich e Charles Lederer: insopportabilmente melassoso, come il lieto fine sotto i bombardamenti.

Gaby, una storia vera **½ (*Gaby – A True Story*, Usa 1987, col, 110') Luis Mandoki. Con Rachel Levin, Norma Aleandro, Liv Ullmann, Robert Loggia, Lawrence Monoson, Robert Beltran. ◆ La vera storia di Gaby Brimmer (che è anche la produttrice esecutiva del film, ed è interpretata dalla Levin), nata in Messico da genitori europei, e colpita da una paralisi cerebrale che le consente di comunicare col mondo esterno solo battendo col piede sinistro su una tastiera. Oltre all'affetto della madre (Ullmann), sarà una donna modesta (Aleandro) a darle la forza di finire brillantemente gli studi e di diventare una scrittrice. Primo film americano del messicano Mandoki, onesto, toccante, ben interpretato, ma abbastanza scontato.

Gadjo Dilo, lo straniero pazzo **½ (*Gadjo Dilo*, Francia 1998, col, 100') Tony Gatlif. Con Romain Duris, Rona Hartner, Izidor Serban, Dan Astileanu, Ovidiu Balan, Valentin Teodosiu, Florin Moldovan, Mandra Ramcu. ◆ Per saperne di più sulla cantante rom Nora Luca, il musicologo francese Stéphane (Duris) va in Romania, dove viene «adottato» dal vecchio gitano Isidor (Serban) e conosce Sabina (Hartner), giovane ribelle che gli farà da guida nelle sue indagini. Musicato e sceneggiato dal regista gitano, che si è ispirato alla vera storia di Alain Weber, il terzo capitolo di una trilogia cominciata con *L'uomo perfetto* e l'inedito *Latcho Drom*: un film, più che di formazione, di iniziazione (a una lingua, una cultura, un popolo), che deve molto del suo fascino all'andamento libero del racconto e ad alcune scene forti che rimangono nella memoria, come il primo incontro d'amore tra Stéphane e Sabina e il finale in cui il musicologo seppellisce i suoi nastri secondo l'usanza rom.

Gaia scienza, La ** (*Le Gai savoir*, Francia 1968, col, 94') Jean-Luc Godard. Con Juliet Berto, Jean-Pierre Léaud. ◆ Colpito al cuore da una pallottola sparata da alcuni paracadutisti, Émile Rousseau (Léaud) si salva grazie a una copia dei *Cahiers du cinéma* che gli fa da scudo. Patricia (Berto), nipote del leader congolese Lumumba, visita la fabbrica della Citroën, ma ne viene cacciata perché ha dato agli operai dei registratori tascabili con cui raccogliere prove contro il padronato francese. I due vivono una bizzarra storia d'amore incontrandosi tutte le sere per tre anni: durante il primo anno raccolgono immagini e suoni; nel secondo li analizzano; nel terzo cercano dei modelli alternativi. Film filosofico (e piuttosto datato), *La gaia scienza* fu girato nell'inverno 1967-1968 per la Tv francese, che alla fine lo rifiutò: è una sorta di educazione sentimental-politica che ha come punto centrale il problema del linguaggio, prodotto di un'ideologia (borghese) da smontare pezzo per pezzo e ricostruire secondo rapporti nuovi. Per Godard la «spontaneità» è sempre fasulla e poiché sono soprattutto le immagini a soffrire delle sovrastrutture e delle distorsioni operate dalla cultura dominante, la critica delle immagini (che naturalmente diventa critica del cinema) è una tappa fondamentale per la liberazione delle coscienze. Qui, il regista sperimenta, senza fornire soluzioni ma solo ipotesi di percorso, alcune possibilità del linguaggio: il film didascalico, il film da dilettante, il film imperialista, il film guerrigliero, fino ad arrivare al cinema senza immagini (alcuni minuti di schermo nero), momento di rigenerazione affidato ai suoni fuori campo. In origine il titolo doveva essere *Émile*, poi il regista optò per il riferimento a Nietzsche conservando però quello a Rousseau nel nome del protagonista.

Galassia in collisione → *Planet of Love – Galassia in collisione*

Galileo ** (Italia/Bulgaria 1968, col, 108') Liliana Cavani. Con Cyril Cusack, Giulio Brogi, Gheorghi Koldjancev, Paolo Graziosi, Gheorghi Cerkelov, Piero Vida, Lou Castel, Gigi Ballista. ◆ Galileo Galilei (Cusack), dopo l'incontro con Giordano Bruno (Graziosi) a Padova nel 1592 e il regalo di un cannocchiale olandese, si convince che è il sole, e non la Terra a essere al centro dell'universo. Il cardinale Bellarmino e il papa Urbano VIII (Cerkelov e Vida) lo avvertono che rischia di cadere in eresia, ma Galileo persevera, fino a che, nel 1633, sotto minaccia di tortura, verrà costretto all'abiura. Nella lettura della Cavani, Galileo diventa un campione della Chiesa rinnovata del Concilio vaticano II, che si oppone al vecchiume della curia reazionaria. Un atto di accusa contro l'arroganza del potere, didascalico nell'esposizione, televisivo nel ritmo, ma con una buona descrizione dell'universo papalino e un protagonista all'altezza. Prodotto dalla Rai, incorse in assurde ire censorie. Sceneggiatura della regista e di Tullio Pinelli con la collaborazione di Fabrizio Onofri. Musiche di Ennio Morricone.

Galileo ° (*Galileo*, Gb 1974, col, 145') Joseph Losey. Con [Chaim] Topol, Edward Fox, Colin Blakely, Georgia Brown, Patrick Magee, John Gielgud, Tom Conti. ◆ Perseguitato dalla Chiesa, Galileo Galilei (Topol) è costretto nel 1633 a ricusare le sue teorie astronomiche. Versione del dramma omonimo di Bertolt Brecht, la cui prima messa in scena americana era stata diretta dallo stesso Losey, nel 1947: gli intellettuali, secondo Brecht, sono dei codardi, ma intanto l'Europa sta cambiando. Teatro filmato statico, «semiastratto», per nulla innovativo e con frequenti cadute di tono (il carnevale in stile Bruegel-Bachtin, le canzoni di Hanns Eisler che male si amalgamano al racconto). Anche l'interpretazione leggera di Topol è inadeguata. Losey, a ogni buon conto, ha ammesso di non credere che «sia mai stata realizzata una sola riduzione cinematografica accettabile dell'opera di Brecht».

Gallo cedrone **½ (Italia 1998, col, 97') Carlo Verdone. Con Carlo Verdone, Regina Orioli, Paolo Triestino, Ines Nobili, Enrica Rosso, Giorgia Brugnoli, Roberto Mincuzzi, Anny Cerretto, Paolo Fiorelli, Piero Di Carlo. ◆ Volontario della Croce Rossa in un paese arabo, Armando Feroci (Verdone) finisce in una prigione islamica per aver fatto il cascamorto. Sollecitati dai giornalisti, parenti e amici ricordano gli ultimi diciott'anni della sua vita: le spacconate sulla spider rossa, la partecipazione ai quiz televisivi, la convinzione di essere il figlio naturale di Elvis Presley, il difficile rapporto con il fratello dentista (Triestino) e la folle love story con Martina (Orioli), la cognata non vedente. Le avventure di un vitellone di fine secolo, in omaggio a una certa commedia all'italiana incrociata con vent'anni di carriera personale. Tornato performer a tutto campo, Verdone cerca una mediazione tra «tipo» e «personaggio», strutturando la sua galleria di ritratti comici dentro una commedia più o meno compiuta (la sceneggiatura è di Verdone, Leo Benvenuti, Piero De Bernardi e Pasquale Plastino). Il risultato è discontinuo, ma l'attore – spesso molto divertente – riesce a cogliere con acutezza una serie di tratti, non dell'italiano medio (che non esiste più) bensì di alcuni italiani tipici (che esistono ancora).

Gambe d'oro * (Italia 1958, b/n, 109') Turi Vasile. Con Memmo Carotenuto, Totò [Antonio de Curtis], Paolo Ferrari, Rossella Como, Elsa Merlini, Dolores Palumbo, Rosario Borelli, Scilla Gabel, Luigi Pavese, Giampiero Littiera. ◆ All'avaro presidente (Totò) della squadra del Cerignola non par vero di vendere per venti milioni i suoi due calciatori migliori, Aldo (Ferrari) e Franco (Borelli), anche perché il primo frequenta troppo assiduamente sua figlia Carla (Como). In questo modo, però, distrugge l'armonia del gruppo creata con tanta fatica dall'allenatore Armando (Carotenuto): una vittoria (!) amichevole con la nazionale italiana rimetterà tutto a posto. Fiacchissimo tentativo di commedia calcistica sceneggiato dal regista (che avrà più fortuna come sceneggiatore e produttore) e da Antonio Margheriti. C'è tutto: un tentativo di numero musicale on the road (al suono di *Calypso... Goal!*), la moralina sull'unione che fa la forza e il potere malvagio del denaro, una «citazione» da Giacomelli (i piccoli seminaristi in tunica nera che giocano al pallone ripresi dall'alto), il trionfo del campanilismo («Olio, petrolio, benzina minerale / per vincer Cerignola ci vuol la nazionale» cantano i tifosi), ma Totò è spentissimo e non si ride mai. Il sindaco è interpretato da Turi Pandolfini, futuro suonatore cieco di fisarmonica in *Amarcord*.

Gambit – Grande furto al Semiramis **½ (*Gambit*, Usa 1966, col, 109') Ronald Neame. Con Michael Caine, Shirley MacLaine, Herbert Lom, Roger C. Carmel, John Abbott. ◆ Una ragazza (MacLaine truccata da orientale) viene ingaggiata da un simpatico mascalzone (Caine) per il furto di una scultura di inestimabile valore. Tra statue false e vere, anche il film si sdoppia: e la sequenza in flash forward di come dovrà essere perpetrato il furto dura quanto quella di come il furto si svolge realmente. Un giallorosa più che passabile, retto da una sceneggiatura di Jack Davies e Alvin Sargent brillante e piena di colpi di scena.

Game, The – Nessuna regola *½ (*The Game*, Usa 1997, col, 129') David Fincher. Con Michael Douglas, Sean Penn, Deborah [Kara] Unger, James Rebhorn, Peter Donat, Armin Müller-Stahl, Carroll Baker. ◆ A movimentare l'esistenza di Nicholas Van Norton (Douglas), spento uomo d'affari di mezza età, ci penserà il fratello scapestrato Conrad (Penn), iscrivendolo a un club che organizza giochi tanto realistici da precipitarlo – protagonista e vittima al tempo stesso – in un incubo senza via d'uscita. Fincher gioca a imitare *Fuori orario* di Scorsese, ma la sua discesa agli inferi con implicazioni psicanalitiche (sceneggiata da John D. Brancato, Michael Ferris e Andrew Kevin Walker) è troppo scoperta, e diventa meccanica e ripetitiva (oltre che illogica) come un videogame. Piccola parte per Carroll Baker, nel ruolo della madre del protagonista.

Gandhi **½ (*Gandhi*, Gb 1982, col, 187') Richard Attenborough. Con Ben Kingsley, Rohini Hattangandy, Candice Bergen, Edward Fox, John Gielgud, Trevor Howard, John Mills. ◆ Biografia del Mahatma (Kingsley, al suo esordio sul grande schermo), da giovane avvocato, buttato fuori dalla carrozza di prima classe in quanto indiano, a propugnatore dell'indipendenza del suo Paese e difensore dei diritti umani: verrà ucciso nel 1947 da un estremista indù, dopo essersi invano opposto alla lotta fratricida tra indù e musulmani. Attenborough, che covava il progetto da una ventina d'anni, parte dalla morte del suo eroe e continua con una serie di episodi emblematici, tra l'epico e il didascalico. Kolossal pacifista, con tutti i pregi e i difetti del genere. A Hollywood ricompensarono lo sforzo con ben nove Oscar: miglior film, regia, attore protagonista, sceneggiatura (John Briley), fotografia (Billy Williams), scenografia (Stuart Craig, Robert W. Laing, Michael Seirton), costumi (John Mollo, Bhanu Athaiya), montaggio (John Bloom) e suono (Gerry Humphreys, Robin O'Donoghue, Jonathan Bates, Simon Kaye). Uno dei tre ragazzi che avvicinano Gandhi per la strada è Daniel Day-Lewis. Le 300 mila comparse usate per la scena dei funerali sono ancora un record insuperato.

Gang, La **½ (*The Racket*, Usa 1951, b/n, 88') John Cromwell. Con Robert Mitchum, Robert Ryan, Lizabeth Scott, Ray Collins, William Talman, William Conrad. ◆ In una cittadina del Midwest, alla vigilia delle elezioni municipali, un capitano di polizia (Mitchum) ingaggia una lotta senza quartiere contro un gangster (Ryan) troppo violento anche per i suoi boss. Un poliziesco teso e cupo con un finale insolito, sceneggiato da W.R. Burnett e William Wister Haines a partire dalla pièce di Bartlett Cormack, che risente un po' dell'origine teatrale (sulle scene la parte di Ryan era andata a E. G. Robinson). Alcune sequenze sono state dirette da Nicholas Ray. Remake di un omonimo film diretto nel 1928 da Lewis Milestone.

Gang *** (*Thieves Like Us*, Usa 1974, col, 123') Robert Altman. Con Keith Carradine, Shelley Duvall, John Schuck, Bert Remsen, Louise Fletcher, Tom Skerritt. ◆ Ai tempi della Grande Depressione, un giovane evaso (Carradine) si innamora di una ragazzotta di campagna (Duvall): rapine e uccisioni perpetrate con incoscienza («Il solo rimpianto che ho è di non esser riuscito a giocare in una vera squadra di baseball») si seguono fino a una conclusione amara e inevitabile. Tratto dal romanzo di Edward Anderson, da cui Ray aveva già tratto *La donna del bandito*, il film (sceneggiato dal regista, Calder Willingham e Joan Tewksbury) è una splendida ricostruzione dell'America rurale, tra cascinali e vestiti lisi, auto che sembrano carrozze e programmi radiofonici. Altman prosegue, in tono più dimesso ed elegiaco, la lucida indagine sui miti americani del denaro e della violenza iniziata con *I compari*. Primo ruolo di protagonista per la Duvall, una delle attrici preferite del regista.

Gang dei bassotti, La * (*Little Cigars*, Usa 1973, col, 92') Chris Christenberry. Con Angel Tompkins, Billy Curtis, Jerry Maren, Frank Delfino, Emory Souza, Felix Silla. ◆ Una strana banda, composta da cinque nani e una ragazza, mette a segno un furto spettacolare. Quando la ragazza viene arrestata, i suoi piccoli compari si danno da fare per liberarla. Insulsa commediola gialla che tenta vanamente di essere spiritosa.

Gang dei diamanti, La *½ (*Jack of Diamonds*, Usa/Rft 1967, col, 105') Don Taylor. Con George Hamilton, Marie Laforêt, Joseph Cotten, Maurice Evans, Wolfgang Preiss, Karl Lieffen, Carroll Baker, Zsa Zsa Gabor, Lilli Palmer. ◆ Abilissimo ladro di gioielli, Jeff Hill (Hamilton) si associa con il suo vecchio maestro «Asso» (Cotten) e la giovane Olga (Laforêt) per rubare i gioielli Zaharoff. Ma quando «Asso» si fa catturare per salvare il colpo, Jeff scambia la sua libertà con la refurtiva e la promessa di ritirarsi a vita privata con Olga. Pallidissimo tentativo di recuperare temi e suggestioni di *Caccia al ladro*, sceneggiato senza nerbo da Sandy Howaed e Jack DeWitt. Unica curiosità, la presenza, come vittime dei furti, di Lilli Palmer, Carroll Baker e Zsa Zsa Gabor nel ruolo di loro stesse.

Gang dei diamanti, La * (*The Diamond Trap*, Usa 1988, col, 100') Don Taylor. Con Howard Hesseman, Brooke Shields, Ed Marinaro, Twiggy, Darren McGavin, Dick O'Neill. ◆ Due poliziotti di New York finiscono in Inghilterra sulle tracce di un grosso furto di gioielli. Mediocre film di guardie e ladri, dove l'unica novità è rappresentata da Twiggy che fa l'ispettore di Scotland Yard. Prodotto per la televisione.

Gang dei doberman, La *½ (*The Doberman Gang*, Usa 1972, col, 87') Byron Chudnow. Con Byron Mabe, Julie Parrish, Hal Reed, Simmy Bow, Jojo D'Amore. ◆ Per svaligiare una banca, un furfantello si fa venire in mente che – opportunamente addestrati – i doberman possono essere più efficaci dei rapinatori in carne e ossa. L'idea sarà anche originale, il film molto di meno. Più per cinofili che per cinefili. Con un seguito, *La gang dei doberman colpisce ancora* (1973).

Gang dei doberman colpisce ancora, La *½ (*The Daring Dobermans*, Usa 1973, col, 90') Byron Chudnow. Con Charles Knox Robinson, Tim Considine, David Moses, Claudio Martinez, Joan Caulfield. ◆ Un gruppo di cani cleptomani viene utilizzato per impadronirsi dei fondi neri di alcuni politicanti corrotti. Seguito di *La gang dei doberman*, come il suo modello senza grandi idee.

Gang dell'Anno Santo, La ** (*L'Année sainte*, Francia/Italia 1976, col, 95') Jean Girault. Con Jean Gabin, Jean-Claude Brialy, Danielle Darrieux, Nicoletta Machiavelli, Henry Virloyeux. ◆ Due banditi non più giovani (Gabin e Brialy) vanno a Roma per recuperare i proventi di un vecchio colpo: capitando in piene celebrazioni dell'Anno Santo, si travestono da uomini di chiesa. Commedia gialla con qualche innocua risata. Gabin, vecchio e stanco, sarebbe morto quello stesso anno, e stringe il cuore vederlo.

Gang della Spider rossa, La *½ (*No Deposit, No Return*, Usa 1976, col, 112') Norman Tokar. Con David Niven, Darren McGavin, Don Knotts, Herschel Bernardi, Barbara Feldon, Kim Richards, Brad Savage. ◆ Una coppia di ragazzini ricchi, pestiferi e bisognosi di affetto (Richards e Savage) inscena il proprio rapimento per poter raggiungere la madre a Hong Kong. Tipico prodotto Disney di un'epoca lontana, movimentato e stupidino.

Gang del parigino, La – Pierrot le fou ** (*Le Gang*, Francia/Italia 1977, col, 100') Jacques Deray. Con Alain Delon, Raymond Buissières, Laura Betti, Giampiero Albertini, Roland Bertin. ◆ Nella Francia anni Cinquanta, il figlio (Delon) di un gangster segue le orme paterne: riunisce una banda e – con lo stile del gentiluomo – compie rapine e scorribande: ma non può durare in eterno. Routine per la rodata coppia Delon-Deray: il fascino della malavita di una volta e quello del protagonista non bastano a evitare l'impressione di déjà vu.

Gangster, amore e... una Ferrari ** (*Never Steal Anything Small*, Usa 1959, col, 94') Charles Lederer. Con James Cagney, Shirley Jones, Nehemiah Persoff, Horace MacMahon, Anthony Caruso, Roger Smith. ◆ Un portuale (Cagney) usa mezzi non troppo leciti per essere eletto a capo del suo sindacato: ottenuta la carica, si accorge che la vita è meno semplice di prima. Da un testo teatrale di Maxwell Anderson e Rouben Mamoulian, sceneggiata dal regista, una strana mistura di commedia e dramma con qualche canzone di contorno. Per fortuna c'è Cagney.

Gangster cerca moglie *** (*The Girl Can't Help It*, Usa 1956, col, 99') Frank Tashlin. Con Tom Ewell, Jayne Mansfield, Edmond O'Brien, Henry Jones, John Emery, Julie London, Juanita Moore. ◆ Un piccolo gangster (O'Brien) vuole che l'amichetta Jerri (Mansfield) diventi una grande star, e assolda a tale scopo Miller (Ewell), uno specialista in promozioni pubblicitarie: Jerri spacca i bicchieri con la sua voce stridula, ma Miller la trasformerà in una stella del rock'n'roll. Sceneggiando con Herbert Baker la commedia *Do Re Mi* di Garson Kanin (che chiese di non essere citato nei titoli), Tashlin firma il suo migliore film senza Jerry Lewis, dirigendo con buon senso del ritmo Ewell e O'Brien (in un raro ruolo brillante). Il più celebre film della Mansfield, che la Fox voleva lanciare allora come una nuova Monroe, anche se finì con l'esserne una parodia: Tashlin ne sfrutta le curve prorompenti in funzione umoristica e un po' sessista (celebre l'immagine in cui Jerri tiene davanti ai seni due bottiglie di latte) e riempie le scene di una serie di audaci metafore sessuali (la bottiglia cui salta il tappo). Imperdibile, per gli appassionati, la colonna sonora e le partecipazioni di Little Richard, Fats Domino, Gene Vincent, i Platters, Abbey Lincoln ed Eddie Cochran.

Gangster del ring, I ** (*World in My Corner*, Usa 1956, b/n, 82') Jesse Hibbs. Con Audie Murphy, Barbara Rush, Jeff Morrow, John McIntire, Tommy Rall, Howard St. John. ◆ Un pugile (Murphy) lotta duramente per affermarsi: il successo arriva, ma non è facile conservarlo, anche a causa di un'organizzazione che trucca l'esito degli incontri. Melodramma pugilistico di discreta fattura sceneggiato da Jack Sher, anche se gli ingredienti narrativi non si distaccano da quelli classici del genere.

Gangster non perdonano, I *½ (*Accused of Murder*, Usa 1956, col, 74') Joseph Kane. Con David Brian, Vera Ralston, Virginia Grey, Sidney Blackmer, Lee Van Cleef. ◆ Un poliziotto (Brian) si innamora di una cantante (Ralston) accusata dell'omicidio di un avvocato corrotto. Un noir di serie B sceneggiato da Bob Williams e W. R. Burnett a partire da un suo romanzo, dove la routine scivola nel melodramma.

Gangsters, I **** (*The Killers*, Usa 1946, b/n, 105') Robert Siodmak. Con Burt Lancaster, Ava Gardner, Albert Dekker, Edmond O'Brien, Sam Levene, John Miljan. ◆ Due killer arrivano in una cittadina del New Jersey e uccidono Pete Lunn detto «lo svedese» (Lancaster), che con rassegnazione aspetta la sua ora. Un agente delle assicurazioni (O'Brien) fa luce sul suo passato e scopre che Lunn, costretto a lasciare la boxe, si era unito alla gang di Big Jim Colfax (Dekker), commettendo l'errore di innamorarsi della sua donna (Gardner). Uno dei migliori noir degli anni Quaranta, tratto – ma solo per la prima parte – da un racconto di Ernest Hemingway (*Gli uccisori*), che, per una volta, dichiarò di riconoscersi nel film: ne possedeva anzi una copia, che proiettava spesso agli amici, anche se si addormentava dopo il primo quarto d'ora. La struttura a inchiesta e il mosaico di flashback (congegnato con una coerenza narrativa rara al cinema: ogni segmento rispetta rigidamente il punto di vista del personaggio) sono un apporto originale di Siodmak e degli sceneggiatori John Huston, Richard Brooks e Anthony Veiler. L'uso della profondità di campo e del piano sequenza (magistrale quello della rapina) mostra come Siodmak abbia assimilato anche nella tecnica la lezione di *Quarto potere* di Welles, mentre la Gardner, al suo primo ruolo importante, si impose come dark lady avida e sensuale. Un buon remake di Siegel nel 1964, *Contratto per uccidere*.

Gangsters *½ (Italia 1992, col, 113') Massimo Guglielmi. Con Ennio Fantastichini, Giuseppe Cederna, Isabella Ferrari, Giulio Scarpati, Luca Lionello, Ivano Marescotti, Maria Amelia Monti, Mattia Sbragia, Claudio Bigagli. ◆ La guerra è finita, ma a Genova tre partigiani comunisti (Cederna, Lionello e Scarpati) non hanno deposto le armi, decisi a dare personalmente la caccia ai nazifascisti in fuga: riescono a coinvolgere anche il vecchio comandante (Fantastichini), ma il suo amore per una prostituta morfinomane (Ferrari) giocherà al gruppo un brutto scherzo. Una pagina di storia controversa e spesso rimossa, riletta attraverso i canoni del cinema d'azione americano (dal titolo, ironico e provocatorio, al personaggio di Cederna, modellato su James Cagney, ai film che vedono i protagonisti: *Angeli con la faccia sporca* e *Piccolo Cesare*). Guglielmi e i suoi sceneggiatori Claudio Lizza e Federico Pacifici cercano di spiegare come la spinta all'azione non venga solo dalla vendetta, ma anche dalla rabbia per la rivoluzione sociale mancata e dalla paura che il fascismo possa essere restaurato, ma l'introspezione psicologica è incerta e la regia finisce per indulgere in vezzi troppo compiaciuti e in contrasto con la secchezza richiesta dalla storia.

Gangsters in agguato **½ (*Suddenly*, Usa 1954, b/n, 77') Lewis Allen. Con Frank Sinatra, Sterling Hayden, James Gleason, Nancy Gates, Kim Charney, Paul Frees, Christopher Dark. ◆ Nella cittadina di Suddenly deve passare il presidente degli Stati Uniti, e qui lo aspettano tre killer assoldati per ucciderlo. Un thriller piuttosto originale per i suoi tempi, anche se i dialoghi verbosi della sceneggiatura di Richard Sale rischiano di compromettere la suspense. Efficace Sinatra nella parte per lui insolita di uno dei tre sicari.

Gangster Story **½ (*Gangster Story*, Usa 1960, b/n, 65') Walter Matthau. Con Walter Matthau, Carol Grace, Bruce McFarlan, Garrett Wallberg. ◆ Una ragazza (Grace) cerca di riportare sulla retta via il disonesto fidanzato (Matthau). Una storia di delinquenti da quattro soldi per la prima e unica regia di Matthau, che rivela uno stile secco ed essenziale, opportunamente lontano dai trabocchetti romantici che una storia simile poteva presentare.

Gangster story **** (*Bonnie and Clyde*, Usa 1967, col, 111') Arthur Penn. Con Warren Beatty, Faye Dunaway, Michael J. Pollard, Gene Hackman, Estelle Parsons, Gene Wilder. ◆ Le imprese, le fughe e la caduta di una leggendaria coppia di fuorilegge degli anni Trenta, Bonnie Parker (Dunaway) e Clyde Barrow (Beatty), a cui si uniscono il fratello di Clyde con la moglie (Hackman e Parsons) e un ragazzotto appena uscito dal riformatorio (Pollard): braccati e traditi dal padre del ragazzo, verranno accerchiati dalle forze dell'ordine e barbaramente uccisi. Uno dei migliori film del regista e un caposaldo del genere gangster. Penn parte da una serie di elementi reali (come le foto segnaletiche dei banditi che scorrono sui titoli di testa) per addentrarsi subito dopo nella fantasia e nel mito trasformando il film in una specie di incubo a occhi aperti, la cui forza evocativa è sottolineata dall'impiego di colori carichi di luce (verde, oro), procedimenti flou (che giocano a sfumare i contorni), ralenti (che conferisce alle scene drammatiche una bellezza rituale e solenne) e da uno stile che, prediligendo il montaggio ultraspezzettato al piano sequenza allora di moda, riesce a «passare dal comico al tragico con ininterrotta felicità», dalle caratterizzazioni caricaturali (il personaggio di Michael J. Pollard) a una grande sensibilità psicologica (i rapporti tra Clyde e suo fratello; la scena che svela l'impotenza di Clyde, tutta giocata sul non detto e la discrezione). Preoccupato, raccontando il passato, di parlare del presente – e della tragedia del Vietnam – il regista usa soprattutto le scene di violenza per scardinare le attese del pubblico, «rifiutando un approccio tradizionale al problema per mostrare tutto l'orrore del sangue e del dolore fisico» e finendo per sconcertare buona parte della critica (il film non piaceva molto alla Warner che cominciò a farlo uscire nelle città del Midwest per distribuirlo nei grandi centri solo sull'onda dello straordinario successo presso il pubblico giovanile). Realizzato dal regista americano dopo che la sceneggiatura di David Newman e Robert Benton era stata sottoposta a Godard e Truffaut, *Gangster story* si rivela una tappa fondamentale del passaggio dalla Nouvelle Vague alla Nuova Hollywood. Alla stesura definitiva hanno collaborato anche Arthur Penn, Robert Towne e Warren Beatty. Oscar per la migliore attrice non protagonista a Estelle Parsons e a Burnett Guffey per la fotografia. Il film ha influenzato in modo considerevole la moda dell'epoca, soprattutto in campo femminile, e segna il debutto sullo schermo di Gene Wilder. Lo stesso argomento era stato tratto nel film *Femmina e mitra* (1958) di William Witney.

Garage **½ (*Garaget*, Svezia 1975, col, 100') Vilgot Sjöman. Con Agneta Ekmanner, Christina Schollin, Lil Terselius, Kerstin Hanstrom, Annika Levin, Mona Andersson. ◆ Quando un professore scopre che la moglie lo tradisce con un amico, decide di ucciderla in modo tale da far ricadere i sospetti sull'amante. Giallo psicologico che cura soprattutto i travagli interiori dei singoli personaggi, il senso di solitudine e di noia che incombe sui loro rapporti. Un thriller anomalo e interessante di un regista che in passato fece spesso scandalo.

Garage Demy *** (*Jacquot de Nantes*, Francia 1991, b/n e col, 118') Agnès Varda. Con Philippe Maron, Edouard Joubeaud, Laurent Monnier, Brigitte de Villepoix, Daniel Dublet. ◆ Nantes, anni Trenta. Nonostante l'occupazione nazista, Jacquot ha un'infanzia avventurosa e felice: costretto dal padre a compiere studi di meccanica, sogna di dedicarsi al cinema e dopo la guerra riesce ad andare a Parigi, dove il suo desiderio si trasforma in realtà. Pudica dichiarazione d'amore al cinema e a Jacques Demy (interpretato nei vari momenti della gioventù da Maron, Joubeaud e Monnier), regista e marito della Varda scomparso da qualche anno: è un film di rara bellezza, dove arte e vita s'intrecciano senza retorica e con molta emozione. La memoria dell'infanzia, ricostruita in bianco e nero, diventa cinema a colori, inserito nel racconto mediante spezzoni delle opere successive (la giovane vicina incinta ritorna con Catherine Deneuve in *Les parapluies di Cherbourg*, la cantante incontrata insieme alla zia ricca è la futura Anouk Aimée in *Lola, donna di vita*, e così via). Le esperienze minute del singolo diventano patrimonio collettivo, la cronaca personale è il punto di partenza per raggiungere l'immaginario altrui, secondo le regole di un cinema «militante» non solo in senso politico. E a siglare tutto compare Demy stesso, in riva al mare, ormai invecchiato.

Garçon ** (*Garçon!*, Francia 1983, col, 102') Claude Sautet. Con Yves Montand, Nicole Garcia, Jacques Villeret, Dominique Laffin, Rosy Varte, Marie Dubois, Bernard Fresson, Nicolas Vogel, Hubert Deschamps, Jean Amos. ◆ Cameriere in una brasserie, Alex (Montand) passa i suoi giorni tra i litigi col capocuoco Francis (Fresson), le discussioni con l'amico e collega Gilbert (Villeret) e il sogno di trasformare un piccolo terreno lasciatogli dal padre in un parco di divertimenti: ci riuscirà con i soldi di Gloria (Varte), la sua amante di sempre, ma non potrà trattenere Claire (Garcia), troppo giovane per un sessantenne come lui. Una commedia malinconica e amara (come il personaggio di Alex, ex ballerino, inguaribile dongiovanni, sognatore che rifiuta di invecchiare), dove però la bravura di Sautet – specie nelle scene all'interno della brasserie, di cui sa ritrovare le atmosfere concitate e il calore cameratesco dei dipendenti – non evita di far scivolare il film nella maniera, anche per colpa di un Montand troppo gigione. Ultima sceneggiatura scritta dal regista insieme a Jean-Loup Dabadie.

Garçonniere, La *½ (Italia 1960, b/n, 89') Giuseppe De Santis. Con Raf Vallone, Marisa Merlini, Eleonora Rossi Drago, Gordana Miletic, Nino Castelnuovo, Maria Fiore, Clelia Matania. ◆ Un costruttore edile (Vallone) tradisce la moglie (Drago) con donne che si porta nella garçonniere affittata in un quartiere popolare. La moglie lo pedina, lo scopre, lo punisce e poi si riconcilia: ma le cose non saranno più le stesse. De Santis (aiutato per la sceneggiatura da Carlo Bernari, Tonino Guerra, Elio Petri, Ugo Pirro e Franco Giraldi) non sa bene che posizione adottare nei confronti dei suoi personaggi, e si accontenta di raccontare una generica constatazione della crisi dell'istituto familiare nell'Italia del boom. Non certo tra i suoi film più riusciti. Giordana Miletic diventerà la moglie del regista.

Garçu, Le ***½ (*Le Garçu*, Francia 1995, col, 100') Maurice Pialat. Con Gérard Depardieu, Géraldine Pailhas, Antoine Pialat, Dominique Rocheteau, Fabienne Babe, Elisabeth Depardieu, Claude Davy. ◆ Inquieto e volubile, Gérard (Depardieu) lascia Sophie (Pailhas) e il figlioletto Antoine (Pialat), cambia amante, accetta il nuovo compagno (Davy) di Sophie, ma non riesce a separarsi mai da lei e dal bambino. Scritto da Pialat con la moglie Sylvie Danton, un film autobiografico di rara intensità, una storia d'amore e d'impotenza dove ogni cascame romantico è bandito con furore, e il confine tra verità e finzione è una cucitura perfetta, dunque invisibile. Franco fino alla sgradevolezza, tenero fino alla commozione (soprattutto quando è in scena il figlio, irresistibile per intelligenza e vivacità), sempre perfettamente padrone della messa in scena, Pialat si denuda e si libera di sé come solo certi autori francesi sanno fare: un miracolo di autenticità, semplicità e naturalezza tutto realizzato in famiglia (a parte i Pialat, la sorella di Gérard è Elisabeth Depardieu, moglie dell'attore e coproduttrice del film), dove lo spettatore è invitato non come voyeur bensì come ospite di riguardo. Depardieu si conferma alter ego del regista. Il titolo si riferisce al soprannome del padre di Gérard.

Gardenia blu *** (*The Blue Gardenia*, Usa 1953, 90') Fritz Lang. Con Anne Baxter, Richard Conte, Ann Sothern, Raymond Burr, Jeff Donnell, Richard Erdman. ◆ Appena lasciata dal fidanzato, una telefonista (Baxter) si reca all'appuntamento con un famoso stilista (Burr), si ubriaca e nel difendersi dalle avance di lui perde conoscenza. Quando si risveglia scopre che il playboy è stato assassinato. È il film che restituisce Fritz Lang al cinema dopo la disoccupazione forzata dovuta al maccartismo (il suo nome era stato inserito nella lista nera di Hollywood come «comunista potenziale»). Tratto da un racconto di Vera Caspary sceneggiato da Charles Hoffman, e girato in sole tre settimane, doveva essere una semplice operazione commerciale, ma Lang seppe farne un piccolo classico del noir : basta vedere come risolve la scena chiave del delitto, tutta giocata sul non mostrato. Manovrando specchi e ombre con uno «stile inesorabile», Lang dà corpo alle tenebre che avvolgono la parte migliore di Hollywood. Il titolo si riferisce al nome del locale dove avviene l'incontro fatale e alla canzone di Bob Russell e Lester Lee, che offre a Nat «King» Cole l'occasione per un cammeo.

Garibaldino al convento, Un **½ (Italia 1942, b/n, 90') Vittorio De Sica. Con Leonardo Cortese, Carla Del Poggio, Maria Mercader, Lamberto Picasso, Olga Vittoria Gentili, Vittorio De Sica, Fausto Guerzoni, Elvira Betrone. ◆ Un garibaldino ferito (Cortese), rifugiatosi in un convento, viene nascosto ai borbonici da due alunne, la nobile Caterina (Del Poggio) e la borghese Maria (Mercader): la seconda ne conquisterà anche il cuore. Una rivisitazione storica ilare e leggera, che si colora, nel finale, di toni satirici (gli opportunisti che accolgono Garibaldi a braccia aperte) che richiamano *La kermesse eroica* di Feyder. De Sica, alla terza regia, si riserva la parte di Nino Bixio e collabora alla sceneggiatura insieme ad Adolfo Franci, Margherita Maglione, Giuseppe Zucca e (non accreditato) Alberto Vecchietti. Non banali alcuni richiami alla pittura italiana di soggetto risorgimentale – Lega e Fattori in particolare. Originale, per il cinema italiano del tempo, la costruzione a flashback (è Caterina vecchia che racconta la storia).

Garofano rosso, Il *½ (Italia 1976, col, 115') Luigi

Faccini. Con Miguel Bosé, Denis Karvil, Elsa Martinelli, Marisa Mantovani, Maria Monti. ◆ Il giovane Alessio (Bosé), studente a Siracusa, divide la stanza in affitto con Tarquinio (Karvil), con cui condividerà le prime esperienze amorose e i primi dubbi sul regime fascista. Versione illustrativa e decorativa del romanzo omonimo, e parzialmente autobiografico, di Elio Vittorini sceneggiato dallo stesso regista. Musiche del Banco del Mutuo Soccorso.

Garofano verde, Il **½ (*The Trials of Oscar Wilde*, rititolato negli Usa *The Man with the Green Carnation*, Gb 1960, col, 123') Ken Hughes. Con Peter Finch, Yvonne Mitchell, James Mason, John Fraser, Nigel Patrick, Lionel Jeffries. ◆ Dal 1892 al 1897, la storia di cinque anni cruciali nella vita di Oscar Wilde (Finch), dal trionfo sulle scene del *Ventaglio di Lady Windermere* ai due processi (il secondo per omosessualità) e ai due anni in carcere, durante i quali maturò una crisi religiosa. La fedeltà storica non rientra nei propositi del regista, autore anche della sceneggiatura, ma piuttosto esplorare il dramma di un uomo. Grande «teatro filmato» e Finch si cala con convinzione nel personaggio dell'esteta che fa dell'anticonformismo una professione – a cominciare dal garofano verde sfoggiato all'occhiello. Tra i primi film a trattare di un argomento allora tabù come l'omosessualità; arrivò in Italia con molto ritardo. Nello stesso anno venne girato *Ancora una domanda, Oscar Wilde!*

Gaspard e Robinson ** (*Gaspard et Robinson*, Francia 1990, col, 93') Tony Gatlif. Con Gérard Darmon, Vincent Lindon, Suzanne Flon, Bénédicte Loyen, Charlotte Girault, Christian Gazio, Rolande Bouchet. ◆ Due disoccupati, Gaspard (Darmon) e Robinson (Lindon), accolgono nella loro baracca prima una vecchia (Flon) abbandonata dai parenti, e poi una mendicante (Loyen) con figlia a carico. Elogio pseudolirico dell'amicizia, della marginalità e dei buoni sentimenti sceneggiato dal regista con la collaborazione di Marie-Hélène Rudel e girato con uno stile semi-improvvisato che aspira a essere il più «sincero» possibile. Cineasta non allineato, Gatlif addolcisce la sua vena, e lascia carta bianca ai suoi attori. Irritante o delizioso, a seconda dei gusti.

Gastone **½ (Italia 1959, col, 103') Mario Bonnard. Con Alberto Sordi, Anna Maria Ferrero, Paolo Stoppa, Vittorio De Sica, Franca Marzi, Magali Noël, Nando Bruno, Chelo Alonso, Tino Scotti. ◆ Gastone (Sordi), un modesto attore di varietà che si dà arie da viveur lancia come cantante una ragazza (Ferrero) incontrata per caso, accontentandosi poi di godere dei successi dell'ingrata. Bonario e melanconico bozzetto di una lontana epoca dello spettacolo, sceneggiato da Oreste Biancoli, Rodolfo Sonego e Bonnard su un soggetto di Ettore Maria Margadonna e Luciana Corda. La macchietta di Gastone era stata creata da Ettore Petrolini ispirandosi proprio a Bonnard, che da giovane era stato uno dei più celebri attori italiani del muto. Bonnard chiude il cerchio dedicando idealmente il film a Petrolini, e consentendo a Sordi di misurarsi con una maschera ricca di sfumature.

Gator *½ (*Gator*, Usa 1976, col, 116') Burt Reynolds. Con Burt Reynolds, Jack Weston, Laurel Hutton, Jerry Reed, Dub Taylor, Alice Ghostley, Mike Douglas. ◆ Nel Sud degli Stati Uniti, un membro del dipartimento di giustizia (Weston) e un ex galeotto (Reynolds) cercano di smascherare alcuni politicanti corrotti che proteggono un boss mafioso. Per il suo debutto come regista Reynolds sceglie un film d'azione senza sorprese, sceneggiato da William Norton, un po' troppo lungo e ingenuo nella contrapposizione tra buoni e cattivi. È il seguito di *McClusky metà uomo e metà odio*.

Gatta, La ** (*La Chatte*, Francia 1958, b/n, 105') Henri Decoin. Con Françoise Arnoul, Bernhardt Wicki, Bernard Blier, Kurt Meisel, Roger Hanin, André Versini, Michel Jordan, Louise Roblin. ◆ Vedova di un partigiano, Suzanne Ménessier (Arnoul) entra nella resistenza con il nome di Cora, anche se per tutti è «la gatta», ma s'innamora di Bernard Werner (Wicki), un nazista in missione che lei crede un giornalista svizzero. Lui non la vorrebbe tradire, ma è il capo dei partigiani (Blier) che dubita di lei. Un piccolo classico del cinema popolare francese che adatta alla Resistenza gli stereotipi del romanzo d'appendice: tratto dal romanzo di Jacques Remy (adattato dall'autore, dal regista e da Eugène Tucherer), il film non cerca la verosimiglianza storica, ma vuole piuttosto sfruttare il sex appeal della Arnoul, qui nel ruolo-feticcio della sua carriera. E in effetti lo strip davanti all'ufficiale tedesco (Meisel) e la sua silhouette fasciata di cuoio nero non si dimenticano facilmente. Seguìto da *La gatta graffia* (1959).

Gattaca – La porta dell'universo **½ (*Gattaca*, Usa 1997, col, 106') Andrew Niccol. Con Ethan Hawke, Uma Thurman, Jude Law, Alan Arkin, Loren Dean, Gore Vidal, Ernest Borgnine, Blair Underwood, Xander Berkeley, Tony Shalhoub, Elias Koteas, Jayne Brook. ◆ In una società del futuro, Vincent Freeman (Hawke), aspirante pilota spaziale con il Dna insufficiente (è stato concepito per amore, non in laboratorio), sfugge ai controlli elettronici di Gattaca – il centro d'addestramento per le élite – facendosi passare per Jerome (Law), superuomo rimasto paralizzato che gli vende i tessuti e i liquidi organici necessari a superare i test: troverà anche l'amore di una compagna di corso (Thurman), ma l'omicidio del direttore del centro rischia di far venire a galla la sua identità, poiché tra i detective c'è il fratello (Dean) che l'ha riconosciuto. Un giallo di fantascienza sull'angoscia genetica di fine millennio, nel quale Niccol (anche sceneggiatore) invece che sui mostri punta sul totalitarismo razzista, a cui ottimisticamente oppone la forza di volontà del protagonista; mentre i limiti di budget (e il sano rifiuto di usare trucchi digitali) sono aggirati con una messa in scena rigorosa e raffinata, che sfrutta al meglio le scenografie di Jan Roelfs (la sede di Gattaca è ambientata nel Marin County Civic Center, progettato da Frank Lloyd Wright). Colonna sonora di Michael Nyman e coproduzione di Danny DeVito. Il titolo del film deriva dalle iniziali delle quattro sostanze che, combinandosi in modo diverso, compongono il Dna di ogni persona: guanina, adenina, timina e citosina. Hawke e la Thurman si sono conosciuti e innamorati sul set.

Gatta da pelare, La * (Italia 1981, col, 91') Pippo Franco. Con Pippo Franco, Daniela Poggi, Janet Agren, Orso Maria Guerrini, Giancarlo Magalli, Franco Bisazza. ◆ Un disegnatore di fumetti (Franco) sfoga la sua gelosia verso lo psichiatra della moglie uccidendolo nelle tavole che compone. Quando quello vero (Guerrini) viene davvero assassinato, si trova in un mare di guai. Franco esordisce come regista con una commedia giallorosa insulsa e dal fiato corto (sceneggiata da Ugo Liberatore su un soggetto dello stesso Liberatore, del regista e di Giancarlo Magalli), che si esaurisce dopo la trovata iniziale.
Gatta e la volpe, La * (*Man Trouble*, Usa 1992, col, 100') Bob Rafelson. Con Jack Nicholson, Ellen Barkin, Harry Dean Stanton, Beverly D'Angelo, Michael McKean, Saul Rubinek, Viveka Davis, Veronica Cartwright. ◆ Per colpa della sorella Andy (D'Angelo), che ha scritto un libro sui segreti dei suoi tanti amanti tra cui il miliardario Red Layls (Dean Stanton), il soprano Joan Spruance (Barkin) scopre di essere in pericolo di vita: per difendersi chiederà aiuto a Harry Bliss (Nicholson), truffaldino addestratore di cani da difesa, a sua volta tormentato dall'ex moglie e dai creditori. Più che prevedibile, tra un equivoco e l'altro, il colpo di fulmine. PentAmerica, la società di produzione statunitense dei Cecchi Gori e Berlusconi (quando ancora stavano insieme), fallisce miserandamente il tentativo di battere i sentieri della commedia brillante da esportazione (su sceneggiatura di Carole Eastman); la storia è senza vero spirito, gli attori gigioneggiano oltre il sopportabile, il regista latita e si capisce subito che tutti hanno accettato solo per soldi. Il regista Paul Mazursky è il creditore Lee MacGreevy.
Gatta graffia, La * (*La Chatte sort ses griffes*, Francia 1959, b/n, 102') Henri Decoin. Con Françoise Arnoul, Horst Frank, Haroll Kay, Françoise Spina. ◆ Dora (Arnoul), uccisa dai partigiani perché accusata di collaborazionismo, non è morta, e i nazisti la utilizzano come cavia per esperimenti psicologici. Ma la vera natura di Dora riemerge, e incomincia a fare il doppio gioco a favore della resistenza. Il seguito della *Gatta* conferma la vocazione di Decoin a mescolare i generi all'interno di un tipo di cinema popolare, ma questa volta il risultato è deludente.
Gatta sul tetto che scotta, La *** (*Cat on a Hot Tin Roof*, Usa 1958, col, 108') Richard Brooks. Con Elizabeth Taylor, Paul Newman, Burl Ives, Jack Carson, Judith Anderson, Madeleine Sherwood. ◆ Scontro generazionale e catarsi collettiva in una ricca famiglia del Sud degli Stati Uniti: di fronte alla morte annunciata del padre-padrone (Ives), il figlio maggiore (Carson) rivela tutta la propria avidità, quello minore (Newman) la fragilità del suo carattere, e le tre mogli sfoderano le unghie per difendere le ragioni dei loro uomini. Whisky, menzogne e sogni infranti: dalla pièce di Tennessee Williams (che detestò questa riduzione, firmata dal regista, perché avrebbe perso la sua «purezza»), Brooks crea un grande dramma, stemperando l'omosessualità del testo teatrale e accentuando invece la lotta di ciascuno col proprio destino. Un cast superlativo offre un indimenticabile ritratto-incubo della famiglia americana. Da antologia la scena in cui «Maggie la gatta» (Taylor) esibisce tutta la sua sensualità per togliersi le calze e riconquistare il marito Newman. Ives e Sherwood erano anche nel cast della prima edizione teatrale, del 1955.
Gattine, Le **½ (*L'Eau à la bouche*, Francia 1960, b/n, 83') Jacques Doniol-Valcroze. Con Françoise Brion, Jacques Ribérolles, Bernadette Lafont, Alexandra Stewart, Michel Galabru, Gérard Barray, Paul Guers, Florence Loinod. ◆ Per la lettura di un testamento davanti all'avvocato Miguel (Barray), Milena (Brion) convoca nel castello di Aubarède la cugina Séraphine (Stewart) e quello che dovrebbe essere suo fratello e invece ne è l'amante, Robert (Ribérolles). Durante il week-end successivo le coppie si ricomporranno seguendo nuove passioni, mentre il maggiordomo (Galabru) cerca di insidiare la cameriera Prudence (Lafont). L'opera prima di uno dei fondatori dei *Cahiers du cinéma* è uno dei film che annunciano la nascita della Nouvelle Vague, con la sua libertà stilistica, le riprese rigorosamente in esterni (in un castello barocco del Roussillon) e il fascino un po' letterario del gioco di seduzione che intreccia i destini dei protagonisti. Raffinato ed elegante, il film esalta «una certa idea di libertinaggio, quella che rifiuta il tragico della vita e allontana gli impegni troppo forti che potrebbero portare alla sofferenza» (Prédal), utilizzando al meglio il fascino eccitante di un gruppo di attori esordienti o poco più. La musica è di Serge Gainsbourg, che canta anche *L'Eau à la bouche.* Nella versione originale Galabru è César, in quella italiana diventa Napoleone.
Gatti rossi in un labirinto di vetro * (Italia/Spagna 1975, col, 100') Umberto Lenzi. Con Martine Brochard, John Richardson, Ines Pellegrini, Andrès Mejuto, Daniele Vargas, Raf Baldassarre, Marta May, Jorge Rigaud. ◆ Chi fa strage di turiste a Barcellona (previa estrazione di un bulbo oculare)? Una moglie gelosa? Un prete un po' tocco? Sorpresa, che per una volta non riveliamo. Buon candidato alla palma del peggior giallo dell'epoca, con tette gratuite a iosa e momenti *cult* come il posacenere del Fernet Branca in bella mostra di fianco alle macchie di sangue. Ovviamente di gatti e labirinti non c'è l'ombra. Musiche di Bruno Nicolai.
Gatto, Il **½ (Italia/Francia 1978, col, 115') Luigi Comencini. Con Ugo Tognazzi, Mariangela Melato, Dalila Di Lazzaro, Michel Galabru, Jean Martin, Philippe Leroy, Aldo Reggiani. ◆ In un fatiscente condominio romano vivono un fratello (Tognazzi) e una sorella (Melato) di mezza età, tra angherie e dispetti reciproci. Quando il loro micio viene ucciso, accaniti lettori di gialli come sono si mettono a indagare tra gli inquilini: scopriranno molti altarini e si ficcheranno in un pasticcio con morti ammazzati. Sceneggiato con consumato mestiere da Rodolfo Sonego, un giallo paradossale che coniuga la satira spicciola della commedia all'italiana a un riuscito gusto del grottesco. Tognazzi e la Melato, ben diretti da Comencini, sono irresistibili. Magistrale colonna sonora di Ennio Morricone. Prodotto da Sergio Leone.
Gatto a nove code, Il *½ (Italia/Francia/Rft 1971, col, 112') Dario Argento. Con James Franciscus, Ca-

therine Spaak, Karl Malden, Rada Rassimov, Tino Carraro. ◆ Chi ha ucciso lo scienziato al quale si deve la scoperta che tutte le persone con un dato codice genetico sono inclini alla delinquenza? Alle indagini del solito giornalista ficcanaso (Franciscus) dà un valido apporto un cieco (Malden) appassionato di enigmistica. Forse il meno interessante tra gli Argento prima maniera, appesantito da una sceneggiatura (del regista) contorta e macchinosa che porta a un finale più sorprendente che convincente. Musiche di Ennio Morricone.

Gatto e il canarino, Il *½ (*The Cat and the Canary*, Gb 1978, col, 90') Radley Metzger. Con Honor Blackman, Carol Lynley, Michael Callan, Edward Fox, Peter McEnery, Olivia Hussey, Wilfrid Hyde-White. ◆ Convenuti nel castello di un signore deceduto dopo aver lasciato un bizzarro testamento, i possibili eredi devono fare i conti con un pazzo sanguinario scappato dal locale manicomio. L'ultima versione di un testo teatrale del 1922, portato sullo schermo per tre volte (*Il castello degli spettri* di Paul Leni, 1927; *The Cat Creeps* di Rupert Julian, 1930 e *Il fantasma di mezzanotte* di Elliott Mugent, 1939). Confezione di maniera che oscilla tra la suspense e la parodia senza imboccare con decisione nessuna delle due strade. Metzger viene dal porno ma non lo fa notare.

Gatto e il topo, Il **½ (*Mousey*, ritítolato *Cat and Mouse*, Usa 1974, col, 78') Daniel Petrie. Con Kirk Douglas, Jean Seberg, John Vernon, Bessie Love, Sam Wanamaker, Suzanne Lloyd. ◆ Un timido insegnante (Douglas) si fa aggressivo e pronto a tutto pur di vendicarsi della ex moglie (Seberg, in uno dei suoi ultimi film) che lo ha piantato. Thriller televisivo di buona fattura, la cui formula subirà svariate imitazioni. Douglas fa bene il cattivo.

Gatto, il topo, la paura e l'amore, Il ** (*Le Chat et la souris*, Francia 1975, col, 107') Claude Lelouch. Con Michèle Morgan, Serge Reggiani, Philippe Léotard, Valérie Lagrange, Jean-Pierre Aumont, Philippe Labro. ◆ Convinto che abbia ucciso il marito, un ispettore parigino (Reggiani) si intestardisce nel mettere alle strette un'avvenente signora di mezza età (Morgan). Lelouch, autore anche della sceneggiatura, si confronta con il giallo senza rinunciare al suo gusto per le belle immagini e le situazioni romanticamente esasperate: e dietro la relativa suspense, c'è sempre il sospetto del posticcio.

Gatto nel cervello, Un – Nightmare Concert *½ (Italia 1990, col, 85') Lucio Fulci. Con Lucio Fulci, Brett Halsey, Malisa Longo, Ria De Simone, Paola Cozzo. ◆ Lucio Fulci (nella parte di se stesso) è ossessionato dai film truculenti che gira, e si affida alle cure di uno psicologo, che però è un maniaco omicida pronto a sfruttare la situazione in suo favore. Fulci (discreto come attore) si mette in scena e si discute con rigore quasi godardiano in un horror incredibilmente rozzo (a cominciare dai pessimi e truculenti effetti speciali), ma pieno di umorismo non sempre involontario. Un capolavoro della serie Z dove utilizza scene da due suoi film, *Quando Alice ruppe lo specchio* e l'inedito in Italia *I fantasmi di Sodoma*.

Gatto nero, Il → *Black cat, The*

Gatto nero, gatto bianco ***½ (*Crna mack, beli macor*, Jugoslavia/Francia 1998, col, 120') Emir Kusturica. Con Bajram Severdzan, Florijan Ajdini, Jasar Destani, Zabit Memedov, Branka Katic, Srdjan Todorovic, Ljubica Adzovic, Adnan Bekir, Sabri Sulejman, Saljia Ibraimova. ◆ Come risarcimento dei guadagni persi per colpa di Matko (Severdzan), il re dei gangster gitani Dadan (Todorovic) vuole rifarsi sul vecchio garante Grga Pitic (Sulejman) chiedendo che sua sorella Afrodita (Ibraimova) ne sposi il figlio Zare (Ajdini), che naturalmente è innamorato di un'altra. Il matrimonio viene organizzato, ma i colpi di scena sono solo cominciati. Lasciati sullo sfondo i riferimenti all'attualità jugoslava, Kusturica rende di nuovo omaggio al mondo dei gitani in una commedia scatenata, fatta di ritrattini rapidi che si susseguono in una storia intricatissima scritta insieme a Gordan Mihìc, in cui si incrociano Shakespeare (*Sogno di una notte di mezza estate*) e i fratelli Marx, il mito di *Casablanca* e i fumetti di Alan Ford. Al centro, la voglia disperata di un popolo di sentirsi vivo, in un mondo dove la fantasia impera (per avere la comunicazione bisogna annaffiare i pali del telefono), le aspettative sono ribaltate (sugli alberi possono crescere anche i musicisti) e le leggi di natura sconfitte (i morti resuscitano senza bisogno di spiegazioni). Colonna sonora trascinante e invasiva di Nele Karajilic e i Muzika Akrobatika. Leone d'argento a Venezia '98.

Gattopardo, Il ***½ (Italia/Francia 1963, col, 205') Luchino Visconti. Con Burt Lancaster, Alain Delon, Claudia Cardinale, Paolo Stoppa, Rina Morelli, Serge Reggiani, Romolo Valli, Lucilla Morlacchi, Pierre Clementi, Giuliano Gemma, Mario Girotti. ◆ Nella Sicilia scossa dall'arrivo dei garibaldini, il principe don Fabrizio di Salina (Lancaster, doppiato da Corrado Gaipa) fiuta il mutare dei tempi e lascia che il nipote Tancredi (Delon) si arruoli volontario e che si fidanzi con una ragazza bella, ricca ma non nobile (Cardinale, doppiata da Solvejg D'Assunta). Mentre Tancredi, ormai entrato nei ranghi dell'esercito regolare, esulta alla notizia che gli ultimi garibaldini ribelli sono stati fucilati, don Fabrizio riflette sull'imminenza della fine sua e del suo mondo. Forse il film più popolare di Visconti, fedele e sfarzosa illustrazione del passaggio della Sicilia dei Borboni a quella dei Sabaudi: dietro la messinscena fastosa, il regista è riuscito tutto sommato a non tradire lo spirito scettico e amaro dell'omonimo romanzo di Tomasi di Lampedusa (sceneggiato da Suso Cecchi d'Amico, Enrico Medioli, Pasquale Festa Campanile, Massimo Franciosa e Visconti), anche se – da intellettuale di sinistra – forse ha un po' forzato il senso della critica all'immobilismo e al trasformismo politico («Se vogliamo che tutto rimanga com'è, bisogna che tutto cambi»). Visconti non sbaglia quasi nulla nella ricostruzione storica, aiutato dalle scenografie di Mario Garbuglia e dai costumi di Piero Tosi, filologicamente curatissimi. Abile uso degli spazi, belle scene di massa e splendida fotografia di Giuseppe Rotunno. Impeccabile la direzione degli attori, tutti perfettamente calati nella parte. Celebre la sequenza conclusiva del ballo (coreografato da Alberto Testa, maestro personale di danza anche di Lancaster), per cui Nino Rota ha arrangiato un valzer inedito di Verdi. Palma d'oro a Cannes nel 1963. Esordio di Ottavia Piccolo nel ruolo di una delle figlie del principe di Salina.

Gatto selvaggio, Il *½ (Italia 1969, b/n, 77') Andrea Frezza. Con Carlo Cecchi, Juliette Mayniel, Francesca Benedetti, Angelica Ippolito, Ferruccio De Ceresa. ◆ Convinto che la società borghese sia un nemico da abbattere, un giovane contestatore (Cecchi, al suo debutto e doppiato) non esita a passare dalla teoria all'azione, uccidendo metodicamente ufficiali Nato e amici non abbastanza rivoluzionari. Film sessantottino tristemente profetico, non meno confusionario e caotico del suo protagonista.

Gatto venuto dallo spazio, Il *½ (*The Cat From Outer Space*, Usa 1978, col, 104') Norman Tokar. Con Ken Berry, Sandy Duncan, McLean Stevenson, Harry Morgan, Roddy McDowall. ◆ A causa di un'avaria nella sua astronave, un gatto spaziale parlante arriva sulla Terra. Il guasto si può riparare, ma lui si innamora di una gattina terrestre. Produzione Walt Disney per ragazzini di bocca buona.

Gaucho, Il ** (Italia/Argentina 1964, b/n, 110') Dino Risi. Con Vittorio Gassman, Amedeo Nazzari, Silvana Pampanini, Nino Manfredi, Maria Grazia Buccella, Maria Fiore, Francesco Mulé. ◆ In un festival del cinema in Argentina arriva una squattrinata rappresentanza italiana: un industriale (Nazzari) favorisce in un'attrice (Pampanini) l'illusione d'aver incontrato il grande amore, e al p.r. Marco (Gassman) quella di aver trovato un finanziatore. Ma i sogni si dissolvono in fretta. L'ironia di Risi (alla sceneggiatura collaborano Ettore Scola, Tullio Pinelli e Ruggero Maccari) prende di mira il sottobosco del cinema italiano: il vetriolo non esclude l'ammiccamento compiaciuto.

Gazebo **½ (*The Gazebo*, Usa 1960, b/n, 100') George Marshall. Con Glenn Ford, Debbie Reynolds, Carl Reiner, ZaSu Pitts, John McGiver, Mabel Albertson. ◆ La moglie (Reynolds) di uno scrittore di gialli televisivi (Ford) viene ricattata: il marito ricorre a soluzioni drastiche, occultando il corpo del delitto sotto un gazebo. Ma non è quello del ricattatore... Un po' giallorosa, un po' farsa nera: un passatempo ben congegnato, sceneggiato da George Wells a partire dalla pièce di Alec Coppel, anche se un po' troppo debitore della *Congiura degli innocenti* di Hitchcock. Ford se la cava anche in un ruolo brillante ed esagitato che sembrerebbe fatto per Jack Lemmon. È stato rifatto da Jean Girault con Louis de Funès (*Jo e il Gazebo*) ed è all'origine del soggetto di *Acque profonde* (1996).

Gazzosa alla menta ** (*Diabolo menthe*, Francia 1977, col, 94') Diane Kurys. Con Eleonore Klarwein, Odile Michel, Anouk Ferjac, Coralie Clément, Yves Renier, Robert Rimbaud. ◆ Parigi 1963: le sorelle Fréderique (Michel) e Anne (Klarwein) frequentano il liceo femminile Ferry. Primi turbamenti amorosi e primi sguardi su un mondo che sta cambiando. Storia autobiografica raccontata con una certa verve ma senza mai andare troppo a fondo. Buon successo in patria, ma non da noi.

Gegè Bellavita * (Italia 1979, col, 105') Pasquale Festa Campanile. Con Flavio Bucci, Lina Polito, Pino Caruso, Enzo Cannavale, Miranda Martino, Laura Trotter, Marisa Laurito. ◆ Il padre di nove figli (Bucci) preferisce far lavorare la moglie (Polito) e dedicare il proprio tempo alle avvenenti vicine di casa. Commedia di costume sceneggiata da Ottavio Jemma che sembra diretta più dalla Wertmüller che da Festa Campanile: vorrebbe giocare la carta del grottesco, ma l'umorismo è greve e le caratterizzazioni stucchevoli.

Gelata precoce, Una **½ (*An Early Frost*, Usa 1985, col, 100') John Erman. Con Gena Rowlands, Aidan Quinn, Ben Gazzara, Sylvia Sidney, John Glover. ◆ Di fronte alla notizia di essere malato di Aids, un giovane professionista (Quinn) è costretto a rivelare ai genitori (Rowlands e Gazzara) la propria omosessualità: il padre lo prende a ceffoni, la madre cerca di capire. Il primo tv-movie sull'argomento, sceneggiato con bella tensione da Ron Cowen e Daniel Lipman (da un soggetto di Sherman Yellen): equilibrato, non ricattatorio, appena appena zuccheroso. Bel quartetto di interpreti.

Gelosia ** (*Wife vs. Secretary*, Usa 1936, b/n, 88') Clarence Brown. Con Clark Gable, Myrna Loy, Jean Harlow, May Robson, James Stewart, Hobart Cavanaugh. ◆ La vita professionale e privata di un industriale (Gable) è messa a dura prova quando la moglie (Loy) lo sospetta di avere una tresca con l'efficientissima segretaria (Harlow). La perfetta alchimia del cast (Loy e Harlow sono due bellezze antitetiche, una diafana, l'altra vistosa) assicurò all'epoca ottimi incassi: ma, vista anche l'incolore regia di Brown, non è bastata a far entrare il fim tra i classici della commedia sofisticata nonostante la sceneggiatura di Norman Krasna, John Lee Mahin e Alice Duer Miller.

Gelosia **½ (Italia 1942, b/n, 86') Ferdinando Maria Poggioli. Con Roldano Lupi, Luisa Ferida, Ruggero Ruggeri, Wanda Capodaglio, Elvira Betrone, Angelo Dessy. ◆ Un nobile siciliano (Lupi), folle di gelosia, uccide il marito della sua amante, la contadina Agrippina (Ferida), lasciando poi condannare un innocente. Per quanto perseguitato dal rimorso, l'orgoglio gli impedisce di confessare: finirà solo e pazzo. Portando sullo schermo il romanzo di Luigi Capuana *Il marchese di Roccaverdina* (sceneggiato da Sergio Amidei, Vitaliano Brancati, Sandro Ghenzi, Angelo Besozzi, Gino Sensani e, non accreditato, Giacomo Debenedetti), Poggioli cura soprattutto l'ambientazione, rendendo bene l'atmosfera cupa e oppressiva di una Sicilia assolata e deserta, dominata dalla religione e dalla paura del peccato. Senza mai cadere nel folclore, però, perché la sua messinscena tende a raffreddare le passioni e non sollecita mai la ben che minima connivenza coi personaggi: li vuole osservare da lontano «come eroi di una tragedia di Racine, dove la grandezza del loro dolore e delle loro disgrazie non può che separarli dal resto dell'umanità». Uno dei primi film di Lupi, e uno degli ultimi della Ferida. Ruggeri, uno dei più grandi attori italiani di teatro del secolo, è il parroco che consiglia invano al marchese di ravvedersi. Rifatto nel 1953.

Gelosia ** (Italia 1953, b/n, 86') Pietro Germi. Con Erno Crisa, Marisa Belli, Vincenzo Musolino, Liliana Gerace, Alessandro Fersen, Grazia Spadaro. ◆ Quando la sua amante (Belli) si sposa, un nobile siciliano (Crisa) non regge alla gelosia e commette un omicidio per il quale verrà condannato un innocente. Ma la coscienza non gli dà tregua. Il romanzo verista *Il marchese di Roccaverdina* di Luigi Capuana (adattato da Giuseppe Berto, Giuseppe Mangione e dal regista) diventa un melodramma a forti tinte e pieno d'azione, ambientato in una Sicilia che quasi ricorda il West. Il meglio di Germi deve ancora venire.

Gelosia non è di moda, La ** (*Wife, Doctor and Nurse*, Usa 1937, b/n, 85') Walter Lang. Con Loretta Young, Warner Baxter, Virginia Bruce, Jane Darwell, Elisha Cook jr, Lon Chaney jr. ◆ Un chirurgo di successo (Baxter) viene conteso tra l'assistente (Bruce), da sempre innamorata di lui, e la moglie (Young) che ha sposato da poco. Commedia brillante di ordinaria amministrazione, sceneggiata da Kathryn Scola, Darrell Ware e Lamar Trotti. Insolitamente malizioso, per l'epoca, il finale che suggerisce un ménage a tre.

Gelosissimamente... tuo *½ (*Modern Problems*, Usa 1981, col, 91') Ken Shapiro. Con Chevy Chase, Patti D'Arbanville, Mary Kay Place, Nell Carter, Dabney Coleman. ◆ Un controllore di volo (Chase) abbandonato dalla propria donna si ritrova in possesso, a causa di alcune radiazioni, di facoltà telecinetiche. Fiacche risate al servizio di un comico che farà carriera.

Gemelli, I ** (*Twins*, Usa 1988, col, 107') Ivan Reitman. Con Arnold Schwarzenegger, Danny DeVito, Kelly Preston, Chloe Webb, Bonnie Bartlett. ◆ Frutto di un esperimento genetico alla ricerca dell'uomo perfetto, due gemelli diversissimi si incontrano solo al trentacinquesimo compleanno: uno cresciuto in un'isola deserta, è prestante ma impacciato (Schwarzenegger); l'altro, piccolo e brutto (DeVito), conosce tutti i trucchi per sopravvivere nella metropoli. Farsa furbastra (sceneggiata da William Davies, William Osborne, Timothy Harris e Herschel Weingrod) giocata su una sola idea, prevedibile negli sviluppi e ripetitiva nelle facili gag. Schwarzy, per la prima volta in versione comica e autoironica, ha assicurato comunque incassi stratosferici. Il titolo originale, *Twins*, è stato ceduto a Reitman da Cronenberg, che ha preferito chiamare *Dead Ringers* (nella versione italiana *Inseparabili*) il suo film sui gemelli.

Gemelli del Texas, I *½ (Italia/Spagna 1964, col, 91') Steno [Stefano Vanzina]. Con Walter Chiari, Raimondo Vianello, Diana Lorys, Franca Polesello. ◆ In seguito a un attacco alla diligenza, due coppie di neonati vengono divise e riaccoppiate nel modo sbagliato. Da adulti si troveranno su barricate opposte, con le rispettive somiglianze a creare confusione. Situazioni comiche vecchie come il mondo in una parodia del western: il mestiere di Steno e le smorfie di Chiari funzionano, questa volta, a regime ridotto.

Gemello scomodo, Il * (*Steal Big, Steal Little*, Usa 1995, col, 134') Andrew Davis. Con Andy Garcia, Rachel Ticotin, Alan Arkin, Joe Pantoliano, Holland Taylor, David Ogden Stiers. ◆ Il gemello buono Ruben (Garcia) eredita una fortuna e fa il Robin Hood degli immigrati clandestini; quello cattivo, Robert, fa di tutto per metterlo nei guai. In una cornice di buonismo ecologista e di folklore ispano-americano, una prolissa farsa a lieto fine, dal meccanismo arrugginito e dall'umorismo anacronistico. Chi gliel'ha fatto fare al regista di *Il testimone* (qui coproduttore e cosceneggiatore)? Uno di quei film che cercano disperatamente di essere simpatici e carini ma non ci riescono mai.

Genealogia di un crimine *½ (*Généalogies d'un crime*, Francia 1997, col, 114') Raoul Ruiz. Con Catherine Deneuve, Melvil Poupaud, Michel Piccoli, Andrzej Seweryn, Bernadette Lafont, Jean-Yves Gautier, Monique Mélinand, Patrick Modiano. ◆ L'avvocato Solange (Deneuve) difende il giovane René (Poupaud), accusato di avere ucciso la «zia» Jeanne (ancora Deneuve): e scopre che il ragazzo era in cura presso la società di psicanalisi del dr. Didier (Seweryn), che organizzava insolite terapie a base di messe in scena teatrali. «Non siamo noi a interpretare le storie, sono le storie che interpretano noi», dice un personaggio: ma cavare un senso in questa vicenda di destini che si ripetono e si ribaltano, di recite che diventano troppo vere è arduo. Manierismi tardo-surrealisti, tardo-pirandelliani, tardo tutto. Scritto da Ruiz con Pascal Bonitzer, che interpreta il preside. Distribuito in cassetta come se fosse diretto da Paulo Branco, in realtà solo produttore.

Generale Della Rovere, Il **½ (Italia 1959, b/n, 129') Roberto Rossellini. Con Vittorio De Sica, Hannes Messemer, Vittorio Caprioli, Nando Angelini, Sandra Milo, Giovanna Ralli, Franco Interlenghi, Luciano Pigozzi. ◆ Durante l'occupazione nazista, l'ex ufficiale Bertone (De Sica), che vive d'espedienti, quando è catturato dai tedeschi accetta di andare nel carcere milanese di San Vittore vestendo i panni di un generale badogliano, per smascherare i partigiani. Ma porterà l'immedesimazione nel personaggio fino alle estreme conseguenze. Da un racconto di Indro Montanelli (ispirato a un personaggio realmente esistito, la cui famiglia querelò il produttore per diffamazione), da lui sceneggiato insieme a Rossellini, Sergio Amidei e Diego Fabbri, il film regge bene nella prima parte, dove Rossellini, col distacco degli anni, descrive la miseria morale e materiale delle città italiane abbrutite dal conflitto; più retorica e convenzionale la seconda, di ambientazione carceraria. Un lavoro su commissione, in ogni caso, che finisce per poggiare quasi interamente sul talento di De Sica attore. Leone d'oro ex aequo con *La grande guerra* a Venezia nel 1959, e Nastro d'Argento per la miglior regia. Rossellini è l'uomo nella sala d'attesa.

Generale del diavolo, Il *** (*Des Teufels General*, Rft 1955, b/n, 112') Helmut Käutner. Con Curd Jürgens, Victor de Kowa, Marianne Koch, Camilla Spira, Karl John. ◆ Berlino 1941: generale della Luftwaffe, Harras (Jürgens) è sospettato da un colonello delle SS (de Kowa) di essere il responsabile dei sabotaggi che bloccano l'approntamento di nuovi aerei. In realtà il responsabile è un amico di Harras, il colonnello

Oderbruch (John), antinazista convinto: ma il generale non lo denuncia e sceglie il suicidio come unica possibile opposizione alla follia del regime. Il film che rivelò il monocorde ma seducente Jürgens (premiato con la Coppa Volpi a Venezia) si ispira alla vera storia dell'eroe dell'aviazione Ernst Udet, morto in circostanze misteriose nel 1941, protagonista della pièce di Carl Zuckmayer alla base della sceneggiatura di Georg Hurdelek e di Käutner. Costruito secondo una drammaturgia convenzionale ma corretta e fondamentalmente sincera, il film cerca evidentemente di riabilitare l'onore dei soldati tedeschi: ma senza eccedere nell'oleografia e conservando un sostanziale (e democratico) rifiuto delle ragioni della guerra. L'unico film del dopoguerra tedesco che ebbe le lodi di Fritz Lang.

Generale dorme in piedi, Il *½ (Italia 1972, col, 100') Francesco Massaro. Con Ugo Tognazzi, Mariangela Melato, Mario Scaccia, Franco Fabrizi, Sandro Merli. ◆ Ricordi e confessioni di un ufficiale di carriera aspirante generale (Tognazzi), sempre in bilico tra la voglia di fare di testa propria e l'imperativo dell'obbedienza e fedeltà al corpo. Una satira mancata sul mondo delle caserme e su quelli che le comandano (sceneggiata dal regista con Ugo Pirro e Giuseppe D'Agata), dove spicca solo la strepitosa caratterizzazione di Scaccia, generale dallo sguardo vitreo per il quale la guerra non è mai finita.

Generale e mezzo, Un ** (*On the Double*, Usa 1961, col, 92') Melville Shavelson. Con Danny Kaye, Dana Wynter, Wilfrid Hyde-White, Margaret Rutherford, Diana Dors. ◆ In Inghilterra, durante la seconda guerra mondiale, un soldato americano (Kaye) sosia di un generale viene utilizzato dai servizi segreti. Intreccio scontato al servizio delle virtù comiche e trasformistiche di Kaye, che a un certo punto riesce persino a imitare la Dietrich.

Generale morì all'alba, Il **½ (*The General Died at Dawn*, Usa 1936, b/n, 97') Lewis Milestone. Con Gary Cooper, Madeleine Carroll, Akim Tamiroff, Dudley Digges, Porter Hall, William Frawley. ◆ Cina, 1926: a un mercenario americano (Cooper) è affidato il compito di portare dei soldi ai patrioti che combattono i banditi del generale Yang (Tamiroff). Una sua collega (Carroll) prima lo tradisce, poi passa dalla sua parte. Da un racconto di John O'Hara (che nel film appare come giornalista su un treno) sceneggiato da Clifford Odets, un classico dell'esotismo hollywoodiano, sontuosamente messo in scena, anche se forse un po' troppo debitore di *Shangai Express*. Uno dei ruoli più celebri della Carroll, femme fatale che cela i suoi tormenti dietro l'aria gelida.

Generale Quantrill, Il → *Belva umana, La*

Generazione perfetta ** (*Disturbing Behaviour*, Usa 1998, col, 83') David Nutter. Con James Marsden, Katie Holmes, Nick Stahl, Steve Railsback, Bruce Greenwood, William Sadler. ◆ A Cradle Bay gli studenti sono troppo perfetti per essere veri: e Gavin (Stahl), Rachel (Holmes) e Steve (Marsden) scoprono che uno psichiatra (Greenwood) fa strane operazioni con il consenso dei genitori. Sulla scia di *Scream*, riprende vigore l'*horror movie* adolescenziale: il conflitto generazionale si gioca sull'opposizione al violento conformismo degli adulti, con qualche reminiscenza di *Society* e *La fabbrica delle mogli*. La regia e la sceneggiatura (di Scott Rosenberg) sono solo di servizio, ma qualche brivido è assicurato.

Generazione Proteus **½ (*Demon Seed*, Usa 1977, col, 97') Donald Cammell. Con Julie Christie, Fritz Weaver, Gerrit Grahma, Berry Kroeger, Lis Lu, Larry J. Blake. ◆ Un cervello elettronico creato da uno scienziato (Weaver) fa passi talmente grandi nel processo di umanizzazione da finire per «mettere incinta» la moglie del ricercatore (Christie). E nascerà anche un figlio i cui tratti ricordano la bambina della coppia che era morta di leucemia. Curiosa e originale riflessione su uno dei temi forti della fantascienza, l'umanizzazione delle macchine. Tratto da un romanzo di Dean R. Koontz (sceneggiato da Robert Jaffe e Roger O. Hirson), il film prende le mosse da due miti fondanti del genere – quello della bella e la bestia e quello dell'apprendista stregone – e li sviluppa con una libertà d'ispirazione e un tocco di grottesca (e salutare) follia. Peccato solo che il finale, col parto, non mantenga le promesse dell'inizio.

Generazione X * (*Mallrats*, Usa 1996, col, 91') Kevin Smith. Con Jeremy London, Jason Lee, Claire Forlani, Shannen Doherty, Michael Rooker, Priscilla Barnes, Kevin Smith. ◆ Sapendo che la sua ex fidanzata (Forlani) parteciperà al «Gioco delle coppie» in un centro commerciale, T.S. (London) e il suo amico Brodie (Lee) decidono di sabotarlo in stile *Animal House*. Più che il ritratto di una generazione, come vorrebbe far credere il titolo italiano, una commediola demenzial-parolacciara, mai veramente cattiva (a parte il fondo di misoginia) e sintonizzata sul livello mentale dei suoi protagonisti, borghesucci nullafacenti fumettari e decerebrati. Sonoro flop del regista-sceneggiatore-attore di *Clerks* (qui compare ancora una volta nella parte di Silent Bob), che getta una luce dubbia anche sulla fatica precedente: gratta il grunge, e viene fuori *Fusi di testa*. Il guru dei fumetti Stan Lee compare nella parte di se stesso. Il titolo originale significa «topi da centro commerciale».

Generazioni *½ (*Star Trek: Generations*, Usa 1994, col, 116') David Carson. Con William Shatner, Patrick Stewart, Malcolm McDowell, Whoopi Goldberg, Jonathan Frakes, Brent Spiner, Levar Burton. ◆ Il malvagio Soran (McDowell) vuole distruggere mezza Galassia per tornare nel Nexus, un vortice di energia pura dove si realizzano i propri sogni. I nuovi componenti dell'Enterprise, assieme al capitano Kirk (Shatner) e all'aliena Guinan (Goldberg) glielo impediscono. Shatner, che muore e risorge più volte nel corso del film, passa il testimone al capitano Picard (Stewart). La sceneggiatura questa volta attinge addirittura da *Solaris* di Tarkovskij, oltre che dal solito *Ritorno al futuro*. Ma per chi non è già fan della serie, la faccenda è irrimediabilmente noiosa, e gli effetti speciali non bastano. Seguìto da *Primo contatto*.

Genesi – La creazione e il diluvio ° (Italia/Germania 1994, col, 101') Ermanno Olmi. Con Omero Antonutti e gente comune del popolo marocchino. ◆ Un vecchio (Antonutti) racconta alla sua gente la storia della nascita del mondo: la creazione di Adamo ed Eva, il peccato originale e la cacciata dal Paradiso terrestre, Caino e Abele, il diluvio universale e il futuro dell'umanità affidato alla discendenza di Noè (ancora Antonutti) e della sua famiglia. Adattando i primi nove capitoli della Genesi (partenza di una megaproduzione sulla Bibbia che Rai e Beta Film hanno affidato a registi di varia nazionalità), Olmi opera una lettura riduttiva del testo dove la contemplazione di una purezza incontaminata (ma artificiale: tutto è doppiato, sia voce che suoni) finisce per sfociare in «un cinema dell'immagine che sfiora l'estetica del santino». E l'idea del racconto biblico come testimonianza di un'utopica rigenerazione ecologica è inficiata dal ricorso a stilemi abusati (controluce, ralenti, voce fuori campo) e dallo scivolamento nel retorico o nell'ideologico (l'allontanamento degli uomini dalla volontà divina è illustrato – con nessuna fantasia – dalla bassa risoluzione televisiva di città piene di traffico e dalle ancor più consumate immagini del bombardamento di Bagdad).

Genio, Il * (*Le Grand escogriffe*, Francia/Italia 1977, b/n, 100') Claude Pinoteau. Con Yves Montand, Claude Brasseur, Agostina Belli, Adolfo Celi, Valentina Cortese. ◆ A Roma due truffatori di bassa lega (Montand e Brasseur) e un'attrice (Belli) organizzano il rapimento di un bambino. Vieta farsa giocata su un repertorio di smorfie e gag stantie, in cui stupisce vedere coinvolti tanti nomi illustri. Da dimenticare.

Genio, Il *½ (*Holy Man*, Usa 1998, col, 113') Stephen Herek. Con Eddie Murphy, Jeff Goldblum, Kelly Preston, Robert Loggia, Jon Cryer. ◆ Il vagabondo New Age G (Murphy), anarchico e incontrollabile, diventa suo malgrado un mago delle televendite: ma poi il cinico Ricky (Goldblum), che l'ha scoperto e sfruttato, si fa venire dei sensi di colpa. Chi sabota la Tv non fa che accrescerne il prestigio: la morale della sceneggiatura di Tom Schulman è azzeccata, ma la critica mediatica, a tratti divertente, si perde in un ritmo diluito e nella melassa finale. Nino Cerruti, Morgan Fairchild e James Brown appaiono nella parte di loro stessi.

Genio della rapina, Il **½ (*$ – Dollars*, Usa 1972, col, 119') Richard Brooks. Con Warren Beatty, Goldie Hawn, Gert Fröbe, Robert Webber, Scott Brady. ◆ L'esperto in sistemi antifurto Joe Collins (Beatty) rapina quattro cassette di sicurezza di una banca di Amburgo in cui ha appena installato un complicato sistema di sicurezza: i derubati sono malviventi che non possono rivolgersi alla polizia ma si organizzano tra di loro per recuperare il denaro inseguendo Collins e la sua socia (Hawn) per mezza Germania. Scanzonato racconto «immorale» dove dei ladri simpatici giocano dei ladri antipatici e la moralità della società capitalistica si riduce a una ironica esaltazione dello spirito d'iniziativa individualistico, anche se il film (sceneggiato dal regista) non sa mantenere il bel ritmo dell'inizio e non sfrutta fino in fondo la forza metaforica della storia.

Genio in famiglia, Un ** (*So Goes My Love*, Usa 1946, b/n, 88') Frank Ryan. Con Myrna Loy, Don Ameche, Rhys Williams, Bobby Driscoll, Richard Gaines, Molly Lamont. ◆ Una cacciatrice di dote (Loy) va da Boston a Brooklyn in cerca di un marito facoltoso, ma si innamora di un inventore bizzarro e squattrinato (Ameche). La verve degli interpreti tiene in piedi un soggetto esile esile.

Genio per amore *½ (*I.Q.*, Usa 1994, col, 96') Fred Schepisi. Con Tim Robbins, Meg Ryan, Walter Matthau, Lou Jacobi, Gene Saks, Charles Durning, Stephen Fry, Frank Whaley, Tony Shalhoub. ◆ Princeton, anni Cinquanta: Albert Einstein (Matthau) aiuta il simpatico meccanico Ed Walters (Robbins) a passare per genio, in modo da conquistare il cuore della dotta nipote Catherine (Ryan) e battere la concorrenza di uno psicologo spocchioso (Fry). Umorismo vecchio stile, con Robbins che replica il tonto fortunato di *Mr. Hula Hoop*, Matthau imparruccato che riduce Einstein a un vecchio zio mieloso, e Meg Ryan che sfoggia calzini e colletti bianchi. Solo per stomaci forti. Sceneggiatura di Andy Breckman e Michael Leeson, musica di Jerry Goldsmith.

Genio ribelle → *Will Hunting – Genio ribelle*

Genitori cercasi ° (*North*, Usa 1994, col, 87') Rob Reiner. Con Elijah Wood, Jason Alexander, Julia Louis-Dreyfus, Bruce Willis, Dan Aykroyd, Reba McIntire, Graham Greene, Kathy Bates, Alexander Godunov, Kelly McGillis, Alan Arkin, John Ritter, Ryan O'Neal. ◆ L'undicenne North (Wood) decide di divorziare dai genitori (Alexander e Louis-Dreyfus): la giuria gli dà ragione, ma se non riuscirà a trovarne di nuovi in giro per il mondo, verrà messo in un orfanotrofio. Clamoroso flop di Reiner, incerto tra il divertimento a misura di mocciosi e l'abusata satira dell'*american way of life*. Le scenette con le famiglie che si candidano ad adottare North sono pietose (con la coppia Amish di *Witness* [Godunov e McGillis] ricostituita per l'occasione), se non razziste; l'unica trovata divertente è che in Francia tutti i canali Tv trasmettono film di Jerry Lewis, che gli americani non hanno mai capito perché là siano considerati geniali. Be', se il loro ideale di comicità è Bruce Willis in costume rosa da coniglio... Da un romanzo di Alan Zweibel, anche cosceneggiatore e coproduttore.

Genitori in blue jeans *½ (Italia 1960, b/n, 100') Camillo Mastrocinque. Con Peppino De Filippo, Ugo Tognazzi, Scilla Gabel, Franco Fabrizi, Lynn Shaw, Corrado Pani, Sylva Koscina, Mario Carotenuto, Tiberio Murgia. ◆ Invece di ricambiare le attenzioni di una donna che lo vuole sposare, un sarto (De Filippo) fa di tutto per impedire ai figli dei suoi amici di godersi troppo la vita. Comicità senza troppe pretese e gag da avanspettacolo condite dalle canzoni di Piero Umiliani cantate da Tony Del Monaco.

Genitori in trappola * (*The Parent Trap*, Usa 1998, col, 127') Nancy Meyers. Con Natasha Richardson, Dennis Quaid, Lindsay Lohan, Elaine Hendrix, Lisa Ann Walter, Simon Kunz, Polly Holliday, Maggie Stevens. ◆ In un campeggio estivo nel Maine, due ragazzine identiche (Lohan) scoprono di essere gemelle, separate alla nascita dal divorzio dei genitori: decise a ricucire la famiglia, l'inglesina Annie va dal papà ranchero (Quaid) nella Napa Valley, l'americana

Hallie dalla mamma stilista (Richardson) nel cuore di Londra. Petulante remake di *Un cowboy con il velo da sposa*: una commedia falsa ed edificante sulla famiglia, con due (?) ragazzine insopportabilmente saccenti e navigate, un maggiordomo inglese eccessivamente ambiguo (Kunz) e mezz'ora di troppo anche per gli spettatori più indulgenti. Scenografie di Dean Tavoularis e musiche di Alan Silvestri. La modella che indossa il vestito da sposa è Vendela K. Thommessen.

Gente allegra ** (*Tortilla Flat*, Usa 1942, b/n, 105') Victor Fleming. Con Spencer Tracy, Hedy Lamarr, John Garfield, Frank Morgan, Akim Tamiroff, Donald Meek, Allen Jenkins. ◆ La vita quotidiana a Monterey, dove i *paisanos* passano la giornata a bere e a cantare, lavorando il minimo indispensabile. Del romanzo di Steinbeck *Pian della Tortilla* (sceneggiato da John Lee Mahin e Benjamin Glazier) rimane la tendenza al bozzetto e al sorriso benevolo, ma non la svolta tragica. Morgan ruba la scena alle tre star nella parte, che gli valse la nomination all'Oscar, di un vecchio che ha visioni mistiche.

Gente comune **½ (*Ordinary People*, Usa 1980, col, 123') Robert Redford. Con Timothy Hutton, Mary Tyler Moore, Donald Sutherland, Judd Hirsch, Elizabeth McGovern, M. Emmet Walsh, Dinah Manoff. ◆ Sconvolto dalla morte del fratello maggiore, un sedicenne (Hutton) tenta il suicidio. Il padre (Sutherland) cerca di aiutarlo, la mamma (Moore) gli rimprovera inconsciamente di aver lasciato morire il figlio prediletto. Redford, al suo esordio come regista, ha scelto uno spaccato di psicologie familiari meno profondo di quel che sembra, che seppe toccare una corda sensibile del pubblico americano. Nel film «la realtà risulta come incapsulata, scandagliata in maniera asettica, senza incidenti o errori di percorso» e ancora una volta tutto si articola intorno a un uomo provvidenziale, per l'ennesima volta uno psichiatra: molto meglio la direzione degli attori, a cominciare da Sutherland perfetto nelle sue mezze tinte e nelle sue sfumature. Accolto con un entusiasmo superiore ai suoi meriti, cominciando dagli Oscar per il film, la regia, la sceneggiatura (di Alvin Sargent dal romanzo di Judith Guest) e attore non protagonista (categoria in cui si è voluto far entrare l'esordiente Hutton, che pure sta sullo schermo più di chiunque altro).

Gente del Nord ** (*Winter People*, Usa 1989, col, 110') Ted Kotcheff. Con Kurt Russell, Kelly McGillis, Lloyd Bridges, Mitchell Ryan, Amelia Burnette, Eileen Ryan. ◆ Nell'America degli anni Trenta, un orologiaio di città (Russell), vedovo con figlia, perdutosi tra i monti del Tennessee, trova ospitalità presso una ragazza madre (McGillis) che ha scatenato una violenta faida tra due famiglie di pionieri. Imponenti scenari naturali fanno da cornice a un drammone scontato e vecchiotto.

Gente di notte ** (*Night People*, Usa 1954, col, 93') Nunnally Johnson. Con Gregory Peck, Broderick Crawford, Anita Bjork, Rita Gam, Walter Abel, Buddy Ebsen. ◆ A Berlino i russi sequestrano un soldato americano, e il padre, un politico influente (Crawford), insiste perché la cosa si risolva in fretta: la difficile trattativa sarà affidata a un colonnello (Peck). Suspense e atmosfere cupe da guerra fredda. Johnson, celebre come sceneggiatore, è senz'altro più bravo a scrivere le storie che a dirigerle; in questo caso non è aiutato né dal CinemaScope né dalle riprese in loco.

Gente di rispetto *½ (Italia 1975, col, 115') Luigi Zampa. Con Franco Nero, Jennifer O'Neil, James Mason, Orazio Orlando, Claudio Gora. ◆ Una maestrina anticonformista (O'Neil) finisce in una scuola di Ragusa, dove fronteggia le drammatiche conseguenze della feroce lotta tra cosche rivali. Fedele adattamento del romanzo del giornalista catanese Giuseppe Fava firmato dal regista con Leo Benvenuti e Piero De Bernardi. Zampa, in fase calante, annacqua la vena di denuncia civile con ovvietà melodrammatiche e folcloristiche e Mason che parla in siciliano è poco verosimile.

Gente d'onore *½ (Italia 1967, col, 89') Folco Lulli. Con Folco Lulli, Saro Urzì, Rosemarie Dexter, Leopoldo Trieste, Piero Lulli, Ella Karin, Franco Giornelli. ◆ Sette killer della mafia, che l'organizzazione ha deciso di eliminare, cercano di raggiungere una nave che li dovrebbe far espatriare: l'unico sopravvissuto vendicherà gli altri. Il primo e ultimo film di Lulli regista (autore anche della sceneggiatura insieme a Tito Carpi), sanguigno ma tutto sommato poco riuscito.

Gente mormora, La ***½ (*People Will Talk*, Usa 1951, b/n, 110') Joseph L. Mankiewicz. Con Cary Grant, Jeanne Crain, Finlay Currie, Hume Cronyn, Walter Slezak, Sidney Blackmer. ◆ Il dottor Noah Pretorius (Grant) è un medico e un insegnante – oltre che direttore d'orchestra – dalle maniere gentili e dai metodi anticonformisti: la sua strana amicizia con il taciturno Shunderson (Currie) e la sua decisione di sposare una ragazza madre (Crain) suscitano lo scandalo nella comunità e l'invidia del collega Edwell (Cronyn) che cercherà di screditarlo svelando un segreto del suo passato. Tratto dalla commedia di Curt Groez *Dr. Med. Hiob Pretorius* (sceneggiata dal regista), è una delle opere più personali di Mankiewicz dove alcuni dei suoi temi abituali (la medicina, l'arte, l'ipocrisia, il denaro, la forza del linguaggio, i legami che si impongono con i rapporti amorosi, i complotti) sono trattati con una leggerezza di tono e una immediatezza esemplari. Al centro, lo scontro tra due scelte di vita – una attenta ai valori dell'umanesimo, l'altra basata sul cinismo – che però non diventano mai pedanti scelte ideologiche ma concreti modi di porsi verso gli altri (e nell'invidia che dimostra Edwell si può leggere più di un riferimento allo scontro che aveva opposto in piena caccia alla streghe Mankiewicz a Cecil DeMille all'interno dello Screen Directors Guild). Indimenticabile la scena in cui finalmente Shunderson (interpretato da un Currie straordinario, degno di un feuilleton ottocentesco) prende la parola e spiega il rapporto che lo lega a Pretorius, uno dei pochissimi casi di amicizia virile raccontati nei film del regista. Così com'è inusitato il finale ottimista che si chiude sulla ragazza finalmente rinfrancata da Pretorius e decisa ad affrontare il mondo da cui prima aveva tentato di fuggire con un suicidio.

Gentilezza del tocco, La **½ (Italia 1987, col, 80') Francesco Calogero. Con Maurizio Puglisi, Antonio

Alveario, Rosalba Scimone, Daniela Pacetto, Antonio [Ninni] Bruschetta, Antonio Caldarella. ◆ Un meticoloso correttore di bozze messinese (Puglisi) si insospettisce per la recensione musicale di una pianista al debutto firmata da un critico che è solito ignorare gli esordienti. Le indagini avranno sviluppi – anche sentimentali – imprevisti. Una sottile riflessione sul caso e sui lapsus della vita quotidiana, debitrice, per lo spunto di partenza, a Fernando Pessoa e sceneggiata dal regista con Ninni Bruschetta. Promettente esordio di un giovane siciliano che racconta con eleganza e intelligenza – degne a tratti di un Rohmer – una storia semplice solo all'apparenza.

Gentili signore **½ (Italia 1987, col, 100') Adriana Monti. Con Marina Confalone, Anna Bonaiuto, Anita Laurenzi, Relda Ridoni, Dina Carbone, Giampiero Solari. ◆ Dopo avere creato insieme una cooperativa, alcune donne di mezza età vengono spiazzate dalla misteriosa scomparsa della responsabile dell'impresa. Una bella serie di ritratti femminili, alle prese con problemi che vanno dal campo finanziario a quello sentimentale. Film delicato, attento all'introspezione, alle mezze battute e ai dettagli che rendono credibile un personaggio. Interessante e insolito, ma penalizzato dal mercato.

Gentiluomo dilettante – Il nuovo Robin Hood ** (*The Amateur Gentleman*, Gb 1936, b/n, 102') Thornton Freeland. Con Douglas Fairbanks jr, Elissa Landi, Gordon Harker, Basil Sidney, Hugh Williams, Irene Browne, Margaret Lockwood. ◆ Dopo aver visto il padre ingiustamente accusato di furto, un giovane (Fairbanks) si traveste da aristocratico per conoscere la famiglia del derubato e scoprire la verità. Avventure e acrobazie, sceneggiato da Clemence Dane, Edward Knoblock, Sergei Nolbandov (a partire da un romanzo di Jeffrey Farnol) su misura per l'atletico Fairbanks, che è anche il produttore del film. Notevole la fotografia di Gunther Krampf.

Gentleman a New York, Un *½ (*Stars and Bars*, Usa 1988, col, 94') Pat O'Connor. Con Daniel Day-Lewis, Harry Dean Stanton, Kent Broadhurst, Maury Chaykin, Martha Plimpton, Joan Cusack, Will Patton, Glenne Headly, Steven Wright, Spalding Gray, Laurie Metcalf. ◆ L'imbelle mercante d'arte inglese Henderson Dores (Day-Lewis) si installa nella casa di campagna di una famiglia della Georgia, con l'intenzione di acquistare un prezioso Renoir. Ma uno dei figli l'ha già venduto di nascosto, mentre gli altri offrono un variopinto campionario che va dall'hippy fuori tempo al ritardato che crede di essere un reduce del Vietnam. Farsa sopra le righe, tratta da un romanzo di William Boyd (autore anche della sceneggiatura), che finisce con lo sprecare un cast ricchissimo, dove trovano posto anche cabarettisti off come Gray e Wright.

Geometria di un delitto * (*The Big Cube*, Usa 1969, col, 98') Tito Davison. Con Lana Turner, George Chakiris, Richard Egan, Dan O'Herlihy, Karin Mossberg. ◆ Rivalità in amore porta la figliastra a tentare di sbarazzarsi della matrigna, un'attrice di teatro (Turner), con dosi di Lsd da cavallo. Pessimo fotoromanzo con una star a fine carriera.

George Balanchine – Lo schiaccianoci *½ (*George Balanchine's The Nutcracker*, Usa 1993, col, 85') Emile Ardolino. Con Macaulay Culkin, Jessica Lynn Cohen e il New York City Ballet. ◆ La notte di Natale la piccola Marie (Cohen) sogna che lo schiaccianoci regalatole guidi l'esercito dei soldatini di piombo contro quello dei topi, trasformandosi poi in un grazioso principino (Culkin) che la porta nel regno dei dolciumi. Il balletto di Čajkovskij tratto da un racconto di Hoffmann viene riproposto nella celebre messa in scena di Balanchine. Il montaggio serrato e qualche effetto speciale non tolgono l'aria da palcoscenico: e il risultato è dolciastro e noiosetto per i nostri tempi cinici. La presenza di Culkin è comunque superflua e importuna, e ha la grazia di un salame lesso, per quanto qualche anno prima avesse fatto parte della stessa compagnia. Il regista di *Dirty Dancing* morì poco dopo le riprese. Coproduce Arnon Milchan.

George re della giungla...? ** (*George of the Jungle*, Usa 1997, col, 93') Sam Weisman. Con Brendan Fraser, Leslie Mann, Thomas Haden Church, Holland Taylor, John Bennett Perry, Abraham Benrudi, Richard Roundtree. ◆ Cresciuto nella giungla, George (Fraser) salva la vita a Ursula (Mann), ereditiera americana in Africa per condurre delle ricerche, ma non ha fatto i conti col fidanzato geloso: verrà portato a San Francisco per essere curato, ma il richiamo della foresta si farà sentire presto, e non solo per George. Sulla falsariga della serie animata di Jay Ward, una commedia demenziale per famiglie sull'inossidabile mito di Tarzan, qui presentato come un aitante tontolone che non imbrocca un albero e senza rendersene conto strega le turiste con la sua prosperosa virilità. Frequenti le trasgressioni del racconto che intensificano la parodia disneyana, come il narratore che attacca briga con i personaggi con effetti da sit-com.

George Wallace **½ (*George Wallace*, Usa 1997, col e b/n, 180') John Frankenheimer. Con Gary Sinise, Clarence T. Williams III, Mare Winningham, Joe Don Baker, Angelina Jolie, Terry Kinney, William Sanderson. ◆ Dagli anni Cinquanta agli Ottanta, la vita di George Wallace (Sinise): più volte governatore dell'Alabama, nemico di Martin Luther King e sostenitore del segregazionismo, pericoloso candidato alla presidenza messo fuori gioco da un attentato che, dal 1972, l'ha costretto su una sedia a rotelle; e infine pentito che chiede perdono ai neri (e lo riceve, da gente come Jesse Jackson). Uno spaccato di storia americana visto dalla prospettiva di chi è sempre rimasto indietro rispetto ai tempi, che Frankenheimer racconta con distacco acritico, in bilico tra indignazione civile e una voglia di perdonare a volte ambigua. Ma Sinise è bravo nel rendere un personaggio che è uno strano miscuglio di mediocrità, opportunismo, senso di colpa e sconfitta. Al suo fianco, Williams III è il fedele servitore Archie, che sogna di ammazzare il padrone ma rimane a sua volta bloccato nell'impotenza. Tv-movie in due parti superiore alla media (anche come confezione), scritto da Paul Monash e Marshall Frady.

Georgia *** (*Georgia*, Usa 1995, col, 114') Ulu

Grosbard. Con Jennifer Jason Leigh, Mare Winningham, Ted Levine, John Doe, Max Perlich, John C. Reilly, Jimmy Witherspoon. ◆ Sadie (Leigh), aspirante rocker di dubbio talento, vive all'ombra della sorella Georgia (Winningham), cantante country di successo: e tra rancore, gelosia e umiliazione, cerca consolazione nell'alcol e nella droga. Ma per questa Janis Joplin dei poveri non sono in serbo destini tragici e nobilitanti, solo la routine e la ripetizione. È nel rifiuto della retorica del maledettismo il punto di forza del film di Grosbard, che scava nei personaggi e nelle situazioni quotidiane con uno stile che non si capisce mai se è improvvisato o controllatissimo. Tutte le scene di concerto sono di una forza visiva stupefacente e di grande intelligenza nell'analizzare i rapporti tra musica, imagine e pubblico: da antologia i 10' di *Take Me Back* di Van Morrison, cantati da una stonatissima Leigh in bilico tra sublime e imbarazzo patetico. Scritto e prodotto dalla Leigh con sua madre Barbara Turner.

Georgy, svegliati **½ (*Georgy Girl*, Gb 1966, b/n, 100') Silvio Narizzano. Con Lynn Redgrave, James Mason, Alan Bates, Charlotte Rampling, Bill Owen, Claire Kelly. ◆ Goffa e bruttina, Georgy (Redgrave) deve difendersi dalla corte del maturo datore di lavoro di suo padre (Mason) e dall'opportunismo della sua bella e spregiudicata compagna di casa (Rampling, al suo primo ruolo importante). Da un romanzo di Margaret Forster sceneggiato dall'autrice con Peter Nichols, un frutto attardato del Free Cinema, che prende di mira il perbenismo sociale dell'epoca. Spirito acre e ottimi interpreti. Redgrave (sorella di Vanessa) ebbe una nomination all'Oscar.

Geppo il folle *½ (Italia 1978, col, 118') Adriano Celentano. Con Adriano Celentano, Claudia Mori, Jennifer, Pietro Brambilla, Marco Columbro, Loredana [Lory] Del Santo, Miki Del Prete, Memmo Dittongo, Felice Andreasi, Gino Santercole, Jon Lei. ◆ Per imparare l'inglese, e conquistare l'America, il prodigioso cantante Geppo (Celentano), idolo di folle e ragazzine, conosce un'insegnante (Mori) dal temperamento deciso che ci mette un bel po' prima di cedere al suo fascino. Ma le rockstar, anche se nutrite di vangelo, sono egoiste. Spavalda autocelebrazione a suon di rock di un Celentano ancora ruspante, con contorno di prediche pacifiste e anticomunismo viscerale (sua anche la sceneggiatura). Il montaggio delirante, opera dello stesso Celentano, sottolinea il surrealismo alla buona e la psichedelia padana. Irritante o irresistibile a seconda dei gusti – o le due cose insieme. Caso quasi unico nella storia del cinema, nelle scene di massa allo stadio le comparse pagarono per apparire nel film del loro idolo.

Geremia, cane e spia *½ (*The Shaggy Dog*, Usa 1959, b/n, 104') Charles Barton. Con Fred MacMurray, Jean Hagen, Tommy Kirk, Cecil Kellaway, Tim Considine, Alexander Scourby. ◆ Un postino (MacMurray) che detesta i cani si ritrova il figlio trasformato in un pastore tedesco. Fiaba di produzione Disney dalle premesse addirittura kafkiane ma dagli sviluppi non sempre divertenti. Ne esiste addirittura una versione colorizzata.

Germania anno zero **** (Italia/Francia/Germania 1948, b/n, 75') Roberto Rossellini. Con Edmund Meschke, Ingetraud Hintze, Franz Krüger, Barbara Hintz, Ernst Pittschau, Eric Gühne. ◆ All'indomani della seconda guerra mondiale, in una Berlino semidistrutta dai bombardamenti, il tredicenne Edmund Koeler (Meschke) vive di espedienti, cercando di mantenere il padre invalido mentre il fratello è ricercato come ex nazista e la sorella si prostituisce. Sobillato da un professore nazista (Gühne), avvelenerà il padre, per poi buttarsi da una casa diroccata. Conclusione disperata (Rossellini aveva da poco perduto il figlio Romano) dell'ideale trilogia che comprende *Roma città aperta* e *Paisà*. Scarno e straziante, forse il film che meglio esprime la poetica realista del regista, anche sceneggiatore assieme a Carlo Lizzani e Max Colpet (e con Sergio Amidei per i dialoghi italiani): muovendo la macchina da presa tra le macerie, Rossellini fonde «investigazione sociale e investigazione morale» cogliendo senza retorica lo spirito di una città dove, dice la voce fuori campo all'inizio, le persone «vivono nella tragedia come nel loro elemento naturale». Pregnante la scelta di fare di Edmund, fisicamente, un prototipo del giovane ariano. Premiato al festival di Locarno (miglior film e miglior sceneggiatura), ebbe vita breve e magri incassi nelle sale italiane.

Germania in autunno ** (*Deutschland im Herbst*, Rft 1978, b/n, 124') Alexander Kluge, Volker Schlöndorff, Rainer Werner Fassbinder, Alf Brustellin/Bernhard Sinkel, Katja Rupé/Hans Peter Cloos, Edgar Reitz, Maximiliane Mainka/Peter Schubert. Con Rainer Werner Fassbinder, Armin Meier, Angela Winkler, Lilo Pempeit, Hannelore Hoger, Helmut Griem, Wolf Biermann, Heinz Bennent. ◆ All'epoca in cui le misure adottate dalla polizia contro i terroristi tedeschi della Raf minacciavano di ledere le libertà civili, alcuni cineasti girarono questo film per raccontare il clima di caccia alle streghe che secondo loro attraversava il paese. Fassbinder si mette a nudo – metaforicamente e letteralmente – rivelando le sue angosce e le sue prepotenze di gay. Kluge mette in scena un professore che si interroga tendenziosamente sulle origini della storia tedesca. Sinkel e Brustellin interrogano un terrorista in carcere. Schlöndorff racconta un caso di censura televisiva capitato a un'*Antigone* di Heinrich Böll, che conteneva allusioni alla volontà del governo tedesco di seppellire in una fossa comune i detenuti della Raf «suicidi». Sulle immagini dei funerali concessi dal governo ai terroristi (che per il regista hanno un sapore di beffa) si chiude un film composito e urlato, lucido e ambiguo al tempo stesso.

Germinal ** (*Germinal*, Francia 1993, col, 158') Claude Berri. Con Renaud [Renaud Séchan], Gérard Depardieu, Miou-Miou [Sylvette Hery], Jean Carmet, Judith Henry, Jean-Roger Milo, Laurent Terzieff, Bernard Fresson, Anny Duperey. ◆ Alla fine dell'Ottocento, nel Nord della Francia, Etienne Lantier (Renaud) trova lavoro in una miniera e viene adottato da una coppia di minatori, i Maheu (Depardieu e Miou-Miou). Innamorato senza speranza della loro figlia Catherine (Henry) e sconvolto dalle disumane condizioni dei lavoratori, organizza uno sciopero generale. La repressione sarà sanguinosa: i Maheu sono decimati, Lantier se ne va, ferito ma convinto che quella rivolta ne provocherà altre. Dal romanzo di Émile Zola (già adattato da Yves Allégret nel 1963, *La furia degli uomini*), un kolossal nazional-popolare sceneggiato dal regista e Arlette Langmann che nella Francia infervorata per il Gatt ha fatto seriamente concorrenza a *Jurassic Park*. Sciovinismo puro, perché la trasposizione è piuttosto deludente e la necessità di recuperare la memoria storica e culturale del proprio Paese si scontra con la difficoltà di ridurre un'opera letteraria così complessa e con l'esigenza di obbedire a regole spettacolari di polemica autodifesa nei confronti dell'egemonia hollywoodiana. Si spiegano in questo modo la fatale debolezza dell'analisi sociale e psicologica (la storia, condensata al massimo, si limita alla mera consequenzialità dei fatti, con qualche spruzzata di demagogia), e la scelta di un cast d'effetto, anche se oggettivamente efficace (Renaud è un personaggio-simbolo della canzone politicamente impegnata). Berri ce la mette tutta, ma i risultati si vedono solo nelle scene di massa, le uniche in cui il romanzo di Zola sembra ritrovare l'ampio respiro che lo caratterizza.

Geronimo **½ (*Geronimo – An American Legend*, Usa 1993, col, 115') Walter Hill. Con Wes Studi, Jason Patric, Robert Duvall, Gene Hackman, Matt Damon, Kevin Tighe, Rodney A. Grant, Steve Reevis. ◆ Il giovane tenente Davis (Damon) racconta le ultime fasi della resistenza di Geronimo (Studi), capo apache che non accetta di stare chiuso in una riserva e per due anni dà filo da torcere ai soldati blu, prima di consegnarsi a un tenente coraggioso, Gatewood (Patric), che ha imparato a rispettarlo. Un western epico e crepuscolare, antispettacolare e fuori dalle mode, che bilancia i punti di vista senza cercare la correttezza politica a tutti i costi. John Milius, cosceneggiatore con Larry Gross, esalta l'indomito spirito combattivo sia di Geronimo che di coloro che gli danno la caccia. Hill cerca il respiro della classicità negli spazi sconfinati della frontiera, senza preoccuparsi del rischio del déjà vu. Il personaggio più riuscito è quello di Duvall, bianco razzista che muore per salvare la sua guida indiana.

Gertrud **** (*Gertrud*, Danimarca 1964, b/n, 119') Carl Theodor Dreyer. Con Nina Pens Rode, Bendt Rhote, Ebbe Rode, Baard Owe, Axel Ströbye. ◆ Nella Stoccolma d'inizio secolo è ambientata la storia della cantante Gertrud (Rode) e dei suoi rapporti con gli uomini: il marito (Rothe), prossimo alla nomina di ministro della Giustizia, che lei ha deciso di lasciare; un giovane pianista (Owe), volubile e vanesio, di cui è innamorata; un poeta (Rode), suo ex amante, abbandonato perché aveva scritto che «l'amore della donna e il lavoro dell'uomo sono nemici». Nell'epilogo, ormai anziana, si confida con un amico psichiatra (Ströbye) rivendicando sia il primato dell'amore sia la sua scelta di solitudine. L'ultimo film di Dreyer è ancora una volta uno psicodramma centrato su una figura femminile, eppure Gertrud è molto diversa rispetto alle donne oppresse dei film precedenti: «ciò che la contraddistingue è che non si lascia soffocare né giudicare», come dice il regista nell'epilogo aggiunto al testo della pièce di Hjalmar Söderberg alla base del film (sceneggiato dal regista). La sua vicenda è una sorta di tragedia della liberazione, raccontata in una forma scarna, dolorosamente essenziale, purificata da ogni naturalismo nonostante l'impiego del suono in presa diretta. Abbondanza di primi piani come nel cinema muto ma predominanza del sonoro attraverso i dialoghi e la musica, largo impiego di piani sequenza, montaggio costruito su lunghe dissolvenze: niente di più lontano dal cinema-spettacolo, niente di più vicino al cinema-scrittura. All'epoca fu scambiato per teatro filmato e classificato come «un errore di vecchiaia» da gran parte della critica. Solo in pochi si entusiasmarono subito (Godard lo paragonò alle ultime sinfonie di Beethoven) considerandolo per quello che è, un capolavoro.

Gervaise **½ (*Gervaise*, Francia 1956, b/n, 116') René Clément. Con Maria Schell, François Perier, Suzy Delair, Armand Mestral, Jany Holt. ◆ Parigi, seconda metà dell'Ottocento: Gervaise (Schell), una lavandaia zoppa e ingenua, sposa il muratore Coupeau (Perier) che, dopo un incidente, si attacca alla bottiglia. Torna in scena il primo amante della donna, il cappellaio Lantier (Mestral), ma è solo per sfruttarla. Coerentemente allo spirito dell'*Ammazzatoio* (*L'Assomoir*) di Zola, da cui il film è tratto, non c'è speranza nel finale. Clément mette in scena puntigliosamente un capolavoro del naturalismo, evitando (grazie anche alla sceneggiatura di Jean Aurenche e Pierre Bost) quasi tutte le trappole melodrammatiche: ma il suo stile è fin troppo frigido e ripulito. Un esempio di quel «cinéma de papa» contro cui insorsero i giovani della Nouvelle Vague. La sofferta interpretazione della Schell venne premiata a Venezia e fu all'origine della sua breve fama. Gervaise e Coupeau, per la cronaca, sono i genitori di Nana, protagonista eponima del romanzo di Zola e del film di Renoir.

Gesto estremo, Un → *I.R.A. – Un gesto estremo*

Gesù di Montreal → *Jesus of Montreal – Gesù di Montreal*

Gesù di Nazareth * (Italia/Gb 1977, col, 300', in due parti di 150' ciascuna) Franco Zeffirelli. Con Robert Powell, Olivia Hussey, Anne Bancroft, James Mason, Rod Steiger, Anthony Quinn, Michael York, John Gielgud, Ernest Borgnine, Valentina Cortese, Claudia Cardinale, Renato Rascel. ◆ Vita, morte e resurrezione di Gesù (Powell), secondo i quattro vangeli e qualche episodio apocrifo. Versione per le sale in due parti di uno sceneggiato televisivo lento, enfatico e oleografico: quasi uno spot pubblicitario che, certo, non ha fatto troppi proseliti. Le comparse famose finiscono con l'essere l'unico motivo di interesse. Uno dei peggiori film su Gesù, privo sia di poesia che di vera fede. Anthony Burgess, insoddisfatto di come Zeffirelli trattò la sua sceneggiatura, sentì il bisogno di scrivere un romanzo per raccontare il «suo» Gesù (*L'uomo di Nazareth*).

Getaway! *** (*The Getaway*, Usa 1972, col, 122') Sam Peckinpah. Con Steve McQueen, Ali MacGraw, Ben Johnson, Al Lettieri, Sally Struthers, Slim Pickens, Bo Hopkins. ◆ Un rapinatore di banca

(McQueen) fugge verso il Messico con la moglie (MacGraw) che forse lo voleva tradire, inseguito dalla polizia e da un complice (Lettieri) che ha cercato di eliminarlo. Il tema della fuga impossibile, tipico del cinema americano degli anni Settanta e quello degli eroi stanchi, tipico del regista: Peckinpah ribalta lo stereotipo della coppia demoniaca di gangster e, assieme all'esordiente sceneggiatore Walter Hill, modifica il finale del romanzo di Jim Thompson, inventando un lieto fine beffardo, in intelligente contrasto con il pessimismo e la violenza che dominano tutto il film. Meno originale, forse, di altre sue opere, ma con un intreccio congegnato alla perfezione. Un grande successo commerciale dopo il fiasco dell'altro film da lui girato con McQueen, *L'ultimo buscadero*. Rifatto nel 1993.

Getaway * (*The Getaway*, Usa 1994, col, 115') Roger Donaldson. Con Alec Baldwin, Kim Basinger, Michael Madsen, James Woods, David Morse, Jennifer Tilly. ◆ In carcere per una rapina, Doc McCoy (Baldwin) ne esce grazie alla mediazione della moglie (Basinger), che seduce un potente boss (Woods) in cambio della promessa di mettere a segno per lui un colpo da un milione di dollari. Il colpo riesce e poi la coppia uccide il boss e si dà alla fuga col bottino. Remake del celebre film di Peckinpah, senza ritmo e senza nerbo. La coppia Baldwin-Basinger, fissa nella vita e rigida sullo schermo (tranne un paio di momenti), fa assolutamente rimpiangere il duo spericolato McQueen-McGraw. James Woods gigioneggia, il Messico è da cartolina e Walter Hill ha sprecato tempo riscrivendo per l'occasione (insieme ad Amy Jones) la sua sceneggiatura del 1972 da un racconto di Jim Thompson. Una battuta memorabile: nell'albergo in cui avviene la strage finale, una donna, sentendo il frastuono, chiede al marito: «Cos'è, una sparatoria?», e lui: «No, è una televisione troppo alta».

Get Shorty ** (*Get Shorty*, Usa 1995, col, 105') Barry Sonnenfeld. Con John Travolta, Gene Hackman, Rene Russo, Danny DeVito, Delroy Lindo, Dennis Farina, Bette Midler, James Gandolfini. ◆ Chili Palmer (Travolta), mafioso di Miami in trasferta a Los Angeles per recuperare un credito dal regista di terz'ordine Harry Zimm (Hackman), decide di coronare il sogno della sua vita ed entrare nel mondo del cinema: ingaggia la star Martin Weir (DeVito) e si destreggia tra vari delinquenti rivali finendo col portare sullo schermo la propria storia. Tratto dal romanzo omonimo di Elmore Leonard e sceneggiato da Scott Frank, il film di Sonnenfeld ha un torto principale: arrivare dopo *I protagonisti* e *Pulp Fiction*. La satira del sottobosco hollywoodiano è all'acqua di rose, gli scambi tra finzione e realtà divertenti quanto meccanici, l'umorismo cinico ma prevedibile, la cinefilia ostentata nei dialoghi superficiale. Anche se almeno una volta coglie nel segno: Chili, dopo aver rivisto per l'ennesima volta *L'infernale Quinlan*, a luci accese si volta verso un altro spettatore per renderlo partecipe del suo entusiasmo. Una scena che coglie uno dei segreti del cinema e una delle ragioni del suo fascino: è un divertimento che non ti isola dagli altri, ma ti mette voglia di entrare in comunicazione con loro. La musica è di John Lurie. Harvey Keitel sostituisce veramente Dennis Farina nell'ultima scena, quella del film nel film, come proponeva Chili.

Getta la mamma dal treno ** (*Throw Momma from the Train*, Usa 1987, col, 88') Danny DeVito. Con Billy Crystal, Danny DeVito, Anne Ramsey, Kim Greist, Bruce Kirby, Kate Mulgrew. ◆ Uno sfiduciato docente universitario (Crystal) e un ingenuo aspirante giallista (DeVito), prendendo ispirazione da *Delitto per delitto* di Hitchcock, stringono un patto per eliminare rispettivamente la moglie e la madre autoritaria (Ramsey). Dopo il tv-movie *The Ratings Game*, DeVito esordisce come regista cinematografico con una farsa nera diseguale, giocata sui toni grotteschi e piena di ammiccamenti cinefili. Ritmo frenetico, virtuosismi di montaggio e d'immagine (la fotografia è di Barry Sonnenfeld), ma il gioco, dopo un po', si sgonfia. Il trombettista Branford Marsalis esordisce come attore nella parte di Lester; Rob Reiner è Joel.

Getting Any? **½ (*Minna yatteruka*, Giappone 1994, col, 92') Takeshi Kitano. Con Dankan [Minoru Iizuka], Tokie Hiddari, Shoji Kobayashi, «Beat» Takeshi [Kitano], Yuji Minakata, Masumi Okada. ◆ Seduttore in automobile, rapinatore di banche, killer, attore, uomo invisibile, Asao (Dankan) è sempre un fallimento: diventerà una mosca gigante, spiaccicata su un enorme escremento. Il film di Kitano più vicino alle sue origini di comico e alla sua attività televisiva è una satira del Giappone condotta con le armi della provocazione e dell'assurdo: una sfida costante ai limiti del buon gusto, ma con una follia che non può non scatenare la risata liberatoria. Tra surrealismo e impassibilità, con una libertà di immaginazione che fa impallidire ciò che in Occidente passa di solito per «demenziale».

Ghiaccio blu → *Blue Ice – Ghiaccio blu*

Ghiaccio verde ** (*Green Ice*, Gb/Usa 1981, col, 115') Ernest Day. Con Ryan O'Neal, Anne Archer, Omar Sharif, Philip Stone, Domingo Ambriz, John Larroquette. ◆ Un americano (O'Neal) si trova implicato, tra la Colombia e il Messico, in un traffico di smeraldi e in un conflitto tra guerriglieri e truppe regolari. Film d'azione senza infamia e senza lode, basato sulla equazione biondo=buono (O'Neal) sconfigge moro=cattivo (Sharif).

Ghost – Fantasma **½ (*Ghost*, Usa 1990, col, 126') Jerry Zucker. Con Patrick Swayze, Demi Moore, Whoopi Goldberg, Tony Goldwyn, Rick Aviles, Vincent Schiavelli. ◆ Il giovane bancario Sam Wheat (Swayze), ucciso brutalmente da un killer assoldato dal suo migliore amico (Goldwyn), diventa una specie di angelo custode e con l'aiuto di una variopinta medium (Goldberg) proteggerà la giovane moglie (Moore). Inaspettato trionfo al botteghino per questa favola moderna sceneggiata da Bruce Joel Rubin, scaltra miscela di love story ultraromantica, thriller e horror demenziale che trova il suo punto di forza nella strepitosa interpretazione della Goldberg (premiata con l'Oscar come non protagonista), la medium ciarlatana che Sam sceglie per comunicare col mondo dei vivi, causando in lei un comprensibile sconcerto. Primo film da solo di Jerry Zucker, che col fratello David e Jim Abrahams era diventato celebre con *L'aereo più pazzo del mondo*.

Ghostbusters – Acchiappafantasmi ** (*Ghostbusters*, Usa 1984, col, 107') Ivan Reitman. Con Bill Murray, Dan Aykroyd, Harold Ramis, Sigourney Weaver, Rick Moranis, Annie Potts, Ernie Hudson, William Atherton. ◆ Tre bizzarri ricercatori universitari (Murray, Aykroyd e Ramis), coadiuvati da un nero (Hudson), diventano cacciatori di spettri di professione, proprio mentre New York sta per diventare teatro di un poltergeist. Salveranno il mondo e due ignari cittadini (Weaver e Moranis) posseduti dal Maligno degli Ittiti. Scritto da due dei protagonisti (Aykroyd e Ramis), un horror comico fracassone, infantile e pieno di effetti speciali che, lanciato dall'omonima canzone di Ray Parker jr, è stato un enorme successo internazionale. L'inevitabile seguito è giunto dopo cinque anni.

Ghostbusters 2 *½ (*Ghostbusters 2*, Usa 1989, col, 102') Ivan Reitman. Con Bill Murray, Dan Aykroyd, Sigourney Weaver, Harold Ramis, Rick Moranis, Ernie Hudson, Annie Potts. ◆ Questa volta gli acchiappafantasmi, chiamati dalla ex ragazza (Weaver) del loro capo (Murray), se la devono vedere con lo *slime* gigante partorito dall'«energia negativa» dell'aria di New York. Sequel fotocopia, costoso e frastornante.

Ghostbusters Cops – Due piedipiatti acchiappafantasmi * (*Ghost Fever*, Usa 1987, col, 86') Alan Smithee [Lee Madden]. Con Sherman Hemsley, Luis Avalos, Jennifer Rhodes, Deborah Benson, Diana Brookes, Pepper Martin, Joe Frazier. ◆ Due poliziotti, uno nero e l'altro portoricano (Hemsley e Avalos), indagano in una casa popolata da spettri. Girato in gran parte nel 1984, completato e rimontato tre anni più tardi, uscì sotto pseudonimo quando ormai i ghostbuster di Reitman avevano spopolato. L'intento è quello di far ridere, ma resta un'illusione.

Ghoulies *½ (*Ghoulies*, Usa 1985, col, 84') Luca Bercovici. Con Peter Liapis, Lisa Pelikan, Jack Nance, Michael Des Barres, Peter Risch, Tamara de Treaux. ◆ Un diciottenne (Liapis) va a stare in una casa di campagna ricevuta in eredità. Si troverà circondato da mostriciattoli roditori, schifosi e tenaci. La scena in cui un ghoulie sbuca dalla tazza del cesso è entrata nella storia del cinema di serie Z: detto tutto. Con un seguito.

Ghoulies 2 * (*Ghoulies Two*, Usa 1988, col, 90') Albert Band. Con Royal Dano, Mickey Knox, Anthony Dawson, Phil Fondacaro, Kerry Remsen, Damon Martin. ◆ Sempre più scatenati, i roditori indemoniati questa volta seminano terrore in un luna-park della Carolina. Sequel di *Ghoulies*, modesto e inconsistente quanto e più del predecessore.

Giacca verde, La **½ (Italia/Francia 1980, col, 103') Franco Giraldi. Con Jean-Pierre Cassel, Renzo Montagnani, Senta Berger, Vittorio Sanipoli, Laura Trotter, Adriana Russo. ◆ Il celebre maestro Salvini (Cassel) si trova con imbarazzo a dirigere il timpanista Romualdi (Montagnani), che aveva conosciuto ai tempi della lotta partigiana. Romualdi, allora, si spacciava per un famoso direttore, e Salvini gli aveva giocato uno scherzo crudele per godere delle grazie di un'ex diva del regime (Berger). Dal racconto di Mario Soldati (adattato da Lucio Battistrada, Sandra Onofri, dal regista e da Cesare Garboli), uno studio di caratteri non banale, pieno di sfumature senza essere esangue, ma forse col limite dell'esercizio di stile fine a se stesso. Montagnani non ha mai recitato tanto bene.

Giacomo l'idealista *** (Italia 1943, b/n, 90') Alberto Lattuada. Con Marina Berti, Massimo Serato, Andrea Checchi, Tina Lattanzi, Giacinto Molteni, Giulio Tempesti, Domenico Viglione Borghese. ◆ Dopo aver subìto uno stupro da parte del «gentiluomo» (Checchi) che la ospita con il suo fidanzato Giacomo (Serato), Celestina (Berti) viene sequestrata in una villa per tacitare lo scandalo: riuscirà a fuggire, ma solo per morire tra le braccia di Giacomo. La derivazione letteraria dall'omonimo romanzo di Emilio De Marchi (sceneggiato dal regista con Emilio Cecchi e Aldo Buzzi) era uno scudo per non avere problemi con la censura fascista; tuttavia la scelta di un testo ferocemente antiborghese rivela le vere intenzioni di Lattuada, che debutta nella regia con una messa in scena razionale, geometrica e fredda, ma allo stesso tempo con una capacità di analisi, meticolosa e personale, che pochi avevano dimostrato sino ad allora. Venne ingiustamente accusato di formalismo e tacciato di intellettualismo, ma *Giacomo l'idealista* appare oggi come uno dei film più sottilmente spietati contro l'ipocrisia della gente per bene, oltre a costituire un esordio cinematografico di alto livello. Da notare la centralità e la complessità della figura femminile, costante di tutta la filmografia di Lattuada. Fu la prima esperienza cinematografica anche per l'attrice protagonista, Marina Berti, per il produttore Carlo Ponti e per l'operatore Carlo Nebiolo.

Giallo **½ (Italia 1933, b/n, 67') Mario Camerini. Con Assia Noris, Sandro Ruffini, Elio Steiner, Giulio Gemmò, Carlo Ranieri, Aronne Limardi, Carlo Lombardi. ◆ Divoratrice di libri gialli, una signora bene (Noris), dopo aver trovato alcuni ritagli di giornale in un cassetto, crede che il marito (Ruffini) sia un assassino che la vuole eliminare. Camerini si ispira a una commedia di Edgar Wallace (*L'uomo che si è cambiato nome* adattata insieme a Mario Soldati) misurandosi col meno italiano dei generi cinematografici, e difatti ambienta l'azione in un'improbabile Inghilterra italianizzata. Ne è uscito un gioco di equivoci e di coincidenze sempre sul filo dell'ammiccamento e della parodia, insieme innocuo e malizioso.

Giallo a Creta *½ (*The Moon-Spinners*, Gb 1964, col, 119') James Neilson. Con Hayley Mills, Eli Wallach, Peter McEnery, Pola Negri, Joan Greenwood, Irene Papas. ◆ In vacanza a Creta, una ragazza inglese (Mills, star adolescente dell'epoca) si innamora di un giovane a cui hanno rubato dei gioielli. Primo tentativo della Disney nel campo del giallo: troppo lungo e confuso per centrare il bersaglio. Pola Negri, star del muto che non faceva un film dal 1943, è la cattiva.

Giallo a Venezia * (Italia 1979, col, 90') Mario Landi. Con Leonora Fani, Mariangela Giordano, Jeff Blynn, Gianni Dei, Vassili Karamesinis [Karis]. ◆

Un poliziotto che mangia sempre uova (Blynn) indaga sull'omicidio di una coppia (Fani e Dei) che aveva esagerato in giochi sadomaso. Merita di essere ricordato (o forse non lo merita) come uno dei thriller italiani più cretini mai realizzati, collage di sequenze porno-soft e di squartamenti di rara efferatezza che cascano nel vuoto, nel puerile tentativo di stupire. Landi aveva diretto il Maigret televisivo.

Giallo del bidone giallo, Il *½ (*Men at Work*, Usa 1990, col, 99') Emilio Estevez. Con Emilio Estevez, Charlie Sheen, Keith David, Leslie Hope, John Getz, Dean Cameron. ◆ Due netturbini californiani (Estevez e Sheen, fratelli nella vita reale) trovano un cadavere in un bidone: scopriranno che a reggere le fila dell'intrigo sono dei malvagi industriali inquinatori. Film d'azione semidemenziale dall'umorismo abbastanza grossolano, che cerca di ammiccare al pubblico giovanile. Estevez, al suo secondo film come regista (qui anche sceneggiatore), dopo il flop di *Wisdom*, fa il verso alla migliore interpretazione di suo padre Martin (quella in *Rabbia giovane*), ma deve ancora crescere.

Giallo napoletano *½ (Italia 1978, col, 105') Sergio Corbucci. Con Marcello Mastroianni, Ornella Muti, Renato Pozzetto, Michel Piccoli, Zeudi Araya, Peppino De Filippo, Elena Fiore, Giuseppe [Peppe] Barra, Capucine [Germaine Lefèbvre]. ◆ Un suonatore ambulante di mandolino (Mastroianni) lavora sodo per pagare i debiti di gioco del padre (De Filippo), che a un certo punto si trova anche implicato in alcuni misteriosi delitti. Tutto quello che promette il titolo: folclore e delitti, risate e misteri, sceneggiati da Sabatino Ciuffini, Giuseppe Catalano ed Elvio Porta. Un punto basso in uno dei periodi più bui del cinema italiano, quando sembrava che accatastare nomi famosi bastasse per fare un film. Ultimo film di Peppino De Filippo.

GialloParma * (Italia 1999, col, 122') Alberto Bevilacqua. Con Natacha Amal, Robert Hossein, Michela Miti, Kaspar Capparoni, Brontis Jodorowsky, Maria Teresa Rossini, Pino Micol, Massimo De Rossi, Maurizio Donadoni, Stefano Oppedisano, Barbara Cupisti. ◆ Figlia illegittima di un ricco industriale, Margot (Amal) torna a Parma per vendicarsi: a farne le spese sarà soprattutto il giudice Bocchi (Hossein), stregato dalla maliarda e soffocato da un complicato intrigo di donne, denaro e delitti. Un feuilleton senza interesse, che Bevilacqua ha tratto dal suo romanzo omonimo, con la vana pretesa di trasformare la cronaca nera in un apologo sulla decadenza della sua città.

Giamaica *½ (*Jamaica Run*, Usa 1953, col, 92') Lewis R. Foster. Con Ray Milland, Arlene Dahl, Wendell Corey, Patric Knowles, Laure Elliott. ◆ In fondo al mar dei Caraibi si cercano dei preziosi documenti che potrebbero rimettere in sesto una famiglia derelitta – mamma malata (Dahl) e figlio ubriacone (Milland). Avventure esotiche poco avvincenti.

Giamaica **½ (Italia 1999, col, 95') Luigi Faccini. Con Luigi Apolloni, Zeremariam Benini, Tiziano Giuffrida, Stefano Guerriero, Giuseppe Talarico, Ludgero Fortes Dos Santos, Giampiero Lisarelli. ◆ Un ragazzo di colore viene bruciato vivo in un centro sociale della periferia di Roma: per tutta la notte, a bordo di un furgone, i suoi amici vanno in cerca dei responsabili. Ispirandosi liberamente a un fatto di cronaca del '91, Faccini prosegue il discorso sulle «periferie invisibili» cominciato in *Notte di stelle*: con più dolore, forse, e altrettanta sincerità, racconta un mondo urbano sotterraneo con il suo cinema antispettacolare e antididascalico. Un atipico film di formazione, notevole soprattutto quando si concentra sui ragazzi (quasi tutti attori non professionisti) e registra il loro sforzo ostinato di parlarsi e conoscersi per affrontare insieme il lutto.

Gian Burrasca * (Italia 1982, col, 87') Pier Francesco Pingitore. Con Alvaro Vitali, Mario Carotenuto, Gisella Sofio, Marisa Merlini, Gigi Reder, Enzo Robutti, Clara Colosimo, Tuccio Musumeci, Gianfranco Barra, Diana Dei, Toni Ucci. ◆ Dopo aver infranto tutte le regole a scuola e in famiglia, Giannino Stoppani (Vitali) viene spedito dai genitori (Carotenuto e Sofio) in collegio, ma anche qui non ci sarà disciplina capace di contenerlo. Reduce dal successo di *Pierino*, Alvaro Vitali cerca forse una nobilitazione reinterpretando *Il giornalino di Gian Burrasca* di Vamba, ma la comicità troppo tradizionale degli scherzi (nonostante qualche aggiornamento in chiave scatologica) delude un pubblico abituato a ben altri «eccessi» e sottolinea impietosamente la pochezza espressiva dell'attore. Sceneggiatura di Franco Bucceri, Roberto Leoni e Pingitore da un'idea di Marisa Felt.

Gianni e Pinotto a Hollywood *½ (*Abbott and Costello in Hollywood*, Usa 1945, b/n, 83') S. Sylvan Simon. Con Bud Abbott, Lou Costello, Frances Rafferty, Robert Stanton, Jean Porter, Dean Stockwell. ◆ Uno portiere e l'altro barbiere a Hollywood, Gianni e Pinotto (Abbott e Costello) cercano di portare alla notorietà un cantante loro amico. Modesta satira degli splendori della fabbrica dei sogni. Nella parte di se stessi appaiono Lucille Ball, Preston Foster e il regista Robert Z. Leonard.

Gianni e Pinotto alla legione straniera * (*Abbott and Costello in the Foreign Legion*, Usa 1950, b/n, 80') Charles Lamont. Con Bud Abbott, Lou Costello, Patricia Medina, Walter Slezak, Douglas Drumbille. ◆ Dovendo portare un lottatore a Broadway, Gianni e Pinotto (Abbott e Costello) lo vanno a cercare in Algeria. Finiscono arruolati nella Legione straniera. A parte le classiche scene del miraggio nel deserto, è uno dei film della coppia dove si ride di meno.

Gianni e Pinotto al Polo Nord * (*Lost in Alaska*, Usa 1952, b/n, 76') Jean Yarbrough. Con Bud Abbott, Lou Costello, Tom Ewell, Bruce Cabot, Mitzi Green. ◆ Alla fine del secolo scorso, durante la corsa all'oro nel Klondike, Gianni e Pinotto (Abbott e Costello) sono due pompieri che accorrono in aiuto del proprietario di una miniera, combinando guai a catena. Divertimento modesto, anche sotto la media della coppia.

Gianni e Pinotto banditi col botto * (*Dance with Me Henry*, Usa 1956, b/n, 79') Charles Barton. Con Bud Abbott, Lou Costello, Gigi Perreau, Rusty Hamer, Mary Wickes, Ted de Corsia. ◆ Guardiani di luna-park e con due bambini adottati a carico, Gianni e Pinotto (Abbott e Costello) devono vedersela con dei gangster che li ricattano. L'ultimo film della coppia, ormai a corto di verve comica. Noto anche come *Caccia al tesoro con Gianni e Pinotto*.

Gianni e Pinotto contro i gangsters ** (*The Noose Hangs High*, Usa 1948, b/n, 77') Charles Barton. Con Bud Abbott, Lou Costello, Joseph Calleia, Cathy Downs, Leon Errol. ◆ Quando credono di avere in mano 50 mila dollari, Gianni e Pinotto (Abbott e Costello) si accorgono che il denaro appartiene a un gangster che li ha rubati. L'unico film della coppia prodotto da uno studio di serie B, la Eagle Lion. La cosa non sembra scalfire la vitalità del duo, a cui si aggiunge qui Leon Errol, altra celebrità comica dell'epoca.

Gianni e Pinotto contro il dottor Jekyll *½ (*Abbott and Costello Meet Dr. Jekyll and Mr. Hyde*, Usa 1953, b/n, 77') Charles Lamont. Con Bud Abbott, Lou Costello, Boris Karloff, Craig Stevens, Reginald Denny, Eddie Parker. ◆ Nella nebbiosa Londra vittoriana, il dottor Jekyll vuole eliminare il fidanzato di una ragazza che gli piace. A Gianni e Pinotto (Abbott e Costello) il compito di sventare i suoi piani delittuosi. Karloff è un ottimo Jekyll e gli effetti speciali sono di buona qualità, ma ormai il duo è quasi al capolinea, e non fa più ridere.

Gianni e Pinotto contro l'uomo invisibile ** (*Abbott and Costello Meet the Invisible Man*, Usa 1951, b/n, 82') Charles Lamont. Con Bud Abbott, Lou Costello, Arthur Franz, Sheldon Leonard, Nancy Guild, William Frawley. ◆ Un pugile accusato di omicidio ingaggia due detective, Gianni e Pinotto (Abbott e Costello) per provare la sua innocenza. La Universal, che in quel periodo ha sotto contratto la coppia, cerca una mescolanza tra la loro comicità e il genere fantasticorrorifico, un altro dei suoi punti di forza. Il risultato, almeno in questo caso, è discreto. Buoni, anche se ormai sfruttati, gli effetti speciali.

Gianni e Pinotto detectives ** (*Who Done It?*, Usa 1942, b/n, 77') Erle C. Kenton. Con Bud Abbott, Lou Costello, William Gargan, Patric Knowles, Louise Allbritton, William Bendix. ◆ Aspiranti scrittori per la radio, Gianni e Pinotto (Abbott e Costello) vengono invece indiziati dell'omicidio del manager della stazione. Parodia del giallo, uno dei film più fortunati e riusciti della coppia, grazie anche al buon cast che li circonda, tra cui spicca Bendix nella parte di un poliziotto ancora più pasticcione dei protagonisti.

Gianni e Pinotto e l'assassino misterioso **½ (*Abbott and Costello Meet the Killer, Boris Karloff*, Usa 1949, b/n, 84') Charles Barton. Con Bud Abbott, Lou Costello, Boris Karloff, Lenore Aubert, Alan Mowbray, Gar Moore. ◆ Misteriosi delitti in un albergo: a Gianni e Pinotto (Abbott e Costello) – fattorini che si improvvisano investigatori – il compito di risolverli. Una delle numerose parodie dei generi cinematografici girate dalla coppia dei comici americani, e non delle peggiori: cadaveri che saltano fuori dai ripostigli e Karloff che prende in giro se stesso. Per la prima volta il nome di un attore cinematografico viene usato a Hollywood nel titolo di un film a soggetto.

Gianni e Pinotto fra le educande * (*Here Come the Co-eds*, Usa 1945, b/n, 87') Jean Yarbrough. Con Bud Abbott, Lou Costello, Lon Chaney jr, Peggy Ryan, Martha O'Driscoll, June Vincent. ◆ Gianni e Pinotto (Abbott e Costello) lavorano in un esclusivo collegio femminile dove Gianni vorrebbe far entrare la sorella. La comicità del duo è più stucchevole del solito.

Gianni e Pinotto in società *½ (*In Society*, Usa 1944, b/n, 75') Jean Yarbrough. Con Bud Abbott, Lou Costello, Marion Hutton, Arthur Treacher, Thomas Gomez, Kirby Grant. ◆ Idraulici, Gianni e Pinotto (Abbott e Costello) finiscono per caso in un party dell'alta società, e vengono scambiati per due membri del jet-set. Non è uno dei prodotti più memorabili della coppia, anche se il movimentato finale è uno dei loro pezzi migliori.

Gianni e Pinotto reclute ** (*Buck Privates*, Usa 1941, b/n, 84') Arthur Lubin. Con Bud Abbott, Lou Costello, Lee Bowman, Alan Curtis, Andrews Sisters, Nat Pendleton. ◆ Venditori abusivi di cravatte, Gianni e Pinotto (Abbott e Costello) finiscono sotto le armi, e qui devono mettere pace tra due reclute che corrono dietro alla stessa ragazza. Primo film della coppia, quando ancora la trama non era tutta incentrata su di loro. Le gag funzionano, e qualche canzone (delle Andrews Sisters) serve a colmare i vuoti di sceneggiatura.

Gianni e Pinotto tra i cowboys ** (*Ride 'Em Cowboy*, Usa 1942, b/n, 86') Arthur Lubin. Con Bud Abbott, Lou Costello, Johnny Mack Brown, Anne Gwynne, Dick Foran. ◆ Stanchi di vendere hot-dog a New York, Gianni e Pinotto (Abbott e Costello) si fanno ingaggiare come mandriani in un ranch in Arizona. Discreta parodia con contorno di canzoni, tra cui *A Tisket, a Tasket* eseguita da Ella Fitzgerald.

Giarabub ** (Italia 1942, b/n, 85') Goffredo Alessandrini. Con Carlo Ninchi, Mario Ferrari, Doris Duranti, Carlo Romano, Annibale Betrone, Vittorio Duse, Carlo Duse, Emilio Cigoli, Erminio Spalla. ◆ In Nord Africa, durante la seconda guerra mondiale, un gruppo di soldati italiani resiste eroicamente nel fortino di Giarabub, assediato dagli inglesi. L'autocolonna dei rifornimenti è distrutta ma di fronte all'ipotesi di arrendersi, seppur onorevolmente, gli italiani rispondono con i fucili e quando i nemici intimano la resa ai pochi superstiti, il maggiore Castagna (Ninchi) per tutta risposta innalzerà il tricolore. Uno dei più famosi film di guerra italiani, chiaramente dalla parte del regime, sceneggiato da Oreste Biancoli, Alberto Consiglio, Gherardo Gherardi, Asvero Gravelli, Gian Gaspare Napolitano e Orio Vergani. La propaganda è però più evidente nella seconda parte, in cui prevalgono i drammi dei personaggi riferiti con abbondanza di retorica. La prima, invece, completamente dedicata all'infuriare della battaglia, rivela un senso dell'azione scopertamente debitore del western americano e, a tratti, raggiunge quella «patente e disadorna "verità" che tanti documentari "casuali" ci hanno schiettamente raccontata altre volte» (Giuseppe De Santis). Alberto Sordi fa la parte del tenente Sordi. I ruoli femminili dovevano essere due: oltre alla Dolores interpretata dalla Duranti ci doveva essere una prostituta affidata a Diana Torrieri, ma le sue scene furono soppresse al montaggio (perché gli eroi italiani non hanno cedimenti sessuali?).

Giardini dell'Eden, I ° (Italia 1998, col, 95') Alessandro D'Alatri. Con Kim Rossi Stuart, Said Taghmaoui, Boris Terral, Kassandra Voyagis, Renzo Stacchi, Jovanotti [Lorenzo Cherubini], Saturnino [Saturnino Celani], Massimo Ghini, Asher Cohen, Omar Chenbod. ◆ Salvato dal deserto, il giovane Yeoshua (Rossi Stuart) racconta alla comunità degli esseni la propria vita: l'incontro a Gerusalemme con i dottori della legge, l'esperienza della violenza romana e della rivolta zelota, le peregrinazioni verso Oriente con le carovane dei mercanti; fino al momento in cui decide di lasciare la comunità per iniziare la sua predicazione. L'intenzione – da parte di chi si era scoperto «cattolico distratto» – era di approfondire gli «anni oscuri» della vita di Gesù, quelli dai dodici ai trent'anni: ma un tema così ambizioso finisce per ridursi, nella sceneggiatura del regista e di Miro Silvera, a una specie di ecumenismo New Age, fitto di ammiccamenti indecifrabili per lo spettatore non esperto in storia delle religioni (il film si apre nel 1947, con il ritrovamento dei manoscritti del Mar Morto, testi fondamentali per capire l'influenza della religiosità essena sulla predicazione di Cristo). Anche perché questo Messia fatto per non offendere nessuno sembra un ciellino che ha letto Coelho; e se la colonna sonora di Pivio e Aldo De Scalzi si ispira all'*Ultima tentazione di Cristo* di Scorsese, la confezione è da spot, a base di tramonti e cammelli.

Giardini di pietra *** (*Gardens of Stone*, Usa 1987, col, 112') Francis Ford Coppola. Con James Caan, James Earl Jones, Anjelica Huston, Dean Stockwell, Mary Stuart Masterson, D.B. Sweeney, Lonette McKee, Sam Bottoms, Larry Fishburne. ◆ Ad Arlington, il compito del III Reggimento è quello di seppellire in pompa magna i soldati caduti in Vietnam. Duri fuori e teneri dentro, due sergenti (Caan e Jones) si affezionano a una delle reclute addestrate (Sweeney), ma non hanno la soddisfazione di vederlo tornare vivo dal fronte. «Nessuno odia la guerra più di quelli che devono farla»: otto anni dopo *Apocalypse Now*, Coppola si ispira al romanzo di Nicholas Proffitt sceneggiato da Ronald Bass e torna a parlare del Vietnam, questa volta visto dagli occhi di chi rimane a casa a piangere e celebrare i caduti. Una bella riflessione – raggelante e stilisticamente assai controllata – sul tema del dolore (Coppola aveva appena perso un figlio) che si scontra con la retorica militaresca. L'ottimo Caan tornava sul set dopo cinque anni di assenza.

Giardiniere spagnolo, Il ** (*The Spanish Gardener*, Gb 1956, col, 97') Philip Leacock. Con Dirk Bogarde, Jon Whiteley, Maureen Swanson, Cyril Cusack, Michael Hordern, Geoffrey Keen. ◆ Dal romanzo di Cronin, la storia dell'amicizia tra un giardiniere (Bogarde) e il figlio del console inglese a Barcellona, che vede male questi rapporti interclassisti. Lento e insinuante studio dei rapporti umani a cui Bogarde offre tutta la sua acuta sensibilità d'interprete. Peccato che la sceneggiatura (di Lesley Storm e John Bryan) cancelli ogni possibile riferimento all'omosessualità e finisca per far trionfare solo i buoni sentimenti.

Giardino dei Finzi Contini, Il ** (Italia 1970, col, 93') Vittorio De Sica. Con Lino Capolicchio, Dominique Sanda, Helmut Berger, Fabio Testi, Romolo Valli, Raffaele Curi. ◆ A Ferrara, dal 1938 al 1943, la nemesi di una famiglia di ebrei agiati, i Finzi Contini, che si erano allineati al regime e avevano sempre ostentato costumi aristocratici. Dai primi segni della persecuzione alla deportazione: si salverà solo Giorgio (Capolicchio), l'amico figlio di commercianti, che invano ama Micol (Sanda) dall'infanzia. Languori decadenti, rimpianti sulla giovinezza perduta, amicizie più o meno particolari e, sullo sfondo, gli orrori della Storia. Giorgio Bassani, autore del celebre romanzo omonimo, ha voluto ritirare la firma dalla sceneggiatura di Ugo Pirro. De Sica smorza i toni, annacqua la tragedia e tira a commuovere il pubblico: eppure, tra i suoi ultimi film, è uno dei più riusciti. Esangue ed elegante, piacque molto al pubblico. Fu il trampolino di lancio per la Sanda. Oscar per il miglior film straniero.

Giardino della felicità, Il *½ (*The Blue Bird*, Usa/Urss 1976, col, 83') George Cukor. Con Patsy Kensit, Todd Lookinland, Elizabeth Taylor, Jane Fonda, Ava Gardner, Oleg Popov, Robert Morley, Harry Andrews. ◆ Nel mondo del sogno due fratellini (Lookinland e l'esordiente Kensit) vanno alla ricerca dell'Uccello Blu, che può dare pace e felicità a una loro amica ammalata. Seconda riduzione cinematografica (dopo *The Blue Bird* di Walter Lang, 1940, con Shirley Temple, inedito in Italia) di un testo teatrale di Maurice Maeterlinck. La prima, e per molto tempo l'unica, coproduzione sovietico-americana, è un lavoro d'occasione per un regista che ha conosciuto tempi migliori. Molte star accostate alla rinfusa (c'è anche la famosa ballerina Nadezda Pavlova) e molta poesia a buon mercato.

Giardino della violenza, Il **½ (*The Young Savages*, Usa 1961, b/n, 110') John Frankenheimer. Con Burt Lancaster, Dina Merrill, John David Chandler, Shelley Winters, Telly Savalas, Edward Andrews. ◆ A rischio della carriera, un avvocato idealista (Lancaster) vuole salvare un giovane portoricano dalla sedia elettrica. Eccitante l'inizio-shock (almeno per i tempi) con la sfida tra la gang italiana e quella portoricana (gli attori sono rigorosamente non professionisti): ma poi Frankenheimer, al secondo film, si inchina ai luoghi comuni del genere giudiziario di impegno civile. Dal romanzo *A Matter of Convinction* di Evan Hunter (alias Ed McBain) sceneggiato da Edward Anhalt e J.P. Miller. Esordio di Savalas.

Giardino delle delizie, Il *½ (Italia 1967, b/n, 95') Silvano Agosti. Con Maurice Ronet, Lea Massari, Evelyn Stewart [Ida Galli], Franco Bertoni. ◆ Ossessionato dai ricordi d'infanzia, dall'educazione cattolica e dal trittico di Bosch che dà il titolo al film, Carlo (Ronet) tradisce la moglie (Stewart) proprio durante il viaggio di nozze. Film dalla difficile vicenda produttiva, montato, rimontato, censurato: Agosti, al suo primo lungometraggio, non ha paura di confrontarsi con Bergman e Fellini, ma eccede in intellettualismo. Musica di Ennio Morricone. Bel bianco e nero di Aldo Scavarda.

Giardino delle illusioni, Il *½ (*De illusionist*, Olanda 1984, col, 88') Jos Stelling. Con Freek de Jonge, Jim van der Woude, Catrien Wolthuizen, Gerard Tholen. ◆ Un inventore (de Jonge, anche cosceneggiatore), che vive in un mulino con la mamma castratrice, si innamora della partner di un prestigiatore e si dà all'illusionismo. Senza dialoghi, una fellinata all'olandese che si lancia nell'elogio della follia e nella facile satira della psicanalisi: con un piglio clownesco e un'iconografia a metà strada tra surrealismo e Art Brut, che non trova mai una coerenza espressiva. In una formula: cinema d'autore rancido. Colonna sonora di Willem Breuker.

Giardino delle streghe, Il *** (*The Curse of the Cat People*, Usa 1944, b/n, 70') Robert Wise, Gunther von Fritsch. Con Simone Simon, Ann Carter, Kent Smith, Jane Randolph, Julia Dean, Elizabeth Russell. ◆ Specie di seguito del *Bacio della pantera*: una bambina solitaria e introversa (Carter) è visitata dal fantasma di Irena, la donna-pantera (Simon) che suo padre (Smith) aveva sposato in prime nozze: ma nessuno le vuole credere. Nella casa vicina, intanto, si sono stabilite due altre minacciose donne-felino. Un piccolo capolavoro dell'horror «infantile» che parte lentamente ma irresistibile nel finale: sceneggiato da De Witt Bodeen affronta il classico tema dell'intreccio tra immaginazione e realtà, secondo il punto di vista della piccola protagonista. Il produttore Val Lewton non replicò il successo del prototipo, anche perché i toni horror sono molto più sfumati, ma il suo stile allusivo ed evocativo è inconfondibile. Wise, tra i migliori montatori dell'epoca, si trovò a esordire come regista dopo l'esonero di von Fritsch. Fondamentale l'apporto del direttore della fotografia Nicholas Musuraca.

Giardino dell'oblio, Il → *Giardino di Allah, Il*

Giardino di Allah, Il ** (*The Garden of Allah*, Usa 1936, col, 80') Richard Boleslawsky. Con Marlene Dietrich, Charles Boyer, Tilly Losch, Basil Rathbone, Joseph Schildkraut, John Carradine. ◆ In viaggio nel deserto algerino alla ricerca di se stessa, Domini (Dietrich) incontra un monaco fuggito da un monastero trappista (Boyer) e lo sposa. Ma il ricordo del passato avrà la meglio e l'ex monaco tornerà ai suoi voti. Girato in Arizona soprattutto per sperimentare il technicolor tricromatico, improbabile nella storia (sceneggiata da W. P. Lipscomb e Lynn Riggs a partire da un romanzo di Robert Hichens) e nella scenografia, il film mantiene però un certo fascino grazie a un esotismo dichiaratamente artificioso. Rifacimento del film muto omonimo (1927) di Rex Ingram con Alice Terry e Ivan Petrovich. Oscar speciale per il lavoro sul colore a W. Howard Greene e Harold Rosson. Conosciuto anche coi titoli *Anime nel deserto* e *Il giardino dell'oblio*.

Giardino di cemento, Il *** (*The Cement Garden*, Gb/Germania/Francia 1993, col, 105') Andrew Birkin. Con Andrew Robertson, Charlotte Gainsbourg, Alice Coulthard, Ned Birkin, Sinead Cusack, Hanns Zischler, Jochen Horst. ◆ Fratello e sorella, Jack (Robertson) e Julie (Gainsbourg), dopo la morte del padre e della madre (quest'ultima l'hanno seppellita in cantina, con l'aiuto dei fratelli minori, per evitare l'orfanotrofio) ricostituiscono la famiglia diventando amanti quasi senza accorgersene. Ma Derek (Horst), un trentenne innamorato di Julie, scopre il loro rapporto e il loro segreto. Dall'omonimo racconto di Ian McEwan (sceneggiato dal regista), una favola «per adulti» dalla parte dei ragazzini, tesa a dimostrare che le trasgressioni più gravi per la morale comune (l'incesto, il travestitismo) derivano dal desiderio di mantenere intatto il nucleo famigliare, ricostruendolo in modo alternativo attraverso una mimesi ossessiva e claustrofobica. Dunque non si tratta tanto di perversioni, ma di eversioni e sovversioni vissute con la più totale naturalezza. L'audace congegno narrativo è reso ancora più efficace dalla regia fredda, geometrica e mai morbosa di Birkin, che sceglie il grigio e il blu come colori dominanti di un universo infantile e adolescenziale cupo e concentrazionario come raramente capita di vedere al cinema. La fotografia è di Stephen Blackman.

Giardino di gesso, Il ** (*The Chalk Garden*, Gb 1964, col, 106') Ronald Neame. Con Deborah Kerr, Edith Evans, Hayley Mills, John Mills, Felix Aylmer, Elizabeth Sellars, Lally Bowers. ◆ Angariata da una nonna gelosa e severissima (Evans), la sedicenne nipotina (H. Mills) vive in una villa vicino al mare, convinta di essere stata ripudiata dalla madre. L'arrivo della nuova governante, paziente e comprensiva (Kerr), porterà un po' di umanità tra quelle mura, ma poi si scoprirà che anche lei nasconde un segreto. La versione cinematografica della pièce di Enid Bagnold (adattata per lo schermo da John Michael Hayes) non si discosta molto da quella che furoreggiò nei teatri di Londra: grande prova attoriale, segreti e colpi di scena e una struttura narrativa da soap-opera di alta qualità. Una volta si chiamavano «polpettoni», ma poi la famiglia si riuniva per guardarli.

Giardino d'infanzia **½ (*Detskij Sad*, Urss 1984, col, 160') Evgenij Evtušenko. Con Klaus Maria Brandauer, Galina Stachanova, Svetlana Evstratova, Sergej Gusak, Sergej Bobrovskij, Nikolaj Karacencsev. ◆ Il difficile ma istruttivo viaggio verso la Siberia di un ragazzino che nel 1941 deve lasciare Mosca, stretta d'assedio dai nazisti. Lento e mai troppo spettacolare, denso di immagini forti, di momenti evocativi, di un lirismo struggente e intenso. Nel bene e nel male, il film di un poeta di professione, qui alla sua prima esperienza come regista.

Giardino incantato, Il *½ (*Jack and the Beanstalk*, Usa 1952, b/n e col, 87') Jean Yarbrough. Con Bud Abbott, Lou Costello, Buddy Baer, Dorothy Ford, Barbara Brown. ◆ Il baby-sitter è la nuova professione di Gianni e Pinotto (Abbott e Costello). Quest'ultimo però si addormenta e sogna di andare in un paese incantato. Già in parabola discendente, la coppia può ancora far divertire i bambini, anche per il tono fiabesco del racconto inspirato alla celeberrima favola *Jack e il fagiolo magico*. Inizia in bianco e nero, prosegue a colori.

Giardino indiano, Il **½ (*The Assam Garden*, Gb 1985, col, 92') Mary McMurray. Con Deborah Kerr, Madhur Jaffrey, Alec McCowen, Zia Mohyeddin, Anton Lesser. ◆ La vedova (Kerr) di un coloniale britannico torna in Inghilterra e coltiva con grande cura il giardino del marito, rimpiangendo gli anni ricchi di privilegi trascorsi in India. La strapperà dalla solitudine l'amicizia con la vicina di casa, un'anziana immigrata indiana (Mohyeddin). L'esordio nel cinema di una regista televisiva è un bello studio su due figure femminili divise dalla Storia e riunite dai sentimenti (sceneggiato da Elisabeth Bond). Nonostante le apparenze, non c'è niente di sdolcinato: la macchina da presa si aggira quasi stordita nel meraviglioso giardino, e la Kerr (la sua ultima apparizione sul grande schermo risaliva al 1969, in *Il compromesso*) passa dall'idealizzazione della felicità alla vuota frustrazione con un'intensità commovente.

Giardino segreto, Il **½ (*The Secret Garden*, Usa 1949, b/n, 92') Fred M. Wilcox. Con Margaret O'Brien, Herbert Marshall, Dean Stockwell, Gladys Cooper, Brian Roper, Elsa Lanchester. ◆ Adottata da uno zio scontroso (Marshall) dopo la morte dei genitori, la piccola Mary Lennox (O'Brien) scopre nel parco della villa un giardino chiuso dal giorno in cui la zia vi aveva trovato la morte. Con l'aiuto di un amico (Stockwell) lo ripulisce: riuscirà così a far tornare la gioia di vivere al cuginetto (tenuto in segregazione per una paralisi da cui saprà guarire) e allo stesso zio. Tratto dal libro di Frances Hodgson Burnett (e sceneggiato da Robert Ardrey), è una affascinante rivisitazione di un celeberrimo romanzo per bambini tutto costruito sulle magiche atmosfere di quel giardino vittoriano capace di modificare il carattere delle persone. Ingiustamente dimenticato, è un film che andrebbe rivalutato. Nell'edizione originale alcune scene erano girate a colori. Rifatto nel 1994.

Giardino segreto, Il **½ (*The Secret Garden*, Usa 1993, col, 101') Agnieszka Holland. Con Kate Maberly, Heydon Prowse, Andrew Knott, Maggie Smith, Laura Crossley, John Lynch, Irène Jacob. ◆ Dopo la morte della madre (Jacob), la piccola Mary (Maberly) torna in Inghilterra dalla lontana India per vivere con lo scontroso zio (Lynch) e l'infermo nipotino Colin (Prowse): la scoperta di un giardino, inaccessibile dal giorno in cui la zia (sempre la Jacob) era morta, aiuterà Mary a far tornare la gioia di vivere al cuginetto. Seconda versione del libro di Frances Hodgson Burnett, dopo quella del 1949 di Fred M. Wilcox. Prodotto dall'American Zoetrope di Coppola e sceneggiato da Caroline Thompson, il film riesce a ricreare la magica atmosfera del romanzo grazie a una partecipazione alla materia trattata che lo libera subito dall'etichetta di «opera per ragazzi» e che la Holland dirige con un tocco di piacevole mistero (specie nella scoperta della bellezza della natura da parte dei ragazzi). Ottima, come sempre, Maggie Smith nei panni dell'acida governante. La musica è di Zbigniew Preisner, l'autore preferito da Kieślowski.

Già vola il fiore magro *** (*Déjà s'envole la fleur maigre*, Belgio 1960, b/n, 85') Paul Meyer. Con Domenico Mescolini, Valentino Gentili, Luigi Favotto, Giuseppe Cerqua, Attilio Sanna, Pietro Sanna, Dolores Oscari, Giuseppe Pozzetti e gli abitanti della regione carbonifera del Borinage. ◆ L'ultimo giorno di lavoro del minatore italiano Domenico (Mescolini) nel bacino carbonifero del Borinage coincide con l'arrivo nella regione belga dei Sanna, che raggiungono così il capofamiglia già immigrato. Ma agli occhi dei due ragazzi (A. e P. Sanna) si presenterà una vita meno facile di quella prevista: la difficoltà della lingua, la difficile integrazione e soprattutto la chiusura delle miniere. Straordinaria testimonianza sulle condizioni di vita dei minatori immigrati a Flénu, in Belgio, il film fu commissionato dal governo per dimostrare il buon livello di integrazione tra le varie comunità, ma divenne qualcosa di totalmente diverso quando Meyer, durante i sopralluoghi, si accorse che la realtà non era quella sperata dai committenti, da quando la chiusura dei pozzi rendeva sempre più difficile la vita. Non solo documentario, perché le scene di finzione sono tante (il ballo, i giochi dei bambini), ma neppure film tradizionale perché gli interpreti sono i minatori stessi che spesso hanno improvvisato i dialoghi, così che dietro a quelle immagini eleganti (fotografate da Freddy Rents) «si respira la realtà dura e difficile della miniera e dei suoi lavoratori». Applaudito ovunque alla sua uscita, il film fu bloccato nel 1963 dal governo, che ne disconobbe – ovviamente – la paternità e obbligò Meyer a restituire i soldi che aveva speso. Per questo non si è potuto vederlo fino ai primi anni Novanta, quando il debito è stato finalmente saldato. Il titolo è tratto dal terzultimo verso dell'omonima poesia di Salvatore Quasimodo, raccolta in *Nuove poesie 1936 – 1942*. Il film è conosciuto anche con il suo sottotitolo *Les enfants du Borinage*.

Gigante, Il **½ (*The Giant*, Usa 1956, col, 197') George Stevens. Con Elizabeth Taylor, Rock Hudson, James Dean, Mercedes McCambridge, Carroll Baker, Dennis Hopper, Sal Mineo, Jane Withers, Rod Taylor. ◆ La saga di Bick Benedict (Hudson), allevatore di bestiame texano, che si scontra con un mondo che cambia, e i cui maggiori crucci sono Jett Rink (Dean), un vicino che ha scoperto il petrolio e che sarà rovinato dal successo, e il proprio figlio Jordan (Hopper), che ha sposato – orrore! – una messicana. Film ambizioso e riuscito solo in parte, che vorrebbe raccontare con toni epici un passaggio chiave nella storia americana. Troppa, forse, la carne al fuoco nella riduzione del romanzo di Edna Ferber sceneggiato da Fred Guiol e Ivan Moffat (razzismo, scontri generazionali e sentimentali), e qualche inevitabile semplicismo. Un frutto della politica allora vigente a Hollywood di combattere la televisione con film altamente spettacolari. Rimane memorabile, comunque, il personaggio di Rink, che diventa sempre più negativo nel corso della storia: l'ultima e più gigionesca interpretazione di Dean (che morì in un incidente d'auto quando le riprese non erano ancora finite). Oscar a Stevens per la regia. Dean, Hopper e Mineo erano appena comparsi in *Gioventù bruciata*.

Gigante di Boston, Il ** (*The Great John L.*, Usa 1945, b/n, 96') Frank Tuttle. Con Greg McClure, Linda Darnell, Barbara Britton, Otto Kruger, Wallace Ford, Rory Calhoun. ◆ La biografia di John Sullivan (McClure), campione del mondo dei pesi massimi nei primi anni del secolo. Ascesa, declino, avventure galanti raccontati con diligenza ma senza troppa originalità.

Gigante di Metropolis, Il *½ (Italia 1961, col, 98′) Umberto Scarpelli. Con Gordon Mitchell, Bella Cortez, Roldano Lupi, Omero Gargano, Furio Meniconi, Liana Orfei, Mario Meniconi, Carlo Tamberlani, Luigi Moneta. ◆ 20 mila anni a. C.: il progresso scientifico raggiunto a Metropolis permette al re Yotar (Lupi) di dominare il popolo e sognare l'immortalità; ma l'arrivo di Obro (Mitchell), la cui tempra fisica resiste a ogni tentativo di condizionamento, farà aprire gli occhi alla figlia Meseda (Cortez) sulla follia del sovrano. Curioso ma fallimentare tentativo di mescolare peplum e fantascienza: il primo è affidato ai muscoli di Mitchell, la seconda a una scenografia e a dei costumi (di Giovanna Natili) che sembrano debitori dei fumetti di Alex Raymond. Qualche trucco pauperistico, l'immancabile messaggio antimodernista sui rischi della scienza e la «vendetta» finale della natura.

Gigante di New York, Il **½ (*Easy Living*, Usa 1949, b/n, 77′) Jacques Tourneur. Con Victor Mature, Lucille Ball, Lizabeth Scott, Sonny Tufts, Lloyd Nolan, Paul Stewart. ◆ Un asso del football (Mature) deve rinunciare alla carriera per problemi di cuore: la moglie arrivista (Scott) scalpita. Tourneur ha dato il meglio in altri generi, ma questo spaccato del sogno americano (il soggetto è di Irvin Shaw sceneggiato da Charles Schnee), malgrado ovvi compromessi, riesce a evitare molti luoghi comuni del cinema dell'epoca. Brava la Ball nella parte della segretaria innamorata del campione.

Giganti, I ** (*Gas-oil*, Francia 1955, b/n, 89′) Gilles Grangier. Con Jean Gabin, Ginette Leclerc, Jeanne Moreau, Albert Dinan, Roger Hanin, Marcel Bozzufi. ◆ Un camionista (Gabin) si trova fra le ruote un cadavere: dovrà fare i conti con la polizia e i complici del morto. Discreto poliziesco (sceneggiato da Michel Audiard a partire da un romanzo di Georges Bayle) sul tema dell'innocente perseguitato che non può discolparsi perché non vuole compromettere la persona che ama. Moreau, non ancora celebre, fa la cattiva. I giganti del titolo italiano sono i baldi camionisti che salvano l'eroe sul più bello.

Giganti della Tessaglia, I – Gli Argonauti *½ (Italia/Francia 1960, col, 87′) Riccardo Freda. Con Roland Carey, Ziva Rodan, Alberto Farnese, Massimo Girotti, Piero Tordi, Alberto Sorrentino, Paolo Gozlino. ◆ Giasone (Carey) parte alla volta della Colchide per conquistare il vello d'oro, mentre in patria Adrasto (Farnese) gli insidia la moglie (Rodan) e vessa la popolazione. Mitologia ruspante diretta da Freda un po' svogliatamente soprattutto per mancanza di mezzi: l'unghiata del grande regista si vede solo nella scena della tempesta, filmata tutta in interni.

Giganti del mare, I *½ (*The Wreck of Mary Deare*, Usa/Gb 1959, col, 105′) Michael Anderson. Con Gary Cooper, Charlton Heston, Michael Redgrave, Emlyn Williams, Cecil Parker, Virginia McKenna, Richard Harris. ◆ Accusato ingiustamente del naufragio della sua nave, un ufficiale (Cooper) deve trovare le prove che lo scagionino. Tensione fiacca (nonostante la sceneggiatura di Eric Ambler, specialista della suspense) e ritmo lento: penultimo film di un ormai stanco Cooper.

Giganti del West, I *½ (*The Mountain Men*, Usa 1980, col, 102′) Richard Lang. Con Charlton Heston, Brian Keith, Stephen Macht, Victoria Racimo, John Glover, Seymour Cassel. ◆ Due cacciatori di castori (Heston e Keith) salvano una donna indiana dalle ire del marito, che cercherà comunque di vendicarsi. Un western vecchio stile che tenta vanamente di aggiornarsi con qualche tocco realistico e crepuscolare: poco memorabile. La sceneggiatura è del figlio di Heston, Fraser Clark.

Giganti di Roma, I * (Italia/Francia 1964, col, 95′) Anthony Dawson [Antonio Margheriti]. Con Richard Harrison, Wandisa Guida, Ettore Manni, Ralph Hudson, Nicole Tessier, Philippe Hersent. ◆ In guerra contro i Galli di Vercingetorige, tre valorosi soldati romani (Harrison, Manni e Hudson) trovano il modo per rendere inefficaci le temibili macchine da guerra del nemico. Un episodio del *De Bello gallico* di Giulio Cesare è solo un pretesto per costruire un film d'azione di modestissima caratura, anche involontariamente comico.

Giganti toccano il cielo, I *½ (*Bombers B-52*, Usa 1957, col, 106′) Gordon Douglas. Con Karl Malden, Marsha Hunt, Natalie Wood, Efrem Zimbalist jr, Dean Jagger, Don Kelly. ◆ In una base aerea, un giovane ufficiale (Zimbalist) si innamora della figlia (Wood) di un burbero sergente (Malden) col quale non va troppo d'accordo. Scontato cocktail di sentimenti e prodezze aviatorie sui bombardieri a reazione B-52.

Giganti uccidono, I **½ (*Patterns*, Usa 1956, b/n, 83′) Fielder Cook. Con Van Heflin, Everett Sloane, Ed Begley, Beatrice Straight, Elizabeth Wilson. ◆ Assunto da poco in un'azienda, un impiegato (Heflin) viene messo in competizione dal direttore (Sloane) col collega più anziano (Begley) che dovrebbe rimpiazzare. A quest'ultimo cedono i nervi: ma nessuno ne uscirà indenne. Teso melodramma sui costi dell'ambizione professionale, adattatto da Rod Serling a partire da una sua sceneggiatura televisiva. Un tema insolito per l'epoca, il cui trattamento appare oggi datato, ma non scende a compromessi. Gran cast, con Begley una spanna sugli altri.

Giggi il bullo * (Italia 1982, col, 88′) Marino Girolami. Con Alvaro Vitali, Adriana Russo, Susanna Fassetta, Ennio Girolami, Venantino Venantini. ◆ Vicissitudini tragicomiche di un teppistello di periferia (Vitali), sempre pronto a menar le mani, e sempre fregato da qualcuno più furbo di lui. Comicità modesta e risaputa con un Vitali già in fase calante.

Gigi *** (*Gigi*, Usa 1958, col, 116′) Vincente Minnelli. Con Leslie Caron, Maurice Chevalier, Louis Jourdan, Hermione Gingold, Eva Gabor, Isabel Jeans. ◆ Nella Parigi fin de siècle, un'ignara ragazza di provincia, Gigi (Caron), viene allevata e istruita da nonna e zia, ex mondane di lusso, per diventare una perfetta cortigiana e mettere le mani su un ricco rampollo (Jourdan): Gigi riuscirà sì a conquistare quest'ultimo, ma con l'amore. Il romanzo omonimo di Colette è solo uno spunto: Minnelli, che aveva fatto esordire la Caron in un altro musical fortunatissimo, *Un americano a Parigi*, dà vita a una favola moderna, attento soprattutto alla ricchezza e alla varietà delle scenografie e utilizzando il formato CinemaScope per la possibilità che offre di «accumulare dettagli nella medesima scena» più che l'ampiezza dell'inquadratura. Straordinaria la sequenza di *I Remember It Well*, dove Lachaille (Chevalier) e madame Alvarez (Gingold) ricordano il passato nel crepuscolo rosa della piazza di Trouville. Alcune scene di raccordo sono state girate da Charles Walters. Forse troppi nove Oscar: miglior film, regia, sceneggiatura (Alan Jay Lerner), fotografia (Joseph Ruttenberg), costumi (Cecil Beaton), musiche (André Previn), canzone (Frederick Loewe e Alan Jay Lerner), scenografia (William A. Horning, Preston Ames, Henry Grace, Keogh Gleason) e montaggio (Adrienne Fazan). Chevalier fu premiato con un Oscar alla carriera.

Gigli del campo, I ** (*Lilies of the Field*, Usa 1963, b/n, 93') Ralph Nelson. Con Sidney Poitier, Lilia Skala, Lisa Mann, Isa Crino, Stanley Adams. ◆ Alcune suore di origine tedesca si fanno aiutare da un generoso operaio nero (Poitier) nella costruzione di una cappella. Piccola commedia ben recitata e piena di bonaria ironia, tratta da un romanzo di William E. Barrett sceneggiato da James Poe e che ottenne un successo superiore ai suoi meriti. Poitier, con il solito personaggio affabile e rispettoso che piaceva tanto ai bianchi, vinse l'Oscar come protagonista: il primo e (finora) ultimo attore nero nella storia di Hollywood.

Giglio infranto *** (*Broken Blossoms*, Usa 1919, b/n, 91') David Wark Griffith. Con Lillian Gish, Richard Barthelmess, Donald Crisp, Arthur Howard, Edward Piel, Norman Shelby [Kid McCoy], George Beranger. ◆ Arrivato a Londra dalla Cina per diffondere il verbo buddista, Cheng Huan (Barthelmess) si affeziona alla piccola Lucy (Gish) tanto da ospitarla in casa quando la ragazza fugge da un padre (Crisp) alcolizzato e violento. Ma l'uomo riesce a trovarla e la riporta a casa, picchiandola a morte: sconvolto, Cheng lo ucciderà, per poi tornare nella sua stanzetta e mettere fine anche alla propria vita. Il più famoso e il più commovente dei melodrammi di Griffith, che lo stesso regista ha tratto da un romanzo di Thomas Burke. La storia sembra non voler risparmiare allo spettatore nessun colpo basso, dalla povertà del quartiere londinese in cui è ambientata la storia, all'amore puro e rispettoso che il cinese ha per la piccola ragazza bianca, alla depravazione fisica e morale di chi è invece fallito come padre e come pugile: ma è proprio da «questo uso sistematico delle situazioni forti che nasce una poesia disperata e quasi selvaggia che sa andare molto oltre le frontiere del melodramma» così com'era inteso in quegli anni. E giustamente è stato sottolineato che c'è qualcosa di shakespeariano in questa storia che trasforma la dolcezza e la tenerezza nei suoi opposti, la rabbia e la violenza. Straordinaria prova della ventitreenne Lillian Gish, credibile nel ruolo di una ragazza di tredici anni. Rifatto in Gran Bretagna nel 1936 (*Giglio infranto* con Dolly Haas e Arthur Margeston) da Hans Brahm, che poi emigrerà a Hollywood dove si firmerà John Brahm.

Giglio nero, Il **½ (*The Bad Seed*, Usa 1956, b/n, 129') Mervyn LeRoy. Con Nancy Kelly, Patty McCormack, Eileen Heckart, William Hopper, Henry Jones, Evelyn Varden. ◆ All'apparenza angelica e leggiadra, una bambina (McCormack) eredita dalla nonna una personalità maligna e criminale, spingendosi all'omicidio. La madre (Kelly), sconvolta, arriverà a soluzioni estreme. Per quanto sia discutibile il determinismo biologico di fondo (i criminali sono tali per tare ereditarie, e non perché influenzati dall'ambiente), la regia di LeRoy non manca di una cupa efficacia drammatica. Il film è tratto da una pièce di Maxwell Anderson (adattata per lo schermo da John Lee Mahin) che aveva avuto successo a Broadway, e ne riprende gli interpreti. Il finale edificante imposto dalle regole hollywoodiane è assente da alcune copie.

Gigò *½ (*Gigot*, Usa 1962, col, 104') Gene Kelly. Con Jackie Gleason, Katherine Kath, Gabrielle Dorziat, Albert Remy, Yvonne Constant. ◆ Un vecchio portiere sordomuto di Montmartre (Gleason), che ama gli animali più che gli uomini, fa amicizia con una ragazzina. Da un soggetto di Gleason (che sceneggiò insieme a John Patrick), il primo film non musicale diretto da Kelly si risolse in un fiasco, anche perché i produttori vollero mettervi le mani. Gleason cerca di ispirarsi a Chaplin, ma la sua vena più genuina è quella beffarda e non quella melanconica.

Gigolò * (*Schöner Gigolo – Armer Gigolo*, Rft 1979, col, 105') David Hemmings. Con David Bowie, Sydne Rome, Kim Novak, David Hemmings, Maria Schell, Marlene Dietrich, Cürd Jurgens. ◆ Di ritorno dalla prima guerra mondiale, un tenente prussiano (Bowie) vaga per Berlino, conteso da un branco di nazisti omosessuali e da uno stuolo di ricche signore pronte a pagarlo per le sue prestazioni. Il cast è il maggior motivo d'interesse di questo costoso centone di *Cabaret*, incerto tra la farsa, la tragedia e il ridicolo involontario. Bowie è evanescente. Ultima e fugace apparizione sullo schermo della Dietrich, che canta la canzone che dà il titolo al film. Sceneggiatura di Ennio De Concini.

Gigolo e Gigolette ** (*Encore*, Gb 1951, b/n, 86') Harold French, Pat Jackson, Anthony Pelissier. ◆ Film a episodi. In *La cicala e la formica* (Harold French. Con Nigel Patrick, Roland Culver, Alison Leggatt) il simpatico e parassita Tom, dopo aver vissuto alle spalle del laborioso e austero fratello, conquista il cuore e le ricchezze di una miliardaria; in *Crociera d'inverno* (Pat Jackson. Con Kay Walsh, Noel Purcell, Jacques François, Ronald Squire) una zitella troppo loquace, durante una crociera, mette a dura prova la pazienza di equipaggio e passeggeri, finché il capitano ordina a un giovane barista francese di farle la corte; in *Gigolo e Gigolette* (Anthony Pelissier. Con Glynis Johns, Terence Morgan, David Hutcheson, Charles Goldner) Stella, nonostante i contratti firmati dal marito, vuole smettere di esibirsi nel suo tuffo da trentacinque metri in una piccola vasca circondata dalle fiamme, ma per cercare di compensare i mancati guadagni gioca tutti i risparmi al casinò. Adattamento cinematografico di tre novelle di Somerset Maugham (sceneggiate rispettivamente da T.E.B. Clarke, Arthur Macrae e Eric Ambler), secondo una formula già ampiamente collaudata in *Passioni* (1948) e *Trio* (1950, inedito in Italia). Qui però la fantasia degli sceneggiatori e dei registi sembra un po' essersi persa per strada: il più riuscito è il primo episodio, una variante piena d'ironia della celebre favola di Jean de La Fontaine, mentre l'ultimo sconta soprattutto la poca dimestichezza dello scrittore con un universo a lui estraneo.

Gilda **** (*Gilda*, Usa 1946, b/n, 110') Charles Vidor. Con Rita Hayworth, Glenn Ford, George Macready, Joseph Calleia, Steven Geray, Joe Sawyer. ◆ Riconoscente perché gli ha salvato la vita, Johnny Farrel (Ford) accetta di lavorare nella bisca del suo salvatore, Ballin Mundson (MacReady), che in realtà fa da copertura alle attività di ex nazisti. Ma la sua riconoscenza viene messa in crisi dall'amore quando scopre che la moglie di Ballin altro non è che Gilda (Hayworth), la donna che ha amato appassionatamente e che l'ha talmente deluso da renderlo misogino. Uno dei triangoli noir più famosi della storia del cinema, dove – come in *Casablanca* – i personaggi assumono valenze mitiche: l'amore distruttivo di Gilda per Johnny, il rapporto filiale di Johnny per Ballin sono tra le più perfette rappresentazioni cinematografiche di quel masochismo disperato e distruttivo che il film noir ha sempre sfiorato ma che non ha mai raccontato con tanta affascinante abilità. Sceneggiato da Marion Parsonnet e Jo Eisinger da un racconto di E.A. Ellington, il film – per un miracoloso stato di grazia di attori, regista e tecnici, a partire dal direttore della fotografia Rudolph Maté – riesce a «fondere il suo lato fortemente onirico e le sue valenze simboliche con un fascino terribilmente concreto e barocco, per non dire carnale» in un succedersi di scontri e colpi di scena tutti fortemente impregnati di valenze psicoanalitiche. Così la gelosia diventa odio e viceversa perché, come dice Johnny, la donna è come un bastone con la lama retrattile: «ha l'aria di essere una cosa e sotto i tuoi occhi ne diventa un'altra». Al centro di ogni pulsione, inarrivabile dark lady, c'è Gilda, l'anti-Marlene sensuale e innocente, trionfo del corpo femminile tutto costruito sull'ambiguità del piacere: quando si toglie i guanti al ritmo di *Put the Blame on Mame*, tutti si immaginano uno spogliarello ben più ardito. La Hayworth si rivela per la prima volta in un ruolo drammatico e rimane Gilda per sempre: nell'edizione originale è doppiata da Anita Ellis in quasi tutte le parti cantate (compreso il numero di *Amado mio*), ma non in quella in cui, accompagnata da una chitarra e seduta sul bancone del bar, torna a intonare *Put the Blame on Mame*.

Gimme Shelter ** (*Gimme Shelter*, Usa 1970, col, 91') Albert e David Maysles, Charlotte Zwerin. Con The Rolling Stones, Jefferson Airplane, Ike and Tina Turner, Melvin Belli. ◆ Film documentario sul concerto che gli Stones e altri gruppi rock tennero nel novembre 1969 ad Altamont, in California. Gli Hell's Angels, responsabili del servizio d'ordine, uccisero uno spettatore: ma nel film resta assai vago e oscuro come andarono le cose e quali responsabilità avevano gli Stones. La macchina da presa privilegia troppo Jagger, ma per gli appassionati è pur sempre una chicca. Ricorda, se non altro, che gli anni Settanta non furono solo all'insegna della pace e dell'amore. Tra i brani eseguiti *Satisfaction*, *Sympathy for the Devil*, *Brown Sugar* e *Under My Thumb*.

Ginecologo della mutua, Il * (Italia 1977, col, 95') Joe D'Amato [Aristide Massaccesi]. Con Renzo Montagnani, Paola Senatore, Massimo Serato, Mario Carotenuto, Isabella Biagini, Aldo Fabrizi. ◆ Oberato dai debiti, un ginecologo lascia lo studio a un collega più giovane (Montagnani), che non tarda a trovare il modo per far fiorire l'attività. Commediola maliziosa di bassa lega che coinvolge molti nomi illustri. L'idea del ginecologo è solo un pretesto per far spogliare in velocità le varie bellezze di turno.

Ginevra e il cavaliere di re Artù ** (*Lancelot and Guinevere*, rititolato *Sword of Lancelot*, Gb/Usa 1963, col, 116') Cornel Wilde. Con Cornel Wilde, Jean Wallace, Brian Aherne, George Baker, John Barrie. ◆ L'infelice storia di Lancillotto (Wilde), cavaliere di Re Artù, che, purtroppo per lui, si innamora proprio della moglie del suo sovrano. Ennesima versione – diligente ma nulla più – della saga dei cavalieri della Tavola Rotonda. Wilde, al suo esordio alla regia, punta tutto sulle scenografie e sull'azione, ma trova il modo di inserire qualche tocco di umorismo insolito per il genere.

Ginger e Fred *** (Italia/Francia/Rft 1986, col, 126') Federico Fellini. Con Marcello Mastroianni, Giulietta Masina, Franco Fabrizi, Toto Mignone, Frederick von Ledenburg, Augusto Poderosi. ◆ Due ballerini da avanspettacolo (Mastroianni e Masina), famosi negli anni Trenta per l'imitazione della coppia Fred Astaire e Ginger Rogers, vengono chiamati a partecipare a uno spettacolo televisivo dove la loro magia, per un attimo, si prenderà una rivincita sulla volgarità del mondo degli spot e degli sponsor. Letto, banalmente, come un attacco alla televisione berlusconiana, *Ginger e Fred* è in realtà una ricognizione amara e atterrita nella realtà contemporanea, che Fellini deforma e ricompone con l'acume visionario dei suoi tempi migliori (vedi l'inizio alla stazione Termini di Roma). Fellini però non si indigna, e tende piuttosto all'elegia e alla rassegnazione stoica: a volte il suo sorriso è un po' mielato, ma resta uno dei pochi registi italiani a vederci ancora chiaro, e ad avere il senso del paradosso. Magistrali (e poi spesso imitati) i finti spot mescolati al film – una piccola parte, in realtà, di quelli girati per lo scopo.

Ginocchio di Claire, Il *** (*Le Genou de Claire*, Francia 1970, col, 105') Eric Rohmer. Con Jean-Claude Brialy, Aurora Cornu, Béatrice Romand, Laurence de Monaghan, Michèle Montel, Fabrice Luchini. ◆ In procinto di sposarsi, Jérôme (Brialy) si mette a corteggiare per scommessa una ragazza (Romand), con l'unico scopo di poter accarezzarle il ginocchio, così come aveva visto fare al fidanzato di lei. Il quinto dei racconti morali di Rohmer è una sorta di parafrasi stilizzata delle *Relazioni pericolose* di Laclos: un gioco di seduzioni architettate a freddo da Jérôme e dalla sua amica scrittrice Aurora (Cornu), e un intreccio di voci (i dialoghi e il diario della scrittrice). Più freddo di altri film di Rohmer (finisce con l'essere infatti sia una riflessione su come si costruisce una storia che una psicologia della seduzione), ma costruito con un'intelligenza, cinematografica e non solo, sopraffina. Il direttore della fotografia Nestor Almendros trova nel lago di Annecy un set ideale. Prodotto dal futuro regista Barbet Schroeder.

Giocando nei campi del signore *½ (*At Play in the Fields of the Lord*, Usa 1991, col, 180') Hector Babenco. Con Tom Berenger, Aidan Quinn, Daryl Hannah, John Lithgow, Kathy Bates, Tom Waits, Stenio Garcia. ◆ Moon (Berenger), un avventuriero di origine cheyenne, si rifiuta di bombardare un villaggio di indios amazzonici e riscopre le sue radici. Intanto due coppie di missionari (Quinn e Bates, Lithgow e Hannah) rivaleggiano per salvare anime: ma l'arrivo dei bianchi non porterà che malattia e morte tra gli indios. Film-fiume ambizioso (nella sceneggiatura mette mano Jean-Claude Carrière), tratto da un romanzo di Peter Mathiessen che aveva già incuriosito John Huston. Molta la carne sul fuoco: lo scontro degli occidentali con le altre culture e quello tra istinti e ragione, la fede (quella dell'unico missionario simpatico, Quarrier [Quinn]) messa a dura prova, il dramma ecologico dell'Amazzonia. Babenco nutre pretese filologiche nei confronti della cultura india assenti dall'altro kolossal sull'Amazzonia, *Mato grosso*: ma la retorica e la zavorra sono tante.

Giocare d'azzardo ** (Italia 1982, col, 96') Cinzia Th Torrini. Con Piera Degli Esposti, Renzo Montagnani, Remo Remotti, Remo Girone, Maria Rosaria Omaggio. ◆ Una casalinga insoddisfatta (Degli Esposti) scopre i brividi del gioco d'azzardo: per inseguire un numero del lotto che ritarda, vende tutto e trascura la famiglia. Quando finalmente vince, è già altrove con la testa. Storia di follia domestica raccontata con ambizioni espressioniste: il primo film della Torrini (anche sceneggiatrice insieme a Marco Colli) raccolse recensioni lusinghiere, ma rientra nel novero delle buone intenzioni. Il Th che precede il cognome della regista è solo una sigla portafortuna.

Giocatore, Il *½ (*Le Joueur*, Francia/Italia 1958, col, 96') Claude Autant-Lara. Con Gérard Philipe, Liselotte Pulver, Bernard Blier, Françoise Rosay, Nadine Alari, Jean Danet. ◆ A Baden Baden un precettore russo (Philipe) si butta nel gioco per amore di una ragazza che ha contratto un debito: ma presto la roulette diventa la sua unica passione. Conservare il tono beffardo del racconto omonimo di Dostoevskij era difficile: Autant-Lara e Philipe (con la sceneggiatura di Jean Aurenche e Pierre Bost) scelgono un trattamento melodrammatico, e finisce che steccano. Più riuscite – e dostoevskijane – le figurine di contorno.

Giocatore, Il (di Jean-Pierre Melville) → *Bob il giocatore*

Giocatore, Il – Rounders ** (*Rounders*, Usa 1998, col, 120') John Dahl. Con Matt Damon, Edward Norton, John Malkovich, John Turturro, Gretchen Mol, Famke Janssen, Martin Landau, Michael Rispoli. ◆ Per aiutare un amico (Norton), lo studente di diritto con la passione per il poker Mike McDermott (Damon) si ritrova al tavolo di Teddy Kgb (Malkovich), mafioso russo e campione imbattuto, che naturalmente lo spenna: lascerà la carriera e la fidanzata (Mol) per prepararsi alla rivincita. Un noir ambientato nel sottosuolo newyorkese (con Turturro a fare da Virgilio), che rispolvera una storia vecchia come Hollywood: il pivello che diventa adulto affrontando «il padre». Dahl ama il genere e si vede dai dettagli, dagli ambienti, dalle figure secondarie; ma la sceneggiatura di David Levien e Brian Koppelman è prevedibile e inutilmente verbosa (anche se finge di essere anticonformista, sostenendo che il gioco a volte può pagare), e Malkovich non potrebbe essere più gigione nel fare il verso a se stesso. I *rounders* sono i giocatori di professione e la «texana» del doppiaggio italiano è il «Texas hold'em», che si gioca con 52 carte e in cui si fanno punti utilizzando anche le carte a centro tavolo. Coprodotto da Ted Demme, fratello di Jonathan.

Giocatore troppo fortunato, Un **½ (*Jinxed!*, Usa 1982, col, 102') Don Siegel. Con Ken Wahl, Bette Midler, Rip Torn, Val Avery, Jack Elam, Jacqueline Scott. ◆ Un croupier (Wahl) di Reno viene perseguitato dalla jella ogni volta che al suo tavolo si presenta un certo giocatore (Torn). Per vendicarsi, gli seduce l'amante (Midler) e architetta un piano diabolico. Bizzarra e sottovalutata commedia nera sceneggiata da Bert Blessing e David Newman, piena di sorprese e di cambiamenti di tono: una conclusione non indegna della carriera di Siegel, che appare come proprietario di una libreria.

Giocatrice, La *½ (*She Went to the Races*, Usa 1945, b/n, 86') Willis Goldbeck. Con Frances Gifford, James Craig, Ava Gardner, Edmund Gwenn, Sig Ruman, Reginald Owen. ◆ Aiutata da tre scienziati, una dottoressa (Gifford) elabora un metodo sicuro per vincere alle corse: peccato che poi si innamori di un allevatore di cavalli che non le dà retta. Blanda commediola senza troppe pretese.

Giocattolo, Il ** (Italia 1979, col, 118') Giuliano Montaldo. Con Nino Manfredi, Marlène Jobert, Arnoldo Foà, Olga Karlatos, Pamela Villoresi. ◆ Portavalori per un industriale suo amico d'infanzia, Vittorio (Manfredi) si fa rapinare e ferire accidentalmente da alcuni rapinatori al supermercato. Dopo essere stato minacciato di licenziamento decide di imparare a sparare. Un buon spunto iniziale (di Sergio Donati, che poi l'ha sceneggiato col regista e Manfredi) per un apologo sulla violenza privata che non coinvolge né convince fino in fondo, mancando sovente della necessaria tensione. Manfredi drammatico, tuttavia, convince appieno.

Giocattolo a ore * (*The Toy*, Usa 1983, col, 99') Richard Donner. Con Richard Pryor, Jackie Gleason, Ned Beatty, Teresa Ganzel, Scott Schwartz, Wilfrid Hyde-White. ◆ Invitato a scegliersi un regalo in un negozio di giocattoli, il figlio (Schwartz) di un miliardario (Gleason) opta per uno scrittore nero che fa il commesso (Pryor) che, dopo l'umiliazione iniziale, saprà prendersi le sue rivincite. Remake di *Professione... giocattolo* di Francis Veber, ma nella sceneggiatura di Carol Sobieski gli spunti di satira sociale naufragano nella banalità e nel cattivo gusto.

Giochi d'adulti *½ (*Consenting Adults*, Usa 1992, 100') Alan J. Pakula. Con Kevin Kline, Mary Elizabeth Mastrantonio, Kevin Spacey, Rebecca Miller, Forest Whitaker, E.G. Marshall. ◆ Il tran tran dei coniugi Parker, Richard (Kline) e Priscilla (Mastrantonio), viene sconvolto dall'arrivo di una nuova coppia di vicini, gli Otis. Eddy (Spacey) propone a Richard uno scambio delle mogli, ma in realtà ha progettato di uccidere la sua (Miller) e di far ricadere la colpa sull'altro. La tentazione e il ritorno della norma: lo schema di cento film hollywoodiani di oggi, reso più insipido da una sceneggiatura inverosimile di Matthew Chapman. Pakula, tanti anni fa, nutriva ambizioni da autore.

Giochi d'equilibrio *½ (Italia 1998, col, 98') Amedeo Fago. Con Stefania Rocca, Gianmarco Tognazzi, Maddalena Crippa, Remo Girone, Monica Ferri, Giovanni Vettorazzo, Loredana Scaramella. ◆ Negli ex studi De Paolis, il regista Andrea (Girone) gira (con Tognazzi e la Rocca come alter ego) un film autobiografico sugli anni Settanta, quando entrava nel mondo del cinema e la coppia era aperta, ma la gelosia era ugualmente all'ordine del giorno. La costumista Francesca (Crippa) è ancora al suo fianco, ma esige sempre la propria libertà. Giochi incestuosi di cinema nel cinema, finzione e realtà, scritti dal regista con la costumista – e compagna – Lia Morandini. Si sfiora appena la politica, già ai tempi contava solo il privato: e infatti c'è chi da allora è rimasto fermo a contemplare il proprio ombelico, sognando volenterosamente Truffaut.

Giochi d'estate * (Italia 1984, col, 106') Bruno Cortini. Con Massimo Ciavarro, Corinne Cléry, Fabio Testi, Natasha Hovey, Karina Huff, Mauro Di Francesco. ◆ A Portorotondo si intrecciano gli amori e le ansie vacanziere di chi è ricco e di chi fa finta di esserlo. Insulso e pieno di luoghi comuni, non ha un'idea originale che sia una. Uno dei tanti cloni del fortunato *Sapore di mare*.

Giochi di fuoco ** (*Le Jeu avec le feu*, Francia/Italia 1974, col, 109') Alain Robbe-Grillet. Con Philippe Noiret, Anicée Alvina, Jean-Louis Trintignant, Sylvia Kristel, Agostina Belli, Christine Boisson. ◆ Un banchiere incestuoso (Noiret) mette la figlia (Alvina) nelle mani di una banda che organizza la tratta delle bianche: ma è vano cercare di raccontare una storia che, come in tutti i film del regista, si morde la coda e contraddice se stessa. Un puzzle intellettualistico che usa materiali volutamente bassi (il giallo, i fumetti, il film erotico tipo *Histoire d'O*): avanguardia datata, ma meno indisponente di altre opere analoghe, anche per via di continui ammiccamenti che svelano la finzione (il maggiordomo sempre più scocciato che alla fine sbotta: «Quanto mi tocca lavorare in questo film! Un giorno o l'altro mando tutti a farsi fottere»; o la Belli in procinto di essere sedotta che dice: «Non è il momento... con tutto il pubblico che ci guarda...»). Il fondatore dei *Cahiers*, Jacques Doniol-Valcroze interpreta il commissario Laurent.

Giochi di morte *½ (*The Blood of Heroes*, Usa 1989, col, 90') David [Webb] Peoples. Con Rutger Hauer, Joan Chen, Vincent Philip D'Onofrio, Anna Katarina. ◆ Nel solito Medioevo prossimo venturo, lo sport più in voga è una specie di rugby sanguinoso, in cui si fa meta piantando un teschio di cane su un paletto. Un campione orbo (Hauer) e la sua discepola (Chen) sfidano la potentissima Lega. Chissà chi vince. Girato in Australia con un occhio a *Mad Max*, ma scarsa originalità. Prima, deludente regia dello sceneggiatore di *Blade Runner*, *Gli spietati* e di *Eroe per caso*. In Australia è conosciuto col titolo *The Salute of the Jugger*.

Giochi di notte *½ (*Nattlek*, Svezia 1966, b/n, 96') Mai Zetterling. Con Ingrid Thulin, Keve Hjelm, Lena Brundin, Jörgen Lindström, Naima Wifstrand, Monica Zetterlund. ◆ Alla vigilia del matrimonio, Jan (Hjelm) fatica a liberarsi di un passato turbolento e inquieto, segnato dal morboso legame con la madre (Thulin). La Zetterling porta sullo schermo un suo romanzo sceneggiandolo con David Hughes: tormentoni psicoanalitici, flashback a volontà, e un tono cupo ed esagitato debitore di Sjöstrom e Bergman. Vano cercare nella copia italiana una sequenza di masturbazione che, alla Mostra del cinema del 1966, fece sì che il film venisse proiettato solo per giuria e giornalisti. E infatti quella copia durava 105'.

Giochi di potere ** (*Patriot Games*, Usa 1992, col, 116') Phillip Noyce. Con Harrison Ford, Anne Archer, Patrick Bergin, Sean Beam, James Earl Jones, Richard Harris, Samuel L. Jackson, Ted Raimi. ◆ In vacanza a Londra, l'agente della Cia Jack Ryan (Ford) sventa l'attentato alla famiglia reale di una scheggia impazzita dell'Ira: per vendicare il fratello, un terrorista (Beam) giura tremenda vendetta e se la prende con la moglie (Archer) e la figlioletta dell'americano. Buoni e cattivi senza sfumature in un thriller elementare che glorifica la famiglia. L'ovvio finale pirotecnico non è girato un granché bene. Interessante, invece, l'uso di vari gadget bellici e spionistici: da antologia la sequenza, agghiacciante, della distruzione di un campo di terroristi in Libia vista attraverso un satellite. Tratto dal romanzo omonimo di Tom Clancy: il personaggio di Ford ha lo stesso nome di quello interpretato da Alec Baldwin (che avrebbe dovuto interpretare anche questo film, prima che Ford si rendesse disponibile) in *Caccia a Ottobre Rosso* (sempre di Clancy), ma non ci sono altri punti di contatto. Invece Ford nei panni di Jack Ryan è l'interprete anche di *Sotto il segno del pericolo*.

Giochi nel buio → *Night Games – Giochi nel buio*

Giochi nell'acqua ** (*Drowning by Numbers*, Gb 1988, col, 118') Peter Greenaway. Con Joan Plowright, Juliet Stevenson, Joely Richardson, Bernard Hill, Jason Edward, Bryan Pringle. ◆ Grazie alla perplessa complicità del coroner, tre donne con lo stesso nome ma di tre generazioni diverse uccidono i rispettivi mariti, conquistando a suon di promesse la complicità di un ispettore che sarà la loro ultima vittima. Uno dei parti più bizzarri della esagitata fantasia di Greenaway: un esercizio virtuosistico sui temi del gioco, della morte, del sesso, dell'infantilismo dei maschi e della malvagità delle donne. Il divertimento resta intellettualistico e astratto (al limite dell'irritazione), ma il tono è meno supponente che nella media dei film di Greenaway. Uno dei giochi cui viene invitato lo spettatore è quello di individuare il numero (decrescendo da 100 a 1) che si cela in ogni sequenza. Musiche di Mozart e di Michael Nyman.

Giochi particolari *½ (Italia 1971, col, 97') Franco Indovina. Con Marcello Mastroianni, Virna Lisi, Timothy Dalton, John Serret, Aram Stephan. ◆ Un marito (Mastroianni) annoiato dalla vita procura un amante (Dalton, futuro 007) alla moglie (Lisi) per poterli riprendere insieme. Girato in un'epoca in cui descrivere la crisi della coppia borghese era lo sport nazionale del nostro cinema. Velleitario e approssimativo, oggi fa sorridere. Sceneggiatura di Tonino Guerra.

Giochi pericolosi ** (*Dangerous Games*, Australia 1988, col, 95') Stephen Hopkins. Con Miles Buchanan, Sandie Lillingston, Marcus Graham, Steven Grives, Kathryn Walker, John Polson, Max Meldrum. ◆ La notte brava di cinque studentelli di Sydney (Buchanan, Graham, Walker, Polson e Lillingston), penetrati di notte in un grande magazzino, diventa un incubo per colpa di un poliziotto psicopatico (Grives) che ce l'ha a morte con loro. Uscire è impossibile: in compenso il luogo offre ogni genere di armi. Il soggetto non brilla per originalità (vedi *Zombi*), ma i virtuosismi tecnici sopperiscono al vuoto di idee. Apprezzabile il tono cattivo. Per Hopkins un passaporto per Hollywood.

Giochi pericolosi (di John McNaughton) → *Sex Crimes – Giochi pericolosi*

Giochi proibiti **½ (*Jeux interdits*, Francia 1951, b/n, 84') René Clément. Con Brigitte Fossey, George Poujouly, Lucien Hubert, Suzanne Courtal, Jacques Marin. ◆ All'inizio della seconda guerra mondiale, Paulette (Fossey), rimasta orfana a cinque anni, scopre cos'è la morte assieme all'undicenne Michel (Poujouly), e decide di costruire un cimitero per gli animali. Un atto d'accusa contro la crudeltà della guerra e degli adulti, svolto secondo i dettami del realismo liricheggiante a volte un po' semplicistico tipico del cinema francese d'autore dell'epoca: qui, però, la sceneggiatura di Jean Aurenche, Pierre Bost e del regista (a partire da un racconto di François Boyer) riesce a fondere bene il realismo dei bombardamenti e dello sfollamento con la stilizzazione e la delicatezza dell'amicizia tra i due ragazzi. Straordinaria l'interpretazione drammatica della piccola Fossey che diventerà attrice professionista. Leone d'oro alla Mostra del cinema del 1952. Celebre commento musicale di Narciso Yépès.

Giochi stellari **½ (*The Last Starfighter*, Usa 1984, col, 100') Nick Castle. Con Lance Guest, Robert Preston, Dan O'Herlihy, Catherine Mary Stewart, Barbara Bosson, Wil Wheaton. ◆ Un ragazzo (Guest) campione di videogame viene ingaggiato da alieni per combattere una guerra spaziale. Variazione sul tema di *Wargames* e di *Tron*, sceneggiata con bella fantasia da Jonathan Betnel, abbastanza sofisticata negli effetti speciali, non priva di umorismo, ma fatta per piacere più ai ragazzi che agli adulti.

Gioco a due * (*The Thomas Crown Affair*, Usa 1999, col, 110') John McTiernan. Con Pierce Brosnan, Rene Russo, Denis Leary, Frankie Faison, Esther Cañadas, Faye Dunaway, Ben Gazzara. ◆ Il miliardario Thomas Crown (Brosnan) ruba un Monet da un museo di New York; l'investigatrice delle assicurazioni Catherine Banning (Russo) lo sgama, cerca di incastrarlo, e poi ne diventa l'amante. *Il caso Thomas Crown* non è mai stato un classico, ma questo remake è molto peggio: visto che il giallo-rosa è un genere datato, lo si aggiorna con pruriti da Zalman King; e persa ogni connotazione trasgressiva, rimane un elogio della bella vita di una mediocrità irritante. Ottimo solo il lavoro degli scenografi, che ricostruiscono verosimilmente il Metropolitan. In Italia si è preferito dargli un titolo sciapo, per evitare ogni riferimento a Steve McQueen. Protagonista della prima versione, la Dunaway appare nel ruolo di una psicanalista.

Gioco al massacro *½ (Italia 1989, col, 110') Damiano Damiani. Con Elliott Gould, Tomas Milian, Nathalie Baye, Eva Robbins, Jennifer Rubina Laser, Galeazzo Benti. ◆ Divisi da fiera rivalità per motivi di successo e di donne, due registi, uno fallito (Milian) e uno di successo (Gould) decidono che ognuno farà un film sulla vita dell'altro. Il cast è buono, ma la sceneggiatura (tratta da una pièce di Damiani e Raffaele La Capria, portata sulle scene da Albertazzi) è di maniera: banalità travestite da cinema impegnato.

Gioco da duri, Un *½ (*Semi-Tough*, Usa 1977, col, 108') Michael Ritchie. Con Burt Reynolds, Kris Kristofferson, Jill Clayburgh, Robert Preston, Brian Dennehy, Lotte Lenya, Carl Weathers. ◆ La figlia del padrone di una squadra di football (Clayburgh) se la fa – senza riuscire a scegliere – con due giocatori del team (Reynolds e Kristofferson). Ritchie, a metà film, sembra aver esaurito l'argomento «satira dello sport americano», e passa a quello «satira della mania americana per le sette religiose». Reperto di un modo di fare cinema scombiccherato e divagante (sceneggiato da Walter Bernstein da un romanzo di Dan Jenkins), tipico di molti registi che volevano fare gli alternativi restando dentro Hollywood. Diede origine a una breve serie televisiva.

Gioco degli avvoltoi, Il *½ (*A Game for Vultures*, Gb 1979, col, 106') James Fargo. Con Richard Harris, Richard Roundtree, Joan Collins, Ray Milland, Denholm Elliott. ◆ La Rhodesia vuole importare degli elicotteri dall'America, ma i guerriglieri neri cercano di sabotare l'operazione. Un mediocre film di guerriglia che banalizza un argomento delicato. Cast sprecato.

Gioco del falco, Il ** (*The Falcon and the Snowman*, Usa 1985, col, 131') John Schlesinger. Con Timothy Hutton, Sean Penn, David Suchet, Lori Singer, Pat Hingle, Dorian Harewood. ◆ Disgustato dall'operato dei servizi segreti americani, il figlio (Hutton) di un ex agente dell'Fbi comincia a vendere informazioni ai sovietici, coinvolgendo un suo amico tossicodipendente (Penn). Ovvio che il gioco sfuggirà loro di mano. Da una vicenda realmente accaduta (raccontata in un libro da Robert Lindsey e sceneggiata da Steven Zaillian), una spy story diversa dal solito, che non riesce però a mettere bene a fuoco i moventi dei suoi protagonisti. Considerato il regista, una mezza delusione. Un successo la colonna sonora di Pat Metheny con David Bowie che canta *This Is (Not) America.*

Gioco della mela, Il *** (*Hra o Jablko*, Cecoslovacchia 1976, col, 101') Vera Chytilová. Con Jiří Menzel, Dagmar Bláhová, Evelyna Steimarová, Jiří Kodet. ◆ Appena assunta all'ospedale di Praga, una giovane infermiera (Bláhová) è corteggiata da un medico dongiovanni (Menzel, uno dei più noti registi cechi), che ha già una relazione con la moglie di un collega. Rimasta incinta, sceglierà alla fine la propria indipendenza. Umorismo caustico in chiave femminista sui rapporti uomo-donna in un paese socialista: spumeggiante, divertente ed evidentemente non troppo distante dalla realtà, visto che – per ordini dall'alto – il film non poté essere presentato a vari festival internazionali (ottenendo però dei premi a quelle poche rassegne, in America e in Francia, a cui riuscì a partecipare). Consigliabile soprattutto a coloro che credono noioso tutto il cinema dell'est europeo.

Gioco dell'amore, Il * (*The Mating Game*, Usa 1959, col, 96') George Marshall. Con Debbie Reynolds, Tony Randall, Paul Douglas, Fred Clark, Una Merkel, Philip Ober. ◆ Un agente delle tasse (Randall) si innamora della figlia (Reynolds) del fattore. Commediola rustica di poche pretese e di consistenza nulla.

Gioco della verità, Il ** (*Le Jeu de la vérité*, Francia 1961, b/n, 92') Robert Hossein. Con Nadia Gray, Robert Hossein, Paul Meurisse, Jean Servais, Jean-Louis Trintignant, Jeanne Valérie, Perrette Pradier, Françoise Prévost, Dahlia Lavi. ◆ In una casa di campagna si trovano dieci invitati, uno dei quali viene ucciso e derubato durante un breve blackout. Chi è il colpevole? Classico intreccio giallo, e classico crescendo di suspense sceneggiato da Jean Serge e Robert Chazal. Gli attori sono all'altezza della loro fama ma la regia di Hossein, poi affermatosi soprattutto in campo teatrale, è asfittica e senza invenzioni.

Gioco dell'oca, Il ** (*Snakes & Ladders*, Irlanda/Usa 1996, col, 90') Trish McAdam. Con Rosaleen Linehan, Gina Moxley, Pom Boyd, Sean Hughes, Catherine White, Paudge Behan. ◆ Dublino: Jean (Boyd), cabarettista di strada in coppia con Kate (Moxley), manda all'aria il matrimonio con Martin (Hughes) e il sodalizio con l'amica per un'avventura con un produttore televisivo (Behan) e un lavoro come presentatrice di un programma musicale. Una commedia irlandese indipendente che partecipa degli umori proletari e artistici dublinesi senza frequentare il circolo dello scrittore Roddy Doyle (*The Committments*, per intendersi): il punto di vista è femminile emancipato, lo sguardo più realistico, il senso dell'umorismo meno travolgente, ma la sceneggiatura (scritta dalla regista) funziona a intermittenza. Il personaggio più bello è quello dell'invadente madre di Jean, Nora (Linehan), singolare ibrido di tradizionalismo ed eccentricità.

Gioco del pigiama, Il → *Giuoco del pigiama, Il*

Gioco di bambole ** (*The Glad Rag Doll*, Usa 1929, b/n, 70') Michael Curtiz. Con Dolores Costello, Ralph Graves, Audrey Ferris, Albert Grant, Claude Gillingwater, Arthur T. Rankin, Thomas Richetts. ◆ La stella di una rivista di Broadway, Annabel Lee (Costello), viene licenziata per le pressioni di John Fairchild (Graves) che spera così di troncare la relazione che ha con suo fratello Jimmy (Rankin). Ma la donna riesce, con uno stratagemma, a farsi ospitare una settimana in casa Fairchild, una delle più ricche famiglie di Filadelfia: scoprirà che anche i ricchi hanno molti difetti e riuscirà a conquistare chi l'aveva tanto disprezzata. Una commedia non molto brillante – nonostante le intenzioni – realizzata ai tempi in cui il sonoro era ancora una novità e infatti i limiti più gravi sono proprio la pessima qualità dei dialoghi (scritti da C. Graham Baker) mentre la sceneggiatura di Harvey Gates con il suo inizio quasi pirandelliano è costruita meglio. Se però il film regge all'usura del tempo è sostanzialmente per merito della bravura di Dolores Costello, femme fatale dell'epoca e star di punta della Warner.

Gioco di massacro ** (*Jeu de massacre*, Francia 1967, col, 91') Alain Jessua. Con Jean-Pierre Cassel, Claudine Auger, Eleonore Hirt, Michel Duchaussoy. ◆ Un ricco giovanotto svizzero (Cassel) paga un disegnatore di fumetti perché racconti la sua biografia. Questi lo fa diventare il «killer di Neuchâtel»: ma gli incroci tra realtà e immaginazione saranno fatali. Autore anche della sceneggiatura Jessua, però, perde per strada le sue ambizioni a metà tra la pop-art e la satira presessantottina. Le strip sono di Guy Pellaert. Interessante solo il lavoro sul colore del direttore della fotografia Jacques Robin (l'operatore è il futuro regista Claude Zidi).

Gioco di squadra → *Double Team – Gioco di squadra*

Gioco estremamente pericoloso, Un **½ (*Hustle*, Usa 1975, col, 120') Robert Aldrich. Con Burt Reynolds, Catherine Deneuve, Eddie Albert, Ben Johnson, Ernest Borgnine, Eileen Brennan, Paul Winfield. ◆ Poliziotto di Los Angeles (Reynolds) indaga sulla fuga di una ragazza di buona famiglia finita in un giro di droga e pornografia. Le autorità preferirebbero insabbiare, ma il padre della ragazza (Johnson) cerca vendetta. Le storie di contorno sono forse troppe, ma i personaggi di questo poliziesco amaro e senza speranza sceneggiato da Steve Shagan sono tutt'altro che banali, e Aldrich (produttore assieme a Reynolds) non ha paura di tirare pugni allo stomaco dello spettatore.

Gioco pericoloso ** (*Doublecrossed*, Usa 1991, col, 100') Roger Young. Con Dennis Hopper, Robert Carradine, Adrienne Barbeau. ◆ Il contrabbandiere di droga Barry Seal (Hopper), sotto la minaccia del carcere, si rende utile al governo americano, per poi essere scaricato quando non serve più. Barry Seal, che pare sia esistito veramente, è un personaggio ideale per Hopper: cinico, sbruffone, ambiguo, sembra divertirsi da matti a rischiare la pelle. Politicamente il film non ha paura di schierarsi, e accusa i sandinisti di prendere parte al narcotraffico. Produzione televisiva più accurata della media.

Gioco sleale ** (*Foul Play*, Usa 1978, col, 116') Colin Higgins. Con Goldie Hawn, Chevy Chase, Burgess Meredith, Dudley Moore, Rachel Roberts, Eugene Roche. ◆ Una ragazza (Hawn) viene casualmente a sapere di un complotto per uccidere il Papa, in visita negli Stati Uniti. Nessuno le crede, tranne un detective (Chase) che si innamora di lei. Passatempo in bilico tra commedia e thriller sceneggiato dal regista (già apprezzato autore teatrale), hitchcockiano nell'intreccio ma non certo nello stile. Centosedici minuti, però, sono decisamente troppi.

Gioia d'amare **½ (*Joy of Living*, Usa 1938, b/n, 90') Tay Garnett. Con Irene Dunne, Douglas Fairbanks jr, Alice Brady, Guy Kibbee, Jean Dixon, Lucille Ball. ◆ Una star del musical (Dunne), stressata dall'avida famiglia, comprende che il successo non è tutto grazie a un giovane (Fairbanks jr) che le fa conoscere le gioie dell'amore (e *Joy of Loving* era il titolo originale, ritenuto troppo osé): per esempio mangiare in un ristorantino di quartiere e camminare a piedi nudi sotto la pioggia. L'anticonformismo secondo Hollywood in una commedia non geniale (Garnett non è uno specialista anche se la sceneggiatura di Gene Towne, Allan Scott e Graham Baker ha qualche bella idea), ma amabile e piena di brio. Buone le canzoni di Jerome Kern e Dorothy Fields.

Gioia della vita, La ** (*Riding High*, Usa 1950, col, 112') Frank Capra. Con Bing Crosby, Coleen Gray, Charles Bickford, William Demarest, James Gleason, Oliver Hardy. ◆ Innamorato della figlia di un industriale ma anche del mondo delle corse, Bill (Crosby) deve scegliere tra il matrimonio e i cavalli. Remake sceneggiato da Robert Riskin di un film diretto dallo stesso Capra nel 1934 (*Strettamente confidenziale*), del quale vengono anche citate alcune scene, trasmesse in tv. In più ci sono le canzoni di Bing Crosby – belle ma del tutto estranee al corpo del racconto – e una delle rarissime apparizioni di Hardy senza Laurel. Carino, ma non certo tra le migliori cose di Capra.

Gioielli di madame de..., I **½ (*Madame de...*, Francia/Italia 1953, b/n, 100') Max Ophuls. Con Danielle Darrieux, Charles Boyer, Vittorio De Sica, Mireille Perrey, Jean Debucourt, Serge Lecointe, Lia Di Leo. ◆ Un paio di orecchini, venduti da Louise (Darrieux), una signora dell'alta società parigina, capitano proprio nelle mani del marito (Boyer), che li regala a un'amante. Ritorneranno a Louise, ma tramite un diplomatico (De Sica) innamorato di lei: e sarà tragedia. Col suo stile stilizzato ed elegante come un arabesco, ispirandosi al romanzo omonimo di Louise de Vilmorin (sceneggiato dal regista insieme a Marchel Achard e Annette Wademant) Ophuls racconta il mondo della Belle époque, fatuo e dominato dalle apparenze. Incroci di destini e menzogne col ritmo di un minuetto, metafora cristallina, allo stesso tempo superficiale e tragica, della condizione umana, dove gli incessanti movimenti di macchina (praticamente non esistono piani fissi) traducono sullo schermo la visione del mondo dell'autore, sempre sospesa tra frivolezza e incombente gravità: un film gelidamente impeccabile, dove però Ophuls rischia la maniera di se stesso.

Gioiello del Nilo, Il *½ (*The Jewel of the Nile*, Usa 1985, col, 104') Lewis Teague. Con Michael Douglas, Kathleen Turner, Danny DeVito, Spiros Focas, Avner Eisenberg. ◆ Seguito di *All'inseguimento della pietra verde*: Jack (Douglas) e Joan (Turner) vengono coinvolti nelle beghe tra usurpatori e legittimi pretendenti in un imprecisato reame arabo. Un seguito decisamente scadente sceneggiato da Mark Rosenthal e Lawrence Konner: ritmo fiacco e personaggi senza sorprese. La dimensione ironica del prototipo si perde nella ricerca di una spettacolarità da baraccone. Molto rumore per nulla.

Gioko, Il *½ (Italia 1989, col, 100') Lamberto Bava. Con Alessandra Acciai, Daria Nicolodi, Jean Hébert, Viola Simoncioni, Stefano De Sando, Valeria Milillo. ◆ Una giovane professoressa di lettere (Acciai) va a insegnare in un collegio dove la sua predecessora è morta misteriosamente, e si rende conto che i suoi allievi hanno svaghi segreti quanto morbosi. Inserito nella serie Tv «Alta tensione», scritto da Roberto Gandus, Dardano Sacchetti e Giorgio Stegani, una variazione nel filone dei bambini diabolici, che vorrebbe essere ambiguo fino in fondo ma ha presto il fiato corto, malgrado qualche trovata. Ferzan Ozpetek è assistente alla regia.

Giordano Bruno ** (Italia/Francia 1973, col, 123') Giuliano Montaldo. Con Gian Maria Volonté, Hans Christian Belch, Mathieu Carrière, Mark Burns, Charlotte Rampling, Renato Scarpa, Corrado Gaipa, Massimo Foschi, José Quaglio. ◆ Gli ultimi otto anni della vita del filosofo Giordano Bruno, dal 1592 al 1600: prima a Venezia tra sbornie, cortigiane e idee libertarie sull'uomo e sul cosmo, e dopo a Roma, dove l'inquisizione pontificia lo punisce con la prigione, la tortura e infine il rogo. Tra flashback e semplificazioni didascaliche, non sempre la tensione è quella giusta, e il tentativo di attualizzare l'eresia di Bruno provoca qualche forzatura. Ma Volonté vale da solo lo spettacolo. Tra gli eretici che finiscono sotto le grinfie del boia, c'è anche Angelo Guglielmi, critico letterario e futuro direttore di Rai 3. Fotografia di Vittorio Storaro e musiche di Ennio Morricone. I fan della Rampling gioiranno.

Giornata balorda, La ** (Italia/Francia 1960, b/n, 89') Mauro Bolognini. Con Jean Sorel, Lea Massari, Jeanne Valerie, Rick Battaglia, Paolo Stoppa, Valeria Ciangottini. ◆ Con fidanzata e figlio a carico, un giovane borgataro (Sorel) passa la giornata a cercare un lavoro, ma alla fine scopre che un furto può risolvere i problemi più in fretta. «Pendant», meno riuscito, di *La notte brava*: il mondo delle borgate messo in scena con un filtro sotto sotto estetizzante, che smorza il realismo della rappresentazione a favore di un pessimismo lirico e poi Sorel non ha le physique du rôle. La sceneggiatura di Pasolini, Marco Visconti e Moravia è ispirata ai *Racconti romani* di quest'ultimo.

Giornata di Ivan Denisovich, Una **½ (*One Day in the Life of Ivan Denisovich*, Gb/Norvegia, 1971, col, 105') Caspar Wrede. Con Tom Courtenay, Alfred Burke, James Maxwell, Eric Thompson, Espen Skjonberg. ◆ Dall'omonimo racconto di Aleksandr Solženicyn, la cronaca della giornata di un soldato (Courtenay) che, creduto dagli stalinisti una spia dei tedeschi, è stato condannato a dieci anni di reclusione in un gulag siberiano. Spaccato di un universo cupo e disperato dove la sceneggiatura di Ronald Harwood cerca di evitare l'enfasi – anche se il testo di partenza ha ben altra forza. Efficace la fotografia di Sven Nykvist, abituale collaboratore di Bergman. Girato sotto zero in Norvegia.

Giornata nera per l'ariete *½ (Italia 1971, col, 95') Luigi Bazzoni. Con Franco Nero, Silvia Monti, Ira Fürstenberg, Wolfgang Preiss, Rossella Falk, Pamela Tiffin. ◆ Un giornalista (Nero) scopre il mistero che si cela dietro a una catena di delitti irrisolti e apparentemente privi di denominatore comune. *L'uccello dalle piume di cristallo* aveva già fatto scuola: intrigo contorto, soluzione macchinosa, qualche effettaccio e – rigorosamente – un animale nel titolo. La formula, oggi, appare assai invecchiata.

Giornata particolare, Una *** (Italia/Canada 1977, col, 105') Ettore Scola. Con Sophia Loren, Marcello Mastroianni, John Vernon, Françoise Berd, Nicole Magny, Patrizia Basso, Tiziano De Persio, Alessandra Mussolini. ◆ Il 6 maggio 1938, il giorno in cui Hitler arriva a Roma, una casalinga madre di sei figli (Loren), cresciuta nel culto del duce, incontra casualmente il suo vicino di casa (Mastroianni), un ex annunciatore radiofonico omosessuale e prossimo al confino. La reciproca diffidenza cede, pian piano, alla comprensione e all'affetto. Ma cosa potrà cambiare nelle loro vite? «Pochi o nessuno sono i film che come questo, senza essere un film di politica militante, hanno espresso mediante le immagini l'inganno sotteso alla farsa mussoliniana». Scola lascia da parte gli schemi della commedia all'italiana per un dramma psicologico crepuscolare e sottile, giocando sul contrasto tra la fotografia virata seppia di Pasqualino De Santis e le voci pompose della radio che commentano la visita del Führer. Mastroianni e la Loren, insieme per la dodicesima volta, sfuggono ai loro cliché, e si producono in una delle loro interpretazioni più memorabili. Alla sceneggiatura di Ruggero Maccari e Scola ha collaborato Maurizio Costanzo.

Giornata spesa bene, Una ** (*Une Journée bien remplie*, Francia 1972, col, 87') Jean-Louis Trintignant. Con Jacques Dufilho, André Falcon, Luce Marquand, Antoine Marin, Vittorio Caprioli. ◆ Con l'aiuto dei genitori, un tranquillo fornaio (Dufilho) uccide sistematicamente i nove giurati che condannarono a morte suo figlio. L'esordio alla regia di Trintignant (autore anche della sceneggiatura) è una commedia nera sulla provincia francese di taglio chabroliano, che però non mantiene tutte le sue promesse. Nella scena dell'*Amleto*, il regista è lo stesso Trintignant e l'attore è Jacques Doniol-Valcroze, uno dei fondatori dei *Cahiers du cinéma*.

Giorni cantati, I **½ (Italia 1979, col, 110') Paolo Pietrangeli. Con Paolo Pietrangeli, Mariangela Melato, Anna Nogara, Roberto Benigni, Franco Bianchi, Alberto Ciarchi, Paolo Ciarchi. ◆ Un cantante sessantottino (Pietrangeli) esamina la crisi che l'ha spinto a tentare il suicidio. Autoritratto ironico dei depressi di sinistra anni Settanta. Paolo Pietrangeli (figlio del regista Antonio) era diventato noto con la canzone *Contessa*. I cantautori Ivan Della Mea, Francesco Guccini e Giovanna Marini (anche collaboratrice alla sceneggiatura) compaiono nel ruolo di se stessi. Benigni è il professore.

Giorni contati, I **½ (Italia 1962, b/n 106') Elio Petri. Con Salvo Randone, Franco Sportelli, Regina Bianchi, Vittorio Caprioli, Paolo Ferrari, Angela Minervini, Lando Buzzanca. ◆ Uno stagnino cinquantenne (Randone), dopo aver assistito sul tram alla morte di un suo coetaneo, vive nella paura di avere i giorni contati. Lascia il lavoro e cerca di mettere ordine nella propria vita, ma incontrerà solo delusioni, e il destino lo befferà amaramente. Secondo, ambizioso film di Petri sceneggiato dal regista con Carlo Romano e Tonino Guerra, che non lesina richiami a Bergman (*Il posto delle fragole*) e Antonioni, e che si dipana come un disilluso atto d'accusa contro l'alienazione del sistema capitalistico, rappresentata però (e qui sta la maggior originalità del film) dall'interno dell'individuo, in maniera insieme soggettiva e intimista. Un'opera insolita nel panorama del cinema italiano di quegli anni, che si appoggia su un gusto «fluido e spesso originale dell'inquadratura e dei primi piani» e il cui scarso successo commerciale può aver indirizzato negativamente la futura carriera di Petri verso film più spettacolari ma meno personali. Grande interpretazione di Randone, in uno dei suoi rari ruoli di protagonista.

Giorni d'amore **½ (Italia 1954, col, 109') Giuseppe De Santis. Con Marcello Mastroianni, Marina Vlady, Angelina Longobardi, Dora Scarpetta, Giulio Calì, Pietro Tordi, Gabriele Tinti. ◆ Non potendo affrontare le spese per il matrimonio, un giovane contadino (Mastroianni) «rapisce» la fidanzata (Vlady) con il consenso dei genitori di lei. Il primo film a colori di De Santis (realizzato con la consulenza del pittore Domenico Purificato) è una favola sentimentale che fa da contrappeso alle precedenti opere di esplicito impegno sociale e politico, senza tuttavia costituire un momento di rottura rispetto a esse: il matrimonio è infatti il fondamento della società italiana postbellica e la centralità della figura femminile è da sempre una caratteristica del cinema desantisiano. Al soggetto e alla sceneggiatura collaborarono Elio Petri (che fu anche aiuto regista), Gianni Puccini e Libero De Libero. Mastroianni vinse il Nastro d'argento.

Giorni del cielo, I ***½ (*Days of Heaven*, Usa 1978, col, 95') Terrence Malick. Con Richard Gere, Brooke Adams, Sam Shepard, Linda Manz, Robert Wilke, Stuart Margolin. ◆ Nel 1916 Bill (Gere), un operaio ricercato per omicidio, si fa assumere con la sua ragazza, Abby (Adams), in una fattoria texana. Il proprietario (Shepard), che crede i due siano fratelli, chiede ad Abby di sposarlo. Sobillata da Bill, che vede i vantaggi della situazione, la ragazza accetta: ma il ménage a tre avrà esiti tragici e impensati. Secondo film di Malick, autore anche della sceneggiatura: lo stesso senso del paesaggio e della fatalità del suo film d'esordio, *La rabbia giovane*, con appena un'ombra di manierismo. Linda (Manz), la sorellina di Bill, fa da narratrice della storia, e avvolge gli eventi di un tono distante e favoloso. Il cinema di Malick, coi suoi spazi sconfinati e il suo gusto dei dettagli, la sua sospensione fra la cronaca minuziosa e la trasfigurazione fantastica, non assomiglia a quello di nessun altro, e i suoi personaggi disperati e indifesi restano impressi nella memoria. La fotografia di Nestor Almendros in 70mm, premiata con l'Oscar, viene irrimediabilmente penalizzata in televisione. Premio per la miglior regia a Cannes. La colonna sonora è di Ennio Morricone, gli assoli di chitarra di Leo Kottke.

Giorni del commissario Ambrosio, I *½ (Italia 1988, col, 96') Sergio Corbucci. Con Ugo Tognazzi, Athina Cenci, Carlo Delle Piane, Carla Gravina, Pupella Maggio, Claudio Amendola, Amanda Sandrelli, Cristina Marsillach, Rossella Falk, Teo Teocoli, Duilio Del Prete, Elvire Audray, Elio Crovetto. ◆ Un violinista (Delle Piane) si autoaccusa di un omicidio, ma le perplessità del commissario (Tognazzi) si rivelano fondate. Poliziesco mesto e aggrovigliato di ambientazione milanese, che sembra fare il verso all'Ispettore Derrick, anche se è tratto da *Maledetto agosto* di Renato Olivieri (il film, però, si svolge d'inverno). Girato in fretta e più adatto al piccolo che al grande schermo – tant'è che era stato pensato come pilot di una serie di telefilm di Reteitalia mai realizzata. Il ruolo del commissario doveva essere affidato a Lino Ventura, morto prematuramente.

Giorni dell'ira, I ** (Italia/Rft 1967, col, 115') Tonino Valerii. Con Giuliano Gemma, Lee Van Cleef, Yvonne Sanson, Virginio Gazzolo, Pepe Calvo. ◆ In cerca di vendetta, Frank Talby (Van Cleef) finisce col perdere il senso della misura: per fortuna il giovane Scott (Gemma) ferma il giustiziere. Spaghetti-western con insolite ambizioni etiche e un finale pacifista in anticipo sui tempi, sceneggiato dal regista con Ernesto Gastaldi e Renzo Genta. È evidente la lezione di Sergio Leone (di cui Valerii è stato assistente) nel tono crudo e sarcastico e nell'uso di tempi dilatati. Van Cleef e Gemma, ai tempi riempirono le sale.

Giorni del '36, I **½ (*Meres tu '36*, Grecia 1972, col, 110') Thodoros Anghelopulos. Con Kostas Pavlu, Petros Makaris, Christos Kalabruzos, Petros Zardakis, Christoforos Nezer, Thanos Grammenos, Iannis Kandilas. ◆ Ambientato durante i giorni del 1936, quelli che in Grecia precedettero le elezioni politiche e la svolta dittatoriale imposta dal generale Metaxas, il film racconta il caso carcerario di un ex collaboratore della polizia, Sofianos (Pavlu) finito in disgrazia e arrestato, che prende in ostaggio un deputato della destra. Primo capitolo di una trilogia dedicata alla storia della Grecia dagli anni Trenta agli anni Settanta (cui faranno seguito *La recita* e *I cacciatori*) dove sono palesi i riferimenti alla dittatura di Papadopulos, anche se allora non potevano essere ammessi pubblicamente. Anghelopulos mette a punto la sua poetica dello straniamento, di chiara derivazione brechtiana, costruita per scene autonome «dove la tensione è spostata sull'andamento e non sull'esito delle azioni», i cui strumenti espressivi sono il piano sequenza, l'ellissi e l'uso di una gamma cromatica chiarissima e priva di qualsiasi richiamo naturalistico.

Giorni del vino e delle rose, I *** (*Days of Wine and Roses*, Usa 1962, b/n, 117') Blake Edwards. Con Jack Lemmon, Lee Remick, Charles Bickford, Jack Klugman, Alan Hewitt, Tom Palmer. ◆ Addetto alle pubbliche relazioni, Joe Clay (Lemmon) precipita quasi senza accorgersi nell'alcolismo, trascinando con sé anche la moglie Kirsten (Remick). Dopo che lei, ubriaca, ha dato fuoco all'appartamento mettendo a repentaglio la vita della figlia e lui ha perso un lavoro dopo l'altro, cercano di smettere di bere: con l'aiuto degli «Alcolisti anonimi» Joe riuscirà a percorrere il calvario della disintossicazione, ma Kirsten non avrà la forza di seguire il suo esempio. Dopo un avvio da commedia brillante, Edwards corrode le strutture del suo genere preferito, rovesciandole in un melodramma acre e disturbante sul disagio della classe media americana. Fu Lemmon – bravissimo – a volere Edwards come regista, ritenendo giustamente che avesse il tocco adatto per affrontare una storia cupa senza cadere nel lacrimoso, e infatti il finale che non lascia spazio alla speranza e l'insistenza con cui la macchina da presa registra le crisi del protagonista (specie quella nella serra del suocero, alla ricerca di una bottiglia nascosta in un vaso) fanno passare in secondo piano le scene troppo didascaliche con gli «Alcolisti anonimi». Forse eccessivamente crudo e disperato per l'epoca, il film venne però rifiutato dal pubblico. Il soggetto proviene da un film per la televisione diretto da John Frankenheimer e interpretato da Piper Laurie, sceneggiato per il grande schermo da J.P. Miller. Solo un Oscar, alla canzone di Henry Mancini cantata da Johnny Mercer.

Giorni di Clichy, I ** (*Stille dage i Clichy*, Danimarca 1969, col, 90') Jens Jørgen Thorsen. Con Paul Valjean, Wayne John Rodda, Ulla Lemvigh-Müller, Avis Sagild, Susanne Krage. ◆ Due giovani americani, Miller (Valjean) e il suo amico Carl (Rodda), sbarcano a Parigi con lo spirito di conquista degli antenati pionieri: il loro scopo, fare più sesso possibile. Ispirato all'omonimo romanzo autobiografico di Henry Miller, da cui sarà tratto anche *Giorni felici a Clichy*. Poco più di un porno (la versione italiana è comunque sforbiciata), ma più spiritoso della media, e tutto sommato abbastanza fedele allo spirito di Miller.

Giorni di dubbio **½ (*Nightmare*, Usa 1956, b/n, 89') Maxwell Shane. Con Kevin McCarthy, Edward G. Robinson, Connie Russell, Virginia Christine, Rhys Williams, Gage Clark, Barry Atwater. ◆ Un musicista (McCarthy) sogna di uccidere un uomo e al suo risveglio alcuni indizi lo inducono a pensare di aver davvero commesso l'omicidio. Il cognato detective (Robinson) indaga. Un piccolo noir ben congegnato, sceneggiato dallo stesso regista da un classico racconto di William Iris (alias Cornell Woolrich) e interpretato dal nevrotico protagonista di *L'invasione degli ultracorpi*. All'atmosfera cupa contribuiscono la fotografia contrastata di Joseph Biroc (indimenticabili i titoli di testa che appaiono in sovrimpressione sugli occhi del protagonista) e il jazz sincopato di Hershel Burke. Remake di un film girato dallo stesso regista nel 1947, *Angoscia nella notte*.

Giorni di gloria **½ (Italia 1945, b/n, 72') Mario Serandrei, Giuseppe De Santis [e Luchino Visconti e Marcello Pagliero]. ◆ Rievocazione delle lotte che accompagnarono la guerra di liberazione: i partigiani sulle montagne, i rastrellamenti, i rapporti con la popolazione civile, l'attentato di via Rasella, i processi al capo della polizia Pietro Caruso, al direttore del carcere di Regina Coeli Carretta e il suo linciaggio, l'apertura delle Fosse Ardeatine con i cadaveri dei 335 italiani (ma nel commento si dà erroneamente il numero di 320) uccisi per rappresaglia il 24 marzo 1944 e scoperti solo in seguito all'ingresso degli alleati a Roma, le fucilazioni del delatore Federico Scarpato e del «torturatore delle pensioni Jaccarino e Oltremare» Pietro Koch, la giornata del partigiano e del volontario festeggiata nella capitale liberata il 18 febbraio 1945, la liberazione di Milano, l'arresto del generale Graziani, i «giorni di gloria» della ricostruzione che seguono a quelli dell'ira. Il primo e più importante film di montaggio sulla Resistenza, prodotto dall'Anpi (Associazione nazionale partigiani d'Italia), edito dal ministero dell'Italia occupata e realizzate con la collaborazione della Pwb Film Division americana, della Cinéac di Losanna e il comando delle divisioni garibaldine Val Sesia. Coordinato dal montatore Mario Serandrei e dal regista Giuseppe De Santis che hanno utilizzato materiale requisito dagli alleati e riprese effettuate in clandestinità dai partigiani (oltre a quelle realizzate da Visconti del processo a Koch e Caruso, dove il regista depose come testimone, la loro fucilazione, il linciaggio di Carretta e, filmata da Pagliero, l'apertura delle Fosse Ardeatine), questo documentario vuole offrire una sintesi, patriottica e interclassista, della lotta di liberazione e dell'ideologia della ricostruzione sottolineando la concordia nazionale alla base di entrambe (in sostanziale ossequio alle tesi togliattiane). Il commento, scritto da Umberto Calosso e Umberto Barbaro, spesso non evita la retorica (gli italiani «fieri di lotta partigiana e di rinascita nazionale», i processi dove «la pietà se disgiunta dalla giustizia è una colpa morale», la caduta dei nazifascisti «crepuscolo degli dèi teutonici falsi e feroci»), ma non mancano ottimi brani di documentazione sulla fine di un regime.

Giorni di gloria... giorni d'amore * (*For the Boys*, Usa 1991, col, 145') Mark Rydell. Con James Caan, Bette Midler, George Seagal, Patrick O'Neal, Christopher Rydell, Bud York, Arye Gross, Norman Fell. ◆ Quarant'anni di carriera di una coppia di cantanti e fantasisti, Dixie (Midler) ed Eddie (Caan), al servizio dell'esercito statunitense. Dalla seconda guerra mondiale al Vietnam, lo spettacolo continua, e l'America celebra compiaciuta i suoi orrori. Melodramma vecchio stile che gronda di una scontata nostalgia e non risparmia un solo luogo comune. Il trucco fa meraviglie ma non miracoli e non evita, alla fine, il grottesco involontario. Un meritato flop.

Giorni di rabbia ** (*1969*, Usa 1988, col, 95') Ernest Thompson. Con Robert Downey jr, Kiefer Sutherland, Winona Ryder, Mariette Hartley, Bruce Dern, Joanna Cassidy, Christopher Wynne. ◆ Ralph (Downey jr) e Scott (Sutherland) protestano contro la guerra del Vietnam: ma mentre il primo è un idealista convinto, il secondo è un edonista che pensa solo a spinellarsi. La ricostruzione d'epoca (sceneggiata dallo stesso regista) scivola presto nella soap-opera, con gli inevitabili scontri familiari tra madri comprensive e padri militaristi. Esordio riuscito a metà per il commediografo Thompson.

Giorni di tuono *½ (*Days of Thunder*, Usa 1990, col, 107') Tony Scott. Con Tom Cruise, Robert Duvall, Nicole Kidman, Randy Quaid, Michael Rooker, Cary Elwes. ◆ Un campioncino di automobilismo (Cruise) subisce un incidente, ma una ragazza (Kidman, futura signora Cruise) gli fa tornare la voglia di vincere. Una trama senza sorprese per l'edizione motoristica di *Top Gun*, ugualmente priva di fantasia: il ritmo è quello di uno spot televisivo, la musica ruffiana e i personaggi elementari. Successo solo in patria. Cruise è autore del soggetto, sviluppato da un professionista un tempo serio come Robert Towne.

Giorni felici ** (Italia 1942, b/n, 85') Gianni Franciolini. Con Amedeo Nazzari, Vera Carmi, Lilia Silvi, Leonardo Cortese, Valentina Cortese, Paolo Stoppa. ◆ Cinque cugini sono in vacanza in una villa di campagna: Marianna (Cortese), per far ingelosire Oliviero (Cortese), s'inventa uno spasimante aviatore con l'aiuto di Franca (Silvi), la scaltra fidanzata di Bernardo (Stoppa). E quello si materializzerà davvero (Nazzari). Spigliata commedia giovanilista, tratta da un testo teatrale francese (*Les Jours heureux* di Claude André Puget adattata da Arnaldo Fraccaroli) che abbonda di umorismo caustico, anche se un po' troppo studiato: tra ripicche e schermaglie tra i sessi, la gioventù dorata dell'epoca si propone come alternativa alle segretarie dei telefoni bianchi, ma il sogno del principe azzurro e dell'altare resta identico. Il migliore tra gli interpreti è Paolo Stoppa, giovane eppure già perfettamente in grado di lamentarsi come un consumato Arpagone. Vittorio Cottafavi è accreditato come aiuto-regista. Ben tre operatori per gli esterni (Enzo Serafin, Renato Del Frate e Sergio Pesce), in effetti ragguardevoli per il cinema italiano del periodo.

Giorni felici a Clichy * (*Jours tranquilles à Clichy*, Francia/Italia/Rft 1990, col, 120') Claude Chabrol. Con Andrew McCarthy, Nigel Havers, Stéphanie Cotta, Barbara De Rossi, Stéphane Audran, Anna Galiena, Mario Adorf, Eva Grimaldi. ◆ Uno scrittore americano (McCarthy) nella Parigi lussuriosa degli anni Quaranta, tra Montmartre e Place Clichy. Resta un mistero perché un regista come Chabrol abbia accettato di dirigere questo film patinato e languidamente rétro, in cui rimane poco del libro autobiografico di Henry Miller *Giorni tranquilli a Clichy*, già ispiratore di un film omonimo. Modeste trasgressioni, lussuosi bordelli e qualche nudo.

Giorni freddi ***½ (*Hideg napok*, Ungheria 1966, b/n, 101') András Kovács. Con Zoltán Latonovits, Margit Bara, Iván Darvas, Adám Szirtes, Tibor Szilágyi, Eva Vas, Mari Szemes, István Avar. ◆ Il comandante Büky (Latonovits) e tre suoi sottoposti (Darvas, Szirtes e Szilágyi) attendono in cella di essere processati dal tribunale del popolo per il massacro di 3309 persone, compiuto nel gennaio del 1942 nella cittadina jugoslava di Ujvidék (Novi Sad): ognuno di loro rivive l'episodio in modo personale anche se tutti sostengono di aver ubbidito a un ordine, ma da risolvere c'è anche il mistero della sparizione, avvenuta proprio durante i giorni della rappresaglia, della moglie (Bara) del comandante. Un grande film sul tema della responsabilità individuale e del fascismo come risultato della passività conformista. Nel raccontare senza nessuna reticenza una delle pagine più terribili della storia magiara (ricostruita in un romanzo di Tibor Cseres e sceneggiata dallo stesso regista) Kovács sceglie uno stile da inchiesta giornalistica, freddo e scientifico, memorabile per l'uso sapiente e audace del flashback in soggettiva (l'operazione è stata paragonata a quella di Alain Resnais in *La guerra è finita*, sempre del '66), ma attento a non perdere mai di vista l'idea di fondo, che «il fascismo non è una questione di uniformi, ma piuttosto un fenomeno umano». In questo modo, evita qualsiasi facile manicheismo tra popoli «buoni» e popoli «cattivi», ma non dimentica l'importanza della responsabilità individuale di fronte al male (come sottolinea la figura della moglie del comandante).

Giorni impuri dello straniero, I ** (*The Sailor Who Fell with Grace From the Sea*, Gb 1976, col, 104') Lewis John Carlino. Con Sarah Miles, Kris Kristofferson, Jonathan Kahn, Margo Cunningham, Earl Rhodes. ◆ Un ragazzino morboso e filonazista (Kahn) vede di cattivo occhio il marinaio (Kristofferson) con cui la madre vedova (Miles) ha una relazione. Per il suo debutto alla regia, lo sceneggiatore Carlino adatta un romanzo di Yukio Mishima, *Il sapore della gloria*, riambientandolo nel mondo anglosassone. L'esplosiva violenza del giapponese risulta raggelata dalla compostezza tipicamente britannica del regista: ma il film non convince fino in fondo. Non male le scene di sesso e pregevole la fotografia di Douglas Slocombe.

Giorni perduti **** (*The Lost Week-end*, Usa 1945, b/n, 101') Billy Wilder. Con Ray Milland, Jane Wyman, Philip Terry, Howard da Silva, Doris Dowling. ◆ Don Birnam (Milland), uno scrittore in crisi, si attacca alla bottiglia, nonostante gli sforzi per dissuaderlo di fratello (Terry) e fidanzata (Wyman). Si abbassa a ogni espediente per procurarsi del denaro e viene internato in un ospedale dove ha incubi terrificanti. Basterà l'amore a fargli trovare la forza per guarire? Wilder dovette lottare per realizzare un film così scabro e non consolatorio, in un periodo in cui l'ubriacone era, al massimo, un personaggio comico. Girato tra autentici esterni (gli squallidi bar di una New York assolutamente priva di glamour) e i tipici interni hollywoodiani da studio. In genere la scena dell'incubo con il pipistrello attaccato dai topi è giudicata ingenua, ma è ugualmente raccapricciante. Quattro Oscar: miglior film, regia, sceneggiatura (Charles Brackett e Wilder, da un racconto di Charles R. Jackson) e protagonista. Milland venne preferito a José Ferrer dalla Paramount la quale esigeva che un alcolizzato sull'orlo dell'autodistruzione avesse almeno la faccia del bravo ragazzo: ma Wilder fu ugualmente soddisfatto. Al primo festival da Cannes (1946) vennero premiati sia il film che Ray Milland.

Giorni più belli, I ** (Italia 1956, b/n, 100') Mario Mattoli. Con Emma Gramatica, Antonella Lualdi, Franco Interlenghi, Vittorio De Sica, Mario Carotenuto, Memmo Carotenuto, Valeria Moriconi, Mario Riva, Riccardo Billi, Andrea Checchi, Carlo Campanini, Carlo Ninchi, Nando Bruno, Clelia Matania. ◆ Un'anziana maestra elementare (Gramatica) difende la sua scuola da un costruttore che mira a una speculazione edilizia. Saranno i suoi ex allievi, riconoscenti, a darle una mano. Una storia crepuscolare e nostalgica sceneggiata da Ruggero Maccari, Ettore Scola, Fede Arnaud, Alessandro Continenza e (non accreditato) dallo stesso regista a cui Mattoli teneva molto, messa in scena con un gusto del bozzetto amabile anche se facile. Una galleria di vecchie glorie interpretano gli ex scolari.

Giorni roventi del poliziotto Bufort, I *½ (*Part 2, Walking Tall*, Usa 1975, col, 109') Earl Bellamy. Con Bo Svenson, Luke Askew, Robert DoQui, Bruce Glover, Noah Beery jr. ◆ Un gruppo di contrabbandieri di liquori cerca in tutti i modi di eliminare lo sceriffo del Tennessee Buford Pusser (Svenson): gli uccidono la moglie, ma lui sembra indistruttibile. Seguito di *Un duro per la legge* (1973), dove Svenson prende i panni che là vestiva Joe Don Baker: qui c'è meno violenza, ma la stessa pericolosa giustificazione della vendetta privata come unico modo per far rispettare la legge. Seguito da *Final Chapter – Walking Tall* (1977, di Jack Starrett, con Bo Svenson, inedito in Italia) e da un serial televisivo.

Giorni senza fine ** (*The Young Doctors*, Usa 1961, b/n, 100') Phil Karlson. Con Fredric March, Ben Gazzara, Dick Clark, Eddie Albert, Ina Balin, Aline MacMahon, George Segal, Rosemary Murphy. ◆ Un anziano medico (March) si rifiuta di applicare i nuovi metodi del suo giovane assistente (Gazzara) e provoca quasi una tragedia. Melodramma ospedaliero non troppo distante dal *Dottor Kildare*, girato con mestiere e con un buon cast. Da un romanzo di Arthur Hailey sceneggiato da Joseph Hayes. Debutto di George Segal.

Giorno alle corse, Un *** (*A Day at the Races*, Usa 1937, b/n, 111') Sam Wood. Con Groucho, Harpo e Chico Marx, Allan Jones, Maureen O'Sullivan, Margaret Dumont, Douglass Dumbrille, Sig Ruman, Esther Muir. ◆ Il dottor Hugo Z. Hackensbush (Groucho) salva la clinica della bella Judy (O'Sullivan) dalla bancarotta con il denaro vinto in una corsa di cavalli. Al secondo film per la Mgm e la regia di Wood, l'incontenibile umorismo yiddish del trio forza di continuo i limiti angusti di una sceneggiatura piuttosto ordinaria firmata da Robert Pirosh, George Seaton e George Oppenheimer. Groucho, nei panni di un veterinario che si finge medico per compiacere una ricca cliente (Dumont), è in gran forma: «Se mi sposi non guarderò mai più un altro cavallo» le dice. Memorabile la scena del gelato di frutta in cui Chico, nella parte dell'autista della clinica, truffa Groucho al botteghino delle scommesse e gli vende un'intera biblioteca sull'handicap dei cavalli. Il doppiaggio è necessario per la comprensione delle battute, ma non sempre riesce a restituire gli spassosi giochi di parole. Alcune copie non hanno (per «correttezza politica») il numero musicale in cui Harpo e un coro di neri ballano *Who Dat Man?* in cui i movimenti esagerati dei ballerini tradiscono l'adesione a stereotipi razziali.

Giorno a New York, Un **½ (*On the Town*, Usa 1949, col, 98') Stanley Donen, Gene Kelly. Con Gene Kelly, Frank Sinatra, Vera Ellen, Betty Garrett, Ann Miller, Jules Munshin, Alice Pearce, Florence Bates. ◆ Tre marinai (Kelly, Sinatra e Munshin) in permesso per ventiquattr'ore a New York, vanno a caccia di ragazze. Ognuno incontra e perde la donna dei suoi sogni: ma si ritroveranno tutti sulla cima dell'Empire State Building. Una pietra miliare nella storia del musical, tratta dallo spettacolo di Adolf Green e Betty Comden, ai quali si deve anche l'adattamento cinematografico: ai tempi suonarono come una novità sia la trama più elaborata del solito che l'eccellenza delle coreografie girate tutte in esterni. La musica è di Leonard Bernstein, Roger Edens e Lennie Hayton (gli ultimi due premiati con l'Oscar per gli arrangiamenti). Kelly, autore delle coreografie, esordisce come regista; tra i numeri più celebri, *Prehistoric Man*, dove Ann Miller balla il tip-tap in un museo tra gli scheletri dei dinosauri.

Giorno da leoni, Un **½ (Italia 1961, b/n, 118') Nanni Loy. Con Renato Salvatori, Tomas Milian, Nino Castelnuovo, Romolo Valli, Leopoldo Trieste, Carla Gravina, Anna Maria Ferrero, Valeria Moriconi, Corrado Pani, Saro Urzì, Regina Bianchi. ◆ A Roma, dopo l'8 settembre, alcuni ragazzi inseguiti dai tedeschi si uniscono a un gruppo di partigiani che sta preparando un atto di sabotaggio. Film di formazione ispirato a un episodio realmente accaduto, con una galleria di ritratti emblematici. La prima opera importante di Loy infonde nuovo slancio a un argomento già ampiamente trattato dal cinema italiano, anche se non sempre riesce a tenere sotto controllo l'abbondante materiale narrativo. Sceneggiatura di Loy e Alfredo Giannetti.

Giorno da ricordare, Un *½ (*Two Bits*, Usa 1995, col, 95') James Foley. Con Al Pacino, Mary Elizabeth Mastrantonio, Gerlando Barone, Patrick Borriello. ◆ Philadelphia, agosto 1933: in piena Depressione, il tredicenne Gennaro Spirito (Barone) cerca disperatamente di guadagnare 25 cent per andare al cinema. Glieli lascerà in eredità il nonno (Pacino). Una commedia di buoni sentimenti con echi di *Nuovo cinema Paradiso* all'americana: Foley si lascia prendere troppo la mano dalla sceneggiatura di Joseph Stefano, e se non fosse per l'intervento di Al Pacino, capace di infondere nerbo ai suoi personaggi in qualsiasi contesto, il film sarebbe melassa pura e insopportabile.

Giorno degli zombi, Il *** (*Day of the Dead*, Usa 1985, col, 102') George A. Romero. Con Lori Cardille, Terry Alexander, Joseph Pilato, Richard Liberty, Jarlath Conroy. ◆ Capitolo finale della trilogia romeriana sugli zombi, dopo *La notte dei morti viventi* (1968) e *Zombi* (1978). Pochi sopravvissuti vivono chiusi in un bunker, e tentano esperimenti che diminuiscano l'aggressività dei voraci zombi che hanno invaso il pianeta. Ma l'idiozia di alcuni militari farà precipitare la situazione. Horror dai risvolti politici, molto parlato ed estremamente truculento, ma in cui nulla è gratuito e fine a se stesso. Romero (autore anche della sceneggiatura) costruisce con pochi tocchi un mondo allucinante, osa dibattere di massimi sistemi senza scadere nella retorica e possiede un rigore (estetico e morale) raro nel cinema americano. Significativamente, l'eroe del film è una donna, Sarah (Cardille). Più radicale di qualsiasi horror, e al tempo stesso qualcosa in più di un semplice film di genere. Le anime sensibili, comunque, si astengano.

Giorno dei fazzoletti rossi, Il *½ (*The Brides of Fu Manchu*, Gb/Rft 1966, col, 94') Don Sharp. Con Christopher Lee, Douglas Wilmer, Marie Versini, Tsai Chin, Howard Marion Crawford. ◆ Fu Manchu (Lee) rapisce un gruppo di donne con l'intenzione di ricattare gli uomini a esse legati, tutti scienziati che vorrebbe al suo servizio per estinguere la razza occidentale, ma Nayland Smith (Wilmer) riesce a scoprire il nascondiglio del criminale e a far fallire il piano. Seguito, molto meno riuscito, di *Fu Manchu A.S. 3 Operazione tigre* (1965): il racconto si frantuma in una collezione di scenette risapute, con scarsi momenti brillanti, mentre il ritmo a rotta di collo sembra più dovuto alla fretta che alla tensione. Wilmer appiattisce il personaggio rispetto all'interpretazione del predecessore Green, ma così facendo si avvicina maggiormente all'originaria concezione dell'autore. Seguìto da *La vendetta di Fu Manchu* (1967).

Giorno dei lunghi fucili, Il *½ (*The Hunting Party*, Usa 1971, col, 108') Don Medford. Con Gene Hackman, Oliver Reed, Candice Bergen, Simon Oakland, L.Q. Jones, Ronald Howard, G.D. Spradlin. ◆ Un barone texano (Hackman) si vendica sanguinosamente del bandito (Reed) che gli ha rapito e violentato la moglie. Da un cast del genere era lecito aspettarsi qualcosa di più che questo western rozzo e sbrigativo.

Giorno dei trifidi, Il → *Invasione dei mostri verdi, L'*

Giorno del cobra, Il ** (Italia 1980, col, 90') Enzo G. Castellari [Enzo Girolami]. Con Franco Nero, Sybil Danning, Mario Maranzana, Licinia Lentini, William Berger, Enio Girolami, Massimo Vanni, Sacha D'Arc, Carlos Gabriel Sparanero. ◆ Lo scalcinato detective privato Larry Stanziani (Nero), ex agente dell'antidroga, viene richiamato ufficiosamente da San Francisco a Genova per incastrare Kandinsky, il suo nemico di sempre. Su sceneggiatura (farraginosa) di Aldo Lado, Fabio e Tito Carpi, Castellari dà il suo contributo al noir crepuscolare in cui lo stanco antieroe alla fine è solo e tradito da tutti. Evidente l'intento di sganciarsi dal polizi(ott)esco, anche se i personaggi di contorno sono scoloriti e alla fine prevalgono le scene d'azione: che comunque, montate da Gianfranco Amicucci, sono tra le più belle mai girate in Italia, con un senso del ritmo e della fusione tra immagine e musica (di Paolo Vasile) da fare invidia a Dario Argento. Il regista è il picchiatore col giubbotto blu nella scena della pescheria; il figlio di Nero, Gabriel (registrato nei titoli col suo vero cognome, Sparanero) interpreta il figlio di Stanziani.

Giorno del delfino, Il *½ (*The Day of the Dolphin*, Usa 1973, col, 104') Mike Nichols. Con George G. Scott, Trish Van Devere, Paul Sorvino, Fritz Weaver, John Denher. ◆ Un etologo (Scott) che ha ammaestrato due delfini insegnando loro a parlare scopre che le sue creature vengono addestrate per attentare alla vita del presidente americano. Fantapolitica d'ispirazione quasi disneyana, noiosa e involontariamente ridicola. Da un romanzo di Robert Merle sceneggiato da Buck Henry (che nella versione originale dava voce ai cetacei). Un punto basso nella carriera di Nichols.

Giorno della civetta, Il **½ (Italia 1968, col, 112') Damiano Damiani. Con Franco Nero, Claudia Cardinale, Lee J. Cobb, Gaetano Cimarosa, Serge Reggiani, Nehemiah Persoff, Ennio Balbo, Fred Coplan. ◆ Il capitano Bellodi (Nero) cerca di scoprire che fine ha fatto il marito di Rosa Nicolosi (Cardinale), scomparso dopo aver assistito a un omicidio mafioso. Bellodi osa mettere in manette il notabile don Mariano (Cobb), ma verrà trasferito. Dall'omonimo romanzo di Sciascia sceneggiato da Ugo Pirro insieme al regista, un capostipite del film di denuncia: personaggi e ambienti ben tratteggiati, punte polemiche che colpiscono ancora, ma una certa prevedibilità e didascalicità. Cobb è un mafioso perfetto.

Giorno della locusta, Il ** (*The Day of the Locust*, Usa 1975, col, 144') John Schlesinger. Con Donald Sutherland, Karen Black, Burgess Meredith, William Atherton, Geraldine Page, Richard A. Dysart, Bo Hopkins, Lelia Goldoni. ◆ Il sottobosco della Hollywood anni Trenta, visto attraverso gli occhi di Tod Hackett (Atherton), un giovane scenografo che lavora sul set di un film profeticamente intitolato *Waterloo*: un ragioniere filosofo (Sutherland), innamorato di un'attrice di terz'ordine (Black), impazzirà, ucciderà un marmocchio e verrà linciato dalla folla. E Hackett vedrà il suo quadro sull'incendio di Los Angeles diventare reale. Scott Fitzgerald aveva definito l'omonimo libro dello sfortunato Nathanael West «il più bel romanzo su Hollywood». Schlesinger, che non è mai stato un maestro d'ironia, ne prende solo il lato visionario e apocalittico, e pecca di enfasi e di ridondanza: ma non tutto è da buttare via. In ogni caso, un solenne fiasco al botteghino. La sceneggiatura è di Waldo Salt.

Giorno della luna nera, Il *½ (*Black Moon Rising*, Usa 1986, col, 100') Harley Cokliss. Con Tommy Lee Jones, Linda Hamilton, Robert Vaughn, Richard Jaeckel, Bubba Smith, Keenan Wynn. ◆ Un bolide mirabolante capace di volare da un grattacielo all'altro a 500 all'ora è l'oggetto del contendere tra un perfido magnate (Vaughn) e un ladro high-tech (Lee Jones). Malgrado l'inizio promettente, l'intreccio, che tenta vanamente di mescolare western e fantascienza, non riserva sorprese. Tratto da una storia di John Carpenter che firma anche la sceneggiatura con Desmond Nakano e William Gray.

Giorno dell'Assunta, Il *½ (Italia 1977, col, 106') Nino Russo. Con Tino Schirinzi, Leopoldo Trieste. ◆ Ferragosto a Roma: due meridionali inurbati (Schirinzi e Trieste) vagano per la città deserta, fantasticano di tornare al paesello, si scambiano luoghi comuni, citano Campanella e Carlo Levi, vanno a Cinecittà, ma soprattutto se ne stanno zitti. Esordio intellettualistico dell'avellinese Russo, responsabile anche della sceneggiatura che coniuga il tema dello sradicamento con cascami di Beckett e Ionesco, atmosfere rarefatte alla Antonioni con scampoli di commedia all'italiana. La Roma metafisica e inumana è ben fotografata (da Mario Masini): ma l'idea era sufficiente solo per un cortometraggio.

Giorno della vendetta, Il **½ (*Last Train From Gun Hill*, Usa 1959, col, 94') John Sturges. Con Kirk Douglas, Anthony Quinn, Carolyn Jones, Earl Holliman, Brad Dexter, Brian Hutton, Ziva Rodann. ◆ Uno sceriffo (Douglas) deve portare davanti ai giudici l'uomo (Holliman) che gli ha violentato e ucciso la moglie; ma il padre (Quinn), un tempo amico dello sceriffo, sembra non essere d'accordo. Uno schema che ricalca *Quel treno per Yuma* e una conclusione da *Mezzogiorno di fuoco*: il copione (firmato da James Poe) non è granché e non approfondisce i personaggi, ma la regia di Sturges, aiutato da un ottimo direttore della fotografia come Charles Lang e da interpreti in vena, non ha sbavature.

Giorno delle oche, Il **½ (*Laughter house*, Gb 1984, col, 93') Richard Eyre. Con Ian Holm, Penelope Wilton, Stephanie Tague, Bill Owen, Richard Hope. ◆ A causa dello sciopero degli spennatori, un allevatore del Norfolk (Holm) decide di portare le sue 500 oche al mercato di Londra a piedi. Una specie di parodia del *Fiume rosso* di Hawks intrisa di humour anglosassone sceneggiata da Brian Glover. La contemporaneità irrompe attraverso la presenza mistificatrice della tv, che il regista prende di mira con acuta ironia. Uno dei film che negli anni Ottanta ha fatto parlare, anche se con una certa esagerazione, di rinascita del cinema britannico.

Giorno dello sciacallo, Il *** (*The Day of the Jackal*, Gb/Francia 1975, col, 141') Fred Zinnemann. Con Edward Fox, Michel Lonsdale, Alan Badel, Tony Britton, Cyril Cusack, Eric Porter, Delphine Seyrig, Derek Jacobi, Ronald Pickup. ◆ Un killer gelido, senza volto e senza nome (Fox), è incaricato da un'organizzazione di destra, l'Oas, di uccidere De Gaulle, impegnando il controspionaggio francese in una lotta contro il tempo. Gran finale tra le strade di Parigi affollate per il 14 luglio. Dall'omonimo romanzo di Frederick Forsyth, sceneggiato da Kenneth Ross, un film di spionaggio atipico, secco e scabro, con pochi dialoghi, pochissima musica e un gran senso del ritmo e dei dettagli. Uno dei migliori Zinnemann di sempre, anche se non molti se ne sono accorti. Bello il personaggio antieroico dell'ispettore francese (Lonsdale), che non riuscirà mai a sapere chi fosse veramente lo sciacallo.

Giorno di festa *** (*Jour de fête*, Francia 1949, col, 79') Jacques Tati. Con Jacques Tati, Paul Frankeur, Guy Decomble, Santa Relli, Maine Valée, Roger Rafal, Jacques Beauvais. ◆ Annunciata dall'arrivo dei carrozzoni delle giostre, la festa di Sainte-Sévère-sur-Indre coinvolge nei suoi preparativi tutti gli abitanti e soprattutto il postino François (Tati), che rimane scioccato da un documentario sull'efficienza e la velocità del servizio postale americano. Così, il giorno dopo, François cercherà di intensificare la produttività del suo giro in bicicletta con risultati tragicomici. Il primo lungometraggio di Tati dimostra già la straordinaria fusione di comico e poesia (oltre a una sotterranea quanto precisa osservazione sociologica) che si rivelerà essere la sua personalissima immagine di marca. Senza preoccuparsi troppo della parola (qui i suoi personaggi parlano poco e lui bofonchia frasi in un francese quasi incomprensibile), Tati unisce una comicità bozzettistica, giocata sulle caratterizzazioni dei personaggi – come lo strabico o la vecchia sorda – a un'altra più dinamica e vicina al burlesque (i tentativi di alzare l'albero della cuccagna, la gag ricorrente col calabrone o quella scatenata con la bicicletta che gli sfugge dal controllo). A far da collante c'è il suo personaggio, imprevedibile e irresistibile come le disavventure che costellano il suo giro postale *à l'américaine*, curioso campione della mentalità campagnola francese e «specie di incosciente buonomo al quale tutto sembra riuscire miracolosamente e che in fondo è solo debitore della propria stravagante innocenza». Il film fu girato con due macchine da presa, una con pellicola a colori e l'altra, come riserva, in bianco e nero. Per problemi industriali, il procedimento thompsoncolor non poté essere sviluppato e il film fu distribuito solo in bianco e nero o, in alcune copie, con qualche lieve intervento *au pochoir*. Solo nel 1994 François Ede e la figlia di Tati, Sophie, sono riusciti a trovare i finanziamenti e la tecnologia per stampare l'originale negativo a colori che dal 10 gennaio 1995 può finalmente essere proiettato nella sua integrità cromatica (75') preceduto da 4' che illustrano la storia del restauro.

Giorno di nozze **½ (Italia 1942, b/n, 93') Raffaello Matarazzo. Con Armando Falconi, Amelia Chellini, Anna Vivaldi, Antonio Gandusio, Roberto Villa, Chiaretta Gelli, Carlo Campanini, Paola Borboni. ◆ Mariella (Vivaldi), la figlia di un modesto impiegato (Falconi), si fidanza con il figlio di un ricco industriale, mettendo in difficoltà economiche la sua famiglia. Complicata e divertente commedia degli equivoci (tratta dalla pièce *Fine mese* di Paola Ricorra, adattata dall'autrice, dal regista e – non accreditato – da Aldo De Benedetti) messa in moto da una situazione di disparità sociale: Matarazzo racconta, con un'eleganza di tono che gli permette di evitare facili schematismi e scivolate melodrammatiche, il ruolo centrale del denaro nella società, vero ostacolo alla realizzazione dei sentimenti. In questo senso il personaggio più significativo è il padre della sposa, che cerca di accontentare la figlia simulando la ricchezza che non possiede.

Giorno di ordinaria follia, Un ** (*Falling Down*, Usa 1993 col, 113') Joel Schumacher. Con Michael Douglas, Robert Duvall, Barbara Hershey, Rachel Ticotin, Frederic Forrest, Tuesday Weld, Lois Smith. ◆ Persa la moglie (Hershey) e il lavoro, per William Foster (Douglas) un ingorgo stradale in una Los Angeles torrida è la goccia che fa traboccare il vaso. Negozianti coreani, delinquenti ispani, nazisti (Forrest) e boriosi giocatori di golf: nulla si sottrae alla sua furia, che verrà fermata solo da un poliziotto (Duvall) all'ultimo giorno di servizio. Una buona idea – quella dell'uomo solo e incravattato che attraversa a piedi la megalopoli-giungla, sceneggiata da Ebbe Roe Smith – e un'esecuzione in rischioso equilibrio tra il grottesco e la sociologia spicciola. Qualunquista nel dar voce alla rabbia della classe media e nel far vincere, alla fine, una giustizia superiore: ma non deprecabile e pericoloso come si è detto in patria. Douglas nella parte che gli riesce meglio.

Giorno di paga **½ (*Payday*, Usa 1973, col, 103') Daryl Duke. Con Rip Torn, Ahna Capri, Elayne Heiveil, Cliff Emmich, Michael C. Gwynne. ◆ Un cantante country on the road (Torn), responsabile di un incidente mortale, scarica la colpa su un'altra persona. Saggio di regia informale tipicamente anni Settanta, che non riesce a bilanciare perfettamente la descrizione dell'ambiente (precisa e competente) con le esigenze narrative, anche se Torn è molto credibile nel ruolo di un personaggio arrogante e vulnerabile. Un piccolo classico nei paesi anglofoni, molto meno noto da noi.

Giorno... di prima mattina, Un ** (*Star!*, Usa 1968, col, 120') Robert Wise. Con Julie Andrews, Richard Crenna, Michael Craig, Daniel Massey, Robert Reed, Bruce Forsyth, Beryl Reid, Jenny Agutter. ◆ Biografia romanzata dell'attrice e star del musical Gertrude Lawrence (Andrews), nata nel 1898 e morta nel 1952: sconosciuta da noi (girò pochi film, tra cui il primo *Zoo di vetro*), ma popolarissima nel mondo anglosassone. Dalla povertà alla fama all'alcolismo, il ritratto di una donna volitiva e testarda. Grandi musiche (Gershwin, Weill, Cole Porter), pregevoli coreografie e un'accurata ricostruzione dell'ambiente teatrale tra le due guerre: ma non c'è mai vera passione nella sceneggiatura di William Fairchild. La Andrews è imbambolata, Massey è divertente nella parte di Noël Coward. L'accoppiata Wise-Andrews non ripeté il successo di *Tutti insieme appassionatamente*: dopo il fiasco della prima uscita, il film venne ridotto da 175' a 120' e ritintolato *Those Were the Happy Times*. Dei 14 milioni di dollari spesi ne tornarono in cassa solo 4.

Giorno di terrore, Un ** (*Lady in a Cage*, Usa 1964, b/n, 95') Walter Grauman. Con Olivia de Havilland, Jeff Corey, Ann Sothern, James Caan, Rafael Campos, Jennifer Billing, William Swan, Scatman Crothers. ◆ Intrappolata nell'ascensore privato che si è fatta installare in casa, una ricca vedova (de Havilland) resta in balìa prima di un vagabondo ubriacone (Corey) e di un'anziana prostituta (Sothern) che vorrebbero derubarla, poi di tre teppisti drogati (Caan, al suo esordio, Billing e Campos) tentati dalla carneficina. Tutto quello che ci si aspetta da una star non più giovanissima: grande recitazione, primi piani intensi e sottolineature psicoanalitiche (scoprirà di essere una madre troppo possessiva). Da parte loro, il regista e lo sceneggiatore Luther Davis sottolineano la crudeltà dei giovani e la cattiveria dei vecchi, incorniciando la storia con l'egoismo e l'ottusità del genere umano (un po' troppo in stile anni Sessanta, tra jazz e simbolismo). Curiosi i titoli di testa alla simil-Saul Bass.

Giorno dopo, Il → *Day After, The*

Giorno dopo la fine del mondo, Il **½ (*Panic in Year Zero*, Usa 1962, b/n, 95') Ray Milland. Con Ray Milland, Jean Hagen, Frankie Avalon, Mary Mitchel, Joan Freeman, Richard Garland. ◆ A Los Angeles, dopo un bombardamento atomico, una famiglia di sopravvissuti si trova a fronteggiare una situazione dove vige la legge della giungla. Milland (che interpreta il capofamiglia) si avvale, almeno nella prima parte, di uno stile quasi avanguardistico; poi le banalità (anche per colpa della sceneggiatura di Jay Simms e John Morton) vengono a galla. Il tema della catastrofe nucleare allora suonava abbastanza nuovo, e lo sforzo di Milland resta comunque degno di rispetto.

Giorno e l'ora, Il *½ (*Le Jour et l'Heure*, Francia/Italia 1962, b/n, 96') René Clément. Con Simone Signoret, Stuart Whitman, Geneviève Page, Michel Piccoli, Pierre Dux, Marcel Bozzuffi. ◆ Nella Francia occupata dai nazisti una vedova (Signoret) si innamora di un paracadutista americano (Whitman) che deve varcare la frontiera spagnola. Clément torna al tema a lui caro della Resistenza con un melodramma poco originale sceneggiato insieme a Roger Vaillaud, cui l'interpretazione della Signoret non basta a dare spessore. Clément è l'uomo con la coppola che prende il camion con i due protagonisti.

Giorno forse, Un ** (*Aujourd'hui peut-être*, Francia/Italia 1991, col, 90') Jean-Louis Bertucelli. Con Giulietta Masina, Véronique Silver, Eva Darlan, Jean Benguigui, Jean-Paul Muel, Muni. ◆ Prima di vendere la casa in cui ha sempre vissuto, la settantenne Bertille (Masina) organizza un banchetto per l'avido parentado, sperando che torni anche il suo figlio prediletto e perduto, Raphaël, che si era dato alla delinquenza. Commedia prevedibilmente dolceamara, sceneggiata dal regista e Isabelle Mergault (che interpreta il ruolo di Elisa) con ambizioni di lirismo e di melodramma, ma che vale la pena di essere ricordata unicamente come l'ultima, toccante interpretazione della Masina.

Giorno in cui i pesci uscirono dal mare, Il * (*The Day the Fish Came Out*, Gb/Grecia 1967, col, 109') Michael Cacoyannis. Con Tom Courtenay, Candice Bergen, Colin Blakely, Sam Wanamaker, Ian Ogilvy. ◆ Nel 1972 (vedi la data del film) un aereo in avaria abbandona due bombe atomiche su un'isola greca apparentemente deserta. Aggiornamento del mito del vaso di Pandora sceneggiato dal regista e girato con stile che vorrebbe essere pop. Un fallimento del regista di *Zorba il greco*, autore anche dei costumi. La colonna sonora è di Mikis Theodorakis.

Giorno in pretura, Un ** (Italia 1953, b/n, 90') Steno [Stefano Vanzina]. Con Peppino De Filippo, Silvana Pampanini, Alberto Sordi, Sophia Loren, Walter Chiari, Maurizio Arena, Tania Weber, Leopoldo Trieste, Armenia Balducci, Venantino Venantini, Ubaldo Lay. ◆ Davanti al pretore Salomone Lo Russo (De Filippo) sfilano casi di ogni genere. Celebre l'episodio di Nando Moriconi detto l'americano (Sordi, che battezza il personaggio protagonista, l'anno dopo, di *Un americano a Roma*) che va in giro nudo dopo che gli hanno rubato i vestiti lasciati vicino a una pozza d'acqua (la «marrana») dove ha fatto sfoggio del suo stile alla Weissmuller. Pampanini è Gloriana, un'ex soubrette accusata di adescamento e con cui Lo Russo è indulgente, ricordando i bei tempi andati. Chiari è don Mezzocchi, prete battagliero e asso del biliardo. Il cinema popolare italiano dopo il neorealismo: una serie di bozzetti concilianti, a volte arguti, più spesso tirati via alla meglio: da un'idea di Lucio Fulci, anche sceneggiatore con Alessandro Continenza, Alberto Sordi, Giancarlo Viganotti e Steno.

Giorno maledetto *** (*Bad Day at Black Rock*, Usa 1955, col, 81') John Sturges. Con Spencer Tracy, Robert Ryan, Anne Francis, Dean Jagger, Walter Brennan, Ernest Borgnine, Lee Marvin. ◆ Un reduce di guerra senza un braccio (Tracy) arriva in uno sperduto paesino del West per cercare il padre del ragazzo nippoamericano che gli ha salvato la vita durante la guerra, e scopre che è stato linciato all'indomani di Pearl Harbor. Un western contemporaneo di grande tensione e impegno civile, sceneggiato da Millard Kaufman a partire da un racconto di Howard Briskin, che punta il dito contro il razzismo e la vigliaccheria dei *rednecks* (reazionari) americani, impersonati dal trio Ryan-Marvin-Borgnine. Fu la prima volta che Hollywood riconobbe il vergognoso trattamento riservato dagli Usa ai propri cittadini giapponesi (i Nisei) nel corso del secondo conflitto mondiale: l'èra della caccia alle streghe, ormai, era passata. Peccato che Sturges esageri nel finale, con Tracy invincibile anche se monco. Eccellente l'uso del CinemaScope (la fotografia è di William C. Mellor), penalizzato nella visione televisiva. Palma d'oro a Cannes per Spencer Tracy.

Giorno nella vita, Un ** (Italia 1946, b/n, 117') Alessandro Blasetti. Con Amedeo Nazzari, Massimo Girotti, Elisa Cegani, Arnoldo Foà, Mariella Lotti, Dina Sassoli, Ave Ninchi, Dante Maggio, Goliarda Sapienza. ◆ Per sottrarsi ai tedeschi, un gruppo di partigiani trova rifugio in un convento di ignare suore di clausura, che finiranno vittime della rappresaglia. Nonostante le apparenze, ha poco in comune con le coeve opere neorealiste: l'impostazione è sostanzialmente psicologica e metastorica, mentre agli attori, quasi tutti professionisti, sono affidati ruoli semidivistici. Piuttosto è un buon esempio di quel cinema «classico» praticato prima dell'irrompere del neorealismo, di cui Blasetti era un ideale maestro. Sceneggiatura di Zavattini e Anton Giulio Majano da un soggetto di Blasetti, Diego Fabbri e Edoardo Anton.

Giorno, per caso, Un **½ (*One Fine Day*, Usa 1996, col, 109') Michael Hoffman. Con Michelle Pfeiffer, George Clooney, Mae Whitman, Alex D. Linz, Charles Durning, Ellen Greene, Anna Maria Horsford, Joe Grifasi, Pete Hamill, Jon Robin Baitz. ◆ Nel giorno in cui gli impegni di lavoro richiedono tutto il loro tempo, un architetto (Pfeiffer) e un giornalista (Clooney), entrambi divorziati e inviperiti con l'altro sesso, devono pensare anche ai rispettivi figli, Sammy (Linz) e Maggie (Whitman), che hanno perso la gita della scuola materna. Aggiornamento scoppiettante e ironico sui temi della lotta fra i sessi, con riferimenti espliciti ai duelli Tracy-Hepburn e Hudson-Day (lo split screen per le rispettive telefonate è una citazione da *Il letto racconta...*). La sceneggiatura di Terrel Seltzer ed Ellen Simon, figlia di Neil, prende di mira i nuovi miti dell'*american way of life*, dai telefonini agli appuntamenti che scandiscono tutte le ventiquattro ore, mentre i due insopportabili e viziati bambini esaltano le nevrosi sessuofobiche degli adulti: niente di nuovo, ma ben fatto e senza un attimo di tregua. La canzone sui titoli, di Carole King, è cantata da Natalie Merchant.

Giorno più corto, Il *½ (Italia 1963, col, 91') Sergio Corbucci. Con Franco Franchi, Ciccio Ingrassia, Virna Lisi, Nino Taranto, Gino Cervi, Walter Chiari, Ugo Tognazzi, Peppino De Filippo, Eduardo De Filippo, Jean-Paul Belmondo, Antonella Lualdi, Nino Castelnuovo, Paolo Stoppa, Franca Valeri, Franco Citti, Aldo Fabrizi, Lilla Brignone, Amedeo Nazzari, Erminio Macario, Franca Valeri, Vittorio Caprioli, Luciano Salce, Romolo Valli, Paolo Panelli, Raimondo Vianello, Sandra Mondaini, Anouk Aimée, Philippe Leroy, Massimo Girotti, Totò [Antonio de Curtis]. ◆ Due soldati siciliani (Franchi e Ingrassia) diventano artefici, senza volerlo, della vittoria italiana nella prima guerra mondiale. Il tema militaresco è solo un pretesto per assemblare una serie di gag più o meno riuscite ed esibire uno stuolo di comparse illustri spesso impiegate per pochi secondi.

Giorno più lungo, Il ** (*The Longest Day*, Usa 1962, b/n, 180') Ken Annakin, Andrew Marton, Bernhard Wicki. Con John Wayne, Rod Steiger, Robert Ryan, Peter Lawford, Henry Fonda, Robert Mitchum, Richard Burton, Sal Mineo, Sean Connery, Robert Wagner, Mel Ferrer, Jean-Louis Barrault, Arletty [Léonie Bathiat], Curd Jürgens, Gert Fröbe. ◆ La storia del D-Day (6 giugno 1944), il giorno dello sbarco alleato in Normandia, secondo la cronaca del colonnello Cornelius Ryan sceneggiata dallo stesso autore del romanzo e da Romain Gary, James Jones, David Pursall e Jack Seddon. Kolossal bellico, realizzato senza risparmio di uomini e di mezzi, che ricorda da vicino i film di propaganda. La narrazione, però, è troppo spezzettata, la regia a più mani è incolore e tutto si riduce a una parata di star supereroiche ed esageratamente patriottiche. Due Oscar: miglior fotografia (Jean Bourgoin, Walter Wottitz) ed effetti speciali (Robert MacDonald, Jacques Maumont). Il produttore Daryl F. Zanuck diresse alcune sequenze.

Giorno più lungo di Scotland Yard, Il *½ (*Hennessy*, Gb 1975, col, 103') Don Sharp. Con Rod Steiger, Lee Remick, Richard Johnson, Trevor Howard, Peter Egan, Eric Porter. ◆ Un irlandese che ha perso la famiglia durante la guerra civile (Steiger) vuole far saltare in aria il parlamento britannico il giorno in cui è presente la famiglia reale. L'Ira e Scotland Yard stringono un'improbabile alleanza per fermare il bombarolo. Thriller scontato e senza grosse sorprese.

Giorno prima, Il *½ (Italia/Francia/Canada 1987, col, 107') Giuliano Montaldo. Con Burt Lancaster, Ingrid Thulin, Ben Gazzara, Erland Josephson, Kate Nelligan, Cyrille Claire, Zeudi Araya, Andréa Ferréol, Flavio Bucci, Andrea Occhipinti. ◆ Quindici volontari si offrono per un esperimento di sopravvivenza in un rifugio antiatomico, ma la guerra nucleare scoppia davvero. Film a tema, penalizzato da una sceneggiatura scontata ed enfatica, scritta a quattordici mani a partire da un soggetto di Piero Angela. Cast male assortito e regia televisiva.

Giorno sul set, Un *½ (*Qu'est-ce qu'on attend pour être heureux!*, Francia 1982, col, 92') Coline Serreau. Con Annick Alane, Bernard Alane, Michel Berto, Romain Bouteille, Evelyne Buyle, Henry Garcin, Josiane Comellas, André Gille, Parviz Kimiavi, Dominique Serreau. ◆ Durante le riprese di un film pubblicitario, i contrasti tra i committenti e il regista (Garcin) e le tensioni che serpeggiano nella troupe sfociano addirittura in una rivolta, con tanto di ostaggi tenuti in sequestro. Velleitario tentativo di dimostrare, attraverso un racconto clownesco che diventa happening sociale, come le regole del profitto finiscano per disperdere un patrimonio di talento e di creatività. L'idea (della regista, qui anche sceneggiatrice) era curiosa, il lavoro con gli attori stimolante, ma la metafora è troppo schematica e la montagna finisce per partorire il solito topolino.

Giostra umana, La **½ (*O. Henry's Full House*, Usa 1952, b/n, 117') Henry Koster, Henry Hathaway, Jean Negulesco, Howard Hawks, Henry King. ◆ Film a episodi, tratti dai racconti di O. Henry (pseudonimo di William Sidney Porter). In *Il poliziotto e il salmo* (Henry Koster. Con Charles Laughton, Marilyn Monroe, David Wayne) un distinto vagabondo cerca invano di farsi arrestare per non passare la notte al gelo, e finisce in galera proprio quando si è ravveduto; in *Il Clarion Hall* (Henry Hathaway. Con Dale Robertson, Richard Widmark) un poliziotto fa arrestare un gangster strafottente che un tempo l'aveva salvato dalla prigione; in *L'ultima foglia* (Jean Negulesco. Con Gregory Ratoff, Anne Baxter, Jean Peters) un vecchio pittore astratto si sacrifica alla pittura naturalista (e perde la vita) per dipingere una foglia su un muro e ridare la speranza a una ragazza morente; in *Il riscatto di Capo Rosso* (Howard Hawks. Con Fred Allen, Oscar Levant, Lee Aker) due rapitori, vessati dal terribile marmocchio loro ostaggio, pagano per liberarsene; in *Il dono dei Magi* (Henry King. Con Jeanne Crain, Farley Granger) due sposini sacrificano le cose più preziose per farsi il regalo di Natale. John Steinbeck in persona, nei prologhi agli episodi (scorciati nella versione italiana), introduce alla poetica di O. Henry, una visione sorridente e paradossale delle piccole miserie umane, pungente ma mai caustica. Se alcuni episodi si perdono nel dolciastro (King) o sono scherzi tirati in lungo (Hawks), rimangono nella memoria l'ironia amarognola del grande Laughton e il toccante romanticismo di Negulesco, ex pittore e amico di Brancusi, che nel suo episodio, con ironia e delicatezza, parla della funzione dell'arte e della necessità dell'illusione. All'avventurosa vita di O. Henry dedicò il film *Velikij utešitel* (Il grande consolatore) il regista sovietico Lev Kulešov nel 1933.

Giovane dottor Kildare, Il *½ (*Young Dr. Kildare*, Usa 1938, b/n, 81') Harold S. Bucquet. Con Lew Ayres, Lionel Barrymore, Lynne Carven, Nat Pendleton, Jo Ann Sayers, Emma Dunn, Samuel S. Hinds, Walter Kingsford, Monty Wooley. ◆ Appena laureato il giovane dottor Kildare (Ayres) deve decidere il suo futuro: seguire la carriera del padre (Hinds), un medico di provincia, o entrare nel Blair General Hospital. Sceglie questa seconda possibilità, ma si trova subito nei guai: è accusato di aver causato la morte di un famoso uomo politico vittima di un incidente. Primo film prodotto dalla Mgm ispirandosi ai romanzi di

Max Brand (e secondo dove appare il dottor Kildare, dopo *La figlia perduta*, 1937): sceneggiato da Willis Goldbeck e Harry Ruskin incontrò subito i favori del pubblico, grazie soprattutto alla credibile interpretazione di Lew Ayres.

Giovane e innocente **½ (*Young and Innocent*, Gb 1937, b/n, 80') Alfred Hitchcock. Con Derrick De Marney, Nova Pilbeam, Percy Marmont, Edward Rigby, Mary Clare, Basil Radford. ◆ La figlia (Pilbeam) di un ufficiale di polizia aiuta un giovanotto (De Marney), ingiustamente accusato dell'assassinio di una donna, a cercare il vero colpevole. Uno degli ultimi film girati da Hitchcock in Inghilterra, prima della grande stagione hollywoodiana, e non dei meno interessanti: per tutto il film si respira «un'aria di cinema in libertà, capace di imporre la ferrea disciplina della seduzione grazie a un ritmo strabiliante». Molte sequenze stupiscono per le invenzioni e le trovate, orchestrate con una maestria e un gusto dell'umorismo nero che diventeranno immagini di marca del maestro e che trovano la loro perfetta fusione nell'ultima scena, quella che secondo Rohmer e Chabrol contiene il più bel carrello in avanti della storia del cinema: una «panoramica» aerea che attraversa lentamente tutta la sala da ballo per scendere e individuare l'assassino, un batterista truccato da nero che ha un tic agli occhi. Non tutto è memorabile, però sono molti i brani da antologia. Hitchcock è il fotografo incapace che nella calca all'uscita del tribunale non riesce a scattare neanche una foto.

Giovane guardia, La *½ (*Molodaja gvardija*, Urss 1948, b/n, prima parte: 101'; seconda parte: 87') Sergej Gerasimov. Con Tamara Makarova, Victor Hohrjakov, Vladimir Ivanov, Sergej Gurzo, Inna Makarova, Sergej Bondar-čuk, Elena Anufrieva, Marija Jarockaja, Lev Fenin. ◆ Ucraina, luglio 1942: nella città mineraria di Krasnodon, abbandonata dall'Armata rossa dopo violenti combattimenti contro i nazisti, un gruppo di giovani partigiani, uomini e donne, costituisce «la giovane guardia». Ma la Gestapo, torturando un prigioniero, ottiene tutti i nomi dei combattenti che vengono arrestati e fucilati. Un altro film sull'eroica resistenza sovietica durante la seconda guerra mondiale, tratto dall'omonimo romanzo di Aleksandr Fadeev e sceneggiato e diretto da uno dei più importanti registi del periodo. Nonostante la verità storica (la «giovane guardia» del Komsomol è realmente esistita), nel ritratto idealizzato dei personaggi – interpretati quasi tutti da attori esordienti, tra cui il futuro regista Bondarčuk – e nell'enfatica messinscena (insolita per Gerasimov) il film obbedisce soprattutto a intenti celebrativi e propagandistici, ispirandosi ai canoni retorici e schematici del realismo socialista, oggi insopportabili. All'epoca, tuttavia, fu considerata opera troppo «spontanea» e personale, e subì non poche revisioni. La colonna sonora di D'mitrij Šostakovič sottolinea con solennità i momenti epici di opposizione all'avanzata tedesca.

Giovane normale, Il *½ (Italia 1969, col, 105') Dino Risi. Con Lino Capolicchio, Janet Agren, Eugene Walter, Jeff Morrow, Umberto D'Orsi, Claudio Trionfi, Giuseppe Franco, Dana Ghia, Gino Santercole, Pippo Franco. ◆ Un giovane milanese (Capolicchio) si unisce a tre spregiudicati americani (Agren, Walter e Morrow) per un lungo viaggio attraverso la Tunisia, la Spagna e la Costa Azzurra. Risi tenta di cogliere i mutamenti di costume, ma il risultato è approssimativo e superficiale. Ispirato all'omonimo romanzo di Umberto Simonetta sceneggiato da Ruggero Maccari con la collaborazione di Maurizio Costanzo.

Giovane Toscanini, Il * (Italia/Usa 1988, col, 109') Franco Zeffirelli. Con C. Thomas Howell, Sophie Ward, John Rhys-Davies, Elizabeth Taylor, Pat Heywood, Philippe Noiret, Carlo Bergonzi. ◆ Toscanini (Howell), appena diciottenne, lascia la Scala dopo un litigio e parte per Rio de Janeiro, dove l'attende il successo professionale. Ma «a volte la musica non è la cosa più importante»: convertita dal giovane direttore alla causa antischiavista, la moglie (Taylor) dell'imperatore del Brasile (Noiret) salta in scena truccata da negra durante la marcia trionfale dell'Aida, e rivolge al pubblico nobili parole. Il peggior film di Zeffirelli: improbabile e oleografico nella ricostruzione storica, maldestro nel voler celebrare l'arte e i sentimenti umanitari. Interpreti inadeguati o sacrificati al ridicolo.

Giovani amanti *½ (*The Young Lovers*, Gb 1954, b/n, 96') Anthony Asquith. Con Odile Versois, David Knight, David Kossott, Joseph Tornelty, Paul Carpenter, Theodore Bikel, Jill Adams. ◆ A Londra, un addetto all'ambasciata americana (Knight) s'innamora della figlia (Versois) di un ministro sovietico. *Giulietta e Romeo* stile guerra fredda con finale thriller: Asquith dirige senza troppa convinzione e senza la finezza per cui è noto.

Giovani amanti * (*The Young Lovers*, Usa 1964, b/n, 105') Samuel Goldwyn jr. Con Peter Fonda, Nick Adams, Sharon Hugueny, Deborah Walley, Joseph Campanella. ◆ Due coppie di studenti tra amore e carriera: una convola a nozze, l'altra si separa. Dramma giovanile di scarso interesse, girato alla bell'e meglio.

Giovani arrabbiati, I ***½ (*Look Back in Anger*, Gb 1959, b/n, 99') Tony Richardson. Con Richard Burton, Mary Ure, Claire Bloom, Edith Evans, Gary Raymond, Glen Byam Shaw, Donald Pleasence. ◆ Insoddisfatto della vita, Jimmy Potter (Burton) non sa fare altro che litigare violentemente con la moglie (Ure) incinta, finché lei decide di andarsene. Prima cerca di consolarsi con l'amica della moglie (Bloom), poi, saputo che il bambino è nato morto, decide di tornare sui suoi passi. Tratto dal dramma *Ricorda con rabbia* di John Osborne, già diretto da Richardson in teatro e qui adattato da Nigel Kneale, è il film che l'ha reso noto e uno dei più significativi del Free Cinema. Il tema (il disfacimento della società borghese) e lo stile (un realismo spoglio e crudo) rappresentarono un'autentica innovazione nel cinema britannico dell'epoca, e costituirono un punto di riferimento fondamentale per un'intera generazione di registi. Rispetto all'edizione teatrale, la tensione claustrofobica risulta ridotta, ma le doti istrioniche di Burton restituiscono appieno le sensazioni di frustrazione, di vuoto e di rabbia impotente che animano il dramma. L'intervento dell'attore giocò un ruolo fondamentale anche nella ricerca dei finanziamenti.

Giovani cannibali, I ** (*All the Fine Young Cannibals*, Usa 1960, col, 112') Michael Anderson. Con Robert Wagner, Natalie Wood, Susan Kohner, George Hamilton, Pearl Bailey, Anne Seymour. ◆ Equivoci sentimentali portano a due matrimoni infelici (Wood e Hamilton, Wagner e Kohner), ma alla fine tutto si aggiusta. Soap-opera ambientata negli ambienti intellettuali e «dissoluti» della New York di allora, tratta dal romanzo di Rosamond Marshall sceneggiato da Robert Thom. La figura del trombettista Chad (Wagner) è ispirata a Chet Baker, allora all'apice della fama. Il gruppo pop britannico Fine Young Cannibals ha preso il nome dal titolo.

Giovani, carini e disoccupati **½ (*Reality Bites*, Usa 1994, col, 99') Ben Stiller. Con Winona Ryder, Ethan Hawke, Janeane Garofalo, Steve Zahn, Ben Stiller, Swoosie Kurtz, Joe Don Baker, John Mahoney, Harry O'Reilly, Renée Zellweger, Susan Norfleet. ◆ Quattro amici alle prese con i problemi della postadolescenza anni Novanta: Lelaina (Ryder), laureata a perdere e aspirante filmaker frustrata da uno pseudofidanzato programmista televisivo (Stiller); Troy (Hawke), lavoratore più che precario con una passione dilettantesca per la musica e un'altra contrastata per Lelaina; Sammy (Zahn), omosessuale introverso e timoroso di rivelare la sua identità; Vicky (Garofalo), commessa in un negozio d'abbigliamento e delusa da fuggevoli esperienze sentimentali. Brillante, anche se a tratti furbetta, fenomenologia della cosiddetta «generazione X» (secondo la definizione del romanziere Douglas Coupland), scritta dall'esordiente Helen Childress, che fa una comparsata come cameriera. Tra repulsione per l'ingranaggio produttivo, timore dell'Aids e terrore del posto fisso, gli inevitabili crucci sentimental-esistenziali di una generazione che ormai sembra avere solo se stessa come punto di riferimento: i figli dei kennedyani non si fanno illusioni sul nuovo presente democratico, ma nella loro quotidiana lotta per sopravvivere rifiutano sia lo yuppismo dei fratelli maggiori sia il cinismo dei genitori. Epocale il balletto nel drugstore al ritmo di *My Sharona* di The Knack, acme di una bella colonna sonora. La mamma del regista, Anne Meara, è una giornalista televisiva, mentre la sorella, Amy Stiller, è la Ryder dello Psychic Phone Partner. Tra i produttori c'è Danny DeVito.

Giovani e belli ° (Italia 1996, col, 90') Dino Risi. Con Anna Falchi, Luca Venantini, Edoardo Scatà, Ciccio Ingrassia, Carlo Croccolo, Gina Rovere, Venantino Venantini, Luisa Fiore, Carla Cassola. ◆ Il proletario Gino (Venantini) e il borghese Luca (Scatà) decidono di unire gli sforzi per sbarcare il lunario, ma finiscono inevitabilmente per innamorarsi della stessa ragazza, la zingara Zorilla (Falchi), che non sembra conoscere né la gelosia né la fedeltà. Risi torna al film di genere con quello che doveva essere un remake di *Poveri ma belli* (poi non realizzato per problemi di diritti): l'intenzione era anche lodevole, ma il risultato è davvero deludente, fintamente giovanilista e raffazzonato persino nella sceneggiatura di un professionista scafato come Zapponi (che la firma col regista). Passerella di vecchie glorie, con Gina Rovere che fa la proprietaria dell'Astoria e Venantino Venantini, padre del protagonista Luca, nella parte di Buby.

Giovani guerrieri ** (*Over the Edge*, Usa 1979, col, 95') Jonathan Kaplan. Con Michael Kramer, Pamela Ludwig, Vincent Spano, Matt Dillon, Tom Fergus. ◆ In una tranquilla cittadina middle-class, un gruppo di teen-ager tutto sesso droga e rock'n'roll si scatena contro le autorità costituite dopo che la polizia ha ucciso il loro idolo, Richie (l'esordiente Dillon), fresco di riformatorio. Prodotto dalla New World di Corman, un film sul tema del divario generazionale, che non esprime giudizi ma neanche tenta di spiegare i motivi di tanta furia da parte di quattro sbarbatelli. Con questo film (di cui non mancano i fan) Kaplan cominciò a uscire dal cinema di serie B. La sceneggiatura è firmata da Charlie Haas e dal futuro regista Tim Hunter.

Giovani leoni, I **½ (*The Young Lions*, Usa 1958, b/n, 167') Edward Dmytryk. Con Marlon Brando, Montgomery Clift, Dean Martin, Hope Lange, Barbara Rush, Maximilian Schell, May Britt, Lee Van Cleef, Dora Doll. ◆ Durante la seconda guerra mondiale, un giovane ufficiale entusiasta del Reich, Christian Diestl (Brando) si accorge poco per volta della follia criminale nazista; da parte americana, invece, un timido studente ebreo, Noah Ackermann (Clift), e un impresario teatrale, Michael Whiteacre (Martin), si trovano coinvolti controvoglia nel conflitto, ma finiranno col prendere coscienza della missione degli Stati Uniti. E i loro destini si incroceranno con tragica ironia. Colossale melodramma bellico (allora esaltato come un *Guerra e pace* del XX secolo) tratto dal primo romanzo di Irvin Shaw sceneggiato da Edward Anhalt. Il personaggio di Diestl venne reso più umano per volontà di Brando, che peraltro si produsse in una delle sue interpretazioni più memorabili. Onesto, vigoroso, prolisso e un po' banale. Dmytryk sa usare bene la fotografia in bianco e nero e in CinemaScope di Joe MacDonald. Di grande effetto la sequenza della battaglia nel deserto.

Giovani lupi, I *½ (*Les Jeunes loups*, Francia 1967, b/n, 110') Marcel Carné. Con Haydée Politoff, Christian Hay, Roland Lesaffre, Yves Beneyton, Maurice Garrel, Bernard Dheran, Elisabeth Teissier du Gros. ◆ Sulla Costa Azzurra, il cinico e arrivista Alain (Hay) conosce la giovanissima Sylvie (Politoff), che s'innamora di lui e lo segue a Parigi per piantarlo quando scopre che ha una relazione con un ricco editore. Alain minaccia il suicidio se lei non fa marcia indietro, ma mentre Sylvie disfa la valigia, l'uomo comincia a corteggiare una signora appena incontrata. Terza tappa della presunta marcia di Carné a fianco della nuova generazione (dopo *Peccatori in blue jeans* e *Gioventù nuda*). Questa volta il suo tentativo di comprensione si scontra apertamente con il conflitto generazionale in atto (siamo nel '67, e Carné appartiene all'ancienne vague) e con l'insufficienza dei suoi strumenti interpretativi, bloccati senza estro sui modelli prévertiani ormai ripetuti meccanicamente: i personaggi diventano manichini, la città si rifà senza ragione alla mitologia del «realismo poetico», i dialoghi (di Claude Accursi) sono un cumulo di banalità sentenziose, l'ideologia nonviolenta di fondo è vaga e semplicista. Si salvano solo alcune immagini, scrostate delle varie sovrastrutture poetico-sociologiche, come quelle girate a Deauville.

Giovani mariti, I **½ (Italia/Francia 1958, b/n, 92') Mauro Bolognini. Con Isabelle Corey, Antonio Cifariello, Franco Interlenghi, Raf Mattioli, Gérard Blain, Enio Girolami, Rosy Mazzacurati, Anna Maria Guarnieri, Antonella Lualdi, Sylva Koscina, Lyla Rocco. ◆ La vigilia delle nozze di Franco (Girolami) è festeggiata con una scorribanda notturna in compagnia degli amici, ma il matrimonio entra ben presto nella vita di tutto il gruppo: Marcello (Blain) si innamora di Lucia (Lualdi), Ettore (Cifariello) sposa per interesse la ricca Mara (Koscina), piantando Laura (Corey) di cui si è innamorato Giulio (Mattioli) mentre solo Antonio (Interlenghi) ammette di essere incapace d'amare. Quando si ritroveranno per una nuova scorribanda notturna, i cinque amici scopriranno di essere cambiati profondamente. Primo film davvero personale di Bolognini che nella rappresentazione della vita di provincia dimostra un'insolita finezza nel descrivere il vuoto esistenziale di una generazione. Si sente la collaborazione di Pasolini alla sceneggiatura, firmata da Pasquale Festa Campanile, Piero De Bernardi, Enzo Curreli, Massimo Franciosa, Luciano Martino e dal regista: se la storia tende a non approfondire le psicologie dei singoli, producendo così una certa sensazione di gracilità narrativa, l'ambientazione nella cittadina che fa da sfondo è acuta e penetrante. Bella la fotografia di Armando Nannuzzi. Esordio di Anna Maria Guarnieri nel ruolo di Ornella.

Giovani senza domani → *Gioventù senza domani.*

Giovani streghe ** (*The Craft*, Usa 1996, col, 95') Andrew Fleming. Con Fairuza Balk, Robin Tunney, Neve Campbell, Rachel True, Christine Taylor, Assumpta Serna, Cliff De Young. ◆ Nancy (Balk), Bonnie (Campbell), Rochelle (True) e Sara (Tunney) sono quattro liceali sole, emarginate e afflitte da mille problemi. Quando scoprono improvvisamente di essere dotate di poteri sovrannaturali li useranno per atroci vendette. Scritto dal regista con Peter Filardi, il film riflette l'imbarazzante attrazione giovanile di fine millennio nei confronti del diavolo, miscelando commedia e horror con discreta abilità. Il limite è il *déjà vu* perché Fleming da un lato si appoggia a un immaginario già ampiamente sfruttato e dall'altro non riesce a inventare niente di nuovo.

Giovani uccidono, I **½ (*The Blue Lamp*, Gb 1950, b/n, 84') Basil Dearden. Con Jimmy Hanley, Dirk Bogarde, Patric Doonan, Peggy Evans, Jack Warner, Bernard Lee, Robert Fleming, Gladys Henson, Tessie O'Shea, Meredith Edwards. ◆ La polizia londinese dà la caccia a due malavitosi di periferia (Bogarde e Doonan), che durante una rapina hanno ucciso un agente (Warner). Poliziesco con implicazioni didattiche che utilizza il malessere sociale della società britannica nel dopoguerra per tessere l'apologia di Scotland Yard: l'analisi della delinquenza giovanile, comunque, è sociologicamente improbabile, e la caratterizzazione dei personaggi è convenzionale (il giovane poliziotto volonteroso [Hanley], la ragazza fuggita di casa [Evans] che frequenta cattive compagnie, la vedova [Henson] che sa mantenere l'aplomb britannico) e decisamente manichea. Bella e insolita, invece, la scena finale all'interno del cinodromo, con gli allibratori che usano il linguaggio dei segni per individuare l'assassino in fuga. Girato in buona parte nei quartieri poveri di Londra che portano ancora vistosamente i segni della guerra, il film è prodotto dalla Ealing di Michael Balcon e sceneggiato da T.E.B. Clarke con la collaborazione ai dialoghi di Alexander Mackendrick. Colpisce la recitazione concitata di Bogarde, allora ventinovenne, lontanissima dal tono misurato che lo distinguerà in seguito.

Giovanna d'Arco

Figura storica, simbolo mistico, personaggio leggendario: Giovanna d'Arco, nel corso dei secoli, ha ispirato una produzione copiosa e variegata in tutte le arti, compreso il cinema che, a pochi mesi dalla sua nascita, le dedica subito qualche metro di pellicola impressionata (*Exécution de Jeanne d'Arc*, 1898, presumibilmente di Georges Hatot). Dopo un lungo periodo in cui ha prevalso quasi esclusivamente il mito della Pulzella (in senso soprattutto agiografico), dalla metà del XIX secolo Jeanne d'Arc è stata ricollocata nella giusta prospettiva storica grazie all'interesse e alle ricerche del francese Michelet, che studiò attentamente le carte dei due processi, di condanna e riabilitazione, pubblicate negli anni 1841-1849.

Jeanne d'Arc nasce nel 1412 da una famiglia di contadini di Domrémy, un villaggio dei Vosgi che, nella geografia stravolta dalla guerra civile scoppiata in seguito alla guerra franco-inglese detta dei Cent'anni (Armagnacchi: partigiani del re, del duca d'Orléans e di suo suocero, Bernard d'Armagnac, contro Borgognoni: partigiani del duca di Borgogna, alleato degli invasori inglesi), è regione annessa al regno di Francia e fedele a Carlo VI, padre «folle» del delfino Carlo. Dopo la vittoria inglese ad Azincourt (1415), le sorti della Francia volgono al peggio per gli odi fratricidi che insanguinano il Paese: nel 1420 il trattato di Troyes sancisce il regime della «doppia monarchia», secondo il quale il Delfino viene diseredato e, alla morte del padre Carlo VI, il trono passerebbe al re d'Inghilterra, Enrico V; ma due anni più tardi il sovrano francese e quello inglese muoiono a poche settimane di distanza, vanificando gli accordi per la successione. Il conflitto si riaccende più violento di prima, con gli inglesi che controllano il Nord e l'Ovest del Paese, i loro alleati borgognoni Parigi e il Nordest, e il delfino Carlo, installatosi a Bourges, solo la zona a sud della Loira. È in questo complicato quadro politico che s'inserisce l'intervento della giovanissima Jeanne d'Arc. Per obbedire alle «voci» di san Michele (così dirà al processo) che la invitavano ad andare in soccorso alla Francia, la Pulzella (era stata lei stessa a darsi questo appellativo, dopo aver fatto voto di castità) a soli diciassette anni convince Carlo, spregiativamente chiamato il «piccolo re di

Bourges», ad affidarle la liberazione di Orléans, ultima roccaforte francese assediata dagli inglesi. «Guidata da Dio», porta trionfalmente a termine la missione l'8 maggio 1429, e la vittoria consente prima la rivincita di Patey (18 giugno), poi l'incoronazione a Reims di Carlo VII, «re di Francia» (17 luglio). Ma il nuovo sovrano, dopo aver beneficiato del successo di Giovanna, preferisce condurre una personale politica diplomatica volta alla riconciliazione col duca di Borgogna, Filippo il Buono, e stabilisce con lui una tregua in cambio della liberazione di Parigi, ancora in mano agli inglesi. Giovanna, sacrificata alla ragion politica e ridotta all'inazione, decide di continuare a combattere con i suoi uomini: arrestata dai Borgognoni nel maggio del 1430, durante l'assedio di Compiègne, viene consegnata in dicembre agli inglesi per diecimila scudi e nel gennaio del 1431, attraverso la mediazione di Pierre Cauchon (il negoziatore del trattato di Troyes) è processata a Rouen, nella Normandia occupata, da un tribunale dell'Inquisizione presieduto da un giudice angloborgognone. Tra i principali capi d'accusa: eresia, stregoneria, abbigliamento proibito (Giovanna si vestiva da uomo). In realtà il processo «religioso» aveva scopi politici precisi: se la Pulzella fosse stata condannata come eretica, la consacrazione di re Carlo VII non avrebbe avuto valore, e a questo miravano gli inglesi, decisi a far rispettare il trattato di Troyes. Tradita e abbandonata dal re di Francia, Giovanna tenta una disperata autodifesa, ma viene costretta a firmare una dichiarazione d'abiura che, invece di salvarle la vita dietro la promessa di non indossare più armi o abiti maschili, la riconosce colpevole di blasfemia e di comportamenti «contro la decenza della natura». Il giorno dopo, il 30 maggio 1431, viene condotta sulla piazza del Mercato Vecchio e bruciata sul rogo come «eretica, relapsa, apostata, idolatra» (la motivazione ufficiale non fa accenno alla stregoneria, come si è sempre creduto). Diciotto anni più tardi, Carlo VII entra nella Rouen riconquistata e accogliendo l'appello della madre della ragazza ordina alcune inchieste sul processo alla Pulzella: nel gennaio del 1456 si apre un nuovo processo d'Inquisizione che si concluderà con l'annullamento della sentenza precedente e riabiliterà completamente Giovanna.

Dal punto di vista artistico, non è difficile comprendere l'enorme fortuna della Pulzella d'Orléans: Giovanna d'Arco rappresenta, in effetti, una figura dalle enormi possibilità semantiche, e più la si conosce «storicamente», più ampia diventa la sua polisemia a livello simbolico. Di volta in volta può essere vista come moderna eroina «tricolore» al servizio di un moderno Stato unitario, oppure come la partigiana di una guerra di liberazione o, ancora, con qualche forzatura, come la fanatica nazionalista; la donna adulta al comando di uomini armati e obbedienti, o la donna-bambina, sola davanti ai giudici e a Dio; la piccola contadina femminista ante-litteram, che tiene coraggiosamente testa alle autorità ecclesiastiche, o la santa, martire eletta dalle «voci» divine.

Al cinema è protagonista di circa una quarantina di film, tra prodotti di finzione e documentari. Nel 1900 George Méliès gira *Jeanne d'Arc*, che all'epoca ha il valore di una superproduzione: dodici tableux animati e dipinti a mano, con l'eroina in armi, bandiera al vento, attorniata da numerose comparse. Seguono *Jeanne d'Arc* di Albert Capellani (1908), *La vita di Giovanna d'Arco* di Mario Caserini (1909), *Giovanna d'Arco* di Nino Oxilia (1913), tutti più o meno coinvolti nella rappresentazione della santa, secondo l'iconografia fissatasi nell'immaginario popolare (la canonizzazione avverrà nel 1920). Completamente diverso è invece l'approccio di Cecil B. DeMille, che nel 1916 realizza una sontuosa e bellicosa *Joan the Woman* interpretata da Géraldine Farrar, che aveva anche lo scopo di esortare gli Stati Uniti a intervenire nel primo conflitto mondiale, motivo per cui il regista non esita a trasformare gli inglesi in alleati e a indicare il nemico nella Germania smaniosa di espansione. Con *La passione di Giovanna d'Arco* (1928), interpretato da Renée Falconetti, Carl Theodor Dreyer limita la ricostruzione all'ultimo periodo di vita della ragazza (processo e condanna a morte sono concentrati in una sola giornata) ma, privando la messa in scena di riferimenti storici concreti, fa di Giovanna un'eroina di puro spirito, dall'apparenza immateriale anche se ripresa in primi piani crudeli, che non risparmiano nessun dettaglio fisico. Nello stesso anno, Marco de Gastyne gira *La Merveilleuse vie de Jeanne d'Arc*, in concorrenza con Dreyer, le cui uniche novità sono qualche ripresa in esterni nella campagna francese e una protagonista femminile, Simone Genevois, che ha la stessa età del personaggio che interpreta (come in seguito solo Jean Seberg nel film di Preminger).

L'unica Pulzella degli anni Trenta è tedesca, Angela Salloker in *Giovanna d'Arco* di Gustav Ucicky (1935), «violenta requisitoria contro la nemica Inghilterra» con cui il Terzo Reich si fa propaganda, appropriandosi dell'eroina francese per trasformarla in una «superdonna» dagli accenti hitleriani, armata e vittoriosa contro il nemico del nazismo.

Nel dopoguerra tocca a Ingrid Bergman, per ben due volte, far rivivere il personaggio sul grande schermo. La prima in uno scintillante technicolor firmato da Victor Fleming (*Giovanna d'Arco*, 1948), dove risulta sempre bellissima e perfettamente truccata; la seconda in *Giovanna d'Arco al rogo* di Roberto Rossellini (1954), film d'avanguardia dal punto di vista formale, tratto dall'oratorio di Paul Claudel e Arthur Honegger: qui l'attrice svedese incarna una Pulzella sobria, dolente e forte, che è a sua volta la personificazione dell'Uomo rosselliniano a confronto con la società. Nello stesso anno Michèle Morgan intepreta Giovanna d'Arco nel secondo episodio, diretto da Jean Delannoy, di *Destini di donne*, mentre nel 1957 l'improbabile Hedy Lamarr fa altrettanto in *L'inferno ci accusa* di Irwin Allen (non c'è da sorprendersi: è una «storia dell'umanità» in chiave comica, in cui Dennis Hopper è Napoleone e Harpo Marx fa Isaac Newton!). Ma la Giovanna d'Arco del '57 è quella interpretata dall'esordiente Jean Seberg, scelta tra duemila candidate per *Santa Giovanna* di Otto Preminger, vero e proprio film «maledetto» dove la Pulzella, autenticamente spontanea e fragile solo in apparenza, diventa «una vera eroina premingeriana, ostinata e affascinante, multipla e una, la cui apoteosi sarà anche una tragedia». A differenza che in tutte le altre versioni, in questa c'è anche una platonica e malinconica storia d'amore con Dunois, il comandante delle truppe d'assalto, e il tema dell'amore frustrato finisce per diventare «il cuore segreto dell'opera», aggiungendo al personaggio, già demitizzato rispetto all'immagine tradizionale, un tocco di umanità adolescenziale in più. Robert Bresson elabora invece una Giovanna intellettuale, raffinata e sottilmente raziocinante: non a caso la sua versione s'intitola *Il processo di Giovanna d'Arco* (1962) e se Dreyer puntava sulla «passione», il regista francese si concentra sulla «parola», mettendo in scena un duello verbale tra imputata e giudici in cui anche il pubblico è invitato a partecipare. Nel 1970, in *Načala*, Gleb Panfilov usa Giovanna d'Arco come personaggio di secondo grado, capace di infiammare e cambiare la vita dell'attrice che lo interpreta (Inna Curikova).

Più recentemente Jacques Rivette (*Giovanna d'Arco*, in due parti, 1994) è invece l'unico regista a ripercorrere per intero tutte le tappe della vita della Pulzella, dal primo momento in cui lascia la natia Domrémy fino all'esecuzione sulla piazza del Mercato Vecchio di Rouen. L'eroina interpretata da Sandrine Bonnaire (costruita con la massima scrupolosità storica dalla sceneggiatura di Pascal Bonitzer e Christine Laurant) è una sintesi di molte delle sfumature attribuite al personaggio, compresa l'accezione femminista, ma forse, a livello di immaginario collettivo, la maggior novità di quest'ultima Giovanna sta nel recupero di una corporeità a lungo negata: ben prima del rogo, la Pulzella soffre fisicamente, si allena per il combattimento, seduce gli uomini che la circondano, ma soprattutto ride. E il suo sorriso, che talvolta sfocia in una risata quasi «diabolica», certamente destabilizzante per il pubblico, è il motivo più profondo del suo fascino e del suo eterno enigma.

Infine una curiosità: un melodramma muto americano, *Sheltered Daughters* (Edward Dillon, 1921), ha come protagonista una «Jenny Dark», figlia di un poliziotto ma convinta di essere una discendente della Pulzella.

I FILM PRINCIPALI

Joan the Woman ** (Usa 1916, b/n, 10-12 rulli, 125'-150' circa) Cecil B. DeMille. Con Geraldine Farrar, Raymond Hatton, Hobart Bosworth, Theodore Roberts, Wallace Reid, Charles Clary. ◆ In Francia, durante la prima guerra mondiale, un soldato inglese (Bosworth) sogna Giovanna d'Arco (Farrar), che gli chiede di morire per la Francia per riscattare i peccati dell'Inghilterra nei suoi confronti (dopo aver liberato Orléans, era stata tradita dal suo amante britannico [Reid] e bruciata sul rogo). Al risveglio, il soldato decide di sacrificare la sua vita in un raid notturno contro i tedeschi. Singolare interpretazione della mitica Pulzella d'Orléans (ha addirittura un amante, per di più tra i nemici!), piegata da DeMille, in tutta libertà, alle esigenze della politica «interventista» americana (gli Stati Uniti entreranno in guerra l'anno successivo). È la prima superproduzione di DeMille ed è la prima volta, nella storia del cinema, che di Giovanna d'Arco si privilegia l'aspetto della combattente. Notevoli le scene di battaglia, realizzate con grande dispiego di masse. La Farrar era una famosa cantante lirica che il cinema aveva strappato al teatro. Secondo le descrizioni dei realizzatori, alcune scene (tra cui quella del rogo) erano a colori (cioè colorate a mano). Film probabilmente disperso.

La passione di Giovanna d'Arco (1928) di Carl Theodor Dreyer

Giovanna d'Arco (1935) di Gustav Ucicky

Giovanna d'Arco (1948) di Victor Fleming

Destini di donne (1954) di Jean Delannoy

Giovanna d'Arco al rogo (1954) di Roberto Rossellini

Santa Giovanna (1957) di Otto Preminger

Il processo di Giovanna d'Arco (1962) di Robert Bresson

Načala **½ (Urss 1970, b/n, 95') Gleb Panfilov. Con Inna Čurikova, Valentina Teličkina, Leonid Kuravlev, Mikhail Kononov, Nina Skomorohova. ◆ Operaia appassionata di teatro che di solito recita parti da strega nella filodrammatica del paese, Paša Stroganova (Čurikova) viene scelta per interpretare Giovanna d'Arco in un kolossal storico: lascerà la provincia per Mosca e darà un'interpretazione magistrale della Pulzella, ma forse il successo e la grande città non fanno per lei. Un film nel film basato sulla sottile identificazione tra personaggio e interprete, in cui la contadina Giovanna d'Arco offre all'operaia-attrice la possibilità di prendere coscienza di sé. Panfilov (autore anche della sceneggiatura insieme a Evgenij Gabrilovič) ignora la progressione drammatica o biografica degli eventi per concentrarsi sul ritratto di una donna semplice, senza artifici, ancora vicina alla Natura ma dotata di una volontà di ferro al servizio di grandi ideali: per lui Giovanna d'Arco è una rivoluzionaria solo in senso pasoliniano e il simbolo di un'umanità esemplare. L'intero film è sostenuto dalla straordinaria interpretazione della Čurikova, attrice preferita e moglie del regista.

Giovanna d'Arco. Prima parte e **Giovanna d'Arco, il processo. Seconda parte** (1994) di Jacques Rivette

---

Giovanna d'Arco *½ (*Das Mädchen Johanna*, Germania 1935, b/n, 118') Gustav Ucicky. Con Angela Salloker, Gustav Gründgens, Heinrich George, René Deltgen, Erich Ponto, Willy Birgel. ◆ Mentre Orléans è assediata, il futuro re Carlo VII (Gründgens) vede in Giovanna d'Arco (Salloker) la persona che può guidare il popolo contro gli inglesi e mettere a tacere le richieste dei feudatari, ma a vittoria ottenuta e a incoronazione effettuata, il sovrano non avrà dubbi a sacrificare Giovanna all'odio dei nobili e a lasciarla bruciare sul rogo. La storia della Pulzella d'Orléans è letta in chiave forzatamente politica: per infiammare la propaganda contro l'Inghilterra nemica, la Germania nazista fa propria (!) l'eroina nazionale francese e la trasforma in una sorta di ariana guidata da una potenza sovrannaturale. Nonostante la spinta ideologica e il cast di prim'ordine, il film non ebbe molto successo e scomparve rapidamente dalle sale. È l'unica versione tedesca di Giovanna d'Arco.

Giovanna d'Arco ** (*Joan of Arc*, Usa 1948, col, 100') Victor Fleming. Con Ingrid Bergman, José Ferrer, Francis L. Sullivan, J. Carrol Naish, Ward Bond, Hurd Hatfield, Gene Lockhart, John Emery, Cecil Kellaway. ◆ La storia della Pulzella di Orléans: ispirata da voci divine, una contadinella (Bergman) si arma per salvare la Francia dagli invasori inglesi. Ma il re Carlo VII (Ferrer), geloso della sua popolarità, la consegna ai nemici, che la processano e torturano per stregoneria, condannandola al rogo. Solenne dramma storico-religioso, tratto da *Joan of Lorraine* di Maxwell Anderson (adattato dall'autore e da Andrew Solt), e costruito su misura per la diva hollywoodiana più spirituale dell'epoca, che due anni prima aveva interpretato il personaggio a teatro con grande successo. Frutto di lunghe e minuziose ricerche storiche, risulta un po' rigido e pomposo, alla ricerca di un arduo equilibrio tra parola e immagine. Joseph Valentine si aggiudicò l'Oscar per la fotografia, mentre ai due attori principali andarono solo le nomination. L'ultimo film di Fleming. La Bergman sarà ancora la Pulzella d'Orléans in *Giovanna d'Arco al rogo*.

Giovanna d'Arco al rogo **½ (Italia 1954, col, 76') Roberto Rossellini. Con Ingrid Bergman, Tullio Carminati, Giacinto Prandelli, Augusto Romani, Agnese Dubbini, Gerardo Gaudisio. ◆ Giovanna d'Arco (Bergman, che parla in italiano) affronta i suoi carnefici con la forza della sua fede e dei suoi ideali, e viene condannata al martirio. Trasposizione cinematografica dell'oratorio scritto da Paul Claudel e musicato da Arthur Honegger, di cui Rossellini aveva già curato l'allestimento teatrale. Il tema del contrasto tra l'individuo e la società è tipico della poetica rosselliniana, ma il film è importante soprattutto per la sperimentazione di procedimenti espressivi che segneranno la futura produzione televisiva del regista (movimenti di macchina che indagano un personaggio statico e isolato; uso del piano sequenza; rapporti tra sfondo e figure; montaggio lento e sfilacciato; uso simbolico della scenografia). All'epoca fu passato sotto silenzio dalla critica, ed ebbe scarsa circolazione. È stato ritrovato e restaurato nel 1987.

Giovanna d'Arco. Prima parte e **Giovanna d'Arco. Seconda parte** *** (*Jeanne la Pucelle. Les batailles* e *Jeanne la Pucelle. Les prisons*, Francia 1994, col, 129' + 127') Jacques Rivette. Con Sandrine Bonnaire, André Marcon, Jean-Louis Richard, Marcel Bozonnet, Patrick Le Mauff, Bernadette Giraud, Tatiana Moukhine, Philippe Morier-Genoud, Florence Darel. ◆ Nella prima parte Jeanne d'Arc (Bonnaire), presa coscienza della sua missione, persuade Charles (Marcon), delfino di Francia, ad affidarle un esercito per liberare Orléans dagli inglesi. Dopo vani tentativi, la fortezza delle Tourelles cade e gli inglesi tolgono l'assedio. Nella seconda parte, il delfino è incoronato a Reims Charles VII, re di Francia. Jeanne attacca Parigi, ancora in mano ai Borgognoni, ma il re firma una tregua con Filippo il Buono (Morier-Genoud). La Pulzella prima depone le armi, poi ci ripensa: a Compiègne viene fatta prigioniera dai Borgognoni, che la vendono agli inglesi. Trasferita a Rouen, subisce il processo: nonostante l'abiura è condannata al rogo. Rivette ripercorre l'intera storia di Jeanne d'Arc con rigore documentario (la sceneggiatura è di Christine Laurant e Pascal Bonitzer, sulla base dei testi di Régine Pernoud e altre testimonianze d'epoca), facendo della Pulzella una «donna in movimento» in contrasto con la statica tradizione iconografica (e anche cinematografica) sull'eroina. Resa umana come mai prima sullo schermo (si annoia, dubita, ride, esita, si arrabbia) ma senza ricorso a soluzioni psicologiche, la Pulzella di Rivette è collocata sin dall'inizio all'interno di un complesso intrigo di ragioni politiche e diplomatiche, a lei estraneo. E le voci, che rimangono volutamente l'unico mistero non indagato, sono risolte con semplici momenti di preghiera. Coerentemente con la sua idea di cinema, Rivette cerca così, da una parte, di trovare la concretezza sotto il mito (così il processo si riduce al solo momento dell'abiura, quando anche l'eroina diventa umanissima nella sua debolezza) e, dall'altra, insegue la scommessa di «un cinema fatto di luci e movimenti di macchina e non di "personaggi", rischiando però di lasciare nello spettatore una inappagata voglia di partecipazione emotiva». Concepito in due film sin dall'inizio, *Giovanna d'Arco* ricostruisce con puntiglio e maniacalità molti dettagli storici (persino gli abiti sono stati tinti in modo naturale, come si usava nel Quattrocento, con effetti notevoli sul colore d'insieme del film) mentre la costruzione delle immagini ripropone la stilizzazione formale dell'epoca. Ottima prova della Bonnaire, la Jeanne più spontanea della storia del cinema. Nella versione originale la prima parte dura 160', la seconda 176': i tagli (ingiustificati) in quella italiana sono stati concordati col regista.

Giovanni dalle bande nere *½ (Italia 1956, col, 94') Sergio Grieco. Con Vittorio Gassman, Anna Maria Ferrero, Constance Smith, Gérard Landry, Philippe Hersent, Silvio Bagolini. ◆ Giovanni De' Medici detto delle Bande nere (Gassman), valoroso combattente prima contro i francesi e poi contro i lanzichenecchi, s'innamora di Anna (Ferrero) e trascura gli impegni militari. Tratto dal romanzo di Luigi Capranica e sceneggiato da Alessandro Continenza e Italo De Tuddo, è un melodramma pseudostorico realizzato con una certa profusione di mezzi, ma inesorabilmente anodino.

Giovanni Falcone *½ (Italia 1993, col, 124') Giuseppe Ferrara. Con Michele Placido, Giancarlo Giannini, Anna Bonaiuto, Massimo Bonetti, Gianni Musy, Nello Rivié, Marco Leto. ◆ Gli ultimi dodici anni di attività del giudice Giovanni Falcone (Placido), ucciso dalla mafia nella strage di Capaci: la collaborazione con Chinnici (Rivié) e l'ipotesi di un «terzo livello» della Cupola; il lavoro nel pool antimafia con Paolo Borsellino (Giannini) e Ninni Cassarà (Bonetti); gli interrogatori dei primi grandi pentiti, tra cui Buscetta (Musy); lo smantellamento del pool e l'incarico al ministero di Grazia e Giustizia come direttore generale per gli affari penali. Infine l'agguato mortale, nel maggio del 1992, a cui seguirà in luglio quello a Borsellino. Instant-movie con ambizioni di docudrama (qualcuno parlò del *JFK* italiano!), che pensa sia sufficiente mettere in sequenza agguati, omicidi e stragi con attori fisicamente verosimiglianti per ricostruire un decennio cruciale di lotta alla mafia. Il cosiddetto cinema d'impegno civile è lontanissimo. Anna Bonaiuto è Francesca Morvillo, Marco Leto veste i panni di Caponnetto.

Giovannino *½ (Italia 1976, col, 102') Paolo Nuzzi. Con Christian De Sica, Carole André, Jenny Tamburi, Tina Aumont, Saro Urzì, Giuliana Calandra, Miguel Bosé, Delia Boccardo, Maria Mercader, Sara Rapisarda, Imma Piro, Piero Vida. ◆ Anni Trenta: figlio di un notaio catanese (Urzì), Giovannino (De Sica) viene svezzato dalla serva (André), corre la cavallina, ma alla fine sposa la zoppetta Vincenzina (Piro) che gli impone la famiglia, e non trova la forza di fuggire. Adattamento (del regista e Bruno Di Geronimo) del classico romanzo di Ercole Patti su vitellonismo, gallismo, trasgressioni e meschinità della vita di provincia. I tempi consentono più libertà e meno eufemismi che in *Don Giovanni in Sicilia* (vedi la frequenza con cui si parla di masturbazione), ma non si esce dalla logica del bozzetto. Produce Leonardo Pescarolo.

Giovannona Coscialunga disonorata con onore *½ (Italia 1973, col, 94') Sergio Martino. Con Pippo Franco, Edwige Fenech, Gigi Ballista, Vittorio Caprioli, Danika La Loggia, Francesca Romana Coluzzi, Riccardo Garrone, Adriana Facchetti, Vincenzo Crocitti. ◆ Su consiglio del segretario (Franco), il commendatore Laneve (Ballista) fa passare la prostituta Cocò (Fenech) per sua moglie, sperando così di conquistare i favori dell'impenitente onorevole Pedicò (Caprioli) ed evitare le conseguenze legali per l'inquinamento dovuto alle sue industrie di formaggi. Commedia degli equivoci dall'umorismo greve e chiassoso scritta da Francesco Milizia, Carlo Veo e Franco Mercuzi: la Fenech, doppiata in marchigiano, non fa vedere quasi niente, Pippo Franco è sguaiato come al solito e la comicità si riduce ai soliti va e vieni dalle stanze sbagliate (il che non ha comunque impedito al film di ottenere un contributo dal Ministero del Turismo e dello Spettacolo).

Giovedì, Il **½ (Italia 1964, b/n, 110') Dino Risi. Con Walter Chiari, Michèle Mercier, Roberto Ciccolini, Umberto D'Orsi, Alice e Ellen Kessler, Emma Baron, Milena Vukotic. ◆ Il giovedì è il giorno che Dino Versini (Chiari), separato dalla moglie (Baron) e legato a Elsa (Mercier), trascorre con il figlio Robertino (Ciccolini), cercando disperatamente di conquistarne la stima e l'affetto. Risi sorride con amarezza ed evita quasi sempre banalità e patetismo affidandosi a osservazioni semplici e a volte pungenti. Sceneggiatura di Castellano e Pipolo, quand'erano ancora seri, e del regista. Tra le molte canzoni ci sono anche *Se le cose stanno così* di Sergio Endrigo, *Non è facile avere 18 anni*, cantata da Rita Pavone e *Andavo a cento all'ora*, cantata da Gianni Morandi.

Giove in doppiopetto *½ (Italia 1955, col, 101') Daniele D'Anza. Con Carlo Dapporto, Delia Scala, Lucy D'Albert, Gino Ravazzini, Franca Gandolfi, Annabella Cerliani, Lilo Weibel, Françoise Rambert, Rina Mascetti. ◆ Per cogliere i piaceri della prima notte di matrimonio con una neosposa (Scala), Giove (Dapporto) scende sulla Terra e prende le sembianze del di lei marito; ma la gelosa Giunone (D'Albert) lo segue per rovinargli i piani. Il primo film italiano in CinemaScope è la fedele versione della omonima rivista musicale di Garinei e Giovannini (con il celebre hit di Gorni Kramer *Ho il cuore in paradiso*), numeri musicali compresi: che oggi appaiono moderatamente noiosi, così come la comicità a base di blande allusioni di Dapporto. Inutile sperare che l'elogio del tradimento (il numero *Il bacio con le pere*, cantato da Dapporto con la Gandolfi) non venga bilanciato da un finale molto più pudico. I titoli animati sono di Vittorio Cossio e Gino Guida.

Gioventù, amore e rabbia *** (*The Loneliness of the Long Distance Runner*, Gb 1962, b/n, 103') Tony Richardson. Con Tom Courtenay, Michael Redgrave, Avis Bunnage, Peter Madden, Alec McCowen, James Fox, Julia Foster. ◆ Rinchiuso in un riformatorio, il giovane disadattato Colin Smith (Courtenay) diventa un maratoneta provetto, per la gioia del direttore paternalista (Redgrave): ma, in un soprassalto d'orgoglio, rifiuterà di dare una soddisfazione alla società da cui si sente rinnegato. Film chiave del Free Cinema inglese, tratto da *La solitudine del maratoneta* di Alan Sillitoe, autore anche dell'adattamento cinematografico. Richardson elabora uno stile originale e di grande efficacia, in perfetto equilibrio tra realismo e sperimentazione, dove i piani temporali si mescolano liberamente. Di grande effetto l'Inghilterra livida fotografata dall'ottimo Walter Lassally. Il film che fece conoscere Courtenay, star di una breve stagione del cinema britannico.

Gioventù bruciata **** (*Rebel Without a Cause*, Usa 1955, col, 111') Nicholas Ray. Con James Dean, Natalie Wood, Sal Mineo, Jim Backus, Ann Doran, William Hopper, Rochelle Hudson, Corey Allen, Edward Platt, Dennis Hopper. ◆ Figlio unico di buona famiglia, Jim Stark (Dean) non avrebbe alcun motivo, agli occhi dell'America calvinista degli anni Cinquanta, per ribellarsi al mondo degli adulti. Bisognoso di autenticità, trova un amico nel tormentato e forse troppo affezionato Plato (Mineo), e conquista il cuore di Judy (Wood), la ragazza del capo di una banda rivale (Allen). Dopo avere sfidato quest'ultimo nella «corsa del coniglio» (perde chi salta fuori per primo da una macchina lanciata verso uno strapiombo), si ritrova inseguito dai suoi compari e dalla polizia. E vedrà sfasciarsi anche la famiglia alternativa che ha costituito. Il film che, dopo *La valle dell'Eden*, impose definitivamente Dean come mito di una generazione. Sceneggiato da Irving Shulman a partire da una storia originale dello stesso Ray, è anche un saggio di regia, sempre funzionale alla messa in scena drammatica: vedi l'uso espressionista del colore, la funzionalità del formato panoramico (vistavision), il taglio obliquo di certe inquadrature, il montaggio frenetico e l'audacia di alcune soggettive. Sequenze come il dialogo iniziale di Dean ubriaco col fiore, la «corsa del coniglio» o il finale tragico sono entrate nella memoria del cinema. Un classico, allora in anticipo sui tempi, che non ha smesso di emozionare. Battezzò una generazione di attori che, Wood a parte, si bruciò in fretta: Dean morì il 30 settembre di quello stesso anno e Mineo non si levò più di dosso il cliché del ribelle triste. Dennis Hopper, nella parte di Goon, è al suo primo ruolo di qualche spicco. Ray compare nell'ultima inquadratura.

Gioventù nuda *½ (*Terrain vague*, Francia 1960, b/n, 103') Marcel Carné. Con Danièle Gaubert, Jean-Louis Bras, Maurice Caffarelli, Roland Lesaffre, Constantin Andrieu, Denise Vernac. ◆ Drammi e speranze tra i componenti di una banda di teppisti di quartiere: la gelosia tra Lucky (Caffarelli) e Marcel (Andrieu) per amore della sedicenne Dan (Gaubert) finisce a favore del primo, ma il loro amore è incrinato dal suicidio del giovane Babar (Bras), che sperava di trovare comprensione per i suoi drammi familiari tra le braccia di Dan e invece la scopre insieme a Lucky. Agli albori della Nouvelle Vague, Carné continua a esplorare a modo suo il mondo giovanile contemporaneo (due anni dopo *Peccatori in blue jeans* e prima di *I giovani lupi*), spostando l'attenzione dal Quartiere latino alle periferie della metropoli e cercando di rielaborare il materiale documentario secondo la lezione appresa a suo tempo da Jacques Prévert. Ma nella riduzione del romanzo americano *Tomboy* di Hal Hellson, notevolmente modificato nelle parti più truculente da Jean-François Rey e dallo stesso regista, si sente la mancanza dell'antico collaboratore-poeta, e *Gioventù nuda* finisce per essere una tranche de vie adolescenziale inquadrata in rigidi schemi mitologici (l'amore purificatore, gli innocenti costretti a vivere in un mondo impuro, il destino inevitabile rappresentato dalla figura ricorrente del rigattiere), in cui le immagini realistiche stridono con gli stereotipi da feuilleton, introdotti a forza da Carné spesso portavoce di un paternalismo sociologico piuttosto fastidioso.

Gioventù perduta **½ (Italia 1947, b/n, 86') Pietro Germi. Con Massimo Girotti, Jacques Sernas, Carla Del Poggio, Franca Maresa, Diana Borghese, Nando Bruno, Emma Baron. ◆ Un giovane ispettore (Girotti) indaga suo malgrado sui misfatti compiuti da uno studente universitario (Sernas), fratello della ragazza (Del Poggio) di cui è innamorato. Al suo secondo film, Germi si cimenta con un poliziesco d'ispirazione quasi americana sceneggiato da Mario Monicelli, Antonio Pietrangeli, Enzo Provenzale, Leopoldo Trieste, dal regista e (non accreditato) Enrico Ribulsi. L'analisi del clima d'inquietudine postbellico è un po' debole, ma nelle caratterizzazioni dei singoli personaggi emergono annotazioni interessanti. Il poliziotto proletario, costretto a rischiare la vita per pochi soldi mentre in realtà vorrebbe poter studiare, è una figura inedita nel cinema di genere a cui Germi fa riferimento, e prelude alla fitta schiera di complesse figure di vinti che distingueranno la poetica del regista.

Gioventù ribelle ** (*Teen-age Rebel*, Usa 1956, b/n, 94') Edmund Goulding. Con Ginger Rogers, Michael Rennie, Betty Lou Keim, Warren Berlinger, Diane Jergens, Mildred Natwick, Rusty Swope, Louise Beavers. ◆ Dopo otto anni, Nancy (Rogers) può rivedere la figlia sedicenne Dodie (Keim), che il giudice del divorzio aveva affidato al padre: con l'aiuto del secondo marito (Rennie) e dei figli dei vicini (Berlinger e Jergens) cercherà di riconquistare l'affetto di un'adolescente educata nella solitudine e nella freddezza affettiva. Melodramma familiare con evidente risvolto educativo, tratto da una commedia di Edith Sommer e sceneggiato (con troppe porte che si aprono e si chiudono) da Walter Reisch e Charles Brackett. La prova di tutto il cast è – come sempre nei film di Goulding – eccellente, ma i personaggi sono troppo prevedibili per essere davvero interessanti (ed è forse per la programmatica durezza di Dodie che Richard Corliss ha potuto leggere nel film un inconsapevole remake di *Ninotchka*). Goulding è anche l'autore del leit-motiv *Dodie*.

Gioventù senza domani **½ (*A Kiss Before Dying*, Usa 1956, col, 94') Gerd Oswald. Con Robert Wagner, Joanne Woodward, Virginia Leith, Mary Astor, Jeffrey Hunter, George Macready. ◆ L'ambizioso studente Bood (Wagner) corteggia la figlia (Woodward) di un ricco industriale, ma quando si accorge che è incinta – sicuro così di perdere i soldi del padre – la uccide, simulando un suicidio. Ellen (Leith), la sorella della defunta, cerca di indagare sulla morte, ma finisce per innamorarsi proprio di Bood che vede così nuovamente a portata di mano una facile ricchezza. Nonostante lo stupido titolo italiano (che in una riedizione è diventato anche *Giovani senza domani*), un giallo teso e appassionante, tratto da un racconto di Ira Levin sceneggiato da Lawrence Roman. Esordendo nella regia, Oswald costruisce «un thriller insolito e cinico dove dissezionare con freddezza gli assassini commessi da uno studente soave e senza pietà». Ottima la direzione degli attori, tra cui un'indimenticabile Mary Astor, inquietante madre di Bood. Curioso l'uso del colore e del CinemaScope (fotografato da Lucien Ballard) in funzione intimista, quasi si trattasse di un bianco e nero, senza le pacchianerie cromatiche di quegli anni. Rifatto nel 1991 come *Un bacio prima di morire*.

Gioventù traviata **½ (*Les Inconnus dans la maison*, Francia 1942, b/n, 100') Henri Decoin. Con Raimu [Jules Muraire], Juliette Faber, Jean Tissier, Jacques Baumer, André Reybaz, Jacques Gretillat, Tania Fedor. ◆ Un ex avvocato ormai alcolizzato (Raimu) trova un cadavere nella sua villa. Le indagini svelano che la figlia Nicole (Faber) frequenta un gruppo di giovani sbandati e che proprio il suo fidanzato (Reybaz) è accusato dell'omicidio, ma l'avvocato, convinto dell'innocenza del ragazzo, riprenderà la toga per difenderlo. Il primo dei tre film che Decoin trarrà da Simenon (gli altri sono *L'Homme de Londres*, 1942, inedito in Italia, e *La follia di Roberta Donge*, 1951), ritratto di un uomo di valore perso nell'alcol e nei ricordi ma ancora sufficientemente lucido per fare un'analisi della classe sociale a cui appartiene, una borghesia ipocrita decaduta, indifferente al disagio e ai problemi della gioventù che ha generato (anche se i valori che finisce per difendere sono pericolosamente vicini a quelli pétainisti: restaurazione della famiglia patriarcale e orgoglio maschilista). La sceneggiatura, firmata da Henri Georges Clouzot, priva il rapporto padre-figlia di qualsiasi venatura sentimentale, accentuando la crudezza di questo studio sociale. Grande interpretazione di Raimu, che riprende il cinismo brillante dei personaggi francesi anni Trenta e anticipa il pessimismo nichilista postbellico. All'epoca il film fu accusato di antisemitismo per il cambiamento del nome dell'assassino (da Justin, com'era nel libro, a Ephraïm) ed è l'unico tra quelli girati durante l'Occupazione ad aver dato adito a simili dubbi. Remake inglese nel 1967: *Uno sconosciuto in casa* di Pierre Rouve, con James Mason nel ruolo dell'avvocato. Nell'edizione originale la voce off è di Pierre Fresnay.

Giovinezza, giovinezza **½ (Italia 1969, col, 108') Franco Rossi. Con Alain Noury, Roberto Lande, Leonard Manzella [Mann], Kathia Moguy, Olimpia Carlisi, Antonio Centa, Guido Alberti, Alessandro Haber. ◆ Tre giovani ferraresi (Noury, Lande e Manzella) amici sin dall'infanzia, si separano prima per ragioni politiche, poi a causa della guerra. Ritratto elegiaco ma non sdolcinato della generazione che nacque sotto il fascismo. Ottima la ricostruzione del clima dell'epoca e interessante il lavoro critico compiuto sul passato, grazie anche a una lettura non pedestre del romanzo omonimo di Luigi Preti sceneggiato dal regista e Vittorio Bonicelli. La fotografia è dell'esordiente Vittorio Storaro.

Girando intorno al cespuglio di more *½ (*Here We Go Round the Mulberry Bush*, Gb 1968, col, 96') Clive Donner. Con Barry Evans, Judy Geeson, Angela Scoular, Sheila White, Vanessa Howard, Denholm Elliott. ◆ Un diciassettenne (Evans), ossessionato dal sesso ma senza esperienza, cerca disperatamente di passare dalla teoria alla pratica. Datata commedia di costume che allora sembrava molto maliziosa, e che tenta di parodiare i luoghi comuni dell'erotismo cinematografico. Il regista di *Ciao, Pussycat* era già in fase calante. Musica di Steve Winwood & Traffic.

Girandola **½ (*Carefree*, Usa 1938, b/n, 80') Mark Sandrich. Con Fred Astaire, Ginger Rogers, Ralph Bellamy, Luella Gear, Jack Carson, Franklin Pangborn. ◆ Uno psicoanalista (Astaire) prende in cura la fidanzata (Rogers) di un amico (Bellamy): lei s'innamora del medico, lui cerca di convincerla con l'ipnosi a sposare il fidanzato. Il quinto e ultimo musical della coppia Astaire-Rogers prodotto dalla Rko e diretto da Sandrich (su sceneggiatura di Allan Scott ed Ernest Pagano) ha meno numeri musicali dei precedenti, nonostante le belle musiche di Irving Berlin (tra cui le canzoni *Change Partners* e *I Used to Be Color-Blind*). Il film porta in scena per una delle primissime volte a Hollywood la psicanalisi, ma è pieno di inesattezze (come la divisione tra «mente conscia e mente subconscia», anziché tra conscio e inconscio) e di vere e proprie «nefandezze»: c'è infatti tutto quello che uno psicoanalista non dovrebbe mai fare, come allacciare una relazione con la paziente, usare l'ipnosi per inculcare convinzioni, somministrare sedativi «per liberare dalle inibizioni». Risultato comunque gradevole; contiene quello che all'epoca fu definito «il bacio del secolo».

Girasoli, I *½ (Italia/Francia/Urss 1970, col, 107') Vittorio De Sica. Con Sophia Loren, Marcello Mastroianni, Ljudmila Saveljeva, Anna Carena, Galina Andreeva, Germano Longo, Glauco Onorato. ◆ Giovanna (Loren) scopre che suo marito Antonio (Mastroianni), dato per disperso in Russia, è vivo e si è rifatto una famiglia in Urss. Si ritroveranno ma proseguiranno per le loro strade. Scombiccherata operazione produttiva voluta da Carlo Ponti in funzione dei protagonisti, qui però smorti ed enfatici. Il tocco dell'ormai stanco De Sica è visibile solo nella scena dell'arrivo dei reduci presi d'assalto dai parenti e in qualche momento intimista. Sceneggiatura, spesso semplicistica, di Tonino Guerra e Cesare Zavattini. Musiche strappalacrime di Henry Mancini.

Girlfriends ** (*Girlfriends*, Usa 1978, col, 88') Claudia Weill. Con Melanie Mayron, Anita Skinner, Eli Wallach, Christopher Guest, Bob Balaban, Viveca Lindfors, Mike Kellin. ◆ Nel momento in cui la compagna d'appartamento (Skinner) l'abbandona per sposarsi, una giovane donna (Mayron) si trova a dover riorganizzare la propria vita. Spaccato di vita quotidiana newyorkese al femminile sceneggiato da Vicki Polon: fece parlare di sé per il suo tono fresco e spontaneo. Poi è come caduto nell'oblio.

Girls, Les *** (*Les Girls*, Usa 1957, col, 114') George Cukor. Con Gene Kelly, Mitzi Gaynor, Kay Kendall, Taina Elg, Jacques Bergerac, Leslie Philips, Patrick Macnee, Philip Tonge, Stephen Vercoe, Henry Daniell. ◆ A distanza di anni, gli amori e gli odi di una compagnia di danza vengono a galla in un processo per diffamazione intentato da una delle ex soubrette (Elg) a una sua collega (Kendall) che ha scritto un libro di memorie. Un originale musical pirandelliano tratto da un romanzo di Vera Caspary e sceneggiato da John Patrick, in cui la finzione dello spettacolo impedisce l'accertamento della verità. Di gran classe la regia di Cukor, che sfrutta tutte le possibilità del CinemaScope e usa il colore in funzione della caratterizzazione dei personaggi. Belle canzoni di Cole Porter, qui al suo ultimo lavoro per il cinema. Oscar ai costumi di Olly-Kelly. Tra i vari numeri, da ricordare almeno la parodia del selvaggio in *Why Am I So Gone About That Gal?*

Girl 6 – Sesso in linea ** (*Girl 6*, Usa 1996, col, 108') Spike Lee. Con Theresa Randle, Spike Lee, Isaiah Washington, Debi Mazar, Peter Berg, Jennifer Lewis, Michael Imperoli, Susan Batson, Dina Pearlman, Coati Mundi, Joie Susannah. ◆ Per sbarcare il lunario, un'aspirante attrice afro-americana (Randle) accetta di lavorare in una hot line con il nome di «Girl 6»: il rischio è di confondere finzione e realtà, e tra i clienti c'è anche un maniaco sessuale. Spike Lee tenta la commedia sofisticata in chiave pedagogica e autoriflessiva, centrando il bersaglio dell'eleganza formale ma non quello dell'ironia e, perché no, della cattiveria (la sua, una volta, era proverbiale): in *Girl 6* funziona lo stile alla Woody Allen, newyorkese con brio, ma la morale della storia – telefono e macchina da presa si specchiano l'uno nell'altra ai danni di artiste giovani, belle e virtuose – fa rimpiangere immediatamente il cinismo di Altman in *America oggi* (e anche, sul piano della narrazione, la sua maestria compositiva: qui non si va molto al di là di una serie di episodi cuciti sommariamente). Il primo monologo è un'autocitazione da *Lola Darling*, e le sequenze migliori sono quelle in cui le ragazze fingono, da attrici consumate, orgasmi plurimi *on line*. Camei lampo per John Turturro (l'agente cinematografico), Madonna (boss di un nightclub), Naomi Campell (la centralinista 75), Quentin Tarantino (regista a New York) e Ron Silver (regista a Los Angeles), mentre Spike Lee è il vicino di casa della protagonista. Canzoni di Prince scritte per l'occasione.

Giro del mondo, Il *½ (*Les Cinq sous de Lavarède*, Francia 1938, b/n, 125') Maurice Cammage. Con Fernandel [Fernand Contandin], Josette Day, Marcel Vallée, Jeanne Fusier-Gir, Jean Dax. ◆ Il giovane Lavarède (Fernandel) riceve da uno zio un'eredità di 30 milioni, ma può riscuoterla solo se compie, in un tempo stabilito, il giro del mondo con 25 centesimi. Modesto film comico per l'astro nascente di Fernandel. La stessa storia, tratta da un romanzo di Paul d'Ivoi e Henri Chabrillat era già stata portata al cinema nel 1928: *Les cinq sous de Lavarède* di Maurice Champreux con Georges Biscot e Carlos Avril.

Giro del mondo in ottanta giorni, Il *** (*Around the World in 80 Days*, Usa 1956, col, 167') Michael Anderson. Con David Niven, Cantinflas, Shirley MacLaine, Robert Newton. ◆ Un nobile inglese, Fogg (Niven), assieme al fedele maggiordomo (Cantinflas, un comico messicano che tentò invano di sfondare a Hollywood), intraprende per scommessa un viaggio a tempo di record (siamo nel 1872) attorno al mondo. Troverà moglie in India, salvando una giovane vedova (MacLaine) dal rogo, e riuscirà, malgrado mille inconvenienti, nella sua impresa, quando ormai tutto sembrerà perduto. Il romanzo di Jules Verne, sceneggiato da James Poe, John Farrow e S.J. Perelman, diventa un kolossal d'avventura spruzzato di umorismo britannico. Prodotto da Mike Todd, che introduce il film con un elogio dell'attualità di Jules Verne, con lo speciale procedimento Todd-AO (che consisteva nel girare su negativo 65mm e stampare su positivo 70mm, al fine di ottenere un effetto di dilatazione dello schermo), si avvale di un cast d'eccezione, formato da una cinquantina di star impiegate in ruoli piccoli ma incisivi: come Martine Carol (la ragazza alla stazione di Parigi), Ronald Colman (il funzionario delle ferrovie indiane), Noël Coward (Roland Heskett-Baggott), Luis Miguel Dominguin (il torero), Fernandel (il cocchiere), John Gielgud (Foster), Trevor Howard (Fallentin), Buster Keaton (il conducente del treno), Peter Lorre (il cameriere giapponese), Victor McLaglen (il timoniere), John Mills (il vetturino), Frank Sinatra (il pianista nel saloon), Marlene Dietrich (la proprietaria del saloon). Anche se con gli anni ha perso in parte il suo smalto, rimane un classico del cinema d'evasione. Si aggiudicò cinque Oscar: miglior film, sceneggiatura, fotografia (Lionel Lindon), montaggio (Gene Ruggero, Paul Weatherwax) e colonna sonora (Victor Young). Da menzionare anche gli splendidi titoli di coda, dovuti al talento grafico di Saul Bass.

Giro di lune tra terra e mare ***½ (Italia/Germania 1998, col, 115') Giuseppe M. Gaudino. Con Aldo Bufi Landi, Tina Femiano, Salvatore Grasso, Angelica Ippolito, Olimpia Carlisi, Sebastiano Colla, Antonella Stefanucci, Lucio De Cicco. ◆ La disgregazione sentimentale ed economica della famiglia Gioia di Pozzuoli, formata da pescatori di cozze costretti a traslocare lontano dal mare, si compie in parallelo allo sconquasso sismico che devasta la città; dalle crepe della memoria, come per effetto di un bradisismo metaforico, emergono figure storiche e leggendarie – dalla Sibilla Cumana (Carlisi) a Nerone (Colla), da Maria «la Pazza» (Stefanucci) a Pergolesi (De Cicco) – che si mescolano ai personaggi del presente. Un melodramma intenso, arcaico, sperimentale sulla dissoluzione e la riappropriazione di un'identità culturale ed emotiva; un viaggio nella realtà, nella Storia e nel mito che porta a galla le strutture profonde della civiltà sepolta nel corpo e nella psiche martoriata di Pozzuoli: una delle poche opere originali del cinema italiano dell'ultimo decennio. Sceneggiato in campano e latino (con sottotitoli) dal regista insieme a Isabella Sandri e Heidrun Schleff, composto di visioni sospese nello spazio e nel tempo, scorciato in modo salutare di circa 15' dopo la presentazione al festival di Venezia, un film che sembra arrivare dall'era pre-televisiva e che regala suggestioni inedite e potenti, a patto di non opporre resistenza alla forza evocativa delle sue immagini. Magistrale la scena finale del confronto a tavola tra tutta la famiglia.

Girolimoni, il mostro di Roma ** (Italia 1972, col, 125') Damiano Damiani. Con Nino Manfredi, Gabriele Lavia, Guido Leontini, Orso Maria Guerrini, Anna Maria Pescatori, Luciano Catenacci, Mario Carotenuto, Claudio Nicastro. ◆ Agli albori del fascismo, un innocente fotografo (Manfredi) viene arrestato con l'accusa di essere un assassino di bambine. Vicenda kafkiana, basata su un episodio realmente accaduto, con riferimenti non casuali al caso Valpreda. Buona la ricostruzione del periodo fascista e la descrizione della psicosi di massa, ma il racconto (sceneggiato dal regista, Fulvio Gicca Palli ed Enrico Ribulsi), è sovraccarico e disorganico. Lavia è lo sgradevole killer protetto dalla madre.

Gita di piacere, Una *½ (*Une Partie de plaisir*, Francia/Italia 1975, col, 100') Claude Chabrol. Con Paul Gégauff, Danièle Gégauff, Clémence Gégauff, Michel Valette, Pierre Santini. ◆ Per rompere la monotonia del matrimonio, Philippe (P. Gégauff) propone alla moglie Esther (D. Gégauff) di concedersi delle scappatelle: ma finisce con il rimanere intrappolato nel suo gioco, e si arriva alla tragedia. Parentesi stravagante nella sterminata filmografia di Chabrol, girata con uno stile semi-improvvisato da cinema-verità, che non gli appartiene. Paul Gégauff, autore anche della sceneggiatura, si era appena separato dalla moglie Danièle.

Gita in campagna, Una **** (*Partie de campagne*, Francia 1946, b/n, 40') Jean Renoir. Con Sylvie Bataille, Jane Marken, Gabriello [André Galopet], Georges Darnoux, Jacques Borel [Jacques B. Brunius], Paul Temps, Gabrielle Fontan. ◆ Una domenica d'estate del 1860 il commerciante Dufour (Gabriello) porta la famiglia in gita fuori porta: lui va a pescare col futuro genero, il commesso Anatole (Temps), mentre la figlia Henriette (Bataille) e la moglie Juliette (Marken) sono corteggiate da due giovanotti in cerca d'avventure, Henri (Darnoux) e Rodolphe (Borel). Mentre scoppia un temporale, Henriette cede controvoglia a Henri: si ritroveranno anni dopo, ognuno spento dalla propria vita grigia e con il rimpianto della giovinezza perduta. Sceneggiando il racconto omonimo di Maupassant, Renoir fonde l'analisi di costume alla critica – sotterranea ma non per questo meno feroce – dell'istituzione familiare, destinata a condannare i suoi membri all'infelicità. Recuperando la lezione pittorica en plein air del padre Auguste, poi, il film racconta le ipocrisie umane sullo sfondo di una natura descritta con accenti panici, al tempo stesso distante e complice (l'alzarsi del vento, l'arrivo della pioggia). Il risultato di questa contrapposizione è un impalpabile ma costante senso di malinconia che nasce dalla «perfezione della natura di fronte all'imperfezione dell'uomo come animale sociale». Per quanto incompiuto e montato dieci anni dopo da Marguerite Renoir (il film era stato girato nel 1935), si tratta di uno dei capolavori del regista, concepito con sensibilità musicale e pervaso da una sottile disperazione esistenziale. La fotografia è di Claude Renoir, la musica di Joseph Kosma. Gli assistenti alla regia furono Henri Cartier-Bresson e Jacques Becker. Il regista interpreta l'oste, sua moglie Marguerite la cameriera, Becker il seminarista. In Italia il film è stato distribuito originariamente come episodio del film *Il fiore e la violenza* dove era intitolato *La scampagnata*.

Gita scolastica, Una ** (Italia 1983, col, 87') Pupi Avati. Con Carlo Delle Piane, Tiziana Pini, Lidia Broccolino, Rossana Casale, Cesare Barbetti, Ferdinando Orlandi, Bob Tonelli, Gianpaolo Cocchi, Marcello Cesena. ◆ Nel 1911, due professori (Delle Piane e Pini) accompagnano i loro allievi in una gita sull'Appennino da Bologna a Firenze. L'avventura della professoressa con un allievo desterà uno scandalo: ma il professorino innamorato si sacrificherà prendendo le difese della collega. Il primo grande successo di pubblico di Avati (che firma la sceneggiatura in coppia col fratello Antonio) è stato anche il film che ha inaugurato la sua maniera nostalgica e zuccherosa, volta alla celebrazione dolceamara dell'adolescenza e del tempo perduto. Affabile e manierato. Delle Piane, che Avati aveva riscoperto ai tempi di *Tutti defunti tranne i morti*, si trovò per la prima volta protagonista a quarantasette anni, in un ruolo patetico e non grottesco.

Giubbe rosse ** (*Northwest Mounted Police*, Usa 1940, col, 125') Cecil B. DeMille. Con Gary Cooper, Madeleine Carroll, Preston Foster, Paulette Goddard, Robert Preston, George Bancroft, Akim Tamiroff, Lon Chaney jr, Robert Ryan. ◆ Uno sceriffo (Cooper) dà la caccia a un evaso che sobilla i meticci contro le truppe inglesi stanziate in Canada. Kolossal spettacolare ma privo di nerbo, con scene d'azione in esterni girate visibilmente in studio. Il primo film in technicolor sia per Cooper sia per DeMille, che si servì della novità nel caratterizzare i rapporti tra i personaggi. Ridicola la Goddard nei panni di una prostituta mezzosangue.

Giubbe rosse ** (Italia 1975, col, 100') Aristide Massaccesi. Con Fabio Testi, Guido Mannari, Renato Cestié, Lynne Frederick, Lionel Stander, Lars Bloch, Robert Hundar, Daniele Dublino. ◆ In Canada, un sergente delle giubbe rosse (Testi) s'innamora della moglie (Frederick) di un pericoloso fuorilegge. Melodramma avventuroso abbastanza ben fatto, che sembrò, per un momento, far intravedere a Massaccesi (alias Joe D'Amato) orizzonti cinematografici diversi dal porno. Forzata la riconciliazione finale tra i due contendenti, animati per tutto il film da un reciproco odio implacabile.

Giubbe rosse del Saskatchewan, Le **½ (*Saskatchewan*, Usa 1954, col, 87') Raoul Walsh. Con Alan Ladd, Shelley Winters, J. Carrol Naish, Hugh O'Brian, Robert Douglas, Richard Long, Jay Silverheels. ◆ Il tenente O'Rourke (Ladd), allevato dagli indiani canadesi crow, deve persuaderli a non stringere alleanza con i sioux, sconfinati a nord dopo la vittoria su Custer. Il vero cattivo della storia è però uno sceriffo federale americano che insidia la ragazza (Winters) di O'Rourke. Walsh predica la tolleranza e propone come esemplare il modello di convivenza realizzato in Canada tra bianchi e indiani. Grande senso del paesaggio (il film è girato quasi tutto in esterni), qualche banalità, e l'ineccepibile mestiere di Walsh.

Giuda uccide il venerdì *½ (Italia 1974, col, 90') Stelvio Massi. Con Leonard Mann [Leonardo Manni], Sophia Kammara, Angelo Infanti, Franco Citti, Luciano Rossi, Umberto D'Orsi, Dada Gallotti. ◆ Un hippy (Mann), che insieme ai suoi dodici amici suona la chitarra per strada predicando pace e amore, non cede alle lusinghe della prostituta Maddalena (Kammara), e anzi la convince a cambiar vita: ma non ha fatto i conti con il perfido protettore (Infanti). Curiosa lettura in chiave moderna della vita di Cristo, scritta da Mario Gariazzo con Enrico Roda e Paolo Levi. Esordio alla regia di Massi, che sembra più interessato alle immagini (a volte stucchevoli) che alla storia e ai personaggi: come far convivere, d'altronde, le pretese del soggetto con le tette materne della Kammara? Il film è stato distribuito con l'aggiunta dello stupro della giovane Maddalena, girato all'insaputa del regista. Rieditato nel 1976 con il titolo *Macrò – Giuda uccide il venerdì*.

Giudice, Il **½ (*Judge Priest*, Usa 1934, b/n, 80') John Ford. Con Will Rogers, Henry B. Walhall, Tom Brown, Anita Louise, Rochelle Hudson, Berton Churchill, David Landau. ◆ In una cittadina del Kentucky, a quarant'anni dalla guerra di Secessione, bigottismo e razzismo sono ancora la parola d'ordine: il giudice Priest (Rogers), armato del buon senso, vince i pregiudizi e risolve un caso spinoso. Nel roseo mondo fordiano la giustizia e il progresso sono destinati a vincere. A partire da un soggetto di Irvin S. Cobb sceneggiato da Dudley Nichols e Lamar Trotti, Ford sbozza figurine e situazioni con mano felice: riprenderà lo stesso soggetto in *Il sole splende alto*, dove potrà aggiungere l'episodio del tentato linciaggio del nero che, in questo film, gli era stato censurato.

Giudice d'assalto, Il ** (*Le Juge Fayard, dit «Le Shérif»*, Francia 1976, col, 112') Yves Boisset. Con Patrick Dewaere, Aurore Clément, Philippe Léotard, Michel Auclaire, Jean Bouise. ◆ Un giornalista (Dewaere) indaga sulla morte di un giudice incorruttibile nella vita pubblica ma disordinato in quella privata, le cui indagini hanno fatto finire nella rete della giustizia industriali e politici. Boisset s'ispira a un fatto di cronaca – la storia del giudice Renaud, narrata in *Enquête sur un juge assassiné* di Jacques Derogou – ma sceglie un trattamento stereotipato e convenzionale, costruendo una sceneggiatura a effetto e puntando tutto sulla facile spettacolarità.

Giudice e l'assassino, Il **½ (*Le Juge et l'assassin*, Francia 1976, col, 122') Bertrand Tavernier. Con Philippe Noiret, Michel Galabru, Isabelle Huppert, Jean-Claude Brialy, Renée Faure, Yves Robert. ◆ Sul finire del secolo scorso, un giudice intelligente e arrivista (Noiret) riesce a catturare lo squilibrato (Galabru) che, in preda a crisi mistiche, violenta e uccide giovani pastori. Una storia esemplare (ispirata a un vero caso di follia criminale, quello di Joseph Vachet, e sceneggiato da Jean Aurenche e dal regista) tutta centrata sul fascino reciproco che provano i due personaggi e sulla complicità tra una certa giustizia e il mondo che la circonda: in altre parole, sull'irriducibilità delle barriere di classe. Noiret è perfetto nel ruolo del giudice borghese, molto educato, intelligente e repressivo. Girato tutto in esterni tra i mondi dell'Ardèche. Il film è dedicato ad Abraham Polonski.

Giudice Hardy e figlio * (*Judge Hardy and Son*, Usa 1939, b/n, 87') George B. Seitz. Con Mickey Rooney, Lewis Stone, Fay Holden, Maria Ouspenskaya, June Preisser. ◆ La mamma (Holden) di Andy (Rooney) rischia la vita per una polmonite. Ottavo film della serie dedicata ad Andy Hardy, decisamente zuccheroso.

Giudice ragazzino, Il **½ (Italia 1993, col, 92') Alessandro Di Robilant. Con Giulio Scarpati, Sabrina Ferilli, Leopoldo Trieste, Regina Bianchi, Renato Carpentieri, Paolo De Vita, Antonio [Ninni] Bruschetta. ◆ Gli ultimi giorni del sostituto procuratore Rosario Livatino (Scarpati), ucciso dalla mafia il 21 settembre 1990 lungo la strada per Canicattì: un giovane riservato e caparbio, che vive ancora con i genitori (Trieste e Bianchi) e lavora in solitudine, senza concedere nulla agli «uomini d'onore» del paese, tra cui l'intoccabile Migliore (Carpentieri). A sostenerlo nei momenti difficili c'è Angela (Ferilli), un'avvocatessa con la quale ha una breve e sofferta storia d'amore. Il film recente meno pretenzioso e più riuscito sul difficile tema dei giudici in lotta contro la mafia, ispirato all'omonimo libro di Nando Dalla Chiesa di cui gli sceneggiatori (Andrea Purgatori, Ugo Pirro e lo stesso regista) hanno opportunamente lasciato decantare la retorica un po' agiografica. Ne esce il ritratto a tutto tondo di un personaggio «vero» e la descrizione di un contesto credibilissimo, lontani sia dal sensazionalismo televisivo che dagli stereotipi spettacolar-romantici di tanto cinema di «genere» (vedi l'uso sottile dei riferimenti al western e il trattamento dei momenti più sanguinosi). Notevole l'interpretazione degli attori.

Giudice Timberlane, Il * (*Cass Timberlane*, Usa 1947, b/n, 119') George Sidney. Con Spencer Tracy, Lana Turner, Zachary Scott, Tom Drake, Mary Astor, Albert Dekker. ◆ Un giudice ricco e anziano (Tracy) sospetta un tradimento da parte della giovane moglie (Turner) di umili origini. Adattamento verboso e poco felice di un romanzo di Sinclair Lewis sceneggiato da Donald Ogden Stewart. Spencer Tracy vecchio barbogio e Lana Turner sposina vittima sono entrambi fuori parte.

Giuditta di Betulia *½ (*Judith of Betulia*, Usa 1914, b/n, 46') David Wark Griffith. Con Henry Walthall, Blanche Sweet, Mae Marsh, Robert Harron, J. Jiquel Lanoe, Lillian Gish, Harry Carey, Dorothy Gish, Kate Bruce, Elmo Lincoln. ◆ Nella città di Betulia, assediata dall'esercito assiro guidato da Oloferne (Walthall), la vedova Giuditta (Sweet) ha in sogno la visione del sacrificio con cui potrà salvare i suoi concittadini: fingendo di tradire la propria città, va al campo nemico e si ingrazia Oloferne. Nonostante se ne innamori, lo farà ubriacare e poi gli taglierà la testa, permettendo così la sconfitta dell'esercito nemico. Il primo film lungo quattro bobine realizzato negli Stati Uniti, vera prova generale per Griffith in vista dei kolossal come *Intolerance* e *Nascita di una nazione*. Sceneggiato da Frank Woods a partire da un romanzo di Thomas Bailey Aldrich (che rielabora il secondo libro deuterocanonico dell'Antico testamento), il film è ancora abbastanza gracile nella sua struttura narrativa, ma il montaggio sa dare un buon ritmo alla storia. Mae Marsh è Naomi, Lillian Gish la giovane madre col bambino. Il film, accolto da uno scarso successo di pubblico, fu rieditato nel 1917 con due rulli in più (una ventina di minuti circa), con il titolo *Her Condoned Sin*.

Giudizio al buio *½ (*Blind Judgement*, Usa 1991, col, 90') George Kaczender. Con Peter Coyote, Lesley Ann Warren, Jean Smart, Matt Clark. ◆ Un probo avvocato (Coyote) viene perseguitato da una sua cliente (Warren) che, innamorata di lui, non arretra di fronte al crimine, e decide di trascinarlo con sé nell'abisso. Courtroom-movie vagamente misogino e di taglio televisivo; l'impegno della Warren nei panni della pazza meriterebbe occasioni migliori.

Giudizio universale, Il ** (Italia/Francia 1961, b/n e col, 95') Vittorio De Sica. Con Vittorio Gassman, Alberto Sordi, Fernandel [Fernand Contandin], Nino Manfredi, Silvana Mangano, Anouk Aimée, Paolo Stoppa, Melina Mercouri, Renato Rascel, Jack Palance, Ernest Borgnine, Vittorio De Sica, Lino Ventura, Lamberto Maggiorani, Elisa Cegani, Akim Tamiroff, Franco Franchi, Ciccio Ingrassia, Marisa Merlini, Jimmy Durante. ◆ A Napoli, una voce (il basso Nicola Rossi Lemeni) annuncia l'imminente fine del mondo: gli uomini si preparano, più o meno sgomenti, al giudizio universale, svelando il peggio di se stessi. Miriadi di piccoli episodi s'intrecciano senza sosta, costringendo De Sica a continui slittamenti di tono.

Se Sordi, nei panni di un laido commerciante di bambini che compra orfanelli nei «bassi» per rivenderli ai ricchi americani, è indimenticabile, più spesso si rimane a livello di barzelletta. La sceneggiatura di Zavattini sembra ricordarsi a volte del surrealismo e dell'indignazione satirica di *Miracolo a Milano*, ma non risparmia un solo luogo comune sul folclore partenopeo. Mike Bongiorno compare nel ruolo di se stesso, e Domenico Modugno in quello di un cantante. Tutto girato in bianco e nero, il film diventa a colori nella scena finale, quella di un liberatorio ballo a teatro.

Giù la testa **½ (Italia 1971, col, 150') Sergio Leone. Con Rod Steiger, James Coburn, Romolo Valli, Maria Monti, Rick Battaglia, Franco Graziosi, Antonio Domingo. ◆ Un bandito messicano, Juan Miranda (Steiger), si associa all'irlandese Sean Mallory (Coburn) per rapinare una banca: ma non sa che quest'ultimo combatte per Villa e Zapata. Dopo aver perduto i figli in una rappresaglia governativa, Miranda si converte definitivamente alla rivoluzione. Il western-spaghetti si adatta al clima della contestazione: cita Mao in apertura («La rivoluzione è un atto di violenza»), e indulge a un populismo spesso di maniera. Verboso e filosofeggiante (è sceneggiato dal regista con Luciano Vincenzoni e Sergio Donati), è il film di Leone che ha riscosso minor successo. Le sequenze da antologia non mancano, ma l'insieme appare farraginoso, né si riesce ad amare veramente i personaggi (anche perché la gigioneria di Steiger varca ogni limite). Memorabile, come sempre, la colonna sonora di Ennio Morricone, che comprende il celebre tema «Sean Sean». Fu girato da Leone in Spagna, aspettando di girare *C'era una volta in America*, che venne realizzato solo nel 1984.

Giù le mani dal mio periscopio ** (*Down Periscope*, Usa 1995, col, 93') David S. Ward. Con Kelsey Grammer, Lauren Holly, Rob Schneider, Harry Dean Stanton, Bruce Dern, Rip Torn, William H. Macy. ◆ Inviso ai superiori per via di un tatuaggio sul pisello, il capitano di fregata Tom Dodge (Grammer) non si vede assegnare il comando di un sommergibile atomico ma di uno scassato residuato a nafta della seconda guerra mondiale. E con un equipaggio ancor più scalcinato dovrà forzare la base di Norfolk durante un wargame. Il meccanismo comico di *Scuola di polizia* (non a caso firmata dallo stesso sceneggiatore, Hugh Wilson) riportato su un sommergibile: gag prevedibili e altre molto divertenti per ricordare che David batte sempre Golia (qui, un sommergibile atomico ultraequipaggiato guidato da William H. Macy e dall'invidioso Bruce Dern). Popolarissimo in Tv, Grammer è qui al suo secondo film.

Giù le mani da mia figlia! *½ (*She's Out of Control*, Usa 1989, col, 95') Stan Dragoti. Con Tony Danza, Catherine Hicks, Wallace Shawn, Dick O'Neill, Ami Dolenz, Laura Mooney, Derek McGrath, Dana Ashbrook. ◆ Un giovane vedovo ex sessantottino (Danza), supergeloso della figlia maggiore (Dolenz), fanciulla in fiore attorniata da numerosi pretendenti, combina guai a catena nel vano tentativo di arrestare il corso delle cose. Sit-com scacciapensieri per adolescenti, interpretata da due star televisive americane a noi sconosciute. Shawn è divertente nella parte dello psicoanalista.

Giulia *** (*Julia*, Usa 1977, col, 118') Fred Zinnemann. Con Jane Fonda, Vanessa Redgrave, Jason Robards, Maximilian Schell, Hal Holbrook, Rosemary Murphy, Meryl Streep, Dora Doll, John Glover. ◆ Tratto dal romanzo autobiografico *Pentimento* di Lillian Hellmann sceneggiato da Alvin Sargent, è la storia dell'intensa amicizia tra la scrittrice Lillian (Fonda) e l'anticonformista Giulia (Redgrave), che si trasferisce a Vienna per studiare con Freud ed entra nella resistenza antinazista. Nel 1937 Giulia chiede all'amica, che intanto ha sfondato a Broadway come commediografa, di portarle a Berlino del denaro da usare per gli espatri clandestini: e questo sarà il loro ultimo incontro. La cornice del thriller politico è un pretesto per un'accurata ricostruzione d'epoca e un denso studio di caratteri: il cinema d'autore come si faceva una volta, serio, senza clamori e senza enfasi. Tre Oscar: miglior sceneggiatura, attrice non protagonista (Redgrave) e attore non protagonista (Robards, nella parte di Dashiel Hammett, il compagno di Lillian). Meryl Streep esordisce nella parte di Annamaria.

Giulia e Giulia ° (Italia 1987, col, 97') Peter Del Monte. Con Kathleen Turner, Gabriel Byrne, Sting [Gordon Matthew Sumner], Gabriele Ferzetti, Angela Goodwin. ◆ Alcuni anni dopo la morte del marito (Byrne), Giulia (Turner) subisce uno sdoppiamento di personalità, di cui farà le spese il fotografo (Sting) che si innamora di lei. Una risaputa storia tra sogno e realtà per il secondo esperimento di Alta Definizione Elettronica realizzato dalla Rai (il primo era stato *Il mistero di Oberwald* di Antonioni). Sul grande schermo le immagini sono ottime (la fotografia è di Giuseppe Rotunno), ma in fondo il risultato non appare tanto diverso da quello ottenibile con le tradizionali cineprese. In video la resa è invece sensibilmente migliore, ma ciò non basta a riscattare il film dalla sostanziale mediocrità che lo caratterizza.

Giulia ha due amanti *½ (*Julia Has Two Lovers*, Usa 1990, col, 84') Bashar Shbib. Con Daphna Kastner, David Duchoveny, David Charles, Martin Donovan. ◆ La scrittrice Julia (Kastner, anche autrice del soggetto) viene sedotta al telefono da un uomo (Duchoveny) che si professa suo vecchio amico, e che in realtà colleziona prede con questo sistema. *Sesso, bugie e videotape* in versione povera, con qualche ideuzza ma dialoghi sbrodolati e una piatta regia.

Giulia in ottobre **½ (Italia 1985, col, 60') Silvio Soldini. Con Carla Chiarelli, Giuseppe Cederna, Moni Ovadia, Andrea Novicov, Daniela Morelli. ◆ Commessa in una fotocopisteria, Giulia (Chiarelli) prende cinque giorni di ferie per ritrovare se stessa dopo la fine di un amore: momenti di grande solitudine, recupero di vecchi amici (Cederna e Ovadia), incontri casuali di sesso (Novicov) e di solidarietà femminile (Morelli). Gabbiano d'oro a Bellaria 1985, *Giulia in ottobre* (mediometraggio che precede *L'aria serena dell'Ovest*) è il ritratto di una donna in crisi in una Milano desolata, che cerca di fare «come se niente fosse» senza però riuscire a colmare il vuoto che ha dentro e che la circonda. Film delicato e introverso, erratico e tuttavia sempre ancorato alla realtà, colpisce soprattutto per l'atmosfera di lucida sospensione che lega – fino ad amalgamarle – le due dimensioni parallele in cui vive la protagonista: quella concreta e anonima della città, ripresa prevalentemente di notte (fotografia di Luca Bigazzi), e quella evanescente della sua anima, racchiusa in una manciata di parole e in un corpo che vagabonda senza sosta come un fantasma.

Giulietta degli spiriti ** (Italia 1965, col, 129') Federico Fellini. Con Giulietta Masina, Sandra Milo, Mario Pisu, Sylva Koscina, Valentina Cortese, José Luis De Villalonga, Waleska Gert, Frederick Von Ledebur, Caterina Boratto, Luisa Della Noce, Milena Vukotic, Capannelle [Carlo Pisacane]. ◆ Una signora della borghesia romana, Giulietta (Masina), tradita dal marito (Pisu), vede andare in frantumi le certezze su cui si era fondata la sua esistenza. Vittima dell'educazione cattolica e di angosciose visioni di peccato e di morte, ricorre invano a medium, guru e psicoanalisti. Una sua vicina di casa, la mantenuta di lusso Susy (Milo), la vorrebbe iniziare alle gioie della carne, ma Giulietta alla fine troverà nella solitudine la sua personale catarsi. Dopo *8 ½* un altro bilancio di una vita sotto il segno del cattolicesimo (Giulietta aveva recitato la parte della martire sulla graticola in una recita di collegio). Al suo primo film a colori Fellini sembra perdere parte della sincerità della sua ispirazione, compiacendosi di un immaginario rutilante, dove realtà, ricordo e allucinazione si fondono a ritmo serrato e, a volte, meccanico. Da antologia, comunque, le parti ambientate nella villa liberty di Susy. Masina, nella parte dell'angelo del focolare che scopre di non voler più essere tale, forse dà la sua interpretazione felliniana migliore; lo stesso vale per la Milo, nel triplice ruolo di Susy, dell'amante del nonno libertino e dello spirito Iris. Musiche di Nino Rota e fotografia di Gianni Di Venanzo. Ultima collaborazione di Fellini con Ennio Flaiano che firma la sceneggiatura col regista, Tullio Pinelli e Brunello Rondi.

Giulietta e Romanoff ** (*Romanoff and Juliet*, Usa 1961, col, 103') Peter Ustinov. Con Peter Ustinov, Sandra Dee, John Gavin, Akim Tamiroff, Suzanne Cloutier, Rik Von Nutter. ◆ Mentre all'Onu sovietici e americani si contendono il voto del minuscolo paese di Concordia, i figli (Dee e Gavin) dei rispettivi ambasciatori s'innamorano follemente. Parodia attualizzata della tragedia shakespeariana, ideata, scritta e diretta da Ustinov (che si prende il ruolo del governatore di Concordia) con un senso dell'umorismo più verbale che cinematografico. La scenografia è di Alexandre Trauner. Gli esterni sono girati a Todi. Cloutier, *Desdemona* nell'Otello di Welles, era la moglie di Ustinov.

Giulietta e Romeo *½ (*Romeo and Juliet*, Usa 1936, b/n, 130') George Cukor. Con Norma Shearer, Leslie Howard, John Barrymore, Basil Rathbone, C. Aubrey Smith, Violet Kembler-Cooper. ◆ Due giovani veronesi appartenenti a famiglie rivali si sposano in segreto; ma un equivoco farà credere a Romeo (Howard) che Giulietta (Shearer) sia morta: e sarà tragedia. Ambiziosa versione hollywoodiana che accrebbe il prestigio della Mgm, anche se non riportò nelle casse tutti i soldi sperperati. Norma Shearer, trentaseienne, era un po' fuori età per Giulietta, ma era moglie del produttore Irving Thalberg, che convinse il patron della Metro, Louis B. Meyer, a vincere i suoi pregiudizi contro i film dai finali «un po' deprimenti». Il resto del cast si adatta all'età della star: Howard, è un Romeo quarantatreenne, e fu voluto da Thalberg al posto di Clark Gable. Invisibile la regia di Cukor.

Giulietta e Romeo ** (Italia/Gb 1954, col, 140') Renato Castellani. Con Laurence Harvey, Susan Shentall, Flora Robson, Norman Woodland, Lidia Sherwood, Ubaldo Zollo, Enzo Fiermonte, Mervyn Johns, Sebastian Cabot, Bill Travers. ◆ Romeo Montecchi (Harvey) e Giulietta Capuleti (Shentall) si amano malgrado le loro due famiglie siano acerrime rivali e si sposano in segreto. Romeo, provocato, uccide in duello il rivale Tibaldo (Fiermonte) ed è scacciato da Verona. Giulietta, per evitare le nozze impostele dal padre, si finge morta bevendo un potente narcotico: ma nascerà un equivoco fatale per i due sposi. Castellani tentò di animare il classico di Shakespeare preparando la messa in scena con cura maniacale e girando mezza Italia in cerca di ambientazioni adatte (Venezia, Verona, Montagnana, Sommacampagna, San Quirico d'Orcia, Siena). La realizzazione durò sei anni, di cui uno per la sceneggiatura (firmata dal regista), due per la creazione delle musiche (di Roman Vlad) e dei costumi (della pittrice surrealista Leonor Fini), e tre per le riprese. Una vicenda produttiva quasi paragonabile a quella dell'*Otello* di Welles, ma un risultato freddo e calligrafico. Il prologo è recitato da John Gielgud. Elio Vittorini, sotto lo pseudonimo di Giovanni Rota, è il principe di Verona. Leone d'oro a Venezia.

Giulietta e Romeo * (Italia/Spagna 1964, col, 95') Riccardo Freda. Con Geronimo Meynier, Rosemarie Dexter, Carlos Estrada, Umberto Raho. ◆ Nonostante l'odio tra le famiglie, Giulietta (Dexter) e Romeo (Meynier) si sposano in segreto. Per evitare che il padre la costringa a sposare un altro, Giulietta assume un farmaco che dà la morte apparente. Credendola morta, Romeo si suicida. Freda dirige Shakespeare con lo spirito dei film di cappa e spada e deve fare i conti con un cast da filodrammatica.

Giulietta, Romeo e le tenebre *** (*Romeo, Juliet a tma*, Cecoslovacchia 1959, b/n, 94') Jiří Weiss. Con Dana Smutná, Ivan Mistík, Jiřina Sejbalová, Blanka Bohodanová, Eva Mrazova, František Smolík, Jiří Kodet, Miloš Nebdal. ◆ A Praga, durante l'occupazione nazista, uno studente (Mistík) nasconde in casa una ragazza ebrea (Smutná) e se ne innamora. Uno dei risultati migliori del cinema cecoslovacco postbellico tratto dal romanzo omonimo di Jan Otčenášek, che riesce a fondere armoniosamente la rievocazione storica con l'idillio sentimentale. L'alternanza tra il registro tragico e quello lirico avviene senza stridori, nonostante il secondo sia permeato di un simbolismo barocco che non trova corrispondenze nella laconicità del primo. La dimensione intimistica, comunque, assume in questa trasposizione «civile» del dramma di

Shakespeare ulteriori risonanze dal contrasto tra la generosità dei giovani e l'egoismo filisteo della famiglia piccolo-borghese.

Giulio Cesare **½ (*Julius Caesar*, Usa 1953, b/n, 121') Joseph L. Mankiewicz. Con Marlon Brando, James Mason, John Gielgud, Louis Calhern, Edmond O'Brien, Greer Garson, Deborah Kerr, Richard Hale, Alan Napier, Edmund Purdom. ◆ 44 a.C., idi di marzo: incurante degli oracoli e degli incubi della moglie Calpurnia (Garson), Cesare (Calhern) si reca in senato, dove viene pugnalato dai cospiratori guidati da Cassio (Gielgud) e dal figlio adottivo Bruto (Mason). Marco Antonio (Brando) finge di schierarsi con loro, ma poi, in un drammatico discorso funebre, scatena i romani contro di loro. Versione della tragedia di Shakespeare, essenziale nella messa in scena e sobria nella regia, per concentrare tutta l'attenzione sugli attori e sulla parola. Per farlo, però, Mankiewicz (autore anche della sceneggiatura) è costretto a oscillare tra una lettura moderna del testo (e infatti l'intento di attualizzare il significato politico del dramma senza snaturarlo è sostanzialmente riuscito) e i condizionamenti produttivi imposti dalla Mgm, la cui «legnosità scenografica» è all'origine di una Roma levigata e asettica, sostanzialmente fuori dal tempo. Indimenticabile Brando, la cui parte, in origine, doveva andare a Charlton Heston. La sceneggiatura è dello stesso regista. Gli scenografi Cedric Gibbons e Edward Ciarfagno vinsero l'Oscar.

Giullare del re, Il ** (*The Court Jester*, Usa 1956, col, 101') Norman Panama. Con Danny Kaye, Glynis Johns, Basil Rathbone, Angela Lansbury, Cecil Parker, Mildred Natwick, Robert Middleton, John Carradine. ◆ Il capo dei ribelli (Kaye) si sostituisce al giullare di corte per rovesciare il tirannico sovrano. Più che una parodia dei film storici, un film comico in costume, con Kaye in gran forma. Equivoci, amori e duelli a ritmo serrato ma senza troppa originalità.

Giumenta verde, La ** (*La Jument verte*, Francia/Italia 1959, col, 87') Claude Autant-Lara. Con André Bourvil, Sandra Milo, Francis Blanche, Valérie Lagrange, Yves Robert, Julien Carette, Mireille Perrey, Georges Wilson. ◆ L'odio tra le famiglie degli Haudouin e dei Maloret è rinvigorito, durante la guerra franco-prussiana del 1870, dalla spiata di Zèphe Maloret (Robert) che obbliga madame Haudouin (Perrey) a concedersi a un soldato prussiano per salvare il marito dalla fucilazione. Per quindici anni il figlio Honoré (Bourvil) pensa a come vendicarsi fino a quando riuscirà a disonorare la figlia di Zèphe, Marguerite (Milo). Confuso superficialmente per un cedimento alle imposizioni più volgari della cassetta, questo film rivela invece la vena più acida e sarcastica di Autant-Lara che, nel descrivere l'odio che divide queste due famiglie contadine, dà fondo con una coraggiosa sincerità a tutto il suo spirito da misantropo e finisce per non risparmiare niente, né politica, né religione, né sentimenti. Tratto da un romanzo di Marcel Aymé, il film è sceneggiato da Jean Aurence e Pierre Bost. La giumenta verde del titolo è quella che, dipinta su un quadro, dovrebbe proteggere la casa degli Haudouin.

Giungla d'asfalto **** (*The Asphalt Jungle*, Usa 1950, b/n, 112') John Huston. Con Sterling Hayden, Louis Calhern, Jean Hagen, Sam Jaffe, John McIntire, Marilyn Monroe, James Withmore, Marc Lawrence. ◆ Uscito dal carcere, un elegante ladro di gioielli (Jaffe), cerca i complici per attuare il piano preparato in cella. Ma la sorte è sfavorevole ai rapinatori, che moriranno uno a uno. Tratto da un romanzo di W.R. Burnett sceneggiato dal regista e Ben Maddow, è uno dei migliori film di Huston e uno dei migliori noir mai girati: un'amara parabola sull'avidità umana, senza manicheismi, e con personaggi a tutto tondo. Nella struttura corale a poco a poco emerge il personaggio antieroico di Dix Handley (Hayden), uomo comune vittima delle circostanze più che delinquente; la sequenza in cui muore dissanguato in mezzo a cavalli selvaggi è entrata nella storia del cinema (ed è stata citata da Cimino in *Ore disperate*). Partitura (Miklos Rosza) e fotografia (Harold Rosson) memorabili. Per Marilyn, la pupa del gangster, la prima particina di spicco. Esiste una versione colorata al computer. Rifatto in western da Delmer Daves (*Gli uomini della terra selvaggia*, 1958) in poliziesco da Wolf Rilla (*Rapina al Cairo*, 1963) e con attori solo neri da Barry Pollack (*I diamanti sono pericolosi*, 1972).

Giungla della 7ª strada, La ** (*The Garment Jungle*, Usa 1957, b/n, 88') Vincent Sherman [e Robert Aldrich]. Con Lee J. Cobb, Kerwin Matthews, Gia Scala, Richard Boone, Valerie French, Robert Loggia, Joseph Wiseman. ◆ Tornato a lavorare col padre Walter (Cobb) nella loro fabbrica di abbigliamento femminile, Alan Mitchell (Matthews) scopre che il socio Artie Radvige (Boone) è un gangster assoldato per stroncare le rivendicazioni degli operai e che non esita a uccidere un sindacalista (Loggia) e lo stesso Walter per mantenere il suo potere. Ma Alan, grazie alla collaborazione della vedova (Scala) dell'operaio, troverà il coraggio per denunciarlo. Sanguigno resoconto dell'infiltrazione mafiosa nell'industria dell'abbigliamento, tratto da una serie di articoli di Lester Velie sceneggiati da Harry Kleiner. Aldrich aveva iniziato le riprese, ma il boss della Columbia Harry Cohn, spaventato forse dall'eccessivo risvolto politico che stava prendendo il film, lo sostituì a pochi giorni dalla fine delle riprese con Vincent Sherman, che appare da solo nei titoli di testa. Ne esce una versione in tono minore di *Fronte del porto*, che glissa sui conflitti sociali per privilegiare quelli generazionali (dev'essere tutto di Sherman il risvolto sentimentale tra Matthews e Gia Scala), e dove a essere più interessanti, paradossalmente, sonò i personaggi negativi. Il sindacalista interpretato da Loggia in originale si chiama Tulio Renata, nella copia italiana Nick Ranieri.

Giungla del quadrato, La ** (*The Square Jungle*, Usa 1955, b/n, 86') Jerry Hopper. Con Tony Curtis, Pat Crowley, Ernest Borgnine, Paul Kelly, Jim Backus. ◆ Un ragazzo di umili condizioni (Curtis) partecipa a un incontro di boxe per necessità economiche: diventerà campione mondiale. Film sportivo con riscatto sociale, all'insegna del mito del self made man e di un roseo ottimismo.

Giungla di cemento *** (*The Criminal*, rititolato negli Usa *The Concrete Jungle*, Gb 1960, b/n, 97') Joseph Losey. Con Stanley Baker, Sam Wanamaker, Margit Saad, Patrick Magee, Grégoire Aslan, Jill Bennett, Rupert Davies. ◆ Arrestato dopo aver messo in salvo il ricavato di una rapina, un gangster (Baker) evade con la complicità dei compagni di cella, che in cambio vogliono sapere dove ha nascosto il bottino. Il ritratto di un loser preso tra due fuochi (sceneggiato da Alun Owen e Jimmy Sargent), che deve molto alla sensibilità americana del regista, costretto a lavorare in Inghilterra a causa del maccartismo. L'interesse per lo spazio chiuso e carico di tensione diventerà un tratto distintivo dello stile di Losey: ma anche dietro le regole del genere carcerario, gli spunti di riflessione sulla violenza e sul comportamento dell'uomo in situazioni estreme sono tutt'altro che superficiali. Bella fotografia di Robert Krasker.

Giunone e il pavone *½ (*Juno and the Paycock*, Gb 1930, b/n, 85') Alfred Hitchcock. Con Sara Allgood, Edward Chapman, Sidney Morgan, Marie O'Neill, John Laurie, John Langden, Kathleen O'Regan, Barry Fitzgerald. ◆ La notizia di un'eredità porta lo scompiglio in casa Boyle: nonostante i saggi consigli della moglie Juno (Allgood), il padre (Chapman), noto come «il pavone» per le vanterie di cui si fa bello con gli amici del pub, si monta la testa ma rimarrà con un pugno di mosche, una figlia incinta (O'Regan) e un figlio (Laurie) ucciso dai militanti del Sinnfein, perché sospettato di essere una spia. Nonostante l'occasione (proposta dal produttore John Maxwell) di lavorare con gli attori della famosa compagnia teatrale di Dublino dell'Abbey Theatre, Hitchcock girò questo film con poca convinzione, sicuro della validità della commedia omonima di Sean O'Casey (che adattò assieme alla moglie Alma Reville), ma dubitando che il cinema potesse renderle un buon servizio. Un capitolo minore nella sua filmografia, di cui resta interessante soprattutto l'incrocio di commedia e tragedia, ma sulla cui scarsa riuscita anche il regista-sceneggiatore ha qualche colpa, incapace di fare uscire la storia da un sentimentalismo di maniera (il film si chiude sul dispiacere di Juno piuttosto che sottolineare il fallimento umano del marito ubriacone).

Giuoco del pigiama, Il **½ (*The Pajama Game*, Usa 1957, col, 101') Stanley Donen, George Abbott. Con Doris Day, John Raitt, Carol Haney, Eddie Foy jr, Reta Shaw, Barbara Nichols. ◆ In una fabbrica di pigiami, il nuovo capostruttura Sid Sorokin (Raitt) s'innamora dell'operaia Babe (Day), delegata sindacale in lotta per un legittimo aumento di stipendio. La storia d'amore s'interrompe quando lei sabota una macchina e lui è costretto a licenziarla, ma Sorokin, con uno stratagemma, riuscirà a ottenere l'aumento richiesto dal personale e a riconquistare Babe. Ancora una volta Donen conferma il suo talento innovatore, scegliendo un soggetto teoricamente poco adatto a una commedia musicale (una rivendicazione sindacale) e un gruppo di attori piuttosto lontani dai canoni tradizionali, sia per stile che per età e fisico. Ma l'operazione riesce e non risente dell'usura del tempo, grazie anche alla straordinaria coreografia di Bob Fosse, piena di invenzioni e di dinamismo atletico e all'apporto di Harry Stradling, direttore di una fotografia «vigorosa, priva di affettazione e di carinerie». Doris Day è perfetta nel ruolo dell'operaia franca e per nulla leziosa. Co-regista, Abbott firma anche la sceneggiatura con Richard Bissell, adattando la commedia musicale omonima che entrambi avevano tratto dal romanzo *7,5 Cents* del solo Bissell.

Giuramento ** (Italia 1982, col, 115') Alfonso Brescia. Con Mario Merola, Nino D'Angelo, Ida Di Benedetto, Regina Bianchi, Francesca Rinaldi. ◆ Don Salvatore (Merola) e Concetta (Di Benedetto) vorrebbero sposarsi, ma non possono farlo a causa delle difficoltà economiche delle rispettive famiglie. Emigrata in America col fratello Nino (D'Angelo) per far operare la madre cieca, Concetta deve sposare per riconoscenza un boss della mala: ma le cose si aggiusteranno. Le ragioni del cuore contro quelle del denaro secondo i canoni della sceneggiata napoletana, scritta dal regista e Piero Regnoli, traboccante di lacrime e canzoni. Merola e D'Angelo insieme, per i fan, sono imperdibili. La colta Di Benedetto si adatta bene al genere.

Giuramento dei forzati, Il *** (*Passage to Marseille*, Usa 1944, b/n, 110') Michael Curtiz. Con Humphrey Bogart, Claude Rains, Michèle Morgan, Philip Dorn, Peter Lorre, Sydney Greenstreet. ◆ Durante la seconda guerra mondiale, il capitano di una base aerea della Francia libera (Rains) racconta a un corrispondente la storia della sua squadriglia, formata da alcuni naufraghi evasi dall'isola del Diavolo con l'aiuto di un vecchio marinaio, dopo aver giurato di combattere per la Francia. A capo del gruppo c'è Matrac (Bogart), un giornalista che si era opposto al trattato di Monaco ed era stato condannato per omicidio ai lavori forzati nell'isola. Un war-movie melodrammatico sceneggiato da Casey Robinson e Jack Moffit da un soggetto di Charles Nordhoff e James Hall, dall'atmosfera cupa e opprimente, che qualcuno ha voluto vedere come ideale seguito di *Casablanca*. In realtà è un film autonomo e non comune. Narrativamente complesso ma fluido grazie a un uso straordinario dei flashback, ha il coraggio di far morire l'eroe che si riscatta attraverso l'amore per la patria e il mitico attore che lo interpreta. Una regia tra le migliori di Curtiz, coadiuvata da un grande cast.

Giuramento dei quattro, Il *½ (*Four Men and A Prayer*, Usa 1938, b/n, 85') John Ford. Con Richard Greene, George Sanders, David Niven, William Henry, C. Aubrey Smith, Loretta Young, John Carradine, Alan Hale. ◆ Quattro fratelli giurano di riabilitare il nome del loro padre, un ufficiale inglese radiato dall'esercito e ucciso da trafficanti d'armi. Un Ford atipico, girato con professionismo, ma piuttosto anonimo e gonfio di retorica.

Giuramento dei Sioux, Il *½ (*The Savage*, Usa 1952, col, 95') George Marshall. Con Charlton Heston, Susan Morrow, Peter Hanson, Joan Taylor, Ted de Corsia. ◆ Un bianco allevato dai sioux (Heston) è incaricato dalla sua tribù di compiere una missione di pace presso i bianchi: ma dove sono le sue vere radici? Il tema dello scontro tra culture era frequente nei western del periodo; ma in questo caso l'esecuzione è banale. Heston tende all'enfasi.

Giuramento di sangue **½ (*Blood Oath*, Australia 1990, col, 109') Stephen Wallace. Con Bryan Brown, George Takei, Terry O'Quinn, John Bach, Toshi Shioya. ◆ Un avvocato (Brown) cerca di far luce sul massacro compiuto dai giapponesi in un campo di concentramento della Nuova Guinea, durante la seconda guerra mondiale. Robusto dramma giudiziario, senza concessioni a facili spettacolarismi. La dolorosa vicenda viene ricostruita con buon rigore storico, grazie anche all'apporto dello sceneggiatore Brian Williams, figlio di un avvocato militare che partecipò al processo.

Giurato, Il *½ (*The Juror*, Usa 1996, col, 120') Brian Gibson. Con Demi Moore, Alec Baldwin, Joseph Gordon-Levitt, Tony Lo Bianco, Lindsay Crouse, James Gandolfini. ◆ Una scultrice con figlioletto a carico (Moore), chiamata a far parte della giuria popolare in un processo di mafia, viene sedotta e terrorizzata dal «Maestro» (Baldwin), sicario al servizio del boss che vuole garantirsi l'assoluzione. Dal romanzo omonimo di George Dawes Green, sceneggiato da Ted Tally (*Il silenzio degli innocenti*), un thriller che smarrisce i suoi punti forza (il processo visto «fuori campo», con le manovre dell'imputato e il travaglio del giurato, le pressioni e l'angoscia, la resa e la vendetta) nell'ansia di rendere al meglio il sex appeal degli attori protagonisti, rigidi e impacciati nonostante l'accentuazione delle caratteristiche dei loro personaggi: ultrapsicopatico lui, iperdeterminata lei. Ma di diabolicità ed erotismo nemmeno a parlarne. E la legge della giungla si afferma ancora una volta contro qualsiasi giuria popolare. Curiose somiglianze con *Il verdetto della paura*.

Giuseppe Verdi *** (Italia 1953, b/n, 121') Raffaello Matarazzo. Con Pierre Cressoy, Gaby André, Anna Maria Ferrero, Enzo Biliotti, Laura Gore. ◆ Milano, 1901: mentre alla Scala va in scena l'*Otello*, arriva inaspettata la notizia che Verdi (Cressoy) sta morendo. Il direttore del teatro fa sospendere lo spettacolo e, sul letto di morte, il compositore ripercorre le tappe della sua vita artistica e sentimentale. Inevitabile l'incontro di Matarazzo con Verdi: il melodramma cantato dell'uno come fonte primaria e quasi assoluta del neorealismo populista dell'altro, la battaglia con gli impresari della lirica come riflesso delle difficoltà con l'industria cinematografica. *Giuseppe Verdi* è la cinebiografia più genuinamente verdiana mai realizzata (sceneggiata da Leo Benvenuti, Liana Ferri, Mario Monicelli, Piero Pierotti, Giovanna Soria e Matarazzo), il manifesto-testamento del più popolare tra i registi italiani, l'altra faccia dell'aristocratico e mitologico *Senso* di Visconti. Da non perdere per chi vuol comprendere l'eredità culturale ottocentesca del nostro cinema e il suo esplicito manifestarsi nei cruciali anni Cinquanta. Dal punto di vista stilistico, Matarazzo fa spettacolo con una semplicità dimessa ed efficace.

Giuseppe Verdi (di Carmine Gallone) → *Divine Armonie*.

Giusta causa, La *½ (*Just Cause*, Usa 1994, col, 102') Arne Glimcher. Con Sean Connery, Laurence Fishburne, Kate Capeshaw, Ed Harris, Chris Sarandon, Daniel J. Travanti. ◆ Un poliziotto nero, violento e invidioso (Fishburne), fa condannare alla sedia elettrica un ragazzo di colore per lo stupro-omicidio di una bambina. Un docente di Harvard (Connery), ex avvocato penalista contrario alla pena di morte, ce la mette tutta per farlo assolvere. Uno psycho-thriller tratto (con qualche licenza) da un libro di John Katzenbach, considerato il rivale di Thomas Harris (l'autore di *Il silenzio degli innocenti*). Nell'opera di Katzenbach, però, la psicosi s'intreccia a questioni politiche che scottano (il razzismo, la pena di morte) e, poste le premesse, Glimcher inanella una sequela di colpi di scena culminanti in una sorpresa che fa a pezzi qualsiasi atteggiamento *politically correct* (la violenza sui prigionieri non è sempre ingiustificata, sembrano dire gli sceneggiatori Jeb Stuart e Peter Stone, così come la condanna capitale...). Decisamente post-clintoniano, con Connery non più doppiato da Pino Locchi (deceduto nel frattempo) e tanti comprimari sprecati.

Giustizia a tutti i costi *½ (*Out for Justice*, Usa 1991, col, 91') John Flynn. Con Steven Seagal, William Forsyth, Jerry Orbach, Jo Champa, Sal Richards. ◆ Il poliziotto Gino Felino (Seagal), nella ricerca degli assassini di un collega, si trova tra i piedi un amico d'infanzia (Richards) che ora è diventato un criminale. Se Seagal non dovesse mostrare di essere campione di una mezza dozzina di arti marziali sarebbe anche un passabile aggiornamento di un C-movie di quarant'anni fa. Flynn ha fatto comunque di meglio.

Giustizia è fatta **½ (*Justice est faite*, Francia 1950, b/n, 105') André Cayatte. Con Noël Roquevert, Antoine Balpêtré, Jean Debucourt, Annette Poivre, Juliette Faber, Marcel Pérès, Valentine Tessier, Claude Nollier, Jacques Castelot, Michel Auclair, Raymond Bussières, Dita Parlo. ◆ Il processo a Elsa Lundenstein (Nollier), che ha ucciso l'amante gravemente ammalato, deve stabilire se si è trattato di omicidio (si scoprirà che Elsa aveva un altro amante) o eutanasia. Ogni giurato ha la sua storia e i suoi pregiudizi: arrivare a un verdetto sarà difficile. Il primo dei film giudiziari di Cayatte, dove applica la propria competenza in materia (per breve tempo era stato avvocato) per illustrare, in modo piuttosto didascalico, un emblematico caso di coscienza. La narrazione strettamente processuale è piuttosto meccanica ma la straordinaria abilità (e l'evidente misoginia) dello sceneggiatore Charles Spaak riescono a vivificare i personaggi dei giurati, un «campionario d'umanità scolpito nella roccia dei loro difetti – grezzi, ottusi, sentimentali, superficiali o fin pagliacceschi – specie di ritratto sorprendente ed eccessivo della società francese del dopoguerra». Gli attori sono tutti straordinari, ma Noël Roquevert nel ruolo di Théodore Andrieux è «sublime». Leone d'oro alla Mostra di Venezia nel 1950 e Orso d'oro a Berlino nel 1951.

Giustiziere, Il *½ (*Law and Order*, Usa 1953, col, 80') Nathan Juran. Con Ronald Reagan, Dorothy Malone, Alex Nicol, Preston Foster, Ruth Hampton, Russell Johnson, Dennis Weaver, Jack Kelly. ◆

Uno sceriffo (Reagan) desideroso di dimettersi dall'incarico per sposare la fidanzata (Malone), è costretto a impegnarsi contro una banda di pericolosi malviventi. Pallido remake del *Vendicatore del Texas* (1932), con l'aggiunta di figure femminili.

Giustiziere, Il *½ (*The Human Factor*, Gb/Italia 1975, col, 96') Edward Dmytryk. Con George Kennedy, John Mills, Raf Vallone, Rita Tushingham, Barry Sullivan, Artur Franz. ◆ Un tecnico (Kennedy) della base Nato di Napoli perde la famiglia in una strage e decide di farsi giustizia da sé. Il solito tema della vendetta dell'uomo solo, realizzato in maniera approssimativa. Ultimo e stanco film di un buon regista.

Giustiziere dei tropici, Il * (*Tropic Zone*, Usa 1953, col, 94') Lewis R. Foster. Con Ronald Reagan, Rhonda Fleming, Estelita, Noah Beery. ◆ Un ricercato (Reagan) fa amicizia con la proprietaria di una piantagione di banane (Fleming) e smaschera un raggiro compiuto da un suo lavoratore. Film d'azione ad andamento lento, dove la goffaggine di Ronnie è l'unico motivo di curiosità.

Giustiziere della notte, Il ** (*Death Wish*, Usa 1974, col, 93') Michael Winner. Con Charles Bronson, Hope Lange, Vincent Gardenia, Steven Keats, William Redfield, Stuart Margolin, Stephen Elliot, Olympia Dukakis, Christopher Guest. ◆ Dopo che una banda di teppisti gli ha stuprato la figlia e ucciso la moglie, un ingegnere liberal (Bronson) si trasforma in uno spietato giustiziere con il plauso dei cittadini e della polizia di New York. Un avvio efferato e agghiacciante lascia il posto a un controverso poliziesco sceneggiato da Wendell Mayes a partire dal romanzo omonimo di Brian Garfeld, che è stato accusato di fascismo e apologia della violenza. La tesi del regista è che il vigilantismo non è una soluzione ma un altro problema: le immagini, però, parlano da sé. Notevole, in ogni caso, l'ambientazione da incubo. La colonna sonora è di Herbie Hancock. Tra gli stupratori è riconoscibile Jeff Goldblum, al suo debutto. Con troppi seguiti.

Giustiziere della notte 2, Il *½ (*Death Wish 2*, Usa 1982, col, 93') Michael Winner. Con Charles Bronson, Jill Ireland, Vincent Gardenia, J.D. Cannon, Anthony Franciosa, Ben Frank, Robin Sherwood, Robert F. Lyons. ◆ Questa volta lo scenario si sposta a Los Angeles: una ragazza si suicida in seguito al trauma subìto per lo stupro e il padre (Bronson) la vendica nel solito modo. Realizzato a scopi meramente commerciali, senza un minimo di stile né di provocazione ideologica: tutto è dato per scontato e anche Bronson ha assunto un'aria legnosa e annoiata.

Giustiziere della notte 3, Il * (*Death Wish 3*, Usa 1985, col, 90') Michael Winner. Con Charles Bronson, Deborah Raffin, Ed Lauter, Martin Balsam, Gavan O'Herlihy, Kirk Taylor. ◆ Il giustiziere (Bronson), ormai senza famiglia, è accusato di omicidio e accetta di ripulire la città per conto della polizia. È prodotto dalla Cannon, e il tasso di violenza e di razzismo aumentano. Ancora più rozzo degli altri.

Giustiziere della notte 4, Il * (*Death Wish 4*, Usa 1987, col, 100') J. Lee Thompson. Con Charles Bronson, Kay Lenz, John P. Ryan, Perry Lopez. ◆ Il giustiziere (Bronson) è andato in pensione, ma quando gli spacciatori di crack uccidono la figlia della sua donna (Lenz), riprende le armi. Tentativi di aggiornamento per una formula che non suscita più indignazione ma è solo patetica.

Giustiziere della notte 5, Il * (*Death Wish V: the Face of Death*, Usa 1994, col, 96') Allan A. Goldstein. Con Charles Bronson, Lesley-Anne Down, Michael Parks, Chuck Shamata, Kevin Lund, Robert Joy. ◆ Il giustiziere Paul Kersey (Bronson) aveva promesso di deporre le armi, ma quando l'ex marito (Parks) della sua fidanzata la fa uccidere e la polizia si nasconde dietro la mancanza di prove torna in azione. Disgustoso sequel inutilmente violento e compiaciuto: la trama è risibile e tutto si riduce a un campionario di sangue e spari. E certe scene di tortura sono davvero insopportabili: cambiate canale!

Giustiziere di mezzogiorno, Il * (Italia 1975, col, 100') Mario Amendola. Con Franco Franchi, Ombretta De Carlo, Alberto Farnese, Raf Kuca, Giovanni Sabbatini, Gino Pagnani, Enzo Andronico. ◆ Parodia del *Giustiziere della notte*: il ruolo di Bronson spetta a Franchi che, lasciato dalla moglie e oppresso dal lavoro, si scaglia contro corrotti e teppisti d'ogni genere. Il veterano Amendola dirige un Franchi non al suo meglio.

Giustiziere sfida la città, Il ** (Italia 1975, col, 95') Umberto Lenzi. Con Tomas Milian, Joseph Cotten, Maurizio Merli, Maria Rosaria Omaggio, Giampiero Albertini, Arthur Kennedy, Femi Benussi, Guido Alberti, Ivan Rossimov. ◆ Un ex gangster (Milian) di nome Rambo (sic!) si mette al servizio della giustizia, e riesce a liberare un ragazzino rapito facendo scontrare due bande rivali. Poliziesco all'italiana rozzo ma di una certa tenuta narrativa (sceneggiato da Vincenzo Mannino), dove Milian mette a punto il personaggio beffardo e cialtronesco che porterà poi al successo nei film del commissario Giraldi.

Giustizieri del West, I ** (*Posse*, Usa 1975, col, 94') Kirk Douglas. Con Kirk Douglas, Bruce Dern, Bo Hopkins, James Stacy, Luke Askew, David Canary. ◆ Un ambizioso politicante a caccia di voti (Douglas) assolda una squadra di avventurieri per catturare un pericoloso fuorilegge (Dern): ma scopre che la gente è dalla parte di quest'ultimo. Western revisionista sceneggiato da William Roberts e Christopher Knopf, non privo di ingenuità ma interessante nel confondere i ruoli tradizionali e nell'affidare la parte dei cattivi a politici senza scrupoli. Seconda e ultima regia di Douglas, anche produttore. Bella fotografia di Fred Koenenkamp. Musica di Maurice Jarre.

Giù sulla Terra *½ (*Down to Earth*, Usa 1947, col, 101') Alexander Hall. Con Rita Hayworth, Larry Parks, Marc Platt, Roland Culver, James Gleason, Edward Everett Horton. ◆ La musa Tersicore (Hayworth) scende sulla Terra per vendicarsi di un regista che ha dato il suo nome a una ballerina priva di talento: cambierà idea e porterà lo spettacolo al successo. Mediocre musical realizzato senza dispendio di mezzi su misura della protagonista. Ottimo, per l'epoca, il technicolor. *Xanadu* ne è il remake. Noto in Italia anche come *Bellezze in cielo*.

Gladiatore, Il * (*The Gladiator*, Usa 1986, col, 100') Abel Ferrara. Con Ken Wahl, Nancy Allen, Robert Culp, Stan Shaw. ◆ Un meccanico (Wahl), per vendicare il fratello ucciso da un pirata della strada, si trasforma in giustiziere degli automobilisti spericolati, a bordo di un furgone superaccessoriato. Il ritmo piattamente televisivo affossa un'idea già poco brillante. Per Ferrara un lavoro puramente alimentare.

Gladiatore di Roma, Il * (Italia 1962, col, 90') Mario Costa. Con Gordon Scott, Wandisa Guida, Roberto Risso, Ombretta Colli, Alberto Farnese, Gianni Solaro, Piero Lulli. ◆ Valerio (Risso) riesce a difendersi dall'imperatore Caracalla grazie all'aiuto di uno schiavo scaltro e audace (Scott). Un peplum modesto e insignificante anche dal punto di vista spettacolare.

Gladiatori, I *½ (*Demetrius and the Gladiators*, Usa 1954, col, 101') Delmer Daves. Con Victor Mature, Susan Hayward, Michael Rennie, Debra Paget, Anne Bancroft, Richard Egan, Ernest Borgnine, Jay Robinson. ◆ Lo schiavo greco che ha in consegna la tunica di Cristo (Mature) ha abbandonato la religione ed è diventato l'amante di Messalina (Hayward). L'imperatore Caligola (Robinson), intanto, cerca il prezioso cimelio. Polpettone hollywoodiano pseudoreligioso che cerca di tener desto lo spettatore con lunghe scene di duelli. Mature e Hayward sono la coppia meno sexy che si possa immaginare. È il seguito dichiarato e ufficiale della *Tunica* distribuito in cassetta come *Demetrio e i gladiatori*.

Gladiatori dell'anno 3000, I *½ (*Deathsport*, Usa 1978, col, 82') Henry Suso, Allan Arkush. Con David Carradine, Claudia Jennings, Richard Lynch, David McLean, Jesse Vint. ◆ Mentre infuriano cruente battaglie per il controllo del globo terrestre, un gladiatore del futuro (Carradine) cerca di sopravvivere insieme alla sua bella (Jennings). Fantascienza apocalittica per il seguito di *Anno 2000, la corsa della morte*: c'è meno umorismo che nel prototipo, e la solita miscela di tette e violenza dei prodotti della New World di Corman.

Gladiatori della strada, I ** (*Gladiator*, Usa 1992, col, 98') Rowdy Herrington. Con James Marshall, Cuba Gooding jr, Robert Loggia, Ossie Davis, Brian Dennehy, John Heard. ◆ Per saldare i debiti paterni, Tommy (Marshall) entra nel giro della boxe clandestina di Chicago, dove i bianchi combattono rigorosamente i neri: e osa diventare amico del suo rivale di colore (Gooding). Buoni sentimenti e una patina di critica sociale; discreta la confezione.

Glass Shield, The → *Distintivo di vetro, Il – The Glass Shield*

Glenn Miller Story, The → *Storia di Glenn Miller, La*

Glen o Glenda? → *Due vite in una*

Gloria **½ (*What Price Glory?*, Usa 1926, b/n, 120') Raoul Walsh. Con Victor McLaglen, Edmund Lowe, Dolores Del Rio, William W. Mong, Elena Jurado, Phyllis Haver, Leslie Fenton, Sammy Cohen. ◆ Nel 1917, due amici americani, il capitano Flagg (McLaglen) e il sergente Quirt (Lowe) si ritrovano sul fronte francese e si innamorano della stessa donna, Charmaine (Del Rio). Mentre la gioventù americana muore assurdamente, arrivano quasi al punto di battersi per lei: ma poi ripartiranno insieme. Tratto da una commedia di Laurence Stallings e Maxwell Anderson sceneggiata da James T. O'Donahoe, il film fu voluto dalla Fox come risposta alla *Grande parata* di Vidor, che aveva reso ricca la Mgm. Walsh evita però di farne un melodramma a tesi (come forse si aspettavano i produttori) per puntare su quei temi – l'elogio dell'amicizia maschile e lo spirito picaresco – che saranno una delle costanti della sua carriera. Acquista così senso tutta la prima parte, dove Quirt e Flagg si inseguono da una città all'altra litigando, facendosi scherzi e naturalmente contendendosi le medesime donne. Solo a questo punto la storia incrocia, senza forzature ideologiche, il tema della ferocia della guerra, che Walsh denuncia senza pathos o facile indignazione ma descrivendo con un tono antieroico e un realismo per l'epoca molto crudo il massacro dell'umanità (anche se le didascalie scivolano a volte nel patetico e nella retorica più scoperta – «Qual è, ora, il prezzo della gloria?» – gli spettatori dell'epoca si divertirono a leggere sulle labbra dei due protagonisti battute molto meno decorose di quelle riportate sullo schermo). Di grande efficacia le riprese delle trincee, in cui per la prima volta venne usato il dolly. Il film fu un tale successo che Walsh fece proseguire le avventure di Flagg e Quirt nei successivi *I due rivali* e *Sempre rivali*. Un remake di John Ford nel 1952, *Uomini alla ventura*.

Gloria ** (*Gloria*, Usa 1999, col, 108') Sidney Lumet. Con Sharon Stone, Jeremy Northam, Jean-Luke Figueroa, Cathy Moriarty, George C. Scott, Mike Starr, Bonnie Bedelia, Don Billett, Jerry Dean, Tony DiBenedetto. ◆ Per vendicarsi del fidanzato gangster (Northam) che l'ha lasciata in carcere tre anni per causa sua, Gloria (Stone) fugge con il piccolo portoricano (Figueroa) che l'uomo teneva prigioniero perché al corrente di uno scottante elenco di corrotti eccellenti: e naturalmente il suo istinto materno comincia a manifestarsi. Remake molto approssimativo di *Una notte d'estate* di Cassavetes, con una sceneggiatura (rimaneggiata da Steve Antin) tutta azione e melensaggini. Anche se l'atmosfera dell'originale è irrimediabilmente smarrita, non manca qualche bel momento di cinema urbano; e se la Stone non dimostra la classe della Rowlands la colpa non è tutta sua: al posto di un impermeabile alla Bogart è costretta a indossare vestitini da stripper di periferia.

Gloria (di John Cassavetes) → *Notte d'estate, Una – Gloria*

Gloria del mattino **½ (*Morning Glory*, Usa 1933, b/n, 70') Lowell Sherman. Con Katharine Hepburn, Adolphe Menjou, Douglas Fairbanks jr, Mary Duncan, C. Aubrey Smith, Fredric Santly. ◆ I primi passi di Eva Lovelace (Hepburn), un'attrice presuntuosa e caotica arrivata a New York dal Vermont: inizierà grazie all'amicizia con un produttore (Menjou) e alla stima di un commediografo (Fairbanks jr), ma quando le capiterà la grande occasione – sostituire alla vigilia della prima la protagonista (Duncan) troppo esosa – saprà conquistare il successo da sola. Il film che impose definitivamente la Hepburn e che le fece vincere il suo primo Oscar. La storia (tratta da una pièce praticamente inedita di Zoë Akins sceneggiata da Howard J. Green) descrive con moderata ironia Broadway e il suo mondo di aspiranti attori e vecchie volpi della scena e anche se oggi certe battute sono un po' datate («Non appartieni più a nessun uomo: ora appartieni a Broadway» le dice Menjou dopo il successo, e ancora: «Sei arrivata, ma attenta: può darsi che tu sia solo una stella del mattino, un fiore che appassisce prima che il sole sia alto»), la recitazione concitata e inarrestabile della protagonista è un exploit di grande classe. Memorabile la scena del party, in cui la giovane promessa si ubriaca di champagne e rivela le sue doti recitando Shakespeare. Rifatto nel 1958 da Sidney Lumet (*Il fascino del palcoscenico*).

Gloriosa avventura, La **½ (*The Real Glory*, Usa 1939, b/n, 95') Henry Hathaway. Con Gary Cooper, David Niven, Andrea Leeds, Reginald Owen, Kay Johnson, Broderick Crawford, Vladimir Sokoloff, Henry Kolker. ◆ Nel 1906 due soldati di ventura (Niven e Crawford) e un medico (Cooper) si uniscono a una missione impossibile che deve domare una rivolta nelle Filippine. Alle insidie dei guerriglieri Moro si aggiungeranno quelle del colera. Cooper, reduce dal successo dei *Lancieri del Bengala*, chiese nuovamente di essere diretto dall'esperto Hathaway. Gli stereotipi a volte sono ingombranti, ma l'azione non conosce praticamente soste.

Glory Boy ** (*Glory Boy*, ritítolato *My Old Man's Place*, Usa 1972, col, 93') Edwin Sherin. Con Mitchell Ryan, Arthur Kennedy, William Devane, Michael Moriarty, Topo Swope. ◆ L'impossibile reinserimento nella vita civile di tre reduci dal Vietnam, tra sbornie e risse. Dramma a forti tinte, superficiale ma abbastanza interessante per il confronto generazionale tra un ex militare (Ryan) e il padre contadino (Kennedy).

Glory – Uomini di gloria **½ (*Glory*, Usa 1989, col, 122') Edward Zwick. Con Matthew Broderick, Denzel Washington, Cary Elwes, Morgan Freeman, Jane Alexander, Jihmi Kennedy, Donovan Leitch, Raymond St. Jacques. ◆ Nel 1863, un reggimento guidato da un giovane colonnello bostoniano (Broderick) e composto in gran parte di ex schiavi neri, viene massacrato mentre attacca una solidissima postazione sudista. Ispirato in parte alle lettere del colonnello Shaw, un film televisivo e sostanzialmente tradizionale ma girato con stile moderno, nervoso ed ellittico. La sceneggiatura di Kevin Jarre non risparmia banalità («Siamo uomini o no?») e glissa sul fatto che furono i generali bianchi a mandare cinicamente allo sbaraglio le truppe nere: ma l'ispirazione è sincera. Tre Oscar: miglior attore non protagonista (Washington), fotografia (del veterano Freddy Francis) e suono (Donald O. Mitchell, Gregg C. Rudolff, Elliot Tyson, Russell Williams).

Gobbo, Il *** (Italia/Francia 1960, b/n, 103') Carlo Lizzani. Con Gérard Blain, Anna Maria Ferrero, Bernard Blier, Ivo Garrani, Ljiuba Bodine, Enzo Cerusico, Nino Castelnuovo. ◆ A guerra finita, Alvaro Cosenza detto il Gobbo (Blain), un borgataro già famoso per i suoi atti di sabotaggio contro tedeschi e fascisti, diventa un fuorilegge alla Robin Hood. Morirà tragicamente. Un polemico recupero del neorealismo più crudo nel periodo in cui si afferma la commedia all'italiana, con un'ottima ricostruzione dell'atmosfera dell'epoca, un'attenta caratterizzazione dei personaggi e qualche lieve scompenso nel ritmo. Pasolini appare nel ruolo di Leandro, detto «er monco». Sceneggiatura di Ugo Pirro, Lizzani, Mario Socrate e Vittoriano Petrilli a partire da un soggetto di Luciano Vincenzoni, Elio Petri e Tommaso Chiaretti.

Gobbo di Notre-Dame, Il **½ (*The Hunchback of Notre-Dame*, Usa 1923, b/n, 86') Wallace Worsley. Con Lon Chaney, Patsy Ruth Miller, Norman Kerry, Brandon Hurst, Ernest Torrence, Winifred Bryson, Nigel de Brulier, Tully Marshall, Raymond Hatton, Gladys Brockwell. ◆ Parigi, 1482: Quasimodo (Chaney), deforme campanaro di Notre-Dame, tenta di rapire la bella zingara Esmeralda (Miller) per conto del fratello dell'arcidiacono, Jehen (Hurst), ma interviene il capitano Phoebus (Kerry), che ama la ragazza. Durante un loro incontro, il capitano viene pugnalato da Jehen, che fa ricadere la colpa su Esmeralda: sarà Quasimodo a salvarla dall'impiccagione e a far precipitare Jehen dall'alto della cattedrale. Prima versione cinematografica di *Notre-Dame de Paris* di Victor Hugo, con qualche modifica importante (il fratello dell'arcidiacono al posto di lui medesimo, il matrimonio di Esmeralda con il poeta Gringoire [Hatton] e il lieto fine per la zingara), una buona ricostruzione scenografica della Parigi medievale e notevoli scene di massa: ma il clou del film è Lon Chaney, indimenticabile freak pieno di umanità reso irriconoscibile da un trucco che sorprende ancora oggi.

Gobbo di Notre Dame, Il **½ (*The Hunchback of Notre Dame*, Usa 1996, col, 86') Gary Trousdale, Kirk Wise. ◆ Parigi, medioevo: cresciuto sul campanile di Notre Dame, il deforme Quasimodo obbedisce ciecamente solo al giudice Frollo, ma quando la zingara Esmeralda si rifugia in chiesa per sfuggire all'arresto se ne innamora. Così come fa Febo, il capo delle guardie, innescando però l'odio di Frollo, che scatena la caccia agli zingari e vorrebbe bruciare la bella Esmeralda come strega. Il trentaquattresimo lungometraggio a disegni animati della Disney, ispirato al romanzo di Victor Hugo *Notre-Dame de Paris* (già portato sullo schermo nel 1923, nel 1939 e nel 1956), sembra pensato per conquistare un pubblico meno infantile e più sensibile a temi che hanno a che fare con la repulsione e l'attrazione: da un lato il rapporto tra il campanaro deforme e il suo giudice tutore affonda le proprie radici nelle tensioni sadomaso che legano il servo al padrone, dall'altro la passione che incendia (letteralmente) l'anima di Frollo per Esmeralda è concreta e carnale. Girato in buona parte alla Disney di Parigi, già responsabile di *In viaggio con Pippo*. Le voci italiane sono di Massimo Ranieri (Quasimodo; in origine Tom Hulce), Mietta (Esmeralda; in origine Demi Moore), Eros Pagni (Frollo; in origine Tony Jay) e Roberto Pedicini (Febo; in origine Kevin Kline).

God of Gamblers' Return ** (*Du Shen 2*, Hong Kong 1994, col, 120') Wong Jing. Con Chow Yun-fat, Tony Leung Kar-fai, Chingmy Yau, Wu Chien-lien, Wu Hsing-kuo, Sharla Cheung Man, Tsui Kam-kong, Xie Miao. ◆ Il re dei giocatori d'azzardo Ko Chun (Chow) si è ritirato, ma dopo che il suo nemico Chau (Wu) gli uccide la moglie incinta (Cheung), torna in pista aiutato da un truffatore da strapazzo (Leung). Quarto capitolo di una serie iniziata nel 1989 – e secondo con Chow Yun-fat –, il film esemplifica bene lo stile di Wong, che alterna trucidume e commedia, sequenze d'azione e comicità demenziale (non male Leung che si traveste da pendola), con satira ai danni di cinesi e taiwanesi; per arrivare a un gran finale al casinò, con i giocatori dotati di superpoteri con cui cambiano le carte dell'avversario. Gran successo in patria anche se non c'è una sola idea originale; le maggiori sorprese vengono dalla quantità di generi che sono finiti dentro un solo film.

Godot *½ (*Quand la femme s'en mêle*, Francia/Italia/Rft 1957, b/n, 90') Yves Allégret. Con Jean Servais, Edwige Feuillère, Bernard Blier, Alain Delon, Pierre Mondy, Sophie Daumier, Bruno Cremer. ◆ Il timido provinciale Felix (Blier), per vendicare la morte della moglie, chiede aiuto alla sorella Marie (Feuillère), amante del gangster parigino Henri Godot (Servais). Criminali che sognano di entrare in società e galantuomini tentati dal delitto: ma la sceneggiatura di Charles Spaak (che ha adattato il romanzo *Sans attendre Godot* di John Amila) è moralistica e macchinosa, e la regia poco ispirata. Esordio per il ventiduenne e imbambolato Delon nella parte del killer Jo.

Godzilla

Godzilla (in giapponese Gojira) nasce come risposta giapponese al cinema fantascientifico americano, le cui fortune commerciali risorgono in epoca di guerra fredda. Negli Usa la riedizione del classico *King Kong*, nel 1952, frutta ben 3 milioni di dollari, e innesca una serie di epigoni, a cominciare da *Il risveglio del dinosauro* (*The Beast from 20.000 Fathoms*, 1953). Nel 1954 Tomoyuchi Tanaka, produttore per la Toho, una delle major nipponiche, pensa a un plagio intitolato provvisoriamente *Il grande mostro venuto da 20.000 miglia sotto il mare*, e assume come sceneggiatore lo scrittore di fantascienza Shigeru Kayama. Alla ricerca di un titolo di presa più immediata, sente che uno dei dipendenti della Toho viene soprannominato «Gojira» (termine anglo-nipponico, crasi di «gorilla» e «kujira», balena): è quello che cerca. Alla regia viene chiamato Ishiro Honda, amico di vecchia data di Kurosawa; Eiji Tsubaraya si occupa degli effetti speciali. Il mostro Gojira – un incrocio tra un coccodrillo e un tirannosauro – non è altro che una pesante tuta di gomma imbottita entro la quale si muove un mimo; la testa e le mascelle sono azionate da un meccanismo telecomandato. «Interprete» di quasi tutte le sequenze è l'erculeo ventenne Haruo Nakajima. Perderà una decina di chili ma si specializzerà nel ruolo, indossando le tute nei sequel e negli altri film di mostri della Toho. Per i campi lunghi vengono comunque impiegati due Godzilla in miniatura telecomandati o mossi come marionette. Gli effetti speciali sono ingegnosi quanto artigianali: visto che al mostro viene attribuita un'altezza di 50 metri, Nakajima agisce in modellini scala 1/25, che sono filmati a velocità accelerata e poi rallentati, in modo da ottenere demolizioni più plastiche; quanto all'alito radioattivo, è disegnato direttamente sulla pellicola.
Preceduto da un enorme battage pubblicitario (40 milioni di yen su 60 di costo: una cifra spropositata per l'epoca), *Gojira* esce a Tokyo il 3 novembre 1954, ottenendo un successo tale da spingere gli americani a comprare il film e adattarlo per il mercato occidentale, aggiungendo scene girate ad hoc da Terence O. Morse con Raymond Burr. *Godzila King of The Monsters* esce negli Usa nel 1956; la versione italiana, *Godzilla*, nel 1957.
Intanto l'inevitabile sequel *Il re dei mostri* (1955) viene terminato a tempo di record, per la regia di Motoyoshi Oda. Per qualche anno la Toho e le altre major si fanno concorrenza inventando nuovi mostri (Radon, Mosura, Gappa, Gamera). Honda torna alla regia nel terzo episodio, *Il trionfo di King Kong* (1962), dove il lucertolone viene sconfitto dal gorillone che l'ha ispirato. *Watang! Nel favoloso impero dei mostri* (1964), sempre di Honda, vede Godzilla per l'ultima volta nei panni del cattivo: questa volta viene sconfitto da un mostro buono femminile, la falena gigante Mosura (Mothra nelle versioni occidentali).
Sfumate le paure della guerra nucleare, il mostro si rabbonisce trasformandosi in una sorta di nume protettore in *Sandai Kaiju – Chikyu Saidai no Kessen* (1964) di Honda: questa volta il lucertolone si allea con Mosura e il pteranodonte Radon (protagonista di una serie a lui dedicata, inaugurata con *Rodan – Il mostro alato* di Honda nel 1956: come al solito il nome occidentale cambia) e salva la Terra da mostri di provenienza aliena: si comincia con Ghidorah, dragone volante tricefalo, babau anche del film successivo.
Nel 1966 Honda è stanco di mostri e passa le armi al suo assistente Jun Fukuda. Nel 1967 Godzilla si ritrova un figlio, Minira (la madre è ignota), e il livello scivola sempre più verso il ridicolo involontario. Honda torna alla regia nel 1968, riunendo ben undici mostri di copyright Toho in *Gli eredi di King Kong*: il pubblico a cui si rivolge, ormai, è quello infantile. Nel film successivo, inedito in Italia, Minira acquista addirittura la parola. Nel 1970 muore il creatore degli effetti speciali Tsuburaya, e il produttore Tanaka decide di affidare l'ennesimo Godzilla a un regista privo di esperienza nel genere fantascientifico, Yoshimutsu Banno. Il risultato gli dà ragione, e in *Godzilla, furia di mostri*, considerato uno dei migliori della serie, compaiono per la prima volta messaggi ecologisti. Ma è il canto del cigno. Honda tornerà saltuariamente alla regia, e gli sceneggiatori a corto di idee si inventeranno doppi del lucertolone (Meka-Gojira), costruiti dagli alieni maligni e puntualmente sconfitti dal Godzilla doc (*Godzilla contro i robot*). In *Distruggete Kong, la Terra è in pericolo!* (tipico titolo italiano truffa, per sfruttare il successo del nuovo *King Kong* prodotto da De Laurentiis) appare addirittura una cyborg a seno nudo.
Dopo contaminazioni tra Godzilla e Frankenstein,

Guerre stellari e addirittura Rabelais (si ha notizia di un *Godzilla contro Gargantua*, mai distribuito fuori dal Giappone), il mostro risorge in una produzione di un certo impegno in *Gojira* di Koji Hashimoto, distribuito negli Usa col titolo *Godzilla 1985*, in una versione rimontata dalla New World di Roger Corman, in cui ricompare invecchiato, Raymond Burr. Si tratta del sequel diretto del primo *Godzilla*, che ignora i capitoli precedenti: il mostro quindi torna minaccioso, anche se per poco. Per l'occasione a Godzilla viene rifatto il look, e per la prima volta si usa l'animatronic, costruendo un mostro meccanico alto 4 metri. Inaspettatamente, Godzilla in Giappone ritorna popolare, interpreta uno spot per la Nike, compare su ogni genere di merchandising e, ovviamente, in una serie di nuovi film. *Gojira tai Kingu Gidora*, di Kazuki Omori, è giocato sui viaggi nel tempo e i paradossi temporali diventati ormai abituali nella fantascienza: e in un flashback memorabile scopriamo che Godzilla, dinosauro trasformato in mostro dall'atomica sganciata dagli americani, lotta contro gli invasori bianchi e viene omaggiato con un presentatarm dalle truppe nipponiche.
Autentica icona pop per tutte le stagioni, dalla guerra fredda all'era del postcomunismo, prima cattivo, poi addomesticato e infine decisamente buono e simpatico, Godzilla è stato lo schermo neutro su cui generazioni di adolescenti (e non solo) giapponesi hanno proiettato le loro ansie e paure, fobie antiamericane comprese. Ma al di là dei significati politici che gli sono stati attribuiti, Godzilla resta un prodotto originale di quella sottocultura onnivora tipicamente giapponese, che è alla base dei *manga* e delle contaminazioni più estreme del cinema recente, a partire da *Tetsuo* di Shinya Tsukamoto.
E proprio per questo il tentativo hollywoodiano di impossessarsi del mito e riproporlo con qualche aggiornamento non ha funzionato. L'ingenua poesia dell'originale si è persa dietro i troppi effetti speciali (e le troppe contaminazioni, da *King Kong* a *Jurassic Park*) offrndo allo spettatore un film senza divertimento e soprattutto senz'anima.

I FILM PRINCIPALI
Godzilla (*Gojira*, Giappone 1954) di Ishiro Honda
Il re dei mostri (*Gojira no Gyakushu*, Giappone 1955) di Motoyoshi Oda
Il trionfo di King Kong (*Kingu Kongo tai Gojira*, Giappone 1962) di Ishiro Honda
Watang! Nel favoloso impero dei mostri (*Mosura tai Gojira*, Giappone 1964) di Ishiro Honda
Sandai Kaiju – Chikyu Saidai no Kessen (Giappone 1964) di Ishiro Honda. Inedito in Italia
L'invasione degli astromostri – Anno 2000 (*Kaiju Daisenso*, Giappone 1965) di Ishiro Honda
Il ritorno di Godzilla (*Gojira, Ebira, Mosura: Nankai no Daiketto*, Giappone 1966) di Jun Fukuda
Il figlio di Godzilla – Il ritorno di Gorgo (*Kaijuto no Kessen – Gojira no Musuko*, Giappone 1967) di Jun Fukuda
Gli eredi di King Kong (*Kaiju Soshigeki*, Giappone 1968) di Ishiro Honda
Gojira, Minira, Gabara – Oru Kaiju Daishigeki (Giappone 1969) di Ishiro Honda. Inedito in Italia
Godzilla, furia di mostri (*Gojira tai Hedora*, Giappone 1971) di Yoshimutsu Banno
Godzilla contro i giganti (*Chikyu no Kogeki Meirei – Gojira tai gaigàn*, Giappone 1972) di Jun Fukuda
Ai confini della realtà (*Gojira tai Megaro*, Giappone 1973) di Jun Fukuda
Godzilla contro i robot (*Gojira tai Meka-Gojira*, Giappone 1974) di Jun Fukuda
Distruggete Kong, la Terra è in pericolo! (*Meka-Gojira no Gyakusu*, Giappone 1975) di Ishiro Honda
Gojira (Giappone 1985) di Koji Hashimoto. Inedito in Italia
Gojira tai Biorante (Giappone 1989) di Kazuko Omori. Inedito in Italia
Gojira tai Kingu Gidora (Giappone 1991) di Kazuko Omori. Inedito in Italia
Gojira tai Mosura (Giappone 1992) di Takao Okawara. Inedito in Italia
Gojira tai Meka-Gojira (Giappone 1993) di Takao Okawara. Inedito in Italia
Godzilla (Usa 1998) di Ronald Emmerich

Godzilla **½ (*Gojira*, Giappone 1954, b/n, 98') Inoshiro [Ishiro] Honda. Con Akira Takara da, Momoko Kochi, Takashi Shimura, Akihiki Hirata, Fuyuki Murakami, Ren Yanjamoto. ◆ Chi aggredisce le navi al largo del Giappone è un gigantesco mostro anfibio risvegliato dai troppi esperimenti atomici che viene chiamato Godzilla dal nome di un feroce dio marino e che arriva anche ad attaccare Tokyo. Per batterlo il dottor Serizawa (Hirata) decide di usare il suo «distruttore d'ossigeno»: nella lotta subacquea lo scienziato avrà la meglio, ma poi si lascerà morire nel fondo del mare per non dare all'umanità un'arma tanto potente. Il primo e il più famoso dei mostri nipponici, a metà strada tra *King Kong* e *La guerra dei mondi*, nato da un'idea del produttore della Toho Tomoyuki Tanaka, che in alcune scene animava personalmente la creatura entrando in un modello a grandezza umana. Sceneggiato dal regista e Takeo Murata, il film ebbe un successo straordinario di pubblico che spinse la Paramount a distribuirlo in tutto il mondo (nel 1956), pur tagliandone più di un quarto d'ora (la versione internazionale dura 819) e facendo girare delle scene supplementari a Terence O. Morse nelle quali un giornalista di Chicago (Raymond Burr) commenta la distruzione di Tokyo. Nato dall'incubo della bomba (con evidenti sottintesi antiamericani) ma anche dalla paura tipicamente giapponese della «minaccia che viene dal mare», il film oggi può apparire datato per la semplicità degli effetti speciali (firmati da Eiji Tsuburaya, Akira Watanabe e Hirosi Mukoyama) ma l'occhio con cui Honda guarda a questo mostro veramente cattivo, insensibile e spietato è soffuso di una tristezza e di una malinconia autentica e ancora toccante. Godzilla sarà il protagonista di altri 14 film.
Godzilla *½ (*Godzilla*, Usa 1998, col, 138') Roland Emmerich. Con Matthew Broderick, Jean Reno, Ma-

ria Pitillo, Hank Azaria, Kevin Dunn, Michael Lerner, Vicki Lewis, Doug Savant, Arabella Field. ◆ Le conseguenze degli esperimenti atomici francesi a Mururoa fanno nascere un'iguana gigante che, chissà perché, va a deporre uova a Manhattan. Un ricercatore (Broderick), un agente segreto francese (Reno) e una giornalista Tv (Pitillo) saranno più efficienti dei militari. Del simpatico pupazzone post-nucleare di Ishiro Honda c'è giusto il nome: ma i veri modelli del kolossal di Emmerich (cosceneggiatore e coproduttore con Dean Devlin) sono *King Kong* (l'ambientazione newyorkese e la patetica – nei due sensi – morte del mostro) e *Jurassic Park*, con centinaia di simil-velociraptor. E meno male che nel trailer («Size matters», le dimensioni contano) quest'ultimo veniva sbeffeggiato. Meno patriottico degli ultimi kolossal Usa, ma anche più goffo e tonitruante. Attraverso la figura dell'inetto sindaco Ebert (Lerner), regista e produttore hanno voluto vendicarsi di un critico americano omonimo che nella trasmissione televisiva che conduce con il collega Shiskel (a cui fa riferimento la scena del pollice alzato e abbassato) aveva stroncato i precedenti film di Emmerich.

Godzilla contro i giganti ** (*Gojira tai gaigan*, Giappone 1972, col, 89') Jun Fukuda. Con Hiroshi Ishikawa, Tomoko Umeda, Yuriko Ishimi, Minoru Takashima, Zan Fujita. ◆ Godzilla è rabbonito, ha acquistato l'uso della parola e aiuta i terrestri a sconfiggere degli scarafaggi giganti venuti dallo spazio con propositi imperialisti. Memorabile il mostro con una sega a motore che spunta dallo stomaco. Eterne scene di combattimento, dove sono evidenti le mute che mascherano ignoti mimi. Nel suo genere non è affatto male.

Godzilla contro i robot *½ (*Gojira tai Metagojira*, Giappone 1974, col, 80') Jun Fukuda. Con Masaaki Daimon, Kazuya Aoyama, Reiko Tajima, Barbara Lynn, Akihiko Hirata. ◆ Godzilla, ormai amico dei giapponesi, combatte contro un suo sosia manovrato da alieni che vogliono impadronirsi della terra. Regia da cartone animato e i soliti effetti speciali naïf: il racconto si sveglia solo verso la fine.

Godzilla, furia di mostri ** (*Gojira tai Hedora*, Giappone 1971, col, 85') Yoshimutsu Banno. Con Hiroyuki Kawase, Akira Yamaguchi, Toshie Kimura, Toshio Shibaki. ◆ Una massa di melma creata dagli scarichi industriali si anima e riduce gli uomini in scheletri grazie a getti di acido solforico. Il drago buono Godzilla, richiamato dal figlio del professore (Kawase) che per primo ha segnalato il pericolo, interviene per salvare l'umanità. Uno dei più curiosi episodi della serie di Godzilla, girato da un regista che viene dalla sperimentazione, chiamato dalla produzione a dare nuova linfa al «mostro», e che infarcisce il film di un messaggio ecologico progressista venato di pessimismo e di vezzi del cinema dell'epoca (musiche e luci psichedeliche, immagini deformate).

Go Fish – Segui il pesce **½ (*Go Fish*, Usa 1994, b/n, 83') Rose Troche. Con Guinevere Turner, V.S. Brodie, T. Wendy McMillan, Migdalia Melendez, Anastasia Sharp, Brooke Webster, Mimi Wadell. ◆ Chiacchiere, incontri, rapporti, pettegolezzi e scontri di un gruppo di amiche lesbiche, tra cui emergono Max (Turner, autrice anche della sceneggiatura), carina ma frustrata dalla mancanza di una storia d'amore, e Ely (Brodie), goffa e infelice per un rapporto precedente: con l'aiuto delle altre, riusciranno a mettersi insieme. Una sincera opera prima omosessuale dove tutto gravita attorno all'amore, indagato con allegria e tenerezza, senza retorica e senza falsi pudori (irresistibile il «convegno» sulla definizione del sesso femminile). Una sorta di «racconto morale» alla Rohmer in chiave rigorosamente lesbica dove la coscienza di essere omosessuale lascia presto il posto alla coscienza di essere tout court. Il titolo originale vuol dire «andare a donne» con tutte le ambiguità del caso.

Go for Gold! *½ (*Go for Gold!*, Germania/Francia/Spagna 1997, col, 102') Lucian Segura. Con Lars Rudolph, Said Taghmaoui, Antonio Carmona, Maria de Medeiros, Chick Ortega, Carlos Hipolito. ◆ Lo slavo Jeff Gold (Rudolph), che ogni mattina non ricorderebbe più chi è se non fosse per il diario dell'amico marocchino (Taghmaoui), fugge da Berlino in Spagna e organizza corsi di sopravvivenza per turisti, i veri nuovi padroni del continente. Cinema *on the road* e picaresco, ma con pesanti ambizioni allegoriche: per di più stucchevole nel blando anarchismo e nel pauperismo buonista. E recitato da una compagnia di dilettanti, doppiati ancora peggio. Produce Wim Wenders. Musiche di Mick Harvey e Nick Cave.

Gola profonda (di Gerard Damiano) → *Vera gola profonda, La*

Gold Coast *½ (*Elmore Leonard's Gold Coast*, Usa 1997, col, 106') Peter Weller. Con David Caruso, Marg Helgenberger, Jeff Kober, Rafael Baez, Barry Primus, Richard Bradford, Wanda De Jesus. ◆ Florida: una ricca vedova (Helgenberger) minacciata da un losco killer (Baez) chiede aiuto a un disilluso addestratore di delfini (Caruso). Il mondo di Elmore Leonard, popolato da personaggi romantici ai margini della legge e di psicopatici gigioni, in versione patinata e illustrativa: ma dopo la partenza promettente, la sceneggiatura di Harley Peyton si spappola. Primo lungometraggio dell'attore Weller, prodotto per la Tv via cavo.

Goldeneye *** (*GoldenEye*, Gb/Usa 1995, col, 130') Martin Campbell. Con Pierce Brosnan, Sean Bean, Izabella Scorupco, Famke Janssen, Joe Don Baker, Judi Dench, Robbie Coltrane, Tcheky Karyo, Gottfried John, Alan Cumming, Desmond Llewelyn, Samantha Bond. ◆ Al soldo dell'ex generale sovietico Ourumov (John), la sadica Xenia Onatopp (Janssen) distrugge una base militare russa e si impadronisce del potentissimo raggio spaziale GoldenEye. Toccherà a James Bond (Brosnan) recuperarlo con l'aiuto delle sola sopravvissuta, Natalya Simonova (Scorupco), ma il compito sara tanto più difficile perché a capo dell'organizzazione criminale c'è addirittura l'ex agente 006 (Bean), che tutti credevano morto. Al suo diciassettesimo titolo il mito di 007 torna a volare alle stesse altezze del mai dimenticato Sean Connery. Merito del nuovo interprete (prelevato dal teatro londinese e rodato al cinema in *Mrs. Doubtfire* e *Love*

Affair – Un grande amore) e soprattutto della spigliatezza dell'azione (la sceneggiatura è di Jeffrey Caine e Bruce Feirstein) che abbandona gli schematismi di ieri per adeguarsi ai tempi: le donne non sono più interscambiabili oggetti di trastullo, i nemici non sono la solita pupazzesca incarnazione del Male e il ritmo dell'azione non fa mai calare l'attenzione. Il «prologo» con Bond che si tuffa nel vuoto per raggiungere un aereo è straordinario, ma la corsa per San Pietroburgo in carro armato è da antologia. La canzone che accompagna i titoli di testa (con falci e martelli in «caduta libera», disegnati da Daniel Kleinman) è di Bono e The Edge ed è cantata da Tina Turner.

Golden Gate *½ (*Golden Gate*, Usa 1994, col, 90') John Madden. Con Matt Dillon, Joan Chen, Bruno Kirby, Teri Polo, Tzi Ma, Stan Egi. ◆ A San Francisco, negli anni Cinquanta, il giovane e idealista agente dell'Fbi Kevin Walker (Dillon) deve indagare sui presunti fermenti filocomunisti a Chinatown: alcuni innocenti che si limitavano a spedire soldi ai parenti rimasti in Cina finiranno in galera o si butteranno dal ponte che dà il titolo al film. Melodramma a tesi (scritto da David Henry Hwang) che perde per strada le buone intenzioni di partenza, appiattendosi in banali dilemmi sentimentali interrazziali.

Goldengirl *½ (*Goldengirl*, Usa 1979, col, 104') Joseph Sargent. Con Susan Anton, Curd Jürgens, Robert Culp, Leslie Caron, Harry Guardino, Jessica Walter. ◆ Uno scienziato nazistoide (Jürgens) imbottisce la figlia adottiva (Anton) di ormoni per farle vincere le Olimpiadi di Mosca. Denuncia del razzismo e delle manipolazioni sportive all'interno di un'operazione meramente commerciale, con un finale consolatorio del tutto improbabile. Era stato pensato come miniserie televisiva, se gli Usa non avessero deciso di boicottare le Olimpiadi di Mosca del 1980.

Golem, Il *** (*Der Golem, wie er in die Welt kam*, Germania 1920, b/n, 76') Paul Wegener, Carl Boese. Con Albert Stert Steinrück, Paul Wegener, Lyda Salmonova, Ernst Deutsch, Lothar Müthel, Otto Gebühr, Greta Schröder. ◆ Nella Praga del Cinquecento il rabbino Löw plasma con l'argilla un automa potentissimo, il Golem (Wegener) e gli dà vita grazie a una formula magica. Aiuta la comunità ebraica a far revocare un editto antisemita, ma quando la figlia del rabbino (Salmonova), di cui si è innamorato, lo respinge, si ribella al creatore: perderà la vita per essersi lasciato intenerire da una bambina. Tratto da antiche leggende praghesi, più volte rielaborate da scrittori tedeschi e cecoslovacchi, tramandato nella sua forma classica dall'austriaco Gustav Meyrink e sceneggiato da Henrik Galeen e Wegener, il film si inserisce nel filone fantastico fiorente in Germania dopo la prima guerra mondiale: la sua atmosfera misteriosa, ricca di riferimenti agli enigmi cabalistici, non attenua però il pessimismo del suo contenuto antimodernista che vede nel Golem chi privilegia l'azione senza preoccuparsi delle conseguenze e arriva a eseguire la parte assegnatagli contro la propria volontà e con feroce rigore. Notevole per la maestria tecnica raggiunta (soprattutto nei movimenti di folla, nella scena dell'evocazione di Astaroth e nell'apparizione dei progenitori ebrei), si avvale della suggestiva fotografia di Karl Freund e delle imponenti, originalissime scenografie di Hans Pöltzig, influenzate dall'espressionismo (da notare dettagli come la scala a forma di padiglione auricolare e l'architettura delle case, ispirata ai costumi degli abitanti). Wegener, che interpreta convincentemente l'automa, aveva già realizzato due film sullo stesso soggetto: *Der Golem, und wie er auf die Welt kam* nel 1915 e *Der Golem und die Tanzerin* nel 1917. Il tema è stato poi ripreso nel 1935 da Julien Duvivier in *Le Golem* (con Ferdinand Hart e Charles Dorat, inedito in Italia), nel 1951 dal cecoslovacco Martin Fric in *L'imperatore della città d'oro* e nel '91 da Amos Gitai in *Golem – Lo spirito dell'esilio*. Il film è anche conosciuto col titolo *Bug, l'uomo d'argilla*.

Golem – Lo spirito dell'esilio ° (*Golem*, Francia/Rft/Italia 1991, col, 105') Amos Gitai. Con Hanna Schygulla, Vittorio Mezzogiorno, Ophrah Shemesh, Samuel Fuller, Fabienne Babe, Sotigui Kouyaté, Marisa Paredes, Philippe Garrel. ◆ Più che una rilettura del mito del Golem (il fantoccio di argilla che, secondo un mito ebraico, acquista vita con la magia), un aggiornamento della storia biblica di Ruth (Shemesh), le cui sventure nella Parigi contemporanea diventano emblema di una condizione di esilio spirituale – quella patita dallo stesso regista. Cast internazionale (Mezzogiorno e Schygulla, con sprezzo del ridicolo, sono, a turno, il golem), lunghi piani sequenza, dialoghi sentenziosi e pretese poetiche: la *maniera* del cinema intellettuale, che né la fotografia di Henri Alekan né le musiche dei fratelli Stockhausen riescono a salvare. Bernardo Bertolucci, uno dei vari registi coinvolti come attori, è l'agente pignoratore.

Gole ruggenti *½ (Italia 1992, col, 106') Pier Francesco Pingitore. Con Pippo Franco, Pamela Prati, Leo Gullotta, Stefano Antonucci, Gianfranco Barra, Maurizio Mattioli, Jo Squillo, Morgana [Giovannetti], Valeria Marini, Alex Pertexano, Martufello [Fabrizio Maturani], Tony Ucci, Mita Medici. ◆ Le agitatissime prove di un festival della canzone tra raccomandati, bustarelle e scandali annunciati dove il produttore Panebianco (Mattioli) cerca di barcamenarsi tra le pressioni dei discografici e il conduttore Paolo Galli (Franco) che minaccia a ogni momento di dare le dimissioni. La banda del Bagaglino – quando la Prati (che interpreta il ruolo della presentatrice Alida Spada) era più famosa di Valeria Marini (qui nel piccolo ruolo dell'annunciatrice Sabrina) – aggredisce con la sua satira ruspante il mito del festival di Sanremo e praticamente dietro a ogni personaggio si può trovare un riferimento alla realtà, da Aragozzini a Pippo Baudo. Risate sguaiate e qualunquiste (firmate da Pingitore e Carla Vistarino) che al cinema sono invedibili ma in prima serata Tv fanno sempre il loro – desolante – effetto. Jo Squillo per protesta si spoglia, ma solo di spalle. Il giornalista di *Panorama* Antonello Piroso non ha problemi a interpretare il personaggio di Pezza, che ruba l'amante all'editore del suo giornale.

Golfo del Messico *** (*The Breaking Point*, Usa 1950, b/n, 97') Michael Curtiz. Con John Garfield,

Patricia Neal, Phyllis Thaxter, Juano Hernandez, Wallace Ford, Edmond Ryan. ◆ Per mantenere la famiglia, Harry Morgan (Garfield) trasporta sul suo battello ricchi turisti appassionati di pesca d'altura. Imbrogliato da uno di essi, si ritrova senza soldi sulle coste messicane e accetta di trasportare illegalmente degli immigrati cinesi negli Usa. Adattamento di *Avere e non avere* di Hemingway, l'unico davvero fedele al testo e allo spirito dello scrittore (diversamente da *Acque del Sud* di Hawks e *Agguato nei Caraibi* di Siegel). Impostato sulla figura di Garfield, loser hemingwayano perfetto e girato per la maggior parte in esterni (diversamente dagli standard hollywoodiani dell'epoca) con una ricerca della verosimiglianza che aumenta la credibilità dell'operazione, il film è centrato sul tema della colpa e dell'espiazione, caro allo scrittore ma carico qui di inediti significati sociali, anche esplicitamente di classe. A differenza del romanzo, la sceneggiatura di Ranald MacDougal prevede la salvezza del protagonista, la cui ambigua moralità è giustificata da chiare ragioni di sopravvivenza. Non solo: l'ultima immagine non è riservata a Garfield, bensì al bambino del suo aiutante di colore (Hernandez, bravissimo), ucciso dai malviventi in alto mare in un finale sorprendente e «così estraneo alla logica del tempo», che si dice sia stato voluto dall'attore, morto d'infarto la notte prima di deporre davanti alla Commissione per le attività antiamericane, all'inizio del maccartismo.

Golgota *½ (*Golgotha*, Francia 1934, b/n, 95') Julien Duvivier. Con Robert Le Vigan, Harry Baur, Jean Gabin, Charles Grenval, Lucas Gridoux, Juliette Verneuil, Edwige Feuillère. ◆ L'ultima settimana di vita di Gesù (Le Vigan) a Gerusalemme: l'arresto, il processo, la crocifissione e la resurrezione. Duvivier adatta il testo del canonico Joseph Reymond e tenta contemporaneamente l'affresco storico-sociale, intrecciando la passione di Cristo con la politica dei Cesari. I dialoghi del canonico sono insopportabilmente didascalici (anche a causa del doppiaggio dell'epoca, teatrale ed enfatico) e il regista cerca di destare un po' d'interesse con imponenti e movimentate scene di massa, alternando i grandi spazi a figure plastiche evidentemente ispirate al cinema sovietico. Il Cristo di Le Vigan, spiritato e rigido allo stesso tempo, sembra la statua di cera di un anarchico bakuniniano, mentre Jean Gabin, al suo primo film in costume, è un impensabile e superbo Ponzio Pilato (ma compare per poco tempo). Musica eccessivamente a effetto di Jacques Ibert. Girato in Algeria.

Golia alla conquista di Bagdad → *Ercole contro i tiranni di Babilonia*

Goliath contro i giganti * (Italia/Francia 1960, col, 95') Guido Malatesta. Con Brad Harris, Gloria Milland, Fernando Rey, Barbara Carroll, Carmen Del Lirio, Fernando Sancho. ◆ Una giovane schiava (Milland) deve uccidere Goliath (Harris) per ordine del tiranno Bocan, ma si innamora perdutamente del gigante. Un pasticcio biblico involontariamente grottesco.

Goliath e la schiava ribelle * (Italia 1963, col, 95') Mario Caiano. Con Gordon Scott, Ombretta Colli, Mimmo Palmara, Gloria Milland, Serge Nubret, Massimo Serato. ◆ Una schiava (Colli) è accusata di aver ucciso il sultano, ma il suo promesso sposo (Scott) riesce a dimostrarne l'innocenza. Mediocre polpettone pseudostorico, inframmezzato da brani di repertorio.

Gonin **½ (*Gonin*, Giappone 1995, col, 109') Takashi Ishii. Con Koichi Sato, Masahiro Motoki, Jinpachi Nezu, Kippei Shiina, Beat Takeshi [Takeshi Kitano], Naoto Takenaka. ◆ Un ex cantante oppresso dai debiti (Sato) sceglie quattro compagni male assortiti (un impiegato licenziato, un ex poliziotto, un marchettaro e un pappone sentimentale) per rapinare uno yakuza. Ma la vendetta della mala arriva sotto forma di uno spietato killer gay (Kitano). Avesse affidato la sceneggiatura a un altro, Ishii avrebbe girato probabilmente un grande film. Così, invece, l'incredibile lavoro sulla forma (uso del piano sequenza e della profondità di campo, illuminazione antirealista, narrazione frammentata che si chiarisce poco per volta, lirismo della violenza) rimane scollato e un po' fine a se stesso. Anche se colpisce la disperazione di fondo e il modo poco convenzionale di rivisitare i cliché del genere noir, a cominciare dal mettere in luce le pulsioni omosessuali dei personaggi. Con un seguito.

Gonin 2 *** (*Gonin 2*, Giappone 1996, col, 108') Takashi Ishii. Con Ken Ogata, Mai Kitajima, Shinobu Otake, Kimiko Yo, Yui Natsukawa, Yumi Nishiyama, Yumi Takigawa. ◆ Trovatesi per caso al centro di una rapina in una gioielleria, quattro donne (Otake, Yo, Natsukawa, Nishiyama) rovesciano la situazione e fuggono col bottino: ma l'ostaggio Shichiro (Kitajima) che hanno «salvato» dai rapinatori in realtà è una quinta colonna, che appena può avverte i suoi complici. A proteggere le donne c'è però un vedovo (Ogata) armato di spada, che vuole vendicare la moglie morta per colpa degli yakuza. Ishii, con una storia (da lui scritta) più compatta e incalzante che nel primo *Gonin*, e una galleria di personaggi in continua evoluzione (simpatici/antipatici, amici/nemici), porta le regole del film di genere al punto di non ritorno del grand-guignol surreale e del romanticismo macabro: ma in modo molto diverso (e più cupo) delle bessonate e delle tarantinate cui è abituato lo spettatore occidentale, e molto al di sopra della media del noir nipponico. Manieristico e compiaciuto anche nel suo radicale nichilismo, forse, e certo non per tutti i gusti: ma si resta ammirati, specie in tempi di omologazione hollywoodiana, di fronte alla capacità di usare la macchina da presa e di reinventare ogni volta la grammatica dell'immagine. Insolito commento musicale di Goro Yasukawa.

Go Now **½ (*Go Now*, Gb 1996, col, 81') Michael Winterbottom. Con Robert Carlyle, Juliet Aubrey, James Neasbitt, Sophie Okonedo, John Brobbey. ◆ L'operaio Nick (Carlyle) s'innamora di Karen (Aubrey), impiegata in un albergo, e i due metton su casa insieme. Ma quando scopre di essere attaccato dalla sclerosi, lui decide di mettere fine a quella riuscita convivenza. Un Tv movie per la Bbc, sceneggiato da Paul Henry Powell e Jimmy McGovern, che riesce a raccontare un dramma quotidiano senza cadere nella retorica del vittimismo e del ricatto sentimentale: Winterbottom, facendo propria la lezione di Ken Loach, realizza un film sull'handicap onesto e fiero come se ne vedono pochi, lasciando all'inizio ampio spazio alla commedia proletaria (i rapporti di Nick e dei suoi compagni, raccontati con scherzi anche pesanti e battute anche triviali) e passando gradualmente al dramma con una partecipazione emotiva che non concede nulla alle lacrime e al pietismo. In questo modo anche il lieto fine di coppia diventa un autentico atto d'amore contro la regola del cliché consolatorio e patetico. Strepitoso Carlyle, ma il resto del cast si dimostra alla sua altezza. Cammeo per Tricky.

Goodbye amore mio! **½ (*The Goodbye Girl*, Usa 1977, col, 110') Herbert Ross. Con Richard Dreyfuss, Marsha Mason, Quinn Cummings, Paul Benedict, Barbara Rhoades. ◆ Un giovane attore shakespeariano (Dreyfuss) si trova a dividere l'appartamento con una stagionata ballerina di Broadway (Mason) divorziata e sull'orlo della crisi: le loro due carriere sono un fallimento ma, dopo scaramucce e incomprensioni, si innamoreranno. Commedia metropolitana prevedibile ma ben congegnata, scritta appositamente per il cinema da un Neil Simon più morbido e sfumato del solito. Dreyfuss ha vinto l'Oscar come miglior attore. Il titolo originale è l'appellativo con cui si designa una donna perennemente piantata dagli uomini.

Goodbye & Amen – L'uomo della CIA ** (Italia 1977, col, 100') Damiano Damiani. Con Tony Musante, Claudia Cardinale, John Forsythe, John Steiner, Renzo Palmer, Fabrizio Jovine, Angela Goodwin. ◆ L'ambasciatore statunitense (Forsythe) a Roma viene preso in ostaggio da un reduce impazzito (Steiner), e la Cia ne approfitta per regolare alcuni conti interni. Spystory dal taglio volutamente americano, ma con tentativi di denuncia politica. Il mestiere di Damiani tiene a galla una sceneggiatura non certo originale di Nicola Badalucco e del regista a partire dal romanzo *Sulla pelle di lui* di Francis Clifford.

Goodbye Emmanuelle * (*Goodbye Emmanuelle*, Francia 1977, col, 98') Francois Leterrier. Con Sylvia Kristel, Umberto Orsini, Jean-Pierre Bouvier, Olga Georges-Picot, Alexandra Stewart, Jacques Doniol-Valcroze. ◆ Terzo capitolo della serie ispirata al personaggio creato da Emmanuelle Arsan. Alle Seychelles, Emmanuelle (Kristel) e il marito (Orsini) si concedono ogni tipo di avventura erotica, ma quando lei s'innamora di un partner occasionale, lui ne soffre. Più che un gaio softcore è uno pseudodramma della gelosia, banale e stanco. Seguito da *Emmanuelle 4*.

Goodbye Lover *½ (*Goodbye Lover*, Usa 1999, col, 102') Roland Joffé. Con Patricia Arquette, Dermot Mulroney, Ellen DeGeneres, Mary-Louise Parker, Vincent Gallo, André Gregory, Don Johnson, Bruce Rogers. ◆ Sandra Dunmore (Arquette) – moglie devota fuori, dark lady dentro – tradisce il marito Jake (Mulroney) con il cognato Ben (Johnson), politico senza scrupoli che la asseconda nei suoi desideri proibiti. Quando all'adulterio subentrano gli omicidi, si fa avanti l'implacabile sergente Rita Pompano (DeGeneres). Dopo l'impegno (*Urla del silenzio*, *Mission*), Joffe si butta con sincera convinzione sulla black comedy: scritto da Ron Peer, il film ha un avvio promettente, ma poi la trama incespica e il gioco si ingarbuglia fino ad appesantirsi inutilmente.

Goodbye, Mr. Chips *½ (*Goodbye, Mr. Chips*, Usa 1969, col, 151') Herbert Ross. Con Peter O'Toole, Petula Clark, Michael Redgrave, George Baker, Sian Phillips, Michael Bryant. ◆ Un professore di college inglese (O'Toole), che ha dedicato la sua vita ai ragazzi, sposa un'attrice (Clark) conosciuta durante una gita in Italia, ma al college la signora non è vista di buon occhio. Remake musicale di *Addio, Mister Chips!* del 1939 sceneggiato da Terence Rattigan. Poco riuscito il tentativo di attualizzazione, noiose le canzoni e del tutto fuori parte la principale interprete femminile. Solo O'Toole risolleva le sorti del primo film diretto da Herbert Ross.

Goodbye Mr. Holland ** (*Mr. Holland Opus*, Usa 1995, col, 125') Stephen Herek. Con Richard Dreyfuss, Glenne Headly, Jay Thomas, Olympia Dukakis, William H. Macy. ◆ Il compositore Glenn Holland (Dreyfuss) invece di tentare la carriera musicale ripiega sull'insegnamento al liceo. Trascorrono così trent'anni (dai Sessanta a oggi), in cui alla frustrazione professionale si aggiunge il dolore per un figlio nato sordo: ma il giorno della pensione Holland avrà il suo riscatto. Dreyfuss è grande (e guadagna una nomination all'Oscar), e le parole di *Beautiful Boy* di John Lennon («La vita è ciò che ci accade mentre siamo impegnati a fare altri progetti»), recitate da Holland, possono essere utili per capire il senso del film: tuttavia la sceneggiatura di Patrick Sheane Duncan, rimane quella di un dramma vecchia maniera, dove retorica e nostalgia fanno a gara per strappar lacrime agli spettatori.

Good Father, The – Amore e rabbia ** (*The Good Father*, Gb 1987, col, 90') Mike Newell. Con Anthony Hopkins, Simon Callow, Jim Broadbent, Harriet Walter. ◆ Un romanziere frustrato (Hopkins), cui è stata sottratta la custodia del figlio, cerca vendetta sobillando un amico (Broadbent) a muovere un'azione legale contro la moglie lesbica in procinto di divorziare. Nevrosi della Londra contemporanea in un film brusco e ruvido, ma statico e ripetitivo. Bel duetto d'attori tra Hopkins e Callow (l'avvocato disonesto). Sceneggiatura di Christopher Hampton.

Good Morning Babilonia ° (Italia 1987, col, 118') Paolo e Vittorio Taviani. Con Vincent Spano, Joaquim De Almeida, Greta Scacchi, Désirée Becker, Omero Antonutti, Charles Dance, Margherita Lozano, Bérangère Bonvoisin, Massimo Venturiello. ◆ Due scalpellini toscani, Andrea (De Almeida, portoghese) e Nicola (Spano, americano), emigrano in America e cercano di entrare nella troupe che Griffith (Dance) ha costituito per *Intolerance*. Una conquista dell'America involontariamente grottesca: l'inizio è promettente, ma i personaggi sono delle macchiette, e la vicenda, più che metafora della magia del cinema, si tramuta in una celebrazione del made in Italy («Siamo i figli dei figli dei figli di Michelangelo e Raffaello»). Ridicolo il finale tragico e simbolico, in cui i due fratelli si filmano, morenti, nelle trincee del Carso. Il film è stato girato in Toscana e il set di Griffith è stato ricostruito a Tirrenia. Quanto alle eventuali implicazioni su Hollywood come proiezione dell'immaginario, meglio stendere un velo pietoso.

Good morning, Vietnam **½ (*Good Morning, Vietnam*, Usa 1987, col, 120') Barry Levinson. Con Robin Williams, Forest Whitaker, Tung Thanh Tran, Chintara Sukapatana, Bruno Kirby, Robert Wuhl, J.T. Walsh, Noble Willingham. ◆ Saigon, 1965: Adrian Cronauer (Williams), il disc-jockey più seguìto dalle truppe americane, che sostituisce James Brown a Perry Como e prende in giro Nixon, viene rimosso dall'incarico a causa del suo anticonformismo. Un Vietfilm quasi comico sceneggiato da Mitch Markowitz, che deve tutto all'istrionismo scatenato di Williams, addirittura più trascinante – pare – del vero Cronauer. Meglio dunque la prima parte, dove lo si vede in azione, della seconda, con l'ovvia love story interrazziale e la retorica presa di coscienza dei mali della guerra. Il genere di film che, doppiato, perde almeno della metà.

Good Old Boys, The ** (*The Good Old Boys*, Usa 1995, col, 100') Tommy Lee Jones. Con Tommy Lee Jones, Sissy Spacek, Frances McDormand, Terry Kinney, Sam Shepard, Matt Damon, Wilford Brimley. ◆ All'inizio del Novecento, il cowboy Hewey Calloway (Jones) torna a casa del fratello (Kinney) dopo anni di vagabondaggio: riuscirà a salvare la sua terra dall'ipoteca e a farsi mettere al guinzaglio da una maestra zitella (Spacek)? Jones – che ha adattato un romanzo di Elmer Kelton – esordisce alla regia con un corretto ma prevedibile tv-movie, in cui la vena picaresca si diluisce nei buoni sentimenti (anche se manca il bacio finale). La versione originale dura 130'.

Goonies, I **½ (*The Goonies*, Usa 1985, col, 111') Richard Donner. Con Sean Astin, Josh Brolin, Jeff Cohen, Corey Feldman, Kerri Green, Martha Plimpton, Anne Rammsey, Joe Pantoliano. ◆ Un gruppo di ragazzini si mette alla ricerca di un tesoro nascosto nella speranza di salvare il loro quartiere, Good Docks, dallo sfratto imposto dai ricchi proprietari. Bella favola chiassosa e con qualche brivido per i minori di anni 14, sceneggiata da Chris Columbus e tratta da una storia di Steven Spielberg che ha più di una somiglianza con *Mama's Little Pirate* (prodotto da Hal Roach nel 1932 per la serie *Our Gang* e inedito in Italia), comunque divertente e godibile. Pessimo però il doppiaggio italiano. Il tema musicale proviene da *Le avventure di Don Giovanni* di Max Steiner.

Gordon il pirata nero * (Italia/Spagna 1961, col, 88') Mario Costa. Con Ricardo Montalban, Vincent Price, Giulia Rubini, Liana Orfei, Mario Feliciani, Gisella Sofio, Giustino Durano. ◆ L'eroico Gordon (Montalban) sconfigge un mercante di schiavi (Price), libera i prigionieri e procura loro un'isola dove possono vivere in pace. Modesto film d'avventure, girato sul lago di Garda.

Gorgona, La * (Italia 1942, b/n, 85') Guido Brignone. Con Mariella Lotti, Rossano Brazzi, Camillo Pilotto, Annibale Betrone, Tina Lattanzi, Lauro Gazzolo, Piero Carnabuci, Emilio Cigoli, Cesare Fantoni. ◆ Per vendicarsi di un torto, il fiorentino Lamberto Fiquinaldo (Brazzi) vuole insidiare la verginità di Spina di Pietro (Lotti), detta la Gorgona dall'isola in cui è nata, la vergine che alimenta la lampada votiva mentre i pisani guidano una spedizione punitiva contro i mori. La voglia di vendetta si trasforma in amore ricambiato – nonostante Spina sia promessa all'uomo che ha causato il torto –, ma le leggi del tempo di guerra sono inesorabili: Lamberto deve essere impiccato per essere entrato in Pisa. Drammone in costume ambientato nel 1160 e tratto dall'omonima pièce di Sem Benelli, sceneggiata dal regista e Tomaso Smith: un po' di retorica patriottica, il solito scontro tra senso del dovere e amore filiale (è il padre [Pilotto] che deve condannare a morte il figlio), il bel viso della Lotti e nulla più.

Gorilla, La * (Italia 1982, col, 103') Romolo Guerrieri [Romolo Girolami]. Con Lory Del Santo, Tullio Solenghi, Gianfranco D'Angelo, Giorgio Bracardi, Cristina Manusardi, Franca Stoppi, Renato Cecchetto. ◆ Una nerboruta guardia del corpo (Del Santo) s'innamora di un timido disegnatore con l'hobby della fotografia erotica. Fallita operazione-lancio di Lory Del Santo in una farsa modesta, svogliata, e neanche troppo piccante.

Gorilla fa il bagno a mezzanotte, Il ** (*Gorilla Bathes at Noon*, Germania 1992, col, 83') Dušan Makavejev. Con Svetozar Čvetovic, Anita Mancic, Alexandra Rohmig, Petar Bozovic. ◆ Figlio del soldato sovietico che alzava la bandiera rossa alla fine di *La caduta di Berlino* di Čaureli, il maggiore Victor Borisovich (Čvetovic), ufficiale dell'Armata Rossa di stanza a Berlino, alla caduta del muro si rifiuta di lasciare la città: e nei suoi vagabondaggi nei bassifondi tra sogno e realtà, bacia un Lenin femmina e assiste alla demolizione di una gigantesca statua del padre della Rivoluzione. Di fronte alla fine del comunismo, l'anticonformista Makavejev, in passato più volte censurato, sembra recuperarne il mito con affettuosa ironia (anche se non con cecità: vedi l'accostamento della scena di *La caduta di Berlino* dove i soldati russi gridano la loro regione d'origine a quella analoga del *Trionfo della volontà* della Riefenstahl). Mescolando finzione e documentario, Makavejev non cerca risposte ma rispecchia con stanchezza il disorientamento di una generazione che si trova, d'un tratto, ancora una volta sconfitta. Epica, comunque, la sequenza della demolizione della gigantesca statua di Lenin.

Gorilla nella nebbia ** (*Gorillas in the Mist*, Usa 1988, col, 129') Michael Apted. Con Sigourney Weaver, Bryan Brown, Julie Harris, John Omirah Miluwi, Costantin Alexandrov. ◆ Biografia dell'etologa Diane Fossey (Weaver), che passò diciotto anni nelle foreste africane dedicandosi allo studio e alla protezione dei gorilla africani. Un'agiografia che glissa gli aspetti più controversi del personaggio, facendone una santa che sacrifica la propria vita alla causa animalista (verrà infatti uccisa dai bracconieri). Nella sceneggiatura di Anna Hamilton Phelan risulta poco approfondita sia la psicologia della protagonista (la sua trasformazione da tranquilla studiosa a invasata predicatrice risulta brusca e forzata, la love story è inutile) sia la descrizione dell'Africa. Per chi ama il genere, comunque, lo spettacolo c'è. Insopportabilmente brava la Weaver. Accanto a dei gorilla veri ci sono dei mimi truccati dall'esperto Rick Baker (anche coproduttore).

Gorilla per amico, Un → *Buddy – Un gorilla per amico*

Gorky Park *½ (*Gorky Park*, Usa 1983, col, 128') Michael Apted. Con William Hurt, Lee Marvin, Brian Dennehy, Ian Bannen, Joanna Pacula, Alexander Knox. ◆ L'investigatore sovietico Renko (Hurt) è incaricato di risolvere il mistero che avvolge tre cadaveri senza volto e senza polpastrelli ritrovati nel parco Gorky di Mosca. Intricata spystory, tratta dall'omonimo romanzo di Martin Cruz Smith sceneggiato da Dennis Potter. L'avvio è lento, il finale (con una smaccata citazione da *L'uomo che sapeva troppo*) è deludente, e non c'è mai vera suspense. In attesa della glasnost, i produttori hanno dovuto accontentarsi di Helsinki come controfigura di Mosca. Quanto a ideologia, il capitalista Lee Marvin non fa una miglior figura degli esponenti del Kgb, e Renko è un degno erede degli incorruttibili detective a stelle e strisce. Esordio di Joanna Pacula.

Gothic *½ (*Gothic*, Gb 1986, col, 90') Ken Russell. Con Gabriel Byrne, Julian Sands, Natasha Richardson, Miriam Cyr, Timothy Spall. ◆ Giochi proibiti tra intellettuali maledetti: il 16 giugno 1816, in una villa sul lago di Ginevra, Lord Byron (Byrne), il dottor Polidori (Spall) e Mary Godwin-Shelley (Richardson) si sfidano a un duello letterario nutrito dal laudano, da cui nascono *Frankenstein* e *Il Vampiro*. Percy Shelley (Sands) si limita a uscir nudo sui tetti fra tuoni e lampi. Il barocco Russell, alle prese con il gotico, dimostra minor ironia che in altre occasioni né lo aiuta la sceneggiatura di Stephen Volk. Il risultato è un caleidoscopio di incubi ed effettacci di diversa qualità (banali gli omaggi a Füssli), zoppicante dal punto di vista narrativo. Notevole il debutto della Richardson, figlia di Vanessa Redgrave e Tony Richardson. Deludenti le musiche di Thomas Dolby. Le dissolutezze di Byron e soci hanno ispirato anche *L'estate stregata* (1988) e *Frankenstein oltre i confini del tempo* (1990).

Goto, l'isola dell'amore **½ (*Goto, l'île d'amour*, Francia 1968, b/n, 93') Walerian Borowczyk. Con Pierre Brasseur, Licia Branice, Jean-Pierre Andréani, Guy Saint-Jean, Ginette Leclerc. ◆ Graziato dalla condanna a morte, un ladro (Saint-Jean) arriverà a spodestare Goto III (Brasseur), despota di un regno immaginario, dove la principale occupazione degli abitanti è costruire acchiappamosche. Il primo lungometraggio non d'animazione di Borowczyk è una parabola surrealisteggiante sull'avidità e la lussuria, debitrice di Ionesco e di Beckett. Il suo stile a un tempo surreale e concreto è già riconoscibile, ma l'erotismo per cui sarà celebre è ancora contenuto e allusivo. L'autore negò che vi fossero riferimenti politici, ma la censura polacca non volle fidarsi.

Götterdämmerung → *Caduta degli dei, La*

Gotti *½ (*Gotti*, Usa 1996, col, 117') Robert Harmon. Con Armand Assante, William Forsythe, Anthony Quinn, Richard S. Sarafian, Frank Vincent, Marc Lawrence, Vincent Pastore, Alberta Watson. ◆ John Gotti (Assante) fa le scarpe al suo capo Castellano (Sarafian) e si fa strada dentro Cosa Nostra, finché nel 1992 l'Fbi riesce a incastrarlo e condannarlo all'ergastolo grazie alla confessione di un pentito (Forsythe). Scritto da Steve Shagan, questo statico tv-movie per l'Hbo non arriva a raccontare la decadenza della mafia, e ricicla luoghi comuni e situazioni di *Quei bravi ragazzi*. Musiche di Mark Isham.

Gott Mit Uns – Dio è con noi ** (Italia/Jugoslavia 1969, col, 123') Giuliano Montaldo. Con Franco Nero, Richard Johnson, Larry Aubrey, Helmut Schneider, Bud Spencer [Mario Pedersoli], Michael Godliffe, Emilio Delle Piane. ◆ A guerra finita, due soldati della Wehrmacht (Nero e Aubrey) si consegnano agli alleati. Ma verranno condannati a morte dai loro ex commilitoni e compagni di prigionia, che li accusano di collaborare col nemico. Una denuncia non solo dei crimini nazisti, ma di ogni militarismo: il ritmo, tuttavia, non sempre risulta scorrevole, e le esigenze spettacolari si fanno sentire troppo. Il soggetto deriva da un programma televisivo di Andrea Barbato, *Il quinto giorno di guerra*, presentato nella serie *Teatro-Inchiesta* e sceneggiato per lo schermo da Ottavio Jemma, Lucio Battistrada e dal regista.

Governante, La *½ (Italia 1974, col, 111') Gianni Grimaldi. Con Turi Ferro, Martine Brochard, Vittorio Caprioli, Paola Quattrini, Agostina Belli, Umberto Spadaro, Christa Linder, Pino Caruso. ◆ In una famiglia catanese arriva una governante francese (Brochard) la cui omosessualità è fonte di non pochi problemi. Commedia modesta, dove la sceneggiatura dello stesso Grimaldi riduce l'omonimo testo di Vitaliano Brancati a repertorio di barzellette piccanti sul folclore siciliano.

Governante, La *½ (*The Governess*, Gb/Francia 1997, col, 114') Sandra Goldbacher. Con Minnie Driver, Tom Wilkinson, Harriet Walter, Jonathan Rhys Meyers, Bruce Myers. ◆ 1840: alla morte del padre, l'ebrea Rosina (Driver), sotto mentite spoglie, si fa assumere come istitutrice da uno scienziato (Wilkinson) che vive in una remota isola scozzese: lo aiuta a inventare la fotografia, ne diventa l'amante, ma poi rivendica la propria indipendenza e la propria cultura. Risaputo apologo al femminile travestito da romanzo gotico, con echi letterari abbondanti quanto superficiali nella sceneggiatura dell'esordiente regista. Che gira bene, fin troppo (la fotografia è di Ashley Rowe): così presa dalle immagini e dai contenuti da dimenticarsi dov'è il cinema.

Governante rubacuori *** (*Sitting Pretty*, Usa 1948, b/n, 84') Walter Lang. Con Clifton Webb, Robert Young, Maureen O'Hara, Richard Haydn, Louise Allbritton, Ed Bragley, Randy Stuart, Larry Olsen. ◆ A Colle dei Passeri (ma in originale è Hummingbird Hill, cioè la Collina dei Colibrì), una città «dove ognuno si fa un dovere di impicciarsi degli affari degli altri», i coniugi King (Young e O'Hara) assumono come governante dei loro scatenati figli Elia Belvedere (Webb): a parte il fatto che è un uomo – il che comporterà qualche inevitabile pettegolezzo – Elia si dimostrerà perfettamente capace di far rigare dritti i due piccoli demoni e rivelerà anche insospettate doti di romanziere satirico. Una commedia che non ha perso un briciolo della sua piacevolezza e del suo brio, sceneggiata in punta di penna da F. Hugh Herbert a partire dal romanzo di Gwenn Davenport: nel suo genere di intrattenimento divertente e scanzonato, capace di raccontare col sorriso i vizi dell'american way of life e metterli simpaticamente alla berlina, la commedia di Lang è un piccolo gioiello. E molto del merito va a Clifton Webb, l'assassino esteta di *Vertigine*, perfettamente a suo agio in un ruolo buffo (che gli permette di ironizzare sulla propria omosessualità) e che piacerà talmente al pubblico da far realizzare due seguiti: *Il sig. Belvedere va in collegio* (1949) e *Mr. Belvedere suona la campana* (1951).

Grace of My Heart – La grazia del mio cuore ** ½ (*Grace of My Heart*, Usa 1996, col, 115') Allison Anders. Con Illeana Douglas, Matt Dillon, John Turturro, Eric Stoltz, Bridget Fonda, Patsy Kensit, Bruce Davison, Jennifer Leigh Warren, Chris Isaak. ◆ Dagli anni Cinquanta ai Settanta, la carriera di Edna Buxton alias Denise Waverly (Douglas), cantante di talento che accetta di rimanere dietro le quinte come compositrice, romantico brutto anatroccolo che si innamora sempre dell'uomo sbagliato. Ma dopo la tragica fine di suo marito Jay Phillips (Dillon), musicista genialoide e paranoico, saprà finalmente realizzare i propri sogni d'artista. Ispirandosi liberamente alla vita di Carole King, prendendo in prestito da Brian Wilson dei Beach Boys qualche tratto di Phillips, la Anders ricostruisce i vent'anni di musica pop americana che ruotano attorno al Brill Building, la casa discografica newyorkese di cui Joel Miller (Turturro) è l'anima. Le canzoni sono in parte originali, in parte scritte per l'occasione (e nello stile dell'epoca) da musicisti di ogni età (Burt Bacharach ed Elvis Costello, i Sonic Youth, J. Mascis). Il risultato ha la confezione accurata che può garantire Scorsese come produttore esecutivo, e il tocco femminile critico ma consolatorio della regista-sceneggiatrice: gradevole, nostalgico, un po' démodé, anche se solo i musicofili apprezzeranno appieno. Kristen Vigard doppia la Douglas quando canta.

Graffiante desiderio * (Italia 1993, col, 102') Sergio Martino. Con Vittoria Belvedere, Ron Nummi, Serena Grandi, Andrea Roncato, Simona Borioni. ◆ Sedicente cugina arrivata dal Venezuela, Sonia (Belvedere) sconvolge la vita tranquilla di Luigi (Nummi), prossimo al matrimonio con una ricca borghese: dopo innumerevoli giochi erotici, la «vittima» scopre che in realtà la parente è una squilibrata assassina. Pornosoft sadomaso di interesse nullo, con una ruspante femme fatale nostrana che crede di rivaleggiare con la Sharon Stone di *Basic Instinct*.

Graffiti Bridge * (*Graffiti Bridge*, Usa 1990, col, 92') Prince [Roger Nelson]. Con Prince, Ingrid Chavez, Morris Day, Robin Power, Jill Jones, Mavis Staples, George Clinton. ◆ In una città di cartapesta presa di peso da *Strade di fuoco*, Prince è il proprietario di un night-club che un angelo in vesti femminili (Chavez) aiuta contro i soliti prepotenti. L'idea delle sfide musicali al posto dei duelli con le armi non era neanche malvagia, ma la regia di Prince è asfittica, e le venature mistiche rischiano il ridicolo involontario. I fan non saranno delusi dalla musica, che però è fatta a brandelli e male utilizzata. Prince regala qualche minuto ai suoi numi ispiratori George Clinton e Mavis Staples.

Gran bollito ** (Italia 1977, col, 115') Mauro Bolognini. Con Shelley Winters, Max von Sydow, Renato Pozzetto, Alberto Lionello, Laura Antonelli, Mario Scaccia, Franco Branciaroli, Milena Vukotic, Rita Tushingham, Adriana Asti, Liù Bosisio, Maria Monti. ◆ Per scongiurare il matrimonio dell'unico figlio che le è nato dopo dodici aborti, Lea (Winters), esperta in stregoneria, sacrifica tre amiche zitelle (von Sydow, Pozzetto e Lionello en travesti) e le mette a bollire nella soda caustica. Partito il figlio per la guerra, è la volta della fidanzata (Antonelli): ma i carabinieri arrivano in tempo. Favola nera misogina, tra il macabro e il grottesco, ispirata alla vicenda della saponificatrice di Correggio, Leonarda Cianciulli, sceneggiata da Nicola Badalucco. Non sempre scorrevole, ma a tratti godibile, grazie a una schiera di interpreti divertiti. Fuori luogo, comunque, il discorso finale di Lea, che condanna gli orrori della guerra – ben peggiori dei suoi – come aveva già fatto *Monsieur Verdoux* nel film omonimo di Chaplin. Musiche di Enzo Jannacci.

Grand Canyon ** (*Grand Canyon*, Usa 1991, col, 131') Lawrence Kasdan. Con Danny Glover, Kevin Kline, Mary McDonnell, Mary-Louise Parker, Steve Martin, Alfre Woodard, Tina Lifford. ◆ Los Angeles oggi: in panne in un ghetto nero, un avvocato (Kline) evita una brutta fine grazie all'intervento di un meccanico nero (Glover), e ne diventa amico. Sua moglie (McDonnell) trova un neonato per strada e l'adotta. Ma sembra impossibile arrestare la violenza, che colpisce sia bianchi che neri: non resta che meditare sulla piccolezza umana di fronte al Grand Canyon. Uno spaccato delle contraddizioni dell'America contemporanea, pieno di buone intenzioni e di varie ambizioni. Denuncia civile e thriller, soap-opera e fantastico si mescolano con esiti alterni. Il personaggio meno riuscito è il produttore azzoppato (Martin) – ispirato a Joel Silver, il produttore di *Die Hard* – che prima medita di non fare più film violenti, ma poi ci ripensa, e scompare nel buio di un capannone come De Niro in *Gli ultimi fuochi*. Kasdan è autore della sceneggiatura assieme alla moglie Meg e interpreta la piccola parte del regista che fa vedere i giornalieri a Martin. Ottima la confezione e grande fotografia di Owen Roizman. Il film vinse l'Orso d'oro a Berlino.

Grande abbuffata, La **** (*Le Grande bouffe*, Francia/Italia 1973, col, 123') Marco Ferreri. Con Marcello Mastroianni, Ugo Tognazzi, Michel Piccoli, Philippe Noiret, Andréa Ferréol, Solange Blondeau, Florence Giorgetti. ◆ In una villa fuori Parigi, quattro amici – un pilota (Mastroianni), il proprietario di un ristorante (Tognazzi), un giudice (Noiret) e un regista televisivo (Piccoli) – decidono di suicidarsi in un'orgia di cibo e di sesso: li seppellirà una maestra (Ferréol) materna e insaziabile, coinvolta casualmente nella vicenda. Scritto da Ferreri insieme a Rafael Azcona, il film è un'allegoria della società del benessere condannata all'autodistruzione, e un saggio da manuale sugli intrecci tra eros e thanatos, il cibo e gli escrementi. Quasi un anticipo di *Salò* di Pasolini, anche se non altrettanto distruttivo e apocalittico, il film «mette il dito sulle piaghe maleolenti della nostra cultura ma con una negatività che riesce a essere produttiva e utile nella sua provocazione». Come capita spesso nei film di Ferreri, la salvezza è affidata alla donna, lasciando all'uomo l'angoscia di un'impossibile pienezza di rapporto con l'esistenza, sia sessuale che politico-morale. Il repertorio di peti e copule assortite fece (e continua a fare) scandalo: fischiato al festival di Cannes, ebbe un enorme successo di cassetta.

Grande agguato, Il *½ (*Der Rebell*, Germania 1932, b/n, 92') Luis Trenker, Curtis Bernhardt. Con Luis Trenker, Olga Engl, Erika Dannhoff, Ludwig Stössel, Luise Ullrich, Victor Varconi, Fritz Kempers. ◆ Tornato in Tirolo dopo gli studi a Jena, Severin Anderlan (Trenker) trova madre e sorella (Engl e Dannhoff) uccise dalle truppe franco-bavaresi. Accecato dalla rabbia, uccide due dragoni di pattuglia e diventa un ribelle: su suo esempio, tutta la regione insorge, ma viene sconfitta dall'armata francese e Severin sarà fucilato. Un film nazionalista sulla guerra del Tirolo in epoca napoleonica sceneggiato dal regista con Robert Adolf Stemmle e Walter Schmitdkunz, che alla sua uscita provocò reazioni vivaci: Kracauer lo definì «un film filonazista appena dissimulato (...) che introduceva simboli destinati a giocare un ruolo importante nella cultura hitleriana» e Arnheim «un film basato su rozze emozioni e girato con la delicatezza di un gorilla». Oggi presenta un interesse più che altro storico, anche se le scene di massa sono ben articolate e visivamente potenti. L'anno successivo l'Universal di Carl Laemmle girò in Germania una versione inglese del film (*The Rebel* sempre con Trenker nel ruolo del protagonista e come coregista al fianco di Edwin H. Knopf) primo di una serie di sei produzioni che però furono sospese per il peggiorare della situazione politica.

Grande amante, Il *½ (*The Great Lover*, Usa 1949, b/n, 80') Alexander Hall. Con Bob Hope, Rhonda Fleming, Roland Young, Roland Culver, George Reeves, Jim Backus. ◆ Un timido capo-scout (Hope), imbarcatosi per una crociera, cattura un temibile strangolatore (Young). Farsa movimentata e puerile, nella media dei film con Hope protagonista.

Grande ammiraglio, Il **½ (*That Hamilton Woman*, rititolato in Gb *Lady Hamilton*, Usa 1941, b/n, 128') Alexander Korda. Con Vivien Leigh, Laurence Olivier, Alan Mowbray, Sara Allgood, Gladys Cooper, Henry Wilcoxcon, Heather Angel, Halliwell Hobbes. ◆ Il triste destino della bellissima e plebea Emma Hart (Leigh) moglie senza amore dell'ambasciatore inglese a Napoli lord Hamilton (Mowbray) e infelice amante di Orazio Nelson (Olivier): la morte del marito la lasciò senza un soldo e quella dell'amante la ricacciò ai margini della scala sociale. Pensato come sostegno propagandistico allo sforzo bellico inglese (abbastanza evidenti le allusioni alla guerra allora in atto: Napoleone con la sua insaziabile voglia di dominio ricorda Hitler, mentre Nelson che grida dal parapetto della nave «In guardia, Bonaparte. Vi faremo mangiare la polvere, per Dio!» ha più di un tratto in comune con Churchill), il film scritto da Walter Reisch e R.C. Sheriff è però molto più convincente nella sua componente melodrammatica, quando racconta l'ascesa e la caduta di lady Hamilton, anche per merito di una grande prova di Vivien Leigh. Nomination per la fotografia di Rudolph Maté. Qualche libertà di troppo: la sagoma del Vesuvio è dichiaratamente di fantasia e quando Nelson torna a Londra nel 1800 è accolto dalla folla che canta *Perché è un bravo ragazzo*... È l'ultimo film dove Leigh e Olivier, allora sposi, recitano insieme ed era anche il film preferito da Winston Churchill che spesso lo faceva proiettare per amici e dignitari.

Grande amore, Il **½ (*The Old Maid*, Usa 1939, b/n, 95') Edmund Goulding. Con Bette Davis, Miriam Hopkins, George Brent, Jane Bryan, Donald Crisp, Louise Fazenda, Jerome Cowan. ◆ Due cugine, Delia (Hopkins) e Carlotta (Davis), amano lo stesso uomo: alla morte di lui durante la guerra di Secessione, Carlotta si ritrova con una figlia illegittima (Bryan): la fa adottare dalla rivale, nel frattempo sposatasi, e recita il ruolo della zia. Un tipico women's picture dell'epoca d'oro di Hollywood, basato su un dramma di Zoë Akins e sul romanzo di Edith Wharton sceneggiati da Casey Robinson. La sontuosità della messinscena, la fotografia di Tony Gaudio e i pezzi di bravura delle due protagoniste fanno dimenticare la macchinosità dell'intreccio.

Grande amore, Un **½ (*Love Affair*, Usa 1939, b/n, 87') Leo McCarey. Con Irene Dunne, Charles Boyer, Maria Ouspenskaya, Lee Bowman, Astrid Allwyn, Maurice Moscovich. ◆ Sulla nave che ha preso per raggiungere la promessa sposa, un pittore (Boyer) incontra una cantante (Dunne) di cui s'innamora perdutamente. Ma una volta a terra, l'idillio fa i conti con la realtà e gli imprevisti del destino, e la commedia sofisticata cede il posto al melodramma. McCarey stava per iniziare le riprese di una tragedia con protagonista un diplomatico francese, quando la produzione gli disse di fermare tutto per evitare incidenti diplomatici. Lo sceneggiatore Delmer Daves si dovette inventare all'istante una nuova storia. McCarey fa duettare con sapienza i suoi attori, e passa con abilità da un genere all'altro. Produzione sontuosa e stile glamour nella tradizione degli studios hollywoodiani dell'epoca. Rifatto dallo stesso McCarey nel 1957 con Cary Grant e Deborah Kerr in *Un amore splendido* e da Glenn Gordon Caron nel 1994 con Warren Beatty e Annette Bening in *Love Affair (Un grande amore)*.

Grande amore, Un (di Glenn Gordon Caron) → *Love Affair (Un grande amore)*

Grande amore da 50 dollari, Un ** (*Cinderella Liberty*, Usa 1973, col, 117') Mark Rydell. Con James Caan, Marsha Mason, Eli Wallach, Burt Young, Bruce Kirby jr, Dabney Coleman, Sally Kirkland. ◆ A Seattle, un marinaio dal cuore d'oro (Caan), s'innamora di una prostituta (Mason), con figlio nero e delinquente a carico. Tipico cocktail di realismo (per i tempi) crudo e convenzioni da vecchia Hollywood che andava negli anni Settanta. L'indulgenza patetica del regista finisce per contagiare anche gli attori. L'ambientazione realistica è bene resa dalla livida fotografia di Vilmos Zsigmond. Darryl Ponicsan ha scritto la sceneggiatura da un suo romanzo.

Grande attacco, Il ** (Italia 1978, col, 100') Umberto Lenzi. Con Helmut Berger, Samantha Eggar, Giuliano Gemma, John Huston, Stacy Keach, Ray Lovelock, Henry Fonda, Edwige Fenech, Venantino Venantini. ◆ Conosciutisi durante le Olimpiadi di Berlino del 1936, un gruppo di amici di diverse nazionalità andrà incontro al proprio destino durante la seconda guerra mondiale: chi darà la vita per la propria patria, chi perderà i figli, chi riuscirà a tornare a casa. Megaproduzione nazionale con grande spreco di glorie in pensione su cui svetta il corrispondente di guerra interpretato da John Huston (che durante la seconda guerra mondiale ricoprì davvero questo ruolo): la sceneggiatura (del regista e di Cesare Frugoni) è piuttosto artificiosa, ma i vari personaggi sono raccontati con passione e imparzialità.

Grande avventura, La *½ (*The Adventures of the Wilderness Family*, Usa 1975, col, 100') Stewart Raffill. Con Robert Logan, Susan Damante Shaw, Hollye Holmes, Ham Larsen, George [Buck] Flower, William Cornford. ◆ Una famiglia di Los Angeles, che non a caso si chiama Robinson, si trasferisce sulle Montagne Rocciose, dove la vita è meno stressante anche se non priva di pericoli. Il mito americano della wilderness si fonde col culto della famiglia e la nascente voga ecologica. Storia naïf e tanti bei paesaggi. Con due seguiti.

Grande avventura continua, La *½ (*Further Adventures of the Wilderness Family*, conosciuto anche col titolo *The Wilderness Family, Part 2*, Usa 1978, col, 105') Frank Zuniga. Con Robert Logan, Susan Damante Shaw, Heather Rattray, Ham Larsen, George [Buck] Flower, Brian Cutler. ◆ Decisi a sopravvivere sulle Montagne Rocciose, la famiglia Robinson raggiunge un'altra famiglia di pionieri per affrontare in compagnia il durissimo inverno. Stesso cast, stessa ambientazione e medesimo spirito bucolico della *Grande avventura*. Seguìto da *Le nuove avventure dei Robinson*.

Grande biondo, Il ** (*Le Retour du Grand Blond*, Francia 1974, col, 80') Yves Robert. Con Pierre Richard, Jean Carmet, Jean Rochefort, Mireille Darc, Paul Le Person, Colette Castel, Michel Duchaussoy. ◆ Un violinista (Richard) viene scambiato per l'agente segreto «Grande Biondo» e deve ricorrere a tutta la sua astuzia per salvarsi la vita. Discreta parodia dei film di spionaggio (sceneggiata dal regista e da Francis Veber), con ingegnose soluzioni narrative e una gustosa interpretazione del protagonista. Poche novità, tuttavia, rispetto al precedente *Alto, biondo e... con una scarpa nera*. La sequenza finale, sulle note di una rapsodia ungherese di Brahms, vale il film. Il resto della colonna sonora è opera di Vladimir Cosma.

Grande Blek, Il **½ (Italia 1987, col, 106') Giuseppe Piccioni. Con Sergio Rubini, Roberto De Francesco, Dario Parisini, Riccardo De Torrebruna, Francesca Neri, Silvia Mocci, Federica Mastroianni. ◆ L'amicizia tra Yuri (De Francesco) e il bulletto Razzo (Rubini) ad Ascoli Piceno, negli anni attorno al '68. Evocazione nostalgica e filologica (dalle canzoni di Battisti al fumetto che dà il titolo al film) di una generazione. Un'opera prima promettente e meno lagnosa della media dei film italiani sul tema, anche se non sempre agile dal punto di vista narrativo. Rubini reincontrerà il produttore Domenico Procacci quando girerà *La stazione*. Esordio della Neri.

Grande bordello, Il *½ (*Quelques messieurs trop tranquilles*, Francia 1972, col, 100') Georges Lautner. Con Dani, Michel Galabru, Henry Guybet, Jean Lefèbvre, Bruno Pradal, Paul Préboist, Miou-Miou [Sylvette Hery]. ◆ Per far fronte alla miseria, gli abitanti di un remoto paesino decidono di incrementare il turismo: i primi ospiti sono degli hippy. Innocua e datatissima commedia dove gli hippy si dimostrano campioni di bontà in un mini-Woodstock senza emozioni rock, ma pieno di imprevisti.

Grande caldo, Il **** (*The Big Heat*, Usa 1953, b/n, 90') Fritz Lang. Con Glenn Ford, Gloria Grahame, Jocelyn Brando, Lee Marvin, Carolyn Jones, Jeanette Nolan, Alexander Scourby. ◆ Il sergente Dave Bannion (Ford) indaga sul suicidio di un collega che era al soldo della gang di Lagana (Scourby): la mafia gli uccide la moglie e lo costringe alle dimissioni, ma lui prosegue l'indagine da solo, aiutato da Debbie (Grahame), l'amica di Vince Stone (Marvin), braccio destro di Lagana. Noir archetipico e in anticipo sui tempi, centrato sulla figura del giustiziere solitario che si adegua al comportamento del nemico. Dietro l'intreccio poliziesco (la sceneggiatura è di Sidney Boehm tratta dal romanzo *La città che scotta* di William P. McGivern) Lang si concentra su temi a lui cari come quelli della colpevolezza universale e dell'ambivalenza degli esseri umani. Straordinaria nel suo ruolo infantile e perverso insieme Gloria Grahame, con il volto «langhianamente» diviso in due: metà faccia affascinante, metà orripilante per la bruciatura del caffè che le ha tirato addosso Marvin. Sia lei che Ford interpretano due personaggi che (come già lo Spencer Tracy di *Furia*) diventano violenti, secondo l'idea centrale in Lang che ogni uomo nasconde in sé potenzialità da assassino. Lo stile modernissimo, secco e aggressivo, allora venne giudicato troppo violento. Ma alla violenza mostrata si contrappone sempre quella fuori campo (la morte della moglie): segno di una moralità della visione aliena da ogni effettismo. Degna dell'espressionismo la sequenza iniziale del suicidio. Il titolo, tradotto alla lettera nell'edizione italiana, è in realtà un'espressione gergale per indicare un'intensa attività di polizia contro la criminalità.

Grande campione, Il *** (*Champion*, Usa 1949, b/n, 99') Mark Robson. Con Kirk Douglas, Marilyn Maxwell, Arthur Kennedy, Ruth Roman, Paul Stewart, Lola Albright. ◆ Midge Kelly (Douglas), un boxeur di umili origini, trova il successo ma rinnega gli affetti familiari e il fratello Connie (Kennedy), che lo rimprovera di egoismo. La sua ultima vittoria sarà perfettamente inutile. Partendo dalla bella sceneggiatura di Carl Foreman tratta da un soggetto di Ring Lardner, Robson s'ispira al neorealismo e ribalta con abilità le convenzioni del genere sportivo, concentrandosi sull'interiorità dei personaggi; ben svolto il tema di fondo dell'amicizia maschile e dello scontro tra i fratelli. Harry Gerstad asseconda il taglio secco della narrazione con un montaggio serrato e violento che si guadagnò l'Oscar. Douglas, non ancora star, fornisce una delle migliori prove della sua carriera. Prodotto dal futuro regista Stanley Kramer, all'epoca produttore indipendente e attento ai temi impegnati.

Grande capitano, Il *½ (*John Paul Jones*, Usa 1959, col, 126') John Farrow. Con Robert Stack, Marisa Pavan, Charles Coburn, Erin O'Brien, Macdonald Carey, Jean-Pierre Aumont, Peter Cushing, Bruce Cabot. ◆ Le imprese di un ufficiale americano (Stack) del Settecento, che prima combatte contro gli inglesi e poi si mette al servizio dello zar. Spettacolare, ma privo di spessore. Bette Davis compare brevemente nel ruolo dell'imperatrice russa.

Grande cielo, Il *** (*The Big Sky*, Usa 1952, b/n, 122') Howard Hawks. Con Kirk Douglas, Dewey Martin, Elizabeth Threatt, Arthur Hunnicutt, Buddy Bear, Steven Geray, Hank Worden, Jim Davis. ◆ Il lungo viaggio fluviale di due cacciatori di pellicce (Douglas e Martin), che cercano di spezzare il monopolio di una grossa compagnia rifornendosi direttamente dagli indiani; li aiutano una bella pricipessa (Threatt) e l'indiano rinnegato Pelle e Ossa (Worden, nell'originale Poor Devil). I temi sono classici (la frontiera, l'amicizia virile, la donna contesa), ma lo stile è eterogeneo, proprio come l'andamento del fiume che i due protagonisti percorrono (a sequenze epiche si alternano scene comiche e momenti intimisti): ne risulta un western personale e affascinante, anche se non arriva a essere un capolavoro. Adattato da Dudley Nichols dal libro di A.B. Guthrie, è l'unico western di Hawks senza John Wayne: Douglas se la cava piuttosto bene al suo posto, nonostante la dichiarata insoddisfazione del regista. In origine durava 141'. Esiste anche una versione colorata al computer.

Grande circo, Il ** (*The Big Circus*, Usa 1959, col, 108') Joseph M. Newman. Con Victor Mature, Red Buttons, Rhonda Fleming, Kathryn Grant, Vincent Price, Peter Lorre, David Nelson, Gilbert Roland, Steve Allen. ◆ Il proprietario (Mature) di un circo in difficoltà economiche ottiene un prestito dalla banca, ma i rapporti con l'amministratrice (Fleming) incaricata dell'operazione sono più complessi del previsto. Storiella abbastanza divertente con tutti i luoghi comuni dei film circensi. La monocorde Fleming se la cava meglio del solito, ma il motivo di maggior interesse è il grande Lorre nei panni del clown.

Grande città, La **½ (*The Big City*, rititolato *Skyscraper Wilderness*, Usa 1937, b/n, 80') Frank Borzage. Con Spencer Tracy, Luise Rainer, Eddie Quillan, William Demarest, Regis Toomey, Charley Grapewin, Victor Varconi. ◆ Un tassista indipendente (Tracy) viene coinvolto dai concorrenti in un omicidio, e la moglie rumena (Rainer) rischia il rimpatrio. Un melodramma non particolarmente riuscito, dove «il talento degli attori (specie della viennese Luise Rainer) è sprecato dentro una sceneggiatura (di Dore Schary e Hugo Butler da un soggetto di Norman Krasna) che assomiglia troppo a un pretesto». La bravura di Borzage si vede soprattutto nell'acme del dramma, quando la donna vicinissima al parto è imbarcata su una nave che la porterà in Romania, «in un villaggio dove la gente non ha nemmeno gli zoccoli», e il marito la saluta forse per l'ultima volta, ma poi le scene finali, con la corsa dei taxi attraverso New York e la bagarre al porto (scene girate peraltro da George B. Seitz), assomigliano più a una comica della Keystrone che a un melò. Alcuni pugili allora famosi (Jack Dempsey, James J. Jeffries, Big Jim Thorpe, Man Mountain Dean, Maxie Rosenbloom) interpretano se stessi mentre aiutano il malcapitato protagonista.

Grande cocomero, Il *** (Italia/Francia 1993, col, 96') Francesca Archibugi. Con Sergio Castellitto, Anna Galiena, Alessia Fugardi, Armando De Razza, Alessandra Panelli, Laura Betti, Victor Cavallo, Lara Pranzoni, Raffaele Vannoli. ◆ Un giovane psichiatra infantile, Arturo (Castellitto), accetta nel suo reparto una ragazzina con ricorrenti crisi epilettiche, Pippi (Fugardi), e tenta una terapia analitica per aiutarla ad accettare la situazione. Ispirato all'esperienza del neuropsichiatra infantile Marco Lombardo Radice, con un titolo preso in prestito dai fumetti (il «grande cocomero» è lo spirito che Linus aspetta invano di vedere ogni notte di Halloween), il film affronta la complessità del mondo infantile (intorno a Pippi si intrecciano molte altre storie di giovani disturbati) e racconta il problematico rapporto con il mondo degli adulti con un occhio appassionato ma non mistificatorio. Dosando sapientemente i momenti di commozione e quelli tragici (il dramma della piccola affetta da distrofia muscolare, interpretata da Lara Pranzoni, già protagonista di *Verso sera*) con scene decisamente divertenti (secondo la miglior tradizione della commedia all'italiana), la Archibugi, anche autrice della sceneggiatura, cammina sul filo delle emozioni con lucida intelligenza e parla agli spettatori con un rispetto che pochi suoi colleghi dimostrano di avere. Ottimi anche gli attori di contorno, dal prete di Victor Cavallo alla mamma di Pippi interpretata dalla Galiena. L'Archibugi compare come ex moglie del protagonista, il produttore Leo Pescarolo nei panni del padre.

Grande colpo, Il ** (*The Big Hit*, Usa 1998, col, 91') Che-Kirk Wong. Con Mark Wahlberg, Lou Diamond Phillips, China Chow, Christina Applegate, Lela Rochon, Bookeem Woodbine, Antonio Sabato jr., Elliot Gould, Lainie Kazan, Sab Shimono. ◆ Killer ingenuo con due amanti (Applegate e Rochon) da mantenere, Melvin Smiley (Wahlberg) viene tradito dal socio (Phillips) e si innamora della ragazza che ha rapito (Chow), mentre gli girano per casa i futuri suoceri (Gould e Kazan). Facile satira dell'*american way of life*, con qualche tocco di humour nero poco corretto e sequenze d'azione di prevedibile perfezionismo. John Woo coproduce l'esordio hollywoodiano di un regista capace di servire pietanze molto più originali e saporite. Scritto da Ben Ramsey.

Grande colpo dei sette uomini d'oro, Il *½ (Italia 1966, col, 90') Marco Vicario. Con Rossana Podestà, Philippe Leroy, Gastone Moschin, Gabriele Tinti,

Maurice Poli, Giampiero Albertini, Manuel Zarzo, Enrico Maria Salerno. ◆ Assoldati per rapire il presidente (Salerno che fa il verso a Fidel) di una repubblica sudamericana, sette ladri rubano un carico di lingotti d'oro, di cui non sapranno che cosa fare. Commedia giallorosa più ricca di mezzi che non di trovate, che tentò, con minor fortuna, di replicare il successo di *Sette uomini d'oro*, accentuandone la vena farsesca.

Grande coltello, Il **½ (*The Big Knife*, Usa 1955, b/n, 111') Robert Aldrich. Con Jack Palance, Ida Lupino, Shelley Winters, Rod Steiger, Everett Sloane, Jean Hagen, Wendell Corey. ◆ Charlie Castle (Palance), un attore di successo con guai coniugali, propensione alla bottiglia e una macchia nel passato, viene ricattato dal suo cinico produttore (Steiger). Finirà col crollare, ma forse giustizia sarà fatta, anche se postuma. Tratto dal dramma di Clifford Odets sceneggiato da James Poe, all'epoca fu considerato un atto di accusa esplosivo contro i potenti degli studios (il personaggio di Steiger pare fosse ispirato al boss della Columbia, Harry Cohn). Rivisto oggi, appare molto più convenzionale. Aldrich, comunque, sa caricare di tensione e di violenza anche i lunghi dialoghi e lo spazio chiuso di un set di chiara derivazione teatrale. Ottima la direzione degli attori.

Grande conquista, La **½ (*Der Berg ruft*, Germania 1938, b/n, 95') Luis Trenker. Con Luis Trenker, Herbert Dirmoser, Heidemarie Hateyer, Umberto Sacripanti, Peter Elsholtz, Lucie Höflich, Blandine Ebinger, Reginald Pasch, Walter Frank. ◆ L'ossessione di Antonio Carrel (Trenker), guida alpina del Breuil, è quello di riuscire a scalare la Becca, cioè il Cervino. La rivalità con gli svizzeri di Zermatt gli impedisce di partecipare alla vittoriosa spedizione dell'inglese Whymper (Dirmoser): ma siccome l'amico-rivale è accusato di aver tagliato una corda durante la discesa e aver ucciso quattro compagni per salvarsi la vita, Carrel torna da solo in vetta per ritrovare la prova dell'innocenza. Epica ricostruzione della conquista del Cervino portata a termine il 14 luglio 1865, decisamente fedele ai fatti (comprese le pressioni del ministro Quintino Sella). Dal romanzo di Carl Haensel, sceneggiato dal regista con Hans Sassmann e Richard Billinger: una dichiarazione d'amore per la montagna e per l'«umanità dolorante di coloro che in essa e di essa vivono», con straordinarie riprese alpine girate per la maggior parte in parete, a Zermatt, così che il Cervino si vede solo dal lato svizzero. Nessuna concessione romantica, se si esclude qualche narcisistico primo piano del protagonista, e una fotografia documentaristica e per niente effettata (firmata da cinque operatori: Allgeier, Benitz, Riml, Martini e von Rautenfeld). Nel 1928, Trenker aveva già interpretato la storia di Carrell in *Der Kampf ums Matterhorn* di Mario Bonnard e Nunzio Malasomma, distribuito in Italia sempre col titolo *La grande conquista*.

Grande conquista, La * (*Tycoon*, Usa 1947, col, 128') Richard Wallace. Con John Wayne, Laraine Day, Cedric Hardwicke, Judith Anderson, James Gleason, Anthony Quinn, Grant Withers. ◆ Un costruttore incaricato di realizzare una ferrovia sulle Ande (Wayne) arriva ai ferri corti con il capo (Hardwicke), ma s'innamora della figlia di costui. Farraginoso film d'avventure girato per la maggior parte in studio, con troppi intermezzi sentimentali. Wayne impacciato e poco convinto.

Grande corsa, La **½ (*The Great Race*, Usa 1965, col, 150') Blake Edwards. Con Tony Curtis, Natalie Wood, Jack Lemmon, Peter Falk, Keenan Wynn, Larry Storch, Dorothy Provine, Arthur O'Connell. ◆ All'inizio del secolo un gentiluomo, il «Grande Leslie» (Curtis), e un diabolico inventore, Fate (Lemmon), si sfidano in una gara automobilistica senza esclusione di colpi da New York a Parigi. Edwards guarda indietro ai tempi dello slapstick (il film è dedicato a Laurel e Hardy), girando «una specie di cartone animato con personaggi reali» piacevolmente divertente: per apprezzarlo davvero bisogna saper ritrovare lo spirito delle torte in faccia, ma le invenzioni del regista e del suo cosceneggiatore Arthur Ross più di una volta arrivano a bersaglio (come nella catastrofe finale, distruzione della Tour Eiffel inclusa). Assolutamente geniale l'interpretazione di Lemmon, concentrato di malvagità che sembra uscito dalla fantasia di Chuck Jones.

Grande cuore di Clara, Il *½ (*Clara's Heart*, Usa 1988, col, 108') Robert Mulligan. Con Whoopi Goldberg, Kathleen Quinlan, Neil Patrick Harris, Michael Ontkean, Spalding Gray. ◆ Una colf giamaicana (Goldberg) fa da madre adottiva a un adolescente (Harris) i cui genitori si separano. Tra lezioni di vita, tormenti edipici e drammi che riaffiorano nel passato, entrambi riusciranno a vincere la loro lotta contro la crudeltà della vita. Il veterano Mulligan dirige un dramma-commedia convenzionale (sceneggiato da Mark Medoff a partire da un romanzo di Joseph Olshan), pieno di buoni sentimenti adattati ai tempi moderni. Whoopi Goldberg è accattivante e un po' troppo simpatica per essere vera.

Grande dittatore, Il *** (*The Great Dictator*, Usa 1940, col, 126') Charlie Chaplin. Con Charlie Chaplin, Paulette Goddard, Jack Oakie, Reginald Gardiner, Grace Hale. ◆ Un barbiere ebreo (Chaplin), reduce della prima guerra mondiale, dimesso dall'ospedale trova la sua Tomania sotto la dittatura di Adenoid Hynkel (Chaplin). Mentre quest'ultimo sogna di conquistare il mondo, il barbiere finisce prigioniero in un lager. Ma, grazie alla sua somiglianza col dittatore, si sostituisce a quest'ultimo e, anziché pronunciare il previsto discorso per l'invasione dell'Ostria, rivolge un appello alla pace universale. In pieno tempo di guerra, ma prima dell'intervento Usa, Chaplin prende di mira le dittature europee e ribadisce la sua ideologia umanitaria e pacifista. Il suo Hynkel-Hitler puerile e vanitoso che danza col mappamondo è una caricatura perfetta, e lo stesso vale per il Napaloni-Mussolini interpretato da Oakie. In seguito, tuttavia, Chaplin dichiarò che, se allora avesse saputo cosa succedeva veramente agli ebrei, non se la sarebbe sentita di girare una farsa. Per la prima volta Chaplin usa la parola: efficacissimi i farfugliamenti di Hynkel, più discutibile – ma solo dal punto di vista del linguaggio cinematografico – la lunga perorazione finale (sei minuti). L'impasto di patetico e comico a volte è meno riuscito che nei capolavori precedenti: ma il successo presso il pubblico americano compensò Chaplin dal parziale fiasco di *Tempi moderni*.

Grande fiamma, La *½ (*Reunion in France*, Usa 1942, b/n, 104') Jules Dassin. Con Joan Crawford, John Wayne, Philip Dorn, Reginald Owen, Albert Bassermann, John Carradine, Henry Daniell. ◆ A Parigi, durante l'occupazione tedesca, una ragazza di buona famiglia (Crawford) abbandona il fidanzato (Dorn) per sospetto collaborazionismo e aiuta nella fuga un giovane pilota americano (Wayne). Il secondo film di Dassin è un melodramma di propaganda, girato ancora con mano impersonale.

Grande fratello, Il *½ (*Le Grand frère*, Francia 1982, col, 115') Francis Girod. Con Gérard Depardieu, Jean Rochefort, Souad Amidou, Roger Planchon, Jacques Villeret, Hakim Ghanem. ◆ Uomo politico, presidente della squadra di calcio, industriale e trafficante di droga, Charles-Henri Rossi (Rochefort) è il padrone di Marsiglia: la sua fortuna nasce dall'uccisione di un amico, Gérard Berger (Depardieu), ma l'uomo che credeva di avere ucciso, torna per vendicarsi. Prevedibile feuilleton di fantacronaca (il protagonista ricorda molto Tapie) sceneggiato dal regista e Michel Grisolia da un romanzo di Sam Ross, a cui è stata appiccicata un'altra storia, che vede Berger alle prese con una prostituta algerina (Amidou) e il suo fratello (Ghanem), ugualmente assetato di vendetta. Il risultato è pasticciato e pretenzioso.

Grande freddo, Il *** (*The Big Chill*, Usa 1983, col, 103') Lawrence Kasdan. Con Tom Berenger, Glenn Close, Jeff Goldblum, Kevin Kline, William Hurt, Mary Kay Place, Meg Tilly, JoBeth Williams, Don Galloway. ◆ Amici negli anni Sessanta, dispersi negli anni Ottanta: li riunisce, per un weekend, il funerale di un compagno morto suicida. Chi è diventato divo televisivo (Berenger) e chi è rimasto attaccato alla droga (Hurt), chi è industriale di successo (Kline) e chi è giornalista non di successo (Goldblum), chi vuole diventare mamma (Kay Place) e chi generosamente le presta il marito per la bisogna (Close). Operazione nostalgia per un film che ha fatto epoca, non di soverchio spessore ma capace di evitare sia le trappole del sentimentalismo sia quelle della sentenziosità. Da antologia l'inizio con la presentazione dei vari personaggi. L'idea di non riproporre la vita del suicida attraverso flashback ha comportato l'eliminazione di tutte le sequenze girate da Kevin Costner alla sua prima prova importante. Commentato da una colonna sonora evocativa a base di Procul Harum, Temptations, Percy Sledge, Beach Boys, Marvin Gaye e Rolling Stones, scritto e confezionato con grande mestiere, è stata l'occasione di lancio per l'intero gruppo di attori. Alcuni hanno voluto notare sospette somiglianze della sceneggiatura (firmata dal regista e da Barbara Benedek) con quella di *The Return of the Seacaucus Seven* di John Sayles.

Grande fuga, La **½ (*The Great Escape*, Usa 1963, col, 168') John Sturges. Con Steve McQueen, James Garner, Richard Attenborough, Charles Bronson, Donald Pleasence, James Coburn, David McCallum, James Donald, Gordon Jackson. ◆ In un campo di concentramento nazista di massima sicurezza un gruppo di prigionieri alleati, guidati da un ufficiale scanzonato (Garner) e da uno spericolato motociclista (McQueen), progettano una fuga spettacolare come azione diversiva per sottrarre truppe naziste dal fronte. Pochi si salveranno: ma l'effetto voluto sarà raggiunto. Sturges rilegge la seconda guerra mondiale in chiave comico-avventurosa, anche se la conclusione è drammatica, affidandosi a un cast di star emergenti, prese in parte dai *Magnifici sette*. Ben costruito, ma senza uno stile personale e pieno di luoghi comuni. All'epoca un successo straordinario. Notevole il montaggio mozzafiato di Ferris Webster. Fecero epoca, e furono subito imitate, le imprese motociclistiche di McQueen, noto cultore delle due ruote. Sceneggiatura di James Clavell e W.R. Burnett, musiche di Elmer Bernstein.

Grande Gatsby, Il *½ (*The Great Gatsby*, Usa 1949, b/n, 92') Elliott Nugent. Con Alan Ladd, Betty Field, Macdonald Carey, Barry Sullivan, Ruth Hussey, Shelley Winters, Howard da Silva. ◆ New York, anni Venti: Nick Carraway (Carey) ha come vicino di casa l'elegante e misterioso Jay Gatsby (Ladd), che anni prima si era innamorato di sua cugina Daisy (Field), sposatasi poi con il ricco e grossolano Buchanan. Attraverso Nick, Gatsby rivede Daisy e intreccia una relazione: quando la donna uccide incidentalmente l'amante del marito, Gatsby la protegge e ci rimette la vita. Dal romanzo omonimo di Francis Scott Fitzgerald (già portato al cinema nel 1926 e rifatto nel 1974), un adattamento troppo verboso per poter funzionare sul grande schermo, sceneggiato da Richard Mairaum. Ladd non convince del tutto e la Field è una Daisy lamentosa e fuori parte.

Grande Gatsby, Il *½ (*The Great Gatsby*, Usa 1974, col, 144') Jack Clayton. Con Robert Redford, Mia Farrow, Sam Waterston, Bruce Dern, Karen Black, Scott Wilson, Howard da Silva, Patsy Kensit. ◆ Un giovane del Midwest, Carraway (Waterston) ha come vicino di casa un misterioso ex contrabbandiere, Gatsby (Redford), che organizza feste faraoniche alle quali non partecipa. Gatsby è innamorato da anni della cugina di Nick, Daisy (Farrow), ma non si è ancora reso conto che non è la donna ideale che crede. Francis Ford Coppola ha scritto la sceneggiatura di questa illustrazione fastosa e manierata del romanzo omonimo di Francis Scott Fitzgerald. Patinato e un po' stucchevole, stridulo nei toni drammatici: colpa anche di attori, tranne Waterston, sbagliati o poco convinti. Oscar per i costumi (Theoni V. Aldredge) e la colonna sonora (Nelson Riddle).

Grande gaucho, Il ** (*Way of a Gaucho*, Usa 1952, col, 91') Jacques Tourneur. Con Rory Calhoun, Gene Tierney, Richard Boone, Hugh Marlowe, Everett Sloane. ◆ Dopo aver salvato una donna (Tierney), un gaucho (Calhoun) diserta e diventa fuorilegge per difendere la propria libertà: lo spietato maggiore Solinas (Boone) gli dà la caccia. Singolare western di ambientazione argentina (girato in loco) dove Tourneur non smentisce il suo talento figurativo, anche se non sembra prendere troppo sul serio l'intreccio.

Grande gioco, Il *½ (*Le Grand jeu*, Francia/Italia 1954, col, 100') Robert Siodmak. Con Gina Lollobrigida, Jean-Claude Pascal, Raymond Pellegrin, Peter Van Eyck, Lucien Temerson, Jean Hebey, Odette Laure, Arlétty [Léonie Bathiat]. ◆ Un avvocato parigino (Pascal) si arruola nella Legione straniera per dimenticare una donna perfida (Lollobrigida). Ma in un esotico locale ne incontra una sosia. Remake di *La donna dai due volti* di Jacques Feyder (1933), su sceneggiatura dello stesso Feyder e di Charles Spaak. Rispetto al modello, l'azione è trasferita dal Marocco all'Algeria contemporanea, che all'epoca era sull'orlo della guerra con la Francia. Il risultato è mediocre, anche a causa dell'infelice scelta della protagonista femminile, inadatta a ricoprire un ruolo doppio e inquietante.

Grande giorno di Jim Flagg, Il *½ (*The Good Guys and the Bad Guys*, Usa 1969, col, 91') Burt Kennedy. Con Robert Mitchum, George Kennedy, David Carradine, Tina Louise, Douglas Fowley, Martin Balsam, John Carradine. ◆ Uno sceriffo in pensione (Mitchum) torna al lavoro e sventa una rapina con l'aiuto di un amico ex svaligiatore (Kennedy). Vecchie glorie in un western nostalgico che tenta, senza troppa fortuna, toni comici e picareschi. Ma Burt Kennedy ha la mano pesante.

Grande guerra, La **** (Italia/Francia 1959, b/n, 129') Mario Monicelli. Con Alberto Sordi, Vittorio Gassman, Romolo Valli, Folco Lulli, Silvana Mangano, Livio Lorenzon, Mario Valdemarin, Bernard Blier, Nicola Arigliano, Tiberio Murgia, Achille Compagnoni, Vittorio Sanipoli, Ferruccio Amendola, Elsa Vazzoler, Geronimo Meynier, Marcello Giorda, Tiberio Mitri, Gerard Herter. ◆ Dopo aver tentato di imboscarsi, il milanese Giovanni Busacca (Gassman) e il romano Oreste Jacovacci (Sordi), finiscono al fronte dove cercano in tutti i modi di evitare i pericoli della guerra, perché profondamente scansafatiche e per l'assenza di ogni ragione per cui essere coraggiosi. Ma quando sono catturati dagli austriaci, sapranno morire da eroi, anche se le ultime parole di Jacovacci sono «non voglio morire... sono un vigliacco!». Prendendo spunto da un racconto di Maupassant (*Due amici*), rielaborato da Luciano Vincenzoni con Age [Agenore Incrocci], Scarpelli e lo stesso Monicelli, questo film contamina la tragedia storica con i moduli della commedia all'italiana dissacrando un tema – gli inutili massacri della Grande Guerra – fino ad allora tabù per il cinema nazionale. Nonostante la presenza di due grandi mattatori della comicità (Sordi, premiato col Nastro d'argento, è straordinario nel rubare la scena al più esuberante Gassman), l'andamento collettivo della storia permette di sbozzare una quantità di figurine memorabili – l'umano tenente Gallina (Valli), il prolifico soldato Bordin (Lulli), il «fidanzato» di Francesca Bertini (Murgia), l'esaltato sottotenente Loquenzi (Valdemarin), il roccioso sergente Battiferri (Lorenzon), la prostituta Costantina (Mangano) – che riempiono il film di umorismo sarcastico ed equilibrano la retorica un po' patriottarda del finale. In questo modo il tema più politico della «sporca guerra» finisce col perdere gran parte della sua virulenza (nonostante lo straordinario utilizzo in chiave drammatica del formato scope e della profondità di campo da parte del direttore della fotografia Giuseppe Rotunno per le scene di massa), ma resta – e non è poco – un approccio non eroico al soggetto e il rifiuto di molti miti militari e patriottici, che allora sembravano intoccabili (De Laurentiis subì infatti molte pressioni perché abbandonasse la produzione del film). Confezione di gran classe (musiche di Nino Rota, scenografia di Mario Garbuglia, costumi di Danilo Donati) e Leone d'oro a Venezia ex aequo con *Il generale Della Rovere*. Nella versione distribuita commercialmente mancano gli 11' della gallina contesa tra le due trincee nemiche, episodio preso dal libro *Un anno sull'altopiano* di Lussu. Il cappellano è interpretato da Achille Compagnoni, lo scalatore che conquistò il K2.

Grande illusione, La **** (*La Grande illusion*, Francia 1937, b/n, 114') Jean Renoir. Con Jean Gabin, Pierre Fresnay, Erich von Stroheim, Marcel Dalio, Julien Carette, Jean Dasté, Georges Péclet, Gaston Modot, Jacques Becker, Dita Parlo, Sylvain Itkine. ◆ Prima guerra mondiale: dopo inutili tentativi di fuga, il capitano d'aviazione de Boïeldieu (Fresnay) e il luogotenente Maréchal (Gabin) vengono trasferiti alla fortezza di Winterborn dove ritrovano il capitano von Rauffenstein (Stroheim) che li aveva abbattuti. Costretto da un incidente a lasciare l'aviazione, von Rauffenstein vive in un mondo di regole cavalleresche che i tempi hanno sconfitto, ma a cui si dimostrerà sensibile de Boïeldieu, capace di sacrificare la vita perché Maréchal e Rosenthal (Dalio) possano tentare la fuga. Renoir contempla con malinconia la fine dell'aristocrazia, dei suoi ideali e del suo senso dell'onore; ma guarda nel futuro con lo spirito di solidarietà interclassista incarnato da Maréchal. Toccante il tema dell'amicizia che vince le barriere di classe e di nazione, e impossibile non commuoversi alla scena in cui von Stroheim (forse nella sua interpretazione più grande) coglie l'unico fiore del castello per onorare il nemico che ha fatto uccidere. Uno dei più bei film pacifisti che siano mai stati girati (anche se dopo la guerra alcuni cretini lo accusarono di collaborazionismo), e uno dei capolavori di Renoir, che disse di essersi ispirato al generale Pinsard, che gli aveva salvato la vita più volte durante la guerra. Risente del clima del Fronte popolare e venne realizzato grazie anche all'ostinazione di Gabin. Vinse la coppa della giuria del festival di Venezia, scatenando le ire della critica fascista. La colonna sonora è di Joseph Kosma; la sceneggiatura è stata scritta da Renoir assieme a Charles Spaak. Attenzione alle versioni tagliate: la Rai, comunque, manda in onda una versione integrale, dove le sequenze espunte vengono reintegrate in originale con i sottotitoli.

Grande imbroglio, Il ** (*Big Trouble*, Usa 1985, col, 93') John Cassavetes. Con Peter Falk, Alan Arkin, Beverly D'Angelo, Charles Durning, Robert Stack, Paul Dooley, Valerie Curtin, Richard Libertini. ◆ Un agente assicurativo bisognoso di danaro (Arkin) accetta di stipulare una polizza a favore di una donna (D'Angelo) che intende uccidere il marito (Falk). Ma marito e moglie, questa volta, sono d'accordo. Una black comedy ispirata a *La fiamma del peccato*, spesso arguta ma nel complesso meno efficace di quanto sembra promettere all'inizio, forse anche a causa della travagliata vicenda produttiva. L'ultimo film di Cassavetes è stato anche il primo girato su una sceneggiatura altrui (di Warren Bogle).

Grande impostore, Il **½ (*The Great Impostor*, Usa 1960, b/n, 112') Robert Mulligan. Con Tony Curtis, Edmond O'Brian, Arthur O'Connell, Gary Merrill, Frank Gorshin. ◆ La vita romanzata, ma non troppo, di Ferdinand Waldo Demara (Curtis), un trasformista realmente esistito, abilissimo nel cambiare aspetto per imbrogliare il prossimo. Insegnante, biologo, chirurgo, trappista, poliziotto: un antenato del protagonista del *Camaleonte* di Harris. Frammentario ma pieno di brio, con una brillante trovata conclusiva e un Curtis in gran forma. Sceneggiatura di Liam O'Brien tratta dal romanzo di Robert Crichton.

Grande inganno, Il ° (*The Two Jakes*, Usa 1990, col, 137') Jack Nicholson. Con Jack Nicholson, Harvey Keitel, Meg Tilly, Madeleine Stowe, Eli Wallach, Frederic Forrest, Ruben Blades, Richard Farnsworth, Perry Lopez, James Hong, David Keith. ◆ Diciassette anni dopo *Chinatown* il detective Gittes (Nicholson) indaga su un caso di omicidio che gli fa incontrare la figlia (Tilly) che nell'altro film Faye Dunaway aveva avuto dall'incesto col padre. L'oggetto della contesa, questa volta, non è l'acqua ma il petrolio. Ricompaiono un paio di attori del film precedente (Hong e Lopez), ma qualche citazione non basta a ricostruirne l'atmosfera. Noir pressoché incomprensibile, frammentato e verboso, con un Nicholson goffo sia come regista sia come attore. Il film si sarebbe dovuto girare nel 1985, con lo sceneggiatore Robert Towne come regista; ma Towne litigò col produttore Robert Evans, e per degli anni non se ne fece nulla, malgrado i milioni di dollari già buttati al vento. Tom Waits appare, non accreditato, nella parte di un poliziotto. Rebecca Broussard, che interpreta la segretaria, ha avuto due figli da Nicholson.

Grande inquisitore, Il **½ (*The Witchfinder General*, Gb 1968, col, 98') Michael Reeves. Con Vincent Price, Ian Ogilvy, Hillary Dwyer, Patrick Wymark, Robert Russell. ◆ All'epoca di Cromwell, l'inquisitore Matthew Hopkins (Price) setaccia la campagna inglese alla ricerca di vittime su cui sfogare il suo sadismo. Sara (Dwyer), nipote di un pastore accusato di stregoneria, gli cede inutilmente i propri favori in cambio della libertà del parente: al che Richard (Ogilvy), il fidanzato della ragazza, decide di fare giustizia. Dietro l'apparenza quasi horror si nasconde una ricostruzione d'epoca accurata (è stato scritto che mai il paesaggio inglese è stato utilizzato meglio, anche per merito della bella fotografia di John Coquillon), e soprattutto una visione pessimistica del mondo, dominato da forze del male contro le quali è vano opporsi, e che contaminano anche i giusti. Il tutto raccontato con uno stile urlato e sopra le righe, in anticipo sui *Diavoli* di Ken Russell. Il venticinquenne regista aspira a cupezze da tragedia elisabettiana, e senza dubbio ha della stoffa: peccato che sia morto poco dopo, in circostanze misteriose. Price è tenuto sotto controllo ma è ugualmente efficace. Noto negli Usa col titolo *The Conqueror Worm*, in riferimento a una poesia di Poe.

Grande Jack, Il *½ (*The Entertainer*, Usa 1975, col, 100') Donald Wrye. Con Jack Lemmon, Ray Bolger, Sada Thompson, Tyne Daly, Allyn Ann McLerie, Annette O'Toole, Mitch Ryan. ◆ Archie Rice (Lemmon), un guitto di scarso successo, si vede crollare il mondo addosso dopo la morte della moglie, e cerca invano un punto di riferimento nel padre (Bolger), ex attore che vive di memorie. Tratto da una commedia di John Osborne (adattata da Elliott Baker), a suo tempo interpretata sulle scene e sullo schermo da Laurence Olivier (*Gli sfasati* di Tony Richardson). Originariamente destinata alla televisione americana, questa versione non è che un banco di prova per la bravura degli attori, anche se l'istrionismo di Lemmon è ben poco british.

Grande Jake, Il *½ (*Big Jake*, Usa 1971, col, 110') George Sherman. Con John Wayne, Richard Boone, Maureen O'Hara, Patrick Wayne, Chris Mitchum, Bobby Winton, Bruce Cabot. ◆ Un bambino rapito da una banda di malviventi viene liberato dal nonno cowboy (Wayne). L'ultimo dei circa trecento film girati da Sherman cerca di rivitalizzare una storia poco avvincente con sparatorie cruente in mezzo alle quali il vecchio Duke, ormai una cariatide, sembra trovarsi un poco a disagio.

Grande Joe, Il *½ (*Mighty Joe Young*, Usa 1998, col, 114') Ron Underwood. Con Charlize Theron, Bill Paxton, Rade Serbedzija, Peter Firth, David Paymer, Regina King. ◆ In Tanzania, alle prese con un gruppo di cuccioli dopo che le rispettive mamme sono state uccise dagli stessi bracconieri, Jill (Theron) decide di prendersi cura del gorilla Joe: lo porterà in California e lui finirà a Hollywood. Remake del *Re dell'Africa* prodotto dalla Disney: una favola ecologista vecchia maniera (avventure, buoni sentimenti e qualche lacrima) raccontata con l'ausilio della tecnologia (computer graphics, animatronics, ecc.). Vaghe reminiscenze di *King Kong*, ma il gorilla Joe risulta meno pericoloso del suo antenato e molto più umano degli uomini.

Grande Lebowski, Il *** (*The Big Lebowski*, Usa 1997, col, 117') Joel Coen [ed Ethan Coen]. Con Jeff Bridges, John Goodman, Julianne Moore, Steve Buscemi, David Huddleston, Philip Seymour, Tara Reid, Ben Gazzara, Philip Moon, Mark Pellegrini, Peter Stormare, John Turturro, David Thewlis. ◆ L'ex hippy Jeffrey Lebowsky (Bridges) viene assunto da un miliardario suo omonimo (Huddleston) perché porti a destinazione il riscatto per il rapimento della giovane moglie: ma tra una partita di bowling e un incontro erotico con la figlia (Moore) del suo datore di lavoro, scoprirà che non è stato rapito nessuno. Divertente e scombiccherata incursione dei fratelli Coen nel noir alla Marlowe, con la stessa malinconica rassegnazione sulla propria marginalità ma la coscienza morale di essere almeno dalla parte giusta (Jeffrey è stato uno degli estensori del manifesto di Port Huron, antesignano della contestazione studentesca). I personaggi che attraversano il film sono lo specchio di un mondo che ha perduto qualsiasi senso (l'ottuso reduce dal Vietnam [Goodman], il giocatore di bowling in tuta viola [Turturro], il regista porno [Gazzara], il bandito nichilista [Stormare]), e persino i sogni hanno le forme sgargianti e improbabili dei musical di Busby Berkeley: un mondo che sembra giustificare la scelta marginale e rinunciataria del protagonista, e il suo amore per la marijuana. Forse con un eccesso di misoginia e cinismo, ma sicuramente con un senso morale che Hollywood dovrebbe invidiare. Uno degli assistenti di Julianne Moore è Carlos Leon, la guardia del corpo che ha dato un figlio a Madonna. Il montatore Roderick Jaynes è lo pseudonimo dietro cui si celano i due fratelli Coen.

Grande luce, La – Montevergine *½ (Italia 1939, b/n, 88') Carlo Campogalliani. Con Amedeo Nazzari, Leda Gloria, Enzo Biliotti, Elsa De Giorgi, Carlo Duse, Andrea Checchi. ◆ Nel paesino di Montevergine, un fabbro ingiustamente accusato di omicidio (Nazzari) s'imbarca clandestinamente per il Sudamerica. Riconosciuto innocente, vorrebbe tornare dalla famiglia, ma una donna (De Giorgi) lo fa arrestare come contrabbandiere d'oppio. Dopo dieci anni di carcere, rientra al paese: di fronte a un nuovo sopruso vorrebbe farsi giustizia da sé, ma la Madonna di Montervergine saprà intervenire. Feuilleton verista sceneggiato dal regista con Vittorio Malpassuti, esemplare per come rappresenta melodrammaticamente «una società i cui valori sono legati a un cattolicesimo arcaico, a un'ideologia ruralista, a un nazionalismo esaltato» e che diventano transfert consolatorio per coprire tutto il motivo dell'emigrazione di massa: non a caso *La grande luce* colloca all'estero il personaggio interpretato da Elsa De Giorgi, donna fatale, simbolo del Vizio e del Male (a cui fa da contraltare, nel paesino, nientemeno che la Vergine Maria), ma – a differenza di altri film dell'epoca – ambienta in Italia l'ingiustizia da cui la storia prende il via e dà prova di un originale impasto linguistico mescolando dialetti meridionali, genovese e spagnolo. Da notare, una certa mobilità della macchina da presa e alcune caratterizzazioni che sfuggono ai cliché dei bozzetti strapaesani.

Grande matador, Il ** (*The Magnificent Matador*, distribuito anche col titolo *The Brave and the Beautiful*, Usa 1955, col, 94') Budd Boetticher. Con Anthony Quinn, Maureen O'Hara, Manuel Rojas, Thomas Gomez, Richard Denning, Lola Albright. ◆ Un matador (Quinn) che ha istruito il figlio illegittimo (Rojas) nella sua nobile arte è in preda a improvvisi presagi funesti: ma ormai è troppo tardi per opporsi al destino. Boetticher, ex torero, tratta il soggetto con passione e competenza; ma nella sceneggiatura di Walter Lang l'intreccio – specie quello di contorno – è più debole e convenzionale che in altri suoi film dedicati alla tauromachia.

Grande McGinty, Il *** (*The Great McGinty*, Usa 1940, b/n, 81') Preston Sturges. Con Brian Donlevy, Muriel Angelus, Akim Tamiroff, Allyn Joslyn, William Demarest, Louis Jzan Heydt. ◆ Grazie all'appoggio del potente gangster (Tamiroff) per il quale lavora, un vagabondo (Donlevy) diventa prima sindaco di Chicago e poi governatore dello Stato, ma quando decide di comportarsi onestamente, rifiutando le proposte dei suoi amici, viene arrestato per vecchi reati. Evaso dal carcere, si rifugia ai Tropici e si guadagna da vivere come barman. Il folgorante debutto di Preston Sturges alla regia, sulla base di una sceneggiatura che aveva nel cassetto da sette anni (premiata con l'Oscar): strutturato come un lungo flashback, è una pungente satira sul mito americano del self made man politico – il cittadino qualunque che potenzialmente può accedere alla Presidenza del paese – e offre una visione della politica che la assimila sistematicamente a quella del gangsterismo perché in entrambe la corruzione fa parte integrante del sistema. Venne considerata una parodia cinica di *Mister Smith va a Washington*, cosa che valse al regista la definizione di «Capra senza guanti». La regia è un po' scialba se paragonata a quella delle opere successive, ma le riprese vennero effettuate in sole tre settimane e con un budget estremamente ridotto. Notevole il cast di supporto, più volte riutilizzato in seguito.

Grande menzogna, La **½ (*The Great Lie*, Usa 1941, b/n, 107') Edmund Goulding. Con Bette Davis, Mary Astor, George Brent, Lucile Watson, Hattie McDaniel, Grant Mitchell, Jerome Cowan. ◆ Sandra (Astor) e Marta (Davis) si contendono lo stesso uomo (Brent): quando questi è dato per morto in un incidente aereo, Marta, per conservare qualcosa dell'amato, si fa cedere da Sandra il bimbo che quella aspetta da lui. Al ritorno dell'uomo, Marta mente spacciando il figlio come proprio. Melodramma flamboyant sceneggiato da Leonore Coffe a partire da un romanzo di Polan Banks, che Goulding raffredda ponendo sullo sfondo numerose figurine ciniche e umoristiche. Gran saggio di recitazione delle protagoniste: la Astor vinse l'Oscar come non protagonista. Max Steiner crea una delle sue colonne sonore più riuscite.

Grande missione, La ** (*Brigham Young – Frontiersman*, Usa 1940, b/n, 114') Henry Hathaway. Con Dean Jagger, Tyrone Power, Linda Darnell, Brian Donlevy, John Carradine, Jane Darwell, Jean Rogers, Mary Astor, Vincent Price, Ann Todd. ◆ Dopo l'assassinio del loro leader (Price), Brigham Young (Jagger) prende la guida dei mormoni costretti ad abbandonare l'Illinois: li guiderà fino alla terra promessa, tra le montagne dello Utah sulle rive del Lago Salato, a dispetto di chi (Donlevy) vorrebbe che partecipassero alla corsa all'oro in California e nonostante un'invasione di cavallette che rischia di distruggere tutto il primo raccolto. Un film ambizioso sulla vita del grande mormone Brigham Young (1801-1877), in cui Hathaway cercò di fondere il film di carovane con quello a tematica religiosa, senza appoggiarsi a star (Power ha il ruolo secondario di Jonathan Kent che si innamora di Zina Webb, interpretata dalla Darnell) o a soluzioni spettacolari. Nonostante la cura della messinscena, il film zoppica un po', privo com'è di un vero lirismo e così i momenti migliori – e forse questa potrebbe essere l'originalità involontaria del film – sono quelli in cui prevalgono i dubbi, le indecisioni, le avversità. Le diciassette mogli di Young, per motivi di decenza, vennero ridotte a quattro.

Grande nebbia, La *** (*The Bigamist*, Usa 1953, b/n, 80') Ida Lupino. Con Edmund O'Brien, Joan Fontaine, Ida Lupino, Edmund Gwenn, Jane Darwell, Kenneth Tobey, John Maxwell. ◆ La decisione di adottare un figlio finisce per rivelare la doppia vita di Henry Graham (O'Brien): da una parte la moglie Eva (Fontaine) che non potendo avere figli sembrava preoccuparsi solo della carriera del marito e che soltanto da poco ha modificato il suo atteggiamento accettando l'idea di un'adozione; dall'altra Phillis (Lupino), una ragazza che Henry ha conosciuto durante i suoi viaggi di lavoro a Los Angeles, che gli ha dato un figlio e che Henry ha sentito il dovere di sposare. Uno straordinario melodramma, l'unico delle sue sette regie in cui Ida Lupino si metta anche in scena. Sceneggiato da Collier Young (su un soggetto di Larry Marcus e Lou Schor), il film evita da subito il facile moralismo sul comportamento dell'uomo, descritto non come una persona che voglia «un doppio piacere», ma piuttosto come qualcuno che cerca disperatamente una situazione di equilibrio. La critica della regista è invece tutta per il modello femminile ai tempi imperante, quello incarnato dalla moglie «legittima», concentrato di quelle qualità americane (ambizione, successo, indipendenza) che finiscono per destabilizzare l'istituzione del matrimonio e che si rivelano fredde e vuote, come fredda e vuota è la casa in cui abita. Un melò che rifiuta il manicheismo e che, giocando d'ellissi e sottintesi, si sforza di «raffreddare» una materia altrimenti incandescente.

Grande nemico, Il *½ (*Special Agent*, Usa 1935, b/n, 78') William Keighley. Con Bette Davis, George Brent, Ricardo Cortez, Jack LaRue, Henry O'Neill. ◆ Un gangster (Cortez) viene incastrato dalla fedele segretaria (Davis), che accetta di collaborare con l'agente tributario (Brent) di cui si è innamorata. Mediocre poliziesco senza molte sorprese sceneggiato da Laird Doyle e Abem Finkel.

Grande notte di Casanova, La ** (*Casanova's Big Night*, Usa 1954, col, 86') Norman Z. McLeod. Con Bob Hope, Joan Fontaine, Vincent Price, Audrey Dalton, Basil Rathbone, Raymond Burr. ◆ Mentre il vero Casanova (Price) trionfa in quel di Parma, a Venezia il garzone del suo sarto (Hope) si fa passare per il grande seduttore. Movimentata e sfarzosa commedia degli equivoci: sostanza zero, ma McLeod conosce i ritmi del genere, e il cast – Hope compreso – è in forma.

Grande odio, Il * (*A Time of Destiny*, Usa 1988, col, 118') Gregory Nava. Con William Hurt, Timothy Hutton, Melissa Leo, Stockard Channing, Megan Follows, Francisco Rabal. ◆ Durante la seconda guerra mondiale, un soldato (Hurt) cerca di uccidere il cognato (Hutton), presunto responsabile della morte del padre. Melodramma démodé, farraginoso e improbabile. I personaggi sono tagliati con l'accetta e gli interpreti non fanno grandi sforzi per conferire loro spessore. Hurt, al suo primo e ultimo ruolo odioso, non riuscì a richiamare il pubblico; Hutton è un vero pesce lesso. Scritto e prodotto da Anne Thomas.

Grande paese, Il *** (*The Big Country*, Usa 1958, col, 166') William Wyler. Con Gregory Peck, Jean Simmons, Charlton Heston, Carroll Baker, Burl Ives, Chuck Connors, Charles Bickford. ◆ McKay (Peck), un ex capitano di Marina, si reca in Arizona per sposare la figlia (Baker) di un ranchero, il maggiore Terril (Bickford): dapprima a disagio nel mondo del West dominato dal culto della forza virile, McKay finirà con l'essere il regista occulto della faida che oppone il futuro suocero (Bickford) a un allevatore rivale (Ives), e si troverà un nuovo amore (Simmons). Il piccolo schermo rende un cattivo servizio a questa tragedia travestita da western, epica nell'uso degli spazi, ma antieroica nei contenuti. Celebre la sequenza, in campo lungo, in cui McKay si scazzotta col rivale Leech (Heston), commentando alla fine, dopo aver vinto, «E adesso cosa abbiamo dimostrato?». Potente e cupa la rappresentazione del clan dei rivali, gli Hannessey: Ives, a metà tra un orco delle fiabe e il Saturno del mito, si è meritato un Oscar come non protagonista. Ai tempi la faida tra Terril e Hannessey venne letta come un'allegoria della guerra fredda. In genere trattato con sufficienza, non sfigura affatto di fianco ai più noti capolavori di Wyler. Tratto da un romanzo di Donald Hamilton, che in seguito si è affermato come autore di spy stories, e sceneggiato da James R. Webb, Sy Bartlett e Robert Wilder. Celebre la colonna sonora di Jerome Moross. La produzione è firmata da Wyler e Peck.

Grande parata, La **½ (*The Big Parade*, Usa 1925, b/n, 141') King Vidor. Con John Gilbert, Renée Adorée, Hobart Bosworth, Claire McDowell, Claire Adams, Robert Ober, Tom O'Brien. ◆ Jim Aperton (Gilbert), playboy del Sud degli Stati Uniti, viene colto dalla fregola di arruolarsi dopo aver visto una parata: ma la guerra di trincea che lo aspetta sul fronte francese è molto più atroce del previsto. Tornato a casa mutilato di una gamba, scopre che la fidanzata (Adams) sta per sposare suo fratello: ma in Francia c'è la contadina Mélisande (Adorée) che lo aspetta. Tratto da un romanzo del reduce Laurence Stallings sceneggiato da Harry Behn e prodotto da Irving Thalberg per la Mgm, fu uno dei primi, grandi film sulla prima guerra mondiale, e uno dei più ingenti successi dell'epoca. Vidor per la prima volta poté mostrare «il respiro del suo raccontare e l'acutezza del suo sguardo», costruendo intere sequenze (come quella del commiato tra Jim e Mélisande) come partiture musicali, con un'attenzione scrupolosa al ritmo delle immagini. Celebre, all'epoca, la scena in cui Jim insegna a Mélisande a masticare il chewing-gum, e finisce col baciarla. Spesso criticato per il pacifismo semplicista, è comunque un'espressione genuina dello spirito umanitarista e del talento narrativo del suo autore.

Grande passione, La ** (*I'll Never Forget You*, Usa 1951, b/n e col, 90') Roy [Ward] Baker. Con Tyrone Power, Ann Blyth, Michael Rennie, Dennis Price, Beatrice Campbell. ◆ Uno scienziato dotato di poteri paranormali (Power) si ritrova a vivere un'appassionata storia d'amore nella Londra del XVIII secolo. Melodramma fantastico con una buona ricostruzione d'epoca e un cast bizzarro in rapporto al genere. Remake di *La strana realtà di Peter Standish* di Frank Lloyd.

Grande peccato, Il *½ (*Sanctuary*, Usa 1961, 100') Tony Richardson. Con Lee Remick, Yves Montand, Bradford Dillmann, Odetta, Reta Shaw, Howard St. John. ◆ Una studentessa (Remick) viene rapita, stuprata e rinchiusa in un bordello da una banda di fuorilegge. Il boss (Montand) fa ricadere la colpa su uno dei suoi uomini, ma l'avvocato di costui scopre la verità e tenta di convincere la ragazza a testimoniare. Finale amarissimo. Deludente adattamento di *Santuario* di William Faulkner, realizzato da Richardson durante una breve permanenza a Hollywood dopo il successo di *I giovani arrabbiati* e *Gli sfasati*. L'intreccio è rispettato fedelmente, ma sceneggiatura (di James Poe) e regia sono enfatiche e squilibrate, come se avessero a che fare con Tennessee Williams e non con Faulkner. Montand scritturato al di là del buon senso.

Grande peccatore, Il ** (*The Great Sinner*, Usa 1949, b/n, 110') Robert Siodmak. Con Gregory Peck, Ava Gardner, Melvyn Douglas, Walter Huston, Ethel Barrymore, Agnes Moorehead, Frank Morgan. ◆ A Wiesbaden, nel secolo scorso, uno scrittore (Peck), per riscattare la donna di cui si è innamorato (Gardner) da un'assurda promessa di matrimonio, da lei fatta in cambio dell'annullamento dei suoi debiti, diviene vittima del demone del gioco. Liberamente ispirato alla vita di Dostoevskij, con l'inserimento di alcuni episodi tratti dal *Giocatore* che però non appare nei titoli di testa, dove la sceneggiatura è firmata da Ladislav Fodore Christopher Isherwood a partire da un racconto dello stesso Fodor e di René Fulop-Miller: in realtà del romanzo russo resta soltanto il titolo, che rimanda a un progetto autobiografico mai realizzato, *Vita di un grande peccatore*. Il primo film ad alto budget di Siodmak, enfatico e ridondante, ma non privo di trovate di regia degne della sua fama. La durata imposta dalla produzione non è quella prevista in origine, poi le riprese sono state portate a termine da Jack Conway, e forse a questo si deve l'impressione di squilibrio.

Grande peccatrice, La ** (*La Baie des anges*, Francia 1962, b/n, 89') Jacques Demy. Con Jeanne Moreau, Claude Mann, Paul Guers, Henri Nassiet. ◆ A Nizza un modesto impiegato (Mann) si innamora di una donna (Moreau), conosciuta ai tavoli della roulette, che ha abbandonato la famiglia per la passione del gioco. Alla fine lei sembra accettare quella nuova scommessa che è l'amore. Demy evita il melodramma e sceglie di giocare in superficie, sfoggiando uno stile scintillante e artificioso. Nouvelle Vague rosa.

Grande pescatore, Il *½ (*The Big Fisherman*, Usa 1959, col, 144') Frank Borzage. Con Howard Keel, Susan Kohner, John Saxon, Herbert Lom, Martha Hyer, Ray Stricklyn, Beulah Bondi, Jay Barnes. ◆ La principessa araba Fara (Kohner) vuole uccidere Erode Antipa (Lom), l'uomo che abbandonò sua madre per Erodiade (Hyer) e tradì il suo popolo per passare ai romani: l'incontro con Simon Pietro (Keel) e la predicazione di Gesù le faranno cambiare idea ma le tradizioni della sua gente le impediranno di sposare l'uomo che ama, il principe Voldi (Saxon). Novantanovesima e ultima regia di Borzage che fu convinto dal produttore Rowland V. Lee (qui anche sceneggiatore con Howard Estabrook) a dirigere questo kolossal pseudoreligioso tratto dal bestseller omonimo di Lloyd C. Douglas (già autore della *Tunica*). Nonostante il titolo, il tema centrale del film è la contrastata storia tra Fara e Voldi che si conclude con la sconfitta dell'amore personale ma con un messaggio d'amore universale e interrazziale (rifiutando di uccidere Erode, Fara dichiara: «Sono giudea, galilea, egiziana, romana, greca...»). La messinscena ha qualche momento suggestivo, specie per merito della fotografia di Lee Garmes (l'esecuzione di Giovanni Battista suggerita attraverso delle ombre cinesi), ma il film è invecchiato malamente e svela un accademismo poco ispirato. Attenzione a un errore storico: ai tempi di Cristo non esistevano forbici a due cesoie come quelle con le quali Fara si taglia i capelli.

Grande pioggia, La *½ (*The Rains Came*, Usa 1939, col, 104') Clarence Brown. Con Myrna Loy, Tyrone Power, George Brent, Brenda Joyce, Nigel Bruce, Maria Ouspenskaya, Joseph Schildkraut, Laura Hope Crews. ◆ In India, una peccaminosa dama inglese (Loy) si trasforma in solerte infermiera quando il paese è devastato da una terribile inondazione. Noioso melodramma edificante, tratto dal romanzo di Louis Bromfield. Gli effetti speciali sono stati meritatamente premiati con l'Oscar. La Loy si aggiudicò la parte dopo il rifiuto della Dietrich e della Lamarr. Rifatto nel 1955 da Negulesco con il titolo *Le piogge di Ranchipur*.

Grande promessa, La * (*Johnny Be Good*, Usa 1988, col, 84') Bud Smith. Con Anthony Michael Hall, Robert Downey jr, Uma Thurman, Paul Gleason, Seymour Cassel, Robert Downey. ◆ Un giovane campione di football americano (Hall) viene allettato da vari college che gli promettono donne e motori: ma la sua ragazza (Thurman) scalpita. Commedia giovanile maldestra, volgarotta e incerta sul tono da tenere, curiosa solo per le future star che vi compaiono. Downey jr recita assieme al padre che interpreta il ruolo dell'investigatore.

Grande racket, Il **½ (Italia 1976, col, 104') Enzo G. Castellari [Enzo Girolami]. Con Fabio Testi, Vincent Gardenia, Renzo Palmer, Orso Maria Guerrini, Glauco Onorato, Marcella Michelangeli, Romano Puppo, Antonio Marsina, Massimo Vanni, Salvatore Borgese, Stefania G. Castellari, Gianluigi Loffredo, Daniele Dublino, Edy Biagetti. ◆ Il maresciallo Palmieri (Testi) mette assieme una squadra di borghesi in cerca di vendetta e di avanzi di galera per sterminare una feroce banda di taglieggiatori che stupra e uccide chi non paga il pizzo. Scritto con Arduino Maiuri e Massimo De Rita, è per Castellari ciò che *Hard Boiled* è per John Woo: un *non plus ultra* e una pietra tombale del genere. Le distinzioni tra bene e male sono ormai ai minimi termini, la visione del mondo è senza speranza, e il nichilismo viene celebrato con una strage finale ineguagliata anche dal punto di vista tecnico (monta Gianfranco Amicucci, su musiche dei fratelli De Angelis). A suo modo lucido e coerente.

Grande razzia, La **½ (*Razzia sur la chnouf*, Francia 1955, b/n, 105') Henri Decoin. Con Jean Gabin, Marcel Dalio, Lino Ventura, Albert Remy, Magali Noël, Roland Armontel, Paul Frankeur, Lila Kedrova. ◆ Arrivato a Parigi dall'America, Henri «le Nantais» (Gabin) è assoldato da Liski (Dalio), il boss che controlla lo spaccio della droga: dietro la copertura di un ristorante, per la cui cassiera Lisette (Noël) sembra avere una simpatia, Henri guida l'organizzazione fino al giorno in cui deve nascondere due killer (Ventura e Remy) che sono stati riconosciuti. Ispirandosi direttamente alle atmosfere di *Grisbì* e adattando, insieme a Maurice Griffe e all'autore, un romanzo di Auguste Le Breton (che appare nel ruolo di Auguste), Decoin dirige un buon *polar* che sfrutta al meglio la fotografia notturna di Pierre Montazel e le tipologie di tutta una serie di attori di contorno (ottimi Ventura e Remy nel ruolo di assassini sadici e amorali e commovente la Kedrova nella sua parte di una tossicodipendente). Dure e ancora emozionanti le terribili sequenze sul mondo dei drogati.

Grande regista, Il ** (*The Big Picture*, Usa 1989, col, 101') Chistopher Guest. Con Kevin Bacon, J.T. Walsh, Micheal McKean, Tery Hatcher. ◆ Un furbo produttore esecutivo (Walsh) travia un regista esordiente (Bacon) fresco di università, convincendolo a trasformare in una commedia da spiaggia il suo dramma ambientato d'inverno: nel frattempo un'attricetta televisiva (Hatcher) rischia di fargli perdere la ragazza. Ritratto semifarsesco dell'ignoranza e volgarità hollywoodiane, pieno di ammiccamenti e non privo di ritmo. Esordio alla regia dell'attore Guest, autore della sceneggiatura insieme a McKean. Brevi parti per Jennifer Jason Leigh, Martin Short, John Cleese, Elliott Gould, Roddy McDowall e Eddie Albert.

Grande ruggito, Il ** (*Roar*, Usa 1981, col, 102') Noel Marshall. Con Noel Marshall, Tippi Hedren, John Marshall, Melanie Griffith, Jerry Marshall, Kyalo Mativo. ◆ Un etologo (Marshall), trasferitosi in Africa dove vive insieme a un branco di leoni, riceve la visita dei familiari, non abituati a convivere con felini dall'aria minacciosa. Ibrido di finzione e documentario, girato dal vero e costato undici anni di lavoro (per abituare gli animali fin da cuccioli a stare con gli esseri umani), nonché diciassette milioni di dollari. Hedren, per una breve stagione attrice preferita di Hitchcock, è la moglie del regista e la madre di Melanie Griffith. Solo per gli amanti degli animali.

Grande safari, Il * (*Rampage*, Usa 1963, col, 98') Phil Karlson. Con Robert Mitchum, Jack Hawkins, Elsa Martinelli, Sabu, Emile Genest. ◆ Un cacciatore tedesco (Hawkins) e una guida (Mitchum) amano la stessa donna (Martinelli): il primo catturerà una tigre per uccidere l'altro. L'accoppiata melodramma e caccia grossa non è mai stata molto eccitante, ma in questo caso lo sbadiglio arriva più presto del solito.

Grande Santini, Il ** (*The Great Santini*, Usa 1979, col, 115') Lewis John Carlino. Con Robert Duvall, Blythe Danner, Michael O'Keefe, Stan Shaw, Lisa Jane Persky, Julie Ann Haddock. ◆ Spagna, 1962: il colonnello «Toro» Meechum, noto come il Grande Santini (Duvall), fa ritorno a casa e impone alla famiglia la sua disciplina militare. Il figlio maggiore (O'Keefe) cerca di opporsi, ma quando il padre morirà da eroe, si occuperà del resto della famiglia secondo lo stile del genitore. Le frustrazioni di un «guerriero senza guerra» in uno spaccato di vita quotidiana secondo le tendenze del cinema Usa dell'epoca (*Gente comune* o *Kramer contro Kramer*). Il Vietnam è già tra le pareti domestiche e il razzismo è a un passo da casa (l'amico nero del figlio è vittima di un'aggressione bianca), ma Carlino, sceneggiando il romanzo di Pat Conway, preferisce puntare sull'individualismo vecchia maniera, trasformando la figura di Meechum da militare fanatico in eroe e modello di vita. Impostazione discutibile, pochissimo cinema, grande solo il cast.

Grande seduttore, Il *½ (*Don Juan*, Francia/Spagna 1955, col, 95') John Berry. Con Fernandel [Fernand Contandin], Carmen Sévilla, Erno Crisa, Riland Armontel, Simone Paris, Christine Carère, Fernando Rey. ◆ Don Giovanni Tenorio (Crisa) vuole conquistare la figlia (Carère) del governatore di Toledo, ma per un equivoco sarà il suo servo Sganarello (Fernandel) a prendere il suo posto. Commedia semifarsesca intercalata da duelli. Scipito, nonostante la buona vena di Fernandel. Berry, in esilio in Europa perché sulla lista nera di Hollywood, girava quel che gli ordinavano.

Grande sentiero, Il **½ (*The Big Trail*, Usa 1930, b/n, 125') Raoul Walsh. Con John Wayne, Marguerite Churchill, El Brendel, Tully Marshall, Tyrone Power sr, David Rollins, Ward Bond. ◆ Uno scout (Wayne) guida una carovana di pionieri verso il Pacifico, affrontando indiani, precipizi, tempeste di neve, bufali impazziti e banditi (guidati dal padre di Tyrone Power). Girato con dispendio di mezzi in due versioni (35 e 70mm) e sceneggiato da Jack Peabody, Marie Boyle e Florence Postal da un soggetto di Hal G. Evarts, è una grandiosa epopea della frontiera dove in primo piano c'è sempre il rapporto dell'uomo con la natura, non per privilegiare uno contro l'altra ma per raccontare – con la forza delle immagini – il legame indissolubile che questo cineasta ha sempre messo al centro dei suoi film: più l'uomo lotta contro le avversità della natura più si manifesta la filosofia «panteista» che ispira Walsh. Molta retorica, ma parecchie sequenze e situazioni verranno riprese centinaia di volte (come la spettacolosa discesa dei carri nel canyon). Il primo film importante di Wayne: l'avrebbe dovuto dirigere Ford, al quale però non piaceva la sceneggiatura.

Grande sentiero, Il ** (*Cheyenne Autumn*, Usa 1964, col, 159') John Ford. Con Richard Widmark, Carroll Baker, James Stewart, Edward G. Robinson, Karl Malden, Sal Mineo, Dolores Del Rio, Ricardo Montalban, Gilbert Roland, Arthur Kennedy, Patrick Wayne, John Carradine, Mike Mazurski, Harry Carey jr, Ben Johnson, Jimmy O'Hara. ◆ I cheyenne, confinati in una zona malsana dell'Oklahoma, rompono l'accordo con il governo e si mettono in marcia verso il Parco di Yellowstone: per evitare lo scontro finale, il capitano Archer (Widmark) intercede per loro. Ford concepì il suo ultimo western (sceneggiato da James R. Webb) come un atto riparatore nei confronti dei pellerossa, che «non dovevano apparire come dei selvaggi che combattono senza una ragione». Ma, a parte il fatto che le buone intenzioni non bastano a fare buoni film, il risultato è lento e farraginoso, con un intermezzo comicoparodistico, nella seconda parte, decisamente stucchevole. Stewart nel ruolo di Wyatt Earp e Kennedy in quella di Doc Holliday sono poco divertenti. Fu un fallimento commerciale nonostante la presenza di molte star.

Grande sfida, La ** (*The Proud Ones*, Usa 1956, col, 94') Robert D. Webb. Con Robert Ryan, Virginia Mayo, Jeffrey Hunter, Robert Middleton, Walter Brennan, Arthur O'Connell. ◆ Nonostante lo sappia responsabile della morte del padre, il giovane Thed Enderson (Hunter) finisce per collaborare con lo sceriffo Cass Silver (Ryan), di cui ammira sempre di più la lealtà e il coraggio: sarà l'unico che lo aiuterà nella caccia a tre evasi, al soldo del boss locale (Middleton). Nonostante la sceneggiatura di Edmund North e Joseph Petracca ricordi un po' troppo *Mezzogiorno di fuoco*, questo western è diretto con un bel gusto per l'azione e Ryan dà una bella caratterizzazione al suo personaggio di sceriffo incompreso con un passato non limpidissimo.

Grande silenzio, Il *½ (*And Now Tomorrow*, Usa 1944, b/n, 85') Irving Pichel. Con Loretta Young, Alan Ladd, Susan Hayward, Barry Sullivan, Beulah Bondi, Helen Mack, Cecil Kelloway. ◆ Una ragazza ricca (Young) diventa sorda: perde il suo fidanzato, ma il dottorino (Ladd) che l'ha in cura si innamora di lei. Mélo strappalacrime a lieto fine: una discreta solfa, nonostante la sceneggiatura di Frank Partos, Raymond Chandler e Frank Patton. Ladd era appena tornato dal fronte. Dopo questo film la Hayward, stufa di fare sempre l'antagonista, ruppe il contratto con la Paramount e passò alla Fox dove divenne una star.

Grande silenzio, Il *** (Italia/Francia 1968, col, 105') Sergio Corbucci. Con Jean-Louis Trintignant, Klaus Kinski, Vonetta McGee, Frank Wolff, Luigi Pistilli, Marisa Merlini, Mario Brega, Carlo D'Angelo, Raf Baldassarre. ◆ In un villaggio innevato dello Utah, una vedova (McGee) paga il killer muto Silenzio (Trintignant) per uccidere il feroce cacciatore di taglie Tigrero (Kinski): ma quando la violenza è ratificata dalla legge, c'è poco da fare. Crepuscolare e in anticipo sui tempi (il finale fa pensare ai *Cancelli del cielo*), il miglior western di Corbucci (scritto col fratello Bruno, Mario Amendola e Vittoriano Petrilli): originale nell'ambientazione invernale, nel cast (che affianca attori estranei al genere a colonne portanti come Wolff e Kinski, perdipiù con una primadonna nera: l'esordiente McGee, poi starlet della *blaxpoitation*) e soprattutto nel pessimismo. Con allusioni ideologiche meglio dosate che in altri western «progressisti» dell'epoca, e un intreccio riuscito tra crudeltà, grottesco e freddezza, senza spacconate. Musiche di Ennio Morricone e fotografia di Silvano Ippoliti.

Grande sonno, Il ***½ (*The Big Sleep*, Usa 1946, b/n, 114') Howard Hawks. Con Humphrey Bogart, Lauren Bacall, John Ridgely, Martha Vickers, Doroty Malone, Regis Toomey, Charles Waldron, Elisha Cook jr. ◆ Il detective Philip Marlowe (Bogart) è assunto dal generale Sternwood (Waldron) per scoprire chi ricatta la figlia minore Carmen (Vickers) con foto compromettenti: ma il caso è più complesso, e viene coinvolta anche la figlia maggiore Vivian (Bacall, all'epoca fidanzata con Bogart), il cui marito è scomparso nel nulla e che si innamora del detective. Dal romanzo omonimo di Raymond Chandler, un classico del noir dove Hawks costruisce un'atmosfera morbosa di complotto e seduzione che non ha uguali nella storia del genere mentre Bogart ci lascia la più memorabile delle incarnazioni di Marlowe, «in perpetuo disequilibrio tra il suo idealismo morale e il suo realismo di uomo d'azione». L'unico difetto del film è che la trama è così complicata che gli stessi interpreti si lamentarono di non capire di cosa si trattasse, ma è un difetto che finisce per trasformare *Il grande sonno* in un film di momenti e di personaggi destinati a restare nella memoria dello spettatore. Memorabili i dialoghi di William Faulkner e Leigh Brackett (Marlowe: «Così tante pistole in giro per la città e così pochi cervelli!»), e notevoli la fotografia di Sidney Hickox e la colonna sonora di Max Steiner. Lo stesso romanzo ha ispirato *Marlowe indaga* (1978).

Grande sparata, La *** (*The Strong Man*, Usa 1926, 739) Frank Capra. Con Harry Langdon, Gertrude Astor, Priscilla Bonner, William V. Mong, Arthur Thalasso, Robert McKim. ◆ Fatto prigioniero dai tedeschi, il soldato belga Paul Bergot (Langdon) diventa amico del Grande Zandow, l'uomo-cannone (Thalasso), e dopo la guerra lo segue in America come suo assistente: Paul vuole cercare la sua «madrina di guerra» (Bonner) che troverà dopo molte peripezie – tra cui un memorabile incontro con un'avventuriera (Astor) – in uno dei locali dello show, proprio quello che farà saltare in aria sostituendo l'uomo-cannone ubriaco. Secondo lungometraggio di Capra (che aveva già diretto il comico nello stesso anno in *Di corsa dietro un cuore* e lo farà ancora nel '27 con *Le sue ultime mutandine*): anche se limitato dalla struttura comica del film – oltre agli sceneggiatori Arthur Ripley, Hal Conklin, Robert Eddy e lo stesso regista, il cast prevede una responsabile della «costruzione comica», Clarence Hennecke – Capra comincia già a costruire il suo personalissimo mondo fatto di contrapposizione tra una Natura buona e una Civiltà cattiva, dove denuncia il potere corruttore dei soldi (il personaggio del distillatore clandestino interpretato da McKim) ed esalta la forza dell'ottimismo. Dal punto di vista stilistico, il film è sceneggiato con precisione cronometrica e ogni scena «è costruita in funzione dello svolgimento della gag, in modo che anche l'effetto più lieve sia perfettamente apprezzato dallo spettatore», utilizzando soprattutto piani lunghi, quelli che meglio mettevano in evidenza la comicità lunare di Langdon. All'epoca ebbe un grandissimo successo e diede all'attore una fama che si rivelò di breve durata. Il film fu distribuito in

Italia anche coi titoli *L'atleta innamorato* e *L'uomo più forte del mondo*.

Grande sperone, Il ** (*Wyoming Outlaw*, Usa 1939, b/n, 54') George Sherman. Con John Wayne, Ronald [Don] Barry, Ray Corrigan, Raymond Hatton, LeRoy Mason, Adele Pearce, Charles Middleton. ◆ Tre allevatori (Wayne, Corrigan e Hatton) scoprono che un politicante corrotto (Mason) ricatta la popolazione per trovare posti di lavoro: la tragica ribellione del giovane Will Parker (Barry) servirà a riportare la giustizia. Ventitreesimo film della serie *The Three Mesquiteers* prodotta dalla Republic a partire dai personaggi creati da William Colt MacDonald (in totale, dal 1936 al 1943, ne furono girati 51) e penultimo degli otto interpretati da Wayne: qui i «tre moschettieri» (con Hatton che ha preso il posto di Terhune) non sono nemmeno più agenti federali, ma solo paladini della giustizia coinvolti nella ribellione di un moderno Robin Hood che trasforma il film in un piccolo dramma sociale, dove si parla di disoccupazione, di sfruttamento, di «diritti» dei diseredati. E infatti la storia (tratta da un vero fatto di cronaca) prende il sopravvento sul western, mescolando le cavalcate al reportage radiofonico della caccia a Will, e finendo quasi per giustificare la sua voglia di farsi giustizia da solo.

Grande spettacolo, Il * (*The Big Show*, Usa 1961, col, 113') James B. Clark. Con Esther Williams, Cliff Robertson, Nehemiah Persoff, Robert Vaughn, Margia Dean. ◆ In seguito a un incidente in cui muore un acrobata, un figlio (Robertson) del direttore del circo si autoaccusa per salvare il padre e va in prigione. Gli altri figli, ingrati, ne approfittano. Sorta di remake in chiave circense di *Amaro destino* di Mankiewicz, con la Williams in un ruolo drammatico. Un disastro.

Grande strada azzurra, La ** (Italia/Francia/Rft/Jugoslavia 1957, col, 95') Gillo Pontecorvo. Con Yves Montand, Alida Valli, Francisco Rabal, Umberto Spadaro. ◆ Squarciò (Montand) pesca di frodo usando le bombe, e la polizia non è mai riuscita a prenderlo. Per sfuggire alle motovedette un giorno deve affondare la sua barca: la tragedia è ormai prossima. Primo lungometraggio di Pontecorvo, sceneggiato assieme a Franco Solinas (autore del romanzo *Squarciò*) ed Ennio De Concini. Lirismo e realismo sociale spesso fanno a pugni, e sia Montand che la Valli sono poco credibili come pescatori, ma il tono asciutto costituì comunque una novità nel cinema italiano dell'epoca. Mario Girotti, futuro Terence Hill, è Renato.

Grande strada bianca, La **½ (*Alexander's Ragtime Band*, Usa 1938, b/n, 106') Henry King. Con Tyrone Power, Alice Faye, Don Ameche, Ethel Merman, Jack Haley, Jean Hersholt, John Carradine, Helen Westley, Joe King. ◆ Conosciutisi a un'audizione, Stella Kirby (Faye) e Roger Grant (Power) – che per la sua interpretazione del brano *Alexander's Ragtine Band* tutti chiameranno d'allora in poi Alexander – si ameranno, litigheranno, si lasceranno, si ritroveranno per tutta la vita sotto gli occhi comprensivi di Charlie Dwyer (Ameche), miglior amico di Roger/Alexander e innamorato sfortunato (anche se per un breve periodo marito) di Stella. Attraverso la storia di una delle più celebri band radiofoniche americane, raccontata dalle origini del 1915 al trionfo del 1938, King racconta con passione e affetto la storia della canzone popolare del suo Paese: su una bella sceneggiatura di Kathryn Scola, Lamar Trotti e Richard Sherman e le melodie di una trentina di composizioni di Irving Berlin, il film riesce a fondere la storia privata dei tre amici (con tutti gli espedienti melodrammatici che ne sottolineano l'evoluzione: litigi, riconciliazioni, entusiasmi, discussioni, delusioni) con la storia più generale di una band e di un tipo di musica, capace così di dimostrare come «l'arte popolare della canzone riesca a immortalare la moda e il gusto di un periodo», per esempio nella doppia interpretazione di *Blue Skies* fatta da Ethel Merman e Alice Faye, separate da quell'«abisso di nostalgia» che oggi appare come anticipatore di tutte le mode rétrò. «Prodigiosa» l'interpretazione della Faye, capace di passare dalla vitale volgarità degli esordi alla consapevole tristezza dei suoi anni maturi.

Grande strage dell'Impero del sole, La ° (*The Royal Hunt of the Sun*, Usa/Gb 1969, col, 112') Irving Lerner. Con Robert Shaw, Christopher Plummer, Nigel Davenport, Michael Craig, Leonard Whiting, Andrew Keir, James Donald, William Marlowe. ◆ Convinto di poter trovare l'oro degli Inca, Pizarro (Shaw) si reca in Perù, nelle terre del re Atahualpa (Plummer): l'accoglienza amichevole dei locali verrà ricambiata dagli spagnoli con un massacro di inermi e il ridicolo tentativo di convertire il re, che prima di scegliere la morte saprà conquistrarsi la stima di Pizarro. L'ultimo film di Lerner è anche il suo più deludente: molto più a suo agio nei piccoli thriller a buon mercato, il regista si muove a fatica col CinemaScope e i grossi budget, per niente aiutato dal produttore e sceneggiatore Philip Yordan, che adattando la *pièce* di Peter Shaffer, non la libera dagli eccessi di verbosità che accompagnano il lungo confronto tra i due protagonisti. In originale 121'.

Grande svolta, La *** (*Velikij perelom*, Urss 1946, b/n, 107') Friedrich Ermler. Con Mikhail Deržavin, Pëtr Andrievskij, Andrej Abrikosov, Jurij Tolubeev, Aleksandr Zraževskij, Nikolaj Korn. ◆ Durante la seconda guerra mondiale, i tedeschi stanno per sferrare l'attacco decisivo all'ultima città importante che i sovietici controllano sul Volga: di fronte alla supremazia di mezzi del nemico, la tattica del generale Murav'ev (Deržavin) si dimostrerà vincente e i sovietici, retrocedendo, riusciranno a chiudere in trappola i tedeschi. Un film originale, non solo nella storia del cinema russo ma anche in quella del war-movie, per la scelta di raccontare la guerra attraverso la psicologia degli stati maggiori: le ansie, le contraddizioni, i dubbi di chi deve pianificare la strategia militare e prendere decisioni rapide e vincenti. Ne risulta un'opera quasi astratta (sceneggiata da Boris Čirskov), di grande rigore formale e di forte tensione narrativa interna, in cui il raziocinio speculativo prevale sulla foga bellica e gli scontri avvengono soprattutto davanti a mappe geografiche. Le poche scene di combattimento sono state girate tra le rovine di Leningrado. Stalingrado non viene mai nominata, anche se è evidente che il film si ispira alla sua storia, e la scena in cui Murav'ev riceve i complimenti da Stalin è stata tagliata nella copia rieditata nel 1967.

Grande tormento, Il ** (*The Shepherd of the Hills*, Usa 1941, col, 98') Henry Hathaway. Con John Wayne, Harry Carey, Beulah Bondi, Betty Field, Ward Bond, James Barton, Marc Lawrence. ◆ Un uomo anziano (Carey) venuto da lontano si rende benemerito presso la comunità di una regione boschiva del West, gli Ozark; ma il figlio (Wayne) che dovette abbandonare in gioventù ha promesso di uccidere l'uomo che lasciò sua madre. Dal romanzo di Harold Bell Wright, sceneggiato da Grover Jones e Stuart Anthony, un quadro di vita rurale retto da un ottimismo di fondo all american. Ottima fotografia (Charles Lang jr e Howard Greene) con riprese quasi sempre in esterno che riescono a «rafforzare l'impatto drammatico della storia e a trasmettere con violenza la disperazione delle persone che sono ancora preda di passioni primitive». Il titolo originale si riferisce al soprannome (*shepherd*, cioè pastore, nello stesso significato evangelico del buon pastore) che gli abitanti della cittadina danno a Carey per la sua bontà e gentilezza. Il romanzo ha ispirato altri tre film, tutti inediti in Italia e tutti con lo stesso titolo originale, *The Shepherd of the Hill*: una prima versione nel 1919 diretta dallo stesso romanziere Harold Bell Wright e da L.F. Gottschalk con Harry G. Lonsdale nel ruolo del padre, una del 1928 di Albert Rogell con Alec B. Francis e una nel 1964 diretta da Ben Parker con Richard Arlen.

Grande uno rosso, Il *** (*The Big Red One*, Usa 1980, col, 111') Samuel Fuller. Con Lee Marvin, Mark Hamill, Robert Carradine, Bobby Di Cicco, Kelly Ward, Stéphane Audran, Serge Marquand. ◆ Raccontate da uno di loro, l'aspirante scrittore Zeb (Carradine), le vicende di quattro soldati (gli altri sono Hamill, Di Cicco e Ward) arruolati nella prima divisione di fanteria statunitense (il grande uno rosso del titolo) che, agli ordini del comandante Possum (Marvin), combattono nell'Africa del Nord, in Sicilia, in Normandia, in Belgio e infine in Cecoslovacchia, dove scoprono l'esistenza dei campi di concentramento nazisti. Potente cronaca di guerra da parte di un regista che era andato al fronte come reporter e che naturalmente ne ha scritto da solo la sceneggiatura. Progettato negli anni Cinquanta, ma realizzato dopo trent'anni di gestazione, confluiti in un libro prima che nel film, *Il grande uno rosso* racconta di uomini parchi di emozioni con uno stile secco e nudo (quasi bressoniano, ha detto qualcuno), ma anche cinico e visionario. La summa del Fuller-pensiero sulla guerra: «un pout pourri di sangue e violenza», un incubo infernale dove «ciascun uomo è una non entità destinata all'oblio completo, un robot ossessionato dall'istinto dell'autoconservazione». È stato girato in Israele, con qualche esterno in Irlanda. Martin Scorsese avrebbe voluto interpretare il ruolo di Vinci, andato poi a Di Cicco solo per ragioni d'età. Originariamente il produttore doveva essere Peter Bogdanovich, che poi rinunciò per girare *Saint Jack*, ma giocò in ogni caso un ruolo determinante nel permetterne la realizzazione.

Grande valzer, Il ** (*The Great Waltz*, Usa 1938, b/n, 103') Julien Duvivier. Con Luise Rainer, Fernand Gravet, Miliza Korjus, Lionel Atwill, Hugh Herbert, Herman Bing, Curt Bois. ◆ Il giovane Johann Strauss (Gravet) si trasferisce nella Vienna di Francesco Giuseppe e diventa il re del valzer: vorrebbe anche fare il dongiovanni, ma ci ripensa. Sfarzosa e convenzionale biografia con musica, ambientata in una Vienna ricostruita negli studios della Mgm. Primo film americano di Duvivier sceneggiato da Walter Reisch e Samuel Hoffenstein, le cui riprese vennero però portate a termine da Victor Fleming. La scena finale in cui Strauss compone il *Danubio blu* è stata ideata e girata da Joseph von Sternberg. Oscar alla fotografia di Joseph Ruttenberg.

Grande volo, Il *½ (*Radio Flyer*, Usa 1992, col, 121') Richard Donner. Con Lorraine Bracco, John Heard, Adam Baldwin, Elijah Wood, Joseph Mazzello, Ben Johnson, Sean Baca, Tom Hanks. ◆ Due fratellini (Wood e Mazzello), maltrattati dal patrigno (Heard), sognano di portare a termine la «grande idea»: trasformare il carrettino rosso del più piccolo in una macchina volante in grado di portarli lontano da casa. Un film piuttosto sensibile sul tema della violenza ai minori sceneggiato da David Mickey Evans, ma diviso tra il realismo crudo del soggetto e il mondo fantastico delle piccole vittime (commoventi ma a volte un po' noiose). Sponsorizzato dal Telefono Azzurro, al botteghino è stato un flop.

Grand Hotel **½ (*Grand Hotel*, Usa 1932, b/n, 115') Edmund Goulding. Con Greta Garbo, Joan Crawford, John Barrymore, Lionel Barrymore, Wallace Beery, Lewis Stone, Jean Hersholt, Rafaela Ottiano, Ferdinand Gottschalk. ◆ Nella Berlino del 1928, al Grand Hotel, il barone Geigern (J. Barrymore), decaduto a topo d'alberghi, salva dal suicidio la Grusinskaja (Garbo), una ballerina russa in declino, e se ne innamora. Per partire con lei, deruba un industriale, Preysing (Beery), che lo uccide. L'intraprendente segretaria di quest'ultimo (Crawford) ripiegherà sul timido e malconcio impiegatuccio Kringelein (L. Barrymore), arricchitosi col gioco. Dal romanzo di Vicki Baum sceneggiato da William A. Drake, un celebre melodramma che sarà il prototipo dei film all-star con storie parallele che si incrociano. «Gente che viene... che va... tutto senza scopo», come dice il disilluso chirurgo Otternschlag (Stone): un prodotto hollywoodiano rigorosamente impersonale, dove Goulding sembra limitarsi a evitare che i carismi dei vari divi si intralcino; ma anche l'esempio di un cinema classico congegnato con mestiere sopraffino. Oscar come miglior film. Lo stesso romanzo sarà al centro anche di *Hotel Berlino* (1945).

Grand Hotel Excelsior * (Italia 1982, col, 115') [Franco] Castellano, Pipolo [Giuseppe Moccia]. Con Carlo Verdone, Adriano Celentano, Enrico Montesano, Eleonora Giorgi, Diego Abatantuono, Aldina Martano, Tiberio Murgia. ◆ Per far bella figura con la figlioletta, un cameriere d'albergo (Montesano) finge di esserne un ricco cliente, Taddeus

(Celentano), che nel frattempo è impegnato a difendersi dalle avance di una cliente (Giorgi). Attorno si aggirano un pugile suonato (Verdone) e un mago italopugliese (Abatantuono). La struttura a storie parallele che si intersecano, ripresa da *Grand Hotel* di Goulding, diventa pretesto per una serie di sketch in cui i campioni di incassi del cinema italiano replicano stancamente se stessi. Una formula paratelevisiva che allora ebbe grande successo e venne spesso imitata. Montesano è l'unico a salvarsi.

Grandi famiglie, Le ** (*Les Grandes familles*, Francia 1958, b/n, 92') Denys de La Patellière. Con Jean Gabin, Pierre Brasseur, Bernard Blier, Jean Desailly, Françoise Christophe, Annie Ducaux, Emmanuelle Riva. ◆ Un finanziere disumano e dispotico (Gabin) regna sulla famiglia con lo stesso rigore con cui conduce il suo regno, diviso tra zuccherifici, giornali e speculazioni finanziarie. E quando il figlio (Desailly) gli chiede un prestito per evitare la bancarotta, lui glielo rifiuterà, spingendolo verso il suicidio. Non è (solo) un melodramma, ma (anche) una satira a forti tinte che spesso tende ad andare sopra le righe. Gabin sbozza il bieco pater familias con grande mestiere.

Grandi magazzini, I **½ (Italia 1939, b/n, 86') Mario Camerini. Con Assia Noris, Vittorio De Sica, Enrico Glori, Luisella Beghi, Virgilio Riento, Milena Penovich, Andrea Checchi, Dhia Cristiani. ◆ L'autista Bruno (De Sica) è assunto ai Grandi magazzini dove conosce Lauretta (Noris): per ingelosirla accetta l'invito di un'altra commessa, Anna (Penovich), a passare alcuni giorni sulla neve, ma ottiene di far accusare Lauretta di una serie di furti dietro ai quali c'è invece il disonesto capo del personale (Glori). Camerini adotta ritmi e situazioni della commedia degli equivoci per tracciare uno spaccato della piccola borghesia italiana, con una punta di sentimentalismo e una di perfidia. Gli italiani vi si riconobbero e ne decretarono il successo. La sceneggiatura è del regista e di Ivo Perilli, Renato Castellani e Mario Pannunzio.

Grandi magazzini * (Italia 1986, col, 108') [Franco] Castellano, Pipolo [Giuseppe Moccia]. Con Enrico Montesano, Nino Manfredi, Renato Pozzetto, Lino Banfi, Massimo Boldi, Paolo Villaggio, Ornella Muti, Christian De Sica, Michele Placido, Laura Antonelli, Alessandro Haber, Heather Parisi, Serena Grandi, Gigi Reder, Gianni Bonagura, Rossana Banfi, Massimo Ciavarro. ◆ Una serie di sketch a incastro ambientati nel tempio del consumismo, i grandi magazzini G.M., secondo una formula allora in voga. Un addetto alle pulizie (Montesano) viene scambiato per il figlio del padrone; un dirigente (Haber) è pronto a giocarsi la moglie (Antonelli); una cliente (Parisi, al suo primo e unico film) perde le lenti e non trova più l'uscita; una guardia imbranata (Boldi) è zimbello dei ladri; un attore votatosi alla pubblicità (Manfredi, il migliore della compagnia) fa le bizze. Poche le idee, lento il ritmo. Quando il cinema imita la televisione.

Grandi manovre **½ (*Les Grandes manœuvres*, Francia/Italia 1955, col, 107') René Clair. Con Gérard Philipe, Michèle Morgan, Magali Noël, Brigitte Bardot, Jean Desailly, Yves-Robert, Pierre Dux. ◆ Nel 1914 un tenente francese (Philipe) scommette con i commilitoni che riuscirà a concupire una giovane modista (Morgan), ma se ne innamora. Il guaio è quando la storia della scommessa viene resa pubblica. Clair (autore anche della sceneggiatura con Jerôme Géronimi e Jean Marsan) rovescia nel dramma i toni iniziali del vaudeville, e nasconde sotto la leggerezza una sottile vena melanconica. Terzo e ultimo film di Clair con Philipe, perfetto nei panni di un seduttore ingenuo, che sembra l'antenato di uno dei personaggi di Rohmer. La Bardot, che interpreta la parte di Lucie, esploderà l'anno dopo con *Piace a troppi.*

Grandi occhi scuri ** (*Big Brown Eyes*, Usa 1936, b/n, 77') Raoul Walsh. Con Cary Grant, Joan Bennett, Walter Pidgeon, Lloyd Nolan, Alan Baxter. ◆ L'ex manicure Eve (Bennett), improvvisatasi giornalista, aiuta il fidanzato tenente Barr (Grant) a catturare un gangster al soldo di un ladro di gioielli (Pidgeon), che ha ucciso per sbaglio un neonato. Curioso giallo-rosa riuscito a metà, che parte come una commedia sofisticata dai dialoghi a raffica ambientata in un salone di bellezza, per poi incupirsi e prendersi quasi sul serio. Walsh (che ha scritto la sceneggiatura con Bert Hanlon, ispirandosi ai racconti di James E. Grant) è più a suo agio nelle fulminee scene d'azione: ma ha un senso dell'umorismo, non sempre in linea con i modelli dell'epoca.

Grandi speranze **** (*Great Expectations*, Gb 1946, b/n, 118') David Lean. Con John Mills, Valerie Hobson, Finlay Currie, Bernard Miles, Francis L. Sullivan, Martita Hunt, Anthony Wager, Alec Guinness, Jean Simmons. ◆ Dall'esilio in Australia, l'ex galeotto Magwitch (Currie) mantiene in incognito l'orfano Pip (Wager), che gli aveva dato da mangiare mentre lui era braccato. Pip, cresciuto e istruito (Mills), fa il suo ingresso in società e si innamora, senza sospettare nulla, proprio della figlia del galeotto, Estella (Hobson). Lean (che firma anche la sceneggiatura insieme a Ronald Neame, Kay Walsh, Cecil McGivern e Anthony Havelock-Allan) rispetta l'atmosfera e lo spirito umanitario ma anche critico del romanzo di Charles Dickens, ed evita le trappole del patetico «trascrivendo in puro cinema le sontuose evoluzioni psicologiche dickensiane e i chiaroscuri violenti nei quali brutalità e rigore morale si distribuiscono equamente tra tutte le classi sociali». In precario equilibrio tra la diffidenza per il proletario Magwitch – un galeotto che si rivela un benefattore – e l'ammirazione per la nobile miss Havisham (Hunt) – che invece è incapace di guardare al futuro – l'educazione alla vita di Pip si trasforma in un apologo sul «confusionismo» borghese, dove (coerentemente con il testo di Dickens) l'accento è messo più sugli elementi morali che sociali del racconto. L'unica vera libertà narrativa Lean se la prende nel finale dove, in sintonia con la voglia di rinascita del dopoguerra, fa di Pip la persona capace di liberare Estella dai legami col passato per offrirle un futuro di speranza. Memorabile l'inizio quasi gotico, in cui il piccolo Pip, al tramonto incontra Magwitch al cimitero. Due Oscar: miglior fotografia (Guy Green) e scenografia (John Bryan e Alfred Shingleton). Jean Simmons è Estella da piccola.

Grand Prix ** (*Grand Prix*, Usa 1966, col, 179') John Frankenheimer. Con James Garner, Eva Marie Saint, Yves Montand, Toshiro Mifune, Jessica Walter, Françoise Hardy, Adolfo Celi, Geneviève Page. ◆ La cronaca di sei gran premi europei di Formula 1 (ognuno girato con uno stile diverso) fa da cornice a storie di rivalità sentimentali e agonistiche tra i piloti. Il francese sentimentale (Montand), l'americano pragmatico (Gardner), l'italiano allegrone (Celi), le donne che trepidano: i veri protagonisti del film di Frankenheimer sono in realtà i motori – e tre ore sono troppe. Le riprese delle gare (firmate da Lionel Lindon) allora sembrarono il non plus ultra della tecnica cinematografica: ma, viste oggi, sono assai invecchiate. Sembrò una novità in particolare, l'uso dello split-screen (lo schermo diviso in vari riquadri) – che poi però ebbe applicazione sporadica. Tre Oscar: miglior montaggio (Fredric Steinkamp, Henry Berman, Stewart Linder, Frank Santillo), suono (Franklin E. Milton) ed effetti visivi (Gordon Daniel). In televisione perde quasi tutto.

Gran Lupo chiama, Il ** (*Father Goose*, Usa 1964, col, 90') Ralph Nelson. Con Cary Grant, Leslie Caron, Trevor Howard. ◆ Su un isolotto del Pacifico Walter (Grant), un ex professore, osservatore di aerei giapponesi, salva dal naufragio sette ragazzine e la loro istitutrice francese (Caron): tra un battibecco e l'altro nasce l'amore. Commedia bellica zuccherosa e prevedibile, con la coppia di protagonisti in buona vena.

Grano è verde, Il ** (*The Corn is Green*, Usa 1945, b/n, 118') Irving Rapper. Con Bette Davis, John Dall, Nigel Bruce, Joan Lorring, Rhys Williams, Rosalind Ivan, Mildred Dunnock. ◆ 1895: Miss Moffat (Davis) ha aperto una scuola per i minatori gallesi e dopo varie tribolazioni riesce a portarne uno (Dall) a Oxford. Dramma di buoni sentimenti e di netta derivazione teatrale (il testo originario è di Emylin Williams sceneggiato da Casey Robinson e Frank Gavett), ma Rapper è un buon direttore di attrici e lo spettacolo è salvo. Cukor ne ha girato un remake televisivo nel 1979 con Katharine Hepburn, *The Corn is Green*, inedito in Italia.

Grano rosso sangue **½ (*Children of the Corn*, Usa 1984, col, 92') Fritz Kiersch. Con Linda Hamilton, Peter Horton, R.G. Armstrong, Robby Kiger, John Franklin. ◆ Un dottore (Horton) e la sua fidanzata (Hamilton) si sono perduti in aperta campagna e capitano in una comunità di adolescenti, che hanno sacrificato tutti gli adulti al dio del grano. Da un racconto di Stephen King, contenuto nella raccolta *A volte ritornano* e sceneggiato da George Goldsmith, un horror soddisfacente, migliore di molti altri ispirati alle opere del maestro, che riesce a creare un'atmosfera da incubo senza scivoloni. Con un seguito (*Children of the Corn II – The Final Sacrifice*, 1993, di David F. Price), nettamente inferiore e non ancora arrivato in Italia.

Gran premio *½ (*National Velvet*, Usa 1944, col, 125') Clarence Brown. Con Mickey Rooney, Elizabeth Taylor, Donald Crisp, Anne Revere, Angela Lansbury. ◆ Una ragazzina (Taylor) vince un cavallo alla lotteria e lo porta al Gran Premio camuffata da maschio: vince, ma è squalificata. La dodicenne Taylor, l'anno dopo in *Torna a casa Lassie!*, si confermò come la beniamina di milioni di americani interpretando, in tempi di guerra, una favola sciropposa (tratta dal romanzo di Enid Bagnold e sceneggiata da Theodore Reeves ed Helen Deutsch), giocata sull'equilibrio tra (modesta) trasgressione e restaurazione dell'ordine delle cose. L'insopportabile Rooney si sforza di sembrare buono, ma comincia a essere vecchiotto (era nato nel '20) per questo genere di film. In America è ancora oggi un classico, in Europa per fortuna no. Oscar come attrice non protagonista a Anne Revere. Trentaquattro anni dopo Bryan Forbes riprende la stessa storia in *Una corsa sul prato*.

Gran varietà ** (Italia 1954, col, 100') Domenico Paolella. ◆ Una storia del varietà attraverso quattro episodi, legati dalla presenza dell'impresario interpretato da Nico Pepe. In *Mariantonia* (con Maria Fiore, Renato Malavasi, Carlo Mazzarella) una ragazza di provincia diventa una famosa soubrette; in *Cuttica* (con Carlo Croccolo, Lilly Granado) un comico specializzato nel ruolo del soldato pavido finisce per morire davvero in guerra; in *Il fine dicitore* (con Vittorio De Sica, Lea Padovani, Delia Scala, Gildo Bocci, Fausto Guerzoni), un attore d'avanspettacolo si riduce a elemosinare piccoli ingaggi quando i teatri di varietà vengono sostituiti dai cinema; in *Fregoli* (con Alberto Sordi, Lauretta Masiero, Carlo Hintermann, Franco Scandurra, Guglielmo Barnabò, Michele Riccardini) un trasformista usa la sua abilità per sbarazzarsi di quattro cascamorti che fanno la corte alla donna che vuole conquistare; in *Il censore* (con Renato Rascel, Flora Medini) un comico è alle prese con un integerrimo difensore del buoncostume (entrambi interpretati da Rascel). Storie minime, all'epoca oggetto di pesanti stroncature (la *Rivista del cinematografo* gli attribuì l'«Oscar del mese per cattivo gusto e deficienza tecnica»), ma oggi cimeli in qualche modo preziosi di un mondo scomparso, quello dell'avanspettacolo, qui già contaminato dai moduli della nascente commedia all'italiana. Brillanti le soluzioni scenografiche (collaborò Beni Montresor), smagliante il colore e vivace il cast, con De Sica che canta *Balocchi e profumi* e Delia Scala che balla il charleston. Sceneggiatura a quattordici mani: Oreste Biancoli, Vinicio Marinucci, Michele Galdieri, Carlo Infascelli, Ettore Scola, Vincenzo Talarico e il regista.

Grappolo di sole, Un ** (*A Raisin in the Sun*, Usa 1961, b/n, 128') Daniel Petrie. Con Sidney Poitier, Claudia McNeil, Ruby Dee, Diana Sands. ◆ Una famiglia nera di Chicago riceve 10 mila dollari dall'assicurazione: il figlio (Poitier) si fa truffare e ne perde una parte, rischiando di mandare a monte il sogno della madre di comprarsi una casa. Più interessante come documento sociologico sulla piccola borghesia nera degli anni Sessanta (o su come la rappresentava il cinema) che per meriti filmici. Si fa sentire troppo la derivazione teatrale (la pièce originaria è di Lorraine Hansberry da lei stessa adattata per lo schermo).

Grasso è bello **½ (*Hairspray*, Usa 1988, col, 90') John Waters. Con Ricky Lake, Divine [Harris Glenn Milstead], Sonny Bono, Deborah Harry, Ruth Brown,

Colleen Fitzpatrick. ◆ A Baltimora nel 1962, Tracy (Lane), carina ma grassa, vuol far parte del Corny Collins Show: la aiuta la sua amica Penny (Brown), messa al bando perché fidanzata con un ragazzo di colore. Commedia sul razzismo che fa il verso ai musical sciropposi e colorati degli anni Sessanta. Waters, già profeta del cinema del cattivo gusto, leviga il suo stile e rinuncia alle provocazioni (qui le schifezze si limitano al vomito e ai foruncoli), conservando però il suo spirito irriverente. Ultimo film della star di Waters, il travestito Divine, che compare nella doppia parte della madre di Tracy e del boss della rete Tv (uno dei suoi rari ruoli maschili). Tra i cammeo: Pia Zadora e Ric Ocasek dei Cars (due beatnik), e Waters (lo psicologo pazzo).

Grattacieli *½ (Italia 1943, b/n, 86') Guglielmo Giannini. Con Renato Cialente, Vanna Vanni, Luigi Pavese, Guido Notari, Luisa Garella, Enzo Gainotti, Paolo Stoppa, Elena Maltzeff, Enzo Sabbatini, Yvonne Giannini. ◆ Durante una festa nell'attico del ricco Jim Mayer Flynn (Cialente), un invitato ubriaco (Stoppa) cade nel vuoto: la polizia blocca tutti i presenti e l'ispettore Stoll (Pavese) scopre che l'incidente è in realtà un omicidio. Il futuro leader del movimento politico dell'*Uomo qualunque* adatta per lo schermo la sua omonima commedia ambientata in un grattacielo di New York: elementare e approssimato come whodunit, il film è più interessante per l'immagine che trasmette sulle follie americane (il cameriere cinese che usa i pattini per innaffiare le piante, il telefono a forma di odalisca con il seno nudo e la cornetta sotto le gonne, New York definita «la nuova Babilonia») e la dichiarata polemica contro la decadenza morale delle classi ricche (lo smoking è «la livrea della deboscia»). Ai limiti del demenziale la portinaia interpretata da un'attrice con la faccia dipinta di nero e la cadenza da «povera negra» e certe battute del dialogo (un inquisito: «Ma sapete che ora è?». Il poliziotto: «L'ora di ieri a quest'ora»).

Grattacielo tragico *** (*The Dark Corner*, Usa 1946, b/n, 98') Henry Hathaway. Con Mark Stevens, Lucille Ball, Clifton Webb, William Bendix, Kurt Kreuger, Cathy Downs, Reed Hadley. ◆ Appena uscito di galera, l'investigatore privato Brad Galt (Stevens) scopre di essere pedinato da uno strano individuo in abito bianco (Bendix) e per sovrammercato trova sotto il suo letto il cadavere del suo ex socio, per colpa del quale era finito dentro: la polizia dubita subito di lui, ma Galt, con l'aiuto della segretaria (Ball) scoprirà che a muovere i fili c'è un ricco e geloso collezionista d'arte (Webb). Uno dei noir che meglio rappresentano il disagio del dopoguerra e il prezzo da pagare alla voglia di rinnovamento sociale, dove il protagonista – come gli antieroi coevi del *Bandito senza nome* e di *Una luce nell'ombra* – vede il passato come una prigione in cui si rischia di essere continuamente rifagocitati. Sceneggiato da Jay Dratler e Bernard Schoenfeld dal racconto di Leo Rosten, il film si trasforma presto in un incubo a occhi aperti, favorito dallo stile asciutto e semidocumentario che allora prediligeva Hathaway (la maggior parte delle riprese sono on location) e dalla fotografia contrastata di Joe MacDonald: ne esce un piccolo gioiello del genere, secco ed efficace, capace di mostrare la vulnerabilità di un duro alla Sam Spade e di rinunciare al solito finale romantico. Clifton Webb riprende il suo personaggio maniacale di *Vertigine* e Bendix è uno splendido vilain in abito bianco. Se il titolo italiano è stupidamente descrittivo, quello originale deriva dalla battuta di Brad: «Sto tornando in un angolo buio e non so chi mi sta aspettando per uccidermi».

Grazia del mio cuore, La → *Grace of My Heart – La grazia del mio cuore*

Grazie a Dio è venerdì *½ (*Thank God, It's Friday*, Usa 1978, col, 89') Robert Klane. Con Donna Summer, Valerie Landsburg, Terri Nunn, Jeff Goldblum, Debra Winger, Chick Vennera. ◆ In una discoteca di Hollywood si svolge una gara di ballo: nell'arco di una serata ne succedono di tutti i colori. Nove diverse linee narrative si intrecciano in un prodotto sciocchino confezionato sulla scia del successo della *Febbre del sabato sera* e sponsorizzato dalla Motown, la casa discografica regina del soul (il che spiega la presenza di Lionel Richie and The Commodores). Oscar per la miglior canzone a Paul Jabara per *Last Dance* cantata da Donna Summer, al suo debutto cinematografico.

Grazie di tutto *½ (Italia 1998, col, 88') Luca Manfredi. Con Massimo Ghini, Nancy Brilli, Nino Manfredi, Giulia Lazzarini, Carlo Monni, Anna Melato, Sergio Forconi, Dario Vergassola, Edoardo Leo, Tosca d'Aquino. ◆ Una coppia senza figli (Ghini e Brilli) si è appena trasferita nel Chiantishire, e due amici (Melato e Monni) le mollano i genitori rompiscatole (Manfredi e Lazzarini) da accudire. Inizia come una sit-com, ma diventa quasi un dramma: senza sconfiggere, peraltro, la sindrome del carino che affligge il cinema italiano medio. Manfredi padre si toscanizza per poche battute, e la sua antipatia è la cosa più azzeccata del film. Manfredi figlio scrive la sceneggiatura con Cecilia Calvi.

Graziella ** (Italia 1954, b/n, 96') Giorgio Bianchi. Con Maria Fiore, Jean-Pierre Mocky, Francesco Tomillo, Tina Pica, Elisa Cegani, Franco Nicotra, Vittorio Vasser, Nicola Morabito, Michele Sakara, Nanda Primavera, Eduardo Passarelli. ◆ Arrivato a Napoli, Alphonse de Lamartine (Mocky) conosce una famiglia di pescatori di Procida e affascina la loro nipote Graziella (Fiore): scoprirà anche lui di esserne innamorato ma i genitori lo richiameranno a Parigi, gettando la ragazza in una depressione mortale. Dall'omonimo romanzo autobiografico del poeta francese (sceneggiato da Suso Cecchi d'Amico, Sandro Continenza ed Enrico Medioli), un'opera quasi «calligrafica» nella sua ricostruzione di un infelice amore romantico, in cui la bella prova di Maria Fiore riesce a rendere quasi credibile il personaggio di una povera popolana che dimostra sentimenti da poetessa («Morire non può essere peggio di vivere senza di te», gli scrive appena ha imparato a tenere in mano la penna). Fotografia di Mario Bava.

Grazie... nonna * (Italia 1974, col, 95') Franco Martinelli [Marino Girolami]. Con Edwige Fenech, Giusva Fioravanti, Enrico Simonetti, Valeria Fabrizi, Fabrizio Cardinali, Gianfranco D'Angelo, Graziella

Mussini. ◆ Tutti si aspettano che la seconda moglie del nonno emigrato sia una vecchia carampana, e invece Maria Juana Persichetti (Fenech) ha le forme – e le scollature – di una trentenne: i maschi della famiglia ci provano tutti, ma lei farà da nave scuola solo al piccolo Carletto (Fioravanti), l'unico che era andato a riceverla all'aeroporto. Commediola nemmeno troppo scollacciata sceneggiata da Laurenti e Romano Scandariato, dove le docce nude della Fenech stridono irrimediabilmente con la recitazione composta di Fioravanti e Simonetti (che interpreta il padre di famiglia). E nemmeno D'Angelo, nei panni del goloso frate Domenico, riesce a strappare un sorriso.

Grazie per quel caldo dicembre *½ (*A Warm December*, Gb 1972, col, 101') Sidney Poitier. Con Sidney Poitier, Esther Anderson, George Baker, Johnny Sekka, Earl Cameron. ◆ Un medico americano vedovo (Poitier), a Londra per una breve vacanza, si innamora di una misteriosa giovane africana (Anderson) che si rifiuta di sposarlo perché in fin di vita. Melodramma strappalacrime che attinge senza pudore a *Love Story*. Poitier, alla sua seconda regia, è meglio come attore.

Grazie, signora Thatcher **½ (*Brassed Off*, Gb/Usa 1996, col, 107') Mark Herman. Con Pete Postlethwaite, Tara Fitzgerald, Ewan McGregor, Jim Carter, Ken Colley, Peter Gunn, Mary Healey. ◆ Yorkshire, 1992: i padroni chiudono la miniera di Grimley, ma il malandato capobanda Danny (Postlethwaite) vuole che i suoi musicisti, ora disoccupati, non rinuncino al concorso nazionale. Buoni sentimenti proletari in un misto di sacrosanta indignazione e stereotipi: compreso l'amore tra un minatore (McGregor) e una laureata con l'hobby del flicorno (Fitzgerald), che vorrebbe farsi accettare ma viene sospettata di essere una quinta colonna dei capitalisti. Una schiera di caratteristi tiene in piedi un film fin troppo carino, malgrado la vena ruspante. Il cinema inglese che piace agli italiani (e infatti è stato immediatamente applaudito dai leader di Rifondazione, Nerio Nesi in testa) al suo meglio. Producono Channel Four e la Miramax. La sceneggiatura è del regista.

Grazie zia *½ (Italia 1968, col, 94') Salvatore Samperi. Con Lisa Gastoni, Lou Castel, Gabriele Ferzetti, Luisa De Santis, Massimo Sarchielli. ◆ Alvise (Castel), figlio di un industriale, esprime la sua protesta contro la società fingendo di essere paralizzato alle gambe: i genitori lo affidano a una zia (Gastoni) che è medico, e tra i due si instaura un rapporto morboso con finale tragico. Primo film di Samperi (che firma anche la sceneggiatura con Sergio Bazzini), inaugurò un filone erotico-intellettuale-melodrammatico che allora sembrò nuovo ed ebbe il successo dello scandalo. Lo sfacelo della borghesia, la contestazione e la psicanalisi in pillole: visto oggi, sembra sia passato un secolo. Musiche di Ennio Morricone. Il montatore Alessandro Giselli è in realtà Silvano Agosti.

Grease – Brillantina ** (*Grease*, Usa 1978, col, 110') Randal Kleiser. Con John Travolta, Olivia Newton-John, Stockard Channing, Jeff Conaway, Kelly Ward, Lorenzo Lamas. ◆ Due studenti dell'High School (Travolta e Newton-John) sono attratti uno dall'altra, ma lui vuol fare il duro per non sfigurare con gli amici. Il ballo li riunirà. Dalla commedia musicale di Jim Jacobs e Warren Casey (adattata da Bronte Woodard), un vivace pastiche dei musical anni Cinquanta di ambiente studentesco, che gioca scopertamente sull'effetto nostalgia e con cui il produttore Robert Stigwood cercò (invano) di bissare il successo della *Febbre del sabato sera*. Passabili le coreografie di Patricia Birch. *You Are the One that I Want*, cantata da Travolta e Newton-John è stata un successo. Divertenti i titoli di testa disegnati e animati da John Wilson. Cammeo di alcune vecchie glorie: Frankie Avalon, Sid Caesar, Joan Blondell, Eve Arden. Con un seguito.

Grease 2 * (*Grease 2*, Usa 1982, col, 114') Patricia Birch. Con Maxwell Caulfield, Michelle Pfeiffer, Adrian Zmed, Lorna Luft. ◆ 1961: un ragazzo inglese (Caulfield) entra alla Rydell High School e si innamora di una coetanea (Pfeiffer), ma si mettono in mezzo gli amici. Stanca ripresa di *Grease*, diretta, con poche idee, dalla coreografa del prototipo, che non seppe replicarne il successo. I protagonisti non hanno carisma (la Pfeiffer comincerà a farsi notare l'anno dopo in *Scarface*) e le musiche sono mediocri. Guest star: Sid Caesar, Connie Stevens, Eve Arden, Tab Hunter.

Great Balls of Fire – Vampate di fuoco **½ (*Great Balls of Fire!*, Usa 1989, col, 108') Jim McBride. Con Dennis Quaid, Winona Ryder, John Doe, Alec Baldwin, Stephen Tobolowski, Lisa Blount. ◆ Nel 1947, due ragazzini bianchi spiano nel ghetto nero un concerto di rhythm'n' blues: uno diventerà pastore (Baldwin), l'altro, Jerry Lee Lewis (Quaid), contenderà a Elvis il titolo di re del rock e scandalizzerà l'opinione pubblica sposando la cugina tredicenne (Ryder). Biografia parziale (si ferma al 1958) di un artista maledetto («Se devo andare all'inferno, ci andrò suonando il mio pianoforte»), costruita secondo il consueto schema di ascesa e caduta, ma vivificata da un ritmo visivo energico come la musica del protagonista e sceneggiata dal regista e Jack Baran. McBride gioca in velocità e precisione, rievocando il perbenismo e la trasgressione anni Cinquanta con uno stile tipicamente anni Ottanta, ma usato con intelligenza (montaggio modellato sulla musica, videoclip come condensato di microstorie, split-screen). In contrapposizione al bigottismo dominante dell'epoca, Jerry Lee Lewis risulta più simpatico di quanto non fosse in realtà (pare che sia stato responsabile della morte di due mogli). Peccato che l'insuccesso abbia bloccato la carriera dell'eterna promessa McBride. Lewis replica i suoi successi del passato e dà la voce a Dennis Quaid che, anche se non canta, suona il piano veramente.

Great Rock'n'Roll Swindle, The – La grande truffa del R&R *** (*The Great Rock'n'Roll Swindle*, Gb 1981, col, 90') Julien Temple. Con Malcolm McLaren, Sid Vicious, Johnny Rotten, Steve Jones, Paul Cook, Liz Fraser. ◆ McLaren, manager del celebre complesso punk dei Sex Pistols, ne racconta la nascita e il successo raggiunto attraverso una serie di provocazioni progettate a tavolino. Documentario-concerto volutamente sporco e sgangherato che, dietro gli sberleffi, nasconde uno spaccato cinico ma non banale della società. Grande Sid Vicious che canta *My Way* di Frank Sinatra (brano poi entrato nella colonna sonora di *Quei bravi ragazzi*). All'inizio il regista doveva essere il re del pornosoft Russ Meyer, cui poi subentrò l'esordiente Temple.

Green Card – Matrimonio di convenienza ** (*Green Card*, Usa/Francia 1991, col, 108') Peter Weir. Con Gérard Depardieu, Andie MacDowell, Bebe Neuwirth, Gregg Edelmann, Robert Prosky, Mary Louise Wilson, Lois Smith. ◆ Un sedicente compositore francese (Depardieu), per poter restare negli Usa e ottenere così la carta verde, riesce a farsi sposare in bianco da un'americana frigida e innamorata delle piante (MacDowell). Dopo gli scontri iniziali, nascerà un grande amore: ma sarà troppo tardi. Il consueto tema weiriano dello scontro fra culture e dell'America come terra di nessuno viene calato in una commediola un po' meccanica e forzata. Gli interpreti sono ben diretti, lo sguardo del regista è sempre acuto e pungente, ma da lui si pretenderebbe qualcosa di più. Depardieu, al suo debutto in lingua inglese, sfoggia panzone e tatuaggi, elogia la cucina a base di carne sanguigna e vino rosso, e non è mai stato così sexy.

Gregge, Il ***½ (*Sürü*, Turchia 1979, col, 129') Zeki Ökten, Yilmaz Güney. Con Melike Demirag, Tarik Akan, Tuncel Kurtiz, Levent Inanit, Meral Niron, Erol Demiröz. ◆ Una famiglia di nomadi accompagna in treno un gregge di montoni al mercato di Ankara: dovrebbero servire per pagare le cure della giovane Berivan (Demirag), che Sirvan (Akan) ha sposato nonostante appartenga a un clan rivale e contro il volere del vecchio capofamiglia Hamo (Kurtiz): incidenti e peripezie si moltiplicheranno durante il viaggio che non potrà che finire tragicamente. Straordinario quadro della società turca, che sembra incapace di uscire dall'impasse tra una tradizione primitiva e soffocante e un'idea di modernità irraggiungibile e altrettanto avvelenata. Scritto da Güney in carcere (dove era condannato a 18 anni con l'accusa – di cui si è sempre proclamato innocente – di aver ucciso un giudice durante una sparatoria) e diretto materialmente da Ökten, è il film che ha rivelato all'Occidente questo straordinario «regista per interposta persona», la cui opera precedente (17 film, due soli dei quali fatti materialmente realizzare da altri durante la sua detenzione) è stata conosciuta solo dopo il premio al festival di Locarno del 1979. Pessimista e disperato, il film trova la sua forza e la sua originalità nella capacità di intrecciare i vari generi che lo compongono (il melodramma, l'avventura pseudowestern, il pamphlet sociale) per offrire una riflessione lucida e disincantata sul vicolo cieco in cui sembra entrato lo sviluppo della Turchia: il sogno della modernità è come la casa descritta con entusiasmo dall'amico inurbato che «vede» ogni genere di comodità in un tugurio quasi senza finestre e che non avrà mai i soldi per completarla, mentre il peso delle tradizioni tribali e dei pregiudizi ancestrali (con il loro seguito di morte) sembra portare inevitabilmente verso l'allora emergente integralismo islamico. Un film-shock, come il successivo *Yol*. Circola anche un'edizione ridotta a 95'.

Gremlins *** (*Gremlins*, Usa 1984, col, 111') Joe Dante. Con Zach Galligan, Phoebe Cates, Keye Luke, Dick Miller, Harry Carey jr, Scott Brady, Judge Reinhold, Keye Luke. ◆ A Billy (Galligan) il papà inventore regala per Natale un Mogwai, un tenero animaletto che non deve essere mai bagnato né mangiare dopo mezzanotte. La violazione delle regole provoca la proliferazione di mostriciattoli violenti e dispettosi, i gremlin, che seminano il terrore tra le villette addobbate a festa. Scritta da Chris Columbus, è una favola nera – e non troppo infantile – piena di effetti speciali prodigiosi (di Chris Walas) e citazioni cinefile (da *Nosferatu* a *Biancaneve e i sette nani*). Uno dei film migliori (e dei meno puerili) di cui Spielberg è stato produttore esecutivo: cinema come divertimento e prodigio, ma nutrito di umorismo nero e di sberleffi alle convenzioni. La parola gremlin fu coniata dagli aviatori inglesi durante la seconda guerra mondiale, per indicare i folletti ritenuti responsabili di guasti inesplicabili. Il cartoonist Chuck Jones interpreta il ruolo di «Mr Jones», il professore d'arte; Spielberg compare su una sedia a rotelle. Con un seguito.

Gremlins 2 – La nuova stirpe **½ (*Gremlins 2: the New Batch*, Usa 1990, col, 107') Joe Dante. Con Zach Galligan, Phoebe Cates, John Glover, Christopher Lee, Robert Picardo, Robert Prosky, Dick Miller, Keye Luke. ◆ La solita sbadataggine di Billy (Galligan) causa una nuova proliferazione di malvagi gremlin (tra i nuovi mostri c'è un gremlin tuttologo, cui il doppiaggio dà la voce di Sgarbi, e una gremlin-vamp), che si impadroniscono del grattacielo di un manager televisivo (Glover), parodia di Donald Trump e Ted Turner. Meno fiabesco e meno horror del primo capitolo, ha un ritmo ancora più vertiginoso, ed è stracolmo, al solito, di gag e ammiccamenti cinefili (la sceneggiatura è di Charlie Haas). Il pubblico però non ha gradito il gusto dell'assurdo e l'umorismo fin troppo sofisticato. Nei titoli di testa e di coda battibeccano i personaggi dei *Looney Tunes*; e ai cartoon di Tex Avery sono ispirate gag come quella dei gremlin che interrompono il film proiettando le loro ombre sullo schermo bianco (e che in televisione perdono tutto il loro fascino). Il regista Paul Bartel è il proprietario del cinema che richiede l'intervento del campione di wrestling Hulk Hogan, il critico Leonard Maltin appare nella parte di se stesso e Dante è il regista. Keye Luke, il vecchio saggio cinese, era stato il figlio «numero uno» nei film di Charlie Chan.

Greystoke – La leggenda di Tarzan signore delle scimmie ** (*Greystoke – The Legend of Tarzan Lord of the Apes*, Gb 1984, col, 130') Hugh Hudson. Con Christopher Lambert, Ralph Richardson, Ian Holm, Andie MacDowell, James Fox. ◆ Il visconte John Clayton (Lambert), erede dei Greystoke, creduto morto, viene ritrovato nella giungla: è stato allevato dalle scimmie e il suo ritorno alla civiltà non sarà semplice. I soliti dilemmi tra natura e cultura, in un Tarzan (nome che però, attenzione, non viene mai pronunciato nel film) liberamente ispirato al romanzo di Edgar Rice Burroughs (1913), e messo in scena con scrupoli di realismo e alte ambizioni. Mimi coperti dai costumi di Rick Baker recitano nella giungla assieme a scimmie vere: in mezzo a loro Lambert, al suo lancio come sex symbol internazionale, fa quel che può. Meno riuscita e più banale, in ogni caso, la parte ambientata in Inghilterra. L'ultimo film di Richardson (il nonno di Tarzan) e il primo della MacDowell (nella parte di Jane, che però nell'edizione originale venne doppiata da Glenn Close per mascherare un troppo spiccato accento sudista). Robert Towne, autore della sceneggiatura, ha utilizzato come pseudonimo il nome del suo cane (P.H. Vazak) per protesta contro le manomissioni.

Gridlock'd – Istinti criminali ** (*Gridlock'd*, Usa/Gb 1996, col, 91') Vondie Curtis-Hall. Con Tim Roth, Tupac Shakur, Thandie Newton, Charles Fleisher, Tom Towles, Vondie Curtis-Hall. ◆ Stretch (Roth) e Spoon (Shakur), jazzisti ed eroinomani, tentano svogliatamente programmi per disintossicarsi e si cacciano nei guai, inseguiti dalla polizia e da un gangster (Curtis-Hall) cui hanno venduto una patacca. Scritto dall'esordiente attore-regista, una specie di *Trainspotting* newyorkese, allegramente irresponsabile e molto meno truce, che riesce bene soprattutto nella satira del sistema sanitario (così complicato da scoraggiare i buoni propositi dei due tossici). Il buon ritmo e gli attori fanno dimenticare le inverosimiglianze. John Sayles è un poliziotto, Elizabeth Peña l'impiegata antipatica, Kasi Lemmons la «Madonna». Musica di Stewart Copeland.

Grido, Il ***½ (Italia 1957, b/n, 116') Michelangelo Antonioni. Con Steve Cochran, Alida Valli, Betsy Blair, Gabriella Palotta, Dorian Gray, Lyn Shaw, Mirna Girardi. ◆ Abbandonato dall'amante (Valli), l'operaio Aldo (Cochran) si mette in viaggio con la figlia per cercare un lavoro che non riesce a trovare. Deluso anche da una serie di fugaci rapporti sentimentali, cerca di tornare con la sua ex amante che però lo respinge ancora: umiliato e disperato, sale su una torre per suicidarsi. Costruito come un susseguirsi di incontri e situazioni che si snodano lungo un emblematico vagabondaggio padano, il film (sceneggiato dal regista con Elio Bartolini ed Ennio De Concini) affronta i temi dell'individualismo antonioniano in una chiave insolita per i tempi, dalla parte cioè di un proletario a cui non riesce di «ricondurre i temi più ferocemente interiori all'interno di un quadro di lotte collettive capace di risolverli». Rifiutando volutamente ogni acme drammatico prima del tragico finale, Antonioni utilizza indugi, ritardi narrativi e il ritmo insinuante di lunghi piani sequenza per penetrare la crisi di un uomo «contaminato dal male oscuro dell'angoscia» e che trova il suo contrappunto in un paesaggio inquinato dai simboli del progresso (le pompe di benzina, le corse dei motoscafi, le bobine di cavi elettrici, i lavori per l'aeroporto) e da una serie di incontri femminili che gli ricordano i diversi aspetti di una medesima sconfitta: la provvisorietà della benzinaia Virginia (Gray), la disponibilità della prostituta Andreina (Shaw), l'irrecuperabile passato di Elvia (Blair). Dorian Gray è doppiata da Monica Vitti che per merito di questo lavoro conobbe il regista che l'avrebbe lanciata come «musa dell'incomunicabilità». Gran premio della critica al festival di Locarno.

Grido del cuore, Il **½ (*Le Cri du cœur*, Francia/Burkina Faso 1994, col, 86') Idrissa Ouedraogo. Con Saïd Diarra, Richard Bohringer, Félicité Wouassi, Alex Descas, Jean-Yves Gautier. ◆ Moctar (Diarra), undici anni, lascia il villaggio nel Mali e raggiunge il padre, che ha aperto un garage in Francia. I soldi non mancano, il razzismo è appena sfiorato: sarà il trauma dello spaesamento che gli fa avere le allucinazioni in cui è inseguito da una iena? Un ex camionista un po' bizzarro (Bohringer) lo aiuta a superare questo rito di passaggio tribale e metropolitano. Ouedraogo (sceneggiatore con Robert Gardner e Jacques Akchoti) evita gli stereotipi nel descrivere la Francia vista dagli immigrati e si concentra sulla piccola odissea interiore di un ragazzino sensibile: cavandone spunti metaforici e figurativi non banali, malgrado qualche tentazione troppo poetica. La musica è del jazzista Henri Texier.

Grido del gufo, Il **½ (*Le Cri du hibou*, Francia 1987, col, 102') Claude Chabrol. Con Christophe Malavoy, Mathilda May, Jean-Pierre Kalfon, Virginie Thévenet, Jacques Penot, Patrice Kerbrat. ◆ Un disegnatore (Malavoy), tormentato e sul punto di divorziare, viene sospettato dell'omicidio del fidanzato di una ragazza (May) di cui si è innamorato in modo assai morboso, ancorché platonico. Ai sospetti della polizia si aggiunge la persecuzione della diabolica moglie (Thévenet). Tra il teatro della crudeltà e quello dell'assurdo, un thriller paradossale e inquietante, popolato di psicolabili, iettatori, anime torve e altra umanità. Chabrol è abbastanza fedele allo spirito del romanzo ispiratore, *Il grido della civetta* di Patricia Highsmith, anche se l'adattamento che ha scritto insieme a Odile Barski non sempre riesce a evitare l'enfasi. L'ultima scena è di quelle che mandano a casa gli spettatori deliziati o inviperiti.

Grido della terra, Il **½ (Italia 1948, b/n, 90') Duilio Coletti. Con Andrea Checchi, Luigi Tosi, Marina Berti, Carlo Ninchi, Vivi Gioi, Filippo Scelzo, Peter Trent, Arnoldo Foa, Elena Zareschi, Cesare Polacco. ◆ Un gruppo di ebrei guidati dal tenente Arié (Checchi) riesce a imbarcarsi clandestinamente dall'Italia meridionale e sbarcare in Palestina, ma qui dovranno confrontarsi con l'intransigenza di chi è disposto anche ad azioni terroristiche per scacciare le truppe di occupazione inglese. Insolito melodramma che prende spunto da fatti realmente accaduti in quegli anni in Italia, quando la comunità ebraica affittava navi per portare i propri correligionari in terra d'Israele: se il film (sceneggiato da Lewis F. Gittler da un soggetto di Maria R. Bernardi e Tullio Pinelli e con la collaborazione di Carlo Levi, Giorgio Prosperi e Alessandro Fersen) è abbastanza prevedibile nel raccontare i momenti tipici della vita di gruppo, sa invece trovare una sua sommessa epicità nella bella scena dello sbarco a nuoto e illustra con ammirevole imparzialità la crudeltà della guerriglia di liberazione contro gli inglesi. Di grande commozione il discorso sui «peccati» degli ebrei nei campi di concentramento e sulla «disperazione» di chi vi è sopravvissuto fatta dal professor Taumen (Scelzo) all'angosciata Dina (Berti). Alessandro Fersen interpreta anche la parte del rabbino. I costumi sono di Emanuele Luzzati.

Grido del lupo, Il *½ (*Cry Wolf*, Usa 1947, b/n, 83') Peter Godfrey. Con Errol Flynn, Barbara Stanwyck, Geraldine Brooks, Richard Basehart. ◆ Una vedova (Stanwyck) reclama l'eredità del marito morto: ma lo zio (Flynn) indaga. Noir dalla struttura ovvia e con una soluzione poco interessante, che neanche le interpretazioni sollevano dalla mediocrità.

Grido di battaglia ** (*Cry of Battle*, Usa/Filippine 1963, b/n, 99') Irving Lerner. Con Van Heflin, James MacArthur, Rita Moreno, Leopoldo Salcedo, Sidney Clute, Marilou Muñoz, Liza Moreno. ◆ Nelle Filippine, durante l'offensiva giapponese, due soldati americani – l'inesperto Dave (MacArthur) e il cinico Joe (Heflin) – si uniscono a un gruppo di ribelli locali, dediti più alle razzie che alla guerriglia: la durezza della guerra e l'amore per Sisa (Moreno) porteranno Dave a rifiutare l'egoismo dell'amico e a fare la cosa giusta. Un'educazione alla vita sotto gli attacchi giapponesi: l'idea (sceneggiata da Bernard Gordon) non è originalissima, ma la demistificazione dell'eroe americano, attraverso un Van Heflin truculento e simpatico ma pericoloso quanto il nemico, è abbastanza ben riuscita.

Grido di libertà *½ (*Cry Freedom*, Gb 1987, col, 155') Richard Attenborough. Con Kevin Kline, Denzel Washington, Penelope Wilton, Kevin McNally, John Matshikiza, Zakes Mokae, Alec McCowen. ◆ Nel Sudafrica degli anni Settanta Biko (Washington), un giovane leader dell'opposizione nera, diventa amico di un bianco (Kline) che si batte contro l'apartheid. Il primo, arrestato, morirà per le torture; l'altro fuggirà dal suo paese. Ispirandosi a due libri di Donald Woods (*Biko* e *In cerca di guai* sceneggiati da John Briley), Attenborough tratta il problema dell'apartheid in modo puramente emotivo e semplicistico: e, con grave scompenso narrativo, dedica tutta la seconda parte alle peripezie dell'eroe bianco. Le scene di massa confermano comunque il talento del regista per l'epopea.

Grido di pietra *½ (*Schrei aus Stein*, Rft/Francia/Canada 1991, col, 106') Werner Herzog. Con Vittorio Mezzogiorno, Mathilda May, Stefan Glowacz, Donald Sutherland, Brad Dourif. ◆ Un giornalista (Sutherland) organizza una sfida tra uno scalatore vecchio stile (Mezzogiorno) e un campione di free climbing (Glowacz). Obiettivo: conquistare l'inaccessibile Cerro Torre in Patagonia. Herzog, meno lucido del solito, rispetta solo in parte la promessa di filmare situazioni estreme, e annacqua la vicenda con un insulso triangolo sentimentale. L'unico a non essere fuori parte è Dourif, lo scalatore suonato che beffa il ringhioso Mezzogiorno. Da un soggetto di Reinhold Messner. La May è molto bella ma non si capisce che bisogno c'era di farla spogliare.

Grido nella notte, Un *½ (*A Cry in the Dark*, Usa/Australia 1988, col, 121') Fred Schepisi. Con Meryl Streep, Sam Neill, Bruce Myles, Charles Tyngwell. ◆ La moglie (Streep) di un pastore (Neill) australiano è accusata di aver ucciso la figlioletta in un rito propiziatorio: la stampa le è contro, viene condannata all'ergastolo, e solo dopo anni riuscirà a mostrare la propria innocenza. Ricostruzione a effetto della vera storia dei coniugi Chamberlain, sceneggiata dal regista e da Robert Caswell a partire dal libro di John Bryson: la Streep si impone un tour de force masochistico alla De Niro (capelli neri a caschetto, chili in più, accento australiano), e la sua bravura finisce con l'essere irritante. Regia pallida per un film di taglio cronachistico dalla morale («attenzione ai mass media!») piuttosto scontata. Distribuito in Australia col titolo *Evil Angels*.

Grimaldi, I *½ (Italia 1997, col, 102') Giorgio Castellani [Giuseppe Greco]. Con Daniele Romero, Mariella Lo Giudice, Valentina Chico, Lollo Franco. ◆ Per salvare il figlio coinvolto nel traffico di droga, il patriarca (Romero) della famiglia «di rispetto» dei Grimaldi dichiara guerra ai nuovi mafiosi: nasconderà il giovane in una grotta fino a quando non tornerà agli antichi valori paterni. Al suo secondo film, il figlio di Michele Greco detto «il Papa», boss di Ciaculli e capo della Cupola, racconta a modo suo la vita del padre: ma l'occasione è sprecata da una sceneggiatura mediocre (piena di stereotipi che fanno del protagonista una brutta copia del Brando del *Padrino*) e da una direzione d'attori dilettantesca. E non ci sono nemmeno gli eccessi trash di *Vite perdute*.

Gringo Barbarosa, El **½ (*Barbarosa*, Usa 1982, col, 90') Fred Schepisi. Con Gary Busey, Willie Nelson, Gilbert Roland, Isela Vega, Danny De La Paz, Alma Martinez. ◆ Ricercato per un omicidio involontario, il giovane texano Karl (Busey) si unisce al mitico bandito messicano Barbarosa (Nelson), che il popolo crede immortale e che invece il suocero, il ricco don Braulio Zavala (Roland), cerca in tutti i modi di far uccidere. Ci riuscirà, ma con uno stratagemma Karl farà vivere in eterno il suo mito. Insolito western sceneggiato da William D. Wittliff, più vicino alla mitologia sudamericana del gaucho e del cangaceiro che a quella del cowboy. Anche se tutto centrato sul tema della vendetta (con conseguente spreco di morti ammazzati), il film non scivola nei compiacimenti visivi cari al neowestern ma utilizza la violenza umana come «unico linguaggio possibile di fronte al silenzio lontano della natura» ed è molto meno crepuscolare di altri western coevi. Ne esce il ritratto bigger than life di un gruppo di uomini leggendari sempre pronti a sfidare la morte, che i tre attori principali – Busey, Nelson e Roland – interpretano con grande talento.

Grinta, Il ** (*True Grit*, Usa 1969, col, 128') Henry Hathaway. Con John Wayne, Kim Darby, Glen Campbell, Robert Duvall, Dennis Hopper, Strother Martin. ◆ La quattordicenne Mattie (Darby), per vendicare l'assassinio del padre, chiede aiuto a Rooster Cogburn detto il Grinta (Wayne), un vecchio sceriffo orbo e ubriacone in cerca di riscatto. Dal romanzo *Un vero uomo per Mattie Ross* di Charles Portis sceneggiato da Marguerite Roberts, un western senile più che crepuscolare, che allora ottenne un buon successo. Lo stanco Wayne (per le scene a cavallo si dovette usare una carrucola per metterlo in sella) vinse l'unico Oscar della sua carriera: avrebbe voluto essere lui il regista, ma si accontentò di un compenso di 1 milione di dollari e del 35% sugli incassi. Seguìto da *Torna il Grinta*.

Grisbi **** (*Touchez pas au grisbi*, Francia/Italia 1954, b/n, 94') Jacques Becker. Con Jean Gabin, Jeanne Moreau, Lino Ventura, Gaby Basset, René Dary, Daniel Cauchy, Paul Frankeur, Delia Scala. ◆ Max (Gabin), un vecchio gangster ormai stanco, progetta l'ultimo colpo della sua carriera: cambiare in banconote 96 chili d'oro rubati all'aeroporto di Orly. Ma il suo braccio destro, Riton (Dary), si confida con l'amante (Moreau) che a sua volta ne parla al capobanda rivale (Ventura), con cui ha una relazione. Riton viene fatto prigioniero e Max accetta la trattativa per liberarlo. Uno dei migliori film francesi mai realizzati, tratto dal romanzo omonimo della *Série noire* di Albert Simonin adattato dallo scrittore con il regista e Maurice Griffe, di cui Becker distilla l'essenziale con un occhio ai modelli del cinema americano. Più che l'azione, comunque ben diretta, contano l'atmosfera crepuscolare e le psicologie: come ha detto Truffaut, il vero tema di *Grisbi* sono l'invecchiamento e l'amicizia. La trama è lineare, quasi hawksiana, i personaggi sono caratterizzati con pochi tocchi (il ritratto di Max è di una laconicità rara nel cinema francese dell'epoca), lo stile è secco, sobrio, puntuale: un modello di quel classicismo pudico che è la caratteristica di Becker. Emozionante il confronto tra il mitico Gabin e l'emergente Ventura, mentre la Moreau è una donna fatale stilizzata ma efficace. La colonna sonora, basata su un leit-motiv molto popolare, è di Jean Wiener; il montaggio è di Marguerite Renoir, moglie di Jean. Coppa Volpi a Venezia per il miglior attore a Gabin, per questo film e *Aria di Parigi*.

Grissom Gang – Niente orchidee per miss Blandish *** (*The Grissom Gang*, Usa 1971, col, 128') Robert Aldrich. Con Scott Wilson, Kim Darby, Tony Musante, Robert Lansing, Irene Dailey, Connie Stevens, Wesley Addy. ◆ Nel 1931, a New York, un'ereditiera (Darby) viene rapita dai Grissom, una gang composta da madre e quattro figli. Il figlio ritardato (Wilson) si oppone all'uccisione della ragazza, che incomincia a ricambiare il sentimento che nutre per lei. Uno spaccato amaro e non banale dell'America della Grande Depressione, che non ha nulla da invidiare ai più noti *Gang* e *Il clan dei Barker*. Aldrich predilige le tinte forti, ma non calca la mano sul grottesco, e trasforma un film di gangster in una tragedia edipica senza lacrime. Tratto da *Niente orchidee per miss Blandish* di James Hadley Chase sceneggiato da Leon Griffiths.

Grizzly l'orso che uccide * (*Grizzly*, Usa 1976, col, 91') William Girdler. Con Christopher George, Andrew Prine, Richard Jaeckel, Joan McCall. ◆ In un parco nazionale americano, un grizzly di tre metri, che si credeva estinto, sbrana i campeggiatori. Trita storia dell'orrore dal facile moralismo ecologista. Ma a fare paura sono soprattutto sceneggiatura e regia.

Grog *½ (Italia 1982, col, 95') Francesco Laudadio. Con Franco Nero, Sandra Milo, Gabriele Ferzetti, Eros Pagni, Omero Antonutti, Franco Javarone, Claudio Cassinelli, Christian De Sica. ◆ Due evasi (Nero e Javarone) rapiscono un industriale, ma i mass media – nella persona di un bieco giornalista (Pagni) – si impadroniscono dell'evento, trasformandolo in uno spettacolo televisivo con tanto di inserti pubblicitari della ditta del rapito (la Grog, appunto). L'idea (del regista che l'ha sceneggiata con Silvia Napolitano) è interessante, anche se non nuovissima, ma dopo una mezz'ora annaspa e scade nel facile moralismo. Primo film di Laudadio, vincitore del premio della giuria al festival di San Sebastian.

Grosso guaio a Chinatown **½ (*Big Trouble in Little China*, Usa 1986, col, 100') John Carpenter. Con Kurt Russell, Dennis Dun, Suzee Pai, Kim Cattrall, James Hong, Victor Wong. ◆ San Francisco 1986: Lo Pan (Hong), tra le figure più temute della leggenda cinese, si è insediato nel sottosuolo di Chinatown e per sconfiggere la maledizione di cui è prigioniero fa rapire Miao Yin (Pai). In aiuto della ragazza corrono il fidanzato Wang Chi (Dun), il suo amico camionista Jack Burton (Russell) e l'avvocatessa Gracie Law (Cattrall), coadiuvati da una banda di esperti in arti marziali capitanati dal vecchio saggio Egg Shen (Wong). W.D. Richter ha adattato un copione di trent'anni fa, fornendo a Carpenter un cocktail di horror, parodia, kung-fu e avventura. Molti fan del regista hanno storto il naso: ma il film è sorprendentemente fresco e originale, e riesce a mescolare l'ironia con la necessaria ingenuità come non è riuscito a nessun regista cinefilo degli anni Ottanta. Sarabanda di spassosi effetti speciali e coreografie dei combattimenti orchestrate in modo magistrale. Nell'originale, quando Russell prende in mano un pistolone, la battuta è «You'll feel like Dirty Harry» (il nomignolo dell'ispettore Callaghan), malamente resa con «Ti farà sentire qualcuno».

Grotesque * (*The Grotesque*, Gb 1995, col, 98') John-Paul Davidson. Con Alan Bates, Theresa Russell, Sting [Gordon Matthew Summer], Lena Headey, Steven Mackintosh, Trudie Styler. ◆ Inghilterra, 1949: Sir Hugo Coal (Bates) e la moglie americana Harriet (Russell) hanno la vita sconvolta dall'arrivo del nuovo maggiordomo, Fledge (Sting), falsamente servile, sessualmente ambiguo e smanioso di riscatto sociale. L'ennesima variazione inglese della dialettica servo-padrone in una specie di *black comedy* collocata storicamente nel periodo della dissoluzione dell'impero: il soggetto era interessante (sceneggiatura di Patrick McGrath dal suo libro), ma la regia, troppo autocompiaciuta, scambia il gotico decaduto con il ciarpame *bric-à-brac*, e il film raggiunge un livello di «grottesco» ben diverso rispetto alle intenzioni del titolo. Cast scialbo, con Sting che, quasi muto, ha solo il *physique du rôle*. Prodotto da Trudie Styler, moglie di Sting anche nel film.

Grugnito dell'aquila, Il * (*First Family*, Usa 1980, col, 104') Buck Henry. Con Bob Newarth, Gilda Radner, Madeline Kahn, Richard Benjamin, Rip Torn, Harvey Korman, Julius Harris. ◆ Un presidente americano imbranato (Newarth) cerca di allearsi con quello di uno staterello vicino. La first lady (Kahn) è isterica, la figlia (Radner) è una ninfomane: satira andante e facilotta.

Grunt! * (Italia 1983, col, 85') Andy Luotto. Con Andy Luotto, Gianni Ciardo, Giorgio Faletti, Roberto Della Casa. ◆ Due tribù preistoriche sono in lotta per il possesso di un uovo magico. Tentativo non riuscito di parodiare *La guerra del fuoco*. Gag di livello diseguale in una specie di linguaggio onomatopeico sceneggiato da Luotto e Faletti. Eppure Luotto, qui al suo esordio come regista, ha fatto di peggio.

Gruppo, Il ** (*The Group*, Usa 1966, col, 152') Sidney Lumet. Con Shirley Knight, Joanna Pettet, Candice Bergen, Jessica Walter, Joan Hackett, Elizabeth Hartman, Mary Robin-Redd, Hal Holbrook, Larry Hagman, Richard Mulligan. ◆ Dieci anni nella vita di un gruppo di ex allieve di Vassar laureate nel 1933, che hanno stretto un patto di eterna solidarietà. Si riuniranno per il funerale di una di loro che si è suicidata. Dal romanzo omonimo di Mary McCarthy che raccontava la storia della sinistra radical Usa vista dal punto di vista delle donne (adattato da Sidney Buchanan), una specie di soap-opera di serie A, con i classici temi delle illusioni perdute e delle ambizioni giovanili che si ridimensionano. Grande attenzione ai dettagli e accorta direzione degli attori: ma la sceneggiatura va un po' troppo per le lunghe. Debutto di Bergen, Pettet, Hackett e Holbrook.

Gruppo di famiglia in un interno **½ (Italia/Francia 1974, col, 120') Luchino Visconti. Con Burt Lancaster, Silvana Mangano, Helmut Berger, Claudia Marsani, Stefano Patrizi, Romolo Valli, Elvira Cortese. ◆ La quiete di un professore sessantenne (Lancaster) che ha deciso di ritirarsi tra libri e quadri, viene turbata dall'irruzione di un'affittuaria ricca e volgare (Mangano), che tiene bordone alle depravazioni a tre organizzate dalla figlia (Marsani) assieme a due bei giovani (Berger e Patrizi). Il professore prima ne è disgustato, poi, capendo che i libri non gli bastano più e mitizzando la vitalità della gioventù, cerca la loro amicizia. Al suo penultimo film, Visconti torna a confrontarsi con la contemporaneità: ma non è tenero né con le illusioni del vecchio intellettuale né con le velleità giovanili, che possono trovare la catarsi solo nel suicidio. Anche se certi riferimenti alla cronaca sono forzosi e datati, la riflessione di Visconti sulla decadenza della cultura occidentale è lucida e piena di sfumature. La sceneggiatura è scritta insieme a Enrico Medioli e Suso Cecchi d'Amico. Di gran classe, come sempre, la confezione (scenografie di Mario Garbuglia e fotografia di Pasqualino De Santis). Brevi apparizioni di Claudia Cardinale e Dominique Sanda.

Guadalcanal ** (*Guadalcanal Diary*, Usa 1943, b/n, 93') Lewis Seiler. Con Preston Foster, Lloyd Nolan, William Bendix, Anthony Quinn. ◆ Durante la seconda guerra mondiale, i marine combattono per conquistare Guadalcanal, una base nel Pacifico di vitale importanza strategica. Un instant-movie di propaganda bellica, spettacolare e con qualche tratto non banale. Nel suo genere, un piccolo classico.

Guadalcanal ora zero **½ (*The Gallant Hours*, Usa 1959, b/n, 90') Robert Montgomery. Con James Cagney, Dennis Weaver, Richard Jaeckel, Ward Costello, Carl Benton Reid. ◆ La carriera dell'ammiraglio William F. Halsey (Cagney), che seppe difendere l'isola di Guadalcanal dai giapponesi disponendo di pochi uomini coraggiosi. Molti anni dopo *Una donna nel lago*, Montgomery girò un altro film-scommessa sceneggiato da Beirne Lay jr e Frank D. Gilroy: raccontare la guerra seguendola sulle mappe della cabina di comando. Il risultato è a tratti verboso, ma l'idea di mostrare la mente militare al lavoro lascia spazio a più di una riflessione, non necessariamente allineata allo spirito patriottico che ispira il film. L'ultimo film di Montgomery regista, che fa una breve comparsa. Prodotto da Cagney.

Guai ai vinti! (Vae Victis) *** (Italia 1954, b/n, 102') Raffaello Matarazzo. Con Lea Padovani, Anna Maria Ferrero, Pierre Cressoy, Clelia Matania, Gualtiero Tumiati, Camillo Pilotto, Paola Quattrini, Emilio Cigoli. ◆ Durante la prima guerra mondiale, mentre i loro uomini sono al fronte, Luisa (Padovani) e Clara (Ferrero) sono violentate dai soldati austriaci e rimangono incinte. La prima, per non perdere il marito, abortisce; la seconda decide di portare a termine la gravidanza e viene messa al bando dai concittadini: troppo tardi, il fidanzato (Cressoy) scoprirà la sua purezza di cuore. Tratto dal romanzo *Vae victis* di Annie Vivanti, sceneggiato dal regista, Piero Pierotti, Giovanna Soria, Achille Campanile e Mario Monicelli, il film trova la sua tensione narrativa negli opposti rapporti che le protagoniste stabiliscono con gli uomini: se a dominare è comunque la violenza, questa è sofferta e disperatamente non voluta in Luisa mentre è quasi non vissuta e rimossa in Clara. A unirle (e a svelare l'idea di femminilità che regge l'universo matarazziano) c'è un comune carico di dolore, rabbia e forza interiore, unica risorsa di fronte a un destino impietoso in cui «tutte le strade che possono percorrere per superare lo stato in cui sono cadute conducono sempre e comunque alla condanna e alla rinuncia». Sicuramente uno dei film più cupi e pessimisti di Matarazzo, ma anche dei più coraggiosi perché il regista si rifiuta di condannare la donna che sceglie di abortire. Paola Quattrini bambina interpreta Mirella, la figlia di Luisa che assiste allo stupro della madre e perde la parola.

Guai con gli angeli ** (*The Trouble with Angels*, Usa 1966, col, 112') Ida Lupino. Con Rosalind Russell, Hayley Mills, June Harding, Marge Redmond, Binnie Barnes, Gypsy Rose Lee, Camilla Sparv, Mary Wickers, Margalo Gillmore. ◆ Due amiche (Mills e Harding) vengono educate in un collegio di suore: combinano un sacco di marachelle ma una prenderà i voti. Dal romanzo di Jane Trahey adattato da Blanche Hanalis, una commediola meno melensa di quel che può sembrare, anche se la Lupino ha fatto di meglio. Rosalind Russell, passati i tempi in cui era una sex symbol, veste i panni della madre superiora.

Guai in famiglia * (*Folks!*, Usa 1992, col, 101') Ted Kotcheff. Con Tom Selleck, Don Ameche, Anne Jackson, Christine Ebersole, Wendy Crewson, Robert Pastorelli, Michael Murphy. ◆ Chicago, anni Novanta: Jon Aldrich (Selleck), ricco agente di borsa e figlio devoto, si trova improvvisamente indagato per traffico di denaro sporco e costretto a ospitare i genitori anziani (Ameche e Jackson) che combinano solo pasticci provocando la fuga della nuora (Ebersole) con i bambini. Grossolana farsa casalinga su una famiglia-tipo americana anni Novanta, in ginocchio per varie disgrazie e alla riscossa con altrettanti happy end. Selleck, ex Magnum P.I., subisce un vero e proprio martirio corporale (viene morso da un cane, si ferisce a un occhio, si rovina una mano e rischia anche di perdere un testicolo cadendo dalla finestra!), mentre Ameche non perde un colpo, in barba all'arteriosclerosi del suo personaggio. Uno dei pasticci della PentAmerica di Cecchi Gori alla conquista degli Usa.

Guantanamera ** (*Guantanamera*, Spagna/Cuba/Germania 1995, col, 102') Tomás Gutiérrez Alea, Juan Carlos Tabío. Con Carlos Cruz, Mirtha Ibarra, Jorge Perugorría, Raul Eguren, Pedro Fernández, Luis Alberto Garcia, Conchita Brando. ◆ Per trasportare la bara di una parente da Guantánamo a Cuba, il burocrate Adolfo (Cruz) organizza una complicata «catena» di carri funebri pubblici, ma tutto preso dal suo progetto di «razionalizzazione dei costi» non si accorge che la moglie Georgina (Ibarra), ex insegnante non ortodossa, è stanca della vita che conduce. E l'incontro casuale con un suo ex allievo, il camionista Mariano (Perugorría), farà scoppiare la crisi matrimoniale. I due registi di *Fragola e cioccolato* alzano il tiro della loro satira affrontando i problemi che il socialismo reale impone ai cubani, ancorché morti. Ma l'odissea, scandita dalle strofe di *Guajira Guantanamera* e sceneggiata da Eliseo Alberto Diego con i due registi, diventa ben presto stancamente ripetitiva e alla fine si salva solo lo sguardo disincantato sulle delusioni, i sotterfugi o gli imbarazzi con cui i cubani devono fare i conti ogni giorno. Ultima regia di «Titón» Alea.

Guanto avvelenato, Il *½ (*Mr. Moto's Gamble*, Usa 1938, b/n, 71') James Tinling. Con Peter Lorre, Keye Luke, Lynn Bari, Dick Baldwin. ◆ Mr. Moto (Lorre), con l'aiuto del figlio (Luke), fa luce nel mondo corrotto della boxe. Era stato pensato per la serie di Charlie Chan, ma la morte di Oland fece riciclare il progetto (Luke compreso) come terzo film della serie di Mr. Moto. Routine.

Guanto verde, Il *½ (*The Green Glove*, Usa/Francia 1952, b/n, 89') Rudolph Maté. Con Glenn Ford, Cedric Hardwicke, Geraldine Brooks, George Macready. ◆ Un ex soldato americano (Ford) torna in Francia alla ricerca di un gioiello che aveva nascosto, e si trova coinvolto in un omicidio. Avventure in salsa gialla di scarso interesse: un punto basso nella lunga carriera di Maté.

Guappi, I ** (Italia 1974, col, 130') Pasquale Squitieri. Con Franco Nero, Fabio Testi, Claudia Cardinale, Lina Polito, Raymond Pellegrin, Rita Forzano. ◆ Nella Napoli di fine Ottocento, un boss della malavita (Testi) prende sotto la propria protezione Nicola (Nero) e lo fa studiare da avvocato: dopo la laurea difenderà il guappo dall'accusa d'omicidio che però verrà ugualmente ucciso perché si è rifiutato di eliminare Nicola, responsabile di uno sgarro alla camorra. Feuilleton in costume su soggetto di Michele Prisco e Ugo Pirro, dove Squitieri vorrebbe indagare sulle radici della camorra, ma finisce per privilegiare le ragioni della spettacolarità. Non manca, a ogni buon conto, un polemico finale ambientato ai giorni nostri. Resta interessante la ricostruzione d'epoca.

Guardatele ma non toccatele! *½ (Italia 1959, b/n, 101') Mario Mattoli. Con Ugo Tognazzi, Caprice Chantal, Johnny Dorelli, Raimondo Vianello, Bice Valori, Lyn Shaw, Liana Orfei, Corrado Pani, Chelo Alonso, Edy Vessel, Gianni Minervini, Giampiero Littera, Bruce Cabot, Giacomo Furia, Tino Scotti, Enzo Garinei. ◆ Un aereo americano in avaria chiede assistenza a un campo italiano, ma i 24 soldati che ha a bordo sono donne: il maresciallo La Notte (Tognazzi) cerca di impedire ai suoi avieri di fraternizzare, ma riesce solo a scatenare le gelosie della moglie (Valeri). Pochade spensierata e senza pretese, con gara finale a teatro tra avieri e «piombini» (i militari dell'aviazione che non volano) per giustificare almeno un'ausiliaria in guepière e la partecipazione di Dorelli (il tenente Altieri) e di Chelo Alonso (è una delle soldatesse!), oltre a una comparsata di Fred Buscaglione che canta *Whisky facile* e *Eri piccola così!*. Tognazzi però è divertente nei panni del «saggio» maresciallo veneto («si sa che La Notte porta consiglio»), ossessionato da una moglie sospettosissima e finto giapponese in una parodia del *Ponte sul fiume Kwai*. Sceneggiatura di Bruno Baratti, Castellano e Pipolo.

Guardato a vista *** (*Garde à vue*, Francia 1981, col, 103') Claude Miller. Con Lino Ventura, Michel Serrault, Guy Marchand, Romy Schneider. ◆ In una cittadina della provincia francese, la notte di San Silvestro, un notaio e notabile del luogo (Serrault), sospettato di aver violentato e ucciso due bambine, viene interrogato da un ispettore (Ventura) che non tiene conto delle raccomandazioni di prudenza impartitegli dai suoi superiori e che scoprirà di avere la sua più preziosa alleata proprio nella moglie (Schneider) dell'accusato. L'intreccio non è particolarmente originale (tratto da un giallo di John Wainwright adattato dal regista insieme a Jean Herman e dialogato da Michel Audiard), ma la messa in scena di Miller – rinchiusa tra le pareti soffocanti di un ufficio di polizia – è senza una sbavatura, attenta alle sfumature e capace di trarre il meglio da un terzetto di grandi attori. Ne esce un quadro pessimista e disperato, capace di riscattare quello che poteva sembrare un film di commissione, lontano dai suoi abituali temi giovanili ma in realtà riflesso speculare di un mondo dove gli uomini (le cui psicologie hanno interessato Miller sempre più dei condizionamenti sociali) rivelano la loro vera faccia nascosta e crudele. Il titolo originale, erroneamente tradotto alla lettera in italiano, è il termine giudiziario con cui si indica il fermo di sicurezza.

Guardia bianca, La *½ (*Beg*, Urss 1971, col, 115') Aleksandr Alov, Vladimir Naumov. Con Alexei Batalov, Ljudmilla Savelieva, Vladislav Dvorgetski, Mikhail Ulianov, Evgenij Evistigneev. ◆ Nell'autunno del 1920, mentre l'Armata rossa avanza in Crimea, il professor Golubov (Batalov) fugge a Sebastopoli dove conoscerà il generale Cernotà (Ulianov) e Serafima Kozukina (Savelieva). Per impedire alla donna di prostituirsi, il professore e il generale si recano fino a Parigi dove riescono a estorcere una grande somma di denaro proprio al marito fuggiasco (Evistigneev) di Serafima, ex ministro bianco. E se Cernotà si stabilirà a Sebastopoli, Golubov e Serafima decideranno di rientrare in Unione Sovietica. Pomposo quadro della diaspora bianca dopo la Rivoluzione, ispirato a due romanzi di Bulgakov, *La guardia bianca* e *La fuga*, e alla pièce *I giorni dei Turbiny* che lo stesso romanziere trasse dal primo. Anche se lo spirito grottesco dello scrittore non si adatta molto alla visione «positiva» della coppia di registi (autori anche della sceneggiatura), il film risente soprattutto dei tagli draconiani che ha subìto l'edizione italiana (in originale durava 240'): per questo l'opera appare sconnessa e divisa in due tronconi, magniloquente e spettacolare la prima parte con il racconto della guerra, romantica ma schematica (con la necessità di contrapporre all'angoscia farneticante dei Bianchi la generosa umanità dei Rossi) la seconda con le disavventure degli esuli.

Guardia del corpo *½ (*The Bodyguard*, Usa 1992, col, 129') Mick Jackson. Con Kevin Costner, Whitney Houston, Gary Kemps, Bill Cobbs, Tomas Arana. ◆ Il gorilla Frank Farmer (Costner), ingaggiato per difendere la rockstar Rachel Marron (Houston) da un maniaco che la minaccia per lettera, ha degli scrupoli professionali quando si innamora di lei. Thriller con canzoni per l'esordio sul grande schermo della Houston. Il corpo e lo sguardo, il bianco e la nera, il dovere (Farmer si sente in colpa perché non era di turno il giorno dell'attentato a Reagan) e la passione: opposizioni elementari e tutte di superficie per un film così ovvio e anonimo da diventare un campione d'incasso internazionale. Prodotto, con buon fiuto, da Lawrence Kasdan, che ha tirato fuori dal cassetto una sua vecchia sceneggiatura. Grande successo per la canzone *I Will Always Love You*. Punitivo il taglio di capelli di Costner.

Guardia, guardia scelta, brigadiere e maresciallo *½ (Italia 1956, b/n, 100') Mauro Bolognini. Con Alberto Sordi, Peppino De Filippo, Aldo Fabrizi, Gino Cervi, Valeria Moriconi, Nino Manfredi, Tiberio Mitri, Memmo Carotenuto, Alessandra Panaro, Riccardo Garrone. ◆ Un vigile (Sordi) spicca troppe multe e viene trasferito; una guardia scelta (De Filippo) con la passione per la musica compone una nuova marcia; un brigadiere (Fabrizi) pensa solo alla sua famiglia: il tutto sotto l'ala paterna del maresciallo (Cervi). Il neorealismo rosa nella versione più innocua e annacquata sceneggiato da Ruggero Maccari, Ettore Scola e Nicola Manzari.

Guardia, ladro e cameriera *½ (Italia 1958, b/n, 85') Steno [Stefano Vanzina]. Con Nino Manfredi, Gabriella Pallotta, Fausto Cigliano, Mario Carotenuto, Bice Valori, Luciano Salce, Enzo Garinei, Gianni Minervini. ◆ La notte di San Silvestro, uno squattrinato (Manfredi) tenta un furto e rischia di mettere nei guai una guardia notturna (Cigliano) e una cameriera (Pallotta): ma tutto finisce per il meglio. Convenzionale commediola gialla. Lucio Fulci è coautore della sceneggiatura.

Guardiano di notte *½ (*Nattevagten*, noto anche col titolo inglese *Nightwatch*, Danimarca 1994, col, 107') Ole Bornedal. Con Nikolai Coster Waldau, Sofie Grab, Kim Bodnia, Ulf Pilgaard. ◆ Lo studente Martin Bork (Waldau) è il nuovo guardiano di notte dell'obitorio di Copenhagen, proprio mentre in città impazza un serial killer: che finisce per prenderlo di mira, iniziando un gioco tra gatto e topo. Un giochino per cinefili di bocca buona, dove gli spaventi e le atmosfere gotiche si sfilacciano tra intermezzi semigoliardici e patetiche cadute di tono. La trovata migliore, giocata sul montaggio, è copiata dal *Silenzio degli innocenti*. Rifatto dallo stesso regista a Hollywood con gli stessi scarsi risultati (*Nightwatch*, 1998).

Guardie e ladri **½ (Italia 1951, b/n, 101') Steno [Stefano Vanzina], Mario Monicelli. Con Totò [Antonio de Curtis], Aldo Fabrizi, Ave Ninchi, Rossana Podestà, Ernesto Almirante, Aldo Giuffré, Mario Castellani, Carlo Delle Piane, Tino Scotti. ◆ Per non essere radiato, il brigadiere Bottoni (Fabrizi) deve acchiappare entro tre mesi Esposito (Totò), un piccolo truffatore che si è lasciato scappare. I due finiranno per stringere amicizia, comprendendo le reciproche ragioni: Esposito si farà catturare, ma Bottoni nasconderà la verità alla famiglia. Uno dei primi film in cui Totò è utilizzato come attore a tutto tondo. Amabile spaccato di un'Italia ancora da ricostruire e che si arrangia come può: il pubblico si identificò e il successo fu enorme. Ma la censura, incredibilmente, ebbe a ridire. Oltre che dai registi è sceneggiato da Flaiano, Brancati e Fabrizi. Fotografia di Mario Bava. Premio per la miglior sceneggiatura a Cannes 1952. Totò vinse sia il Nastro d'argento che la Palma d'oro a Cannes.

Guendalina **½ (Italia/Francia 1957, b/n, 103') Alberto Lattuada. Con Jacqueline Sassard, Raf Vallone, Sylva Koscina, Raf Mattioli, Leda Gloria, Enzo Cerusico, Carla Gravina, Lilli Cerasoli, Giancarlo Cobelli. ◆ I ricchi genitori (Vallone e Koscina) di Guendalina (Sassard) hanno litigato e prolungano il suo soggiorno a Viareggio: partiti i soliti amici, la ragazza conosce uno studente (Mattioli) e pian piano se ne innamora. Ma quando finalmente ha visto chiaro dentro di sé, deve partire. Lattuada, dopo due anni di progetti irrealizzati, racconta la trasformazione di un'adolescente ipocrita che scopre «la sostanza dei sentimenti» e dà una notevole prova di regia (eccellente la composizione dell'inquadratura con la scelta di prospettive lineari) su una storia che si ispira al modello di *Quella certa età* di Autant-Lara. Indimenticabile l'esordiente Sassard. Il soggetto è di Valerio Zurlini sceneggiato da Leo Benvenuti, Pietro De Bernardi, Lattuada e Jean Blondel.

Guerra al virus *½ (*And the Band Played On*, Usa 1993, col, 141') Roger Spottiswoode. Con Alan Alda, Matthew Modine, Ian McKellen, Patrick Bauchau, Nathalie Baye, Richard Gere, Glenne Headly, Anjelica Huston, Steve Martin, Saul Rubinek, Lily Tomlin, Charles Martin Smith, Tcheky Karyo, Phil Collins. ◆ I primi anni dell'epidemia dell'Aids, dalle prime avvisaglie in Africa di un morbo misterioso, all'isolamento del virus HTLV, di cui si arroga il merito il dr. Robert Gallo (Alda), e al caso del paziente «numero zero»,

Bill Kraus (McKellen). Versione condensata di una serie Tv americana (tratta dal libro di Randy Shilts) piena di buone intenzioni antireaganiane (mentre si glissa sugli interessi economici in gioco), ma fiacca drammaticamente e stereotipata nel contrapporre scienziati eroici a opportunisti. Particine per molte star spesso spaesate.

Guerra, amore e fuga * (*The Secret War of Harry Frigg*, Usa 1967, col, 109') Jack Smight. Con Paul Newman, John Williams, Sylva Koscina, Andrew Duggan, Tom Bosley, Charles D. Gray, Vito Scotti, James Gregory. ◆ Nel 1943 cinque ufficiali prigionieri di una contessa (Koscina) fraternizzano col nemico: a salvarli viene mandato un civile (Newman) che, affascinato dalla donna, decide di restare e la sposa. Farsa bellica senza ritmo e senza idee: uno dei peggiori film interpretati da Newman.

Guerra dei bottoni, La *½ (*La Guerre des boutons*, Francia 1961, b/n, 95') Yves Robert. Con André Treton, Michel Isella, Martin Lartigue, Jacques Dufilho, Michel Pértiz, Michel Galabru, Yvette Etiévant. ◆ I ragazzi di due villaggi rivali, Longeverne e Velrans, hanno formato due bande, i caimani e i falchi, che si scontrano accanitamente: la pena inflitta ai perdenti è la perdita dei bottoni, con conseguente caduta dei calzoni. Dal romanzo di Louis Pergaud, che partecipa alla sceneggiatura con Robert, una stucchevole variazione sui *Ragazzi della via Paal* che conquistò, allora, le platee internazionali (anche grazie alla scena in cui i ragazzi si sfidano a pisciare più lontano). Strano che vincesse il premio Jean Vigo un film che dell'infanzia ha una visione più balillesca che anarchica. Il futuro regista Pierre Tchernia interpreta la parte della guardia campestre.

Guerra dei mondi, La ** (*War of the Worlds*, Usa 1953, col, 85') Byron Haskin. Con Gene Barry, Ann Robinson, Les Tremayne, Bob Cornthwaite. ◆ Terrificanti mostri marziani (un occhio solo e vari arti muniti di ventose) invadono la Terra partendo da una zona del Midwest statunitense: distruggono intere città, ma non resistono ai microbi terrestri e muoiono. Aggiornamento del romanzo omonimo di H.G. Wells sceneggiato da Barre Lyndon e prodotto dallo specialista George Pal. Celebri le spettacolari scene di battaglia con i dischi volanti che distruggono città in miniatura. Oscar per gli effetti speciali, anche se a volte si vedono i fili. Un reperto dell'èra della guerra fredda, per sociologi, cultori del kitsch e fan di questo genere cinematografico.

Guerra dei Roses, La **½ (*The War of the Roses*, Usa 1989, col, 117') Danny DeVito. Con Michael Douglas, Kathleen Turner, Danny DeVito, Marianne Sägebrecht, G.D. Spradlin. ◆ Dopo 17 anni di matrimonio, Barbara (Turner) e Oliver (Douglas) sembrano una coppia perfetta: una bella casa, dei bei bambini, per lui una splendida carriera d'avvocato. Ma non si amano più e decidono di divorziare dando inizio a una vera e propria guerra domestica che, dopo vari colpi bassi, avrà un esito tale da indurre il loro avvocato (DeVito) a riprendere a fumare. Una commedia nerissima, «losca e degradata», piena di umori cinici e sulfurei, sceneggiata da Michael Leeson. Voglia di crudeltà per l'America degli ultimi anni Reagan: esagerata o liberatoria a seconda dei gusti. DeVito, come regista, sa comunque il fatto suo, anche se certi virtuosismi visivi presi in prestito dal cinema di Coen e Raimi (il piatto che vola...) restano fini a se stessi. Sprecata la Sägebrecht (*Bagdad Café*) nella parte della cameriera.

Guerra dei sessi, La ** (*Borderline*, Usa 1959, b/n, 88') William A. Seiter. Con Fred MacMurray, Claire Trevor, Roy Roberts, Raymond Burt. ◆ Una donna poliziotto (Trevor) si infiltra tra spacciatori di droga e si innamora di uno di loro (MacMurray), che poi si scopre essere un poliziotto. Un gioco di specchi ben congegnato per un poliziesco di serie B svelto ed efficace.

Guerra del cittadino Joe, La → *Joe – La guerra del cittadino Joe*

Guerra del fuoco, La ** (*La Guerre du feu*, Francia/Canada 1981, col, 96') Jean-Jacques Annaud. Con Everett McGill, Rae Dawn Chong, Ron Perlman, Nameer El-Kadi, Gary Schwartz. ◆ Scacciati da una tribù di antropofagi, tre uomini preistorici partono per una laboriosa ricerca del fuoco, che sanno conservare ma non accendere. Uno di loro (McGill) conoscerà anche l'amore e inventerà la «posizione del missionario». Dal romanzo di J.H. Rosny Aîné sceneggiato da Gérard Brach, uno dei progetti sfida che tanto piacciono ad Annaud: girato in Kenia, Irlanda, Scozia e Canada, con la consulenza di Desmond Morris (linguaggi gestuali) e Anthony Burgess (linguaggi gutturali). Ma tanta filologia non evita cadute di gusto e alla fine, più che a un saggio di antropologia, ci si trova davanti a un normalissimo (e neanche troppo divertente) film d'avventure. Oscar per i migliori trucchi (Sarah Monzani e Michele Burke). Esordio della Chong, sempre nuda.

Guerra di Gordon, La **½ (*Gordon's War*, Usa 1973, col, 90') Ossie Davis. Con Paul Winfield, Carl Lee, David Downing, Tony King. ◆ Un nero veterano del Vietnam (Winfield), tornato ad Harlem, scopre che sua moglie è morta di overdose: assieme agli ex commilitoni farà macello degli spacciatori. Uno dei prodotti più riusciti della *blaxploitation* anni Settanta: violento, elementare, divertente e con qualche buona idea di cinema (Harlem come la giungla del Vietnam). Bella fotografia di Victor J. Kemper.

Guerra di Troia, La * (Italia/Francia 1961, col, 115') Giorgio Ferroni. Con Steve Reeves, Edy Wessel, John Drew Barrymore, Lydia Alfonsi. ◆ Morto Ettore, Enea (Reeves) prende il comando, ma i greci entrano in città con lo stratagemma del cavallo. Enea, persa la moglie, fugge verso l'Italia. Peplum mediocre che saccheggia l'*Eneide*. L'uso errato delle spade, visibilmente di piatto e non di taglio, produce un effetto comico involontario.

Guerra è finita, La *** (*La Guerre est finie*, Francia/Svezia 1966, b/n, 120') Alain Resnais. Con Yves Montand, Ingrid Thulin, Geneviève Bujold, Michel Piccoli, Dominique Rozan. ◆ Diego (Montand), un militante comunista spagnolo in esilio a Parigi, ha il compito di attraversare la frontiera clandestinamente per tenere i contatti con i compagni rimasti in patria.

Ma ormai gli stanno stretti sia i miti dei compagni di partito che l'avventatezza dei giovani; e la polizia è sulle sue tracce. Resnais non rinuncia agli intrecci tra passato e presente, realtà e immaginazione che costituiscono la cifra stilistica del suo cinema di quegli anni; ma, grazie anche alla sceneggiatura di Jorge Semprun (che nella versione originale è la voce fuori campo), le note crepuscolari e il tema della crisi dell'ideologia che si rispecchia nella vita privata suonano sobri e sinceri. Al centro del racconto sono due scene d'amore caste e intense, che ovviamente furono sforbiciate dalla nostra censura.

Guerra e Pace *½ (Italia 1956, col, 240') King Vidor. Con Mel Ferrer, Audrey Hepburn, Henry Fonda, Vittorio Gassman, Herbert Lom, Oscar Homolka, John Mills, Wilfrid Lawson, Anita Ekberg, Anna Maria Ferrero, Helmut Dantine, Milly Vitale, Marisa Allasio, May Britt. ◆ Durante l'invasione napoleonica della Russia, l'ufficiale Andrej Bolkonskij (Ferrer), rimasto vedovo, si fidanza con Nataša (Hepburn), per poi ripudiarla quando lei si infatua di un bellimbusto (Gassman). Andrej e Nataša si ritroveranno fra le fiamme di Mosca: ma sarà troppo tardi. Comunque è già pronto un nuovo fidanzato (Fonda). Dal romanzo di Tolstoj, sfrondato e banalizzato da una schiera di sceneggiatori (tra cui Mario Camerini, Mario Soldati, Ennio De Concini e Irvin Shaw), una pantagruelica produzione Ponti-De Laurentiis girata a Cinecittà, e diretta dal vecchio Vidor con mano pesante e senza stile. Gli elementi più interessanti restano le immagini di massa e di battaglia dirette da Soldati, regista della seconda unità. Musiche di Nino Rota.

Guerra e pace (di Sergej Bondarčuk) → *Natascia – L'incendio di Mosca*

Guerra lampo dei fratelli Marx, La **** (*Duck Soup*, Usa 1933, b/n, 68') Leo McCarey. Con Groucho, Harpo, Chico e Zeppo Marx, Margaret Dumond, Raquel Torres, Louis Calhern, Edgar Kennedy, Leonid Kinsky, Edwin Maxwell, Fred Sullivan, Davison Clark. ◆ Le casse di Freedonia sono vuote: nel riempirle, la ricca signora Teasdale (Dumont) impone come presidente Firefly (Groucho), i cui metodi hanno l'arroganza del dittatore e la follia dell'anarchico. Il suo orgoglio farà scoppiare una guerra col vicino stato di Sylvania, che riuscirà a vincere malgrado l'incompetenza sua e dei suoi aiutanti (Harpo e Chico). Il quinto lungometraggio dei Marx (sceneggiato da Bert Kalmar, Harry Ruby, Arthur Sheekman e Nat Perrin) parte come una parodia dell'operetta lubitschiana d'ambientazione mitteleuropea, per diventare una satira politica antimilitarista che anticipa *Il grande dittatore* di Chaplin. McCarey, forse il miglior regista che abbia diretto i Marx, elimina gli intermezzi musicali cari al gruppo, mette in primo piano le pantomime di Harpo (per il quale inventa le sequenze del venditore ambulante), contiene i giochi di parole di Groucho e costruisce un intreccio di gag surreali con un ritmo visivo irresistibile. Quando uscì fu un mezzo fiasco, e venne rivalutato solo negli anni Sessanta, in piena epoca di controcultura. In Italia fu proibito dal fascismo e giunse solo nel dopoguerra. Ultimo film interpretato da Zeppo Marx. Noto anche come *Zuppa d'anatra*.

Guerra privata del Maggiore Benson, La *½ (*The Private War of Major Benson*, Usa 1955, col, 105') Jerry Hopper. Con Charlton Heston, Julie Adams, Tim Hovey, William Demarest, Tim Considine, Sal Mineo. ◆ Un soldato (Heston) dai modi troppo rudi viene spedito a darsi una calmata in una scuola militare: l'amore per una dottoressa (Adams) farà miracoli. La classica accoppiata uniformi e sentimenti in un filmetto scontato con un Heston in ascesa.

Guerra privata del sergente O'Farrell, La → *Mash – La guerra privata del sergente O'Farrell*

Guerra segreta, La *½ (*La Guerre secrète*, Francia/Italia/Rft 1965, b/n, 118') Terence Young, Christian-Jaque [Christian Maudet], Carlo Lizzani. Con Robert Ryan, Henry Fonda, Vittorio Gassman, Annie Girardot, Peter Van Eyck, Mario Adorf, Robert Hossein, Bourvil [André Raimbourg], Georges Marchal, Maria Grazia Buccella, Jacques Sernas, Gabriella Giorgelli, Klaus Kinski. ◆ Il sacrificio di un generale russo (Fonda) fuggito a Berlino avverte gli americani che nel Mar Rosso si sta preparando una trappola per due sottomarini atomici Usa: a Gibuti il controspionaggio francese riesce a disinnescare la minaccia, ma il generale Bruce (Ryan) deve ancora sventare, grazie a un agente italiano (Gassman), il tentativo di rapire a Roma uno scienziato atomico. Pasticciaccio spionistico affidato alle mani di tre registi – l'americano Young ha girato le scene a Berlino e quelle di collegamento, il francese Christian-Jaque quelle a Gibuti e l'italiano Lizzani quelle a Roma – a cui non basta un cast all-stars e qualche scena spettacolare per tener sveglia l'attenzione dello spettatore.

Guerre stellari ***½ (*Star Wars*, Usa 1977, col, 121') George Lucas. Con Mark Hamill, Harrison Ford, Carrie Fisher, Peter Cushing, Alec Guinness, Anthony Daniels, Peter Mayhew, David Prowse, Eddie Byrne, Drewe Henley. ◆ «Tanto tempo fa, in una galassia lontana lontana» un gruppo di ribelli, guidati dalla principessa Leila Organa (Fisher) resiste allo strapotere dell'Impero Galattico cercando di mettere fuori uso la sua più terribile arma, la Morte Nera: ad aiutarli arriverà il giovane Luke Skywalker (Hamill), il vecchio cavaliere jedi Obi-Wan Kenobi (Guinness) e il cinico dal cuore d'oro Han Solo (Ford). Appassionante rivisitazione della fantascienza più favolistica – in cui si mescolano influenze fantasy e ricordi cinefumettistici, specie da Flash Gordon – il film chiude in qualche modo un periodo (quello di una fantascienza più adulta e umanistica, ripensamento attraverso il futuro del nostro presente) per aprire la strada, con il coevo *Incontri ravvicinati del terzo tipo*, a una serie di film più ottimisti, ma anche più fanciullescamente avvincenti, dove il Bene e il Male si fronteggiano senza molte sfumature. La tecnologia non ha più un ruolo preponderante (l'astronave degli eroi, il Millennium Falcon, è «una vecchia ferraglia» eternamente bisognosa di riparazioni) e la vera arma vincente è la Forza, sorta di aggiornamento hollywoodiano delle filosofie sull'élan vital di Bergson e l'inconscio collettivo junghiano, mescolato con influenze orientali («Dimenticati il computer, abbandona la razionalità e affidati all'istinto» suggerisce Obi-Wan a

Luke nella prova decisiva del bombardamento finale) e suggestioni cavalleresche e medioevali. Quella di Lucas, autore anche della sceneggiatura, è un'adesione molto superficiale al sincretismo culturale americano, ma la sua capacità di controllare la tecnica e asservirla a un immenso gioco spettacolare ha fatto di *Guerre stellari* uno dei più grandi successi di tutta la storia del cinema. Questa abilità, grazie alla quale «riesce a lanciare una condanna alla tecnologia pur celebrando le glorie di congegni e dispositivi», si rivela anche nelle citazioni e nei rimandi che collegano il film all'immaginario collettivo dello spettatore: il ritorno di Luke alla casa bruciata degli zii viene da *Sentieri selvaggi*, il bombardamento sulla Morte Nera ha origine da *I guastatori delle dighe* e *Squadriglia 633*, i festeggiamenti finali sono presi in prestito da *Il trionfo della volontà* e anche una delle due «novità» del film, il robot C3-P8 (interpretato da Anthony Daniels) ne ricorda molto da vicino uno di *Metropolis*, mentre tutto lucasiano è il droide D3-BO. *Guerre stellari* fu seguito da *L'impero colpisce ancora* (1980) e *Il ritorno dello Jedi* (1983), dove Lucas tenne per sé il ruolo di produttore lasciando la regia ad altri. Sei Oscar: miglior colonna sonora (John Williams), scenografia (John Barry, Norman Reynolds, Leslie Diley), costumi (John Mollo), montaggio (Paul Hirsh, Marcia Lucas, Richard Chew), suono (Don MacDougall, Ray West, Bob Minkler, Derek Ball) effetti speciali (Benjamin Burtt jr, John Stears, John Dykstra, Richard Edlund, Grant McCune, Robert Blalack). Nel 1989, il Governo americano lo ha inserito nella lista dei 25 film messi sotto la tutela della Biblioteca del Congresso. Il piano originale di Lucas prevedeva nove film, di cui *Guerre stellari* è solo il quarto (e *L'impero colpisce ancora* il quinto e *Il ritorno dello Jedi* il sesto). Il numero uno della serie è uscito nel 1999 col titolo *Star Wars – Episodio I – La minaccia fantasma*.

Guerre stellari – Edizione speciale ***½ (*Star Wars. Episode IV: a New Hope*, Usa 1997, col, 125') George Lucas. ◆ Per festeggiare i vent'anni della prima uscita di *Guerre stellari*, Lucas ha rieditato l'intera trilogia restaurando il colore e il sonoro ma soprattutto «completando», con la collaborazione del produttore Rick McCallum, alcune scene che l'approssimata tecnologia di allora non aveva permesso di realizzare secondo le intenzioni originarie. Per un totale di circa quattro minuti, l'edizione speciale di *Guerre stellari* aggiunge nuove creature, persone e droidi durante l'ingresso di Luke e Obi-Wan nel porto galattico di Mos Eisley (facendo fluttuare il loro velivolo mentre prima planava) e reintegra il confronto di Han Solo con Jabba the Hutt, girato nel 1976 ma non incluso nel montaggio finale per lo scarso livello del risultato. Piccoli ritocchi sono stati fatti anche nella scena desertica con le beste da soma denominate Dewbacks (che qui si muovono) sia nella battaglia spaziale conclusiva.

Guerrieri, I ** (*Kelly's Heroes*, Usa/Jugoslavia 1970, col, 143') Brian G. Hutton. Con Clint Eastwood, Telly Savalas, Don Rickles, Donald Sutherland, Carroll O'Connor, Stuart Margolin, Harry Dean Stanton. ◆ In Normandia, quattro commilitoni americani in licenza si spingono nel territorio occupato dai tedeschi e rubano dell'oro in partenza per la Germania: il loro comandante fraintende il gesto, incamera il malloppo e li nomina eroi. Avventure belliche in chiave semiseria, con tentativi di umorismo cinico; il cast non è all'altezza della sua fama, e l'eccessiva lunghezza rischia di rovinare tutto.

Guerrieri della notte, I ***½ (*The Warriors*, Usa 1979, col, 90') Walter Hill. Con Michael Beck, James Remar, Deborah Van Valkenburgh, Thomas Waites, Dorsey Wright, David Harris, Mercedes Ruehl. ◆ A New York il capo dei Riffs, la più potente banda cittadina, riunisce tutte le altre bande per farla finita con la guerra e prendere possesso della città: ma viene ucciso e la colpa viene fatta ricadere sui Warriors. Inseguiti da tutti, per i Warriors inizia una fuga senza un attimo di tregua. Il romanzo omonimo di Sol Yurick (sceneggiato da David Shaber e dal regista) voleva essere una versione contemporanea dell'*Anabasi* di Senofonte: ma Hill è debitore anche dell'horror, del western e del musical (le perfette coreografie dei pestaggi, che ne smorzano la violenza). La descrizione di una New York violenta, notturna e sotterranea, ha fatto epoca ed è stata imitata in decine di film. Il senso della tensione, l'uso del tempo (l'azione si svolge nell'arco di poche ore) e dello spazio filmici sono perfetti. Un saggio di cinema puro (che a Hill non è mai riuscito tanto bene) che è finito col diventare, negli anni, un piccolo classico. Assurdamente accusato, a suo tempo, di istigare i giovani alla violenza. Fotografia di Andrew Laszlo.

Guerrieri della palude silenziosa, I *** (*Southern Comfort*, Usa 1981, col, 106') Walter Hill. Con Keith Carradine, Powers Boothe, Fred Ward, Franklyn Scales, Peter Coyote, Brion James. ◆ Durante un'esercitazione di routine nelle paludi della Louisiana, un plotone della Guardia Nazionale si ritrova coinvolto per un futile motivo in una guerriglia in stile vietcong con i cajun, la minoranza francofona gelosa della propria privacy. Hill non fa che adattare lo schema dell'*Anabasi*, già riprodotto in *Guerrieri della notte*, a una storia che riecheggia *Un tranquillo weekend di paura*. Ma il senso della tensione e l'uso degli spazi naturali sono magistrali. Da antologia il finale, dove la macellazione di un maiale, al ritmo della musica cajun, diventa funesto presagio per la sorte degli ultimi due sopravvissuti (Carradine e Boothe). E neanche il finale concede di tirare il respiro. Musica di Ry Cooder.

Guerrieri dell'inferno *** (*Who'll Stop the Rain*, conosciuto anche come *Dog Soldiers*, Usa 1978, col, 126') Karel Reisz. Con Nick Nolte, Tuesday Weld, Michael Moriarty, Anthony Zerbe, Richard Masur, Ray Sharkey, Charles Haid. ◆ Coinvolto in un traffico di eroina per fare un favore a un amico (Moriarty), un reduce del Vietnam (Nolte) si ritrova nei guai: inseguito dai trafficanti che hanno preso in ostaggio il compagno, sceglie con lucidità un destino di autodistruzione. Una storia disperata senza vincitori, violenta ma non priva di tratti sarcastici, sceneggiata da Judith Roscoe a partire dal romanzo di Robert Stone.

La presenza della droga non viene enfatizzata né condannata – ciò che renderebbe impensabile girare oggi un film del genere. Nolte, al suo primo ruolo importante (e in uno dei suoi migliori), è un loser dai tratti eroici e mistici. Il miglior film americano di un protagonista della stagione del Free Cinema britannico.

Guerrieri del vento, I * (*The Ambassador*, Usa 1983, col, 97') J. Lee Thompson. Con Robert Mitchum, Ellen Burstyn, Rock Hudson, Donald Pleasence, Fabio Testi. ◆ Un ambasciatore americano (Mitchum) a Israele affronta una crisi con gli Arabi; allo stesso tempo sua moglie (Burstyn) lo tradisce con un uomo che segretamente è un leader dell'Olp. Da *52 Pick Up* di Elmore Leonard, che ha ispirato anche il diversissimo *52 Gioca o muori*, una noiosa spy story che non riesce a diventare un thriller. Ultimo film di Hudson.

Guerriero Camillo, Il ** (Italia 1999, col, 90') Claudio Bigagli. Con Claudio Bigagli, Marco Messeri, Fabrizia Sacchi, Carlo Croccolo, Carlo Monni, Valeria Sabel, Bianca Toccafondi. ◆ Il muto Camillo (Bigagli), figlio adottivo di un marionettista (Monni), vede la realtà in bianco e nero e abita in un mondo di fantasia dove crede di essere un cavaliere medievale: un trauma gli farà riacquistare il senno, i colori, la parola e conquistare anche l'amore (Sacchi). Una delicata fiaba fantastica per il curioso esordio alla regia (e alla sceneggiatura) di Bigagli: una scelta insolita e pudica, vagamente ariostesca e fieramente «artigianale», che sconta però qualche escursione poetica di troppo, con il rischio di sbilanciare ulteriormente la già fragile impalcatura del film.

Guerriero del ring, Il * (*Body and Soul*, Usa 1981, col, 122') George Bowers. Con Leon Isaac Kennedy, Jayne Kennedy, Peter Lawford, Michael V. Gazzo. ◆ Uno studente universitario (Kennedy) con la passione della boxe passa al professionismo per pagare il conto dell'ospedale della sorellina. Pessimo rifacimento del classico *Anima e corpo* (1947), scontato e ingenuamente moralistico. Cassius Clay appare nella parte di se stesso.

Guerrigliera, La * (*La Guerillera*, Francia/Italia/Portogallo/Spagna 1982, col, 100') Pierre Kast. Con Jean-Pierre Cassel, Maurice Ronet, Agostina Belli, Victoria Abril, Alexandra Stewart, Georges Géret, Guido Alberti, Franca Gonella. ◆ Durante l'invasione napoleonica in Spagna, la comandante (Belli) di un gruppo di partigiani si innamora di un colonnello francese prigioniero (Cassel): faranno causa comune. Filmetto dai vaghi intenti pacifisti di un regista che un tempo nutriva ambizioni intellettuali.

Guerriglieri delle Filippine, I *½ (*American Guerrilla in the Philippines*, Usa 1950, col, 105') Fritz Lang. Con Tyrone Power, Micheline Prelle [Presle], Tom Ewell, Jack Elam. ◆ Durante la seconda guerra mondiale, dopo che MacArthur ha abbandonato Bataan nel Pacifico, un tenente (Power) che non ce l'ha fatta a scappare installa radio clandestine e fornisce informazioni sui movimenti di truppe. Dal romanzo di Ira Wolfert sceneggiato da Lamar Trotti: più che un film bellico, un film d'avventura d'ambientazione moderna. Un Lang minore e per di più a colori, tecnica da lui detestata.

Gufo e la gattina, Il ** (*The Owl and the Pussycat*, Usa 1970, col, 96') Herbert Ross. Con Barbra Streisand, George Segal, Robert Klein, Allen Garfield. ◆ Un romanziere fallito (Segal) e una prostituta (Streisand) abitano nello stesso albergo, litigano furiosamente e vengono sfrattati: coabitano per un po' e si innamorano. Dalla commedia di Bill Manoff (adattata dall'esperto Buck Henry), un film su misura per il gigionismo dei suoi protagonisti («tu sei una Disneyland sessuale» dice lui a lei), furbo nell'aggiornare situazioni e trovate vecchie come il mondo: un po' datato ma ancora abbastanza divertente. Una particina per la pornostar Marilyn Chambers.

Guglielmo Tell, l'arciere della foresta nera * (Italia 1948, b/n, 86') Giorgio Pastina. Con Gino Cervi, Monique Orban, Raf Pindi, Renato De Carmine, Gabriele Ferzetti, Paul Müller. ◆ L'arciere svizzero Guglielmo Tell (Cervi), acceso sostenitore della libertà, si ribella al balivo imperiale (Müller) e viene incarcerato: fugge e arma i valligiani. Storia romanzata dell'eroe nazionale elvetico ambientata tra scenari di cartapesta. Il ruolo in costume va stretto a Cervi, attore dalla recitazione asciutta e antiromantica. Musiche naturalmente di Gioacchino Rossini.

Guida indiana, La *½ (*Yellowstone Kelly*, Usa 1959, col, 91') Gordon Douglas. Con Clint Walker, Edward Byrnes, John Russell, Ray Danton, Warren Oates. ◆ Un cacciatore di pelli (Walker), amico dei pellirossa, guarisce una ragazza indiana contesa tra il capotribù e suo nipote ed evita la guerra con i bianchi. Western standard senza sorprese, con un cast composto da divi della televisione.

Guida per l'uomo sposato, Una *½ (*A Guide for the Married Man*, Usa 1967, col, 91') Gene Kelly. Con Walter Matthau, Inger Stevens, Robert Morse, Sue Anne Langdon, Claire Kelly. ◆ Un abile dongiovanni (Morse) insegna a un marito modello (Matthau) come essere infedele. Il bello è che sua moglie è una bomba sexy dell'epoca (Stevens). Numerose guest star (Lucille Ball, Art Carney, Sid Caesar, Carl Reiner, Polly Bergen, Jeffrey Hunter, Terry Thomas e Jayne Mansfield, alla sua ultima apparizione) fanno da consulenti. Poco più di una serie di sketch di livello non eccelso, che tentano una satira delle ossessioni erotiche dell'americano medio (vedi la parata di maggiorate in apertura).

Guiltrip **½ (*Guiltrip*, Irlanda 1995, col, 90') Gerard Stembridge. Con Andrew Connolly, Jasmine Russell, Peter Hanly. ◆ Irlanda: Liam (Connolly), giovane caporale dell'esercito con la mania del controllo sugli altri, una sera chiede alla moglie Tina (Russell) il dettagliato resoconto della sua giornata: verità e bugie si accavallano in un crescendo di tensione e di mistero. Una coppia borghese sotto il tiro incrociato di flashback incalzanti fino all'esasperazione, dove le parole smentiscono le immagini e viceversa: un dramma a porte chiuse ben costruito e diretto dall'esordiente Stembridge (che ha alle spalle una buona carriera televisiva e teatrale), con qualche caduta nella prevedibilità solo verso la fine. Produzione indipendente a basso costo.

Gulag 77 * (*Gulag*, Gb 1985, col, 129') Roger

Young. Con David Keith, Malcolm McDowell, David Suchet, John McEnery. ◆ Un giornalista americano (Keith) a Mosca viene accusato di spionaggio e internato in un campo di prigionia in Siberia: fuggirà. Film televisivo dal ritmo lento, e, a tratti, involontariamente caricaturale. Il gulag che descrive è da operetta. Prodotto per la cable-tv statunitense.

Gulliver nel paese di Lilliput *½ (*Gulliver's Travels*, Gb/Belgio 1976, col, 81') Peter Hunt. Con Richard Harris, Catherine Schell, Norman Shelley. ◆ 1699: Gulliver (Harris) lascia Bristol in cerca d'avventure: fa naufragio e capita in una terra di esseri minuscoli. Dalla prima parte del romanzo di Swift, un'ambiziosa trasposizione cinematografica in cui le riprese dal vero vengono combinate con disegni animati. Ma il risultato non è tecnicamente eccelso, e la sceneggiatura di Don Black fiacca.

Guncrazy ** (*Guncrazy*, Usa 1992, col, 97') Tamra Davis. Con Drew Barrymore, James Le Gros, Joe Dallesandro, Billy Drago, Michael Ironside, Rodney Harvey. ◆ Anita (Barrymore), dopo aver ucciso il convivente (Dallesandro) della madre, sposa Howard (LeGros), giovane detenuto in libertà vigilata: per proteggerla, lui si macchia di diversi omicidi che costringono i due a una fuga disperata. Sul modello «amanti assassini in fuga» (la sceneggiatura di Matthew Bright mostra debiti evidenti verso *La sanguinaria* e *La donna del bandito*), una storia non banale di amare solitudini adolescenziali: la Davis ha sensibilità, ed esce dal genere in punta di piedi per ritrarre un'America «adulta» dominata da tutori violenti, predicatori folli e sceriffi benpensanti, nella quale per i giovani non c'è posto. L'anno successivo, con *Una vita al massimo*, sceneggiato da Tarantino, il genere prenderà la strada del fumetto brillante e adrenalinico. Tenera e brava la Barrymore. Passato in Tv col titolo *Bella e dannata*.

Gunga Din *** (*Gunga Din*, Usa 1939, b/n, 117') George Stevens. Con Cary Grant, Victor McLaglen, Douglas Fairbanks jr, Sam Jaffe, Eduardo Ciannelli, Joan Fontaine, Montagu Love, Robert Coote, Cecil Kellaway. ◆ Nell'India britannica il sodalizio fra tre amici ufficiali si incrina quando uno di loro, Ballantine (Fairbanks) decide di sposarsi. Tutto viene dimenticato dopo che Cutter (Grant) è stato catturato dai ribelli afgani. Ma se gli inglesi si salveranno, sarà per merito dell'eroico portatore d'acqua Gunga (Jaffe), che ci lascia le penne e si guadagna un bel funerale militare. Archiviato il paternalismo colonialista (Gunga che aspira a indossare la divisa britannica e viene onorato solo da morto), quello di Stevens è uno dei più bei film d'avventura hollywoodiani, abile a mescolare i toni epici a quelli scanzonati. Un grande successo dell'epoca. Soggetto (vagamente ispirato a una poesia di Kipling) di Ben Hecht e di Charles McArthur che, nella sceneggiatura scritta insieme a Joel Sayre e Fred Guiol, caratterizzano i rapporti tra i protagonisti, riprendendo alcuni tratti della loro commedia *Prima pagina*. Sellers fa un'irresistibile parodia dell'eroico Gunga all'inizio di *Hollywood party*.

Gung Ho ** (*Gung Ho*, Usa 1986, col, 111') Ron Howard. Con Michael Keaton, Gedde Watanabe, George Wendt, John Turturro, Mimi Rogers, Soh Yamamura. ◆ Per sollevare le sorti di un'industria automobilistica della Pennsylvania, un caporeparto (Keaton) chiede l'intervento di una multinazionale giapponese, che però impone ritmi e condizioni di lavoro inaccettabili: ginnastica mattutina, straordinari gratis e domeniche lavorative. Banalità sullo scontro tra culture, senza vincitori né vinti, ma con qualche sospetto di razzismo: non a caso il titolo arriva da un film di propaganda bellica contro i giapponesi. L'idea venne al soggettista Edwin Blum dopo aver visto in Tv uno speciale sull'apertura di uno stabilimento Nissan nel Tennessee. La sceneggiatura è di Lowell Ganz e Babaloo Mandel.

Gunmen (Banditi) * (*Gunmen*, Usa 1994, col, 99') Deran Sarafian. Con Christopher Lambert, Mario Van Peebles, Kadeem Hardison, Sally Kirkland, Denis Leary, Patrick Stewart. ◆ Il contrabbandiere bulgaro Dani Servigo (Lambert) e il teppista newyorchese Cole Parker (Van Peebles) si alleano per trovare il tesoro nascosto (400 milioni di dollari) che apparteneva all'assassino del padre di Cole. Un action-movie fracassone: si spara a più non posso, ma sono tutte pallottole sprecate. L'intreccio è pretestuoso, Lambert sembra più tonto del necessario e Van Peebles (regista e interprete di *New Jack City* e *Posse*) cerca di mascherare con l'autoironia la sua partecipazione a un film sbagliato. Con tutta una serie di rapper (tra cui Big Daddy Kane, Dr. Dre e Ed Lover) nel ruolo di loro stessi.

Gunny *** (*Heartbreak Ridge*, Usa 1986, col, 130') Clint Eastwood. Con Clint Eastwood, Marsha Mason, Everett McGill, Mario Van Peebles, Moses Gunn, Bo Svenson. ◆ Il sergente Gunny Highway (Eastwood), eroe della guerra di Corea inviso ai superiori, deve addestrare un gruppo di marine lavativi e parare i colpi di un ufficiale ancora fresco d'accademia (McGill): nello sbarco a Grenada si vedrà chi vale di più, come soldato e come uomo. Gunny, relitto di un'altra epoca, sta alla guerra nell'epoca della simulazione come il cinema di Eastwood sta a quello dei *Rambo*. Una parabola acre, asciutta e sottilmente paradossale sceneggiata da James Carabatsos, né militarista né antimilitarista, dove Eastwood non risparmia ironia sul proprio personaggio e descrive con molto divertimento i rituali «machisti» dell'esercito americano. Lo stato maggiore del Pentagono, poco soddisfatto del risultato, ritirò l'appoggio al film, sostenendo che era «inutilizzabile per una campagna di reclutamento». La canzone *How Much I Care* è di Eastwood. Van Peebles, che interpreta il soldato Stitch, è il futuro regista di *New Jack City*.

Gusto del sakè, Il **** (*Sanma no aji*, Giappone 1962, col, 113') Yasujiro Ozu. Con Chishu Ryu, Shima Iwashita, Keiji Sata, Mariko Okada, Shinichiro Mikami, Nobuo Nakamura, Kuniko Miyake, Eijiro Tono. Ex dirigente d'azienda vedovo, Shuhei Hirayama (Ryu) si accorge, anche per i discorsi degli amici e l'esempio negativo del suo vecchio maestro di scuola (Tono), che il suo egoismo di uomo solo rischia di sacrificare la felicità della figlia Michiko (Iwashita). Decide di spingerla al matrimonio ma l'uomo che amava se ne è già andato: lei accetterà la proposta di matrimonio giuntale attraverso un amico del padre e Shuhei, magari confortato dal saké, accetterà la solitudine dell'autunno della propria vita. Al suo ultimo film, Ozu torna, con più amarezza, al tema del rapporto tra figlia e genitore, già trattato in *Tarda primavera* e *Tardo autunno*: tutti i personaggi sono condannati alla solitudine, e Ozu getta il suo sguardo scettico sul Giappone che corre verso il benessere. Non mancano, comunque, tocchi da commedia che permettono di gettare un (insolito) sguardo ironico sui miti della famiglia media giapponese (specie nelle scene centrate sul fratello maggiore di Michiko, Koichi [Sata] che discute con la moglie se acquistare un frigorifero o un set di mazze da golf). Lo stile di Ozu, giocato sulle inquadrature fisse, i campi-controcampi con stacchi a 180 gradi, le inquadrature vuote e le sorprendenti ellissi (non vedremo mai il marito di Michiko) «sa guardare alle cose spogliandole della loro contingenza e proiettandole in un universo che mira a coglierne l'essenza». Il titolo originale suona in realtà «il gusto della costardella» _ un pesce che simboleggia l'autunno.

Guy – Gli occhi addosso *½ (*Guy*, Usa 1996, col, 91') Michael Lindsay-Hogg. Con Vincent D'Onofrio, Hope Davis, Kimber Riddle, Diane Saunger, Richard Portnow. ◆ Un'aspirante regista di cinema verità (Davis) cerca qualcuno disposto a farsi riprendere ventiquattr'ore su ventiquattro: non senza fatica lo trova in Guy (D'Onofrio), trafficante di auto usate e disinvolto seduttore. Una commedia tutta in soggettiva che sembra un saggio scolastico sul presunto cinema d'autore o, meglio, sul cinema che gli americani considerano «europeo»: gioco di specchi tra finzione e realtà, ossessione del voyeurismo, indagine sul narcisismo ecc. Un compitino diligente e a momenti anche divertente, ma superficiale e decisamente autocompiaciuto, e che soprattutto si chiude nel più banale dei modi. Chi ha riconosciuto nel dimagrito D'Onofrio la recluta cicciona e suicida di *Full Metal Jacket*?

Gwendoline *½ (*Gwendoline*, Francia 1984, col, 105') Just Jaeckin. Con Tawny Kitaen, Brent Huff, Bernadette Lafont, Zabou [Isabelle Breitman], Jean Rougerie. ◆ Gwendoline (Kitaen) capita assieme a un baldo marinaio (Huff) in una terra misteriosa dove le donne detengono il potere e schiavizzano i maschi. Tratto dai fumetti di John Willie, è un misto di fantasy e softcore, in cui Jaeckin si destreggia alla meglio tra scenografie liberty e costumi sadomaso. Meglio, comunque, della seriosità di *Emmanuelle* e *Histoire d'O*. La protagonista, in ogni caso, tiene incollato lo spettatore fino alla fine.

Ha ballato una sola estate **½ (*Hon dansade en sommar*, Svezia 1951, b/n, 93') Arne Mattsson. Con Ulla Jacobsson, Folke Sundquist, Edvin Adolphson, Irma Christensson, Jon Elfstrom. ◆ Lo studente diciannovenne Göran (Sundquist) incontra durante le vacanze la diciassettenne Kerstin (Jacobsson), di cui si innamora contro il parere di tutti: diventano amanti, ma in un incendio appiccato da un folle la ragazza muore. Tratto dal romanzo *Sommardansen* di Per Olof Ekström sceneggiato da W. Semitjov, il film (che si apre con le immagini del funerale di Kerstin) è costruito intorno a un unico grande flashback, con una struttura narrativa che ricorda quella del *Diavolo in corpo*. Nonostante il discorso finale del vecchio zio (Adolphson) che si scaglia contro l'intolleranza e il puritanesimo che avevano ostacolato l'amore tra i ragazzi e che indirettamente erano stati la causa della loro tragedia, il film trasmette l'immagine di una Svezia come paese bucolico, «mescolando il romanticismo sdolcinato degli anni Trenta con la libertà d'espressione e il naturalismo pittorico che erano stati introdotti dai giovani registi del dopoguerra». Indimenticabile l'interpretazione di Ulla Jacobsson, in cui la sensualità del desiderio traspare dal tremore di un volto e di un corpo di adolescente. Premiata a Cannes la colonna sonora di Sven Skol.

Habanera, La ** (*Habanera*, Germania 1937, b/n, 98') Detlef Sierk [Douglas Sirk]. Con Zarah Leander, Julia Serda, Ferdinand Marian, Karl Martell, Boris Alekin, Paul Bildt. ◆ La svedese Astrée (Leander), moglie infelice del proprietario terriero di Portorico don Pedro de Avila (Marian), si innamora di un medico suo connazionale (Martell) scatenando così la gelosia del marito, il quale per ripicca boicotta gli sforzi del medico per debellare l'epidemia di malaria che infesta l'isola. Ma il destino aiuterà i due innamorati. Musical esotico dove la canzone che dà il titolo al film «diventa un leit-motiv musicale magnetico, inquietante e simbolico» e che contiene in filigrana un atto di accusa al Potere (don Pedro non vuole combattere la malattia per paura che i suoi soci in affari americani non comprino più i suoi prodotti) e all'istituzione borghese del matrimonio (lo scontro tra due culture e due modi di pensare l'educazione dei figli). Ultimo film girato in Germania da Sirk che scrisse le parole di due canzoni del film, *Kinderlied* e *Du Kannst es nicht wissen*.

Hackers *½ (*Hackers*, Usa 1995, col, 105') Iain Softley. Con Jonny Lee Miller, Angelina Jolie, Jesse Gradford, Fisher Stevens, Lorraine Bracco, Penn Jillette. ◆ A undici anni Dade Murphy (Miller) aveva mandato in tilt i computer di Wall Street: ora, maggiorenne, combina altri scherzacci nel cyberspazio con i suoi amici hackers. Ma quando un maestro del sabotaggio informatico industriale che si fa chiamare The Plague (Stevens) tenta di incastrarli nelle sue trame, i giovanotti con l'orecchino passano dalla parte del bene. Il guaio di tutti i cyberfilm è che l'azione che avviene nel cyberspazio viene descritta a parole e, al massimo, illustrata da qualche banale effetto di computer graphic. Quando poi i protagonisti sono ragazzini vestiti in modo che dovrebbe essere trendy e che, al di là delle intenzioni antiautoritarie, sono eroi romantici senza macchia e senza paura, il risultato puzza di vecchio, malgrado il look futurista (alla computer graphic collabora Neville Brody) e qualche idea azzeccata (New York descritta come la rete di un computer, e viceversa). Fotografia di Andrzej Sekula, sceneggiatura di Rafael Moreu.

Ha da venì... * (*He Stayed for Breakfast*, Usa 1940, b/n, 89') Alexander Hall. Con Loretta Young, Melvyn Douglas, Una O'Connor, Eugene Palette, Alan Marshal. ◆ Paul (Douglas), un comunista convinto, finisce nei guai a Parigi, ma per salvare la donna che ama (Young) da un'accusa di tentato suicidio, fugge in America con lei. Dalla pièce *Libertà provvisoria* di Michael Duran, una commedia meccanica e stupidamente propagandista.

Hail Hail Rock'n'Roll ** (*Chuck Berry Hail! Hail! Rock'n'Roll*, Usa 1987, col, 120') Taylor Hackford. Con Chuck Berry, Keith Richards, Eric Clapton, Robert Cray, Etta James, Julian Lennon, Linda Ronstadt. ◆ Omaggio per i 60 anni di uno degli inventori del rock 'n' roll. Interviste a Springsteen, Roy Orbison, Willie Dixon e concerto a New Orleans con molti ospiti. Un film agiografico (non accenna al periodo buio in cui Berry finì in galera) ma pieno di vita.

Hai mai provato... in una valigia? ** (*La Valise*, Francia 1973, col, 110') Georges Lautner. Con Mireille Darc, Michel Constantin, Jean- Pierre Marielle, [Sonad] Amidou, Michel Galabru, Jean Lefèbvre. ◆ Una spia israeliana (Marielle) cerca di arrivare a Parigi nascosto in un baule diplomatico con l'aiuto di un collega francese (Constantin): ci riuscirà, nonostante una serie incredibile di problemi (compreso un aereo dirottato dai palestinesi e uno yacht sequestrato dagli egiziani) grazie a un'artista di music-hall (Darc) di cui entrambe le spie sono innamorate. Simpatica parodia dei film di spionaggio sceneggiata da Francis Veber, che mescola un vago messaggio pacifista con molti scivolamenti nel genere demenziale.

Hair **½ (*Hair*, Usa 1979, col, 121') Miloš Forman. Con John Savage, Treat Williams, Annie Golden, Dorsey Wright, Beverly D'Angelo, Melba Moore, Nell Carter, Ellen Foley, Ronnie Dyson. ◆ Negli anni Sessanta, un ragazzo dell'Oklahoma (Savage) arriva a New York perché sta per partire per il Vietnam: l'incontro con un gruppo di beatnik gli cambierà la vita. Dal noto musical di Gerome Ragni, James Rado e Galt MacDermot messo in scena nel 1967 e adattato per lo schermo da Michael Weller, Forman trae più di dieci anni dopo un film che lascia da parte i colori forti della ribellione giovanile, inneggiando (con coraggioso anacronismo) a pace e libero amore. Un inno di dolcezza hippy, all'era dell'Acquario e a favore dei capelli lunghi (*See my eyes, if you can, / Then my hair's too short*, dice una canzone: se puoi vedere i miei occhi vuol dire che i miei capelli sono troppo corti). Peccato che le ottime coreografie di Twyla Tharp perdano forza per colpa di un montaggio eccessivamente spezzettato, lasciando così troppo spazio alle parti più dialogate (e più invecchiate). Il generale è interpretato dal regista Nicholas Ray.

Hai sempre mentito ** (*A Woman's Secret* ritilolato *One Star Must Shine*, Usa 1949, b/n, 85') Nicholas Ray. Con Maureen O'Hara, Melvyn Douglas, Gloria Grahame, Bill Williams, Victor Jory, Mary Philip. ◆ Marion Washourn (O'Hara) confessa di aver tentato di uccidere l'amica Susan (Grahame), famosa cantante radiofonica, ma un pianista, Luke Jordan (Douglas) che le conosce bene entrambe non ci crede e scopre la verità. Tratto dal romanzo di Vicki Baum *Mortage on Life* e sceneggiato da Herman J. Mankiewicz (qui anche produttore per la Rko), è il secondo film di Ray, un noir decisamente minore, che si regge soprattutto sulla bella interpretazione delle due attrici principali.

Ha l'età di mio padre ma l'amo pazzamente * (*Fools*, Usa 1970, col, 97') Tom Gries. Con Jason Robards, Katharine Ross, Scott Hylands, Roy Jenson. ◆ Una giovane donna (Ross), trascurata dal marito avvocato, si innamora di un ultracinquantenne attore di film horror (Robards): ma il coniuge tradito metterà in atto una cruenta vendetta. Un dramma artigianale, sottotono rispetto alle possibilità degli interpreti.

Half-Baked ** (*Half-Baked*, Usa 1998, col, 79') Tamra Davis. Con Dave Chappelle, Jim Breuer, Harland Williams, Guillermo Diaz, Rachel True, Clarence Williams III, Tommy Chong. ◆ Per pagare la cauzione di un amico finito in prigione, Thurgood (Chappelle, anche cosceneggiatore e interprete di Sir Smoka Lot) e altri due accaniti fumatori di marijuana si trasformano in spacciatori: ma fidanzate, poliziotti e concorrenti gli stanno alle calcagna. Fa effetto vedere distribuita da una major una commedia così sgangherata: un elogio della scemenza che comunque riesce quasi contagioso – grazie a qualche buona gag – anche senza farsi una canna. Tra i clienti: Janeane Garofalo, Willie Nelson, Stephen Baldwin e Snoop Doggy Dog; Steven Wright è il Ghiro.

Halloween: la notte delle streghe *** (*Halloween*, Usa 1978, col, 91') John Carpenter. Con Donald Pleasence, Jamie Lee Curtis, Nancy Loomis, Tony Moran, P. J. Soles, Charles Cyphers. ◆ A sei anni ha ucciso la sorella ed è stato internato in un manicomio: la notte di Halloween di quindici anni dopo Michael (Moran) fugge dal manicomio dove il dottor Loomis (Pleasence) tenta di curarlo e fa una strage. Horror a basso costo, costruito sulla trovata geniale di essere girato in massima parte in soggettiva (così che la macchina da presa fa vedere quello che vede lo sguardo dell'assassino) in modo che lo spettatore si identifichi col mostro e abbia paura di se stesso. Con questo film Carpenter (autore anche della sceneggiatura) definisce un nuovo genere, l'horror urbano, intimista e sanguinario, imitato fino alla nausea da un'infinità di pellicole che però metteranno l'accento sulle qualità più scontate (qui, sono i facili movimenti della steadycam o il gusto per l'effetto più superficiale e immediato) e non sapranno riproporre il senso d'angoscia claustrofobica che si respira lungo tutto il film. Di grande virtuosismo le scene iniziali. Seguito da *Il signore della morte* (1981), *Halloween III – Il signore della notte* (1983), *Halloween 4* (1988), *Halloween 5* (1989), *Halloween 6 – La maledizione di Michael Myers* (1995) e da *Halloween – 20 anni dopo* (1998).

Halloween III – Il signore della notte ** (*Halloween Three: Season of the Witch*, Usa 1983, col, 98') Tommy Lee Wallace. Con Tom Atkins, Stacey Nelkin, Dan O'Herlihy, Ralph Strait, Michael Currie. ◆ Un industriale di giocattoli, reincarnazione di uno stregone druido, vuol sacrificare i bambini al Male durante la notte di Halloween: per questo mette in commercio delle maschere mostruose in cui è inserito un frammento di Stonehenge che, attivato da un raggio luminoso contenuto in uno spot televisivo, uccide chi le indossa. Nuovo capitolo, non ufficiale, della saga di Ognissanti, la sua particolarità (merito dello sceneggiatore Nigel Kneale, creatore di Quatermass, che chiese di non essere accreditato) è quella di essere più fantastico degli altri. Vagamente ispirato al film *L'invasione degli ultracorpi*, è un dignitoso fantahorror ingiustamente sottovalutato. Esordio alla regia per Wallace che collaborava con Carpenter dai tempi di *Distretto 13*. Da segnalare gli agghiaccianti effetti di Tom Burman.

Halloween 4 * (*Halloween 4: The Return of Michael Myers*, Usa 1988, col, 88') Dwight H. Little. Con Donald Pleasence, Ellie Cornell, Danielle Harris, George L. Wilbur. ◆ Dopo dieci anni di detenzione, Myers (Wilbur), il babau dei primi due *Halloween*, fugge dal manicomio e torna a terrorizzare i teen-ager che se la spassano in assenza dei genitori. Del prototipo torna solo il tema musicale, scritto da Carpenter: il resto è visto e stravisto, e non fa più paura a nessuno.

Halloween 5 ** (*Halloween 5 – The Revenge of Michael Myers*, Usa 1989, col, 96') Dominique Othenin-Girard. Con Danielle Harris, Donald L. Shanks, Donald Pleasence, Wendy Kaplan, Jeffrey Landman, Ellie Cornell. ◆ Scampato all'imboscata tesagli dalla polizia, il serial killer Mike Myers (Shanks) viene curato e guarito da un vecchio pescatore: ma un anno dopo, la notte d'Ognissanti, torna a dare la caccia alla sua nipotina Jamie (Harris). Girato *back to back* col quarto capitolo, arricchisce la saga con un nuovo personaggio. Nulla di troppo originale, ma il regista mostra di conoscere i ritmi della paura meglio del suo predecessore. Qualche doverosa citazione (l'impalamento con forcone dei due amanti adolescenti viene da *Venerdì 13*, che a sua volta aveva copiato *Reazione a catena*) e l'immancabile *Halloween Theme* composto da John Carpenter.

Halloween 6 – La maledizione di Michael Myers *½ (*Halloween – The Curse of Michael Myers*, Usa 1995, col, 86') Joe Chappelle. Con Donald Pleasence, Paul Stephen Rudd, Marianne Hagan, Mitchell Ryan, Kim Darby, Bradford English, Keith Bogart. ◆ A otto anni dalla scomparsa, Mike Myers ricompare per uccidere il suo ultimo discendente: un neonato che viene trovato da Tommy (Rudd), il diciottenne che aveva affrontato il maniaco da piccolo (con la baby sitter) nel primo episodio della serie. Malgrado la partenza in crescendo e il meritorio sforzo dello sceneggiatore Daniel Farrands di tirare le somme della saga e di riflettere sul mito del personaggio, la vicenda ricalca atmosfere e situazioni troppo sfruttate, e naufraga nel solito finale aperto. Ultimo episodio con Pleasence, alla cui memoria il film è dedicato.

Halloween – 20 anni dopo *½ (*Halloween H20 – 20 Years Later*, Usa 1998, col, 85') Steve Miner. Con Jamie Lee Curtis, Josh Hartnett, Chris Durand, Michelle Williams, LL Cool J, Adam Arkin. ◆ L'ex baby-sitter Laurie Strode (Curtis) ha cambiato nome, è la preside di una scuola, ha un figlio (Hartnett) ma sogna ancora Michael Myers (Durand): che infatti arriva ad ammazzare un po' di studentelli. Il copione di Robert Zappia, Matt Greenberg e Kevin Wiliamson (lo sceneggiatore di *Scream*, che si accredita solo come coproduttore) sembra quello di un thriller di vent'anni fa: zero ironia, citazioni al minimo (giusto un frammento di *Scream 2* in Tv e un cammeo di Janet Leigh con la musica di *Psyco*), sani vecchi spaventi. Ma il cinema è cambiato, e le situazioni troppo scontate per fare paura: e l'unica invenzione arriva a tempo scaduto. Il racconto ignora i capitoli dal 3 al 6, e si ricollega direttamente al *Signore della morte*, dove si scopriva che Laurie e Michael erano fratelli.

Hallucination **½ (*The Damned*, conosciuto anche col titolo *These Are the Dammed*, Gb 1962, b/n, 87') Joseph Losey. Con Oliver Reed, Macdonald Carey, Shirley Ann Field, Alexander Knox, Viveca Lindfors, Walter Gotell, James Villiers. ◆ Alcuni scienziati pagati dal governo britannico preparano un gruppo di bambini a sopravvivere dopo l'olocausto: per questo motivo li tengono segregati in un bunker radioattivo su una spiaggia, uccidendo tutte le persone che casualmente ne scoprono l'esistenza. Coprodotto dalla Hammer e tratto dal romanzo di H.L. Lawrence *The Children of Light* (sceneggiato da Evan Jones), è un lucido esempio di fantascienza sociale, «sintesi cupa e disperata di una violenza che irradia altre forme di violenza (come i teppisti che terrorizzano la cittadina balneare) e che diffonde sul film la stessa angoscia e lo stesso orrore che trasmettono le statue mozze e mostruose». Esiste una versione (distribuita negli Usa) più corta di 10'.

Hallucination (di Claude Chabrol) → *All'ombra del delitto – Hallucination*

Hamam → *Bagno turco, Il – Hamam*

Hamburger Hill – Collina 937 ** (*Hamburger Hill*, Usa 1987, col, 103') John Irvin. Con Tim Quill, Michael Patrick Boatman, Courtney B. Vance, Dylan McDermott, Tommy Swerdlow, Antony Barrile, Don Cheadle. ◆ Vietnam, maggio 1969: dopo l'addestramento da parte di un burbero sergente (McDermott), un gruppo di soldati deve strappare la collina «937» ai vietnamiti. Quando conquisteranno la postazione, ormai strategicamente inutile, saranno rimasti vivi solo tre soldati. Scritto da Jim Carabatsos, è un film un po' troppo facile nella sua ovvia allegoria antimilitarista. Gli elementi migliori sono gli spezzoni documentari utilizzati nel montaggio. Un'immagine è stata usata dal complesso degli Smiths per la copertina del loro disco *Meat Is Murder*.

Hamlet *** (*Hamlet*, Usa 1996, col, 242') Kenneth Branagh. Con Kenneth Branagh, Julie Christie, Derek Jacobi, Kate Winslet, Richard Briers, Michael Maloney, Jack Lemmon, Charlton Heston, Gérard Depardieu, Robin Williams, Richard Attenborough, John Gielgud, Judi Dench, Nicholas Farrell, John Mills, Billy Crystal. ◆ Nel diciannovesimo secolo, in Danimarca, il principe Amleto (Branagh) si convince che il padre sia stato ucciso dal fratello Claudio (Jacobi), poi andato in sposo alla vedova Gertrude (Christie): lo smascherera grazie a una troupe di attori girovaghi, ma la sua vendetta finirà in tragedia. Il dramma di Shakespeare nella sua integralità, come nemmeno a teatro danno più: quattro ore di grandissima recitazione (diffidate della versione tagliata che dura solo 125'). Branagh cancella ogni concessione romantica a favore della tragedia di chi sacrifica anche l'amore di Ofelia (Winslet) per compiere una vendetta che inevitabilmente lo schiaccerà, costretto a fare i conti con la fine delle certezze (elisabettiane) e l'angoscia del dubbio (barocco). Per una volta l'istrionismo sopra le righe della sua recitazione (perfettamente doppiata da Massimo Popolizio) è essenziale a mettere in luce l'energia distruttiva e autodistruttiva del personaggio, come sottolinea magistralmente il monologo dell'«essere o non essere» dove Amleto dialoga non con un teschio ma più giustamente con se stesso, davanti a uno specchio. Ai limiti del gratuito (anche se le scenografie di Tim Harvey sono ammirevoli) l'ambientazione in un Ottocento alle soglie della modernità, «perché l'epoca più simile alla follia elisabettiana». Un monumento a Shakespeare (e a Branagh) cui partecipano uno stuolo di comparse illustri: Attenborough è l'ambasciatore inglese, Billy Crystal un becchino, Depardieu Reynaldo, Charlton Heston il capocomico, Jack Lemmon Marcello, Robin Williams Osric, John Gielgud e Judi Dench Priamo ed Ecuba nel sogno.

Hammett – Indagine a Chinatown **½ (*Hammett*, Usa 1983, col, 97') Wim Wenders. Con Frederic Forrest, Peter Boyle, Marilu Henner, Elisha Cook jr, R.G. Armstrong, Sylvia Sidney, Richard Bradford. ◆ San Francisco, 1928: quando un ex collega dell'agenzia Pinkerton (Boyle) – prototipo del detective dei suoi racconti – gli chiede di aiutarlo a ritrovare una giovanissima prostituta cinese, lo scrittore Dashiell Hammett (Forrest) abbandona con riluttanza le sue carte e va a Chinatown. Come sempre in Wenders, la storia si fa riflessione su se stessa: Hammett scrittore diventa Hammett personaggio, la finzione si confronta con la realtà (anche se a questa s'ispira), e la letteratura in questo caso diventa tutt'uno con il cinema (parallelo macchina per scrivere/macchina da presa). Pur esplorando il periodo oscuro che precede l'affermazione di Hammett come scrittore, Wenders non rispetta la cronologia e cosparge il film di citazioni di opere a venire, tratte sia da romanzi che da film, a cui aggiunge la presenza di due attori «hammettiani» come Elisha Cook jr (che era stato il killer Eli in *Il mistero del falco*) e Sylvia Sidney (cioè Donaldine Cameron, coprotagonista di *Le vie della città*). Prodotto da Francis Ford Coppola dopo il tracollo di *Un sogno lungo un giorno*, ebbe una gestazione e una realizzazione travagliatissime: il soggetto adattato dal libro di Joe Gores venne riscritto dodici volte (alla fine la sceneggiatura risulta firmata da Ross Thomas e Dennis O'Flaherty), la lavorazione fu interrotta per più di un anno (durante il quale Wenders girò *Lo stato delle cose*) e alla fine Coppola impose veloci riprese in studio, perdipiù con il metodo elettronico, privando il regista tedesco del consueto rapporto diretto con gli attori e delle potenzialità dell'opera perennemente in fieri cui era abituato. Nonostante tutto ciò (e un intreccio talvolta troppo macchinoso) *Hammett* resta un film interessante, giustamente «chiuso», secco, stilizzato e cinico come l'universo e lo stile dello scrittore.

Hana-Bi – Fiori di fuoco **** (*Hana-Bi*, Giappone 1997, col, 103') Takeshi Kitano. Con Takeshi Kitano, Kayoko Kishimoto, Ren Osugi, Tetsu Watanabe, Yasuei Yakushiji. ◆ Dopo una sanguinosa caccia all'uomo il poliziotto Horibe (Osugi), paralizzato, trova pace nella pittura, mentre il taciturno collega Nishi (Kitano) contrae un debito con gli yakuza per aiutare l'amico, rapina una banca perché non li può rimborsare e inizia una fuga verso il nulla con la moglie Miyuki (Kishimoto), malata terminale. La violenza come stupore di fronte all'incomprensibilità della vita, la morte come tenerezza impossibile: al di là di tutti i generi, Kitano gira con uno stile folgorante e contemplativo fatto di accelerazioni e accostamenti imprevedibili, ma ha anche il talento di suscitare emozioni vere, rare nel cinema contemporaneo. Esplicito, questa volta, il rapporto con la cultura tradizionale giapponese, che con i suoi luoghi sacri ridotti ad attrazioni turistiche fornisce un controcanto ironico e patetico all'ultimo viaggio di Nishi. Meritato Leone d'oro a Venezia. I due ideogrammi del titolo originale significano separatamente «fiore» e «fuoco», e insieme «fuoco d'artificio».

Hanky Panky – Fuga per due * (*Hanky Panky*, Usa 1982, col, 110') Sidney Poitier. Con Gene Wilder, Gilda Radner, Kathleen Quinlan, Richard Widmark, Robert Prosky. ◆ Una ragazza (Radner), coinvolta in una missione spionistica, deve commettere un assassinio e si decide ad accettare l'aiuto di un architetto (Wilder) conosciuto casualmente su un taxi. A metà tra la commedia e il thriller (dove la comicità è cercata esagerando in maniera parossistica le scene di violenza) vorrebbe essere un rifacimento in chiave burlesca di *Intrigo internazionale*. Ma è lontanissimo dal riuscirci.

Hannah e le sue sorelle *** (*Hannah and Her Sisters*, Usa 1986, col, 106') Woody Allen. Con Woody Allen, Mia Farrow, Michael Caine, Barbara Hershey, Max von Sydow, Dianne Wiest, Lloyd Nolan, Carrie Fisher, Maureen O'Sullivan, Daniel Stern, John Turturro, Tony Roberts, Sam Waterston. ◆ Da un giorno del Ringraziamento a un altro, due anni nella vita di tre sorelle: Hannah (Farrow) ha rinunciato al teatro per occuparsi della famiglia; Lee (Hershey) fa la bohémienne accanto a un pittore molto più maturo di lei (von Sydow); Holly (Wiest), divorziata, si dedica alle attività più bizzarre. Attorno alle tre sorelle ruotano vari personaggi: i genitori, ex attori frustrati (O'Sullivan, nella vita madre della Farrow, e Nolan); Elliott (Caine), secondo marito di Hannah ma innamorato di Lee; Mickey (Allen) primo marito di Hannah ormai convinto di avere un tumore al cervello. L'isola di Manhattan, le ossessioni e il senso dell'umorismo tipici di Allen questa volta trovano posto in un racconto più meditato e compatto rispetto al passato: il regista rinuncia alla tranche de vie e al proprio traboccante autobiografismo per organizzare un vero e proprio racconto cinematografico, sottilmente cechoviano, aperto e concluso allo stesso tempo, dove la figura femminile diventa quanto mai sfaccettata e i *tipi* lasciano spazio anche ai *personaggi*. La fotografia di Carlo Di Palma aggiunge corposità al «nuovo realismo» alleniano. Ricchissima e puntuale la colonna sonora, con molte vecchie canzoni. Tre Oscar: miglior sceneggiatura (Woody Allen) e attori non protagonisti (Caine e Wiest).

Hanna K. ** (*Hanna K.*, Francia 1983, col, 108') [Constantin] Costa-Gavras. Con Jill Clayburgh, Jean Yanne, Gabriel Byrne, Mohamed Bakri. ◆ Hanna Kauffman (Clayburg) è un'ebrea americana che vive a Parigi dove studia legge: il suo primo caso da avvocato sarà la difesa di un rifugiato palestinese (Bakri) accusato di terrorismo. Con un andamento a metà tra il poliziesco e il thriller, il film cerca di fondere il ritratto di una «donna libera» con l'analisi di un problema scottante (l'eterno conflitto arabo-palestinese) ma le tentazioni melodrammatiche e spettacolari della sceneggiatura di Franco Solinas e Costa-Gavras (comprese le avventure sentimentali della protagonista) soffocano qualsiasi vera analisi.

Hanno fatto di me un criminale ** (*They Made Me a Criminal*, Usa 1939, b/n, 92') Busby Berkeley. Con John Garfield, Ann Sheridan, Claude Rains, Gloria Dickson, May Robson, Ward Bond, i Dead End Kids [Bobby Jordan, Billy Halop, Leo Gorcey, Gabriel Dell]. ◆ Il pugile Johnny Burns (Garfield) è accusato dell'omicidio che ha commesso il suo poco raccomandabile manager, ma subito dopo viene dato per morto in un incidente stradale: è invece fuggito in Arizona, in una specie di fattoria riformatorio dove, tra giovani ragazzi diseredati (Dead End Kids), riesce a costruirsi una nuova vita, nonostante le ricerche di un poliziotto (Rains) che ha scoperto la sua vecchia identità. Remake di *Seconda aurora* (1933, di Archie Mayo con Douglas Fairbanks jr) sceneggiato da Sig Herzig da un racconto di Bertram Millhauser e Beulah Marie Dix, è il secondo film interpretato da Garfield che qui mette a punto il suo personaggio di ribelle che paga per colpe non sue e che cerca a fatica di rifarsi una vita. Ben fatto e con qualche momento di commovente realismo.

Hanno rubato le chiappe di Afrodite *½ (*On a volé la cuisse de Jupiter*, Francia 1979, col, 102') Philippe de Broca. Con Annie Girardot, Philippe Noiret, Francis Perrin, Catherine Alric, Marc Dudicourt, Roger Carel. ◆ Un commissario di polizia (Girardot), in viaggio di nozze in Grecia, risolve un caso di omicidio collegato al furto di un frammento di statua greca, che si scoprirà essere di Zeus e non di Afrodite. Seconda avventura del commissario Lise Tanquerelle dopo *Disavventure di un commissario di polizia*: giallorosa di ambientazione turistica con umorismo tipicamente francese.

Hanno rubato un tram ** (Italia 1954, b/n, 90') Aldo Fabrizi. Con Aldo Fabrizi, Carlo Campanini, Juan De Landa, Lucia Banti, Lia Rainer, Mimo Billi, Bruno Corelli, Alvaro Alvisi, Zoe Incrocci. ◆ Il conducente di tram Cesare Mancini (Fabrizi) è tanto bravo al gioco delle bocce da scatenare l'odio del suo controllore (De Landa) che comincerà a denunciare ogni sua piccola infrazione e così, tra una ripicca e un litigio, Mancini finirà per essere allontanato tre mesi dal lavoro: la scoperta che la sospensione toglie alla figlia (Banti) il titolo di reginetta dei tramvieri spinge l'uomo a salire su un tram incustodito e a girare da solo per la città... Fabrizi (subentrato a Mario Bonnard che aveva iniziato le riprese) recupera una delle sue macchiette teatrali più celebri (quella del tramviere iracondo e tartassato da tutti, superiori e viaggiatori) e costruisce una commedia piacevolmente leggera, dove spunti comici si intrecciano a momenti più melodrammatici, secondo uno stile che contraddistinguerà le sue regie. La sceneggiatura è di Fabrizi, Bonnard e Ruggero Maccari (da un soggetto di Luciano Vincenzoni), la fotografia di Mario Bava. Sergio Leone è accreditato come aiuto regista.

Happiness - Felicità *** (*Happiness*, Usa 1998, col, 135') Todd Solondz. Con Jane Adams, Lara Flynn Boyle, Dylan Baker, Philip Seymour Hoffman, Ben Gazzara, Jared Harris, Cynthia Stevenson, Louise Lasser, Rufus Read, Jon Lovitz, Camryn Manheim. ◆ L'ordinaria follia di un gruppo di borghesi del New Jersey: Joy (Adams), aspirante cantante e vittima di maschi mascalzoni; Helen (Flynn Boyle), scrittrice famosa ma insoddisfatta; Bill (Baker), psicologo e pedofilo non pentito, padre di un ragazzino (Read) ossessionato dall'orgasmo; Allen (Seymour Hoffman), molestatore telefonico; Kristina (Manheim), cicciona omicida. Solondz, anche sceneggiatore, organizza con abilità un mosaico di sapore altmaniano, smontando analiticamente una borghesia capace di riassorbire qualunque violenza e trasgressione nella finzione del quieto vivere; ma non ride dei suoi mostri, patetici e perdenti in partenza: piuttosto invita a rispecchiarci dentro l'orrore della normalità. Pieno di humour nero ma non gratuitamente cattivo, di una crudezza gelida ma all'altezza dei tempi.

Happy Birthday, Detective! ** (*Happy Birthday, Türke!*, Germania 1992, col, 109') Doris Dörrie. Con Hansa Czypionka, Özay, Doris Kunstmann, Lambert Hamel, Ömer Sinsek. ◆ Turco d'origine ma cresciuto in Germania, il detective privato Kemal Kayankaya conduce un'esistenza indolente da senza patria in una grigissima Francoforte: i guai cominceranno quando verrà incaricato di indagare su una storia di droga, prostituzione e poliziotti corrotti. Da un romanzo di Jakob Arjouni adattato dalla regista, un giallo che, con l'arma dello humour e del grottesco, punta il dito contro il razzismo e l'ipocrisia della società tedesca. Ma è trasandato nella fotografia e un po' appiattito dal doppiaggio.

Happy Days - La banda dei fiori di pesco ** (*The Lords of Flatbush*, Usa 1974, col, 86') Stephen F. Verona, Martin Davidson. Con Sylvester Stallone, Perry King, Paul Mace, Henry Winkler, Susan Blankely, Paul Jabara. ◆ Nella Brooklyn del 1958, la gang dei Lords rivendica il dominio sulle strade del quartiere: sembrano vitelloni spregiudicati ma in fondo sono bravi figlioli. Commedia scanzonata, che fa il verso a illustri modelli (come *Fronte del porto* o *Gioventù bruciata*) con una buona dose di superficialità. Il terzo film di Stallone (che collabora anche alla scrittura dei dialoghi). Winkler è Fonzie per la prima volta.

Happy Together ** (*Chunguang Zhaxie*, Hong Kong 1997, col, 97') Wong Kar-wai. Con Tony Leung Chiu-wai, Leslie Cheung, Chang Chen. ◆ Ho Powing (Leung) e Lai Yiu-fai (Cheung), gay hongkonghesi in Argentina, si tradiscono, si lasciano, si ritrovano; uno sfuggente ragazzo di Taiwan (Chang) li affascina entrambi. Cambiano i sessi, ma le trappole della passione sono sempre le solite; e non c'è felicità, malgrado la canzone dei Turtles che fa da titolo (e che si ascolta nella versione di Danny Chung). Sulle tracce di Manuel Puig, Wong parla di esilio e di perdita, cercando nuovi orizzonti geografici e tematici ma restando prigioniero del suo stile lussureggiante e della fotografia manierata di Christopher Doyle. Dall'improvvisazione, questa volta, nasce un film sfrangiato e ripetitivo, e troppo poco mélo per catturare veramente.

Harakiri *** (*Seppuku*, Giappone 1962, b/n, 135') Masaki Kobayashi. Con Tatsuya Nakadai, Akira Ishihama, Shima Iwashita, Rentaro Mikuni, Masao Mishima. ◆ Giappone, XVII secolo: nel corso di una rivolta di giovani rônin (samurai mercenari) contro la crudeltà dei padroni, il disperato Hanshirô Tsugomo (Nakadai) racconta come ha vendicato la morte del suocero, preparando con astuzia e meticolosità l'umiliazione dell'intendente (Mikuni) che aveva imposto al parente il rituale del seppuku, cioè dell'harakiri. Il film che rivelò il regista in Occidente e che esalta – senza mezzi termini e con un'energia che non ammette la rassegnazione – il diritto-dovere della ribellione contro le ingiustizie sociali e le vessazioni politiche di una «tradizione» immodificabile. Ambientato in un Giappone medioevale che rimanda all'oggi e strutturato in modo classico secondo il modello del genere (introduzione storica, presentazione dei personaggi, drammaturgia del conflitto e soluzione violenta), il film, sceneggiato da Shinobu Hashimoto, fa abilmente leva su flasback e rivelazioni posticipate per rendere più dinamico l'intreccio e assicurarsi un'attenzione costante da parte dello spettatore. L'atmosfera rimane solenne, e così pure il ritmo, diviso tra lunghe inquadrature a camera fissa e improvvise impennate di movimento che accentuano la percezione della brutalità, tanto intensa quanto inedita nel cinema giapponese dell'epoca. Memorabile il duello (chambara) finale, frenetico e generosamente immerso nel sangue.

Hard Boiled *** (*Lashou shentan* conosciuto anche col titolo inglese *Hard Boiled*, Hong Kong 1992, col, 126') John Woo. Con Chow Yun-fat, Tony Leung Chiu-wai, Anthony Wong, Teresa Mo, Philip Chan, Bowie Lam. ◆ L'ispettore Tequila (Chow) dà la caccia a uno spietato trafficante d'armi (Wong), ignorando che un suo collega (Leung) si è già infiltrato nella sua banda. Gran finale in un ospedale i cui sotterranei ospitano il covo dei cattivi, con Tequila alle prese con decine di neonati da salvare. «Sessanta per cento di azione, quaranta per cento di storia», secondo lo stesso regista, per il punto di non ritorno dell'*action* hongkonghese. I temi, cari al regista, del tradimento, del sacrificio e dell'amicizia virile riescono a non farsi soffocare da una messa in scena ipertrofica e vertiginosa, con sequenze d'azione incredibilmente complesse e violente, che fanno impallidire al confronto qualunque film americano. Formalismo e sentimentalismo si intrecciano indissolubilmente, e quando c'è il rischio dell'implosione, c'è sempre un tocco di ironia. Woo (anche coautore del montaggio) compare nella parte del barista. Musiche di Maurice Gibbs. Il titolo originale vuol dire all'incirca *Sporco superpoliziotto.*

Hardcore **½ (*Hardcore*, Usa 1978, col, 108') Paul Schrader. Con George C. Scott, Peter Boyle, Season Hubley, Dick Sargent, Leonard Gaines. ◆ Un uomo molto religioso (Scott) arriva a New York dalla provincia per cercare la figlia scappata da casa e scopre che si prostituisce e interpreta filmetti porno. Prodotto da John Milius, il film è una discesa negli inferi della nostra moralità fatta con l'occhio freddo e disperato di un regista sensibile al rigore calvinista: forte e intenso quando scandaglia il mondo della pornografia, diventa ambiguo e discutibile quando la storia si avvia verso una vendetta finale che ribadisce solo la confusione ideologica del regista e sceneggiatore (alla fine nessuno sembra responsabile di quello che è successo e il film si chiude su una schematica difesa dell'America di provincia contro la città, della tradizione contro la civiltà urbana). Ottima comunque l'interpretazione di George C. Scott.

Harder They Come, The – Più duro e più forte cade ** (*The Harder They Come*, Giamaica 1973, col, 98') Perry Henzell. Con Jimmy Cliff, Janet Barkley, Carl Bradshaw, Ras Danill Hartmor. ◆ Un ragazzo di campagna (Cliff) va a Kingstone in cerca di fortuna come cantante ma diventa un criminale e muore proprio quando il suo primo disco sta diventando famoso. Storia cruda e senza fronzoli, che racconta le contraddizioni del sottosviluppo latinoamericano senza concedere nulla al sentimentalismo. La colonna sonora (che include *You Can Get It If You Really Want* e *Many Rivers to Cross*, oltre alla canzone che dà il titolo al film) contribuì al lancio della musica reggae negli Usa.

Hardware *** (*Hardware*, Gb/Usa 1990, col, 92') Richard Stanley. Con Dylan McDermott, Stacey Travis, John Lynch, William Hootkins, Iggy Pop. ◆ Un soldato (McDermott) viene in possesso della testa e del corpo di un cyborg e li regala alla sua ragazza (Travis). Ma il cyborg si rigenera e cerca di svolgere la funzione per cui è stato programmato: uccidere ogni essere vivente che incontra. Sorprendente esordio alla regia del venticinquenne Stanley, riconosciuto in breve tempo come uno dei manifesti cinematografici dell'estetica cyberpunk nonostante la «tecnofobia» dichiarata del regista. Debole soltanto nel congegno narrativo (sceneggiatura dello stesso Stanley), *Hardware* mescola con una notevole maturità espressiva i classici della nuova fantascienza (*Terminator*, *Hellraiser*, *Mad Max 2*) alle suggestioni dei videoclip musicali heavy metal, a cui fa esplicito riferimento con la presenza di Iggy Pop e Lemmy dei *Motorhead*. È stato girato con pochissimi mezzi, ma non ne risente affatto.

Harem, L' ** (Italia/Francia 1967, col, 96') Marco Ferreri. Con Carroll Baker, Gastone Moschin, Renato Salvatori, Michel Le Royer, Bill [William] Berger. ◆ Margherita (Baker) non si accontenta dei suoi due amanti (Moschin e Salvatori) e nel suo harem alla rovescia fa entrare anche un fotografo (Berger) e il confidente omosessuale (Le Royer). Poi, durante una vacanza, si fa raggiungere da tutti e quattro che però si alleano in una istintiva autodifesa. Saggio di singolare femminismo e feroce antimaschilismo che si trasforma in una condanna della crudeltà umana, il film è «una commedia di costume che trapassa disarmonicamente sul piano di una favola grottesca e inquietante»: scritto (con Rafael Azcona) con un linguaggio molto ricercato e raffinato, il tono del film viene mutato radicalmente al montaggio da Ferreri, che decide di passare dal tono comicogrottesco della sceneggiatura, a quello drammatico, eliminando completamente il quinto personaggio maschile (un matematico interpretato da George Hilton che avrebbe dovuto scatenare la gelosia degli altri quattro) e togliendo così al comportamento della donna ogni giustificazione esplicita. Ne risulta un film diseguale e squilibrato, dove campi vuoti e tempi morti spezzano e sospendono i nessi logici della narrazione. I titoli sono disegnati da Mario Schifano. Ugo Tognazzi appare brevemente nella parte di se stesso.

Harem * (*Harem*, Francia 1985, col, 113') Arthur Joffé. Con Nastassja Kinski, Ben Kingsley, Dennis Goldson, Zohra Segal, Michel Robin. ◆ Diane (Kinski), giovane agente di cambio newyorkese, viene fatta rapire dall'emiro Selim (Kingsley), che la conduce nel suo harem: nascerà un amore disperato e senza futuro che cambierà le loro vite. Fumettone melodrammatico realizzato con troppi anni di ritardo.

Harem Suare ** (Italia/Francia/Turchia 1999, col, 107') Ferzan Özpetek. Con Marie Gillain, Alex Descas, Lucia Bosé, Valeria Golino, Malick Bowens, Christophe Aquilon, Serr Yilmaz, Haluk Bilginer, Gaia Narcisi. ◆ Un'anziana signora (Bosé) racconta a una giornalista (Golino) la storia dell'ultima odalisca: quella di Safiyè (Gillain), entrata nell'harem del sultano Abdulhamit II (Bilginer) alla vigilia del crollo dell'Impero Ottomano e decisa a diventare la favorita con l'aiuto dell'eunuco Nadir (Descas); darà anche alla luce un erede reale, ma quel mondo andrà ben presto in pezzi. Sceneggiato dal regista con Gianni Romoli, un affresco storico al femminile costruito come un gioco di scatole cinesi (la vicenda è raccontata da più persone, che ingarbugliano a bella posta le spiegazioni), sontuoso ma evanescente. Indeciso tra il cinema d'autore e il cineromanzo d'appendice, il film si riduce tutto alla sua componente visiva, affascinante ma inerte. Notevole la Gillain che recita seminuda senza problemi.

Harlan County U.S.A. **** (*Harlan County U.S.A.*, Usa 1977, col, 103') Barbara Kopple. Con i minatori di Harlan County e le loro donne, poliziotti, sindacalisti e crumiri. ◆ Ad Harlan County, nel Kentucky, già tristemente famosa per le repressioni antioperaie degli anni Trenta (ne ha parlato, tra gli altri, Dos Passos, e se ne vedono delle testimonianze nel film attraverso cinegiornali dell'epoca), nel 1975 si svolge un braccio di ferro estenuante – tredici mesi – tra i minatori da una parte e i padroni dall'altra appoggiati dal governo della contea, i crumiri sobillati dal Ku Klux Klan e i rappresentanti sindacali corrotti. Uno dei capolavori del cinema indipendente americano, vincitore dell'Oscar nel 1977 come miglior documentario dove momenti epici si alternano a momenti di vita quotidiana e un ruolo di grande rilievo è svolto dalle donne dei lavoratori, decise e combattive. Diverso rispetto ai soliti film «operaisti» realizzati con il consenso di Hollywood (l'unico vero precedente è casomai *Il sale della terra* di Biberman), *Harlan County* fa della macchina da presa una testimone attiva della vicenda, protagonista a sua volta, in grado di leggere il conflitto non solo in senso politico ma anche in termini propriamente drammaturgici. Tecnica e intenzioni documentaristiche si mescolano a procedimenti tipici del cinema di finzione: uso frequentissimo di primi piani, montaggio incalzante, colonna sonora (composta soprattutto di vecchie canzoni popolari) utilizzata in senso fortemente evocativo. E proprio la compresenza di elementi eterogenei (che disturbò i puristi del reportage) rese possibile la sorprendente diffusione del documentario e frantumò definitivamente il principio dell'obiettività che si pretende alla base di opere del genere. Firmato da Barbara Kopple, che iniziò le riprese appena ventiseienne stabilendosi con la troupe sul posto per tre difficili anni (1972-75), *Harlan County U.S.A.* è frutto di un lavoro collettivo, realizzato con pochissimi soldi, girato in 16mm e contro ogni sorta di intimidazione. Tra le scene indimenticabili, il colloquio tra una scioperante e un poliziotto di Brooklyn, e i funerali del minatore ucciso durante la lotta.

Harlem *½ (Italia 1943, b/n, 90') Carmine Gallone. Con Massimo Girotti, Amedeo Nazzari, Vivi Gioi, Elisa Cegani, Osvaldo Valenti, Luigi Almirante, Luigi Pavese, Enrico Viarisio. ◆ Tommaso (Girotti), giovane pugile italiano, si reca a New York dal fratello Amedeo (Nazzari), impresario edile che – per rivalità con la mafia locale – viene arrestato per un omicidio che non ha commesso: Tommaso accetta di combattere contro un abissino per pagargli la cauzione. Ridondante e manierato, è un film di propaganda antiamericana voluto da Luigi Freddi, dirigente della cinematografia fascista, che si trasforma involontariamente in un atto d'accusa contro il razzismo dei bianchi. Interprete d'eccezione: il campione Primo Carnera nel ruolo dell'allenatore. Conosciuto anche come *Knock Out*.

Harlem Detectives *½ (*Come Back, Charleston Blue*, Usa 1972, col, 100') Mark Warren. Con Raymond St. Jacques, Godfrey Cambridge, Jonelle Allen, Adam Wade, Peter DeAnda. ◆ Continuano le avventure di Beccamorto (St. Jacques) e Bara (Cambridge), i due pittoreschi poliziotti neri impegnati ad Harlem: spacciatori, ladri, ruffiani vengono affrontati con il sorriso sulle labbra e una dose di violenza sempre maggiore. Tornano i protagonisti di *Pupe calde e mafia nera* ma questa volta la divertente ironia dei personaggi inventati da Chester Himes lascia il posto a scene più dure, ai limiti del sadismo. Bella la colonna sonora di Donny Hathaway.

Harlem Nights *½ (*Harlem Nights*, Usa 1989, col, 116') Eddie Murphy. Con Eddie Murphy, Richard Pryor, Redd Foxx, Danny Aiello, Michael Lerner, Della Reese, Berlinda Tolbert, Arsenio Hall. ◆ Padre e figlio adottivo (Pryor e Murphy), proprietari di un night-club nell'Harlem degli anni Trenta, combattono con un gruppo di gangster che vorrebbero «rilevare» il locale. Esordio dietro la macchina da presa di Eddie Murphy che come produttore, regista e sceneggiatore cerca invano di svecchiare la propria immagine: la mancanza di una vera regia rende inutile lo sforzo, nonostante la buona volontà (comica) di Pryor. Belli i costumi di Joe I. Tompkins, premiati con una nomination.

Harley Davidson & Marlboro Man *½ (*Harley Davidson & the Marlboro Man*, Usa 1991, col, 93') Simon Wincer. Con Mickey Rourke, Don Johnson, Chelsea Field, Daniel Baldwin. ◆ Nel 1996 due amici (Rourke e Johnson) girano l'America in moto come ai tempi di *Easy Rider*: per un errore derubano dei narcotrafficanti che vorrebbero immettere sul mercato una nuova droga micidiale. Criptowestern fracassone, con le moto al posto dei cavalli, e tutti i luoghi comuni sull'amicizia virile. Rourke l'ha sconsigliato ai suoi fan, ma ha girato di peggio.

Harold e Maude **½ (*Harold and Maude*, Usa 1972, col, 90') Hal Ashby. Con Bud Cort, Ruth Gordon, Vivian Pickles, Cyril Cusack, Charles Tyner. ◆ Un ricco adolescente cervellotico e con tendenze necrofile (Cort) incontra una scultrice ottantenne piena di vitalità (Gordon) che gli insegna ad amare la vita e accettare la morte. Sceneggiato da Colin Higgins (che poi vi trasse un romanzo e un testo teatrale), accompagnato da una piacevole colonna sonora di Cat Stevens, è una divertente commedia sostenuta dalla verve di Ruth Gordon (già celeberrima sceneggiatrice in coppia col marito Garson Kanin) che illustra, con il tono della favola scanzonata, il diritto di ciascuno alla fantasia, all'eccentricità e soprattutto alla propria libertà individuale. Decisamente esilaranti i tentativi di suicidio con cui si apre il film.

Harry a pezzi ** (*Deconstructing Harry*, Usa 1997, col, 96') Woody Allen. Con Woody Allen, Judy Davis, Kirstie Alley, Billy Crystal, Demi Moore, Robin Williams, Eric Bogosian, Elisabeth Shue, Stanley Tucci, Hazelle Goodman, Bob Balaban, Tobey Maguire, Mariel Hemingway. ◆ Scrittore cinico, opportunista, ossessionato dal sesso e in crisi creativa, Harry Block (Allen) ha collezionato tre mogli, sei psicanalisti e varie amanti, con le quali ha rapporti difficili se non pessimi: per ritirare un premio conferitogli dal college che a suo tempo l'aveva espulso, si fa accompagnare dal figlio – prelevato da scuola senza il consenso della madre – e da una prostituta nera (Goodman), con prevedibili conseguenze. Sulla falsariga di *Il posto delle fragole* (c'è anche una discesa all'inferno), una commedia programmaticamente sgradevole, scritta e girata in forma di diario analitico, in cui Allen si «decostruisce» beffardamente utilizzando tutto ciò che è stato detto su di lui ai tempi della separazione dalla Farrow. Ma la sagace beffa autolesionista finisce per lasciare il posto a un giustificazionismo generalizzato: come sembra volerci dire il personaggio interpretato da Robin Williams, attore costantemente fuori fuoco ad indicare lo smarrimento metafisico (e quindi senza colpe) dell'uomo e dell'artista contemporanei.

Harry & Son ** (*Harry and Son*, Usa 1984, col, 117') Paul Newman. Con Robby Benson, Paul Newman, Ellen Barkin, Wilford Brimley, Morgan Freeman, Ossie Davis. ◆ Un operaio di mezza età (Newman), angosciato dalla morte della moglie e dalla perdita dell'impiego, si scontra col figlio ventunenne (Benson) aspirante scrittore. Ispirato al romanzo *The Lost King* di Raymond DeCapite e sceneggiato dal regista con Ronald L. Buck, il film soffre per i toni troppo melodrammatici della messinscena (giustificabili con la tragedia personale del regista: il suicidio del figlio Scott) e Newman sembra distratto dalla regia per interpretare bene la sua parte (è l'unico film da lui diretto in cui si mette anche in scena), anche se non mancano scene riuscite e fin commoventi.

Harry e Tonto *** (*Harry and Tonto*, Usa 1974, col, 114') Paul Mazursky. Con Art Carney, Ellen Burstyn, Chief Dan George, Geraldine Fitzgerald, Larry Hagman, Arthur Hunnicutt, Phil Bruns. ◆ Un insegnante in pensione, Harry (Carney) vive col suo gatto Tonto: quando vengono sfrattati, inizia per i due un penoso pellegrinaggio dalla casa di un figlio all'altra. Commedia agrodolce vagamente simile a *Cupo tramonto* e raccontata con un tono intimista. Il film (sceneggiato dal regista e da Josh Greenfield) è capace di mescolare sorrisi ed emozioni, satira e tenerezza trasformandosi in un vero e proprio inno alla vita e stemperando così il suo atto d'accusa contro una società disumanizzata che ha dimenticato i vecchi ideali (quelli che addirittura «scrivevano nella Costituzione il diritto alla felicità di ogni cittadino»), preferendo invece esprimere le proprie idee con un tono malinconicamente elegiaco. Ebbe scarso successo in patria nonostante l'Oscar vinto come miglior attore da Art Carney. In Italia arrivò dopo cinque anni. Ottima la fotografia di Michael Butler.

Harry, ti presento Sally... **½ (*When Harry Met Sally...*, Usa 1989, col, 95') Rob Reiner. Con Billy Crystal, Meg Ryan, Carrie Fisher, Bruno Kirby, Steven Ford, Lisa Jane Persky. ◆ Dopo una conoscenza occasionale nel 1977, Harry e Sally (Crystal e Ryan) si rivedono casualmente all'aeroporto cinque anni più tardi, entrambi coinvolti in relazioni importanti. Passa un altro quinquennio e si reincontrano in libreria, liberi a malincuore. Ne nasce un'amicizia complessa e travagliata, che solo alla fine si trasformerà in amore. Commedia brillante e non banale per *come* riesce ad arrivare a un lieto fine scontato in partenza: in mezzo ci sono gli Usa anni Ottanta e i moderni interrogativi sul rapporto uomo/donna (è possibile un'amicizia «pura»? che ruolo attribuire al sesso? come superare la paura del legame coinvolgente?). Prodotto in proprio e sceneggiato da una evidente mano femminile (di Nora Ephron) avvertibile ovunque, il quinto film di Rob Reiner ha il pregio della sincerità e la grazia dell'umorismo scoppiettante. Belle le luci di New York tardoautunnale (fotografate dal futuro regista Barry Sonnenfeld), indovinati gli interpreti, simpatici i siparietti con le coppie anziane che raccontano le loro complicate storie d'amore e indimenticabile la scena dell'orgasmo simulato da Meg Ryan al ristorante, conclusa con una battuta da culto («Porti anche a me quello che ha dato alla signorina»). Musiche di Harry Connick jr e Marc Shainen.

Harvey *** (*Harvey*, Usa 1950, b/n, 104') Henry Koster. Con James Stewart, Peggy Dow, Josephine Hull, Charles Drake, Victoria Horne, Jesse White, Wallace Ford. ◆ Harvey è un grosso coniglio bianco parlante che (forse) esiste solo nella fantasia di Elwood P. Dowd (Stewart), un simpatico quarantenne che la sorella (Hull) fa ricoverare in una clinica psichiatrica. Una fantasia comica ai limiti dell'assurdo (nel mito la battuta di Elwood: «Sento "Buon giorno signore!" Mi giro e vedo un grosso coniglio appoggiato a un lampione. E io mi stupisco, perché quando abiti in una città così tanto quanto ci ho abitato io, conosci tutte le facce dei tuoi concittadini»), tratta dall'omonima pièce di Mary Chase, vincitrice del Pulitzer e autrice dell'adattamento cinematografico insieme a Oscar Brodney. Una delle interpretazioni più coraggiose di Stewart che sonda i limiti estremi del solito ruolo di allampanato sognatore. Oscar a Josephine Hull che, come Victoria Horne e Jesse White, aveva già recitato a Broadway la parte.

Hatari! *** (*Hatari!*, Usa 1962, col, 157') Howard Hawks. Con John Wayne, Elsa Martinelli, Hardy Kruger, Red Buttons, Gérard Blain, Bruce Cabot, Michèle Girardon. ◆ In Tanganyka, la vita di alcuni cacciatori bianchi che catturano animali da spedire negli zoo di tutto il mondo viene sconvolta dall'arrivo di una fotografa italiana, Anna Maria d'Alessandro detta Dallas (Martinelli), che riuscirà a far innamorare il coriaceo Sean Mercer (Wayne) e a fargli dichiarare il suo amore. Uno dei film più rappresentativi dell'universo d'autore di Hawks, che riunisce qui i temi più importanti del suo cinema: un piccolo gruppo di uomini legati dal senso del dovere e della passione per la propria professione, capaci di dimostrare coraggio e spirito d'avventura (molte delle scene di caccia, compresa l'ultima al rinoceronte, sono girate dal vero); l'eterna lotta tra i sessi, con l'uomo che crede di vincere ma in fondo cade nella rete tesagli dalla donna; la fusione di commedia e di dramma, perfettamente intrecciati dalla sceneggiatura di Leigh Brackett; il ruolo centrale dell'ironia e dell'autoironia, grimaldello privilegiato per affrontare la vita da parte degli «ultimi marginali dell'avventura», sereni eredi dei cowboy d'altri tempi.

Havana ** (*Havana*, Usa 1990, col, 140') Sydney Pollack. Con Robert Redford, Lena Olin, Alan Arkin, Tomas Milian, Raul Julia, Daniel Davis, Tony Plana, Betsy Brantley. ◆ Nella Cuba del 1958, il regime di Batista è agli sgoccioli: un giocatore professionista (Redford) si innamora della moglie (Olin) di uno dei capi della Resistenza, ma poi la fa tornare dal marito comprendendo i suoi ideali. Settimo film di Redford diretto da Pollack, sembra il remake di *Casablanca*: ben recitato e sorretto da un'ottima scenografia, è un po' troppo freddo per convincere veramente e ha troppi finali per avvincere.

Hawaii *½ (*Hawaii*, Usa 1966, col, 130') George Roy Hill. Con Julie Andrews, Max von Sydow, Jocelyn LaGarde, Richard Harris, Gene Hackman, Torin Thatcher, Carroll O'Connor. ◆ Nel 1820, un sacerdote (von Sydow) si reca su un'isola dell'arcipelago hawaiano per convertire gli indigeni, ma il suo rigore morale gli impedisce di trovare mediazioni con la cultura locale. Tratto dal bestseller omonimo di James A. Michener e sceneggiato da Dalton Trumbo e Daniel Taradash, è un film che risente dei molti problemi produttivi (le riprese furono iniziate da Fred Zinnemann, alcune scene furono affidate ad Arthur Hiller e George Roy Hill abbandonò due volte il set, perdendo così il diritto a supervisionare il montaggio) e che fu abbondantemente tagliato (in originale durava 189'). Peccato, perché il tema non era senza interesse, raccontando la corruzione e la distruzione di una cultura indigena per le colpe congiunte di un'evangelizzazione repressiva e della contaminazione commerciale che le seguì. Una sconosciuta Bette Midler interpreta una passeggera del traghetto. Seguito in *Il re delle isole* (1970).

H2S *½ (Italia 1968, col, 88') Roberto Faenza. Con Carole André, Lionel Stander, Denis Gilmore, Giancarlo Cobelli, Paolo Poli, Franco Vallobra. ◆ Il giovane e innocente Tommaso (Gilmore) tenta di sfuggire al condizionamento imposto dalla civiltà dei consumi, ma scoprirà che l'unico modo per essere veramente libero è quello di far saltare in aria tutto con una bomba. Contorta parabola fantascientifica contro il potere della tecnologia dominata da spirito polemico e volontà corrosiva nei confronti della società capitalistica, vicina alle tesi del Movimento studentesco e anche per questo tartassata dalla censura.Il titolo è la formula chimica dell'acido solfidrico.

Head (di Bob Rafelson) → *Sogni perduti*

Heartburn – Affari di cuore *½ (*Heartburn*, Usa 1986, col, 108') Mike Nichols. Con Meryl Streep, Jack Nicholson, Jeff Daniels, Maureen Stapleton, Stockard Channing, Miloš Forman, Mercedes Ruehl. ◆ Le disavventure coniugali di due giornalisti, Mark (Nicholson) e Rachel (Streep): quando è incinta del secondo figlio, lei scopre che lui ha un'altra. Tratto dal romanzo autobiografico di Nora Ephron (qui anche sceneggiatrice) e ispirato al suo matrimonio con Carl Berstein (uno dei due giornalisti che fecero scoppiare lo scandalo Watergate), il film è una miscela non particolarmente riuscita di vite vissute e fiction cinematografica, tutto giocato sulle nevrosi e i tic degli intellettuali americani. Nicholson e la Streep sono troppo gigioni per essere convincenti. Il regista Miloš Forman fa il suo debutto come attore nella parte di Dimitri. Carly Simon ha composto la colonna sonora. Esordio per Kevin Spacey.

Hearts of Fire ° (*Hearts of Fire*, Usa 1987, col, 95') Richard Marquand. Con Fiona [Flanagan], Bob Dylan, Rupert Everett, Julian Glover, Richie Havens, Ian Dury, Suzannne Bertish, Larry Lamb. ◆ Billy Parker (Dylan) è una famosa rockstar ritiratasi dalle scene: quando incontra Molly (Fiona), una giovane che vorrebbe cantare, la aiuta a realizzare il suo sogno assieme alla star del momento, James Colt (Everett). Girato tra il Canada e l'Inghilterra, è un film musicale che vorrebbe raccontare la lotta per il successo e la volontà di vivere, ma soffoca nei luoghi comuni e nella noia (anche musicale: 19 canzoni sono troppe!).

Ultima regia di Richard Marquand, scomparso dopo le riprese, è la quarta apparizione sullo schermo di Dylan. Everett nel film suona davvero. La musica è di John Barry.

Heat – La sfida ***½ (*Heat*, Usa 1995, col, 171') Michael Mann. Con Al Pacino, Robert De Niro, Val Kilmer, Diane Venora, Amy Brenneman, Ashley Judd, Tom Sizemore, Jon Voight, Kevin Gage, Wes Studi, Natalie Portman, Danny Trejo, Mykelti Williamson, Tom Noonan, Ted Levine, Henry Rollins, Tone Loc. ◆ Il detective Vince Hanna (Pacino) è sulle tracce del rapinatore Neil McCauley (De Niro), che decide di organizzare un ultimo, spettacolare colpo, malgrado sia stato diffidato dallo stesso Hanna in un incontro in una tavola calda. Mentre gli eventi precipitano verso la catastrofe, Hanna rompe con la moglie (Venora), e McCauley inizia una relazione con la solitaria Eady (Brenneman), che ne ignora la professione. Quasi tre ore di film bastano appena a Mann (anche sceneggiatore) per sfiorare il viluppo di emozioni e di storie che si porta dietro ogni personaggio. Un grandioso affresco sul caso, l'ironia della sorte, le coincidenze e le scelte, che ruota attorno a due solitari maniaci del proprio lavoro, schierati su fronti opposti, mai eroici né totalmente simpatici. Echi del nichilismo di Melville e di Peckinpah (la disinvoltura nell'accettare l'ultima impresa suicida, come nel *Mucchio selvaggio*), un romanticismo sfrenato insolito nel cinema Usa odierno, e una messa in scena che, a furia di osare e di puntare alto, brucia ogni sospetto di manierismo e di estetismo. Meno male che c'è chi crede ancora nel cinema come Michael Mann. Fotografia di Dante Spinotti. De Niro e Pacino recitano nello stesso film per la prima volta dal *Padrino – Parte II*, e per la prima volta, anche se di rado, compaiono nella stessa inquadratura: ma non vampirizzano mai il film col loro carisma. Mann si è ispirato al suo tv-movie *Sei solo, agente Vincent!*.

Heavy Metal ** (*Heavy Metal*, Usa 1981, col, 90') Gerard Potterton. ◆ Una sfera luminosa dai poteri malefici, il Loch-Nar, racconta a una ragazzina le catastrofi che ha causato in diverse galassie: gli episodi vanno dal noir urbano alla *Blade Runner* al fantasy con pterodattili e duelli all'ultimo sangue, mentre nel mezzo c'è anche spazio per la parodia (nell'originale le voci erano, tra gli altri, di John Candy, Eugene Levy e Harold Ramis) e l'erotismo (a livello di quindicenne che fantastica sulle pin-up). Tentativo di portare sullo schermo grazie ai cartoni animati la fantascienza eclettica e cinica delle riviste di fumetti tipo *Metal Hurlant*: nel complesso diseguale, ma non deludente per i fans del genere. Un punto di forza la colonna sonora hard rock, con canzoni dei Blue Oyster Cult, Black Sabbath, Devo e Cheap Trick.

He Got Game **½ (*He Got Game*, Usa 1998, col, 136') Spike Lee. Con Denzel Washington, Ray Allen, Milla Jovovich, Rosario Dawson, Bill Nunn, Ned Beatty, Jim Brown, Thomas Jefferson Byrd, Lonette McKee, John Turturro, Coati Mundi. ◆ L'uxoricida Jake Shuttleworth (Washington) viene rilasciato sulla parola per pochi giorni perché convinca il figlio Jesus (Allen), promessa del basket, a iscriversi all'università cara al direttore del carcere (Beatty): impresa impossibile, dato che Jesus odia il genitore. Molto più di un film sulla corruzione nel basket, visti i mezzi con cui tutti cercano di portare Jesus verso una squadra o l'altra: tra padri e figli, soldi e donne, punizione e redenzione, Lee (anche sceneggiatore) ripercorre il mito americano dalla parte dei neri, abbondando in retorica e misoginia, satira e commozione. Come al solito, tante idee ma confuse; anche se per fortuna lascia le questioni aperte e non cade nel finale, che risolve elegantemente la suspense. Un cinema sempre sopra le righe ma aperto a qualunque svolta (dal melodramma fantastico al documentario), e di innegabile vitalità. E le partite di basket, montate (da Barry Alexander Brown) seguendo la musica di Aaron Copland (che più bianca non si potrebbe), sono una lezione di cinema. Fotografia di Malik Hassan Sayed; i Public Enemy sono responsabili dell'altra metà della colonna sonora. Nella parte di se stessi compaiono una dozzina di allenatori e molti giocatori, da Michael Jordan a Shaquille O'Neal.

Heidi → *Son tornata per te – Heidi*

Heidi torna a casa *½ (*Heidi und Peter*, Svizzera 1954, col, 89') Franz Schnyder. Con Hannes Schmidhauser, Nelly Borgeaud, Peter Arens, Fred Tanner, Heinrich Gretler. ◆ Il villaggio di Heidi (Schmidhauser) è minacciato da un'alluvione, mentre un'amica della ragazzina, che non può camminare a causa di una malattia, si trasferisce dalla città in montagna nella speranza di guarire. Tratto dal romanzo di Johanna Spyri *Heidi kann brauchen was es gelernt hat*, un melassoso trionfo di natura e buoni sentimenti. È la prima produzione svizzera a colori.

Heimat **** (*Heimat – Eine Chronik in elf Teilen*, Rft 1984, b/n e col, 931') Edgar Reitz. Con Willi Burger, Gertrud Brecfel, Rüdiger Weigang, Karin Rasenack, Michael Lesch, Dieter Shaad, Marita Breuer, Mathias Kniesbeck, Michael Kausch, Peter Harting, Gertrud Scherer, Gudrun Landgrebe. ◆ Film in undici episodi. 1. *Nostalgia di terre lontane*: nel 1919, dopo la prigionia, Paul Simon (Burger) torna a Schabbach, suo paese natale, dove sposa Maria (Breuer) e ha due figli, Anton ed Ernst; 2. *Il centro del mondo*: il fratello di Paul, Eduard (Weigang), si reca a Berlino per una cura ai polmoni, s'innamora di una maîtresse, Lucie (Rasenack), e la sposa. Nel frattempo Hitler è salito al potere e un nipote dei Simon viene arrestato dai nazisti; 3. *Natale come mai fino allora*: Eduard fa carriera nel partito e diventa borgomastro di Schabbach. Durante le feste natalizie del 1935, ospita nella sua villa alcune personalità naziste di passaggio; 4. *Via delle alture del Reich*: Maria, moglie di Paul, s'innamora di un ingegnere, Otto, che lavora alla grande strada Coblenza-Treviri; 5. *Scappato via e ritornato*: Paul, nel frattempo emigrato in America, scrive ai familiari che ha fatto fortuna e sta per tornare. Rimane bloccato sulla nave nel porto di Amburgo perché non riesce a provare la sua discendenza ariana. Il giorno dopo Hitler invade la Polonia; 6. *Il fronte interno*: Maria ha avuto un figlio dall'ingegnere, Hermann. Anton (Kniesbeck), il figlio avuto da Paul, si sposa per procura con Martha, accolta dalla famiglia Simon; 7. *L'amore dei soldati*: nell'inverno 1944, Otto torna a casa e conosce suo figlio. Il giorno dopo muore disinnescando una bomba. Muore anche il padre di Paul, Mathias. Arrivano gli americani; 8. *L'americano*: Paul torna dagli Usa, ma ormai si sente uno straniero e dopo poco torna indietro. Nel frattempo torna anche il figlio Anton, sopravvissuto a un campo di prigionia, e arriva Klarchen, una ragazza mandata dal fratello Ernst. Muore la madre di Paul, Katharina; 9. *Hermannchen*: Anton ha una fabbrica di strumenti ottici, Ernst si sposa con la figlia di un ricco commerciante, Hermann (Harting) ha una storia d'amore con Klarchen e decide di abbandonare il villaggio quando la famiglia si oppone al legame; 10. *Gli anni ruggenti*: un'industria vorrebbe rilevare la fabbrica di Anton. Questi decide di chiedere consiglio al padre negli Usa, ma scopre che Paul si trova a Monaco per assistere a un concerto di Hermann, avviato alla carriera di compositore; 11. *La festa dei vivi e dei morti*: muore Maria. Tutta la famiglia Simon si riunisce e in un capannone addobbato per la festa del villaggio si ritrovano i vivi e i morti. Un film-fiume, un'affascinante epopea della gente comune che è stata tra i rarissimi eventi cinematografici degli anni Ottanta. Punto d'arrivo del Nuovo Cinema Tedesco, *Heimat* ruota attorno al concetto e all'esperienza di *patria*, la terra d'origine persa con la Storia e riconquistata in modo diverso attraverso le storie individuali: una patria da cui si fugge e a cui si ritorna, secondo spinte centrifughe e centripete che determinano sia la struttura narrativa che la forma del film; storie vissute e consegnate alla tradizione orale, che il film s'incarica di recuperare nei meandri della memoria come punti di vista nuovi e *autentici*. «L'esperienza vissuta» è infatti per Reitz il punto di partenza programmatico per un'operazione che intende essere l'esatto contrario dei soliti serial studiati a tavolino. Il racconto si snoda come un flusso discontinuo, con frequenti salti o dilatazioni temporali che sulle prime possono disorientare lo spettatore. La medesima tensione è avvertibile a livello formale: la macchina da presa alterna momenti di stasi a movimenti improvvisi e la fotografia si divide tra il colore (per gli episodi di primaria importanza) e il bianco e nero (non per i flashback, come di regola succede, bensì per gli episodi meno significativi). Nonostante affronti temi nodali sia per il singolo che per la collettività, in un arco di tempo lunghissimo e cruciale, *Heimat* non è un film a tesi, non vuole dimostrare nulla, ma si propone piuttosto come cronaca di un tempo perduto e, proprio perché perduto, in qualche misura mitico. Per aver filtrato le tragedie del nazismo attraverso la vita quotidiana, Reitz è stato assurdamente accusato di voler rimuovere il passato tedesco. In realtà ben poche volte il desiderio e la negazione di una «patria» sono state rappresentate in modo altrettanto problematico e struggente. La sceneggiatura è di Edgar Reitz e Peter Steinbach, la fotografia di Gernot Roll e il montaggio di Heidi Handorf. Il cast è composto di ottimi attori dilettanti, scelti anche per favorire una mediazione tra la troupe e la gente delle varie località in cui il film è stato girato. Nell'edizione originale c'è da segnalare un'interessante «questione della lingua» (ai dialetti tedeschi di base si mescolano parlate francesi e americane in rapporto alle vicende storiche). Con un seguito.

Heimat 2 – Cronaca di una giovinezza **** (*Die zweite Heimat – Chronik einer Jugend*, Germania 1992, b/n e col, 1532') Edgar Reitz. Con Henry Arnold, Salome Kammer, Anke Sevenick, Noemi Steuer, Daniel Smith, Gisela Müller, Michael Seyfried, Armin Fuchs, Martin Maria Blau, Michael Schönborn, Lena Lessing, Hannelore Hoger. ◆ Saga composta da tredici film. 1. *L'epoca delle prime canzoni* (1960): Hermann (Arnold) lascia Schabbach per Monaco, dove va a studiare musica. Entra nel giro bohémien di Villa Fuchsbau, promosso da Elisabeth Cerphal (Hoger), e s'innamora, non ricambiato, di una violoncellista, Clarissa (Kammer). 2. *Due occhi da straniero* (1960/61): Hermann diventa amico di Juan, un giovane cileno con svariati talenti, ma senza lavoro, che riesce a conquistare Clarissa. 3. *Gelosia e orgoglio* (1961): Evelyne, eccezionalmente dotata per il canto, cerca la madre scomparsa e approda nella cerchia di Hermann. Conosce Ansgar, studente di medicina e tossicodipendente, di cui s'innamora. 4. *La morte di Ansgar* (1961/62): Ansgar ed Evelyne diventano inseparabili, ma il ragazzo è ferito da Olga, attrice depressa, e poi muore in un incidente. Clarissa vince il concorso di violoncello eseguendo un pezzo di Hermann. 5. *Il gioco con la libertà* (1962): Helga (Steuer), una studentessa di letteratura innamorata di Hermann, assiste ai tumulti di Schwabing e si rifugia in provincia. Hermann la raggiunge e viene corteggiato da tre donne. 6. *Noi, figli di Kennedy* (1963): il giorno dell'attentato a Kennedy vissuto da Alex, eterno studente di filosofia, e da Helga che, respinta da Hermann, comincia a interessarsi di politica. Litigio tra giovani cineasti e incontro tra Hermann e Schnüssen (Sevenick). 7. *I lupi di Natale* (1963): Clarissa rischia la morte per un aborto. Helga incontra Stephan, regista di scarsa fantasia. Hermann si rifugia da Schnüssen. 8. *Il matrimonio* (1964): Hermann e Schnüssen si sposano. Clarissa va a Parigi per un'audizione importante (voluto errore cronologico: Clarissa deposita dei fiori sulla tomba di Joris Ivens morto in realtà nel 1989) Juan tenta di uccidersi. 9. *L'eterna figlia* (1965): la signora Cerphal, mecenate del gruppo di artisti, perde la villa del padre e per tutti finisce un'epoca. Hermann e Schnüssen hanno un figlio. Clarissa torna dalla California e Volker, musicista ancora inespresso, s'innamora di lei. 10. *La fine del futuro* (1966): Reinhard, sceneggiatore con il mito di John Wayne, torna dal Messico e non trova più il gruppo di amici. Scrive con Rob, un amico cameraman, un copione sulla villa abbattuta, per il quale Hermann scrive un requiem. Clarissa ha un figlio da Volker. Reinhard va a Venezia, conosce Esther, una fotografa figlia di un'ebrea e di un ufficiale delle SS, e poi annega nell'Ammersee. 11. *L'epoca del silenzio* (1967/68): Rob incontra Esther con la quale fa esperimenti di tecnica cinematografica. Esther visita insieme al padre il campo di concentramento di Dachau e perde le tracce di sua madre. Clarissa rinuncia alla musica. La battaglia politica di Helga contro gli artisti. 12. *L'epoca delle molte parole* (1968/69): Stefan va a Berlino a girare il suo primo film e Helga «interviene» sul set (prima è membro dell'opposizione parlamentare, poi passa al terrorismo). Schnüssen torna all'università per «realizzarsi». Clarissa scopre il canto. Hermann si separa da Schnüssen e va a Berlino dalla comunarda Katrin. 13. *L'arte o la vita* (1970): Hermann viene designato erede della Isarfilm dal proprietario, un anziano imprenditore che si è comprato il titolo di console. Ritrova Clarissa ad Amsterdam e passa una notte con lei. Poi torna al suo paese d'origine «per imparare ad attendere». Non è la seconda parte di *Heimat*, bensì una sua filiazione. Tra personaggi che restano e personaggi che partono, Reitz sceglie di seguire uno di questi ultimi, Hermann, il compositore che si ritrova ventenne negli emblematici anni Sessanta. Abbandonata la patria intesa come terra d'origine, legata alla famiglia e all'infanzia, il ragazzo va ora alla ricerca della sua seconda patria, fatta di amori, amicizie e musica, una patria «adulta» e necessariamente precaria. La storia è raccontata in tredici episodi che in realtà sono dei veri e propri film, realizzati con il medesimo stile di *Heimat* e dalla medesima troupe. L'azione si svolge principalmente a Monaco, ma la città corrisponde più al mondo interiore dei personaggi che alla realtà storica. L'uso del bianco e nero e del colore marca una significativa differenziazione tra scene narrative (b/n) e riflessive/emozionali (col). Malioso *Bildungsfilm* artisitico-sentimentale-politico, che sembra recuperare all'attualità il romanzo di formazione tedesco, la «Ricerca» di Proust e la serie truffautiana dedicata ad Antoine Doinel, *Heimat 2* è il risultato di sette anni di intenso lavoro e sicuramente il primo assaggio di storia del cinema degli anni Novanta.

Helga – Lo sviluppo della vita umana *½ (*Helga*, Rft 1967, col, 77') Erich F. Bender. Con Ruth Gassman, Asgard Hummel, Ilse Zielstorff, Eberhard Mondry. ◆ La giovane Helga (Gassman), in attesa di un bambino, ascolta dal suo ginecologo una specie di lezione sulla sessualità umana, la fecondazione, la gravidanza e il parto. È uno pseudodocumentario che ai tempi suscitò grande scalpore per le riprese dal vero della nascita di un bambino: era la prima volta, infatti, che una macchina da presa entrava in sala parto. Oggi, è un film per educande.

Hellbound – All'inferno e ritorno * (*Hellbound*, Usa 1993, col, 91') Aaron Norris. Con Chuck Norris, Calvin Levels, Sheree J. Wilson, Christopher Neame. ◆ Un poliziotto di Chicago (Norris), esperto in arti marziali, indaga a Gerusalemme su una serie di omicidi compiuti da un diabolico morto-vivente, Prosatanos, seppellito nel 1186 da Riccardo Cuor di Leone e involontariamente liberato da due profanatori nel 1951. Un divo dell'action-movie diretto dal fratello ex stuntman: un pasticcio sconclusionato che non fa certo onore al genere né al desiderio di intrattenimento degli spettatori.

Hellbound: Hellraiser II – Prigionieri dell'inferno * (*Hellbound: Hellraiser II*, Gb/Usa 1988, col, 90') Tony Randel. Con Clare Higgins, Ashley Laurence, Kenneth Cranham, Imogen Boorman, Sean Chapman. ◆ Per salvare il padre, Kristy (Laurence) è disposta a scendere fino nell'Inferno con l'aiuto delle scatole che aprono le porte delle dimensioni parallele, ma deve combattere contro l'ex amante della mamma e uno psichiatra (Cranham) esperto in occultismo. Seguito di *Hellraiser*, prodotto da Clive Barker, il film accumula tutti gli effetti possibili (a scapito della coerenza della trama) in un Inferno reinventato sui disegni rompicapo di Escher in cui si muovono attori da filodrammatica. Estremamente sadico (la censura italiana ha tagliato almeno 7'), ottiene solo di incupire e deprimere lo spettatore. Seguìto da *Hellraiser III*.

Hello Denise **½ (*Denise Calls Up*, Usa 1995, col, 80') Hal Salwen. Con Tim Daly, Caroleen Feeney, Dan Gunther, Dana Wheeler Nicholson, Liev Schreiber, Aida Turturro, Alanna Ubach, Sylvia Miles, Mark Blum, Jean Lamarre. ◆ Troppo assorbiti dai loro impegni – e dalle loro fobie – un gruppo di amici comunica solo via telefono: feste, conoscenze, litigi, lavori, innamoramenti (tra Barbara [Feeney] e Jerry [Schreiber]), persino un parto (quello di Denise [Ubach]) e un funerale (quello di Gale [Nicholson]) sono vissuti al telefono o filtrati dalle segreterie. Un apologo paradossale e divertente sulle aporie della vita moderna, dove la facilità di comunicazione si trasforma in un insormontabile ostacolo a vivere davvero. Opera prima del regista, autore anche di una sceneggiatura che non perde un colpo, e interprete del piccolo ruolo del fotografo.

Hello, Dolly! ** (*Hello, Dolly!*, Usa 1969, col, 129') Gene Kelly. Con Barbra Streisand, Walter Matthau, Michael Crawford, Marianne McAndrew, E.J. Peaker, Tommy Tune, David Hurst. ◆ Nel 1890, Dolly Levi (Streisand), una modista rimasta vedova, cerca in tutti i modi di farsi sposare da un ricco mercante scorbutico, Horace Vandergelder (Matthau). Versione cinematografica del musical di Jerry Herman con una Streisand troppo giovane per il ruolo della protagonista e una sceneggiatura di Ernest Lehman troppo fedele al testo teatrale. Si salvano solo Walter Matthau, perfettamente a suo agio in un ruolo ruvido e antipatico, e i collaudati numeri musicali: *Put on Your Sunday* e *Before the Paradise Passes Me By*, oltre a quello che dà il titolo al film, che la Streisand canta accanto a Louis Armstrong (alla sua ultima apparizione cinematografica). Tre Oscar: miglior colonna sonora (Lennie Haytron e Lionel Newman), scenografia e suono. In originale 146'. Il film è ispirato alla commedia di Thornton Wilder *La sensale di matrimoni*, alla base anche del film *Bella, affettuosa, illibata cercasi* (1958, di Joseph Andrews con Shirley Booth e Anthony Perkins).

Hello – Goodbye * (*Hello – Goodbye*, Gb 1970, col, 107') Jean Negulesco. Con Curt Jurgens, Michael Crawford, Ira Fürstenberg, Geneviève Gilles. ◆ Il flirt tra Henry (Crawford) e Dany (Fürstenberg) finisce quando lei decide di tornare dal marito, il ricco barone Choisis (Jurgens): ma dopo pochi mesi ci ripensa. Modestissima riproposta del solito triangolo, con un inutile finale aperto. Una delle interpretazioni più insopportabili della Fürstenberg.

Hellraiser – Non ci sono limiti *** (*Hellraiser*, Gb 1987, col, 94') Clive Barker. Con Andrew Robinson, Clare Higgins, Ashley Laurence, Sean Chapman, Oliver Smith. ◆ Frank (Smith) ha voluto provare il piacere assoluto e per farlo è entrato in una dimensione parallela, dove i Supplizianti lo hanno dilaniato. Qualcosa di lui, però, continua a vivere e la sua ex amante, Julia (Higgins) gli procurerà ciò di cui ha bisogno per riprendere le sembianze umane: corpi umani. Almeno fino a quando la giovane Kristy (Laurence) ruba a Frank la scatola magica che controlla le porte della dimensione parallela e scatena la furia dell'aldilà. Opera prima di Barker, lo scrittore inglese troppe volte definito il successore di Stephen King, è una geniale e spregiudicata discesa nell'immaginario infernale, popolato di incubi maestosi e fantasie sadomaso. I temi del sesso e della morte, della carnalità e della dissoluzione della carne sono messi a fuoco lucidamente in un esemplare contesto di torbida visionarietà. Superbo (e agghiacciante) il trucco dei tre Supplizianti. Seguìto da *Hellbound: Hellraiser II – Prigionieri dell'inferno* e *Hellraiser III*.

Hellraiser III * (*Hellraiser III: Hell on Earth*, Usa 1992, col, 93') Anthony Hickox. Con Terry Farrell, Doug Bradley, Paula Marshall, Kevin Bernhardt. ◆ Una giornalista (Farrell), indagando sulla morte di un giovane straziato da uncini invisibili, viene contattata sia da Pinhead (Bradley), demone sadomaso capo dei Supplizianti, che dal suo alter ego Elliot (Bradley), il quale adesso vorrebbe porre fine alla maledizione: ma il finale suggerisce che c'è spazio per un quarto capitolo. Clive Barker si tira da parte, e Pinhead diventa protagonista a tutti gli effetti, aspirando a rimpiazzare Freddy Kruger nell'immaginario horror degli anni Novanta. Effetti speciali ormai stravisti, e noia che regna sovrana.

Hellzapoppin' *** (*Hellzapoppin'*, Usa 1941, b/n, 84') Henry C. Potter. Con Ole Olsen, Chuck Johnson, Martha Raye, Hugh Herbert, Mischa Auer, Robert Paige, Elisha Cook jr. ◆ In uno studio hollywoodiano due comici (Olsen e Johnson) stanno girando un film senza capo né coda: quando il regista ottiene dallo sceneggiatore una vera storia, i due attori la interpretano con azioni nonsense, mentre sulla scena irrompono personaggi che non c'entrano affatto. Versione cinematografica di un musical che ebbe grande successo a Broadway a partire dal 1938. Bizzarro film *nel* film e *sul* film, *Hellzapoppin'* (sceneggiato da Nat Perrin e Warren Wilson) è un classico del genere comico, del quale sfodera un impressionante repertorio di gag immerse in un caos solo apparente. Per la (modesta) coppia Olsen-Johnson, insieme dal 1913, costituisce un'esperienza unica e irripetibile e, rivisto oggi, sembra collocarsi a metà strada tra il cinema dei Fratelli Marx (di cui però non possiede la genialità) e quello dei Monty Python. In relazione al tipo di comicità, il numero di canzoni appare eccessivo e disturbante. Celeberrimo il tormentone del fattorino che entra improvvisamente in scena perché deve consegnare una pianta per la signora Jones e a ogni entrata questa pianta è sempre più grossa.

Hemoglobin – Creature dell'inferno * (*Hemoglobin*, Canada/Germania 1996, col, 90') Peter Svatek. Con Rutger Hauer, Roy Dupuis, Kristin Lehman, Joanna Noyes, Jackie Burroughs. ◆ Il discendente (Dupuis) di una famiglia di depravati torna nell'isola natia, dove i suoi parenti – a furia di incesti – sono diventati feroci mutanti che si nutrono di cadaveri. Decadenza di uno dei creatori dell'horror degli anni Ottanta, lo sceneggiatore Dan O'Bannon (che qui collabora con Ronald Shusett e Charles Adair). Una sagra del già visto con poca suspense e timide morbosità. Hauer, ingrassato, fa una parte che trent'anni fa sarebbe andata a Peter Cushing.

Henriette ***½ (*La Fête à Henriette*, Francia 1952, b/n, 118') Julien Duvivier. Con Dany Robin, Michel Roux, Michel Auclair, Louis Seigner, Henri Crémieux, Hildegarde Neff, [Hildegard Knef], [Julien] Carette, Daniel Ivernel, Micheline Francey, Saturnin Fabre, Odette Laure. ◆ Due sceneggiatori – uno sentimentale e favorevole all'happy end (Seigner), l'altro fatalista e affascinato dalle avversità della sorte (Crémieux) – si mettono al lavoro, con molti contrasti, per raccontare la storia della sartina Henriette (Robin), convinta che il fidanzato fotoreporter (Roux) la chiederà in sposa il 14 luglio, giorno della festa nazionale e del suo compleanno: una cavallerizza (Neff) e un ladro (Auclair) rischiano di rovinare i loro sogni. Non un film nel o sul film, come potrebbe sembrare, ma più intrecci combinati in una commedia il cui intento primario è la parodia e l'autoparodia: i bersagli di Duvivier qui sono il realismo poetico alla Carné, ossessionato dai colpi bassi del Destino (con il falso cieco che rimanda a *Mentre Parigi dorme*), e il suo stesso *Sotto il cielo di Parigi*, le sue elucubrazioni pessimiste, il suo gusto per i comportamenti patologici, le ambientazioni strane, gli improvvisi rivolgimenti che sconvolgono le vite dei personaggi. Eccellente la coppia di sceneggiatori Seigner-Crémieux: vere e proprie star del film, donano alla sceneggiatura reale (di Duvivier e Henri Jeanson) una sottile e magica forza distruttrice che percorre anarchicamente tutto il film, paradossalmente in sintonia perfetta con la poetica del regista. Lo stesso tema è servito come base per il film di Richard Quine *Insieme a Parigi* (1964).

Henry & June ° (*Henry & June*, Usa 1990, col, 134') Philip Kaufman. Con Fred Ward, Uma Thurman, Maria De Medeiros, Richard E. Grant, Kevin Spacey, Féodor Atkine, Pierre Etaix, Annie Fratellini. ◆ Parigi, 1931. La scrittrice Anaïs Nin (De Medeiros), sposata a un dirigente di banca, incontra Henry Miller (Ward). Tra i due divampa un'appassionata storia di amore, sesso e letteratura, in cui Anaïs – sempre alla ricerca di nuove esperienze – coinvolge anche June (Thurman), la bellissima moglie di Henry. L'insostenibile pesantezza dell'essere, verrebbe da dire a confronto del precedente film di Kaufman. I personaggi e i temi sarebbero intriganti, ma la sceneggiatura (del regista e di sua moglie Rose) non funziona: tutto si riduce a un'improbabile e noiosa alternanza di gemiti convulsi e seriose pause cerebrali, senza un sussulto emotivo, un guizzo o una scossa. E se le attrici se la cavano, Fred Ward è semplicemente penoso nel ruolo dell'autore geniale e trasgressivo.

Henry - Pioggia di sangue ***½ (*Henry: Portrait of a Serial Killer*, Usa 1990, col, 82') John McNaughton. Con Michael Rooker, Tracy Arnold, Tom Towles, Ray Atherton. ◆ Un omicida seriale (Rooker) inizia al delitto Otis (Towles), l'uomo con cui divide l'appartamento. Il primo ha subìto traumi durante l'infanzia e odia l'umanità, e le donne in particolare; il secondo vuole provare semplicemente un nuovo brivido. La sorella di Otis (Arnold) ignora tutto, e si innamora di Henry che, in confronto a suo fratello, sembra un uomo gentile e sensibile. Allucinante spaccato di una mente malata, senza nessun quadro morale di riferimento, vagamente ispirato al caso di Henry Lee Lucas e sceneggiato dal regista insieme a Richard Fire. Girato con uno stile semidocumentaristico che non ricorre a nessuna lusinga spettacolare: anche se la violenza esplicita è sorprendentemente contenuta, forse nessun film è mai andato tanto a fondo nell'esplorare l'orrore di cosa significhi uccidere. Primo film di McNaughton, girato nel 1986 e distribuito in patria solo quattro anni dopo, e da noi nel 1992. Idiota e fuorviante il titolo italiano. Una curiosità: è il film che in *Caro diario* scatena Moretti nella sua invettiva contro certi critici.

Herbie al rally di Montecarlo * (*Herbie Goes to Monte Carlo*, Usa 1977, col, 91') Vincent McEveety. Con Dean Jones, Don Knotts, Julie Sommars, Roy Kinnear, Jacques Marin. ◆ La Volkswagen bianca partecipa col suo pilota (Jones) a un rally in Europa, e una banda di contrabbandieri nasconde nel serbatoio dell'auto un prezioso diamante. Terza avventura della serie iniziata con *Un Maggiolino tutto matto*: commediola zuccherosa prodotta dalla Disney con uno svolgimento prevedibile e un finale scontato. Solo per famiglie felici.

Herbie il Maggiolino sempre più matto *½ (*Herbie Rides Again*, Usa 1974, col, 88') Robert Stevenson. Con Helen Hayes, Ken Berry, Stefanie Powers, Keenan Wynn, John McIntire. ◆ Per contrastare le malefatte di un costruttore senza scrupoli (Wynn) che vuole derubare una vecchietta, i suoi due nipoti (Hayes e Berry) chiedono aiuto alla Volkswagen bianca. Ritorna il protagonista di *Un Maggiolino tutto matto* nella seconda avventura della serie: scontati sorrisi made in Disney.

Herbie sbarca in Messico * (*Herbie Goes Banana*, Usa 1980, col, 92') Vincent McEveety. Con Charlie Martin Smith, Steven W. Burns, Cloris Leachman, John Vernon, Fritz Feid. ◆ Nel viaggio dal Messico al Brasile per partecipare a un rally, la Volkswagen n. 53 sgomina una banda di ricettatori che cercava di rubare alcuni tesori d'oro degli Incas e riesce anche a sconfiggere un toro in una singolarissima corrida. Quarta e ultima avventura cinematografica della serie iniziata con *Un Maggiolino tutto matto*, è realizzata nel più puro (e inoffensivo) stile Disney: sorrisi formato famiglia.

Hercules *½ (Italia/Usa 1983, col, 98') Lewis Coates [Luigi Cozzi]. Con Lou Ferrigno, Sybill Danning, Mirella D'Angelo, Rossana Podestà, Delia Boccardo, Gabriella Giorgielli, Gianni Garko, Claudio Cassinelli, William Berger, Ingrid Anderson. ◆ Il semidio Hercules (Ferrigno) deve superare mille ostacoli creati dagli dèi invidiosi della sua forza, prima di poter liberare dalle mani del terribile Minosse (Berger) la sua fidanzata Arianna (Danning). Tentativo della coppia Golan & Globus di rivitalizzare il genere mitologico scegliendo come protagonista l'attore che aveva reso popolare in Tv il personaggio dell'incredibile Hulk, Lou Ferrigno. Molti effetti speciali, pochi costumi (per mettere in risalto le «qualità» delle attrici) e una sfilata di volti noti a interpretare gli dèi dell'Olimpo: Cassinelli è Zeus, la Podestà fa Hera, Delia Boccardo è Pallade Atena. Infantile.

Hercules *** (*Hercules*, Usa 1997, col, 92') Ron Clements, John Musker. ◆ Figlio di Zeus, Hercules perde i propri poteri divini – ma non la forza – per un maleficio di Hades: li riotterrà non dopo aver compiuto le tradizionali fatiche e aver salvato l'Olimpo dall'aggressione dei Titani, ma quando dimostrerà di essere disposto a sacrificare la vita per liberare l'amata Megara dal mondo delle ombre. Il trentacinquesimo lungometraggio di casa Disney è un curioso e riuscito incontro tra ideologia americana (la conquista della maturità e della stima del padre passa attraverso una serie di prove in cui ci si deve «perdere» per ritrovarsi) e il ricordo della mitologia classica. I «tradimenti» sono gli stessi che si incontravano nella rilettura delle favole classiche: se si accetta che il coro delle Muse balli e canti (su musiche di Alan Menken) e che Hades vada in giro con la testa perennemente in fiamme, bisogna ammettere che la storia di un simpatico bietolone incapace di controllare la propria forza cattura l'attenzione, reinventando miti conosciuti con invenzioni esilaranti (la «distruzione» della Venere di Milo, gli autografi scolpiti sulla pietra) o spettacolari (la lotta contro i Titani). In questo modo la ricchezza dell'universo mitologico impedisce la prevalenza di quelle letture «moderniste» che avevano appesantito alcuni degli ultimi film, facendo ritrovare la scioltezza e la piacevolezza della più classica tradizione disneyana, appena aggiornata da un disegno spigoloso e bidimensionale (supervisionato da Gerald Scarfe) che ricorda la fluidità e l'inventiva di quello di *Aladdin*.

Hermitage **½ (Italia 1968, col, 25') Carmelo Bene. Con Carmelo Bene, Lydia Mancinelli. ◆ Il secondo cortometraggio di Bene, ispirato al suo romanzo *Credito italiano V.E.R.D.I.*, è una riflessione sulla solitudine dell'artista, che vagheggia una madre-amante ma finisce per scriversi lettere d'amore e tentare impossibili copule con se stesso. In una cornice di decadentismo degradato, con uso ironico e frammentato di arie verdiane, emergono - in forma semi-parodica - le maschere del mito e del teatro (da Edipo a Narciso) e gli scollamenti tra corpo e voce cari all'autore: un'anticipazione lucida e beffarda dei lungometraggi successivi.

He Said, She Said - Anche questo è amore *½ (*He Said, She Said*, Usa 1991, col, 115') Ken Kwapis, Marisa Silver. Con Kevin Bacon, Elizabeth Perkins, Sharon Stone, Anthony LaPaglia, Nathan Lane. ◆ Due giornalisti quanto mai diversi – il donnaiolo di destra Dan (Bacon) e la romantica Lorie (Perkins) –

diventano noti con una rubrica di opinioni contrapposte, si innamorano, diventano divi del piccolo schermo e finiscono col litigare in diretta. La stessa storia (scritta da Brian Hohlfen) raccontata da due punti di vista (e due registi), con giochi di flashback e sequenze oniriche: struttura fin troppo sofisticata per una commedia all'acqua di rose che scorre verso un ovvio lieto fine.

Highlander – L'ultimo immortale **½ (*Highlander*, Gb 1986, col, 116') Russell Mulcahy. Con Christopher Lambert, Sean Connery, Roxanne Hart, Clancy Brown, Alan North. ◆ Nella New York contemporanea, un immortale scozzese, Connor McLeod (Lambert), riscopre l'amore dopo molti secoli grazie a un'esperta di arti marziali (Hart). Con l'aiuto della donna sconfiggerà l'eterno rivale (Brown), responsabile della morte del nobile spagnolo Ramirez (Connery) che nel Cinquecento gli aveva rivelato la sua immortalità. Presente metropolitano e passato celtico si confondono in un andirivieni di flashback, spesso intriganti visivamente, ma sgangherati sotto il profilo narrativo. Il regista viene dalla videomusic britannica e si vede, nel bene e nel male. Ne risulta un fantasy bizzarro e piuttosto gradevole (sceneggiato da Gregory Widden, Peter Bellwood e Larry Ferguson), dove spazio e acrobazie sono ben serviti e dove la parte del leone – breve, purtroppo – spetta ovviamente a Sean Connery, spadaccino veloce e distinto, con un lungo codino e un vistoso orecchino pendente. Con due seguiti.

Highlander II – Il ritorno ° (*Highlander II: The Quickening*, Usa 1990, col, 95') Russell Mulcahy. Con Christopher Lambert, Sean Connery, Virginia Madsen, Michael Ironside. ◆ Nel 2024 l'ex immortale scozzese McLeod (Lambert) – che si scoprirà essere un alieno esiliato dal pianeta Zaist cinquecento anni prima insieme a Ramirez (Connery) – arriva sulla Terra inseguito dal dittatore di Zaist (Ironside) per aiutare un'ecoterrorista (Madsen) a liberare il pianeta dallo scudo radioattivo che ha trasformato le città in un inferno tropicale. Il sequel del film precedente, di cui contraddice ampiamente le premesse, abbandona il fantasy per tentare – con esiti fallimentari – la strada della fantascienza. L'originale dura 104'.

Highlander 3 * (*Highlander III: The Sorcerer*, Canada/Francia/Gb 1995, col, 98') Andy Morahan. Con Christopher Lambert, Mario Van Peebles, Deborah [Kara] Unger, Mako, Raoul Trujillo. ◆ Sequel del primo *Highlander*, ma prequel del secondo: nella New York del 1994 l'immortale Connor MacLeod (Lambert) si trova alle prese con un suo vecchio nemico (Van Peebles), saltato fuori vivo e vegeto da uno scavo archeologico in Giappone, e capace di assumere le sembianze delle persone che gli sono care. Fotografia da spot turistico, inutili flashback, sceneggiatura infantile: e anche le scene d'azione fanno rimpiangere i capitoli precedenti.

High Spirits – Fantasmi da legare *½ (*High Spirits*, Usa 1988, col, 97') Neil Jordan. Con Peter O'Toole, Daryl Hannah, Steve Guttenberg, Beverly D'Angelo, Liam Neeson, Jennifer Tilly. ◆ L'ultimo discendente della dinastia irlandese dei Plunkett (O'Toole) organizza a favore di uno scombinato gruppo di turisti americani finte apparizioni di fantasmi per salvare il castello dalle ipoteche, ma una notte sono i fantasmi veri a farsi vivi. Esilissimo incrocio tra commedia e horror che vorrebbe far sorridere sulla vecchia idea di ridicolizzare gli americani mettendoli a confronto con la tradizione europea. Pochi momenti piacevoli (le figure del teatrino di cartone che prendono vita) molti quelli inutili.

Hilary e Jackie *½ (*Hilary and Jackie*, Gb 1998, col, 124') Anand Tucker. Con Emily Watson, Rachel Griffiths, James Frain, David Morrissey, Charles Dance, Celia Imrie, Rupert Penry-Jones, Bill Paterson, Auriol Evans, Keeley Flanders, Grace Chatto. ◆ La vera storia delle sorelle Dupré, la flautista Hilary (Griffiths, da giovane Flanders) e la violoncellista Jackie (Watson, da giovane Evans): la prima abbandonerà la musica e sposerà Kiffer (Morrissey); la seconda, dotata di genio e sregolatezza, sposerà il pianista Daniel Barenboim (Frain), irromperà nella vita della sorella rischiando di farle fallire il matrimonio e si ammalerà di sclerosi multipla. Dal libro autobiografico scritto da Hilary col padre Piers Dupré (nel film interpretato da Penry-Jones), sceneggiato da Frank Cottrell Boyce e messo in scena da un'esordiente, un melodramma psicologico pieno di cliché, programmaticamente tumultuoso nella sostanza e fastidiosamente patinato nella forma (l'incipit con le due sorelline in controluce sulla spiaggia è da annali del kitsch), con la Watson impegnata in una performance virtuosistica quasi sempre sopra le righe.

Hi-Lo Country, The ** (*The Hi-Lo Country*, Usa 1998, col, 114') Stephen Frears. Con Woody Harrelson, Billy Crudup, Patricia Arquette, Penelope Cruz, Sam Elliott, Cole Hauser, Katy Jurado. ◆ New Mexico, 1945: lo scapestrato Big Boy (Harrelson) e il suo fedele amico Pete (Crudup) si ostinano a fare i cowboy in un mondo che sta cambiando. Una donna sposata (Arquette) rischia di incrinare il loro virile attaccamento: ma la tragedia nascerà in seno alla famiglia di Big Boy. Walon Green adatta un romanzo di Max Evans del 1961, in cui il coproduttore Scorsese deve aver ritrovato echi di un cinema che non esiste più, tra West e melodramma con un tocco di *Mean Streets*. Frears, invece, si dev'essere illuso di portare un soffio di sensibilità europea: la confezione è fin troppo tradizionale e patinata, e il risultato poco appassionante. Fotografia di Oliver Stapleton e musica di Carter Burwell.

Hi, Mom! ** (*Hi, Mom!*, Usa 1970, col, 87') Brian De Palma. Con Robert De Niro, Jennifer Salt, Allen Garfield, Gerritt Graham, Nelson Peltz, Charles Durnham, Paul Bartel. ◆ Jon Rubin (De Niro), reduce dal Vietnam, spera di far soldi realizzando un film porno in cui vuole filmare gli ignari dirimpettai: l'idea si rivela un fallimento e allora Jon tenta di fare l'attore underground, poi l'assicuratore e alla fine, incapace di tollerare il suo stato, fa saltare con la dinamite l'intero grattacielo in cui vive. Seguito ideale di *Greetings*, di cui riprende lo stesso protagonista, il film è una specie di riflessione su «una nazione di voyeuristi» dove il gusto per la provocazione si mescola alla critica dell'establishment statunitense (specie della televisione e dei suoi programmi educativi): De Palma cita Godard e Jim McBride, ma col passare del tempo il suo film assomiglia sempre di più a una goliardica provocazione fine a se stessa.

Hindenburg *½ (*The Hindenburg*, Usa 1975, col, 115') Robert Wise. Con Anne Bancroft, George C. Scott, William Atherton, Roy Thinnes, Gig Young, Burgess Meredith, Charles Dunning, René Auberjonois. ◆ Il colonnello Franz Ritter (Scott) è incaricato da Goebbels di neutralizzare il terrorista (Atherton) che vuol far saltare il dirigibile Hindenburg durante il suo volo verso New York: scopre chi è, ma non riesce a disinnescare la bomba. Ispirato alla tragedia dello zeppelin tedesco (esploso il 6 maggio 1937), il film cerca di conquistare l'attenzione dello spettatore raccontando una storia di cui si sa già la fine: inevitabile che non ci riesca. L'unico momento appassionante è l'esplosione del dirigibile (nella realtà durò 34', nel film è lunga 7'), montata alternando scene di finzione a colori a materiale documentario monocromatico (tutto l'incidente reale fu filmato da cineoperatori newyorkesi). Pregevole la musica di David Shire. In originale 125'.

Hiroshima, mon amour *** (*Hiroshima, mon amour*, Francia/Giappone 1959, b/n, 91') Alain Resnais. Con Emmanuelle Riva, Eiji Okada, Bernard Fresson, Stella Dassas, Pierre Barbaud. ◆ Un'attrice francese (Riva) vive un'intensa ma brevissima passione con un giapponese (Okada) durante il suo soggiorno a Hiroshima, dove deve girare un film pacifista. Quest'amore le ricorda quello vissuto a Nevers durante la guerra con un giovane tedesco (Fresson) ucciso sotto i suoi occhi, ma sa benissimo che il tempo ha cancellato quel dolore come cancellerà il suo nuovo amore. Sceneggiato da Marguerite Duras a partire da un suo romanzo, è uno dei film-chiave della Nouvelle Vague, straordinariamente inventivo sul piano del linguaggio e del montaggio, capace di utilizzare con grande libertà immagini e parole, tempi e luoghi diversi. Straordinario nel suo utilizzo dei contrari (Nevers e Hiroshima, l'amante tedesco e quello giapponese, il dialogo e il monologo, il documentario e la poesia), questo film, costruito tutto a incastri e flashback, mantiene ancora oggi una grande forza espressiva, nonostante i dialoghi della Duras rivelino un eccesso di letterarietà decisamente irritante. La differente resa luministica delle scene di Nevers e Hiroshima è dovuta a due operatori diversi, Sacha Vierny e Takahashi Michio.

Hiruko the Goblin **½ (*Hiruko Yohkai-Hunter*, Giappone 1990, col, 85') Shinya Tsukamoto. Con Kenji Sawada, Naoto Takenaka, Masaki Kudo, Megumi Ueno. ◆ Sotto una scuola nipponica si nascondono le porte dell'Inferno: e una fanciulla preda degli spiriti maligni compare sotto forma di ragno per indurre al suicidio gli ex spasimanti. Il goffo archeologo Hieda e il giovane Masao rimedieranno. Primo film «normale» del regista di *Tetsuo*: un horror che saccheggia sfacciatamente il cinema occidentale (la testa-ragno di *La cosa*, le carrellate di *La casa*, i sogni di *Nightmare*, gli effetti di *Abyss*) per ottenere un risultato sorprendentemente originale e non privo di ironia: l'armamentario da acchiappafantasmi di Hieda è del tutto low tech, e spesso spazzoloni e bombolette di insetticida si rivelano la migliore difesa contro i mostri. L'eleganza dello stile bilancia le parentesi splatter e genera momenti di delirio puro che di certo non deluderanno gli appassionati del genere.

Histoire d'amour *½ (*Le Toubib*, Francia 1979, col, 93') Pierre Granier-Deferre. Con Alain Delon, Véronique Jannot, Bernard Giraudeau, Francine Bergé, Michel Auclair. ◆ Tragica storia d'amore tra un medico e un'infermiera (Delon e Jannot) ambientata durante un'ipotetica terza guerra mondiale. Mélo che si traveste da fantastoria per essere originale, ma senza riuscirvi troppo. Delon in uno dei momenti più grigi della sua carriera.

Histoire d'O * (*Histoire d'O*, Francia 1975, col, 112') Just Jaeckin. Con Corinne Cléry, Udo Kier, Anthony Steel, Jean Gaven, Martine Kelly, Alain Noury, Christiane Minazzoli. ◆ La splendida «O» (Cléry) è così innamorata di René (Kier) che per amor suo accetta felicemente di essere prestata ad altri uomini, come al freddo e brutale sir Stephen (Steel) che arriverà a seviziarla sadicamente prima di cadere ai piedi della donna. Dal romanzo omonimo di Pauline Réage sceneggiato da Sébastien Japrisot, uno dei capisaldi del filone pornosoft, patinato e assolutamente non erotico ritratto di una donna contenta di essere vittima. Con un seguito.

Histoire d'O, ritorno a Roissy * (*Histoire d'O – Chapitre II*, Francia/Spagna 1984, col, 87') Eric Rochat. Con Sandra Way, Rosa Valenty, Manuel De Blas, Christian Cid, Carole James. ◆ Madame «O» (Way), diventata da vittima dominatrice, è pagata da un gruppo di industriali per coinvolgere un ricco finanziere e la sua famiglia in giochi sadomaso spingendo il padre a commettere incesto. Vagamente ispirato al romanzo di Pauline Réage, tradisce lo spirito del primo *Histoire d'O*, mischiando sesso e denaro e scadendo nella volgarità più becera. La versione italiana fu pesantemente censurata: in originale dura 100'.

Hitcher, The – La lunga strada della paura **½ (*The Hitcher*, Usa 1986, col, 97') Robert Harmon. Con Rutger Hauer, C. Thomas Howell, Jennifer Jason Leigh, Billy Green Bush. ◆ Un giovane automobilista (Howell) offre un passaggio a uno sconosciuto (Hauer) che si rivela un maniaco. Vagamente ispirato a *La belva dell'autostrada* (di Ida Lupino) ed esordio nella regia di Robert Harmon, è un film costruito con un ritmo incalzante e un montaggio serrato, che alterna momenti di grande tensione a esplosioni improvvise di violenza. Bella fotografia di John Seale. La sceneggiatura è di Eric Red.

Hitler, un film dalla Germania ** (*Hitler, ein Film aus Deutschland*, Rft/Francia/Gb 1977, col, 429') Hans-Jürgen Syberberg. Con Peter Kern, Harry Baer, Alfred Edel, Peter Luhr, Amélie Syberberg. ◆ Non una ricostruzione storica o un documentario, ma uno smisurato film-saggio, in cui il regista riflette sul significato del nazismo nella storia e nella cultura tedesca servendosi di una messa in scena marcatamente teatrale: macchina da presa frontale, e sullo sfondo un grande schermo su cui scorrono immagini emblematiche. Volta a volta attore in carne e ossa, burattino o incarnazione di una serie di altri personaggi (da Nerone al Chaplin del *Grande dittatore*, dal Mostro di Düsseldorf a Napoleone), Hitler sembra essere una sorta di cattiva coscienza dell'immaginario collettivo, «messia nero» e incarnazione del male radicale; ma anche specchio dell'inconscio ed espressione di una rivolta irrazionalistica, nonché artista alla ricerca dell'opera d'arte totale e «massimo cineasta di tutti i tempi». L'approccio di Syberberg – da sempre critico reazionario della decadenza del mondo moderno – è complesso, in parte confuso a bella posta e in parte irriducibilmente ambiguo. E l'ansia di dire tutto e di citare tutto il citabile (compresa, all'inizio e alla fine, la boccia con la neve di *Quarto potere*) è destinata inevitabilmente al fallimento, se mancano ordine e sintesi. Mentre all'epoca in patria infuriavano le polemiche, gli intellettuali di mezzo mondo (Foucault, Sontag, Coppola) gioirono per questo *bric-à-brac* spesso genialoide, in cui trovano posto l'Espressionismo e Brecht, il circo e le avanguardie, gli attrezzi da sex shop e la storia del cinema. Per i comuni mortali, qualcosa che probabilmente appartiene alla sfera dell'arte – se c'è bisogno di queste etichette – ma non necessariamente del cinema.

Ho affittato un killer *** (*I Hired a Contract Killer*, Finlandia/Svezia 1990, col, 85') Aki Kaurismäki. Con Jean-Pierre Léaud, Margi Clarke, Kenneth Colley, Nicky Tesco, Joe Strummer, Serge Reggiani. ◆ Dopo aver lavorato per trent'anni nella stessa ditta, Henri Boulanger (Léaud) viene licenziato: incapace di suicidarsi affitta un killer, ma poi s'innamora e cerca in tutti i modi di annullare il contratto. Un film straniato e poetico, dove il distaccato cinismo con cui vengono descritte le disavventure del protagonista innesca un sottile, ma implacabile umorismo. Grande interpretazione di un invecchiato Léaud col suo solito fascino vacuo. Lo spunto del film viene dal noir di William Castle *Nessuno sa il proprio destino* (1944).

Ho amato un fuorilegge ** (*He Ran All the Way*, Usa 1951, b/n, 77') John Berry. Con John Garfield, Shelley Winters, Wallace Ford, Bobby Hyatt, Gladys George, Norman Lloyd. ◆ Dopo una rapina andata male, Nick Rocco (Garfield) abbandona il compagno ferito e si rifugia nella casa di Peg (Winters), una ragazza che mossa da affetto e pietà vorrebbe aiutarlo: lui, però, non si fida e tiene sotto minaccia l'intera famiglia della ragazza che alla fine gli spara. Dal romanzo di Sam Ross sceneggiato da Hugo Butler e Guy Endore, un melodramma che cerca di ribaltare i cliché tipici del genere (il padre di Peg è un debole, il fratellino non prova nessuna ammirazione per il gangster) ma è appesantito da un eccesso di moralismo predicatorio. Ultimo film di John Garfield.

Hobson il tiranno *** (*Hobson's Choice*, Gb 1954, b/n, 107') David Lean. Con Charles Laughton, John Mills, Brenda de Banzie, Daphne Helen Haye. ◆ Nel 1890 le figlie minori dell'avaro Hobson (Laughton) chiedono la dote per sposarsi, ma lui rifiuta: ci vorrà un inganno di Maggie (de Banzie), la sorella maggiore già maritata, per estorcergli la somma necessaria. Brillante trasposizione della famosa pièce di Harold Brighouse sceneggiata da Norman Spencer e Wynard Browne, il film è dominato dal «gorgogliante gigionismo» di Charles Laughton che con la sua interpretazione prorompente e sorniona sposta progressivamente il centro del film dalla ribellione degli umili di fronte al dispotismo economico della famiglia vittoriana al ritratto a tutto tondo di «un vecchio bambino troppo grasso e petulante, incapace dei tormenti morali e culturali che segneranno altri tiranni di Lean». Ottima fotografia di Jack Hildyard, che aggiunge fascino al film (come nella scena in cui, inseguendo il riflesso della luna nelle pozzanghere, Hobson cadrà in uno scantinato). Rifatto in un tv-movie (*Hobson's Choise*, 1983, di Gilbert Cates, con Richard Thomas) che sposta l'ambientazione nella New Orleans del 1914. Ma il risultato è molto inferiore al film di Lean, nonostante la presenza di un'arzilla Lillian Gish.

Ho camminato con uno zombie *** (*I Walked with a Zombie*, Usa 1943, b/n, 68') Jacques Tourneur. Con Frances Dee, Tom Conway, James Ellison, Christine Gordon, Edith Barrett, James Bell, Teresa Harris, Darby Jones. ◆ L'infermiera canadese Betsy (Dee) accetta un incarico a San Sebastian, nelle Antille, per curare una donna bianca catatonica, Jessica Holland (Gordon) che, secondo i nativi, è diventata uno zombi: sarà coinvolta in un drammatico triangolo sentimentale col marito di Jessica (Conway) e il fratellastro (Ellison) e subirà il fascino del clima di magia dell'isola. Più che un horror, il secondo film prodotto da Val Lewton per la Rko (dopo *Il bacio della pantera*) è un dramma psicologico girato come un lungo sogno ininterrotto, sceneggiato da Curt Siodmak e Ardel Wray da un racconto di Inez Wallace, ma in realtà ispirato a *Jane Eyre* di Charlotte Brontë. Al centro del film il conflitto tra il potere della ragione (qui la scienza della medicina che non riesce a guarire Jessica) e quello delle forze oscure rappresentate dalla cultura voodoo, che a turno i protagonisti del film cercano di piegare alle proprie esigenze con risultati incontrollabili. Concedendosi più di una libertà con le convenzioni narrative del genere, Lewton e Tourneur spezzettano il film in piccole scene di non immediata comprensione, a volte contraddittorie tra di loro (come si sente dire Betsy, dietro la bellezza si nasconde «solo morte e marciume») per aumentare così la tensione e lasciare allo spettatore il compito di connettere e interpretare i vari significati (come quello della polena a forma di San Sebastiano che solo alla fine del film rivelerà le sue potenzialità mortali). Sfruttati al meglio i collaboratori: J. Roy Hunt per la fotografia, Albert D'Agostino e Walter Keller per la scenografia, Roy Webb per la musica e Mark Robson per il montaggio.

Hocus Pocus * (*Hocus Pocus*, Usa 1993, col, 96') Kenny Ortega. Con Bette Midler, Sarah Jessica Parker, Kathy Najimy, Omri Katz, Thora Birch, Vinessa Shaw, Amanda Shepehered. ◆ Richiamate per sbaglio in vita da un ragazzino (Katz), tre streghe (Midler, Parker e Najimy) impiccate a Salem nel 1693, cercano giovani prede cui sottrarre linfa vitale. Visto che produce la Disney, si tratta di una versione edulcorata delle *Streghe di Eastwick*, con tanti effetti speciali, nessuno spavento, e stucchevoli tentativi di umorismo. La Midler accetta un trucco grottesco, canta una canzone e non pone freno alle sue smorfie.

Ho fatto splash *½ (Italia 1980, col, 95') Maurizio Nichetti. Con Maurizio Nichetti, Angela Finocchiaro, Luisa Morandini, Carlina Torta, Dante Mertini, Giulia Lazzarini, Corrado Lojacono, Flavio Bonucci, Walter Valdi. ◆ Avventure surreali di tre ragazze – una maestra, un'attrice e una casalinga (Finocchiaro, Morandini e Torta) – e di un giovane (Nichetti) che dopo aver passato vent'anni davanti alla Tv fa fortuna in pubblicità. Opera seconda di Maurizio Nichetti che cerca di bissare il successo di *Ratataplan*, ma che non sa sollevarsi da una scontata comicità sui falsi miti della televisione e del carrierismo.

Hoffa – Santo o mafioso? ** (*Hoffa*, Usa 1992, col, 143') Danny DeVito. Con Jack Nicholson, Danny DeVito, Armand Assante, J.T. Walsh, Robert Prosky, Kevin Anderson. ◆ Negli anni Trenta, per reagire al peggioramento delle condizioni di lavoro provocato dalla Depressione, il movimento dei camionisti comincia a organizzarsi sindacalmente, soprattutto per merito dell'ambiguo James R. Hoffa (Nicholson), fondatore – pare grazie alla mafia – dell'International Brotherood of Teasters, il più potente sindacato americano. Un ritratto tra l'agiografico e l'apologetico, dove i conflitti sociali diventano scontro tra titani e la Storia, già incerta, si perde nella celebrazione di un personaggio tra i più controversi. Eppure la sceneggiatura di David Mamet e il doppio ruolo di Danny DeVito (enfatico come regista ma convincente nel ruolo del narratore Bobby Ciaro, amico devoto e complice di Hoffa) introducono dettagli e sfumature non scontate: piaccia o meno, la chiave del film è proprio nel personaggio storicamente falso di Ciaro che ogni volta si ingegna a giustificare o «riscrivere» i comportamenti di Hoffa, travolto dal gusto della finzione e delle apparenze tipico dell'illustre sceneggiatore. Epica la scena degli scontri tra scioperanti e polizia. La stessa storia, con i nomi cambiati, è raccontata in *F.I.S.T.*

Ho incontrato anche zingari felici ** (*Skupljači perja*, Jugoslavia 1967, col, 85') Aleksandar Petrović. Con Bekim Fehmiu, Olivera Vučo, Bata Živojinović, Mija Aleksić, Gordona Jvanović. ◆ Lo zingaro Bora (Fehmiu) ha due mogli e per tenersi la più giovane ne uccide il patrigno: tutti sanno che è stato lui ma nessuno lo tradisce. È il primo dei due film che Petrović ha girato sulla vita gitana (l'altro, *Biće skoro propast sveta*, 1968, è inedito in Italia), con il quale esprime il suo amore per gli emarginati, osservati con umorismo e ironia, in polemica contro l'irregimentazione degli individui.

Ho incontrato l'amore *½ (*Dancing in the Dark*, Usa 1949, col, 92') Irving Reis. Con William Powell, Mark Stevens, Betsy Drake, Adolphe Menjou, Walter Catlett. ◆ Su incarico di un produttore (Menjou), un attore famoso ai tempi del muto (Powell) deve cercare una sconosciuta da trasformare in star: la troverà (Drake), e scoprirà anche che è la figlia che non aveva mai conosciuto. Ispirata alla rivista *The Bandwagon* (di Arthur Schwartz e Howard Dietz), è una esile anche se insolita commedia musicale, troppo melensa per essere veramente divertente. La sceneggiatura fu scritta da Darryl F. Zanuck, il boss della Fox, che si firmò con lo pseudonimo Melville Crossman, che è anche il nome del produttore interpretato da Menjou.

Hole, The – Il buco **½ (*Dong*, conosciuto anche col titolo inglese *The Hole*, Taiwan/Francia 1998, col, 93') Tsai Ming-liang. Con Lee Kang-sheng, Yang Kue-mei. ◆ A sette giorni dal 2000, Taipei è spazzata dalla pioggia e colpita da un'epidemia. Un buco nel soffitto mette in comunicazione un uomo (Lee) e una donna (Yang) che sono rimasti soli in uno stabile fatiscente: si incontrano dapprima solo in una dimensione onirica, sulle note delle canzoni anni Cinquanta di Grace Chang, finché una mano tesa attraverso il foro stabilisce finalmente un rapporto umano. Prodotto (come *L'ultima notte* di Don McKellar) nell'ambito di una serie internazionale dedicata alla fine del millennio, il quarto film di Tsai (sceneggiatore con Yang Ping-ying) affina e al tempo stesso normalizza le metafore ermetiche tipiche del suo cinema. C'è l'incomunicabilità, come al solito, ma anche una nota di speranza; i simboli sono di un'evidenza plateale, ma poi c'è una nota bassa e corporea che riporta coi piedi per terra. I critici occidentali hanno assai apprezzato le sgargianti parentesi musicali con le canzoni di Chang, che pare siano state aggiunte in un secondo momento per arrivare a una durata standard e andare in concorso a Cannes.

Hollywood brucia * (*An Alan Smithee Film: Burn, Hollywood Burn*, Usa 1997, col, 82') Alan Smithee [Arthur Hiller]. Con Eric Idle, Ryan O'Neal, Chuck D, Coolio, Sandra Bernhard, Stephen Tobolowsky, Jackie Chan, Sylvester Stallone, Whoopi Goldberg. ◆ Il produttore Edmunds (O'Neal) affida al regista Alan Smithee (Idle) un film con Chan, Stallone e la Goldberg, e poi glielo toglie di mano; ma il regista, indignato, non può firmarlo con lo pseudonimo di Alan Smithee, come si usa a Hollywood in questi casi: si chiama già così! Quando la realtà supera l'immaginazione e sfida la semiologia: anche Arthur Hiller, poco soddisfatto, si è rifiutato di firmare il film col suo vero nome. Concepito come una satira del mondo del cinema dal presuntuoso sceneggiatore Joe Eszterhas, è un plagio non dichiarato di *S.O.B.* di Edwards, senza una battuta che faccia ridere e pieno di ammiccamenti a uso e consumo degli addetti ai lavori. Compaiono infatti, oltre a Eszterhas, Naomi Campbell, il produttore Harvey Weinstein, il regista Norman Jewison, gli sceneggiatori Billy Bob Thornton e Shane Black...

Hollywood Hollywood **½ (*That's Entertainment, Part 2*, Usa 1976, col, 115') Gene Kelly. Con Gene Kelly, Fred Astaire. ◆ Séguito di *C'era una volta Hollywood*, introdotto e commentato da Gene Kelly e Fred Astaire. Questa volta però, accanto a brani scelti dai musical Mgm ci sono anche spezzoni di commedie (con i fratelli Marx, Tracy e Hepburn, Laurel e Hardy). I numeri più interessanti, comunque, sono musicali: Maurice Chevalier che canta

Girls, Girls, Girls dalla *Vedova allegra* (1934), Judy Garland e Margaret O'Brien in *Have Yourself a Merry Little Christmas* da *Incontriamoci a Saint Louis* (1944) e Bobby Van che balla *Take Me to Broadway* in *La provinciale* (1953). Superlativi i titoli di testa disegnati da Saul Bass. In originale 133'. Conosciuto anche come *C'era una volta Hollywood II*. Seguito da *That's Entertainment III*.

Hollywood Hotel **½ (*Hollywood Hotel*, Usa 1938, b/n, 109') Busby Berkeley. Con Dick Powell, Rose Marie Lane, Hugh Herbert, Benny Goodman, Glenda Farrell, Edgar Kennedy. ◆ Un ambizioso giovanotto (Powell) alla scalata di Hollywood firma un contratto con un'importante casa cinematografica, ma si accorge che il suo compito è di fare da «chaperon» a una diva isterica: ci riprova e gli va bene. Un musical ingiustamente sottovalutato, che sa fondere con bel ritmo le scene musicali (come la sfilata per le strade di Los Angeles della band di Benny Goodman che suona *Hooray for Hollywood!*) e i momenti di commedia. Assolutamente contagioso l'entusiasmo che prorompe dalla sequenza *Let That Be a Lesson to You*, perfettamente controllata nella sua programmata confusione.

Hollywood o morte ** (*Hollywood or Bust*, Usa 1956, col, 95') Frank Tashlin. Con Jerry Lewis, Dean Martin, Anita Ekberg, Pat Crowley, Maxie Rosenbloom, William Waterman. ◆ Malcolm (Lewis), un ingenuo cinefilo, vince alla lotteria un'automobile, ma deve dividerla con Steve (Martin), un cantante che possiede una copia falsa del biglietto vincente. Insieme andranno a Hollywood per conoscere Anita Ekberg (che interpreta se stessa). Divertente commedia che ha i suoi momenti migliori nell'ironica descrizione delle follie da cinefilo di Malcolm (che sa recitare al contrario tutti i cast dei film che ama). Ultimo film interpretato in coppia da Lewis e Martin.

Hollywood Party **** (*The Party*, Usa 1968, col, 98') Blake Edwards. Con Peter Sellers, Claudine Longet, Marge Champion, Sharron Kimberly, Denny Miller, Gavin MacLeod, Buddy Lester, Corinne Cole, J. Edward McKinley, Fay McKenzie, Steve Franken. ◆ Dopo aver distrutto, per insipienza o inaccortezza, il set del film in cui deve fare solo la comparsa (una specie di remake di *Gunga Din*), l'attore di origine indiana Hrundi V. Bakshi (Sellers) viene invitato per sbaglio alla festa che dà il boss (McKinley) di cui ha appena «sabotato» il film: impacciatissimo e imbranato commetterà mille gaffe, rovinando la festa e finendo per distruggergli la villa. Una sequenza ininterrotta di gag devastanti orchestrate, con un crescendo magistrale, praticamente in un unico ambiente. Sellers ripropone un personaggio inventato per la Tv inglese (quello dell'involontario perturbatore della quiete) e Edwards lo usa al meglio per ridicolizzare il mondo che aborre della Hollywood ricca e fasulla. Costruito come un omaggio ma anche una filiazione delle vecchie farse burlesche, il film (sceneggiato dal regista con Tom e Frank Waldman) sfrutta al meglio l'attesa della catastrofe che un personaggio come Bakshi innesca, non senza un po' di spirito sadico, nello spettatore e poi la sviluppa con una calcolata «lentezza» (sublime la gag del bisogno di far pipì che l'esibizione di un'ospite alla chitarra impedisce di soddisfare). Proprio questa «lentezza» può sembrare datata a qualche spettatore troppo giovane e troppo debitore verso il ritmo sincopato della Mtv, ma se si riesce a farsi coinvolgere dalla logica inarrestabilmente catastrofica del film, non si smette più di ridere. Indimenticabile anche il personaggio del cameriere (Franken) che si scola i drink rifiutati dagli ospiti.

Hollywood Shuffle ** (*Hollywood Shuffle*, Usa 1987, col, 82') Robert Townsend. Con Robert Townsend, Anne-Marie Johnson, Starlette Dupois, Domenick Irrera, Paul Mooney. ◆ Bobby (Townsend) lavora a un banco di hot dog, ma il suo sogno è diventare attore. Per questo va a scuola, ma soprattutto impara lo shuffle, l'arte d'arrangiarsi. Prima regia dell'attore nero Townsend, è una divertente parodia della vita degli attori neri di Hollywood.

Holocaust 2000 * (Italia/Gb 1978, col, 105') Alberto De Martino. Con Kirk Douglas, Agostina Belli, Simon Ward, Anthony Quayle, Adolfo Celi, Ivo Garrani, Spiros Focas, Massimo Foschi. ◆ Un industriale (Douglas), che vuole costruire la più grande (e più pericolosa) centrale nucleare del mondo, scopre che suo figlio Angel è l'anticristo e che si vuole servire dell'energia atomica per distruggere il mondo. Storia ingenua con una sceneggiatura scontata. Douglas con gli occhiali finti sembra un testimonial da dentifricio.

Hombre **½ (*Hombre*, Usa 1967, col, 111') Martin Ritt. Con Paul Newman, Fredric March, Diane Cilento, Cameron Mitchell, Barbara Rush, Richard Boone, Martin Balsam. ◆ John (Newman), che è stato allevato dagli indiani, non ha troppa simpatia per i bianchi e dopo un periodo passato tra loro decide di tornare dagli apaches: durante il viaggio, la diligenza è assalita dai banditi e sacrificherà la vita per salvare i compagni di viaggio. Insolito (e riuscito) western psicologico e liberal scritto da Elmore Leonard, «sensato e misurato anche se singolarmente povero, tutto centrato sul ritratto singolare di un indiano bianco con gli occhi blu, ritornato a soffrire e a morire senza parole con i suoi fratelli». Perfetta l'interpretazione che Newman riesce a dare di questo personaggio, che viaggia con una coperta arrotolata e una carabina, stivali-mocassino e un cappello piatto dal nastro lavorato.

Homeboy *½ (*Homeboy*, Usa 1988, col, 116') Michael Seresin. Con Mickey Rourke, Christopher Walken, Debra Feuer, Tomas Quinn, Kevin Conway. ◆ La storia di tre emarginati: un pugile troppo vecchio per combattere (Rourke), un mediocre fantasista che è anche ladro (Walken) e la proprietaria di un baraccone di luna park (Feuer). Basato su un soggetto di Rourke, è la prima regia di Seresin, già direttore della fotografia per Alan Parker: corretto nella realizzazione tecnica, ma totalmente mancante di ritmo. Esordio di Stephen Baldwin (un ubriaco).

Home Movies – Vizietti familiari ** (*Home Movies*, Usa 1979, col, 90') Brian De Palma. Con Keith Gordon, Nancy Allen, Mary Davenport, Vincent Gardenia, Kirk Douglas, Gerrit Graham. ◆ Uno studente di cinematografia (Gordon), ispirandosi alle teorie di uno psicologo voyeurista (Douglas), gira un documentario sui propri familiari svelandone le avventure extraconiugali. Commedia surreale non sempre divertente che torna alle origini del cinema di De Palma, realizzata in collaborazione con gli studenti del Sarah Lawrence College di Bronxville, dove il regista teneva un corso di cinema.

Home of the Brave ** (*Home of the Brave*, Usa 1986, col, 91') Laurie Anderson. Con Laurie Anderson, William S. Burroughs, Adrian Belew, David Van Tieghem, Sun Wong Park. ◆ Film-concerto di una performer allora sulla cresta dell'onda, che voleva essere la Noam Chomsky del rock, discettando di linguaggio, maschilismo e tecnologia dell'informazione. Il film, che riprende lo spettacolo *Mister Heartbreak* realizzato nel 1984 e che è colorato come una stampa giapponese e pieno di innocue bizzarrie surrealiste, finisce con l'essere gradevole, e i musicisti sono di prim'ordine: ma a vederlo oggi fa già un effetto di archeologia. Il titolo è un omaggio a un vecchio film antirazzista di Mark Robson, *Odio*.

Homer & Eddie ° (*Homer and Eddie*, Usa 1989, col, 99') Andrej [Michalkov] Končalovskij. Con James Belushi, Whoopi Goldberg, Karen Black, Ernestine McClendon, Nancy Parsons. ◆ Lui (Belushi) è cerebroleso per colpa di una palla di baseball, lei (Goldberg) è condannata dal cancro: rifiutati dalle famiglie e dalla società, viaggiano per l'America, andando incontro a una tragica conclusione. Un melodramma dai tempi inutilmente dilatati e con un montaggio che vuole creare una sensazione d'attesa.

Homicidal *** (*Homicidal*, Usa 1961, col, 87') William Castle. Con Jean Arless, Glenn Corbett, Patricia Breslin, Eugenie Leontovich, Alan Bunce. ◆ Una donna bionda e slanciata (Arless) entra in un hotel e affitta una camera per la notte. Poi propone al ragazzo più giovane del piano (Corbett) duemila dollari per contrarre subito un matrimonio che più tardi dovrà essere annullato. Il ragazzo accetta. Di fronte al giudice, la donna estrae uno scalpello e colpisce l'uomo a morte prima di sparire a bordo della sua auto.... Un avvio magistrale per un thriller architettato secondo le regole del *gimmick* puro: Castle prepara la trappola per lo spettatore con un'astuzia e una vivacità fuori dal comune, arricchendo di visionarietà e humour nero un intreccio (sceneggiato da Robb White) talvolta un po' forzato. Si tratta di un'odissea sanguinaria portata avanti parallelamente su due piani, quello razionale-machiavellico e quello psicoanalitico-istintuale: quanto è calcolato e cristallino il primo, tanto è selvaggio e delirante il secondo. Anche dal punto di vista stilistico, l'estasi barocca si inscrive in immagini nitide, precise, astratte, fotografate da Burnett Guffey. All'epoca rivaleggiò con *Psycho* e qualcuno lo ritenne «una brutta copia» del film di Hitchcock. Oggi appare, giustamente, in tutto il suo fulgore di opera autonoma e originale.

Homicide ** (*Homicide*, Usa 1991, col, 100') David Mamet. Con Joe Mantegna, William H. Macy, Rebecca Pidgeon, Ving Rhames, Nata- lija Nogulich. ◆ Incaricato di indagare sullo strano omicidio di una vecchia ebrea, l'ispettore Bobby Gold (Mantegna) entra in contatto con un gruppo clandestino di sionisti ed è portato a interrogarsi sulle proprie radici: si sente prima un poliziotto o prima un ebreo? Terza regia del commediografo David Mamet (come sempre anche sceneggiatore), il film usa la trama gialla per affrontare un nodo esistenziale spesso irrisolto. La scelta (positiva) di non prendere posizione tra antisemiti e sionisti è resa narrativamente con lo sbandamento psicologico del protagonista, anche se questa ambiguità finisce per sfilacciare la tensione della storia. L'acronimo che è alla base del giallo, *grofaz*, è un soprannome di Hitler, «Grösster Feldherr aller Zeiten», che vuol dire «il più grande stratega di tutti i tempi».

Homme blessé, L' ** (*L'Homme blessé*, Francia 1983, col, 106') Patrice Chéreau. Con Jean-Hugues Anglade, Vittorio Mezzogiorno, Roland Bertin, Lisa Kreuzer, Claude Berri, Gérard Desarthe, Armin Müller-Stahl. ◆ Il giovane e inquieto Henri (Anglade) rimane succube del fascino di Jean (Mezzogiorno), bisessuale che frequenta i cessi della stazione e vorrebbe convincerlo a prostituirsi: ma nella seduzione che si instaura tra i due si inserisce, terzo incomodo, un maturo omosessuale (Bertin). Da spaccato realistico sulla scoperta dei corpi e di un modo di vivere, la sceneggiatura di Hervé Guibert e del regista cerca presto soluzioni più astratte e letterarie, sfociando in un ermetismo estetizzante. Notevole sprezzo del rischio da parte di tutto il cast.

Homo eroticus * (Italia 1971, col, 115') Marco Vicario. Con Rossana Podestà, Lando Buzzanca, Luciano Salce, Adriana Asti, Ira Fürstenberg, Angela Luce, Femi Benussi, Sylva Koscina. ◆ La straordinaria potenza sessuale di Michele (Buzzanca) finisce per metterlo nei guai, fino a quando un matrimonio riparatore non rimetterà le cose a posto. Scontata (e volgare) commedia fatta in famiglia (Rossana Podestà era la moglie di Vicario), che le ambizioni di satira sociale non riescono certo a risollevare. Punta tutto sulla fotogenia della Koscina e il seno scultoreo della Podestà. Ebbe un gran successo popolare.

Hondo **½ (*Hondo*, Usa 1953, col, 93') John Farrow. Con John Wayne, Geraldine Page, Ward Bond, Michael Pate, James Arness, Lee Aaker, Leo Gordon, Rodolfo Acosta. ◆ Nel New Mexico, un portaordini della cavalleria, Hondo Lane (Wayne), si ferma in un piccolo ranch sperduto nel deserto per difendere una vedova sola (Page) e suo figlio dagli indiani. Tratto dal romanzo omonimo di Louis L'Amour e ben sceneggiato da James Edward Grant, è un film cupo e diretto con talento, dominato dalla mole impressionante di John Wayne (che pare essere stato responsabile di alcune decisioni di regia) e che qui offre «la sua miglior interpretazione in un western non diretto da John Ford». Il film, splendidamente fotografato da William Clothier, fu realizzato originariamente in 3D.

Hong Kong – Colpo su colpo °(*Knock Off*, Hong Kong/Usa 1998, col, 94') Tsui Hark. Con Jean-Claude Van Damme, Rob Schneider, Lela Rochon, Michael Fitzgerald Wong, Carman Lee, Paul Sorvino. ◆ Il 1° luglio 1997, quando l'ex colonia inglese torna alla Cina, i soliti terroristi vogliono fare una strage: un americano falsificatore di jeans (Van Damme) rimedia. Dopo la New York distrutta in *Independence Day*, Tsui fa saltare in aria il mega-Buddha dell'isola di Lantau. Ma le soggettive più inutili della storia del cinema (quella del piede che si infila in una scarpa) e le coreografie di Sammo Hung non tengono in piedi un film sgangherato, recitato da cani, che non si capisce se sia girato male per noia o compiacimento autodistruttivo. Scritto da Steven E. De Souza.

Hong Kong Express ***½ (*Chonqin senlin*, conosciuto anche col titolo inglese *Chungking Express*, Hong Kong 1994, col, 99') Wong Kar-wai. Con Tony Leung Chiu-wai, Faye Wang, Takeshi Kaneshiro, Brigitte Lin Ching-hsia, Valerie Chow. ◆ Due episodi nel caotico centro commerciale Chungking di Hong Kong. Il poliziotto 223 (Kaneshiro) si innamora di una sconosciuta senza nome (Lin), ignorando che è una narcotrafficante. Il suo collega 663 (Leung) rimpiange la sua ragazza (Chow) e non si accorge che una cameriera innamorata (Wang) si introduce di soppiatto in casa sua per renderla più bella. Wong racconta la solitudine, la precarietà dei sentimenti e la perdita con una leggerezza malinconica che fa pensare alla Nouvelle Vague; e mette in scena l'affollamento percettivo e la casualità della metropoli con uno stile fiammeggiante, che infonde – come capita di rado – un significato pertinente a un'estetica da videoclip a base di ralenti, sequenze in *stop-motion* e musica a manetta (a partire da «California Dreaming» dei Mamas and Papas). Girato col sapore dell'improvvisazione (il direttore della fotografia è l'australiano Chris Doyle), il primo film a giungere in Italia di uno degli autori più interessanti di Hong Kong usa star famose (come la Lin, nascosta sotto occhiali e parrucca) contro il loro cliché, e manipola i generi con una gioia di raccontare che invano si troverebbe in tanti registi occidentali per cui il cinema è diventato riflessione necrofila. In originale il titolo significa *La giungla di Chungking*. Il film prevedeva anche un terzo episodio che, sviluppato a parte, ha dato origine ad *Angeli perduti*.

Honkytonk Man **½ (*Honkytonk Man*, Usa 1982, col, 122') Clint Eastwood. Con Clint Eastwood, Kyle Eastwood, John McIntire, Alexa Kenin, Verna Bloom, Matt Clark. ◆ Malato di tubercolosi, il cantante country Red Stovall (C. Eastwood) torna a Nashville, al Grand Ole Opry per l'audizione della sua vita: lo accompagnano il nonno (McIntire) e un ragazzo (K. Eastwood) in cui vede un erede. Road-movie che viaggia sul filo rosso del sogno americano sceneggiato da Clancy Carlile (da un suo romanzo), con affettuose evocazioni di *Furore* di John Ford, di una commozione un po' facile, ma coraggiosamente autoironico nel descrivere un «eroe» che non è neanche capace di guidare l'auto. Kyle è il figlio di Clint Eastwood.

Hoodlum ** (*Hoodlum*, Usa 1997, col, 125') Bill Duke. Con Laurence Fishburne, Tim Roth, Andy Garcia, Clarence Williams III, Vanessa L. Williams, Chi McBride, Cicely Tyson, Richard Bradford, Queen Latifah. ◆ Harlem, anni Trenta: il pazzo Dutch Schultz (Roth) vuole mettere le mani sulle lotterie clandestine, ma Lucky Luciano (Garcia) finisce per mettersi d'accordo col nero Bumpy Johnson (Fishburne, anche coproduttore). Le guerre di mafia viste dalla parte dei neri: ma la sceneggiatura di Chris Brancato non riesce a focalizzare il personaggio di Fishburne, che parte come Robin Hood e conclude tra sensi di colpa poco plausibili. Discreta ricostruzione d'epoca, *grand guignol* e magniloquenza, e un irresistibile numero grottesco: quello dei due fratelli killer (Mike e Beau Starr) che discutono dei migliori ristoranti andando al «lavoro». Musiche di Elmer Bernstein.

Hook – Capitan Uncino *½ (*Hook*, Usa 1991, col, 143') Steven Spielberg. Con Robin Williams, Dustin Hoffman, Bob Hoskins, Julia Roberts, Maggie Smith, Charlie Korsmo, Amber Scott. ◆ Peter Pan (Williams) è diventato adulto, ha assunto il cognome Banning, fa l'avvocato, ha due figli (Korsmo e Scott), e si è dimenticato del mondo magico della sua infanzia: ma, dopo che Capitan Uncino (Hoffman) gli ha rapito i figli, torna nell'Isola Che Non C'è e, con l'aiuto dei ragazzi perduti, impara di nuovo a volare e sconfigge il malvagio. Aggiornamento del personaggio creato da J.M. Barrie sceneggiato da Jim W. Hart e Malia Scotch Harm con messaggio antiyuppie (Peter alla fine butta via il telefonino), ma in soffocante confezione da kolossal. Spielberg celebra le gioie della regressione all'infanzia, ma fatica a trasmettere divertimento allo spettatore. Hoffman e Hoskins (che interpreta Spugna), con i loro duetti gigioneschi, confermano la regola che i cattivi sono più interessanti dei buoni. Gli effetti speciali della Industrial Light & Magic consentono alla Roberts – nella parte di Campanellino – di recitare in dimensioni ridotte. Gwyneth Paltrow è la nonna da giovane, Glenn Close un pirata.

Hooligans ** (*i.d.*, Gb/Germania 1995, col, 108') Philip Davis. Con Reece Dinsdale, Richard Graham, Claire Skinner, Saskia Reeves, Sean Pertwee, Warren Clarke. ◆ Quattro poliziotti londinesi s'infiltrano tra gli ultras dello Shadwell, squadra di calcio di serie B: uno di loro, John (Dinsdale), recita tanto bene la parte che scopre la gioia dei pestaggi allo stadio e lo spirito del branco, manda a rotoli il matrimonio e alla fine non sa più da che parte sta. Opera prima di un regista televisivo interessato a scoprire, attraverso gli hooligans, il lato oscuro di un poliziotto in carriera (ultras e sbirro hanno in comune profondi problemi d'identità, come suggerisce il titolo originale, *i.d.* cioè *identity document*).Tra realismo urbano sottoproletario e stilizzate reminiscenze noir, un film che oscilla continuamente tra due mondi e due tipologie di racconto riuscendo spesso a trovare un buon equilibrio di regia (la sceneggiatura, di Vincent O'Donnell da una storia originale di James Bannon, è invece lacunosa e dispersiva). Interessanti le scene corali della tifoseria sia nella versione scatenata allo stadio che in quella «a riposo» nel pub (con una notevole Saskia Reeves nel ruolo della barista).

Ho paura di lui ** (*The House on Telegraph Hill*, Usa 1951, b/n, 93') Robert Wise. Con Richard Basehart, Valentina Cortese, William Lundigan, Fay Baker, Gordon Gebert, Steve Geray. ◆ Una profuga polacca (Cortese) assume l'identità di un'amica morta, va a San Francisco - dove nessuno l'ha mai vista - e sposa il tutore (Basehart) del figlioletto della defunta: ma nella nuova casa c'è aria di mistero. Sensi di colpa, complotti domestici e governanti malefiche: un classico repertorio hitchcockiano (al posto del bicchiere di latte c'è l'aranciata avvelenata), in cui la suspense iniziale cede piano piano alle soluzioni più prevedibili. Da un romanzo di Dana Lyon sceneggiato da Elick Moll.

Ho perso la testa per un cervello ** (*The Man with Two Brains*, Usa 1983, col, 93') Carl Reiner. Con Steve Martin, Kathleen Turner, David Warner, Paul Benedict. ◆ Il dottor Michael Hfuhruhurr (Martin) è un chirurgo sposato a una donna venale (Turner) innamorata di un cervello (che nella versione originale parla con la voce di Sissy Spacek) e decide di metter su casa con «lui». Divertita parodia del genere fantahorror, il film si risolve in una commedia demenziale con scenografie folli (il condominio dove vive David Warner) e dialoghi deliranti, che però non porta a fondo le sue premesse grottesche.

Ho ritrovato mio figlio *½ (Italia 1954, b/n, 85') Elio Piccon. Con Harry Kinsky, Carlo Campanini, Bianca Doria, Enio Girolami, Pina Piovani, Edoardo De Santis, Carlo Delle Piane, Ferdinando Birri. ◆ Per non denunciare il fratello (Girolami), che ha sorpreso mentre rubava il proiettore della parrocchia, il piccolo Donato (Kinsky) evita la confessione, fugge di casa e rischia di saltare la prima comunione fissata per il giorno successivo. Il documentarista Elio Piccon esordisce nel lungometraggio con un'opera impregnata di ottimismo cattolico (produce una società della San Paolo), troppo programmatica nel suo manicheismo per essere davvero interessante; anche se alcune notazioni regionalistiche - come il prete di orgini piemontesi (Campanini) che chiede un «panino col giambone» e non si fa capire dal barista romano (Delle Piane) - sanno restituire le atmosfere delle periferie urbane di allora. Sceneggiatura di Giorgio Prosperi, Ugo Guerra, Fabio Rinaudo, Agostino Ghilardi e del regista.

Horror Express *½ (*Panico en el Transiberiano*, Spagna/Gb 1972, col, 90') Gene [Eugenio] Martin. Con Christopher Lee, Peter Cushing, Alberto De Mendoza, Silvia Tortosa, Julio Peña, Telly Savalas. ◆ 1906: sulla Transiberiana che viaggia da Pechino a Mosca e che trasporta due antropologi che si detestano, il professor Saxon (Lee) e il dottor Wells (Cushing), un mostro si impossessa del cervello dei passeggeri trasformandoli in zombi. Horror delirante che accumula colpi di scena su colpi di scena e prodotto con un imbarazzante pressappochismo.

Horror in Bowery Street ** (*Street Trash*, Usa 1987, col, 91') Jim Muro. Con Bill Chepil, Vic Noto, Mike Lackey, Mark Sferrazza, Jane Arkawa, Nicole Potter. ◆ Nei bassifondi di Manhattan, dove circola il liquore Viper che se ingerito fa esplodere e fondere i malcapitati bevitori, domina la violenza di Bronson (Noto), un ex veterano del Vietnam sempre in lotta con lo spirito vagabondo di Fred (Lackey). Opera prima di Muro, noto operatore di steadycam del cinema horror, è lo sviluppo di un film di 10' realizzato come saggio scolastico e (dice il regista) ispirato a *Dodes'ka- den* di Kurosawa. La storia è disequilibrata, la logica quasi assente, le situazioni lasciate in sospeso, ma in compenso dimostra una notevole efficacia visiva in un gustoso festival di spruzzi di sangue, deflagrazioni, liquefazioni in diretta e violenza gratuita. Buoni gli effetti speciali di Jennifer Aspinall. Per stomaci ultrapreparati.

Horse Feathers *** (*Horse Feathers*, Usa 1932, b/n, 68') Norman Z. McLeod. Con Groucho, Harpo, Chico e Zeppo Marx, Thelma Todd, David Landau, Robert Graig. ◆ Quincey Adam Wagstaff (Groucho), neorettore del college di Huxley, porta alla vittoria la squadra di football con l'aiuto dell'accalappiacani Pinky (Harpo) e del barista Baravelli (Chico). Alla fine tutti e tre sposano la bella vedova Connie (Todd), esautorando il suo spasimante Frank (Zeppo), figlio di Quincey. Anche se il loro spirito anarchico è mascherato sotto panni innocui, i Marx portano scompiglio nell'imbalsamato mondo accademico, dissacrano lo sport e irridono il matrimonio. Nella partita finale i «buoni» vincono con ogni sorta di raggiri e slealtà: col risultato di creare un autentico disorientamento dello spettatore. Uno dei film più intellettuali del gruppo (non mancano citazioni di *Ben-Hur* e del romanzo *Una tragedia americana*), anche se meno oliato di *Monkey Business* e meno completo di *Duck Soup*. Celebre la sequenza in cui Chico chiede a Groucho la parola d'ordine («swordfish», pesce spada) per entrare in uno *speakeasy*, dando origine a una serie di equivoci intraducibili. Harpo raggiunge vertici di crudeltà quando mette nel suo panino, al posto del wurstel, il dito di un giocatore di football. Gli autori di musical Bert Kalmar e Harry Ruby collaborano alla sceneggiatura di S.J. Perelman e Will B. Johnstone: il numero migliore è quello di Groucho che inaugura l'anno accademico cantando *Whatever is it, I'm against* (Di qualsiasi cosa si tratti, io sono contro). Il titolo, alla lettera «piume di cavallo», significa baggianata, sciocchezza. In televisione è circolata una versione intitolata *I fratelli Marx al college*.

Ho salvato l'America *½ (*They Got Me Covered*, Usa 1943, b/n, 95') David Butler. Con Bob Hope, Dorothy Lamour, Lenore Aubert, Otto Preminger, Eduard Ciannelli, Marion Martin, Donald MacBride, Walter Catlett, Phyllis Ruth, Philip Ahn. ◆ Giornalista distratto e pasticcione (da Mosca ha dimenticato di dare la notizia dell'invasione nazista), Robert Kittredge (Hope) viene contattato da un informatore che gli svela l'esistenza di una rete di spie a Washington; ma nonostante l'aiuto della molto più posata Christina (Lamour) passerà ogni tipo di guai prima di smascherare i nemici. Commedia squinternata che utilizza la coppia Hope-Lamour per scherzare sul patriottismo nazionale: i soliti dialoghi bislacchi e qualche equivoco all'acqua di rose. Molto più divertente l'improbabile terzetto di spie nemiche: il nazista (interpretato dal regista Otto Preminger), l'italiano (Ciannelli) e il giapponese (Ahn).

Ho sentito le sirene cantare **½ (*I've Heard the*

Mermaids Singing, Canada 1987, col, 81') Patricia Rozema. Con Sheila McCarthy, Paulle Baillargeon, Anne-Marie McDonald, John Evans, Richard Monette. ◆ Polly (McCarthy), che sembra capace solo di vedere il mondo in bianco e nero, come le foto che fa continuamente, viene assunta in una galleria d'arte e rimane subito affascinata dalla gallerista (Baillargeon): solo più tardi scoprirà che il suo idolo ha una relazione lesbica con una pittrice (McDonald), a cui «plagia» anche delle tele. Primo lungometraggio scritto e diretto da Patricia Rozema, è un film contro ogni forma di autorità, che proprio per essere stilisticamente conseguente può dare la sbagliata impressione di essere confuso. Ma non lo è. Una delle poche opere fatte da una regista che non ha rinunciato a pensare e sentire come una donna.

Ho sognato un angelo **½ (*Penny Serenade*, Usa 1941, b/n, 125') George Stevens. Con Cary Grant, Irene Dunne, Beulah Bondi, Edgar Buchanan, Ann Doran. ◆ Una donna (Dunne) rievoca la storia del proprio matrimonio ascoltando vecchi dischi: dopo la morte della figlioletta stava per abbandonare il marito (Grant) ma la possibilità di adottare un altro bambino l'ha fatta ricredere. Storia lacrimosa e moraleggiante sceneggiata da Morrie Ryskind, che il regista e i due protagonisti riescono a tenere sul filo del buon gusto: «uno di quei rarissimi film che rendono simpatici i buoni sentimenti».

Ho sparato a Andy Warhol *½ (*I Shot Andy Warhol*, Usa/Gb 1995, col, 103') Mary Harron. Con Lili Taylor, Jared Harris, Stephen Dorff, Lothaire Bluteau, Michael Imperioli, Tahnee Welch, Donovan Leitch, Martha Plimpton, Danny Morgenstern. ◆ 1968: il guru della pop art Andy Warhol (Harris) viene ferito da Valerie Solanas (Taylor), teorica femminista (e marchettara per sopravvivere), frustrata perché nessuno prende sul serio i suoi conati letterari. Sullo sfondo il mondo della Factory, popolato di «superstar» invidiose e spocchiose, abili mercanti e relitti umani. Scritto dalla regista con Daniel Minahan, il film vorrebbe elevare al rango di martire e simbolo di un'epoca una patetica disadattata, che la recitazione della Taylor non riesce a far uscire dal cliché della nevrotica autodistruttiva. Se il Warhol interpretato dal figlio di Richard Harris, per quanto di parte, è verosimile, la descrizione del suo entourage è didascalica e prevedibile. E manca un'idea coerente di regia. Contrariamente a quanto si dice nel doppiaggio, Scum («feccia»), il manifesto femminista della Solanas, sta per «Society for Cutting Up Men», società per fare a pezzi gli uomini. Musica originale di John Cale.

Ho sposato un'aliena *½ (*My Stepmother Is an Alien*, Usa 1988, col, 108') Richard Benjamin. Con Dan Aykroyd, Kim Basinger, John Lovitz, Alyson Hanningan, Joseph Maher. ◆ Una bellissima aliena (Basinger) scende sulla Terra per scoprire come mai uno scienziato (Aykroyd), vedovo con figlia a carico, faccia esperimenti sulla sua galassia. Una commediola esile esile, che cerca di sfruttare la carica sexy di Kim Basinger (ma non ci riesce).

Ho sposato una playmate * (*I Married a Centerfold*, Usa 1982, col, 100') Peter Werner. Con Teri Copley, Timothy Daly, Diane Ladd, Bert Remsen, Anson Williams. ◆ Un ragazzo (Daly) si innamora della modella (Copley) che ha visto nel paginone di una rivista porno, ma si trova contro i genitori e il manager di lei che teme per la carriera della divetta. Spunto (appena appena) interessante sviluppato in una storia cretina che vorrebbe divertire e invece annoia.

Ho sposato una strega *** (*I Married a Witch*, Usa 1942, b/n, 75') René Clair. Con Veronica Lake, Fredric March, Susan Hayward, Cecil Kellaway, Robert Benchley. ◆ L'anima di una strega morta sul rogo 500 anni prima, si incarna nel corpo di una bella fanciulla (Lake) per vendicarsi del discendente (March) del responsabile della sua rovina. Ma finisce per innamorarsi della vittima. Tratto dal racconto di Thorne Smith e Norman Matson sceneggiato da Robert Pirosh e Marc Connelly, il film fonde il gusto europeo di Clair con il fascino anglosassone per il soprannaturale. Divertente e ben recitato, rese famosa la pettinatura di Veronica Lake, i cui capelli biondi le coprivano l'occhio destro. Bella fotografia di Ted Tetzlaff. In originale 82'. Rifatto da Castellano e Pipolo come *Mia moglie è una strega* (1982).

Ho sposato un demonio ** (*Red, Hot and Blue*, Usa 1949, b/n, 84') John Farrow. Con Betty Hutton, Victor Mature, William Demarest, June Havoc, Frank Loesser. ◆ Un'attricetta (Hutton) fa di tutto per finire sui giornali e ci riesce solo finendo in un giro di gangster. Ma è contenta lo stesso perché il teatro dove recita in questo modo si riempie. Commedia divertente (sceneggiata oltre che diretta da Farrow), di buona efficacia spettacolare e disinvoltura narrativa.

Ho sposato un fantasma **½ (*All of Me*, Usa 1984, col, 93') Carl Reiner. Con Steve Martin, Lily Tomlin, Victoria Tennant, Madolyn Smith, Richard Libertini. ◆ Uno stregone moderno trasferisce l'anima di una bisbetica miliardaria (Tomlin) nel corpo di un avvocato idealista: inevitabili le complicazioni. Tratta dal romanzo *Me Two* di Ed Davis, adattato da Phil Arden Robinson, è una commedia scatenata, sostenuta da una sceneggiatura ricca di trovate (anche se non sempre originali) e soprattutto dall'estro brillante dei due protagonisti.

Ho sposato un mostro venuto dallo spazio ** (*I Married a Monster from Outer Space*, Usa 1959, b/n, 78') Gene Fowler jr. Con Tom Tryon, Gloria Talbott, Ken Lynch, John Eldredge, Jean Carson. ◆ Lo strano comportamento di Bill (Tryon), che ha preso a uscire di notte, preoccupa sua moglie (Talbott), che lo segue e scopre che degli alieni si stanno impossessando di corpi umani per poter conquistare la Terra. Uno dei tanti film prodotti sull'onda del successo dell'*Invasione degli ultracorpi* e influenzati dal clima della guerra fredda. Questo se ne differenzia per un maggior controllo stilistico (Fowler aveva fatto il montatore per Fritz Lang) e per un uso drammatico delle ombre e del chiaroscuro (come la scena in cui Tryon, al balcone durante un uragano, rivela per un attimo la sua vera faccia da alieno).

Hotel Berlino ** (*Hotel Berlin*, Usa 1945, b/n, 98') Peter Godfrey. Con Faye Emerson, Helmut Dantine, Raymond Massey, Andrea King, Peter Lorre, Alan Hale, George Coulouris. ◆ Per sfuggire ai nazisti, il partigiano Martin Richter (Dantine) si traveste da cameriere all'Hotel Berlino dove è aiutato dall'attrice Lisa Dorn (King) considerata fervente nazista: l'uccisione di un commissario scatenerà una serie di arresti, delazioni e delitti che porteranno alla morte di Lisa, ma anche al salvataggio di una vecchia ebrea (per la quale si sacrificherà una prostituta) e faranno passare un vecchio professore dalla parte della Resistenza. Il romanzo di Vicki Baum, già alla base di *Grand Hotel*, è qui riletto in chiave propagandistica da Jo Pagano e Alvah Bessie: ne esce un dramma populista, comunque avvincente e ben recitato.

Hotel Colonial * (Italia 1987, col, 115') Cinzia Th Torrini. Con John Savage, Robert Duvall, Rachel Ward, Massimo Troisi, Anna Galiena. ◆ Marco (Savage) parte per la Colombia per riconoscere il cadavere di suo fratello Luca, un ex terrorista fuggito all'estero. Ma ha dei dubbi sull'identificazione e decide di cercare il fratello fino all'Hotel Colonial gestito dal misterioso signor Carrasco (Duvall). Film ambizioso e sconclusionato (scritto da Enzo Monteleone con la regista e la consulenza di Robert Katz) che vorrebbe raccontare la morte degli ideali di tutta una generazione, ma riesce solo a confondere lo spettatore. Ognuno gigiona al suo peggio, compreso Troisi che recita in inglese (!). Si salva solo la fotografia di Peppino Rotunno. Il Th che precede il cognome della regista è solo una sigla portafortuna.

Hotel Mocambo ** (*Step Lively*, Usa 1944, b/n, 88') Tim Whelan. Con Frank Sinatra, George Murphy, Gloria DeHaven, Walter Slezak, Adolphe Menjou, Eugene Pallette, Anne Jefferys. ◆ Il commediografo Glen Russell (Sinatra) scopre che un suo testo è stato trasformato in un musical da un impresario cialtrone e a corto di quattrini (Murphy): poco male, perché visto che sa cantare diventerà la star dello show. Tratto dalla stessa commedia di John Murray e Allen Boretz che aveva ispirato *Servizio in camera*, conta su attori meno simpatici dei Marx, ma è altrettanto movimentato e più agile nel giocare tra i vari livelli dello spettacolo. Bello (e su misura per il bianco e nero) il numero finale di Sinatra. Con un bel po' di attenzione si può riconoscere Dorothy Malone nella brunetta che sta nella lobby dell'hotel.

Hotel New Hampshire ** (*Hotel New Hampshire*, Usa 1984, col, 108') Tony Richardson. Con Jodie Foster, Rob Lowe, Beau Bridges, Paul McCrane, Nastassja Kinski, Matthew Modine, Wallace Shawn, Wilford Brimley, Joely Richardson. ◆ Le peripezie della famiglia Berry, tra Inghilterra, Stati Uniti e Vienna, complotti anarchici e incesti (tra i due fratelli John e Franny, rispettivamente Lowe e Foster), orsi ammaestrati e ragazze che si travestono da orso (Kinski). Richardson (autore anche della sceneggiatura), fedele allo spirito del romanzo di John Irving, non cerca di dare spessore psicologico ai personaggi e ne osserva l'assurdità dall'esterno; ma il gioco metaletterario che teneva in piedi il testo viene comunque perduto, e rimane una galleria di bizzarrie non sempre riuscite. Un bel fiasco commerciale, che ha messo anni per arrivare in Italia anche solo in cassetta. Da confrontare con l'altro adattamento di un bestseller di Irving, *Il mondo secondo Garp*.

Hotel Paradiso *½ (*Hotel Paradiso*, Gb 1966, col, 99') Peter Glenville. Con Gina Lollobrigida, Alec Guinness, Robert Morley, Peggy Mount, Marie Bell, Akim Tamiroff, Derek Fowles. ◆ All'insaputa dei propri coniugi un gruppo di mogli e mariti organizza una serata speciale con il o la consorte di qualcun altro: ma finiscono tutti all'Hotel Paradiso. Stracca versione della pièce di Georges Feydeau *L'albergo del libero scambio*, troppo teatrale nell'impianto e poco curata nella regia. Il regista Peter Glenville interpreta la parte di Georges Feydeau che si aggira per l'albergo alla ricerca di spunti per le sue commedie.

Hotel Paura *½ (Italia/Francia 1996, col, 105') Renato De Maria. Con Sergio Castellitto, Iaia Forte, Francesco Paolantoni, Isabella Ferrari, Roberto De Francesco, Alessandra Vanzi, Alfonso Santagata, Victor Cavallo, Matteo Urzia. ◆ Licenziato all'improvviso, il dirigente Carlo Ruggeri (Castellitto) scivola inesorabilmente lungo il calvario dei disoccupati: lo sfratto, la crisi in famiglia con moglie e figlio (Forte e Urzia), l'impossibilità – o l'incapacità – di trovare un nuovo lavoro fino alla scoperta che i più reietti possono nascondere grandi doti umane. Voleva essere «una riflessione sulla paura di perdere ciò che si possiede», ma l'inconsistenza psicologica del protagonista trasforma il film in una specie di discesa verso l'autodistruzione, con la più stupida delle fatalità al posto del dramma: grandi camminate per Milano, spreco di primi piani e silenzi, ma anche una autocommiserazione irritante. Il titolo si riferisce al dormitorio dei barboni sotto la Stazione centrale di Milano, dove – manco a farlo apposta – la tragedia è in agguato.

Hotel Room ** (*Hotel Room*, Usa 1992, col, 90') David Lynch, James Signorelli. ◆ Tre episodi prodotti da Lynch per la televisione. In *Tricks* (David Lynch. Con Harry Dean Stanton, Glenne Headly, Freddy Jones; sceneggiatura di Barry Gifford) Lou tiranneggia l'amico Boca e si gode sotto i suoi occhi la prostituta che ha pagato l'altro: forse sono due serial killer con un passato che li lega; in *Getting Rid of Robert* (James Signorelli. Con Deborah [Kara] Unger, Griffin Dunne, Chelsea Field; sceneggiatura di Jay McInerney) una yuppie in cerca di un marito ricco quasi ammazza il fidanzato che la vuole piantare; in *Blackout* (David Lynch. Con Crispin Glover, Alicia Witt; sceneggiatura di Barry Gifford) Danny cerca invano di consolare la moglie Diane, impazzita dopo la morte del figlio, e ora in procinto di entrare in una clinica. Dal nonsense gratuito alla *Twin Peaks* del primo episodio, Lynch passa al delicato studio psicologico del terzo, mostrando una sensibilità che da lui non ci si aspetterebbe. L'episodio centrale, invece, ha un tono mondano e sopra le righe, che contrasta con quello cupo e gotico degli altri due. Lynch cerca di uscire dalla sua recente impasse creativa ridimensionando le proprie ambizioni: e riesce, se non altro, a entrare in sintonia con il mondo degli scrittori che firmano le sceneggiature.

Hot Shots! *½ (*Hot Shots!*, Usa 1991, col, 103') Jim Abrahams. Con Charlie Sheen, Cary Elwes, Valeria Golino, Lloyd Bridges, Kevin Dunn, Jon Cryer, William O'Leary, Kristy Swanson, Efrem Zimbalist jr. ◆ L'eroico pilota Topper Hadley (Sheen) viene richiamato in servizio per una missione molto pericolosa, boicottata da una lobby di industriali: vittoria su tutti i fronti, compreso quello sentimentale (la bella è la Golino). Parodia di *Top Gun*, con Sheen che rifà il verso a Cruise e la mediterranea Golino in sostituzione della bionda McGillis (ma ci sono anche parodie di *9 settimane e ½*, *Ufficiale e gentiluomo*, *Superman*, *Rambo* e persino *Via col vento* e *Balla coi lupi*). Divertissement all'insegna della comicità demenziale, ma questa volta Abrahams (sceneggiatore con Pat Proft) fa indigestione di citazioni e si abbandona al sovraccarico, dimenticando che la regola aurea del genere è la disinvoltura: al posto di lasciare alcune gag sullo sfondo, vi punta addosso la macchina da presa, depotenziandole e mostrandone inevitabilmente il lato debole. Scacciapensieri, ma poco ingegnoso. Con un seguito.

Hot Shots! 2 ° (*Hot Shots! Part Deux*, Usa 1993, col, 89') Jim Abrahams. Con Charlie Sheen, Lloyd Bridges, Valeria Golino, Richard Crenna, Brenda Bakker, Miguel Ferrer, Jerry Haleva. ◆ Il presidente Tug Benson (Bridges) fa richiamare dal suo esilio il soldato Topper Hadley (Sheen), per salvare gli ostaggi americani prigionieri di un dittatore mediorientale (Haleva) che ha i tratti inconfondibili di Saddam Hussein. La formula di Abrahams, che firma sempre la sceneggiatura con Pat Proft, continua a essere la parodia di successi vecchi e nuovi (*Rambo 2*, *Rambo 3*, *Senza via di scampo*, *Basic Instinct*) all'insegna del nonsense e dell'umorismo surreale da cartoon: ma perde ogni irriverenza, per celebrare invece il posto che quei film si sono guadagnati nell'immaginario collettivo. Lo stesso vale per la presunta satira del militarismo yankee. Un film televisivo nel ritmo (una scena-una gag) e nella morale: saturo di ammiccamenti, ma tutt'altro che liberatorio. Sheen sfoggia, questa volta, muscoli da Stallone, e in una scena incrocia papà Martin, quest'ultimo sulla barca di *Apocalypse Now*.

Hot spot, The **½ (*The Hot Spot*, Usa 1990, col, 130') Dennis Hopper. Con Don Johnson, Virginia Madsen, Jennifer Connelly, Charles Martin Smith, Jack Nance, William Sadler. ◆ Uno straniero (Johnson) arriva in città: in attesa di svaligiare una banca, si divide tra la bionda ninfomane (Madsen) desiderosa di far fuori il marito e la bruna virginale ma con qualche cadavere nell'armadio (Connelly). Tratto da *L'inferno non ha fretta* di Charles Williams sceneggiato dall'autore e Nona Tyson, è un bel noir, torbido e torrido, percorso da un umorismo beffardo, e con un finale cinico al di fuori di ogni convenzione. È uno dei pochi film autenticamente erotici sfornati di recente dal cinema americano. Bella colonna sonora blues eseguita da Miles Davis e James Lee Hooker.

Ho ucciso **½ (*Crime and Punishment*, Usa 1935, b/n, 88') Josef von Sternberg. ConPeter Lorre, Edward Arnold, Marian Marsh, Tala Birell, Elisabeth Risdon, Robert Allen, Douglass Dumbrille, Gene Lockhart, Charles Waldron, Turston Hall, Johnny Arthur. ◆ Roderich Raskolnikov (Lorre), brillante studente universitario ossessionato dall'idea del superuomo e del gesto perfetto, uccide una vecchia usuraia. L'ispettore Porfirij (Arnold) non riesce a dimostrare la sua colpevolezza, ma lo studente, spinto dall'amore di una povera prostituta (Marsh) e deluso nei suoi ideali («anche Beethoven tolse la dedica dell'*Eroica* a Napoleone quando capì che era un falso Dio») si costituisce per espiare cristianamente la sua colpa. Ispirato a *Delitto e castigo* e sceneggiato da S.K. Lauren e Joseph Anthony, il film trasforma il dramma psicologico di Dostoevskij in melodramma: se l'evoluzione psicologica di Raskolnikov è poco credibile, le invenzioni registiche (il gioco della luce e delle ombre, perfettamente esemplificato nella prima scena, quando Lorre avanza nella luce dal buio indistinto della massa degli studenti) e soprattutto il tono vagamente metafisico della storia sono piuttosto interessanti.

Ho ucciso Jesse il bandito **½ (*I Shot Jesse James*, Usa 1949, b/n, 81') Samuel Fuller. Con Barbara Britton, Preston Foster, John Ireland, Victor Kilian, Reed Hadlet, Tom Tyler. ◆ La storia di Bob Ford (Ireland), il compagno che tradì Jesse James uccidendolo alle spalle, perché coi soldi della taglia sperava di poter sposare la donna che amava (Britton) e che invece vide l'amore della fidanzata trasformarsi in disprezzo, a vantaggio della corte che le faceva un giudice (Foster). Per il suo film d'esordio Fuller rivisita con occhio nuovo un mito del western, ma senza nessuna preoccupazione di ristabilire qualche verità storica. Al centro del film c'è un vero e proprio ribaltamento della leggenda, alla ricerca di una verità profonda, raccontata con la forza espressiva dei primissimi piani (senza i tanti luoghi comuni del western come cavalcate e inseguimenti) e con la passionalità del melodramma: l'assassino di Jesse James ha ucciso l'amico per amore di una donna, ma si farà uccidere scoprendo la vanità della sua passione, poiché chi amava veramente non era la donna ma Jesse (come confessa all'ex fidanzata mentre sta morendo).

Ho ucciso mia moglie ***½ (*La Poison*, Francia 1951, b/n, 85') Sacha Guitry. Con Michel Simon, Germaine Reuver, Jeanne Fusier-Gir, Jean Debucourt, Jacques Varenne. ◆ Paul Braconnier (Simon) vuole uccidere la moglie (Reuver), un'orribile megera che beve, lo insulta e non si lava quasi mai, e per non correre rischi chiede aiuto a un avvocato (Debucourt), facendo finta di aver già commesso l'assassinio: grazie ai suoi consigli prima compie il delitto, poi, rivelando ai giudici il pessimo carattere della moglie (che, si scopre, voleva ucciderlo con il veleno per topi) e centrando la sua difesa sul fatto che «il castigo aveva anticipato il delitto», viene assolto e portato in trionfo dai suoi concittadini, che da quel fatto di cronaca hanno ricavato un consistente incremento negli affari. Straordinario gioiello nero scritto dallo stesso Guitry, raccontato con la levità e la raffinatezza della commedia, ma con l'acidità e la desolazione di chi non nutre più speranze nell'animo umano: Paul è più simpatico della moglie, ma non meno colpevole e la storia lo premia solo perché è più cinico e deciso, mentre intorno a lui il film descrive un mondo fatto solo di crudeltà e ambiguità (tutto l'opposto dell'universo di grazia, intelligenza e astuzia che raccontano le opere di Guitry negli anni Trenta). Un giovane Louis de Funès interpreta André e Sacha Guitry appare all'inizio del film nella parte di se stesso, mentre firma una dedica per Michel Simon e si congratula con gli attori e i tecnici del film.

House, The *½ (*A casa*, conosciuto anche col titolo *The House*, Portogallo/Francia/Lituania 1997, col, 120') Sharunas Bartas. Con Francisco Nascimiento, Valeria Bruni Tedeschi, Alex Descas, Leos Carax, Oksana Cernych, Viktorija Nareiko, Eugenia Sulgaite, Leonardas Zelcius, Egle Kuckaite, Micaela Cardoso. ◆ Un giovane (Nascimiento) si aggira per le stanze di una villa, ora abitate da una rumorosa compagnia di amici di ogni razza, ora deserte, ora sede di balli e incontri sessuali, ora invase dai soldati. Giunto al quarto film (scritto con Katerina Golubëva) Bartas porta all'eccesso il proprio stile fatto di lunghi pianisequenza senza parole, in cui lo spettatore non capisce se si trova di fronte a un sogno, al ricordo di fantasmi o a un'inestricabile metafora della Lituania, villa-stato abitata da persone che pensano soprattutto a mangiare e a divertirsi e che finiscono per essere «conquistate» da una colonna di militari. Rimane il fascino ipnotico di certe scene, ma anche il dubbio che il regista si sia cacciato in una sorta di cul-de-sac stilistico dal quale non sa come uscire.

House of Frankenstein → *voce «Frankenstein»*

House party *½ (*House Party,* Usa 1990, col, 104') Reginald Hudlin. Con Christopher Reid, Robin Harris, Christopher Martin, Tisha Campbell, Martin Lawrence. ◆ Un padre in vena di imposizioni, poliziotti ottusi e razzisti e una banda di energumeni complicano la serata di Kid (Reid), eccentrico giovane nero di Cleveland smanioso di partecipare a una festa a base di musica rap. Non certo un prodotto del new black cinema (nonostante la produzione di Warrington Hudlin, autore impegnato degli anni Settanta, padre dell'esordiente Reginald), piuttosto la versione «nera» delle consuete – e noiose – farse goliardico-adolescenziali made in Usa.

House IV – Presenze impalpabili * (*House IV*, Usa 1991, col, 91') Lewis Abernathy. Con Terry Treas, William Katt, Denny Dillon, Melissa Clayton. La vedova Kelly (Treas) scopre che non solo il cognato è responsabile della morte del marito (Katt), ma che la loro casa sorge su un cimitero indiano, che tiene prigioniera l'anima del defunto. Prodotto da Sean S. Cunningham, ideatore di *Venerdì 13*, il quarto capitolo della serie iniziata con *Chi è sepolto in quella casa?* tenta tocchi grotteschi ma affonda nella noia.

Ho vent'anni **½ (*Mne dvadcat' let*, Urss 1965, b/n, 182') Marlen Chuciev. Con Valentin Popov, Stanislav Ljubšin, Nikolaj Gubenko, Marina Vertinskaja, Svetlana Starikova, Z. Zinov'eva, Lev Prygunov, Tat'jana Bogdanova. ◆ Tornato a Mosca dopo il servizio militare, Sergej (Popov) trova tutto inutile e spento: gli amici (Ljubšin e Gubenko) non sono più quelli di una volta, l'incontro con Anja (Vertinskaja) è più deludente che altro e l'incontro col fantasma del padre (Prygunov) non fa che sottolineare la distanza tra le due generazioni. Ma una qualche ragione di vita ci dovrà pur essere... Amaro e partecipe ritratto della crisi di valori di una generazione a cui non è bastato il disgelo chruscëviano per ritrovare fiducia nel socialismo e nel proprio paese. Costruito con le cadenze di una educazione sentimentale al negativo, il film (sceneggiato dal regista e da Gennadij Špalikov) segue le peregrinazioni dei quattro giovani protagonisti, quattro déraciné che «oscillano tra lo struggimento tipico degli slavi per le cose che non sono più o che non possono essere e l'attesa di qualcosa di positivo». Girato nel 1962 con uno stile duro e rigoroso, influenzato dalle Nouvelle Vagues occidentali (il Free Cinema inglese su tutti), il film fu visionato personalmente da Chruščëv che obbligò il regista a modificarlo, a partire dal titolo, che doveva essere *Zastava Il'iča* (bastione Il'ic): Chuciev «ammorbidì» molte scene rendendo esplicito quello che era sottinteso o solo accennato (come nell'incontro tra il figlio e il fantasma del padre morto durante la seconda guerra mondiale), ma fu obbligato a tagliare completamente la scena (lunga 209 circa) della cosiddetta «serata dei poeti», dove i protagonisti assistevano a una lettura pubblica di poesie fatta da chi era diventato la voce della generazione giovane, come Evtušenko e Voznesenskij. Questi interventi, comunque, non snaturano molto lo spirito del film, che rimane ancora oggi un bel documento della disillusione giovanile di fronte alla retorica delle generazioni più vecchie e che si fa apprezzare per l'occhio con cui riesce a cogliere una Mosca inedita e insolita.

Ho vinto la lotteria di Capodanno ** (Italia 1989, col, 92') Neri Parenti. Con Paolo Villaggio, Antonio Allocca, Camillo Milli, Margit Newton, Giampaolo Saccarola, Valerio Merola, Giancarlo Magalli. ◆ Paolo Ciottoli (Villaggio), giornalista sbeffeggiato dai colleghi e tartassato dalla malasorte, vince 5 miliardi alla lotteria di Capodanno, ma nasconde il biglietto vincente nella macchina per scrivere che gli viene pignorata per debiti. A partire dal motivo, sfruttatissimo, del biglietto da recuperare assolutamente, il film inanella una serie ininterrotta di gag ispirate alle comiche del muto sorprendentemente divertenti, soprattutto se si considera la contemporanea agonia di idee e qualità del ciclo Fantozzi.

Howard e il destino del mondo ° (*Howard the Duck*, Usa 1986, col, 111') Willard Huyck. Con Lea Thompson, Jeffrey Jones, Tim Robbins, Paul Guilfoyle. ◆ Dal pianeta dei paperi dove vive, Howard finisce sulla Terra, a Cleveland: solo la giovane Beverly (Thompson) lo aiuterà a smascherare il «mostro nero» che è entrato nel corpo del professor Jenning (Jones) e così Howard, condannato a restare sulla Terra, si metterà a suonare nel complesso rock della sua amica. Dal fumetto comico di Steve Gerber, un film confuso e approssimato, al quale non è servito avere George Lucas come produttore esecutivo. Per animare il papero Howard si alternano otto attori-mimi.

Hud il selvaggio ** (*Hud*, Usa 1963, b/n, 112')

Martin Ritt. Con Paul Newman, Patricia Neal, Melvyn Douglas, Brandon de Wilde, John Ashley. ◆ La vita amorale del giovane Hud (Newman), un allevatore disamorato del suo lavoro, rissoso e cinico («l'unica cosa che chiedo a una donna è quando rientra suo marito»), che passa le sue giornate girando con la sua Cadillac rossa: finirà per restare solo, dopo che è morto il vecchio e onesto padre (Douglas) e che il giovane nipote Lon (de Wilde) ha scoperto che il fascino di Hud nasconde solo cinismo e corruzione. Un western moderno, statico ed eccessivamente melodrammatico tratto dal romanzo di Larry McMurty e sceneggiato da Irving Ravetch e Harriet Frank, che ha costruito la sua fama sull'interpretazione di Newman, fascinosamente amorale fino al rifiuto del riscatto, ma anche manierato e narcisista fino all'eccesso. Tre Oscar: attrice protagonista (Patricia Neal), attore non protagonista (Melvyn Douglas) e fotografia (James Wong Howe).

Hudson Hawk – Il mago del furto ** (*Hudson Hawk*, Usa 1991, col, 97') Michael Lehmann. Con Bruce Willis, Danny Aiello, Andie MacDowell, James Coburn, Sandra Bernhard, David Caruso, Frank Stallone. ◆ Il ladro Hudson Hawk (Willis) ruba un codice leonardesco che contiene le istruzioni per trasformare il piombo in oro: l'avido Mayflower (Coburn) lo minaccia di morte se non gli procura tutto l'occorrente. Uno dei pochi fiaschi del produttore Joel «Arma Letale» Silver, malgrado il protagonista (qui anche coautore del soggetto) e uno sceneggiatore (Steven E. De Souza) fossero gli artefici di successi come *Trappola di cristallo* e *58 secondi per morire*. Il pubblico non ha gradito il tono da giallorosa d'altri tempi e le innocue stravaganze: 60 milioni di dollari di costo per un giocattolo curioso che forse, col tempo, verrà rivalutato.

Hunters, The – La caccia ** (*Jägarna*, Svezia 1996, col, 118') Kjell Sundvall. Con Rolf Lassgård, Lennart Jähkel, Helena Bergström, Jarmo Mäkinen. ◆ Anche in Svezia l'omertà e la violenza sono all'ordine del giorno: almeno in uno sperduto villaggio del Nord, dove un onesto poliziotto di città (Lassgård) cerca di incastrare una banda di spietati bracconieri al di sopra della legge, ignorando che il capo è suo fratello (Jähkel). Confezione professionale e intreccio che, dalla metà in poi, comincia a ripetersi senza più sorprese. L'esotismo dell'ambientazione e i cenni al razzismo antilappone non bastano a rinfrescare stereotipi da film americano.

Hurdes, Las *** (*Las Hurdes*, rit례titolato *Tierra sin pan*, Spagna 1932, b/n, 27') Luis Buñuel. ◆ Scene di vita quotidiana in una delle regioni più arretrate della Spagna, dove nessuno canta, il pane non esiste, le case non hanno né finestre né camini e l'ambiente malsano causa malattie endemiche come il gozzo e il cretinismo: una vecchia percorre le strade di notte suonando una campana e ricordando a tutti la morte; un maestro insegna ai bambini che bisogna rispettare la proprietà privata; un asino muore lungo la strada; la bara di un bambino viene portata al di là di un fiume. Un documentario sconvolgente e una magistrale dimostrazione di scienza antropologica applicata al cinema. Tornato in patria da Parigi, Buñuel si avventura nella regione delle Hurdes, in Estremadura, nella quale la fame non è «origine della conoscenza» bensì condanna all'emarginazione e a condizioni di semi-bestialità. La macchina da presa (guidata da Eli Lotar) esplora strade, volti, case con spietata freddezza e il commento (firmato dal regista e da Pierre Unik) è altrettanto distante e scientifico, anzi «entomologico», secondo la volontà di Buñuel di raccontare gli esseri umani e la loro società come se fossero insetti. Ne escono immagini terribili (la carcassa dell'asino mangiato dalle vespe, che rimanda a quella dell'asino sul pianoforte nel *Chien andalou*, i funerali e la morte, la violenza sugli animali) che torneranno nelle opere del regista e che qui si impongono con una straordinaria forza eversiva: davanti al tragico universo delle Hurdes Buñuel non ha bisogno di sottolineare le risonanze oniriche della realtà, piuttosto mostra senza censure una realtà tanto atroce da essere di per sé surreale e che invoca – anche senza bisogno di dichiararlo esplicitamente – di venir modificata dall'intervento dell'uomo e dall'azione della Storia. Variamente censurato, il film venne rilanciato sotto la repubblica franchista con il titolo *Tierra sin pan* (Terra senza pane) e l'aggiunta di un commento finale secondo il quale la nuova realtà politica spagnola stava rimediando a quelle condizioni di orrore.

Ice *** (*Ice*, Usa 1969, b/n, 132') Robert Kramer. Con Robert Kramer, Tom Griffin. ◆ In un futuro indefinito, un gruppo di giovani rivoluzionari di New York deve cercare di risolvere i tanti problemi che la situazione politica e la militanza armata sollevano: collegare tra loro i ribelli di tutto il mondo, addestrare le reclute, sfuggire al potere e ai suoi emissari, infondere il coraggio necessario ai militanti, organizzare un attacco. Tappa importante nella storia del cinema militante americano, *Ice* «proietta certe attitudini e certe tendenze del Movimento americano anni Sessanta (vicine alle posizioni degli Weathermen) nel futuro per capire le loro implicazioni», anticipando con grande acutezza quello che diventerà un fenomeno diffuso negli anni Settanta. Oggi il film (girato in 16mm con un finanziamento dell'American Film Institute) stupisce ancora non solo per l'originalità della riflessione politica e l'intelligente mescolanza di suggestioni e materiali diversi (specie se paragonato alla pochezza di tanto cinema militante europeo), ma soprattutto per la sensibilità con cui sa riflettere anche sui cosiddetti problemi del privato e sui rapporti umani, che riesce a evocare in maniera obliqua grazie a un dialogo ellittico e sottotono.

I... come Icaro *½ (*I comme Icare*, Francia 1979, col, 120') Henri Verneuil. Con Yves Montand, Pierre Vernier, Jean-François Garraud, Roger Planchon, Michel Etcheverry. ◆ Un procuratore (Montand) non accetta la verità di Stato sull'uccisione del presidente della Repubblica: riesce a identificare il possibile assassino, ma lo trova «suicidato» e quando pensa di aver scoperto un complotto di proporzioni sovranazionali, viene eliminato a sua volta. Evidentemente ispirato all'assassinio Kennedy, il film abusa di tutti i luoghi comuni della peggior fantapolitica, a cominciare da un protagonista eroicamente tutto d'un pezzo.

Idea fissa, L' * (Italia 1964, b/n, 90') Gianni Puccini, Mino Guerrini. ◆ Film a episodi. In *La prima notte* (Gianni Puccini. Con Lando Buzzanca, Maria Grazia Buccella, Umberto D'Orsi) il marito «presta» la moglie illibata in cambio di un assegno, che scoprirà essere a vuoto; in *Sabato 18 luglio* (Gianni Puccini. Con Sylva Koscina, Philippe Leroy) una moglie riesce a tradire il marito nonostante la guardia ossessiva che lui le fa; in *Basta un attimo* (Mino Guerrini. Con Ingeborg Schöner, Renato Tagliani) un marito, sicuro della fedeltà della moglie, scopre che lei lo tradisce continuamente; in *L'ultima carta* (Mino Guerrini. Con Eleonora Rossi Drago, Aldo Giuffré) una coppia, pur di vivere al di sopra dei propri mezzi, arriva a prostituirsi. Quattro episodi sul tema del sesso e del tradimento tra coniugi che vorrebbe metter (vanamente) alla berlina costumi e valori dell'Italia degli anni Sessanta.

Identificazione di una donna *½ (Italia/Francia 1982, col, 131') Michelangelo Antonioni. Con Tomas Milian, Daniela Silverio, Christine Boisson, Sandra Monteleoni, Marcel Bozzuffi, Alessandro Ruspoli, Paola Dominguin, Veronica Lazar, Lara Wendel. ◆ Alla ricerca di un volto nuovo per il suo prossimo film, il regista Niccolò (Milian) incontra prima Mavi (Silverio), affascinante e misteriosa, e poi una sua amica, Ida (Boisson), solare e schietta. Ma con nessuna riuscirà a stabilire un vero rapporto: la prima sparisce nel nulla e la seconda non accetta situazioni ambigue, così a Niccolò non resterà che cambiare soggetto al film: cercherà di scoprire i misteri del sole, visto che gli è impossibile svelare i misteri della natura umana. Scritto con Tonino Guerra e Gérard Brach, è un film inutilmente verboso che cerca di descrivere «l'impossibilità di possedere il mondo con l'immaginazione»: per farlo usa simboli datati e scontati (i party dove tutti sono come zombi perché regnano solo noia e disagio, il cascinale costruito sul vuoto di un'antica villa romana per alludere al vuoto su cui è costruita l'esistenza umana) che la raffinata fotografia di Carlo Di Palma non riesce più a vivificare. La presentazione a Cannes fu l'occasione per dare ad Antonioni una Palma d'oro per l'insieme della sua opera.

Identikit *½ (Italia 1974, col, 105') Giuseppe Patroni Griffi. Con Elizabeth Taylor, Guido Mannari, Ian Bannen, Luigi Squarzina, Mona Washbourne, Marino Masé, Bedy Moratti. ◆ Angosce e disavventure di una piacente donna nel pieno dell'età (Taylor): per curarsi l'esaurimento nervoso va in vacanza a Roma, ma incontra solo sentimenti corrotti e relazioni morbose e finisce per trovare la morte per mano di un pazzo. Sceneggiato dallo scrittore Raffaele La Capria (dal romanzo *The Driver's Seat* di Muriel Spark) e fotografato da Vittorio Storaro, il film vorrebbe essere lo studio di una smania di morte e autodistruzione, ma una Taylor appesantita e per niente conturbante e un simbolismo troppo esplicito soffocano ogni idea. Comparsata per Andy Warhol.

Ideous Kinky - Un treno per Marrakech *½ (*Hideous Kinky*, Gb/Francia 1998, col, 97') Gillies MacKinnon. Con Kate Winslet, Said Taghmaoui, Bella Riza, Carrie Mullan, Pierre Clementi, Sira Stampe. ◆ Primi anni Settanta. Al fallimento del matrimonio e di fronte a una grigia prospettiva londinese, Julia (Winslet) reagisce partendo con le sue due bambine per Marrakech, dove vivrà alla giornata da vera hippie: incontrerà un nuovo amore (Taghmaoui), ma la figlia maggiore (Riza) le procurerà seri problemi. Dal libro autobiografico di Esther Freud, nipote di Sigmund (sceneggiato da Billy MacKinnon), un ritratto femminile programmaticamente anticonformista ma poco riuscito. L'incursione nella filosofia hippy è di un'inconsistenza imbarazzante, e il desiderio di libertà - anche narrativa - si risolve in pennellate folcloristiche (un Marocco da cartolina), stereotipi vetusti (il «selvaggio» gentile e sessualmente attraente, i giovani fatti di hashish), conflitti familiari superficiali. È il primo film della Winslet dopo il successo di *Titanic*. Il titolo allude a un gioco verbale tra le due sorelline, e nella versione italiana ha perso inspiegabilmente la «h».

Idioti * (*Idioterne*, Danimarca/Francia/Olanda/Italia 1998, col, 113') Lars von Trier. Con Bodil Jørgensen, Jens Albinus, Katrine Michelsen, Anne Louise Hassing, Troels Lyby, Nikolaj Lie Kaas, Henrik Prip, Luis Mesonero, Louise Mieritz, Knud Romer Jørgensen. ◆ Un gruppo di mattacchioni tardo-hippie fingono di essere handicappati e fanno buffi scherzi (mai troppo cattivi) ai borghesi: ma a prendere sul serio il gioco è solo la nuova arrivata Karen (Jørgensen), sconvolta per la perdita del figlio, che farà l'idiota anche di fronte alla famiglia esterrefatta. Un elogio dello scemo che c'è in noi? O un *Amici miei* alla danese? Abile friggitore d'aria, von Trier (che per la prima volta mette in pratica i precetti estetici del suo manifesto «Dogma 95»: macchina da presa a mano, luci naturali, nessuna simulazione, niente musica aggiunta) è riuscito a incantare folle di critici timorosi di restare indietro rispetto alle sue provocazioni. Che però l'edizione italiana ha arbitrariamente castrato di una sequenza hard, rendendo tutto più innocuo. Il metodo von Trier (anche sceneggiatore e direttore della fotografia) è comunque lo stesso di *Le onde del destino*: ghigno e lacrimuccia, e follia (appunto) fasulla.

Idolo, L' *½ (*The Love Lottery*, Gb 1954, col, 89') Charles Crichton. Con David Niven, Peggy Cummins, Anne Vernon, Herbert Lom. ◆ Per risolvere i suoi guai economici un attore (Niven) accetta di trasformarsi nel primo premio di una lotteria: chi vince se lo sposa. Naturalmente la sua fidanzata (Vernon) non apprezza molto. Ma la verve ironica presente nel soggetto non si esplica in tutta la sua forza. Nel finale compare brevemente Humphrey Bogart.

Idolo, L' *½ (*The Todd Killings* ritirolato *A Dangerous Friend*, Usa 1971, col, 93') Barry Shear. Con Robert F. Lyons, Richard Thomas, Barbara Bel Geddes, Sherry Miles, Gloria Grahame. ◆ Un giovane bello, annoiato e ipocondriaco (Lyons) è corteggiato da molte ragazze: per animare un'esistenza monotona decide di ucciderne qualcuna. Non basta una buona prova degli attori per vivificare un soggetto superficiale, che non viene sviluppato in nessuna delle diverse, possibili direzioni.

Idolo cinese, L' **½ (*Three Strangers*, Usa 1946, b/n, 92') Jean Negulesco. Con Peter Lorre, Sidney Greenstreet, Geraldine Fitzgerald, Robert Shayne, Joan Lorring. ◆ Tre estranei sperano che un idolo cinese li faccia vincere alla lotteria, ma il risultato immediato è una serie di sciagure: l'alcolizzato John West (Lorre) è ricercato per un omicidio che non ha commesso; il banchiere Jerome Arbutry (Greenstreet) è sull'orlo del tracollo; Crystal Shackleford (Fitzgerald) tenta invano di riconquistare suo marito. E quando la vincita arriva, nessuno ne potrà godere. Scritto ingegnosamente da John Huston e Howard Koch mescolando noir e fantastico moraleggiante (come andava di moda negli anni Quaranta a Hollywood), il terzo film di Negulesco con la coppia Lorre-Greenstreet (dopo *I cospiratori* e *La maschera di Dimitrios*) passa con disinvoltura dal grottesco al melodramma, svolgendo con mano leggera il tema della beffa del destino. Fotografia da noir di Arthur Edelman, e interpreti al loro meglio.

Idolo della città, L' ** (*Salut l'artiste*, Francia 1975, col, 100') Yves Robert. Con Marcello Mastroianni, Françoise Fabian, Jean Rochefort, Evelyne Buyle, Carla Gravina. ◆ La tranquilla e ordinata esistenza di un attore di secondo piano, Nicolas Montei (Mastroianni), che si divide tra famiglia, lavoro e amante (Fabian), è sconvolta all'improvviso su tutti i fronti: il socio di lavoro (Rochefort) se ne va, l'amante lo abbandona, la moglie (Gravina) lo tradisce. Simpatico «saggio» psicologico e ambientale imperniato sul personaggio di un «eterno attore» sceneggiato dal regista con Jean-Loup Dabadie, con alcune non superficiali annotazioni sul mondo dello spettacolo.

Idolo delle donne, L' **½ (*The Ladies' Man*, Usa 1961, col, 106') Jerry Lewis. Con Jerry Lewis, Helen Traubel, Kathleen Freeman, George Raft, Buddy Lester, Marty Ingles, Pat Stanley. ◆ Diventato misogino per colpa di una madre ossessiva (Lewis en travesti) e di una delusione d'amore, Herbert H. Heebert (Lewis) trova lavoro a Hollywood presso il pensionato della signora Welenmelon (Traubel) per giovani (e disinibite) aspiranti attrici, che finiscono per segregarlo. E lui si vendicherà mandando all'aria la trasmissione televisiva che si gira nel pensionato. Seconda regia di Jerry Lewis autore della sceneggiatura in coppia con Bill Richmond, dove il gigantismo scenografico (il pensionato è «tagliato» in due dall'alto, come una casa per le bambole, e la macchina da presa montata su una gru speciale segue gli incroci dei vari personaggi da una stanza all'altra) appesantisce la spontaneità comica, con la sua opulenza e i suoi trenta e più personaggi. Così le gag migliori sono quelle che Lewis interpreta da solo (le apparizioni incongrue e sistematiche nel quadro della telecamera durante le riprese dello spettacolo televisivo) o con un solo partner (la gag del cappello con Buddy Lester o quella con George Raft, che nel film interpreta se stesso). E nella seconda parte la progressione narrativa perde irrimediabilmente tensione.

Idolo delle folle, L' **½ (*The Pride of the Yankees*, Usa 1942, b/n, 127') Sam Wood. Con Gary Cooper, Teresa Wright, Babe Ruth, Walter Brennan, Dan Duryea. ◆ Biografia romanzata del famoso giocatore di baseball Lou Gehrig (Cooper), morto a 37 anni per una distrofia muscolare. Sceneggiato da Jo Swerling ed Herman J. Mankiewicz, il film tende a relegare la carriera sportiva in secondo piano, dando grande importanza (per esplicita richiesta del produttore Samuel Goldwyn) al suo amore per Eleanor (Wright) e alla sua storia privata, perfetta esemplificazione dell'eroe proletario che riesce a realizzare il sogno di ogni immigrato: diventare famoso nonostante le umili origini. La regia di Sam Wood è piuttosto incolore e non mette molto in risalto l'ottimo lavoro scenografico di William Cameron Menzies. In compenso l'ultima mezz'ora è ancora commovente, grazie all'intensa recitazione di Cooper che interpreta perfettamente il dramma di questo campione che scopre la sua progressiva malattia muscolare. Per far interpretare il mancino Gehrig dal destro Cooper (neofita del baseball e totalmente incapace di impugnare la mazza con la sinistra) la produzione scelse di far giocare l'attore con la destra e di stampare al contrario il negativo, obbligandosi così a ricamare sulle maglie nomi e numeri al contrario e invertendo il senso della corsa sul campo di gioco. Otto nomination, un solo Oscar: miglior montaggio (Daniel Mandell). Remake nel 1978 di Fielder Cook (*A Love Affair: the Eleanor and Lou Gehrig Story*, con Edward Hermann e Blythe Danner).

Idolo del ring, L' *½ (*L'Idole*, Francia 1947, b/n, 90') Alexander Esway. Con Yves Montand, Suzanne Dehelly, Albert Préjean, Danielle Godet, Jacques Sernas. ◆ Un boxeur (Montand) diventa ricco e famoso con una serie di incontri truccati. L'unico regolare ha un esito drammatico ma gli dà la forza di uccidere il suo dispotico manager. Tra le prime prove cinematografiche di Montand, ancora acerbo.

Idolo di Acapulco, L' *½ (*Fun in Acapulco*, Usa 1963, col, 97') Richard Thorpe. Con Elvis Presley, Ursula Andress, Paul Lukas, Alejandro Rey. ◆ Spacciandosi per un grande cantante, un ex trapezista (Presley) si fa scritturare nei locali della città messicana e per amore di Maggie (Andress) accetta di tuffarsi dalla celeberrima rupe, nonostante soffra di vertigini. Scenari esotici e colori sgargianti, mentre Presley canta *Bossa Nova Baby*, *No Room to Rhumba in a Sport Car* e *You Can'y Say No in Acapulco*.

Idolo infranto ***½ (*The Fallen Idol*, Gb 1948, b/n, 95') Carol Reed. Con Ralph Richardson, Bobby Henrey, Michèle Morgan, Sonia Dresdel, Denis O'Dea. ◆ L'ammirazione che il piccolo Felipe (Henrey) ha per il maggiordomo di casa, Herbert Baines (Richardson) non gli impedisce di svelare accidentalmente una relazione extraconiugale dell'uomo: così quando la moglie viene trovata morta, il piccolo, convinto che il suo amico sia responsabile dell'assassinio, racconta alla polizia un sacco di bugie e rischia di far incriminare davvero l'incolpevole maggiordomo. La sceneggiatura di Graham Greene, dal suo racconto *Lo scantinato*, modifica la struttura narrativa originale (nel libro Baines uccide la moglie gelosa, nel film lei cade accidentalmente dalle scale), eppure «il lieto fine – relativo, perché il bambino perde per sempre l'ammirazione verso Baines, l'idolo infranto del titolo – stempera la sottile tragicità di Greene, ma non l'essenza del gioco psicologico». Tour de force visivo (ci sono più di mille raccordi di montaggio), il film può contare su un'ottima direzione dell'attore bambino, schiacciato dal contorto mondo degli adulti. Esiste una versione computerizzata a colori.

Iena, La (L'uomo di mezzanotte) *** (*The Body Snatcher*, Usa 1945, b/n, 78') Robert Wise. Con Boris Karloff, Bela Lugosi, Henry Daniell, Edith Atwater, Russell Wade, Rita Corday. ◆ Edimburgo, 1831: per i suoi studi di anatomia, il professor MacFarlane (Daniell) ha bisogno di cadaveri: glieli procura un ambiguo vetturino, Gray (Karloff), il quale non si limita a saccheggiare le tombe, ma arriva anche all'assassinio e, così, a ricattare il professore. Durante una discussione MacFarlane lo ucciderà, ma poi il rimorso lo farà impazzire. Tratto da un racconto di Robert Louis Stevenson ispirato al caso del dottor Robert Knox e dei suoi «recuperatori di cadaveri» Burke e Hare (che scandalizzò l'Inghilterra del 1820), il film affronta il nodo della moralità della scienza con lo stile ambiguo e suggestivo del produttore Val Lewton (qui anche cosceneggiatore con lo pseudonimo di Carlos Keith): tutti i personaggi hanno in sé lati umanissimi e diabolici insieme, e la relatività dei valori morali è dimostrata dal dramma centrale del film, dove il Bene (cioè l'operazione che può guarire la piccola Georgina) sarà possibile solo attraverso il Male (l'assassinio della cantante sul cui corpo MacFarlane potrà fare un esperimento). Grande prova di Karloff, pittoresco e ironico nel dipingere un personaggio ripugnante, e del direttore della fotografia Robert De Grasse, che usa tutti i contrasti di luce per suggerire le atmosfere ambigue e inquietanti della storia. Per anni il film fu proiettato agli studenti di medicina statunitensi perché l'accuratezza della ricostruzione illustrava perfettamente le condizioni dell'insegnamento della medicina nel XIX secolo.

Iena in cassaforte, Una ** (Italia 1968, col, 100') Cesare Canevari. Con Marie Luise Greisberger, Cristina Gajoni, Dimitri Nabokov, Ben Salvador, Alex Morrison [Sandro Pizzocchero], Karina Kar, Stan O'-Gadwin, Otto Tinard. ◆ Sei ladri si incontrano in una villa per aprire la cassaforte che contiene il bottino del loro colpo: ma una delle sei chiavi scompare, e cominciano a morire a uno a uno. Intreccio risaputo (scritto dal regista con Alberto Penna) e budget zero: al che Canevari punta tutto su un montaggio alla Leone, svolazzi pop, divagazioni psichedeliche e pettinature assurde. Curioso esempio di abile artigianato lontano da Roma. Il figlio di Vladimir Nabokov interpreta l'inglese Steve.

Iene, Le *** (*Reservoir Dogs*, Usa 1992, col, 99') Quentin Tarantino. Con Harvey Keitel, Tim Roth, Steve Buscemi, Michael Madsen, Chris Penn, Lawrence Tierney, Eddie Bunker, Quentin Tarantino. ◆ Dopo una sanguinosa rapina andata male, i superstiti – tra i quali un poliziotto infiltrato (Roth) – si incontrano in un capannone. Uno di loro, uno psicopatico omicida (Madsen), ha preso in ostaggio un poliziotto. Un'intelligente struttura a puzzle, in cui una volta tanto i flashback non sono esornativi, con una messa in scena teatrale e stilizzata: l'esordiente Tarantino (che si riserva la parte di «Marrone» perché per non rivelare la propria identità tutti si chiamano con nomi di colori) aggiorna con humour nerissimo la classica struttura da tragedia elisabettiana in cui si sa che tutti devono morire. Violenza quasi insostenibile, ma un rigore morale della visione ormai raro nell'epoca di *Basic Instinct*. Attori perfetti (Keitel è anche coproduttore), e dialoghi da antologia, specie i pezzi iniziali sull'interpretazione di *Like a Virgin* di Madonna e sulle mance. Monte Hellman è uno dei produttori esecutivi. Rieditato col titolo *Cani da rapina*.

Iene di Chicago, Le **½ (*The Narrow Margin*, Usa 1952, b/n, 71') Richard Fleischer. Con Charles McGraw, Marie Windsor, Jacqueline White, Gordon Gebert, Queenie Leonard, David Clarke, Peter Virgo, Don Beddoe. ◆ Il poliziotto Walter Brown (McGraw) deve condurre in treno da Chicago a Los Angeles la vedova (Windsor) di un bandito per farla testimoniare a un processo: prima di arrivare a destinazione avrà molte sorprese sia sull'identità di chi deve proteggere, sia su quella dei suoi nemici. Un piccolo gioiello di tensione ed efficacia narrativa, tutto giocato tra le pareti claustrofobiche di un treno in corsa. Sceneggiato da Earl Fenton a partire da un racconto di Martin Goldsmith e Jack Leonard, il film evita i toni autoironici e ambiguamente amorali con cui Hollywood spesso descriveva i poliziotti per raccontare «l'aspetto tragico, assurdo, improbabile e quasi suicida» della loro condizione: a cominciare dalle primissime scene (dove il collega di Brown muore al suo posto per una banalissima casualità) fino al sacrificio finale della collega si respira un'aria da «terrificante tragi-commedia degli errori», dove la vita e addirittura l'identità delle persone sembra non aver più nessun valore, specchio discreto ma inquietante di una confusione (più vasta e sotterranea) di tutta un'intera generazione. Rifatto nel 1990: *Rischio totale*.

Ieri, oggi, domani *½ (Italia 1963, col, 119') Vittorio De Sica. ◆ Film a episodi. In *Adelina* (con Sophia Loren, Marcello Mastroianni, Aldo Giuffré, Carlo Croccolo, sceneggiatura di Eduardo De Filippo) una contrabbandiera di sigarette riesce a evitare il carcere grazie a sempre nuove gravidanze; in *Anna* (con Sophia Loren, Marcello Mastroianni, Armando Trovajoli, sceneggiatura di Alberto Moravia dal suo racconto *Troppo ricca*) una ricca signora milanese tradisce per noia il marito con un intellettuale squattrinato; in *Mara* (con Sophia Loren, Marcello Mastroianni, Tina Pica, Giovanni Ridolfi, sceneggiatura di Cesare Zavattini) una prostituta fa involontariamente innamorare un seminarista, ma poi è disposta a «sacrificare la carriera» perché torni sulla retta via. Enorme successo di pubblico per questi tre spenti episodi che si basano soprattutto sulle qualità comiche di Mastroianni, anche se il négligé con cui la Loren si mostra nell'ultimo episodio ha lasciato il segno nell'immaginario nazionale. I due attori hanno rifatto la scena dello spogliarello trentun anni dopo in *Pret-a-Porter*. Oscar come miglior film straniero.

Ifigenia **½ (*Iphigenia*, Grecia 1976, col, 129') Michael Cacoyannis. Con Irene Papas, Costa Kazakos, Costa Carras, Tatiana Papamoskou, Christos Tsangas, Panos Michaelopoulos. ◆ Agamennone (Kazakos), re dei Greci, deve partire con la sua flotta alla volta di Troia e per ingraziarsi l'ostile dea Artemide decide di sacrificare sua figlia Ifigenia (Papamoskou). Ma Artemide la risparmia e come dice un araldo a Clitemnestra (Papas) la dea ha rapito la fanciulla lasciando al suo posto una cerva sgozzata. Ricostruzione della tragedia di Euripide *Ifigenia in Aulide* diretta con scrupolosa attenzione, bella coerenza estetica e un alto grado di suggestione. La dodicenne Tatiana Papamoskou, androgina e fragile, è una grande scoperta. Musiche di Mikis Teodorakis.

Iguana ** (Italia 1988, col, 100') Monte Hellman. Con Everett McGill, Maru Valdivielso, Michael Madsen, Joseph Culp, Tim Ryan, Fabio Testi, Augustin Guevara. ◆ Deturpato nel viso da una malattia che gli rende la pelle simile a quella di un'iguana, Oberlus (McGill) è il violento tiranno di un'isola delle Galapagos, dove sottomette tutti coloro che lì fanno naufragio: tra questi c'è Carmen (Valdivielso) che gli darà un figlio con la medesima malformazione e sarà la causa della sua morte. Tratto dal romanzo *La iguana* di Alberto Vasquez-Figueroa, il film mescola suggestioni melvilliane (*Le incantate*) e stevensoniane (*Il dottor Jekyll*), ma la povertà produttiva impedisce di approfondire il tema che stava più a cuore al regista: la possibilità di comunicare tra esseri tanto diversi tra loro, come è appunto il «mostro» di fronte ai suoi prigionieri. Il film è dedicato all'attore Warren Oates.

Illegalmente tuo *½ (*Illegally Yours*, Usa 1988, col, 102') Peter Bogdanovich. Con Rob Lowe, Colleen Camp, Harry Carey jr, Kenneth Mars, Kim Myers, L.B. Stratten. ◆ Il membro di una giuria (Lowe con gli occhiali, copia esatta di Ryan O'Neal in *Ma papà ti manda sola?*) riesce a provare l'innocenza dell'imputata (Camp), in cui ha riconosciuto un suo amore d'infanzia. Movimentata screwball comedy con sfumature gialle: Bogdanovich, da cinefilo nostalgico, conosce bene il genere, ma il gioco rischia di non interessare più nessuno. Anche perché certi ammiccamenti sono ormai una faccenda privata del regista, come la presenza di Harry Carey jr, caratterista di John Ford (autore idolo del regista), o di L.B. Stratten, sorella della assassinata Dorothy Stratten, la cui storia (compreso il legame con Bogdanovich) è stata narrata in *Star 80*.

Illuminata ** (*Illuminata*, Usa 1998, col, 119') John Turturro. Con John Turturro, Katherine Borowitz, Susan Sarandon, Christopher Walken, Beverly D'Angelo, Ben Gazzara, Georgina Cates, Rufus Sewell, Bill Irwin, Donal McCann, Matthew Sussman, Leo Bassi, Aida Turturro. ◆ L'incidente a un cantante permette all'aspirante drammaturgo Tuccio (Turturro) di mettere in scena il suo dramma sentimentale *Illuminata*, ma dato che la prima è un fallimento deve cercare il sostegno di chi lo possa aiutare: una diva sul viale del tramonto (Sarandon), un critico feroce (Walken), la proprietaria del teatro (D'Angelo). E intanto il suo matrimonio con la primattrice (Borowitz) va a rotoli. Tra mélo e farsa, un minuetto sul teatro e sull'amore in cui arte e finzione si scambiano continuamente le parti. Tratto dalla pièce di Brendan Cole (da lui stesso sceneggiata insieme al regista), il secondo film diretto da Turturro stenta un po' a mettere a fuoco il suo centro d'interesse (più che il palcoscenico, ciò che conta è il «dietro le quinte» nei rapporti amorosi): ma il tono è comunque intelligente, e le oscillazioni narrative sono compensate da un cast superlativo nel quale spicca la Borowitz, moglie del regista anche nella vita.

Illuminazione *** (*Iluminacja*, Polonia 1973, col, 91') Krzysztof Zanussi. Con Stanisław Latałło, Monika Dzienisiewicz-Olbrychska, Małgorzata Pritulak, Edward Zebrowski, Jan Skotnicki, Irena Horecka. ◆ Iscrittosi a fisica perché «dice cose sicure», Franciszek Retman (Latałło) scopre sulla sua pelle che i sentimenti e la morte non possono essere controllati dalla scienza; lascia gli studi, si sposa e aspetta un figlio, frequenta un ospedale psichiatrico, prova l'Lsd, abbandona la moglie, poi torna in famiglia e si laurea, ma quando scoppiano le prime lotte studentesche, tutte le sue sicurezze svaniscono di nuovo. Film- saggio basato su esperienze autobiografiche e sceneggiato solo dal regista, quest'opera verifica la precarietà di ogni conoscenza obiettiva e smantella le certezze che l'uomo può chiedere alle varie discipline (scientifiche o umanistiche che siano) per affrontare la realtà. Indimenticabili le scene in cui il protagonista si confronta con «l'inumanità della scienza» (l'encefalografia, il calvario dell'amico che muore per un tumore al cervello) e la spettrale conclusione (il padre che entra nell'acqua bassa di un lago per raggiungere il figlio). Pardo d'oro a Locarno.

Illuminazione intima ** (*Intimní osvětlení*, Cecoslovacchia 1965, b/n, 71') Ivan Passer. Con Karel Blažek, Zdeněk Bezušek, Věra Křeskladová, Jan Vostrčil, Jaroslava Štědrá. ◆ Petr (Bezušek), solista di viola, viene ospitato con la sua ragazza nella casa di campagna di un vecchio amico, direttore d'orchestra dilettante: e tra un funerale e una sbronza viene a galla la noia di vivere di una società ammuffita, da cui non si può fuggire. Celebrato ai tempi come uno degli esempi più felici della *Nová Vlna* per il tono sottilmente ironico, l'amaro scetticismo e l'improvvisazione sul reale, non è cresciuto con gli anni: resta un curioso esemplare di Nouvelle Vague paesana, ma si perde nel bozzettismo; e anche gli aspetti meno ortodossi (metafore beffarde e quasi polanskiane, accensioni sensuali) rimangono appena accennati. Il regista (anche cosceneggiatore con Jaroslav Papoušek e Václav Šašek) iniziò poi una carriera negli Usa, con esiti alterni.

Illusione *½ (*The Man Who Watched Trains Go By*, conosciuto anche col titolo *Paris Express*, Gb 1953, col, 80') Harold French. Con Claude Rains, Marta Toren, Marius Goring, Anouk Aimée, Herbert Lom. ◆ Un impiegato (Rains) si appropria indebitamente di una somma di denaro per concedersi un viaggio. Arrivato a Parigi incontra la donna del suo ex capo (Toren) che finge di innamorarsi di lui per rubargli il denaro: deriso e tradito la uccide e poi impazzisce. Scialba versione di uno dei più bei romanzi di Simenon (*L'uomo che guardava passare i treni*) rinvigorita solo da una buona prova di Claude Rains.

Illusioni **½ (*La Foire aux chimères*, Francia 1946, b/n, 102') Pierre Chenal. Con Erich von Stroheim, Madeleine Sologne, Louis Salou, Yves Vincent, Margo Lion, Jean-Jacques Delbo. ◆ Una bellissima ragazza cieca (Sologne) sposa un uomo sfigurato (Stroheim) che si mette nei guai per farla vivere nella ricchezza. Ma quando un'operazione ridà la vista alla moglie, la donna non si adatta alla menomazione del marito e lo lascia, spingendolo al suicidio. Un melodramma (sceneggiato da Jacques Companeez e Ernest Neubach) che avrebbe potuto scivolare nel ridicolo, ma che viene riscattato da una regia fiammeggiante e barocca, capace di evocare atmosfere sinistre e tormentate. Indimenticabile l'ultima scena, girata tutta con piani inclinati. Possente interpretazione di Erich von Stroheim, bravo nel fornire diverse sfumature psicologiche e caratteriali al personaggio.

Ilona arriva con la pioggia * (*Ilona llega con la lluvia*, Italia/Spagna/Colombia 1996, col, 131') Sergio Cabrera. Con Margarta Rosa de Francisco, Humberto Dorado, Imanol Arias, Pastora Vega, José Luis Borau, David Riondino, Antonino Iuorio. ◆ Maqroll (Dorado), avventuriero con passaporto cipriota, Ilona Grabowska (de Francisco), affascinante triestina, e Abdul Bashur (Arias), armatore libanese, progettano di acquistare una nave e continuare indisturbati i loro traffici e il loro ménage à trois. Mentre Abdul è in prigione, gli altri due aprono un bordello a Panama per finanziarsi: gli affari vanno a gonfie vele, ma una prostituta, Larissa (Vega), affascinerà Ilona mandando involontariamente a monte il piano. Opera terza di Cabrera, tratta dall'omonimo racconto di Alvaro Mutis (sceneggiatura di Jorge Goldenberg, con la collaborazione di Ana Goldenberg e del regista): tra sogni di fughe marine e compromessi postribolari, il raffinato barocchismo dello scrittore evapora in una cinenovela patinata, prolissa e noiosa, in cui trionfano i luoghi comuni del melò esotico spacciati per sguardi d'autore. Colonna sonora di Luis Bacalov, con una canzone di Fabrizio De André e Ivano Fossati (*Smisurata preghiera*, ispirata a una poesia di Mutis). Riondino fa la parte di Alex, barista fidato.

I Love You ** (*I Love You*, Francia/Italia 1986, col, 96') Marco Ferreri. Con Christopher Lambert, Eddy Mitchell, Flora Barillaro, Agnes Soral, Anémone [Anne Bourguignon]. ◆ Cosa viene dopo la donna oggetto? L'oggetto e basta. Michel (Lambert) è giovane e bello e non ne può più delle donne, che se lo contendono e pretendono che le ami. Niente di meglio allora che innamorarsi di un piccolo portachiavi che al suo fischio risponde «I love you». I guai cominciano quando scopre che fa così con tutti. Ferreri (che firma la sceneggiatura con Enrico Oldoini e Didier Kamnika) estremizza le sue tesi sul rapporto fra i sessi, con un apologo surreale sul narcisismo maschile e sulla solitudine, la cui efficacia è parzialmente minata dalla sconsolante inespressività di Christopher Lambert.

Images ** (*Images*, Usa/Gb 1972, col, 101') Robert Altman. Con Susannah York, René Auberjonois, Marcel Bozzuffi, Hugh Millais, Cathryn Harrison. ◆ Resosi conto che la moglie (York) è vittima di un grave esaurimento nervoso che la porta a scambiare l'identità delle persone, il marito (Auberjonois) decide di portarla qualche giorno in campagna, ma anche qui la donna continua a confondere nella sua fantasia gli uomini che ha amato e la crisi si trasforma presto in tragedia. Diario angoscioso di una donna sposata e dei suoi inutili tentativi di liberarsi dai fantasmi e dalle allucinazioni, il film (ispirato a un racconto di Susannah York, *In Search of Unicorns*, che poi è il titolo del libro di favole che la protagonista sta scrivendo) non controlla perfettamente il materiale visivo e rischia di apparire confuso e velleitario. E così le suggestioni da fiabe dell'orrore (che una colonna sonora elaboratissima, a cui collaborò il percussionista Stomu Yamash'ta, sottolinea con insistenza) perdono forza, stemperate in una dimensione narrativa troppo preoccupata di visualizzare gli incubi che escono dall'inconscio. Palma d'oro a Cannes per la York.

Imagine: John Lennon ** (*Imagine: John Lennon*, Usa 1988, col, 103') Andrew Solt. ◆ Un documentario realizzato grazie al materiale d'archivio di Yoko Ono (oltre 240 ore di filmati), oscillante tra maledettismo e agiografia. Dall'infanzia alla fondazione del mitico quartetto, dalle liti che portarono allo scioglimento dei Beatles alla scelta di proseguire con la nuova musa dagli occhi a mandorla: è Lennon stesso a raccontare la sua vita, artistica e personale (la voce narrante è desunta dalle numerose interviste disponibili). Vizi privati e pubbliche virtù ruotano attorno alla magica registrazione del brano del titolo (1971), ma ci sono almeno altri due momenti da non perdere, il confronto con Al Capp e quello con la giornalista Gloria Emerson.

Imbarco a mezzanotte *½ (Italia 1952, b/n, 96') Andrea Forzano [ma in realtà Joseph Losey]. Con Paul Muni, Luisa Rossi, Joan Lorring, Aldo Silvani, Vittorio Manunta, Arnoldo Foà, Linda Sini, Giulio Marchetti, Ave Ninchi. ◆ Per trovare i soldi con cui imbarcarsi clandestinamente, un uomo (Muni) deruba e uccide una bottegaia e scappa insieme a un ragazzino (Manunta) che aveva appena rubato una bottiglia di latte: quando saranno raggiunti dalla polizia, l'uomo sacrificherà la propria vita per salvare quella del giovane. Tratto dal romanzo *La bouteille de lait* di Noël Calef (sceneggiato da Ben Barzman e, non accreditato, Andrea Forzano), il film racconta il rapporto che si instaura tra un adulto e un bambino costretti dal caso ad aiutarsi l'un l'altro. Durante le riprese Losey venne a sapere di essere stato denunciato a Hollywood davanti alla commissione per attività antiamericane e non poté seguire l'edizione del film, che fu montato e musicato contro le direttive del regista. Inoltre la produzione preferì far uscire il film con la firma di Andrea Forzano (anche se le riprese furono portate a termine da Losey). Il direttore della fotografia Henri Alekan interpreta l'uomo che passa in bicicletta.

Imboscata, L' * (*Ambush*, Usa 1949, b/n, 89') Sam

Wood. Con Robert Taylor, John Hodiak, Arlene Dahl, Jean Hagen. ◆ Un cacciatore (Taylor) salva dalle mani dell'indiano che l'ha rapita la sorella (Hagen) della sua fidanzata (Dahl). L'ultimo film diretto da Sam Wood è un western spento e sfilacciato: ai tempi fu apprezzata la scollatura di Arlene Dahl.

Imboscata, L' * (*The Ambushers*, Usa 1968, col, 102') Henry Levin. Con Dean Martin, Senta Berger, Janice Rule, James Gregory, Albert Salmi. ◆ L'agente segreto americano Matt Helm (Martin) scopre che un'organizzazione criminale vuole sabotare il primo disco volante statunitense. Naturalmente, con l'aiuto di una ragazza (Berger), riesce a sgominare i cattivi. Terzo film della serie iniziata con *Matt Helm il silenziatore*, scontato e prevedibile. Seguito da *Missione compiuta stop, bacioni – Matt Helm*.

Imbranato, L' * (Italia 1979 , col, 88') Pier Francesco Pingitore. Con Pippo Franco, Laura Troeschel [Costanza Spada], Bombolo [Franco Lechner], Oreste Lionello, Duilio Del Prete, Luciana Turina, Enzo Cannavale. ◆ Sequestrato al posto del principale, il suo sottoposto (Franco) si allea con i rapitori per aiutarli, vanamente, nell'impresa. Commedia farsesca che Pippo Franco interpreta con la moglie, Laura Troeschel, e il gruppo del Bagaglino, di cui riprende la comicità sguaiata e volgare.

Imbroglioni, Gli *½ (Italia 1963, col, 98') Lucio Fulci. ◆ Film a episodi. Nell'aula di un tribunale vengono discussi quattro casi: in *La società calcistica* (con Raimondo Vianello, Aroldo Tieri, Dominique Boschero, Alberto Bonucci) il dirigente di una squadra di calcio è implicato in illeciti sportivi; in *Siciliani* (con Franco Franchi, Ciccio Ingrassia, Elio Crovetto) due siciliani sono processati per aver spacciato finti reperti archeologici; in *Suore* (con Antonella Lualdi, Rosita Palomar, Pepe Calvo) due suorine devono rispondere di aver insultato un tutore dell'ordine; in *Medico e fidanzata* (con Walter Chiari, Luciana Gilli, Mario Scaccia, Margaret Lee, Oreste Lionello, Claudio Gora) un industriale è accusato di frode. Comicità facile e immediata per quattro barzellette stiracchiate a dimensione cinematografica. Nel quarto episodio il regista Camillo Mastrocinque interpreta la parte dell'avvocato difensore di Claudio Gora.

Imbroglioni, Gli *½ (*The Impostors*, Usa 1998, col, 100') Stanley Tucci. Con Stanley Tucci, Oliver Platt, Alfred Molina, Steve Buscemi, Hope Davis, Lili Taylor, Campbell Scott, Tony Shalhoub, Elizabeth Bracco, Billy Connolly, Jessica Walling, Isabella Rossellini, Woody Allen. ◆ New York, Anni Trenta: inseguiti da un guitto borioso (Molina), due attori squattrinati (Tucci e Platt) finiscono come clandestini in un transatlantico pieno di pazzi e imbroglioni, che un rivoluzionario (Shalhoub) cerca di far esplodere. Al secondo film Tucci (anche sceneggiatore) cambia genere, e confeziona una finta farsa d'epoca un po' alla Marx Brothers (i meccanismi e le gag sono antiquati, la malizia contemporanea) come pretesto per celebrare il piacere di recitare. I suoi colleghi, probabilmente, si saranno divertiti; ma lo spettatore si deve sorbire un gioco ripetitivo, stucchevole e fine a se stesso. L'unico davvero spiritoso è Happy Davis (Buscemi), il *crooner* depresso che scoppia in lacrime mentre canta. Fotografia di Ken Kelsch.

Immacolata e Concetta – L'altra gelosia *** (Italia 1980, col, 90') Salvatore Piscicelli. Con Ida Di Benedetto, Marcella Michelangeli, Tommaso Bianco, Lucio Allocca, Lucia Ragni. ◆ Immacolata (Di Benedetto) e Concetta (Michelangeli) si sono innamorate quando erano rinchiuse in carcere e tornate al paese danno scandalo vivendo insieme. Quando Immacolata rimane incinta di un creditore che la ricatta, Concetta, scoperto il tradimento, la uccide. Film d'esordio di Salvatore Piscicelli (sceneggiato insieme alla moglie Carla Apuzzo) che inizia a scavare nel proletariato meridionale: le tematiche lesbiche raramente affrontate nel cinema italiano, la crudezza nel rappresentare l'oppressiva e violenta cultura di un certo Meridione, il rigore stilistico e l'efficacia delle interpretazioni sono la forza di questo film intenso e duro, raccontato «con l'occhio lucido e spassionato dell'entomologo». Pardo d'argento a Locarno.

I'm Magic ** (*The Wiz*, Usa 1978, col, 133') Sidney Lumet. Con Diana Ross, Michael Jackson, Nipsey Russell, Ted Ross, Mabel King, Theresa Merritt, Thelma Carpenter, Lena Horne, Richard Pryor. ◆ Un'insegnante di Harlem, Dorothy (Ross), viene rapita da una bufera e trasportata in un mondo magico dove con l'aiuto di uno spaventapasseri (Jackson), un uomo di latta (Russell) e un leone fifone (Ross) sconfiggerà i malefici di Evillene, la Strega cattiva dell'Ovest (King), prima di ritrovare la strada di casa. Versione all black del Mago di Oz che trasforma la storia di Frank Baum in uno specchio dei pericoli della vita metropolitana (il campo dei papaveri di ieri diventa l'inferno urbano di oggi, popolato di prostitute drogate; invece della foresta degli alberi combattenti c'è la metropolitana). Utilizzando al meglio le rielaborazioni scenografiche che Tony Walton fa dei luoghi canonici di New York, Lumet fa entrare lo spettatore in un mondo «spaventosamente reale e magicamente fantastico» giocando con i miti della Grande Mela (il sole è a forma di mela e i taxi svaniscono quando una mano li chiama), ma dopo un po' la sceneggiatura di Joel Schumacher perde colpi e le canzoni di Charlie Smalls rielaborate da Quincy Jones sono inutilmente magniloquenti. E soprattutto Diana Ross è troppo fuori età per la parte di una ragazzina che vuole a tutti i costi tornare a casa.

Immagine allo specchio, L' **½ (*Ansikte mot ansikte*, Svezia 1976, col, 135') Ingmar Bergman. Con Liv Ullmann, Erland Josephson, Aino Taube, Gunner Björnstrand, Kari Sylwan, Sven Lindberg, Sif Ruud. ◆ Durante l'assenza del marito e della figlia, la psichiatra Jenny Isaksson (Ullmann) si trasferisce nella casa dei nonni, ma vede intorno a sé fantasmi che l'angosciano. Non le serve confidarsi con un collega (Josephson) e la prevedibile reazione dei suoi a un tentativo di suicidio le fa scoprire il fallimento della sua vita familiare. Eppure, dopo aver sognato il suo funerale, saprà trovare la forza per superare la sua depressione. Nato da una commissione di Dino De Laurentiis («ti faccio un trhiller psicologico sul crollo di un individuo e sui suoi sogni» gli aveva detto il regista) e da ricordi autobiografici (Bergman illustra – ed esorcizza – un suo trauma infantile: il padre per punirlo lo chiudeva in un armadio «dove c'era un mostro che l'avrebbe mangiato»), il film mette faccia a faccia, come dice il titolo originale, una persona con i suoi incubi. Ma l'incapacità di raccontare l'origine di queste paure (o, come ha rivelato l'autore, la paura di scavare davvero a fondo) appesantiscono la narrazione e le sequenze di sogno sono troppo sintetiche, mentre la realtà appare sfilacciata. Straordinaria, comunque, la prova della Ullmann e la fotografia di Sven Nykvist. Brevissima apparizione di Lena Olin, come una delle due ragazze nel negozio. Il film era stato girato originariamente come una serie di quattro telefilm (*La partenza*; *Il confine*; *Il paese del crepuscolo* e *Il ritorno*) di 50' l'uno.

Immagine del desiderio, L' ** (*La camarera del Titanic*, Spagna/Francia/Italia 1997, col, 99') Juan José Bigas Luna. Con Olivier Martínez, Aitana Sánchez-Gijón, Romane Bohringer, Aldo Maccione, Didier Bezace, Salvador Madrid, Vincenzo De Caro, Maurizio Soldà, Jean-Marie Juan. ◆ 1912: dopo avere assistito in viaggio-premio al varo del Titanic, l'operaio lorenese Horty (Martínez) comincia a inventarsi incredibili avventure erotico-romantiche, per la gioia dei colleghi e la gelosia della moglie (Bohringer): perde il lavoro, diventa attore girovago di successo e alla fine incontra la donna dei suoi racconti (Sánchez-Gijón), ben diversa da come la immaginava. Dal romanzo *La cameriera del Titanic* di Didier Decoin (uscito molto prima del film di Cameron) Bigas Luna, per una volta sotto cura di bromuro, cerca di trarre una riflessione sull'*amour fou* e sul rapporto tra menzogna e immaginazione. A volte con acutezza e delicatezza, più spesso con uno spirito diligentemente illustrativo da eurocoproduzione.

Immorale, L' *½ (Italia/Francia 1967, b/n, 100') Pietro Germi. Con Ugo Tognazzi, Stefania Sandrelli, Gigi Ballista, Renée Longarini, Maria Grazia Carmassi, Gianni Agus, Riccardo Billi. ◆ Il violinista Sergio Masini (Tognazzi) si destreggia con abilità tra il lavoro, la moglie Giulia (Longarini), l'amante Adele (Carmassi) e l'altra amante, Marisa (Sandrelli), che gli ha appena dato un figlio, il sesto se si contano tutti. Ci penserà un infarto a risolvere un ritmo di vita ormai pesantissimo. Malignamente ispirato alle due famiglie di Vittorio De Sica, il film è acido solo sulla carta (dove avrebbe dovuto intitolarsi, più sarcasticamente, *Il santo*): sullo schermo, invece, la sceneggiatura di Germi, Alfredo Giannetti, Tullio Pinelli e Carlo Bernari si trasforma in «una commedia compassata, quasi seria, senza artigli e senza mordente», dove la figura del protagonista viene presentata come quella di un eroe che pensa solo al bene delle sue donne.

Immoralità, L' **½ (Italia 1978, col, 102') Massimo Pirri. Con Lisa Gastoni, Howard Ross [Renato Rossini], Mel Ferrer, Karin Trentepohl, Andrea Franchetti, Wolfango Soldati, Franco Ferri. ◆ Un serial killer pedofilo (Ross) si rifugia nel parco di una villa: la padrona di casa ninfomane, Vera (Gastoni), pensa di aver trovato l'uomo giusto per sbarazzarsi del marito paralitico (Ferrer); mentre la figlia Laura (Trentepohl), dodicenne e solitaria, si innamora - ricambiata - del mostro. Scritto dal regista con Morando Morandini jr e Federico Tofi, un film insolito nel panorama dell'epoca, che riesce a fondere toni da fiaba gotica e morbosa con un classico gioco al massacro sulla decadenza di una società marcia. Con tratti anche sconcertanti, impensabili nel contesto odierno, e con la capacità di spingersi a fondo, anche se non tutti i nodi vengono al pettine. Musiche di Ennio Morricone. Esecrato all'epoca (Morandini zio: «Massimo Pirri è uno che non fa i film, li commette»).

Immoral Mr. Teas, The *½ (*The Immoral Mr. Teas*, Usa 1959, b/n, 63') Russ Meyer. Con William Ellis Teas, Marilyn Wesley, Ann Peters, Donna Long, Dawn Danielle, Michele Roberts, Paula Parker. ◆ Mister Teas (Teas), un ometto in salopette rosa che gira in bicicletta per New York consegnando apparecchiature dentistiche negli studi della città, riesce a vedere le donne nude anche quando sono vestite. Primo lungometraggio di Meyer e primo film esplicitamente erotico a uscire dai circuiti specializzati ed entrare nelle sale normali, dando inizio al genere *nudie*: oggi è un «documento storico», che fa sorridere per il suo spirito goliardico, ma ai tempi fu un vero scandalo, perché «c'erano più donne prosperose in quel film che in un abbonamento annuale a *Playboy*». Mister Teas, il protagonista, è un vecchio compagno d'armi di Meyer.

Immortale leggenda, L' ** (*L'Éternel retour*, Francia 1943, b/n, 115') Jean Delannoy. Con Madeleine Sologne, Jean Marais, Jean Murat, Junie Astor, Roland Toutain, Alexandre Rignault, Yvonne de Bray, Jean d'Yd, Pierre Piéral, Jeanne Marken. ◆ Destinata in sposa al ricco vedovo Marco (Murat), la bionda Natalia (Sologne) s'innamora di Patrizio (Marais) perché il geloso nano Achille (Piéral) somministra loro un filtro amoroso invece del previsto veleno. Scoperto l'amore adulterino, Marco allontana Patrizio e il giovane, corteggiato anche da una Natalia dai capelli bruni (sempre Sologne), verrà ferito mortalmente da Achille quando cercherà di riabbracciare il suo sfortunato amore: morirà prima di rivederla, ma la bionda Natalia non farà una fine meno tragica. Liberissima rilettura del mito di Tristano e Isotta ambientato in un mondo senza precisi connotati storici. Se per Wagner *Tristano* è il poema dell'amore che si realizza veramente e soltanto nella negazione della volontà di vivere attraverso l'eros consumato fino all'annientamento, nella rilettura che opera la sceneggiatura di Jean Cocteau (a partire dalla traduzione che Joseph Bédier aveva fatto della leggenda) l'amore tra Patrizio e Natalia è piuttosto «un elemento del conflitto tra ordine e disordine» e assume così un valore negativo perché mette in crisi l'ordine stabilito. In questo modo «il trio Marco-Natalia-Patrizio simbolizza l'inconciliabile alleanza tra sentimento e interesse» e solo la morte finale dei due eroi permetterà finalmente il ritorno all'ordine (con la sua nemmeno tanto implicita condanna dell'adulterio). Accolto da un grande successo di pubblico, il film è comunque impregnato di un certo «snobismo neoromantico» che oggi risulta difficile da sopportare e che può spiegare lo scandalo che scatenò, subito dopo la guerra, quando fu distribuito nel resto d'Europa e in Gran Bretagna venne accusato di cedimento all'ideologia nazista.

Impara a conoscere il tuo coniglio *½ (*Get to Know Your Rabbit*, Usa 1972, col, 91') Brian De Palma. Con Tom Smothers, John Astin, Suzanne Zenor, Orson Welles, Samantha Jones, Allen Garfield, Katharine Ross. ◆ Un uomo d'affari (Smothers) va da un esperto di magia (Welles) per imparare a tener testa e a essere più duro con i suoi collaboratori, avidi e cinici: diventa così un magico ballerino di tip-tap, ma non riuscirà ugualmente a liberarsi dal suo antico boss. Pensato dalla Warner per lanciare nel mondo del cinema la star televisiva Tom Smothers, il film non fu portato a termine da De Palma che non riuscì a mediare tra le proprie idee «rivoluzionarie» (l'idea di base era che ogni iniziativa in America viene trasformata in merce e riutilizzata dal capitale) e quelle della produzione, che impose un lieto fine. Ne uscì un film sbilanciato, con qualche bello spunto, ma privo di coesione. Incisiva e simpatica l'apparizione del grande Orson Welles. Girato nel 1970.

Impareggiabile Godfrey, L' ***½ (*My Man Godfrey*, Usa 1936, b/n, 95') Gregory La Cava. Con William Powell, Carole Lombard, Gail Patrick, Alice Brady, Eugene Pallette, Alan Mowbray, Misha Auer. ◆ «Trovato» in una bidonville da un gruppo di riccastri durante una caccia al tesoro, Godfrey (Powell) viene assunto dalla famiglia Bullock come maggiordomo, rivelando doti inaspettate di garbo, intelligenza e perfino abilità finanziaria: rivelerà, poi, di essere stato lui stesso un ricco rovinato dalla Depressione e riuscirà a far capire ai suoi padroni l'importanza relativa del denaro, oltre a riportare sulla retta via l'arrogante Cornelia Bullock (Lombard). Tratto dal romanzo di Eric Hatch, che firma anche la sceneggiatura con Morrie Ryskind, è un film delizioso e perfetto, che «evoca la contrapposizione tra ricchezza e opulenza e la New York della Depressione con un realismo e una ironia mista a sarcasmo rarissimi in una commedia». Tutti recitano alla perfezione, ma Misha Auer è indimenticabile nei panni dell'artista scroccone protetto dalla padrona di casa. Jane Wyman fa la comparsa nella scena iniziale del party. Remake nel 1957.

Impareggiabile Godfrey, L' *½ (*My Man Godfrey*, Usa 1957, col, 92') Henry Koster. Con David Niven, June Allyson, Martha Hyer, Eva Gabor, Jeff Donnell. ◆ Un maggiordomo che in realtà è un ricco decaduto (Niven) insegna i valori e le verità della vita a una delle due figlie (Allyson) della ricca famiglia che l'ha assunto. Remake dell'omonimo film di La Cava del 1936, edulcorato e levigato rispetto all'originale.

Impatto imminente *½ (*Striking Distance*, Usa 1993, col, 102') Rowdy Herrington. Con Bruce Willis, Sarah Jessica Parker, Dennis Farina, Tom Sizemore, Brion James, Robert Pastorelli. ◆ Lo sbirro Thomas Hardy (Willis) porta jella: prima gli muore il padre durante un inseguimento; poi suo cugino poliziotto (Pastorelli), da lui denunciato per violenza, si suicida; e infine un serial killer fa fuori tutte le sue ex fidanzate. Poliziesco di routine dove c'è poco da segnalare a parte: 1) l'ambientazione sul fiume Tennessee; 2) uno dei più lunghi e inverosimili duelli finali della storia del cinema. Finale a sorpresa: ma Willis, questa volta, ispira poca simpatia per la sua sorte.

Impenitenti, Gli ** (*Out to Sea*, Usa 1997, col, 109') Martha Coolidge. Con Walter Matthau, Jack Lemmon, Dyan Cannon, Donald O'Connor, Gloria DeHaven, Elaine Stritch, Edward Mulhare, Rue McClanahan, Brent Spinner. ◆ Un imbroglione (Matthau) a caccia di riccone convince il cognato (Lemmon), vedovo inconsolabile, a fare il «cavalier danzante» su un transatlantico: naturalmente troveranno l'amore ma non i soldi. La filosofia del «nulla è troppo tardi» e le smorfie di Matthau strappano ancora sorrisi, anche se non graffiano più. Tutto come da copione (sceneggia Robert Nelson Jacobs), ma non sgradevole. Nostalgia del vecchio musical con i balli di Donald O'Connor (uno dei cavalier danzanti) e Gloria DeHaven (la vedova che piace a Lemmon).

Imperatore della California, L' **½ (*Der Kaiser von Kalifornien*, Germania 1936, b/n, 100') Luis Trenker. Con Luis Trenker, Viktoria von Ballasko, Werner Kunig, Karli Zwingmann, Elise Aulinger. ◆ Nella prima metà dell'Ottocento, Suter (Trenker) lascia il Baden ed emigra in America per motivi politici in cerca di nuove terre da coltivare. Trasformando un territorio abbandonato in un gigantesco ranch dove dà lavoro a molti coloni tedeschi, diventa «l'imperatore della California», ma la corsa all'oro vanifica il suo lavoro e gli rovina la vita: morirà senza terre e senza figli, travolti dalla furia dei contadini diventati cercatori. Un pioniere tedesco perfettamente a suo agio nella Frontiera, che continua idealmente il percorso sfortunato del *Figliol prodigo* dello stesso Trenker anche se non può nulla di fronte alla «maledizione dell'oro» di wagneriana memoria. Epica e romanticismo si fondono in continuazione, con scene sorprendentemente «americane» per un regista europeo (la marcia nel deserto, i miraggi della sete, la scalata alla montagna, la scoperta delle terre da dissodare). All'epoca fece molto scalpore, e anche oggi rimane uno dei migliori film del regista, che colpisce per la potenza visiva e narrativa, nonostante lo svolgimento a blocchi appesantisca la fluidità del racconto. Naturalmente non può passare inosservato il fatto che un tedesco diventi il cowboy più laborioso e morale dell'intero West: questioni di propaganda, come sempre.

Imperatore del nord, L' **½ (*Emperor of the North Pole* ritolato *Emperor of the North*, Usa 1973, col, 118') Robert Aldrich. Con Lee Marvin, Ernest Borgnine, Keith Carradine, Charles Tyner, Elisha Cook jr, Simon Oakland, Matt Clark. ◆ Durante la Grande Depressione americana, il brutale capotreno del merci numero 19 (Borgnine) si fa un punto d'orgoglio di non permettere a nessun vagabondo di viaggiare sui suoi vagoni: verrà sfidato da quello che tutti chiamano Numero 1 (Marvin) in uno scontro all'ultimo sangue in cui si inserirà anche un altro *hobo* (Carradine). Ispirato alle atmosfere dei romanzi di Jack London e sceneggiato da Christopher Knopf, è un film essenzialmente d'azione, tutto costruito in funzione del duello finale, esplosione di violenza e rivolta individuale sull'arioso sfondo di paesaggi spettacolari.

Imperatore di Capri, L' **½ (Italia 1950, b/n, 90') Luigi Comencini. Con Totò [Antonio de Curtis], Yvonne Sanson, Marisa Merlini, Laura Gore, Alda Mangini, Mario Castellani, Galeazzo Benti, Aldo Giuffrè, Toni Ucci, Lino Roby. ◆ Il cameriere Antonio de Fazio (Totò), per sfuggire alla moglie (Gore), alla suocera e al «mezzo cognato» che denuncia in famiglia i suoi peccati («ha mangiato pane e prosciutto al venerdì»), segue a Capri la fascinosa Sonia Bulgarov (Sanson) che l'ha scambiato per il bey di Agapur, e grazie alla sua involontaria stravaganza diventa l'uomo più chic dell'isola. Pellicola di grande successo con Totò, esilarante nei panni del dandy, che riprende molte gag già sperimentate sul palcoscenico: equivoci e amenità, e un personalissimo invito all'adulterio. La sceneggiatura è di Vittorio Metz, Marcello Marchesi e Comencini.

Imperatrice Caterina, L' **** (*The Scarlet Empress*, Usa 1934, b/n, 110') Josef von Sternberg. Con Marlene Dietrich, John Lodge, Sam Jaffe, Louise Dresser, C. Aubrey Smith, Gavin Gordon. ◆ La giovane principessa tedesca Sofia Federica (Dietrich), andata in sposa al granduca Pietro (Jaffe), malato nel fisico e nella mente ed erede al trono degli zar, saprà trasformarsi da fanciulla innocente in cinica e dura donna di Stato, che farà strangolare l'imbelle marito e salirà al trono con il nome di Caterina II, imperatrice di tutte le Russie. Forse il più affascinante film di Sternberg (sceneggiato da Manuel Komroff), interamente dominato dalla presenza dell'eros, «mai così liberamente studiato ed esplorato nei suoi contraddittori e profondi nessi e raramente, se non mai, assunto con tale evidenza nell'universo hollywoodiano classico» (come nella scandalosa scena in cui lo zar toglie la spada e degrada Grigorij Orlov, amante ufficiale della zarina e interpretato da Gavin Gordon: subito dopo la macchina da presa inquadra l'inguine dei due uomini, a suggerire che Orlov non è stato privato dell'arma e delle qualifiche grazie alle quali ha conquistato la sua posizione). Le scenografie, espressionistiche, barocche, angoscianti, sono supporto perfetto all'azione del personaggio centrale e toccano punte di una magnificenza visiva ai limiti del delirio (tanto che Ejzenštejn trasse ispirazione da questo lavoro per il suo *Ivan*), così come i costumi disegnati da Travis Benton. Indimenticabili due scene successive: quella del matrimonio (inquadrata con una lenta panoramica dall'alto in basso e poi ancora in alto), dove anche la candela in mano al conte Alessio (Lodge) assume connotati sessuali pesanti, e quella del banchetto (ripresa con una lunga panoramica orizzontale), dove invece il potere politico è equiparato dissacratoriamente alla morte. Sternberg diresse personalmente l'orchestra e compose la melodia per violino che è suonata al banchetto nuziale. Nelle scene iniziali, Caterina a nove anni è interpretata dalla figlia della Dietrich, Maria.

Impero colpisce ancora, L' **½ (*The Empire Strikes Back*, Usa 1980, col, 124') Irvin Kershner. Con Harrison Ford, Carrie Fisher, Mark Hamill, Billy Dee Williams, David Prowse, Anthony Daniels, Frank Oz, Alec Guinness, Peter Mayhew, Jeremy Bullock, John Hollis. ◆ Spettacolare seguito di *Guerre stellari* (di cui si sottintende la visione): Han Solo (Ford) e la principessa Leila (Fisher) scoprono d'amarsi, mentre Luke Skywalker (Hamill) viene iniziato ai segreti della «forza» dal mistico Yoda (Oz). Ma è soprattutto l'imprevedibile rivelazione sulla vera identità di Lord Vader (Prowse) a conferire alla saga un nuovo e diverso spessore, che verrà ripreso e sviluppato nella terza puntata *Il ritorno dello Jedi*. Sceneggiata da Leigh Brackett e Lawrence Kasdan, questa seconda avventura non riesce a uguagliare il fascino avventuroso della prima, e funziona piuttosto come opera di passaggio, dallo scontro tra Bene e Male (in *Guerre stellari*) al più complesso confronto edipico del *Ritorno dello Jedi*. Le scene della battaglia sul pianeta ghiacciato, comunque, sono sempre di grandissima qualità. Ha vinto due Oscar, per il suono (Bill Varney, Steve Maslow, Gregg Landaker, Peter Suton) e gli effetti speciali (Brain Johnson, Richard Edlund, Dennis Muren, Bruce Nicholson).

Impero colpisce ancora, L' – Edizione speciale **½ (*Star Wars. Episode V: the Empire Strikes Back*, Usa 1980, col, 127') Irvin Kershner. ◆ Per festeggiare i vent'anni della prima uscita di *Guerre stellari*, Lucas ha rieditato l'intera trilogia restaurando il colore e il sonoro ma soprattutto «completando», con la collaborazione del produttore Rick McCallum, alcune scene che l'approssimata tecnologia di allora non aveva permesso di realizzare secondo le intenzioni originarie. Per un totale di circa tre minuti, l'edizione speciale di *L'Impero colpisce ancora* ha reso più realistico l'effetto della battaglia sul pianeta ghiacciato, aggiungendo in una cava un feroce Wampa che prima non c'era, e ha «ridisegnato» al computer la Cloud City dove si incontra Lando Calrissian, aprendo anche delle finestre negli elaborati corridoi del palazzo.

Impero dei gangsters, L' ** (*Hoodlum Empire*, Usa 1952, b/n, 98') Joseph Kane. Con Brian Donlevy, Claire Trevor, Forrest Tucker, Vera Ralston. ◆ Per vendicarsi del nipote (Donlevy) che vuole rigare dritto, il boss di una banda di gangster provoca la morte di un prete cieco, amico del ragazzo, il quale per punire questo omicidio, e provare la sua estraneità ai fatti, incastrerà lo zio. Atmosfere e ritmo discreti per questo gangster-movie che può contare su una buona recitazione corale.

Impero dei sensi, L' → *Ecco l'impero dei sensi*

Impero del crimine, L' *½ (*The Evil Empire*, Usa 1991, col, 115') Michael Karbelnikoff. Con Christian Slater, Patrick Dempsey, Costas Mandylor, Richard Grieco, F. Murray Abraham, Anthony Quinn, Lara Flynn-Boyle, Christopher Penn, Seymour Cassel, Joe Viterelli. ◆ L'ascesa di Lucky Luciano (Slater), Meyer Lansky (Dempsey), Bugsy Siegel (Grieco) e Frank Costello (Mandylor) contro la vecchia criminalità «disorganizzata». Un gangster-movie tirato a lucido a suon di dollari (alla cui sceneggiatura ha collaborato Nicholas Kazan), con tutti gli stereotipi del genere e miriadi di citazioni cinefile, in cui non mancano scene d'azione vigorose e ben girate. È il debutto cinematografico di un regista che viene dal videoclip musicale. Agguerrito e destinato a sicura fama il cast di giovani, imbarazzante la conclusione, quasi una apologia del crimine.

Impero della passione, L' ** (*Ai no borei*, Giappone/Francia 1978, col, 108') Nagisa Oshima. Con Kazuko Yoshiyuki, Tatsuya Fuji, Takahiro Tamura, Takuzo Kawatani. ◆ 1896: l'ancora piacente Seki (Yoshiyuki) diventa l'amante del giovane ex soldato Tokoji (Fuji), e insieme strangolano il marito Gisaburo (Tamura). Ossessionati dal fantasma dell'ucciso, i due finiranno per confessare, anche se resteranno fedeli uno all'altro, fino alla morte. Dopo *Ecco l'impero dei sensi*, Oshima racconta la storia di un'altra coppia maledetta, che neanche la paura della giustizia e dell'aldilà riesce a separare. Ma manca la passione che ci si aspetterebbe: dopo le polemiche e i processi per il film precedente, Oshima rinuncia all'hardcore (e ci perde) per rifugiarsi in un formalismo abbagliante quanto freddo. Anche sul versante fantastico, pochi lampi (gli amanti che rovistano nel fango alla ricerca del cadavere di Gisaburo) si alternano alla maniera.

Impero delle termiti giganti, L' *½ (*Empire of the Ants*, Usa 1977, col, 90') Bert J. Gordon. Con Joan Collins, Robert Lansing, Albert Salmi, John David Carson, Robert Pine. ◆ Su un'isola alcuni turisti vengono assaliti e sterminati da insetti trasformati in mostri giganteschi per una mutazione radioattiva. Da un racconto di H.G. Wells sceneggiato da Jack Turley, una trasposizione cinematografica ben lungi dal trovare il fascino del modello, sia per i trucchi infantili, sia per le superficiali sfumature dei caratteri. Rimane, di Wells, la sfiducia nell'avvenire che l'uomo sarà in grado di prepararsi.

Impero del sole, L' *** (*Empire of the Sun*, Usa 1987, col, 152') Steven Spielberg. Con Christian Bale, John Malkovich, Miranda Richardson, Nigel Havers, Leslie Phillips, Joe Pantoliano, Masato Ibu. ◆ Jim Graham (Bale), figlio di un diplomatico inglese, viene separato dai genitori il giorno dell'invasione giapponese di Shanghai (1941) e deve imparare a sopravvivere: prima nella città ostile, poi in un campo di prigionia nipponico, dove si lega a un cinico prigioniero americano, Basie (Malkovich). Tratto dall'omonimo romanzo autobiografico dello scrittore di fantascienza James G. Ballard (che compare brevemente all'inizio del film vestito da Babbo Natale) – e sceneggiato da Tom Stoppard – il film è la storia di un intenso percorso di maturazione esistenziale, dalla vita agiata e viziata agli orrori del conflitto e di un campo di concentramento, che Spielberg racconta – grazie a una bella sceneggiatura di Tom Stoppard – senza cadere mai nel ricatto melodrammatico: l'incoscienza con cui il piccolo Jim attraversa la tragedia che gli sta intorno, le lezioni di quotidiano cinismo che la lotta per la sopravvivenza lo obbliga a imparare (gli insetti nel rancio non sono causa di schifo ma di sopravvivenza perché danno proteine necessarie al sostentamento) servono a creare un salutare distacco davanti alle disavventure del ragazzo, e a respingere gli inevitabili ricatti moralistici che la crudezza della storia (e il realismo della messa in scena) avrebbe innescato. Anche correndo il rischio di banalizzare un po' la drammaticità del soggetto. Magistrale, invece, l'abilità nelle scene di massa, riprese con morbidi movimenti di gru e tuttora insuperate per quantità di comparse e complessità di costruzione.

Impiccalo più in alto ** (*Hang 'em High*, Usa 1968, col, 114') Ted Post. Con Clint Eastwood, Inger Stevens, Ed Begley, Arlene Golonka, Pat Hingle, Bruce Dern, Ben Johnson, Dennis Hopper. ◆ Accusato ingiustamente di furto, Jed Cooper (Eastwood) riesce a salvarsi dall'impiccagione: diventato aiutosceriffo, riuscirà a vendicarsi dei nove cowboy che l'avevano condannato a morte senza prove. Primo film americano di Eastwood sceneggiato da Leonard Freeman e Mel Goldberg, mescola gli elementi tipici del western all'italiana (come la presenza strabordante della violenza) con alcune interessanti osservazioni sull'uso perverso della legge e della giustizia. Il personaggio del «giudice» è ispirato a Isaac Charles Parker, temuto e tirannico magistrato dell'Arkansas. Il prigioniero rinchiuso nel sotterraneo è interpretato dal vecchio cowboy Bob Steele.

Impiegate a tempo determinato → *Clockwatchers - Impiegate a tempo determinato*

Impiegati ** (Italia 1984, col, 98') Pupi Avati. Con Claudio Botosso, Elena Sofia Ricci, Dario Parisini, Giovanna Maldotti, Luca Barbareschi, Raffaele Curi, Consuelo Ferrara, Nick Novecento. ◆ L'educazione alla vita vista attraverso gli occhi di Luigi (Botosso), un neolaureato che viene dalla provincia ed è appena stato assunto in una banca di Bologna: c'è il superiore yuppie (Barbareschi) con la moglie delusa (Ricci), colleghe ciniche e colleghi intraprendenti, l'amico inconcludente (Parisini) che perderà la vita. Commedia dolceamara, sceneggiata dal regista col fratello Antonio e Cesare Bornazzini, che vorrebbe illustrare l'appiattimento grigio e mediocre della società contemporanea e della gente che «si lascia vivere», mai realmente capace, però, di essere davvero cattiva o severa con i suoi personaggi.

Impiegato, L' **½ (Italia 1959, b/n, 104') Gianni Puccini. Con Nino Manfredi, Eleonora Rossi Drago, Anna Maria Ferrero, Andrea Checchi, Gianrico Tedeschi, Cesare Polacco, Gianni Bonagura, Pietro De Vico, Sergio Fantoni. ◆ Per resistere alla frustrante routine della sua vita da travet, un impiegatuccio (Manfredi) sviluppa una ricca vita onirica notturna, che lo vede fortunato scrittore di gialli con una platinata pupa (Ferrero) al fianco. Ma l'arrivo di una terribile nuova dirigente (Rossi Drago) sconvolgerà la doppia vita del poveretto. Omaggio dichiarato a *Sogni proibiti* con Danny Kaye sceneggiata da Elio Petri, Tommaso Chiaretti, Puccini e Manfredi, è una commedia simpatica dove Manfredi (per la prima volta accreditato ufficialmente come cosceneggiatore) sfrutta al meglio il suo umorismo sommesso e controllato.

Implacabile, L' ** (*The Running Man*, Usa 1987, col, 101') Paul Michael Glaser. Con Arnold Schwarzenegger, Maria Conchita Alonso, Yaphet Kotto, Jim Brown, Richard Dawson, Jesse Ventura. ◆ Negli Stati Uniti del 2019, schiacciati dalla dittatura, il divertimento nazionale è seguire *The Running Man*, programma in Tv che mostra in diretta dei concorrenti combattere contro ogni tipo di pericoli: premio, la vita. Ma quando è costretto a parteciparvi un poliziotto (Schwarzenegger) che ha rifiutato di sparare su dei pacifici manifestanti, il «gioco» non segue più lo sviluppo previsto dal suo boss (Dawson). Tratto da un romanzo di Richard Bachman (alias Stephen King, in versione fantascienza) sceneggiato da Steven E. DeSouza, il film affronta con i modi del cinema popolaresco e fumettistico il tema dell'invasione dei mass media nella nostra società. E lo fa con un bel ritmo e una regia corretta.

Implacabile condanna, L' **½ (*The Curse of the Werewolf*, Gb 1961, col, 91') Terence Fisher. Con Clifford Evans, Oliver Reed, Yvonne Romain, Anthony Dawson, Catherine Feller, Hira Talfrey. ◆ In un paesino spagnolo del XVIII secolo, il figlio di una handicappata (nato in seguito a una violenza) scopre di essere un licantropo: diventato adulto, l'uomo (Reed), innamorato della bella Cristina (Feller), lotterà invano contro la sua maledizione e verrà ucciso dall'uomo (Evans) che l'aveva allevato come un figlio. Liberamente tratto da un romanzo di Guy Endore e sceneggiato da John Elder (alias Anthony Hinds), il film (prodotto dalla Hammer) mescola atmosfere neogotiche e una suggestiva ricostruzione ambientale, ma è soprattutto (e sorprendentemente) un'appassionata storia d'amore condannata alla tragedia dalla tara che l'uomo porta nella propria carne (l'ingovernabile desiderio sessuale che gli ha trasmesso il padre). Oliver Reed, truccato da Roy Ashton come il Jean Marais di *La bella e la bestia*, è «il miglior licantropo che lo schermo abbia mai visto».

Implacabili, Gli ** (*The Tall Men*, Usa 1955, col, 122') Raoul Walsh. Con Clark Gable, Jane Russell, Robert Ryan, Cameron Mitchell, Juan Garcia, Mae Marsh. ◆ Due fratelli (Gable e Mitchell) sono assoldati da un possidente (Ryan) per aiutarlo a portare la sua mandria dal Texas al Montana, attraverso territori infestati dagli indiani. Un western epico, dove Walsh mette a confronto (facendoli innamorare della stessa donna, Jane Russell) i due tipi centrali del suo cinema: il giovane aggressivo e ambizioso (Ryan) e l'uomo maturo (Gable), che non deve dimostare più niente a nessuno e che ha imparato a «sognare in piccolo». Ben diretto e ben interpretato (e con un superbo uso del CinemaScope da parte di Leo Tower), il film però non riesce a staccarsi da una corretta, ma scontata, routine.

Importante è amare, L' **½ (*L'Important c'est d'aimer*, Francia 1974, col, 115') Andrzej Zulawski. Con Fabio Testi, Romy Schneider, Jacques Dutron, Klaus Kinski, Claude Dauphin. ◆ Un fotografo (Testi) s'innamora di un'attrice sul viale del tramonto (Schneider) e per lei non esita a mettersi nei guai. Barocca e artificiale critica alla decadenza della società contemporanea, ma straziante descrizione di un amore impossibile e melodrammatico, raccontato con autentica partecipazione. L'unico film di Zulawski sopportabile, dove il suo «bisogno» di descrivere questo mondo come un abisso di perversioni (qui c'è l'attrice costretta a fare foto oscene) è riscattato da un'ottima prova di tutti gli attori, specie Schneider e Testi.

Importanza di chiamarsi Ernesto, L' *** (*The Importance of Being Earnest*, Gb 1952, col, 95') Anthony Asquith. Con Michael Redgrave, Michael Denison, Dorothy Tutin, Joan Greenwood, Richard Wattis, Edith Evans, Margaret Rutherford. ◆ Jack e Algernoon (Redgrave e Denison) si presentano con il falso nome di Ernesto a due ragazze, rispettivamente alla figlioccia del primo e alla cugina del secondo. Le giovani credono così di amare lo stesso uomo. Equivoci e scambi di persona a non finire, e clamorosa agnizione finale. Deliziosa commedia di Oscar Wilde ambientata nell'Inghilterra vittoriana, resa con perizia dalla raffinata regia di Asquith: «La cura formale, la perfezione sorprendente del montaggio, il tipo di genio barocco dello scenografo e un virtuosismo d'interpretazione assai raro, ne fanno un piccolo gioiello».

Importanza di essere Joe, L' → *Prick Up – L'importanza di essere Joe*

Impossibilità di essere normale, L' ** (*Getting Straight*, Usa 1970, col, 124') Richard Rush. Con Elliott Gould, Candice Bergen, Jeff Corey, Max Julien, Cecil Kellaway, Harrison Ford. ◆ Uno studente (Gould) è indeciso tra impegnarsi seriamente nella sua carriera universitaria o farsi coinvolgere dalle rivendicazioni studentesche: la sua ragazza (Bergen) non ha dubbi su quale deve essere il suo posto, ma a un esame su Fitzgerald (di cui grida ai quattro venti l'omosessualità), capisce di dover stare dalla parte degli studenti. Una commedia che ai tempi fece un certo scalpore sceneggiata da Robert Kaufman a partire da un romanzo di Ken Kolb, ma che oggi ha perso mordente perché troppo contestualizzata agli anni in cui fu girata. Notevole comunque la statura di Gould, che sorregge il film da solo.

Impostore, L' ** (*Liar*, Usa 1997, col, 95') Jonas e Josh Pate. Con Tim Roth, Chris Penn, Michael Rooker, Renée Zellweger, Rosanna Arquette, Ellen Burstyn, Don Winston, Michael Parks, Mark Damon. ◆ I due agenti Braxton (Penn) e Kennesaw (Rooker) sono sicuri che il nevrotico e drogato, oltre che ricco, John Walter Wayland (Roth) abbia ucciso e fatto a pezzi una prostituta (Zellweger); ma l'indiziato è tanto sicuro di sé da sfidarli a usare la macchina della verità: chi vincerà? Uno psico-noir da camera fosco e teso, avvitato su se stesso ma intrigante e ambiguo fino all'ultima scena. I gemelli Pate (autori anche della sceneggiatura) usano tutti i trucchi consentiti ma sanno anche sfruttare al meglio la forza degli attori: Tim Roth riesce a evitare il manierismo, e Chris Penn è magistrale nel tenergli testa con la testardaggine di un uomo normalmente tonto.

Imprendibile signor 880, L' **½ (*Mister 880*, Usa 1950, b/n, 90') Edmund Goulding. Con Edmund Gwenn, Burt Lancaster, Dorothy McGuire, Millard Mitchell. ◆ Un eccentrico falsario (Gwenn) viene scoperto dopo anni di attività da un ispettore federale (Lancaster), ma è condannato a una lieve pena perché il vecchietto fabbricava solo una cinquantina di dollari al mese (tutti in biglietti da uno), per far quadrare il suo magro bilancio o per aiutare i bisognosi. Delicata e agrodolce commedia sceneggiata da Robert Riskin a partire da un'inchiesta di St. Clair McKelway apparsa sul *New Yorker*: nella realtà, lo spacciatore (la cui pratica, negli archivi del Tesoro, porta il numero 880) aveva sbagliato persino l'ortografia di Washington.

Imprevisto, L' **½ (Italia/Francia 1961, b/n, 107') Alberto Lattuada. Con Tomas Milian, Anouk Aimée, Jeanne Valerie, Raymond Pellegrin, Antonella Erspamer, Jacques Morel, Guy Trejean. ◆ Un professore di lingue (Milian) rapisce, con la complicità di una sua allieva senza scrupoli (Valerie), il neonato di un industriale, spacciandolo per il figlio della moglie (Aimée) che aveva obbligata a simulare una gravidanza. Ma la donna che non può avere figli si affeziona al bambino e così mette in crisi un piano studiato nei minimi particolari. Portando sullo schermo una commedia di Edoardo Anton (adattata dall'autore insieme a Claude Brulé, Noël Calef, Aldo Buzzi ed Ennio De Concini), Lattuada costruisce un perfetto meccanismo criminale per rappresentare, nello scontro tra l'uomo e la donna, uno dei suoi temi forti: il conflitto tra la lucida razionalità maschile, nutrita di ambizione e avidità, e l'istinto femminile, insicuro ma positivo. E la scansione del racconto, «ritmata sui tempi cronometrici con cui è regolata la logica di causa-effetto di tutta la vicenda» viene come ingigantita dalla descrizione della cittadina francese in cui è ambientata la storia, grigia e vuota come è freddo e distaccato l'occhio della macchina da presa.

Improvvisamente l'estate scorsa *** (*Suddenly, Last Summer*, Usa 1959, b/n, 114') Joseph L. Mankiewicz. Con Katharine Hepburn, Elizabeth Taylor, Montgomery Clift, Mercedes McCambridge, Albert Dekker, Gary Raymond. ◆ Violet Venable (Hepburn), una ricca vedova che ha perso il figlio Sebastian in circostanze misteriose, vuole donare un milione di dollari all'ospedale psichiatrico diretto dal dottor Cukrowicz (Clift), a condizione che faccia lobotomizzare la nipote Catherine (Taylor), rimasta traumatizzata dalla morte di Sebastian di cui è stata l'unica testimone. Ma lo psichiatra salverà la ragazza, scoprendo cos'è realmente accaduto. L'omonimo atto unico di Tennessee Williams, sceneggiato dall'autore con Gore Vidal, è lo spunto perfetto per «superare la drammaturgia eminentemente realista dei suoi film precedenti e sfociare nella magniloquenza poetica di una visione allucinatoria del mondo»: se i personaggi tipici di Mankiewicz si distruggono e si divorano metaforicamente, quelli di Williams lo fanno letteralmente (Sebastian viene ucciso e mangiato dai ragazzi che ha attirato per soddisfare la sua omosessualità). Ne esce così un melodramma morboso e decadente, tutto giocato sul contrasto tra le due donne e quasi tutto ambientato nel giardino esotico di Sebastian, che la macchina da presa riprende con lenti movimenti circolari, svelando a poco a poco la terrificante scenografia ideata da Oliver Messel. Oggi lo spettatore può sorridere di certe ingenuità psicoanalitiche, ma non può non restare affascinato dalla suggestiva e morbosa atmosfera.

Improvvisamente un uomo nella notte *½ (*Nightcomers*, Gb 1972, col, 96') Michael Winner. Con Marlon Brando, Stephanie Beachman, Thora Hird, Verna Harvey, Christopher Ellis. ◆ Un giardiniere (Brando) dalla forte e perversa personalità affascina due ragazzini orfani (Harvey e Ellis) e seduce la loro giovane insegnante (Beachman). Quando i bambini credono che qualcuno voglia allontanarli dai due adulti, con candida e diabolica astuzia eliminano i due amanti, convinti, come aveva insegnato loro il giardiniere, che «i morti rimangono dove sono» e quindi resteranno sempre con loro. Liberamente tratto dal racconto di Henry James *Giro di vite* e sceneggiato da Michael Hastings, il film si presenta come una specie di antefatto del racconto (rappresentando cos'è successo prima dell'arrivo della nuova istitutrice nella casa di campagna) filmato con i toni del piccolo horror realistico che gioca sull'angelica perversità dell'infanzia. Ma né Brando né la regia riescono a dare autentica forza all'ambiguità di cui avrebbe avuto bisogno la storia. Lo stesso soggetto era stato portato (meglio) sullo schermo nel 1961 (*Suspense*).

Improvviso ** (Italia 1979, col, 95') Edith Bruck. Con Andréa Ferréol, Valeria Moriconi, Giacomo Rosselli, Biagio Pelligra, Delia Boccardo. ◆ Il giovane Michele (Rosselli) sente la mancanza del padre e vive un rapporto conflittuale con la giovane madre (Ferréol) e una zia (Moriconi) e per questo si rifugia nello studio del violoncello: un giorno, improvvisamente, durante un viaggio verso Roma, si trasformerà in omicida. Tratto dal proprio romanzo *Transit*, il film (anche sceneggiato dalla regista, qui al suo debutto nella fiction) è un tentativo di analizzare i motivi che scatenano un atto di ingiustificata violenza in un adolescente: curato nella recitazione, ma esile nella messa in scena.

Impulse * (*Impulse*, Usa 1984, col, 91') Graham Baker. Con Tim Matheson, Meg Tilly, Hume Cronyn, John Karlen. ◆ La perdita in un oleodotto ha contaminato l'acqua di un paesino della provincia americana, spingendo i suoi abitanti a compiere atti di follia (sparare ai figli, orinare sulle macchine). Sembra salvarsi solo una giovane (Tilly) arrivata da New York con il fidanzato (Matheson). Pochi mezzi, molta confusione, troppa fragilità registica e una recitazione approssimata per un film fantaecologico di maniera.

Imputato, alzatevi **½ (Italia 1939, b/n, 82') Mario Mattoli. Con Erminio Macario, Lelia Guarni, Ernesto Almirante, Greta Gonda, Enzo Biliotti. ◆ L'infermiere Cipriano (Macario) si finge un dongiovanni per conquistare la collega Giorgetta (Guarni), ma questa (falsa) fama lo fa finire in tribunale accusato d'omicidio. Il processo, però, diventa uno spettacolo e Cipriano, assolto, viene scritturato per una rivista. Il film che consacrò il successo cinematografico di Macario: una sequenza serratissima di gag (scritte da un vero esercito di umoristi: Vittorio Metz, Carlo Manzoni, Giovanni Guareschi, Marcello Marchesi, Steno [Stefano Vanzina], Ruggero Maccari, Fellini non accreditato e altri ancora) e un divertente gioco di rimando tra realtà e finzione, vita e spettacolo, reso con grande lucidità e verve. Memorabile la prova di Ernesto Almirante nei panni del presidente del tribunale.

Imputato deve morire, L' ** (*Trial*, Usa 1955, b/n, 105') Mark Robson. Con Glenn Ford, Dorothy

McGuire, John Hodiak, Arthur Kennedy, Rafael Campos. ◆ Un giovane messicano di sedici anni (Campos) è accusato ingiustamente d'omicidio, ma l'organizzazione politica che sta alle spalle del ragazzo è disposta a farlo condannare per trasformarlo in un martire sociale. Solo il suo avvocato (Ford) non si dà per vinto e fa di tutto per salvarlo. Da un racconto di Don Mankiewicz adattato per lo schermo dall'autore: interessante saggio di thriller politico in piena guerra fredda, dove però l'antirazzismo di maniera si mescola a uno smaccato anticomunismo. Il film è conosciuto anche col titolo *Il processo*.

Imputazione di omicidio per uno studente *½ (Italia 1972, col, 105') Mauro Bolognini. Con Massimo Ranieri, Turi Ferro, Martin Balsam, Mariano Rigillo, Salvo Randone, Valentina Cortese. ◆ Uno studente (Ranieri) che durante una manifestazione ha ucciso un ragazzo, si confessa al padre giudice: il genitore si dimette dalla sua carica, ma non denuncerà il figlio. Semplicistica rappresentazione in chiave psicologico-politica dei conflitti degli anni Settanta.

Imputazione: omicidio *½ (*The Man in the Net*, Usa 1959, b/n, 97') Michael Curtiz. Con Alan Ladd, Carolyn Jones, Diane Brewster, Charles McGraw, John Lupton, Tom Helmore. ◆ Un pittore (Ladd) viene accusato della morte della moglie, alcolizzata e nevrotica: prima di venir arrestato, fugge e trova l'assassino. Un giallo senza molto mordente, sceneggiato da Reginald Rose (da un racconto di Patrick Quentin) e diretto da un Curtiz ormai stanco, che descrive un po' meccanicamente gli imbrogli nei quali (come dice il titolo originale, *L'uomo nella rete*) si dibatte il protagonista, rischiando di venir travolto ingiustamente. Curioso solo il fatto che Ladd sia aiutato nella sua investigazione da un gruppo di ragazzini, disposti a schierarsi contro i loro genitori pur di aiutare l'amico pittore.

Inafferrabile, L' ** (*Spione*, Germania 1928, b/n, 140') Fritz Lang. Con Rudolph Klein-Rogge, Gerda Maurus, Willy Fritsch, Lupu Pick, Fritz Rasp. ◆ Il falso paralitico Haghi (Klein-Rogge), che è a capo di un'organizzazione spionistica specializzata nel trafugare documenti segreti, dà a Sonia (Maurus), una giovane russa che tiene succube, l'incarico di sedurre il suo peggior nemico, l'agente 326 (Fritsch). Questi sopravvive a un incidente sull'Orient Express causato da Haghi, smantella la sua organizzazione, e scopre il malvagio nel suo ultimo travestimento: quello da clown. Dopo *Il dottor Mabuse* Lang, sempre affiancato in sede di sceneggiatura dalla compagna Thea von Harbu, torna al mondo del feuilleton, puntando più sulla velocità narrativa che sui personaggi: Haghi risulta infatti una versione scolorita di Mabuse, e non riesce a diventare una metafora del male che incombe sull'Europa. Una sequenza magistrale resta comunque il finale, con Haghi travestito da clown che capisce di essere circondato e si suicida: e il pubblico applaude credendo si tratti di una gag. Hitchcock se ne dovette ricordare per film come *Il club dei 39*.

Inafferrabile 12, L' **½ (Italia 1950, b/n, 91') Mario Mattoli. Con Walter Chiari, Silvana Pampanini, Carlo Campanini, Isa Barzizza, Yvonne Sanson, Aroldo Tieri, Carlo Croccolo, Laura Gore, Giacomo Furia, Luigi Pavese, Giulio Marchetti, Marilyn Buferd, Enzo Biliotti, Cesare Fantoni, Marco Tulli e i giocatori della Juventus. ◆ Due fratelli gemelli (Chiari) sono cresciuti senza mai incontrarsi: uno fa il portiere nella Juventus, l'altro è un ingenuo sprovveduto che lavora in un banco del Lotto: quando si incontrano gli equivoci si sprecano (il secondo giocherà anche una partita al posto del primo) fino all'inevitabile happy end. Divertente parodia del melodramma popolare sceneggiato da Steno [Stefano Vanzina] e Monicelli, con la Sanson che prende in giro se stessa in uno dei suoi rari ruoli brillanti. Chiari in ottima forma, ben spalleggiato da Campanini. Dietro la sigla produttiva I.C.S., Industrie cinematografiche sociali, ci sono i soldi delle famiglia Agnelli, l'unica volta in cui sono entrati nella produzione di un film.

Inafferrabile Primula Rossa, L' **½ (*The Elusive Pimpernel*, Gb 1950, col, 109') Michael Powell, Emeric Pressburger. Con David Niven, Margareth Leighton, Cyril Cusack, Jack Hawkins, Arlette Marchal. ◆ Un gaudente e perdigiorno dandy inglese, sir Percy Blakeney (Niven), è in realtà il salvatore di molti nobili francesi condannati dal tribunale del Terrore: il cittadino Chauvelin (Cusack) per smascherarlo imprigiona sua moglie (Leighton), ma l'astuzia della «Primula Rossa» l'avrà vinta ancora una volta. Tratto dal popolare romanzo della baronessa Orczy (a cui si era già ispirato, tra gli altri, Harold Young con *La Primula Rossa*), il film non solo racconta con un ritmo brioso e accattivante una bella storia di cappa e spada, ma è anche «un omaggio alla solitaria eccentricità britannica, alle bizzarrie di un carattere che probabilmente trova nell'idealismo dei dilettanti la sua massima potenzialità espressiva». Belle arditezze stilistiche nella scena della mosca cieca, dove la macchina da presa diventa uno dei giocatori.

Inafferrabile signor Jordan, L' *** (*Here Comes Mr. Jordan*, Usa 1941, b/n, 93') Alexander Hall. Con Robert Montgomery, Evelyn Keyes, Claude Rains, James Gleason, Edward Everett Horton, Rita Johnson. ◆ Un angelo frettoloso (Rains) preleva l'anima dal corpo di un pugile (Montgomery) prima che sia giunta la sua ora. Così, in Paradiso, si decide di rispedire l'interessato sulla Terra, reincarnandolo prima in un milionario che la moglie vuole assassinare e poi in un altro boxeur. Deliziosa commedia fantastica che, grazie a una calibratissima sceneggiatura di Sidney Buchman e Seton I. Miller, evita brillantemente tutte le trappole di una storia divertente ma complicata dal punto di vista della logica narrativa. Merito anche degli attori, da Robert Montgomery (che collaborò alla messa a punto della sceneggiatura) alla deliziosa caratterizzazione del manager fatta da James Gleason. Piccolissima apparizione di un giovane Lloyd Bridges. Sette nomination e due Oscar: miglior soggetto (Harry Segall) e sceneggiatura. Conosciuto anche col titolo *Mille cadaveri per Mr. Jordan*. Remake nel 1978 col titolo *Il Paradiso può attendere*.

Inaffidabili, Gli *½ (Italia 1997, col, 110') Jerry Calà. Con Jerry Calà, Serena Grandi, Anna Kanakis, Ludovica Modugno, Andrea Roncato, Gigi Sabani, Ugo

Conti, Armando De Razza, Mauro Di Francesco, Franco Oppini, Ninì Salerno, Umberto Smaila, Leo Gullotta, Gegia [Francesca Antonaci], Alessia Merz, Novello Novelli, Giorgio Porcaro, Nino Roversi. ◆ Approfittando dell'assenza della moglie (Modugno), Renato (Calà) organizza una rimpatriata tra amici: l'improvviso rientro della consorte e del suocero (Novelli) rischia di mandare a monte la festa, ma fa trovare a Renato l'ultimo sussulto di orgoglio. Calà (autore anche della sceneggiatura con Gino Capone) insiste con la regia ispirandosi a *Compagni di scuola*, se non proprio a *Il grande freddo*. Il risultato è più che deludente, con una passerella di volti noti che ripropongono il proprio ruolo televisivo (Sabani è un presentatore dalle avventure troppo facili che teme di aver contratto l'Aids) o la più volgare delle comicità (Smaila è l'avvocato fascista che crede il figlio omosessuale, Salerno il vedovo inconsolabile che finisce a letto con la prostituta di turno, Roncato il padre in fregola preoccupato che la figlia non scopra la giovanissima età dell'amante). È la prima volta dopo quindici anni che i quattro Gatti di Vicolo Miracoli (Calà, Oppini, Smaila e Salerno) tornano insieme.

In amore e in guerra ** (*In Love and War*, Usa 1958, col, 107') Philip Dunne. Con Robert Wagner, Bradford Dillman, Dana Wynter, Jeffrey Hunter, Hope Lange, Sheree North, France Nuyen, Mort Sahl. ◆ L'ultima licenza a San Francisco e poi la guerra nel Pacifico contro i giapponesi di tre marine: un sergente (Hunter) che ha lasciato a casa la moglie incinta (Lange), un ricco intellettuale (Dillman) diviso tra una fidanzata nevrotica (Wynter) e un'infermiera affettuosa (Nuyen) e un «fifone» (Wagner) che saprà riscattarsi. Dramma bellico sceneggiato da Edward Anhalt e costruito sulla falsariga di *Tre soldi nella fontana*, decisamente datato nel suo mix di battaglie e mélo, spunti pacifisti e prevedibile eroismo, critica sociale (francamente irritanti le feste organizzate dalla fidanzata ricca e nevrotica) e patetismo familiare (la famiglia infelice di Wagner). Le scene di battaglia utilizzano autentico materiale documentario.

In amore si cambia *½ (*A Change of Seasons*, Usa 1980, col, 102') Richard Lang. Con Shirley MacLaine, Anthony Hopkins, Bo Derek, Michael Brandon, Mary Beth Hurt, Ed Winter. ◆ Un professore (Hopkins) ha una relazione con una studentessa (Derek), e la moglie (MacLaine), per vendicarsi, seduce un giovanottone (Brandon) e organizza un weekend a quattro nel Vermont: ma la (faticosa) situazione si complica ulteriormente. Commedia pallida e scontata, con un finale di facile (e falso) femminismo. Cosceneggiatura di Erich Segal.

In & Out **½ (*In & Out*, Usa 1997, col, 90') Frank Oz. Con Kevin Kline, Matt Dillon, Joan Cusack, Tom Selleck, Debbie Reynolds, Wilford Brimley, Bob Newhart, Shalom Harlow, Dan Hedaya. ◆ Cosa farà Howard Brackett (Kline), tranquillo prof di provincia a pochi giorni dal matrimonio, dopo che un suo ex allievo (Dillon), ora star del cinema, l'ha ringraziato e definito «gay» in mondovisione alla notte degli Oscar? Evidenti complicazioni sentimentali ma anche crisi d'identità. Il primo film gay per tutta la famiglia, trionfo del *politically correct* buonista, ma anche commedia militante che vuole intaccare le certezze eterosessuali: versione perversa di Frank Capra e insieme rassicurazione per le mamme. Scritto furbamente da Paul Rudnick, con troppa retorica nel finale e alcune scene che sono già da antologia: gli elogi «omo» per Barbra Streisand, oppure Howard che ascolta una cassetta per diventare un vero uomo ma poi non resiste e si scatena ballando *I Will Survive* di Diana Ross. Scandalo fasullo montato ad arte per il bacio tra Howard e il giornalista gay (Selleck) che lo convince a uscire allo scoperto. Il titolo è la forma abbreviata di «In and out of the closet», modo di dire per indicare l'omosessualità dichiarata o tenuta nascosta. Cammeo di Whoopi Goldberg e Glenn Close nella scena degli Oscar.

Inarrivabile felicità, L' **½ (*You'll Never Get Rich*, Usa 1941, b/n, 88') Sidney Lanfield. Con Fred Astaire, Rita Hayworth, John Hubbard, Robert Benchley, Osa Massen. ◆ Un ballerino di varietà (Astaire) si arruola per sfuggire a una ballerina (Hayworth) e al suo ossessivo produttore (Benchley), ma quando deve organizzare uno spettacolo per le truppe la richiama e scopre anche di amarla. L'esilissima trama sembra fatta apposta per lasciare spazio ai numeri di Astaire (come il tip-tap in cella, tra scatenati commilitoni di colore) mentre la gaia sensualità della Hayworth bilancia perfettamente l'ascetismo di Astaire. Musiche di Cole Porter (eccellente *So Nean and Yet So Far*) e coreografie di Robert Alton. La Hayworth è doppiata per le canzoni da Nan Wynn.

In camera mia * (Italia 1992, col, 97') Luciano Martino. Con Gianfranco Manfredi, Nastassja Kinski, Ricky Tognazzi, Simona Izzo, Francesca D'Aloja, Mario Scaccia, Milena Vukotic, Martine Brochard, Carlo Croccolo. ◆ Piantato dalla moglie (Izzo), uno sceneggiatore frustrato (Manfredi) trova la ragazza dei suoi sogni (Kinski) e molla tutto. La Kinski sembra capitata per caso in una commediola insulsa con ben poche carte da giocare.

In barca a vela contromano ** (Italia 1997, col, 99') Stefano Reali. Con Valerio Mastandrea, Antonio Catania, Emanuela Rossi, Davide Bechini, Maurizio Mattioli, Enrico Brignano, Pierfrancesco Favino, Manrico Gammarotta, Raffaele Vannoli. ◆ Massimo (Mastandrea) si fa ricoverare in ortopedia per smascherare le truffe che un degente (Catania), con la complicità di un'infermiere (Mattioli) e una caposala (Rossi), organizzerebbe alle spalle della sanità pubblica: ma dopo qualche giorno di ospedale non è più tanto sicuro di sapere dove stia la verità. Stefano Reali adatta, insieme a Ennio Coltorti e Diego Abatantuono, la sua commedia *Operazione*, lasciando (fortunatamente) in sottofondo le polemiche sulla malasanità e privilegiando il confronto tra Mastandrea e Catania, per una volta liberi dai loro soliti cliché. Una commedia veloce e ritmata, con qualche osservazione non banale sull'amicizia.

In campagna è caduta una stella *½ (Italia 1940, b/n, 86') Eduardo De Filippo. Con Eduardo De Filippo, Rosina Lawrence, Peppino De Filippo, Oretta Fiume, Dolores Palumbo. ◆ Una capricciosa stellina americana (Lawrence), giunta in Italia per sposare un nobile che non ha mai visto, finisce nella casa di due fratelli agricoltori (Eduardo e Peppino) che naturalmente si innamorano della straniera, mettendo in crisi le rispettive fidanzate. Esordio nella regia cinematografica (e nella produzione) di Eduardo a partire dalla commedia di Peppino *A Coperchia è caduta una stella*: sceneggiato dai due fratelli con Riccardo Freda, il film subì notevoli traversie per l'improvviso scoppio della guerra (compresa la fuga in America della protagonista, già compagna di lavoro di Laurel e Hardy) e non basta la verve recitativa dei due De Filippo per salvarlo.

In campeggio a Beverly Hills * (*Troop Beverly Hills*, Usa 1989, col, 102') Jeff Kanew. Con Shelley Long, Craig T. Nelson, Betty Thomas, Mary Gross, Stephanie Beacham. ◆ Una ricca signora (Long), per dimostrare al marito che vuol divorziare di non essere inutile, porta alla vittoria la squadra delle ragazze-scout, delle quali fa parte la figlia, e sconfigge una gelosa rivale. Banale e superficiale, un film irritante sui buoni (e inutili) sentimenti dei ricchi annoiati.

Incantesimo ***½ (*Holiday*, Usa 1938, b/n, 93') George Cukor. Con Cary Grant, Katharine Hepburn, Doris Nolan, Lew Ayres, Edward Everett Horton. ◆ Per superficialità, la figlia di un banchiere (Nolan) manda a monte il matrimonio con un giovane brillante ma spiantato, Johnny Case (Grant): ci penserà la sorella Linda (Hepburn), più sensibile e anticonformista, a consolarlo. Tratto dal lavoro teatrale di Philip Barry (già interpretato in palcoscenico dalla Hepburn e portato sullo schermo nel 1930 da Edward H. Griffith con Mary Astor e Ann Harding: *Holiday*, inedito in Italia), è uno dei capolavori della commedia brillante, perfettamente sceneggiato da Donald Egden Stewart (più che da Sidney Buchman, che firmò il lavoro solo per politiche di studio): spostando l'ambientazione dagli anni Venti ai Trenta, il film riesce anche a raccontare con ironia l'immagine che la società aveva dei ricchi oziosi, ma è il dialogo spumeggiante e la perfetta regia di Cukor (a suo agio anche quando deve dirigere scene affollate di attori) che fanno la vera forza di *Incantesimo*. Horton aveva interpretato il ruolo di Nick Potter anche nel film di Griffith.

Incantesimo ** (*The Eddy Duchin Story*, Usa 1956, col, 123') George Sidney. Con Tyrone Power, Kim Novak, Victoria Shaw, James Whitmore. ◆ Un famoso pianista (Power) perde la moglie per parto e come reazione rifiuta il figlio che gli è nato: i due si incontrano solo dopo anni ma sapranno recuperare affetto e stima. Toccante biografia sceneggiata da Samuel Taylor del pianista degli anni Trenta Eddy Duchin morto di leucemia: Power (a cui presta le mani sulla tastiera Carmen Cavallaro) offrì un'eccellente interpretazione, sottolineando le sfumature psicologiche di un uomo provato dal dolore e travagliato negli affetti, ma il film non sa evitare lungaggini e cadute di tono. Si dice che la Novak, incapace di piangere a comando, si fosse scritta un poema tristissimo che leggeva prima di ogni ciak per facilitarsi le lacrime. Celeberrimo il tema musicale.

Incantesimo nei mari del Sud ** (*The Blue Lagoon*, Gb 1948, col, 103') Frank Launder. Con Jean Simmons, Donald Houston, Susan Stranks, Peter Jones, Noel Purcell, James Hayter, Cyril Cusack, Nora Nicholson, Maurice Denham. ◆ Sopravvissuti a un naufragio con l'aiuto di un marinaio (Purcell) che poi morirà, i piccoli Emmeline e Michael (Stranks e Jones) crescono su un'isola deserta come fossero in un paradiso terrestre: diventati adolescenti (Simmons e Houston), scopriranno l'amore e il sesso, faranno anche un figlio e poi cercheranno di tornare alla civiltà. Tratto dal romanzo utopistico di Henry de Vere Stackpoole *Laguna blu* (sceneggiato dal regista con John Baines e Michael Hogan), il film è un appassionato (e pudico) elogio della vita secondo natura, raccontato con uno stile abbastanza fumettistico ma non privo di una certa partecipata tenerezza. Rifatto nel 1980 (*Laguna blu*).

Incantevole aprile, Un *½ (*Enchanted April*, Gb 1991, col, 99') Mike Newell. Con Josie Lawrence, Miranda Richardson, Alfred Molina, Jim Broadbent, Joan Plowright, Polly Walker, Michael Kitchen, Stephen Beckett, Davide Manuli. ◆ Negli anni Venti, quattro donne inglesi – due piccolo-borghesi (Lawrence e Richardson) frustrate dai rispettivi mariti, una svogliata giovane nobile (Walker) e una spigolosa vecchia signora (Plowright) – decidono di passare un mese di vacanza in Italia, a Portofino. Al sole del Mediterraneo ritroveranno loro stesse e le due mogli riconquisteranno anche l'affetto dei mariti. Tratto da un romanzo autobiografico di Elizabeth von Armin, è un film prodotto dalla Bbc che spegne ben presto le scintille protofemministe dell'inizio in un finale falsamente consolatorio, dove incomprensioni e tradimenti maschili non possono che essere perdonati. Resta solo la tradizionale (ma un po' noiosa) qualità formale inglese.

Incantevole nemica, L' ** (Italia/Francia 1953, b/n, 89') Claudio Gora. Con Silvana Pampanini, Robert Lamoureux, Carlo Campanini, Ugo Tognazzi, Pina Renzi, Gianni Agus, Buster Keaton, Ben Turpin, Gino Rossi. ◆ Per tenersi buono un suo impiegato (Lamoureux) creduto un capo comunista, un industriale (Campanini) arriva a fargli sposare la figlia (Pampanini). Quando il giovane si rende conto della situazione obbliga il «capitalista» a migliorare le condizioni lavorative degli operai. Lieve e arguta satira sociale sceneggiata dal regista, Edoardo Anton, Jean-Luc Bernard, Age [Agenore Incrocci] e Scarpelli da un'idea di Metz e Marchesi, con una pantomima (muta) del delizioso Keaton e un'esibizione in bikini della Pampanini mentre si esibisce in un ballo brasiliano.

In capo al mondo → *Chi lavora è perduto*

Incarico, L' *½ (*The Assignment*, Canada/Usa 1997, col, 115') Christian Duguay. Con Aidan Quinn, Donald Sutherland, Ben Kingsley, Claudia Ferri, Céline Bonnier, Vlasta Vrana, Liliana Komorowska. ◆ Il capitano di marina americano Ramirez (Quinn) è il sosia del superterrorista Carlos, e viene istruito dalla Cia per sostituirlo in tutto, ingannando sia il Kgb sia le sue amanti. Bignami del doppio cinematografico a ridosso di *Face/Off*, girato con macchina da presa ipervitaminica e trucidume da serie B. Con ovvie confusioni tra bene e male, crisi di identità e nostalgia del mondo diviso in due. Scritto da Dan Gordon e Sabi H. Shabtai.

In caso d'innocenza ** (*Die Letzten werden die Ersten sein*, Rft 1957, b/n, 92') Rudolf Hansen. Con Ulla Jacobson, Maximilian Schell, O.E. Hasse ◆ Per difendere la donna che ama (Jacobson), Lorentz Darrant (Schell) uccide colui che la ricattava: il fratello avvocato (Hasse) convince i due a nascondere tutto, anche perché è stato catturato un innocente che può venir condannato al loro posto; e il rimorso che non dà tregua ai fidanzati non sfiora nemmeno l'avvocato. Nuovo adattamento del racconto di John Galsworthy *Il primo e l'ultimo*, sceneggiato da Jochen Huth: se questa versione è più rispettosa dell'originale rispetto a quella di Basil Dean (*Fatalità*, 1939), che edulcorava un finale ben altrimenti tragico, in compenso la regia amplifica l'enfasi melodrammatica, accentuando la componente gialla a scapito di quella morale.

Incatenata ** (*Chained*, Usa 1934, b/n, 76') Clarence Brown. Con Joan Crawford, Clark Gable, Otto Kruger, Stuart Erwin, Akim Tamiroff. ◆ Una donna giovane e bella (Crawford) accetta di sposare il vecchio e ricco amante (Kruger) pur amando un altro uomo (Gable), ma il marito, resosi conto della situazione e dell'impossibilità di cambiarla, decide di divorziare. Una storia di sofferenze e passioni represse (almeno fino a un certo punto, visualizzate nel film dal passaggio dallo cherry al daiquiri) che la Crawford interpreta con grande intensità e Clarence Brown dirige con raffinatezza.

Incatenata *½ (*The Chase*, Usa 1946, b/n, 86') Arthur Ripley. Con Robert Cummings, Michèle Morgan, Steve Cochran, Peter Lorre, Jack Holt. ◆ A Cuba, un ex soldato (Cummings) si mette al servizio, senza conoscerne la reale identità, di un gangster (Cochran): scoprirà la verità quando la moglie del malvivente (Morgan) gli chiede di aiutarla a fuggire. Dal romanzo *L'incubo nero* di Cornell Woolrich sceneggiato da Philip Yordan, è una gangster story priva di vera suspense e di colpi di scena, ma con un cast stranamente assortito e un'atmosfera non spregevole.

Incatenato all'inferno *½ (*The Man Who Broke 1,000 Chains*, Usa 1987, col, 113') Daniel Mann. Con Val Kilmer, Sonia Braga, Charles Durning, James Keach, Elisha Cook jr. ◆ Un reduce della prima guerra mondiale (Kilmer) viene condannato ai lavori forzati a causa di una rapina. Riesce a evadere e a trovare un lavoro, ma la sua identità viene scoperta dalla padrona di casa. Ispirato alla vita di Robert Elliot Burns, le cui disavventure erano già state raccontate nel 1932 in *Io sono un evaso*, è un prodotto originariamente concepito per la televisione, edito in Italia solo in videocassetta. Invedibile per chi ha presente la versione con Paul Muni, accettabile per gli altri.

Incendio di Chicago, L' *** (*In Old Chicago*, Usa 1938, b/n, 95') Henry King. Con Tyrone Power, Alice Faye, Don Ameche, Alice Brady, Andy Devine, Brian Donlevy, Phyllis Brooks, Tom Brown, Berton Churchill. ◆ Nella Chicago del 1871, i due fratelli O'Leary seguono strade opposte: l'avventuriero Dion (Power) apre un saloon per amore della cantante Belle Fawcett (Faye), mentre l'avvocato Jack (Ameche) si candida alla carica di sindaco. Verrà eletto, anche grazie ai soldi e all'aiuto non sempre corretto di Dion (che si guarda bene dal farglielo sapere), ma troverà la morte prodigandosi eroicamente durante il grande incendio della città che è scoppiato proprio nella stalla della loro madre (Brady). E dalle rovine nascerà una nuova città e probabilmente anche un nuovo Dion. Una superproduzione spettacolare che è anche un grande film d'autore, sceneggiata da Lamar Trotti e Sonya Levin da un soggetto di Niven Busch: King racconta una saga familiare che s'intreccia col destino di un'intera città facendo leva su un rigore e una secchezza di stile che gli evitano qualsiasi caduta nel sentimentalismo e nel trionfalismo. Gli O'Leary, e in particolare Dion con la sua sfrenata ambizione di potere senza morale, sono i rappresentanti di un microcosmo urbano già in rovina mentre è ancora in formazione e che rispecchia, secondo King, l'America intera: questo è il senso profondo di un'opera tra le più costose del decennio e tra le più significative del genere catastrofico che si andava affermando in quegli anni (*San Francisco*, *Uragano*) e che ancor oggi colpisce per le sequenze finali dell'incendio (girate da Bruce Humberstone, a cui si devono parzialmente anche gli altri effetti speciali del film). Oscar a Alice Brady come miglior attrice non protagonista. In origine durava 115'.

Incendio di Mosca, L' → *Natascia – L'incendio di Mosca*

Incendio visto da lontano, Un *** (*Et la lumière fut*, Francia/Rft/Italia 1989, col, 106') Otar Ioseliani. Con Sigalon Sagna, Saly Badji, Binta Cisse, Marie-Christine Diemme, Souleimane Sagna. ◆ In un piccolo villaggio africano la vita scorre serena tra piccole magie, amori che nascono e muoiono e il lento succedersi dei giorni. Ma segni sempre più invadenti della civiltà entrano a violentare questo microcosmo matriarcale (dove le donne vanno a caccia e gli uomini lavano i panni) fino a distruggerlo. Interpretato da africani Diola (che vivono al confine tra la Guinea Bissau e il Gambia), questo film è una tragedia in forma lieve, raccontata coi toni delicati e ironici tipici del regista georgiano, sulla distruzione operata sui suoi simili dall'uomo e dalla tecnologia. Mescolando immagini fantastiche ad altre quasi surreali (come le donne che attraversano il fiume sul dorso dei coccodrilli), Ioseliani riesce a trovare «uno straordinario equilibrio tra uno sguardo etnografico e una visione onirica, comunque fondata sui costumi e la mitologia africana». Ne esce così una specie di favola moderna e concretissima, amara e disincantata, che si può leggere come una parabola sulle origini del mondo ma anche come una riflessione sul rischio della sua fine. Ioseliani è una delle persone che contemplano l'incendio da lontano. Premio speciale della giuria a Venezia.

In cerca di Amy *½ (*Chasing Amy*, Usa 1996, col, 111') Kevin Smith. Con Ben Affleck, Joey Lauren

Adams, Jason Lee, Dwight Ewell, Kevin Smith. ◆ L'autore di fumetti Holden (Affleck) si innamora della bisex Alyssa (Adams) scatenando la gelosia di Banky (Lee), suo migliore amico e partner di lavoro. La soluzione sarà un rapporto a tre? Il regista-sceneggiatore di *Clerks* cerca di diventare adulto, tant'è che il personaggio-cammeo che compare in tutti i suoi film, Silent Bob, questa volta parla e fa pure la morale. Ma se le ambizioni sono quelle di parlare di vita di coppia, l'umorismo resta sempre basso (il pezzo forte è un dialogo sui rischi del sesso orale), e tutto è molto più convenzionale e prevedibile di quanto vorrebbe sembrare, con tormentoni del tipo: come fanno le lesbiche a fare l'amore? Gli omofobi sono omosessuali repressi? Come reagire se la fidanzata confessa di aver partecipato ad ammucchiate? Criptoconformista.

In cerca di Bobby Fischer → *Sotto scacco*

In cerca di Mr. Goodbar **½ (*Looking for Mr. Goodbar*, Usa 1977, col, 140') Richard Brooks. Con Diane Keaton, William Atherton, Richard Gere, Tuesday Weld, Tom Berenger, Richard Kiley. ◆ Theresa Dunn (Keaton), insegnante in una scuola per sordomuti, educata nel rigore cattolico della sua famiglia, è la prima vittima dei suoi insoddisfatti desideri sessuali: attratta da un complessato assistente sociale (Atherton), di notte frequenta i single-bar dove si lega a uomini cinici o violenti, come il manesco Tony Lapeto (Gere) o il contorto omosessuale Gary (Berenger). Tratto dal romanzo omonimo di Judith Rossner (ispirato ai reportage di Lucy Fosburgh apparsi sul *New York Times*) e sceneggiato dal regista, il film è la storia di una donna che finisce per essere bruciata dalla sua stessa voglia di vivere, raccontata però senza moralismi ma cercando di capire l'influenza dei vari elementi che ne condizionano il comportamento (il peso di un'educazione basata sui sensi di colpa, l'influenza della libertà sessuale conquistata negli anni Settanta, la voglia di indipendenza di una single per scelta). Ne esce un quadro desolante e pessimista dell'America, che William Fraker fotografa con livida sensualità e Diane Keaton interpreta con una sincerità ai limiti dell'autolesionismo.

Inchiesta, L' *½ (Italia 1986, col, 105') Damiano Damiani. Con Keith Carradine, Harvey Keitel, Phyllis Logan, Angelo Infanti, Lina Sastri. ◆ Tito Valerio Tauro (Carradine) viene mandato dall'imperatore Tiberio in Palestina alla ricerca del corpo di Cristo: qui incontra diverse persone che conobbero Gesù, ma Pilato (Keitel) riesce a «insabbiare» l'inchiesta. Tratto da un soggetto (*L'uomo di Nazareth*) che Ennio Flaiano scrisse nel 1971 insieme a Suso Cecchi d'Amico e sceneggiato dal regista con Vittorio Bonicelli, il film, in bilico tra laicismo e religiosità, vuole indagare il potere che non si ferma dinanzi a nessun ostacolo. Damiani, però, appesantisce troppo la storia con la sua voglia di attualizzare un delitto compiuto duemila anni fa e così rovina sia la ricostruzione storica che il discorso politico. Silvan ha collaborato ai trucchi della sequenza dei maghi.

Inchiesta dell'ispettore Morgan, L' **½ (*Blind Date*, Gb 1959, b/n, 96') Joseph Losey. Con Hardy Kruger, Stanley Baker, Micheline Presle, Robert Flemyng. ◆ Un pittore squattrinato (Kruger) è accusato dell'omicidio dell'amante, una ricca borghese (Presle), ma l'ispettore Morgan (Baker) saprà provare la sua innocenza. Utilizzando ancora una struttura narrativa classica sceneggiata da Ben Barzman e Millard Lampell (con un «eroe» di tipo hollywoodiano) Losey «piega impercettibilmente l'azione a un'osservazione sempre più minuziosa e calcolata delle condizioni in cui questa si sviluppa e dei suoi presupposti psicologici»: ricorrendo spesso all'uso dei flashback, il film descrive il Male che cresce tra le radici classiste dell'alta società (la donna si rivelerà la moglie di un importante uomo politico) e che verrà smascherato solo con un solitario gesto di ribellione da parte del commissario (tanto che fu preso come una denuncia della corruzione della polizia inglese). Con il coevo *Giungla di cemento*, è il film che permise a Losey di rilanciarsi con soggetti più personali e impegnativi, dopo l'ostracismo dovuto alla caccia alle streghe.

Inchiesta in prima pagina *½ (*The Story on Page One*, Usa 1959, b/n, 123') Clifford Odets. Con Rita Hayworth, Anthony Franciosa, Gig Young, Mildred Dunnock, Hugh Griffith, Sandford Meisner. ◆ Un giovane impiegato di Los Angeles (Young) e la sua amante Jo (Hayworth) sono accusati di aver ucciso il marito della donna: li difende l'avvocato Vic Santini (Franciosa) convinto della fatalità dell'accaduto e della non colpevolezza della coppia. Un mélo giudiziario che funziona quasi solo quando la Hayworth è davanti alla macchina da presa. L'elemento più debole è la sceneggiatura dello stesso regista, incerta e sfilacciata: paradossale, se si pensa che Odets era stato uno dei commediografi americani più significativi degli anni Trenta. Nemmeno la fotografia di James Wong Howe ha molto stile, e sia Franciosa che Young lasciano a desiderare nei rispettivi ruoli. È il secondo e ultimo film di Odets come regista (dopo *Il ribelle*, 1944).

Inchiesta pericolosa **½ (*The Detective*, Usa 1968, col, 114') Gordon Douglas. Con Frank Sinatra, Lee Remick, Ralph Meeker, Jacqueline Bisset, Tony Musante, Robert Duvall, Al Freeman, Horace McMahon. ◆ Indagando su un misterioso suicidio, l'ispettore Joe Leland (Sinatra) scopre la corruzione che si annida nella polizia di New York e si accorge, troppo tardi ormai, di aver mandato sulla sedia elettrica un omosessuale (Musante) ingiustamente accusato di omicidio. Dal bestseller di Roderick Thorp, un poliziesco sceneggiato con bella irruenza da Abby Mann, che permette a Douglas di dirigere uno dei suoi migliori film. Su tutti sovrasta, anche troppo a volte, Sinatra.

Inchiesta su un delitto della polizia *½ (*Les Assassins de l'ordre*, Francia 1971, col, 95') Marcel Carné. Con Jacques Brel, Catherine Rouvel, Paola Pitagora, Charles Denner, Michel Lonsdale, Roland Lesaffre. ◆ Giudice in una cittadina di provincia, Bernard Level (Brel) mette sotto processo chi ha interrogato un pregiudicato con tanta violenza da ucciderlo. Gli indiziati minacciano sia il giudice sia il testimone-chiave, una prostituta di nome Danielle (Rouvel), e in tribunale verranno assolti, ma l'opinione pubblica ha capito che giustizia non è ancora fatta. Ispirato a un fatto reale accaduto a Bordeaux negli anni Cinquanta ricostruito in un libro dal giornalista Jean Laborde (che l'aveva pubblicato con lo pseudonimo di Raf Vallet), il film dimostra ancora una volta, con risultati discutibili, il tentativo di autorinnovamento di Carné, autore anche della sceneggiatura insieme a Paul Andreota. Scivoloni didascalici troppo frequenti, qualche ingenuità e un protagonista elevato a integerrimo «campione della verità»: se è apprezzabile l'intenzione di denunciare il marciume del potere (per cui Carné ebbe problemi sia con la polizia che con la censura) così come la rinuncia all'happy end, l'esito è comunque piuttosto scontato, nonché ideologicamente confuso.

Incidente, L' ***½ (*The Accident*, Gb 1967, col, 105') Joseph Losey. Con Dirk Bogarde, Stanley Baker, Jacqueline Sassard, Michael York. ◆ L'arrivo di una studentessa austriaca a Oxford, Anna (Sassard), scatena la competitività sentimentale tra uno studente, William (York, qui al suo primo ruolo importante), un professore in crisi matrimoniale, Charley (Baker), e il suo collega Stephen (Bogarde), che arriverà a possedere la ragazza quando è ancora in stato di shock per l'incidente che ha avuto davanti a casa sua e nel quale è morto William. Sceneggiato con gelida perfezione da Harold Pinter e montato con una complicata ma affascinante struttura a incastro (che si apre e si chiude con la scena dell'incidente), il film analizza «i conflitti di rara protervia che si nascondono dietro il silenzio operoso di un microcosmo universitario, dietro i gesti e i riti più raffinati di una cultura», quella cioè che identifica valori e comportamenti della classe dirigente inglese e che riesce ad annegare dentro di sé ogni passione in nome di una compostezza formale che è anche un perverso esercizio di potere (come nella bellissima scena della partita di rugby da camera, dove la violenza fino ad allora repressa e contenuta esplode in una brutalità che non è solo fine a se stessa ma soprattutto disprezzo per gli altri). Il drammaturgo Harold Pinter compare brevemente nella parte di mister Bell.

Incidente a Oglala *** (*Incident at Oglala*, Usa 1991, col, 84') Michael Apted. ◆ Riserva di Pine Ridge, South Dakota, giugno 1975: due poliziotti dell'Fbi in borghese muoiono durante uno scontro a fuoco. Dell'omicidio vengono accusati con false prove tre membri dell'American Indian Movement. Due di loro sono assolti in tribunale, il terzo, Leonard Peltier, estradato dal Canada, si trova tuttora in prigione. Attraverso ampie interviste a tutte le parti coinvolte (imputati, testimoni, Fbi, avvocati, giudici, attivisti dell'Aim), Apted ricostruisce con puntualità e ritmo incalzante non solo il fatto di cronaca e le successive, ancora irrisolte, vicende giudiziarie, ma anche la complessità del contesto storico, politico e sociale in anni cruciali per la lotta dei nativi americani (l'estrema miseria della riserva, l'alta percentuale di violenza quotidiana, l'ascesa al governo tribale di fantocci della presidenza Nixon, il ritrovato orgoglio pellerossa grazie alle attività dell'Aim, l'occupazione di Wounded Knee da parte del Movimento e la conseguente dispersione della sua organizzazione). Un documentario di grandissimo interesse e di ammirevole fattura, che in Italia è uscito solo nella pay-tv e in videocassetta, fortunatamente in versione originale con sottotitoli (la voce narrante è di Robert Redford, anche produttore esecutivo). Colonna sonora di John Trudell (che compare tra gli intervistati) e Jackson Browne. Lo stesso materiale ha ispirato ad Apted un film di fiction, *Cuore di tuono*, e le due opere andrebbero viste insieme.

Incognito * (*Incognito*, Usa 1997, col, 105') John Badham. Con Jason Patric, Irène Jacob, Rod Steiger, Ian Richardson, Simon Chandler. ◆ Un falsario newyorkese (Patric, improbabile) dipinge un Rembrandt perfetto: poi si pente e finisce nei guai, accusato di omicidio. Un po' giallo-rosa stile *Il club dei 39* (con citazione delle manette), un po' *courtroom drama*, un po' di tette di Irène Jacob, ex musa di Kieślowski: Badham qui non sembra più neanche un regista professionale. Dilettanteschi tutti i riferimenti al mondo dell'arte. Scritto da Jordan Katz.

In compagnia dei lupi **½ (*The Company of Wolves*, Gb 1984, col, 108') Neil Jordan. Con Angela Lansbury, Sarah Patterson, David Werner, Tusse Silberg, Georgia Slowe, Dawn Archiebald, Terence Stamp. ◆ Rosaleen (Patterson), una ragazzina dalla fantasia sviluppatissima, sogna di vivere con la nonna (Lansbury) in un fiabesco paesino circondato dai lupi, senza peraltro capire quale sia il labile confine che divide gli uomini maschi dalle belve: novella Cappuccetto Rosso, si affaccia alla vita imparando a convivere con loro. Ispirato al romanzo *La camera di sangue* di Angela Carter (qui anche cosceneggiatrice insieme al regista), il film rilegge la dimensione orrorifica delle favole in chiave freudiana (basandosi soprattutto sui lavori di Bruno Bettelheim) e recupera la tradizione leggendaria della cultura britannica con sequenze di grande intensità immaginaria e di forte valenza sensuale. Uno dei film più originali degli anni Ottanta, non sempre riuscito (in certi momenti è troppo didattico e il passaggio dal mondo fantastico a quello reale non sempre funziona), ma di indubbio fascino.

In compagnia di signore per bene *** (*The Company of Strangers*, Canada 1990, b/n, 101') Cynthia Scott. Con Alice Diabo, Constance Garneau, Winifred Holden, Cissy Meddings, Mary Meigs, Catherine Roche, Michelle Sweeney, Beth Webber. ◆ Sette anziane signore e l'autista di un pulmino rimasto in panne si ritrovano appiedati fra i boschi del Québec e trovano rifugio in una vecchia casa: il cibo è scarso, l'alloggio scomodo, le persone completamente estranee, eppure riusciranno a trasformare la lotta per la sopravvivenza in un momento magico, ricco di comunicazione e di allegria. Esordio nella regia di finzione di un'affermata documentarista, che ha voluto «rendere omaggio alla vitalità, all'umorismo e al senso d'umanità che è proprio degli anziani»: attraverso la sospensione del tempo favorita dall'incidente vengono liberati ricordi, sogni, sentimenti in un film tenero e curioso sceneggiato dalla regista con Gloria Demers, David Wilson e Sally Bochner, magistralmente interpretato da un gruppo di non-attrici (oltre 400 provini) che interpretano se stesse.

Incomparabile Crichton, L' *½ (*The Admirable Crichton*, rititolato *Paradise Lagoon*, Gb 1957, col, 94') Lewis Gilbert. Con Kenneth More, Diane Cilento, Cecil Parker, Martita Hunt, Sally Ann Howes. ◆ Un maggiordomo dal temperamento volitivo (More) dimostra la propria intraprendenza prendendo il bastone del comando quando naufraga su un'isola deserta con l'aristocratico Lord Loam e la sua famiglia, presso cui serve: inevitabile che una volta tornati alla civiltà lasci l'impiego. Versione inutilmente sdolcinata della pièce di James M. Barrie sceneggiata da Vernon Harris, dove una bella fotografia (di Wilkie Cooper) non basta a riscattare la troppo facile ironia della sceneggiatura. La stessa storia era stata trasformata in un musical nel 1934 (*We're Not Dressing*, di Norman Taurog con Bing Crosby e Carole Lombard, inedito in Italia).

Incompreso – Vita col figlio **½ (Italia 1966, col, 105') Luigi Comencini. Con Anthony Quayle, Stefano Colagrande, Simone Giannozzi, John Sharp, Adriana Facchetti, Graziella Granata, Giorgia Moll. ◆ Rimasto vedovo, John Edward Duncombe (Quayle), console inglese a Firenze, si preoccupa soprattutto del figlio più piccolo Milo (Giannozzi) e trascura il primogenito Andrea (Colagrande), bisognoso d'affetto e amicizia più del minore. Solo quando il ragazzo si ferisce mortalmente, il padre si rende conto del suo grave torto, ma è troppo tardi. Lucido indagatore dei problemi dell'infanzia, Comencini riscatta dai suoi eccessi melodrammatici il lacrimevole e mediocre romanzo omonimo di Florence Montgomery (sceneggiato da Leo Benvenuti, Piero De Bernardi, Lucia Drudi Bemby e Giuseppe Mangione), facendo del film il dramma dell'incomprensione quotidiana, fatta di piccole banalità e segrete malinconie. Davvero eccellenti gli attori. Rifatto nel 1984.

Incompreso (L'ultimo sole d'estate) *½ (*Misunderstood*, Usa 1984, col, 91') Jerry Schatzberg. Con Gene Hackman, Henry Thomas, Huckleberry Fox, Rip Torn, Maureen Kerwin, Susan Anspach. ◆ Alla morte della moglie, un uomo d'affari americano che vive in Tunisia (Hackman) riversa tutta la sua attenzione sul figlio più giovane, Miles (Fox), trascurando il maggiore, Andrew (Thomas), che arriverà a mettere a repentaglio la vita per conquistare l'attenzione e l'affetto del padre. Massacrata dai produttori (che aggiunsero i flashback sulla morte della madre, modificarono il montaggio e la colonna sonora e soprattutto imposero un inaccettabile lieto fine), questa versione del romanzo di Florence Montgomery scade ben presto nel folcloristico e non riesce mai a commuovere veramente. Ma sicuramente non è tutta colpa di Schatzberg. Girato nel 1982.

Incontriamoci a Saint Louis **½ (*Meet Me in St. Louis*, Usa 1944, col, 113') Vincente Minnelli. Con Judy Garland, Margaret O'Brien, Lucille Bremer, Tom Drake, Mary Astor, Leon Ames, Marjorie Main. ◆ Nella Saint Louis del 1903, i piccoli e grandi avvenimenti che agitano la vita della famiglia Smith dall'estate 1903 alla primavera dell'anno successivo, quando nella città è aperta la grande esposizione universale: Rose (Bremer) pensa al fidanzato a New York, Esther (Garland) scopre di essersi innamorata di un vicino, John Truett (Drake), mentre la piccola Tootie (O'Brien) s'aggira querula e dispettosa. Ispirato ai ricordi d'infanzia di Sally Benson (pubblicati sul *New Yorker* e sceneggiati da Irving Brecher e Fred F. Finkelhoffe), il film è prima di tutto l'evocazione di una famiglia felice e di uno stile di vita pacificato dove agli avanzamenti della carriera si antepone la pace e l'armonia, che Minnelli racconta (utilizzando per la prima volta il colore) ispirandosi ai dolci cromatismi dei quadri di Thomas Eakins. Judy Garland (nel primo dei cinque film interpretati con il regista che doveva diventare suo marito) canta alcuni dei suoi hit più famosi, *The Boy Next Door* e *Have Yourself a Merry Little Christmas* oltre al celeberrimo *The Trolley Song*, tutti di Hugh Martin e Ralph Blane. Oscar speciale (in miniatura) come rivelazione dell'anno a Margaret O'Brien. Alcuni anni più tardi divenne un musical a Broadway.

Incontri a Parigi *** (*Les Rendez-vous de Paris*, Francia 1995, col, 96') Eric Rohmer. ◆ Film a episodi. In *L'appuntamento delle 7* (con Clara Bellar, Judith Chancel, Antoine Basler, Mathias Megard) un portafoglio ritrovato fa sì che Esther (Bellar) incontri, senza saperlo, la ragazza con cui la tradisce il suo fidanzato; in *Le panchine di Parigi* (con Serge Renko, Aurore Rauscher) un professore corteggia una ragazza già fidanzata, che accetta di vederlo solo nei parchi parigini: quando si decidono ad andare in un albergo, l'imprevisto sconvolge i loro piani; in *Madre e bambino 1907* (con Michael Kraft, Veronika Johansson, Bénédicte Loyen) un pittore, mentre accompagna una noiosa ospite svedese in visita al Museo Picasso, cerca di corteggiare un'altra visitatrice. Il cinema di Rohmer gira sempre intorno al contrasto tra scelta e caso, destino e ostinazione, verità e menzogna. Il risultato, questa volta, è particolarmente felice: e non solo per la freschezza dell'ambientazione *en plein air* in una Parigi per nulla cartolinesca (malgrado gli ironici siparietti) o per la semplicità mai fatta pesare. Gli inganni e le menzogne che tessono i personaggi – traditori traditi, bugiardi verso se stessi, seduttori bidonati – coinvolgono infatti anche lo spettatore, che a volte ne sa più di loro e a volte meno: la verità si dissolve, e resta un gioco di corpi e gesti, di grande erotismo anche perché condannato a rimanere puro desiderio.

Incontri proibiti *½ (Italia 1998, col, 110') Alberto Sordi. Con Alberto Sordi, Valeria Marini, Franca Faldini, Enrico Bertolino, Gisella Sofio, Enzo Robutti, Franco Fantasia. ◆ Felicemente sposato con Alessandra (Faldini), l'ottuagenario ingegner Armando Andreoli (Sordi) incontra casualmente l'infermiera trentenne Federica Pescatore (Marini): lei è troppo espansiva, lui teme la cacciatrice di dote, ma la «corte» della ragazza si fa sempre più insistente... Una commedia cupa e farsesca che si trasforma in un'impietosa riflessione sulla vecchiaia: la sceneggiatura di Sordi e Rodolfo Sonego non addolcisce i difetti degli anziani (avari, malfidenti e approfittatori), ma non riesce a rendere credibile una relazione con cinquant'anni di differenza – ancorché non consumata – con un inutile epilogo assolutorio (il film poteva finire su Sordi che si autoparodizza davanti a un piatto di maccheroni). E la Marini è proprio un disastro!

Incontri ravvicinati del terzo tipo **** (*Close Encounters of the Third Kind*, Usa 1977, col, 135') Steven Spielberg. Con Richard Dreyfuss, François Truffaut, Teri Garr, Melinda Dillon, Cary Guffey, Bob Balaban. ◆ Una serie di strani fenomeni annunciano il possibile arrivo sulla Terra di un'astronave di extraterrestri. Gli esperti della Nasa localizzano il punto di contatto, nel Wyoming, ma nonostante tutti gli accorgimenti per tener lontani i civili, alcune persone, tra cui l'elettricista Roy Neary (Dreyfuss) e la casalinga Jilian Guiler (Dillon), sapranno trovare quel posto, spinti da una forza più grande di loro. Pietra miliare nella storia della fantascienza, questo film (l'unico di Spielberg di cui il regista sia totalmente responsabile di soggetto e sceneggiatura) ribalta definitivamente la visione terroristica del genere, presentando gli extraterrestri come esseri pacifici che vogliono cooperare con gli umani e teorizzando la possibilità di comunicare con loro attraverso linguaggi non verbali, ma musicali. Coerentemente con questo antiintellettualismo di fondo (che si mescola all'esaltazione dell'innocenza infantile – il piccolo Barry [Guffey] non è spaventato dalle presenze spaziali – e alla conseguente «infantilizzazione» dei personaggi eletti a entrare in contatto con gli alieni – Dreyfuss ama Disney e gioca con il purè –), il film ha uno dei suoi punti di forza nella capacità di trasformarsi in una vera e propria esperienza visiva, il cui senso va ben al di là dei discorsi e delle dichiarazioni ideologiche: fondamentale da questo punto di vista l'eccellente lavoro del responsabile degli effetti speciali (Douglas Trumbull) e del direttore della fotografia (Wilmos Zsigmond, premiato con l'Oscar). Nel 1980 Spielberg editò una «versione speciale» del film più corta di 3', ma con più scene in cui si vedono da vicino gli extraterrestri, realizzati da Carlo Rambaldi (le scene tagliate si riferiscono ai tentativi di Dreyfuss di costruire in casa propria il monte su cui atterreranno gli alieni).

Incontro d'amore – Bali * (Italia/Rft, col, 90') Ugo Liberatore [e Paolo Heusch]. Con John Steiner, Laura Antonelli, Umberto Orsini, Petra Pauly, Ettore Manni, Johannes Schaaf, Widyawati, Carla Mancini. ◆ A Bali, Glenn (Steiner) crede di uscire dalla sua crisi esistenziale conquistando Daria (Antonelli), la moglie dell'amico Carlo (Orsini). Invece la sua depressione e la gelosia di Carlo faranno finire tutto in tragedia. Luoghi comuni e banalità a iosa in salsa polinesiana (sceneggiati dal regista con Fulvio Gicca Palli, Pier Giuseppe Murgia e Ottavio Alessi) spacciati per un invito alla liberazione sessuale e alla sconfitta dei tabù borghesi. Uscito senza nessun successo, il film fu riacquistato da Alfredo Bini – che lo rimontò con scene girate da Paolo Heusch (dove esordì Ilona Staller con lo pseudonimo di Elena Mercury) – e incassò quasi un miliardo.

Incontro sotto la pioggia **½ (*Miracle in the Rain*, Usa 1956, b/n, 101') Rudolph Maté. Con Jane Wyman, Van Johnson, Peggie Castle, Eileen Heckart, Barbara Nichols, Marcel Dalio. ◆ New York, 1942: la timida segretaria Ruth (Wyman), vessata dalla madre, non fa in tempo a innamorarsi di un soldatino giuggiolone (Johnson), che la guerra infrange i suoi sogni. A complicare l'intreccio, c'è un padre fedifrago, che dopo un ventennio di latitanza medita di tornare in famiglia: ma l'imprevista svolta mistica del finale, con Ruth decisa a ritrovare il suo fidanzato a tutti i costi, manda all'aria ogni cosa, lieto fine compreso. Tratto da un romanzo di Ben Hecht adattato dall'autore, il film di Maté è zuccheroso quando dipinge gli ideali di normalità borghese, e dichiara più di un debito con *L'ora di New York* di Minnelli; ma raggiunge vette di delirio quando perde ogni ritegno e si abbandona al melodramma. Neanche Sirk era riuscito a trasformare la Wyman in una specie di santa laica e folle, attratta dalla morte. La fotografia di Russel Metty si esalta tra notti di pioggia e cattedrali tenebrose; la colonna sonora, ambiziosa per il genere di film, è di Franz Waxman.

Incorreggibile, L' *½ (*L'Incorrigible*, Francia 1975, col, 100') Philippe de Broca. Con Jean-Paul Belmondo, Geneviève Bujold, Capucine [Germaine Lefèbvre], Julien Guiomar, Andréa Ferréol, Charles Gérard. ◆ Victor Vauthier (Belmondo), un simpatico mascalzone appena uscito di prigione, per un po' dà ascolto all'astuta e affascinante assistente sociale (Bujold) che lo ha in carico: quando però l'infatuazione passa, l'uomo ricomincia i suoi traffici e le sue avventure. Una commedia scanzonata (scritta dal regista con Michel Audiard) costruita apposta sulle qualità istrioniche di Belmondo che si trasforma in un film poliziesco scontato e prevedibile.

In corsa con il diavolo * (*Race with the Devil*, Usa 1975, col, 88') Jack Starrett. Con Peter Fonda, Warren Oates, Loretta Swit, Lara Parker, R.G. Armstrong. ◆ Durante una vacanza, due coppie vengono trascinate e travolte, fino alla tragica fine, in riti satanici, mentre la polizia sembra incapace di intervenire. Scene truculente, violenza, streghe, sacrifici umani: tutti gli ingredienti dell'horror sono banalizzati da una regia piatta e preoccupata solo di stupire lo spettatore.

Incredibile avventura, L' **½ (*The Incredible Journey*, Usa 1963, col, 80') Fletcher Markle. Con Emile Genest, John Drainie, Tommy Tweed, Sandra Scott. ◆ Due cani e un gatto superano le prevedibili inimicizie che li vorrebbero nemici e insieme attraversano per 2.500 miglia il Canada per ritornare dai padroni. Uno dei primi lungometraggi non d'animazione prodotto dalla Disney: sceneggiato dal grande documentarista James Algar a partire dal romanzo di Sheila Burnford, il film sa tenere sempre desta l'attenzione del pubblico infantile a cui si rivolge. Rifatto (peggio) sempre dalla Disney nel 1992: *In fuga a quattro zampe*.

Incredibile avventura di Mr. Holland, L' *** (*The Lavender Hill Mob*, Gb 1951, b/n, 82') Charles Crichton. Con Alec Guinness, Stanley Holloway, Sidney James, Alfie Bass, Marjorie Fielding, Edie Martin. ◆ Un timido impiegato di banca, mister Holland (Guinness), addetto da vent'anni alla sorveglianza del trasporto dei lingotti d'oro dalla fonderia di Stato, non sa resistere alla tentazione e si fa coinvolgere in un furto dall'intraprendente Pendlebury (Holloway), gioviale fabbricante di souvenir che fonderà i lingotti d'oro rubati in minuscole torri Eiffel. Una delle riuscite migliori della commedia britannica, girata agli Ealing Studios sotto l'ombra del produttore Michael Balcon, «congegno esemplare di cattiveria astratta» capace di fondere perfettamente humour sottile, aperta comicità e fascino dell'imprevisto. Oscar per la miglior sceneggiatura originale a T.E.B. Clarke. Audrey Hepburn compare brevemente all'inizio del film nella parte di Chiquita. Noto anche come *La straordinaria avventura di Mr.Holland.*

Incredibile casa in fondo al mare, L' * (*Hello Down There* rititolato *Sub-A-Dub-Dub*, Usa 1969, col, 99') Jack Arnold. Con Tony Randall, Janet Leigh, Jim Backus, Roddy McDowall, Richard Dreyfuss. ◆ Un ingegnere (Randall), geniale ma pazzoide, decide di costruire una casa sottomarina e per dimostrare la bontà del suo esperimento, ci va a vivere con la famiglia: i parenti, dopo le prime titubanze, s'adattano benissimo. Stralunata commediola subacquea, inutile e inoffensiva.

Incredibile furto di Mr. Girasole, L' *½ (*Never a Dull Moment*, Usa 1968, col, 100') Jerry Paris. Con Dick Van Dyke, Edward G. Robinson, Dorothy Provine, Henry Silva, Joanna Moore, Tony Bill, Slim Pickens, Jack Elam. ◆ Un modesto attore teatrale (Van Dyke) è scambiato per il feroce bandito Asso Williams, assoldato da Joe Girasole (Robinson) per rubare da un museo un gigantesco Van Gogh: più o meno volontariamente riuscirà a far sabotare il furto. Lo spunto dello scambio di persona non è certo una novità, ma la sceneggiatura di A.J. Carothers sa rendere passabile questa farsa Disney per famiglie. Moderatamente divertente l'epilogo nel museo, dove le opere moderne, compreso un «mobile» di Calder, diventano ingegnosi mezzi di difesa e offesa.

Incredibile Hulk, L' *½ (*The Incredible Hulk*, Usa 1977, col, 100') Kenneth Johnson. Con Bill Bixby, Lou Ferrigno, Susan Sullivan, Susan Batson, Mario Gallo, Jack Colvin. ◆ Uno scienziato (Bixby), contaminato dalle radiazioni atomiche, si trasforma in un essere gigantesco e verde (Ferrigno), che però, nonostante l'aspetto terrificante, è buono e aiuta la giustizia. Uscito dalla scuderia della Marvel Comics, Hulk è una trasposizione in versione edulcorata e positiva del mito di Jekyll e Hyde. A interpretare questo film, che era il pilot fanciullesco e piuttosto artigianale della serie televisiva, fu chiamato il culturista sordomuto di origine italiana Lou Ferrigno. Con un seguito, *Il ritorno dell'incredibile Hulk* (1988).

Incredibile verità, L' *** (*The Unbelievable Truth*, Usa 1990, col, 98') Hal Hartley. Con Adrienne Shelley, Robert Burke, Christopher Cooke, Julia McNeal, Gary Sauer. ◆ Aspirante fotomodella preoccupata per l'imminente fine del mondo, Audrey Hugo (Shelley) è incerta se innamorarsi di Josh (Burke), presunto assassino uscito di prigione ancora vergine. Ma il padre, che l'ha assunto nel suo garage, non è d'accordo. Il primo lungometraggio di Hartley (girato con soli 70 mila dollari) racconta una storia fatta di niente, di piccoli equivoci senza importanza, con uno stile impassibile e dolcemente folle, prima che scadesse a maniera. L'impressione è quella di un giovane Rohmer che giri il remake di una frivola commedia hollywoodiana: dialoghi arguti e sentenziosi, riflessioni sul caso e sull'amore, indugi melanconici, ma anche una capacità di accelerare i tempi per sciogliere i nodi dell'intreccio nei modi più imprevisti. Girato nei sobborghi operai di Long Island, a pochi chilometri da una New York che sembra lontanissima.

Incredibile viaggio verso l'ignoto ** (*Escape to Witch Mountain*, Usa 1975, col, 97') John Hough. Con Eddie Albert, Ray Milland, Donald Pleasence, Kim Richards, Ike Eisenmann. ◆ Tony e Tia (Richards e Eisenmann) sono due ragazzini dotati di incredibili poteri (prevedono il futuro, eliminano la forza di gravità) che cercano di scoprire le origini di queste loro capacità: dovranno stare in guardia da chi (Milland) li vuole sfruttare per i suoi perfidi scopi. Accattivante produzione disneyana per famiglie, con ovvia morale edificante. Seguìto nel 1978 da *Ritorno dall'ignoto*.

Incredibile volo, L' *½ (*Fly Away Home*, Usa 1996, col, 106') Carroll Ballard. Con Jeff Daniels, Anna Paquin, Dana Delany, Terry Kinney, Holter Graham, Jeremy Ratchford. ◆ La tredicenne Amy (Paquin) impara a guidare un trabiccolo volante costruito dal padre (Daniels) per guidare dal Canada alla Florida uno stormo di anatroccoli cui ha fatto da madre adottiva. Avventure per ragazzi ecologicamente corrette messe in scena da uno specialista. Fan di Tarantino astenersi. Tratto dall'autobiografia di Bill Lishman, sceneggiata da Robert Rodat e Vince McKewin. In Italia è stato sponsorizzato da Lega Ambiente.

Incrocio pericoloso **½ (*The Crooked Way*, Usa 1949, b/n, 90') Robert Florey. Con John Payne, Ellen Drew, Sonny Tufts, Rhys Williams. ◆ Il reduce di guerra Edgard Ronald (Payne) ha perso la memoria, e torna a Los Angeles per ritrovarsi alle prese con una moglie (Drew) che lo respinge e con una banda di criminali, dei quali forse un tempo era socio, e che adesso vogliono far ricadere su di lui l'omicidio di un poliziotto. Variazione del *Bandito senza nome* che Mankiewicz aveva girato tre anni prima: Florey ha meno sense of humour, ma sa costruire un'efficace atmosfera di paranoia e di sospetto (i poliziotti sono altrettanto minacciosi dei gangster). Audace, nell'uso del buio e delle (poche) luci, la fotografia di John Alton.

Incubi *½ (*Two-Fisted Tales*, Usa 1990, col, 82') Richard Donner, Tom Holland, Robert Zemeckis. ◆ Film a episodi. In *Poker: mettere le carte in tavola* (*Showdown*, di R. Donner. Con Neil Gary Giuntoli, David Morse) un pistolero trova in un saloon tutte le sue vittime; in *Il re della strada* (*King of the Road*, di T. Holland. Con Brad Pitt, Raymond J. Barry, Michelle Bronson) un pazzo maniaco del volante (Pitt), per poter sfidare un ex asso ora poliziotto, gli rapisce la figlia; in *Giallo* (*Yellow*, di R. Zemeckis. Con Kirk Douglas, Eric Douglas, Lance Henriksen, Dan Aykroyd) nel 1918, sul fronte francese, l'inflessibile generale (K. Douglas) finirà col condannare a morte il figlio vigliacco (E. Douglas)? Un assaggio di una serie Tv prodotta, tra gli altri, da Joel Silver, Walter Hill e

Robert Zemeckis, in cui ogni episodio è introdotto da una specie di zio Tibia parolacciaro (William Sadler): poco horror e stanche variazioni sui generi. Il segmento di Zemeckis ha comunque una discreta tensione e un finale che non delude, in un formato nel quale la sorpresa e la morale sono obbligatori.

Incubi notturni *** (*Dead of Night*, Gb 1945, b/n, 102') Basil Dearden, Alberto Cavalcanti, Robert Hamer, Charles Crichton. ◆ Film a episodi supervisionato da Alberto Cavalcanti. Nell'episodio-cornice (Basil Dearden. Con Mervyn Johns, Roland Culver, Mary Merrall) un architetto arriva in una casa di campagna provando un senso di déjà vu, e spinge i suoi ospiti a narrare analoghe esperienze soprannaturali. Intanto gli sembra di vedere realizzarsi pian piano ciò che ha già vissuto in sogno. Quando la tragedia è vicina, si risveglia nel suo letto: ma una telefonata lo invita in campagna e si ritrova esattamente davanti alla casa e alle persone del sogno ricorrente. In *Il conducente del carro funebre* (Basil Dearden. Con Anthony Baird) un uomo evita la morte in un incidente riconoscendo nel bigliettaio di un autobus il funesto figuro visto in sogno. In *Il ricevimento natalizio* (Alberto Cavalcanti. Con Sally Ann Howes) una ragazza incontra, senza rendersene conto, il malinconico fantasma di un bambino. In *Lo specchio incantato* (Robert Hamer. Con Googie Withers, Ralph Michaels) una coppia rischia di essere vittima del mondo di morte che si cela in uno specchio. In *Una storia di golf* (Charles Crichton. Con Basil Radford, Naunton Wayne, Peggy Brian. Tratto da un soggetto di H.G. Wells) un fantasma burlone si vendica dell'amico che, barando in una partita a golf dove era in palio l'amore di una ragazza, l'ha spinto al suicidio. In *Il pupazzo del ventriloquo* (Alberto Cavalcanti. Con Michael Redgrave, Hartley Power) un fantoccio risucchia la personalità del suo padrone, minaccia di tradirlo con un collega e lo spinge a tentare un omicidio. Perfetta fusione di commedia, melodramma, orrore e favola raccontata però con lo stile del «piccolo realismo» di quegli anni, è un'opera fondamentale nello sviluppo del cinema inglese perché «riafferma la centralità del desiderio individuale dopo il lungo autocontrollo della guerra» e soprattutto perché rivendica esplicitamente l'importanza della tradizione gotica anche al cinema. L'influenza di Cavalcanti, allora esule in Inghilterra, permette agli autori più giovani di «dare libero corso all'irrazionalità, alla violenza, alle suggestioni morbose che si situano al di sotto della sfera sociale e civica enfatizzata dalla guerra»: così ogni storia (salvo la parentesi burlesca dell'episodio di Crichton, futuro regista di *Un pesce di nome Wanda*) sottolinea il ruolo centrale del «represso», capace finalmente di manifestarsi in forme anche aberranti, dove per la prima volta l'individuo non è ricondotto al suo ruolo sociale ma si confronta con il «groviglio tempestoso e irrisolto dei suoi conflitti, finalmente affiorati in superficie». Perfetto il gioco di scatole cinesi dell'episodio-cornice dentro cui sono raccontati i vari episodi e se i temi trattati saranno spesso abusati, qui non hanno ancora perso il loro incanto. L'episodio ossessivo del pupazzo ventriloquo, grazie anche all'interpretazione di Redgrave, si stacca dagli altri, e merita la sua fama: ha fornito il soggetto a un telefilm prodotto da Hitchcock e a *Magic* di Attenborough. Conosciuto anche con il titolo *Nel cuore della notte*.

Incubo → *Paura* (di Roberto Rossellini)

Incubo d'amore ** (*Dream Lover*, Usa 1994, col, 103') Nicholas Kazan. Con James Spader, Mädchen Amick, Bess Armstrong, Larry Miller, Fredric Lehne. ◆ L'architetto Ray (Spader), divorziato, trova presto un rimpiazzo nell'enigmatica Lena (Amick) che pian piano si rivela non solo una mentitrice e una traditrice, ma anche un essere diabolico che fin dall'inizio aveva progettato ogni mossa per chiuderlo in manicomio e godersi i quattrini. Per il suo esordio alla regia, il figlio di Kazan si è scritto una di quelle storie di intrusi nel focolare domestico che oggi vanno per la maggiore. Ma se l'intreccio sfiora l'inverosimile, le singole scene sono architettate con sagacia, e l'ambiguità in genere è salva. Un finale decente, ma anche alcuni scivoloni imperdonabili nelle scene dei sogni.

Incubo del passato, L' *½ (*Crime Doctor*, Usa 1943, b/n, 66') Michael Gordon. Con Warner Baxter, Margaret Lindsay, John Litel, Don Costello, Ray Collins. ◆ Dopo aver perso la memoria, un bandito (Baxter) diventa un ottimo psicologo criminale, il dottor Ordway. Quando incontra una donna (Lindsay) che gli fa tornare la memoria, si autodenuncia ma ottiene l'assoluzione. Primo film di una serie di dieci, prodotti dalla Columbia e ispirati a un programma radiofonico di grande successo (*Crime Doctor*, di Max Marcin): l'encomiabile tentativo di costruire un personaggio noir senza troppi schematismi manichei («Dal male può sorgere il bene» è il messaggio finale) non basta per risollevare un film senza molto ritmo e girato in economia. Gli altri film della serie, tutti con Baxter nel ruolo del protagonista, non sono mai stati distribuiti in Italia (*Crime Doctor's Stragest Case*, 1943; *Shadows in the Night*, 1944; *Crime Doctor's Courage*, 1945; *Crime Doctor's Warning*, 1945; *Crime Doctor's Man Hunt*, 1946; *Just Before Dawn*, 1946; *The Millerson Case*, 1947; *Crime Doctor's Gamble*, 1947 e *Crime Doctor's Diary*, 1949).

Incubo di Janet Lind, L' *½ (*Nightmare*, Gb 1964, b/n, 88') Freddie Francis. Con Moira Redmond, David Knight, Jennie Linden, Brenda Bruce. ◆ Una ragazza (Linden), perseguitata dall'incubo della madre che sta per uccidere il marito, è vittima della macchinazione di un'infermiera (Redmond) che la spingerà a uccidere un innocente. Thriller della Hammer pieno di colpi di scena, abbastanza serrato da non far notare le inverosimiglianze.

Incubo finale * (*I Still Know What You Did Last Summer*, Usa/Germania 1998, col, 95') Danny Cannon. Con Jennifer Love Hewitt, Freddie Prinze jr, Brandy [Norwood], Mekhi Phifer, Muse Watson, Jeffrey Combs, Mark Boone jr. ◆ Seguito di *So cosa hai fatto*: a un anno di distanza, Julie (Hewitt) continua a ricevere messaggi minatori dall'assassino che doveva essere morto (Watson), e i cadaveri si moltiplicano in un'isola delle Bahamas, fuori stagione turistica. Soluzione ridicola (spunta fuori pure un figlio del cattivo) nella sceneggiatura di Trey Callaway, pochissimo sangue (anche perché la versione italiana è tagliata) ma zero suspense: sembra fatto per chi non ha mai visto un thriller in vita sua.

Incubus, il potere del male * (*Incubus*, Canada 1982, col, 90') John Hough. Con John Cassavetes, Kerrie Keane, Helene Hughes, John Ireland. ◆ In una cittadina del Wisconsin, avvengono degli orribili delitti per i quali è sospettato il figlio di una donna uccisa anni prima per stregoneria. Ma un medico (Cassavetes) saprà scoprire la verità. Truculenze varie mescolate a riti satanici in un tourbillon di banalità: uno dei film interpretati da Cassavetes solo per ragioni alimentari.

Indagine a Chinatown → *Corruptor, The – Indagine a Chinatown*

Indagine ad alto rischio **½ (*Cop*, Usa 1987, col, 110') James B. Harris. Con James Woods, Lesley Ann Warren, Charles Durning, Charles Haid. ◆ Un sergente (Woods) indaga su una serie di delitti commessi su giovani donne: l'attaccamento al lavoro procura al poliziotto una serie di guai in famiglia, ma alla fine il feroce omicida sarà scoperto. Tratto dal romanzo *Le strade dell'innocenza* di James Ellroy (che Harris riduce considerevolmente, specie nelle parti che riguardano la psicologia dell'assassino), il film gioca apertamente con l'immagine tradizionale del film poliziesco introducendo, grazie soprattutto alla recitazione tutta interiorizzata di James Woods, un sentimento di sorda ribellione e di disperata rassegnazione che sono piuttosto rare nel trionfalistico cinema hollywoodiano. Woods è anche produttore del film insieme al regista.

Indagine su un cittadino al di sopra di ogni sospetto **½ (Italia 1970, col, 118') Elio Petri. Con Gian Maria Volonté, Florinda Bolkan, Gianni Santuccio, Orazio Orlando, Sergio Tramonti, Arturo Dominici, Salvo Randone, Massimo Foschi. ◆ Il capo della sezione omicidi (Volonté), proprio nel giorno della sua promozione all'ufficio politico, uccide l'amante Augusta Terzi (Bolkan). Scoprirà a sue spese che il proprio ruolo lo mette al riparo da ogni accusa: chi potrebbe denunciarlo (uno studente contestatore [Tramonti]) non lo fa perché gli fa comodo credere che tutti i poliziotti sono criminali, mentre i suoi superiori non vogliono nemmeno prenderne in esame la confessione perché il potere non può perdere credibilità. Thriller psicoanalitico sulla cristallizzazione e le aberrazioni del potere che analizza in chiave grottesca i metodi e i fini degli apparati polizieschi. Scritto dal regista con Ugo Pirro, il film attribuisce ai rappresentanti del potere un'eccessiva coscienza (ancorché negativa) del proprio ruolo e della propria funzione e così quello che alla sua uscita sembrò a molti un pregio appare oggi un limite. Resta invece molto convincente, anche per merito della perfetta interpretazione di Volonté, la descrizione di «un piccolo personaggio della piccola borghesia meridionale che non ha la possibilità di accesso a un potere diverso da quello burocratico e che sfoga nell'autorità le sue repressioni sessuali e di classe», capostipite di una serie di film degli anni Settanta basati su funzionari corrotti e patologie da manuale. Indimenticabile la colonna sonora di Ennio Morricone. Petri è il poliziotto che dorme mentre Volonté fa il discorso d'insediamento all'ufficio politico e che termina con la celeberrima frase: «La repressione è il nostro vaccino. Repressione è civiltà». Il giornalista Patané è interpretato dal futuro giornalista televisivo Fulvio Grimaldi. Premio speciale della giuria al festival di Cannes e Oscar come miglior film straniero.

Independence Day **½ (*Independence Day*, Usa 1996, col, 145') Roland Emmerich. Con Will Smith, Bill Pullman, Jeff Goldblum, Randy Quaid, Judd Hirsch, Robert Loggia, Mary McDonnell, Margaret Colin, Harvey Fierstein, James Duval, Adam Baldwin, Vivica A. Fox, Harry Connick jr. ◆ 2 luglio: gigantesche astronavi aliene si piazzano sopra le principali città del mondo. Il presidente americano Thomas J. Whitmore (Pullman, quasi una controfigura di Clinton) temporeggia, mentre l'esperto di computer David Levinson (Goldblum) decifra le intenzioni minacciose degli alieni. 3 luglio: gli alieni distruggono mezzo mondo. 4 luglio: Levinson scopre come contrattaccare le invulnerabili astronavi e ci riesce con l'aiuto del capitano Steven Hiller (Smith), che pilota un disco volante dritto dentro l'astronave madre. Il fenomeno d'incassi mondiale del 1996 mette in scena la prima apocalisse post guerra fredda, rinfrescando (magari sulla scia del successo della serie tv *X-Files*, citata nei dialoghi) la paura degli invasori extraterrestri tipica degli anni Cinquanta, e trasmettendo un messaggio di ottimistico solidarismo: bianchi, neri ed ebrei (nonché iracheni e israeliani, in una breve sequenza) uniti contro i mostri per la salvezza della terra. Il tutto in contrasto col compiacimento distruttivo e iconoclasta della prima parte, in cui i simboli sacri americani (Casa Bianca, Empire State Building) sono mandati letteralmente in polvere, con un effetto sconvolgente anche per chi statunitense non è. Sceneggiatura (firmata dal regista e dal produttore Dean Devlin) piena di cliché e sottointrecci romantici, messa in scena di elementare efficacia, effetti speciali che puntano sulla quantità più che sulla novità: un film vecchiotto e sanamente ingenuo, contraddittorio ma mai cinico, e – inutile negarlo – terribilmente divertente, almeno su schermo gigante e col Dolby stereo.

Indesiderabili, Le → *Donne senza nome – Le indesiderabili*

India **½ (*India matri bhumi*, India/Italia 1959, col, 90') Roberto Rossellini. Con interpreti non professionisti. ◆ Un viaggio nell'India, dal caos metropolitano di Benares alle piccole realtà dei villaggi sparsi nell'interno: il lavoro fatto con l'aiuto degli elefanti, l'amore tra un *mahut* (guardiano di elefanti) e una giovane acrobata ambulante, lo scontro tra un operaio che lavora alla diga di Hirakud e la moglie, il rapporto tra un contadino e una tigre, lo smarrimento di una scimmia quando muore il suo padrone. Prodotto contemporaneamente a un serie di dieci episodi per la televisione (*L'India vista da Rossellini*, mandati in onda dal 7 gennaio all'11 marzo 1959), questo film doveva essere il primo di una serie, con cui documentare i problemi più urgenti del mondo contemporaneo.

Nato da un bisogno personale (cercare strade espressive lontane da quelle tradizionali), *India* non riesce sempre a fondere rigore morale e curiosità antropologica rischiando a tratti la superficialità e lo schematismo (la «naturalità» indiana messa a confronto con la «rigidità intellettuale» dell'Occidente), ma resta un momento centrale nel percorso di Rossellini che da qui inizia la ricerca che lo porterà ai film didattici per la televisione. Sceneggiato insieme al critico dei *Cahiers* Fereydoun Hoveyda e a Sonali Senroy DasGupta, il film fu occasione per l'incontro tra il regista e quella che sarebbe diventata la sua terza moglie.

Indiana Jones e il tempio maledetto ** (*Indiana Jones and the Temple of Doom*, Usa 1984, col, 118') Steven Spielberg. Con Harrison Ford, Kate Capshaw, Ke Huy Quan, Amrish Puri, Dan Aykroyd. ◆ Nel 1935, l'archeologo Indiana Jones (Ford) è portato dagli eventi – e da un incontro finito male con dei truffatori a Shanghai – in un villaggio dell'India dove, con la collaborazione di un'ex cantante di cabaret (Capshaw) e di un cinesino (Quan), libererà i bambini dalle prigioni di un maragià che voleva riportare in auge i sacrifici umani e ritroverà una preziosa pietra portafortuna. Concepito come un «prequel» dei *Predatori dell'arca perduta*, il secondo film della serie mette maggiormente in evidenza il debito (di invenzioni, di atmosfere, anche di gag) verso i serial degli anni Trenta e Quaranta, con i personaggi eternamente sballottati dai casi della trama (la loro passività di fronte agli avvenimenti sembra fermarsi solo davanti alla necessità di sfuggire alla morte, altrimenti l'avventura si fermerebbe...) e l'utilizzo dello humour per spezzare il monotono susseguirsi di disastri e peripezie. Kate Capshaw diventerà la seconda moglie del regista. Seguìto da *Indiana Jones e l'ultima crociata*.

Indiana Jones e l'ultima crociata **½ (*Indiana Jones and the Last Crusade*, Usa 1989, col, 127') Steven Spielberg. Con Harrison Ford, Sean Connery, Denholm Elliott, Alison Doody, Julian Glover, John Rhys-Davies, River Phoenix, Michael Byrne. ◆ Per ritrovare il padre Henry (Connery), Indiana Jones (Ford) si mette alla ricerca del Santo Graal, sulle cui tracce il genitore era scomparso, e finisce nelle mani dei nazisti. Doppio tesoro per l'ultima archeo-avventura di Spielberg, senz'altro superiore alla seconda, ma non all'altezza dei *Predatori dell'arca perduta*. L'aspetto più interessante è la valenza edipica impersonata da Sean Connery, che non involontariamente contamina la saga con il suo inevitabile carico di «bondismo». Il repertorio narrativo appartiene infatti più alla tradizione di 007 che a quella di Indiana. Spielberg si scatena con effetti spesso frastornanti per lo spettatore e qualche esagerazione fantastica che spinge al sorriso (le catacombe sotto le chiese veneziane). Indy giovane è interpretato da River Phoenix.

Indianapolis *½ (*To Please a Lady*, Usa 1950, b/n, 91') Clarence Brown. Con Clark Gable, Barbara Stanwyck, Adolphe Menjou, Roland Winters, Will Geer. ◆ Un famoso corridore automobilistico (Gable) provoca, molto indirettamente, un incidente a un collega e una giornalista d'assalto (Stanwyck) gli scatena contro la stampa. Finiranno con l'incontrarsi e innamorarsi. Sciatto rifacimento di *Arditi dell'aria*, dove le auto sostituiscono gli aerei: la mancanza di regia non fa mai decollare il film, nemmeno quando Gable prende a schiaffi la Stanwyck.

Indianapolis pista infernale ** (*Winning*, Usa 1969, col, 123') James Goldstone. Con Paul Newman, Joanne Woodward, Robert Wagner, Richard Thomas, David Sheiner. ◆ Un campione d'automobilismo (Newman) trascura la moglie (Woodward) per le gare e la lascia quando la scopre a letto con il suo rivale (Wagner). Solo dopo aver vinto la corsa di Indianapolis scopre di amare veramente la sua ex moglie e tenta una riconciliazione. Primo film prodotto in proprio da Newman, molto meglio nella parte sentimentale (il corteggiamento tra lui ubriaco e lei innamorata è un bel pezzo di recitazione) che in quella automobilistica.

Indiano in città, Un *½ (*Un Indien dans la ville*, Francia 1994, col, 87') Hervé Palud. Con Thierry Lhermitte, Patrick Timsit, Ludwig Briand, Miou-Miou [Sylvette Hery], Arielle Dombasle. ◆ Agente di Borsa parigino, Stéphane (Lhermitte) rintraccia in una tribù dell'Amazzonia la moglie Patricia (Miou-Miou), da cui vuole divorziare, e scopre di avere un figlio allevato come un perfetto indio, Mimi-Siku (Briand), che lo seguirà a Parigi. L'ennesimo «ragazzo selvaggio» a confronto con la civiltà metropolitana, a cui fa da contrappeso l'ennesimo yuppie che ha perduto il rapporto con la Natura (ma l'intreccio ha anche un'appendice criminal-avventurosa, con mafiosi lettoni!): tutto già visto e precotto, riconciliazione famigliare compresa, ma come risposta «europea» ai film natalizi americani per ragazzi può funzionare.

Indiavolata pistolera, L' ** (*The Beautiful Blonde from Bashful Bend*, Usa 1949, col, 77') Preston Sturges. Con Betty Grable, Cesar Romero, Rudy Vallee, Porter Hall, Olga San Juan, Hugh Herbert. ◆ Cantante di saloon con la pistola facile, Freddie Jones (Grable) è costretta a fuggire travestendosi da maestrina dopo che per sbaglio ha sparato per due volte nel sedere di un giudice: con la sua abilità di pistolera, diventerà l'eroina del paese in cui trova asilo, ma così si farà riconoscere. Western comico con ritmo da slapstick rifiutato dal pubblico. E Sturges fu tanto deluso dall'insuccesso che non girò più film negli Usa. Ma anche se si riconosce la sua mano, la frivolezza di questo film è altra cosa dalla leggerezza dei suoi capolavori. Sgargiante fotografia di Harry Jackson.

Indiavolati, Gli *½ (*Rock, Pretty Baby*, Usa 1956, b/n, 89') Richard Bartlett. Con John Saxon, Luana Patten, Sal Mineo, Edward C. Platt, Fay Wray. ◆ Un gruppo di studenti patiti del rock'n'roll forma un complessino per partecipare a un concorso. Commediola musicale girata con garbo, ma troppo «educata» per trasmettere davvero lo spirito del rock.

Indifferenti, Gli ** (Italia/Francia 1964, b/n, 115') Francesco Maselli. Con Claudia Cardinale, Tomas Milian, Rod Steiger, Paulette Godard, Shelley Winters. ◆ Due fratelli, Carla e Michele Ardengo (Cardinale e Milian), figli di una famiglia dell'alta società romana, vivono pigramente la loro condizione dorata, senza preoccuparsi davvero delle sorti del loro futuro: lei finirà per accettare la corte di Leo (Steiger), cinico e spudorato amante della madre; lui di Lisa (Winters), amica della stessa ed ex amante di Leo. Tratto dall'omonimo romanzo di Alberto Moravia (sceneggiato dal regista con Suso Cecchi d'Amico), è il racconto di un mondo conformistico che si fa fagocitare da un'aggressiva nuova borghesia. Ma la descrizione dei falsi valori della società italiana è realizzata con troppa minuziosa eleganza e troppa partecipata fascinazione per essere veramente efficace.

Indio * (Italia 1988, col, 91') Anthony Dawson [Antonio Margheriti]. Con Francesco Quinn, Marvin Hagler, Brian Dennehy. ◆ Congedato dal corpo dei marine, Daniel (Quinn) torna nella sua terra d'origine, l'Amazzonia, dove lotta contro la distruzione della foresta da parte degli sfruttatori e riesce a sabotare la costruzione di un'autostrada. Margheriti-Dawson, vecchio marpione di film di serie B, si ricicla, in modo assai poco convincente, in chiave ecologista.

Indiscreto **½ (*Indiscreet*, Usa 1958, col, 100') Stanley Donen. Con Cary Grant, Ingrid Bergman, Phyllis Calvert, Cecil Parker, David Kossoff. ◆ Un'attrice (Bergman) si innamora di un economista (Grant) che, pur ricambiandola, le fa credere di essere sposato: equivoci e malintesi, sino all'immancabile lieto fine. Tratta dalla pièce teatrale di Norman Krasna *Kind Sir* (sceneggiata dallo stesso autore), è una commedia sofisticata con un buon ritmo e due protagonisti brillanti e affiatati. Rifatto per la Tv nell'88, con Robert Wagner e Lesley-Anne Down (*Indiscreet*) inedito in Italia.

Indiscreto fascino del peccato, L' ** (*Entre Tinieblas*, Spagna 1983, col, 87') Pedro Almodóvar. Con Cristina Sánchez Pascual, Julieta Serrano, Carmen Maura, Marisa Paredes, Mary Carrillo, Lina Canelejas, Chus Lampreave. ◆ In fuga dopo la morte per overdose del fidanzato, una cantante di flamenco (Sánchez Pascual) si rifugia nel convento delle «redentrici umiliate», strana congerie di suore traviate, lesbiche, masochiste e drogate. Almodóvar libera tutta la carica iconoclasta di cui è capace (le religiose si chiamano suor Squallida, suor Vipera, suor Perduta, suor Maltrattata) per dissacrare uno dei pilastri del perbenismo spagnolo: il suo stile è insicuro e non ancora sgrossato, ma proprio per questo è di una comicità sbracata ed esilarante. Massacrato dal distributore (per paure censorie): in originale dura 115'.

In disgrazia alla fortuna e agli occhi degli uomini ** (*Fortune and Men's Eyes*, Canada 1971, col, 102') Harvey Hart. Con Wendell Burton, Zooey [David] Hall, Michael Greer, Danny Freedman. ◆ Un ragazzo (Burton) finisce in carcere per un piccolo reato ed è costretto a diventare «l'amico» del boss (Hall). Tratto dalla commedia di John Herbert (autore anche dell'adattamento cinematografico), il film è la storia delle violenze e dei guasti provocati dalla galera. La crudezza di certe scene scandalizzò, ai tempi, l'America puritana, ma sollevò anche le proteste degli attivisti gay, che sottolinearono come l'impostazione coerentemente omosessuale della pièce fosse stata stravolta dalla produzione, che allontanò, dopo 30 giorni di riprese, il regista Jules Schwerin, per far passare nel film una visione dell'omosessualità più *prude* e aggiungendo alcune morbose scene di violenza sadomaso.

Indiziato di assassinio * (*Shadows Run Black*, Usa 1981, col, 89') Howard Heard. Con William J. Kulzer, Elizabeth Trosper, Shea Porter, Kevin Costner. ◆ Un maniaco moralizzatore sta uccidendo le studentesse di un college, avendo cura di assalirle quando vanno in giro nude per casa. Sarà un portoricano? O uno studente con la collanina (Costner)? Sorpresa: è il capo della polizia. Filmetto invedibile, girato senza capacità di intendere né volere, che si ricorda solo per la prima, breve comparsa di un irriconoscibile Costner. Talmente brutto che circolò solo cinque anni dopo, quando Costner era diventato famoso.

Indiziato di reato ** (*Guilty by Suspicion*, Usa 1991, col, 105') Irwin Winkler. Con Robert De Niro, Annette Bening, George Wendt, Patricia Wetting, Sam Wanamaker, Luke Edwards, Martin Scorsese, Barry Primus. ◆ Hollywood, anni Cinquanta: ingiustamente accusato di essere comunista, il regista David Merrill (De Niro) finisce sulla «lista nera». Gli chiedono di denunciare dei colleghi, ma lui preferisce dar retta alla coscienza: perde il lavoro ma riconquista la moglie (Bening). Il produtore di Pollack e Scorsese (e di *Rocky*) esordisce nella regia ispirandosi alla vita di John Berry. Il film è piuttosto schematico nella sua voglia di dividere i buoni dai cattivi e ha le sue qualità maggiori nel puntiglio con cui ricostruisce l'atmosfera hollywoodiana di quegli anni: il Joe Lesser (interpretato da Scorsese) che mostra una scena dal *Ragazzo dai capelli verdi* è Joseph Losey; Dorothy Nolan (interpretata da Patricia Wetting) è Dorothy Comingore (che però nella realtà non si suicidò); per un western di serie B si gira un finale uguale a *Mezzogiorno di fuoco*; Zanuch (l'attore Ben Piazza) si lamenta perché Marilyn Monroe fa troppi ciak della stessa scena di *Gli uomini preferiscono le bionde*. Grande pezzo di bravura del direttore della fotografia Michael Ballhaus nella scena finale della deposizione. Il vero perseguitato Sam Wanamaker, interpreta un avvocato della commissione McCarthy.

Indocina ° (*Indocine*, Francia 1992, col, 130') Régis Wargnier. Con Catherine Deneuve, Lihn Dan Pham, Vincent Perez, Jeanne Yanne. ◆ Nel Vietnam colonizzato dai francesi, si consuma l'amore assoluto e distruttivo di un giovane ufficiale (Perez) per una nobile vietnamita (Dan Pham), figlia adottiva della donna (Deneuve) che il militare aveva appassionatamente amato in precedenza. Polpettone patinato e ridondante, che mescola amore e morte sullo sfondo della lotta di liberazione comunista. La Deneuve, nonostante una nomination, praticamente non ha espressioni, come ingessata nel suo ruolo di repressa donna d'affari che scopre improvvisamente la passione, ma gli altri sono anche peggio. Inutile sfoggio di paesaggi cartolineschi e immeritato Oscar come miglior film straniero. In originale 140'.

Indomabile *½ (*Return to Snowy River*, Usa/Australia 1988, col, 100') Geoff Burrowes. Con Tom Burlinson, Sigrid Thornton, Brian Dennehy, Nicholas Eadie, Bryan Marshall. ◆ Un bellissimo cavallo nero aiuta il giovane Jim (Burlinson) a conquistare il cuore di Jessica (Thornton) che il padre vorrebbe far sposare a un ufficiale (Eadie). Western per famiglie prodotto dalla Walt Disney, seguito dell'*Uomo del fiume nevoso* (1982) con minor respiro epico ma con gli stessi paesaggi incantati.

Indomabile Angelica, L' *½ (*L'indomptable Angélique*, Francia/Italia/Rft/Tunisia 1967, col, 95') Bernard Borderie. Con Michèle Mercier, Robert Hossein, Roger Pigaut, Ettore Manni, Arturo Dominici, Leopoldo Bendandi, Bruno Dietrich, Christian Rode. ◆ Saputo che Joffrey de Peyrac (Hossein) è ancora vivo e naviga nel Mediterraneo, Angelica (Mercier) si imbarca per cercarlo: catturata dai pirati, viene riscattata da un inviato del marito, ma la loro felicità è di breve durata, perché Joffrey deve accorrere in soccorso della propria nave in pericolo. Quarto film della serie, tratto dal romanzo di Anne e Serge Golon *Angelica l'indomabile*, è l'episodio più «italiano» del ciclo (per la massiccia presenza di nostri caratteristi): le grazie della Mercier cominciano a perdere colpi, l'avventura anche.

Indomiti, Gli **½ (*Nepokorennyje*, Urss 1945, b/n, 95') Mark Donskoj. Con Amvrosij Bukma, Lidija Kartaševa, Venjamin Žuskin, Boris Šagal', Evgenij Parnomenko, Vera Slavina. ◆ Mentre Kiev è occupata dai nazisti, i figli dell'operaio Taras (Bukma) lottano contro l'invasore: Andrej (Parnomenko) al fronte, Stepan (Šagal') e Nastja (Slavina) nella resistenza. Intanto la repressione aumenta: il coraggioso medico ebreo (Žuskin) è catturato e ucciso; Nastja viene impiccata e la nuora Antonina deportata. Ma finalmente le sorti della guerra volgono a favore dell'Armata rossa: Andrej e Stepan possono tornare a casa e Taras riprende il suo lavoro in officina. Girato durante l'occupazione di Kiev e portato a termine poco dopo la liberazione dell'Ucraina, *Gli indomiti* è un po' la *Roma città aperta* della cinematografia sovietica. Tratto dal romanzo omonimo di Boris Gorbatov (anche sceneggiatore insieme al regista e a L. Barn e G. Grakov), il film affronta il tema della resistenza contro l'invasore con una struttura narrativa solida e compatta, bianco e nero contrastato, montaggio incalzante, regia furente. La fermezza ideologica qui può contare su una genuinità d'intenti e risultati che evita le trappole della retorica, e Donskoj è tanto spietato nel descrivere gli orrori nazisti quanto appassionato nel raccontare la resistenza su tutti i fronti (da quello militare a quello domestico). Insieme ad *Arcobaleno* (1943), forma una sorta di dittico sull'invasione nazista.

Indossatrice, L' *½ (*A Life of Her Own*, Usa 1950, b/n, 108') George Cukor. Con Lana Turner, Ray Milland, Tom Ewell, Louis Calhern, Margareth Phillips, Ann Dvorak, Phyllis Kirk, Jean Hagen. ◆ Lily Brannel Jones (Turner) arriva a New York dalla provincia per fare l'indossatrice: una sofferta relazione con un uomo sposato (Milland) e la brutta fine di una collega più anziana (Dvorak) le apriranno gli occhi sulla realtà. Scontato melodramma privo di passione girato da Cukor senza voglia (per sua esplicita ammissione): nella sceneggiatura originale (di Isobel Lennart) la protagonista doveva suicidarsi, ma la Mgm impose il lieto fine. Il ballerino è interpretato da Hermes Pan.

Indovina chi viene a cena? ** (*Guess Who's Coming to Dinner*, Usa 1967, col, 108') Stanley Kramer. Con Spencer Tracy, Katharine Hepburn, Sidney Poitier, Katharine Houghton, Cecil Kellaway, Beah Richards, Virginia Christine. ◆ A San Francisco, una coppia progressista, Matt e Christian Dryton (Tracy e Hepburn), entra in crisi quando la figlia Joey (Houghton) presenta il nuovo fidanzato, il medico nero John Prentice (Poitier): lacerazioni e scontri, prima dell'inevitabile consenso. Tra battute brillanti e qualche gag, una commedia edulcorata e ottimista, che affronta il tema del razzismo quotidiano evitando i problemi reali e annegando le contraddizioni in un mare di buoni sentimenti. Tracy, che girò il film già gravemente malato, morì due settimane dopo la fine delle riprese. Nel ruolo di Joey, la nipote della Hepburn al suo debutto. Due Oscar: miglior attrice (Hepburn) e soggetto e sceneggiatura (William Rose).

Indovina chi viene a merenda? * (Italia 1969, col, 93') Marcello Ciorciolini. Con Franco Franchi, Ciccio Ingrassia, Mimmo Palmara, Carlo Romano, Giacomo Rossi Stuart, Toni Ucci. ◆ Due pastori siciliani (Franchi e Ingrassia), obbligati a un cambio d'abito da alcuni soldati americani, vengono scambiati dai nazisti per nemici e spediti in un campo di concentramento in Germania, da dove riusciranno a fuggire. Pasticciaccio comico che tenta di parodiare film come *La grande fuga* o *Il passaggio del Reno* mentre, nonostante il titolo, non si parla assolutamente di integrazione razziale. Particina per Lino Banfi come prigioniero americano (!).

In Dreams **½ (*In Dreams*, Usa 1998, col, 98') Neil Jordan. Con Annette Bening, Robert Downey jr, Aidan Quinn, Stephen Rea, Paul Guilfoyle, Katie Sagona. ◆ Claire Cooper (Bening) è in contatto telepatico con un serial killer (Downey jr) che prima le uccide la figlia, e poi la invade con i suoi incubi. Jordan (che ha adattato con Bruce Robinson un romanzo di Bari Wood) punta tutto sullo stile fiammeggiante per dare spessore a una storia non nuova, che declina come da manuale i simboli dell'acqua, della nascita e della morte; e subendo un po' passivamente le regole dei generi attraversati (fiaba gotica, thriller parapsicologico, horror onirico), fino ad affrontarle di petto e rovesciarle in un finale che, una volta tanto, non lascia delusi. La fotografia è di Darius Khondji. Le scene della città sommersa sono state girate negli stessi studios messicani di *Titanic*.

In due è un'altra cosa *½ (*High Time*, Usa 1960, col, 103') Blake Edwards. Con Bing Crosby, Fabian, Tuesday Weld, Nicole Maurey. ◆ Un ricco vedovo di mezza età (Crosby) decide d'iscriversi all'università, nonostante il parere contrario dei figli. Ne uscirà laureato con lode e con una bella professoressa francese (Maurey) come nuova moglie. Una commedia stiracchiata (nonostante il soggetto di Garson Kanin e la produzione di Charles Brackett) che gioca con troppa enfasi sui contrasti tra la serietà borghese e la disponibilità giovanile.

Inesorabile detective, L' *½ (*Lemmy pour les dames*, Francia 1962, b/n, 97') Bernard Borderie. Con Eddie Constantine, Françoise Brion, Guy Delorme, Claudine Coster, Eliane d'Almeida, Yvonne Monlaur, Annie Valentin, Jacques Berthier, Robert Berri. ◆ In vacanza a Nizza, Lemmy Caution (Constantine) deve occuparsi del misterioso omicidio di una ragazza: scoprirà che un'organizzazione criminale ricatta un gruppo di donne (Brion, Coster e d'Almeida) che in passato erano state coinvolte in una fumeria di oppio. Sesto film sull'agente federale inventato da Peter Cheyney e apparso per la prima volta in *F.B.I. Operazione criminale*: qui aumentano le belle donne e l'intrigo è (un po') meno confuso e improbabile del solito, ma Borderie riesce ancora a reggere il sottile equilibrio tra parodia e azione che ha fatto la fortuna del personaggio.

Inesorabili, Gli *½ (Italia 1950, b/n, 97') Camillo Mastrocinque. Con Rossano Brazzi, Claudine Dupuis, Charles Vanel, Ignazio Balsamo, Milly Vitale. ◆ Saro (Brazzi), figlio di un fattore che era stato ucciso per togliergli un appezzamento di terreno, torna dall'America per vendicare il padre: ci riuscirà grazie anche all'aiuto del capomafia del paese (Vanel). «Western meridionale» sceneggiato da Fulvio Palmieri, Gian Paolo Callegari, Vittorio Nino Novarese e Jacques Remy, che mescola suggestioni neorealiste a elementi melodrammatici (oltre a un'ambigua visione della mafia).

Inesorabili, Gli **½ (*The Unforgiven*, Usa 1960, col, 125') John Huston. Con Burt Lancaster, Audrey Hepburn, Audie Murphy, Lillian Gish, John Saxon, Albert Salmi, Charles Bickford. ◆ Nel Texas del 1850, una tribù di indiani kjowa chiede che sia loro restituita la giovane Rachel (Hepburn), allevata dalla famiglia Zachary ma in realtà mezzosangue: solo il fratellastro (Lancaster) si opporrà e saprà sconfiggere i pellerossa e conquistarsi l'amore della ragazza. Western filoindiano nelle intenzioni (dello sceneggiatore Ben Maddow), il film si trasformò in una specie di esaltazione della conquista e della frontiera: gli spunti antirazzisti (specie nel descrivere l'ottusità e la paura dei pionieri) si stemperano nel «recupero delle ragioni di quasi tutti e in uno strambo elogio del sacrificio del meticciato», e così il rifiuto di emettere condanne divine (Zachary non vuole che Rachel paghi per una colpa non sua ma, semmai, dei genitori) si trasforma in un elogio della vita tutto a favore dei bianchi.

Infallibile ispettore Clouseau, L' * (*Inspector Clouseau*, Usa 1968, col, 94') Bud Yorkin. Con Alan Arkin, Delia Boccardo, Frank Finlay, Patrick Cargill, Barry Foster. ◆ Scotland Yard chiama l'imbranato ispettore francese Clouseau (Arkin) perché riesca a sventare una rapina annunciata: naturalmente il suo intervento non sarà minimamente risolutivo. Terzo episodio (spurio) della serie *La pantera rosa*: la mancanza di Peter Sellers e di Blake Edwards (e conseguentemente la mancanza di quella comicità surreale che costituisce la cifra stilistica della coppia) spiega il fallimento del film.

Infallibile pistolero strabico, L' ** (*Support Your Local Gunfighter*, Usa 1971, col, 92') Burt Kennedy. Con James Garner, Suzanne Pleshette, Jack Elam, Harry Morgan, John Dehner, Joan Blondell, Chuck Connors. ◆ Un poliziotto dell'est (Garner) arriva in una cittadina dell'ovest: sotto la sua guida le cose si mettono a posto e tutto ricomincia a funzionare bene. Stesso regista e cast quasi immutato per un finto seguito del *Dito più veloce del West* (1968): la parodia funziona ancora e lo Swifty Morgan interpretato da Jack Elam è molto divertente.

Infanzia di Gorki, L' **½ (*Detstvo Gor'kogo*, Urss 1938, b/n, 101') Mark Donskoj. Con Alëša Liarskij, Michail Trojanovskij, Varvara Massilitinova, Elena Alekseeva, Igor' Smirnov, V. Novikov, A. Zukov, S. Tichonravov, Daniil Sagal, K. Zjubko. ◆ Sul finire degli anni Settanta del secolo scorso, il piccolo Aleksej Peškov, detto Alëša, (Liarskij) si trasferisce con la mamma vedova (Alekseeva) a Nijni-Novigorod, nella casa di famiglia: l'irascibile nonno (Trojanovskij) lo picchia spesso ma gli racconta anche la sua triste vita mentre la nonna (Massilitinova) lo intrattiene con storie e leggende. Quando lo zio Michail (Zukov), convinto che il genitore gli preferisca il fratello Jakov (Novikov), dà fuoco alla tintoria di famiglia, tutti sono costretti a traslocare e Alëša fa amicizia con un vicino (Tichonravov) che gli dà lezioni di etica, gli comunica la propria passione per lo studio e che si scoprirà essere ricercato dalla polizia zarista. La miseria li obbliga a un nuovo trasloco: il nonno si riduce a fare il mendicante, Alëša lo straccivendolo, ma un giorno deciderà di non tornare più a casa e si metterà in viaggio. Primo capitolo della trilogia ispirata ai romanzi omonimi di Maksim Gor'kij (cui seguiranno *Fra la gente* e *Le mie università*), adattata da Donskoj e Il'ja Gruzdev con rigorosa fedeltà al testo. È una delle opere più ricche – sia sotto il profilo narrativo che formale – di tutta la cinematografia sovietica e, al di là della puntuale ricostruzione dell'epoca zarista, è una sorta di «potente cineromanzo di formazione dal valore universale», centrato sulla figura di un bambino – poi ragazzo e infine uomo – alla scoperta della realtà e di sé sotto la guida discreta di alcuni «iniziatori» (qui è il vicino di casa), in un ambiente umano e lavorativo degradato (qui è la tintoria del nonno) che suscita nel protagonista sentimenti sempre più decisi di rivolta sociale. Pur nella varietà di luoghi e situazioni, l'intera trilogia mantiene una sorprendente omogeneità di concezione e di stile, epica e lirica insieme, dove Donskoj riesce sempre a trovare un rigoroso punto di equilibrio tra i personaggi che Alëša incontra e la sua soggettività critica, mai preda di facili sentimentalismi, nemmeno in questo capitolo iniziale dedicato all'infanzia.

Infanzia di Ivan, L' *** (*Ivanovo detstvo*, Urss 1962, b/n, 95') Andrej Tarkovskij. Con Kolja Burljaev, Valentin Zubkov, Irma Tarkovskaja, Evgenij Zarikov, Stepan Krylov. ◆ Ivan (Burljaev), un ragazzino che ha perso la famiglia per mano tedesca, fa l'informatore per i russi attraversando ogni notte il fiume che separa i due fronti nemici. Verrà scoperto e impiccato. Primo lungometraggio di Tarkovskij (tratto dal racconto *Ivan* di Vladimir Bogomolov, che firma anche la sceneggiatura con Mikhail Papava), è la drammatica indagine, funerea e tragica, sulla vita di un bambino che orrore e violenza della guerra hanno segnato irrimediabilmente, votandolo alla morte. Una delle opere più coerenti del cosiddetto «disgelo» (che proprio questo film simbolicamente chiuse), offre della storia una «visione come dolore e irrazionalità», lontanissima dall'ottimismo volontaristico degli anni staliniani. Per Tarkovskij, la guerra non solo distrugge fisicamente, prima uccide dentro e il fragile Ivan è un morto vivente che ha perso la sua infanzia e la sua gioia di vivere, animato solo dall'odio contro chi ha ucciso la sua famiglia. Entrata nella storia del cinema la sequenza del sogno del ragazzo, che vede girargli intorno gli alberi vorticosamente. La ricerca simbolica alla base di molte scelte estetiche (ad esempio l'alternanza di chiaro e di scuro per sottolineare la differenza tra l'infanzia felice e la guerra) gli procurarono accuse ufficiali di formalismo e di disfattismo (anche in Italia, alla presentazione al festival di Venezia). La madre di Ivan è interpretata dalla madre del regista, Irma Tarkovskaja.

Infanzia, vocazioni, prime esperienze di Giacomo Casanova, veneziano **½ (Italia 1969, col, 96') Luigi Comencini. Con Leonard Whiting, Claudio De Kunert, Maria Grazia Buccella, Senta Berger, Tina Aumont, Raoul Grassilli, Silvia Dionisio, Mario Scaccia, Lionel Stander, Evi Maltagliati, Gino Santercole, Gigi Reder. ◆ Il giovane Casanova (Whiting) tornato da Padova a Venezia come abate scopre ben presto l'ascendente di cui gode presso le donne: abbandona l'abito talare e inizia la sua carriera di libertino. Trasposizione dei primi cinque capitoli delle *Memorie* di Giacomo Casanova (sceneggiati da Suso Cecchi d'Amico), il film finisce dove cominciano le avventure galanti, ma il racconto (tipicamente comenciniano) di un ragazzo lasciato solo con le sue forze non riesce a trovare un vero asse centrale che possa sostenere la struttura narrativa, così da risultare alla fine piuttosto una serie di episodi staccati, anche se raccontati con un bel tono ironico e crudele. Molto meglio l'illustrazione di Venezia, all'apice della ricchezza e della dissoluzione morale e affettiva. Angela è interpretata da Cristina Comencini, figlia del regista diventata regista lei stessa. In Francia è uscita una versione di 125'.

Infedele **½ (*Cynara*, rieditato col titolo *I Was Faithful*, Usa 1932, b/n, 80') King Vidor. Con Ronald Colman, Kay Francis, Phyllis Barry, Henry Stephenson, Viva Tattersall, Florine McKinney, Clarissa Selwyn, Halliwell Hobbes. ◆ Al ritorno della moglie (Francis) da un lungo viaggio, l'avvocato Jim Warlock (Colman) decide di chiudere la relazione con la giovane Doris (Barry), ma lei si suicida e il processo che ne segue mette in crisi la carriera e il matrimonio dell'uomo. Un melodramma insolitamente crudo e diretto, nel quale l'interpretazione senza sdolcinatezze dei protagonisti e alcune credibili notazioni psicologiche – l'innocente spontaneità dell'amante, l'imbarazzato realismo dell'uomo, la sofferta rassegnazione della moglie – fanno passare in secondo piano le convenzioni dello stile Goldwyn e le inutili sottolineature moralistiche del processo. Vidor e i suoi sceneggiatori Lynn Starling e Frances Marion (che hanno adattato la pièce *Cynara* di H.M. Harwood e Robert Gore-Browne) si rifiutano di attribuire patenti di colpevolezza o d'innocenza, e anche il finale positivo ha una sua plausibile (e sofferta) verità. Il titolo originale si riferisce a un verso di Ernest Dowson da *Non sum qualis eram* (1896), citato con un cartello in apertura: *I have been faithful to thee, Cynara, in my fashion* (Ti sono stato fedele, Cynara, a modo mio). Il film che vanno a vedere Jim e Doris e dà inizio alla loro storia è *Vita da cani* di Chaplin.

Infedeli, Le *** (Italia 1952, b/n, 95') Steno [Stefano Vanzina], Mario Monicelli. Con May Britt, Pierre Cressoy, Anna Maria Ferrero, Carlo Romano, Irene Papas, Gina Lollobrigida, Charles Fawcett, Marina Vlady [ma nei titoli è Wladi], Tina Lattanzi, Giulio Calì, Paolo Ferrara, Margherita Bagni, Tania Weber, Bernardo Tafuri, Milko Skofic. ◆ Entrato in contatto con il mondo dell'alta borghesia, l'investigatore Osvaldo Dalprà (Cressoy) si mette a ricattare le donne di cui scopre i tradimenti e le debolezze ed è indiretto responsabile del suicidio della cameriera Cesarina (Ferrero), accusata ingiustamente di alcuni furti: a far giustizia ci penserà Liliana (Britt), ex amante di Osvaldo, dopo che la denuncia della donna era stata insabbiata per evitare scandali. Insolitamente duro e disperato, è uno dei primi film italiani – con *Febbre di vivere* di Gora – che racconti i comportamenti (e i peccati) della borghesia: la sceneggiatura di Franco Brusati, Ivo Perilli, Steno e Monicelli cerca di fondere una scrittura sanguigna da melodramma (con introspezioni psicologiche e caratteri ben riconoscibili: il marito pusillanime [Romano], la donna debole [Lollobrigida], il commissario di buon senso [Ferrara]) con una serie di temi esistenziali, preantonioniani, che cercano di far uscire una «morale borghese» dall'analisi interna di quel mondo. Ottima interpretazione per l'allora semisconosciuta svedese May Britt, quasi irriconoscibile coi capelli neri, che ebbe problemi a girare la sequenza finale perché il suo odio per la violenza le rendeva difficile persino sparare con una pistola a salve. Firmato in coppia per motivi contrattuali, il film fu girato, in pratica, dal solo Monicelli che con questo film si orienta verso un cinema sempre più d'autore. Guido, l'amante della Lollo, è interpretato da Milko Skofic, suo marito nella vita. Particina per Carlo Mazzarella nel ruolo del fotografo.

Infedeli per sempre ** (*Faithful*, Usa 1996, col, 98') Paul Mazursky. Con Cher [Cherilyn La Piere Sarkosian], Chazz Palminteri, Ryan O'Neal, Paul Mazursky, Amber Smith. ◆ Nel ventesimo anniversario di matrimonio Margaret (Cher), moglie tradita e depressa, sta per suicidarsi, quando irrompe nella sua villa il killer Tony (Palminteri) pagato dal marito Jack (O'Neal). Ma visto che il killer non fa che telefonare al suo analista (Mazursky) ogni cinque minuti, e che a Margaret è di colpo tornata la voglia di vivere, si immagina come andrà a finire. Mazursky, da sempre interessato ai malesseri della coppia, ormai si accontenta di frecciatine e modesti cinismi. Tratto da una commedia di Palminteri, che firma anche l'adattamento senza fare troppo per nasconderne l'impianto teatrale. Produce la Tribeca di Robert De Niro.

Infedelmente tua *** (*Unfaithfully Yours*, Usa 1948, b/n, 93') Preston Sturges. Con Rex Harrison, Linda Darnell, Kurt Kreuger, Lionel Stander, Edgar Kennedy, Barbara Lawrence. ◆ Sir Alfred (Harrison), un direttore d'orchestra convinto dell'infedeltà della moglie (Darnell) dal rapporto di un detective, immagina, mentre dirige un concerto, tre soluzioni diverse al suo «dramma»: l'ouverture della *Semiramide* di Rossini gli ispira vendette diaboliche, il *Tannhäuser* di Wagner il perdono e la rinuncia, la *Francesca da Rimini* di Čajkovskij romantici duelli. Sturges, autore anche della sceneggiatura, smonta i meccanismi tradizionali della pochade trasformando letteralmente la farsa in melodramma. Un divertimento di grande intelligenza, giocato sul filo dell'ironia e del paradosso (anche se la stessa struttura narrativa costringe il film a una certa ripetitività), della cui riuscita è corresponsabile un attore sottile come Harrison. Grande prova, nei panni del detective melomane, di Edgar Kennedy, vecchio complice di Laurel e Hardy qui al suo ultimo film. Nel 1983 ne è stato fatto un penoso remake, *Un'adorabile infedele*.

Infedelmente tua *½ (*On aura tout vu*, Francia 1976, col, 98') Georges Lautner. Con Miou-Miou [Sylvette Hery], Pierre Richard, Jean-Pierre Marielle, Renée Saint-Cyr, Henry Guybet, Sabine Azéma, Valérie Mairesse. ◆ Disavventure di un fotografo pubblicitario, François (Richard), che tenta invano di diventare un regista impegnato: il produttore (Marielle) vorrebbe trasformare il suo film in una pellicola pornografica, ma la moglie (Miou-Miou) lo riporta sulla buona strada. Commedia farsesca che vorrebbe satireggiare (in modo molto casto) il mondo del cinema porno: soliti luoghi comuni, risollevati solo dalla verve di Richard e di Miou-Miou.

Infedeltà *** (*Dodsworth*, Usa 1936, b/n, 101') William Wyler. Con Walter Huston, Ruth Chatterton, Paul Lukas, Mary Astor, David Niven, Gregory Gaye, Maria Ouspenskaya. ◆ Un industriale americano ritiratosi dagli affari, Samuel Dodsworth (Huston), accompagna in Europa la moglie Fran (Chatterton), una provinciale snob terrorizzata dall'idea di invecchiare: la donna finirà per innamorarsi di un vacuo barone (Gaye) e lascerà il marito, che solo dopo una lunga crisi ritroverà il gusto per la vita accanto a una nuova donna (Astor). Tratto dal romanzo omonimo di Sinclair Lewis e dalla riduzione teatrale di Sidney Howard (autore anche della sceneggiatura), il film mantiene un impianto abbastanza teatrale, ma sa coinvolgere grazie alla grande interpretazione di Walter Huston e di Ruth Chatterton, il cui personaggio di donna vuota e futile va ben al di là dei soliti stereotipi e anche dello scontato moralismo hollywoodiano (il finale, con il marito che sceglie la nuova donna invece della moglie che, pentita, vorrebbe riprendere il suo posto, fu un vero colpo basso per il Codice Hays). Il personaggio interpretato da Paul Lukas – il banchiere Arnold Iselin – nel romanzo e nella commedia si chiamava Israel. Esordio di John Payne (qui chiamato John Howard Payne) nella parte di Harry, genero dei Dodsworth. Oscar per le scenografie a Richard Day.

Infelici e contenti * (Italia 1992, col, 100') Neri Parenti. Con Renato Pozzetto, Ezio Greggio, Francesca D'Aloia, Ivonne Sciò, Marina Suma, Roberto Bisacco, Francesca Rinaldi. ◆ Un imbroglione cieco (Greggio) e un ingenuo paralitico (Pozzetto) si incontrano sulla riviera ligure e, tra casinò e treni, discoteche e spiagge, cercano di sfruttare i loro handicap per tirare a campare. Maldestro tentativo di italianizzare *Non guardarmi, non ti sento*: solo luoghi comuni, volgarità e situazioni prevedibili. Possibile che uno sceneggiatore come Rodolfo Sonego (che ha scritto il film con Parenti) sia caduto così in basso?

Infermiera, L' *½ (Italia 1975, col, 105') Nello Rossati. Con Ursula Andress, Duilio Del Prete, Mario Pisu, Daniele Vargas, Marina Confalone, Lino Toffolo, Jack Palance. ◆ Dalle parti di Conegliano, un industriale vinicolo (Pisu) viene colto da infarto. Per avvicinare il momento della spartizione dell'eredità, i parenti gli affiancano una prorompente e focosissima infermiera (Andress) che, invece, lo guarisce e lo sposa. Variopinto quadro delle meschinità dell'Italia piccolo-borghese sprecato da una regia nulla: comicità trevigiana (a volte «tradotta» con sottotitoli in italiano), strip della Andress e il povero Palance costretto a fare il compratore americano.

Infermiera di notte, L' * (Italia 1979, col, 95') Mariano Laurenti. Con Gloria Guida, Alvaro Vitali, Leo Colonna, Mario Carotenuto, Francesca Romana Coluzzi, Paola Senatore, Lino Banfi. ◆ Il figlio di un dentista (Colonna) seduce la bella infermiera (Guida) venuta ad assistere uno zio malato. Una delle innumerevoli sboccate varianti trovate per soddisfare voyeurismo, pruriti e voglia di liberazione sessuale di quegli anni. Alvaro Vitali, qui nella parte di Peppino, impazza.

Infermiera nella corsia dei militari, L' * (Italia 1979, col, 88') Mariano Laurenti. Con Nadia Cassini, Lino Banfi, Alvaro Vitali, Paolo Giusti, Karin Schubert. ◆ Una cantante (Cassini) si fa passare per infermiera per entrare nella clinica del professor Amedeo La Russa (Banfi), dove ci sono alcuni quadri preziosi. Non incontrerà solo l'arte ma anche l'amore. Ancora un episodio di commedia erotica con un Banfi incontenibile; particina per la diva porno Karin Schubert, qui ancora in versione soft.

Infernale avventura, L' ** (*Angel on My Shoulder*, Usa 1946, b/n, 101') Archie Mayo. Con Paul Muni, Anne Baxter, Claude Rains, George Cleveland, Onslow Stevens, Erskine Sanford, Hardie Albright. ◆ Per vendicarsi di colui che l'ha ucciso, il gangster Edie Kelly (Muni) ottiene di tornare sulla Terra, e Mefistofele (Rains) lo reincarna nel corpo di un giudice filantropo: ma la precedente reputazione del giudice e l'amore della fidanzata (Baxter) hanno ragione delle cattive intenzioni di Kelly e del piano satanico per incrementare le anime dannate. Bizzarra commedia fantastica sceneggiata da Harry Segall e Roland Kibbee, più simpatica allorché Muni si sforza di rovinare il buon nome del giudice prima che l'amore lo converta alla bontà. Perfetto Rains nel ruolo del Diavolo.

Infernale Quinlan, L' **** (*Touch of Evil*, Usa 1958, b/n, 93') Orson Welles. Con Charlton Heston, Orson Welles, Janet Leigh, Joseph Calleia, Akim Tamiroff, Marlene Dietrich, Mort Mills, Zsa Zsa Gabor, Ray Collins, Mercedes McCambridge, Joseph Cotten. ◆ Mentre si trovano in viaggio di nozze vicino alla frontiera con gli Usa, un poliziotto messicano, Vargas (Heston), e sua moglie Susan (Leigh) assistono a un attentato contro il più ricco esponente della zona. Vargas decide di indagare sul caso, ma deve vedersela con il capitano Quinlan (Welles), di tutt'altra scuola: tanto il primo è razionale e alla ricerca della prova logica, quanto il secondo si fa guidare dall'istinto e non esita a fabbricare prove come supporto alle sue intuizioni. Da un banale intreccio poliziesco, tratto dal romanzo *Contro tutti* di Whit Masterson e già sceneggiato da Paul Monash per una produzione di serie B, un'opera monumentale e ricca di fascino nonostante le manomissioni finali, che segna il ritorno di Welles a Hollywood dopo la parentesi europea. Chiamato dalla Universal per assicurarsi la partecipazione di Charlton Heston, Welles rielabora velocemente la sceneggiatura senza leggere il romanzo, mette a punto un conflitto drammaturgico ambiguo e geniale, e si cuce su misura un personaggio titanico, malato di assolutismo, riprovevole eppure dotato di un fiuto infallibile. A Welles interessa «non tanto la grandezza del male, quanto l'innocenza nel peccato» e così all'ambiguità morale fa riscontro un'analoga ambiguità estetica, giocata su una violenta deformazione dello spazio (grandangolo con lente a focale corta, profondità di campo esasperata) e su una velocità «doppia» (del montaggio, con vorticosi piani sequenza – tra cui il più celebre è quello che apre il film – e dei personaggi all'interno delle singole inquadrature). Noir sadico, dalle ascendenze kafkiane, capolavoro del cinema wellesiano, *L'infernale Quinlan* circola normalmente in una versione che contiene un quarto d'ora di immagini spurie (sono scene tra Heston e la Leigh, girate da Harry Keller) ed è priva di parecchie sequenze dirette da Welles, riguardanti il confronto Vargas/Quinlan, i movimenti di Joe Grandi (Tamiroff) e il ruolo di Schwartz (Mills): ovvero la dimensione morale del film. All'amica Marlene Dietrich, venuta a trovarlo sul set e per la quale Welles inventò il personaggio di Tanya, è affidata la battuta conclusiva del film: «Era uno sporco poliziotto, ma a suo modo era anche un grand'uomo». Nel 1998, il produttore Rick Schmidlin, con la collaborazione del montatore Walter Murch e del critico Jonathan Rosenbaum, ha finanziato il restauro del film secondo le indicazioni originali di Welles, reintroducendo 19' di tagli (e portando la lunghezza definitiva a 112') e togliendo dal piano sequenza iniziale i titoli e la musica, come voleva il regista.

Inferno ** (*Inferno*, Usa 1953, col, 83') Roy [Ward] Baker. Con Robert Ryan, Rhonda Fleming, William Lundigan, Henry Hull. ◆ Un ricco proprietario (Ryan) viene abbandonato con una gamba rotta in una zona desertica dalla moglie (Fleming) e dal suo amante (Lundigan): quando quest'ultimo torna per essere sicuro che la vittima sia effettivamente morta, avrà una sorpresa. Bella fotografia di Lucien Ballard e ritmo discreto. Primo film girato in 3D dalla Century Fox. Rifatto come tv-movie nel 1973: *Ordeal* di Lee H. Katzin con Arthur Hill e Diane Muldaur, inedito in Italia.

Inferno *½ (Italia 1980, col, 106') Dario Argento. Con Leigh McCloskey, Irene Miracle, Daria Nicolodi, Sacha Pitoëff, Fëdor Šaliapin, Eleonora Giorgi, Alida Valli, Gabriele Lavia, Leopoldo Mastelloni. ◆ Come si poteva supporre dalla lettura del *Libro delle Tre Madri*, tre divinità degli inferi si celano in altrettante case, a New York, Roma e Friburgo. La scoperta costa la vita a una ragazza (Miracle), il cui fratello (McCloskey) insiste a voler far luce sul mistero. Dopo *Suspiria*, Argento abbandona definitivamente il thriller per l'horror soprannaturale: ma questa volta manca la suspense, e tutto si riduce a un rosario di ammazzamenti immotivati. Pitoëff viene fatto fuori dai gatti, Lavia finisce col collo trapassato da un coltello, mentre a Mastelloni cavano gli occhi. Argento è salvato in parte dalla tecnica pregevole e da certi sprazzi di umorismo ghignante: ma quando comincia a prendersi sul serio diventa insopportabile. Atroci musiche di Keith Emerson. La storia delle tre madri viene da *Suspiria de profundis* (1845) di Thomas de Quincey.

Inferno, L' **½ (*L'Enfer*, Francia 1993, col, 100') Claude Chabrol. Con François Cluzet, Emmanuelle Béart, Marc Lavoine, André Wilms, Jean-Pierre Cassel, Dora Doll. ◆ L'albergatore Paul (Cluzet) si chiede come sua moglie Nelly (Béart), giovane e bella, occupi i pomeriggi: la pedina, ma non riesce ad avere prove concrete di un suo tradimento. In un crescendo di folle gelosia arriverà a chiudersi con lei in camera da letto, ormai incapace di distinguere tra immaginazione e realtà. Chabrol ha ripescato una sceneggiatura che Henri-Georges Clouzot aveva cominciato a girare nel 1964 (con Serge Reggiani e Romy Schneider), prima di dover abbandonare il progetto perché colto da infarto. L'inizio è quello tipico del film chabroliano sulla provincia francese (è ambientato a Tolosa), pieno di notazioni gustose ma anche di maniera. Poco per volta, tuttavia, la storia si trasforma, e cerca di penetrare dentro la testa di un uomo malato, ricostruendone la visione distorta della realtà. E quello degli ultimi venti minuti è un vero inferno «senza fine», come dice la didascalia finale, che risparmia gli effettacci ed esplora con coraggio le possibilità che ha il linguaggio cinematografico di rappresentare la «vita» della mente.

Inferno ci accusa, L' ** (*The Story of Mankind*, Usa 1957, col, 100') Irwin Allen. Con Ronald Colman, Vincent Price, Cedric Hardwicke, Hedy Lamarr, Groucho, Harpo e Chico Marx, Virginia Mayo, Agnes Moorehead, Francis X. Bushman, Charles Coburn, Marie Windsor, John Carradine. ◆ Alla notizia che l'uomo sta per dare inizio a esperimenti atomici nei cieli, si riunisce il Tribunale supremo: il giudice celeste (Hardwicke) chiama lo Spirito dell'Uomo (Colman) e Belzebù (Price) a confrontarsi sulla storia dell'umanità per decidere se accordare agli uomini un'ultima possibilità di salvezza. Ognuno porta le sue prove, rievocando i grandi eventi: dai Faraoni a

Nerone, da Attila a Giovanna d'Arco, dal Rinascimento alla colonizzazione dell'America, da Abramo Lincoln alla seconda guerra mondiale. Un ambizioso film in costume piuttosto insulso e pieno di cliché (scritto da Charles Bennett e Irwin Allen ispirandosi al libro di Henrik Van Loon), ma, col passare degli anni, sempre più curioso per la schiera di illustri cammeo e gli abbinamenti star-personaggio: Hedy Lamarr interpreta Giovanna d'Arco, Harpo Marx è Isaac Newton, Virginia Mayo Cleopatra, Agnes Moorehead Elisabetta I, Peter Lorre Nerone, John Carradine Khufu, Dennis Hopper Napoleone, Marie Windsor Maria Antonietta, Edward Everett Horton è Sir Walter Raleigh, Reginald Gardiner Shakespeare, Francis X. Bushman Mosè (e George E. Stone fa solo il cameriere!). È l'ultimo film in cui appaiono i tre fratelli Marx, ma non in gruppo.

Inferno degli amanti, L' → *Cavaliere del sogno, Il*

Inferno dei vivi, L' → *Stalag 17*

Inferno di cristallo, L' *** (*The Towering Inferno*, Usa 1974, col, 165') John Guillermin. Con Steve McQueen, Paul Newman, William Holden, Faye Dunaway, Fred Astaire, Susan Blakely, Richard Chamberlain, Jennifer Jones, Robert Wagner, Robert Vaughn, Dabney Coleman. ◆ Il giorno dell'inaugurazione di un gigantesco grattacielo, scoppia un incendio che isola molti invitati sul tetto della costruzione: con gli sforzi congiunti dei pompieri, guidati dal comandante O'Hallorhan (McQueen), e del progettista (Newman) si cerca di trarli in salvo, mentre il pericolo porta alla luce il vero carattere di ognuno. Uno dei maggiori successi degli anni Settanta che inaugurò il filone dei film catastrofici sceneggiato con consumata abilità da Stirling Silliphant mettendo insieme due racconti (di Richard Martin Stern e di Thomas M. Scortia e Frank M. Robinson). Il film sa mescolare scene di autentico e spettacolare panico e usare al meglio il cast di all- star riunito per l'occasione. Ai tempi il pubblico femminile si divise per decidere se fossero più belli gli occhi azzurri di Newman o quelli di McQueen. Più del regista, il vero artefice del film fu il produttore Irwin Allen, che supervisionò tutte le scene d'azione. Guillermin si è limitato a coordinare le parti recitate. Tre Oscar: miglior fotografia (Fred Koenekamp e Joseph Biroc), canzone (*We May Never Love Like This Again* di Al Kasha e Joel Hirschhorn) e montaggio (Harold F. Kress e Carl Kress).

Inferno e passione *½ (*Egon Schiele*, Rft/Austria 1981, col, 93') Herbert Vesely. Con Mathieu Carrière, Jane Birkin, Christine Kauffman. ◆ Vita e opere del grande pittore Egon Schiele (Carrière) vissuto a cavallo degli ultimi due secoli. Tra le diverse e tutte assai tormentate storie d'amore, viene dato particolare risalto a quella con una sinuosa modella (Birkin). Eccessivamente estetizzante, il film non riesce a trasmettere la potenza dell'arte del pittore. Cast sottoutilizzato. Musiche di Brian Eno.

Inferno è per gli eroi, L' **½ (*Hell is for Heroes*, Usa 1962, b/n, 90') Don Siegel. Con Steve McQueen, Fess Parker, Bobby Darin, Harry Guardino, Bob Newhart, James Coburn, Nick Adams, Mike Kellin. ◆ Francia 1944: subito dopo lo sbarco in Normandia, sei uomini, guidati da un sergente tutto d'un pezzo (McQueen), devono resistere a un durissimo contrattacco tedesco: ce la fanno usando (anche) l'astuzia. Teso e avvincente, un piccolo classico tra i film di guerra, tutto costruito sulla psicopatologia di un gruppo di uomini assediati da un nemico che non si vede praticamente mai. La sceneggiatura, realistica e puntuale, di Richard Carr fu supervisionata da Robert Pirosh, storico della seconda guerra mondiale.

Inferno giallo **½ (Italia 1943, b/n, 82') Geza Radwanÿ [Géza I. von Radványi]. Con Fosco Giachetti, Maria De Tasnady, Pal Javor, Pietro Scharoff, Otello Toso, Vittoria Martello, Harry Feist, Lia Corelli. ◆ In una stazione sanitaria del Pacifico, diretta da un medico diventato cinico, Francesco (Giachetti), giunge dall'Europa un nuovo dottore, Pietro (Javor). Dopo i primi momenti d'incomprensione, tra i due si instaura un rapporto di collaborazione e d'amicizia, vanificato dall'arrivo inaspettato della moglie di Pietro, Maria (De Tasnady). Un dramma esotico tendente al noir, che assorbe e restituisce in modo originale l'atmosfera mortifera dell'epoca: da una parte, in pieno conflitto mondiale, sposta l'azione lontano dai campi di battaglia trasformando il classico manipolo di combattenti in un gruppo di medici pacifisti costantemente in tensione, tra malumori interni e paura di agguati dall'esterno; dall'altra, sfiora con abilità differenti generi «tradendoli» tutti: l'esotismo fa i conti con la miseria degli indigeni (che vengono però trattati con rispetto) e la disperata solitudine degli europei arrivati fin lì; la presunta donna fatale si rivela una moglie esemplare; il melodramma, sempre dietro l'angolo, viene controllato fino all'ultimo, in modo estenuante ma efficace. Notevole Giachetti nel ruolo del loser, a cui gli sceneggiatori (Edoardo Anton e Ugo Betti) riservano battute e abitudini degne della «scuola dei duri».

Inferno nel deserto ** (*Sundown*, Usa 1941, b/n, 90') Henry Hathaway. Con Gene Tierney, George Sanders, Bruce Cabot, Dorothy Dandridge, Joseph Calleia. ◆ Africa Orientale: durante la seconda guerra mondiale, grazie a una ragazza (Tierney) che fa l'informatrice degli inglesi, fallisce l'insurrezione tramata da una tribù contro gli stanziamenti britannici. Sullo sfondo di una visione paternalistica della presenza britannica in Africa, un film dignitoso, riscattato dalla bellezza di Gene Tierney e dalla fotografia di Charles Lang. Esiste una versione colorizzata.

Inferno nello specchio, L' – Candyman 2 *½ (*Candyman 2: Farewell to the Flesh*, Usa 1995, col, 95') Bill Condon. Con Tony Todd, Kelly Rowan, Timothy Carhart, Veronica Cartwright, Matt Clark, Bill Nunn. ◆ Seguito di *Candyman*: a New Orleans Candyman (Todd), spirito di un nero che si nasconde negli specchi, continua a far strage nel mondo accademico, cercando una reincarnazione del suo perduto amore: finché la candidata Annie (Rowan) lo bandisce dalla realtà. Almeno fino al prossimo sequel, vista la palese intenzione di trasformare Candyman in una specie di Freddy Krueger o del Pinhead della serie di *Hellraiser*. Routine di qualche ambizione, che comunque banalizza gli spunti interessanti del prototipo.

Inferno può attendere, L' **½ (*Angel on My Shoulder*, Usa 1980, col, 100') John Berry. Con Peter Strauss, Richard Kiley, Barbara Hershey, Janis Paige, Seymour Cassel. ◆ Un gangster (Strauss) viene rimandato da Satana sulla Terra, nel corpo di un giudice famoso per la sua onestà: per una volta la funzione l'avrà vinta sulla natura e il gangster-giudice preferirà comportarsi onestamente. Rifacimento sotto forma di tv-movie di *L'infernale avventura* (1946) di Archie Mayo: a circa quaranta anni di distanza la storia conserva ancora la sua carica di divertimento e Strauss non sfigura davanti al ricordo di Paul Muni.

Inferno sommerso, L' *½ (*Beyond the Poseidon Adventure*, Usa 1979, col, 118') Irwin Allen. Con Michael Caine, Sally Field, Peter Boyle, Jack Warden, Telly Savalas, Shirley Knight, Karl Malden, Slim Pikenz. ◆ Guidato dal capitano Mike Turner (Caine), l'equipaggio di un rimorchiatore raggiunge il relitto semisommerso del Poseidon: scopre che alcuni passeggeri sono ancora vivi, ma anche che la nave è stata fatta affondare per impossessarsi del prezioso carico di plutonio che trasportava. Seconda impresa del genere catastrofico per la coppia Irwin Allen (produttore e coregista dell'*Inferno di cristallo*) e Michael Caine: per il precedente *Swarm*, però, i risultati erano stati più convincenti.

Inferno sotto zero * (*Hell Below Zero*, Usa 1954, col, 91') Mark Robson. Con Alan Ladd, Joan Tetzel, Basil Sydney, Stanley Baker. ◆ La figlia (Tetzel) di un imprenditore navale vuole scoprire la verità sulla morte del padre: la troverà, insieme all'amore per chi l'ha aiutata nella ricerca (Ladd). Uno pseudogiallo girato in Inghilterra, praticamente senza idee.

Inferno sul fondo ** (*Torpedo Run*, Usa 1958, col, 98') Joseph Pevney. Con Glenn Ford, Ernest Borgnine, Diane Brewster, Dean Jones. ◆ Il dramma del comandante Barney (Ford) che, durante la seconda guerra mondiale, deve far saltare in aria col suo sottomarino una nave giapponese su cui sono prigionieri la moglie e il figlio. Sceneggiato da Richard Sale e William Wister Haines, un film che mescola sapientemente due valori forti e di grande impatto emotivo (la famiglia e il dovere patriottico) e che si regge soprattutto sulla recitazione di Glenn Ford.

Infiltrato, L' *½ (*The Man Inside*, conosciuto anche col titolo *L'affaire Wallraff*, Usa/Francia 1990, col, 100') Bobby Roth. Con Jürgen Prochnow, Peter Coyote, Nathalie Baye, Monique Van De Ven, Hippolyte Girardot, Nils Tavernier. ◆ Nel 1975 il giornalista Günter Wallraff (Prochnow) si infiltra in un potente quotidiano di destra, e scopre come vengano montate campagne stampa per discreditare militanti di sinistra, arrivando a provocare suicidi e a ispirare omicidi da parte di fanatici. Invano il quotidiano cercherà di bloccare l'uscita del libro dove racconta questi fatti. Quasi un remake di *Sbatti il mostro in prima pagina* e del *Caso Katharina Blum*, cui però non giova il taglio anonimo e superficiale da thriller internazionale. Scritto dal regista, basandosi sul libro scritto dal vero Wallraff.

Infiltrato, L' ** (*Fixing the Shadow*, Usa 1992, col, 101') Larry Ferguson. Con Charlie Sheen, Linda Fiorentino, Michael Madsen, Rip Torn, Richard Madsen. ◆ Il violento poliziotto Dan Saxon (Sheen) si infiltra in una banda di motociclisti, subendo il fascino ambiguo del loro capo Blood (Madsen): ma alla fine rientra nei ranghi dell'ordine. Sheen cerca di essere un incrocio tra Dennis Hopper e Kris Kristofferson, il regista e sceneggiatore Ferguson (che appare nella parte di Kelly) scopiazza un'idea di *Point Break* (quella del poliziotto risucchiato in una comunità al di fuori della legge) con uno stile grezzo ma a suo modo efficace. Saranno contenti i fan di Linda Fiorentino.

In fondo al buio *½ (*Laughter in the Dark*, Gb/Francia 1969, col, 101') Tony Richardson. Con Nicol Williamson, Anna Karina, Peter Bowles, Jean-Claude Drouot. ◆ Un maturo e ricco gallerista (Williamson) perde la testa per una bella e cinica fanciulla (Karina) che lo inganna su tutto: solo quando un incidente lo renderà cieco, sarà capace di «aprire gli occhi» sulla vera natura della donna. Tratto da un romanzo di Nabokov sceneggiato da Edward Bond, un film dichiaratamente spiacevole, che scava nel rapporto uomo-donna con occhio morboso e inutilmente amorale. Decisamente inconsueta Anna Karina in un ruolo così cattivo.

In fondo al cuore ** (*The Secret Heart*, Usa 1946, b/n, 97') Robert Z. Leonard. Con Claudette Colbert, Walter Pidgeon, June Allyson, Lionel Barrymore, Robert Sterling, Marshall Thompson. ◆ La giovane figlia (Allyson) non si rassegna al suicidio del padre banchiere e non vuole accettare la matrigna (Colbert): ma sarà proprio la donna a rimediare al tracollo economico provocato dall'uomo. Bella prova della Allyson, vera protagonista della storia, affiancata da una misurata Colbert, in un film che cerca atmosfere insolite e non convenzionali.

In fondo al cuore *½ (*The Deep End of the Ocean*, Usa 1999, col, 105') Ulu Grosbard. Con Michelle Pfeiffer, Treat Williams, Whoopi Goldberg, Ryan Merriman, Jonathan Jackson, John Kapelos, Tony Musante. ◆ Nella hall di un albergo, Beth Capadora (Pfeiffer, anche produttrice) smarrisce il figlio di tre anni; lo ritrova nove anni dopo, ma ormai ha un altro padre (Kapelos) che gli vuole bene: che cosa scegliere tra voce del cuore e legami biologici? Stephen Schiff adatta un bestseller di Jacquelyn Mitchard con spirito troppo didascalico e conciliante; il regista smorza la melassa, cerca volenteroso le sfumature, ma le emozioni sono di formato televisivo.

Informant, The ** (*The Informant*, Irlanda/Usa 1997, col, 109') Jim McBride. Con Timothy Dalton, Cary Elwes, Anthony Brophy, Maria Lennon, John Kavanagh, Sean McGinley, Frankie McCafferty, Stuart Graham. ◆ 1983: dopo cinque anni di prigione, Gingy McAnally (Brophy) lascia Belfast e l'Ira, ma i suoi ex compagni lo costringono a uccidere un giudice inglese; arrestato e «torturato» dall'ispettore capo Ronnie (Dalton), accetterà di collaborare mettendo in pericolo la sua vita e quella della moglie (Lennon). Un noir politico (dal romanzo *Field of Blood* di Gerald Seymour, sceneggiato da Nicholas Meyer), in cui la questione morale passa attraverso prevedibili dilemmi incrociati (Gingy tradisce se stesso per restare fedele ai compagni, poi è tentato di tradire i compagni per tornare ad essere fedele a se stesso). Regia professionale, con buone scene d'azione: ma nel complesso tutto ha l'aria di un telefilm di lusso, e l'equa divisione di responsabilità tra le parti è un po' troppo *politically correct*. Meglio rivedere *Il traditore* di John Ford. Colonna sonora dei Pogues.

In fuga ** (*Nowhere to Hide*, Usa 1994, col, 88') Bobby Roth. Con Rosanna Arquette, Scott Bakula, Max Pomeranc, Clifton Powell. ◆ La ricca divorziata Sarah Blake (Arquette), dopo avere rischiato la vita in un attentato ordito dal marito mafioso, passa sotto un programma di protezione federale, e ovviamente si innamora dell'agente (Bakula) che l'ha in custodia: ma quando scoprirà chi c'è dietro la macchinazione, avrà più di una sorpresa. Noir di taglio televisivo, congegnato abilmente (la sceneggiatura è di Dan Gordon) e dignitosamente interpretato. E anche se non tutti i conti tornano, lo spettatore viene ingannato con un certo stile.

In fuga a quattro zampe * (*Homeward Bound: the Incredible Journey*, Usa 1992, col, 85') Duwayne Dunham. Con Robert Hays, Kim Greist, Jean Smart, Veronica Lauren. ◆ Due cani e una gatta, lasciati temporaneamente alle cure di un'amica di famiglia (Smart), fuggono attraverso la Sierra Nevada alla disperata ricerca dei loro padroni. Avventure e buoni sentimenti di tre animali un po' troppo «parlanti». Stereotipati i ruoli (i cani sono «virili», la gatta smorfiosa), magnifici i paesaggi dell'Oregon. È il remake (in peggio) di uno dei primi film non di animazione della Disney, *L'incredibile avventura* (1963), anch'esso tratto dall'omonimo romanzo di Sheila Burnford. Seguito da *Quattrozampe a San Francisco*.

In fuga col malloppo * (*Free Money*, Canada 1998, col, 91') Yves Simoneau. Con Charlie Sheen, Marlon Brando, Thomas Haden Church, Mira Sorvino, Donald Sutherland, Martin Sheen, David Arquette. ◆ Due babbei (Sheen e Church) vessati dal suocero (Brando), pazzo omicida e direttore di un carcere, decidono di rifarsi rapinando un treno carico di dollari che vanno al macero: ma è solo l'inizio dei loro guai. Farsa gialla antiquata in cui non si ride mai: con l'aggravante di scomodare un mito come Brando, costringendolo a strabuzzare gli occhi come Mangiafuoco, ad arrancare penosamente col suo corpaccione e – *dulcis in fundo* – a finire con la testa nel water. Deprimente.

In fuga per tre *½ (*Three Fugitives*, Usa 1989, col, 97') Francis Veber. Con Nick Nolte, Martin Short, Sarah Rowland Doroff, James Earl Jones, Bruce McGill. ◆ L'imbranato e maldestro Ned (Short) coinvolge involontariamente il pericolo pubblico Lucas (Nolte), appena uscito di prigione, nel disperato tentativo di trovare i soldi per fare operare la figlia (Doroff). Versione americana vitaminizzata ma deludente del più divertente film francese *Due fuggitivi e mezzo*, sempre di Veber.

Inganni ** (Italia 1985, col, 99') Luigi Faccini. Con Bruno Zanin, Olga Karlatos, Mattia Sbragia, Daniela Morelli, Remo Remotti, Barbara Valmorin. ◆ Gli anni passati in manicomio (dal 1918 al 1932) dal poeta Dino Campana (Zanin), diviso tra il ricordo del suo passionale amore per Sibilla Aleramo (Karlatos), l'attenzione di una timida suorina (Morelli) e l'amicizia di uno psichiatra (Sbragia). Ispirato alla biografia poetica più che anagrafica dell'autore dei *Canti orfici*, il film si preoccupa di evitare i luoghi comuni che hanno accompagnato l'immagine di Campana (la mitologia tardoromantica dell'artista invasato, lo scontro con il potere che reprime le voci libere, i risvolti più crudi e «demistificanti» come la sifilide), ma poi «a forza di sfumare e di sottrarre, resta vittima del suo disegno troppo rarefatto, e non commuove, non turba e non avvince».

Inganno *½ (Italia 1952, b/n, 92') Guido Brignone. Con Nadia Gray, Gabriele Ferzetti, Wilma Pagis, Mirko Ellis, Tina Lattanzi, Bianca Doria, Bice Valori, Bruna Corrà, Lia Orlandini, Giovanna Galletti, Leo Garavaglia, Michele Malaspina, Lilly Cerasoli. ◆ Nonostante ne conosca la passione per il gioco, il sergente della polizia femminile Anna Comin (Gray) sposa ugualmente il medico Andrea Vanini (Ferzetti), ma la scoperta che l'uomo è stato coinvolto nei traffici di prostitute organizzati dalla baronessa Monica d'Erlange (Pagis) e nella morte per un aborto clandestino di una giovane, manda in crisi il matrimonio. E l'abbandono rischia di far ricadere Andrea in un giro di amicizie pericolose. Un melodramma tanto cupo quanto moralista (sceneggiato dal regista con Bruno Corra, Ivo Perilli e Liana Ferri) costruito sul binomio amore-dovere, dove qualche buono spunto – l'ambientazione all'interno del corpo di polizia femminile esistente a Trieste – si perde dietro a un perbenismo prevedibile («c'è sempre la tua mamma, sempre» si sente dire Anna dalla madre) e piccolo-borghese. Piccole parti per Carlo Giuffré e Mario Castellani (due clienti del night), Tina Pica (la vecchia inferma) e Paolo Ferrari (un medico). Imperdibile Nilla Pizzi con parrucca nera e fazzoletto al collo che nel night canta *Inganni*.

Inganno, L' ** (*Die Fälschung*, Francia/Rft 1984, col, 108') Volker Schlöndorff. Con Bruno Ganz, Hanna Schygulla, Jean Carmet, Jerzy Skolimowski, Gila von Weitershausen. ◆ Il giornalista tedesco Georg Laschen (Ganz) lascia la moglie e un lavoro tranquillo per farsi mandare a Beirut, dove si renderà conto che la falsificazione (nella vita come nel lavoro) è diventata ormai normalità. Tratto da un romanzo di Nicholas Born, il film (girato in Libano pochi mesi prima della strage di Sabra e Chatila) racconta il dramma di un giornalista davanti a un paese devastato dalla guerra, dove è impossibile dividere i buoni dai cattivi e schierarsi con qualcuno. Ma questa difficoltà ritorna anche nella regia, che fonde (e confonde) finzione e documentario «nascondendo così ogni ragionamento sulle cause degli avvenimenti e corrodendo le basi per ogni possibile intervento conoscitivo». Il regista Skolimowski recita la parte di un fotoreporter inviato a Beirut.

In gara con la luna **½ (*Racing with the Moon*, Usa 1984, col, 108') Richard Benjamin. Con Sean Penn, Elizabeth McGovern, Nicolas Cage, John Karlen, Carol Kane, Rutanya Alda. ◆ Nel 1942, in un tranquillo paesino della California la guerra divide una coppia di giovani: lui (Penn) arruolatosi nei marine, dovrà partire per il fronte. Accurata ricostruzione dell'atmosfera anni Quaranta in America e delicato ritratto di due ragazzi alle prese con fatti più grandi di loro, che sconvolgono il lento e sereno fluire della giovinezza. Conosciuto anche col titolo *Il treno della vita.*

Ingenua maliziosa, L' ** (*Too Young To Kiss*, Usa 1951, b/n, 91') Robert Z. Leonard. Con June Allyson, Van Johnson, Gig Young, Paula Corday, Hans Conried. ◆ Cinzia Potter (Allyson) è una brava pianista. Nascondendo la sua vera età vince un concorso per giovanissimi e si trasferisce nella casa dell'impresario/pigmalione (Johnson): l'uomo scoprirà la verità, ma anche che lei lo ama. Lieve e gradevole commediola, inevitabilmente superficiale, remake del ben migliore *Frutto proibito* di Billy Wilder poi rifatto anche da Lewis e Martin in *Il nipote picchiatello.*

Ingenui perversi **½ (*Niewinni czarodzieje*, Polonia 1960, b/n, 86') Andrzej Wajda. Con Tadeusz Łomnicki, Krystyna Stypułkowska, Wanda Koczewska, Zbigniew Cybulski. ◆ Magda (Stypułkowska) ha perso l'ultimo treno e il giovane medico Andrzej (Łomnicki) la invita a casa sua. Passano la notte insieme, cambiando i rispettivi nomi in Bazyli e Pelagia per lanciarsi in un audace strip-poker, ma hanno paura di lasciarsi andare alle emozioni e all'alba le loro strade torneranno a dividersi. La prima incursione di Wajda nell'universo giovanile avviene sotto l'influenza di Jerzy Skolimowski, studente di cinema al suo debutto come sceneggiatore (insieme a Jerzy Andrzejewski) e di fatto coautore ideale del film. Wajda cerca, con la macchina da presa, di stare addosso il più possibile ai personaggi nel tentativo di forzare le loro maschere d'incomunicabilità, ma su tutto ha il sopravvento il disincantato pessimismo di Skolimowski e il suo amaro sguardo sulla nuova generazione, bloccata da un falso cinismo che impedisce di dare spazio ai sentimenti. Oltre a Skolimowski, che interpreta anche il ruolo di un pugile, ci sono Roman Polanski nella parte di Polo e, in quella di Edmund, Zbigniew Cybulski. L'autore della colonna sonora, Krzysztof Komeda-Trzciński, interpreta se stesso.

In ginocchio da te * (Italia 1964, b/n, 95') Ettore M. Fizzarotti. Con Gianni Morandi, Laura Efrikian, Nino Taranto, Enrico Viarisio, Margaret Lee, Dolores Palumbo, Vittorio Congia, Fabrizio Capucci, Enzo Cerusico, Ave Ninchi, Gino Bramieri, Raffaele Pisu. ◆ Dopo una sbandata per una ragazza dell'alta società un giovane cantante (Morandi), in servizio militare a Napoli, ritorna al sincero amore della figlia (Efrikian) del maresciallo (Taranto). Uno dei primissimi «musicarelli», B-movie a bassissimo costo e altissimo realizzo, che accompagnano i trionfi a 45 giri dei teen-idol nostrani: amori da fotoromanzo, canzoni (Morandi canta *Fatti mandare dalla mamma* e *Non son degno di te*, oltre alla canzone che dà il titolo al film) e comici «regionali» assortiti amabilmente. Per nostalgici e patiti del sottoprodotto. Comparsata per Enzo Tortora nella parte di se stesso. La storia continua con *Non son degno di te.*

Inglese che salì la collina e scese da una montagna, L' *½ (*The Englishman Who Went Up the Hill, But Came Down a Mountain*, Gb 1995, col, 95') Christopher Monger. Con Hugh Grant, Tara Fitzgerald, Colm Meaney, Ian McNeice, Kenneth Griffith. ◆ Galles, 1917: il paese di Ffynon Garw si mobilita per aumentare di 20 piedi un'altura locale, in modo che raggiunga quota 1000 e possa essere qualificata «monte» e non «collina» dai geografi di Sua Maestà Reginald Anson (Grant) e George Garrad (McNeice). Bei paesaggi, innocue burle, macchiette, carinerie e fremiti sentimentali in un film così *british* da essere oleografico. Monger firma la sceneggiatura, ispirandosi – così dice – a una storia di famiglia.

Ingorgo, L' – Una storia impossibile *½ (Italia/Francia/Rft/Spagna 1979, col, 128') Luigi Comencini. Con Alberto Sordi, Annie Girardot, Fernando Rey, Patrick Dewaere, Angela Molina, Marcello Mastroianni, Stefania Sandrelli, Ugo Tognazzi, Miou-Miou [Sylvette Hery]. ◆ Reazioni e riflessioni di alcuni prigionieri del traffico durante un megaingorgo di 36 ore nei pressi di Roma. La claustrofobica situazione accende liti, tradimenti e violenze. La situazione (già descritta da Godard in *Weekend* e da Fellini in *Roma* e soprattutto nel grande racconto di Julio Cortázar *L'autostrada del Sud* e sceneggiata dal regista con Ruggero Maccari e Bernardino Zappori) non riesce in questo film ad acquistare la dimensione surreale necessaria per diventare metafora, anche per colpa degli attori e del garbuglio narrativo.

Inhibition * (Italia 1976, col, 95') Paul Price [Paolo Poeti]. Con Claudine Beccarie, Ivan Rassimov, Ilona Staller, Cesare Barro, Adolfo Caruso, Mattia Macchiavelli, Patrizia Gori. ◆ A Tunisi una cinica divorziata bisessuale (Beccarie) scopre l'amore vero con un giocatore d'azzardo (Rassimov): ma dura lo spazio di una notte. Risibile soft-core che trabocca di dialoghi «poetici» (la sceneggiatura è di Adriano Belli) e melodie sospirose di Guido e Maurizio De Angelis. Anche se il titolo ammicca al più grande successo della Beccarie (l'hard core *Exhibition*), di sesso ce n'è pochino, e ancora meno nella versione che passa in tv. La Staller si limita a qualche performance lesbica.

Inhumaine, L' ** (*L'Inhumaine*, Francia 1924, b/n, 130') Marcel L'Herbier. Con Georgette Leblanc, Jacque Catelain, Philippe Hériat, Marcelle Pradot, Fred Kellerman. ◆ Il giovane inventore Einar Norsen (Catelain) simula il suicidio in un incidente d'automobile, per impressionare la cantante Claire Lescot (Leblanc), detta «l'inumana» per la sua freddezza. Di fronte al finto cadavere del giovane, la diva difatti si scioglie in lacrime e Norsen sta per conquistarla (grazie a una sua invenzione, ha trasmesso la sua voce in tutto il mondo), quando un maraja geloso fa uccidere la donna: Norsen riesce però a riportarla in vita ricorrendo a un altro suo espediente. L'Herbier si servì dell'iconografia e dei temi delle avanguardie dell'epoca per riverniciare un mediocre intreccio pieno di cascami decadenti (il mito della belle dame sans merci) e di bric-à-brac da romanzo di Jules Verne. Le scenografie (opera, tra gli altri, di Fernand Léger, Alberto Cavalcanti e Claude Autant-Lara) rimandano esplicitamente al cubismo e al futurismo, e l'ultima parte si avvicina al cinema astratto di Richter e Léger, ma ad aver fatto epoca, nella storia del cinema, fu soprattutto il montaggio contrappuntistico di alcune sequenze (come quella che alterna la corsa folle di Norsen al canto di Claire: l'incidente sopravviene quando la cantante è sommersa di applausi) e l'arditezza di certe inquadrature. La recitazione, però, è pedestre, e rimane poco che possa colpire ancora il comune spettatore. In Italia circolò col titolo *Futurismo*. La partitura originale di Darius Milhaud è andata perduta.

Inibizioni del dottor Gaudenzi, vedovo con il complesso della buonanima, Le *½ (Italia 1971, col, 105') Gianni Grimaldi. Con Carlo Giuffré, Françoise Prevost, Saro Urzì, Katia Chritina, Carla Romanelli, Francesco Salvi. ◆ Il catanese Francesco Gaudenzi (Giuffré) ha giurato fedeltà alla moglie sul letto di morte: dopo mille resistenze finisce a letto con l'avvenente Paola (Prevost) proprio nel momento in cui la città è scossa da un terremoto. Grimaldi guida, in uno dei sette film realizzati insieme, la maschera di Buzzanca in una sguaiata commedia erotica di ambiente moderno, genere che fece la fortuna dell'attore ma che lo relegò a un ruolo fisso e ripetitivo.

Iniziazione, L' *½ (Italia/Francia 1986, col, 99') Gianfranco Mingozzi. Con Fabrice Jossa, Serena Grandi, Claudine Auger, Marina Vlady. ◆ In una villa nei pressi di Parigi, si consuma l'iniziazione sessuale del quattordicenne Roger (Jossa) che allaccia relazioni con donne diversissime tra loro, sullo sfondo della prima guerra mondiale. Commedia sexy malamente ispirata a *Le imprese di un giovane dongiovanni* di Apollinaire: trine, merletti e cura dell'ambientazione non arricchiscono granché un film svogliatamente erotico.

Inizio del cammino, L' *** (*Walkabout*, Australia 1971, col, 95') Nicolas Roeg. Con Jenny Agutter, David Gulpil, Lucien John, John Meillon. ◆ Una ragazza di quattordici anni (Agutter) e il suo fratellino di sei (John) sono lasciati soli in mezzo al deserto australiano dal padre che si è suicidato. Un aborigeno (Gulpil) li aiuta a ritornare alla civiltà, ma nel frattempo innesca una tensione sensuale con la ragazza, che avrà uno sbocco tragico e impensato e che farà perdere a tutti la loro innocenza. Parabola intensa e per niente semplicista (sceneggiata da Edward Bond a partire da un romanzo di James Vance Marshall) sul confronto tra le culture e sull'educazione alla morte, inquietante e pervasa da un sottile erotismo. Visualmente mozzafiato: forse il migliore film di Roeg (qui anche direttore della fotografia), e l'unico dove il suo decorativismo non sia scollato dalla storia. Bella partitura di John Barry.

In licenza a Parigi **½ (*The Perfect Furlough*, Usa 1958, col, 95') Blake Edwards. Con Tony Curtis, Janet Leigh, Linda Cristal, Keenan Wynn, Troy Donahue. ◆ Segregato da mesi in una base del Polo Nord, il caporale Paul Hodges (Curtis) viene mandato in licenza a Parigi, dove si vede attribuire un figlio non suo, ma riesce a conquistare il cuore del tenente (femmina) Vicki Loren (Leigh). Una commedia divertente e scanzonata, ricca di gag e di buon ritmo.

In mezzo scorre il fiume *½ (*A River Runs Through It*, Usa 1992, col, 123') Robert Redford. Con Craig Sheffer, Brad Pitt, Tom Skerritt, Emily Lloyd, Brenda Blethyn. ◆ Montana, 1910: i figli del reverendo MacLean (Skerritt), Norman (Sheffer) e Paul (Pitt), crescono nel culto del Signore e della pesca con la mosca: il secondo, più scapestrato, farà una brutta fine, ma l'affetto per il fratello non verrà mai meno, malgrado le differenze. Per la sua terza prova come regista Redford si ispira al romanzo omonimo di Norman McLean (sceneggiato da Richard Friedenberg) e racconta l'Arcadia nei boschi degli Stati Uniti: celebrazione di miti virili e di tempi perduti, tra la purezza della natura e la corruzione dell'alcol e – almeno in parte – delle donne. Alla base c'è un'evidente scelta politica (contro l'antiecologismo di Reagan e Bush) ma alla fine resta solo una confezione tirata a lucido e un tono rugiadoso: non è sano cinema hollywoodiano classico, solo il suo clone. Oscar alla fotografia-cartolina di Philippe Rousselot.

In montagna sarò tua **½ (*Springtime in the Rockies*, Usa 1942, col, 91') Irving Cummings. Con Betty Grable, John Payne, Carmen Miranda, Cesar Romero, Edward Everett Horton, Jackie Gleason, Harry James, Helen Forrest. ◆ Ingiustamente gelosa, la soubrette Vicky (Grable) lascia il suo partner Dan (Payne) e decide di andare in tournée con un nuovo ballerino (Romero): un maggiordomo (Horton), che in realtà è un miliardario che studia l'umanità, riunirà la coppia. Classico musical in un rutilante technicolor della Fox: trama scontata, caratteristi rodati, numeri musicali travolgenti (oltre al fascino delle gambe della Grable, che proprio con questo film conquistò il primo posto nei titoli di testa). Alcuni numeri sono entrati giustamente nella storia del genere, a cominciare dal trionfo di nonsense che Mack Gordon e Harry Warren hanno messo in *I Had the Craziest Dream*, eseguito da Harry James ed Helen Forrest. La Miranda canta, tra l'altro, una versione «brasiliana» di *Chattanooga Choo Choo* e *Tic Tac do meu Coracao*. L'anno dopo la Grable sposerà il trombettista Harry James.

Innamorarsi **½ (*Falling in Love*, Usa 1984, col, 108') Ulu Grosbard. Con Robert De Niro, Meryl Streep, Jane Kaczmarek, David Clennon, Harvey Keitel, Dianne Wiest. ◆ Frank e Molly (De Niro e Streep), entrambi felicemente sposati e pendolari sullo stesso treno per Manhattan, si conoscono casualmente alla libreria Rizzoli e a poco a poco si innamorano. Ma i sensi di colpa impediranno di vivere la loro intensa passione. Sceneggiato da Michael Cristofer, il film recupera i temi della commedia sentimentale hollywoodiana, con una ingenuità (e una sincerità) talmente dichiarata da diventare commovente, tanto da «assomigliare a una trasposizione nel tempo e nello spazio di *Un breve incontro*, raccontato nella chiave stilistica dell'esitazione».

Innamorarsi alla mia età * (*Todos los dias*, Spagna/Usa 1978, col, 90') Orlando Jiménez. Con Julio Iglesias, Carol Liney, Pedro Armendariz jr, Antonio Camero. ◆ Un famoso cantante spagnolo (Iglesias) ha una vita sentimentale travagliata: le donne che lo amano alla fine lo lasciano, non riuscendo a dividerlo con la folla. Biografia romanzata e canora (ma sarebbe meglio parlare di glorificazione) di Julio Iglesias realizzata nel momento del suo maggiore fulgore artistico. Solo per fan di sicura fede.

Innamorati, Gli ** (Italia 1955, b/n, 83') Mauro Bolognini. Con Antonella Lualdi, Franco Interlenghi, Sergio Raimondi, Nino Manfredi, Alessandra Panaro, Valeria Moriconi, Gino Cervi, Cosetta Greco, Gigi Reder, Toni Ucci, Guido Alberti. ◆ Storie sorridenti di amori più o meno contrastati tra quattro coppie della Roma popolana, a cui si unisce l'allegra spensieratezza di una donna non più giovanissima (Greco). Bolognini teatralizza la struttura di questo film da «neorealismo rosa urbanizzato» ambientando tutte le storie in un'unica piazza (come dice Antonella Lualdi a un corteggiatore respinto dalla Moriconi: «Non se la prenda, signor Annibale... Adesso capirà – mostrandogli la piazza – eccoli, li guardi. I nostri ragazzi sono tutti qua. E così una se deve pensare a un marito lo pensa tra uno di questi. Non sappiamo ancora chi è... ma sarà sempre uno di loro»). Successo personale per la Moriconi nella parte della pantalonaia Marisa. Inconsueto Gino Cervi (che parla un dialetto non suo). Alla sceneggiatura di Pasquale Festa Campanile, Massimo Franciosa, Giuseppe Mangione e Bolognini ha collaborato (non accreditato) anche Giuseppe Berto.

Innamorati cronici *½ (*Addicted to Love*, Usa 1997, col, 100') Griffin Dunne. Con Matthew Broderick, Meg Ryan, Kelly Preston, Tcheky Karyo, Maureen Stapleton, Remak Ramsay. ◆ Piantati dai rispettivi fidanzati (Preston e Karyo), e non sopportando che si siano messi insieme, l'astronomo Sam (Broderick) e la fotografa Maggie (Ryan) si alleano per mandare a rotoli il loro ménage: finiranno, ovviamente, per innamorarsi uno dell'altra. Scritta da Robert Gordon, una commedia che vorrebbe essere sofisticata ma appena può gioca basso (gag sulle lunghezze del pisello e prese in giro dei francesi), e soprattutto non riesce a rendere simpatici i due protagonisti, isterici e vendicativi. Forse l'attore Dunne, esordiente alla regia, cercava proprio la cattiveria: ciò malgrado non ha il coraggio di andare fino in fondo. Originale, comunque, l'espediente della *camera obscura* che permette ai due impiccioni di spiare la coppietta felice dall'appartamento di fronte. Il padre di Griffin, lo scrittore Dominick Dunne, interpreta il critico gastronomico.

Innamorato pazzo *½ (*Love Crazy*, Usa 1941, b/n, 99') Jack Conway. Con William Powell, Myrna Loy, Gail Patrick, Jack Carson, Florence Bates. ◆ La felicità di Steve (Powell) e Susan (Loy) è turbata da alcuni banali malintesi: la crisi sta per trasformarsi in divorzio, ma fingendosi matto, Steve riesce a impedire che Susan lo lasci. Commediola lieve dall'inevitabile happy end. Assai azzeccata e ricca di humour la caratterizzazione di Jack Carson nei panni di Willoughby.

Innamorato pazzo * (Italia 1981, col, 102') [Franco] Castellano, Pipolo [Giuseppe Moccia]. Con Adriano Celentano, Ornella Muti, Adolfo Celi, Milla Sannoner, Enzo Garinei. ◆ Favola rosa tra una principessa (Muti) in visita a Roma e uno stravagante conducente d'autobus, Barnaba Cecchini (Celentano), dalla simpatia così irresistibile da superare le incompatibilità di rango. Uno degli ultimi trionfi natalizi di Celentano, impegnato nella solita bambinesca collezione di esagerazioni e amenità.

Innocent, The *½ (*The Innocent*, Gb/ Germania 1993, col, 114') John Schlesinger. Con Campbell Scott, Anthony Hopkins, Isabella Rossellini, Ronald Nitschke, Hart Bochner. ◆ Nella Berlino del 1955, il giovane tecnico inglese dei telefoni Leonard Marham (Scott) lavora con gli americani che, sotto la guida del maniacale Bob Glass (Hopkins), stanno cercando di installare delle microspie sui cavi telefonici dei russi. Quando in un locale conosce Maria (Rossellini) ne diventa l'amante e poi l'aiuta a far sparire il corpo del marito che la donna ha ucciso per proteggere Leonard: inevitabile che con un cavadere fatto a pezzi e nascosto in due valigie incomincino i guai. Dal romanzo *Lettera a Berlino* di Ian McEwan adattato dallo stesso romanziere, una love story da guerra fredda (raccontata in flashback, a Muro caduto) che fa l'effetto di una raccolta di spezzoni già visti: atmosfera noir-spionistica da *Terzo uomo*, scene alla *Henry pioggia di sangue* con soluzione del tipo *Finestra sul cortile* e un finale all'aeroporto che rimaneggia *Casablanca* con Isabella al posto di mamma Ingrid. Un film che non riesce a vivere di vita propria: forse era difficile uscire a testa alta da un copione che ne rievoca altri dieci, ma si poteva almeno tentare qualcosa di più, senza fare per forza appello solo alla cinefilia degli spettatori.

Innocente, L' ** (Italia/Francia 1976, col, 125') Luchino Visconti. Con Giancarlo Giannini, Laura Antonelli, Jennifer O'Neil, Didier Haudepin, Rina Morelli, Massimo Girotti, Marc Porel. ◆ Roma 1891: Tullio Hermil (Giannini) ha una relazione extraconiugale con la contessa Teresa Raffo (O'Neil) che la moglie Giuliana (Antonelli) accetta passivamente. Quando anche lei si troverà un amante (Porel) e resterà incinta, Tullio per evitare lo scandalo accetta la gravidanza, ma la notte di Natale espone il neonato al gelo, facendolo morire. Poi, rifiutato sia dalla moglie che dall'amante, si ucciderà. Ultima regia di Visconti, dal romanzo omonimo di Gabriele D'Annunzio (ma con un suicidio finale che nel libro non c'è) e sceneggiata insieme a Suso Cecchi d'Amico ed Enrico Medioli, il film è un ritratto sontuoso ma sostanzialmente freddo della Roma umbertina: i temi toccati (la condizione della donna, l'aborto) non riescono a vivificare questo quadro del decadentismo di fine Ottocento né a cogliere «l'intreccio profondo che legava la privatezza delle esperienze al cerchio dei privilegi e dei rituali di una borghesia ormai incapace di assumere le proprie responsabilità nazionali».

Innocenti dalle mani sporche, Gli *** (*Les Innocents aux mains sales*, Francia/Italia/Rft 1975, col, 120') Claude Chabrol. Con Romy Schneider, Rod Steiger, Paolo Giusti, Jean Rochefort, François Maistre, Pierre Santini. ◆ Julie (Schneider) e l'amante Jeff (Giusti) progettano di sbarazzarsi del marito Louis (Steiger), simulando un incidente. Julie viene incriminata dell'omicidio, ma sorgono due imprevisti:

il cadavere non si trova, e l'amante si è dissolto. Meglio non rivelare gli sviluppi: ciò che importa a Chabrol, comunque, non è la meccanica della sorpresa («La prima lettura del romanzo di Richard Neely mi aveva fatto ridere a crepapelle, con quelle moltiplicazioni di colpi di scena che sfioravano la parodia»), quanto le reazioni dei personaggi, e il clima di sospetto e di ambiguità che si instaura tra loro. Ma il vero colpo d'ala del film è il controcanto ironico e hitchcockiano (debitore in particolare di *Frenzy*), costituito dai due poliziotti (Santini e Maistre) che seguono il caso, e lo commentano amabilmente a tavola. Tutt'altro che un fiasco di Chabrol, come si legge spesso, e anzi uno dei suoi film più sfaccettati e torbidi (la Schneider, tra parentesi, non ha mai concesso tanto). Bella parte anche per Rochefort, nei panni di un avvocato istrione.

Innocenza ** (Svizzera 1986, col, 90') Villi Hermann. Con Enrica Maria Modugno, Alessandro Haber, Ivan Verda, Patrick Tacchella. ◆ Negli anni Cinquanta, la nuova professoressa (Modugno) di un paesino svizzero suscita l'interesse morboso del sindaco (Haber) e crea gelosie e rivalità fra i suoi studenti: lo scandalo sarà chiuso da un'inchiesta che però non riuscirà a decifrare quanta parte ha avuto nel caso l'immaginazione di due studenti. Fragile trasposizione dell'omonimo racconto del maggior scrittore svizzeroitaliano, Francesco Chiesa, è un film garbato, ma didascalico ed esangue.

Innocenza colposa ** (*Under Suspicion*, Gb 1991 col, 99') Simon Moore. Con Liam Neeson, Laura San Giacomo, Kenneth Cranham, Alphonsia Emmanuel. ◆ Il detective Tony Aaron (Neeson), che usa la moglie come esca per ricattare i suoi clienti, viene sospettato dell'omicidio di quest'ultima. Noir torbido e sudaticcio, non irresistibile, ma cui giova l'ambientazione nella provincia inglese degli anni Cinquanta.

Innocenza del diavolo, L' *½ (*The Good Son*, Usa 1993, col, 87') Joseph Ruben. Con Macaulay Culkin, Elijah Wood, Wendy Crewson, David Morse, Quinn Culkin. ◆ A dieci anni e orfano di madre, Henry Evans (M. Culkin) sembra un cherubino ma uccide cani, provoca incidenti sull'autostrada, fa annegare la cuginetta (Q. Culkin): e nasconde segreti ancora peggiori. La colpa va sempre al cugino buono, Mark (Wood), ma alla fine anche zia Susan (Crewson) apre gli occhi. Da Ian McEwan, autore della sceneggiatura, ci si aspettava molto di più: la crudeltà di Henry non viene mai spiegata, e la suspense – con tanto di scena finale su un precipizio – è scontata. Rispetto a *Mamma, ho perso l'aereo*, il mostriciattolo Culkin non cambia espressione, e suscita più irritazione che brividi. Infinite polemiche nei paesi di lingua inglese per il presunto effetto diseducativo del film: in Inghilterra è stato addirittura ritirato dalla circolazione. Il regista Michael Lehmann è stato estromesso dal padre-manager di Culkin e sostituito col più anonimo Ruben.

Innocenza e malizia *** (*Le Grand chemin*, Francia 1987, col, 106') Jean-Loup Hubert. Con Anémone [Anne Bourguignon], Richard Bohringer, Antoine Hubert, Vanessa Guedj, Christine Pascal, Raoul Billerey. ◆ Anni Cinquanta: il piccolo Louis (Hubert, figlio del regista), di nove anni, viene mandato in campagna dalla madre (Pascal), che lo affida a Marcelle e Pelo (Anémone e Bohringer): l'incontro con la piccola Martine (Guedj) lo farà affacciare al mondo degli affetti, mentre la sua presenza aiuterà i due adulti a superare il dolore per la morte del loro unico figlio. Rielaborando un materiale autobiografico, il regista racconta con emozionante autenticità (indimenticabile la scena in cui il piccolo Louis sala sul tetto della chiesa) la storia di un'educazione sentimentale che è anche un'introduzione ai dolori e alle crudeltà della vita, senza scivolare nel patetico e riuscendo a rendere credibile sia il mondo dei bambini che quello dei grandi. Doppio César per i migliori attori maschili e femminili a Bohringer e Anémone. Remake hollywoodiano con Melanie Griffith e Don Johnson (*La strada per il paradiso*, 1991).

Innocenza e turbamento *½ (Italia 1974, col, 105') Massimo Dallamano. Con Edwige Fenech, Vittorio Caprioli, Lionel Stander, Roberto Cenci, Anna Maria Pescatori, Eleonora Morana, Giancarlo Badessi, Pino Ferrara, Enzo Andronico. ◆ La vocazione del seminarista Tonino (Cenci) entra in crisi dopo l'incontro con la nuova moglie (Fenech) del padre, il conte Niscemi (Caprioli): ma ci vorrà l'intervento del nonno gaudente (Stander) perché il ragazzo conosca finalmente i piaceri della carne. Tentativo fallimentare di nobilitare la commedia sexy con qualche battuta anticlericale: la sceneggiatura (di Gianfranco Clerici e del regista) non si solleva dalla farsa, con l'inevitabile, e disastrosa, iniziazione presso una prostituta pseudofelliniana. In più la Fenech, doppiata in siciliano, praticamente è sempre vestita.

Inno di battaglia ** (*Battle Hymn*, Usa 1956, col, 108') Douglas Sirk. Con Rock Hudson, Anna Kashfi, Martha Hyer, Dan Duryea, Don DeFore. ◆ Durante la guerra di Corea, il cappellano Dean Hess (Hudson) si prodiga per alleviare le sofferenze dei bambini: quando la giovane coreana (Kashfi) che lavora al suo fianco muore in un'azione di guerra, lui decide di aprire un orfanotrofio a lei dedicato. Tratto dall'autobiografia di Dean Hess, che durante la seconda guerra mondiale aveva partecipato al bombardamento di un orfanotrofio (dove erano morti 37 bambini) e che passò il resto della vita – guerra di Corea compresa – a cercare di «espiare» quella colpa, il film è tutto centrato sull'intensa e sofferta interpretazione di Hudson, a suo agio nei panni inconsueti di un religioso dalla contorta psicologia (convinto che solo attraverso la violenza, a costo di uccidere e bombardare di nuovo, può «rimediare» alla violenza).

In nome dei miei ** (*Au nom de tous les miens*, Francia/Canada 1983, col, 83') Robert Enrico. Con Michael York, Brigitte Fossey, Jacques Penot, Macha Méril, Helen Hughes. ◆ La lunga storia di Martin Gray (York), un polacco che ha avuto la famiglia uccisa a Treblinka, è entrato con l'esercito russo a Berlino, è fuggito in America, si è trasferito in Francia con la moglie (Fossey) e i quattro figli: quando la sua famiglia muore in un incendio, pensa al suicidio poi decide di scrivere le sue memorie per non disperdere il loro ricordo. La storia vera di Martin Gray, eroe suo malgrado, è raccontata con sofferta commozione (forti e terribili le sequenze nei campi di concentramento) in un film troppo tagliato nella versione italiana: in originale dura 145', mentre la versione girata per la Tv è addirittura di 8 ore.

In nome della legge **½ (Italia 1949, b/n, 99') Pietro Germi. Con Massimo Girotti, Jone Salinas, Charles Vanel, Camillo Mastrocinque, Saro Urzì, Turi Pandolfini, Bernardo Indelicato. ◆ Inviato in un paesino siciliano, il giovane pretore Guido Schiavi (Girotti) si scontra con l'omertà della popolazione, guidata dal barone Lo Vasto (Mastrocinque) e dal capomafia Turi Passalacqua (Vanel): solo l'omicidio dell'unica persona che gli era diventata amica, Paolino (Indelicato), gli dà la forza di continuare la sua missione e di conquistare anche la stima dei notabili del paese. Tratto dal romanzo *Piccola pretura* di Giuseppe Guido Lo Schiavo (sceneggiato dal regista con Fellini, Monicelli, Pinelli e Mangione), il film unisce uno schema narrativo «all'americana», di dichiarata ispirazione fordiana, al tentativo di porre le basi ideologiche e linguistiche di un cinema populista e civile: ne esce un'opera accattivante nella sua spettacolarità ma molto ambigua dal punto di vista ideologico, perché «il Sud è visto con occhi visceralmente settentrionali e con una cieca fiducia nella legge, compresa quella mafiosa degli uomini d'onore». Perfetta l'interpretazione di Saro Urzì nei panni del maresciallo dei carabinieri e quella del regista Mastrocinque come viscido boss locale. Circola una versione di 89'.

In nome del papa re ** (Italia 1977, col, 105') Luigi Magni. Con Nino Manfredi, Danilo Mattei, Carmen Scarpitta, Giovannella Grifeo, Carlo Bagno, Salvo Randone, Ettore Manni, Camillo Milli, Rosalino Cellamare, Luigi Basagaluppi. ◆ A pochi mesi dall'entrata in Roma dei bersaglieri, un giudice ecclesiastico in crisi (Manfredi) scopre di avere un figlio naturale (Mattei) imprigionato con l'accusa di aver ucciso 20 soldati con altri due compagni. Riesce a liberarlo, ma non a salvargli la vita. Rilettura in chiave anticlericale dell'ultima condanna a morte decretata dall'autorità papale, il 22 ottobre 1867, il film concede troppo alla figura di Manfredi e finisce per essere eccessivamente didascalico e preoccupato di sottolineare i rapporti con l'attualità. Grande Carlo Bagno, nei panni del cameriere veneto di Manfredi. Rosalino Cellamare (che interpreta la parte di Gaetano Tognetti, uno dei rivoluzionari) è più noto col suo pseudonimo da cantante, Ron.

In nome del popolo italiano **½ (Italia 1971, col, 103') Dino Risi. Con Ugo Tognazzi, Vittorio Gassman, Yvonne Furneaux, Agostina Belli, Michele Cimarosa, Enrico Ragusa, Mario Maranzana, Simonetta Stefanelli, Ely Galleani. ◆ Il giudice Mariano Bonifazi (Tognazzi) indaga sulla morte di una giovane drogata (Galleani) e dirige i suoi sospetti su un industriale fascistoide, cialtrone e spregiudicato, Lorenzo Santenocito (Gassman): deciderà di distruggere la prova che lo scagiona per colpire, in lui, «il marcio di una società irrimediabilmente corrotta». Bella commedia sul filo di un «moralismo acre e tutto negativo», merito soprattutto della sceneggiatura di Age [Agenore Incrocci] e Scarpelli che si misura con l'attualità politica dell'Italia che sembra conoscere solo le leggi del profitto a ogni costo. Si sentono le prime parolacce sul grande schermo.

In nome del popolo sovrano *½ (Italia 1990, col, 110') Luigi Magni. Con Alberto Sordi, Nino Manfredi, Jacques Perrin, Elena Sofia Ricci, Carlo Croccolo, Luca Barbareschi, Massimo Wertmüller, Serena Grandi. ◆ Sullo sfondo degli avvenimenti che portarono all'instaurazione della Repubblica Romana, nel 1848, si consuma il dramma di Eufemio Arquati (Wertmüller), la cui moglie Cristina (Ricci) ama il garibaldino Livraghi (Barbareschi): quando Eufemio si unirà ai repubblicani, riconquisterà anche la moglie. Stanco tentativo di riproporre uno spettacolo «nazional- popolare» ormai fuori moda. Poco curati i personaggi e la ricostruzione storica, mentre Sordi (nella parte del marchese Arquati) e Manfredi (in quella di Angelo Brunetti detto Ciceruacchio) ripropongono le loro stanche caratterizzazioni.

In nome di Dio **½ (*3 Godfathers*, Usa 1948, col, 105') John Ford. Con John Wayne, Pedro Armendariz, Harry Carey jr, Ward Bond, Mae Marsh, Ben Johnson. ◆ In fuga dopo una rapina, tre banditi (Wayne, Armendariz e Carey) attraversano il deserto e raccolgono un neonato la cui madre è appena morta. Strano western sentimentale e moralista a cui non guasta troppo un insperato lieto fine (Wayne si salva col bambino e dovrà scontare solo un anno di prigione) e che fonde i due temi religiosi centrali del cinema fordiano, la parabola del Natale – cioè la possibilità di trovare una nuova Gerusalemme dove avere finalmente un po' di pace (e il paesino dove Wayne arriva stremato si chiama letteralmente Nuova Gerusalemme) – e quella del figliol prodigo, che giustifica il riscatto dei suoi personaggi da un passato equivoco. L'andamento narrativo è piuttosto lento e non troppo avvincente ma il film è ottimamente diretto, interpretato e fotografato (da Winton Hoch). L'omonimo romanzo di Peter B. Kyne era già stato portato sullo schermo dallo stesso Ford nel 1919 (*Marked Men*), da William Wyler nel 1930 (*Eroi del deserto*) e da Richard Boleslawski nel 1936 (*Three Godfathers*, inedito in Italia). Il film è dedicato ad Harry Carey sr, «stella splendente del primo firmamento western». Conosciuto anche col titolo *Il texano*.

In pieno sole → *Delitto in pieno sole*

In principio erano le mutande *½ (Italia 1999, col, 100') Anna Negri. Con Teresa Saponangelo, Stefania Rocca, Alberto [Bebo] Storti, Filippo Timi, Luis Molteni, Monica Scattini, Emanuela Grimalda, Rocco Barbaro. ◆ Genova: precaria del lavoro e dei sentimenti, Imma (Saponangelo) non rinuncia al sesso ma cerca il vero amore. Che sia il pompiere (Storti) che la salva per due volte? Ritratto al femminile di programmatica leggerezza, che rischia sempre di scivolare nell'inconsistenza; anche perché l'esordiente regista, come Imma, assaggia di tutto senza lasciare traccia: una poco verosimile citazione di Matarazzo, un balletto anni Cinquanta, una parentesi surreale, un po' di realismo con extracomunitari. Appiccicati i flashback sulle curiosità sessuali dell'infanzia (da cui il titolo), così come il finale rosa. Ivan Cotroneo, Davide Ferrario e Doriana Leondeff hanno contribuito ad adattare il romanzo omonimo di Rossana Campo.

In punta di piedi *½ (*Tall Story*, Usa 1960, b/n, 91') Joshua Logan. Con Anthony Perkins, Jane Fonda, Ray Walston, Marc Connelly, Murray Hamilton, Elizabeth Patterson. ◆ Ray (Perkins) è il miglior giocatore della squadra di pallacanestro del college: respingerà il tentativo di corruzione di chi vuol fargli sbagliare la partita decisiva e conquisterà anche l'amore della simpatica studentessa mangiauomini (Fonda). Tratto dalla pièce di Howard Lindsay e Russel Crouse, una commediola lieve e garbata. Debutto cinematografico per la figlia di Henry Fonda.

In quella casa buio omega → *Buio omega*

In questa nostra vita **½ (*In This Our Life*, Usa 1942, b/n, 97') John Huston. Con Bette Davis, Olivia de Havilland, Charles Coburn, George Brent, Dennis Morgan. ◆ L'amorale comportamento di Stanley Timberlake (Davis), ostinata discendente di una famiglia virginiana un tempo facoltosa, che ruba il marito alla sorella Roy (de Havilland), gioca coi sentimenti del fidanzato (Brent), lascia che un innocente venga accusato di un incidente automobilistico che lei ha provocato, e che alla fine muore mentre cerca di sfuggire in auto alla polizia. Seconda regia di Huston, tratta dal romanzo vincitore del Pulitzer *In This Our Life* di Ellen Glasgow che lo sceneggiatore Howard Kock dovette ridurre e castigare (togliendo ogni accenno a un incesto con lo zio), il film è tutto centrato sulla grandiosa interpretazione di Bette Davis, che qui offrì una epitome del suo personaggio di donna insensibile e vendicativa, cinica e malvagia. Indimenticabile la scena in cui supplica il vecchio zio morente (Coburn) di salvarla dalle conseguenze delle sue azioni. Walter Huston, padre del regista, appare in una scena. Pessimo doppiaggio italiano della Davis, ai limiti della leziosità, da parte di Tina Lattanzi ed «esecrabile traduzione dei dialoghi». Esiste una versione colorata al computer.

Inquietudine ** (*Inquiétude*, Portogallo/Francia/Spagna 1998, col, 110') Manoel de Oliveira. ◆ Film a episodi. In *Gli immortali* (con José Pinto, Luís Miguel Cintra, Isabel Ruth; dalla pièce *Os imortais* di Helder Prista Monteiro) un padre vuole convincere il figlio a suicidarsi, sostenendo che è il modo migliore per raggiungere l'immortalità; in *Suzy* (con Leonor Silveira, Diogo Dória, Rita Blanco; dal racconto *Suzy* di António Patrício) un dandy filosofo si innamora di una mantenuta destinata alla morte; in *La Madre del fiume* (con Leonor Baldaque, Irene Papas, Ricardo Trepa; dal racconto *A Mãe de um rio* di Agustina Bessa-Luís) una ragazza di campagna scopre di avere dita d'oro e lascia il villaggio per cercare la mitica Madre del Fiume: ma neanche gli dèi sono immortali. Commedia dei paradossi, conversazioni filosofiche, leggende popolari, interni esplicitamente teatrali, racconti nel racconto, riprese nella natura: de Oliveira alterna forme e stili, trovando l'unità dei tre segmenti nel tema della morte e dell'illusione. La sua gioia di fare cinema e di discettare dei massimi sistemi, tuttavia, non sempre arriva allo spettatore, bloccato di fronte al gusto ermetico un po' fine a se stesso e a tempi dilatati non sempre necessari. Il regista novantenne appare in gran forma, ballando un tango.

Inquilino del terzo piano, L' *** (*Le Locataire*, Francia 1976, col, 125') Roman Polanski. Con Roman Polanski, Isabelle Adjani, Melvyn Douglas, Shelley Winters, Bernard Fresson, Lila Kedrova, Claude Piéplu, Jo van Fleet, Jacques Rufus. ◆ Un impiegatino polacco, Trelkovsky (Polanski), affitta l'appartamento di una suicida in uno stabile parigino popolato (come in *Rosemary's Baby*) di vecchiacci inquietanti: in un crescendo persecutorio e surreale Trelkovsky si travestirà per ripercorrere la sorte di chi l'ha preceduto. Il soggetto, ispirato a un romanzo di Roland Topor, sulla carta era una summa di manierismi kafkiani con complicazioni esoteriche. Ma Polanski, meglio che in altri suoi film più celebri, indovina l'equilibrio tra quotidianità e incubo: l'umorismo grottesco non scade mai nella buffoneria, ma dà sempre i brividi. L'edificio è stato costruito in studio da Pierre Guffroy, lo scenografo preferito da Buñuel. Fu una delle prime volte che venne usata la *louma*, una macchina da presa che consente piani sequenza acrobatici, grazie a un lunghissimo braccio snodabile.

In riva al mare più azzurro → *Vicino al mare più azzurro*

Insalata russa **½ (*Salades russes*, Francia/Russia 1994, col, 87') Jurij Mamin. Con Sergej Dontsov, Agnès Soral, Victor Mikhailov, Nina Ussatova, Kira Kreylis-Petrova, Natalia Ipatova. ◆ Un insegnante di educazione estetica (Dontsov) e un gruppo di operai in coabitazione scoprono che una porta-finestra del loro appartamento di Pietroburgo permette di passare direttamente sui tetti di Parigi. Cominciano così una serie d'incursioni all'estero, tra vetrine stracolme di cibo e vicine intolleranti: lo snobismo della dirimpettaia (Soral) sarà messo a dura prova quando, infilando per sbaglio la magica porta, si ritroverà nei vicoli di Pietroburgo, mentre l'avventura dei russi finirà in un angoscioso dilemma. Una commedia senza freni sulla Russia di Eltsin allo sfascio, incerta se emigrare o trasformarsi in una fucina di manager spietati, ma anche uno sguardo critico sull'ipocrita mondo occidentale. Per il suo stralunato *russian dream*, Mamin (autore anche della sceneggiatura insieme a Arkadi Tigaj) sceglie il registro fantastico-surreale – un po' Gogol, un po' Boris Vian – capace di «far pulsare al vivo i suoi eterogenei materiali, con invenzioni forse rozze ma dense di forza emblematica» e facendo del protagonista una sorta di pifferaio magico alla Keaton.

Insegnante, L' *½ (Italia 1975, col, 95') Nando Cicero. Con Edwige Fenech, Vittorio Caprioli, Alfredo Pea, Mario Carotenuto, Carlo Delle Piane, Enzo Cannavale, Alvaro Vitali, Stefano Amato, Gianfranco D'Angelo, Francesca Romana Coluzzi, Ugo Fangareggi, Dada Gallotti. ◆ Per aiutare il figlio Francesco (Pea), l'onorevole Mottola (Caprioli) assume una professoressa privata (Fenech), che prima crede di trovarsi di fronte a un omosessuale depresso, poi deve ricacciare le avance troppo insistenti. Uno dei progenitori della nascenda commedia sexy, ancora molto sbilanciato sul versante comico-farsesco. Le disavventure scolastiche di Francesco e C. (dove lo studente Vitali si esibisce già nella scoreggia-lanciafiamme) sono quelle su cui sembra puntare maggiormente la sceneggiatura di Tito Carpi e Francesco Milizia, dando alla Fenech una sola scena a seni nudi e qualche sbirciatina sotto le gambe. Ed è un peccato.

Insegnante al mare con tutta la classe, L' *½ (Italia 1979, col, 90') Michele Massimo Tarantini. Con Lino Banfi, Annamaria Rizzoli, Alvaro Vitali, Marco Gelardini, Francesca Romana Coluzzi, Franco Diogene, Gisella Sofio, Gino Pagnani, Galliano Sbarra, Adriana Facchetti, Jimmy il Fenomeno [Origene Soffrano]. ◆ Sperando in un'avventura, il commendator Ercole Cubetti (Banfi) invita al mare la procace professoressa di francese Lisa Colombi (Rizzoli) con la scusa delle ripetizioni al figlio rimandato (Gelardini): cercherà in tutti i modi di approfittarne, ma finirà cornuto e arrestato (per evasione fiscale). Commediola sexy in cui la Rizzoli mostra con generosità seni e fianchi, coronata da uno «spogliarello» finale subacqueo (come già la Carati in *La professoressa di scienze naturali*, ma qui con maggior grazia), mentre la comicità, affidata a Banfi e Vitali, sceglie la strada dello slapstick a base di sberle e capitomboli.

Insegnante balla... con tutta la classe, L' * (Italia 1979, col, 90') Giuliano Carnimeo. Con Nadia Cassini, Lino Banfi, Alvaro Vitali, Mario Carotenuto, Renzo Montagnani, Paola Morra, Stefano Amato, Maurizio Interlandi, Francesca Romana Coluzzi, Mimmo Bua. ◆ Per recuperare i soldi che il preside (Carotenuto) ha perso ai cavalli, il bidello Anacleto (Vitali) convince l'insegnante di ginnastica (Cassini) a partecipare a una gara di ballo; mentre per far vincere la squadra di basket della scuola, visto che l'allenatore (Montagnani) è fuori uso per una caduta, non resterà che affidarsi alle grazie delle allieve per «sfiancare» gli avversari prima dell'incontro. Commediola squinternata che a dispetto del titolo punta più sulla comicità verbale di Montagnani e Banfi (nel ruolo dell'imbranato professor Mezzoponte) che sul fondoschiena della Cassini, mostrato nudo solo una volta.

Insegnante di violoncello, L' * (Italia 1989, col, 74') Lawrence Webber [Lorenzo Onorati]. Con Serena Grandi, Leo Gullotta, Michel Rocher, Miriam Baldi, Tony Caffari. ◆ Avventure non solo musicali per la procace insegnante di violoncello (Grandi) di uno studente in vacanza, la quale sceglie come partner il padre (Rocher) del giovane. Costruito sulle copiose grazie della Grandi, è un film che offre ben poco d'altro. Simpatica, al solito, la prestazione del comico Gullotta nel ruolo di un saccente grillo parlante da spiaggia.

Insegnante va in collegio, L' * (Italia 1978, col, 92') Mariano Laurenti. Con Edwige Fenech, Renzo Montagnani, Alvaro Vitali, Lino Banfi, Leo Colonna, Gianfranco D'Angelo. ◆ Un ricco industriale del Nord (Montagnani) si trasferisce a Martina Franca per sfuggire ai sequestri di persona: cerca di consolarsi con l'insegnante d'inglese del figlio (Fenech), ma finirà per perdere la moglie, l'amante e venir ugualmente rapito. Commedia erotica con battute goliardiche e prevedibili equivoci dialettali.

Inseguiti *½ (*Fled*, Usa 1996, col, 97') Kevin Hooks. Con Laurence Fishburne, Stephen Baldwin, Will Patton, Salma Hayek, Robert John Burke, Robert Hooks. ◆ Legati da un paio di manette, due carcerati fuggono nella campagna della Georgia: il bianco Dodge (Baldwin), truffatore telematico, e il nero Piper (Fishburne). Ma sulle loro tracce, oltre all'Fbi, c'è anche la mafia cubana. Frullato di luoghi comuni del cinema d'azione (a partire dalla *Parete di fango*, la cui coppia di evasi è stata riciclata anche in uno spot della Levi's), con accluse citazioni cinefile nei dialoghi («Hai visto *Il fuggitivo*?»): sempre superficiale, però, e mai veramente coinvolgente. Robert Hooks (il poliziotto nero) è il padre del regista. Scritto da Preston A. Whitmore II.

Inseguito, L' ** (*Slither*, Usa 1973, col, 97') Howard Zieff. Con James Caan, Peter Boyle, Sally Kellerman, Louise Lasser, Allen Garfield. ◆ Vincent Palmer (Caan) è inseguito in roulotte da tipi poco raccomandabili, convinti che nasconda un tesoro. Una commedia lieve e divertente, con una galleria di personaggi bizzarri e improbabili.

Inseparabili **½ (*Dead Ringers*, Canada 1988, col, 115') David Cronenberg. Con Jeremy Irons, Geneviève Bujold, Heidi Von Palleske, Barbara Gordon, Shirley Douglas. ◆ La vita dei due gemelli Elliott e Beverly Mantle (Irons), famosi ginecologi che si dividono tutto, casa e amanti comprese, è sconvolta dall'incontro con Claire (Bujold): Beverly si innamorerà follemente di lei, distruggendo a poco a poco se stesso e insieme il fratello gemello. Tratto dal romanzo omonimo di Barri Woods e Jack Gaesland (sceneggiato dal regista con Norman Snider e ispirato al caso di cronaca dei gemelli Markus), il film racconta, con i toni della tragedia, una discesa nelle ambiguità dell'animo umano: Cronenberg per una volta non esagera con gli effetti gore (si concede solo qualche divertita libertà con un armamentario di oggetti ginecologici degni di un torturatore medioevale), ma finisce per giocare con la maniera di se stesso (l'incubo in cui Claire cerca di staccare coi denti i due fratelli attaccati l'uno all'altro come si fa con il cordone ombelicale è un'autocitazione da *Brood – La covata malefica*) e la disintegrazione mentale dei due protagonisti è ottenuta più con sintomi fisici che vere suggestioni psicologiche. Questo non toglie che la straordinaria performance di Jeremy Irons nella doppia parte di Elliott e Beverly e una atmosfera acquatica e glaciale (merito anche della fotografia di Peter Suschitzky) diano al film un fascino a cui si può anche cedere. In molte scene la controfigura di Irons è interpretata da John Bayliss.

Inserzione pericolosa *** (*Single White Female*, Usa 1992, col, 107') Barbet Schroeder. Con Bridget Fonda, Jennifer Jason Leigh, Steven Weber, Peter Friedman, Stephen Tobolowsky. ◆ In cerca di una coinquilina, Allison (Fonda) si ritrova in casa una maniaca (Leigh) col complesso della gemella, che si veste e si taglia i capelli come lei, entra nel letto del suo fidanzato, e alla fine si scatena in una follia omicida. Thriller ambiguo e morboso tratto dal romanzo di John Lutz e sceneggiato da Don Roos, dove Schroeder finge di rispettare le regole del film di genere, ma le sabota sottilmente: anche il finale mozzafiato ha più motivazioni (ed è girato meglio) che nella media dei film americani recenti. Ben giocata e inquietante la somiglianza tra le due protagoniste. Il condominio da incubo, teatro della vicenda, è l'Ansonia Palace, gioiello liberty sulla 73a strada di New York. La fotografia è di Luciano Tovoli, la scenografia di Milena Canonero.

Insieme a Parigi ** (*Paris – When It Sizzles*, Usa 1964, col, 110') Richard Quine. Con William Holden, Audrey Hepburn, Noel Coward, Gregoire Aslan, Tony Curtis. Uno sceneggiatore hollywoodiano mezzo alcolizzato (Holden) viene spedito a Parigi dal suo impresario (Coward) per scrivere un film. Quando arriva la dattilografa (Hepburn), a pochi giorni dalla scadenza della consegna, c'è solo il titolo (*La ragazza che rubò la Torre Eiffel*): sarà naturalmente lei a ispirargli una storia d'amore avventurosa e folle nella città in festa per il 14 luglio. Commedia spericolata secondo la formula del film nel film, qui portata avanti fino al puro nonsense (il copione alla fine risulta una strampalatissima miscellanea di generi e intrecci) e all'inevitabile happy end (bacio-dissolvenza-fine, come esplicitano le didascalie). Molto efficace nella prima parte, la sceneggiatura di George Axelrod (che rielabora il soggetto di un film di Duvivier, *Henriette*) via via perde ritmo e smalto, nonostante la bravura degli interpreti (Holden sembra resuscitato da *Viale del tramonto*, la Hepburn rende splendidamente il suo triplice ruolo di dattilografa-aspirante scrittrice-cenerentola). Un cammeo per Marlene Dietrich e un incredibile ruolo secondario per Tony Curtis (che apostrofa la Hepburn con «Hey baby, ho le ruote. Vuoi una strappata?»).

Insieme per forza *½ (*The Hard Way*, Usa 1991, col, 111') John Badham. Con Michael J. Fox, James Woods, Stephen Lang, Annabella Sciorra. ◆ In vista del suo prossimo film, il divo Nick Lang (Fox) si incolla al detective John Moss (Woods): ma con un serial killer in giro, anche una star viziata si prende qualche lezione di vita. Dopo *Sorveglianza... speciale* Badham riprende la formula della commedia poliziesca di coppia: ma la verve è fasulla e le trovate girano ormai a vuoto.

Insoliti criminali *** (*Albino Alligator*, Usa 1996, col, 94') Kevin Spacey. Con Matt Dillon, Gary Sinise, Faye Dunaway, Joe Mantegna, William Fichtner, Viggo Mortensen, M. Emmet Walsh, John Spencer, Skeet Ulrich. ◆ Tre fratelli, criminali di piccolo calibro – il pacato Milo (Sinise), l'insicuro Dova (Dillon) e lo psicopatico Law (Fichtner) – si ritrovano in un bar di New Orleans, assediati dalla polizia e alle prese con un campionario di ostaggi imprevedibile, ognuno dei quali nasconde un segreto. L'alligatore albino del titolo originale allude al membro più debole del branco, che va sacrificato per la salvezza degli altri: ma alla fine niente andrà secondo i piani. Sceneggiatura di ferro di Christian Forte e regia acuta di Spacey, attore per la prima volta dietro alla macchina da presa. I materiali in sé non sono nuovi (lo spazio chiuso, i rapporti vittima/carnefice, i melodrammi famigliari che esplodono, il tema di che cosa si è disposti a fare per salvarsi), ma l'insieme funziona, e ha il coraggio di spingersi dove nessun film hollywoodiano oserebbe avventurarsi. Duro, cattivo, intelligente e non privo di un umorismo acre.

Insolito caso di Mr. Hire, L' **½ (*Monsieur Hire*, Francia 1989, col, 79') Patrice Leconte. Con Michel Blanc, Sandrine Bonnaire, Luc Thuiller, André Wilms. ◆ Triste e solitario, il signor Hire (Blanc) passa il suo tempo osservando Alice (Bonnaire) dalla finestra: spera di averla conquistata quando le propone di fuggire insieme in cambio del silenzio su un delitto compiuto dal suo fidanzato (Thuiller), ma la ragazza non pagherà il suo debito. Tratto dal romanzo omonimo di Georges Simenon (già all'origine del film *Panico* di Julien Duviver), il film – sceneggiato dal regista con Patrick Dewolf – affronta due dei temi classici del cinema, il voyeurismo e la passione assoluta, e lo fa con una regia asciutta e rarefatta, anche se non disdegna il ricorso a vere e proprie scene madri, costruite sempre con grande raffinatezza. La Bonnaire è perfetta come oscuro oggetto di un desiderio che porta alla disperazione.

Insonnia d'amore ** (*Sleepless in Seattle*, Usa 1993, col, 105') Nora Ephron. Con Tom Hanks, Meg Ryan, Ross Maliger, Bill Pullman, Rosie O'Donnell, Gaby Hoffman, Victor Garber. ◆ Dopo la morte della moglie, Sam Baldwyn (Hanks) si trasferisce a Seattle col figlio Jonah (Maliger) di otto anni. Questi, preoccupato per la depressione paterna, telefona a una radio per esporre il caso, e fa parlare il genitore. A Chicago Annie (Ryan), in procinto di sposarsi, ascolta la trasmissione, e si innamora della voce di Sam. Si incontreranno, dopo mille impedimenti, in cima all'Empire State Building la sera di San Valentino (come in *Un amore splendido*, che naturalmente hanno visto in tv). Cosa occorre per fare un film neoclassico e neoromantico? Una colonna sonora piena di canzoni del tempo che fu, una bella fotografia (di Sven Nykvist) che faccia sembrare le metropoli americane succursali del Paradiso, una sceneggiatura ruffiana (la Ephron, coautrice con David S. Ward e Jeff Arch, si è fatta le ossa con *Harry, ti presento Sally...*), due attori giovani simpatici e carini, e possibilmente un bambino, tenero e furbetto. Il pubblico, garantito, accorrerà. Il regista Rob Reiner interpreta la parte di Jay.

Insospettabili, Gli *** (*Sleuth*, Usa 1972, col, 138') Joseph L. Mankiewicz. Con Laurence Olivier, Michael Caine. ◆ Andrew (Olivier), uno scrittore di gialli, vuole vendicarsi dell'amante di sua moglie, il parrucchiere Milo (Caine), spaventandolo a morte e disprezzandolo con la propria superiorità intellettuale. Ma qualcosa va storto e un ispettore ficcanaso si presenta in casa di Andrew per raccogliere indizi su un omicidio che lui è convinto di non avere mai commesso. Alla fine di una serie di colpi di scena, non avrà vinto nessuno, e il gioco si sarà fatto terribilmente serio. La commedia di Anthony Shaffer (lo sceneggiatore di *Frenzy*) è servita a Mankiewicz (al suo ultimo film) per tracciare una parabola caustica sul fallimento dell'orgoglio umano, che ben riassume i temi della sua opera. Un divertimento sopraffino e crudele, ma un po' troppo cerebrale: e l'accumulo di sorprese rischia quasi la saturazione. Olivier e Caine sono uno spasso, con o senza trucco.

Insostenibile leggerezza dell'essere, L' **½ (*The Unbearable Lightness of Being*, Usa 1988, col, 173') Philip Kaufman. Con Daniel Day-Lewis, Juliette Binoche, Lena Olin, Derek de Lint, Daniel Olbrychski, Donald Moffat, Erland Josephson. ◆ L'invasione sovietica di Praga nel 1968 vista attraverso gli occhi di tre personaggi: Tomas (Day-Lewis), un chirurgo donnaiolo che fa la fronda al regime; la moglie Tereza (Binoche), sensibile e combattiva; l'amante Sabina (Olin), più fredda e distaccata. Esuli a Ginevra, i tre instaurano un triangolo quasi perfetto. Ma Tomas e Tereza decidono di tornare in patria, sperimentando la repressione: ritroveranno la felicità in campagna, ma per poco. Del romanzo omonimo di Milan Kundera, adattato dal regista e da Jean-Claude Carrière, è ben conservato l'intreccio tra pubblico e privato e i momenti migliori sono proprio quelli in cui le sequenze documentarie si mescolano alla finzione. Completamente perso, invece, è il lato speculativo-filosofico: tanto che chi non conosce il libro si chiederà il significato del titolo. Affresco ambizioso e un po' prolisso, dove dietro le gioie della carne, come in una danza macabra medioevale, fa sempre capolino la morte. Lussuosamente girato in Francia.

Integrato sessuale, L' → *Escalation*

Intendente Sanshō, L' **** (*Sanshō Dayū*, Giappone 1954, b/n, 124') Kenji Mizoguchi. Con Kinuyo Tanaka, Yoshiaki Hanayagi, Kyoko Kagawa, Masao Shimizu, Eitarô Shindô, Ichiro Sugai. ◆ Nel Giappone dell'XI secolo, Zushio (Hanayagi), figlio di un governatore caduto in disgrazia per le sue idee umanitarie, cresce separato dalla madre (Tanaka) sopportando condizioni durissime insieme alla sorella Anju (Kagawa) con cui è ridotto in condizione di semischiavitù dal crudele intendente Sanshô (Shindô). Diventato adulto saprà riabilitare il padre, riconquistare il suo ruolo nobiliare ed esiliare Sanshô – abolendo la schiavitù – prima di lasciare ogni potere per andare alla ricerca della madre. Tratto da una leggenda medioevale rielaborata dal romanziere Ogai Mori (sceneggiata da Yoshikata Yoda e Yahiro Fuji Miyagawa), è uno dei capolavori dell'ultimo Mizoguchi. Insolitamente più maschile che femminile rispetto ai film precedenti, segue un percorso duplice: da una parte si presenta come un «film di formazione» in cui il giovane protagonista apprende la necessità di una propria rivolta morale, dall'altra è un'intensa meditazione sull'oppressione sociale e politica esercitata dalla Storia e dal Potere. Energico e brusco nella prima parte (che contiene dei flashback, rarissimi per l'autore), più disteso ed elegiaco nella seconda, culmina in una scena finale – il ritrovamento della madre sulla spiaggia – che è uno dei momenti più emozionanti di tutto il cinema di Mizoguchi. In Italia circolava una versione di 88'.

Interceptor **½ (*Mad Max*, Australia 1979, col, 88') George Miller. Con Mel Gibson, Joanne Samuel, Hugh Keays-Byrne, Roger Ward, Steve Bisley, Tim Burns. ◆ In un futuro prossimo venturo, dove la violenza regna sovrana, il poliziotto Mad Max (Gibson) si trasforma in giustiziere per vendicarsi della banda di motociclisti che ha ucciso sua moglie. «Vigilantismo» australiano, ma con poco sangue, molta azione e spettacolari movimenti di macchina. Miller (autore anche della sceneggiatura con James McCausland) suddivide una storia scontata in numerose sequenze mozzafiato e Grant Page vi costruisce un montaggio da vertigini: «come le macchine che celebra e piange, il film è un esempio di puro stile». La versione americana fu pesantemente manomessa dal distributore (e addirittura ridoppiata), cosa che compromise in parte anche la circolazione europea. Solo l'ottimo sequel (*Interceptor, il guerriero della strada*) contribuì al pieno recupero del primo episodio, che in origine durava 100'. Una curiosità: è stato realizzato con il procedimento Todd-AO 35 (a cui è dovuto l'effetto di dilatazione dello schermo).

Interceptor, il guerriero della strada *** (*Mad Max 2*, Australia 1981, col, 94') George Miller. Con Mel Gibson, Bruce Spence, Vernon Wells, Mike Preston, Virginia Hey. ◆ Mad Max (Gibson) si ritrova nel bel mezzo di un olocausto postatomico, dove è in atto una guerra per impadronirsi del carburante rimasto. Con riluttanza aiuta i produttori di petrolio a difendersi da orde di motociclisti e automobilisti, impazziti e incapaci di rinunciare ai loro oggetti-feticcio. Un gioiellino, che all'interno della fantascienza apocalittica inaugura il filone del ritorno al Medioevo barbarico, ma che non esita a produrre intriganti contaminazioni trasversali con il western e i fumetti. Visivamente elettrizzante, e tuttavia non banale nemmeno dal punto di vista narrativo (la sceneggiatura è di Terry Hayes, Miller e Brian Hannant), con tocchi grotteschi e quasi parodici (soprattutto a proposito della violenza) il cui effetto risulta amplificato dal ritmo e dalla colonna sonora. Ideale lo scenario fornito dal deserto australiano e pertinente lo «stile alla Eastwood» adottato da Gibson. Seguito da *Mad Max oltre la sfera del tuono*.

Interiors *** (*Interiors*, Usa 1978, col, 93') Woody Allen. Con Diane Keaton, Geraldine Page, E.G. Marshall, Maureen Stapleton, Kristin Griffith, Mary Beth Hurt, Sam Waterston. ◆ Il ritratto di una famiglia americana colta e benestante, al cui interno covano nevrosi e frustrazioni pronte a esplodere: il padre (Marshall) divorzia e si risposa, ma l'impatto della nuova moglie (Stapleton) con le tre fragili figlie (Keaton, Hurt e Griffith) è disastroso e la madre (Page) tenta il suicidio. Primo film di Allen in cui non compare come attore, è un esplicito omaggio al cinema di Bergman, sia per le affinità tematiche, che per la sofisticata fotografia di Gordon Willis, «citazione» di quella di Sven Nykvist. Nella cinematografia del regista segna una svolta drammatica che all'epoca fu poco apprezzata dalla critica europea: in realtà, pur rinunciando al consueto umorismo, Woody si mostra sicuro nel padroneggiare storia (scritta da solo), regia e direzione degli attori.

Interludio *½ (*Interlude*, Usa 1957, col, 90') Douglas Sirk. Con June Allyson, Rossano Brazzi, Marianne Cook [Koch], Keith Andes, Françoise Rosay. ◆ Una giovane americana trasferitasi a Monaco, Helen Banning (Allyson), si innamora di un direttore d'orchestra (Brazzi), ma saprà tirarsi indietro quando la moglie legittima (Cook), gravemente malata di nervi, tenterà il suicidio. Molto liberamente ispirato al romanzo *Serenade* di James Cain sceneggiato da Daniel Fuchs e Franklin Coen, il film non sfrutta le potenzialità della storia, anche per colpa di un cast poco credibile, e comprime il dramma raggelandolo in un eccessivo trionfo del «buonsenso». Era decisamente migliore sia la versione del 1939 di John M. Stahl (*Vigilia d'amore*) sia il remake che nel 1968 realizzerà Kevin Billington (*Interludio*).

Interludio ** (*Interlude*, Gb 1968, col, 113') Kevin Billington. Con Oskar Werner, Barbara Ferris, Virginia Maskell, Donald Sutherland, Nora Swinburne, Alan Webb. ◆ Tra la giornalista intraprendente (Ferris) e il direttore d'orchestra sposato (Werner) nasce un amore che sembra più forte del matrimonio dell'uomo: ma quando conoscerà casualmente la moglie (Maskell), l'amante capirà che deve tirarsi indietro. Aggiornamento contemporaneo del romanzo *Serenade* di James Cain sceneggiato da Lee Langley e Hugh Leonard, già filmato da John M. Stahl (*Vigilia d'amore*) e da Douglas Sirk (*Interludio*), il film racconta una storia melodrammatica con gusto moderno, attento più alle sfumature psicologiche che ai colpacci strappalacrime.

Intermezzo **½ (*Intermezzo*, Svezia 1936, b/n, 88') Gustaf Molander. Con Gösta Ekman, Inga Tiblad, Ingrid Bergman, Hans Ekman, Britt Hagman, Erik Berglund, Hugo Björne, Emma Meissner. ◆ La simpatia che lega un celebre violinista (G. Ekman) all'insegnante di piano (Bergman) della figlia diventa amore durante una tournée e una vacanza in Tirolo in cui la donna lo accompagna: ma quando lei si accorge dell'insostituibile ruolo che ha la famiglia nei ricordi dell'uomo, si ritira in buon ordine. Il mélo che rivelò al mondo – e a Hollywood – la giovanissima e bellissima Ingrid Bergman è un monumento alla famiglia, rifugio sicuro di fronte alle inquietudfini del mondo esterno (e il film, infatti, si chiude su un'icona della felicità familiare: il padre che va ad aspettare la figlia risanata [Hagman] fuori dalla scuola). Molander, autore anche della sceneggiatura con Gösta Stevens, ci mette di suo un senso del melodramma (gli impedimenti morali alla realizzazione della passione), della natura e della musica tanto forti da superare il kitsch in agguato. Rifatto a Hollywood da Gregory Ratoff, sempre con la Bergman.

Intermezzo **½ (*Intermezzo, a Love Story* rititolato *Intermezzo*, Usa 1939, b/n, 70') Gregory Ratoff. Con Leslie Howard, Ingrid Bergman, Edna Best, Cecil Kellaway, John Halliday. ◆ L'amore grande e impossibile tra un'insegnante di piano (Bergman) e il padre di una sua allieva, famoso violinista (Howard): lei lo accompagnerà durante una tournée, ma l'incidente accaduto alla figlia richiama l'uomo ai suoi doveri di padre e marito. Primo film hollywoodiano della Bergman, remake di un suo famoso successo svedese (*Intermezzo* di Gustaf Molander), è un'appassionata storia d'amore sceneggiata da George O'Neil che mantiene ancor oggi tutta la sua forza grazie alla grande prova della protagonista. Celeberrimo il tema musicale composto da Heinz Prevost.

Intermezzo matrimoniale ** (*Perfect Strangers*, Gb 1945, b/n, 92') Alexander Korda. Con Robert Donat, Deborah Kerr, Glynis Johns, Ann Todd, Roland Culver. ◆ Allo scoppio della seconda guerra mondiale lui (Donat) si arruola e lei (Kerr) decide di seguirlo come ausiliaria: imbarcati sulla stessa nave, riusciranno a superare tutti gli ostacoli e persino a rinforzare il loro matrimonio. Commedia scanzonata costruita «sull'umorismo più quotidiano degli equivoci piccolo-borghesi». Divertente Glynis Johns nei panni della confidente di Deborah Kerr. Oscar per il soggetto a Clemence Dane.

International Hotel *½ (*The V.I.P.s*, Gb 1963, col, 119) Anthony Asquith. Con Elizabeth Taylor, Richard Burton, Louis Jourdan, Margaret Rutherford, Rod Taylor, Maggie Smith, Orson Welles, Linda Christian, Elsa Martinelli, Dennis Price, David Frost, Michael Hordern, Robert Coote. ◆ La nebbia londinese impedisce la partenza di un aereo per New York e obbliga i passeggeri a passare la notte all'International Hotel, complicando i loro problemi: da quelli della moglie (E. Taylor) che vuole divorziare a quelli dell'uomo d'affari (R. Taylor) in crisi di liquidità o del regista (Welles) inseguito dal fisco. Contenitore non particolarmente originale per la solita passerella di grandi divi, sceneggiato da Terence Rattigan con un occhio a *Grand Hotel*, ma qui i clienti sono tutti belli, ricchi e un po' vacui. Si salvano solo la devota segretaria interpretata da Maggie Smith e la duchessa con un debole per il doppio cognac interpretata da Margaret Rutherford (che vinse l'Oscar come miglior attrice non protagonista).

Interno berlinese *½ (Italia/Rft 1985, col, 118') Liliana Cavani. Con Gudrun Landgrebe, Kevin McNally, Mio Takaki, Massimo Girotti, Philippe Leroy, William Berger. ◆ Nella Berlino del 1938, proprio mentre il regime nazista intensifica le sue campagne di moralizzazione, Louise von Hollendorf (Landgrebe) e suo marito Heinz (McNally) vengono irretiti dalle grazie di Mitsuko (Takaki), figlia dell'ambasciatore giapponese, e trascinati in un perverso triangolo sessuale che finirà in tragedia. Ispirato al romanzo *La croce buddista* di Junichiro Tanizaki (sceneggiato dalla regista con Roberta Mazzoni), il film trasporta i misticismi sadomasochisti dello scrittore giapponese nella Germania nazista, secondo l'abusata idea per cui la decadenza politica e quella morale vanno di pari passo, mentre uno stile raggelato non basta a cancellare una smodata e goffa ricerca dello scandalo a tutti i costi.

Interno di un convento * (Italia/Rft 1978, col, 100') Walerian Borowczyk. Con Licia Branice, Howard Ross, Marina Pierro, Gabriella Giacobbe, Mario Maranzana. ◆ Nonostante gli sforzi della madre superiora, la fantasia di un gruppo di giovani badesse fa entrare il sesso in convento, nella persona di un giovane uomo (Ross). Vagamente ispiratosi alle *Passeggiate romane* di Stendhal, il maestro polacco dell'erotismo dà qui una pallida immagine del suo stile. Film sequestrato e dissequestrato diverse volte.

Intervista ** (Italia 1987, col, 113') Federico Fellini. Con Federico Fellini, Sergio Rubini, Antonella Ponziani, Maurizio Mein, Paola Liguori, Lara Wendel, Antonio Cantafora, Marcello Mastroianni, Anita Ekberg, Francesca Reggiani. ◆ Su invito di una troupe giapponese, Fellini si fa intervistare a Cinecittà, dove arrivò per la prima volta, giornalista ventenne (Rubini), nel 1940. E ricorda un modo di fare cinema che forse è finito per sempre. Autocelebrazione narcisista scritta dal regista con la collaborazione di Gianfranco Angelucci ma anche riflessione sul mondo dello spettacolo strutturata come «un taccuino d'appunti», questo film non riesce a fondere coerentemente il presente con il passato, ma gioca piacevolmente con la curiosità dello spettatore, mescolando frammenti narrativi (il set dove girare *America* di Kafka, sogno a lungo inseguito dal regista riminese) o stimoli della memoria (Anita Ekberg e Mastroianni che si rivedono nella *Dolce vita*).

Intervista col vampiro **½ (*Interview with the Vampire*, Usa 1994, col, 122') Neil Jordan. Con Tom Cruise, Brad Pitt, Kirsten Dunst, Antonio Banderas, Stephen Rea, Christian Slater, Domiziana Giordano. ◆ San Francisco, 1994: Louis (Pitt) racconta a un giornalista (Slater) come è diventato vampiro nel 1791, in Louisiana, a opera dello spregiudicato Lestat (Cruise) che, per non lasciarlo solo, ha vampirizzato anche una bambina orfana, Claudia (Dunst). Nel 1870, Claudia convince Louis a liberarsi di Lestat e a trasferirsi a Parigi, dove però verrà uccisa da Armand (Banderas). E Louis da allora vivrà nel ricordo e nel rimpianto, consolandosi solo al cinema, dove vede le albe che nella realtà gli sono precluse. Sceneggiato da Anne Rice dal suo romanzo omonimo, un film noir di vampiri (è raccontato in flashback al registratore), complesso e barocco, in cui Jordan rivisita il mito di Nosferatu all'insegna dell'hobbesiano «homo homini lupus»: in fondo questi vampiri per sempre belli, giovani e predatori – all'opposto di Dracula – sono l'incarnazione dello yankee conquistatore e il compiacimento per la propria ambiguità morale è riscattato dalla libertà sessuale (che diventa un valore, perché azzera le categorie maschile-femminile) e dalla sofferenza per l'impossibilità di liberarsi del proprio impulso a uccidere e di vivere la storia in continuo divenire. La Rice ha creato non pochi problemi alla produzione, soprattutto per la scelta di Tom Cruise, ma a film terminato si è scusata pubblicamente sui maggiori giornali americani. Scenografie di Dante Ferretti. Nella colonna sonora, la canzone *Sympathy for the Devil* dei Rolling Stones è interpretata dai Guns 'n' Roses.

Intervista con la vampira *½ (*The Girl with the Hungry Eyes*, Usa 1993, col, 90') Jon Jacobs. Con Christine Fulton, Isaac Turner, Leon Herbert, Brett Carr. ◆ La modella suicida Louise (Fulton) viene richiamata in vita dall'albergo (sic!) in cui era defunta con un duplice scopo: evitarne la distruzione e procurargli sangue fresco. L'amore per un fotografo (Turner) complicherà la missione. Serie C come non se ne fa più, con tette e succo di pomodoro a volontà, girata con spirito così dilettantesco e sgangherato da suscitare un'ombra di indulgenza. Sceneggiatura del regista da un racconto di Fritz Leiber.

In the Soup – Un mare di guai *½ (*In the Soup*, Usa/Giappone/Italia 1992, b/n, 93') Alexandre Rockwell. Con Steve Buscemi, Seymour Cassel, Jennifer Beals, Will Patton, Pat Moya, Jim Jarmusch, Carol Kane. ◆ Un aspirante cineasta newyorkese del genere «intellettuale sfigato» (Buscemi) trova un insospettabile finanziatore in un gangster di mezza tacca (Cassel), che in realtà lo coinvolge nei suoi furtarelli, e finisce col dargli una lezione esistenziale. Lezioso saggio di postjarmuschismo (il nume ispiratore appare nei panni del losco regista televisivo), pieno di ammiccamenti, carinerie e riflessioni su arte e vita, dove, malgrado la presenza debordante e istrionica di Cassel, tutto sa di fasullo. La storia, pare, è autobiografica, ma il cinema nel cinema dovrebbe essere proibito con decreto legge per i prossimi vent'anni.

Intimità mortale ** (*Intimate Stranger*, Usa 1991, col, 94') Allan Holzman. Con Deborah Harry, James Russo, Tim Thomerson, Paige French, Grace Zabriskie. ◆ Una squillo telefonica (Harry) viene perseguitata da un cliente psicopatico: la polizia non le crede, ma un giovane agente ribelle (Russo) si offre di aiutarla. *Il terrore corre sul filo* rivisto e corretto nell'ottica del serial killer. Un noir più che discreto anche se non particolarmente originale, costruito attorno all'ex Blondie che davanti alla macchina da presa non sfigura (l'avevamo già vista in *Videodrome*). Peccato che nel doppiaggio italiano si perda la sua celebre voce, credibile motore di tutta la vicenda.

Intoccabili, Gli *½ (Italia 1969, col, 115') Giuliano Montaldo. Con John Cassavetes, Britt Ekland, Peter Falk, Gabriele Ferzetti, Pierluigi Aprà, Gena Rowlands, Luigi Pistilli, Florinda Bolkan, Salvo Randone, Margherita Guzzinati. ◆ Un mafioso (Falk) cerca l'alleanza di un delinquente (Cassavetes) per un colpo a una casa da gioco di Las Vegas: quando scoprirà che anche quella è un'attività della mafia sarà troppo tardi. Film d'azione discontinuo, dove a sequenze serrate e drammatiche, si alternano prolissità e cedimenti alla convenzionalità.

Intoccabili, Gli → *Untouchables, The – Gli intoccabili*

Intolerance **½ (*Intolerance*, Usa 1916, b/n, 210') David Wark Griffith. ◆ Quattro storie diversissime intrecciate tra loro, che in comune hanno il tema dell'intolleranza cui si riferisce il titolo: in *La madre e la legge* (con Mae Marsh, Fred Turner, Robert Harron, Vera Lewis), un operaio, sullo sfondo di uno sciopero duramente represso, viene ingiustamente accusato di omicidio; in *La passione di Cristo* (con Howard Gaye, Lillian Langdon, Olga Grey, Bessie Love) sono raccontate tre parabole evangeliche: le nozze di Cana, i farisei al Tempio, la Maddalena; in *La notte di San Bartolomeo* (con Josephine Crowell, Margery Wilson, Spottiswoode Aiken, Eugène Pallette) la cattolica Caterina de' Medici ordina la strage dei protestanti Ugonotti; in *La caduta di Babilonia* (con Constance Talmadge, Elmer Clifton, Alfred Paget, Seena Owen) il re di Babilonia, dopo aver respinto l'esercito persiano, dà inizio a una festa che lascerà la città esposta al nuovo attacco dei nemici. Un film complesso e dispendioso (100.000 metri di pellicola impressionata, 5000 comparse) che uscì negli Usa alla vigilia dell'entrata in guerra: il legame tra i vari episodi, suggerito al regista da un'epigrafe di Walt Whitman, fu giudicato macchinoso, e il messaggio pacifista (da notare che Griffith era stato accusato di razzismo per il precedente *Nascita di una nazione*) suonò totalmente inopportuno. Il fiasco all'epoca fu ricompensato solo dalla parziale rivalutazione storico-critica. Tacciato da alcuni di gigantismo autocompiaciuto, schematismo strutturale, «difficoltà ideologiche» (Ejzenštejn) e pedanteria d'autodidatta, va apprezzato proprio perché rappresenta il primo e il più grande momento d'impasse di un'arte ancora *in fieri*. Dal punto di vista linguistico è la sintesi di tutte le invenzioni del regista: narrazione in crescendo, grazie al montaggio parallelo e alternato, con il cosiddetto finale alla Griffith; uso dei carrelli orizzontali e delle gru (tenute sospese da palloni aerostatici); sperimentazione dello spazio e del tempo; impiego e trattamento di oggetti simbolici (la culla come leit-motiv). In questo modo lo «scandalo» di *Intolerance* consiste nell'aver usato questa sintassi per razionalizzare e tenere insieme un materiale volutamente eterogeneo e disgregato nella realtà storica. Dalla tensione tra i due poli scaturisce l'originalità – esclusivamente formale – del film, a cui oggi spetta un posto d'onore nell'ideale museo della settima arte. Al montaggio ha collaborato Erich von Stroheim, che interpreta la parte di un fariseo in *La passione di Cristo*. I titoli delle singole storie furono aggiunti nel 1919 dallo stesso Griffith che per tentare di salvare il film accettò di rimontarlo e far uscire separatamente l'episodio contemporaneo e quello babilonese. Ma da allora non è stato più disponibile il negativo integrale dell'opera. Una curiosità: la casa di produzione del film (la Triangle Film Corporation) fu sciolta per fallimento nel 1918. L'anno seguente, Griffith fondò con Fairbanks, la Pickford e Chaplin la United Artists, la quale a sua volta sparì a causa di un altro clamoroso insuccesso, *I cancelli del cielo* (1980) di Michael Cimino.

Intolleranza → *Simon del deserto*

In trappola *½ (*The Hunted*, Usa 1995, col, 100') J.F. Lawton. Con Christopher Lambert, John Lone, Yoshio Harada, Joan Chen, Yoko Shimada. ◆ Paul Racine (Lambert), in Giappone per affari, assiste per sbaglio alla decapitazione di una prostituta (Chen), e viene coinvolto nella faida tra il maestro d'armi Takeda (Harada) e il malvagio Kinjo (Lone), capo di una setta ninja. Le violente scene d'azione sono passabili, e certi svolazzi onirici sono promettenti: ma la sceneggiatura fumettistica annaspa nel ridicolo involontario, e la recitazione è disastrosa. L'esordiente regista, già sceneggiatore di *Pretty Woman*, copia senza pudore *L'ultima sfida* di Frankenheimer. Musiche dei Kodò.

In tre si litiga meglio *½ (*Three for the Road*, Usa 1987, col, 95') Bill W.L. Norton. Con Charlie Sheen, Kerri Green, Sally Kellerman, Alan Ruck, Blair Tefkin. ◆ La figlia ribelle di un uomo politico (Green) deve essere rinchiusa in un riformatorio per non rovinare la carriera del padre: ma il giovane portaborse (Sheen) che l'accompagna insieme a un amico (Ruck), scoprirà ben presto che la ragazza non è come era stata descritta. Trama esile e scontata per un film stanco e prevedibile.

In tre sul Lucky Lady ** (*Lucky Lady*, Usa 1975, col, 118') Stanley Donen. Con Gene Hackman, Liza Minnelli, Burt Reynolds, Geoffrey Lewis, John Hillerman. ◆ In pieno proibizionismo, una cantante (Minnelli) e i suoi due amanti (Hackman e Reynolds) si arricchiscono trasportando alcol con il loro battello; tutto va a gonfie vele fino a quando la malavita non s'interessa di loro. Farsa sgangherata, inutilmente appesantita da risvolti erotici, che cerca invano di ritrovare lo spirito delle commedie sofisticate. Peccato per il cast e il regista: un'occasione mancata.

Intrighi al Grand Hotel ** (*Hotel*, Usa 1967, col, 124') Richard Quine. Con Rod Taylor, Catherine Spaak, Karl Malden, Melvyn Douglas, Richard Conte, Merle Oberon. ◆ New Orleans. Vita quotidiana per i clienti di un vecchio hotel, sempre sul punto di essere venduto. Da un racconto di Arthur Hailey, una commedia abbastanza gradevole, anche se il bisogno di riempire il cast di vecchie e nuove stelle appesantisce in maniera irrimediabile la sceneggiatura.

Intrighi del potere, Gli – Nixon **½ (*Nixon*, Usa 1995, col e b/n, 192') Oliver Stone. Con Anthony Hopkins, Joan Allen, Powers Boothe, Ed Harris, Bob Hoskins, E. G. Marshall, David Paymer, David Hyde Pierce, Paul Sorvino, Mary Steenburgen, J.T. Walsh, James Woods, Kevin Dunn, Larry Hagman, Ed Harrmann, Madeline Kahn. ◆ Mentre sta scoppiando lo scandalo Watergate, il trentasettesimo presidente degli Stati Uniti Richard Milhous Nixon (Hopkins) ripensa alla sua carriera politica iniziata ai tempi della caccia alle streghe, al rigore quacchero di sua madre (Steenburgen), alla sconfitta alle presidenziali del '60, alla trionfale elezione nel '68 e poi ancora nel '72, ai successi in politica estera con Cina e Urss grazie anche a collaboratori come Kissinger (Sorvino) e Alexander Haig (Boothe), all'affetto della moglie Pat (Allen). Ma l'inchiesta del *Washington Post* non si può fermare e il 9 agosto 1974 sarà costretto a dare le dimissioni. Mastodontica biografia di un presidente che Stone (autore della sceneggiatura con Stephen J. Rivele e Christopher Wilkinson) descrive angosciato dalle sue origini piccolo-borghesi e dalla sua «bruttezza», così come da una figura materna ossessiva e ipergiudicante. Per farlo polverizza la cronologia, accumulando ogni tipo di materiale che possa aiutarlo in questa indagine psicologica: documentari, foto, filmini amatoriali, registrazioni sonore, ricostruzioni e decostruzioni (con l'espediente della solarizzazione) delle stesse scene, tutte «verosimili» (a sentire Stone) ma tutte rigorosamente ricostruite. Ne esce una specie di tragedia shakespeariana con tanto di «cadaveri» (come dice H. R. Haldeman [Wood] a proposito dei collaboratori sacrificati per colpa del Watergate), ma non quello che tutti si aspettavano: un'analisi politica di uno dei grandi sconfitti dalla Storia. Straordinario tutto il cast, a cominciare da un Hopkins impressionante per capacità mimetica (a cui però Stone, che evidentemente non ama il suo personaggio, fa fare almeno una smorfia in ogni scena).

Intrighi di donne ** (*Manèges*, Francia 1949, b/n, 90') Yves Allégret. Con Simone Signoret, Bernard Blier, Jane Marken, Frank Villard, Jacques Baumer. ◆ Al capezzale della moglie (Signoret), vittima di un incidente, il marito (Blier) scopre, per bocca della suocera (Marken), di essere sempre stato tradito. Sceneggiato dal fedele Jacques Sigurt e raccontato tutto a flashback, il film vuole reagire all'ottimismo esasperato di un certo cinema francese del dopoguerra raccontando la storia sordida di due donne mostruose e avidissime, ma finisce per cadere nell'eccesso opposto, quello di un naturalismo fin troppo compiaciuto: peccato, perché la recitazione dei protagonisti è davvero eccezionale.

Intrighi e piaceri a Baton Rouge *½ (*Bâton Rouge*, Spagna 1988, col, 91') Rafael Moleon. Con Carmen Maura, Victoria Abril, Antonio Banderas, Angel de Andrés Lopez. ◆ Una ricca signora madrilena (Maura) non sa che la sua psichiatra (Abril) e il suo amante (Banderas) si sono messi d'accordo per farle la pelle. Noir torrido con sorpresina finale. Di Almodóvar ci sono gli attori, un ex assistente che firma la regia e basta.

Intrigo a Hollywood (Sunset) → *Sunset-Intrigo a Hollywood*

Intrigo a Parigi *½ (*Monsieur*, Francia/Italia/Rft 1964, b/n, 96') Jean-Paul Le Chanois. Con Jean Gabin, Mireille Darc, Philippe Noiret, Liselotte Pulver, Gaby Morlay, Jean-Paul Moulinot, Gabrielle Dorziat, Henri Crémieux, Andrex [André Jaubert], Claudio Gora, Marina Berti, Angela Minervini, Jean Lefebvre, Peter Vogel. ◆ Il banchiere René Duchesne (Gabin) viene a sapere da Suzanne (Darc), ex cameriera finita sul marciapiede, che la moglie morta lo tradiva praticamente con tutti; e così, invece di suicidarsi per il dolore, decide di iniziare una nuova vita con una nuova identità: farà il maggiordomo per i ricchi, e svitati, signori Bernadac (Noiret e Pulver), almeno fino a quando non riavrà bisogno della sua vecchia identità di banchiere per togliersi qualche sassolino... Commedia da boulevard scontata e un po' reazionaria (trionfano le apparenze e su tutto vince il conto in banca), sceneggiata da Pascal Jardin e Claude Sautet dalla pièce di Claude Gevel. I fan di Gabin, comunque, apprezzeranno il suo aplomb (un po' troppo) imperturbabile. Ultimo film di Gaby Morlay nel ruolo della nonna Bernadac.

Intrigo a San Pietroburgo * (*Midnight in St. Petersburg*, Canada/Gb/Russia 1995, col, 86') Doug Jackson. Con Michael Caine, Jason Connery, Tanya Jackson, Michael Gambon, Michael Sarrazin. ◆ Neo-responsabile di un'agenzia d'investigazioni nell'ex Leningrado, l'ex spia britannica Harry Palmer (Caine) indaga su un traffico congiunto di plutonio e opere d'arte rubate dall'Hermitage. Seguito di *All'inseguimento della morte rossa*: di rado si è visto Caine così scocciato e indifferente, e in confronto l'*Ispettore Derrick* è un'esperienza psichedelica.

Intrigo a Stoccolma **½ (*The Prize*, Usa 1963, col, 136') Mark Robson. Con Paul Newman, Edward G. Robinson, Elke Sommer, Diane Baker, Micheline Presle, Leo G. Carroll, Gérard Oury, Sergio Fantoni. ◆ Giunto a Stoccolma per ricevere il Nobel, uno scrittore americano (Newman) nota qualcosa di strano nel comportamento di un altro dei premiati. E si trova coinvolto in un intricato caso di spionaggio. Da un romanzo di Irving Wallace, sceneggiato da Ernest Lehman, un thriller che rifà smaccatamente il verso all'Hitchcock di *Il prigioniero di Amsterdam* e *Intrigo internazionale*. Però diverte.

Intrigo a Taormina → *Femmine di lusso* (di Giorgio Bianchi)

Intrigo internazionale **** (*North by Northwest*, Usa 1959, col, 136') Alfred Hitchcock. Con Cary Grant, Eva Marie Saint, James Mason, Leo G. Carroll, Martin Landau. ◆ L'agente (in inglese *pubblicist*, qui malamente tradotto in italiano «pubblicista») Roger Thornhill (Grant) viene scambiato per un uomo che non esiste: un tale Kaplan, inventato dal controspionaggio americano per ingannare le spie nemiche. Inseguito dalle spie e dalla polizia, dopo che è stato accusato dell'omicidio di un diplomatico, Kaplan trova l'aiuto di una bella doppiogiochista, Eva Kendall (Saint). Il finale, in cui i due si arrampicano sui ritratti dei presidenti americani scolpiti sul monte Rushmore, è passato alla storia. Ma ancora più magistrali sono i sette minuti senza dialogo che precedono l'attacco a Thornhill, solo in mezzo alla prateria, da parte di un biplano: una lezione di suspense inarrivabile, dove vengono ribaltati tutti i cliché della paura (buio, ambiente senza vie d'uscita) e la tensione nasce dall'assoluta mancanza di quegli elementi che provocano angoscia. Dissezionato da psicoanalisti, semiologi e critici d'ogni specie, diverte ed emoziona ancora dopo l'ennesima volta che lo si vede. Tutti i temi classici hitchcockiani (i giochi delle apparenze, gli scambi di persona, l'itinerario iniziatico della coppia, l'ambiguità della figura femminile), una grande intelligenza e un umorismo sottile sono profusi in ogni inquadratura: di certo tra i migliori Hitchcock di sempre, abilmente sceneggiato da Ernest Lehman. A proposito dell'immagine finale del treno che entra in una galleria (dopo che con uno stacco audacissimo Eva, appesa nel vuoto del monte Rushmore, fa ogni sforzo per mettersi al sicuro e... finisce nella cuccetta di un wagon-lit accanto a Thornhill, come nella prima scena in cui l'ha incontrato), Hitchcock ha detto: «è il finale più impertinente che abbia mai girato». Il titolo, mai tradotto letteralmente in nessun paese, indica una direzione inesistente. La villa dell'inquietante Philip Vandamm (Mason) riproduce una creazione di Frank Lloyd Wright.

Intrusa, L' *½ (Italia, 1955, b/n, 100') Raffaello Matarazzo. Con Amedeo Nazzari, Lea Padovani, Rina Morelli, Andrea Checchi, Cesco Baseggio, Pina Bottin. ◆ Una donna (Padovani) perde il figlio che attendeva da un uomo che l'ha abbandonata e trova conforto nel medico che la prende in cura (Nazzari) e che, apparentemente per compassione, la sposa. Quando il primo amante (Checchi) si ripresenta, la coppia si rivela salda e unita. Stanca pellicola sui buoni sentimenti nell'Italia del dopoguerra.

Intruso, L' **½ (*Hider in the House*, Usa 1991, col, 108') Matthew Patrick. Con Mimi Rogers, Gary Busey, Michael McKean, Kurt Christopher Kinder, Candy Hutson. ◆ Tom Sykes (Busey), che ha ucciso i suoi genitori snaturati, torna in libertà dopo vent'anni di carcere e decide di adottare una famiglia «perfetta», i Dryers (Rogers e McKean), presentandosi come un buon vicino, ma controllandone in modo maniacale tutti i movimenti. Sykes piange quando sente i Dryers litigare, e presto decide di estromettere il marito. Antesignano misconosciuto del filone delle famiglie in pericolo (*Uno sconosciuto alla porta*, *Abuso di potere*): meno banale della media, gioca in sordina il lato thriller, e costruisce un ritratto interessante di psicopatico, sfruttando bene un attore sottovalutato come Busey, dal fisico massiccio e l'aria vulnerabile.

Intruso, L' → *Odio esplode a Dallas, L'*

In una notte di chiaro di luna * (Italia 1989, col, 107') Lina Wertmüller. Con Rutger Hauer, Nastassja Kinski, Peter O'Toole, Dominique Sanda, Faye Dunaway, Lorraine Bracco. ◆ Un giornalista d'assalto (Hauer) si finge sieropositivo per realizzare un'inchiesta sulla psicosi da Aids, ma il male entra veramente nella sua vita e nella sua storia d'amore, ossessionandolo e spingendolo a gesti sconsiderati. Non basta una ricca produzione internazionale per affrontare il problema dell'Aids con coraggio: a forza di estremizzare, il film scade nel melodramma a fosche tinte, involontariamente ridicolo.

Invaders * (*Invaders from Mars*, Usa 1986, col, 100') Tobe Hooper. Con Karen Black, Hunter Carson, Timothy Bottoms, Laraine Newman, James Karen, Bud Cort, Jimmy Hunt. ◆ Un bambino appassionato di astronomia (Carson), unico testimone dell'arrivo di un'astronave, scopre che tutti, compresi i genitori, sono asserviti alle creature marziane, e partecipa attivamente alla lotta per la salvezza degli umani. Remake affettuoso quanto disastroso di *Gli invasori spaziali* (1953), privo di inventiva, mal diretto e mal recitato, con qualche tentativo di modernizzazione ad aggravare il tutto. Per il sorriso dei cultori del genere Jimmy Hunt, il bambino del film originale, interpreta la parte di un poliziotto e dice come nostalgico omaggio la battuta: «Sai, non andavo più su quella collina da quando ero ragazzino».

Invader, The * (*The Invader*, Usa /Canada 1997, col, 95') Mark Rosman. Con Sean Young, Ben Cross, Alec Baldwin, Nick Mancuso, Linda Boyd, Tim Henry. ◆ Per salvare la propria razza dall'estinzione, l'extraterrestre Renn (Cross) vola da Atirano sulla Terra e rapisce una maestra elementare (Young) che ha messo incinta (con un bacio): ma sulle sue tracce, oltre all'ex fidanzato poliziotto (Baldwin) della donna, c'è anche un alieno (Mancuso) deciso a fermare la sua missione di «ripopolazione». Fantascienza dei poveri in un tv-movie che copia da *Terminator* l'idea del figlio salvatore: il resto è uguale a un film d'avventure tra i boschi canadesi. Sean Young fa vedere solo la pancia che cresce (la gravidanza extraterrestre impiega tre giorni invece dei nove mesi umani per arrivare a compimento), mentre Baldwin è più lesso che mai.

Invasati, Gli **** (*The Haunting*, Usa 1963, b/n, 112') Robert Wise. Con Julie Harris, Claire Bloom, Richard Johnson, Russ Tamblyn, Loïs Maxwell. ◆ Per verificare gli effetti paranormali di una villa in cui sono avvenute varie morti violente, il dottor Markway (Johnson) vi riunisce tre persone: l'erede-proprietario, Luke (Tamblyn), scettico e materialista; Eleanor (Harris), una mitomane che si sente responsabile della morte della madre; e Theodora (Bloom), una lesbica con doti medianiche. Con l'arrivo della signora Markway (Maxwell) la situazione precipiterà e la reputazione della villa verrà riconfermata. Un capolavoro del cinema fantastico, giocato su due punti di vista: quello oggettivo della ricerca scientifica e quello soggettivo, psicolabile, di Eleanor, il cui spiccato senso di colpa la porta a desiderare di essere inghiottita dall'atmosfera mortifera della villa. E Wise si guarda bene dal chiarire se i fatti raccontati dalla sceneggiatura di Nelson Gidding sono effettivamente accaduti nella villa o se sono il frutto della psiche sconvolta degli ospiti. Al risultato stupefacente concorrono la recitazione appassionata degli attori, gli effetti straordinari del sonoro (c'è di che comporre un vero e proprio catalogo uditivo del terrore) e la ripetizione, accorta e ben scandita, di alcuni elementi visivi fondamentali (porte, scale, ecc). Girato in Inghilterra.

Invasione degli ultracorpi, L' **** (*Invasion of the Body Snatchers*, Usa 1956, b/n, 80') Don Siegel. Con Kevin McCarthy, Dana Wynter, Larry Gates, King Donovan, Carolyn Jones, Virginia Christine. ◆ Un medico californiano, il dottor Miles Bennell (McCarthy), scopre che la sua cittadina è stata invasa da baccelli alieni che s'insinuano nel corpo umano durante il sonno come parassiti invisibili e pian piano si sostituiscono ai loro ignari ospiti. Uno dei migliori esempi della fantascienza anni Cinquanta (e non solo), sceneggiato da Daniel Mainwaring da un romanzo di Jack Finney, dove le angosce dell'epoca non sono semplicemente riflesse, ma anche interrogate e sondate in profondità. Letto, con opposti consensi dell'autore, sia in chiave anticomunista che antimaccartista, in realtà è meno sociopolitico di quanto possa sembrare, concentrato com'è sull'incubo di una folle e inavvertita «disumanizzazione» che ha carattere marcatamente individuale, sebbene colta all'interno di una comunità. Colpisce per la pressoché assoluta mancanza di effetti speciali (a parte i baccelloni) e s'impone per l'abilità nel creare una forte suspense basandosi esclusivamente sul contrasto tra la paranoia del medico e l'indifferente risposta della sonnacchiosa cittadina di Santa Mira. Una delle prove migliori di Siegel, nonostante le interferenze della produzione (United Artists), che per rendere più rassicurante la storia fece aggiungere un prologo e un epilogo fuori luogo, ed eliminò nella prima parte i dialoghi ironici scritti da Sam Peckinpah (non accreditato come sceneggiatore, compare in un cammeo come il lettore di contatori che dice a proposito del protagonista: «Lasciatelo fuggire, non gli crederanno mai»). Indimenticabile il finale voluto dal regista, dove il medico guarda in macchina e urla «You're next» («Voi siete i prossimi», nella versione italiana pessimamente tradotto e spezzato in «State attenti, non ci sarà più scampo»). Remake nel 1978 di Philip Kaufman (*Terrore dallo spazio profondo*) con Don Siegel e Kevin McCarthy come guest star e nel 1993 di Abel Ferrara (*Ultracorpi – L'invasione continua*).

Invasione dei mostri verdi, L' *½ (*The Day of the Triffids*, Gb 1963, col, 95') Steve Sekely. Con Howard Keel, Nicole Maurey, Janette Scott, Kieron Moore, Mervyn Johns. ◆ Radiazioni spaziali trasformano la pianta del «triffidus», dandole dimensioni enormi e appetiti vampirici: la velocità con cui si riproduce rischia di distruggere la Terra, quando finalmente due scienziati troveranno il modo di eliminarla. Tratto dall'omonimo classico della fantascienza di John Wyndham sceneggiato da Philip Yordan, il film sciupa un buono spunto con una regia bambocciesca e una sceneggiatura sentimentalistica. Rieditato come *Il giorno dei Trifidi*.

Invasion U.S.A. * (*Invasion U.S.A.*, Usa 1985, col, 107') Joseph Zito. Con Chuck Norris, Richard Lynch, Melissa Prophet, Alex Colon. ◆ Un abilissimo ex agente speciale (Norris) torna a combattere i sovietici sventando con ogni mezzo il progetto di destabilizzazione e di invasione degli Stati Uniti, perseguito con feroci attacchi alla convivenza civile. Fantapolitica spicciola anteperestroika per un grottesco safari metropolitano condotto da uno dei più inespressivi «eroi» americani di sempre.

Invasori, Gli – 49° parallelo *** (*49th Parallel*, Gb 1941, b/n, 123') Michael Powell. Con Eric Portman, Richard George, Raymond Lovell, Glynis Johns, Leslie Howard, Laurence Olivier, Anton Walbrook, Raymond Massey. ◆ Sei marinai tedeschi, scampati sulle coste del Canada all'affondamento del loro sottomarino, attraversano il paese guidati da un fanatico ufficiale hitleriano (Portman), commettendo violenze d'ogni genere per raggiungere il 49° parallelo e arrivare così negli Stati Uniti, allora ancora neutrali. Prodotto con chiari intenti propagandistici, il film utilizza l'ambientazione canadese e la varietà della sua popolazione per mettere in scena una unanime contrapposizione alla barbarie dei nazisti che vengono eliminati, simbolicamente, dai diversi rappresentanti di questo cosmopolitismo: Johnnie, il trapper francese (Olivier); Peter, il capo della comunità tedesca utterita (Walbrook); l'inglese Philip (Howard); il canadese Andy (Massey); i pellerossa delle Three Sisters Mountains. La sceneggiatura di Emeric Pressburger (e la regia di Powell), comunque, si preoccupano di evitare ogni facile effetto melodrammatico, utilizzando la miglior tradizione culturale britannica (rispetto degli altri, elogio del «quieto lasciar vivere») per evitare le schematizzazioni e arrivare a dire che non tutti i tedeschi sono nazisti e alcuni di questi sono persino riscattabili, ottenendo così «uno dei film di propaganda bellica più bizzarri e ricchi di sfumature sotterranee prodotti dal cinema (non solo inglese) di quegli anni». Oscar per il miglior soggetto a Pressburger. Attenzione a una riedizione televisiva con nuova, sciagurata risonorizzazione.

Invasori, Gli **½ (Italia/Francia 1961, col, 98') Mario Bava. Con Cameron Mitchell, Giorgio Ardisson, Folco Lulli, Andrea Checchi, Alice e Ellen Kessler, Françoise Cristophe. ◆ Quando il re dei vichinghi viene sconfitto e ucciso dai britanni, un figlio (Mitchell) si salva e cresce per vendicare il suo popolo, l'altro (Ardisson) viene adottato dalla regina di Britannia: si incontreranno sul campo di battaglia. Flotte, sicari, duelli, tatuaggi rivelatori e le mitiche gemelle ballerine: vista la qualità della messa in scena (Bava firma anche la fotografia, Mario Serandrei il montaggio) c'è rischio di fare meglio del modello, *I Vichinghi* di Fleischer.

Invasori spaziali, Gli **½ (*Invaders from Mars*, Usa 1953, col, 78') William Cameron Menzies. Con Helena Carter, Arthur Franz, Jimmy Hunt, Leif Erickson. ◆ Un ragazzino (Hunt) scopre, nella collina vicino a casa, che intelligenze aliene sono capaci di controllare e rendere schiavi gli umani. Un piccolo gioiello di fantascienza a basso costo degli anni Cinquanta sceneggiato da Richard Blake e pensato per il 3D, diretto da un ex scenografo dal gusto visionario e iperstilizzato, capace di atmosfere intriganti (e sottilmente erotiche) nonostante dialoghi risibili, fondali palesi e l'ossessiva metafora del «pericolo rosso» e della «quinta colonna». Nell'edizione italiana (in cui figurano le voci di Alberto Lupo e Gianrico Tedeschi) sono state aggiunte, così come nel resto d'Europa, alcune scene che accreditano il finale «realista» (che stempera l'equivoco – incubo o realtà – su cui si fonda il fascino del film), oltre a un'inutile sequenza didattica sui vari tipi di Ufo.

In vendita → *A vendre – In vendita*

Inventario, L' *½ (*Devarim*, Israele/Francia/Italia 1997, col, 110') Amos Gitai. Con Assi Dayan, Amos Gitai, Amos Schoub, Lea Koening, Kiki Gal. ◆ Tel Aviv: alla morte del padre, l'avvocato Goldman (Gitai) diventa un teorico del suicidio, mentre l'amico fotografo Caesar (Dayan) si divide tra un'ex moglie e un paio di amanti. Con una singolare incapacità di raccontare, il regista (che ha adattato con Gilad Evron un romanzo di Yaakov Shabtai) cerca di sondare umori contemporanei di una generazione di quarantenni allo sfascio, impegnati a contemplare il proprio ombelico. Riprese senza motivo di gente che pulisce la verdura, lungaggini condite di citazioni, piani-sequenza con musica, un po' di erotismo perché comunque il linguaggio del corpo è l'unico cui ci si può appigliare in tempi di caos. Arduo appassionarsi, almeno da una latitudine diversa.

Inventiamo l'amore *½ (Italia 1938, b/n, 71') Camillo Mastrocinque. Con Gino Cervi, Evi Maltagliati, Sergio Tofano, Eugenio Cappabianca, Amelia Chellini, Guglielmo Sinaz, Guglielmo Barnabò, Ivana Claar, Clelia Matania. ◆ Grazie a un'eredità di 100 mila lire (nell'anno in cui gli italiani sognavano «mille lire al mese»), Carlo Morelli (Cervi) e la fidanzata Anna (Maltagliati) lasciano Urbino per Roma dove sperano di sfondare nel mondo del cinema, lui come sceneggiatore lei come attrice: amici poco fidati (Cappabianca, doppiato da Emilio Cigoli), produttori meno generosi del previsto (Sinaz e Tofano), ingenuità e gelosie reciproche dilapidano il capitale e rischiano anche di rovinare il loro amore. Commediola vagamente realistica sul mondo del cinema tratta dall'omonima pièce di Bruno Corra e Giuseppe Achille che Cervi, Maltagliati, Tofano e Chellini (nella parte della petulante vicina) avevano portato già al successo sulle scene: la sceneggiatura di Michele Galdieri e, non accreditato, Tomaso Smith stempera il gioco d'incastri del dialogo in una serie di aneddoti marginali che tolgono mordente alla storia (curioso solo «l'incubo delle aragoste» che fa soffrire il troppo goloso Tofano). Comparsate per Massimo Serato (l'uomo seduto accanto al biliardo) e Nicola Maldacea (l'anziano ballerino di conga).

Inventory – Tutto ciò che abbiamo → *Passaporto per l'amore - Inventory*

Invenzione di Morel, L' *½ (Italia 1974, col, 110') Emidio Greco. Con Giulio Brogi, Anna Karina, John Steiner, Anna Maria Gherardi, Laura De Marchi. ◆ Arrivato su un'isola, un naufrago (Brogi) scopre, dopo strani e irreali incontri, che il diabolico scienziato Morel (Steiner) è riuscito a dar forma alle proiezioni dei suoi desideri, ma che per farlo si è servito di persone vere a cui ha tolto la vita. Ispirato all'omonimo romanzo di Adolfo Bioy Casares (sceneggiato dal regista insieme ad Andrea Barbato), il film tenta di rileggere l'apologo fantastico con schematici aggiornamenti ideologici (Morel è visto come il portatore di una cultura socialdemocratica che crede nella «razionalizzazione» della realtà) ma finisce per perdersi nella ricerca di un'inutile rarefazione stilistica.

Inverno freddo freddo, Un * (Italia 1996, col, 82') Roberto Cimpanelli. Con Paola Tiziana Cruciani, Cecilia Dazzi, Carlotta Natoli, Frédérique Feder, Armando De Razza, Marco Messeri, Valerio Mastandrea, Riccardo Garrone, Francesca Reggiani, Carlo Croccolo. ◆ Tre parrucchiere – Rosanna (Dazzi), Monica (Natoli) e Danila (Cruciani) – cercano di aiutare la padrona del locale in cui lavorano (Feder) a non cedere ai ricatti di un amante manesco (De Razza) e di uno strozzino bavoso (Croccolo). Inutile e ingiustificato esordio alla regia di un distributore e produttore di successo: solito spaccato di vita vissuta, soliti batticuori e solite delusioni: il peggio del «carino». Tutto già visto e quasi sempre in meglio (nonostante la sceneggiatura di Scarpelli padre e figlio che affiancano Cimpanelli). Peccato solo per le tre protagoniste, che meritano davvero di meglio.

Inverno ti farà tornare, L' ** (*Une aussi longue absence*, Francia/Italia 1961, b/n, 90') Henri Colpi. Con Alida Valli, Georges Wilson, Charles Blavette, Jacques Harden, Catherine Fonteney, Amédée, Paul Faivre. ◆ Convinta che lo smemorato vagabondo (Wilson) che si aggira intorno al suo bar possa essere il marito dato per disperso in Germania, Thérèse Langlois (Valli) cerca di sbloccargli la memoria invitandolo a cena o facendogli incontrare persone di famiglia: lui non parla, ma lei non perde la speranza. Ritratto di due solitudini e di due esistenze vuote, perfetto per le corde rarefatte di Marguerite Duras (autrice del soggetto e cosceneggiatrice con Gérard Jarlot e il regista), ma francamente un po' troppo compiaciuto della propria raffinata «povertà» per non apparire oggi datato e troppo programmaticamente commovente. Se si salva è per la grande prova di Alida Valli. Palma d'oro a Cannes, ex aequo con *Viridiana*.

Investigatore, L' ** (*Tony Rome*, Usa 1967, col, 110') Gordon Douglas. Con Frank Sinatra, Jill St. John, Richard Conte, Gena Rowlands, Simon Oakland, Sue Lyon. ◆ Il detective Tony Rome (Sinatra) è ingaggiato da un miliardario (Oakland) per risolvere i problemi della figlia, scomparsa da casa e ritrovata sotto l'effetto della droga in un sordido hotel di Miami: scoprirà un complicato intrigo tra la malavita e la strana famiglia. Cast di tutto rispetto per un poliziesco dal tono spregiudicato e diretto con un bel senso del ritmo. Sinatra/Rome sarà il protagonista anche in *La signora nel cemento* (1968).

Investigatore Marlowe, L' **½ (*Marlowe*, Usa 1969, col, 95') Paul Bogart. Con James Garner, Gayle Hunnicutt, Carroll O'Connor, Rita Moreno, Jackie Coogan, Sharon Farrell, Bruce Lee. ◆ Philip Marlowe (Garner), incaricato da Mavis Wald (Hunnicutt) di ritrovare il fratello scomparso misteriosamente, si confronta con omicidi e ricatti. Piacevole adattamento del romanzo *Troppo tardi* di Raymond Chandler (sceneggiato da Stirling Silliphant), pieno di colpi di scena e con una bella ricostruzione dell'atmosfera degli anni Quaranta. Divertente particina per Bruce Lee nella parte di Wong, che distrugge l'ufficio di Marlowe per dissuaderlo dal continuare le sue ricerche.

In viaggio con Alberto *½ (*Alberto Express*, Francia 1990, col, 91') Arthur Joffé. Con Sergio Castellitto, Nino Manfredi, Marie Trintignant, Marco Messeri, Jeanne Moreau, Michel Aumont, Angela Goodwin. ◆ Per rispettare la tradizione di famiglia (restituire al padre i soldi spesi per la propria educazione, prima di diventare padre a propria volta), Alberto (Castellitto) va in treno da Parigi a Roma, in un viaggio dove incontra i personaggi più strani. Ambientazioni claustrofobiche ed esasperato dinamismo, con i corridoi dei vagoni percorsi da riprese forsennate. Nonostante la convincente performance di Castellitto, però, (e l'amichevole partecipazione di Manfredi nella parte del padre) si rimane spiazzati anziché coinvolti.

In viaggio con la zia *** (*Travels with My Aunt*, Usa 1972, col, 109') George Cukor. Con Maggie Smith, Alec McCowen, Lou Gossett, Robert Stephens, Cindy Williams, José Luis Lopez Vasquez. ◆ Un tranquillo bancario londinese, Henry Pulling (McCowen), viene trascinato in avventure e truffe per tutta l'Europa dalla spregiudicata zia (o presunta tale) Augusta (Smith), alla ricerca dei soldi per pagare il riscatto di un suo lontano amore, Visconti (Stephens). Riducendo il romanzo omonimo di Graham Greene, Cukor rilegge la storia modificandone, con inaspettato cinismo, la morale (nel libro, il Bene è la mediocrità, il Male è una irregolarità fascinosa e il viaggio è una soluzione nevrotica contro l'accettazione della vita): elimina l'ultima parte, accentua il carattere anticonformista della presenza femminile, fa del fascinoso

Visconti un personaggio spregevole mentre umanizza il nipote, che si fa furbo rubando ai ladri, e così «il conflitto tra Bene e Male è lasciato al caso, su cui – la moneta che sale e scende dal cielo – il regista blocca il film senza pronunciarsi». Oscar per i migliori costumi a Anthony Powell.

In viaggio con papà * (Italia 1982, col, 118') Alberto Sordi. Con Alberto Sordi, Carlo Verdone, Edy Angelillo, Ugo Bologna, Flora Mastroianni, Giuliana Calandra, Angelo Infanti, Tiziana Pini, Victoria Zinny. ◆ Cristiano (Verdone), figlio ormai adulto, timido e sognatore, facile preda di una ignobile setta paraecologica, e Armando Ferretti (Sordi), padre cinico e donnaiolo, abituato a considerare solo il potere dei soldi, decidono di andare in vacanza insieme: il viaggio li costringerà finalmente a conoscersi mettendo a confronto esperienze e comportamenti. Tentativo malriuscito di unire il «vecchio» e il «nuovo» leone della comicità romanesca: lo scontro generazionale (sceneggiato dai due attori protagonisti con Rodolfo Sonego) si svela da subito esilissimo pretesto per inanellare una serie di volgarità risapute e battute scontate.

In viaggio con Pippo **½ (*A Goofy Movie*, Usa 1995, col, 78') Kevin Lima. ◆ Convinto dal preside che il figlio Max stia scivolando sulla cattiva strada, Pippo decide di partire con lui in vacanza impedendogli così di proseguire nel corteggiamento di Roxanne. Ma non è detto che la destinazione del viaggio debba per forza essere il laghetto in cui pescare tranquilli. Il primo lungometraggio a cartoni animati che ha come protagonista Pippo affronta in maniera esplicita problemi generazionali inusitati per l'universo Disney, come l'amore tra ragazzi e l'obbedienza ai genitori. Nonostante i limiti di budget e un'animazione troppo debitrice del computer, il film ha il ritmo di una commedia giovanilistica, per niente consolatoria (il preside è descritto come un terroristico reazionario, l'amico autoritario e sputasentenze ha l'eloquente volto di Gambadilegno) e sanamente ribellistica (l'incubo che angoscia nel sonno Max è quello di diventare... come suo padre).

In viaggio verso Bountiful **½ (*The Trip to Bountiful*, Usa 1985, col, 106') Peter Masterson. Con Geraldine Page, John Heard, Rebecca De Mornay, Richard Bradford, Carlyn Glynn. ◆ Stanca di essere maltrattata dalla nuora, l'anziana Carrie Watts (Page) trova il coraggio di lasciare la casa del figlio e mettersi in viaggio per Bountiful, il paese dei suoi nostalgici ricordi: ma scoprirà che la realtà è molto diversa. Tratto dall'originale televisivo di Horton Foote (diventato un successo a Broadway e sceneggiato dal suo autore) il film offre un ritratto un po' troppo edulcorato ma tratteggiato con affetto del mondo degli anziani, delle loro nostalgie e dei loro bisogni. Ottima prova di tutto il cast (diretto con attenzione da un regista teatrale qui al suo debutto nel cinema) e meritato Oscar come miglior attrice a Geraldine Page.

In viaggio verso Est *½ (Italia 1992, col, 97') Beppe Cino. Con Massimo Venturiello, Andrea Prodan, Ernestina Chinova, Naicio Petrov Anghelon, Julie Marie Olson. ◆ Sul finire del 1991, il fotografo Alex Manetti (Venturiello) compie un viaggio all'Est da occidentale ricco e deluso per il crollo dell'Utopia in cui aveva creduto. Sul suo cammino incontra Andrej (Prodan), timidamente attratto dal capitalismo, e Iliana (Chinova), destinata a bruciare troppo in fretta la sua cieca passione per la società occidentale. Posticcio road-instant movie di qualche ambizione e di scarso spessore, con un fotoreporter che sembra un turista per caso e considerazioni storico-cronachistiche semplicistiche e banali. Ma in seguito (vedi *La delegazione*) è stato fatto di peggio.

Inviati molto speciali *½ (*I Love Trouble*, Usa 1994, col, 100') Charles Shyer. Con Nick Nolte, Julia Roberts, Saul Rubinek, James Rebhorn, Robert Loggia, Kelly Rutherford, Eugene Levy, Charles Martin Smith. ◆ Lui (Nolte) è un reporter affermato e gradasso del *Chicago Chronicle*. Lei (Roberts) è una cronista in erba, ma intraprendente, del rivale *Chicago Globe*. Deraglia un treno e i due si ritrovano faccia a faccia alla disperata ricerca di notizie: litigano, si odiano, si fanno i dispetti e poi scoprono di amarsi. La tipica commedia d'ambientazione giornalistica, condita con un po' di suspense (dietro la disgrazia c'è un intricato giallo che nasconde illegali sperimentazioni farmaceutiche). Shyer vorrebbe riportare in auge antenati illustri soprattutto rispetto alle zuffe sentimental-professionali di coppia, Nolte e la Roberts, in ruoli meno mortiferi del solito, non sono male, ma è proprio la sceneggiatura (del regista e Nancy Meyers) a fare cilecca. Particine per Olympia Dukakis nel ruolo di Jeannie e Marsha Mason in quello della senatrice Gayle Robbins.

Invincibile Ninja, L' * (*Enter the Ninja*, Usa 1981, col, 96') Menahem Golan. Con Franco Nero, Susan George, Sho Kosugi, Alex Courtney, Will Hare, Christopher George. ◆ Cole (Nero), abilissimo maestro di ninjitsu (che unisce l'abilità nelle arti marziali all'ipnotismo), accorre in Oriente per aiutare l'amico (Courtney) minacciato da una banda di malviventi. Tutti gli stereotipi del genere senza ritmo né ironia, perfetto per rimpiangere Bruce Lee. Seguito da *Ninja, la furia umana*.

Invincibili guerrieri, Gli → *Rivolta dei pretoriani, La*

Invincibili, Gli *½ (*Unconquered*, Usa 1947, col, 146') Cecil B. DeMille. Con Gary Cooper, Paulette Goddard, Howard da Silva, Boris Karloff, Ward Bond, Cecil Kellaway. ◆ Durante la colonizzazione del West un ufficiale (Cooper) affronta con coraggio e astuzia le insidie del territorio, gli assalti dei pellerossa e un collega traditore per amore della bella (Goddard) ingiustamente deportata. Lunghissimo, magniloquente e discontinuo: epica-entertainment piuttosto giù di forma, nonostante il cast notevole (e un comico Karloff truccato da capo indiano).

Invincibili sette, Gli * (Italia/Spagna 1963, col, 90') Alberto De Martino. Con Tony Russel, Helga Liné, Massimo Serato, Gérard Tichy, Renato Baldini, Livio Lorenzon, Barta Barry, Joseph [José] Marco. ◆ Due fratelli e cinque galeotti riscattati si ribellano contro il tiranno di Sidone, che insidia l'amante di uno dei due. Catene, cavalieri, mercenari e tutto l'armamentario del peplum senza sorprese o genialità.

Invisibili, Gli *½ (Italia 1988, col, 102') Pasquale Squitieri. Con Alfredo Rotella, Giulia Fossà, Igor Zalewsky, Victor Cavallo, Lorenzo Piani. ◆ All'inizio degli anni Ottanta un militante di estrema sinistra (Rotella), contrario alla scelta della lotta armata, vive l'esperienza del carcere speciale, l'influenza del «professore», gli accesi dibattiti tra detenuti sulla linea politica, una rivolta repressa con brutalità. Il facile realismo di Squitieri, che riduce la complessità dell'omonimo libro di Nanni Balestrini (all'origine del film) a quadretti improbabili e interminabili verbosità, riesce soltanto a vivificare la convulsa sequenza della rivolta carceraria, resa con una certa maestria e indubbio vigore. Irritanti i riferimenti del personaggio del «professore» alla figura di Toni Negri. La sceneggiatura è firmata da Squitieri, Balestrini e Italo Moscati.

Invitata, L' *** (*L'Invitée*, Francia/Italia 1969, col, 105') Vittorio De Seta. Con Joanna Shimkus, Michel Piccoli, Paul Barge, Lorna Heilbron, Jacques Perrin, Clotilde Joanno. ◆ A Parigi, Anna (Shimkus) si accorge che il marito (Perrin) la tradisce con la ragazza che ha invitato a casa loro come amica. Disperata, rifiuta ogni spiegazione e accetta la proposta dell'architetto per cui lavora (Piccoli) di accompagnarlo sulla Costa Azzurra, dove l'attende la moglie (Joanno). Nonostante le perplessità dell'uomo, tra i due nasce del tenero. Quando, alla fine del viaggio, l'architetto presenta Anna alla moglie come amica, si ripete la situazione iniziale: la donna, però, capisce e perdona, Anna prende esempio e torna dal marito. Un raffinato intreccio sentimentale (sceneggiato da Tonino Guerra e Lucille Laks) che è un «elzeviro psicologico» senza i soliti dialoghi-tormentone. De Seta fa leva sulle immagini e sui silenzi, sulla natura e sugli eccellenti attori che si ritrova, operando un trasferimento di emozioni continuo e reciproco tra paesaggi e personaggi. Splendida la confessione nella chiesa di Le Corbusier. Peccato per qualche lentezza di troppo. Per qualcuno (!) sarebbe la versione italiana di *Un uomo, una donna* di Lelouch.

Invito, L' *** (*L'Invitation*, Francia 1973, col, 100') Claude Goretta. Con Michel Robin, Jean-Luc Bideau, François Simon, Neige Dolski, Jean Champion. ◆ Un modesto impiegato (Robin) invita superiori e compagni d'ufficio all'inaugurazione della sontuosa villa di campagna comprata con l'eredità materna, e sotto lo sguardo impassibile di un esotico cameriere (Simon) e per l'effetto dell'alcol le convenzioni crollano rivelando, in un crescendo orgiastico, meschinità, invidie e tensioni, da dimenticare ipocritamente il giorno dopo, una volta tornati al lavoro. In una rigorosa unità di tempo e luogo sceneggiata dal regista con Michel Viala, attraverso una serie di gag, ritratti, sfumature, questa «radiografia critica di una società raccontata attraverso l'attività ludica di alcuni suoi esemplari» è un attacco impietoso, condotto con raffinatezza e sensibilità, a un mondo di conformismo, debolezze e valori precari.

Invito a cena con delitto ** (*Murder by Death*, Usa 1976, col, 94') Robert Moore. Con Eileen Brennan, Truman Capote, Peter Sellers, Alec Guinness, Peter Falk, David Niven, Maggie Smith, Elsa Lancaster, James Coco. ◆ L'eccentrico miliardario Lionel Twain (Capote) invita nel proprio castello i cinque detective più famosi del mondo – Sam Diamond (Falk), Milo Perrier (Coco), Dick Charleston (Niven), Sidney Wang (Sellers) e Jessica Marbles (Lancaster) – per sfidarli a risolvere un caso di omicidio che deve ancora avvenire. Una satira scanzonata e affettuosa del giallo scritta da Neil Simon, dove nemmeno un cast d'eccezione riesce a conquistare davvero lo spettatore, frastornato da colpi di scena troppo rocamboleschi e dal carnevalesco divertimento dei travestimenti (ogni personaggio è la parodia di un famoso detective: Diamond è Sam Spade; Perrier è Hercule Poirot; Charleston è Nick Charles, «l'uomo ombra»; Wang è Charlie Chan e Jessica Marbles è miss Marple). Divertente Guinness nella parte di Bensonmum, il maggiordomo cieco. Bel lavoro dello scenografo Stephen Grimes.

Invito al viaggio *½ (*L'Invitation au voyage*, Francia/Italia/Rft 1982, col, 93') Peter Del Monte. Con Laurent Malet, Nina Scott, Aurore Clément, Mario Adorf, Raymond Bussières, Robin Renucci. ◆ Il giovane Lucien (Malet), legato da un amore totale alla sorella gemella, una cantante rock uccisa da un banale incidente, nasconde il cadavere e lo porta con sé per la Francia, lungo le tappe dell'impossibile tournée: giunto al mare ne assume l'identità per regalarle una nuova esistenza. Dal romanzo *Moi, ma sœur* di Jean Bany un film nettamente inferiore alle ambizioni, anche se la fotografia avvolgente ed elaboratissima di Bruno Nuytten riesce a trasmettere suggestioni inedite alle situazioni e ai personaggi del viaggio.

Invito a una sparatoria **½ (*Invitation to a Gunfighter*, Usa 1964, col, 92') Richard Wilson. Con Yul Brynner, Janice Rule, George Segal, Brad Dexter, Pat Hingle. ◆ Al ritorno dalla guerra civile, Matt Weaver (Segal) decide di assoldare un pistolero (Brynner) per recuperare le proprietà che gli ha rubato un avido banchiere (Hingle). Ma ben presto la presenza del killer diventerà troppo ingombrante. Sceneggiato dal regista con la moglie Elizabeth, questo western è un'allegoria sul potere e la vendetta che rifiuta i facili manicheismi e ricerca con ostinazione un'originalità espressiva (grazie anche alla fotografia di Joseph MacDonald) inusuale per il genere. Indimenticabile il personaggio di Yul Brynner, un meticcio figlio di una schiava, deciso a vendicarsi dei bianchi, che porta un vestito nero e camicie di pizzo, suona il clavicembalo, fuma sigari immensi e prima di uccidere si preoccupa che la vittima pronunci bene il suo complicatissimo nome (Jules Gaspard d'Estaing).

Invitto → *Aparajito*

Io, Amleto *½ (Italia 1952, b/n, 89') Giorgio Simonelli. Con Erminio Macario, Franca Marzi, Rossana Podestà, Adriano Rimoldi, Luigi Pavese, Marisa Merlini, Virgilio Riento, Silvio Noto. ◆ Il giovane principe danese Amleto (Macario), avvertito dal fantasma del padre, sopravvive agli attentati del malvagio zio Claudio (Pavese) e conquista il trono. Il dramma di Shakespeare è solo un vago pretesto per il tipico zibaldone di trovate e numeri musicali di avanspettacolo di Macario, questa volta neppure troppo riuscito.

Piacevole la giovanissima Podestà nel ruolo di Ofelia.
Io amo **½ (*A Free Soul*, Usa 1931, b/n, 91') Clarence Brown. Con Norma Shearer, Clark Gable, Lionel Barrymore, Leslie Howard, James Gleason. ◆ Un avvocato (Barrymore) scopre che la figlia (Shearer) dallo spirito indipendente si è innamorata del gangster (Gable) da lui difeso in tribunale. Tratto dal romanzo di Adela Rogers St. John (ispirato alla figura del padre avvocato) e sceneggiato da John Meehan, è un melodramma inevitabilmente datato ma interessante per l'esplicita carica sessuale delle scene a due e per la famosa arringa finale con cui Barrymore vinse l'Oscar. Rifatto nel 1953 con Elisabeth Taylor (*Vita inquieta*).
Io amo *½ (*The Man I Love*, Usa 1946, b/n, 97') Raoul Walsh. Con Ida Lupino, Robert Alda, Andrea King, Bruce Bennett, Martha Vickers. ◆ Petey Brown (Lupino), cantante di night, torna a casa per Natale: trova la sorella (Vickers) sull'orlo del divorzio, e il fratello in balìa del losco proprietario (Alda) di un locale notturno. Metterà a posto tutto. A parte l'idea di attribuire un ruolo di angelo custode a una potenziale peccatrice, e le canzoni di Gershwin e Jerome Kern, non c'è molto: il melodramma familiare a lieto fine non è congeniale a un regista macho come Walsh.
Io, amo, tu ami... (Antologia universale dell'amore) *½ (Italia/Francia 1961, col, 132') Alessandro Blasetti. ◆ Una panoramica attraverso teatri, circhi e night-club di tutta Europa per «documentare» le varie manifestazioni dell'amore, nello stile del fortunato *Europa di notte*. Spregiudicato per i tempi, giusto una cartolina curiosa adesso. Alla sceneggiatura, firmata da Luigi Chiarini, Carlo Romano e Antonio Savignano, hanno collaborato (non accreditati) anche Alberto Arbasino, Alberto Bevilacqua, Camilla Cederna, Luigi De Marchi, Maurizio Ferrara, Giancarlo Fusco, Ruggero Maccari, Domenico Meccoli, Ettore Scola, Ercole Patti, Ettore Maria Margadonna e Luciana Corda. Il giovane in spiaggia è Giuliano Gemma.
Io bacio... tu baci *½ (Italia 1961, b/n, 92') Piero Vivarelli. Con Mina [Mina Mazzini], Umberto Orsini, Mario Carotenuto, Carlo Pisacane, Gianni Meccia, Jimmy Fontana, Tony Renis, Adriano Celentano, Peppino Di Capri, Tony Dallara, Giuliano Mancini, Erina Torelli, Jimmy il Fenomeno [Origene Soffrano], Gino Santercole, Angelo Infanti, Gianni Dei. ◆ Per impedire che le speculazioni del commendator Adolfo Cocchi (Carotenuto) abbattano l'osteria dell'ex garibaldino Leopoldo (Pisacane), la figlia dell'industriale (Mina, doppiata da Luisella Visconti) convince l'amico Paolo (Orsini, doppiato da Paolo Ferrari) a trasformare il locale in un night dove si esibiscono i cantanti alla moda. Il solito «musicarello» giovanilista, riflesso cinematografico della sempre maggiore diffusione della musica non-melodica, qui rappresentata da una nutrita serie di esibizioni (Mina canta, tra le altre canzoni, *Le mille bolle blu*, *Serafino campanaro* e *Il cielo in una stanza*, Celentano *24 mila baci*, Jimmy Fontana *Il tempo si è fermato* e con Gianni Meccia *Il cha cha cha dell'impiccato*, Peppino di Capri *I' te vurria vasà* e Tony Dallara *Un uomo vivo*). Qualche curiosa esagerazione surreale, come l'avvocato (Mancini) che si arruola nella legione straniera, nella sceneggiatura di Sergio Corbucci, del produttore Giovanni Addessi e del regista.
Io ballo da sola ***½ (*Stealing Beauty*, Gb/Italia/Francia 1996, col, 118') Bernardo Bertolucci. Con Liv Tyler, Sinéad Cusack, Jeremy Irons, Jean Marais, Rachel Weisz, Stefania Sandrelli, Ignazio Oliva, Carlo Cecchi, Roberto Zibetti, Rebecca Valpy, Leonardo Treviglio, Anna Maria Gherardi. ◆ La diciottenne americana Lucy Harmon (Tyler), dopo la morte della madre viene in vacanza presso una coppia di amici nel Chianti, lo scultore Ian Greyson (McCann) e la moglie Dana (Cusack): qui scoprirà chi è il suo vero genitore e perderà la verginità con un ragazzo (Oliva) che la ama. Tornato a girare in Italia dopo quindici anni (*La tragedia di un uomo ridicolo*, 1981), Bertolucci realizza un film «piccolo» rispetto ai precedenti kolossal e mette a confronto due generazioni in un viaggio iniziatico morbidamente sospeso tra la vita e la morte, parteggiando non per i suoi coetanei ma per la giovanissima protagonista. La sceneggiatura (di Bertolucci e Susan Minot) rischia di aggrovigliarsi nell'intreccio di grandi temi e problemi individuali e collettivi (c'è tutto: dalla disillusione ideologica post '68 all'insoddisfazione attuale, dall'Edipo irrisolto al suicidio della madre, dall'inconsistenza intellettuale alla verginità da perdere, dal primo amore alla morte), ma l'elegante regia di Bertolucci scioglie qualsiasi nodo e il montaggio di Pietro Scalia alleggerisce sapientemente il ritmo: il risultato è un film sorprendentemente fresco e vitale, quasi un remake della *Regola del gioco* di Renoir priva dell'incombente tragedia ma capace di mettere a fuoco (e a nudo), con poche pennellate, la commedia umana degli ultimi tre decenni. Nell'eccezionale cast spicca Sinéad Cusack, moglie nella vita di Jeremy Irons, che interpreta l'amico scrittore malato terminale. Il gruppo che danza alla festa è quello dei Sosta Palmizi. Le onnipresenti statue in legno, che fanno da specchio ai personaggi «fossilizzati» della villa, sono di Matthew Spender.
Io, Beau Geste e la legione straniera ** (*The Last Remake of Beau Geste*, Usa 1977, col, 83') Marty Feldman. Con Marty Feldman, Michael York, Ann-Margret, Peter Ustinov, Trevor Howard, James Earl Jones, Terry-Thomas. ◆ Ai primi del Novecento, istigati dalla matrigna avida avventuriera, i due fratelli Beau e Digby (York e Feldman) adottati dall'eroico sir Hector Geste (Howard) si ritrovano fuggiaschi e arruolati in un fortino nel deserto sulle tracce di un gioiello di famiglia rubato dalla bella Flavia (Ann-Margret). Il debutto alla regia di Feldman segue lo stile del rovesciamento dissacratorio alla Mel Brooks, ma dopo una prima parte che sbeffeggia argutamente il classico film con Gary Cooper, tutto si disperde tra incertezze e banalità.
Io, Caligola * (*Caligula*, Italia/Gb 1980, col, 156') Tinto Brass. Con Malcolm McDowell, Teresa Ann Savoy, Helen Mirren, Peter O'Toole, John Gielgud, Adriana Asti, Leopoldo Trieste, Guido Mannari, Pao-

lo Bonacelli, Mirella D'Angelo, John Steiner, Giancarlo Badessi. ◆ La storia del più folle tra gli imperatori romani, Caligola (McDowell) e tutta la sequela di eccessi e crudeltà che contraddistinsero il suo regno. Doveva essere la superproduzione capace di fondere cultura (sceneggiatura di Gore Vidal e Masolino D'Amico) e genialità italiana (Brass) con i mezzi del capitale internazionale (Bob Guccione, padrone di *Penthouse*): liti, tagli, rimaneggiamenti, sequestri (censori e legali), contrasti di tutti contro tutti (a Brass vengono accreditate solo le riprese) hanno trasformato questo film in una scombinata, irritante quando non repellente sequela di torture, decapitazioni, follie ed eccessi sessuali vagamente ispirati alla realtà storica. Comunque le scene hard sono poche (un amore lesbico tra Anneka De Lorenzo e Lori Wagner, qualche scampolo qua e là). Esistono versioni più corte: 147' e 105'. Conosciuto anche col titolo *Caligola*.

Io, Chiara e lo Scuro **½ (Italia 1982, col, 103') Maurizio Ponzi. Con Francesco Nuti, Giuliana De Sio, Marcello Lotti, Renato Cecchetto, Antonio Petrocelli, Claudio Casale. ◆ Un simpatico toscano (Nuti) con troppa passione per il biliardo, si fa travolgere dai debiti di gioco per le partite perse con lo Scuro (Lotti), ma scopre così quanto lo ami la sassofonista (De Sio) che abita nella sua stessa casa. Una commedia vecchio stile sceneggiata da Franco Ferrini, Enrico Oldoini, Nuti e Ponzi, gradevole e ben interpretata, che sa sfruttare al meglio la garbata vis comica di Francesco Nuti, non ancora travolto dal narcisismo di volersi anche dirigere. Marcello Lotti, che interpreta lo Scuro, è stato un autentico campione italiano di biliardo. I protagonisti torneranno in *Casablanca, Casablanca!* (1985).

Io confesso ** (*I Confess*, Usa 1953, b/n, 95') Alfred Hitchcock. Con Montgomery Clift, Karl Malden, Anne Baxter, Brian Aherne, O.E. Hasse, Dolly Haas, Roger Dann. ◆ Padre Logan (Clift), ingiustamente accusato di omicidio, non può difendersi perché il vero assassino, il suo sacrestano (Hasse), gli ha rivelato la verità in confessionale: per coerenza con le sue convinzioni religiose subirà l'affronto di un processo e l'odio della gente. Tratto da una pièce di Paul Anthelme (sceneggiata da George Tabori e William Archibald), è un melodramma che si interroga sui doveri di un individuo verso la società e verso Dio, lo Stato e la Chiesa. Il forte ascendente che l'educazione gesuita aveva avuto sul regista possono spiegare l'eccessivo attaccamento di Hitchcock a questo soggetto (uno dei pochi insuccessi della sua carriera), ma non la sceneggiatura troppo verbosa e la conseguente mancanza di vera suspense, irrimediabilmente appesantita dall'impianto teatrale e da un eccesso di simbolismo. L'unica scena degna del genio del regista è quella in cui la moglie del sacrestano serve la colazione ai preti riuniti in refettorio. Hitchcock si vede mentre attraversa la parte alta di una scalinata.

Io con te non ci sto più ** (Italia 1983, col, 92') Gianni Amico. Con Monica Guerritore, Victor Cavallo, Coralla Maiuri, Carlo Monni, Michele Avantario, Fiammetta Crippa. ◆ Clara (Guerritore) e Marco (Cavallo) vivono in un appartamento troppo piccolo: per fortuna la vicina, Tina (Maiuri) è disponibile a «cedere» una stanza, almeno fino a quando non si innamora di Marco, che va a vivere da lei e rende così necessaria la «restituzione» del locale prestato. Sceneggiato dal regista con Enzo Ungari (da un soggetto scritto con Francesco Tullio Altan), è il tentativo di utilizzare i meccanismi della commedia boulevardienne per raccontare l'insicurezza e la volubilità dei sentimenti, giocando con intelligenza con le componenti «volgari» della pochade. Ma la trovata del muro che si alza e si abbatte non basta a sostenere il ritmo del film, che alla fine sembra più preoccupato di far riflettere lo spettatore sui meccanismi della commedia che di catturarne l'emozione.

Io, due figlie, tre valigie **½ (*Oscar*, Francia 1967, col, 83') Edouard Molinaro. Con Louis de Funès, Claude Rich, Claude Gensac, Agathe Natanson, Paul Prêboist, Roger Van Hool, Mario David. ◆ I mille problemi di un ricco imprenditore (de Funès) il giorno in cui il suo assistente (Rich) gli chiede un aumento e la mano della figlia (Natanson), che però è incinta di Oscar (Van Hool), l'autista che ha appena licenziato, mentre una cameriera confonde la sua valigia con un'altra piena di gioielli ricavati da un furto ai danni del padrone... Un'inenarrabile serie di equivoci e colpi di scena (ispirati alla commedia brillante di Claude Magnier) raccontati con brio e ritmo spumeggiante, per una versione molto superiore a quella «gangsteristica» allestita recentemente da Landis per la conversione comica di Stallone (*Oscar*, 1991).

Io e Annie **** (*Annie Hall*, Usa 1977, col, 94') Woody Allen. Con Woody Allen, Diane Keaton, Tony Roberts, Paul Simon, Shelley Duvall, Carol Kane, Christopher Walken, Janet Margolin. ◆ Alvy Singer, noto gagman radiotelevisivo (Allen), s'innamora ricambiato di Annie Hall, un'intellettuale vivace e affermata (Keaton). Il loro rapporto, cementato dagli interessi comuni, è presto dilaniato dalle nevrosi, altrettanto comuni. Uno dei migliori film di Woody Allen e la summa della commedia americana anni Settanta. Colmo di spunti autobiografici, ha i suoi irresistibili punti di forza nell'umorismo amaro e scoppiettante della sceneggiatura, nelle acute osservazioni di costume (celeberrima la scena simultanea dai rispettivi psicoanalisti) e nella gestualità patologica degli interpreti. Pare che il montaggio sia stato un'impresa disperata per la caoticità del materiale girato (così ha dichiarato il montatore Ralph Rosemblum), ma il risultato – soprattutto a distanza di anni – appare fluido e coerente. Le varie canzoni forniscono un valido contrappunto ai deliri linguistici della coppia, mentre il direttore della fotografia Gordon Willis gioca efficacemente sull'opposizione tra le luci di New York e i bagliori di Los Angeles. Quattro Oscar: miglior film, regia, sceneggiatura (di Allen e Marshall Brickman) e attrice protagonista. In piccole parti compaiono alcune future star: Jeff Goldblum, Sigourney Weaver e Beverly D'Angelo, mentre il massmediologo Marshall McLuhan interpreta la parte di se stesso nella divertentissima scena della coda al cinema.

Io e Barnaby *½ (*Barnaby and Me*, Australia 1977,

col, 90') Norman Panama. Con Sid Caesar, Juliet Mills, Sally Boyden, John Newcombe. ◆ L'affetto di un americano per una ragazza e il suo cucciolo di koala. Una commedia per famiglie, inoffensiva e senza pretese.

Io e Caterina * (Italia/Francia 1980, col, 105') Alberto Sordi. Con Alberto Sordi, Edwige Fenech, Catherine Spaak, Rossano Brazzi, Valeria Valeri, Victoria Zinny. ◆ Oppresso dalle lamentele e rivendicazioni di moglie (Valeri), amante (Spaak) e cameriera, il maturo dirigente Enrico Menotti (Sordi) spera, con l'acquisto del robot-inserviente Caterina, di aver risolto i suoi problemi con le donne. Ma un automa al femminile può dimostrarsi possessivo e gelosissimo se compare in casa una bella «rivale» (Fenech). Il soggetto (piuttosto antifemminista) di Rodolfo Sonego è utilizzato al peggio dal regista Sordi che non riesce a dare al film un ritmo spigliato da commedia sofisticata e ripropone i soliti luoghi comuni del maschio romano, volgare e piccolo-borghese.

Io e Dio * (Italia 1969, b/n, 81') Pasquale Squitieri. Con Josè Torres, Salvatore Billa, Sandra Palladino, Salvatore Puntillo, Anna Orso. ◆ Il parroco di un villaggio di montagna (Torres) viene sopraffatto dai sentimenti suscitati in lui da una ragazza (Palladino), dall'indifferenza dei superiori, dalla superstizione popolare che ha sempre combattuto e dalla violenza che si scatena nell'asprezza del mondo isolato. Il film d'esordio di Squitieri (coprodotto da Vittorio De Sica) è un melodramma tratteggiato con enfasi e approssimazione, su tematiche impervie e delicate che richiederebbero altra padronanza.

Io e il colonnello ** (*Me and the Colonel*, Usa 1958, b/n, 109') Peter Glenville. Con Danny Kaye, Curt Jurgens, Nicole Maurey, Françoise Rosay. ◆ Incomprensioni e disavventure per un ebreo pacifico quanto ingegnoso (Kaye) e un colonnello irruente e antisemita (Jurgens), entrambi d'origine polacca, uniti nella fuga dalla Francia occupata dai nazisti. Umorismo, qualche cenno di satira, avventura e malinconia diffusa per la «strana coppia» inventata da Franz Wertel nella sua pièce *Jacobowsky and the Colonel* (sceneggiata da S.N. Behrman e George Froeschel). Il risultato è discontinuo ma l'interpretazione di Kaye è sempre buona.

Io e il re *½ (Italia 1995, col 85') Lucio Gaudino. Con Laura Morante, Franco Nero, Azzurra Fiume Garelli, Philippe Leroy, Carlo Delle Piane, Carla Calò, Marzio Honorato, Mario Prosperi, Andrea Sconzoni, Maria Monsé, Simone Melis. ◆ Il 9 settembre 1943, la piccola Matilde (Fiume Garelli) è testimone della fuga del re Vittorio Emanuele III (Delle Piane) verso Pescara: la sosta con il seguito nella villa paterna permette alla madre (Morante) di rivedere un maggiore (Nero) di cui era stata molto innamorata. La storia vista dal basso secondo la scontata visione del mondo di Pupi Avati, che produce il film e lo «plagia» alle sue idee, oltre che al «suo» cast (Delle Piane ormai è la macchietta di se stesso). Ma l'etica della rinuncia trasferita agli allievi funziona ancora meno: le riflessioni off di Matilda sono solo stucchevoli, il contorno popolaresco di servi e cameriere incinte inutile e la storia d'amore tra madre e ufficiale prevedibile e senza vita. Per i cinema è stata stampata anche una versione in b/n.

Io e il vento *** (*Une Histoire de vent*, Francia 1988, col, 80') Joris Ivens. Con Joris Ivens, Fu Dalin, Han Zenkiang, Liu Guilian. ◆ Un vecchio (Ivens) vuole filmare una cosa impossibile: il vento. Nel deserto della Mongolia, in mezzo alla sua troupe, mentre aspetta che soffi un vento che solo la magia riuscirà a scatenare, l'immaginazione scompiglia i suoi pensieri. Impossibile raccontare l'opera-testamento del grande regista ormai novantenne, tornato in Cina non per un nuovo documentario ma per coronare il sogno irrealizzabile di tutta una vita: catturare, sulle montagne impervie, il vento. Un'avventura visiva di estrema libertà e ricchezza, condotta con Marceline Loridan, fedele compagna nel lavoro e nella vita, tra immagini cariche di intensissimo lirismo.

Io e la donna (con Laurel e Hardy) → *Avventura a Vallechiara*

Io e la donna **½ (*Le Soupirant*, Francia 1963, b/n, 85') Pierre Etaix. Con Pierre Etaix, France Arnell, Karin Vesely, Laurence Lignères, Denise Pérronne. ◆ Impacciato in qualsiasi relazione sociale, un giovane (Etaix) che sembra interessato solo allo studio degli astri segue il desiderio dei genitori e si mette a cercare una ragazza disposta a sposarlo. Esordio nella regia di Pierre Etaix, che si ispira alla lezione di Tati e Keaton, oltre che a quella di Max Linder (per l'eleganza dei gesti): una comicità più visiva e mimica che verbale, molta attenzione alle sfumature, qualche eccessiva caduta di ritmo. Comunque un buon esempio di comicità «pura».

Io e l'amore **½ (*Spite Marriage*, Usa 1929, b/n, 75') Edward Sedgwick [e Buster Keaton]. Con Buster Keaton, Dorothy Sebastian, Edward Earle, Leila Hyams, William Bechtel, John Byron. ◆ Indossando l'elegante abito di un suo cliente, il sarto Elmer Edgemont (Keaton) riesce a conoscere Trilby Drew (Sebastian), l'attrice di cui è follemente innamorato e che accetta di sposarlo per fare un dispetto a un collega (Earle). Ben presto, però, si scopre che Elmer non è così ricco come sembra e che Trilby è un'ubriacona; così, il mattino dopo le nozze, la donna fugge con l'attore, diventato sensibile al suo fascino: Elmer la ritroverà su una nave di contrabbandieri, dove saprà farsi valere sotto gli occhi del rivale. Frutto di non poche liti con la Mgm e spesso sottovalutato dalla critica, *Io e l'amore* è l'ultimo film di Keaton come protagonista e di fatto autore, l'ultimo suo lungometraggio muto (anche se Keaton lo voleva parlato, e infatti ne esiste una versione successiva sonorizzata). Canto del cigno della sua stagione d'oro, è diviso nettamente in due parti: molto meglio la prima, prevalentemente giocata in interni e in esterni notturni, con gag irresistibili come il goffissimo e distruttivo intervento di Elmer sulla scena, nei panni di un soldato nordista (che qualcuno ha letto come vendetta di Keaton nei confronti di Hollywood che aveva già cominciato a emarginarlo) o il tentativo perennemente frustrato di mettere a letto la moglie ubriaca durante la prima notte di nozze.

Ha ispirato *Il signore in marsina* di Vincent Minnelli (1943).

Io... e la scimmia → *Cameraman, Il*

Io e lo zio Buck *½ (*Uncle Buck*, Usa 1989, col, 100') John Hughes. Con John Candy, Jean Louisa Kelly, Gaby Joffman, Macaulay Culkin, Elaine Bromka. ◆ Affettuosità e piccoli scontri generazionali tra uno zio pasticcione dalla vita disordinata (Candy) e tre vivaci nipotini affidatigli per qualche giorno. Un film per famiglie, senza grandi idee, tutto sulle spalle del grassone che stava dominando la nuova comicità Usa. Lanciato in Italia più che altro per la presenza tra i marmocchi di Culkin, piccolo divo dell'inaspettato trionfo *Mamma ho perso l'aereo.*

Io e lui * (Italia/Francia 1973, col, 108') Luciano Salce. Con Lando Buzzanca, Bulle Ogier, Vittorio Caprioli, Gabriella Giorgelli, Antonia Santilli, Yves Beneyton, Mario Pisu, Paolo Bonacelli. ◆ «Lui» è, ovviamente, il membro maschile, per la precisione quello di uno sceneggiatore (Buzzanca), votatosi alla castità per l'ambizione di dirigere un film. Ispirato all'omonimo romanzo di Alberto Moravia (sceneggiato da Fulvio Gicca-Palli, Mino Marino, Enzo Siciliano e dal regista), il film abbandona subito le riflessioni filosofiche (sul conflitto ragione-istinto) del libro e finisce per diventare solo una storiellina piccante di tentazioni assortite. Una nuova versione nel 1983, *Lei...io & lui.*

Io e l'uovo **½ (*The Egg and I*, Usa 1947, b/n, 108') Chester Erskine. Con Claudette Colbert, Fred MacMurray, Richard Long, Marjorie Main, Percy Kilbride, Louise Allbritton. ◆ Una ragazza di città (Colbert) sposa un allevatore di polli (MacMurray) e si trasferisce in campagna: vita dura, soprattutto quando interviene la vicina di casa. Dal bestseller di Betty Macdonald sceneggiato dal regista con Fred Finkelhoffe, una commediola simpatica, con la protagonista in gran forma e, nella parte dei coniugi Kettle comicamente ispirati ai «contadini zotici» dei fumetti di Al Capp su Li'l Abner, la coppia Main e Kilbride, divertenti protagonisti di una serie di pellicole (nove in origine, di cui solo due arrivati in Italia: *I milionari*, 1949, di Charles Lamont e *I milionari a New York*, 1950, di Charles Barton).

Io e mia sorella ** (Italia 1987, col, 109') Carlo Verdone. Con Carlo Verdone, Ornella Muti, Elena Sofia Ricci, Galeazzo Benti, Tomas Araña, Veronica Lazar. ◆ La tranquilla vita di una coppia di musicisti, Carlo (Verdone) e sua moglie Serena (Ricci), è messa a soqquadro quando arriva, dopo anni di assenza, la confusionaria e inquieta sorella Silvia (Muti). L'incontro tra due «campioni del botteghino» genera una commedia ibrida, abbastanza divertente in certi momenti, francamente scontata in altri, quando Verdone (autore anche della sceneggiatura con Leo Benvenuti e Piero De Bernardi) cerca di affrontare i nodi di un'analisi di costume troppo subalterna alla ricerca della risata.

Io, Emmanuelle **½ (Italia 1969, col, 91') Cesare Canevari. Con Erika Blanc, Adolfo Celi, Paolo Ferrari, Milla Sannoner, Sandro Korso [Sandro Luporini], Lia Rho Barbieri, Ben Salvador, Walter Valdi. ◆ Borghese milanese, Emmanuelle (Blanc) trascorre una giornata passando da un letto all'altro e scoprendo le meschinità dei suoi partner (di entrambi i sessi), prima di sapere che l'uomo di cui è innamorata è morto. Nulla a che vedere con l'*Emmanuelle* della Arsan (anche se l'ammiccamento col libro, appena uscito in Italia, all'epoca era ovvio), ma un curioso film sulle inquietudini e i mutamenti di costume del tempo: in cui si mette alla berlina il campionario maschile – dal giornalista comunista (Celi), preoccupato perché ha perso la medaglietta della Madonna, al giovane intellettuale che frigge i libri di Marcuse – per celebrare l'alterità e la libertà della donna. Un po' di fumo nella sceneggiatura del regista, Giuseppe Mangione e Graziella Di Prospero (dal suo racconto *Disintegrazione 68*), ma una notevole capacità di far parlare le immagini di Claudio Catozzo montandole con ritmi a volte quasi astratti. Assai casto l'eros per gli standard odierni. Musiche di Gianni Ferrio, con canzone interpretata da Mina.

Io e Veronica ** (*Me and Veronica*, Usa 1991, col, 97') Don Scardino. Con Elizabeth McGovern, Patricia Wettig, Michael O'Keefe, John Heard. ◆ Veronica (Wettig), madre single con una condanna pendente, va a bussare dopo cinque anni alla porta della sorella Fanny (McGovern), misantropa che fin da piccola ha invidiato il carattere spavaldo dell'altra. Piccoli psicodrammi quasi a lieto fine, in un film d'attori che risente della destinazione televisiva. Opera prima senza infamia né lode di un regista che viene dal teatro.

Io, grande cacciatore *½ (*Eagle's Wing*, Gb 1979, col, 111') Anthony Harvey. Con Martin Sheen, Sam Waterston, Caroline Langrishe, Harvey Keitel, Stephane Audran. ◆ Un pellerossa razziatore (Waterston) e un trapper sbandato (Sheen) si sfidano per il possesso di un meraviglioso cavallo bianco. Le praterie e le rocce impervie del Messico, sapientemente fotografate da Billy Williams, fanno da sfondo a un western «moderno», lento e con ambizioni intellettuali e psicologiche riuscite a metà.

Io ho paura *½ (Italia 1977, col, 120') Damiano Damiani. Con Gian Maria Volonté, Erland Josephson, Angelica Ippolito, Mario Adorf. ◆ Il brigadiere Ludovico Graziano (Volonté), sfiduciato poliziotto di mezza età, collabora con un giudice (Josephson) a smascherare le connivenze politico-mafiose nascoste dietro un omicidio apparentemente qualsiasi: quando il magistrato verrà ucciso, Graziano riuscirà, a suo modo e a caro prezzo, a fare giustizia. Scontato tentativo di mescolare thriller e denuncia civile sceneggiato dal regista con Nicola Badalucco: la tensione narrativa, però, si sgonfia subito e l'impegno si riduce alle solite facili battute («A noi se non ci ammazzano ce lo mettono nel culo»).

Io ho ucciso! ** (*The Strange Affair of Uncle Harry*, rititolato *Uncle Harry*, Usa 1945, b/n, 80') Robert Siodmak. Con George Sanders, Geraldine Fitzgerald, Ella Raines, Samuel S. Hinds, Sara Allgood, Moyna MacGill. ◆ Harry Quincey (Sanders), un frustrato decoratore di stoffe che vive con le sorelle Hester (MacGill) e Lettie (Fitzgerald), decide di eliminare quest'ultima, tanto possessiva e gelosa da avergli impedito il matrimonio con Deborah (Raines). Ma il risultato non è quello previsto. Tratto da un dramma di Thomas Job sceneggiato da Stephen Longstreet e Keith Winter, questo film doveva concludersi tragicamente, ma l'intervento della censura ne bloccò l'uscita (perché il responsabile di due omicidi non veniva punito, ma viveva con il rimorso per le sue azioni) e fece trasformare quelli che nel film erano «fatti reali» in «sogni». Ne uscì così un melodramma molto accurato nella messa in scena e ben recitato, ma pieno di incongruenze narrative. Il film è conosciuto anche col titolo *La fine della famiglia Quincey*.

Io, io, io... e gli altri ** (Italia 1965, b/n, 116') Alessandro Blasetti. Con Walter Chiari, Vittorio De Sica, Gina Lollobrigida, Nino Manfredi, Silvana Mangano, Marcello Mastroianni, Elisa Cegani, Caterina Boratto, Vittorio Caprioli, Grazia Maria Spina, Franca Valeri, Mario Pisu, Paolo Panelli, Lelio Luttazzi, Elio Pandolfi, Mario Valdemarin, Giustino Durano, Sylva Koscina, Andrea Checchi, Saro Urzì, Carlo Croccolo, Graziella Granata, Salvo Randone, Marisa Merlini, Luisa Rivelli, Marina Malfatti, Enzo Cerusico, Andrea Giordana. ◆ Il percorso di maturazione interiore di uno scrittore (Chiari) che lavora a un'inchiesta sull'egoismo umano: da una posizione d'accusa verso gli altri, sostituendosi alle persone sulle quali intendeva indagare, arriva a comprendere l'importanza del dare più che del tenere per sé. Vagamente autobiografico, ispirato a un blando umanesimo in sintonia con la morale zavattiniana di un «evangelismo» tutto di comodo, il film non riesce a convincere sulla propria sincerità e finisce per essere solo una galleria di egoismi piccolo-borghesi. Nato da un soggetto di Blasetti e Carlo Romano, il film è stato sceneggiato con la collaborazione di Suso Cecchi d'Amico, Ennio Flaiano, Giorgio Rossi, Age [Agenore Incrocci] e Scarpelli, Adriano Baracco, Leo Benvenuti, Piero De Bernardi, Lianella Carell, Libero Solaroli e Vincenzo Talarico.

Io la conoscevo bene **** (Italia/Francia/Rft 1965, b/n, 122') Antonio Pietrangeli. Con Stefania Sandrelli, Nino Manfredi, Ugo Tognazzi, Enrico Maria Salerno, Mario Adorf, Jean-Claude Brialy, Joachin Fuchsberger, Turi Ferro, Franco Fabrizi, Robert Hoffman, Franco Nero, Veronique Vendell, Franca Polesello, Solvj Stubing. ◆ La giovane Adriana (Sandrelli) lascia la famiglia e va a Roma in cerca di fortuna. Dopo tante promesse fattele da squallidi opportunisti – l'agente pubblicitario Cianfanna (Manfredi), un press agent (Fabrizi), un attore (Salerno) – e troppi inutili legami – l'ambiguo Dario (Brialy), uno scrittore (Fuchsberger), il borghese Antonio (Hoffman) – capirà che per lei non c'è futuro e si getterà dal balcone. Costruito come una sorta di mosaico, dove gli episodi si inseguono a ritmo incalzante, il film delinea il magistrale ritratto di una ragazza a cui tutto sembra scivolare addosso («Le va tutto bene. Non desidera mai niente, non invidia nessuno, è senza curiosità. Non si sorprende mai. Le umiliazioni non le sente... Ambizioni zero. Morale nessuna, neppure quella dei soldi perché non è nemmeno una puttana. Per lei ieri e domani non esistono» dice lo scrittore), almeno fino all'improvviso e drammaticissimo finale. Straordinaria la prova della Sandrelli, imposta dal regista contro il parere di tutti, perfetta nel rendere questa sprovveduta ma non incolpevole vittima di una società che la ferisce e a cui cerca di adeguarsi nell'unico modo che conosce: cambiando vestito e pettinatura dopo ogni fallimento. Ne esce un acuto ritratto dell'Italia anni Sessanta, malinconico e cattivo, pieno di millantatori, arrivisti e volgari seduttori che gravitano tutti intorno al «gran» mondo del cinema e della pubblicità. Nastri d'argento per il regista, gli sceneggiatori Ettore Scola e Ruggero Maccari e per Ugo Tognazzi, che riesce a rendere indimenticabile un'apparizione di pochi minuti nei panni del vecchio attore Bagini, disposto a tutto pur di ottenere una scrittura.

Io, la giuria *½ (*I, the Jury*, Usa 1982, col, 111') Richard T. Heffron. Con Armand Assante, Barbara Carrera, Laurene Landon, Alan King, Paul Sorvino. ◆ Il detective privato Mike Hammer (Assante) affronta una diabolica organizzazione criminale per vendicare l'assassinio di un amico, suo commilitone in Vietnam. Colpi di scena, inseguimenti, sparatorie, tante belle donne e una clinica per terapie sessuali: il remake di *La mia legge* (1953, di Harry Essex) modernizza discutibilmente il personaggio inventato da Mike Spillane e compensa i limiti della sceneggiatura (di Larry Cohen) amplificando la violenza e la componente erotica.

Io, l'amore * (*A Cœur joie*, Francia/Gb 1966, col, 100') Serge Bourguignon. Con Brigitte Bardot, Laurent Terzieff, Jean Rochefort, James Robertson Justice. ◆ Lontana per lavoro dall'inquieto ménage sentimentale, la fotomodella parigina Cécile (Bardot) vive intensi giorni d'amore in un castello scozzese con un affascinante geologo (Terzieff) conosciuto a Londra. Niente di notevole, escludendo le grazie di B.B., in una storiella banale che gioca col «mito Bardot» della donna che vuole l'amore senza ipocrisie, appena valorizzata dai virtuosismi della fotografia di Edmond Séchan.

Io, mammeta e tu *½ (Italia 1958, b/n, 90') Carlo Ludovico Bragaglia. Con Renato Salvatori, Marisa Merlini, Rossella Como, Domenico Modugno, Dolores Palumbo, Fernando Sancho, Memmo Carotenuto, Tina Pica. ◆ Per aggirare la sorveglianza della dispotica futura suocera (Merlini), Nicolino (Salvatori) tenta ogni strada, dall'annuncio che la fidanzata (Como) è già incinta all'intervento di un finto marinaio (Modugno) che dovrebbe rabbonire la madre. Ma anche se i due riusciranno a sposarsi, l'intrusione materna non rallenterà. Vuota commedia che si vorrebbe di costume, da un soggetto di Riccardo Pazzaglia, sulla fame di sesso frustrata dalle regole del decoro borghese. Tutto però finisce in barzelletta, come l'idea di far recapitare (per un errore dell'anagrafe) la cartolina precetto alla fidanzata, il che permette di far vedere Rossella Como mentre si spoglia (castamente) per la visita di leva. Meglio i titoli di testa che sintetizzano l'idea del film in pochi minuti, accompagnati dalla canzone di Domenico Modugno.

Io modestamente Mosè * (*Wholly Moses*, Usa

1980, col, 109') Gary Weis. Con Dudley Moore, James Coco, Paul Sand, Richard Pryor, Dom DeLuise, Laraine Newman, John Houseman, Madeline Kahn. ◆ Un antico papiro rivela a un glottologo americano le sventure di un ebreo (Moore) nato contemporaneamente a Mosè e da questi sempre espropriato della missione e della gloria. Una fantasia umoristico-biblica di inconcludente paradossalità, assolutamente non dissacratoria.

Io non credo a nessuno ** (*Breakheart Pass*, Usa 1976, col 95') Tom Gries. Con Charles Bronson, Jill Ireland, Ben Johnson, Charles Durning, Richard Crenna, Archie Moore, Ed Lauter. ◆ Incidenti e omicidi funestano il viaggio di un convoglio ferroviario che attraversa le montagne innevate diretto a un fortino isolato; ma un agente in incognito (Bronson) smaschera i sabotatori. Tratto da un romanzo di Alistair MacLean (autore anche della sceneggiatura), un western claustrofobico che inizia con i modi del giallo, vira verso il catastrofico e si conclude in maniera pirotecnica e improbabile. La buona prova di Bronson (formidabile nello scontro con l'ex campione di pugilato Archie Moore sul tetto di un vagone) e qualche bella ripresa diretta da Yakima Cannutt, regista della seconda unità, riscattano un film altrimenti abbastanza scontato.

Io non protesto, io amo * (Italia 1967, col, 98') Ferdinando Baldi. Con Caterina Caselli, Livio Lorenzon, Nina Larker, Tiberio Murgia, Giancarlo Cobelli, Enrico Montesano, Mario Girotti. ◆ Una giovane maestrina (Caselli) il cui metodo pedagogico è basato sulle canzoni, si scontra con un rigido barone (Lorenzon) che non approva il suo stile d'insegnamento. Ingenuità sentimentali e le bellezze della costa amalfitana come intermezzo per i molti numeri musicali. Imbarazzante la rigidità recitativa della Caselli. Tra gli improbabili «capelloni» di contorno debutta Enrico Montesano.

Io non scappo... fuggo * (Italia 1970, col, 95') Franco Prosperi. Con Alighiero Noschese, Enrico Montesano, Renato De Carmine, Stefano Satta Flores, Mariangela Melato, Lino Banfi, Gianfranco D'Angelo. ◆ La disastrosa avventura italiana nella seconda guerra mondiale attraverso le storie di tre sfortunati commilitoni: una farsa scanzonata e discontinua, con Noschese – qui sergente impegnato a sfruttare il passato da trasformista di varietà per sfuggire ai vari eserciti sulla Penisola – che cerca invano di ottenere al cinema il successo avuto in televisione.

Io non sono una spia ** (*Three Brave Men*, Usa 1957, b/n, 88') Philip Dunne. Con Ray Milland, Frank Lovejoy, Ernest Borgnine, Nina Foch, Dean Jagger. ◆ Un integerrimo funzionario della marina (Borgnine), aiutato da un avvocato (Milland), deve confrontarsi con l'accusa di attività antiamericane durante il periodo della «caccia alle streghe». Ispirato agli articoli di Anthony Lewis premiati col Pulitzer (sceneggiati dal regista), uno dei pochi film che, pur timidamente, affrontano gli eccessi del maccartismo in anni ancora squassati dai sospetti e dalle epurazioni. Ma il finale è accomodante e il risultato non brilla particolarmente.

Io non vedo, tu non parli, lui non sente *½ (Italia 1971, col, 106') Mario Camerini. Con Enrico Montesano, Alighiero Noschese, Gastone Moschin, Francesca Romana Coluzzi, Gianrico Tedeschi, Janet Agren, Isabella Biagini, Vittorio De Sica, Angelo Infanti, Dolores Palumbo. ◆ In viaggio da Roma al Casinò di Venezia, un gruppo di persone scopre involontariamente un delitto e si mette nei guai cercando di inventarsi impossibili alibi. Pedissequo remake del suo stesso *Crimen* (1960), dove lo scatenarsi dei dialetti dà la misura dello scadimento del cinema italiano di quegli anni. Sopportabile solo Vittorio De Sica nella parte (molto autobiografica) del giocatore. La musica è di Manuel De Sica.

Io no spik inglish * (Italia 1995, col, 93') Carlo Vanzina. Con Paolo Villaggio, Paola Quattrini, Chiara Noschese, Ian Price, Carolyn Pickles, Stefania Spugnini, Matteo Dondi, Marco Bianco. ◆ A capo di un'agenzia assicurativa, Sergio Colombo (Villaggio) è costretto a trascorrere un mese in Inghilterra per imparare l'inglese, pena il licenziamento. Al suo arrivo a Londra, scopre di essere stato assegnato a una scuola frequentata da ragazzini, che gli insegneranno a vivere, ad apprendere la lingua e, forse, a cambiare. Variazione anni Novanta del Sordi di *Fumo di Londra*, volgare e squinternata. La premiata ditta Vanzina (Enrico, come al solito, sceneggia) colpisce ancora: gag da Medioevo e una stanca comicità fracchia-fantozziana profusa dal solito talento pigrissimo di un Villaggio che sembra volersi autopensionare. Pura scemenza che ha rischiato di intitolarsi *Total Immersion*.

Io odio gli attori *½ (*Je hais les acteurs*, Francia 1986, b/n e col, 90') Gérard Krawczyk. Con Jean Poiret, Michel Blanc, Bernard Blier, Michel Galabru, Pauline Lafont, Guy Marchand, Dominique Lavanant. ◆ Mentre Ronald Reagan si appresta a giurare fedeltà come presidente degli Stati Uniti, un lungo flashback in bianco e nero rievoca gli anni Quaranta e le riprese di un immaginario film di cappa e spada durante le quali furono uccisi tre attori. Per esordire nella regia, un cinefilo di origine polacca utilizza un romanzo di Ben Hecht (celeberrimo sceneggiatore degli anni d'oro di Hollywood) per mettere in scena figurine esili – produttori, amanti, registi isterici, divette e detective, segretarie e santoni – in un gioco tra nostalgia e parodia della parodia che non suscita divertimento né coinvolge emotivamente.

Io, Peter Pan ** (Italia 1990, col, 92') Enzo Decaro. Con Roberto Citran, Mariella Valentini, Violaine Ledoux, Jacques Sernas, Angela Finocchiaro, Carlo Cartier. ◆ Prossimo alla paternità, Fabio (Citran) reagisce ai futuri doveri di padre con la cosiddetta sindrome di Peter Pan, rifiutando di diventare adulto: si mette a raccogliere figurine, gioca a ping pong e pallone con i ragazzini, trascura la moglie (Ledoux) per la bella vicina (Valentini). Una commedia psicologica lieve e scanzonata sceneggiata dal regista con Francesco Asioli e Giangiacomo Nasi, che cerca di descrivere il disagio di una generazione incapace di confrontarsi con la realtà, seconda prova alla regia dell'ex «bello» del trio comico La Smorfia.

Io re del blues **½ (*Leadbelly*, Usa 1976, col, 126′) Gordon Parks. Con Roger E. Mosley, Paul Benjamin, Madge Sinclair, Alan Manson. ◆ Biografia del nero Huddie Ledbetter (Mosley), genio della musica blues e vittima di pesanti pregiudizi che lo portarono più volte nelle carceri del Texas e della Louisiana. Con un ottimo cast e parecchi momenti emozionanti (gli incontri di Ledbetter con altri musicisti, l'iniziazione alla chitarra a dodici corde, i primi viaggi insieme a Blind Lemon Jefferson), ma l'aver riregistrato – senza la dovuta cura – alcune notissime canzoni dell'autore (tra cui *Rock Island Line* e *Goodnight Irene*) nuoce non poco agli intenti dell'operazione.

Io so che tu sai che io so * (Italia 1982, col, 114′) Alberto Sordi. Con Alberto Sordi, Monica Vitti, Isabella De Bernardi, Salvatore Jacono, Micaela Pignatelli, Ivana Monti, Claudio Gora. ◆ Per un curioso equivoco, i filmati di un detective privato sconvolgono il quieto vivere del bancario Fabio Bonetti (Sordi), che scopre la tossicodipendenza della figlia (De Bernardi) e il tradimento momentaneo della moglie (Vitti), causati dal suo egoismo e dalle sue disattenzioni. Sordi regista (e sceneggiatore con Rodolfo Sonego) non possiede il senso della misura e racconta lo smarrimento affettivo di quegli anni senza incisività e con inutili scadimenti nel grottesco, concludendo il film con una brusca e non plausibile conversione all'happy end. Piccole parti per i giornalisti Sandro Paternostro e Gianni Letta.

Io sono curiosa ** (*Jag är nyfiken – gul*, Svezia 1967, b/n, 98′) Vilgot Sjöman. Con Lena Nyman, Borje Ahlstedt, Peter Lindgren, Chris Wahlstrom. ◆ Presentata dal regista stesso, una attrice (Nyman) che sostiene il pacifismo, la liberazione sessuale e il misticismo orientale intervista gente della strada e personaggi famosi – il poeta Evtušenko, un sosia del re di Svezia... – sulle questioni sociali e i nodi della morale pubblica, per scoprire il fallimento di trent'anni di regime socialdemocratico. In equilibrio tra la realtà e la finzione, il documentario e la provocazione voyeuristica (fecero scandalo le scene in cui la protagonista dimostrava di mettere in pratica le sue teorie sul libero amore), il film utilizza la lezione delle avanguardie americane e francesi per incrinare l'immagine progressista e libertaria della Svezia e offrire un ritratto scanzonato della gioventù più anticonformista. Seguìto nel 1968 (ma inedito in Italia) da *Jag är nyfiken – blå* (che si apre con gli insulti che il regista aveva ricevuto per il primo film) il quale continua l'indagine semidocumentaria sulla falsariga di *Io sono curiosa*.

Io sono il più grande * (*The Greatest*, Usa 1977, col, 101′) Tom Gries. Con Muhammed Ali, Ernest Borgnine, John Marley, Robert Duvall, Roger E. Mosley, James Earl Jones, Ben Johnson, Dina Merrill. ◆ La vita e la carriera del leggendario campione dei pesi massimi Cassius Clay, poi ribattezzatosi Muhammed Ali, attraverso brani documentaristici e ricostruzioni interpretate dallo stesso pugile. Il film affronta più di un tema interessante (la questione razziale, la conversione alla fede musulmana, il rapporto con Malcolm X, la persecuzione da parte della giustizia americana) ma la sceneggiatura che Ring Lardner jr ha tratto dall'autobiografia di Ali, è troppo farraginosa per riuscire a organizzare in maniera coerente tutto questo materiale. Tom Gries morì durante le riprese del film. Borgnine interpreta il manager Angelo Dindee.

Io sono la legge **½ (*Lawman*, Usa 1970, col, 98′) Michael Winner. Con Burt Lancaster, Robert Ryan, Lee J. Cobb, Robert Duvall, Sheree North, Albert Salmi. ◆ Un ostinato uomo di legge (Lancaster) affronta l'ostilità di una cittadina intera per incarcerare i responsabili di una sparatoria in cui è morto un uomo. Chiaramente influenzato dalla lezione di Sergio Leone, è un western violento e intrigante, penalizzato da un finale scontato. Ottima la prova di Robert Ryan nei panni di uno stanco sceriffo che consiglia Lancaster di lasciar perdere la sua missione.

Io sono mia * (Italia/Spagna/Rft 1977, col, 100′) Sofia Scandurra. Con Stefania Sandrelli, Maria Schneider, Michele Placido, Anna Henkel, Walter Ricciardi. ◆ In vacanza estiva in un'isola del Meridione, la dolce e remissiva maestrina romana (Sandrelli) abbraccia le tematiche femministe e stimolata dall'esempio delle altre donne si ribella al marito egoista (Placido). Una storia di seduzioni e sociologia femminista tra proclami didascalici e ambizioni mal riposte: un film-bandiera (tratto da *Donne in guerra* di Dacia Maraini, sceneggiato dalla regista con Lú Leone e realizzato programmaticamente con un cast artistico e tecnico quasi interamente al femminile) probabilmente fatale per la causa che voleva difendere.

Io sono un autarchico **½ (Italia 1976, col, 95′) Nanni Moretti. Con Nanni Moretti, Simona Frosi, Andrea Pozzi, Fabio Traversa, Paolo Zaccagnini, Giorgio Viterbo. ◆ Disavventure teatrali e private di un gruppo di attori off, schiavizzati da un regista tiranno (Traversa): in primo piano c'è la storia di Michele (Moretti) e del suo fallimentare rapporto con la moglie Silvia (Frosi). Il primo lungometraggio di Moretti è un film-confessione, quasi un fumetto generazionale in Super8 (struttura frammentata in singole inquadrature, movimenti di macchina appena accennati), che gronda d'umorismo rabbioso e disincantato, ma non è privo di un certo spirito goliardico. Se nel 1977 demolì le velleità avanguardistiche postsessantottine diventando un fenomeno nazionale, rivisto oggi, senza gli indispensabili parametri di riferimento dell'epoca, rischia di apparire criptico e in qualche modo partecipe dello sperimentalismo che mette intelligentemente alla berlina. Tra i non attori ci sono anche Beniamino Placido (il critico teatrale), il padre di Moretti, Luigi (il buddista), Paolo Flores D'Arcais e Alberto Abruzzese.

Io sono un campione *** (*This Sporting Life*, Gb 1963, b/n, 134′) Lindsay Anderson. Con Richard Harris, Rachel Roberts, Alan Badel, William Hartnell. ◆ Grazie alle sue doti atletiche il minatore Frank Machin (Harris) diventa un asso del rugby, ma il suo carattere e il mondo violento che lo circonda deteriorano il suo rapporto con la squadra e con la donna che ama (Roberts). Tratto dal romanzo *The Champion* di David Storey (qui cosceneggiatore col regista, anche se non va sottovalutato il ruolo svolto dallo stesso Harris che impose di mantenere la struttura narrativa a flashback), è il primo lungometraggio diretto da Lindsay Anderson e il punto di massima consapevolezza artistica del Free Cinema: i «lunghi carrelli sui primi piani del protagonista, l'uso non realistico e studiatissimo del sonoro, la palese volontà metafisica del sogno (la partita giocata in ralenti in mezzo al fango)» contribuiscono a descrivere, con crudo naturalismo, una società che si sta sgretolando, offrendo così un ritratto inedito della cultura e della condizione operaie. Palma d'oro a Cannes per Richard Harris.

Io sono un evaso **** (*I am a Fugitive from a Chain Gang*, Usa 1932, b/n, 93') Mervyn LeRoy. Con Paul Muni, Glenda Farrell, Helen Vinson, Noel Francis, Preston Foster, Edward Ellis, Allen Jenkins. ◆ Reduce dalla guerra, l'ex sergente James Allen (Muni) viene incriminato per un omicidio che non ha commesso e rinchiuso in un sordido penitenziario nel Sud degli Stati Uniti: riuscirà a scappare, a rifarsi una vita, ma quando accetterà di riconsegnarsi per saldare il suo conto con la giustizia scoprirà che quella stessa giustizia non mantiene la parola data. Tratto dall'autobiografia di Robert E. Burns (che durante le riprese del film era ancora latitante e che comunque collaborò come consigliere con la Warner alla sceneggiatura di Sheridan Gibney e Brown Holmes), è uno dei più cupi film americani degli anni Trenta, un'allucinata testimonianza di come il sistema carcerario possa stritolare un individuo, privarlo delle forze fisiche ma soprattutto di quelle morali. Osteggiato da molti a Hollywood (Roy Del Ruth si rifiutò di dirigerlo) e prodotto solo per la determinazione di Zanuck, racconta con l'intensità e la violenza usate fino ad allora solo per i film di gangster l'odissea di un uomo comune, schiacciato dal disumano cinismo degli anni della Depressione: a sessant'anni di distanza, mette ancora i brividi. Strepitosa la prova di Paul Muni, indimenticabile la scena finale, quando la donna che ha amato (Vinson) gli chiede come fa a vivere e lui, latitante ormai da un anno, le dice sparendo pian piano nel buio: «Rubo».

Io sono Valdez *½ (*Valdez Is Coming*, Usa 1971, col, 90') Edwin Sherin. Con Burt Lancaster, Susan Clark, Frank Silvera, John Cypher, Barton Heyman, Hector Elizondo. ◆ Un vecchio poliziotto d'origine messicana (Lancaster) affronta un allevatore (Cypher) per obbligarlo a risarcire la donna apache a cui ha ucciso involontariamente il marito. Western con ambizioni intellettuali e sfumature masochiste (Lancaster viene anche crocifisso!), girato in Spagna da un regista esordiente apprezzato a Broadway: la sceneggiatura, però, (di Roland Kibbee e David Rayfield, ma quest'ultimo vide stravolto il proprio lavoro) fa acqua da troppe parti.

Io speriamo che me la cavo *½ (Italia 1992, col, 100') Lina Wertmüller. Con Paolo Villaggio, Isa Danieli, Paolo Bonacelli, Marina Confalone, Gigio Morra, Ciro Esposito. ◆ Per un errore informatico, un insegnante ligure (Villaggio) viene assegnato a una scuola elementare del napoletano. Incontra non poche difficoltà, ma pian piano riesce a farsi amare dai ragazzini che ha strappato alla vita di strada. Dall'omonimo bestseller di Marcello D'Orta, sceneggiato da Leo Benvenuti, Piero De Bernardi, la Wertmüller, Domenico Saverni e Alessandro Bencivenni, un film irritante e posticcio, a cui non bastano per riscattarsi né il messaggio antileghista né la finezza interpretativa di Villaggio. Sarà anche stato girato in loco, ma l'ambientazione è fasulla, il sonoro è deprimente (cosa c'entra Louis Armstrong?) e i bambini sono insopportabili nel ripetere diligentemente una lezione «spiritosa» imparata a forza ed evidentemente estranea al loro modo di esprimersi (le accuse di «manipolazione» mosse all'autore del libro qui sembrano trovare un fondamento).

Io sto con gli ippopotami *½ (Italia 1979, col, 109') Italo Zingarelli. Con Bud Spencer [Carlo Pedersoli], Terence Hill [Mario Girotti], Joe Bugner, May Dlamini, Dawn Jurgens. ◆ Tra espedienti, litigi e scazzottate due amici (Spencer e Hill) da tempo attivi in Africa salvano gli animali da una banda di speculatori e trafficanti d'avorio. La dinamica coppia tra buoni sentimenti, Africa da cartolina e i consueti ammiccamenti al pubblico di giovane età e gusti facili.

Io ti aspetterò *** (*The Sisters*, Usa 1938, b/n, 98') Anatole Litvak. Con Errol Flynn, Bette Davis, Anita Louise, Ian Hunter, Donald Crisp, Jane Bryan, Beulah Bondi. ◆ I problemi matrimoniali delle tre sorelle Elliott (Davis, Louise e Bryan) nella California d'inizio secolo, tra l'elezione di Teddy Roosevelt (1901) e quella di Taft (1908), dove il maggior rilievo viene dato alle vicende della più grande (Davis) capace di dare fiducia all'instabile e manesco marito (Flynn), uno sfortunato giornalista che sparisce per tre anni ma poi torna chiedendo alla moglie una seconda possibilità di vivere insieme. Sceneggiato con intelligenza da Milton Krimis, questo melodramma è raccontato con «un'eleganza, uno charme e una dolcezza quasi elegiaca». Bellissima la scena del terremoto del 1906, tutta girata all'interno della stanza della Davis: ci si accorge di quello che sta succedendo fuori, prima dal dondolio degli oggetti, poi dal volto impaurito e pietrificato dell'attrice e solo alla fine di questa lunga scena lo spettatore può vedere la distruzione della città attraverso una breccia che si è formata nel muro della camera.

Io tigro, tu tigri, egli tigra * (Italia 1978, col, 120') Giorgio Capitani, Renato Pozzetto. ◆ Film a episodi. Nel primo episodio (con Renato Pozzetto, Cochi Ponzoni, Angela Luce), un commerciante di letame è assunto come cameriere da una coppia che si odia al punto di progettare continuamente la reciproca eliminazione; nel secondo episodio (con Paolo Villaggio, Nadia Cassini) uno scrittore di fantascienza è costretto a vivere realmente le proprie fantasie erotiche; nel terzo episodio (con Enrico Montesano, Erika Blanc, Felice Andreasi, Massimo Boldi) un bersagliere pasticcione «invade» la Svizzera provocando tensioni internazionali. Tre esilissimi pretesti per un film dalla comicità modesta e discontinua. Dalle tre coppie di sceneggiatori (rispettivamente Enzo Jannacci/Cochi Ponzoni, [Franco] Castellano/ Pipolo [Giuseppe Moccia] e Italo Terzoli/Enrico Vaime) ci si poteva aspettare molto di più.

Io ti salverò **½ (*Spellbound*, Usa 1945, b/n, 111') Alfred Hitchcock. Con Ingrid Bergman, Gregory Peck, Jean Acker, Rhonda Fleming, John Emery, Leo G. Carroll, Norman Lloyd, Steven Geray, Michael Chekhov. ◆ Il nuovo direttore di una clinica psichiatrica è in realtà un malato di mente, John Ballantine (Peck), ossessionato dalle linee parallele e convinto di aver ucciso il vero nuovo direttore: l'amore di una collega, Constance Peterson (Bergman), lo aiuterà a superare i suoi complessi e a scoprire la verità sull'assassinio. Sceneggiata da Ben Hecht, una love story piuttosto melodrammatica, intessuta di suspense e attraversata dalla psicanalisi. Le scene più famose del film sono le scenografie per la sequenza del sogno, create da Salvador Dalí. Dopo l'anteprima, il produttore Selznick tagliò circa 20' e così sparì l'unica scena a colori del film, il colpo di pistola finale con cui l'assassino, ormai smascherato, si suicidava. Oscar alla suggestiva colonna sonora di Miklos Rozsa. Hitchcock si vede mentre esce dall'ascensore, nella hall dell'albergo dove si sono rifugiati i due protagonisti.
Io uccido, tu uccidi * (Italia/Francia 1965, b/n, 110') Gianni Puccini ◆ Film a episodi. In *Cavalleria rusticana, oggi* (con Franco Franchi, Ciccio Ingrassia, Franca Polesello, Rosalba Neri) la gelosia per «la candida camicia» questa volta porta alla morte delle due donne, lasciando Alfio e Turiddu liberi di andare a Parigi a divertirsi; in *La donna che viveva sola* (con Emmanuelle Riva, Jean-Louis Trintignant, Dominique Boschero) una professoressa in là con gli anni riesce a salvare dal carcere il giovane che le ha fatto la corte; in *La danza delle ore* (con Margaret Lee, Paolo Panelli, Enrico Viarisio) una procacissima infermiera dovrebbe accelerare la morte di un vecchio e ricchissimo zio; in *Giochi acerbi* (con Giusi Raspani Dandolo, Bernard Berat, Andrea Checchi, Luciana Paluzzi, Enzo Garinei) tre bambini decidono di mandare al Creatore quelli che ritengono cattivi soggetti; in *Il plenilunio* (con Eleonora Rossi Drago, Tomas Milian) un uomo, per interesse, decide di passare una notte d'amore con una donna licantropa; in *Una boccata di fumo* (con Franco Franchi, Ciccio Ingrassia) Ciccio fa di tutto per togliere a Franco la voglia di fumare. Tra i sei episodi traballanti, giocati tutti su fiacchi richiami erotici e/o comici, si stacca la storia graziosa di tre bimbi che uccidono con candore tutti quelli che provano antipatia per il loro cane. Cosceneggiatura di Ennio De Concini.
Io vi ucciderò ** (*Freeway*, Usa 1988, col, 91') Francis Delia. Con Darlanne Fluegel, James Russo, Billy Drago, Richard Belzer. ◆ Una vedova che vuole vendicare l'assassinio del marito (Fluegel) e un ex poliziotto dai modi spicci (Russo) si mettono alla caccia del «Viandante», un misterioso giustiziere apocalittico in azione sulle strade di Los Angeles. Un thriller minore, stilizzato e violento sul lato oscuro della città, in certe scene più avvincente di tante superproduzioni: i personaggi sono prevedibili e schematici, ma le ossessioni bibliche dell'assassino e il talk-radio di confidenze erotiche sono indovinati.
Io, Willy e Phil ** (*Willie and Phil*, Usa 1980, col, 115') Paul Mazursky. Con Michael Ontkean, Ray Sharkey, Margot Kidder, Tom Brennan, Natalie Wood. ◆ Due newyorkesi, l'ebreo Willy (Ontkean) e l'italoamericano Phil (Sharkey), si conoscono dopo la proiezione di *Jules et Jim*, diventano amici e condividono l'amore di una provinciale indipendente in cerca di affermazione (Kidder). Un omaggio affettuoso al film di Truffaut aggiornato agli anni Settanta, con il naufragio della coppia moderna e le difficoltà delle alternative possibili, tra anticonformismo, droghe leggere, fughe in India e tentazioni rurali. E un finale più consolatorio e ottimista.
Io zombo, tu zombi, lei zomba * (Italia 1979, col, 97') Nello Rossati. Con Duilio Del Prete, Renzo Montagnani, Cochi Ponzoni, Nadia Cassini, Gianfranco D'Angelo, Anna Mazzamauro, Tullio Solenghi. ◆ Un becchino appassionato di letteratura dell'orrore (Montagnani) resuscita tre uomini morti in un incidente a cui aveva assistito. Gli zombi ricambiano il favore, e il quartetto si stabilisce al Motel Silvan, in attesa di clienti di cui cibarsi. Meglio le fettuccine, però. Farsa horror casareccia, anemica, ripetitiva e naturalmente deprivata degli ingredienti «forti» del genere. Nemmeno gli attori sembrano convinti di quello che stanno facendo.
IP5 – L'isola dei pachidermi * (*IP5, l'île aux paschdermes*, Francia 1991, col, 119') Jean-Jacques Beineix. Con Yves Montand, Olivier Martinez, Sekkou Sall, Géraldine Pailhas, Colette Renard, Sotigui Kouyate, Georges Staquet. ◆ In viaggio verso Grenoble con l'amico senegalese Jockey (Sall), il graffitista Tony (Martinez) decide di abbandonare il carico di lampade da giardino a forma di nanetti che stanno trasportando per andare a trovare l'infermiera (Pailhas) di cui si è innamorato: per farlo rubano un'auto ma sul sedile posteriore trovano addormentato il vecchio Léon (Montand) che in attesa della morte gira per i laghi alpini alla ricerca dell'isola dei pachidermi. L'ultimo film di Montand, morto durante le riprese si dice per gli sforzi eccessivi a cui l'aveva sottoposto il regista (tra cui un bagno nudo in un lago gelato), è un presuntuoso – e squinternato – road-movie che vorrebbe essere iniziatico e invece è solo ridicolo e irritante. Beineix, autore anche della sceneggiatura con Jacques Forgeas, si crede onnipotente, spreca dolly e riprese arzigogolate convinto di fare poesia. E invece (povero Montand) è solo paccottiglia.
Ipcress *** (*The Ipcress File*, Gb 1965, col, 108') Sidney J. Furie. Con Michael Caine, Nigel Green, Guy Doleman, Sue Lloyd. ◆ Agente segreto per obbligo e non per vocazione, Harry Palmer (Caine) indaga su due scienziati scomparsi e dopo un rapimento con relativo «lavaggio del cervello» si confronta con un complicato caso di doppiogioco. Il primo dei tre film che hanno per protagonista il personaggio inventato dal romanziere Len Deighton (seguiranno *Funerale a Berlino* e *Un cervello da un miliardo di dollari*) è un giallo ben congegnato anche se un po' datato nello stile e nelle atmosfere anni Sessanta, ma non manca di humour britannico e suspense, e soprattutto è illuminata dalla sottile ironia di Caine, riluttante agente occhialuto e dimesso anti-Bond. Efficaci le musiche

di John Barry. Negli anni Novanta il personaggio di Palmer è tornato in due film modesti che non hanno più a che fare con Len Deighton, *All'inseguimento della morte rossa* e *Intrigo a San Pietroburgo*,

Ipotesi di complotto ** (*Conspiracy Theory*, Usa 1997, col, 135') Richard Donner. Con Mel Gibson, Julia Roberts, Patrick Stewart, Cylk Cozart, Stephen Kahan. ◆ La funzionaria del ministero di giustizia Alice Sutton (Roberts) non gli crede, ma il logorroico tassista newyorkese Jerry Fletcher (Gibson, in versione schizzata), che vede cospirazioni dappertutto, non è così matto come sembra. Anche perché era stato una cavia del solito esperimento della Cia, e ora un malvagio psichiatra (Stewart) lo vuole eliminare. Donner per una volta abbandona il cinema delle esplosioni per i paradossi da commedia e le coppie in fuga alla Hitchcock: ma sceglie sempre le soluzioni più facili, non crede mai in quello che racconta e tutto sa di riscaldato. Durasse mezz'ora di meno, forse... Joel Silver produce e Brian Helgeland firma la sceneggiatura.

I.R.A. – Un gesto estremo ** (*A Further Gesture*, Gb/Irlanda/Germania/Giappone 1996, col, 100') Robert Dornhelm. Con Stephen Rea, Rosana Pastor, Brendan Gleeson, Alfred Molina, Jorge Sanz, Maria Doyle Kennedy, Pruitt Taylor Vince. ◆ Un disilluso militante dell'Ira (Rea) fugge da un carcere di Belfast e ripara a New York, dove per amore di una guatemalteca (Pastor) decide di partecipare all'omicidio di un sanguinario dittatore in esilio. L'esperto giornalista-romanziere Ronan Bennett (su soggetto di Rea) sceneggia il malinconico – e schierato – ritratto di un eroe del nostro tempo, *loser* con la jella scritta in faccia come ai tempi dei noir e in cerca disperata di ideali in un mondo che non ne ha più. La confezione è altamente professionale (il montatore, Masahiro Hirakubo, è quello di *Trainspotting*; il direttore della fotografia, Andrzej Sekula, quello di *Pulp Fiction*), la descrizione della New York marginale dei rifugiati quasi convincente, ma la regia non riesce a far decollare il racconto oltre la semplice cronaca.

Iracema ***½ (*Iracema*, Brasile/Rft 1974, col, 93') Jorge Bodansky, con la collaborazione di Orlando Senna. Con Edna De Cassia, Paulo Cesar Pereio e attori non professionisti. ◆ Un camionista (Pereio), percorrendo la strada transamazzonica piena di disperati che cercano di strappare qualche metro di terra alla foresta per sfuggire alla miseria, dà un passaggio a una ragazza india, Iracema (De Cassia), che ha abbandonato la famiglia per fare la prostituta a San Paolo. Coraggiosa opera prima di un cineoperatore brasiliano che «volta la schiena al Cinema nôvo»: invece di raccontare il dramma del Brasile contemporaneo in chiave allusiva, facendo leva sulla mitologia del Nord-Est, Bodansky sceglie una fiction diretta e semidocumentaristica, poeticamente grezza e forte, guardando la realtà con «occhio critico e non ermetico». Ne risulta un film privo di qualsiasi messaggio, appassionato e mai miserabilista, che lascia parlare le immagini e la gente, spesso ripresa con la telecamera nascosta. Straordinario il lavoro di Pereio: si è talmente immedesimato nel suo ruolo che i camionisti, considerandolo uno di loro, hanno raccontato le loro vite con la massima libertà e naturalezza. Realizzato nel 1974, venne bloccato dalla censura del regime militare e cominciò a circolare solo nel 1980.

Ira di Achille, L' * (Italia 1962, col, 92') Marino Girolami. Con Gordon Mitchell, Jacques Bergerac, Cristina Gajoni, Enio Girolami, Gloria Milland, Fosco Giachetti, Roberto Risso. ◆ Durante l'assedio della città di Troia, Achille (Mitchell), offeso da Agamennone, non combatte più: ci vorrà la morte dell'amico Patroclo (Girolami) per farlo tornare in campo contro Ettore (Bergerac). Insipido kolossal di serie B dove Girolami spreca mezzi, comparse e la presenza di Mitchell.

Irene ** (*Irene*, Usa 1940, b/n, 104') Herbert Wilcox. Con Anna Neagle, Ray Milland, Roland Young, Alan Marshal, Marsha Hunt. ◆ Una ragazza orfana, commessa in un negozio di mobili (Neagle), fa innamorare un membro dell'alta società (Milland) che naturalmente finirà per sposare. Versione in musical dell'eterna favola di Cenerentola, rifacimento, con protagonisti convincenti ma qualche caduta di tono, di un vecchio musical di Broadway già portato al successo da Colleen Moore. Nella versione originale, la scena in cui i due futuri fidanzati ballano al suono di *Alice Blue Gown* aveva i costumi a colori e la scenografia in bianco e nero. Anna Neagle era la moglie di Herbert Wilcox.

Irene, Irene **½ (Italia 1975, col, 105') Peter Del Monte. Con Alain Cuny, Olimpia Carlisi, Sibilla Sedata, Maria Michi, Vania Vilers. ◆ I valori e le certezze di un affermato magistrato sessantenne (Cuny) crollano quando la moglie fugge improvvisamente lasciando un messaggio misterioso: un inutile lugubre periodo in una clinica, una permanenza presso figlio e nuora, la vana ricerca della donna finiscono per spingere l'uomo a imitare quella scelta di dissoluzione. Il ritratto di un anziano magistrato in crisi professionale e sentimentale sceneggiato dal regista con Gianni Menon è raccontato «su un registro di intimismo sussurrato e di fievole eleganza» e interpretato da Cuny con una prova magistrale.

Irezumi, lo spirito del tatuaggio ** (*Sekka Tomurai Zashi*, Giappone 1981, col, 109') Yoichi Takabayashi. Con Tomisaburo Wakayama, Masayo Utsunomiya, Yuhsuke Takita, Masaki Kyomoto, Harue Kyo. ◆ La giovane Akane (Utsunomiya) si sottomette al desiderio del vecchio amante accettando di farsi tatuare la schiena. Ma la tecnica del maestro prescelto prevede che l'operazione si svolga mentre la donna fa l'amore con l'apprendista di lui. Dall'incontro fra arte, dolore ed erotismo la donna matura la sua autonomia, in un film ammaliante e sottile.

Iris fiore del Nord *** (*Iris och löjtnantshjärta*, Svezia 1946, b/n, 85') Alf Sjöberg. Con Mai Zetterling, Alf Kjellin, Holger Löwendler, Ingrid Borthen, Åke Claesson. ◆ La tragica storia d'amore tra il giovane ufficiale Robert (Kjellin) e la servetta Iris (Zetterling) che nel suo passato è già stata sedotta da un uomo senza scrupoli. Nonostante l'ostilità della famiglia, che aveva progettato ben altro matrimonio, Robert decide di andare a vivere con la ragazza ma un incidente stradale distrugge il loro sogno: dopo la morte di lui, Iris deciderà di tenere il figlio che aspetta senza chiedere nulla alla famiglia del defunto padre. Commovente melodramma tratto dal romanzo di Olle Hedberg (e sceneggiato dallo stesso regista) dove Sjöberg riprende la coppia di interpreti di *Spasimo* e attacca la mentalità chiusa e bigotta della famiglia svedese, «ostacolo quasi insormontabile sulla strada della felicità per le giovani generazioni che hanno bisogno di libertà psicologica e sociale». Ma la critica alle istituzioni si intreccia, qui, con una struggente nostalgia e un indefinito desiderio di fuga (uno stato d'animo che gli svedesi chiamano *utbryningsdröm*) e che ha la sua rappresentazione perfetta nella scena in cui i due innamorati, dopo aver pianto insieme alla proiezione del *Ponte di Waterloo*, si fermano su un ponte e perdono lo sguardo nell'oscurità della notte mentre una nave attraversa silenziosa le acque scintillanti del porto di Stoccolma. I due protagonisti sono diventati entrambi registi, la Zetterling in Svezia e Kjellin a Hollywood.

Irlandese, L' **½ (*The Dawning*, Gb 1988, col, 95') Robert Knights. Con Anthony Hopkins, Rebecca Pidgeon, Jean Simmons, Trevor Howard, Tara MacGowran. ◆ Nell'Irlanda del 1920 una ragazza sensibile (Pidgeon), cresciuta con la zia e il vecchio nonno generale (Howard), incontra un affascinante sconosciuto (Hopkins), ricercato perché attivo nella lotta per l'Indipendenza. Tratto dal romanzo *The Old Jest* di Jennifer Johnston, il film racconta il brusco passaggio di un'adolescente dalla serenità della Natura alle violenze della Storia: grande prova degli attori – Hopkins soprattutto, e poi l'ultima interpretazione di Trevor Howard, a cui il film è dedicato – in un prodotto che rischia di sembrare fin troppo curato per appassionare.

Irma la dolce *** (*Irma la douce*, Usa 1963, col, 142') Billy Wilder. Con Shirley MacLaine, Jack Lemmon, Lou Jacobi, Bruce Yarnell, Cliff Osmond. ◆ A Parigi, un gendarme (Lemmon) s'innamora di una prostituta, Irma detta «la dolce» (MacLaine): stravolto dalla gelosia, l'uomo mette in opera una serie di travestimenti per diventare l'unico cliente della donna e indurla a ricambiare i suoi sentimenti. Tratto dal musical di Alexandre Breffort e sceneggiato dal regista con I.A.L. Diamond, è una commedia fortemente stilizzata e stereotipata, dove Wilder «prende il comico sul serio»: l'essenzialità narrativa della sua struttura priva di qualsiasi orpello, da una parte dimostra la genialità del regista nel costruire un film solo con gli «elementi primordiali» della commedia (lo scambio di persona, gli equivoci dei sentimenti, i colpi di scena, l'inarrestabile progressione verso il lieto fine), dall'altra, all'inizio degli anni Sessanta, anticipa la crisi del cinema hollywoodiano (di cui Wilder è uno degli indiscussi maestri), ipotizzando quella pratica della contaminazione dei generi che qui ancora non si vede, ma che si può intuire come sbocco inevitabile. La città, e in particolare il vecchio quartiere delle Halles, «ventre di Parigi», è interamente ricostruita in studio da Alexandre Trauner che ha lavorato con precisione quasi maniacale, e così il massimo dell'artificio nasconde una notevole «verità» di rappresentazione. In una brevissima apparizione è riconoscibile il giovane James Caan, nella parte del militare con la radiolina che segue una prostituta all'hotel Casanova.

Irma va a Hollywood *½ (*My Friend Irma Goes West*, Usa 1950, b/n, 90') Hal Walker. Con Marie Wilson, Diana Lynn, John Lund, Dean Martin, Jerry Lewis, Corinne Calvet, Kenneth Tobey. ◆ Due amiche (Wilson e Lynn) e i rispettivi fidanzati (Martin e Lund), uno dei quali è un cantante in cerca di successo, affrontano sedicenti produttori cinematografici e delinquenti vari tra Hollywood e Las Vegas. Sequel senza novità di *La mia amica Irma*, ispirato a una serie radiofonica di successo, con la bionda svampita Marie Wilson nella parte di Irma e la coppia Lewis-Martin ancora in fase di rodaggio.

Irma Vep **½ (*Irma Vep*, Francia 1996, col, 95') Olivier Assayas. Con Maggie Cheung, Jean-Pierre Léaud, Nathalie Richard, Lou Castel, Bulle Ogier, Arsinée Kanjian, Nathalie Boutefeu, Antoine Basler. ◆ Il regista René Vidal (Léaud), folgorato dalla star di Hong Kong Maggie Cheung (se stessa) dopo averla vista fare acrobazie in *The Heroic Trio*, la chiama a Parigi per girare un remake dei *Vampires* di Feuillade, serial del muto che narrava le gesta di una banda di criminali capeggiati da Irma Vep, una Fantomas al femminile. Sul set la costumista Zoé (Richard) tenta di sedurre la sperduta Maggie, il regista cade in crisi e viene sostituito da un cinico collega (Castel), che rimanda a casa la star esotica. Con una discreta ironia e una certa freschezza, Assayas (anche sceneggiatore) torna sui luoghi comuni del film nel film, tessendo una riflessione di fine millennio su arte e merce, immaginazione e banalità. Che la salvezza del cinema stia nel ritorno alle origini o nell'aprirsi su nuovi orizzonti? Quello che emerge alla fine, di fatto, è la constatazione del cinismo, del fallimento e della solitudine: ma la lezione della Nouvelle Vague e dell'improvvisazione salvano questo film bizzarro da saccenterie e didascalismi. I fan del cinema di Hong Kong si divertiranno, anche se Assayas ne fa la parodia nel personaggio del critico (Basler) con la fissa di John Woo.

Ironweed ° (*Ironweed*, Usa 1987, col, 144') Hector Babenco. Con Meryl Streep, Jack Nicholson, Carroll Baker, Michael O'Keefe, Diane Venora, Fred Gwynne, Tom Waits. ◆ Albany, stato di New York, 1938: quarantott'ore della vita di due barboni, un alcolizzato afflitto dai rimorsi (Nicholson) e la sua compagna, una cantante fallita (Streep). Per il suo debutto a Hollywood l'argentino Babenco dirige un romanzo premio Pulitzer di William Kennedy (anche sceneggiatore), ma ne esce un film pseudopoetico, populista, in più punti smaccatamente strappalacrime. E troppo lungo. Irritanti per il loro manierismo Streep e Nicholson nella parte dei clochard.

Iron Will – Volontà di vincere *½ (*Iron Will*, Usa 1993, col, 105') Charles Haid. Con Mackenzie Astin, Kevin Spacey, Penelope Windust, David Ogden Stiers. ◆ Nel 1917, il giovane Will (Astin), orfano di padre, partecipa a una massacrante gara di slitta con cani dal Canada al Minnesota. Vincerà? Si accettano scommesse. La confezione è spettacolare, e le riprese sono state effettuate in condizioni proibitive: ma la morale ottimistica, la prevedibilità e il finto amore per la natura (l'amore di Will per i suoi cani non gli impedisce di stremarli per 522 miglia) sono quelle che ci si aspettano da una produzione Disney.

Irresistibile Mr. Jones, L' *½ (*Trouble Along the Way*, Usa 1953, b/n, 110') Michael Curtiz. Con John Wayne, Donna Reed, Charles Coburn, Sherry Jackson, Marie Windsor, Tom Tully, Chuck Connors. ◆ Un allenatore di rugby (Wayne), divorziato e angosciato dalla possibilità di perdere l'affidamento della figlioletta (Jackson), trova la forza di riscattarsi con l'affetto di un'assistente sociale (Reed) e il lavoro per la squadra di un collegio religioso. Commediola sportiva edificante, con qualche lentezza ma un curioso Wayne in un ruolo melodrammatico.

Irriducibili, Gli ** (*Miles From Home*, Usa 1988, col, 114') Gary Sinise. Con Richard Gere, Kevin Anderson, Penelope Ann Miller, John Malkovich, Brian Dennehy, Laurie Metcalf. ◆ Due fratelli agricoltori, Frank (Gere) e Terry Roberts (Anderson), vessati dalle banche, bruciano la loro fattoria e si danno alla fuga, mentre i contadini del Midwest, rovinati dalla politica reaganiana, li acclamano come eroi. Sinise esordisce nella regia con un road-movie anomalo: l'ambientazione è suggestiva, il discorso politico coraggioso, ma il ritmo piuttosto fiacco e la messa in scena ricorda troppo i telefilm. Gere come antidivo, comunque, è convincente.

Isadora ** (*Isadora*, Gb 1968, col, 131') Karel Reisz. Con Vanessa Redgrave, James Fox, Jason Robards, Ivan Tchenko, Cynthia Harris, John Fraser, Bessie Love. ◆ La vita di Isadora Duncan (Redgrave) che rivoluzionò la danza ispirandosi alla Grecia classica, propugnò il libero amore, amando lo scenografo Gordon Craig (Fox), l'industriale Paris Singer (Robards), il poeta sovietico Sergej Esenin (Tchenko): adorata e poi abbandonata dal pubblico, morì nel 1927 in un assurdo incidente, strozzata dalla sciarpa che si impigliò nella ruota di un'auto. Biografia accurata ma fredda, sceneggiata da Melvyn Bragg e Clive Exton e tutta costruita a incastri temporali: il film non spiega cosa avessero di eccezionale le danze della Duncan che, almeno nell'esecuzione della Redgrave, sono assai ridicole, ma l'edizione che circola nelle sale è stata ridotta di quasi 50' dall'Universal che impose una serie di tagli e rimaneggiamenti prima della distribuzione. Palma d'oro a Cannes per la Redgrave.

Ischia operazione amore *½ (Italia 1966, col, 86') Vittorio Sala. Con Peppino De Filippo, Walter Chiari, Graziella Granata, Anna Campori, Angelo Infanti, Ingrid Schöeller, Didi Perego, Hélène Chanel, Vittorio Caprioli, Tony Renis, Ric [Riccardo Miniggio] e Gian [Gianfabio Bosco], Carletto Sposito. ◆ L'albergatore Gennaro Capotosta (De Filippo) gestisce una pensione che offre ai suoi clienti un «servizio completo» grazie alle specifiche competenze della sua famiglia: la moglie (Campori) è cuoca, la figlia (Granata) ha una boutique e il figlio (Infanti) deve trascurare la consorte per far la corte alle clienti ricche e anziane. Il solito intreccio pretestuoso per inanellare una serie di gag dallo spirito piuttosto vernacolare ma innocuo. A tenere le fila del tutto c'è però Peppino De Filippo, e – tolti i luoghi comuni sulla napoletanità umoristica e truffaldina – nel complesso va un po' meglio di altre operazioni analoghe. La canzone *Nessun'altra che te* è composta e cantata da Tony Renis. Film d'esordio per Ric e Gian nella parte di due imbianchini disoccupati che finiranno per esibirsi in uno spogliarello per signore sole.

I Shot a Man in Vegas * (*I Shot a Man in Vegas*, Usa 1995, col, 73') Keoni Waxman. Con John Stockwell, Janeane Garofalo, Brian Drillinger, Noelle Lipman, David Cubitt. ◆ Quattro deficienti fuggono nel deserto col cadavere di un amico nel bagagliaio, dopo che uno di loro l'ha ucciso per un diverbio sui meriti di Johnny Cash e Elvis Presley: o c'era sotto qualcos'altro? Uno di quei film in cui i flashback servono solo ad allungare la brodaglia per arrivare a un minutaggio standard. Recitato da cani e diretto dilettantescamente dal regista-sceneggiatore. Programmato in Tv col titolo *Omicidio a Las Vegas*.

Ishtar *½ (*Ishtar*, Usa 1987, col, 107') Elaine May. Con Warren Beatty, Dustin Hoffman, Isabelle Adjani, Charles Grodin, Jack Weston. ◆ Due scalcinati cantautori di New York (Beatty e Hoffman) accettano una scrittura in Marocco e si ritrovano in un mare di guai tra traffici d'armi, un'affascinante guerrigliera (Adjani) e le ingerenze della Cia, sperduti nel deserto su un dromedario cieco. Un flop straordinario per la commedia più inspiegabilmente costosa di tutti i tempi (si parla di 50 ciak per girare la stessa scena, quella in cui Hoffman e Beatty cantano *Since We Left Nam*, o di dune fatte «spianare» perché la regista voleva un diverso orizzonte per le riprese): su un canovaccio da B-movie che ricorda la serie *Road To* con Bob Hope sceneggiato dalla stessa regista, il film azzecca qualche frecciata alla politica estera Usa ma si perde in un pasticcio inconcludente e noioso.

Isola, L' ° (*The Island*, Usa 1980, col, 114') Michael Ritchie. Con Michael Caine, David Warner, Angela Punch McGregor, Frank Middlemass, Don Henderson, Zakes Mokae. ◆ Un reporter (Caine) indaga sui misteri del triangolo delle Bermuda e si ritrova prigioniero di una banda di folli «eredi dei pirati». Dal romanzo omonimo di Peter Benchley (qui anche sceneggiatore) un thriller disastroso e risibile, in cui dispiace veder coinvolto Caine.

Isola, Un' **½ (Italia 1986, col, 120') Carlo Lizzani. Con Massimo Ghini, Christiane Jean, Stéphane Audran, Marina Vlady, Gianluca Favilla, Paolo Bonacelli, Ida Di Benedetto. ◆ Torino, 18 aprile 1945: mentre aspetta di dare il via allo sciopero insurrezionale, il ventisettenne Giorgio Amendola (Ghini) ricorda la sua vita in un lungo flashback: la morte del padre Giovanni (ministro liberale ucciso dai fascisti), la fuga a Parigi, il folgorante incontro con Germaine (Jean), il loro amore travagliato e indistruttibile, il ritorno in Italia, il confino a Ponza. Dal romanzo autobiografico *L'isola* di Giorgio Amendola, sceneggiato da Lizzani, Lucio De Caro e Giuliano Montaldo con la consulenza dello storico Paolo Spriano, il film offre il ritratto di un leader della Resistenza e della sua compagna, che è anche – e forse soprattutto – una moderna versione dei *Promessi sposi*, dove politico e privato s'intrecciano continuamente e la prima dimensione trae forza dalla seconda. Notevole il cast di giovani attori, allora sconosciuti al cinema (nella parte di Ada, sorella di Giorgio, c'è anche la figlia del regista, Flaminia). La versione cinematografica è una riduzione di quella televisiva, lunga circa 180'.

Isola che scotta, L' ** (*La Fièvre monte à El Pao*, Francia/Messico 1959, b/n, 97') Luis Buñuel. Con Gérard Philipe, María Félix, Jean Servais, Victor Junco, Roberto Canedo, Andrés Soler. ◆ Un giovane funzionario governativo, Ramón Vásquez (Philipe), vuole migliorare le condizioni di vita dei carcerati dell'isola di Ojeda, ma i suoi sforzi di liberalizzare un regime dittatoriale dall'interno risultano controproducenti e ottiene solo di far ricattare la sua donna (Félix), costretta ad accettare le avances del nuovo governatore (Servais): quando capirà di essere stato strumentalizzato, pagherà con la vita la sua presa di coscienza. L'ultimo film di Gérard Philipe è anche l'unico di Buñuel che affronti un tema dichiaratamente politico, in qualche modo simile a *Nazarin*. Peccato che la sceneggiatura (dello stesso Buñuel, di Luis Alcoriza, Louis Sapin, Charles Dorat e di Henry Castillou dal suo romanzo omonimo) non riesca a vivificare l'apologo «sartriano» dell'intellettuale che spera di cambiare il mondo dall'interno né a rendere sufficientemente lucidi i dilemmi del personaggio. Dichiarato «plagio» dalla *Tosca* nella scena in cui María Félix si spoglia davanti a Servais per salvare la vita a Philipe. È l'unico film di Buñuel in cui si intravede (anche se di sguincio) una scena di corrida.

Isola degli amori, L' *** (*A ilha dos amores*, Portogallo 1982, col, 185') Paulo Rocha. Con Luís Miguel Cintra, Clara Joana, Zita Duarte, Jorge Silva Melo, Yoshiko Mita, Atsuko Murakamo, Erl Tenni. ◆ La vita (1884-1929) di Wenceslau de Moraes (Cintra) - diplomatico portoghese e scrittore innamorato dell'Oriente e soprattutto del Giappone, dove morì - raccontata attraverso le sue donne: la cinese di Macao Atchan (Tenni), l'ex geisha giapponese Oyoné (Mita) e sua nipote Koharu (Murakamo), una governante, entrambe morte precocemente. Rocha (che interpreta Camilo Pessanha) sceglie un approccio antinaturalista e spesso teatrale e straniante, con Venere (Joana) a fare da narratrice e andirivieni tra passato e presente: poco per volta, malgrado lacune ed ellissi, prende corpo il ritratto di un esteta che fa dell'esilio una condizione esistenziale; salvo cercare disperatamente, ormai vecchio, di integrarsi in una cultura a lui estranea. A Rocha interessano soprattutto gli ultimi momenti: gli inganni di Koharu, la scoperta del culto dei morti come modo per opporsi all'«impermanenza» della realtà, la decadenza fisica e la dedizione – malgrado tutto – alla scrittura e alla bellezza. Un film impegnativo e a tratti anche faticoso, ma quasi sempre all'altezza delle sue ambizioni, gelato in una forma geometrica (che fa lezione del complesso uso dello spazio nella pittura giapponese) ma percorso da una vena di struggimento sotterraneo. La fotografia è firmata da tre maestri: Kozo Okazaki, Acacio de Almeida e Elso Roque. Girato, con molte interruzioni, nell'arco di quattro anni. Il titolo è una citazione dei *Lusíadas* di Luís de Camões. Fa pendant col documentario *L'isola di Moraes*, che giova ad apprezzarlo meglio.

Isola degli uomini perduti, L' *½ (*The House Across the Bay*, Usa 1940, b/n, 86') Archie Mayo. Con George Raft, Joan Bennett, Lloyd Nolan, Gladys George, Walter Pidgeon. ◆ Denunciato dal proprio avvocato (Pidgeon), uno spregiudicato affarista (Raft) riesce a evadere dalla prigione quando scopre che la donna (Bennett) per cui ha infranto la legge, lo tradisce proprio con l'avvocato. Un dramma tutto prevedibile fino al tragico epilogo, con qualche buon momento di tensione.

Isola degli uomini pesce, L' * (Italia 1979, col, 100') Sergio Martino. Con Barbara Bach, Claudio Cassinelli, Richard Johnson, Joseph Cotten. ◆ In seguito a un naufragio, un ufficiale (Cassinelli) scopre un'isola dove un dispotico possidente ha costretto un biologo (Cotten) a «creare» degli uomini-anfibi in grado di recuperare il tesoro di Atlantide. Cataclismi, stregonerie, tiranni con servitori nerboruti assemblati velocemente e con scarsa inventiva per uno scontato fumettone.

Isola dei morti viventi, L' → *Baby Killer 3*

Isola dei pigmei, L' * (*Pygmy Island*, Usa 1950, b/n, 69') William Berke. Con Johnny Weissmuller, Ann Savage, David Bruce, Tristram Coffin, Steven Geray, Billy Barty. ◆ Jim della giungla (Weissmuller) guida una spedizione per ritrovare un'ufficiale dell'esercito (Savage) scomparsa nel territorio dei pigmei. Un esempio del livello produttivo: il capo dei pigmei è interpretato da un nano bianco, Billy Barty. Quinto film della serie dedicata a Jim della giungla, nullo come gli altri.

Isola del desiderio, L' **½ (*The Luck of the Irish*, Usa 1948, b/n, 99') Henry Koster. Con Tyrone Power, Cecil Kellaway, Anne Baxter, Lee J. Cobb, James Todd, Jayne Meadows, J. M. Kerrigan, John Galsworthy. ◆ In vacanza in Irlanda, il giornalista Steven Fitzgerald (Power) viene adottato da un folletto (Kellaway) che lo segue anche a New York sotto le spoglie di un maggiordomo: gli farà capire che i soldi e la carriera possono perderlo e che la donna per lui è quella Nora (Baxter) che aveva incontrato in un alberghetto irlandese. Simpatica favola moraleggiante sceneggiata con dolce ironia da Philip Dunne (a partire da un romanzo di Guy e Constance Jones), che utilizza la vena fantastica di Hollywood per ribadire i valori fondanti del sogno americano («democraticamente» affidati alla componente irlandese della popolazione). Bella foto di Joseph La Salle e meritata nomination per Kellaway, il folletto Orazio con un debole per il whisky.

Isola del diavolo, L' ** (*Strange Cargo*, Usa 1940, b/n, 105') Frank Borzage. Con Clark Gable, Joan Crawford, Jan Hunter, Peter Lorre, Albert Dekker, Paul Lucas, Eduardo Cianelli. ◆ Un'entraîneuse (Crawford), espulsa da un'isola per immoralità, si imbarca sulla nave con cui un gruppo di forzati tentano la fuga. Ma la presenza di un misterioso personaggio «cristologico» (Hunter) spinge gli evasi al pentimento e la donna aspetterà con fiducia il capo dei galeotti (Gable), convinto a tornare in prigione per scontare il resto della pena. Ispirato a un romanzo del futuro sceneggiatore e regista Richard Sale (sceneggiato da Lawrence Hazard), il film mescola fumose atmosfere bibliche a forti momenti melodrammatici, ma grazie alla regia di Borzage «l'allegoria della lotta tra il Bene e il Male riesce a essere magari un po' bizzarra ma non ridicola». Ottavo e ultimo film interpretato insieme da Gable e la Crawford.

Isola del dottor Moreau, L' *½ (*The Island of Dr. Moreau*, Usa 1977, col, 104') Don Taylor. Con Burt Lancaster, Michael York, Nigel Davenport, Barbara Carrera, Richard Basehart. ◆ Un naufrago (York) raggiunge un'isola sperduta nell'oceano, dove vive il dottor Moreau (Lancaster) di cui scoprirà gli orribili esperimenti per collaudare un procedimento per trasformare gli animali in uomini. Tratto dal romanzo di H.G. Wells, già portato sullo schermo nel 1933 da Erle C. Kenton (*Island of Lost Souls*, inedito in Italia, con Charles Laughton) e nel 1959 da Gerry De Leon (*Terror Is a Man*, inedito in Italia, con Francis Lederer), il film di Don Taylor cerca di fondere fantascienza e horror, ma è ben lontano dal rendere appieno il sottile terrore del testo wellsiano. Lancaster esagera con la follia del suo personaggio e il lieto fine è francamente irritante. Buoni gli effetti speciali. Una nuova versione nel 1997 (*L'isola perduta*).

Isola della donna contesa, L' *** (*The Saga of Anathan*, Giappone 1953, b/n, 92') Josef von Sternberg. Con Akemi Negishi, Tadashi Suganuma, Kisaburo Sawamura, Shoji Nakayama, Jun Fujikawa. ◆ Scampati a un bombardamento americano, dodici marinai giapponesi trovano rifugio nella sperduta isola di Anathan, dove l'unica presenza femminile, Keiko (Negishi) accende gli animi degli uomini che arrivano a eliminarsi per avere il privilegio di essere i «fuchi» di questa «ape regina». Con mezzi modesti ma libero da condizionamenti commerciali Sternberg chiude la sua carriera cinematografica con una storia intensa e violenta, da lui stesso sceneggiata, dove la «natura feticistica del culto della Donna (da sempre presente nella sua opera) ha qui un rilievo addirittura paradigmatico, con le offerte che i soldati le portano, l'adorazione palese, le devozioni al mito». Girato completamente in studio, il film ha grandi momenti di erotismo sternberghiano (come l'apparizione di Keiko, con la macchina da presa che pare non voglia più staccarsi dal volto della donna) o di intensa emotività (come il ritorno, dopo sette anni di segregazione nell'isola, dei superstiti, accolti dai lampi delle macchine fotografiche), ma anche cadute di tono, fredde simbologie (i pesci morti), intuizioni raggelate (la giungla dai riflessi metallici ma senza vera vita): un'opera strana, sofferta, non riuscita, ma dove si può ritrovare la mano di un autentico genio del cinema. Nell'edizione originale la voce fuori campo è quella di von Sternberg.

Isola della furia, L' *½ (*Isle of Fury*, Usa 1936, b/n, 60') Frank McDonald. Con Humphrey Bogart, Donald Woods, Margaret Lindsay, Paul Graetz, E.E. Clive. ◆ Giunto in un'isola del Pacifico sulle tracce di un assassino, un poliziotto (Woods) scopre che il suo uomo è la persona che gli ha salvato la vita in mare (Bogart, con i baffi), marito della donna di cui si è innamorato (Lindsay): si lega pericolosamente al giovane ricercato, prima per un reciproco salvataggio e poi circuendone la moglie. Tratto dal romanzo *Narrow Corner* di Somerset Maugham (sceneggiato da Robert Andrews e William Jacobs), è un melodramma piuttosto scontato, il cui momento di maggior tensione è la lotta tra una piovra e un sommozzatore.

Isola dell'amore, L' * (*Grand Isle*, Usa 1991, col, 95') Mary Lambert. Con Kelly McGillis, Adrian Pasdar, Jon DeVries, Glenne Headly, Julian Sands, Ellen Burstyn. ◆ Alla fine dell'Ottocento, una madre di famiglia (McGillis) del Kentucky, in vacanza a Grand Isle, si libera dalle inibizioni, trova giovani corteggiatori e scopre la pittura. Pedante tv-movie tratto dal bestseller *Il risveglio* di Kate Chopin: la McGillis è anche produttrice, e impone che la macchina da presa le sia sempre attaccata, che sia vestita o no. Ma la regista dei primi video di Madonna non sa neanche lontanamente cosa sia la sensualità, e si limita a giocare coi costumi d'epoca e i bei paesaggi.

Isola della paura, L' * (*Bear Island*, Gb/Canada 1980, col, 118') Don Sharp. Con Donald Sutherland, Vanessa Redgrave, Richard Widmark, Christopher Lee, Barbara Parkins, Lloyd Bridges. ◆ Su una remota isola dell'Artico, un tempo base nazista, alcuni scienziati della Nato si scontrano per il ritrovamento di un tesoro trafugato in guerra. Un regista navigato, un cast di prim'ordine e il fascino delle lande ghiacciate: ma l'ottimo romanzo di Alistair MacLean si trasforma in un pasticcio di omicidi e colpi di scena macchinosi.

Isola delle sirene, L' ** (*Coney Island*, Usa 1943, col, 96') Walter Lang. Con Betty Grable, George Montgomery, Cesar Romero, Charles Winniger, Phil Silvers. ◆ Due impresari di Coney Island (Montgomery e Romero) si contendono l'amore e il talento di una promettente artista di café-chantant (Grable). Un musical spigliato e divertente (con un elaborato numero finale, *There's Danger In a Dance*), ambientato a cavallo dell'inizio secolo e filmato in sontuoso technicolor. Tra i numeri più famosi, *Pretty Baby* e *Put Your Arms Around Me Honey*.

Isola dell'ingiustizia, L' – Alcatraz ** (*Murder in the First*, Usa 1994, col, 122') Marc Rocco. Con Kevin Bacon, Christian Slater, Gary Oldman, Embeth Davidtz, William H. Macy, Brad Dourif. ◆ Nel 1938, per un furto di cinque dollari, Henri Young (Bacon) finisce in isolamento ad Alcatraz. Tre anni dopo uccide il detenuto che ha rivelato al crudele direttore (Oldman) il suo piano di fuga: processato per omicidio, trova nell'avvocato d'ufficio James Stamphill (Slater) un difensore disposto a sfidare l'autorità carceraria per salvarlo. Il regista tenta di ovviare alla claustrofobia del genere carcerario-giudiziario con qualche barocchismo d'autore, a volte un po' eccessivo, ma la vera sorpresa del film è l'interpretazione di Kevin Bacon che, senza andare sopra le righe, riesce a infondere al suo personaggio tutta la disperazione e la rabbia necessarie.

Isola del peccato, L' ** (*The Manxman*, Gb 1928, b/n, 62') Alfred Hitchcock. Con Carl Brisson, Anny Ondra, Malcolm Keen, Randle Ayrton. ◆ Isola di Man: credendo che Pete (Brisson), il pescatore di cui è fidanzata, sia morto, Kate (Ondra) cade tra le braccia del suo miglior amico, il giudice Philip (Keen). Ma Pete torna, e Kate gli nasconde di essere incinta: alla fine dovrà lasciare l'isola con Philip, sotto gli occhi minacciosi della folla. Hitchcock non aveva nessuna considerazione per questo melodramma, il suo ultimo film muto: che però sviluppa con coerenza il tema dell'ambiguità dello sguardo (Pete si accorge che Kate abbraccia un altro uomo, ma si rassicura accorgendosi che è Philip) e del voyeurismo (le frequenti inquadrature dalle finestre), anticipando i film futuri. Suggestivo l'uso del paesaggio.

Isola del tesoro, L' **½ (*Treasure Island*, Usa 1934, b/n, 105') Victor Fleming. Con Wallace Beery, Jackie Cooper, Lewis Stone, Lionel Barrymore, Otto Kruger, Nigel Bruce. ◆ Con la mappa che il capitano Bones gli ha affidato prima di morire, il giovane Jim Hawkins (Cooper) parte a bordo dell'Hispaniola alla ricerca del tesoro sepolto dal capitano Flint. Ma dovrà fare i conti con l'avidità di Long John Silver (Beery) e dei suoi terribili pirati. La miglior versione del romanzo di Robert Louis Stevenson (sceneggiata ottimamente da John Lee Mahin), capace di restituire, con le sue improvvise esplosioni di violenza e soprattutto con la sulfurea interpretazione di Wallace Beery, il significato profondo del libro, «con il suo senso del Bene e del Male che diventa riflessione morale presbiteriana nascosta dietro un racconto d'avventure». Esiste una versione colorizzata.

Isola del tesoro, L' **½ (*Treasure Island*, Usa 1950, col, 96') Byron Haskin. Con Robert Newton, Bobby Driscoll, Basil Sydney, Walter Fitzgerald, Denis O'Dea. ◆ Con la mappa del capitano Bones, il giovane Jim Hawkins (Driscoll) parte alla volta dell'isola del tesoro, dove riuscirà a sfuggire a Long John Silver (Newton) e alla sua ciurma di pirati e a recuperare il tesoro. Produzione Disney per il remake fedele (se si esclude il finale dove Jim lascia libero di sua iniziativa Long John Silver, che invece nel romanzo scappa), del romanzo di Stevenson: sgargiante, piacevole e senza grandi impennate, ma Newton giganteggia nel ruolo del cuoco-pirata Long John Silver.

Isola del tesoro, L' *½ (*Treasure Island*, Gb/Francia/Italia 1972, col, 95') John Hough. Con Orson Welles, Kim Burfield, Lionel Stander, Walter Slezak, Angel Del Pozo, Rik Battaglia, Jean Lefebvre. ◆ Il capitano Bones (Stander) lascia al giovane Jim Hawkins (Burfield) la mappa del tesoro sepolto dal capitano Flint. Ma sulle sue tracce ci sono anche Long John Silver (Welles) e la sua ciurma di pirati. Ci si poteva aspettare molto di più dalla rilettura del romanzo di Stevenson da parte di Welles, che firma la sceneggiatura con lo pseudonimo di O.W. Jeeves insieme a Wolf Mankowitz (autore, peraltro, della versione finale): invece, nonostante la sua bella prova nei panni di Long John Silver, il film è freddo e piuttosto scontato. Per ragioni di coproduzione, il film venne distribuito in Italia con il nome di Andrea Bianchi alla regia, che invece fu assicurata da John Hough, ex assistente di Welles sul set di *Falstaff*.

Isola del tesoro, L' ** (*Treasure Island*, Usa 1989, col, 139') Fraser C. Heston. Con Charlton Heston, Christian Bale, Julian Glover, Richard Johnson, Oliver Reed, Christopher Lee, Clive Wood. ◆ Con la mappa che gli ha lasciato Billy Bones (Reed), il giovane Jim Hawkins (Bale) parte alla ricerca del tesoro del capitano Flint: lo troverà dopo aver sconfitto Long John Silver (Heston) e la sua ciurma di pirati. L'esordio nella regia del figlio di Charlton Heston, Fraser, avviene con un tv-movie che adatta fedelmente il romanzo di Stevenson: gran dispendio di mezzi produttivi (compreso il veliero che era servito per il film *Gli ammutinati del Bounty*, qui riutilizzato come Hispaniola), riprese in Cornovaglia e Giamaica, ma poca atmosfera e soprattutto poca credibilità di Heston senior nel rendere la canagliesca ambiguità di Long John Silver. Bel cammeo di Christopher Lee nella parte del cieco Pew.

Isola di Arturo, L' **½ (Italia 1962, b/n, 92') Damiano Damiani. Con Vanni De Maigret, Kay Meersman, Reginald Kernan, Luigi Giuliani, Gabriella Giorgelli. ◆ La maturazione di Arturo (De Maigret), ragazzo cresciuto in solitudine a Procida, attraverso il difficile rapporto con il padre (Kernan), legato in una strana relazione con un detenuto, e la sua dolce e sensibile seconda moglie (Meersman), che accende i sentimenti dell'adolescente. Una convincente trasposizione del romanzo omonimo di Elsa Morante, a cui contribuisce la sceneggiatura di Damiani, Ugo Liberatore e Cesare Zavattini, con le psicologie dei personaggi disegnate con sobria sensibilità nella suggestiva cornice naturale dell'isola mediterranea. Ottima prova di tutti gli attori.

Isola di corallo, L' ** (*Key Largo*, Usa 1948, b/n, 101') John Huston. Con Humphrey Bogart, Edward G. Robinson, Lauren Bacall, Lionel Barrymore, Claire Trevor. ◆ Alla fine della guerra, il maggiore Frank McCloud (Bogart) arriva su un atollo della Florida per i funerali di un suo soldato: s'innamora dell'affascinante vedova (Bacall) e si trova ad affrontare la banda di contrabbandieri che spadroneggia sull'isola. Tratto dalla pièce di Maxwell Anderson e sceneggiato dal regista con Richard Brooks, il film non riesce a liberarsi completamente della sua origine teatrale e alterna bei momenti di tensione claustrofobica (si svolge quasi tutto all'interno di un albergo dove i gangster tengono in ostaggio la famiglia del defunto) ad altri scontati e recitati con poca intensità (Barrymore e Robinson sono quasi la caricatura di loro stessi). Il riscatto arriva negli ultimi dieci minuti, con la lotta in mezzo al mare tra Bogart e i banditi, dove la fotografia di Karl Freund e la musica di Max Steiner (oltre alla bravura di Bogart) riescono a trasmettere la sensazione fisica di una lotta per la vita. Oscar come miglior attrice non protagonista alla Trevor, amante del capo dei contrabbandieri.

Isola di Moraes, L' **½ (*A ilha de Moraes*, Portogallo 1984, col, 98') Paulo Rocha. ◆ Rocha viaggia da Macao a Tokushima seguendo le tracce dello scrittore Wenceslau de Moraes (protagonista di *L'isola degli* *amori*), intervistando persone che, da piccole, fecero in tempo a conoscere quel vecchio e bizzarro straniero che viveva alla giapponese. Tra antichi dagherrotipi e lettere d'amore sbiadite, emerge una ricerca appassionante sull'amore e sulla morte, e al tempo stesso una riflessione – interessante anche se un po' idilliaca – sullo spirito giapponese e l'incontro tra culture diverse.

Isola di Pascali, L' ** (*Pascali's Island*, Gb 1988, col, 105') James Dearden. Con Ben Kingsley, Charles Dance, Helen Mirren, Stefan Gryff, Nadim Sawalha. ◆ L'arrivo su una piccola isola greca di un ambiguo archeologo-truffatore inglese (Dance) affascina e turba l'oscura esistenza di Pascali (Kingsley), informatore fedele e inascoltato dell'Impero ottomano alla vigilia della guerra mondiale. Tratto dal romanzo epistolare di Barry Unsworth (sceneggiato dallo stesso Dearden, qui al suo debutto nella regia), è la storia di una fuga impossibile, ritratto di un mondo condannato a una decadenza ineluttabile. Il film colpisce per una trascrizione inizialmente intrigante, grazie all'interpretazione sottile di Kingsley, ma presto si rivela manierata e tediosa.

Isola in via degli uccelli, L' ** (*The Island in Bird Street*, Gb/Danimarca/Germania 1997, col, 107') Søren Kragh-Jacobsen. Con Jordan Kiziuk, Patrick Bergin, Jack Warden, James Bolam, Simon Gregor. ◆ In attesa del padre (Bergin) deportato, il piccolo Alex (Kiziuk) sopravvive da solo in un ghetto polacco sfollato dai nazisti, ispirandosi a *Robinson Crusoe*. Funzionano il tono a un tempo realistico e fiabesco, e la tragedia vista dal punto di vista infantile. Ma quando si viene al dunque, la commozione e il bisogno di rassicurazione vincono su tutto, come ci si aspetta da questa tipica coproduzione Cee. Tratto dal romanzo di Uri Orlev sceneggiato da John Goldsmith e Tony Grisoni. Musica di Zbigniew Preisner.

Isola misteriosa e il capitano Nemo, L' *½ (Italia/Francia/Spagna 1972, col, 104') Juan Antonio Bardem. Con Omar Sharif, Jess Hahn, Philippe Nicaud, Ambroise M'Bia, Gabriele Tinti, Rafael Bardem, Rik Battaglia. ◆ Fuggiti dalla prigione in pallone durante la guerra di Secessione, cinque naufraghi arrivano su un'isola deserta, che scopriranno essere il rifugio del capitano Nemo (Sharif). Tratto dal romanzo *L'isola misteriosa* di Jules Verne, il film equilibra con un buon ritmo dialoghi ingenui e povertà produttiva.

Isola nel cielo, L' ** (*Island in the Sky*, Usa 1953, b/n, 109') William A. Wellman. Con John Wayne, Lloyd Nolan, James Arness, Andy Devine, Walter Abel, Allyn Joslyn. ◆ L'aereo del capitano Dooley (Wayne) precipita in Groenlandia: in quattro riusciranno a sopravvivere ai ghiacci. Storia di uomini veri girata tra le nevi delle montagne della California: sulla carta un soggetto ideale per Wellman e il «Duca». Ma lo svolgimento ha poche sorprese, e i flashback rischiano di squagliare la tensione. Sceneggiatura di Ernest K. Gann, dal suo romanzo.

Isola nel sole, L' *½ (*Island in the Sun*, Usa 1957, col, 119') Robert Rossen. Con James Mason, Joan Fontaine, Dorothy Dandridge, Joan Collins, Michael Rennie, Harry Belafonte. ◆ Nelle Antille britanniche la forza dello scontro razziale spinge un leader politico locale (Belafonte) ad allontanare la sua donna bianca (Fontaine), mentre un impiegato (Mason) si porta una nativa in Inghilterra per sposarla. Dal libro di Alec Vaugh un melodramma sentimentale in una precaria struttura a episodi che annodano amori, omicidi, scontri politico-elettorali.

Isola nuda, L' **½ (*Hadaka no shima*, Giappone 1960, b/n, 96') Kaneto Shindo. Con Nobuko Otowa, Taiji Tonoyama, Shinji Tahaka, Masanori Horimoto. ◆ Scandita dal ritmo immutabile delle stagioni, la dura vita di Senta (Tonoyama), sua moglie Toyo (Otowa) e i loro due figli, poveri contadini su un'arida isola nel mare interno di Seto, a ovest del Giappone, costretti quotidianamente ad attraversare il mare per recuperare l'acqua necessaria. Girato a bassissimo costo, con uno stile che ricorda i grandi documentari di Flaherty, il film «azzecca la scommessa estetica di realizzare un dramma universale che, con la soppressione di ogni forma di dialogo, superasse tutte le barriere linguistiche e culturali» e nel ricercato bianco e nero di Kiyoshi Kuroda racconta la lotta per la sopravvivenza in una natura avversa. Anche se viene il dubbio che tanto rigore e rarefazione finisca per essere un po' fine a se stesso.

Isola perduta, L' ** (*The Island of Dr. Moreau*, Usa 1997, col, 103') John Frankenheimer. Con Marlon Brando, Val Kilmer, David Thewlis, Fairuza Balk, Ron Perlman, Mark Dacascos, Temuera Morrison. ◆ Sopravvissuto a un incidente aereo nel mare di Giava, Douglas (Thewlis) viene salvato dal dottor Montgomery (Kilmer) e portato nell'isola dove vive: scoprirà i raccapriccianti esperimenti del dottor Moreau (Brando), che incrocia uomini e animali alla ricerca di una razza senza dubbi morali, ma non riuscirà a evitare una sanguinosa catarsi. Quarta versione del romanzo di H.G. Wells dopo quelle del 1933 (*Island of Lost Soul* di Erle C. Kenton), del 1959 (*Terror Is a Man* di Gerry De Leon) – entrambe inedite in Italia – e del 1977 (*L'isola del dottor Moreau*): la sceneggiatura di Richard Stanley e Ron Hutchinson accentua la lettura morale del testo (la ribellione contro il dottor Moreau è innescata dalla fine di ogni castigo per l'inosservanza della legge, e dalla tentazione di sostituirsi nel ruolo di Padre-Dio che lo scienziato folle si era attribuito sulle sue creature-figli); ma l'eccesso di spazio lasciato ai trucchi e agli effetti speciali di Stan Winston riduce invece che aumentare l'orrore wellsiano. Frankenheimer, comunque, tira fuori tutta la sua professionalità e Brando dipinto di bianco che benedice come il papa è al di là di ogni immaginazione.

Isola sul tetto del mondo, L' *½ (*Island at the Top of the World*, Usa 1974, col, 95') Robert Stevenson. Con David Hartman, Donald Sinden, Jacques Marin, Mako, Agneta Eckemyr. ◆ All'inizio del secolo, un esploratore vittoriano (Sinden) parte in dirigibile per il Polo Nord, alla ricerca del figlio. Lo trova in una terra verde e fertile, dove da secoli vive in scontroso isolamento una tribù di vichinghi. Tratto da *Il cimitero dei capodogli* di Ian Cameron e sceneggiato da John Whedon, un prevedibile film di avventure per ragazzi di produzione Disney: i fasti di *20.000 leghe sotto i mari* sono lontani e scenografie ed effetti speciali sono al risparmio.

Isole nella corrente **½ (*Islands in the Stream*, Usa 1977, col, 105') Franklin J. Schaffner. Con George C. Scott, David Hemmings, Susan Tyrell, Claire Bloom, Richard Evans. ◆ Un artista americano (Scott) rifugiatosi alle Bahamas ritrova i tre figli, si confronta con le proprie scelte e si gioca la vita in un viaggio verso Cuba per salvare un gruppo di profughi. Escludendo il finale pretenzioso, un adattamento dignitoso dello struggente romanzo omonimo di Ernest Hemingway (sceneggiato da Denne Bart Petitclerc), in cui permane l'impianto diaristico – con la struttura a episodi e la voce fuori campo – e la vena intimista e nostalgica. Notevole interpretazione di Scott.

Isotta *½ (Italia 1996, col, 85') Maurizio Fiume. Con Nicoletta Magalotti, Rosa Di Brigida, Teresa Saponangelo, Dimitris Verykios, Luigi Diberti. ◆ Obesa ragazza operaia in una fabbrica di Napoli, Isotta Fraschini (Magalotti) esorcizza i suoi problemi con gli uomini, i chili di troppo e un'ovvia solitudine, sognando a occhi aperti. Ma quando si innamora di un greco (Verykios) di passaggio, se lo vede portar via sotto il naso dalla sua amica del cuore (Saponangelo). Opera prima scritta assieme a Mariacristina Gentile (anche attrice nella parte della madre della protagonista) e Laura Sabatino, che sfida i vizi congeniti del cinema carino italiano anni Ottanta con risultati alterni: efficace quando lo sviluppo narrativo sfocia in un onirismo disincantato, stucchevole quando cerca un realismo più subìto che voluto.

Ispettore Brannigan, la morte segue la tua ombra ** (*Brannigan*, Gb 1975, col, 111') Douglas Hickox. Con John Wayne, Richard Attenborough, Judy Geeson, Mel Ferrer, John Vernon. ◆ Brannigan (Wayne), coriaceo ispettore della polizia di Chicago, insegue uno spacciatore di droga a Londra e lo trova coinvolto in un misterioso rapimento. Un thriller stereotipato ma ben diretto, tra sparatorie, scazzottature e un garbato umorismo che mette a confronto i modi spicci di Wayne, attempato ma sempre dinamico, e la flemma dei colleghi britannici.

Ispettore Callaghan: il caso Scorpio è tuo! *** (*Dirty Harry*, Usa 1971, col, 102') Don Siegel. Con Clint Eastwood, Harry Guardino, Reni Santoni, John Vernon, Andy Robinson, John Larch. ◆ «Harry la carogna» (Eastwood), poliziotto con pessima fama per i modi brutali che scavalcano consuetudini e regolamenti, affronta l'inferno di San Francisco alla caccia di uno psycho-killer che si firma Scorpio (Robinson) e che ricatta la cittadinanza con i suoi omicidi. Il film che ha fatto rinascere il filone poliziesco (dopo 15 anni di eclissi) e che ha imposto il personaggio-simbolo degli ideali di «Law and Order»: girato con bel ritmo ma anche con insolito gusto barocco (numerose e morbide riprese dal cielo tra cui un'indimenticabile panoramica aerea all'indietro quando Harry tortura il killer sul prato; uso del CinemaScope per aumentare la mobilità dell'inquadratura), il film recupera il ruolo dell'individualismo americano per portarlo alle sue estreme conseguenze e mettere continuamente lo spettatore di fronte al dubbio sulla legittimità (e la necessità) delle sue azioni. Se è esagerata l'accusa di esaltare il «fascismo quotidiano» di chi si fa giustizia da solo (nell'ultima scena, dopo aver portato a termine la sua missione nonostante gli ostacoli burocratici, Harry butta via il distintivo della polizia), è anche vero che Siegel sacrifica comunque in nome della tensione narrativa qualsiasi tipo di sfumatura psicologica. Il personaggio di Callaghan (che in originale si chiama Callahan, senza g) tornerà in numerosi film: *Una «44 Magnum» per l'ispettore Callaghan* (1973), *Cielo di piombo per l'ispettore Callaghan* (1976), *Coraggio... fatti amazzare* (1983) e *Scommessa con la morte* (1988).

Ispettore generale, L' ** (*The Inspector General*, Usa 1949, col, 102') Henry Koster. Con Danny Kaye, Walter Slezak, Barbara Bates, Elsa Lanchester, Gene Lockhart. ◆ Nella Russia dell'Ottocento uno zingaro squattrinato (Kaye) viene creduto un ispettore della pubblica amministrazione, solito a travestirsi da vagabondo per compiere i suoi severi controlli. Versione musicale del noto racconto di Gogol: la narrazione difetta di ritmo e l'ambientazione è fin stucchevole, ma l'interpretazione di Danny Kaye assicura il divertimento.

Ispettore Lavardin **½ (*Inspecteur Lavardin*, Francia 1986, col, 100') Claude Chabrol. Con Jean Poiret, Jean-Claude Brialy, Bernadette Lafont, Jean-Luc Bideau, Hermine Clair. ◆ Dopo *Una morte di troppo*, torna Lavardin (Poiret), l'ispettore cinico e sbrigativo per cui prima è importante spazzare il marcio e poi, eventualmente, fare giustizia. La vittima, questa volta, è un notabile di provincia trovato morto, nudo, con la scritta «maiale» incisa sulla schiena. Tra vedove poco affrante (Lafont), fanciulle forse perverse (Clair) e zii gay (Brialy) dagli strani hobby, Lavardin gioca a fare il demiurgo, come Orson Welles in *Dieci incredibili giorni*: con la differenza che gli riesce. La satira della borghesia ipocrita è di maniera, ma certo umorismo caustico e il gusto della sorpresa sono di prima mano. La sceneggiatura è di Chabrol e Dominique Roulet.

Ispettore Martin ha teso la trappola, L' ** (*The Laughing Policeman*, Usa 1974, col, 111') Stuart Rosenberg. Con Walter Matthau, Bruce Dern, Lou Gossett, Anthony Zerbe, Albert Paulsen, Joanna Cassidy. ◆ Due poliziotti dallo stile opposto, l'ispettore Jack Martin (Matthau) e il suo collega Leo Larsen (Dern) danno la caccia a un pericoloso assassino che terrorizza i passeggeri dei mezzi pubblici di San Francisco. Un giallo ben recitato dai due protagonisti, efficace nell'ambientazione urbana, ma non particolarmente originale nella storia.

Ispiratrice, L' **½ (*The Great Man's Lady*, Usa 1942, b/n, 90') William A. Wellman. Con Barbara Stanwyck, Joel McCrea, Brian Donlevy, Katherine Stevens, Thurston Hall. ◆ Durante le celebrazioni per lo scomparso fondatore di una cittadina del West (McCrea), un'anziana signora (Stanwyck) rievoca la vita e il burrascoso amore con il famoso pioniere, da lei sostenuto e ispirato. Raccontata per flashback, una saga western curiosa – con la Stanwyck che recita anche truccata da centenaria – più che appassionante. Bella la sceneggiatura di W.L. Rivers e accurata la fotografia di William Mellor, ma sono soprattutto l'energia e la straordinaria bellezza della Stanwyck a dare forza al film.

Istantanee *** (*Proof*, Australia 1991, col, 90') Jocelyn Moorhouse. Con Hugo Weaving, Geneviève Picot, Russell Crowe, Heather Mitchell, Jeffrey Walker. ◆ Martin (Weaving) è cieco, ma passa il suo tempo a scattare fotografie, che poi si fa descrivere da chi vede, e archivia per avere una prova che la realtà esiste. Nel suo mondo si intrufolano due persone: una donna (Picot) che vorrebbe possederlo, e un buono a nulla (Crowe) socievole ma irresponsabile. Quando quest'ultimo è costretto a mentire, la commedia rischia di volgersi in dramma. Intelligente esercizio sui classici temi della visione e della menzogna, sceneggiato da Jocelyn Moorhouse e tutto giocato sul filo del paradosso. Il genere di film che poteva esaurirsi dopo la trovata iniziale, ma che per fortuna trova un finale più che dignitoso. Opera prima della regista.

Istinti criminali ** (*Gang Related*, Usa 1997, col, 111') Jim Kouf. Con James Belushi, Tupac Shakur, Dennis Quaid, Lela Rochon, James Earl Jones, David Paymer. ◆ Due sbirri corrotti (Belushi e Shakur) uccidono un trafficante di droga per i soldi, e cercano di incastrare un poveraccio smemorato (Quaid). Quasi una versione perversa di *Arma letale*, con la coppia multirazziale questa volta devota al male, e neanche troppo efficiente. Ma i tocchi di umorismo nero della sceneggiatura del regista si perdono, man mano, nella prevedibilità. Shakur è stato ammazzato poco dopo la fine delle riprese.

Istruttoria è chiusa: dimentichi, L' ** (Italia 1971, col, 106') Damiano Damiani. Con Franco Nero, Riccardo Cucciolla, George Wilson, John Steiner, Ferruccio De Ceresa. ◆ Imprigionato come possibile responsabile di un incidente mortale, un brillante professionista (Nero) scopre sulla sua pelle l'inferno carcerario, con le sue regole brutali e le connivenze tra mafia e politica, capaci di eliminare sotto i suoi occhi, per poi costringerlo al silenzio, un testimone scomodo. Un buon esempio di film d'impegno civile, incisivo e compatto nonostante qualche forzatura melodrammatica e ben interpretato da tutto il cast. Sceneggiato da Dino Maiuri, Massimo De Rita e Damiani a partire dal romanzo *Tante sbarre* di Leros Pittoni.

Italia a mano armata * (Italia 1976, col, 100') Franco Martinelli [Marino Girolami]. Con Maurizio Merli, Raymond Pellegrin, John Saxon, Mirella D'Angelo. ◆ Ostinato e impietoso, il commissario Betti (Merli) sgomina tra Torino e Milano gli uomini della mala che hanno usato come ostaggi un gruppo di bambini. Sparatorie, inseguimenti automobilistici forsennati, pestaggi, giustizia sommaria e una vaga diffidenza per il Sud Italia: un perfetto poliziesco all'italiana, senza preoccupazioni di credibilità o buon gusto.

Italia-Germania 4-3 *½ (Italia 1990, col, 84') Andrea Barzini. Con Fabrizio Bentivoglio, Massimo Ghini, Giuseppe Cederna, Nancy Brilli, Pietro Genuardi. ◆ Tre compagni di scuola (Bentivoglio, Ghini e Cederna), ex sessantottini, si ritrovano dopo vent'anni per rivedere la mitica partita Italia-Germania dei Mondiali '70: vengono a galla nostalgie, frustrazioni, risentimenti, invidie, e anche il bisogno di sentirsi ancora amici. Dall'omonimo testo teatrale di Umberto Marino, il tentativo di fare un *Grande freddo* all'italiana, ma lo schematismo narrativo e la voglia di piacere al pubblico a ogni costo fanno fallire l'operazione: quella che si vede sullo schermo non è nostalgia ma solo maniera.

Italian Boys (Liberate la scimmia) * (Italia 1982, col, 94') Umberto Smaila. Con Umberto Smaila, Franco Oppini, Rosa Fumetto, Ivan Graziani, Patrizia Pellegrino, Andrea Mingardi, Max Venegoni. ◆ In una discoteca gremita di fan gli animatori di due radio private, Umberto (Smaila) e Abele (Oppini), si sfidano a colpi di «numeri» musicali. Smaila, futuro mattatore di strip-show televisivi, invita starlette, amici, disc-jockey e musicisti, scrive (insieme al giornalista Giorgio Medail), dirige, interpreta e musica un'orgia di kitsch non solo musicale che lascia esterrefatti.

Italiane e l'amore, Le *½ (Italia/Francia 1962, b/n, 107') Nelo Risi, Lorenza Mazzetti, Piero Nelli, Francesco Maselli, Giulio Questi, Gianfranco Mingozzi, Marco Ferreri, Florestano Vancini, Carlo Musso, Giulio Macchi, Gian Vittorio Baldi. ◆ Film a episodi. In *Ragazze madri* (Nelo Risi. Con Lucia Garioli, Gaddo Treves) una ragazza che vuole abortire è convinta da uno psicologo a portare a termine la gravidanza; in *I bambini - L'educazione sessuale dei figli* (Lorenza Mazzetti. Con Anna Brignole, Ruggero Cappelli, Efi Kamper) i genitori raccontano le difficoltà che hanno a spiegare la sessualità ai figli; in *La sfregiata* (Piero Nelli. Con Maria Di Giuseppe, Michele Stasino) un fidanzato respinto sfregia per disprezzo la ragazza che non lo vuole più sposare; in *Le adolescenti e l'amore* (Francesco Maselli. Con Inger Nyström, Andrea Giordana) gli adulti rischiano di rovinare la dolcezza del primo bacio tra due giovanissimi; in *La prima notte - Viaggio di nozze* (Giulio Questi. Con Antonietta Caiazzo, Mario Coli) il marito scopre che la moglie non è vergine; in *La vedova bianca - La tarantolata* (Gianfranco Mingozzi. Con Assuntina del Salento) la moglie di un emigrante è liberata dalla sua ossessione amorosa grazie alla musica e alla danza; in *L'infedeltà coniugale - Gli adulteri* (Marco Ferreri. Con Renza Volpi, Rosalina Neri, Riccardo Fellini) un matrimonio ipocrita nasconde infedeltà e menzogne; in *La separazione legale* (Florestano Vancini. Con Graziella Galvani, Giuseppe Fina) due coniugi affrontano il momento della separazione davanti al giudice; in *Un matrimonio - Il matrimonio assurdo* (Carlo Musso. Con José Greci, Roberto Miali) una sposa viene abbandonata dall'uomo che ama e che non osa svelarle la propria omosessualità; in *Il successo - La frenesia del successo* (Giulio Macchi. Con Tania Raggi, Fernanda Ricciardi, Elisabetta Velinsky) le ragazze che vengono dalla provincia scoprono il costo del successo; in *La prova d'amore* (Gian Vittorio Baldi. Con Mariella Zanetti, Michele Francis) un ragazzo abbandona la fidanzata che ha ceduto alle sue richieste. Ispirato al libro-inchiesta *Le italiane si confessano* di Gabriella

Parca e supervisionato nella sceneggiatura da Cesare Zavattini, il film si disperde in una eccessiva differenza di toni e di stili e così il progetto di un «film collettivo» con attori non professionisti che indagasse il comportamento sessuale degli italiani finisce per diventare «una confusa antologia di motivi neorealistici non elaborati, che non possiedono nemmeno il valore documentario della presa diretta». In fase di montaggio fu soppresso il dodicesimo episodio, *Il prezzo dell'amore* di Piero Nelli.

Italiani ** (Italia 1996, col, 99') Maurizio Ponzi. Con Giulio Scarpati, Giuliana De Sio, Roberto Citran, Maria Grazia Cucinotta, Ivano Marescotti, Vanessa Gravina, Tiziana Lodato, Marco Leonardi, Claudio Bigagli, Fabrizio Accordiano. ◆ Fatti e volti su un treno che viaggia da Palermo a Milano a metà degli anni Sessanta: un'infermiera (De Sio) vive una breve storia d'amore con un aspirante scrittore (Citran) e fa partorire una ragazza madre (Cucinotta); un industriale (Marescotti) cerca di incontrare l'amante (Gravina) di nascosto dal figlioletto (Accordiano); la giovane Agata (Lodato) si fa corteggiare da Fortunato (Leonardi); su tutti vigilano il capotreno (Scarpati) e un prete (Bigagli). Trent'anni dopo, scopriremo che fine hanno fatto i loro sogni. Un tentativo di rinverdire la commedia di costume: il sentimentalismo e la nostalgia prendono un po' la mano agli sceneggiatori (Luigi Guarnieri, Melania Gaia Mazzucco, Maurizio Ponzi), anche se un insolito *flash forward* azzurrino, collocato a metà film, stempera l'ottimismo del treno della speranza. Qualche notazione sociologica in più avrebbe giovato a questa galleria di figurine nazionali, in generale troppo buone e troppo stereotipate, ma è apprezzabile il garbo con cui Ponzi e i suoi collaboratori cercano di liberarsi della solita comicità all'italiana, per lo più ridanciana e greve.

Italiani, brava gente ** (Italia/Urss 1964, b/n, 107') Giuseppe De Santis. Con Raffaele Pisu, Tatiana Samoilova, Arthur Kennedy, Gianna Prokhorenko, Andrea Checchi, Riccardo Cucciolla, Nino Vignelli, Lev Prygunov, Peter Falk, Gino Pernice. ◆ La tragica disfatta italiana nella campagna di Russia attraverso le piccole storie di un reggimento di uomini diversi per provenienza regionale e sociale. Un affresco poetico e malinconico sull'assurdità della guerra e i valori della solidarietà sceneggiato da Ennio De Concini, Sergej Smirnov, Augusto Frassinetti, Giandomenico Giagni e dal regista, dove il messaggio ideologico (la vera divisione non era quella delle nazionalità e delle trincee ma quella di classe) è giustamente implicito secondo un'idea di «cinema popolare» capace di utilizzare le regole dei generi per stravolgerli in funzione didattica, che però non riesce a mantenere per tutto il film la tensione delle prime scene. Insolito, ma azzeccato, l'uso drammatico di Raffaele Pisu. Coproduzione italo-russa più apprezzata all'estero che in Italia.

Italiani come noi * (Italia 1964, col, 100') Pasquale Prunas. ◆ Un panorama dell'Italia dei primissimi anni Sessanta, quando il boom del benessere (le vacanze di massa, la deflagrazione del rock, il divismo) conviveva, specie nelle regioni meridionali, con forme di cultura arcaica quando non addirittura primitiva (il rito del taglio della testa del coniglio il giorno di San Valentino, il corteggiamento dai rami degli alberi in Calabria). Il fotoreporter Pasquale Prunas firma questo arbitrario montaggio di luoghi comuni nazionali, «dove gli spaghetti sono di rigore e la civiltà facoltativa» (come dice il commento scritto da Giancarlo Fusco). L'operazione è tanto più scorretta in quanto non documenta ma ricostruisce (vedi la finta intervista ai ragazzi di vita romani) svelando l'atteggiamento nostalgico e sostanzialmente razzista del film. Involontariamente comica l'unica intervista a un personaggio noto, Marzio Ciano figlio di Galeazzo, che preferirebbe «essere arabo che italiano» ed esalta il duce (che pure gli fece fucilare il padre).

Italiano in America, Un *½ (Italia 1967, col, 118') Alberto Sordi. Con Alberto Sordi, Vittorio De Sica, Franco Valobra, Alice Condon, Lou Perry. ◆ Un modesto benzinaio italiano (Sordi) sbarca negli Stati Uniti, chiamato dal padre (De Sica) di cui non aveva notizie da anni: l'incontro avviene in uno show televisivo ricco di premi e commozione, ma finita la festa emerge la realtà di debiti e guai causati al genitore dalla sua smodata passione per il gioco. Duetto non eccessivamente ispirato tra i due attori, tra lo scintillio di New York e la desolazione della provincia americana, raccontati con scontato piglio satirico.

Italia non è un paese povero, L' (Italia 1960, b/n, 110') Joris Ivens. ◆ Documentario in tre parti. In *Fuochi della val Padana* si ripercorre la storia della ricerca e dell'estrazione del metano a Cortemaggiore, da cui viene irradiato a tutte le industrie del Nord; in *Due città* (seguito da *La storia di due alberi*) si mettono a confronto i vantaggi ottenuti da due città snodo della lavorazione degli idrocarburi - Venezia e Ravenna - con la povertà della Lucania, la cui economia è legata all'albero dell'ulivo e non ancora all'«albero di ferro», cioè il pozzo estrattivo; in *Appuntamento a Gela*, il matrimonio tra un operaio piacentino della piattaforma lì installata e la sorella di un pescatore locale aiuta a capire le aspettative della Sicilia di fronte all'arrivo dell'industria petrolifera. Un documentario commissionato da Enrico Mattei (il titolo è la risposta al luogo comune, contenuto anche nei libri di scuola, che l'Italia non sarà mai un Paese ricco perché non possiede materie prime) per pubblicizzare i successi dell'industria petrolifera italiana. Pensato per la televisione, venne programmato in forma ridotta (e col sottotitolo «Frammenti di un film di Joris Ivens») per non urtare la sensibilità nazionale con le scene di vita al Sud; ma in effetti è proprio questa la parte più interessante, drammatico documento di arretratezza e povertà filmato in Lucania, dove il persistere di una scarsissima economia agricola obbliga le persone al livello della pura sopravvivenza. Più scontate, e un po' trionfalistiche, le riprese degli impianti al Nord, dove «il metano scorre nei metanodotti della valle del Po come il sangue nelle vene del corpo umano» (il commento è di Alberto Moravia e Corrado Sofia, detto da Enrico Maria Salerno). Interessante comunque la forma sospesa tra il documentario antropologico, l'inchiesta televisiva e la fantasia (il sogno del piccolo Nane in «volo» da Venezia a Ravenna), che privilegia le facce degli individui ai discorsi ufficiali. Girato con la collaborazione di Paolo e Vittorio Taviani, Valentino Orsini e Giovanni (Tinto) Brass, che si vedono mentre svolgono le inchieste. Il cantastorie che chiude il film è Cicciu Busacca, che canta versi di Ignazio Buttitta.

Italian Secret Service ** (Italia 1967, col, 105') Luigi Comencini. Con Nino Manfredi, Françoise Prevost, Clive Revill, Jean Sobieski, Giorgia Moll, Gastone Moschin, Giampiero Albertini, Alvaro Piccardi, Enzo Andronico. ◆ Un ex partigiano idealista, Natalino Tartufato (Manfredi), accetta dal servizio segreto alleato il compito di eliminare una presunta spia neonazista, ma per paura affida l'esecuzione a uno sbandato, e la missione, tra successivi subappalti, finirà per fallire. Un divertente incrocio tra commedia all'italiana e parodia della spy story sceneggiato da Leo Benvenuti, Piero De Bernardi, Massimo Patrizi e Comencini stesso, appesantito da un dialogo inutilmente volgare ma con qualche spunto originale (tra cui un grottesco «lavaggio del cervello» nel finale). Rieditato col titolo *Il nostro agente Natalino Tartufato*.

Italia piccola * (Italia 1957, col, 90') Mario Soldati. Con Nino Taranto, Erminio Macario, Rita Giannuzzi, Enzo Tortora, Betty Foà. ◆ Giuliana (Giannuzzi), la figlia del capostazione Vincenzo (Taranto), ha avuto un bimbo da uno scapestrato (Tortora) che è scappato in America: per evitare lo scandalo il piccolo viene fatto passare per il figlio di un ferroviere (Macario) e sua moglie (Foà). Nonostante il buon cast un'operina tenue e scontata, pesante nei dialoghi e nelle caratterizzazioni, prevedibile come un melò napoletano senza averne la vivacità.

Italia s'è rotta, L' * (Italia 1976, col, 105') Steno [Stefano Vanzina]. Con Marco Scarpetta, Teo Teocoli, Dalila Di Lazzaro, Marisa Laurito, Mario Carotenuto, Alberto Lionello, Enrico Montesano, Clelia Matania, Sergio Di Pinto, Duilio Del Prete, Franca Valeri, Guidarino Guidi. ◆ Dalla Torino fredda e razzista alla Sicilia travagliata dalle faide: una odissea sciagurata lungo l'Italia per due siciliani licenziati (Scarpetta e Teocoli) e un'ex ragazza di vita (Di Lazzaro). Una serie di scenette riuscite a metà, più populiste che satiriche, ispirate allo sfascio contemporaneo (disoccupazione, scioperi, criminalità). Musiche di Enzo Jannacci.

Italia: ultimo atto? ° (Italia 1978, col, 95') Massimo Pirri. Con Luc Merenda, Marcella Michelangeli, Andrea Franchetti, Lou Castel, Ines Pellegrini, Luigi Casellato, Fabrizia Castagnoli. ◆ Un nucleo di terroristi (Merenda, Michelangeli e Franchetti) disobbedisce agli ordini di un ideologo (Castel) e uccide il ministro degli Interni. La conseguenza: caos totale e repressione, c.v.d. Un film sbagliato che tenta di raccontare gli anni di piombo in diretta, con sociologia spicciola nella caratterizzazione dei personaggi, cliché da film d'azione (pur se difettano i mezzi) e alibi ideologici poco convincenti, tipo «né con lo Stato né con le Br». Scritto dal regista con Morando Morandini jr e Federico Tofi; ha anticipato il sequestro Moro, anche se non è certo un merito.

Italia Village ** (Italia 1994, col, 93') Giancarlo Planta. Con Mariella Valentini, Ivano Marescotti, Claudio Botosso, Eleonora Danco, Stefano Masciarelli, Maria Amelia Monti, Vincenzo Crocitti, Giampiero Bianchi, Leopoldo Trieste, Paolo Graziosi. ◆ La speranza di trovar casa in un erigendo complesso residenziale fa incontrare tre coppie: i più aggressivi Italo e Paola (Marescotti e Valentini), i più frustrati Michele e Daniela (Masciarelli e Monti) e i più indifesi Leonardo e Giulia (Botosso e Danco): qualcuno finirà male, qualcun altro rivelerà di essere solo un ignobile truffatore. Un ritratto senza speranze del nostro squallore quotidiano, sceneggiato dallo stesso regista senza colpi di genio ma nemmeno falsi moralismi: un po' di sesso, un po' di neoneorealismo, un po' di commedia. Decisamente buona la prova degli attori. Gigi Marzullo interpreta se stesso.

It's All True (È tutto vero) ** (*It's All True*, Usa/Francia 1993, b/n e col, 85') Bill Krohn, Myron Meisel, Richard Wilson [e Orson Welles]. Con Orson Welles, Richard Wilson, Grande Otelo [Sebastiao Bernardes de Souza Prata], Bill Krohn, Myron Meisel. ◆ La ricostruzione, attraverso materiale inedito e interviste, del film commissionato a Welles all'inizio del 1942 da Nelson Rockefeller (ai tempi coordinatore del Dipartimento di Stato per gli affari internazionali e azionista della Rko) per favorire i rapporti tra gli Stati Uniti, ancora neutrali, e un Brasile corteggiato dalla Germania nazista. Il film si doveva comporre di tre episodi: del primo, *My Friend Bonito* (racconto messicano sull'amicizia tra un torello e un bambino, soggetto di Flaherty e regia, supervisionata da Welles, di Norman Foster) resta sostanzialmente solo la scena «di inimitabile grazia» della benedizione degli animali; del secondo, *History of Samba* (documentario sul carnevale a Rio e in altre città del Brasile) restano poche immagini; del terzo, *Four Men on a Raft* (ricostruzione del viaggio per mare di quattro *jangadeiros* – Manuel Preto, Jeronimo André de Souza, Raimundo Correira Lima e Manoel Olimpio Meira detto Jacaré, cioè alligatore, morto tragicamente alla fine delle riprese – che navigarono per 1650 miglia su una zattera primordiale per portare una petizione al presidente Getulio Vargas), resta la maggior parte del materiale, montato per la prima volta per questo film. Il salvataggio del film maledetto di Welles, quello che lo costrinse ad allontanarsi da Hollywood proprio durante il montaggio definitivo dell'*Orgoglio degli Amberson* (e durante un decisivo cambio di guardia ai vertici della Rko: via Schaefer, che aveva chiamato Welles affidandogli *Quarto potere*, e arrivo del più pragmatico Koerner), non rende giustizia alla sua genialità. La scelta fatta da un ex assistente (Wilson) e da due addetti ai lavori (Krohn e Meisel) soffoca la genialità che si intuisce nei materiali: soprattutto l'episodio del viaggio per mare rivela scelte visive chiaramente influenzate da Ejzenštejn e forse da Murnau, a testimonianza di una voglia da parte di Welles di non ripetere il lavoro già realizzato con i suoi due primi film, per cercare nuove strade espressive. La voce narrante, che in originale è di Jeanne Moreau, in italiano è di Laura Betti.

Ivanhoe **½ (*Ivanhoe*, Usa 1952, col, 106') Richard Thorpe. Con Robert Taylor, Elizabeth Taylor, Joan Fontaine, George Sanders, Emlyn Williams, Robert Douglas, Guy Rolfe, Finlay Currie, Felix Aylmer, Harold Warrender, Norman Wooland. ◆ Tornato in patria per trovare il riscatto con cui liberare re Riccardo, il sassone Wilfred d'Ivanhoe (R. Taylor) deve guardarsi dalle insidie dell'usurpatore Giovanni (Rolfe) e dei suoi alleati normanni, capeggiati da Brian di Bois-Guilbert (Sanders). Troverà aiuto nei ribelli di sir Locksley (Warrender) e nella comunità ebraica guidata da Isacco (Aylmer), la cui figlia Rebecca (E. Taylor) Ivanhoe salverà da un'infame condanna al rogo. Le avventure cavalleresche raccontate nel romanzo omonimo di Walter Scott (sceneggiato da Noel Langley e Aeneas MacKenzie) servono da canovaccio per una delle più smaglianti superproduzioni Mgm girate in Inghilterra. L'alternarsi di scene di massa e tornei cavallereschi a momenti più intimisti (la dedizione di Rebecca a Ivanhoe suscita la gelosia della sua fidanzata, lady Rowena [Fontaine]; e a ragione, vien da aggiungere, vista la bellezza smagliante della Taylor, cui Thorpe «dedica» un indimenticabile carrello a stringere sui suoi occhi), rende ancor oggi piacevole il film e fa passare in secondo piano i molti errori storici (specie nei vestiti). Ma la sua vera originalità è l'accorato appello umanitario in favore di una fratellanza tra gentili ed ebrei che ritorna insistentemente nel film (la figura di Isacco, con la sua lezione di tolleranza, va ben al di là del testo di Scott) e non può non far pensare all'odio anticomunista che il senatore McCarthy scatenava proprio in quegli anni: il processo per stregoneria contro Rebecca, con i testimoni comprati, ne è un riferimento esplicito.

Ivan il Terribile **** (*Ivan Groznyi 1-ja serija i 2-ja serija*, Urss 1944 [parte prima] e 1958 [parte seconda], 100' e 88') Sergej M. Ejzenštejn. Con Nikolaj Čerkasov, Ludmila Celichovskaja, Serafima Birman, Pëtr Kadocnikov, Mikhail Narvanov, Aleksandr Abrikosov. ◆ Parte prima, *Ivan il Terribile*: Ivan IV (Čerkasov), principe moscovita, viene incoronato nel 1547 zar di tutte le Russie. Appoggiandosi all'esercito degli strelitzi, sconfigge i tartari e libera Kazan, ma i nobili boiardi – guidati da Euphrosinia Starickaja, zia dello zar (Birman) – tramano contro di lui e uccidono la zarina. Ritiratosi in un convento, Ivan è acclamato dal popolo che lo riporta a Mosca. Parte seconda, *La congiura dei boiardi*: a Mosca Ivan cerca il sostegno del Pope, suo vecchio amico, che invece appoggia i boiardi e gli nega la benedizione. Intuendo che la zia Euphrosinia sta architettando un piano per eliminarlo, si fa sostituire da Vladimir (Kadocnikov), suo cugino e figlio di Euphrosinia, che viene così ucciso dal sicario della madre. Con l'appoggio del popolo, continua la lotta contro i nemici della Grande Russia. Girato dopo la vittoria sovietica a Stalingrado, il film risponde innanzitutto all'esigenza di rafforzare il patriottismo per far fronte alla minaccia nazista. Ma se da una parte Ivan è la trasposizione di Stalin, dall'altra richiama con evidenza la figura di Amleto. Anche per questo il Comitato centrale del Pcus valutò negativamente la seconda parte e ne impedì la circolazione fino al 1958 (cioè fino a dopo il XX Congresso). Secondo il progetto di Ejzenštejn, *Ivan il Terribile* doveva essere una trilogia, ma il terzo episodio – previsto interamente a colori, sui temi della guerra ai confini e del consolidamento interno – non venne mai alla luce a causa della morte prematura del regista (1948), già colpito da infarto tra la prima e la seconda parte. Il commiato dal cinema di uno dei suoi più grandi maestri è – come sempre – tanto una sintesi quanto un tentativo di superamento dei risultati raggiunti (in particolare riguardo alla centralità del montaggio). Strutturato per opposizioni, sia ideologiche che formali, *Ivan il Terribile* si distingue soprattutto per l'uso simbolico dello spazio (con linee verticali e ombre che rimandano all'espressionismo tedesco, ma che derivano da una rilettura dell'arte figurativa bizantina), per la «costruzione mentale» e la polifonia della messa in scena (che è vista come parte integrante dell'azione drammaturgica ed è ottimamente contrappuntata dalla colonna sonora di Sergej Prokof'ev) e per uno studio dialettico e plastico dell'inquadratura attraverso la profondità di campo (come nel finale della prima parte, giocato sul rapporto tra primo piano di Ivan a fuoco e lo sfondo sfumato della processione dei moscoviti che lo supplicano di tornare sul trono). Rispetto a *Ivan il Terribile*, *La congiura dei Boiardi* appare semplificato nella sintassi e più esplicito dal punto di vista ideologico. Contiene anche un'unica sequenza a colori (il banchetto e l'investitura di Vladimir) in cui il regista approfitta della rappresentazione del potere per fare delle riflessioni sul potere della rappresentazione. Tale sequenza è stata girata da Andrej Moskvin, direttore della fotografia anche degli esterni, mentre gli interni sono opera di Eduard Tissé che abbandonò la lavorazione nel 1943. Nella parte di Nikolaj il Fanatico recita il grande regista Vsevolod Pudovkin.

Ivo il tardivo *½ (Italia 1995, col, 102') Alessandro Benvenuti. Con Alessandro Benvenuti, Francesca Neri, Davide Bechini, Francesco Casale, Vito [Stefano Bicocchi], Antonino Iuorio, Sandro Lombardi, Luca Fagioli, Daniele Trambusti, Sonia Grassi, Guido Cerniglia. ◆ Maniaco di rebus e sciarade, il quarantenne Ivo (Benvenuti) viene convinto dalla dottoressa Sara (Neri) a lasciare il borgo dove vive per entrare in una comunità terapeutica familiare: nonostante i prevedibili problemi di convivenza, Ivo ritrova un suo equilibrio interiore, infranto drammaticamente dall'accusa di aver rubato un orologio al fratello (Bechini) di Sara. Benvenuti (con la collaborazione alla sceneggiatura di Ugo Chiti e Nicola Zavagli) vorrebbe costruire una commedia che sappia raccontare la condizione dell'emarginato dalla parte di quest'ultimo, ma la sua comicità stralunata non riesce a fondersi appieno con la parte ipocritamente sentimentale che giustifica la presenza di Francesca Neri: e allora moralismo e macchiette prendono il sopravvento. Il paesino i cui muri sono stati trasformati in una succursale della *Settimana enigmistica* è Castelnuovo dei Sabbioni, nell'alta Valdarno aretina, e dopo il film è diventato una meta turistica.

Iwo Jima deserto di fuoco *** (*Sands of Iwo Jima*,

Usa 1949, b/n, 110') Allan Dwan. Con John Wayne, John Agar, Forrest Tucker, Adele Mara, Arthur Franz, Julie Bishop. ◆ Il brutale e autoritario sergente John M. Stryker (Wayne) sembra preoccupato solo di trasformare le sue reclute in killer spietati e per questo è odiato dai suoi soldati: ma quando si troveranno a combattere nel Pacifico al suo fianco, sapranno rivalutarne le doti umane. Classicissimo ritratto di soldato che sembra pensare solo al proprio dovere (imitato decine di volte in seguito) a cui Wayne sa dare una forza e una determinazione straordinarie (per cui ottenne la sua prima nomination) e che Dwan dirige con una intensità da manuale. Le scene di battaglia sono montate con autentico materiale documentario, tra cui la famosa sequenza dell'alzabandiera sul monte Suribachi (fatta interpretare dai tre marine che la fecero realmente), che aumenta la tensione drammatica del racconto. Esiste una versione colorizzata.

Jack ° (*Jack*, Usa 1996, col, 113') Francis Ford Coppola. Con Robin Williams, Diane Lane, Brian Kerwin, Jennifer Lopez, Fran Descher, Bill Cosby. ◆ Vittima di una rara malattia, Jack Powell (Williams) è un ragazzino di dieci anni col corpo di un quarantenne. Vittima di una madre iperprotettiva (Lane) ed emarginato dai coetanei, riuscirà a fare accettare la propria diversità: e a diciotto anni, ormai con gli acciacchi di un settantenne, prenderà anche il diploma. Coppola ha dedicato il film al defunto figlio Giancarlo: ed è evidente la voglia acritica di regressione e di tenerezza dietro la solita storia tipo *Big* (la sceneggiatura è di James DeMonaco e Gary Nadeau). Ma i conflitti e i lati dolorosi sono sempre superati nel modo più roseo e accomodante, e le implicazioni edipiche risolte nella farsa a buon mercato (come quando la madre [Descher] di un compagno cerca di sedurre Jack, scambiandolo per il preside). Con un imbarazzante discorso finale sul *carpe diem* dove dietro Jack fa capolino il professore Keating dell'*Attimo fuggente*. Williams ovviamente esagera in mimetismo, Coppola non ci mette neanche lo stile.

Jackal, The *½ (*The Jackal*, Usa 1997, col, 119') Michael Caton-Jones. Con Bruce Willis, Richard Gere, Sidney Poitier, Diane Venora, Mathilda May, J.K. Simmons, Tess Harper, Stephen Spinella, Richard Lineback. ◆ Ex terrorista irlandese, Declan (Gere) accetta, per proteggere la sua ex compagna, di collaborare con l'Fbi, il cui direttore (Poitier) pare sia nel mirino di Jackal (Willis), killer mercenario e inafferrabile ora al soldo della mafia russa: ma ben presto scoprirà che l'obiettivo è un altro. Inutile remake del *Giorno dello sciacallo*, risceneggiato da Chuck Pfarrer in senso politicamente corretto (la Casa Bianca nei soliti guai, un festival di terroristi internazionali in cui - per essere imparziali - non manca nessuna nazionalità...) e con un lagnosissimo background sentimentale assegnato a Gere. Il personaggio migliore, in virtù della sua insostituibile cattiveria che lo sottrae a possibili rimaneggiamenti, è proprio lo «sciacallo»: Willis vi si applica con ironia, e i suoi spettacolari travestimenti sono l'unico motivo per vedere il film (che si apre e si chiude con due brani dei Massive Attack). L'inflazionato Larry King appare nella parte di se stesso, mentre il regista è l'uomo che si scorge nel video.

Jack del cactus *½ (*The Villain*, Usa 1979, col, 89') Hal Needham. Con Kirk Douglas, Ann-Margret, Arnold Schwarzenegger, Foster Brooks, Jack Elam, Paul Lynde. ◆ Un fuorilegge presuntuoso quanto incapace, Cactus Jack Slade (Douglas), è incaricato da un losco banchiere di depredare la figlia di un minatore (Ann-Margret): naturalmente fallisce, ma in compenso trova l'amore. Western comico con strutture e situazioni da cartoon (il cavallo di Cactus Jack è molto più intelligente del padrone), senza però essere sorretto da un ritmo adeguato. Il giovane e (troppo) composto Schwarzenegger si chiama «Bello Straniero»!

Jack Diamond gangster **½ (*The Rise and Fall of Legs Diamond*, Usa 1960, b/n, 101') Budd Boetticher. Con Ray Danton, Karen Steele, Elaine Stewart, Jesse White, Simon Oakland, Warren Oates. ◆ Vita, carriera e amori durante il proibizionismo del famoso gangster Jack Diamond detto «Legs», cioè gambe, per la sua bravura di ballerino (Danton) abbandonato dalla moglie alcolizzata (Steele) e tradito dall'amante che gli ruba la pistola prima di farlo andare incontro al suo tragico destino. Anni dopo la fine dell'epoca d'oro del noir, Boetticher affronta il film di gangster con uno stile tagliente e documentaristico, arricchito da una vena d'ironia insolita e da un ritmo narrativo nervoso e conciso. Peccato che nella sceneggiatura di Joseph Landon la capacità di equilibrare azione e storia sentimentale, grazie anche alla pregevole fotografia di Lucien Ballard, sparisca nella seconda parte del film dove la caduta del gangster è raccontata con un inutile eccesso di epicità.

Jack e Sarah *½ (*Jack & Sarah*, Gb/Francia 1995, col, 110') Tim Sullivan. Con Richard E. Grant, Samantha Mathis, Judi Dench, Ian McKellen, Eileen Atkins. ◆ Avvocato in carriera, Jack (Grant) perde la moglie durante il parto e si ritrova a dover badare alla piccola Sarah: lo aiutano William, barbone ubriacone (McKellen), e l'americana Amy (Mathis), bambinaia improvvisata. Un'opera prima all'insegna del già visto (tra *Tre uomini e una culla* e *Quattro matrimoni e un funerale*), che esalta la scoperta della paternità e della famiglia in un'Inghilterra molto simile all'America formato tv. Piccole parti per grandi attori (oltre a McKellen, c'è la Dench nel ruolo della madre di Jack).

Jack Frost * (*Jack Frost*, Usa 1998, col, 101') Troy Miller. Con Michael Keaton, Kelly Preston, Joseph Cross, Mark Addy. ◆ Il cantante rock Jack Frost (Keaton) muore in un incidente e un anno dopo si reincarna – con un nome come il suo... – in un pupazzo di neve, per la gioia del figlioletto (Cross): ma che succederà al disgelo? Favoletta natalizia con messaggi «adulti» (bisogna imparare a convivere con la perdita), resi poco credibili dagli orribili effetti speciali. L'ex punk Henry Rollins è l'allenatore della squadra di hockey.

Jack Frusciante è uscito dal gruppo *½ (Italia 1996, col, 100') Enza Negroni. Con Stefano Accorsi, Violante Placido, Alessandro Zamattio, Barbara Livi,

Athina Cenci, Ivano Marescotti, Patrizia Piccinini. ◆ A Bologna, il diciassettene Alex (Accorsi) s'innamora della coetanea Aidi (Placido): una storia confusa e sofferta, su cui incombono la noia della città di provincia, il suicidio dell'amico Martino (Zamattio) e la partenza di Aidi per gli Stati Uniti. Dal romanzo omonimo di Enrico Brizzi (anche sceneggiatore insieme alla regista), un'opera prima che risente di ipertrofia letteraria (soprattutto nei commenti off e in certi dialoghi) e di dipendenza dal piccolo schermo (lo stile, piatto e scontato, ricorda quello dei telefilm). Il Frusciante del titolo è il chitarrista dei Red Hot Chili Peppers, il gruppo preferito di Alex: Brizzi lo spiega nel romanzo, ma nel film non viene detto. Oltre alle musiche di Umberto Palazzo, la colonna sonora comprende brani, tra gli altri, di Csi, Disciplinatha, Marlene Kunz, Faith No More, Violent Femmes, Pulp, Björk. Cammeo per Freak Antoni nel ruolo di un avventore.

Jackie Brown *** (*Jackie Brown*, Usa 1997, col, 154') Quentin Tarantino. Con Pam Grier, Robert Forster, Samuel L. Jackson, Robert De Niro, Bridget Fonda, Michael Keaton, Chris Tucker, Michael Bowen, Lisa Gay Hamilton, Tommy «Tiny» Lister jr. ◆ La hostess Jackie Brown (Grier), che arrotonda lo stipendio facendo il corriere di denaro sporco, riesce a districarsi tra il suo capo Ordell (Jackson), che la vuole morta, e la polizia, che vuole Ordell: fuggirà col malloppo aiutata da Max Cherry (Forster), l'uomo che l'ha fatta uscire su cauzione e si è innamorato di lei. Atteso al varco dopo *Pulp Fiction*, Tarantino sta sulla difensiva, rischia poco (adatta un romanzo di Elmore Leonard), rinuncia ai suoi marchi di fabbrica e si diverte a descrivere i personaggi (aiutato in ciò da un cast eccezionale, tra riscoperte cinefile come Pam Grier, regina dei film blaxploitation, e star che accettano parti di contorno), coinvolgendo lo spettatore in un ritmo sinuoso e rilassato, con molta musica e pause nell'azione. E trasmettendo una visione del mondo da noir d'altri tempi, cinica e romantica, che forse da lui non ci si aspettava.

Jackie Chan, la mano che uccide *½ (*Xiao Quan Guaizhao*, noto anche col titolo inglese *The Fearless Hyena*, Hong Kong 1979, col, 100') Jackie Chan, Richard Lo. Con Jackie Chan, James Tien, Yen Si Kuan, Li Kun. ◆ Ah Lung (Chan) impara una nuova tecnica di kung fu che consiste nell'usare le emozioni, e se ne serve per vendicare il nonno, ucciso dal malvagio generale Yen. Prima regia di Jackie Chan dopo i due film che l'avevano lanciato (*Snake in the Eagle's Shadow* e *Drunken Master*): a una prima parte dove il mondo del kung fu viene decostruito comicamente (ma non ci sono novità, compreso il travestimento femminile) segue un finale serio e cruento. Jackie aveva ancora molto da imparare, anche se nel Sud-est asiatico il successo fu enorme.

Jackie, la ragazza del Greenwich Village *½ (*Believe in Me*, Usa 1971, col, 90') Stuart Hagmann. Con Michael Sarrazin, Jacqueline Bisset, Allen Garfield, Jon Cypher. ◆ Un giovane medico (Sarrazin) inizia a drogarsi per sopportare stress e fatica, e travolto dalla dipendenza cerca di trascinare con sé la compagna (Bisset). Il regista di *Fragole e sangue* mostra ambizioni sociopsicologiche, ma finisce per confezionare un melodramma noioso e pieno di stereotipi, appena sopportabile grazie ai protagonisti.

Jack il ricattatore ** (*The Shakedown*, Usa 1950, b/n, 80') Joseph Pevney. Con Howard Duff, Brian Donlevy, Bruce Bennett, Peggy Dow, Lawrence Tierney. ◆ L'irresistibile ascesa di un reporter-fotografo (Duff) pronto a losche manovre con affaristi assassini. Il film d'esordio di Pevney, piacevole e ben realizzato, con una piccola apparizione di Rock Hudson come portiere.

Jack London Story *½ (*Klondike Fever*, ritititolato *Jack London's Klondike Fever*, Usa 1980, col, 106') Peter Carter. Con Rod Steiger, Angie Dickinson, Lorne Greene, Jeff East. ◆ Il giovane London (East) cerca l'avventura nel Klondike della febbre dell'oro, trova compagni stravaganti e cani fedeli, affronta avventurieri, criminali e le donne dei saloon. Una mediocre biografia, girata in Canada senza molti mezzi e idee.

Jack lo squartatore ** (*Jack the Ripper*, Gb 1960, b/n, 88') Robert S. Baker, Monty Berman. Con Lee Patterson, Eddie Byrnie, George Rose, Betty McDowall. ◆ Nella nebbiosa Londra di fine Ottocento diverse donne sono uccise a pugnalate al ventre da una mano esperta e sicura. Per questa «professionalità» viene indiziato da Scotland Yard il primario di un ospedale. Dal celeberrimo caso di cronaca nera, un thriller di buona fattura curato nella ricostruzione dell'atmosfera, ma un po' eccessivo negli effetti truculenti.

Jack lo squartatore ** (*Jack the Ripper*, Usa 1988, col, 120') David Wickes. Con Michael Caine, Armand Assante, Ray McAnally, Susan George, Jane Seymour. ◆ L'ispettore di Scotland Yard Frederick Abberline (Caine) si mette con ostinazione sulle tracce dell'assassino che terrorizza la Londra del 1888 e scopre che il responsabile è il medico di casa reale, ma metterà tutto a tacere per evitare uno scandalo. Basato sulle ricerche storiche svolte dal regista, il film ricostruisce con efficacia l'atmosfera dell'East End londinese di fine secolo e può contare su una bella prova di Caine, poliziotto alcolista e nevrotizzato ma cocciuto. Prodotto come tv-movie di 200', da programmare in due parti.

Jacknife **½ (*Jacknife*, Usa 1988, col, 104') David Jones. Con Robert De Niro, Ed Harris, Kathy Baker, Charles Dutton. ◆ Alcolizzato, ex carcerato, un reduce dal Vietnam (De Niro, mesto e più misurato del solito) torna da un vecchio commilitone (Harris) e lo provoca ripetutamente, spingendolo a ricordare le vigliaccherie del passato per liberarsene definitivamente. Tratto dalla pièce *Strange Snow* di Stephen Metcalfe (autore anche della sceneggiatura), il film riapre la ferita mai rimarginata della coscienza americana in un'opera anomala, dimessa e sofferta, ripiegata sulle afflizioni individuali e sull'impietoso scorrere del tempo.

Jackpot ° (Italia 1992, col, 108') Mario Orfini. Con Adriano Celentano, Kate Vernon, Totò Cascio, Carroll Baker, Christopher Lee. ◆ Una miliardaria (Baker) con l'ossessione dell'eterna giovinezza costringe sette bambini prodigio a lavorare a un progetto cibernetico: ma il giardiniere mezzo scemo Furio (Celentano) fa riscoprire loro le gioie dell'infanzia. Il Celentano-pensiero snocciola le sue banalità ispirate a un buon senso ecologista: ma se in televisione funziona, al cinema fallisce miseramente; né certo giova l'innesto forzato di qualche tema alla moda come la realtà virtuale. Un pasticcio informe e imbarazzante, costato diciotto miliardi, che non poteva non fare fiasco al botteghino. Molti collaboratori celebri sprecati (il direttore della fotografia Luciano Tovoli, il musicista Giorgio Moroder, il montatore Pietro Scalia). L'autrice del soggetto, Anna Moroni, è cognata di Celentano.

Jade *½ (*Jade*, Usa 1995, col, 95') William Friedkin. Con David Caruso, Linda Fiorentino, Chazz Palminteri, Michael Biehn, Richard Crenna, Angie Everhart, Kevin Tighe, Victor Wong. ◆ San Francisco: l'aspirante procuratore David Corelli (Caruso) indaga su un brutale omicidio sadomaso. Sospettata principale: la sua ex fiamma Trina Gavin (Fiorentino), moglie di un avvocato di grido (Palminteri) e bella di giorno a sua insaputa. Sesso (un po' meno patinato del solito), perversioni (pur sempre da fumetto), sangue (con qualche omaggio alle foto macabre di Serrano) e suspense (relativa, vista la confusione della storia): Friedkin fa quel che può per rendere interessante e ambiguo il solito cocktail dello sceneggiatore Joe Eszterhas. L'obbligatoria sequenza di inseguimento automobilistico non fa rimpiangere troppo *Vivere e morire a Los Angeles*. Fotografia di Andrzej Bartkowiak; la musica di James Horner saccheggia *La sagra della primavera* di Stravinskij.

Jaded – Scoppiati **½ (*Jaded*, Usa 1989, col, 93') Oja Kodar. Con Oja Kodar, Elizabeth Brooks, Randall Brady, Jillian Kesner. ◆ A Venice, California, il destino gioca brutti scherzi a una serie di personaggi (tra cui una cantante lirica ninfomane, una moglie picchiata, la sua amica lesbica, un travestito) mossi unicamente dal sesso. Un mosaico a metà tra *La ronde* e *Fuori orario*, con un originale gusto del paradosso e del sarcasmo. Già compagna di Orson Welles, la Kodar ha girato *Jaded* per finanziare il restauro dei film da lui lasciati incompiuti. Di Welles viene mostrato un frammento dell'inedito *Mercante di Venezia*, ma la Kodar non cerca in nessun modo di plagiare lo stile del maestro. Distribuito in versione originale con sottotitoli.

Jade Mask, The → *voce «Charlie Chan»*

Jail Bait * (*Jail Bait*, Usa 1954, b/n, 70') Edward D. Wood jr. Con Clancy Malone, Dolores Fuller, Timothy Farrell, Theodora Thurman, Steve Reeves. ◆ Un gangster (Farrell) prima conduce sulla via del crimine il figlio (Malone) di un chirurgo plastico, poi si serve del padre per farsi cambiare i connotati: ma con che faccia si ritroverà? Wood (anche sceneggiatore e produttore) è più imbranato del solito: e l'unico motivo di umorismo involontario rischia di essere la recitazione catatonica, a metà strada tra Brecht e Robbe-Grillet. Primo ruolo di spicco (si fa per dire) per il culturista Reeves, che avrà successo in Italia e che Wood (anche se la trama non lo richiede) non perde occasione di mostrare a torso nudo. Tra le battute immortali: «Devo uscire da questo incubo anche se finirò sulla sedia elettrica»; «Non era male la mia faccia; mi ci ero abituato».

Jamaica Cop *½ (*The Mighty Quinn*, Usa 1989, col, 98') Carl Schenkel. Con Denzel Washington, Robert Townsend, Mimi Rogers, James Fox, M. Emmet Walsh. ◆ In un'isola dei Caraibi, il capo della polizia Xavier Quinn (Washington) riscopre le sue radici mentre indaga sull'omicidio di un ricco bianco, di cui è ingiustamente accusato il nullafacente Maubee (Townsend). Tra il noir e la cartolina turistica, con buone intenzioni e divagazioni etnografiche, il primo film americano dell'olandese Schenkel scivola giù come una bibita, senza lasciare tracce.

J.A. Martin fotografo **½ (*J.A. Martin, photographe*, Canada 1976, col, 100') Jean Beaudin. Con Monique Mercure, Marcel Sabourin, Guy L'Ecuyer, Marthe Thierry, Catherine Tremblay. ◆ La moglie (Mercure) di un fotografo itinerante (Sabourin) decide di seguire il marito in uno degli itinerari di lavoro nella provincia canadese, e durante l'avventuroso viaggio sul carro trainato dal cavallo attraversa feste, vive piccoli incidenti, conosce le drammatiche condizioni della vita in fabbrica. Un viaggio di iniziazione alla vita fuori dal conosciuto condotto con discrezione e misura, dove il sociale è affrontato attraverso le emozioni che suscita e le relazioni umane che coinvolge, a partire da un rapporto matrimoniale che sa arricchirsi dall'incontro con l'esperienza degli altri.

James Bond → *Agente 007*

James Bond 007 – Casino Royale *½ (*Casino Royale*, Gb 1967, col, 130') John Huston, Ken Hughes, Robert Parrish, Joseph McGrath, Val Guest. Con David Niven, Peter Sellers, Ursula Andress, Woody Allen, Joanna Pettet, Orson Welles, Dahlia Lavi, Deborah Kerr, Charles Boyer, William Holden, Peter O'Toole, John Huston, Barbara Bouchet, Jackie [Jacqueline] Bisset, Jean-Paul Belmondo, George Raft. ◆ Ormai maturo e pensionato, l'agente Bond (Niven) affronta con altri 007 e la figlia avuta da Mata Hari un confuso complotto internazionale. Prodotto da Charles K. Feldman (che deve essere considerato il vero «autore» del film), questa satira del mito di James Bond mescola i contributi di molti registi (Parrish ha girato soprattutto le scene con Peter Sellers, Orson Welles e Ursula Andress) con un cast e messa in scena ricchissimi, fin spropositati per una burla caotica e terribilmente discontinua, ad alto rischio di noia nonostante trovate e momenti irresistibili. Particina per il campione automobilistico Stirling Moss, che naturalmente interpreta la parte di un autista.

James e la pesca gigante **½ (*James and the Giant Peach*, Usa 1996, col, 77') Henry Selick. Con Paul Terry, Joanna Lumley, Miriam Margolyes, Pete Postlethwaite, Steven Culp, Jeff Mosley. ◆ Cresciuto dalle crudeli zie Stecco e Spugna (Lumley e Margolyes), il piccolo James (Terry) sogna di attraversare l'Atlantico per raggiungere New York: grazie alle «lingue di coccodrillo» che gli ha regalato uno strano signore (Postlethwaite), una pesca del giardino diventerà grandissima e lo porterà insieme a sei simpatici e litigiosi animaletti – Cavalletta, Centopiedi, Coccinella, Lucciola, Lady Ragno e Lombrico – verso l'agognata America. Un racconto di Roald Dahl (sceneggiato da Karey Kirpatrick, Jonathan Roberts e Steve Bloom) serve a Henry Selick per un nuovo exploit nell'animazione a passo uno: il film comincia e finisce con personaggi in carne e ossa, ma i 45 minuti centrali (quelli del viaggio dentro la pesca) sono realizzati con pupazzi e il sistema *stop-motion*. Meno cupo e più infantile di *Nightmare Before Christmas* (questa volta Tim Burton è solo coproduttore) ma più avanzato nella tecnica delle riprese, è una favola delicata con qualche (laico) rimando al mito del Paradiso terrestre e al frutto della conoscenza. Cammeo per Jack Skeletron nella battaglia sotto le acque del Polo, dove combatte anche lo scheletro di Paperino.

James Tont operazione D.U.E. * (Italia 1966, col, 91') Bruno Corbucci. Con Lando Buzzanca, France Anglade, Loris Gizzi, Claudie Lange, Antonella Murgia. ◆ Da Ginevra alla Florida a Roma: ormai famoso, inguaribile seduttore, l'agente Tont (Buzzanca) lotta contro un criminale internazionale per neutralizzare l'operazione Distruzione Urbe Eterna, ai danni della Basilica Vaticana. Qualche trovata semicomica, ma la palese parodia del filone-Bond non diverte come nel primo episodio (*James Tont operazione U.N.O.*). Per sceneggiarlo si sono messi addirittura in sette!

James Tont operazione U.N.O. ** (Italia 1965, col, 88') Bruno Corbucci, Gianni Grimaldi. Con Lando Buzzanca, Evi Marandi, Gina Rovere, Loris Gizzi, Alighiero Noschese, George Wang, Walter Maestosi, Licia Lombardi. ◆ Per difendere l'O.N.U. dalla minaccia del magnate discografico Goldsinger (Gizzi) al soldo della Cina, l'Intelligent Service manda in missione un inetto ma fortunato agente d'origine siciliana, James Tont (Buzzanca). Più azzeccata e divertente di quanto si possa pensare la risposta italiana alla spy story, con gli stereotipi e la spettacolarità del filone parodiati impietosamente topi ventriloqui che sono agenti segreti, improbabili congegni al posto della tecnologia, una Cinquecento-sottomarino superaccessoriata e soprattutto una contraddittoria «abilità» con le donne. Con un seguito, *James Tont operazione D.U.E.*

Jane B. par Agnès V. *½ (*Jane B. par Agnès V.*, Francia 1988, col, 100') Agnès Varda. Con Jane Birkin, Agnès Varda, Jean-Pierre Léaud, Philippe Léotard, Serge Gainsbourg, Laura Betti. ◆ Ritratto-confessione-messa in scena di Jane Birkin, attrice, cantante e musa di intellettuali, a cui la Varda aggiunge scenette ed episodi spesso stucchevoli, con la Birkin nei panni di Stanlio (in coppia con Laura Betti-Ollio), Giovanna d'Arco e Calamity Jane. Narcisistico, artefatto e compiaciuto, malgrado qualche momento di verità. Dalle conversazioni tra le due è nata l'idea di *Kung Fu Master*. Distribuito in versione originale con sottotitoli.

Jane Eyre ** (*Jane Eyre*, Gb/Italia/Francia/Usa 1995, col, 116') Franco Zeffirelli. Con Charlotte Gainsbourg, William Hurt, Joan Plowright, Anna Paquin, Elle Macpherson, Maria Schneider, Josephine Serre, Geraldine Chaplin, John Wood, Billie Whitelaw, Leanne Rowe. ◆ Cresciuta in un tetro istituto per orfani, Jane Eyre (Paquin da piccola, Gainsbourg da giovinetta) entra come istitutrice della piccola Adele (Serre) nella casa del signore di Rochester (Hurt): il carattere scontroso dell'uomo non impedisce la nascita di un legame tra i due, che arriverebbe fino al matrimonio se la scoperta che lui è sposato _ anche se con una donna pazza (Schneider) che vive segregata in un'ala del castello _ non mandasse in crisi tutto. Preoccupato più di «illustrare» che di «raccontare», Zeffirelli annega nella ricchezza di una superproduzione internazionale (la fotografia, a tratti davvero suggestiva, è di David Watkin, la scenografia di Roger Hall) la lotta che la protagonista ingaggia prima per la propria dignità (in quanto essere umano) e poi per il proprio diritto all'amore (in quanto donna). E così il romanzo di Charlotte Brontë, sceneggiato dal regista con Hugh Whitmore e già portato sullo schermo nel '44 (*La porta proibita*) e nel '70 (*Jane Eyre nel castello dei Rochester*), si spegne in una serie di immagini belle ma incapaci di coinvolgere. Anche perché del cast si salva solo la Gainsbourg e Joan Plowright (nel ruolo della governante di casa Rochester).

Jane Eyre nel castello dei Rochester ** (*Jane Eyre*, Gb 1970, col, 110') Delbert Mann. Con George C. Scott, Susannah York, Ian Bannen, Rachel Kempson, Jack Hawkins. ◆ Assunta come istitutrice, una giovane (York) si lega al padrone di un castello (Scott), in cui si nasconde la misteriosa e drammatica presenza della prima moglie, diventata pazza e tenuta segregata da tutti. Dal romanzo *Jane Eyre* di Charlotte Brontë, un film per la televisione non eccessivamente ispirato (si perde quasi completamente la forza trasgressiva dell'amore «proibito» di una donna rispettabile), ma spigliato e sostenuto da convincenti interpretazioni e ambientazioni sontuose. Meglio la versione del 1944 (*La porta proibita*) con Orson Welles.Rifatto anche nel '95 (*Jane Eyre*).

Januskopf. Der → *voce «Dottor Jekyll»*

Jason's Lyric → *Amicizie pericolose*

Jassy, la zingara **½ (*Jassy*, Gb 1947, col, 102') Bernard Knowles. Con Margaret Lockwood, Patricia Roc, Dermot Walsh, Basil Sydney, Dennis Price, Esme Cannon, Cathleen Nesbitt, Nora Swinburne. ◆ Ridotto in povertà dalla mania per il gioco del padre (Price), che ha perso anche la dimora familiare di Mordelaine, Barney Hatton (Walsh) non si accorge che la donna che lo ama veramente è Jassy (Lockwood), la povera figlia di una zingara che lavora in casa sua come cameriera, mentre non smette di corteggiare Dilys (Roc), la figlia di colui (Sydney) che aveva vinto al padre la casa. Ci penseranno i fatti a fargli aprire gli occhi, mentre Jassy, che era finita a Mordelaine come cameriera e poi ne è diventata proprietaria con un matrimonio solo d'interesse, potrà dimostrare tutto il suo amore per Barney. Complicatissimo melodramma fatto di continui colpi di scena (compreso un processo a Jassy con l'accusa di aver avvelenato il marito che si concluderebbe con una ingiusta condanna a morte se una muta non ritrovasse la voce!) dove il produttore Sydney Box, arrivato alla guida della Gainsborough, persegue «l'idea di un cinema di altissime qualità spettacolari», tanto ricco quanto accurato nelle scenografie di Maurice Carter e rutilante nell'uso (da parte di Geoffrey Unsworth e Joan Bridge) di un technicolor saturo di tonalità pastello (azzurro e rosso su tutti). Sfortunatamente una regia poco convincente non riesce a dare unità e vigore a una storia troppo sfilacciata, tratta da un romanzo di Norah Lofts e sceneggiata da Geoffrey Kerr, Dorothy e Campbell Christie, dove l'inevitabile lieto fine non riesce comunque a nascondere il cinismo e la brutalità con cui è descritta l'Inghilterra del 1830 (e contemporanea, per certi elementi come la violenza dei padri sulle figlie o l'avidità che dimostrano indistintamente tutte le classi sociali).

Jazzmen, noi del jazz **½ (*Mje iz dzaca*, Urss 1983, col, 88') Karen Šaknazarov. Con Igor Skljar, Aleksandr Pankratov-Cernyj, Nikolaj Averjuskin, Peter Serbakov, Elena Cyplakova. ◆ Il jazz arriva in Unione Sovietica negli anni Venti: Kostia (Skljar) si innamora di questa musica nero-americana, vera arte proletaria, e forma una band che, dopo disavventure tragicomiche, raggiunge il successo. Una divertente messa in scena del «sogno sovietico» con una Mosca un po' Belle époque al posto di Broadway.

Jean de Florette ** (*Jean de Florette*, Francia 1986, col, 120') Claude Berri. Con Gérard Depardieu, Yves Montand, Daniel Auteuil, Elisabeth Depardieu, Emmanuelle Béart, Hippolyte Girardot, Armand Meffre, Ernestine Mozorowna. ◆ Nella Provenza degli anni Venti un cittadino semplice e ingenuo, Jean de Florette (Depardieu) prende possesso con la moglie e la figlia Manon (Béart) di un podere che hanno ereditato, ma si scontra con l'avidità dei confinanti, soprattutto di Ugolin (Auteuil) e suo zio le Papet (Montand) che per le sorgenti di quel terreno sono capaci di ingannare, sabotare, uccidere. Prima parte (la seconda si intitola *Manon delle sorgenti*) della mega-riduzione che Berri ha tratto dal romanzo che Marcel Pagnol aveva scritto a partire dal suo stesso film *Manon delle sorgenti* (1952): il film di oggi mantiene spesso anche gli stessi dialoghi di Pagnol ma ne modifica sostanzialmente lo spirito, trasformando un inno alla vita e alla gioia in una specie di ridondante melodramma paesano, che affoga dentro la grande ricchezza della ricostruzione, della fotografia (di Bruno Nuytten) e del cast. Notevole la prova di Daniel Auteuil.

Jean e Barbara. Un film da finire ** (*I'm Dancing as Fast as I Can*, Usa 1982, col, 197') Jack Hofsiss. Con Jill Clayburg, Nicol Williamson, Dianne Wiest, Daniel Stern, Joe Pesci, Geraldine Page, John Lithgow. ◆ Una regista di documentari (Clayburg) cerca di combattere lo stress, e un rapporto sentimentale complicato dalla dipendenza di lui dall'alcol, con l'aiuto degli psicofarmaci. Ma rischia grosso. Ispirato alle memorie di Barbara Gordon e sceneggiato da David Rabe (allora marito della Clayburg), il film affronta un tema insolito per il cinema, con una certa grinta ma senza una grande tensione e si regge quasi tutto sulla bella prova della Clayburg.

Jean Harlow, la donna che non sapeva amare *½ (*Harlow*, Usa 1965, col, 125') Gordon Douglas. Con Carroll Baker, Peter Lawford, Mike Connors, Red Buttons, Raf Vallone, Angela Lansbury, Martin Balsam. ◆ La breve e intensa parabola artistica e umana di Jean Harlow (Baker), l'attrice-mito degli anni Trenta: i rapporti con la famiglia, i drammi sentimentali, il degrado fatale. Fallimento prevedibile per questa biografia in equilibrio fra sensazionalismo e ambizioni mal riposte: la Baker non è mai credibile come Jean Harlow ma gli attori di contorno (soprattutto Vallone nella parte del patrigno e Angela Lansbury in quella della madre) si dimostrano efficaci.

Jeans dagli occhi rosa *½ (*So Fine*, Usa 1981, col, 91') Andrew Bergman. Con Ryan O'Neal, Mariangela Melato, Jack Warden, Richard Kiel. ◆ Un giovane professore universitario (O'Neal) salva la ditta di abbigliamento del padre dalle mire di un gangster (Kiel), inventando casualmente i jeans con glutei a vista e trescando con la moglie del boss (Melato). Una commedia chiassosa e traballante, con facili sarcasmi sulle mode stravaganti e parodie al posto dei personaggi, ma alcuni momenti caotici abbastanza divertenti – tra cui l'incursione dei protagonisti sul palcoscenico dell'*Otello*, con il pubblico entusiasta per le originalità della messinscena. Primo film di Bergman, fino ad allora discreto sceneggiatore.

Jeans e una maglietta, Un * (Italia 1983, col, 81') Mariano Laurenti. Con Nino D'Angelo, Enzo Cannavale, Bombolo [Franco Lechner], Roberta Olivieri, Gabriele Villa, Benito Artesi. ◆ Amore e differenze sociali nella Capri turistica: un cameriere-cantante (D'Angelo) conquista la figlia (Olivieri) di un industriale del Nord, già sposa promessa di un pari grado. Tante canzoni, qualche sketch improbabile, l'infaticabile Cannavale come saggio precettore che fa trionfare i buoni sentimenti «napoletani»: oggi sarebbe un film antileghista.

Jefferson in Paris ° (*Jefferson in Paris*, Usa 1995, col, 139') James Ivory. Con Nick Nolte, Greta Scacchi, Jean-Pierre Aumont, Simon Callow, Seth Gilliam, James Earl Jones, Michael Lonsdale, Nancy Marchand, Thandie Newton, Gwyneth Paltrow, Charlotte de Turckheim, Lambert Wilson. ◆ Prima di diventare il terzo presidente degli Stati Uniti, Thomas Jefferson (Nolte), autore della Dichiarazione d'indipendenza del suo Paese e vedovo da poco, vive a Parigi dal 1784 al 1789 come ambasciatore: mentre cresce la protesta popolare contro il regno di Luigi XVI (Lonsdale), Jefferson dividerà il suo tempo tra le preoccupazioni per la figlia Patsy (Paltrow) che aspira a prendere i voti, le sollecitazioni dei liberali francesi guidati da Lafayette (Wilson) che vorrebbero il suo aiuto per guidare anche la Francia verso una riforma democratica e la passione per la pittrice angloitaliana Maria Cosway (Scacchi) alla quale però preferirà la relazione meno impegnativa con Sally Hemings (Newton), una delle schiave che aveva ereditato dal suocero. Il peggio dello «stile Ivory», ridondante affresco di costume sceneggiato da Ruth Prawer Jhabvala a cui l'accuratezza della ricostruzione e la precisione storiografica (il film è raccontato in flashback da Madison Hemings [Earl Jones], figlio «liberato» di Sally e Thomas

Jefferson) finiscono per essere un ostacolo a una vera intensità narrativa. Il tema dello scontro tra due culture – quella rozza e democratica di Jefferson, quella raffinata ma agonizzante della corte di Versailles – è soffocato da una ricchezza scenografica debordante (di Guy-Claude François) e l'espediente della voce fuori campo invece che dare un punto di vista forte al film lo riduce a una noiosa serie di aneddoti. Il produttore e socio di Ivory, Ismail Merchant, interpreta l'ambasciatore del sultano Tipoo.

Jeff, lo sceicco ribelle ** (*Flame of Araby*, Usa 1951, col, 77') Charles Lamont. Con Jeff Chandler, Maureen O'Hara, Susan Cabot, Maxwell Reed. ◆ Il figlio di un capo beduino (Chandler) cattura un magnifico stallone selvaggio e protegge la bella erede (O'Hara) del Regno di Tunisi dagli usurpatori. Un western in costumi orientali, con lunghe cavalcate tra le dune: ingenuo nella trama ma sfolgorante nel technicolor (sempre che la copia sia in buone condizioni).

Jeffrey *½ (*Jeffrey*, Usa 1995, col, 94') Christopher Ashley. Con Steven Weber, Michael T. Weiss, Patrick Stewart, Bryan Batt, Sigourney Weaver, Olimpia Dukakis. ◆ New York, 1995: Jeffrey (Weber), gay terrorizzato dall'Aids, decide di astenersi dal sesso e dedicarsi alla sua carriera d'attore finché è costretto ad affrontare il problema attraverso Steve (Weiss) che gli confessa di essere sieropositivo. Sceneggiata da Paul Rodnick dalla sua pièce *off-Broadway* (diretta anche a teatro da Ashley), una commedia romantica interessante, più che per le sue intrinseche qualità, per il tentativo di rileggere la paura dell'Aids come meccanismo narrativo all'interno di un cinema di genere (sarebbe il corrispettivo moderno dell'«impedimento» classico). In realtà, anche sotto questo profilo, tira aria da sit-com, e il tutto scivola via superficialmente.

Jekyll & Hyde * (*Jekyll & Hyde*, Usa/Gb 1990, col, 100') David Wickes. Con Michael Caine, Cheryl Ladd, Joss Ackland, Ronald Pickup, Diane Keen, Kim Thompson, Lionel Jeffries, Kevin McNally. ◆ Incapace di controllare la mutazione chimica a cui si è sottoposto e che lo trasforma nel violento signor Hyde, il dottor Henry Jekyll (Caine) decide di mettere volontariamente fine alla propria vita, lasciando nella disperazione la cognata Elisabeth (Ladd), che amava Jekyll ma è stata violentata da Hyde. Adattando per questo tv-movie il romanzo di Stevenson, David Wickes si prende più di una libertà col testo originale, facendo del protagonista un vedovo che si innamora della cognata sposata (ma il cui marito se ne sta a Singapore), amplificando la lite col suocero (Ackland) da puramente scientifica a psicologica (lo ritiene responsabile della morte della figlia), e «unificando» in Elisabeth le due esperienze affettive, sentimentale e sessuale (con tanto di stupro che porterà alla nascita di un piccolo Jekyll, ma _ come svela l'ultima inquadratura _ con il viso deforme di Hyde). Vistosi e pacchiani effetti speciali con i capelli che rientrano sottocute (per Hyde) e tornano fuori (per Jekyll). Nonostante gli sforzi di Michael Caine, un vero disastro.

Jena, La (di Robert Wise) → *Iena, La (L'uomo di mezzanotte)*

Jena, La * (Italia, 1998, col, 90') Joe D'Amato [Aristide Massaccesi]. Con Cinzia Roccaforte, David D'Ingeo, Anna Maria Petrova, Jason Saucer, Lisa Comshav. ◆ Emy (Roccaforte) viene ricattata dal balordo Roy (D'Ingeo): se non gli dà dei soldi, le ucciderà la sorella. In mancanza di meglio, si accontenterà di un week-end di sesso. Ritorno di Massaccesi al thriller erotico che ha fatto la sua fortuna: ma questa volta la formula non funziona. La storia (scritta dal figlio del produttore Andrea Angioli e dallo stesso D'Ingeo) vorrebbe ricordare *Oltre ogni limite*, ma fa acqua da tutte le parti. La Roccaforte, ex stellina di Tinto Brass, dimostra le sue non-doti di attrice e Massaccesi, assuefatto a tanto porno, non riesce più a filmare una sequenza di sesso che sia erotica. Addirittura girato su pellicola scaduta.

Jena del Missouri, La * (*The Bushwackers*, ritítolato *The Rebel*, Usa 1952, b/n, 70') Rod Amateau. Con Dorothy Malone, John Ireland, Wayne Morris, Lon Chaney jr, Lawrence Tierney. ◆ Un veterano sudista (Ireland) riprende a sparare per difendere una giornalista coraggiosa (Malone) e i coloni perseguitati da un possidente dispotico (Chaney). Western prevedibile, esordio alla regia di un ex sceneggiatore radiofonico, interessante giusto per la protagonista.

Jena di Oakland, La ** (*Beware, May Lovely*, Usa 1952, b/n, 77') Harry Horner. Con Ida Lupino, Robert Ryan, Taylor Holmes, O.Z. Withehead. ◆ Una vedova (Lupino) si ritrova segregata in casa dal suo tuttofare (Ryan) che si rivela un pericoloso psicopatico. Qualche emozione e un'ambientazione claustrofobica abbastanza suggestiva, suspense e buone interpretazioni.

Jena in cassaforte, Una → *Iena in cassaforte, Una*

Jene del quarto potere, Le **½ (*Deux hommes dans Manhattan*, Francia 1959, b/n, 82') Jean-Pierre Melville. Con Jean-Pierre Melville, Pierre Grasset, Ginger Hall, Jean Darcante, Jerry Mengo, Jean Lara. ◆ Due francesi, un giornalista (Melville) e un fotografo (Grasset) scoprono a New York che il politico scomparso di cui seguono le tracce è deceduto a casa di un'amica (Hall): il fotografo vorrebbe costruire uno scoop scandalistico, ma il giornalista lo convince a buttar via le foto che ha scattato. Pur scegliendo di rendere omaggio ai noir americani (e prima di tutto a *Giungla d'asfalto*), questo film colpisce per il dichiarato rifiuto di ogni facile concessione spettacolare (alle regole del genere, all'esotico e al pittoresco) e per offrire allo spettatore una visione «cupissima di Manhattan, più poetica che realistica, che usa l'intrigo semipoliziesco come pretesto per descrivere un universo cinico e inumano». Unico film dove il regista è impegnato anche come attore.

Jenny, regina della notte ** (*Jenny*, Francia 1936, b/n, 105') Marcel Carné. Con Françoise Rosay, Albert Préjean, Charles Vanel, Lisette Lanvin, Jean-Louis Barrault, Roland Toutain, Sylvia Bataille. ◆ La giovane Danielle (Lanvin) ritorna presso la madre Jenny (Rosay) e scopre che gestisce un equivoco locale notturno (in realtà un bordello di lusso).

Qui incontra Lucien (Préjean), l'amante di Jenny. I due, ignari della reciproca identità, s'innamorano l'uno dell'altra: Danielle si stacca così dalla madre, Lucien dal proprio passato. Jenny rimarrà sola. L'esordio nella regia di Carné avvenne sotto l'ala di Feyder, la cui moglie Françoise Rosay aveva scelto il soggetto da un libro di Pierre Rocher (*Prison de velours*), piuttosto banale ma con una protagonista femminile che rientrava nelle sue corde di recitazione. Eppure Carné, grazie all'aiuto di Jacques Prévert (che firma la sceneggiatura con Rocher e Jacques Constant), riesce a mettere le basi di quel «realismo poetico» (sarebbe meglio dire «fantastico sociale») che successivamente diventerà la sua cifra stilistica distintiva: l'ambientazione in una città reale ma trasfigurata, il senso di fatalismo romantico nonostante l'happy end, una certa vena di anarchismo, alcuni personaggi secondari, come il Dromedario impersonato da Barrault, marginali e minati nel profondo. Famosa la sequenza della passeggiata notturna di Danielle e Lucien, che culmina in un'alba che sembra presagire *Il porto delle nebbie*.

J'entends plus la guitare ***½ (*J'entends plus la guitare*, Francia 1991, col, 98') Philippe Garrel. Con Benoît Régent, Johanna Ter Steege, Yann Collette, Mireille Perrier, Brigitte Sy, Anouk Grinberg. ◆ Il tormentato legame tra Gérard (Regent) e Marianne (Ter Steege) è fatto di litigi, riappacificazioni, separazioni: quando Gérard ormai vive stabilmente con un'altra donna (Grinberg), arriva la notizia della morte di lei. Dedicato a Nico (la cantante dei Velvet Underground, compagna del regista per dieci anni e scomparsa nel 1988, sua attrice in sette film: qui è ritratta nel personaggio di Marianne), uno dei film d'amore più intensi e dolorosi degli ultimi anni, che al tempo stesso traccia il bilancio esistenziale di un'intera generazione («Non sento più la chitarra» significa «Ho perduto la mia giovinezza»). Con uno stile scarnificato e vibrante, a metà strada tra il diario personale e uno studio di anatomia sentimentale, Garrel mette a fuoco la metamorfosi dall'adolescenza all'età adulta attraverso lancinanti confronti privati, optando per una dimensione «sospesa» (décor ridotto al minimo, lunghe sequenze a macchina fissa o quasi, dialoghi essenziali, totale concentrazione sui corpi degli attori) che consente a ogni dettaglio, concreto e molto spesso autobiografico, di diventare simultaneamente metafisico e universale. Fortunatamente passato a Fuori Orario in originale con sottotitoli: così si possono cogliere tutte le sfumature dei bei dialoghi di Marc Cholodenko (come la differenza tra i quasi omofoni «héros» [eroe] e «heureux» [felice] riferita ai protagonisti del '68). Leone d'argento a Venezia 1991. Brigitte Sy, che impersona Aline, all'epoca era la compagna del regista.

Jericho Mile ** (*The Jericho Mile*, Usa 1979, col, 100') Michael Mann. Con Peter Strauss, Roger E. Mosley, Brian Dennehy, Billy Green Bush. ◆ In un carcere dominato da corruzione e contrasti razziali, un omicida condannato all'ergastolo (Strauss) si allena nella corsa e conquista il record di velocità sui 1500 metri. Da una storia di Patrick Nolan un film per la televisione con qualche prevedibilità ma aspro e intenso.

Jerry e Tom *½ (*Jerry & Tom*, Usa 1998, col, 106') Saul Rubinek. Con Joe Mantegna, Sam Rockwell, Charles Durning, Maury Chaykin, Ted Danson, William H. Macy, Peter Riegert. ◆ Lo scafato killer Tom (Mantegna) insegna il mestiere al pivello Jerry (Rockwell), ma poi l'allievo supera il maestro in cinismo e ferocia. Scritto da Rick Cleveland e diretto da un attore esordiente alla regia (che compare nella parte della vittima col berretto), un film che gli interpreti (Mantegna coproduce) si saranno anche divertiti a recitare, ma che ruota compiaciuto su se stesso: con dialoghi logorroici a metà tra il primo Mamet e il primo Tarantino (cinefilia compresa), che arrivano con qualche anno di ritardo. Durning è il più ameno, nei panni del killer che ha ammazzato i Kennedy ed Elvis.

Jerry Maguire ** (*Jerry Maguire*, Usa 1996, col, 138') Cameron Crowe. Con Tom Cruise, Cuba Gooding jr, Renée Zellweger, Kelly Preston, Jerry O'Connell, Regina King, Jonathan Lipnicki. ◆ Dopo avere espresso velleità idealistiche (guadagnare di meno, curare di più i clienti), il procuratore sportivo Jerry Maguire (Cruise) perde il posto: gli rimangono fedeli solo il poco affidabile giocatore di football Rod Tidwell (Gooding jr) e la segretaria Dorothy (Zellweger), madre single che Jerry sposa più per senso del dovere che per convinzione. Imparerà quanto è difficile conciliare amore e lavo-ro, denaro ed etica, amicizia e carriera. Crowe (anche sceneggiatore) sa come si confeziona un film di successo, ma non rischia mai niente, co-me mostra l'inserimento di un lezioso bambino (Lipnicki) che ruba la scena. Dilemmi moralistici con appena un'ombra a incrinare il lieto fine, specchio acritico e irritante della confusione e del facile ottimismo dell'America contemporanea. Produce James L. Brooks. Nomination a Cruise ma Oscar per il miglior attore non protagonista all'ex break-dancer Cuba Gooding jr.

Jerry 8 e 3/4 **½ (*The Patsy*, Usa 1964, col, 101') Jerry Lewis. Con Jerry Lewis, Everett Sloane, Peter Lorre, Ina Balin, Keenan Wynn, John Carradine, Scatman Crothers. ◆ Gli agenti di un divo del cinema appena defunto cercano di portare al successo un giovane e impacciatissimo fattorino, Stanley Belt (Lewis). Un film faticoso, a volte instabile tra le troppe risorse mimiche di Lewis, ma interessante per come descrive dall'interno Hollywood (mondo dell'ambiguità, del disordine e della contraddizione) e per come svela, con imbarazzante sincerità, i meccanismi che possono provocare il fallimento del processo comico. Grande sfoggio di attori nella parte di se stessi: George Raft, Ed Sullivan, Hedda Hopper (acconciata da Lichtenber con un ombrellone come cappellino), Ed Wynn, Rhonda Fleming. Ultimo film di Peter Lorre\, nella parte di Morgan Heywood.

Jerryssimo! ° (*Hook, Line and Sinker*, Usa 1969, col, 91') George Marshall. Con Jerry Lewis, Peter Lawford, Anne Francis, Pedro Gonzales. ◆ Un tranquillo impiegato appassionato di pesca d'altura (Lewis) si fa convincere dal suo medico (Lawford) di avere pochi mesi di vita, e usa disinvoltamente le carte di credito.

Una commedia degli equivoci dalle buone premesse e dal risultato semidisastroso.

Jerusalem * (*Jerusalem*, Svezia/Danimarca/Norvegia/Finlandia/Islanda 1996, col, 166') Bille August. Con Ulf Friberg, Marie Bonnevie, Pernilla August, Reine Brynolfsson, Jan Mybrand, Lena Endre, Olympia Dukakis, Max von Sydow. ◆ Le vicissitudini di una comunità svedese in Dalecarlia alla fine dell'Ottocento corrono in parallelo alla storia d'amore tra Ingmar (Friberg) e Gertrud (Bonnevie): plagiata da un predicatore, la ragazza - come gran parte della comunità - emigrerà in Terra Santa. Dall'omonimo romanzo di Selma Lagerlöf (un capolavoro della letteratura svedese, malamente sceneggiato dal regista con Charlotte Lasche e Klas Östergren), una saga interminabile sull'ossessione religiosa e amorosa: August non va al di là del feuilleton televisivo confezionato con visibile dispendio di mezzi, dilungandosi a vanvera e sprecando un ottimo cast.

Jesse James Meets Frankenstein's Daughter → - *voce «Frankenstein»*

Jessica *½ (Italia/Usa 1961, col, 105') Oreste Palella, Jean Negulesco. Con Maurice Chevalier, Angie Dickinson, Gabriele Ferzetti, Sylva Koscina, Agnes Moorehead, Antonio Cifariello, Marina Berti, Noël, Carlo Croccolo, Alberto Rabagliati. ◆ In un paesino siciliano, sotto lo sguardo ironico del parroco (Chevalier), la bellezza di una vedova (Dickinson) di origine americana turba gli uomini e provoca la protesta delle donne. Una commediola semplice semplice con poche idee e attori simpatici. Negulesco è produttore e supervisore alla regia.

Jess il bandito *** (*Jesse James*, Usa 1939, col, 108') Henry King. Con Tyrone Power, Henry Fonda, Randolph Scott, Henry Hull, Nancy Kelly, John Carradine, J. Edward Bromberg, Charles Tannent. ◆ Dopo la fine della guerra di Secessione, le espropriazioni violente dei terreni dei contadini per far passare la ferrovia provocano la reazione dei fratelli Jess e Frank James (Power e Fonda): l'uccisione della loro madre li trasforma in fuorilegge fino al giorno in cui un traditore (Carradine) ucciderà Jess sparandogli alle spalle. Il western che ha creato la leggenda cinematografica di Jesse James: la casa produttrice (Fox) lo avrebbe voluto idealista, leggendario, mitico, King lo fece umano, legato alla famiglia, perfetta incarnazione dei più profondi ideali americani. Così, per la buona riuscita del film (sceneggiato da Nunnally Johnson) sono ugualmente importanti le scene d'azione come quelle di vita domestica in modo da fare del protagonista «il rappresentante dello spirito rurale dell'America, vittima del progresso e dell'affarismo urbano e capitalista», un eroe generoso e nobile a cui è stata tolta la possibilità di essere felice. Giunse in Italia nel dopoguerra in una versione bianco/nero che viene ancora trasmessa in molte televisioni private (mentre il lavoro col technicolor fatto dal direttore della fotografia Georges Barnes è davvero superlativo). L'anno successivo Lang girò un seguito (*Il vendicatore di Jess il bandito*) e nel 1957 Nicholas Ray ne diresse un remake (*La vera storia di Jess il bandito*).

Jesuit Joe * (*Jesuit Joe*, Canada/Francia 1992, col, 99') Oliver Austen. Con Peter James Tarter, John Walsh, Laurence Treil, Geoffrey Carey, Chantal Desroches, Valerio Popesco, Guy Provencher. ◆ Nell'inverno del 1911, tra le nevi del Canada, il mezzosangue Jesuit Joe (Tarter) in compagnia di uno strano avvoltoio insegue la prostituta Duchessa (Desroches) e il suo magnaccia: prima di compiere la sua vendetta (e non solo sull'uomo) aiuterà due sposi a fuggire, ma dovrà fare i conti col coriaceo capitano Fox (Walsh). Tentativo fallimentare di fare un film d'avventure su uno dei personaggi inventati dalla matita di Hugo Pratt (che risulterebbe coinvolto anche nella sceneggiatura, col regista e Ron Base): la storia è frammentaria, il finale è totalmente gratuito ed è difficile accontentarsi delle riprese aeree di un Canada sempre coperto di neve.

Jesus Christ Superstar **½ (*Jesus Christ Superstar*, Usa 1973, col, 103') Norman Jewison. Con Ted Neeley, Carl Anderson, Yvonne Elliman, Barry Dennen, Joshua Mostel. ◆ Un pullman con un gruppo di hippy si ferma nel deserto, vicino a rovine e impalcature, e mette in scena una rock-opera su alcuni episodi evangelici: il risentimento di Giuda (Anderson) perché Cristo (Neeley) non capeggia la rivolta antiromana, l'entrata in Gerusalemme, la cacciata dei mercanti dal Tempio, l'incontro con Maddalena (Elliman), l'ultima cena, il tradimento, il processo davanti a Ponzio Pilato (Dennen) e la crocifissione. La trasposizione cinematografica firmata dal regista e da Melvyn Bragg arricchisce di qualche suggestiva invenzione scenografica e di una bella fotografia in Todd-AO-Color (di Douglas Slocombe) il fortunatissimo musical di Andrew Lloyd Webber e Tim Rice, e conserva l'accattivante rilettura in chiave anticonformista e pacifista della figura di Cristo. Ma il tempo sembra infierire su questa rock-opera più che su altre e certi coretti e coreografie freak sono piuttosto imbarazzanti.

Jésus of Montréal – Gesù di Montreal **½ (*Jésus of Montréal*, Canada/Francia 1989, col, 120') Denys Arcand. Con Lothaire Bluteau, Catherine Wilkening, Johanne-Marie Tremblay, Rémy Girard, Robert Lepage, Gilles Pelletier, Marie-Christine Barrault. ◆ Daniel Coulombe (Bluteau) interpreta il Cristo in una sacra rappresentazione attualizzata, accolta con successo dal pubblico ma rifiutata dalle autorità ecclesiastiche. Poi si identifica con il Messia fino a imitarne i gesti pubblici e seguirne il percorso verso la tragica morte. Basato sul vangelo di Marco, il film gioca su un fitto ricamo allegorico, in un continuo contrappunto tra realtà quotidiana odierna e vicende evangeliche; ma un eccessivo intellettualismo ha presto il sopravvento sull'intensità emozionale e il film non riesce mai a coinvolgere veramente. Il regista interpreta il ruolo del giudice.

Je t'aime, je t'aime – Anatomia di un suicidio **½ (*Je t'aime, je t'aime*, Francia 1968, col, 97') Alain Resnais. Con Claude Rich, Olga Georges-Picot, Anouk Ferjac, Georger Jamin. ◆ Per sperimentare la possibilità di tornare indietro nel tempo e rivivere il passato, un gruppo di scienziati utilizza come prima cavia umana un aspirante suicida (Rich), convinto di aver causato la morte accidentale dell'amata, e gli consentono di rivivere, per momenti sempre più lunghi, i giorni felici. Scritto da Jacques Sternberg, non il film più ispirato del regista, ma comunque occasione di acute e poetiche osservazioni sul comportamento umano e sulla memoria.

Je t'aime, moi non plus *** (*Je t'aime, moi non plus*, Francia 1976, col, 80') Serge Gainsbourg. Con Jane Birkin, Joe Dallesandro, Hugues Quester, Boris Vian, Michel Blanc, Gérard Depardieu. ◆ Un camionista omosessuale (Dallesandro) si innamora di una ragazza androgina (Birkin) con cui riesce ad avere solo rapporti anali. Finirà male. Il primo film di Gainsbourg è una love story romantica e disperata, raccontata però come uno psicodramma iperrealista, senza fronzoli e intellettualismi e con grande rigore formale. Difeso a suo tempo da Truffaut contro la critica francese. Il titolo è quello della più celebre canzone di Gainsbourg, che però si sente solo nella versione strumentale.

Je vous salue Marie ** (*Je vous salue Marie*, Francia/Svizzera 1985, col, 65') Jean-Luc Godard. Con Myriem Roussel, Thierry Rode, Philippe Lacoste, Juliette Binoche. ◆ Marie (Roussel), figlia di un garagista, gioca a pallacanestro ed è castamente fidanzata a Joseph (Rode). Un giorno un angelo sgarbato (Lacoste) le annuncia che aspetta un bambino: Joseph abbozza, e si accontenta di vedere nuda la sua sposa. Il piccolo Gesù è un ragazzino vivace con sospetto complesso edipico. Ermetica e lirica insieme, seriosa e buffonesca, la storia sacra diventa per Godard punto di partenza per una meditazione laica sugli assoluti biologici e spirituali (cos'è la nascita? cos'è l'amore?) mentre l'ambientazione contemporanea fa piegare il film verso l'umorismo buñueliano e il surrealismo di maniera. Il dogma dell'immacolata concezione non viene mai messo in discussione: ma far veder nuda la santa Vergine fu duro da digerire, in certi ambienti. All'epoca ci fu una gran bagarre da parte cattolica, con tanto di deplorazione ufficiale del papa, manifestazioni di protesta e incontri di preghiera «in riparazione alla Madonna». Esaurite le polemiche pretestuose, resta un film composito e sperimentale, con qualche lampo di genio e molta aria fritta. Nelle sale il film era preceduto dal cortometraggio *Il libro di Maria* di Anne Marie Miéville, compagna di Godard.

JFK – Un caso ancora aperto **½ (*JFK*, Usa 1991, col, 189') Oliver Stone. Con Kevin Costner, Gary Oldman, Sissy Spacek, Tommy Lee Wallace, Joe Pesci, Donald Sutherland, Kevin Bacon, Jack Lemmon, John Candy, Tomas Milian, Walter Matthau, Ed Asner, Sally Kirkland. ◆ Jim Garrison (Costner), un procuratore distrettuale di New Orleans, indaga per suo conto sull'omicidio di Kennedy, e si convince dell'esistenza di un complotto voluto dalla Cia e da Lyndon Johnson. Trascura la famiglia, fa riaprire il caso, perde, ma non si piega. Smisurato film di denuncia, che mescola sequenze d'archivio e ricostruzioni in stile documentario sceneggiato dal regista e Zachary Sklar a partire dai libri di Jim Garrison e Jim Marrs. Non sempre chiarissimo, ha avuto il merito di scuotere l'opinione pubblica, dimostrando che il cinema non è solo un giocattolo. Costner è un po' monotono, ma gli attori di contorno sono azzeccati. Il vero Jim Garrison appare nella parte del suo avversario di allora, Earl Warren. Stone è uno dei buzzurri nel bar che esultano alla morte di Kennedy. Due Oscar: miglior fotografia (Robert Richardson) e montaggio (Joe Hutshing e Pietro Scalia).

Jim della giungla

Esperta guida bianca con mansioni di investigatore, Jim Bradley detto Jim della giungla fu creato nel 1933 dal disegnatore americano Alex Raymond. Originalmente operava nella foresta malese, dando la caccia ai trafficanti e ai pirati che vi si nascondevano, ma negli anni successivi le sue avventure si spostarono in Mongolia, in Birmania e in altre zone esotiche dell'Asia. Al suo fianco, il devoto e silenzioso Kolu, un gigantesco malese abilissimo nel lancio del coltello a cui spesso sarà debitore della vita, e, a partire dal 1935, la graziosa Shangai Lil, una ex avventuriera che truffava gli indigeni facendosi passare per una dea e che si è ravveduta dopo essere stata smascherata da Jim.

Nel 1937 l'Universal produsse un serial in dodici puntate con Grant Withers nella parte del protagonista, intitolato *Jungle Jim* e diretto da Ford L. Beebe e Cliff Smith. Il personaggio arrivò poi alla radio, ma è soltanto nel 1948 che conquistò veramente il pubblico, grazie all'interpretazione cinematografica che ne diede Johnny Weissmuller, ex campione olimpionico di nuoto, troppo appesantito per continuare a essere un Tarzan credibile, ma perfetto per i pantaloni e la camicia di Jim della giungla. Weissmuller fu il protagonista di sedici film, tutti prodotti dalla Columbia, costruiti principalmente intorno all'incontro tra l'eroe e una donna (una scienziata che cerca una droga segreta, o un'inviata dell'esercito che si è persa, o altri pretesti simili), ambientati in una terra più simile all'Africa che all'Asia e tutti piuttosto piatti e ripetitivi. Il che non impedì che la serie avesse un grandissimo successo presso il pubblico, tanto che dopo il sedicesimo film, Weissmuller interpretò, sempre per la Columbia, un serial di 57 episodi televisivi (di 25' ognuno), dove Jim della giungla aveva al suo fianco il figlio (l'attore Martin Huston). Da notare che negli ultimi tre film, il protagonista non si chiama più Jim ma Johnny (che poi era il nome proprio di Weissmuller), anche se carattere dell'eroe e struttura dei film non si modificarono sostanzialmente.

I FILM

Jim della jungla (1948) di William Berke
La tribù dispersa (1949) di William Berke
La laguna della morte (1950) di William Berke
L'orma del gorilla (1950) di William Berke
L'isola dei pigmei (1950) di William Berke
Caccia all'uomo nella giungla (1951) di Lew Landers
Jim della giungla e gli uomini scimmia (1952) di Lew Landers
La tigre sacra (1952) di Spencer Bennet
I ribelli dell'isola (1953) di Spencer Bennet
La valle dei tagliatori di teste (1953) di William Berke

Killer Ape * (Usa 1953, b/n, 68') Spencer Bennet. Con Johnny Weissmuller, Carol Thurston, Ray Corrigan, Max Palmer. ◆ Jim della giungla sgomina una banda di cacciatori bianchi che usa gli animali come cavie per testare dei germi da usare come armi biologiche. Inedito in Italia.
Jungle Man-Eaters * (Usa 1954, b/n, 68') Lee Sholem. Con Johnny Weissmuller, Karin Booth, Richard Stapley, Bernard Hamilton, Gregory Gay, Lester Matthews. ◆ Jim della giungla fa arrestare una banda di contrabbandieri di diamanti. Ultimo film dove Weissmuller interpreta il ruolo di Jim della giungla. Inedito in Italia.
I divoratori della giungla (1954) di Lee Sholem
La valle degli uomini luna (1955) di Charles S. Gould
Devil Goddess * (Usa 1955, b/n, 70') Spencer Bennet. Con Johnny Weissmuller, Angela Stevens, Selmer Jackson, William Tannen. ◆ Johnny aiuta un professore a ritrovare un collega che è scomparso nella foresta. Ultimo film da protagonista di Johnny Weissmuller. Inedito in Italia.

Jim della jungla *½ (*Jungle Jim*, Usa 1948, b/n, 73') William Berke. Con Johnny Weissmuller, Virginia Grey, George Reeves, Lita Baron. ◆ Il coraggioso Jim Bradley (Weissmuller) guida la spedizione di una scienziata (Grey) in cerca di un tempio con una «pomata» potentissima, affrontando insidie, stregoni e un traditore. Avventure esotiche da fumetto d'epoca: è l'inizio di una nuova saga popolare su misura per l'atletico Weissmuller, reduce da sedici anni come indimenticabile Tarzan e trasformato qui in «Jim della giungla».

Jim della giungla e gli uomini scimmia * (*Jungle Jim in the Forbidden Land*, Usa 1952, b/n, 65') Lew Landers. Con Johnny Weissmuller, Angela Greene, Jean Willes, Lester Matthews, William Tannen. ◆ Contattato da un'antropologa (Greene) intenzionata a studiare una tribù leggendaria e feroce, Jim della giungla (Weissmuller) deve affrontare una banda di astuti bracconieri. Ottavo film della serie: ridicolo.

Jimi Hendrix _ Live Concert ** (*Jimi Hendrix*, Usa 1973, col, 103') Baird Bryant [Joe Boyd, John Head, Gary Weis]. ◆ Biografia in forma di documentario, dedicata al leggendario chitarrista di colore scomparso tragicamente nel 1970, dopo aver rivoluzionato in pochi anni le sonorità del rock e del blues: un collage di interviste ad amici e colleghi, qualche accenno al «sociale» del periodo e soprattutto eccezionali spezzoni di concerti. Tra le canzoni ci sono *Purple Haze*, *Wild Things* e *Johnny B. Goode*.

Jim, l'irresistibile detective *½ (*A Lovely Way to Die*, Usa 1968, col, 103') David Lowell Rich. Con Kirk Douglas, Sylva Koscina, Eli Wallach, Kenneth Haigh. ◆ Un ex poliziotto (Douglas) non tarda a innamorarsi della donna (Koscina) per cui lavora come guardia del corpo e che è accusata dell'omicidio del ricchissimo marito. La combinazione di giallo, commedia brillante e dramma processuale promette molto più di quanto mantenga: il risultato è molto convenzionale. Debutto sugli schermi per Ali MacGraw.

Jim lo sfregiato **½ (*Hollow Triumph* ritiolato *The Scar*, Usa 1948, b/n, 83') Steve Sekely. Con Paul Henreid, Joan Bennett, Eduard Franz, Leslie Brooks, John Qualen, Jack Webb. ◆ Un ex studente di medicina diventato gangster (Henreid) scopre di essere identico a uno psicoanalista, se non fosse per una cicatrice sulla guancia, ma è solo dopo averlo ucciso per prenderne l'identità che si accorge di essersi fatto lo sfregio sulla guancia opposta, ingannato dallo specchio. Nessuno però sembra accorgersi dell'errore: non la segretaria (Bennet), che lui riesce a fare innamorare di sé, ma nemmeno i due killer che stanno cercando lo psicoanalista per regolare un vecchio conto... Un noir intrigante e curioso (con una forte componente sadica), sceneggiato da Daniel Fuchs a partire da un racconto di Murray Forbes, dove i temi dell'inesorabilità del destino e della doppia personalità riescono a compattare una trama a volte un po' inverosimile. Notevole la fotografia di John Alton che carica di tensione le scene girate nei sobborghi di Los Angeles.

Jimmy Dean, Jimmy Dean *** (*Come Back to the Five & Dime, Jimmy Dean, Jimmy Dean*, Usa 1982, col, 110') Robert Altman. Con Sandy Dennis, Cher, Karen Black, Sudie Bond, Kathy Bates, Marta Heflin. ◆ In occasione delle riprese del *Gigante*, alcune ragazze del posto fondano un «James Dean fan club». Vent'anni dopo si ritrovano nel locale che frequentavano abitualmente, lasciando spazio a rimpianti, ricordi, amari bilanci personali. Da un bel testo teatrale (di Ed Graczyk, autore anche della sceneggiatura) Altman costruisce uno struggente e delicato omaggio al mondo delle donne di mezza età, registrandone le insicurezze, gli sfoghi, la rabbia per le occasioni perdute. Di altissimo livello l'interpretazione di tutte le protagoniste, la più coraggiosa delle quali è Karen Black nei panni di un ragazzo che si è operato per diventare donna.

Jimmy Hollywood **½ (*Jimmy Hollywood*, Usa 1994, col, 110') Barry Levinson. Con Joe Pesci, Christian Slater, Victoria Abril, Jason Beghe. ◆ Jimmy Alto (Pesci), detto Jimmy Hollywood perché conosce a memoria tutti i nomi scolpiti sull'Hollywood Boulevard, sogna di diventare una star. Per questo si cambia nome in Jericho e con un gruppo di vigilantes e l'amico William, cameraman un po' sciroccato (Slater), riprende scene della malavita nella Los Angeles notturna: il suo «film», mandato in onda a *Most Wanted* (il *Chi l'ha visto?* americano), lo trasformerà in un eroe. Una commedia divertente e sfaccettata sul bisogno di protagonismo dell'uomo medio e sul ruolo protagonista dei media, in particolare della Tv onnipotente e manipolatoria (il tema del giustiziere con la telecamera non rinverdisce il mito dell'ispettore Callaghan, ma è funzionale solo allo spasmodico desiderio di esibizionismo in una metropoli sempre più degradata). Levinson vira sul comico il suo schema narrativo preferito, il rapporto tra due uomini di età diversa, di cui uno problematico (vedi *Rain Man*): da una parte Joe Pesci imparruccato e in bermuda, che aspira alla sua stellina di cemento sul marciapiede del cinema e che da solo è uno spettacolo che vale l'intero film; dall'altro Slater che si conferma uno dei migliori attori della sua generazione. A Victoria Abril è riservato solo un ruolo di secondo piano come parrucchiera che mantiene con scetticismo il sognatore di periferia («A forza di guardare la televisione sei diventato un mostro»). Alcune scene del filmato di Jimmy sono state girate con la candid camera.

Jimmy il gentiluomo *** (*Jimmy the Gent*, Usa 1934, b/n, 67') Michael Curtiz. Con James Cagney, Bette Davis, Alice White, Allen Jenkins, Arthur Hohl, Alan Dinehart, Mayo Methot. ◆ Jimmy Corrigan (Cagney), «l'uomo con l'ottica di un verme», vive rintracciando eredi di grandi patrimoni, senza preoccuparsi molto se quelli che trova sono veri o falsi: l'importante è la percentuale che può incassare. Una commedia scatenata, tratta dal racconto *The Hair Chaser* di Laird Doyle e Ray Nazzaro (sceneggiato da Bertram Millhauser), con Cagney perfetto nel tratteggiare il ritratto di un personaggio ripugnante e spensieratamente cinico, che si muove con abilità in mezzo a un mondo di uguali (dove spicca Bette Davis nella parte della segretaria di un concorrente). Ancora godibilissimo il dialogo bruciante che illustra comicamente l'avidità del personaggio («Latte o limone?». «Tutti e due») o la sua ignoranza («Au revoir, Corrigan», «Filet mignon, Wellingham»). Inedito in Italia ma meritoriamente proposto da Claudio G. Fava alla Rai.

Joan Lui – Ma un giorno nel paese arrivo io di lunedì * (Italia/Rft 1985, col, 163') Adriano Celentano. Con Adriano Celentano, Claudia Mori, Marthe Keller, Haruhiko Yamanouchi, Federica Moro, Rita Rusic, Francesco Salvi. ◆ Joan Lui (Celentano) affronta cantando i drammi del mondo odierno (droga e violenza), le attenzioni del Maligno (nei panni di un potentissimo mercante che gestisce nefasti traffici internazionali), la curiosità di una giornalista di sinistra (Mori). E attraverso i mass media predica, redime, viene ucciso e resuscita in diretta. Grazie anche ai soldi dei Cecchi Gori, Celentano mette in scena il proprio delirio di onnipotenza, cioè una personale rilettura del cristianesimo in musical. Scritto, diretto, montato, musicato e interpretato con assoluta mancanza di ogni misura e pudore, il film è un delirio finto-apocalittico, che riesce solo a elencare, banalmente, i peggiori luoghi comuni del qualunquismo. Giustamente ignorato dal pubblico alla sua uscita nei cinema.

Joan the Woman → *voce «Giovanna d'Arco»*

Joe – La guerra del cittadino Joe ** (*Joe*, Usa 1970, col, 107') John G. Avildsen. Con Peter Boyle, Dennis Patrick, Audrey Caire, Susan Sarandon. ◆ Un operaio (Boyle) aiuta un pubblicitario (Patrick) _ ugualmente conservatore, razzista e convinto assertore della giustizia privata _ a recuperare la figlia rifugiatasi con gli hippy dopo che il padre ha ucciso il ragazzo spacciatore. Un ritratto violento e non totalmente onesto di una certa America intollerante, riscattato da un'eccezionale prova di Boyle, che dà al suo personaggio una credibilità ben maggiore di quella della sceneggiatura. Esordio al cinema della Sarandon.

Joe Bass l'implacabile **½ (*The Scalphunters*, Usa 1968, col, 102') Sydney Pollack. Con Burt Lancaster, Telly Savalas, Shelley Winters, Ossie Davis, Armando Silvestre, Nick Cravat. ◆ Costretto a barattare le proprie pelli con uno schiavo nero (Davis), Joe Bass (Lancaster) si butta all'inseguimento di chi l'ha obbligato a quello scambio (Savalas), trascinandosi dietro il suo riluttante compagno di colore. Avventura picaresca, sospesa tra western e commedia, sceneggiata da William Norton, che si apre sulla realtà del razzismo e che «sul registro di un humour amaro e malizioso, non privo di cadute nella farsa, contrappone all'eroe uno schiavo nero più colto, in lotta a colpi di furia e di cinismo, fino al duello-simbolo in cui un fango programmatico ricopre l'uno e l'altro, e ne cancella le differenze di colore».

Joe contro il vulcano **½ (*Joe Versus the Volcano*, Usa 1990, col, 103') John Patrick Shanley. Con Tom Hanks, Meg Ryan, Lloyd Bridges, Robert Stack, Abe Vigoda, Ossie Davis, Amanda Plummer, Carol Kane. ◆ Convinto del proprio imminente decesso per malattia, un modesto impiegato (Hanks) si vendica dei torti e delle umiliazioni sul lavoro, e accetta la proposta di un bizzarro industriale: pochi giorni sfrenati e «spesati», prima di sacrificarsi gettandosi nel vulcano di un' isoletta del Pacifico (per placarne l'ira e ottenere dagli indigeni un raro minerale). Dal grigio degli uffici a tramonti colorati, naufragi miracolosi, indigeni pittoreschi ghiotti d'aranciata: una favola rosa raccontata come un cartoon, ricca di trovate e humour malinconico. Una deliziosa Meg Ryan interpreta le tre donne del tenero protagonista.

Joe Hill **½ (*Joe Hill*, Svezia 1971, col, 107') Bo Widerberg. Con Thommy Berggren, Anja Schmidt, Kelvin Malave, Everl Anderson, Cathy Smith. ◆ Dai quartieri poveri di New York all'ingiusta esecuzione capitale, la vita coraggiosa di un emigrato svedese (Berggren) che nei primi anni del secolo attraversa l'America cantando brani di protesta e contribuendo alle organizzazioni sindacali internazionali. Il nuovo mondo tra spazi sconfinati e ingiustizie da combattere con fermi ideali: dramma sociale e romanticismo per una ricostruzione accurata, ma con qualche manierismo di troppo. Stephen Grossman e Joan Baez firmano la colonna sonora. Premio speciale della giuria al festival di Cannes.

Jo e il gazebo **½ (*Jo*, Francia 1971, col, 85') Jean Girault. Con Louis de Funès, Claude Gensac, Bernard Blier, Christiane Muller, Michel Galabru, Paul Préboist, Guy Trejan, Yvonne Clech. ◆ Scrittore di gialli, Antoine (de Funès) decide di liberarsi di un ricattatore secondo la tecnica del delitto perfetto da lui stesso messa a punto in un romanzo: le cose naturalmente non vanno come previsto, ma lui si ritrova lo stesso col cadavere da nascondere e l'ispettore Ducroc (Blier) che indaga sui suoi comportamenti. Una commedia costruita per la mimica scatenata di de Funès, sceneggiata da Claude Magnier a partire dalla commedia di Alec Coppel già portata sullo schermo da George Marshall (*Gazebo*): solo equivoci e smorfie, ma con un ritmo travolgente.

Joe il pilota ** (*A Guy Named Joe*, Usa 1943, b/n,

120') Victor Fleming. Con Spencer Tracy, Irene Dunne, Van Johnson, Lionel Barrymore, Ward Bond, James Gleason, Barry Nelson, Esther Williams. ◆ Un eroico pilota americano morto in azione (Tracy) ritorna come fantasma, in missione «celeste», per aiutare i novellini e liberare, non senza soffrire, l'amata (Dunne) dal rimpianto. Una commedia fantastica tra il poetico e l'edificante, uscita in piena guerra e molto amata dal pubblico per la sua evidente componente consolatoria e ottimistica. Oggi, la si definirebbe melassosa. Remake di Spielberg (*Always – Per sempre*, 1989).

Joe il rosso *½ (Italia 1936, b/n, 82') Raffaello Matarazzo. Con Armando Falconi, Luisa Garella, Luigi Pavese, Ada Dondini, Barbara Monis, Maria Denis, Angelo Bizzarri, Emilio Petacci, Cesare Zoppetti, Remo Lotti. ◆ Lo «zio d'America» chiamato dalla nipote Marta (Garella) è in realtà il gangster Joe Mark (Falconi): indagherà sulla scomparsa di un famoso quadro del Murillo e smascherera le disonestà e gli imbrogli della nobile e stimata famiglia dei Sandelle Lafitte che trattava con tanta supponenza la nipote. Fedele trascrizione (sceneggiata da Guglielmo Giannini) della commedia di successo scritta da Dino Falconi su misura per il padre Armando: il protagonista gigioneggia in modi, oggi, invecchiatissimi e il brio dell'azione non riesce molto a sopperire all'esilità della storia.

Joe Kidd *½ (*Joe Kidd*, Usa 1972, col, 88') John Sturges. Con Clint Eastwood, Robert Duvall, John Saxon, Don Stroud, Stella Garcia, James Wainwright. ◆ Assoldato da un latifondista (Duvall) per sedare la rivolta di una banda di messicani, un abile ranchero (Eastwood) finisce per schierarsi dalla parte dei coloni. Quando Elmore Leonard non era ancora un maestro del noir razzolava nei cliché del western: ma qui una patina populista non basta a dar vita a un intreccio già allora vecchio e alla regia svogliata di un piccolo maestro poco convinto. Tra le interpretazioni più fiacche di Clint.

Joe Valachi, i segreti di cosa nostra * (Italia/Francia 1972, col, 127') Terence Young. Con Charles Bronson, Lino Ventura, Walter Chiari, Amedeo Nazzari, Jill Ireland, Joseph Wiseman, Pupella Maggio, Fausto Tozzi, Angelo Infanti. ◆ Mezzo secolo di alleanze, efferati delitti, carcerazioni, illeciti vari, passaggi di potere. Tratto dal libro di Peter Mass *La mela marcia*, è una specie di «riassuntino» su Cosa Nostra e i suoi personaggi più famosi, un ibrido tra documentario e fiction che non coinvolge o suscita interesse.

John e Mary ** (*John and Mary*, Usa 1969, col, 92') Peter Yates. Con Dustin Hoffman, Mia Farrow, Michael Tolan, Sunny Griffin, Olympia Dukakis. ◆ Un incontro casuale spinge John (Hoffman) e Mary (Farrow) a passare una notte insieme. Ma il loro rapporto è tutto da definire e deve superare diffidenze ed estraneità. Dal romanzo di Mervyn Jones, una storiella intimista graziosa ma non irresistibile, lenta, vagamente datata e con i protagonisti sottotono.

Johnny Belinda **½ (*Johnny Belinda*, Usa 1948, b/n, 103') Jean Negulesco. Con Jane Wyman, Lew Ayres, Charles Bickford, Agnes Moorehead, Stephen McNally. ◆ In un villaggio di pescatori nella Nuova Scozia una giovane sordomuta considerata irrecuperabile (Wyman), aiutata mirabilmente da un dottore (Ayres), affronta la violenza di un marinaio e la responsabilità della maternità. Un melodramma classico a forti contrasti, enfatico e concitato, reso con sapienza e finezza. Oscar all'intensa performance della protagonista. Rifatto nel 1982 come tv-movie (*Johnny Belinda* di Anthony Harvey, inedito in Italia).

Johnny Cool messaggero di morte *** (*Johnny Cool*, Usa 1963, b/n, 101') William Asher. Con Henry Silva, Elizabeth Montgomery, Telly Savalas, Richard Anderson, Jim Backus, Sammy Davis jr, Wanda Hendrix, Brad Dexter, Elisha Cook jr. ◆ Tradito dai suoi e per questo obbligato a tornare in Italia, un vecchio gangster (Anderson) istruisce un giovane siciliano sfuggito alla morte, Salvatore Giordano (Silva), e lo incarica di vendicarlo: col nome di Johnny Colini andrà negli Stati Uniti, ma lì lo attende la tragedia. Insolito e violentissimo gangster-movie, sceneggiato da Joseph Landon a partire da un romanzo di John McPortland: la storia, tutta costruita su una serie di falsi *coup de théâtre* (scambi di valigie, bambini indifesi vicino a dove ci sarà un'esplosione), non sempre rispetta la verosimiglianza ma è l'atmosfera di raggelato sadismo che si respira a rendere questo film di serie B un gioiellino, capace di farci entrare in un mondo dove la giustizia sembra non essere mai esistita. E il ritratto dell'assassino freddo e violento che crea Henry Silva (la cui storia siciliana ricorda molto da vicino quella di Salvatore Giuliano) è di quelli che non si dimenticano. Prodotto da Peter Lawford. Savalas è il signor Santangelo, Sammy Davis il «professore».

Johnny Guitar **** (*Johnny Guitar*, Usa 1954, col, 110') Nicholas Ray. Con Joan Crawford, Sterling Hayden, Scott Brady, Mercedes McCambridge, Ward Bond, Ben Cooper, Ernest Borgnine. ◆ Odiata per la sua bellezza e accusata ingiustamente di aver collaborato a una rapina, Vienna (Crawford), la proprietaria di un saloon, viene condannata all'impiccagione da una folla guidata dalla sua più acerrima nemica, Emma (McCambridge): salvata all'ultimo momento da Johnny Logan, detto Johnny Guitar (Hayden), un pistolero che in passato aveva avuto con lei una relazione, Vienna riuscirà ad andarsene libera solo dopo aver affrontato in duello Emma. Un western intellettuale e complesso, torbido e cupo come una tragedia greca (sceneggiato da Philip Yordan), segnato in profondità dall'interpretazione manierata di tutti i protagonisti e straziante nel suo disperato romanticismo (dove è possibile vedere un accenno autobiografico al legame che qualche anno prima aveva unito Ray alla Crawford). Così il tema della tolleranza, che permette di leggere nel film un violento attacco al maccartismo e al puritanesimo repressivo allora vincente, si unisce all'esaltazione, barocca e fiammeggiante, dell'amore tra «due vinti, che credono nei propri sentimenti e che, resi più forti dalle sofferenze e dalle dure prove, vi cercano una ragione d'essere e di vivere». Notevolissimo il lavoro sul colore del direttore della fotografia Harry Stradling, ma anche del regista, che per aggirare i limiti del sistema trucolor (che rendeva male il blu) accentuò un cromatismo in bianco (come certi indimenticabili abiti di Vienna) e nero (come la notte, spesso rotta dalle fiamme). Nonostante la povertà della produzione (Republic), *Johnny Guitar* è una delle rielaborazioni più conturbanti (e più poetiche) del mito della frontiera.

Johnny il bello **½ (*Johnny Handsome*, Usa 1989, col, 90') Walter Hill. Con Mickey Rourke, Ellen Barkin, Elizabeth McGovern, Morgan Freeman, Lance Henriksen, Forest Whitaker. ◆ Tradito dai complici e imprigionato, un delinquente dal viso deforme (Rourke) viene sottoposto con successo alla chirurgia estetica, ma il desiderio di vendetta è più forte della prospettiva di una nuova esistenza. Un film coraggioso e sgradevole, a metà tra azione, thriller e patetismi melò, con Rourke controllato e sofferto nel suo ruolo più convincente dopo *Rusty il selvaggio*.

Johnny Mnemonic ° (*Johnny Mnemonic*, Usa 1995, col, 96') Robert Longo. Con Keanu Reeves, Dina Meyer, Dolph Lundgren, Ice-T, Takeshi Kitano, Henry Rollins, Udo Kier. ◆ Nell'immediato futuro, il corriere elettronico Johnny (Reeves) ha nel cervello un microchip zeppo di dati che fanno gola a uno yakuza (Kitano). Con l'aiuto di una comunità di hackers ribelli al sistema, Johnny salva la pelle, sconfigge un killer che cita le sacre scritture (Lundgren) e scopre l'amore e gli ideali. Per il suo primo lungometraggio, il pittore Robert Longo si è fatto scrivere da William Gibson un bigino cyberpunk, ispirato al suo racconto omonimo e, non dichiaratamente, al romanzo *Luce virtuale*. Ma ciò che sulla pagina è vertiginoso ed evocativo, sullo schermo è paccottiglia di fantascienza ormai logora, senza emozioni né idee visive. Sprecato il cast; Barbara Sukowa ha prestato la faccia per il fantasma elettronico di Anna.

Johnny Stecchino **½ (Italia 1991, col, 121') Roberto Benigni. Con Roberto Benigni, Nicoletta Braschi, Paolo Bonacelli, Franco Volpi, Ivano Marescotti, Alessandro De Santis. ◆ Dante (Benigni), candido autista di un pulmino per handicappati, è il sosia di un boss pentito che la mafia vuole eliminare. Attirato a Palermo dalla donna del boss (Braschi), che lo vuole usare come bersaglio per salvare la vita al suo uomo, viene salvato dalla sua ingenuità. Commedia degli equivoci sceneggiata con una certa cura (assieme a Vincenzo Cerami), con un Benigni meno sgangherato del solito, ma non ancora vero padrone del crescendo narrativo di un film: lui è pungente, alcune gag (come il furto di banane) sono indovinate, i duetti con l'amico handicappato sono teneri, ma alla fine resta la voglia di vederlo recitare con un vero regista.

Johnny Suede ** (*Johnny Suede*, Usa 1991, col, 100') Tom DiCillo. Con Brad Pitt, Alison Moir, Cath rine Keener, Nick Cave, Tina Louise, Samuel L.Jackson. ◆ Ciuffo a banana e scarpe di pelle scamosciata (*suede*), Johnny (Pitt) sembra non accorgersi di essere un pesce fuor d'acqua nella New York di oggi: sogna il successo come cantante rockabilly, e si spaventa all'idea di andare a vivere con una ragazza. Storia di una maturazione dal tono scanzonato e lunare, con molti debiti nei confronti del cinema di Jarmusch (di cui DiCillo, qui al suo esordio come regista, è stato direttore della fotografia) e di Kaurismäki. Come è invecchiata in fretta la new wave: il cinema di DiCillo, con le sue puntate surreali e la sua aria di gioco tra amici, è accattivante ma fragilissimo, e rischia di rientrare nella famigerata categoria del carino.

Johns *½ (*Johns*, Usa 1996, col, 98') Scott Silver. Con David Arquette, Lukas Haas, Arliss Howard, Elliott Gould, Keith David, Alanna Ubach, John C. McGinley. ◆ La vigilia di Natale il marchettaro John (Arquette) è alla ricerca disperata di soldi: pagherà il debito con un delinquente, si concederà il lusso di una stanza d'albergo o fuggirà da L.A. con l'amico Donner (Haas)? Molto meno crudo e più moralista di quanto vorrebbe sembrare, un quadretto di vita da strada con un facile lirismo e la tragedia sempre dietro l'angolo. Scritto dall'esordiente regista. Il titolo è un gioco sul significato gergale di «John», cliente.

Jolanda la figlia del Corsaro Nero ** (Italia 1953, b/n, 95') Mario Soldati. Con May Britt, Mark Lawrence, Renato Salvatori, Barbara Florian, Umberto Spadaro, Ubaldo Lay. ◆ Scampata ancora bambina alla morte, cresciuta come un maschio, abile nelle armi, la figlia del famoso pirata (Britt) scopre la sua identità e decide di vendicare il padre, riunendo i suoi compagni e sfidando il malvagio conte di Medina (Lawrence). Tratta dall'omonimo romanzo di Emilio Salgari, una fantasia spettacolare, sapientemente autoironica e realizzata con cura (fotografia di Tonino Delli Colli e musica di Nino Rota).

Joli mai, Le ** (*Le Joli mai*, Francia 1963, b/n, 140') Chris Marker. ◆ Un film-inchiesta sulle reazioni dei parigini agli avvenimenti del 1962: una prima parte, *Prière sur la Tour Eiffel*, raccoglie aspirazioni, ideali, considerazioni sul benessere e i sentimenti di persone spoliticizzate; la seconda, *Le Retour de Fantômas*, con interviste di persone che hanno scelto l'impegno (un prete operaio, uno studente africano, alcuni scioperanti) illustra le tensioni per la guerra d'Algeria, gli scioperi, gli attentati, le reazioni al discorso di De Gaulle, la vita dei detenuti della Roquette. Soggettività e ironia si mescolano in un'interpretazione personale _ e discussa _ dei moduli del cinéma-vérité. In originale la voce fuori campo è quella di Yves Montand.

Jolly Blu ** (Italia 1998, col, 95') Stefano Salvati. Con Max Pezzali, Gabriele Baldoni, Giuliano Brunazzi, Francesco Casale, Dario Cassini, Massimo Di Michele, Sabrina Salerno, Alessia Merz, Jovanotti [Lorenzo Cherubini], Saturnino [Celani], Natalia Estrada. ◆ Per impedire la chiusura del bar Jolly Blu, Max (Pezzali) accetta di cantare le proprie canzoni per fare una colletta: il presidente di una casa discografica (Jovanotti) lo metterà sotto contratto, e il bar sarà salvato dal provvidenziale intervento di Alex (Cassini). Come in un musicarello in versione karaoke (difatti è girato in video), le canzoni più famose degli 883 vengono cucite attorno a una tramina facile facile. Ma Pezzali, spontaneo e non narcisista, è l'interprete genuino di maschilismi da bar e malinconie da sabato sera: e i testi, accoppiati alle immagini (come la Salerno che incarna *Sei un mito*), raggiungono vette di lirismo pop in versione ruspante.

Jolly è impazzito, Il **½ (*The Joker is Wild* rititolato *All the Way*, Usa 1957, b/n, 123') Charles Vidor. Con Frank Sinatra, Mitzi Gaynor, Jeanne Crain, Eddie Albert, Jackie Coogan, Beverly Garland. ◆ Chicago, 1930: il cantante Joe E. Lewis (Sinatra), per vendetta, viene sfregiato e ferito alle corde vocali. Anni dopo l'amico Austin (Albert) lo ritrova e lo riporta alla ribalta come comico di cabaret, ma Joe esita a sposare la donna che ama (Gaynor), sceglie quella sbagliata (Crain), si attacca alla bottiglia, e alla fine rimane solo. Tratto da una biografia romanzata di Art Cohn e sceneggiato da Oscar Saul, è un ritratto appassionante e coinvolgente interpretato da un Frank Sinatra in stato di grazia. E il ritratto di un uomo alla deriva che rifiuta la redenzione è singolarmente controcorrente rispetto al cinema dell'epoca. Oscar alla canzone *All the Way*.

Jona che visse nella balena *** (Italia 1993, col, 100') Roberto Faenza. Con Jean-Hugues Anglade, Juliet Aubrey, Luke Petterson, Jenner Del Vecchio, Francesca De Sapio, Djoko Rosic. ◆ Jona (Petterson), piccolo ebreo olandese, viene portato in un campo di concentramento insieme alla famiglia: perde il padre (Anglade) e, dopo la liberazione da parte dei russi, anche la madre (Aubrey), impazzita. Aiutato da una coppia di anziani coniugi, troverà la forza per ricominciare a vivere. Tratto da *Anni d'infanzia* di Jona Oberski, oggi scienziato ad Amsterdam, il film di Faenza (che firma anche la sceneggiatura insieme a Filippo Ottoni) ha il grande merito di raccontare la tragedia dell'antisemitismo e l'esperienza del lager rinunciando al clamore delle scene madri o alla commozione facile: vedendo la realtà attraverso gli occhi offesi del piccolo Jona, il regista resiste a ogni tentazione enfatica e costruisce un film delicato ed emozionante.

Jonas che avrà vent'anni nel 2000 **½ (*Jonas qui aura 25 ans en l'an 2000*, Svizzera/Francia 1976, col e b/n, 110') Alain Tanner. Con Jean-Luc Bideau, Myriam Mézières, Jacques Rufus, Myriam Boyer, Roger Jendly, Miou-Miou [Sylvette Hery], Dominique Labourier, Jacques Denis, Raymond Bussières. ◆ La vita di Mathieu (Rufus) e Mathilde (Boyer), che aspettano un bambino che si chiamerà Jonas e si augurano possa vivere in un mondo migliore del loro, si intreccia con quella di altri sei personaggi: Marcel e Marguerite (Jendly e Labourier), una coppia di contadini; Marco (Denis), un professore di storia che spiega il tempo ai suoi allievi con l'aiuto di una salsiccia; Max (Bideau) un ex militante in crisi; Madeleine (Mézières) una fanatica dell'induismo; Marie (Miou-Miou), una cassiera al supermarket che regala sconti ai clienti più poveri (e simpatici) e Charles (Bussières), un ferroviere in pensione. In una forma antirealistica e fantasiosa, Tanner e lo sceneggiatore inglese John Berger descrivono con tenerezza la «generazione che ha fatto il Sessantotto e che ha la testa nell'utopia e i piedi nella realtà» affrontando il nodo su cui si sono infranti tanti sogni (come far coincidere ideali e quotidianità). E lo fanno con una vitalità e una generosità che non aiuta certo a trovare la soluzione ai problemi ma indubbiamente contribuisce a credere che una via d'uscita ci dev'essere. La differenza di età di Jonas tra il titolo originale e quello italiano è dovuta al fatto che il film è stato distribuito in Italia solo nel 1980, quando appunto mancavano solo vent'anni al Duemila.

Jonathan degli orsi ** (Italia 1995, col, 110') Enzo G. Castellari [Enzo Girolami]. Con Franco Nero, John Saxon, Floyd «Westerman» Rederow, David Hess, Rodrigo Obregon. ◆ Orfano salvato prima dagli orsi e poi educato dagli indiani, Jonathan (Nero) lotta a fianco dei pellerossa contro gli speculatori che vorrebbero estrarre petrolio dalle terre sacre dedicate ai morti. E scoprirà che i capibanda sono i responsabili della morte dei suoi genitori. Un western di serie B come se ne facevano una volta, scritto prodotto e interpretato da un redivivo Franco Nero: una storia lineare, regia professionale, molti colpi di scena. Che è girato in Russia lo si capisce anche dalle comparse con le facce da mongoli impiegate per fare gli indiani.

Josephine ? (*Les Demoiselles de Rochefort*, Francia 1966, col, 86') Jacques Demy. Con Catherine Deneuve, Françoise Dorléac, Danielle Darrieux, George Chakiris, Gene Kelly, Jacques Perrin, Michel Piccoli. ◆ La fiera di Rochefort è l'occasione, per le gemelle Garnier, di trovare l'amore: Delphine (Deneuve) incontra il marinaio Maxence (Perrin), Solange (Dorléac) il pianista americano Andy Miller (Kelly). E la madre (Darrieux) incontra un vecchio amore del passato (Piccoli). Una commedia ballata (più che cantata), omaggio al musical hollywoodiano, ma francesissima nella scelta dello stile scenografico e musicale. Particolarissimo l'uso del colore, con la città che cambia tonalità (verde, giallo, rosa, blu) a seconda dei sentimenti che racconta il film. Catherine Deneuve è doppiata da Anne Germain, Françoise Dorléac da Claude Parent. Ingiudicabile la versione italiana, massacrata dai distributori: in originale dura 120'. Nel 1993, Agnès Varda ha presentato un commovente documentario (*Les Demoiselles ont 25 ans*) sulla lavorazione del film diretto da suo marito e sugli effetti che quel musical continua ad avere sugli abitanti di Rochefort.

Joss il professionista *½ (*Le Professionel*, Francia 1981, col, 106') Georges Lautner. Con Jean-Paul Belmondo, Jean Desailly, Robert Hossein, Cyrielle Claire, Bernard-Pierre Donnadieu, Pierre Vernier. ◆ Un agente segreto francese (Belmondo) _ incaricato di uccidere un presidente africano, e poi tradito e imprigionato per il cambiamento repentino degli accordi internazionali _ si vendica decidendo di portare ugualmente a termine la sua missione. Azione a ritmo serrato e alta improbabilità.

Jovanka e le altre ** (Italia 1959, b/n, 115') Martin Ritt. Con Silvana Mangano, Jeanne Moreau, Vera Miles, Barbara Bel Geddes, Carla Gravina, Van Heflin, Richard Basheart, Romolo Valli, Tiberio Mitri. ◆ Eroismi e drammi sentimentali per cinque donne jugoslave rapate a zero e cacciate per aver simpatizzato con i tedeschi, che si uniscono ai partigiani e condividono le terribili regole di sopravvivenza dei combattenti. Dal romanzo omonimo di Ugo Pirro sceneggiato dal regista e Ivo Perilli, una produzione bellica al femminile, con la Mangano in primo piano (nel ruolo di Jovanka che si sacrifica per portare a termine una missione impossibile), buon cast, altalenante tra esterni suggestivi e retorica discutibile. Il regista Pietro Germi interpreta la parte del comandante dei partigiani.

Jude ** (*Jude*, Gb 1996, col, 122') Michael Winterbottom. Con Christopher Eccleston, Kate Winslet, Rachel Griffiths, Liam Cunningham, June Whitfield, James Daley. ◆ Wessex, fine Ottocento: lo scalpellino Jude Fawley (Eccleston), che sogna di entrare all'università di Christminster, si scontra con la mediocrità della realtà e il peso delle costrizioni sociali, prima sposando una donna volgare che lo pianta (Griffiths), e poi convivendo *more uxorio* con la cugina Sue Bridehead (Winslet). Non c'è scampo nel capolavoro di Thomas Hardy *Giuda l'oscuro*, scandalo dell'epoca (1895), né per l'entusiasta autodidatta Jude, né per la ribelle e libertaria Sue. E Winterbottom cerca di restituire l'inquietudine e le contraddizioni dell'originale, anche se il proposito di evitare le bellurie dei tipici adattamenti letterari britannici porta a volte a un gratuito grand guignol: e la visione della sessualità è comunque più debitrice di D.H. Lawrence che di Hardy. Anche lo stile è aggiornato e poco ivoriano, con un potente prologo in seppia e qualche sbandamento (compreso un intermezzo romantico alla *Jules e Jim*) tipico di chi mette troppa carne al fuoco. La sceneggiatura è di Hossein Amini, la fotografia di Eduardo Serra.

Judith * (*Judith*, Usa 1966, col, 109') Daniel Mann. Con Sophia Loren, Peter Finch, Jack Jawkins, Hans Verner, Zaharira Charifai, Frank Wolff. ◆ Un'ebrea sopravvissuta ai campi di concentramento, Judith (Loren), collabora con il nascente Stato d'Israele nella caccia al marito, generale nazista attivo negli eserciti arabi confinanti. Un melodramma stucchevole e altamente improbabile.

Ju Dou *** (*Ju Dou*, Cina/Giappone 1990, col, 95') Zhang Yimou, Yang Fengliang. Con Li Wei, Gong Li, Li Baotian, Zhang Yi, Zhen Jian, Niu Xingli, Jia Zhaoji. ◆ Cina, anni Venti: la bella Ju Dou (Gong), moglie di un anziano e brutale tintore (Li W.), s'innamora del nipote di costui, Yang Tianquing (Li B.): dalla relazione nasce un figlio che, crescendo, vendicherà l'onore familiare offeso dai genitori. Raffinatissimo melodramma sulla schiavitù femminile e sull'impossibilità di vivere i sentimenti sottraendosi al giogo sociale. Sceneggiato da Liu Heng (autore anche del racconto alla base del soggetto, *Fuxi Fuxi*), il film costituisce il secondo capitolo di una trilogia dedicata alla figura della donna nella Cina feudale (dopo *Sorgo rosso* e prima di *Lanterne rosse*). Felice l'ambientazione nella tintoria, dove gli arcaici macchinari e le stoffe sgargianti sono molto di più che semplici fondali; ottimo il cast, in cui spicca Gong Li, diventata il simbolo della Cina ribelle; e straordinarie le doti narrative di Zhang, ancora una volta autore di una preziosa lezione di storia non scritta e di un'illuminante lezione di cinema. Tra le sequenze indimenticabili vanno ricordate almeno il primo incontro tra i due amanti e l'estenuante corsa funebre che precede la sepoltura del marito-padrone. Il coregista è un funzionario del ministero della Cultura, messo al fianco di Zhang Yimou per controllare «l'ortodossia» del suo lavoro: compito comunque inutile, visto che il film (prodotto con capitali giapponesi e postprodotto a Tokyo) è stato vietato in Cina.

Juggernaut **½ (*Juggernaut*, Gb 1974, col, 109') Richard Lester. Con Richard Harris, David Hemmings, Omar Sharif, Anthony Hopkins, Shirley Knight, Ian Holm. ◆ Un artificiere (Harris) lotta contro il tempo per disinnescare gli ordigni che un folle ingegnoso ha collocato su un transatlantico. Grazie all'ottima performance di Richard Harris, e all'abile alternanza di tensione, humour cinico e satira, Lester rende vitale e avvincente un genere convenzionale come il «catastrofico».

Juke Box *½ (Italia 1983, col, 120') Carlo Carlei, Enzo Civitareale, Sandro De Santis, Antonello Grimaldi, Valerio Jalongo, Daniele Luchetti, Michele Scuro. Con Philippe Leroy, Massimo Bonetti, Maddalena Crippa, Riccardo De Torrebruna, Franco Interlenghi, Franco Trevisi, Didi Perego, Mario Scaccia, Barbara De Rossi. ◆ Il lavoro collettivo prodotto dalla scuola-laboratorio Gaumont: un prologo in cui, per salvare una casa di produzione in crisi, al maturo presidente quasi dimissionario vengono procurate le opere prime di giovani registi. Quattro episodi quindi – una dottoressa incaricata di annunciare poche ore di vita rimaste per la giovane vittima di un incidente, i maldestri espedienti di due ragazzi di malavita, una notte di terrore per una promettente attrice rinchiusa a Cinecittà, l'interrogatorio di un cinefilo per la strana morte di un regista – che dimostrano una certa dimestichezza e più amore per il cinema che ansia di sperimentazione.

Juke box - Urli d'amore *½ (Italia 1959, b/n, 92') Mauro Morassi. Con Mario Carotenuto, Marisa Merlini, Aroldo Tieri, Raffaele Pisu, Dory Dorika, Mara Berni, Tiberio Murgia, Karin Baal, Mario Girotti, Aldo Giuffré, Gordana Miletic, Ciccio Barbi, Pina Gallini, Mina [Mina Mazzini], Adriano Celentano, Giorgio Gaber, Wanna Jbba, Coleen Hicks. ◆ Imbroglione cronico, Mario Valente (Carotenuto) tira a campare raggirando chi e dove può, e ricorrendo all'aiuto di una discografica invano innamorata di lui (Merlini) quando si trova sull'orlo dell'arresto. Commediola di costume più che protomusicarello, con Carotenuto che rivendica testardamente il suo diritto ad abbindolare un prossimo credulone mentre una serie di coppie più o meno dichiarate (Murgia e Berni, Baal e Girotti non ancora Terence Hill, Dorika e Pisu, Miletic e Giuffré) cercano di coronare i loro sogni (o le loro voglie). Decisamente slegate le esibizioni di Mina (che canta *Splish spalsh*, *Tintarella di luna* e *Mai*), Adriano Celentano (*Teddy Girl*) e un Gaber nel suo periodo rock (*Desidero te*). Particina per Tiberio Mitri, il pugile Kid la Tigre.

Jules e Jim ***½ (*Jules et Jim*, Francia 1962, b/n, 110') François Truffaut. Con Jeanne Moreau, Oscar Werner, Henri Serre, Marie Dubois, Bosi Bassiak, Sabine Haudepin, Vanna Urbino. ◆ Lo svolgersi, attraverso gli anni e la brusca separazione per la prima guerra mondiale, della lunga storia di amicizia e amore tra due amici – un francese, Jim (Serre) e un austriaco, Jules (Werner) – e la donna amata da entrambi, Catherine (Moreau). Tratto dal romanzo omonimo di Henri-Pierre Roché (che lo scrisse all'età di 75 anni) adattato dal regista e Jean Gruault, è la storia del ménage à trois più celebrato della storia del cinema, raccontata da Truffaut con uno stile raffinato e delicatissimo (il toccante scope in bianco e nero di Raoul Coutard, la musica di Georges Delerue e la fortunata canzone *Le tourbillon* cantata dalla stessa Moreau e scritta da Boris Bassiak, che interpreta il terzo uomo della storia, Albert). Il risultato è un film «leggero, puro, aereo» che non si preoccupa di trarre una morale dal comportamento dei suoi personaggi e che per questo scatenò le ire di numerosissime associazioni che chiesero l'intervento della censura contro questo struggente canto di libertà e anticonformismo.

Julie, perché non vuoi? ** (*Crooks Anonymous*, Gb 1962, b/n, 87') Ken Annakin. Con Leslie Phillips, Julie Christie, Stanley Baxter, Wilfrid Hyde-White. ◆ Per amore della fidanzata un ladro (Phillips) accetta di farsi rieducare partecipando alle riunioni della «Anonima Ladri», un'associazione gestita da lestofanti redenti. Ma le tentazioni sono sempre presenti, e non solo per lui. Un bel cast per una commedia minore, spigliata e brillante, lanciata in Italia con un assurdo titolo per l'improvvisa notorietà della Christie, qui al suo debutto.

Jumanji *½ (*Jumanji*, Usa 1995, col, 104') Joe Johnston. Con Robin Williams, Jonathan Hyde, Kirsten Dunst, Bradley Pierce, Bonnie Hunt, Bebe Neuwrith, David Alan Grier, Patricia Clarkson, Adam Hann-Byrd, Laura Bell Bundy. ◆ Dopo aver trovato uno strano gioco da tavolo chiamato Jumanji, Judy (Dunst) e Peter (Pierce) scopriranno che le «penitenze» si materializzano veramente, che una volta iniziato bisogna portarlo fino alla fine e soprattutto che Alan (Hann-Byrd da piccolo, Williams da grande) e Sarah (Bell Bundy da piccola, Hunt da grande), dopo avere cominciato a giocarlo venticinque anni prima, stanno pagando ancora le conseguenze di quel loro gesto. I trucchi della Industrial Light & Magic e l'esperienza di Johnston nel curare gli effetti speciali di *Guerre stellari* hanno permesso di portare sullo schermo un romanzo di Chris Van Allsburg del 1981 (sceneggiato da Jonathan Hensleigh, Greg Taylor e Jim Strain) con il suo contorno di belve feroci e monsoni che si materializzano in casa: ma per il resto? La storia è macchinosa, Robin Williams che torna dalla giungla è poco divertente e alla fine tutto si riduce alla solita «prova iniziatica» per poter diventare adulti. Alla faccia del film per bambini!

Jumpin' Jack Flash ** (*Jumpin' Jack Flash*, Usa 1986, col, 105') Penny Marshall. Con Whoopi Goldberg, Stephen Collins, John Wood, Carol Kane, Annie Potts, Jeroen Krabbe, Jonathan Pryce, Jim Belushi. ◆ Una eccentrica impiegata di banca con la mania dei messaggi via computer (Goldberg) intercetta un S.O.S. misterioso e si trova coinvolta in un'affaire tra ambasciate e agenti segreti sovietici. Una commedia che vuole parodiare i classici dello spionaggio e che si preoccupa più di mettere in risalto le doti comiche di Whoopi Goldberg che della verosimiglianza della trama. Esordio nella regia dell'ex attrice Penny Marshall, che affida al fratello regista e produttore Garry la parte del detective della polizia. La canzone dei Rolling Stones usata per il titolo, oltre che avere una funzione narrativa nel meccanismo spionistico (la tonalità in cui viene cantata – si bemolle – è la parola chiave per comunicare via computer), è usata nella colonna sonora in una strepitosa versione di Aretha Franklin.

Jungla dei temerari, La **½ (*Tennessee's Partner*, Usa 1955, col, 87') Allan Dwan. Con John Payne, Rhonda Fleming, Ronald Reagan, Coleen Gray, Anthony Caruso. ◆ Il cowboy Cowpoke (Reagan) salva la vita a un giocatore, Tennessee (Payne), e i due diventano molto amici. Quando Cowpoke sta per sposare un'avventuriera opportunista (Gray), Tennessee, che era stato l'amante della donna, finge di partire con lei per allontanarla da Cowpoke. Questi lo picchia davanti a tutti prima di sapere il motivo della sua azione, ma poi morirà nel tentativo di salvargli la vita una seconda volta. Una generosa amicizia virile sullo sfondo della febbre dell'oro californiana: questo il centro d'interesse del film (sceneggiato da Milton Krims, D.D. Beauchamp, Graham Baker e Teddi Sherman) che ha ampiamente modificato il racconto originario di Bret Harte, manicheo nel separare moralmente e congiungere casualmente le due figure maschili dal carattere opposto. Qui il naïf e il cinico dialogano e si capiscono, dando origine a una sorta di «tragedia ottimista» venata di misoginia e della tipica insofferenza di Dwan per tutto ciò che è disperazione ed egoismo. Recitazione un po' legnosa di Reagan.

Jungle Fever **½ (*Jungle Fever*, Usa 1991, col, 132') Spike Lee. Con Wesley Snipes, Annabella Sciorra, John Turturro, Anthony Quinn, Spike Lee, Ossie Davis, Ruby Dee, Samuel L. Jackson, Lonette McKee, Nicholas Turturro, Brad Dourif, Debi Mazar, Tim Robbins, Michael Imperioli, Frank Vincent, Halle Berry. ◆ Un architetto nero (Snipes) pianta la moglie per una collega bianca (Sciorra). Le rispettive famiglie danno in escandescenze, ma anche la loro relazione si scontra con l'impossibilità di un vero amore interrazziale e i due tornano con i loro simili. Intanto il fratello di lui (Jackson), tossicodipendente, fa una brutta fine. Tra dramma e commedia, uno spaccato di vita newyorkese che vuole raccontare la stessa storia da punti di vista diversi (non solo bianchi e neri, ma anche uomini e donne) e però finisce con l'essere troppo didascalico. Buon ritmo, comunque, e adeguato commento musicale di Stevie Wonder e Terence Blanchard. La rapper Queen Latifah interpreta la cameriera razzista. Samuel L. Jackson è stato premiato a Cannes.

Jungle Man-Eaters → *voce «Jim della Giungla»*

Junior *½ (*Junior*, Usa 1994, col, 109') Ivan Reitman. Con Arnold Schwarzenegger, Danny DeVito, Emma Thompson, Frank Langella, Pamela Reed, Judy Collins, James Eckhouse, Aida Turturro. ◆ Per sperimentare un farmaco contro gli aborti spontanei, il dottor Arbogast (DeVito) impianta un ovulo fecondato, sottratto di nascosto alla dottoressa Diana Reddin (Thompson), nel ventre del dottor Hesse (Schwarzenegger): l'esperimento dovrebbe durare solo tre mesi ma Hesse non sta ai patti e decide di portare a termine la gravidanza. Una commedia venata d'horror che, appiattita sui canoni dell'estetica commerciale hollywoodiana (la sceneggiatura è di Kevin Wade e Chris Conrad), punta a far parlare d'altro: innanzitutto del problema ontogenetico che solleva; poi, per gli amanti del cinema-cinema, del corpo in cerca di autore dell'ex Terminator Schwarzenegger. Junior è il nome della bambina che dà alla luce il dottor Hesse.

Jurassic Park **½ (*Jurassic Park*, Usa 1993, col, 125') Steven Spielberg. Con Richard Attenborough, Sam Neill, Laura Dern, Ariana Richards, Joseph Mazzello, Jeff Goldblum, Bob Peck, Samuel L.Jackson, Martin Ferrero, B.D.Wong. ◆ Sfruttando le scoperte della bioingegneria, John Hammond (Attenborough) è riuscito a ricreare il Dna di alcuni dinosauri e a riportarli in vita. Spera così di trasformare un'isola al largo del Costa Rica nel più straordinario parco di divertimenti del mondo. Ma quando invita una coppia di paleontologi (Neill e Dern), un finanziatore (Ferrero), un matematico (Goldblum) e i suoi due nipotini (Richards e Mazzello) per visitarlo in anteprima, un sabotaggio disattiva le difese elettriche e niente più riesce a trattenere l'aggressività dei dinosauri carnivori. Tratto dall'omonimo bestseller di Michael Crichton (coautore anche della sceneggiatura con David Koepp), è un cupo apologo sull'incapacità dell'uomo di usare le scoperte della scienza. Il film riduce eccessivamente la storia, smussa l'avidità capitalistica di Hammond (e semplifica le spiegazioni scientifiche con un mini show a cartoni animati), tiene in vita più personaggi del romanzo e si chiude lasciando il tirannosauro padrone del campo, sostituendo così al moralismo del libro un più catastrofico pessimismo: per Spielberg gli esseri umani non possono certo trovare alcuna speranza di salvezza con le loro sole forze (non è più tempo per aspettare ET!) e i bambini sono condannati a soffrire per le follie dei grandi. Straordinari, come sempre, gli effetti speciali che regalano qualche momento di autentica paura (i velociraptor che cacciano i ragazzi nelle cucine). Una curiosità: solo tre tipi di dinosauri (brachiosaurus, compsognathus e dilofosaurus) sono vissuti nel Giurassico; gli altri sono tutti del Cretaceo. Alla sua uscita ha incassato 900 milioni di dollari. Tre Oscar: miglior sonoro, effetti speciali sonori ed effetti speciali visivi. Seguito da *Il mondo perduto – Jurassik Park*.

Jus primae noctis *½ (Italia 1972, col, 109') Pasquale Festa Campanile. Con Lando Buzzanca, Marilù Tolo, Renzo Montagnani, Paolo Stoppa, Felice Andreasi, Giancarlo Cobelli, Ely Galleani, Gino Pernice. ◆ Lotte a colpi di prepotenze e soprusi erotici tra il tirannello medioevale Ariberto e i suoi vassalli: il giovane Gandolfo si ribella e gli rifiuta la moglie, infischiandosene del diritto e della legge, fatta per i potenti. Commedia in costume (nella cui sceneggiatura si è fatto coinvolgere anche Luigi Malerba) dove gli spunti satirici affogano dentro a battute volgari e doppi sensi.

Justine ovvero le disavventure della virtù *½ (*Marquis De Sade: Justine*, Rft 1969, col, 102') Jess Frank [Jesús Franco]. Con Romina Power, Maria Rohm, Jack Palance, Sylva Koscina, Rosalba Neri, Akim Tamiroff, Klaus Kinski, Howard Vernon, Mercedes McCambridge, Rosemary Dexter. ◆ Ingiustamente ricercata, in balìa di banditi e nobili omicidi, la povera orfana parigina Justine (Power) sperimenta i rischi dell'ingenuità e dell'ostinata virtù. Ispirata molto vagamente a De Sade (impersonato da Klaus Kinski), una coproduzione italo-tedesca dal cast stravagante e dal clima tra il morboso e il risibile: uno dei film che Romina Power vorrebbe dimenticare, dove si mostrava (semi)nuda.

Just Friends ** (*Just Friends*, Belgio/Francia/Olanda 1994, col, 95') Marc-Henri Wajnberg. Con Josse De Pauw, Ann-Gisel Glass, Sylvie Milhaud, Charles Berling, Jean-François Jacob, Geert Kliphuis. ◆ Anversa 1959: il sassofonista Jack Peters (De Pauw) si guadagna da vivere scaricando banane, sogna di andare a New York, perde scritture perché si ostina a suonare il be-bop, vede un amico bassista morire di droga e fa la vita da bohème soffiando la ragazza (Glass) a un amico scultore genere Tinguely. Gradevole operazione nostalgia in confezione di lusso, con tanta bella musica (il protagonista è doppiato da Archie Shepp) e nessuna voglia di scalfire.

K *½ (*K*, Francia 1997, col, 135') Alexandre Arcady. Con Isabella Ferrari, Patrick Bruel, Pinkas Braun, Marthe Keller, Jean-François Stevenin, Dieter Kirchlechner, Dan Tordjman, Burkhard Heyl. ◆ Tra la caduta del Muro di Berlino e la Guerra del Golfo, un anziano antiquario ebreo (Braun) fredda nel suo negozio un ex SS e poi sparisce in un incendio; Sam Bellamy (Bruel), il poliziotto che si era rifiutato di arrestarlo, scopre che la vittima era un ex ministro della Germania dell'Est e decide di proseguire le indagini a Berlino con l'aiuto di Emma (Ferrari), la figlia dell'ucciso, di cui ovviamente s'innamora. Un intrigo inutilmente farraginoso, lungo e irritante sulla falsariga delle spy story da guerra fredda, con malcelate ambizioni e presunzioni d'autore (il modello a cui aspira è *Il maratoneta*): dialoghi sciapi, attori spaesati e leit-motiv ridicoli, come la pioggia che scroscia puntualmente poco prima dei momenti clou. Sceneggiato da Jorge Semprun, Antoine Lacomblez e dal regista a partire da un romanzo di Guy Konopnicki.

Kaan principe guerriero *½ (*The Beastmaster*, Usa 1982, col, 118') Don Coscarelli. Con Marc Singer, Tanya Roberts, Rip Torn, John Amos, Rod Loomis. ◆ Kaan (Singer), eroe figlio di re, combatte con l'aiuto dei suoi compagni (alcuni animali e due simpatici furetti) contro il diabolico prete Max (Torn) che uccise suo padre e riesce a liberare la bella schiava Kiri (Roberts) di cui è innamorato. Un fantasy di buona fattura con un eroe a metà strada tra Conan e Tarzan. Bella fotografia di John Alcott.

Kagemusha, l'ombra del guerriero *** (*Kagemusha*, Giappone 1980, col, 159') Akira Kurosawa. Con Tatsuya Nakadai, Tsutomo Yamazaki, Kenichi Hagiwara, Kota Yui, Hideji Otaki, Daisuke Ryu. ◆ Giappone, secolo XVI: ucciso durante un assedio, il principe Shingen viene sostituito da un «kagemusha» (un uomo-ombra, cioè un sosia), un ladro (Nakadai) a cui viene insegnato a comportarsi da re per non togliere entusiasmo alle truppe e ingannare il nemico. Assolto il suo compito e poi smascherato, il kagemusha viene scacciato, ma non riuscirà ad abbandonare l'esercito: calatosi del tutto nel personaggio, morirà per difendere la bandiera dei «suoi» soldati e del «suo» regno. Amara parabola sull'illusione della vita e la vanità della grandezza umana, il film (prodotto grazie a un finanziamento di Coppola e Lucas e sceneggiato dal regista con Masato Ide) fonde suggestioni derivate dalla letteratura medioevale giapponese e da quella europea (specie Shakespeare) con la lezione di astrattezza del teatro Nō, ma stempera parte della sua forza drammatica nella gigantesca complessità produttiva. Proprio il gigantismo delle scene di massa, però, sottolinea il fondamentale significato cromatico delle immagini e del colore, che Kurosawa usa simbolicamente e sperimentalmente. Il maggior successo commerciale del regista, tornato a girare nel suo paese dopo dieci anni d'assenza. Palma d'oro a Cannes nell'82. Esiste una versione di 179'.

Kakkientruppen * (Italia 1977, col, 90') Franco Martinelli [Marino Girolami]. Con Gianfranco D'Angelo, Lino Banfi, Oreste Lionello, Ric [Riccardo Miniggio] e Gian [Gianfabio Bosco], Francesco Mulè, Mario Carotenuto, Florence Barnes. ◆ Presso uno strampalato reparto della Wermacht ne capitano di tutti i colori: Hitler che se ne va vestito da Charlot, Stanlio e Ollio catturati in quanto americani, Sandokan che vuole arruolarsi per combattere gli inglesi. Uno sgangherato (e volgare) tentativo di sfruttare il successo delle strisce *Sturmtruppen* di Bonvi, già alla base dell'omonimo film di Salvatore Samperi.

Kalifornia *½ (*Kalifornia*, Usa 1993, col, 118') Dominic Sena. Con Brad Pitt, Juliette Lewis, David Duchovny, Michelle Forbes, Sierra Pecheur, Gregory Mars Martin, David Milford. ◆ L'aspirante scrittore Brian (Duchovny) e la sua fidanzata, la fotografa Carrie (Forbes), programmano un tour sui luoghi di delitti celebri, e hanno bisogno di due compagni di viaggio per dividere le spese: e in chi non incappano, se non in un serial killer (Pitt) e nella sua ragazza sciroccata (Lewis)? Sulla carta una miscela esplosiva: la coppia borghese e quella proletaria, l'intellettuale affascinato dalla violenza e il mostro vero, la bella e la bestia. Ma le idee (dei soggettisti Stephen Levy e Tim Metcalfe, che firma da solo la sceneggiatura) rimangono, appunto, sulla carta. Il regista, esordiente, viene dalla pubblicità, e si vede. La violenza è messa in scena con morbosità e ipocrisia (tranquilli che il cattivo muore, alla fine). E il tema del fascino ambiguo della morte è solo sfiorato. Rutti e spidocchiamenti a parte, Brad Pitt non offre quasi niente.

Kali-Yug la dea della vendetta *½ (Italia/Francia/Rft 1963, col, 98') Mario Camerini. Con Paul Guers, Senta Berger, Sergio Fantoni, Lex Barker, Claudine Auger, Ian Hunter, Roldano Lupi, Klaus Kinski. ◆ Fuggito per un'accusa di omicidio, il medico di un villaggio indiano, Palmer (Guers), viene scambiato per uno dei thugs che ha rapito il nipotino di un maragià e condannato a morte. Prima parte di un dittico che prosegue con *Il mistero del tempio indiano*, tentativo non particolarmente riuscito di incrociare il cinema popolare italiano con i temi della letteratura salgariana.

Kamasutra ** (*Kama Sutra. A Tale of Love*, Gb/India/Giappone/Germania 1996, col, 115') Mira Nair. Con Naveen Andrews, Sarita Choudhury, Indira Varma, Ramon Tikaram, Rekha, Pearl Padamsee, Garima Dhump, Surabhi Bhansali. ◆ India, XVI secolo: scacciata dal palazzo per essere stata sedotta dal raja Singh (Andrews), la serva Maya (Varma) si vendicherà sulla di lui moglie, e amica d'infanzia, Tara (Choudhury), riconquistando l'uomo grazie alle tecniche del Kama Sutra. Ma sconterà tragicamente la forza del suo fascino quando s'innamorerà dello scultore Jai (Tikaram). La scommessa era azzardata: rileggere in chiave «femminista» uno dei classici (maschilisti) dell'erotismo mondiale. Ci riesce quando la sceneggiatura (di Helena Kriel e della regista) si concentra sull'arte della seduzione e sul potere che esercita non solo su chi viene soggiogato (e cioè l'uomo) ma anche su chi lo controlla (la donna, qui una serva che attraverso il fascino del proprio corpo conquista un re ma finisce per perdere l'unico uomo che abbia davvero amato). Sbraca quando le esigenze della superproduzione internazionale impongono inutili (e pacchiane) concessioni al voyeurismo. Fotografia ai limiti dell'accademico di Declan Quinn.

Kamikazen – Ultima notte a Milano *½ (Italia 1987, col, 104') Gabriele Salvatores. Con Paolo Rossi, David Riondino, Nanni Svampa, Mara Venier, Antonio Catania, Alberto [Bebo] Storti, Renato Sarti, Claudio Bisio, Silvio Orlando, Flavio Bonacci, Gigio Alberti, Antonio Palladino, Maria Luisa Santella, Laura Ferrari. ◆ Tensioni e disavventure di sei aspiranti attori comici (Rossi, Orlando, Catania, Storti, Sarti e Bisio) nelle ventiquattr'ore che precedono uno spettacolo-audizione, organizzato da un impresario imbroglione (Bonacci) che con la promessa della presenza di un talent scout televisivo si fa pagare da ognuno e spera così di recuperare i soldi persi alle corse dei cavalli puntando su Kamikazen. Salvo poi scoprire che in platea c'è veramente un'emissaria di *Drive In* (Venier). Liberamente ispirato alla pièce *Comedians* di Trevor Griffith (che Salvatores aveva già messo in scena a teatro), il film riunisce un gruppo di esordienti provenienti dal teatro o dal cabaret destinati, chi più chi meno, a far carriera nel cinema (soprattutto nei successivi film di Salvatores), ma regia e sceneggiatura – di Salvatores ed Enzo Monteleone – fanno fatica ad amalgamare i singoli episodi (e le singole performance), finendo per spezzettare la storia in una specie di cabaret filmato decisamente deludente. Comparse per Gino [Vignali] e Sergio Staino che fanno due barboni alla stazione e Michele [Mozzati] che è un cliente nel night. Salvatores interpreta il maniaco nel diurno della stazione.

Kangarù *½ (*Kangaroo*, Usa 1952, col, 84') Lewis Milestone. Con Maureen O'Hara, Peter Lawford, Finlay Currie, Richard Boone. ◆ Dopo aver rapinato e ucciso il gestore di una bisca, due balordi si rifugiano da un fattore alcolizzato: uno si innamora della figlia del contadino e scopre di voler cambiare vita. Mediocre film d'azione con una bella fotografia e la buona prestazione della O'Hara.

Kansas *½ (*Kansas*, Usa 1988, col, 108') David Stevens. Con Matt Dillon, Andrew McCarthy, Leslie Hope, Brent Jennings. ◆ Guai e avventure «on the road» per un ragazzo perbene (McCarthy) in viaggio dal Midwest a New York: si fa coinvolgere da un giovane (Dillon) nella rapina a una banca, ma poi si riscatta, s'innamora della figlia di un ricco fattore e dimostra di che pasta è fatto salvando una bambina. Fallimentare tentativo di aggiornare i temi del mito di James Dean (l'amicizia impossibile, la vita errabonda): regia e sceneggiatura non hanno spessore e, di conseguenza, anche gli attori. Bella la fotografia dei paesaggi agresti. Musica di Pino Donaggio.

Kansas City ** (*Kansas City*, Usa/Francia 1996, col, 115') Robert Altman. Con Jennifer Jason Leigh, Miranda Richardson, Harry Belafonte, Dermot Mulroney, Michael Murphy, Steve Buscemi, Brooke Smith. ◆ Kansas City, 1934: alla vigilia delle elezioni (truccate dai democratici) il truffatore bianco Johnny O'-Hara (Mulroney) viene fatto prigioniero dal boss nero Seldom Seen (Belafonte), che vuole vendicarsi di un suo furto. Per cercare di liberarlo, sua moglie Blondie (Leigh) rapisce Carolyn Stilton (Richardson), moglie drogata di un potente consulente (Murphy) di Roosevelt, di cui vuole sfruttare le conoscenze nella mala. Altman (sceneggiatore con Frank Barhydt), mescolando tempi e storie, cerca di cogliere le contraddizioni di un'America violenta e corrotta specchio di quella odierna, ma senza trovare una vera sintesi. E il film resta spaccato tra l'elegia dei perdenti (bianchi) e la celebrazione della musica (nera). Ben delineati, comunque, i personaggi, senza il cinismo tipico dell'ultimo Altman. Accanto a Craig Handy e Joshua Redman – che ricreano il duello di Coleman Hawkins e Lester Young – compaiono molti jazzisti di valore come i sassofonisti James Carter (nella parte di Ben Webster) e David Murray, il clarinettista Don Byron, i bassisti Ron Carter e Chris McBride, i pianisti Cyrus Chestnut (nella parte di Count Basie) e Geri Allen, il batterista Victor Lewis. Belafonte è doppiato da Carlo Croccolo.

Kaos ** (Italia 1984, col, 157') Paolo e Vittorio Taviani. ◆ Film a episodi. Nel *Primo episodio* (tratto dalla novella *L'altro figlio*, con Margherita Lozano) una donna disperata e ormai vecchia evita di incontrare il figlio che le è nato dopo una violenza mentre si ostina a scrivere agli altri due figli che da 15 anni sono emigrati in America e non danno notizie; nel *Secondo episodio* (tratto dalla novella *Mal di luna*, con Claudio Bigagli, Massimo Bonetti, Enrico Maria Modugno) la madre della giovanissima Isidora, che ha scoperto di aver sposato un licantropo, decide di proteggere la figlia facendole passare le notti di luna piena in compagnia del cugino Saro, che l'ha sempre amata: ma le urla di dolore del marito che si dibatte al chiaro di luna bloccano quello che poteva essere un tradimento annunciato; nel *Terzo episodio* (tratto dalla novella *La giara*, con Franco Franchi, Ciccio Ingrassia) Zì Dima, per aggiustare la grossa giara per le olive dell'avaro don Lollò, vi rimane chiuso dentro; nel *Quarto episodio* (con Omero Antonutti, Regina Bianchi) Pirandello torna a Girgenti e rivede la madre, se stesso ragazzo e le gite con i fratelli. Scritto dai registi con Tonino Guerra ispirandosi alle *Novelle per un anno* di Luigi Pirandello e introdotto da un episodio dove i pastori si contendono il possesso di un corvo, che alla fine viene lasciato volar via con un campanellino al collo, il film si fa ammirare per una bella ricchezza plastica, ma «nella sua declinazione di colto e primitivo, di letteratura e mito, risulta in definitiva un'operazione di calligrafia, di grande distanza dall'oggi». Per questo l'episodio migliore è quello meno intellettuale e più diretto, il terzo, dove Franchi e Ingrassia sono finalmente utilizzati al meglio delle loro ampie possibilità, non solo comiche. Nell'edizione televisiva è stato aggiunto un quinto episodio (montato prima del «colloquio con la madre») intitolato *Requiem* (con Biagio Barone, Salvatore Rossi, Franco Scaldati) dove un vecchio pastore fingendosi morto, ottiene astutamente il diritto, per sé e per i suoi, a un piccolo camposanto.

Kapò ** (Italia/Francia 1960, b/n, 102') Gillo Pontecorvo. Con Susan Strasberg, Laurent Terzieff, Emmanuelle Riva, Didi Perego, Gianni Garko, Annabella Besi, Graziella Galvani, Paola Pitagora, Dragomir Felba. ◆ Edith (Strasberg), una giovane prigioniera ebrea in un lager nazista, si schiera per sopravvivere dalla parte dei nemici e accetta di diventare «kapò», cioé guardiana-aguzzina delle altre recluse. Ma per amore verso un prigioniero russo (Terzieff) sacrificherà la vita per favorire una fuga di massa. Un dramma di guerra su un argomento spesso rimosso, che vuole raccontare come la paura e la miseria rendono le persone criminali. Ma la sceneggiatura (del regista e Franco Solinas) non ha mai il coraggio di confrontarsi davvero con l'insita «cattiveria» dell'Uomo e ha bisogno di controbilanciare la degradazione di Edith prima con la lezione dell'ideologia (i commenti «impegnati» delle prigioniere politiche) e poi con una caduta nel sentimentalismo più romanzato e ingiustificato (la redenzione attraverso l'amore). Lo stile eccessivamente melodrammatico ed enfatico scelto per descrivere la crudeltà dei nazisti, e soprattutto la scena in cui Teresa (Riva) si suicida gettandosi sui fili dell'alta tensione, furono stigmatizzati da Jacques Rivette in un famoso articolo sui *Cahiers du cinéma*, dove definiva «abietto» il tentativo di rendere spettacolare qualcosa di indicibile come la morte.

K2 – L'ultima sfida * (*K2*, Usa 1991, col, 111') Franc Roddam. Con Michael Biehn, Matt Craven, Raymond J. Barry, Hiroshi Fujioka, Patricia Charbonneau. ◆ Una spedizione sul K2 si risolve in uno scontro di ambizioni e in mezzo massacro: ma alla fine i due amici scalatori (Biehn e Craven), che l'ambizione aveva diviso, si ritrovano, e riescono a salvarsi. Un'avventura anacronistica, girata con efficacia spettacolare ma senza nessun approfondimento dei personaggi. Un bel fiasco al botteghino.

Karamazov **½ (*The Brothers Karamazov*, Usa 1957, col, 146') Richard Brooks. Con Yul Brynner, Maria Schell, Claire Bloom, Lee J. Cobb, Richard

Basehart, Albert Salmi, William Shatner, Judith Evelyn. ◆ Nella russia zarista del 1870, il ricco Fëdor Karamazov (Cobb) domina sui suoi figli: quando viene trovato ucciso, la colpa cade su Dmitrij (Brynner) che viene condannato alla deportazione, anche se il vero colpevole è il figlio illegittimo Smerdjakov (Salmi), istigato dall'anarchico Ivan (Basehart). Abbastanza fedele al romanzo *I fratelli Karamazov* di Dostoevskij – nonostante un finale che offre a Dmitrij una possibilità di fuga, mentre nel romanzo è il più timido dei fratelli, Alëša, a incamminarsi verso una vita migliore – il film (scritto dallo stesso Brooks che rifece la sceneggiatura originale di Julius e Philip Epstein) si sforza di analizzare lo scontro di ideali e passioni che scoppia all'interno della famiglia Karamazov e le diverse posizioni morali rappresentate dai singoli personaggi, anche se le esigenze del racconto soffocano l'introspezione psicologica. In questa è comunque molto aiutato dalla fotografia di John Alton, che sottolinea con colori diversi (il grigio e tutte le sfumature del rosso) la qualità fantasmagorica dei protagonisti. I personaggi di Grusenka e di Dmitrij (interpretati da Maria Schell e Yul Brynner) erano stati pensati per Marilyn Monroe e Marlon Brando.

Karate Kid II *½ (*The Karate Kid, Part II*, Usa 1986, col, 113') John G. Avildsen. Con Ralph Macchio, Pat [Noriyuki] Morita, Nobu McCarthy, Danny Kamekona, Yuji Okumoto, Martin Kove. ◆ Il giovane Daniel La Russa (Macchio) insieme al maestro (Morita) che gli ha insegnato l'arte del karatè, accompagna il saggio giapponese nel suo Paese dove i due useranno la loro arte nel karatè per liberare un villaggio dalle angherie di un gangster e conquistare il cuore di una ragazza locale. Pur rifacendosi ampiamente al primo capitolo della serie, *Per vincere domani*, Macchio e Morita devono muoversi in un universo più ristretto e scontato. Il pubblico giovane ne decretò comunque il successo.

Karate Kid III – La sfida finale *½ (*The Karate Kid III*, Usa 1989, col, 111') John G. Avildsen. Con Ralph Macchio, Pat [Noriyuki] Morita, Robyn Elaine Lively, Tomas Ian Griffith, Martin Kove, Sean Kanan. ◆ Coinvolto per ingenuità in una sfida di karatè dalle nuove e cruentissime regole, Daniel La Russa (Macchio) riesce a convincere il vecchio maestro Miyagi (Morita) ad allenarlo per superare lo scontro da cui non può più tirarsi indietro. I due eroi si ritrovano di fronte il vecchio nemico del primo capitolo. Anche questa volta al cattivo le cose vanno male. Terzo e ultimo episodio del «ragazzo karatè» ormai non proprio più di primo pelo (Macchio aveva 27 anni quando ha girato questo film) e, anzi, abbastanza stanco, così come regista e sceneggiatori.

Karate Kid 4 *½ (*The Next Karate Kid*, Usa 1994, col, 108') Christopher Cain. Con Pat [Noriyuki] Morita, Hilary Swank, Michael Ironside, Constance Towers, Chris Conrad, Arsenio Trinidad, Michael Cavalieri, Walt Goggins. ◆ Amica degli animali, la giovane Julia (Swank) è perseguitata da una banda di teppistelli, l'Alpha Elite, guidata dal maniaco colonnello Dugan (Ironside): con l'aiuto della nonna (Towers), Julia diventerà un'allieva del maestro Myiagi (Morita) che la preparerà in un monastero buddista all'amore universale e alle tecniche del karate. Terzo stanco sequel nato dalle ceneri di *Per vincere domani*: l'unica novità è il cambio di sesso del giovane allievo, per il resto è tutta la solita storia, compresa la prevedibile vittoria finale.

Karl e Kristina *** (*Utvandrarna*, Svezia 1971, col, 191') Jan Troell. Con Max von Sydow, Liv Ullmann, Eddie Axberg, Pierre Lindstedt, Allan Edwall. ◆ A metà dell'Ottocento, una coppia di contadini svedesi, Karl-Oscar Nilsson (von Sydow) e Kristina (Ullmann), emigra in America per sfuggire a una vita miserrima. Al termine di un viaggio lungo e pieno di insidie, arrivano nel Minnesota, dove si costruiscono un nuovo destino. Alla storia personale si aggiungono, poi, altre storie (il fratello di Karl, le famiglie che condividono il destino degli emigrati, il reverendo Daniel) e il film diventa l'epopea di un popolo, dilatandosi a simbolo dell'emigrante europeo in America. Prima parte di un dittico ispirato ai romanzi popolari di Wilhelm Moberg (la seconda è *Nybyggarna*, letteralmente *I pionieri*, dove continua la saga della famiglia e che non è mai stato distribuito in Italia), il film, che per Ingmar Bergman è l'opera di «un genio del cinema», procede con un ritmo lento e sofferto, affascinante e commovente nel suo rigore e nel suo rifiuto di facili drammatizzazioni, splendidamente sorretto dall'interpretazione dei due protagonisti.

Katherine – Storia di una terrorista *½ (*Katherine*, ritintolato *The Radical*, Usa 1975, col, 97') Jeremy Paul Kagan. Con Sissy Spacek, Art Carney, Julie Kavner, Henry Winkler. ◆ L'idealismo e l'impegno politico portano Katherine (Spacek) a mettere una bomba a San Francisco. «Ha sbagliato ma era in buona fede», commenta papà (Carney), in un'intervista in finto stile cinema-verità, dopo aver saputo che la figlia è rimasta dilaniata. Com'era brutto il cinema politico di quegli anni, specialmente quando era fatto con le migliori intenzioni. Anche il mix di flashback e finto documentarismo ha fatto il suo tempo. Prodotto per la televisione.

Katia, regina senza corona *½ (*Katia*, Francia 1959, col, 93') Robert Siodmak. Con Romy Schneider, Curd Jurgens, Pierre Blanchar, Gabrielle Dorziat, Antoine Balpêtré, Françoise Brion. ◆ Il tormentato amore di Katarina Dolgoruky, detta Katia (Schneider), per lo zar Alessandro II (Jurgens), prima esiliata a Parigi e poi resa «vedova» da un attentato quando finalmente lo zar si era deciso a sposarla. Film pseudostorico, melodrammatico ed edulcorato. Rifacimento di *Katia* (1938, di Maurice Tourneur con Danielle Darrieux e John Loder).

Katinka ** (*Katinka*, Danimarca 1988, col, 96') Max von Sydow. Con Tammi Øst, Kurt Ravn, Ole Ernst, Tine Miehe-Renard, Erik Paaske, Ghita Nørby. ◆ In un piccolo villaggio danese d'inizio secolo, il treno – unico legame con il mondo – porta un bel giorno il nuovo amministratore del latifondo, che sconvolgerà la vita della giovane moglie del capostazione. Buon esordio alla regia dell'attore von Sydow, ottimamente supportato dalla fotografia del bergmaniano Sven Nykvist, in un film «minimale» e impressionista.

Katmandu *½ (*Les Chemins de Katmandou*, Francia/Italia 1969, col, 88′) André Cayatte. Con Jane Birkin, Renaud Verley, Serge Gainsbourg, Pascale Audret, Elsa Martinelli, David O'Brien, Arlène Dahl. ◆ Storia della «conversione sociale» del giovane Olivier (Verley), arrivato in Pakistan sulle tracce del padre: deluso dall'incontro con il genitore e dal tragico amore per una ragazza (Birkin) vittima della droga, Olivier decide di stabilirsi a Calcutta, per aiutare chi soffre. Una storia ai limiti del plausibile, sostenuta solo dalla bella fotografia di Andréas Winding e da una discreta prova degli attori, specie della Birkin. In originale dura 100′.

Kazaam – Il gigante rap * (*Kazaam*, Usa 1996, col, 100′) Paul M. Glaser. Con Shaquille O'Neal, Francis Capra, Ally Walker, Marshall Manesh, James Acheson, Fawn Reed. ◆ Inseguito da una banda di piccoli gangster, Max (Capra) urta incidentalmente una scatola da cui fuoriesce Kazaam (O'Neal), genio millenario che si metterà al suo servizio. Versione moderna della *Lampada di Aladino*, pensata apposta per il campione di basket Nba Shaquille O'Neal (che è produttore esecutivo): risaputa, noiosa e non priva di luoghi comuni. O'Neal fa il cantante rap anche nella realtà.

Kean *½ (Italia 1940, b/n, 79′) Guido Brignone. Con Rossano Brazzi, Germana Paolieri, Mariella Lotti, Filippo Scelzo, Nicola Maldacea, Tao [Paolo] Ferrari. ◆ Il famoso attore inglese Kean (Brazzi) è mandato in esilio dal principe di Galles (Scelzo), suo rivale in amore, al quale preme più evitare lo scandalo (l'oggetto della contesa è una donna sposata) che mantenere l'amicizia e l'ammirazione dell'artista. Tratto dal dramma omonimo di Alexandre Dumas padre, il film si limita a illustrare scolasticamente il testo teatrale, senza voli e potenza sufficienti per rendere giustizia al poderoso personaggio principale. Rifatto nel 1956.

Kean (genio e sregolatezza) ** (Italia 1956, col, 83′) Vittorio Gassman. Con Vittorio Gassman, Anna Maria Ferrero, Eleonora Rossi Drago, Gérard Landry, Helmut Dantine, Mario Carotenuto, Cesco Baseggio, Carlo Mazzarella. ◆ L'attore inglese Edmund Kean (Gassman), famoso per la sua arte quanto per la fama di dongiovanni e gran scialacquatore di beni, si incapriccia talmente della giovane Anna Damby (Ferrero) da farla debuttare come primattrice. Solo l'arte istrionica di Kean (che si lancia in un monologo fuori programma, in cui scaglia invettive anche contro il principe di Galles e la bella Elena, amata da entrambi) riuscirà a salvare lo spettacolo, ma gli costerà il (momentaneo) risentimento del principe. Tratto dal dramma omonimo di Alexandre Dumas padre, ma nell'adattamento brillantemente cinico che ne fece Jean-Paul Sartre, il film sembra costruito su misura per le qualità istrioniche di Gassman, che qui si dirige per la prima volta e contribuisce anche col cinema a costruire il suo ruolo di «mattatore». Gli anni, però, hanno appesantito il film che risente troppo dell'impianto teatrale e di un certo manierismo recitativo. La sceneggiatura è di Suso Cecchi d'Amico, Francesco Rosi (anche incaricato della «direzione tecnica», di fatto quasi una coregia) e Gassman. La fotografia è di Gianni Di Venanzo, qui al suo debutto col colore. Senza essere citata nei titoli Valentina Cortese interpreta il ruolo di Fanny.

Keep Cool *** (*You hua hao hao shuo*, Cina 1997, col, 95′) Zhang Yimou. Con Jang Wien, Qu Ying, Li Baotian, Ge You, Tian Tian. ◆ Coinvolto nella rissa tra il giovane balbuziente Xiao Shuai (Jang) e colui che gli avrebbe rubato la ragazza, il placido ricercatore Zhang Lao (Li) vorrebbe solo che qualcuno gli ripagasse il computer che gli è stato rotto. Per ottenerlo sarebbe anche disposto a fare da paciere tra i due litiganti, ma Shuai sembra interessato solo a vendicarsi. Ispirandosi al romanzo *I racconti della sera* di Shu Ping (sceneggiato dall'autore), Zhang Yimou abbandona l'accademismo dei suoi film precedenti per i temi - e il ritmo - della commedia. Macchina da presa a mano (a volte fin fastidiosa nella sua ipermobilità) e montaggio sincopato per raccontare lo scontro tra le due mentalità della Cina di oggi: quella modernista del giovane, per cui esistono solo il caos e la violenza per farsi rispettare, e quella «antica» di Zhang Lao, cresciuto con gli insegnamenti di Mao e del comunismo, secondo i quali la ragione può sempre piegare la realtà ai propri voleri. Il film doveva finire con l'esplosione di follia del ricercatore, ma la censura ha imposto il finale rassicurante della riappacificazione (che però il regista ha voluto «separare» dal resto del film con una lunga scena nera).

Keeper of the City **½ (*Keeper of the City*, Usa 1991, col, 95′) Bobby Roth. Con Louis Gossett jr, Anthony La Paglia, Peter Coyote, Renée Soutendijk. ◆ Giornalista fallito, Vince Benedetto (La Paglia) si trasforma in un giustiziere di boss mafiosi. Sulle sue tracce si mettono l'ispettore di polizia James Dela (Gossett jr), che alla pistola preferisce la psicologia, e Frank Hordhall (Coyote), giornalista a caccia di scoop che il killer sceglie come destinatario dei suoi messaggi. Un buon thriller (sceneggiato da Gerald DiPego dal suo libro) che rinvigorisce il solito schema d'azione puntando sulla costruzione dei personaggi: i protagonisti sono figure a tutto tondo e anche quelli secondari sono curati e credibili. Ottimo il cast in cui si distingue La Paglia, vagamente ispirato al De Niro di *Taxi Driver*.

Kentuckiano, Il *½ (*The Kentuckian*, Usa 1955, col, 104′) Burt Lancaster. Con Burt Lancaster, Diana Lynn, Dianne Foster, Walter Matthau, John Carradine, John McIntire. ◆ Beg Eli (Lancaster), un boscaiolo rimasto vedovo e con un figlio, vuole trasferirsi dal Kentucky in Texas, ma si ferma a metà strada perché ha trovato una nuova moglie (Foster). La prima regia di Lancaster è un western con buoni e cattivi, uguale a cento altri, la cui maggiore curiosità è data dall'esordio di Matthau (il loro duello, lui con la frusta per i tori e Lancaster a pugni nudi, è epico).

Keoma **½ (Italia 1976, col, 105′) Enzo G. Castellari [Enzo Girolami]. Con Franco Nero, Olga Karlatos, Orso Maria Guerrini, William Berger, Woody Strode, Antonio Marsina, Gabriella Giacobbe, Victoria Zinny. ◆ Il mezzosangue Keoma (Nero) torna nel paesello per scoprire che i tre fratellastri razzisti vessano crudelmente gli abitanti: ma il suo eroismo disinteressato servirà a poco. Con un look fumettistico (capelli sulle spalle, spolverino portato a torso nudo), Nero interpreta un eroe che alla fine assume dimensioni messianiche; mentre la regia di Castellari - che ha assorbito diligentemente stilemi di Peckinpah e di Leone nella grammatica delle singole scene e nel dosaggio dei tempi del racconto - va sempre sopra le righe, con esiti spesso pop e a volte quasi visionari: tentativo riuscito (ma senza seguito) di rinnovare un genere ormai declinante. Scritto dal regista con Luigi Montefiori (alias George Eastman), Mino Roli e Nico Ducci. Efficace l'uso delle canzoni di Guido e Maurizio De Angelis.

Kermesse eroica, La **½ (*La Kermesse héroïque*, Francia 1935, b/n, 115') Jacques Feyder. Con Françoise Rosay, André Alerme, Jean Murat, Micheline Cheirel, Bernard Lancret, Louis Jouvet, Alfred Adam, Lyne Clévers, Ginette Gaibert, Maryse Wendling. ◆ 1616: mentre si prepara la festa municipale in una piccola città delle Fiandre, Boom, l'annuncio dell'arrivo degli spagnoli guidati dal duca d'Olivares (Murat) fa scappare gli uomini e spinge il borgomastro (Alerme) a fingersi morto: così saranno le donne, guidate dalla moglie del primo cittadino, Cornelia (Rosay), ad accogliere gli invasori e a scoprire che non sono violenti predatori ma raffinati signori, con i quali si può passare più di un piacevole momento. Ironica e scanzonata pochade dove l'originario spunto pacifista si trasforma in un inno alle gioie della vita (scappatelle extraconiugali comprese) e in un'esaltazione protofemminista della superiorità del sesso debole, perché le donne si dimostrano più coraggiose, più intraprendenti, e anche più furbe degli uomini (Cornelia riesce ad aggirare i veti del marito e a far sposare la figlia Siska [Cheirel] e il fidanzato pittore [Lancret]). Se il film ha i suoi punti di forza nelle scenografie e nei costumi (di Lazare Meerson, coadiuvato da Alexandre Trauner e Georges Walkhevitch, i tre migliori scenografi che la Francia abbia mai avuto) e nella fotografia di Harry Stradling che cita esplicitamente i pittori fiamminghi, lasciano un po' a desiderare il ritmo e le invenzioni narrative (la sceneggiatura è firmata da Charles Spaak con la collaborazione per i dialoghi di Bernard Zimmer). Feyder diresse contemporaneamente una versione tedesca (*Die klugen Frauen*), dove solo Françoise Rosay manteneva il suo ruolo. Premio per la miglior regia al festival di Venezia. Grande scandalo in Belgio, dove comunque non fu proiettato solo a Bruges. Proibito da Goebbels e censurato di fatto in Francia durante l'ultima guerra per le sue possibili letture pacifiste.

KGB – Ultimo atto * (*Back in the Ussr*, Usa 1992, col, 89') Deran Sarafian. Con Frank Whaley, Natalya Negoda, Roman Polanski, Andrew Divof. ◆ Nella Mosca postcomunista un turista americano (Whaley), sulle tracce di una bellezza locale (Negoda), si trova coinvolto nel furto di un'icona che fa gola a mafiosi e agenti segreti. Polanski nella parte del boss mafioso è l'unica curiosità di un film semituristico che cerca invano di cogliere al volo le mode.

Khartoum ** (*Khartoum*, Gb 1966, col, 134') Basil Dearden. Con Charlton Heston, Laurence Olivier, Richard Johnson, Ralph Richardson, Alexander Knox. ◆ Africa 1883: il generale Gordon viene mandato in missione presso alcune tribù arabe per riportarle sotto il governo di Sua Maestà britannica, ma le cose si mettono male e le truppe inglesi sono costrette ad asserragliarsi a Khartoum. Heston offre una delle sue prestazioni più incisive, ma il tono generale del film è poco coinvolgente.

Kickboxer – Il nuovo guerriero * (*Kickboxer*, Usa 1989, col, 98') Mark DiSalle, David Worth. Con Jean-Claude Van Damme, Denis Alexio, Dennis Chan, Tong Po, Haskell Anderson. ◆ Per vendicare il fratello Eric (Alexio), ex campione di kick-boxing, violenta forma di pugilato tailandese, Kurt (Van Damme) si sottopone a una durissima preparazione, che gli permetterà di sconfiggere il colpevole (Tong Po) della paralisi di Eric. Violenza a fiumi, solo per amanti del genere.

Kid Blue *½ (*Kid Blue*, Usa 1973, col, 100') James Frawley. Con Dennis Hopper, Warren Oates, Ben Johnson, Peter Boyle, Janice Rule, Lee Purcell. ◆ Uno sbandato (Hopper) cerca di rifarsi una vita regolare in un piccolo villaggio del West, ma il cinico sceriffo del paese non gli dà pace. E l'uomo, stanco delle provocazioni, compie una rapina, distribuisce il bottino ai poveri indiani e ricomincia la vita errabonda di prima. Mediocre commedia western dalla parte dei pellerossa, con Hopper un po' troppo vecchio per il ruolo.

Kidd il pirata *½ (*Abbott and Costello Meet Captain Kidd*, Usa 1952, col, 70') Charles Lamont. Con Bud Abbott, Lou Costello, Charles Laughton, Hillary Brooke, Fran Warren, Bill Shirley. ◆ Sequestrate quattro persone che crede colpevoli di avergli rubato la mappa del tesoro, un feroce pirata (Laughton) le porta sull'isola dove si trova il bottino. Poi vorrebbe liberarsi dei prigionieri, che invece lo metteranno nel sacco. Inconsueta e atipica commedia, piana e scorrevole verso l'happy end.

Kids * (*Kids*, Usa 1995, col, 91') Larry Clark. Con Leo Fitzpatrick, Yakira Peguero, Justin Pierce, Chloe Sevigny. ◆ Il teen-ager newyorkese Telly (Fitzpatrick) ha l'hobby di deflorare coetanee vergini. Jennie (Sevigny), una sua vittima, scopre di essere sieropositiva, e vuole fermarlo prima che faccia altri danni. *Tranche de vie* a metà strada tra calcolato effetto shock e preteso realismo, messa in scena con uno stile che vorrebbe essere sporco e casuale come i gesti e i dialoghi, e che invece è estetizzante fino al midollo: come per altro ci si aspetta da un fotografo, esordiente alla regia, che ha fatto la sua fortuna con immagini erotiche. E così ogni interesse per il cinismo amorale e l'edonismo spicciolo del mondo giovanile si ricopre di un'aria ambigua e ipocrita. Nessuno scandalo, per altro (sesso e spinelli: chi si stupisce più), se non nelle teste dei giornalisti ancora più morbosi del regista. Gus Van Sant è produttore esecutivo. Scritto dal diciottenne punk-skater Harmony Korine.

Kid of Texas, The → *voce «Billy the Kid»*

Kids Return **½ (*Kids Return*, Giappone 1996, col, 107') Takeshi Kitano. Con Masanobu Ando, Ken Kaneko, Hatsuo Yamaya, Ryo Ishibashi, Ren Osugi. ◆ Falliti fin da ragazzi, i due amici Masaru (Ando) e Shinji (Kaneko) sognano di cambiare vita: il primo come yakuza, il secondo come boxeur. Ma dopo aver conosciuto violenze e umiliazioni, torneranno nell'anonimato. Scritto e diretto da Kitano dopo l'incidente in moto che gli è quasi costato la vita, il film segna un ripiegamento autobiografico (i due amici si esibiscono come cabarettisti in uno spettacolo di *manzai*, come Kitano da giovane) e un intenerimento: per una volta non fa morire i suoi personaggi, e osserva ironico e indulgente la loro incapacità di affrontare la vita. Con minore originalità che negli altri film, ma senza sentimentalismi, e con un godibile umorismo stralunato.

Kika ° (*Kika*, Spagna/Francia 1993, col, 115') Pedro Almodóvar. Con Verónica Forqué, Victoria Abril, Alex Casanova, Peter Coyote, Rossy de Palma, Bibi Andersson, Santiago Lajusticia. ◆ La truccatrice Kika (Forqué) vive col più giovane Ramon (Casanova), afflitto da vari complessi: e ne ha ben donde, visto che suo padre, lo scrittore Nicholas (Coyote), ha ammazzato sua madre. Nel groviglio entrano, come variabili impazzite, il pornodivo stupratore Paul Bazzo (Lajusticia) e la reporter televisiva Andrea Caracortada (Abril), alla ricerca di storie truci da esibire nel suo show. Su un canovaccio da melodramma poliziesco, sgangherato e inverosimile come quello di *Labirinto di passioni*, Almodóvar innesta una satira del cinismo dei mass-media, prendendosi quasi sul serio: ma non tutti i conti tornano. La violenza, rappresentata in modo paradossale e grottesco (Bazzo va avanti ore e ore a violentare Kika che, immobile, non si perde d'animo), diventa occasione per il consueto divertimento ammiccante che ci si aspetta dal regista; ma lo stesso stupro diventa da esecrare, quando viene mostrato in Tv come un video-verità. Almodóvar non ha né le idee chiare né la forza per graffiare veramente la pornografia della televisione: anche perché il suo cinema si riduce qui a farsa meccanica e maniera di se stesso. Francisca Caballero, madre del regista, è la donna che intervista Nicholas. I vestiti della Abril sono di Jean-Paul Gaultier.

Kiki ** (Italia 1934, b/n, 67') Raffaello Matarazzo. Con Lotte Menas, Nino Besozzi, Arturo Falconi, Pina Renzi, Enrico Viarisio. ◆ Costretta a lavorare come guardarobiera, la scatenata e simpatica Kiki (Menas) riesce a sposare, superando mille ostacoli, il direttore del locale notturno dove lavora. Tratta dalla commedia omonima di André Picard e David Belasco, è una divertente storia costruita sui canoni classici della commedia tutta ritmo e colpi di scena. Secondo film di Raffaello Matarazzo.

Killer, The **** (*Diexue shuangxiong*, noto anche col titolo inglese *The Killer*, Hong Kong 1989, col, 110') John Woo. Con Chow Yun-fat, Danny Lee, Sally Yeh, Chu Kong, Tsang Kong. ◆ Jeffrey (Chow), un killer a fine carriera, si pente di avere resa cieca una cantante (Yeh), e se ne prende cura senza rivelarle la sua professione. Il poliziotto Lee Yong (Lee), in rotta coi superiori, gli dà la caccia, ma finirà per aiutarlo contro i mafiosi che hanno deciso di eliminarlo dopo avere comprato il suo migliore amico (Chu). Il canto del cigno dell'eroismo, dell'amicizia e del senso dell'onore: Woo accetta fino in fondo le regole del noir e del melodramma, ma sceglie le soluzioni più pessimiste, e non offre vie di scampo o di riscatto. Il cinema di genere viene presto superato, i personaggi sono a tutto tondo, pieni di sfumature e contraddizioni: ma al tempo stesso Woo travolge lo spettatore con un senso dell'azione e del ritmo che hanno fatto epoca. La violenza, come hanno detto in centinaia, è messa in scena sì come un balletto, ma ha anche una qualità fisica e concreta che invano si cercherebbe nei film americani. Mitico il finale alla Peckinpah, che in coda evoca e stravolge *Duello al sole.* Un capolavoro all'altezza della sua fama. Prodotto da Tsui Hark, con Ching Siu-tung coordinatore delle scene d'azione. Il titolo originale significa *Due proiettili eroici.*

Killer ** (*Bullet Proof Heart*, rititolato *Killer*, Usa 1994, col, 98') Mark Maloue. Con Mimi Rogers, Anthony LaPaglia, Matt Craven, Peter Boyle, Monika Schurre. ◆ Fiona (Rogers), la prossima vittima del killer Mick (LaPaglia) è già condannata da una malattia: tanto che prega il carnefice di ucciderla. Mick però se ne è innamorato e ne farebbe volentieri a meno, ma un suo collega inesperto (Craven) non vede l'ora di fare pratica. Uno di quei thriller scritti a tavolino (il soggetto è del regista, esordiente; la sceneggiatura di Gordon Melbourne) che hanno una partenza promettente e poi si arrampicano sui vetri. In questo caso, però, il finale non è insoddisfacente, e l'atmosfera indovinata, anche se un po' troppo cinefila e manieristica. Convincente l'interpretazione della Rogers.

Killer – Diario di un assassino **½ (*Killer. A Journal of a Murder*, Usa 1995, col, 92') Tim Metcalfe. Con James Woods, Robert Sean Leonard, Ellen Greene, Cara Buono, Robert John Burke, Steve Forrest, John Bedford Lloyd, Lili Taylor. ◆ Prigione di Laevenworth, 1929: il pluriomicida Carl Panzram (Woods), a un passo dall'esecuzione capitale, stringe amicizia col secondino Henry Lesser (Leonard), che lo vuole trattare da uomo e non da bestia e gli offre la possibilità di scrivere le sue – terribili – memorie. Ma i suoi sforzi saranno inutili. Metcalfe (con l'aiuto di Oliver Stone alla produzione) esordisce nella regia dopo il successo della sua sceneggiatura per *Kalifornia.* I fatti sono veri (il libro di Panzram fu custodito da Lesser e pubblicato solo nel 1970), la ricerca storica autentica, la regia piuttosto tradizionale (pur con le concessioni di questi anni alla violenza delle scene di pestaggio), ma il tema è decisamente intrigante: ha ragione il giovane secondino, ebreo e progressista, nel pensare che i delinquenti sono solo il frutto di una società malata o non piuttosto Panzram, ventun volte assassino e dimostrazione vivente che il Male non è un fatto sociale ma una tragedia, che ognuno si porta dentro? Il film è dedicato a Sam Peckinpah.

Killer di Satana, Il **½ (*The Sorcerers*, Gb 1967, col, 87') Michael Reeves. Con Boris Karloff, Catherine Lacey, Ian Ogilvy, Elizabeth Ercy, Susan George. ◆ Una coppia di vecchi stregoni (Karloff e Lacey) ipnotizza un giovane (Ogilvy) e si impadronisce della sua volontà: vorrebbero riprovare attraverso di lui le emozioni della giovinezza, ma alla ricerca di sensazioni sempre più violente, la donna spinge la loro vittima fino a commettere degli omicidi. Un bel fantathriller sacrificato da un budget esiguo, dove la storia (scritta dal regista con Tom Baker) recuperando molte delle implicazioni narrative e metaforiche dell'*Occhio che uccide* «mette in gioco il processo della visione e dell'esperienza mediata dello spettatore» ma sottintende anche, nel rapporto sempre più allucinato tra la vecchia megera e il giovane ipnotizzato, «la concezione sensazionalistica della gioventù che circolava nella Londra permissiva dei tardi anni Sessanta». Ottima la prova di Karloff.

Killer Elite **½ (*The Killer Elite*, Usa 1975, col, 122') Sam Peckinpah. Con James Caan, Robert Duvall, Arthur Hill, Bo Hopkins, Burt Young, Mako, Gig Young. ◆ Un killer professionista (Caan), tradito e massacrato alle ginocchia da un suo ex compagno (Duvall), trova nel desiderio di vendetta la forza per tornare in perfetta attività: si vendicherà, ma scoprirà che non era l'unico che faceva il doppio gioco. Scricchiolante fusione di thriller e arti marziali (la rieducazione avviene grazie a un maestro giapponese di tai chi), è il primo film di spionaggio del westerner Peckinpah, scritto da Stirling Silliphant e Mace Norman e riscattato solo in parte dalla visionarietà del regista (la resa dei conti finale è ambientata su una flotta di navi in disuso) e dal suo gusto per l'azione. Il futuro romanziere Tom Clancy interpreta O'Leary.

Killer Fish – Agguato sul fondo * (*Killer Fish*, Brasile/Francia 1978, col, 101') Anthony M. Dawson [Antonio Margheriti]. Con Lee Majors, Karen Black, Margaux Hemingway, Marisa Berenson, James Franciscus. ◆ In Brasile cinici avventurieri si destreggiano tra doppi giochi per impossessarsi di un tesoro che giace in fondo a un lago: ma i piraña vegliano. Pasticcio prodotto da Carlo Ponti, e girato on location con un cast di star di telefilm e di belle statuine. *Piraña* di Joe Dante è costato la metà ed è molto più divertente.

Killer Machine ** (*Ghost in the Machine*, Usa 1993 col, 95') Rachel Talalay. Con Karen Allen, Chris Mulkey, Will Horneff, Ted Marcoux, Jessica Walter, Brandon Quintin Adams, Nancy Fish. ◆ Un serial killer, morendo, si inserisce nella rete elettrica, e incomincia a uccidere servendosi di lavatrici e di forni a microonde. Un terzetto composto da mamma (Allen), figlio patito dei computer (Horneff) e hacker pentito (Mulkey) riuscirà a smagnetizzarlo. L'idea di partenza è copiata da *Sotto shock*, ma gli sviluppi riescono a creare un certo nervosismo nello spettatore, rendendo inquietante l'habitat domestico. Modesta (e inutile) l'unica sequenza di realtà virtuale, che non fa un passo avanti rispetto a *Tron*.

Killer per caso * (*The Good Bad Guy*, Usa 1997, col, 102') Ezio Greggio. Con Ezio Greggio, Jessica Lundy, Rudy De Luca, Carmine Caridi, Ron Carey, Dom DeLuise, Pat Asanti, Adam Tomei, Ronnie Schell. ◆ In fuga a Los Angeles, il truffatore Joe Fortunato (Greggio) è scambiato per un killer e assoldato da un avvocato della mala (De Luca): non solo non sa fare il suo mestiere, ma si innamora anche di una giornalista (Lundy) che sta dalla parte della legge. Alla sua seconda regia, Greggio si prende per un mogul hollywoodiano: gira in inglese, produce a Los Angeles, abbandona il citazionismo del *Silenzio dei prosciutti* per una storia che si vorrebbe di genere (scritta con Rudy De Luca). Ma il risultato è sempre disastroso.

Killers della luna di miele, I *** (*The Honeymoon Killers*, Usa 1970, b/n, 108') Leonard Kastle. Con Shirley Stoler, Tony LoBianco, Mary Jane Higby, Doris Roberts. ◆ Un uomo maturo e affascinante (LoBianco), con la complicità di un'infermiera obesa (Stoler), irretisce e seduce donne ricche e sole, che poi vengono trovate uccise in maniere sempre più atroci. Ispirato a un vero fatto di cronaca (la coppia fu giustiziata nel 1951), il film racconta, con uno stile iperrealista, freddo e violentissimo che distrugge qualsiasi cliché, una «odissea della frustrazione, un'autopsia dell'oppressione sessuale che gela il sangue». Fino a oggi è l'unico film di un autore stravagante ma geniale, già direttore d'orchestra, maniaco di Berlioz e autore di numerose opere musicali. Il film fu cominciato da Scorsese sostituito da Kastle dopo una settimana di riprese.

Killing Box, The **½ (*The Killing Box*, Usa 1994, col, 90') George Hickenlooper. Con Corbin Bernsen, Adrian Pasdar, Cynda Williams, Martin Sheen, Ray Wise, David Arquette, Alexis Arquette, Billy Bob Thornton. ◆ 1863: il colonnello confederato Strayn (Bernsen) è l'unico superstite al massacro del suo plotone, ma i nordisti chiedono il suo aiuto quando i suoi soldati tornano come zombi, senza risparmiare nessuno. Originale piccolo horror (scritto da Matt Greenberg) ambientato tra gli orrori della guerra, con qualche zeppa didascalica (la presa di coscienza umanitaria del sudista), ma abile nel districarsi tra i cliché di almeno tre generi diversi, senza sembrare né trendy né démodé. Monte Hellman firma il montaggio; il regista appare nella parte del pittore. Il titolo si riferisce a una manovra di accerchiamento che porta al massacro del nemico.

Killing Zoe *** (*Killing Zoe*, Usa 1993, col, 96') Roger Avary. Con Eric Stoltz, Jean-Hugues Anglade, Julie Delpy, Gary Kemp, Bruce Ramsay, Tai Thai, Kario Salem, Salvator Xuereb, Martin Raymond, Cecilia Peck. ◆ Lo scassinatore americano Ed (Stoltz) arriva a Parigi per aiutare l'amico eroinomane Eric (Anglade) a rapinare una banca il 14 luglio. Due imprevisti fanno precipitare la situazione: tra gli ostaggi c'è Zoe (Delpy), la prostituta che Ed ha conosciuto il giorno prima, e di cui si è innamorato; ed Eric, in un delirio autodistruttivo di onnipotenza, comincia ad ammazzare gli uomini come mosche. Nell'esordio (coprodotto da Tarantino) del coautore del soggetto di *Pulp Fiction* si respira la stessa aria di *Le iene*: un set (almeno nella seconda parte) quasi teatrale, una tensione insopportabile, una violenza parossistica che non si capisce mai quando è parodica. Ma lo stile è squinternato, selvaggio e imprevedibile, e tocca momenti di autentico lirismo e allucinazione. Un B-movie come se ne facevano una volta (litri di sangue a parte), e uno dei pochi film d'azione visti di recente che operano sull'immagine in modo quasi sperimentale. La sceneggiatura è del regista, la fotografia di Tom Richmond, la musica del duo techno Tomandandy, gli effetti speciali (tagliuzzati nell'edizione italiana) di Tom Savini.

Kill Me Again ** (*Kill Me Again*, Usa 1989, col, 94') John Dahl. Con Val Kilmer, Joanne Whalley-Kilmer, Michael Madsen, Jonathan Gries. ◆ Dopo essere scappata col bottino dal suo amante psicopatico (Madsen), la femme fatale Fay (Whalley-Kilmer) ingaggia il detective privato Jack Andrews (Kilmer) per simulare la propria morte: col risultato che il fessacchiotto, ovviamente innamoratosi, si ritrova mezzo Nevada alle calcagna. Scrupoloso ricalco delle storie di amore, morte e tradimento dei vecchi noir: peccato che i coniugi Kilmer non siano all'altezza, e che Dahl sia più bravo nel scegliere le location che nello scrivere una sceneggiatura serrata.

Kim ** (*Kim*, Usa 1950, col, 113') Victor Saville. Con Errol Flynn, Dean Stockwell, Paul Lukas, Thomas Gomez, Cecil Kellaway. ◆ India 1885: figlio di un sergente irlandese, l'orfanello Kim (Stockwell) si finge indiano per sopravvivere nel paese straniero. Intelligente, astuto, sveglio, coraggioso sarà usato dagli inglesi contro i ribelli indiani. Dal racconto omonimo di Kipling, sceneggiato da Leon Gordon, Helen Deutsch e Richard Schayer, un film pieno di buoni sentimenti, battaglie e colori, dove la buona prova del protagonista non è coadiuvata dalla star del film (Flynn nella parte del ladro di cavalli afghano che è anche l'agente governativo inglese Mahbub Alì detto «il Barbarossa») né dalla regia troppo accademica.

Kimono scarlatto, Il **½ (*The Crimson Kimono*, Usa 1959, b/n, 82') Samuel Fuller. Con James Shigeta, Glenn Corbett, Victoria Shaw, Anne Lee. ◆ Due detective di Los Angeles – uno bianco (Corbett), l'altro giapponese (Shigeta) – diventano rivali in amore mentre ricercano l'assassino di una spogliarellista. Tra un inizio e un finale mozzafiato il racconto si adagia un po', ma i personaggi sono tutt'altro che banali. Fuller tratta con anticonformismo il tema della love story interrazziale, e divide equamente tra i due simpatia e antipatia.

King David ** (*King David*, Usa 1985 col, 114') Bruce Beresford. Con Richard Gere, Edward Woodward, Alice Krige, Denis Quilley, Cherie Lunghi. ◆ La vita di Davide (Gere), dalla vittoria su Golia al regno su Israele attraverso battaglie, intrighi, tradimenti di corte e i suoi tentennamenti di fronte al massacro di tutti gli avversari e i nemici del popolo eletto. Un film di argomento biblico in cui il regista inclina eccessivamente agli effetti truculenti e ai luoghi comuni. I 20 milioni di dollari spesi servono, almeno, a valorizzare i Sassi di Matera, dove si sono svolte gran parte delle riprese; bella la fotografia di Donald McAlpine.

Kingdom, The – Il Regno *** (*Riget*, Danimarca/Svezia 1994, col, 279') Lars von Trier. Con Ernst Hugo Järogård, Kirsten Rolffles, Søren Pilmark, Birgitte Raabjerg, Jens Okking, Ghita Norby, Udo Kier. ◆ Nell'ospedale danese *Il Regno*, dove il borioso e incompetente chirurgo svedese Stig Helmer (Järogård) ha ridotto una ragazzina in stato catatonico, appare il fantasma di una bambina morta in circostanze misteriose nel 1919: la spiritista dilettante Drusse (Rolffles) indaga con l'aiuto del dottor Krogen (Pilmark), scoprendo una verità orribile. Sorta di *Twin Peaks* ospedaliero concepito per la tv, e popolato da una serie di lunatici equamente divisi in simpatici e odiosi, è un'irresistibile soap opera macabra a base di trapianti, aborti e autopsie, che stravolge allegramente le regole del genere pur rispettandone i meccanismi. Satira e spaventi, melodramma e tuffi nell'horror più radicale: la fretta (von Trier ha scritto la sceneggiatura in un mese e mezzo con Niels Vørsel e Tómas Gislason) e la cornice televisiva hanno prodotto il migliore film del regista, e l'unico in cui l'ironia non difetti. Tanto da rendere digeribili le ambizioni spiritualiste e antimoderniste di fondo (evidenti nella satira della scienza imbelle sconfitta dal soprannaturale), e vezzi come l'uso della macchina a mano e di una fotografia dai colori impastati.

King Kong **** (*King Kong*, Usa 1933, b/n, 102') Merian C. Cooper, Ernest B. Schoedsack. Con Robert Armstrong, Fay Wray, Bruce Cabot, Frank Reicher, Sam Hardy. ◆ Un regista, Carl Denham (Armstrong), vuole girare un documentario sulla misteriosa Isola del Teschio, a est di Sumatra, ma gli indigeni rapiscono l'attrice che è con loro, Ann Darrow (Wray), per sacrificarla al dio dell'isola, un gigantesco gorilla che apprezza immediatamente la sua preda, difendendola dall'attacco di alcuni animali preistorici. Ann è salvata dal capitano in seconda, John Driscoll (Cabot) e l'animale catturato e portato a New York, dove però si libererà dalle catene e si rifugerà in cima all'Empire State Building dopo aver rapito la sua bella, ma sarà ucciso da una pattuglia di aerei. Straordinaria versione del mito della Bella e la Bestia sceneggiata da James Creelman e Ruth Rose da un soggetto di Edgar Wallace, il film fonde perfettamente tutti gli elementi del divertimento popolare (avventura, erotismo, meraviglia, paura) con una serie di espliciti riferimenti al mondo dello showbusiness e in particolare al cinema, così da diventare *anche* un'acuta riflessione sullo spettacolo e i suoi limiti. A questo va aggiunto la capacità di interpretare, in forma di esorcismo, gli incubi presenti in una società come quella americana (l'isola dei mostri diventa un ritratto della giungla della città dove i grattacieli possono essere scalati come montagne) e la straordinaria tecnica con cui Willis O'Brien animò il gorilla, utilizzando un campionario di trucchi per quei tempi rivoluzionari (e costosissimi: 750 mila dollari e 60 mila metri di pellicola). Tutti questi elementi hanno contribuito a creare uno straordinario capolavoro, perfetta esemplificazione della forza poetica e fantastica del cinema. L'anno successivo Schoedsack girò *Il figlio di King Kong* e, nel 1949, riprese il tema in *Il re dell'Africa*. Remake nel 1976.

King Kong *½ (*King Kong*, Usa 1976, col, 135') John Guillermin. Con Jeff Bridges, Jessica Lange, Charles Grodin, John Randolph, Rene Auberjonois, Julius Harris, Ed Lauter, Mario Gallo. ◆ Salvata dal naufragio, Dwan (Lange) arriva con una spedizione petrolifera a Skull Island, nel Pacifico, dove è rapita dagli indigeni e offerta in sacrificio a un gigantesco scimmione, che s'innamora della donna. Catturato ed esibito come attrazione a New York si libera e fugge con Dwan sulle torri gemelle del World Trade Center dove sarà abbattuto da tre elicotteri. De Laurentiis produce questo inutile remake del capolavoro del 1933 sceneggiato da Lorenzo Semple jr, cercando (inutilmente) di trasformarlo in un film catastrofico. King Kong può contare sui trucchi di Carlo Rambaldi (premiato con un Oscar per gli effetti speciali insieme a Glen Robinson e Frank Van der Veer) e di Rick Baker, ma perde la carica di mistero ed erotismo dell'originale e diventa una favola con il mostro dal carattere dolce e tenero, che nell'ultima scena si sacrifica e spinge la bella lontano dal pericolo. Debutto al cinema di Jessica Lange. Con un seguito.

King Kong contro Godzilla *½ (*Kingu Kongu tai Gojira*, Giappone 1963, col, 99') Inoshiro [Ishiro] Honda, Thomas Montgomery. Con Tadao Takashima, Michael Keith, Yu Fujiki. ◆ Il gigantesco scimmione viene trovato da una spedizione nell'isola Salomone e trasferito a Tokyo. Qui si scontra, con conseguente devastazione della città, contro Godzilla, risvegliato da un'esplosione atomica sottomarina. Scontro tra i due mostri più famosi del cinema: nella versione giapponese vince Godzilla, in quella americana (distribuita anche in Italia) King Kong.

King Kong 2 ° (*King Kong Lives*, Usa 1986, col, 105') John Guillermin. Con Brian Kerwin, Linda Hamilton, John Ashton, Peter Michael Goetz, Frank Maraden. ◆ King Kong non è morto: una dottoressa americana (Hamilton) gli ha trapiantato un cuore di plastica e una gorilla ha fornito il sangue necessario all'operazione. Inevitabile che i due si innamorino e fuggano. Poi la polizia cattura la femmina e abbatte King Kong, che però prima di morire riesce a vedere il figlio che gli è nato. Improbabile seguito del film del 1976, dove l'inserimento della componente sentimentale e «familiare» del mostro risulta ridicolo e irritante.

King Kong, il gigante della foresta ** (*Kingu Kongu no gyakushu*, Giappone 1967, col, 104') Inoshiro [Ishiro] Honda. Con Rhodes Reason, Linda Miller, Akira Takarada, Mie Hama, Eisei Amamoto. ◆ Il dottor Who (Amamoto) e Madame Piranha (Hama), capi di un'organizzazione criminale, hanno costruito un King Kong meccanico per realizzare il loro piano che prevede di minare le più importanti città del mondo. Sarà il vero King Kong a distruggerlo sulla torre più alta di Tokyo. Fantascienza infantile ma divertente a cura di Honda, più tardi collaboratore fisso di Akira Kurosawa.

King of New York ** (Italia/Usa 1991, col, 103') Abel Ferrara. Con Christopher Walken, Larry Fishburne, David Caruso, Wesley Snipes, Janet Julian, Giancarlo Esposito, Steve Buscemi, Ariane. ◆ Uscito dal carcere, Frank White (Walken), capo di una banda di neri, inizia a far fuori i concorrenti nel traffico della droga; con i proventi sogna di costruire un ospedale – ma deve fare i conti con poliziotti che usano i suoi stessi metodi. Noir violento e stilizzato, non privo di ambizioni simboliche; non all'altezza di altri film di Ferrara, ma lucido e anticonformista.

Kingpin ** (*Kingpin*, Usa 1996, col, 114') Peter e Bobby Farrelly. Con Woody Harrelson, Randy Quaid, Bill Murray, Vanessa Engel, Chris Elliott, Richard Tyson, Jonathan Richman. ◆ L'ex campione di bowling Roy Munson (Harrelson), che ha perso la mano destra, crede di aver trovato una miniera d'oro nell'amish Ishmael Boorg (Quaid), talento naturale ma contrario al gioco per motivi religiosi. Alla fine sarà però Roy, malgrado l'handicap, ad affrontare il nemico di sempre, Ernie McCracken (Murray: un modello per John Turturro nel *Grande Lebowski*). Non c'è che dire, i fratelli Farrelly (anche sceneggiatori) hanno un tocco inconfondibile: un intreccio agrodolce e di ampio respiro ravvivato da sconcertanti gag scatologiche, in cui lacrimuccia e pernacchia non sono in contraddizione. Una visione della realtà, più che goliardica, regressiva e cinica, e una confezione in bilico tra scaltrezza commerciale e anarchia luddista (di rara volgarità le parodie del *Laureato* e *Proposta indecente*). Stupisce che da noi sia uscito solo in cassetta.

Kismet *½ (*Kismet* rititolato *Oriental Dream*, Usa 1944, col, 100') William Dieterle. Con Ronald Colman, Marlene Dietrich, Edward Arnold, Florence Bates, James Craig. ◆ A Bagdad, un giovane «re dei mendicanti» (Colman) cerca in ogni modo di sposare la bella Jamilla (Dietrich), la figlia del califfo. Impresa ardua ma che giunge a buon fine. Superproduzione Mgm vagamente ispirata alle *Mille e una notte*, che nonostante la ricchezza produttiva non riesce a infiammare la fantasia dello spettatore. L'unica scena da segnalare è la danza della Dietrich (trasformata dal Codice Hays da «cortigiana» in «regina dell'harem») completamente dipinta d'oro. Rifatto in musical da Minnelli (*Uno straniero tra gli angeli*, 1955).

Kiss **½ (*Living Out Loud*, Usa 1998, col, 93') Richard LaGravenese. Con Danny DeVito, Holly Hunter, Queen Latifah, Martin Donovan, Richard Schiff, Elias Koteas. ◆ Lei (Hunter) abita nell'appartamento che le ha lasciato il consorte fedifrago; lui (DeVito), spezzato dalla morte della figlia e assillato da debiti di gioco, è il lift boy del condominio e vive nel seminterrato: due solitudini destinate a incontrarsi, ma forse non a capirsi. Lo sceneggiatore LaGravenese esordisce nella regia con una commedia romantica anticonvenzionale. Personaggi marginali, improvvisi cambi di ritmo, ironici ribaltamenti di ruoli: la libertà espressiva sembra quella di Cassavetes, ma la regia dà l'impressione che la storia le sfugga da tutte le parti. Può essere un merito (visto lo stile predigerito che va di moda a Hollywood), ma si rischia la superficialità.

Kiss kiss... bang bang ** (Italia/Spagna 1966, col, 95') Duccio Tessari. Con Giuliano Gemma, George Martin, Lorella De Luca, Nives Navarro, Daniele Vargas. ◆ A un sergente traditore del servizio segreto (Gemma) viene offerta un'opportunità per sfuggire alla pena capitale: deve sottrarre una formula importante prima che l'organizzazione nemica la trafughi: ci riesce ma, volendo approfittare dell'occasione, si caccia nei guai. Inconsueto e fantasioso film di spionaggio all'italiana, scritto (da Bruno Corbucci, Fernando Di Leo e Tessari) con una buona dose d'ironia.

Kissed * (*Kissed*, Canada 1996, col, 78') Lynne Stopkewich. Con Molly Parker, Peter Outerbridge,

Jay Brazeau, Natasha Morley, Jessie Winter. ◆ Da sempre attirata dalla morte, la giovane Sandra (Parker) si fa assumere in un'impresa di pompe funebri per baciare e strusciarsi nuda sui cadaveri: il fidanzato ne è così sconvolto che si impicca per fornire materia prima alla sua bella. Avevamo bisogno di una rivalutazione in chiave New Age della necrofilia, elogiata (la sceneggiatura è della regista e di Angus Fraser) come pratica che consente di sperimentare i mistici confini tra vita e morte? La risposta è no, soprattutto se la confezione è così seriosa, pretenziosa, perbenista e fintamente artistica. Meglio un horror trucido tipo *La necrofila*.

Kiss or Kill *½ (*Kiss or Kill*, Australia 1997, col, 96') Bill Bennett. Con Frances O'Connor, Matt Day, Chris Haywood, Barry Otto, Barry Langrishe, Max Cullen, John Clark. ◆ Nikki (O'Connor) seduce e addormenta uomini d'affari, Al (Day) li rapina in stile *Rien ne va plus*. Ci scappa il morto e fuggono, e lui inizia a sospettare che lei sia una psicopatica. Road movie e thriller con ribellismi di maniera: malgrado i bei paesaggi e i giochini formali da primo della classe del regista-sceneggiatore, tutto sa di minestra riscaldata. E le soluzioni sono sempre le più facili e insoddisfacenti.

Kitchen * (*The Kitchen*, Giappone 1994, col, 97') Yoshimitsu Morita. Con Ayako Kawahara, Kenji Matsuda, Isao Hashizume, Konoho Yoshizumi, Naoki Goto. ◆ Dopo la morte della nonna, la giovane Mikage (Kawahara) accetta l'ospitalità dell'amico Yuichi (Matsuda) e di sua madre Eriko (Hashizume): il destino dei due giovani si intreccerà intorno ai pranzi cucinati da Mikage mentre Eriko, che in realtà è un travestito, passerà attraverso una profonda crisi prima di ritrovare se stesso. Insipida versione cinematografica del bestseller di Banana Yoshimoto (che per l'occasione l'ha contaminato anche col racconto *Plenilunio*): le inquietudini giovanili presenti nel libro svaniscono in una riduzione che svela immediatamente l'ambiguità sessuale della madre e cede alle lusinghe dell'happy end, trasformando i due protagonisti in «burattini di un sentimentalismo mortifero senza vitalità e senza desideri». E nessuna delle tante scene culinarie riesce a far venire un po' di acquolina in bocca.

Kitty **½ (*Kitty*, Usa 1945, b/n, 104') Mitchell Leisen. Con Paulette Goddard, Ray Milland, Constance Collier, Reginald Owen, Cecil Kellaway, Patric Knowles, Dennis Hoey, Eric Blore. ◆ Nella Londra del 1783, Kitty (Goddard), una sguaiata ma affascinante popolana usata dal pittore Thomas Gainsborough come modella per il ritratto di una nobildonna, viene trasformata in una lady da un nobile spiantato, Hugh Marcy (Milland): dovrà fare due ricchi matrimoni prima di riuscire a conquistare Hugh. Raffinata variazione sul tema di Cenerentola e Pigmalione, tratto da un romanzo di Rosamund Marshall sceneggiato da Karl Tunberg e Darrell Ware, dove non basta il lieto fine a offuscare il ritratto di una società che ha costruito sul disprezzo degli altri la propria fortuna (Milland tocca uno dei suoi vertici di odiosità cinematografica per l'insistita mancanza di riconoscenza verso una donna che si sposa due volte controvoglia per toglierlo dai debiti). Leisen, però, si fa prendere troppo la mano dalla descrizione del rigido formalismo nobiliare (l'annuncio della nascita del figlio è un piccolo gioiellino di velenosa satira contro la pomposità tutta inglese delle regole sociali) e in questo modo la sua ironia finisce per mettere in rilievo soprattutto il disinvolto cinismo e la misoginia di quel mondo più che il disprezzo e la crudeltà verso le classi subalterne. Straordinaria la cura impiegata per ricostruire l'ambientazione dell'Inghilterra ai tempi di Giorgio II.

Kitty *½ (*Kitty und die grosse Welt*, Germania 1956, col, 93') Alfred Weidenmann. Con Romy Schneider, Karlheinz Böhm, O.E. Hasse, Ernst Schröder, Paul Dahlke. ◆ Ginevra: sir William Ashlin (Hasse), ministro britannico in delegazione alle Nazioni Unite, viene sorpreso dai fotografi mentre cena con una bella ragazza, Kitty (Schneider). Per placare lo scandalo, interviene il nipote, Robert (Böhm): i due ragazzi s'innamoreranno, mentre il ministro, con un'involontaria assenza alla Conferenza, otterrà un grande successo diplomatico. Una commediola da operetta, nulla di più che un veicolo per la splendida interprete austriaca in erba.

Kitty Foyle ragazza innamorata ** (*Kitty Foyle*, Usa 1940, b/n, 107') Sam Wood. Con Ginger Rogers, Dennis Morgan, James Craig, Eduardo Ciannelli, Gladys Cooper. ◆ Una ragazza brava e povera (Rogers) deve scegliere tra due partner: un medico stimato (Craig) e un giornalista figlio di papà (Morgan), che l'aveva già sposata e poi l'aveva abbandonata, spinto dai genitori che non tolleravano una nuora di così basso rango. Tratto dal romanzo di Christopher Morley (edulcorato, nella sua descrizione dei contrasti sociali, dalla sceneggiatura di Dalton Trumbo), il film è sostanzialmente una commedia abbastanza divertente, che permise alla Rogers di vincere l'unico Oscar della sua carriera. Deliziosa l'interpretazione di Ciannelli nei panni di un cameriere ciarliero.

Kitty Tippel... quelle notti passate sulla strada ** (*Keetje Tippel*, Olanda 1974, col, 100') Paul Verhoeven. Con Monique Van De Ven, Andrea Domburg, Hannah De Leevwe, Ian Blaaser, Eddy Brugman. ◆ Alla fine del secolo scorso, la poverissima Kitty (Van De Ven) deve prostituirsi per sopravvivere. Poi, diventata modella di un pittore e amante di un banchiere, conoscerà il ricco, idealista e rivoluzionario André, che l'aiuterà a diventare una famosa scrittrice, col nome di Neel Doff. Una sorta di feuilleton a lieto fine per Verhoeven, ieri interessante regista olandese, oggi star delle superproduzioni hollywoodiane. Il film può contare su un'accurata ricostruzione d'ambiente, ma è troppo enfatico nella seconda parte.

Kleinhoff Hotel * (Italia 1977, col, 105') Carlo Lizzani. Con Corinne Cléry, Bruce Robinson, Katia Rupé, Rodolfo Dal Prà, Michele Placido. ◆ Nella Berlino degli anni di piombo, una giovane donna (Cléry) scopre che il suo vicino di camera è un pericoloso terrorista braccato dall'Interpol. Un'improvvisa passione lega i due, ma la notte d'amore si conclude tragicamente, con il suicidio dell'uomo. Di fronte agli atti terroristici e agli inquietanti eccessi della polizia tedesca di quegli anni, il film, nel suo schematismo, è addirittura irritante. Una delle opere meno riuscite di Lizzani, con la Cléry a disagio in un ruolo drammatico.

Knock Out → *Harlem*

Knock, ovvero il trionfo della medicina **½ (*Knock*, Francia 1950, b/n, 98') Guy Lefranc. Con Louis Jouvet, Jean Brochard, Pierre Renoir, Jane Marken, Marguerite Pierry. ◆ Storia dell'arrivo nel paesino di Saint-Maurice del dottor Knock (Jouvet), abilissimo nel convincere i suoi clienti di essere tutti degli ammalati che non conoscono le loro malattie. Così farà la sua fortuna e quella del paesino, trasformato in un gigantesco ospedale. Terza riduzione cinematografica dell'omonima commedia di Jules Romains, deliziosa e grottesca satira della medicina e dei suoi rappresentanti. Nel ruolo del protagonista Jouvet (che aveva portato al successo la commedia a teatro, aveva codiretto e interpretato la precedente versione e in questa ha anche il ruolo di «direttore artistico») è al meglio delle sue qualità istrioniche. Il film è conosciuto anche col titolo *Dottor Knock*. Le due versioni precedenti, entrambe inedite in Italia, sono di René Hervil (*Knock, ou le triomphe de la médicine*, 1925, con Fernand Fabre e Luce Fabiole) e di Louis Jouvet e Roger Goupillières (*Knock, ou le triomphe de la médicine*, 1933, con Louis Jouvet e Madelaine Ozeray).

Kociss, l'eroe indiano *½ (*The Battle at Apache Pass*, Usa 1952, col, 85') George Sherman. Con Jeff Chandler, Beverly Tyler, John Lund, Richard Egan, Hugh O'Brian. ◆ La pace tra pellerossa e bianchi costruita da Kociss (Chandler) è messa in crisi dall'arrivo del commissario Baylor nel territorio apache e dalle intemperanze di Geronimo. Sherman riprende il Kociss interpretato da Chandler in *L'amante indiana* di Delmer Daves è gli costruisce intorno un western senza originalità.

Koenigsmark *½ (*Koenigsmark*, Francia/Italia 1952, b/n, 90') Solange Térac, Christian-Jaque [Christian Maudet]. Con Jean-Pierre Aumont, Silvana Pampanini, Renée Faure, Roldano Lupi, Louis Seigner. ◆ Alla vigilia della prima guerra mondiale, un istitutore (Aumont) che lavora in una piccola corte tedesca scopre che il granduca, marito della duchessa Aurora (Pampanini) di cui si è innamorato, è un assassino: ma lo scoppio del conflitto aiuta il colpevole a farla franca e divide i due amanti. Terza versione del romanzo omonimo di Pierre Benoît, dopo quelle di Léonce Perret (*Koenigsmark*, 1923, con Huguette Duglos e Jaque-Catelain) e Maurice Tourneur (*Koenigsmark*, 1935, con Elissa Landi e Pierre Fresnay): è un dramma storico a tinte fosche che a volte non evita di cadere nel ridicolo involontario.

Kolya **½ (*Kolja*, Repubblica Ceca 1996, col, 112') Jan Svěrák. Con Zdeněk Svěrák, Andrej Šalimon, Libuše Šafranková, Ondrej Smoljak, Irina Livanová, Lilian Malkina, Petra Špalková. ◆ Praga, 1988: per guadagnare qualcosa, il violoncellista disoccupato František Luka (Svěrák) accetta di sposare formalmente una sovietica che vuole espatriare, che però poi sparisce lasciandogli il figlioletto Kolya (Šalimon); dapprima tra i due è guerra, ma pian piano anche il burbero František viene conquistato dalla simpatia del piccolo. Un film più furbo che sincero, ma indubbiamente divertente, che alterna con abilità notazioni politiche (il piccolo conosce solo il russo e naturalmente preferisce i soldati invasori che parlano la sua lingua alla «nonna» ceca) a momenti di pura commedia. Politicamente corretto e mai troppo realistico (anche la contestazione al regime filosovietico è da burletta) è stato scritto dal protagonista, padre del regista. Premio Oscar per il miglior film straniero.

Kommissar - La commissaria ** (*Kommisar*, Urss 1987, b/n, 110') Alexandr Askoldov. Con Nonna Mordjukova, Rolan Bijkov, Raissa Nedaskovskaja, Ljudmilla Voljnskaja, Vasilij Šukšin. ◆ Durante la guerra coi Bianchi, la commissaria comunista Claudia Babilova (Mordjukova) viene lasciata dai suoi compagni in ritirata presso la famiglia di un lattoniere ebreo (Bijkov) perché deve partorire: l'esperienza della maternità e il contatto con la vita della povera gente farà crollare nella donna molte delle sue certezze, anche se l'impegno rivoluzionario finirà per essere più forte del sentimento materno. Ritratto di una crisi di coscienza, scritto da Askoldov nell'autunno del 1965, durante il periodo di stagnazione seguito alla morte di Stalin, girato e montato nel '67 ma poi bloccato dall'Ente di Stato per il cinema per vent'anni prima che il film potesse essere visto (al festival di Mosca del 1987), contribuendo così a sopravvalutare un film che oggi rivela tutta la sua retorica. Lo scontro tra le ragioni «rivoluzionarie» dei bolscevichi e le domande esistenziali del popolo non è mai risolto dialetticamente, ma solo amplificato con facili scorciatoie (i bambini che sfogano la loro aggressività scimmiottando la guerra) o pesanti simbolismi (le visioni metaforiche durante il parto: soldati che falciano nel deserto, cavalli che caricano senza cavalieri). E le campane a morto che accompagnano la scena finale sono la più scontata delle riflessioni sul passato di una nazione. Prevedibile Orso d'argento (in piena perestrojka) al festival di Berlino 1988.

Koyaanisqatsi **½ (*Koyaanisqatsi*, Usa 1983, col, 87') Godfrey Reggio. ◆ Immagini naturali e urbane si alternano, a velocità accelerata o rallentata, in un montaggio ritmato dalla musica e dai suoni, offrendo un suggestivo quadro di ciò che rischiamo di perdere e degli scempi che abbiamo già creato. Irraccontabile, un film senza parole nel quale ogni immagine acquista valore in sé e dove un ruolo fondamentale è svolto dalla colonna sonora, curata dal musicista minimalista Philip Glass. Praticamente impossibile apprezzarlo nel troppo piccolo schermo televisivo. Il titolo è una parola mutuata dalla lingua indiana Hopi e vuol dire «la vita senza equilibrio». Nel 1988 regista e musicista hanno ripetuto l'esperimento con *Powaqqatsi*.

Krakatoa, est di Giava *½ (*Krakatoa, East of Java*, rititolato *Vulcano*, Usa 1969, col, 101') Bernard L. Kowalski. Con Maximilian Schell, Diane Baker, Brian Keith, Barbara Werle, Rossano Brazzi, Sal Mineo, George Sanders. ◆ Durante una spaventosa eruzione vulcanica alcuni superstiti prendono a bordo della loro nave un bambino che credevano disperso e che ha con sé un tesoro in perle, sulle tracce del quale l'equipaggio si era mosso. Tentativo non molto riuscito di imitare lo spirito d'avventura dei romanzi di Jules Verne: la sceneggiatura lascia molto a desiderare, ma le scene catastrofiche sono piuttosto buone. Il film si ispira alla spaventosa eruzione con la quale, meno di un secolo fa, il vulcano Krakatoa (che nella realtà geografica è a ovest di Giava) sommerse molte isole dell'Indonesia. Dopo le prime proiezioni il film fu drasticamente tagliato (in originale durava 136').

Kramer contro Kramer **½ (*Kramer vs. Kramer*, Usa 1979, col, 104') Robert Benton. Con Dustin Hoffman, Meryl Streep, Jane Alexander, Justin Henry, Howard Duff, JoBeth Williams. ◆ Il loro matrimonio è in crisi e Joanna (Streep) lascia Ted (Hoffman) e il piccolo Billy (Henry) per cercare la propria strada: padre e figlio superano, non senza difficoltà, i problemi di questa nuova situazione, ma poi la madre si rifà viva e l'affidamento del figlio finisce in tribunale. Tratto dal bestseller di Avery Corman, è uno spaccato della famiglia americana alle prese con la crisi del privato. Recitato con grande bravura da tutti gli attori (anche se all'abilità forse troppo naturalista di Hoffman è preferibile la sofferta dignità della Streep), il film evita però, in nome di una obiettività non sempre corretta, di prendere posizione per uno dei personaggi e di affrontare le situazioni realmente sgradevoli che pure la storia poteva prevedere. Così i conflitti si fermano sempre un attimo prima del dramma e la sceneggiatura viene come devitalizzata da un eccesso di sentimenti «nobili», capaci di non ferire né il pubblico femminile né quello maschile né i moralisti. Nove nomination e cinque Oscar: miglior film, regia, attore protagonista, attrice non protagonista (Streep) e sceneggiatura (Robert Benton).

Krays, The - I corvi **½ (*The Krays*, Gb 1990, col, 119') Peter Medak. Con Billie Whitelaw, Gary Kemp, Martin Kemp, Susan Fleetwood, Tom Bell, Victor Spinetti, Julia Migenes. ◆ Ascesa e caduta nella Swinging London anni Sessanta dei gemelli Kray (Gary e Martin Kemp), presi dal comune perverso istinto per la violenza e la sublimazione della sessualità nella ricerca del potere. Il regista di *La classe dirigente*, manifesto anni Settanta dell'ala dura del Free Cinema, torna sulla scena con un film che seduce per il suo programmatico anacronismo stilistico. Nei ruoli principali i fratelli (non gemelli) Kemp, leader del gruppo musicale Spandau Ballet. Indimenticabile la mamma possessiva interpretata da Billie Whitelaw.

Kriminal * (Italia/Spagna 1966, col, 98') Umberto Lenzi. Con Glenn Saxson, Helga Liné, Andrea Bosic, Ivano Staccioli, Esmeralda Ruspoli. ◆ Londra. Sfuggito all'impiccagione, Kriminal (Saxson) si mette sulle tracce di un tesoro di diamanti: riuscirà a impossessarsi del bottino, ma lo perderà durante la fuga. Ispirato all'omonimo fumetto di Max Bunker, il film cerca di riproporre la stessa fragile fusione di thriller ed erotismo, ma la sceneggiatura è troppo ingenua per divertire lo spettatore.

Krull ** (*Krull*, Usa 1983, col, 117') Peter Yates. Con Ken Marshall, Lysette Anthony, Freddie Jones, Francesca Annis, Robbie Coltrane, Liam Neeson. ◆ Per liberare la principessa sua futura sposa (Anthony), rapita dai cattivi Massacratori, il principe Collwyn (Marshall) si mette a capo di un gruppo di mercenari e grazie a un amuleto magico va a liberarla nel castello dove è stata rinchiusa. Avventure fantasy non prive di belle invenzioni (come il ragno di cristallo), ma decisamente insufficienti sul piano della sceneggiatura. E schiacciato, alla sua uscita, dallo strasuccesso del *Ritorno dello Jedi*.

Ku Fu? Dalla Sicilia con furore * (Italia 1973, col, 93') Nando Cicero. Con Franco Franchi, Gianni Agus, Irina Maleeva, Gino Pagnani, Enzo Andronico. ◆ Franco detto «Fico d'India» per essere assunto come vigile urbano deve vincere un concorso di karate: non sa niente di quella disciplina ma è aiutato da una fortuna sfacciata. Pretestuoso spunto narrativo per una parodia dei kung-fu-movie. Manca Ciccio (e si sente).

Kundun **½ (*Kundun*, Usa 1997, col, 134') Martin Scorsese. Con Tenzin Thuthob Tsarong, Robert Lin, Gyurme Tehong, Tencho Gyalpo, Tulku Jamyang Kunga Tenzin, Tenzin Yeshi Paichang, Tsewang Migyur Khangsar. ◆ La giovinezza del 14° Dalai Lama (interpretato da quattro attori a seconda dell'età: in ordine cronologico crescente Paichang, Kunga Tenzin, Tethong e Tsarong), quello tuttora vivente ed esiliato dal Tibet: figlio di contadini, e prigioniero dal 1937 del suo destino di reincarnazione del Buddha, della sua reggia-convento a Lhasa e infine della crudeltà della politica. Ci si è chiesti che cosa abbia spinto il regista (su sceneggiatura di Melissa Mathison) in un mondo così lontano, per di più ricreato in Marocco dallo scenografo Dante Ferretti: probabilmente i temi universali, come quelli dell'infanzia perduta e del potere (memorabile l'incontro con Mao [Lin] che sibila al Lama: «La religione è veleno»), tanto da invocare un confronto - per affinità e divergenze tematiche - più con *L'ultimo imperatore* che con *Piccolo Buddha* di Bertolucci. Ma per Scorsese si è trattato anche di un modo per regolare i conti con l'immaginario hollywoodiano, girando quel kolossal religioso che forse *L'ultima tentazione di Cristo* non era: un film intimista e antispettacolare (fotografia di Roger Deakins, montaggio di Thelma Schoonmaker, musica di Philip Glass) che mescola sogno, realtà e ricordo con una libertà di recente inusitata, ma nel quale la preoccupazione di rispettare la realtà storica finisce per spegnere ogni vera emozione. In Usa il film è stato boicottato dai distributori (la Touchstone) dopo che la Cina ne aveva quasi fatto un caso diplomatico.

Kung Fu Master **½ (*Kung Fu Master*, Francia 1988, col, 78') Agnès Varda. Con Jane Birkin, Charlotte Gainsbourg, Mathieu Demy, Lou Doillon. ◆ Mary-Jane (Birkin) è madre di due ragazze e separata dal marito: la sua voce fuori campo accompagna la storia dell'incontro con Julien (Demy), un compagno di scuola della primogenita, che le fa scoprire il fascino di un gioco elettronico (il Kung Fu Master) e col quale vivrà un'intensa ma breve esperienza d'amore. Nato durante le riprese di *Jane B. par Agnès V.*, questo film è un delicato documentario affabulato dove alla storia si mescola il ritratto della Birkin, della figlia Charlotte e del figlio della Varda, Demy. Intelligente saggio sull'intersecarsi, quasi sempre disarmonico, delle traiettorie esistenziali e generazionali.

Labbra di lurido blu * (Italia 1975, col, 120') Giulio Petroni. Con Lisa Gastoni, Corrado Pani, Silvano Tranquilli, Armando Brancia, Gino Santercole. ◆ A causa di traumatizzanti esperienze adolescenziali, Ely (Gastoni) è diventata ninfomane e Marco (Pani) omosessuale. Quando si sposano, i due sperano di risolvere i loro drammi, ma l'esito è tragico. Un dramma psicologico che vorrebbe essere anche una critica del perbenismo borghese, ma finisce per trasformarsi in uno scadente film erotico. Il titolo è una citazione da un verso di Shelley.

Labbra proibite *½ (*Rockabye*, Usa 1933, b/n, 67') George Cukor, George Fitzmaurice. Con Constance Bennett, Joel McCrea, Paul Lukas, Walter Pidgeon, Jobyna Howland, Sterling Holloway. ◆ Uno scrittore (McCrea) è disposto a divorziare per amore di una famosa attrice (Bennett), ma quando la donna scopre che c'è di mezzo una figlia, si ritira in buon ordine. Girato inizialmente da George Fitzmaurice, dopo alcune disastrose anteprime, il film fu rigirato da Cukor, con Joel McCrea al posto di Phillips Holmes: la storia però non migliora molto e il film resta fiacco e stanco.

Labbra proibite *½ (*Quand tu liras cette lettre*, Francia/Italia 1953, b/n, 104') Jean-Pierre Melville. Con Juliette Gréco, Philippe Lemaire, Daniel Cauchy, Irène Galter, Yvonne Sanson. ◆ La fede di Thérèse (Gréco), che non ha preso i voti per star vicino alla sorella Denise (Galter) dopo la morte dei genitori, è messa a dura prova da Max (Lemaire), un libertino affascinante e senza scrupoli che prima seduce Denise poi cerca di convincere Thérèse a fuggire con lui. Ma il destino li dividerà. Un melodramma assolutamente improbabile (come la Gréco nella parte di una carmelitana mancata) che Melville diresse solo per ragioni alimentari.

Labbra rosse *** (Italia/Francia 1960, b/n, 102') Giuseppe Bennati. Con Gabriele Ferzetti, Jeanne Valerie, Giorgio Albertazzi, Christine Kaufmann, Marina Bonfigli, Laura Betti, Carla Bizzarri, Elena Forte, Fabrizio Capucci, Nino Fuscagni. ◆ Indagando sull'improvvisa fuga della figlia sedicenne Baby (Kaufmann), l'avvocato Martini (Ferzetti) scopre che la ragazza ha avuto una tormentata relazione con un ingegnere sposato (Albertazzi); inoltre lui stesso è tentato dalle grazie intriganti della giovane Irene (Valerie), che lo sta aiutando nelle ricerche. Insolito e spregiudicato ritratto delle adolescenti italiane nell'era del boom: libere, amorali e decise a prendere l'iniziativa nei rapporti con l'altro sesso. Più che una «rilettura» italiana di *Lolita*, un ritratto impietoso della borghesia (sceneggiato dal regista con Paolo Levi e la collaborazione di Federico Zardi) nel quale la famiglia è completamente assente, gli adolescenti non hanno valori in cui credere se non quelli del consumismo e i padri rivelano l'intima fragilità delle loro convinzioni (Ferzetti non è certo fedele alla moglie e come padre è muto e assente). E se la spavalda vitalità delle due ragazze è quella tipica delle ninfette, il ritratto che Albertazzi e Ferzetti danno delle loro debolezze maschili sconfina nella tragedia esistenziale.

Labbra serrate ** (Italia 1942, b/n, 86') Mario Mattoli. Con Annette Bach, Fosco Giachetti, Vera Carmi, Andrea Checchi, Carlo Campanini, Giulio Donadio. ◆ L'avventuriera (Bach) per la quale Carlo (Checchi) ha lasciato la famiglia viene trovata morta e le accuse cadono su di lui, che invece sospetta del cognato (Giachetti), un avvocato che in passato aveva avuto una relazione con la donna. Ma in tribunale sarà proprio il cognato a difendere Carlo e a smascherare il vero colpevole. Quarto e ultimo episodio della serie «i film che parlano al vostro cuore» (dopo *Luce nelle tenebre*, *Catene invisibili* e *Stasera niente di nuovo*), è un tipico «cineromanzo d'appendice, colmo di stereotipi e colpi di scena», che però attua un'inversione di segno rispetto al precedente cinema dei telefoni bianchi, spostando gli stessi temi sul versante del mélo noir, con qualche reminiscenza del cinema francese anni Trenta (Carné, Duvivier) e molte correzioni all'italiana (l'happy end e i vari inserti umoristici affidati a Campanini), volte a insaporire la vicenda e ad allentare una tensione disdicevole per il pubblico dell'epoca. Niente a vedere con il coevo *Ossessione*, ma è la prova che il clima truce del periodo era finalmente arrivato persino nei prodotti popolari.

Labirinto **½ (*L'Homme en colère*, Francia/Canada 1979, col, 105') Claude Pinoteau. Con Lino Ventura, Laurent Malet, Angie Dickinson, Hollis McLaren, Donald Pleasence, Lisa Pelikan. ◆ Un pilota francese in pensione (Ventura) viene chiamato dalla polizia di Montreal a identificare il cadavere del figlio Julien (Malet): all'obitorio scopre che non è lui. Dopo complicate ricerche, viene a sapere che il figlio lavora come autista per trasporti illegali: il padre cercherà inutilmente di farlo desistere, ma il figlio si mostrerà meno insensibile del previsto. Opera terza del regista del *Tempo delle mele* che firma la sceneggiatura con Jean-Claude Carrière: padre e figlio a confronto in un poliziesco ben condotto ma effettivamente labirintico, sia per l'intreccio che per l'ambientazione all'estero (da confrontare col successivo *Frantic* di Polanski). Grande interpretazione di Ventura.

Labirinto di ferro * (*Iron Maze*, Usa/ Giappone 1991, col, 101') Hiroaki Yoshida. Con Jeff Fahey, Bridget Fonda, Hiroaki Murakami, J.T. Walsh, Gabriel Damon. ◆ Un miliardario giapponese (Murakami) ha deciso di rimpiazzare un'acciaieria della Pennsylvania con un parco-giochi, ma qualcuno lo vuol far fuori. I sospettati (un operaio [Fahey] e sua moglie [Fonda]) raccontano la loro versione. Goffo aggiornamento dello stesso racconto di Akutagawa da cui è stato tratto *Rashomon*: un poliziesco confuso, che dice poco anche sulle tensioni tra Oriente e Occidente. Oliver Stone è uno dei produttori esecutivi.

Labirinto di passioni *½ (*Laberinto de pasiones*, Spagna 1982, col, 96') Pedro Almodóvar. Con Cecilia Roth, Imanol Arias, Helga Liné, Marta Fernández Muro, Fernando Vivanco. ◆ Sexilia (Roth), una ninfomane leader del gruppo rock «Las Ex», e Reza

Niro (Arias), un omosessuale costretto continuamente a travestirsi per sfuggire a un gruppo di studenti khomeinisti, si rincontrano dopo anni e s'innamorano. Intorno a loro si muove una varia e improbabile umanità affetta da problemi di sesso. Tentativo di fare una «commedia pop alla maniera di Richard Lester» sulla *movida* notturna di Madrid: Almodóvar spinge il suo gusto per il fotoromanzo (qui «meno ironizzato che esaltato») fino al surrealismo, sfida il buon gusto e gioca con i cliché, ma nonostante un ritmo sostenuto, ironia e sorriso non riescono a conquistare il pubblico. Piccole parti per Antonio Banderas, che interpreta Sadec, e il fratello Augustín Almodóvar, che è Hassan.

Labirinto mortale **½ (*The House on Carroll Street*, Usa 1988, col, 100') Peter Yates. Con Kelly McGillis, Jeff Daniels, Mandy Patinkin, Christopher Rhode, Jessica Tandy. ◆ New York, 1951: in pieno clima da «caccia alle streghe», una fotografa (McGillis), licenziata da *Life* con l'accusa di attività sovversive, scopre un complotto per far entrare clandestinamente negli Stati Uniti alcuni criminali nazisti. A salvarle la vita sarà proprio l'agente Fbi (Daniels) che le era stato messo alle costole per sorvegliarla. Da una sceneggiatura di Walter Bernstein (che la «caccia alle streghe» l'aveva sofferta sulla propria pelle), un thriller con nobili intenzioni di denuncia sociale, ma un po' freddo. Buone la ricostruzione d'ambiente e la fotografia di Michael Ballhaus. Con una scena memorabile (e molto hitchcockiana): l'inseguimento lungo i cornicioni della Grand Central Station.

Labirynth – Dove tutto è possibile ** (*Labirynth*, Gb 1986, col, 101') Jim Henson. Con David Bowie, Jennifer Connelly, Toby Froud, Shelly Thompson, Christopher Malcolm. ◆ Una ragazzina (Connelly) si augura che gli gnomi le portino via il fastidioso fratellino (Froud) che deve accudire e si ritrova nel bel mezzo delle sue fervide fantasie: labirinti, castelli, il cattivo principe Jareth (Bowie), trabocchetti e prove da superare per riavere il fratellino che è stato davvero rapito da un esercito di folletti. Tutti i luoghi comuni delle fiabe e della letteratura fantasy rivisitati dalla sceneggiatura di Terry Jones (uno dei Monty Python) e dall'alta tecnologia di George Lucas. Bowie gioca bene tra il fascinoso e il sornione, alcune invenzioni del mago del *Muppets Show* (come il corridoio di mani parlanti) sono sorprendenti, ma ci vorrebbe più ironia per animare davvero la storia. Toby Froud è il figlio di Brian Froud, il disegnatore che ha collaborato ai costumi e agli effetti speciali.

La chiamavano Bilbao ** (*Bilbao*, Spagna 1978, col, 92') José Juan Bigas Luna. Con Angel Jove, Maria Martin, Isabel Pisano, Francesco Falcon, Pepita Llunell. ◆ Un'affascinante spogliarellista prostituta (Pisano) è l'oggetto del perverso desiderio di un maniaco (Jove) che, pieno di tic e strane abitudini, riesce a sedurla ma, inavvertitamente, la uccide: sarà la sua donna (Martin) a tirarlo fuori dai guai. Sorta di remake del *Collezionista* che descrive il lento scivolare di un'ossessione erotica verso il crimine. Bigas Luna aggiunge alla storia un pizzico di surrealtà e di reminiscenze underground.

L.A. Confidential *** (*L.A. Confidential*, Usa 1997, col, 137') Curtis Hanson. Con Russell Crowe, Guy Pearce, Kevin Spacey, Kim Basinger, Danny DeVito, James Cromwell, David Strathairn, Ron Rifkin. ◆ Nella Los Angeles degli anni Cinquanta tre poliziotti – il duro dal cuore tenero Bud White (Crowe), l'idealista e ambizioso Edmund Exley (Pearce), il corrotto e cinico Jack Vincennes (Spacey) – cercano riscatto in un mondo marcio, indagando sull'omicidio di un poliziotto e di altre cinque persone in un bar notturno. A reggere le fila c'è un miliardario (Strathairn) che ha un giro di prostitute sosia di dive del cinema: a cominciare da Lynn Bracken (Basinger), sosia di Veronica Lake, di cui si innamorano White ed Exley. Hanson, cosceneggiatore con Brian Helgeland, non tradisce il cupo romanticismo del romanzo di Ellroy, anche se ne prende solo i personaggi e, nella seconda metà, inventa una storia diversa. Un noir col respiro di una saga, duro e romantico, con una singolare aria fuori dal tempo, e per fortuna senza ammiccamenti cinefili o ironici. Senza dire nulla di nuovo, ammettiamolo, e quindi un po' sopravvalutato: ma tanto di cappello a un affresco d'epoca così convincente (che usa al meglio le schegge del firmamento hollywoodiano, come nell'episodio con Lana Turner e Johnny Stompanato) e a un senso del racconto così solido e avvincente. Ottimi cast, fotografia (Dante Spinotti) e musica (Jerry Goldsmith). Oscar alla sceneggiatura non originale e all'attrice non protagonista (Basinger).

Lacrima sul viso, Una * (Italia 1964, b/n, 90') Ettore M. Fizzarotti. Con Bobby Solo [Roberto Satti], Laura Efrikian, Lucy D'Albert, Nino Taranto, Dolores Palumbo, Dante Maggio. ◆ Amore travagliato tra il cantante americano Bobby Tonner (Solo) e la figlia (Efrikian) del maestro di conservatorio che lo ospita a Napoli. Dalla canzone di successo al film senza pretese: inizia con questo, e i film di Morandi, la buffa stagione dei «musicarelli». Il Presley nostrano è tra i peggiori cantanti sullo schermo, ma la squadra è quella classica, instancabile: Fizzarotti regista, Bruno Corbucci-Giovanni Grimaldi soggetto e sceneggiatura, Stelvio Massi operatore, Nino Taranto simpatico «matusa» di spalla.

Lacrime amare di Petra von Kant, Le *** (*Die bitteren Tränen der Petra von Kant*, Rft 1972, col, 124') Rainer Werner Fassbinder. Con Margit Carstensen, Hanna Schygulla, Irm Herrman, Eva Mattes, Katrin Schaake, Gisela Fackeldey. ◆ L'impossibile amore tra la stilista Petra von Kant (Carstensen) e l'affascinante proletaria Karin (Schygulla), vissuto sotto gli occhi della silenziosa e sottomessa segretaria di Petra (Herrman). Un feroce e lucido melodramma sociale sulle relazioni personali impostate come rapporti di potere, tratto dall'omonima opera teatrale dello stesso regista e girato in soli dieci giorni. Costruito come una sfida cinematografica alle convenzioni imposte del palcoscenico (unità di luogo, pochi personaggi, lunghi dialoghi, recitazione e messa in scena artificiosa), il film appare miracolosamente riuscito, grazie alla capacità di Fassbinder e del suo operatore Michael Ballhaus di muoversi morbidamente all'interno di uno spazio rigidamente chiuso.

Lacrime d'amore * (Italia 1970, col, 103') Mario Amendola. Con Mal dei Primitives [Paul Bradley], Silvia Dionisio, Francesco Mulé, Ferruccio Amendola, Carlo Delle Piane, Umberto D'Orsi, Mirella Pamphili, Paolo Bonacelli, Fabio Frizzi, Gianna Serra. ◆ Convinto che la moglie Paola (Dionisio) lo tradisca, il cantante Reg (Mal) lascia l'Italia per Londra, ma qui finisce in galera con l'accusa di spaccio di droga: ci penserà il suocero a liberarlo aiutandolo anche a capire che la moglie lo ama e gli è fedele. Commediola sentimentale costruita sul successo presso il pubblico femminile della voce solista dei Primitives: solo equivoci e languori, sceneggiati dal regista e Bruno Corbucci. Roba da archeologia.

Lacrime napulitane * (Italia 1981, col, 107') Ciro Ippolito. Con Mario Merola, Angela Luce, Benedetto Casillo, Tommaso Bianco, Pupella Maggio, Rachele Cimmino. ◆ Un magliaro d'onore (Merola), pendolare tra Napoli e Milano, crede che la moglie (Luce) lo tradisca con un camorrista e la scaccia di casa mentre lui emigra in America: ma l'incidente della figlia, investita dal camorrista, servirà a ristabilire la verità e riunire la famiglia. Incredibile: tutti – ma proprio tutti – i *topoi* della sceneggiata partenopea (l'onestà ingannata, il sospetto e il tradimento, l'emigrazione, la figlia tra la vita e la morte) in questo libero remake di *Catene*, una storia su misura per Merola. Imperdibile. O sconcertante.

Là dove scende il fiume **½ (*Bend of the River*, Usa 1952, col, 91') Anthony Mann. Con James Stewart, Julia Adams, Arthur Kennedy, Rock Hudson, Lori Nelson. ◆ Glyn McLyntock (Stewart), un avventuriero con un passato da rapinatore, per cambiar vita guida una carovana di pionieri verso l'Oregon. Salva la vita a un ex rapinatore come lui, Emerson Cole (Kennedy), che però non saprà resistere alla tentazione di arricchirsi e rapinerà i coloni delle loro provviste: ma Glyn saprà sconfiggerlo. Prima regia a colori di Mann e secondo dei cinque western che girerà con James Stewart, il film (sceneggiato da Borden Chase) ruota attorno al tema del riscatto morale, raccontato attraverso i comportamenti divergenti di quello che può essere considerato come un unico personaggio, l'eroe stanco «perso tra due epoche: l'avvenire che trascina via e il passato che rende prigionieri».

Ladra, La *½ (Italia/Francia 1955, col, 93') Mario Bonnard. Con Fausto Tozzi, Piero Giagnoni, Lise Bourdin, Carlo D'Angelo, Henri Vilbert, Lyla Rocco, Memmo Carotenuto, Carlo Delle Piane, Saro Urzì, Enrico Glori, Lauro Gazzolo, Carlo Calò, Vera Carmi, Cristina Pall, Mimmo Doro, Franco Jamonte, Gildo Bocci, Renato Navarrini. ◆ Complice - controvoglia - di Nino (Tozzi), Anna (Bourdin) decide di cambiare vita quando il ragazzino (Giagnoni) che usano per i loro furti rimane ferito: lei si riavvicina alla Chiesa, il piccolo impara a leggere e scrivere, ma l'infido Nino usa la casa di Anna per nascondere la refurtiva e la polizia la spedisce alle Mantellate. Melodramma edificante ambientato nella Roma d'inizio secolo, che non riesce a strappare nessuna lacrima (come doveva essere nelle intenzioni degli sceneggiatori Nino Novarese e Bonnard) per l'eccesso di manicheismo e moralismo: la scena finale, con il prete che sconsiglia ad Anna di entrare in convento perché il bambino avrà sempre bisogno di una mamma, merita di entrare negli annali del kitsch buonista.

Ladra di cuori *½ (*Heartbeat*, Usa 1946, b/n, 102') Sam Wood. Con Ginger Rogers, Jean-Pierre Aumont, Adolphe Menjou, Basil Rathbone, Melville Cooper, Mikhail Rasumny. ◆ Arlette (Rogers) è un'orfana costretta a diventare ladra che compie un furto su ordinazione di un ambasciatore (Menjou): lui vorrebbe avere così le prove del tradimento della moglie, ma lei riesce a risolvere tutto, compreso il proprio futuro. Innocuo rifacimento di *Piccola ladra* (1939), ennesima versione della favola di Cenerentola senza pretese e senza intoppi. Le scene più divertenti sono quelle della scuola di ladri diretta da un ambiguo Basil Rathbone e in cui «studia» Ginger Rogers.

Ladre e contente ** (*How to Beat the High Co$t of Living*, Usa 1980, col, 110') Robert Scheerer. Con Susan Saint James, Jane Curtin, Jessica Lange, Richard Benjamin, Fred Willard, Dabney Coleman. ◆ Tre casalinghe (Saint James, Curtin e Lange), stanche di lasciare ingenti somme al supermercato, mettono a punto un piano assai originale per rapinarne uno: mentre la prima si cimenta in uno spogliarello, le due compari vuotano la cassa. Una paradossale commedia sull'immaginario trasgressivo della casalinga americana sorretto soprattutto dalla verve delle tre protagoniste.

Ladri, I ** (Italia/Spagna 1959, b/n, 95') Lucio Fulci. Con Totò [Antonio de Curtis], Giovanna Ralli, Armando Calvo, Giacomo Furia, Enzo Turco, Renato De Simone. ◆ Rispedito a Napoli dagli Usa, il mafioso Joe Castagnato (Calvo) nasconde i suoi soldi in centinaia di barattoli di marmellata, che naturalmente finiscono nelle mani sbagliate, a cominciare da quelle di uno scaricatore (Furia) e della sua intraprendente moglie (Ralli). Divertente confronto tra la professionalità della malavita americana e la secolare astuzia napoletana, di prevedibile soluzione. Indimenticabile dimostrazione di orgoglio partenopeo del commissario Totò che al rappresentante dell'Fbi si presenta come «cavalier Gennaro Di Sapio, della QDN (Questura Di Napoli), sezione CNF (Cà Nisciuno è Fesso)». Piccolo ruolo per Fred Buscaglione nella parte di se stesso.

Ladri di biciclette **** (Italia 1948, b/n, 92') Vittorio De Sica. Con Lamberto Maggiorani, Enzo Staiola, Lianella Carell, Elena Altieri, Gino Saltamerenda, Vittorio Antonucci, Memmo Carotenuto, Checco Rissone. ◆ A un padre di famiglia (Maggiorani), che ha trovato finalmente un impiego come attacchino nella Roma del dopoguerra, rubano la bicicletta, strumento fondamentale per il lavoro. Disperato, cerca di rubarne una allo stadio: bloccato e aggredito dalla folla, viene lasciato libero davanti alle lacrime del figlio Bruno (Staiola) che commuovono la gente. Tratto dal romanzo omonimo di Luigi Bartolini rielaborato da Cesare Zavattini, è una delle opere migliori del neorealismo, «centro attorno al quale orbitano le opere degli altri neorealisti». Lucida e profonda analisi della dura realtà di quegli anni, è il punto più alto della collaborazione tra De Sica e Zavattini, dove «si armonizzano sia la loro poetica del quotidiano e del "pedinamento" (scoprendo sulle orme degli uomini comuni un mondo di miseria e di problemi mai risolti) sia il loro amore per i personaggi, che qui si fa vero senso di pietà». De Sica vinse il suo secondo Oscar per il miglior film straniero (dopo *Sciuscià*) e dimostrò quanto fosse vincente la sua scelta di utilizzare attori non professionisti (la tradizione vuole che alcuni possibili coproduttori americani avessero proposto Cary Grant per il ruolo principale). Piccolissima comparsata di un irriconoscibile e giovanissimo Sergio Leone nella parte di un seminarista.

Ladri di saponette **½ (Italia 1989, b/n, 89') Maurizio Nichetti. Con Maurizio Nichetti, Caterina Sylos Labini, Federico Rizzo, Heidi Komarek, Renato Scarpa, Lella Costa. ◆ Una famiglia di teledipendenti non si accorge che sul piccolo schermo avvengono scambi tra il film trasmesso e la pubblicità che lo interrompe, sconvolgendo così il senso del film in programma che avrebbe voluto essere una specie di rilettura dei capolavori del cinema neorealista. Intelligente e ironica operazione di Nichetti sulla contaminazione cinema-tv-pubblicità, anche se dopo un po' i salti tra i diversi livelli del racconto rischiano di diventare schematici e non sorprendono più. Doppio ruolo d'attore per Nichetti (regista del film e protagonista dello stesso) che conferma l'originalità del proprio modo di fare cinema. Claudio G. Fava compare nei panni di se stesso, il critico televisivo che all'inizio deve presentare il film. Breve ruolo anche per Carlina Torta.

Ladri per amore ** (*Two If by Sea*, Usa 1996, col, 96') Bill Bennett. Con Denis Leary, Sandra Bullock, Stephen Dillane, Yaphet Kotto, Mike Starr, Jonathan Tucker, Wayne Robson, Michael Badalucco, Lenny Clarke. ◆ Per smerciare un quadro rubato di cui non conoscono nemmeno il reale valore (è di Matisse!), Frank (Leary) e Roz (Bullock) vanno sull'isola di Amahonsett, in New England, convinti di offrirsi anche un romantico week end: un improvviso spasimante (Dillane), un poliziotto coriaceo (Kotto) e qualche parente non proprio incensurato si daranno da fare per cambiare i loro piani. Una commediola pseudosofistica scritta, con Mike Armstrong, dal protagonista maschile (celebre e caustica star tv), dove tutti, senza differenza di razza o di censo, finiscono presi per i fondelli, mentre il lieto fine dimostra che il mito di Cenerentola non vale più: i principi azzurri sono peggio dei ladri. Conosciuto anche col titolo inglese *Stolen Hearts*.

Ladri per la pelle *½ (*Thick as Thieves*, Usa 1998, col, 98') Scott Sanders. Con Alec Baldwin, Michael Jai White, Andre Braugher, Rebecca De Mornay, Bruce Greenwood, Robert Miano, Richard Edson, Janeane Garofalo. ◆ Tradito dal gangster nero Point Williams (White), il ladro Mackin (Baldwin) è costretto a far fuori due sbirri corrotti, e vabbé: ma quando gli ammazzano il cagnetto, apriti cielo. Un Elmore Leonard dei poveri (scritto dal regista e Arthur Krystal, e tratto da un romanzo di Patrick Quinn), che descrive in modo acritico e stralunato un sottobosco di piccoli delinquenti «vorrei ma non posso». Senza troppe pretese ma anche senza nulla di nuovo; e Baldwin non ispira una briciola di simpatia.

Ladro, Il *** (*The Wrong Man*, Usa 1956, b/n, 105') Alfred Hitchcock. Con Henry Fonda, Vera Miles, Anthony Quayle, Harold J. Stone, Charles Cooper, John Heldbrant. ◆ Accusato ingiustamente di una rapina, Christopher Emmanuel Balestrero (Fonda), suonatore di contrabbasso tutto casa e famiglia, ha difficoltà a provare la sua innocenza e si vede improvvisamente crollare il mondo addosso: arrestato, schiacciato da una serie incredibile di coincidenze mentre la moglie (Miles) deve essere ricoverata in clinica per un esaurimento, verrà scagionato solo perché il vero colpevole sbaglierà un colpo e si farà catturare. Sceneggiato da Maxwell Anderson e Angus MacPhail da un fatto di cronaca apparso su *Life*, è un film insolito per Hitchcock, austero nello stile e malinconico nel tono, con un finale lieto solo formalmente perché «dietro lo sguardo probo di Henry Fonda si agitano i fantasmi della sua micidiale esperienza, una specie di incubo a occhi aperti che ha polverizzato in poche battute tutti i dogmi dei diritti civili». Grazie anche alla splendida interpretazione di Fonda e di Vera Miles (la moglie che crolla sotto i colpi del destino), *Il ladro* si trasforma in un apologo quasi bressoniano sulla paura inconscia di vivere, segnata dal peccato e dalla predestinazione alla colpa. Nell'edizione italiana Balestrero è americanizzato in Ballister. Di Hitchcock si vede solo la sua lunghissima ombra, prima dei titoli di testa, mentre presenta al pubblico la storia.

Ladro, Il ** (*Vor*, Russia 1997, col, 93') Pavel Čuchraj. Con Vladimir Maškov, Ekaterina Rednikova, Miša Filipčuk, Dima Chigarev, Amalija Mordinova, Lidija Savčenko, Olga Paskova, Jurij Belyaev. ◆ Unione Sovietica, anni Cinquanta: il piccolo Sanja (Filipčuk), il cui padre è morto in guerra, mal sopporta il fidanzato della mamma Katja (Rednikova), Toljan (Maškov), sedicente ex ufficiale e ladro di professione, che umilia sia lui che la donna; la giustizia e la vita faranno il loro corso, ma sarà Sanja, cresciuto (Belyaev), a prendersi la rivincita definitiva. I padri disgraziati della Madre Russia (quello vero è morto, quello adottivo è l'incarnazione di Stalin, che campeggia in ritratti giganteschi) in un film programmatico - e in fondo inutile - scritto da Vladimir Daškevič, nel quale il regista (figlio del più celebre Grigorij) che cerca di accattivarsi la simpatia dello spettatore attraverso l'abusato espediente del protagonista infantile. Un film buono per tutte le stagioni, che spara sul mito del Piccolo Padre (oggi uno sport nazionale e internazionale) ma non mette mai davvero in discussione chi quel mit_o ha creato e sostenuto.

Ladro che venne a pranzo, Il ** (*The Thief Who Came to Dinner*, Usa 1973, col, 105') Bud Yorkin. Con Ryan O'Neal, Jacqueline Bisset, Jill Clayburgh, Warren Oates, Ned Beatty, Michael Murphy. ◆ Un esperto di computer (O'Neal) diviene un abile ladro di gioielli nella Houston dei vip e dà filo da torcere al povero investigatore (Oates) che deve smascherarlo. Da un soggetto di Walter Hill, una commedia sofisticata ma senza troppo brio. Deliziosa la Clayburgh nei panni dell'ex moglie di O'Neal.

Ladro della Gioconda, Il *½ (*On a volé la Joconde*, Francia/Italia 1965, col, 110') Michel Deville. Con George Chakiris, Marina Vlady, Margaret Lee, Gianrico Tedeschi, Jean Lefèvre, Renzo Palmer, Alberto Bonucci, Paul Frankeur. ◆ Nel 1910, Vincent (Chakiris) sottrae il famoso ritratto di Leonardo dal museo del Louvre e scappa attraverso la Francia con una cameriera (Vlady) che assomiglia in maniera incredibile a Monna Lisa. Altri ladri, invidiosi, e la polizia gli danno la caccia per recuperare il dipinto. Una farsa che cerca invano di imitare lo stile divertito delle commedie degli anni Trenta. In Francia circola una versione di 95'.

Ladro del re, Il *½ (*The King's Thief*, Usa 1955, col, 78') Robert Z. Leonard. Con David Niven, Ann Blyth, George Sanders, Roger Moore, Alan Mowbray. ◆ Nel XVII secolo, alla corte di re Carlo II d'Inghilterra, il cinico duca di Brampton (Niven) cospira contro il sovrano ed elimina freddamente gli avversari, ma la figlia (Blyth) di una delle vittime riesce a fermarlo. Prevedibile dramma in costume, più famoso per essere l'ultimo film diretto da Leonard alla Mgm dopo 31 anni di carriera che per le sue qualità avventurose.

Ladro di Bagdad, Il *** (*The Thief of Bagdad*, Usa 1924, b/n, 140') Raoul Walsh. Con Douglas Fairbanks, Snitz Edwards, Julanne Johnston, Charles Belcher, Anna May Wong, Brandon Hurst. ◆ Il ladro Ahmed (Fairbanks), introdottosi nel palazzo imperiale, si innamora della principessa (Johnston): per conquistarla deve entrare in possesso di un cofano magico, superando lotte con mostri e andando sulla luna con un cavallo alato. Uno dei film più costosi del suo tempo, salutato allora da un grande successo e dagli elogi dei critici che vedevano il cinema rivaleggiare col fantastico della letteratura. Oggi la qualità maggiore (e ancora molto godibile) di questa farsa esotica – che segnò l'incontro tra l'intelligenza creatrice di Walsh e l'esuberanza fisica dell'attore – è soprattutto la scelta scenografica che spinge il film verso «una stilizzazione che salva l'opera dall'orientalismo da bazar che appesantisce tanti prodotti del genere» e ne fa una specie di film espressionista pieno però di ottimismo e gioia di vivere. Merito certo dell'atletico Fairbanks, che del film fu di fatto il supervisore (oltre che cosceneggiatore con lo pseudonimo di Elton Thomas, insieme a Lotta Woods) e vi chiamò a lavorare collaboratori di genio: con Walsh, lo scenografo William Cameron Menzies e il costumista Mitchell Leisen – entrambi futuri registi. Numerosi i remake; il migliore, del 1940, è stato prodotto proprio da Menzies e Korda; molto più modesti quelli del 1960 (Bruno Vailati e Arthur Lubin) e del 1978 (Clive Donner).

Ladro di Bagdad, Il **** (*The Thief of Bagdad*, Gb 1940, col, 106') Ludwig Berger, Michael Powell, Tim Whelan. Con Sabu [Sabu Dastagir], John Justin, June Duprez, Conrad Veidt, Rex Ingram, Miles Malleson. ◆ Il giovane sultano Ahmed (Justin) e il simpatico ladro Abu (Sabu) sconfiggono, grazie all'aiuto del Genio della bottiglia, il perfido visir Jeffer (Veidt), che vuole eliminarli e sposare la bella figlia del sultano (Duprez). Appassionante versione del celeberrimo racconto delle *Mille e una notte* sceneggiata da Miles Malleson e Lajos Biro, vero capolavoro produttivo dei fratelli Korda, che qui fondono in modo perfetto «l'estro pittorico e scenografico di Vincent, l'inguaribile esotismo di Zoltan e le straordinarie capacità organizzative e coesive di Alexander». Girato a Londra ma terminato a Hollywood per lo scoppio della guerra, questo film (alla cui realizzazione contribuì in modo determinante anche William Cameron Menzies, produttore nei titoli di testa ma coregista e scenografo nei fatti) è una favola magica e stupefacente, vero trionfo della fantasia e del colore, dove si mescolano tappeti volanti e giocattoli animati, magia e amore, avventure e passioni, trucchi ottici e meccanici. Tre meritatissimi Oscar: miglior fotografia a colori (George Perinal), scenografia (Vincent Korda) ed effetti speciali (Lawrence Butler e Jack Whitney). Rex Ingram grandioso nei panni del simpatico genio. Remake della versione muta del 1924, poi rifatto nel 1960 e nel 1978.

Ladro di Bagdad, Il * (Italia/Francia/Usa 1960, col, 100') Bruno Vailati, Arthur Lubin. Con Steve Reeves, Giorgia Moll, Arturo Dominici, Edy Vessel, Daniele Vargas. ◆ Il ladro Karim (Reeves), amato da tutti perché aiuta i poveri di Bagdad, riesce a salvare la vita della principessa Amina (Moll) trovando la rarissima rosa blu e smascherando i piani dell'infido principe Osman (Dominici). Pallido remake dell'omonimo film inglese del '40, di cui ha perso la freschezza e l'affascinante ingenuità.

Ladro di Bagdad, Il *½ (*The Thief of Bagdad*, Gb 1978, col, 100') Clive Donner. Con Roddy McDowall, Peter Ustinov, Kabir Bedi, Frank Finlay, Marina Vlady, Terence Stamp, Pavla Ustinov, Ian Holm. ◆ Il principe Hasar (McDowall) vuole recuperare i propri averi sottrattigli dal perfido visir Jodor (Stamp): ci riuscirà con l'aiuto di un vecchio filosofo e del Genio della lampada e sposerà la figlia del sultano. Produzione televisiva che punta tutte le sue carte sugli effetti speciali (mai davvero speciali): niente a che vedere con la bellissima versione del 1940.

Ladro di bambini, Il **** (Italia/Francia 1992, col, 112') Gianni Amelio. Con Enrico Lo Verso, Valentina Scalici, Giuseppe Ieracitano, Florence Darel, Marina Golovine. ◆ Da Milano, un giovane carabiniere calabrese (Lo Verso) deve accompagnare in un orfanotrofio di Civitavecchia l'undicenne Rosetta (Scalici), prostituita dalla madre, e il fratellino Luciano (Ieracitano). L'istituto, con la scusa di un certificato medico mancante, si rifiuta di accogliere i nuovi arrivati e il terzetto, ormai affiatato dopo le incomprensioni iniziali, riparte per raggiungerne un altro in Sicilia. Un road-movie emozionante, un aggiornato viaggio in Italia in senso rosselliniano dove allo squallore morale e ambientale del Belpaese si contrappone un umanesimo povero e irriducibile anche di fronte alla sconfitta. Dalla parte dei vinti, ma senza retorica, Amelio racconta la perfidia delle istituzioni, il silenzio degli innocenti, l'insensibilità dei colti, la volgarità degli ignoranti, la rivolta muta e la condanna all'impotenza di chi non ci sta. Con i suoi collaboratori gioca di sottrazione ovunque per portare in primissimo piano le *persone* ferite, il paesaggio dolente, le cacofonie urbane: la sceneggiatura (Stefano Rulli e Sandro Petraglia) è scarna e incisiva, la macchina da presa fa dimenticare la sua esistenza, la fotografia spegne i patinati colori nazionali per rendere evidente l'opacità e la bruttezza diffuse, la musica (di Franco Piersanti) e il suono in presa diretta restituiscono l'eco del Terzo Mondo. Eppure non c'è nichilismo, come non ci sono nemmeno sogni illusori di una rivoluzione impossibile. Il cinema utopistico di Amelio è fatto di piccoli gesti, di desideri minimi, di sentimenti e «famiglie» fuori da qualsiasi schema. Più che il rilancio del cosiddetto neo-neorealismo, l'arrivo al grado zero dell'immaginario collettivo, da cui ripartire con sguardi nuovi sulla realtà che ci circonda. Premiato a Cannes con il Gran Premio della Giuria.

Ladro di crimini, Il **½ (*Le Voleur de crimes*, Francia/Italia 1969, col, 90') Nadine [Marquand] Trintignant. Con Jean-Louis Trintignant, Florinda Bolkan, Robert Hossein, Giorgia Moll, Bernadette Lafont, Tania Lopert, Francis Girod, Serge Marquand. ◆ Maggio 1968: borghese annoiato e mitomane, Jean Girod (Trintignant) scrive lettere anonime ai giornali, accusandosi della morte di una donna che ha visto suicidarsi; ma a furia di scherzare, assassino lo diventa veramente. Scritto dalla regista, moglie del protagonista, un apologo noir dalle ambizioni metaforiche, con più di un punto di contatto con *Dillinger è morto*. L'umorismo laconico regge alla prova del tempo, e Trintignant convince tra alienazione e funambolismo. Messa psichedelica degli Electric Prunes in colonna sonora.

Ladro di Parigi, Il ** (*Le Voleur*, Francia 1966, col, 117') Louis Malle. Con Jean-Paul Belmondo, Geneviève Bujold, Marie Dubois, Françoise Fabian, Julien Guiomar, Marlène Jobert, Bernadette Lafont, Charles Denner. ◆ Georges Randal (Belmondo), per vendicarsi del tutore che gli ha sottratto tutto il patrimonio, diventa un professionista del furto coinvolgendo nella sua vita avventurosa anche la bella Carlotta (Bujold): i due diventano ricchissimi e si ritirano a vita privata, ma la tranquillità non fa per Georges. Scanzonata commedia francese, con una coppia d'attori azzeccata e bene in sintonia ma dal ritmo un po' lento, che anticipa certi umori antiborghesi dando del protagonista una lettura «anarcoindividualista». Belli i costumi disegnati dal pittore Ghislain Uhry. Partecipazione di Pierre Etaix nella parte di un borseggiatore.

Ladro di ragazzi, Il *½ (*Le Voleur d'enfants*, Francia/Italia/Spagna 1991, col, 110') Christian de Chalonge. Con Marcello Mastroianni, Angela Molina, Michel Piccoli, Nada Strancar, Cécilie Pallas, Virginie Ledoyen, Loïc Even, Caspar Salmon. ◆ Per riparare alla sterilità della moglie (Molina), il colonnello Bigua (Mastroianni) si porta in casa i ragazzi infelici che trova nei parchi di Parigi. Ma quando un illusionista rovinato (Piccoli) gli vende la figlia Gabriella (Ledoyen) cominciano i problemi di gelosia con i suoi dieci «fratelli»: scapperà con il ribelle Joseph (Even), ma quando si scoprirà incinta il lieto fine sarà inevitabile. Curioso melodramma fantastico sostanzialmente fallimentare nonostante la bella prova di Mastroianni e Piccoli: le atmosfere ossessive del romanzo di Jules Supervielle (adattato dal regista con Dominique Garnier) non trovano un adeguato riscontro nella regia pedante e poco inventiva di de Chalonge, così che la storia di un uomo solo e generoso che si trasforma in un orco per troppo amore alla fine non possiede né mistero né poesia. Il film è arrivato in Italia prima in cassetta (e con notevole ritardo) per colpa della quasi omonimia col film di Amelio.

Ladro e gentiluomo ** (*Breaking In*, Usa 1989, col, 91') Bill Forsyth. Con Burt Reynolds, Casey Siemaszko, Sheila Kelley, Lorraine Toussaint, Albert Salmi. ◆ Un professionista dello scasso (Reynolds) e un giovane «curiosatore» d'appartamenti (Siemaszko) s'incontrano e mettono a punto con successo alcuni colpi. Quando il ragazzo si fa pizzicare dalla polizia, il maestro gli garantisce una vita carceraria tranquilla, e va in pensione. Sceneggiato da John Sayles, una simpatica commedia sulla «moralità» al di là della legge, con un azzeccato Reynolds in un ruolo inconsueto. Sullo stesso tema, è ben altra la riuscita di *I favoriti della Luna* del georgiano Otar Ioseliani.

Ladro in paradiso, Un ** (Italia 1952, b/n, 90') Domenico Paolella. Con Nino Taranto, Geppa [Francesco Golisano], Hélène Remy, Enzo Turco, Carlo Tamberlani, Fanfulla [Luigi Visconti], Marisa Fimiani, Salvatore Costa, Carlo Delle Piane, Carlo Pisacane. ◆ Il ladruncolo Vincenzo De Pretore (Taranto) è diviso tra le tentazioni della malavita e la devozione a San Giuseppe: durante un'operazione chirurgica crederà di trovarsi a tu per tu col suo protettore (Tamberlani, doppiato da Gino Cervi), che naturalmente lo convincerà a cambiare vita. Il film che doveva segnare l'esordio dietro la macchina da presa di Giuseppe Marotta fu invece diretto da Paolella. All'origine c'è una poesia di Salvatore Di Giacomo diventata la «cantata» *De Pretore Vincenzo* di Eduardo De Filippo, che nella sceneggiatura di Marotta e del produttore Peppino Amato avrebbe dovuto esaltare l'anima più vera (e contraddittoria) della napoletanità. Ma il risultato finale non è certo all'altezza delle intenzioni. Molto curioso il paradiso «futurista» disegnato da Virgilio Marchi.

Ladro lui, ladra lei *½ (Italia 1957, b/n, 100') Luigi Zampa. Con Alberto Sordi, Sylva Koscina, Ettore Manni, Anita Durante, Marisa Merlini, Mario Riva, Nando Bruno, Mario Carotenuto, Carlo Delle Piane. ◆ Cencio (Sordi), ladruncolo orgoglioso della sua professionalità, si fa aiutare nelle sue imprese dalla vicina di casa Cesira (Koscina): la gelosia della donna lo farà finire in prigione, dove però è abituato a entrare e uscire e dove sa trovarsi perfettamente a suo agio. Solita farsa costruita su misura per l'istrionismo di Sordi: quando lui è in scena il film funziona, altrimenti annoia.

Ladrone, Il *½ (Italia/Francia 1980, col, 112') Pasquale Festa Campanile. Con Enrico Montesano, Edwige Fenech, Bernadette Lafont, Enzo Robutti, Claudio Cassinelli. ◆ Nella Palestina dei tempi di Gesù, Caleb (Montesano) è un ingenuo furfante di mezza tacca, e crede che il Nazareno sia uno della sua stessa risma, un abile imbroglione. Avrà il tempo di ravvedersi e di redimersi, e sarà crocifisso con Cristo. Inconsueta prova di Festa Campanile, che si ispira a un suo romanzo per affrontare un tema più serio del solito, ma il risultato, anche per alcune indulgenze a una comicità facile e volgare, è inferiore alle attese.

Lady Barbara * (Italia 1971, col, 110') Mario Amendola. Con Renato dei Profeti [Renato Brioschi], Paola Tedesco, Carlo Delle Piane, Franca Dominici, Pietro De Vico, Rosita Torosh, Gianfranco D'Angelo, Paolo Bonacelli. ◆ Divo dei fotoromanzi con la voglia di fare il cantante, Renato Raimondi (Renato) si innamora di Barbara (Tedesco) suscitando le ire di una zia nobile (Dominici): per coronare il loro sogno d'amore, lui dovrà diventare famoso e lei liberarsi da un matrimonio accettato controvoglia, fortunatamente mai consumato per un incidente paralizzante al marito in viaggio di nozze. Fumettone indigesto che cerca di sfruttare il tentativo di carriera solista del leader dei Profeti, assolutamente non a suo agio come attore a fianco di una bonacciona Tedesco presoft.

Ladybird Ladybird *** (*Ladybird Ladybird*, Gb 1994, col, 102') Ken Loach. Con Crissy Rock, Vladimir Vega, Sandie Lavelle, Mauricio Venegas, Ray Winstone, Clare Perkins, Jason Stracey. ◆ La strenua lotta di Maggie (Rock) contro i servizi sociali inglesi che, considerandola madre irresponsabile, le sottraggono i quattro figli avuti da altrettanti uomini. Quando incontra Jorge (Vega), un esule latinoamericano innamorato, paziente e premuroso, la donna decide di formare una nuova famiglia: ma anche i loro due figli subiranno la sorte dei precedenti. Un film crudele e arrabbiato come la storia vera che racconta (alla fine una didascalia dice che la coppia farà altri tre figli e riuscirà a tenerseli; e che Maggie non ha mai potuto rivedere gli altri sei), trasformata da Loach in un durissimo atto d'accusa contro la brutalità delle istituzioni che separano – invece di riunire – famigliari sconvolti dalle offese della vita e dalla miseria economica. Con uno stile nervoso da cinema-verità la denuncia socio-politica si riverbera nell'analisi psicologica della protagonista, ex bambina ferita a morte che crescendo diventa una mamma animata da una caparbia volontà di riproduzione e difesa della prole, specie di anti-Medea sgradevole e incomprensibile nella sua ossessione materna. Così come in certi momenti risulta ingombrante e insostenibile anche il film perché costringe lo spettatore a fare i conti con il sentimento dell'altrui (e della propria) impotenza. Due esordienti d'eccezione: la sceneggiatrice Rona Murno e la cabarettista Crissy Rock, premiata a Berlino con l'Orso d'argento. Il titolo è l'inizio di una popolare filastrocca per bambini.

Lady Eva ** (*The Lady Eve*, Usa 1941, b/n, 97') Preston Sturges. Con Barbara Stanwyck, Henry Fonda, Charles Coburn, Eugene Pallette, William Demarest, Eric Blore. ◆ Jean Harrington (Stanwyck), figlia di un baro di professione (Coburn), s'innamora di un giovane milionario (Fonda) che la pianta quando scopre la verità sulla donna. Ma lei, trasformatasi nell'aristocratica inglese «lady Eve», riconquista il giovanotto e riesce dopo molte peripezie a farsi sposare. Una commedia non particolarmente riuscita sceneggiata dallo stesso Sturges, troppo complicata nell'intreccio e anche troppo prevedibile, che ha i suoi punti di forza nella straordinaria interpretazione di Barbara Stanwyck e in una serie di gag (cadute, confusioni, mancanza di accortezza) che servono a definire il carattere del personaggio interpretato da Henry Fonda, goffo e impacciato come non mai. Rifatto da Norman Taurog nel 1956 (*Le tre notti di Eva*) con Mitzi Gaynor e David Niven.

Lady Frankenstein * (Italia 1970, col, 84') Mel Welles [Ernst von Theumer]. Con Joseph Cotten, Sara Bay [Rosalba Neri], Mickey Hargitay, Paul Müller, Paul Whitman. ◆ Il barone Frankenstein (Cotten) muore, ma la figlia (Bay) continua il suo operato, cercando di innestare il cervello di un amico sul corpo di un bell'uomo, in modo da ottenere un amante ideale. Miserrimo tentativo di imitare gli horror inglesi, con ampi inserti di erotismo casereccio. Peccato per la partecipazione di un attore come Cotten, in ogni caso limitata a pochi minuti.

Lady Godiva *½ (*Lady Godiva*, Usa 1955, col, 89') Arthur Lubin. Con Maureen O'Hara, George Nader, Victor McLaglen, Robert Warwick. ◆ Nel Medioevo inglese, lord Lefric (Nader) si trova coinvolto nella lotta fra Sassoni e Normanni: lui sa togliersi d'impaccio ma un conte invidioso accusa lady Godiva (O'Hara), la sua bella e pugnace moglie, di adulterio, costringendola secondo l'usanza ad attraversare nuda la città. Ma è tanto l'amore dei cittadini per la donna che nessuno oserà guardarla. Film in costume piuttosto scontato e, nella scena di nudo, assolutamente casto. Particina per Clint Eastwood nei panni del duro e affascinante capo dei Sassoni.

Lady Hamilton, il grande ammiraglio → *Grande ammiraglio, Il*

Ladyhawke *** (*Ladyhawke*, Usa 1985, col, 124') Richard Donner. Con Matthew Broderick, Rutger Hauer, Michelle Pfeiffer, John Wood, Leo McKern. ◆ Il capitano Navarre (Hauer) e la bellissima Isabeau (Pfeiffer) si amano, ma un vescovo geloso (Wood) ha gettato su di loro una maledizione: lui diventa lupo di notte, lei falco di giorno e così non possono mai amarsi. Ma grazie all'intervento del simpatico ladruncolo Philippe (Broderick) il cattivo verrà punito e il maleficio tolto. Appassionante favola d'amore (sceneggiata da Edward Khmara) che sa mescolare i sorrisi della commedia (nelle scene con Matthew Broderick) con l'epicità del dramma. Praticamente perfetto il cast. Girato in gran parte nel Parco nazionale d'Abruzzi; fotografia di Vittorio Storaro.

Lady Killer **½ (*Lady Killer*, Usa 1933, b/n, 74') Roy Del Ruth. Con James Cagney, Mae Clarke, Leslie Fenton, George Chandler, Margaret Lindsay. ◆ Il gangster Dan Quigley (Cagney) fugge da New York verso ovest: arrivato a Hollywood interpreta qualche particina nei film e poi, grazie alla sua audacia e alla sua disonestà, diventa ben presto una stella. Almeno fino al giorno in cui la sua vecchia banda non si fa viva. Una delle migliori utilizzazioni del talento comico di Cagney su una sceneggiatura di Ben Markson che sfrutta abilmente le voci che attribuivano alla vita reale di Cagney un passato da vero gangster: in questo modo una commedia si trasforma in una parodia della carriera di Cagney, soprattutto per l'esattezza con cui testimonia l'impatto della sua personalità (strabordante e «volgare») col mondo del cinema.

Lady L *½ (*Lady L*, Gb/Francia/Italia 1965, col, 107') Peter Ustinov. Con Sophia Loren, Paul Newman, David Niven, Philippe Noiret, Michel Piccoli, Claude Dauphin, Marcel Dalio, Cecil Parker, Jacques Dufilho. ◆ Lady Lendale (Loren), una distinta signora ottantenne, narra il suo tumultuoso passato: sposa di un nobile impalmato per gratitudine (Niven), ebbe una relazione, e otto figli, con il ladro Armand (Newman), suo vero e grande amore. Un set elegante e un cast di rilievo, ma una prova mediocre di Ustinov regista, che firma anche il soggetto del film e appare brevemente nella parte del principe Otto. In originale dura 124'.

Lady Lou – La donna fatale **½ (*She Done Him Wrong*, Usa 1933, b/n, 66') Lowell Sherman. Con Mae West, Cary Grant, Gilbert Roland, Noah Beery sr, Rafaela Ottiano, Rochelle Hudson. ◆ Per controllare le attività illegali della bella Lady Lou (West), un poliziotto (Grant) si finge un capitano dell'esercito della salvezza non insensibile al fascino della donna: ma quando smascherà i suoi traffici e l'arresterà non potrà fare a meno di innamorarsene davvero. Tratto dalla commedia musicale *Diamond Lil* (che Mae West aveva già portato al successo a Broadway e alla cui sceneggiatura collaborò insieme a Harvey Thew e John Bright), è il film che consacra la popolarità «scandalosa» dell'attrice, grazie anche alle sue famose battute («Quando le donne finiscono su una strada sbagliata, gli uomini le seguono a ruota», oppure a Cary Grant, che dopo averle messo un paio di manette dice «Quanti uomini sarebbero stati più sicuri se le avesse portate già da tempo», lei risponde «Ma... non saprei... non uso solo le mani, sa?»). Celeberrime le sue esecuzioni di *Frankie and Johnny* e *Easy Rider*.

Lady Oscar *½ (*Lady Oscar*, Francia/ Giappone 1979, col, 124') Jacques Demy. Con Catriona MacColl, Barry Stokes, Christina Bohm, Jonas Bergstrom, Terence Budd, Martin Potter, Georges Wilson, Lambert Wilson. ◆ Francia, appena prima della Rivoluzione. Un nobile autoritario costringe la figlia Oscar (MacColl) a una educazione maschile che la porterà a entrare nelle guardie della regina Maria Antonietta. Ma le ragioni del cuore si faranno sentire con l'amore per André (Stokes), amico d'infanzia che ritroverà fervente rivoluzionario e con cui parteciperà alla presa della Bastiglia. Dal romanzo *La rosa di Versailles* di Ryoko Ikeda, reso famoso da un serial giapponese a cartoni animati assai seguito dal pubblico adolescente, Demy dirige un'opera di comando, senza molto interesse se non la ricercatezza dei costumi e delle scenografie.

La Fayette, una spada per due bandiere *½ (*La Fayette*, Francia 1962, col, 115') Jean Dréville. Con Michel Le Royer, Jack Hawkins, Folco Lulli, Orson Welles, Howard St. John, Edmund Purdom, Vittorio De Sica, Michel Galabru, Rosanna Schiaffino, Anthony Stuart. ◆ La vita movimentata del marchese di La Fayette (Le Royer), da subito a fianco del generale Washington (St. John) nella guerra contro gli inglesi, infaticabile sostenitore presso la corte francese della necessità di sostenere politicamente e materialmente i nascenti Stati Uniti d'America e poi, una volta tornato in Francia, campione della libertà e protagonista della Rivoluzione francese. I dialoghi di Jean Bernard-Luc non riescono a cancellare la dose massiccia di retorica che schiaccia questo film, appiattendo i vari personaggi, protagonista compreso. Unica chicca la comparsata di Orson Welles nella parte di Benjamin Franklin. In originale dura 1609.

Laggiù nella giungla ** (Italia 1986, col, 109') Stefano Reali. Con Robert Powell, Tony Vogel, Andréa Ferréol, Van Johnson, Egidio Termine. ◆ Nove passeggeri di una corriera spariscono durante una fermata forzata sull'autostrada. Li troviamo in una giungla piena di misteri, animali, pericoli e tesori. Quando riescono a ripartire, ripiombano nella realtà, ma il tesoro (la polvere gialla) da polline curativo è diventato cenere. Una storia fantasiosa e simpatica sceneggiata anche da Pino Quartullo, un po' fiaba, un po' presa in giro dei film esotico-avventurosi americani, un po' ecologista.

Lago delle vergini, Il ** (*Lac aux Dames*, Francia 1934, b/n, 106') Marc Allégret. Con Jean-Pierre Aumont, Rosine Deréan, Simone Simon, Wladimir Sokoloff, Illa Meery, Odette Joyeux, Michel Simon, Marie Deschamps, Maurice Rémy. ◆ Ingegnere disoccupato, Eric (Aumont) insegna nuoto in un laghetto del Tirolo, dove naturalmente fa strage di cuori: la corte dell'intraprendente Puck (S. Simon) finirà per facilitare l'amore per la bella Dany (Deréan), violentemente osteggiato dal padre della ragazza (M. Simon). Fresco adattamento del romanzo di Vicky Baum sceneggiato da Jean-Claude Auriol con la collaborazione per i dialoghi e le canzoni di Colette: un po' a sorpresa il film fu un grande successo, per merito di un romanticismo adolescenziale raccontato senza troppi problemi e di un brio giovanilista che impose il fascino di Aumont e della sua intrigante coprotagonista Simone Simon. Oggi è molto datato, ma rimane indicativo di quel «cinema dei mostri sacri» che caratterizzò gli anni Trenta francesi. La segretaria di edizione è Françoise Gordji non ancora Giroud.

Lago di Satana, Il ** (*Revenge of the Blood Beast*, Gb 1965, col, 74') Michael Reeves. Con Barbara Steele, Ian Ogilvy, John Karlsen, Mel Welles, Jay Riley, Richard Watson. ◆ La strega Verdella (Steele), condannata in Transilvania nel XVIII secolo, si è reincarnata in una sposa in viaggio di nozze: e presto cominciano a morire i discendenti di coloro che la misero al rogo. Prima regia di un regista promettente e morto giovanissimo: non si discosta molto dalla media degli horror del periodo, che tentavano timidi connubi tra eros e thanatos, ma il fascino magnetico e ambiguo della protagonista e l'assoluta demenza della storia lo rendono comunque digeribile ai patiti del genere. Noto anche col titolo *The She-Beast*.

Laguna blu *½ (*Blue Lagoon*, Usa 1980, col, 104') Randal Kleiser. Con Brooke Shields, Christopher Atkins, Leo McKern, William Daniels. ◆ A metà dell'Ottocento, scampati a un naufragio, i giovanissimi Richard (Atkins) ed Emmeline (Shields) trovano rifugio su un'isola deserta: crescendo, imparano a conoscersi e ad amarsi, scoprono il sesso e fanno un figlio, e forse saranno salvati proprio quando avevano deciso di suicidarsi per seguire la sorte del figlio che si era avvelenato con delle bacche. Questa seconda versione del romanzo di Henry De Vere Stackpoole, già portato sullo schermo nel 1949 (*Incantesimo nei mari del sud*) annulla le componenti utopistiche (prima ancora che ecologiste) alla base del libro per privilegiare un generico, quando scontato, elogio del ritorno alla natura. Girato nel bellissimo scenario di Nanuya Leuv, una delle 300 isole Fiji, il film è però quasi totalmente privo di emozioni o passioni nonostante le numerose scene seminude (e significativamente è più erotico Atkins della Shields). Unica nota positiva la fotografia di Nestor Almendros.

Laguna della morte, La ** (*Captive Girl*, Usa 1950, b/n, 73') William Berke. Con Johnny Weissmuller, Buster Crabbe, Anita Lhoest, Rick Vallin, John Dehner. ◆ Jim della giungla (Weissmuller) salva la vita di una giovane donna (Lhoest) caduta in mano a uno stregone, pagato da un avido cercatore di tesori nascosti (Crabbe). Terzo film della serie dedicata a Jim della giungla, è probabilmente il più interessante e mette a confronto due attori che in passato avevano entrambi interpretato il personaggio di Tarzan.

Lake Consequence – Un uomo e due donne *½ (*Lake Consequence*, Usa 1992, col, 87') Rafael Eisenman. Con Billy Zane, Joan Severance, May Karasun, Whip Hubley. ◆ Irene (Severance), trentenne sposata e annoiata, si concede una scappatella con l'aitante giardiniere Billy (Zane): ma l'amore a tre non rientra nei suoi progetti, e torna a casa prima che se ne accorga qualcuno. Erotismo patinato, scritto e prodotto da Zalman «Orchidea selvaggia» King. Meno moralismo e misoginia che nella media di questi film, ma il ridicolo involontario è sempre all'ordine del giorno.

Lama alla gola **½ (*Cry Terror*, Usa 1958, b/n, 96') Andrew L. Stone. Con James Mason, Rod Steiger, Inger Stevens, Neville Brand, Angie Dickinson, Jack Klugman. ◆ Un uomo cinico e senza scrupoli (Steiger) mette una bomba su un aereo e minaccia di farlo esplodere se non otterrà una grossa somma. A ritirare il denaro del ricatto manda la moglie (Stevens) del costruttore dell'ordigno (Mason), ignaro del piano criminale. Ma le cose non filano lisce. Un teso film di suspense di buona fattura, scritto e sceneggiato dallo stesso regista, che dirige sapientemente i bravi attori. Esiste una versione colorizzata.

Lama d'acciaio ** (*Cold Steel*, Usa 1987, col, 90') Dorothy Ann Puzo. Con Brad Davis, Sharon Stone, Jonathan Banks, Jay Acovone, Adam Ant, Eddie Egan. ◆ Per vendicare l'uccisione del padre, un poliziotto (Davis) si mette sulle tracce dell'assassino e scopre che il colpevole è un suo ex collega psicotico (Banks). Agghiacciante la scena del soffocamento con un pesce: una trovata inedita in un poliziesco che non risparmia violenza.

Lama del giustiziere, La → *Don Cesare di Bazan*

Lama di D'Artagnan, La * (*The Sword of D'Artagnan*, Usa 1951, b/n, 54') Budd Boetticher. Con Robert Clark, John Hubbard, Mel Archer, Keith Richards, Paul Cavanaugh, Marjorie Lord, Lyn Tomas. ◆ D'Artagnan (Clark) si unisce ai tre moschettieri prediletti del re di Francia Luigi XIII e con loro si batte contro il cardinale Richelieu (Cavanaugh), facendosi anche difensore dell'onore della regina Anna (Lord), che ha una segreta relazione con il primo ministro inglese. Lotte, duelli, tranelli all'insegna della cavalleria, dell'onore e della fedeltà al trono. Dai *Tre moschettieri* di Dumas, il pilot di una serie televisiva francamente poco interessante.

Lama nel buio, Una ** (*In the Still of the Night*, Usa 1982, col, 91') Robert Benton. Con Roy Scheider, Meryl Streep, Jessica Tandy, Joe Grifasi, Sara Botsford. ◆ Uno psicoanalista (Scheider), indagando sulla morte di un suo paziente, rimane affascinato da una donna (Streep) che tutto indica come l'assassina dell'uomo. Un deludente tentativo di giallo schiacciato da una serie eccessiva di rimandi all'opera di Hitchcock che tolgono ritmo al film e ne «raffreddano» la tensione. E questo, nonostante una buona prova del cast e il fascino della fotografia di Nestor Almendros.

Lama tagliente **½ (*Sling Blade*, Usa 1995, col, 134') Billy Bob Thornton. Con Billy Bob Thornton, Lucas Black, Natalie Canerday, Dwight Yoakam, Robert Duvall, J.T. Walsh, John Ritter. ◆ Dopo una vita passata in manicomio, il ritardato Karl Childers (Thornton), che a dodici anni aveva ucciso la madre, torna nel suo paese, diventa amico di un ragazzino (Black) senza padre che convince la madre (Canerday) a ospitarlo nel garage, e si scontra un'altra volta con la violenza del mondo. Thornton (che ha vinto l'Oscar per la sceneggiatura) innesta una specie di Frankenstein buono in una torbida provincia faulkneriana: con un sottofondo patetico e ricattatorio, ma anche con il coraggio di evitare il prevedibile. Regia semplice ed efficace, personaggi ben costruiti: avrebbe meritato maggiore fortuna. Colonna sonora di Daniel Lanois. Vic Chesnutt è Terence, Jim Jarmusch l'addetto al fast food.

Lamb *½ (*Lamb*, Gb 1985, col, 110') Colin Gregg. Con Liam Neeson, Harry Towb, Hugh O'Connor, Frances Tomelty, Ian Bannen. ◆ In Irlanda, un prete cattolico (Neeson) si prende cura di un ragazzino indigente. Quando riceve una piccola eredità lo porta a Londra, ma la vita della metropoli minaccia in breve tempo il poco che possono dividersi. Tratto dal romanzo di Bernard MacLaverty (autore anche della sceneggiatura), un film caritatevole che ha il merito di sapersi destreggiare abbastanza abilmente tra l'edificante e il sordido.

Lamento sul sentiero, Il **** (*Pather Panchali*, India 1955, 115') Satyajit Ray. Con Kanu Bannerjee, Karuna Bannerjee, Subir Bannerjee, Runki Bannerjee, Uma Das Gupta, Chunibala Devi. ◆ La vita di una povera famiglia bengalese d'inizio secolo, schiacciata dalle difficoltà economiche e dai litigi, vista attraverso gli occhi di Apu, l'ultimo nato (S. Bannerjee): mentre il padre (Kanu Bannerjee) si assenta in cerca di lavoro, i monsoni distruggono il villaggio e causano la morte di Durga (Das Gupta), la sorella di Apu. Così, al suo ritorno, l'uomo decide di abbandonare la casa degli avi e conduce la famiglia verso Benares. L'emozionante debutto alla regia di Ray, realizzato con un budget miserrimo e successivamente ampliato in una trilogia (*Aparajito* e *Il mondo di Apu*), è considerato il primo film d'autore nonché il primo grande successo internazionale del cinema indiano. Rivoluzionario sia per la scelta del soggetto che per le modalità di produzione (rifiuto delle star, un'ossessiva musica di Ravi Shankar invece delle tradizionali canzoni, riprese dal vero), è un poema sull'infanzia perduta e sul ricordo che se ne conserva, dove la grama quotidianità si mescola all'avventura e al mito, l'affermazione dell'individuo passa attraverso la simbiosi con la realtà e la natura è al tempo stesso paradiso e dolore «in una globalità in cui la morte e la vita, l'individuo e il cosmo non possono e non devono venir distinti». L'idea del film venne al regista illustrando un'edizione del romanzo omonimo di Bibhutibhusan Bandapaddhaya. Una curiosità: il governo indiano censurò il film perché mostrava una «povertà troppo abietta».

Lamerica **** (Italia/Francia 1994, col, 127') Gianni Amelio. Con Enrico Lo Verso, Carmelo Di Mazzarelli, Michele Placido, Piro Milkani, Elida Janushi. ◆ Nell'Albania del 1991 l'italiano Gino (Lo Verso), arrivato a fare soldi facili costruendo industrie fantasma, viene piantato dal socio Fiore (Placido), e rimane appiedato in mezzo a un paese che disprezza. Inizia un'odissea in cui l'italiano spocchioso trova la compagnia del compatriota Michele (l'esordiente Di Mazzarelli), un anziano ex combattente che ha perso la memoria dopo decenni di carcere, ed è convinto di essere nella natìa Sicilia. Quando s'imbarcheranno per l'Italia, Michele crederà di essere salito sulla nave per «Lamerica», e forse morirà soddisfatto. Nell'Albania del postcomunismo Amelio trova un paese antico e violentato come quello di *Germania anno zero* di Rossellini, e insieme un mondo già contaminato dagli orrori dell'era neotelevisiva (è la Tv italiana a far credere agli albanesi che troveranno l'America al di là dell'Adriatico). Ma questa realtà, ripresa con grande rispetto umano e sensibilità visionaria (Luca Bigazzi usa con intelligenza il CinemaScope, e ogni inquadratura sembra sempre sul punto di scoppiare), è solo il punto di partenza per un viaggio interiore ad alto rischio emotivo: Gino rimane chiuso nei suoi pregiudizi ma forse prende coscienza dei propri errori, rifiuta il vecchio smemorato ma probabilmente cerca in lui un padre. Girare un film dopo *Ladro di bambini* era compito arduo, ma Amelio (autore anche della sceneggiatura con Andrea Porporati e Alessandro Sermoneta) ha saputo uscire da ogni schema, sia del cinema di denuncia che di quello d'autore, e alla fine ha il coraggio di lasciare lo spettatore senza morali o parole definitive. Vergognosamente trascurato dalla giuria del festival di Venezia, che gli ha assegnato, a mo' di consolazione, un'Osella alla regia. Il titolo è un dichiarato omaggio a Elsa Morante che nella *Storia* fa storpiare così, a Useppe, il nome della terra promessa.

Lamiel *½ (*Lamiel*, Francia 1967, col, 100') Jean Aurel. Con Anna Karina, Jean-Claude Brialy, Michel Bouquet, Robert Hossein, Pierre Clementi. ◆ Lamiel (Karina) è una giovane contadina iniziata alla galanteria dal dottor Sansfin (Bouquet) che la porta a Parigi: seduttrice e arrivista, ma annoiata dal marito (Brialy) come dagli amanti, trova la passione solo per un brigante (Hossein), per salvare il quale Lamiel perderà la vita. Tratto dall'omonimo romanzo incompiuto di Stendhal e sceneggiato dal regista insieme a Cécil Saint-Laurent (autrice di *La fin de Lamiel*), è un film fintamente intrigante che inanella solo luoghi comuni e scontate situazioni osé.

Lampi nel sole ** (*Thunder in the Sun*, Usa 1959, col, 81') Russell Rouse. Con Susan Hayward, Jeff Chandler, Jacques Bergerac, Blanche Yurka, Carl Esmond. ◆ Il capo (Bergerac) di una carovana di emigranti baschi-francesi in viaggio verso la California, muore accidentalmente: sua moglie (Hayward) ne prende il posto e, contesa dal cognato e da una guida, sceglie quest'ultimo (Chandler) come nuovo compagno. Un western dall'insolito argomento (i baschi vogliono coltivare la vigna in California) che si fa ricordare per un paio di eccentricità: un attacco di indiani messi in fuga con tecnica surrealista e una insolita (fino ad allora) ginocchiata nelle parti basse che la Hayward affibbia a Chandler che tenta di baciarla.

Lampi sull'acqua → *Nick's movie – Lampi sull'acqua*

Lampi sul Messico ** (*Thunder Over Mexico*, Usa/Messico 1933, b/n, 72') Sergeij M. Ejzenštejn, Sol Lesser. Con attori messicani non professionisti. ◆ La storia drammatica di un giovane peone che si ribella alla violenza usata alla fidanzata e si dà alla macchia: catturato, è sottoposto a una fine orribile (sepolto fino alla cintura e calpestato dai cavalli) insieme a tre compagni. È la prima delle versioni del film girato da Ejzenštejn in Messico e mai portato a termine per disaccordi con la produzione americana. Il progetto originario prevedeva di sintetizzare la storia del paese e del suo popolo (dalla civiltà precolombiana, alla dominazione spagnola fino alla recente rivoluzione) in un prologo, quattro episodi (*Sandunga*: un matrimonio; *Maguey*: la rivolta di tre peones contro un latifondista; *Fiesta*: una corrida; *Soldarera*: un episodio della rivoluzione del 1910) e un epilogo, anche se *Maguey* e *Fiesta* potevano essere considerati tutt'uno perché li differenziava solo l'ottica di classe adottata (nel primo il punto di vista è dei possidenti, gli haciendados; nel secondo dei contadini, i peones). Ejzenštejn riuscì a girare tutte le parti – tranne *Soldarera* – tra l'autunno del 1931 e il gennaio del 1932. Poi i contrasti economici – e non solo – con i produttori «progressisti» Upton e Mary Craig Sinclair lo costrinsero ad abbandonare il set. Le versioni esistenti di quello che doveva essere *¡Que viva Mexico!* sono tutte apocrife, ma ciò non impedì che il genio del regista fosse riconosciuto anche all'interno di un lavoro profondamente mutilato. *Lampi sul Messico* venne montato da Sol Lesser, in precedenza impegnato nella serie di Tarzan, utilizzando materiale del prologo, dell'epilogo e dell'episodio *Maguey* più altri tre spezzoni destinati ad altrettanti cortometraggi (*Kermesse funebre* e due film che vanno sotto il titolo di *Ejzenštejn in Mexico*). A parte qualche rilievo di tipo tecnico (la notevole sperimentazione sulla profondità di campo e la puntuale fotografia di Edouard Tissé), in *Lampi sul Messico* non è possibile rintracciare granché del progetto di Ejzenštejn e rappresenta, in realtà, il trionfo di un film mai nato. Ipotesi di lavoro molto più consistenti ed emozioni incomparabilmente più forti si possono invece cogliere in qualche versione successiva come *Studi per il film messicano* di Ejzenštejn (1955), una stesura del materiale originale a disposizione compiuta con criteri strettamente filologici da Jay Leyda, allievo e traduttore del regista, e *¡Que viva Mexico!*, la ricostruzione realizzata nel 1973 (utilizzando anche i 70 mila metri di pellicola conservati al Museum of Modern Art di New York) da Grigorij Alexandrov sulla base di appunti e ricordi di Ejzenštejn commentata dalla voce fuori campo di Sergej Bondarcuk, che legge brani tratti dalle lettere e dagli scritti del regista.

Lancia che uccide, La *** (*Broken Lance*, Usa 1954, col, 96') Edward Dmytryk. Con Spencer Tracy, Robert Wagner, Jean Peters, Richard Widmark, Katy Jurado, Hugh O'Brien, E.G. Marshall. ◆ Matt Devereaux (Tracy), un fattore ricco e dispotico, è odiato dai suoi figli e dalla prima moglie e amato solo dal quarto figlio (Wagner), un meticcio nato dalla sua relazione con un'indiana. Quando questi si addossa la responsabilità di una scorreria fatta dal padre e finisce in galera, gli altri figli si ribellano e il padre ne muore di crepacuore. Una sorta di *Re Lear* del West (sceneggiata da Richard Murphy), poderosa saga familiare circondata da una soffocante atmosfera di violenza che mantiene sempre alta la tensione del film. L'ottima direzione d'attori (Tracy, naturalmente ma anche i due fratelli Wagner e Widmark sono indimenticabili) ne fanno un remake di *Amaro destino* anche migliore dell'originale. Oscar per il miglior soggetto a Philip Yordan.

Lancieri del Bengala, I *** (*The Lives of a Bengal Lancer*, Usa 1935, b/n, 109') Henry Hathaway. Con Gary Cooper, Franchot Tone, Richard Cromwell, sir Guy Standing, C. Aubrey Smith, Kathleen Burke, Douglas Dumbrille, Akim Tamiroff, J. Carrol Naish, Mischa Auer. ◆ Durante la dominazione inglese in India, il luogotenente Stone (Cromwell), figlio del comandante del 41° squadrone dei lancieri, viene catturato dal temibile Mohammed Khan. Per liberarlo, i luogotenenti McGregor (Cooper) e Fortesque (Tone) si travestono da indiani ed entrano nella città nemica: catturati e torturati, riusciranno ugualmente a liberare Stone, anche se McGregor dovrà sacrificare la propria vita per riparare a una debolezza del giovane che ha rivelato agli indiani l'ubicazione di un deposito di armi. Superproduzione hollywoodiana con un grande cast e notevole dispiegamento di mezzi, che Hathaway dirige con straordinaria abilità, raffreddando i toni epici (evidentemente i più facili a invecchiare) e raccontando con distacco le reazioni dei vari personaggi, senza cadere mai nel sentimentalismo, difetto invece tipico dei film di quegli anni. La storia, scritta a dieci mani, s'ispira al racconto del maggiore Francis Yeats-Brown. Rifatto, come western, nel 1939 (*L'ultimo pellerossa* di Paul H. Sloan con Preston Foster e Andy Devine).

Lancillotto e Ginevra *** (*Lancelot du Lac*, Francia/Italia 1974, col, 85') Robert Bresson. Con Luc Simon, Laura Duke Condominas, Humbert Balsan, Vladimir Antolek, Patrick Bernard, Arthur de Montalembert. ◆ Mentre la sfiducia e i risentimenti serpeggiano tra i cavalieri della Tavola Rotonda, dopo anni di inutili ricerche del Santo Graal, Lancillotto (Simon) è dilaniato dai rimorsi per l'amore che prova per Ginevra (Condominas), moglie di re Artù: per proteggerla ucciderà in duello anche l'amico Gauvin (Balsan), ma poi morirà per difendere il suo re dagli attacchi di un traditore. Lontano da ogni tentazione romantica, Bresson non fa opera né di ricostruzione storica né di attualizzazione, ma usa il fallimento della missione cavalleresca (il film inizia con il ritorno di Lancillotto, sconfitto nella sua ricerca) per raccontare «una parabola sulla tragicità della vita e della morte, sull'impossibilità dell'amore e il silenzio di Dio» [Predal]. Spogliato della sua aura mitica, il mondo bretone rivela il suo smacco totale, secondo una visione della Storia come eterno e circolare esplodere di brutalità, nonsenso e orrore, dove i protagonisti finiscono per essere soffocati (e letteralmente uccisi) dall'obbedienza e dalla fedeltà alle loro stesse leggi: una condanna senza scampo che Bresson riesce a concretizzare sullo schermo con i primissimi piani delle armature, trappole di ferro da cui nessuno sembra poter sfuggire e che riempiono con i loro clangori la colonna sonora (arrivando anche a nascondere le parole). Il rischio è che questa coerentissima ricerca di stile finisca per sconcertare lo spettatore troppo abituato a un'immagine più tradizionale e non faccia cogliere l'originalità di una ricerca che si sforza, film dopo film (e qui tocca forse la sua punta più alta) di concentrarsi sull'essenza delle cose e non sulla loro apparenza.

Land Girls, The – Ragazze di campagna *½ (*The Land Girls*, Gb/Francia 1998, col, 110') David Leland. Con Rachel Weisz, Catherine McCormack, Anna Friel, Steven Mackintosh, Tom Georgeson, Maureen O'Brien, Gerald Down, Lucy Akhurst, Paul Bettany. ◆ 1941: tre giovane ausiliarie - la timida (Weisz), la scafata (Friel) e la ricca (McCormack) - sono assegnate a una fattoria nel Dorset; e il figlio (Mackintosh) del padrone, riformato alla leva, se le ripassa tutte e tre. Nelle intenzioni Leland voleva ricostruire il clima di libertà sessuale e di emancipazione femminile causato dalla guerra: ma ha solo accatastato tre personaggi che si innamorano follemente e si disamorano da una scena all'altra. Con il tono patinato tipico delle ricostruzioni d'epoca: il peggio del cinema inglese. Dal romanzo di Angela Ruth, adattato dal regista e Keith Dewhurst.

Landru ** (*Landru*, Francia 1963, col, 115') Claude Chabrol. Con Charles Denner, Michèle Morgan, Danielle Darrieux, Hildegarde Neff [Hildegard Knef], Juliette Mayniel, Catherine Rouvel, Stéphane Audran. ◆ La storia del «saponificatore» Landru (Denner), accusato di ben undici omicidi di donne, che faceva sparire dopo aver sedotto ed essersi fatto intestare i loro beni. È condannato alla ghigliottina nonostante la mancanza di prove certe. Sceneggiato da Françoise

Sagan, ispirandosi al celebre fatto di cronaca che appassionò l'opinione pubblica in Francia tra il 1917 e il 1920, il film ribalta i luoghi comuni su Landru e lo descrive con una certa simpatia, soprattutto perché messo a confronto con la finta moralità della classe borghese che in quegli anni mandava a morire migliaia di francesi in guerra (e infatti la storia è intercalata da spezzoni documentari sulle atrocità del primo conflitto mondiale). Piccole parti per il romanziere Raymond Queneau, che interpreta Clemenceau, e il regista Jean-Pierre Melville, nei panni di Georges Mendel.

Languidi baci... perfide carezze *½ (Italia 1976, col, 115') Alfredo Angeli. Con Giovanna Ralli, Gigi Proietti, Elisa Cegani, Cristiano Censi, Giacomo Rizzo. ◆ Evaso involontariamente di prigione durante una rivolta, Orfeo (Proietti) si rifugia nella villa di una dama di carità (Ralli) la quale non riesce poi più a disfarsene, pur tentando varie volte di ucciderlo. Un apologo inconsueto e grottesco, dove Proietti tende a strafare, soffocando con la sua onnipresenza tutto il film.

Lanterne rosse *** (*Dahong Denglong gaogao gua*, Hong Kong 1991, col, 125') Zhang Yimou. Con Gong Li, Ma Jingwu, He Caifei, Jin Shuyuan, Kong Lin. ◆ Ogni sera le quattro mogli di Chen (Ma) aspettano di sapere davanti a quale camera il marito ha deciso di far accendere le lanterne rosse, e scoprire così con chi passerà la notte. Tratto dal romanzo *Spose e concubine* di Su Tong, il film racconta la storia di una Cina immutabile e della scoperta da parte dell'ultima arrivata – una ventenne (Gong) che ha accettato di sposarsi per uscire dalla povertà – di quanto peso abbiano ancora la tradizione e le «leggi della casa», capaci di vincere su tutto, anche sulla vita. Un ritratto amarissimo della Cina negli anni Venti, ma anche del rapporto tra i sessi e delle logiche del potere, che Zhang descrive con uno stile affascinante, capace con la sua angosciante ieraticità di restituirci i rituali di un universo chiuso e soffocante. Proibito nella Cina popolare; Leone d'argento a Venezia.

Larry Flynt – Oltre lo scandalo ** (*The People vs. Harry Flynt*, Usa 1996, col, 129') Milos Forman. Con Woody Harrelson, Courtney Love, Edward Norton, Brett Harrelson, Crispin Glover, Richard Paul, Vincent Schiavelli, Oliver Reed. ◆ Da Cincinnati, Ohio, Larry Flynt (W. Harrelson) costruisce un impero fondato sulla rivista «Hustler», la prima a pubblicare nudi femminili «ginecologici». Condannato per oscenità, costretto sulla sedia a rotelle dopo un attentato, Flynt si prende una rivincita quando la corte suprema accoglie il suo ricorso contro il predicatore televisivo Jerry Falwell (Paul), che era stato impietosamente attaccato su «Hustler» e aveva vinto una causa per diffamazione. Il principio del primo emendamento della Costituzione americana, quello che difende la libertà d'espressione, va difeso anche quando vi si appellano personaggi poco cristallini e mossi dal solo lucro? Ma certo, rispondono gli sceneggiatori Scott Alexander e Larry Karaszewski, il produttore Oliver Stone e il regista Forman, ancora memore delle censure della Cecoslovacchia comunista. E in tempi di neopuritanesimo fa bene sentirselo ripetere: ma poi il film resta intrappolato da questa esigenza didattica, e la regia «equidistante» di Forman finisce per apparire un po' troppo tradizionale e sottotono, incapace davvero di scuotere lo spettatore non statunitense. La cantante rock Courtney Love esordisce nella parte di Althea Leasure, la moglie drogata di Flynt, e tenta invano di infondere melodramma in un personaggio senza spessore. Un po' più di scandalo (non vengono mai mostrate le foto «oscene» di «Hustler») non avrebbe fatto male. Il vero Flynt interpreta il giudice Morrissey che lo condanna a Cincinnati. Cammeo per Donna Hanover, moglie del sindaco di New York (nella parte di Ruth Carter), James Carville, consigliere del presidente Clinton (è Simon Leis) e D'Army Bailey, già assistente di Martin Luther King (è il giudice Mantke di Los Angeles).

Lasciami baciare la farfalla **½ (*I Love You, Alice B. Toklas*, Usa 1968, col, 93') Hy Averback. Con Peter Sellers, Jo Van Fleet, Leigh Taylor-Young, Joyce Van Patten, Salem Ludwig, Louis Gottlieb. ◆ Nancy (Taylor-Young), scatenata «figlia dei fiori», entra nella casa e nella vita di un compassato avvocato di Los Angeles (Sellers) che s'innamora di lei, mandando a monte il matrimonio con la segretaria (Van Patten). Divertita commedia e quadro disincantato dell'America di quegli anni, con un Sellers in forma smagliante. Molto del merito anche ai due soggettisti-sceneggiatori-produttori Larry Tucker e Paul Mazursky. Il titolo originale è una citazione dall'*Alice B. Toklas Cook Book*, libro dal quale Nancy copia una ricetta per la torta al cioccolato, che però riempirà di marijuana.

Lasciateci vivere! **½ (*Let Us Live*, Usa 1939, b/n, 68') John Brahm. Con Maureen O'Sullivan, Henry Fonda, Ralph Bellamy, Alan Baxter. ◆ Un taxista (Fonda) è ingiustamente accusato d'omicidio insieme a un collega, e condannato alla pena capitale. La sua fidanzata (O'Sullivan) lotta fino alla fine, con l'aiuto di un poliziotto, per dimostrarne l'innocenza. Il problema degli errori giudiziari affrontato in un film teso, ben diretto e ottimamente interpretato dalla protagonista.

Lassiter lo scassinatore ** (*Lassiter*, Usa 1984, col, 100') Roger Young. Con Tom Selleck, Jane Seymour, Lauren Hutton, Bob Hoskins, Ed Lauter, Joe Regalbuto. ◆ Londra, 1939: il ladro-gentiluomo Lassiter (Selleck) è reclutato dai servizi segreti alleati per rubare dei diamanti dall'ambasciata tedesca. Qualche colpo di scena e un po' d'ironia in una commedia gialla, seconda prova da protagonista per l'aitante Selleck.

Lassù qualcuno è impazzito ** (*The Gods Must Be Crazy II*, Usa/Botswana 1989, col, 100') Jamie Uys. Con N'Xau, Lena Farugia, Hans Strydom, Eiros, Nadies. ◆ Avventure e disavventure comiche nel deserto del Kalahari: un boscimane (N'Xau) e i suoi due figli fanno la conoscenza di un camion, oggetto per loro sconosciuto, mentre l'avvocatessa Ann (Farugia) e lo zoologo Steven (Strydom) devono fare i conti con i disagi «africani» della civiltà. Divertito lieto fine per il secondo capitolo di *Ma che siamo tutti matti?*: con il ritmo della commedia ma le ambizioni del documentario antropologico, il film racconta la confermata incapacità dell'uomo «civile» a entrare in contatto con una natura che teme perché non conosce.

Lassù qualcuno mi ama **½ (*Somebody Up There Likes Me*, Usa 1956, b/n, 113') Robert Wise. Con Paul Newman, Pier Angeli [Anna Maria Pierangeli], Everett Sloane, Eileen Heckart, Sal Mineo, Harold J. Stone, Steve McQueen. ◆ La biografia romanzata di Rocco Barbella (Newman), che diventa campione mondiale dei pesi medi col nome di Rocky Graziano, dopo un burrascoso passato di teppista. Wise racconta la vita di Barbella/Graziano (sceneggiata da Ernest Lehman) con uno stile aggressivo e quasi melodrammatico, ma non riesce a raggiungere la secca efficacia del suo precedente *Stasera ho vinto anch'io*. Newman, qui al suo terzo film, fu consacrato star di prima grandezza dalla sua prova, ma lo stile di recitazione interiorizzato (come voleva il «metodo» dell'Actors' Studio) oggi sembra molto datato, ai limiti dell'autocaricatura. Due Oscar: miglior fotografia (Joseph Ruttenberg) e miglior scenografia e arredamento (Cedric Gibson, Malcom Brown, Edwin Willis, Keogh Gleason). Debutto cinematografico di Steve McQueen nella parte di Fidel.

Last Action Hero – L'ultimo grande eroe *½ (*Last Action Hero*, Usa 1993, col, 131') John McTiernan. Con Arnold Schwarzenegger, Austin O'Brien, Mercedes Ruehl, Robert Prosky, F. Murray Abraham, Charles Dance, Anthony Quinn, Tom Noonan, Frank McRae, Art Carney. ◆ Grazie a un biglietto magico, Danny (O'Brien), un ragazzino fan di Schwarzenegger, entra nell'ultimo film del suo idolo, *Jack Slater IV*. Nel mondo della finzione tutto è più semplice che nella realtà, e i personaggi, pirandellianamente, sono convinti di essere reali. I guai iniziano quando i protagonisti di *Jack Slater IV* si trasferiscono nel mondo reale, dove Slater ha anche modo di incrociare il suo interprete, ossia Schwarzenegger. *Last Action Hero* parte come una (auto)parodia dei film con Schwarzenegger, e finisce col diventarne una stanca replica. Gli incroci tra finzione e realtà, gli incastri dei film nel film, gli sdoppiamenti tra attori e personaggi (in questa storia scritta da Zak Penn e Adam Leff e sceneggiata da Shane Black e David Arnott) sono portati a un livello di complessità inaudito, ma proprio per questo finiscono con l'essere stucchevoli: *ad abundantiam*, c'è anche la Morte (interpretata da sir Ian McKellen) del *Settimo sigillo* di Bergman che esce dallo schermo. Un'autentica chicca è il finto trailer di un *Amleto* con Schwarzy «diretto» dall'amico culturista Franco Colombu; mentre il «vero» Arnold che pubblicizza i suoi ristoranti, con la vera moglie Maria Shriver al fianco, non è né simpatico né autoironico. Joan Plowright, la vedova di Laurence Olivier, è l'insegnante che presenta l'*Amleto* del suo defunto marito; Tina Turner è il sindaco. Jean- Claude Van Damme, James Belushi, Chevy Chase, Hammer, Mario Van Peebles, Little Richard e Damon Wayans compaiono nella parte di se stessi; Sharon Stone riveste i panni di *Basic Instinct*, e Robert Patrick quelli del cattivo di *Terminator 2*.

Last Command, The → *Crepuscolo di gloria*

Last Days of Disco, The *½ (*The Last Days of Disco*, Usa 1998, col, 113') Whit Stillman. Con Chloe Sevigny, Kate Beckinsale, Chris Eigeman, Matt Keeslar, Mackenzie Austin, Matthew Ross, Robert Sean, Jennifer Beals, Tara Subkoff, David Thornton. ◆ Nella New York di fine anni Settanta l'importante è riuscire a entrare nei locali che contano, come lo Studio 54: le redattrici letterarie Alice (Sevigny) e Charlotte (Beckinsale) ci riescono quasi sempre, il pubblicitario Jimmy (Austin) un po' meno; ma gli anni passano, la disco music tramonta e uno strano virus fa la sua comparsa. Stillman (anche sceneggiatore) tenta di costruire «da dentro» un piccolo cineracconto di formazione, più antropologico che sentimentale, sull'epoca più ignorata dai ricorrenti revival. Lo fa senza nostalgia, senza autocompiacimenti, col suo sguardo minimalista, ma non riesce mai a coinvolgere lo spettatore e alla fine trasmette soltanto un sommesso senso di tristezza.

Last Light – Storia di un condannato a morte **½ (*Last Light*, Usa 1993, col, 103') Kiefer Sutherland. Con Forest Whitaker, Kiefer Sutherland, Lynne Moody, Clancy Brown, Amanda Plummer, Kathleen Quinlan. ◆ Nel braccio della morte la tormentata guardia carceraria Whitmore (Whitaker), in conflitto col suo superiore sadico (Brown), diventa l'unico amico del condannato Denver (Sutherland), che prima dell'esecuzione impara a rispettare qualcosa. Non ci sono polemiche sulla massima pena e neanche moraleggiamenti forzati nella sceneggiatura di Robert Eisele: che fa poco per addolcire i personaggi, e non ricatta emotivamente lo spettatore. Piuttosto duro, per essere un tv-movie, e girato con giustezza di tono dal figlio di Donald Sutherland, esordiente alla regia.

Last of England, The ** (*The Last of England*, Gb 1987, b/n e col, 91') Derek Jarman. Con Spring, Gerrard McArthur, John Philipps, Gay Gaynor, Matthew Hawkins, Tilda Swinton, Spencer Leigh. ◆ «Ciò che rimane dell'Inghilterra» a metà degli anni Ottanta secondo Derek Jarman: dalla guerra delle Falklands alla guerriglia urbana, dal matrimonio di Carlo e Diana alla disperazione portata dalla droga e allo squallore ambientale. Frammenti di uno scenario apocalittico nel film più personale e funereo del regista inglese, che al racconto lineare sostituisce un furioso percorso a zig zag realizzato con tecniche miste. All'epoca scatenò reazioni scomposte: in realtà «le immagini ricorrenti di desolata bellezza sono poetiche, non polemiche; affascinanti, non sciocccanti» perché lo stile ha sovvertito la sostanza.

Latino Bar **½ (*Latino Bar*, Spagna/Cuba/Venezuela 1991, col, 80') Paul Leduc. Con Dolores Pedro, Roberto Sosa, Antonieta Colon, Norma Prieto, Ernesto Gomez Cruz. ◆ Nel porto di Maracaibo, in un bar dove la musica non smette mai, si consuma l'amore tra una mulatta (Pedro) e un giovane operaio (Sosa) che finirà per bruciare tutto dopo la fuga della ragazza, ribellandosi così all'oppressione del potere politico e a quella delle superstizioni. Liberamente tratto dal romanzo *Santa* di Federico Gamboa, è un film solo ballato e cantato, senza dialoghi: al limite del manierismo (l'uso delle carrellate laterali rischia di trasformarsi in abuso), riesce a creare un'atmosfera coinvolgente con «l'uso di un colore sensuale e pastoso (la fotografia è di Josep M. Civit), l'attrazione e repulsione dei corpi, il gioco degli sguardi e le immagini degli occhi ritagliate sulle pareti», offrendo così un esercizio di cinema capace di catturare lo spettatore.

La troviamo a Beverly Hills *½ (*Calendar Girl*, Usa 1994, col, 95') John Whitesell. Con Jason Priestley, Gabriel Olds, Jerry O'Connell, Joe Pantoliano, Steve Railsback, Kurt Fuller, Stephen Tobolowsky, Emily Warfield, Michael Quill, Stephanie Anderson. ◆ Per vedere dal vivo Marilyn Monroe, tre ragazzi del Nevada – Roy (Priestley), Scott (O'Connell) e Ned (Olds) – partono per Hollywood con i soldi che hanno rubato a due esattori della mafia. Il contatto con Marilyn (Anderson) è reso complicato da una cameriera-guardia del corpo e dagli esattori che rivogliono il denaro, minacciando lo zio di Roy, Harvey (Pantoliano): ma non è detto che i sogni non debbano mai realizzarsi. Scemenzuola generazionale che mescola educazione alla vita e sogni cinefili, buona al più per un'analisi sociologica di come il cinema americano vede la sua gioventù, un po' sfacciata e un po' romantica, un po' ribelle e un po' mammona. Niente di nuovo, insomma.

Laugh and Get Rich *½ (*Laugh and Get Rich*, Usa 1931, b/n, 72') Gregory La Cava. Con Edna May Oliver, Hugh Herbert, Dorothy Lee, Russell Gleason, John Harron, Charles Sellon, George Davis. ◆ L'arcigna *mater familias* (Oliver) vede di malocchio sia il marito fanfarone (Herbert) sia il giovane inventore Larry (Gleason) che corteggia sua figlia (Lee): ma saranno loro a trovare il modo di diventare ricchi. La Cava (anche sceneggiatore) abbozza timidamente le contrapposizioni di classe tipiche dei suoi film migliori: ma la satira dei neoricchi che scandalizzano gli snob è all'acqua di rose, e il messaggio positivo e ottimistico è su misura per l'epoca post-Depressione.

Laura *½ (*Laura del cielo llega la noche*, Spagna 1987, col, 97') Gonzalo Herralde. Con Angela Molina, Juan Diego, Terele Pavez, Sergi Mateu. ◆ Nella Spagna d'inizio secolo, Laura (Molina), fresca sposa di un nobilotto di campagna grezzo e mediocre, Tomas (Diego), cerca inutilmente di inserirsi nel mondo del marito: criticata dalle malelingue, usata dal fratellastro Adriano (Mateu) per vendicarsi di Tomas, alla fine se ne andrà disgustata e delusa. Un dramma a fosche tinte con i cliché tipici del feuilleton, che però il regista fatica a controllare e così un possibile melodramma si trasforma in un film freddo e manierato.

Laura * (*Kiss Daddy Good Night*, Usa 1987, col, 89') Peter Ily Huemer. Con Uma Thurman, Paul Dillon, Paul Richards, Steve Buscemi. ◆ Una modella (Thurman) narcotizza i suoi corteggiatori occasionali e poi li deruba, ma non si accorge che un suo stagionato spasimante (Richards) è matto da legare. Insulso thriller catatonico, girato con la tipica fotografia iperrealista (di Bobby Bukowski) da indipendente newyorkese. Da ricordare solo come debutto della Thurman, folgorante nei suoi travestimenti. Arto Lindsay interpreta un tassista.

Laura... a 16 anni mi dicesti sì * (Italia 1983, col, 90') Alfonso Brescia. Con Carmelo Zappulla, Maria Romano, Biagio Pelligra, Gianni Ciardo. ◆ Per coronare il suo sogno d'amore, Gino (Zappulla) fugge con Laura (Romano) a Venezia, ma viene arrestato per ratto di minore e lei accetta di sposare l'odiato Tito (Pelligra) pur di risparmiargli il carcere: dopo «nove anni e dodici giorni» si ritrovano e scoprono di amarsi ancora. Tentativo non riuscito di aggiornare lo schema delle sceneggiate napoletane con divagazioni regionalistiche (la fuga a Venezia) e un po' di sociologia giovanile.

Laura non c'è * (Italia 1998, col, 90') Antonio Bonifacio. Con Nicholas Rogers, Gigliola Aragozzini, Anna Maria Petrova, Francesco Apolloni, Angelo Longoni, Nek [Filippo Neviani]. ◆ Il fumettaro Lorenzo (Rogers) crea un personaggio a partire da una ragazza misteriosa e inafferrabile (Aragozzini) che fa discorsi New Age: e se fosse un fantasma? E se tutto fosse solo un fumetto? Le canzoni di Nek (che appare alla fine nella parte del vero Lorenzo), compresa quella del titolo, scandiscono un'anacronistica commedia romantico-giovanilistica girata in economia e senza idee, che non si capisce per quale pubblico sia stata concepita. Scritto da Gianfranco Clerici e Daniele Stroppa. Apparizioni del dj Amadeus [Amedeo Sebastiani], Marta Flavi, Federica Panicucci.

Laureati, I *½ (Italia 1995, col, 91') Leonardo Pieraccioni. Con Leonardo Pieraccioni, Rocco Papaleo, Gianmarco Tognazzi, Massimo Ceccherini, Maria Grazia Cucinotta, Alessandro Haber, Barbara Enrichi, Tosca d'Aquino, Adriano Wayskol, Carlo Monni, Elisabetta Cavallotti, Narciso Parigi, Manuela Arcuri. ◆ Quattro trentenni fuoricorso dividono lo stesso appartamento a Firenze: Leonardo (Pieraccioni) costruisce fantasie erotiche su Letizia (Cucinotta), Rocco (Papaleo) arrotonda le entrate facendo il guardiano notturno, Bruno (Tognazzi) dovrebbe laurearsi per far piacere al suocero e Pino (Ceccherini) sogna di fare il cabarettista. Ma in sostanza nessuno combina mai niente. Il colpo dell'anno di Cecchi Gori e signora che hanno trasformato un mediocre cabarettista toscano nel successo della stagione (grazie soprattutto a una massiccia azione promozionale): tra una citazione dal *Giovane Holden* (sulle papere. Ma che c'entra?) e una «zingarata» pseudomonicelliana, Pieraccioni mescola un po' di malinconia generazionale alle risate, prende come bersagli della sua ironia i più scontati vizi italiani (mammismo, sessismo, menefreghismo, infantilismo) per poi risolvere tutto con una battuta facile e/o corriva. Sceneggiatura del regista e Giovanni Veronesi.

Laureato, Il *** (*The Graduate*, Usa 1967, col, 108') Mike Nichols. Con Dustin Hoffman, Anne Bancroft, Katharine Ross, William Daniels, Elizabeth Wilson. ◆ Il neolaureato Benjamin (Hoffman) torna a casa dal college e inizia una relazione con la ricca e borghese signora Robinson (Bancroft). Conosciuta la di lei figlia, Elaine (Ross), se ne innamora perdutamente e la porta via letteralmente dall'altare al futuro sposo in una delle scene ormai entrate nella storia del cinema. Quadro dissacrante, per i tempi, dell'America perbenista degli anni Sessanta, questo film (tratto da un romanzo di Charles Webb e sceneggiato da Buck Henry e Calder Willingham) mostra oggi molti difetti, primo fra tutti uno schematismo narrativo che nella seconda parte sfiora la demagogia. Eppure gli va riconosciuto di aver saputo cogliere con bell'anticipo lo spirito ribellistico che cresceva nelle generazioni più giovani e di aver puntato per il ruolo del protagonista su un attore semisconosciuto, che proprio da qui avrebbe iniziato la sua folgorante carriera. Oscar per la regia a Nichols. Indimenticabile la colonna sonora di Simon & Garfunkel, ancor'oggi un hit musicale. Piccole apparizioni per Buck Henry (nella parte di un portiere d'albergo) e Richard Dreyfuss (nel pensionato a Berkeley).

Lauta mancia *½ (Italia 1957, b/n, 85') Fabio De Agostini. Con Silvano Orlando, Anna Maria Frances, Polidor [Ferdinand Guillaume], Letizia Stephan, Antonietta Morrone, Jolanda Fortini, Emilia Frumento, Giulia Pittaluga, Candida Rosso, Franco Castellini, Antonio Gagliotta. ◆ Fuggita perché gelosa del bimbo appena nato alla sua padrona (Frances), la cagna Cita viene accolta prima da un artista girovago (Polidor), poi dal piccolo Mosca (Orlando): e l'affetto del bambino sarà così forte da spingere l'animale, una volta riconsegnato per intascare le 50 mila lire di ricompensa, a lasciare di nuovo la sua bella casa per seguire il povero ma affettuoso ragazzino. Insolito apologo sulla bontà e la cattiveria (o la superficialità) affettiva degli essere umani, sceneggiato da Anna Maria Ortese con Franco Piccinni, Guido Zurli e il regista. Il bisogno di trarne una morale edificante è fin troppo evidente (sottolineato anche dal commento di Giuseppe M. Perrone, detto da Giorgio Albertazzi) e appesantisce una storia già esile. Più convincenti la lunare malinconia del clown di strada e la commovente immediatezza del piccolo protagonista. Cita è un bell'esemplare di alano tedesco femmina.

Lautari, I **½ (*Lautary*, Urss 1972, col, 125') Emil' Lotjanu. Con Sergej Lunkevič, Dimitrij Chebeschesku, Ol'ga Kympianu, Dimitrij Mocanu, Svetlana Toma. ◆ Nella Bessarabia (poi Moldavia) zarista, il musicista nomade Toma Alistar (Lunkevič) ama la zingara Ljanka (Kympianu) che, per volere della famiglia, finisce in moglie a un ricco zingaro. Disperato, girerà tutti i villaggi dilapidando vita e arte per ritrovarla. Ambientato nel secolo scorso, che diventa però un passato senza tempo dalle connotazioni quasi fiabesche, il film prende i toni della ballata popolare, ricca di colori e suggestioni folcloristiche, furbescamente capace di esaltare la fierezza e il gusto di libertà del nomadismo.

Laviamoci il cervello → *Ro.Go.Pa.G*

Lavoro da giurato, Un * (*Jury Duty*, Usa 1995, col, 86') John Fortenberry. Con Pauly Shore, Tia Carrere, Abe Vigoda, Shelley Winters, Stanley Tucci, Richard Edson, Charles Napier, Andrew Clay. ◆ Un giovane (Shore) rimasto senza dimora poiché mamma (Winters) è convolata a tarde nozze, accetta l'invito del tribunale che lo richiede in qualità di membro di una giuria chiamata a giudicare un pericoloso serial-killer. Lo scopo, in realtà, è quello di approfittare dei comodi hotel messi a disposizione dallo Stato. Più che l'involontaria parodia di *Il giurato* con Demi Moore, un surrogato televisivo per veicolare una piccola star del piccolo schermo statunitense: ma Pauly Shore non vale neanche il nostro Francesco Salvi. Sceneggiatura di Neil Tolkin.

Lawrence d'Arabia *** (*Lawrence of Arabia*, Gb 1962, col, 200') David Lean. Con Peter O'Toole, Alec Guinness, Anthony Quinn, Jack Hawkins, Claude Rains, Anthony Quayle, Omar Sharif, Jose Ferrer, Arthur Kennedy. ◆ La storia dell'enigmatico avventuriero e agente britannico T.E. Lawrence (O'Toole), mandato al Cairo nel 1916 per fomentare, a vantaggio dell'Inghilterra, la rivolta antiturca degli arabi: li guida alla conquista di Akaba, poi all'assalto dei treni che trasportano munizioni; viene catturato e seviziato dai turchi; liberato dallo sceicco Ali (Sharif), guida nuovamente gli arabi alla conquista di Damasco sconvolgendo però i piani diplomatico-militari degli stessi inglesi, che brigheranno per farlo tornare in Inghilterra, dove morirà in un banale incidente motociclistico. Sceneggiato da Robert Bolt e Michael Wilson a partire dall'autobiografia di Lawrence *I sette pilastri della saggezza*, il film riesce a fondere la spettacolarità del kolossal con la riflessione sul personaggio, che analizza sia dal punto di vista politico (fu un sognatore idealista dalla parte degli arabi o un machiavellico stratega degli interessi inglesi in Medioriente?) sia da quello psicologico (il fascino per il deserto, il piacere sadomasochista di sottoporre il proprio corpo a prove estreme). David Lean difende abbastanza apertamente l'idealismo di Lawrence, ma soprattutto ne racconta il ruolo di eroe ambiguo e tormentato dall'ingovernabilità del destino (anche se tralascia quasi del tutto di affrontare il tema della sua sessualità). Perfetto l'uso del formato a 70mm da parte del direttore della fotografia Fred Young, capace di trasmettere allo spettatore la tensione e il fascino del deserto. Sette Oscar: miglior film, regia, fotografia, colonna sonora (Maurice Jarre), scenografia (John Box, John Stoll, Dario Simoni), montaggio (Anne Coates) e suono (John Cox). Il film, che durava originariamente 222', subì diversi tagli da parte del produttore Sam Spiegel (a cui comunque va il riconoscimento di aver creduto per primo in questa storia) arrivando in alcune copie a durare solo 185'; nell'89 uscì una versione di 212' (ridoppiata in alcune scene, di cui s'era persa la colonna originale, dagli stessi attori, sotto la direzione di Lean stesso) che ripristinava quasi integralmente la versione originale, nonostante fossero state utilizzate scene che il regista aveva scartato nel montaggio del 1962.

Laws of Gravity **½ (*Laws of Gravity*, Usa 1991, col, 100') Nick Gomez. Con Peter Greene, Adam Trese, Edie Falco, Arabella Field, Paul Schulze. ◆ Per pagare la cauzione dell'amico Jon (Trese), Jimmy (Greene) vende una partita di pistole rubate senza dire nulla all'altro socio, il violento Frankie (Schulze). Vita quotidiana in una Brooklyn molto diversa da quella di *Smoke*, dove la tragedia è sempre dietro l'angolo. Quasi un *Mean Streets* degli anni Novanta, col rapporto tra il pratico Jimmy e il paranoico Jon ricalcato su quello tra Keitel e De Niro nel film di Scorsese. Il regista e sceneggiatore punta tutto sulla naturalezza e l'energia della messa in scena, validamente sorretto dagli attori e dall'ubiqua macchina da presa a mano di Jean de Segonzac. Manca solo la capacità di trasformare la cronaca spicciola in metafora.

Lazzarella * (Italia 1957, b/n, 97') Carlo Ludovico Bragaglia. Con Alessandra Panaro, Mario Girotti, Rossella Como, Domenico Modugno, Luigi De Filippo, Dolores Palumbo, Aurelio Fierro, Madelaine Fischer, Tina Pica. ◆ I due studenti Luciano Pico (Girotti) e Sandra Carpella detta «Lazzarella» (Panaro) si amano, ma le diverse situazioni economiche ostacolano la loro unione: lui s'impegnerà a costruirsi una posizione, lei diventerà povera per un dissesto finanziario del padre. E continueranno ad amarsi. Commedia costruita (su soggetto di Riccardo Pazzaglia) a partire dalla fortunata canzone di Modugno: situazioni scontate e attori fuori ruolo.

League of Frightened Men, The → *voce «Nero Wolfe»*

Le faremo tanto male * (Italia 1998, col, 102') Pino Quartullo. Con Pino Quartullo, Stefania Sandrelli, Ricky Memphis, Venantino Venantini, Rocco Barbaro, Nathalie Caldonazzo, Anna Valle, Caterina Guzzanti. ◆ Una guardia forestale (Quartullo), animalista fanatico, rapisce un'ex attrice (Sandrelli) che pubblicizza le pellicce in tv: e lei è contentissima per il ritorno pubblicitario. Satira (si fa per dire) dei mass media, ecologia da amaro Montenegro e cinefilia veltroniana; con clip dei primi film della Sandrelli, anche se il suo personaggio fa il verso pure a Sandra Milo: un cocktail micidiale (adattato da Quartullo e Claudio Masenza da una loro commedia), tirato per le lunghe, con gli attori che si ritengono irresistibilmente simpatici.

Le farò da padre ** (Italia 1974, col, 115') Alberto Lattuada. Con Gigi Proietti, Irene Papas, Teresa Ann Savoy, Bruno Cirino, Mario Scaccia, Isa Miranda, Lina Polito. ◆ Per essere sicuro di non perdere i soldi di una ricca vedova (Papas), un avvocato privo di scrupoli (Proietti) le «rapisce» la figlia ritardata mentale (Savoy). Ma l'impensata passione, che gli suscita la ragazza, lo travolgerà totalmente. Uno dei temi centrali del cinema di Lattuada – lo scontro tra le ragioni del calcolo economico e quelle dell'amore e del sesso – trovano qui una rappresentazione un po' schematica, troppo debitrice delle «grazie acerbe» di Teresa Ann Savoy e poco attenta a quella che altrove (*Venga a prendere...*) era stata la capacità di descrivere la volgare voracità del mondo piccolo-borghese.

L'effrontée → *Sarà perché ti amo*

Legame mortale ** (*The Tie That Binds*, Usa 1995, col, 98') Wesley Strick. Con Keith Carradine, Daryl Hannah, Vincent Spano, Moira Kelly, Julia Devin, Ray Renhardt. ◆ Figlia dei due vagabondi assassini Lean (Hannah) e John Netherwood (Carradine), la piccola e spaurita Janie (Devin) viene data in affidamento a una coppia piccolo-borghese (Spano e Kelly): ma i genitori naturali si rifanno vivi per riprendersela con la forza. Scritto da Michael Auerbach, l'esordio alla regia di Strick parte da un filone abusato, quello dei thriller con famiglia in pericolo (i produttori sono gli stessi di *La mano sulla culla*), ma ambisce a trasformarsi in una fiaba gotica che guarda a *Il terrore corre sul fiume*. Senza grosse sorprese, ma con un tono delicato e a tratti inquietante e un casting azzeccato. Il padre psicopatico Carradine, il cui motto è «odio le case dei sogni», incarna bene la fobia puritana degli Usa verso un passato hippie malamente rimosso, e al tempo stesso l'orrore di ogni etica che invoca un fondamento biologico.

Légami! **½ (*¡Atame!*, Spagna 1990, col, 101') Pedro Almodóvar. Con Antonio Banderas, Victoria Abril, Loles León, Francisco Rabal, Julieta Serrano, Rossy De Palma. ◆ Dimesso dal manicomio, il giovane Ricky (Banderas) decide di trovarsi una moglie e mette gli occhi sulla pornostar Marina (Abril): la rapisce e lei, dopo le prime resistenze, scopre le gioie dell'anomala situazione. Un melodramma profondamente romantico, anche se tinto di sadomasochismo: stravagante ma meno effervescente dei film precedenti, tappa importante del regista verso un cinema più classico. Nella particina del farmacista il fratello di Almodóvar, Agustín, produttore esecutivo del film. La figura di Maximo Espejo, il regista in carrozzella interpretato da Francisco Rabal, è ispirata al John Huston degli ultimi anni. Musiche di Ennio Morricone.

Legami di famiglia ** (*Immediate Family*, Usa 1990, col, 102') Jonathan Kaplan. Con Glenn Close, James Woods, Mary Stuart Masterson, Kevin Dillon. ◆ Lucy (Masterson) rimane incinta ma, date le sue precarie condizioni economiche, pensa d'affidare il nascituro a una ricca coppia sterile (Close e Woods): la ragazza supererà i suoi ripensamenti, il neonato finirà tra le braccia dei nuovi genitori, e lei continuerà a stare con lo spiantato Sam (Dillon). Discreta commedia drammatica che affronta alcuni problemi importanti (l'affidamento «dal grembo», il legame materno) in modo un po' troppo semplicistico, ma con una bella prova d'attori. Prodotto da Lawrence Kasdan.

Legami di sangue * (*Blood Red*, Usa 1988, col, 91') Peter Masterson. Con Eric Roberts, Giancarlo Giannini, Dennis Hopper, Burt Young, Michael Madsen, Elias Koteas, Francesca De Sapio, Julia Roberts, Frank Campanella, Susan Anspach, Aldo Ray. ◆ California, 1890: appena diventato cittadino americano, il viticoltore Sebastiano Calogero (Giannini) non vuole mollare la sua terra alla ferrovia: lo ammazzano, e il figlio (Roberts) inizia la guerra. *I cancelli del cielo* in versione mignon, con ricco cast sprecato, bei tramonti e nessuna idea originale. Esordio di Julia Roberts, che anche nel film è sorella di Eric. Scritto da Ron Cutler, con musiche da opera verista di Carmine Coppola.

Legami di sangue → *Blood Ties – Legami di sangue*

Legend *½ (*Legend*, Gb 1985, col, 94') Ridley Scott. Con Tom Cruise, Mia Sara, Tim Curry, David Bennent, Alice Playten. ◆ La Terra sta per essere sopraffatta dal cattivissimo Re delle Tenebre (Curry) che ha catturato un unicorno bianco, simbolo del Bene. Lo libererà, insieme alla principessa Lili (Sara), il giovane

Jack (Cruise) sconfiggendo per sempre il Male e le tenebre. Completamente ricostruito in interni, con una sceneggiatura scritta in ben cinque anni, è un film-manifesto, dove il regista che più aveva saputo raccontare il fascino del buio cerca di realizzare un «elogio della luce» (ogni immagine è lavoratissima, satura di tutti quegli elementi – bolle di sapone, gocce d'acqua, scintille di fuoco – che moltiplicano le rifrazioni della luce), ma la struttura da fiaba non riesce a coinvolgere lo spettatore e l'operazione appare fredda e manieristica, lontana da ogni autentica emozione. Distribuito dalla Fox, il film ha avuto edizioni diverse: negli Stati Uniti dura 89' e ha una colonna sonora firmata dai Tangerine Dream, in Francia 98' e in Inghilterra 94', ma con musica di Jerry Goldsmith.

Legge, La ** (*La Loi*, Francia/Italia 1958, b/n, 126') Jules Dassin. Con Gina Lollobrigida, Pierre Brasseur, Marcello Mastroianni, Yves Montand, Melina Mercouri, Vittorio Caprioli, Lydia Alfonsi, Gianrico Tedeschi, Bruno Carotenuto, Paolo Stoppa, Luisa Rivelli. ◆ Nel paesino corso di Porto Manacore, la «legge» che tutti osservano è quella del *caïd* Matteo Brigante (Montand) e del signorotto locale, don Cesare (Brasseur). Ma la bella Marietta (Lollobrigida) si ribella e usa le stesse armi, dell'imbroglio e del furto, per poter sposare l'uomo che ama, un agronomo (Mastroianni) venuto da fuori. Tratto dal romanzo omonimo di Roger Vailland sceneggiato dal regista con Diego Fabbri, il film non riesce però a conservare il tono freddamente neutro del libro e la narrazione si perde in troppi episodi diseguali (il personaggio più interessante è il Tonio di Paolo Stoppa). E così anche la lettura sociologica dell'anima mediterranea appare superficiale e frettolosa.

Legge contro Billy the Kid, La * (*The Law vs. Billy the Kid*, Usa 1954, col, 73') William Castle. Con Scott Brady, James Griffith, Betta St. John, Alan Hale jr, Paul Cavanagh. ◆ Scontata esaltazione del mito di Billy the Kid (Brady), bandito per colpa delle circostanze.

Legge criminale *½ (*Criminal Law*, Usa 1989, col, 105') Martin Campbell. Con Kevin Bacon, Karen Young, Gary Oldman, Joe Don Baker, Tess Harper. ◆ Martin (Bacon), psicopatico rampollo di una famiglia bene di Boston, con un rapporto edipico irrisolto e un'inclinazione omosessuale nemmeno tanto latente per il suo difensore (Oldman), è accusato di aver massacrato una serie di donne: sarà proprio il suo avvocato, trasformatosi nel suo principale accusatore, che riuscirà a incastrarlo. Thriller prevedibile, banale e, a tratti, ridicolo. Da segnalare solo per la buona prestazione della Young, nei panni dell'amica di una delle vittime.

Legge del capestro, La ** (*Tribute to a Bad Man*, Usa 1956, col, 95') Robert Wise. Con James Cagney, Don Dubbins, Stephen McNally, Irene Papas, Vic Morrow, James Griffith, Lee Van Cleef. ◆ Jeremy Rodock (Cagney) è un allevatore del Colorado, violento e vendicativo: la sua compagna (Papas), stanca di tanta cattiveria, vorrebbe lasciarlo per il più mite e giovane Steve (Dubbins), che ha salvato la vita a Rodock e da quel giorno è vissuto con loro, ma rimarrà accanto al suo uomo quando si accorgerà che anche lui è capace di provare pietà. Un western riuscito solo a metà (sceneggiato da Michael Blankfort), ma interessante nel suo tentativo di trasferire la tragedia di Edipo re nel West (la donna di Rodock si chiama Jocasta, Steve diventa per la coppia una specie di figlio, candidamente innamorato della moglie del suo padre adottivo). Primo film americano per Irene Papas.

Legge del desiderio, La **½ (*La ley del deseo*, Spagna 1987, col, 100') Pedro Almodóvar. Con Eusebio Poncela, Carmen Maura, Antonio Banderas, Miguel Molina, Bibi Andersson, Fernando Guillén. ◆ Un famoso regista gay (Poncela), legato da un rapporto quasi osmotico con la sorella Tina (Maura) e infelicemente innamorato di Juan (Molina), ha una breve ma intensa relazione con un possessivo andaluso (Banderas), impossibile oggetto del desiderio da parte di Tina e talmente geloso da uccidere Juan. Abbandonate le provocazioni dei film precedenti, Almodóvar costruisce un melodramma sul desiderio e la passione che però tradisce le regole del genere: romantico e tenero malgrado la scabrosità del tema, sfiora in più di una scena l'umor nero scivolando verso toni corrosivi e grotteschi (come le convulsioni erotiche della scena iniziale). Grande Carmen Maura, che nella parte dell'attrice Tina, si esibisce in una singolare versione del monologo *La voce umana* di Jean Cocteau. Nella colonna sonora, tra Šostakovič e Stravinskij, anche *Guarda che luna* di Fred Bongusto. Nel ruolo dell'avvocato, Agustín Almodóvar, produttore e fratello del regista.

Legge della montagna, La → *Mariti ciechi*

Legge della tromba, La ** (Italia 1962, b/n, 85') Augusto Tretti. Con Maria Boto, Angelo Paccagnini, Eugenia Tretti, Diego Peres. ◆ Celestino (Paccagnini) e i suoi amici, rapinatori maldestri, vanno a lavorare nella fabbrica di trombe del professor Liborio (Boto), che però chiude l'azienda per un matrimonio d'interesse all'estero. Deluso, Celestino va a lavorare in una fabbrica di razzi: vittima di un'esplosione, finirà a cavalcioni di un albero. Insolito esordio di un regista indipendente (aiuto-regista nel *Bidone* di Fellini), dove il rifiuto del linguaggio codificato del cinema non basta per controbilanciare il simpatico, ma evidente, dilettantismo dell'operazione che il montaggio di Mario Serandrei non riesce a cancellare. Colpisce, comunque, la vena di surreale comicità del film, che si ritroverà, più controllata, nel successivo *Il potere*.

Legge delle triadi, La *½ (*Soursweet*, Gb 1988, col, 111') Mike Newell. Con Sylvia Chang, Ganny An-Ning Dun, Jodi Long, Speedy Choo. ◆ Caduto preda della mafia cinese di Soho, Chen (Dun) si rifiuta di diventare spacciatore per estinguere i suoi debiti, e si rifugia nell'East End londinese, per aprire un take-away. Sanguinose guerre tra bande e scontri tra culture diverse, idilli familiari e un pizzico di arti marziali: l'adattamento (cui ha messo mano Ian McEwan) di *Agrodolce* di Timothy Mo non rende ragione alla varietà dei punti di vista del romanzo, e tende a rifugiarsi nei simboli e negli stereotipi più prevedibili.

Legge dell'ospitalità, La → *Accidenti che ospitalità*

Legge del mitra, La *** (*Machine Gun Kelly*, Usa 1958, b/n, 80') Roger Corman. Con Charles Bronson, Susan Cabot, Barboura Morris, Jack Lambert. ◆ Ascesa e caduta di Machine Gun Kelly (Bronson), rapinatore disposto a rinunciare a un colpo per le proprie superstizioni ma anche il far divorare da un puma un braccio di un suo complice che ha sbagliato: tradito dai suoi ex soci, continuerà le sue imprese in compagnia dell'amante Flo (Cabot), ma finirà per arrendersi alla polizia. Biografia non convenzionale di un gangster con suggestioni freudiane (il ruolo di amante-madre di Flo), sceneggiata da R. Wright Campbell e girata con un senso del ritmo e un gusto per l'azione che stupiscono ancora. Il regista John Milius cita la scena dell'arresto del protagonista nel suo *Dillinger*.

Legge del Nord, La *½ (*La Piste du Nord*, Francia 1942, b/n, 110') Jacques Feyder. Con Michèle Morgan, Pierre Richard-Willm [ma nei titoli è R. Wilm], Arlette Marchal, Charles Vanel, Jacques Terranne, Max Michel, Youca Troubetzkoï. ◆ Condannato per aver ucciso l'amante della moglie, l'industriale Robert Shaw (Richard-Willm) fugge in Canada con l'aiuto della segretaria Jacqueline (Morgan). Aiutato da una guida (Terranne) e inseguito da un poliziotto (Vanel), il gruppetto si perde tra le nevi dove Jacqueline, di cui si sono innamorati tutti e tre gli uomini, morirà per il freddo. Melodramma polare tratto dal romanzo di Maurice Constantin-Weyer (sceneggiato dal regista e Alexandre Arnoux) che scatenò le ire della censura per il personaggio interpretato da Vanel: girato nel 1939, infatti, il film poté uscire solo nel 1942, cambiando il titolo originale da *La Loi du Nord* in *La Piste du Nord* e modificando alcune scene. Visto oggi, comunque, è tutta la storia a essere vistosamente improbabile e non si riesce proprio a preoccuparsi per la sorte dei protagonisti. Molto belle, invece, le riprese dal vero della Lapponia, firmate da Roger Hubert.

Legge del più forte, La ** (*The Sheepman*, Usa 1958, col, 85') George Marshall. Con Glenn Ford, Shirley MacLaine, Leslie Nielsen, Edgar Buchanan. ◆ Un allevatore di pecore (Ford) si mette contro i cowboy del paesino dove va a stabilirsi, preoccupati che gli ovini rovinino i pascoli ai loro animali: ma il tenace «sheepman» non sentirà ragioni. Insolita commedia western (scritta da due veterani del genere, William Bowers e James Edward Grant) dove i nemici da eliminare non sono banditi o indiani, ma i più mansueti tra i quadrupedi.

Legge del Signore, La ** (*Friendly Persuasion*, Usa 1956, col, 139') William Wyler. Con Gary Cooper, Dorothy McGuire, Marjorie Main, Anthony Perkins, Richard Eyer, Robert Middleton. ◆ Le convinzioni della famiglia quacchera Birdwell entrano in crisi quando scoppia la guerra di Secessione: il figlio maggiore Josh (Perkins) non riesce ad accettare la regola del pacifismo a oltranza e si arruola e la (falsa) notizia della sua morte spingerà anche il padre Jess (Cooper) a imbracciare il fucile. Tratto dal romanzo della scrittrice quacchera Jessamyn West (che partecipò alla sceneggiatura con Robert Wyler e Michael Wilson, non accreditato perché in quegli anni finito sulla «lista nera»), il film rimanda «alla leggenda irvinghiana della happy valley, isolata e serena, dove gli echi della furia contemporanea arrivano attutiti», ma non evita i toni un po' dolciastri e fin fastidiosi col suo discutibile pacifismo (è giusto rifiutare l'uso delle armi ma solo fino a un certo punto) e una ingenuità poco convincente. Palma d'oro a Cannes. Conosciuto anche col titolo *L'uomo senza fucile*.

Legge del silenzio, La → *Mano nera, La*

Legge di Murphy, La *½ (*Murphy's Law*, Usa 1986, col, 100') J. Lee Thompson. Con Charles Bronson, Kathleen Wilhoite, Carrie Snodgress, Robert F. Lyons, Angel Tompkins. ◆ Murphy (Bronson), un poliziotto di Los Angeles con un passato da alcolizzato, è perseguitato da una pazza omicida (Snodgress), accusato di delitti che non ha commesso, bersagliato dai mafiosi locali, pedinato dai colleghi che vogliono incastrarlo: alla fine saprà farsi giustizia da solo. Stanca variazione sul tema del giustiziere metropolitano, con Bronson ridotto a macchietta di se stesso e dei suoi eccessi di violenza: pistola facile, ambiente di maniera e clichés.

Legge e disordine **½ (*Law and Disorder*, Usa 1974, col, 103') Ivan Passer. Con Carroll O'Connor, Ernest Borgnine, Ann Wedgeworth, Anita Dangler, Leslie Ackerman, Karen Black. ◆ Due maturi cittadini della middle-class newyorkese (O'Connor e Borgnine) diventano «cittadini dell'ordine» quasi per gioco. Col tempo, però, prenderanno la loro missione sempre più sul serio. Satira intelligente e acuta del fenomeno americano dei giustizieri privati: trapiantato negli Usa, il regista cecoslovacco racconta con intelligenza e capacità di analisi sociologica situazioni e personaggi, inserendoli in un contesto più ampio (quello della reazione all'ondata del liberismo giovanilista) messo perfettamente a fuoco.

Legge è legge, La *½ (*La Loi c'est la loi*, Francia/Italia 1957, b/n, 95') Christian-Jaque [Christian Maudet]. Con Totò [Antonio de Curtis], Fernandel [Fernand Contandin], Nino Besozzi, Noël Roquevert, Leda Gloria. ◆ In un paesino al confine italofrancese la lotta tra il contrabbandiere italiano Giuseppe La Paglia (Totò) e il gendarme francese Fernand Pastorelli (Fernandel) è complicata da una linea di confine che dividendo in due una casa modifica la cittadinanza dei suoi occupanti. Fiacca presa in giro della burocrazia in una commedia che sembra una variante della saga di Don Camillo e Peppone. Musiche di Nino Rota.

Leggenda dei sette vampiri d'oro, La **½ (*The Legend of the Seven Golden Vampires*, Gb/Hong Kong 1974, col, 90') Roy Ward Baker. Con Peter Cushing, David Chiang, Julie Ege, Robin Stewart. ◆ Dall'università cinese di Chung King parte una spedizione capeggiata dal professor Van Helsing (Cushing) per debellare lo spirito di Dracula che cent'anni prima si era incarnato in un signorotto locale: dopo una dura lotta, il professore saprà debellare il potere del signore del Male e dei sette vampiri suoi aiutanti. Uno degli ultimi film della Hammer, coprodotto con gli Shaw Brothers di Hong Kong. Horror britannico e kung-fu: la trama è piuttosto gratuita, mentre è abbastanza suggestiva la raffigurazione dei vampiri d'oro cinesi.

Leggenda della fortezza di Suram, La *** (*Legenda o Suramskoj kreposti*, Urss 1984, col, 90') Sergej Paradžanov. Con Dodo Abašidze, Levan Utchanečvile, Urab Kipčidze, Lela Alibegačvili. ◆ Per rendere salde le fondamenta della fortezza vicino a Tbilisi che continuano a crollare, il figlio del capo della città dovrà sacrificarsi e farsi murare vivo. E il ragazzo (Abašidze) va incontro alla sua sorte. Trasposizione cinematografica di una antica leggenda georgiana, dove si mescolano orgoglio nazionalista e mistica del sacrificio, è un'opera visionaria, coloratissima, dove il regista distrugge la struttura lineare del racconto in brevi scene autonome, «in un'ansia visiva dilatata fino ai limiti di una rarefatta astrazione», che rischia di scivolare nel manierismo. Sullo schermo si alternano così oggetti simbolici e animali stilizzati, personaggi e panorami che possono sconcertare per la loro «discontinuità», ma che offrono anche momenti di solenne bellezza e di appassionato folclore. Poetico e inconfondibile, come ogni lavoro di Paradžanov.

Leggenda dell'arciere di fuoco, La **½ (*The Flame and the Arrow*, Usa 1950, col, 88') Jacques Tourneur. Con Burt Lancaster, Virginia Mayo, Nick Cravat, Robert Douglas, Aline McMahon, Frank Allenby, Lynne Baggett, Norman Lloyd. ◆ Nella Lombardia medioevale (ricostruita con una infedeltà tipicamente hollywoodiana da Edward Carrere) il cacciatore Dardo (Lancaster) guida la rivolta popolare contro i soprusi del conte germanico Ulrico (Allenby), che gli ha anche rapito il figlio: aiutato dalla giovane e bella nipote (Mayo) dell'invasore, riuscirà a sconfiggerlo. Appassionante fantasia in costume che utilizza alcuni set delle *Avventure di Robin Hood* con Errol Flynn: Tourneur inventa la coppia comico-acrobatica composta da Lancaster e Cravat (poi ripresa con più convinzione da Siodmak in *Il corsaro dell'isola verde*) e «raddoppia» il piacere dell'avventura con quello della commedia, costruendo un film che riesce ad appassionare ancora oggi nonostante l'assoluta ingenuità della storia (sceneggiata da Waldo Salt). Insolita, per quegli anni di guerra fredda, la tirata a favore di chi, come Dardo, ricorda più i partigiani della Resistenza che i banditi di Sherwood (soprattutto se si tiene presente che l'oppressore è chiaramente connotato da elementi «nazisti»), e che per soprammercato arriva a esaltare il martirio degli ostaggi. Perfetto l'uso del colore da parte di Ernest Haller.

Leggenda del pianista sull'oceano, La ° (Italia 1998, col, 168') Giuseppe Tornatore. Con Tim Roth, Pruitt Taylor Vince, Mélanie Thierry, Clarence Williams III, Bill Nunn, Peter Vaughan, Harry Ditson, Gabriele Lavia, Heathcote Williams. ◆ Il trombettista Max (Taylor Vince) narra al padrone di un negozio di musica (Vaughan) la vita di Danny Boodman T.D. Lemon alias Novecento (Roth), orfanello trovato sul transatlantico Virginia il primo giorno del secolo, allevato da un fuochista nero (Nunn), e poi pianista prodigio che umilia anche Jelly Roll Morton (Williams III): senza scendere mai dalla nave per paura di affrontare la complessità della vita. Un eroe del pensiero debole? Le pesanti e neanche troppo originali allegorie del breve monologo *Novecento* di Baricco si gonfiano in un kolossal d'autore in formato esportazione lusso, dove il *made in Italy* si riduce al goffo uso dei dialetti. Tornatore, così come scambia il virtuosismo per musica, confonde lo stile con la tecnica (dolly e carrelli in abbondanza), e la causa con l'effetto (per cui se qualcuno piange sullo schermo, ci si dovrebbe commuovere). E gli omaggi e Fellini e Leone non bastano a fare un bel film, ma solo a imitare il cinema vero. Tronfia anche la colonna sonora di Ennio Morricone.

Leggenda del Piave, La ** (Italia 1951, b/n, 83') Riccardo Freda. Con Gianna Maria Canale, Carlo Giustini, Renato Baldini, Edoardo Toniolo, Enrico Viarisio, Giorgio Consolini, Elena Cotta Ramusino. ◆ Durante la prima guerra mondiale, il conte Dolfin (Giustini), cerca di arricchirsi con loschi traffici, ma il coraggio e il patriottismo della moglie (Canale) lo spingeranno a redimersi e a combattere da eroe. Liberamente ispirato alla canzone di E.A. Mario e sceneggiato dal regista con Giuseppe Mangione, è uno dei film più sottovalutati di Freda che qui riesce a fondere melodramma e racconto storico, lontano da facili schematismi (eroismo e fellonia sono caratteristiche dello stesso personaggio, il conte Dolfin) e da ogni facile manicheismo.

Leggenda del Re Pescatore, La *** (*The Fisher King*, Usa 1991, col, 137') Terry Gilliam. Con Robin Williams, Jeff Bridges, Mercedes Ruehl, Amanda Plummer, Michael Jeter, Tom Waits. ◆ Parry (Williams), un ex professore di storia medioevale impazzito dopo la morte violenta della moglie e ridotto a vivere come un barbone, cerca il Santo Graal nella New York di oggi. Lo aiuta Jack Lucas (Bridges), un disc-jockey in crisi che si sente indirettamente responsabile del suo lutto. Un «elogio della pazzia poetica», una trasfigurazione fantasy della giungla metropolitana come unico modo per sopravviverci che rielabora molto liberamente alcune suggestioni della *Terra desolata* di T.S. Eliot: Gilliam racconta il mondo contemporaneo in chiave fantastica partendo dalla sceneggiatura, ricca di battute memorabili, dell'esordiente Richard LaGravenese (che appare nella parte dello yuppie con la camicia di forza). La ricognizione surreale all'interno di un mondo drammaticamente attuale, composto di «scarti di fabbrica» e homeless seduti agli angoli delle strade come «semafori morali» per passanti frettolosi, pare una versione aggiornata di certe fiabe alla Frank Capra, dove i «miracoli» non risolvevano le ingiustizie, ma perlomeno riaffermavano il valore dell'Utopia. Con qualche accorgimento in più nella seconda parte, un po' sfilacciata, sarebbe stato un gioiello. Bravissime le interpreti femminili, capaci di tener testa a due gigioni di ormai consolidata bravura: Amanda, figlia di Christopher Plummer, e Mercedes Ruehl, premiata con l'Oscar per la miglior attrice non protagonista.

Leggenda del santo bevitore, La ** (Italia 1988, col, 125') Ermanno Olmi. Con Rutger Hauer, Anthony Quayle, Sandrine Dumas, Dominique Pinon. ◆ Un misterioso benefattore (Quayle) consegna a un clochard (Hauer) che vive sotto i ponti della Senna 200 franchi, a patto che li restituisca alla chiesa dedicata a santa Teresa di Lisieux. Il barbone, gran bevitore ma uomo d'onore, incontrerà molti ostacoli e avventure prima di saldare il debito, ma conoscerà la più «bella e lieve» delle morti. Olmi e Kezich, che collabora alla sceneggiatura, diluiscono le limpide e asciutte paginette del racconto di Joseph Roth in due ore e passa assorte e contemplative. Arcano e sospeso solo a tratti, il film di Olmi riesce più spesso didascalico, e ha un insistente «sentore di sacrestia». Hauer, irriconoscibile, ha contribuito al successo commerciale di un film che, furbamente, manda a casa gli spettatori con l'impressione di avere assistito a un'opera d'arte con l'A maiuscola. Leone d'oro a Venezia. Il film è dedicato a Lalla, prima moglie di Tullio Kezich allora recentemente scomparsa.

Leggenda di Billy the Kid, La → *Young Guns II – La leggenda di Billy the Kid*

Leggenda di Gösta Berling, La *** (*Gösta Berlings saga*, Svezia 1924, b/n, 101') Mauritz Stiller. Con Lars Hanson, Gerda Lundequist, Otto Elg-Lundberg, Sixten Malmerfeld, Karin Swanström, Jenny Hasselquist, Greta Garbo. ◆ Nel Värmland, verso il 1820, l'ex pastore Gösta Berling (Hanson) – scacciato dalla sua parrocchia per alcolismo – trova rifugio nel castello di Ekeby dove la moglie del padrone di casa, Margareta Samzelius (Lundequist), ha riunito un gruppo di fedeli «cavalieri». Mentre Gösta è tentato dall'amore della giovane Marianna (Hasselquist) e non si accorge di quello di Elisabeth (Garbo), Margareta per vendicarsi di essere stata ripudiata dal marito dà fuoco al castello e per questo viene imprigionata: quando verrà liberata, farà capire a Gösta che la donna che l'ha sempre amato è Elisabeth facilitando così il loro matrimonio. Terzo adattamento (dopo *Il tesoro di Arne*, 1919, e *Il vecchio castello*, 1922) di un romanzo di Selma Lagerlöf da parte di Stiller (autore della sceneggiatura con Ragnan Hyltén-Cavallius) che ha ridotto di molto la complicata trama picaresca per privilegiare l'accettazione del destino che pesa sui singoli personaggi, disposti a «seguire fino in fondo le loro passioni e le maledizioni familiari che guidano le loro azioni fino a trasformare il film da melodramma in autentica tragedia». E questo dramma – dove le donne dimostrano una libertà e un coraggio ben superiore a quello degli uomini – viene sottolineato dal contrasto con lo splendore selvaggio della natura (grandi orizzonti, laghi di ghiaccio, lupi che insidiano gli umani, tempeste di neve), nella quale tutti devono perdersi prima di riuscire a ritrovarsi. Secondo film della Garbo che seguì Stiller, chiamato in seguito alla Mgm da Louis B. Mayer. In origine uscì in due parti (di 85' e 79'), distribuite a pochi giorni di distanza, ma alla morte di Stiller (1928) il suo collaboratore Ragnar Hyltén-Cavallius lo sonorizzò e lo ridusse di quasi la metà penalizzando molto la ricchezza narrativa per mettere in risalto il ruolo di Greta Garbo, diventata celeberrima e che nella versione originale entrava in scena solo nella seconda parte. Non si conoscono copie integrali mentre esiste una seconda versione sonorizzata, di 115'. Il film è conosciuto anche come *I cavalieri di Ekebù*.

Leggenda di Liliom, La ** (*Liliom*, Francia 1934, b/n, 120') Fritz Lang. Con Charles Boyer, Madeleine Ozeray, Florelle [Odette Rousseau], Mimi Funès, Robert Arnoux. ◆ Liliom Zadowsky (Boyer), un fannullone violento e mantenuto dalla moglie incinta (Ozeray), si uccide dopo una rapina andata a male: in cielo, dopo 16 anni di purgatorio gli permetteranno di tornare un giorno sulla Terra per conoscere la figlia che non aveva mai visto. Seconda versione (dopo *Liliom* di Borzage e prima di *Carousel* di King) dell'omonima commedia di Franz Molnar e primo film di Lang fuori dalla Germania: questo melodramma fantastico, però, non è molto congeniale al regista che dà il meglio solo nelle scene in cielo, dove descrive il Paradiso come un commissariato, con le stesse formalità burocratiche e la stessa pignoleria (all'anima del morto fanno vedere «la sequenza del 17 luglio, ore 8 e 40 della mattina»). Piccole parti per Antonin Artaud (l'arrotino, angelo custode di Liliom) e Vivienne Romance (sigaraia).

Leggenda di Sleepy Hollow, La *½ (*The Legend of Sleepy Hollow*, Usa 1980, col, 98') Henning Schellerup. Con Jeff Goldblum, Dick Butkus, Paul Sand, Laura Campbell, Meg Foster. ◆ Un cavaliere senza testa tormenta un ragazzo americano del XVIII secolo: il giovane (Goldblum), che è un insegnante svagato e sognatore, quando racconta l'incredibile storia non è mai creduto. Tratto da un racconto di Washington Irving, è un tv-movie dichiaratamente infantile, sceneggiato con un certo garbo.

Leggenda di un amore, La - Cinderella ** (*Ever After - A Cinderella Story*, Usa 1998, col, 122') Andy Tennant. Con Drew Barrymore, Anjelica Huston, Dougray Scott, Jeanne Moreau, Patrick Godfrey, Megan Dodds, Melanie Lynskey, Timothy West, Judy Parfitt, Jeroen Krabbé. ◆ La «vera» storia di Cenerentola: morto il padre, l'indomita Danielle (Barrymore) diventa vittima della matrigna (Huston) e delle sorellastre; ma dopo aver scambiato l'erede al trono di Francia (Scott) per un ladro e averlo malmenato, lo ritroverà in biblioteca e con la complicità di Leonardo da Vinci (Godfrey) scoppierà l'amore. Scritto dal regista con Susannah Grant e Rick Parks, una rivisitazione ironicamente kitsch della celebre fiaba, pensata per un pubblico di adolescenti «moderne» e «raffinate». Il gioco può anche risultare divertente (l'eroina ha il piglio di Rossella O'Hara, tira di scherma come D'Artagnan, legge *L'utopia* di Thomas More, ha un debole per l'angelismo New Age): ma l'operazione, eccessivamente costruita sul principio dello spiazzamento delle attese, invece di sorprendere finisce per essere ripetitiva e prevedibile.

Legge 627 *** (*L. 627*, Francia 1992, col, 145') Bertrand Tavernier. Con Didier Bezace, Lara Guirao, Charlotte Kady, Jean-Paul Comart, Jean-Roger Milo, Cécile Garcia-Fogel, Niels Tavernier, Philippe Torreton. ◆ La vita quotidiana di Loulou (Bezace) e dei suoi colleghi, poliziotti dell'antinarcotici: appostamenti, interrogatori, violenze, scherzi goliardici. Una cronaca casuale raccontata col fiato in gola, che lascia i personaggi con le loro contraddizioni (e che qualcuno, sbagliando, ha voluto leggere come mancanza di correttezza politica, anche perché quasi tutti gli spacciatori – com'è nella realtà parigina – sono di colore): il film, di fatto, non prende posizione né crea eroi, ma cerca piuttosto di mostrare il lato paradossale della realtà con quell'immediatezza brutale delle immagini che ha reso celebre certo cinema americano, senza però facili contentini o consolanti lieti fini. Non sempre convincente la parte dedicata alla vita privata del protagonista, che nutre un rapporto di affetto platonico verso una prostituta tossicodipendente. Efficace l'uso di una Parigi degradata e per nulla turistica. Il figlio del regista, Nils (che ha avuto problemi con la giustizia per droga e dai cui resoconti il regista ha preso spunto per il film), è il poliziotto fresco di accademia. La legge del titolo è quella che in Francia equipara consumatori e spacciatori. Il regista François Girod (con la barba) e il musicista Alain Sarde sono le due persone che durante il matrimonio chiedono a Loulou di farsi riprendere.

Legionary, The – Fuga all'inferno ** (*Légionnaire*, Usa 1998, col, 100') Peter Macdonald. Con Jean-Claude Van Damme, Adewale Akinnuoye-Abgaje, Nicholas Farrell, Daniel Caltagirone, Steven Berkoff, Ana Sofrenovic. ◆ Marsiglia, anni Venti: il pugile Alain Lefebvre (Van Damme), che si è rifiutato di perdere un incontro, si rifugia nella legione straniera: ma lo vengono a cercare fin lì per ammazzarlo, mentre imperversano i berberi ribelli. Morale anticolonialista alla fine di una rassegna di tutti i luoghi comuni del genere (l'addestramento massacrante, gli attacchi nel deserto, l'assedio al fortino): un cinema da sala di periferia, girato con un certo dispendio di mezzi ma per nulla presuntuoso, e nel suo piccolo anche avvincente. Van Damme (che condivide il soggetto con Sheldon Lettich) non sfoggia neanche i suoi celebri calci in faccia. Sui titoli di coda Ute Lemper canta *Mon légionnaire* di Marguerite Monnot.

Legione dei condannati, La *½ (*Rogues Regiment*, Usa 1948, b/n, 86') Robert Florey. Con Dick Powell, Marta Toren, Vincent Price, Stephen McNally. ◆ Dopo la fine della guerra, l'agente americano Corbett (Powell) si arruola nella Legione straniera francese a Saigon, dove sa che si è rifugiato un ex nazista (McNally). Esotismo a buon mercato e suspense elementare: neanche gli attori possono far molto.

Legioni di Cleopatra, Le ** (Italia/ Francia/Spagna 1959, col, 98') Vittorio Cottafavi. Con Linda Cristal, Ettore Manni, Georges Marchal, Alfredo Mayo, Maria Mahor, Daniela Rocca. ◆ Il centurione romano Curridio (Manni) tenta inutilmente di convincere Marco Antonio (Marchal) a non schierarsi contro Augusto. Cottafavi (con la collaborazione dello sceneggiatore Ennio De Concini) utilizza la storia di Cleopatra (interpretata da Linda Cristal) per trasmettere un originale massaggio pacifista, che vivifica un'opera già vivace ed elegante.

Legittima difesa **½ (*Quai des Orfèvres*, Francia 1947, b/n, 107') Henri-Georges Clouzot. Con Louis Jouvet, Bernard Blier, Pierre Larquey, Suzy Delair, Charles Dullin, Simone Renant. ◆ Per l'ispettore Antoine (Jouvet) tutto sembra accusare il pianista Maurice Martineau (Blier) della morte di Brignon (Dullin), vecchio vizioso che gli corteggiava la moglie. Ma la verità è un'altra. Tratto dal romanzo omonimo di Stanislas André Steeman (adattato dal regista e Jean Ferry), è il film che segna il ritorno di Clouzot alla regia dopo le polemiche seguite all'uscita del *Corvo* e le accuse di filonazismo: nel quadro nero e pessimista della Francia che il film offre attraverso i propri personaggi (soprattutto l'ispettore insinuante e glaciale vivificato da un grande Jouvet, o la fotografa lesbica interpretata da Simone Renant) si può facilmente leggere la personale vendetta del regista contro una società che l'aveva messo al bando più sull'onda di un isterismo collettivo che su reali prove. Eccessivamente sopravvalutato, questo film si fa apprezzare per i toni controllati con cui descrive il mondo crudele del music-hall e quello squallido della polizia, più che per alcune scene celebri quanto eccessivamente melodrammatiche (Maurice che cerca di tagliarsi le vene con il vetro dell'orologio).

Lei, il diavolo → *She Devil*

Lei... io & lui ° (*Ich und Er*, noto anche col titolo americano *Me and Him*, Rft/Usa 1989, col, 94') Doris Dörrie. Con Griffin Dunne, Ellen Greene, Kelly Bishop, Carey Lowell. ◆ Il rapporto conflittuale dell'architetto Bert Uttanzi (Dunne) con il suo sesso lo porta a rincorrere donne e avventure, in un mare di banalità e luoghi comuni con, sullo sfondo, una tenue (e inutile) metafora antifallocratica. Dal racconto di Moravia *Io & lui* che già Salce, con Buzzanca, portò, altrettanto poveramente, sullo schermo. Dunne è sprecato.

Lei non beve, lei non fuma, ma... ** (*Elle boit pas, elle fume pas, elle drague pas, mais... elle cause*, Francia 1969, col, 80') Michel Audiard. Con Annie Girardot, Bernard Blier, Mireille Darc, Jean Le Poulain, Jean-Pierre Darras, Jean Carmet. ◆ I clienti della cameriera Germaine (Girardot) sono tutti esempi di quanto i borghesi siano falsi e solo apparentemente integerrimi: ognuno nasconde una personalità perversa o un passato scandaloso e lei non si fa tanti scrupoli nel cercare di trarne il maggior vantaggio possibile. Scanzonata e briosa commedia con una carrellata di tipi umani piuttosto divertente (e volgare). Cammeo per il regista Michel Audiard, che interpreta la parte del tecnico del suono negli studi tv.

Leningrad Cowboys Go America **½ (*Leningrad Cowboys Go America*, Finlandia/ Svezia 1989, col, 78') Aki Kaurismäki. Con Matti Pellonpää, Nicky Tesco, Kari Väänänen, Sakke Järvenpää, Heikki Keskinen, Pimme Korhonen. ◆ Una scalcinata band finlandese con ciuffi e scarpe a punta, tra il folk e il rockabilly, i Leningrad Cowboys, emigra negli Stati Uniti in cerca di successo. Personalissimo omaggio al minimalismo dei film di Jarmusch (che compare nella parte di un venditore d'auto) e in gran parte improvvisato on the road, è un divertente concentrato di umorismo surreale (alla fine il chitarrista morto, che si erano portati dietro nella bara, resuscita), girato con uno stile di una semplicità disarmante, con pochi dialoghi e un indubbio talento visivo.

Lenny *** (*Lenny*, Usa 1974, b/n, 112') Bob Fosse. Con Dustin Hoffman, Valerie Perrine, Jan Miner, Stanley Beck, Gary Morton. ◆ Biografia del comico americano Lenny Bruce (Hoffman), gran scandalo dei benpensanti alla fine degli anni Sessanta per il suo continuo ricorso a un linguaggio crudo e volgare: dopo una vita burrascosa a fianco della moglie, la spogliarellista Honey Harlowe (Perrine), morì a quarant'anni. Sceneggiato da Julian Barry (che lo trasse dal suo lavoro teatrale) e splendidamente fotografato da Bruce Surtees, il film offre – con un linguaggio nervoso e, rivisto oggi, un po' troppo debitore della Nouvelle Vague – un ritratto contrastato, a più voci e piani, di un tormentato e autodistruttivo showman che seppe incarnare la cattiva coscienza degli Usa, anticipando la rivolta giovanile e utilizzando il turpiloquio per mettere a nudo il carattere repressivo e ipocrita della società americana. Grande interpretazione di Hoffman scandalosamente dimenticata dagli Oscar. Palma d'oro a Cannes per Valerie Perrine.

Lenzuolo viola, Il ** (*Bad Timing*, Gb 1980, col, 129') Nicolas Roeg. Con Art Garfunkel, Theresa Russell, Harvey Keitel, Denholm Elliott. ◆ Indagando sul tentato suicidio di Milena (Russell), l'ispettore Netulis (Keitel) scopre che il compagno della ragazza, il dottor Alex Linden (Garfunkel), non è solo un fidanzato possessivo e geloso, ma anche un amante perverso e necrofilo. Dramma psicologico teso e un po' contorto, pieno di riferimenti a Klimt, Schiele, Freud, Pinter (di cui il protagonista legge *Terra di nessuno*): una tale mole di stimoli finisce per appesantire il lavoro e il racconto di un'ossessione maniacale finisce per scivolare nel kitsch. È il primo dei molti film che Theresa Russell interpreterà sotto la direzione del marito regista.

Leon ** (*Leon*, Francia 1994, col, 110') Luc Besson. Con Jean Reno, Natalie Portman, Gary Oldman, Danny Aiello, Peter Appel. ◆ A New York, il killer solitario Leon (Reno) salva la vita alla dodicenne Mathilda (Portman), la cui famiglia è stata sterminata dal poliziotto corrotto Stansfield (Oldman). La piccola vorrebbe imparare il mestiere del suo riluttante salvatore, e se ne innamora platonicamente. Leon, a modo suo, ricambia e si sacrifica. Al suo esordio americano, Besson continua a coniugare romanticismo esasperato e violenza da fumetti, alla faccia di ogni verosimiglianza. È difficile appassionarsi a personaggi tanto stilizzati, per di più clonati su *Nikita* (Mathilda è una Nikita impubere, e Leon una versione catatonica del killer Victor, che interpretava lo stesso attore). Né c'è molta sostanza sotto le carrellate mozzafiato e le coreografie pirotecniche (comunque inferiori a quelle di qualsiasi film di Hong Kong). Meno serioso e autocompiaciuto, tuttavia, di altri film dello stesso regista. Punzecchiature anticinefile trasmesse attraverso il protagonista che al cinema guarda estasiato Gene Kelly sui pattini in *È sempre bel tempo*, ma non sa riconoscere le imitazioni di Madonna, Charlot o John Wayne che gli fa Mathilda. Eppure tutto il film «ruba» a man salva da altri film: *Gloria* (il ragazzo la cui famiglia è stata sterminata raccolto dal vicino), *Arancia meccanica* (il capo della banda che uccide sentendo Beethoven), *Il silenzio degli innocenti* (il furto della divisa di un poliziotto per fuggire inosservato), *Taxi driver* (l'ossessione ginnica del giustiziere), *Il bandito delle ore undici* (il suicidio esplosivo del protagonista), *Frank Costello faccia d'angelo* (l'amore per la pianta).

Leonard salverà il mondo * (*Leonard Part 6*, Usa 1987, col, 85') Paul Weiland. Con Bill Cosby, Tom Courtenay, Joe Don Baker, Moses Gunn. ◆ Leonard (Cosby), un ristoratore ex agente dell'Fbi, deve sgominare una banda che, trasformando gli animali in belve feroci e sanguinarie, rischia di mettere a repentaglio l'umanità. Stanca parodia del genere fantapoliziesco (il titolo originale dovrebbe ironizzare sulla mania di fare sequel così frequenti), scritta, prodotta e interpretata da Cosby come inutile monumento a se stesso (peraltro, uno degli attori più ricchi d'America grazie allo straordinario successo della serie televisiva *La famiglia Robinson*).

Leone, Il *½ (*The Lion*, Usa 1962, col, 96') Jack Cardiff. Con William Holden, Trevor Howard, Capucine [Germaine Lefèbvre], Pamela Franklin, Samuel Romboh. ◆ Il viaggio del padre (Howard) in Africa per riportare la figlia (Franklin) alla «civiltà» lo riavvicina alla moglie (Capucine): e così all'amante (Holden) di lei non resterà che tornare a fare il cacciatore professionista di leoni. Melodramma prevedibile e sdolcinato, molto meglio nella sua parte documentaria che in quella narrativa.

Leone a sette teste, Il *½ (*Der Leone Have Sept Cabeças*, Francia/Italia 1970, col, 103') Glauber Rocha. Con Jean-Pierre Léaud, Rada Rassimov, Aldo Bixio, Gabriele Tinti, Giulio Brogi, Miguel Samba. ◆ Come in un teatro delle marionette, si agitano sulla scena molti personaggi simbolici: l'agente della Cia che fa l'amore con Marlene (cioè il capitalismo), un prete cattolico, un mercenario, un rivoluzionario negro. Tra manifestazioni, torture, riti, il rivoluzionario (Samba) vince, inchioda a un albero la donna (Rassimov) e mette i nemici in gabbia. Ambizioso tentativo di riflettere sul linguaggio del cinema e sulle sue valenze politiche cercando di confrontare le esperienze di Brecht, Godard e Ejzenštejn (soprattutto per la teoria sul montaggio dialettico): ne esce un film visionario e squilibrato, una specie di «dramma africano primitivo» (sceneggiato dal regista con Gianni Amico, fu girato nel Congo, a Brazzaville) che cerca di «illustrare un sogno con un linguaggio onirico e frenetico» ma finisce per essere incomprensibile. Il titolo originale è formato dalle lingue dei cinque Paesi imperialisti, italiano compreso.

Leone d'Amalfi, Il * (Italia 1951, b/n, 75') Pietro Francisci. Con Vittorio Gassman, Milly Vitale, Elvy Lissiack, Carlo Ninchi, Sergio Fantoni, Arnoldo Foà. ◆ Il figlio del capo della repubblica di Amalfi, Mauro (Gassman) saprà vendicare il padre ucciso da Roberto il Guiscardo (Ninchi) e liberare la sua città dai Normanni, oltre a conquistare l'amore di Diana (Lissiack). Ingenuo film in costume, con un Gassman imbarazzante nel suo tentativo di rendere credibile un personaggio a metà tra Tarzan ed Ercole. Conosciuto anche col titolo *Il ribelle d'Amalfi*.

Leone di Damasco, Il * (Italia 1942, b/n, 85') Corrado D'Errico [e Enrico Guazzoni]. Con Carla Candiani, Carlo Ninchi, Doris Duranti, Adriano Rimoldi, Dina Sassoli, Carlo Duse, Erminio Spalla, Annibale Betrone. ◆ Per piegare i veneziani asserragliati a Famagosta, i turchi rapiscono il figlioletto di Marcello Corner (Rimoldi) ed Eleonora (Candiani), scatenando le ire di Moulai el Kader, detto il «Leone di Damasco» (Ninchi), che deciderà di convertirsi al cristianesimo e passare nelle file dei veneti. Ispirandosi al romanzo omonimo di Emilio Salgari (sceneggiato da Alessandro De Stefani con la revisione di Omar Salgari), continuano le avventure iniziate con *Capitan Tempesta*, in un film altrettanto spento anche se un po' meno burattinesco. D'Errico morì durante la lavorazione e il film fu portato a termine da Enrico Guazzoni. Contemporaneamente fu girata una versione spagnola, con Luis Hurtado nel ruolo di Ninchi e Carmen Navascuès in quello della Duranti (che interpreta Haradia, la nipote del sultano).

Leone d'inverno, Il **½ (*The Lion in Winter*, Gb 1968, col, 135') Anthony Harvey. Con Peter O'Toole, Katharine Hepburn, Jean Merrow, Anthony Hopkins, Nigel Terry, Timothy Dalton, Nigel Stock, John Castle. ◆ La vigilia di Natale del 1183, Enrico II (O'Toole) riunisce nel castello di Chinon la moglie Eleonora d'Aquitania (Hepburn) e i suoi tre figli Riccardo, Goffredo e Giovanni (Hopkins, Castle, Terry) per scegliere l'erede al trono, scatenando intrighi, invidie, trame anche per la presenza della concubina (Merrow) del sovrano. Sceneggiato da James Goldman (che adattò una sua pièce), il film vuole rileggere la Storia in una chiave più intimista e privata (nella lotta politica sono le passioni – l'incesto, la sodomia, il parricidio, il tradimento – a dominare), ma finisce per essere solo un pretesto, maestoso e sfavillante, alla dimostrazione di bravura degli attori. Nomination a O'Toole e tre Oscar: miglior interprete (alla Hepburn ex aequo con Barbra Streisand per *Funny Girl*), sceneggiatura (Goldman) e colonna sonora (John Barry). Film d'esordio per Anthony Hopkins e Timothy Dalton (Filippo, re di Francia).

Leone l'ultimo *** (*Leo the Last*, Gb/Usa 1970, col, 103') John Boorman. Con Marcello Mastroianni, Billie Withelaw, Calvin Lockhart, Glenna Forster-Jones, Vladek Sheybal. ◆ Leone (Mastroianni), erede di un regno diventato repubblica socialista, si trasferisce a Londra, ma scopre che il suo palazzo ora si trova al centro del quartiere nero. Osservandone gli abitanti, conosce la miseria dello slum, cerca di fare qualcosa per loro (ottenendo così di essere considerato pazzo dai suoi pari ma non conquistando la fiducia dei suoi beneficiati), fino a guidare i suoi vicini alla conquista del proprio stesso palazzo. Tratto da una commedia di George Tabori sceneggiata dal regista e William Stair, questo apologo trasognato e divertente è sostanzialmente la storia di una presa di coscienza, ma raccontata con malinconica partecipazione (e molta ironia), perché il voyeurismo che guida le azioni di Leone (è un ornitologo dilettante che, osservando i piccioni con un cannocchiale, scopre la vita brulicante del quartiere) contiene in sé anche i limiti del proprio coinvolgimento, più morale e filosofico che sociale. Perfetta la prova di Mastroianni. Alcuni spunti saranno ripresi da Boorman, venti anni dopo, in *Dalla parte del cuore*.

Leoni al sole **½ (Italia 1962, col, 105') Vittorio Caprioli. Con Vittorio Caprioli, Franca Valeri, Philippe Leroy, Serena Vergano, Francesco Morante, Halina Zalewska, Carlo Giuffré, Enzo Cannavale. ◆ Disavventure quotidiane di un gruppo di giovani napoletani in vacanza, tra Amalfi e Capri: Mimì (Leroy) cerca solo di divertirsi evitando di impegnarsi con la milanese Giuli (Valeri), il goffo Giugiù (Caprioli) tenta fallimentari avances, il più posato Sciscìò (Morante) decide di cercarsi un lavoro. Liberamente tratto dal romanzo *Ferito a morte* di Raffaele La Capria (anche cosceneggiatore con il regista), il film con cui Caprioli esordisce nella regia è una specie di *Vitelloni* di Napoli, meno amaro e più cinico, disincantato ritratto della «compiaciuta fiacchezza della borghesia meridionale». Bella fotografia di Carlo Di Palma.

Leoni della guerra, I *½ (*Raid on Entebbe*, Usa 1977, col, 130') Irvin Kershner. Con Peter Finch, Charles Bronson, Horst Buchholz, Martin Balsam, John Saxon, Jack Warden, Sylvia Sidney, Yaphet Kotto, Robert Loggia, James Woods. ◆ Il 4 luglio 1976, a Entebbe, in Uganda, un commando israeliano compie un drammatico raid contro i palestinesi che tenevano prigionieri alcuni ostaggi. Prodotto originalmente per la Tv (e più lungo di 20'), è un passabile film d'azione, scontato nell'azione e programmaticamente partigiano. Ultimo film di Peter Finch.

Leoni dell'aria, I *½ (*The Lion Has Wings*, Gb 1939, b/n, 76') Michael Powell, Brian Desmond Hurst, Adrian Brunel. Con Ralph Richardson, Merle Oberon, June Duprez, Robert Douglas, Anthony Bushell. ◆ Prodotto da Alexander Korda, un documentario di propaganda girato all'alba dell'entrata in guerra per tirare su il morale del pubblico: il conflitto non l'abbiamo cercato noi, però siamo più forti e pronti dei nazisti. Materiale di repertorio si alterna con disinvoltura a scenette cui prendono parte star dell'epoca; per finire, la ricostruzione abbastanza realistica di una missione aerea. Powell cerca ironia sdrammatizzante contrapponendo le truci parate hitleriane agli svaghi innocenti e un po' eccentrici del suo popolo. Solo d'interesse storico.

Léon Morin, prete – La carne e l'anima **½ (*Léon Morin, prêtre*, Francia/Italia 1961, b/n, 114') Jean-Pierre Melville. Con Jean- Paul Belmondo, Emmanuelle Riva, Irène Tunc, Patricia e Marielle Gozzi, Monique Bertho. ◆ Durante l'occupazione tedesca, Barny (Riva), vedova di un ebreo comunista e lei stessa marxista, trova sempre più conforto nei lunghi colloqui col prete Léon Morin (Belmondo). Crede addirittura di amarlo, ma alla fine recupera la fede e la fiducia nell'esistenza. Delicato e profondo studio psicologico ispirato al romanzo omonimo di Béatrix Beck (sceneggiato dal regista), che racconta lo scontro-incontro di due personalità abbastanza simili, ostinate, rigorose, capaci di quell'abnegazione che sconfina nella durezza se non addirittura nell'insensibilità per l'altro (tanto la donna ostenta i propri sentimenti tanto l'uomo li reprime): tutti caratteri che si troveranno nei futuri eroi melvilliani, anche se la partecipazione del regista al tema della fede religiosa è affrontata con troppa preoccupazione razionalista per appassionare veramente. Il futuro regista Volker Schlöndorff (qui assistente alla regia) interpreta la parte della sentinella tedesca.

Léonor **½ (*Léonor*, Francia/Spagna/Italia 1975, col, 100') Juan Luis Buñuel. Con Michel Piccoli, Liv Ullmann, Ornella Muti, Piero Vida, Antonio Ferrandis, Vittorio Parziale. ◆ Un signore feudale stringe un patto col diavolo e richiama dalla tomba la sua prima, adorata sposa Léonor (Ullmann): i due possono così continuare ad amarsi ma la donna, che è diventata una vampira, diffonderà peste e morte. Il figlio di Buñuel si ispira a un racconto di Ludwig Tieck e narra una storia fantastica in modo realistico, senza clamori, truculenze o porte che scricchiolano per esaltare uno dei temi prediletti dai surrealisti: la potenza dell'amore, più forte anche della morte. Originale e sottovalutato. La presenza della Muti (che interpreta la seconda moglie, Catherine) è solo rapida e decorativa.

Le piace Brahms? ** (*Goodbye Again*, Usa 1961, b/n, 120') Anatole Litvak. Con Ingrid Bergman, Anthony Perkins, Yves Montand, Jessie Royce Landis, Diahann Carroll, Lee Patrick. ◆ Una matura arredatrice parigina, Paula Tessier (Bergman), è fidanzata con un playboy impenitente (Montand) che la trascura, ma si rifà vivendo una romanticissima avventura con un giovane americano (Perkins). Dal romanzo omonimo di Françoise Sagan sceneggiato da Samuel Taylor, una commedia sentimentale e prevedibile, fintamente libertaria, che si regge soprattutto sulla bravura dei comprimari (l'elegante Jessie Royce Landis e la gelida Lee Patrick) e sui bei vestiti di Dior indossati dalla Bergman. Palma d'oro a Cannes per Anthony Perkins.

Les femmes → *Femmes, Les*

Lest * (Italia 1993, col, 82') Giulio Base. Con Giulio Base, Valentina Emeri, Gianmarco Tognazzi, Cristina Pastorelli. ◆ Angelo (Base), autista di professione, accompagna in giro per l'Europa dell'Est una cliente ricca e snob, Serena (Emeri), che gli fa credere di essere un agente segreto in missione. Un *tour de force* turistico-sentimentale più simile a una gita liceale che a un film *on the road*: tra una piazza da cartolina, uno stereotipo culturale e un commento pseudofilosofico, Base dà fondo alla sua *naïveté* tardo-adolescenziale non riuscendo ad andare oltre il filmino ricordo. Ornamentale la presenza di Tognazzi nel ruolo dell'amico Jimbo, promosso a coprotagonista nel successivo *Lovest*.

Let It Be - Un giorno con i Beatles ** (*Let It Be*, Gb 1970, col, 80') Michael Lindsay-Hogg. ◆ L'ultimo documento sui Beatles prima dello scioglimento, propone le prove in studio per l'album omonimo e l'apparizione live sul tetto dei loro Apple Studios in Abbey Road. Indimenticabili i momenti musicali del film (comprensibilmente premiato con l'Oscar per la miglior colonna sonora), ma poco avvincente tutto il resto (comprese le inquietanti apparizioni di Yoko Ono).

Let's Get Lost - Perdiamoci *** (*Let's Get Lost*, Usa 1988, b/n, 119') Bruce Weber. ◆ Un documentario-ritratto su Chet Baker, trombettista jazz dalla sensibilità straordinaria e dalla esistenza tormentata, morto misteriosamente dopo le riprese. Girato in un bianco/nero fin troppo raffinato, il secondo film del fotografo professionista Bruce Weber mescola bellissime immagini degli anni Cinquanta, i segni degli eccessi sul viso rugoso e assente del jazzista, interviste a familiari e amici, tra rancore, incomprensioni e affetto: ne esce la frammentata ricostruzione di una personalità vulnerabile e cristallina (come la voce e il suono della struggente colonna sonora), un po' enfatico nella sua apologia ma anche molto toccante. Nel film è inserita una sequenza di *Urlatori alla sbarra* con Chet al fianco di Mina e Celentano. Una comparsata per Lisa Marie [Smith].

Lettera a Breznev **½ (*A Letter to Brezhnev*, Gb 1985, col, 95') Chris Bernard. Con Peter Firth, Alfred Molina, Alexandra Pigg, Margi Clarke, Neil Cunningham, Tracy Lea, Ken Campbell. ◆ Due giovani inglesi, Elaine e Teresa (Pigg e Clarke), stanche della routine che offre una degradata Liverpool, abbordano due marinai russi in libera uscita, Peter e Sergej (Firth e Molina). Per coronare il suo sogno d'amore, Elaine non esiterà a scrivere a Breznev, che le manderà un biglietto aereo con cui raggiungere Peter a Mosca. Curioso film di un giovane regista (sceneggiato da Frank Clarke), che mescola denuncia sociale e pacifismo, erotismo e magia favolistica. Acuta e senza falsi compiacimenti la descrizione di una città industriale alienante.

Lettera accusatrice, La **½ (*Cause for Alarm*, Usa 1951, b/n, 74') Tay Garnett. Con Loretta Young, Barry Sullivan, Bruce Cowling, Margalo Gillmore. ◆ La moglie (Young) di un uomo malato e con gravi disturbi mentali (Sullivan) è tormentata dalla gelosia del marito, il quale la accusa, in una lettera spedita al Procuratore, di volerlo avvelenare: durante un attacco del male l'uomo muore e la donna cerca disperatamente di fermare la missiva. Un thriller originale e appassionante, nel quale la tensione e il dramma toccano momenti molto coinvolgenti.

Lettera al Kremlino **½ (*The Kremlin Letter*, Gb 1970, col, 121') John Huston. Con Bibi Andersson, Richard Boone, Max von Sydow, Orson Welles, Patrick O'Neal, Raf Vallone, Nigel Green, George Sanders, Lila Kedrova, Michael MacLiammoir. ◆ Rispettivamente guidati dal tenente Rone (O'Neal) e dal colonnello Kosnov (von Sydow), i servizi segreti americani e russi si scontrano per rintracciare una preziosa lettera inviata a Mosca dal governo americano, probabilmente intercettata dai cinesi. Un film di spionaggio dalla trama apparentemente confusa, tratto dall'omonimo bestseller di Noel Behn, di cui Huston (autore della sceneggiatura con Gladys Hill) accentua, con nerissimo humour, il senso di irrealtà, così da trasformare il film in un pamphlet feroce e delirante, dove «la Mosca by night all'insegna della droga e della prostituzione, abitata da canaglie di ogni risma, fa il paio con l'omologo e altrettanto corrotto mondo occidentale». Piccola apparizione per Huston nella parte di un ammiraglio.

Lettera aperta a un giornale della sera ** (Italia 1970, col, 122') Francesco Maselli. Con Nanny Loy, Silverio Blasi, Daniele Dublino, Mariella Palmich, Nino Del Fabbro, Francesco Maselli. ◆ Alcuni intellettuali comunisti scrivono una lettera al giornale del partito dichiarandosi pronti a partire volontari per il Vietnam. Ripresa con clamore dai media la notizia mette i firmatari di fronte alla possibilità che il loro gesto divenga reale: discutono, riflettono, esitano, dimostrando la loro narcisistica inconcludenza. Girato con lo stile del cinema-verità e interpretato dal regista nella parte di Saverio insieme ad alcuni amici (tra cui il regista Nanni Loy), è un documento interessante per capire l'atmosfera di un certo dibattito intellettuale in quegli anni, ma il confronto critico con un tema così ricco di implicazioni psicologiche non basta a vivificare il film che, totalmente privo di autoironia, prende troppo sul serio i sensi di colpa della borghesia comunista addormentata dal benessere e dalla routine e si perde tra narcisistiche e patetiche discussioni, «inerti perché solo moralistiche».

Lettera a tre mogli *** (*A Letter to Three Wives*, Usa 1949, b/n, 103') Joseph L. Mankiewicz. Con Ann Sothern, Kirk Douglas, Jeanne Crain, Jeffrey Lynn, Linda Darnell, Paul Douglas, Thelma Ritter. ◆ Una commedia degli equivoci condotta dalla voce fuori campo (nell'originale di Celeste Holm) di un personaggio, Eva [ma in originale è Addie] Ross, che non compare mai, e una cui lettera semina il panico fra tre sue amiche, annunciando che se n'è andata con uno dei loro mariti. La provinciale ingenua e pasticciona (Crain), la scrittrice di radiodrammi (Sothern) biasimata dal marito professore (Douglas) e la bellona (Darnell) che ha sposato un ricco possidente, ripensano al loro passato e alla loro inadeguatezza, e tremano. Il gioco dei flashback e le perfette geometrie dell'intreccio celano uno spaccato pungente e cattivo della borghesia americana. In anticipo sui tempi la polemica contro la volgarità dei mass media, di cui si fa portavoce il professorino. Mankiewicz vinse l'Oscar sia come regista che come sceneggiatore; l'anno dopo farà il bis con *Eva contro Eva*.

Lettera da Parigi *½ (Italia 1993, col, 98') Ugo Fabrizio Giordani. Con Roberto De Francesco, Lucrezia Lante Della Rovere, Irene Papas, Felice Andreasi, Stefano Dionisi, Barbara Scoppa, Adriana Russo. ◆ A vent'anni Sergio (De Francesco), cui è sempre pesata la latitanza del padre (Andreasi), si trova piantato dalla sua ragazza (Della Rovere), con un figlio cui badare. E se non fosse suo figlio? L'esordio di Giordani è un bell'esempio di cinema di papà, che cerca di dire cose importanti sulla società d'oggi, ma finisce nel fotoromanzo, senza riuscire neanche a far provare simpatia per i personaggi.

Lettera da una sconosciuta ***½ (*Letter from an Unknown Woman*, Usa 1948, b/n, 90') Max Ophuls [ma nei titoli italiani è Opuls]. Con Joan Fontaine, Louis Jourdan, Mady Christians, Marcel Journet, John Good, Art Smith. ◆ La notte prima di un duello, il pianista Stefan Brand (Jourdan) legge la lettera postuma della donna che l'ha adorato in silenzio per tutta la vita, Lisa Berndle (Fontaine), da lui invece amata solo nello spazio di una serata, e poi dimenticata: comprende perché è stato sfidato, e all'alba accetta di andare incontro alla morte per espiare il male che ha commesso. Tratto da un racconto di Stefan Zweig sceneggiato da Howard Koch, è uno dei più riusciti melodrammi ophulsiani, dove l'ambientazione in una Vienna ricostruita in studio crea un clima onirico ed estenuato: «è il trionfo di quel "barocco fluido" capace di comunicare al pubblico le emozioni più segrete dei personaggi attraverso le loro evoluzioni e i loro movimenti nello spazio». La Fontaine è perfetta nella parte dell'eroina testarda e sofferente. La sofisticata costruzione del racconto a flashback ha ispirato numerosi studi, ma il pubblico, a suo tempo, non gradì. Celebre la sequenza in cui i due innamorati entrano in un diorama del Prater, assistendo a un'ingenua illusione che anticipa quella del cinema. Omaggio al vino italiano Valpolicella, «la prima cosa che si vede arrivando in Italia», durante il primo incontro tra Stefan e Lisa.

Lettera napoletana *½ (Italia 1954, b/n, 92') Giorgio Pàstina. Con Giacomo Rondinella, Virna Lisi, Otello Toso, Beniamino Maggio, Rosalia Maggio, Lia Orlandini, Lianella Carell, Natale Cirino. ◆ Il socio lavativo (Toso) svaligia la cassa e fa ricadere la colpa sul dipendente modello (Rondinella), ma il socio lavoratore non fa nulla per salvarlo perché il giovane ama sua figlia (Lisi) e l'ha inguaiata. Tipico melodramma alla Misiano (qui produttore e anche sceneggiatore) ispirato dalla canzone omonima di Pisano e Cioffi, in cui il drammone legal-sentimentale è bilanciato dalla comicità di Beniamino Maggio, garzone aspirante compositore. Vale la pena di notare il ruolo solamente negativo affidato alla Legge (il formalismo del commissario tiene in prigione chi è innocente), mentre l'inevitabile lieto fine passa attraverso la confessione di colei (Carell) che è stata complice del furto, ovvero attraverso una moralità «privata» e fuori dalla legalità. Oltre a quella del titolo, canzoni a iosa (*'O Rammariello*, *'N copp' 'e Camaldule*, *Serenatella 'a na cumpagna 'e scola*, *Vierno*, *Mandulinata a Napule*, *Carmenello d'a Riviera*).

Lettera per Eva, Una *½ (*A Letter for Eve*, Usa 1945, b/n, 89') Jules Dassin. Con Marsha Hunt, John Carroll, Spring Byington, Hume Cronyn, Pamela Britton, Norman Lloyd. ◆ Durante la seconda guerra mondiale una ragazza romantica (Hunt) nasconde una lettera in uno stock di camicie militari: chi la trova (Carroll) è un dongiovanni vanesio, ma a risponderle sarà l'amico (Cronyn), un giovane timido che le invia però la foto dell'altro. Una commedia degli equivoci lieve e insapore, stanco remake di *Don't Write Letters* di George D. Baker (1922).

Lettera scarlatta, La *½ (*Die scharlachrote Buchstabe*, Rft/Spagna 1972, col, 90') Wim Wenders. Con Senta Berger, Lou Castel, Hans Christian Blech, Yella Rottländer, Yelena Samarina, Rüdiger Vogler. ◆ New England, XVII secolo: Hester Prynne (Berger), che tutti credono vedova, è stata emarginata dalla comunità perché ha avuto una figlia illegittima, Pearl. Il padre, il pastore Dimmesdale (Castel), si macera nella colpa all'insaputa di tutti; il marito Chillingworth ricompare dopo molti anni, e medita vendetta. Wenders (coautore dell'adattamento con Bernardo Fernandez) complica qua e là il romanzo di Nathaniel Hawthorne (alla fine Dimmesdale viene addirittura strozzato dal governatore bigotto) ma fatica a comprendere buona parte dei personaggi, preferendo concentrarsi sui crudeli bambini del villaggio e sulla piccola Pearl (Rottländer, poi in *Alice nelle città*), simbolo di una libertà antecedente alla colpa cristiana. Nel complesso accademico, poco ispirato e con attori mal diretti. Fotografia di Robby Müller e musiche (di rara bruttezza) di Jürgen Knieper.

Lettera scarlatta, La * (*The Scarlet Letter*, Usa 1995, col, 135') Roland Joffé. Con Demi Moore, Gary Oldman, Robert Duvall, Lisa Jolliff-Andoh, Edward Hardwicke, Robert Prosky, Joan Plowright, Roy Dotrice. ◆ Nel Massachusetts del 1660, Hester Prynne (Moore) fa innamorare il reverendo Arthur (Oldman), e quando pensa di essere rimasta vedova gli si concede anche: siccome non vorrà rivelare chi l'ha messa incinta verrà bollata con la A di Adultera sui vestiti e dovrà guardarsi dalla vendetta che il redivivo marito (Duvall) sta architettando. Inqualificabile adattamento di Douglas Day e Stewart Freely che tradisce il capolavoro di Nathaniel Hawthorne, storia non di un peccato ma piuttosto di una colpa: di un uomo e una donna ma soprattutto dell'America «colonia di confine posta tra civiltà corrotta e natura irredenta» per usare le parole di Leslie Fiedler. E invece Joffé ne fa un melodramma sovraccarico e melassoso con tutti i ninnoli del peggior cattivo gusto (compreso un «metaforico» uccellino rosso e una candela fallica) e con tanto di attacco indiano e lezioncina sull'intollerenza antifemminista, tra paesaggi in controluce e costumi inamidati.

Lettere a Emanuelle *½ (*Néa*, Francia 1979, col, 100') Nelly Kaplan. Con Ann Zacharias, Sami Frey, Micheline Presle, Françoise Brion, Ingrid Caven. ◆ La sedicenne Sybille (Zacharias), curiosa lettrice di libri osé, decide di scrivere per scommessa un romanzo erotico. Non bastandole la fantasia per arricchire il repertorio, seduce il suo editore (Frey) costringendolo anche a fuggire con lei. Tratto dal romanzo *Néa* di Emmanuelle Arsan, un tentativo vagamente femminista di affrontare i temi antiborghesi che si sono voluti vedere nell'opera della Arsan: la cura formale, però, non evita la noia di un erotismo standardizzato.

Lettere d'amore ** (*Stanley & Iris*, Usa 1990, col, 105') Martin Ritt. Con Jane Fonda, Robert De Niro, Swoosie Kurtz, Martha Plimpton, Feodor Chaliapin. ◆ Iris (Fonda), vedova da otto mesi e madre di due figli, divisa tra il lavoro in fabbrica e i problemi familiari, trova nell'analfabeta Stanley (De Niro) la tenerezza e l'amore di cui ha bisogno. E lui imparerà a leggere e a scrivere. Un melodramma un po' convenzionale su un problema che negli Stati Uniti è ancora grave (ne esistono 27 milioni), ma che la bella prova dei due protagonisti rende appassionante.

Lettere d'amore dall'Engadina ** (*Liebesbriefe aus dem Engadin*, Germania 1938, b/n, 97') Luis Trenker. Con Luis Trenker, Carla Rust, Erika von Thellmann, Charlott Daudert, Paul Heidmann, Umberto Sacripante, Otto Wernicke, Robert Dorsay, Herti Kirchner. ◆ Conquistate da false lettere d'amore, scritte in realtà da un albergatore (Wernicke) per attirare clienti, le villeggianti affollano i corsi di sci del maestro Toni Anewanter (Trenker): lui pensa solo alla montagna, ma il fascino di Dorothy (Rust) lo conquisterà. Tentativo non molto riuscito di fondere film alpino e commedia sentimentale: la sceneggiatura di Trenker e Hans Sassmann è abbastanza ben congegnata, ma il livello di recitazione generale è decisamente scarso e si capisce benissimo che al regista-interprete interessano più i panorami dei battiti del cuore. Bella comunque la scena finale, con Toni che insegue sugli sci Dorothy partita col treno.

Lettere d'amore smarrite *** (*Die missbrauchten Liebesbriefe*, Svizzera 1940, b/n, 90') Leopold Lindtberg. Con Alfred Rasser, Anne-Marie Blanc, Paul Hubschmid, Elsie Attenhofer, Mathilde Danegger, Heinrich Gretler, Emil Hegetschweiler. ◆ Svizzera tedesca, 1840: un commerciante con ambizioni letterarie (Rasser), vuole che la moglie (Blanc) intrattenga con lui un epistolario alla Goethe quando lui si assenta e la donna, non sentendosi all'altezza, prega il timido e romantico maestro del paese (Hubschmid) di rispondere per lei. Al ritorno, il commerciante scopre l'inganno e, credendosi tradito, chiede il divorzio mentre l'istitutore, a causa dello scandalo, abbandona la scuola e va a vivere nei boschi come un eremita. Un piccolo capolavoro semisconosciuto del cinema svizzero, tratto dal racconto di Gottfried Keller e sceneggiato dal regista con Richard Schweizer, Horst Budjuhn e Kurt Guggenheim: dosando alla perfezione lirismo e ironia, Lindtberg costruisce un melodramma ironico e leggero, «tra Ophuls e Mozart», privo della ferocia che di solito assale le storie di provincia ma non di una buona dose di satira nei confronti delle meschinità e del ridicolo che caratterizzano il microcosmo esaminato. Tratto dall'omonimo racconto di Gottfried Keller, vinse il festival di Venezia del 1940.

Lettere di una novizia ** (Italia/Francia 1960, b/n, 95') Alberto Lattuada. Con Pascale Petit, Jean-Paul Belmondo, Massimo Girotti, Hella Petri, Lilla Brignone, Elsa Vazzoler, Emilio Cigoli. ◆ Don Paolo (Girotti) indaga sulla vocazione di una novizia e scopre che la giovane Margherita (Petit) vuol prendere i voti non per fede, ma perché ha ucciso l'amante Giuliano (Belmondo), che si divideva tra lei e la madre (Petri). Tratto dall'omonimo romanzo di Piovene, il film descrive «il disfacimento morale di una famiglia altoborghese della campagna veneta e le aberrazioni di un cattolicesimo malinteso e tarato». Qualche facile concessione melodrammatica non toglie forza ai foschi ritratti delle tre donne protagoniste: il sensuale cinismo di Margherita (la sua danza erotica per conquistare Giuliano non si dimentica facilmente), il perbenismo della madre e l'arrivismo della serva (Vazzoler).

Letters from a Killer ** (*Letters from a Killer*, Usa 1998, col, 103') David Carson. Con Patrick Swayze, Gia Carides, Roger E. Mosley, Kim Myers, Tina Lifford, Bruce McGill. ◆ Il condannato a morte Race Darnell (Swayze) viene scagionato: peccato che una delle sue quattro amiche di penna, venuta a sapere dell'esistenza delle altre tre, impazzisca di gelosia e cominci a commettere omicidi, lasciando prove che lo incriminano. Classici colpi di scena nella sceneggiatura di Nicolas Hicks-Beach e Shelley Miller, che vorrebbe mantenere la suspense sull'identità dell'assassino fino a due minuti dalla fine: servendo, nel frattempo, un passabile frullato di generi alla deriva, dal western all'horror al *Fuggitivo*.

Letti sbagliati * (Italia 1965, b/n, 105') Steno [Stefano Vanzina]. ◆ Film a episodi. In *Il complicato* (con Ingeborg Schoener, Lando Buzzanca, Aldo Giuffré, Pietro Tordi), un uomo è corteggiato da una bella donna durante un viaggio in treno e non s'accorge di essere l'oggetto di una scommessa; in *00-Sexy missione Biondo Platino* (con Raimondo Vianello, Margaret Lee, Fulvia Franco, Piero Morgia, Pietro Gerlini), il complicato piano che doveva far incontrare la bella coinquilina a un ingegnere servirà alla moglie per consumare un'avventura con il garzone del fornaio; in *Quel porco di Maurizio* (con Carlo Giuffré, Beba Loncar, Aldo Puglisi, Tecla Scarano, Alberto Bonucci), un avvocato, per cercare di comporre la vertenza tra il suo assistito e una ragazza che aveva abbordato, ne diventa l'amante; in *La seconda moglie* (con Franco Franchi, Ciccio Ingrassia, Olimpia Cavalli, Enzo Turco), un vedovo scopre solo dopo dieci anni che la moglie lo tradiva con l'insopportabile falso parente che vive alle sue spalle. Quattro barzellette sceneggiate da Alessandro Continenza e costruite sugli argomenti per eccellenza dell'avanspettacolo nazionale: sesso e corna. Ma senza mai un pizzico d'ironia o di invenzione.

Letti selvaggi *½ (Italia 1979, col, 100') Luigi Zampa. ◆ Film a episodi. In *L'arabo* (con Sylvia Kristel, Orazio Orlando) un venditore di tappeti, mandato in galera da una cliente per uno scherzo, resta nuovamente vittima della donna e finisce in prigione una seconda volta; in *Un pomeriggio noiosetto* (con Laura Antonelli) una moglie spara a un presunto corteggiatore per tacitare il marito geloso; in *La vedova* (con Ursula Andress, Michele Placido) una donna, appena tornata dal funerale del marito, si fa sedurre da un fotografo; in *Una mamma* (con Monica Vitti, Roberto Benigni) uno studente per evitare le ire del preside chiede a una prostituta di accompagnarlo a scuola fingendosi sua madre; in *La moglie giovane* (con Sylvia Kristel, Enrico Beruschi) una donna lega, imbavaglia e benda un marito pedante, per poi fuggire a Parigi; in *Attenzione a quei due* (con Monica Vitti, Michele Placido) una ladra entra in concorrenza con un collega maschio; in *La passante* (con Ursula Andress) una bellissima donna, pagata da un gruppo di carrozzieri, provoca incidenti d'auto aprendo la pelliccia sotto la quale è nuda; in *La donna d'affari* (con Laura Antonelli), una donna costringe un direttore d'orchestra a dimenticare i propri impegni. Otto episodi per quattro attrici, boccacceschi ma non sguaiati, e con una vaga sfumatura femminista. L'episodio migliore è quello della Vitti con Benigni.

Letti separati ** (*The Wheeler Dealers*, Usa 1963, col, 106') Arthur Hiller. Con James Garner, Lee Remick, Phil Harris, Chill Wills. ◆ Un miliardario texano (Garner), kitsch e finto ingenuo, quasi per gioco si mette a fare investimenti in Borsa: riesce a far salire le sue azioni e torna a casa più ricco e con una fidanzata (Remick). Simpatica presa in giro del mondo finanziario dove uno sprovveduto riesce là dove possono fallire i geni della finanza.

Letto a tre piazze *½ (Italia 1960, b/n, 90') Steno [Stefano Vanzina]. Con Totò [Antonio de Curtis], Peppino De Filippo, Nadia Gray, Maria Cristina Gajoni, Aroldo Tieri, Angela Luce, Mario Castellani. ◆ Peppino e Amalia (De Filippo e Gray) stanno festeggiando il decimo anniversario di matrimonio, quando ecco comparire il primo marito Antonio (Totò), dato per disperso in Russia. Uno degli episodi meno interessanti del sodalizio cinematografico tra Totò e Peppino: Steno sfrutta in modo abbastanza elementare le possibilità dei due comici, limitandosi a qualche gag (Totò che per potersi addormentare deve appendersi sopra la testa un ritratto di Stalin).

Letto di rose ** (*Bed of Roses*, Usa 1933, b/n, 70') Gregory La Cava. Con Constance Bennett, Joel McCrea, John Halliday, Pert Kelton, Samuel Hinds, Franklin Pangborn, Tom Francis, Robert Emmett O'-Connor, Jane Darwell. ◆ Per non tornare più in prigione, Lorry Evans (Bennett) decide di trovarsi qualcuno che la mantenga in un «letto di rose»: ci riesce con il ricco Stephan (Halliday) convincendolo con un inganno che si è approfittato di lei; ma l'amore per lo spiantato marinaio Dan (McCrea) la riporterà sulla buona strada. Curiosa commedia pre-codice Hays sceneggiata da Wanda Tuchock con la collaborazione per i dialoghi di La Cava e Eugene Thackrey, che sceglie come protagoniste due ragazze di pessima reputazione: se Lorry si «ravvede» per amore, l'amica Minnie (Kelton) dimostra che gli uomini si possono ingannare e sfruttare senza problemi, ottenendo anche di farsi sposare.

Letto di spine, Il *½ (*The Bramble Bush*, Usa 1960, col, 105') Daniel Petrie. Con Richard Burton, Barbara Rush, Jack Carson, Angie Dickinson. ◆ Un medico (Burton) cura un amico gravemente malato e gli promette di sposare la futura vedova: subirà anche un processo per aver affrettato, per compassione, la morte dell'uomo ma poi, assolto, terrà fede alla promessa. Tratto dal testo teatrale di Charles Mergendahl, il film accentua il già facile schematismo alla base della pièce e così il dilemma della liceità dell'eutanasia e del conseguente comportamento della classe medica perde credibilità e interesse, anche per colpa di un Burton quasi mai in parte.

Letto in piazza, Il *½ (Italia 1975, col, 95') Bruno Gaburro. Con Renzo Montagnani, Rossana Podestà, John Ireland, Giuseppe Anatrelli, Franco Bracardi. ◆ Un impenitente dongiovanni del Garda (Montagnani) salva dal suicidio una ragazza americana (Podestà) e se ne innamora. Tutti in paese incoraggiano il matrimonio, con l'intenzione di servirsi di lui per convincere il padre della sposa a finanziare una speculazione, ma il dongiovanni, scoperto l'inganno, si vendica scandendo dall'alto del campanile tutti i nomi delle sue conquiste locali. I vizi segreti della provincia «rispettabile»: da un romanzo di Nantas Salvalaggio, un filmetto più scollacciato che satirico.

Letto matrimoniale ** (*The Four Poster*, Usa 1952, b/n, 103') Irving Reis. Con Rex Harrison, Lilli Palmer. ◆ Un'anziana coppia ripercorre le tappe di una vita trascorsa insieme: l'affermarsi dell'uomo come scrittore, le crisi e gli sbandamenti amorosi, superati grazie alla forza del legame che li ha sempre uniti. Tratto dalla commedia di Jan de Hartog, è fondamentalmente una grande prova d'attore per i due protagonisti che hanno la possibilità di mostrare tutto il proprio repertorio recitativo. Interessanti gli intermezzi a cartoni animati che collegano le varie scene. Premio al festival di Venezia per l'interpretazione di Lilli Palmer, all'epoca moglie di Rex Harrison anche nella vita reale.

Letto racconta..., Il *½ (*Pillow Talk*, Usa 1959, col, 105') Michael Gordon. Con Doris Day, Rock Hudson, Tony Randall, Thelma Ritter, Nick Adams, Julia Meade. ◆ Per colpa del telefono in duplex, un'arredatrice (Day) e un autore di canzoni (Hudson) pur senza conoscersi si trovano reciprocamente insopportabili e prevaricatori. Fino a quando si incontrano e finiscono per cadere uno nelle braccia dell'altra. Quintessenza della comicità alla Doris Day, fatta di battute (oggi francamente insopportabili) sulla frigidità di lei o la poca virilità di lui, che ai tempi sembravano necessarie a confermare l'attrice nel ruolo dell'eterna ragazza della porta accanto. Un occhio attento scoprirà che per combattere il passare degli anni, per i primi piani di Doris Day vengono usati filtri speciali.

Lettrice, La *** (*La Lectrice*, Francia 1988, col, 99') Michel Deville. Con Miou-Miou [Sylvette Hery], Patrick Chesnais, Maria Casarès, Pierre Dux, Simon Eine, Maria de Medeiros. ◆ Ispirandosi a Marie, protagonista del romanzo *La Lectrice*, l'ingenua e sognante Constance (Miou-Miou) decide di proporsi come «lettrice a domicilio»: in questo modo si espone agli equivoci di varia (e perversa) umanità ma profondamente convinta della magia e dell'utilità della sua missione affronta i problemi con disarmante volitività e si trae d'impaccio da tutte le situazioni. Sdoppiando il personaggio al centro del romanzo *La Lectrice* di Raymond Jean (che si chiamava Marie-Costance) e facendoli interpretare entrambi a una azzeccatissima Miou-Miou, Deville gioca con i diversi piani della realtà e dell'immaginazione che mescola con un'abilità ammirevole (e con l'aiuto di altri racconti di Raymond Jean dal volume *Un fantasme de Bella B.*) per offrire un ritratto di un mondo dove fantasia e desiderio (anche elegantemente erotico) si confondono e si rincorrono.

Leviathan * (*Leviathan*, Usa 1989, col, 100') George Pan Cosmatos. Con Peter Weller, Richard Crenna, Amanda Pays, Daniel Stern, Ernie Hudson, Michael Carmine, Lisa Eilbacher. ◆ A 3000 metri di profondità nell'Atlantico, l'equipaggio di un sommergibile viene decimato da un orribile mostro proveniente da un incrociatore russo, ufficialmente mai scomparso. Selva dei luoghi comuni più scontati e del manicheismo più banale.

Lezione d'amore, Una **½ (*En lektion i kärlek*, Svezia 1953, b/n, 96') Ingmar Bergman. Con Eva Dahlbeck, Gunnar Björnstrand, Yvonne Lombard, Harriet Andersson, Åke Grönberg, Olof Winnestrand, Renée Björling. ◆ Un ginecologo farfallone (Björnstrand), abbandonato dall'amante (Lombard), cerca di riconquistare la moglie (Dahlbeck) su un vagone ferroviario diretto a Copenaghen: la donna sta andando a trovare l'amante (Grönberg), uno scultore alcolizzato che un tempo era stato il suo promesso sposo e il miglior amico del marito. Questa volta Bergman affronta uno dei suoi temi prediletti – una gravissima crisi coniugale – con gli strumenti della commedia brillante, orchestrando un film del tutto insolito per le sue corde, che sembra strizzare l'occhio a Hawks (l'intraprendente amante del ginecologo si chiama Susanna), Wilder e Cukor. Dialoghi spumeggianti, schermaglie tra i sessi portate con disinvoltura tutta svedese là dove il codice Hays impediva di arrivare, personaggi femminili di un'intelligenza tremenda: qua e là emergono spunti altrove sviluppati in modo drammatico (la ribellione adolescenziale di Nix [Andersson] che rimanda a *Monica e il desiderio*, il bilancio della vita e le meditazioni sulla morte che verranno affrontati nel *Posto delle fragole*, il confronto padre-figlia che sarà ripreso in *Come in uno specchio*), ma in *Lezione d'amore* Bergman si diverte e fa divertire, consapevole che si tratta di un gioco innescato da un carillon e da un'ironica voce fuori campo che culmina in un cupidino armato di frecce pronte a scoccare.

Lezioni di anatomia *½ (*Milk Money*, Usa 1994, col, 109') Richard Benjamin. Con Melanie Griffith, Ed Harris, Michael Patrick Carter, Malcolm McDowell, Casey Siemaszko, Philip Bosco. ◆ Ansioso di sapere come sono fatte le donne, il dodicenne Frank (Carter) paga la prostituta V (Griffith) perché gli mostri i seni. Sul più bello chiude gli occhi: in compenso la porta a casa, dove il padre vedovo (Harris) non vede l'ora di trovare una sostituta della moglie. Lasciando da parte l'intreccio giallo di contorno (con McDowell che fa il pappone cattivo), resta una commediola pruriginosa e zuccherosa, nella quale i sottintesi edipici vengono risolti nel modo più rassicurante e perbenista. La sceneggiatura è di John Mattson.

Lezioni di piano **** (*The Piano*, Francia/Nuova Zelanda 1993, col, 118') Jane Campion. Con Holly Hunter, Harvey Keitel, Sam Neill, Anna Paquin, Geneviève Lemon, Kerry Walker. ◆ Sul finire del secolo scorso, Ada (Hunter) – con sua figlia Flora (Paquin) e il suo piano – arriva dall'Europa in Nuova Zelanda per sposare un colono (Neill). Muta dall'età di sei anni, la donna sembra attratta solo dalla musica e quando un maori (Keitel) recupera il piano che il marito non vuole, Ada incomincia un rapporto che da musicale si trasforma in erotico. Inevitabile scoppierà la tragedia, ma la donna troverà la forza per «rinascere» a una nuova vita. Ispirato all'atmosfera di *Cime tempestose* e alla vita di un'amica di Charlotte Brönte (anche lei emigrata in Nuova Zelanda), il film è la rivisitazione di un tema romantico come il conflitto tra sensualità, istinto e prescrizioni sociali affrontato per una volta in una logica di amore e vita e non più di amore e morte. Costruito con una serie di scontri/confronti (la donna e l'uomo, il colono e il maori, la donna europea e le donne locali, la musica e la parola, i sentimenti e la natura) in cui si intrecciano l'estasi della musica e il desiderio sessuale, la prepotenza dei sentimenti e la fragilità della morale, l'elemento gotico e sovrannaturale e lo sfondo esotico, il film racconta la faticosa lotta per l'accettazione e la conquista di sé, descritti con quel senso di mistero psichico, di presagio e di anomalia che la Campion mette nei suoi film dai tempi di *Sweetie*. A Cannes, palma d'oro ex aequo con Chen Kaige (*Addio, mia concubina*) e premio per la miglior attrice a Holly Hunter. Tre Oscar: miglior attrice protagonista (Hunter), non protagonista (Paquin) e sceneggiatura originale (Campion). Musiche di Michael Nyman.

Lezioni di tango *½ (*The Tango Lesson*, Gb 1997, b/n e col, 99') Sally Potter. Con Sally Potter, Pablo Verón, Carolina Iotti, Gustavo Naveira, Fabián Salas, Carlos Copello, Olga Besio, Alicia Monti, David Toole. ◆ Sally (Potter), regista cinematografica a cui è stato commissionato un film sulla moda ma che è più interessata a imparare il tango, s'innamora del ballerino (Verón) da cui prende lezioni e con il quale stringe un patto: lui la trasformerà in una danzatrice di tango, lei farà di lui una star del cinema, ma l'accordo riesce a metà. Scandito da dodici «lezioni» ripetitive e interminabili, un film autobiografico (i due protagonisti interpretano loro stessi, e la Potter in passato era stata una ballerina professionale), algido, impacciato e fallimentare sotto tutti i punti di vista: l'intreccio arte-vita è così malamente combinato da cadere nel ridicolo, lo stile è patinato e fasullo quanto certi servizi di moda «d'autore», dove domina il bianco e nero che fa tanto poesia. Gli inserti a colori, tutti onirici, riguardano il progetto cinematografico di Sally: una specie di film lynchiano sul mondo della moda, con modelle e nani assassini.

Lezioni private *½ (Italia 1975, col, 95') Vittorio De Sisti. Con Carroll Baker, Rosalino Cellamare, Femi Benussi, Leopoldo Trieste, Renzo Montagnani, Carlo Giuffré. ◆ L'iniziazione sessuale di un ragazzotto appassionato di musica (Cellamare, in seguito noto come Ron) che sembra indifferente alle gioie della carne. Commediola semimaliziosa, di quelle che la Baker un po' sfiorita girava allora in Italia, in incerto equilibrio tra gli allettamenti bassi e i tentativi di introspezione.

Lianna – Un amore diverso ** (*Lianna*, Usa 1983, col, 112') John Sayles. Con Linda Griffiths, Jane Hallaren, John Devries, Jo Henderson, Jesse Solomon. ◆ Sposata e con prole, Lianna (Griffiths) si innamora della sua insegnante di psicologia (Hallaren). Di colpo si fa il vuoto attorno a lei: ma, dopo tanta sofferenza, c'è spazio per la speranza. Spaccato della classe media americana nello stile dimesso e antispettacolare per cui si è fatto conoscere il regista (che interpreta il macho Jerry). Tipico prodotto indipendente americano, onesto, senza voli e un po' sopravvalutato.

Libera ** (Italia 1993, col, 85') Pappi Corsicato. ◆ Film a episodi. In *Aurora* (con Iaia Forte, Antonio [Ninni] Bruschetta, Enzo Moscato, Tosca d'Aquino, Paola Iovinella) una donna arricchitasi col matrimonio è abbandonata dal marito e quando si rifà vivo il suo primo fidanzato, Pistoletta, è solo per rubarle quello che le è restato; in *Carmela* (con Cristina Donadio, Ciro Piscopo, Vincenzo Peluso, Cinzia Mirabella, Iaia Forte) un giovane sottoproletario si accorge dei propri desideri omosessuali e scopre che quella che considera sua madre è in realtà suo padre, travestito da sempre; in *Libera* (con Iaia Forte, Manrico Gammarotta, Paola Iovinella, Paolo Montevecchi) un'edicolante decide di sfruttare al meglio i tradimenti del marito: li filma e poi li vende ai suoi clienti come videocassette porno. Tre spaccati diversi di una Napoli sorprendente, e tre melodrammi sul filo del grottesco. Il regista, esordiente, è stato assistente di Almodóvar, e si vede. Lo stile è povero ma luccicante, le trovate non mancano, ma solo nel primo episodio c'è vera cattiveria, negli altri due tutto rischia di esaurirsi nell'ammiccamento cinefilo e nello scherzo tra amici. Divertente e dissacrante il parroco interpretato da Enzo Moscato che canta *Angelos negros* durante il battesimo. Bravissima Iaia Forte.

Libera, amore mio * (Italia 1975, col, 110') Mauro Bolognini. Con Claudia Cardinale, Bruno Cirino, Adolfo Celi, Philippe Leroy, Tullio Altamura, Rosalba Neri, Bekim Fehmiu. ◆ Libera (Cardinale) è figlia di un anarchico, se ne va in giro rossovestita in pieno ventennio e finisce al confino. Ma nel dopoguerra gli esponenti del regime si riciclano, e giustizia non viene fatta. Spaccato, spesso banale e approssimativo, di quindici anni di storia italiana, che alterna malamente la denuncia ai toni picareschi e ridanciani. Anarchici e fascisti sono entrambi da operetta. Per Bolognini, un film sbagliato.

Liberi armati pericolosi *½ (Italia 1976, col, 100') Romolo Guerrieri [Romolo Girolami]. Con Stefano Patrizi, Benjamin Lev, Max Delys, Eleonora Giorgi, Tomas Milian, Diego Abatantuono, Venantino Venantini. ◆ Tre rampolli della Milano bene (Patrizi, Lev e Delys) rapinano per noia banche e supermercati, e poi tentano una fuga impossibile nel pavese, portandosi appresso la riluttante ragazza (Giorgi) di uno di loro. Le ambizioni sociologiche affondano in caratterizzazioni disastrose; peccato, perché la seconda parte ha ritmi e spazi originali nel cinema dell'epoca. Sceneggiatura (ispirata a Scerbanenco) di Fernando di Leo e Nico Ducci. Esordio di un irriconoscibile Abatantuono, doppiato, senza baffi e in mutande.

Libertà è il paradiso, La *½ (*Svoboda eto rai*, Urss 1989, col, 75') Sergej Bodrov. Con Volodja Kozyrev, Svetlana Gaitan, Alexander Bureyev, Vitautas Tomkus. ◆ Ad Alma Ata il tredicenne Saša (Kozyrev) fugge dal riformatorio per andare a trovare il padre. Incontra diversi personaggi, pochi dei quali gli manifestano affetto. Quando arriva a destinazione, lo aspetta la polizia per riportarlo indietro. La retorica dell'antiretorica in un tipico prodotto della perestrojka, che indulge nella descrizione della degradazione sociale sovietica, riservando al finale («la libertà non riesce ancora a farsi paradiso») i momenti lirici.

Libertà vigilata **½ (*No Way Home*, Usa/Gb 1996, col, 99') Buddy Giovinazzo. Con Tim Roth, James Russo, Deborah [Kara] Unger, Caroline Kellner, Joseph Ragno. ◆ Dopo sette anni di galera per un delitto che non ha commesso, il mite Joey Larabito (Roth), che sconta le conseguenze di un trauma cranico infantile, torna a casa dal fratello Tommy (Russo), un poco di buono che ha sposato una spogliarellista annoiata (Unger) ed è indebitato fino al collo con spietati criminali. Come in un noir degli anni Quaranta, la tragedia mescola fatalismo e melodramma; ma la violenza e il senso di sfascio sono aggiornati ai tempi. La sceneggiatura (del regista) patisce qualche ovvietà, ma i personaggi sono costruiti con cura, gli attori in parte, e il risultato convincente anche perché senza pretese.

Libro della giungla, Il **½ (*Jungle Book*, Usa 1942, col, 105') Zoltan Korda. Con Sabu [Sabu Dastagir], Patricia O'Rourke, Joseph Calleja, Rosemary De Camp. ◆ Mowgli (Sabu), un cucciolo d'uomo allevato dagli animali della giungla e tornato tra i suoi, prima di uccidere la tigre Shere-Khan che gli aveva ammazzato il padre, conduce una ragazza in una città abbandonata nella foresta dove è nascosto un tesoro. Ma la vita tra gli uomini non piace a Mowgli che deciderà di tornare nella giungla. Fantasia hollywoodiana vecchio stile, con modelli di animali semoventi oggi non troppo credibili, ma con un uso del technicolor (da parte dei due direttori della fotografia Lee Garmes e W. Howard Green) che lascia ancora a bocca aperta. È rimasta celebre la partitura di Miklos Rozsa. L'allora diciottenne attore indiano Sabu era diventato famoso due anni prima con *Il ladro di Bagdad*. Rifatto a cartoni animati nel 1967.

Libro della giungla, Il **½ (*The Jungle Book*, Usa 1967, col, 78') Wolfgang Reitherman [e Walt Disney]. ◆ Salvato dalla pantera Bagheera, il cucciolo d'uomo Mowgli cresce affidato alle cure di una famiglia di lupi diventando amico di tutti gli animali: tornerà tra gli uomini per sfuggire alla feroce tigre Shere-Khan, ma non dopo averla affrontata e sconfitta grazie al fuoco e all'orso Baloo. Liberissima versione a cartoni animati delle *Storie di Mowgli* di Rudyard Kipling e ultimo lungometraggio a essere stato prodotto sotto la supervisione di Walt Disney (che morì un anno prima dell'uscita), il film basa tutto il suo fascino sulle divertenti antropomorfizzazioni degli animali: il subdolo pitone Kaa, gli elefanti comandati dall'imponente colonnello Haki, le scimmie guidate da re Luigi, il divertente orso Baloo (che canta la canzone più famosa del film, *Ti bastan poche briciole*). Naturalmente il divertimento disneyano annulla qualsiasi ricordo dell'inquieto moralismo tipico dei romanzi di Kipling per limitarsi a proporre una irrisolta dualità tra due «maestri di vita»: la responsabile pantera o l'orso spensierato?

Libro di Maria, Il ** (*Le Livre de Marie*, Francia/Svizzera 1985, col, 30') Anne-Marie Miéville. Con Aurore Clément, Bruno Cremer, Rebecca Hampton, Copi. ◆ Marie (Hampton), undici anni, reagisce al divorzio dei genitori dedicandosi alla danza. Nonostante il titolo e il fatto che in Italia fosse arrivato nelle sale insieme a *Je vous salue Marie* di Godard, i vangeli questa volta non c'entrano: è solo un ritratto d'adolescente, non privo di grazia dietro il solito modo di raccontare frammentato. La Miéville è la compagna di Godard.

Liceale, La *½ (Italia 1975, col, 93') Michele Massimo Tarantini. Con Gloria Guida, Giuseppe Pambieri, Gianfranco D'Angelo, Alvaro Vitali, Gisella Sofio, Ilona Staller, Enzo Cannavale, Mario Carotenuto, Renzo Marignano, Rodolfo Bigotti, Franco Diogene. ◆ Procace e spregiudicata, Loredana (Guida) usa il suo corpo per provocare professori e compagni di classe, ma la prima volta che concederà davvero le sue grazie a un uomo (Pambieri) scoprirà che la realtà è diversa dai sogni. Il film che lancia la Guida come una delle reginette della commedia sexy all'italiana: fin dai particolari inquadrati nei titoli di testa lei è particolarmente generosa nel mostrare il proprio corpo nudo, e il regista accentua l'impatto con primi piani insolitamente arditi; ma la sceneggiatura (di Francesco Milizia, Marino Onorati e Tarantini) è davvero inesistente, e anche il ricorso alle macchiette comiche di D'Angelo, Vitali e Cannavale è molto deludente. Comunque, una pietra miliare nell'immaginario cinematografico del cinema di serie B degli anni Settanta. La Staller pre-hard interpreta Milena, la studentessa che arrotonda le entrate accompagnandosi a facoltosi signori.

Liceale nella classe dei ripetenti, La * (Italia/Francia 1978, col, 95') Mariano Laurenti. Con Gloria Guida, Gianfranco D'Angelo, Lino Banfi, Alvaro Vitali, Rodolfo Bigotti, Sylvain Green, Carletto Sposito, Ria De Simone, Ermelinda De Felice, Brigitte [Brigida] Petronio, Jimmy il Fenomeno [Origene Soffrano], Giovanni Pazzafini. ◆ Seguendo i consigli del padre (D'Angelo), il giovane Tonino (Green) si finge paralizzato per accelerare il matrimonio con Angela (Guida): ma quando lei scopre il trucco accetta la corte del compagno di classe Carlo (Bigotti). Farsa decisamente insulsa (sceneggiata da Francesco Milizia, Annie Albert, Franco Mercuri e dal regista) che punta più sull'antagonismo tra gli adulti (D'Angelo e Banfi) che su quello tra i figli, indecisa tra una comicità slapstick - gli scherzi alla professoressa Cianca (De Felice), la partita di tennis alla Fantozzi, le tentazioni nostalgiche di D'Angelo - e una più verbale (e sguaiata). La Guida si mostra anche completamente nuda, ma senza nessun piacere.

Liceale seduce i professori, La * (Italia 1979, col, 102') Mariano Laurenti. Con Gloria Guida, Lino Banfi, Alvaro Vitali, Fabrizio Moroni, Ninetto Davoli, Lorraine De Selle, Donatella Damiani, Carletto Sposito, Dario Silvagni, Nando Paone, Jimmy il Fenomeno [Origene Soffrano]. ◆ Per superare la maturità, Angela (Guida) si iscrive nella scuola dello zio preside (Banfi): verrà bocciata ma conquisterà il professore di storia e filosofia (Moroni). Più farsa che commedia sexy: la «trasgressione» sta solamente nel fatto che la Guida dichiara di aspettare un figlio dal professore, mentre sul piano del nudo viene mostrato - e a fatica -

giusto un seno. Banfi dà il peggio della sua parlata pugliese, preoccupato solo di tartassare il bidello (Vitali) che si prende la rivincita quando dirige la banda in cui il preside tenta di suonare la tuba. Pietoso Ninetto che si traveste da donna. La Guida ritorna all'origine della sua carriera esibendosi come cantante. Qualche scena di nudo per merito di Lorraine De Selle e della morbida Donatella Damiani.

Li chiamarono... briganti! *½ (Italia 1999, col, 100') Pasquale Squitieri. Con Enrico Lo Verso, Roberta Armani, Claudia Cardinale, Lina Sastri, Carlo Croccolo, Remo Girone, Giorgio Albertazzi. ◆ Mentre Garibaldi è in esilio a Caprera, l'ex caporale Carmine Crocco (Lo Verso) viene assoldato da un emissario della Chiesa (Girone) e dai Borbone per organizzare nel Potentino la rivolta popolare contro l'esercito piemontese; al suo fianco, una pasionaria (Armani) più determinata di lui. Squitieri punta all'affresco storico con ambizioni western o viceversa, ma - tra primissimi piani, scene madri al rallentatore e dialoghi scolastici - da qualsiasi parte lo si guardi questo film populista dedicato a Sergio Leone si risolve in una confusa collezione di camei illustri intervallata da fucilazioni, festeggiamenti bucolici e assoli ispirati (di Lina Sastri). Il doppiaggio, che coinvolge quasi tutto il cast, in certi casi - come Lo Verso con l'accento campano - produce effetti ridicoli e fortemente fastidiosi.

Li chiamavano i tre moschettieri e invece erano quattro * (Italia 1973, col, 95') Silvio Amadio. Con Tony Kendal, Ettore Manni, Stan Cooper, Gino Santercole, Seyna Seyn, Silvio Spaccesi, Sandra Dall, Luciana Turina. ◆ Le urine della grassa regina di Francia (Turina), dal cui esame dipendono la sua sterilità e quindi il regno, devono essere raccolte in un pitale d'oro che il suo amante per errore ha indossato come cappello prima di partire per l'Inghilterra. Ai famosi moschettieri il compito di recuperarlo. Arrangiamento triviale e senza senso (nemmeno parodistico) del famoso romanzo di Dumas, con più mosse di karate che affondi di spada.

Liebestraum ** (*Liebestraum*, Usa 1991, col, 113') Mike Figgis. Con Kevin Anderson, Pamela Gidley, Bill Pullman, Kim Novak, Graham Beckel. ◆ Nick Kaminsky (Anderson), studioso di architettura al capezzale della madre morente (Novak), scopre il viluppo oscuro che avvolge la sua origine: e intuisce che la chiave è nascosta in una fabbrica ora in demolizione, dove molti anni prima venne uccisa una coppia di adulteri. Una variazione sui temi della memoria e del fato che si ripete (anche Nick consuma un adulterio nella stessa fabbrica), narrata con uno stile che vorrebbe essere onirico e inquietante. Le attrici che compaiono nella scena del bordello sono le stesse che interpretano le suore nell'ospedale: che sia tutto il sogno di qualcuno? Ma è il genere di dubbi, insinuati pesantemente, che suggestionano soprattutto gli animi semplici. Resta la confezione lussuosa e la elaborata fotografia di Juan Ruiz-Anchia. Figgis è autore anche della sceneggiatura e della colonna sonora, dai tratti spesso lynchiani.

Life Size – Grandezza naturale ** (*Grandeur nature*, Francia/Spagna/Italia 1974, col, 100') Luis Garcia Berlanga. Con Michel Piccoli, Rada Rassimov, Lucienne Ramon, Valentine Tessier, Michel Aumont, Claudia Bianchi. ◆ Un affermato dentista parigino (Piccoli) compra una bambola gonfiabile e se ne innamora: per lei divorzia dalla moglie e arriverà a suicidarsi quando scopre che è stata «usata» da un gruppo di immigrati. Sceneggiato dal regista con Rafael Azcona e dialogato da Jean-Claude Carrière, il film analizza, estremizzandolo in modo patologico e vagamente surreale, il problema della parità dei sessi, del ruolo femminile, del rapporto uomo/donna nella nostra società. La satira non sempre convince ma la prova di Michel Piccoli è ammirevole. I dialoghi italiani sono di Alberto Moravia.

Life Without Soul → *voce «Frankenstein»*

Ligabue ** (Italia 1978, col, 120') Salvatore Nocita. Con Flavio Bucci, Giuseppe Pambieri, Renzo Palmer, Andréa Ferréol, Alessandro Haber, Giuseppina Galimberti, Luciano Melani. ◆ La vita del pittore naïf Antonio Ligabue (Bucci), reietto e mendicante in vita (i suoi quadri furono spesso ceduti dall'autore per un po' di cibo), quanto celebrato dopo la morte, specie per i suoi dipinti di animali feroci o esotici illustrati con vigorosa violenza cromatica. Ispirato al racconto in versi, poetico ed esaltante, di Cesare Zavattini (che firma la sceneggiatura con Arnaldo Bagnasco), è la versione cinematografica di uno sceneggiato televisivo (che durava 180'): scolastico e molto lontano dalla potenza del testo di Zavattini, il film cerca di spiegare l'interiorità dell'artista attraverso i «paesaggi naturali e umani della bassa padana» e si regge soprattutto sulla possente ed emozionante interpretazione di Bucci.

Lightship – La nave faro ** (*The Lightship*, Usa 1985, col, 89') Jerzy Skolimowski. Con Robert Duvall, Klaus Maria Brandauer, Tom Bower, Robert Costanzo, Michael Lyndon. ◆ Su una nave-faro, ancorata al largo della Virginia e caduta in mano a una gang che vuole nascondersi dopo una rapina, si affrontano un capitano con un presunto passato di vigliaccheria da riscattare (Brandauer) e un gangster azzimato e omosessuale (Duvall). Dal romanzo di Siegfried Lenz sceneggiato da William Mai e David Taylor, un melodramma dove la suspense è smorzata dai motivi epici con cui Skolimowski riprende il tema a lui caro del rapporto padri-figli (a bordo della nave c'è anche il figlio del capitano, interpretato dal vero figlio del regista, Michael Lyndon). Premio speciale della giuria a Venezia.

Lili **½ (*Lili*, Usa 1953, col, 81') Charles Walters. Con Leslie Caron, Mel Ferrer, Zsa Zsa Gabor, Jean-Pierre Aumont, Amanda Blake, Kurt Kasznar. ◆ Lili (Caron), un'orfana che ama invano un prestigiatore (Aumont) e che ha perso il suo impiego in un circo, viene salvata dal suicidio dai pupazzi di un ventriloquo (Ferrer) scontroso e zoppo. Ragazza e pupazzi danno vita a un numero fortunato: ma il lieto fine non è dietro l'angolo. Musical leggiadro e un po' manierato, che ha il suo punto di forza nelle coreografie surreali. Probabilmente l'opera migliore di un regista esperto nel genere, anche se mai geniale. La Caron era reduce dal suo fortunato esordio in *Un* *americano a Parigi*. Oscar alla colonna sonora di Bronislau Kaper. Premio a Cannes come miglior film comico.

Lili Marleen ** (*Lili Marleen*, Rft/Italia 1981, col, 115') Rainer Werner Fassbinder. Con Hanna Schygulla, Giancarlo Giannini, Mel Ferrer, Karl-Heinz von Hassel, Hark Bohm, Christine Kaufmann, Udo Kier. ◆ La storia di Wilkie Bunterberg (Schygulla), interprete del celebre brano *Lili Marleen*, trasmesso tutte le sere dal Soldatensender di Belgrado durante la guerra, che fu alternamente osannata e avversata dalle autorità naziste per la sua relazione con un musicista ebreo svizzero (Giannini). Libero adattamento della vita di Lale Andersen (dalla cui autobiografia sono partiti gli sceneggiatori Manfred Purzer, Fassbinder e Joshua Sinclair): a Fassbinder (che interpreta Weisenborn, il capo della Resistenza) riesce bene la rappresentazione degli illusori splendori della Germania hitleriana: ma la componente melodrammatica viene inserita in modo più forzato che in altre sue opere. Il più costoso dei suoi film ma non, come sostengono alcuni, il peggiore. Un'apoteosi della Schygulla che lascia poco spazio per gli altri attori.

Lili Marlene *½ (*Lili Marlene*, Gb 1952, b/n, 75') Arthur Crabtree. Con Lisa Daniely, Hugh McDermolt, Richard Murdoch, Leslie Dwyer. ◆ La vita di Wilkie Bunterberg (Daniely), portata a Berlino dalla Libia e obbligata dai nazisti a cantare ogni giorno alla radio per risollevare gli animi dei soldati. Considerata una traditrice dagli alleati, era in realtà un'agente degli inglesi. Cocktail un po' ingenuo di romanticismo e spionaggio. Con un seguito: *Il matrimonio di Lili Marlene*.

Liliom **½ (*Liliom*, Usa 1930, b/n, 89') Frank Borzage. Con Charles Farrell, Rose Hobart, Estelle Taylor, H.B. Warner, Lee Tracy, Gino Conti. ◆ A Budapest un imbonitore di luna park insolente e smidollato, Liliom (Farrell), si uccide dopo aver fallito una rapina con cui sperava di risolvere i propri problemi economici (la moglie è incinta). In cielo, dopo aver scontato dieci anni di Purgatorio, gli verrà offerta l'occasione di tornare sulla Terra per conoscere finalmente la figlia. Tratto dalla commedia omonima di Franz Molnar e da una sceneggiatura di S.N. Behrman e Sonya Levien (che subì qualche modifica in ossequio al Codice Hays), è un melodramma claustrofobico che riesce a fondere, agli inizi del parlato, le ricerche formali del periodo muto con le innovazioni del sonoro: «l'audacissima stilizzazione delle scenografie (dovute a Harry Oliver) e la loro utilizzazione in chiave espressionistica creano un'atmosfera irreale e fantastica» anche nella prima parte del film, perfetta preparazione alle successive scene in cielo. Lo stesso soggetto fu ripreso nel '34 da Fritz Lang (*La leggenda di Liliom*) e nel '56 da Henry King in versione musical (*Carousel*).

Lilith, la dea dell'amore ***½ (*Lilith*, Usa 1964, b/n, 96') Robert Rossen. Con Warren Beatty, Jean Seberg, Peter Fonda, Kim Hunter, Gene Hackman, René Auberjonois. ◆ L'infermiere (Beatty) di una clinica per alienati si innamora di una paziente ninfomane (Seberg), e diventa follemente geloso di un altro internato (Fonda). Rossen, al suo ultimo e miglior film, esplora i labili confini tra passione e follia, evitando sia il moralismo che gli effetti patetici. Un melodramma lucido e disperato (tratto da un romanzo di J.R. Salamanca sceneggiato dal regista), che non assomiglia a nessun altro, ai tempi violentemente rifiutato in patria e accolto con entusiasmo in Francia. Fondamentale l'apporto della fotografia di Eugene Schuftan, che aveva firmato film come *Metropolis* e *Porto delle nebbie*. Il personaggio della folle innocente e funesta è ideale per la Seberg, che stenterà, in seguito, a trovare parti altrettanto belle.

Lilli e il vagabondo *** (*Lady and the Tramp*, Usa 1955, col, 75') Clyde Geronimi, Hamilton Luske, Wilfred Jackson [e Walt Disney]. ◆ La gelosia per la nascita di un bambino spinge la cockerina Lilly a lasciare la casa dove aveva dominato fino ad allora incontrastata. Finirà preda dell'accalappiacani, ma il vagabondo Biagio saprà liberarla, farla innamorare e aiutarla a salvare il neonato dall'aggressione di un topone, riconquistando così, per entrambi, l'affetto dei suoi vecchi padroni. Romantica storia a cartoni animati ambientata nell'Inghilterra edoardiana, tratta da un racconto di Ward Greene, dove la favola dell'innamoramento tra i due protagonisti (favorita da uno spaghetto galeotto) si stempera perfettamente nella descrizione più corale di un divertente universo animalesco. Ma è l'uso piuttosto insolito per i tempi (e rivoluzionario per un cartoon) del formato CinemaScope a dare al film un preciso segno stilistico, esaltando «l'orizzontalismo e la separazione del mondo canino, tanto più che gli umani vengono inquadrati solo dalle ginocchia in giù (con l'eccezione del cuoco e del cameriere italiano)». Piuttosto belle le canzoni di Sonny Burke e Peggy Lee. Restaurato e rieditato nel 1997 con nuove voci: per l'Italia Lilli è doppiata da Margherita Buy, Biagio da Claudio Amendola, Whisky da Marco Columbro, Gilda e i due gatti siamesi da Nancy Brilli.

Limbo *** (*Limbo*, Usa 1999, col, 126') John Sayles. Con Mary Elizabeth Mastrantonio, David Strathairn, Vanessa Martinez, Kris Kristofferson, Casey Siemaszko, Leo Burmester, Rita Taggart, Kathryn Grody. ◆ Juneau, Alaska: la cantante Donna De Angelo (Mastrantonio), con figlia inquieta (Martinez) al seguito, pensa di aver trovato l'uomo giusto in un taciturno pescatore (Strathairn) tormentato dai sensi di colpa: ma una gita in barca si trasforma in una tragedia e, isolati in mezzo alla natura (e sospesi nel «limbo» del titolo), i tre si trovano di fronte a paure interiori e minacce concrete. Sayles parte con un affresco a più voci che sembra la summa del suo cinema, mescolando satira sociale (con gli speculatori che vogliono trasformare l'Alaska in un parco a tema) ed elegia dei perdenti: poi però prende una piega inaspettata e, mentre scava nei personaggi, attraverso l'espediente di un diario ritrovato (che contiene una sorpresa) riflette anche - con grande leggerezza - sull'arte di raccontare. E, da questo punto di vista, non poteva trovare finale migliore. Variamente accolto dalla critica e poco amato a Cannes, dimostra la maturità di un regista (anche sceneggiatore e montatore) che conosce i generi ma se ne tiene lontano (senza snobi-

smo, come ha invece detto qualcuno), portando lo spettatore verso orizzonti inaspettati e - cosa che non guasta - densi di emozioni autentiche. Fotografia del veterano maestro Haskell Wexler.
Limite della passione, Il *½ (*The Man in the Attic*, Usa 1994, col, 93') Graeme Campbell. Con Anne Archer, Len Cariou, Neil Patrick Harris, Alex Carter. ◆ Per oltre un decennio una signora benestante (Archer) si tiene in soffitta, all'insaputa del marito, il giovane amante (Cariou), amico del figlio morto e ovvio sostituto edipico. Quando il marito scopre la tresca, è tragedia. Da una storia vera: quando la realtà imita uno sceneggiatore mediocre. Tv-movie senza fremiti. Una controfigura presta le tette alla Archer.
Limite estremo **½ (*Boiling Point*, Usa 1993, col, 92') James B. Harris. Con Wesley Snipes, Dennis Hopper, Lolita Davidovich, Viggo Mortensen, Dan Hedaya, Valerie Perrine, Seymour Cassel, Tony Lo Bianco. ◆ L'agente Jimmy Mercer (Snipes) ha una settimana di tempo per trovare l'assassino di un suo collega, prima che gli venga tolto il caso. Red Diamond (Hopper), l'uomo che cerca, ha una settimana di tempo per trovare i 50 mila dollari che deve a un boss. E come in *Heat* di Michael Mann, entrambi hanno vari problemi con mogli e amanti. Tratto da un romanzo di Gerald Petievich, adattato dal regista, un piccolo e riuscito noir, più attento alla costruzione dei personaggi che alle sequenze d'azione. Malinconia e disillusione sono le uniche chiavi per affrontare un mondo in cui si è perso anche il significato della violenza: Hopper è perfetto nella parte di un criminale sognatore e patetico, e Mortensen inquietante in quella di un killer che uccide senza rabbia, come per gioco.
Linciaggio **½ (*The Lawless*, Usa 1949, b/n, 83') Joseph Losey. Con Gail Russell, Macdonald Carey, Lalo Rios, Lee Patrick, John Sands. ◆ Il bracciante messicano Paul Rodriguez (Rios), accusato ingiustamente di risse e violenze, rischia di essere linciato dalla folla. Ne prende le difese il giornalista Larry Wilder (Carey) che, a sua volta, rischierà di essere preda della folla inferocita. Il secondo film di Losey, tratto dal romanzo *The Voice of Stephen Wilder* di Geoffrey Homes (pseudonimo di Daniel Mainwaring e autore anche della sceneggiatura), fotografa uno spicchio di società americana ancora piena di pregiudizi e arretratezza. Nonostante le ingerenze dei produttori (che volevano un film zeppo di violenti colpi di scena), Losey seppe creare «un'atmosfera di angoscia soggettiva, di tensione, di paura» che evitano al film di scivolare nello schematismo manicheo e introducono allusioni a oscure e inquietanti «allucinazioni sociali».
Linea diretta * (*Straight Talk*, Usa 1991, col, 100') Bernet Kelmann. Con Dolly Parton, James Woods, Griffin Dunne, Michael Madsen, John Sayles, Spalding Gray. ◆ Per un malinteso Shirlee (Parton), un'insegnante di ballo di provincia, diventa una psicologa radiofonica di successo: ma entra in crisi quando si chiede se non stia approfittando della buona fede dei suoi ascoltatori. Esile commediola che si trascina verso il più scontato dei finali. Woods innamorato della Parton è ben poco credibile.
Linea di sangue *½ (*Sidney Sheldon's Bloodline*, Usa 1979, col, 116') Terence Young. Con Audrey Hepburn, Ben Gazzara, James Mason, Michelle Phillips, Omar Sharif, Romy Schneider, Irene Papas, Claudia Mori, Maurice Ronet. ◆ Chi ha ucciso il padre di un'ereditiera (Hepburn)? Tanti i possibili colpevoli: un deputato britannico (Mason) nei guai per debiti di gioco; una coppia poco cristallina (Schneider e Ronet); un dirigente d'azienda arrivista (Gazzara) – e non è finita. Da un bestseller a base di sesso e sangue, un thriller farraginoso, soporifero e un po' meno audace, in confezione anonima e internazionale. Molti nomi famosi che sembrano pensare solo al loro cachet.
Linea di sangue *½ (*Switchback*, Usa 1997, col, 118') Jeb Stuart. Con Dennis Quaid, Danny Glover, Jared Leto, R. Lee Ermey, Ted Levine. ◆ Un agente federale sospeso (Quaid) è alla caccia di un serial killer che gli ha rapito il figlio. Dopo 70' di estenuanti rimpalli (che non risparmiano neanche l'eroe) ne scopriamo l'identità: ma nemmeno allora il film sa uscire dalle secche di un thriller di provincia divagante, squilibrato, involontariamente spiazzante e troppo lungo.
Linea d'ombra, La ** (*Smuga cienia*, Polonia/Gb 1976, col, 110') Andrzej Wajda. Con Marek Kondrat, Graham Lines, Tom Wilkinson, Bernard Archard, Piotr Cieslak. ◆ Appena promosso capitano, al giovane ufficiale Joseph Conrad (Kondrat) viene affidata la responsabilità di una nave: in mare, di fronte a una bonaccia che assomiglia a una maledizione e al comportamento del suo equipaggio, saprà farsi carico delle proprie responsabilità e conquistare il rispetto di tutti. Tratto dal romanzo omonimo di Joseph Conrad (aurea parabola sulla formazione alla vita e la conquista della maturità), il film di Wajda non riesce a trasformare la profondità della parola in immagini altrettanto significative: l'illustrazione del testo è corretta e dignitosa, ma niente più.
Linea interrotta ** (*End of the Line*, Usa 1988, col, 103') Jay Russell. Con Wilford Brimley, Levon Helm, Mary Steenburgen, Kevin Bacon, Holly Hunter, Barbara Barrie. ◆ Haney (Brimley) e Leo (Helm), due anziani ferrovieri disoccupati in seguito alla chiusura della ferrovia, rubano una locomotiva e si dirigono a Chicago per incontrare il presidente della compagnia. Uno dei pochi film americani sulla working class, che ripercorre il mito dell'ovest al contrario e risolve i conflitti di classe trasformandoli in conflitti generazionali (il genero del vecchio padrone vuole riconvertire la compagnia ferroviaria in compagnia aerea). Un *on the road* senile ma non patetico (scritto da John Wohlbruck), che sfuma in una favola alla Capra dove la nostalgia per la vecchia America non rinuncia a qualche frecciatina ironica (lo sforzo dei due operai per ricordarsi il giuramento di fedeltà alla nazione). Perfetto il cast, con la Hunter e Bacon nel ruolo di una giovane coppia separata ma decisa a risposarsi. La Steenburgen, che interpreta il ruolo della moglie di Leo, è anche produttore esecutivo.
Linea mortale ** (*Flatliners*, Usa 1990, col, 114') Joel Schumacher. Con Kiefer Sutherland, Julia Ro-

berts, Kevin Bacon, William Baldwin, Oliver Platt. ◆ Tre studenti di medicina si sottopongono a un esperimento azzardato: morire e varcare per alcuni minuti la soglia dell'aldilà per poi tornare indietro. Dal viaggio ognuno torna perseguitato dai fantasmi del proprio passato, in particolare Nelson (Sutherland), che rischia di lasciarci la pelle. Lo scettico della compagnia (Bacon), a ogni buon conto, evita di sottoporsi alla prova. Il mistero della morte sembra refrattario al trattamento per immagini: non tutte le promesse vengono mantenute e la banalità è sempre dietro l'angolo. La confezione, comunque, è molto accurata, e almeno visivamente, il film non è privo di fascino.

Linea rossa 7000 *** (*Red Line 7000*, Usa 1965, col, 110') Howard Hawks. Con James Caan, Laura Devon, Gail Hire, Charlene Holt, John Robert Crawford, Marianna Hill, James Ward. ◆ Vita pubblica e privata di un gruppo di piloti automobilistici che vivono in un motel di Daytona. Coppie in crisi, gelosie, la paura che durante la prossima gara sia il proprio uomo a morire. Niente eroi e niente eventi definitivi: la vita si ripete sempre nella sua incertezza e precarietà. Hawks considerava come un fallimento questo suo film (il terzultimo), amaro, antispettacolare e quasi senza trama sceneggiato da George Kirgo. Il pubblico e molti critici rimasero sconcertati. A distanza di anni, col suo tono asciutto e antiretorico, appare invece in anticipo sui tempi.

Link *½ (*Link*, Gb 1986, col, 96') Richard Franklin. Con Terence Stamp, Elisabeth Shue, Steven Pinner, Richard Garnett. ◆ Anello mancante (*link*) della catena darwiniana, un intelligente (o diabolico?) scimpanzé si ribella all'antropologo (Stamp) che l'ha usato per i suoi studi, e ne concupisce l'allieva. Mediocre horror che sacrifica a una suspense banale premesse ambiziose. I rapporti tra uomo e scimmia sono scandagliati con ben altra serietà nel posteriore *Monkey Shines* di Romero.

Liolà * (Italia 1963, b/n, 100') Alessandro Blasetti. Con Ugo Tognazzi, Giovanna Ralli, Pierre Brasseur, Anouk Aimée, Elisa Cegani, Dolores Palumbo, Milena Vukotic. ◆ Gli sceneggiatori Amidei e Bartolini fanno diventare il pirandelliano Liolà (Tognazzi), seduttore di paese e padre di cinque figli tutti di madre diversa, un venditore ambulante di elettrodomestici. La storia della truffa di Liolà ai danni dello sterile e borioso don Simone (Brasseur) diventa pretesto per una serie di barzellette su corna e lupare in una Sicilia falsa e macchiettistica, che già allora era stucchevole. La commedia di Pirandello si meritava un trattamento migliore. Attori sprecati o fuori parte.

Lionheart – Scommessa vincente ** (*Lionheart*, Usa 1990, col, 95') Sheldon Lettich. Con Jean-Claude Van Damme, Deborah Rennard, Harrison Page, Lisa Pelikan. ◆ Un legionario (Van Damme) diserta per andare in America, dove il fratello è finito nei guai, ed entra nel giro dei combattimenti clandestini. Muscoli, violenza (contenuta) e buoni sentimenti: la formula Van Damme si definisce e comincia ad avere successo anche in Italia. Dirige lo sceneggiatore di *Rambo III*, mentre «Muscles from Bruxelles» collabora addirittura alla sceneggiatura. Più che un clone di Schwarzy o di Stallone, è il cinema popolare di una volta, quello che andava direttamente nelle sale di quartiere: e in fondo mantiene onestamente quello che promette.

Liquid Sky **½ (*Liquid Sky*, Usa 1982, col, 118') Slava Tsukerman. Con Anne Carlisle, Paula Sheppard, Susan Doukas, Otto von Wernherr. ◆ Una punk frigida (Carlisle) ma desiderata da maschi e femmine diventa complice inconsapevole di alcuni minuscoli alieni, che si nutrono della molecola sintetizzata dal cervello durante l'orgasmo. Bizzarro reperto della new wave newyorkese, non privo di trovate brillanti e di un suo perverso sense of humour. La Carlisle, oltre alla protagonista, interpreta anche un modello gay (memorabile la scena in cui i due personaggi hanno un rapporto orale) e collabora alla sceneggiatura. Tsukerman, che aveva studiato in Russia con Kulešov, non ha girato nient'altro.

Liquirizia **½ (Italia 1979, col, 97') Salvatore Samperi. Con Christian De Sica, Stefano Ruzzante, Massimo Anzelotti, Jenny Tamburi, Barbara Bouchet, Tino Schirinzi, Ricky Gianco, Eros Pagni, Enzo Cannavale, Teo Teocoli, Gigi Ballista, Gianfranco Manfredi, Annalisa De Simone, Benedetta Fazzini, Giancarlo Magalli. ◆ Padova, 1959: in occasione della maturità, gli studenti di due scuole si fronteggiano sul palcoscenico per una recita: i liceali con una pièce di ridicole ambizioni esistenzialiste, i ragionieri con un complesso rock che scatena il pubblico facendo precipitare tutto nel caos; tanto, nella vita vera, si tornerà alla normalità. Uno dei migliori film di Samperi (sceneggiatore con Giorgio Basile e Gianfranco Manfredi, quest'ultimo anche coautore delle musiche con Ricky Gianco), è un'immersione acre e tutt'altro che nostalgica nella vita di provincia, e un inno alla goliardia nichilista che vorrebbe preludere alle future contestazioni. Travolgente e liberatorio nella volgarità (Pagni, addirittura, bestemmia in veneto), acuto nel cinismo applicato all'analisi sociale, resta uno dei film italiani più anarchici, cattivi e dissacranti di quegli anni. Indimenticabile l'insegnante frustrato (Schirinzi) che, credendo di aver vinto al totocalcio, perde il controllo e insulta i suoi studenti. La scrittrice Susanna Tamaro fu assistente alla regia. Magalli, che fa l'imitatore, ha ancora i capelli.

Lisa dagli occhi blu *½ (Italia 1969, col, 92') Bruno Corbucci. Con Mario Tessuto, Silvia Dionisio, Vittorio Congia, Piero Mazzarella, Pietro De Vico, Edith Peters, Lino Banfi, Elio Crovetto, Gordon Mitchell, Carlo Dapporto, Marisa Merlini, Mario Carotenuto, Erminio Macario, Ric [Riccardo Miniggio], Gian [Gianfabio Bosco], Bice Valori, Peppino De Filippo, Gianni Agus, Gino Bramieri, Nino Taranto, Franco Franchi, Ciccio Ingrassia. ◆ Del giovane supplente (Tessuto), che arrotonda lo stipendio cantando nelle balere, si innamora la figlia (Dionisio) di un ricco industriale: neppure i soldi potranno dividere l'amore. Un cast insolitamente ricco di volti comici (De Filippo interpreta addirittura due personaggi, i maggiordomi Peppino e Amleto) e qualche singolare colpo d'ingegno (durante uno sciopero il capo operaio affronta il sindacalista in un «duello» ritmato dalle note del *Deguello*) per drammatizzare la popolare canzone di Mario Tessuto, quintessenza del kitsch all'italiana.

Lisbon *½ (*Lisbon*, Usa 1956, col, 90') Ray Milland. Con Ray Milland, Maureen O'Hara, Claude Rains, Yvonne Furneaux, Francis Lederer. ◆ Un contrabbandiere americano (Milland) aiuta una donna (O'-Hara) il cui ricco marito è stato rapito. Ma un trafficante greco suggerisce alla donna di approfittarne per far fuori il consorte. Il secondo film di Milland regista è scialbo e convenzionale, e non conferma le ambizioni di *Gli ostaggi*.

Lisbon Story *** (*Lisbon Story*, Germania/Portogallo 1995, col, 100') Wim Wenders. Con Rüdiger Vogler, Patrick Bauchau, Ricardo Colares, Joel Ferreira, Sofia Benard da Costa, i Madredeus [Teresa Salgueiro, Pedro Ayres Magalhães, Rodrigo Leão, Gabriel Gomes, Francisco Ribeiro, José Peixoto]. ◆ Il regista Friedrich Monroe (Bauchau), trasferitosi a Lisbona per girare un film, scompare nel nulla e il suo amico fonico Philip Winter (Vogler), che è venuto a cercarlo, intanto esplora la città sulle orme di Pessoa, cattura suoni, e si innamora di Teresa Salgueiro, la cantante del gruppo Madredeus. Quando finalmente si incontreranno, il pragmatismo di Winter aiuterà Monroe a uscire dalla «schiavitù» delle nuove tecnologie, insegnandogli ad accettare la casualità delle cose, a riscoprire la poetica del *flâneur* e a ritrovare un atteggiamento di serena curiosità verso il reale. Dopo tanti film involuti e predicatori, Wenders riesce finalmente a trovare un equilibrio tra riflessione teorica e gioco con l'immagine: realizzando un film svagato e lieve, cerca di dimostrare come le immagini non abbiano ancora divorato il mondo, ma possono anzi coglierne la bellezza. Cinema fatto con niente, naïf e intellettualistico al tempo stesso, ma senza spocchia e con uno humour inedito per il regista. Partecipazione straordinaria per Manoel de Oliveira che appare con due baffetti alla Chaplin dopo avere disquisito di Dio, e salta come un ragazzino malgrado gli ottanta e passa anni. Esemplare il collage visivo-radiofonico del viaggio iniziale da Berlino a Lisbona. Delittuosa l'edizione italiana, che semplifica il gioco dei linguaggi (tedesco, inglese, portoghese).

Lista di Schindler, La → *Schindler's List*

Lisztomania ** (*Lisztomania*, Gb 1975, col, 93') Ken Russell. Con Roger Daltrey, Paul Nichols, Sara Kastelman, Fiona Lewis, Ringo Starr, Oliver Reed, Veronica Quilligan. ◆ La carriera di Liszt (Daltrey), da seduttore che manda in fregola le adolescenti nei concerti, ad abate che esorcizza Richard Wagner (Nichols). Tra le biografie dedicate da Ken Russell a celebri musicisti, è la più strampalata e, almeno nelle intenzioni, la più delirante: una sarabanda a suon di rock (Rick Wakerman – che interpreta la parte di Sigfried – arrangia temi lisztiani) in confronto alla quale anche *Tommy* sembra un gioco da bambini. Tra falli giganti e fanciulle ignude in Paradiso, Russell si diverte a mescolare sacro e profano, riuscendo a volte a strappare il sorriso. Rappresentare Wagner come un incrocio tra Dracula e Hitler, comunque, è una caduta di gusto. Daltrey è il leader degli Who, già protagonista di *Tommy*; Ringo Starr, con geniale scelta di casting, è il papa.

Li troverò ad ogni costo **½ (*Hide in Plain Sight*, Usa 1980, col, 98') James Caan. Con James Caan, Jill Eikenberry, Robert Viharo, Joe Grifasi, Barbra Rae. ◆ L'odissea di un operaio (Caan) per rivedere i suoi due figli che la sentenza di divorzio ha affidato all'ex moglie, ora compagna di un super testimone della mafia costretto a cambiare identità. Caan debutta nella regia ispirandosi a un fatto di cronaca (avvenuto a Buffalo nel 1967) e racconta con bella tensione e buon mestiere la lotta di un uomo contro tutti, in una società egoista e individualista.

Little City *½ (*Little City*, Usa 1997, col, 87') Roberto Benabib. Con Josh Charles, Penelope Ann Miller, Jon Bon Jovi, Annabella Sciorra, Joanna Going, JoBeth Williams. ◆ Una *ronde* di sesso e sentimenti a San Francisco, «piccola città» per gli standard yankee: il tassista-pittore Adam (Charles) è indeciso tra la barista inibita Rebecca (Miller), la bisex nevrotica Kate (Going) e la promiscua Nina (Sciorra), che forse aspetta un figlio dal suo migliore amico Kevin (Bon Jovi). Il regista-sceneggiatore non arriva al ritratto generazionale stile *Singles* o *Giovani, carini e disoccupati*: i personaggi straparlano e di rado ispirano simpatia o riconoscimento. Il cinema indipendente che aspira a diventare *mainstream*.

Little Odessa *** (*Little Odessa*, Usa 1994, col, 98') James Gray. Con Tim Roth, Vanessa Redgrave, Edward Furlong, Maximilian Schell, Moira Kelly. ◆ Killer professionista, Joshua Shapira (Roth) torna in incognito nella comunità russa di New York da cui è fuggito, per compiere un omicidio su commissione, e attraverso il fratello (Furlong) cercherà di riallacciare i rapporti con la famiglia. Si scontrerà con l'ostilità del padre (Schell), che non vorrebbe nemmeno fargli rivedere la madre (Redgrave) che sta morendo di cancro, ma soprattutto deve guardarsi dalla mafia locale che per fargli del male colpisce le persone che ama di più. Opera prima di un ventiquattrenne di belle speranze, che dirige una tragedia familiare come se fosse un novello Scorsese anni Novanta: l'atmosfera è quella di *Mean Streets*, ma la glacialità solenne e senza scampo appartiene tutta allo sguardo di una nuova generazione sulla realtà prodotta dallo sfacelo dell'ex Urss. Little Odessa come Little Italy, con la mafia che incombe e l'ombra dei padri che si proietta in modo sinistro sui figli: in apparenza quella di Gray è la storia di un parricidio mancato, in realtà racconta di un «figlicidio» compiuto, con Joshua condannato a errare come uno zombie mortifero. Leone d'argento e Coppa Volpi per la Redgrave come miglior attrice a Venezia, ma Tim Roth avrebbe sicuramente meritato altrettanto. Rieditato col titolo *Il quarto comandamento*.

Live *½ (Italia 1984, col, 95') Bruno Bigoni, Kiko Stella. Con Flavio Bonacci, Sabina Vannucchi, Fiamma Crippa, Giulia Giovannetti, Doris von Thury, Giuseppe Cederna, Elio De Capitani. ◆ Romanziere su nastro, Luca (Bonacci) si ritrova tra le mani una preziosa statuetta rubata: ma la figlia la rompe, mentre vari criminali la rivogliono. New wave alla milanese, con musiche dei Tuxedomoon e dei Kinks – in un ecumenismo generazionale – a scandire un noir semiparodico che si trasforma in un *road movie* sgangherato. All'epoca c'era chi nutriva speranze per questo finto cinema che tentava goffamente di unire leggerezza e modernità. Claudio Bisio è l'inseguito.

Lloyds di Londra, I **½ (*Lloyd's of London*, Usa 1936, b/n, 115') Henry King. Con Tyrone Power, Madeleine Carroll, Freddie Bartholomew, sir Guy Standing, George Sanders, C. Aubrey Smith, Virginia Field, Forrest Harvey, Gavin Muir, Una O'Connor, E. E. Clive. ◆ La crescita della compagnia assicurativa inglese fra Sette e Ottocento è merito dell'intraprendenza di Roberto [ma in originale è Jonathan] Blake (Power), innamorato infelice della moglie (Carroll) di un nobile vizioso (Sanders) e talmente legato, durante l'infanzia, al futuro ammiraglio Nelson da rischiare la propria fortuna per favorirne la guerra contro la flotta francese. Uno dei tipici film biografico-celebrativi della Fox (sceneggiato da Ernest Pascal e Walter Ferris), che però King riesce a vivificare grazie a una costante attenzione ai particolari e a un complesso racconto corale, capace di trasmettere allo spettatore il senso reale di una sfida e soprattutto di ricreare un'atmosfera appassionante e coinvolgente. Il dodicenne Bartholomew, lanciato l'anno prima nel *David Copperfield*, interpreta Blake da piccolo. Insolite le profonde scollature che mette in mostra Virginia Field, nei panni della cameriera Pina.

Local Hero **½ (*Local Hero*, Gb 1983, col, 111') Bill Forsyth. Con Peter Riegert, Burt Lancaster, Jenny Seagrove, Fulton MacKay, Denis Lawson. ◆ Inviato da un magnate texano del petrolio (Lancaster) sulle coste scozzesi per trattare la costruzione di una raffineria, un giovane (Riegert) non riesce a portare a termine la sua missione, incantato dalla bellezza del paesaggio, dalla furbizia dei locali e soprattutto dalla cocciutaggine di un vecchietto. Fiaba moderna a sfondo ecologico, con lieto fine quasi ecumenico. Tanti bei paesaggi e il vecchio tema dello scontro tra due mondi differenti. Affabile, non privo di ironia, ma senza nerbo, gode di una fama tutto sommato sproporzionata.

Locanda della sesta felicità, La *½ (*The Inn of the Sixth Happiness*, Usa 1958, col, 158') Mark Robson. Con Ingrid Bergman, Curt Jurgens, Robert Donat, Roland Squire, Athene Seyler, Richard Wattis. ◆ Nella Cina invasa dai giapponesi, una coraggiosa missionaria protestante (Bergman), unica rimasta a difendere la civiltà occidentale, conduce in salvo un gruppo di bambini. Sia la Bergman che Robson hanno conosciuto occasioni migliori che questo fluviale polpettone intriso di buoni sentimenti. La locanda del titolo non è un luogo di peccato ma il nome della missione.

Locandiera, La ** (Italia 1944, b/n, 74') Luigi Chiarini. Con Luisa Ferida, Armando Falconi, Osvaldo Valenti, Camillo Pilotto, Elsa De Giorgi, Paola Borboni, Gino Cervi, Mario Pisu. ◆ Mirandolina (Ferida) fa innamorare il cavaliere di Ripafratta (Valenti) ma, autonoma e decisa, riesce a destreggiarsi fra i numerosi spasimanti e le varie tresche amorose, scegliendo alla fine il proprio marito. Versione abbastanza fedele dell'omonima commedia di Carlo Goldoni, non è tra i film più memorabili di Chiarini; ebbe vita travagliata e vide la luce a cavallo della caduta del fascismo. Valenti e Ferida, compromessi con il regime di Salò, furono fucilati dai partigiani. *La locandiera* ha ispirato, oltre al film di Cavara del 1980, anche *Miranda* di Tinto Brass.

Locandiera, La * (Italia 1980, col, 109') Paolo Cavara. Con Claudia Mori, Adriano Celentano, Paolo Villaggio, Marco Messeri, Milena Vukotic, Gianni Cavina. ◆ L'ostessa Mirandolina (Mori) si destreggia tra i vari pretendenti, affermando alla fine la sua libertà di scelta. Le bizze tra la locandiera-Mori e il burbero cavaliere di Ripafratta-Celentano (che sfoggia una insolita pelata) avrebbero dovuto vivacizzare questa versione della commedia goldoniana: ma le macchiette girano a vuoto, e gli attori sono inesorabilmente inadeguati o fuori parte.

Lo chiamavano Bulldozer ** (Italia 1978, col, 115') Michele Lupo. Con Bud Spencer [Carlo Pedersoli], Raymond Harmstorf, Joe Bugner, René Kolldehoff, Ottaviano Dell'Acqua, Nando Pavone. ◆ Per riportare sulla buona strada un gruppo di ragazzi, un ex campione di football americano (Spencer) si trasforma in allenatore e li guida alla vittoria contro l'arrogante squadra della vicina base Nato. Più meditato e compatto della consueta produzione di Bud Spencer, il film è risollevato dalle sue buone intenzioni didattiche e dalle scene della partita decisiva, riprese in stile epico-sportivo all'americana.

Lo chiamavano Trinità... ** (Italia 1970, col, 117') E.B. Clucher [Enzo Barboni]. Con Terence Hill [Mario Girotti], Bud Spencer [Carlo Pedersoli], Steffen Zacharias, Gisela Hahn. ◆ Trinità (Hill), un pistolero indolente e scanzonato, convince il fratello Bambino (Spencer) ad aiutare una comunità di mormoni, le cui terre fanno gola al malvagio maggiore Harrison: tra pistolettate, scazzottature e geniali astuzie tutto si risolverà per il meglio. Sceneggiato dallo stesso Clucher, è il film che ha sancito l'enorme successo della coppia Hill-Spencer e che ha cambiato profondamente il western all'italiana sganciandolo da ogni riferimento al modello americano e avvicinandolo alla farsa. Entrati nella memoria Trinità che si fa trasportare su una specie di barella dal suo cavallo e gli sganassoni di Bambino. Seguìto da *Continuavano a chiamarlo Trinità*.

Lo chiameremo Andrea *½ (Italia 1972, col, 104') Vittorio De Sica. Con Nino Manfredi, Mariangela Melato, Anna Maria Aragona, Maria Pia Casilio, Isa Miranda, Antonino Faà di Bruno, Pietro Tordi. ◆ Solo i consigli di una fattucchiera saranno di aiuto a una coppia (Manfredi e Melato) che non riesce ad avere figli. Ma siamo sicuri che sia un bene far nascere un bambino in un mondo marcio come questo? Favoletta ecologica dove la ricerca della bontà cara a De Sica e Zavattini si annacqua in una serie di macchiette di non eccelsa lega, che non fanno troppo onore né a loro né agli interpreti. Zavattini venne coadiuvato dagli sceneggiatori Benvenuti e De Bernardi.

Loch Ness *½ (*Loch Ness*, Gb 1996, col, 101') John Henderson. Con Ted Danson, Joely Richardson, Ian

Holm, Harris Yulin, James Frain, Kristy Graham, Keith Allen. ◆ Mandato in Scozia per dimostrare che il mostro di Loch Ness non esiste, lo stralunato professor Dempsey (Danson) scoprirà con l'aiuto di una ragazza (Richardson) quanto poco valgano le sue teorie. E che di mostro ce n'è più d'uno. Favoletta per bambini con morale ecologica e antimodernista, dove gli americani scoprono che l'amore vale più del successo. Più infantile di così...

Locuste, Le **½ (*The Locusts*, Usa 1997, col, 125') John Patrick Kelley. Con Vince Vaughn, Ashley Judd, Kate Capshaw, Jeremy Davies, Paul Rudd, Daniel Meyer, Jessica Capshaw. ◆ Profondo Sud: lo straniero Clay Hewitt (Vaughn) decide di svezzare Flyboy (Davies), il figlio semi-autistico della sua torbida datrice di lavoro (K. Capshaw), di cui cerca di non diventare l'uomo-oggetto. Ma tutti nascondono troppi segreti perché non debba scoppiare la tragedia. Fantasmi di Tennessee Williams e di una dozzina di classici del cinema americano abitano un esordio ambizioso, nel quale per fortuna il postmoderno si esaurisce nelle canottiere alla Paul Newman di Vaughn: per il resto si respira un'aria fuori dal tempo, che assaggia diversi generi senza fretta, cercando una poesia dei perdenti e un elogio della fuga che, alla fine, suonano stranamente convinti. Sceneggiatura del regista, sfolgorante fotografia di Phedon Papamichael.

Lola **½ (*Lola*, Rft 1981, col, 113') Rainer Werner Fassbinder. Con Barbara Sukowa, Armin Müller-Stahl, Mario Adorf, Mathias Fuchs, Helga Feddersen, Karin Baal, Ivan Desny, Karl-Heinz von Hassell, Udo Kier. ◆ Negli anni Cinquanta, Lola (Sukowa), amante di un boss dell'edilizia (Adorf), seduce l'assessore all'urbanistica che vorrebbe stroncare la corruzione (Müller-Stahl). Vagamente ispirato a *L'Angelo Azzurro*, è il secondo capitolo della trilogia fassbinderiana ambientata nella Germania postbellica, dopo *Il matrimonio di Maria Braun*, e prima di *Veronika Voss*. Insolita la leggerezza di tocco e il tono da commedia, anche se il bersaglio dichiarato è l'alleanza tra economia e politica dell'èra di Adenauer. La musica di Peer Raben e la fotografia di Xaver Schwarzenberger fanno il verso, con gusto pop e iperrealista, al cinema tedesco di quegli anni.

Lola ** (*Lola*, Spagna 1985, col, 90') Juan José Bigas Luna. Con Angela Molina, Patrick Bauchau, Assumpta Serna, Carme Sansa, Fëodor Atkin, Pepa Lopez. Dopo l'ennesimo litigio col violento ubriacone (Atkin) con cui vive, Lola (Molina) si trasferisce a Barcellona dove incontra un uomo d'affari francese (Bauchau) che per lei lascia moglie e figlio. Ma quattro anni dopo il vecchio amore torna, reclamando soldi, attenzioni e una bambina che dice esser sua. Scritto e diretto dal catalano Bigas Luna prima della svolta verso lidi più candidamente erotici, il melodramma ripercorre tutte le ossessioni di un cineasta attratto dagli spostamenti progressivi del piacere, dove il sadomasochismo fa il paio con una sorta di *attrazione fatale* rovesciata e morbosa. Malgrado il titolo, niente a che vedere con *Bambola*, insomma. Bella prova di Angela Molina che viene usata come proiezione matura dell'ambiguo ruolo di *Quell'oscuro oggetto del desiderio*, ma in chiave più realistica. Uscito solo in video.

Lola corre ** (*Lola rennt*, Germania 1998, col, 81') Tom Tykwer. Con Franka Potente, Moritz Bleibtreu, Herbert Knaup, Armin Rohde, Joachim Krol, Heino Ferch, Nina Petri. ◆ Lola (Potente) ha venti minuti per trovare 100 mila marchi e impedire al fidanzato (Bleibtreu) di rapinare una banca: può chiederli al padre banchiere (Knaup) con le buone o con le cattive, oppure può sperare nella fortuna ed entrare al casinò. Sceneggiato dal regista, un autocompiaciuto esercizio di stile techno-punk che ripete per tre volte la stessa storia con soluzioni diverse: ma in questo modo il destino diventa solo un videogioco, tra casualità kieślowskiane, fantasie da cartoon (di Gil Alkabetz) e isterie alla *Pulp Fiction*. La Potente comunque tiene fede al suo nome: ha energie da spendere e canta *I Wish* con bella forza.

Lola Darling **½ (*She's Gotta Have It*, Usa 1986, b/n e col, 84') Spike Lee. Con Tracy Camilla Johns, Redmond Hicks, John Terrell, Spike Lee, Raye Dowell, Joie Lee, Bill Lee. ◆ Lola (che nella versione originale si chiama Nola), giovane, nera e indipendente (Johns), ha tre amanti uomini – uno serio e perbene (Hicks), uno picchiatello e divertente (Lee), uno macho e arrivista (Terrell) – più una donna (Dowell). Sfoltirà l'elenco, in cerca della propria libertà – ma si intuisce che la sua non è una decisione definitiva. Il primo lungometraggio di Spike Lee, girato con 35 mila dollari e interpretato solo da attori neri, fu anche il primo film nero indipendente a conoscere una distribuzione internazionale. Un incrocio tra il cinema indipendente newyorkese (lo stile semimprovvisato e beffardo) e la Nouvelle Vague europea degli anni Sessanta (i personaggi che si rivolgono allo spettatore, l'intermezzo musicale a colori). Accattivante ma esile. Le musiche sono del padre di Spike, Bill, che compare anche come attore, assieme alla figlia Joie.

Lola, donna di vita **½ (*Lola*, Francia/Italia 1961, b/n, 85') Jacques Demy. Con Anouk Aimée, Marc Michel, Jacques Arden, Elina Labourdette, Alan Scott. ◆ La vita e gli incontri di Lola (Aimée), cantante in un cabaret di Nantes con figlio a carico. Fino al ritorno del suo uomo che, diventato ricco, se la porta via. Esordio nel lungometraggio di Demy, che avrebbe voluto girare una commedia musicale e fu costretto a togliere le musiche per problemi di budget (restano alcune canzoni, con le parole di Agnès Varda, ai tempi sua moglie): è un film originale e intenso, di grande finezza psicologica, che riesce a non scivolare nel ridicolo, nonostante una storia melodrammatica e improbabile (l'arrivo del cowboy bianco su una immensa Cadillac decappottabile), grazie a molta autoironia e a un sentimentalismo struggente. Importante il contributo dell'espressiva Aimée e della fotografia di Raoul Coutard.

Lola Montès *** (*Lola Montès*, Francia/ Rft 1955, col, 90') Max Ophuls. Con Martine Carol, Peter Ustinov, Ivan Desny, Anton Walbrook, Oskar Werner. ◆ Lola Montès (Carol), celebre ballerina che aveva destato scandalo in mezza Europa, facendo innamorare di sé Liszt e Luigi II di Baviera, conclude la sua fastosa carriera come attrazione di un circo americano, dove l'impresario (Ustinov) la esibisce come un mostro di dissolutezza, che il pubblico può baciare per un dollaro. L'ultimo film di Ophuls, e il suo primo a colori (e in CinemaScope), è un melodramma smisurato, freddo e barocco, dove la sceneggiatura di Ophuls, Annette Wademant, Jacques Natanson e Franz Geiger (a partire dal romanzo di Cécil Saint-Laurent) ha il grande pregio di evitare il patetico. La parte ambientata nel circo, crudele e visionaria, è uno dei vertici del suo cinema, e riprende il tema a lui caro della mercificazione del desiderio. Carrelli vorticosi, virtuosismi della macchina da presa e continui spostamenti in treno, carrozza e nave si sposano alla filosofia di Lola, secondo cui «la vita è movimento». La Carol, star sexy del cinema francese degli anni Cinquanta, non ha però grande carisma. Il film fu un fiasco colossale, e causò la bancarotta dei suoi produttori; fu riscoperto e rivalutato solo in seguito. La versione italiana è più breve di 20' di quella corrente (che a sua volta accorciava di 30' quella originariamente prevista dall'autore), e il doppiaggio appiattisce le varie lingue: ma di recente, grazie a Vieri Razzini, è circolata una versione sottotitolata integrale.

Lolita *** (*Lolita*, Gb 1962, b/n, 153') Stanley Kubrick. Con James Mason, Shelley Winters, Sue Lyon, Peter Sellers, Marianne Stone, Diana Decker, Lois Maxwell. ◆ Il professor Humbert Humbert (Mason) si invaghisce di Lolita (Lyon), la figlia adolescente della sua padrona di casa (Winters). Pur di starle sempre accanto ne sposa la madre e, quando questa muore, la porta via con sé. Ma la ragazza gli sfugge e il professore finirà con l'uccidere Clare Quilty (Sellers), il viscido commediografo che gliel'ha rubata. L'autodistruzione di un intellettuale rappresentata con entomologico cinismo: Vladimir Nabokov è riuscito nel difficile compito di adattare il suo romanzo (a cui ha tolto l'annunciata morte-castigo della ragazza), e Kubrick ne ha reso bene la mistura di satira e deformazione grottesca con cui insegue una delle linee di forza del proprio cinema: la caparbietà ossessiva con cui i suoi personaggi percorrono le proprie strade. Rispetto al romanzo, Quilty diventa il motore segreto della storia, cinico e mostruoso doppio del professor Humbert: «nella satira dell'America espressa nel film, Quilty è la minaccia che incombe, l'ombra inseguitrice, la spia di una società la cui corruzione supera quella delle sue vittime» e la cui autorità è stigmatizzata nella scena del congresso di poliziotti. Così Mason, per quanto all'altezza del ruolo, si fa spesso rubare la scena dall'ambiguo e prometeico Sellers, il cui istrionismo prefigura quello del *Dottor Stranamore*. Sue Lyon col lecca lecca a forma di cuore ha fatto epoca, ma la sua carriera è praticamente finita qui e il film è uno dei meno erotici che si possa immaginare su un tale soggetto. Rifatto nel 1997.

Lolita ** (*Lolita*, Usa 1997, col, 125') Adrian Lyne. Con Jeremy Irons, Dominique Swain, Melanie Griffith, Frank Langella, Kathryn Peterson, Erin J. Dean. ◆ Accecato dalle grazie della quattrodicenne Lolita (Swain), il professor Humbert Humbert (Irons) ne sposa la madre (Griffith); poi, una volta morta la donna, se ne va in giro per gli Stati Uniti con la ragazzina. Ma l'ambiguo commediografo Clare Quilty (Langella) gliela porta via, accendendo nel professore un mortale desiderio di vendetta. Senza timori reverenziali per la versione di Kubrick, anche Lyne si misura con il romanzo di Nabokov, spostando il centro del film (sceneggiato da Stephen Schiff e, non accreditato, David Mamet) dall'autodistruzione di un intellettuale alla viziosa vitalità di una ninfetta: non c'è più la deformazione grottesca della realtà (e della società che la generava), ma solo i capricci di una bambina (le cui potenzialità sessuali finiscono per favorire più di una lettura misogina) e i cedimenti «senili» di un intellettuale stereotipato, a cui nemmeno Irons riesce a dare un po' di peccaminoso spessore. Niente di nuovo dallo stile patinato e spottistico a cui Adrian Lyne sembra essersi autocondannato. È comunque inutile cercare un solo fotogramma di erotismo. Musica di Ennio Morricone.

Londra mi fa morire **½ (*London Kills Me*, Gb 1991, col, 106') Hanif Kureishi. Con Justin Chadwick, Steven MacKintosh, Emer McCourt, Brad Dourif. ◆ Clint detto Clint Eastwood (Chadwick), un tossicomane di vent'anni, spaccia (più o meno) per conto di Libidine (MacKintosh), ma vuole cambiare lavoro e lasciarsi alle spalle gli amici sballati, compresa la dolce e fragile Sylvie (McCourt). Per fare il cameriere nel locale di Hemingway (Dourif) gli occorrono però un paio di scarpe, almeno presentabili e ha due giorni per procurarsele. L'opera prima dello scrittore anglopakistano Hanif Kureishi (già sceneggiatore di *My Beautiful Laundrette* e *Sammy e Rosie vanno a letto*) assomiglia a una parabola neorealista ambientata nella Londra distrutta dal thatcherismo, con tanto di mercato nero, scarpe rubate, case occupate e una generazione allo sbando. Cinema di periferia e dell'urgenza, molto più girato che scritto, all'insegna di una partecipazione commossa e crudele per quei diseredati come Clint che, a dispetto del nome altisonante, non sono capaci nemmeno di difendere se stessi, e come Sylvie, alla quale non basta nemmeno più un buco per autopunirsi. Il titolo dal duplice significato deriva da una battuta di un turista tedesco, gabbato da Clint. In Italia è uscito solo in videocassetta.

Lone Star – Stella solitaria *** (*Lone Star*, Usa 1996, col, 135') John Sayles. Con Chris Cooper, Elizabeth Peña, Kris Kristofferson, Clifton James, Miriam Colon, Matthew McConaughey, Gonzalo Castillo, Ron Canada, Joe Morton, Chandra Wilson, Eddie Robinson, Stephen Mendillo, Richard Coca, Frances McDormand, Stephen J. Lang. ◆ Il teschio trovato nel deserto non può essere che del corrotto Charlie Wade (Kristofferson), ma per scoprirlo lo sceriffo di Frontera Sam Deeds (Cooper) porterà alla luce molte verità scomode, a cominciare da quelle che riguardano il suo osannato padre Buddy (McConaughey). Una storia corale, scritta diretta e montata da Sayles, che svela le molte facce di una comunità cosmopolita al confine tra Texas e Messico. Ma anche cinema civile («impegnato» si sarebbe detto ieri), dove l'indagine investigativa serve per smascherare il tentativo della comunità bianca di crearsi un eroe che perpetui il predominio morale dei texani (la stella solitaria del titolo è quella del Texas) sulla popolazione meticcia o immigrata. Forse ci sono troppe storie che si intrecciano (quella del colonnello nero [Morton] che non accetta il divorzio del padre è un po' pletorica), ma raramente un film di genere oggi riesce a essere così convincente, senza mai appiattirsi su un linguaggio tradizionale (l'uso «ribaltato» del flash back, che non serve per capire il presente ma per smascherarlo) e utilizzando i miti cinematografici per mettere in crisi la mitologia nazionale (la citazione dall'*Uomo che uccise Liberty Valance*, che chiama in causa il passato storico del Paese). Penalizzato da una distribuzione criminale.

Lontano da Dio e dagli uomini **½ (*Few of Us*, Lituania/Francia 1996, col, 105') Sharunas Bartas. Con Katerina Golubëva, Sergej Tulayev, Minoru Hideshima, Piotr Kishteev, Yulia Inozemtseva, Konstantin Yeremeev. ◆ Un elicottero lascia una donna dai lineamenti occidentali (Golubëva) in un territorio abitato da persone dai lineamenti orientali: incontra un vecchio (Kishteev), rischia di venir violentata, è forse la causa di un omicidio... Al suo terzo film il lituano Bartas cancella praticamente la parola per lasciare spazio solo alle immagini e obbligare lo spettatore a confrontarsi con quello che scorre sullo schermo (il film è stato girato tra i Tofolar che abitano la Siberia). Cinema estremo, non per tutti i gusti, che chiede di esplorare a fondo le nostre stesse capacità sensoriali e possiede, a tratti, lo stesso magnetismo delle visioni ipnotiche.

Lontano da dove *½ (Italia 1983, col, 95') Stefania Casini, Francesca Marciano. Con Claudio Amendola, Monica Scattini, Victor Cavallo, Stefania Casini. ◆ Giovani italiani in America: snob, modaioli, velleitari, ma con tanti tormenti e rosi, sotto sotto, dalla nostalgia di casa. Descrizione, gergale e compiaciuta, di una generazione invecchiata in fretta. La Casini, comunque, è migliore come regista che come attrice. Musiche di Lucio Dalla.

Lontano da Isaiah **½ (*Losing Isaiah*, Usa 1995, col, 108') Stephen Gyllenhaal. Con Jessica Lange, Halle Berry, Samuel L. Jackson, Cuba Gooding jr, David Strathairn, La Tanya Richardson, Joie Susannah Lee, Marc John Jeffries. ◆ A Chicago la dottoressa Margaret Lewin (Lange) adotta un neonato nero che la madre Khalia (Berry), tossicodipendente, ha lasciato nell'immondizia. Tre anni dopo Khalia, disintossicata, si fa avanti a reclamare i propri diritti. Nel genere dei *courtroom movies* con implicazioni sentimentali e razziali, il film di Gyllenhaal (scritto da Naomi Foner da un romanzo di Seth Margolis) è più onesto e meglio confezionato della media: evita colpi bassi e tirate retoriche e ripartisce equamente torti e simpatie, senza illudersi che l'America sia un mondo perfetto. Jackson e Richardson, che interpretano i due avvocati rivali, nella vita sono marito e moglie. Fotografia di Andrzej Bartkowiak e musica di Mark Isham.

Lontano dalle stelle *½ (*Bad for Each Other*, Usa 1953, b/n, 83') Irving Rapper. Con Charlton Heston, Lizabeth Scott, Dianne Foster, Mildred Dunnock, Marjorie Rambeau. ◆ Reduce dalla guerra, un giovane dottore (Heston) arriva in una città mineraria della Pennsylvania: svolgerà il suo lavoro dove la gente ha davvero bisogno di lui, o cercherà il successo? Heston non ancora celebre in un melodramma di buoni sentimenti e nobili ideali.

Lontano dal Vietnam ** (*Loin du Vietnam*, Francia 1967, b/n e col, 120') Alain Resnais, William Klein, Joris Ivens, Agnès Varda, Claude Lelouch, Jean-Luc Godard. ◆ Documentario firmato collettivamente, prodotto, montato e commentato da Chris Marker. Sequenze di guerra, manifestazioni pro e contro l'intervento americano, Castro che spiega la tecnica della guerriglia, attori ambulanti vietnamiti che mettono in scena la sconfitta americana, paragoni con la guerra d'Indocina. L'episodio più noto è *Camera Eye*, dove Godard, «lontano dal Vietnam», fa autocritica in prima persona sui rapporti tra cinema e militanza politica, e invita ciascuno a creare «un Vietnam in se stesso, nella sua vita quotidiana». Peccato che poi gli operai, ammette, non vadano a vedere i suoi film. Cinema d'assalto un anno prima del Sessantotto: ieri proposta di «film politico», oggi soprattutto documento di un'epoca.

Looker – Troppo belle per vivere ** (*Looker*, Usa 1981, col, 94') Michael Crichton. Con Albert Finney, James Coburn, Susan Dey, Leigh Taylor-Young. ◆ Indagando sulla morte di alcune sue clienti, un chirurgo (Finney) scopre collegamenti con le attività illecite di un losco uomo d'affari (Coburn), che si serve di immagini pubblicitarie televisive per inviare messaggi subliminali che uccidono i suoi oppositori. A Crichton, come accade spesso, riescono meglio i romanzi che i film: le premesse sono interessanti, ma lo svolgimento sa di telefilm.

Lord Brummel *½ (*Beau Brummel*, Usa/ Gb 1954, col, 113') Curtis Bernhardt. Con Stewart Granger, Elizabeth Taylor, Peter Ustinov, Robert Morley. ◆ Un ufficiale delle guardie (Granger), nonostante le sue umili origini, diventa amico del principe di Galles (Ustinov), futuro re d'Inghilterra. Diventerà un potente e seducente uomo della Corte, ma odi e invidie lo rovineranno. Tipica biografia in costume hollywoodiana, frigida e sontuosa (soprattutto grazie alla fotografia di Oswald Morris). Stewart Granger allora era all'apice della fama.

Lord Fauntleroy ** (*Little Lord Fauntleroy*, Usa 1936, b/n, 98') John Cromwell. Con Freddie Bartholomew, C. Aubrey Smith, Guy Kibbee, Dolores Costello, Mickey Rooney, Jessie Ralph. ◆ Alla morte del padre, un ragazzo newyorkese (Bartholomew) viene inviato dal nonno, un nobile inglese (Smith), nella sua tenuta nel vecchio continente, per essere educato come un lord: il vispo marmocchio recalcitra, ma alla fine saranno tutti contenti. Tratto dal romanzo *Il piccolo lord* di Frances Hodgson Burnett, il film è fondamentalmente un veicolo promozionale per il dodicenne Bartholomew, lanciato l'anno prima da *Davide Copperfield*. Meno smanceroso di altri film hollywoodiani con divi in erba, ma ugualmente pieno di melassa. Rifatto nel 1980 (*Il piccolo lord*).

Lord Jim **½ (*Lord Jim*, Usa 1965, col, 154') Richard Brooks. Con Peter O'Toole, James Mason,

Curt Jurgens, Eli Wallach, Daliah Lavi, Jack Hawkins, Akim Tamiroff. ◆ Radiato dalla marina inglese perché aveva abbandonato un battello carico di pellegrini, Jim (O'Toole) vive di piccoli lavori schiacciato dalla vergogna della sua colpa: si riscatta guidando una nave in fiamme carica di esplosivo e poi aiutando una tribù a liberarsi dalla tirannia di un fuorilegge, ma il bisogno di espiare la sua colpa lo porterà alla morte. Personale rilettura del romanzo omonimo di Conrad (sceneggiato dallo stesso Brooks), il film mantiene solo in parte l'ambiguità di viltà ed eroismo del libro, «tra viaggi di mare che tracciano anche itinerari interiori», per privilegiare il ritratto di un uomo che cerca una seconda chance in un universo orientale in pieno caos sociale: interessante anche se non perfettamente riuscito.

Lorna ** (*Lorna*, Usa 1964, 79') Russ Meyer. Con Lorna Maitland, Mark Bradley, James Rucker, Hal Hopper, Doc Scortt, Althea Currier, J. Griffith, Fred Owens. ◆ Mentre vaga attorno a casa, insoddisfatta del marito che pensa solo a lavorare, Lorna (Maitland) viene violentata da un ex galeotto e finalmente conosce il piacere: se lo porta a casa, ma la coppia è colta sul fatto e uccisa. Una trama elementare è riscattata dal ritratto, in un ottimo bianco e nero (fotografato dallo stesso Meyer), di un paese avido, razzista e conservatore, dove il sesso scatena passioni e drammi. Indimenticabile la scena in cui Lorna fa il bagno nello stagno. La musica di James Griffith e Hal Hopper è divisa per temi, uno per ogni personaggio.

Lo sai che i papaveri... *½ (Italia 1952, b/n, 90') Vittorio Metz, Marcello Marchesi. Con Walter Chiari, Anna Maria Ferrero, Carlo Campanini, Franca Rame, Dorian Gray, Raimondo Vianello, Carlos Lama, Galeazzo Benti. ◆ Gualtiero (Chiari) ha una doppia esistenza, della quale è inconsapevole. Di giorno serissimo professore, di notte sfrenato viveur che ama far tardi nei night. Una sua allieva (Ferrero), innamoratasi, scopre l'arcano. Come ridevano gli italiani quarant'anni fa: una commediola servita da interpreti accattivanti: a tratti briosa, ma diseguale nel ritmo. I titoli di testa sono cantati da Nilla Pizzi e Gino Latilla sull'aria di *Papaveri e papere*, sostituendo le parole del testo con nomi e cognomi del cast.

Los Angeles quinto distretto di polizia ** (*The Blue Knight*, Usa 1973, col, 103') Robert Butler. Con William Holden, Lee Remick, Joe Santos, Sam Eliott, David Moody, Jamie Farr. ◆ Un poliziotto di Los Angeles (Holden) che sta per andare in pensione si occupa testardamente dell'oscuro omicidio di una prostituta; la sua compagna (Remick), intanto, non fa salti di gioia. Versione televisiva (in origine durava 2009) ed edulcorata di un romanzo di Wambaugh sulla dura vita delle forze dell'ordine nella metropoli californiana. L'interpretazione di Holden, premiata con l'Emmy, riscatta le inevitabili banalità della storia.

Los Angeles squadra criminale *½ (*Hangup*, Usa 1974, col, 94') Henry Hathaway. Con William Elliott, Marki Bey, Cliff Potts, Michael Lerner, Timothy Blake. ◆ Una giovane drogata (Bey) è costretta a prostituirsi. Un poliziotto (Elliott), suo ex compagno di scuola, cerca invano di salvarla: e per vendicarla infrangerà la legge. Hathaway, al suo ultimo film, tenta vanamente di aggiornarsi con un thriller interpretato da attori neri: ma il risultato è enfatico, goffo e ideologicamente non cristallino.

Lost Angels ** (*Lost Angels*, Usa 1989, col, 108') Hugh Hudson. Con Donald Sutherland, Adam Horovitz, Amy Locane, Don Bloomfield. ◆ Un ricco giovane disadattato (Horovitz), che ha alle spalle una famiglia disfatta, finisce in riformatorio e tenta una difficile risalita, aiutato da uno psichiatra (Sutherland), l'unico a dimostrarsi sensibile alle sue inquietudini. Uno spaccato sincero ma un po' semplicistico del male di vivere americano. Horovitz, qui al suo esordio come attore, è il leader del gruppo rap bianco dei Beastie Boys.

Lost in Space – Perduti nello spazio *½ (*Lost in Space*, Usa 1998, col, 129') Stephen Hopkins. Con William Hurt, Gary Oldman, Mimi Rogers, Heather Graham, Matt LeBlanc, Jared Harris, Jack Johnson, Lacey Chabert. ◆2058: papà John Robinson (Hurt) decide di portarsi l'intera famiglia, ibernata, in una missione sperimentale su Giove. Ma il cattivo Zachary Smith (Oldman) manda all'aria i programmi, dando inizio a una peregrinazione tra lontane galassie, alieni teneri o minacciosi e viaggi nello spazio-tempo. Dall'omonimo telefilm degli anni Cinquanta (inedito in Italia), un saldo di fine stagione che ricicla tutto il possibile - da *Alien* ai Power Rangers passando per *Ritorno al futuro* - con uno spirito da Tv dei ragazzi. I tromboni risuonano nella colonna sonora, e lo sceneggiatore Akiva Goldsman conferma di essere una garanzia di bidone.

Lotta del sesso sei milioni di anni fa, La * (*Creatures of World Forgot*, Gb 1970, col, 95') Val Guest. Con Julie Ege, Tony Bonner, Rosalie Cruchtley. ◆ In una preistoria di cartapesta, popolata da anacronistici dinosauri e bellezze in bikini, due uomini s'innamorano della medesima donna. Non è però una parodia, ma un epigono del già poco brillante genere fantasy-preistorico. Produce la Hammer, ormai in piena decadenza.

Lotta per la libertà ** (*Fight for Us*, 1989, col, 95') Lino Brocka. Con Phillip Salvador, Dina Bonnevie, Gina Alajar, Bembol Roco. ◆ Nelle Filippine, l'ex prete Cordero (Salvador), imprigionato ai tempi della dittatura di Marcos, denuncia le violenze dei terroristi di destra del movimento Ora Pro Nobis, ma esita a unirsi alla guerriglia rivoluzionaria: lo fa solo dopo che il sanguinario leader Kontra gli rapisce la ex compagna e il figlio. Unico film a essere arrivato in Italia (solo su cassetta) del defunto regista filippino. Dietro l'impatto spettacolare e l'uso di forme narrative popolari (melodramma, thriller, avventura), Brocka voleva inserire messaggi progressisti, che contribuissero all'educazione politica del pubblico filippino: e la storia di Cordero, che passa dalla non-violenza alla lotta armata, intende essere appunto esemplare. Ritmo ed effettacci, lacrime e sangue: il senso del cinema Brocka sicuramente l'aveva. I fatti narrati (compreso Kontra che mangia cervelli di bambini, convinto di acquistare poteri magici) sono stati documentati da Amnesty International: e anche per questo il film, in patria, è uscito solo clandestinamente. Prodotto da una società francese (ma giuridicamente apolide), sotto l'egida di Giancarlo Parretti (!).

Lottatore, Il ** (*Flesh*, Usa 1932, b/n, 95') John Ford. Con Wallace Beery, Karen Morley, Ricardo Cortez, Jean Hersholt, Herman Bing. ◆ Un nerboruto immigrato tedesco dal cuore d'oro (Beery) diventa un campione di wrestling. S'innamora di una giovane, che però è legata a un uomo malvagio: la felicità bisogna sudarsela. Muscoli e buoni sentimenti in un Ford minore ma non corrivo. Come ha mostrato *Barton Fink*, il filone dei film sul wrestling, allora, era assai redditizio. Beery, nella realtà, non era un uomo così gentile.

Lotteria, La → *Tarea, La*

Louis de Funès e il nonno surgelato ** (*Hibernatus*, Francia 1970, col, 84') Edouard Molinaro. Con Louis de Funès, Claude Gensac, Olivier de Funès, Bernard Alane, Martine Kelly, Michel Lonsdale. ◆ Paul Fournier (Alane), rimasto ibernato al polo per diversi decenni, torna improvvisamente a Parigi: poiché è il nonno della moglie di un vulcanico e bizzoso industriale (de Funès), gli equivoci si sprecano. Come tutti i film con de Funès, è movimentato e brioso, ma meccanico e senza troppa sostanza.

Louisiana Story **½ (*Louisiana Story*, Usa 1948, b/n, 70') Robert J. Flaherty. Con Joseph Boudreaux, Frank Hardy, Lionel Le Blanc, C.P. Guedry. ◆ Nelle foreste della Louisiana un ragazzo cajun (Boudreaux) passa le giornate pescando assieme al suo procione. Un giorno arrivano dei tecnici petroliferi e ne diventa amico. Il penultimo film di Flaherty riprende la formula del documentario di finzione, innestando su un'esile trama narrativa delle riprese dal vero (la natura e l'estrazione del petrolio). Finanziato da una compagnia petrolifera del New Jersey, che lasciò al regista mano libera, il film richiese molti mesi di lavorazione e comportò vari rischi – come nella scena dell'esplosione del pozzo. Premiato a Venezia nel 1948, formalmente curatissimo, segna tuttavia un cedimento manierista rispetto ai film flahertiani dei decenni precedenti. Nel 1964, la moglie Frances montò le scene non utilizzate dal marito in un documentario di 15 ore, *Studies for Louisiana Story*.

Loulou **½ (*Loulou*, Francia 1980, col, 110') Maurice Pialat. Con Isabelle Huppert, Gérard Depardieu, Guy Marchand, Humbert Balsan. ◆ Una signora borghese (Huppert) lascia il marito per mettersi con un giovane svagato, senz'arte né parte (Depardieu) dotato però di un'irresistibile carica sessuale: ma creare con lui un rapporto stabile si rivelerà impossibile. Pialat, ottimo direttore d'attori, sceglie un soggetto tradizionale («la borghese e l'asociale») ma poi scava dietro questo cliché con il suo sguardo acuto e insieme duro e tenero: così dietro il linguaggio crudo e le azioni scontate, esce in filigrana la disperata ricerca di felicità di due esseri soli, che permettono al regista di «parlarci in diretta della vita, della sofferenza e soprattutto dell'amore». E lo fa con uno stile falsamente povero e con l'aria quasi improvvisata (pochissimi primi piani, macchina quasi fissa, atmosfera soffocante), basato sull'acuta osservazione della vita quotidiana, capace di disinnescare ogni tentazione melodrammatica e attento a «trovare nella grisaglia del tran tran un dettaglio capace di ribaltare la situazione» e rovesciare la prospettiva del racconto.

Love Affair – Un grande amore ** (*Love Affair*, Usa 1994, col, 108') Glenn Gordon Caron. Con Warren Beatty, Annette Bening, Katharine Hepburn, Garry Shandling, Chloe Webb, Pierce Brosnan, Kate Capshaw, Brenda Vaccaro. ◆ Un atterraggio di fortuna fa scoppiare la scintilla tra l'ex sportivo rubacuori Mike Gabrill (Beatty) e la musicista Terry McKay (Bening). Per verificare se è vero amore si danno appuntamento tre mesi dopo sull'Empire State Building, ma un incidente impedisce a Terry di presentarsi e anzi la costringe sulla sedia a rotelle: cosa farà Mike? Terza versione dopo *Un grande amore* (1939) e *Un amore splendido* (1957) di uno dei melodrammi che più ha fatto piangere gli americani. La sceneggiatura di Robert Towne e Warren Beatty (anche produttore oltre che interprete al fianco della moglie Bening) aggiorna il minimo possibile la storia, lasciando un po' di spazio a una ottantasettenne Hepburn nella parte della saggia madre di Gabrill che vive in solitudine in un'isola del Pacifico: strano che una star come Beatty voglia confrontarsi con un personaggio in fondo più zuccheroso che davvero melodrammatico e curioso il tentativo – sostanzialmente fallito – di riportare il pubblico a commuoversi. Eppure, tra un velatino e una lacrima, si capisce che le intenzioni erano oneste e sincere. Particine per i registi Paul Mazursky (è Herb Stillman) e Harold Ramis (è Sheldon Blumental).

Lo vedi come sei... lo vedi come sei? **½ (Italia 1939, b/n, 75') Mario Mattoli. Con Erminio Macario, Franca Gioietta, Carlo Rizzo, Carlo Campanini, Enzo Biliotti, Guglielmo Barnabò, Amleto Filippi. ◆ Per entrare in possesso dell'eredità dell'eccentrico zio Sofia (Barnabò), i pretendenti devono dilapidare le loro sostanze. Spendere i soldi non è così facile come sembra: ma alla fine una nuova sorpresa attende gli eredi. Uno dei primi grandi successi di Macario, che mette a punto il suo personaggio di piccolo-borghese (il titolo riprende il suo celebre intercalare) che non si ribella ai potenti, ma cerca di evitarli. La sceneggiatura, di Mattoli, Metz e Steno, escogita situazioni brillanti e paradossali che verranno riprese pari pari, più di quarant'anni dopo, in *Chi più spende... più guadagna*: compresa la trovata del filmato in cui lo zio, ormai morto, si rivolge agli eredi. Cressone, paese natale di Michele (Macario), è in realtà Gressoney, italianizzato secondo i dettami del fascismo sulla lingua italiana.

Love Dream * (Italia 1988, col, 89') Charles Finch. Con Christopher Lambert, Diane Lane, Francesco Quinn, Monica Scattini, J.C. Quinn. ◆ In un periodo di crisi dovuto alla morte del fratello, un cantante rock (Lambert) trova un'anfora, novella lampada di Aladino, abitata da una sirena (Lane) in grado di esaudire i desideri. Favola insulsa per teen-ager che si può ricordare solo perché, sul set, è nato l'amore tra Lane e Lambert. Produzione targata Reteitalia, girata in Sardegna.

Love & una 45 *½ (*Love and a .45*, Usa 1994, col,

101') C.M. Talkington. Con Gil Bellows, Renée Zelweger, Rory Cochrane, Peter Fonda, Anne Wedgeworth, Jack Nance. ◆ Con un paio di cadaveri alle spalle, gli innamorati in fuga Watty Wats (Bellows) e Starlene Cheatman (Zelwegger) diventano eroi dei media, mentre una banda di feroci criminali è sulle loro tracce. Parente povero di *Cuore selvaggio* e *Assassini nati*, con qualche scopiazzata-parodia da *Le iene*, non riesce mai a essere autoironico e veramente cattivo: anche se Fonda che fa l'hippie suonato che cita *I Ching* merita un'occhiata. Opera prima del regista, anche sceneggiatore. Musiche di Tom Verlaine.

Love etc. ** (*Love etc.*, Francia 1996, col, 105') Marion Vernoux. Con Charlotte Gainsbourg, Yvan Attal, Charles Berling, Susan Moncur, Thibauld de Montalembert, Elodie Navarre, Marie Adam, Charlotte Maury Sentier. ◆ Marie (Gainsbourg) sposa Benoît (Attal), conosciuto attraverso un annuncio sul giornale, ma poi si innamora di Pierre (Berling), il miglior amico del marito: come si può risolvere il problema? Dal romanzo *Parliamone* di Julian Barnes (sceneggiato dalla regista con Dodine Henry), una commedia furbescamente divertente che stempera nell'ironia i piccoli drammi della vita. Niente di nuovo, ma la cena a tre, contrappuntata dalle canzoni di Leonard Cohen, è decisamente gustosa.

Love Is the Devil – Un ritratto di Francis Bacon * (*Love Is the Devil – Study for a Portrait of Francis Bacon*, Gb/Francia/Giappone 1998, col, 90') John Maybury. Con Derek Jacobi, Daniel Craig, Tilda Swinton, Anne Lambton, Annabel Brooks, Karl Johnson. ◆ 1964: il ladro George Dyer (Craig) piomba in casa del celebre pittore Francis Bacon (Jacobi), omosessuale masochista, ne diventa l'amante e, disperato perché il suo amore non viene ricambiato, si suicida nel 1971. Maybury (anche sceneggiatore) non vuole raccontare l'arte del pittore bensì il quotidiano da cui essa nasceva: ma non rinuncia alla tentazione di usare la macchina da presa (la fotografia è di John Mathleson) per creare effetti deformanti alla Bacon, prevedibili e didascalici. Ne esce un film che affonda nell'aneddotica grottesca (Bacon si lavava i denti col Vim e si eccitava con *La corazzata Potëmkin*: e allora?) e snocciola banalità sul genio inevitabilmente distruttivo e sull'amore che uccide. Pretenziosa avanguardia *midcult*. Musica di Ryuichi Sakamoto.

Loveless, The **½ (*The Loveless*, Usa 1981, col, 84') Kathryn Bigelow, Monty Montgomery. Con Willem Dafoe, J. Don Ferguson, Marin Kanter, Robert Gordon, Tina L'Hotsky, Liz Gans, Lawrence Matarese. ◆ Nel 1959, in una cittadina del sud degli Stati Uniti un gruppo di motociclisti si ferma per un guasto: il loro capo Vance (Dafoe) finirà a letto con la sedicenne Telena (Kanter), scatenando così l'ira del padre della ragazza. Per il suo esordio nel lungometraggio la Bigelow, proveniente dalla pittura d'ispirazione pollockiana, si fa aiutare da un amico filmaker d'allora, Montgomery, che collabora anche alla sceneggiatura. Quasi irriconoscibile lo stile della futura regista di *Strange Days*, «bloccato» narrativamente da un'impostazione figurativa che spezza il film in lunghi e silenziosi piani-sequenza come se la cinepresa venisse usata non per filmare, bensì per dipingere paesaggi con figure. La rappresentazione della «gioventù bruciata» passa attraverso forti tensioni omosessuali (che ricordano Kenneth Anger e Fassbinder) e «nudi artistici» eleganti quanto anomali, con i corpi sinuosi dei personaggi che stridono tra squallidi motel, officine meccaniche e aree di servizio semi-abbandonate. Dafoe, al suo primo ruolo importante, sembra l'anticipazione dell'Emit Flesti mefistofelico di *Così lontano così vicino* di Wenders. Mai uscito in sala e apparso solo in tv.

Lovemaker – L'uomo per fare l'amore, L' * (Italia/Rft 1969, col, 97') Ugo Liberatore. Con Antonio Sabàto, Doris Kunstmann, Christiane Krüger, Roger Fritz, Peter Kraus, Yvonne Tenhoff, Paola Natale. ◆ A Monaco, l'ingegnere Giorgio Marelli (Sabàto) castiga a dovere le crucche per punirle del loro razzismo anti-italiano: ma poi esagera, e la femminilità offesa si ribella. Liberatore (cosceneggiatore con Fulvio Gicca) parte da pretese sociologiche e semidocumentaristiche sui lavoratori immigrati, e finisce nel melodramma più sciocco. L'epoca consentiva poco sesso, ma musiche allucinanti (di Armando Trovajoli).

Lovest * (Italia 1997, col, 96') Giulio Base. Con Giulio Base, Gianmarco Tognazzi, Mariangela Fremura, Barbara De Pace, Alessandro Gassman. ◆ Il viaggio di Jimbo (Tognazzi) e Angelo (Base) dall'inospitale New York alla vagheggiata California: l'incontro con due ragazze omosessuali (Fremura e De Pace) fa sognare un'impossibile love story, quello con «Johnny – of course/è chiaro» (Gassman) aggiunge il brivido del rischio. Dopo il viaggio a Est (*Lest*), Base si butta sull'*on the road* classico riscrivendo il mito della Frontiera con uno spirito da liceale ingenuo ed ecumenico: le idee scarseggiano, mentre abbondano solenni i cliché e l'umorismo involontario (il finale con rapata rigenerante in stile New Age). Energica, anche se a tratti sconfinante nella macchietta, la prova di Alessandro Gassman, imbarazzante quella delle due attrici.

Love Story *½ (*Love Story*, Usa 1970, col, 99') Arthur Hiller. Con Ali MacGraw, Ryan O'Neal, Ray Milland, John Marley, Katherine Balfour, Russel Nype, Tom [Tommy] Lee Jones. ◆ Il ricchissimo Oliver Barrett (O'Neal) si innamora all'università della povera Jenny Cavilleri (MacGraw): i due decidono di sposarsi contro il volere dei genitori e sarebbero felici, nonostante la povertà, se la leucemia non portasse alla tomba la ragazza. Sceneggiato da Erich Segal, un successo confezionato a tavolino: lacrime, romanticismo, e un pizzico di ribellismo giovanile in linea con quegli anni, con due protagonisti belli e poco dannati. Le musiche ruffiane di Francis Lai introducono un tocco di Lelouch, ma vincono l'Oscar. Seguito da *Oliver's Story*. Il romanzo, scritto dallo stesso Segal a partire dalla sua sceneggiatura (e non viceversa, come si crede) ebbe un tale successo che innescò la mania delle *novelisation* da film.

Love streams – Scia d'amore **½ (*Love Streams*, Usa 1984, col, 137') John Cassavetes. Con Gena Rowlands, John Cassavetes, Diahnne Abbott, Risa Martha Blewitt, Seymour Cassel, Margaret Abbott. ◆ Il rapporto tra uno scrittore erotico di successo, inguaribile dongiovanni (Cassavetes), e la sorella (Rowlands, nella realtà sua moglie): entrambi divorziati, soli, e sull'orlo della crisi di nervi. Il penultimo film di Cassavetes non è il più bello, ma uno dei più sinceri e intensi, dove «la mancanza di misura sembra corrispondere all'impossibilità di limitare un malessere sconfinato». Accanto ai temi ricorrenti del regista (la ricerca della felicità, la malattia mentale come rifugio dalla realtà), acquistano più spazio le atmosfere oniriche (già presenti in *La sera della prima*) e i presagi di morte: è tratto da una pièce di Ted Allan (recitata a teatro dalla stessa Rowlands e da Jon Voight), che ha collaborato all'adattamento cinematografico. Prodotto dalla Cannon quando si piccava di produrre cinema d'autore, e vincitore dell'Orso d'oro a Berlino.

Loving, gioco crudele ** (*Loving*, Usa 1970, col, 90') Irvin Kershner. Con George Segal, Eva Marie Saint, Sterling Hayden, Keenan Wynn, Nancie Phillips, Roy Scheider. ◆ Un pubblicitario americano (Segal), tiranneggiato da un padrone arrogante (Hayden), si barcamena tra la moglie (Saint), l'amante e la bottiglia. I nodi vengono al pettine quando una telecamera a circuito chiuso riprende una sua performance extraconiugale. La crisi dell'americano di mezza età, con risvolti autobiografici, era un tormentone dell'epoca (vedi *Il compromesso* e *Salvate la tigre*): e il film di Kershner (che nutriva ancora ambizioni d'autore) venne acclamato come il migliore del filone. Ma, come molti film di quegli anni, anche questo non è invecchiato molto bene.

Luana la vergine sacra *½ (*Bird of Paradise*, Usa 1932, b/n, 80') King Vidor. Con Joel McCrea, Dolores Del Rio, John Halliday, Skeets Gallegher, Lon Chaney jr. ◆ Nello splendido scenario dei mari del Sud ricostruiti in studio, un avventuriero bianco (McCrea) s'innamora di una polinesiana (Del Rio). Esotismo di maniera, dove la mano di Vidor quasi non si sente. Rifatto nel 1951 da Delmer Daves (*L'uccello di paradiso*).

Luca il contrabbandiere * (Italia 1980, col, 100') Lucio Fulci. Con Fabio Testi, Marcel Bozzuffi, Saverio Marconi, Ivana Monti, Guido Alberti, Venantino Venantini, Giordano Falzoni, Ferdinando Murolo, Ajita Wilson. ◆ Unico sopravvissuto alla strage organizzata da un marsigliese (Bozzuffi) che vuole importare la droga a Napoli, Luca (Testi) prepara la riscossa con l'aiuto dei veterani della camorra di una volta (tra cui lo stesso regista). Finanziato, pare, da veri camorristi, un noir urbano di rara cretineria, anche se ultraviolento fino al *nonsense*. Fulci usa gli stessi effetti speciali dei suoi horror dell'epoca, ma se voleva esprimere odio per la realtà non c'è riuscito.

Lucas ** (*Lucas*, Usa 1986, col, 100') David Seltzer. Con Corey Haim, Kerri Green, Charlie Sheen, Winona Ryder. ◆ Il quattordicenne Lucas (Haim), sensibile e impacciato, si innamora di una sedicenne (Green), che però finisce tra le braccia di un ragazzo più grande (Sheen). Per riconquistarla Lucas farà la cosa che odia di più: giocare a football. A una prima parte insolitamente delicata ne segue una che cerca la risata facile: lo sceneggiatore Seltzer rischia di buttare via il suo primo film, ed è un peccato. Meno cliché, comunque, che nella media dei film sui college. Esordio di Winona Ryder.

Luce che si spense, La ** (*The Light That Failed*, Usa 1939, b/n, 97') William A. Wellman. Con Ronald Colman, Walter Huston, Ida Lupino, Dudley Digges, Muriel Angelus. ◆ Un corrispondente dal fronte (Colman) perde la vista a causa di una ferita, ma vuole ugualmente terminare il dipinto di una giovane cockney (Lupino) che aveva incominciato prima di partire. Tratto dal romanzo omonimo di Kipling, un film sorretto da un buon cast (la Lupino al suo primo ruolo di spicco), ma il melodramma non è troppo nelle corde di Wellman.

Luce del giorno, La ** (*The Light of Day*, Usa 1987, col, 107') Paul Schrader. Con Michael J. Fox, Gena Rowlands, Joan Jett, Michael McKenan, Thomas G. Waites. ◆ Un fratello e una sorella – lui metalmeccanico riflessivo e mediatore (Fox), lei ragazza-madre irrequieta e spigolosa (Jett) in perenne scontro con la madre (Rowlands) e i suoi valori – sperano di fuggire dall'avvilente quotidianità di una cittadina degli States sfondando con una banda rock. Un ruolo più credibile del solito per Fox in un film compatto, a forte carica emozionale, come certe ballate di Springsteen, che firma la canzone che dà il titolo al film. Joan Jett è un'autentica rockstar.

Luce del lago, La ° (*La Lumière du lac*, Francia/Italia 1988, col, 100') Francesca Comencini. Con Nicole Garcia, Francesca Romana Prandi, Jean-Louis Barrault, Wadeck Stanczak, Madeleine Reinaud, Nils Tavernier. ◆ Sullo sfondo di bei paesaggi e tramonti, si consuma un dramma popolato di personaggi simbolici: la Donna, la Ragazza, il Vecchio, lo Straniero. Passione, Tradimento, Morte e ancora altre maiuscole. La maniera del cinema intellettuale, stridulo, pretenzioso e mai credibile. Opera seconda (dopo *Pianoforte*) di una delle figlie di Comencini. Esordio della Prandi. Il critico Jacques Siclier interpreta il direttore del supermercato.

Luce nella piazza **½ (*Light in the Piazza*, Usa 1962, col, 101') Guy Green. Con Olivia de Havilland, Yvette Mimieux, George Hamilton, Rossano Brazzi, Barry Sullivan, Isabel Dean, Nancy Navinson, Moultrie Kelsall. ◆ In vacanza in Italia, una madre americana (de Havilland) si preoccupa soprattutto di «proteggere» la bella figlia venticinquenne (Mimieux), che il calcio di un cavallo sembra aver condannato a uno stato di eterna adolescenza. Ma l'amore di un intraprendente fiorentino (Hamilton) non potrebbe forse risolvere i problemi della ragazza? Un soggetto decisamente originale (tratto da un romanzo di Elizabeth Spencer) sceneggiato con accenti ora melodrammatici ora *soap* da Julius Epstein, che non svela subito il dramma delle due donne ma prima sottolinea gli eccessi difensivi della madre per insinuare poi una serie di dubbi sulla figlia mostrandone atteggiamenti poco spiegabili (il bagno con le paperelle). Peccato che poi la regia riveli troppe cadute di gusto, a cominciare dall'interpretazione dei due «fiorentini rubacuori», Hamilton (figlio) e soprattutto

Brazzi (padre). Ottima prova della de Havilland, madre tormentata dalle proprie responsabilità. Belle riprese di Firenze in CinemaScope.

Luce nell'ombra, Una ** (*Nobody Lives Forever*, Usa 1946, b/n, 100') Jean Negulesco. Con John Garfield, Geraldine Fitzgerald, Walter Brennan, Faye Emerson, George Coulouris. ◆ Uscito di prigione dove era finito per colpa del socio, un proprietario di night (Garfield) va in cerca di vendetta, ma l'amore di una vedova giovane e ricca (Fitzgerald) lo fa redimere. Il noir non si addice a Negulesco, che inizia il film come un melodramma e poi passa al thriller d'azione ma finisce per trasformare il romanzo di W.R. Burnett (che firmò anche la sceneggiatura) in un fiacco polpettone. Garfield ripropone il tema del delinquente che si riscatta, ma a dar sapore al film ci sono solo le gustose caratterizzazioni dei due «vecchi» della mala, Brennan e Coulouris.

Luce rossa, La *½ (*Red Light*, Usa 1949, b/n, 83') Roy Del Ruth. Con George Raft, Virginia Mayo, Gene Lockhart, Barton MacLane, Raymond Burr. ◆ Finito ingiustamente in prigione, un industriale (Raft), una volta uscito, cerca vendetta per sé e per suo fratello, che nel frattempo è stato ucciso. Drammone convenzionale e senza grandi sorprese.

Lucertola dalla pelle di donna, Una *½ (Italia/Spagna/Francia 1971, col, 98') Lucio Fulci. Con Florinda Bolkan, Stanley Baker, Jean Sorel, Leo Genn, Edy Galleani, Anita Strindberg, Silvia Monti, Alberto De Mendoza, Penny Brown, George Rigaud. ◆ Borghese repressa e trascurata dal marito, Carol (Bolkan) sogna di uccidere una vicina di casa scostumata (Strindberg): ma poi l'omicidio avviene veramente. Fulci (sceneggiatore con Roberto Gianviti) avrebbe fatto meglio a seguire fino in fondo la pista onirico-psichedelica, e invece arranca cercando una logica in un intreccio che non ne ha. Lampi di talento visivo, baracconate ed echi della Swinging London: se non altro ci sono le musiche di Ennio Morricone (in vena sperimentale) e la fotografia di Luigi Kuveiller. Gli effetti speciali (inutili e brutti) sono di Carlo Rambaldi.

Luce verde, La *½ (*The Green Light*, Usa 1937, b/n, 85') Frank Borzage. Con Errol Flynn, Anita Louise, Margaret Lindsay, Cedric Hardwicke, Henry O'Neill. ◆ Tanto altruista da attribuirsi la responsabilità di un errore mortale in sala operatoria compiuto da un superiore, il giovane medico Newell Paige (Flynn), accetta di sperimentare su di sé il vaccino contro la meningite: sconfiggerà la morte e conquisterà l'amore (Louise). I toni misticheggianti tipici di certo Borzage, in questa sua opera minore, diventano striduli ed enfatici. Dal romanzo di Lloyd C. Douglas.

Lucia di Lammermoor ** (Italia 1946, b/n, 85') Piero Ballerini. Con Nelly Corradi, Afro Poli, Mario Filippeschi, Aldo Ferracuti, Loretta Di Lelio, Italo Tayo. ◆ La giovane e infelice Lucia (Corradi), costretta dal fratello a un matrimonio d'interesse politico, perde la ragione, mentre il suo primo amore, Edgardo di Ravenswood (Filippeschi) pazzo per la gelosia e per il dolore di aver maledetto l'amata, si uccide. Il film, realizzato senza troppe pretese, è la trasposizione cinematografica dell'opera di Donizetti, involontariamente irriverente. I costumi sono del futuro regista Flavio Mogherini.

Luciana, La *½ (Italia 1954, b/n, 89') Domenico Gambino. Con Rita Rosa, Corrado D'Alba, Elli Parvo, Luigi Toso, Beniamino Maggio, Gianni Glori, Giosué Ippolito, Maria D'Ayala, Ignazio Balsamo, Franco Jamonte, Augusto Di Giovanni, Carlo Lombardi, Ada Colangeli, Maria Diaz, Daniela Rocca. ◆ L'amore tra Maria (Rosa) e Alberto (D'Alba) è osteggiato dal fratello di lei, Vincenzino (Glori), poiché l'uomo è figlio di N.N.: così, quando Vincenzino viene ucciso da colui (Toso) che l'aveva coinvolto in un'operazione di spionaggio, Alberto è il primo indiziato. Un melodramma abbastanza improbabile, sceneggiato da Fernando Barbieri e Bruno Paolinelli (da un soggetto di Luigi Cioffi), in cui però la storia d'amore sembra quasi un pretesto per raccontare le tante contraddizioni del dopoguerra, tra sogno americano (il Ferdinando di Beniamino Maggio si fa chiamare Ferdy, ma alla fine si toglie la sgargiante cravatta americana per un vestito all'italiana) e disadattamento giovanile («i giovani cresciuti durante la guerra sono un po' sfasati», si dice di Vincenzino). «Luciana» è il titolo di «più bella del quartiere di Santa Lucia», che Maria naturalmente vince. Ultimo film diretto dall'attore che, ai tempi del muto, aveva creato il personaggio di Saetta.

Luciano Serra pilota ** (Italia 1938, b/n, 103') Goffredo Alessandrini. Con Amedeo Nazzari, Germana Paolieri, Roberto Villa, Mario Ferrari, Guglielmo Sinaz. ◆ All'indomani della prima guerra mondiale, l'aviatore Luciano Serra (Nazzari) cerca fortuna in Sudamerica abbandonando la moglie e il figlioletto Aldo (Villa), che crescendo emula il padre e s'arruola in aviazione. E durante la guerra d'Etiopia Luciano, arruolatosi sotto falso nome, salverà la vita al figlio durante una pericolosa missione, rimanendo però mortalmente ferito. Sceneggiato dal regista e da Roberto Rossellini e supervisionato da Vittorio Mussolini, voleva essere una saga familiar-militare italiana e un'esaltazione della guerra d'Africa, e per questo vinse la coppa Mussolini al festival di Venezia. Per essere un film di regime, tuttavia, è piuttosto asciutto e accorto nell'uso della retorica.

Lucida follia ° (*Heller Wahn*, Germania 1983, col e b/n, 105') Margarethe von Trotta. Con Hanna Schygulla, Angela Winkler, Peter Streibeck, Christine Fersen. ◆ Due donne, Olga (Schygulla) e Ruth (Winkler), sono legate da un'amicizia fin troppo intensa. La seconda, fragile e psicotica, assorbirà l'energia della prima e, quando il marito cercherà di separarla dall'amica, avrà una reazione esemplare. Saggio di femminismo applicato e di criminalizzazione della specie maschile: nulla di male, se il film non fosse così schematico ed esaltato. Una netta caduta dopo *Anni di piombo*. Le ultime scene sono girate in bianco e nero.

Luci della città **** (*City Lights*, Usa 1931, b/n, 86') Charlie Chaplin. Con Charlie Chaplin, Virginia Cherrill, Harry Myers, Hank Mann. ◆ Charlot (Chaplin), alla ricerca del denaro per guarire una giovane fioraia cieca (Cherrill), si imbatte in un milionario (Myers) che, quando è ubriaco, diventa generoso e amichevole. Per un equivoco finisce in prigione. Dopo un anno ritroverà la ragazza, guarita e diventata ricca: ma stenterà a farsi riconoscere. Spiazzato dall'avvento del sonoro, Chaplin dedicò tre anni alla lavorazione del film – senza dialoghi – girando una quantità spropositata di pellicola. Ma ne valse la pena, e ottenne un successo di pubblico trionfale. Dietro il consueto intreccio di farsa e melodramma, Chaplin analizza in modo pungente le apparenze e i tabù della vita sociale. Charlot, il vagabondo che dorme sulle braccia della statua della giustizia, si mescola a un mondo dominato dal cinismo e dalla simulazione, e ne esce scottato: la negazione dell'happy end tradizionale è esemplare. Tra le trovate migliori, quella del fischietto inghiottito: una gag sonora, ma che non a caso esclude la parola. Chaplin firma anche la colonna sonora.

Luci della ribalta *** (*Limelight*, Usa 1952, b/n, 145') Charlie Chaplin. Con Charlie Chaplin, Claire Bloom, Nigel Bruce, Sydney Chaplin, Buster Keaton, Norman Lloyd. ◆ Calvero (Chaplin), un artista di varietà un tempo celebre, salva dal suicidio la ballerina Terry (Bloom), la fa guarire da una paralisi psicosomatica, le ridà la gioia di vivere e la porta al successo. Poi si fa da parte, anche dal punto di vista affettivo: ma, prima di morire, gode ancora una volta del trionfo sul palcoscenico. Dopo l'amarezza sarcastica di *Monsieur Verdoux*, la maschera di Charlot torna a far capolino dietro quella melanconica di Calvero, superstite rassegnato di un mondo che non c'è più. Chaplin riflette sulla vecchiaia e la vita, non ha paura di cercare il patetico, e non evita scivoloni nella cattiva letteratura: ma la sequenza dell'ultimo spettacolo di Calvero, in coppia con un vecchio collega (Keaton), è tra i vertici del suo cinema. Nel film appare tutta la famiglia Chaplin in ruoli più o meno consistenti: la moglie Oona (una spettatrice), e i figli Sydney (il musicista di cui si innamora Terry), Charles jr (un clown), Geraldine, Michael e Josephine (i bambini del quartiere). Le musiche sono forse le più belle che Chaplin abbia mai scritto. Robert Aldrich è accreditato come aiuto regista.

Luci del varietà **½ (Italia 1950, b/n, 90') Alberto Lattuada, Federico Fellini. Con Peppino De Filippo, Carla Del Poggio, Giulietta Masina, John Kitzmiler, Folco Lulli, Franca Valeri, Carlo Romano, Checco Durante, Vittorio Caprioli, Alberto Bonucci, Giacomo Furia, Carlo Mazzarella. ◆ Checco Dalmonte (De Filippo), un guitto che gira la provincia con la sua scalcinata compagnia, prende sotto la sua protezione una bella ragazza (Del Poggio), che però lo lascia per un impresario (Lulli), in cerca di un improbabile successo. E così la figlia (Masina) dell'amministratore può ricominciare a nutrire i suoi vani sogni d'amore per Checco. Il mondo del varietà viene descritto da Fellini (al suo primo mezzo film) e da Lattuada, con affetto, ironia, un acuto senso del grottesco e un'amarezza di fondo. Fellini, autore del soggetto, scrisse la sceneggiatura assieme a Lattuada, Flaiano e Pinelli. Il film fu un fiasco commerciale, di cui pagò le conseguenze soprattutto Lattuada, che aveva messo soldi suoi. Particine per Giovanna Ralli (una soubrette), Sofia Lazzaro non ancora Loren (la ballerina di cui si vede la silouhette in cima alle scale del varietà) e Alberto Lattuada (il buttafuori). Scenografie e costumi di Aldo Buzzi

Luci d'inverno *** (*Nattvardsgästerna*, Svezia 1963, b/n, 81') Ingmar Bergman. Con Gunnar Björnstrand, Ingrid Thulin, Max von Sydow, Gunnel Lindblom, Allan Edwall, Olof Thunberg, Elsa Ebbesen, Kolbjörn Knudsen, Bertha Sånnell. ◆ Dopo la morte della moglie, il pastore protestante Tomas Ericsson (Björnstrand) non solo perde la fede, ma non sa più dare conforto a chi gli chiede aiuto: dopo aver rifiutato l'amore di Märta (Thulin), si trova sulla coscienza anche il suicidio del pescatore Jonas (von Sydow). Insieme a *Come in uno specchio* (1961) e *Il silenzio* (1963) forma la trilogia sul «silenzio di Dio» e sulla difficoltà di comunicare tra gli uomini (la traduzione del titolo originale, infatti, è *I comunicandi*). Fondato su un paradosso teorico tipicamente bergmaniano (cerca la fede chi dovrebbe averla già trovata e si accorge, in fondo, di non averla mai avuta: «solo mia moglie riempiva il mio vuoto. Sono un povero rottame», dice il pastore), a cui ne fa eco un altro, di natura stilistica (un film sull'incomunicabilità costruito su dialoghi continui), il film – ispirato dalla visione del *Diario di un curato di campagna* di Bresson – è una delle opere più livide, spoglie e meditabonde di Bergman (fotografato da Sven Nykvist solo con le nuvole o la nebbia, è una svolta anche rispetto a *Come in uno specchio*, definito dal regista «romantico e civettuolo» al confronto). Croce e delizia dei cineforum anni Sessanta, questa «storia ingegnosa non per la sua complicazione ma per la sua semplicità» conserva a tutt'oggi inalterati la sua forza e il suo fascino grazie anche al finale aperto che ha scatenato le interpretazioni più diverse (Tomas ha conquistato la fede o no? Cosa significa la messa nella chiesa vuota, alla sola presenza di Märta e del sagrestano? Cosa rappresentano questi ultimi?).

Lucignolo ** (Italia 1999, col, 95') Massimo Ceccherini. Con Massimo Ceccherini, Claudia Gerini, Alessandro Paci, Carlo Monni, Flavio Bucci, Tinto Brass, Paolo Rossi, Giancarlo Antognoni. ◆ Maligno, scansafatiche e perdente, Lucio (Ceccherini) schiavizza la madre, tenta invano di sedurre Fatima (Gerini), direttrice della clinica in cui lavora come infermiere, e sogna di essere processato per i suoi eccessi onanistici. I bischeri di paese, invano affamati di sesso e cattivi soprattutto a parole, sembrano venire dritti da *Berlinguer ti voglio bene*; e Ceccherini (cosceneggiatore con Giovanni Veronesi) non strafà, è leggero nella trivialità e non è mai becero, senza per questo cercare recuperi buonisti. A parte il solito gioco di equivoci, affiorano un talento ruspante nel raccontare e un curioso gusto surreale. Buoni incassi e ostilità della critica, che ha equiparato l'esordiente Ceccherini ai suoi più modesti colleghi toscani: il film resta sgangherato e zoppicante, ma almeno è genuino e - speriamo - promettente. Comparsata, come testimoni nel sogno del processo, dei giocatori di calcio Giancarlo Antognoni e Paolino Rossi.

Luci lontane *½ (Italia 1988, col, 99') Aurelio Chiesa. Con Tomas Milian, Laura Morante, William Berger, Giacomo Piperno. ◆ In un paesino della Romagna si verificano strani fenomeni: grazie a «luci» misteriose, forse di provenienza extraterrestre, i defunti tornano a vivere, ma con personalità e ricordi diversi. Gli abitanti, sconvolti, vogliono liberarsi dei morti-viventi, ma se ne pentiranno. Tentativo di horror metafisico padano (ma Pupi Avati aveva fatto di meglio) accolto nella più assoluta indifferenza, dimostrazione di com'è difficile girare in Italia storie fuori dai soliti schemi.

Luci sull'asfalto ** (*The Mob*, Usa 1951, b/n, 87') Robert Parrish. Con Broderick Crawford, Betty Buehler, Richard Kiley, Otto Hulett, Neville Brand, Ernest Borgnine, Charles Bronson. ◆ Infiltratosi in una banda di criminali, un giovane poliziotto (Crawford) fa carriera nel racket. Film di gangster di taglio cupo e realistico, meno originale, però, di *Nei bassifondi di Los Angeles*, con cui Parrish aveva esordito l'anno prima. Parti di contorno per i giovani attori Borgnine e Bronson.

Lucky Luciano **½ (Italia/Francia 1973, col, 112') Francesco Rosi. Con Gian Maria Volonté, Rod Steiger, Edmund O'Brien, Silverio Blasi, Vincent Gardenia, Jacques Monod, Magda Konopka, Pier Maria Pasinetti, Carlo Mazzarella. ◆ Salvatore Lucania, detto Lucky Luciano (Volonté), si fa strada con la violenza nella mafia newyorkese, sconta nove anni di galera, viene espulso e, nel 1946, torna in Italia, da dove rifornisce l'America di droga: evita ogni imputazione e muore di colpo a Napoli nel 1962. Rosi (che firma la sceneggiatura con Lino Jannuzzi e la collaborazione di Tonino Guerra) non vuole conferire aloni romantici a un personaggio gelido e spietato, ed evita la facile spettacolarità. Tutti i pregi – e i limiti – del cinema di denuncia rosiano, quando era ancora semi-documentaristico: il fenomeno mafioso è raccontato nei vari meccanismi che l'hanno alimentato (analizzando più le funzioni dei personaggi che le loro psicologie), ma tutto è circoscritto, machiavellicamente, «alle grandi figure che fanno la Storia sulla pelle di una massa sempre passiva e marginale». L'agente federale Charles Siragusa, acerrimo e sfortunato nemico di Lucky Luciano, interpreta se stesso.

Lucky Luke *½ (*Lucky Luke*, Francia/Belgio 1971, col, 77') Pierre Tchernia. ◆ Il cowboy Lucky Luke diventa sceriffo di Daisy Town, dopo averla liberata dai banditi, ma i terribili fratelli Dalton tornano alla carica per vendicarsi: catturati dai pellerossa, per ingraziarseli rivelano loro tutto ciò che li aspetta in futuro, ma il capo indiano preferisce cederli allo sceriffo. Dalle strisce di René Goscinny, un piccolo western europeo a cartoni animati che demitizza la figura dello sceriffo tutto d'un pezzo (senza gli indiani, sarebbe un uomo morto) e fa dei cattivi degli insoliti profeti inascoltati (di malvagità, naturalmente). Animazione «povera» e un po' monocorde, ma nella versione inglese è riscattata dalle imitazioni verbali che Rich Little fa di molte star hollywoodiane del genere.

Lucky Star ** (*The Lucky Star*, Canada 1980, col, 110') Max Fisher. Con Louise Fletcher, Rod Steiger, Lou Jacobi, Brett Marx, Helen Hughes. ◆ Un ragazzino ebreo (Marx) sogna il mondo del West in una Amsterdam che sta per essere invasa dai nazisti: quando si troverà coinvolto negli orrori delle deportazioni, la stella giudaica che è obbligato a portare diventerà, per lui, la stella dello sceriffo. Da un promettente soggetto di Roland Topor, un film che non riesce bene a coniugare spunti paradossali e spirito umanitario. Steiger, colonnello nazista, è poco più di una macchietta.

Lucrezia Borgia *½ (*Lucrèce Borgia*, Francia/Italia 1953, col, 120') Christian-Jaque [Christian Maudet]. Con Martine Carol, Pedro Armendariz, Massimo Serato, Valentine Tessier, Arnoldo Foà. ◆ Intrighi e congiure nelle corti rinascimentali: Lucrezia Borgia (Carol) va in sposa, per calcolo politico, al duca Alfonso d'Aragona (Serato), di cui però s'innamora. Ma il fratello della donna, Cesare (Armendariz), fa uccidere il cognato. Storia goffamente romanzata in un film in costume accademico e tedioso. La Carol era la moglie del regista.

Lucy Gallant *½ (*Lucy Gallant*, Usa 1955, col, 104') Robert Parrish. Con Charlton Heston, Jane Wyman, Thelma Ritter, Claire Trevor, William Demarest, Wallace Ford. ◆ Nel Texas una sarta dinamica e geniale (Wyman) diventa proprietaria di una catena di negozi. Trascura l'amore ma sarà il baldo petroliere (Heston) che ha respinto a salvarla nel momento del bisogno. Polpettone dalla morale esemplare, confezionato per un pubblico femminile disponibile all'identificazione.

Ludwig **½ (Italia/Rft/Francia 1973, col, 173') Luchino Visconti. Con Helmut Berger, Romy Schneider, Trevor Howard, Silvana Mangano, Helmut Griem, Umberto Orsini, Marc Porel, Gert Fröbe, Sonia Petrovna, Adriana Asti, Nora Ricci. ◆ Biografia smisurata di un mito del decadentismo: Ludwig Wittelsbach (Berger, ben doppiato da Giancarlo Giannini), salito sul trono di Baviera a diciannove anni nel 1864. Esteta interessato più all'arte che alla guerra, protesse l'ingrato Wagner (Howard), amò la cugina Elisabetta (Schneider) e finì col rinchiudersi nei suoi castelli kitsch, abbandonandosi a orge coi suoi stallieri. Deposto in quanto pazzo da una commissione governativa, venne trovato misteriosamente affogato nel 1886. Visconti (che firma la sceneggiatura con Enrico Medioli) conclude l'ideale trilogia che comprende *La caduta degli dei* e *Morte a Venezia* con un'analisi del crollo del mito dell'aristocrazia: fredda ma non lucida, sontuosa ma non folgorante. Ma forse, in tal modo, Visconti è riuscito a essere aderente al suo antieroe ambiguo e contraddittorio. I distributori ridussero il film di quasi un'ora: la versione originale di 264' è stata ripristinata dopo la morte di Visconti.

Lui e lei ** (*Pat and Mike*, Usa 1952, b/n, 95') George Cukor. Con Spencer Tracy, Katharine Hepburn, Aldo Ray, William Ching, Jim Backus, Charles Buchinski [Bronson]. ◆ Il sodalizio tra Pat (Hepburn), campionessa di golf, tennis e altro, e Mike (Tracy), il suo allenatore, è destinato a colorarsi di rosa: ma c'è di mezzo un fidanzato. Garson Kanin, sceneggiatore insieme alla moglie Ruth Gordon, immaginò la storia dopo aver visto l'atletica Hepburn vincere un match di tennis con un professionista. Risultato piacevole, ma schemi fin troppo rodati. Cukor e i suoi due sceneggiatori avevano bisogno di un film di cassetta dopo l'anticonvenzionale *Vivere insieme*. Nel cast c'è anche il giovane Bronson, che si faceva chiamare ancora col suo vero cognome Buchinski, nella parte di Hank Tasling.

Lui è mio * (*Partners*, Usa 1982, col, 98') James Burrows. Con Ryan O'Neal, John Hurt, Kenneth McMillan, Robyn Douglass, Jay Robinson, Denise Galik. ◆ Indagando su un delitto avvenuto negli ambienti omosessuali, un investigatore (O'Neal) si fa passare per gay, creando false speranze nel suo collega (Hurt). Maldestra e poco divertente parodia di *Cruising* scritta da Francis Veber, lo sceneggiatore del *Vizietto*.

Lui è peggio di me * (Italia 1984, col, 108') Enrico Oldoini. Con Renato Pozzetto, Adriano Celentano, Kelley Van Der Velden, Massimo Pongo, Enzo De Toma, Rossella Gardini. ◆ L'amicizia tra due quarantenni, Leonardo (Celentano) e Luciano (Pozzetto), che non hanno smesso di scherzare in ogni occasione, viene messa in crisi dalle nozze di Leonardo. Il solito prodotto confezionato a tavolino per sbancare il botteghino – fatto che si verificò puntualmente. Ma le gag sono sempre le solite e il risultato inferiore alla media.

Lui, lei e il nonno * (Italia 1961, col, 88') Anton Giulio Majano. Con Walter Chiari, Gilberto Govi, Eliana Merolla, Roldano Lupi, Yvonne Furneaux, Carlo Campanini, Lauretta Masiero, Valeria Moriconi, Carlo Giuffré, Alice Sandro, Jole Mauro, Maria Giovannini, Aldo Giuffré, Carlo Taranto, Giacomo Furia, Zoe Incrocci. ◆ Convinto dal nonno (Govi), il dongiovanni Eugenio (Chiari) sposa la sua segretaria Graziella (Merolla), ma la differenza di censo e di carattere manda in crisi il matrimonio: la bella moglie (Fourneaux) del socio americano (Lupi) sembra destinata a prendere il posto di Graziella, ma il saggio nonno riesce a risolvere ogni cosa. Quattordici anni dopo *Che tempi!*, Chiari ritrova Govi in una sbiadita commedia sceneggiata dal regista con Ruggero Maccari e Gianni Puccini, che cerca di mescolare la comicità dialettale (soprattutto di Govi) con la melodrammaticità della sceneggiata (nell'anacronistico personaggio della Merolla): pessimo risultato, con un Chiari più impacciato del solito nella parte del giuggiolone vanesio. La cosa più bella è il tre alberi sui cui vive Govi.

Lui portava i tacchi a spillo **½ (*Tenue de soirée*, Francia 1986, col, 84') Bertrand Blier. Con Gérard Depardieu, Miou-Miou [Sylvette Hery], Michel Blanc, Bruno Crémer, Mylène Demongeot, Jean-François Stévenin, Jean-Pierre Marielle. ◆ Una coppia di sbandati (Blanc e Miou-Miou) viene avvicinata da un ladro (Depardieu), che li coinvolge nelle sue imprese e finisce col sedurli entrambi, inaugurando uno strano ménage. Finiranno tutti a battere, i due maschi en travesti. Blier racconta con la massima imperturbabilità una storia grottesca e provocatoria e alcuni non hanno gradito che alla fine il lato farsesco (difficile immaginare una coppia peggio assortita di Blanc e Depardieu) ceda spazio a un melodramma passionale e sopra le righe. Grande successo in Francia, dove è stato lanciato con lo slogan «Putain de film» (più o meno «cazzo di film»). Fantasiosa l'oscenità dei dialoghi. Blanc è stato premiato come miglior attore a Cannes. Le musiche sono di Serge Gainsbourg.

Luisa, Carla, Lorenza e... le affettuose lontananze ** (Italia 1989, col, 100') Sergio Rossi. Con Lina Sastri, Angela Finocchiaro, Fiorenza Marchegiani, Gianpiero Bianchi. ◆ Ansie generazionali e piccoli e grandi problemi quotidiani di tre donne romane, sole e alla vana ricerca del vero compagno di vita. Una serie di bozzetti costruiti su misura per le protagoniste, con l'ambizione di rappresentare il male di vivere di una generazione. Primo film di Rossi, aiutato da Age [Agenore Incrocci] in sede di sceneggiatura: niente di particolarmente originale, ma raccontato con garbo.

Lulù – Il vaso di Pandora *** (*Die Büchse der Pandora*, Germania 1928, 120') Georg Wilhelm Pabst. Con Louise Brooks, Fritz Körtner, Franz Lederer, Carl Goetz, Gustav Diessl, Alice Roberts. ◆ Lulù (Brooks), ex fioraia con ambizioni nel varietà, si fa sposare dal ricco Schön (Körtner), che poi uccide accidentalmente. Assieme al figlio di Schön, al vecchio e laido Schigolch e all'acrobata Quast fugge per mezza Europa, finendo col prostituirsi negli *slum* di Londra: il suo primo e ultimo cliente sarà Jack lo Squartatore (Diessl). Ispirato al dittico di Frank Wedekind (*Lo spirito della terra* e *Il vaso di Pandora*) e sceneggiato da Ladislao Vajda, il film ribalta l'interpretazione del personaggio femminile: nella pièce, Lulù, incarnazione della forza primitiva degli istinti, smascherava la corruzione del mondo borghese; nel film di Pabst, la donna che pure si lascia dietro una scia di cadaveri, è meno demoniaca, e diventa una vittima della sua sensualità amorale e gioiosa. E anche Jack lo Squartatore acquista uno spessore e un pathos assenti dal testo di Wedekind. All'epoca circondato da un alone di scandalo e poco apprezzato, è stato in seguito riconosciuto come uno dei più lucidi film di Pabst, dove la deformazione espressionista non assume mai toni predicatori. Ma *Lulù* è soprattutto il trionfo della bellezza di Louise Brooks, che Pabst, dopo aver visto in *Capitan Barbablù* di Hawks, preferì – contro il parere di tutti – alla giovane Dietrich. Un viso bianco e perfetto, inquadrato dal caschetto di capelli neri, e una recitazione capace di farla passare attraverso le prove più umilianti con una sconvolgente capacità di restare «pulita», scatenarono la fantasia del pubblico: «incarnazione libertaria e anarchica dell'*amour fou* e della rivolta senza compromessi contro la società, femminista ante litteram e insieme eroina di un melodramma incandescente, vittima degli uomini e di una morale in putrefazione. Lulù/Brooks divenne l'indimenticabile protagonista di una danza, letteraria e metafisica insieme, tra l'amore e la morte». In Francia fu distribuita una versione edulcorata dalla censura che trasformò il figlio di Schön nel segretario, l'amante lesbica in un'amica d'infanzia, e di Jack lo Squartatore non vi era più traccia. Tra le numerose altre *Lulù*, quella più fedele a Wedekind sarà, tutto sommato, quella di Borowczyk.

Lulù *½ (Italia 1953, b/n, 90') Fernando Cerchio. Con Valentina Cortese, Marcello Mastroianni, Jacques Sernas, Luigi Pavese, Paola Borboni. ◆ Un'attricetta di poche virtù (Cortese) si fa sposare da un giovanotto di buona famiglia (Mastroianni) un po' tonto, ma bello e ricco: l'ingrata lo cornifica, ma la pagherà cara. Drammone a forti tinte, tratto dalla commedia omonima di Carlo Bertolazzi dove le contraddizioni dello sviluppo sociale lombardo erano lette sottoforma di melodramma. La Cortese si agita come suo solito. Vaghissimi i richiami alla *Lulù* di Wedekind.

Lulù *½ (Italia/Francia/Rft 1980, col, 85') Walerian Borowczyk. Con Ann Bennent, Michele Placido, Udo Kier, Beate Kopp. ◆ Dopo aver seminato la morte attorno a sé, causando suicidi o macchiandosi di omicidi, Lulù (Bennent), ex ballerina dalle alterne fortune e mangiatrice d'uomini, finisce vittima di Jack lo Squartatore (Kier). Borowczyk, la cui fama di maestro dell'erotismo era già in fase calante, osò mettere mano a *Lo spirito della terra* e *Il vaso di Pandora* di Wedekind, che già avevano ispirato *Lulù* di Pabst. Il confronto è impensabile, ma del film si salva qualche tocco sarcastico e le atmosfere a metà strada tra il liberty e Otto Dix.

Lulu on the Bridge *½ (*Lulu on the Bridge*, Usa 1998, col, 103') Paul Auster. Con Harvey Keitel, Mira Sorvino, Willem Dafoe, Vanessa Redgrave, Gina Gershon. ◆ Il sassofonista Izzy (Keitel) viene colpito da una pallottola vagante, ma trova una pietra magica che lo conduce a Celia (Sorvino): tra i due scocca subito l'amore, poi lei parte per recitare il ruolo di Lulu nel remake del *Vaso di Pandora* e lui si trova faccia a faccia con il diabolico dottor Van Horn (Dafoe). Auster debutta alla regia con una delle sue favole minimaliste, intrise di psicologia e soprannaturale. L'intreccio, fragile e ambizioso, sfiora il manierismo e la regia non va oltre un cinema da salotto intelligentemente chiacchierato, in cui l'apparente *understatement* cela un autocompiacimento talvolta irritante. In origine Auster aveva scritto il film per Wim Wenders.

Luna, La *½ (Italia 1979, col, 144') Bernardo Bertolucci. Con Jill Clayburgh, Matthew Barry, Tomas Milian, Fred Gwynne, Veronica Lazar, Alida Valli, Renato Salvatori, Franco Citti, Roberto Benigni, Carlo Verdone, Alessio Vlad. ◆ Dopo la morte del marito, una famosa soprano americana (Clayburgh) si trasferisce a Roma, dove scopre che il figlio quindicenne (Barry) è un eroinomane: per salvarlo trascura la carriera e si dedica a lui, arrivando quasi all'incesto, ma riuscirà a recuperarlo solo quando gli rivelerà il segreto della sua infanzia e il nome del vero padre. Scritto dal regista con Franco Arcalli e sceneggiato con il fratello Giuseppe e la futura moglie Clare Peploe (si sono sposati dieci giorni dopo la fine delle riprese), è un melodramma traboccante di riferimenti psicoanalitici ed enfatizzato dalle musiche di Verdi, che ondeggia troppo tra «liriche accensioni, sperperi romantici e rimandi simbolici troppo ostentati». Cammeo di Enzo Siciliano come direttore d'orchestra al Teatro dell'Opera.

Luna di fiele *** (*Bitter Moon*, Francia/ Gb 1992, col, 142') Roman Polanski. Con Emmanuelle Seigner, Peter Coyote, Hugh Grant, Kristin Scott-Thomas, Victor Bannerjee, Sophie Patel. ◆ Durante una crociera da Venezia a Istanbul, una coppia «perbene» e annoiata ne incontra una «diabolica»: il marito della seconda, paralizzato su una sedia a rotelle (Coyote), racconta a quello della prima (Grant) la sua storia d'amore sadomaso, spingendolo tra le braccia della moglie (Seigner): lei lo seduce ma poi fa lo stesso anche con la moglie (Scott-Thomas) e tutto finirà in tragedia. Dall'omonimo libro di Pascal Bruckner, sceneggiato dal regista, da Gérard Brach e John Brownjohn, Polanski orchestra – sul «Titanic della Passione» – un conturbante melodramma di fine secolo, portando alle estreme conseguenze la torbida eredità romantica ottocentesca: ogni rapporto d'amore è un rapporto di potere e ogni presunta certezza viene infranta con poco erotismo e molto dolore. Convincenti gli attori della coppia fatale, un po' troppo scialbi quelli della coppia «normale». Per simulare l'oscillazione della nave, il set di molti interni è stato costruito su una piattaforma a sospensioni idrauliche.

Luna di miele in tre *½ (Italia 1976, col, 96') Carlo Vanzina. Con Renato Pozzetto, Stefania Casini, Kirsten Selle, Vincent Gardenia, Cochi Ponzoni, Massimo Boldi, Felice Andreasi. ◆ Un cameriere di Stresa (Pozzetto) vince una vacanza in Giamaica con una playmate proprio quando sta per partire in viaggio di nozze. Cercherà di prendere due piccioni con una fava, ma finirà cornuto e mazziato. Il figlio di Steno [Stefano Vanzina] esordisce con una prevedibile commedia degli equivoci che si tramuta in uno spot turistico. Pozzetto ripetitivo e non al suo meglio. Del cast fa parte anche il mitico pornoattore Harry Reems, già protagonista di *Gola profonda*.

Luna di miele stregata *½ (*Haunted Honeymoon*, Usa 1986, col, 82') Gene Wilder. Con Gene Wilder, Gilda Radner, Dom DeLuise, Jonathan Pryce, Paul L. Smith. ◆ Per guarire da una sindrome nervosa, un attore radiofonico (Wilder) va con la fidanzata (Radner, moglie di Wilder nella realtà) nel castello della vecchia zia (DeLuise en travesti), dove si trova coinvolto in una sarabanda di spaventi: realtà o messa in scena? Parodia dell'horror concitata ma vecchiotta, dove la vena comica di Wilder sembra inaridirsi.

Luna e l'altra ** (Italia 1996, col, 92') Maurizio Nichetti. Con Iaia Forte, Maurizio Nichetti, Aurelio Fierro, Luigi Burruano, Ivano Marescotti, Eraldo Turra, Luciano Manzalini, Marco Pironti, Fabio Santacroce, Eva Robbin's. ◆ 1955: per colpa di una lanterna magica, Luna Di Capua (Forte), timida maestra napoletana trasferitasi a Milano, perde il controllo della sua ombra, che si anima di vita propria e butta alle ortiche i pregiudizi della sua ex padrona, sconvolgendo così la vita dell'altrettanto represso bidello (Nichetti). Il film più maturo di Nichetti (autore anche della sceneggiatura con Nello Correale, Laura Fischietto e Stefano Albè), dove il suo universo fantastico si lega meglio alla descrizione satirica di un mondo senza fantasia (la scuola elementare degli anni Cinquanta), è anche quello che mette più in evidenza i limiti del suo fare cinema, tanto preoccupato della gag mimica o della divagazione spiritosa da disperdere le potenzialità della storia. (Perché le scene nel bordello? Perché la figura del macellaio dongiovanni interpretato da Eraldo Turra?) Mentre la presenza mercuriale di Iaia Forte (e di Aurelio Fierro nel ruolo di suo padre) viene ingabbiata in una sceneggiatura fin troppo meccanica. Fotografia di Luca Bigazzi. I musicisti del circo sono i componenti della Banda Osiris.

Luna e sei soldi, La **½ (*The Moon and Six pence*, Usa 1942, b/n e col, 89') Albert Lewin. Con George Sanders, Herbert Marshall, Doris Dudley, Eric Blore, Elena Verdugo. ◆ Un agente di cambio (Sanders) lascia la famiglia per girare il mondo: troverà la sua vocazione a Tahiti, dove diventerà pittore. Lewin, al suo esordio come regista, adattò il romanzo omonimo di W.S. Maugham ispirato alla vita di Gauguin con la benedizione dell'autore. Il personaggio del narratore-testimone è interpretato da Marshall e la scelta di servirsi della voce fuori campo di un personaggio che compare nel film, allora, era una soluzione narrativa decisamente insolita, poi spesso imitata. L'ultima sequenza, che mostra le opere del pittore, è a colori: alcuni la criticarono come una caduta di gusto, ma è tipica dello stile di Lewin, sperimentatore curioso ed edonista dell'immagine.

Luna mortale → *Bad Moon – Luna mortale*

Luna nera ** (*Black Moon*, Francia 1975, col, 100') Louis Malle. Con Thérèse Gieshe, Cathryn Harrison, Alexandra Stewart, Joe Dallesandro. ◆ A bordo di una spider, una donna (Harrison) fugge da un mondo in cui gli uomini mettono a morte l'altro sesso, trovando rifugio in una fattoria abitata da unicorni e strani personaggi. Malle ha dichiarato di essersi ispirato ai propri sogni per questa fantasia surreale che sembra nutrita, più che altro, di psicologia freudiana e junghiana. Curiosità non del tutto riuscita, ma che forse non meritava l'insuccesso di cui è stata vittima.

Luna nuova *½ (*New Moon*, Usa 1940, b/n, 105') Robert Z. Leonard. Con Jeanette MacDonald, Nelson Eddy, May Boland, George Zucco, H.B. Warner. ◆ Al tempo della schiavitù, nella vecchia Louisiana, un giovane e spiantato aristocratico francese (Eddy) viene venduto a una ricca proprietaria (MacDonald). Lui s'innamora e lei, superba, lo rifiuta. Il giovane allora organizza una rivolta degli schiavi. Da un'operetta già filmata nel 1930 (con Lawrence Tibett e Grace Moore), un musical salvato dalle canzoni di Oscar Hammerstein e Sigmund Romberg (*One Kiss*, *Softly as in a Morning Sunrise* e *Lover Come Back to Me*).

Luna Park ** (*Luna Park*, Francia/Russia 1992, col, 112') Pavel Lungin. Con Oleg Borisov, Andrei Gutine, Natalia Egorova. ◆ Andrei (Borisov), leader di un gruppo razzista moscovita, scopre di avere sangue ebreo nelle vene. Improvvisamente privato delle sue certezze ideologiche, vaga sconvolto per la città in cerca del padre, mentre la madre lo incita all'odio. Un film eccentrico e schizofrenico, figlio di una Madre Russia decomposta che guarda alla spettacolarità americana nella speranza di riuscire a sintetizzare la propria immagine frantumata. Inizio alla Walter Hill (veloce, violento, fisico) poi tutto viene fagocitato dalla paranoia etnico-esistenziale e da ciò che rimane dello spirito russo: cioè dolore e pessimismo assoluto. Un'opera seconda confusa, ma piuttosto intrigante nella sua disperata tensione.

Luna sorge, La *** (*Moonrise*, Usa 1948, b/n, 90') Frank Borzage. Con Dane Clark, Gail Russell, Ethel Barrymore, Allyn Joslyn, Rex Ingram, Lloyd Bridges. ◆ In un villaggio della Virginia ai margini delle paludi, il figlio (Clark) di un assassino, ingiustamente perseguitato per il suo passato viene spinto alla violenza e deve lottare contro un senso di colpa che è quasi patologico: l'amore per una ragazza (Russell) eviterà la sua rovina totale. Una storia cupa di redenzione, impregnata di un eccessivo fatalismo dove il regista, coerentemente con la sua poetica, mette in primo piano la vicenda personale dei due amanti e la forza di redenzione che ha l'amore nella vita della gente. Il film, però, non scivola mai nel melodramma puro, influenzato com'è da numerosi elementi noir e da una sceneggiatura (del produttore Charles Haas) che sottolinea la brutalità che sta intorno alla vita americana «con le sfavillanti fontanelle per la soda, una bella contea dalle strade lucide per la pioggia e una palude piena di presentimenti». Da antologia la sequenza iniziale dell'impiccagione, dal tono semionirico, splendidamente fotografata da John L. Russell. L'ultimo film davvero importante del regista.

Luna zero due *½ (*Moon Zero Two*, Gb 1970, col, 100') Roy Ward Baker. Con James Olson, Catherine Von Schell, Warren Mitchell, Adrienne Corri, Ori Levy. ◆ Sulla Luna, nella città di Moon City, una compagnia mineraria incarica due ex astronauti di una pericolosa missione. Volenteroso tentativo di western fantascientifico, realizzato in economia.

Lunga estate calda, La ** (*The Long Hot Summer*, Usa 1958, col, 117') Martin Ritt. Con Paul Newman, Joanne Woodward, Anthony Franciosa, Orson Welles, Lee Remick, Angela Lansbury, Richard Anderson, Sarah Marshall. ◆ Ben Quick (Newman), un giovane con un passato di piromane, trova lavoro in una fattoria conquistando la fiducia del padrone (Welles) e, dopo qualche schermaglia, l'amore della figlia Clara (Woodward). Ma il figlio maschio (Franciosa), invidioso dei favori paterni, cerca di farlo linciare dalla folla. Tratto dai racconti *Barn Burning*, *The Spotted Horses* e dal romanzo *The Hamlet* di William Faulkner (sceneggiati da Irving Ravetch e Harriet Frank), è un melodramma un po' troppo compiaciuto, diretto con uno stile che oggi appare retorico e datato, ma interpretato da un Newman in stato di grazia. Primo film insieme di Woodward & Newman (migliore attore a Cannes), all'epoca in procinto di sposarsi. Rifatto per la Tv nell'85 con Jason Robards, Ava Gardner, Cybill Shepherd e Don Johnson.

Lunga linea grigia, La **½ (*The Long Gray Line*, Usa 1955, col, 138') John Ford. Con Tyrone Power, Maureen O'Hara, Robert Francis, Ward Bond, Donald Crisp, Phil Carey. ◆ Un giovane irlandese (Power) fa il lavapiatti all'accademia militare di West Point. Diventerà il preparatore atletico dei giovani ufficiali e rimarrà lì tutta la vita, incoraggiato dalla moglie (O'Hara). Un Ford minore ma inconfondibile:

figurine sbozzate con amore, un senso di malinconia struggente ma virile, una fiducia granitica negli ideali americani. E una capacità di raccontare il passare del tempo che, alla fine, non può non commuovere.

Lunga marcia, La *½ (*La Longue marche*, Francia 1966, b/n, 90') Alexandre Astruc. Con Robert Hossein, Maurice Ronet, Jean-Louis Trintignant, Paul Frankeur, Willy Braque. ◆ Un gruppo di partigiani intraprende una dura marcia attraverso il Massiccio Centrale per sfuggire alla rappresaglia tedesca. Ma tra intellettuali (Ronet), borghesi (Trintignant) e proletari (Hossein) la tensione presto comincia a crescere. Una visione abbastanza convenzionale dell'epica partigiana dietro il piglio realistico e, solo in apparenza, anticonformista. Astruc, regista di punta prima della Nouvelle Vague, non aveva più molto da dire.

Lunga notte, La ** (*The Long Wait*, Usa 1954, b/n, 93') Victor Saville. Con Anthony Quinn, Charles Coburn, Gene Evans, Peggie Castle, Dolores Donlan, Mary Ellen Kay. ◆ Dopo molti anni di lontananza, un uomo (Quinn) che ha perduto la memoria, capita nella sua città, dove è sospettato di una rapina. Dal romanzo di Mickey Spillane, un noir non originalissimo, ma con atmosfere e interpreti discreti.

Lunga notte, Una *½ (*Stay the Night*, Usa 1991, col, 144') Harry Winer. Con Barbara Hershey, Jane Alexander, Morgan Weisser. ◆ Una quarantenne (Hershey) diventa l'amante di un compagno di scuola della figlia, e lo induce a far fuori quel bruto di suo marito. Il ragazzino va in prigione, ma la sua mamma medita tremenda vendetta. Da una storia vera, un polpettone girato per la cable Tv americana non privo di sviluppi sorprendenti, ma viziato da un insopportabile moralismo di fondo. La Hershey, per la prima volta, in versione bionda.

Lunga notte del '43, La **½ (Italia 1960, b/n, 100') Florestano Vancini. Con Gabriele Ferzetti, Enrico Maria Salerno, Gino Cervi, Belinda Lee, Andrea Checchi, Carlo Di Maggio. ◆ All'indomani dell'8 settembre, il partito fascista si spacca tra falchi e colombe e un duro (Cervi) fa uccidere un compagno di partito, facendo ricadere la colpa sugli oppositori e causando una cruenta rappresaglia. Ma nel clima del dopoguerra carnefici e vittime si daranno la mano. Esordio ambizioso di Vancini, tratto da un racconto di Bassani (*Una notte del '43*), adattato con l'aiuto di Pasolini e De Concini. Una forte carica polemica, un buon lavoro sulle atmosfere (Ferrara è ricostruita in studio) e sui personaggi, ma anche qualche caduta di tono e qualche semplificazione enfatica, che comunque non tolgono a questo ritratto di un mondo borghese e delle sue piccole viltà civili «un'acre e amara morale» capace di tracciare un segno d'uguale tra gli orrori fascisti e i conformismi postbellici.

Lunga notte di Entebbe, La * (*Victory at Entebbe*, Usa 1976, col, 110') Marvin J. Chomsky. Con Kirk Douglas, Elizabeth Taylor, Burt Lancaster, Linda Blair, Richard Dreyfuss, Anthony Hopkins, Helmut Berger. ◆ Un gruppo di palestinesi dirotta un aereo francese in Uganda: una squadra speciale dell'esercito israeliano arriva nell'aeroporto africano, uccide i terroristi, libera gli ostaggi. Un instant-movie di origine televisiva su un episodio della guerra arabo-israeliana, con l'uso della forza vista come unica soluzione delle controversie. Confezione mediocre, attori sprecati. Lancaster è Shimon Peres, Hopkins è Yitzak Rabin. In originale dura 150'.

Lunga notte di Veronique, La *½ (Italia 1966, col, 91') Gianni Vernuccio. Con Alex Morrison [Sandro Luporini], Alba Rigazzi, Cristina Gajoni, Jeanine, Walter Pozzi, Tony Bellani, Lia Rainer. ◆ All'inizio del secolo Veronique (Rigazzi) stringe un patto suicida con il suo fidanzato: ma è l'unica a rispettarlo. Anni dopo, torna per vendicarsi del nipote (Luporini) dell'ormai vecchio innamorato. Pallido gotico ambientato nel placido paesaggio lombardo, dove i fantasmi non hanno paura della luce del giorno, ma l'atmosfera latita. Musica di Giorgio Gaslini. Vernuccio firma regia, soggetto, fotografia e montaggio.

Lunga ombra gialla, La * (*The Chairman*, Gb 1968, col, 102') J. Lee Thompson. Con Gregory Peck, Anne Heywood, Arthur Hill, Alan Dobie, Conrad Yama. ◆ I servizi segreti sovietici e americani si alleano per venire in possesso di un miracoloso sistema per sconfiggere la fame nel mondo, ideato da uno scienziato cinese. Peck è lo scienziato incaricato della missione. Molte chiacchiere e poca azione in un film di spionaggio goffo e farraginoso.

Lunga strada verso casa, La ** (*The Long Walk Home*, Usa 1990, col, 97') Richard Pearce. Con Sissy Spacek, Whoopi Goldberg, Dwight Schultz, Ving Rhames. ◆ Alabama, 1955: una ricca borghese (Spacek) prende coscienza delle ingiustizie razziali, e solidarizza con la sua domestica (Goldberg), la quale boicotta i mezzi pubblici per protestare contro le discriminazioni: ma la tragedia è dietro l'angolo La sceneggiatura di John Cork è storicamente precisa e politicamente avanzata (femminismo e giustizia sociale sono due facce della stessa medaglia) gli attori sono efficaci senza strafare e la confezione è accurata, ma le emozioni cinematografiche sono proprio pochine.

Lunga vita alla Signora! **½ (Italia 1987, col, 105') Ermanno Olmi. Con Marco Esposito, Simona Brandalise, Stefania Busarello, Simona Dalla Rosa, Lorenzo Paolini, Tarcisio Tosi. ◆ In un lussuoso albergo dove viene festeggiata, con un pranzo di gala, una signora decrepita e velata di nero che non tocca cibo, un giovane apprendista cameriere, Libenzio (Esposito), affronta per la prima volta il mondo degli adulti. Se la darà a gambe levate. Favola (la definizione è del regista) sul passaggio dall'adolescenza alla maturità, e insieme allegoria satirica che intende prendere di mira, sempre secondo l'autore, «tutti coloro che, ricchi o poveri, belli o brutti, vendono la loro anima». Non soporifero, ma un po' risaputo e generico. Nella descrizione dei tormenti del pasto raffinato vi è un fellinismo fin troppo insistito – con tanto di pescione mostruoso.

Lunghe navi, Le *½ (*The Long Ships*, Gb/Jugoslavia 1964, col, 125') Jack Cardiff. Con Richard Widmark, Sidney Poitier, Rosanna Schiaffino, Russ Tamblyn, Oscar Homolka. ◆ Intorno al decimo secolo le due potenze dei mari europei sono gli arabi e i vichinghi.

Le due flotte si scontrano per il possesso di una campana d'oro. Un cast assurdo per un film d'avventure di livello fumettistico.

Lunghe vacanze del '36, Le ** (*Las largas vacaciones del '36*, Spagna 1976, col, 105') Jaime Camino. Con Amalia Gadé, Conchita Velasco, José Sacristan, José Vivo, Francisco Rabal. ◆ Alla vigilia della guerra civile, alcune famiglie della piccola borghesia di Barcellona decidono di trasferirsi in campagna. Storia dolceamara della maturazione politica e sentimentale di un gruppo di adolescenti, il film di Camino ha avuto il merito principale di essere uno dei primi film spagnoli a tornare sul dramma di quegli anni. Ma i suoi limiti sono altrettanto evidenti: bozzettismo e semplificazione retorica.

Lunghi binari della follia → *Tracks – Lunghi binari della follia*

Lunghi capelli della morte, I ** (Italia 1966, b/n, 96') Anthony Dawson [Antonio Margheriti]. Con Barbara Steele, George [Giorgio] Ardisson, Halina Zalewska, Robert Rayns [Umberto Raho], Laureen Nuyen [Laura Nucci]. ◆ La figlia (Steele) di una strega ingiustamente condannata torna dalla tomba per sedurre e fare impazzire Kurt (Ardisson), il signorotto che aveva fatto uccidere sua madre. Tipico gotico italiano con passaggi segreti, donne in camicia da notte che vagano nel buio e un tocco di erotismo (con un nudo fugace della Steele): l'atmosfera c'è, ma la sceneggiatura (di Robert Bohr, cioé Bruno Valeri) è stata improvvisata giorno per giorno, e si vede.

Lunghi giorni della vendetta, I (Faccia d'angelo) ** (Italia/Spagna 1967, col, 123') Stan Vance [Florestano Vancini]. Con Giuliano Gemma, Francisco Rabal, Gabriella Giorgelli, Nieves Navarro [alias Susan Scott], Conrado Sanmartin, Pajarito, Franco Cobianchi D'Este, Ivan Scatuglia. ◆ Ted Barnett (Gemma) evade di prigione per vendicarsi di una banda di trafficanti di armi e di schiavi che gli ha ucciso il padre e l'ha fatto condannare ingiustamente: giustizia sarà fatta, con molta fatica. La sceneggiatura di Fernando di Leo (anche aiuto-regista) e Augusto Caminito gioca su più fronti e allinea molti pezzi di bravura (Barnett che si fa tagliare barba e capelli da un suo nemico, la suspense dell'impiccagione finale), ma rischia di perdere di vista il disegno d'insieme. Vancini, al suo unico western, evita le allusioni rivoluzionarie tipiche dell'epoca, cercando un respiro quasi da saga, forte di un talento figurativo non banale. Stonato, comunque, Gemma, che non rinuncia ad acrobazie senza controfigura e ilari scazzottate quando il suo dovrebbe essere un personaggio tormentato. Musiche di Armando Trovajoli.

Lunghi giorni delle aquile, I *½ (*The Battle of Britain*, Gb 1969, col, 132') Guy Hamilton. Con Harry Andrews, Michael Caine, Trevor Howard, Curt Jurgens, Laurence Olivier, Susannah York, Ralph Richardson, Christopher Plummer, Robert Shaw, Michael Redgrave. ◆ Durante la seconda guerra mondiale, l'aviazione tedesca scatenò un formidabile attacco contro quella inglese, ma i piloti britannici, con mezzi quattro volte inferiori, opposero una resistenza disperata ed efficace. Non bastano però buone riprese aeree e tante comparse illustri a dare nerbo a un film bellico gonfio e incolore.

Lungo addio, Il **** (*The Long Goodbye*, Usa 1973, col, 112') Robert Altman. Con Elliott Gould, Nina Van Pallandt, Sterling Hayden, Henry Gibson, Mark Rydell, Jim Bouton, David Arkin, Warren Berlinger. ◆ Il detective Philip Marlowe (Gould), per aiutare un amico accusato di uxoricidio (Bouton), scopre i tradimenti e i sotterfugi della ricca borghesia di Malibu. Splendido canto funebre di un personaggio e di un genere, privo di suspense in senso tradizionale, ma percorso da una sottile inquietudine che via via si trasforma in autentica tensione. Altman (con la collaborazione dello sceneggiatore Leigh Brackett) rilegge il romanzo omonimo di Raymond Chandler «aggiornandolo» con rispetto e intelligenza: Marlowe (di cui Gould dà un'interpretazione perfetta, scanzonata e crepuscolare) diventa «un antieroe superato dagli avvenimenti che non riesce mai a controllare», ma che saprà riscattarsi nella scena finale con una scelta di morale che è una coerentissima risposta all'involuzione della società. Stupefacente la fotografia notturna di Vilmos Zsigmond e indimenticabile lo scrittore hemingwayano interpretato da Sterling Hayden. Piccole parti per Arnold Schwarzenegger (che si vede mentre si esercita nel body building) e David Carradine (in prigione). La canzone *The Long Goodbye* è di J.T. Williams e J. Mercer.

Lungo duello, Il ** (*The Long Duel*, Gb 1967, col, 115') Ken Annakin. Con Yul Brynner, Trevor Howard, Harry Andrews, Andrew Keir, Charlotte Rampling. ◆ India, anni Venti: guidati da un principe locale (Brynner), un gruppo di indiani fugge dalle prigioni inglesi cercando rifugio nelle campagne e continuando la guerra contro l'esercito invasore. Onesto film d'avventura, discretamente costruito ma non particolarmente avvincente.

Lungo giorno del massacro, Il * (Italia 1968, col, 103') Albert Cardiff [Alberto Cardone]. Con Peter Martell [Pietro Martellanza], Glenn Saxon, Liz Barrett [Luisa Baratto], Daniela Giordano. ◆ Un ex sceriffo dai metodi brutali (Martell) è accusato ingiustamente dell'omicidio di una coppia di agricoltori: saprà dimostrare coi fatti la propria innocenza. Western all'italiana modesto e scontato.

Lungo giorno finisce, Il *** (*The Long Day Closes*, Gb 1992, col, 85') Terence Davies. Con Leigh McCormack, Marjorie Yates, Anthony Watson, Nicholas Lamont, Ayse Owens. ◆ Tra il 1955 e il '56, un anno nella vita dell'undicenne Bud (McCormack), sospeso tra l'amore per la madre (Yates) e i primi turbamenti omosessuali, il fascino del cinema, il misticismo delle cerimonie religiose, la crudeltà della scuola. Il terzo film di Terence Davies riprende certi temi di *Voci lontane, sempre presenti* (la centralità della famiglia nella formazione della personalità del protagonista, qui, significativamente, circondato solo da figure femminili) per svilupparne soprattutto il lato magico e impalpabile del sogno e della memoria: la narrazione non procede in maniera lineare ma piuttosto per accumulo di immagini (le finestre, i vestiti, la pioggia) e soprattutto di suoni, dove esperienza e fantasia si mescolano in maniera indissolubile, come nella bellissima scena dove la magia del cinema si dissolve nel fascino mistico della messa. Centrale, in questo affascinante tentativo di restituire il senso dello scorrere del tempo (che «sembra eterno e pur scorre, sembra immutabile e pur cambia lento»), è il ruolo della memoria sonora, nella quale si mescolano motivi musicali sacri (*Tamtum ergo*) e profani (il minuetto di Boccherini), ricordi radiofonici (*Civilization – Bongo Bongo Bongo* o *Stardust*) e cinematografici, a volte cantati (*Over the Bannister* con la voce di Judy Garland) a volte recitati («Ci sono stanze da affittare, vero?» da *La signora omicidi*). Un autentico «poema di suono-immagine più ardito e controllato che mai», affascinante per gli occhi e le orecchie e impegnativo (ma magico) per la mente.

Lungo giorno per morire, Un *½ (*The Long Day's Dying*, Gb 1968, col, 93') Peter Collinson. Con David Hemmings, Tom Bell, Tony Beckley, Alan Dobie. ◆ Durante la seconda guerra mondiale, tre paracadutisti inglesi finiscono oltre la linea del fronte. Dopo aver combattuto contro i reparti tedeschi, cadono, per errore, vittime del loro stesso esercito. Un film di guerra sul fronte europeo, un po' atipico nella trama ma senza grandi pregi.

Lungo il corto il gatto, Il *½ (Italia 1967, col, 90') Lucio Fulci. Con Franco Franchi, Ciccio Ingrassia, Giusi Raspani Dandolo, Ivy Holzer, Elsa Vazzoler, Gianni Agus, Ivano Staccioli, Daniele Vargas, Salvatore Baccaro, Enzo Andronico. ◆ Per non perdere l'eredità dell'eccentrica padrona (Raspani Dandolo), i due camerieri (Franchi e Ingrassia) con l'aiuto della *bonne* (Holzer) devono recuperare l'amatissimo gatto di casa: finiranno prima a un'eccentrica cena fra nobili e poi saranno coinvolti in un attentato terroristico internazionale. Fulci nel suo periodo comico (su sceneggiatura di Callegari, Gianviti, Laurenti e Sollazzo) cerca di equilibrare le smorfie di Franco con una trama non del tutto soporifera, ma arriva a poco. L'unica scena passabile è quella del banchetto in cui il povero Ciccio non può mai mangiare in pace perché a tavola si ritrovano sempre in tredici e tocca a lui alzarsi o sedersi.

Lungo la valle delle bambole → *Beyond the Valley of the Dolls*

Lungo silenzio, Il ° (Italia 1993, col, 90') Margarethe von Trotta. Con Carla Gravina, Jacques Perrin, Paolo Graziosi, Agnese Nano, Antonella Attilli, Alida Valli, Giuliano Montaldo, Ivano Marescotti, Ottavia Piccolo. ◆ Moglie di un magistrato (Perrin) che indaga sulla mafia, Carla (Gravina) ne condivide la vita blindata. E quando lui viene ucciso, la donna – delusa dall'atteggiamento rinunciatario della Giustizia – decide di continuare in proprio le indagini, andando incontro a una tragica fine. Scontata riflessione sui mali della giustizia italiana (sceneggiata e prodotta da Felice Laudadio, ai tempi compagno della regista) che non sa sollevarsi dalle frasi fatte («Dopo queste morti la Giustizia ha perso». «No, abbiamo perso tutti») e da un'impostazione programmaticamente televisiva, con la sua enfasi e i suoi inutili comizi. Peccato, perché nella prima parte, per descrivere la vita soffocata dalle misure di sicurezza la von Trotta indovina alcune belle scene. Il regista Giuliano Montaldo interpreta il procuratore capo. Il giornalista Franco Recanatesi appare nella parte di se stesso.

Lungo viaggio di ritorno → *Viaggio senza fine, Il*

Lungo viaggio verso la notte, Il **½ (*Long Day's Journey Into Night*, Usa 1962, b/n, 136') Sidney Lumet. Con Katharine Hepburn, Ralph Richardson, Jason Robards, Dean Stockwell, Jeanne Barr. ◆ 1912, in una casa di campagna del Connecticut: alla notizia che il figlio minore Edmund (Stockwell) è affetto da tisi, vengono a galla le tensioni tra i familiari. Il padre (Richardson), attore in declino, si preoccupa più che altro delle spese mediche; la mamma (Hepburn) si rifugia nella droga, e il figlio maggiore (Robards) si attacca alla bottiglia. La fine della giornata porterà una quiete illusoria. Puntigliosa versione del dramma autobiografico di Eugene O'Neill (che si ritrasse nel personaggio di Edmund), rappresentato postumo per sua volontà. Lumet lo giudica il suo miglior film, anche dal punto di vista tecnico, ma sostanzialmente è solo un nobile esempio di teatro filmato, tenuto in piedi unicamente dalle intense interpretazioni. Robards (che allora si faceva chiamare ancora Robards jr) è l'unico superstite del cast della prima edizione teatrale. Premiati ex aequo a Cannes i quattro protagonisti.

Luogo del crimine, Il *½ (*Le Lieu du crime*, Francia 1986, col, 91') André Téchiné. Con Catherine Deneuve, Wadeck Stanczak, Nicolas Giraudi, Victor Lanoux, Danielle Darrieux, Claire Nebout. ◆ Il quattordicenne Thomas (Giraudi) aiuta l'evaso Martin (Stanczak); sua madre Lili (Deneuve), anziché punirlo, si innamora del fuggiasco. Alla trasgressione segue il ritorno all'ordine. Téchiné, aiutato da due sceneggiatori intellettuali come Olivier Assayas e Pascal Bonitzer (entrambi ex critici dei *Cahiers du cinéma*, il primo anche regista), ha voluto sfidare il buon senso e il verosimile, per raccontare in modo freddo una storia impossibile. Il genere di operazione che poteva riuscire solo a Truffaut, in difficile equilibrio tra eccessi tutti di testa e gusto melodrammatico sopra le righe.

Lupa, La ** (Italia 1953, b/n, 93') Alberto Lattuada. Con Kerima, May Britt, Ettore Manni, Mario Passante, Giovanna Ralli, Ignazio Balsamo, Anna Arena, Maurizio Arena. ◆ La spregiudicata «Lupa» (Kerima) diventa l'amante di un soldato (Manni), ma quando si accorge che l'uomo si è innamorato di sua figlia (Britt) finisce per lasciarsi morire in un incendio. Il film (sceneggiato da Lattuada, Pietrangeli, Malerba, De Concini, Perilli e Moravia) è tratto dall'omonimo racconto di Verga con l'apporto di due fondamentali modifiche: invece che nella Sicilia dell'Ottocento, l'azione si svolge nella Matera degli anni Cinquanta, e i personaggi principali non lavorano nei campi bensì in una manifattura di tabacco. Fu molto maltrattato dalla critica italiana, ma rivisto oggi appare come una tappa fondamentale di quel cinema del «corpo femminile» che connota in modo specifico l'attività artistica di Lattuada.

Lupa, La *½ (Italia 1996, col, 108') Gabriele Lavia.

Con Monica Guerritore, Raoul Bova, Alessia Fugardi, Michele Placido, Giancarlo Giannini, Lorenzo Lavia. ◆ Fine Ottocento. In un paesino della Sicilia, gnà Pina (Guerritore), soprannominata la Lupa per la sua voracità sessuale, s'innamora del giovane Nanni Lasca (Bova) che ricambia la passione, ma ne sposa la figlia Maricchia (Fugardi): inevitabile che la tragedia sia in agguato. Tratto liberamente dall'omonima novella di Verga (Lavia s'inventa il personaggio di Malerba, affidato a Placido, che nell'originale non c'è), è un melodramma ridicolo nella riproposizione di una donna fatale infarcita di tutti i cliché del caso (la coppia Guerritore/Lavia resta convinta che la seduzione femminile al cinema sia una questione di gambe nude fino all'ombelico, sguardi torvi, labbra inturgidite e pose da rotocalco). Ma il film è inaspettatamente più interessante nella ricostruzione della vita agricola, con scene nei campi, collettive e rituali, di una certa suggestione visiva e antropologica, anche se la messa in scena è troppo teatrale e studiata e il dialetto siciliano è attraversato da interferenze romanesche. Partitura quasi operistica di Ennio Morricone. Lorenzo Lavia, che fa l'amico di Lasca, è il figlio del regista.

Lupo dei mari, Il *** (*The Sea Wolf*, Usa 1941, b/n, 90') Michael Curtiz. Con Edward G. Robinson, John Garfield, Ida Lupino, Alexander Knox, Gene Lockhart, Barry Fitzgerald. ◆ Superstiti di un naufragio, uno scrittore (Knox) e un'evasa (Lupino) sono raccolti da un tetro peschereccio comandato da un sadico megalomane (Robinson), e in pratica fatti prigionieri. Presto viene alla luce il vero scopo della navigazione: e tra i personaggi – cui si aggiunge un altro transfuga (Garfield) – si gioca una partita mortale fatta di astuzie, violenze e continui rovesciamenti di fortuna. Il classico tema della nave dei dannati si arricchisce, dati i tempi, di allusioni alla follia dei dittatori. Uno dei più personali film di Curtiz, crudele e visionario, con personaggi – soprattutto il folle capitano e il medico alcolizzato (Lockhart) – sbozzati con cupa efficacia. Robert Rossen ha adattato il romanzo omonimo di Jack London, ispiratore di un'altra mezza dozzina di film. La musica è di Erich Wolfgang Korngold. Rifatto nel 1974.

Lupo dei mari, Il * (Italia 1974, col, 100') Giuseppe Vari. Con Chuck Connors, Giuseppe Pambieri, Barbara Bach, Rick Battaglia, Luciano Pigozzi. ◆ A San Francisco, nel 1883, alcuni uomini vengono imbarcati a forza su un peschereccio. Un giovane scrittore (Connors), che tiene testa al violento capitano, è promosso a capitano in seconda, e assiste alla lotta fratricida fra il comandante e suo fratello. Più fedele al romanzo di London del film di Curtiz (del 1941): ma lo spirito e la confezione sono da film per ragazzi – e non dei migliori.

Lupo della Sila, Il *½ (Italia 1949, b/n, 95') Duilio Coletti. Con Vittorio Gassman, Silvana Mangano, Amedeo Nazzari, Jacques Sernas, Olga Solbelli, Dante Maggio. ◆ Un giovane calabrese (Sernas) si innamora della giovane (Mangano) che il padre (Nazzari) ha trovato svenuta sulla neve, scatenando l'inevitabile gelosia del genitore accusato di un delitto, non si difende per non disonorare la ragazza con la quale ha passato la notte. Evaso, viene ucciso, e si scatena così una cruenta faida. Cupo melodramma folcloristico che si limita a sfruttare situazioni canoniche, senza particolari originalità di linguaggio.

Lupo della steppa, Il *½ (*Steppenwolf*, Francia/Svizzera, 1973, col, 105') Fred Haines. Con Max von Sydow, Dominique Sanda, Pierre Clementi, Clara Romanelli, Alfred Bailloux. ◆ Un intellettuale sulla cinquantina (von Sydow), che rifiuta gli ideali borghesi ma non osa abbandonarsi alla forza degli istinti, riacquista la gioia di vivere grazie a una donna di piccola virtù (Sanda) e a un musicista altruista (Clementi). Del romanzo omonimo di Herman Hesse restano molti dialoghi, ma la lettura che ne viene fatta è semplicistica e banalizzante. Stile rutilante e sopra le righe, attori dignitosi.

Lupo di mare, Il * (Italia 1987, col, 98') Maurizio Lucidi. Con Andrea Roncato, Gigi Sammarchi, Kara Donati, Milly D'Abbraccio. ◆ Su una nave piena di belle ragazze, un cameriere malandrino e un rigido maître (Roncato e Sammarchi) sono coinvolti in prevedibili avventure ed equivoci, finché s'innamorano di due passeggere. «Ma questo non è il Poseidon, è il Figheidon»: il duo di cabarettisti bolognesi Gigi e Andrea al proprio minimo storico.

Lupo e l'agnello, Il *½ (Italia 1980, col, 97') Francesco Massaro. Con Michel Serrault, Tomas Milian, Ombretta Colli, Enrico Luzi, Giuliana Calandra. ◆ Un malvivente di mezza tacca (Milian) si rifugia, dopo la rapina, in casa di un parrucchiere (Serrault) vessato dalla moglie e dalla suocera. Il parrucchiere, che si finge omosessuale, ottiene l'aiuto del bandito per beffare la suocera. Entrambi i protagonisti ripropongono i personaggi che li hanno resi famosi: ma il risultato è scipito.

Lupo mannaro americano a Londra, Un ***½ (*An American Werewolf in London*, Usa 1981, col, 97') John Landis. Con David Naughton, Jenny Agutter, Griffin Dunne, John Woodvine, Brian Glover. ◆ Due studenti americani, in viaggio nella brughiera inglese, vengono aggrediti durante la notte: uno muore (Dunne), l'altro (Naughton) viene morso. Giunto a Londra si accorge di essere stato contagiato da un licantropo, mentre lo spettro dell'amico cerca di indurlo al suicidio, per spezzare la catena della maledizione. Landis (autore anche della sceneggiatura) alterna i toni della commedia a quelli orrorifici, senza girare però – attenzione! – un horror comico. Uno dei suoi film più riusciti e imprevedibili, pieno di humour nero e di trovate grottesche (gli zombi che parlano col protagonista in un cinema porno di Piccadilly). Geniale l'uso straniante di una colonna sonora, composta da canzoni sul tema della luna come *Blue Moon*. I sorprendenti effetti speciali di Rick Baker (premiati con l'Oscar) si contendono con quelli di *L'ululato* il primato di mostrare in diretta la metamorfosi di un uomo in lupo, grazie a protesi in latex e manichini meccanici.

Lupo mannaro americano a Parigi, Un *½ (*An American Werewolf in Paris*, Gb/Usa/Francia/Olanda/Lussemburgo 1997, col, 102') Anthony Waller. Con Tom Everett Scott, Julie Delpy, Vince Vieluf,

Phil Buckman, Pierre Cosso, Tom Novembre, Thierry Lhermitte. ◆ Di notte sulla torre Eiffel per fare bungee-jumping, Andy (Everett Scott) salva dal suicidio una bella francese (Delpy) e se ne innamora senza sapere che è una licantropa. Remake autorizzato di *Un lupo mannaro americano a Londra* di Landis. In più: gli effetti speciali digitali e l'umorismo da bambocci. In meno: il pessimismo, la cattiveria, la geniale colonna sonora. Di diverso: la setta di licantropi neonazisti capeggiata da Pierre Cosso. Di azzeccato: praticamente solo la soggettiva di un bulbo oculare enucleato. Decadenza dell'horror alla fine del decennio.

Lupo solitario *** (*The Indian Runner*, Usa 1991, col, 127') Sean Penn. Con David Morse, Viggo Mortensen, Patricia Arquette, Valeria Golino, Charles Bronson, Dennis Hopper, Sandy Dennis. ◆ Spaccato della provincia profonda americana: la madre (Dennis) muore, il padre (Bronson) si suicida, il figlio poliziotto (Morse) deve tenere a freno il fratello (Mortensen), reduce di guerra votato alla distruzione propria e altrui. Penn esordisce alla regia con un film ambizioso ma singolarmente sincero e crudo, così lontano da ogni moda e tendenza del cinema americano contemporaneo da sembrare anacronistico: che è pregio non da poco. Ben costruiti i personaggi, e ottimo il cast (la Golino, beninteso, si vede poco e non si doppia da sé). Lo scrittore Harry Crews interpreta Mr.Baker.

Lutero ** (*Luther*, Usa/Gb 1974, col, 112') Guy Green. Con Stacy Keach, Patrick Magee, Hugh Griffith, Robert Stephens, Alan Badel. ◆ Nella Germania del Cinquecento, instabile e piena di inquietudini, dalle prediche del giovane seminarista Lutero (Keach), nasce la Riforma e la rivolta dei contadini. Dal dramma di John Osborne, un esempio di teatro filmato, senza infamia e senza lode.

Lutring → *Svegliati e uccidi (Lutring)*

Lutto s'addice ad Elettra, Il *½ (*Mourning Becomes Electra*, Usa 1947, b/n, 105') Dudley Nichols. Con Rosalind Russell, Michael Redgrave, Raymond Massey, Katina Paxinou, Nancy Coleman, Leo Genn. ◆ Nel New England, appena dopo la guerra di Secessione, si ripete la tragedia familiare descritta da Eschilo nell'*Orestea*: la madre (Russell) assassina il padre, e i figli si vendicano uccidendone l'amante. Il figlio, esecutore dell'omicidio, si suicida. Versione cupa, statica e prolissa del dramma di Eugene O'Neill. L'originale durava 173'.

Luv vuol dire amore? *½ (*Luv*, Usa 1967, col, 95') Clive Donner. Con Jack Lemmon, Peter Falk, Elaine May, Eddie Mayehoff, Paul Hartman. ◆ Un uomo (Lemmon) tenta il suicidio: un amico (Falk) lo salva e lo spinge tra le braccia della propria moglie (May) della quale vuol liberarsi. Coppie che si fanno e si disfano in una commedia verbosa e inutilmente esagitata, considerata un fiasco in confronto alla versione teatrale originaria (diretta, quest'ultima, da Mike Nichols, e interpretata da Alan Arkin, Eli Wallach e Anne Jackson). Piccola particina per il venticinquenne Harrison Ford.

Lydia **½ (*Lydia*, Usa 1941, b/n, 104') Julien Duvivier. Con Merle Oberon, Joseph Cotten, Edna May Oliver, Alan Marshal, Hans Yaray, George Reeves, John Halliday, Sara Allgood, Billy Ray, Frank Conlan. ◆ Innamorato per tutta la vita di Lydia MacMillan (Oberon), il vecchio medico Michael (Cotten) organizza un incontro tra la donna che non si è mai voluta sposare e i suoi sfortunati spasimanti – lui stesso, il musicista cieco Frank (Yaray), l'aitante Bob (Reeves) – che è l'occasione per ricordare la vita movimentata di Lydia, tutta dedicata ad aiutare i bambini ciechi: con molto ritardo arriverà anche Richard (Marshal), l'uomo che lei ha amato di più nella sua vita. Ma l'incontro sarà meno romantico del previsto. Riprendendo il meccanismo narrativo del suo precedente *Carnet di ballo*, Duvivier (che affida la sceneggiatura a Ben Hetch e Sam Hoffenstein) ne mantiene la stessa atmosfera disillusa e amara ma ne modifica notevolmente l'assunto, facendone il ritratto di una donna sconfitta dalla sua stessa vitalità. Programmaticamente senza genitori (vive con la vecchia e accidiosa nonna [Oliver, qui al suo ultimo film, in una parte che la fa uscire di scena proprio con la morte]), Lydia è la femminilità che costruisce tutta la vita sul mito della passione d'amore, che in suo nome sacrifica ogni possibile felicità matrimoniale (avendo ceduto a Richard, il quale subito dopo la lascia, non accetterà la proposta di Michael), che nell'ultima scena comprende anche la futilità del suo romanticismo (Richard non la riconosce nemmeno) e che finirebbe per trasmettere un messaggio di rassegnazione e di «buon senso», se la sua vita non fosse la dimostrazione di come bisogna contrastare con ogni forza questo compromesso. Straordinaria la prova della Oberon, che sovrasta di gran lunga gli attori maschi (facce diverse di un unico ideale, impossibile da trovare in un uomo solo) e curiosi intermezzi musicali alla Busby Berkeley nella ricostruzione del primo ballo.

M (di Fritz Lang) → *M, il mostro di Düsseldorf*

«M» ** (*M*, Usa 1951, b/n, 88') Joseph Losey. Con David Wayne, Howard da Silva, Luther Adler, Karen Morley, Steve Brodie. ◆ Un maniaco infanticida (Wayne) semina il terrore nei bassifondi di Los Angeles: le gang locali lo eliminerebbero volentieri per non avere la polizia tra i piedi. Remake di *M – Il mostro di Düsseldorf* di Lang sceneggiato da Norman Reilly Raine e Leo Katcher: Wayne riesce a tratti a reggere il confronto con Lorre, e l'ambientazione è efficace, ma perduto il riferimento alla Germania nazista Losey non riesce ad aggiornare in modo del tutto convincente il capolavoro di Lang, e scivola nel finale.

Mac *** (*Mac*, Usa 1992, col, 117') John Turturro. Con John Turturro, Michael Badalucco, Carl Capotorto, Katherine Borowitz, Ellen Barkin, John Amos, Steve Randazzo. ◆ Niccolò Vitelli detto «Mac» (Turturro), figlio di un carpentiere italoamericano, mette in piedi un'impresa edile con i fratelli (Capotorto e Badalucco) che però mal sopportano la sua etica del sacrificio e i suoi atteggiamenti tirannici. Una piccola epopea proletaria in nome di un sogno americano fatto di sangue e sudore, con momenti di ottimo cinema (la sequenza iniziale) e un saggio controllo degli stereotipi italoamericani (la mamma lamentosa è sempre fuori campo, e non ci sono neanche matrimoni, battesimi o pranzi interminabili: solo molto «broccolino» e qualche canzone da melodramma napoletano). Al suo debutto come regista, Turturro costruisce il film con la stessa passione del personaggio che interpreta: artigianale nel senso migliore del termine e decisamente anticonformista. Soggetto e sceneggiatura di John Turturro e Brandon Cole, da un testo teatrale scritto anni fa dal regista. Ha vinto la Camera d'oro (per la miglior opera prima) a Cannes.

Macabro ** (Italia 1980, col, 75') Lamberto Bava. Con Bernice Stegers, Stanko Molnar, Veronica Zinny, Roberto Posse. ◆ A New Orleans un cieco (Molnar) sospetta a ragione che alla sua vicina di casa (Stegers) non basti l'amante, ma si tenga in frigorifero qualcosa di speciale. Sceneggiato con la collaborazione di Pupi Avati e Maurizio Costanzo, un horror giocato più sull'ambiguità che sugli effettacci e che, tra alcune ingenuità, riesce a costruire un'atmosfera inquietante. Primo film di Bava jr per il grande schermo, dopo l'esordio, assieme al padre Mario, con *La venere d'Ille*.

Macao l'inferno del gioco **½ (*Macao, l'enfer du jeu*, Francia 1939, b/n, 90') Jean Delannoy. Con Erich von Stroheim, Mireille Balin, Sessue Hayakawa, Louise Carletti, Roland Toitain. ◆ Nella colonia portoghese, allora celebre per le sue case da gioco, s'incrociano i destini di avventurieri e di sbandati di ogni parte del mondo: un trafficante d'armi (von Stroheim) salva una danzatrice squattrinata (Balin) che gli renderà il favore; un'ereditiera (Carletti) provoca il suicidio del padre quando ne viene a conoscere le attività illecite. Pochi i superstiti, alla fine, in questo melodramma esotico dove Delannoy gioca un po' a fare il von Sternberg dei poveri. La mancanza di nette divisioni tra buoni e cattivi e il pessimismo di fondo, tuttavia, hanno fatto invecchiare il film meglio di altri suoi coetanei. Girato nel 1939, uscì nel 1942 in una versione in cui von Stroheim era sostituito da Pierre Renoir. La versione originale uscì dopo la guerra.

MacArthur, il generale ribelle * (*Mac Arthur*, Usa 1977, col, 130') Joseph Sargent. Con Gregory Peck, Dan O'Herlihy, Ed Flanders, Sandy Kenyon, Dick O'Neill. ◆ Dietro la pretesa di obiettività e alcuni tocchi demistificatori, c'è solo l'agiografia del generale MacArthur (Peck), protagonista della seconda guerra mondiale e di quella di Corea. La ribellione cui allude il titolo è quella contro il presidente Truman, che giustamente lo destituì nel 1951, quando MacArthur voleva allargare il conflitto dalla Corea alla Cina. Kolossal nutrito di ambizioni epiche e di retorica, molto in ritardo sui tempi.

Macbeth *** (*Macbeth*, Usa 1948, b/n, 107') Orson Welles. Con Orson Welles, Jeanette Nolan, Dan O'Herlihy, Edgar Barrier, Roddy MacDowell, Erskine Stanford, Alan Napier, John Dierkes, Keene Curtis. ◆ Istigato dalla moglie (Nolan), per conquistare il trono di Scozia Macbeth (Welles) trucida il legittimo re e poi, temendo congiure ovunque, uccide l'amico Banquo (Barrier) e la moglie e il figlio di Macduff, convinto di essere invincibile fino a che «la foresta di Briman non marcerà su Dunsinane». Ma la profezia fatta da tre streghe si realizzerà il giorno in cui l'esercito guidato da Macduff (O'Herlihy) userà dei rami per nascondersi nella sua avanzata. Primo dei tre adattamenti che Welles fece da Shakespeare (già diretto a teatro nel 1936 con attori soltanto neri), questo film usa lunghi piani sequenza per rispettare l'unità teatrale ma accentua molto cinematograficamente l'ambientazione spostandola in un passato di nebbie e oscurità. Costretto dalla ristrettezza del budget Republic a comprimere le riprese (in soli 21 giorni), Welles nasconde i limiti produttivi con una stilizzazione esasperata, sottolineata da una fotografia (di John L. Russell) molto contrastata. Ne esce una lettura del *Macbeth* barbara e violenta, originale riflessione sulla nascita della Cultura e della Storia e sulla faticosa emancipazione dalla Preistoria, attraverso la violenza e il delitto, in cui si scontrano la volontà di potere dell'uomo e la perfidia intrigante della donna. Il figlio di Macduff è interpretato dalla figlia di Welles, Christopher. Esiste una versione di 89'.

Macbeth **½ (*Macbeth*, Gb 1971, col, 140') Roman Polanski. Con Jon Finch, Francesca Annis, Martin Shaw, Nicholas Selby, John Stride. ◆ In una Scozia medioevale crudele, pagana e barbarica, dove il fantastico e la magia sono sempre dietro l'angolo, il nobile Macbeth (Finch) è spinto dalla moglie (Annis), avida di potere, a commettere una serie di omicidi per installarsi sul trono. Diventato re, l'usurpatore non riesce a cancellare il rimorso per il sangue versato: sospettando complotti, ucciderà l'amico Banquo e, sempre più isolato, andrà incontro alla rovina. Polanski calca la mano sui toni cupi e sanguinosi (era il primo film che girava dopo l'omicidio di Sharon Tate e figurativamente ha più di un debito con *Il trono di sangue* di Kurosawa), ma non vuole strafare mettendoci troppo di suo, e rende tutto sommato un buon servizio alla tragedia shakespeariana. Ai tempi i critici arricciarono il naso: ma non sono poi tanti i film tratti da Shakespeare dove non si respiri la polvere del palcoscenico e dove gli attori non abbiano il birignao. L'impatto brutale di molte sequenze (l'incoronazione di Macbeth, la morte di Thane of Cawdorf) riscatta alcune ingenuità (le streghe, le allucinazioni di Macbeth). La parte della Annis sarebbe dovuta andare a Tuesday Weld, che però si rifiutò di apparire nuda.

Maccheroni *½ (Italia 1985, col, 107') Ettore Scola. Con Marcello Mastroianni, Jack Lemmon, Daria Nicolodi, Isa Danieli, Maria Luisa Santella, Orsetta Gregoretti. ◆ Un pragmatico dirigente americano (Lemmon), a Napoli per lavoro, ritrova Antonio Jasiello (Mastroianni): l'aveva conosciuto durante la guerra, aveva avuto una storia d'amore con sua sorella, ma se l'era completamente dimenticato. Antonio, invece, per quarant'anni ha continuato a considerarlo un amico, scrivendo alla propria sorella le lettere che l'altro non le ha mai mandato. Dalla riflessione amarognola sull'amicizia si passa alla farsa e poi al dramma, con sorpresina finale: Scola (sceneggiatore con Ruggero Maccari e Furio Scarpelli) lascia spago agli attori, e non risparmia i luoghi comuni sulla napoletanità. Musiche di Armando Trovajoli. La prima produzione italiana distribuita da una major nelle sale degli Stati Uniti.

Macchia della morte, La *½ (*The Mephisto Waltz*, Usa 1971, col, 108') Paul Wendkos. Con Alan Alda, Jacqueline Bisset, Barbara Parkins, Curt Jurgens. ◆ Un pianista (Jurgens) incestuoso e malato di leucemia trova modo di reincarnarsi in un ex musicista (Alda) disposto a vendere l'anima al diavolo pur di ottenere l'agognato successo. Tra il mito di Faust e *Rosemary's baby*, un pasticcio farraginoso diretto con stile enfatico e rutilante.

Macchia rosa, Una *½ (Italia 1970, col, 98') Enzo Muzii. Con Giancarlo Giannini, Valeria Moriconi, Delia Boccardo, Orchidea de Santis, Leopoldo Trieste. ◆ Dopo un soggiorno in India, un giovane documentarista (Giannini) non riesce più a inserirsi nel suo mondo: il suicidio della sorella farà scattare la crisi. Il titolo allude all'immagine ricorrente di un vecchio morto ricoperto di un velo rosa e gettato nel Gange. Reperto dell'epoca in cui si andava in India a cercare la salvezza dalla società capitalista: difficile, oggi, trovarlo, se non sincero, almeno credibile.

Macchie di belletto → *Detective, Un*

Macchie solari *½ (Italia 1975, col, 97') Armando Crispino. Con Mimsy Farmer, Barry Primus, Ray Lovelock, Angela Goodwin, Massimo Serato. ◆ Roma, estate: la criminologa Simona (Farmer) indaga sull'epidemia di suicidi prodotta, a quanto pare, dalle «macchie solari», e si ritrova al centro di un più prosaico complotto per sottrarle l'eredità. Il primo, delirante quarto d'ora, con orge di cadaveri alla morgue e delitti a ripetizione, è un must per i cultori dello splatter nostrano: ma poi il film di Crispino si trasforma in un thriller erotico con troppi prestiti da Argento e Fulci, cercando (inutilmente) una parvenza di trama. Notevole colonna sonora di Ennio Morricone. Prodotto da Leonardo, non ancora Leo, Pescarolo.

Macchina ammazzacattivi, La ** (Italia 1952, b/n, 80') Roberto Rossellini. Con Gennaro Pisano, Marilyn Buferd, Bill [William] Tubbs, Helen Tubbs, Aldo Giuffré, Giovanni Amato, Clara Bindi, Giacomo Furrà. ◆ Celestino (Pisano) scopre che la sua macchina fotografica elimina gli uomini malvagi; incomincia a farne uso ma poi si rende conto che è un dono diabolico, e che la pulizia completa comporterebbe una strage. Un apologo fiabesco che, secondo Rossellini, doveva educare brechtianamente gli spettatori. La vena neorealistica viene annacquata a favore di un bozzettismo gradevole ma di maniera. Da un soggetto di Eduardo e Giuseppe Marotta, sceneggiato da Sergio Amidei, Rossellini, Liana Ferri, Giancarlo Vigorelli e Franco Brusati. La lavorazione del film iniziò nel 1948 ma fu completata (probabilmente dagli assistenti di Rossellini, Massimo Mida Puccini e Renzo Avanzo), solo alla fine del 1951: quando uscì l'anno successivo, il film fece registrare incassi irrisori.

Macchina dell'amore, La * (*The Love Machine*, Usa 1971, col, 108') Jack Haley jr. Con John Phillip Law, Dyan Cannon, Robert Ryan, David Hemmings, Jodi Wexler. ◆ La macchina dell'amore è la televisione: un giornalista senza scrupoli (Law) decide che il modo più rapido di far carriera è andare a letto con signore insoddisfatte. Arriva al top con la moglie (Cannon) del principale (Ryan), ma si lascia anche dei cadaveri alle spalle. Da un bestseller di Jacqueline Susann, una trita soap-opera più compiacente che cattiva.

Macchina nera, La *½ (*The Car*, Usa 1977, col, 95') Elliot Silverstein. Con James Brolin, Kathleen Lloyd, John Marley, Ronny Cox. ◆ Nelle campagne californiane, un grosso veicolo nero, apparentemente senza guidatore, di targa e marche sconosciute, investe e uccide i passanti. Che sia il demonio in persona? Un'unica idea, che fa fatica a riempire un film. Ogni rimando a *Duel* di Spielberg non è casuale, mentre il tentativo di dar corpo a un orrore metafisico (la macchina come nuovo Moby Dick) resta una pia intenzione. Ineccepibile la confezione.

Macchine che distrussero Parigi, Le **½ (*The Cars That Ate Paris*, Australia 1974, col, 91') Peter Weir. Con Terry Camilleri, John Meillon, Melissa Jaffa, Kevin Miles. ◆ La Paris del titolo originale non è la capitale francese, ma una delle tante newtown australiane, i cui abitanti vivono causando incidenti alle macchine di passaggio, rivendendo i rottami e i loro occupanti (questi ultimi per la ricerca scientifica). L'esordio di Weir si ispira ai racconti di Ballard e crea una curiosa miscela di vari generi, dalla commedia nera all'horror e al western. L'ironia non manca, anche se l'avvio è lento e il film è di quelli tutto sommato più divertenti da raccontare che da vedere.

Macellaio, Il ** (*Out Cold*, Usa 1989, col, 89') Malcolm Mowbray. Con John Lithgow, Teri Garr, Randy Quaid, Lisa Blount, Bruce McGill. ◆ La moglie (Garr) di un macellaio (McGill) progetta di far fuori il consorte: nel gioco entrano un detective imbranato (Quaid) e un collega in apparenza bonaccione (Lithgow). L'esordio americano del regista di *Pranzo reale* è una commedia nera che non mantiene tutte le sue promesse. Sceneggiatura (di Leonard Glasser e George Malko) alla fin fine scontata anche se per un cast in vena.

Macellaio, Il * (Italia 1998, col, 84') Aurelio Grimaldi. Con Alba Parietti, Miki Manojlovic, Giulio Base, Lorenzo Majnoni, Rosa Pianeta, Caterina Vertova, Cinzia Insinga, Alessandra Costanzo. ◆ Mentre il marito direttore d'orchestra (Base) è in tournée, la gallerista palermitana Alina (Parietti) si scopre anemica: grazie al macellaio (Manojlovic) passerà dal dovere del cibo al piacere dei sensi. Molto liberamente ispirato all'omonimo romanzo di Alina Reyes, sceneggiato dal regista, uno dei film italiani più brutti e pretenziosi degli ultimi anni: la Parietti - che si offre generosamente nuda - è più finta che mai, e Grimaldi cerca maldestramente di dare un colpo al cerchio dell'eros e l'altro alla botte della Palermo sottoproletaria (Alina ha chiesto di adottare un figlio e gliene vogliono affidare uno della Vucciria). Ma soprattutto non credete alla pubblicità: i 17' della «più lunga scena di sesso del cinema italiano» sono di una noia mortale, anche se l'uso in colonna sonora del Messia di Händel vorrebbe essere nobilitante e «pasoliniano».

Ma che musica maestro * (Italia 1971, col, 94') Mariano Laurenti. Con Gianni Nazzaro, Agostina Belli, Didi Perego, Franco Franchi, Ciccio Ingrassia, Gaby Verusky, Franco Scandurra, Umberto D'Orsi,

Ignazio Leone, Mario Maranzana, Gigi Reder, Elio Crovetto, Tiberio Murgia, Enzo Andronico. ◆ L'amore tra Gianni (Nazzaro) e Giulietta (Belli) è ostacolato dall'odio che divide i loro concittadini, di Santa Veronica Bassa e Alta. Ad aiutarli ci penseranno il «defunto» padre della ragazza (Scandurra) e i plagi musicali di un sedicente maestro (Franchi). Tentativo fallimentare di costruire una storia sul successo di una canzoncina orecchiabile, contorto e arzigogolato nelle peripezie sentimentali (che rimandano addirittura a Giulietta e Romeo) e insulso nei tentativi di comicità affidati ai siparietti di Franco e Ciccio (il meglio è la battuta: «Stokowski? Stocavolo!»).

Ma che razza di amici! ** (*Such Good Friends!*, Usa 1971, col, 100') Otto Preminger. Con Dyan Cannon, James Coco, Burgess Meredith, Jennifer O'Neill, Nina Foch, Louise Lasser. ◆ In attesa di notizie del marito ricoverato in ospedale, la moglie (Cannon) ne viene a sapere il passato di infedeltà, e decide di vendicarsi. Da una sceneggiatura di Elaine May (che qui usa lo pseudonimo di Esther Dale) l'anziano Preminger ha distillato umori acidi e beffardi, infischiandosene delle buone maniere e del buon gusto (Meredith nudo è quanto meno imbarazzante). Ma l'atteggiamento nei confronti dei personaggi rimane ambiguo (ridere con loro o contro di loro?) e la carne al fuoco è troppa, come in molti film del periodo.

Ma che sei tutta matta? * (*Main Event*, Usa 1979, col, 112') Howard Zieff. Con Barbra Streisand, Ryan O'Neal, Patti D'Arbanville, Rory Calhoun, Ernie Hudson. ◆ Una donna manager sul lastrico (Streisand) cerca di convincere un pugile innocuo (O'Neal) a ritornare sul ring. Una di quelle farse dove strilla e urli rimediano ai buchi della sceneggiatura (di Gail Parent e Andrew Smith). Già allora era stantio.

Ma che siamo tutti matti? ** (*The Gods Must Be Crazy*, Botswana 1981, col, 108') Jamie Uys. Con N'Xau, Lena Farugia, Hans Shydom, Eiros, Erick Bowen. ◆ Una bottiglia di Coca Cola piombata dal cielo ha la stessa funzione del vaso di Pandora per una tribù di Boscimani, sbalzati di colpo nel mondo moderno tra terroristi pasticcioni, burocrati incompetenti e maestrine (bianche) dal cuore d'oro. Sono tutti matti, conclude il buon boscimano Xi (N'Xau). Farsa giocata su una comicità elementare (bucce di banana e inseguimenti alla Ridolini) e su un'idealizzazione un po' ipocrita (anche se non offensivamente razzista, come hanno detto alcuni) del mito del buon selvaggio. N'Xau, un talento naturale, non aveva mai visto un bianco prima di incontrare Uys; è andato in Giappone – lui che credeva che al mondo ci fossero solo 200 persone – dove il film ha avuto un grande successo, ma poi è tornato nella sua tribù. Uys si è di nuovo rivolto a lui nel 1989 per *Lassù qualcuno è impazzito*.

Machine, La – Un corpo in prestito *½ (*La Machine*, Francia 1994, col, 93') François Dupeyron. Con Gérard Depardieu, Didier Bourdon, Nathalie Baye, Natalia Woerner, Claude Berry. ◆ In seguito a un esperimento fallito, l'anima del dottor Marc Lacroix (Depardieu) si ritrova nel corpo del criminale Zyto (Bourdon), e viceversa. In una società che presta fede solo alle apparenze, per il dottore è dura farsi credere con la faccia di un delinquente; mentre la moglie di Lacroix quasi non sembra accorgersi dello scambio. Il film di Dupeyron, anche sceneggiatore, resta alla superficie del noir paradossale e pessimista di René Belletto, rifugiandosi negli effettacci quando perde il filo del racconto. Ci sarebbe voluto un visionario del cinema di genere come Franju, o un intellettuale al quadrato come Resnais. Resta divertente il doppio gioco dei due interpreti.

Ma chi t'ha dato la patente? *½ (Italia 1970, col, 85') Nando Cicero. Con Franco Franchi, Ciccio Ingrassia, Willy Van Der Valke, Raika Yuri, Eugene Walter, Angela Luce, Renato Bandini, Aldo Bufi Landi, Gino Pagnani. ◆ La fortuna dei due scalcinati titolari dell'autoscuola Trinacria (Franchi e Ingrassia) è il congegno di guida automatica che lo zio scienziato (Walter) installa di nascosto su un'auto per permettere alle due nipoti americane (Van Der Valke e Yuri) di superare l'esame: i clienti si precipitano, ma quando sulla macchina salgono i due istruttori per andare a sposare le due nipotine, il comando a distanza impazzisce. Una commedia stiracchiata, a momenti anche noiosa, cui non basta la gag della «macchina elettronica», dove a ogni comando corrisponde un effetto imprevedibile.

Maciste

Il personaggio di Maciste non appartiene alla mitologia classica ma alla fantasia di Gabriele D'Annunzio: fa infatti la sua prima comparsa nel kolossal di Giovanni Pastrone sceneggiato dal Vate, *Cabiria* (1914). E Maciste, il massiccio liberto che aiuta l'eroe del film, il romano Axilla, a strappare Cabiria dalle mani dei cartaginesi, diventa ben presto il personaggio più popolare del film. Merito anche dell'interprete Bartolomeo Pagano, un ex camallo del porto di Genova scelto tra cinquanta concorrenti. Fisico erculeo, aria mite, sorriso cordiale, recitazione spontanea ma non pedestre, Pagano diventa una star del muto italiano. Smessi i panni dello schiavo romano, Maciste diventa un raddrizzatore di torti contemporaneo: nel solo 1917 è protagonista di *Maciste atleta*, *Maciste medium*, *Maciste poliziotto* e – il più memorabile – *Maciste alpino*, in cui prende gli austriaci di Cecco Beppe a calci nel sedere. In seguito vi sarà spazio anche per variazioni al limite della parodia, come *Maciste innamorato* (1919) di Romano Luigi Borgnetto e il notevole *Maciste all'inferno* (1926), di Guido Brignone, dove Pagano si trova alle prese con due procaci diavolesse. Anche il giovane Mario Camerini dirige un film della serie, *Maciste contro lo sceicco* (1925). Nel 1928 Pagano cinquantenne, si ritira dagli schermi e con lui cade nell'oblio il suo personaggio.

Il personaggio viene risuscitato nel 1960 in *Maciste nella valle dei re* di Carlo Campogalliani, un vecchio regista del muto, sulla scia del filone di avventure con uomini forti inaugurato da *Le fatiche di Ercole* (1957) di Piero Francisci. Nell'epoca in cui gli americani andavano a Cinecittà a girare kolossal pseudostorici come *La tunica*, *Quo Vadis?* e *Ben Hur*, si era svilup-

pato un filone autoctono e a basso costo, che riprendeva l'ambientazione classica ed era destinato alle sale di periferia – dove il pubblico partecipava rumorosamente – e all'esportazione in Paesi come Francia, Spagna, Nordafrica e America Latina.
La caratteristica del filone di Maciste è l'intercambiabilità delle epoche storiche (Maciste affronterà cacciatori di teste precolombiani, zar russi, faraoni, streghe medioevali, e addirittura Zorro). Le trame, elementari, vedono sempre Maciste aiutare un eroe buono, spesso opposto a una donna malefica e perversa – ciò che permetteva l'esibizione di ampi décolletés.
Già nel 1961 vi fu una semiparodia con Vianello, Franchi e Ingrassia (*Maciste contro Ercole nella valle dei guai*). Poi il genere si distrusse da solo, quando gli accostamenti scivolarono nel ridicolo involontario.
Il primo Maciste fu l'italoamericano Lou Segni, in arte Mark Forest, già protagonista di *Le fatiche di Ercole*; tra gli altri assidui, i culturisti anglosassoni Gordon Scott e Gordon Mitchell, e quelli italiani Kirk Morris, alias Adriano Bellini, e Alan Steel, alias Sergio Ciani.

I FILM SONORI

Maciste nella valle dei re (1960) di Carlo Campogalliani
Maciste l'uomo più forte del mondo (1961) di [Antonio] Leonviola
Maciste nella terra dei ciclop (1961) di [Antonio] Leonviola
Maciste alla corte del Gran Khan (1961) di Riccardo Freda
Maciste contro il vampiro (1961) di Giacomo Gentilomo
Maciste contro lo sceicco (1961) di Domenico Paolella
Maciste contro Ercole nella valle dei guai (1961) di Mario Mattoli
Zorro contro Maciste (1962) di Umberto Lenzi
Maciste il gladiatore più forte del mondo (1962) di Michele Lupo
Maciste all'inferno (1962) di Riccardo Freda
Maciste contro i mostri (1962) di Guido Malatesta
Maciste contro i tagliatori di teste (1962) di Guido Malatesta
Maciste l'eroe più grande del mondo (1963) di Michele Lupo
Maciste contro i mongoli (1963) di Domenico Paolella
Maciste gladiatore di Sparta (1964) di Mario Caiano
Maciste nelle miniere di re Salomone (1964) di Martin Andrews [Piero Rognoli]
Maciste nell'inferno di Gengis Khan (1964) di Domenico Paolella
Maciste alla corte dello zar (1964) di Amerigo Anton [Tanio Boccia]
Maciste e la regina di Samar (1964) di Giacomo Gentilomo

Maciste alla corte del Gran Khan *½ (Italia/Francia 1961, col, 94') Riccardo Freda. Con Gordon Scott, Yoko Tani, Hélène Chanel, Gabriele Antonini. ◆ Maciste (Scott) si batte contro il Gran Khan dei mongoli che ha usurpato il trono di Cina: riuscirà a sconfiggerlo e a far ritornare sul trono la principessa Li Ling (Tani). Freda realizza il film puntando molto sui colori («il giallo oro, colore che in Oriente simboleggia il comando, è la tonalità dominante del film») anche perché ha pochi soldi da spendere («il terremoto che distrugge Pechino l'ho realizzato in un giorno con un modellino, le statue che ornano i templi le ho scolpite io stesso»). Svelto e artigianale.

Maciste alla corte dello zar * (Italia 1964, col, 90') Amerigo Anton [Tanio Boccia]. Con Kirk Morris, Massimo Serato, Ombretta Colli, Gloria Milland, Tom Felleghi, Giulio Donnini, Dada Gallotti. ◆ Dovevano ritrovare un tesoro per conto del feroce zar Nikolaj (Serato), invece liberano dall'ibernazione Maciste (Morris) che, anche per amore della bella Sonia (Colli), si schiererà con i ribelli e guiderà il popolo alla rivolta contro il tiranno. Nemmeno le possibili allusioni alla guerra fredda riescono a dare un pizzico di interesse a questa trasposizione in terra russa dell'eroe mitologico, che non dà mai segni di congelamento nonostante stia sempre in perizoma mentre gli altri portano robuste pellicce. Girato da Tanio Boccia, l'Ed Wood del nostro cinema specializzato in film a bassissimo costo (celebre lo scherzo di Sordi che alle tre di notte telefonò a Fellini dicendo: «A Federì, l'Oscar non l'hai vinto tu, l'han dato a Tanio Boccia»).

Maciste all'inferno ** (Italia 1962, col, 90') Riccardo Freda. Con Kirk Morris [Adriano Bellini], Donatella Mauro, Hélène Chanel, Andrea Bosic, Vira Silenti. ◆ Scozia, XVII secolo: Martha Gunt (Silenti) è condannata al rogo perché creduta una strega. La colpa è di un'antenata (Chanel) che si chiamava come lei e Maciste (Morris) per salvarla dovrà recarsi all'Inferno per distruggere le forze del Male. Avvincente nonostante i pochissimi soldi a disposizione, realizzato interamente (per le sequenze all'Inferno) nelle grotte di Castellana. Maciste è quasi muto, non parla mai: sembra che Freda abbia preso tali misure perché molto scontento del bagnino veneziano Adriano Bellini, promosso attore (negli anni Settanta lascerà il cinema per i fotoromanzi della Lancio). Quando Maciste perde la memoria, gli fanno vedere scene degli altri film di Maciste prodotti da Donati e Carpentieri, finanziatori del film.

Maciste contro Ercole nella valle dei guai ** (Italia 1962, col, 90') Mario Mattoli. Con Raimondo Vianello, Mario Carotenuto, Liana Orfei, Kirk Morris [Adriano Bellini], Carlo Croccolo, Franco Franchi, Ciccio Ingrassia, Frank Gordon, Sandra Mondaini, Bice Valori, Francesco Mulé, Ave Ninchi, Gino Bramieri. ◆ Raimondo Rusteghin (Vianello) e il commendatore (Carotenuto), impresari teatrali sulla via del fallimento, entrano in possesso della macchina del tempo: vorrebbero andare nel futuro ma finiscono nel passato, immischiandosi nei conflitti tra re e forzuti aiutanti. Parodia non malvagia del genere peplum, con gli araldi che annunciano le novità suonando la sigla del telegiornale. Morris, in omaggio alla sua origine, parla in veneziano. Franco e Ciccio appaiono in una piccola parte, ma dopo il loro successo, il film sarà rieditato come *Franco, Ciccio e Maciste contro Ercole nella valle dei guai.*

Maciste contro il vampiro *½ (Italia 1961, col, 97') Giacomo Gentilomo. Con Gordon Scott, Gianna Maria Canale, Leonora Ruffo, Jacques Sernas, Annabella Incontrera. ◆ Un mostro in grado di assumere l'aspetto che vuole, terrorizza il villaggio di Maciste (Scott): ma a nulla varrà che il mostro prenda anche l'aspetto dell'eroe. Firmato da Gentilomo ma realizzato in massima parte da Sergio Corbucci, contamina l'horror col mitologico con meno verve degli analoghi *Ercole al centro della terra* di Bava e *Maciste all'inferno* di Freda. Il cast è però quello delle grandi occasioni:Scott, culturista americano, era già famoso per avere a lungo interpretato Tarzan; la Canale e la Ruffo – la vampira e la bellona – erano due miti del cinema popolare di quegli anni.

Maciste contro i mongoli * (Italia 1964, col, 89') Domenico Paolella. Con Mark Forest [Lou Segni], José Greci, Grazia Maria Spina, Ken Clark. ◆ Maciste (Forest) si schiera a fianco dei polacchi contro gli invasori mongoli. Filmato insieme a *Maciste nell'inferno di Gengis Khan*, sempre di Paolella, di cui è il primo episodio. Sgangherato anche se con una punta di ironia.

Maciste contro i mostri * (Italia 1963, col, 90') Guido Malatesta. Con Reg Lewis, Margaret Lee, Luciano Marin, Andrea Aureli, Nello Pazzafini. ◆ Maciste (Lewis), che agisce questa volta in epoca preistorica, difende una tribù contro un dinosauro e sposa la figlia (Lee) del capo tribù. I trucchi, mediocri, tra i primi lavori di Carlo Rambaldi, futuro Oscar per *E.T.* Più ingenuo della media. Girato in Jugoslavia.

Maciste contro i tagliatori di teste * (Italia 1963, col, 80') Guido Malatesta. Con Kirk Morris [Adriano Bellini], Laura Brown, Alfredo Zammi, Nello Pazzafini. ◆ L'eruzione di un vulcano fa scappare Maciste (Morris) insieme a pochi superstiti: arriveranno in un'isola infestata dai tagliatori di teste ma li sconfiggeranno. Pochissimi meriti, storia sgangherata, Morris inespressivo come sempre. In Francia hanno cambiato titolo e Maciste è diventato Tarzan.

Maciste contro lo sceicco *½ (Italia 1962, col, 106') Domenico Paolella. Con Ed Fury, Erno Crisa, Gisella Arden, Piero Lulli, Mara Berni. ◆ Isabella (Arden) accetta di sposare lo sceicco (Crisa) in cambio della salvezza del padre prigioniero. Ma interviene Maciste (Fury) e salva la ragazza. Quasi una parodia dei soliti mitologici, nessun riferimento al film muto di Camerini che porta lo stesso titolo. Erno Crisa, lanciato dai fotoromanzi come bel tenebroso, era diventato uno dei più noti cattivi del cinema italiano.

Maciste e la regina di Samar * (Italia 1964, col, 92') Giacomo Gentilomo. Con Alan Steel [Sergio Ciani], Jany Clair, Annamaria Polani, Nando Tamberlani. ◆ Il regno di Samar è sotto il giogo di una perfida regina (Clair) che offre fanciulle innocenti come vittime sacrificali a una divinità venuta dalla Luna. Maciste (Steel) mette fine alla tirannia e distrugge il potere dei Seleniti. Trucchi ridicoli, attori improbabili: Gentilomo decide di interrompere una carriera che dura da più di trent'anni e di chiudere con il cinema. Il soggetto, con contaminazioni mitologiche e fantascienza, poteva essere promettente.

Maciste gladiatore di Sparta * (Italia 1965, col, 103') Mario Caiano. Con Mark Forest [Lou Segni], Elisabeth Fanty, Marilù Tolo, Robert Hundar. ◆ Maciste (Forest) salva una cristiana condannata a morte dai soldati romani e deve affrontare per punizione la morte nell'arena. Mitologico stanco, uno degli ultimi del genere. Un piccolo ruolo per Claudio Undari (che con il nome di Robert Hundar sarà uno dei cattivi più assidui del western italiano) e per Ferruccio Amendola (all'epoca solo doppiatore).

Maciste il gladiatore più forte del mondo *½ (Italia 1962, col, 95') Michele Lupo. Con Mark Forest [Lou Segni], Erno Crisa, Scilla Gabel, Vittorio Sanipoli, Puccio Ceccarelli. ◆ Il dittatore Rufo (Sanipoli) vuole sposare la bella principessa Salima (Gabel) per regnare incontrastato, ma non ha fatto i conti con Maciste (Forest) e con il gruppo di gladiatori a lui fedele. Mitologico scanzonato dal buon ritmo. Il regista darà il meglio di sé nei caroselli e dirigendo Bud Spencer.

Maciste, l'eroe più grande del mondo *½ (Italia 1963, col, 99') Michele Lupo. Con Mark Forest [Lou Segni], José Greci, Giuliano Gemma, Erno Crisa, Livio Lorenzon, Paul Muller, Nello Pazzafini. ◆ La popolazione di Nefer è stata sconfitta da quella di Cafaus, il cui re Rukas esige sacrifici immensi. Maciste (Forest), aiutato da Xandros (Gemma) e dai gladiatori di Evandro, metterà fine alla crudeltà. La parte secondaria di Gemma sarà gonfiata nei cartelloni dopo che l'attore sarà diventato famoso con il western. L'ambientazione è antica ma il ritmo è quello degli spaghetti-western. Le scene della corsa delle bighe sono tratte da *Teodora imperatrice di Bisanzio* di Freda, dove Lupo era aiuto-regista.

Maciste l'uomo più forte del mondo ** (Italia 1961, col, 99') Antonio Leonviola. Con Mark Forest [Lou Segni], Moira Orfei, Paul Wynter, Gloria Hendy, Gianni Garko, Enrico Glori, Roberto Miali, Nando Tamberlani, Raffaella Carrà, Graziella Granata, Franca Polesello. ◆ Insieme al «negro» (non erano ancora i tempi del *politically correct*) Bango (Wynter) cui ha salvato la vita, Maciste (Forest) scende nel regno sotterraneo degli uomini-talpa dove regna la crudele regina Halis Moiab (Orfei): libererà i prigionieri costretti a lavorare nelle miniere e distruggerà questo popolo che vive solo di notte perché il sole lo uccide. Uno dei più avventurosi tra i film di Maciste, sceneggiato dal regista con Marcello Baldi e Giuseppe Mangione: la ricchezza scenografica (straordinaria la gigantesca ruota-dinamo azionata dai prigionieri che serve per estrarre i diamanti), le invenzioni fantastiche (con gli uomini talpa tutti bianchi) e un sapiente mix tra sadismo ed erotismo (il supplizio dei pesi cui è sottoposto Maciste scatena evidenti fantasie erotiche nella regina) fanno del film di Leonviola un piccolo gioiello del genere, premiato ai tempi anche dal pubblico. Fresca di Centro Sperimentale, Raffaella Carrà sorride e si dispera nei panni della principessa Saliurà.

Maciste nella terra dei ciclopi *½ (Italia 1961, col,

103') Antonio Leonviola. Con Gordon Mitchell, Chelo Alonso, Vira Silenti, Aldo Bufi Landi. ◆ Maciste (Mitchell) salva dalla crudele Capys (Alonso), erede di Circe, l'ultimo dei discendenti di Ulisse. Mitchell è uno dei migliori Maciste dello schermo, e la Alonso una delle cattive in tunica più affascinanti. Sulla scia di *Maciste nella valle dei re*, detiene la piazza d'onore, quanto a incassi, nei film dello stesso genere.

Maciste nella valle dei re *½ (Italia/Francia/Jugoslavia 1960, col, 94') Carlo Campogalliani. Con Mark Forest [Lou Segni], Chelo Alonso, Vira Silenti, Federica Ranchi. ◆ Maciste (Forest) in Egitto aiuta il figlio del faraone contro la matrigna (Alonso) che tenta invano di concupirlo. Lo sceneggiatore Ennio De Concini rispolvera il personaggio di Maciste, eroe popolare del muto italiano, e fa nascere un genere: 862 milioni di incasso (più del doppio di *Accattone*) solo in Italia. Campogalliani è solo un artigiano di lunghissima esperienza.

Maciste nelle miniere di Re Salomone * (Italia 1964, col, 90') Martin Andrews [Piero Regnoli]. Con Reg Park, Wandisa Guida, Eleonora Bianchi, Dan Harrison. ◆ Maciste (Park) viene condannato a lavorare nelle miniere per avere salvato il legittimo erede al trono, ma guida la rivolta degli schiavi. Pastiche avventuroso in uno degli ultimi cascami della serie.

Maciste nell'inferno di Gengis Khan *½ (Italia 1964, col, 95') Domenico Paolella. Con Mark Forest [Lou Segni], José Greci, Ken Clark, Gloria Milland, Roldano Lupi. ◆ Kublai (Clark), per vendicarsi di Maciste (Forest) che ha sconfitto i mongoli, rapisce la fidanzata (Greci) dell'eroe; questi saprà però vendicarsi e liberarla. Girato per risparmiare assieme a *Maciste contro i mongoli*, di ordinaria amministrazione se si esclude una scena di tortura girata con gusto horror.

Ma come si può uccidere un bambino? ** (*¿Quien puede matar un niño?*, Spagna 1976, col, 110') Narciso Ibañez Serrador. Con Lewis Fiander, Prunella Ramsone, Antonio Iranzo, Maria Luisa Arias. ◆ Una coppia di turisti inglesi (Fiander e Ramsone) sbarca in un'isola popolata da bambini che hanno ucciso tutti gli adulti: dovranno rispondere alla violenza con la violenza. Ma la donna verrà uccisa dal suo nascituro. Tratto dal romanzo *El juego* di Juan José Plans sceneggiato da Luis Penfiel, un thriller non privo di suspense, in parte debitore del *Villaggio dei dannati*, che gioca bene sul ribaltamento degli stereotipi. Finale beffardo ma prevedibile. Malamente appiccicati, i messaggi simbolici e politici (le sequenze documentaristiche sull'infanzia vessata).

Macrò - Giuda uccide il venerdì → *Giuda uccide il venerdì*

Madadayo – Il compleanno *** (*Madadayo*, Giappone 1993, col, 134') Akira Kurosawa. Con Tatsuo Matsumura, Kyoko Kagawa, Hisashi Igawa, George Tokoro. ◆ A ogni compleanno un anziano professore (Matsumura) viene festeggiato dagli ex allievi e, alla domanda scaramantica se sia pronto ad andarsene, risponde «Non ancora» (*madadayo*). Le gioie della convivialità e l'affetto sincero tra generazioni diverse: sullo sfondo, il Giappone che esce dal disastro postbellico. Kurosawa non spiega che cosa renda il professore una persona straordinaria agli occhi dei suoi vecchi scolari, ma si limita a contemplare lo stile impeccabile di un animo puro, capace di disperarsi per la perdita del suo gatto. Più che un esorcismo della morte da parte di un anziano regista, la contemplazione nostalgica – e a tratti commovente – di un mondo che forse non è mai esistito. Nulla di fastidiosamente moraleggiante, comunque, un senso dell'umorismo discreto, e un finale fantastico che ricorda *Sogni*.

Madama, La *½ (Italia 1975, col, 95') Duccio Tessari. Con Christian De Sica, Ines Pellegrini, Oreste Lionello, Ettore Manni, Gigi Ballista. ◆ Entrato nella polizia grazie a raccomandazioni e sotterfugi, un vitellone (De Sica) senz'arte né parte si trova coinvolto suo malgrado in un affare internazionale. Scipito giallo umoristico che ricalca schemi vecchi di una decina d'anni. De Sica è moscio e Tessari non ha la mano per la commedia.

Madama Butterfly ** (Italia/Giappone 1955, col, 110') Carmine Gallone. Con Kaoru Yachigusa, Nicola Filacuridi, Michiko Tanaka, Josephine Corry. ◆ La geisha Cho-Cho San (Yachigusa) ha un bambino da un ufficiale americano (Filacuridi): lui promette di sposarla ma, quando torna in Giappone con una moglie americana, la geisha si uccide. Fedele versione dell'opera di Puccini su libretto di Illica e Giacosa, preceduta da un breve prologo che ambienta la situazione a Nagasaki, nel 1900, e che serve a Gallone per introdurre il dramma non in «modo neorealistico» (come è stato scritto) ma piuttosto – sottolineando la differenza tra geisha (donna già sposata) e maiko (vergine, come è Cho-Cho San) – per negare i tanti luoghi comuni sull'immoralità delle case da tè e in questo modo, sottolineando la moralità della donna, ribadire la tragica drammaticità della storia messa in musica da Puccini. Confezione di prim'ordine (coproduce la Toho giapponese, il direttore della fotografia è Claude Renoir, le scenografie di Mario Garbuglia) per un film-opera corretto e decorativo. La Yachigusa è doppiata da Orietta Moscucci, Filacuridi da Giuseppe Campora.

Madama Butterfly ** (*Madame Butterfly*, Francia 1995, col, 129') Frédéric Mitterrand. Con Ying Huang, Richard Troxell, Nin Liang, Richard Cowan, Yoshi Oida. ◆ Nagasaki, 1900: la geisha Cho-Cho San (Huang) rinnega la propria famiglia e la propria cultura per dare un figlio all'ufficiale americano Pinkerton (Troxell): ma quando questi torna con una moglie americana, Cho-Cho San si uccide. L'opera di Puccini, su libretto di Illica e Giacosa, ha sempre fascino, e il tema interrazziale ha qualche appiglio d'attualità. Da qui a dire che fosse necessaria un'altra versione cinematografica dopo quella di Carmine Gallone ce ne vuole. Il nipote del defunto presidente francese punta sul realismo dell'ambientazione (con inserti documentari d'epoca, anche se gli esterni sono girati in Tunisia) e sull'eleganza della messa in scena, con abbondanza di dolly e piani sequenza acrobatici: ma rimane viva la nostalgia del palcoscenico, dove sentire un giapponese che canta in italiano sembra meno bizzarro.

Madame Bovary ** (*Madame Bovary*, Francia 1933, b/n, 101') Jean Renoir. Con Valentine Tessier, Max Dearly, Pierre Renoir, Daniel Lecourtois, Alice Tissot, Monetta Dinay. ◆ Nella provincia francese di metà Ottocento, Emma (Tessier) sposa il medico Charles (Renoir), ma ben presto, delusa, si rifugia nell'adulterio. Abbandonata e oberata dai debiti, si avvelena. Renoir disse di voler fare un film «senza esagerazioni, un po' grigio e monotono, proprio come la vita»: sfrutta bene i paesaggi della Normandia, ma finisce con l'essere atterrito dal confronto col capolavoro. Troppo solenne e rigido.

Madame Bovary ** (*Madame Bovary*, Usa 1949, b/n, 115') Vincente Minnelli. Con Jennifer Jones, James Mason, Van Heflin, Louis Jourdan, Christopher Kent [Alf Kjellin], Gene Lockhart jr, Frank Allenby, Gladys Cooper, John Abbott, George Zucco, Paul Cavanagh. ◆ Nel 1857, Gustave Flaubert in persona (Mason) deve difendersi in tribunale dall'accusa di oscenità per aver pubblicato *Madame Bovary* e per farlo racconta la storia della sua eroina Emma (Jones) che, sposata a un mediocre medico di provincia (Heflin), cerca di realizzare i propri sogni romantici: si farà ingannare prima da Rodolphe Boulanger (Jourdan) poi da Léon Dupuis (Kent) e infine, sotto la minaccia di uno scandalo finanziario, si suiciderà. Al processo Flaubert viene assolto perché l'arte ha il diritto di rappresentare la realtà, ma nella rilettura di Minnelli è la fantasia che sembra farla davvero da padrona. Programmaticamente infedele allo spirito del romanzo francese, questa versione (adattata da Robert Ardey) è tutta dalla parte della protagonista, quintessenza dell'eroina romantica la cui solitudine è raccontata come in un gioco di specchi (vera presenza centrale nella scenografia di Cedric Gibbson e Jack Martin Smith, da quelli barocchi e dorati che riflettono il suo trion-fo alla festa del marchese di Andervilliers [Cavanagh] a quello povero e spezzato nella camera di Léon). L'idea di incorniciare la storia con la ricostruzione del processo a Flaubert fu una trovata del produttore Pandro Berman che temeva le reazioni della censura di fronte a un film che poteva essere letto come elogio dell'adulterio e per la stessa ragione la troppo provocante Lana Turner fu sostituita nel ruolo della protagonista da Jennifer Jones.

Madame Bovary *½ (*Madame Bovary*, Francia 1991, col, 140') Claude Chabrol. Con Isabelle Huppert, Jean-François Balmer, Christophe Malavoy, Jean Yanne, Lucas Belvaux. ◆ Nella campagna francese dell'Ottocento, Emma (Huppert), moglie di un grigio medico condotto (Balmer), diventa adultera per fuggire alla noia e alla mediocrità. Abbandonata dal suo amante Rodolfo (Malavoy) e oberata dai debiti, finisce suicida, vomitando fiele. Più che un film, un album illustrato, fedele a Flaubert solo nella lettera. La Huppert fa qualche smorfia di troppo, ma il resto del cast è bene assortito: Balmer è un marito imbelle e dolorante, e Yanne è perfetto nei panni del farmacista vanaglorioso. Il film che Chabrol sognava da una vita gli è venuto sontuoso e accademico, malgrado alcune crudezze che i suoi colleghi del passato non si potevano permettere.

Madame Butterfly *½ (*Madame Butterfly*, Usa 1932, b/n, 86') Marion Gering. Con Sylvia Sidney, Cary Grant, Charlie Ruggles, Irving Pichel, Helen Jerome Eddy. ◆ L'opera di Puccini senza la musica. L'amore di una geisha (Sidney) per un ufficiale di marina americano (Grant) non è ricambiato: la donna, disperata s'uccide. Grant giovanissimo e quasi irriconoscibile in un drammone elementare e fatalmente datato.

Madame Claude * (*Madame Claude*, Francia 1976, col, 110') Just Jaeckin. Con Françoise Fabian, Dayle Haddon, Murray Head, Klaus Kinski, Maurice Ronet. ◆ La tenutaria (Fabian) di un bordello di lusso fornisce belle e compiacenti ragazze ad alti funzionari, industriali e uomini di Stato. Ma il gioco si farà pericoloso. Dal regista di *Emmanuelle* il solito noioso campionario di nudi patinati e di perversioni all'acqua di rose.

Madame Curie *½ (*Madame Curie*, Usa 1943, b/n, 124') Mervyn LeRoy. Con Greer Garson, Walter Pidgeon, Henry Travers, Albert Basserman, C. Aubrey Smith. ◆ Vita pubblica e privata della celebre scienziata polacca Marie Sklodowska (Garson) che, grazie ai suoi studi a Parigi dove era esule e dove sposò Pierre Curie (Pidgeon), aprì nuove strade nel campo della conoscenza delle radiazioni, rimanendone vittima. Dopo *La signora Miniver* si ricompone la coppia-modello Garson e Pidgeon, che sarà interprete di altri quattro film. Spunti didattici e buoni sentimenti: una discreta pizza.

Madame Dubarry ** (*Madame Dubarry*, Germania 1919, b/n, 80') Ernst Lubitsch. Con Pola Negri, Emil Jannings, Reinhold Schünzel, Harry Liedtke, Carl Platen. ◆ La sartina Jeanne Vaubernier (Negri), adocchiata dal nobile Dubarry (Schünzel), diventa l'amante di Luigi XV (Jannings). Entrata a corte, fa liberare il suo amante Armand (Liedtke), ma questi si unisce ai rivoluzionari e fa condannare alla ghigliottina Jeanne: salvo pentirsi, invano, all'ultimo momento. Prodotto con grandi sforzi dall'Ufa (la Germania era ancora prostrata dalla guerra), il primo successo internazionale di Lubitsch è un kolossal storico ricco di scene di massa sapientemente coreografate, dove però solo a tratti si ritrova la sua mano. Né riesce bene la fusione tra il tono malizioso della prima parte (un Settecento di maniera, tutto trine, parrucche, specchi e paraventi) e quello melodrammatico della seconda. Fu forse per vendetta contro la sua eroina smorfiosa che Lubitsch tenne a girare la scena in cui il boia ne getta la testa alla folla in delirio: ma quasi tutti i distributori dell'epoca la tagliarono, e manca anche dalla copia italiana edita in cassetta. Da antologia, comunque, la scena in cui Luigi XV muore di peste, abbandonato da tutti.

Madame P... e le sue ragazze *½ (*A House Is Not a Home*, Usa 1964, b/n, 95') Russell Rouse. Con Shelley Winters, Kaye Ballard, Ralph Taeger, Jesse White, Robert Taylor, Broderick Crawford. ◆ Un amore impossibile nasce tra la tenutaria di un bordello (Winters) e un musicista che, all'oscuro della vera attività dell'amata, chiede di sposarla. Una sorta di rovesciamento drammatico del soggetto di *Irma la dolce*, ma senza l'originalità e l'ironia del film di Wilder.

Madame Sans-Gêne *½ (Italia/Francia/Spagna 1961, col, 118') Christian-Jaque [Christian Maudet]. Con Sophia Loren, Robert Hossein, Marina Berti, Carlo Giuffré, Gianrico Tedeschi. ◆ L'ex lavandaia Catherine (Loren) sposa un sergente (Hossein) dell'esercito napoleonico, che fa carriera fino a diventare duca. Ma le dame dell'aristocrazia borbottano per la sua ignoranza dell'etichetta. Tediosa superproduzione in costume su misura per la generosa scollatura della Loren, diretta con mano pesante e poco ispirata. Dalla commedia di Sardou, già portata sullo schermo da Gloria Swanson e Arletty [Léonie Bathiat] e qui sceneggiata dal regista con Henri Jeanson, Ennio De Concini, Jean Ferry e Franco Solinas.

Madame Satan ** (*Madame Satan*, Usa 1930, b/n, 105') Cecil B. DeMille. Con Kay Johnson, Reginald Denny, Lillian Roth, Roland Young, Elsa Petersen, Tyler Brooke. ◆ Film in quattro parti. *Prima parte*: Angela Brooks (Johnson), signora della buona società newyorkese, scopre che il marito Bob (Denny) la tradisce con una cantante di music-hall, Trixie (Roth). L'amico Jimmy (Young), completamente ubriaco, cerca di convincerla che Trixie è sua moglie. *Seconda parte*: a casa di Trixie, Angela costringe Jimmy a mettersi a letto con la presunta moglie. Arriva Bob. Angela si nasconde. Trixie sostiene di non saperci fare con gli uomini. *Terza parte*: a un ballo in costume su un dirigibile, Angela si presenta vestita da Madame Satan e seduce tutti gli invitati, compreso il marito a cui non rivela la sua identità. Il dirigibile precipita, Angela dà il suo paracadute a Trixie a patto che la ragazza non riveda più il marito, che a sua volta dà il proprio paracadute alla moglie e si salva cadendo in acqua. *Quarta parte*: Angela e Bob si riconciliano. Un film dalla forte impostazione teatrale (anche se lo script di Jeanie MacPherson, Gladys Ungher e Elsie Janis è originale), che mescola con gran disinvoltura commedia di costume, farsa, dramma, numeri musicali e psicodramma coniugale. Nel suo secondo film parlato, sul classico tema della riconquista di un marito fedifrago da parte di una donna dalle infinite risorse, DeMille dà fondo a tutti i generi che conosce e pratica dai tempi del muto e così lo spettatore viene tenuto in costante disequilibrio dai mille colpi di scena di «un delirio barocco particolarmente riuscito». L'esaltazione del matrimonio passa attraverso il senso dell'umorismo, della catastrofe e dello spettacolo: un messaggio serio e rigoroso, ai limiti della rigidità, filtrato però da una fantasia sorprendentemente sfrenata. Ed è proprio questa immaginazione fastosa di *Madame Satan* a sbalordire ancora oggi.

Madame Sousatzka ** (*Madame Sousatzka*, Usa 1988, col, 122') John Schlesinger. Con Shirley MacLaine, Navin Chowdhry, Peggy Ashcroft, Twiggy, Shabana Azmi, Leigh Lawson, Lee Montague. ◆ Un'eccentrica insegnante di pianoforte (MacLaine) si attacca morbosamente a un allievo indiano (Chowdhry), cui vorrebbe far raggiungere quella perfezione che a lei è stata negata. Entrata in contrasto con la madre (Azmi) del giovane, perderà la sfida. Da Schlesinger ci si aspettava di più di un melodramma vecchiotto e patinato, dove le emozioni sono tutte di testa, malgrado il prodigarsi degli attori. Dal romanzo di Berenice Rubens, sceneggiato dal regista con Ruth Prawer Jhabvala.

Madamigella di Maupin *½ (Italia/Francia/Jugoslavia 1966, col, 95') Mauro Bolognini. Con Catherine Spaak, Robert Hossein, Ottavia Piccolo, Tomas Milian. ◆ Nella Francia del Re Sole, una ragazza (Spaak) travestita da uomo per scampare alle truppe ungheresi, viene arruolata nell'esercito francese: il suo capitano (Hossein) comincia a preoccuparsi quando se ne innamora. Dal romanzo di Théophile Gautier, un Bolognini minore e più decorativo del solito, moderatamente malizioso ma nulla più.

Mad Bomber l'uomo sputato dall'inferno *½ (*The Mad Bomber*, Usa 1972, col, 95') Bert J. Gordon. Con Vince Edwards, Chuck Connors, Neville Brand, Hank Brandt, Cristina Hart. ◆ Dopo aver visto morire la figlia drogata, un uomo (Connors) impazzisce e cerca di vendicarsi dell'indifferenza della società seminando bombe per la città. Chi giustizierà il giustiziere? Film di serie B rozzo e violento.

Mad City - Assalto alla notizia *½ (*Mad City*, Usa 1997, col, 100') [Constantin] Costa-Gavras. Con John Travolta, Dustin Hoffman, Alan Alda, Mia Kirshner, Bill Nunn, William Atherton, Raymond J. Barry, Ted Levine, Robert Prosky. ◆ Guardiano di un museo, Sam Bailey (Travolta) vorrebbe solo protestare contro il suo recente licenziamento ma finisce per sequestrare una scolaresca, e così il telecronista Max Brackett (Hoffman) si trova tra le mani lo scoop della vita: nessuno dei due, però, ha ha fatto i conti con la volubilità dell'opinione pubblica manipolata dalla tv. L'ennesima commedia drammatica sulla cattiveria della televisione (sceneggiata da Tom Matthews), in cui le esigenze dello spettacolo - e delle due star protagoniste - portano a semplificare le psicologie dei personaggi per farne dei casi emblematici. Il risultato però è la solita serie di luoghi comuni sul cinismo dei giornalisti e il patetismo dei disoccupati, consolatorio (e in fondo ruffiano) nonostante la voglia di ispirarsi all'*Asso nella manica* e a *Quel pomeriggio di un giorno da cani*.

Maddalena **½ (Italia/Francia 1954, col, 97') Augusto Genina. Con Marta Toren, Gino Cervi, Charles Vanel, Jacques Sernais, Folco Lulli, Valentine Tessier. ◆ Una prostituta (Toren) accetta di impersonare la Madonna in una funzione religiosa, per «punire» la Vergine di averle portato via la figlioletta. Quando la gente si rende conto della sua identità non le perdona il gesto blasfemo. Quasi il contraltare di *Cielo sulla palude*: un altro straziante ritratto femminile, tra enfasi melodrammatica e oggettività realistica. Rivalutato in anni recenti. La Toren è doppiata da Andreina Pagnani mentre l'allora aiutoregista Giovanni [poi Nanni] Loy fa la comparsa nella scena sull'autobus.

Maddalena *½ (Italia/Jugoslavia 1972, col, 116') Jerzy Kawalerowicz. Con Lisa Gastoni, Eric Woofe, Ivo Garrani, Paolo Gozlino, Paolo Bonacelli. ◆ Una donna (Gastoni) s'innamora di un prete (Woofe) e tenta di sedurlo: lo spingerà al suicidio. Programmatico confronto tra passioni e vocazioni in un melodramma farraginoso sceneggiato dal regista che era stato un capofila del nuovo cinema polacco del decennio precedente.

Maddalena... zero in condotta **½ (Italia 1940, b/n, 80') Vittorio De Sica. Con Carla Del Poggio, Vittorio De Sica, Vera Bergman, Eva [poi Irasema] Dilian, Pina Renzi, Guglielmo Barnabò, Amelia Chellini, Paolo Veneroni, Armando Migliari, Arturo Bragaglia. ◆ Maddalena (l'esordiente Del Poggio), venuta in possesso di una lettera d'amore indirizzata dalla sua insegnante (Bergman) a un immaginario signor Hartman, innesca una catena di equivoci che coinvolgeranno un uomo d'affari viennese (De Sica) con questo nome. De Sica, alla seconda regia (e in ruolo triplice: Carlo Hartman figlio, padre e nonno), ostenta di rispettare le regole del cinema dei telefoni bianchi, concedendosi qualche tocco eterodosso (la lieve satira dell'istituto scolastico, l'uso delle inflessioni dialettali). In questo modo il film diventa una specie di «ripensamento sul cinema dei telefoni bianchi», una riflessione archetipa sulla vacuità dei personaggi delle commedie di origine ungherese (anche questa lo è, scritta da Lászlo Kádár e sceneggiata da Ferruccio Biancini) che De Sica descrive con una grazia e una leggerezza di tono con cui finisce per sottolineare (se non proprio denunciare) il vuoto di tutta un'epoca cinematografica. Il bidello interpretato da Giuseppe Varni è doppiato da Aldo Fabrizi.

Made in America *½ (*Made in America*, Usa 1993, col, 111') Richard Benjamin. Con Whoopi Goldberg, Ted Danson, Nia Long, Will Smith, Paul Rodriguez, Jennifer Tilly. ◆ Decisa a trovare chi aveva dato il proprio seme per farla nascere, la figlia (Long) di un vedova nera (Goldberg) scopre che il donatore è un vanesio venditore di automobili (Danson), per di più bianco: disperazione ideologica ma lieto fine sentimentale per i due ignari genitori. Il peggio del cinema dell'era Clinton: buoni sentimenti con morale antirazzista ma nessun ritmo e soprattutto una pessima sceneggiatura. Strane (perché «politicamente scorrette») le macchiette sugli omosessuali neri. Ai tempi la Goldberg e Danson stavano insieme. Le due signore che entrano nel negozio della Goldberg sono Frances Bergen (madre di Candice) e Phyllis Avery, signora della Tv anni Cinquanta.

Made in Italy *½ (Italia/Francia 1965, col, 132') Nanni Loy. ◆ Film a episodi riuniti in cinque gruppi: *Usi e costumi* (con Lando Buzzanca, Aldo Giuffré, Walter Chiari, Lea Massari); *Il lavoro* (con Aldo Fabrizi, Nino Castelnuovo, Mario Pisu); *La donna* (con Virna Lisi, Catherine Spaak, Sylva Koscina, Jean Sorel); *Cittadini, stato e chiesa* (con Nino Manfredi, Carlo Pisacane); *La famiglia* (con Anna Magnani, Andrea Checchi, Peppino De Filippo, Alberto Sordi, Rossella Falk). Storie di corna e barzellette (spesso brevissime) sui guai della burocrazia, del traffico nell'Italia del boom, raccontate da un gruppo di emigranti alla volta della Svezia. Sulla scia dei *Mostri*, ma senza graffiare e senza divertire. Sceneggiatura di Ruggero Maccari ed Ettore Scola.

Made in Usa ** (*Made in Usa*, Usa 1986, col, 90') Ken Friedman. Con Chris Penn, Adrian Pasdar, Lori Singer, Jacqueline Murphy. ◆ Dalla miniera di carbone in fiamme di Centralia alle centrali atomiche sulle spiagge californiane, i due ladruncoli Tuck (Penn) e Dar (Pasdar) attraversano gli Stati Uniti rubando macchine e associandosi a una ragazza (Singer) che l'intossicazione da diossina ha reso mezza matta. *On the road* catatonico con intenti anarcoidi ed ecologisti: molto bello visivamente (la fotografia è di Curtis Clark) nel descrivere una terra desolata e senza speranza, cade nei cliché non appena tenta di dare corpo ai personaggi. Sceneggiatura di Zbigniew Kenpinski. Colonna sonora originale dei Sonic Youth.

Madeline - Il diavoletto della scuola ** (*Madeline*, Usa 1998, col, 90') Daisy von Scherler Mayer. Con Frances McDormand, Nigel Hawthorne, Hatty Jones, Ben Daniels, Arturo Venegas, Stéphane Audran, Chantal Neuwirth, Clare Thomas, Bianca Ströhman, Christina Mangani. ◆ L'orfana Madeline (Jones) vive nella casa che ospita la scuola gestita dalla signora Clavel (McDormand): quando lord Covington (Hawthorne) decide di vendere l'immobile, Madeline userà ogni mezzo per fargli cambiare idea. Dal popolare personaggio creato nel '39 da Ludwig Bemelmans (la sceneggiatura, ricavata da quattro suoi romanzi, è di Malia Scotch Marmo, Mark Levin e Jennifer Flackette), le avventure di una monella con i capelli rossi che pare una sorta di Gianburrasca d'oltralpe, abbastanza divertente ma molto meno trasgressiva del nostro piccolo eroe. Musiche di Michel Legrand.

Mademoiselle Docteur ** (*Mademoiselle Docteur*, Francia 1936, b/n, 95') Georg Wilhelm Pabst. Con Dita Parlo, Pierre Fresnay, Pierre Blanchar, Louis Jouvet, Viviane Romance, Jean-Louis Barrault. ◆ Durante la prima guerra mondiale, una spia tedesca (Parlo) in Grecia si innamora di un capitano francese (Fresnay), che ovviamente ignora la sua professione: porta a termine la sua missione, viene creduta morta, ma finisce pazza. Pabst si adagia negli stereotipi del genere spionistico ma, al di là dell'atmosfera di sospetto e dei pezzi di bravura di alcuni attori, il risultato non è memorabile. Gaston Modot è il proprietario del caffè. Noto anche come *Salonicco, nido di spie*. Un remake di Lattuada nel 1968, *Fräulein Doktor*.

Mad Max oltre la sfera del tuono *** (*Mad Max Beyond Thunderdome*, Australia 1985, col, 106') George Miller, George Ogilvie. Con Mel Gibson, Tina Turner, Angelo Rossitto, Helen Buday. ◆ Seguito di *Interceptor – Il guerriero della strada*, e ultimo capitolo della saga del guerriero postatomico nel deserto australiano. Capitato a Barteltown, Mad Max (Gibson) accetta di sfidare in duello il signore della città sotterranea per conto della regina Auntie (Turner): ma poi cade in disgrazia e viene lasciato nel deserto, dove sarà salvato da una tribù di ragazzini. Alcune buone trovate, meno violenza che nei capitoli precedenti, forse anche minor ritmo, ma l'apologo fantascientifico di Miller raggiunge qui la sua rappresentazione più compiuta con uno stile visivo da grande fumetto capace di utilizzare e rielaborare i materiali iconografici dell'incubo da dopo catastrofe atomica (con un finale di speranza affidato ambiguamente ai bambini). Tina Turner canta *We Don't Need Another Hero*.

Madness - Vacanze per un massacro → *Vacanze per un massacro*

Madonna che silenzio c'è stasera **½ (Italia 1982, col, 93') Maurizio Ponzi. Con Francesco Nuti, Edi Angelillo, Massimo Sarchielli, Gianna Sammarco, Mario Cesarino. ◆ Una giornata della sconclusionata vita di Francesco (Nuti), un giovane di Prato senza arte né parte: cerca lavoro, vince involontariamente un concorso per cantautori, va in bianco con una prostituta, si riconcilia con la fidanzata. Il primo film da protagonista di Nuti (che si farà dirigere da Ponzi altre due volte) fu quasi una rivelazione: giocato sui mezzi toni con una vena malinconica che non esclude la cattiveria, e girato con un ritmo stralunato che sembra modellato sul personaggio. Ma Nuti e Ponzi, in seguito, non si ripeteranno a questi livelli.

Madonna delle Sette Lune, La **½ (*Madonna of the Seven Moon*, Gb 1944, b/n, 110') Arthur Crabtree. Con Phyllis Calvert, Stewart Granger, Patricia Roc, Peter Glenville, Jean Kent, John Stuart, Reginald Tate. ◆ Nell'Italia degli anni Trenta, Maddalena (Calvert), una borghese felicemente sposata con un ricco commerciante di vini (Stuart), senza rendersi conto si trasforma ciclicamente in Rosanna, una zingara appassionata, amante del ladro di gioielli Nino Barucci (Granger) che vive alla Locanda delle Sette Lune. Tipico film stile Gainsborough, la casa del melodramma nell'Inghilterra anni Quaranta, in contrapposizione all'evasiva Ealing. Costruito su uno schema da sensational novel vittoriana tratto dal romanzo di Margery Lawrence sceneggiato da Roland Pertwee e Brock Williams (un personaggio femminile virtuoso e benestante a confronto con un'altra donna spregiudicata e molto inferiore socialmente), ora geniale ora kitsch, il film si fa apprezzare soprattutto per la splendida atmosfera della messa in scena, satura di emozioni romantico-gotiche. E si fa ricordare per aver assegnato a Phyllis Calvert, simbolo della rispettabilità anni Quaranta, anche il ruolo dell'eroina sensuale. Storica la battuta pronunciata da Maddalena nel momento in cui indossa il vestito esotico del suo alter ego: «Non appartengo a nessuno che non sia me stessa».

Ma dove è andata la mia bambina? *½ (*My Father, the Hero*, Usa 1994, col, 90') Steve Miner. Con Gérard Depardieu, Katherine Heigl, Dalton Jones, Lauren Hutton, Stephen Toboloswki. ◆ In vacanza ai Caraibi col padre André (Depardieu), la quattordicenne Nicole (Heigl) finge di essere la sua amante per darsi un tono con un vitellone locale (Jones): alla fine papà riconquista la sua fidanzata (Emma Thompson, non accreditata) e aiuta la figlia a corteggiare il fusto. Instant remake di *Mio padre, che eroe!*, più goffo ma anche più malizioso dell'originale. Il cinema americano deve essere evidentemente a corto di idee, e Depardieu a corto di soldi.

Madre, La *** (*Mat'*, Urss 1926, b/n, 84') Vsevolod I. Pudovkin. Con Vera Baranovskaja, Aleksandr Čistjakov, Nikolaj Batalov, Anna Zemcova, Ivan Koval-Samboiskij, Ivan Bobrov, Vladimir Ural'skij. ◆ Tvera, 1905: dopo la morte del marito, la madre (Baranovskaja) di un operaio rivoluzionario (Batalov) diventa senza saperlo strumento dell'arresto del figlio. I compagni cercano di farlo evadere durante lo sciopero del primo maggio e la madre si prodiga per la riuscita della manifestazione, ma appena fuori dal carcere, il ragazzo viene ucciso dalle guardie imperiali: sarà la madre a raccogliere la sua bandiera rossa e porsi alla testa del corteo, ma anche lei verrà uccisa e lo sciopero sarà domato. Tratto dall'omonimo dramma di Maxim Gorkij, che approvò la versione cinematografica sceneggiata da Natan Zarhi con reticenza e perplessità, il film lancia messaggi bolscevichi in forma di melodramma, secondo l'ideale di cinema epico-lirico teorizzato dal regista, qui alla sua prima prova significativa: due personaggi nella folla, montaggio a scatti, profluvio d'immagini che perdono completamente le loro sembianze reali per diventare pura tensione visiva, guidata dalla macchina da presa che seleziona solo ciò che è ritenuto importante. Celebre la sequenza della marcia dei manifestanti che avanzano senza sosta come le acque della Neva trascinano con sé i blocchi di ghiaccio, uno dei migliori esempi del montaggio parallelo alla Pudovkin. Il regista appare brevemente nella parte di un poliziotto. Rifatto nel 1955 (da Marc Donskoi) e nel 1990 (da Gleb Panfilov).

Madre dello sposo, La **½ (*The Mating Season*, Usa 1951, b/n, 101') Mitchell Leisen. Con Thelma Ritter, Gene Tierney, John Lund, Miriam Hopkins, Jan Sterling. ◆ Un bravo ragazzo lavoratore (Lund) che ha sposato una giovane ricca (Tierney) è imbarazzato dall'arrivo della madre invadente e ciarliera (Ritter), che viene scambiata per una domestica. Qualche tocco di satira sociale in una commedia molto divertente sceneggiata da Charles Brackett, Walter Reish e Richard Breen (da una commedia di Cesar Dunn) e diretta con buon ritmo dal veterano Leisen. La Ritter ruba la scena a tutti.

Madre e figlio **** (*Mat'i syn*, Russia/Germania 1997, col, 75') Aleksandr Sokurov. Con Gudrun Geyer, Aleksej Ananishnov. ◆ In una campagna vicino al mare, un figlio assiste la madre morente. La storia è tutta qui, e tanto basta: i dialoghi sono scarni e toccanti, i temi sono alti e fuori dal tempo: l'uomo di fronte alla natura e alla morte, l'amore filiale, la memoria. Ma tutto è alluso indirettamente, attraverso uno stile fatto di lunghi piani-sequenza in cui l'inquadratura è deformata da lenti anamorfiche e filtri; con lo scopo di creare un cinema di emozione pura, di intensità lancinante, che passa attraverso l'esperienza del tempo: lo sguardo si perde in immagini ispirate alla tradizione del paesaggio romantico di Caspar David Friedrich (la fotografia è di Aleksej Fjodorov), e si lascia guidare da un sonoro suggestivo e quasi subliminale, che mixa suoni della natura e brandelli di musica classica. Primo film a trovare circolazione in Italia del regista russo considerato erede di Tarkovskij. All'estero gente come Scorsese, Susan Sontag e Nick Cave hanno elogiato questo capolavoro; qui da noi, grazie anche a una distribuzione demente, non se n'è accorto quasi nessuno.

Madre Giovanna degli angeli ** (*Matka Joanna od Aniolów*, Polonia 1961, b/n, 110') Jerzy Kawalerowicz. Con Lucyna Winnicka, Mieczyslaw Voit, Anna

Ciepielewska, Zygmunt Zintel, Maria Chwalibóg. ◆ Nel XVIII secolo, in un convento polacco, le monache sono tormentate dalla presenza del demonio: un prete (Voit) mandato a esorcizzarle non resisterà alle tentazioni della carne. Ispirato (con la mediazione di un racconto di Jaroslaw Iwaszkiewicz) ai fatti di Loudun, in seguito narrati da Ken Russell nei *Demoni* e premio speciale della giuria a Cannes, è uno dei più noti film polacchi dell'epoca. Kawalerowicz dichiarò di essersi ispirato a Dreyer e Bergman per questa riflessione sull'amore spirituale e quello carnale, ma dal suo estetizzante miscuglio di sacro e profano sono svaporati i messaggi libertari e antioscurantisti (il racconto era stato scritto durante l'occupazione nazista) che allora vi si volevano leggere. Suggestiva «l'austera e terrificante rappresentazione visuale» del convento, anche per merito della fotografia di Jerzy Wójcik.

Madri pericolose *½ (Italia 1960; b/n, 95') Domenico Paolella. Con Riccardo Garrone, Evi Maltagliati, Ave Ninchi, Nando Bruno, Delia Scala, Mina [Mina Mazzini], Giovanna Avena, Riccardo Billi, Diana Frank, Gabriele Tinti, Walter Santesso, Luisa Rivelli, Mario Ambrosino, Tullio Altamura, Franca Badeschi, Elli Parvo, Giulio Paradisi, Edith Peters. ◆ Storie incrociate di madri (e padri) in cerca di un buon partito per le figlie: una portinaia (Ninchi) vorrebbe per la figlia (Frank) un matrimonio da jet set, un tipografo (Bruno) offre alla sua (Avena) l'occasione di partecipare a una festa esclusiva da una contessa (Maltagliati), a sua volta preoccupata che i figli (Mina e Ambrosino) si fidanzino secondo i suoi voleri, mentre il cugino (Garrone) insegue una ricca vedova (Rivelli). Niente andrà secondo i piani, ma non sarà certo una tragedia. Commedia che si vorrebbe di costume e invece è solo superficiale e moralistica (la figlia della portinaia educata all'arrivismo ripaga la madre con la stessa moneta). Sceneggiatura del regista e Sergio Sollima, da un soggetto di Alessandro Continenza. Mina canta *No, non ha fine*, *Nessuno*, *Pesci rossi* e *Coriandoli*.

Maestra di sci, La * (Italia 1981, col, 80') Sandro Lucidi. Con Andy Luotto, Carmen Russo, Sonia Otero, Daniele Vargas, Cinzia De Ponti. ◆ Per entrare in possesso di un'eredità, una fotomodella (Russo) abituata a regalare le sue grazie si ricostruisce una rispettabilità come maestra di sci: naturalmente un fotografo (Luotto) scopre tutto. Qualche equivoco e pochissimi vestiti per una farsa all'italiana di serie Z. Primi piani totalvision sui «meloni» di Carmen Russo: una pacchia per i fan.

Maestrina, La ** (Italia 1933, b/n, 60') Guido Brignone. Con Andreina Pagnani, Renato Cialente, Egisto Olivieri, Jone Frigerio, Enzo Gainotti, Mario Ferrari, Cesare Zoppetti. ◆ Ragazza madre, la maestrina (Pagnani) di un paese nasconde a tutti la sua situazione, per paura di uno scandalo. Quando la figlioletta scompare, tutto sembra precipitare. Alla fine, però, le nozze sistemano tutto. Commediola a lieto fine tratta dall'omonima pièce di Dario Niccodemi sceneggiata dal regista e ambientata in un'Italia ancora rurale e piena di pregiudizi. Rifatto nel 1942.

Maestrina, La ** (Italia 1942, b/n, 92') Giorgio Bianchi. Con Maria Denis, Nino Besozzi, Virgilio Riento, Elvira Betrone, Enrico Glori, Annibale Betrone. ◆ Una giovane maestra (Denis) è vittima delle maldicenze degli abitanti del paese. In realtà il suo comportamento distaccato è dovuto al suo carattere riservato. Come per il film di Brignone, il soggetto (tratto dalla pièce omonima di Dario Niccodemi adattata dal regista e Augusto Mazzetti) è lo spunto per uno spaccato di provincia pettegola, maliziosa e invadente. Il cinema dei telefoni bianchi è al tramonto. Esordio di Giovanna Ralli come scolaretta.

Maestro, Il ** (Italia/Spagna 1958, b/n, 90') Aldo Fabrizi. Con Aldo Fabrizi, Alfredo Mayo, Mary Lamar, Marco Paoletti, Felix Fernandez, Edoardo Nevola, Julia Caba Alba, José Calvo. ◆ Dopo aver perso il figlio (Nevola) in un incidente, Giovanni (Fabrizi) perde la fede e la passione per l'insegnamento. Sarà l'arrivo di un nuovo alunno (Paoletti), Gabriele (occhio al nome biblico), delicato e dolce, a dargli la forza per continuare. Poesia delle piccole cose e un'inattesa svolta mistica (il volto del nuovo alunno è esattamente uguale a quello riprodotto in un dipinto di Gesù): Fabrizi è un regista semplice ma non certo semplicista. Sceneggiato dal regista con Luis Lucas, José Gallardo e la collaborazione di Mario Amendola, il film fu girato in due versioni (quella spagnola fu diretta da Eduardo Manzanos). Sergio Leone fa l'aiutoregista.

Maestro burattinaio, Il **½ (*Hsimeng Rensheng*, noto anche col titolo inglese *The Puppetmaster*, Taiwan 1993, col, 142') Hou Xiaoxian. Con Li Tianlu, Cheng Kuei-chung, Chen Qianru, Chen Xiaohui. ◆ La vita del maestro burattinaio Li Tianlu (che appare, 84enne, come narratore), segnata da prevaricazioni famigliari e da un oscuro senso del destino e della superstizione, si svolge in parallelo ai travagli di Taiwan, sotto il dominio giapponese (in verità mostrato come abbastanza umano) dal 1895 alla fine della seconda guerra mondiale. Hou Xiaoxian registra impassibile l'impegno propagandistico di Li Tianlu durante la guerra, mostrando irresistibili spettacoli di marionette anti-americani. Ma il suo stile reticente, distanziante e spesso irritante, per una volta trova una motivazione forte: le inquadrature statiche e sovente in campo lungo finiscono per assomigliare agli spazi stilizzati e simbolici del teatro delle marionette, dove la realtà è allusa con una rete di simboli attraverso cui passioni e sentimenti dovrebbero emergere più puri. Gran premio della giuria a Cannes; terza parte di una trilogia sulla storia di Taiwan e la famiglia, che comprende *A Time to Live and a Time to Die* (1985, inedito, sul periodo successivo al 1949) e *Città dolente* (1989, sul periodo 1945-1949).

Maestro di musica, Il *½ (*Le Maître de musique*, Belgio 1988, col, 95') Gérard Corbiau. Con José van Dam, Anne Roussel, Sylvie Fennec, Patrick Bauchau. ◆ All'inizio del secolo, Joachim Dallayrac (van Dam, già Leporello nel *Don Giovanni* di Losey), cantante d'opera malato, si ritira a vita privata e prepara per un concorso due pupilli, cercando di prendersi una rivincita per interposta persona sul suo rivale di sempre, il principe Scotti (Bauchau). Patinato e superficiale, non spiega veramente perché la musica possa diventare un'ossessione. Bauchau sembra fare il verso a Luchino Visconti. Fu candidato all'Oscar come miglior film straniero.

Maestro di nuoto, Il ** (*Le Maître-nageur*, Francia 1979, col, 90') Jean-Louis Trintignant. Con Jean-Claude Brialy, Guy Marchand, Stefania Sandrelli, Moustache. ◆ Una piacente nonna (Sandrelli) racconta al nipote (Brialy) l'origine della sua ricchezza, frutto di una precoce vedovanza. Il nipotino mette in pratica la lezione: erede della vecchietta, l'affoga e s'arricchisce. Tentativo di commedia nera non del tutto riuscito sceneggiato da Vahé Katcha. Trintignant interpreta la parte del giardiniere, il produttore Serge Marquand è Alfredo.

Maestro di Vigevano, Il **½ (Italia 1963, b/n, 100') Elio Petri. Con Alberto Sordi, Claire Bloom, Vito De Taranto, Guido Spadea, Ya Doucheskaya. ◆ Il vigevanese Mombelli (Sordi) ha la vocazione per l'insegnamento, ma la moglie (Bloom) lo convince ad aprire un piccolo calzaturificio: fallimento su tutti i fronti, economico e sentimentale. Sogni e piccole meschinità della provincia italiana negli anni del boom. Petri, al suo primo successo, si adegua all'esigenza di fare spettacolo (produce De Laurentiis) e annacqua gli spunti non banali della prima parte: ma ha il merito di offrire a Sordi un personaggio insolito e non macchiettistico. Dal romanzo omonimo di Lucio Mastronardi, adattato da Petri con Age [Agenore Incrocci] e Scarpelli.

Maestro di violino, Il * (Italia 1976, col, 100') Giovanni Fago. Con Domenico Modugno, Juliette Mayniel, Elisabetta Virgili, Daniel Klachin. ◆ Nel conservatorio di una città di provincia, un insegnante di violino (Modugno), che nasconde un passato misterioso suscita la curiosità delle sue allieve e di altre signore della città. Foto-romanzo filmato zuccheroso e scipito, sceneggiato da Maria Pia Fusco e ispirato al brano dallo stesso titolo di Domenico Modugno.

Maestro e Margherita, Il *½ (Italia/Jugoslavia 1972, col, 100') Aleksandar Petrović. Con Ugo Tognazzi, Mimsy Farmer, Alain Cuny, Bata Zivojinovic, Pavle Vujisic. ◆ Uno scrittore (Tognazzi) povero in canna e mal visto dalla censura, rinchiuso in manicomio, viene visitato dal diavolo (Cuny), che gli permetterà di mettere in scena la sua commedia su Cristo, anche se con esiti imprevedibili. Tradurre in immagini il romanzo omonimo di Bulgakov era impresa ardua: Petrović (che firma anche la sceneggiatura con Roman Wingarten, Barbara Alberti e Amedeo Pagani) perde gran parte dell'atmosfera visionaria e fantastica, e tende a ridurlo a un'allegoria sulla repressione degli artisti dissidenti. Volenteroso, ma in definitiva deludente.

Mafia! * (*Jane Austen's Mafia*, rititolato *Mafia!*, Usa 1998, col, 84') Jim Abrahams. Con Jay Mohr, Lloyd Bridges, Christina Applegate, Pamela Gidley, Tony Lo Bianco, Olympia Dukakis, Andreas Katsulas, Joe Vitarelli. ◆ Vincenzo Contino (Bridges) arriva a nuoto dalla Sicilia a New York e diventa un boss mafioso; suo figlio Anthony (Mohr) sposerà la presidentessa pacifista (Applegate) degli Usa. Abrahams, con gli sceneggiatori Greg Norberg e Michael McManus, congegna una parodia di *Casinò* e dei due *Padrini* con tocchi di *Showgirls*, *Forrest Gump* e *Jurassic Park*: minuziosa e a tratti competente, visto che va a toccare anche la struttura e la forma (come i flashback e il montaggio alternato di Coppola); ma alla fine puramente parassitaria, con un sapore tra il surgelato e l'ammuffito. E per far ridere deve giocare sempre basso. Abbastanza offensivo il paesino siciliano di Salmonella, con scritte in spagnolo.

Mafia Kid **½ (*Spike of Bensonhurst*, Usa 1988, col, 91') Paul Morrissey. Con Sasha Mitchell, Ernest Borgnine, Talisa Soto, Rick Aviles, Sylvia Miles. ◆ Un giovane pugile italoamericano (Mitchell) tenta di farsi strada tra i mafiosi di quartiere, ma finisce con lo sposare un'ispanica (Soto) e a fare il poliziotto. Commedia sarcastica con madri lesbiche, boss rimbambiti e spacciatori presi a legnate, in cui Morrissey, come ha fatto anche John Waters, addolcisce lo stile e adatta ai tempi il suo spirito anticonformista. Le canzoni di Pupo e dei Ricchi e Poveri forniscono un commento volutamente straniante.

Mafioso **½ (Italia 1962, b/n, 103') Alberto Lattuada. Con Alberto Sordi, Norma Bengell, Gabriella Conti, Ugo Attanasio, Cinzia Bruno, Katiuscia Piretti, Lilly Bistrattin, Armando Thiné. ◆ Antonio Badalamenti (Sordi), siciliano che vive a Milano, durante una vacanza al paese è costretto da alcuni mafiosi locali ad andare a New York nell'arco di una giornata per uccidere un uomo. Una favola fredda e crudele, dove il delitto resta impunito e la vita del protagonista continua a svolgersi senza nessun intoppo, né legale né tantomeno morale. Lattuada usa al meglio la sua capacità di essere un osservatore glaciale e distante della vita italiana, senza concedere nulla alla comicità più facile che l'ambientazione siciliana avrebbe ben permesso (l'unica scena da commedia all'italiana è quella in cui la moglie di Antonio si mette a fumare a tavola e tutti i parenti siciliani smettono improvvisamente di parlare) e dirigendo un Sordi in gran forma nel personaggio più «immorale» di tutta la sua carriera. Nella donna pelosa e nella «pupazza» di sabbia si vede il tocco di Marco Ferreri e Rafael Azcona, sceneggiatori assieme ad Age [Agenore Incrocci] e Scarpelli e allo stesso Lattuada, non accreditato.

Mafù – Una terrificante storia d'amore ** (*The Mafu Cage*, rititolato *My Sister, My Love* e *The Cage*, Usa 1978, col, 102') Karen Arthur. Con Lee Grant, Carol Kane, Will Geer, James Olson. ◆ Il ménage morboso di due sorelle che vivono in una casa-zoo (Mafu è l'orangutan di famiglia): la più giovane (Kane) ha problemi edipici irrisolti e non permette che nessuno – uomo o scimmia – si avvicini troppo all'altra (Grant). Torrido e bizzarro melodramma che ai tempi trovò qualche estimatore, tratto da una pièce di Eric Wespha e sceneggiato da Don Chastain. La regista ha un certo talento visivo, ma, a parte *All'improvviso uno sconosciuto*, non ha più mantenuto le promesse.

Maggiolino Dudù contro leoni, pantere e zebù, Il * (*Ein Käfer geht aufs ganze*, Rft 1973, col, 90') David Mark. Con Karina Orginski, Richard Lynn, Gerd Duwner, Bob Mackay. ◆ Variante «apocrifa» tedesca del maggiolino Volkswagen umanizzato (creato da Robert Stevenson per Disney): qui è impegnato in un rally africano, che deve vincere per devolvere il premio in beneficenza. Stanca replica di una formula che aveva poco da offrire già in partenza.

Maggiolino tutto matto, Un *½ (*The Love Bug*, Usa 1969, col, 107') Robert Stevenson. Con Dean Jones, Michele Lee, Buddy Hackett, David Tomlinson, Joe Flynn. ◆ Un maggiolino Volkswagen pensa, soffre, s'emoziona come un essere umano. Il suo giovane proprietario (Jones), si adatta prontamente alla strana situazione: e insieme superano con successo mille peripezie. Uno dei più noti film d'avventura comica della Walt Disney. Gag e acrobazie per un pubblico di bocca buona. Seguìto da *Herbie il Maggiolino sempre più matto*.

Maggio musicale ** (Italia 1989, col, 111') Ugo Gregoretti. Con Malcolm McDowell, Elisabetta Pozzi, Pierandrea Baglioni, Benedetta Buccellato. ◆ Un regista lirico (McDowell, doppiato da Giancarlo Giannini) vorrebbe allestire una *Bohème* innovatrice, ma le sue star (Chris Merrit e Shirley Verrett) fanno le bizze. Autoritratto semiautobiografico di Gregoretti (con il personaggio risolutore del ragazzino che si scopre essere il protagonista da giovane) nella forma di un film-conversazione a tratti insolito e ironico, ma non sempre lucido e pungente come ambirebbe essere.

Maggiorato fisico, Il *½ (*Vous pigez?*, Francia/Italia 1956, b/n, 98') Pierre Chevalier. Con Eddie Constantine, Maria Frau, René Clermont, Luisa Rivelli, François Perrot, Roger Hanin, Yorrick Royan, Furio Meniconi, Enrico Spalla, Nadine Tailler, Irène Tunc. ◆ L'inventore (Clermont) della formula per la fabbricazione sintetica dei diamanti è conteso tra due bande di gangster: toccherà a Lemmy Caution (Constantine) rischiare la vita per salvarlo. Ambientato tra Roma e Palermo, il quarto episodio dell'avventura cinematografica - cominciata con *F.B.I. Operazione criminale* - dell'agente federale inventato da Peter Cheyney (qui Victor Trivas e Jacques Doniol-Valcroze adattano *Intendiamoci bene...*). Un po' di ripetitività nel solito cocktail di pugni, whisky e belle donne, ma anche un distacco da parte di Constantine per quello che la storia gli chiede – più menefreghista che brechtiano – che rende sopportabili il cinismo e il machismo del soggetto.

Maggiordomo, Il ***½ (*Ruggles of Red Gap*, Usa 1935, b/n, 90') Leo McCarey. Con Charles Laughton, Mary Boland, Charlie Ruggles, ZaSu Pitts, Roland Young, Leila Hyams, Maude Eburne, Lucien Littlefield. ◆ Marmaduke Ruggles (Laughton), un compassato maggiordomo inglese, dopo che il suo vecchio padrone inglese l'ha giocato e perso a poker, si trova catapultato nella società americana interclassista, trovandosi alle prese con due padroni parvenu (Ruggles e Boland) e una zitella innamorata (Pitts). Un elogio dell'egualitarismo nascosto sotto un humour spesso irresistibile, chiave privilegiata nella poetica del regista nella cui visione idealistica del mondo «la giustizia resa alle qualità di ognuno crea uno stato di beatitudine universale che lo spettatore è invitato a dividere con i personaggi». È per questo che la vera forza del film – al di là delle singole gag (come quella, irresistibile, della scelta del vestito grigio che «si intona con la giornata nuvolosa») – è nella conquista di una sempre maggior felicità da parte del protagonista, tanto più gratificante quanto più comunicativa. Uno dei migliori film di McCarey, tratto dal romanzo di Harry Leon Wilson (adattato per la scena da Humphrey Pearson e sceneggiato da Walter De Leon e Harlan Thompson) che sfrutta per la prima volta in chiave comica il talento di Laughton. Il soggetto era già stato utilizzato per altri due film muti (*Ruggles of Red Gap* di L.C. Windom, 1918, e di James Cruze, 1923), e ispirerà *Ai vostri ordini, signora!* (1950, di George Marshall).

Maghi del terrore, I ** (*The Raven*, Usa 1963, col, 86') Roger Corman. Con Vincent Price, Boris Karloff, Peter Lorre, Hazel Court, Jack Nicholson. ◆ Il mago Bedlo (Lorre), trasformato in corvo dal sinistro Scarabus (Karloff), si rivolge al collega Craven (Price), rivelandogli che la sua compianta moglie è in realtà nelle grinfie di Scarabus: il duello tra i due sarà all'ultima magia. Usando gli stessi scenari del ciclo su Edgar Allan Poe, Corman e lo sceneggiatore Matheson inventano un horror fiabesco e semiparodico, che probabilmente ha divertito più chi l'ha fatto che chi l'ha visto. Sopravvalutato dai fan di Corman: le autocitazioni e l'ironia abbondano, ma le trovate a volte sono modeste. Il maggior divertimento lo forniscono i tre straordinari interpreti: Karloff, abituato a recitare a memoria, non sopportava Lorre che improvvisava liberamente.

Magia → *Magic – Magia*

Magic Christian ** (*Magic Christian*, Gb 1969, col, 93') Joseph McGrath. Con Peter Sellers, Ringo Starr, Raquel Welch, Laurence Harvey, Christopher Lee, Richard Attenborough, Yul Brynner, John Cleese, Graham Chapman, Roman Polanski. ◆ Un giovane spiantato è adottato da un milionario (Sellers) che cerca di mostrargli come il denaro porta inevitabilmente alla distruzione dell'uomo. Una serie di sketch di vario livello, ispirati a un libro satirico di Terry Southern, nello spirito pop della controcultura degli anni Sessanta.

Magic – Magia **½ (*Magic*, Usa 1978, col, 106') Richard Attenborough. Con Anthony Hopkins, Burgess Meredith, Ann-Margret, Ed Lauter. ◆ Un ventriloquo (Hopkins), succube della sua marionetta, è spinto a commettere una serie di omicidi: quando il pupazzo gli intima di uccidere la donna che ama, preferirà il suicidio. L'episodio sullo stesso argomento di *Incubi notturni* di Cavalcanti resta inarrivabile: ma il tema dello sdoppiamento della personalità e dello spossessamento è reso bene da una regia sobria e da un interprete in stato di grazia. Sceneggiatura di William Goldman da un suo romanzo.

Magic Moments * (Italia 1984, col, 118') Luciano Odorisio. Con Stefania Sandrelli, Sergio Castellitto, Fabio Traversa, Lilli Carati, Piero Natoli, Clara Colosimo. ◆ Roma, anni Sessanta: arrivato dalla provincia con aspirazioni cinematografiche, un giovane (Castellitto) vive un breve flirt con una regista televisiva (Sandrelli). Quando lei ha un bambino, si illude che sia figlio suo e si mette a fare il babysitter. Pietoso tentativo di commedia generazionale-cinefila, piena di ammiccamenti e battute a uso degli addetti ai lavori, che non riesce a trovare un equilibrio tra la farsa, il melodramma e le ambizioni felliniane. Musiche dei Matia Bazar.

Magico Natale, Un *½ (*One Magic Christmas*, Usa 1985, col, 88') Phillip Borsos. Con Mary Steenburgen, Gary Basaraba, Harry Dean Stanton, Arthur Hill. ◆ Per risollevare il morale della mamma (Steenburgen), che non crede più nello spirito di innocenza e d'allegria delle feste natalizie, una bimba chiede e ottiene l'aiuto di un angelo (Stanton) e di Babbo Natale. Film in stile Disney, convenzionale e sdolcinato, e a tratti terribilmente serio.

Magi randagi, I *** (Italia 1996, col, 120') Sergio Citti. Con Silvio Orlando, Patrick Bauchau, Rolf Zacher, Gastone Moschin, Nanni Tamma, Laura Betti, Franco Citti, Ninetto Davoli, Claudia Dresselman, Romana Meggiolaro, Sasha Altea, Mario Cipriani. ◆ Tre squinternati saltimbanchi (Orlando, Bauchau e Zacher) accettano di interpretare i re Magi in una rappresentazione di paese: riceveranno in sogno l'invito a cercare il nuovo Messia, ma la missione si dimostrerà più complicata del previsto. Recuperando un soggetto di Pasolini (*Porno-Teo-Kolossal*) Citti, che firma la sceneggiatura con David Grieco e Michele Salimbeni, innalza un elogio all'ingenuità della poesia e dei più diseredati degli uomini. Evitando qualsiasi tentazione spiritualista, il film mescola umori concreti e umanissimi (la fame di cibo e di sesso) alle invenzioni più surreali (il circo senza animali, l'incontro con Madonne sempre diverse e un Padre eterno [Tamma] che racconta barzellette), esaltando il coraggio di chi non si è fatto corrompere dai falsi miti del benessere e dell'egoismo (la scena magistrale della telenovela al bar) e si ostina a cercare la «purezza di spirito» e la dignità.

Magistrato, Il ** (Italia/Spagna 1959, b/n, 105') Luigi Zampa. Con José Suarez, François Périer, Massimo Serato, Jacqueline Sassard, Geronimo Meynier, Francesco Casaretti, Aña Mariscal, Maurizio Arena, Claudia Cardinale, Rino Genovese. ◆ Il giovane magistrato Andrea Morandi (Suarez) deve giudicare uno scaricatore che ha ucciso un capoportuale disonesto. Intanto Luigi Bonelli (Périer), che affitta la camera al giudice, si è suicidato in seguito alla rovina della famiglia. Scritto da Zampa con Pasquale Festa Campanile e Massimo Franciosa, un film dove il neorealismo rosa del regista cerca di affrontare temi sociali impegnativi, senza uscire, alla fine, da un generico invito alla speranza. Fotografia di Gabor Pogany (gli esterni sono girati a Genova e Barcellona), e musica di Renzo Rossellini.

Magliari, I ** (Italia 1959, b/n, 107') Francesco Rosi. Con Alberto Sordi, Renato Salvatori, Belinda Lee, Aldo Giuffré, Aldo Bufi Landi. ◆ In Germania un gruppo d'immigrati italiani si scontra con i polacchi per il controllo del mercato delle stoffe: Mario (Salvatori) troverà la forza di rifiutare i soldi della moglie (Lee) di chi lo sfrutta, ma sarà un'amara consolazione. Secondo film di Rosi (anche cosceneggiatore con Suso Cecchi d'Amico e Giuseppe Patroni Griffi), incerto tra la denuncia, il noir realista alla *Fronte del porto* e la commedia all'italiana. Sordi, nei panni di un truffatore di mezza tacca, gigioneggia, ma tutto sommato non rende un buon servizio al film.

Magnate greco, Il *½ (*The Greek Tycoon*, Usa 1978, col, 106') J. Lee Thompson. Con Anthony Quinn, Jacqueline Bisset, Raf Vallone, Edward Albert, Charles Durning, Camilla Sparv, Marilù Tolo. ◆ La storia della tumultuosa vita dell'armatore greco Aristoteles Onassis (Quinn) e del suo amore per la vedova Kennedy (Bisset). Più che un film, una via di mezzo tra uno sceneggiato televisivo e l'articolo di un rotocalco.

Magnifica avventura, Una **½ (*A Damsel in Distress*, Usa 1937, b/n, 101') George Stevens. Con Fred Astaire, Joan Fontaine, George Burns, Gracie Allen, Constance Collier, Reginald Gardnier, Montagu Love. ◆ La nobile inglese lady Alice (Fontaine, al suo primo ruolo di spicco) si innamora di un ballerino americano (Astaire) che le fa conoscere i divertimenti della gente comune. Il primo film di Astaire senza Ginger Rogers dopo sei titoli insieme è un divertente musical tratto da un romanzo di P.G. Woodehouse (anche cosceneggiatore con Ernest Pagano e S.K. Lauren) che gioca le sue carte più sulla commedia che sul ballo: se i duetti tra l'esperto press-agent (Burns) e la scervellata segretaria (Allen) che seguono Astaire sono irresistibili, soprattutto nelle sequenze ambientate al luna park, nella parte musicale si nota la mancanza di una partner capace di stare all'altezza del protagonista. Questo non impedisce che, sulle musiche di George Gerswhin, Astaire si esibisca in alcuni straordinari numeri: da solo in *A Foggy Day in London Town*, con Mary Dean, Betty Rone e Jan Duggen in *Nice Work If You Can Get It*. La coreografia della scena nella casa degli specchi ha fatto vincere l'Oscar a Hermes Pan.

Magnifica bambola, La *½ (*The Magnificent Doll*, Usa 1946, b/n, 95') Frank Borzage. Con Ginger Rogers, Burgess Meredith, David Niven, Horace McNally. ◆ Una donna (Rogers) è divisa dall'amore per due politici: il presidente Madison (Meredith) senza scrupoli e l'onesto Aaron Burr (Niven). Con il consenso di quest'ultimo, corre in aiuto dell'altro quando la sete di potere comincia a giocargli brutti scherzi. Farraginoso melodramma storico con una protagonista fuori parte: un Borzage minore.

Magnifica ossessione *** (*Magnificent Obsession*, Usa 1954 , col, 108') Douglas Sirk. Con Jane Wyman, Rock Hudson, Barbara Rush, Otto Kruger, Agnes Moorehead, Gregg Palmer. ◆ Dopo essere stato indiretto responsabile della morte del medico filantropo Phillips, il milionario Bob Merrick (Hudson) cerca di aiutarne la vedova Helen (Wyman), ma causa solo altri guai. Innamoratosene senza speranza, e diventato a sua volta un brillante chirurgo, le salverà la vita con un'operazione e le ridarà la vista. «Il consacrare la propria vita agli altri, il dedicare le proprie forze a un sublime ideale le costerà molti sacrifici. Una volta presa questa strada è impegnato. Non potrà più tirarsi indietro, scoprirà la fonte della sua forza motrice e finirà con l'esserne ossessionato. Ma, mi creda, sarà una magnifica ossessione»: dal romanzo del pastore luterano Lloyd C. Douglas sceneggiato da Robert Blees (già ispiratore di *Al di là delle tenebre* di John M. Stahl), uno dei più celebri melodrammi di Sirk, sicuramente il più delirante e il più amato dagli esteti come Fassbinder. L'uso dei colori freddi, dell'illuminazione laterale e delle architetture spoglie e razionaliste è in felice contrasto con la materia ribollente, dove sottintesi edipici (Helen sembra assai più anziana di Bob) si intrecciano con simbologie religiose. Un «misto di kitsch, follia e letteratura di terz'ordine», secondo lo stesso Sirk, salvato dalla follia: «tra l'arte e la spazzatura c'è pochissima distanza, e la spazzatura che contiene un grano di follia è per questo più vicina all'arte».

Magnifica preda, La ** (*River of No Return*, Usa 1954, col, 91') Otto Preminger. Con Marilyn Monroe, Robert Mitchum, Rory Calhoun, Tommy Rettig, Murvyn Vye. ◆ Un onesto ranchero (Mitchum), cui il figlioletto non perdona di aver ucciso un uomo alle spalle per difendere un amico, e un avventuriero (Calhoun) si scontrano per il possesso di una cantante da saloon (Monroe). A parte cantare *One Silver Dollar* con un corsetto rosso fiamma e calze nere a rete, non si capisce bene cosa ci faccia Marilyn in un western, da lei considerato il peggior film della sua carriera. Preminger, per conto suo, dichiarò: «Dirigere Marilyn è come dirigere Lassie. Ci vogliono quattordici ciak prima che abbai nel modo giusto». Ma anche lui, alle prese per la prima volta coi colori del CinemaScope e con una storia che gronda di buoni sentimenti (sceneggiata da Frank Fenton), non sembra troppo motivato. Nello standard hollywoodiano dell'epoca: ancora abbastanza divertente, anche se resta un mistero perché i critici francesi, allora, andassero in visibilio.

Magnificat *½ (Italia 1993, col, 100') Pupi Avati. Con Luigi Diberti, Arnaldo Ninchi, Massimo Bellinzoni, Dalia Lahav, Lorella Morlotti, Massimo Sarchielli, Brizio Montinaro, Marcello Cesena, Eleonora Alessandrelli, Consuelo Ferrara, Vincenzo Crocitti. ◆ Durante la settimana santa del 926, presso l'abbazia della Visitazione di Malfole, si intrecciano le storie di Roza (Lahav), la concubina reale arrivata al nono mese di gravidanza, quella di Gomario Grifone (Diberti), signore di Malfole, che sente avvicinarsi la morte, quella della quattordicenne Margherita (Alessandrelli) che vuole farsi novizia e quella di Folco e Baino (Ninchi e Bellinzoni), due carnefici che ogni tre mesi fanno il giro dell'esarcato per eseguire le sentenze. Avati (spalleggiato dal fratello produttore Antonio) continua a raccontare storie corali, ma questa volta con la ferocia intransigente del moralista che «racconta un tempo e un mondo tremendi, ma li assolve perché pervasi dall'amore e dalla paura di Dio», come se alle degenerazioni del mondo moderno fosse preferibile quello barbarico, perché almeno era imbevuto di spiritualità. Scolastica anche la ricostruzione scenografica.

Magnifiche tre, Le → *Adorabili e bugiarde*

Magnifici idioti, I – Viva le colline **½ (*Hallelujah the Hills*, Usa 1962, b/n, 82') Adolfas Mekas. Con Peter H. Beard, Sheila Finn, Marty Greenbaum, Peggy Stefans. ◆ In seguito a una delusione d'amore, Leo e Jack (Beard e Greenbaum) vanno in eremitaggio nella foresta. Ma anche lì continuano a pensare a Vera, la donna che entrambi amavano, e che ha sposato un terzo corteggiatore. Una trama esile con scene in apparenza slegate: il filo rosso che le unisce è il surrealismo e la presa in giro dei luoghi comuni del cinema (dalla Nouvelle Vague – siccome Leo e Jack hanno due immagini differenti di Vera, il personaggio è interpretato da due attrici, Shella Finn e Peggy Stefan – allo slapstick e ai film giapponesi). Curioso esempio di cinema americano indipendente che anticipa il primo De Palma e servì soprattutto a far conoscere anche nei circuiti commerciali la personalità del cineasta underground John Mekas, fratello di Adolfas e suo collaboratore nella realizzazione del film.

Magnifici sette, I *** (*The Magnificent Seven*, Usa 1960, col, 126') John Sturges. Con Yul Brynner, Eli Wallach, Steve McQueen, Charles Bronson, James Coburn, Horst Buchholz, Robert Vaughn, Brad Dexter, Rosenda Monteros, Jorge Martinez de Oyos, Val Avery. ◆ Gli abitanti di un villaggio messicano, continuamente depredati da una banda di desperados, chiedono aiuto a un pistolero (Brynner) che assolda sei colleghi (McQueen, Bronson, Coburn, Buchholz, Vaughn e Dexter). Messe da parte le motivazioni venali, la difesa del villaggio diventerà una questione d'onore: i sette, alla fine, saranno ridotti a tre. Remake in chiave western dei *Sette samurai* di Kurosawa sceneggiato da William Roberts: un trampolino di lancio per i suoi protagonisti, e un enorme successo internazionale, anche se è impensabile il confronto col modello nipponico: il professionismo di Sturges è più anonimo che in altre occasioni e la sceneggiatura monotona, eppure il film ha una forza epica indubbia e riesce a coinvolgere e trascinare il pubblico. Celebre la colonna sonora di Elmer Bernstein. Con tre seguiti: *Il ritorno dei magnifici sette* (1966), *Le pistole dei magnifici sette* (1969) e *I magnifici sette cavalcano ancora* (1972).

Magnifici sette cavalcano ancora, I *½ (*The Magnificent Seven Ride!*, Usa 1972, col, 100') George McCowan. Con Lee Van Cleef, Stefanie Powers, Michael Callan, Luke Askew, Pedro Armendariz jr. ◆ Ultimo capitolo della saga dei magnifici sette, ormai con poco a che spartire col film capostipite. Un pistolero (Van Cleef) va in aiuto dell'amico sceriffo cui hanno rapito la moglie. Routine senza troppe sorprese.

Magnifici sette dello spazio, I *½ (*Battle Beyond the Stars*, Usa 1980, col, 104') Jimmy Teru Murakami. Con Richard Thomas, George Peppard, Sybil Danning, Robert Vaughn, Darlanne Fleugel, Sam Jaffe. ◆ Un malvagio dominatore galattico (Vaughn) minaccia la tranquillità e gli equilibri dell'Universo: contro di lui si coalizzano sette avventurieri. Il produttore Roger Corman e lo sceneggiatore John Sayles hanno pensato bene di riciclare il soggetto dei *Sette samurai* in salsa fantascientifica, dopo quella western. Tocchi di umorismo più o meno volontario non bastano ad allontanare la noia.

Magnifici tre, I * (Italia 1961, col, 105') Giorgio C. Simonelli. Con Ugo Tognazzi, Walter Chiari, Raimondo Vianello, Dominique Boschero, Fanfulla [Luigi Visconti], Aroldo Tieri. ◆ Tre poveracci, Pablo (Chiari), Domingo (Tognazzi) e José (Vianello), scambiati per terribili pistoleri, sgominano una banda di malfattori. Modesta parodia dei *Magnifici sette* a livello di avanspettacolo. La canzone *Un uomo vivo* è cantata da Gino Paoli.

Magnifico avventuriero, Il ** (*Along Came Jones*, Usa 1945, b/n, 90') Stuart Heisler. Con Gary Cooper, Loretta Young, Dan Duryea, William Demarest. ◆ Un cowboy (Cooper) scambiato per un criminale (Duryea) trova rifugio nella casa di una donna (Young). Cooper, anche produttore, volle introdurre, con molto anticipo sui tempi, dei tocchi parodici nel western, ma non ebbe fortuna.

Magnifico avventuriero, Il *½ (Italia/Francia/Spagna 1963, col, 90') Riccardo Freda. Con Brett Halsey, Bernard Blier, Françoise Fabian, Claudia Mori, Rossella Como. ◆ Benvenuto Cellini (Halsey), da falsario a spia per conto di Clemente VII (Blier). Più che una biografia romanzata, semplici avventure di cappa e spada: il genere ormai declinava, e Freda aveva perso smalto.

Magnifico Bobo, Il *½ (*The Bobo*, Gb 1967, col, 105') Robert Parrish. Con Peter Sellers, Britt Ekland, Rossano Brazzi, Adolfo Celi, Don Lurio. ◆ A Bautista (Sellers), cantante e torero fallito, il proprietario di night (Brazzi) offre un ingaggio se riuscirà a sedurre la donna più bella di Barcellona (Ekland). Il personaggio è tagliato su misura per Sellers, ma Parrish non ha la mano per la commedia.

Magnifico campione, Il ** (*Cai Lifo Xiaozi*, conosciuto anche come *The New Shaolin Boxers*, Hong Kong 1976, col, 90') Zhang Che, Wu Ma. Con Alexander Fu Sheng, Leung Chia-jen, Wang Longwei, Yan Ni. ◆ Il giovane e impetuoso Ching Chin (Fu) va a imparare le arti marziali da un monaco per sconfiggere i delinquenti che spadroneggiano in città: ma non sarà sufficiente. Tipico film della decadenza di Zhang Che, che si diverte nel mandare al massacro l'eroe ma ormai sembra interessato solo alle geometrie astratte e alla contemplazione dei corpi nei combattimenti. La versione italiana è accreditata a un fasullo Michael Larch.

Magnifico ceffo da galera, Un *½ (*Scalawag*, Usa 1973, col, 93') Kirk Douglas. Con Kirk Douglas, Mark Lester, Danny DeVito, Lesley-Anne Down, Don Stroud. ◆ Nel West una ragazza (Down) e il fratellino (Lester), che segue le indicazioni di un pappagallo parlante, sono sulle tracce di un favoloso tesoro. A levarli dai guai è un burbero avventuriero (Douglas). Versione in chiave western, con esterni girati in Jugoslavia, dell'*Isola del tesoro*. Scombiccherato esordio di Douglas come regista: come film per ragazzi può andare, anche se le canzoni sono importune.

Magnifico cornuto, Il **½ (Italia/Francia 1964, b/n, 124') Antonio Pietrangeli. Con Ugo Tognazzi, Claudia Cardinale, Gian Maria Volonté, Salvo Randone, Bernard Blier, Lando Buzzanca, José Luis de Villalonga. ◆ Un industriale bresciano (Tognazzi) ossessiona la moglie (Cardinale) con la sua gelosia, tanto da spingerla a inventarsi un amante. Facile prevedere che la menzogna diventerà realtà. Pietrangeli cerca di dare spessore alla classica pochade di Crommelynck (adattata da Stefano Strucchi, Diego Fabbri, Ettore Scola, Ruggero Maccari) con spunti di satira sociale e di umorismo agro. Non del tutto riuscito (anche se all'epoca ebbe un buon successo) e troppo lungo: ma è notevole come la regia non si adagi nella piattezza della commedia all'italiana dell'epoca, cercando soluzioni narrative e stilistiche degne, forse, di miglior soggetto.

Magnifico detective, Il ** (*Comment qu'elle est*, Francia 1960, b/n, 91') Bernard Borderie. Con Eddie Constantine, André Luguet, Françoise Brion, Françoise Prevost, Alfred Adam, Renaud Mary, Fabienne Dali, Robert Berri, Nicolas Vogel. ◆ A Parigi per scoprire la vera identità del pericoloso Varley (Adam), Lemmy Caution (Constantine) deve vedersela anche con il generale Rupert (Luguet), che non condivide i suoi metodi. Ma con l'aiuto di Martine (Brion) risolverà il mistero. Quinta avventura dell'agente federale creato da Peter Cheyney, iniziata al cinema con *F.B.I. Operazione criminale* (qui Marc-Gilbert Sauvajon e il regista adattano *Come lei ce ne sono poche*). Il ritorno alla regia di Borderie porta nel film una dose massiccia di autoironia, capace di equilibrare le improbabili trovate della trama e di far ritrovare al personaggio di Constantine la sua parodica *nonchalance*.

Magnifico disertore, Il → *Atto d'amore*

Magnifico fannullone, Il **½ (*The Magnificent Dope*, Usa 1942, b/n, 83') Walter Lang. Con Henry Fonda, Lynn Bari, Don Ameche, Edward Everett Horton. ◆ Un'agenzia che deve lanciare una scuola di manager cerca l'uomo più sfaccendato d'America per redimerlo. Lo trova, ma il giovane fannullone (Fonda) contagia, con la sua disincantata visione della vita, anche il direttore dell'agenzia (Ameche). Commedia spigliata che mette alla berlina i miti dell'efficienza e del successo. In gran forma il cast.

Magnifico irlandese, Il ** (*Young Cassidy*, Gb 1965, col, 110') Jack Cardiff, John Ford. Con Rod Taylor, Julie Christie, Maggie Smith, Michael Redgrave, Flora Robson. ◆ Il giovane operaio irlandese Sean O'Casey (Taylor) coltiva il sogno di diventare scrittore. Ci riesce, ma i suoi duri giudizi sulla società che lo circonda non gli rendono la vita facile, alienandogli anche le simpatie della sua amata (Christie). Al suo penultimo film, Ford ritorna alla sua amata Irlanda con spirito amaro e problematico: ma il film (tratto dagli scritti di Sean O'Casey e sceneggiato da John Whiting) fatica a trovare un equilibrio forse anche perché Ford, ammalato, dovette lasciare il set, cedendo il posto al direttore della fotografia Jack Cardiff.

Magnifico ribelle, Il ** (*The Magnificent Rebel*, Usa/Rft 1962, col, 95') Georg Tressler. Con Karl Böhm, Ernst Nadhering, Ivan Desny, Gabriele Porks. ◆ La vita e le opere di Ludwig van Beethoven (Böhm), dalla giovinezza alla maturità alla vecchiaia funestata dalla sordità. Prodotto dalla Walt Disney, è uno dei suoi pochi film non espressamente rivolti a un pubblico infantile. Ben girate le sequenze musicali e suggestiva l'ambientazione con gli esterni fotografati in Germania: ma il livello è quello di un articolo del *Reader's Digest*.

Magnifico scherzo, Il *** (*Monkey Business*, Usa 1952, b/n, 97') Howard Hawks. Con Cary Grant, Ginger Rogers, Charles Coburn, Marilyn Monroe, Hugh Marlowe. ◆ In un laboratorio medico uno scimpanzé che serve da cavia rovescia accidentalmente il contenuto di alcune provette, creando l'elisir di lunga vita e versandolo in un distributore dell'acqua. Lo scienziato Barnaba Fulton (Grant) – alla ricerca di carta per caramelle che non scrocchi e calze che non si smaglino – e sua moglie Edwina (Rogers) ne sperimentano inconsapevolmente gli effetti: prima riacquistano lo spirito dei loro vent'anni, poi si trasformano – ma solo nello spirito – in due ragazzini pestiferi. L'apice e il canto del cigno della screwball comedy: Hawks porta alle estreme conseguenze le bizzarrie del soggetto, cercando un ritmo frenetico che, alla fine, rischia di diventare un po' meccanico. Grant truccato da indiano che, assieme a una banda di ragazzini lega al palo della tortura il suo principale (Marlowe), è comunque irresistibile. Marilyn è la segretaria, uno «spaccio di baci a orario continuato», adorabile quando mostra i suoi «acetati» (cioè le calze di nylon) a Cary Grant. Sceneggiatura di tre maestri: Ben Hecht, Charles Lederer e I.A.L. Diamond.

Magnifico straniero, Il * (*Rawhide*, Usa 1961, b/n, 86') Justus Addiss, Hershel Daugherty. Con Clint Eastwood, Louis Hayward, Paul Brinegar, Eric Fleming. ◆ Un cowboy (Eastwood) sfugge allo sceriffo che gli dà la caccia perché erroneamente lo crede colpevole di un omicidio. Caduto nelle mani dei banditi riuscirà a dimostrare la propria innocenza. Goffo collage di due telefilm della serie *Rawhide* di qualche anno prima. Eastwood agli inizi della sua carriera.

Magnum per McQuade, Una ** (*Lone Wolf McQuade*, Usa 1983, col, 107') Steve Carver. Con Chuck Norris, David Carradine, Barbara Carrera, Leon Isaac Kennedy, L.Q. Jones, R.G. Armstrong. ◆ Lotta senza quartiere tra un ranger del Texas (Norris) di poche parole e dai metodi spicci, e un losco trafficante d'armi (Carradine) che gli rapisce la figlia e lo fa circuire da una fatalona (Carrera). Spaghetti-western di ambientazione moderna con abbondanti esibizioni di arti marziali: il cinema di serie B nella sua forma più classica, ancora indenne dall'effetto-Rambo.

Mago della pioggia, Il **½ (*The Rainmaker*, Usa 1956, col, 121') Joseph Anthony. Con Burt Lancaster, Katharine Hepburn, Wendell Corey, Lloyd Bridges. ◆ Nei primi anni del secolo una prolungata siccità piaga le campagne del sud-ovest degli Stati Uniti: uno strano predicatore (Lancaster) promette la pioggia e affascina una zitella (Hepburn), ma il vicesceriffo (Bridges) vuole arrestarlo per truffa. Da una commedia di N. Richard Nash da lui stesso sceneggiata, un film di ambizioni poetiche dietro l'aria picaresca, che finisce con l'essere soprattutto un'occasione di virtuosismi di recitazione: la Hepburn (il cui personaggio si chiede se «una donna può prendere lezioni per diventare donna?») avrà una nomination.

Mago di Lublino, Il ** (*The Magician of Lublin*, Israele/Rft 1979, col, 105') Menahem Golan. Con Alan Arkin, Louise Fletcher, Valerie Perrine, Shelley Winters, Lou Jacobi. ◆ Alla fine del secolo scorso, nella città polacca, un mago (Arkin) imbroglione e donnaiolo nutre il sogno di volare. Dal romanzo di Isaac Bashevis Singer, il film che non ci si aspetterebbe dal patron della Cannon: gonfio di pretese poetiche, e fiero di esibire costose ricostruzioni d'epoca. Diseguale e non del tutto riuscito.

Mago di Oz, Il **½ (*Wizard of Oz*, Usa 1939, b/n e col, 101') Victor Fleming. Con Judy Garland, Ray Bolger, Margaret Hamilton, Bert Lahr, Jack Haley, Frank Morgan, Billie Burke. ◆ Un tornado trasporta Dorothy Gale (la diciassettenne Garland) nel mondo fatato di Oz, abitato da deformazioni fantastiche delle persone che la circondano ogni giorno. Per tornare a casa deve raggiungere il mago (Morgan) nella città di smeraldo ma la Perfida Strega dell'Ovest (Hamilton), alter ego della sua terribile vicina, ostacola lei e i suoi nuovi amici: lo spaventapasseri (Bolger), il leone codardo (Lahr), l'omino di latta (Haley). Sarà solo pronunciando le parole magiche «There's no place like home» che si ritroverà nel suo letto. Dai libri per l'infanzia di Lyman Frank Baum sceneggiati da Noel Langley, Florence Ryerson ed Edgar Alan Woolf, un musical sfarzoso (4 mila costumi per mille interpreti, 136 giorni di riprese) che negli Stati Uniti – ma lì soltanto – è entrato a far parte della memoria collettiva e ha deliziato generazioni di bambini, terrorizzati dalla cattivissima strega. Coreografie banali e sorprendenti effetti speciali per un elogio del sogno e della fuga che però si conclude con un perbenistico e triste ritorno nel mondo della realtà – virato in seppia, mentre il mondo di Oz è fotografato a colori. La forza del film, comunque, è nel «mostrare l'inadeguatezza degli adulti, anche degli adulti buoni, e nel farci vedere come la debolezza dei grandi costringa i bambini a prendere in mano il loro destino» (come scrive Salman Rushdie nel suo saggio sul film). Lavorazione complicatissima: Fleming (futuro regista di *Via col vento*) rimpiazzò Richard Thorpe, King Vidor e George Cukor, mentre per il ruolo della Garland erano in lizza anche Shirley Temple e Deanna Durbin. Oscar per l'adattamento musicale di Herbert Stothart e per la celebre canzone *Over the Rainbow* di Arlen e Harburg. Il nome del mondo magico fu ispirato a Baum dalle lettere O-Z che comparivano sull'ultimo cassetto del suo schedario di casa. Il film ha ispirato, oltre a un seguito inedito in Italia (*Journey Back to Oz*, 1974, di Hal Sytherland), anche *I'm Magic* (1978) e *Nel fantastico mondo di Oz* (1985) ma, con una certa ironia, traspare anche in *Zardoz* di Boorman. Un omaggio alla popolarità del film si vede nella scena finale di *Cuore selvaggio*, dove la fata che salva Sailor è la Strega Buona di Oz.

Mago Houdini, Il **½ (*Houdini*, Usa 1953, col, 106') George Marshall. Con Tony Curtis, Janet Leigh, Torin Tatcher, Ian Wolfe. ◆ Houdini (Curtis), fin dalla più giovane età, si cimenta in trucchi di illusionismo: diventerà il più famoso mago dei tempi moderni, ma la sua brama di perfezione gli sarà fatale. Divertente biografia hollywoodiana, assolutamente anonima quanto a stile, ma senza cadute né goffaggini. La sceneggiatura di Philip Yordan, intelligentemente, lascia un alone di mistero attorno al protagonista.

Mago per forza *½ (Italia 1951, b/n, 87') Vittorio Metz, Marcello Marchesi, Marino Girolami. Con Tino Scotti, Aroldo Tieri, Isa Barzizza, Dorian Gray, Mario Pisu. ◆ Un furfante di mezza tacca (Scotti) viene scambiato per un famoso mago: dimostrerà la sua abilità con esiti tragicomici. Diretto a sei mani, un modesto esempio della comicità da avanspettacolo del tempo. Sophia Loren (che si faceva ancora chiamare Sofia Lazzaro) è la sposina.

Ma guarda un po' 'sti americani *½ (*National Lampoon's European Vacation*, Usa 1984, col, 94') Amy Heckerling. Con Chevy Chase, Beverly D'Angelo, Dana Hill, Jason Lively. ◆ Una famiglia-tipo americana vince un viaggio-premio in Europa: faranno crollare i monoliti di Stonehenge, verranno sbeffeggiati dai francesi e derubati dagli italiani e sull'aereo di ritorno riusciranno a buttar giù la fiaccola della Statua della libertà. Seguito di *National's Lampoon Vacation*: luoghi comuni sul vecchio continente, umorismo demenziale e satira facilona della volgarità yankee. Chase è il tipo di comico difficilmente esportabile.

Mahabharata, Il *** (*The Mahabharata*, Gb 1989, col, 171') Peter Brook. Con Bruce Myers, Andrzej Seweryn, Vittorio Mezzogiorno, Robert Langdon Lloyd, Jeffrey Kissoon, Sotigui Kouyate, Yoshi Oida. ◆ Ganesha (Myers) scrive sotto dettatura l'epopea dei cinque fratelli Pandavas che, ricorrendo alla magia e all'aiuto degli dèi, lottano a morte per il potere contro i cugini, i cento feroci Kauravas: vinceranno, ma prevarrà il dolore del sangue sparso inutilmente. L'antico poema indiano, quindici volte più ampio della Bibbia, era stato abilmente ridotto da Jean-Claude Carrière e Brook per uno spettacolo teatrale del 1985. Il film è, a sua volta, la versione ridotta di quella televisiva, lunga 6 ore: Brook ha scelto la chiave della stilizzazione (scenografie essenziali, battaglie nascoste nella nebbia ed evocate esclusivamente dai suoni, avvenimenti solo raccontati) e del sincretismo culturale, usando attori di sedici paesi dallo stile di recitazione molto diverso. Raffinato e barbarico, decorativo ma spesso emozionante, anche se non paragonabile alla versione per il palcoscenico. Poco si capisce dei conflitti tra il Bene e il Male, le meditazioni sulla violenza e sulla guerra restano generiche, ma l'impatto visivo è innegabile. Fondamentale l'apporto della fotografia di William Lubtchansky.

Mahogany *½ (*Mahogany*, Usa 1975, col, 109') Berry Gordy. Con Diana Ross, Jean Pierre Aumont, Nina Foch, Billy Dee Williams, Anthony Perkins, Marisa Mell. ◆ Una ragazza di colore (Ross) si lancia nella carriera di fotomodella: riuscirà a diventare addirittura un'affermata stilista, ma butterà via tutto per il suo primo amore. La colonna sonora soul non basta a dare vita a un banale fotoromanzo.

Maia, la sirena delle Hawaii *½ (*Song of the Islands*, Usa 1942, col, 75') Walter Lang. Con Betty Grable, Victor Mature, Jack Oakie, Thomas Mitchell. ◆ Nel paradiso polinesiano due affaristi privi di scrupoli (Oakie e Mitchell) si contendono la proprietà di un'isola: ma tra i rispettivi figli (Mature e Grable), inaspettato, sboccia l'amo-re. Tra fondali di cartapesta, un musical mediocre e dolciastro. Ma la Grable in pareo fece epoca.

Mai con uno sconosciuto *½ (*Never Talk to Strangers*, Usa 1995, col, 90') Peter Hall. Con Rebecca De Mornay, Antonio Banderas, Dennis Miller, Len Cariou, Harry Dean Stanton. ◆ La psichiatra criminale Sarah Taylor (De Mornay), impegnata in un caso di serial killer, intreccia una relazione con Tony Ramirez (Banderas), conosciuto in un supermercato. Dopo qualche tempo comincia a sospettare di lui e lo fa pedinare. Una storia in gran parte già vista con il divo del momento, tutto fascino latino e ambiguità forzata, cosicché le solite personalità multiple vengono condite con un po' di erotismo, nemmeno tanto torbido. Gli sceneggiatori (Lewis Green e Jordan Rush) scarseggiano di fantasia e il regista si arrangia come può con controluce e giravolte fatali della macchina da presa.

Mai di domenica **½ (*Pote tin kyriaki* Grecia/Usa 1960, b/n, 90') Jules Dassin. Con Melina Mercouri, Jules Dassin, Georges Foundas, Titos Vandis. ◆ Il ricco Homer, appassionato della Grecia classica, si innamora di una prostituta (Mercouri, moglie di Dassin) cui cerca di far cambiar vita: ma sono sogni da intellettuale. Variazione sul *Pigmalione* di G.B. Shaw sceneggiata dal regista, servita da dialoghi briosi e da un'interprete istrionica. Un grande successo dell'epoca, sulla scia di una canzone di Manos Hadjidakis vincitrice dell'Oscar, oggi un po' invecchiato. Palma d'oro a Cannes alla Mercouri.

Mai dire mai ** (*Never Say Never Again*, Gb 1983, col, 137') Irvin Kershner. Con Sean Connery, Klaus Maria Brandauer, Max von Sydow, Barbara Carrera, Kim Basinger, Edward Fox, Alec McCowen, Bernie Casey. ◆ L'agente 007 (Connery) deve combattere contro la terribile organizzazione Spectre, che si è impossessata di due ogive nucleari e minaccia il mondo. Sorta di remake di *Agente 007, Thunderball: Operazione tuono*, con Brandauer nella parte che fu di Celi e Fox in quella di M. Dopo *Agente 007: una cascata di diamanti* Connery aveva dato l'addio al personaggio creato da Ian Fleming: tant'è che, pronunciando alla fine la battuta che dà il titolo al film, strizza l'occhio. Se il film si lascia seguire è soprattutto merito della sua ironia; il resto è routine, anche se il confronto con *Octopussy*, girato lo stesso anno con Roger Moore, è del tutto a suo vantaggio. La Carrera è più sexy della Basinger prima di *9 settimane e ½*.

Maigret

Il celebre commissario parigino ideato da Georges Simenon compare per la prima volta in un romanzo del 1929, *Pietr-le-Letton* (in italiano *Maigret e il Lèttone*), concepito a bordo del cutter Ostrogoth durante uno scalo nel piccolo porto olandese di Delfzijl (dove oggi c'è una statua di Maigret a ricordo del fatidico momento creativo). L'autore ha solo ventisei anni, il personaggio quarantacinque, età che manterrà quasi sempre nel corso del tempo finché Simenon

non deciderà di mandarlo in pensione, cinquantacinquenne, nel 1972 (*Maigret et Monsieur Charles*).
Jules François Amédée Maigret esteriormente non ha l'aria intelligente o furba, anzi ha un'espressione bovina. Centodieci chili per un metro e ottanta di altezza, con l'immancabile corredo di cappello, camicia bianca, bretelle e gilet, il commissario si presenta subito come un uomo comune, dai gusti semplici e genuini: beve volentieri, mangia con molto piacere e fuma perennemente la pipa. Un piccolo-borghese di provincia (è nato a Saint-Fiacre sur Matignon), florido e gaudente, «un prodotto e un riflesso ideologico della III e della IV Repubblica», è stato detto. Ma non è né ottuso né gretto, e il suo umanissimo senso del dovere nasce dalla consapevolezza di aver avuto una vita facile e dalla disillusione subentrata con l'età adulta. «Avrebbe tanto desiderato che il mondo fosse come lo si vede da piccoli. Nel suo intimo lui diceva: come nelle illustrazioni!». Da questa collisione tra il sogno infantile e la realtà storica deriva la sua percezione della tragedia contemporanea. Jean-Luc Godard, interpretando l'entusiasmo degli appassionati di Maigret, ha stabilito che Simenon = Dostoevskij + Balzac. Può sembrare un'equazione eccessiva se riferita proprio alla produzione di genere dello scrittore francese, generalmente considerata minore e definita «semi-alimentare» dallo stesso Simenon; e fuori luogo se riferita in particolare al commissario, una figura che si schermisce affermando di non avere mai idee, di non pensare mai a nulla. Tuttavia Maigret, a dispetto delle apparenze, possiede una filosofia di vita che tanto spicciola non è, mentre Simenon, con un vocabolario di appena duemila parole (tante sono quelle che adopera nei polizieschi), restituisce una realtà ricca e complessa come difficilmente si sospetta considerando la trama delle sue storie. Maigret è convinto che il marcio esista ovunque e non a caso scopre quasi sempre che il colpevole è più di uno, anche se poi ritiene che non esistano veri colpevoli e che tutti in fondo siano vittime. Pur appartenendo alla polizia della capitale francese, crede poco o, meglio, non crede più nella Giustizia e nei sistemi da essa adottati per ristabilire l'ordine sociale. Per questo s'incarica di smascherare l'ipocrisia e la corruzione della società a modo suo, dimostrandosi duro con gli arroganti e pieno di compassione per gli umili e gli sfruttati. Ciò che gli interessa non è giudicare e punire i criminali, ma piuttosto capire come e perché hanno agito. Cerca di calarsi nei loro panni non tanto *dopo* quanto *prima* che abbiano commesso un delitto, e talvolta si sente più vicino a loro che non ai colleghi poliziotti. Il suo metodo d'indagine viene di conseguenza: diverso sia da quello esclusivamente deduttivo dell'investigatore anglosassone, sia da quello cinico e duro che contraddistingue i detective americani, non fa mai appello al puro raziocinio, bensì lascia ampio spazio all'intuizione, all'azzardo, alla fantasia. Nelle indagini del commissario non mancano certo impronte digitali e simili soluzioni poliziesche, ma lui non sembra farci troppo affidamento, sicuro com'è che le prove vadano ricercate con altri strumenti, più umani, tra cui innanzitutto la capacità di individuare le contraddizioni e le incrinature insite nella vita di ogni giorno. Per qualcuno Maigret è più uno psicoterapeuta che un investigatore, è un confidente, un confessore ideale che si sforza di comprendere lasciando le sentenze al giudice Coméliau, il suo nemico (di classe, è stato scritto), se mai decide di consegnare i responsabili alla giustizia. Ipotesi evidentemente rafforzata dallo stesso Simenon, che ha dichiarato di seguire, attraverso il suo alter ego, una pratica simile a quella psicoanalitica nell'approccio ai personaggi, e di non credere all'esistenza di colpevoli da condannare.
Il contesto in cui il commissario compie le scoperte più rilevanti è quasi sempre quotidiano, apparentemente insignificante e di scarsa ispirazione: ristoranti, trattorie, bar, case private. I momenti legati al cibo, al bere, alla siesta consentono di stabilire un contatto più libero con la realtà e favoriscono le illuminazioni improvvise. A volte si ha quasi l'impressione che la vicenda poliziesca sia concepita solo come un'occasione – forse un pretesto – per penetrare in ambienti diversi. Lo scioglimento dell'intreccio è un pedaggio pagato al genere, ma quello che davvero conta è ogni singolo momento della storia, ogni dettaglio riportato con un procedimento vagamente proustiano: l'aria, gli odori, i colori, il paesaggio, il clima, le abitudini. Non è tanto una questione di memoria involontaria, attivata per ritrovare il tempo perduto, quanto un'attenzione sensoriale alle piccole cose della quotidianità presente. Non a caso, dunque, Maigret è uno dei pochissimi investigatori di cui si conosce a fondo la vita privata. Lo vediamo aggirarsi nervoso e irritabile tra le pareti della sua casa parigina, al 130 di boulevard Richard-Lenoir, dove la costante presenza di Louise, moglie encomiabile e casalinga perfetta, garantisce al commissario la tranquillità e l'affetto necessari a sopravvivere in un mondo ben diverso da quello fantasticato da bambino. Impossibile immaginare il commissario senza questo côté domestico e i rituali a esso legati: le stanze piene di fumo, la birra sempre fresca, il calvados sorseggiato mentre la signora Maigret sferruzza o cucina una specialità delle sue, ascoltando gli sfoghi del marito e dandogli qualche prezioso suggerimento. Così come è impossibile scindere il personaggio dal contesto urbano della capitale francese, il quartiere in cui abita (l'XI arrondissement), il Quai des Orfèvres, la brasserie Dauphine, o dai suoi fedelissimi Lucas, Janvier, Lapointe, Torrence. Tutto ciò concorre a creare la celebre e inafferrabile atmosfera simenoniana, forse l'aspetto più originale delle sue opere poliziesche, certamente quello che meno è stato tradotto al cinema.
Il commissario Maigret è al centro di ottantaquattro romanzi e diciotto novelle, suddivisi in tre cicli narrativi (1929-33; 1938-41; 1945-72), nel corso dei quali i progressivi aggiustamenti evidenziano la sua vocazione di «raccomodeur des destinées». I risultati migliori appartengono al primo e al secondo periodo. Successivamente Simenon appronta un metodo di lavorazione «in serie» (sette giorni è il tempo medio di ideazione e scrittura per un nuovo giallo), arrivando a confezionare opere di abilissimo artigianato, comunque godibili, ma di minore originalità narrativa e stili-

stica rispetto a quelle che avevano aperto la serie. Nel 1979, lo scrittore pubblica su *Le Nouveau Illustré* una affettuosa lettera di auguri all'amico Maigret, ritiratosi dall'attività qualche anno prima, in occasione del cinquantesimo anniversario della sua nascita letteraria. È l'ultimo commiato di Simenon dal celeberrimo personaggio, «uno dei pochi da me creati, se non l'unico, che abbia dei tratti in comune con me».

Il commissario debutta sugli schermi nel 1932, quasi simultaneamente in tre versioni diverse, interpretato da Abel Tarride (*Le Chien jaune*), Pierre Renoir (*La Nuit du carrefour*), Harry Baur (*Il delitto nella villa*). Sono passati pochi anni dalla sua prima apparizione editoriale, Maigret è già conosciuto, ma né lui né il suo autore godono ancora di quell'immensa popolarità che arriverà loro con il cinema e soprattutto con le riduzioni televisive. Nelle trasposizioni cinematografiche, i polizieschi di Simenon incontrano due ordini di problemi. Il primo ha a che vedere con il destino di quasi tutta la produzione di genere, relegata nella schiera dei Bmovie, soprattutto in passato: budget limitati e storie costruite attorno al protagonista (quindi l'attore) piuttosto che, nel caso specifico, sull'atmosfera tanto cara all'autore. Il secondo riguarda l'esigenza di trovare un interprete all'altezza della situazione, capace di restituire le sfumature di un personaggio più complesso di quanto appaia a prima vista, sulle cui spalle grava tutto il peso del film. Dei quattordici adattamenti realizzati per il grande schermo (per il piccolo non si contano), Simenon ha apprezzato senza riserve solo *La Nuit du carrefour* di Renoir, in cui il ruolo di Maigret era ricoperto dal fratello del regista, Pierre. Indubbiamente la versione del maestro francese si stacca nettamente dal resto della produzione, sia perché è l'unico film in cui il lavoro di regia abbia un peso e uno stile, sia perché l'interprete «aveva capito che un commissario capo della Polizia giudiziaria è un funzionario. Si è vestito e comportato da funzionario, conservando sempre la sua dignità e lo sguardo un po' fisso e inquisitorio». Tuttavia ciò non significa che le altre versioni siano disprezzabili (Duvivier e Verneuil, ad esempio) o che non ci siano stati altri Maigret plausibili al di là di Pierre Renoir. Se Albert Préjan (*Picpus*, *Cecile est morte* e *Les Caves du Majestic*) tende a conferire al personaggio delle sfumature dandy che sicuramente non gli appartengono, Michel Simon fa centro con una sola, brevissima apparizione (in un episodio di *Brelan d'as*) e Jean Gabin (*Il commissario Maigret*, *Maigret e l'affare Saint-Fiacre* e *Maigret e i gangsters*) è un commissario indimenticabile nonostante risultasse più cupo del necessario, più in linea con il suo mito che con la figura creata da Simenon, e fosse «sempre con la cravatta di traverso, troppo trascurato nel vestire e nei modi, troppo americano» secondo il severo giudizio dello scrittore (che alla fine dimostrò comunque di apprezzare l'originalità di Gabin).

Tra gli interpreti non francesi, un posto d'onore spetta al nostro Gino Cervi, protagonista di tutti gli episodi realizzati dalla Rai e dell'unico film italiano destinato al grande schermo, *Maigret a Pigalle*. Quando si cala nei panni del commissario, Cervi ha sessantatré anni, ma bastano pochi ritocchi al colore dei capelli e dei baffi per rendere del tutto credibile la scelta. L'attore ha il physique du rôle, il suo accento bolognese evoca in qualche modo la provincia gaudente da cui proviene il Maigret letterario, il suo fare burbero e allo stesso tempo pieno di calore umano conferma l'assoluta identità tra l'interprete e il personaggio conosciuto attraverso le pagine dei gialli Mondadori. Persino Simenon riconobbe che Cervi «andava molto bene». Le produzioni televisive italiane risalgono agli anni Sessanta. Tutte dirette da Mario Landi, comprendono *Le inchieste del Commissario Maigret* (1965), *Le nuove inchieste del Commissario Maigret* (1966) e *Le inchieste del Commissario Maigret/seconda serie* (1968-72). Oltre a Cervi, vi è un'altra presenza insostituibile, quella di Andreina Pagnani nel ruolo della pazientissima Madame Louise.

I FILM PRINCIPALI

Le Chien jaune ***½ (Francia 1932, b/n, 88') Jean Tarride. Con Abel Tarride, Rolla Norman, Rosin Deréan, Jane Lory, Anthony Gildès. ◆ I delitti che atterriscono gli abitanti di Concarbeau sono sempre annunciati dal passaggio di un cane giallo: toccherà al commissario Maigret (Tarride) risolvere il mistero. Dal romanzo omonimo, pubblicato l'anno precedente, è il debutto di Maigret sul grande schermo. Jean Tarride dirige il padre Abel, famoso attore di teatro, in quello che è stato considerato come uno dei ritratti più convincenti del commissario. Massiccio, lento nei movimenti, taciturno finché sbotta nel classico «Semplice! Perché non ci ho pensato prima?», Maigret fuma continuamente la pipa e «sente» tutto ciò che avviene attorno a lui: l'anti-Sherlock Holmes è nato. Inedito in Italia.

La Nuit du carrefour *** (Francia 1932, b/n, 75') Jean Renoir. Con Pierre Renoir, Georges Koudria, Dignimont, Michel Duran, Jean Gehret, Jean Mitry, Winna Winfried. ◆ Vari omicidi e tentati omicidi rivelano un'intricata storia di amore e di diamanti rubati che si svolge tra un crocevia solitario, un garage malandato e una casa in rovina, dove si è rifugiata una misteriosa donna fatale. Tratto dal romanzo omonimo di Simenon, sceneggiato dal regista con la collaborazione dello stesso scrittore e girato a trenta chilometri da Parigi, con il suono in presa diretta, è un film quasi completamente avvolto nel buio e nella nebbia, in cui la macchina da presa tende a mettersi all'altezza degli occhi di Maigret senza però riuscire a distinguere molto. Le atmosfere e l'istinto del commissario sono elevate all'ennesima potenza: da qui il comprensibile entusiasmo dello scrittore per il film e per il suo interprete principale (Pierre Renoir, fratello maggiore del regista e attore di teatro nella compagnia di Louis Jouvet). Strano, inquietante, a tratti allucinato e pieno di poesia, è il primo autentico noir alla francese, anche se il progetto originale prevedeva una lunghezza maggiore, idea abbandonata per mancanza di denaro e la crisi privata del regista che si stava separando dalla moglie. Inedito in Italia.

Il delitto nella villa (1933), di Julien Duvivier
Picpus *½ (Francia 1942, b/n, 95') Richard Pottier. Con Albert Préjean, Jean Tissier, Juliette Faber, Gabrielle Fontan, Colette Régis. ◆ Dal romanzo *Signé Picpus*. Un omicidio avvolto nel buio: Maigret (Préjean) d'istinto rivolge la sua attenzione su un signore anziano e insospettabile. Esageratamente curato, insolitamente chiacchierone, troppo affabile con le donne e troppo americano con i criminali: Préjean è un Maigret fuori misura, anche se riscuote un certo successo di pubblico. Inedito in Italia.
Cécile est morte *½ (Francia 1943, b/n, 90') Maurice Tourneur. Con Albert Préjean, Santa Relli, Germaine Kerjean, Luce Fabiole, André Gabriello. ◆ Dal romanzo omonimo: Cécile è convinta che i mobili di casa sua di notte si muovono. Maigret (Préjean) non le crede, ma deve fare marcia indietro quando la ragazza viene trovata strangolata. Dirige Tourneur, ma Préjean non cambia registro. Inedito in Italia.
Les Caves du Majestic * (Francia 1944, b/n, 100') Richard Pottier. Con Albert Préjean, Suzy Prim, Denise Grey, Odette Florelle, Gina Manés. ◆ Nei sotterranei dell'Hotel Majestic viene rinvenuto il cadavere della signora Petersen. I sospetti di Maigret (Préjean) si appuntano sui clienti altoborghesi dei piani superiori. Ultimo episodio con Préjean, realizzato durante la guerra. Pare che Charles Spaak abbia sceneggiato il romanzo omonimo durante la prigionia nel carcere di Fresnes, dove era stato rinchiuso dalla Gestapo. Inedito in Italia.
L'uomo della Torre Eiffel (1949), di Burgess Meredith
Le Témoignage de l'enfant de chœur *** (episodio di *Brelan d'as*, Francia 1952, b/n, durata complessiva 118') Henri Verneuil. Con Michel Simon, Christian Fourcade. ◆ Dall'omonima novella, mezz'ora di cinema «alla Simenon»: Michel Simon è un Maigret straordinario, anche se forse più raffinato del previsto, e la regia si dimostra attenta alle sfumature senza ricorrere a intellettualismi di nessun tipo. Gli altri due episodi del film sono *Le Mort dans l'ascenseur*, tratto da un racconto di Stanislas-André Steeman e *Je suis un tendre*, da un racconto di Peter Cheney. Inedito in Italia.
Maigret dirige l'inchiesta (1954) di Stany Cordier
Il commissario Maigret (1958) di Jean Delannoy
Maigret e il caso Saint-Fiacre (1959) di Jean Delannoy
Maigret e i gangsters (1963) di Gilles Grangier
Il caso difficile del commissario Maigret (1966), di Alfred Weidenmann
Maigret a Pigalle (1967), di Mario Landi
Maigret ** (Gb 1988, col, 100') Paul Lynch. Con Richard Harris, Patrick O'Neal, Victoria Tennant, Barbara Shelley, Ian Ogilvy, Eric Deacon, Caroline Munro. ◆ L'ispettore Maigret (Harris) indaga sulla morte di un investigatore privato suo amico e si mette sulle tracce di un ambiguo industriale americano (O'Neal). Prodotto dalla televisione, come pilot per una possibile serie, fa piuttosto impressione vedere il viso irlandese di Harris (e la sua bella pronuncia inglese) dar vita a un parigino come Maigret. Comunque il risultato è passabile. Inedito in Italia.

Maigret (di Paul Lynch) → *voce «Maigret»*
Maigret a Pigalle *½ (Italia/Francia 1967, col, 108') Mario Landi. Con Gino Cervi, Lila Kedrova, Raymond Pellegrin, Alfred Adam, Enzo Cerusico, Mario Feliciani. ◆ Maigret (Cervi) indaga sull'omicidio di una spogliarellista coinvolta nel traffico della droga. Da *Maigret al night club* di Simenon, versione cinematografica di un episodio del celebre serial televisivo. Cervi ha carisma, ma la regia è sciatta.
Maigret dirige l'inchiesta * (*Maigret dirige l'enquête*, Francia 1956, b/n, 95') Stany Cordier. Con Maurice Manson, Svetlana Pitoëff, Peter Walker, Michel André, Frank MacDonald. ◆ Alcuni poliziotti in attesa di catturare un pericoloso bandito rievocano tre casi del loro commissario capo Maigret (Manson), tra cui quello relativo a *Cécile est morte*, già portato sullo schermo da Maurice Tourneur. Manson è stato definito come «la più pallida incarnazione di Maigret» e il film è assai modesto.
Maigret e i gangsters *½ (*Maigret voit rouge*, Francia/Italia 1963, b/n, 93') Gilles Grangier. Con Jean Gabin, Françoise Fabian, Vittorio Sanipoli, Guy Decomble, Paul Charpentier. ◆ A Parigi il commissario Maigret (Gabin) indaga su un regolamento di conti tra gangster americani. E si trova contro, inspiegabilmente, l'Fbi. Dal romanzo *Maigret, Lognon et les gangsters* di George Simenon, un film convenzionale nell'ambientazione e poco incisivo nel delineare i personaggi. Si regge solo sul carisma di Gabin, per la terza e ultima volta nei panni del commissario.
Maigret e il caso Saint-Fiacre ** (*Maigret et l'affaire Saint-Fiacre*, Francia 1959, b/n, 95') Jean Delannoy. Con Jean Gabin, Michel Auclair, Valentine Tessier, Michelle Vitold, Paul Frankeur, Gabrielle Fontan. ◆ Una contessa (Tessier) riceve minacce di morte e invita Maigret (Gabin), che un tempo le aveva fatto la corte, nel suo castello. Malgrado la sua presenza, il delitto viene commesso. Secondo appuntamento con Maigret per Gabin e Delannoy, immerso in un'atmosfera malinconica e lugubre. Gabin si erge troppo a giudice rispetto al personaggio, e Simenon lo criticava perché «troppo trascurato nel vestire e nei modi, troppo americano».
Mai gridare al lupo **½ (*Never Cry Wolf*, Usa 1983, col, 105') Carroll Ballard. Con Charles Martin Smith, Brian Dennehy, Samson Jorah. ◆ Un biologo (Smith) va in missione nel Canada settentrionale per scoprire se i lupi siano i responsabili della scomparsa dei caribù: imparerà a rispettarli e conoscerà meglio se stesso. Tratto dal bestseller dello scienziato Farley Mowat (adattato da Sam Hamm, Richard Kletter e Curtis Hanson), e costato tre anni di lavoro in condizioni difficilissime, il film di Ballard getta uno sguardo realistico sulla natura, evitando sia l'ecologismo spicciolo che le leziosità dei documentari con animali antropomorfizzati. I produttori della Walt Disney non gradirono: figurarsi che Smith mangia topi muschiati e mostra pure le natiche.
Mai senza mia figlia *½ (*Not Without My Daughter*, Usa 1991, col, 114') Brian Gilbert. Con Sally Field, Alfred Molina, Sheila Rosenthal, Roshan Seth. ◆ Un'americana (Field) che ha sposato un iraniano

(Molina) non sospetta di perdere tutti i suoi diritti una volta messo piede nella patria del marito. Dall'autobiografia di Betty Mahmoody (sceneggiato da David W. Rintels), un attacco frontale ma rozzo agli indiscutibili orrori dell'integralismo islamico. Girato in Israele.

Maîtresse **½ (*Maîtresse*, Francia 1976, col, 112') Barbet Schroeder. Con Gérard Depardieu, Bulle Ogier, André Rouyer, Roland Bertin. ◆ Un ladro (Depardieu) conosce una *dominatrix* (Ogier) dalla doppia vita e commette l'errore di innamorarsene. Freddo dramma psicologico sceneggiato dal regista con annessi documentaristici, utilizza come comparse i clienti di una vera professionista, che doppia la Ogier nelle scene di tortura. Non per tutti i gusti, ma tutt'altro che banale e corrivo. Fotografia di Nestor Almendros.

Mai troppo tardi *½ (*Never Too Late*, Usa 1965, col, 105') Bud Yorkin. Con Paul Ford, Connie Stevens, Maureen O'Sullivan, Jim Hutton, Jane Wyatt, Henry Jones. ◆ Una coppia matura (Ford e O'Sullivan) scopre di aspettare un bambino, proprio mentre la figlia (Stevens), quasi trentenne, non riesce ad averne. Dalla pièce di Sumner Arthur Long, grande successo a Broadway e sceneggiata per lo schermo dallo stesso autore, una commedia scontata e spesso stucchevole.

Maja desnuda, La *½ (*The Naked Maja*, Usa/Italia 1958, col, 95') Henry Koster, Mario Russo. Con Ava Gardner, Anthony Franciosa, Amedeo Nazzari, Gino Cervi, Massimo Serato, Lea Padovani. ◆ In Spagna, all'epoca della campagna napoleonica, il pittore Goya (Franciosa) si trova impegnato in numerose avventure per amore della duchessa d'Alba (Gardner), la rivoluzionaria che raffigurerà in un duplice, celebre ritratto. Fumettone pseudostorico di pochi meriti, a parte la radiosa protagonista.

Major League – La squadra più scassata della lega *½ (*Major League*, Usa 1989, col, 107') David S. Ward. Con Tom Berenger, Charlie Sheen, Rene Russo, Margaret Whitton, Wesley Snipes. ◆ Per perdere il campionato e rescindere così il contratto con la città, la proprietaria degli Indians di Cleveland mette insieme i giocatori più incapaci, che riveleranno però doti sorprendenti. Vicenda prevedibile, regia invisibile, caratterizzazioni discrete. Il baseball, al solito, resta un gioco misterioso. Con un seguito.

Major League 2 – La rivincita *½ (*Major League II*, Usa 1994, col, 105') David S. Ward. Con Charlie Sheen, Tom Berenger, Corbin Bernsen, Dennis Haysbert, Alison Doody, Margaret Whitton, Jesse Ventura. ◆ Il successo ha dato alla testa ai Cleveland Indians, che infatti cominciano a perdere: si riprenderanno quando la squadra rischierà di essere venduta. Sequel-fotocopia che celebra i fasti del baseball e del machismo, innocuo e fracassone.

Making Love *½ (*Making Love*, Usa 1982, col, 113') Arthur Hiller. Con Michael Ontkean, Kate Jackson, Harry Hamlin, Wendy Hiller, Arthur Hill. ◆ Dopo otto anni di matrimonio, un medico (Ontkean) si scopre gay e si innamora di uno scrittore (Hamlin). La moglie (Jackson) si rassegna, risposandosi. Dal regista di *Love Story*, una commedia che affronta grandi temi in modo superficiale, stando attenta a non urtare la sensibilità di alcun tipo di pubblico. Gli interpreti inespressivi non sono d'aiuto.

Mak π «100» * (Italia 1987, col, 106') Antonio Bido. Con Rosita Celentano, Christophe Bouquin, Jonathan Horn, Ray Lovelock. ◆ Due cadetti dell'Accademia Navale gareggiano nelle regate e si contendono l'amore di Claudia (Celentano). Un banale spot della Marina Militare (anche se qualche ripresa delle competizioni è spettacolare) condita da amenità sentimentali da fotoromanzo. Coproduce Claudia Mori: un bel fiasco, malgrado la promozione che allora papà Celentano fece dalla ribalta televisiva di «Fantastico». Il titolo indica la festa d'addio degli allievi dell'ultimo corso ed è la trascrizione, burlescamente dotta, del piemontese *macpi*, «solo più», per indicare che «mancano solo cento giorni» alla fine degli studi.

Malacarne - Turi della tonnara **½ (Italia 1946, b/n, 106') Pino Mercanti, Giuseppe Zucca. Con Otello Toso, Mariella Lotti, Amedeo Nazzari, Umberto Spadaro, Giovanni Grasso, Anna Silena, Carletto Sposito, Margherita Nicosia, Natale Cirino, Rosetta Romano, Salvatore Chimenti. ◆ Impenitente cacciatore di gonnelle, Turi detto Malacarne (Toso) scommette con il gobbo Fifì (Spadaro) di passare una notte con l'ex novizia Mariastella (Lotti), nipote del ricco rais Pietro (Grasso). Ma la spacconata ha conseguenze impreviste: la ragazza resta incinta e fugge affidando il figlioletto a un ex carcerato (Nazzari), mentre Malacarne, in prigione per aver ucciso accidentalmente rais Pietro, scopre di essere davvero innamorato della ragazza. Ma quando viene liberato, lei non vuole saperne. Un curioso e torbido melodramma di ambientazione siciliana che mescola bozzetti veristici (le scommesse degli uomini al bar), squarci documentari (la pesca al tonno), tensioni - e superstizioni- religiose e conflitti di classe. Manca un'idea unificante nella sceneggiatura dei due registi con Natale Di Cristina (da un soggetto di Ovidio Imara), il personaggio di Nazzari è improbabile come «balio asciutto», mentre quello di Mariastella - prima santarellina, poi mantenuta di lusso e alla fine penitente contrita - è troppo stereotipato. Eppure l'universo di paese, dove povertà e invidia muovono i comportamenti delle persone (e hanno spesso conseguenze tragiche), è raccontato con bella incisività e un «verismo» che non è mai folcloristico.

Maladie d'amour – Voglia d'amare *½ (*Maladie d'amour*, Francia 1987, col, 116') Jacques Deray. Con Nastassja Kinski, Jean-Hughes Anglade, Michel Piccoli, Jean-Claude Brialy, Amidou. ◆ Un medico maturo (Piccoli) ha una relazione con la parrucchiera Juliette (Kinski), che lo lascia per il suo giovane assistente (Anglade). Ma la felicità è dura da ottenere, quando di mezzo c'è la carriera e la malattia. Da un soggetto di Andrzej Zulawski (originariamente pensato per Isabelle Adjani), un fotoromanzo enfatico e banale, lontano dalle corde di Deray. Sprecato il cast.

Malafemmena ** (Italia 1957, b/n, 94') Armando Fizzarotti. Con Maria Fiore, Nunzio Gallo, Aldo Bufi Landi, Gabriele Tinti, Olga Solbelli, Aldo Giuffré, Mario Castellani, Enzo Garinei, Donatella Mauro, Emma Baron, Pasquale De Filippo. ◆ Maliziosa e spregiudicata, Rosa Belfiore (Fiore) non vuole legarsi a nessun uomo, nemmeno a Michele (Bufi Landi) che per gelosia è arrivato a uccidere il cugino e ha dovuto fuggire all'estero: l'amore per Angelo (Gallo) la convince al matrimonio, ma l'insofferenza per la vita di campagna coi suoceri e il ritorno improvviso di Michele fanno pensare al marito che abbia ragione chi la crede una «malafemmena». Melodramma partenopeo ispirato all'omonima canzone di Totò e sceneggiato da Fizzarotti sullo scontro tra istinto ed educazione (che Fiore non può avere perché figlia di ignoti). Contrappuntato dagli intermezzi canori di Nunzio Gallo (*Tu si' tutto pe' mmé, Te lasso*), il film stigmatizza la libertà femminile in campo sessuale sottolineando l'inevitabile rottura con la morale tradizionale senza tuttavia arrivare a una condanna definitiva (il salvataggio dell'ultima scena è significativo), anzi cercando una specie di sintesi tra i due volti della protagonista: aggressiva e sensuale quando è pettinata con la chioma «modernamente» raccolta, remissiva e amorevole quando i capelli incorniciano più tradizionalmente il volto.

Malafemmina – Il mondo le condanna → *Mondo le condanna, Il*

Malamore ** (Italia 1982, col, 99') Eriprando Visconti. Con Jimmy Briscoe, Nathalie Nell, Antonio Marsina, Remo Girone, Serena Grandi, Monica Scattini. ◆ Nella provincia veneta, durante la prima guerra mondiale, la villa di un nano (Briscoe) viene adibita a ospedale militare. Il giovane, chiuso e solitario, scopre per la prima volta l'amicizia e l'amore: ma lo aspettano grandi delusioni. Sul filo del morboso, ma con ambizioni piuttosto alte, e con una certa sensibilità. Eriprando ha fatto di peggio.

Mala ordina, La *** (Italia/Rft 1972, col, 97') Fernando di Leo. Con Mario Adorf, Henry Silva, Woody Strode, Adolfo Celi, Femi Benussi, Luciana Paluzzi, Franco Fabrizi, Sylva Koscina, Cyril Cusack, Francesca Romana Coluzzi, Vittorio Fanfoni. ◆ Due killer newyorkesi (Silva e Strode) arrivano a Milano per uccidere il magnaccia Luca Canali (Adorf), accusato ingiustamente di avere rubato una partita di droga. Ma quando gli vengono ammazzate moglie (Koscina) e figlia, Canali si scatena, mostrando nel contempo una dignità che gli altri malavitosi avevano sempre negato a un «uomo di casino» come lui. Scritto dal regista ispiratosi a un racconto di Scerbanenco, forse il miglior noir italiano del decennio, sorretto da idee precise di regia, accurato nel disegno dei personaggi, selvaggio nelle sequenze d'azione, e con un fondo di nichilismo che guarda a Melville. Altri hanno parlato di «Don Siegel italiano», e non hanno avuto torto: di Leo, libero da condizionamenti produttivi pressanti, mostra non solo mestiere, ma anche stile e ironia. Nel ricco cast, dove grandeggia Adorf, anche due membri del clan di Fassbinder, Peter Berling (il grassone) e Urlich [Ulli] Lommel (un fricchettone). Belle musiche di Armando Trovajoli.

Malato immaginario, Il * (Italia 1979, col, 106') Tonino Cervi. Con Alberto Sordi, Laura Antonelli, Stefano Satta Flores, Christian De Sica, Marina Vlady, Giuliana De Sio, Bernard Blier, Vittorio Caprioli, Eros Pagni, Ettore Manni. ◆ Nella Roma del Seicento il ricco e pauroso Argante (Sordi) si chiude in casa, inventandosi mille malattie. Della situazione approfittano tutti, dalla moglie (Vlady) ai medici: fino a che deciderà di sbarazzarsi dei parassiti aiutato dalla figlia (De Sio) e dalla serva fedele (Antonelli). Sceneggiato dal regista con Cesare Frugoni e Sordi, un libero e sgangherato adattamento del capolavoro di Molière: peti e zinne (il romanesco è d'obbligo) come in un film di Alvaro Vitali, con in più una morale che si vorrebbe anticonformista.

Malcolm ** (*Malcolm*, Australia 1986, col, 90') Nadia Tass. Con Colin Friels, John Hargreaves, Chris Haywood, Lindy Davies. ◆ Un trentenne (Friels) immaturo ma geniale nel campo dell'elettronica si unisce a una coppia di sbandati, progettando con loro una rapina in banca altamente tecnologica. Commediola gialla di scarsa sostanza anche se a tratti simpatica. Più adatta ai ragazzi che agli adulti. Esordio della Tass, il cui marito David Parker è produttore, sceneggiatore, direttore della fotografia e degli effetti speciali. Musiche della Penguin Café Orchestra.

Malcolm X ** (*Malcolm X*, Usa 1992, col, 201') Spike Lee. Con Denzel Washington, Angela Bassett, Al Freeman jr, Spike Lee, Kate Vernon, Lonette McKee, Karen Allen, Peter Boyle, Vincent D'Onofrio, Delroy Lindo, Theresa Randle, Debi Mazar, Giancarlo Esposito. ◆ Malcolm Little (Washington), prima di rifiutare il cognome impostogli dalla società bianca, conosce la violenza del Ku Klux Klan, la dissipazione morale nei ghetti neri e la prigione. Ma il verbo del musulmano nero Elijah Muhammad (Freeman jr) gli cambia la vita, e lo fa diventare un paladino inflessibile dei diritti dei neri: anche troppo, almeno prima del pellegrinaggio alla Mecca. La Cia e i suoi ex compagni lo faranno tacere il 21 febbraio del 1965. Spike Lee (che interpreta il ruolo di Shorty, spensierato amico di gioventù di Malcolm) inizia con una bandiera americana che brucia e il video del pestaggio di Rodney King, e finisce con un discorso di Nelson Mandela, ma non riesce a essere pungente come in passato. Alla oleografica ricostruzione d'epoca della prima parte (tutto già visto, e meglio, in *Cotton Club*) ne segue una statica e molto verbosa. Una vera biografia ufficiale, seriosa e paludata, che a tratti fa discutere, ma mette a dura prova la pazienza dello spettatore. Piccola parte per Christopher Plummer che interpreta Chaplain Gill, mentre John Sayles e Martin Donovan sono due agenti dell'Fbi.

Maldonne *½ (*Maldonne*, Francia/Italia 1969, col, 98') Sergio Gobbi. Con Pierre Vaneck, Elsa Martinelli, Robert Hossein, Jean Topart, Rossella Bergamonti. ◆ Un musicista squattrinato (Vaneck) accetta di prendere il posto di un uomo (Hossein) fuggito proprio mentre era in procinto di ereditare, senza sapere che era un ex nazista ricercato da un'organizzazione israelitica. Da un romanzo di Pierre Boileau e Thomas Narcejac, un giallo poco plausibile, dal meccanismo non ben oliato.

Male d'amore *½ (*Un Amour de pluie*, Francia 1973, col, 96') Jean-Claude Brialy. Con Romy Schneider, Nino Castelnuovo, Mehdi El Glaoui, Benédicte

Bucher, Suzanne Flon. ◆ Affari di cuore per madre (Schneider) e figlia (Bucher) in vacanza alle terme di Vittel: la donna ha un breve incontro con un latin lover (Castelnuovo), la ragazzina si innamora di un cameriere (El Glaoui). Alla fine del soggiorno la passione si esaurisce senza drammi né lacrime. Fumoso studio psicologico che si vorrebbe raffinato, con un furbesco commento musicale di Francis Lai. Brialy appare nelle vesti di uno sfortunato seduttore.

Maledetta estate ** (*The Mean Season*, Usa 1985, col, 103') Phillip Borsos. Con Kurt Russell, Mariel Hemingway, Richard Jordan, Richard Masur, Andy Garcia. ◆ Dopo ogni delitto, un serial killer telefona a un giornalista (Russell) di Miami, che per questo diventerà una specie di divo. Ma per lui il gioco finisce quando a esser presa di mira è proprio la sua fidanzata (Hemingway). Dal bestseller di John Katzenbach *In the Heat of the Summer*, ispirato a un fatto di cronaca, un thriller professionale ma già visto, con pretese da atto di accusa del giornalismo sensazionalistico. Troppi i finali perché vi sia vera suspense.

Maledetta occasione, Una *½ (*An Occasional Hell*, Usa 1996, col, 95') Salome Breziner. Con Valeria Golino, Tom Berenger, Kari Wuhrer, Stephen Lang. ◆ Una donna d'origini italiane (Golino) viene accusata dell'omicidio del marito fedifrago che, ogni sabato, se la spassava con una prosperosa cameriera. Per salvarsi l'anima (e il corpo), chiede aiuto a uno scrittore (Berenger) ex poliziotto con problemi di salute. Dal romanzo di Randall Silvis (che sceneggia) un giallo sbiadito e confuso che non sa scegliere se essere di genere o d'autore. Gli attori sembrano di passaggio, mentre la fotografia di Mauro Fiore restituisce solo in parte l'atmosfera uggiosa e autunnale del Sud Carolina.

Maledetti, I *** (*Les Maudits*, Francia 1947, b/n, 105') René Clément. Con Paul Bernard, Henri Vidal, Michel Auclair, Marcel Dalio, Fosco Giachetti, Florence Marly. ◆ Aprile 1945: poco prima della caduta di Berlino, un gruppo di nazisti s'imbarca su un sottomarino diretto in Sudamerica. Tra loro c'è anche un medico francese rapito (Vidal), l'unico passeggero destinato a sopravvivere al clima di odio feroce che regna a bordo: dopo aver affondato una petroliera tedesca per paura che finisse nelle mani degli Alleati, impossibilitati a raggiungere la meta prefissata, i nazisti si suicideranno e si uccideranno l'un l'altro. Una tragedia claustrofobica con antieroi mostruosi sceneggiata da Jacques Companeez e Alexandroff con la collaborazione del regista, di Jacques Rémy e Henri Jeanson: questa volta Clément affronta la seconda guerra mondiale senza il supporto di personaggi positivi o giustamente melodrammatici come aveva fatto in precedenza, ambientando una storia fortemente drammatizzata in un sottomarino perfettamente ricostruito in studio, che dà alla vicenda un'impressionante verosimiglianza. Fondamentale l'apporto di Henri Alekan come direttore della fotografia, trovatosi a risolvere brillantemente i non facili problemi di ripresa: nonostante il film sia tutto girato in interni, Clément ha preferito elaborare sequenze lunghe e complicate (come lo splendido carrello indietro che accompagna l'entrata in scena del medico) anziché affidarsi agli interventi di montaggio. Ottima anche la direzione degli attori. Fosco Giachetti fa la parte di un collaborazionista pentito che si suicida.

Maledetti di Hollywood, I *½ (*Bloodhounds of Broadway*, Usa 1989, col, 93') Howard Brookner. Con Josef Sommer, Matt Dillon, Madonna [Louise Veronica Ciccone], Rutger Hauer, Randy Quaid, Julie Hagerty, Jennifer Gray, Tony Azito, Tony Longo, Stephen McHattie. ◆ A Broadway, tre storie si intrecciano con l'ultima grande festa dell'età del jazz, celebrata il 31 dicembre 1928: una cantante di night (Madonna) medita di ritirarsi in campagna; un gangster (Hauer) ferito a morte fa testamento a favore di una fioraia; un giocatore (Dillon) nei guai trova l'amore. Tratto da quattro racconti di Damon Runyon sceneggiati dal regista e da Colman deKay (che appare nella particina di Nosmo), una produzione televisiva fiacca, malgrado il cast altisonante. Piccolo ruolo anche per William Burroughs, uno dei padri della beat generation, nella parte di un cameriere. Il titolo italiano, che trasferisce l'azione da New York a Los Angeles, è di rara idiozia.

Maledetti vi amerò ** (Italia 1980, col, 84') Marco Tullio Giordana. Con Flavio Bucci, Micaela Pignatelli, Agnes de Nobecourt, Anna Miserocchi, Alfredo Pea, Biagio Pelligra. ◆ Dopo anni trascorsi in America latina, un reduce del Sessantotto (Bucci) torna in Italia e non si riconosce nella nuova realtà, tra la caduta degli ideali e il terrorismo. Preferirà farsi uccidere. Nata sull'onda di una delusione generazionale, una testimonianza affannata e a tratti un po' retorica sul buio periodo del dopo-Moro (tipica di quegli anni, la scena col giochino sulle cose di destra e quelle di sinistra). Per Giordana un esordio all'epoca ritenuto promettente, ben accolto a Cannes, e vincitore del Pardo d'oro a Locarno.

Maledetto il giorno che t'ho incontrato **½ (Italia 1992, col, 112') Carlo Verdone. Con Carlo Verdone, Margherita Buy, Stefania Casini, Elisabetta Pozzi, Giancarlo Dettori, Alexis Meneloff, Didi Perego, Renato Pareti. ◆ Lui (Verdone) sta scrivendo la biografia di Jimi Hendrix, lei (Buy) cerca di sfondare in teatro: lo psicoanalista li fa casualmente incontrare, la dipendenza dagli ansiolitici li unisce. Guerre e armistizi di due simpatici nevrotici tra Milano, Londra e la Cornovaglia. Verdone (grazie anche alla cosceneggiatrice Francesca Marciano) ha il coraggio di abbandonare le macchiette romanesche: una specie di remake (in minore) di *Harry ti presento Sally* sul bisogno di affetto di tutta una generazione. Per un errore di truca, Jimi Hendrix nei titoli di testa suona la chitarra anche con la destra.

Maledetto imbroglio, Un *** (Italia 1959, b/n, 110') Pietro Germi. Con Pietro Germi, Claudia Cardinale, Franco Fabrizi, Cristina Gajoni, Eleonora Rossi Drago, Claudio Gora, Saro Urzì, Nino Castelnuovo, Toni Ucci, Ildebrando Santafé, Antonio Acqua, Vittorio Scarabello. ◆ A Roma, il commissario Ingravallo (Germi) sta indagando su un furto quando, nello stesso palazzo, viene commesso un omicidio. Prima di mettere le mani sul colpevole, scoprirà gli altarini di tanti insospèttabili. Di *Quer pasticciaccio* *brutto de via Merulana* di Gadda, sceneggiato dal regista con Alfredo Giannetti ed Ennio De Concini, è rimasto solo lo scheletro; l'azione poi è spostata dall'epoca fascista agli anni Cinquanta, e il finale dà un nome all'assassino: a Gadda, però, il film piacque lo stesso, probabilmente perché l'intreccio narrativo e stilistico tra humour e tragedia criminale, satira di costume e mistero poliziesco riescono a riproporre quella «tragicità del narratore» che per i critici domina e innerva il testo del romanzo. Germi, che si vantava di aver diretto «il primo poliziesco italiano», puntò tutto sull'osservazione minuta di una realtà che il suo personaggio osserva quasi con nausea, senza nessuna retorica e nessun moralismo. Uno dei film più sottovalutati, tutto sommato, di un autore sottovalutato. La bella canzone *Sinnò me moro* di Carlo Rustichelli è cantata dalla figlia Alida Chelli.

Male di Andy Warhol, Il **½ (*Andy Warhol's Bad*, Usa 1976, col, 109') Jed Johnson. Con Carroll Baker, Perry King, Susan Tyrrell, Stefania Casini, Brigid Polk. ◆ Un'avida estetista (Baker) gestisce un'agenzia omicidi al femminile, specializzata nell'eliminazione di familiari indesiderati (tra cui neonati e bambini autistici): ma l'unico suo dipendente maschio (King) le sarà fatale. Più normale – almeno come confezione – degli altri film prodotti da Warhol, ma ugualmente provocatorio e disturbante. Dietro il cinismo e l'humour nero fa capolino una vena di satira swiftiana non disprezzabile.

Maledizione, La ** (*And Now the Screaming Starts*, Gb 1972, col, 87') Roy Ward Baker. Con Peter Cushing, Stephanie Beacham, Herbert Lom, Patrick Magee, Ian Ogilvy. ◆ Appena sposata, una ragazza (Beacham) si rende conto che sulla magione in cui è capitata grava una maledizione, frutto di un sopruso compiuto su una giovane del posto. Thriller gotico di ordinaria amministrazione.

Maledizione dei rubini scomparsi, La * (*Revenge of the Stolen Stars*, Usa 1986, col, 80') Ulli Lommel. Con Klaus Kinski, Suzanna Love, Kitty O'Shea, Barry Hickey. ◆ In Asia due avventurieri si contendono tre rubini: tra i due litiganti... Mediocrissimo film d'avventure e magia ispirato alla saga di Indiana Jones, con effetti speciali di una ingenuità sconcertante. Lommel una volta lavorava con Fassbinder.

Maledizione di Damien, La *½ (*Damien – Omen II*, Usa 1978, col, 107') Don Taylor. Con William Holden, Lee Grant, Lew Ayres, Sylvia Sidney, Jonathan Scott-Taylor, Robert Foxworth, Leo McKern. ◆ Dopo la morte del padre, un ragazzino (Scott-Taylor) posseduto dal demonio viene adottato dagli zii: ucciderà tutti quelli che scoprono la sua natura diabolica. Nonostante qualche trovata, un horror accidioso indegno del suo predecessore, *Il presagio*. Seguìto da *Conflitto finale*.

Maledizione di Elmer, La → *Brain Damage – La maledizione di Elmer*

Maledizione di Frankenstein, La ** (*Frankenstein Created Woman*, Gb 1967, col, 92') Terence Fisher. Con Peter Cushing, Susan Denberg, Robert Morris, Barry Warren, Thorley Walters. ◆ Terzo episodio della saga di Frankenstein diretto da Fisher, che segue alla *Vendetta di Frankenstein*. Il barone (Cushing) trasferisce l'anima di un uomo impiccato ingiustamente nel corpo della sua fidanzata (Denberg), annegatasi dalla disperazione. Fisher cerca nuovi spunti per ridare interesse all'argomento; i dialoghi tra la ragazza resuscitata e la testa dell'amato sono divertenti, l'erotismo è più esplicito del solito, ma il film è di quelli che interessano solo i fan del genere. Seguìto da *Distruggete Frankenstein!* (1969).

Male oscuro, Il *½ (Italia 1989, col, 113') Mario Monicelli. Con Giancarlo Giannini, Emmanuelle Seigner, Stefania Sandrelli, Vittorio Caprioli, Nestor Garay, Antonello Fassari. ◆ Giuseppe Marchi (Giannini) si sente vecchio a 45 anni: piange sui suoi fallimenti, somatizza il suo male di vivere in una serie di malanni più o meno immaginari, finché uno psicoanalista (Caprioli) gli fa capire che tutto nasce dal suo rapporto irrisolto con il padre (Garay) dispotico. Perché, dopo un quarto di secolo, Monicelli abbia voluto filmare il romanzo di Giuseppe Berto (adattato da Suso Cecchi d'Amico e Tonino Guerra) resta oscuro. Giannini è molto bravo a rendere le sfumature di un personaggio sveviano, ma le ambizioni alte spesso stridono con facili soluzioni da vecchia commedia all'italiana. In fondo Monicelli aveva già detto tutto sul tema in *Viaggio con Anita*.

Malesia *½ (*Malaya*, Usa 1949, b/n, 98') Richard Thorpe. Con Spencer Tracy, James Stewart, Valentina Cortese, Lionel Barrymore, Sydney Greenstreet. ◆ Durante la seconda guerra mondiale, un giornalista (Tracy) e un avventuriero (Stewart) americani si recano segretamente in Malesia per acquistare grosse partite di gomma, indispensabile all'industria bellica. L'impresa riuscirà, ma entrambi si sacrificheranno. Un convenzionale melodramma bellico basato su una storia vera. Cast sprecato.

Malevil *½ (*Malevil*, Francia 1981, col, 119') Christian de Chalonge. Con Jean-Louis Trintignant, Jacques Dutronc, Michel Serrault, Jacques Villeret. ◆ Scampati alla distruzione atomica, gli abitanti di un villaggio francese entrano in conflitto con un altro gruppo di sopravvissuti capeggiati da un dittatore folle (Trintignant). Dal romanzo di Robert Merle (adattato dal regista e da Pierre Dumayet), fantascienza millenaristica in salsa intellettualoide. Cupo ed enfatico.

Malìa, vergine e di nome Maria *½ (Italia 1975, col, 95') Sergio Nasca. Con Turi Ferro, Andréa Ferréol, Cinzia De Carolis, Leopoldo Trieste, Tino Carraro, Alvaro Vitali. ◆ In una baraccopoli alla periferia di Torino, una quattordicenne epilettica (De Carolis), che durante le crisi predice il futuro, resta incinta pur non avendo avuto apparentemente rapporti sessuali. Si grida al miracolo e la ragazzina diventa oggetto di culto: ma ci sarà una sorpresa amarissima. In bilico tra la caricatura e la partecipazione, la cattiveria e il patetismo, un apologo sociale sopra le righe sceneggiato dallo stesso regista. Uscito come *Vergine e di nome Maria*, criticato dal cardinal Poletti «per aver fatto sanguinare il cuore del Papa», fu sequestrato e rimesso in circolazione solo un anno e mezzo dopo col nuovo titolo.

Malice – Il sospetto *½ (*Malice*, Usa 1993, col,

107′) Harold Becker. Con Nicole Kidman, Alec Baldwin, Bill Pullman, Anne Bancroft, Peter Gallagher. ◆ Andy (Pullman), preside di un college del New England, è tormentato da due problemi: i delitti che hanno luogo nel campus e i dolori al ventre della moglie incinta (Kidman). Lei, operata da un medico strafottente (Baldwin), perde il bambino per un errore chirurgico, intasca i soldi dell'assicurazione e lascia il marito. Lui scopre di essere sterile, mentre gli omicidi nel college continuano. Un thriller multiplo, parecchio sbandato e colmo di stereotipi (ci hanno messo mano in cinque, ognuno singolarmente: Jonas McCord, Aaron Sorkin, Scott Frank, Harold Becker e di nuovo Sorkin). Tanto rumore per nulla, nonostante gli sforzi da equilibrista di Becker e la provvidenziale fotografia di Gordon Willis. Attori monocordi, e sì che c'era di che spaventarsi.

Maligno, Il *½ (*The Devil's Rain*, Usa 1975, col, 85′) Robert Fuest. Con Ernest Borgnine, Eddie Albert, Ida Lupino, William Shatner, Tom Skerritt. ◆ Uno stregone (Borgnine) torna dal mondo dei morti per vendicarsi sui discendenti dell'uomo che denunciò all'Inquisizione la sua setta. Dopo una lotta impari, la famiglia innocente avrà la meglio. Un cast di vecchie glorie per un horror venato d'umorismo involontario. In una particina, il debuttante John Travolta.

Malina *½ (*Malina*, Rft/Austria 1991, col, 121′) Werner Schroeter. Con Isabelle Huppert, Mathieu Carrière, Can Togay, Peter Kern, Isolde Barth. ◆ Una scrittrice nevrotica (Huppert) che si sente succube del marito (Carrière), tenta avventure extraconiugali, e finisce tra le fiamme – vere o sognate? – del suo appartamento. Esercizio di postavanguardia spesso irritante, che non rende un buon servizio al testo omonimo (autobiografico) di Ingeborg Bachman, sceneggiato da Elfriede Jelinek. La parte finale, con le fiamme che invadono l'appartamento tra l'indifferenza dei personaggi, mostra comunque il notevole estro visionario di un regista come Schroeter, che per il resto si perde in un facile estetismo nutrito di frasi altisonanti. Di maniera l'interpretazione della Huppert.

Malinconico autunno *½ (Italia/Spagna 1958, b/n, 98′) Raffaello Matarazzo. Con Amedeo Nazzari, Yvonne Sanson, Miguelito Gil, José Guardiola, Mercedes Monterrey, Miguel Angel Rodriguez. ◆ Un capitano italiano (Nazzari) sbarcato a Barcellona aiuta il piccolo Luca (Gil) a uscire da una imbarazzante situazione scolastica: in questo modo ne conosce la madre (Sanson) e dopo aver conquistato l'affetto del bambino conquista anche l'amore della donna. Ultimo, fallimentare tentativo di ricomporre la coppia principe dei melodrammi di Matarazzo: nella sceneggiatura scritta da Aldo De Benedetti con Fernando Merelo Casas e Ricardo Toledo c'è uno dei temi forti del mondo matarazziano (la centralità della famiglia – qui in negativo, visto che si comporrà solo alla fine del film – di cui la donna-madre è insieme schiava e vittima) ma tutto sembra stanco e prevedibile e l'ingombrante presenza del bambino squilibra il film verso un melassoso patetismo.

Malizia *½ (Italia 1973, col, 99′) Salvatore Samperi. Con Laura Antonelli, Turi Ferro, Alessandro Momo, Tina Aumont, Pino Caruso, Angela Luce. ◆ Per riuscire a sposare il ricco vedovo La Brocca (Ferro) che l'ha assunta come cameriera, la piacente Angela (Antonelli) deve ottenere il consenso del figlio quattordicenne (Momo), concedendosi a lui la notte prima delle nozze. Un capostipite dell'erotismo all'italiana, tra voyeurismo, reggicalze e tormenti adolescenziali, sceneggiato dal regista con Ottavio Jemma e Alessandro Parenzo. Gli spunti di satira sociale lasciano il tempo che trovano. All'epoca, scalpore, grandi incassi e un'improvvisa notorietà per la Antonelli. Fotografia di Vittorio Storaro. Con un seguito.

Malizia 2000 ° (Italia 1991, col, 105′) Salvatore Samperi. Con Laura Antonelli, Turi Ferro, Roberto Alpi, Luca Ceccarelli, Barbara Scoppa. ◆ A riaccendere la passione nell'ex cameriera Angela (Antonelli), ormai sfiorita e trascurata consorte del maturo possidente La Brocca (Ferro), provvede l'arrivo di un archeologo con un figlio più smaliziato di quel che sembra. Intreccio farraginoso e improbabile, dialoghi e recitazione imbarazzanti, spiacevoli inserimenti comicogrotteschi, erotismo zero e una sciatteria stilistica che stupisce. Inutile (e fallimentare) tentativo di rispolverare il successo di *Malizia*.

Malizie di Venere, Le * (Italia/Rft 1975, col, 90′) Max Dillmann [Massimo Dallamano]. Con Laura Antonelli, Rex Duval, Renate Kash, Ewing Loren, Mady Rahl. ◆ Una ninfomane (Antonelli) conduce al delitto l'anziano e facoltoso spasimante. Girato nel 1969 col titolo *Venere in pelliccia*, ma uscito solo sei anni più tardi sull'onda del successo di *Malizia*. Un improbabile porno-soft con un'Antonelli agli esordi. I manifesti, giudicati troppo osé, furono sequestrati dalla magistratura.

Malombra **½ (Italia 1942, b/n, 132′) Mario Soldati. Con Isa Miranda, Andrea Checchi, Irasema Dilian, Gualtiero Tumiati, Nino Crisman, Enzo Biliotti, Ada Dondini. ◆ Marina di Malombra (Miranda, ma Soldati avrebbe voluto la Valli), segregata fino al giorno delle nozze in una tetra villa sul lago di Como, pian piano impazzisce e crede di essere la reincarnazione di una zia suicida. Melodramma fosco e inquietante, tratto dal romanzo omonimo di Antonio Fogazzaro (già portato sullo schermo nel 1916 da Carmine Gallone, con Lyda Borelli) e partecipe dei turbamenti dell'epoca. «Ora surrealista, ora medianico, ora crepuscolare», *Malombra* appartiene alla cosiddetta schiera dei film calligrafici, che rifiutavano la roboante estetica fascista a favore di una notevole sensibilità letteraria, una grande cura formale (in particolare la fotografia di Massimo Terzano) e uno straordinario senso del paesaggio lacustre, ritratto con una dolcezza allucinata e struggente (per il periodo è una novità). Girato in Valsolda e presso la Villa Pliniana sul lago di Como, con alcuni inserti in dialetto lombardo e didascalie stile muto. La sceneggiatura è firmata da Mario Bonfantini, Renato Castellani, Ettore Maria Margadonna, Tino Richelmy e Soldati. Rifatto nel 1984.

Malombra * (Italia 1984, col, 84′) Bruno Gaburro. Con Paola Senatore, Maurice Poli, Scilla Jacil, Stefano Alessandrini. ◆ In vacanza sul lago, un giovane (Poli) è coinvolto nell'atmosfera di sensualità e di mistero che regna nella villa, dove la zia (Senatore) si scatena in pratiche autoerotiche. Pagliacciata porno-soft in costume, pretestuosamente ispirata al romanzo di Fogazzaro. Quando uscì ebbe un discreto successo. La Senatore passerà all'hard.

Malone *½ (*Malone*, Usa 1987, col, 92') Harley Cokliss. Con Burt Reynolds, Cliff Robertson, Lauren Hutton, Kenneth McMillan, Cynthia Gibb. ◆ Un ex agente della Cia (Reynolds) si rifugia in una valle dell'Oregon per rifarsi una vita. Ma prima dovrà vedersela con un proprietario terriero folle (Robertson), capo di un'organizzazione parafascista che progetta un colpo di stato. Lontanamente ispirato a *Il cavaliere della valle solitaria*, un film d'azione poco aggiornato e pochissimo avvincente.

Malpertius *½ (*Malpertius*, Belgio/Francia/Rft 1972, col, 124') Harry Kümel. Con Orson Welles, Mathieu Carrière, Susan Hampshire, Michel Bouquet, Jean-Pierre Cassel, Sylvie Vartan, Daniel Pilon. ◆ Un vecchio esperto di magia nera (Welles) riesce a far reincarnare i personaggi della mitologia greca nei parenti e nei domestici che abitano con lui. Andrà a finir male soprattutto per il nipote (Cassel), innamoratosi di Medusa. Welles borbotta le sue battute con aria annoiata, mentre Kümel (che allora aveva una certa fama tra i cinefili più snob) si dà un gran da fare a intorbidare una storia non proprio cristallina. Dal romanzo di Jean Ray, un film fantastico barocco e surrealista che spesso sa di rancido.

Mamà compie cento anni **½ (*Mama cumple cien años*, Spagna 1979, col, 105') Carlos Saura. Con Geraldine Chaplin, Amparo Muñoz, Fernando Fernan Gomez, Norman Brinsky, Rafaela Aparicio, Charo Soriano, José Vivo. ◆ L'ex istitutrice (Chaplin) di una famiglia altoborghese viene invitata con il marito a festeggiare i cento anni della matriarca. Si ritrova così in un nido di vipere e sventa addirittura un complotto per uccidere la vecchia. Nella Spagna postfranchista, suggerisce Saura, è cambiato ben poco. Commedia grottesca piena di facili caricature ma girata con buon ritmo: è il seguito ideale di *Anna e i lupi*, diretto da Saura nel 1972, di cui contiene una sequenza.

Maman et la putain, La ***½ (*La Maman et la putain*, Francia 1973, b/n, 209') Jean Eustache. Con Jean-Pierre Léaud, Françoise Lebrun, Bernadette Lafont, Isabelle Weingarten, Jacques Renard. ◆ Alexandre (Léaud), deluso per essere stato piantato da Gilberte (Weingarten), si fa mantenere dalla più matura Marie (Lafont). Ma intanto Veronika (Lebrun), una placida infermiera che ha abbordato per strada, si introduce piano piano nella sua vita, facendogli venire voglia, forse, di maggiore autenticità e responsabilità. Il film più noto di Eustache (morto suicida nell'81) è stato letto come una parabola sui postumi del '68, dove la politica non è più un ideale (Alexandre sbeffeggia Sartre) e il sesso, da forza rivoluzionaria, è rientrato nei ranghi dei giochi di potere della coppia borghese. Ma Eustache vuole superare anche la Nouvelle Vague: il film parte come una commedia brillante, fitta di equivoci e divertenti dialoghi paradossali, e diventa man mano un dramma da camera, un cinema di corpi che denudano le proprie anime con una franchezza che all'epoca non era abituale. Assai criticato all'uscita per le opinioni «reazionarie» espresse da alcuni personaggi (per esempio a proposito dell'aborto) parallelamente ai loro comportamenti disinibiti (compreso un abbozzato *ménage à trois*), ha dimostrato alla lunga la sua tenuta: non solo come documento di un'epoca, ma anche come esempio di cinema che vuole andare oltre la superficie delle cose (e che anche per questo ha bisogno di una durata straordinaria: senza rischio di noia). Il titolo si riferisce ai due modelli femminili di cui si nutre l'immaginario maschile, e che Alexandre incarna alternativamente in Marie e Veronika. Scritto dal regista, e fotografato da Pierre Lhomme.

Mamba *½ (Italia 1988, col, 74') Mario Orfini. Con Trudie Styler, Gregg Henry, Bill Mosley. ◆ Abbandonato dalla compagna (Styler), un uomo (Henry) architetta una sadica vendetta: le nasconde in casa un serpe velenosissimo e, attraverso un sofisticato sistema a circuito chiuso, si gode la lotta tra la donna e il rettile. Sceneggiato dal regista con Lidia Ravera, un thriller in formato esportazione girato come uno spot e mai veramente emozionante, che si pavoneggia della fotografia di Dante Spinotti, della scenografia di Ferdinando Scarfiotti e Osvaldo Desideri, dei costumi di Milena Canonero e (uff) delle musiche di Giorgio Moroder. Styler è più nota come moglie di Sting.

Mambo ** (Italia 1954, b/n, 110') Robert Rossen. Con Silvana Mangano, Vittorio Gassman, Michael Rennie, Shelley Winters, Katherine Dunham, Eduardo Ciannelli. ◆ Spinta dal fidanzato Mario (Gassman) a intrecciare una relazione col ricco conte Marisoni (Rennie), Giovanna (Mangano) lascia entrambi per la carriera di ballerina: ma la stessa situazione si ripeterà, con esiti imprevedibili. Da un soggetto di Ennio De Concini, da lui sceneggiato col regista, Ivo Perilli e Guido Piovene, un melodrammone prodotto da De Laurentiis e costruito su misura per la Mangano. Rossen, in esilio dagli Stati Uniti, girava quel che trovava. Ha fatto epoca la scena in cui la Mangano si produce nella danza che dà il titolo al film. Coreografia di Katherine Dunham.

Mambo Kings, I – I re del mambo ** (*Mambo Kings*, Usa 1992, col, 105') Arne Glimcher. Con Armand Assante, Antonio Banderas, Cathy Moriarty, Maruschka Detmers, Roscoe Lee Browne, Talisa Soto. ◆ Due musicisti cubani testardi e indipendenti (Assante e Banderas) ricercano, negli anni Cinquanta, il sogno americano: ma la realtà riserva loro amare sorprese. La confezione di lusso, la musica e la buona interpretazione di Assante non compensano l'aria di déjà vu. Desi Arnaz jr interpreta la parte di suo padre, star televisiva (accanto a Lucille Ball) degli anni Cinquanta. Apparizioni di due anziani re del mambo, Celia Cruz e Tito Puente. Prima regia del produttore Glimcher.

Mamma * (Italia 1941, b/n, 80') Guido Brignone. Con Beniamino Gigli, Emma Gramatica, Carola Höhn, Federico [Friedrich] Benfer, Ugo Ceseri, Carlo Campanini, Nico Pepe, Diana Dei. ◆ La vita di campagna annoia la neosposa Donata (Höhn), e mentre il marito tenore (Gigli) è in tournée, lei accetta la corte dell'affascinante vicino (Benfer). Ma la suocera (Gramatica) veglia... Melodramma strappalacrime scritto da Guido Cantini con sacrificio finale in nome dell'unità familiare (e scena madre della Gramatica), pretesto nemmeno tanto nascosto per le esibizioni canore di Gigli (che passa da Bixio e Cherubini a Verdi), mentre sullo sfondo i valori nazionali e popolari – «battaglia del grano» compresa – la vincono sulle debolezze dei ricchi (che addirittura dormono in camere separate anche se sposati).

Mamma Ebe * (Italia 1985, col, 103') Carlo Lizzani. Con Berta Dominguez, Stefania Sandrelli, Barbara De Rossi, Ida Di Benedetto, Giuseppe Cederna, Alessandro Haber, Paolo Bonacelli, Luigi Pistilli, Maria Fiore, Laura Betti, Riccardo Rossi. ◆ Il processo a Ebe Gigliola Giorgini (Dominguez), una santona accusata di truffa e plagio, è intercalato da una serie di flashback con le storie di alcune delle sue vittime, più o meno consapevoli. Sceneggiato dal regista con Jaia Fiastri e Gino Capone, girato a ridosso dei fatti narrati, un instant-movie ibrido e volgare che, come il giudice alla fine, non prende posizione. La Sandrelli, reduce dai fasti della *Chiave*, si produce in una scena di *pissing*, mentre Lizzani non risparmia effettacci alla Dario Argento e momenti pruriginosi da film sulle carceri femminili.

Mamma, ho perso l'aereo *½ (*Home Alone*, Usa 1990, col, 102') Chris Columbus. Con Macaulay Culkin, Joe Pesci, Daniel Stern, John Heard, Catherine O'Hara, Roberts Blossom, John Candy. ◆ Kevin (Culkin), otto anni, viene dimenticato a casa dai genitori (Heard e O'Hara), partiti per una vacanza a Parigi: se la caverà a meraviglia, riuscendo anche a sbaragliare due ladri (Pesci e Stern) sprovveduti. Frutto della collaborazione tra il regista e il produttore-soggettista John Hughes, un film per l'infanzia cresciuta nell'èra dei videogame, campione d'incassi a sorpresa in tutto il mondo. Gag da cartoni animati e morale acclusa: tanto di cappello all'acume commerciale di Hughes, ma sono questi i film che uccidono il cinema. Purtroppo lo strapagato Culkin non ce lo leveremo di torno per un bel pezzo: con due seguiti, *Mamma, ho riperso l'aereo: mi sono smarrito a New York* (1992) e *Mamma, ho preso il morbillo* (1997).

Mamma, ho preso il morbillo ** (*Home Alone 3*, Usa 1997, col, 102') Raja Gosnell. Con Alex D. Linz, Olek Krupa, Rya Kihlstedt, David Thorton, Lenny Von Dohlen, Haviland Morris, Kevin Kilner, Marian Seldes. ◆ A casa da solo col morbillo, il piccolo Alex (Linz) mette ko i quattro malviventi (Krupa, Kihlstedt, Thorton e Von Dohlen) che vorrebbero impadronirsi di un preziosissimo microchip che è stato nascosto in una macchinina telecomandata. Nuova variazione sul tema dopo *Mamma, ho perso l'aereo* e *Mamma, ho riperso l'aereo*. Cambia il protagonista ma resta uguale il meccanismo comico ideato dal produttore-sceneggiatore John Hughes: ingegnosità infantile e gag da cartoon. Questa volta però il risultato è un po' migliore. Il regista, esordiente, era il montatore dei primi due «episodi».

Mamma, ho riperso l'aereo: mi sono smarrito a New York * (*Home Alone 2*, Usa 1992, col, 115') Chris Columbus. Con Macaulay Culkin, Joe Pesci, Daniel Stern, Catherine O'Hara, John Heard, Tim Curry, Brenda Finker. ◆ La numerosa famiglia McCallister decide di partire per la California, ma all'aeroporto il piccolo Kevin (Culkin) sbaglia aereo e finisce a New York: qui farà la bella vita con le carte di credito del papà ma incontrerà nuovamente i due ladri (Pesci e Stern) che avevano tentato di svaligiare la sua casa nell'episodio precedente. Seguito-fotocopia di *Mamma, ho perso l'aereo*, più stupido e ancor meno divertente del primo. Si salva (in parte) Tim Curry nella parte del sospettoso portiere d'albergo.

Mamma Küster va in cielo ** (*Mutter Küster's Fahrt zum Himmel*, Rft 1975, col, 110') Rainer Werner Fassbinder. Con Brigitte Mira, Ingrid Caven, Karlheinz Böhm, Margit Carstensen, Gottfried John, Mathias Fuchs, Armin Meier, Irm Hermann, Kurt Raab, Peter Kern, Peter Chatel. ◆ Dopo che il marito operaio uccide il padrone e si suicida, la mite signora Küster (Mira) viene abbandonata dai figli, tormentata dai giornalisti, sfruttata a scopo di propaganda da due comunisti troppo gentili (Böhm e Carstensen) e infine coinvolta in un'azione terrorista da un anarchico (Fuchs). Fassbinder, sceneggiatore con Kurt Raab, venne assai criticato all'epoca per la sua visione sarcastica e apolitica delle due sinistre, quella borghese e quella rivoluzionaria: di fatto l'unico personaggio che ama è quello della novella Madre Coraggio, vittima di una società marcia. L'ansia di comunicare fa tralasciare a Fassbinder le preoccupazioni di stile, e il film appare oggi come un documento d'epoca. Il titolo fa il verso a una pellicola socialista e ottimista di Piel Jutzi del 1929, *Mutter Krausen's Fahrt ins Glück*.

Mamma mia, che impressione! ** (Italia 1951, b/n, 98') Roberto Savarese. Con Alberto Sordi, Giovanna Pala, Carlo Giustini, Frank Colson, Luigi Pavese, Carlo Delle Piane. ◆ Alberto (Sordi) mette in atto gli stratagemmi più assurdi per conquistare una ragazza, finendo col cacciarsi nei guai. Da un soggetto di Sordi (sceneggiato con Cesare Zavattini e Vittorio De Sica), una commediola esile esile, che punta tutto sulla verve del non ancora noto protagonista che qui riprende il personaggio radiofonico del boy scout e dei «compagnucci della parrocchietta». Secondo Sordi, De Sica (anche coproduttore) avrebbe messo mano alla regia.

Mamma, mi compri un papà? *½ (*The Maid*, Usa/Francia 1990, col, 87') Ian Toynton. Con Martin Sheen, Jacqueline Bisset, Jean-Pierre Cassel, Victoria Shalet. ◆ Per stare vicino a una manager parigina (Bisset) di cui si è innamorato, un uomo d'affari americano (Sheen) si offre come babysitter. Prevedibile farsa con mocciosa in dotazione, che cerca invano un ritmo da screwball comedy degli anni d'oro.

Mamma non torna più, La *½ (*Little Mister Jim*, Usa 1946, b/n, 93') Fred Zinnemann. Con Jack «Butch» Jenkins, James Craig, Frances Gifford. ◆ Dopo la morte della moglie, un capitano si dà all'alcol. Il figlio (Jenkins) viene così allevato da un cuoco cinese, malvisto nell'ambiente militare. Dal romanzo

Army Brat di Tommy Wadelton, uno Zinnemann minore («meno se ne parla, meglio è» ha dichiarato), lacrimevole e poco credibile.

Mamma Roma ***½ (Italia 1962, b/n, 114') Pier Paolo Pasolini. Con Anna Magnani, Franco Citti, Ettore Garofalo, Silvana Corsini, Lamberto Maggiorani. ◆ Quando il suo protettore (Citti) si sposa, la prostituta Mamma Roma (Magnani) decide di rifarsi una vita assieme al figlio Ettore (Garofalo). Ma il protettore torna alla carica, mentre Ettore, messosi a rubare, muore in carcere. Il tema dell'incoscienza, o della diversa coscienza, proletaria è il centro del secondo film di Pasolini (sceneggiato con la collaborazione ai dialoghi di Sergio Citti) dove il regista nobilita i suoi personaggi con richiami alla pittura rinascimentale (il *Cristo morto* del Mantegna), e tocca vertici di pathos senza versare una lacrima: Mamma Roma rappresenta la femminilità dolente ma indistruttibile, mentre Ettore, scettico e prematuramente deluso dalla vita, è fratello ideale di Accattone, senza esserne una scialba replica. Quella della Magnani (che pure non si intese con Pasolini, che la accusò di voler dare al personaggio tratti piccolo-borghesi) è una delle sue migliori interpretazioni. Il debuttante Garofalo fu scoperto dal regista mentre faceva il cameriere in una trattoria. Lo scrittore Paolo Volponi è il prete.

Mammasantissima, Il *½ (Italia 1979, col, 88') Alfonso Brescia. Con Mario Merola, Biagio Pelligra, Malisa Longo, Nunzio Gallo. ◆ A Napoli, la figlia di un boss del contrabbando viene rapita e violentata prima delle nozze. Il padre (Merola) si farà giustizia da solo, consegnandosi poi alla polizia. Melodramma a forti tinte cui mancano solo le canzoni per essere una sceneggiata.

Mamma ti ricordo! **½ (*I Remember Mama*, Usa 1948, b/n, 134') George Stevens. Con Irene Dunne, Oscar Homolka, Barbara Bel Geddes, Philip Dorn, Cedric Hardwicke, Barbara O'Neil. ◆ Una scrittrice (Dunne) rievoca la vita della sua famiglia, emigrata dalla Norvegia, nella San Francisco di inizio secolo: la malattia della sorella, la disoccupazione del padre, gli screzi con i parenti, ma soprattutto la straordinaria forza della madre, che riesce a risolvere tutti i problemi: e che la lancia nel mondo letterario, presentandola a una celebre scrittrice. Da una commedia di John Van Druten (adattata da DeWitt Boden), basata sulle memorie di Kathryn Forbes, un melodramma edificante ma con cui è facile entrare in sintonia, diretto da Stevens con affetto sincero. Splendido tutto il cast. Anche in versione colorata al computer.

Mammina cara ** (*Mommie Dearest*, Usa 1981, col, 129') Frank Perry. Con Faye Dunaway, Diana Scarwid, Steve Forrest, Howard da Silva, Mara Hobel. ◆ Le debolezze, le crisi isteriche, l'attaccamento alla bottiglia e le crudeltà materne di Joan Crawford (Dunaway). Dall'autobiografia di Christina (interpretata dalla Scarwid), figlia adottiva dell'attrice, un ritratto impietoso ma sensazionalistico delle nevrosi da divismo. Il trucco e la recitazione della Dunaway sono quasi perfetti.

Mancia competente **** (*Trouble in Paradise*, Usa 1932, b/n, 83') Ernst Lubitsch. Con Herbert Marshall, Miriam Hopkins, Kay Francis, Charlie Ruggles, Edward Everett Horton, C. Aubrey Smith, Robert Greig. ◆ Lily (Hopkins) e Gaston (Marshall), entrambi ladri, dopo essersi dimostrati vicendevolmente le proprie doti, decidono di fare coppia, in amore come nel lavoro. Si fanno assumere come segretario e dattilografa da una ricca parigina, Marianne (Francis), che vogliono derubare: ma questa si innamora – ricambiata – di Gaston, e Lily scalpita. Dalla commedia *The Honest Finder* di Laszlo Aladar, sceneggiata da Samson Raphaelson. «Quanto allo stile, credo di non aver mai fatto niente di meglio», disse a ragione Lubitsch: ma oltre alla costruzione perfetta dell'intreccio, ai dialoghi «serrati come una partita di tennis» (e si era appena agli inizi del sonoro) e alla direzione sopraffina degli attori, c'è una sostanza amara. In un mondo artificiale e irreale (il «paradiso» del titolo originale) basato sull'illusione e la menzogna, l'unica fonte di emozione sembra l'amore: ma anche questa è una chimera destinata a durare poco. Prima che l'applicazione del Codice Hays diventasse obbligatoria, l'arte dell'allusione e la sensualità esplicita raggiungono il loro vertice. Innovativa, per i tempi, la colonna sonora di Frank Haling, che punteggia ironicamente l'azione.

Mandarino per Teo, Un ** (Italia 1960, b/n, 94') Mario Mattoli. Con Walter Chiari, Sandra Mondaini, Ave Ninchi, Alberto Bonucci, Carlo Delle Piane. ◆ Alla giovane comparsa Teo (Chiari), novello Faust, viene proposto un affare insolito: pigiando un bottone, in Cina morirà un mandarino che gli lascerà l'eredità. Dapprima allettato, Teo decide però di rinunciare ai soldi e al patto con il diavolo. Dalla commedia omonima (dove si cantava la celeberrima «Soldi, soldi, soldi») di Garinei & Giovannini, con musiche di Gorni Kramer, un garbato passatempo dell'Italia che fu.

Mandato di cattura **½ (*Dragnet*, Usa 1954, col, 89') Jack Webb. Con Jack Webb, Ben Alexander, Richard Boone, Ann Robinson, Stacy Harris, Virginia Webb. ◆ Il sergente Friday (Webb) e l'agente Smith (Alexander) indagano sull'omicidio di un pregiudicato: non riescono a incastrare l'esecutore, che viene però linciato dalla folla, ma arrivano a scoprire il mandante. Elementare ma efficace: la versione per il grande schermo di una celebre (almeno negli Stati Uniti) serie, prima radiofonica poi televisiva. Webb per prepararsi studiò procedure e terminologie, accompagnò i veri agenti in azione e frequentò addirittura l'Accademia. Parodiato in *La retata*.

Mandingo *½ (*Mandingo*, Usa 1975, col, 127') Richard Fleischer. Con James Mason, Susan George, Ken Norton, Perry King, Richard Ward, Brenda Sykes. ◆ Nell'Alabama della prima metà dell'Ottocento, un proprietario terriero (King) compra uno schiavo nero (Norton) della celebrata tribù dei Mandingo per rinvigorire la stirpe dei suoi servitori. Ma quando l'uomo gli metterà incinta la moglie (George), la vendetta sarà terribile. Dal romanzo di Kyle Onstott, un melodramma a forti tinte con tendenza al grand guignol. Fleischer è un regista non banale ma spesso greve. Con un seguito: *Drum, l'ultimo Mandingo*.

Mandragola, La ** (Italia 1965, b/n, 103') Alberto Lattuada. Con Rosanna Schiaffino, Philippe Leroy, Jean-Claude Brialy, Romolo Valli, Totò [Antonio de Curtis], Nilla Pizzi. ◆ Messer Nicia (Valli) non riesce ad avere un figlio dalla giovane moglie Lucrezia (Schiaffino): ne approfitta Callimaco (Leroy), che si spaccia per medico con l'aiuto di un frate (Totò) e della madre (Pizzi). Sceneggiata da Lattuada con Luigi Magni e Stefano Strucchi, una rilettura piuttosto banale della commedia di Machiavelli, dove l'ironia caustica diventa gusto salace della beffa: un anticipo, tutto sommato, del filone boccaccesco. Memorabili comunque Totò a colloquio con le mummie e le forme della Schiaffino.

Mandragora, La *½ (*Alraune*, Germania 1928, b/n, 102') Henrik Galeen. Con Brigitte Helm, Paul Wegener, Ivan Petrovic, Georg John. ◆ Ter Brinken (Wegener), studioso di genetica, vuole creare un essere umano senza sentimenti, ispirandosi al mito della mandragora. Il prodotto, Alraune (Helm), è una donna bella, amorale e temeraria: quando scopre di essere frutto di un esperimento, decide di vendicarsi facendo innamorare il proprio creatore, che finirà solo e pazzo. Alla fine della stagione espressionista, Galeen – già sceneggiatore di *Nosferatu* – ispirandosi a un romanzo di Hans Heinz Ewers, ripropone, senza troppa originalità e senza spingersi mai a fondo, temi come quelli del Golem e della femme fatale – in questo caso con complicazioni edipiche. La Helm replica il personaggio che la rese celebre in *Metropolis*.

Mandragora, La *½ (*Alraune*, Rft 1952, b/n, 91') Arthur Maria Rabenalt. Con Hildegard Knef, Erich von Stroheim. ◆ Per provare le sue teorie sull'ereditarietà, un professore (Stroheim) fa sposare un omicida con una prostituta e alleva la loro figlia, che, cresciuta (Knef), darà effettivamente prova di istinti criminali, trascinando alla rovina anche lo studioso. Dal romanzo di Hans Heinz Ewers (già portato sullo schermo nel 1928 da Henrik Galeen), un cupo esempio di tardoespressionismo, inaccettabile nelle sue tesi deterministiche.

Manette e fiori d'arancio ** (*Amazing Mr. Williams*, Usa 1939, b/n, 80') Alexander Hall. Con Joan Blondell, Melvyn Douglas, Clarence Kolb, Ruth Donnelly. ◆ Un poliziotto (Douglas) è così affezionato al suo lavoro da non rinunciarvi neanche per le insistenze della moglie (Blondell). Dopo una disavventura con un criminale, sarà lei a convertirsi, diventando collaboratrice della polizia. Una commedia giallorosa senza pretese ma con un minimo di brio.

Manganinnie ** (*Manganinnie*, Australia 1980, col, 90') John Honey. Con Mawuyul Yanthalawuy, Anna Ralph, Phillip Hinton, Elaine Mangan. ◆ Nella Tasmania dell'Ottocento, una bambina bianca (Ralph), perduta la sua famiglia, è salvata da un'aborigena (Yanthalawuy). Gli scenari sono impressionanti, le intenzioni sono pregevoli, ma il racconto è lento e didascalico. Variazione su *L'inizio del cammino* di Roeg.

Mangiaguardie, Il *½ (*Themroc*, Francia 1973, col, 105') Claude Faraldo. Con Michel Piccoli, Beatrice Romand, Francesca Romana Coluzzi, Marilù Tolo, Miou-Miou [Sylvette Hery], Patrick Dewaere, Jean-Marc Ripert. ◆ Un operaio parigino (Piccoli), che conduce un'esistenza tutta casa e fabbrica, decide di cambiar vita: molla tutto, mura la porta dell'abitazione e trasforma la sala in una specie di caverna, trovando la libertà e la felicità. La polizia interviene per riportarlo all'ordine, ma l'esempio ha già contagiato il caseggiato. Apologo grottesco di stampo ferreriano, oggi assai datato.

Mangia il ricco *½ (*Eat the Rich*, Gb 1987, col, 87') Peter Richardson. Con Lanah Pellay, Nosher Powell, Ronald Allen, Fiona Richmond, Robbie Coltrane. ◆ Licenziato da un ristorante di lusso, un cameriere (Pellay) si prende la sua rivincita servendo carni di miliardari a ignari ricconi contenti di pagare conti esorbitanti. Satira caricaturale dell'Inghilterra contemporanea, provocatoria nelle intenzioni ma mai veramente divertente. I Monty Python sono un'altra cosa. Cammeo di Paul e Linda McCartney, Bill Wyman, Miranda Richardson e Koo Stark.

Mangia una tazza di te **½ (*Eat a Bowl of Tea*, Usa 1989, col, 104') Wayne Wang. Con Cora Miao, Russel Wong, Victor Wong, Lau Siu Ming. ◆ Alla fine degli anni Quaranta un giovane cinoamericano (Wong) torna in Usa con una sposa cinese (Miao, moglie del regista e famosa star di Hong Kong). Lo stress smorza il suo vigore erotico, solo a tratti recuperato quando vede Rita Hayworth al cinema. Il rimedio è quello indicato dal titolo: ma le corna rischiano di precipitare tutto in tragedia. Ricostruzione d'epoca accurata, fotografia (di Amir Mokri) straordinaria, tocchi cinefili e lampi di humour nero: si vede che la materia è congeniale al regista, qui però più compiaciuto e decorativo che in altre occasioni.

Mangiare, bere, uomo, donna ** (*Yinshi Nan Nu*, Taiwan 1994, col, 124') Ang Lee. Con Lung Sihung, Yang Kuei-mai, Wang Yu-wen, Wu Chien-lien, Sylvia Chang, Winston Chao, Chen Chao-jung, Lester Chen, Yu Chen. ◆ Chu (Sihung), cuoco d'alta classe che ha perso il palato, è angosciato dalle prospettive matrimoniali delle sue tre figlie: Jia-Chien (Wu), donna in carriera; Jia-Jen (Yang), professoressa timida convertita al cristianesimo; Jia-Ning (Wang), cameriera di un fast food. Quanto a loro, le ragazze si preoccupano di trovare una compagna per il padre vedovo: ma non sarà quella prevista. Riflessione dolceamara sulle piccole grandi cose della vita (quelle elencate nel titolo), dove i drammi rimangono sullo sfondo (a morire sono i personaggi secondari), mentre in primo piano vi sono spesso preparazioni culinarie eccellentemente coreografate. Lee (autore anche della sceneggiatura con Wang Hui-ling e James Schamus) descrive le contraddizioni della Taiwan contemporanea cercando di rivolgersi al pubblico internazionale: il risultato è una soap-opera piacevole anche se mai troppo profonda.

Mangiati vivi! * (Italia 1980, col, 88') Umberto Lenzi. Con Robert Kerman, Janet Agren, Ivan Rassimov, Paola Senatore, Mel Ferrer, Me Me Lai, Franco Fantasia. ◆ Una newyorkese (Agren) trova la sorella (Senatore) nella giungla, succube di un santone (Rassimov) capo di una setta: ma come fuggire, se intorno pullulano i cannibali? Echi di cronaca (il massacro della Guyana di Jim Jones) in un film che «cannibalizza» almeno tre predecessori (tra cui *La montagna del dio cannibale*), rubandone sequenze *gore*. L'entrata in scena della Senatore in tenuta da selvaggia (ma con la messa in piega), con musica di Bach in sottofondo, e il suo supplizio (a ovvio rischio di censura) sono grandi momenti trash: ma tra gli efferati esempi annoverati dal genere, il film è di quelli che più suscitano risate dissacratorie. Lenzi è anche sceneggiatore.

Mangler, The - La macchina infernale ** (*The Mangler*, Usa 1994, col, 106') Tobe Hooper. Con Ted Levine, Robert Englund, Vanessa Pike, Jeremy Crutchley, Daniel Matmor, Demetre Phillips, Lisa Morris, Vera Blancker. ◆ In una cittadina del Maine il vecchio capitalista storpio Gartley (Englund) ha costruito la sua fortuna sacrificando vergini a un'enorme stiratrice (o mangano - *mangler*) abitata dal demonio. Un poliziotto onesto (Levine) cerca invano di opporsi con l'aiuto di un amico fricchettone. Il racconto originale di Stephen King (adattato dal regista con Stephen Brooks e Peter Walbeck) offriva materiale per mezz'ora di immagini al massimo: in ciò sta il principale difetto del film, in cui Hooper, peraltro (grazie anche a un budget decente), mostra di non essere un regista finito. Immaginifiche sequenze splatter (Englund stritolato e impacchettato dalla macchina) controcorrente rispetto al puritanesimo dell'horror più recente, e una cattiveria senza consolazioni che non guasta.

Manhattan ***½ (*Manhattan*, Usa 1979, b/n, 96') Woody Allen. Con Woody Allen, Diane Keaton, Michel Murphy, Mariel Hemingway, Meryl Streep, Anne Byrne, Tisa Farrow. ◆ Lasciato anche dalla seconda moglie (Streep), lo scrittore comico Isaac Davis (Allen) s'innamora dell'adolescente Tracy (Hemingway), ma poi la incoraggia ad andare a Londra. In questo modo Isaac è libero di incontrare Mary (Keaton), con la quale ha un rapporto molto problematico. Quando Tracy decide di partire sul serio per l'Europa, sarà Isaac a pentirsi e a cercare di fermarla. Commedia nevroticocrepuscolare, campione di incassi in tutto il mondo. La musica di Gershwin (indimenticabile la sequenza della corsa ritmata sulla *Rapsodia in blu*), lo splendido bianco e nero di Gordon Willis, lo humour dolceamaro di Allen (autore della sceneggiatura con Marshall Brickman), il coinvolgimento di un cast perfetto: tutto concorre a fare di *Manhattan* una pietra miliare nella filmografia del regista, dove ogni dettaglio suona come una dichiarazione d'amore per New York. Tra le scene più belle, c'è quella in cui la cerebrale Keaton sproloquia di Van Gogh e Ingmar Bergman, mentre Allen, spazientito, implora la Hemingway di portarlo via. Nello show televisivo è riconoscibile Karen Allen sotto una parrucca bionda.

Manhattan by Numbers **½ (*Manhattan by Numbers*, Usa 1993, col, 82') Amir Naderi. Con John Wojda, Matt Friedson, Branislav Tomich, Mary Chang Faulk. ◆ Giornalista licenziato, George Murphy (Wojda) cerca un amico che potrebbe prestargli i soldi per non essere sfrattato: conosce il mondo di diseredati che forse l'aspetta, ma alla fine arriva inaspettato un barlume di speranza. Emigrato negli Stati Uniti, l'iraniano Naderi (anche sceneggiatore e montatore) cerca di riprendere una New York spesso deserta al di fuori dei cliché e con la stessa sensibilità dei suoi film precedenti, rinunciando spesso ai dialoghi. Il suo vocabolario si è arricchito - steadycam, montaggio serrato, musiche (quelle originali sono di Gato Barbieri) - e qualche cedimento retorico è in agguato (come quando la *Turandot* parte in colonna sonora); ma il suo cinema non si è comunque snaturato e conserva uno sguardo curioso e poetico, che ridefinisce i concetti abituali di realismo.

Manhunter - Frammenti di un omicidio **** (*Manhunter*, noto anche come *Red Dragon*, Usa 1986, col, 117') Michael Mann. Con William L. Petersen, Tom Noonan, Joan Allen, Kim Greist, Brian Cox, Stephen Lang, Dennis Farina, Patricia Charbonneau. ◆ Dovendo indagare su un serial killer (Noonan) soprannominato «Dente di Fata» che fa stragi di famiglie, l'agente Will Graham (Petersen) adotta metodi da Actor's Studio, e cerca di pensare con la testa del mostro. Il gioco è pericoloso, tanto più che chiede la consulenza dello psichiatra cannibale Hannibal Lecter (Cox), che proprio lui è riuscito a catturare. Da *Il delitto della terza luna* di Thomas Harris, un noir in anticipo sui tempi e allora sottovalutato. Mann dà uguale spazio alle figure speculari del cacciatore e del maniaco, e riesce ad andare a fondo nella descrizione di due menti fragili e piene di contraddizioni. La love story tra «Dente di Fata» e la cieca (Allen) tocca vertici insospettabili di poesia e di paura. Ideatore di *Miami Vice*, Mann mette a frutto il suo stile fiammeggiante (e vanamente imitato da molti) per creare un'atmosfera allucinata: l'orrore si respira nell'aria, eppure non viene mai mostrata alcuna violenza alle vittime né alcun dettaglio macabro. Fondamentali la fotografia iperrealista di Dante Spinotti e le musiche scelte da Michel Rubini (tra cui la mitica *In a gadda da vida* degli Iron Butterfly). Obbligatorio il confronto col *Silenzio degli innocenti*, tratto dal successivo romanzo di Harris, e con Lecter promosso a protagonista: se Graham è più stereotipato di Clarice, «Dente di Fata» ha ben altro spessore che Buffalo Bill. E se lo stile di Mann può sembrare più barocco e delirante di quello cartesiano di Demme, non ha nulla da invidiargli in fatto di morale della visione.

Maniac ** (*Maniac*, Usa 1980, col, 87') William Lustig. Con Joe Spinell, Caroline Munro, Gail Lawrence, Kelly Piper. ◆ Ritratto di un assassino psicopatico (Spinell) che toglie lo scalpo alle donne che uccide: finirà fatto a pezzi dalle sue vittime che tornano come zombi. Così sgradevole, disperato e antispettacolare da essere meno malsano di tanti film analoghi. Il protagonista Spinell, anche sceneggiatore e produttore, fa venire i brividi: nessuno gli volle mai produrre *Maniac 2*. Tom Savini, autore degli effetti speciali, è l'uomo cui esplode la testa.

Maniac Cop *½ (*Maniac Cop 2*, Usa 1990, col, 79') William Lustig. Con Robert Davi, Claudia Christian, Michael Lerner, Bruce Campbell, Laurene Landon. ◆ Seguito di *Poliziotto sadico*: lo sbirro-zombi Matt

Cordell continua nella sua opera di pulizia drastica di New York, alleandosi con un serial killer fissato con le spogliarelliste. La sceneggiatura di Larry Cohen (anche produttore) cerca sempre di inserire tocchi grotteschi, ma il gioco mostra presto la corda; scarsa la suspense.

Maniaci, I *½ (Italia 1964, b/n, 90') Lucio Fulci. Con Enrico Maria Salerno, Raimondo Vianello, Vittorio Caprioli, Walter Chiari, Barbara Steele, Lisa Gastoni, Franca Valeri, Franco Franchi, Ciccio Ingrassia, Sandra Mondaini. ◆ Raccolta di sketch per un'innocua satira dell'Italia del boom: dallo sport alla politica al collezionismo esasperato, le manie diventano fonte di stress e di ansia per chi ne è vittima. Sceneggiatura di [Franco] Castellano e Pipolo [Giuseppe Moccia].

Maniaci sentimentali ** (Italia 1994, col, 95') Simona Izzo. Con Ricky Tognazzi, Barbara De Rossi, Alessandro Benvenuti, Monica Scattini, Clelia Rondinella, Veronika Logan, Patricia O'Hara, Sergio Rossi, Giuppy Izzo, Alessandro Giannini, Stefano Benassi, Germana Dominici, Edoardo Mottini. ◆ La festa per la prima comunione delle figlie di Luca e Mara (Tognazzi e De Rossi) viene rovinata dall'inopportuna presenza di Caterina (G. Izzo), l'amante di Luca, e dalle crisi sentimentali delle cognate Serena (Scattini) appena lasciata dal marito, Claudia (Rondinella) con un debole per gli uomini sposati, e la complessata Giusy (Logan). Ma alla fine, dopo che l'amico Sandro (Benvenuti) ha confessato il suo impossibile amore alla padrona di casa, tutto finirà per ricomporsi. Applaudito dal pubblico l'esordio nella regia della sceneggiatrice Simona Izzo (che qui firma la storia con Graziano Diana e Giuseppe Manfridi), non si discosta molto da certe commedie artificiose dove tutto si regge sulla velocità delle battute e una controllata volgarità (certi décolleté della De Rossi sembrano proprio specchietti per le allodole). E se la storia è vecchia e scontata (specie nel suo finale consolatorio), la buona prova degli attori si rivela la vera carta vincente. Girato dalla regista in famiglia: il padre Renato è coproduttore e nel cast ci sono la sorella Giuppy, il compagno Ricky e la suocera Patricia O'Hara.

Mania di grandezza *½ (*La Folie des grandeurs*, Francia 1971, col, 108') Gérard Oury. Con Louis de Funès, Yves Montand, Alice Sapritch, Karin Schubert, Leopoldo Trieste, Gabriele Tinti. ◆ Per vendicarsi della regina di Spagna, che lo ha fatto deporre dall'incarico di ministro, don Sallustio (de Funès) incarica un servitore (Montand) di sedurla e di comprometterla agli occhi del re. Ma il piano non riuscirà fino in fondo. Dal dramma di Victor Hugo *Ruy Blas*, portato sullo schermo più volte sin dal 1909 (come nel *Don Cesare di Bazan* di Riccardo Freda), una parodia goffa e insipida.

Manichino assassino, Il *½ (*Terror in the Wax Museum*, Gb 1973, col, 93') Georg Fenady. Con Ray Milland, Elsa Lanchester, John Carradine, Broderick Crawford, Maurice Evans, Louis Hayward. ◆ Il proprietario di un museo delle cere di Londra con le statue dei più crudeli criminali di ogni epoca viene assassinato. I sospetti ricadono sul manichino di Jack lo Squartatore. Un horror di serie B pieno di vecchie glorie, ma girato alla meno peggio, e senza preoccuparsi troppo se le comparse nella parte dei manichini si muovono.

Manicomio *** (*Bedlam*, Usa 1946, b/n, 79') Mark Robson. Con Boris Karloff, Anna Lee, Billy House, Richard Fraser, Jason Robards sr. ◆ Inghilterra, 1761; l'attrice Nell Bowen (Lee) vorrebbe migliorare le condizioni degli ospiti del manicomio di Bedlam, ma vi finisce rinchiusa dal malvagio direttore Sims (Karloff). Gli internati, anziché accanirsi contro di lei, la aiutano a fuggire, e faranno giustizia del loro carnefice. Ispirato all'ottavo dipinto della *Carriera di un libertino* di Hogarth, il film di Robson è una singolare anticipazione dei temi del *Marat-Sade* di Peter Weiss (portato sugli schermi da Peter Brook), con la sua polemica contro i rigori della ragione: incarnata nel perverso Sims, la razionalità svela la sua componente cinica e crudele, mentre chi viene identificato con la follia dimostrerà di essere più umano, solidale, spontaneo e caritatevole. Così, lo scontro che altrove (ad esempio nel precedente *La settima vittima*) è tra il Bene e il Male qui diventa meno metafisico, più concreto, di ordine morale e politico insieme e l'antitesi tra egoismo e carità ne innesca altri, come quello tra pessimismo e utopismo alla Rousseau, tra Tories e Whigs. Comunque, nella messa in scena suggestiva e contrastata si vede la mano del produttore Val Lewton, genio della Rko degli anni Quaranta, che questa volta firma anche la sceneggiatura con lo pseudonimo di Carlos Keith. Per Karloff un ruolo non privo di humour nero, e all'altezza del suo talento.

Mani dell'altro, Le *½ (*Les Mains d'Orlac*, Francia/Gb 1960, col, 102') Edmond T. Greville. Con Mel Ferrer, Dany Carrel, Christopher Lee, Basil Sydney, Donald Pleasence. ◆ Dopo un incidente aereo, un pianista (Ferrer) subisce il trapianto delle mani e si convince che siano quelle di un assassino giustiziato lo stesso giorno. Così non riesce più a suonare, sentendo addirittura l'impulso di uccidere. Terzo, piatto adattamento del romanzo di Maurice Renard, già portato sullo schermo nel 1924 (*Orlacs Hände* di Robert Wiene) e nel 1935 (*L'amore folle* di Karl Freund): seguirà, nel 1962, *Le mani dell'assassino*.

Mani della notte, Le *½ (*Past Midnight*, Usa 1992, col, 100') Jan Eliasberg. Con Rutger Hauer, Natasha Richardson, Clancy Brown, Kibibi Monie, Tom Wright. ◆ Un'assistente sociale (Richardson) cura il reinserimento nella società di un uomo (Hauer) accusato di aver ucciso la moglie (incinta) sotto gli occhi di una cinepresa: e che ovviamente non è colpevole, altrimenti addio storia d'amore. Esaurito il pretestuoso riferimento all'*Occhio che uccide*, rimane un thriller scontato e recitato svogliatamente. Quentin Tarantino ha partecipato alla sceneggiatura.

Mani dell'assassino, Le ** (*Hands of a Stranger*, Usa 1962, b/n, 86') Newton Arnold. Con Paul Lukather, Joan Harvey, Irish McCalla, Barry Gordon, Michael Rye. ◆ A un pianista (Lukather), vittima di un incidente stradale, vengono trapiantate le mani di un criminale: che lo guidano a uccidere tutti quelli con cui ha conti in sospeso. Girato discretamente ma senza guizzi, è la quarta versione del romanzo di Maurice Renard.

Mani di fata *½ (Italia 1983, col, 92′) Steno [Stefano Vanzina]. Con Renato Pozzetto, Eleonora Giorgi, Sylva Koscina, Maurizio Micheli, Felice Andreasi. ◆ Mentre Franca (Giorgi) si afferma nel lavoro, Andrea (Pozzetto), ingegnere licenziato, si dedica alla casa e si impiega come cameriere per nobili decadenti. Spunti di sociologia spicciola e fiacchi tentativi di commedia sofisticata. Steno e Pozzetto si sforzano di evitare la volgarità, ma il divertimento è ugualmente modesto con un'eccezione almeno: la scena in cui lei, a letto, legge *Capital* e lui, in pigiama leopardo, vuole essere «spogliato» è quasi epocale. Il soggetto sembra avere ispirato un film americano dell'anno dopo, *Mister Mamma*.

Mani di velluto * (Italia 1979, col, 100′) [Franco] Castellano, Pipolo [Giuseppe Moccia]. Con Adriano Celentano, Eleonora Giorgi, Olga Karlatos, John Sharp, Gino Santercole, Anya Pieroni, Gianni Zurlo. ◆ L'inventore (Celentano) di un prodigioso vetro antirapina s'innamora di una bella borseggiatrice (Giorgi) e per amor suo dedica il suo ingegno al crimine. Il nonsense superomistico di Celentano allora sbancava regolarmente il botteghino, anche se il contorno era, come in questo caso, di desolante banalità.

Manidù – Uno squalo ribelle, un indigeno selvaggio, un fiore di ragazza *½ (*Beyond the Reef*, Usa 1980, col, 91′) Frank C. Clark. Con Dayton Ka'ne, Maren Jensen, Kathleen Swan, Kehai Farden. ◆ In un'isola polinesiana un ragazzo (Ka'ne) ha per amico uno squalo. Quando si innamora della figlia di un ricco commerciante di perle, mettendosi in grossi guai, l'animale lo salva. Fiacche avventure dal romanzo *Ti-Koyo e il suo pescecane* di Clement Richer, già portato sullo schermo nel 1962 da Folco Quilici. Prodotto da Raffaella De Laurentiis, è stato girato nello stesso villaggio fatto costruire a Bora Bora dal padre Dino per *Uragano*, di cui sono stati utilizzati anche spezzoni.

Maniera d'amare, Una **½ (*A Kind of Loving*, Gb 1962, b/n, 112′) John Schlesinger. Con Alan Bates, June Ritchie, Thora Hird, Bert Palmer, Gwen Nelson. ◆ Quando la fidanzata (Ritchie) resta incinta, un giovane disegnatore piccolo-borghese (Bates) decide di sposarla senza troppo entusiasmo. Le difficoltà finanziarie e le ingerenze della suocera aggravano la situazione, ma i due decideranno di salvare il loro matrimonio. Il primo lungometraggio di Schlesinger, dal romanzo di Stan Barstow sceneggiato da Keith Waterhouse e Willis Hall, è uno spaccato della provincia nel Nord dell'Inghilterra, ma anche un ritratto dei giovani divisi tra le illusioni e il grigiore conformistico della realtà. Allora ebbe il sapore della novità e della mancanza di retorica, e vinse l'Orso d'oro a Berlino.

Manifesto ** (*Manifesto*, Usa/Jugoslavia 1988, col, 96′) Dušan Makavejev. Con Camilla Seberg, Eric Stolz, Rade Serbedzija, Lindsay Duncan, Alfred Molina, Simon Callow. ◆ Negli anni Venti, in un immaginario paese balcanico arriva l'anarchica Svetlana (Seberg): ma i suoi propositi di regicidio verranno complicati dalla sua fregola copulatoria. Sorta di farsa nera che vorrebbe essere imprevedibile e vertiginosa, ma mette troppa carne al fuoco per non risultare confusa. Makavejev, che si ispira alla lontana a un racconto di Zola, *Pour une nuit d'amour*, ha perso lo spirito graffiante del passato: ma sa ancora rappresentare il sesso in modo carnale e gioioso. Musiche di Nicola Piovani.

Mani forti, Le ** (Italia 1997, col, 94′) Franco Bernini. Con Francesca Neri, Claudio Amendola, Enzo Decaro, Toni Bertorelli, Massimo De Francovich, Bruno Armando, Paolo Maria Scalondro. ◆ Nel 1993 una psicoanalista (Neri) intuisce che dietro le confessioni di un sedicente giornalista (Amendola) si nasconde la verità sulla strage in cui è morta la sorella. La scoperta che l'uomo è in realtà un ex agente segreto coinvolto nella «strategia della tensione» e la collaborazione di un giudice (Bertorelli) le daranno la forza di far riaprire l'inchiesta: ma la vita sconvolta e la libertà personale persa varranno tutti quei sacrifici? Per il suo esordio alla regia, lo sceneggiatore Bernini punta tutto sulla forza della scrittura: tra andirivieni della memoria e sbalzi cronologici (dal '93 al '98, quando *forse* arriverà la sentenza), prova a sciogliere uno dei nodi principali dei nostri anni Settanta usando la figura, insolita per il cinema italiano, di una psicoanalista in cui privato e coscienza civile diventano tutt'uno. Ma la mancanza di un'idea forte di regia e un'inadeguata direzione d'attori fanno ripiombare il film nella peggior tradizione del film politico all'italiana: verboso, ideologico e retorico. La strage a cui fa riferimento il film è quella di piazza della Loggia a Brescia, ma le scene della piazza vuota sono state girate a Carpi.

Mani in alto * (Italia/Francia 1961, b/n, 102′) Giorgio Bianchi. Con Renato Rascel, Eddie Constantine, Dorian Gray, Fabienne Dali, Pierre Grasset, Raoul Delfosse, Mario Frera, Renato Maddalena. ◆ Per rimpatriare in Italia il gangster Felix (Constantine), viene mandato a Parigi l'imbranato agente Micacci (Rascel), ma è tutta una messa in scena per incastrare una banda di spacciatori di droga. Commediola pseudo poliziesca che cerca di far sorridere con le gag straviste dell'italiano in gita a Parigi, serata al Lido compresa, mentre i due protagonisti fanno (male) il verso ai loro stereotipi. Soggetto di Luciano Vincenzoni e Sergio Corbucci, sceneggiatura di Vittorio Metz, Roberto Gianviti, Italo De Tuddo e Clarence Weff.

Mani in alto ** (*Ręce do góry*, Polonia 1981, col e b/n, 78′) Jerzy Skolimowski. Con Jerzy Skolimowski, Joanna Szczerbic, Tadeusz Łomnicki, Bogumił Kobiela, Adam Hanuszkiewicz. ◆ Cinque studenti finiscono sotto inchiesta per aver appeso una gigantografia di Stalin con quattro occhi; anni dopo si ritrovano in treno ubriachi: tutti – tranne Andrzej Leszczyc (Skolimowski) – sono diventati ricchi professionisti e danno sfogo alla loro anima di borghesi, perfetto prodotto di una società comunista senza ideali. Questa era la trama del film così come il regista l'aveva montato nel 1967, ma che non era mai uscito perché bloccato dalla censura. A distanza di 14 anni Skolimowski ha rimontato e colorato le immagini di allora, aggiungendo un prologo girato in parte a Beirut (dove recitava in *L'inganno* di Schlöndorff) e denso di allegorie e visioni sul rapporto tra arte, potere e violenza. Né la forma pesantemente teatrale ed espressionista del film del 1967 né quella ermetica e surreale del prologo del 1981 convincono appieno: restano la testimonianza di un regista che non si è mai trovato a proprio agio nel suo tempo, costretto alla metafora e all'allusione anche senza le costrizioni della censura per cercare di arrivare faticosamente a qualche verità.

Manila Paloma Blanca **½ (Italia 1992, col, 90') Daniele Segre. Con Carlo Colnaghi, Laura Panti, Alessandra Comerio, Lou Castel, Barbara Valmorin. ◆ Ex attore, disadattato, quasi clochard, Carlo Carbone (Colnaghi) vede per un attimo uno spiraglio di luce nell'amore per Sara (Comerio) e nella scrittura di un copione. Ma non ci sono lieti fini né sorrisi nel cinema scontroso di Segre, costruito come sempre sul protagonista, con programmatica confusione di finzione e realtà. Tra urla e silenzi, una ricerca della verità dell'esperienza, prima ancora che dell'immagine, orgogliosamente solitaria. Ma con qualche inevitabile scompenso nella programmaticità dei personaggi di contorno.

Mani lorde **½ (*The Undercover Man*, Usa 1949, b/n, 85') Joseph H. Lewis. Con Glenn Ford, Nina Foch, James Whitmore, Barry Kelley, Howard St. John. ◆ Non trovando altre prove a suo carico, un agente (Ford) cerca di incastrare un boss mafioso per evasione fiscale. Liberamente ispirato alla storia di Al Capone e di Elliot Ness (la stessa ripresa da De Palma in *Gli intoccabili*), un poliziesco teso e realistico. Il regista, che per prepararsi aveva trascorso un periodo a Chicago entrando in contatto con veri gangster, fu licenziato dalla Columbia prima di poter curare il montaggio. Debutto sullo schermo di Whitmore. Riedito nel 1959 come *Il capo della gang*.

Manina, ragazza senza veli *½ (*Manina, la fille sans voiles*, Francia 1952, b/n, 86') Willy Rozier. Con Brigitte Bardot, Jean-François Calvé, Howard Vernon, Espanita Cortez, Raymond Cordy. ◆ Uno studente parigino (Calvé) va alla ricerca del tesoro di una nave fenicia, affondata lungo la costa di Tangeri. Trovatolo, se lo vede rubare: provvederà a consolarlo la figlia (Bardot) del guardiano del faro. Un film di serie C che però fece nascere la fama della Bardot come sex symbol: coperta solo da un ridottissimo bikini, la Bardot si attirò le ire del proprio padre Louis che obbligò la censura a tagliare molte scene «perché il suo nome non fosse diffamato nell'intero territorio francese» ma ottenendo solo di scatenare giornali e pettegolezzi.

Mani sporche sulla città **½ (*Busting*, Usa 1974, col, 92') Peter Hyams. Con Elliott Gould, Robert Blake, Allen Garfield, Antonio Fargas, Michael Lerner, Cornelia Sharpe. ◆ A Los Angeles due agenti (Blake e Gould) scoprono collusioni tra delinquenti e personaggi importanti, ma devono fare i conti con il muro d'omertà e la compiacenza dei giudici: e si arrendono. Scritto dal regista, all'esordio, un poliziesco abbastanza teso e spettacolare con spunti di umorismo cinico e ambizioni da film di denuncia. Nella media di molti film di quegli anni (*L'ispettore Martin ha teso la sua trappola*, *Il braccio violento della legge*), ma non da buttare via.

Mani sulla città, Le *** (Italia 1963, b/n, 105') Francesco Rosi. Con Rod Steiger, Salvo Randone, Guido Alberti, Angelo D'Alessandro, Carlo Fermariello, Marcello Cannavale. ◆ L'impresario edile Eduardo Nottola (Steiger), consigliere comunale di destra a Napoli, e in lizza per diventare assessore, sogna grandiose speculazioni. Il crollo di una sua casa non lo arresta: sacrifica il figlio, cambia partito, viene eletto, e l'arcivescovo benedirà l'inizio dei lavori. «I personaggi e i fatti sono immaginari, ma autentica è la realtà che li produce» dice una didascalia all'inizio: il cinema di denuncia di Rosi nella sua forma più serrata e convincente dove la polemica è più chiara ma anche l'intento didattico è più scoperto. Sceneggiato dal regista con Raffaele La Capria, Enzo Provenzale ed Enzo Forcella, il film ritrova la passione civile e politica del primo neorealismo nel «rivelare in maniera diretta il volto del potere politico ed economico e collegarlo, senza perifrasi, ai suoi effetti catastrofici sul sociale», ma è anche quello dove gli avvenimenti sono raccontati con una linearità più tradizionale. Leone d'oro a Venezia e, ai tempi, molte polemiche.

Mani sulla luna *½ (*The Mouse on the Moon*, Gb 1963, col, 82') Richard Lester. Con Margaret Rutherford, Bernard Cribbins, Ron Moody, Terry-Thomas, Michael Crawford. ◆ Grazie alle sovvenzioni di Stati Uniti e Unione Sovietica, il piccolo ducato di Grand Fenwick può lanciare sulla luna un missile, che utilizza come propellente il vino locale. Arriverà prima degli astronauti delle superpotenze e, anzi, rappresenterà per loro la salvezza. Senza Sellers, il seguito di *Il ruggito del topo* ha poche carte da giocare e diverte poco.

Manitù, lo spirito del male * (*The Manitou*, Usa 1978, col, 104') William Girdler. Con Tony Curtis, Susan Strasberg, Michael Ansara, Ann Sothern, Burgess Meredith, Stella Stevens. ◆ La fidanzata (Strasberg) di un cartomante ciarlatano (Curtis) un giorno si scopre una strana escrescenza sul collo: è uno stregone indiano del XVI secolo in via di reincarnazione. Da un romanzo di Graham Masterson, un horror sconclusionato, con interpreti in evidente imbarazzo.

Mannaja * (Italia 1977, col, 110') Sergio Martino. Con Maurizio Merli, John Steiner, Philippe Leroy, Martine Brochard, Sonja Jeannine. ◆ Un cowboy (Merli) vuol vendicarsi dell'uomo che ha ucciso suo padre. Ma poi ci rinuncia e aiuta addirittura l'ex nemico a ritrovare la figlia che crede rapita. Un tardivo e poco avvincente spaghetti-western dove l'Abruzzo e i dintorni di Roma sono trasformati in una poco credibile Georgia.

Mannequin * (*Mannequin*, Usa 1987, col, 89') Michael Gottlieb. Con Andrew McCarthy, Kim Cattrall, Estelle Getty, James Spader, Carole Davis. ◆ A Philadelphia, lo spirito di un'antica egizia si reincarna in uno dei manichini (Cattrall) di un grande magazzino e fa innamorare un aspirante vetrinista (McCarthy). Penoso tentativo di commedia fantastica che strizza l'occhio ai classici hollywoodiani, senza avere una sola idea passabile. Vietato ai maggori di quattordici anni. Seguìto da *Aiuto! Mi sono persa a New York*.

Mannequin – Frammenti di una donna **½ (*Puzzle of a Downfall Child*, Usa 1970, col, 104') Jerry Schatzberg. Con Faye Dunaway, Barry Primus, Viveca Lindfors, Roy Scheider, Barbara Carrera. ◆ Reduce da un esaurimento nervoso, una top model (Dunaway) si ritira in solitudine e cerca di rimettere assieme i pezzi della sua vita. Il puzzle è anche quello del racconto, che mescola passato e presente con la libertà (e la confusione) tipica di un certo modo di fare cinema negli anni Settanta. Ma il film dell'esordiente Schatzberg (che, come fotografo di moda, conosceva bene l'ambiente ed era stato compagno della protagonista) non manca di umorismo e riesce a essere spesso toccante. Splendida la Dunaway, che evita ogni lagnosità. Sceneggiatura di Adrian Joyce (*La sparatoria*, *Cinque pezzi facili*).

Mannequins de Paris * (*Mannequins de Paris*, Francia 1956, col, 89') André Hunebelle. Con Madeleine Robinson, Ivan Desny, Jacqueline Pierreux, Pascale Audret, Yoko Tani, Ghislain Arsac, Marie-Hélène Arnaud, Jacqueline Huet, Mischa Auer, Georges Charmat, Jeanne Fusier-Gir. ◆ L'armonia e l'amore tra madame Véronique (Robinson) e il suo stilista Pierre Lanier (Desny) sono messi in crisi dall'arrivo di Wanda (Arsac): nonostante gli sforzi delle mannequin della *maison*, che cercano di boicottare l'esordio della donna come cantante, Pierre lascia la moglie. Ma dovrà pentirsene molto presto. Scipita commedia sentimentale ambientata nel mondo dell'alta moda e sceneggiata da Michel Audiard, Françoise Lampaux e il regista: nonostante la dovizia di modelle più o meno svestite, le interminabili riprese del lavoro dietro le quinte delle sfilate sono piatte e noiose e il dramma matrimoniale della protagonista è raccontato con tutti i luoghi comuni possibili (la sfrontatezza dell'amante, la solidarietà protofemminista delle lavoranti, l'inevitabile perdono finale). Sprecati anche dei grandi caratteristi come Mischa Auer (il venditore di uranio), Georges Charmat (l'autista Max) e Jeanne Fusier-Gir (la prima sarta Gabrielle).

Mano, La * (*La Main*, Francia/Italia 1969, col, 90') Henri Glaeser. Con Nathalie Delon, Michel Duchaussoy, Pino Caruso, Henri Serre, Roger Hanin. ◆ Per liberarsi dei suoi incubi, frutto di turbe infantili, Philippe (Duchaussoy) tenta di trasferirli in una sceneggiatura: la storia di una donna che, con l'aiuto dell'amante, uccide il marito e, per nasconderlo in un baule, è costretta a tagliargli la mano. L'allucinante fantasia diventerà realtà, e proprio lui sarà la vittima. Un film alquanto improbabile costruito a freddo mescolando un po' di giallo, un po' di erotismo e intellettualismi gratuiti.

Mano, La *½ (*The Hand*, Usa 1981, col, 104') Oliver Stone. Con Michael Caine, Andrea Marcovicci, Annie McEnroe, Bruce McGill, Viveca Lindfors, Rosemary Murphy. ◆ Un disegnatore di fumetti (Caine) perde la mano in un incidente stradale, e si vede così rovinare la carriera e compromettere il matrimonio. Ma l'arto, che non è stato ritrovato, comincia a vivere di vita propria e a vendicare i torti subiti dal padrone. Dal romanzo di Marc Brandel, un horror con poche sorprese e con un ritmo catatonico. Effetti speciali (mediocri) di Carlo Rambaldi. Stone (alla sua opera seconda) appare nelle vesti di un barbone vittima della mano.

Mano deforme, La ** (*Scene of the Crime*, Usa 1949, b/n, 94') Roy Rowland. Con Van Johnson, Arlene Dahl, Gloria DeHaven, Tom Drake, Leon Ames. ◆ Un poliziotto (Johnson) indaga sull'omicidio di un collega, trovato con una forte somma di denaro in tasca, avvalendosi dell'aiuto di un'entraîneuse doppiogiochista. Nonostante le trappole, saprà arrivare al colpevole. Un B-movie scarno ma efficace.

Mano del diavolo, La **½ (*La Main du diable*, Francia 1943, b/n, 82') Maurice Tourneur. Con Pierre Fresnay, Palau [Pierre Palau del Vidri], Josseline Gaël, Noël Roquevert, Jean Davy. ◆ Un pittore fallito (Fresnay) acquista per un soldo da un albergatore un talismano portentoso: una mano magica che assicura fortuna, gloria e amore. Ma il prezzo da pagare in realtà è un altro e Roland dovrà fare i conti col diavolo (Palau). Un film fantastico dalla trama complicata e stravagante, ricca di personaggi e di colpi di scena, che appartiene a una breve stagione del genere nel cinema francese anni Quaranta. Tourneur racconta l'imprevedibile storia, tratta da Gérard de Nerval e sceneggiata da Jean-Paul Le Chanois, con piacere e talento evidenti, facendo leva su un ritmo febbrile e inquietante e affidandosi al senso plastico delle immagini ereditato dal muto. Straordinarie la sequenza d'apertura nell'hotel e la fulminea sequenza che rievoca i destini degli ex proprietari della mano.

Mano della vendetta, La *½ (*Joaquin Murieta*, Usa 1968, col, 97') Earl Bellamy. Con Ricardo Montalban, Slim Pickens, Roosevelt Grier, Ina Balin, Robert Wilke. ◆ In cambio di una grossa ricompensa, Joaquin Murieta (Montalban) accetta, con altri tre avventurieri, di accompagnare da Sonora a San Francisco la moglie di un fazendero. Durante il viaggio scopre che il vero scopo della missione è trasferire una statua d'oro rubata ai peones. Serie B senza sorprese.

Mano dello straniero, La **½ (Italia/Gb 1954, b/n, 98') Mario Soldati. Con Alida Valli, Trevor Howard, Richard Basehart, Richard O'Sullivan, Eduardo [Edward] Ciannelli, Arnoldo Foà. ◆ Il piccolo Roger (O'Sullivan), a Venezia per rivedere il padre ufficiale di stanza in Italia (Howard), si trova a svolgere un ruolo chiave in una storia di sequestri di persona in cui è implicato il genitore. Dal romanzo di Graham Greene, sceneggiato da Guy Elmes e Giorgio Bassani, il film che Soldati ha detto di preferire, per quanto stroncato dalla critica e ignorato dal pubblico. Per la sua mistura di suspense e formalismo meriterebbe una rivalutazione.

Manolesta *½ (Italia 1981, col, 91') Pasquale Festa Campanile. Con Tomas Milian, Giovanna Ralli, Paco Cardini, Armando Pugliese, Adriana Russo. ◆ Un'assistente sociale (Ralli) è incaricata di indagare su un ladruncolo (Milian) che vive col figlio di sette anni in un barcone sul Tevere. Finirà col prendersi la faccenda più a cuore del previsto. Sceneggiato da Enrico

Oldoini e Ottavio Jemma, una commediola prevedibile con qualche pretesa di analisi sociale.

Manon **½ (*Manon*, Francia 1948, b/n, 110') Henri-Georges Clouzot. Con Cécile Aubry, Michel Auclair, Serge Reggiani, Gabrielle Dorziat, Henri Vilbert. ◆ Dopo la guerra Manon (Aubry), prostituta e collaborazionista, si trasferisce a Parigi con Des Grieux (Auclair), membro della Resistenza che, innamorato di lei, finisce con l'accettare ogni degradazione, giungendo all'omicidio. Modernizzazione del classico *Manon Lescaut* dell'abate Prévost, con un finale di grande effetto nel deserto della Palestina. Romanticismo nero che all'epoca fece scalpore; Clouzot, comunque, è migliore quando è meno lirico. Leone d'oro a Venezia nel 1949.

Manon delle sorgenti ** (*Manon des sources*, Francia 1952, b/n, 200') Marcel Pagnol. Con Jacqueline Pagnol, Raymond Pellegrin, Marcelle Géniat, Rellys, Edouard Delmont, Robert Vattier. ◆ Per vendicare il padre, la pastorella Manon (Pagnol) ostruisce la sorgente che porta acqua al paese e alle terre di Papette (Pellegrin), colui che ne provocò la morte. Ma quando lui, assalito dai rimorsi, si impicca, la ragazza rimette le cose a posto. Dalla seconda parte del suo romanzo *L'acqua delle colline*, Pagnol ha tratto un film teatrale, impaludato malgrado la pretesa realistica, e pieno di manierismi. Il senso di ineluttabilità del destino, tuttavia, è degno di un romanzo di Thomas Hardy, e i personaggi restano impressi. Un'altra versione, trent'anni dopo, di Claude Berri.

Manon delle sorgenti *½ (*Manon des sources*, Francia/Svizzera/Italia 1986, col, 114') Claude Berri. Con Emmanuelle Béart, Yves Montand, Daniel Auteuil, Hippolyte Girardot, Margarita Lozano, Elizabeth Depardieu. ◆ Seguito di *Jean de Florette*, tratto dalla seconda parte del romanzo di Marcel Pagnol *L'acqua delle colline*. La pastorella Manon (Béart) si vendica di Papette (Montand) e del nipote Ugolin (Auteuil), responsabili della morte di suo padre, rendendo loro pan per focaccia: ostruisce infatti la sorgente che porta acqua al paese e ai loro campi. Ma dopo il suicidio di uno dei nemici, addolcita dall'amore per un maestro (Girardot), verrà a più miti consigli. Sceneggiato dal regista con Gérard Brach, non aggiunge molto alla prima puntata. Grandi sentimenti e passioni elementari in una tragedia agreste senza tempo, che si vorrebbe universale ma che finisce per essere superficiale e retorica. Bella fotografia di Bruno Nuytten e attori molto compresi nel loro ruolo.

Manone il ladrone * (Italia 1974, col, 100') Anthony Dawson [Antonio Margheriti]. Con Fred Harris, Flavio Colombaioni, Rosalba Grottesi, Ileana Rigano, Pupo De Luca, Ignazio Leone. ◆ Un ladruncolo (Harris) prende sotto la sua protezione un bambino e insieme progettano piccoli colpi. Quando si mettono in società con delinquenti incalliti, si trovano in guai seri. Ma a salvarli ci pensa una poliziotta. In concorrenza col più noto Piedone, avventure per le sale parrocchiali.

Mano nell'ombra, Una **½ (*Man in the Attic*, Usa 1954, b/n, 82') Hugo Fregonese. Con Jack Palance, Constance Smith, Byron Palmer, Frances Bavier, Rhys Williams. ◆ Mentre a Londra imperversa Jack lo Squartatore, un uomo inquietante (Palance) prende alloggio presso una famiglia. Malgrado i gravi sospetti che gravano su di lui, riesce a conquistare la nipote della padrona di casa. Secondo remake (dopo *Il pensionante* di Brahm) di *The Lodger* di Hitchcock. Discreto e non privo di suspense, e con un ottimo Palance.

Mano nera, La ** (*Black Hand*, Usa 1950, b/n, 93') Richard Thorpe. Con Gene Kelly, J. Carrol Naish, Teresa Celli, Marc Lawrence, Frank Puglia. ◆ Nella New York del primo Novecento, un italiano (Kelly) vuole vendicare il padre, ucciso per ordine della setta della Mano nera. Riuscirà a sgominare l'organizzazione, grazie alla collaborazione di un vecchio poliziotto (Naish), da sempre innamorato di sua madre. Buona ricostruzione d'epoca per un film girato con mano sicura, che si ispira vagamente alle imprese del poliziotto italoamericano Joe Petrosino. Buona prova di Kelly, in un raro ruolo drammatico. Il doppiaggio italiano trasferì l'assassinio del poliziotto da Napoli a Cuba. Il film è conosciuto anche col titolo *La legge del silenzio*.

Ma non è una cosa seria **½ (Italia 1936, b/n, 81') Mario Camerini. Con Vittorio De Sica, Elisa Cegani, Assia Noris, Elsa De Giorgi, Vivien Diesca [Vivi Gioi], Ugo Ceseri. ◆ Memmo Speranza (De Sica), si stanca di passare da una relazione impegnativa all'altra e decide di sposarsi con una donna qualsiasi, per non dover affrontare un giorno un matrimonio «vero». Dalla commedia omonima di Pirandello, con la sceneggiatura di Ercole Patti e Mario Soldati (quella preparata da Akos Tolnay fu respinta dal drammaturgo siciliano), un film che rispetta il testo pur addolcendone l'elemento grottesco. Il regista stesso ne girò un remake in Germania nel 1938. Durante la lavorazione, la debuttante Vivi Gioi (la maestrina) si innamorò di De Sica tanto che scelse il cognome Diesca, anagramma di quello del partner. Il testo pirandelliano era già stato portato sullo schermo nel 1921 da Augusto Camerini.

Manon Lescaut *½ (Italia 1939, b/n, 95') Carmine Gallone. Con Alida Valli, Vittorio De Sica, Lamberto Picasso, Giulio Donadio, Guglielmo Barnabò, Andrea Checchi. ◆ Manon (Valli), fuggita dal collegio, va a vivere a Parigi col cavaliere Des Grieux (De Sica). Quando lui è costretto dal padre a lasciarla, si farà mantenere da un uomo potente, per finire poi spedita in America con altre prostitute: Des Grieux la raggiungerà, ma sarà troppo tardi. Del romanzo dell'abate Prévost rimane solo l'intreccio melodrammatico. La musica è quella dell'opera di Puccini.

Ma non per me ** (*But Not For Me*, Usa 1959, b/n, 105') Walter Lang. Con Clark Gable, Carroll Baker, Lilli Palmer, Barry Coe, Lee J. Cobb, Thomas Gomez. ◆ Un impresario teatrale (Gable) modifica una commedia su suggerimento della segretaria (Baker), e si innamora di lei. Per riconquistarlo, la moglie (Palmer) lo convince a dare alla ragazza il ruolo di protagonista e raggiunge il suo scopo: trovato il successo, la giovane lascia perdere il suo pigmalione. Commedia sofisticata tardiva ma brillante, remake di *Accent on Youth* (1935) di Wesley Ruggles.

Ma non per sempre *½ (Italia 1991, col, 75') Marzio Casa. Con Elena Sofia Ricci, Massimo Dapporto, Mariella Di Lauro, Nicoletta Boris, Roberto Cavosi, Vanni Zinola, Anna Melato. ◆ Nella campagna del Nord Italia dell'Ottocento, restia a ogni ammodernamento, Maria (Di Lauro) viene ostracizzata per l'amicizia con l'emancipata Selva (Ricci), e creduta una strega. Rivisitazione del passato alla luce del presente, come aveva già tentato *Domani accadrà*. Ma l'opera prima di Marzio Casa rimane nel limbo delle buone intenzioni.

Manon 70 * (*Manon 70*, Francia 1968, col, 101') Jean Aurel. Con Catherine Deneuve, Elsa Martinelli, Sami Frey, Jean Gorini, Jean-Claude Brialy. ◆ Manon (Deneuve), innamorata di un giornalista (Frey), non rinuncia alla compagnia di uomini ricchi per mantenere un alto tenore di vita. Rimane poco del classico dell'abate Prévost, in questo fotoromanzo a lieto fine.

Mano pericolosa *** (*Pickup on South Street*, Usa 1953, b/n, 83') Samuel Fuller. Con Richard Widmark, Jean Peters, Thelma Ritter, Richard Kiley, Roger Moore. ◆ Il borsaiolo newyorkese Skip McCoy (Widmark) ruba, senza saperlo, un prezioso microfilm: dopo aver cercato di alzare il prezzo, finirà col collaborare con la polizia per incastrare una banda di spie. Dietro un intreccio da guerra fredda (ma nel doppiaggio italiano lo spionaggio diventa traffico di droga per non irritare il pubblico comunista), Fuller – autore anche della sceneggiatura – in realtà parteggia, con spirito cinico e amorale, per coloro che vivono ai margini della società. Uno dei più affascinanti ritratti di metropoli notturna del cinema americano. Sia Widmark che la Ritter (l'informatrice Moe) in una delle loro migliori prove. Il ruolo interpretato da Jean Peters era stato scritto per Marilyn Monroe. Contestatissimo Leone di bronzo a Venezia.

Manoscritto trovato a Saragozza, Il *** (*Rekopis znaleziony w Saragossie*, Polonia 1965, b/n, 179') Wojciech J. Has. Con Zbigniew Cybulski, Iga Cembrzyńska, Joanna Jedryka, Kazimierz Opaliński, Sławomir Lindner, Adam Pawlikowski, Gustaw Holoubek, Barbara Krafftówna, Leon Niemczyk, Beata Tyszkiewicz. ◆ Arrivato a Madrid il capitano Alfons van Worden (Cybulski) scopre da due principesse moresche (Cembrzyńska e Jedryka) di essere destinato a grandi imprese per le quali dovrà superare numerose prove: iniziano così una serie infinita di avventure durante le quali l'anima di van Worden verrà persino contesa tra un cabalista (Pawlikowski) e un matematico (Holoubek). Tratto dal romanzo omonimo di Jan Potocki (intellettuale libertino e studioso del linguaggio segreto dei principi circassi) il film sceneggiato da Tadeusz Kwiatkowski sa conservare perfettamente la struttura a incastri e giochi di specchi del libro ed è tutto costruito su un'inestricabile connessione tra sogno e realtà come a sottolineare le ragioni ineludibili della fantasia. Ispirandosi insieme «ai maestri del surrealismo e agli artigiani dell'horrorcinema, alle solennità care ai registi nordici e all'umorismo nero e barocco del cinema spagnolo», Has ha diretto un racconto di grande respiro figurativo, fin esasperato nei suoi paesaggi e ambienti sontuosi, straripanti di figure picaresche, oggetti e simboli. In Italia è stato distribuito nella versione originale sottotitolata.

Mano sinistra della violenza, La *** (*Xin Dubi Dao*, noto anche come *The New One Armed Swordsman*, Hong Kong 1971, col, 96') Zhang Che. Con David Chiang, Ti Lung, Gu Feng, Chen Hsing. ◆ Dopo essere stato sconfitto in duello con un trucco dal malvagio capo di un clan, Lei-li (Chiang) ha mantenuto la promessa di tagliarsi un braccio e di non toccare più le armi. Ma la morte dell'amico Feng (Ti) lo spingerà alla vendetta. Uno dei classici del *wuxiapian* (film di spadaccini) hongkonghese, parziale remake di un film dello dello stesso regista (*Mantieni l'odio per la tua vendetta*), a metà strada tra il western (il tema dell'amicizia virile), i temi tradizionali dell'onore e il gusto per il *bric-à-brac* (il cattivo si serve di una micidiale spada snodata): anche se si respira aria di crepuscolo, e il bene fatica a vincere le forze del caos. Insolito triangolo tra i due eroi e una ragazza che pare fungere più che altro da copertura, e che ha ispirato una quantità di letture in chiave omosessuale e psicoanalitica che il regista ha sempre negato. Politiche sessuali a parte, resta una grande ed eclettica regia, ieratica e stilizzata anche quando si serve di zoom vertiginosi, ralenti e montaggio a raffica, sorretta da una colonna sonora adeguata. Sangue e smembramenti in quantità industriali, con una sensibilità molto diversa da quella occidentale ma con un respiro epico e fatalista che porta dal *grand guignol* alla poesia pura.

Mano sinistra di Dio, La ** (*The Left Hand of God*, Usa 1955, col, 87') Edward Dmytryk. Con Humphrey Bogart, Gene Tierney, Lee J. Cobb, Agnes Moorehead, E.G. Marshall, Benson Fong. ◆ Nel dopoguerra un pilota americano (Bogart) cade prigioniero di un generale cinese. Riuscito a fuggire travestendosi da prete, arriva in una missione dove conquista l'amore di una donna. Tensioni da guerra fredda con misticismo di fondo tratte dal romanzo di William E. Barrett sceneggiato da Alfred Hayes: Dmytryk, già messo sotto inchiesta dalla commissione maccartista, si riabilitò con film del genere. La classe sua e degli interpreti evitano tuttavia che la retorica superi il livello di guardia.

Mano spietata della legge, La *½ (Italia 1973, col, 93') Mario Gariazzo. Con Philippe Leroy, Klaus Kinski, Cyril Cusack, Sergio Fantoni, Silvia Monti, Fausto Tozzi, Tony Norton, Pia Giancaro, Guido Alberti, Marino Masê, Tom Felleghi, Rosario Borelli. ◆ Il commissario De Carmine (Leroy; tormentone: «Ho le mani legate») indaga a modo suo su una spietata organizzazione criminale: ma in polizia c'è una talpa che cerca di fermarlo. Girato con due soldi - e si vede - e fitto di pubblicità della Pejo e del Fernet; anche se il cast fa il suo dovere, è privo della rabbia vera presente in altri film dell'epoca.

Mano sulla culla, La *½ (*The Hand That Rocks The Cradle*, Usa 1992, col, 111') Curtis Hanson. Con Rebecca De Mornay, Annabella Sciorra, Ernie Hudson, Matt McCoy, Julianne Moore, Maladine Zima, John de Lancie, Kevin Skousen. ◆ Meditando tremenda vendetta – ci vorrebbe mezza pagina a spiegare il perché – una ragazza (De Mornay) si fa assumere come babysitter da una famiglia americana modello e, con la sua aria angelica, incomincia a rovinarle la vita: lettere che spariscono, vestiti che si macchiano, amiche ficcanaso vittime di incidenti. Per fortuna c'è un nero buono (Hudson) che, malgrado sia un po' ritardato, veglia sulle sorti della famigliola. Il genere di film che si vuol vedere sino in fondo per sapere come va a finire, anche se in definitiva non ne vale la pena. Di un'abilità diabolica, nella sua assoluta stupidaggine, la sceneggiatura di Amanda Silver. In futuro sarà considerato un classico degli anni Bush.

Mantenuto, Il *½ (Italia/Francia 1961, b/n, 98') Ugo Tognazzi. Con Ugo Tognazzi, Ilaria Occhini, Mario Carotenuto, Marisa Merlini, Raimondo Vianello. ◆ Per un equivoco, un impiegato (Tognazzi) viene creduto il protettore di una prostituta (Occhini), trovandosi così coinvolto in una serie di disavventure, arresto compreso. Modesto debutto di Tognazzi nella regia su una sceneggiatura scritta con Giulio Scarnicci, Renzo TarabusiLuciano Salce, [Franco] Castellano e Pipolo [Giuseppe Moccia].

Mantieni l'odio per la tua vendetta **½ (*Dubi Dao*, noto anche col titolo inglese *The One Armed Swordsman*, Hong Kong 1967, col, 111') Zhang Che. Con Wang Yu, Lina Chiao, Tian Feng, Angela Pan, Lau Kar-leong. ◆ Fang Kang (Wang) viene allevato da un nobile maestro la cui figlia, furente perché non contraccambia le sue attenzioni, gli taglia un braccio. Ma Fang non pensa alla vendetta e, grazie alla sua menomazione e alla sua spada mozza, sconfigge un malvagio che usa una spada truccata. Uno dei film che inaugurano il *wuxiapian* (film di spadaccini) hongkonghese, influenzato dai film di samurai giapponesi, dal western all'italiana e dai gadget di 007: in una cornice di valori tradizionali, declinati in forte senso misogino. Zhang ha girato poi film più belli, ma è già un maestro del montaggio e della messa in scena dell'azione, che supera spesso i modelli. Prodotto dagli Shaw Brothers. Seguìto da *La sfida degli invincibili campioni* e parzialmente rifatto dallo stesso regista in *La mano sinistra della violenza*, ha ispirato una dozzina buona di film, tra cui lo splendido *The Blade* di Tsui Hark.

Manto nero ** (*Black Robe*, Canada 1991, col, 110') Bruce Beresford. Con Lothaire Bluteau, Sandrine Holt, Aden Young, August Schellenberg. ◆ In Canada, nel 1634, un gesuita francese (Bluteau) che cerca di raggiungere una remota missione con l'aiuto di un gruppo di indiani algonchini, conosce la violenza di un mondo «primitivo» dove le categorie della sua religione sono perfettamente inutili. Beresford divide equamente i torti tra indiani e missionari, si dimostra pessimista sulla conciliabilità tra culture diverse, e svela – anche con troppa insistenza – gli orrori che i film d'avventure del passato non hanno mai mostrato. Alcune trovate sono geniali (gli algonchini che scoprono il tempo dell'orologio), ma alle idee della sceneggiatura non corrisponde un'idea forte di regia. Dal romanzo di Brian Moore.

Manuale del giovane avvelenatore, Il ** (*The Young Poisoner's Handbook*, Gb 1995, col, 99') Benjamin Ross. Con Hugh O'Conor, Anthony Sher, Ruth Sheen, Roger Lloyd Pack, Charlotte Coleman, Paul Stacey, Samantha Edmonds, Vilma Hollingherry, Tobias Arnold. ◆ La passione per il piccolo chimico, e per i veleni, offre al quattordicenne Graham (Arnold, poi O'Conor) il modo per eliminare amici e familiari che sembrano opporsi ai suoi sogni. Otto anni in ospedale psichiatrico sotte le cure del dottor Ziegles (Sher) sembrano averlo guarito, ma quando scopre nel laboratorio fotografico dove è stato assunto una boccettina di tallium, la tentazione di farsi «giustizia» da solo ritorna. Un celebre fatto di cronaca degli anni Sessanta permette al regista (cosceneggiatore con Jeff Rawle) di tracciare un ritratto caustico e puntiglioso di un ambiente – la piccola borghesia inglese – che certo non ama. Peccato, però, che la perfidia del progetto finisca per diventare cinismo di maniera, esagerando negli effetti grandguignoleschi (il corpo della matrigna in «disfacimento») e nella recitazione caricaturale.

Manuela ** (*Manuela*, Gb 1957, b/n, 87') Guy Hamilton. Con Trevor Howard, Pedro Armendariz, Elsa Martinelli, Donald Pleasence, Warren Mitchell. ◆ Il maturo capitano (Howard) di una nave si innamora perdutamente di una clandestina (Martinelli). Per lei trascura i suoi doveri, fino a tragiche conseguenze. Melodramma convenzionale senza infamia e senza lode. In america è conosciuto come *Stowaway Girl*.

Ma papà ti manda sola? *** (*What's Up, Doc?*, Usa 1972, col, 93') Peter Bogdanovich. Con Barbra Streisand, Ryan O'Neal, Madeline Kahn, Austin Pendleton, Michael Murphy, M. Emmet Walsh, Randy Quaid. ◆ Il compassato musicologo Howard Bannister (O'Neal) va a San Francisco con la fidanzata (Kahn) per vincere una borsa di studio, ma si imbatte in una ragazza svitata, Judy (Streisand), che gli cambia la vita. Il più riuscito degli omaggi di Bogdanovich alle commedie screwball anni Trenta (il modello, evidente, è *Susanna*): le gag e le citazioni cinefile si accumulano a ritmo vertiginoso, e si avverte l'amore sincero ma non necrofilo per un cinema che non esiste più. Né manca una frecciata a *Love Story*, di cui O'Neal era stato protagonista, quando ne viene citata la più celebre battuta (Judy: «Amare significa non dover mai dire: mi spiace»; Howard: «È la cosa più cretina che abbia mai sentito!»). Il titolo originale è il famoso (almeno negli Usa) tormentone di Bugs Bunny, che Judy ripete per abbordare Howard. Debutto per la Kahn. Sceneggiatura di Buck Henry, David Newman e Robert Benton.

Maracaibo ** (*Maracaibo*, Usa 1958, col, 88') Cornel Wilde. Con Cornel Wilde, Jean Wallace, Abbe Lane, Francis Lederer, Michael Landon. ◆ Un esperto (Wilde) nello spegnimento di pozzi di petrolio, fidanzato con una scrittrice, viene chiamato in Venezuela, dove incontra la sua ex (Lane). Saprà domare il fuoco e gli ardori della ragazza, ancora innamorata di lui. Sentimenti e azione per una produzione media ma – come tutte le regie di Wilde – non corriva.

Maracatumba, ma non è una rumba...! * (Italia 1951, b/n, 84') Edmondo Lozzi. Con Renato Rascel, Paolo Stoppa, Franca Marzi, Marilyn Buferd, Aristide

Baghetti, Fiorenzo Fiorentini, il Quartetto Cetra, Giulio Marchetti. ◆ Per amore di una ballerina (Buferd), un ragioniere (Rascel) si improvvisa attore, ottenendo, oltre al cuore della ragazza, anche il successo. Uno sgangherato susseguirsi di numeri di poco pregio. Per decenni la regia è stata erroneamente attribuita a Enzo Trapani. Rascel canta *Sono solo* e *Il gaucho*.

Maramao *½ (Italia 1987, col, 95') Giovanni Veronesi. Con Filippo Tempesti, Vanessa Gravina, Maurizio Begotti, Alberto Frasca, Novello Novelli. ◆ Un bambino (Tempesti) alle soglie dell'adolescenza trascorre con il fratellino una vacanza nell'isola della sua infanzia: si accorge che per lui è venuto il momento di crescere, ma rifiuta di entrare nel cinico mondo degli adulti. Esordio alla regia dello sceneggiatore abituale di Francesco Nuti, che firma il copione assieme al fratello Sandro, scrittore. Velleità poetiche non sempre bene a fuoco, e un'incertezza di fondo sull'età del pubblico a cui rivolgersi. Tranne Novelli, tutti i personaggi adulti sono senza testa, visto che la macchina da presa li inquadra a livello di bambino.

Maratoneta, Il **½ (*Marathon Man*, Usa 1976, col, 125') John Schlesinger. Con Dustin Hoffman, Laurence Olivier, Marthe Keller, Roy Scheider, William Devane, Fritz Weaver, Lou Jacobi. ◆ New York: dopo l'assassinio del fratello (Scheider), Babe Levy (Hoffman) se la deve vedere – lui, timido ed ebreo – con l'ex criminale nazista Szell (Olivier), trafficante di diamanti. La vecchia storia di Davide e Golia in un thriller ambizioso e laborioso, tratto dal romanzo omonimo di William Goldman, autore anche della sceneggiatura. Schlesinger si sente in dovere di approfondire le psicologie, ma convince di più quando imbocca la strada della suspense e della spettacolarità. Da antologia la scena in cui Szell rispolvera la sua prima professione – quella di dentista – per torturare Babe. Il maratoneta del titolo è Babe, che di notte sogna Abebe Bikila. Grande la fotografia di Conrad Hall.

Marat-Sade **½ (*Marat/Sade – The Persecution and Assasination of Jean- Paul Marat as Performed by the Inmates of the Asylum of Charenton Under the Direction of the Marquis De Sade*, Gb 1967, b/n, 116') Peter Brook. Con Patrick Magee, Glenda Jackson, Jan Richardson, Michael Williams, Clifford Rose, Freddie Jones, John Steiner. ◆ Manicomio di Charenton, 1808: sotto la guida del marchese De Sade (Magee), anche lui internato, i pazzi allestiscono uno spettacolo sull'uccisione di Marat (Richardson) per mano di Charlotte Corday (Jackson). Dopo un serrato confronto tra le idee del rivoluzionario e il pessimismo individualista di Sade, i malati si ribellano e picchiano guardiani e spettatori. Dal dramma omonimo di Peter Weiss, già portato da Brook in teatro: molti temi di moda in quegli anni (il rapporto tra follia e potere, immaginario e rappresentazione) in una messinscena parossistica e concitata che ha fatto epoca, anche se il tempo non è passato indenne. Esordio della Jackson.

Marcellino pane e vino *½ (*Marcelino pan y vino*, Spagna 1954, col, 90') Ladislao Vajda. Con Pablito Calvo, Rafael Rivelles, Antonio Vico, Isabel De Pomes, Nieto Josè. ◆ Spagna, inizi Ottocento: Marcellino (Calvo) è un orfanello che viene allevato dai frati e trova un amico in un crocefisso miracolosamente parlante. Un giorno gli chiede di poter conoscere la madre, e Gesù lo accontenta portandolo in cielo con sé. Dal romanzo di José Maria Sanchez Silva, ispirato a una leggenda popolare, un film edificante che spinge spudoratamente sul pedale della commozione. Un must delle sale parrocchiali di una volta. Il film spagnolo che ha avuto maggior successo nel mondo: solo in Italia lo videro undici milioni di spettatori. Un remake nel 1991.

Marcellino pane e vino ° (Italia/Francia/Spagna 1991, col, 97') Luigi Comencini. Con Nicolò Paolucci, Fernando Fernan Gomez, Alberto Cracco, Didier Benureau, Bernard Pierre Donnadieu, Ida Di Benedetto, Roberto Herlitzka. ◆ Marcellino (Paolucci), un bambino abbandonato allevato dai frati di un convento, viene affidato a una coppia di nobili. Ma lui scappa dal castello e torna al convento, dove chiede aiuto al suo amico Gesù, che lo porta in cielo dalla mamma. Remake del film del 1955, dove però l'azione è spostata dall'Ottocento al Seicento: la storia (c'è la mano di Ennio De Concini) è stata sfrondata degli elementi più mistici e melensi, ma non basta un pizzico d'ironia a giustificare un film anacronistico e di fattura televisiva.

Marcello Mastroianni - Mi ricordo, sì, io mi ricordo *** (Italia 1997, col, 98') Anna Maria Tatò. Con Marcello Mastroianni, Manoel de Oliveira. ◆ Durante le riprese del suo ultimo film (*Viaggio all'inizio del mondo*) Mastroianni registra una serie di ricordi-confessioni sulla propria vita, dall'amore per il teatro all'ossessione del latin lover, dagli esordi come attore all'amicizia con Fellini e Ferreri, intercalati da scene della sua carriera cinematografica e teatrale. Una specie di testamento artistico, che però diventa soprattutto un atto d'amore nei confronti di uno dei più grandi attori italiani. Conscio della vicinanza della fine (è morto tre mesi dopo, il 19 dicembre 1996) Mastroianni accetta di parlare davanti alla macchina da presa della sua ultima compagna, Anna Maria Tatò, che registra in silenzio una serie di confessioni a cuore aperto, tutte contraddistinte da una grande umanità e un'affettuosa autoironia. Il titolo si riferisce alle prima, commovente, scena quando elenca una serie liberissima di ricordi mentre sullo schermo appare solo l'ombra del suo profilo. Anna Maria Tatò ha montato una versione più lunga (di 206') presentata al festival di Venezia.

Marchesa von ..., La **** (*La Marquise d'O...*, Francia/Rft 1976, col, 102') Eric Rohmer. Con Edith Clever, Bruno Ganz, Otto Sander, Edda Seippel, Peter Luhr. ◆ XVIII secolo, Italia settentrionale: durante un assedio la figlia del governatore è assalita da un gruppo di soldati nemici, ma un conte (Ganz) interviene a salvarla. Dopo qualche mese la donna scopre di essere incinta, senza sapere come possa essere successo. Ripudiata dai genitori, mette un annuncio sul giornale per scoprire l'identità del padre del bambino. «Non mi saresti sembrato un diavolo se, alla tua prima apparizione, non ti avessi preso per un angelo» dirà al responsabile. Un adattamento quasi letterale ma creativo del racconto di Heinrich von Kleist, ambientato in un castello vicino a Norimberga e girato in tedesco (antico) con attori di provenienza teatrale (in gran parte della berlinese Schaubühne di Peter Stein). Rohmer ha detto di voler «illustrare il mondo di una volta con la stessa attenzione al dettaglio che c'è nei *Racconti morali*». Il vero tema è però quello della passione compressa dalle regole sociali e dai décor asetticamente neoclassici, del linguaggio del corpo che traspare sotto quello delle parole: tanto che alcuni critici hanno definito questo film, castissimo, come uno dei più erotici della storia del cinema. Intelligenti le citazioni pittoriche, a cominciare da quella dell'*Incubo* di Füssli – senza il demone – che allude allo stupro della protagonista. Fotografia di Nestor Almendros. Premio della giuria al festival di Cannes.

Marchese del Grillo, Il *½ (Italia 1981, col, 133') Mario Monicelli. Con Alberto Sordi, Paolo Stoppa, Flavio Bucci, Cochi Ponzoni, Leopoldo Trieste, Marina Confalone. ◆ Roma, ai tempi di Pio VII (Stoppa) e della rivoluzione francese: il nobile Onofrio Del Grillo (Sordi) combina ogni sorta di scherzi al prossimo per trovarsi un'occupazione e per esorcizzare le sue insicurezze, aggrappandosi vigliaccamente, ogni volta, ai suoi privilegi. Monicelli (che firma la sceneggiatura con Leo Benvenuti, Piero De Bernardi, Sordi, Tullio Pinelli a partire da un soggetto rielaborato da Bernardino Zapponi) ha risuscitato il declinante filone romanesco in costume, innestandovi una comicità greve alla *Amici miei*. E a poco vale che, alla fine, il protagonista sia sfiorato dall'ala della morte: il divertimento resta superficiale e, spesso, volgare. Premio alla regia al festival di Berlino; secondo per incassi nel 1981-1982, tra *Innamorato pazzo* e *Il tempo delle mele*.

Marchio, Il **½ (*The Mark*, Gb 1961, b/n, 127') Guy Green. Con Stuart Whitman, Maria Schell, Rod Steiger, Brenda De Banzie, Maurice Denham. ◆ Un maniaco sessuale (Whitman, che ottenne una candidatura all'Oscar), uscito di prigione e guarito grazie alle cure di uno psichiatra, trova lavoro e si innamora. Quando qualcuno uccide una ragazza seguendo il suo vecchio stile, la polizia torna a perseguitarlo. Scritto da Sidney Buchman e Stanley Mann, un dramma programmatico ma ben recitato e senza scivoloni.

Marchio del bruto, Il **½ (*Raw Edge*, Usa 1956, col, 76') John Sherwood. Con Rory Calhoun, Yvonne De Carlo, Mara Corday, Herbert Rudley, Rex Reason, Neville Brand, Emile Meyer. ◆ Oregon, inizio secolo: un proprietario terriero, Montgomery (Rudley), ha istituito una legge secondo la quale ogni donna appartiene al primo uomo che ha deciso di farla sua. Quando scopre che la moglie Hannah (De Carlo) è stata violentata, fa impiccare un sospetto, che in realtà è innocente, ma il fratello Tex (Calhoun) arriva in paese per vendicarlo. Un piccolo western all'ombra dei capolavori, sceneggiato da Harry Essex e Robert Hill e meno scontato di quanto si possa pensare: la «legge Montgomery» è da storia del genere (il mito dell'ordine che ossessiona ogni sceriffo qui è applicato alla sfera sessuale, con maschilismo agghiacciante e assoluto) e lo sfavillante technicolor anni Cinquanta, unito al gusto del dettaglio, produce immagini che restano nella memoria, come la parte bassa del vestito rosso della De Carlo prima di essere violentata.

Marchio dell'odio, Il *** (*The Hallyday Brand*, Usa 1957, b/n, 78') Joseph H. Lewis. Con Joseph Cotten, Viveca Lindfors, Betsy Blair, Ward Bond. ◆ Uno sceriffo (Bond) feroce e razzista si fa odiare dal figlio (Cotten) che, innamorato di una meticcia (Lindfors), se ne va di casa. Sottovalutato western psicologico, scabro e violento, diretto da un maestro dei film di serie B – solo nel budget, non nelle idee. Un'opera «notturna, nevrotica e claustrofobica» dove gli esterni sono rari e servono a far scoppiare lampi di violenza (come un'impiccagione filmata con una secchezza inusitata) mentre un angoscioso senso di fatalità e distruzione avvolge tutta la storia. Metafore visive folgoranti, temi coraggiosi e un senso di tragedia classica che richiama i capolavori di Anthony Mann.

Marchio di Caino, Il *½ (*The Mark of Cain*, Gb 1948, b/n, 88') Brian Desmond Hurst. Con Eric Portman, Sally Gray, Patrick Holt, Dermot Walsh, Dennis O'Dea. ◆ Un uomo (Portman) si innamora di una ragazza (Gray), che però gli preferisce il fratello. Allora decide di ucciderlo, facendo ricadere la colpa sulla donna. Più che un noir, un drammone d'appendice, turgido e melodrammatico.

Marchio di Dracula, Il * (*Scars of Dracula*, Gb 1970, col, 94') Roy Ward Baker. Con Christopher Lee, Dennis Waterman, Jenny Hanley, Christopher Matthews. ◆ Due giovani, sulle tracce di un amico scomparso, finiscono al castello del conte Dracula (Lee), come sempre destinato alla sconfitta finale. Uno degli ultimi film con Dracula dell'horror inglese, e uno dei meno memorabili.

Marchio di sangue, Il *½ (*Branded*, Usa 1950, col, 95') Rudolph Maté. Con Alan Ladd, Mona Freeman, Charles Bickford, Joseph Calleia, Milburn Stone. ◆ Un bandito (Ladd) fa credere a un ricco proprietario terriero (Bickford) di essere il figlio che gli è stato rapito molti anni prima. Ma quando il capo gli ordina di uccidere l'uomo, si ribella e, anzi, si dà da fare per ritrovare il vero erede. Un western di ordinaria amministrazione che tende al melodramma.

Marciando nel buio * (Italia 1995, col, 109') Massimo Spano. Con Flavio Albanese, Thomas Kretschmann, Jean-Marc Barr, Roberto Citran, Massimo Dapporto, Mariella Valentini, Antonella Fattori, Ottavia Piccolo, Franco Interlenghi, Mattia Sbragia. ◆ Saro (Albanese), militare di fanteria, subisce violenza carnale dall'ufficiale Roatta (Barr). Aiutato dal suo sergente (Kretschmann), gay e segretamente innamorato del ragazzo, denuncerà il superiore, scatenando reazioni a catena. Di caserma si muore: lo avevano già detto Bellocchio e Marco Risi, ma il canovaccio della seconda opera di Spano (la prima, *Agosto*, non è mai uscita) non si discosta molto dagli stereotipi: ufficiali sadici che scelgono come vittime subalterni non ancora emancipati; mogli attratte più dalle divise che da quello che ci sta sotto; morti «accidentali», omosessualità latenti. Dapporto, che nel film di Risi era un tenente frustrato, qui diventa il perverso amico di «giochi» di un Barr in versione Mishima, sull'orlo del ridicolo. Il copione di Claudio Lizza e di Spano non riesce mai a giustificare l'aria tragica che si vorrebbe respirassimo. Strombazzato esordio nella produzione di Zeudi Araya vedova Cristaldi.

Marcia nuziale ** (Italia 1934, b/n, 94') Mario Bonnard. Con Kiki Palmer, Tullio Carminati, Assia Noris, Cesare Bettarini, Enrico Viarisio. ◆ Una giovane (Palmer) di buona famiglia rinuncia a un prestigioso matrimonio e sposa il suo maestro di pianoforte (Carminati), il quale rinuncia all'arte e si impiega come contabile: quando il capufficio gli insidia la moglie, verrà sfiorata la tragedia. Dall'omonimo dramma di Henry Bataille, un dramma in bilico tra realismo quotidiano ed enfasi, molto distante dal clima dei telefoni bianchi. Esiste anche un'edizione francese con Madeleine Renaud, Henri Rollan e Assia Noris.

Marcia nuziale ** (Italia 1965, b/n, 82') Marco Ferreri. ◆ Film a episodi. In *Famiglia felice* (con Ugo Tognazzi, Catherine Faillot), ambientato in un futuro disumanizzato, un uomo preferisce accoppiarsi con una bambola di plastica; in *Prime nozze* (con Ugo Tognazzi, Gaia Germani, Tom Felleghi, Gianni Bonagura) il comportamento di due coppie è paragonato a quello dei loro cani; in *Dovere coniugale* (con Ugo Tognazzi, Tecla Scarano, Shirley Ann Field) moglie e marito vivono un rapporto frustrante; in *Igiene coniugale* (con Ugo Tognazzi, Alexandra Stewart) due coniugi iperrazionali programmano tutto. Sceneggiato dal regista con Diego Fabbri e Rafael Azcona, un quadro grottesco ma sbrigativo della decadenza dell'istituto matrimoniale. Preso di mira dai censori, subì un taglio di 8'. I manichini sono opera di Carlo Rambaldi.

Marcia o muori → *Bandera, La*

Marciapiedi della metropoli, I **½ (*St. Martin's Lane*, Gb 1938, b/n, 84') Tim Whelan. Con Charles Laughton, Vivien Leigh, Rex Harrison, Tyrone Guthrie, Larry Adler. ◆ Una ragazza (Leigh) che improvvisa spettacoli per strada ha tanto successo da ritrovarsi su di un vero palcoscenico. Cerca di portare con sé anche l'uomo (Laughton) che l'ha lanciata ma fallisce, e lui torna sui marciapiedi a fare il buffone. Laughton superbo in una parte tragicomica, da solo vale il film sceneggiato da Clemence Dane; ma Leigh, al suo primo film importante, gli tiene testa, e difatti l'anno dopo verrà scelta per *Via col vento*. In America è stato titolato *Sidewalks of London*.

Marciapiedi di New York, I **½ (*East Side, West Side*, Usa 1949, b/n, 108') Mervyn LeRoy. Con Barbara Stanwyck, James Mason, Ava Gardner, Van Heflin, Cyd Charisse, Gale Sondergaard, Nancy Davis [poi Reagan], William Conrad. ◆ L'improvviso ritorno sulla scena mondana newyorkese di Isabel Lorrison (Gardner) riapre le ferite nel matrimonio tra Brandon (Mason) e Jessie (Stanwyck): l'uomo sembra incapace di resistere al richiamo della sua ex amante e la situazione precipita quando la donna viene trovata morta. Un curioso melodramma che mette in scena la difficoltà tutta maschile di «riadattarsi» alla vita nel secondo dopoguerra. Il titolo originale (che contrappone il quartiere elegante, East Side, a quello popolare, West Side) sottolinea i temi più economicisti e spiega il comportamento dell'arrivista Isabel (in più di una scena si dice esplicitamente che si fa mantenere); ma il vero cuore del film è la profonda insicurezza dell'uomo, che «ha bisogno» di una donna comprensiva e materna: evidente il richiamo ai traumi psicoanalitici di quegli anni, appena stemperati dalla presenza dell'«eroico» agente Marc (Heflin), che funziona solo da ideale inavvicinabile e che infatti «esce» dalla vita sia dell'innamorata Rosa (Charisse) che della sofferente Jessie. Peccato che la regia non vada più in là della correttezza, lasciando tutto il film sulle spalle degli attori. Sceneggiatura di Isobel Lennart, tratta dal romanzo di Marcia Davenport.

Marcia su Roma, La *½ (Italia/Francia 1962, b/n, 94') Dino Risi. Con Vittorio Gassman, Ugo Tognazzi, Roger Hanin, Angela Luce, Gérard Landry, Giampiero Albertini. ◆ Un disoccupato (Gassman) e un contadino (Tognazzi) si iscrivono alle camicie nere e partecipano alla marcia su Roma. Alle porte della capitale scappano e tutti li credono caduti eroicamente: una volta ricomparsi, verranno spediti su un'isola sperduta. La storia patria secondo Age [Agenore Incrocci], Scarpelli, Scola e Maccari: la satira scade a barzelletta e a caricatura.

Marcia trionfale ** (Italia 1976, col, 125') Marco Bellocchio. Con Franco Nero, Miou-Miou [Sylvette Hery], Michele Placido, Nino Bergamini, Patrick Dewaere. ◆ Un giovane (Placido) appena laureato presta servizio di leva. Un suo superiore (Nero), in preda a nevrosi, fa di lui prima una vittima, poi un confidente, senza accorgersi che il ragazzo è diventato l'amante della moglie (Miou-Miou). Scritto dal regista con Sergio Bazzini, un atto d'accusa dell'istituzione militare, veemente, sopra le righe, ma a tratti pungente. Musiche di Nicola Piovani.

Marco il ribelle ** (*Blockade*, Usa 1938, b/n, 85') William Dieterle. Con Henry Fonda, Madeleine Carroll, Leo Carrillo, John Halliday, Vladimir Sokoloff, Reginald Denny. ◆ Durante la guerra civile spagnola, un contadino (Fonda) si batte con coraggio, convincendo una spia (Carroll) degli avversari a passare dalla sua parte. Il primo film di Hollywood sulla guerra civile spagnola sceneggiato da John Howard Lawson (che sarà uno dei «dieci di Hollywood» perseguitati dal maccartismo) per quanto si sforzasse di essere neutrale, e non chiamasse le parti in causa coi loro nomi, riuscì egualmente a creare parecchie noie per il messaggio antinazista. Buone intenzioni e risultati convenzionali: *Per chi suona la campana* avrà forza ben maggiore.

Marco Polo *½ (Italia 1961, col, 100') Piero Pierotti, Hugo Fregonese. Con Rory Calhoun, Yoko Tani, Robert Hundar [Claudio Undari], Camillo Pilotto, Pierre Cressoy. ◆ Il viaggio di Marco Polo (Calhoun) in Cina: giunto a Pechino dopo mille avventure, si inimica il ministro del Gran Khan e finisce in prigione. Ma riesce a liberarsi e a unirsi ai ribelli per lottare contro il suo nemico. Una ricostruzione poco attendibile per essere un film storico e poco vigorosa per essere un film d'avventura. Alcune sequenze in esterno riutilizzano scene del documentario *La muraglia cinese,* diretto nel 1957 da Carlo Lizzani.

Mare, Il ** (Italia 1962, b/n, 115') Giuseppe Patroni Griffi. Con Umberto Orsini, Françoise Prévost, Dino Mele, Renato Scala. ◆ Capri, inverno: tra un attore (Orsini) che smaltisce una delusione d'amore e un ragazzo del posto (Mele) nasce un abbozzo di passione, fatto di fughe e di silenzi scontrosi. L'arrivo di una donna (Prévost) li separa, ma forse solo momentaneamente. Antonioni incontra Gide, D'Annunzio fa l'occhietto a Resnais: la prima regia di Patroni Griffi gronda di estetismo e di letteratura, e appare pesantemente datata. «Il teatro è morto», «Luna: sei una chiavica!»: la poetica dell'alienazione cominciava a diventare *vulgata*, e la maggior parte dei critici, allora, fischiarono impietosi. Anche se a indignarli era soprattutto il tema, per l'epoca scabroso. Ma l'unico personaggio dotato di vita, alla fine, è proprio quello del giovane «diverso».

Marea della morte, La ** (*Jeopardy*, Usa 1953, b/n, 69') John Sturges. Con Barbara Stanwyck, Barry Sullivan, Ralph Meeker, Lee Aaker. ◆ Durante una vacanza in Messico, un uomo (Sullivan) resta imprigionato tra le assi di un ponte. La moglie (Stanwyck) deve liberarlo prima che arrivi la marea, ma si mette di mezzo un killer (Meeker). Sturges parte bene, poi l'intreccio perde di tensione e credibilità.

Mare caldo ** (*Run Silent, Run Deep*, Usa 1958, b/n, 93') Robert Wise. Con Clark Gable, Burt Lancaster, Jack Warden, Brad Dexter, Nick Cravat, Mary LaRoche. ◆ Durante la seconda guerra mondiale nasce un conflitto tra il capitano (Gable) di un sottomarino, alla caccia ossessiva di una nave giapponese, e il suo vice (Lancaster). Dal romanzo del comandante Edward L. Beach, sceneggiato da John Gay, un film bellico più attento alle psicologie che all'azione. Per Wise, comunque, un film su commissione.

Marechiaro *½ (Italia 1949, b/n, 90') Giorgio Ferroni. Con Silvana Pampanini, Nada Fiorelli, Massimo Serato, Augusto Di Giovanni, Agostino Salvietti, Arnoldo Foà, Enzo Stajola. ◆ Un giovane (Serato), tornato a Napoli dalla fidanzata (Pampanini), allaccia una relazione con la sua bella matrigna. Ma quando decide di abbandonarla, la donna muore accidentalmente e lui viene ritenuto colpevole. Tra gli sceneggiatori Anton Giulio Majano, Sandro De Feo, Franco Rossi e Mario Monicelli: il risultato è del tutto anonimo.

Mare dei vascelli perduti, Il *½ (*Sea of Lost Ships*, Usa 1953, b/n, 85') Joseph Kane. Con John Derek, Wanda Hendrix, Walter Brennan, Richard Jaeckel. ◆ Dopo un'amicizia decennale, due guardiacoste (Derek e Brennan) litigano per amore della stessa donna (Hendrix). Ma durante una missione pericolosa ritroveranno il loro affiatamento. Serie B senza sorprese.

Mare d'erba ** (*Sea of Grass*, Usa 1947, b/n, 131') Elia Kazan. Con Katharine Hepburn, Spencer Tracy, Melvyn Douglas, Phyllis Thaxter, Robert Walker, Edgar Buchanan, Harry Carey. ◆ Nuovo Messico, 1880: un latifondista dispotico (Tracy) sposa una ragazza di città (Hepburn), che presto lo tradisce e ha un figlio dal suo rivale (Douglas), in lotta per la distribuzione della terra. Il marito la caccia e si tiene il bambino: si ritroveranno vent'anni più tardi, dopo la tragica morte del ragazzo. Dal romanzo di Conrad Richter sceneggiato da Marguerite Roberts e Vincent Lawrence, un melodramma familiare cui Kazan (alla seconda regia) avrebbe voluto dare un respiro epico alla Dovzenko. Ma la faccia di Tracy, ammise lo stesso regista, «assomigliava all'interno di un melone tenero e dolce», e le convenzioni hollywoodiane hanno spesso la meglio.

Mare largo *½ (Italia 1998, col, 90') Ferdinando Vicentini Orgnani. Con Claudio Amendola, Rade Serbedzija, Isabella Ferrari, Catherine Wilkening, Liberto Rabal, Andreja Blagojevic, Francesco Carnelutti. ◆ Il capitano Edoardo (Amendola) si fa convincere a trasportare un carico d'armi in Bosnia: incontrerà il destino che si aspetta il suo senso di colpa, tormentato per la morte del fratello con la cui moglie (Ferrari) aveva avuto una relazione. L'esordiente regista si ispira al romanzo *Attesa sul mare* di Francesco Biamonti cercando romanticismi alla Graham Greene, ma affonda nell'evocazione superficiale e pretestuosa di un passato prossimo ancora lancinante. I personaggi femminili, poi, sono uno più improbabile dell'altro. Quando la confezione corretta non basta.

Mare matto *½ (Italia/Francia 1963, b/n, 100') Renato Castellani. Con Jean-Paul Belmondo, Odoardo Spadaro, Gina Lollobrigida, Tomas Milian, Anita Durante, Piero Tordi, Lamberto Maggiorani. ◆ Un vecchio marinaio (Spadaro) e il suo aiutante (Belmondo), incaricati di trasportare un carico di vino, si trovano coinvolti in avventure di ogni genere. Scritto dal regista con Leo Benvenuti e Piero De Bernardi, un divertissement non troppo riuscito. La sceneggiatura prevedeva 14 episodi, ma il produttore Cristaldi ne tagliò via 10. «Un episodio che mi fece passare l'amore per il cinema», confessò Castellani.

Margherita della notte ** (*Marguerite de la nuit*, Francia/Italia 1955, col, 100') Claude Autant-Lara. Con Michèle Morgan, Yves Montand, Jean-François Calvé, Pierre Palou, Massimo Girotti. ◆ Un vecchio professore (Calvé) incontra un gentiluomo (Montand) che gli fa conoscere una bellissima cantante (Morgan). Rapito dal fascino della donna, accetta di stipulare un patto con lo sconosciuto: l'anima in cambio della propria giovinezza e dell'amore della cantante. Dal racconto di Pierre MacOrlan (adattato da Ghislaine Autant-Lara e Gabriel Arout), una versione del Faust ambientata negli anni Venti, per la quale Autant-Lara – privo degli abituali collaboratori alla sceneggiatura – recupera la sua originaria esperienza di designer al fianco di L'Herbier. Abbastanza interessante per gli effetti visivi (con un'accentuata stilizzazione della messa in scena e frequenti cambi cromatici a sottolineare gli umori dei personaggi e le differenze d'atmosfera), ma la sperimentazione tecnica conferisce all'insieme una freddezza che non viene riscattata né dal testo né dagli interpreti (del tutto improbabile Montand nel ruolo del diavolo).

Margherita Gautier *** (*Camille*, Usa 1936, b/n,

108') George Cukor. Con Greta Garbo, Robert Taylor, Lionel Barrymore, Elizabeth Allan, Jessie Ralph, Henry Daniell. ◆ La cortigiana Margherita (Garbo) s'innamora, ricambiata, del ricco Armando Duval (Taylor). Ma quando il padre (Barrymore) di lui la supplica di lasciarlo si sacrifica: minata dalla tisi, quando si ricongiungerà all'amato sarà troppo tardi. Da *La signora delle Camelie* di Alexandre Dumas figlio sceneggiata da Frances Marion, James Hilton e Zoë Akins, uno dei più riusciti melodrammi di Cukor, e una delle migliori interpretazioni della Garbo. Dietro lo splendore formale (la fotografia, tutta giocata sui contrasti luce-ombra sul volto di Camille, è di William Daniels e Karl Freund) c'è un senso autentico di sofferenza e di amara ironia quasi ophulsiano. Vero ispiratore del film fu però il produttore Irving Thalberg, che morì a 37 anni senza fare in tempo a vedere l'opera finita. Il romanzo di Dumas ispirò una decina di film muti (tra cui *La signora delle Camelie* con Alla Nazimova e Rodolfo Valentino); tra i successivi, *Traviata* di Gallone e *Traviata '53* di Cottafavi.

Margine, Il ** (*La Marge*, Francia 1976, col, 89') Walerian Borowczyk. Con Joe Dallesandro, Sylvia Kristel, Mireille Audibert, Denis Manuel. ◆ Mentre se la spassa a Parigi, Sigismond (Dallesandro) viene a sapere che sua moglie si è uccisa. Inizia allora un rapporto autodistruttivo con una prostituta (Kristel). Riduzione surrealisteggiante del romanzo omonimo di André Pieyre de Mandiargues: non va a fondo negli abissi della passione come *L'impero dei sensi*, ma ha una progressione drammatica credibile. La versione italiana è stata tagliata di 6'.

Maria Antonietta ** (*Marie Antoinette*, Usa 1938, b/n, 149') W.S. Van Dyke II. Con Norma Shearer, Tyrone Power, John Barrymore, Robert Morley, Gladys George, Anita Louise. ◆ La vita di Maria Antonietta (Shearer), dal matrimonio con il futuro Luigi XVI (Morley) alla condanna alla ghigliottina. Una ricostruzione storica opulenta e poco attendibile, ma ben recitata.

Maria Antonietta regina di Francia *½ (*Marie Antoinette*, Francia 1956, col, 108') Jean Delannoy. Con Michèle Morgan, Richard Todd, Jacques Morel, Michel Piccoli, Claudio Gora, Marina Berti. ◆ Allo scoppio della rivoluzione, il conte di Fersen (Todd), amante di Maria Antonietta (Morgan), progetta la fuga dei sovrani francesi. Tutto inutile: catturati a Varennes, saranno processati e condannati. Sceneggiato dal regista con Bernard Zimmer, un filmone storico convenzionale.

Mariachi, El ** (*El Mariachi*, Usa 1992, col, 81') Robert Rodriguez. Con Carlos Gallardo, Consuelo Gomez, Peter Marquardt, Reinold Martinez. ◆ In una cittadina messicana, un innocuo musicista ambulante, il «Mariachi» del titolo (Gallardo) viene scambiato per un killer (Martinez) che, evaso di prigione, vuole vendicarsi del suo boss (Marquardt). Farsa noir con inaspettato epilogo tragico e sanguinoso, che fa il verso al cinema di Leone e dei fratelli Coen. Racconta la leggenda che l'esordiente regista (24 anni) abbia girato il film in 14 giorni con soli 7.000 dollari, riuscendo poi a venderlo alla Columbia: che l'ha gonfiato in 35mm e distribuito in tutto il mondo. Le limitatezze di budget nulla tolgono al ritmo, al divertimento e alla competenza tecnica: ma resta l'impressione di un giochino fine a se stesso, ed è presto per gridare alla scoperta di un nuovo autore. È stato il primo film parlato in spagnolo distribuito negli Usa da una major: ma il doppiaggio lo banalizza. Rifatto, con i soldi della Columbia, dallo stesso Rodriguez nel 1995: *Desperado*.

Maria di Scozia **½ (*Mary of Scotland*, Usa 1936, b/n, 123') John Ford. Con Katharine Hepburn, Fredric March, Florence Eldridge, Douglas Walton, John Carradine, Robert Barrat. ◆ Il regno di Maria Stuarda (Hepburn), regina di Scozia: l'amore per Lord Bothwell (March), il conflitto con la cugina Elisabetta I d'Inghilterra (Eldridge), la prigione, la condanna al patibolo. Dalla pièce di Maxwell Anderson sceneggiata da Dudley Nichols, una ricostruzione storica sostenuta, per una volta, da un discreto senso drammatico e da un adeguato talento figurativo (la fotografia è di Joe August). «Riuscì molto bene», disse Ford, «anche se venne montato malamente dopo che io me ne andai». Lo stesso soggetto è raccontato in *Maria Stuarda regina di Scozia* (1971). La Eldridge e March erano, nella realtà marito e moglie.

Maria Galante *½ (*Marie Galante*, Usa 1934, b/n, 88') Henry King. Con Spencer Tracy, Ketty Gallian, Ned Sparks, Helen Morgan, Sig Rumann, Leslie Fenton, Arthur Byron. ◆ La cantante di un night (Gallian) viene coinvolta in un intrigo internazionale per far saltare il canale di Panama. Ma la congiura sarà sventata da un agente del controspionaggio statunitense (Tracy). Da una commedia di Jacques Deval, abbondantemente rimaneggiata da Reginald Berkeley, un film ideato per lanciare la francese Gallian. Ma fu un fiasco.

Maria, leggenda ungherese *** (*Tavaszi zápor*, Ungheria 1932, b/n, 68') Paul [Pál] Fejós. Con Annabella [Suzanne Charpentier], István Gyergyai [poi Steven Geray], Ilona Dajbukát, Karola Zala. ◆ Dopo essere stata sedotta, la serva Maria (Annabella) resta incinta e viene scacciata dalla padrona: la figlia le viene tolta, e Maria muore. Dal cielo veglierà che quest'ultima non ripeta i suoi errori. Una gemma del cinema europeo agli inizi del sonoro sceneggiata dal regista con Ilona Fülöp, storia di una eroina vittima dei pregiudizi sociali e dell'inesorabilità del destino, girato con uno stile lirico e al tempo stesso realistico (vedi la sequenza del parto nel bordello), a metà tra fiaba e melodramma. Féjos rinuncia quasi interamente al dialogo, sostituendolo con la musica di György Ranki, e il pathos con cui osserva la sua malinconica eroina ad alcuni ha ricordato Mizoguchi.

Maria Luisa **½ (*Marie-Louise, la petite française*, Svizzera 1944, b/n, 103') Leopold Lindtberg. Con Josiane Hegg, Heinrich Gretler, Anne-Marie Blanc, Margrit Winter, Armin Schweizer, Mathilde Danegger, Fred Tanner. ◆ Portata in Svizzera dalla natia Rouen dalla Croce Rossa perché almeno per tre mesi dimentichi le brutture e la miseria della guerra, la piccola Maria Luisa (Hegg) viene ospitata nella casa del burbero signor Ruegg (Gretler) che dietro un carattere litigioso nasconde un cuore d'oro: la simpatia della bambina conquisterà tutti i membri della famiglia e quando dovrà tornare in Francia il distacco sarà particolarmente doloroso. Per la prima volta nel cinema svizzero fa la sua comparsa un personaggio fino ad allora tabù, il rifugiato, anche se qui si tratta di una bambina: senza affrontare temi più apertamente politici (come lo stesso Lindtberg farà l'anno successivo con *L'ultima speranza*), il film, sceneggiato da Richard Schweizer, si sforza di sottolineare gli eccessi perturbanti di queste ospitalità «benefiche» (erano state quasi 60 mila dal 1940 al 1944), raccontando con ironia l'eccesso di bontà dei Ruegg che finiscono per scatenare una serie di problemi psicologici in una ragazza che non vorrà più tornare dalla propria mamma in Francia. Ma la scelta di affidare il ruolo dei benefattori alle più popolari vedettes svizzere (oltre a Heinrich Gretler, anche Anne-Marie Blanc e Margrit Winter, nei ruoli delle due figlie di Ruegg) fa scattare nel pubblico un processo di identificazione che finisce per sminuire la critica ed esaltare il ruolo della Svizzera come «oasi nella tormenta». Molto meglio le scene iniziali, ambientate in una Rouen sotto i bombardamenti e girate con uno stile secco e documentaristico (il seppellimento dei civili) che emoziona ancora. Figlia di un padre svizzero e di una madre francese, la protagonista allora tredicenne era davvero una rifugiata portata in Svizzera dalla Croce Rossa. Grande successo internazionale e Oscar per la miglior sceneggiatura.

Marianna Ucrìa *½ (Italia/Francia/Portogallo 1997, col, 108') Roberto Faenza. con Emmanuelle Laborit, Roberto Herlitzka, Philippe Noiret, Laura Morante, Lorenzo Crespi, Laura Betti, Bernard Giraudeau, Leopoldo Trieste, Eva Grieco, Selvaggia Quattrini, Olivia Magnani. ◆ Sicilia, prima metà del Settecento: muta dall'età di cinque anni, sposata a tredici al vecchio duca Pietro (Herlitzka), con la maturità Marianna (Laborit) scoprirà da un istitutore francese (Giraudeau) il linguaggio dei segni e le idee prerivoluzionarie, da un servo (Crespi) la passione del corpo e da sola l'oltraggio che le ha fatto perdere la voce. Storia di formazione, e di presa di coscienza proto-femminista, liberamente tratta dal romanzo *La lunga vita di Marianna Ucrìa* di Dacia Maraini, sceneggiato (evitando le asprezze) dal regista con Sandro Petraglia. L'intento è «pedagogico», ma la realizzazione non supera l'effetto-quadretto, dove lo scenografo (Danilo Donati) e il direttore della fotografia (Tonino Delli Colli) contano più del regista. Che Faenza voglia diventare lo «Zeffirelli della sinistra»?

Maria's Lovers **½ (*Maria's Lovers*, Usa 1984, col, 100') Andrej [Michalkov] Končalovskij. Con Nastassja Kinski, John Savage, Robert Mitchum, Keith Carradine, Vincent Spano, Anita Morris, Karen Young, John Goodman. ◆ Brownsville, Pennsylvania, 1946: la guerra ha talmente segnato Ivan (Savage) che quando sposa la ragazza dei suoi sogni, Maria (Kinski), non riesce a consumare il matrimonio. La moglie, abbandonata, cade tra le braccia di un cantante girovago (Carradine) e resta incinta: ma il trauma sbloccherà Ivan e lo ricondurrà a casa. Scritto dal regista con Gérard Brach, un melodramma nutrito di psicanalisi che fatica a trovare un equilibrio ma che, almeno a tratti, suona sincero e partecipe. Končalovskij, al suo primo film americano (ispirato senza dirlo a un bellissimo racconto di Andrej Platonov), filma le praterie come se fossero la steppa e la Kinski non è mai stata diretta così bene. La scena iniziale è una citazione di *Let There Be Light*, il documentario di John Huston sui reduci della seconda guerra mondiale colpiti da disturbi neuropsichiatrici. Bella fotografia di Juan Ruiz-Anchia.

Maria Stuarda regina di Scozia ** (*Mary, Queen of Scots*, Usa 1971, col, 128') Charles Jarrott. Con Vanessa Redgrave, Glenda Jackson, Patrick McGoohan, Timothy Dalton, Nigel Davenport, Trevor Howard, Daniel Massey, Ian Holm. ◆ La storia della rivalità tra Maria Stuarda (Redgrave), regina di Scozia e cattolica, e la cugina Elisabetta I (Jackson), regina d'Inghilterra, che arriverà a far imprigionare e uccidere la nemica. Sceneggiato da John Hale, storicamente poco attendibile, si salva per le performance delle due primedonne. Sul set nacque l'amore tra la Redgrave e Dalton. La stessa storia era già stata raccontata in *Maria di Scozia* (1936).

Maria Walewska ** (*Conquest*, Usa 1937, b/n, 112') Clarence Brown. Con Greta Garbo, Charles Boyer, Reginald Owen, Alan Marshal, Leif Erickson, Vladimir Sokoloff, Dame May Witty. ◆ La contessa polacca Maria Walewska (Garbo) incontra Napoleone (Boyer) per chiedergli l'indipendenza del suo Paese, ed è subito passione. Avrà da lui un figlio, ma il destino del loro amore è segnato. Dal romanzo di Waclav Gasiorowski (e dalla pièce che ne trasse Helen Jerome, sceneggiata da Samuel Hoffenstein, Salka Viertel e S.N. Behrman), un dramma storico sontuoso e lutulento, che punta tutto sulle sue star.

Maria Zef (di Luigi De Marchi) → *Condannata senza colpa - Maria Zef*

Maria Zef **½ (Italia 1981, col, 120') Vittorio Cottafavi. Con Renata Chiappino, Siro Angeli, Anna Bellina, Neda Meneghesso, Maurizio Scarsini, Cesare Bovenzi, Italo Tavoschi, Natalia Chiarandini, Alessandra Nonni. ◆ Dopo la morte della madre (Meneghesso), la quindicenne Mariute (Chiappino) e la piccola Rosute (Bellina) vanno a vivere nella baita con lo zio Barbe Zef (Angeli), che una notte, mentre la piccola è in ospedale, approfitta della maggiore: per lui è solo «una cosa che succede», ma quando Mariute scopre che le stesse violenze sono state all'origine della morte della madre non sa controllare la rabbia. Ambientato agli inizi del secolo, un ritratto aspro e sofferto di una povera famiglia carnica devastata dalle pieghe della miseria e dell'incesto, che Cottafavi - al suo ultimo film - racconta giocando sul contrasto tra la sensualità del paesaggio (ripreso nelle varie stagioni dell'anno) e la rassegnata sopportazione di chi sa di non poter cambiare vita («se il Signore è venuto al mondo», dice Barbe la notte di Natale, «io non me ne sono accorto»). Così il gesto finale di ribellione, fatale e tragico insieme, suggella un dramma che sa coinvolgere emotivamente lo spettatore e lo fa riflettere sulle disgrazie dei diseredati. Tratto dal romanzo omonimo di Paola Drigo, sceneggiato dal regista con Siro Angeli (che interpreta Barbe Zef), il film - prodotto da Raitre e mandato in onda in due puntate - è parlato tutto in friulano e sottotitolato in italiano. Allo stesso romanzo si era ispirato già Luigi De Marchi nel 1953 (*Condannata senza colpa*).

Marie Chantal contro il dr. Kha **½ (*Marie-Chantal contre le docteur Kha*, Francia 1965, col, 110') Claude Chabrol. Con Marie Laforêt, Francisco Rabal, Serge Reggiani, Charles Denner, Akim Tamiroff, Stéphane Audran. ◆ In vacanza, Marie Chantal (Laforêt) incontra un uomo che le affida un diamante da portare in Marocco. Da quel momento tutti la inseguono per impadronirsi della pietra, finché il malvagio dottor Kha (Tamiroff) la fa prigioniera. Da un soggetto del regista e Christian Yve, una semiparodia del cinema di spionaggio, più riuscita e divertente di altre operazioni analoghe del regista.

Marie della Baia degli Angeli *** (*Marie Baie des Anges*, Francia 1997, col, 90') Manuel Pradal. Con Frédéric Malgras, Vahina Giocante, Amira Casar, Nicolas Welbers, David Kilner, Jamie Harris, Frédéric Westerman. ◆ Orso (Malgras), quindici anni, ladruncolo in cerca di una pistola, si innamora di Maria (Giocante), quattordicenne selvaggia che frequenta i soldati di una base americana. In una Costa Azzurra di pura fantasia, in un mondo senza tempo e quasi senza adulti, tra riformatori e sogni di Grand Prix automobilistici, isole deserte e violenza, una storia di passioni estreme e pudiche sulla libertà perduta dell'adolescenza. L'esordiente regista-sceneggiatore, quasi un Carax disintossicato con iniezioni di Renoir, gira con uno stile di grande freschezza, non lineare, spesso astratto, appena un po' compiaciuto. Un cinema sensuale e lirico come solo ai francesi riesce, e dove si osa ancora parlare (e con successo) di amore e destino, libertà e morte. Fotografia di Christophe Pollock e musica di Carlo Crivelli.

Marie Octobre ** (*Marie Octobre*, Francia 1958, b/n, 89') Julien Duvivier. Con Danielle Darrieux, Bernard Blier, Serge Reggiani, Robert Dalban. ◆ Ad alcuni anni dalla fine della guerra, un gruppo di ex partigiani si ritrova per scoprire chi tradì il loro capo. Dramma cupo dell'ultima fase di Duvivier: buon cast, sviluppi non originalissimi.

Marijuana *½ (*Big Jim McLain*, Usa 1952, b/n, 90') Edward Ludwig. Con John Wayne, James Arness, Nancy Olson, Veda Ann Borg, Hans Conried. ◆ Due agenti governativi americani (Wayne e Arness) arrivano alle Hawaii seguendo una pista di spie comuniste. Da un romanzo di Richard English, prodotto dallo stesso Wayne, un film enfatico e spudoratamente sciovinista.

Marika degli inferni ** (*Mariken van Nieumeghen*, Olanda 1975, col, 85') Jos Stelling. Con Ronnie Montagne, Sander Bais, Alida Sonnega, Diet van de Hulst, Leo Koenen. ◆ Autunno del Medioevo: una giovane contadina (Montagne), succube di un attore, percorre le Fiandre devastate dalla peste; quando viene violentata, ha imparato la lezione e si vendica con la scure. Affresco truculento e decorativo, ricolmo di nefandezze ispirate in parte a Bosch e in parte a Jodorowsky.

Marilyn – Il mito di un'epoca ** (*Marilyn*, Usa 1963, col, 83') Don Medford. ◆ Un documentario sulla vita della Monroe realizzato con un'antologia di scene tratte dai suoi film (ma solo quelli prodotti dalla Fox). Da vedere soprattutto per le sequenze dell'incompiuto *Something's Got to Give* di George Cukor. Il narratore è Rock Hudson.

Marilyn – Una vita, una storia *½ (*Marilyn: The Untold Story*, Usa 1980, col, 119') John Flynn, Jack Arnold, Lawrence Schiller. Con Catherine Hicks, Richard Basehart, Jason Miller, John Ireland, Viveca Lindfors, Anne Ramsey. ◆ La vita della Monroe (Hicks): la terribile infanzia, la gavetta, il successo, i matrimoni con Joe Di Maggio e Arthur Miller, fino alla morte. Dalla biografia di Marilyn scritta da Norman Mailer, una ricostruzione piatta e semplicistica, con una protagonista senza carisma. Concepito originariamente per la tv, con la durata di 150'.

Marinai a terra *½ (*All Ashore*, Usa 1953, col, 80') Richard Quine. Con Mickey Rooney, Dick Haymes, Peggy Ryan, Ray MacDonald. ◆ Tre marinai di una nave da guerra decidono di trascorrere una licenza sull'isola di Catalina. Ma mentre due di loro (Haymes e MacDonald) vanno incontro a successi con le donne, il terzo (Rooney) viene deriso per la sua timidezza. Ma saprà rifarsi. Da un soggetto del giovane Blake Edwards, un musical fiacco e banale.

Marinai, donne e guai * (Italia/Spagna 1958, b/n, 90') Giorgio C. Simonelli. Con Maurizio Arena, Abbe Lane, Ugo Tognazzi, Lauretta Masiero, Rossella Como, Raimondo Vianello, Riccardo Billi. ◆ Sbarcati in un porto spagnolo, alcuni marinai italiani si mettono nei guai per il loro vizio di correre dietro alle ragazze. Ma riusciranno a sgominare una banda di contrabbandieri. Sceneggiata da Vittorio Metz con [Franco] Castellano e Pipolo [Giuseppe Moccia], una commediola ingenua e con poco ritmo.

Marinai, donne e Hawaii * (*The Bulldog Breed*, Usa 1964, b/n, 98') Robert Asher. Con Norman Wisdom, Ian Hunter, David Lodge, Robert Urquhart, Edward Chapman. ◆ Per dimenticare una donna, un venditore ambulante (Wisdom) decide di arruolarsi. Viene scelto per una missione spaziale ma, rivelatosi un imbranato, viene degradato a babysitter di un bulldog. Fiacca farsa di ambiente militare.

Marinai in coperta *½ (Italia 1967, col, 98) Bruno Corbucci. Con Little Tony [Antonio Ciacci], Sheyla Rosin, Ferruccio Amendola, Lucio Flauto, Umberto D'Orsi, Ignazio Leone, Nino Scardina, Tino Scotti, Lea Nanni, Liliana Chiari, Jimmy il Fenomeno [Origene Soffrano]. ◆ Durante la naia in marina tre amici risolvono i loro problemi: Antonio (Little Tony) raddrizza il carattere, trova il produttore (D'Orsi) che lo lancerà nel mondo della musica e soprattutto la donna giusta (Rosin); dal canto suo Ferruccio (Amendola) si sistema con una ereditiera americana, mentre il ricchissimo Lucio (Flauto) compra un bar perché gli piace la cassiera. Ambientata a La Spezia con inserti documentari di esercitazioni navali, una commediola inoffensiva e a tratti divertente che mescola canzoni e battute regionali, anche per merito delle invenzioni linguistiche di Lucio Flauto e della verve di Tino

Scotti (il miliardario Pellegatti). Sceneggiatura del regista con Mario Amendola.

Marinaio del «Gibilterra», Il ** (*The Sailor From Gibraltar*, Gb 1967, b/n, 89') Tony Richardson. Con Jeanne Moreau, Ian Bannen, Vanessa Redgrave, Hugh Griffith, Orson Welles, Umberto Orsini, John Hurt, Arnoldo Foà. ◆ Un impiegato inglese (Bannen), stanco della sua amante (Redgrave), incontra in Italia la misteriosa proprietaria (Moreau) dello yacht Gibilterra, se ne innamora, e la segue nella sua disperata ricerca di un marinaio conosciuto anni prima. Ispirato a *Le Marin de Gibraltar* di Marguerite Duras (che sconfessò il regista), sceneggiato dal regista con Christopher Isherwood e Don Magner, uno strano film divagante e riuscito solo in parte. Segnò la rottura tra la Redgrave e il marito Richardson, innamoratosi della Moreau.

Marinai, topless e guai *½ (*McHale's Navy*, Usa 1964, col, 93') Edward J. Montagne. Con Ernest Borgnine, Joe Flynn, Tim Conway, George Kennedy, Claudine Longet. ◆ Tutto l'equipaggio di una nave contrae debiti di gioco: nel tentativo di mettere insieme i soldi, s'infilerà in guai ancora più grossi. Da una serie Tv molto popolare negli Stati Uniti, un film esilissimo, fatto di gag e di battute prevedibili. Fuorviante il titolo italiano.

Marines, I → *Fiore e la violenza, Il*

Marines all'assalto → *Iwo Jima, deserto di fuoco*

Mario, Maria e Mario *½ (Italia 1993, col, 112') Ettore Scola. Con Giulio Scarpati, Valeria Cavalli, Enrico Lo Verso, Laura Betti, Willer Bordoni, Bedy Moratti, Giancarlo Lizzani. ◆ Sul finire dell'89, quando il Pci sta diventando Pds, Mario (Scarpati), tipografo dell'*Unità*, è per il sì mentre sua moglie Maria (Cavalli), commessa in una farmacia, sta con il no e comincia a guardare con interesse a un altro Mario (Lo Verso) incontrato in sezione, un tecnico elettronico che parteggia come lei per Ingrao. Scritto dal regista con la figlia Silvia (come «terapia privata» allo scontro ideologico che li aveva divisi sullo stesso argomento), il film tenta di raccontare la Storia attraverso i suoi riflessi sulle microstorie private e politiche. Ma quello che era riuscito con *C'eravamo tanto amati* qui fallisce: i tre protagonisti non riescono mai a diventare figure «universali» mentre il finale di ricomposizione (i tre si ritrovano uniti a fare a botte contro fascisti e qualunquisti, mentre marito e moglie superano le divergenze politiche in una nuova unità familiare) è insopportabilmente consolatorio. Vera nota positiva la valorizzazione di Valeria Cavalli, unica davvero credibile del terzetto. Cammeo per Gianni Ippoliti nella parte del barista. Il numero 1 che precede il titolo indica che questo film dovrebbe essere il primo di «un quartetto di film che promuovono a protagonisti piccole persone che in apparenza non custodiscono storie eccezionali».

Marionette ** (Italia/Germania 1939, b/n, 95') Carmine Gallone. Con Beniamino Gigli, Carla Rust, Lucie Englisch, Paul Kemp, Theo Lingen, Richard Rimanowsky, Romolo Costa, Guglielmo Barnabò, Nicola Maldacea. ◆ Ritiratosi in campagna in incognito, il tenore Mario Rossi (Gigli) offre la sua voce per accompagnare le marionette di un teatro ambulante. Una turista di passaggio (Rust) non lo riconosce e convinta di aver scoperto un talento sconosciuto cerca in tutti i modi di organizzargli una tournée: lui sta al gioco, lei – quando scopre l'inganno – un po' meno. Simpatica commedia che elabora un soggetto di Ernst Marischka: in tempi più recenti avrebbe fatto la felicità dei semiologi (un tenore in incognito che si sostituisce dal vivo ai propri dischi rotti accidentalmente e che si esibisce dietro una quinta, limitandosi al ruolo di «voce»), qui è solo uno spunto per unire i due grandi amori di Gallone, l'opera e i pupazzi. Le arie del *Rigoletto* e di *Fra' Diavolo* cantate da Gigli (doppiato da Gualtiero De Angelis per le parti dialogate) sono sempre un bell'ascoltare, ma l'intreccio sentimentale dopo un po' stufa. Il teatro di marionette è quello di Yambo, cioè di Enrico Novelli, figlio del celebre Ermete. Esordio di Mastroianni, undicenne, comparsa alla festa dell'uva.

Marisa **½ (*Music for Millions*, Usa 1944, b/n, 120') Henry Koster. Con Margaret O'Brien, Jimmy Durante, June Allyson, Marsha Hunt, Hugh Herbert, José Iturbi, Connie Gilchrist, Harry Davenport. ◆ Angosciata perché non riceve notizie dal marito soldato, la violoncellista Barbara (Allyson) vive la sua gravidanza con grandi paure: per fortuna al suo fianco c'è la fiduciosa sorellina Marisa (O'Brien), le amiche musiciste e il manager (Durante) del maestro Iturbi (se stesso), nella cui orchestra suona Barbara. Un musical con evidenti scopi propagandistici scritto da Myles Connolly che riesce a equilibrare le componenti melodrammatiche – con la sorellina Marisa che trasmette la propria fede a Barbara e l'aiuta a pregare – con divertenti numeri musicali in cui Jimmy Durante si esibisce in un irresistibile «Umbriago [sic] / il suo nome fa tremar tutta Chicago» e in *Toscanini, Iturbi and Me*. Gran spreco di Čajkovskij e Debussy (specie *Clair de Lune*). Comparsata per Ava Gardner.

Marisa la civetta **½ (Italia/Spagna 1957, b/n, 88') Mauro Bolognini. Con Marisa Allasio, Renato Salvatori, Francisco Rabal, Angel Aranda, Ettore Manni, Polidor [Ferdinand Guillaume], Umberto Orsini. ◆ Marisa (Allasio) vende gelati a Civitavecchia e si fa corteggiare da tutti i ragazzi del paese: finché arriva un marinaio (Rabal) che riesce a farla innamorare. Sceneggiato dal regista con Pier Paolo Pasolini e Tatiana Demby, una commediola lieve ma non stupida, capace di gettare qualche sguardo non banale su un'Italia minore e dimessa.

Mariti, I (di Camillo Mastrocinque) → *Mariti, I – Tempesta d'anime*

Mariti *** (*Husbands*, Usa 1970, col, 95') John Cassavetes. Con Ben Gazzara, Peter Falk, John Cassavetes, Jenny Runacre, Jenny Lee Wright, Noelle Kao. ◆ Dopo il funerale del loro amico più caro, il giornalista Archie (Falk), il dentista Gus (Cassavetes) e il pubblicitario Harry (Gazzara), tutti sposati con prole, passano due giorni a ubriacarsi in giro per New York, per poi spostarsi a Londra a fare baldoria. Solo Harry ci resterà, ma chissà per quanto. Il mito della libertà e dell'amicizia tra uomini, gli anni che passano, lo sconforto di quando la mattina ci si guarda allo specchio:

rispetto al precedente *Volti*, il tono è in superficie più scanzonato, ma in fondo non ci sono né consolazioni né autoassoluzioni. Uno spaccato acuto e sincero della classe media americana, dove la struttura del racconto non scende a compromessi con i generi cinematografici correnti. Grande gioco di attori. Grazie ai distributori, tuttavia, la versione italiana è solo un'ombra di quella originale di 154' già ridotta negli Usa a 138'.

Mariti, I (Tempesta d'anime) **½ (Italia 1941, b/n, 88') Camillo Mastrocinque. Con Amedeo Nazzari, Mariella Lotti, Clara Calamai, Roberto Villa, Sandro Ruffini, Giulio Stival, Rubi Dalma, Irma Gramatica, Camillo Pilotto, Tina Lattanzi, Pina Renzi, Arturo Bragaglia. ◆ Nella Napoli di fine Ottocento, l'altezzosa duchessa Emma d'Herrera (Lotti), per compiacere i genitori (Gramatica e Pilotto), sposa un onesto e brillante avvocato senza titolo, Fabio Regoli (Nazzari): imparerà ad amarlo scoprendo l'impegno con cui Fabio difende proprio l'ignobile farabutto di sangue blu (Stival) di cui si era infatuata e il senso dell'onore con cui salva la sorella Giulia (Dalma) dalla corte di un fatuo dongiovanni (Ruffini). Una commedia in costume nell'èra dei telefoni bianchi sceneggiata dal regista e Alessandro De Stefani a partire dalla commedia omonima di Achille Torelli (per il cui centenario della nascita è stato prodotto il film, come recita un cartello nei titoli di testa), dove la scarsissima moralità aristocratica viene messa in riga da un borghese tutto d'un pezzo, dotato di un'incrollabile fiducia in se stesso e nei suoi «nobili» principi di carriera&famiglia. Ma se il personaggio di Nazzari è fin troppo ideologico (e francamente noioso) nella sua eccessiva virtù, per buona parte del film si respira un'insolita atmosfera di disinvolta decadenza che rimanda quasi all'universo di Lubitsch, con una notevole cura per scenografie (di Ottavio Scotti), arredi (Cesare Pavani) e costumi (Maria De Matteis), e una folta galleria di personaggi ben caratterizzati nella loro inevitabile «tipicità». Nel ruolo di Amelia Gioiosi, la Calamai è prima una moglie infedele e poi una vedova allegra con tutti i germi della dark lady di *Ossessione*. Il regista Gero Zambuto interpreta l'ingegner Gioiosi.

Mariti ciechi **½ (*Blind Husbands*, Usa 1919, b/n, 90') Erich von Stroheim. Con Erich von Stroheim, Francilla Billington, Sam De Grasse, Gibson Gowland, Fay Holderness. ◆ Cortina: l'ufficiale austriaco von Steuben (von Stroheim) corteggia pesantemente la moglie (Billington) del medico americano Robert Armstrong (De Grasse), che pensa solo alla scalate. Il confronto tra i due uomini avverrà sulla cima di una vetta. La prima regia di von Stroheim (anche sceneggiatore, dal suo dramma *The Pinacle*) per la Universal di Carl Laemmle osserva le regole del melodramma, per di più nella variante montanara che tanto piacerà ai cineasti tedeschi; esplicitando però con inconfondibile sarcasmo i simboli del desiderio (le scarpe, secondo il feticismo caro al regista) e della repressione. Ma von Stroheim padroneggia già magistralmente la tecnica (con cambi di focale e giochi con gli specchi) e la recitazione: il suo personaggio di seduttore cinico, già abbozzato in film altrui, è reso con sfumature assai moderne, e diventerà il suo biglietto da visita. Noto anche come *La legge della montagna*.

Mariti e mogli *** (*Husbands and Wives*, Usa 1992, col, 107') Woody Allen. Con Woody Allen, Mia Farrow, Sydney Pollack, Judy Davis, Liam Neeson, Juliette Lewis, Benno Schmidt, Lysette Anthony. ◆ Jack (Pollack) e Sally (Davis) annunciano agli amici Gabe (Allen) e Judy (Farrow) che hanno intenzione di separarsi. La loro crisi, destinata a rientrare dopo altre esperienze di entrambi, mette in discussione il rapporto degli amici: alla fine saranno proprio Gabe e Judy a divorziare. Scene da un matrimonio newyorkese, raccontate nervosamente in una confessione (all'analista? al pubblico? all'obiettivo?) che spesso assume le sembianze, sempre fantasmatiche, di un'intervista. Con uno stile molto lontano dalla compostezza delle opere precedenti (macchina da presa mobilissima, voci che si accavallano come in effetti succede nella vita reale), Allen mette a punto una radiografia della coppia intellettuale tanto spietata quanto sincera e sofferta: che decidano di rimanere uniti o meno, i mariti e le mogli non possono comunque evitare di fare i conti con la sconfitta dei propri desideri e la condanna alla perpetua insoddisfazione. *Io & Annie* appartiene a un'altra epoca: più nevrotica, ma certamente più vitale. Qui mancano sia il senso dell'umorismo che la tragedia: il cinema verità, secondo Allen, è un *docu-drama* dove ogni passione è spenta, oppure fallace (inevitabili i raffronti con la crisi che ha portato alla tormentata separazione nella vita reale tra Allen e sua moglie Mia). Generazionale, ma raccomandabile a partire dai trent'anni.

Mariti imperfetti *½ (*Bye Bye, Love*, Usa 1995, col, 106') Sam Weisman. Con Matthew Modine, Randy Quaid, Paul Reiser, Janeane Garofalo, Rob Reiner, Amy Brenneman. ◆ Tre amici, divorziati con figli, alle prese con problemi di ex famiglia e nuovi tentativi di coppia: Dave (Modine) è diventato un donnaiolo, Vic (Quaid) odia l'ex moglie e il suo nuovo fidanzato, Donny (Reiser) invece ne è ancora innamorato. Una commedia prevedibile su una realtà sempre più comune vista dalla parte di lui (non a caso il record delle inquadrature spetta a McDonald's, punto d'incontro nevralgico per i pargoli delle famiglie sfasciate). Un po' di senso paterno, qualche senso di colpa e tanti desideri di rivincita: la ricetta è facile facile, il divertimento nemmeno assicurato. Rob Reiner è il dottor David Townsend, consulente radiofonico per coppie separate.

Mariti in città *½ (Italia 1957, b/n, 90') Luigi Comencini. Con Franco Fabrizi, Renato Salvatori, Memmo Carotenuto, Giorgia Moll, Hélène Remy, Marisa Merlini, Franca Valeri, Nino Taranto, Franca Gandolfi. ◆ Quando le mogli sono in vacanza, i mariti sperano di darsi alla pazza gioia. Ma le loro avventure raramente sono coronate dal successo. Da un soggetto del regista e Suso Cecchi d'Amico, con la musica di Domenico Modugno, una commedia prevedibile e piena di luoghi comuni, con poco di comenciniano.

Mariti in pericolo * (Italia 1960, b/n, 90') Mauro Morassi. Con Sylva Koscina, Mario Carotenuto, Memmo Carotenuto, Pupella Maggio, Nietta Zocchi,

Dolores Palumbo, Franca Valeri. ◆ Un marito fedifrago (Carotenuto) trasecola quando la moglie (Koscina), alla notizia del suo tradimento, non fa una piega. Pochade risaputa diretta con scarso brio.

Mariti mogli amanti *½ (*Les Maris, les femmes, les amants*, Francia 1988, col, 107') Pascal Thomas. Con Daniel Ceccaldi, Susan Moncur, Guy Marchand, Jean-François Stévenin, Clément Thomas, Emile Thomas, Michel Robin, Sabine Haudepin, Hélène Vincent. ◆ Quando i mariti sono in vacanza con i figli, le mogli in città subiscono ogni genere di tentazioni. Ribaltata l'ottica tradizionale, una commedia di costume discontinua, che sotto l'aria frivola vorrebbe fare il punto sul vuoto di valori della società odierna.

Mariti su misura **½ (*The Model and the Marriage Broker*, Usa 1951, b/n, 103') George Cukor. Con Jeanne Crain, Scott Brady, Thelma Ritter, Zero Mostel, Michael O'Shea. ◆ La responsabile (Ritter) di un'agenzia matrimoniale si prende a cuore la difficile unione tra una modella (Crain) e un radiologo (Brady). Un Cukor minore ma non trascurabile, abile a tratteggiare figurine di cuori solitari con un misto di ironia e tenerezza.

Marito, Il *½ (Italia/Spagna 1957, b/n, 90') Nanny Loy, Gianni Puccini. Con Alberto Sordi, Aurora Bautista, Luigi Tosi, Alberto De Amicis, Carlo Ninchi. ◆ Un palazzinaro (Sordi) è assillato dai problemi economici e da una moglie (Bautista) insopportabile: non gli resterà che dare una drastica svolta alla sua vita. Da un soggetto di Sordi e Rodolfo Sonego, sceneggiato assieme a Loy, Puccini, Ruggero Maccari ed Ettore Scola, una farsa che tenta vanamente di trasformarsi in commedia di costume. Seconda (co)regia di Loy.

Marito a sorpresa ** (*Holy Matrimony*, Usa 1994, col, 93') Leonard Nimoy. Con Patricia Arquette, Joseph Gordon-Levitt, Armin Müller Stahl, Tate Donovan, John Schuck, Lois Smith, Courtney B. Vance, Jeffrey Nording. ◆ Per nascondersi dopo una rapina in un luna park, Havana (Arquette) viene portata dal marito Peter (Donovan) nella comunità hutteride dove vive la sua famiglia. E quando il marito muore in un banale incidente, la donna, che non sa più trovare i soldi nascosti da Peter, accetta la legge religiosa che le fa sposare il fratello del defunto (Gordon-Levitt), anche se ha 12 anni. Inevitabili complicazioni: lui cerca di fare il suo dovere di marito e «convertirla», lei pensa al bottino e un agente dell'Fbi corrotto (Schuck) pensa a fregarli tutti e due. Commedia gialla che gioca con le stranezze delle sette religiose (qui gli hutteridi canadesi) sceneggiata da David Weisberg e Douglas S. Cook: nella seconda parte si trasforma in una specie di favoletta edificante, ma l'inizio è pirotecnico con sorprese ogni cinque minuti, e anche meno. E Patricia Arquette, nella parte della volgare, sensuale e irrecuperabile Havana, costretta a vestirsi con tanto di cuffietta dopo che l'avevamo vista imitare Marilyn al luna park, ha la stoffa di una grande attrice.

Marito bello, Il → *Nemico di mia moglie, Il*

Marito della parrucchiera, Il **½ (*Le Mari de la coiffeuse*, Francia 1990, col, 80') Patrice Leconte. Con Jean Rochefort, Anna Galiena, Roland Bertin, Maurice Chevit, Philippe Clevenot. ◆ Convinto da sempre di dover sposare una parrucchiera, Antoine (Rochefort) si sente realizzato quando porta all'altare Matilde (Galiena): si annulla in lei e non la lascia sola neanche in negozio, ma una felicità così perfetta non può durare. Da un soggetto dello stesso regista e di Claude Klotz, una storia di *amour fou* tenera e inquietante. Il lirismo è sapientemente stemperato da una vena ironica e da trovate umoristiche (vedi la danza del ventre del protagonista), ma Leconte rischia grosso con l'impennata tragica del finale: vorrebbe essere Truffaut, ma forse è più vicino a Lelouch. Musiche di Michael Nyman.

Marito è mio e l'ammazzo quando mi pare, Il *½ (Italia 1967, col, 97') Pasquale Festa Campanile. Con Catherine Spaak, Hywell Bennet, Hugh Griffith, Romolo Valli, Gianrico Tedeschi, Francesco Mulé, Milena Vukotic, Leopoldo Trieste, Gianni Magni, Vittorio Caprioli, Paolo Stoppa. ◆ Una ragazza (Spaak), sposata con un maturo musicista (Griffith), si innamora di un coetaneo. Con lui decide di uccidere il marito, che però riesce a sfuggire a ogni tipo di attentato. Farsa vecchia maniera che di rado riesce a trovare il tono giusto sceneggiata da Luigi Magni, Stefano Strucchi e Jaja Fiastri a partire da un racconto di Aldo De Benedetti.

Marito e moglie ** (Italia 1952, b/n, 90') Eduardo De Filippo. ◆ Film in due episodi. Nel primo (con Eduardo De Filippo, Tina Pica, Riccardo Frera, tratto dalla novella *Tonio* di Guy de Maupassant) un pover'uomo paralizzato è costretto dalla moglie avarissima a covare le uova in sostituzione di una chioccia. Nel secondo (con Eduardo De Filippo, Titina De Filippo, Tina Pica, Luciana Vediovelli, Giuseppe Pica, basato sull'atto unico di Eduardo *Gennariello*) Gennarino costretto a vivere assieme a una moglie terribile, una sorella zitella e un figlio scemo, riesce a evadere con la fantasia. Un saggio minore ma sempre godibile dell'arte di De Filippo, che passa dal grottesco all'elegia malinconica. Il primo episodio, crudelissimo, girato tutto in esterni in un paesino alle falde del Vesuvio, forse la miglior prova registica di Eduardo, era destinato in origine al film *Sette peccati capitali*.

Marito ideale, Un ** (*An Ideal Husband*, Gb 1948, col, 96') Alexander Korda. Con Paulette Goddard, Michael Wilding, Dian Wynyard, C. Aubrey Smith, Michael Medwin. ◆ Londra, fine Ottocento: un politico (Wilding) è ricattato da una donna senza scrupoli, che in cambio del silenzio gli chiede di favorire un progetto finanziario. La moglie (Goddard) lo convince a non cedere, anche a costo di mettere in gioco la loro rispettabilità. Versione scrupolosa ma troppo teatrale della commedia di Oscar Wilde.

Marito ideale, Un (di Vittorio Caprioli e Gianni Puccini) → *Cuori infranti, I*

Marito in collegio, Il *½ (Italia 1977, col, 90') Maurizio Lucidi. Con Enrico Montesano, Silvia Dionisio, Anna Proclemer, Pino Caruso. ◆ Dopo aver sposato una nobile lombarda (Dionisio), un ex benzinaio romano (Montesano) è costretto ad andare in collegio per imparare le buone maniere. Dall'omonimo romanzo di Giovanni Guareschi, rivisto da Terzoli e

Vaime, un tentativo – poco riuscito – di umorismo d'altri tempi in un'epoca di volgarità diffusa.

Marito in prova *½ (*Lost and Found*, Usa 1979, col, 112') Melvin Frank. Con George Segal, Glenda Jackson, Maureen Stapleton, Paul Sorvino, John Candy, Martin Short. ◆ Coinvolti in un incidente stradale, un insegnante universitario americano vedovo (Segal) e un'inglese appena separata (Jackson) si conoscono e si innamorano. Dopo un rapido matrimonio cominciano i problemi e le incompatibilità. Una commedia vecchio stile che vorrebbe rinverdire il successo di *Un tocco di classe*, senza averne il ritmo e l'humour.

Marito latino, Il *½ (*Count Your Blessings*, Usa 1959, col, 102') Jean Negulesco. Con Deborah Kerr, Rossano Brazzi, Maurice Chevalier, Martin Stephens, Tom Helmore, Patricia Medina. ◆ Durante la seconda guerra mondiale, un'inglese (Kerr) sposa un playboy francese (Brazzi). Quando si allontaneranno, ci penserà il figlio a riportarli insieme. Senile fotoromanzo di un regista che aveva brillato nel decennio precedente.

Marito per Anna Zaccheo, Un ** (Italia 1953, b/n, 101') Giuseppe De Santis. Con Silvana Pampanini, Massimo Girotti, Amedeo Nazzari, Umberto Spadaro, Franco Bologna, Anna Galasso, Dora Scarpetta, Giovanni Berardi, Monica Clay, Carletto Sposìto, Enzo Maggio. ◆ Il sogno di un buon matrimonio porta la prorompente Anna Zaccheo a una serie di tragiche esperienze: per avere la dote con cui sposare il marinaio Andrea (Girotti) accetta di fare la fotomodella (e l'immagine delle sue gambe scandalizza il quartiere); il titolare dell'agenzia (Nazzari) approfitta di lei e poi sparisce spingendola a tentare il suicidio; la ricchezza di Antonio (Spadaro) le dà solo di che vivere e non certo l'amore; la sua bellezza spinge gli uomini a offrirle impieghi volgari o peggio e alla fine anche l'amato Andrea rivela che i suoi pregiudizi sono più forti dell'amore. Dolente ritratto di una condizione femminile sceneggiato dal regista con Alfredo Giannetti, Salvatore Laurani, Elio Petri, Gianni Puccini, Cesare Zavattini e raccontato utilizzando i materiali della cultura bassa e popolaresca, dalla scelta della protagonista (una Pampanini generosa e procace che fa anche il bagno «come l'ha fatta mamma») ai luoghi della mercificazione o della schematizzazione della donna (la sceneggiata, il cinema, la pubblicità, i baracconi delle fiere). L'impianto didattico, però, penalizza la struttura narrativa: l'assenza di un intreccio e di una evoluzione nelle disavventure di Anna – «emblematicamente espressa dall'uguaglianza tra la prima e l'ultima inquadratura, a chiudere il cerchio dell'immobilità come già avveniva in *Roma ore 11*» – rende il film meno appassionante e lo apre ai rischi della generalizzazione, facendo dei protagonisti i fastidiosi simboli dell'eterno conflitto tra uomo e donna.

Marito per Cinzia, Un ** (*Houseboat*, Usa 1958, col, 110') Melville Shavelson. Con Sophia Loren, Cary Grant, Martha Hyer, Harry Guardino, Eduardo [Edward] Ciannelli. ◆ Cinzia (Loren), figlia ribelle di un direttore d'orchestra, comincia col prendersi cura dei tre figlioletti di un vedovo (Grant), per passare poi al loro papà. Gli ingredienti sono scontati, ma il cocktail di romanticismo e innocuo umorismo ha funzionato alla perfezione. Grant è il partner più affiatato che la Loren trovò nella sua parentesi americana.

Marito per forza *½ (*Love Is Better Than Ever*, Usa 1952, b/n, 81') Stanley Donen. Con Elizabeth Taylor, Larry Parks, Josephine Hutchinson, Tom Tully, Kathleen Freeman. ◆ Un'insegnante di danza (Taylor) arrivata a New York dalla provincia per un convegno, si innamora di un arrogante agente teatrale (Parks), refrattario al matrimonio. Musical di ordinaria amministrazione. Gene Kelly appare nella parte di se stesso.

Marito per mia madre, Un ** (*Miquette et sa mère*, Francia 1949, b/n, 96') Henri-Georges Clouzot. Con Louis Jouvet, André Bourvil, Danièle Delorme, Mireille Perrey, Saturnin Fabre. ◆ Per allontanare dal nipote Urbain (Bourvil) la ragazza di umili origini (Delorme) di cui è innamorato, un marchese (Fabre) la spinge ad andare a Parigi e a entrare in una compagnia di attori. Niente andrà secondo i suoi piani, e si ritroverà a sposare la madre (Perrey) della giovane. Dalla commedia *Miquette* di Robert de Flers e Gaston Arman de Caillavet sceneggiata dal regista con Jean Ferry, un divertissement ben recitato, ma non nelle corde di un regista come Clouzot. Già portata al cinema nel 1932 (*Miquette et sa mère* di Henri Diamant-Berger) e nel 1940 (*Miquette* di Jean Boyer), entrambi inediti in Italia.

Marito per Tillie, Un *½ (*Pete 'n' Tillie*, Usa 1972, col, 100') Martin Ritt. Con Carol Burnett, Walter Matthau, Geraldine Page, René Auberjonois, Barry Nelson, Henry Jones. ◆ Una quarantenne (Burnett) riesce finalmente a sposarsi e ad avere un figlio: ma quando il bambino muore il matrimonio entra in crisi. Parte come una commedia e si trasforma in una soap-opera. Dal romanzo di Peter de Vries *Witch's Milk*, adattato da Julius J. Epstein. Ritt non ha avuto il coraggio di rinunciare al lieto fine: uno dei suoi film meno personali.

Marito ricco, Il ** (*Tarnished Lady*, Usa 1931, b/n, 85') George Cukor. Con Tallulah Bankhead, Clive Brook, Phoebe Foster, Osgood Perkins, Elizabeth Patterson. ◆ Una ragazza irrequieta (Bankhead) sposa un uomo ricco (Brook) per interesse: ma quando lui viene rovinato dal crollo di Wall Street, scopre di amarlo veramente. Dal romanzo *The New York Lady* di Donald Ogden Stewart (anche sceneggiatore), il primo film diretto da Cukor da solo, un po' svisato dal finale consolatorio e dai tagli imposti dalla produzione per smorzare la satira contro l'alta società newyorkese. Parlare del crack del 1929 dopo così poco tempo era comunque molto coraggioso.

Marito scomparso, Un ** (*Un de la Légion*, Francia 1936, b/n, 91') Christian-Jaque [Christian Maudet]. Con Fernandel [Fernand Contandin], Paul Azaïs, Suzy Prim, Thérèse Dorny, Robert Le Vigan, Arthur Devère. ◆ Fernand Espitalion (Fernandel), sposato con l'assillante vedova (Dorny) del cugino, dopo una sbornia in compagnia di uno sconosciuto si ritrova imbarcato per la Legione straniera, con falsi documenti d'identità. Ma quando la caparbia consorte lo rintraccia, Fernand, ormai innamorato di Maryse

(Prim), non vuole saperne di tornare indietro: ferito in Algeria e decorato, sceglierà di rimanere nella Legione. Da un racconto di J.D. Newson (sceneggiato da Paul Fékété), un film insolito e curioso, che innesta su una struttura da commedia degli equivoci (lo scambio d'identità) il tema, ancora comico, della moglie bisbetica da cui fuggire, e quello, patriottico e talvolta drammatico, della Legione straniera. Il conflitto con i predoni nel deserto è stilizzatissimo (i nemici naturalmente non si vedono mai), ma il cambio di registro è forte e significativo di come in un prodotto in apparenza scanzonato e ampiamente popolare si riflettessero, oltre alle esigenze propagandistiche, anche gli umori sinistri del periodo (la morte del buono Vandercleef, interpretato da Devère, sarebbe stata altrimenti fuori luogo). Un dettaglio linguistico importante: un militare usa il termine «apache» come sinonimo di sconosciuto, cioè subdolo, ingannatore, infido, visto che si riferisce al personaggio che all'inizio ha imbrogliato il tontolone Fernand.

Marius *** (*Marius*, Francia 1931, b/n, 125') Alexander [ma nei titoli è francesizzato in Alexandre] Korda. Con Raimu [Jules Muraire], Pierre Fresnay, Alida Rouffe, Orane Demazis, Fernand Charpin, Paul Dullac, Robert Vattier, Edouard Delmont, Marcel Maupi, Alexandre Mihalesco. ◆ Il Bar della Marina, nel vecchio porto di Marsiglia, è il regno del suo proprietario, il vedovo César (Raimu), gran imbroglione a carte ma uomo dal cuore d'oro: con lui lavora il figlio Marius (Fresnay), che vuole solo imbarcarsi e che un giorno realizzerà il suo sogno, lasciando incinta Fanny (Demazis), la venditrice di conchiglie che lo ama da sempre. La prima parte della trilogia marsigliese di Pagnol, scritta originariamente per il teatro e portata sullo schermo con la quasi totalità del cast che l'aveva fatta trionfare sui palcoscenici (unica eccezione, Pierre Asso che lascia il ruolo di Brun a Robert Vattier, oltre alla regia, affidata da un Pagnol ancora troppo insicuro col cinema a Korda). Immediatamente apprezzato dal pubblico, ma non dai critici che non capirono la rivoluzione della parola che una tale opera portava in un mondo che avrebbe dovuto sentirsi ancora orfano del muto, *Marius* dà al cinema francese, allora in piena mutazione, «una vivacità e una truculenza» delle quali era privo. Costruito come una saga tribale e familiare, il film si regge sulle figure pittoresche ed esotiche di questa «favola regionalistica», in cui il pubblico ritrova i temi eterni dell'amore, della conflittualità tra generazioni, dei sogni frustrati che Pagnol esalta da una parte con una descrizione naturalistica e minuziosa (le partite a carte di César sono giustamente famose in tutto il mondo) e dall'altra smitizza con un'ironia inarrestabile. Straordinaria la prova di tutti gli attori, con una citazione speciale per un gigantesco Raimu. Nella realtà Orane Demazis era la moglie di Pagnol.

Marius e Jeannette **½ (*Marius et Jeannette*, Francia 1997, col, 102') Robert Guédiguian. Con Ariane Ascaride, Gérard Meylan, Pascale Roberts, Jacques Boudet, Frédérique Bonnal, Jean-Pierre Darroussin, Laëtitia Pesenti, Miloud Nacer, Pierre Banderet. ◆ Vedovo e guardiano di una fabbrica in disarmo, Marius (Meylan) incontra Jeannette (Ascaride), cassiera in un supermercato con due figli avuti da uomini diversi, e se ne innamora: ma la loro relazione rischierà di naufragare, se non fosse per il partecipe aiuto degli «invadenti» vicini di casa. Una favola solare e affettuosa (scritta dal regista con Jean-Louis Milesi), ambientata in un cortile popolare del quartiere dell'Estaque di Marsiglia e ricca di riferimenti al cinema di Renoir e Pagnol. Guédiguian mette in scena un mondo di poveri e sfruttati, dove i casi dell'amore si mescolano con le discussioni politiche; senza molte preoccupazioni di realismo, ma alla ricerca di una specie di utopia quotidiana anticapitalista e populista (nella quale, curiosamente, gli adulti si dimostrano più vitali dei giovani).

Mark colpisce ancora *½ (Italia 1976, col, 95') Stelvio Massi. Con Franco Gasparri, John Saxon, Marcella Michelangeli, Giampiero Albertini, John Steiner. ◆ Il commissario Mark (Gasparri) è alle prese con dei terroristi: una pista lo porterà in Germania sulle tracce di politici e finanzieri famosi. La solita miscela di azione e violenza per il terzo episodio della saga iniziata con *Mark il poliziotto*.

Mark il poliziotto ** (Italia 1975, col, 97') Stelvio Massi. Con Franco Gasparri, Lee J. Cobb, Sara Sperati, Giampiero Albertini, Giorgio Albertazzi. ◆ Mark (Gasparri) è un giovane commissario milanese: messosi alle calcagna di un imprenditore, scopre che in realtà è un boss della droga. Sulla scia dell'ispettore Callaghan, un poliziesco all'italiana non dei peggiori: tutto azione e sparatorie, ebbe un discreto successo e due seguiti. Nella parte di Kruber, l'ex campione del mondo di pugilato Carlo Duran. La serie continua con *Mark il poliziotto spara per primo* (1975) e *Mark colpisce ancora* (1976).

Mark il poliziotto spara per primo *½ (Italia 1975, col, 98') Stelvio Massi. Con Franco Gasparri, Lee J. Cobb, Nino Benvenuti, Massimo Girotti. ◆ Il commissario Mark (Gasparri) indaga sulla morte di una donna e sul rapimento di un industriale: due casi che si riveleranno strettamente intrecciati. Massi riprende senza sorprese i personaggi di *Mark il poliziotto*.

Marlowe

«Erano quasi le undici di una mattina di mezzo ottobre, senza sole e con una minaccia di pioggia torrenziale nell'aria troppo tersa sopra le colline. Portavo un completo azzurro polvere, con cravatta e fazzolettino blu scuro, scarpe nere e calze nere di lana, con un disegno a orologi blu scuro. Ero ordinato, pulito, ben rasato e sobrio, e non me ne importava che la gente se ne accorgesse. Sembravo il figurino dell'investigatore privato elegante. Andavo a far visita a quattro milioni di dollari». Così Philip Marlowe si presenta ai lettori in *Il grande sonno* di Raymond Chandler. È il 1939 e Marlowe conquista immediatamente un posto privilegiato nella storia della letteratura poliziesca e nel cuore del pubblico. A questa folgorante apparizione ne fanno seguito altre, in sei romanzi: *Addio mia amata* (Farewell, My Lovely, 1940), *Finestra sul vuoto* (The High Window, 1943), *In fondo al lago* (The Lady in the Lake, 1943), *Troppo tardi* (The Little Sister, 1949), *Il lungo addio* (The Long Goodbye, 1953), *Ancora una notte* (Playback, 1958), un racconto: *La matita* (The Pencil, pubblicato postumo nel 1960) e un romanzo incompiuto: *Poodle Springs Story*.

L'affascinante detective nasce già con una personalità completa: gli episodi successivi aggiungeranno solo qualche dettaglio al suo ritratto (che nel 1951, per soddisfare la curiosità dei fan, l'autore sarà costretto a integrare attraverso due lunghe lettere extraromanzesche), perché in realtà Marlowe è lo sviluppo di personaggi analoghi che Chandler andava elaborando da qualche anno sulle riviste popolari. Anche il suo nome è il risultato di progressive sperimentazioni: Mallory, Malverne, Carneady, Dalmas e infine Marlowe. Figura a tutto tondo dall'inizio, dunque, e da subito destinata alla mitizzazione.

Originario di Santa Rosa, California, Philip Marlowe studia all'Università dell'Oregon ma l'abbandona dopo due anni per trasferirsi a Los Angeles, dove inizialmente lavora come investigatore in una compagnia di assicurazioni e poi come assistente del procuratore della contea. Si mette in proprio in circostanze oscure – ma che hanno a che fare con una dimostrazione di bravura non gradita ai superiori – e da quel momento è il Marlowe che tutti conoscono, disincantato frequentatore di bassifondi metropolitani, solitario difensore di umiliati e offesi, risoluto investigatore in perenne conflitto con l'ordine costituito.

Il mondo in cui si aggira è l'America reale degli anni Trenta, popolata da squali della finanza, ricchi arroganti, poliziotti corrotti, dark ladies. Non sempre è assoldato per un'indagine, anzi talvolta è pagato per sospendere le ricerche, ma lui va avanti ugualmente perché in fondo «cerca se stesso e le sue inchieste hanno sempre un significato morale». Un paladino da poema cavalleresco riletto alla cupa luce della contemporaneità, «un anarchico dal cuore tenero», un antieroe con l'utopia della verità: ma la verità che trova Marlowe genera mostri e sciagure, l'esserci arrivati è una soddisfazione da *loser*, che contribuisce a rafforzare il cinismo e il caustico humour di partenza. Marlowe è un «uomo d'onore» come scrisse Chandler, irriducibilmente onesto in un universo putrido. Se la sua epopea è fatta di gesta non vittoriose, il suo personaggio è costruito sul modello dell'uomo comune, «un uomo comune come se ne incontrano pochi». Se possibile elegante, affezionato al fumo e all'alcol, incurante del denaro (non ne possiede e per questo è considerato un fallito nella società in cui vive), interessato alle donne come qualsiasi scapolo («non rifiuta mai le buone occasioni, ma neppure le cerca»), dotato di pistole come ogni detective ma restio a usarle: la leggenda di Philip Marlowe nasce anche da qui, da questi frammenti di quotidiano cui il personaggio conferisce nuova dignità e nuovo senso.

Chandler fece di Marlowe la sua arma migliore per scardinare le regole del romanzo poliziesco classico, quello «riservato alle vecchie signore», immettendo nel genere la sordida realtà della sua epoca. Per questo al cinema incarna perfettamente lo spirito noir che si stava affermando all'inizio degli anni Quaranta.

Il primo adattamento da un romanzo di Chandler è *The Falcon Takes Over* di Irving Reis (1942, inedito in Italia), tratto da *Addio mia amata*, ma il protagonista, interpretato da George Sanders, non mantiene il nome di Marlowe. Nel 1945, in *L'ombra del passato* di Edward Dmytryk, Dick Powell interpreta per la prima volta il personaggio di Chandler con la vulnerabilità necessaria, facendo dimenticare d'un colpo la sua provenienza dalle commedie musicali di Busby Berkeley. Ma è indubbiamente Humphrey Bogart in *Il grande sonno* di Howard Hawks (1946) a rendere Marlowe un mito intramontabile.

La simbiosi è totale (così che nell'immaginario collettivo Philip Marlowe viene tuttora a coincidere con l'indimenticabile interprete cinematografico) e Bogart interviene con alcuni tocchi personali che sembrano connaturati al personaggio: dal feltro al trench, dagli impercettibili movimenti delle labbra allo sguardo ironico, dall'andatura lenta ai piedi sul tavolo. Se da una parte l'attore accentua l'insolenza e il cinismo che era stato di Sam Spade in *Il falcone maltese*, dall'altra recupera il romanticismo e la fragilità di Rick in *Casablanca* («Ho paura», ammette nella sequenza finale del *Grande sonno*).

Il suo Marlowe è Marlowe tout court, e la presenza di Lauren Bacall, sua partner nel film come nella vita, gli consente di non porre freni all'ironia e alla sensualità di quello che in fondo rimane il *private eye* più fascinoso del grande schermo.

Al confronto, l'interpretazione di Robert Montgomery nel film da lui stesso diretto, *Una donna nel lago* (1947), è inevitabilmente poca cosa. Anche perché il regista, con un escamotage cervellotico, sostituisce a Marlowe la macchina da presa in soggettiva, lasciando che il suo volto appaia solo ogni tanto attraverso il riflesso in uno specchio.

George Montgomery in *La moneta insanguinata* di John Brahm (1947) ricorda più Sherlock Holmes che Philip Marlowe: con i baffi e la pipa sempre in bocca assume un piglio scientifico che non ha nulla a che vedere con l'improvvisazione e le emozioni della figura chandleriana. Nel successivo *L'investigatore Marlowe* di Paul Bogart (1969), James Garner torna alla fonte letteraria ma con un occhio anche agli stereotipi televisivi: pur non sfigurando rispetto al Marlowe dei romanzi, la sua interpretazione non brilla per originalità e tende a rafforzare il personaggio a scapito di quello scetticismo che giustamente Bogart aveva esaltato.

Con Elliott Gould Marlowe ritrova in parte se stesso. In *Il lungo addio* di Robert Altman (1973) diventa un autentico *loser* dei nostri giorni: fuori moda (se ne va in giro con una Lincoln Continental del 1948), squattrinato (guadagna ciò che gli serve per la sua sopravvivenza e quella del gatto) e solo (nonostante le numerose donne delle porte accanto). Un perdente su tutti i fronti dal momento che riceve da un amico lo smacco più pesante della sua carriera, ma di certo non un uomo privo di dignità e di senso dell'umorismo. Davvero emerso dalle ombre anni

Quaranta, il Marlowe di Gould getta uno sguardo disincantato e cinico sull'America a colori del Vietnam («Lei è Marlowe?». «No, sono Marlon Brando»), recuperando alla fine un senso dell'onore definitivamente tramontato nella Los Angeles contemporanea, che però ha fatto definire l'interpretazione di Altman/Gould come «la più traditrice della storia del cinema».
Infine tocca a Robert Mitchum, attore noir per eccellenza, far rivivere a distanza di decenni il mitico detective chandleriano. Non si può che deplorare il fatto che l'incontro Marlowe/Mitchum avvenga così tardi, ma proprio l'anzianità dell'attore, che contrasta con l'età del personaggio (generalmente quarantacinquenne) e al tempo stesso esalta l'eredità della carriera precedente, conferisce all'ultimo Marlowe un impatto emotivo e un senso del tragico inediti e impossibili in futuro. Sia in *Marlowe, il poliziotto privato* di Dick Richards (1975) che in *Marlowe indaga* di Michael Winner (1978), Mitchum imposta l'interpretazione esattamente sullo scarto rispetto alla tradizione: gioca con le rughe, con le palpebre pesanti, con le borse sotto gli occhi. Il decadentismo spirituale del personaggio con lui diventa anche decadenza fisica, segno di una vita vissuta senza risparmio né protezioni, tra le strade bagnate e gli interni soffocanti di un mondo nero senza scampo. Al disincanto di Marlowe, Mitchum aggiunge il proprio: quello di un attore sopravvissuto a un cinema scomparso da tempo, un gigante la cui ironia lotta ancora – sempre più vanamente – contro la disperazione e lo squallore che ci circondano. Se Bogart è andato oltre la creazione letteraria e ha dato vita a un mito cinematografico, Mitchum è andato oltre questo stesso mito. E con Robert Mitchum si chiude davvero un'epoca per il Philip Marlowe di Raymond Chandler.
Non sarà invece così per i suoi numerosi discendenti, tra i quali finora si sono distinti Jack Nicholson in *Chinatown*, Harrison Ford in *Blade Runner*, Steve Martin in *Il mistero del cadavere scomparso*, Mickey Rourke in *Angel Heart – Ascensore per l'inferno*.

I FILM
L'ombra del passato (1945) di Edward Dmytryk
Il grande sonno (1946) di Howard Hawks
La moneta insanguinata (1947) di John Brahm
Una donna nel lago (1947) di Robert Montgomery
L'investigatore Marlowe (1969) di Paul Bogart
Il lungo addio (1973) di Robert Altman
Marlowe, il poliziotto privato (1975) di Dick Richards
Marlowe indaga (1978) di Michael Winner

Marlowe, il poliziotto privato **½ (*Farewell, My Lovely*, Gb 1975, col, 97') Dick Richards. Con Robert Mitchum, Charlotte Rampling, John Ireland, Sylvia Miles, Jack O'Halloran, Harry Dean Stanton, Anthony Zerbe. ◆ Il detective Marlowe (Mitchum) è impegnato su due fronti: la ricerca della donna (Rampling) di un energumeno (O'Halloran) innamorato come un vitellino, e l'assassinio di un uomo, vittima di un ricatto. Le piste si incroceranno, e la soluzione, per Marlowe, sarà particolarmente amara. Terza versione di *Addio, mia amata* di Chandler (dopo *The Falcon Takes Over* e *L'ombra del passato*) sceneggiata da David Zelag Goodman. Il Marlowe di Mitchum è più distaccato e pessimista dei suoi predecessori. Richards è bravo a costruire l'atmosfera, ma non sempre riesce a dare coesione a un film personale ma frammentato come un incubo. Sylvester Stallone è uno dei gorilla del Florian's. Mitchum tornerà nei panni dell'investigatore chandleriano in *Marlowe indaga*.

Marlowe indaga *½ (*The Big Sleep*, Gb 1978, col, 100') Michael Winner. Con Robert Mitchum, Sarah Miles, Candy Clark, Oliver Reed, Richard Boone, James Stewart, Joan Collins, Edward Fox, John Mills, Harry Andrews, Richard Todd, Colin Blakely, Diana Quick, Martin Potter. ◆ L'investigatore Marlowe (Mitchum) viene incaricato da un generale in pensione (Stewart) di smascherare chi ricatta sua figlia Camilla (Clark): si troverà a che fare con assassini, trafficanti d'armi, e soprattutto donne fatali. Seconda versione del *Grande sonno* di Chandler dopo l'omonimo film di Hawks. Winner (che firma anche la sceneggiatura) si limita a spostare l'ambientazione in Inghilterra e ad affollare il cast di nomi noti. Se Mitchum regge il paragone con Bogart, la Miles fa rimpiangere la Bacall. La storia è sempre tortuosa, ma mancano sia lo stile che l'atmosfera.

Marmittone, Il *½ (*The Sad Sack*, Usa 1957, b/n, 98') George Marshall. Con Jerry Lewis, Phyllis Kirk, David Wayne, Peter Lorre, Gene Evans, Mary Treen. ◆ Un soldato distratto e imbranato (Lewis) porta il caos nel suo reparto. Vagamente ispirato alle strip comiche di George Baker, è uno dei film meno memorabili di Lewis, con gag slegate e innocue. Wayne, che sostituisce Martin, è una spalla mediocre.

Marnie *** (*Marnie*, Usa 1964, col, 129') Alfred Hitchcock. Con Tippi Hedren, Sean Connery, Diane Baker, Martin Gabel, Louise Latham, Bruce Dern. ◆ Il ricco Mark Rutland (Connery) si innamora e sposa la cleptomane Marnie (Hedren). La prima notte di nozze scopre che è frigida e ossessionata da incubi: cercare la verità nel passato di Marnie diventa l'unico modo per guarirla. Sottilmente morboso (Hitch voleva mostrare una passione feticista) e generalmente sottovalutato (specie dal pubblico), un thriller psicologico tratto dal romanzo di Winston Graham sceneggiato da Jay Presson Allen, dove la suspense – meglio ancora che in *Io ti salverò* – si concentra su un segreto che la protagonista si porta dentro dall'infanzia. Uno dei più riusciti giochi hitchcockiani sull'ambiguità, la reticenza e l'allusione. Peccato che gli attori siano così legnosi; difficile capire, poi, perché certi fondali siano tanto clamorosamente fasulli. L'ultimo lavoro del regista con il fedele direttore della fotografia Robert Burks e il compositore Bernard Herrmann. Hitchcock è l'uomo che esce da una camera d'albergo e guarda la Hedren. In un primo momento si era pensato di convincere Grace Kelly, già diventata moglie del principe Ranieri di Monaco, a tornare sul set.

Marocco *** (*Morocco*, Usa 1930, b/n, 92') Josef von Sternberg. Con Marlene Dietrich, Gary Cooper, Adolphe Menjou, Francis McDonald, Eve Southern. ◆ In una città marocchina sede della Legione straniera, la cantante di cabaret Amy (Dietrich) preferisce al ricco pittore La Bessière (Menjou) il soldato semplice Tom Brown (Cooper), che seguirà nel deserto. Secondo – ma primo americano – dei sette film di von Sternberg con la Dietrich, tratto dal romanzo di Benno Vigny *Amy Jolly* sceneggiato da Jules Furthman. In felice contrasto tra laconicità e barocchismo semionirico, la quintessenza dei film hollywoodiani dell'epoca, antirealistici e stilizzati. La Dietrich, pur restando femme fatale e sfinge, per una volta si sottomette al maschio; la scena finale in cui si toglie le scarpe nella sabbia per seguire Tom ha ispirato Bertolucci per *Il tè nel deserto*.

Marocco * (*Outpost in Morocco*, Usa 1949, b/n, 92') Robert Florey. Con George Raft, Marie Windsor, Akim Tamiroff, John Litel. ◆ Il capitano Reiñard (Raft) della Legione straniera ha il buon senso di innamorarsi di Sara (Windsor), la figlia dell'emiro, proprio quando questi sta tramando la ribellione contro i francesi. L'unica variante, rispetto alle regole, è l'assenza del lieto fine: per il resto il film è tra i meno ispirati di un regista discontinuo. Girato in Marocco.

Marquise *½ (*Marquise*, Francia/Italia/Svizzera/ Spagna 1997, col, 102') Véra Belmont. Con Sophie Marceau, Bernard Giraudeau, Lambert Wilson, Patrick Timsit, Thierry Lhermitte, Romina Mondello, Anémone [Anne Bourguignon], Remo Girone, Georges Wilson, Frank de La Personne, Marianne Basler. ◆ Notata da Molière (Giraudeau) in una strada malfamata di Lione, la giovane Marquise (Marceau) entra nella sua compagnia e sposa il primattore Gros René (Timsit). Rimasta vedova, diventa l'amante di Racine (L. Wilson), è acclamata come attrice ma finisce comunque male. Sceneggiato con una certa scorrevolezza dalla regista con Jean François Josselin, Marcel Beaulieu e Gérard Mordillat, un cineromanzo biografico tanto sontuoso nella realizzazione (scene di Gianni Quaranta, costumi di Olga Berlutti e Carlo Poggioli) quanto scontato nell'ispirazione (con la protagonista eroina romantica *ante litteram*). Tra ciprie e parrucche, polvere e fango, amori e lacrime, un «dietro le quinte» pseudostorico più adatto alla televisione che al grande schermo. Remo Girone interpreta il compositore Lully, la Mondello Armande e Lhermitte il Re Sole.

Marrakech Express ** (Italia 1989, col, 110') Gabriele Salvatores. Con Diego Abatantuono, Fabrizio Bentivoglio, Cristina Marsillach, Giuseppe Cederna, Gigio Alberti, Massimo Venturiello. ◆ Dopo dieci anni, quattro ultratrentenni reduci del Sessantotto (Abatantuono, Bentivoglio, Cederna e Alberti) si ritrovano per portare aiuto a un amico che, in Marocco, è finito in carcere per droga. Ma alla fine del viaggio li aspetta una sorpresa. Da una sceneggiatura di Carlo Mazzacurati, Umberto Contarello ed Enzo Monteleone un ritratto generazionale ruffiano, indulgente ma – per chi accetta il gioco dell'identificazione – senza dubbio divertente. Nessuna cattiveria, nessun bilancio epocale, ma un'innegabile capacità di raccontare. Basta per salvare il cinema italiano? I frutti successivi del sodalizio Salvatores-Abatantuono-Monteleone lasciano incerti.

Mars Attacks! *** (*Mars Attacks!*, Usa 1996, col, 105') Tim Burton. Con Jack Nicholson, Jim Brown, Rod Steiger, Sylvia Sidney, Lukas Haas, Natalie Portman, Pierce Brosnan, Sarah Jessica Parker, Annette Bening, Glenn Close, Martin Short, Danny DeVito, Michael J. Fox, Pam Grier, Tom Jones, Lisa Marie [Smith], Paul Winfield, Joe Don Baker. ◆ I marziani invadono la terra, sono piccoli, brutti e cattivi: e né l'imbelle presidente americano James Dale (Nicholson), né i militari ringhiosi che lo circondano sono all'altezza della situazione. Tra i pochi eroi, nella catastrofe tragicomica: l'ex pugile Byron Williams (Brown), ridottosi a girare in costume da egiziano nei casinò di Las Vegas; un ragazzino (Haas) e la sua nonna (Sidney) amante della micidiale musica pseudo-hawaiana di Slim Whitman; e il cantante Tom Jones, nella parodia di se stesso. Ispirandosi alle 53 omonime figurine degli anni Cinquanta (contenute nei bubblegum Topps) e al filone fantascientifico delle invasioni aliene riesumato da *Independence Day*, Burton e lo sceneggiatore Jonathan Gems ne hanno rovesciato l'ideologia: non più l'apoteosi dei valori americani, ma il loro dileggio. I marziani feroci e pestiferi come *gremlins* puniscono giustamente un'umanità in preda all'idiozia: ed è un'apocalisse rutilante e irresistibile, piena di trovate allegramente macabre, amene scempiaggini e tocchi di crudeltà inaudita (a cominciare dalla first lady [Close] che muore trafitta dal lampadario di Nancy Reagan). Effetti speciali di sofisticata semplicità a cura della Industrial Light & Magic. Nicholson, in gran forma gigionesca, interpreta anche il manager di Las Vegas Art Land; Jerzy Skolimowski è il tecnico delle traduzioni, Barbet Schroeder il presidente francese. L'unica delusione è la colonna sonora di Danny Elfman.

Marsigliese, La **½ (*La Marseillaise*, Francia 1937, b/n, 100') Jean Renoir. Con Pierre Renoir, Louis Jouvet, Maurice Escande, Aimé Clariond, Lise Delamare, Andrex, Edmond Ardisson. ◆ «Cronaca di alcuni eventi che hanno portato alla caduta della monarchia» (così il sottotitolo) nel 1789. Il doganiere Arnaud (Andrex) e il muratore Bonnier (Ardisson), scampati a un tribunale di nobili, si uniscono a un gruppo di 500 concittadini per marciare, al canto di quello che sarebbe diventato l'inno francese, verso Parigi, dove si troveranno in prima linea nell'assalto alle Tuileries. Realizzato nello spirito del Fronte popolare e sceneggiato dal regista con Carl Koch e Nina Martel-Dreyfus, all'inizio tentò (invano) di trovare fondi grazie a una sottoscrizione dei sindacati. Renoir voleva evitare gli stereotipi sia nella rappresentazione dei rivoluzionari che in quella dei potenti, Luigi XVI (Pierre, fratello del regista) compreso: al centro del film, la voglia di raccontare la Storia che si intreccia alla vita degli uomini qualunque, non senza qualche cedimento retorico. Non tra i capolavori del regista, in ogni caso. In originale, 135'.

Marta ed io **½ (*Martha und Ich*, Rft/Francia 1990,

col, 107′) Jiří Weiss. Con Marianne Sägebrecht, Michel Piccoli, Vaclav Chalupa, Ondrej Vetchy. ◆ Nella Cecoslovacchia degli anni Trenta il giovane Emil (alter ego del regista Weiss, veterano del cinema ceco) vive anni sereni accanto allo zio (Piccoli), un ginecologo ebreo anticonformista che ha sposato la propria domestica tedesca (Sägebrecht) contro il parere della famiglia. L'occupazione nazista distruggerà la loro felicità. Elegia lieve e malinconica per la vecchia Europa. Piccoli e Sägebrecht guadagnano la simpatia dello spettatore e finiscono per commuoverlo, ma la regia fa troppo affidamento su di loro.

Martha ***½ (*Martha*, Germania 1973, col, 116′) Rainer Werner Fassbinder. Con Margit Carstensen, Karlheinz Böhm, Gisela Fackeldey, Adrian Hoven, Barbara Valentin, Ingrid Caven, Peter Chatel. ◆ Bibliotecaria trentenne con una madre alcolizzata, Martha Hyer (Carstensen) sposa l'affascinante Helmut Salomon (Böhm), ma il matrimonio è un inferno: lui vuole annullare la personalità della moglie, lei cerca di sottrarsi al marito frequentando un ex collega (Chatel), ma un incidente stradale la lascerà paralizzata su una sedia a rotelle, alla totale mercé di Helmut. Feroce melodramma sadomaso, gelido ed esplosivo, fiammeggiante e stilizzato allo stesso tempo, centrato su una figura femminile completamente succube e incapace di patteggiare il proprio diritto a esistere in un'istituzione claustrofobica come quella matrimoniale. Rielaborando un racconto dello scrittore noir Cornell Woolrich (*For the Rest of Her Life*), Fassbinder non si ferma al tradizionale e semplicistico schema di vittima e carnefice, ma sonda implacabilmente la contraddittoria patologia della coppia, fondata su un patto tanto diabolico quanto tacito e accettato da entrambi i personaggi. Girato per la televisione tedesca (in 16mm e poi gonfiato in 35), non è mai stato distribuito nei cinema per questioni di diritti fino al 1994, quando è stato ripresentato alla mostra di Venezia. Evidenti le influenze di Douglas Sirk, ma ancora più sorprendente il talento originale di Fassbinder, che ne reinterpreta con spietato estremismo il genere prediletto. Memorabile la panoramica che avvolge fatalmente i due protagonisti al primo incontro. Grande fotografia di Michael Ballhaus.

Martha da legare ** (*Martha - Meet Frank, Daniel & Lawrence*, Gb 1998, col, 88′) Nick Hamm. Con Monica Potter, Rufus Sewell, Tom Hollander, Joseph Fiennes, Ray Winstone, Debora Weston, Jan Pearson, Paul Bigley. ◆ Appena arrivata a Londra, Martha (Potter) fa girare la testa a Daniel (Hollander), che l'ha adocchiata sull'aereo, a Lawrence (Fiennes), che l'aveva conosciuta il giorno prima all'aeroporto, e a Frank (Sewell), che la incontra il giorno dopo nel parco: i tre sono amici, ma lei non lo sa. L'ennesima commedia sentimentale inglese, dominata dal caso e dal magnetismo femminile: la sceneggiatura di Peter Morgan aggiorna i vecchi schemi del vaudeville e si ispira alle invenzioni di Lester (specie *Non tutti ce l'hanno*), mentre la regia di Hamm riconduce il film a un clone, più povero di mezzi e più cerebrale (nel tourbillon amoroso viene trascinato anche un anziano psicanalista) di *Tutti pazzi per Mary* in versione purgata. Ottimo il cast di giovani.

Martedì grasso *½ (*Mardi Gras*, Usa 1958, col, 107′) Edmund Goulding. Con Pat Boone, Christine Carere, Tommy Sands, Sheree North, Gary Crosby. ◆ Mentre a New Orleans impazza il carnevale, i cadetti dell'accademia militare istituiscono una lotteria. In palio: una giornata assieme a una diva. L'ultimo film di Goulding è uno stanco musical su misura per il dolciastro protagonista, uno dei peggiori cantanti degli ultimi quarant'anni.

Marte distruggerà la Terra *½ (*The Angry Red Planet*, Usa 1959, col, 83′) Ib Melchior. Con Gerald Mohr, Nora Hayden, Les Tremayne, Jack Kruschen. ◆ Un manipolo di terrestri sbarca sul pianeta rosso e lo trova pieno di mostri. Fantascienza paranoica e naïf anni Cinquanta: effetti speciali avventurosi, colori pessimi. Talmente brutto da essere diventato, nei paesi anglofoni, un cult.

Martin → *Wampyr*

Martin Eden ** (*The Adventures of Martin Eden*, Usa 1942, b/n, 87′) Sidney Salkow. Con Glenn Ford, Claire Trevor, Evelyn Keyes, Stuart Erwin, Dickie Moore. ◆ Il marinaio Martin Eden (Ford) sogna di diventare scrittore e tiene un diario in cui registra le malefatte del comandante. Quando lui cerca di rubarglielo, un amico interviene, finendo condannato per insubordinazione. Eden, diventato intanto famoso, fa di tutto per difenderlo. Dal romanzo semiautobiografico di Jack London, un film hollywoodiano vecchio stile, sobrio ed edificante.

Martin il marziano *½ (*My Favourite Martian*, Usa 1998, col, 100′) Donald Petrie. Con Jeff Daniels, Christopher Lloyd, Daryl Hannah, Elizabeth Hurley, Wallace Shawn, Christine Ebersole, Michael Lerner, Ray Walston. ◆ A Santa Barbara, California, precipita un marziano (Lloyd), subito adottato da un imbranatissimo cronista televisivo (Daniels) che assapora lo scoop: ma l'alieno, assunte sembianze e pulsioni umane, si spaccia per lo zio del giornalista, difende la sua privacy e ne combina di tutti i colori. Da un serial Tv famoso negli Usa, un innocuo film Disney per famiglie con un E.T. adulto, deciso e intraprendente, ben diverso dal tenero pupazzo spielberghiano. Efficace la trovata della tuta spaziale Zoot, animata e polimorfica: una presenza metafisica che ha lo spessore di un personaggio. La canzone *Uncle Martin Theme* è scritta da Danny Elfman.

Marty, vita di un timido **½ (*Marty*, Usa 1955, b/n, 91′) Delbert Mann. Con Ernest Borgnine, Betsy Blair, Joe Mantell, Joe De Santis. ◆ Marty Piletti (Borgnine), macellaio newyorkese, non riesce a trovare moglie. A un ballo conosce una ragazza bruttina (Blair): la sposerà malgrado le critiche degli amici e della madre. Da un originale televisivo dello stesso Mann. Sopravvalutato ai tempi come un esempio di neorealismo americano (personaggi privi di glamour, dialoghi quotidiani, lunghe inquadrature) è, molto più semplicemente, un'onesta commedia sentimentale, con ottimi attori. Gran premio della giuria a Cannes. Quattro Oscar: miglior film, regia, attore protagonista, sceneggiatura (Paddy Chayefsky).

Maruzzella *½ (Italia 1956, col, 92′) Luigi Capuano. Con Marisa Allasio, Massimo Serato, Yvette Lebon, Renato Carosone, Gegé Di Giacomo, Adolfo Geri, Virginia Balestrieri, Nerio Bernardi, Paolo Ferrara, Carlo Tamberlani, Hélène Sedlak, Pasquale De Filippo. ◆ Ingenua e spensierata, Maruzzella (Allasio) non si accorge che Salvatore (Serato), di cui è innamorata, è l'amante della sua matrigna (Lebon), la quale per giunta le sta sottraendo il patrimonio: ma i piani della donna non hanno fatto i conti con il suo vecchio complice (Geri). Un melodramma scontato e meccanico: ci può essere gara tra la bellezza solare e generosa della Allasio e quella puntuta e avida della Lebon, che per di più viene dal Nord? Curiosa, invece, la capacità di sfruttare Carosone e il suo complesso come elemento narrativo, sia per «scatenare» la gelosia di Salvatore, sia per introdurre delle divagazioni musical-comiche (affidate soprattutto a Gegé Di Giacomo). In colonna sonora, oltre alla canzone del titolo, anche *T'aspetto 'e nove*, *Mo' viene Natale*, *Amaramente* e *Giuvanne c'a chitarra*.

Mary Poppins **½ (*Mary Poppins*, Usa 1964, col, 140′) Robert Stevenson. Con Julie Andrews, Dick Van Dyke, David Tomlinson, Glynis Johns, Ed Wynn, Hermione Baddeley, Reginald Owen, Elsa Lanchester. ◆ Nella Londra inizio secolo, una governante (Andrews) arriva nella famiglia Banks direttamente dal cielo. Farà divertire i bambini e risolverà i problemi dei genitori. Dal libro di P.L. Travers sceneggiato da Bill Walsh e Don da Gradi, un classico della Walt Disney – che aveva coltivato per 20 anni il progetto – sciropposo e un po' datato. Tecnicamente perfetta l'unione di immagini e cartoni animati, lunga 17 minuti. Cinque Oscar: miglior attrice all'esordiente Andrews (la leggenda vuole che fosse stata scelta dai produttori perché brava a fischiare), montaggio (Irvine Cotton Warburton), effetti speciali (Peter Ellenshaw, Hamilton Luske, Eustace Lycett), colonna sonora (Richard M. e Robert B. Sherman) e canzone *Chim-Chim-Cheree* (in italiano, *Cam Caminì*).

Mary Reilly ** (*Mary Reilly*, Usa 1996, col, 109′) Stephen Frears. Con Julia Roberts, John Malkovich, Glenn Close, George Cole, Michael Gambon. ◆ Nella Londra vittoriana, la governante Mary Reilly (Roberts) viene assunta in casa del dottor Henry Jekyll (Malkovich). La timida Mary si innamora castamente del padrone ma gradisce meno le attenzioni del maligno e sensuale Mr. Hyde: ignorando, al contrario dello spettatore che ha letto Stevenson o visto uno degli innumerevoli film in proposito, che si tratta della stessa persona. Il romanzo di Valerie Martin *La governante del dottor Jekyll*, da cui Christopher Hampton ha tratto la sceneggiatura, adottava il punto di vista femminile per trasformare la storia di Stevenson in una fiaba gotica piena d'orrore e mistero. Frears, malgrado qualche discreto effetto speciale (la trasformazione finale di Jekyll in Hyde), è più interessato agli psicodrammi di Mary e alla metafora sociale del rapporto di complicità tra servi e padrone. Ne è risultato un film cupo (fotografa Philippe Rousselot) e ibrido, a tratti scontato e noioso, pieno di simboli banali, ma capace di costruire un'atmosfera inquietante: merito soprattutto della convinzione con cui la Roberts interpreta la protagonista. Innumerevoli le traversie produttive: Malkovich ha rimpiazzato Al Pacino, e il finale scelto dai produttori è quello meno coraggioso. Sul tema del potenziale erotico ed eversivo della coppia Jekyll/Hyde, comunque, era meglio *Nel profondo del delirio* di Borowczyk.

Marziani hanno dodici mani, I *½ (Italia/Spagna 1963, b/n, 90′) [Franco] Castellano, Pipolo [Giuseppe Moccia]. Con Paolo Panelli, Magali Noël, Cristina Gajoni, Franco Franchi, Ciccio Ingrassia, Francesco Mulè, Carlo Croccolo, Margaret Lee, Dominique Boschero, Lando Buzzanca, Aldo Giuffré, Valeria Fabrizi, Enzo Garinei. ◆ Alcuni marziani atterrano a Roma: la dolce vita li convincerà a non far ritorno sul loro pianeta. Da un soggetto di Castellano e Pipolo, con musiche di Ennio Morricone, una commediola dall'umorismo facile facile.

Marziano sulla Terra, Un *½ (*Visit to a Small Planet*, Usa 1960, b/n, 85′) Norman Taurog. Con Jerry Lewis, Joan Blackman, Earl Holliman, Fred Clark, John Williams, Lee Patrick, Jerome Cowan. ◆ Un marziano (Lewis) viene sulla Terra per studiare gli abitanti: a ospitarlo è un giornalista, della cui figlia (Blackman) l'extraterrestre si innamora. Ma la violenta reazione del fidanzato lo convincerà a tornare su Marte. Da un testo teatrale di Gore Vidal, una satira scontata che esaurisce in fretta le sue trovate.

Ma saison préferée – La mia stagione preferita **½ (*Ma saison préferée*, Francia 1993, col, 122′) André Téchiné. Con Daniel Auteuil, Catherine Deneuve, Marthe Villalonga, Chiara Mastroianni, Carmen Chaplin, Jean-Pierre Bouvier, Ingrid Caven, Jacques Nolot. ◆ La malattia della madre (Villalonga) e la crisi del matrimonio riavvicinano Emilie (Deneuve), notaio, al fratello Antoine (Auteuil), neurologo che non vedeva da anni e a cui da ragazza era legatissima. Per fortuna non si prospettano melodrammi nella sceneggiatura del regista e di Pascal Bonitzer, e quasi tutto rimane sotterraneo e inespresso: in superficie, un'analisi dei rituali della famiglia, con tre generazioni in campo, di lucidità spesso lancinante. Un po' troppa carne al fuoco, come spesso succede al regista, ma un'ottima direzione di attori.

Maschera, La *½ (Italia 1988, col, 90′) Fiorella Infascelli. Con Helena Bonham Carter, Fëdor Čaliapin, Michael Maloney, Roberto Herlitzka. ◆ Respinto dall'attrice Iris (Carter), il nobile Leonardo (Maloney) ritenta la seduzione con maschere mirabolanti. Un Settecento di maniera fa da cornice a una storia di amori incorrisposti cui facili simbologie e spunti pirandelliani vorrebbero dare spessore. Opera prima, decorativa e poco incisiva, di un'ex assistente di Pasolini.

Maschera del demonio, La **** (Italia 1960, b/n, 84′) Mario Bava. Con Barbara Steele, Andrea Checchi, Arturo Dominici, John Richardson, Ivo Garrani. ◆ Due incauti viaggiatori nelle steppe russe fanno resuscitare la strega Asa (Steele), suppliziata due secoli prima, identica – ma solo in volto – alla sua discendente Katia. Asa, dopo aver vampirizzato mezza famiglia, cercherà di impadronirsi del corpo della pronipote. Il primo film di Bava (anche direttore della bellissima fotografia) lanciò la Steele come regina dell'horror; fu acclamato dai cinefili inglesi e francesi (*Positif* gli dedicò la copertina, i *Cahiers* una recensione di elogio), ma resta ancora oggi semisconosciuto nel suo Paese. Ispirato vagamente a *Il vij* di Gogol' e sceneggiato dal regista con Ennio De Concini, Marcello Coscia e Mario Serandrei, ha il grosso merito di evitare molti luoghi comuni dei film di vampiri (a cominciare dall'uso del sonoro), costruendo una dimensione onirica e fantastica giocata sull'ambiguità (la prima volta che appare, Katia viene scambiata dallo spettatore per la strega) e sull'attrazione morbosa per il Male. Il pubblico di allora non era abituato a scene come quella della tortura con la maschera chiodata che dà il titolo al film, o del teschio della strega su cui si riforma la carne (Bava curava anche gli effetti speciali, in questo caso ancora sorprendenti). Fu un modello per i molti registi italiani di horror (Freda, Margheriti, Corbucci, Caiano), che spesso usarono la Steele, ma non ne eguagliarono mai l'incanto e lo splendore formale. Bava rifiutò, più tardi, di girarne un remake; l'ha fatto purtroppo il figlio Lamberto, per la televisione.

Maschera della morte, La ** (*The Mask of Death*, Gb 1984, col, 90') Roy Ward Baker. Con Peter Cushing, John Mills, Anne Baxter, Ray Milland, Susan Penhaligon. ◆ Una delle ultime avventure di uno Sherlock Holmes (Cushing) ormai vicino alla pensione: con l'aiuto di Watson (Mills) indaga su un complotto organizzato dai tedeschi alle soglie della prima guerra mondiale. L'anziano Cushing ha una gran classe, ma il film – di produzione televisiva – è un po' fiacco.

Maschera della morte rossa, La **½ (*Masque of the Red Death*, Usa 1964, col, 86') Roger Corman. Con Vincent Price, Hazel Court, Jane Asher, David Weston, Patrick Magee. ◆ Il tirannico principe Prospero (Price), adoratore di Satana, vessa i contadini. Ma quando la morte rossa dilaga per il paese, a nulla vale rinchiudersi nel suo castello. Del ciclo di Corman ispirato a Poe è uno dei più curati (notevole la fotografia del futuro regista Nicolas Roeg) e dei più ambiziosi (nella sceneggiatura di Charles Beaumont e R. Wright Campbell c'è anche qualche eco del *Settimo sigillo*). L'umorismo nero serpeggia dove meno lo si aspetta, ma lo stesso vale per il ridicolo involontario (vedi l'incubo della prosperosa Hazel Court). Sopravvalutato dai fan del regista.

Maschera del vendicatore, La *½ (*Mask of the Avenger*, Usa 1951, col, 83') Phil Karlson. Con John Derek, Anthony Quinn, Jody Lawrance, Arnold Moss. ◆ In Italia, durante la prima guerra d'indipendenza, un capitano (Derek) torna a casa e trova il padre morto, bollato come traditore. Scoprirà l'assassino e il vero delatore. Una trama improbabile per un film d'azione senza guizzi.

Maschera di cera, La **½ (*Mystery of the Wax Museum*, Usa 1933, col, 77') Michael Curtiz. Con Lionel Atwill, Fay Wray, Glenda Farrell, Allen Vincent. ◆ In seguito all'incendio doloso del suo museo delle cere, lo scultore Ivan Igor (Atwill) perde l'uso delle mani e inventa un nuovo metodo di scultura: prima usa cadaveri, poi vorrebbe passare agli esseri viventi. La fotografia, in un primitivo technicolor bicromatico, costituisce uno dei punti di fascino di questa fantasia macabra tratta dalla pièce di Charles S. Belden e sceneggiata da Don Mullally e Carl Erickson, dove Curtiz sembra ricordarsi dell'espressionismo europeo (le scenografie di Anton Grot, le inquadrature) e fonde perfettamente – con un'originalità spesso imitata – momenti di terrore con intermezzi quasi comici. Atwill è un meraviglioso cattivo. Il canto del cigno dell'horror degli anni Trenta, prima che si imponessero il Codice Hays e le limitazioni di budget. Rifatto da de Toth nel 1953.

Maschera di cera, La **½ (*House of Wax*, Usa 1953, col, 88') André de Toth. Con Vincent Price, Frank Lovejoy, Phyllis Kirk, Carolyn Jones, Charles Buchinsky [Bronson]. ◆ Il professor Jarrod (Price), cultore del bello e fondatore di un museo delle cere, dopo essere rimasto sfigurato in un incendio, si vendica del suo socio e scopre una nuova vocazione artistica: le sue creazioni sono macabre, oltre che nel soggetto, anche nella materia prima. Il remake di de Toth sceneggiato da Crane Wilburn non sfigura in confronto all'omonimo film di Curtiz, e vi aggiunge un tocco di erotismo per i tempi audace. Visivamente non banale (la fotografia è di Bert Glennon), e con un buon senso della suspense. Girato originariamente in 3D. Mario Bava ne citerà diverse scene negli *Orrori del Castello di Norimberga*.

Maschera di cera *(di Sergio Stivaletti) → M.D.C. – Maschera di cera*

Maschera di Dimitrios, La **½ (*The Mask of Dimitrios*, Usa 1944, b/n, 95') Jean Negulesco. Con Peter Lorre, Sidney Greenstreet, Zachary Scott, Faye Emerson, Victor Francen. ◆ Nel 1938, a Istanbul, uno scrittore di romanzi gialli (Lorre) decide di indagare sul passato di un avventuriero assassino, Dimitrios Markopulos (Scott), seguendone le tracce da Atene a Parigi e trovandosi così involontariamente associato con un suo vecchio complice (Greenstreet). Dal romanzo omonimo di Eric Ambler (adattato fedelmente da Frank Gruber), uno dei noir degli anni Quaranta che, sul modello di *Quarto potere*, ricorre in modo sistematico al flashback come mezzo per ricostruire una realtà ambigua e sfuggente. Bella l'atmosfera creata dal direttore della fotografia Arthur Edeson. La coppia Lorre-Greenstreet, che aveva esordito nel *Mistero del Falco* (che avrebbe dovuto dirigere proprio Negulesco), tornerà in altri due film di quest'ultimo, *I cospiratori* (1944) e *L'idolo cinese* (1946). Circola una versione colorizzata al computer.

Maschera di fango, La **½ (*Springfield Rifle*, Usa 1952, col, 92') André de Toth. Con Gary Cooper, Phyllis Thaxter, David Brian, Lon Chaney, Paul Kelly, Phil Carey. ◆ Durante la guerra di Secessione, un maggiore unionista nato però in Virginia (Cooper) si finge codardo per essere cacciato dall'esercito con un'infamante striscia gialla dipinta sulla giubba e potersi infiltrare con credibilità come spia tra i nemici sudisti. Solo il comando supremo conosce il piano, mentre la moglie (Thaxter) lo ripudia e il figlio scappa di casa. Un western-summa per de Toth (sceneggiato da Charles Marquis Warren e Frank Davis), che raccoglie gli elementi sparsi in precedenza in vari film consacrati al genere. Qui il tema del controspionaggio come rischio professionale e sacrificio personale è affrontato in un intrigo fitto di trame e controtrame, originale e dinamico, al quale i paesaggi non si limitano a fare da sfondo plastico, ma offrono continuamente spunti per l'ampliamento del quadro. Notevole la direzione degli attori, compreso il mitico Gary Cooper che de Toth tratta come gli altri, riuscendo a far cogliere di lui, anche in una singola inquadratura, il realismo e la leggenda, meglio: il suo «realismo leggendario». Il titolo originale si riferisce ai nuovi fucili automatici marca Springfield il cui carico abbandonato ai sudisti è all'origine della storia.

Maschera di ferro, La **½ (*The Man in the Iron Mask*, Usa 1939, b/n, 110') James Whale. Con Louis Hayward, Joan Bennett, Warren William, Joseph Schildkraut, Alan Hale. ◆ Il figlio di Luigi XIII (Hayward), cresciuto sotto la custodia di D'Artagnan (William), viene rinchiuso in una cella dal fratello gemello, che vuol impossessarsi del trono. Liberato dai moschettieri, sarà lui a diventare Luigi XIV. Dal romanzo di Alexandre Dumas, che aveva già ispirato, nel 1929, un film omonimo di Allan Dwan con Douglas Fairbanks. Whale, maestro del cinema fantastico, dirige queste avventure di cappa e spada con buon ritmo e talento visivo.

Maschera di ferro, La ** (*The Man in the Iron Mask*, Usa 1998, col, 132') Randall Wallace. Con Leonardo DiCaprio, Jeremy Irons, John Malkovich, Gabriel Byrne, Gérard Depardieu, Anne Parillaud, Judith Godrèche, Edward Atterton, Peter Sarsgaard, Hugh Laurie. ◆ Luigi XIV (DiCaprio) è un tiranno che affama il popolo, e tiene suo fratello gemello in carcere con una maschera di ferro. Al che tre moschettieri ribelli – Aramis (l'ascetico Irons), Athos (il tormentato Malkovich) e Porthos (il carnale Depardieu) – progettano uno scambio di persona a costo di combattere D'Artagnan (il pesce lesso Byrne). Lo sceneggiatore di *Braveheart* esordisce alla regia e rielabora spunti da *Vent'anni dopo* e *Il visconte di Bragelonne* di Dumas. Con metafore (probabilmente involontarie) sul crollo delle ideologie e il vuoto del potere, un film – più che di cappa e spada – di attori: che non si tolgono spazio, con tono quasi amabile da recita parrocchiale. Puro (ma innocuo) kitsch hollywoodiano.

Maschera di Frankenstein, La ** (*The Curse of Frankenstein*, Gb 1957, col, 83') Terence Fisher. Con Peter Cushing, Christopher Lee, Hazel Court, Robert Urquhart, Valerie Gaunt, Noel Hood. ◆ Il primo Frankenstein della Hammer (sceneggiato da Jimmy Sangster) non regge il confronto col capostipite *Frankenstein* di James Whale e aggiunge poche novità alla storia, ispirata al libro di Mary Shelley. Il barone Frankenstein (Cushing) crea con pezzi di cadaveri un'infelice creatura (Lee) che, rifiutata dalla società, si rivolterà contro il suo creatore. Per motivi di diritti non si poté usare la maschera della creatura immortalata da Boris Karloff, e il trucco applicato a Lee (splendido Dracula l'anno successivo) è francamente penoso. Cushing è ottimo, ma la regia di Fisher non è così geniale come vogliono molti cinefili. Seguìto da *La vendetta di Frankenstein*.

Maschera di Fu Manchu, La **½ (*The Mask of Fu Manchu*, Usa 1932, b/n, 72') Charles Brabin. Con Boris Karloff, Lewis Stone, Karen Morley, Jean Hersholt, Myrna Loy, Charles Starret. ◆ Fu Manchu (Karloff) cerca d'impadronirsi della maschera e della spada di Gengis Khan, con i quali spera di guidare i popoli asiatici alla riscossa contro la razza bianca: dovrà scontrarsi con un gruppo di archeologi inglesi. Il miglior film della serie dedicata a Fu Manchu, che seppe fondere lo stile delle grandi produzioni (notevoli le scenografie) con una dose di horror non priva di ironia (sempre ingegnose le torture). Karloff è grande, e Myrna Loy, nei panni della sua sadica figlia, gli tiene testa. Il film venne iniziato da Charles Vidor.

Maschera di mezzanotte, La *½ (*Star of Midnight*, Usa 1935, b/n, 90') Stephen Roberts. Con Ginger Rogers, William Powell, Paul Kelly, Gene Lockhart. ◆ Un giornalista è trovato cadavere nell'ufficio dell'avvocato (Powell) da cui si era recato per affidargli un incarico. Un giallo rosa senza nulla di straordinario, nello stesso spirito dell'*Uomo ombra*, di cui ricicla l'interprete.

Maschera di porpora, La *½ (*The Purple Mask*, Usa 1955, col, 82') Bruce Humberstone. Con Tony Curtis, Colleen Miller, Gene Barry, Angela Lansbury. ◆ Il conte René de Trevières (Curtis), che agisce con una maschera color porpora, dà filo da torcere a Napoleone con le sue incursioni e l'abilità di spadaccino. Uno Zorro ante litteram in un modesto film di cappa e spada.

Maschera di Zorro, La *½ (*The Mask of Zorro*, Usa 1998, col, 137') Martin Campbell. Con Anthony Hopkins, Antonio Banderas, Catherine Zeta-Jones, Stuart Wilson, L.Q. Jones, Maury Chaykin, Pedro Armendariz, Julieta Rosen. ◆ Scompare purtroppo il sergente Garcia, ma ci sono due Zorri al prezzo di uno nell'ennesimo film ispirato al personaggio creato nel 1919 da Johnston McCulley: l'anziano don Diego de la Vega (Hopkins), difensore mascherato dei diseredati, istruisce infatti a proprio erede l'ex ladro Alejandro (Banderas), e insieme lottano contro il malvagio don Rafael Montero (Wilson), che medita la secessione della California. Un eroe un po' Che Guevara, un cattivo in odore di leghismo e citazioni (involontarie?) del *Quarto stato* di Pellizza da Volpedo: ma niente paura, è cinema hollywoodiano col Dolby stereo sparato a mille anche se ad alto rischio di abbiocco, epica in cartolina dove tutto è falso a partire dal cavallo con la permanente. Citazione di *Drunken Master* con Jackie Chan nella scena dell'addestramento di Alejandro. Sceneggiano Ted Elliott, Terry Rossio e Randall Jahnson; Steven Spielberg è uno dei produttori esecutivi.

Maschera e il cuore, La ** (*Torch Song*, Usa 1953, col, 90') Charles Walters. Con Joan Crawford, Michael Wilding, Gig Young, Marjorie Rambeau, Henry Morgan, Dorothy Patrick. ◆ Una diva di Broadway (Crawford) si aliena le simpatie di tutti a causa della sua arroganza. Ma si tratta di una maschera: sotto c'è il cuore, che non potrà fare a meno di battere forte quando incontrerà un pianista cieco e tollerante (Wilding). Insolito musical a basso budget, più intimo rispetto ai modelli correnti. Storiella banale, ma la Crawford scatenata nelle danze vale la visione, anche quando – purtroppo – è costretta a interpretare il numero «la donna dai due volti», in cui fa la parte di un'avida mulatta in parrucca nera e viso dipinto. Il regista, ex ballerino e coreografo, compare brevemente nel balletto di apertura come partner della star.

Maschera sul cuore, La *½ (*Le Capitaine Fracasse*, Francia 1942, b/n, 108') Abel Gance. Con Assia Noris, Fernand Gravey, Mona Goya, Jean Weber, Jean Fleur, Mary Lou, Josette France. ◆ Il giovane e irrequieto barone di Sigognac (Gravey) si innamora dell'attrice girovaga Isabella (Noris), ma questa è rapita dal duca di Vallombrosa (Weber) che la vuole sposare. Per fortuna si scopre che i due sono fratelli. Film d'avventura sontuoso ed enfatico: il regista di *Napoleone* ormai si trova spaesato, e resterà senza girare per dodici anni.

Mascherata *** (*Maskerade*, Austria 1934, b/n, 97') Willi Forst. Con Paula Wessely, Adolf Wohlbrück [Anton Walbrook], Peter Petersen, Hilde Von Stolz, Olga Tschechowa, Walter Jansen. ◆ Nella Vienna d'inizio secolo, durante un ballo di Carnevale, Heidenck (Wohlbrück), pittore libertino, ritrae seminuda la moglie (Von Stolz) di un medico (Petersen). Il disegno viene pubblicato e il fratello del medico (Jansen) crede di riconoscere nella modella la sua fidanzata, Anita (Tschechowa), mentre il pittore, per discolparsi, finge di aver ritratto una tale Leopoldine Dur, di cui inventa il nome al momento. Ma una Leopoldine Dur (Wessely) esiste davvero, e sarà lei a far innamorare il pittore per la prima volta. Intanto il medico capisce la verità, ma dopo aver rinunciato a sfidare il pittore a duello, si trova a dovergli salvare la vita: Anita, ex amante di Heidenck, gli ha sparato un colpo di pistola per gelosia. Spumeggiante commedia degli equivoci e di costume in perfetto «stile viennese» sceneggiata da Walter Reisch: un girotondo di rapporti e intrighi ricamato con grazia e sottile sensualità, secondo l'arte del contrappunto che svela ipocrisie e mette malinconia pur nella leggerezza generale. Anche i movimenti di macchina partecipano di questo clima sentimentale complicato, avvolgente e sinuoso, che fa di *Mascherata* il film migliore di Forst, regista asburgico di talento anche se non geniale come Max Ophuls.

Maschere di celluloide *** (*Show People*, Usa 1928, b/n, 82') King Vidor. Con Marion Davies, William Haines, Dell Henderson, Paul Ralli. ◆ Peggy Pepper (Davies, anche produttrice), un'aspirante starlet venuta a Hollywood da Savannah, gira con successo un film comico, ma il suo sogno è interpretare melodrammi: sarà proprio un attore comico (Haines) a salvarla dalle ambizioni sbagliate e dal matrimonio con uno spocchioso damerino. Dietro il tono scherzoso e il ritmo slapstick spesso irresistibile, il film di Vidor (sceneggiato da Wanda Tuchock da un soggetto di Agnes Christine Johnstone e Laurence Stalling) è la lucida analisi di un'industria ormai giunta alla maturità. Mostrare le quinte della lavorazione dei film permette molte gag dissacranti; ma l'originalità è soprattutto nel discutere una questione su cui si soffermò anche Chaplin: perché la tragedia debba essere considerata più nobile della commedia. Gli incroci tra finzione e realtà sono più vertiginosi che in qualunque classico del cinema nel cinema, da Truffaut a Fassbinder: si va dallo sdoppiamento (Peggy, fuori da uno studio, riconosce una famosa attrice: Marion Davies) alla mise en abyme (Vidor interpreta se stesso nell'ultima scena, e un suo film, *Bardelys il magnifico*, viene proiettato in un cinema). Come nei *Protagonisti*, abbondano le comparse di celebri personalità nella parte di se stessi: Charlie Chaplin (che la protagonista non riconosce), Douglas Fairbanks, John Gilbert, il regista William S. Hart e la cronista mondana Louella Parsons.

Maschere di lusso ** (*We Were Dancing*, Usa 1942, b/n, 94') Robert Z. Leonard. Con Norma Shearer, Melvyn Douglas, Gail Patrick, Marjorie Main. ◆ Alla sua festa di fidanzamento, una principessa polacca (Shearer) fugge con un gigolò (Douglas). Dalla commedia *Tonight at 8:30* di Noël Coward, che però ha ben altro ritmo, sceneggiata da Claudine West, Hans Rameau e George Froeschel. Prima apparizione di Ava Gardner.

Maschere e pugnali ** (*Cloak and Dagger*, Usa 1947, b/n, 106') Fritz Lang. Con Gary Cooper, Lilli Palmer, Robert Alda, Vladimir Sokoloff. ◆ Sul finire della seconda guerra mondiale, i nazisti tengono prigioniera la figlia di uno scienziato italiano per costringere il padre a lavorare per la bomba atomica. Un collega americano (Cooper) e un gruppo di partigiani, tra cui la bella Gina (Palmer) libereranno il padre, ma non la figlia morta sei mesi prima. L'ultimo dei film antinazisti di Lang sceneggiato da Albert Maltz e Ring Lardner jr. La bobina conclusiva con la battuta di Cooper: «Pace? Non c'è pace. È l'anno uno dell'èra atomica, che Dio ci aiuti...» fu censurata e distrutta: ma sono restate le sue battute iniziali, decisamente anticonformiste per l'epoca. Non si tratta tuttavia di una delle opere migliori del regista, e la suspense è fiacca.

Maschio e la femmina, Il ** (*Masculin féminin*, Francia 1966, b/n, 103') Jean-Luc Godard. Con Jean-Pierre Léaud, Chantal Goya, Michel Debord, Marlène Jobert, Brigitte Bardot, Françoise Hardy. ◆ Paul (Léaud) e Robert (Debord), due amici, bighellonano, parlano di politica, conoscono ragazze. Film-saggio sui nuovi costumi sessuali dei giovani, figli «di Marx e della Coca Cola», strutturato a capitoli e inframmezzato da didascalie. Un esempio di quello che Godard chiamava «cinema Po» – politico, poliziesco, poetico. Gag a volte riuscite, nonsense, provocazioni, e vezzi da intellettuale come far recitare due cantanti allora celebri (Goya e Hardy), e usare una star come la Bardot in una particina.

Maschio, femmina, fiore, frutto *½ (Italia 1979, col, 97') Ruggero Miti. Con Anna Oxa, Giovanni Crippa, Massimo Boldi, Chiara Moretti. ◆ I gemelli baresi Anna e Tony (entrambi interpretati dalla Oxa) vanno a Roma per mettere a frutto i loro talenti, rispettivamente di cantante e di ballerino. Avranno successo come un unico ambiguo personaggio. Esordio cinematografico di Miti e della Oxa. Il primo stenta a dirigere, la seconda soccombe nell'interpretare due personaggi.

Maschioni, I *½ (*Les Males*, Canada/ Francia 1970, col, 113') Gilles Carle. Con René Blouin, Donald Pilon, Andrée Pelletier, Katerine Mousseau. ◆ Per sfuggire alla civiltà, due giovani (Blouin e Pilon) vanno a vivere in un bosco, ma una hippie libertaria (Pelletier), che si concederà a entrambi, scatenerà i loro istinti possessivi. Vecchio e scontato apologo sul contrasto tra civiltà e natura.

Maschio ruspante, Il *½ (Italia 1972, col, 93') Antonio Racioppi. Con Giuliano Gemma, Francesca Romana Coluzzi, Ninetto Davoli, Marisa Merlini, Didi Perego, Jacques Herlin. ◆ Romolo (Gemma), ingenuo ragazzotto di campagna, è innamorato della vanitosa Rema, abitante a Roma. Dopo essersi concessa, lei lo invita in città: ma solo per fare il cameriere. Mediocre commediola con vane ambizioni di satira sociale, sulla scia di *Serafino*.

Mascotte dell'aeroporto, La *½ (*Bright Eyes*, Usa 1934, b/n, 83') David Butler. Con Shirley Temple, James Dunn, Judith Allen, Jane Withers. ◆ Un ricco signore, che i nipoti sperano muoia presto per potere ereditare, e un pilota rivaleggiano per l'affetto di un'orfanella (Temple). Shirley canta *On the God Ship Lollipop* e, secondo l'allora critico Graham Greene, solletica bassi istinti pedofili.

M.A.S.H. *** (*M*A*S*H*, Usa 1970, col, 116') Robert Altman. Con Elliott Gould, Donald Sutherland, Sally Kellerman, Tom Skerritt, Robert Duvall, René Auberjonois, Fred Williamson, Michael Murphy, Bud Cort. ◆ Durante la guerra in Corea, tre medici (Gould, Sutherland e Skerritt), fra un intervento e l'altro, combinano scherzi a superiori e sottoposti, e organizzano una partita di rugby, vinta grazie a iniezioni di tranquillanti praticate agli avversari. Prodotto in epoca di Vietnam e di contestazione, venne letto in chiave di demistificazione anarcoide del mito dell'eroico soldato americano. Oggi si fa apprezzare soprattutto per la sintassi liberissima e il ritmo stralunato, che anticipa quello dei capolavori del regista. Magistrali le gag legate al megafono che comunica, esitante, ordini incomprensibili, e che alla fine recita i titoli di coda. Bollore (Kellerman), nell'edizione originale, si chiama Hot Lips. Il primo grande successo di Altman, Palma d'oro al festival di Cannes del 1970. Oscar allo sceneggiatore Ring Lardner jr. Ha dato origine a una serie televisiva fortunata ma molto meno graffiante. Il titolo è la sigla di Mobile Army Surgical Hospital, Ospedale chirurgico mobile dell'esercito.

Mash – La guerra privata del sergente O'Farrell *½ (*The Private Navy of Sgt. O'Farrell*, Usa 1968, col, 92') Frank Tashlin. Con Bob Hope, Phyllis Diller, Jeffrey Hunter, Mylène Demongeot, Gina Lollobrigida, John Myhers, Mako, Henry Wilcoxon. ◆ Durante la seconda guerra mondiale, nell'isola tropicale di Funapee, il sergente O'Farrel (Hope) cerca di sollevare il morale dei suoi commilitoni: non gli riesce di far arrivare un gruppo di ausiliarie – sostituite dalla impicciona Nellie Krause (Diller) – ma recupera un carico di birra caduto in mare e con una serie di eroicomiche avventure, salva due ragazze alla deriva (Lollobrigida e Demongeot) e finisce per conquistare da solo un sottomarino giapponese. L'ultima regia di Tashlin (autore anche della sceneggiatura) nonostante alcuni bagliori della vecchia classe – specie nelle prime scene del film, che rimandano ai suoi cartoon propagandistici – è un tentativo sostanzialmente fallimentare.

Mask, The (Da zero a mito) ** (*The Mask*, Usa 1994, col, 112') Charles Russell. Con Jim Carrey, Cameron Diaz, Richard Jeni, Peter Riegert, Peter Greene,, Amy Yasbeck. ◆ Il timido impiegato di banca Stanley Ipkiss (Carrey) entra per caso in possesso di un'antica maschera di legno: indossandola diventa The Mask, alter ego nascosto, cinico, stravagante e implacabile. Le sue scorribande notturne allertano la polizia e Ipkiss finirà per sbarazzarsi di quel «doppio» incontrollabile: non prima, però, di essersi preso una rivincita sulla sua normalità derisa soffiando la pupa supersexy (Diaz) al gangster di Edge City (Greene). Trama-pretesto, vagamente ispirata a *Dottor Jekyll e Mister Hyde* e soprattutto alla rilettura che ne fece Jerry Lewis, per un profluvio di effetti speciali (opera della Industrial Light & Magic di George Lucas) che animano la faccia di Mask come un cartoon di Tex Avery, lanciando definitivamente Carrey nell'olimpo hollywoodiano: più che un comico è un effetto speciale, pronto a offrire il proprio corpo per favolistiche metamorfosi anticronenberghiane. Nel regno della star dalla faccia verdognola sono pochi i momenti indipendenti e forti: le entrate della dark lady canterina, la rumba che travolge in massa gli impettiti poliziotti e le scene con il cagnolino Milo.

Masnadieri, I *½ (Italia 1961, col, 110') Mario Bonnard. Con Antonio Cifariello, Daniela Rocca, Yvonne Sanson, Debra Paget, Salvo Randone, Folco Lulli. ◆ Leonetto Ardenghi (Cifariello) riesce a liberare l'amata Alba di Portoreale (Rocca) rapita dal duca di Bolsena, rivale del padre di Alba nell'ascesa al trono. Polpettone in costume molto ordinario.

Masnadiero, Il **½ (*The Beggar's Opera*, Gb 1953, col, 94') Peter Brook. Con Laurence Olivier, Dorothy Tutin, Stanley Holloway, Daphne Anderson, Yvonne Furneaux, Hugh Griffith. ◆ Nel carcere londinese di Newgate, nel 1741, il bandito Macheath (Olivier) rievoca in una rappresentazione musicale le proprie gesta e riesce a salvarsi dalla forca. Per il suo debutto sullo schermo, Brook ha scelto la classica tragicommedia con musiche di John Gay, che gli ha consentito di giocare con ironia sul tema, che gli sarà caro, del teatro nel teatro. Ma il film è soprattutto una creatura di Olivier, istrione travolgente oltre che coproduttore. Scadente la versione italiana.

Masoch * (Italia 1980, col, 109') Franco Brogi Taviani. Con Paolo Malco, Francesca De Sapio, Fabrizio Bentivoglio, Inga Alexandrowa, Dario Mazzoli. ◆ Lo scrittore Leopold von Sacher- Masoch (Malco), fondatore della nota perversione, sposa una guantaia (De Sapio) da cui si fa frustare e cornificare. Contento lui... Il terzo fratello Taviani esordisce con un ambizioso pasticcio che sfida coraggiosamente il ridicolo involontario.

Masquerade **** (*The Honey Pot*, Usa 1967, col, 125') Joseph L. Mankiewicz. Con Rex Harrison, Susan Hayward, Cliff Robertson, Maggie Smith, Capucine [Germaine Lefèbvre], Edie Adams, Adolfo Celi. ◆ Fox (Harrison), un falso milionario, fingendosi in punto di morte, chiama al capezzale tre sue ex amanti (Hayward, Capucine e Adams) per decidere chi erediterà. La più ricca di loro, Lone Star (Hayward) viene trovata morta, e la sua infermiera (Smith), che ha messo gli occhi sull'assistente (Robertson) di Fox, ruba a quest'ultimo il ruolo di burattinaio dell'intrigo. Ispirato al *Volpone* di Ben Johnson (e alla successiva commedia *Mr. Fox of Venice* di Frederick Knott), cui Fox assiste all'inizio del film, un film lieve, amaro e beffardo, che dice la parola definitiva di Mankiewicz (autore come sempre anche della sceneggiatura) sull'inganno come senso della vita. Il tema classico del simulatore vittima dei suoi raggiri diventa un gioco di specchi di precisione geometrica, di cui lo spettatore è vittima tanto quanto i personaggi. Lo spirito cinico e le riflessioni sul teatro fanno da pendant al precedente *Eva contro Eva* e al posteriore *Gli insospettabili*. Ma mai Mankiewicz si è divertito tanto a giocare con il cinema, adottando soluzioni narrative (le voci di Fox e di Lone Star che, accompagnate dagli accordi di un clavicembalo, commentano dall'aldilà le ultime scene) e scarti di tono che sfuggono a ogni prevedibilità. Girato a Venezia. La versione originale dura 150'.

Masquerade *½ (*Masquerade*, Usa 1988, col, 91') Bob Swaim. Con Rob Lowe, Meg Tilly, Kim Cattrall, Doug Savant, John Glover. ◆ Un playboy yachtman (Lowe) sposa una ricca signorina (Tilly) con l'intenzione di restare vedovo ed ereditare: ma subentra l'amore e il gioco si complica. Archiviati i volenterosi richiami a *Il sospetto*, resta un noir patinato e senz'anima, prevedibile come un telefilm. Lowe, all'epoca sulla cresta dell'onda, è sempre in mutande, e ha fatto circolare la voce che le scene di sesso non siano simulate. Girato ad Hamptons dove Scott Fitzgerald ambientò *Il grande Gatsby*.

Massacro al Central College **½ (*Massacre at Central High*, Usa 1976, col, 85') Renee Daalder. Con Derrel Maury, Andrew Stevens, Kimberly Beck, Robert Carradine, Ray Underwood. ◆ In un campus californiano gli studenti sono in balia di una gang che li terrorizza. A una matricola (Maury) la faccenda non va giù e massacra uno per uno i teppisti. Thriller di serie B sceneggiato dal regista che riserva più di una sorpresa, date le sue ambizioni di satira sociale e gli innesti di humour nero. Nei paesi anglofoni un cult, sconosciuto da noi. L'antesignano di *Schegge di follia*.

Massacro dei sioux, Il *½ (*The Great Sioux Massacre*, Usa 1965, col, 91') Sidney Salkow. Con Joseph Cotten, Darren McGavin, Philip Carrey, Julie Sommars. ◆ Revisione del mito del generale Custer (Cotten) la cui vera storia di opportunista ambizioso è narrata da due soldati scampati dal massacro di Little Big Horn. Alle intenzioni della sceneggiatura non corrisponde però una regia adeguata.

Massacro del giorno di San Valentino, Il **½ (*St. Valentine's Day Massacre*, Usa 1967, col, 100') Roger Corman. Con Jason Robards, Ralph Meeker, George Segal, Jean Hale, Frank Silvera, Bruce Dern, Joseph Campanella. ◆ Cronaca semidocumentaristica (con tanto di voce fuori campo) dello scontro tra le due bande rivali di Al Capone (Robards) e Bugs Moran (Meeker), che culminò con la strage del 14 febbraio del 1929. Freddo, filologicamente accurato, ma non troppo diverso, stringi stringi, da una puntata dei vecchi *Intoccabili* con Robert Stack. I fan di Corman, ovviamente, stravedono. Orson Welles avrebbe dovuto interpretare Capone, e a Robards sarebbe dovuta toccare la parte di Moran. Jack Nicholson è l'uomo al bar all'inizio.

Massacro della Guyana, Il * (*Guyana: Cult of the Damned*, Messico/Spagna/Panama 1980, col, 90') René Cardona jr. Con Stuart Whitman, Joseph Cotten, Yvonne De Carlo, John Ireland, Gene Barry. ◆ In Guyana, nel 1978, i seguaci del «Tempio del popolo» furono spinti al suicidio collettivo. Instant-movie vagamente sciacallesco, girato alla meno peggio.

Massacro di Fort Apache, Il **½ (*Fort Apache*, Usa 1948, b/n, 127') John Ford. Con Henry Fonda, John Wayne, Shirley Temple, John Agar, Ward Bond, Anna Lee, Irene Rich, Victor McLaglen, George O'-Brien, Pedro Armendariz, Guy Kibbee. ◆ Il generale Thursday (Fonda), deluso dal trasferimento nello sperduto Fort Apache, cerca la gloria massacrando indiani. Troverà la morte in un assurdo attacco alla tribù di Cochise. Il capitano York (Wayne), per l'onore della cavalleria, terrà segreti le motivazioni e gli errori del generale. Il primo film della trilogia della cavalleria di Ford (seguiranno *I cavalieri del Nord-Ovest* e *Rio Bravo*), tratta dal romanzo di James Warner Bellah sceneggiato da Frank Nugent, allude, smitizzandola, alla storia del generale Custer. La sana morale del West, incarnata da Wayne (burbera e grezza ma sostanzialmente positiva, come dimostra l'eroismo suicida dei sottufficiali ubriaconi), si inchina comunque alla leggenda, come succederà anche in *L'uomo che uccise Liberty Valance*. Ford mostra una certa sensibilità, per l'epoca, nel trattamento degli indiani. Ma il suo elogio dello spirito della cavalleria è meno convincente che nei film successivi – causa anche la frammentazione narrativa e l'innesto forzoso di una love story tra John Agar e l'ex bimba prodigio Shirley Temple. Il sergente Beaufort (Armendariz) è doppiato da Alberto Sordi. Ne esiste una versione colorata elettronicamente.

Massaggiatrici, Le * (Italia/Francia 1962, b/n, 95') Lucio Fulci. Con Sylva Koscina, Cristina Gajoni, Valeria Fabrizi, Marisa Merlini, Ernesto Calindri, Luigi Pavese, Nino Taranto, Philippe Noiret, Franco Franchi, Ciccio Ingrassia. ◆ Con la qualifica di massaggiatrici opera a Roma un gruppetto di prostitute di lusso. Due cumenda milanesi (Calindri e Pavese) in viaggio di lavoro cedono alla tentazione, cacciandosi in un mare di guai. Farsa di second'ordine in cui sono coinvolti attori di buon nome, tra cui Noiret, al suo esordio italiano.

Massima copertura **½ (*Deep Cover*, Usa 1992, col, 112') Bill Duke. Con Larry Fishburne, Jeff Goldblum, Charles Martin Smith, Sydney Lassick, Clarence William III. ◆ L'agente Stevens (Fishburne) si infiltra tanto bene nel mondo dei narcotrafficanti che subisce un processo e conquista la fiducia di un avvocato corrotto (Goldblum). Lasciato solo dal suo superiore (Smith), decide di andare avanti da solo, senza sapere bene da che parte stare. La labilità dei confini tra Bene e Male, tra legge e trasgressione non è un tema nuovo: ma la sceneggiatura di Michael Tolkin (*I protagonisti*) ed Henry Bean costruisce dei personaggi a tutto tondo e ha un sottile gusto del paradosso, mentre la regia sanguigna di Duke è capace di soluzioni formali non scontate. Ottimi attori, fotografia (di Bojan Bazelli) non banale, rap tanto nella colonna sonora che nel montaggio: cosa pretendere di più da un film di genere?

Mastini del Dallas, I ** (*North Dallas Forty*, Usa 1979, col, 119') Ted Kotcheff. Con Nick Nolte, Mac Davis, Charles Durning, Dayle Haddon, Bo Stevenson. ◆ Un giocatore di football (Nolte), dopo essere stato spremuto dalla squadra, nel momento di una crisi psicologica è relegato in panchina. Spaccato critico del sistema dello sport professionale statunitense, che non va però fino in fondo, e finisce col privilegiare le spettacolari sequenze delle partite. Da un bestseller di Peter Gent.

Mastini della guerra, I ** (*The Dogs of War*, Usa 1980, col, 102') John Irvin. Con Christopher Walken, Tom Berenger, Paul Freeman, Jean-François Stévenin, JoBeth Williams, Colin Blakeky. ◆ Un mercenario (Walken) accetta di combattere contro un sanguinario dittatore africano. Quando scopre che chi lo paga è, se possibile, ancora peggiore, si schiera gratuitamente per un politico onesto. Irvin ha voluto essere cinico e disincantato, ed è stato accusato di razzismo: in realtà tutto è più innocuo. Walken è ottimo. Dal bestseller di Frederick Forsyth.

Mastini del potere, I ** (*Weapons of Mass Distraction*, Usa 1997, col, 95') Stephen Surjik. Con Gabriel Byrne, Ben Kingsley, Mimi Rogers, Chris Mulkey, Illeana Douglas, Paul Mazursky, R. Lee Ermey, Kathy Baker. ◆ Lionel Powers (Byrne) e Julian Messenger (Kingsley), proprietari di due reti Tv concorrenti, si fanno guerra a colpi di ricatti e scandali per acquisire la squadra di football dei Titans: intanto un operaio (Mulkey) licenziato da Powers dà fuori di matto. Anche negli Usa «chi controlla lo sport controlla il mondo»: ma la sceneggiatura di Larry Gelbert punta sulla satira - facile - e sul grottesco, tra mogli (Rogers) che un tempo erano uomini e impianti al pene. Con un umorismo nero a tratti azzeccato e un discreto ritmo nell'alternare ricchi e poveri, fino a una conclusione ovvia ma del tutto verosimile. Prodotto dalla Tv via cavo Hbo nella linea di *La seconda guerra civile americana*; si fa fatica a immaginare un film del genere girato in Italia.

Mastino dei Baskerville, Il ** (*The Hound of the Baskervilles*, Gb 1983, col, 101') Douglas Hickox. Con Ian Richardson, Donald Churchill, Martin Shaw, Denholm Elliot. ◆ Ennesimo, e ultimo in ordine di tempo, adattamento dell'omonimo romanzo di Conan Doyle. Sherlock Holmes (Richardson) indaga su una serie di omicidi nella spettrale brughiera inglese, in cui si aggira un cane fantasma. Onesta e non dozzinale produzione televisiva.

Matador ** (*Matador*, Spagna 1986, col, 96') Pedro Almodóvar. Con Assumpta Serna, Nacho Martinez, Antonio Banderas, Carmen Maura, Eva Cobo, Julieta Serrano. ◆ L'ex torero Diego Montes (Martinez), che si masturba guardando film dell'orrore (tra cui *Sei donne per l'assassino* di Mario Bava) concepisce una passione fatale per l'avvocatessa Maria Cardenal (Serna), che ha l'abitudine di uccidere i suoi amanti con uno spillone durante l'amplesso: galeotto fu *Duello al sole* di King Vidor, la cui scena finale anticipa il destino dei due amanti. «Quando due astri si sovrappongono, la loro luce sembra estinguersi, ma nella loro breve convergenza acquistano una nuova luminosità, nera e ardente»: scritto assieme al romanziere Jesus Ferrero, un manifesto del romanticismo selvaggio, e un manuale – nutrito di Bataille e di Oshima (ma anche di Mina, che canta «Espérame en el cielo, corazón») – sui connubi tra eros e thanatos. Visto alla luce dell'Almodóvar successivo (in Italia è stato distribuito solo dopo *Donne sull'orlo di una crisi di nervi*) rischia di sembrare più parodico di quanto non sia: in realtà il regista spagnolo sfoga le sue ossessioni di cinefilo di provincia, cercando l'eccesso a tutti i costi. Per chi sta al gioco, c'è di che divertirsi: ma non guardatelo in televisione, dove è stato massacrato dai tagli.

Matadora, La *½ (*Fiesta*, Usa 1947, col, 104') Richard Thorpe. Con Esther Williams, Akim Tamiroff, Ricardo Montalban, John Carroll, Mary Astor, Cyd Charisse. ◆ Un torero (Tamiroff) in disarmo vorrebbe invano che il figlio seguisse la sua carriera. La sorella Maria (Williams) per accontentare il padre si traveste da uomo e scende nell'arena. Polpettone infarcito di numeri musicali. Uno dei rari film non acquatici della Williams.

Mata Hari *** (*Mata Hari*, Usa 1931, b/n, 90') George Fitzmaurice. Con Greta Garbo, Ramon Novarro, Lionel Barrymore, Lewis Stone. ◆ Francia, 1917: Mata Hari (Garbo), danzatrice e agente dello spionaggio tedesco, ha l'ordine di circuire il tenente russo Rosanoff (Novarro), del quale però s'innamora. Quando il generale Shubin (Barrymore), suo ex amante, manda all'aria la missione per gelosia, lei lo uccide e sparisce, poi, saputo che Rosanoff è rimasto ferito, corre ad assisterlo in ospedale e viene arrestata dal controspionaggio francese: per non coinvolgere l'uomo amato rinuncerà a difendersi e accetterà la condanna a morte. Intrigante spy story ispirata a un fatto realmente accaduto sceneggiata da Benjamin Glazer e Leo Birinski, che all'epoca ottenne poco successo di critica sia per una certa nebulosità dell'intreccio sia per la «non convincente» interpretazione della Garbo. In realtà, proprio grazie all'attrice, *Mata Hari* fissò un modello di donna fatale imprescindibile per il cinema a venire. Ebbe problemi di censura per la scena dell'esecuzione e per quella in cui la Garbo esercita su Novarro un potere maggiore della Vergine Maria ritratta in un quadro nella camera da letto di lui. La sequenza più celebre è quella in cui la Garbo si esibisce in una danza che la porta tra le numerose braccia di un idolo orientale, ma ci sono buone probabilità che questo numero, con un velato striptease finale, sia stato eseguito da una controfigura. È il primo film della divina a essere stato distribuito in versione doppiata. Nella sequenza iniziale compare (non accreditato) Mischa Auer nella parte del condannato a morte che non tradirà l'amore della spia. Rifatto nel 1965 con la Moreau e nel 1985 con Sylvia Kristel (*Un corpo da spiare* di Curtin Harrington). Nel 1954 Renzo Meruis girò *La figlia di Mata Hari*.

Mata Hari, agente segreto H21 ***½** (*Mata Hari – Agent H21*, Francia 1965, col, 96') Jean-Louis Richard. Con Jeanne Moreau, Jean-Louis Trintignant, Claude Rich, Frank Villard. ◆ Mata Hari (Moreau) si innamora del tenente francese (Trintignant) a cui deve carpire documenti segreti: ma lui muore sotto i colpi dei tedeschi per i quali Mata opera. La riproposizione del personaggio della spia-maliarda, malgrado il cast lussuoso, fallisce per i toni ingenuamente melodrammatici.

Matalo! ****½** (Italia/Spagna 1970, col, 94') Cesare Canevari. Con Corrado Pani, Lou Castel, Luis Davila, Claudia Gravì, Anna Maria Noe, Antonio Salines. ◆ Salvato dalla forca, uno spietato gangster (Pani) si rifugia in una città fantasma. Ma un solitario (Castel) venuto dall'Australia (e quindi armato di boomerang) lo castigherà a dovere, dopo averle prese per mezzo film. La sceneggiatura (di Mino Roli, Nico Ducci e Eduardo M. Brochero) non è il punto forte del western di Canevari, che infatti decise di rinunciare quasi del tutto ai dialoghi affidandosi alle musiche elettroniche e psichedeliche di Mario Migliardi e a un uso degli spazi e della macchina presa quantomeno insoliti: come un Leone finalmente sotto mescalina, e una capacità a tratti sorprendente di lavorare nei vuoti, quasi alla Hellman. Senza premere sul *grand guignol*, ma con una inequivocabile stilizzazione fumettara che rende tutto ancora più gustoso.

Matango il mostro ***** (*Matango*, Giappone 1964, col, 89') Inoshiro [Ishiro] Honda. Con Akira Kubo, Yashio Tsuchiya, Hiroshi Koizumi, Mizuno Kumi. ◆ Una comitiva di yuppie nipponici naufraga in un'isola infestata da un fungo velenoso, che prima dona la pace dei sensi, e poi trasforma chi ne fa uso in fungoni giganti semoventi. Dal regista di *Godzilla*, un horror che potrebbe entrare a buon diritto nell'elenco dei peggiori dieci film della storia del cinema: ritmo sonnambulico (per un'ora non succede quasi niente, e l'eventuale suspense evapora molto prima), effetti speciali ridicoli, moralismo apocalittico che corregge la fascinazione ambigua per il «male». Brutto come un brutto quadro surrealista, e per questo in grado di affascinare esteti della spazzatura e altri snob.

Matchless ****** (Italia 1967, col, 104') Alberto Lattuada. Con Patrick O'Neal, Ira Fürstenberg, Donald Pleasence, Nicoletta Machiavelli, Henry Silva, Jacques Herlin. ◆ Un giornalista americano (O'Neal) prigioniero dei cinesi che lo ritengono una spia, riesce a fuggire grazie a un filtro che lo rende invisibile per venti minuti ogni due ore. Parodia non priva di ambizioni, ma non del tutto riuscita, dei film di James Bond. Sceneggiatura del regista e Dean Craig, Luigi Malerba, Jack Pulman.

Mater dolorosa ****** (Italia 1942, b/n, 82') Giacomo Gentilomo. Con Mariella Lotti, Annelise Uhlig, Claudio Gora, Renato Cialente, Amilcare Pettinelli, Laura Redi, Annibale Bertone. ◆ Moglie di un conte eletto nel primo parlamento italiano, Maria di Santafiore (Uhlig, doppiata da Tina Lattanzi) sopporta in silenzio, per il bene della figlia Lalla (Lotti), un matrimonio che non ha scelto. Quando Giorgio Della Valle (Gora), l'uomo che aveva amato in gioventù, sposa Lalla ma non riesce a soddisfarne la voglia di mondanità preso com'è dall'impegno per la liberazione di Roma – siamo nel 1866 – sarà ancora lei, Maria, a sacrificarsi e accettare di passare per l'amante del conte di Vharé (Cialente) pur di nascondere il tentato tradimento della figlia. La riduzione del romanzo omonimo di Gerolamo Rovetta (firmata da Guido Cantini, Alberto Casella e Vittorio Nino Novarese) accentua gli elementi melodrammatici a scapito di quelli romanzeschi (le vicende risorgimentali restano in secondo piano e i riferimenti alla contemporaneità fascista – «Roma o morte» – non sono molto sfruttati) così da far risaltare il destino di rinuncia e di silenziosa sottomissione della donna, questo sì in sintonia con l'insegnamento del duce (l'ultima scena, con Giorgio che *forse* darà il suo perdono a una moglie che sostanzialmente non ha fatto niente, è significativa della morale corrente). Molto curata la ricostruzione scenografica e la fotografia di Ugo Lombardi.

Maternale ****** (Italia 1977, col, 90') Giovanna Gagliardo. Con Carla Gravina, Benedetta Fantoli, Anna Maria Gherardi, Marino Masé, Francesca Muzio, Francesco Fantoli. ◆ Anni Sessanta: in una ricca villa dei primi del Novecento, la giornata-tipo di due donne, madre (Gravina) e figlia (Fantoli), legate da un rapporto chiuso e nevrotico che si esprime attraverso gli ossessivi rituali del cibo (colazione-pranzo-merenda-cena). Mentre il marito e il figlio vivono quasi sempre fuori casa (cioè fuori campo), la madre impedisce la crescita e l'emancipazione della figlia adolescente, claudicante per una malattia contratta durante l'infanzia e dunque ancora più bisognosa di protezione, ma la ragazza riuscirà a guarire e a sottrarsi alla sua perversa morsa affettiva. Una riflessione, simbolica e stilizzata, sulle profonde implicazioni della relazione con la madre, incapace di abdicare al suo ruolo di nutrice. Originale e ambiziosa opera prima della Gagliardo, autrice anche della sceneggiatura, che mette a fuoco il patologico concetto di «maternalità» mutuando spunti e stimoli dalla psicoanalista Luce Irigaray. Il forte aspetto ideologico, talvolta troppo esplicitato in senso letterario (per esempio nel finale, che riassume inutilmente a parole ciò che prima è stato detto attraverso le immagini) è riscattato da alcune incisive scelte di regia, come le memorabili, e ricattatorie, lezioni di cucina. Nello stile fatto di lunghissimi piani sequenza è evidente l'influenza di Miklós Jancsó, ai tempi compagno della regista. Prodotto dalla Rai e applaudito a diversi festival stranieri, non fu mai distribuito in sala in Italia dove è stato trasmesso in Tv solo nel 1980. La prima immagine ripropone un quadro di Ed-ward Munch.

Matewan ****½** (*Matewan*, Usa 1987, col, 130') John Sayles. Con Chris Cooper, Mary McDonnell, Will

Oldham, James Earl Jones, David Strathairn. ◆ Nella Virginia negli anni Venti i minatori entrano in sciopero contro l'abbassamento dei salari: perderanno il loro capo, ma vinceranno una battaglia importante. Scritto da Sayles (che appare nella parte del predicatore) è il tipo di film, accurato nella ricostruzione d'epoca e impegnato nei contenuti, che non va a vedere più nessuno. Peccato, perché la descrizione dei diversi gruppi etnici non è banale, e la tensione drammatica credibile.

Matilda ** (Italia 1990, col, 90') Antonietta De Lillo, Giorgio Magliulo. Con Silvio Orlando, Carla Benedetti, Gianni Agus, Milena Vukotic, Tino Schirinzi. ◆ La trentenne Matilda (Benedetti) ha perso tutti i pretendenti in morti misteriose e a Torquato (Orlando), l'ultimo fidanzato, non resta che fare gli scongiuri. Tentativo un po' sgangherato, anche se apprezzabile, di commedia sofisticata in una Napoli molto diversa dai cliché di De Crescenzo e di Loy. Gli ammiccamenti cinefili lasciano comunque il tempo che trovano. Il titolo è quello di una canzone di Harry Belafonte che ha chiesto (e non ottenuto) royalties superiori all'intero costo del film.

Matilda 6 mitica *** (*Roald Dahl's Matilda*, Usa 1996, col, 98') Danny DeVito. Con Mara Wilson, Danny DeVito, Rhea Perlman, Embeth Davidtz, Pam Ferris, Paul Reubens, Tracey Walter, Brian Levinson. ◆ A Smalltown la piccola Matilda (Wilson) cresce amando i libri e coltivando i suoi strani poteri telecinetici nonostante una famiglia di teledipendenti, disonesti e scansafatiche: il problema è che a scuola non è certo meglio, con la cattivissima maestra Trinciabue (Ferris). Per fortuna c'è la dolcissima miss Honey (Davidtz), che però avrà bisogno dei poteri della bambina per tornare in possesso di quello che è suo. Un micidiale concentrato di macabro senso dell'umorismo e salutare cattiveria antiborghese: la quarta regia di DeVito sembra una favola per bambini (tratta dal racconto di Roald Dahl, sceneggiato da Nicholas Kazan e Robin Swicord), ma in realtà è uno dei più distruttivi ritratti della piccola borghesia americana e dei suoi non-valori, a cominciare dalla sete di denaro e dalla sudditanza televisiva. Difficile pensare un modo più cattivo di rappresentare le figure del padre e della madre (Danny DeVito e Rhea Perlman, sposati anche nella realtà) e a un finale meno conciliante. Oltre ogni umana demenza il titolo italiano.

Matinée *** (*Matinee*, Usa 1993, col, 99') Joe Dante. Con John Goodman, Simon Fenton, Cathy Moriarty, Omri Katz, Kellie Martin, James Villemaire. ◆ Key West, 1962: mentre è in atto la crisi cubana e il giovane Gene (Fenton) è preoccupato per la sorte del padre, ufficiale di marina, arriva in città Lawrence Woolsey (Goodman), il mago dell'horror di serie C, col suo ultimo film *Mant* – storia di un uomo che le radiazioni trasformano in formica gigante. La sala viene attrezzata con innocue macchinette che danno la scossa, ma la proiezione si trasforma quasi in una catastrofe, a causa del comportamento imprevedibile di un teddy boy (Villemaire) che Woolsey ha assoldato perché spaventi i ragazzini travestito da mostro, nonché della paura che i grandi hanno di un conflitto atomico. I rassicuranti spaventi del cinema contro le fobie assurde e pericolose del mondo degli adulti: Dante e lo sceneggiatore Charlie Haas non vogliono pontificare, ma solo tornare a vedere il mondo con gli occhi dei ragazzini. In equilibrio tra amabile ironia e nostalgia per gli anni Sessanta, uno dei più riusciti film sul (consumo di) cinema degli ultimi tempi. Il personaggio di Woolsey è ispirato al regista e produttore William Castle.

Matlosa ** (Svizzera 1981, col, 90') Villi Hermann. Con Omero Antonutti, Flavio Bucci, Francesca De Sapio, Nico Pepe, Roger Jendly. ◆ Impiegato luganese in attesa di promozione, Alfredo (Antonutti) trascorre il week-end in valle, nella sua casa natia, e si lascia andare ai ricordi. Quando saprà di non essere lui il promosso, ripeterà il grido del «matlosa» (Bucci) conosciuto da bambino. Ispirato a una novella dello scrittore ticinese Giovanni Orelli (sceneggiata da Angelo Gregorio e dal regista), è il ritratto intimista e introverso di un disadattato alla ricerca del tempo perduto: il merito di Hermann, che sceglie il registro sommesso della malinconia e del pudore (ma che spesso eccede in silenzi carichi di lirismo e nostalgia) è di averne fatto un vero estraneo, perdente in città e tollerato a stento anche nel paese natale. Il «matlosa» (traduzione ticinese di «Heimatlos», senza patria), presenza molto popolare tra le due guerre, era una sorta di «zingaro svizzero», ambulante cantastorie sprovvisto di documenti. Colonna sonora di Enzo Jannacci. Il parroco è Walter Valdi.

Mato Grosso ° (*Medicine Man*, Usa 1992, col, 106') John McTiernan. Con Sean Connery, Lorraine Bracco, José Wilker. ◆ Un burbero ricercatore (Connery) è alle prese con una dottoressa petulante (Bracco) mentre cerca il rimedio per il cancro tra le piante della foresta amazzonica. Finto film d'avventure in cui praticamente non succede nulla, e nel quale i due protagonisti continuano a beccarsi in attesa di uno scontato innamoramento (anche se ci viene risparmiato il bacio finale). Pretestuoso il tema ecologico, banale la presenza degli indios. Eppure Connery ci credeva tanto da fare il produttore esecutivo. Tom Schulman (*L'attimo fuggente*) è stato strapagato per una sceneggiatura che poi Tom Stoppard (non accreditato) ha invano cercato di rappezzare. Girato, nota bene, nella giungla messicana.

Matriarca, La *½ (Italia 1968, col, 92') Pasquale Festa Campanile. Con Catherine Spaak, Jean-Louis Trintignant, Luigi Proietti, Luigi Pistilli, Renzo Montagnani, Fabienne Dali, Nora Ricci, Paolo Stoppa, Vittorio Caprioli, Edda Ferronao, Gabriele Tinti, Venantino Venantini, Philippe Leroy, Frank Wolff. ◆ Rimasta vedova, l'ingenua Margherita (Spaak) scopre che il marito era un dongiovanni senza freni e decide di imitarlo seducendo amici e conoscenti, fino a quando non incontra Carlo (Trintignant), un medico che si innamora veramente di lei. Specie di apologo femminista che cerca di mescolare insegnamenti reichiani (allora molto di moda) e spirito libertario, per giungere però a una moralistica accettazione del matrimonio borghese, appena un po' aggiornata (il massimo della trasgressione, per Margherita, sarà salire a cavalcioni su Carlo e farsi portare in giro per casa). Notevole l'arredamento optical della garçonnière e i vestiti alla moda della Spaak, che però si spoglia molto generosamente. Sceneggiatura di Ottavio Jemma.

Matrimoni *** (Italia/Francia 1998, col, 98') Cristina Comencini. Con Francesca Neri, Diego Abatantuono, Cecilia Dazzi, Stefania Sandrelli, Claude Brasseur, Claire Keim, Paolo Sassanelli, Emilio Solfrizzi, Lunetta Savino, Gigio Alberti. ◆ A Bologna, la vigilia di Natale, Giulia (Neri), moglie perfettina dell'architetto Paolo (Abatantuono), pianta famiglia e parenti per seguire Fausto (Sassanelli), suo amore di gioventù, a Trani: dove la madre Vera (Sandrelli), all'insaputa dei figli, si è rintanata in un albergo con l'ex marito Alessio (Brasseur). Commedia di costume benevola e riuscita, con un tocco di pochade mai volgare (sceneggiatura della regista, che divide il soggetto con Roberta Mazzoni) e con qualcosa da dire sul nostro presente. La Comencini recupera le origini regionali della nostra commedia evitando le macchiette e utilizza al meglio attori più o meno noti (Abatantuono e la Sandrelli non strafanno come spesso accade; Solfrizzi e la Savino [il fratello di Giulia e sua moglie] sono una bella rivelazione; la Neri è finalmente vitale, e simpatica). Un cinema medio ormai raro in questi tempi sguaiati, che non risparmia nemmeno una salutare bordata contro il mammismo nazionale e ha il coraggio di affermare che l'adulterio può avere una funzione terapeutica.

Matrimoni a sorpresa **½ (*We're Not Married*, Usa 1952, b/n, 85') Edmund Goulding. Con Ginger Rogers, Fred Allen, Victor Moore, Marilyn Monroe, David Wayne, Eve Arden, Paul Douglas, Eddie Bracken, Mitzi Gaynor, Louis Calhern, Zsa Zsa Gabor, James Gleason, Paul Stewart. ◆ Per un vizio procedurale nella nomina di un giudice (Moore), i matrimoni di sei coppie non sono validi: qualcuno accoglie la notizia con sollievo (come un *tycoon* [Calhern] che così si può liberare di una cacciatrice di dote [Gabor]), qualcuno con angoscia (un soldato [Bracken] non vuole lasciare la sua «ex» moglie incinta [Gaynor] a casa), qualcuno come una pausa di riflessione (una coppia di artisti radiofonici [Rogers e Allen] che non si sopportano più). Scritta da Nunnally Johnson, una commedia piacevole e briosa che scherza sul matrimonio e le varie ossessioni familiari americane. Marilyn, «che sembra scolpita dalla mano di Michelangelo» come scrisse il *New York Herald Tribune*, è una madre che non si preoccupa per l'annullamento: le basterà passare dai concorsi per Mrs. [signora] Mississippi a quelli per Miss [signorina] Mississippi. Da antologia la scena (muta ma accompagnata dalla musica di un walzer) della sveglia mattutina di Ginger Rogers e Fred Allen. Particina per Lee Marvin.

Matrimonio, Il ** (Italia 1954, col, 85') Antonio Petrucci. Con Vittorio De Sica, Silvana Pampanini, Alberto Sordi, Valentina Cortese, Ave Ninchi, Renato Rascel, Carletto Sposito, Pina Bottin, Guglielmo Barnabò, Franco Scandurra, Bice Valori, Nino Milano, Gustavo Serena. ◆ In un paesino russo si intrecciano le storie di Ivan Vassilievic Lomov (Sordi), ricco ma complessato possidente che vorrebbe in moglie la troppo volitiva Natalia (Cortese); dell'ufficiale in pensione Grisna Smirnov (De Sica), che predica la misoginia ma non sa resistere al fascino della bella vedova Popova (Pampanini); dell'invadente Nastassja (Ninchi), che per il matrimonio della figlia (Bottin) vuole a tutti i costi invitare un generale (Rascel). Tre atti unici di Čechov – *Una domanda di matrimonio*, *L'orso* e *Il pranzo di nozze* – uniti dalla sceneggiatura di Alessandro Continenza, Filippo Mercati [Luigi Filippo d'Amico] e del regista. Peccato che l'ironia e la critica antiborghese dello scrittore russo si smarriscano nel film, che sottolinea eccessivamente gli elementi comici (l'ipocondria di Sordi) e la carica misogina (nella recitazione della Cortese e della Ninchi). Filmato a colori da Vaclav Vich, viene programmato in televisione in una copia b/n.

Matrimonio, Il *½ (*Mariage*, Francia 1974, col, 100') Claude Lelouch. Con Bulle Ogier, Jacques Rufus, Bernard Le Coq, Marie Déa. ◆ Marito e moglie (Ogier e Rufus) passano dal litigio all'incomunicabilità e alla separazione: ma la terza età li riunisce. Sociologia spicciola e sorridente in uno dei Lelouch meno noti.

Matrimonio, Un ***½ (*A Wedding*, Usa 1978, col, 125') Robert Altman. Con Vittorio Gassman, Nina Van Pallandt, Desi Arnaz jr, Gigi Proietti, Lillian Gish, Carol Burnett, Paul Dooley, Amy Stryker, Mia Farrow, Geraldine Chaplin, Lauren Hutton, Howard Duff, Viveca Lindfors. ◆ In un sobborgo di Chicago si sposano Dino Corelli (Arnaz jr), figlio dell'ex cameriere italiano Luigi (Gassman), e Meringa [in originale Muffin] Brenner (Stryker), di una famiglia di arricchiti del Sud. Mentre la suocera (Gish) di Luigi sta morendo, si svolge un caotico ricevimento, dove si scoprono gli altarini più imbarazzanti (la sorella della sposa – Farrow – è incinta dello sposo, che per conto suo pare gradire il proprio sesso). Ma alla fine è come se non fosse successo nulla. Dopo *Nashville*, un altro film-mosaico corale, lucido e ghignante sotto l'apparenza caotica. L'ambizione di dipingere un affresco dell'America sembra ridimensionarsi alla satira sociologica; ma quando la caricatura pare avere il sopravvento, fa capolino la morte, e la prospettiva si rovescia di colpo. La morale è amara ma non gridata, mentre il divertimento è genuino e immediato, come di rado è capitato ad Altman. L'anziano regista John Cromwell è lo spassoso vescovo; i cosceneggiatori Allan Nicholls e John Considine, rispettivamente l'operatore e il responsabile della sicurezza.

Matrimonio alla francese ** (*La Tonnerre de Dieu*, Francia/Italia 1965, col, 85') Denys de La Patellière. Con Jean Gabin, Michèle Mercier, Lilli Palmer, Robert Hossein. ◆ Il matrimonio di una agiata coppia francese (Gabin e Palmer) è minato dalla mancanza di figli e dalla presenza in casa di una ragazza ex prostituta (Mercier) che il marito decide di aiutare. Ma la giovane trova un marito e regala un nipotino ai «genitori». Lo stupido titolo italiano non rende un buon servizio a una commedia di ordinaria amministrazione, servita da un buon cast.

Matrimonio all'alba *½ (*Strictly Dishonorable*, Usa 1951, b/n, 86') Melvin Frank e Norman Panama. Con Ezio Pinza, Janet Leigh, Millard Mitchell, Gale

Robbins. ◆ Un cantante italiano (la star della lirica Pinza), preso di mira da un giornale per la sua scarsa moralità è costretto a sposare una sua ammiratrice (Leigh) per non perdere la reputazione. Routine tratta da una vecchia commedia di Preston Sturges, già portata sullo schermo nel 1931 (*Strictly Dishonorable* di John Stahl) inedito in Italia.

Matrimonio all'italiana **½ (Italia, 1964, col, 104') Vittorio De Sica. Con Sophia Loren, Marcello Mastroianni, Aldo Puglisi, Marilù Tolo, Tecla Scarano. ◆ Il pasticciere Domenico (Mastroianni) s'è portata in casa la prostituta Filumena (Loren) per fargli da serva e da amante; fingendosi in punto di morte, la donna, in cerca di riscatto, riesce a farsi sposare. Al successivo annullamento di matrimonio, Filumena gioca la sua carta: tre figli cresciuti lontano, uno dei quali (ma non si sa chi) è stirpe di Domenico. Dalla commedia di Eduardo De Filippo *Filumena Marturano* (da cui l'autore aveva tratto nel 1951 il film omonimo), adattata da Leo Benvenuti, Piero De Bernardi, Renato Castellani e Tonino Guerra: De Sica smorza in una bonaria ironia i toni quasi pirandelliani del testo originale, e confeziona uno dei suoi film più riusciti in formato esportazione. Tanto piacevole quanto, stringi stringi, superficiale. Nomination all'Oscar per la Loren

Matrimonio a 4 mani *½ (*It Takes Two*, Usa 1996, col, 90') Andy Tennant. Con Mary Kate Olsen, Ashley Olsen, Steve Guttenberg, Kirstie Alley, Philip Bosco, Jane Sibbett. ◆ Il miliardario Roger Kellaway (Guttenberg), padre della piccola Alyssa (M. K. Olsen), sta per sposare una ricca smorfiosa (Sibbett): mentre l'orfana Amanda (A. Olsen), che somiglia ad Alyssa come una goccia d'acqua, vorrebbe disperatamente farsi adottare dall'assistente sociale Diane (Alley). Le due bambine, incontrandosi, troveranno la soluzione ai loro problemi. Scontata ma incalzante commedia degli equivoci (scritta da Deborah Bean Davies), innaffiata da buoni sentimenti, al servizio di due mostriciattole tanto pestifere quanto bisognose d'affetto. Inutile domandare verosimiglianza o satira sociale.

Matrimonio con vizietto – Il vizietto 3 * (Italia 1985, col, 100') Georges Lautner. Con Ugo Tognazzi, Michel Serrault, Antonella Interlenghi, Stéphane Audran, Michel Galabru, Saverio Vallone. ◆ Terzo episodio della coppia gay Albin (Serrault) e Renato (Tognazzi): per potere ereditare, il primo deve sposarsi e fare un figlio. Ma come si può andare contronatura? I ritmi da pochade del prototipo si annacquano in una comicità esangue e quasi televisiva.

Matrimonio del mio migliore amico, Il **½ (*My Best Friend's Wedding*, Usa 1997, col, 102') P.J. Hogan. Con Julia Roberts, Cameron Diaz, Dermot Mulroney, Rupert Everett, Philip Bosco, M. Emmet Walsh, Rachel Griffiths, Carrie Preston, Susan Sullivan, Chris Masterson, Harry Shearer. ◆ La critica gastronomica Julianne Potter (Roberts) non accetta l'idea che Michael (Mulroney), suo ex fidanzato e ora solo amico, stia per sposare una ricca e bella studentessa (Diaz). Da New York vola a Chicago: ha quattro giorni di tempo per impedire le nozze e riconquistare Michael, ma la promessa sposa è un osso duro di ingenuità e tenerezza. Sceneggiata da Ronald Bass, una commedia che riesuma lo spirito screwball, in un confronto al femminile senza esclusione di colpi - ma sempre elegante - che mette a confronto due figure a tutto tondo (e, al contrario delle commedie classiche, si tifa per la futura moglie e non per l'elemento perturbante, più egoista che emancipata). Peccato veniale il fatto che il ritmo scoppiettante della prima parte non regga fino in fondo. Indimenticabile il personaggio di Rupert Everett, l'amico gay di Julianne che con complicità e ironia cerca di farla ragionare. Per la Roberts è il film del rilancio, per la Diaz quello del lancio definitivo. Belli i titoli di testa in stile pop anni Cinquanta.

Matrimonio di Betsy, Il ** (*Betsy's Wedding*, Usa 1990, col, 94') Alan Alda. Con Alan Alda, Molly Ringwald, Madeline Kahn, Anthony La Paglia, Joey Bishop, Joe Pesci, Burt Young, Ally Sheedy. ◆ Betsy (Ringwald), di famiglia siculoamericana, sposa Jake (Bishop) di origine ebrea e le due famiglie si sfideranno in una gara di spese per il ricevimento. Scritto dallo stesso Alda, una commedia di caratteri diretta con buon ritmo e con un gusto del bozzetto un po' fine a se stesso. Improbabile, tuttavia, che lasci segni indelebili nella memoria.

Matrimonio di Lady Brenda, Il ** (*A Handful of Dust*, Gb 1988, col, 118') Charles Sturridge. Con Kristin Scott-Thomas, James Wilby, Rupert Graves, Judi Dench, Alec Guinness, Anjelica Huston. ◆ Inghilterra, 1932: il giovane baronetto Anthony Last (Wilby) conduce la sua vita indolente in campagna, mentre la moglie Brenda (Scott-Thomas) lo tradisce con un arrampicatore sociale (Graves). Quando il figlioletto muore in un incidente di caccia, Anthony decide di divorziare e, per dimenticare, si avventura in Amazzonia: dove finisce prigioniero di un folle analfabeta (Guinness), che lo costringe a leggergli Dickens. Da *Una manciata di polvere* di Evelyn A. Waugh (sceneggiato dal regista con Tim Sullivan e Derek Granger), un classico melodramma inglese tirato a lucido e con una punta di cattiveria. Bravi attori, regia diligente, ma dov'è finita l'ironia del romanzo?

Matrimonio di Maria Braun, Il *** (*Die Ehe der Maria Braun*, Rft 1978, col, 120') Rainer Werner Fassbinder. Con Hanna Schygulla, Klaus Löwitsch, Ivan Desny, Gottfried John, George Byrd, Gisela Uhlen, Elisabeth Trissenaar. ◆ Il giorno dopo il matrimonio, Hermann Braun (Löwitsch) parte per il fronte lasciando sola la moglie Maria (Schygulla). Per sopravvivere, Maria diventa l'amante di un soldato americano nero (Byrd), che uccide al ritorno del marito. Accollatosi l'omicidio, Hermann finisce in carcere mentre la moglie diventa l'amante di un industriale francese (Desny) che convincerà Hermann, scarcerato, a emigrare in Canada fino alla sua morte. Storia del fallimento dell'emancipazione di una piccolo-borghese sceneggiato dal regista con Peter Märthesheimer e Pea Fröhlich, che allude in modo trasparente alla sorte della Germania postbellica: la morte di Maria avviene, non a caso, quando, il 4 luglio 1954, la Germania vince la coppa del mondo di calcio. La densità delle allusioni politiche non allenta, tuttavia, la tensione di un melodramma freddo e disperato. Romanticismo raggelato, cinismo e ineluttabilità del destino: è il Fassbinder più autentico, anche se non quello più ammaliante. La Schygulla (premiata al festival di Berlino) in uno dei suoi più bei ruoli di sempre, nel film che diede a lei e al suo regista la notorietà internazionale. Fassbinder è l'uomo che svende le opere di Kleist al mercato nero.

Matrimonio è un affare privato, Il *½ (*Marriage Is a Private Affair*, Usa 1946, b/n, 116') Robert Z. Leonard. Con Lana Turner, John Hodiak, James Graig, Frances Gifford. ◆ Il matrimonio tra un aitante ufficiale (Hodiak) e una bella bionda (Turner), col tempo diventa routine: ma dopo qualche sbandata, i due torneranno all'ovile. Nell'anno del *Postino suona sempre due volte*, la Turner rifà la vamp, ma il film ha ben poco di memorabile.

Matrimonio ideale, Un *½ (*The Perfect Marriage*, Usa 1946, b/n, 87') Lewis Allen. Con Loretta Young, David Niven, Eddie Albert, Charles Ruggles, ZaSu Pitts. ◆ Dopo dieci anni di matrimonio felice il marito (Niven) si stanca della moglie, la moglie (Young) si stanca del marito. Risultato: una stanca commedia.

Matrimonio sotto assedio, Un ** (*Mr. Reliable [a True Story]*, Australia 1996, col, 112') Nadia Tass. Con Colin Friels, Jacqueline McKenzie, Paul Sonkkila, Barry Otto. ◆ Australia, 1968: l'ex detenuto Wally Mellish (Friels) viene assediato dalla polizia, che pensa tenga in ostaggio quella che in realtà è la sua donna: e Wally gioca a fare l'eroe dei media, chiede di sposarsi e ne esce indenne. Da un fatto di cronaca (sceneggiato da Don Catchlove e Terry Hayes) una satira della tv, a volte un po' ambigua e altre volte compiaciuta nell'elogio dello spirito alla mano della nazione dei canguri. Ma che nell'alternare melodramma e farsa riesce a strappare qualche momento di buon divertimento.

Matrix *** (*The Matrix*, Usa 1999, col, 136') Andy e Larry Wachowski. Con Keanu Reeves, Laurence Fishburne, Carrie-Anne Moss, Hugo Weaving, Joe Pantoliano, Gloria Foster, Marcus Chong. ◆ La realtà del 1999 è un programma di simulazione creato dai computer del XXI secolo per schiavizzare l'umanità: ma i ribelli capeggiati da Morpheus (Fishburne) sono convinti che l'hacker Thomas Anderson (Reeves) sia il messia Neo, e gli mostrano cosa c'è dall'altra parte. Un film che fa uso massiccio di immagini digitali per dire che il mondo non esiste, come insegnano le filosofie orientali, e che la realtà virtuale è un incubo; e che saccheggia accortamente vent'anni di fantascienza cinematografica (a partire da *Terminator*) per creare qualcosa che sembra nuovo e non lo è. Sono contraddizioni consapevoli o dubbi oziosi? Intanto i registi-sceneggiatori sviluppano le premesse di Philip K. Dick con rara coerenza, e si districano con una certa abilità tra i viluppi di un intreccio assai complesso. Il risultato è una totale gioia per gli occhi, con scene d'azione tra le più belle mai realizzate in un film americano: non a caso uniscono vecchio e nuovo, le coreografie kung-fu di un regista hongkonghese (Yuen Woo-ping) e le simulazioni al computer. Colpo azzeccato del produttore Joel Silver.

Mattatoio 5 *½ (*Slaughterhouse Five*, Usa 1972, col, 104') George Roy Hill. Con Michael Sacks, Ron Leibman, Valerie Perrine, Eugene Roche, Perry King. ◆ Traumatizzato dalla prigionia in Germania e dal bombardamento di Dresda, l'optometrista Billy Pilgrim (Sacks) cerca rifugio dal grigiore quotidiano sognando di vivere a Tralfamadore col suo cane e la donna dei suoi sogni (Perrine). Dell'omonimo romanzo di Kurt Vonnegut (sceneggiato da Stephen Geller) è rimasta solo la scorza: l'urlo di protesta contro gli orrori della guerra si è annacquato, e gli intrecci tra passato e presente, realtà e allucinazione appartengono alla maniera di fare cinema, intellettuale ma non troppo, degli anni Settanta.

Mattatore, Il *½ (Italia 1959, b/n, 104') Dino Risi. Con Vittorio Gassman, Anna Maria Ferrero, Peppino De Filippo, Dorian Gray, Mario Carotenuto, Fosco Giachetti, Fanfulla [Luigi Visconti], Luigi Pavese, Mario Scaccia, Erminio Spalla. ◆ Gerardo (Gassman) «l'artista», maestro della truffa, racconta la sua carriera a un uomo che aveva cercato di truffarlo, e che poi si presenta come un poliziotto. Ma sarà ancora Gerardo ad avere l'ultima parola. Ritratto farsesco e compiaciuto di un campione dell'italica arte di arrangiarsi. Sceneggiatura di Age [Agenore Incrocci], Scarpelli, Maccari e Scola.

Mattatore di Hollywood, Il *** (*The Errand Boy*, Usa 1961, b/n, 92') Jerry Lewis. Con Jerry Lewis, Brian Donlevy, Howard McNear, Dick Wesson, Pat Dahl, Renée Ratlor, Rita Hayes. ◆ Assunto dal direttore (Donlevy) degli studios Paramutual come «spia» per scoprire la cause di certe spese folli, l'attacchino Morty S. Tashman (Lewis) si muove tra i set compiendo ogni genere di (involontarie) catastrofi: rovina scene importanti, scompiglia gli uffici, modifica il doppiaggio di un film, inonda di champagne i partecipanti a una festa. Ma la sua ultima goffaggine è stata filmata, rivelando così le sue straordinarie doti comiche: diventerà una star. Al suo terzo film come regista, Lewis (che firma la sceneggiatura con Bill Richmond) si confronta con il cinema sul cinema con la lucidità di un semiologo: man mano che le sue performance aumentano, la differenza tra realtà e finzione diventa sempre più esile, distruggendo con una sistematicità inesorabile qualsiasi aura possa essere stata attribuita al mondo del cinema. Comico astratto e surreale quant'altri mai (anche qui, le sue gag «nascono dall'essenza stessa del film comico, dalle gag dei grandi autori del passato di cui varia le forme all'infinito, proprio come il jazz ha fatto scoppiare i temi musicali a favore della loro parafrasi»), Lewis riesce a radicare il suo gusto per l'onirico e il nonsense nel sociale e nello psicologico, offrendoci un ritratto di Hollywood impietoso e senza fascino, dove le sole persone con cui si può parlare sono due marionette, un clown e uno struzzo!

Matt Helm il silenziatore *½ (*The Silencers*, Usa 1966, col, 102') Phil Karlson. Con Dean Martin, Stella Stevens, Cyd Charisse, James Gregory. ◆ L'agente segreto creato da Donald Hamilton alla sua prima avventura cinematografica: Matt Helm (Martin) attorniato da belle ragazze lotta contro una organizzazione che vuole distruggere il mondo. Tranquilli, ce la farà. Scipita semiparodia di James Bond. Seguita da altri tre film: *Matt Helm non perdona* (1966), *L'imboscata* (1968) e *Missione compiuta stop, bacioni – Matt Helm* (1968).

Matt Helm non perdona * (*Murderers' Row*, Usa 1966, col, 108') Henry Levin. Con Dean Martin, Karl Malden, Ann-Margret, Camilla Sparv, James Gregory. ◆ Un miliardario megalomane (Malden) è in possesso di un terribile raggio in grado di incenerire un'intera città: solo Matt Helm (Martin) riuscirà a fermarlo. Cretino e poco divertente sequel di *Matt Helm il silenziatore*. Seguìto da *L'imboscata*.

Matti da slegare – Nessuno o tutti *** (Italia 1975, b/n, 140') Silvano Agosti, Marco Bellocchio, Stefano Rulli, Sandro Petraglia. ◆ Documentario realizzato, all'interno del manicomio di Colorno (Parma), in difesa del metodo dello psichiatra Franco Basaglia, teso al reinserimento sociale del malato. Uno dei pochi esempi davvero convincenti di cinema militante italiano, capace di sviscerare il tema della «pazzia» con un'analisi *reale* che si giova degli apporti e delle lotte degli antipsichiatri e delle esperienze di recupero con gli operai emiliani, dove il malato «è strappato a tabù e inconsce paure per aiutarci a vedere la sua diversità come parte della nostra normalità».

Mattino → *Ragazzo che sorride, Il (Mattino)*

Mattino dopo, Il ** (*The Morning After*, Usa 1986, col, 103') Sidney Lumet. Con Jane Fonda, Jeff Bridges, Raul Julia, Diane Salinger, Richard Foronjy. ◆ Alex (Fonda), attrice allo sbando con propensione alla bottiglia, si trova nel letto il cadavere di uno sconosciuto: buon per lei che un ex poliziotto scalcinato (Bridges) decide di aiutarla. Prima di risolvere l'intrigo faranno in tempo a innamorarsi. Confezione impeccabile per un prodotto di professionismo anonimo e senza troppe sorprese sceneggiato da James Hicks: probabilmente, per Lumet, un lavoro su commissione.

Maurice ** (*Maurice*, Gb 1987, col, 140') James Ivory. Con James Wilby, Hugh Grant, Denholm Elliott, Ben Kingsley, Rupert Graves, Simon Callow, Billie Whitelaw. ◆ A Cambridge, all'inizio del secolo, Clive (Grant) e Maurice (Wilby) scoprono di essere attratti l'un l'altro, ma il senso del decoro li allontana. Anni dopo Clive, sposato, negherà la propria omosessualità, mentre Maurice, che ha cercato in tutti i modi di guarire dalla «malattia», riuscirà finalmente ad accettare se stesso grazie allo stalliere dell'amico. Dal romanzo postumo di E.M. Forster (sceneggiato dal regista con Kit Hesketh-Harvey), un saggio sulla repressione sessuale nell'èra vittoriana: dichiaratamente pro-gay anche se attento a non essere troppo provocatorio. Lo stile lussuoso e calligrafico tipico del regista finisce con lo smorzare le roventi e sotterranee passioni: e tanta cura nelle scenografie e nei costumi (rispettivamente di Brian Ackland-Snow e Jenny Beavan con John Bright) rischia di essere stucchevole. Ben diretto il cast. Cammeo di Helena Bonham Carter. Premiati ex aequo a Venezia i due protagonisti.

Maverick *½ (*Maverick*, Usa 1994, col, 129') Richard Donner. Con Mel Gibson, Jodie Foster, James Garner, Graham Greene, Alfred Molina, James Coburn. ◆ Le disavventure capitate a Bret Maverick (Gibson), giocatore d'azzardo tanto astuto quanto incallito, durante un mitico campionato di poker con i migliori giocatori dell'Ovest, tra cui il cattivo Angel (Molina), l'ambiguo Commodoro (Coburn) e l'affascinante Annabelle, biscazziera più abile di lui (Foster). Dalla famosa serie televisiva anni Cinquanta (dove Maverick era James Garner, che qui interpreta il ruolo di Zane Cooper), un western con poche idee e nessuna grinta che fa l'occhiolino alla leggenda trasformando le celebri praterie del West in un'interminabile distesa di tavoli verdi. All'inizio il giochino regge, con Gibson vagabondo e seduttore a fare da perno e filo conduttore della sgangherata storiella; poi il meccanismo s'inceppa e la commedia gira a vuoto, dando l'impressione che tutto il cast sia stato assoldato per divertirsi a forza. Primo ruolo scacciapensieri per la sempre impegnata Foster.

Max amore mio *** (*Max mon amour*, Francia 1986, col, 94') Nagisa Oshima. Con Charlotte Rampling, Anthony Higgins, Diana Quick, Pierre Etaix, Victoria Abril, Fabrice Luchini. ◆ Peter (Higgins), un diplomatico inglese, scopre che sua moglie Margaret (Rampling) ha per amante lo scimpanzé Max: roso dalla curiosità di sapere cosa accada veramente tra i due, se lo porta a casa, tenta di indurlo in tentazione e lo presenta agli ospiti come se niente fosse. Il soggetto buñueliano (scritto appunto da Jean-Claude Carrière) era poco più che uno scherzo, ma Oshima ne ha tratto una commedia che non ha paura di portare i paradossi fino in fondo, e che si prende gioco con intelligente malizia delle attese e della curiosità dello spettatore. La sequenza in cui Max rimane indifferente di fronte alla prostituta, pagata da Peter, che si spoglia, è un'acuta parabola sull'erotismo dello sguardo: la scimmia che, a differenza dell'uomo, non vede differenza tra il nudo e il vestito, mostra come l'erotismo dipenda dal soggetto e non dall'oggetto. L'algida Rampling, che cambia vestiti (di Bernard Perris) ogni scena, ha le physique du rôle, e una buona ironia. Musiche del jazzista Michel Portal.

Max e Jérémie devono morire *½ (*Max et Jérémie*, Francia/Italia 1992, col, 118') Claire Devers. Con Christopher Lambert, Philippe Noiret, Jean-Pierre Marielle, Thierry Gimenez. ◆ Max (Noiret) è un killer veterano, spietato e senza amici; Jérémie (Lambert) il collega picchiatello che dovrebbe farlo fuori. Inseguiti dall'organizzazione e dalla polizia, capiranno di essere fatti uno per l'altro. Noir che vorrebbe essere beffardo, con accluso elogio dell'amicizia maschile. Mai veramente convincente, tuttavia, e troppo sbilanciato tra le ragioni dello spettacolo e quelle dell'analisi psicologica. Lambert e Noiret sono solo due maschere.

Max Headroom **½ (*Max Headroom*, Gb 1985, col, 50') Rocky Morton, Annabel Jankel. Con Matt Frewer, Nicholas Grace, Hilary Tindell, Morgan Sheppard, Amanda Pays, Paul Spunnier. ◆ Il telereporter Edison Carter (Frewer) scopre che alcuni esperimenti pubblicitari provocano la morte dei telespettatori: ma viene catturato dall'inventore degli spot che, per coprire la sparizione, lo clona al computer: nasce così Max Headroom, mezzobusto telematico di successo. Un esempio anticipatore di fantapolitica cyberpunk, sui vecchi temi dei danni del piccolo schermo e del ribaltamento dei concetti di realtà e finzione. Prodotto dalla rete britannica Channel Four. Il personaggio di Headroom, creato con la computer graphic, è diventato il protagonista di una serie di telefilm e il testimonial di alcune trasmissioni di successo.

Maxie *½ (*Maxie*, Usa 1985, col, 90') Paul Aaron. Con Glenn Close, Mandy Patinkin, Ruth Gordon, Barnard Hughes, Valerie Curtin. ◆ Il fantasma dell'attrice Maxie, in cerca del successo che la morte prematura le aveva negato, si stabilisce nel corpo di una tranquilla segretaria (Close). Dubbi del marito (Patinkin) in atto di onorare il debito coniugale: è o no adulterio? Quarant'anni fa un soggetto del genere avrebbe potuto dare origine a una commedia memorabile: oggi tutto è più pesante e stucchevole, anche se la Close fa del suo meglio in un doppio ruolo comico.

Maximilian Kolbe → *Vita per vita – Maximilian Kolbe*

Maximum Risk *½ (*Maximum Risk*, Usa 1997, col, 93') Ringo Lam. Con Jean-Claude Van Damme, Natasha Henstridge, Jean-Hugues Anglade, Zach Grenier, Stéphane Audran, Paul-Ben Victor. ◆ Il poliziotto nizzardo Alain Moreau (Van Damme) va a New York per indagare su un fratello gemello defunto di cui ignorava l'esistenza, e che era legato alla mafia russa di Little Odessa. Inseguimenti in auto per i vicoli di Nizza e per le strade newyorkesi, pestaggi nelle saune e nei mattatoi, stuntmen appesi ai cornicioni: uno dei migliori registi di Hong Kong esordisce in occidente, ma non cerca di imporre il proprio segno, accontentandosi di essere un mero esecutore. Con una sceneggiatura come quella di Larry Ferguson era comunque difficile fare di meglio. In originale dura 126'.

Maya * (Italia 1988, col, 100') Marcello Avallone. Con William Berger, Cyrus Elias, Mariella Valentini, Peter Phelps, Mariangelica Ayala. ◆ In Messico tra le montagne dello Yucatán, secondo la leggenda, il re maya Xibalbay ritorna periodicamente per placare la sua sete di sangue. Ne fa le spese uno studioso americano. Horror senza capo né coda, oltre che senza suspense.

Mayerling ** (*Mayerling*, Francia 1936, b/n, 140') Anatole Litvak. Con Charles Boyer, Danielle Darrieux, Jean Dax, Jean Debucourt, Marthe Régnier, Gabrielle Dorziat, Suzie Prim, Wladimir Sokoloff. ◆ Il principe Rodolfo (Boyer), figlio di Francesco Giuseppe (Dax), è di spirito liberale e si innamora di una borghese, Maria Vetsera (Darrieux). Combattuto tra le sue idee e i suoi doveri regali si toglie la vita il 30 gennaio 1889 assieme all'amata nella tenuta di caccia di Mayerling. L'ultimo film europeo di Litvak (sceneggiato da Joseph Kessel) interpreta in chiave romantica un mistero storico mai risolto. Due interpreti dolci ed esangui portarono al successo un drammone decorativo. Gli stessi fatti hanno ispirato l'omonimo film di Terence Young, *Il segreto di Mayerling* di Jean Delannoy e *Vizi privati, pubbliche virtù* di Jancsó.

Mayerling *½ (*Mayerling*, Gb 1968, col, 140') Terence Young. Con Omar Sharif, Catherine Deneuve, James Mason, Ava Gardner, James Robertson Justice, Geneviève Page. ◆ Rodolfo d'Asburgo (Sharif) è in rotta con il padre, l'imperatore Francesco Giuseppe (Mason), ed è stanco della moglie: si innamorerà della diciassettenne Maria Vetsera (Deneuve), ma contrastato dalla corte, piuttosto che perderla deciderà di uccidersi con lei. Melodramma iperromantico in confenzione lussuosa ma anomina, già portato al cinema (meglio) da Anatole Litvak nel 1936. Fotografia di Henri Alekan e musiche di Francis Lai.

Mayflower Madam *½ (*Mayflower Madam*, Usa 1987, col, 100') Lou Antonio. Con Candice Bergen, Chris Sarandon, Chita Rivera, Caitlin Clarke. ◆ La vicenda reale di Sydney Biddle Barrows (Bergen) aristocratica americana, discendente da uno dei navigatori della mitica Mayflower e tenutaria di uno dei più esclusivi bordelli di New York. La dama, ormai anziana, compare nel film. Piatta produzione televisiva.

Mazurka del barone, della santa e del fico fiorone, La ** (Italia 1975, col, 110') Pupi Avati. Con Ugo Tognazzi, Paolo Villaggio, Delia Boccardo, Gianni Cavina, Lucio Dalla, Giulio Pizzirani. ◆ Il mangiapreti Anteo Pellicani (Tognazzi) vorrebbe far abbattere il fico su cui si era rifugiata santa Gerolama, e che l'ha reso zoppo. Ma un furbo pappone (Villaggio) inscena una finta apparizione della santa, trasformando Pellicani in un generoso bigotto. Farsa goliardica e sgangherata sceneggiata da Avati con Cavina: certo più divertente del suo cinema più recente.

Mazurka di papà, La ** (Italia 1938, b/n, 91') Oreste Biancoli. Con Vittorio De Sica, Umberto Melnati, Elsa De Giorgi, Rossana Masi. ◆ Sul finire del secolo scorso, il figlio (De Sica) di un probo ufficiale si innamora della figlia (De Giorgi) di un viveur amico del padre. Sulle prime l'ufficiale nega il consenso, ma cederà. Nel 1938 commedia divertente e maliziosa, oggi un po' meno.

Mazzabubù... quante corna stanno quaggiù? * (Italia 1971, col, 91') Mariano Laurenti. Con Carlo Giuffré, Isabella Biagini, Mariolina Cannuli, Nadia Cassini. ◆ Un oratore (Giuffré) racconta una serie di cornificazioni famose. Prontamente le situazioni sono visualizzate sullo schermo. Alla fine il narratore scopre di essere anch'egli cornuto. Episodi di taglio breve come barzellette, alcuni ispirati al *Decamerone*. Sulla qualità il titolo dice tutto.

Mazzetta, La ** (Italia 1978, col, 115') Sergio Corbucci. Con Nino Manfredi, Ugo Tognazzi, Paolo Stoppa, Marisa Merlini, Marisa Laurito, Imma Piro. ◆ L'avvocato «abusivo» Sasà Jovine (Manfredi) deve ritrovare la figlia (Piro) di un pericoloso boss (Stoppa) scomparsa con importanti documenti. Ma l'intrigo è più arruffato di quel che sembra, e ci si mette di mezzo anche un commissario (Tognazzi). Liberamente tratto dal romanzo omonimo di Attilio Veraldi (adattato da Dino Maiuri, Massimo De Rita, Elvio Porta e Luciano De Crescenzo), un capostipite del giallo alla napoletana, che inanella bozzetti e figurine facendo l'elogio dell'arte di arrangiarsi. Celebre la scena della tortura a base di spaghetti con le seppie. Chiassoso, comunque, e banale.

M. Butterfly ***½ (*M. Butterfly*, Canada/Usa 1993, col, 110') David Cronenberg. Con Jeremy Irons, John Lone, Barbara Sukowa, Ian Richardson, Annabel Levanton, Shizuko Hoshi. ◆ Nella Pechino del 1964, il diplomatico francese René Gallimard (Irons) si innamora di una cantante dell'Opera di Pechino, Song Liling (Lone), grande interprete della *Madama Butterfly* di Puccini: sacrifica la moglie (Sukowa), compromette la carriera, passa alla donna documenti riservati per salvare il figlio che crede di aver avuto da lei. Denunciato dal controspionaggio, al processo scoprirà che Song non solo è una spia, ma è anche un uomo. Ispirato a una storia vera (scritta per il teatro da David Henry Hwang e da lui adattata per lo schermo), un turgido melodramma sulla rappresentazione proiettiva dell'amore e sulla tenacia autodistruttiva delle sue illusioni: «sono un uomo che ha amato una donna creata da un uomo» dice Gallimard, e in quest'affermazione c'è tutto l'orrore di Cronenberg, l'essenza della sua poetica della metamorfosi e della contaminazione. Ennesima storia di un personaggio in caduta libera nel proprio incubo, il film rivela una straordinaria lucidità nel sondare le ambigue e mutevoli forme del «mostruoso dentro di noi» perché è Gallimard a creare da solo un amore ideale che non esiste, modellando l'oggetto del desiderio sulla sua misoginia e sulla sua visione occidentale della donna orientale, pudica e sottomessa. Una tragedia della finzione pura, che comincia a teatro e si conclude, in modo perfettamente coerente, sul palcoscenico allestito in carcere (il suicidio finale di Gallimard, travestito da Madama Butterfly come la «donna» amata, è la scena più bella del film). Eccezionali gli interpreti (anche se il pessimo doppiaggio italiano vanifica molti sforzi di John Lone) e raffinatissimi i titoli di testa di Rendy Balsmeyer e Mimi Everett.

McKlusky metà uomo e metà odio *½ (*White Lightning*, Usa 1973, col, 101') Joseph Sargent. Con Burt Reynolds, Bo Hopkins, Ned Beatty, Matt Clark. ◆ Gator McKlusky (Reynolds), in galera per contrabbando, collabora con la polizia per incastrare uno sceriffo corrotto (Beatty), che è l'assassino di suo fratello. Come spaccato dell'America profonda aveva qualche carta da giocare: ma presto al regista interessano solo noiosi inseguimenti in macchina. Seguìto da *Gator*.

McLintock ** (*McLintock!*, Usa 1963, col, 122') Andrew V. McLaglen. Con John Wayne, Maureen O'Hara, Stefanie Powers, Patrick Wayne, Yvonne De Carlo, Bruce Cabot. ◆ L'allevatore texano McLintok (Wayne) è temuto e rispettato in tutta la regione, ma non dalla moglie (O'Hara) che non gli perdona un'antica scappatella. Quasi una versione western della *Bisbetica domata*. La coppia di interpreti è affiatata, ma McLaglen ha un'idea molto vaga di cosa sia una commedia.

McVicar ** (*McVicar*, Gb 1980, col, 111') Tom Clegg. Con Roger Daltrey, Adam Faith, Steven Berkoff, Cheryl Campbell, Brian Hall. ◆ McVicar (Daltrey), arrestato per una soffiata, in prigione si dedica allo studio: si laureerà in sociologia, uscirà, si formerà una famiglia e scriverà il libro da cui è tratto il film (di cui è anche sceneggiatore). Un'occasione in parte sprecata di vedere il sistema carcerario e il crimine visti dall'interno: gli stereotipi finiscono infatti per avere la meglio.

M.D.C. – Maschera di cera * (Italia 1996, col, 100') Sergio Stivaletti. Con Robert Hossein, Romina Mondello, Riccardo Serventi Longhi, Gabriella Giorgelli, Umberto Balli, Aldo Massasso, Valéry Valmond. ◆ Roma, 1913: Sonia (Mondello), sopravvissuta al massacro dei genitori tredici anni prima, trova lavoro come costumista presso il Museo delle Cere creato dall'inquietante Boris (Hossein). Ma che ha scelto il posto sbagliato dovrebbe capirlo subito. Un pasticcio horror prodotto da Dario Argento, che avrebbe dovuto dirigere Lucio Fulci (autore della sceneggiatura insieme a Daniele Stroppa). Stivaletti debutta nella regia esagerando in effetti speciali, di cui è il miglior tecnico italiano, ma non può mascherare l'inconsistenza della storia: profluvio di citazioni (dalle precedenti *Maschere* ai film della Hammer e di Argento), dialoghi imbarazzanti, cast pessimo (si salva solo Hossein, perennemente allucinato). La Mondello appare a lungo in topless legata a uno spettacolare marchingegno di tortura. Davide Auber, che ha realizzato lo scheletro animato e le statue per lo scioglimento, interpreta Luca, il ragazzo che muore di spavento nel Museo. Attenti alla versione tagliata.

Mean Streets – Domenica in chiesa, lunedì all'inferno **** (*Mean Streets*, Usa 1972, col, 110') Martin Scorsese. Con Harvey Keitel, Robert De Niro, Amy Robinson, David Proval, Richard Romanus, Robert Carradine, David Carradine. ◆ «I peccati non si scontano in chiesa, si scontano per le strade. Il resto è tutta una balla»: è la voce di Charlie (Keitel), un ragazzo di Little Italy che si sente in conflitto con la meschinità dell'ambiente in cui vive, anche se poi passa la giornata con gli amici perditempo, tra risse e piccole truffe. Lo zio vorrebbe dargli un posto di responsabilità, e lo mette in guardia contro le cattive compagnie: la cugina Teresa (Robinson), epilettica, di cui è amante, e lo scapestrato Johnny Boy (De Niro). Alla fine Johnny Boy la fa troppo grossa e Charlie non può fare più niente per lui. Uno dei film più sinceri e crudi di Scorsese, autore della sceneggiatura con Mardik Martin, dove le sue ossessioni (il peccato e la redenzione, la carne e il sangue) non si sono ancora cristallizzate in simboli, ma fanno corpo con un racconto che ha la verità dell'autobiografia. Pienamente credibile la progressione drammatica dell'ultima parte, e di grande intelligenza drammaturgica il finale. La scena in cui De Niro insulta Michael (Romanus) è stata improvvisata dai due, che non si potevano soffrire. Scorsese è il killer in macchina nell'ultima scena. I film di cui si vedono delle sequenze sono *La tomba di Ligeia* e *Il grande caldo*. La colonna sonora affianca i Rolling Stones e Giuseppe Di Stefano, Eric Clapton e Renato Carosone.

Meatballs → *Polpette*

Meatballs II * (*Meatballs Part II*, Usa 1984, col, 87')

Ken Wiederhorn. Con Richard Mulligan, Hamilton Camp, John Mengatti, John Larroquette, Paul Reubens [Pee-Wee Herman]. ◆ Il destino del campeggio Sasquatch è legato a una sfida pugilistica contro gli sgherri del camping adiacente. Sequel solo nominale di *Polpette*: comicità da oratorio.

Meatballs – Porcelloni in vacanza * (*Meatballs III*, Usa 1987, col, 94') George Mendeluk. Con Sally Kellerman, Patrick Dempsey, Shannon Tweed, Al Waxman. ◆ Un timido collegiale che sogna di portare a letto la più sexy del campus viene concupito dal fantasma di una pornostar (Kellerman). Farsaccia insulsa sotto il livello di guardia; non c'entra niente con i due predecessori.

M'è caduta una ragazza nel piatto ** (*There's a Girl in My Soup*, Gb 1970, col, 95') Roy Boulting. Con Peter Sellers, Goldie Hawn, Tony Britton, Diana Dors. ◆ Un annunciatore televisivo di mezza età (Sellers) assume ridicoli atteggiamenti giovanilistici per corteggiare una ragazza americana (Hawn). Commedia di origine teatrale che Terence Frisby ha tratto da una sua pièce con pochi spunti davvero divertenti.

Mécaniques célestes *½ (*Mécaniques célestes*, Francia/Venezuela/Belgio/Spagna 1995, col, 85') Fina Torres. Con Ariadna Gil, Arielle Dombasle, Evelyne Didi, Lluis Homar, Frédéric Longbois, Alma Rosa Castellanos, Chantal Aimé, Dominique Abel. ◆ Aspirante cantante lirica, la venezuelana Ana (Gil) pianta lo sposo di fronte all'altare e prende il primo aereo per Parigi, dove scoprirà la sua vera identità, sposerà un gay (Langbois) per avere il permesso di soggiorno e potrà realizzare i suoi sogni artistici. Sbrigato a mo' di farsa il tema degli immigrati clandestini, resta una commediola esile esile, cui non riescono a dare spessore i frequenti ghiribizzi surrealisti che fanno tanto sudamericano (la sceneggiatura è della regista) e la variopinta fotografia di Ricardo Aronovich. E tutto sa di fasullo, a cominciare dalla Dombasle nei panni di una vamp videomaker.

Medaglia, La *½ (Italia 1997, col, 109') Sergio Rossi. Con Antonella Ponziani, Franco Nero, Tresy Taddei, Sonia Grassi, Maria Monti, Luigi Montini, Ludovica Ponzio, Enzo Salomone. ◆ Torino, 1953: giovane vedova, Lidia (Ponziani) cerca di conciliare gli impegni verso la figlia Anna (Taddei) con quelli di impiegata comunista, ma l'attenzione che le dimostra un dirigente della sua azienda (Nero) metterà in crisi il suo rapporto col partito e finirà in un disinganno. Storia di un'amara educazione sentimentale vista con gli occhi di una bambina (che getterà via la medaglia del titolo, guadagnata a fatica a scuola, perché incapace di alleviare le pene della madre), raccontata con bella sensibilità psicologica (la sceneggiatura è del regista, Maria Rosa Valli e Paolo Castaldini) ma girata con eccessiva piattezza televisiva. E anche la ricostruzione del periodo politico, con i processi fatti a chi fraternizzava col «nemico», finisce per risultare riduttiva e schematica.

Medea **½ (Italia/Francia/Rft 1970, col, 118') Pier Paolo Pasolini. Con Maria Callas, Giuseppe Gentile, Massimo Girotti, Laurent Terzieff, Margareth Clementi. ◆ Medea (Callas), regina di una popolazione barbara, aiuta Giasone (Gentile) a conquistare il vello d'oro, e per amore lo segue in una società che la disprezza come straniera. Quando Giasone si accinge a sposare Glauce (Clementi), Medea mette in atto un'atroce vendetta. Dalla tragedia di Euripide, «la mescolanza un po' mostruosa» secondo il regista «di un racconto filosofico e di un intrigo d'amore». Pasolini illustra in modo fin troppo didascalico il contrasto tra la civiltà agricola e quella urbana che perde il senso del sacro – e il centauro (Terzieff) che, simbolicamente, perde la sua metà animale parla un po' troppo. Ma, grazie anche a una presenza magnetica come la Callas, che si cala anima e corpo in un personaggio che aveva già ispirato l'opera di Cherubini, riesce ad afferrare il senso di fatalità e di orrore del mito greco. Costumi e scenografie (Pisa, Grado, Aleppo in Siria, la Cappadocia) suggeriscono, come in *Edipo re*, una dimensione temporale leggendaria, ben lontana dalla classicità di cartapesta cui ci ha abituato il cinema. Giuseppe Gentile era campione italiano di salto triplo.

Medea * (*Medea*, Danimarca 1988, col, 76') Lars von Trier. Con Kirsten Olesen, Udo Kier, Ludmilla Glinska, Henning Jensen. ◆ Giasone (Kier) sposa per interesse Glauce (Glinska) e abbandona Medea (Olesen), che si vendica adeguatamente. Von Trier dice di essersi ispirato «col dovuto rispetto» alla sceneggiatura inedita che Carl Theodor Dreyer e Preben Thomsen avevano tratto da Euripide. Le novità: la minuziosa descrizione dell'impiccagione dei due figlioletti e la morte di un cavallo. Ma l'atmosfera da teatrino off e il facile estetismo delle riprese aeree sulle spiagge danesi confermano la povertà del talento e dell'immaginazione del regista.

Mediatore, Il *** (*The Nickel Ride*, Usa 1975, col, 99') Robert Mulligan. Con Jason Miller, Linda Haynes, Victor French, John Hillerman, Bo Hopkins. ◆ Cooper (Miller), mediatore tra malavita e polizia, ha acquisito un certo potere nell'organizzazione mafiosa, ma la nuova generazione è decisa a toglierlo di mezzo. Dopo essere stato emarginato dagli «affari», riesce a uccidere il sicario mandatogli dai suoi, ma rimane ferito a morte. Gangster-movie anomalo sceneggiato da Eric Roth e costruito attorno a un unico personaggio che il regista segue abbandonando ogni modello d'azione (la seconda parte del film è quasi interamente occupata dal racconto di un weekend in campagna, ultimo e inutile rifugio prima del finale, più marcatamente noir che gangster). Rallentato, psicologico, crepuscolare: *Il mediatore* merita senza dubbio una visione attenta, anche perché dopo *Il Padrino* è uno dei pochissimi film di valore sull'argomento. In origine durava 106'.

Medico dei pazzi, Il ** (Italia 1954, col, 85') Mario Mattoli. Con Totò (Antonio de Curtis), Franca Marzi, Tecla Sarano, Aldo Giuffré, Mario Castellani, Carlo Ninchi, Maria Pia Casilio. ◆ Ciccillo (Giuffré) vive a Napoli, godendosela tra donne e gioco, con i soldi che gli invia lo zio Felice Sciosciammocca (Totò), che lo crede medico psichiatra. In visita al nipote, Felice è dirottato in una pensione di artisti spacciatagli come clinica di Ciccillo. Dalla farsa di Eduardo

Scarpetta, autore a cui già altre volte Mattoli si è ispirato. Il meccanismo degli equivoci è scontato, ma Totò e le sue spalle sono in gran forma.

Medico della mutua, Il ** (Italia 1968, col, 98') Luigi Zampa. Con Alberto Sordi, Evelyn Stewart [Ida Galli], Bice Valori, Nanda Primavera, Claudio Gora, Leopoldo Trieste, Pupella Maggio, Franco Scandurra, Massimo Foschi. ◆ Il dottor Guido Tersilli (Sordi), con l'aiuto della madre (Primavera) e con mezzi più o meno leciti, si è procacciato un esercito di mutuati. Ricoverato per esaurimento nervoso, finisce nelle grinfie di colleghi che sperano di ereditare i suoi pazienti. Dal romanzo omonimo di Giuseppe D'Agata (sceneggiato da Zampa, Sordi e Sergio Amidei), la satira spicciola di un'Italietta lungi dall'essere scomparsa. Nessuna indignazione, tuttavia: Sordi, arrivista e leccapiedi, finisce col conquistare le simpatie del pubblico, diventando un simpatico mascalzone. Primo film per incassi della stagione 1968-69. Seguìto da *Il prof. dr. Guido Tersilli primario della clinica Villa Celeste convenzionata con la mutua.*

Medico e lo stregone, Il ** (Italia/Francia 1957, b/n, 105') Mario Monicelli. Con Vittorio De Sica, Marcello Mastroianni, Marisa Merlini, Lorella De Luca, Gabriella Pallotta, Alberto Sordi, Virgilio Riento, Carlo Taranto, Riccardo Garrone, Ilaria Occhini, Gino Buzzanca. ◆ L'arrivo del medico condotto Francesco Marchetti (Mastroianni) a Pianetta, uno sperduto paesino di montagna, minaccia di mettere in crisi l'attività di Antonio Locoratolo (De Sica), a metà tra ciarlatano e guaritore: un malato-burla (Riento) e l'opposizione preconcetta della popolazione rischiano di demotivare il medico, ma sarà proprio Locoratolo a riabilitarlo per salvare la nipote (De Luca). Commedia di costume sugli ostacoli che l'arretratezza culturale poneva alla modernizzazione dell'Italia, tutta giocata sul confronto tra due attori (che sono anche due scuole di recitazione) e con il merito di non scivolare mai nel caricaturale. Piccola parte per Sordi, il fidanzato sedicente disperso in Russia della sorella (Merlini) del sindaco. Sceneggiatura di Age e Scarpelli con la collaborazione di Ennio De Concini, Luigi Emmanuelli e Monicelli.

Medico, un uomo, Un ** (*The Doctor*, Usa 1992, col, 125') Randa Haines. Con William Hurt, Christine Lahti, Elizabeth Perkins, Mandy Patinkin, Adam Arkin. ◆ Un medico (Hurt) scopre di avere un tumore alla gola e per la prima volta nella sua carriera capisce cosa significa essere malati in balìa di specialisti senza cuore e della burocrazia ospedaliera. Dalla vera esperienza del dottor Ed Rosenbaum, raccontata nell'omonimo libro, un dramma psicologico «di buona fattura», come si diceva una volta: attori giusti (in particolare Hurt e la Perkins), regia sicura, buon uso dello spazio, fotografia non di superficie. Anche la sceneggiatura (Robert Caswell) contribuisce a rendere il film meno scontato di quanto il soggetto faccia supporre.

Mediterraneo ** (Italia 1991, col, 95') Gabriele Salvatores. Con Diego Abatantuono, Claudio Bigagli, Giuseppe Cederna, Claudio Bisio, Gigio Alberti, Vanna Barba, Ugo Conti, Memo Dini, Vasco Mirandola, Antonio Catania, Irene Grazioli. ◆ Nel 1941, una pattuglia dell'esercito italiano viene spedita in un'isola del Dodecaneso: tagliati fuori dal mondo per tre anni, i soldati si dimenticano della guerra e familiarizzano con la gente del posto. Non tutti torneranno in patria. Capitolo conclusivo (dopo *Marrakech Express* e *Turné*) della trilogia generazionale del regista: l'ambientazione negli anni Quaranta è una metafora per parlare ancora una volta dei sogni e delle speranze degli anni Settanta, in versione rigorosamente maschile. Dedicando il film «a tutti quelli che fuggono», Salvatores vuole tessere un elogio della ribellione: ma le gesta dei suoi soldatini pacifisti e spinellati assomigliano troppo a quelle di un gruppo di italiani caciaroni in vacanza per essere esemplari. Gradevole, ammiccante ed esile come tutti i film di Salvatores. Assai affiatato il gruppo di attori. Sceneggiatura di Enzo Monteleone con più di un debito dal romanzo *Sagapò* di Renzo Biasion. Oscar per il miglior film straniero. Girato nell'isola greca di Castellorizo.

Medusa, La *½ (*L'Année des méduses*, Francia 1984, col, 110') Christopher Frank. Con Valérie Kaprisky, Bernard Giraudeau, Caroline Cellier, Jacques Perrin, Béatrice Agenin. ◆ La disinvolta diciottenne Chris (Kaprisky), in vacanza con la madre a Saint-Tropez, intreccia rapporti a tre, fa da ruffiana e non perdona a un gigolò (Giraudeau) di preferirle la madre. Dal filone pruriginoso delle fanciulle perverse, il film di Frank (adattato da un suo romanzo) scivola velocemente nel melodramma. Per chi rimpiange la Kaprisky in versione sexy è una manna, ma nel film c'è poco altro (a parte l'esordio di Emmanuelle Seigner).

Meet Nero Wolfe → *voce «Nero Wolfe»*

Mefisto Funk *½ (Italia 1987, col, 70') Marco Poma. Con Flavio Bonacci, Alessandro Ferrara, Laura Ferrari, Sebastiano Filocamo, Luis Molteni, Silvia Cohen. ◆ Il moderno Mefistofele (Bonacci) appare alla televisione e trascina le sue vittime nelle viscere della filosofia. Prodotta dal gruppo milanese di Metamorfosi e tutta girata in elettronica, una riflessione (interessante ma schematica) sui nodi della tecnologia e il suo uso oggi. Troppa voglia di fare avanguardia a tutti i costi.

Megaforce * (*Megaforce*, Usa 1982, col, 99') Hal Needham. Con Barry Bostwick, Persis Khambatta, Michael Beck, Henry Silva. ◆ Un contingente di aitanti guerrieri ultramoderni si mette al servizio della giustizia per abbattere la tirannia ovunque si annidi. Favola ipertecnologica di scarsa spettacolarità e priva della necessaria ironia.

Meglio un mercoledì da leone... ** (*The Sin of Harold Diddledock*, rititolato *Mad Wednesday*, Usa 1947, b/n, 90') Preston Sturges. Con Harold Lloyd, Frances Ramsden, Jimmy Conlin, Raymond Walburn, Lionel Stander. ◆ Un impiegatuccio frustrato (Lloyd) decide di passare una giornata senza freni: per la prima volta in vita sua si ubriaca, e compra un circo. Sturges tenta di attualizzare il personaggio sognatore e goffo che Lloyd (al suo ultimo film) aveva reso celebre ai tempi del muto; ma le citazioni di *Preferisco l'ascensore* e *Viva lo sport* sono, tutto sommato, la parte meno riuscita di un film che subì pesanti manipolazioni produttive (ne esiste anche una versione di 79'). La scena del bar merita comunque di entrare in un'antologia del meglio di Sturges.

Meglio vedova *½ (Italia/Francia 1968, col, 105') Duccio Tessari. Con Virna Lisi, Peter McEnery, Lando Buzzanca, Jean Servais, Gabriele Ferzetti, Nino Terzo. ◆ Un ingegnere inglese (McEnery), in Sicilia per lavoro, si innamora della figlia (Lisi) di un capomafia (Ferzetti), e finisce per adattarsi alle regole del gioco. Spaccato di una Sicilia di maniera con deboli intenti satirici.

Mela, La **½ (*Sib*, Iran/Francia 1998, col, 85') Samira Makhmalbaf. Con Massoumeh Naderi, Zahra Naderi, Ghorbanali Naderi, Azizeh Mahomadi, Zahra Saghrisaz. ◆ A Teheran, alcune donne denunciano il vicino di casa (G. Naderi) che da undici anni, per ignoranza e miseria, tiene segregate in casa le figlie Massoumeh (M. Naderi) e Zahra (Z. Naderi): grazie all'intervento di un'assistente sociale, le ragazzine potranno cominciare a scoprire il mondo circostante. Esordio alla regia della figlia diciassettenne di Mohsen Mahkmalbaf, con la sapiente complicità del padre che firma la sceneggiatura e il montaggio. Lo spunto è dato da un fatto di cronaca che la regista fa interpretare dai protagonisti reali mescolando finzione e documentario, lezione morale e bisogno pedagogico (l'assistente sociale, vero deus ex machina capace di usare anche le «maniere forti»), semplicità narrativa e «furbizia» didattica (la scoperta del mondo esterno avviene attraverso il concorso tutto positivo di vicini e passanti), così da sottolineare il valore terapeutico e libertario dell'esperienza ma anche la funzione insostituibile - e dirigista - del potere e dei suoi emissari.

Mela e Tequila – Una pazza storia d'amore con sorpresa ** (*Fools Rush In*, Usa 1997, col, 106') Andy Tennant. Con Matthew Perry, Salma Hayek, Tomas Milian, Jill Clayburgh. ◆ Lo yuppie newyorkese Alex Whitman (Perry) incontra a Las Vegas la chicana Isabel Fuentes (Hayek): è subito amore, con pargolo in arrivo e matrimonio. Il vero problema saranno le rispettive famiglie. Una commedia al contrario (anche se comunque «omnia vicit amor»), che si sbarazza all'inizio del classico happy end per concentrarsi sul confronto socio-culturale «spanglish» tanto attuale negli Usa: la sceneggiatura (di Katharine Reback) gioca su stereotipi e convenzioni con una certa spigliatezza, ma le sorprese sono Milian nel ruolo del padre di lei e la Clayburgh in quello della madre di lui. È il debutto cinematografico di Perry, star televisiva. Fan avvisati: la Hayek non si spoglia mai.

Melancholia *½ (*Melancholia*, Gb/Rft 1989, col, 87') Andi Engel. Con Jeroen Krabbe, Sasannah York, Ulrich Wildgruber, Jane Gurnet. ◆ David (Krabbe), ex sessantottino e scrittore mancato, riceve da un vecchio compagno, ancora impegnato nell'attività politico-terroristica, un incarico che potrebbe lenire il suo senso di fallimento: uccidere un vecchio boia nazista tornato in Europa. Esistono ancora gli intellettuali tormentati? Secondo Engel sì. Ma il suo film, lento e involuto seppur volenteroso, è di quelli che fa scappare il pubblico.

Melanie *½ (*Shadows in the Storm*, Usa 1988, col, 81') Terrel Tannen. Con Ned Beatty, Mia Sara, Michael Madsen, Donna Mitchel. ◆ In viaggio coi soldi della liquidazione, l'anziano Thelo (Beatty) è coinvolto dalla misteriosa Melanie (Sara, già protagonista di *Legend*) nell'omicidio di suo marito. Ma la trappola è più sottile di quanto non sospetti. Giallo di ordinaria amministrazione girato con ritmi da piccolo schermo.

Me li mangio vivi! ** (*Le Boulanger de Valorgue*, Francia/Italia 1953, b/n, 107') Henri Verneuil. Con Fernandel [Fernand Contandin], Georges Charmat, Edmond Ardisson, René Genin, Leda Gloria, Jole Silvani, Luigi Rumbo. ◆ In un paesino francese il figlio del fornaio mette incinta la figlia della droghiera, ma non ne riconosce la responsabilità. Il paese si spacca: il fornaio (Fernandel) lascia senza pane la fazione che incolpa il figlio, la droghiera (Gloria) lascia senza caffè gli altri. Farsa strapaesana affabile ma scontata.

Melò ** (*Mélo*, Francia 1986, col, 112') Alain Resnais. Con Pierre Arditi, Sabine Azéma, André Dussolier, Fanny Ardant. ◆ Parigi, anni Trenta: Pierre (Arditi) e Marcel (Dussolier), amici entrambi musicisti, si incontrano dopo anni. Maniche (Azéma), moglie di Pierre, si innamora di Marcel e cerca di avvelenare il marito: non vi riesce e decide di suicidarsi. Tipica sfida alla Resnais: riprodurre alla lettera un testo teatrale (già portato sullo schermo cinque volte) di un autore passato di moda (Henry Bernstein), come pretesto per un gioco d'attori tirato fino allo spasimo. Come in *L'amour à mort*, a Resnais piace sfidare il ridicolo e trattare di massimi sistemi con un romanticismo esasperato tutto di testa (solo interni, luce, di Charlie Van Damme, irrealistica). Ma in questo caso la faccenda, per quanto controllata in ogni dettaglio, va un po' per le lunghe.

Melodie della vita ** (*Symphony of Six Millions*, Usa 1932, b/n, 94') Gregory La Cava. Con Irene Dunne, Ricardo Cortez, Gregory Ratoff. ◆ Il dottor Carter (Cortez) fa carriera e abbandona il quartiere ebraico dove è cresciuto, gli amici e la fidanzata (Dunne) per trasferirsi nel ricco Park Avenue. Se ne pentirà. Professionismo e buoni sentimenti: un successo dell'epoca.

Melodie eterne *½ (Italia 1940, b/n, 97') Carmine Gallone. Con Gino Cervi, Conchita Montenegro, Luisella Beghi, Maria Jacobini, Jone Salinas, Luigi Pavese, Paolo Stoppa, Lauro Gazzolo, Claudio Gora, Olga Vittoria Gentili, Sandro Ruffini. ◆ La vita tormentata di Wolfgang Amadeus Mozart (Cervi), che ama Aloisia Weber (Montenegro) ma che sposa la sorella Costanza (Beghi) e che dovrà sempre combattere con detrattori e debiti fino alla improvvisa morte. Una biografia piuttosto romanzata (sceneggiata da Guido Cantini e, non accreditato, da Gallone) tipica di un regista che vedeva nelle vite dei celebri musicisti un modo per coniugare spettacolarità ed elogio della cultura popolare. Da cult la scena dell'incontro tra Mozart e un giovane Beethoven che vorrebbe lezioni di piano dal salisburghese. Cesare Polacco è Haydn. Le arie sono cantate da Margherita Carosio.

Melodie immortali – Mascagni ** (Italia 1952, b/n,

100') Giacomo Gentilomo. Con Pierre Cressoy, Carla Del Poggio, Mario del Monaco, Vera Molnar. ◆ La vita di Pietro Mascagni (Cressoy): da studente del conservatorio a direttore della banda di Cerignola, da direttore d'orchestra allo straordinario successo di *Cavalleria rusticana*. La musica è tutta del celebrato. Un omaggio semplice e senza troppa retorica, com'è nello stile di Gentilomo.

Melodramma *½ (Italia 1934, b/n, 66') Giorgio C. Simonelli, Roberto [Robert] Land. Con Elsa Merlini, Renato Cialente, Corrado Racca, Nino Marchetti. ◆ La moglie (Merlini) di un musicista si innamora di un collega del marito. Vorrebbe seguire il suo amato ma è costretta dal senso del dovere a restare vicina al coniuge malato. Ma al cuor non si comanda: un incubo notturno si trasformerà in tragedia. Datata e improbabile versione del dramma *Mélo* di Henry Bernstein, riproposto anche da Resnais nel 1986.

Melodrammore – E vissero felici e contenti *½ (Italia 1978, col, 109') Maurizio Costanzo. Con Enrico Montesano, Fran Fullenwider, Jenny Tamburi, Claudio Villa, Nilla Pizzi, Mino Bellei, Liana Trouché, Vincenzo Crocitti. ◆ Parte prima: Montesano incontra Amedeo Nazzari e si rivedono assieme *Appassionatamente* di Giacomo Gentilomo e altri drammoni degli anni Cinquanta. Parte seconda: un giovanotto romano (Montesano) spasima per una contessina elefantesca (Fullenwider) che riuscirà a sposare solo dopo tragedie d'ogni sorta. Sul modello (non dichiarato e non eguagliato) di *Straziami ma di baci saziami*, un omaggio-parodia al cinema di una volta. Esordio alla regia di Costanzo, tutt'altro che irresistibile.

Memoria **½ (Italia 1997, col, 90') Marcello Gabbai. Con alcuni dei sopravvissuti italiani ad Auschwitz-Birkenau. ◆ Attraverso i ricordi degli italiani che sono sopravvissuti alla deportazione nei campi di Auschwitz-Birkenau, viene rievocato l'avvento delle leggi razziali in Italia, le deportazioni a opera dei nazisti e la vita quotidiana all'interno dei campi di concentramento. Coraggioso film di montaggio, prodotto con il contributo di famiglie ebraiche, che dà la parola a chi è riuscito a tornare da Auschwitz, qualcuno ripreso in Italia, altri filmati all'interno dei luoghi di deportazione. Se la forza delle loro testimonianze (e la commozione che ne consegue) è ancora oggi fortissima, sarebbe stato però auspicabile un maggior lavoro sui materiali raccolti, per passare dal semplice ricordo a una più approfondita riflessione sui fatti, così da aderire meglio alla pienezza di senso cui vuol far riferimento il titolo. La voce fuori campo è di Giancarlo Giannini.

Memorie di una sopravvissuta *½ (*Memoirs of a Survivor*, Gb 1981, col, 117') David Gladwell. Con Julie Christie, Nigel Hawthorne, Christopher Guard, Mark Dignam. ◆ Scampata alla distruzione atomica una donna (Christie) per sfuggire all'orrore si rifugia nella fantasia e immagina di vivere in epoca vittoriana. L'unico talento del film è quello della Christie. Velleitaria riduzione dal romanzo di Doris Lessing.

Memorie di un dongiovanni, Le *½ (*Love Nest*, Usa 1951, b/n, 84') Joseph M. Newman. Con June Haver, William Lundigan, Frank Fay, Marilyn Monroe, Jack Paar. ◆ Gelosie, segreti e melodrammi in un caseggiato di Manhattan: c'è il reduce (Lundigan) che vorrebbe fare lo scrittore, la brava casalinga, il cacciatore di vedove, l'ex ausiliaria con la veletta (Monroe). Commedia di (finta) sociologia urbana, sceneggiata da I.A.L. Diamond ancora lontano dai capolavori che scriverà per Billy Wilder.

Memphis Belle ** (*Memphis Belle*, Gb 1990, col, 101') Michael Caton-Jones. Con Matthew Modine, Eric Stoltz, Tate Donovan, Billy Zane, D.B. Sweeney, John Lithgow, Harry Connick jr. ◆ Il bombardamento finale sulla Germania hitleriana con i B-17 americani raccontato come la magnifica avventura di un gruppo di giovincelli scanzonati ma sotto sotto patriottici. Un film di guerra manierato, epico e corale, che non ha incontrato il favore del pubblico. Prodotto da David Puttnam e da Catherine Wyler, figlia del regista William che, nel 1944, aveva realizzato un documentario omonimo.

Ménage all'italiana ** (Italia 1965, b/n, 95') Franco Indovina. Con Ugo Tognazzi, Maria Grazia Buccella, Anna Moffo, Dalida [Iolanda Giliotti], Romina Power, Tatiana Pavlova, Monica Siwers, Rosalia Maggio, Paola Borboni, Paola Barbara, Gisa Geert. ◆ Per conquistare le donne di cui si innamora, Carlo Valdesi (Tognazzi) le sposa, ma dopo un po' gestire troppi matrimoni e altrettante identità diventa difficile: qualcuna (Moffo) lo capisce, qualcun'altra (Buccella) lo perdona, qualcuna (Dalida) lo vuole morto, qualcun'altra ancora (Power) lo tradisce. Commedia di costume su un'Italia pre-divorzio, dove l'atteggiamento delle donne (al di là di qualche eccessiva caratterizzazione macchiettistica [la suocera credulona interpretata dalla Borboni]) sembra molto più tollerante della media della morale nazionale; ma poi la sceneggiatura di Rodolfo Sonego e del regista finisce per perdersi nell'eccessiva girandola femminile, rifugiandosi nel più scontato, e punitivo, dei lolitismi. La Buccella fa intravvedere le sue grazie, mentre la sedicenne Power, al suo esordio, si mostra in reggiseno e mutandine. Dino canta *Ho messo gli occhi su di te*.

Men in Black → *MIB – Men in Black*

Men's Club ** (*The Men's Club*, Usa 1986, col, 100') Peter Medak. Con Roy Scheider, Harvey Keitel, Richard Jordan, Frank Langella, Craig Wasson, Treat Williams, David Dukes, Jennifer Jason Leigh, Stockard Channing. ◆ Sei quarantenni più o meno in crisi si riuniscono a casa di un amico psicoanalista (Langella) per parlare dei loro rapporti con le donne. Si trasferiranno in un bordello, ma non faranno una grande figura. Verboso e compiaciuto, il film di Medak (tratto da un romanzo di Leonard Michael sceneggiato dall'autore) fallisce buona parte dei suoi bersagli, ma non gli manca qualche graffiata sarcastica. In forma il cast.

Mente che cancella, La → *Eraserhead*

Mentre Adamo dorme *½ (*The Pleasure Seekers*, Usa 1964, col, 107') Jean Negulesco. Con Ann-Margret, Carol Linley, Pamela Tiffin, Gene Tierney, Anthony Franciosa, Brian Keith. ◆ Tre ragazze americane in vacanza in Spagna cercano divertimenti e fustacchioni. L'anziano Negulesco tenta di rifare in chiave quasi di musical il suo *Tre soldi nella fontana* con la Spagna al posto dell'Italia: ma il risultato è sconsolante. Ultimo film della Tierney per il grande schermo.

Mentre la città dorme ** (*The Sleeping City*, Usa 1950, b/n, 85') George Sherman. Con Richard Conte, Coleen Gray, Peggy Dow, John Alexander, Alex Nicol, Richard Taber, James J. Van Dyck. ◆ Un agente sotto copertura (Conte) si spaccia per medico per poter indagare sull'assassinio di un chirurgo: scoprirà che all'interno dell'ospedale c'è chi commercia in sostanze stupefacenti. Un noir abbastanza insolito sceneggiato da Jo Eisinger che si svolge completamente all'interno di un ospedale: l'inizio è molto promettente, con una lunga sequenza in soggettiva e interessanti stacchi documentari, ma poi la storia diventa più scontata (nonostante la mancanza di quello spirito umanitario e generoso che solitamente il cinema attribuisce a chi lavora coi malati) con il protagonista che s'innamora della principale sospettata (Gray). Girato interamente al Bellevue Hospital di New York, il film si apre con una frase – imposta dal comune di New York – in cui si dice che la storia non è ambientata in nessuna città specifica degli Stati Uniti.

Mentre Parigi dorme **½ (*Les Portes de la nuit*, Francia 1946, b/n, 111') Marcel Carné. Con Yves Montand, Nathalie Nattier, Serge Reggiani, Pierre Brasseur, Mady Berry, Dany Robin, Jean Vilar. ◆ A Parigi «nel corso del duro inverno che seguì la Liberazione», il partigiano Diego (Montand) si innamora di una donna sposata (Nattier), ma suo marito (Brasseur), sobillato da un viscido delatore (Reggiani), la uccide. Il canto del cigno del realismo poetico di Carné e del suo sceneggiatore Jacques Prévert. La Storia diventa tragedia universale e si popola di figure simboliche (Vilar interpreta un barbone che è il Destino) mentre Parigi – ricostruita in studio dal grande Trauner – è vista come una landa notturna e lunare. Un clamoroso insuccesso di pubblico, spiegabile in parte per il tono cupo, in parte per la presenza di due esordienti (Montand e Nattier) che avevano rimpiazzato Jean Gabin e Marlene Dietrich. Indimenticabile la canzone *Les Feuilles mortes* (che «se ramassent à la pelle/les souvenirs et le regrets aussi») scritta per l'occasione da Joseph Kosma su parole di Prévert, e che Montand rese celeberrima.

Meo Patacca *½ (Italia 1973, col, 124') Marcello Ciorciolini. Con Gigi Proietti, Marilù Tolo, Enzo Cerusico, Mario Scaccia. ◆ Nella Roma di fine Seicento, il bulletto trasteverino Meo Patacca (Proietti) è messo alla guida di un drappello di straccioni per sconfiggere i turchi che assediano Vienna e la cristianità. Dopo un giro per i castelli romani l'allegra accozzaglia ritorna e viene proclamata vittoriosa. Farsa cialtrona e chiassosa.

Mephisto ** (*Mephisto*, Rft/Ungheria 1981, col, 138') István Szabó. Con Klaus Maria Brandauer, Krystyna Janda, Gyorgy Czerhalmi, Ildikó Bánsági, Karyn Boyd. ◆ Il grande attore Hendrik Höfgen (Brandauer), dopo l'avvento del Reich, decide di restare in patria – lui che era abituato a recitare Brecht – illudendosi di poter usare il nazismo per coronare le proprie ambizioni. Höfgen, che ama recitare Mefistofele, nella vita ha in sorte la parte di Faust: quanto ad allegorie, Szabó non va tanto per il sottile. Sceneggiato dal regista e Peter Dobai a partire dal romanzo di Klaus Mann, che narra la vicenda del cognato Gustav Grüdgens, una meditazione sui rapporti tra arte e potere calata in una ricostruzione storica a effetto. Il cinema d'autore europeo in formato esportazione: magniloquente, sontuoso, e meno profondo di quel che pretende. Premio Oscar come miglior film straniero.

Meraviglie di Aladino, Le *½ (Italia/Francia 1961, col, 99') Henry Levin, Mario Bava. Con Donald O'Connor, Michèle Mercier, Vittorio De Sica, Aldo Fabrizi, Mario Girotti [Terence Hill], Fausto Tozzi. ◆ A Bagdad Aladino (O'Connor) scopre una lanterna il cui genio (De Sica) lo aiuta a sposare la figlia (Mercier) del sultano (Fabrizi). Modesta variazione sul racconto delle *Mille e una notte*. Gli elementi più divertenti sono gli effetti speciali di Bava e le interpretazioni di De Sica e Fabrizi (che parla in romanesco).

Meravigliosa Angelica, La *½ (*Merveilleuse Angélique*, Francia/Rft/Italia 1964, col, 105') Bernard Borderie. Con Michèle Mercier, Roger Pigaut, Robert Hossein, Christian Rode. ◆ Costretta ad aprire una locanda per sopravvivere, Angelica (Mercier) diventa l'ostessa più celebre di Parigi: il destino le è sempre avverso (le uccidono un figlio e l'uomo che la protegge) ma la sua abilità le fa conquistare le grazie del Re Sole. Secondo film della serie, tratto da *Angelica sulla via di Versailles* di Anne e Serge Golon, ha il suo punto forte nella variopinta (ma irreale) ricostruzione della «corte dei miracoli» parigina, dove l'eroina è eletta «regina degli straccioni». Seguìto da *L'indomabile Angelica*.

Meravigliosa avventura di Sam e l'orsetto lavatore, La *½ (*My Side of the Mountain*, Usa 1969, col, 100') James B. Clark. Con Theodore Bikel, Teddy Eccles, Tudi Wiggins, Frank Perry. ◆ Il piccolo Sam, appassionato naturalista, scappa di casa per vivere nei boschi. Ci riesce grazie all'aiuto di un falco e di un piccolo orso. Oleografico film per ragazzi.

Meravigliosa illusione ** (*That's the Spirit*, Usa 1945, b/n, 93') Charles Lamont. Con Jack Oakie, Peggy Ryan, June Vincent, Gene Lockhart. ◆ Un'anima inquieta (Oakie) residente in Paradiso chiede a chi di dovere di potere tornare sulla Terra per accudire moglie e figlioletto. Sulla scia delle commedie soprannaturali dell'epoca, ma troppo sciropposa. Breve apparizione di Buster Keaton. Sceneggiatura di Michael Fessier ed Ernest Pagano.

Meravigliosa realtà, Una *½ (*What's So Bad About Feeling Good?*, Usa 1968, col, 94') George Seaton. Con George Peppard, Mary Tyler Moore, Dom DeLuise, Susan St. James, Thelma Ritter. ◆ Un variopinto tucano, portatore di un virus che provoca la serenità e sconfigge i vizi umani, atterra a New York. Il contagio per la società dei consumi è pericoloso e viene mobilitata l'Fbi. Esile fantasia alla Frank Capra con annacquati aggiornamenti sessantottini.

Meravigliose avventure di Guerrin Meschino, Le ** (Italia 1953, b/n, 93') Pietro Francisci. Con

Leonora Ruffo, Gino Leurini, Tamara Lees, Aldo Fiorelli, Cesare Fantoni, Camillo Pilotto. ◆ Il trovatello Guerrino (Leurini), scudiero a Costantinopoli, è innamorato della principessa Elisenda (Ruffo) ma non può sposarla a causa delle proprie oscure origini. Dopo avere ritrovato i genitori, prigionieri dei turchi, e liberato Elisenda dai briganti potrà coronare il suo sogno. Dal libro di Andrea da Barberino, un bell'esempio di film d'avventure popolaresco e avvincente.

Meravigliose avventure di Marco Polo, Le – Lo scacchiere di Dio * (*La Fabuleuse aventure de Marco Polo*, Francia/Italia 1965, col, 110') Denys de La Patellière. Con Horst Buchholz, Anthony Quinn, Elsa Martinelli, Omar Sharif, Orson Welles, Akim Tamiroff, Robert Hossein. ◆ Marco Polo (Buchholz) è spedito dal Papa in missione di pace presso l'imperatore d'Oriente Koublai Khan. Tedioso polpettone che gronda di un fastidioso spirito da Propaganda Fide.

Meraviglioso paese, Il *** (*The Wonderful Country*, Usa 1959, col, 96') Robert Parrish. Con Robert Mitchum, Julie London, Pedro Armendariz, Gary Merrill, Jack Oakie, Albert Dekker, Charles McGraw, John Banner, Jay Novello. ◆ Lo sbandato avventuriero Martin Brady (Mitchum) vive in Messico al servizio di don Cipriano Castro (Armendariz). Una missione in Texas – durata più del previsto per la rottura di una gamba – gli fa riscoprire i legami con la sua terra e quando don Cipriano gli chiede di uccidere un uomo, capisce che la sua vita deve cambiare: dopo aver salvato una pattuglia di soldati americani, lascia il cinturone e il sombrero sul suolo messicano e guada il Rio Grande verso il Texas. Uno degli ultimi grandi western classici, capace di prefigurare il «cinema dell'erranza» degli anni Settanta. Sceneggiata da Robert Ardey (a partire da un romanzo di Tom Lea), quest'opera malinconica e lirica insieme racconta la rigenerazione morale di uno sradicato che «a poco a poco acquista coscienza e si rinsalda nella propria dignità di uomo grazie all'amore di una donna (London) e all'amicizia dei contadini messicani». Il tema di chi, perso in un paese straniero, cerca la pace interiore mettendo a confronto due culture e due patrie non è nuovo (c'era già stata *La tortura della freccia* di Fuller, ci sarà *Piccolo grande uomo* di Penn) ma qui Parrish lo racconta con una «regia palpitante di lirismo della solitudine, scandita da cavalcate solitarie e piena di affascinanti folgorazioni» splendidamente fotografate da Alex Phillips e Floyd Crosby e ben ritmata dalla colonna sonora di Alex North. Prodotto al di fuori delle majors dallo stesso Mitchum, che si cala con convinzione nei panni del suo personaggio schivo e disilluso.

Mercante delle quattro stagioni, Il **½ (*Der Händler der vier Jahreszeiten*, Rft 1971, col, 89') Rainer Werner Fassbinder. Con Hans Hirschmüller, Irm Hermann, Ingrid Caven, Hanna Schygulla, Klaus Löwitsch, Kurt Raab, Peter Chatel. ◆ Tornato dalla Legione straniera, Hans (Hirschmüller) si trova rifiutato dalla madre, tradito dalla moglie (Hermann) e ignorato dall'amore della sua vita (Caven): si ubriacherà a morte. Per raccontare questa tragedia della piccola borghesia tedesca (quasi un'anticipazione al maschile del *Matrimonio di Maria Braun*) Fassbinder non rinuncia ai toni crudi e taglienti, ma non cerca la deformazione caricaturale, stando dalla parte di Hans. Sconsolata la rappresentazione del sesso. In Germania, uno dei primi successi di critica per Fassbinder che interpreta il personaggio di Zucker.

Mercante di illusioni, Il *½ (*Upperworld*, Usa 1934, b/n, 72') Roy Del Ruth. Con Warren William, Mary Astor, Ginger Rogers, Andy Devine, J. Carrol Naish, Mickey Rooney. ◆ Un ricco uomo d'affari che preferisce alla moglie (Astor) una ragazza del Bronx (Rogers) si trova implicato in un omicidio. Un soggetto di Ben Hecht messo in scena con poche sorprese.

Mercante di schiave, Il *½ (Italia 1942, b/n, 83') Duilio Coletti. Con Enzo Fiermonte, Annette Bach, Elena Zareschi, Guido Morisi, Augusto Marcacci, Augusto Di Giovanni, Cesare Polacco. ◆ Durante un'incursione dei pirati algerini sulle coste del Tirreno, Alì (Fiermonte) violenta la ragazza più bella dell'isola, Fiamma (Bach), che tuttavia lo fa fuggire per evitargli la morte. Dopo aver scoperto che anche lui è nativo dell'isola, Alì torna per rivedere la ragazza, che è stata messa al bando perché incinta: i due riescono a fuggire, ma una febbre pestilenziale li dividerà. Melodramma esotico con forti connotazioni xenofobe (i cattivi sono tutti algerini e l'amore tra violentatore e vittima è possibile solo perché lui è un italiano «corrotto» dai musulmani), teso a sostenere la presenza «civilizzatrice» dell'Italia fascista in terra africana. La prima parte, con scene nel deserto in stile kolossal, ha qualche ambizione di regia e anche il personaggio della Bach, fiera e indipendente, sembra una novità nel solito repertorio femminile dell'epoca. Poi tutto si appiattisce senza scampo nella tradizione del mélo convenzionale, prevedibile e un po' noioso. Il soggetto, tratto dal romanzo *I fuggiaschi* di Ferdinando Paolieri, era già servito da canovaccio nel 1923 per *Il corsaro* di Augusto Genina.

Mercante di schiavi, Il ** (*The Slave Ship*, Usa 1937, b/n, 92') Tay Garnett. Con Wallace Beery, Elizabeth Allan, Warner Baxter, Mickey Rooney, George Sanders. ◆ Un arcigno capitano (Beery), folgorato dall'amore, decide di porre termine alla sua attività di negriero, ma la ciurma non è d'accordo. Routine hollywoodiana.

Mercante di Venezia, Il *½ (Italia/Francia 1952, b/n, 100') Pierre Billon. Con Michel Simon, Massimo Serato, Armando Francioli, Andrée Debar, Giorgio Albertazzi. ◆ Antonio (Serato), nobile veneziano, per aiutare un amico è costretto a chiedere un prestito all'ebreo Shylock (Simon) che lo odia: se non salderà il debito, l'usuraio potrà prelevare dal suo corpo una libbra di carne. Mediocre riduzione del dramma di Shakespeare, con regia poco ispirata e interpretazioni (Simon compreso) di maniera.

Mercanti di uomini **½ (*Border Incident*, Usa 1949, b/n, 92') Anthony Mann. Con Ricardo Montalban, George Murphy, Howard da Silva, James Mitchell, Alfonso Bedoya, Teresa Celli. ◆ Due poliziotti, uno messicano (Montalban) e uno statunitense (Murphy), si infiltrano nel racket che fa passare la frontiera ai lavoranti clandestini. Sceneggiatura senza troppe sorprese di John C. Higgins trasformata da Mann (e dall'operatore John Alton) in un piccolo noir con una bella tensione. Confrontare col modesto *Frontiera* di più di trent'anni dopo.

Mercenario, Il ** (Italia/Spagna 1968, col, 105') Sergio Corbucci. Con Franco Nero, Tony Musante, Jack Palance, Giovanna Ralli, Eduardo Fajardo. ◆ Un rivoluzionario idealista (Nero) e un mercenario (Musante) combattono contro i governativi messicani: ognuno andrà per la sua strada. Da un soggetto di Franco Solinas, uno dei numerosi spaghetti-western «rivoluzionari» sulla scia di *Quien sabe?* Senza infamia e senza lode. Nero è doppiato da Nando Gazzolo. Musiche di Ennio Morricone.

Merci la vie ° (*Merci la vie*, Francia 1991, col e b/n, 117') Bertrand Blier. Con Charlotte Gainsbourg, Anouk Grinberg, Gérard Depardieu, Michel Blanc, Annie Girardot, Jean-Louis Trintignant, Jean Carmet. ◆ Joëlle (Grinberg) e Camille (Gainsbourg), capitate sul set di un film sull'occupazione nazista, viaggiano tra passato e presente, finzione e realtà: Joëlle è sobillata da un medico infame (Depardieu) a diffondere il male misterioso di cui è affetta, mentre Camille deve convincere suo padre giovane (Blanc) a concepirla, così che possa nascere. Incrocio tra *Ritorno al futuro* e l'ultimo Lelouch, con in più provocazioni (si fa per dire) in stile tardosurrealista, il film di Blier ha suscitato in patria clamori e discussioni interminabili. Più semplicemente, non è che la maniera del cinema d'autore europeo, che sopperisce al vuoto d'idee con frasi a effetto, bizzarrie formalistiche immotivate (i passaggi dal bianco e nero al colore) e vecchi giochi di cinema nel cinema. Il guaio è che Blier si prende tremendamente sul serio, vuole stupire a tutti i costi mentre riesce solo ad annoiare – o a irritare.

Mercoledì da leoni, Un **** (*Big Wednesday*, Usa 1978, col, 120') John Milius. Con Jan Michael Vincent, William Katt, Gary Busey, Lee Purcell, Patti D'Arbanville, Barbara Hale, Sam Melville, Robert Englund. ◆ Tre ragazzi californiani – Matt (Vincent), Jack (Katt) e Leroy (Busey) – uniti dal surf, vedono le loro strade separarsi a poco a poco. Matt e Jack si sposano, e quest'ultimo va anche in Vietnam, non avendo ricorso a stratagemmi come gli altri due per evitare la leva. Si ritroveranno nel 1974, in occasione della più grande mareggiata mai vista: coi loro surf entreranno nel mito, ma forse non si rivedranno mai più. Inizia come una rievocazione nostalgica degli anni Sessanta, poi la sceneggiatura di Milius e Dennis Aaberg diventa poco a poco una meditazione struggente sull'amicizia e la giovinezza perduta. Il mito dell'individualismo americano e dell'uomo solo di fronte alla furia degli elementi non ha mai trovato un'espressione così convinta e trascinante. Il cinema bigger than life di John Milius trova la forza e la semplicità dei classici: impossibile (almeno per gli spettatori di sesso maschile) non commuoversi. La spettacolarità delle riprese acquatiche (la fotografia è di Bruce Surtees) non è stata superata neanche da *Point Break*. Irrimediabilmente rovinato dalla visione in tv.

Mercoledì delle ceneri * (*Ash Wednesday*, Usa 1973, col, 99') Larry Peerce. Con Elizabeth Taylor, Helmut Berger, Henry Fonda, Keith Baxter, Margaret Blye. ◆ Per riconquistare il marito (Fonda), una donna (Taylor) accetta di sottoporsi a un intervento di chirurgia plastica in una clinica italiana: un giovane gigolò (Berger) sembra apprezzarne i risultati, ma non il marito che persevera nella sua richiesta di divorzio. Melodramma gerontofilo scritto da Jean-Claude Tramont dove la Taylor si presenta con un make-up grottesco e si sottopone a un'operazione che potrebbe disturbare qualche stomaco delicato. La storia, però, che dispensa riflessioni sulla vecchiaia e il disfacimento fisico sullo sfondo di una Europa vista come fucina di miti e leggende, è indegna anche di un fotoromanzo. Nonostante il titolo, il poemetto di T. S. Eliot non c'entra niente, se non per il fatto che il dramma coniugale si svolge (a Cortina, all'hotel Miramonti) nella notte tra il martedì grasso e il mercoledì delle ceneri.

Merlettaia, La **½ (*La Dentellière*, Francia/Svizzera/Rft 1977, col, 107') Claude Goretta. Con Isabelle Huppert, Yves Beneyton, Florence Giorgetti, Anne Marie Düringer, Renata Schroeter. ◆ Pomme (Huppert), parrucchiera diciottenne, lasciata dal suo primo ragazzo (Beneyton) e colpita da anoressia, viene ricoverata in ospedale psichiatrico dove scivola dolcemente in una quieta follia. Dramma intimista e sottotono, salutato all'epoca con un clamore sproporzionato. Goretta chiama in causa la fissità senza tempo di Vermeer (autore del quadro del titolo) per cogliere trasalimenti segreti e tragedie che non troveranno mai espressione. La Huppert, nel suo primo ruolo importante, è assai sensibile. Ma al film, per essere veramente memorabile, manca sia l'astrazione della tragedia sia quella del quotidiano: tra Bresson e Olmi, senza essere nessuno dei due.

Merletto di mezzanotte *½ (*Midnight Lace*, Usa 1960, col, 108') David Miller. Con Doris Day, Rex Harrison, John Gavin, Myrna Loy, Herbert Marshall, Roddy McDowall. ◆ Un'americana (Day), sposata con un facoltoso inglese (Harrison), riceve misteriose minacce di morte, e rischia di impazzire. Il tipo di giallo che punta tutto sulla (presunta) sorpresa finale: temi hitchcockiani (il sospetto, il complotto) trattati con una logica da telefilm.

Merlo maschio, Il *½ (Italia 1970, col, 113') Pasquale Festa Campanile. Con Lando Buzzanca, Laura Antonelli, Ferruccio De Ceresa, Lino Toffolo. ◆ Un musicista frustrato (Buzzanca) riesce a fare carriera sfruttando le forme della moglie (Antonelli). Ma il gioco gli sfuggirà di mano. Da un romanzo di Luciano Bianciardi, la tipica commedia alla Festa Campanile, superficialmente satirica e in fondo volgare. Buon successo dell'epoca.

Mery per sempre **½ (Italia 1989, col, 103') Marco Risi. Con Michele Placido, Claudio Amendola, Francesco Benigno, Alessandro Di Sanzo, Roberto Mariano, Tony Sperandeo. ◆ A Palermo, nel carcere minorile di Malaspina, un maestro coraggioso (Placido) cerca di insegnare la speranza e il rispetto di se stessi ai giovani detenuti. La Mery (Di Sanzo) del titolo è un femminiello che si invaghisce del maestro. Sceneggiato da Sandro Petraglia e Stefano Rulli dall'omonimo libro autobiografico di Aurelio Grimaldi (dove però Meri è scritto senza «y»), il film che ha fatto coniare l'etichetta di neo-neorealismo: attori presi quasi tutti dalla strada, uso del dialetto stretto, crudezze ostentate; ma anche ambizioni liriche (i ragazzi che, come in un film di Antonioni, continuano a giocare anche dopo che le guardie hanno sequestrato il loro pallone), approssimazioni ideologiche, ambiguità più o meno involontarie (Placido non solo sembra innamorarsi di Di Sanzo, ma anche di Amendola), scivoloni nel melodramma. Nel bene e nel male, uno dei film italiani che hanno più segnato gli ultimi anni. Seguìto da *Ragazzi fuori.*

Mese al lago, Un ** (*A Month by the Lake*, Usa/Gb 1995, col, 91') John Irvin. Con Vanessa Redgrave, Edward Fox, Uma Thurman, Alida Valli, Carlo Cartier, Natalia Bizzi, Alessandro Gassman, Riccardo Rossi. ◆ In vacanza sul lago di Como alla vigilia della seconda guerra mondiale, l'altera signorina Bentley (Redgrave) s'innamora del maggiore Paul Wilshaw (Fox), che però sembra avere occhi solo per una giovane istitutrice americana (Thurman): per fortuna l'irruento italiano Vittorio (Gassman) scatenerà un po' di gelosia. Un romanzo di H.E. Bates (sceneggiato da Trevor Bentham) è l'occasione per descrivere il mondo *fané* degli ospiti di un albergo italiano: atmosfera d'epoca, cura dei particolari (la troupe è quasi tutta italiana, a cominciare dalla fotografia di Pasqualino De Santis), recitazione inappuntabile (specie della Redgrave); e dietro le schermaglie formali si intravede l'incoscienza della vecchia Europa, troppo preoccupata delle regole della propria etichetta per capire la tragedia che si stava preparando. Tutti i dialoghi fanno pensare al 1939, ma una scritta finale anticipa la datazione al '37.

Mese in campagna, Un ** (*A Month in the Country*, Gb 1987, col, 96') Pat O'Connor. Con Colin Firth, Kenneth Branagh, John Atkinson, Natasha Richardson, Richard Vernon. ◆ Traumatizzati dalla prima guerra mondiale, due reduci passano un mese nelle campagne dello Yorkshire: Birkin (Firth) vuole portare alla luce un affresco medioevale, Moon (Branagh) una tomba antica. Birkin si innamora della figlia (Richardson) del vicario, Moon di Birkin. Il secondo film dell'irlandese O'Connor cerca l'introspezione senza calcare troppo la mano, ma spesso a furia di smorzare i toni cade nel decorativismo, come molti film inglesi di quegli anni. Sceneggiatura di Simon Gray tratta da un romanzo di J.R. Carr.

Messa è finita, La ***½ (Italia 1985, col, 94') Nanni Moretti. Con Nanni Moretti, Margarita Lozano, Ferruccio De Ceresa, Enrica Maria Modugno, Marco Messeri, Roberto Vezzosi, Dario Cantarelli, Pietro De Vico. ◆ Dopo un lungo periodo trascorso su un'isola lontana, don Giulio (Moretti) torna a Roma per lavorare in una parrocchia di borgata. Ritrova la famiglia e gli amici di un tempo, ma tutto è cambiato: dopo aver tentato invano di modificare le cose, non gli resta che prendere atto della situazione e della propria impotenza. Radiografia di un'impasse non solo generazionale (nonostante don Giulio sia con ogni evidenza Michele Apicella in abito talare), è un film «sgradevole» nel rivendicare il proprio essere nevrotico, moralista, «adolescenziale». Raggelante nella sua lucidità, *La messa è finita* (scritto da Moretti con Sandro Petraglia) coglie con precisione il punto di rottura degli anni Ottanta, reso perfettamente nella scena del ballo in chiesa al ritmo sconsolato ma anche sognante di *Ritornerai*. In televisione l'essenzialità cinematografica del regista viene penalizzata, eppure averne avuti di film così, dove la religione è una questione di «fede» in sospeso, l'amore (individuale e collettivo) è una dichiarazione d'impotenza, la solitudine è l'unica, miserabile conquista e la fuga non è un'arte, bensì una soluzione dopo tante prove. Con il critico cinematografico Giovanni Buttafava nel ruolo dell'avvocato, Luigi Moretti (padre del regista) in quello del giudice, e brevi apparizioni di Daniele Luchetti (qui aiuto regista) e Mariella Valentini (futura giornalista in *Palombella rossa*).

Messaggero d'amore ***½ (*The Go-Between*, Gb 1971, col, 110') Joseph Losey. Con Dominic Guard, Julie Christie, Alan Bates, Edward Fox, Margaret Leighton. ◆ Invitato a passare l'estate del 1900 nella villa di un compagno di scuola, il tredicenne Leo (Guard) diventa il corriere delle lettere d'amore tra l'aristocratica Marian (Christie) e il fattore Ted (Bates): scoprirà sulla sua pelle cos'è la differenza di classe e che perfidia si nasconda dietro il raffinato formalismo della società vittoriana. Sceneggiato da Harold Pinter (dal romanzo *L'età incerta* di P.L. Hartley), è un minuzioso ritratto «dell'educazione all'esistenza e al dolore», contrappuntato, in un magistrale montaggio sonoro e visivo, dai ricordi dei protagonisti ormai vecchi. Incantevoli «le scene di vita associata (la preghiera comune prima di colazione, la partita di cricket, il taglio della corta di compleanno) che descrivono con inedita incisività usi e costumi di un mondo trapassato». Palma d'oro a Cannes. In originale dura 116'.

Messaggero della morte *½ (*The Sender*, Usa 1982, col, 91') Roger Christian. Con Kathryn Harrold, Shirley Knight, Paul Freeman, Zeljko Ivanek. ◆ Uno psicopatico (Ivanek) dai poteri telepatici è afflitto da manie suicide e trasmette i suoi incubi alla psichiatra e al personale della clinica dove è rinchiuso. Thriller parapsicologico nella media, dove allucinazione e realtà si mescolano con molto sangue ma senza troppe sorprese.

Messaggi da forze sconosciute *½ (*Circle of Iron*, Usa 1978, col, 102') Richard Moore. Con Jeff Cooper, David Carradine, Eli Wallach, Roddy McDowall, Christopher Lee. ◆ In un'epoca leggendaria, Cord (Cooper) viene squalificato dalla ricerca di un libro che contiene lo scibile umano per essersi comportato slealmente in duello. Dopo una serie di prove e incontri, capirà che non esistono solo i muscoli, e sfoglierà le pagine del libro, che rispecchiano il suo volto. Cocktail sgangherato di arti marziali e misticismo, scritto dall'illustre Stirling Silliphant su un soggetto – non sono degli omonimi – di Bruce Lee e James Coburn. Il cast di contorno – con Carradine in quattro travestimenti – è divertente, ma la regia è fatalmente pedestre. Girato in Israele col titolo originario di *The Silent Flute*.

Messaggio, Il ** (*Mohammad, Messenger of God*, Libano 1977, col, 180') Moustapha Akkad. Con Anthony Quinn, Irene Papas, Johnny Sekka, Michael Ansara. ◆ La storia delle origini della religione musulmana e lo scontro tra Maometto e l'aristocrazia che lo avversa. In accordo con le leggi dell'Islam, il profeta non è mai mostrato. Spettacolare film di propaganda del regista preferito di Gheddafi.

Messaggio a Garcia ** (*A Message to Garcia*, Usa 1936, b/n, 77') George Marshall. Con John Boles, Wallace Beery, Barbara Stanwyck, Alan Hale, Mona Barrie, Herbert Mundin, Enrique Acosta, Juan Torena, Pat Moriarity. ◆ Cuba 1898: per consegnare un messaggio segreto del presidente degli Stati Uniti al generale ribelle Garcia, il tenente Andrew Rowan (Boles) rischia la vita tra spie, traditori e la caccia dei soldati messicani, ma troverà l'aiuto di un disertore (Beery) e dell'intrepida Raphaelita (Stanwyck). Colpi di scena a ripetizione e ingenuo esotismo patriottico (l'intervento militare americano in favore dei ribelli cubani impedirà nuovi massacri spagnoli): tutto si regge sulla gigioneria di Wallace Beery, ubriacone traditore e dongiovanni curiosamente amorale (per i tempi), che saprà riscattarsi offrendo la vita per Rowan. Tratto dalle memorie del colonnello americano, sceneggiate da W.P. Lipscomb e Gene Fowler. Conosciuto anche col titolo *Messaggio segreto*.

Messaggio segreto → *Messaggio a Garcia*

Messaggio tragico → *Vita di Giulio Reuter, La*

Messaggi quasi segreti ** (Italia 1997, col, 103') Valerio Jalongo. Con Giulio Di Mauro, Niamh O'-Byrne, Brendan Gleeson, Ivano Marescotti, Anita Zagaria, Ingrid Craigie, Gavin Kelty, Frankie McCafferty, Gary Fitzpatrick. ◆ In vacanza-studio a Dublino, il borghese Simone (Di Mauro) si ritrova in una famiglia proletaria in cui la figlia Alison (O'Byrne), amante del look dark spettrale, è in perenne conflitto col padre (Gleeson): inglese a parte, Simone imparerà qualcosa di importante. Sceneggiato dal regista con Sandro Petraglia, Lucinda Coxon e Barry Devlin, un film di formazione sentimental-sociale che ha dalla sua soprattutto l'autenticità: rispetto a tanti prodotti italiani, qui almeno l'adolescenza è collocata all'età giusta, c'è un buono spirito di osservazione e la mano del regista è abbastanza sicura e leggiadra, anche se una certa esilità è sempre in agguato. Colonna sonora degli Avion Travel.

Messalina *½ (Italia/Francia, 1951, b/n, 105') Carmine Gallone. Con Maria Felix, Memo Benassi, Georges Marchal, Jean Tissier, Delia Scala, Ave Ninchi, Camillo Pilotto, Luigi Almirante, Lamberto Picasso, Erno Crisa. ◆ La dissoluta Messalina (Felix), regina di intrighi e omicidi, trama per portare al trono un suo giovane amante (Marchal). Gallone si atteggia a DeMille italiano, ma la qualità della messinscena è meno che artigianale. Da non perdere, nel ruolo di Claudio, il gigionesco Benassi, che aveva recitato a fianco della Duse.

Messalina, Messalina! * (Italia 1977, col, 95') Bruno Corbucci. Con Anneka Di Lorenzo, Vittorio Caprioli, Tomas Milian, Bombolo [Franco Lechner], Lino Toffolo. ◆ Messalina (Di Lorenzo), moglie dell'imperatore Claudio (Caprioli), lo tradisce senza ritegno, e finisce in un bordello. Modestissima farsa, di quelle che una volta si definivano scollacciate.

Messalina, Venere imperatrice *½ (Italia 1959, col, 93') Vittorio Cottafavi. Con Belinda Lee, Spiros Focas, Giancarlo Sbragia, Carlo Giustini, Aroldo Tieri. ◆ Messalina (Lee) vuol far uccidere l'imperatore Claudio, ma il suo piano è svelato dal centurione Lucio (Focas). Belinda Lee, tragicamente scomparsa qualche anno dopo, era allora assai popolare. Polpettone pseudostorico che, per alcuni spunti ideologici di attualità e di presunta ironia, ha fatto delirare alcuni critici d'oltralpe.

Messa per Dracula, Una *½ (*Taste the Blood of Dracula*, Gb 1969, col, 95') Peter Sasdy. Con Christopher Lee, Geoffrey Keen, Gwen Watford, Linda Hayden. ◆ Richiamato in vita da quattro nobili in cerca di emozioni, Dracula (Lee) ne seduce e corrompe le figlie, sobillandole a uccidere i genitori. La barocca sequenza iniziale non trova seguito nel resto del film: ma la minaccia del vampiro immorale alla società patriarcale vittoriana non poteva essere rappresentata in modo più chiaro.

Messia, Il ° (Italia/Francia 1975, col, 145') Roberto Rossellini. Con Pier Maria Rossi, Mita Ungaro, Carlos de Carvalho, Vittorio Caprioli, Tina Aumont. ◆ Rossellini parte da lontano, e incomincia con una bella zoomata su Abramo. Dopo varie vicende bibliche, truculente e poco decifrabili, inizia la più grande storia mai raccontata. Il regista è fedele alla lettera dei quattro vangeli, ma il suo stile didattico-televisivo non trasmette alcuna emozione: e il suo film finisce con l'assomigliare a una raccolta di santini o a una recita parrocchiale (considerato il livello della recitazione), sollevandosi solo nell'ultima parte. Il mieloso *Gesù* di Zeffirelli, almeno, evitava scivoloni nel grottesco e siparietti di gusto televisivo (vedi la corte di Erode). Il frutto di un malinteso estetico e ideologico (il sogno rosselliniano di un cinema didattico) e, anche se ben pochi ebbero il coraggio di dirlo, uno dei più brutti film del grande regista.

Messia selvaggio **½ (*Savage Messiah*, Gb 1972, col, 100') Ken Russell. Con Scott Anthony, Dorothy Tutin, Helen Mirren, Lindsay Kemp, Michael Gaugh. ◆ La vita dello scultore vorticista francese Henri Gaudier-Brzeska (Anthony), morto sconosciuto a ventiquattro anni sul fronte della prima guerra mondiale. Innamorato di Sophie Brzeska (Tutin), di vent'anni più vecchia di lui, non riesce a sposarla e si fa cedere da lei il cognome. La meno nota delle biografie più o meno immaginarie di Russell, e una delle più equilibrate sceneggiata da Christopher Logue a partire da un libro di H.S. Ede. Il genio e la sregolatezza del personaggio, come al solito, si rispecchiano nel barocchismo della messinscena, ma manca ogni fastidiosa volontà di provocazione. Nella parte di Sophie avrebbe dovuto recitare Jeanne Moreau.

Messicano, Il ** (*Right Cross*, Usa 1950, b/n, 90') John Sturges. Con June Allyson, Ricardo Montalban, Dick Powell, Lionel Barrymore. ◆ Sul finire della carriera, il campione del mondo dei pesi medi (Montalban) vuole combattere in match truccati. Il vecchio manager (Barrymore) lo abbandona, la fidanzata (Allyson) e l'amico giornalista (Powell) cercano di fargli cambiare idea. Il solido professionismo di Sturges al servizio di una storia non proprio originale sceneggiata da Charles Schneell. Breve apparizione di una giovane Marilyn Monroe.

Messico in fiamme *½ (*Krasnie kala kala*, Urss/Italia/Messico 1981, col, 130') Sergej Bondarčuk. Con Franco Nero, Ursula Andress, Jorge Luke, Blanca Guerra. ◆ L'esperienza giornalistico-politica di John Reed (Nero), l'unico americano sepolto al Cremlino, durante la rivoluzione messicana del 1913: l'infuriare delle battaglie, l'eroismo dei peones di Villa e di Zapata, e l'obbligatoria love story di contorno. La stessa vicenda era stata portata sullo schermo con ben altri risultati in *Viva Villa* (1934). Pomposo e retorico nella realizzazione, abborracciato nella sceneggiatura del regista e di Antonio Saguera, Carlos Ortiz Tejeda e Richard Garibay. L'anno dopo Nero e Bondarčuk ripresero la saga di Reed in *I dieci giorni che sconvolsero il mondo*.

Metalmeccanico e parrucchiera in un turbine di sesso e politica *½ (Italia 1996, col, 103') Lina Wertmüller. Con Tullio Solenghi, Veronica Pivetti, Gene Gnocchi, Cyrielle Claire, Piera Degli Esposti, Cinzia Leone, Alexandra La Capria, Giorgio Ginex, Giacomo Centola. ◆ Operaio di Rifondazione in cassa integrazione, Tonino Gavazzi (Solenghi) s'incapriccia della parrucchiera leghista Rossella (Pivetti): se per averla sembra disposto a tradire ideali politici e moglie (Degli Esposti), il collega Svanin (Gnocchi), che conquista l'estetista Anita (Claire), dimostra che le scappatelle si possono vivere con molta minor drammaticità, forse perché è un «revisionista» del Pds. Dopo i flop di film più ambiziosi, la Wertmüller si affida a Leo Benvenuti e Piero De Bernardi per «riscrivere» *Travolti da un insolito destino*, aggiornandolo all'atmosfera politica della seconda repubblica, tra la vittoria nel '94 di Berlusconi e quella del '96 dell'Ulivo. Urlato ed (inutilmente) esagitato, il film non sa sollevarsi dalla volgarità della materia (Tonino non riesce a tenere a freno il suo membro e si abbondana a discorsi che sembrano presi da *Io e lui*), raccontato come una *pochade* di Feydeau (con le bandiere dei partiti usate per coprire le nudità) e con l'inevitabile finale di riconciliazione mammista. Solenghi mostra con generosità il deretano, la Pivetti solo le (scarse) tette. Il sociologo Mimmo De Masi è l'esperto che parla alla televisione.

Metà oscura, La **½ (*The Dark Half*, Usa 1993, col, 122') George A. Romero. Con Timothy Hutton, Amy Madigan, Michael Rooker, Julie Harris, Chelsea Field. ◆ Lo scrittore Thad Beaumont (Hutton), diventato famoso con romanzacci scritti con lo pseudonimo di George Stark, vorrebbe sbarazzarsi del suo scomodo alter ego. Ma questi si incarna veramente, e vuole convincere Thad a cambiare idea, con i metodi più drastici. Fedele versione del romanzo omonimo di Stephen King, dove il vecchio tema di Jekyll e Hyde si eleva a una metafora non banale della creazione letteraria. Romero non rinuncia alle scene cruente (girate magnificamente, come il finale dove centinaia di passeri fanno a brandelli Stark), ma ormai si avverte che ha altre ambizioni. Il suo torto principale è di essere arrivato quando altri film (*Barton Fink*, *Il pasto nudo*) sembravano avere esaurito il tema della scrittura, e l'horror non è più una chiave per leggere la realtà. Sorprendente la doppia interpretazione di Hutton. Royal Dano, caratterista di cento western, è il becchino.

Metello ** (Italia 1970, col, 111') Mauro Bolognini. Con Massimo Ranieri, Ottavia Piccolo, Lucia Bosé, Tina Aumont, Frank Wolff, Renzo Montagnani, Luigi Diberti, Pino Colizzi, Mariano Rigillo, Corrado Gaipa. ◆ Agli inizi del secolo il muratore Metello Salani (Ranieri) partecipa al nascente movimento socialista: arrestato per istigazione alla sommossa apprenderà dal carcere della vittoria dei suoi compagni. Dal romanzo di Vasco Pratolini (adattato dal regista, Luigi Bazzoni, Suso Cecchi d'Amico e Ugo Pirro), una ricostruzione d'epoca in difficile equilibrio tra epica populista e preziosismi figurativi. Ben diretti gli attori (la Piccolo venne premiata a Cannes), e ineccepibile la confezione (musiche di Ennio Morricone, fotografia di Ennio Guarnieri).

Meteor *½ (*Meteor*, Usa 1979, col, 103') Ronald Neame. Con Sean Connery, Natalie Wood, Henry Fonda, Trevor Howard, Martin Landau. ◆ Una gigantesca meteora sta per abbattersi sulla Terra, ma i missili inventati da uno scienziato americano (Connery) per prevenire simili disastri sono stati puntati sull'Urss: si impone un rapido disgelo tra le due superpotenze. Gran cast, mediocri effetti speciali e poche emozioni, nella norma dei film catastrofici.

Meticcia di fuoco, La ** (*Apache Woman*, Usa 1955, col, 83') Roger Corman. Con Lloyd Bridges, Joan Taylor, Lance Fuller, Morgan Jones. ◆ Un commissario governativo (Bridges) è spedito in una riserva apache per indagare su una serie di omicidi di cui sono sospettati due fratelli, un ragazzo e una ragazza (Fuller e Taylor). Singolare giallo-western con aperture, per l'epoca, filoindiane e liberali. Uno dei primi Corman, girato di corsa e non privo di idee.

Metisse ** (*Metisse*, Francia 1993, col, 91') Mathieu Kassovitz. Con Mathieu Kassovitz, Hubert Koundé, Julie Maduech, Vincent Cassel, Tadek Lochínskí, Jean-Pierre Cassel. ◆ Lola (Maduech) aspetta un figlio, ma non sa se il padre è Jamal (Koundé), nero, colto e figlio di un ambasciatore, o Felix (Kassovitz), ebreo della *banlieue*, rapper e piccolo spacciatore in bicicletta. I due maschi dapprima si scontrano, poi diventano amici: e noi non sapremo mai il colore della pelle del neonato. L'opera prima di Kassovitz parte come un remake di *Lola Darling* di Spike Lee e si trasforma in una specie di *Jules e Jim* senza tragedia: politicamente corretto, al passo coi tempi (vedi l'elogio del *métissage*), brioso e furbetto, accattivante e un po' semplicista.

Metroland ** (*Metroland*, Gb 1997, col, 106') Philip Saville. Con Christian Bale, Emily Watson, Lee Ross, Elsa Zylberstein, Rufus [Jacques Narcy], Jonathan Aris, Ifan Meredith, Amanda Ryan, Boris Terral. ◆ 1977: Chris (Bale), ex arrabbiato felicemente sposato con Marion (Watson), incontra Tony (Ross), suo migliore amico convertitosi al punk dopo un lungo soggiorno in Africa; sull'onda di ricordi adolescenziali all'insegna della fuga e della ribellione, Chris mette in discussione la sua vita e a repentaglio il suo matrimonio. Da un romanzo di Julian Barnes, da lui stesso sceneggiato con Adrien Hodges, la nostalgia come poteva essere vent'anni fa, in un film che cerca invano un equilibrio tra l'intrinseca dimensione generazionale e un'aspirazione drammaturgica più universale. La ricostruzione d'epoca è accurata (come ci si aspetta dalla «qualità inglese») e l'interpretazione è da manuale, ma la regia non sa superare i soliti stereotipi e il moralismo consolatorio fa capolino ovunque (come non accadeva nel libro).

Metropolis *** (*Metropolis*, Germania 1926, b/n, 87') Fritz Lang. Con Gustav Fröhlich, Brigitte Helm, Alfred Abel, Rudolph Klein-Rogge, Theodor Loos. ◆ In una megalopoli del XXI secolo dominata dal dittatore Frederson (Abel), gli operai, che vivono nei sotterranei in stato di semischiavitù, ripongono la loro fiducia nella mite Maria (Helm) di cui si innamora Freder (Fröhlich), figlio del dittatore. Per rompere l'unità degli operai, Frederson impone all'inventore-mago Rothwang (Klein-Rogge) di costruire un robot, sosia di Maria, che semini discordia, ma questo incita gli operai alla rivolta e alla distruzione. Toccherà alla vera Maria e a Freder riconciliare le parti, ponendo le basi per un nuovo ordine sociale. Gli effetti speciali straordinari, le imponenti architetture (le tecniche fotografiche di Eugen Schüfftan combinavano modellini e scenografie in grandezza naturale), i geometrici movimenti delle masse ne fanno uno dei film visivamente più impressionanti della storia del cinema. Poco riuscita (e poco chiara) è invece la sceneggiatura, scritta da Lang con la moglie Thea Von Harbou, dove sono presenti temi tipicamente espressionisti (il doppio) e altri profetici (la manipolazione occulta, l'esplosione della follia collettiva) e che ruota attorno al tema della rivolta dell'uomo contro la macchina, ma sfocia in un finale contraddittorio. I distributori americani, allora, accusarono il film di comunismo, mentre il messaggio di riconciliazione finale venne apprezzato dal nazismo. Nel 1984 il musicista Giorgio Moroder ha confezionato una nuova versione di *Metropolis* di 87', virata in vari colori e accompagnata da una colonna sonora rock con canzoni, tra gli altri, di Freddy Mercury e Pat Benatar, che tenta di ricostruire l'impatto spettacolare che il film ebbe sugli spettatori dell'epoca. In mancanza della versione filologica curata lo stesso anno dallo studioso tedesco Enno Patalas (di 147'), quella di Moroder rende tutto sommato il miglior servizio al film di Lang. Entrambe queste versioni hanno il merito di approfondire l'ossessione di Rothwang per il robot femminile da lui creato. Diffidare delle altre versioni in cassetta, basate su uno dei numerosi montaggi arbitrari dell'epoca (in genere di 120'), e spesso accompagnate da colonne sonore che scimmiottano quella – stranamente adeguata alle immagini – di Moroder.

Metropolitan **½ (*Metropolitan*, Usa 1990, col, 98') Whit Stillman. Con Carolyn Farina, Edward Clements, Christopher Eigeman, Taylor Nichols. ◆ Un giovane solitario (Clements) entra nel giro dell'UHB (Urban Haut Bourgeoise) newyorkese e si innamora di una coetanea spocchiosetta. Non tutti i giovani americani sono come quelli di *Sesso, bugie e videotapes*: per alcuni il sesso è un'ipotesi lontanissima, e la vita passa tra chiacchiere inutili, che Stillman mette in scena con un occhio a Rohmer e uno a Woody Allen. Opera prima fresca e fragile, ironica e partecipe verso i suoi non-eroi senza qualità. Pardo d'argento a Locarno.

Metti, Celentano e Mina.... → *Urlatori alla sbarra*

Metti, una sera a cena *½ (Italia 1968, col, 123') Giuseppe Patroni Griffi. Con Jean-Louis Trintignant, Florinda Bolkan, Lino Capolicchio, Tony Musante, Annie Girardot, Adriana Asti, Milly [Carla Mignone], Nora Ricci, Mariano Rigillo. ◆ Nina (Bolkan) tradisce il marito Michele (Trintignant) con l'attore Max (Musante) che, in vena di perversioni, le procura un amante a pagamento (Capolicchio). Trasgressioni antiborghesi (almeno nelle intenzioni) in linea con lo spirito di quegli anni: al di là della discreta direzione degli attori, aria fritta. Da una commedia dello stesso regista, al cui adattamento ha collaborato Dario Argento. Musiche di Ennio Morricone.

Mezzanotte → *Signora di mezzanotte, La*

Mezzanotte a Broadway *½ (*Charlie Chan on Broadway*, Usa 1937, b/n, 68') Eugene Forde. Con Warner Oland, Keye Luke, Joan Marsh, J. Edward Bromberg, Leon Ames, Joan Woodbury, Douglas Fowley. ◆ Charlie Chan (Oland) indaga sull'assassinio di una chanteuse che voleva vendere a dei giornali scandalistici il suo diario, troppo compromettente per molti divi legati alla malavita. Quindicesimo film della serie interpretata da Warner Oland, tratto da una sceneggiatura originale di Art Arthur, Robert Ellis e Helen Logan. Piccola apparizione di Lon Chaney jr.

Mezzanotte a San Francisco ** (*The Midnight Story*, Usa 1956, b/n, 89') Joseph Pevney. Con Tony Curtis, Marisa Pavan, Gilbert Roland, Ted De Corsia. ◆ Un ex poliziotto (Curtis) si mette alle calcagna del presunto assassino di un prete. Giallo di impostazione tradizionale, ma con una discreta atmosfera.

Mezzanotte d'amore *½ (Italia 1970, col, 95') Ettore M. Fizzarotti. Con Al Bano [Albano Carrisi], Romina Power, Nino Taranto, Bice Valori, Paolo Panelli, Stelvio Rosi, Dolores Palumbo, Enzo Cannavale, Nino Terzo, Carlo Taranto, Lino Banfi, Nicoletta Elmi, Walter Brugiolo, Ignazio Balsamo. ◆ Ritornano i protagonisti di *Il suo nome è Donna Rosa*: Andrea (Al Bano) e Rosetta (Power) si sposano, così come don Antonio (N. Taranto) e donna Rosa (Valori): ma il secondo matrimonio è «interrotto» dall'improvvisa ricomparsa del «defunto» marito di donna Rosa, il conte Paolo (Panelli), e il primo dalla gelosia di Andrea per il fratellastro di Rosetta, Giorgio (Rosi). Sequel con la stessa povertà di elementi, ma non baciato dallo stesso successo: Al Bano e Romina danno fondo al loro repertorio musicale, Nino Taranto e Panelli tentano la carta della comicità, ma i risultati sono molto deludenti.

Mezzanotte nel giardino del bene e del male ***½ (*Midnight in the Garden of Good and Evil*,

Usa 1997, col, 154') Clint Eastwood. Con John Cusack, Kevin Spacey, Jack Thompson, The Lady Chablis, Alison Eastwood, Irma P. Hall, Jude Law, Geoffrey Lewis, Paul Hipp. ◆ A Savannah, Georgia, il ricco Jim Williams (Spacey) è imputato per l'omicidio del suo amante Billy (Law). Il giornalista Kelso (Cusack), ospite di Williams durante la redazione di un articolo di colore, decide di scrivere un libro sul caso, e rischia quasi di diventare suo complice. Una storia vera (tratta dal libro di John Berendt, adattato da John Lee Hancock) messa in scena negli stessi luoghi con alcuni dei suoi protagonisti, come l'esplosivo travestito Lady Chablis. Eastwood prende alle spalle il genere processuale e affronta senza temere la vertigine temi come l'ambiguità (anche sessuale) e la ricerca della verità (che è «nell'occhio di chi la guarda. Tu credi a quello che vuoi e io credo a quello che so», dice Williams a Kelso): senza arrivare a conclusioni, ma perdendosi in una città affascinante e decadente, descritta con piglio antropologico e puntate nel fantastico. Poco amato in patria (e da noi), è invece uno dei suoi film più insoliti e complessi, cui si perdona un certo gusto aneddotico. La fotografia è di Jack N. Green; la colonna sonora presenta nuove versioni (di k.d. lang, Alison Eastwood, Paula Cole, ...) di classiche canzoni di Johnny Mercer, paroliere nativo di Savannah la cui tomba si scorge all'inizio del film.

Mezzo destro, mezzo sinistro... due calciatori senza pallone * (Italia 1985, col, 93') Sergio Martino. Con Gigi [Gigi Sammarchi], Andrea [Andrea Roncato], Milena Vukotic, Leo Gullotta, Isabel Russinova, Loredana Romito, Gianni Ciardo, Sandro Ghiani. * L'acquisto dell'attaccante Margheritoni (Andrea), da affiancare al centrocampista Cesarini (Gigi), non serve a migliorare le sorti della neopromossa Marchigiana, anche perché le voglie della proprietaria (Vukotic) della ditta che sponsorizza la squadra lo svuotano di energie: ma l'arrivo di un severissimo tecnico argentino (Gullotta) e un ritorno d'orgoglio serviranno almeno a far vincere la trasferta tedesca della Mitropa Cup. Farsaccia senza molte idee sul mondo del calcio, con qualche nudo della Romito (una delle conquiste di Margheritoni), qualche frecciata ai ritiri prepartita e una sfilata di volti noti: i giocatori Falcão, Paolo Rossi, Ancelotti, Chierico e Damiani, i giornalisti Nando Martellini, Paolo Valenti, Tonino Carino, Gianfranco De Laurentiis, Aldo Biscardi, Emanuela Falcetti e José Altafini.

Mezzogiorno... di fifa *½ (*Pardners*, Usa 1956, col, 90') Norman Taurog. Con Dean Martin, Jerry Lewis, Lori Nelson, Agnes Moorehead, Lon Chaney jr. ◆ Un milionario (Lewis) di Manhattan, figlio di cowboy, sente il richiamo delle praterie dove ancora risiede il figlio (Martin) di un amico del padre. Insieme i due difenderanno il loro ranch dalle mire di un latifondista senza scrupoli. Taurog adatta il suo *Rhythm on the Range* del 1936 per la coppia Lewis e Martin, ormai prossima allo scioglimento. Le gag scarseggiano, il ritmo è fiacco: e col doppiaggio si perde Lewis che fa il verso a James Stewart.

Mezzogiorno di fuoco **** (*High Noon*, Usa 1952, b/n, 84') Fred Zinnemann. Con Gary Cooper, Grace Kelly, Katy Jurado, Lloyd Bridges, Thomas Mitchell, Lon Chaney jr, Ian MacDonald, Lee Van Cleef, Jack Elam. ◆ Alle 10,30 del giorno del suo matrimonio – e ultimo di servizio come sceriffo – Willy Kane (Cooper) apprende che col treno di mezzogiorno arriverà un feroce fuorilegge (MacDonald), da lui arrestato anni prima. Nonostante la moglie (Kelly) lo inciti a partire, Kane decide di restare: ma i concittadini, in un crescendo di codardia, gli rifiutano uno a uno il loro aiuto. Trasparente l'allegoria del clima di vigliaccheria e di conformismo del maccartismo: la commissione per le attività antiamericane mugugnò (la sequenza della stella da sceriffo gettata nella polvere era una novità, all'epoca), ma ormai i tempi erano cambiati. Per nulla invecchiato, scritto da Carl Foreman a partire da un racconto di John W. Cunningham, è uno dei più grandi western di sempre, costruito sulla quasi coincidenza del tempo del film con quello dell'azione. Un modello di suspense e di costruzione ritmica del racconto, in cui gioca un ruolo di primo piano la musica di Dimitri Tiomkin, che modella gli stacchi del montaggio. Ma anche una galleria di personaggi cui bastano poche battute per entrare nella memoria, e una riflessione sulla violenza tutt'altro che banale, nella linea del cinema civile che piaceva al produttore Stanley Kramer. Quattro Oscar: miglior attore protagonista, montaggio (Elmo Williams, Harry Gerstad), colonna sonora e canzone (*High Noon* di Dimitri Tiomkin e Ned Washington).

Mezzogiorno e mezzo di fuoco *** (*Blazing Saddles*, Usa 1974, col, 93') Mel Brooks. Con Cleavon Little, Gene Wilder, Harvey Korman, Madeline Kahn, Mel Brooks, Slim Pickens, Dom DeLuise. ◆ In un paese di bovari rudi e razzisti arriva uno sceriffo nero (Little). Il duello finale col cattivo Hedley («Hedley, non Hedy!») Lamarr (Korman) si svolgerà nel cinema in cui viene proiettato *Mezzogiorno e mezzo di fuoco*, non dopo che una rissa colossale ha coinvolto mezza Hollywood. A Brooks non è mai riuscita tanto bene la parodia di un genere cinematografico: ma non si tratta solo di ribaltare o mettere alla berlina gli stereotipi del western, ma anche di smontare la macchina-cinema, mescolando i diversi piani narrativi (la storia, il set, il film nel film) come e meglio che in *Hellzapoppin'*. E tutto questo senza snobismi intellettuali o cinefili. Ritmo incontenibile, volgarità liberatoria. Non male il doppiaggio italiano, anche se far parlare Wilder in milanese e DeLuise come Zeffirelli è un po' troppo. Sceneggiatura del regista con Norman Steinberg, Andrew Bergman, Richard Pryor e Alan Unger.

Mezzo professore tra i marines *½ (*Renassaince Man*, Usa 1994, col, 128') Penny Marshall. Con Danny DeVito, Gregory Hines, Cliff Robertson, James Remar, Ed Begley jr. ◆ Pubblicitario disoccupato, Bill Rago (DeVito) accetta di fare da insegnante a otto marine semianalfabeti sul punto di essere radiati dall'esercito. A suon di Shakespeare li preparerà a servire la patria. Cliché etnici e propaganda militarista (il Pentagono è stato lieto di dare una mano alla realizzazione), in un film semicomico che celebra l'esercito come una grande famiglia pronto a offrire a tutti una seconda possibilità. Da confrontare col ben più duro *Gunny*.

Mia Africa, La **½ (*Out Of Africa*, Usa 1985, col, 161') Sydney Pollack. Con Meryl Streep, Robert Redford, Klaus Maria Brandauer, Michael Kitchen, Mallick Bowens, Suzanna Hamilton. ◆ La vita in Kenia della scrittrice Karen Blixen dal 1914 al 1931: il matrimonio d'interesse con un barone svedese (Brandauer) che le attacca la sifilide, l'attività di piantatrice di caffè, l'amore senza lieto fine per l'avventuriero inglese Denys Finch-Hatton (Redford). Drammone romantico vecchio stile ambientato in un'Africa da *National Geographic*, da cui si esce sapendo poco sia della Blixen che dei luoghi in cui visse. In compenso l'andamento volutamente lento e contemplativo riesce abbastanza a trasmettere l'intensità di un itinerario spirituale raccontato con una economia di mezzi espressivi che contrasta con la magniloquenza della produzione. La sceneggiatura di Kurt Luedtke è basata sul libro omonimo della protagonista, sulla sua biografia di Judith Thurman e su quella di Finch-Hatton di Errol Trzebinsky. Pioggia di Oscar: miglior film, regia, sceneggiatura, scenografia (Stephen Grimes, Josie MacAvin), suono (Chris Jenkins, Gary Alexander, Larry Stensvold, Peter Handford), fotografia (David Watkins) e colonna sonora (John Barry). Meritati solo gli ultimi due.

Mia amica Irma, La *½ (*My Friend Irma*, Usa 1949, b/n, 103') George Marshall. Con Marie Wilson, John Lund, Diana Lynn, Dean Martin, Jerry Lewis. ◆ Al Greenwich Village un aspirante talent scout (Lund) vuole lanciare nello spettacolo i suoi amici che si credono artisti. Martin e Lewis al loro debutto sono protagonisti di alcuni sketch. Modesta commedia tratta da una serie radiofonica. Seguìto da *Irma va a Hollywood*.

Mia bella pollastrella ** (*My Little Chickadee*, Usa 1943, b/n, 83') Eddie [Edward F.] Cline. Con Mae West, W.C. Fields, Joseph Calleia, Dick Foran, Ruth Donnelly, Margaret Hamilton. ◆ La prorompente Flower Belle (West), sposata all'untuoso Cuthbert J. Twillie (Fields) – a cui però non concede mai di consumare il matrimonio – divide il proprio cuore tra un onesto giornalista (Foran) e un romantico bandito mascherato (Calleia). L'incontro tra le due star (responsabili della sceneggiatura) è meno esplosivo di quello che ci si sarebbe potuto aspettare, come se la loro forza di trasgressione si fosse annullata reciprocamente. Restano alcune buone battute, più della West («In genere evito le tentazioni, salvo quando non posso resistervi») che di Fields, a suo agio soprattutto nella scena ambientata nel saloon.

Mia brillante carriera, La **½ (*My Brillant Career*, Australia 1979 col, 101') Gillian Armstrong. Con Judy Davis, Sam Neill, Wendy Hughes, Robert Grubb, Max Cullen. ◆ Una sedicenne australiana (Davis), agli inizi del secolo, è indecisa tra sposare un ricco proprietario terriero (Neill) o seguire la propria vocazione letteraria. Basato sull'autobiografia di Miles Franklin, una ricostruzione d'epoca accurata, femministeggiante, delicata, e diretta con bel talento cinematografico. Il film che ha rivelato Judy Davis.

Mia brunetta preferita, La ** (*My Favorite Brunette*, Usa 1947, b/n, 87') Elliott Nugent. Con Bob Hope, Dorothy Lamour, Peter Lorre, Lon Chaney jr. ◆ Un fotografo (Hope) specializzato in ritratti di bambini si sostituisce a un detective privato (Alan Ladd, in una breve apparizione) per salvare una ragazza (Lamour) in mano a temibili banditi. Discreta parodia del noir, dove alle fiacche gag di Hope è da preferire l'autoironia di Lorre e Chaney jr. Ne esiste una versione colorata elettronicamente.

Mia cara sconosciuta ** (*Chère Inconnue*, Francia 1980, col, 96') Moshe Mizrahi. Con Simone Signoret, Jean Rochefort, Delphine Seyrig, Dominique Labourier. ◆ Senza saperlo, un paralitico (Rochefort), risponde all'annuncio rosa messo sul giornale dalla sorella zitella (Signoret) che, per pietà, dà corda alla corrispondenza. Una storia di solitudini per nulla morbosa e con un finale ben congegnato. Mizrahi aiutato dallo sceneggiatore Gérard Brach, evita le sdolcinature e può contare su una coppia ispirata d'interpreti.

Mia cena con André, La **½ (*My Dinner with André*, Usa 1981, col, 111') Louis Malle. Con André Gregory, Wallace Shawn, Jean Lenauer, Roy Butler. ◆ Uno sceneggiatore non di successo (Shawn) cena con un regista di successo (Gregory): Malle non fa che riprendere la loro conversazione, opponendo il pragmatismo del primo alle inquietudini misticheggianti dell'altro, nutrito di Grotowski e di viaggi in Nepal. Un film-sfida scritto dai due protagonisti che torneranno a lavorare con Malle nel più interessante *Vanya sulla 42ª strada*: che riesce a non annoiare, ma stimola e coinvolge lo spettatore, senza voler pronunciare parole definitive. Shawn è responsabile anche della musica, estratta dalla prima *Gymnopedia* di Erik Satie.

Mia cugina Rachele **½ (*My Cousin Rachel*, Usa 1952, b/n, 98') Henry Koster. Con Olivia de Havilland, Richard Burton, Audrey Dalton, Ronald Squire, George Dolenz, John Sutton, Tudor Owen. ◆ Chi è davvero la bella Rachele (de Havilland) che viene in Cornovaglia dalla natia Italia dopo essere rimasta vedova dello zio del giovane Philip (Burton)? Una donna straordinaria di cui Philip non può fare a meno di innamorarsi o un'avventuriera assassina, che ha avvelenato il primo marito e ora sta spogliando il giovane di tutti i suoi beni? Raccontato dalla parte di Philip, il romanzo omonimo di Daphne du Maurier (sceneggiato da Nunnally Johnson, qui anche produttore) mantiene intatta tutta la sua carica di mistero, che non trova una risposta nemmeno nel drammatico finale. La raffinata fotografia di Joseph La Salle crea atmosfere vittoriane e oniriche, mentre la puntuale regia di Koster («wyleriana» verrebbe da dire) fa procedere il racconto moltiplicando gli interrogativi sulla reale personalità della donna. Esordio a Hollywood per il giovane Burton, che ottenne una nomination come miglior attore non protagonista.

Mia dolce assassina *** (*Mortelle randonnée*, Francia 1983, col, 119') Claude Miller. Con Isabelle Adjani, Michel Serrault, Guy Marchand, Stéphane Audran, Sami Frey, Geneviève Page. ◆ Un investigatore privato (Serrault) crede di riconoscere in un'assassina (Adjani) la figlia sottrattagli in giovane età dalla moglie: senza incontrarla mai, ne segue i pellegrinaggi delittuosi per mezza Europa, diventandone l'invisibile protettore. Sceneggiato da Michael e Jacques Audiard da un romanzo di Marc Behm, uno dei film più riusciti di Miller: un noir imprevedibile e sempre più teso man mano che ci si avvicina alla fine, che mescola grottesco e romanticismo esasperato. Musiche di Carla Bley.

Mia droga si chiama Julie, La ***½ (*La Sirène du Mississippi*, Francia/Italia 1969, col, 120') François Truffaut. Con Jean-Paul Belmondo, Catherine Deneuve, Nelly Borgeaud, Michel Bouquet, Marcel Berbert. ◆ Louis Mahé (Belmondo), proprietario di piantagioni a Réunion, sposa una donna (Deneuve) conosciuta per corrispondenza: quando lei scappa coi soldi, Louis scopre un orribile raggiro. La ritrova ad Antibes, ma cade di nuovo vittima del suo fascino, e si macchia di omicidio. Feuilleton con ironia, melodramma intinto di humour nero: Truffaut manda all'aria i generi in un profluvio di citazioni (Hitchcock, Ray, Renoir), peraltro mai fatte pesare troppo. Ma dietro la godibilissima trama gialla (ispiratore è un noir di William Irish, *Waltz into Darkness*), vi è una delle sue riflessioni più compiute sul tema dell'*amour fou*. La follia di Louis, nei bellissimi 10' finali tra la neve, è la follia di un cinema che non ha paura del romanticismo più sfrenato. Mai Truffaut ha rischiato tanto, mai più ha toccato tali vette. La maggior parte dei critici, ai tempi, ulularono – poveri scemi.

Mia figlia Joy ** (*My Daughter Joy*, Gb 1950, b/n, 90') Gregory Ratoff. Con Edward G. Robinson, Peggy Cummings, Richard Greene, Nora Swinburne. ◆ George Costantin (Robinson) da lustrascarpe è diventato milionario: la sua megalomania lo spinge a volere come marito per la figlia (Cummings) un principe orientale. Partenza da commedia e un'insospettata svolta da melodramma: la grande interpretazione di Robinson da sola vale il film. Rititolato negli Usa *Operation X*.

Mia generazione, La **½ (Italia 1996, col, 95') Wilma Labate. Con Claudio Amendola, Silvio Orlando, Francesca Neri, Vincenzo Peluso. ◆ 1983: Braccio (Amendola), terrorista dissociato condannato a trent'anni, viaggia verso Milano su un furgone blindato, in compagnia di un capitano dei carabinieri (Orlando) e di un detenuto comune (Peluso): a San Vittore dovrebbe poter incontrare la sua fidanzata, Giulia (Neri), ma il viaggio in realtà è una trappola per convincerlo a collaborare. In curiosa sintonia con *La seconda volta*, il film della Labate affronta il problema del terrorismo a posteriori, nelle sue conseguenze, e si chiude sul silenzio, sull'impossibilità di un dialogo: la sua riuscita sta nella messa in scena di questa afasia sottile – che ammette la sconfitta politica ma rivendica la dignità personale – attraverso un impianto narrativo classico (unità di luogo, tempo, azione). Il film ha origine da una storia vera (Paolo Lapponi e Andrea Leoni, sceneggiatori insieme alla Labate e a Sandro Petraglia, furono arrestati nel 1982 perché membri delle Unità Comuniste Combattenti e condannati a trent'anni senza aver ucciso nessuno), e può contare sulla straordinaria interpretazione di due attori utilizzati in controtendenza rispetto ai loro ruoli abituali.

Mia gheisha, La ** (*My Gheisa*, Usa 1962, col, 120') Jack Cardiff. Con Shirley MacLaine, Yves Montand, Edward G. Robinson, Robert Cummings, Yoko Tani. ◆ Tutti i film di un regista (Montand) hanno avuto successo per la recitazione della moglie (MacLaine): frustrato, decide di fare da solo e realizzare una *Madame Butterfly* senza di lei, ma anche la moglie vuole dimostrare che è brava nonostante il proprio nome e decide di truccarsi da giapponese per presentarsi alle audizioni in incognito. Passabile commedia con finale zuccheroso che poco ha aggiunto alla fama dei due protagonisti.

Mia guardia del corpo, La **½ (*My Bodyguard*, Usa 1980, col, 96') Tony Bill. Con Chris Makepeace, Ruth Gordon, Adam Baldwin, Matt Dillon, Joan Cusack, John Housemann. ◆ Per difendersi da una banda di teppisti guidati dal prepotente Moody (Dillon), il mingherlino Clifford (Makepeace) assolda un compagno grande e grosso (Baldwin) che intimorisce con la sua sola presenza, ossessionato dal senso di colpa per essere stato la causa della morte del fratello minore. Un film semplice ma non banale sull'amicizia e sull'adolescenza, lontano anni luce dal filone sulle fregole puberali. Opera prima di Tony Bill.

Mia legge, La *½ (*I the Jury*, Usa 1953, b/n, 87') Harry Essex. Con Biff Elliot, Preston Foster, Peggie Castle, Elisha Cook. ◆ Mike Hammer (Elliot), con i suoi metodi poco ortodossi, vendica l'assassinio di un suo amico. Dal romanzo di Mike Spillane (da cui è stato tratto, in seguito, *Io, la giuria*), un noir di serie B senza nulla di memorabile. In origine girato in 3D.

Mia legge, La ** (*Les Granges brûlées*, Francia/Italia 1973, b/n, 100') Jean Chapot. Con Alain Delon, Simone Signoret, Paul Crochet, Bernard LeCoq, Miou-Miou [Sylvette Hery], Renato Salvatori, Catherine Allégret, Fernard Ledoux. ◆ Un giudice di città (Delon) sospetta che l'assassino di una donna si nasconda in una famiglia di contadini capeggiata da una madre (Signoret) testarda e ostile. Studio di caratteri un po' statico nella profonda provincia francese. Delon impallidisce di fronte a una Signoret che sembra quasi Shelley Winters.

Miami Blues *** (*Miami Blues*, Usa 1990, col, 99') George Armitage. Con Alec Baldwin, Jennifer Jason Leigh, Fred Ward, Cecilia Perez- Cervera, Georgie Cranford, Edward Saxon, Nora Dunn, Charles Napier. ◆ Uno psicopatico ladro e assassino (Baldwin) ruba la pistola e il distintivo di un poliziotto (Ward) che giura vendetta. Strano noir picaresco scritto dallo stesso regista che sembrerebbe arrivare dagli anni Settanta, non fosse per lo stile secco e moderno. Si vede la mano del produttore Jonathan Demme nel disegno accurato dei personaggi, nei bruschi scarti di tono e nell'assenza di giudizi morali. Imprevedibile, tutt'altro che banale (basti vedere come viene trattata la love story tra il criminale e la prostituta [Jason Leigh]) e con un fondo amaro che resta impresso. Tratto dal capolavoro dello scrittore noir Charles Willeford.

Miami Supercops – I poliziotti dell'8ª strada * (Italia 1985, col, 97') Bruno Corbucci. Con Bud Spencer

[Carlo Pedersoli], Terence Hill [Mario Girotti], Jackie Castellano, Richard Liberty. ◆ Steve (Hill) e Dog (Spencer), amici ed ex poliziotti ritornano in azione per aiutare il loro ex capo caduto in disgrazia per un caso non risolto. Slapstick all'italiana con scazzottature interminabili. Girato a Miami con terribili inserti paesaggistici.

Mia moglie cerca marito *½ (*Second Honeymoon*, Usa 1937, b/n, 79') Walter Lang. Con Loretta Young, Tyrone Power, Stuart Erwin, Claire Trevor. ◆ Due ex coniugi (Power e Young) da tempo divorziati si rincontrano e scoprono di amarsi ancora. Fotoromanzo al servizio di due attori smorfiosi.

Mia moglie ci prova *½ (*Critic's Choice*, Usa 1963, col, 100') Don Weis. Con Bob Hope, Lucille Ball, Marilyn Maxwell, Rip Torn. ◆ Un celebre critico teatrale (Hope) deve recensire una commedia che la moglie (Ball), scrittrice dilettante, ha composto e deciso di mettere in scena. Fiacco adattamento di una commedia di Broadway.

Mia moglie è di leva *½ (*The Lieutenant Wore Skirts*, Usa 1956, col, 99') Frank Tashlin. Con Tom Ewell, Sheree North, Rita Moreno, Rick Jason. ◆ Un eroe di guerra (Ewell) si trova con la moglie (North) arruolata per un equivoco. Modesta farsa dagli sviluppi scontati con una strizzatina d'occhio a *Quando la moglie è in vacanza* (i due inquilini del piano di sopra vogliono mettere delle cose in frigorifero come faceva Marilyn) ma Ewell – protagonista di entrambi – dice di non aver visto il film.

Mia moglie è una bestia * (Italia 1988, col, 103') [Franco] Castellano, Pipolo [Giuseppe Moccia]. Con Massimo Boldi, Eva Grimaldi, Valeria D'Obici, Mattia Sbragia, Gianni Bonagura. ◆ Puccio (Boldi), stressato pubblicitario milanese, scopre tra le nevi di Cervinia una donna (Grimaldi) ibernata 30 mila anni prima. È viva e bona, ma nessuno crede alla scoperta. Dopo un anno di manicomio Puccio la ritrova civilizzata. Il peggio del cinema comico (?) italiano. Negli esterni girati a Milano i passanti guardano dentro l'obiettivo.

Mia moglie è una pazza assassina? *½ (*So I Married an Axe Murderer*, Usa 1993, col, 93') Thomas Schlamme. Con Mike Myers, Nancy Travis, Amanda Plummer, Anthony La Paglia, Charles Grodin, Brenda Flicker, Steven Wright. ◆ All'eterna ricerca della donna giusta, il poeta Charlie (Myers) crede di averla trovata nella macellaia Harriet (Travis): ma se fosse lei la serial killer di mariti che circola per San Francisco? Dopo *Fusi di testa*, il comico televisivo Myers (che interpreta anche il padre di Charlie) cerca di uscire dal suo cliché, guardando addirittura a Jerry Lewis: ma la parodia dei thriller sa di vecchio, e le gag sono appiccicate alla rinfusa.

Mia moglie è una strega * (Italia 1980, col, 93') [Franco] Castellano, Pipolo [Giuseppe Moccia]. Con Eleonora Giorgi, Renato Pozzetto, Helmut Berger, Renzo Rinaldi, Enrico Papa. ◆ Condannata dall'inquisitore Altieri (Pozzetto), la strega Finnicella (Giorgi), finita a rosolare all'Inferno, ottiene dal diavolo il permesso di tornare nel mondo dei vivi per tormentare il discendente (sempre Pozzetto) del cardinale. Ma se ne innamora. Vecchio soggetto, realizzazione puerile.

Mia moglie ha sempre ragione *½ (*George Washington Slept Here*, Usa 1942, b/n, 93') William Keighley. Con Ann Sheridan, Jack Benny, Charles Coburn, Hattie McDaniel. ◆ Una coppia newyorkese (Sheridan e Benny) dilapida tutti gli averi per ristrutturare una casa di campagna: ridotta sul lastrico sarà salvata dal ritrovamento nella casa di un manoscritto di George Washington. Da una commedia di Kaufman-Hart, una datata farsa per famiglie.

Mia moglie preferisce suo marito ** (*Three for the Show*, Usa 1955, col, 93') Henry C. Potter. Con Betty Grable, Marge e Gower Champion, Jack Lemmon, Myron McCormick. ◆ Un divo di Broadway (Lemmon) muore in guerra e la moglie (Grable) ne sposa la «spalla» (M. Champion), ma quando la coppia sta per andare in scena con un nuovo show, il presunto caduto riappare. Una veterana del musical (Grable) e un attore di talento al suo terzo film (Lemmon), ma l'interesse del film – tratto da una commedia di Somerset Maugham sceneggiata da Edward Hope e Leonard Stern – sta solo nella vivace colonna sonora e in alcune coreografie di danza, girate in CinemaScope (come una stilizzata versione di *Someone to Watch Over Me* di Gershwin ambientata in un harem) che però sul piccolo schermo perdono inevitabilmente molto del loro originario splendore. È il remake di *Troppi mariti* (1940).

Mia moglie si sposa *½ (*Let's Make It Legal*, Usa 1952, b/n, 77') Richard Sale. Con Claudette Colbert, MacDonald Carey, Zachary Scott, Robert Wagner. ◆ Dopo anni di matrimonio, Miriam (Colbert) decide di divorziare quando un vecchio pretendente le rivela che il marito (Carey) l'aveva vinta ai dadi: ma questi recupera elegantemente affermando che aveva barato. Discreta sceneggiatura di F. Hugh Herbert e I.A.L. Diamond, ma nulla di memorabile. Una particina per Marilyn Monroe.

Mia moglie torna a scuola *½ (Italia 1981, col, 81') Giuliano Carnimeo. Con Carmen Russo, Renzo Montagnani, Marisa Merlini, Enzo Robutti, Toni Ucci, Cinzia de Ponti, Roberto Gallozzi, Jimmy il Fenomeno [Origene Soffrano], Enzo Andronico. ◆ Per farsi una cultura, Valentina (Russo) lascia il marito salumiere (Montagnani) ed entra in collegio: dovrà respingere gli assalti del professor Pier Capponi (Robutti) e quelle del consorte allupato, che però finirà preda della vogliosa preside (Merlini). Pochade abborracciata alla meglio che si regge sulla comicità goliardica di Montagnani e le forme davvero smaglianti di Carmen Russo (che però si mostra tutta nuda una sola volta, per l'inevitabile doccia: ma anche in minislip e reggiseno è sempre un bel vedere).

Mia nonna poliziotto * (Italia 1958, b/n, 96') Steno [Stefano Vanzina]. Con Tina Pica, Oreste Lionello, Lyla Rocco, Luigi Pavese, Mario Riva, Riccardo Billi, Paolo Panelli, Bice Valori, Enzo Garinei, Alberto Talegalli, Ugo Tognazzi, Raimondo Vianello, Mario Meniconi, Dante Maggio, Anna Campori, Diana Dei, Silvio Bagolini. ◆ Per ritrovare il medaglione con la foto della buonanima, nonna Tina (Pica) si improvvisa detective: rischierà di mandare a monte il matrimonio del nipote (Lionello) e di far impazzire un povero commissario (Pavese), ma alla fine catturerà anche una pericolosa banda di ladri. Dopo il successo della *Nonna Sabella*, il cinema italiano obbliga Tina Pica a ripetere all'infinito il ruolo della vecchietta invadente e testarda; ma la sceneggiatura di Vittorio Metz e Roberto Gianviti è solo una serie di scenette messe in fila, e anche poco divertenti. Tognazzi tenta una pallida imitazione di Marlon Brando.

Mia notte con Maud, La **** (*Ma nuit chez Maud*, Francia 1969, b/n, 110') Eric Rohmer. Con Jean-Louis Trintignant, Françoise Fabian, Marie-Christine Barrault, Antoine Vitez. ◆ Clermont-Ferrand, inverno: il trentenne Michel (Trintignant), cattolico praticante, a messa nota Françoise (Barrault) e decide che sarà la sua sposa. A casa di Maud (Fabian), giovane divorziata, Michel parla del caso, della morale e del matrimonio, e non tradisce Françoise. Ormai sposato Michel rincontrerà Maud dopo molti anni, e si vedrà crollare addosso tutte le sue certezze. Il terzo (anche se girato come quarto) e uno dei più belli dei racconti morali di Rohmer. Il narratore Michel esordisce dicendo che «non dirà tutto della storia», scommette pascalianamente col caso, si districa tra menzogna e verità (farà credere a Françoise di essere stato l'amante di Maud), ma alla fine rimane sconfitto. Su un intreccio di apparenti simmetrie che ha la perfezione di un labirinto, si dipanano lunghi dialoghi in cui i personaggi mettono alla prova le convinzioni loro e degli spettatori. Rohmer fa cinema con la parola senza adagiarsi nella teatralità, e il gioco intellettuale cela seduzioni e tensioni che il cinema riesce di rado a rappresentare con tanto acume e tanta forza.

Mia peggiore amica, La *½ (*Poison Ivy*, Usa 1992, col, 93') Katt Shea Ruben. Con Drew Barrymore, Tom Skerritt, Cheryl Ladd, Sara Gilbert, Leonardo DiCaprio. ◆ Una ragazza bionda e sfrontata (Barrymore, che da piccola faceva l'amica di E.T.) entra di prepotenza nella famiglia di una sua compagna di scuola (Gilbert): ma nei suoi piani c'è la seduzione e/o l'eliminazione dei suoi ospiti. Visto che la madre (Ladd) è un'ipocondriaca e il padre (Skerritt) un ipocrita pronto a cadere in tentazione, il piccolo demonio risulta quasi simpatico. Ma il moralismo, scacciato dalla porta, torna dalla finestra. Saggio di neomoralismo statunitense prevedibile e poco seducente.

Mia pistola per Billy, La ** (*Billy Two Hats*, Usa 1974, col, 99') Ted Kotcheff. Con Gregory Peck, Desi Arnaz jr, Jack Warden, Sian Barbara Allen. ◆ Inseguiti da un implacabile sceriffo (Warden), l'anziano bandito Henry (Peck) e il giovane meticcio Billy (Arnaz jr) instaurano un rapporto di solidarietà: alla fine uno si sacrificherà per l'altro. Il tema dei pregiudizi razziali viene presto sacrificato ai luoghi comuni di un western la cui maggiore originalità, alla fine, è quella di essere stato girato in Israele. Da uno sceneggiatore come Alan Sharp (*Bersaglio di notte*) si pretendeva qualcosa di più, da un regista come Kotcheff no.

Mia regina, La ** (*Mrs. Brown*, Gb 1997, col, 102') John Madden. Con Judi Dench, Billy Connolly, Geoffrey Palmer, Anthony Sher, Gerard Butler, Richard Pasco, David Westhead. ◆ Vedova, depressa, con un figlio malato di tifo e Disraeli (Sher) che comanda la politica di corte, la regina Vittoria (Dench) trova comprensione e affetto in John Brown (Connolly), stalliere scozzese dalla bottiglia facile ma unico individuo con cui possa avere una relazione umana. Scritto da Jeremy Brock, uno cinesceneggiato monarchico piuttosto convenzionale nella fattura ma molto *new british* nello spirito (della serie: sotto la corona, la donna; del resto Madden sarà il regista di *Shakespeare in Love*), con attori impeccabili, ricostruzione storica e fotografia accuratissime, crinoline al posto giusto, ma neanche un autentico fremito.

Mi arrendo... e i soldi? ** (*Surrender*, Usa 1987, col, 95') Jerry Belson. Con Sally Field, Michael Caine, Steve Guttenberg, Peter Boyle, Iman [Abdulmajid], Julie Kavner, Louise Lasser. ◆ Un ricco scrittore di Beverly Hills (Caine) ricerca una moglie non interessata ai suoi soldi. Ci sarebbe una squattrinata artista (Field), ma saranno felici solo quando lei vincendo alla slot machine acquisirà pari ricchezza. Sembra una commedia alla Neil Simon, ma sotto scorrono umori più cinici e cattivi. Routine hollywoodiana, comunque.

Mia seconda vita, La ** (*Shirley Valentine*, Usa 1989, col, 108') Lewis Gilbert. Con Pauline Collins, Tom Conti, Julia McKenzie, Alison Steadman, Sylvia Sims. ◆ Shirley (Collins) ha 42 anni, è sposata, vive a Liverpool, ed è arrivata al punto di parlare con i muri della propria cucina. Durante una vacanza in Grecia con un'amica femminista, flirta con un indigeno (Conti) e riscopre la fiducia e il rispetto di sé. La commedia di Willy Russell, autore anche dell'adattamento cinematografico, è stata un trionfo a Londra e a Broadway, col suo furbo cocktail di humour e melassa. La protagonista è la stessa della versione teatrale, ma rimane un che di posticcio.

Mia signora, La ** (Italia 1964, b/n, 115') Tinto Brass, Luigi Comencini, Mauro Bolognini. ◆ Cinque episodi con Alberto Sordi e Silvana Mangano. In *L'uccellino* (di Tinto Brass) a causa di un canarino scoppia una furia omicida. In *Eritrea* (di Luigi Comencini) per ottenere un appalto, un industrialotto ingaggia una prostituta da spacciare come propria moglie a un ministro donnaiolo (Claudio Gora). In *I miei cari* (di Mauro Bolognini, da un racconto di Goffredo Parise) un ammalato constata quanto la famiglia sia indifferente. In *Luciana* (di Mauro Bolognini) un uomo e una donna, infelicemente sposati, intravvedono una possibile felicità mentre l'aereo con i rispettivi coniugi volteggia per una situazione d'emergenza sopra l'aeroporto. In *L'automobile* (di Tinto Brass) un uomo sopporta le infedeltà della moglie ma non il furto della sua quattroruote. *Eritrea* e *Luciana,* acidi e con una vena di malinconia, sono una spanna al di sopra degli sketch in voga in quegli anni; il resto è routine. Sordi e la Mangano al loro meglio, virtuosi ma senza strafare.

Mia sorella Evelina ** (*My Sister Eileen*, Usa 1942, b/n, 96') Alexander Hall. Con Rosalind Russell, Brian Aherne, Janet Blair, George Tobias, Allyn Joslyn, Elizabeth Patterson, Grant Mitchell. ◆ Originarie dell'Ohio, Ruth ed Evelina Sherwood (Russell e Blair) si trasferiscono al Greenwich Village di New York per tentare la fortuna nel mondo dell'arte. Sono gli uomini il loro problema più grande, soprattutto per Ruth che cercherà in tutti i modi di proteggere la più avvenente e ingenua Evelina da corteggiatori interessati: ma alla fine anche lei troverà l'amore con Bob (Aherne). Ruth McKinney, autrice di un libro semiautobiografico, con Joseph Fields e Jerome Chodorov, che già avevano adattato per le scene il romanzo, firmano la sceneggiatura di questa simpatica commedia che ha i suoi ingredienti migliori nell'interpretazione di un gruppo di attori in grande vena (la Russell ottenne anche una nomination e Aherne si produsse in una delle sue rare prove leggere). All'origine del musical di Broadway *Wonderful Town* e di un bel remake musicale per il cinema dallo stesso titolo diretto da Richard Quine, che qui ha una piccola parte.

Mia sorella Evelina *** (*My Sister Eileen*, Usa 1955, col, 108') Richard Quine. Con Janet Leigh, Betty Garrett, Jack Lemmon, Robert [Bob] Fosse, Kurt Kasznar, Richard York, Lucy Marlow, Tommy Rall, Barbara Brown, Horace MacMahon. ◆ Le sorelle Sherwood si sono trasferite dall'Ohio al Greenwich Village di New York: la meno appariscente Ruth (Garrett) deve preoccuparsi soprattutto di proteggere la bella ma superficiale Evelina (Leigh) dai suoi troppi corteggiatori, ma alla fine anche lei troverà l'anima gemella (Lemmon). Il remake musicale della commedia di Alexander Hall (sceneggiata dal regista con Blake Edwards) è un gioiellino di perfezione classica: la costruzione drammatica è più compatta, le psicologie delle protagoniste meglio sviluppate e le canzoni di Jule Styne e Leo Robbin si integrano perfettamente nell'economia del racconto (da antologia il modo in cui si passa dai dialoghi alla musica per *There's Nothing Like Love* cantata dalle due sorelle). E le evidenti limitazioni di budget – nonostante il CinemaScope – non sminuiscono la forza di questo musical «energetico e variopinto» che può contare anche sulla bella interpretazione di Bob Fosse (da solo in *Give Me a Band and My Baby* o in un duo acrobatico con Tommy Rall), su un Jack Lemmon giovanissimo ma già salace e su una coppia di protagoniste in stato di grazia (soprattutto la meno appariscente Garrett, indimenticabile nella sua canzone-lamento *As Soon As They See Evelyn*).

Mia spia di mezzanotte, La ** (*The Glass Bottom Boat*, Usa 1966, col, 110') Frank Tashlin. Con Doris Day, Rod Taylor, Arthur Godfrey, John McGiver, Paul Lynde, Edward Andrews, Eric Fleming, Dom De Luise. ◆ Vedova e addetta alle pubbliche relazioni di un centro spaziale, Jennifer Nelson (Day) attira l'attenzione del suo superiore Bruce Templeton che per corteggiarla la coinvolge nel segretissimo «progetto Venere». Peccato che al centro spaziale qualcuno abbia davvero rubato la formula Gismo e naturalmente i sospetti sono tutti contro la povera Jennifer. Il primo dei due film dove Tashlin dirige Doris Day (l'altro è *Caprice: la cenere che scotta*) e nei quali cerca di trasformare l'immagine stereotipata dell'attrice in qualcosa di più sensuale e più maturo. Non tutto in questo film scritto da Everett Freeman funziona davvero e il finale ricalca troppo le farse d'antan con travestimenti e porte che si aprono e si chiudono, ma a volte si respira un salutare e disincantato cinismo capace di ricordarci che nessuno è mai quello che appare. La barca del titolo originale è quella gestita dal padre (Godfrey) della protagonista e sotto il cui fondo trasparente Doris Day si esibiva travestita da sirena per la gioia dei turisti.

Mia stagione preferita, La → *Ma saison préférée – La mia stagione preferita*

Mia terra, La *½ (*This Earth Is Mine*, Usa 1959, col, 125') Henry King. Con Rock Hudson, Jean Simmons, Dorothy McGuire, Claude Rains, Kent Smith. ◆ La storia di una ricca famiglia californiana proprietaria di grandi vigneti; il proibizionismo segnerà il suo declino ma i giovani con orgoglio sapranno risollevarsi. Hudson non ripete il successo del *Gigante* in una saga lenta e con poche emozioni.

Mia via, La **½ (*Going My Way*, Usa 1944, b/n, 125') Leo McCarey. Con Bing Crosby, Barry Fitzgerald, Rise Stevens, Gene Lockhart, Frank McHugh. ◆ Padre O'Malley (Crosby), col suo talento musicale, risolleva le sorti economiche di una parrocchia newyorkese, e si conquista l'amicizia del vecchio e burbero parroco (Fitzgerald). Crosby, per la prima volta in un ruolo non solo musicale, portò al successo un film a suo modo perfetto, intriso di buoni sentimenti e di un'atmosfera di armonia universale: quello che ci voleva per l'America all'ultimo anno di guerra. Sei Oscar: miglior film, regia, attore protagonista, non protagonista (Fitzgerald), sceneggiatura (Frank Butlker, Frank Cavett) e canzone (*Swinging on a star* di Jimmy Van Heusen, Johnny Burke). Seguito da *Le campane di Santa Maria*.

Mia vita a quattro zampe, La ** (*Mit liv som hund*, Svezia 1985, col, 101') Lasse Hallström. Con Anton Glanzenius, Anki Liden, Tomas Von Brömssen. ◆ Ala fine degli anni Cinquanta Ingemar (Glanzenius), dodicenne sensibile ed esigente, va in campagna dallo zio perché la madre è malata. L'amicizia con una coetanea e coi bizzarri tipi del villaggio l'aiuterà a corazzarsi contro le amarezze della vita. Da un bestseller (in patria) di Reidar Jönsson, un film garbato che ha avuto un certo eco internazionale. Il tono dolceamaro sa tuttavia di maniera, e il piccolo protagonista (ben interpretato peraltro dall'enfant prodige Glanzenius) è troppo costruito a tavolino per ispirare vera simpatia.

Mia vita comincia in Malesia, La *** (*A Town Like Alice*, Gb 1956, b/n, 107') Jack Lee. Con Virginia McKenna, Peter Finch, Maureen Swanson, Nora Nicholson, Marie Löhr, Renee Houston, Eileen Moore, Jean Anderson, Takagi, Tran van Khe, Vie Ngoc Tuan. ◆ Nel dopoguerra, l'inglese Gene (McKenna) torna in Malesia, nel villaggio dove si era nascosta dopo essere stata fatta prigioniera dai giapponesi, che l'avevano costretta a marciare per mesi con altre detenute e bambini. E scopre che Joe (Finch), il prigioniero australiano che le aveva aiutate, non è morto. Costruito quasi interamente con un unico flashback, il film (tratto dal romanzo di Nevil Shute e sceneggiato da W. P. Lipscomb e Richard Mason) stigmatizza l'inutilità e la stupidità della guerra con uno stile controllato e intensissimo, così ben sintetizzato dalla morte del sergente giapponese (Takagi), che spira tra le braccia delle sue prigioniere, miserabile «vincitore» vittima della stupidità dei militari (che non volendo avere nessuna responsabilità, rimandano continuamente il gruppo di prigioniere da una campo all'altro, sperando che la stanchezza dei trasferimenti a piedi le sfinisca). Indimenticabile la scena della crocefissione di Joe, pantografata dalla contrastata fotografia di Geoffrey Unsworth. Ritirato dal festival di Cannes per non urtare la delegazione giapponese. Il titolo originale si riferisce al nome della città australiana in cui vive Joe.

Mia vita in rosa, La **½ (*Ma vie en rose*, Belgio/Francia/Gb/Svizzera 1997, col, 82') Alain Berliner. Con Georges Du Fresne, Michèle Laroque, Jean-Philippe Ecoffey, Hélène Vincent, Julien Rivière, Laurence Bibot, Daniel Hanssens, Jean-François Gallotte, Marie Bunel, Delphine Cadet. ◆ Il piccolo Ludovic (Du Fresne) si sente un «bambino-femmina», si veste da principessa e sogna di sposare il maschietto della porta accanto scatenando le reazioni indignate di genitori (Laroque e Ecoffey), vicini di casa e compagni di scuola; meno male che ci sono la nonna (Vincent) e la magica Pam (Cadet), la fata della tv. Una commedia sulla diversità con un insolito punto di vista infantile, ispirata a un racconto di Chris Van der Stappen (che firma anche la sceneggiatura insieme col regista). Quasi un film di John Waters per minori di otto anni, intelligentemente provocatorio e sanamente irriverente, in cui le angosce si stemperano in sgargianti favole kitsch, fantasiose ed eccessive come lo è l'immaginazione dei bambini. Divertente la scena in cui Dio smista le X e le Y per assegnare il sesso ai nascituri.

Mia vita picchiatella, La *½ (*Big Top Pee-wee*, Usa 1988, col, 90') Randal Kleiser. Con Pee-wee Herman [Paul Reubens], Penelope Ann Miller, Kris Kristofferson, Valeria Golino, Susan Tyrrell. ◆ Pee-wee, un incrocio tra Ridolini e un freak di Tod Browning, è un perverso polimorfo che vive in un'allegra fattoria con un maiale parlante. All'arrivo di un circo, Pee-wee pianta la sua fidanzata (Miller), si innamora della trapezista (Golino al suo esordio americano) e fa tornare bambini i bacchettoni locali. Seguito di *Pee-wee Big Adventure* di Tim Burton: rimane l'idea di un mondo fantastico dai colori caramella, ma Kleiser non sa dosare la melassa. Citazioni di *Freaks*, voli fantastici (la Tyrrell in versione Campanellino) e la sfida di girare il bacio più lungo della storia del cinema (Reubens e Golino) non bastano a fare un film. Reubens produce e cosceneggia. Danny Elfman omaggia Rota nella colonna sonora.

MIB – Men in Black **½ (*Men in Black*, Usa 1997, col, 98') Barry Sonnenfeld. Con Will Smith, Tommy Lee Jones, Vincent D'Onofrio, Linda Fiorentino, Tony Shalhoub, Rip Torn, Siobhan Fallon. ◆ Il poliziotto newyorkese James Edwards (Smith) viene reclutato dal più anziano K (Lee Jones) nei MIB (Men In Black), un'organizzazione supersegreta che sorveglia gli alieni in transito sul nostro pianeta. Insieme eviteranno che uno scarafaggio galattico, che si è impossessato del corpo di un terrestre (D'Onofrio), provochi un'apocalisse cosmica. Produzione esecutiva di Spielberg, regia dell'ex direttore della fotografia dei fratelli Coen: quanto basta per confezionare un *blockbuster* più agile e scanzonato della media, dove una coppia d'attori perfettamente bilanciata si rilancia battute con verve d'altri tempi, senza essere soffocati da mostri ed effetti speciali d'ogni genere (digitali, della Industrial Light & Magic, e meccanici, di Rick Baker), e comunque stravisti. Con qualche tocco non banale nel trattare il tema della memoria, che i MIB possono cancellare con un marchingegno. Sceneggiatura di Ed Salomon, da un fumetto di Lowell Cunningham.

Mica scema la ragazza! *½ (*Une Belle fille comme moi*, Francia 1972, col, 98') François Truffaut. Con Bernadette Lafont, Claude Brasseur, André Dussolier, Philippe Léotard, Charles Denner. ◆ Un ingenuo criminologo (Dussolier) si innamora di un'assassina (Lafont) oggetto dei suoi studi: è lui la prossima vittima. Da un romanzo di Henry Farrell sceneggiato dal regista con Jean-Loup Dabadie, una commedia nera tra le meno riuscite del regista: programmatica nell'immoralismo, spesso stucchevole nelle gag.

Michael *½ (*Michael*, Usa 1996, col, 108') Nora Ephron. Con John Travolta, Andie MacDowell, William Hurt, Bob Hoskins, Robert Pastorelli, Jean Stapleton, Teri Garr, Joey Lauren Adams. ◆ Lo scalcinato reporter Frank Quinlan (Hurt) deve verificare se è davvero un angelo la persona con le ali (Travolta) che è apparsa nello Iowa, ma la missione, in compagnia della neoassunta Dorothy (MacDowell) e del collega Huey (Pastorelli), offrirà ben più di una «miracolosa» sorpresa. Una storiella sciapa, furbetta e consolatoria (scritta da Nora e Delia Ephron, Peter Dexter e Jim Quinlan) che tritura con irritante disinvoltura ingredienti classici (il genere «prima pagina», le schermaglie uomo/donna da commedia sofisticata) e sfrutta abilmente il nuovo mito Travolta per cavalcare l'onda dell'angelismo New Age: qualche trovatina divertente c'è (l'American Tour da Guinness dei primati), l'irresistibile simpatia di Travolta riscatta le ovvietà del personaggio (è un angelo donnaiolo e ballerino), e persino Hurt, dopo tanto tempo, funziona nel ruolo del giornalista cinico e perdente. Ma tutto è troppo facile e scontato.

Michael Collins ** (*Michael Collins*, Gb/ Usa 1996, col, 132') Neil Jordan. Con Liam Neeson, Aidan Quinn, Stephen Rea, Julia Roberts, Alan Rickman, Ian Hart, Brendan Gleeson, Charles Dance. ◆ La vita, gli ideali e la morte di Michael Collins (Neeson), leader guerrigliero dell'Ira, negoziatore del trattato angloirlandese e primo presidente dell'Irlanda libera, ucciso in un'imboscata dai nazionalisti capeggiati dal suo ex amico e poi rivale politico Eamon De Valera (Rickman). Un sopravvalutato melodramma politico, inseguito da Jordan da troppi anni, che si ispira al *gangster movie* e al western per fare i conti con la storia e l'attualità (dietro Michael Collins s'intravede il leader del Sinn Féin Gerry Adams: suo lo slogan che fa da epitaffio a Collins, ricordato come l'uomo che cercò di «eliminare le pistole dalla politica irlandese»). Discontinuo nell'impianto narrativo, hollywoodiano nella realizzazione (cioè schematico ed enfatico, con la significativa assenza dalla storia della Chiesa cattolica: il che, trattandosi dell'Irlanda non è particolare trascurabile), plumbeo e romantico nell'atmosfera, ha i suoi momenti deboli nella storia d'amore tra Collins e la Kiernan (Roberts), e quelli forti nelle scene collettive della rivolta di Pasqua del 1916 e della strage conosciuta come «Bloody Sunday». Esagerato Leone d'oro a Venezia '96 e Coppa Volpi per Neeson. Fotografia di Chris Menges.

Michele Strogoff *½ (Italia/Francia 1957, col, 113') Carmine Gallone. Con Curt Jurgens, Geneviève Page, Sylva Koscina, Françoise Fabian. ◆ Mentre la Siberia è infiammata dalla ribellione tartara, Strogoff (Jurgens), ufficiale dell'esercito zarista, è incaricato di una difficile missione in territorio nemico. Dozzinale adattamento del romanzo di Jules Verne.

Mi chiamo Giulia Ross *** (*My Name is Julia Ross*, Usa 1945, b/n, 64') Joseph H. Lewis. Con Nina Foch, Dame May Whitty, George Macready, Roland Varno, Anita Bolster. ◆ A Londra, una ragazza (Foch) in cerca di lavoro, trova un impiego da segretaria. Il giorno dopo si risveglia in un castello della Cornovaglia, dove si ritrova con un marito psicopatico (Macready), tutti la chiamano Marian, e apprende di essere appena tornata da un manicomio. Lewis, al suo venticinquesimo film, ebbe finalmente mano libera e tempi di lavorazione non pressanti: ne è uscito un piccolo gioiello del noir più fantastico, che sa costruire atmosfere da incubo con una economia di mezzi (le immagini di solitudine, la reclusione, l'abbandono graduale della vittima ai suoi carnefici) non indegne di Siodmak, Lang e Hitchcock. Sceneggiato da Muriel Roy Bolton dal romanzo di Anthony Gilbert, è un film secco e laconico, capace di fondere «l'angoscia con una sardonica ironia». Ha ispirato *Omicidio allo specchio* di Penn.

Mickey One **½ (*Mickey One*, Usa 1965, b/n, 93') Arthur Penn. Con Warren Beatty, Hurd Hatfield, Alexandra Stewart, Jeff Corey, Franchot Tone, Kamatari Fujiwara. ◆ Un comico sulla cresta dell'onda (Beatty) comincia a credersi l'oggetto di un complotto che lo vuole eliminare. Fugge in un'altra città facendo i lavori più umili ma quando un impresario si accorge del suo talento e lo vuole assumere, il senso di colpa e la paura tornano a imprigionarlo: forse, soltanto una donna sola come lui (Stewart) riuscirà a cancellare i suoi assurdi timori. Coraggioso tentativo di dare forme all'ansia e al disagio di tutta una generazione, il film (sceneggiato da Alan Surgal) non riesce a conciliare perfettamente simbolismo e influenze kafkiane con le scelte stilistiche mutuate dalla Nouvelle Vague, ma conserva un aspetto ludico che riesce a coinvolgere lo spettatore (molte gag sono indovinate e la sequenza assurda della macchina che si distrugge da sola non si dimentica) e capace di trasmettergli un intelligente messaggio antimaccartista.

Micki & Maude **½ (*Micki + Maude*, Usa 1984, col, 118') Blake Edwards. Con Dudley Moore, Amy Irving, Ann Reinking, Richard Mulligan, Wallace Shawn. ◆ Il telecronista Ron (Moore) vorrebbe un figlio ma la moglie avvocatessa, Micki (Reinking) nicchia: al che si innamora della violoncellista Maude (Irving) e la mette incinta. Diventato bigamo, Ron avrà tutti i figli che vorrà. I materiali che usa Edwards (equivoci e inseguimenti) sono vecchi come il mondo, a cominciare dalla scena del doppio parto che ricorda il duplice pranzo del goldoniano *Arlecchino servitore di due padroni*. Ma il ritmo c'è, e la sceneggiatura non perde colpi, cosa che a Edwards capita sempre più di rado: anche se da un regista come lui ci si aspetta un po' più di cattiveria. Da antologia, comunque, la sequenza dell'intervista in cui scocca il colpo di fulmine tra Ron e Maude.

Microcosmos – Il popolo dell'erba **½ (*Microcosmos. Le Peuple de l'herbe*, Francia/Svizzera/Italia 1996, col, 75') Claude Nuridsany, Marie Pérennou. ◆ Ventiquattr'ore dalla mattina all'alba del giorno dopo, seguendo la vita degli insetti nei prati dell'Aveyron. Un documentario senza parole («per ascoltare questo mondo bisogna fare silenzio» dice l'unica voce off all'inizio del film, che spiega anche come «un'ora è un giorno, un giorno un anno, una stagione una vita») girato in tre anni di lavoro certosino. Senza grandi intenti scientifici, ma con la voglia di raccontare una *comédie humaine* entomologica, affascinati più dalla bellezza dei singoli insetti e delle loro azioni che dal bisogno di spiegare alcunché (e infatti sono stati fatti dei minuziosi casting, per selezionare gli animali più fotogenici e più adatti a compiere determinate azioni). I registi sono una coppia di entomologi impegnati da vent'anni nella divulgazione scientifica, il produttore è l'attore Jacques Perrin.

Midnight Man *½ (*Dead by Midnight*, 1997, col, 95') Jim McBride. Con Timothy Hutton, Suzy Amis, John Glover, Max Wright, Brad Greenquist. ◆ Ha una famiglia perfetta e un buon lavoro: ma qualcosa si inceppa, e John Larkin (Hutton) scopre di avere solo memorie virtuali, e di essere un impiegato deceduto e resuscitato da un esperimento della Cia. Melanconica decadenza di McBride (e di Hutton), che nel primo quarto d'ora cerca di rendere credibile la sceneggiatura di Michael Vickerman, e poi si adatta a un ritmo da telefilm di serie B.

Mi dovrai uccidere *½ (*Please Murder Me!*, Usa 1957, b/n, 78') Peter Godfrey. Con Angela Lansbury, Raymond Burr, Dick Foran. ◆ La perfida Myra (Lansbury), innamorata di uno scalcinato pittore, uccide il marito per intascare l'eredità. Un amico del morto la fa assolvere ma poi scopre la verità. Giallo poco convincente, dallo sviluppo lento e scontato.

Mie due mogli, Le **½ (*My Favourite Wife*, Usa 1940, b/n, 88') Garson Kanin. Con Cary Grant, Irene Dunne, Randolph Scott, Gail Patrick, Ann Shoemaker. ◆ Persa la moglie (Dunne) in un naufragio, il marito (Grant) dopo sette anni di attesa si risposa, ma proprio allora lei ritorna, dopo avere passato tutto il tempo su un'isola deserta con un altro naufrago (Scott). Kanin ha aggiunto un tocco di malizia a una commedia che avrebbe dovuto dirigere Leo McCarey, se non fosse stato vittima di un incidente. Un meccanismo ben congegnato, che solo alla fine indulge al sentimentalismo. Rifatto nel 1963 con titolo *Fammi posto tesoro*. Esiste anche una versione colorata elettronicamente.

Miei più cari amici, I ** (Italia 1998, col, 111') Alessandro Benvenuti. Con Alessandro Benvenuti, Eva Robin's, Athina Cenci, Zuzzurro [Andrea Brambilla] e Gaspare [Antonio Formicola], Vito [Stefano Bicocchi], Alessandro Gassman, Cristina Moglia, Sandro Lombardi, Umberto Smaila, Gianmarco Tognazzi, Marco Messeri, Roberto Ciufoli. ◆ Sei attori falliti sono invitati in un castello da colui che odiano di più: il commediografo Alessio (Benvenuti), che li vuole coinvolgere nel suo nuovo spettacolo. Ma dietro c'è una beffa organizzata con una Tv privata. Le sorprese si moltiplicano, mentre Benvenuti vuole dimostrare non solo di sapere scrivere una sceneggiatura (con Alberto Ongaro), ma anche di girare con stile da fare invidia ad Almodóvar (almeno nei primi 10'). Però il risultato finale è inferiore alla somma dei fattori, l'umorismo è di varia lega e la cattiveria svacca nel buonismo. Fotografia di Maurizio Calvesi e musica di Patrizio Fariselli.

Miei primi quarant'anni, I * (Italia 1987, col, 107') Carlo Vanzina. Con Carol Alt, Elliott Gould, Jean Rochefort, Massimo Venturiello, Pierre Cosso, Capucine [Germaine Lefèbvre], Teo Teocoli. ◆ Marina Punturieri (Alt), in seguito Lante della Rovere e poi Ripa di Meana, di origini piccolo-borghesi, scala il successo e arriva al benessere frequentando ambienti snob-intellettuali e camere da letto. Dall'omonimo romanzo autobiografico della protagonista, un volgare spot pubblicitario sull'arte di arrampicarsi. I fratelli Vanzina (Enrico è coautore del copione) passano dalla jet society milanese (*Via Montenapoleone*) a quella romana e danno il loro peggio. La storia prosegue con *La più bella del reame*.

Miei problemi con le donne, I ° (*The Man Who Loved Women*, Usa 1983, col, 110') Blake Edwards. Con Burt Reynolds, Julie Andrews, Kim Basinger, Marilu Henner, Sela Ward. ◆ Uno scultore (Reynolds) amato dalle donne ma con problemi di impotenza si innamora della sua psicoanalista (Andrews). Lei lo trova immaturo, ma un incidente automobilistico lo cambierà. Superficiale remake dell'*Uomo che amava le donne* di Truffaut (che comprensibilmente non volle che il proprio nome apparisse nei titoli), di cui in pratica viene ripresa solo l'idea iniziale del funerale. Edwards sembra rendersi conto che sia le riflessioni sull'andropausa che la love story con l'imbalsamata Andrews sono poco interessanti, e scivola nella farsa pecoreccia più banale. Reynolds non è quel cane che si potrebbe pensare, ma deve fare i conti con un personaggio fasullo. Milton Wexler, lo psicoanalista di Edwards, è cosceneggiatore, ma sembra che sulle donne conosca solo i luoghi comuni.

Miei sei amori, I * (*My Six Loves*, Usa 1963, col, 101') Gower Champion. Con Debbie Reynolds, Cliff Robertson, David Janssen, Eileen Heckart. ◆ Una stella del cinema (Reynolds) in vacanza incappa non solo in sei orfanelli alla ricerca di una mamma, ma anche in un marito (Robertson). Melassa sopra i livelli di guardia.

Miei vicini sono simpatici, I ** (*Des enfants gâtés*, Francia 1977, col, 113') Bertrand Tavernier. Con Michel Piccoli, Christine Pascal, Michel Aumont, Gérard Jugnot, Arlette Bonnard, Thierry Lhermitte. ◆ Un regista (Piccoli) si trasferisce in un appartamento in periferia per scrivere un film, ma viene coinvolto nelle proteste dei condòmini e finisce per vivere una breve ma intensa storia d'amore con una giovane inquilina (Pascal) che lo aiuterà a vedere il mondo con occhi nuovi. Analisi sociologica di un mondo «minore» con qualche venatura autobiografica (è dedicato alla moglie Colo), il film sceneggiato dal regista con Charlotte Dubreuil e Christine Pascal recupera uno dei temi della ricerca di Tavernier – la vana speranza di nascondersi dal mondo – per sottolineare il ruolo delle responsabilità dei singoli, ma lo fa con una riflessività eccessiva, che finisce per non coinvolgere lo spettatore nella storia che racconta. Isabelle Huppert, Daniel Toscan Du Plantier, Alain Sarde, Guy Braucourt e Guy Teissière interpretano loro stessi.

Miele del diavolo, Il * (Italia/Spagna 1986, col, 90') Lucio Fulci. Con Blanca Marsilach, Corinne Clery, Brett Halsey, Paola Molina, Stefano Madia. ◆ Convinta che sia responsabile della morte del suo amante, Cecilia (Marsilach) sequestra il medico (Halsey) che l'ha operato in una casa isolata. Variante povera della *Gabbia* dove Fulci (che di quel film era stato sceneggiatore) tenta la fortuna nel softcore. Tra pratiche sadomaso da fumetti e un'aria di perversione fasulla, spicca per originalità l'uso che viene fatto del sassofono.

Miele di donna * (Italia 1981, col, 91') Gianfranco Angelucci. Con Clio Goldsmith, Catherine Spaak, Fernando Rey, Donatella Damiani, Luc Merenda, Adriana Russo. ◆ Una scrittrice (Spaak) costringe un editore (Rey), sotto la minaccia della pistola, a leggere il suo manoscritto, che parla di una giovane (Goldsmith) e delle sue originali conoscenze durante il soggiorno alla pensione Desiderio. Erotismo soft all'italiana, e ambizioni intellettuali e parafelliniane (la presenza della Damiani, allora nota per *La città delle donne*): un cocktail quasi letale.

Mie notti sono più belle dei vostri giorni, Le *½ (*Mes nuits sont plus belles que vos jours*, Francia 1989, col, 101') Andrzej Zulawski. Con Sophie Marceau, Jacques Dutronc, Valérie Lagrange, Myriam Mezières, Laure Killing. ◆ Lucas (Dutronc), cui una malattia ha lasciato poco da vivere, si innamora di Blanche (Marceau), una ragazza dal passato tormentato che fa un numero di magia negli alberghi di Biarritz. Il romanzo di Raphaëlle Billetdoux (che ha ripudiato il film) era una variazione su vecchi temi (l'*amour fou*, l'incontro casuale) retta da una scrittura che voleva essere folgorante. Zulawski prende la storia e vi sovrappone il suo stile esagitato e frastornante, che col passare degli anni tende sempre di più al grottesco parafelliniano. Su quasi due ore di deliri qualcosa si salva, ma il film è di quelli che non sono piaciuti a nessuno.

Mie università, Le ***½ (*Moi universitety*, Urss

1940, b/n, 103') Mark Donskoj. Con N. Val'bert, Stepan Kajukov, Nicolaj Dorochin, Nikolaj Plotnikov, Daniil Sagal. ◆ Alësa Peskov (Val'bert) si ferma a Kazan per studiare, ma è povero ed è costretto a lavorare prima come scaricatore ai mercati, poi come operaio presso la panetteria dello spietato Sëmenov (Kajukov). Scopre la solidarietà di classe e un suo articolo di denuncia delle condizioni operaie, pubblicato da un giornale liberale, crea qualche problema al padrone: dopo aver evitato l'arresto con l'amico Goury (Sagal) e dopo un tentativo di suicidio, percorrerà la Russia a piedi aiutando contadini e vagabondi in miseria. Capitolo conclusivo della trilogia ispirata alle memorie di Gor'kij (segue *L'infanzia di Gor'kij* e *Fra la gente*). Anche qui, dove il materiale narrativo si fa più ingrato (il desiderio di studiare in tranquillità, l'impossibilità di farlo a causa della miseria, la dura scuola di vita del lavoro, la rivolta contro l'ingiustizia sociale, la disperazione), il regista conserva la capacità di raccontare il percorso d'iniziazione del protagonista tenendo a bada la retorica sia ideologica che psicologica, e intensificando gli aspetti dinamici e avventurosi della vicenda: se questa volta (simmetricamente ai due film precedenti) il luogo principale dell'oppressione è la panetteria degli operai sfruttati e la figura guida è lo studente Goury, molti altri personaggi si affollano attorno ad Alësa e il paesaggio cambia con il mutare della sua presa di coscienza.

Mi faccia causa *½ (Italia 1984, col, 108') Steno [Stefano Vanzina]. Con Christian De Sica, Stefania Sandrelli, Gigi Proietti, Enrico Montesano, Giorgio Bracardi, Franco Fabrizi, Marisa Laurito, Franco Javarone. ◆ Davanti all'indulgente pretore Pannisi (De Sica) sfilano casi umani che danno vita a una serie di sketch. C'è un'impiegata statale (Sandrelli) che arrotonda lo stipendio facendo la «massaggiatrice»; un ladro (Proietti) che fa amicizia col figlio del derubato; un pugile suonato (Montesano) con fama di iettatore. Il settantacinquesimo film di Steno (alla sceneggiatura collabora il figlio Enrico) è una specie di remake del suo *Un giorno in pretura*. Ma la formula di allora ha perso smalto, i richiami all'attualità sono patetici e la comicità di grana grossa.

Mi faccio la barca *½ (Italia 1980, col, 120') Sergio Corbucci. Con Johnny Dorelli, Laura Antonelli, Christian De Sica, Daniele Formica. ◆ Per riconquistare l'ex moglie abituata al lusso (Antonelli) e i figli rincretiniti dal benessere, un dentista (Dorelli) decide di comprarsi la barca. Disavventure similfantozziane nella solita commedia italiota che annacqua gli spunti di satira sociale nella comicità più prevedibile.

Mi fai un favore * (Italia 1997, col, 105') Giancarlo Scarchilli. Con Ornella Muti, Maria Amelia Monti, Julienne Liberto, Claudio Bigagli, Alessandro Gassman, Urbano Barberini, Marisa Merlini, Franco Interlenghi, Jo Champa, Ewa Aulin. ◆ Indecisa se abortire o meno, la single Stella (Muti, in versione che vorrebbe essere *no glamour*) impara a essere madre accudendo la mocciosa (Liberto) che le ha smollato una sconosciuta (Champa). Alla ricerca di un tono medio, un colpo al cerchio e uno alla botte, si finisce nell'ovvio: personaggi fasulli (dal vicino gay [Barberini] all'amica tutta pepe [Monti]), modesto humour e un appiccicoso buonismo in variante antiabortista. Non basta appendere manifesti di film celebri per trarne ispirazione.

Mi familia *½ (*My Family*, Usa 1995, col, 126') Gregory Nava. Con Jimmy Smits, Edward James Olmos, Esai Morales, Elpidia Carrillo, Eduardo Lopez Rojas, Constance Marie, Mary Steenburgen. ◆ Dagli anni Venti agli Ottanta, tra Messico e Los Angeles, la saga della famiglia Sanchez: dal patriarca José (Lopez Rojas) che aveva lasciato il paesello, al figlio Chucho (Morales), macho dal sangue caliente che finisce ammazzato, e al fratellino Jimmy (Smits), che fa la spola dentro e fuori la galera e alla fine ritroverà il rapporto col figlioletto. Il melting pot e i conflitti sociali secondo Hollywood, tra fatalismo funereo e culto rassicurante dei valori tradizionali: il genere di film in cui l'abbondanza di dolly e il lusso della messa in scena (la fotografia è di Ed Lachman) cercano di compensare i luoghi comuni folcloristici. Nello stesso genere è più onesto *Patto di sangue* di Taylor Hackford. Scritto da Nava e Anna Thomas; Francis Ford Coppola è uno dei produttori esecutivi.

Mi gioco la moglie... a Las Vegas *½ (*Honeymoon in Vegas*, Usa 1992, col, 96') Andrew Bergman. Con Nicolas Cage, James Caan, Sarah Jessica Parker, Anne Bancroft, Peter Boyle, Pat Morita, Seymour Cassel, Tony Shalhoub. ◆ Il giocatore Tommy Korman (Caan) dichiara estinto il debito di Jack (Cage) se questi lascia che la sua futura sposa Betsy (Parker) lo segua in un weekend alle Hawaii. E quasi la convince a sposarlo. Più che una *Proposta indecente* ante litteram (e preconiugale), è il tentativo poco riuscito di rispolverare ritmi e gag da screwball comedy. Bergman punta tutto sulla sequenza dei sosia di Elvis paracadutati su Las Vegas, ma il divertimento è mediocre.

Miglior difesa è... la fuga, La * (*Best Defense*, Usa 1984, col, 94') Willard Huyck. Con Dudley Moore, Eddie Murphy, Kate Capshaw, George Dzundza, Helen Shaver. ◆ Un ingegnere (Moore) che ha progettato un nuovo carro armato si trova ai ferri corti con il Kgb, l'Fbi e la moglie del suo boss. Un tenente pasticcione (Murphy) intanto manda a rotoli le dimostrazioni-prova nel Kuwait. Moore e Murphy non si incrociano mai, come se fossero stati incollati assieme due film diversi. Sceneggiatura pietosa e comicità ai minimi termini.

Migliore, Il **½ (*The Natural*, Usa 1984, col, 134') Barry Levinson. Con Robert Redford, Glenn Close, Kim Basinger, Robert Duvall, Richard Farnsworth, Wilford Brimley, Barba-ra Hershey, Joe Don Baker. ◆ La carriera di un talento del baseball è stroncata a vent'anni da un incidente. Ci riproverà trentacinquenne (Redford di anni ne aveva 46): in America il destino premia gli ostinati, anche se questa non era la tesi dell'omonimo romanzo di Bernard Malamud, sceneggiato da Roger Towne e Phil Dusenberry. Sorta di favola moderna girata con uno stile fiammeggiante (la fotografia è di Caleb Deschanel) e antinaturalista come un melodramma del passato dove lo sport è metafora della vita capace di trasmetterci un insegnamento morale: la forza contraddittoria della Donna (capace di annientare ma anche di riscattare), lo scontro tra Ideale e Denaro, la necessità di trasmettere una speranza alle nuove generazioni. Ma tutto – a cominciare dal make-up di Redford – rischia di suonare fasullo. Non è, comunque, uno dei film più personali di Levinson. Ottimo il cast di contorno. Musica di Randy Newman.

Migliori anni della nostra vita, I *** (*The Best Years of Our Lives*, Usa 1946, b/n, 172') William Wyler. Con Dana Andrews, Fredrich March, Myrna Loy, Teresa Wright, Virginia Mayo, Harold Russell, Steve Cochran. ◆ Il ritorno a casa di tre reduci: Fred (Andrews), pilota modello, è tradito dalla moglie (Mayo) e perde il lavoro; Al (March) torna in banca e si batte per agevolare gli ex commilitoni; Homer (Russell, attore non professionista e vero mutilato di guerra) con due uncini al posto delle mani, teme la pietà altrui. Il lieto fine era previsto dalla sceneggiatura di Robert Sherwood, ma non così lieto come nell'ultima sequenza, aggiunta contro la volontà del regista. Wyler ricostruisce la realtà al dettaglio (si vantava di aver spedito le sue attrici a vestirsi ai grandi magazzini), privilegia lo scavo psicologico, enfatizza l'impegno civile, ma lo stile è tutt'altro che naturalistico. Visto che il direttore della fotografia è Gregg Toland (*Quarto potere*), le invenzioni a base di specchi e riflessi abbondano, anche se sono fuse perfettamente con la narrazione. Celebre la sequenza delle allucinazioni sonore di Fred all'interno dell'aereo abbandonato. Certe impennate melodrammatiche appaiono invecchiate, ma il film attende di essere rivalutato. Sette Oscar: film, regia, attore protagonista (March), attore non protagonista (Russell), sceneggiatura non originale (Sherwood che adattò un poema di MacKinlay Kantor), montaggio (Daniel Mandell), musica (Hugo Friedhofer).

Migliori del Bronx, I ** (*Hangin' with the Homeboys*, Usa 1991, col, 89') Joseph B. Vasquez. Con Doug E. Doug, Mario Joyner, John Leguizamo, Nestor Serrano, Kimberly Russell. ◆ Quattro vitelloni del Bronx – due neri (Doug e Joyner) e due portoricani (Leguizamo e Serrano) – una sera decidono di tentare la fortuna a Manhattan: ma entrare nelle feste è difficile, e la ragazza dei sogni può rivelarsi una pornostar. Opera prima di un giovane portoricano, il film cerca di mettere a fuoco temi come il senso del gruppo, la debolezza del machismo, l'orgoglio di razza e le sue contraddizioni. Ma anche se la confezione è brillante, l'uso degli stereotipi spesso è compiaciuto e gli manca la forza provocatoria di uno Spike Lee.

Mignon è partita ** (Italia/Francia 1988, col, 94') Francesca Archibugi. Con Stefania Sandrelli, Leonardo Ruta, Micheline Presle, Céline Beauvallet, Massimo Dapporto, Jean-Pierre Duriez. ◆ La giovane e altezzosa parigina Mignon (Beauvallet) a causa dei guai di suo padre con la giustizia viene spedita dagli zii romani. Giorgio (Ruta), cugino tredicenne, se ne innamora non ricambiato: Mignon ripartirà, e lui avrà imparato qualcosa della vita. L'esordio della Archibugi è stato salutato come una ventata di aria fresca nello stantio cinema italiano: dimostra un occhio attento e affettuoso sul quotidiano, e una leggerezza di tocco nell'affrontare tormentoni come quello dei primi turbamenti; corre il rischio, però, del bozzetto e della carineria fine a se stessa. Grandi elogi alla prova della Sandrelli nel ruolo della mamma.

Mikel, un amore proibito *½ (*La muerte de Mikel*, Spagna 1984, col, 84') Imanol Uribe. Con Imanol Arias, Montserrat Salvador, Fama, Amaia Lasa, Ramón Barea, Martin Adjemian, Juan Mari Següés. ◆ Mikel (Arias, somigliante a Andrea Occhipinti), giovane militante di sinistra in un paesino spagnolo dove la polizia è quanto mai repressiva, scopre a poco a poco di essere omosessuale e si lega a un travestito (Fama, somigliante a Cristiano Malgioglio), affrontando l'ostilità di parenti e compagni. Narrato a flashback durante il funerale del protagonista, un film che puzza di vecchiume, ammantato con la retorica della scoperta della consapevolezza, prima con vergogna e poi con orgoglio. Stile pulito e asettico per famiglie in poltrona, tranne un delirante *cunnilingus* che termina con un morso e un'impennata noir nel finale: che non bastano. Distribuito in cassetta (sottotitolato) come *La morte di Mikel*.

Mikey e Nicky ** (*Mikey and Nicky*, Usa 1976, col, 101') Elaine May. Con Peter Falk, John Cassavetes, Ned Beatty, Rose Arrick, William Hickey. ◆ Una gang ha messo una taglia sulla vita di Nicky (Cassavetes). Accorre in suo aiuto l'amico d'infanzia Mikey (Falk) che in realtà lo vuole fare catturare per vendicarsi di antichi torti subiti. La sceneggiatrice di commedie May dirige un noir girato con uno stile un po' alla Cassavetes: gli attori hanno libertà di improvvisazione, ma finiscono con l'annacquare il film con le loro chiacchiere. Più autoindulgente, alla fine, che sincero.

Milady – I quattro moschettieri ** (*The Four Musketeers: The Revenge of Milady*, Spagna 1975, col, 98') Richard Lester. Con Michael York, Oliver Reed, Richard Chamberlain, Frank Finlay, Faye Dunaway, Raquel Welch, Charlton Heston, Christopher Lee, Geraldine Chaplin, Jean-Pierre Cassel, Sybil Danning, Simon Ward. ◆ Milady (Dunaway), in combutta col perfido Richelieu (Heston), uccide a Londra il buon Lord Buckingam (Ward), e in Francia Costanza (Welch), amata da D'Artagnan (York). Finirà sul capestro. Seguito (o, meglio, seconda parte) dei *Tre moschettieri*. Aiutato dalla sceneggiatura di John Fraser, Lester si lascia alle spalle il calligrafismo della ricostruzione d'epoca, e tenta di imporre alla vicenda ritmi frenetici e disarticolati, sul filo dell'ironia. Seguì-to nel 1989 da *Il ritorno dei tre moschettieri*.

Milagro ** (*The Milagro Beanfield War*, Usa 1987, col, 117') Robert Redford. Con Rubén Blades, Richard Bradford, Sonia Braga, Christopher Walken, Melanie Griffith, Daniel Stern, Chick Vennera, M. Emmet Walsh. ◆ Gli speculatori mettono le mani sulle terre di Milagro, paesino del New Mexico per trasformare i campi di fagioli in campi da golf. Un contadino (Vennera) si ribella, e il paese si schiera con lui. Fiaba in stile Frank Capra tratta dal romanzo di John Nichols, che ha collaborato alla sceneggiatura di David Ward. Per il suo secondo film come regista Redford si atteggia a cantore dei diseredati e mescola realtà e fantasia come chi abbia appena scoperto i libri di García Márquez, e finisce col cadere nei cliché e così il suo film, per quanto simpatico e ben intenzionato, suona un po' fasullo. Esordio del cantante *salsa* Blades. Oscar alla colonna sonora di Dave Grusin.

Milanesi a Napoli, I * (Italia 1954, b/n, 90') Enzo Di Gianni. Con Eva Nova, Ugo Tognazzi, Enzo Turco, Dolores Palumbo, Enrico Viarisio, Carlo Campanini, Carletto Sposito, Lilia Landi, Roberto Bruni, Nino Taranto. ◆ Dopo aver sconfitto chi (Campanini) vorrebbe produrre su scala industriale il merletto sorrentino, la ricamatrice Immacolata (Nova) deve affrontare Franco Baraldi (Tognazzi), sceso da Milano a Napoli per impiantare una fabbrica di pizza industriale. Tentativo di riprendere il successo di *Napoletani a Milano* ribaltando i termini: tutti i luoghi comuni possibili (compreso il fatto che le mogli milanesi, ancorché passatelle, a Napoli riscoprono le gioie dell'amore) e numerose esibizioni canore di Eva Nova, moglie del regista. Cammeo di Nino Taranto, attore teatrale che si esibisce in *O' Zappatore* di Libero Bovio.

Milano calibro 9 *** (Italia 1972, col, 92') Fernando di Leo. Con Gastone Moschin, Mario Adorf, Barbara Bouchet, Philippe Leroy, Frank Wolff, Lionel Stander, Gigi Pistilli, Ivo Garrani, Mario Novelli. ◆ Uscito di galera, Ugo Piazza (Moschin, in una delle sue migliori interpretazioni) è sorvegliato speciale sia della polizia sia del suo ex boss (Stander), che lo sospetta del furto di un cospicuo bottino ma, non riuscendo a farlo confessare, lo riprende nella sua banda. Adattando motivi dei racconti di Giorgio Scerbanenco in una Milano mai così livida, di Leo ha girato uno dei suoi film più riusciti, dove il disegno dei personaggi, il clima di sospetto e di guerriglia psicologica e l'amarezza di fondo guardano al miglior noir europeo (a partire da Melville), mentre la brutalità sbrigativa (per cui alcuni critici hanno parlato del modello di Don Siegel) anticipa quella del poliziottesco che sarebbe esploso poco dopo. Un cinema di genere maturo, comunque, e una strada percorsa poi di rado, dove a convincere meno sono i tentativi di dare spessore politico alla vicenda (con un poco probabile Pistilli nei panni di un poliziotto democratico in rotta coi superiori). Grandiosa colonna sonora di Luis Bacalov.

Milano miliardaria *½ (Italia 1951, b/n, 90') Marcello Marchesi, Vittorio Metz. Con Tino Scotti, Isa Barzizza, Franca Marzi, Dante Maggio, Mario Carotenuto, Aroldo Tieri, Galeazzo Benti, Carlo Giuffré. ◆ Il cavaliere Pizzigoni (Scotti), tifoso dell'Inter, si gioca la moglie (Barzizza) convinto della vittoria della sua squadra. Ma questa giura che in caso di vittoria lo tradirà. La verve milanese vecchio stile di Scotti non basta a salvare il film dalla mediocrità. Peppino Meazza, Giovanni D'Anzi e Roberto Murolo compaiono nei panni di loro stessi; Sofia Lazzaro, non ancora Loren, è la commessa del bar.

Milano odia: la polizia non può sparare **½ (Italia 1974, col, 96') Umberto Lenzi. Con Tomas Milian, Henry Silva, Ray Lovelock, Gino Santercole, Laura Belli, Anita Strindberg, Guido Alberti, Luciano Catenacci. ◆ Delinquente da quattro soldi, eterno perdente, Giulio Sacchi (Milian) si trasforma in una belva che non si ferma di fronte a nulla e rapisce la figlia (Belli) di un industriale. Le vittime innocenti si moltiplicano ma, come si vanta Sacchi, «per condannare qualcuno all'ergastolo ci vogliono prove alte come il grattacielo Pirelli»: per cui il commissario Grandi (Silva) segue l'esempio di *Ispettore Callaghan: il caso Scorpio è tuo!*. Ai tempi suscitarono esecrazione sia la violenza efferata sia la presunta filosofia revanchista, ma anche se – dato il regista – non è esclusa una punta di compiacimento, molta acqua è passata sotto i ponti: e a colpire, oggi, sono soprattutto il nichilismo alla Don Siegel, il clima di angoscia e l'esattezza nella descrizione della guerra tra classi (merito, in gran parte, della tesa sceneggiatura di Ernesto Gastaldi). Silva, in sordina, ha tratti ben poco superomistici, mentre Milian ruba la scena nei panni di un antieroe repellente e senza collocazione, ai margini anche della mala. Un film di genere efficace, disturbante ma capace di parlare di un'epoca: è ora di deporre i pregiudizi. La colonna sonora di Ennio Morricone è di quelle che entrano in testa dopo averle sentite una sola volta.

Milano rovente *½ (Italia 1973, col, 101') Umberto Lenzi. Con Antonio Sabato, Philippe Leroy, Tano Cimarosa, Marisa Mell. ◆ Il boss siculomilanese Cangemi (Sabato), re della prostituzione, si oppone alle pressioni per trasformare le sue onorate dipendenti in spacciatrici di droga. Ci lascerà la pelle. Tipico prodotto del sottogenere «Milano come Chicago» in voga negli anni Settanta. Produzione Lombard Films.

Milano trema: la polizia vuole giustizia *½ (Italia 1973, col, 104') Sergio Martino. Con Luc Merenda, Richard Conte, Silvano Tranquilli, Martine Brochard. ◆ Sospeso dal servizio per i modi violenti, l'ispettore Caneparo (Merenda) per catturare l'assassino di un collega si infiltra in una banda di rapinatori. Scoprirà che si tratta di una cellula della strategia della tensione che prepara un golpe fascista. Velleità sociopolitiche per un poliziesco all'italiana nella media.

Milano violenta ** (Italia 1976, col, 100') Mario Caiano. Con Claudio Cassinelli, Silvia Dionisio, John Steiner, Vittorio Mezzogiorno. ◆ Il «Gatto» (Cassinelli), rapinatore che opera a Milano, è sorpreso dalla polizia durante un colpo. Riuscirà a fuggire facendosi scudo con alcuni ostaggi, ma un commissario dopo una feroce caccia lo fredderà. Poliziesco all'italiana, rozzo ma di una certa tenuta spettacolare.

Milarepa *½ (Italia 1974, col, 108') Liliana Cavani. Con Lajos Balázsovitis, Paolo Bonacelli, Marisa Fabbri. ◆ Nell'infermeria di un pronto soccorso un giovane (Balázsovitis) racconta la storia del monaco tibetano Milarepa in cui si identifica. I travagli dell'anima sono gli stessi sia per gli asceti del X secolo che per i giovani occidentali. Volenteroso misticismo sui monti dell'Abruzzo sceneggiato dall'autrice con Italo Moscati.

Miliardaria, La ** (*The Millionairess*, Gb 1960, col, 90') Anthony Asquith. Con Sophia Loren, Peter Sellers, Vittorio De Sica, Alastair Sim, Dennis Price. ◆ Una miliardaria (Loren) e un medico indiano (Sellers), per sposarsi, devono superare una prova imposta loro dai genitori. Per tre mesi lei dovrà vivere con 35 scellini e lui nello stesso tempo centuplicare 150 sterline. Versione non dozzinale ma non proprio agilissima della commedia di G.B. Shaw.

Miliardario... ma bagnino * (*Clambake*, Usa 1967, col, 97') Arthur H. Nadel. Con Elvis Presley, Shelley Fabares, Bill Bixby, James Gregory, Will Hutchins. ◆ Un ricco sfondato (Presley), mentre cerca di svezzarsi dai soldi di papà lavorando come bagnino, riesce a conquistare una bella ragazza solo con le sue prodezze motonautiche. In questo suo venticinquesimo e pessimo film, Elvis trova occasione per cantare dodici canzoni fra cui *Just Call Me Lonesome*.

Miliardi * (Italia 1990, col, 105') Carlo Vanzina. Con Carol Alt, Lauren Hutton, Billy Zane, Jean Sorel, Florinda Bolkan, Donald Pleasence. ◆ Un giovane ambizioso e senza scrupoli (Zane) va alla conquista dell'impero finanziario di famiglia. Tutto scontato e noioso, dai lussi del jet-set internazionale (Milano, New York, Acapulco...) alle top model monoespressive in lingerie. Lo stile alla Vanzina è molto più appannato che in *Via Montenapoleone*, le star Usa di richiamo sono spaesate, Billy Zane non è – come ha sparato l'ufficio stampa del film – l'erede di Marlon Brando.

Miliardi, che follia! * (Italia 1942, b/n, 85') Guido Brignone. Con Giuseppe Lugo, Mara Landi [Elsa Camarda], Ria Legnani, Bruno Roberto [poi Roberto Bruni], Guglielmo Sinaz. ◆ Miliardario ma infelice, il «re dei tacchi di gomma» (Lugo) viene rapito dalla concorrenza grazie alla seduzione di una bella avventuriera (Legnani). Riuscito a liberarsi, si unisce come cantante a una compagnia di saltimbanchi girovaghi, tra i quali trova anche l'amore. Ritornerà alla sua vita lussuosa portando con sé la nuova compagna (Landi). Dal romanzo *Un milionario si ribella* di Raffaele Carrieri, una commedia improbabile e pretestuosa il cui unico scopo è mettere in risalto le doti canore di Lugo (che nelle parti recitate è doppiato da Augusto Marcacci).

Milionari, I **½ (*Ma and Pa Kettle*, rititolato per l'edizione in video *Further Adventures of Ma and Pa Kettle*, Usa 1949, b/n, 75') Charles Lamont. Con Marjorie Main, Percy Kilbride, Richard Long, Meg Randall, Patricia Alphin, Esther Dale. ◆ Il consiglio comunale vuole espellere dalla città la disdicevole famiglia Kettle, composta da madre (Main), padre (Kilbride) e quindici figli, ma il primo premio nel concorso per una frase pubblicitaria permetterà loro di trasferirsi in una efficientissima «casa del futuro» dove la decenza sociale sarà salvata. Primo di una serie di nove film a basso costo e altissimo rendimento dedicati a due comprimari del film *Io e l'uovo* e sceneggiato da Herbert Margolis, Louis Merheim e Al Lewis. Le disavventure di questi due «contadini zotici» che sembrano usciti da un fumetto di Al Capp conquistò subito una straordinaria popolarità: la comicità è di grana molto grossa (oggi si direbbe demenziale), ma spesso anche irresistibile e le gag della casa ultramoderna dove tutto è automatico – e spesso ingovernabile – sono decisamente divertenti, oltre che astutamente antimoderniste. Solo il successivo (*I milionari a New York*) fu distruibuito anche in Italia, mentre restarono inediti *Ma and Pa Kettle Back on the Farm* (1951, di Edward Sedgwick), *Ma and Pa Kettle at the Fair* (1952, di Charles Barton), *Ma and Pa Kettle on Vacation* (1953, di Charles Lamont), *Ma and Pa Kettle at Home* (1954, di Charles Lamont, il migliore della serie), *Ma and Pa Kettle at Waikiki* (1955, di Lee Sholem), *The Kettles in the Ozarks* (1956, di Charles Lamont) e *The Kettles on Old Macdonald's Farm* (1957, di Virgil Vogel).

Milionari a New York, I **½ (*Ma and Pa Kettle Go to Town*, Usa 1950, b/n, 70') Charles Lamont. Con Marjorie Main, Percy Kilbride, Richard Long, Meg Randall, Gregg Martell, Charles McGraw, Jim Backus, Elliott Lewis, Bert Freed, Hal March. ◆ Un nuovo concorso fa vincere a Ma e Pa Kettle (Main e Kilbride) un soggiorno a New York, ma l'incontro con un bandito (McGraw) che vorrebbe usarli come ignari «postini» di una refurtiva complica irrimediabilmente il soggiorno, ma lo trasforma anche – almeno per i due provinciali – in un'indimenticabile avventura. Secondo film della serie iniziata con *I milionari*: lo spirito squinternato e la comicità ruspante di questi «contadini zotici» alle prese con le meraviglie della modernità sono ancora intatti (la sceneggiatura è di Martin Ragaway e Leonard Stern) e il ritmo delle gag e degli equivoci si sussegue a rotta di collo. Grandi anche Richard Long e Meg Randall nella parte del figlio e della nuora.

Milionario su misura **½ (*The Perfect Specimen*, Usa 1937, b/n, 97') Michael Curtiz. Con Errol Flynn, Joan Blondell, Edward Everett Horton, Dick Foran, May Robson. ◆ Bello, sportivo e colto, Gerald Beresford Wicks (Flynn), il futuro erede di un patrimonio incalcolabile, impara a conoscere il mondo grazie alla ragazza (Blondell) che lo fa evadere dalla sontuosa villa in cui è segregato dall'arcigna nonna (Robson). Curtiz e il suo attore preferito in una commedia brillante che riprende un tema caro al cinema americano (l'esperienza del mondo fatta senza farsi influenzare dalle proprie origini sociali) condotta con buon ritmo.

Milione, Il **½ (*Le Million*, Francia 1931, b/n, 90') René Clair. Con Annabella [Suzanne Charpentier], René Lefebvre, Louis Allibert, Vanda Greville, Paul Olivier. ◆ Un milione di franchi vale il biglietto della lotteria che uno squattrinato pittore parigino (Lefebvre) ha dimenticato in una giacca venduta a un rigattiere. La frenetica ricerca coinvolge, oltre alla fidanzata, i creditori e alcuni malviventi. Ispirandosi al vaudeville, Clair adatta al sonoro la struttura a inseguimento di *Un cappello di paglia di Firenze*. Riuscita la fusione tra riprese in studio ed esterni, ma debolissimo l'intreccio. Tutto sommato un mito di certa critica, anche se cori e assoli saranno un modello persino per i film musicali americani.

Milione di anni fa, Un *½ (*One Million Years B.C.*, Gb 1966, col, 100') Don Chaffey. Con Raquel Welch, John Richardson, Percy Herbert, Robert Brown, Martine Beswick. ◆ Agli albori dell'umanità, nasce una storia d'amore fra due giovani appartenenti a opposte tribù, il cui conflitto è stroncato da un'apocalittica eruzione. Capostipite del filone preistorico con anacronistici dinosauri (i modellini animati in stop motion sono del celebre Ray Harryhausen). Raquel Welch, in bikini diventerà una sex symbol degli anni Sessanta. Il film, ovviamente, è pessimo.

Milioni che scottano ** (*Hot Millions*, Gb 1968, col, 109') Eric Till. Con Peter Ustinov, Maggie Smith, Karl Malden, Bob Newhart, Robert Morley. ◆ Una simpatica canaglia (Ustinov) riesce a beffare un colosso multinazionale travasando via computer nelle sue tasche un fiume di dollari. Furbesco giallorosa immoralista come andava di moda all'epoca: attori spigliati, formula invecchiata.

Milioni della manicure, I *** (*Hands Across the Table*, Usa 1935, b/n, 80') Mitchell Leisen. Con Carole Lombard, Fred MacMurray, Ralph Bellamy, Marie Prévost, William Demarest. ◆ La manicure Regi Allen (Lombard) è decisa a sposare un uomo ricco. E l'avrebbe trovato nei panni dell'ameno Theodore Drew III (MacMurray), se non si profilassero due imprevisti: Theodore si deve sposare con la figlia del re degli ananas (Prevost), e di soldi in realtà non ne ha. Dietro il canovaccio da screwball comedy – meno meccanico, tuttavia, di molti classici dell'epoca – e le garbate note di satira sociale, a Leisen interessa soprattutto costruire un'atmosfera sensuale e maliziosa, carica sia di ironia che di erotismo sul punto di esplodere. Ne risulta una vera sfida alla censura dell'epoca (il Codice Hays non permetteva di mostrare un uomo e una donna a letto, al che Leisen li mostra abbracciati su un tetto): e il fatto che il regista fosse omosessuale può spiegare l'insolita valorizzazione del corpo di MacMurray, che spesso rimane in mutande o a torso nudo davanti alla Lombard, anche se per motivi «innocenti». La Lombard mostra il suo talento fin dal modo un po' sguaiato di camminare. Bellamy interpreta un ricco paralitico che sogna di sposare Regi, e poi si adatta a farle da paraninfo: tocco crudele e melodrammatico in una commedia piena di sfumature, da rivalutare.

Militare e mezzo, Un → *Un militare e mezzo*

Militare e mezzo, Un * (Italia 1959, col, 114') Steno [Stefano Vanzina]. Con Aldo Fabrizi, Renato Rascel, Virna Lisi, Mario Girotti, Robert Alda, Lella Fabrizi. ◆ Tornato in Italia dopo trent'anni, un povero emigrato (Rascel) deve farsi tutta la naia nonostante non sia più un giovincello. Mediocre tributo alla moda delle farse in grigioverde in voga fra gli anni Cinquanta e Sessanta: allora, però, un film del genere incassava il doppio di *Le notti bianche* o *I sogni nel cassetto*. Mario Girotti, qui nella parte del tenente Strazzonelli, diventerà celebre come Terence Hill.

Mille bolle blu *½ (Italia 1993, col, 84') Leone Pompucci. Con Stefano Dionisi, Stefania Montorsi, Antonio Catania, Stefano Masciarelli, Carla Benedetti, Claudio Bigagli, Matteo Fadda, Paolo Bonacelli. ◆ L'eclissi totale dell'estate 1961 copre per un momento le vite dei condomini di un popolare caseggiato romano: il piccolo capo (Fadda) di una banda di ragazzini terribili; il carcerato Caligiuri (Catania) che evade per poter passare una notte con la moglie; l'amore contrastato tra Antonio (Dionisi) e Elvira (Montorsi); la paura di un trombettista, Guido (Bigagli), operato agli occhi; un cinico speculatore edilizio (Bonacelli) che cerca e trova appoggi nel potere politico. Un crocevia di esistenze al buio, pre-consumismo e pre-protesta: gli albori dei «mitici» anni Sessanta in un teatrino minimale che cerca di evitare lo stereotipo dell'idealizzazione e finisce per cadere nella filosofia nostalgica del «poveri ma belli». Un esordio cinematograficamente dignitoso, ma sopravvalutato, sceneggiato dal regista con Filippo Pichi e Paolo Rossi (solo omonimo del comico). Prodotto da Marco Risi e Maurizio Tedesco.

Mille cadaveri per Mr. Jordan → *Inafferrabile signor Jordan, L'*

Mille e una notte, Le **½ (*Arabian Nights*, Usa 1942, col, 86') John Rawlins. Con Jon Hall, Maria Montez, Sabu [Sabu Dastagir], Leif Erickson. ◆ Un prode eroe (Hall), col suo giovane aiutante (Sabu), salva la principessa Sheherezade (Montez), prigioniera di un malvagio califfo. Capostipite dei film di avventure arabe della Universal, girati in un lussuoso technicolor, e con un trio di interpreti che sarà celebre. Una generazione di ragazzini sognò su questo fumetto kitsch e soprattutto sugli «audaci» costumi della protagonista.

Mille lire al mese *½ (Italia 1939, b/n, 81') Max Neufeld. Con Alida Valli, Umberto Melnati, Renato Cialente, Osvaldo Valenti, Ninì Gordini Cervi. ◆ Un ingegnere elettronico italiano (Valenti) va a Budapest per collaudare la nuova rete televisiva ungherese, ma alla stazione prende a schiaffi uno sconosciuto che poi scopre essere il direttore della Tv (Cialente): per salvarlo dalla situazione, la fidanzata (Valli) prega un amico (Melnati) di sostituirlo almeno per il primo giorno. Tipica commedia dei telefoni bianchi, filone mitteleuropeo: regista e direttore della fotografia sono austriaci, ed Ernesto G. Laura sostiene che si tratti del remake dell'ungherese *200 pengo fissi* di Béla Balogh (1936). Merita di essere vista quasi esclusivamente per la raggiante presenza della giovanissima Alida Valli. Anche la canzone del titolo, che divenne popolarissima, non sarebbe che l'arrangiamento del motivo che accompagnava il film d'origine. La sceneggiatura è di Luigi Zampa, anche aiutoregista.

Mille luci di New York, Le *½ (*Bright Lights, Big City*, Usa 1988, col, 110') James Bridges. Con Michael J. Fox, Kiefer Sutherland, Phoebe Cates, Dianne Wiest, Swoosie Kurtz, Jason Robards, John Houseman, Frances Sternhagen. ◆ Abbandonato dalla moglie (Cates), licenziato dalla rivista per cui lavora, perseguitato da sensi di colpa familiari – la madre (Wiest) è morta di cancro – Jaime Conway (Fox), un aspirante scrittore newyorkese, si dissipa tra sesso e cocaina, finché non trova la strada della redenzione. Difficile commuoversi per i travagli di un rampantino, specialmente con quella faccia. Jay McInerney ha adattato il suo bestseller con scarsa perizia cinematografica (com'è importuna quella voce off), ma il film intero è di quelli nati male.

1919 ** (*Nineteen Nineteen*, Gb 1984, col e b/n, 99') Hugh Brody. Con Paul Scofield, Maria Schell, Frank Finlay, Diana Quick, Colin Firth. ◆ Due ex pazienti di Freud (Schell e Scofield), entrambi omosessuali e vittime del nazismo, si rivedono dopo molti anni per rimettere assieme i pezzi della loro memoria. Film-seduta di psicanalisi, letterario e cesellato, ben interpretato da due attori che da tempo non si vedevano sullo schermo, ma in definitiva poco cinematografico.

1918 ** (*1918*, Usa 1985, col, 94') Ken Harrison. Con William Converse-Roberts, Hallie Foote, Matthew Broderick, Rochelle Oliver, Michael Higgins. ◆ Horace (Converse-Roberts) ed Elizabeth (Foote) malgrado la differenza sociale, si sono sposati, ma l'ultimo anno di guerra la cittadina del Texas in cui vivono viene devastata da un'epidemia di influenza. Sequel di *Nel giorno di San Valentino*: Horton Foote (Hallie è sua figlia) ha adattato un suo dramma in parte autobiografico. Buona rifinitura formale, ma ritmo e linguaggio troppo teatrali.

1990 – I guerrieri del Bronx * (Italia 1982, col, 92') Enzo G. Castellari [Enzo Girolami]. Con Vic Morrow, Mark Gregory, Stefania Girolami, Fred Williamson, Christopher Connelly. ◆ Nel Bronx prossimo venturo, ridotto a terra di nessuno, bande metropolitane lottano per avere la figlia del capo della Manhattan Corp. Plagio dei *Guerrieri della notte* e di *1997. Fuga da New York,* girato in loco ma senza badare al sottile.

1999 – Conquista della Terra *½ (*Conquest of the Planet of the Apes*, Usa 1972, col, 87') J. Lee Thompson. Con Roddy McDowall, Don Murray, Natalie Trundy, Ricardo Montalban, John Randolph. ◆ Il quarto episodio (dopo *Fuga dal pianeta delle scimmie*) della saga è in realtà un prequel. Gli uomini, scomparsi domestici e inservienti, usano oranghi e scimpanzé per i lavori più umili ma la scimmia parlante Cesare guida la rivolta e i rapporti si ribaltano. Inferiore agli altri episodi e realizzato alla meno peggio. Seguìto da *Anno 2670 – Ultimo atto*. Solo per fan.

1997 – Fuga da New York ***½ (*Escape From New York*, Usa 1981, col, 99') John Carpenter. Con Kurt Russell, Lee Van Cleef, Adrienne Barbeau, Harry Dean Stanton, Ernest Borgnine, Donald Pleasence, Isaac Hayes, Season Hubley. ◆ Mentre è in corso la terza guerra mondiale, l'aereo del presidente americano (Pleasence), con annessi segreti militari, cade su New York, diventata prigione di massima sicurezza. L'ex eroe di guerra «Jena» (Snake nell'originale) Plissken (Russell, nel ruolo che lo rese famoso) ha 24 ore di tempo per recuperarlo, prima che gli esploda nelle arterie una microcarica. Prima di *Blade Runner*, uno dei film che più hanno segnato l'immaginario degli anni Ottanta. Carpenter (autore della sceneggiatura insieme a Nick Castle, e della colonna sonora con Alan Howarth) ha azzeccato un cocktail di noir e fantascienza metropolitana che ebbe uno stuolo di imitatori. Perfetto senso della suspense e della lotta contro il tempo, personaggi che entrano nella memoria con una sola battuta, ambientazioni da brivido, e una vena beffarda (vedi il finale, ma non solo) che non guasta. Carpenter non si dà arie e sa di girare un fumetto: è un regista che ama il cinema, non un regista cinefilo – meno male. Seguito da *Fuga da Los Angeles*.

1997 – Il principio dell'arca di Noè *½ (*Das Arche Noah Prinzip*, Rft 1983, col, 96') Roland Emmerich. Con Rocky Müller, Franz Buchrieser, Aviva Joel, Mathias Fuchs. ◆ Preso da scrupoli etici, un astronauta (Müller) impegnato in un laboratorio spaziale sabota l'uso militare della missione. Fantascienza politica con un occhio ai film di serie B degli anni Cinquanta, per l'esordio autarchico e a basso costo di un giovane regista tedesco. Molte ambizioni ma un risultato freddo e poco memorabile.

1941 – Allarme a Hollywood *** (*1941*, Usa 1979, col, 118') Steven Spielberg. Con Dan Aykroyd, John Belushi, Treat Williams, Ned Beatty, Nancy Allen, Robert Stack, Christopher Lee, Warren Oates, Toshiro Mifune, Bobby Di Cicco, John Candy. ◆ Dopo l'attacco a Pearl Harbor, in California si diffonde la paranoia per il possibile sbarco dei giapponesi: e infatti arriva un sommergibile, intenzionato a distruggere Disneyland. Galleria di personaggi (tra cui Belushi, il pilota pazzo, e Stack, il generale che si commuove guardando *Dumbo*) e vignette che corrono verso un finale catastrofico e pirotecnico. Con gioia infantile e iconoclasta, Spielberg si diverte a demolire – letteralmente – Hollywood: ma il pubblico, per la prima volta, gli ha detto di no. Divertimento per cinefili dell'epoca nella quale l'aggettivo «demenziale» non era ancora inflazionato. Talmente conseguente nella sua logica delirante da meritare rispetto. Sceneggiatura di Robert Zemeckis e Bob Gale, futuri creatori di *Ritorno al futuro*. Il giovane Mickey Rourke ha un primo piano in una delle ultime scene, Samuel Fuller è il comandante col sigaro e John Landis è Mizerany.

1964: allarme a New York, arrivano i Beatles! **½ (*I Wanna Hold Your Hand*, Usa 1978, col, 104') Robert Zemeckis. Con Nancy Allen, Bobby Di Cicco, Marc McClure, Susan Kendall Newman. ◆ Tre coppie di teen-ager del New Jersey si mettono in viaggio per New York alla ricerca del biglietto per assistere all'Ed Sullivan Show, cui partecipano i quattro di Liverpool. Il primo film di Zemeckis (scritto assieme a Bob Gale, con Spielberg come produttore esecutivo) riprende e velocizza il ritmo e le gag dei film con i Beatles di Richard Lester, e offre un dettagliato ritratto d'epoca, pieno di ironia e di affetto. Niente di abissale, ma si vede come Zemeckis sapesse già il fatto suo.

1960 Terza liceo... e fu tempo di rock and roll * (*Surprise Party*, Francia 1983, col, 100') Roger Vadim. Con Caroline Cellier, Christian Vadim, Michel Duchausnoy, Robert Hossein, Maurice Ronet, Mylène Demongeot. ◆ Alla fine degli anni Cinquanta, un gruppo di liceali in vacanza e in vena di trasgressioni organizza una festa a sorpresa in un vecchio mulino. Un ritratto artificialmente brillante e anacronistico dell'epoca in cui Vadim diventò celebre: suona fasullo e mette tristezza.

1975: Occhi bianchi sul pianeta Terra ** (*The Omega Man*, Usa 1971, col, 98') Boris Sagal. Con Charlton Heston, Rosalind Cash, Anthony Zerbe, Paul Koslo. ◆ Dopo la guerra batteriologica gli uomini sono ridotti a larve che non sopportano la luce, impegnati a distruggere quanto resta della civiltà tecnologica che li ha condotti al disastro. L'unico immune (Heston) vuole far arrivare il proprio sangue allo scienziato superstite che cerca un vaccino. Sagal cerca di coniugare la spettacolarità apocalittica con riflessioni sul ruolo della scienza, ma alla fine l'esito è fumettistico. A sottolineare il monito pacifista, Heston si chiude in un cinema per guardarsi, solitario spettatore, *Woodstock*. Dal racconto di Richard Matheson *I Am Legend*, che aveva già ispirato *L'ultimo uomo sulla Terra*.

1972: Dracula colpisce ancora! * (*Dracula A.D. 1972*, Gb 1971, col, 98') Alan Gibson. Con Christopher Lee, Peter Cushing, Stephanie Beacham, Christopher Neame, Michael Coles. ◆ Nella Londra moderna un discendente (Cushing) di Van Helsing torna a brandire il paletto di frassino di famiglia contro il principe delle tenebre (Lee), riportato in vita durante una messa nera. Uno dei peggiori Dracula della Hammer, penalizzato da una pietosa ambientazione contemporanea a base di hippie e ragazze ye-ye.

1855 – La grande rapina al treno ** (*The First Great Train Robbery*, Gb 1978, col, 110') Michael Crichton. Con Sean Connery, Donald Sutherland, Lesley-Anne Down, Alan Webb, Malcom Terris, Robert Lang. ◆ Cent'anni prima della mitica rapina al treno Glasgow-Londra, due ladri vittoriani (Connery e Sutherland) svaligiano il vagone che trasporta un carico di lingotti d'oro. Crichton (che ha adattato il suo romanzo) è incerto tra la suspense e la parodia e, malgrado i continui ammiccamenti e le sequenze spettacolari, allo spettatore rimane la sensazione di avere perso un po' il proprio tempo.

1860 **½ (Italia 1934, b/n, 81') Alessandro Blasetti. Con Giuseppe Gulino, Aida Bellia, Maria Denis, Gianfranco Giachetti, Mario Ferrari, Otello Toso, Totò Majorana. ◆ Un patriota siciliano, Carmeliddu (Gulino) raggiunge il continente per sollecitare lo sbarco dei garibaldini: dopo molti indugi, da Quarto parte la spedizione che, vincendo a Calatafimi, libererà la Sicilia dai Borboni. Anche se il finale prevedeva la sfilata delle camicie nere di fronte agli ultimi reduci garibaldini, Blasetti evita il trionfalismo da film storico. Garibaldi non appare mai ma è solo evocato dai discorsi dei suoi soldati, ciascuno dei quali rappresenta un componente della futura Italia unita. Spoglio e asciutto, e con qualche eco del cinema sovietico. Liberamente tratto da un racconto di Gino Mazzucchi, sceneggiato dall'autore, da Blasetti e da Emilio Cecchi.

Mille pezzi di un delirio *½ (*Track 29*, Gb 1988, col, 90') Nicolas Roeg. Con Theresa Russell, Gary Oldman, Christopher Lloyd, Colleen Camp, Sandra Bernhard, Seymour Cassel. ◆ Una coppia nevrotica di provincia – lei (Russell) è stata violentata da ragazza, lui (Lloyd) è un fanatico dei trenini – è turbata dall'arrivo di un giovane forestiero (Oldman) che sostiene di essere il figlio che lei riteneva di aver abortito. Intrighi edipici e scontati intrecci di sogno e realtà: la sceneggiatura di Dennis Pott è tediosa e inutilmente confusa, e lo stile fiammeggiante e urlato di Roeg si è ridotto in gran parte a maniera.

1492 – La scoperta del Paradiso ** (*1492: Conquest of Paradise*, Gb/Francia/Spagna 1992, col, 150') Ridley Scott. Con Gérard Depardieu, Sigourney Weaver, Armand Assante, Tchéky Karyo, Angela Molina, Fernando Rey, Loren Dean. ◆ Un eroe del libero pensiero, un sognatore generoso e ingenuo, una vittima dell'oscurantismo: Colombo (Depardieu) era veramente così? Poco importerebbe, se Scott non nutrisse pretese di filologia (quell'inizio tolto di peso dal *Nome della rosa*) e non steccasse ogni volta che tenta la ricostruzione storica – che riesce inevitabilmente semplicistica, caravelle comprese. Nelle giungle tropicali, invece, il regista trova un Vietnam ante litteram, e conferma il suo talento visivo. Il risultato è un ibrido non privo, a tratti, di fascino e di episodi suggestivi: ma la zavorra è tanta. All'attivo: Depardieu che si dona anima e corpo al personaggio. Al passivo: la musica nauseante di Vangelis.

1789 ** (*1789*, Francia 1974, b/n, 155') Ariane Mnouchkine. Con Dania Lavarenne, Jean-Claude Penchenat, Georges Bonnaud, Rosine Rochette, Roland Amstutz. ◆ Il popolo francese rievoca le tappe della Rivoluzione: gli Stati Generali, la presa della Bastiglia, la fuga di Luigi XVI, la dichiarazione dei diritti dell'uomo. Da uno spettacolo del Théâtre du Soleil che debuttò a Milano nel 1969, il film non può restituire il fascino di quella rappresentazione dove pubblico e attori interagivano, ma resta una semplice documentazione.

Millie ** (*Thoroughly Modern Millie*, Usa 1967, col, 138') George Roy Hill. Con Julie Andrews, Mary Tyler Moore, James Fox, John Saxon, John Gavin, Carol Channing. ◆ Una ragazza di campagna (Andrews), arrivata a New York dal Kansas in cerca di un marito, si adegua alla moda e ai ritmi di vita dell'età del jazz: capelli e gonna corti, sigarette, corse in macchina e party selvaggi. Musical sontuoso e a tratti simpatico, che tenta di bissare il successo che la Andrews aveva avuto, sul palcoscenico, con *The Boy Friend*. Difetto principale: la durata. La colonna sonora di Elmer Bernstein ha vinto l'Oscar.

M, il mostro di Düsseldorf ****** (*M*, Germania 1931, b/n, 117') Fritz Lang. Con Peter Lorre, Otto Wernicke, Theodor Loss, Theo Lingen, Ellen Widmann, Inge Landgut, Gustaf Gründgens, Friedrich Gnass, Friz Odemar. ◆ Düsseldorf è terrorizzata dal maniaco Hans Beckert (Lorre), che violenta e uccide bambine. Per allentare la pressione delle forze dell'ordine la malavita, in collaborazione con i mendicanti, cattura e processa il maniaco, ma non riesce a giustiziarlo per l'arrivo della polizia. Al suo primo film parlato, Lang (autore della sceneggiatura con la moglie Thea von Harbou) continua a impiegare con maestria le metafore visive e le immagini evocative che avevano fatto grande il muto (celebre la successione della sedia vuota e della scala deserta, che suggerisce per litote l'omicidio della piccola Elsie), e insieme si vale in modo assai moderno delle risorse del sonoro (l'urlo della madre di Elsie che rimbomba nei luoghi vuoti). A caratterizzare – e incastrare – il mostro, un uomo grigio e anonimo (e perciò tanto più terrificante) è proprio il motivetto che fischia (fu Lang a zufolarlo, visto che Lorre non ne era capace).

Temi come quello dell'opposizione tra giustizia privata e giustizia ufficiale continueranno a essere scandagliati nell'opera successiva. Dopo i film su Mabuse, Lang umanizza il mostro, e lo rende vittima nella scena finale del processo (che deve qualcosa all'*Opera da tre soldi* di Brecht), dove Lorre, muto per quasi tutto il film, raggela e commuove con la sua voce chioccia. In cassetta esiste una versione doppiata in italiano vergognosamente sforbiciata (96') che spesso viene anche proposta in tv. È comunque reperibile, presso i vari Goethe Institut la versione originale e integrale in copia sottotitolata. Rifatto da Losey col titolo *«M»*.

Milonga ° (Italia 1999, col, 90') Emidio Greco. Con Giancarlo Giannini, Claudia Pandolfi, Carlo Cecchi, Irene Ferri, Gianni Sperti, Urbano Barberini, Yvonne Sciò, Vanessa Gravina, Giuseppe Ghiglioni, Claudia Lawrence. ◆ Una coppia di ballerini di tango (Ferri e Sperti) uccide un celebre presentatore (Barberini): le indagini sono affidate a un commissario omosessuale (Giannini), coadiuvato da una poliziotta (Pandolfi) follemente innamorata di lui. Nelle intenzioni, una parabola sul caos e l'assurdo contemporaneo, con risaputi tormentoni sul vuoto e l'incomunicabilità; nei fatti, frammenti irrelati che stentano a trovare una logica che non sia quella di un'autorialità vetusta e ingenua, con attori goffi (tranne Giannini) che recitano sbrodolature imbarazzanti. Purtroppo è difficile trattenere gli sghignazzi. Cinema per nessuno, scritto da Paolo Breccia e dal regista.

Milou a maggio **½ (*Milou en Mai*, Francia 1989, col, 108') Louis Malle. Con Michel Piccoli, Miou-Miou [Sylvette Hery], Michel Duchaussoy, Dominique Blanc, Harriet Walter. ◆ Maggio 1968: la morte della nonna riunisce i potenziali eredi nella casa di campagna. Intanto da Parigi arrivano notizie allarmanti, e tutti – rivoluzionari da salotto e borghesi militanti – fuggono tra i boschi. C'è aria di Čechov, di Buñuel (Jean-Claude Carrière collabora alla sceneggiatura) e di Renoir (Paulette Dubost, la nonna, era stata l'interprete della *Regola del gioco*) nel secondo film girato da Malle dopo il rientro in Francia. Elegante e languido, forse avrebbe avuto bisogno di una cattiveria meno diluita e di simboli (la vecchia casa che andrà spartita, allegoria di un mondo che non c'è più) meno facili, ma è comunque una bella prova di regia da parte di un regista acuto e «aristocratico». Musiche di un veterano del jazz, il violinista Stéphane Grappelli.

Mi manda Picone ** (Italia 1983, col, 120') Nanni Loy. Con Giancarlo Giannini, Lina Sastri, Clelia Rondinella, Carlo Croccolo, Armando Marra, Aldo Giuffré. ◆ Picone, camorrista che si spacciava per operaio dell'Italsider, sparisce con l'ambulanza che l'ha soccorso. Quando il disoccupato Salvatore (Giannini), aiutando la moglie (Sastri) di Picone nelle ricerche, pronuncia la fatidica frase del titolo, gli offrono del denaro e si aprono inquietanti interrogativi sullo scomparso. Loy (che ha scritto la sceneggiatura insieme a Elvio Porta) torna a Napoli con un impasto di giallo e commedia, adottando un registro grottesco e sopra le righe. Tanti luoghi comuni e ammiccamenti, anche se non manca la capacità di descrivere una certa realtà (tanto che il titolo è diventato un modo di dire). Colonna sonora di Tullio De Piscopo e Pino Daniele.

Mimì Bluette... fiore del mio giardino *½ (Italia 1976, col, 105') Carlo Di Palma. Con Monica Vitti, Shelley Winters, Tommy Tune, Hella Petri, Gianrico Tedeschi. ◆ Figlia di prostituta (Winters) e regina del tabarin, Mimì (Vitti) cerca la redenzione rinunciando ai cinici rapporti con i suoi ricchi spasimanti e votandosi all'impossibile amore per un avventuriero che insegue in Africa. Lussuosa ricostruzione liberty che adatta, con una vena di ironia, l'omonimo romanzo di Guido Da Verona, datato bestseller dell'epoca. Inutile esercizio di stile del direttore della fotografia preferito di Antonioni e di Woody Allen, ai tempi compagno di vita della Vitti.

Mimic ** (*Mimic*, Usa 1997, col, 105') Guillermo Del Toro. Con Mira Sorvino, Jeremy Northan, Alexander Goodwin, Giancarlo Giannini, Charles Dutton, Josh Brolin, Alix Koromzay. ◆ La scienziata Susan Tyler (Sorvino), insieme al marito Peter (Northan), riesce ad aver ragione di un'epidemia portata dagli scarafaggi; ma qualche anno dopo, rafforzati dagli interventi genetici che dovevano eliminarli, gli insetti si ripresentano ancora più mostruosi, dotati di mimetismo e capacità riproduttive. Dall'omonimo racconto di Donald A. Wollheim (sceneggiato dal regista con Matt Greenberg, Matthew Robbins e John Sayles), un horror classico sulla mutazione rivisitato con ironia, come si conviene a un messicano trasferitosi a Hollywood e sensibile alla lezione del primo Cronenberg. Meglio la prima parte, con una tensione che sfocia nel terrore, mentre la seconda - quasi completamente ambientata nei sotterranei della metropolitana - finisce per enfatizzare il gioco del mimetismo con effetti al limite del ridicolo.

Mimì metallurgico ferito nell'onore ** (Italia 1972, col, 121') Lina Wertmüller. Con Giancarlo Giannini, Mariangela Melato, Turi Ferro, Agostina Belli, Luigi Diberti, Elena Fiore. ◆ Siciliano emigrato a Torino, l'operaio di sinistra Mimì (Giannini), diviso tra moglie (Belli) e amante (Melato), cornifica per vendetta un brigadiere: accusato ingiustamente del suo omicidio, diventerà un galoppino della mafia. Spunti sociologici in salsa grottesca, secondo lo stile convulso e urlato che sarà tipico della regista, qui al suo primo grande successo. Facili trovate (quando Mimì seduce l'obesa Amalia, il grandangolo la ingigantisce a dimensioni da incubo) e un'amena coppia di interpreti – Giannini e Melato – che ritorneranno in altri film della regista.

Mimì Pinson *½ (*Mimi Pinson*, Francia 1958, b/n, 95') Robert Darène. Con Dany Robin, Raymond Pellegrin, Denise Grey, André Luguet, Mireille Granelli, Micheline Dax, Robert Hirsch. ◆ Lei, Mimì (Robin), fa la sartina e vive in una mansarda di Parigi; lui, Federico (Pellegrin), se ne innamora, ma è anche direttore della società immobiliare che vuole sfrattare Mimì e tutti gli abitanti dello stabile: equivoci, lacrime e inevitabile lieto fine. Il quadro di una gioventù superficiale e romantica, che si preoccupa solo delle gite in Vespa e naturalmente dei battiti del cuore: il cinema francese che faceva infuriare i «giovani turchi» dei *Cahiers*.

Minaccia, La ** (*La Menace*, Francia/Canada 1977, col, 120') Alain Corneau. Con Yves Montand, Carole Laure, Marie Dubois, Jean- François Balmer, Marc Eyraud, Roger Muni. ◆ L'improbabile suicidio di Dominique, lasciata da Henri (Montand) per la più giovane e bella Julie (Laure), innesca un intricato gioco in cui l'accusata dissemina indizi per sviare da sé i sospetti mentre l'uomo accumula prove contro se stesso. Corneau, allora considerato l'erede del noir alla francese, tende a strafare, perdendosi nelle volute di un intreccio contorto. Resta l'atmosfera, una convincente coppia diabolica e la colonna sonora di Gerry Mulligan.

Minaccia atomica **½ (*Seven Days to Noon*, Gb 1950, b/n, 93') John Boulting. Con Barry Jones, Andre Morell, Olive Sloane, Sheila Manahan, Hugh Cross, Joan Hickson. ◆ Per fermare la ricerca sugli armamenti nucleari, il professor Willington (Jones) ruba una bomba atomica: il primo ministro ha sette giorni, fino al mezzogiorno di domenica, per annunciare alla nazione l'accettazione delle sue condizioni, o l'ordigno esploderà nel cuore di Londra. Robusto thriller fantapolitico sugli eccessi cui può condurre l'idealismo, tratto da una storia di Paul Dehn e James Bernard (premiati con l'Oscar) sceneggiata da Frank Harvey e Roy Boulting (fratello del regista). In piena guerra fredda, il film evita la propaganda più scontata per concentrarsi sull'angoscia di una persona ossessionata dal suo rimorso e dalle sue convinzioni religiose: niente dialoghi o sparate ideologiche, ma lunghi momenti di silenzio e solitudine (bellissima la scena notturna, con il suo camminare incessante nella stanza). Se il tempo ha un po' annacquato la tensione narrativa, sono ancora coinvolgenti le scene dell'evacuazione della popolazione da Londra, girate con uno stile documentario decisamente moderno per l'epoca.

Mina... fuori la guardia * (Italia 1961, b/n, 85') Armando W. Tamburella. Con Arturo Testa, Mina [Mina Mazzini], Aroldo Tieri, Carlo Croccolo, Vittorio Congia, Umberto Raho, Didi Perego, Luigi Pavese, Tiberio Murgia, Maria Luisa Barbaria, Vicky Ludovisi, Enrico Viarisio. ◆ Antonio Rinucci (Testa), cantante di successo col nome di Toni Rino, viene chiamato sotto le armi: riuscirà così a liberarsi da un'invadente fidanzata (Ludovisi) e a conquistare la studentessa Valeria (Mina), che scoprirà di non odiare i cantanti ma di esserlo lei stessa. Sceneggiato da Vittorio Metz, il film vuole sfruttare il successo di Arturo Testa, salvo poi puntare col titolo su Mina la cui popolarità era in aumento. Prevedibile comicità «da caserma» con le reclute (Tieri, Congia, Croccolo e Raho) strapazzate dal sergente Caputo (Murgia), ma curiosa l'idea di far esibire Mina per strada, in mezzo al traffico. Lei canta *Le mille bolle blù*, *Confidenziale*, *Due note* e, nel ruolo della mamma che trascurava la piccola Valeria, *Na rosa 'e maggio*. C'è anche Peppino di Capri che canta *Vieneme in zuonno* e *Voce 'e notte*. Epocale il sogno ultrakitsch dove Toni nei panni di un imperatore romano obbliga Valeria a cantare sotto la minaccia del mostro Ariglianosauro. Particina per Luigi Reder, il futuro ragionier Filini, nel ruolo del tenente.

Minestrone, Il *** (Italia 1981, col, 104') Sergio Citti. Con Roberto Benigni, Franco Citti, Ninetto Davoli, Daria Nicolodi, Fabio Traversa, Giorgio Gaber, Olimpia Carlisi, Franco Javarone, Carlo Monni. ◆ «Un film sulla fame come modo di vita» che narra il viaggio attraverso l'Italia di un gruppo di personaggi in vana ricerca di cibo. Alla fine, diventato sempre più numeroso, si affida a uno scalcinato messia (Gaber), armato di flebo anziché di pastorale, che lo conduce in mezzo al nulla. Geniale parabola che fa convivere umori concreti e bassi con il surrealismo più stralunato. Nessun macchiettismo regionale, ma uno sguardo acuto e spiazzante su un'Italia che, a tratti, sembra la versione nera del *Pinocchio* di Collodi. Vincenzo Cerami è coautore della sceneggiatura. Sotto la direzione di Citti gli attori (a cominciare da un Benigni non ancora sulla cresta dell'onda) riescono a evitare ogni manierismo. In televisione è circolata una versione più lunga (e più bella), in tre puntate.

Miniere di re Salomone, Le **½ (*King Solomon's Mines*, Usa 1950, col, 102') Compton Bennett. Con Stewart Granger, Deborah Kerr, Richard Carlson, Hugo Haas. ◆ La moglie (Kerr) di un esploratore sparito nella ricerca delle favolose miniere diamantifere, organizza una spedizione di soccorso con un affascinante cacciatore (Granger). Pura e semplice avventura di solida confezione con i grandi spazi africani e una discreta suspense. Oscar alla fotografia (Robert Surtees) e al montaggio (Ralph E. Winters, Conrad A. Nervig). Dal romanzo di Rider Haggard sceneggiato da Helen Deutsch, che aveva già ispirato un film omonimo del 1937 (inedito in Italia). Rifatto nel 1985 come *Allan Quatermain e le miniere di re Salomone*.

Minnesota Clay *½ (Italia/Francia/Spagna 1964, col, 90') Sergio Corbucci. Con Cameron Mitchell, Georges Rivière, Ethel Rojo, Diana Martin. ◆ Minnesota (Mitchell) fugge dal carcere per obbligare a testimoniare il fuorilegge che può scagionarlo. Il secondo western girato da Corbucci è una piatta replica dei modelli americani, molto lontano da quel suo *Django* che sarebbe diventato un classico dello spaghetti-western.

Minnie & Moskowitz *** (*Minnie and Moskowitz*, Usa 1971, col, 114') John Cassavetes. Con Gena Rowlands, Seymour Cassel, Katherine Cassavetes, Val Avery, Timothy Carey. ◆ Minnie (Rowlands) è una non giovanissima impiegata di un museo; Moskowitz (Cassel), uno squinternato posteggiatore d'auto con baffo e capelli fluenti. Sono così male assortiti che non possono che innamorarsi. Cassavetes gira, a modo suo, una commedia brillante, senza nevrosi (malgrado il tema sia quello della solitudine nella grande città) né cattiverie, ma con una ironia mai invadente. Ottima direzione d'attori e una certa concisione: forse il più accessibile – ma non certo il più banale – dei film del regista.

Minorenne, La * (Italia 1974, col, 89') Silvio Amadio. Con Gloria Guida, Rosemarie Dexter, Corrado Pani, Marco Guglielmi, Giacomo Rossi Stuart. ◆ Incubi e sogni erotici di una ragazzina (Guida) in collegio: ma poi scoprirà che la vita è peggio. Spogliarelli a catena e corsa finale verso il sole (e la purificazione): quando la Guida, prima di riciclarsi nelle commedie, parlava solo col «linguaggio del corpo».

Minuti contati **½ (*Nick of Time*, Usa 1995, col, 89') John Badham. Con Johnny Depp, Courtney Chase, Charles S. Dutton, Christopher Walken, Roma Maffia, Marsha Mason, Peter Strauss, Gloria Reuben. ◆ Se vuole riabbracciare viva la figlia (Chase) sequestratagli da una coppia di poliziotti (Walken e Maffia) in borghese, Gene Watson (Depp) deve uccidere il governatore uscente (Mason): ha un'ora e mezzo di tempo e nessuna via di scampo. Anche perché tutti i poliziotti che incontra sembrano avere una parte nel complotto. Girato praticamente in tempo reale, con gran spreco di steadycam e macchina a mano, oltre che di orologi e segnatempo vari, è un piccolo giallo teso e compatto (sceneggiato da Patrick Sheane Duncan) che dà forma alla paranoia che serpeggia negli Usa, dove la paura dei complotti sembra crescere ogni giorno. L'idea non è certo nuova ma Johnny Depp impaurito e occhialuto è particolarmente convincente nella parte di un signor nessuno trascinato in incubi più grandi di lui.

Minuto a mezzanotte, Un → *Un minuto a mezzanotte*

Minuto per minuto senza respiro *½ (*Daddy's Gone A-Hunting*, Usa 1969, col, 108') Mark Robson. Con Carol White, Paul Burke, Scott Hylands, Mala Powers. ◆ L'ex amante (Burke) di una donna sposata (White) le rapisce il figlio per vendicarsi dell'aborto effettuato dalla donna quand'era incinta di lui. Thriller di routine, risolto con il canonico salvataggio all'ultimo minuto.

Minuzzolo, Il cavallino rosso ** (*The Red Pony*, Usa 1949, col, 89') Lewis Milestone. Con Robert Mitchum, Myrna Loy, Louis Calhern, Shepperd Strudwick, Peter Miles, Margaret Hamilton. ◆ Il piccolo Tom (Miles) compensa il difficile rapporto con il patrigno (Calhern) nell'affetto per il pony e per il suo idolo Billy Buck, il factotum del ranch (Mitchum), che lo aiuta ad addestrarlo. La morte del cavallo sembra sconvolgere tutto. Sceneggiato da John Steinbeck dal proprio racconto, il film si risolve in un onesto ed edulcorato quadro di tenerezza familiare. Mitchum, persuasivo nel suo ruolo di uomo di poche parole, mise nei guai la produzione facendosi arrestare per possesso di marijuana poco prima dell'uscita del film. Bella colonna sonora di Aaron Copland.

Mio amante è un bandito, Il *½ (*The Maverick Queen*, Usa 1956, col, 92') Joseph Kane. Con Barbara Stanwyck, Barry Sullivan, Scott Brady, Mary Murphy, Wallace Ford. ◆ La volitiva Kit (Stanwyck), che dietro l'attività di albergatrice nasconde quella di capobanda, scambia il giovane Jeff (Sullivan) per un bandito e lo vorrebbe al suo fianco: lui accetta per smascherare tutta la gang, ma rischia grosso. Girato in un fiammeggiante «naturama-truecolor», un western di routine, con una Stanwyck più autoritaria che mai.

Mio amico Benito, Il ** (Italia 1962, b/n, 100') Giorgio Bianchi. Con Peppino De Filippo, Mario Carotenuto, Didi Perego, Andrea Checchi, Emma Gramatica, Riccardo Billi, Mac Ronay, Luigi Pavese, Tiberio Murgia, Franco Franchi, Ciccio Ingrassia. ◆ Un povero travet (De Filippo) scopre qualcosa che potrebbe fruttargli l'agognata promozione: la foto in trincea accanto al duce in persona. Ma quando finalmente ottiene udienza, il duce sta annunciando la dichiarazione di guerra. Farsa facile ma non da buttare via con De Filippo al suo meglio in quel suo «involontario e quasi goffo distacco dalla mistica fascista». Luigi De Filippo, figlio di Peppino, interpreta il collega Fioretti.

Mio amico delfino, Il ** (*Flipper*, Usa 1963, col, 90') James B. Clark. Con Chuck Connors, Luke Halpin, Kathleen Maguire, Connie Scott. ◆ Il piccolo Sandy (Halpin) salva dalla morte un delfino arpionato da un subacqueo, ma quando la famiglia, per una moria di pesci, deve scegliere se sfamarsi o nutrire l'animale, il cetaceo viene liberato. Per fortuna Flipper non si allontana troppo... Il tipico film per ragazzi anni Sessanta: buoni sentimenti e belle riprese sottomarine, con moralina ecologica ante litteram. Il successo fu tale che diede origine anche a una serie tv. Seguito da *Flipper contro i pirati* (1964). Rifatto nel 1996 (*Flipper*).

Mio amico Dino, Il → *T-Rex – Il mio amico Dino*

Mio amico il diavolo, Il **½ (*Bedazzled*, Usa 1967, col, 107') Stanley Donen. Con Peter Cook, Dudley Moore, Michael Bates, Raquel Welch, Eleanor Bron. ◆ Un cuoco (Moore) innamorato vende l'anima al diavolo (Cook) perché lo aiuti a sedurre un'indifferente cameriera (Bron) con adeguate metamorfosi: dal cantante pop all'intellettuale al playboy. Il mito di Faust tradotto in una commedia esagitata, episodica e un po' invecchiata, con spunti di critica di costume all'Inghilterra del tempo. Divertimento altalenante. Welch è uno dei peccati capitali. Colonna sonora di Moore e sceneggiatura di Cook.

Mio amico Jekyll, Il *½ (Italia 1960, b/n, 100') Marino Girolami. Con Ugo Tognazzi, Abbe Lane, Hélène Chanel, Raimondo Vianello, Carlo Croccolo, Luigi Pavese. ◆ Il professor Fabius (Vianello) trasferisce la sua viziosa personalità nel tranquillo professore Giacinto Floria (Tognazzi) per insidiare le studentesse. Uno scalcinato detective (Croccolo) indaga sullo strano caso. Parodia volgarotta con poche carte da giocare.

Mio amico Mac, Il *½ (*Mac and Me*, Usa 1988, col, 93') Stewart Raffill. Con Christine Ebersole, Jonathan Ward, Katrina Caspary. ◆ Ragazzino paraplegico salva con la Coca Cola (sic!) un alieno timido e bruttarello. Sulla scia di *E.T.*, fiacca fantascienza per minori di dodici anni.

Mio amico scongelato, Il * (*Encino Man*, Usa 1992, col, 89') Les Mayfield. Con Sean Astin, Brendan Fraser, Pauly Shore, Megan Ward. ◆ Due studenti sfigati (Astin e Shore) trovano ed educano un teen-ager preistorico congelato (Fraser), che si mimetizza subito con gli altri trogloditi in circolazione per i college della California. Sulla scia di *Fusi di testa*, umorismo elementare per menti congelate. Prodotto con due soldi, grande successo in patria, ma (per fortuna) non in Europa.

Mio amico Zampalesta, Il *½ (*Monkey Trouble*, Usa 1994, col, 95') Franco Amurri. Con Finster, Harvey Keitel, Mimi Rogers, Thora Birch, Christopher McDonald. ◆ Eva (Birch), nove anni, adotta una scimmietta cappuccina (Finster) scappata dallo zingaro (Keitel) che l'ha addestrata nell'arte del furto. Alla seconda regia americana, Amurri (anche sceneggiatore) ha girato un innocuo film per ragazzi, meno divertente dell'analogo *Dunston – Licenza di ridere*. Sprecato Keitel. La fotografia è di Luciano Tovoli, Ridley Scott è uno dei produttori.

Mio amore con Samantha, Il *½ (*A New Kind of Love*, Usa 1963, col, 110') Melville Shavelson. Con Paul Newman, Joanne Woodward, Thelma Ritter, Eva Gabor, Maurice Chevalier, George Tobias. ◆ A Parigi una disegnatrice di moda americana (Woodward) per conquistare un giornalista sportivo donnaiolo (Newman) rinnova completamente il suo look. Col risultato che lui la scambia per una prostituta, dando il via a una catena di equivoci. Stucchevole e poco divertente: Newman e moglie volano basso, superflua partecipazione speciale di Chevalier e la convinzione tutta yankee che più una donna racconta perversioni erotiche, più il maschio americano abbocca.

Mio amore eri tu, Il *½ (*Suzy*, Usa 1936, b/n, 99') George Fitzmaurice. Con Jean Harlow, Cary Grant, Franchot Tone, Lewis Stone. ◆ Durante la prima guerra mondiale un pilota francese (Grant) si innamora di una ballerina americana (Harlow) che a torto si crede vedova. Amore e spionaggio in un improbabile e pesantissimo drammone. «È difficile che una bionda sia finanziariamente in guai seri», sostiene la femme fatale Harlow: ma i suoi vestiti rischiano di essere la cosa migliore del film. Le immagini aeree provengono da *Angeli dell'inferno* di Howard Hughes. Nell'edizione originale si può sentire Cary Grant, che si esibisce come cantante.

Mio amore vivrà, Il **½ (*Fanny by Gaslight*, Gb 1944, b/n, 108') Anthony Asquith. Con Phyllis Calvert, Stewart Granger, James Mason, Wilfrid Lawson, Joan Kent, Nora Swinburne. ◆ Figlia illegittima di un diplomatico allevata dai gestori di una bettola, Fanny (Calvert) sperimenta sulla sua pelle i pregiudizi della società inglese: troverà la felicità accanto ad Harry Somersford (Granger) giovane segretario del suo padre naturale, non prima però che il cinico lord Manderstoke (Mason), già responsabile dell'assassinio del padre putativo, abbia rischiato di far finire tutto in tragedia. Tratto dal romanzo di Michael Sadleir, sceneggiato da Doreen Montgomery e Aimée Stuart (che hanno dato maggior peso alla figura di lord Manderstoke), è un intrigante melodramma prodotto dalla Gainsborough sulla scia del successo di *L'uomo in grigio* dove Asquith nasconde «sotto la lettera del racconto di genere un ritratto al vetriolo delle perversioni dell'epoca». Ritítolato negli Usa *Man of Evil* dove è stato distribuito ridotto a 909.

Mio avventuriero, Il ** (*A Yank in the RAF*, Usa 1941, b/n, 98') Henry King. Con Tyrone Power, Betty Grable, John Sutton, Reginald Gardiner, Richard Fraser. ◆ Un pilota americano (Power) si arruola nella Raf e, innamorato di una ballerina (Grable) che sembra non volerlo ricambiare, si getta in eroiche imprese. Discreto film di propaganda, schierato per l'entrata in guerra degli Usa contro la Germania nazista. Notevole la ricostruzione dell'evacuazione dell'esercito inglese a Dunkerque. I britannici chiesero che il protagonista non morisse nel finale, come previsto, per non offrire spunti polemici agli oppositori americani all'ingresso in guerra.

Mio caro assassino ** (Italia/Spagna 1972, col, 100') Tonino Valerii. Con George Hilton, Salvo Randone, Marilù Tolo, Patty Shepard, Sofia Dionisio, William Berger, Helga Liné, Piero Lulli, Dante Maggio, Enzo Fiermonte, Corrado Gaipa. ◆ Dopo l'omicidio di un investigatore delle assicurazioni, il commissario (Hilton) riapre il caso del rapimento di una bambina barbaramente uccisa: ma l'assassino lo precede sempre. Finale quasi alla Agatha Christie per un giallo che si inserisce con una certa inventiva nel filone inaugurato dall'*Uccello dalle piume di cristallo* di Argento: *grand guignol* d'effetto (la decapitazione iniziale entra nella top ten del genere), atmosfera cupa e classici spaventi sulle note di Ennio Morricone, il cui talento all'epoca era inesauribile. Da un soggetto di Franco Bucceri e Roberto Leoni.

Mio caro dottor Gräsler ** (Italia 1990, col, 121') Roberto Faenza. Con Keith Carradine, Miranda Richardson, Kristin Scott-Thomas, Sarah Jane-Fenton, Max von Sydow, Mario Adorf. ◆ Un medico termale senza qualità (Carradine) lavora d'inverno in Ungheria e d'estate a Lanzarote, nelle Canarie. Dopo il suicidio dell'amata sorella, smarrito e tormentato, esita nell'amore per tre donne. Il fascino perduto della Mitteleuropa impacchettato in confezione regalo come un libro Adelphi. Musiche di Morricone, fotografia di Rotunno, cast internazionale: una diligente illustrazione del romanzo *Il dottor Gräsler medico termale* di Arthur Schnitzler sceneggiata dal regista con Ennio De Concini, e nulla più.

Mio corpo ti appartiene, Il → *Uomini*

Mio corpo ti scalderà, Il **½ (*The Outlaw*, Usa 1943, b/n, 113') Howard Hughes. Con Jack Beutel, Jane Russell, Thomas Mitchell, Walter Huston, Mimi Aguglia, Joe Sawyer. ◆ Billy the Kid (Buetel), ferito dallo sceriffo Pat Garrett (Mitchell), viene affidato da Doc Holliday (Huston) alle cure amorevoli della sua donna, Rio (l'esordiente Russell). Ma per il cavallo di Doc, Billy sarebbe disposto a rinunciarvi. Iniziato da Howard Hawks nel 1940 e finito dal produttore Hughes, fu ritirato dalla circolazione per uscire nel 1950 in una versione censurata. Le componenti misogine e omosessuali del western si scontrano con la sensualità prorompente della maggiorata che il miliardario Hughes (disegnatore di reggipetti a tempo perso) volle protagonista. Sarebbe stato meglio, comunque, che l'avesse completato Hawks.

Mio cugino, il reverendo Bobby ** (*Cousin Bobby*, Usa 1992, col, 60') Jonathan Demme. ◆ Documentario di cui è protagonista Robert Castle, il cugino del regista, titolare di una parrocchia battista a Harlem, New York, e difensore dei diritti civili delle minoranze etniche, fin da quando, negli anni Sessanta, si era fatto fama di cappellano delle Pantere Nere. Demme mescola pubblico e privato, prediligendo la riflessione sulla morte delle persone care e le buone intenzioni enunciate in cerimonie interconfessionali: ma se riesce a esprimere la rabbia per il razzismo e le discriminazioni, non evita il rischio dell'idealizzazione e del *politically correct*.

Mio cugino Vincenzo **½ (*My Cousin Vinny*, Usa 1992, col, 118') Jonathan Lynn. Con Joe Pesci, Ralph Macchio, Marisa Tomei, Fred Gwynne, Mitchell Whitfield. ◆ Stivali borchiati, giubbino di pelle e medaglione al collo, il neoavvocato Vincenzo Gambino (Pesci, doppiato da Leo Gullotta) si trova a difendere il cuginetto (Macchio) e il suo amico da un' accusa di omicidio al cospetto di un giudice ultraconservatore. Commediola scanzonata (sceneggiata da Dale Launer) e piacevole soprattutto perché il regista ha lasciato carta bianca a Joe Pesci, qui al suo primo ruolo da protagonista. Brava anche Marisa Tomei, la fidanzata esperta in motori, premiata con l'Oscar per la miglior interprete non protagonista.

Mio Dio, come sono caduta in basso! *½ (Italia 1974, col, 110') Luigi Comencini. Con Laura Antonelli, Alberto Lionello, Michele Placido, Ugo Pagliai, Jean Rochefort, Rosemarie Dexter, Karin Schubert. ◆ Sicilia, inizio del secolo: freschi di matrimonio, Eugenia (Antonelli) e Raimondo (Lionello) scoprono di essere fratelli. Per il decoro della casata decidono di tacere lo scandalo: lei offre la sua verginità all'autista (Placido) e sogna di avere un figlio da D'Annunzio, lui va in guerra in Libia. Comencini ha un doppio bersaglio comico: la sessuofobia meridionale e l'estetismo decadente della borghesia. Sberleffi scontati e recitazione caricaturale: allora, un grande successo.

Mio figlio *½ (*Rue des Prairies*, Francia/Italia 1959, b/n, 87') Denys de La Patellière. Con Jean Gabin, Roger Dumas, Marie-José Nat, Claude Brasseur, Roger Tréville, Paul Frankeur, Albert Dinan, Louis Seigner, Jacques Monod, France Asselin, Dominique Page. ◆ Al ritorno dalla prigionia Henri Neveux (Gabin) scopre che la moglie, morta di parto, gli ha lasciato un terzo figlio non certo suo: educherà Fernand (Dumas) con lo stesso amore con cui cresce Louis (Brasseur) e Odette (Nat) e scoprirà che, nonostante il carattere introverso e solitario, proprio lui saprà dimostrargli più riconoscenza di tutti. Quadretto populista sulle virtù operaie, tratto dal romanzo di René Lefèvre e sceneggiato dal regista con Michel Audiard: Gabin, come sempre, è simpatico (specie quando spiega, a cavallo di una sedia, le qualità di sprinter del figlio Louis, campione di ciclismo su pista), ma la storia non ha mai mordente.

Mio figlio il fanatico ** (*My Son the Fanatic*, Gb 1997, col, 95') Udayan Prasad. Con Om Puri, Rachel Griffiths, Stellan Skarsgård, Akbar Kurtha, Gopi Desai, Harish Patel, Bhasker Patel, Judi Jones. ◆ Tassista londinese di origine pakistana, Parvez (Puri) assiste impotente alla metaformosi del figlio Farid (Kurtha), che abbraccia il fondamentalismo islamico e detesta Bettina (Griffiths), la prostituta che accompagna in taxi dai clienti e che comincia a riempire i vuoti di un matrimonio andato in pezzi: inevitabile lo scontro. Sceneggiato da Hanif Kureshi a partire da un suo racconto, una commedia satirica che descrive lo scontro multietnico in una grande città come Londra. Nella realizzazione c'è più folclore che autentica profondità e lo scontro è subito impari (il figlio integralista è troppo caricaturale), ma ci sono anche una bella carica di simpatia e una discreta dose d'ironia, sufficienti per tenere a galla il film.

Mio figlio Nerone *½ (Italia/Francia 1956, col, 90') Steno [Stefano Vanzina]. Con Alberto Sordi, Vittorio De Sica, Gloria Swanson, Brigitte Bardot, Giorgia Moll, Mario Carotenuto, Memmo Carotenuto. ◆ Nerone (Sordi) vorrebbe dedicarsi tranquillamente all'arte e alla moglie Poppea (Bardot), ma la madre Agrippina (Swanson!) lo assilla perché riprenda la guerra ai britanni. Meglio ammazzarla, dunque, con l'aiuto di Seneca (De Sica). Sbeffeggiamento in CinemaScope della storia romana, in una farsa non sempre esilarante. Sordi con barbetta e riccioli fa il verso a Petrolini. La Bardot, esplosa quell'anno con *Piace a troppi*, impose a Steno, da vera imperatrice, di farle fare il bagno nel latte di capra.

Mio figlio Professore ** (Italia 1946, b/n, 100') Renato Castellani. Con Aldo Fabrizi, Giorgio De Lullo, Mario Pisu, Diana Nava, Lisetta Nava, Pinuccia Nava, Mario Soldati, Nando Bruno, Diego Calcagno. ◆ Bidello in un liceo romano, Orazio Belli (Fabrizi) è riuscito con mille sacrifici a far laureare il figlio Orazio junior (De Lullo, al suo esordio): per fargli avere la cattedra di latino nel suo liceo, il padre è disposto a far carte false, ma l'intransigenza del figlio non gli permetterà di godere di questo piccolo trionfo. «L'umile storia di un uomo umile, un padre come ce n'è molti che ha un figlio come ce n'è moltissimi...»: una storiella lieve che abbracciando vent'anni di vita italiana (il leit-motiv è *Come pioveva*, Fabrizi fischietta *Bombolo*) affronta temi neorealistici all'insegna del sorriso, anticipando la poetica dei futuri film di Castellani, intessuta di realismo e di fiducia nella vita. La sceneggiatura (di Aldo De Benedetti, Castellani, Fabrizi, Suso Cecchi d'Amico, Fulvio Palmieri, Fausto Tozzi ed Emilio Cecchi) scivola a volte nel grottesco, ma alcune scene comiche sono davvero memorabili, come il tentativo di Fabrizi di uccidere la gallina Lucrezia. Paolo Monelli e Francesco Jovine interpretano il primo e il secondo ministro della Pubblica Istruzione, mentre Ennio Flaiano, Ercole Patti e Gabriele Baldini sono alcuni dei professori della commissione d'esame.

Mio nemico, Il *½ (*Enemy Mine*, Usa 1985, col, 108') Wolfgang Petersen. Con Dennis Quaid, Louis Gosset jr, Brion James, Richard Marcus. ◆ Nel XXI secolo la Terra combatte una popolazione di lucertoloni alieni unisex, i draconiani. Precipitati sullo stesso pianeta dopo uno scontro spaziale, l'alieno (Gosset) e il terrestre (Quaid) finiscono per solidarizzare nel comune impegno per la sopravvivenza: e quando il draconiano muore di parto, il terrestre sarà un padre putativo perfetto. Effetti speciali in salsa sentimentale-umanista, senza paura del ridicolo involontario, e con sottintesi sessuali polimorfi. Il regista della *Storia infinita* spese un sacco di soldi ma il pubblico non gradì.

Mio nome è nessuno, Il ** (Italia/Francia/Rft 1973, col, 130') Tonino Valerii. Con Terence Hill [Mario Girotti], Henry Fonda, Jean Martin, Piero Lulli, Mario Brega, R.G. Armstrong. ◆ Alla fine del secolo scorso, un pistolero che si fa chiamare Nessuno (Hill) non può accettare che il suo idolo Jack Beauregard (Fonda) si avvii in Europa sul viale del tramonto, e lo coinvolge in un'ultima impossibile impresa: loro due contro 150 banditi. Prodotto da Sergio Leone e sceneggiato da Fulvio Morsella ed Ernesto Gastaldi, una riflessione semiparodica sulla mitologia del western americano (compresa la sua ultima incarnazione, quella di Peckinpah), incerta tra le guasconerie della serie di *Trinità* e l'epica rovesciata di *C'era una volta il West*. Un film più stimato all'estero che da noi. Musiche di Ennio Morricone.

Mio nome è Remo Williams, Il **½ (*Remo Williams: The Adventure Begins*, Usa 1985, col, 121') Guy Hamilton. Con Fred Ward, Joel Grey, Wilford Brimley, J.A. Preston, Kate Mulgrew. ◆ Il poliziotto Makin (Ward), salvato dalla morte, viene rimesso a nuovo, dotato di una nuova identità e trasformato da un maestro di arti marziali (Grey) in una macchina da combattimento al servizio di un'organizzazione segreta anticriminale. Schiva le pallottole e cammina sul cemento fresco, è furbo come James Bond, più simpatico di Rambo e ha anche un tocco zen. Hamilton ha realizzato un fumetto più spettacolare (vedi la scena sulla statua della Libertà) e ironico dei quattro film di 007 che ha diretto: ma il pubblico non ha gradito.

Mio padre, che eroe! *½ (*Mon père, ce héros*, Francia 1991, col, 103') Gérard Lauzier. Con Gérard Depardieu, Marie Gillain, Patrick Mile, Catherine Jacob. ◆ In vacanza alle Mauritius col padre divorziato (Depardieu), la quindicenne Véronique (Gillain) si spaccia per la sua amante per far ingelosire le sue prede. Nulla di morboso in questa commedia degli equivoci all'acqua di rose, scritta e diretta da un disegnatore di fumetti soprannominato in patria il «Brétecher di destra». Depardieu, che sfoggia il panzone e cita il *Cyrano*, è l'unico motivo per vedere il film. Rifatto, sempre con Depardieu, nel 1994, *Ma dove è andata la mia bambina?*

Mio padre monsignore *½ (Italia 1971, col, 90') Antonio Racioppi. Con Lino Capolicchio, Giancarlo Giannini, Barbara Bach, Marisa Merlini, Minnie Minoprio. ◆ Due giovani (Capolicchio e Giannini) entrambi figli naturali – il primo del re sabaudo e il secondo di un vescovo – sognano di essere riconosciuti dai padri, mentre si cerca di unire l'Italia. Una blanda commedia del sottofilone risorgimentale.

Mio papà è il papa, Il *½ (*The Pope Must Die*, Gb 1991, col, 99') Peter Richardson. Con Robbie Coltrane, Beverly D'Angelo, Herbert Lom, Paul Bartel, Salvatore Cascio. ◆ Padre Albinizi (Coltrane), parroco di campagna rockettaro pieno di nostalgia per forme d'amore non spirituali, ascende per sbaglio al santo soglio: e il Vaticano si rivela il classico nido di vipere. Le allusioni allo Ior e la satira del clero ipocrita non bastano a rendere mordente una satira all'acqua di rose, che si trascina verso una conclusione scontata. Coltrane è il corrispondente britannico di John Goodman.

Mio piccolo genio, Il **½ (*Little Man Tate*, Usa 1991, col, 99') Jodie Foster. Con Jodie Foster, Adam Hann-Byrd, Dianne Wiest, David Pierce, Harry Connick jr. ◆ Senza padre e con una mamma (Foster) che tira a campare, il bambino di sette anni Fred Tate (Hann-Byrd) è versato in tutte le arti e viene «adottato» da un'insegnante (Wiest), a sua volta ex bambina prodigio, che di mestiere alleva piccoli geni. Per il suo debutto come regista, Jodie Foster sceglie una storia quasi autobiografica (la sua carriera è stata precocissima) e dimostra di avere talento sia nella scelta delle inquadrature (lo spazio vuoto che isola il protagonista) che nella direzione degli attori. Purtroppo non è servita a dovere dalla sceneggiatura di Scott Frank (*L'altro delitto*) che scarseggia di idee nella seconda metà.

Mio piede sinistro, Il **½ (*My Left Foot*, Gb 1989, col, 103') Jim Sheridan. Con Daniel Day-Lewis, Brenda Fricker, Ray MacAnally, Hugh O'Connor, Fiona Shaw, Cyril Cusack. ◆ Christy Brown (Day-Lewis), tredicesimo figlio di famiglia operaia e paraplegico, riesce progressivamente a controllare il piede sinistro e a utilizzarlo per diventare un apprezzato pittore e scrittore, convolando pure a nozze con la sua infermiera. Lewis (premiato con l'Oscar come Brenda Fricker, che interpreta la madre) inietta sufficiente umorismo e vitalità nel personaggio da evitare le secche del patetismo; il gusto per il dettaglio realistico di Sheridan fa il resto. Un gradino al di sopra di molti film-verità analoghi. Tratto dalla autobiografia dello stesso Brown sceneggiata dal regista e Shane Connaughton.

Mio primo bacio, Il * (*My Girl 2*, Usa 1994, col, 99') Howard Zieff. Con Anna Chlumsky, Dan Aykroyd, Jamie Lee Curtis, Austin O'Brien, Richard Masur. ◆ Seguito di *Papà, ho trovato un amico*: Vada Sultenfuss (Chlumsky), tredicenne, alla ricerca di notizie sulla madre che non ha mai conosciuto, si innamora castamente del cugino Nick (O'Brien). L'ambientazione negli anni Settanta è fasulla (si vede un negozio di Benetton), e la morale – che la donna si realizzi nella maternità – reazionaria. Almeno nel prototipo moriva Macaulay Culkin.

Mio primo uomo, Il * (*La joven casada*, Spagna 1976, col, 100') Mario Camus. Con Ornella Muti, Pedro Del Corral, Mark Edwards, Mairata O'Winedo. ◆ Una giovane infermiera (Muti), amante del figlio del primario, mentre il giovane è in Africa, ne sposa il padre per poi riprendere il rapporto con il neofigliastro. Uno sconnesso fumettone cui nell'edizione italiana sono state appiccicate alcune scene sexy, per soddisfare almeno il pubblico voyeur.

Mio socio, Il *½ (*L'Associé*, Francia 1979, col, 94') René Gainville. Con Michel Serrault, Claudine Auger, Catherine Alric, Judith Magre, Mathieu Carrière, Bernard Haller. ◆ Licenziato come pubblicitario, Julien Pardot (Serrault) si ricicla come consulente finanziario ma nessuno gli dà credito fino a quando non s'inventa un fantomatico socio inglese: schiacciato da questa presenza, Julien decide di eliminarlo mettendo in scena la sua morte, ma non ha fatto i conti con i pregiudizi degli investitori. Scialba trascrizione a firma Jean-Claude Carrière di un romanzo cileno di Jenaro Prieto (del 1928!): la satira del mondo finanziario è fiacca e scontata e nemmeno Serrault riesce a risollevarla. Rifatto a Hollywood nel 1996 (*Funny Money – Come fare i soldi senza lavorare*).

Mio uomo, Il ** (*My Man and I*, Usa 1952, b/n, 99') William A. Wellman. Con Ricardo Montalban, Shelley Winters, Claire Trevor, Wendell Corey, Jack Elam. ◆ Il messicano Chu Chu Ramirez (Montalban) ha ottenuto da poco la cittadinanza americana e si prodiga per redimere una ragazza alcolizzata, Nancy (Winters). Ma chi è interessato a lui è Louise (Trevor), la moglie del principale (Corey): e visto che Ramirez è tutto d'un pezzo, si immaginano le conseguenze. Buoni sentimenti e realismo sociale quasi alla Capra: Wellman, come spesso gli capita, è sincero e limitato. Sceneggiatura di John Fante e Jack Leonard.

Mio uomo è una canaglia, Il **½ (*Born to Win*, Usa 1971, col, 90') Ivan Passer. Con George Segal, Karen Black, Paula Prentiss, Jay Fletcher, Hector Helizondo. ◆ «Born to Win», nato per vincere, recita il tatuaggio di un ex parrucchiere tossicomane (Segal) che si trascina per Manhattan ricercato sia dalla polizia che dal boss spacciatore. Il regista cecoslovacco esule in Usa continua la sua analisi della gente comune, affrontando con piglio grottesco il tema della droga, in un film sottovalutato con un Segal in gran forma. Una particina per Robert De Niro.

Mio uomo è un selvaggio, Il ** (*Le Sauvage*, Francia/Italia 1975, col, 105') Jean-Paul Rappeneau. Con Yves Montand, Catherine Deneuve, Luigi Vannucchi, Tony Roberts, Bobo Lewis. ◆ Mollato il lavoro, la moglie e New York, Martin (Montand) si gode solitudine e fritto di pesce in un'isola del Sudamerica, finché non incrocia una bionda (Deneuve) in fuga dal possessivo fidanzato italiano (Vannucchi). Amore, avventura, esotismo e giallo, in una farsa semiseria dal ritmo che vorrebbe essere travolgente. Poco di più che una vetrina per le due star. Rappeneau, che lo sceneggiò con la moglie Elizabeth e Jean-Loup Dabadie, è lo stesso che dirigerà *Cyrano de Bergerac*.

Mio uomo sei tu, Il **½ (*Julie de Carneilhan*, Francia 1950, b/n, 95') Jacques Manuel. Con Edwige Feuillère, Pierre Brasseur, Marcelle Chantal, Sylvia Bataille. ◆ Divorziata due volte, Julie de Carneilhan (Feuillère) vive sola a Parigi con il modesto assegno che le passa il primo marito, circondata da pretendenti d'ogni genere. Non è insensibile al ritorno del secondo marito (Brasseur), di cui è ancora innamorata: ma quando s'accorge che l'uomo è spinto solo dall'interesse, torna al paese natale. Dall'omonimo romanzo di Colette (sceneggiato da Jean-Pierre Grédy e Jacques Manuel), il ritratto di una quarantenne indipendente e fragile, fiera e insoddisfatta allo stesso tempo: un personaggio moderno per il cinema francese del dopoguerra e una messinscena molto più matura rispetto ai film psicologici dell'epoca. Il merito va equamente diviso tra la scrittrice, l'attrice protagonista (che sembra la fonte d'ispirazione dei suoi personaggi) e il regista (un ex costumista) che spoglia le pagine di Colette della loro tipica sensualità prediligendo uno stile secco e malinconico, già in odore di esistenzialismo.

Mio West, Il * (Italia 1998, col, 97') Giovanni Veronesi. Con Leonardo Pieraccioni, Harvey Keitel, Jim Van der Woude, David Bowie, Alessia Marcuzzi, Sandrine Holt, Michelle Gomez. ◆ Pistolero pentito, Johnny Lowen (Keitel, parla italiano e recita coi piedi) torna da suo figlio Doc (Pieraccioni, che parla toscano), medico di paese amico degli indiani (che parlano in indiano, sottotitolati): ma un killer cattivo (Bowie) rompe l'idillio. 10 secondi di Marcuzzi sotto la doccia non bastano a dare pepe a un western (girato in Garfagnana) sbrodolato, pensato probabilmente per vendere all'estero la star del *Ciclone*: che però si vede poco e non cerca neanche di far ridere. Irritante pretesa di propinare buoni sentimenti (nonviolenza ecc.), e cinefilia che al massimo arriva ai telefilm di *La casa nella prateria*. Neanche il pregio del ridicolo involontario, solo un piattume sconfortante. Pieraccioni e Veronesi, autori della sceneggiatura, si sono ispirati al romanzo *Jodo Cartamigli* di Vincenzo Pardini.

Mio XX secolo, Il ****** (*Az en xx Szazadom*, Ungheria 1988, b/n, 100') Ildiko Enyedi. Con Dorotha Segda, Oleg Jankowski, Peter Andorai, Gabor Mathe, Paulus Manker. ◆ Due gemelle (Segda) nascono a Budapest mentre Edison inventa la luce elettrica. Separate nella notte di Natale, si ritrovano vent'anni dopo sull'Orient-Express, l'una avventuriera di lusso, l'altra attentatrice anarchica. Girato con uno stile prezioso e volutamente rétro, una fiaba paradossale che strizza continuamente l'occhio allo spettatore. Il cane di Pavlov fugge stanco dei troppi esperimenti e una scimmia narra le proprie sventure: divertimento malizioso ma ozioso. Camera d'oro a Cannes come migliore opera prima.

Mio zio ***½ (*Mon Oncle*, Francia 1958, col, 120') Jacques Tati. Con Jacques Tati, Jean-Pierre Zola, Adrienne Servantie, Alain Bécourt, Lucien Fregis. ◆ Il piccolo Gérard (Bécourt) è diviso fra la monotonia asettica della casa ultratecnologica dei genitori, e il calore del quartiere popolare dello zio Hulot (Tati). Sorella e cognato cercano di inglobare nel loro mondo lo stralunato parente con risultati catastrofici. Una satira surreale sul rapporto fra vecchio e nuovo e sull'affanno borghese di apparire moderni. Tati (per la terza volta nei panni di Hulot) si confronta con la civiltà delle macchine e va oltre la comicità immediata del burlesque: tutto il film è una gag continuata, sorridente e discreta. Una delle sue opere migliori, premio speciale della giuria a Cannes e Oscar per il miglior film straniero.

Mio zio d'America → *Mon oncle d'Amerique*

Mi permette, babbo? ** (Italia 1956, b/n, 98') Mario Bonnard. Con Alberto Sordi, Aldo Fabrizi, Achille Majeroni, Paola Borboni, Elli Parvo, Riccardo Billi. ◆ Rodolfo (Sordi) ambisce a studiare canto vivendo alle spalle del suocero macellaio (Fabrizi): una particina nella *Traviata*, seppur dall'esito infelice, riuscirà a convincere l'ostile parentado a finanziarlo. Farsa garbata, com'è nello stile di Bonnard. Godibili i duetti tra Sordi e Fabrizi, impagabile Majeroni (l'omosessuale dei *Vitelloni*) nella parte dello scalcinato maestro di canto. Sceneggiatura di Ettore Scola e Ruggero Maccari.

Mi piace quella bionda! **½ (*Hold That Blonde*, Usa 1945, b/n, 76') George Marshall. Con Eddie Bracken, Veronica Lake, Albert Dekker, Frank Fenton, George Zucco, Willie Best. ◆ Per guarire dalla sua cleptomania, Orazio Trolow (Bracken) dovrebbe innamorarsi - e lo fa - di Sally (Lake, senza la sua celebre pettinatura «peekaboo»), complice controvoglia di una banda che deve rubare la collana dei Romanoff: a questo punto il problema è impedire il furto e riportare la ragazza sulla retta via. Farsa indiavolata tratta da una commedia di Paul Armstrong (sceneggiata da Walter De Leon, Earl Baldwin, E. Edwin Moran), in cui Marshall sembra ricordarsi della lezione di McCarey (l'imbarazzo per le proprie azioni) e di Harold Lloyd (la scena sul pennone sospeso nel vuoto), ma che forse avrebbe avuto bisogno di un protagonista più duttile.

Miracles * (*Miracles*, Usa 1986, col, 91') Jim Kouf. Con Tom Conti, Teri Garr, Paul Rodriguez, Christopher Lloyd. ◆ Un medico (Conti) e un'avvocatessa (Garr), appena divorziati, finiscono in Messico, dove sono riuniti da movimentate avventure in stile *All'inseguimento della pietra verde*. Incerto tra il tono demenziale-fracassone e la commedia sofisticata vecchio stampo, l'esordiente Kouf annega il film nella noia e spreca i suoi protagonisti.

Miracoli non si ripetono, I ** (*Les Miracles n'ont lieu qu'une fois*, Francia/Italia 1951, b/n, 98') Yves Allégret. Con Jean Marais, Alida Valli, Marcelle Arnold, Nadia Fiorelli, Charles Rutherford, Christine Chesnay, Dedy Ristori, Riccardo Moscino, Françoise Prévost. ◆ Lo scoppio della seconda guerra mondiale spezza il legame tra il francese Jérôme (Marais) e l'italiana Claudia (Valli). Quando si ritrovano dopo cinque anni, la loro relazione rischia di naufragare davanti alle difficoltà della vita se non decidessero di accontentarsi di un amore meno puro di quello che avevano sognato. Allégret abbandona il cupo pessimismo con cui aveva descritto i rapporti umani nelle sue opere precedenti per aprirsi a un più realistico compromesso di fronte alla necessità di «ricostruire» un nuovo tessuto sociale e umano. La sceneggiatura di Jacques Sigurd (che fonde perfettamente elementi realistici con altri più melodrammatici) e soprattutto l'intensa prova della Valli riescono a rendere palpitante un film che rischiava di scivolare nel patetismo.

Miracolo, Il *½ (*Le Miraculé*, Francia 1987, col, 87') Jean-Pierre Mocky. Con Michel Serrault, Jean Poiret, Jeanne Moreau, Jean Rougerie, Sylvie Joly, Roland Blanche. ◆ Papu (Poiret), investito da un'auto, simula la paralisi per intascare l'assicurazione: per tornare in piedi progetta di inscenare un falso miracolo a Lourdes. Gag goliardiche e anticlericalismo vecchio stile per una farsa non strepitosa che, in patria, ha destato qualche reazione indignata. Cast meritevole di altre occasioni. Musiche – incredibile – di Michel Nyman.

Miracolo a Milano *** (Italia 1951, b/n, 100') Vittorio De Sica. Con Emma Gramatica, Francesco Golisano, Paolo Stoppa, Guglielmo Barnabò, Brunella Bovo, Arturo Bragaglia. ◆ Nella periferia milanese una variopinta comunità di barboni scopre il petrolio nell'area da loro occupata. Scacciati dalla polizia, dal cielo verrà loro in aiuto la buona signora Lolotta (Gramatica), che aveva allevato l'orfano Totò (Golisano): i poveracci si involano verso un mondo più giusto sulle scope degli spazzini di piazza del Duomo. Zavattini, adattando il suo romanzo *Totò il buono*, introdusse una vena surreale e favolistica nel neorealismo ormai declinante. L'attenzione ai problemi della povera gente e la critica contro il potere non va oltre un populismo generoso ma schematico; ciò che più colpisce, oggi, è il tema dell'utopia e del risarcimento dell'immaginazione. Scontentò tutta la critica italiana, ma si aggiudicò la Palma d'oro a Cannes ex aequo con *La notte del piacere* e il premio della critica negli Usa.

Miracolo della 34ª strada, Il **½ (*Miracle on 34th Street*, Usa 1947, b/n, 96') George Seaton. Con Edmund Gwenn, Maureen O'Hara, John Payne, Gene Lockhart, Natalie Wood, Porter Hall, William Frawley, Jack Albertson. ◆ Assunto per fare il Babbo Natale ai grandi magazzini Macy's di New York – che si trovano all'angolo tra la 7a e la 34a strada – Kris Kringle (Gwenn) sostiene di essere veramente il personaggio immaginario che impersona con tanta convinzione: lo prendono per pazzo, ma poi dovranno ricredersi, a cominciare dall'incredula Sally (Wood) e dalla sua disillusa madre (O'Hara) per finire addirittura con la corte suprema di New York. Deliziosa fantasy-comedy, sceneggiata da Seaton a partire da un racconto di Valentine Davies, nella quale l'ottimismo e la gentilezza alla Capra (in fondo il messaggio che vuole diffondere Kringle è quello della buona volontà e del valore della fantasia) non impediscono al film di affrontare – con un delicato tocco di umorismo – alcune tematiche più serie, come i rischi di una pedagogia troppo pragmatica e gli eccessi di certi apprendisti psichiatri. Esordio sullo schermo di Thelma Ritter, madre del bambino che vuole il camion dei pompieri. Tre Oscar: miglior attore, soggetto e sceneggiatura. Esiste una versione colorizzata. Rifatto nel 1994 (*Miracolo nella 34ª strada*).

Miracolo delle campane, Il * (*The Miracle of the Bells*, Usa 1948, b/n, 120') Irving Pichel. Con Fred MacMurray, Alida Valli, Frank Sinatra, Lee J. Cobb. ◆ L'interprete (Valli) di un film su Giovanna d'Arco muore improvvisamente e il produttore decide di non distribuire il film: ma il manager (MacMurray) della diva protagonista rende un evento pubblicitario la sua sepoltura al paesello. Le campane che suonano per giorni fanno il miracolo di lanciare il film della defunta. Insensato nelle premesse e fiacco nello svolgimento. La Valli è sprecata, Sinatra fa del suo meglio nei panni del prete.

Miracolo delle campane, Il *** (*Cielo negro*, Spagna 1951, b/n, 90') Manuel Mur Oti. Con Susana Canales, Fernando Rey, Luis Prendes, Inés Perez Indarte. ◆ Una sartina madrilena (Canales) crede di aver trovato l'amore per corrispondenza, ma si tratta solo di uno scherzo crudele. Perduto il lavoro, scoperto l'inganno e morta la madre, pensa al peggio.

Melodramma fiammeggiante con un'eroina sofferente che si innalza a livelli tragici quasi rosselliniani. Il lunghissimo piano sequenza finale, con la protagonista che corre disperata sotto la pioggia, lascia stupefatti e ammirati. Quasi un Sirk in chiave cattolica: un must per gli appassionati. Grande il giovane Rey nella parte dello scrittore cialtrone. Noto anche come *Il richiamo delle campane*.

Miracolo del villaggio, Il *** (*The Miracle of Morgan's Creek*, Usa 1944, b/n, 99') Preston Sturges. Con Eddie Bracken, Betty Hutton, Brian Donlevy, Diana Lynn, Akim Tamiroff, Porter Hall, William Demarest. ◆ Dopo un ballo con militari in partenza per la guerra, Trudy (Hutton) si ubriaca e si ritrova incinta. Peccato che non si riesca a ritrovare l'uomo con cui si era sposata la sera stessa. Caduta in disgrazia, diventerà un'eroina nazionale partorendo sei gemelli: e allora potrà trovare il benessere e un marito (Bracken). Rispettando le norme della censura ma violandone allegramente lo spirito, Sturges (anche sceneggiatore) si prende gioco del puritanesimo statunitense, e congegna una serie di paradossi vertiginosi per mostrare la fragilità delle convenzioni sociali. Una delle sue commedie più pungenti, che gli valse, da parte di André Bazin, l'appellativo di «anti Frank Capra». Molto liberamente rifatta in *Il balio asciutto*.

Miracolo italiano * (Italia 1994, col, 100') Enrico Oldoini. ◆ Film a episodi. Nel primo (con Renato Pozzetto, Maria Amelia Monti, Tony Sperandeo), un neoeletto di Rifondazione comunista e una di Alleanza nazionale si innamorano sul treno che li porta a Roma, in Parlamento, e continuano ad amarsi anche quando scoprono di essere schierati su posizioni opposte; nel secondo (con Nino Frassica, Daniela Conti, Ezio Greggio), uno sciopero aereo costringe due neosposi ad andare in discoteca la loro prima sera: lui sarà tentato dall'extasi, lei da un divo da telenovela; nel terzo (con Giorgio Faletti, Cristina Garavaglia, Athina Cenci, Claudia Poggiani), un ragioniere s'inventa una malattia per approfittare delle grazie di un'infermiera procace, ma non ha fatto i conti con una suocera teorica dell'eutanasia; nel quarto (con Anna Falchi, Athina Cenci, Novello Novelli, Carlo Monni), la famiglia scopre che la fidanzata del figlio è un transessuale ma le sue forme conquistano lo stesso tutti; nel quinto (con Ezio Greggio, Claudia Koll), un presentatore Tv s'inventa un'amicizia con Kevin Costner per conquistare una giornalista Kevin-dipendente; nel sesto (con Cecilia Dazzi, Carlotta Natoli), due amiche si raccontano straordinarie avventure erotiche prima di confessarsi di essere andate ancora una volta in bianco; nel settimo (con Nino Frassica, Nadia Rinaldi, Johara, Renato Pozzetto), un marito lascia la moglie alle Seychelles tra le mani di una massaggiatrice e non si accorge che è invece un uomo. Squallidi sketch (sceneggiati dal regista con Bernardino Zapponi, Liliana Betti e Giovanna Caico) con la pretesa di raccontare i difetti della seconda repubblica, all'insegna della confusione sessuale e delle solite battute («fotto montaggio», «big inchiapped», «La nazione più lunga d'Europa? Lungheria»). Solo un pochino meno peggio le due giovani Dazzi e Natoli. Il meglio sono i titoli di testa che scorrono su immagini del miracolo italiano degli anni Sessanta.

Miracolo nella 34ª strada *½ (*Miracle on the 34th Street*, Usa 1994, col, 114') Les Mayfield. Con Richard Attenborough, Elizabeth Perkins, Dylan McDermott, Mara Wilson, J.T. Walsh, Joss Ackland, James Remar, Jane Leeves. ◆ Assunto da un grande magazzino per interpretare Babbo Natale, Kriss Kringle (Attenborough) vuole convincere chi l'ha ingaggiato (Perkins) che è davvero Santa Klaus: ci riuscirà con l'aiuto della figlia di lei (Wilson) e di un aspirante fidanzato (McDermott), nonostante un processo dove la concorrenza vorrebbe dimostrare che è manesco e aggressivo. Il rifacimento del *Miracolo della 34ª* strada porta l'impronta del produttore e sceneggiatore John Hughes che aggiorna la storia ingigantendo il ruolo della concorrenza tra grandi magazzini. Ma in questo modo è costretto a giocare tutto in negativo (al processo l'accusa cerca di dimostrare che Babbo Natale non esiste, mentre nel film del 1947 era la difesa che aveva il compito di dimostrarne l'esistenza): forse sarà un meccanismo narrativo più in sintonia con il materialismo dei giorni nostri, ma in questo modo toglie alla favola qualsiasi magia. E non stupisce che in Usa il film sia stato un fallimento tanto da spingere la Fox a una pubblicità inusitata: restituire il prezzo del biglietto allo spettatore che si dichiarasse insoddisfatto della visione.

Miracoloni * (Italia 1981, col, 88') Francesco Massaro. Con Benedetto Casillo, Victor Cavallo, Mauro Di Francesco, Sergio Di Pinto, Nadia Cassini. ◆ Un borgataro romano di nome Giosuè (Casillo), contornato da altri personaggi di ispirazione evangelica, è impegnato ai giorni nostri in fabulistiche e miracolose vicende. Desolante farsa scritta dal regista con Enrico Vanzina e l'allora cantautore Gianfranco Manfredi.

Miracolo sull'8ª strada *½ (*Batteries Not Included*, Usa 1987, col, 106') Matthew Robbins. Con Hume Cronyn, Jessica Tandy, Frank McRae, Elizabeth Peña, Michael Carmine. ◆ Una combriccola di alieni in miniatura salva dallo sfratto un'arzilla coppia di vecchietti (Cronyn e Tandy, già miracolati in *Cocoon*) e i loro condomini. Fantascienza per famiglie nello spirito di Frank Capra: questa volta Spielberg, produttore esecutivo, vola basso e riserva poche sorprese.

Mirage **½ (*Mirage*, Usa 1965, b/n, 109') Edward Dmytryk. Con Gregory Peck, Diane Baker, Walter Matthau, Leif Erickson, Kevin McCarthy. ◆ In preda a un'amnesia, un uomo (Peck) che si crede responsabile di un omicidio assolda un detective privato (Matthau), mentre gli stanno alle costole sicari misteriosi. Un thriller macchinoso ma, almeno fino alla soluzione, ricco di suspense e di atmosfera, e sorretto da eleganti invenzioni visive.

Miraggio *½ (*Mirages* rititolato *Si tu m'aimes*, Francia 1937, b/n, 98') Alexander Ryder. Con Arletty [Léonie Bathiat], Michel Simon, Jane Aubert, Jean-Louis Barrault, Pierre Nay, Nicole Vattier. ◆ Lei (Arletty) fa carriera come cantante, lui (Simon) come ingegnere in Algeria: al che lei non se la sente di sacrificarsi. Due miti del cinema francese in un melodramma poco ispirato.

Miranda ** (Italia 1985, col, 103') Tinto Brass. Con Serena Grandi, Andrea Occhipinti, Franco Branciaroli, Andy J. Forrest, Franco Interlenghi. ◆ In vana attesa del marito disperso in guerra, una florida locandiera (Grandi) della Bassa Padana enuncia una filosofia libertina e protofemminista («le donne frigide non esistono; esistono solo uomini fessi» e ancora «dovrebbero esserci dei casini anche per le donne»), provando vari maschietti – tra gli altri un ex fascista in soggiorno obbligato (Interlenghi), un americano (Forrest) che importa il boogie-woogie e il proprio garzone (Branciaroli) – prima di scegliere chi prendersi in pianta fissa. La *Locandiera* di Goldoni è il pretesto di uno dei saggi più compiuti dell'erotismo brassiano: il sesso come gioco liberatorio, rappresentato però in un cinema che è masturbazione o, al massimo, *coitus interruptus*. La macchina da presa fruga tra i genitali (quelli maschili in genere non eretti) e la frenesia del montaggio simula le fregole rappresentate. Alla sconosciuta e trabordante Grandi si aprì una breve stagione di celebrità. Brass manifesta i suoi sentimenti per alcuni noti critici cinematografici (Kezich e Cosulich) storpiandone i nomi su una lapide ai caduti.

Miriam si sveglia a mezzanotte *½ (*The Hunger*, Usa 1983, col, 97') Tony Scott. Con Catherine Deneuve, David Bowie, Susan Sarandon, Cliff De Young, Ann Magnuson, Willem Dafoe. ◆ Una coppia di moderni vampiri newyorkesi (Deneuve e Bowie) va a caccia di giovani prede con cui alimentare la loro eterna giovinezza. Ma lui, che è di razza diversa, invecchia di botto e lei si sceglie come partner una dottoressa (Sarandon) prima di fare la stessa fine. Il primo film del fratello di Ridley Scott (tratto da un romanzo di Whitley Strieber e sceneggiato da Ivan Davis e Michael Thomas) è un horror erotico patinato, in anticipo sui tempi, il cui maggiore fascino sta nell'insolito cast. Ma dopo l'inizio folgorante a volte si ha l'impressione di assistere a uno spot pubblicitario troppo lungo. Nella scena della seduzione lesbo-vampiresca la Deneuve usa una controfigura. Nella sequenza iniziale compaiono gli allora celebri Bauhaus che cantano *Bela Lugosi's Dead*.

Mi ricordo sì io mi ricordo → *Marcello Mastroianni – Mi ricordo, sì, io mi ricordo*

Mi sdoppio in 4 **½ (*Multiplicity*, Usa 1996, col, 117') Harold Ramis. Con Michael Keaton, Andie MacDowell, Harris Yulin, Richard Masur, Eugene Levy, Ann Cusack. ◆ Stressato dal lavoro e dalla famiglia, l'ingegnere Doug Kinney (Keaton) crede di trovare la soluzione dei suoi problemi facendosi clonare da un Frankenstein della genetica: e mentre il suo doppio va in cantiere, può dedicarsi alla famiglia o ai propri hobby. Ma anche il doppio n. 1 si ribella, e le clonazioni continuano, finché Doug si troverà a gestire tre sosia, ognuno con un carattere diverso (macho buzzurro, uomo di casa effeminato, decerebrato infantile) e desideroso di indipendenza. Dopo i paradossi temporali di *Ricomincio da capo*, Ramis si dedica ai paradossi spaziali: come far convivere quattro Michael Keaton nella stessa inquadratura? Nessun problema per la fotografia di Laszlo Kovacs e gli effetti speciali di Richard Edlund, qualche affanno di più per la sceneggiatura di Chris Miller, Mary Hale, Lowell Ganz e Babaloo Mandel: che lascia troppi buchi (perché i doppi hanno caratteri diversi? che memoria hanno?) e si rifugia nella più classica delle pochade (come quando i tre cloni, in assenza dell'originale, passano una notte d'amore con la moglie Laura [MacDowell, sprecata]). I temi sono affascinanti (che cos'è l'identità?), ma anche se da una commedia non si pretendono risposte bergmaniane, le soluzioni sono un po' troppo disinvolte.

Miserabili, I *** (*Les Misérables*, Francia 1933, b/n, in tre parti: 109' + 85' + 86') Raymond Bernard. Con Harry Baur, Charles Vanel, Florelle [Odette Rousseau], Charles Dullin, Josselyne Gaël, Marguerite Moreno, Émile Genevois, Jean Servais, Orane Demazis, Gilberte Savary, Gaby Triquet, Henry Krauss, Marthe Mellot, Max Dearly, Georges Mauloy, Robert Vidalin, Paul Azaïs. ◆ 1815: Jean Valjean (Baur), vecchio forzato liberato, vorrebbe cambiar vita ma è perseguitato dall'ispettore Javért (Vanel). Sotto il falso nome di Madeleine, interviene per liberare Fantine (Florelle), una giovane donna arrestata da Javért, e le promette di prendersi cura della figlia Cosette (Gaël); ma quando Champmathieu (ancora Baur) viene incriminato al suo posto, si presenta in tribunale rivelando la sua identità. Evaso, si fa chiamare Fauchelevent, strappa Cosette dalle grinfie di Thenardier (Dullin), presso il quale presta servizio, e diventa amico di Marius (Servais), giovane repubblicano innamorato della ragazza. Durante i moti del 1832, si vede affidare come prigioniero proprio Javért: lo lascerà libero, mentre Marius sposerà Cosette. Il miglior adattamento dell'omonimo romanzo di Victor Hugo (sceneggiato da André Lang e dallo stesso regista): per portare sullo schermo la fluviale epopea dei «miserabili, vittime di un ordinamento sociale ingiusto», Bernard orchestra un melodramma umanista d'ampio respiro, sorprendentemente sobrio ed emozionante, dimostrandosi eclettico e puntuale nei vari cambi di registro, da quelli più intimisti dell'inizio a quelli epici della terza parte (peraltro risolti non facendo appello agli stilemi astratti dell'avanguardia, come sarebbe stato naturale, bensì affidandosi alle tecniche del reportage, panoramiche e camera a mano, con effetti di grande vigore realistico) senza mai cedere alla ridondanza retorica; non da meno è il contributo degli attori, in particolare dello straordinario trio Baur-Vanel-Dullin, che apportano ciascuno al proprio personaggio una specificità morale ed emotiva di altissimo livello. A tutt'oggi è l'unico film francese diviso in tre parti corrispondenti ad altrettanti lungometraggi: all'epoca vennero fatti uscire nelle sale contemporaneamente e con orari tali da permetterne la visione completa in una sola giornata. In seguito Bernard ne fece una versione più breve.

Miserabili, I *** (Italia 1947, b/n, 187') Riccardo Freda. Con Gino Cervi, Valentina Cortese, Giovanni Hinrich, Aldo Nicodemi, Andreina Pagnani, Luigi Pavese, Jone Romano, Gabriele Ferzetti, Marcello Mastroianni. ◆ Uscito in due parti, *Caccia all'uomo* (95') e *Tempesta su Parigi* (92'). L'ex galeotto Jean

Valjean (Cervi) diventa un benefattore, ma l'implacabile poliziotto Javert (Hinrich) lo perseguita. La figlia adottiva Cosetta (Cortese) intanto è amata dallo studente rivoluzionario Mario (Nicodemi), cui Valjean salva la vita durante i moti del 1832. Javert, preso dal rimorso si butta nella Senna, ma Valjean non potrà godere della gioia dei due sposi. Forse la più riuscita delle versioni del romanzo di Victor Hugo. Freda sopperisce alle carenze del budget (produceva Carlo Ponti per la Lux) con un talento visivo non banale, e tende ad asciugare il tema della redenzione del forzato che diventa un uomo libero in lotta contro una società ipocrita. La sceneggiatura è di Freda, Mario Monicelli, Steno [Stefano Vanzina] e Vittorio Nino Novarese. È piaciuto molto alla critica francese, che non ha lesinato iperboli del tipo «in Freda c'è qualcosa di Omero». Particina per Mastroianni, nel ruolo di un giovane rivoluzionario. Tra i ruoli secondari una parte per Cosetta Greco, citata nei titoli ancora col suo vero nome Cesarina Rossi. Gavroche è interpretato da Patrizio Smordoni, uno dei due «sciuscià».

Miserabili, I *½ (*Les Misérables*, Usa 1952, b/n, 104') Lewis Milestone. Con Michael Rennie, Robert Newton, Edmund Gwenn, Debra Paget, Sylvia Sydney. ◆ Le tribolazioni di Jean Valjean (Rennie), ex galeotto, poi imprenditore, perennemente perseguitato dall'ispettore Javert, nella Francia travagliata d'inizio Ottocento. Versione diligente, spettacolare ma anonima del romanzo di Victor Hugo.

Miserabili, I ** (*Les Misérables*, Francia/Rft 1958, col, 171') Jean-Paul Le Chanois. Con Jean Gabin, Bernard Blier, Béatrice Altariba, Bourvil [André Raimbourg], Elfriede Florin, Gianni Esposito, Danièle Delorme, Silvia Monfort, Serge Reggiani, Fernand Ledoux, Jean Murat, Jimmy Urbain, Martine Havet. ◆ La straordinaria forza fisica di Jean Valjean (Gabin) smaschera l'ex galeotto agli occhi del cocciuto Javert (Blier), che gli dà la caccia nonostante la sua conversione al Bene: bisognerà aspettare i moti di Parigi del 1832 perché il poliziotto si renda conto della bontà d'animo di Valjean, che nel frattempo ha allevato Cosetta (Altariba), e preferisca il suicidio all'arresto. Mega produzione nazional-popolare dal romanzo di Victor Hugo per un film campione d'incassi. Ma nonostante il cast all star, nel quale spiccano la tranquilla ironia di Jean Gabin e l'infida doppiezza di Bourvil nel ruolo di Thénardier, la regia è solo accademica e le scene dell'insurrezione parigina sono fredde e scolastiche nonostante il dispendio di comparse. In Francia è uscito in due parti: *Première époque* (97'), dal bagno penale alla fuga con Cosetta bambina (Havet); *Deuxième époque* (120'), dall'arrivo a Parigi fino al matrimonio di Cosetta con Mario (Esposito) e alla morte di Valjean.

Miserabili, I *½ (*Les Misérables*, Francia 1982, col, 111') Robert Hossein. Con Lino Ventura, Michel Bouquet, Jean Carmet, Evelyne Bouix, Christiane Jean. ◆ Trentatreesima versione del capolavoro di Hugo sulla tribolata vicenda dell'ex detenuto Jean Valjean (Ventura), che, perseguitato dal poliziotto Javert (Bouquet), rischia di non realizzare i suoi sogni umanitari e di non vedere la felicità della figlia adottiva Cosetta (Bouix). Fallisce il tentativo di lettura modernizzata attraverso effetti speciali e coreografie perlopiù pretestuose. Ventura e Bouquet si sentono tanto calati nei personaggi che pare quasi non recitino; gli altri sono poco più che bozzetti. La versione originale dura 183'.

Miserabili, I *** (*Les Misérables*, Francia 1995, col, 169') Claude Lelouch. Con Jean-Paul Belmondo, Alessandra Martines, Michel Boujenah, Annie Girardot, Philippe Léotard, Clémentine Célarié, Philippe Khorsand, Rufus [Jacques Narcy], Jean Marais, Micheline Presle, Nicole Croisille, William Leymergie, Darry Cowl, Sylvie Joly, Robert Hossein, Daniel Toscan du Plantier. ◆ L'ex pugile Henri Fortin (Belmondo), soprannominato Jean Valjean per la forza che ha dimostrato salvando un uomo schiacciato da un pianoforte, durante l'occupazione nazista mette in salvo una famiglia ebrea e viene a conoscenza dei *Miserabili* di Victor Hugo: scoprirà che moltissime sono le analogie tra il celebre romanzo e la sua vita. Più che un film «tratto da», un'opera «a proposito di»: nelle mani di Lelouch, da sempre appassionato di corsi e ricorsi, trame incrociate, destini paralleli, casualità fatali, il romanzo di Hugo (trasposto nella prima metà del XX secolo) diventa l'occasione per un travolgente e originale esperimento narrativo che soddisfa pienamente sia i fan del regista che gli estimatori dello scrittore e soprattutto chi non si accontenta degli «adattamenti» cinematografici, ma sullo schermo ricerca in altra forma lo spirito e la modernità dell'opera letteraria. Fluviale, colossale, appassionante, il film di Lelouch sostituisce la lotta tra il Bene e il Male (al centro del romanzo) con lo scontro tra Buoni e Cattivi (com'è nella personale mitologia del regista), ma strega comunque lo spettatore con il suo fascino affabulatorio facendosi perdonare qualsiasi debolezza (come nella scena del ballo finale), e affida al cinema il ruolo di narratore per eccellenza che un tempo spettava alla cultura orale (l'analfabeta Fortin si fa leggere il libro dall'ebreo). Memorabile Belmondo, terzo grande Jean Valjean dopo Gabin e Cervi.

Miserabili, I ° (*Les Misérables*, Usa 1998, col, 135') Bille August. Con Liam Neeson, Uma Thurman, Geoffrey Rush, Claire Danes, Hans Matheson, Reine Brynolfsson, Peter Vaughan, Christopher Adamson, Tim Barlow, Veronika Bendova, Patsy Byrne, Kathleen Byron, Vaclav Chalupa, Ian Cregg. ◆ L'ex carcerato Jean Valjean (Neeson) si rifà una vita sotto falso nome e adotta Cosetta (Danes), figlia dell'ex operaia Fantine (Thurman), morta di stenti: ma l'implacabile ispettore Javert (Rush), sospettando la sua vera identità, non smette di perseguitarlo e lo segue in una Parigi in preda ai tumulti. Una trasposizione spenta e fredda (sceneggiata da Rafael Yglesias) del romanzo di Victor Hugo, che illustra con sconfortante e soporifera piattezza l'epopea di chi è rimasto vittima di un ordinamento sociale ingiusto. Difficile ritrovare il fermento romanzesco anche nelle interpretazioni degli attori, alle prese con personaggi ridotti a figurine senz'anima (persino Valjean, dopo i primi minuti, diventa un santino monocorde e insopportabile). Parigi è stata ricostruita a Praga.

Miseria e nobiltà ** (Italia 1941, b/n, 63') Corrado D'Errico. Con Elli Parvo, Virgilio Riento, Luigi Almirante, Maria Donati, Dina Sassoli. ◆ Un nobile napoletano (Riento), per vincere l'ostilità dei parenti al matrimonio con l'amata (Parvo) di umili natali, assolda alcuni poveretti spacciandoli come altolocata famiglia della fanciulla. Nient'altro che teatro filmato ma con l'interpretazione di alcuni fra i migliori caratteristi comici del periodo. Prima versione cinematografica della commedia di Edoardo Scarpetta che sarà resa celebre da Totò.

Miseria e nobiltà *** (Italia 1954, col, 95') Mario Mattoli. Con Totò [Antonio de Curtis], Sophia Loren, Dolores Palumbo, Valeria Moriconi, Carlo Croccolo, Enzo Turco, Giuseppe Porelli, Franco Pastorino, Franca Faldini, Gianni Cavalieri, Franco Sportelli, Nicola Maldacea jr. ◆ La famiglia di Felice Sciosciamocca (Totò), scrivano squattrinato, coabita con quella altrettanto pezzente del fotografo Pasquale (Turco). Il miraggio del cibo si traduce in realtà quando sono tutti assoldati come falsi parenti aristocratici per un combino matrimoniale tra il marchesino Eugenio (Pastorino) e la figlia di don Gaetano (Loren). Già adattata per lo schermo nel 1941, la farsa di Edoardo Scarpetta (sceneggiata da Ruggero Maccari) combina i giochi degli equivoci con il tema della fame secolare che fu di Pulcinella. Immortale inno alla pasta è la scena in cui Totò e compagnia ballano sulla tavola mangiando spaghetti e ficcandoseli in tasca, perché nessuno li porti loro via. Franca Faldini è Nadia, la modista piemontese.

Miserie del signor Travet, Le **½ (Italia 1946, b/n, 104') Mario Soldati. Con Carlo Campanini, Vera Carmi, Gino Cervi, Paola Veneroni, Pierluigi Veraldo, Luigi Pavese, Gianni Agus, Alberto Sordi. ◆ A Torino, l'impiegato regio Ignazio Travet (Campanini), frustrato per la mancata carriera, deve sopportare l'ostilità del capo e il corteggiamento della moglie (Carmi) da parte di un superiore (Cervi), con relativi pettegolezzi dei colleghi. Si ribella, perde il posto e finisce declassato a contabile in una panetteria. La commedia di Vittorio Bersezio, del 1863, toccava problemi ancora vivi nella società italiana: l'impoverimento dei ceti medi, la grettezza degli uffici statali. Portata al cinema quasi cent'anni dopo (e sceneggiata da Aldo De Benedetti, Tullio Pinelli e Carlo Musso), diventa soprattutto un ritratto umoristico anche se Soldati bilancia un misurato realismo a riusciti tocchi da bozzetto. Il futuro giornalista Carlo Mazzarella è il notaio Paglieri.

Misery non deve morire *** (*Misery*, Usa 1990, col, 105') Rob Reiner. Con James Caan, Kathy Bates, Richard Farnsworth, Lauren Bacall, Frances Sternhagen, J.T. Walsh. ◆ Lo scrittore Paul Sheldon (Caan), celebrato autore di romanzi rosa, viene salvato da un incidente d'auto dall'ex infermiera Annie Wilks (Bates), sua fanatica lettrice. Quando però Annie viene a sapere che la sua eroina, Misery, morirà nel nuovo libro di Sheldon, lo sequestra e lo tortura, costringendolo a riscrivere la storia. Adeguata illustrazione di uno dei romanzi più intelligenti di Stephen King sceneggiato da William Goldman: persa gran parte della riflessione sulla scrittura, rimane un thriller claustrofobico realmente agghiacciante. Rapporti tra carceriere e vittima da manuale, e una straordinaria Bates, premiata con l'Oscar. Da Reiner non ci si aspettava un film così cattivo, anche se nel finale c'è spazio per il sorriso.

Misfatto bianco – Delitto e passione nell'Africa coloniale * (*White Mischief*, Gb 1988, col, 106') Michael Radford. Con Greta Scacchi, Sarah Miles, Joss Ackland, John Hurt, Charles Dance, Trevor Howard, Geraldine Chaplin. ◆ 1941: la dolce vita della colonia britannica in Kenia viene sconvolta dall'assassinio di un noto donnaiolo (Dance). Il marito (Ackland) della sua ultima amante (Scacchi) viene processato e assolto: nessuno conoscerà mai la verità. Dal libro del giornalista James Fox, tratto dai taccuini dello scrittore Cyril Connolly, testimone di quei fatti, uno spaccato di maniera sul marcio che alligna nell'alta società. Howard spia la Scacchi che fa il bagno nuda, e la Miles all'obitorio spalma le sue secrezioni vaginali sulle labbra del suo amante morto. Droga, champagne, vestiti di lusso e fotografia da spot pubblicitario: che noia.

Mishima *** (*Mishima: A Life in Four Chapters*, Usa 1985, col e b/n, 120') Paul Schrader. Con Ken Ogata, Kenji Sawada, Yasosuke Bando, Toshiyuki Nagashima. ◆ Sequenze (in b/n) sulla vita di Yukio Mishima (Ogata), lo scrittore giapponese che si suicidò nel 1971 per protestare contro la modernizzazione del Giappone, sono mescolati a episodi (a colori) tratti da tre suoi romanzi: *Il padiglione d'oro* (un giovane monaco buddista appicca il fuoco al suo tempio), *La casa di Kyoko* (un giovane ossessionato dalla bellezza e una donna più anziana si tagliano le vene assieme) e *Cavalli in fuga* (un cadetto cospira per salvare il Giappone dal demone capitalista, e si suicida). Schrader (autore della sceneggiatura insieme al fratello Leonard) riesce a evitare l'effetto bigino, pur illustrando tutti gli episodi e i passi più celebri di testi come *Confessioni di una maschera* e *Sole e acciaio*; non glissa sui lati più controversi di Mishima, ma non cerca neanche lo scandalo. Una messa in scena di una bellezza spesso abbagliante (fondamentali le originali scenografie astratte di Eiko Ishioka e la fotografia di John Bailey, oltre alla musica di Philip Glass), un interprete straordinario, ma una certa impressione di freddezza. Nell'originale la voce fuori campo (l'unica doppiata) era di Roy Scheider.

Miss Arizona *½ (Italia/Ungheria 1987, col, 130') Pál Sándor. Con Hanna Schygulla, Marcello Mastroianni, Alessandra Martines, Urbano Barberini. ◆ Dagli anni Venti all'invasione nazista, la storia del cabaret di Budapest Miss Arizona: i suoi due animatori, la cantante Mitzi (Schygulla) e il musicista Sandor (Mastroianni), andranno incontro a un tragico destino. Troppo debitore di *Lili Marlene*, un film ibrido, fastoso e vuoto con tutti i difetti delle coproduzioni fatte per il mercato internazionale e che finiscono col trovare la loro destinazione in televisione. Esordio della Martines.

Miss Europa *** (*Prix de beauté*, Francia 1930, b/n, 109') Augusto Genina. Con Louise Brooks, Georges

Charlia, Jean Bradin, Augusto Bandini, André Nicolle, Yves Glad, Gaston Jacquet. ◆ Lucienne (Brooks), una modesta impiegata eletta Miss Europa all'insaputa del fidanzato (Charlia), respinge la corte di un principe (Bradin) e si adatta a fare la brava moglie. Ma una notte se ne va e il principe, che non l'ha dimenticata, la lancia nel mondo del cinema: quando il marito la ritrova sarà la tragedia. Il primo film sonoro di Genina è un melodramma scritto da Georg Wilhelm Pabst e René Clair (in origine doveva girarlo il primo, poi passò al secondo che vi rinunciò per altri impegni), tutto centrato sul desiderio erotico dello sguardo altrui: Louise Brooks, ex Lulù fedele al suo personaggio di diva anticonformista e spregiudicata, non può fare a meno delle occhiate del principe ma soprattutto dell'obiettivo della macchina da presa (e della fama e del lusso che al cinema si accompagna). Tra preziose annotazioni di costume (il mondo dei concorsi di bellezza anni Trenta) e sottili giochi di seduzione, *Miss Europa* scorre fino alla tragica svolta finale con un ritmo insolitamente tranquillo per il genere, privilegiando un erotismo soffuso e diffuso a cui fa da contrappunto un anonimo e noioso spaccato di vita coniugale. Genina dà il meglio nelle scene descrittive dei vari ambienti, dando conferma della sua attitudine per un «realismo spontaneo», curato ed efficace. Considerato licenzioso all'epoca, *Miss Europa è* uno dei primi esempi di doppiaggio della storia del cinema: fu iniziato nel 1929 in versione muta e, a metà lavorazione, furono inserite sequenze parlate in quattro lingue (inglese, francese, tedesco e italiano).

Missili in giardino ** (*Rally 'Round the Flag, Boys!*, Usa 1958, col, 106') Leo McCarey. Con Paul Newman, Joanne Woodward, Joan Collins, Jack Carson, Tuesday Weld, Gale Gordon, Dwayne Hickman. ◆ L'installazione di una rampa di lancio per missili in una cittadina mette a dura prova il matrimonio dei Bannermann: Grace (Woodward) diventa leader del comitato di protesta, Harry (Newman) addetto alle relazioni pubbliche della base militare. Satira benevola dell'american way of life, che l'anziano McCarey volge spesso in farsa. Newman e signora per la prima volta in versione comica. Non si pretenda troppo dall'antimilitarismo.

Missing in Action *½ (*Missing in Action 2 – The Beginning*, Usa 1985, col, 96') Lance Hool. Con Chuck Norris, Soon-Teck Oh, Steven Williams, Bennet Ohta. ◆ Il colonnello Braddock (Norris) fugge da un campo di concentramento vietnamita. Prequel di *Rombo di tuono*, con la stessa ideologia revisionista e la stessa grezza spettacolarità. Solo per i fan di Norris. Seguito da *Braddock: Missing in Action III*.

Missing – Scomparso *** (*Missing*, Usa 1982, col, 122') [Constantin] Costa-Gavras. Con Jack Lemmon, Sissy Spacek, John Shea, Melanie Mayron, Charles Cioffi. ◆ Il padre (Lemmon) di un giornalista americano vola in un paese dell'America latina (presumibilmente il Cile di Pinochet) per cercare il figlio desaparecido (Shea): lo aiuterà la compagna di questi (Spacek), mentre le autorità statunitensi cercano di nascondere la verità. Basato sulla vera esperienza di Ed Horman, uno straordinario dramma umano e politico costruito come un vibrante thriller cospirativo, dove il classico tema della sparizione della vittima è sviluppato ed esaltato attraverso la scioccante disillusione degli «investigatori». Un colpo di Stato e un colpo al cuore di tutti gli spettatori democratici, una conferma per chi crede nel cinema d'impegno civile. Eccellente Lemmon, bravissima la Spacek. Oscar per la migliore sceneggiatura a Costa-Gavras e Donald Stewart.

Mission **½ (*The Mission*, Gb 1986, col, 125') Roland Joffé. Con Robert De Niro, Jeremy Irons, Ray McAnally, Aidan Quinn, Cherie Lunghi. ◆ 1767, America del Sud: dopo aver ucciso il fratello per gelosia, un mercenario (De Niro) decide di seguire un prete gesuita (Irons) nella missione da lui fondata nella giungla, che spagnoli e portoghesi intendono distruggere per sfruttare la zona e gli indiani. Quando il cardinale Altamirano deciderà di sopprimere la missione, i gesuiti si opporranno: il prete con messaggi di pace, l'ex mercenario combattendo al fianco degli indigeni. Visivamente maestoso, con parecchie debolezze narrative e qualche lungaggine di troppo, è un film edulcorato dalla messa in scena fastosa, ma ugualmente emozionante specie nella sequenza finale, che conclude in modo drammatico la lotta della storia e in parità la gara di bravura tra i due attori protagonisti. Molto più discutibili le scelte ideologiche: sarà per la fede gesuita, sarà per il mito di Rousseau, certo è che gli indios sono tutti «buoni selvaggi», l'esotismo trionfa e il paternalismo europeo raggiunge spesso dei livelli intollerabili. Sceneggiatura (letteraria) di Robert Bolt, colonna sonora (insistente) di Ennio Morricone. Palma d'oro a Cannes e Oscar del tutto meritato alla fotografia di Chris Menges (futuro regista di *Un mondo a parte*). Il film è stato girato in Colombia e Argentina.

Missione compiuta stop, bacioni, Matt Helm * (*The Wrecking Crew*, Usa 1968, col, 104') Phil Karlson. Con Dean Martin, Elke Sommer, Nigel Green, Sharon Tate, Nancy Kwan. ◆ L'agente segreto Matt Helm (Martin) è impegnato nel recupero del miliardo di dollari in oro rubato allo Stato nell'assalto a un treno. Quarto e ultimo episodio di una pessima parodia dei film di James Bond cominciata con *Matt Helm il silenziatore* (1966). Chuck Norris ha una particina in una scena al bar.

Missione di morte *** (*Cornered*, Usa 1945, b/n, 102') Edward Dmytryk. Con Dick Powell, Walter Slezak, Morris Carnowsky, Luther Adler, Micheline Cheirel. ◆ Un aviatore canadese smobilitato (Powell) insegue dall'Europa a Buenos Aires il collaborazionista colpevole della morte della moglie: il problema è che solo la vittima l'ha visto in faccia. Un noir cupo e teso (sceneggiato da John Paxton a partire da un soggetto di John Wexley), originale sia nell'intreccio che nelle allusioni politiche non troppo mascherate (tant'è che Dmytryk, Adler, Carnowsky e il produttore Adrian Scott finirono sulla lista nera). Dopo *L'ombra del passato*, un'altra bella prova drammatica di Powell.

Missione eroica – I pompieri 2 * (Italia 1987, col, 90') Giorgio Capitani. Con Paolo Villaggio, Lino Banfi, Massimo Boldi, Christian De Sica, Teo Teocoli,

Franca Gonella, Luc Merenda. ◆ Anche uno scalcinato gruppetto di imbranati può diventare un manipolo di eroi al servizio della collettività. Non indispensabile sequel dei *Pompieri*, dove le solite facce sono alle prese con calamità naturali di ogni genere. Divertimento annacquato e battute vecchie come il mondo. Una didascalia finale ostenta il massimo rispetto per il lavoro dei pompieri.

Missione in Manciuria *** (*Seven Women*, Usa 1966, col, 100') John Ford. Con Anne Bancroft, Margaret Leighton, Flora Robson, Mildred Dunnock, Sue Lyon, Betty Field, Anna Lee, Eddie Albert, Woody Strode, Mike Mazurki. ◆ Nella Manciuria degli anni Trenta, terrorizzata dalle scorrerie di Tunga Khan (Mazurki), giunge una dottoressa missionaria (Bancroft): prima emarginata a causa del suo anticonformismo, saprà farsi apprezzare per un'abnegazione spinta fino al martirio. Dopo aver fatto la palinodia degli indiani nel *Grande sentiero*, Ford, nel suo ultimo film (sceneggiato da Janet Green e John McCormick), fa quella delle donne. La struttura da western sul tipo del *Massacro di Fort Apache* si combina con i temi della claustrofobia e della repressione sessuale di *Narciso nero* di Powell e Press burger. L'anticomunismo di fondo oggi fa ridere, ma Ford alla fine riesce a celebrare, col piglio virile e asciutto dei tempi migliori, l'eroismo e l'abnegazione di un gruppo di eroine che, per una volta, rubano la scena ai maschi.

Missione in Oriente ** (*The Ugly American*, Usa 1963, col, 120') George Englund. Con Marlon Brando, Eiji Okada, Pat Hingle, Sandra Church, Arthur Hill, Jocelyn Brando. ◆ Inviato a sostenere il reazionario governo-fantoccio filoamericano di un immaginario Paese asiatico (ogni riferimento al Vietnam non è casuale), l'ambasciatore Usa (Brando) deve fronteggiare la rivolta comunista guidata da un suo amico. La sceneggiatura cerca un imparziale equilibrio fra le ragioni dell'Occidente e quelle del nazionalismo antimperialista. Generoso il tentativo di uscire dalla logica da guerra fredda, ma poco efficace la scelta di rendere la complessità degli eventi mischiando i fatti privati a quelli pubblici. Conosciuto anche col titolo *Il brutto americano*.

Missione pianeta errante → *Pianeta errante, Il*

Missione segreta **½ (*Thirty Seconds over Tokyo*, Usa 1944, b/n, 138') Mervyn LeRoy. Con Van Johnson, Robert Walker, Spencer Tracy, Phyllis Thaxter, Robert Mitchum. ◆ Instant-movie sul famoso bombardamento su Tokyo del 1942 organizzato dal generale Doolittle (Tracy): i febbrili preparativi, l'attacco, il ritorno attraverso la Cina dei piloti abbattuti. Scritto da Dalton Trumbo, ha con l'ottima ricostruzione tecnica (Oscar agli effetti speciali) un sapore di realtà documentaria, che rafforza l'asciutta spettacolarità tipica dei migliori film bellici dell'epoca. Ha fornito il titolo a una canzone dei Pere Ubu.

Missione suicidio ** (*Beachhead*, Usa 1954, col, 89') Stuart Heisler. Con Tony Curtis, Frank Lovejoy, Mary Murphy, Eduard Franz, Skip Homeier. ◆ Una pattuglia di marine è impegnata su un'isola del Pacifico in una missione contro i giapponesi. Il pericolo incombente scatena i conflitti psicologici: piccolo film bellico con una discreta suspense.

Mission: Impossible ° (*Mission: Impossible*, Usa 1996, col, 110') Brian De Palma. Con Tom Cruise, Emmanuelle Béart, Jon Voight, Vanessa Redgrave, Jean Reno, Ving Rhames, Kristin Scott-Thomas, Emilio Estevez, Henry Czerny, Ingeborga Dapkunaite. ◆ L'agente speciale Ethan Hunt (Cruise), sopravvissuto a una fallimentare missione a Praga, si dà alla macchia in quanto sospettato di essere una talpa; ma per incastrare i veri responsabili, deve prima rubare dati top-secret dal computer centrale della Cia. Non si richieda troppa logica alla sceneggiatura di David Koepp, Steven Zaillian e Robert Towne: peccato che della serie Tv di Bruce Geller sia rimasto poco più che qualche gadget aggiornato ai tempi. De Palma non perde la mano, come si vede nella lunga scena in cui Cruise e Reno violano un computer centrale della Cia, ma appiattisce il suo stile a una vuotezza di contenuti disarmante (e infatti proprio quella scena è solo una riproposizione di cose viste in *2001* e *Topkapi*). E la poetica dell'incredibile e dell'inverosimile, per quanto sostenuta da una tecnica adeguata (grazie alla Industrial Light & Magic, che permette a un elicottero di inseguire un treno nel tunnel sotto la Manica) non lascia tracce né nell'immaginazione né nella memoria. Musica di Danny Elfman, che riprende il tema immortale di Lalo Schifrin. Prodotto dalla compagnia di Tom Cruise, attore in questo caso mediocre e privo di carisma.

Missis Doubtfire → *Mrs. Doubtfire (Mammo per sempre)*

Missis Dalloway → *Mrs Dalloway*

Missis Parker e il circolo vizioso → *Mrs. Parker e il circolo vizioso*

Mississippi Adventure ** (*Crossroads*, Usa 1986, col, 96') Walter Hill. Con Ralph Macchio, Joe Seneca, Jami Gertz, Harry Carey jr, Joe Morton. ◆ Un ragazzino bianco (Macchio), fanatico del blues, convince un vecchio nero (Seneca) a insegnargli il segreto della «musica del diavolo», e riesce a conquistare la palma dopo una sfida all'ultimo assolo. A Hill riescono meglio i film d'azione, e in questo caso il tono picaresco (con implicazioni faustiane) rischia di diventare dolciastro. Interpreti affabili e colonna sonora adeguata di Ry Cooder. *Crossroads* è un celebre brano di Robert Johnson.

Mississippi Blues **½ (*Mississippi Blues*, Francia 1984, col, 107') Bertrand Tavernier, Robert Parrish. ◆ Reportage documentario sul Sud degli Stati Uniti, alla ricerca del blues come forma d'espressione culturale specifica della popolazione nera. Girato da Tavernier insieme a uno dei registi che più aveva amato come critico, Robert Parrish, il film – venato da un controllato senso di nostalgia – ricostruisce la storia di «un popolo aggrappato alla sua Storia, alle sue radici e al suo passato», entrando nelle chiese, nelle case e nei bar per registrare la musica nei luoghi dove è nata, fuori dalle regole dello show business.

Mississippi Burning – Le radici dell'odio ** (*Mississippi Burning*, Usa 1988, col, 125') Alan Parker. Con Gene Hackman, Willem Dafoe, Frances McDormand, Brad Dourif, R. Lee Ermey, Michael Rooker, Stephen Tobolowski. ◆ Mississippi, 1964: l'uccisione di tre attivisti per i diritti civili da parte del Ku Klux Klan richiama due agenti dell'Fbi, uno giovane e rigidamente rispettoso delle regole (Dafoe), l'altro navigato e pragmatico (Hackman). Quando scoprono che negli omicidi razzisti è coinvolta anche la polizia locale, l'idealista si convertirà a usare le maniere forti. Ispirato a un fatto di cronaca, un film politicamente corretto (fin troppo) ma senza sorprese. Discutibile l'idea di vedere i neri come vittime mute, in attesa di essere salvati dai (rari) bianchi intelligenti: pare comunque che Parker abbia smorzato la sceneggiatura ben più radicale di Chris Gerolmo. Ermey, il sindaco razzista, era l'istruttore di *Full Metal Jacket*. Su sette nomination arrivò un solo Oscar, alla fotografia realizzata da Peter Biziou.

Mississippi Masala ** (*Mississippi Masala*, Usa 1992, col, 118') Mira Nair. Con Denzel Washington, Sarita Choudhury, Roshan Seth, Sharmila Tagore, Charles S. Dutton. ◆ Esiliata dall'Uganda, una famiglia di indiani si trasferisce nel Mississippi, ma quando la figlia Mina (Choudhury) s'innamora di un ragazzo di colore (Washington), scoppia uno scandalo: genitori, amici e parenti faranno a gara per separare i due innamorati, ma questi fuggiranno insieme. Alla furiosa «febbre della giungla» di Spike Lee, Mira Nair oppone la gentilezza della *masala*, miscuglio di spezie di vari colori. Tra ritmi blues e riti indù, mito del ritorno in Africa e sogno americano infranto, una versione povera e interrazziale di *Romeo e Giulietta* con qualche rilievo sociologico e tocchi leggeri da commedia alternati a tentativi mélo poco convincenti. Un'opera seconda sincera, ma molto meno incisiva del film d'esordio *Salaam Bombay!* La regista appare brevemente nel gruppo dei maldicenti.

Miss Italia *½ (Italia 1950, b/n, 95') Duilio Coletti. Con Gina Lollobrigida, Constance Dowling, Carlo Campanini, Richard Ney, Luisa Rossi, Luigi Almirante, Umberto Melnati, Carlo Hinterman. ◆ Lilly (Dowling), in lizza per Miss Italia, si innamora del giornalista (Ney) che segue il concorso: quando scopre che lui preferisce Lisetta (Lollobrigida), si schianta in macchina con il torbido ricattatore del padre dell'antagonista. Il film, che con la prevista regia di Lattuada avrebbe potuto scavare nei sogni e nello squallore di cui vive il concorso, si risolve in una passerella di bellezze sullo sfondo di una banale vicenda giallorosa. Alla stesura del soggetto, poi non utilizzato da Coletti, ha partecipato non accreditata Elsa Morante. La Lollobrigida è doppiata da Dhia Cristiani. Dowling è la donna della quale si innamorò Pavese, poco dopo suicida. Circola anche una versione di 88'.

Miss Magic **½ (*Rough Magic*, Gb/Francia 1995, col, 104') Clare Peploe. Con Bridget Fonda, Russel Crowe, Jim Broadbent, D.W. Moffett, Euva Anderson, Kenneth Mars. ◆ California, primi anni Cinquanta: Myra Shumway (Fonda), illusionista di talento, fugge in Messico dopo che il senatore suo promesso sposo (Moffett) ha ucciso il mago (Mars) di cui lei era assistente. Si mette sulle tracce di una sciamana, seguita a ruota da un giornalista/detective prezzolato (Crowe) e da un medico interessato a una pozione magica (Broadbent). Un film gradevole e intelligente (dal romanzo *Miss Shumway Waves a Wand* di James Hadley Chase, sceneggiato da Robert Mundy, William Brookfield e la regista), che attinge a generi diversi (giallo, film d'avventure, film fantastico, commedia sentimentale), mescolati con gusto e con la passione per il cinema di un tempo, per ribadire che la vera magia della vita è l'amore. Notevole il cast, deliziosa la Fonda.

Miss Mary *½ (*Miss Mary*, Argentina 1986, col, 100') María Luisa Bemberg. Con Julie Christie, Sofia Viruboff, Donald McIntire, Barbara Bunge, Nacha Guevara. ◆ Anni Trenta: in una ricca tenuta argentina l'istitutrice inglese Miss Mary (Christie) viene cacciata per la sua relazione con un giovane. Vizi privati e pubbliche virtù di una famiglia altoborghese nel passaggio fra oligarchia e peronismo, in un clima reazionario e sessuofobico. Regia impegnata e inamidata per un film didascalico e poco memorabile.

Miss Mend **½ (*Miss Mend*, Urss 1926, b/n, 261', diviso in tre episodi di 91', 95' e 75') Fëdor Ozep e Boris Barnet. Con Natal'ja Glan, Igor Il'inskij, Vladimir Fogel', Boris Barnet, Sergej Komarov, Ivan Koval-Samborskij, N. Rozenel', Mihail æarov, M. Rozene-Savin, S. Getz, Tania Muhina, P. Poltoraski. ◆ *Primo episodio*: a Littletown, negli Stati Uniti, il criminale Čiče (Komarov) rapisce il miliardario Gordon Storn (Rozene-Savin) e fa in modo che tutti lo credano ucciso dai bolscevichi. Ma una sua lettera di soccorso viene intercettata da Tom Hopkins (Il'inskij), mentre si scopre che l'orfano allevato dalla dattilografa Vivian Mend (Glan) è un figlio naturale di Gordon Storn. *Secondo episodio*: con l'aiuto di un giornalista (Barnet) e di un fotografo (Fogal'), Hopkins salva miss Mend, che Čiče vuole uccidere, e scopre che il bandito non solo ha convinto il figlio di Storn, Arthur (Koval-Sambroskij), ad allearsi con lui, ma vuole infettare tutta l'Unione Sovietica con il bacillo della peste. Per questo partono tutti per Leningrado per avvisare le autorità. *Terzo episodio*: dopo molte rocambolesche avventure, i quattro amici riusciranno a sventare il piano e a far catturare la banda di Čiče. Originale e riuscito tentativo di coniugare impegno politico e arte popolare. Prendendo come base il romanzo omonimo di Marietta Šaginjan (sceneggiato dai due registi e da Vasilij Sahnovskij), il film è una risposta concreta al dibattito aperto dalla «Pravda» sui «Pinkerton rossi», cioè sulla possibilità di trovare l'equivalente cinematografico del romanzo impegnato alla Jack London. Rispondono a questa necessità la tipizzazione dei personaggi anche con elementi comici (specie per l'impacciato Tom Hopkins) e la scelta di un soggetto che sottolineasse l'accerchiamento capitalistico alla giovane repubblica dei Soviet (siamo negli anni della Nep e la paura dell'aggressione borghese cresce di pari passo con l'accentramento del potere interno). Molti degli espedienti narrativi sono di chiara derivazione feuilletonesca (miss Mend ignora fino alla fine quello che lo spettatore sa: che l'amato tecnico Johnson non è altri che il traditore Arthur Storn) ma l'abilità di Barnet, qui al suo primo lungometraggio, e di Osep è quella di adattarli con molta abilità ai codici cinematografici, sia che si tratti dello slapstick o del melodramma hollywoodiano, sia del più autoriale cinema europeo (Čiče e la sua infelice amante Elizabeth [Rozenel] hanno più di un tratto in comune con il langhiano Mabuse e la sua infelice Carozza).

Missouri **½ (*The Missouri Break*, Usa 1976, col, 126') Arthur Penn. Con Marlon Brando, Jack Nicholson, Kathleen Lloyd, Randy Quaid, Frederic Forrest, Harry Dean Stanton, John P.Ryan, Richard Bradford, Luana Anders. ◆ Per fermare i furti di bestiame, gli allevatori assoldano un professionista, Jack Clayton (Brando), dai metodi non proprio ortodossi: riuscirà a eliminare i ladri sorprendendoli mentre meno se lo aspettano, ma finirà per essere sgozzato nel sonno dal più furbo di tutti, Tom Logan (Nicholson). Nato come operazione commerciale (far dirigere al regista del *Piccolo grande uomo* un nuovo western interpretato dalle due più famose star di Hollywood), il film stravolge la sceneggiatura piuttosto tradizionale di Thomas McGuane per mettere a confronto due mondi antitetici, quello degli allevatori organizzati e irrigiditi nella difesa dei loro interessi e quello degli emarginati. Con una «controllata e spiritosa bizzarria» (che sovverte molte delle regole del western e nega allo spettatore persino il duello finale) Penn riesce a raccontare uno dei momenti di passaggio della storia americana, in cui si infransero le prime idilliache speranze dei pionieri. Nicholson è perfetto, ma Brando è indimenticabile nel ruolo di un Proteo dalle mille facce, che cambia abito ogni volta che entra in scena e ama il cavallo più di se stesso.

Miss prima pagina ** (*Front Page Woman*, Usa 1935, b/n, 82') Michael Curtiz. Con Bette Davis, George Brent, Joseph Crehan, Roscoe Karns, June Martel. ◆ Una giornalista (Davis) specializzata in vicende lacrimevoli compete con il fidanzato (Brent), reporter in un altro giornale e convinto assertore dell'inferiorità femminile nel settore, battendolo nella risoluzione di un caso di omicidio. Uno di quei copioni frivoli che la Davis recitava malvolentieri, tenuto in piedi da dialoghi caustici e schermaglie piene di brio. Non certo tra le opere più personali di Curtiz.

Miss spogliarello *½ (*En effeuillant la marguerite*, Francia 1956, b/n, 90') Marc Allégret. Con Brigitte Bardot, Daniel Gélin, Robert Hirsch, Darry Cowl. ◆ Un'inquieta provinciale (Bardot), fuggita a Parigi, è coinvolta in un furto di manoscritti balzachiani e partecipa mascherata a un concorso di spogliarello dove, non riconosciuta, fa perdere la testa al suo fidanzato (Gélin). Farsa andante, dove B.B. incarna quel prototipo della donna-bambina anticonformista, innocente, passionale, irriverente e cacciatrice che esploderà dopo poco con *Piace a troppi*. Gli estremisti clericali a Roma strapparono i manifesti dai muri. In originale 100'.

Mister and Missis Bridge → *Mr. & Mrs. Bridge*

Mister Arkadin → *Rapporto Confidenziale*

Mister Belvedere suona la campana → *Mr. Belvedere suona la campana*

Mister Crocodile Dundee → *Mr. Crocodile Dundee*

Mister Crocodile Dundee II → *Mr. Crocodile Dundee II*

Mister Destiny * (*Destiny Turns On the Radio*, Usa 1995, col, 102') Jack Baran. Con Dylan McDermott, James LeGros, James Belushi, Quentin Tarantino, Nancy Travis, Janet Carrol, Richard Edson, Allen Garfield. ◆ Fuggito di prigione e alla ricerca del suo socio (LeGros) e della sua donna (Travis), che forse l'hanno fatto incastrare, Julian Goddard (McDermott) si imbatte in un misterioso e logorroico Johnny Destiny (Tarantino), che sembra divertirsi a manipolare le vite altrui. Scritto da Robert Ramsey e Matthew Stone, una perdita di tempo nella tradizione di *Repo Man*, che cita il cinema di serie B e vorrebbe essere fuori di testa, senza mai azzeccare né il ritmo né il tono giusto. Tarantino attore è semplicemente imbarazzante.

Mister Hobbs va in vacanza *½ (*Mr. Hobbs Takes a Vacation*, Usa 1962, col, 116') Henry Koster. Con James Stewart, Maureen O'Hara, Fabian, John Saxon, Marie Wilson. ◆ Quella che doveva essere una tranquilla e serena vacanza marina a due tra marito (Stewart) e moglie (O'Hara) si trasforma nell'infernale trappola di una casa disastrata piena zeppa di figli, nuore e nipoti urlanti. Commediola basata su una comicità oggi obsoleta.

Mister Hula Hoop ** (*The Hudsucker Proxy*, Usa 1994, col, 111') Joel Coen. Con Tim Robbins, Paul Newman, Jennifer Jason Leigh, Charles Durning, John Mahoney, Bruce Campbell, Jim True, Steve Buscemi, Peter Gallagher, Jon Polito. ◆ New York, 1958: dopo il suicidio di Waring Hudsucker (Durning), fondatore della ditta che porta il suo nome, il diabolico dirigente Sidney J. Mussburger (Newman) progetta una speculazione sulle azioni della compagnia, facendo assumere come direttore un perfetto incapace: l'ingenuo fattorino Norville Barnes (Robbins). Che, ovviamente, si dimostrerà un genio, e conquisterà l'America con l'invenzione dell'hula hoop. Dopo il noir, Joel ed Ethan Coen (coautori della sceneggiatura assieme a Sam Raimi) saccheggiano il cinema di Frank Capra (in particolare *La vita è meravigliosa*, dati gli angeli e i suicidi) e le screwball comedy degli anni Quaranta (il personaggio della giornalista [Leigh] ricalca Rosalind Russell in *La signora del venerdì*). Come sempre l'omaggio cinefilo si accompagna alla deformazione grottesca, il sarcasmo al vetriolo al rispetto delle regole. Un congegno a orologeria perfetto, ma troppo freddo e consapevole per essere veramente divertente: troppe sequenze (come quella del ragazzino che scopre come si usa l'hula hoop) sono girate sapendo già che diventeranno pezzi da antologia. Tanto di cappello comunque, alla confezione (fotografia di Roger Deakins, musiche di Cartell Burwell – che scopiazzano Khacaturjan – montaggio di Thom Noble). Prodotto con grande dispendio di mezzi da Joel Silver.

Misteri del convento, I ** (*O convento*, Portogallo/Francia 1995, col, 90') Manoel de Oliveira. Con John Malkovich, Catherine Deneuve, Luís Miguel Cintra, Leonor Silveira, Duarte D'Almeida, Heloísa Miranda, Gilberto Gonçalves. ◆ Il professor Michael Padovic

(Malkovich) si reca in un convento portoghese con la moglie Hélène (Deneuve) per trovare i documenti che confermino la sua tesi secondo cui Shakespeare era un ebreo di origine spagnola. Ad accoglierlo, ci sono il guardiano Baltar (Cintra) e l'archivista Piedade (Silveira), incaricata di aiutarlo nelle ricerche. Fra i quattro si instaura un sottile gioco di complicità, seduzione ed erotismo: Baltar si sente attratto da Hélène e vorrebbe allontanarla dal marito con la complicità di Piedade, ma i suoi piani diabolici non vanno nella direzione sperata. Un film «filosofico e letterario» nella tradizione oliveriana. Archeologo delle passioni nascoste, il regista portoghese questa volta mescola Nietzsche, Omero e soprattutto Goethe (la seconda parte del film è una libera rilettura del mito di Faust, con Baltar-Mefistofele e Piedade-Margherita) in un gioco crepuscolare ai limiti della visione, con uno sguardo a metà tra il serio e il divertito (come nella scena notturna di frustrazione del desiderio sessuale, segnata – in modi molto lubitschiani – dall'aprirsi e chiudersi delle porte). Unico neo il cast internazionale, meno duttile e complice di quello portoghese.

Misteri del giardino di Compton House, I **½ (*The Draughtsman's Contract*, Gb 1982, col, 108') Peter Greenaway. Con Anthony Higgins, Janet Suzman, Ann Louise Lambert, Hugh Fraser. ◆ Inghilterra, 1694: in una magione di campagna un disegnatore (Higgins), cui è stato affidato il compito di immortalare la tenuta in dodici disegni, arrotonda il compenso pattuito godendo dei favori della moglie e della figlia del padrone di casa. Ma dai suoi disegni – caso o malizia? – emergono allusioni a un delitto appena perpetrato: e l'artista pagherà cara la pretesa che i suoi disegni siano più veri del vero. Il film che ha rivelato Greenaway al pubblico internazionale sembra un giallo in costume scritto da Georges Perec. Più apparenza che sostanza (certi «fini esegeti» hanno esagerato a cavarne riflessioni abissali sulla pittura e lo sguardo, l'arte e il potere), anche se non mancano una debole morale sociale – l'arroganza plebea del pittore è umiliata fino alla morte – e soprattutto il piacere di instaurare mistero e dubbio in un mondo che si vorrebbe cristallino e perfetto. Musiche di Michael Nyman.

Misteri della giungla nera, I *½ (Italia 1953, col, 90') Gian Paolo Callegari. Con Lex Barker, Fiorella Mari, Franco Balducci, Paul Müller. ◆ La figlia di un capitano inglese, rapita in tenera età dai feroci thugs e trasformata in sacerdotessa della dea Kalì (Mari), viene salvata dal cacciatore di serpenti Tremal Naik (Barker). Mediocre e infedele trasposizione del romanzo di Salgari, con poche emozioni, un aitante interprete reduce da Tarzan e qualche bellezza simil-hollywoodiana in sari.

Misteri della giungla nera, I * (Italia 1965, col, 90') Luigi Capuano. Con Guy Madison, Ingeborg Schöner, Giacomo Rossi Stuart, Ivan Desny, Peter Van Eyck, Giulia Rubini. ◆ Seconda versione del romanzo di Salgari. Il coraggioso Tremal Naik (Rossi Stuart) salva l'inglese Edy (Schöner) dai thugs che l'avevano rapita per farne una sacerdotessa della dea Kalì. Scadente film d'avvenura a basso costo.

Misteri di Hollywood, I ** (*Hollywood Story*, Usa 1951, b/n, 77') William Castle. Con Richard Conte, Julia [Julie] Adams, Richard Egan, Henry Hull, Fred Clark, Jim Backus. ◆ Un produttore (Conte), impegnato a portare sullo schermo un delitto compiuto ai tempi del cinema muto, si scontra con l'ostilità dei personaggi coinvolti e giunge a scoprire la verità. Il film, tratto da un romanzo del regista e giallista Charles Marquis Warren (molto ben sceneggiato da Jonathan Latimer e Liam O'Brien), allude all'omicidio irrisolto di un regista degli anni Venti, ma l'idea è migliore della realizzazione e tutto si risolve in un mediocre poliziesco.

Misteri di Londra, I ** (*Nicholas Nicleby*, Gb 1947, b/n, 108') Alberto Cavalcanti. Con Cedric Hardwicke, Derek Bond, Ann Howes, Mary Merral, Bernard Miles. ◆ L'orfano Nicholas Nickleby (Bond), dopo molti patimenti, riesce a spuntarla contro il torbido zio (Hardwicke) che ha rinchiuso lui in un collegio-lager e spinto la sorella (Howes) alla prostituzione. Prodotto dalla Ealing, una fedele e corretta trasposizione del romanzo di Dickens, in cui è arduo però vedere il tocco di Cavalcanti.

Misteri di Parigi, I *½ (Italia/Francia 1957, b/n, 95') Fernando Cerchio. Con Frank Villard, Lorella De Luca, Yvette Lebon, Matteo Spinola, Jacques Castelot, Elena Zareschi. ◆ Il duca Rodolfo di Gerolstein (Villard), travestito da pezzente, scende nei bassifondi parigini dove scopre e salva la sua sconosciuta figlia Maria (De Luca), diventata una cantante. Il classico romanzo d'appendice di Eugène Sue, tradotto in fumettone strappalacrime con mediocre artigianato. Matteo Spinola, che interpreta Germain, diventerà in coppia con Enrico Lucherini il più famoso press agent degli anni Sessanta.

Misteri di Parigi, I *½ (*Les Mystères de Paris*, Francia 1957, col, 100') André Hunebelle. Con Jean Marais, Dany Robin, Jill Haworth, Raymond Pellegrin, Pierre Mondy. ◆ Il duca Rodolfo (Marais) va in incognito nei bassifondi di Parigi alla ricerca della figlia (Robin) che non ha mai conosciuto. Accademico feuilleton, che Marais recita con la stessa serietà che richiederebbe Corneille.

Misteri di Shanghai, I ***½ (*The Shanghai Gesture*, 1941, b/n, 106') Josef von Sternberg. Con Gene Tierney, Victor Mature, Ona Munson, Walter Huston, Eric Blore, Phyllis Brooks, Albert Basserman, Marcel Dalio. ◆ Gin Sling (Munson), per vendicarsi di sir Charteris (Huston) che l'aveva sedotta e abbandonata, e ora minaccia di farle chiudere la sua casa da gioco, ne irretisce la figlia Poppy (Tierney). Quest'ultima diventerà schiava del gioco, della droga e di un avventuriero (Mature): ma Gin Sling non ha previsto tutto. Ambientato quasi sempre in una bisca che sembra un girone infernale, dei melodrammi esotici del regista è uno di quelli più vicini al gusto moderno: visionario, estenuato, senza nessuna redenzione, ma non privo di ironia. La perversione dei personaggi e il clima di corruzione (notevoli le prostitute chiuse nelle gabbie, che sembrano uscire da qualche film di Fellini) all'epoca fecero scalpore, tanto che von Sternberg non girò più per una decina d'anni. La Tierney splende di luce propria; le acconciature della sfortunata Munson avrebbero meritato l'Oscar. Tratto da una pièce di John Colton è sceneggiato dal regista con Geza Herczeg, Karl Vollmoeller e Jules Furthman.

Misteri di un'anima, I **½ (*Geheimnisse einer Seele*, Germania 1926, b/n, 71') George Wilhelm Pabst. Con Werner Krauss, Jack Trevor, Powel Pawlow, Ruth Weyher, Ilka Grüning, Hertha von Walther, Renate Brausewetter. ◆ Quando scopre che un cugino (Trevor) della moglie sta tornando dall'India, un professore di chimica, Mathias (Krauss) cade in una depressione sempre più violenta che gli popola le notti di incubi e culmina nel tentativo di colpire la moglie (Weyher) con un pugnale. Dopo essere fuggito dalla madre, si rivolge a uno psicoanalista (Pawlow) che dopo molte sedute lo guarirà da questa gelosia che si trascinava dall'infanzia, riconoscendo le forze inconsce che dominavano il suo spirito. Utilizzando la struttura di un kammerspiel a lieto fine (sceneggiato da Colin Ross e Hans Neumann), Pabst affronta di petto la teoria della psicanalisi e chiede direttamente a Freud di collaborare al film. Di fronte al suo rifiuto affida la consulenza a due suoi allievi, Karl Abraham e Hanns Sachs, che nel programma di sala sottolineano come «un solo film non può spiegare la psicanalisi con i suoi innumerevoli problemi» e che «si sono dovuti tralasciare molti quesiti o perché troppo difficili, da un punto di vista scientifico, per un vasto pubblico oppure perché inadatti a una trasposizione cinematografica». Questo non impedì a Freud di criticare il film che considerò come un attacco indiscriminato alle stesse istituzioni scientifiche che, sulla carta, Pabst pretendeva di tutelare. Al di là delle polemiche, e dell'indubbio valore storico, il film oggi è ancora affascinante soprattutto per la capacità di usare il cinema come strumento attraverso il quale materializzare in chiave realistica i «misteri» di un'anima (l'opera è ricchissima di elementi e dettagli che non vengono spiegati, la cui comprensione è lasciata all'intuizione e alla perspicacia dello spettatore) anche se la mancanza della parola – strumento centrale nel trattamento – e un finale vistosamente finto (lui pesca felice, lei sorride tenendo tra le braccia quel bambino che non era mai arrivato) sminuiscono l'efficacia di quella attrazione-repulsione di un uomo per una donna, tipica di Pabst, che qui costituisce l'asse narrativo del film.

Misterioso caso Peter Proud, Il * (*The Reincarnation of Peter Proud*, Usa 1975, col, 104') J. Lee Thompson. Con Michael Sarrazin, Jennifer O'Neill, Margot Kidder, Cornelia Sharpe, Paul Hecht. ◆ Oscuri sogni perseguitano le notti del professor Proud (Sarrazin), reincarnazione di un uomo morto ammazzato e vittima di un destino che si ripete. Uno di quei thriller parapsicologici in cui dalla prima scena si sa già come va a finire. Regia e recitazione da filodrammatica.

Misterioso Mr. Moto, Il *½ (*Mysterious Mr. Moto*, Usa 1938, b/n, 62') Norman Foster. Con Peter Lorre, Mary Maguire, Heny Wilcoxon, Erik Rhodes. ◆ Mr. Moto (Lorre) in trasferta a Londra aiuta Scotland Yard a sgominare un'organizzazione segreta. Quinto della serie, di ordinaria amministrazione.

Misterioso omicidio a Manhattan **½ (*Manhattan Murder Mystery*, Usa 1993, col, 107') Woody Allen. Con Woody Allen, Diane Keaton, Alan Alda, Anjelica Huston, Jerry Adler, Joy Behar. ◆ Carol Lipton (Keaton) è convinta che la morte per infarto di una sua vicina di casa sia in realtà un caso di uxoricidio: visto che suo marito Larry (Allen) non le dà troppa corda, coinvolge nelle indagini una sua ex fiamma, Ted (Alda). Gli sviluppi saranno imprevisti, mentre il matrimonio dei Lipton sembrerà vacillare: ma è solo un giallorosa (anche se con suspense finale), e non una replica di *Mariti e mogli*. Allen in apparenza abbassa le ambizioni, e torna a cercare il divertimento puro: sempre, però, in punta di penna, e con un senso di ironia e di understatement che può spiacere a chi l'ha preso, ultimamente, troppo sul serio, e conciliarlo invece con chi non lo ha mai troppo amato. Da antologia la sequenza in cui i detective improvvisati telefonano all'assassino e cercano di spaventarlo montando – goffamente – delle battute preregistrate. Allen torna a collaborare con lo sceneggiatore Marshall Brickman, coautore di *Manhattan*, e ritrova la Keaton.

Mister Johnson ** (*Mister Johnson*, Usa 1990, col, 101') Bruce Beresford. Con Maynard Eziashi, Pierce Brosnan, Edward Woodward, Beatie Edney, Denis Quilley. ◆ Africa britannica, 1923: Johnson (Eziashi), nero acculturato, fa di tutto per essere come i bianchi e collabora con un funzionario (Brosnan) a progettare una strada; ma le difficoltà economiche gli riservano un duro destino. Dopo *A spasso con Daisy* Beresford propone un'altra coppia interrazziale: ma il tono, questa volta, è sospeso tra il grottesco e la tragedia. Si sarebbe voluto un maggiore approfondimento del protagonista, ma il senso del paradosso non è da buttar via. Dal romanzo di Joyce Cary.

Mister Jones → *Mr. Jones*

Mister Klein → *Mr. Klein*

Mister Magoo → *Mr. Magoo*

Mister Mamma *½ (*Mr. Mom*, Usa 1983, col, 91') Stan Dragoti. Con Michael Keaton, Teri Garr, Frederick Koehler, Christopher Lloyd, Ann Jilian. ◆ Un manager (Keaton) licenziato si ritrova declassato a maldestro angelo del focolare, mentre la moglie (Garr) porta a casa lo stipendio e comincia a far carriera. Capirà cosa vuol dire vivere tra aspirapolveri e soap-opera. Il ribaltamento dei ruoli produce una commedia stiracchiata che si trascina fra situazioni prevedibili ma portate fino alle estreme conseguenze. Saranno famosi il protagonista Keaton e lo sceneggiatore John Hughes.

Mister Miliardo *½ (*Mr. Billion*, Usa 1977, col, 93') Jonathan Kaplan. Con Terence Hill [Mario Girotti], Valerie Perrine, Jackie Gleason, Slim Pickens, William Redfield. ◆ Un meccanico italiano (Hill) specializzato in macchine sportive eredita una fortuna dallo zio d'America, ma per entrarne in possesso passa un sacco di guai. Debutto d'oltreoceano per un Terence Hill inespressivo, impegnato in un'insipida commedia che mischia senza entusiasmo acrobazie e risse da western.

Mister Moto → *Mr. Moto*

Mister Nice Guy → *Mr. Nice Guy*
Mister North → *Mr. North*
Mistero degli specchi, Il *** (*Corridor of Mirrors*, Francia/Gb 1948, b/n, 105') Terence Young. Con Eric Portman, Edana Romney, Barbara Mullen, Hugh Sinclair, Bruce Belfrage, Joan Maude. ◆ Un esteta ex pittore (Portman) crede di rivivere con una giovane inglese (Romney) negli anni Quaranta la passione di due veneziani del XVI secolo: lui finirà giustiziato per un crimine che non ha commesso, ma che avrebbe potuto commettere; lei farà un matrimonio senza amore ma che la renderà felice. Primo film di Young e uno dei più implicitamente «wildiani» della storia del cinema: il protagonista maschile è la sintesi di Dorian Gray, mentre lei è del tutto succube del suo fascino di artista decadente, misogino e cinico. Una storia fantastica e maledetta, dove il culto del passato, la poesia della reincarnazione e la fede nel destino si mescolano in un racconto per immagini tanto inquietante dal punto di vista emotivo quanto raffinato sotto il profilo estetico (fotografia di André Tomas). Sceneggiatura di Rudolph Cartier e dell'attrice Edana Romney dal romanzo di Chris Massie. Notevoli l'interpretazione di Portman, freddo e altero, e la colonna sonora di George Auric.
Mistero dei tre continenti, Il * (*Herrin der Welt*, conosciuto anche col titolo *Les Mystères d'Angkor*, Rft/Francia/Italia 1960, col, 98') William Dieterle. Con Micheline Presle, Gino Cervi, Sabu [Sabu Dastagir], Lino Ventura, Martha Hyer, Carlos Thompson, Wolfgang Preiss, Georges Rivière. ◆ La malvagia Madame Latour (Presle), a capo di un'internazionale del crimine, rapisce il professor Johansson (Cervi) e il suo assistente, un monaco buddista (Sabu), che stanno studiando una nuova fonte di energia. Avventure esotiche e complotti avveniristici: il veterano Dieterle sembra imitare, d'un colpo solo, i film d'avventura indiani e *Il diabolico dottor Mabuse* del suo collega Lang; ma si perde in prediche moralistiche e non ha più voglia di cercare lo stile, adagiandosi nel ridicolo involontario. Musiche di Roman Vlad. Con un seguito, inedito in Italia.
Mistero dei tre sosia, Il * (*Billy the Kid Trapped*, Usa 1942, b/n, 59') Sherman Scott [Sam Newfield]. Con Buster Crabbe, Al St. John, Bud McTaggart, Anne Jeffrey, Jack Ingram. ◆ Billy the Kid (Crabbe) è accusato ingiustamente di un omicidio che non ha commesso dagli emissari di una società finanziaria, i quali arrivano a sostituire tre persone con altrettanti sosia per costruire prove false della sua colpevolezza. Buster Crabbe aumenta la sua galleria di eroi western ma il film non ha altre ragioni d'interesse.
Mistero del cadavere scomparso, Il **½ (*Dead Men Don't Wear Plaid*, Usa 1982, b/n, 89') Carl Reiner. Con Steve Martin, Rachel Ward, Carl Reiner, Reni Santoni, George Gaynes. ◆ Un'ereditiera (Ward) affida al goffo detective privato Rigby Reardon (Martin) l'indagine sulla scomparsa del padre, industriale del formaggio. Dietro c'è un complotto nazista teso a distruggere il mondo con la muffa dei latticini. Parodia dell'hard boiled girata con cura filologica (fotografia in bianco e nero, musiche del grande Miklós Rózsa, costumi e scenografie di lusso), la cui maggiore curiosità è che gli attori, grazie a un montaggio (di Bud Molin) che avrebbe meritato l'Oscar, dialogano con le star del noir degli anni Quaranta: Alan Ladd, Humphrey Bogart, Ava Gardner, Bette Davis, James Cagney, Barbara Stanwyck, Lana Turner, Burt Lancaster e altri ancora. Lo sberleffo goliardico (ai divi del passato vengono attribuite nuove battute spesso incongrue o maliziose) si accompagna all'inchino cinefilo. Passatempo ben congegnato e a tratti divertente sceneggiato dal regista con George Gipe e Steve Martin. Il regista Reiner ha la parte del nazista.
Mistero del conto Lobos, Il → *Cena a sorpresa*
Mistero del falco, Il **** (*The Maltese Falcon*, Usa 1941, b/n, 100') John Huston. Con Humphrey Bogart, Mary Astor, Peter Lorre, Sidney Greenstreet, Elisha Cook jr, Ward Bond. ◆ Una misteriosa cliente (Astor) si rivolge a Sam Spade (Bogart) per ritrovare una preziosissima statuetta antica, raffigurante un falcone, a cui è interessato anche il gangster Joel Cairo (Lorre): dopo complicate vicende, Spade scoprirà che la statua è un falso e che la donna l'ha raggirato per ottenere un'ingente somma di denaro. Grande esordio di Huston con un B-movie destinato al mito. Tratto dall'omonimo romanzo di Dashiell Hammett e sceneggiato dal regista, *Il mistero del falco* è ufficialmente ritenuto il capostipite del cinema noir. La sostituzione di George Raft con Humphrey Bogart, voluta da Huston, fu la carta vincente dell'intera operazione, comunque curata in ogni dettaglio (straordinarie le caratterizzazioni di Lorre e Greenstreet, d'ora in poi coppia fissa del noir; indimenticabile la Astor; suggestivo il senso di claustrofobia creato dalle riprese quasi esclusivamente in interni e dalle luci oblique di Arthur Edeson). Private eye duro e malinconico, ma più fortunato del collega Marlowe, lo Spade di Bogart passa alla leggenda oscurando del tutto i colleghi delle versioni precedenti, Ricardo Cortez in *Il falcone maltese* di Roy Del Ruth (1931) e Warren William in *Satan Met a Lady* di William Dieterle (1936). Esiste anche una versione colorizzata al computer. È il primo film sonoro di Greenstreet. Cammeo per Walter Huston, padre del regista, nel ruolo del capitano Jacobi.
Mistero della donna scomparsa, Il *** (*Spoorloos*, Olanda/Francia 1988, col, 106') George Sluizer. Con Bernard-Pierre Donnadieu, Gene Bervoets, Johanna ter Steege, Gwen Eckhaus. ◆ Estate, Provenza: una coppia di olandesi, Saskia (ter Steege) e Rex (Bervoets) si ferma a un autogrill, e la ragazza scompare nel nulla. Tre anni dopo Rex non si è dato pace e continua le ricerche, finché il rapitore si mette in contatto con lui: è Raymond Lemorne (Donnadieu), padre di famiglia che sotto la normalità borghese cela la lucida follia di un mostro che teorizza l'atto gratuito. Tratto dal romanzo *L'uovo d'oro* di Tim Krabbé (adattato dall'autore e dal regista), un thriller angosciante dove non scorre una goccia di sangue e che, attraverso una calibrata struttura a flashback, conduce nel cuore di una duplice ossessione funerea: quella dell'uomo che non si dà pace e quella dell'as-

sassino che gioca con le sue vittime. Con un unico dubbio: la mancanza di catarsi rischia di ridurre a un esercizio di stile questa indagine sui lati oscuri degli individui. Rifatto dallo stesso regista a Hollywood (*The Vanishing – Scomparsa*), con un finale molto meno coraggioso.

Mistero della foresta, Il * (*Dance of the Dwarfs* ritiolato per l'uscita in video *Jungle Heat*, Usa 1983, col, 93') Gus Trikonis. Con Peter Fonda, Deborah Raffin, John Amos, Carlos Palomino. ◆ Un'antropologa (Raffin) e un elicotterista etilista (Fonda) si perdono nella giungla Filippina, alla ricerca di uno scienziato sparito mentre studiava i pigmei. Il regista si è rivisto la *Regina d'Africa* e la serie di Indiana Jones, ma non riesce a creare nello spettatore un minimo di interesse per quanto avviene sullo schermo.

Mistero del lago scuro, Il *½ (*Frog Dreaming*, Australia 1986, col, 95') Brian Trenchard-Smith. Con Henry Thomas, Tony Barry, Rachel Friend, Tamsin West. ◆ Sarà vero che si annida un mostro nelle profondità del lago accanto a cui vive un ragazzino australiano (Thomas, già protagonista di *E.T.*)? Paesaggi suggestivi nel tipico film per ragazzi che fa sbadigliare i suoi destinatari, ormai abituati a roba ben più forte.

Mistero dell'alfiere nero, Il ** (*The Bishop Murder Case*, Usa 1931, b/n, 91') Nick Grinde. Con Basil Rathbone, Leila Hyams, Roland Young, George T. Marion, Delmer Daves. ◆ Philo Vance (Rathbone) indaga su una serie di omicidi ispirati a una poesia per l'infanzia. Da *L'enigma dell'alfiere* di S.S. Van Dine: l'intreccio, come sempre, è ingegnoso, mentre la messa in scena risulta anonima.

Mistero della piramide, Il * (*Abbott and Costello Meet the Mummy*, Usa 1955, b/n, 79') Charles Lamont. Con Bud Abbott, Lou Costello, Marie Windsor, Michael Ansara. ◆ Gianni e Pinotto (Abbott e Costello), sulle tracce di un tesoro si imbattono in una mummia, risvegliandola dal suo sonno secolare. Una delle ultime, fiacche parodie della coppia di comici ormai esaurita e prossima allo scioglimento.

Mistero della signora Gabler, Il *½ (*Hedda*, Gb 1975, col, 105') Trevor Nunn. Con Glenda Jackson, Peter Eyre, Patrick Stewart, Jennie Linden, Timothy West. ◆ Hedda (Jackson), stanca del marito, spinge al suicidio lo scrittore che ama ma che, a sua volta, preferisce un'altra. Ricattata dal giudice che indaga sul caso e che da sempre la ama, si uccide. Versione poco immaginativa del dramma di Ibsen; la Jackson ha una mimica molto varia, ma la regia prende tutto terribilmente sul serio.

Mistero della signora scomparsa, Il ** (*The Lady Vanishes*, Gb 1979, col, 99') Anthony Page. Con Elliott Gould, Cybill Shepherd, Angela Lansbury, Herbert Lom, Arthur Lowe. ◆ Remake di *La signora scompare* di Hitchcock: su un treno che nel 1939 attraversa la Baviera, un'ereditiera (Shepherd) denuncia la sparizione di un'anziana signora (Lansbury), ma viene smentita e trattata come pazza. Un fotografo di *Life* (Gould) l'aiuterà a districarsi da un intrigo nazista. Il tentativo di rendere omaggio al giallorosa e alla commedia sofisticata di un tempo (più che a Hitchcock) non è del tutto riuscito, ma la cattiva fama di cui gode il film di Page è almeno in parte immeritata.

Mistero delle dodici sedie, Il ** (*The Twelve Chairs*, Usa 1970, col, 94') Mel Brooks. Con Ron Moody, Frank Langella, Dom DeLuise, Bridget Brice, Mel Brooks. ◆ Un nobile russo (Moody) torna segretamente in Urss per recuperare i gioielli di famiglia nascosti in una sedia, solo per scoprire che lo stato socialista è arrivato prima. Al suo secondo film Brooks, alla riscoperta delle sue radici ebree, adatta un vecchio romanzo di Lja Ilf ed Eugenij Petrov (più volte portato sullo schermo), ma sembra ancora alla ricerca di uno stile personale. Amabile ma non irresistibile.

Mistero del marito scomparso, Il **½ (*Woman on the Run*, Usa 1950, b/n, 77') Norman Foster. Con Ann Sheridan, Dennis O'Keefe, Ross Elliot, Robert Keith, John Lange. ◆ Una donna (Sheridan) cerca di ritrovare il marito (O'Keefe), testimone di un assassinio, prima che lo facciano i gangster. Ma il pericolo viene da molto vicino. Un noir di serie B sostenuto da un buon ritmo e da una bella atmosfera paranoica. Molte scene risentono dell'influenza stilistica di Orson Welles (il che non è necessariamente un male) e l'inseguimento finale con molte riprese in soggettiva sulle montagne russe è un piccolo gioiellino.

Mistero del Morca, Il **½ (Italia 1984, col, 92') Marco Mattolini. Con Gian Enrico Bianchi, Filippo Bocalon, Stefano Cola, Stefano Gritti, Mario Scaccia. ◆ Venezia anni Trenta: una banda di ragazzini indaga sul mistero della scomparsa dei «cimbani», i coperchietti appiattiti che usano come moneta. Un garbato film per ragazzi che tratta con mano leggera i temi dell'amicizia e dei primi turbamenti amorosi. Venezia, una volta tanto, non è una cartolina. Scritto dal regista assieme ad Alberto Ongaro, con musiche di Giovanna Marini.

Mistero del tempio indiano ** (Italia 1963, col, 95') Mario Camerini. Con Paul Guers, Senta Berger, Lex Barker, Sergio Fantoni, Claudine Auger, Roldano Lupi, Klaus Kinski. ◆ Girato assieme a *Kali-Yug la dea della vendetta*, di cui costituisce il secondo episodio. Nell'India coloniale un medico inglese (Guers) in carcere viene fatto evadere da una ballerina (Auger), invano innamorata di lui, che poi lo consegna ai thug. Ispirato al dittico di Fritz Lang *La tigre di Echnapur* e *Il sepolcro indiano* e ai romanzi di Salgari, un tentativo discreto ma anacronistico di film italiano d'avventure.

Mistero del varietà, Il ** (*Murder at the Vanities*, Usa 1934, b/n, 89') Mitchell Leisen. Con Jack Oakie, Kitty Carlisle, Carl Brisson, Victor McLaglen, Donald Meek. ◆ Un delitto dietro le quinte dell'Earl Carroll Vanities: i sospetti ricadono su tutti, in particolare sulla vedette dello spettacolo in corso, ossessionata dalla gelosia (Carlisle). Mistery musicale piuttosto piacevole, con un cammeo di Duke Ellington. Tra le canzoni ci sono *Cocktails for Two* e l'incredibile *Sweet Marijuana*. Una delle ragazze del coro è Ann Sheridan.

Mistero del V3, Il *½ (*The Flying Missile*, Usa 1950, b/n, 93') Henry Levin. Con Glenn Ford, Viveca Lindfors, Henry O'Neill, Carl Benton Reid. ◆ Un caparbio comandante (Ford), sperimentando missili radiocomandati, causa la morte di un ufficiale e rimane sconvolto. Convenzionale melodramma bellico, che evoca la competizione tecnologica che agitò l'ultimo scorcio della seconda guerra mondiale, e dal cui esito si temeva un possibile ribaltamento di sorti a favore della Germania.

Mistero di Bellavista, Il – Oi dialogoi *½ (Italia 1985, col, 106') Luciano De Crescenzo. Con Luciano De Crescenzo, Riccardo Pazzaglia, Marina Confalone, Benedetto Casillo, Geppy Gleijeses, Renato Scarpa, Marisa Laurito. ◆ Come nella *Finestra sul cortile*, la combriccola del professor Bellavista (De Crescenzo) assiste casualmente a un delitto, compiuto nel palazzo accanto, di cui è vittima la moglie pellicciaia di un losco trafficante. La sgangherata indagine si dipana tra riflessioni sul caffè e sul capitone, sul ragù (meglio quello del Vomero o quello di Toledo?) e la spazzatura (dato che «in immonditia veritas»), con omaggi a De Filippo e a Marotta. De Crescenzo, aiutato da Pazzaglia, si ispira in parte al suo libro *Oi dialogoi*. La solita Napoli bozzettistica e caciarona, dove l'arte di arrangiarsi viene nobilitata (nelle intenzioni) dalla filosofia spicciola. Musiche di Renzo Arbore.

Mistero di Black Angel, Il *½ (*Flight of the Black Angel*, Usa 1991, col, 102') Jonathan Mostow. Con Peter Strauss, William O'Leary, James O'Sullivan. ◆ Un capitano (Strauss) colpito da crisi mistica vuole sganciare una bomba atomica su Las Vegas. Girato per la cable-tv americana, un thriller di ordinaria amministrazione che punta quasi tutto sulle acrobazie di jet high tech.

Mistero di Burma, Il *½ (*Bombs over Burma*, Usa 1942, b/n, 62') Joseph H. Lewis. Con Anna May Wong, Richard Loo, Noel Madison. ◆ Una maestra (Wong) deve scoprire le spie giapponesi che passano informazioni sul trasporto dei soccorsi alleati ai cinesi attraverso la Birmania e ne permettono i bombardamenti. B-movie bellico di non eccelsa qualità. Lewis è un maestro del genere, ma data la quantità di film che girava, non sempre si può pretendere troppo.

Mistero di Cambridge, Il *½ (*Bulldog Drummond at Bay*, Gb 1937, b/n, 62') Norman Lee. Con John Lodge, Dorothy Mackaill, Victor Jory, Claud Allister, Hugh Miller. ◆ Bulldog (Lodge) con l'aiuto di Algy (Allister) riesce a im pedire che i progetti di un aereo militare finiscano in mano a delle spie. Una delle riduzioni più fedeli allo spirito del personaggio inventato da Sapper (alias H.C. McNeile).

Mistero di Jo Locke, il sosia e Miss Britannia 1958, Il ** (*Hear My Song*, Gb 1991, col, 105') Peter Chelsom. Con Ned Beatty, Adrian Dunbar, Shirley Anne Field, Tara Fitzgerald, William Hootkins. ◆ Jo Locke (Beatty) è un tenore leggero (si fa per dire) che, per frodare il fisco, si è dato latitante. Un giovane impresario (Dunbar) specialista nel recuperare sosia di vecchie glorie, questa volta vuole derogare alla propria regola e ingaggiare Locke in persona. Humour anglosassone stralunato in una commedia bizzarra e divagante, irritante o deliziosa a seconda dei palati. L'esordiente Chelsom avrebbe potuto evitare certi gratuiti tocchi felliniani.

Mistero di Oberwald, Il ° (Italia 1981, col, 128') Michelangelo Antonioni. Con Monica Vitti, Franco Branciaroli, Luigi Diberti, Paolo Bonacelli, Elisabetta Pozzi. ◆ Nell'Europa centrale di fine Ottocento, un poeta rivoluzionario (Branciaroli) decide di uccidere la regina (Vitti) invisa al popolo, vedova di un re di cui l'attentatore è sosia. Ma i due si innamorano. Seconda versione del dramma *L'aquila a due teste*, già portato sullo schermo dal suo autore Jean Cocteau. Antonioni aveva bisogno di un pretesto per un esperimento tecnico (il film è stato girato in video per intervenire elettronicamente sul colore, ed è stato quindi riversato in pellicola), ma se il testo è ridicolo e anacronistico (oltre che recitato male), i giochi coi colori che dovrebbero esprimere l'interiorità dei personaggi sono stucchevoli, e stancano presto.

Mistero di Storyville, Il * (*Storyville*, Usa 1992, col, 113') Mark Frost. Con James Spader, Jason Robards, Charlotte Lewis, Joanne Whalley-Kilmer, Piper Laurie, Michael Parks, Woody Strode. ◆ New Orleans: l'avvocato Cray Fowler (Spader), che concorre per un posto al Congresso, viene ricattato da un video dove è alle prese con una squillo vietnamita (Lewis). Visto che la ragazza è accusata della morte del padre, in cui è implicato anche Cray, questi decide di prevenire le mosse degli avversari, assumendosene la difesa. La pubblica accusa, tanto per complicare il gioco, è la sua ex moglie (Whalley-Kilmer). Il debutto sul grande schermo dell'ideatore di *Hill Street Blues* e cosceneggiatore di *Twin Peaks* sembra un condensato di tre (tele)film diversi: soap-opera, thriller erotico e courtroom movie. Meno bizzarrie del previsto, attori imbambolati, perbenismo di fondo. Si salva la musica di Carter Burwell che riempie i numerosi vuoti dell'azione.

Mistero di Wetherby, Il **½ (*Wetherby*, Gb 1984, col, 102') David Hare. Con Vanessa Redgrave, Ian Holm, Judi Dench, Tim McInnerny, Stuart Wilson, Suzanna Hamilton. ◆ In un villaggio dello Yorkshire dall'apparenza idilliaca, un giovane sconosciuto (McInnerny) sceglie di suicidarsi a casa di una professoressa (Redgrave), dietro la cui ostentata serenità si cela una profonda solitudine. Indaga sul mistero un poliziotto (Holm) tutt'altro che al di sopra delle parti. I temi dell'ipocrisia sociale, delle passioni represse e del passato che ritorna non sono certo originalissimi; Hare, che ha adattato la sua pièce, cerca di costruire un'atmosfera pinteriana di minaccia, ma i flashback sono troppi, e la tensione rischia di venir meno. Ben diretto il cast. Ha ricevuto l'Orso d'oro a Berlino.

Mistero Picasso, Il ***½ (*Le Mystère Picasso*, Francia 1956, b/n e col, 78') Henri-Georges Clouzot. Con Pablo Picasso, Henri-Georges Clouzot, Claude Renoir. ◆ Davanti alla macchina da presa Pablo Picasso disegna e dipinge – dal primo abbozzo al risultato finale – una quindicina di opere, tra cui una *Femme nue allongée* e *La plage de la Garoupe*. Per scoprire qual è il meccanismo creativo all'origine delle opere d'arte, Clouzot e il suo operatore Claude Renoir riprendono Picasso al lavoro negli studi della Victorine di Nizza: grazie a un meccanismo messo a punto da un incisore americano, sullo schermo appaiono i tratti successivi dei disegni e delle pennellate, filmati sia nella loro continuità temporale, sia montati (da Henri Colpi) per piani omogenei successivi (di colore, di zone, di ripensamenti). I pochissimi stacchi su Picasso, allora settantaduenne, servono soprattutto per rendersi conto dell'entusiasmo e della vitalità dell'artista che sembra continuamente sfidare il regista, capace anche di adattare la propria fantasia ai tempi delle riprese (come quando disegna una pianta che diventa prima un pesce poi un gallo e infine un diavolo nei soli cinque minuti di pellicola che restano). Il meccanismo delle riprese è praticamente sempre identico ma la genialità di Picasso è tale che si resta incantati a vedere come costruisce i disegni e lavora sulle immagini, per capire così «come in un quadro ci siamo molti altri quadri». Premio speciale della giuria a Cannes.

Mistero Von Bulow, Il **½ (*Reversal of Fortune*, Usa 1991, col, 110') Barbet Schroeder. Con Glenn Close, Jeremy Irons, Ron Silver, Uta Hagen, Annabella Sciorra, Fisher Stevens. ◆ La storia vera di Claus Von Bulow (Irons, premiato con l'Oscar), ricchissimo dongiovanni difeso per scommessa da un avvocato di sinistra (Silver) dall'accusa di aver mandato in coma la moglie (Close). Un mostro o una vittima dei mass media? Schroeder costruisce un mosaico di ipotesi e flashback in parte ispirato a *Rashomon* di Kurosawa, e non scioglie l'ambiguità; l'impressione è che abbia preso di contropiede i suoi committenti, mandando all'aria le regole del genere processuale, e iniettando tocchi intellettuali in un intreccio da soap-opera. Un film freddo, intelligente e vagamente indisponente come il suo protagonista. Lussuosa fotografia di Luciano Tovoli, sceneggiatura di Nicholas Kazan. Esordio della Sciorra.

Mister Roberts ** (*Mister Roberts*, Usa 1955, col, 123') John Ford, Mervyn LeRoy. Con Henry Fonda, James Cagney, William Powell, Jack Lemmon, Betsy Palmer, Harry Carey, Ward Bond, Phil Carey. ◆ Oceano Pacifico, seconda guerra mondiale: il tenente di marina Roberts (Fonda) è ansioso di combattere ma deve accontentarsi di provvedere al rifornimento di dentifricio su una nave da carico affidata a un bizzoso capitano (Cagney). Spalleggiato dal medico filosofeggiante (Powell, nel suo ultimo film) e dal marinaio portabandiera (Lemmon, Oscar come non protagonista), riesce a essere trasferito su una torpediniera. Fortunata commedia brillante di argomento bellico, diseguale nel ritmo e non così divertente come sembrò allora. A Brando e Holden, Ford preferì Fonda che aveva interpretato a Broadway la pièce di Joshua Logan (che dirigerà il seguito, *Una nave tutta matta*) e che firma l'adattamento con Frank Nugent. Ma sul set le cose non filarono lisce, e Ford (che era al settimo film con Fonda) fu sostituito da LeRoy. Noto anche come *La nave matta di Mister Roberts*.

Mister Sabato sera → *Mr. Sabato sera*

Mister Smith va a Washington *** (*Mr. Smith Goes to Washington*, Usa 1939, b/n, 129') Frank Capra. Con James Stewart, Jean Arthur, Claude Rains, Edward Arnold, Thomas Mitchell, Guy Kibbee, Beulah Bondi, Eugene Pallette. ◆ «Le cause perse sono le sole per cui vale la pena di combattere»: Jefferson Smith (Stewart), amico degli animali e dei boyscout, viene fatto eleggere senatore dal governatore Taylor (Arnold), come uomo di paglia da sfruttare per loschi affari. Rivelatosi inutilizzabile, il senatore Paine (Rains) lo accusa di illecito: ma Smith, ben consigliato dalla sua segretaria (Arthur), darà a tutti una lezione di onestà. La filosofia del New Deal rooseveltiano: fede nella democrazia americana (anche Paine alla fine si pente), condanna del conformismo e fiducia nell'uomo della strada. Molto meno ottimistico, tuttavia, di quanto sembra. Uno dei più celebri film di Capra, anche se non il migliore: accattivante, congegnato alla perfezione ma un po' schematico. Oscar alla sceneggiatura di Lewis R. Foster.

Mister Winkle va alla guerra *½ (*Mr. Winkle Goes to War*, Usa 1944, b/n, 80') Alfred E. Green. Con Edward G. Robinson, Ruth Warrick, Robert Amstrong, Richard Lane. ◆ Un tranquillo impiegato di banca (Robinson), disprezzato dalla moglie, si fa onore durante la seconda guerra mondiale. Ottimistica commedia di propaganda per tenere alto il morale delle truppe. Robinson, come sempre, è bravo, ma la parte troppo positiva gli va stretta, e il risultato è fuori registro.

Mister Wonderful ** (*Mr. Wonderful*, Usa 1993, col, 98') Anthony Minghella. Con Matt Dillon, Annabella Sciorra, Mary Louise Parker, William Hurt, Vincent D'Onofrio, Jessica Harper. ◆ L'elettricista newyorkese Gus (Dillon) non riesce a pagare gli alimenti all'ex moglie Lee (Sciorra), e decide di aiutarla a cercarsi un nuovo marito. Chissà chi sarà. La cornice di realismo quotidiano dovrebbe infondere vita a una commediola romantica che, al contrario degli analoghi *Singles* e *Giovani, carini e disoccupati*, non riesce a realizzare un affresco generazionale, né a rendere i suoi protagonisti irresistibilmente simpatici. Sprecato Hurt nella parte del professore che corteggia Lee.

Mister Wong → *Mr. Wong*

Mistery ** (*Half Moon Street*, Usa 1986, col, 89') Bob Swaim. Con Sigourney Weaver, Michel Caine, Patrick Kavanagh, Faith Kent, Vincent Lindon. ◆ Una ricercatrice universitaria (Weaver) diventa squillo di lusso e si trova coinvolta in intrighi spionistici ad alto rischio. Dal romanzo *Dr. Slaughter* di Paul Théroux, un thriller che non sa bene che strada prendere tra erotismo patinato e romanticismo d'altri tempi. Una delle poche volte in cui la Weaver si è spogliata.

Mi svegliai signora ** (*Half Angel*, Usa 1951, col, 77') Richard Sale. Con Loretta Young, Joseph Cotten, Cecil Kellaway, Basil Ruysdael, Jim Backus, Irene Ryan, John Ridgely. ◆ Dopo che ha deciso di sposare il grigio Tim (Ridgely), la rigida infermiera Nora (Young) riconosce nell'avvocato di successo John Raymond (Cotten) l'amore della sua adolescenza. E quella passione risvegliata la trasforma in una specie di sonnambula che di notte corteggia John (salvo dimenticare ogni cosa la mattina dopo), arrivando a sposarlo la vigilia delle sue previste nozze con Tim. Commedia degli equivoci sceneggiata da Robert Riskin, scontata e piuttosto meccanica nel suo prevedibile lieto fine, ma curiosa per come usa un'elementare psicanalisi (il superiore di Nora parla di «io subconscio» per spiegarne il comportamento) per aggirare i limiti del codice Hays e dare valenze positive alla sessualità femminile: Loretta Young che aumenta la scollatura dell'abito prima delle visite notturne a Cotten e prende l'iniziativa per baciarlo è un bell'esempio ante litteram di *politically incorrect*.

Mitici, I – Colpo gobbo a Milano *½ (Italia 1994, col, 102') Carlo Vanzina. Con Claudio Amendola, Monica Bellucci, Ricky Memphis, Tony Sperandeo, Umberto Smaila, Mirella Falco, Ugo Conti, Toni Ucci, Pier Maria Cecchini. ◆ Due amici romani improvvisatisi ladri (Amendola e Memphis), vogliono svaligiare una gioielleria di Milano con l'aiuto di una gang raccogliticcia: il piano «scientifico» fallisce ma la fortuna non girerà loro del tutto le spalle. Con la sceneggiatura del fratello Enrico, Carlo Vanzina cerca di riaggiornare lo spirito dei *Soliti ignoti* incrociandolo con quello dei *Sette uomini d'oro*: la regia, come sempre, è sotto il livello di guardia, la produzione pauperistica, lo stile da sit-com, ma l'ideuzza di caratterizzare i vari personaggi in maniera dialettale non è malissimo. Almeno Monica Bellucci (che si doppia da sola in umbromarchigiano) ironizza un po' sulla sua aria da top model.

Mitico viaggio, Un *½ (*Bill & Ted's Bogus Journey*, Usa 1991, col, 87') Peter Hewitt. Con Keanu Reeves, Alex Winter, William Sadler, Joss Ackland, Pam Grier. ◆ Dal futuro vengono spediti due robot per uccidere le future rockstar Bill (Reeves) e Ted (Winter): questi, per tornare in vita, vagano tra cielo e inferno, incontrando, tra gli altri, il Diavolo, Einstein e il Coniglio Pasquale, figura assai popolare del folclore Usa. Parodia per teen-ager volutamente scombiccherata, ma poco adatta a essere esportata. Reeves si è fatto le ossa così. Inedita la prima puntata, *Bill & Ted's Excellent Adventure* (1989).

Mito, Il → *Fan, The – Il mito*

Mito dell'uomo, Il *½ (Italia 1965, b/n, 81') Adimaro Sala. ◆ Film a episodi. In *La violenza* (con Lisa Gastoni, Raoul Grassilli, Dino Mele, Nini Rosso, Rosella D'Aquino) una donna che ha subito violenza da parte di un gruppo di giovinastri preferisce cercare conforto in un misterioso (e forse inesistente) straniero piuttosto che nel fidanzato; in *L'amore* (con Norma Bengell, Lydia Alfonsi, Umberto Orsini, Vittorio Caprioli, Mario Pisu, Annie Gorassini) una donna profondamente esaurita crede di trovare un appoggio in una vecchia amica, ma scopre che è l'amante del marito. Riflessione pseudoantonioniana sulla solitudine dei borghesi e la loro profonda insoddisfazione sessuale, *midcult* e fintamente ingenua la sua parte (incisioni di Goya sui titoli di testa con citazioni da Pindaro e Quasimodo, cavalli bianchi che galoppano nel bagnasciuga e frasi tipo «Quando suona crede di combattere con gli angeli» per commentare un assolo di Nini Rosso), ma resa irrimediabilmente velleitaria dai tagli della censura che intervenne pesantemente per i troppi nudi (specie della Alfonsi e di Orsini). Tanto che il film fu ritirato e ridistribuito nel 1967 col titolo *La violenza e l'amore (Il mito dell'uomo)*. Scritto dal regista, qui al suo esordio.

Mi vedrai tornare * (Italia 1966, b/n, 112') Ettore M. Fizzarotti. Con Gianni Morandi, Elisabetta Wu, Enzo Cerusico, Nino Taranto, Enrico Viarisio, Raimondo Vianello, Sandra Mondaini, Lelio Luttazzi, Danilo Massi, Pietro De Vico, Loretta Goggi, Xenia Valderi, Germana Dominici, George Wang. ◆ Tornato a casa in licenza con l'amico Saro (Cerusico), il cadetto di marina Gianni Aleardi (Morandi) s'innamora della figlia (Wu) di un principe giapponese: lei è promessa sposa dall'età di quattro anni, lui dovrebbe fidanzarsi con la duchessina Gigliola (Goggi), ma l'amore metterà tutto a posto. Musicarello ai minimi storici, con Morandi fin imbarazzante nella sua incapacità di recitare. Gli unici momenti passabili sono le gag con il nonno ammiraglio (Viarisio) che prepara il nipotino (Maggi) alla vita del mare trasformando il maggiordomo (Vianello) in nostromo. Oltre alla canzone del titolo, Morandi canta *La fisarmonica*, *La mia voce*, *Se fra noi qualcosa cambierà*, *Tu che m'hai preso il cuore* e il *De Guello*.

Mizar (Sabotaggio in mare) * (Italia 1953, b/n, 96') Francesco De Robertis. Con Franco Silva, Dawn Addams, Antonio Centa, Paolo Stoppa, Marilyn Buferd. ◆ Mizar (Addams) è una donna sommozzatrice della Regia Marina che, assieme al suo marito e comandante (Silva), compie ardite imprese recuperando cifrari segreti e facendo saltare navi da rifornimento. Penultima opera in cui De Robertis replica con stanchezza le ambientazioni (ma non lo stile) dei film che lo resero celebre, come *Uomini sul fondo* e *La nave bianca*.

Mo' Better Blues ** (*Mo' Better Blues*, Usa 1990, col, 129') Spike Lee. Con Denzel Washington, Spike Lee, Wesley Snipes, Joie Lee, Cynda Williams, Bill Nunn, Giancarlo Esposito, John Turturro, Nicholas Turturro, Rubén Blades, Samuel L.Jackson, Coati Mundi [Andy Hernandez]. ◆ Il trombettista jazz Bleek Gilliam (Washington) si inguaia a causa di un amico col vizio del gioco (Lee): e intanto non sa decidere tra due donne, una dolce (J. Lee) e l'altra aggressiva (Williams). Spike Lee smorza la vena polemica (anche se c'è chi si è risentito per come vengono rappresentati i due impresari ebrei, interpretati dai fratelli Turturro) e gira un film per propagandare quella musica che, inventata dai neri, è poco conosciuta dai brother più giovani. Capolavori come *Lonely Woman* di Ornette Coleman, *Goodbye Pork Pie Hat* di Charles Mingus e *A Love Supreme* di John Coltrane commentano in stile videoclip un melodramma sentimentale non esattamente appassionante. Il film avrebbe dovuto prendere il titolo dal brano di Coltrane citato, ma la vedova Alice si è opposta deplorandone il linguaggio troppo volgare. Oleografico (l'argomento droga è tabù) e leccato, anche se visivamente piacevole. La cantante Abbey Lincoln è la madre del protagonista; nel party finale compaiono il padre di Lee, Bill, e Branford Marsalis. Il titolo, che si potrebbe tradurre con «più meglio blues», si riferisce alla valutazione che Bleek dà di se stesso a letto.

Moby Dick, la balena bianca **½ (*Moby Dick*, Usa 1956, col, 116') John Huston. Con Gregory Peck, Richard Basehart, Leo Genn, Orson Welles, Harry Andrews, James Robertson Justice. ◆ Il capitano

Achab (Peck) coinvolge tutto l'equipaggio in un duello mortale contro la balena bianca Moby Dick, che in un precedente scontro gli aveva mangiato una gamba. Di tutto l'equipaggio si salverà solo il giovane Ismaele (Basehart). Seconda versione (dopo quella del 1930 con John Barrymore) del capolavoro di Melville. Huston, assieme al cosceneggiatore Ray Bradbury, vede nel cetaceo la crudele inumanità di Dio, contro cui l'uomo scaglia la sua disperata rivolta: «il film è una bestemmia» disse «e mi sorprendo che nessuno protesti». La forma, tuttavia, è quella di un film d'avventure, non privo di respiro epico, ma abbastanza tradizionale. Welles fa sfoggio di bravura nel ruolo del predicatore che tuona da un pulpito a forma di nave su cui sale con una marinaresca scala di corda.

Modella, La *½ (*Inspiration*, Usa 1930, b/n, 74') Clarence Brown. Con Greta Garbo, Robert Montgomery, Lewis Stone, Marjorie Rambeau, John Miljan. ◆ Una modella (Garbo) dai molti amanti si innamora di un diplomatico (Montgomery), per cui rinuncia a Parigi e impara a cucinare: ma farà di più, tirandosi da parte per non comprometterlo. La Garbo, bellissima e con i morbidi capelli bagnati di luce, ha recitato copioni migliori di questo fotoromanzo, vagamente ispirato a *Sappho* di Alphonse Daudet.

Modella di lusso *½ (*Vogues of 1938*, Usa 1937, col, 108') Irving Cummings. Con Warner Baxter, Joan Bennett, Mischa Auer, Alan Mowbray, Helen Vinson. ◆ Il proprietario (Baxter) di un salone di moda sulla Fifth Avenue non vuole che la sua assistente (Bennett) faccia la modella. Fiacco musical, pretesto per una serie di opulente sfilate di moda. A indossare i magnifici abiti, passando dalle copertine al set, sono alcune fra le più famose modelle del periodo, fra cui Miss Pepsodent, Miss Lucky Strike e Miss Sapone Lux.

Modelle di lusso ** (*Lovely to Look At*, Usa 1952, col, 102') Mervyn LeRoy. Con Kathryn Grayson, Howard Keel, Red Skelton, Ann Miller, Marge e Gower Champion, Zsa Zsa Gabor. ◆ A Parigi, tre attori americani (Skelton, Grayson e M. Champion) insediati nella casa di moda ereditata da uno di loro, improvvisano uno spettacolare défilé per pagare i debiti. Remake non travolgente del musical *Roberta*, può contare sull'elegante regia di Vincente Minnelli per la sfilata di moda e alcune ottime canzoni fra cui l'intramontabile *Smoke Gets in Your Eyes* e *I Won't Dance*.

Moderato cantabile – Storia di uno strano amore ** (*Moderato cantabile*, Francia 1960, b/n, 91') Peter Brook. Con Jeanne Moreau, Jean-Paul Belmondo, Didier Haudepin. ◆ La moglie (Moreau) di un industriale, ossessionata dall'omicidio di una ragazza, torna nello squallido quartiere teatro della tragedia e quasi si innamora di un operaio (Belmondo) del marito. Da un romanzo di Marguerite Duras (adattato dall'autrice con la collaborazione per i dialoghi di Gérard Jarlot), un film fatto di silenzi e allusioni, penalizzato da un ritmo catatonico. Allora bollato come uno dei film più noiosi della storia del cinema, ma meno intellettualistico di quel che può sembrare. La Moreau venne premiata a Cannes. Il titolo deriva dal pezzo che deve suonare al pianoforte il figlio quando si sente l'urlo straziante della donna assassinata nel bar vicino.

Moderns, The ** (*The Moderns*, Usa 1988, col, 128') Alan Rudolph. Con Keith Carradine, Linda Fiorentino, John Lone, Geneviève Bujold, Geraldine Chaplin, Wallace Shawn, Kevin J. O'Connor. ◆ Nella Parigi anni Venti della lost generation, un pittore (Carradine) cerca di strappare la moglie (Fiorentino) a un ricco collezionista (Lone), facendo soldi con falsi Cézanne e Modigliani, così perfetti da finire in museo. Tutto giocato sulla menzogna e la simulazione, uno di quegli intrecci polifonici che Rudolph è sempre bravo a tenere in piedi. Ciò che non convince è la ricostruzione d'epoca, tra la rielaborazione fantastica (il film è girato a Montreal) e fastidiose pretese di filologia (i sosia di Gertrude Stein, Hemingway e compagnia). Variamente odiato e amato, anche se di certo non è il miglior film di Rudolph. Musiche di Mark Isham.

Modesty Blaise, la bellissima che uccide ° (*Modesty Blaise*, Gb, 1966, col, 119') Joseph Losey. Con Monica Vitti, Dirk Bogarde, Terence Stamp, Harry Andrews, Rossella Falk, Scilla Gabel. ◆ L'agente segreto Modesty Blaise (Vitti), incaricata dal governo inglese di sorvegliare una spedizione di diamanti, deve vedersela con un supercriminale (Bogarde) che cova rancori di vecchia data contro Modesty. Dal fumetto di Peter O'Donnel e Jiom Holdaway, una specie di parodia (ma dove non si sorride mai) di James Bond. Scenografie pop e op art, e attori (come la Vitti, al suo debutto in inglese) che non c'entrano niente. Passo falso per Losey. Particina per il nostro mago Silvan.

Moebius **½ (*Moebius*, Argentina 1996, col, 90') Gustavo R. Mosquera. Con Guillermo Angelelli, Annabella Levy, Roberto Carnaghi, Jorge Petraglia. ◆ Il giovane topografo Daniel Pritt (Angelelli) indaga sulla scomparsa di un convoglio con trenta persone nella labirintica metropolitana di Buenos Aires: e come c'è da aspettarsi in un posto dove una stazione si chiama Borges, scopre che si è creato un varco in un'altra dimensione. Professionale prodotto dell'Universidad del Cine argentina, qualcosa di più di un'esercitazione scolastica di fine corso (Mosquera è un professore). La variazione su classici motivi della fantascienza (lo spunto è un romanzo di A.J. Deutsch) è abbastanza abile, la suspense convincente: ma a convincere è soprattutto l'atmosfera, la cornice di quotidiano squallore e di burocrazia kafkiana, con qualche riuscita allusione politica ai *desaparecidos*.

Mogambo ** (*Mogambo*, Usa 1953, col, 115') John Ford. Con Clark Gable, Ava Gardner, Grace Kelly, Donald Sinden. ◆ In Congo, un cacciatore (Gable) innamorato di una ballerina (Gardner), si invaghisce dell'algida moglie dell'antropologo (Kelly) per cui sta organizzando un safari. Finale perbenista. Fumettaccio quasi appassionante, che non si direbbe diretto da Ford. Remake in technicolor di *Lo schiaffo* (1932), pure interpretato da Gable.

Mogli, Le * (*Doctor's Wives*, Usa 1971, col, 100') George Schaefer. Con Dyan Cannon, Richard Crenna, Janice Rule, Gene Hackman, John Colicos. ◆ Un chirurgo di fama (Crenna) ammazza la moglie adultera ma viene scarcerato per operare, mentre un collega (Hackman) ha il suo da fare per gestire l'amante infermiera. Soap-opera discretamente cretina.

Mogliamante *½ (Italia 1977, col, 107') Marco Vicario. Con Laura Antonelli, Marcello Mastroianni, Leonard Mann, William Berger, Olga Karlatos, Stefano Patrizi, Gastone Moschin, Enzo Robutti. ◆ Provincia veneta, 1912: il mercante di vini Luigi (Mastroianni) deve nascondersi per un omicidio non commesso; la moglie Antonia (Antonelli), scoperto che oltre a essere un agitatore socialista è un donnaiolo, decide di praticare a sua volta il libero amore. I tocchi femministi e pirandelliani lasciano il tempo che trovano, e Vicario – che gioca un po' a fare Bolognini – finisce nella solita farsa di costume. Era il periodo in cui la Antonelli si spogliava. Sceneggiatura di Rodolfo Sonego che avrebbe dovuto dirigere Marco Bellocchio.

Mogli di lusso *½ (*The Golden Arrow*, Usa 1936, b/n, 68') Alfred E. Green. Con Bette Davis, George Brent, Eugene Pallette, Dick Foran, Hobart Cavanaugh. ◆ Una semplice cassiera (Davis), trasformata in ricca ereditiera per una campagna pubblicitaria di cosmetici, si ritrova assediata da corteggiatori interessati, mentre il giornalista (Brent) realmente innamorato non osa farsi avanti. Esile commedia con poche carte da giocare.

Moglie, Una *** (*A Woman Under the Influence*, Usa 1974, col, 155') John Cassavetes. Con Gena Rowlands, Peter Falk, Katherine Cassavetes, Lady Rowlands, Matthew Cassel. ◆ Il capo cantiere Nick Longhetti (Falk) a modo suo ama la moglie Mabel (Rowlands), ma la trascura e la porta all'esaurimento nervoso. Il manicomio non serve a nulla: Mabel tenterà il suicidio, ma forse riuscirà a rimettere assieme i pezzi. Nella tetralogia di Cassavetes sulla classe media americana, *Una moglie* appartiene, con *Volti*, al filone scuro, di fronte ai più solari *Minnie e Moskowitz* e *Mariti*. La nevrosi domestica di Mabel è messa in scena con un realismo che non ha più nulla di naturalistico, e la tecnica dell'«improvvisazione controllata» consente agli attori di dare il meglio di se stessi. Evitando di cadere in un troppo facile schematismo, il film riesce a calare il comportamento della donna in situazioni del tutto «normali» dove il peso delle tradizioni, la concretezza di modelli educativi scorretti o l'emergere dei contrasti tra i sessi e le generazioni (lo scontro moglie-marito è raddoppiato da quello madre-figlio) è filmato con una forza e un'originalità d'approccio esemplare, anche se il «gioco degli attori» è forse più monocorde che negli altri film ricordati. Il titolo originale è un modo popolare per dire di essere sotto l'influenza dell'alcol.

Moglie americana, Una *½ (Italia/Francia 1965, col, 113') Gian Luigi Polidoro. Con Ugo Tognazzi, Rhonda Fleming, Graziella Granata, Juliet Prowse, Marina Vlady. ◆ Un ragioniere (Tognazzi), abbagliato da New York, vuole sposare un'americana per ottenere la green card e fare fortuna. Così ci prova con tutte, dalla pluridivorziata miliardaria texana, alla giovane spacciatrice. Il vecchio tema del provinciale alle prese con le spregiudicatezze del nuovo mondo: Polidoro, dopo *Il diavolo*, cambia Paese e protagonista, ma il risultato è sempre banale e approssimativo. Tra gli sceneggiatori Ennio Flaiano e Rafael Azcona.

Moglie a sorpresa *½ (*Housesitter*, Usa 1992, col, 103') Frank Oz. Con Steve Martin, Goldie Hawn, Dana Delany, Julie Harris, Donald Moffat. ◆ Gwen (Hawn), cameriera di Boston, si innamora dell'architetto Newton Davis (Martin), e a sua insaputa si fa passare per sua moglie, installandosi nella casa che Davis ha fatto costruire per la donna (Delany) che ha rifiutato di sposarlo. Il personaggio della simpatica rompiscatole, cavallo di battaglia per la Hawn, ormai mostra la corda: e la commedia scivola verso una conclusione scontata senza divertire mai veramente

Mogli e buoi... *½ (Italia 1956, b/n, 90') Leonardo De Mitri. Con Gino Cervi, Walter Chiari, Enrico Viarisio, Sandra Milo, Nino Taranto, Clelia Matania. ◆ John Cattabriga (Cervi), emigrato dall'Italia negli anni del fascismo, torna in patria per cercare una moglie per il figlio (Chiari): peccato cha la candidata numero uno sia figlia di un fascistone. Innocua farsa tenuta in piedi dal mestiere e dalla simpatia di Cervi.

Moglie celebre, La **½ (*The Farmer's Daughter*, Usa 1948, b/n, 97') Henry C. Potter. Con Loretta Young, Joseph Cotten, Ethel Barrymore, Charles Bickford, Harry Davenport, Lex Barker. ◆ Una intraprendente campagnola (Young), trasferitasi in città come cameriera di un giovane senatore (Cotten), scopre la vocazione politica: batte il padrone alle elezioni e quindi decide di sposarlo. Spiegazione didascalica della democrazia americana e del ruolo degli immigrati, tratta da una commedia finlandese (e sceneggiata da Allen Rivkin e Laura Kerr) che avrebbe dovuto interpretare la Bergman: Potter non è Capra, e il gioco è abbastanza superficiale ma sufficientemente amabile. Oscar alla Young.

Moglie del campione, La * (*The Slugger's Wife*, Usa 1985, col, 105') Hal Ashby. Con Michael O'Keefe, Rebecca DeMornay, Martin Ritt, Randy Quaid, Lisa Langlois. ◆ Il burrascoso rapporto fra un rozzo campione di baseball (O'Keefe) e una cantante (DeMornay). Piena di cliché la sceneggiatura di Neil Simon, inesistente la regia di Ashby: un vero fiasco. Il regista Martin Ritt nel ruolo di manager sportivo.

Moglie del capo, La * (*The Boss' Wife*, Usa 1987, col, 82') Ziggy Steinberg. Con Daniel Stern, Arielle Dombasle, Fisher Stevens, Christopher Plummer, Melanie Mayron, Lou Jacobi. ◆ Un ambizioso stockbroker (Stern) a un passo dalla promozione viene corteggiato dalla moglie (Dombasle) del suo superiore (Plummer), e vede andare a pezzi sia il lavoro che la famiglia. Modesto reperto con pretese comiche dell'èra degli yuppie.

Moglie del fattore, La ** (*The Farmer's Wife*, Gb 1928, b/n, 67') Alfred Hitchcock. Con Jameson Thomas, Lillian Hall-Davies, Maud Gill, Gordon Harker. ◆ Dopo cinque anni di vedovanza, Samuel Sweetland (Thomas) pensa di risposarsi, e chiede la collaborazione della governante Araminta (Hall-Davies): che si rivelerà la candidata ideale. Truffaut disse che Hitchcock aveva «girato una commedia come un thriller», facendo intervenire la macchina da presa al centro dell'azione. A parte lo stile quasi espressionista (il Maestro curò personalmente gran parte della fotografia), il film merita di essere ricordato come un saggio della misoginia e del gusto del grottesco di Hitch, che si diverte a infierire sulle tre zitelle che Samuel prende in considerazione per il matrimonio.

Moglie del fornaio, La ***½ (*Le Femme du boulanger*, Francia 1938, b/n, 133') Marcel Pagnol. Con Raimu [Jules Muraire], Ginette Leclerc, Charles Moulin, Fernand Charpin, Robert Vattier, Edouard Delmont, Charles Blavette, Alida Rouffe, Odette Roger, Paul Dullac, Julien Maffre. ◆ In un paesino della Provenza arriva il nuovo fornaio Aimable (Raimu). Quando la sua giovane moglie (Leclerc) fugge con un pastore, Aimable per cercarla deve spegnere il forno e così tutto il villaggio verrà coinvolto nella ricerca della donna, per poter riavere presto il pane di Aimable. Tipica commedia farsesca alla francese, costruita attorno al personaggio principale (straordinariamente reso da Raimu) ma piena di figurine pittoresche elaborate con altrettanta cura e di esterni autentici che sembrano anticipare il neorealismo. Tratto da un episodio del romanzo *Giovanni il blu* di Jean Giono (sceneggiato dallo spesso Pagnol), il film è un gioiello di inventiva e di verve, sostenuto da una prodigiosa capacità di osservazione nei confronti dell'umanità più varia, e interpretato da un cast in grado di affrontare assoli e movimentate scene di gruppo con pari naturalezza. Il suo messaggio di solidarietà calorosa, ai limiti dell'utopia, portò una ventata di spensieratezza in un'Europa prossima al secondo conflitto mondiale e in una cinematografia, come quella francese, all'epoca votata al pessimismo poetico. Anche all'estero ottenne un grande successo, soprattutto in America (a New York fu proiettato per anni nella stessa sala), probabilmente per la sua solare sensualità mediterranea.

Moglie dell'aviatore, La *** (*La Femme de l'aviateur ou: On ne saurait penser à rien*, Francia 1980, col, 104') Eric Rohmer. Con Philippe Marlaud, Marie Rivière, Anne-Laure Meury, Mathieu Carrière, Fabrice Luchini. ◆ Una giornata eccezionale (tale doveva essere il titolo in origine) dello studente François (Marlaud), che pedina l'amante (Carrière) della sua ragazza, Anne (Rivière), con l'aiuto di una quindicenne (Meury) incontrata per caso. Primo film della serie *Commedie e proverbi*, dove i personaggi, invece di «narrare la loro storia più che viverla, si dedicano piuttosto a mettersi in scena». Un tono più da commedia, quindi, e un naturalismo più spiccato (tra l'altro il film è girato in gran parte per le vie e i parchi di Parigi in 16mm, poi gonfiati a 35). Se il confronto finale tra François e Anne è un po' verboso, il pedinamento con la ragazzina curiosa e il finale beffardo sono tra le cose più felici di tutta l'opera di Rohmer. Il sottotitolo francese rovescia una frase di de Musset, «on ne saurait penser à tout», non si può pensare a tutto.

Moglie dell'uomo ricco, La * (*The Rich Man's Wife*, Usa 1996, col, 94') Amy Holden Jones. Con Halle Berry, Christopher McDonald, Clive Owen, Peter Greene, Charles Hallahan. ◆ Josie Potenza (Berry) finisce nei guai quando il marito miliardario (McDonald) viene trovato ucciso: sospettata di omicido per interesse, subisce i ricatti di un serial killer (Greene) che costano la vita anche al suo amante (Owen). Scritto dalla regista (già sceneggiatice di *Proposta indecente*), un presunto thriller erotico che infila un cliché dietro l'altro fino alla sorpresa finale: se la storia sembra ovvia (ma il finale rimescola le carte), la regia lo è ancora di più, sospesa tra l'*allure* del patinato e l'improbabilità delle scene d'azione. Inedito in sala.

Moglie del prete, La *½ (Italia 1970, col, 107') Dino Risi. Con Sophia Loren, Marcello Mastroianni, Venantino Venantini, Jacques Stany, Pippo Starnazza. ◆ Una donna che ha tentato il suicidio (Loren) si innamora del prete (Mastroianni) che l'ha confortata al telefono amico, e cerca di convincerlo a buttare la tonaca alle ortiche. Dopo mezz'ora Risi non ha più carte da giocare; i protagonisti fanno il verso a se stessi, la satira scade nel bozzetto (tanto più che l'ambientazione è nella cattolicissima Padova). I clericali, a ogni buon conto, inveirono. Sceneggiatura di Risi, Maccari e Zapponi.

Moglie del soldato, La *** (*The Crying Game*, Gb 1992, col, 112') Neil Jordan. Con Stephen Rea, Jaye Davidson, Forest Whitaker, Miranda Richardson, Adrian Dunbar. ◆ Un terrorista dell'Ira (Rea) stringe amicizia con un soldato inglese (Whitaker) preso in ostaggio. Dopo la morte dell'amico, il terrorista va alla ricerca della sua ragazza (Davidson): alla crisi delle sue convinzioni politiche seguirà quella delle sue certezze sessuali, e il giallo politico si trasforma in un imprevedibile e bizzarro melodramma. Grazie al cielo Jordan evita i tocchi farseschi almodovariani che ci si aspetterebbero dal soggetto e, malgrado ingredienti tanto eterogenei, la mistura ha un suo strano equilibrio. Successo a sorpresa negli Stati Uniti e Oscar a Jordan per la miglior sceneggiatura. Il miglior film, finora, del regista irlandese.

Moglie del vescovo, La **½ (*The Bishop's Wife*, Usa 1947, b/n, 108') Henry Koster. Con Cary Grant, Loretta Young, David Niven, Monty Wolley, James Gleason, Gladys Cooper. ◆ Spedito sulla Terra per sostenere un vescovo protestante (Niven) nella raccolta di fondi per la nuova chiesa, un angelo custode (Grant) rischia di innamorarsi di sua moglie (Young). Sophisticated comedy surreale (sceneggiata da Robert E. Sherwood e Leonardo Bercovici a partire da un romanzo di Robert Nathan), come si usava allora a Hollywood, animata da garbato umorismo di sapore natalizio. Il cast funziona a meraviglia, anche se Grant non sopportava il film e avrebbe voluto piantarlo a metà. È l'ultimo film fotografato da Gregg Toland e il suo lavoro sulla profondità di campo e l'illuminazione – davvero insolito per una commedia – finisce per trascendere una regia effettivamente banale, il che potrebbe spiegare come mai Koster ottenne una nomination per questo film. Deludente remake di Penny Marshall (*Uno sguardo dal cielo*).

Moglie di Craig, La **½ (*Craig's Wife*, Usa 1936, b/n, 75') Dorothy Arzner. Con Rosalind Russell, John Boles, Billie Burke, Jane Darwell, Thomas Mitchell. ◆ La moglie (Russell) di Craig (Boles) domina dispoticamente sulla casa, aggirandosi solitaria per le stanze tirate a specchio. Girato da quella che allora era l'unica regista di Hollywood, un ritratto femminile per l'epoca non banale. Da una commedia di George Kelly. Un remake con Joan Crawford, *Sola col suo rimorso* (1950).

Moglie di Frankenstein, La ***½ (*The Bride of Frankenstein*, Usa 1935, b/n, 80') James Whale. Con Boris Karloff, Elsa Lanchester, Colin Clive, Valerie Hobson, Una O'Connor, Walter Brennan, John Carradine, Gavin Gordon, Ernest Thesiger, Douglas Walton. ◆ Seguito di *Frankenstein*, che si apre con un prologo in cui lord Byron (Gordon), Percy (Walton) e Mary Shelley (Lanchester) discutono come continuare la storia. Scampata alla morte, la creatura (Karloff) creata dal barone Henry Frankenstein (Clive) finisce sotto l'ala di uno scienziato pazzo, Pretorius (Thesiger) che gli costruisce una compagna (ancora la Lanchester). Purtroppo questa, dotata di una bella permanente con due elettriche mèches bianche, non trova la creatura di suo gusto, scatenandone la furia devastatrice. Sequel all'altezza del prototipo (sceneggiato da John L. Balderston e William Hurlbut), che approfondisce l'umanità e la solitudine del mostro (celebri le scene in cui un eremita cieco gli insegna qualche parola). Non mancano tocchi di humour (il mostro che fuma una sigaretta), anche se questa volta la colonna sonora di Frank Waxman e la fotografia di John Mescall hanno un ruolo di primo piano nel definire l'atmosfera gotica. Rifatto nel 1985 come *La sposa promessa*.

Moglie di giorno *½ (*Day-Time Wife*, Usa 1939, b/n, 71') Gregory Ratoff. Con Tyrone Power, Linda Darnell, Warren William, Binnie Barnes, Joan Davis. ◆ Cosa può escogitare una moglie (Darnell) gelosa della segretaria del marito (Power) in un film hollywoodiano degli anni Quaranta? Farsi assumere di nascosto per controllare da vicino e creare così una serie di imbarazzanti situazioni. Da *Sangue e arena* Power e Darnell passano a una farsa coniugale esangue.

Moglie di mio marito, La * (Italia/Spagna, 1961, b/n, 100') Tony [Antonio] Roman. Con Walter Chiari, Yvonne Bastien, Franco Fabrizi, Akim Tamiroff, Pietro De Vico. ◆ Elena (Bastien), la moglie del donnaiolo Giulio (Chiari), fa credere al suo datore di lavoro che il marito non sia che un suo amante occasionale: con i qui pro quo del caso. Modesta pochade.

Moglie, due amici, quattro amanti, Una → *Una moglie, due amici, quattro amanti*

Moglie giapponese?, Una *½ (Italia/ Rft 1968, col, 115') Gian Luigi Polidoro. Con Gastone Moschin, Michiko Iwasaki, Paul Esser, Lilly Lau. ◆ Inviato in Giappone a sostituire un collega, il ragioniere Taddei (Moschin) coltiva impossibili sogni d'amore e si rende conto della superficialità degli occidentali. Lo stesso schema di *Una moglie americana*, ma con maggiori pretese sociologiche e documentaristiche. Esito, comunque, mediocre.

Moglie in bianco... l'amante al pepe, La * (Italia/ Spagna 1981, col, 90') Michele Massimo Tarantini. Con Lino Banfi, Raf Baldassarre, Pamela Prati, Susan Scott [Nieves Navarro], Javier Viñas, Marisa Porcel, Ria De Simone, Bruno Minniti, Fiamma Migliore, Rafael Hernández. ◆ I Patané avranno l'eredità del nonno solo se il giovane Gianluca (Baldassarre) farà un figlio entro l'anno: perciò il padre (Banfi), preoccupato della scarsa virilità del figlio, gli trova come moglie una infermiera ex spogliarellista (Prati). Farsa sguaiata e volgarotta («e come disse il sommo poeta nel canto trentatré, nessuna donna è mai andata in bianco con i Patané»), con Banfi – nel doppio ruolo del padre e del nonno morente – che imperversa nelle sue storpiature pugliesi. La Prati pre-silicone si spoglia con una certa generosità; ma anche la Scott, nel ruolo dell'amante di Banfi, si lascia guardare.

Moglie in vacanza... l'amante in città, La ** (Italia 1980, col, 97') Sergio Martino. Con Renzo Montagnani, Edwige Fenech, Barbara Bouchet, Lino Banfi, Tullio Solenghi, Maria Teresa Ruta, Marisa Merlini, Pippo Santonastaso. ◆ Equivoci a catena in un albergo a Courmayeur, dove un marito (Montagnani) deve dividersi tra l'amante che preme per il divorzio (Fenech) e la moglie ignara (Bouchet). Pochade dal buon ritmo, più divertente e con meno nudi della media. Montagnani, al suo meglio, inizia con la testa nel water e finisce impotente per congelamento.

Moglie modello, Una ** (*Model Wife*, Usa 1941, b/n, 78') Leigh Jason. Con Joan Blondell, Dick Powell, Lee Bowman, Charlie Ruggles, Lucille Watson. ◆ Ignorando i divieti della direzione, una modella (Blondell) si sposa e, mantenendo segreto il matrimonio, causa una serie di imbarazzanti situazioni. Routine non disonorevole per una delle coppie allora più amate del cinema hollywoodiano.

Moglie per papà, Una – Corrina Corrina *½ (*Corrina Corrina*, Usa 1994, col, 115') Jessie Nelson. Con Whoopi Goldberg, Ray Liotta, Tina Maiorino, Joan Cusack, Don Ameche, Erica Yohn, Wendy Crewson, Jenifer Lewis, Larry Miller. ◆ L'unica governante capace di far uscire la piccola Molly (Maiorino) dalla disperazione dopo la morte della mamma è Corrina Washington (Goldberg), nera, abbandonata dal marito e musicologa non tanto dilettante. La forza vitale della donna coinvolge pian piano anche il giovane vedovo (Liotta), musicista per un'agenzia pubblicitaria, ma nell'America degli anni Cinquanta la simpatia tra un borghese bianco e una colf nera è ancora uno scandalo. E poi c'è una Jenny (Crewson), vedova anche lei, che vuole accalappiare il papà di Molly. Per esordire nella regia, l'ex attrice teatrale Jessie Nelson sceneggia una storia in parte autobiografica, simpatica anche se un po' zuccherosa quando racconta la vitalità di Corrina, abituata per razza e censo a dover affrontare gli ostacoli della vita, troppo elusiva quando tratteggia le complicazioni razziali che frenano i due adulti che scoprono di amarsi. Un merito, comunque, il film ce l'ha: aver dimostrato, con Tina Maiorino, che i bambini al cinema possono anche non essere come l'insopportabile Macaulay Culkin. Ultimo film di Don Ameche, nella parte del nonno di Molly. Bella colonna sonora di hit jazz (*Peace, Piece* di Bill Evans, *Pennies from Heaven* cantata da Billie Holiday, *You Go to My Head* interpretata da Louis Armstrong e Oscar Peterson).

Moglie per una notte ** (Italia 1952, b/n, 85') Mario Camerini. Con Gino Cervi, Gina Lollobrigida, Armando Francioli, Nadia Gray, Paolo Stoppa, Galeazzo Benti, Paolo Panelli. ◆ Nel secolo scorso, un musicista (Francioli) cerca la protezione di un conte (Cervi) per allestire un'opera e gli presenta, come moglie, una ragazza di facili costumi (Gray). Sarà però la vera consorte (Lollobrigida) a raggiungere lo scopo. Camerini prende spunto dalla commedia *L'ora della fantasia* di Anna Bonacci (adattata, tra gli altri, da Franco Brusati), dalla quale, dodici anni dopo, Billy Wilder trarrà *Baciami, stupido*. Qualche stupore per la voglia di «imbruttire» la Lollobrigida con un paio di occhiali, e il solito garbo della regia di Camerini.

Moglie più bella, La ** (Italia 1970, col, 108') Damiano Damiani. Con Ornella Muti, Alessio Orano, Gaetano Cimarosa, Joe Sentieri, Enzo Andronico. ◆ Francesca (Muti), una ragazza siciliana, si oppone al matrimonio che il fidanzato mafioso (Orano) vuole imporle con il rapimento, complice la famiglia resa ossequiente dalla povertà. Damiani si ispira a una storia vera (quella di Franca Viola che nel 1966 rifiutò di sposare il suo rapitore), ma il suo spaccato di costume si ferma alla superficie, cercando piuttosto ritmi da western. Esordio della quindicenne Muti.

Moglie ricca, La ** (*B. F.'s Daughter*, Usa 1948, b/n, 108') Robert Z. Leonard. Con Barbara Stanwyck, Van Heflin, Charles Coburn, Keenan Wynn, Marshall Thompson. ◆ Sposata a un austero e caparbio spiantato (Heflin), la capricciosa figlia (Stanwyck) di un industriale (Coburn) cerca di fare avere un po' di soldi di papà al marito, finendo solo per creare guai. Cast divertente, e non molto di più.

Moglie riconquistata, La ** (*To Mary with Love*, Usa 1936, b/n, 87') John Cromwell. Con Warner Baxter, Myrna Loy, Ian Hunter, Claire Trevor, Jean Dixon, Pat Somerset. ◆ Mentre sta scrivendo un biglietto augurale alla donna che ha sempre, e invano, amato (che comincia con le parole del titolo: «To Mary – With Love»), Bill (Hunter) ripensa ai dieci anni di matrimonio di Mary e Jock (Loy e Baxter): i sogni, i tradimenti degli ideali in nome della ricchezza, la povertà con il crollo di Wall Street, la caparbietà di Mary nell'accettare gli sbandamenti di Jock. E l'aiuto che proprio Bill diede alla riuscita del loro matrimonio. Un melodramma sceneggiato da Richard Sherman e Howard Ellis Smith, oggi un po' troppo zuccheroso ma ai tempi considerato un campione del progressimo in stile New Deal. Per la prima volta materiali documentari (l'incontro di boxe Tunney-Dempsey, il trionfo di Lindberg, il crack di Wall Street) vengono utilizzati come sfondi per scene con attori.

Moglie sconosciuta, La *½ (*A Private's Affair*, Usa 1959, col, 92') Raoul Walsh. Con Sal Mineo, Barry Coe, Gary Crosby, Christine Carère, Barbara Eden, Tery Moore. ◆ Tre commilitoni si danno da fare con le ragazze e con il loro complessino, ma le cose si complicano quando uno di loro (Coe), per un equivoco, finisce sposato mentre è all'ospedale sotto anestesia. Una mediocre farsa musical-militare a stelle e strisce, girata da Walsh per puri obblighi di contratto. Gary Crosby è il figlio di Bing.

Moglie vergine, La * (Italia 1975, col, 100') Franco Martinelli [Marino Girolami]. Con Edwige Fenech, Renzo Montagnani, Ray Lovelock, Carroll Baker, Michele Gammino, Florence Barnes, Gabriella Giorgelli, Antonio Guidi, Maria Rosaria Riuzzi. ◆ La neomoglie (Fenech) vorrebbe adempiere ai doveri coniugali, ma Giovannino (Lovelock) va sempre in bianco, nonostante gli sforzi dello zio (Montagnani) e di una compiacente cameriera (Giorgelli): ci vorrà la suocera (Baker) per sbloccare un'impotenza da complesso di Edipo. Sexy-commedia particolarmente sboccata (a base di «pirla» e «bernarda», visto che siamo nella Brianza delle «fabbrichètte») in cui Montagnani si esibisce nelle sue solite invenzioni lessicali («Grappa e marzapane sfondano tutte le sottane» e «Sono il Severino Gazzelloni della spingarda»). La Baker è sempre coperta e più che la Fenech si spoglia la Barnes, vogliosissima moglie tedesca del fratello Gianfranco (Gammino). Ray Lovelock è espressivo come un merluzzo.

Mogli pericolose *½ (Italia 1958, b/n, 98') Luigi Comencini. Con Sylva Koscina, Renato Salvatori, Giorgia Moll, Dorian Gray, Franco Fabrizi, Mario Carotenuto, Pupella Maggio, Nino Taranto, Pina Renzi, Maria Pia Casilio, Bruno Carotenuto, Yvette Masson, Rosalba Neri. ◆ Due amiche (Koscina e Gray) vogliono mettere alla prova la fedeltà di Federico (Salvatori), il giovane marito della loro amica Claudine (Moll): il tentativo va a vuoto, ma non è detto che Federico non possa capitolare a una nuova occasione. Commediola di costume diretta con garbo, con qualche interessante notazione sociologica, specie sul fascino nascente della televisione (di cui fanno le spese la coppia Mario Carotenuto-Pupella Maggio). Esilissimi brividi «proibiti» per un accenno di danza del ventre da parte della Koscina. Sceneggiatura di Comencini, Edoardo Anton, Marcello Fondato e Ugo Guerra.

Molière ** (*Molière, la vie d'un honnête homme*, Francia/Italia 1978, col, 211') Ariane Mnouchkine. Con Philippe Caubère, Joséphine Derenne, Brigitte Cattilon, Armande Delcampe, Roger Planchon, Daniel Mesguish, Jean-Claude Penchenat, Mario Gonzales, Maurice Chevit, Jean Dasté. ◆ La vita e l'arte di Jean-Baptiste Poquelin, detto Molière (Caubère): il rifiuto del conformismo in giovane età, la formazione della compagnia, gli amori, l'ascesa alla corte di Luigi XIV (Penchenat), le prime delusioni, la morte. Basta leggere il nome del produttore – Claude Lelouch – per sapere già tutto: un affresco ambizioso e smisurato, straripante di entusiasmo e di amore per il personaggio, ma nessun approfondimento nella descrizione del teatro come una grande festa. Il gioco dei flashback e delle analogie non basta a creare uno stile cinematografico, e la destinazione di prodotti del genere resta la televisione. La versione originale dura 255', quella per il piccolo schermo 300'.

Moll Flanders *½ (*Moll Flanders*, Usa 1996, col, 122') Pen Densham. Con Robin Wright, Morgan Freeman, Stockard Channing, John Lynch, Brenda Fricker, Geraldine James, Aisling Corcoran. ◆ Londra, XVIII secolo: la piccola Flora (Corcoran) è prelevata dall'orfanotrofio da un ricco signore (Freeman) che per prepararla alla sua nuova vita le legge le disavventure di Moll Flanders (Wright), orfana, poi cameriera, quindi prostituta e infine vedova infelice di un pittore spiantato (Lynch) prima di imbarcarsi per il Nuovo Mondo. Esordio nella regia dello sceneggiatore di *Robin Hood principe dei ladri*, che trasforma il vitalissimo romanzo di Daniel Defoe in una specie di litania moraleggiante sulle cattiverie del mondo – e della corrotta tenutaria signora Allworthy (Channing) – filmate con l'insopportabile stile degli spot televisivi, controluce e velatini compresi.

Mollo tutto *½ (Italia 1995, col, 100') José Maria Sanchez. Con Renato Pozzetto, Barbara D'Urso, Jamel Berrebeh, Tamara Donà, Luigi Petrucci, Michele Gammino. ◆ Stufo della famiglia e del lavoro, il salumiere Franco Giacobetti (Pozzetto) fugge in Tunisia, ma si ritrova a far la fame perché gli hanno rubato i soldi con cui pensava di campare: in compagnia del piccolo Selim (Berrebeh) torna in Italia come vu cumprà, ma moglie e figlia (D'Urso e Donà) in fondo sono ancora lì che lo aspettano. Ambizioso ma fallimentare tentativo di Pozzetto (anche produttore) di rinfrescare la propria immagine cinematografica, affidandosi per la seconda volta (dopo *Burro*) a José Maria Sanchez. Ma la sceneggiatura di Stefano Sudrié e Alessandro Jacchia stenta a ingranare (fuga in Africa e ritorno a Roma sembrano solo dei lunghi antefatti per la pochade finale, quando Franco alias Mustafà viene assunto come collaboratore da moglie e figlia che fingono di non averlo riconosciuto) e il messaggio umanitario a favore degli immigrati non è molto convincente.

Molta brigata vita beata *** (*The More the Merrier*, Usa 1943, b/n, 104') George Stevens. Con Jean Arthur, Joel McCrea, Charles Coburn, Richard Gaines. ◆ A Washington, a causa della crisi d'alloggi durante la guerra, una ragazza (Arthur) affitta una stanza a un anziano signore (Coburn) che, subaffittandone una metà a un giovanotto (McCrea), fa sbocciare l'amore fra i due. Stevens tenta di risollevare il morale degli americani col suo umorismo garbato e dirige una delle commedie col dialogo più scoppiettante di Hollywood (la sceneggiatura è di Robert Russel, Frank Ross, Richard Flousnoy e Lewis R. Foster). Oscar come attore non protagonista a Coburn, ma impagabile anche la Arthur, che ottenne la nomination. Rifatto nel 1966 (*Cammina non correre*) con Grant nella parte di Coburn.

Molti sogni per le strade **½ (Italia 1948, b/n, 90') Mario Camerini. Con Anna Magnani, Massimo Girotti, Checco Durante, Dante Maggio, Checco Rissone, Luigi Pavese, Italo Tancredi, Giorgio Nimmo, Gino Leurini. ◆ Dopo il litigio con la moglie Linda (Magnani), che lo accusa di non darsi abbastanza da fare per guadagnare, Paolo (Girotti) ruba una macchina nel garage custodito da un amico. Ma Linda lo pedina sospettando un'avventura galante, impedendogli così di rivendere la refurtiva. Una piccola e briosa storia popolare (sceneggiata dal regista con Piero Tellini) nella quale elementi tipicamente neorealisti – come il problema della disoccupazione e della crudeltà dei borghesi – si fondono perfettamente con situazioni da commedia (e un tocco di commozione nella scena in riva al mare), ribaltando continuamente la struttura del film da drammatica a leggera e viceversa e dandogli una «leggerezza» narrativa piuttosto inconsueta per quegli anni. Curioso il ruolo affidato al piccolo Romoletto (Nimmo), che in un Paese ancora contadino è il tipico bambino cresciuto in città, che non conosce il tacchino o il bue e scambia un coniglio per un topone. Grandi le scenate di gelosia di Anna Magnani. La voce narrante è di Arnoldo Foà.

Molto onorevole Ministro, Il * (*A Majority of One*, Usa 1961, col, 153') Mervyn LeRoy. Con Rosalind Russell, Alec Guinness, Ray Danton, Madlyn Rhue. ◆ Durante una crociera nasce l'amore tra una vedova yiddish (Russell) e un attempato diplomatico giapponese (Guinness), pure vedovo. Scipita versione di una commedia di Broadway; Guinness ha sempre avuto la passione per i travestimenti, ma questo gli è riuscito meno bene del solito.

Molto onorevole Mr. Pennypacker, Il ** (*The Remarkable Mr. Pennypacker*, Usa 1959, col, 87') Henry Levin. Con Clifton Webb, Dorothy McGuire, Charles Coburn, Jill St. John. ◆ Cittadino al di sopra di ogni sospetto, il sessantenne Pennypacker (Webb) è in realtà un bigamo che divide equamente il suo tempo tra due famiglie parallele, per un totale di due mogli (McGuire e St. John) e diciassette figli. Commedia in costume meno divertente delle sue premesse ma resa comunque godibile per un protagonista raffinato e stravagante.

Molto onorevole Mr. Pulham, Il ***½ (*H.M. Pulham, Esq.*, Usa 1941, b/n, 120') King Vidor. Con Robert Young, Ruth Hussey, Hedy Lamarr, Charles Coburn, Van Heflin, Fay Holden, Leif Erickson. ◆ Nell'imminenza di una rimpatriata universitaria, l'affermato industriale Harry Pulham (Young), richiamato da un'ex fiamma (Lamarr), rivive il proprio passato, le occasioni perdute, la vita quale avrebbe potuto essere. «La mia vita è ordinata, sono felice», dice Pulham all'inizio: ma il passaggio logico è discutibile, come si rende conto alla fine, quando si chiede se per caso non sia già morto, e non lo sappia. Vidor lascia libero lo spettatore di giudicare se la conclusione sia, per Pulham, una sconfitta o una vittoria. Da un romanzo di John P. Marquand (autore del serial dedicato a Mr. Moto), adattato dal regista e da Elizabeth Hill, un'intelligente elegia sul tempo perduto, piena di malinconia e di ironia. Vidor faticherà, in seguito, a ritrovare un tocco così leggero e acuto.

Molto rumore per nulla **½ (*Much Ado About Nothing*, Gb 1993, col, 110') Kenneth Branagh. Con Kenneth Branagh, Emma Thompson, Denzel Washington, Keanu Reeves, Kate Beckinsale, Michael Keaton, Robert Sean Leonard, Richard Briers, Richard Clifford, Ben Elton, Phyllida Law, Imelda Staunton. ◆ Nella villa del ricco Leonato (Briers) si intrecciano gli amori tra i giovani Claudio ed Hero (Leonard e Beckinsale) e i bisbetici Benedick e Beatrice (Branagh e Thompson): le macchinazioni dell'infido don John (Reeves) contro don Pedro (Washington) rischiano di rovinare tutto, ma alla fine la verità e l'amore l'avranno vinta. Lontano dalla sacralità delle letture di Laurence Olivier (che vedeva in quei testi le «origini delle mitologie culturali di una nazione»), Branagh cerca piuttosto di dimostrare l'attualità e la modernità della commedia di Shakespeare: massima libertà di ambientazione (il Chianti invece di Messina), grande varietà del cast (star hollywoodiane anche per ruoli piccolissimi), scelte «irriverenti» di regia (ampia mobilità della macchina da presa e ambientazione en plain air) per ritrovare il gusto frizzante dell'equivoco e della battuta in una megaproduzione dove «la sacralità del testo (pur rispettato con estrema pignoleria) lascia il posto al piacere dell'intreccio e della recitazione». Phyllida Law, che interpreta il ruolo di Ursula, è la madre della Thompson, a sua volta moglie di Branagh.

Momenti di gloria **½ (*Chariots of Fire*, Usa 1981, col, 124') Hugh Hudson. Con Ben Cross, Ian Charleson, Nigel Havers, Ian Holm, Nicholas Farrel, Cheryl Campbell, John Gielgud, Lindsay Anderson, Patrick Magee, Brad Davis, Yves Beneyton. ◆ La preparazione atletica, il cameratismo universitario e l'avventura olimpica del 1924 di due podisti britannici. Eric Liddel (Cross), religiosissimo, corre per la gloria del Signore, mentre Harold Abrahams (Charleson), ebreo, contro il pregiudizio della società protestante. Il primo film del regista pubblicitario Hudson indulge a un facile sentimentalismo unanimista e non si vergogna di abusare dei ralenti: leccato, patriottico, superficiale, ma senza dubbio assai abile e a tratti coinvolgente. Quattro Oscar: miglior film, sceneggiatura (Colin Welland), musica (Vangelis) e costumi (Milena Canonero).

Momento della verità, Il ** (Italia/Spagna 1964, col, 110') Francesco Rosi. Con Miguel Mateo Miguelin, José Gomez Sevillano, Pedro Basauri Pedrucho, Linda Christian. ◆ Il povero andaluso Miguel (il torero Miguelin) cerca fortuna nella tauromachia: ma la sorte gli sarà avversa. Mescolando documentario e finzione, Rosi vuole demolire l'epica della corrida, mostrando come toro e torero siano vittime degli interessi degli impresari e del pubblico pagante. Ma la retorica e i sospetti di calligrafismo sono abbastanza ingombranti.

Momento di uccidere, Il *½ (*A Time to Kill*, Usa 1996, col, 150') Joel Schumacher. Con Matthew McConaughey, Samuel L. Jackson, Sandra Bullock, Kevin Spacey, Brenda Fricker, Oliver Platt, Charles S. Dutton, Ashley Judd, Patrick McGoohan, Donald Sutherland, Kiefer Sutherland, Tonea Stewart, Joe Seneca. ◆ Clanton, Mississippi: convinto che la giustizia razzista non vendicherà lo stupro della figlia, l'operaio nero Carl Lee Hailey (Jackson) ammazza i due responsabili bianchi: a difenderlo dal cinico procuratore Rufus (Spacey) ci penseranno l'avvocato liberal Jake Brigance (McConaughey) e l'ambiziosa studentessa Ellen (Bullock). Ma la strada per la giustizia è lunga e ardua. Megapolpettone giudiziario, tratto dal primo romanzo di John Grisham (sceneggiato da Akiva Goldsman), reazionario e forcaiolo, dove i colpi discena sono tutti fuori dell'aula giudiziaria (minacce del Ku Klux Klan comprese) e il protagonista sembra preoccupato solo di assomigliare ora a Paul Newman ora a Marlon Brando.

Momento più bello, Il *½ (Italia 1957, b/n, 100') Luciano Emmer. Con Marcello Mastroianni, Giovanna Ralli, Marisa Merlini, Ernesto Calindri, Riccardo Garrone, Memmo Carotenuto, Bice Valori. ◆ Amore in corsia fra il dottor Valeri (Mastroianni), alfiere di una nuova tecnica di parto indolore, e la sua infermiera Luisa (Ralli). Quando lei rimane incinta, è la crisi. Commedia rosa con curiosi spunti didattici: tra le opere meno riuscite del regista.

Momo * (Italia/Rft 1986, col, 106') Johannes Schaat. Con Radost Bockel, John Huston, Leopoldo Trieste, Ninetto Davoli, Mario Adorf, Armin Müller Stahl, Elide Melli. ◆ La piccola Momo (Bockel), con l'aiuto di Mastro Hora (Huston) e di una saggia tartaruga, si oppone agli Uomini Grigi che vogliono rubare il tempo agli uomini. Dal primo libro di Michael Ende (che aveva disconosciuto il film tratto dalla sua *Storia infinita*, mentre qui compare anche come attore), una costosa produzione girata a Cinecittà che non ebbe alcun successo. La storia è statica, e il tono troppo bamboleggiante. Colonna sonora di Angelo Branduardi.

Monaca di Monza, La * (Italia 1947, b/n, 94') Raffaello Pacini. Con Paola Barbara, Rossano Brazzi, Carlo Tamberlani, Carlo Duse, Wanda Capodaglio. ◆ Gertrude (Barbara), al secolo Virginia de Leyva, monaca per forza, fugge con l'amante Egidio (Brazzi): entrambi faranno una brutta fine. Più che un film storico (i titoli di testa citano il romanzo di Giovanni Rosini), un mediocre fotoromanzo con due attori che, nell'immaginario dell'epoca, incarnavano il latin lover e la donna perduta.

Monaca di Monza, La *½ (Italia/Francia 1962, b/n, 100') Carmine Gallone. Con Giovanna Ralli, Gabriele Ferzetti, Lilla Brignone, Elisa Cegani, Hélène Chanel, Gino Cervi, Fosco Giachetti, Emma Gramatica, Alberto Lupo, Evi Maltagliati, Corrado Pani, Giulia Rubini. ◆ Monaca per forza, Virginia (Ralli) fugge con l'amante Gian Paolo Osio (Ferzetti): catturati, lui viene ucciso per omicidio, lei murata viva. Penultimo film di Gallone: un pesante drammone storico, il cui maggiore interesse è il lussuoso cast. Cervi è il cardinal Borromeo.

Monaca di Monza, La – Eccessi, misfatti, delitti * (Italia 1987, col, 90') Luciano Odorisio. Con Myriam Roussel, Alessandro Gassman, Renato De Carmine, Alina De Simone. ◆ Suor Virginia de Leyva (Roussel), chiusa in convento contro il suo volere, si scatena in amori e delitti, finché viene condannata a essere murata viva per tredici anni. Malgrado le ambizioni di ricostruzione storica e la cura dell'immagine si rimane a livello di fotoromanzo (moderatamente) spinto. Tra gli sceneggiatori Piero Chiara e Carlo Lizzani.

Monaca di Monza, La – Una storia lombarda * (Italia 1969, col, 102') Eriprando Visconti. Con Anne Heywood, Antonio Sabato, Hardy Kruger, Tino Carraro, Luigi Pistilli, Carla Gravina, Margarita Lozano, Caterina Boratto. ◆ Virginia (Heywood) cerca alternative alla noia del convento, ma il sesso e il delitto la portano a una condanna durissima. Il nipote di Luchino innesta un po' di nudi nella storia resa celebre dal Manzoni, e cerca di presentare la protagonista (che la prima volta viene violentata da Gian Paolo Osio) come una vittima della società dell'epoca. Esito mediocre.

Monachine, Le *½ (Italia 1963, b/n, 94') Luciano Salce. Con Catherine Spaak, Didi Perego, Amedeo Nazzari, Sylva Koscina, Sandro Bruni, Alberto Binucci, Lando Buzzanca, Annie Gorassini. ◆ Due disinvolte suorine (Spaak e Perego) vanno a Roma per convincere il responsabile di una compagnia d'aviazione a far deviare il volo degli aerei da sopra il loro convento. Pensato per far esordire nella regia i due sceneggiatori [Franco] Castellano e Pipolo [Giuseppe Moccia] – e invece diretto dal più fidato Salce – è solo una farsa con qualche esile battuta spiritosa.

Monaco, Il *½ (*Le Moine*, Francia 1972, col, 98') Ado Kyrou. Con Franco Nero, Nathalie Delon, Nicol Williamson, Nadia Tiller. ◆ Ambrosio (Nero), priore dei cappuccini di Madrid, perde la testa per la strega Matilda (Delon), si macchia di varie atrocità e, per salvarsi la pelle, vende l'anima al diavolo: diventerà papa. Sceneggiatura di Luis Buñuel e Jean-Claude Carrière, dal romanzo gotico di M.G. Lewis (adattato in francese da Antonin Artaud). Il regista, autore di saggi sul cinema e il surrealismo, dirige con veemenza da cinefilo, ma le provocazioni sono vecchie e gli esiti mediocri. Al posto della Delon ci sarebbe dovuta essere Jeanne Moreau.

Monaco di Monza, Il *½ (Italia 1962, b/n, 90') Sergio Corbucci. Con Totò [Antonio de Curtis], Nino Taranto, Erminio Macario, Lisa Gastoni, Giacomo Furia, Fiorenzo Fiorentini, Adriano Celentano, Don Backy [Aldo Caponi], Carlo Delle Piane, Mimmo Poli. ◆ Il ciabattino Pasquale (Totò) si traveste da monaco per sfuggire a un signorotto, ma capita nel castello dove il perfido don Egidio (Taranto) lo vuole costringere a farsi unire a nozze con la riottosa Fiorenza (Gastoni). Parodia non di prim'ordine e con troppi numeri da avanspettacolo. Celentano e Don Backy in saio ballano il rock cantando *La carità*.

Mona Lisa ** (*Mona Lisa*, Gb 1986, col, 104') Neil Jordan. Con Bob Hoskins, Cathy Tyson, Michael Caine, Robbie Coltrane, Clarke Peters, Kate Hardie, Sammi Davis. ◆ Appena uscito di prigione, l'ingenuo George (Hoskins) chiede aiuto all'amico (Caine) che lo aveva messo nei guai, e fa da autista a un'enigmatica prostituta d'alto bordo (Tyson, al debutto), commettendo l'errore di innamorarsene. Scritto dal regista assieme a David Leland, un noir (in parte parafrasi di *Taxi Driver*) divagante e sopravvalutato che non riesce ad amalgamare bene i suoi ingredienti: tutto dipende dalla simpatia che si è concessi ad accordare al brutto anatroccolo Hoskins. *Mona Lisa* è una canzone di Nat King Cole. Prodotto dalla Handmade dell'ex Beatle George Harrison. Hoskins è stato premiato a Cannes. Il film trasmesso dalla televisione è *La donna del bandito* di Nicholas Ray.

Monastero di Santa Chiara (Napoli ha fatto un sogno) *½ (Italia 1951, b/n, 90') Mario Sequi. Con Edda Albertini, Massimo Serato, Nino Manfredi, Nyta Dover, Italia Marchesini, Lamberto Picasso, Paolo Reale, John Kitzmiller, Mario Corte, Saro Urzì, Piero Sadun, Alberto Moravia. ◆ Nel dopoguerra, il maestro Sadun racconta ad Alberto Moravia (interpretati da loro stessi), la storia della cantante ebrea Ester di Veroli (Albertini), innamorata di Rudolf (Serato), un ufficiale delle SS che invece di arrestarla la fa nascondere nel monastero di Santa Chiara: alla fine delle ostilità, l'incontro con un suo vecchio spasimante (Manfredi) non le impedisce di continuare a pensare a Rudolf e di perdere tragicamente la vita nella speranza di reincontrarlo. Un melodramma complicato e pieno di incongruenze che Michele Galdieri aveva sceneggiato (a partire dalla sua canzone *Munastero 'e Santa Chiara*) insieme a Fulvio Palmieri, Vinicio Marinucci e al regista e che impiegò due anni per uscire. La storia è francamente irreale (disertori neri, nazisti in clandestinità e bionde fatali che cercano di fuggire tutti assieme), la recitazione (specie dell'inebetito Serato) poco più che da filodrammatica, ma la straordinaria fotografia di Piero Portalupi, astratta ed espressionista nello stesso tempo, giustifica da sola la visione del film. Curiosa la cornice con Moravia che si fa raccontare la storia come se ne avesse bisogno per la sua attività di scrittore, e belle le poche ma intense scene con cui si ricordano le quattro giornate dell'insurrezione antifascista di Napoli. La Albertini (doppiata da Ebe De Paulis) canta *Lili Marlene* e *Munastero 'e Santa Chiara*.

Mon bel amour *½ (*Mon bel amour, ma déchirure*, Francia 1987, col, 102') José Pinheiro. Con Catherine Wilkening, Stéphan Ferrara, Vera Gregh, Véronique Barrault. ◆ Un'attrice d'avanguardia (Wilkening) si invaghisce di un macho tutto sesso (l'ex pugile Ferrara, futuro stallone di Brass): chi sarà la vittima di chi? Melodramma torrido e pretenzioso, in sospetto di hard (ne circolano varie versioni) e di misoginia. Non dovrebbe deludere gli appassionati del genere.

Mondana felice, La * (*My Pleasure Is My Business*, Canada 1974, col, 90') Albert S. Waxman. Con Xaviera Hollander, Henry Ramer, Colin Fox, Don Cullen. ◆ La regina delle prostitute newyorchesi, Xaviera Hollander, porta sullo schermo quella che dovrebbe essere la sua vera storia di mondana che, cacciata dagli Usa, riesce comunque a rimanere allegramente a galla. Un buon modello per *I miei primi quarant'anni*. È stato detto che la Hollander è così inespressiva che non riesce a recitare neppure nella parte di se stessa.

Mondana rispettosa, La ** (*La P... respectueuse*, Francia 1952, b/n, 95') Charles Brabant, Marcello Pagliero. Con Barbara Laage, Ivan Desny, Walter Bryant, Marcel Herrand, Yolande Laffon. ◆ Nel profondo Sud degli Stati Uniti la prostituta Lizzie McKay (Laage), testimone dell'assassinio di un nero da parte di un bianco, si lascia corrompere per favorire l'omicida, salvo poi cambiare idea disgustata dalla violenza razzista. Una versione quasi fedele ma non memorabile della pièce di Sartre. Per Pagliero una rivalsa contro la censura che, sei anni prima, gli aveva distrutto la storia di un'altra prostituta, *Desiderio*. Premiata a Venezia la colonna sonora di Georges Auric.

Mondi privati *½ (*Private Worlds*, Usa 1935, b/n, 84') Gregory La Cava. Con Claudette Colbert, Charles Boyer, Joan Bennett, Joel McCrea, Helen Vinson. ◆ All'interno di un ospedale psichiatrico, lindo e dall'aspetto rassicurante, quelli con più problemi sembrano essere il primario misogino (Boyer), il dottore frustrato (McCrea) che insidia la frivola sorella (Colbert) del capo, e la dottoressa dal cuore infranto (Bennett) per il fidanzato morto in battaglia. Il cast di lusso non può ovviare alle banalità della sceneggiatura.

Mondo alla rovescia, Il *½ (Italia 1995, col, 102') Isabella Sandri. Con Francesca Antonelli, Marcello Ferrari, Anna Recchimuzzi, Dada Morelli, Renzo Rossi, Remo Remotti, Lucia Andreotti, Rossana Spadoni. ◆ Nati quasi contemporaneamente nelle campagne del Polesine, Chiara (Antonelli) e Nino (Ferrari) vivono i loro vent'anni con più di una delusione: lei è evidentemente insoddisfatta della sua famiglia borghese anche se si sforza di essere concreta e positiva, lui spera solo di risolvere ogni problema giocando al lotto con i soldi della nonna (Recchimuzzi). Un'opera prima schiacciata dalla voglia di dire troppo, con molta sincerità (è ricca di spunti autobiografici la sceneggiatura scritta dalla regista con il compagno Giuseppe M. Gaudino e Giuseppe Rocca) ma anche l'incapacità di controllare l'intersecarsi tra mondo reale e visioni «poetiche», piano narrativo e invenzioni fantastiche. A reggere c'è soprattutto la forza espressiva della Antonelli.

Mondo a parte, Un **½ (*A World Apart*, Gb 1988, col, 112') Chris Menges. Con Barbara Hershey, Jodhi May, Linda Mvusi, Jeroen Krabbe, Paul Freeman, Tim Roth, David Suchet. ◆ Sudafrica, 1963: la tredicenne Molly (May) – in cui si è rappresentata la sceneggiatrice Shawn Slovo – si sente trascurata dai genitori, militanti contro l'apartheid. Ma quando il padre (Krabbe) è costretto a fuggire e la madre (Hershey) è imprigionata, prende coscienza del valore del loro impegno. La scelta del punto di vista di Molly si è rivelata decisiva nel costruire un film di denuncia vibrante e commovente, che evita molti luoghi comuni e vince il confronto col roboante *Grido di libertà*. Debutto nella regia di Menges, già direttore della fotografia (ha vinto l'Oscar per *Urla del silenzio* e *Mission*). Girato nello Zimbabwe. Premiate ex aequo a Cannes le tre protagoniste: Hershey, May e Mvusi (che interpreta la governante).

Mondo candido *½ (Italia 1975, col, 110') Gualtiero Jacopetti, Franco Prosperi. Con Christopher Brown, Michelle Miller, José Quaglio, Jacques Herlin, Richard Domphe, Gianfranco D'Angelo, Sonia Viviani, Alessandro Haber, Marcello Di Falco, Steffen Zacharias, Giancarlo Badessi. ◆ Educato dal dottor Pangloss (Quaglio) nella fiducia di vivere nel «migliore dei mondi possibili», Candido (Brown) va incontro a una serie continua di delusioni viaggiando dalla Vestfalia del Cinquecento ai nostri giorni, sempre alla ricerca dell'amata Cunegonda (Miller). Liberissimo adattamento del *Candide* di Voltaire (sceneggiato dai due registi e Claudio Quarantotto) dove il qualunquismo «filosofico» fa coppia col più scontato degli spiriti goliardici: dai processi dell'Inquisizione alla guerra d'Irlanda, dall'utopia hippy agli scontri tra israeliani e palestinesi (con un attacco al rallentatore in un campo di papaveri tra fedayn e belle guerrigliere di Sion appena uscite dalla doccia, e quindi nude, assolutamente delirante): un guazzabuglio di luoghi comuni che servono solo a far vedere un po' di donne nude. Troppo ricco produttivamente, e troppo presuntuoso, per diventare un reperto trash.

Mondo cane * (Italia 1961, col, 110') Gualtiero Jacopetti, Paolo Cavara, Franco Prosperi. ◆ Un documentario che assembla immagini ed episodi curiosi, esotici, violenti e voyeuristici, spacciati come reali ma il più delle volte frutto di montaggio o ricostruzione. Dagli animali ammazzati brutalmente, alle pescatrici di perle a seno nudo, dagli ubriachi che vomitano ad Amburgo alle fan isteriche che spogliano Rossano Brazzi, dalle corse dei tori in Portogallo alle cruente processioni del Giovedì Santo in Calabria. Sgradevole e ipocrita il commento della voce fuori campo; in futuro Jacopetti farà comunque di peggio. Shock e scandalo furono all'origine di un successo internazionale (800 milioni soltanto in Italia), e di un filone.

Mondo cane 2 * (Italia 1962, col, 102') Gualtiero Jacopetti, Franco Prosperi. ◆ Nuovo campionario, realizzato dopo il clamoroso successo del primo, di immagini violente e/o ripugnanti (per gli standard dell'epoca, e in qualche caso anche per quelli attuali) raccolte o ricostruite con compiaciuta dovizia di particolari: dall'impiego come cavie degli animali, all'ostentazione di mutilazioni infantili. Poco da aggiungere rispetto al prototipo.

Mondo che sorge, Un *½ (*Wells Fargo*, Usa 1937, b/n, 115') Frank Lloyd. Con Joel McCrea, Bob Burns, Frances Dee, Lloyd Nolan. ◆ Dal 1840 al 1865, Ramsay MacKay (MacCrea) istituisce un efficace servizio postale mediante diligenze che coprono più Stati, ma la guerra di Secessione lo fa entrare in conflitto con la famiglia sudista della moglie. Quando un convoglio con un carico d'oro richiestogli da Lincoln viene intercettato dai Confederati, Ramsey sospetta della consorte (Dee). Un'epopea ambiziosa che si risolve in un album di storia americana sfogliato a gran velocità, senza il tempo di soffermarsi su nulla e con un'unica figura che, attraversando senza macchia e senza paura un quarto di secolo infuocato, sembra determinare il corso degli eventi nazionali: l'autocelebrazione del self made man e del Paese che su tale mito si fonda.

Mondo crollerà, Il **½ (*Le Monde tremblera*, Francia 1939, b/n, 108') Richard Pottier. Con Claude Dauphin, Marguerite Sologne, Eric von Stroheim, Mady Berry. ◆ Inventando una macchina capace di prevedere il momento esatto della morte di chiunque, uno scienziato (Dauphin) scatena il panico. Scritto da Henri-Georges Clouzot e Jean Vilard, un curioso film fantastico che mescola la satira moralista all'humour nero: da una parte critica l'arrivismo sfrenato del mondo degli affari e il cinismo della Borsa, dall'altro mette a confronto ogni personaggio con l'idea della propria morte. La struttura a sketch è ripetitiva e il finale abbastanza prevedibile, ma l'angoscia e il pessimismo sotterranei la dicono lunga sull'atmosfera dell'epoca.

Mondo dei robot, Il **½ (*Westworld*, Usa 1973, col,

88') Michael Crichton. Con Yul Brynner, Richard Benjamin, James Brolin, Victoria Shaw, Dick Van Patten. ◆ In una sorta di Disneyland per adulti del futuro si possono provare brividi di lussuria o di violenza con perfetti robot in ambientazioni romane, medioevali e western. Finché gli automi, guidati da un pistolero nerovestito (Brynner) non si scatenano in un'apocalittica rivolta. Esordio alla regia del romanziere Crichton, autore anche della sceneggiatura: allora in anticipo sui tempi, oggi un po' invecchiato. Il tema della rivolta delle macchine è abbastanza scontato, ma la suspense è buona. Del duello finale si ricorderà Cameron in *Terminator*. Brynner fa il verso al suo ruolo in *I magnifici sette*. Seguito da *Futureworld – 2000 anni nel futuro*.

Mondo dei miracoli, Il ** (Italia 1959, b/n, 100') Luigi Capuano. Con Jacques Sernas, Virna Lisi, Marisa Merlini, Yvonne Sanson, Aldo Silvani, Elli Parvo, Virgilio Riento, Kerima, Vittorio De Sica, Ciccio Barbi, Amedeo Nazzari, Carlo Checchi, Mario Brega, Fanfulla [Luigi Visconti], Marco Tulli, Bruno Corelli. ◆ Tentato dal cinema, il giovane Marco Valenti (Sernas) lascia la compagnia di giro in cui recita con la fidanzata Laura (Lisi) e si trasferisce a Roma: il suo fascino gli farà far colpo su un'agente (Sanson) e soprattutto su una diva americana (Kerima) ma non lo aiuterà nella carriera, mentre le doti di Laura saranno scoperte da un regista (De Sica) che ha abbandonato il cinema per il teatro. Curioso ritratto del mondo del cinema (quello dei miracoli cui fa ironico riferimento il titolo), raccontato con una certa verità nei suoi compromessi e nelle sue falsità ma (involontariamente?) più allettante di quello, stentato e orgoglioso, del teatro. Sceneggiatura di Vinicio Marinucci, Sergio Sollima, Antonio Valeri e Alfredo Giannetti che non risparmia frecciate alle rappresentazioni teatrali di provincia e alla confusione tra finzione e realtà sulla scena. Simpatica prova della Merlini, affittacamere con problemi di linea ma sempre pronta a preparare un piatto di spaghetti.

Mondo del silenzio, Il **½ (*Le monde du silence*, Francia 1955, col, 86') Jacques-Yves Cousteau. Con Jacques-Yves Cousteau e l'equipaggio della Calypso. ◆ In giro sotto i mari alla ricerca delle bellezze del mondo sottomarino: la ricerca di un bastimento affondato, l'ammaestramento dei pesci, la caccia al pescecane, la danza dei delfini. Il documentario (premiato con la Palma d'oro a Cannes) che ha reso celebre il nome e le imprese del comandante Cousteau che nove anni dopo produrrà e dirigerà anche *Il mondo senza sole*.

Mondo di Alex, Il ° (*Alex in Wonderland*, Usa 1970, col, 109') Paul Mazursky. Con Donald Sutherland, Ellen Burstyn, Viola Spolin, Jeanne Moreau. ◆ Dopo il successo del suo primo film (*Bob & Carol & Ted & Alice*) Mazursky, usando Sutherland come alter ego, mette in scena il suo travaglio di regista che, trovatosi il mondo in mano, non sa più se fare un film sul razzismo e la rivoluzione, o comprarsi una nuova casa. Tra sogni narcisisti e omaggi al cinema europeo, 109' sembrano non finire mai. In un sussulto di modestia Mazursky deve aver rinunciato a intitolare la sua fatica *1 ½*: in ogni caso Fellini in carne e ossa compare in un breve dialogo.

Mondo di Apu, Il **** (*Apu Sansar*, Bengala 1959, b/n, 106') Satyajit Ray. Con Soumitra Chatterjee, Sharmila Tagore, Swapan Mukherjee, Aloke Chakravarty. ◆ Calcutta, 1930: per mancanza di denaro, Apu (Chatterjee) è costretto a interrompere gli studi e a cercare invano lavoro. Sposa Apurna (Tagore), promessa sposa di un uomo divenuto folle, ma la ragazza, incinta, muore di parto mentre si trova dalla madre, lasciando Apu nella disperazione. Cinque anni dopo, operaio in una fabbrica, si mette in cerca del figlio mai visto. Ultimo capitolo della cosiddetta trilogia neorealista di Ray (dopo *Il lamento del sentiero* e *Aparajito*), e il meno apprezzato dalla critica. In realtà conclude alla perfezione il cammino della disperazione e della speranza del protagonista (vale la pena ricordare che il trittico non è stato progettato all'inizio, ma si è formato nel corso dell'attività del regista). Apu è un uomo provato dalle esperienze, ma non vinto e nemmeno indurito e il suo personaggio è la traduzione narrativa dello stile, anzi della visione del mondo di Ray. Alla costante ricerca di «un equilibrio tra il pessimismo e la serenità, tra il drammatico succedersi degli eventi e la necessità di procedere con lentezza per non lasciarsi travolgere, tra la miseria dominante e il desiderio di un miglioramento», Satyajit Ray, co sì come Apu, non smette di contemplare la realtà, di indagarla in ogni dettaglio, di amarla in ogni essere. Cinema che offre vitalità e che chiede attenzione, fatto con pochissimi mezzi e un grande gusto del racconto per immagini. Impareggiabili le scene in cui viene annunciata (attraverso una voce fuori campo) la morte di Apurna, e le varie riletture che Apu fa della sua ultima lettera, vertici di classicismo ad alto tasso di emotività. È tratto dal romanzo di Bibhutibhusan Bannerjee sceneggiato dal regista.

Mondo di marionette, Un ** (*Aus der Leben der Marionetten*, Rft 1980, col e b/n, 104') Ingmar Bergman. Con Robert Atzorn, Christine Buchegger, Martin Benrath, Rita Russek. ◆ Quasi il profilo clinico di un uomo d'affari (Atzorn) che violenta e strangola una prostituta: gesto assurdo di rivolta contro un mondo dove anche i burattinai (la madre iperprotettiva, la moglie, lo psichiatra) sono a loro volta marionette. Un Bergman minore, tardo e trucido, che ha l'aria del déjà vu. L'angoscia, comunque, non è del tutto fasulla.

Mondo di Suzie Wong, Il ° (*The World of Suzie Wong*, Usa 1960, col, 129') Richard Quine. Con William Holden, Nancy Kwan, Sylvia Sims, Michael Wilding. ◆ Un aspirante artista (Holden) si innamora di una prostituta (Kwan) di Hong Kong. L'audacia (per l'epoca) del soggetto presto degenera nella soap-opera più trita, con l'aggravante di un razzismo sotterraneo quanto fastidioso: la morte del figlioletto della ragazza, per quanto bagnata da fiumi di lacrime, non risparmia forse al bianco imbarazzanti problemi d'adozione? Holden è espressivo come un asparago. Il melodramma hollywoodiano è, per fortuna, un'altra cosa. Fuori campo (almeno per gli italiani) il ricordo della canzone di Nico Fidenco.

Mondo di una cover girl, Il * (*The World Is Full of Married Men*, Usa 1979, col, 103') Robert William Young. Con Anthony Franciosa, Carroll Baker, Sherrie Lee Cronn, Paul Nicholas, Anthony Steel, Georgina Hale, Gareth Hunt. ◆ Una coppia di mezza età in crisi: lui (Franciosa), pubblicitario televisivo, se ne va con una giovanissima modella (Cronn) delle tante che lo circondano; lei (Baker), casalinga, finisce tra le braccia di un famoso cantante rock (Nicholas). Tremendo pseudomélo softcore firmato da Jackie Collins (suo il romanzo, *Il mondo è pieno di uomini sposati*, e sua la sceneggiatura), che si risolve in un assurdo e noioso campionario di umiliazioni coniugali e disinibizione sessuale. In Italia è stato distribuito nel 1983.

Mondo di Utamaro, Il ** (*Utamaro – Yume to shiriseba*, Giappone 1977, col, 105') Akio Jissoji. Con Shin Kishida, Mikijiro Hira, Mori Kishid, Shingo Yamashiro, Eiji Okada. ◆ Sollecitato dal suo mercante d'arte, il pittore Kitagawa Utamaro (Kishida) spia gli accoppiamenti in un bordello per fermare sulla carta la vita nella sua dimensione più autentica. La censura, però, incombe. Un softcore serioso che non si spaventa ad affrontare temi come il rapporto tra arte e visione e offre uno spaccato sul Giappone del XVIII secolo e la sua breve stagione illuminista, segnata dall'avanguardia intellettuale del teatro kabuki. La vita di Utamaro (1753-1806) era già stata portata sullo schermo nel 1946, con ben maggior intensità, da Kenji Mizoguchi in *Utamaro o meguru gonin no onna* (letteralmente *Cinque donne intorno a Utamaro*, con Minosuke Bando nel ruolo del pittore), ma il film è inedito in Italia.

Mondo di Yor, Il *½ (Italia 1983, col, 98') Anthony Dawson [Antonio Margheriti]. Con Red Brown, Corinne Cléry, Alan Collins, John Steiner. ◆ Dopo l'olocausto nucleare l'umanità regredita alla stato di barbarie. Yor (Brown), il neotroglodita protagonista, cerca di salvarsi la pelle. Dal fumetto dell'argentino Zanotto, fantasy a basso budget e con poche idee.

Mondo è delle donne, Il ** (*Woman's World*, Usa 1954, col, 94') Jean Negulesco. Con Clifton Webb, Van Heflin, Lauren Bacall, Fred MacMurray, June Allyson, Arlene Dahl, Cornel Wilde. ◆ Donne e motori: il padrone di un'industria automobilistica (Webb) convoca a New York tre suoi dirigenti ammogliati (Heflin, MacMurray e Wilde) per scegliere il nuovo direttore generale, regolandosi sul tasso di arrivismo delle rispettive consorti (Bacall, Allyson e Dahl). Commedia brillante, allegramente superficiale e un po' misogina sulla tipica ansia di promozione sociale degli americani. La sceneggiatura è di Claude Binyon, Mary Loos, Richard Sale.

Mondo le condanna, Il ** (Italia/Francia 1953, b/n, 98') Gianni Franciolini. Con Alida Valli, Amedeo Nazzari, Serge Reggiani, Franco Interlenghi, Claude Nollier, Laura Solari, Bianca Doria, Duilio D'Amore. ◆ Rimpatriata a Firenze Rifredi da Parigi, dove era diventata una prostituta, Renata (Valli) cerca senza moltissima convinzione di rifarsi una vita: spera nell'amore di un ingegnere sposato (Nazzari), fa innamorare un ingenuo operaio (Interlenghi) e cerca di liberarsi dal suo ex protettore francese (Reggiani), che lei stessa aveva chiamato in un momento di disperazione. Finirà in convento, come c'è da aspettarsi da un soggetto di Diego Fabbri e Turi Vasile (ma non da sceneggiatori come Ennio Flaiano e Antonio Pietrangeli, che collaborano con Suso Cecchio d'Amico e Jean Ferry). Molte ingenuità moralistiche annegano qualche spunto interessante, soprattutto sulla pelosa carità dei borghesi. La Valli, comunque, sia nella versione bionda che in quella bruna, è davvero bellissima e riscatta un film che non sa decidersi tra suggestioni da realismo poetico francese d'anteguerra e banalità da fotoromanzo. Uno dei rari film italiani in cui si vede il dietro le quinte di una sfilata di moda (dove la Valli lavora come indossatrice). Costumi di Beni Montresor.

Mondo nelle mie braccia, Il ** (*The World in His Arms*, Usa 1952, col, 104') Raoul Walsh. Con Gregory Peck, Ann Blyth, John McIntire, Anthony Quinn, Andrea King, Carl Esmond. ◆ Un avventuriero della costa occidentale (Peck), che sfida regolarmente le navi dello zar per fare razzia di foche nel mare di Bering, si innamora di una contessa russa (Blyth), che è promessa sposa a un nipote dello zar. Tentativo di ripetere il successo delle *Avventure del capitano Hornblower*, con più inventiva picaresca: il film comincia con grande slancio romanzesco e la tipica irruenza walshiana nel descrivere la nascita dell'amore tra i due protagonisti, poi prosegue come un film di avventure marinaresche (dove la regia sottolinea la violenza degli elementi e il loro scontro con le energie degli uomini) per concludersi «nel più puro stile hollywoodiano, con il technicolor che la fa da re» tra disavventure e colpi di scena. A tenere insieme queste tre parti c'è il gusto, tipico di Walsh, per la sfida, la simulazione, il confronto, capaci di aver ragione di ogni cosa a eccezione dell'amore. Peccato che Gregory Peck non abbia un'aria abbastanza ribalda. Conosciuto anche col titolo *Il bostoniano*.

Mondo New York – L'altra faccia della Mela * (*Mondo New York*, Usa 1988, col, 83') Harvey Keith. Con Joey Arias, Rick Aviles, Lydia Lunch, Johnny Sex, Ann Magnuson. ◆ Una visita guidata alla ricerca di droga, violenza, sesso, rock e tutto quanto costituisce il lato oscuro della metropoli. Un quasi documentario semiscandalistico che dice poco di nuovo. La differenza da altri prodotti del genere è che Keith si interessa anche della scena underground dei performer artist.

Mondo nuovo, Il ** (*La Nuit de Varennes*, Francia/Italia 1982, col, 122') Ettore Scola. Con Jean-Louis Barrault, Marcello Mastroianni, Hanna Schygulla, Harvey Keitel, Jean-Claude Brialy, Daniel Gélin, Andréa Ferréol, Laura Betti, Jean-Louis Trintignant, Michel Piccoli, Hugues Quester, Pierre Malet, Dora Doll, Didi Perego, Caterina Boratto, Enzo Jannacci. ◆ Nel 1791 Luigi XVI (Piccoli) è in fuga dalla Rivoluzione. Lo segue dappresso una diligenza su cui viaggiano, tra gli altri, lo scrittore libertino Restif de la Bretonne (Barrault), una contessa austriaca (Schygulla), il rivoluzionario americano Tom Paine (Keitel), e l'anziano Giacomo Casanova (Mastroianni). Gradevole ma schematico corso di storia sulla fine di un mondo e l'inizio di un altro: la decapitazione di un re inaugura la democrazia, ma rimane ancora molto da fare. Personaggi emblematici sputano sentenze che dovrebbero essere memorabili: e lo spettacolo della lanterna magica annuncia il cinema. Nell'edizione italiana, più breve (in originale è di 150'), è saltata la perorazione finale di Restif. Sceneggiatura di Scola e Sergio Amidei, a cui è dedicato il film.

Mondo nuovo, Un **½ (Italia/Francia 1965, b/n, 80') Vittorio De Sica. Con Christine Delaroche, Nino Castelnuovo, Georges Wilson, Pierre Brasseur, Isa Miranda, Medeleine Robinson, Tanya Lopert. ◆ Una studentessa parigina (Delaroche) aspetta un figlio da un fotografo italiano (Castelnuovo) che promette di sposarla se abortirà: intanto si procura i soldi andando a letto con una matura riccona (Robinson). De Sica e Zavattini (autore di soggetto e sceneggiatura) si avvicinano al mondo dei giovani presessantottino, e fanno del loro meglio per coglierne inquietudini e contraddizioni. Onesto malgrado varie goffaggini; tra gli esiti meno fasulli dell'ultimo De Sica.

Mondo perduto * (*The Lost World*, Usa 1960, col, 98') Irwin Allen. Con Michael Rennie, Claude Rains, Jill St. John, Fernando Lamas. ◆ Una spedizione parte per l'Amazzonia dove uno studioso ha scoperto dinosauri ancora in vita. Dall'omonimo romanzo di Arthur Conan Doyle, uno scadente film d'avventura per ragazzi. Allen ha avuto la bella idea di truccare da mostri innocue lucertole.

Mondo perduto, Il – Jurassic Park ** (*The Lost World – Jurassic Park*, Usa 1997, col, 134') Steven Spielberg. Con Jeff Goldblum, Julianne Moore, Pete Postlethwaite, Vanessa Lee Chester, Peter Stormare, Arliss Howard, Vince Vaughn, Richard Attenborough, Joseph Mazzello. ◆ Seguito di *Jurassic Park*. In seguito agli esperimenti di John Hammond (Attenborough), l'Isla Sorna, al largo del Costarica, è diventata un ecosistema popolato da dinosauri. Lo scienziato Ian Malcolm (Goldblum) e la sua ex fidanzata Sarah Harding (Moore), spediti in loco per motivi scientifici, scoprono con orrore che il nipote (Howard) di Hammond sta catturando esemplari di bestioni per portarli in uno zoo di San Diego. E in città riuscirà ad arrivare un tirannosauro, con prevedibili risultati devastanti. Inizia come un Vietnam-movie (gli americani facili prede in territorio nemico) e finisce come *Godzilla*: Spielberg clona l'immaginario cinematografico e, non potendo migliorare la qualità degli (ottimi) effetti, li moltiplica e al tempo stesso li parcellizza (il tirannosauro, questa volta, fa più paura quando è fuori campo). Col contorno, come sempre, di messaggi ecologisti e drammi a lieto fine nei rapporti tra ragazzi e adulti (qui a Goldblum viene assegnata una figlia nera [Chester]). Tutto molto superficiale e, finché dura il film, divertente. David Koepp ha adattato il romanzo omonimo di Michael Crichton.

Mondo perfetto, Un ***½ (*A Perfect World*, Usa 1993, col, 138') Clint Eastwood. Con Kevin Costner, Clint Eastwood, T.J. Lowther, Laura Dern, Keith Szarabajka, Leo Burmester. ◆ Evaso dal carcere la notte di Halloween del 1963, Butch Haynes (Costner) prende in ostaggio un bambino, Phillip (Lowther), e inizia una impossibile fuga verso l'Alaska. Intanto è partita la caccia all'uomo, diretta dal ranger Red Garnett (Eastwood) con il supporto di una psicologa criminale (Dern): finirà in tragedia, nonostante gli sforzi di Garnett. Un film sulla disillusione e sul cinismo degli Stati Uniti: a pochi giorni dall'assassinio a Dallas (e la fuga di Butch comincia proprio in quei pressi), Eastwood frantuma con sarcasmo e amarezza (la battuta chiave del suo personaggio è «Io non so niente») la possibilità di credere in qualsiasi valore di giustizia e tolleranza. Costruito con la struttura circolare del flashback, che conduce il road-movie nel vicolo cieco del melodramma, la storia di un loser dal cuore tenero (in fondo ha ucciso il violento compagno di evasione solo per difendere Phillip) diventa la tragedia di chi è destinato alla sconfitta, sconsolata analisi morale di un'America dai padri assenti o violenti, a cui non basta una fuga per tentare di cambiare il proprio destino. L'ex ispettore Callaghan prosegue con sensibilità sulla via della demistificazione radicale inaugurata da *Gli spietati* e si conferma come uno dei cineasti più rigorosamente etici che l'America abbia al momento. Per Costner, «Gary Cooper degli anni Novanta» e erede ideale di Eastwood, quella di Butch è la miglior interpretazione della sua carriera dopo *Balla coi lupi*. In origine il suo ruolo doveva andare a Denzel Washington, mentre la bella sceneggiatura di John Lee Hancock era destinata a Steven Spielberg.

Mondo secondo Garp, Il ** (*The World According to Garp*, Usa 1982, col, 136') George Roy Hill. Con Glenn Close, Robin Williams, Mary Beth Hurt, John Lithgow, Hume Cronyn, Jessica Tandy, Swoosie Kurtz. ◆ L'infermiera Jenny (Close, al suo esordio e subito candidata all'Oscar), che si è fatta fecondare violentando un pilota (il regista Hill), diventa autrice di un bestseller e guida un movimento politico di ispirazione femminista. Il figlio Garp (Williams), allevato in modo eterodosso, vorrebbe anche lui scrivere e avere successo. Dal bestseller di John Irving, adattato da Steve Tesich, un film caotico in stile anni Settanta, che affronta i grandi temi (chi siamo? dove andiamo?) con un misto di sentenziosità e frivolezza. Salvato in parte dalla bizzarria e dalla vitalità dei suoi personaggi. I titoli di testa, col bambino nudo che fluttua nel vuoto, sono l'origine non dichiarata dello spot Ferrarelle.

Mondo senza pietà, Un **½ (*Un Monde sans pitié*, Francia 1989, col, 88') Eric Rochant. Con Hippolyte Girardot, Mireille Perrier, Yvan Attal, Jean-Marie Rollin, Cécile Mazan. ◆ Il giovane Hippo (Girardot), nullafacente giocatore di poker, vive con il fratello che lo mantiene spacciando droga: senza troppa convinzione, si innamora dell'interprete Nathalie (Perrier). Rochant esordisce nella regia con il ritratto di una generazione «che non crede in niente, non ha nessuna illusione, nessuna ideologia», col solito tocco di romanticismo e di maledettismo che sembra obbligatorio nel cinema francese da Carax in poi, ma che qui è detto con una forza – e un'onestà – fuori del comune: «Non siamo sulla terra per stare bene: non ci resta che innamorarci come stronzi. Il peggio di tutto».

Mondo senza sole, Il **½ (*Le Monde sans soleil*, Francia 1964, col, 95') Jacques-Yves Cousteau. Con Jacques-Yves Cousteau. ◆ Con la nave Calypso in giro per i mari dell'Oceano Indiano: dopo *Il mondo del silenzio*, un nuovo documentario sugli esperimenti del comandante Cousteau e un'occasione per vedere immagini sottomarine di esclusiva bellezza. Con qualche momento di suspense e molte inquadrature indimenticabili.

Mondo Topless * (*Mondo Topless*, Usa 1966, col, 61') Russ Meyer. Con Lorna Maitland, Babette Bardot, Sin Lenee, Diane Young, Donna X, Pat Barringer, Darla Paris, Darlene Grey. ◆ Un gruppo di ballerine in topless si esibiscono *en plein air* dimenandosi a tempo di rock, mentre una voce off tesse l'elogio della libertà sessuale che si respira soprattutto a San Francisco. Documentario francamente noioso girato sulla falsariga del successo americano di film come *Mondo cane* (da cui il titolo «all'italiana»): senza le invenzioni deliranti e sadiche che Meyer mette nei suoi film di finzione, tutto si riduce a un campionario di seni extralarge che sballonzolano in libertà, senza nemmeno un'ombra di erotismo.

Mondo va avanti, Il ** (*The World Moves On*, Usa 1934, b/n, 104') John Ford. Con Madeleine Carroll, Franchot Tone, Reginald Denny, Stepin Fetchit. ◆ Una famiglia di New Orleans, che fondò nell'Ottocento un impero del cotone, si divide in quattro rami: la più giovane discendente americana (Carroll) si innamora del più giovane discendente tedesco (Tone), ma la prima guerra mondiale li divide e impoverisce. Saga dalla morale pacifista, nonostante sei minuti di superbe riprese di guerra. Non nella vena più personale del regista.

Mondo violento di Bobbie Jo, ragazza di provincia, Il ** (*Bobbie Jo and the Outlaws*, Usa 1975, col, 89') Mark L. Lester. Con Marjoe Gortner, Lynda Carter, Jesse Vint, Gerrit Graham, Belinda Balaski, Gene Drew. ◆ Una banda di cinque giovani sbandati, guidata da Lyle (Gortner) e dalla sua donna, Bobbie Jo (Carter), fa rapine per divertimento: una di loro denuncia i compagni per condurli sulla retta via, ma lo sceriffo non sta ai patti e spara. Serie B degli anni Settanta (sceneggiata però con una certa cura da Vernon Zimmerman) quando nei film era aumentato il tasso di sesso e violenza: non male le inquadrature del seno di Lynda Carter e le strizzatine d'occhio cinefile, come il deputato che mastica tabacco come fosse chewing-gum e si chiama Abel Gance.

Mondo virtuale **½ (*Speaking Parts*, Canada 1989, col, 92') Atom Egoyan. Con Michael McManus, Arsinée Khanjian, Gabrielle Rose, David Hemblen. ◆ Il gigolo Lance (McManus) è l'oggetto del desiderio di due donne: la sceneggiatrice Clara (Rose), alla ricerca di un sosia del fratello morto, e la cameriera Lisa (Khanjian) che, in mancanza di meglio, affitta le videocassette di film in cui Lance fa la comparsa. Dopo *Black Comedy*, Egoyan continua a mostrare come le immagini si siano sostituite alla vita, ai sentimenti e alla memoria: schermi al posto delle lapidi sulle tombe, masturbazioni per videotelefono, amore su videocassetta. La sostanza del discorso, alla fin fine, è conservatrice e moralista: ma la forma è più lucida e compatta che nei film precedenti. Da confrontare a *Sesso, bugie e videotape*. Il titolo originale allude ai ruoli in cui un attore ha poche battute.

Mondo vuole così, Il ** (Italia 1946, b/n, 88') Giorgio Bianchi. Con Vittorio De Sica, Clara Calamai, Massimo Serato, Lauro Gazzolo, Carlo Romano. ◆ Imprigionato ingiustamente per il furto di una grossa somma, un bancario (De Sica) viene scarcerato e, creduto ricco, è colmato di attenzioni. Ma quando il vero ladro confessa, lo ricoprono di disprezzo: non gli resta che rubare sul serio. La mano di Zavattini introduce una punta di sarcasmo e di polemica in una commedia paradossale che avrebbe meritato più fortuna.

Monella * (Italia 1998, col, 105') Tinto Brass. Con Anna Ammirati, Serena Grandi, Mario Parodi, Patrick Mower, Susana Martinkova, Antonio Salines. ◆ Figlia di tanta madre (Grandi), riuscirà Lola (Ammirati) a *non* arrivare vergine al matrimonio con un fidanzato (Parodi) che, nell'intraprendente Veneto del boom, pensa solo alla fabbrichetta? Il cinema ad altezza vulva di Brass, mentre osa sempre di più (compreso un *pissing* non simulato), cerca di nobilitarsi con citazioni alte (D'Annunzio, il Montanelli di *Addio Wanda* e addirittura *L'Atalante* in una sequenza subacquea), ma si impregna di umori strapaesani se non leghisti (con personaggi di meridionali caricaturali e sgradevoli). Un erotismo ormai patetico e nostalgico, e che difatti trova i suoi unici momenti sinceri quando mette in scena i rituali estetizzanti del vecchio libertino André (Mower) e il corpo sfatto della Grandi. Scritto da Brass con la moglie Carla Cipriani e Barbara Alberti. L'esordiente Ammirati canta la terrificante «Mona Monella» di Pino Donaggio. I produttori si sono vantati di averlo venduto in una quarantina di Paesi, dal Paraguay alla Turchia.

Monello, Il *** (*The Kid*, Usa 1921, b/n, 83') Charlie Chaplin. Con Charlie Chaplin, Jackie Coogan, Edna Purviance, Carl Miller, Charles Reisner. ◆ Una ragazza madre (Purviance) abbandona il figlio (Coogan): lo raccoglie Charlot, che lo alleva, lo salva dall'orfanotrofio e lo fa complice delle sue modeste malefatte. Ma la madre (che ha fatto fortuna come cantante) torna a riprenderselo. Al primo lungometraggio (in parte autobiografico: anche lui era stato chiuso in un orfanotrofio), Chaplin finge di rispettare la struttura del melodramma, ma rovescia continuamente il patetico nel comico. L'anarchismo chapliniano (evidente nella «cattiva» educazione impartita al piccolo e nel ruolo negativo rivestito, come sempre, dai poliziotti) si stempera comunque nel sentimentalismo: e la storia dei due senza famiglia – il piccolo Coogan è straordinario – conquistò le platee di tutto il mondo. Chaplin perfezionista, si prese un anno di tempo per le riprese, impressionando una quantità spropositata di pellicola.

Monello alla corte d'Inghilterra, Un *½ (*The Mudlark*, Usa 1950, b/n, 98') Jean Negulesco. Con Irene Dunne, Alec Guinness, Andrew Ray, Finlay Currie, Anthony Steele, Wilfrid Hyde-White. ◆ Nell'Inghilterra del secolo scorso, un monello dei dock si introduce a Buckingham Palace per conoscere la regina Vittoria (Dunne): lieta di avere un contatto con la realtà, la regina dà il via a una serie di riforme in favore dell'infanzia abbandonata. Dal romanzo di Theodore Bonnet, una storia zuccherosa e commovente, per un pubblico di famiglie. Guinness è il ministro Disraeli.

Monello della strada, Il *½ (Italia 1950, b/n, 84') Carlo Borghesio. Con Erminio Macario, Luisa Rossi, Ciccio Jacono, Saro Urzì, Vittoriana Benvenuti, Amina Pirani Maggi, Fausta Rodelli, Carlo Morisi, Mimmo Billi, Giulio Stival. ◆ Tornato in Italia dopo essersi sposato per procura, il mite Carletto Po (Macario) scopre che la moglie (Rossi) è morta e gli ha lasciato un figlio ribelle (Jacono). Ma il fantasma della donna lo aiuterà a conquistare l'affetto del bambino e a smascherare i parenti imbroglioni. Favoletta edificante costruita su misura per la comicità ingenua (e datata) di Macario, un po' troppo debitrice al *Monello* di Chaplin (la sceneggiatura è di Leo Benvenuti, Marcello Marchesi, Vittorio Metz e Glauco Pellegrini). Curiosa solo l'ultima scena, quando tutta la città si ferma per dare a Carletto il tempo di dimostrare le malefatte dei parenti: girata con grande dispendio di mezzi e di comparse, rivela l'animo buonista (e democristiano?) di Macario, che sfrutta l'immobilità delle persone per sostituire un fumetto giallo con il Corriere dei piccoli, togliere un sigaro a un ricco per darlo a un barbone, cambiare il manganello di un poliziotto con un fiore, cancellare gli «abbasso» dai muri e sostituirli con degli «evviva».

Moneta insanguinata, La *½ (*The Brasher Doubloon*, Usa 1947, b/n, 72') John Brahm. Con George Montgomery, Nancy Guild, Conrad Janis, Florence Bates, Roy Roberts, Fritz Kortner, Marvin Miller. ◆ Per ritrovare un raro doblone l'eccentrica vedova Murdock (Bates) ingaggia Philip Marlowe (Montgomery): una scia di cadaveri porteranno l'investigatore a scoprire il responsabile del «suicidio» del signor Murdock e a liberare la segretaria di famiglia (Guild) dalle sue fobie. Tratto da *Finestra sul vuoto* (sceneggiato da Dorothy Hannah), è l'ultimo film ispirato a un romanzo di Raymond Chandler prodotto mentre lo scrittore era ancora in vita. Il risultato, però, è largamente insoddisfacente: più simile a Sherlock Holmes che a Marlowe (ha i baffi e tiene sempre la pipa in bocca), Montgomery recita senza la necessaria scioltezza, investigando più con piglio scientifico che con disincantata eleganza, e annullando così la bella caratterizzazione di Florence Bates. La stessa trama era stata alla base di *Time to Kill* (1942, di Herbert I. Leeds, con Lloyd Nolan, inedito in Italia) dove però il protagonista si ispirava al detective Michael Shayne inventato da Brett Halliday e non al personaggio di Chandler.

Money *½ (*Geld*, Rft 1989, col, 97') Doris Dörrie. Con Billie Zöckler, Uwe Ochsenknecht, Sunnyi Melles, August Zirner. ◆ Una casalinga (Zöckler) rapina una banca, ne sequestra il direttore e scappa per vivere un'avventura che le faccia riassaporare antichi brividi. Dopo *Uomini* la Dörrie non riesce più a trovare il ritmo giusto, e la sua satira sui ricchi e i poveri sfonda porte aperte. Teutonicamente pacchiano.

Money Train *½ (*Money Train*, Usa 1995, col, 110') Joseph Ruben. Con Wesley Snipes, Woody Harrelson, Jennifer Lopez, Robert Blake, Joe Grifasi. ◆ New York: l'ex poliziotto Charlie (Harrelson), nei guai per debiti di gioco, decide di rapinare il treno della metropolitana che trasporta l'incasso di Capodanno: ma cosa dirà il collega e fratellastro John (Snipes), che gli ha già soffiato la ragazza? La coppia di *Chi non salta bianco è* funziona a regime ridotto, e il mix di azione e commedia ha il fiato corto. Harrelson gioca a fare il bianco che si atteggia a nero e canta James Brown: peccato solo che la faccia di Snipes sia sempre male illuminata. Quanto alle scene d'azione, sono dirette al risparmio e fatte a pezzi dal montaggio.

Mongoli, I *½ (Italia/Francia 1960, col, 116') André de Toth [e Leopoldo Savona e Riccardo Freda]. Con Jack Palance, Anita Ekberg, Antonella Lualdi, Franco Silva, Roldano Lupi, Gianni Garko, Pierre Cressoy. ◆ 1421: Ogotai (Palance), sanguinario figlio di Gengis Khan (Lupi), sobillato dall'avida Huluna (Ekberg), uccide il padre e rompe il trattato coi principi polacchi capeggiati da Stefano di Cracovia, cominciando una guerra. Polpettone storico nella media dell'epoca, che si segnala solo per l'insolito cast. Diretto in gran parte da Leopoldo Savona e da Riccardo Freda, mentre André de Toth ha assicurato una generica supervisione. Tra gli sceneggiatori Tonino Guerra.

Monica e il desiderio **½ (*Sommaren med Monika*, Svezia 1953, b/n, 95') Ingmar Bergman. Con Harriet Andersson, Lars Ekborg, John Harryson, Georg Skarstedt, Dagmar Ebbesen, Åke Fridell, Naemi Briese, Åke Grönberg. ◆ Monica (Andersson), commessa sedicenne dai sogni romantici, scappa da Stoccolma e va a vivere su un isolotto con un coetaneo (Ekborg): finisce l'estate, i due si sposano e hanno una figlia, ma l'amore è svanito. Bergman racconta l'illusione e la disillusione di un'adolescente inquieta facendo ricorso al parallelismo tra paesaggio esteriore e interiore: oggi la contrapposizione schematica tra lo squallore della vita urbana e le gioie della natura appare un po' datata, ma il clima di sensualità panica della parte centrale, che allora fece scalpore, conserva inalterata la sua bellezza. È il film di Bergman più amato dalla Nouvelle Vague: nei *Quattrocento colpi* di Truffaut, Antoine Doinel ruba la celebre foto della Andersson con le spalle nude; e secondo Godard, affascinato dalla sequenza in cui la Andersson fissa spudoratamente la macchina da presa («la più triste di tutta la storia del cinema»), in *Monica e il desiderio* il regista svedese si conferma più che mai «cineasta dell'istante».

Monkey Business *** (*Monkey Business*, Usa 1931, b/n, 77') Norman Z. McLeod. Con Groucho, Harpo, Chico e Zeppo Marx, Thelma Todd, Ruth Hall, Rockliffe Fellowes, Harry Woods. ◆ Clandestini su una nave, i quattro Marx sfuggono ai controlli e si fanno assoldare come guardie del corpo da due gangster: il pentito Joe Helton (Fellowes) e il malvagio Alky Briggs (Woods). Groucho corteggia la moglie (Todd) di Briggs, Zeppo si innamora della figlia (Hall) di Helton; insieme la libereranno dai gangster che l'hanno rapita. Primo film dei Marx a essere concepito direttamente per lo schermo (la sceneggiatura è del cartoonist S.J. Perelman, del commediografo Will B. Johnstone e alcuni collaboratori non accreditati, tra i quali il critico Arthur Seekman): un meccanismo astratto, un accumulo di gag travolgente e surreale che attacca non solo le convenzioni della vita sociale (nulla è sacro per i Marx, a parte il soddisfacimento delle pulsioni elementari) ma anche quelle del racconto cinematografico. Non a caso i personaggi dei Marx non hanno neppure un nome, e sabotano qualunque tentativo di imporre una logica agli eventi. Celebre la scena in cui tutti e quattro (compreso il muto Harpo) tentano di attraversare la dogana facendosi passare per il cantante francese Maurice Chevalier. Groucho, che assilla una bella donna anziché la consueta Dumont, è forse meno aggressivo del solito; Harpo, amico delle rane e dei bambini, ruba lo spettacolo ed è irresistibile mentre, inseguito dagli ufficiali del transatlantico, si maschera da marionetta. Il titolo originale significa sia «truffa» che «buffonata».

Monkey Shines – Esperimento nel terrore *** (*Monkey Shines – An Experiment in Fear*, Usa 1988, col, 108') George A. Romero. Con Jason Beghe, John Pankow, Kate McNeill, Christine Forrest, Joyce Van Patten. ◆ Tra l'invalido Allan Mann (Beghe) e la scimmia Ella, ammaestrata per accudirlo, nasce una strana e inquietante simbiosi, che sfocerà in una serie di delitti eseguiti per interposta persona. Dal romanzo di Michael Stewart, un horror con molta suspense e poco sangue sui labili confini tra uomo e animale, mente e corpo; ma anche un'insolita e straziante storia d'amore. Il film non delude le sue alte ambizioni: peccato solo per quel finale fiacco, che Romero è stato costretto a girare dalla Orion (in origine, Ella era solo la prima di una serie di scimmie assassine).

Mon oncle d'Amérique – Mio zio d'America ** (*Mon Oncle d'Amérique*, Francia 1980, col, 126') Alain Resnais. Con Gérard Depardieu, Nicole Garcia, Roger-Pierre, Marie Dubois, Pierre Arditi, Nelly Bourgeaud, Henri Laborit. ◆ Le vite intrecciate di tre personaggi mostrano la tesi del sociobiologo Laborit (alla base della sceneggiatura di Jean Gruault), secondo il quale il comportamento umano dipende dall'educazione ricevuta nei primi tre anni, ed è prevedibile come quello di cavie da laboratorio. René (Depardieu), operaio che ha fatto carriera, e Jean (Roger-Pierre), funzionario della radio che lascia la moglie, sono i perdenti. Janine (Garcia) che riesce a fuggire dalla casa e dagli amanti, è l'unica che si realizza. Curioso e sopravvalutato film-saggio, che finisce per farsi beffa del determinismo scientifico proprio mentre sembra dimostrarne la fondatezza. Premio speciale della giuria a Cannes.

Monsieur Beaucaire *½ (*Monsieur Beaucaire*, Usa 1945, b/n, 93') George Marshall. Con Bob Hope, Joan Caulfield, Patric Knowles, Cecil Kellaway. ◆ Beaucaire (Hope), il barbiere del re di Francia, è costretto a impersonare un gentiluomo in missione diplomatica in Spagna, sicura vittima di un complotto. Variazione comica sul mito di Valentino, ma le smorfie di Hope non hanno mai divertito troppo fuori dal suo paese, e questo film lo conferma.

Monsieur Hulot nel caos del traffico **½ (*Trafic*, Francia/Italia 1971, col, 96') Jacques Tati. Con Jacques Tati, Maria Kimberly, Marcel Fraval, Honoré Bostel. ◆ Hulot (Tati) progetta un'automobile supermoderna che vuole esporre al salone di Amsterdam, ma il traffico gli impedisce di arrivare in tempo. Hulot, alla sua ultima apparizione, borbottante e stralunato, demolisce con nonchalance ogni parvenza logica dei meccanismi del mondo moderno. Tuttavia l'apologo antitecnologico, alla fin fine, è scontato, e l'umorismo gentile di Tati ha conosciuto momenti migliori.

Monsieur Verdoux **** (*Monsieur Verdoux*, Usa 1947, b/n, 122') Charlie Chaplin. Con Charlie Chaplin, Mady Correl, Martha Raye, Marilyn Nash, Isabel Elsom. ◆ Per salvare la famiglia dalla povertà, Verdoux (Chaplin), cassiere di banca licenziato ai tempi della Grande Depressione, sposa, deruba e uccide ricche vedove. Nessuno sospetta della sua doppia vita: solo quando moglie e figlio muoiono, si lascia catturare e viene condannato a morte. La sua colpa, secondo Chaplin, è quella di applicare su piccola scala lo sterminio di massa comunemente praticato nelle guerre: «con Dio sono in pace, con l'uomo no», dice Verdoux al prete prima di salire al patibolo. Uno dei film più controversi del regista, allora boicottato negli Usa dall'American League. Deposti i panni di Charlot, Chaplin usa le armi del paradosso e dell'humour nero, e porta lo spettatore a simpatizzare col suo moderno Landru, accanendosi contro il perbenismo piccoloborghese delle vittime. Le trovate sono spesso irresistibili (la vedova baciata dalla fortuna – l'eccezionale Martha Raye – che resiste a tutti i tentativi di omicidio), e la fusione tra satira e invenzioni narrative è molto più riuscita che nel precedente *Il grande dittatore*. Orson Welles (che pensava a un film su Landru) è indicato nei titoli di testa come autore del soggetto, ma Chaplin ne ha ridimensionato l'apporto.

Monsieur Vincent *** (*Monsieur Vincent*, Francia 1947, b/n, 110') Maurice Cloche. Con Pierre Fresnay, Aimé Clariond, Lisa Delamare, Jean Debucourt, Gabrielle Dorziat, Robert Murzeau, Jean Carmet, Yvonne Gaudeau. ◆ Diciassettesimo secolo: la vita di Vincenzo de' Paoli (Fresnay), prima parroco a Châtillon-les-Dombes, poi cappellano generale delle galere per ordine di Richelieu e infine infaticabile organizzatore di istituzioni benefiche, grazie anche all'aiuto di Madame de Gondi (Delamare), dell'abate Pontail (Carmet) e di Madame de Marillac (Gaudeau), col cui appoggio fondò la compagnia delle Figlie della carità. Una biografia intensa e convincente, magistralmente interpretata da Pierre Fresnay (premiato al festival di Venezia), dove grazie anche a una buona sceneggiatura e a ottimi dialoghi (di Jean Anouilh, Jean Bernard-Luc e del regista) si respira l'aura del cattolicesimo francese di quegli anni, duro e non conciliante. L'ambiente seicentesco, fotografato da Claude Renoir, è ricostruito con una precisione e una misura che per molti aspetti annuncia lo sguardo dei «nuovi storici» delle Annales.

Monsignore * (*Monsignor*, Usa 1982, col, 121') Frank Perry. Con Christopher Reeve, Fernando Rey, Jason Miller, Geneviève Bujold, Adolfo Celi, Leonardo Cimino, Jason Miller. ◆ Un cardinale irlandese ex eroe di guerra (Reeve) diventa l'amante di una carmelitana (Bujold) e finanzia il Vaticano con soldi di provenienza mafiosa: c'è ancora qualcuno che si scandalizza? Dal bestseller di Jack Alain Leger, un polpettone girato con lo stile di una puntata di Dallas. Reeve, malgrado la tonaca, non riesce a essere sexy. Stupisce che il regista sia Perry (*David e Lisa*) e coautore della sceneggiatura sia Abraham Polonsky (*Le forze del male*).

Montagna, La *½ (*The Mountain*, Usa 1956, col, 105') Edward Dmytryk. Con Spencer Tracy, Robert Wagner, Claire Trevor, William Demarest, E.G. Marshall, Anna Kashfi. ◆ Un aereo precipita tra le Alpi e due fratelli vanno in soccorso dei superstiti: mentre il più anziano (Tracy) salva la vita all'unica sopravvissuta, l'altro, (Wagner) avido, ruba oro e gioielli ai morti. Dal romanzo di Henry Troyat sceneggiato da Ronald MacDougall: peccato che quando Dmytryk si mette a fare il moralista sia insopportabile. Set irreale filmato in vistavision, e due protagonisti che, più che fratelli, sembrano padre e figlio.

Montagna dei sette falchi, La ** (*Red Mountain*, Usa 1951, col, 84') William Dieterle. Con Alan Ladd, Lizabeth Scott, John Ireland, Arthur Kennedy. ◆ Un capitano nordista (Ladd) si unisce a un gruppo di guerriglieri capitanati dal terribile maggiore Quantrill (Ireland): presto capisce con chi ha a che fare, uccide Quantrill e si guadagna l'affetto di una bionda (Scott). Western medio anche se non mediocre, per un regista e un attore che hanno conosciuto tempi migliori.

Montagna del dio cannibale, La * (Italia 1978, col, 90') Sergio Martino. Con Ursula Andress, Claudio Cassinelli, Stacy Keach, Franco Fantasia. ◆ Alla ricerca del marito scomparso in Nuova Guinea, un'esploratrice (Andress) viene destinata a vittima sacrificale dai malvagi indigeni. Fumettaccio avventuroso, pieno di truculenze gratuite, il cui climax è lo strip della protagonista.

Montagna sacra, La **½ (*The Holy Mountain*, Usa/Messico 1973, col, 115') Alejandro Jodorowsky. Con Alejandro Jodorowsky, Horacio Salinas, Ramona Sanders, Valerie Jodorowsky. ◆ I Signori del Sistema, onnipotenti ma non immortali, guidati da un alchimista (Jodorowsky) cercano la vita eterna in un viaggio a prove, scalando alla fine una montagna dove trovano sette fantocci: al che Jodorowsky si rivolge allo spettatore, e svela che è solo un film. Orgia visiva rutilante, che trova nell'accumulo e nell'eccesso una sua paradossale coerenza. Cascami di surrealismo, esoterismo e controcultura anni Settanta vengono triturati in un caos magari irritante, ma mai più eguagliato. Fece scalpore all'epoca, oggi è difficile da reperire.

Montagne blu, Le **½ (*Golubye gory*, Urss 1984, col, 95') El'dar Šengelaja. Con Remaz Giorgobiani, Vassili Kakhniašvili, Ivan Sakvarelidze, T. Chirgadze. ◆ Uno scrittore georgiano, Soso (Giorgobiani), ha bisogno del visto di censura per un suo romanzo, *Le montagne blu*, che passa da una scrivania all'altra perché nessuno ha voglia di leggerlo: quando tutto sembra andare per il meglio, il libro viene bloccato e al suo autore non resta che scriverne un altro. Prima della perestrojka, una satira arguta e kafkiana della burocrazia sovietica. Il genere di film di nobili intenzioni che, fuori del suo contesto, perde gran parte della sua forza.

Montagne della luna, Le **½ (*Mountains of the Moon*, Usa 1990, col, 136') Bob Rafelson. Con Patrick Bergin, Iain Glen, Fiona Shaw, Richard E. Grant. ◆ Le avventure di Richard Francis Burton (Bergin) e John Hanning Speke (Glen) prima uniti e poi divisi nell'impresa di esplorare le sorgenti del Nilo. Rafelson, pur tifando per l'irlandese Burton, estroverso e puttaniere, ammette che il britannico (e omosessuale) Speke non mentiva quando diceva di aver raggiunto da solo il lago Vittoria. Il regista sembra comunque capitato per caso a dirigere questo costoso e spettacolare film d'avventure, ma vi inietta una dose di crudezza e di realismo che lo alza di un gradino rispetto ad analoghe operazioni passatiste.

Montagne in fiamme ** (*Berge in Flammen*, Germania/Francia 1931, b/n, 109') Luis Trenker, Karl Hartl. Con Luis Trenker, Luigi Serventi, Lisi Arna, Claus Clausen. ◆ Durante la grande guerra, il soldato altoatesino Dimai (Trenker), dell'esercito austriaco, combatte contro gli alpini comandati dal capitano Franchini (Serventi), vecchio compagno di escursioni: e l'amicizia resisterà alla guerra. Prima regia autobiografica dell'alpinista-attore Trenker, nella voga del film di montagna, ma non in quella del cinema pacifista che fioriva allora: per Trenker la guerra è lo sfondo naturale in cui un alpino può realizzare il suo destino diventando un eroe, ma senza nessun sciovinismo. Moralismi patriottici in una confezione tecnicamente assai pregevole. Insieme a Joe Hamman, Trenker realizza contemporaneamente una versione francese (*Les Monts en flammes*). L'anno successivo l'Universal girerà una versione americana (*The Doomed Battalion*) diretta da Cyril Gardner, dove Trenker è solo attore.

Montecarlo *** (*Monte Carlo*, Usa 1930, b/n, 90') Ernst Lubitsch. Con Jack Buchanan, Jeanette MacDonald, Claude Allister, ZaSu Pitts, Tyler Brooke. ◆ Tra casinò e saloni di bellezza, una giovane contessa (MacDonald) si innamora di un parrucchiere (Buchanan): la relazione potrà avere un futuro solo nel rispetto delle convenzioni, ma i protagonisti non sono ciò che sembrano. Secondo film sonoro di Lubitsch (tratto da una pièce di Hans Muller e sceneggiato da Ernest Vajda), assai inventivo nell'integrare i numeri musicali nell'azione: colpì molto il numero iniziale, *Beyond the Blue Horizon*, cantato in un treno in corsa dalla MacDonald. Ben congegnato il gioco di menzogne e apparenze, destinate a sciogliersi, con perfetta mise en abîme, nel corso di una rappresentazione teatrale. Lubitsch si consente allusioni maliziose che, di lì a poco, l'applicazione del Codice Hays renderà impossibili.

Montecarlo ** (*The Monte Carlo Story*, Usa/Italia 1956, col, 101') Samuel Taylor, Giulio Macchi. Con Marlene Dietrich, Vittorio De Sica, Renato Rascel, Arthur O'Connell, Mischa Auer, Alberto Rabagliati, Mario Carotenuto. ◆ A Monte Carlo un aristocratico squattrinato (De Sica) e un'avventuriera (Dietrich) s'innamorano, ma decidono di dividersi per seguire ciascuno progetti matrimoniali altolocati. La regia anonima e il soggetto vetusto (firmato da Dino Risi) tarpano le ali a due protagonisti perfetti nel loro ruolo. De Sica è accreditato come supervisore artistico.

Montecarlo Gran Casinò * (Italia 1987, col, 95') Carlo Vanzina. Con Ezio Greggio, Massimo Boldi, Christian De Sica, Paolo Rossi, Philippe Leroy, Florence Guerin, Enrico Beruschi, Lisa Stothard. ◆ Al casinò di Monte Carlo passano cinque italiani: due fratelli (Boldi e Beruschi) che si rovinano, un playboy romanaccio (De Sica), un imbroglione tonto (Greggio) e un baro vero (Leroy). La solita comicità di grana grossa e di stampo televisivo alla Vanzina: l'unica novità è l'infelice innesto di Paolo Rossi, che non ritentò più l'esperimento.

Montecassino → *Montecassino nel cerchio di fuoco*

Montecassino nel cerchio di fuoco **½ (Italia 1946, b/n, 72') Arturo Gemmiti. Con Albero Carlo Lolli, Ubaldo Lay, Gilberto Severi, Dario Dolci, Zora Piazza, Vira Silenti, Silverio Blasi, Rudolph H. Neuhaus, Heinrich Bode. ◆ In forma di diario, la vita quotidiana del monastero benedettino di Montecassino dal 16 ottobre 1943 al 17 febbraio 1944, due giorni dopo il bombardamento alleato che uccise molti dei civili che avevano trovato rifugio nelle cantine del convento, anche perché i tedeschi – nonostante gli avvertimenti – non acconsentirono a evacuarlo in tempo utile. Prodotto con finanziamenti cattolici e un evidente fine agiografico (oltre al bisogno di spiegare la «neutralità» dei frati di fronte alle sofferenze dei contadini della zona), un film tra Storia e cronaca, con alcuni pregevoli inserti documentaristici e un sorprendente escamotage narrativo alla Spoon River che colloca immediatamente il film ben oltre il contesto religioso e aulico della didascalia introduttiva (le vicende vengono rievocate in flashback dalle due voci fuori campo di don Eusebio [Lay] e del capitano Richter [Neuhaus] che dialogano dalle rispettive tombe). Notevoli ancora oggi le scene dei bombardamenti. Il regista Pietro Germi interpreta il ruolo del profugo Francesco.

Monte di Venere, Il * (*Kissin' Cousins*, Usa 1963, col, 96') Gene Nelson. Con Elvis Presley, Arthur O'Connell, Glenda Farrell, Jack Albertson. ◆ Il proprietario di una fattoria nel Tennessee, accoglie a fucilate tutti gli incaricati del governo che arrivano per costruire una base militare sul suo territorio, scambiandoli per agenti delle tasse: un furbo tenente (Presley) vince la sua diffidenza e gli seduce la figlia. Presley torna a vestire la divisa kaki ma non per questo fa tacere l'ugola. Il film, modestissimo, paramilitarista e girato in due settimane, fu un grande successo.

Montenegro Tango – Perle e porci **½ (*Montenegro*, Svezia/Gb 1981, col, 96') Dušan Makavejev. Con Susan Anspach, Erland Josephson, Bora Todorovic, Per Oscarsson. ◆ In Svezia, una casalinga frustrata (Anspach) si fa un amante rozzo ma virile di origine jugoslava e lo uccide: il suo prossimo obiettivo è la famiglia. Se lo scontro tra ipocrisia nordica e calore meridionale è prevedibile, lo sguardo di Makavejev è caustico e curioso, e spiazza sempre lo spettatore. L'humour nero e il senso del grottesco fanno perdonare lo stile tirato via. È entrato nel mito (specie dopo essere stato trasmesso dalla Rai in prime time, prima della legge Mammì) il numero della ballerina alle prese con un panzer giocattolo telecomandato armato di un fallo di gomma.

Monterey Pop *** (*Monterey Pop*, Usa 1968, col, 85') D.A. Pennebaker. Con Janis Joplin, Jimi Hendrix, The Who, Jefferson Airplane, Otis Redding, Ravi Shankar, The Mamas and Papas. ◆ Riassunto di dieci ore di esibizioni musicali al Festival Pop Music di Monterey del 1967 (l'«estate dell'amore»). Pennebaker riesce a catturare lo spirito dell'epoca senza indulgenze celebrative, e la musica è di prima qualità. Uno dei migliori documentari rock di sempre. Imperdibile il finale col sitar di Shankar.

Monteriano – Dove gli angeli non osano mettere piede *½ (*Where Angels Fear to Tread*, Gb 1991, col, 112') Charles Sturridge. Con Helen Mirren, Helena Bonham Carter, Judy Davis, Rupert Graves, Giovanni Guidelli, Barbara Jefford. ◆ All'inizio del Novecento, Lilia Herriton (Mirren), vedova non più giovane in vacanza in Italia, scandalizza il parentado sposando Gino (Guidelli), l'aitante figlio di un dentista. Presto dall'Inghilterra arriva una missione di soccorso guidata dal fratello Philip (Graves), ma Lilia muore di parto. L'amica Caroline (Bonham Carter) è tentata di prenderne il posto, anche perché Philip è un vero pesce lesso. Rimane poco dell'ambiguità del romanzo di Forster: Sturridge gioca a fare l'Ivory dei poveri, bada soprattutto al pittoresco da cartolina, e stecca nel finale melodrammatico. Gli riesce invece qualche caratterizzazione (la zitella xenofoba interpretata dalla Davis), ma mancano ritmo e stile.

Montevergine → *Grande luce, La (Montevergine)*

Montone infuriato, Il **½ (*Le Mouton enragé*, Francia 1973, col, 104') Michel Deville. Con Jean-Louis Trintignant, Jean-Pierre Cassel, Romy Schneider, Jane Birkin, Florinda Bolkan. ◆ Un impiegato di banca (Trintignant) senza ambizioni viene spinto da un amico scrittore (Cassel) a sedurre donne importanti per arrivare al successo: ci arriva, ma esagera seducendo la moglie dell'amico. Uno dei più riusciti film di Deville, dove il cinismo e l'ostentato amoralismo si innestano felicemente su un racconto paradossale e divertito.

Montparnasse *½ (*Montparnasse 19*, Francia/Italia 1958, b/n, 102') Jacques Becker. Con Gérard Philipe, Anouk Aimée, Lilli Palmer, Lea Padovani, Lino Ventura, Lila Kedrova. ◆ Il pittore livornese Modigliani (Philipe) fa la fame a Parigi: quando muore a 35 anni dopo una lunga malattia, la sua compagna (Aimée) si suicida. Dal romanzo *Les Montparnos* di Georges Michel, che Max Ophuls aveva cominciato ad adattare prima di morire. Becker vorrebbe descrivere con rigore filologico la bohème d'inizio secolo, ma si arena di fronte a banalità sull'arte come dannazione, e finisce col fare della semplice accademia.

Monty Python ** (*Monty Python and the Holy Grail*, Gb 1974, col, 90') Terry Gilliam, Terry Jones. Con Graham Chapman, John Cleese, Terry Gilliam, Eric Idle, Terry Jones, Michael Palin, Carol Cleveland. ◆ Una parodia delle imprese di Re Artù e dei cavalieri della Tavola Rotonda, alle prese con troupe televisive, poliziotti londinesi e fanciulle assatanate. I disegni animati di Gilliam collegano una serie di sketch di vario livello: c'è il gusto del nonsense e della provocazione che ci si aspetta dal sestetto britannico, ma non sempre il materiale è di prima mano. Il primo loro film a essere distribuito in Italia: discutibile il doppiaggio che ricorre a parlate dialettali.

Monty Python il senso della vita **½ (*Monty Python's The Meaning of Life*, Gb 1983, col, 90') Terry Jones. Con Graham Chapman, John Cleese, Terry Gilliam, Eric Idle, Terry Jones, Michael Palin. ◆ Al loro ultimo film, i Monty Python ritornano alla formula delle origini con una serie di sketch a tema sul (non) senso della vita. Una famiglia cattolica canta *Every Sperm Is Sacred* (ogni spermatozoo è sacro); un professore (Cleese) dà dimostrazioni pratiche di educazione sessuale ai suoi studenti; la morte arriva con la falce in una casa di bravi borghesi e fatica a farsi riconoscere; ma la gag più famosa è quella del grassone (Jones) che si ingozza e vomita a ciclo continuo fino a – letteralmente – esplodere per una mentina. Una summa delle gag metacinematografiche cui i Monty Python hanno abituato fin da *...E ora qualcosa di completamente diverso* (come il film che finisce e ricomincia dopo dieci minuti), delle parodie dei generi e del loro spirito nichilista e irriverente. Ma l'abbondanza di mezzi non sempre giova, e troppe sequenze sono pedantemente tirate per le lunghe. Comunque l'inizio, con il grattacielo-mostro a cartoni animati (di Terry Gilliam) è da antologia, un brano di purissimo cinema visionario. Premio speciale della giuria a Cannes nel 1983.

Monty Walsh, un uomo duro a morire **½ (*Monte Walsh*, Usa 1969, col, 108') William A. Fraker. Con Lee Marvin, Jeanne Moreau, Jack Palance, Mitchell Ryan, Michael Conrad. ◆ Chet (Palance) e Monty (Marvin) sono due cowboy sopravvissuti in un'epoca che non ha più bisogno di loro: uno mette su famiglia ma viene ucciso nel suo negozio, l'altro lo vendica. Dal romanzo di Jack Schaefer, l'autore del *Cavaliere della valle solitaria*, il direttore della fotografia Fraker esordisce alla regia con un western crepuscolare non originalissimo, ma che sfrutta bene il carisma dei suoi interpreti.

Moonlight & Valentino **½ (*Moonlight and Valentino*, Usa 1995, col, 104') David Anspaugh. Con Elizabeth Perkins, Gwyneth Paltrow, Jon Bon Jovi, Kathleen Turner, Whoopi Goldberg, Jeremy Sisto. ◆ L'improvvisa morte del marito precipita Rebecca (Perkins) nella crisi, da cui cercano di farla uscire una sorella (Paltrow) con più di un complesso, un'amica (Goldberg) non proprio sicura del proprio rapporto di coppia e una matrigna (Turner) un po' troppo invadente. Ma in fondo la sorellanza è il migliore dei rimedi possibili, oltre all'incontro con un imbianchino (Bon Jovi) che preferisce lavorare al chiaro di luna. Foto di gruppo in chiave femminista, ispirata alla storia semiautobiografica di Ellen Simon (figlia del commediografo Neil), che ne aveva fatto prima una pièce e poi una sceneggiatura. Qualche momento di sincerità, quattro attrici in palla (con una Turner che gioca contro la sua immagine) e una regia capace di fare qualche emozione: quel che si dice un prodotto medio ben fatto.

Moonlighting *** (*Moonlighting*, Gb 1982, col, 97') Jerzy Skolimowski. Con Jeremy Irons, Eugene Lipinski, Jiri Stanislav, Eugeniusz Haczkiewicz. ◆ Nel 1981 un gruppo di polacchi è a Londra per ristrutturare la casa di un compatriota (Skolimowski) che non vuole pagare salari sindacali: a Varsavia c'è il colpo di Stato ma il capo-operaio (Irons), unico a parlare inglese, non dice niente a nessuno. Saggio sull'arte di sopravvivere (memorabili le sequenze dei furti nei supermercati) e sull'alienazione del lavoro girato con mano leggera e ritmi da commedia nera. Skolimowski, allora esule in Inghilterra e autore anche della sceneggiatura, non risparmia sarcasmi a nessuno, e riesce a fare un film – e dei suoi più riusciti – praticamente con niente. Irons ha lavorato a paga sindacale per amicizia. «Moonlighting» vuol dire «fare lavoro nero».

Moonlighting ** (*Moonlighting*, Usa 1985, col, 90') Robert Butler. Con Cybill Shepherd, Bruce Willis, Alljce Besley. ◆ Un detective (Willis) dai modi disinvolti entra in società con una modella (Shepherd) in disgrazia economica: insieme risolvono casi, ma le tensioni erotiche rimangono sempre sospese. Il pilot della fortunata serie televisiva che ha lanciato Willis (vincitore di un Emmy, l'Oscar della televisione) e ha rilanciato la Shepherd. Un garbato aggiornamento dei giallorosa degli anni Trenta: ma stona vederlo a un orario diverso dalle 18,30.

Moon 44 *½ (*Moon 44*, Germania 1990, col, 102') Roland Emmerich. Con Michael Paré, Lisa Eichhorn, Malcolm McDowell, Dean Devlin, Brian Thompson, Roscoe Lee Browne. ◆ 2038: mentre è in atto una guerra intergalattica tra multinazionali, l'agente ribelle Stone (Paré) viene mandato in incognito sulla luna 44 assieme a un gruppo di criminali da addestrare come piloti. Imitazione del cinema americano, tanto efficiente nel dettaglio di luci e scenografie quanto noiosa e priva di una ragion d'essere. Con un tocco di teutonica grevità. Emmerich è anche coautore del soggetto e coproduttore.

Moonraker operazione spazio ** (*Moonraker*, Gb/Francia 1979, col, 126') Lewis Gilbert. Con Roger Moore, Lois Chiles, Michael Lonsdale, Richard Kiel, Corinne Cléry, Bernard Lee, Brian Keith. ◆ James Bond (Moore) è incaricato di indagare sul furto di un'astronave da parte del pazzo Hugo Drax (Lonsdale), che vuole distruggere la Terra e creare una super razza nello spazio. Da Venezia alle stelle, l'undicesima avventura di 007 (quarta con Moore), tratta da *Il grande slam della morte* di Fleming. Alta tecnologia, effetti speciali al passo coi tempi, un frullato di tutti i generi cinematografici possibili. Passatempo chiassoso e infantile, con un Moore ancora non appannato. Il gigantesco Kiel torna nella parte dello Squalo dopo *Agente 007 – La spia che mi amava*: ma questa volta diventa buono.

Moonwalker *½ (*Moonwalker*, Usa 1988, col, 93') Jerry Kramer, Colin Chilvers. Con Michael Jackson, Sean Lennon, Kellie Parker, Joe Pesci, Brandon Adams. ◆ Prologo: in una ventina di minuti allo spettatore viene rinfrescata la mirabolante carriera di Jackson. Film: in un futuro imprecisato, un supereroe ballerino (Jackson), capace di trasformarsi in un robot come Mazinga, difende i bambini di tutte le razze da un boss della droga (Pesci). Autocelebrazione in stile videoclip (ma con qualche debito a *Yellow Submarine*), con buone coreografie e sorprendenti effetti speciali (i passaggi dalla carne al metallo). Solo per i fan, comunque. Ne sono stati tratti vari clip, tra cui *Smooth Criminal*, e un noto videogioco. Sean Lennon è figlio di John e di Yoko Ono.

Moralista, Il ** (Italia 1959, b/n, 98') Giorgio Bianchi. Con Alberto Sordi, Vittorio De Sica, Franco Fabrizi, Franca Valeri, Maria Perschy, Mara Berni, Enzo Tarascio, Leopoldo Trieste. ◆ Implacabile censore, l'integerrimo segretario dell'Ufficio Internazionale della Moralità (Sordi), è in realtà a capo di una losca organizzazione che sfrutta ballerine di night: è scoperto, ma nessuno lo tocca perché ha raccolto prove sufficienti a ricattare tutti. Piccola vendetta che il cinema italiano si prese con la censura democristiana imperante e il tristemente famoso Agostino Greggi, assessore Dc al comune di Roma e animatore della «Associazione dei padri di famiglia»: ma non si va al di là della farsa. Sordi, anche grazie al trucco, è memorabile.

Mordi e fuggi * (Italia 1973, col, 104') Dino Risi. Con Marcello Mastroianni, Oliver Reed, Carole André, Nicoletta Machiavelli, Gianni Agus, Bruno Cirino, Jacques Herlin, Lionel Stander. ◆ Un industriale (Mastroianni) e la sua amante (André) sono tenuti in ostaggio da una banda di terroristi in fuga: la vera violenza, mostrerà il finale, è però quella della polizia. Ideologicamente, Risi dà un colpo al cerchio e uno alla botte; ma i personaggi improbabili – a cominciare dal capobanda (Reed) – finiscono con il togliere ogni credibilità all'operazione.

Moresque: obiettivo allucinante *½ (*Coplan ouvre le feu au Mexico*, Francia/Italia/ Spagna 1967, col, 94') Riccardo Freda. Con Sabine Sun, Lang Jeffries, Silvia Solar, Luciana Gilli. ◆ L'agente segreto francese Caplan (già protagonista di *Agente 777 – Missione Summergame*) è sulle tracce di una banda che si propone di sostituire il presidente degli Usa con un sosia. Freda cerca di copiare in economia i film di James Bond. La sceneggiatura dal giovane Bertrand Tavernier introduce qualche tocco di ironia.

Morgan il pirata * (Italia 1960, b/n, 103') Primo Zeglio. Con Steve Reeves, Valerie Lagrange, Chelo Alonso, Ivo Garrani, Armand Mestral, Giulio Bosetti, Lydia Alfonsi. ◆ Esiliato in schiavitù a Panama, Morgan (Reeves) diventa lo scudiero della figlia del governatore (Lagrange), ma l'amore della fanciulla gli costa la deportazione su un galeone spagnolo. Organizzata una rivolta a bordo, il pirata compie con successo varie imprese, tra cui l'espugnazione di Panama. Ritroverà l'amata sotto un mucchio di cadaveri e non la lascerà più. Un ridicolo film d'avventura, «supervisionato» da André de Toth, che gioca d'accumulo (di oggetti, persone, fatti, azioni) per mascherare il vuoto su cui si regge.

Morgan matto da legare *** (*Morgan, a Suitable Case for Treatment*, Gb 1966, b/n, 97') Karel Reisz. Con David Warner, Vanessa Redgrave, Robert Stephens, Irene Handl, Arthur Mullard, Newton Blick, Nam Munro, Bernard Bresslaw, Graham Crowden. ◆ Il pittore anarchico Morgan Delt (Warner), ossessionato da una madre stalinista e teorico del ritorno dell'uomo alla scimmia, cerca di riconquistare l'ex moglie Leonia (Redgrave), mettendo scompiglio nella Londra bene travestito da gorilla. Finirà in manicomio a fare aiuole a forma di falce e martello. Scritto da David Mercier (*Providence*), un punto di svolta nel Free Cinema inglese: la libertà formale e il gusto della gag che erano stati propri di certi film di Anderson e Lester, si mescola a un'autoironia venata di malinconia che sembra preludere a tempi più bui. Warner è strepitoso; a Cannes venne però premiata la Redgrave.

Morirai a mezzanotte *** (*Desperate*, Usa 1947, b/n, 73') Anthony Mann. Con Steve Brodie, Audrey Long, Raymond Burr, Douglas Fowley, Jason Robards sr. ◆ Randall (Brodie), un onesto camionista, accetta un lavoro che non sa essere sporco: dopo la morte di un poliziotto e la cattura di uno dei gangster, si trova alle calcagna sia la polizia che Radak (Burr), il capo della gang, desideroso di vendetta. Come *Schiavo della furia*, il film è la storia di una fuga, dove la preda non può contare neppure sulla protezione della legge. La coppia dei due sposini è troppo *square* per essere veramente simpatica, ma il pessimismo di fondo lascia il segno, e il lavoro che Mann e l'operatore Georges E. Diskant fanno sulle luci e le atmosfere è eccezionale. Tra le sequenze da antologia: la riunione tra i gangster illuminata da una lampada che oscilla; il confronto finale sulle scale tra Radak e Randall; ma soprattutto la scena in cui Radak tiene prigioniero Randall, minacciando di ucciderlo a mezzanotte, l'ora in cui il fratello salirà sulla sedia elettrica: il montaggio degli sguardi sempre più serrato fa impallidire i film di Sergio Leone.

Morirai a mezzanotte *½ (Italia 1986, col, 89') John Old jr [Lamberto Bava]. Con Lara Wendel, Valeria D'Obici, Leonardo Treviglio, Paolo Malco. ◆ Un misterioso assassino prende di mira una ragazzina (Wendel) di Ascoli Piceno, facendo una strage pur di arrivare a lei. Bava jr saccheggia *L'uccello dalle piume di cristallo* e *Witness*, cita *Blood Simple*, ma complessivamente tira lo sbadiglio. Il thriller italiano non è più quello di una volta.

Morire a Belfast ** (*The Outsider*, Olanda 1981, col, 128') Tony Luraschi. Con Craig Wasson, Sterling Hayden, Patricia Quinn, Niall O'Brien. ◆ Un giovane americano (Wasson) di origine irlandese, infiammato dai ricordi del nonno (Hayden) che gli racconta le sue eroiche azioni contro il governo inglese, torna in Irlanda per unirsi all'Ira: è strumentalizzato dai compagni e scopre che quelle del nonno sono bugie.

Sconosciuto da noi, il film dell'esordiente Luraschi fu uno dei primi a occuparsi dell'argomento, e conquistò la fama di un resoconto crudo e realistico. Gli stereotipi, comunque, abbondano.

Morire all'alba **½ (*Each Dawn I Die*, Usa 1939, b/n, 84') William Keighley. Con James Cagney, Jane Bryan, George Raft, Maxie Rosenbloom, Alan Baxter, George Bancroft. ◆ Un coraggioso giornalista (Cagney) denuncia un politicante corrotto, ma con un trucco viene condannato a dieci anni di carcere: sarà un galeotto (Raft) che lo aiuterà a dimostrare d'essere innocente. La sceneggiatura a un certo punto perde colpi, e la regia non è delle più ispirate, ma il cocktail tra i generi è interessante, e la coppia Cagney-Raft merita da sola la visione.

Morire a Madrid **½ (*Mourir à Madrid*, Francia 1963, b/n, 85') Frédéric Rossif. ◆ Documentario sulla guerra civile spagnola: il bombardamento di Guernica, l'assedio dell'Alcázar, la rivolta delle Asturie, la difesa di Madrid, l'assassinio di Garcia Lorca. Fluido film di montaggio realizzato da Rossif alternando sequenze proprie, girate clandestinamente nella Spagna degli anni Sessanta, a materiali d'archivio inutilizzati da più di vent'anni. Non si propone l'obiettività: è un manifesto dai toni epici a favore della Repubblica spagnola. Quando uscì suscitò varie polemiche e la Spagna franchista rispose con *Mourir en España*, per confutare la tesi dell'alleanza tra Franco e i governi nazista e fascista.

Morire a Roma → *Vita in gioco, La*

Morire d'amore *½ (*Mourir d'aimer*, Francia 1970, col, 100') André Cayatte. Con Annie Girardot, Bruno Pradal, Claude Cerval, Jean Bouise, Jean-Paul Mollinot. ◆ Danièle (Girardot), professoressa di lingue, durante il maggio Sessantotto ha una storia d'amore con un suo allievo (Pradal): lui viene messo in manicomio, lei si suicida. Ai tempi, in Francia, ebbe più successo di *Love Story*: Cayatte divide rigidamente buoni e cattivi, e usa ogni mezzo (lecito e no) per commuovere e indignare lo spettatore.

Morire per amore *½ (*When the Time Comes*, Usa 1987, col, 96') John Erman. Con Bonnie Bedelia, Karen Austin, Brad Davis. ◆ Una donna (Bedelia), sposata e con tre figli, scopre di essere malata di cancro, vorrebbe morire a casa propria ma è costretta a rimanere in ospedale. Drammone strappalacrime e ricattatorio. Erman è uno specialista della malattia, come mostra il più riuscito *Una gelata precoce*.

Morituri, I * (*The Saboteur: Code Name Morituri*, Usa 1965, b/n, 122') Bernhard Wicki. Con Marlon Brando, Yul Brynner, Trevor Howard, Janet Margolin, Wally Cox. ◆ Oceano Pacifico, seconda guerra mondiale: un tedesco antinazista (Brando) aiuta gli inglesi a catturare un cargo. Polpettone bellico senza emozioni, che affonda un cast prestigioso. Doppiaggio cretino, con Brando che dice «Ja» al posto di «Sì».

Morsa d'acciaio, La **½ (*The Steel Trap*, Usa 1952, b/n, 85') Andrew [L.] Stone. Con Joseph Cotten, Teresa Wright, Eddi Marr, Alin Towne, Bill Hudson, Jonathan Hale, Walter Sande. ◆ Un vicedirettore di banca (Cotten) sottrae un milione di dollari e tenta di fuggire in Brasile con la moglie (Wright), alla quale ha fatto credere a una trasferta di lavoro. Ma arrivati a New Orleans perdono la coincidenza per una serie di contrattempi e il comportamento troppo agitato dell'uomo fa nascere dei dubbi nella moglie. Un saggio di vera suspense concentrato in un tesissimo weekend, in cui il thriller si confonde con il dramma psicologico. Sceneggiato dallo stesso regista e supervisionato alla produzione da Robert Aldrich. Notevole l'interpretazione di Cotten, impiegato modello tentato dal colpo grosso.

Mortacci **½ (Italia 1989, col, 102') Sergio Citti. Con Vittorio Gassman, Sergio Rubini, Carol Alt, Malcolm McDowell, Mariangela Melato, i Gemelli Ruggeri [Eraldo Turra e Luciano Manzalini], Andy Luotto, Alvaro Vitali, Aldo Giuffré, Galeazzo Benti, Nino Frassica. ◆ In un cimitero custodito da un becchino canagliesco (Gassman), i morti si raccontano la loro vita, aspettando di essere dimenticati. Collana di episodi grotteschi più o meno riusciti: buono il duetto Vitali-Giuffré su uno scambio di bare, e gli episodi di Luotto (un guardone morto di vergogna) e di Rubini (un soldato creduto morto e tramutato in eroe, che viene ucciso dai suoi compaesani). Più innocue le storie dell'attore cane (McDowell, doppiato in veneto!) che si suicida per davvero sulle scene, e dei due musicisti ladri (i Gemelli Ruggeri) che finiscono sotto un treno. Citti, nell'insieme, ha perso la cattiveria di un tempo, e spesso è manierato e dolciastro, eppure ne esce un ritratto dei vizi italiani piuttosto inusuale. Ma se il film convince poco è colpa anche del cast sbagliato imposto dai produttori. Scritto da Citti con Vincenzo Cerami, David Grieco e Ottavio Jemma.

Mortadella, La *½ (Italia 1972, col, 109') Mario Monicelli. Con Sophia Loren, Gigi Proietti, William Devane, Danny DeVito, Richard Libertini. ◆ La napoletana Maddalena Ciarrapico (Loren), resta bloccata all'aeroporto di New York, dove si è recata per raggiungere il fidanzato (Proietti), perché a causa di una mortadella non può passare la dogana: un giornalista interviene e il fatto diventa un caso nazionale. Debole farsa sugli Stati Uniti visti dagli italiani, con la Loren che si limita a rifare se stessa. Una particina per Susan Sarandon.

Mortal Kombat * (*Mortal Kombat*, Usa 1995, col, 101') Paul Anderson. Con Christopher Lambert, Robin Shou, Linden Ashby, Talisa Soto, Bridgette Wilson, Cary-Hiroyuki Tagawa. ◆ I massimi campioni di arti marziali del pianeta terra, consigliati dal semidio Radon (Lambert), si battono contro i mostruosi rappresentanti di Outworld, che intendono inaridire il nostro mondo. Un film tratto da un videogioco (quello omonimo della Sega, grande concorrente di *Street Fighter* della Nintendo, da cui è stato tratto un altro film), e si vede: peccato che si abbia anche l'impressione che chi stia giocando non sia troppo abile. E la serie infinita di duelli rischia di spazientire anche i ragazzini meglio disposti.

Mortal Kombat - Distruzione finale * (*Mortal Kombat 2 - Annihilation*, Usa 1997, col, 95') John R. Leonetti. Con Robin Shou, Talisa Soto, James Remar, Brian Thompson, Irina Pantaeva, Sandra Hess. ◆ I malvagi dell'altra dimensione minacciano sempre di conquistare la terra, gli eroi li cacciano a suon di arti marziali e di metamorfosi. Girato tra le rovine di Petra, tra cui a un certo punto appare la torre Eiffel, questo sequel non ha neanche il pregio del ridicolo involontario: è solo noioso e filmato male.

Morte accarezza a mezzanotte, La *½ (Italia/Spagna 1972, col, 104') Luciano Ercoli. Con Susan Scott [Nieves Navarro], Simon Andreu, Peter Martell [Pietro Martellanza], Claudie Lange, Carlo Gentili, Anna Recchimuzzi. ◆ A Milano, sotto l'effetto di un allucinogeno, la fotomodella Valentina (Scott) rivive un omicidio avvenuto nella casa di fronte: e da quel momento l'assassino comincia a perseguitarla, anche se nessuno le crede. Tipico giallo post-Dario Argento, meno cruento della media, ma incapace di fondere l'elemento paranormale con la più banale pista gialla. Scritto da Ernesto Gastaldi, da un soggetto di Sergio Corbucci; musica di Gianni Ferrio, con canzone di Mina.

Morte al di là del fiume, La *½ (*Roseanna McCoy*, Usa 1949, b/n, 89') Irving Reis. Con Farley Granger, Charles Bickford, Raymond Massey, Joan Evans, Richard Basehart. ◆ La lunga faida tra gli Hatfield e i McCoy, due famiglie di agricoltori delle colline del Missouri, termina quando Roseanna McCoy (Evans) si innamora di un giovane (Granger) della famiglia rivale. Sciapa rivisitazione a lieto fine e in chiave hillbilly (i montanari del sud) della storia di Giulietta e Romeo. Conosciuto anche col titolo *Rosanna, l'odio l'amore*.

Morte al lavoro, La *½ (Italia 1978, b/n, 83') Gianni Amelio. Con Federico Pacifici, Eva Axen, Giovannella Grifeo, Fausta Avelli, Clara Colosimo. ◆ Alex (Pacifici) affitta un appartamento che fu teatro del suicidio di un attore: nella casa di fronte, una donna (Axen) appare e scompare, ossessionando il giovane sino a spingerlo all'identica fine del vecchio inquilino. Liberamente ispirato al racconto *Il ragno* di Hans H. Ewers e all'*Inquilino del terzo piano* di Polanski-Topor, il telefilm – girato con telecamere, vidigrafato su pellicola 35mm e sceneggiato da Amelio con Mimmo Rafele – è costruito sul rifiuto della vita e il rifugio nella proiezione: metaforico quanto basta, parte da una frase di Cocteau («Il cinema è la morte al lavoro sugli attori») per approdare nel campo delle illusioni ottiche e cinefile già dai titoli di testa, nei quali le immagini di Bogart, Flynn, Gable e Garbo sono accompagnate da Doris Day che canta *Wherever Will Be (Que serà serà)*. Ma tutto il film è chiuso (e soffocato) nel suo continuo rimando alla memoria fascinosa quanto castrante del cinema, dalle musiche che sono una miscellanea di Bernard Hermann alla portiera (Colosimo) che sentenzia: «La vista non è spaziosa, ma con quello che oggigiorno si vede per le strade, tanto meglio una finestra sul cortile», fino al palazzo-cinema che «avrebbe bisogno di gioventù», naturalmente «bruciata» visto che James Dean campeggia dappertutto. Premiato a Locarno.

Morte alle calcagna, La *½ (*Out of Bounds*, Usa 1986, col, 93') Richard Tuggle. Con Anthony Michael Hall, Jenny Wright, Jeff Kober. ◆ Appena arrivato dallo Iowa, un ragazzo (Hall), braccato dalla polizia perché coinvolto suo malgrado in una serie di omicidi legati al racket della droga, si fa aiutare da una punketta (Wright). Chi si era fatto delle illusioni sul regista di *Corda tesa* è rimasto deluso: l'unica differenza da un telefilm delle 18,30 è la fotografia troppo buia dell'anziano Bruce Surtees. Apparizione di Siouxsie and the Banshees.

Morte a 33 giri *½ (*Trick or Treat*, Usa 1986, col, 95') Charles Martin Smith. Con Marc Price, Tony Fields, Lisa Orgolini, Elaine Joyce, Glen Morgan, Gene Simmons. ◆ Un giovane sfigato (Price), adoratore della defunta star heavy metal Sammi Curr (Fields), la riporta in vita ascoltando un suo disco al contrario: ma Sammi non torna solo. L'esordio alla regia dell'attore di *American Graffiti* (che appare nel ruolo dell'insegnante) mescola senza troppa originalità horror, comicità e musica. Trucchi di Kevin Yagher, creatore di Freddy Kruger. Cammeo di Ozzy Osborne dei Black Sabbath e di Gene Simmons dei Kiss.

Morte a Venezia **½ (Italia 1971, col, 120') Luchino Visconti. Con Dirk Bogarde, Björn Andersen, Silvana Mangano, Romolo Valli, Marisa Berenson, Franco Fabrizi, Carole André, Nora Ricci. ◆ 1911: il compositore Gustav von Aschenbach (Bogarde), in vacanza al Lido di Venezia, rimane affascinato dalla bellezza del giovane e androgino Tadzio (Andersen). Mentre la città è in preda a un'epidemia tenuta nascosta dalle autorità, von Aschenbach, ormai dimentico della sua missione artistica e della sua dignità, si lascia andare incontro alla morte. Visconti (cosceneggiatore con Nicola Badalucco) ha proustizzato il racconto di Thomas Mann appesantendolo di troppi flashback, ha trasformato lo scrittore in un musicista (con allusione a Mahler, usato nella colonna sonora), ma ne ha conservato l'essenziale. Il tema del fallimento dell'arte di fronte al bello e del disfacimento del corpo cala in sequenze estenuate che, con coraggio, rinunciano quasi per intero ai dialoghi. Perfetta ricostruzione d'atmosfera (le scenografie sono di Ferdinando Scarfiotti) in un'elegia funebre ed estetizzante per la Mitteleuropa.

Morte avrà i suoi occhi, La ** (*The Caller*, Usa 1987, col, 97') Arthur Allan Seidelman. Con Malcolm McDowell, Madolyn Smith. ◆ In una notte tempestosa un uomo (McDowell) che dice di avere avuto un guasto alla macchina bussa alla porta di una donna che abita sola. Thriller a due (con una sceneggiatura molto elaborata, per essere un film di serie B) dove, fino alla fine, non è chiaro chi sia il carnefice e chi la vittima: ma la soluzione è troppo lambiccata. Meno tirato per le lunghe, poteva essere un buon episodio di *Ai confini della realtà*. Girato negli studi romani dell'Empire.

Morte cammina con i tacchi alti, La * (Italia/Spagna 1971, col, 105') Luciano Ercoli. Con Susan Scott [Nieves Navarro], Frank Wolff, Simon Andreu, Carlo Gentili, Claudie Lange, Fabrizio Moresco, George Rigaud. ◆ Una spogliarellista (Scott) è perseguitata da un assassino alla ricerca di diamanti rubati: il bello (e l'unica sorpresa della sceneggiatura di Ernesto Gastaldi) è che la uccide veramente. Ma come riempire altri 45' di film? Spossante gialletto nel quale colpi di scena e tette andavano distribuiti con più criterio.

Morte cavalca a Rio Bravo, La **½ (*The Deadly Companions*, Usa 1961, col, 79′) Sam Peckinpah. Con Maureen O'Hara, Brian Keith, Steve Cochran, Chill Wills, Strother Martin. ◆ Avendo ucciso per sbaglio il figlio di una donna (O'Hara) che lavora in un saloon, Yellowleg (Keith) cerca di rimediare; intanto si vendicherà di un vecchio sudista (Wills) che, anni prima, l'aveva quasi scotennato. Love story tra due reietti in un West scabro e senza eroi sceneggiata da A.S. Fleishman. Nonostante le manomissioni produttive, si vede, almeno nei temi, la mano di Peckinpah, all'esordio sul grande schermo. In originale la durata è di 90′.

Morte civile, La *** (Italia 1942, b/n, 85′) Ferdinando Maria Poggioli. Con Carlo Ninchi, Dina Sassoli, Renato Cialente, Greta Gonda, Elio Steiner, Tina Lattanzi. ◆ Un uomo (Ninchi) uccide il cognato durante una lite. Condannato all'ergastolo, evade dopo alcuni anni e scopre che un amico (Cialente) l'ha sostituito nel ruolo di capofamiglia: per non compromettere la ritrovata serenità dei suoi, il «morto civile» deciderà di farsi da parte. Dal dramma omonimo di Paolo Giacometti adattato da Ettore M. Margadonna, Sandro De Feo e Vincenzo Talarico (già portato sullo schermo nel 1919), un mélo sobrio e raffinato, con suggestioni «americane» (le sequenze del carcere) del tutto insolite per il cinema italiano del periodo. Notevole anche l'uso del paesaggio, altro elemento di novità nei primi anni Quaranta. Un ottimo esempio di sintesi tra la tendenza calligrafica e le esigenze realistiche che nel giro di qualche anno sarebbero esplose con una urgenza espressiva che Poggioli non conosce, ma di cui senza dubbio anticipa i sintomi sul versante dell'indagine psicologica e dell'accuratezza formale («perversa» nel suo esasperato perfezionismo).

Morte corre nei cieli, La *½ (*Dick Tracy – Death Rides the Sky*, Usa 1937, b/n, 67′) William Witney, John English. Con Ralph Byrd, Lynn Roberts, Charles Middleton, Jerry Tucker, David Sharpe, Lee Ford, Michael Kent. ◆ Nel tentativo di fermare la banda dello Zoppo, Tracy (Byrd) si trova sempre di fronte suo fratello Gordon, completamente succube dei banditi: dovrà anche impedire che la formula del Nichelanio sia venduta a una potenza straniera. Questo film raggruppa gli episodi 4, 5, 6 e 7 del serial Republic *Dick Tracy*.

Morte corre sul fiume, La **** (*Night of the Hunter*, Usa 1955, b/n, 90′) Charles Laughton. Con Robert Mitchum, Shelley Winters, Lillian Gish, Billy Chapin, Sally Jane Bruce, Peter Graves, Evelyn Varden, James Gleason. ◆ Il predicatore Harry Powell (Mitchum) sposa e uccide una vedova (Winters), cercando il bottino di una rapina del marito. I due figlioletti (Chapin e Bruce) fuggono, trovando rifugio presso un'anziana signora (Gish) che ospita trovatelli, ma Powell è sulle loro tracce. Unica regia di Laughton e ultima sceneggiatura di James Agee tratta dal romanzo di David Grubb: sullo sfondo di un'America di provincia in cui tutti sono ossessionati dal puritanesimo (Powell si rifiuta di consumare le nozze), una fiaba nera girata con uno stile folgorante che non ha eguali nel cinema dell'epoca. Laughton sembra ricapitolare espressionismo (le luci taglienti del direttore della fotografia Stanley Cortez) e surrealismo (la morta sott'acqua, con i capelli che fluttuano come alghe; il bestiario notturno nella palude) in una sintesi personalissima, dove l'orrore e il meraviglioso sono due facce di una stessa medaglia. La logica narrativa del film avanza più per associazioni d'idee che per rigorosa consequenzialità, «privilegia i concatenamenti metaforici piuttosto che la progressione drammatica, la rima piuttosto che il ritmo, le assonanze e gli accordi armonici piuttosto che il crescendo drammatico» [Tavernier-Coursodon]. E questa libertà si ritrova anche nella scelta degli attori, tutti con alle spalle percorsi professionali differenti se non antitetici. Un capolavoro che però il pubblico non amò e il cui insuccesso impedì a Laughton di continuare la sua carriera di regista. Indimenticabile il personaggio di Mitchum che porta tatuate sulle nocche le parole «Love» ed «Hate».

Morte dietro il cancello, La ** (*Asylum*, Gb 1972, col, 88′) Roy Ward Baker. Con Robert Powell, Peter Cushing, Patrick Magee, Herbert Lom, Charlotte Rampling, Britt Ekland, Richard Todd, Sylvia Syms. ◆ In un manicomio, un dottorino neofita (Powell) è sottoposto a un test: riconoscere tra i vari pazienti l'ex direttore impazzito. Collage di episodi sul tema dell'omicida punito da forze soprannaturali. Cast piuttosto costoso, regia così così. Scritto da Robert Bloch. Tra i migliori prodotti, tutto sommato, della casa di produzione Amicus.

Morte dietro la porta, La ** (*Deathdream*, conosciuto anche col titolo *Dead of Night*, Canada 1972, col, 90′) Bob Clark. Con John Marley, Richard Backus, Lynn Carlin, Henderson Forsythe. ◆ In famiglia sono al settimo cielo quando Andy (Backus) torna dal Vietnam, ma non si accorgono che è un morto assetato di sangue. Scritto da Alan Ormsby, un horror con metafore politiche abbastanza originali (Andy è pieno di rancore verso la famiglia, e chi lo circonda è più zombi di lui). Peccato non sia finito nelle mani di un Larry Cohen, bensì in quelle di un mestierante. Efficace e snervante la musica rumoristica di Carl Zittrer.

Morte di Mario Ricci, La ** (*La Mort de Mario Ricci*, Svizzera/Francia/Rft 1983, col, 101′) Claude Goretta. Con Gian Maria Volonté, Magali Noël, Mimsy Farmer, Heinz Bennent, Jean-Michael Dupuis. ◆ Il giornalista televisivo Fontana (Volonté), che si reca in un villaggio svizzero per intervistare lo specialista della Fao Kremer (Bennent), viene coinvolto nel mistero della morte di un operaio italiano. Si respira aria di Dürrenmatt nell'intreccio (sceneggiato dal regista e Georges Haldas) a metà tra il giallo e la denuncia sociale: ma lo spaccato di Svizzera che ne viene fuori è scontato (ipocrisia, xenofobia, frustrazione), e gli annessi sociologici-apocalittici (lo sterminio per fame denunciato dallo scienziato che però non può fare nulla) non si amalgamano bene. Volonté fu premiato a Cannes nel 1983.

Morte di Mikel, La → *Mikel, un amore proibito*

Morte di troppo, Una **½ (*Poulet au vinaigre*, Francia 1984, col, 110′) Claude Chabrol. Con Jean

Poiret, Michel Bouquet, Pauline Lafont, Stéphane Audran, Lucas Belvaud, Josephine Chaplin. ◆ Lavardin (Poiret), ispettore parigino dai metodi poco ortodossi in trasferta in provincia, dà man forte a un giovane postino detective e trova il colpevole di una serie di omicidi, scoprendo vari altarini. Lo spaccato di costume in cui eccelle Chabrol, in un giallo pieno di umori satirici, dove contano più i personaggi che l'intreccio. Lavardin appare dopo mezz'ora ma diventa subito il mattatore: tornerà nell'*Ispettore Lavardin* e in una serie di telefilm.

Morte di una carogna *½ (*Mort d'un pourri*, Francia 1977, col, 128') Georges Lautner. Con Alain Delon, Ornella Muti, Maurice Ronet, Stéphane Audran, Klaus Kinski, Mireille Darc. ◆ Maréchal (Delon), amico del deputato assassino Dubaye (Ronet), consente a fornirgli un alibi per l'uccisione di un collega in possesso di un dossier che potrebbe far saltare la Francia: la ricerca del libretto scomparso è costellata di cadaveri. Vaghi intenti di denuncia affondano nella ricerca di una spettacolarità banale.

Morte di un amico ** (Italia 1959, b/n, 94') Franco Rossi. Con Gianni Garko, Didi Perego, Spiros Focas, Angela Luce, Fanfulla [Luigi Visconti]. ◆ Aldo (Garko) e Bruno (Focas) vivono rubando e sfruttando prostitute: il primo vorrebbe chiudere, ma la polizia lo uccide nel suo ultimo colpo. Da un soggetto di Pasolini e Giuseppe Berto, uno dei primi spaccati delle borgate romane in anticipo su *Accattone*. Alle buone intenzioni tuttavia non corrisponde una regia altrettanto ispirata.

Morte di un commesso viaggiatore **½ (*Death of a Salesman*, Usa 1952, b/n, 112') Laslo Benedek. Con Fredric March, Howard Smith, Kevin McCarthy, Cameron Mitchell, Mildred Dunnock, Jesse Withe, Royal Beal. ◆ Arrivato a sessant'anni, il commesso viaggiatore Willy Loman (March), che ha vissuto all'insegna di un ingenuo ottimismo, si ritrova deluso dal lavoro e dalla famiglia. Cercherà la morte in un incidente d'auto per far riscuotere al figlio sbandato Biff (McCarthy) i soldi dell'assicurazione, e dargli una possibilità di futuro. Onesto adattamento del dramma di Arthur Miller, premiato col Pulitzer e diventato un classico della letteratura americana. Forse la migliore interpretazione di March.

Morte di un commesso viaggiatore ** (*Death of a Salesman*, Usa 1985, col, 130') Volker Schlöndorff. Con Dustin Hoffman, Kate Reid, John Malkovich, Stephen Lang, Charles Durning. ◆ Il commesso viaggiatore Willy Loman (Hoffman), afflitto da arteriosclerosi, si sente un fallito, e cerca la morte in un incidente d'auto per far riscuotere al figlio senza arte né parte (Malkovich) i soldi dell'assicurazione. Adattamento per la televisione del dramma di Arthur Miller (che fece da produttore esecutivo assieme a Hoffman), che Schlöndorff si limita a impaginare con diligenza e scarsa fantasia. Hoffman, che l'ha recitato anche a teatro dopo 17 anni di assenza dai palcoscenici è troppo giovane per il ruolo, ma riesce in parte a dare toni di poesia stralunata al suo personaggio di perdente; vinse un Emmy – l'Oscar della televisione – come Malkovich.

Morte di un maestro del tè ** (*Sen no Rikyu*, Giappone 1989, col, 107') Kei Kumai. Con Eiji Okuda, Toshiro Mifune, Kinnosuke Yoroziya, Go Kato. ◆ Un maestro della cerimonia del tè, Rikyu (Mifune), si è suicidato: nel 1618, a dieci anni dalla sua morte, un allievo (Okuda) cerca di scoprire perché. Accigliata «detective story spirituale», dove lo spettatore occidentale fatalmente capisce poco di un rito che «elimina il muro tra i vivi e i morti». Ma tanta solennità non scaccia l'ombra della maniera. La macchina da presa a mezzo metro da terra e il gioco dei flashback non bastano a evocare i maestri Ozu e Kurosawa.

Morte di un matematico napoletano ** (Italia 1992, col, 108') Mario Martone. Con Carlo Cecchi, Anna Bonaiuto, Renato Carpentieri, Antonio Neiwiller, Toni Servillo, Licia Maglietta, Andrea Renzi, Roberto De Francesco. ◆ L'ultima settimana di vita di Renato Caccioppoli (Cecchi), professore universitario, nipote di Bakunin e simpatizzante comunista, genio sregolato, che – senza un motivo apparente – si sparò un colpo in testa nel 1959. Martone, fondatore della compagnia teatrale Falso movimento e al suo primo film (co-sceneggiato con Fabrizia Ramondino), cerca l'evocazione per aforismi più che la precisione documentaria: ne esce un racconto sfrangiato, prevedibile nelle ellissi, con troppe frasi memorabili e troppi silenzi carichi di significato. Da vedere per l'interpretazione di Carlo Cecchi, obliquo e tagliente, e per come il direttore della fotografia Luca Bigazzi ha saputo catturare l'anima di Napoli. Premio speciale della giuria a Venezia.

Morte è di moda, La * (Italia 1989, col, 80') Bruno Gaburro. Con Anthony Franciosa, Miles O'Keeffe, Teresa Leopardi, Marina Giulia Cavalli. ◆ Qualcuno cerca di uccidere un'indossatrice dai poteri paranormali che ha assistito a un delitto in realtà accaduto vent'anni prima: un commissario (Franciosa) le dà credito e svela l'arcano. Fanalino di coda del filone italiota dei thriller con top-model e lingerie. Da evitare.

Morte e la fanciulla, La *** (*Death and the Maiden*, Usa/Francia/Gb 1994, col, 103') Roman Polanski. Con Sigourney Weaver, Ben Kingsley, Stuart Wilson. ◆ Un paese imprecisato dell'America latina, dopo la caduta della dittatura militare: ex prigioniera politica, Paulina Escobar (Weaver) riconosce nell'uomo che ha dato un passaggio al marito in panne (Wilson) il dottor Miranda (Kingsley), che l'ha torturata durante la detenzione sulle note di *La morte e la fanciulla* di Schubert. Sequestratolo, cerca di ottenere la sua ammissione di colpevolezza, coinvolgendo nel «processo» il marito avvocato, attonito e riluttante, appena nominato membro della commissione governativa che deve indagare sulla sorte dei desaparecidos. Dall'omonimo testo teatrale di Ariel Dorfman (adattato per lo schermo da Rafael Yglesias e lo stesso Dorfman con alcune interessanti modifiche), una tragedia sconvolgente, claustrofobica e fortemente argomentativa, sullo strazio della memoria che riporta in vita il trauma e sulla necessità di un risarcimento, almeno psicologico, per superarlo: a teatro l'autore costruiva il dramma nella prospettiva di un Paese avviato alla democrazia e puntava sulla inestricabile dialettica interna al trio, facendo dubitare di tutti i personaggi, ciascuno rappresentativo di un'anima della nazione; Polanski opta invece per un viaggio nelle tenebre dell'umanità e, pur amplificando sapientemente la veemenza e l'ambiguità del testo (si veda l'importanza di due episodi aggiunti nella versione cinematografica: l'articolata scena della sparizione della macchina e la seconda confessione ripresa con un primo piano di Kingsley, quasi insostenibile per l'assenza di controcampo), sembra privilegiare il punto di vista di Paulina, enfatizzando sia le presunte intenzioni omicide sia lo scopo intimamente liberatorio delle sue azioni. Girato in ordine cronologico, nel rispetto delle tre unità della tragedia classica (anche questa soluzione mancava nel testo originale) e con un trio di attori superlativi, *La morte e la fanciulla* è stato ingiustamente accusato di teatralità: piuttosto è cinema da camera come il quartetto d'archi da cui prende titolo, crudele e raffinato.

Morte ha fatto l'uovo, La ** (Italia/ Francia 1968, col, 90') Giulio Questi. Con Jean-Louis Trintignant, Gina Lollobrigida, Ewa Aulin, Jean Sobieski. ◆ Una ragazzina diabolica (Aulin) medita di eliminare la zia (Lollobrigida), ricca allevatrice di polli, servendosi dello zio (Trintignant). Ma i piani non andranno come previsto. Curioso tentativo, discretamente intellettualizzante (alla sceneggiatura collabora Franco Arcalli), di farsa all'humour nero: vanta alcuni estimatori, ma fu un fiasco commerciale e non riuscì a rilanciare la Lollo. Colonna sonora di Bruno Maderna.

Morte in diretta, La *** (*La Mort en direct*, Francia/ Rft 1980, col, 128') Bertrand Tavernier. Con Romy Schneider, Harvey Keitel, Harry Dean Stanton, Max von Sydow, Thérèse Liotard, Caroline Landrishe, William Russell, Bernhard Wicki. ◆ Per mandare in onda gli ultimi giorni di vita di una malata terminale (Schneider), una rete televisiva la fa seguire da un operatore (Keitel) nella cui testa è stata inserita una microcamera che trasmette quello che vede. Tratto da un romanzo di David Compton (*The Continuous Katherine Mortenhoe*) sceneggiato dal regista con David Reyfield, questo film di fantascienza quotidiana senza effetti speciali ambientato in una Glasgow spettrale è una disperata riflessione sull'immoralità dei mass media e le scelte estreme della libertà, in un mondo dove la Morte è meglio della vita. Con una Schneider superlativa.

Morte in vacanza, La **½ (*Death Takes a Holiday*, Usa 1934, b/n, 78') Mitchell Leisen. Con Fredrich March, Evelyn Venable, Guy Standing, Katherine Alexander. ◆ Decisa a scoprire perché gli uomini abbiano paura di lei, la Morte (March) scende sulla Terra: e, mentre nessuno muore più, si innamora della figlia (Venable) del suo ospite. Da una commedia di Alberto Casella (adattata da Maxwell Anderson), una fantasia romantica e fiabesca che allora ottenne un grande successo. Leisen, al suo primo film importante, ha la mano leggera e sfiora appena – malgrado il tema – la corda dell'humour nero. Rifatto nel 1998 (*Vi presento Joe Black*).

Morte in Vaticano * (Italia/Spagna 1982, col, 107') Marcello Aliprandi. Con Terence Stamp, Fabrizio Bentivoglio, Paola Molina, Gabriele Ferzetti. ◆ Anni Ottanta: è in atto un complotto per uccidere un immaginario pontefice (Stamp), troppo incline a seguire la tendenza innovatrice di Giovanni XXIII. Era morto da poco papa Luciani, e il romanzo di Maurice Serral e Max Savigny ispirò questo film di fantapolitica farraginoso e velleitario. Bentivoglio fa il pretino tormentato. Musiche di Pino Donaggio.

Morte invisibile, La ** (*Mr. Wong, Detective*, Usa 1938, b/n, 69') William Nigh. Con Boris Karloff, Grant Withers, Maxine Jennings, Evelyn Brent, Lucien Proval, William Gould. ◆ Mr. Wong (Karloff) indaga sulla misteriosa morte di un chimico minacciato a proposito di un gas mortale che la sua ditta aveva cominciato a produrre. Mistery congegnato discretamente: primo, e migliore, della serie di Mr. Wong. La trama venne riciclata per un film con Charlie Chan, *I docks di New Orleans* (1948).

Morte mi attende, La ** (*Flight from Destiny*, Usa 1953, b/n, 74') Vincent Sherman. Con Thomas Mitchell, Geraldine Fitzgerald, Jeffey Lynn, Mona Maris. ◆ Un professore di filosofia (Mitchell), condannato da un male incurabile, decide che può rendersi utile uccidendo un essere nocivo alla società. Pesantemente moraleggiante, ma ben recitato. Da un dramma di Anthony Berkeley.

Morte negli occhi del gatto, La * (Italia/Francia/ Rft 1973, col, 90') Anthony M. Dawson [Antonio Margheriti]. Con Jane Birkin, Hiram Keller, Venantino Venantini, Serge Gainsbourg. ◆ Sfruttando una leggenda di vampiri e maledizioni, un ignoto omicida cerca di far fuori tutti gli eredi convenuti in un castello. Thriller confuso e con troppi colpi di scena inverosimili, che sfrutta male la coppia Birkin-Gainsbourg.

Morte non sa leggere, La *½ (*A Judgement in Stone*, Canada 1986, col, 96') Ousama Rawi. Con Rita Tushingham, Ross Petty, Tom Kneebone, Shelley Peterson. ◆ Eunice (Tushingham), dislessica e moralista, da bambina ha soffocato il padre ubriacone e tiranno senza destar sospetti; da grande massacra a fucilate la famiglia presso cui presta servizio. Banale trasposizione in chiave di thriller di un ottimo romanzo di Ruth Rendell. Tra gli effettacci, un tacchino natalizio da cui schizza sangue. Lo stesso romanzo è servito da base a Chabrol per *Il buio nella mente*.

Morte risale a ieri sera, La ** (Italia/Rft 1970, col, 100') Duccio Tessari. Con Frank Wolff, Raf Vallone, Eva Renzi, Gabriele Tinti, Gill Bray, Gigi Rizzi, Checco Rissone, Wilma Casagrande. ◆ L'ispettore Duca Lamberti (Wolff) cerca una ragazza minorata che pensa sia stata rapita e finita nel racket della prostituzione. Lo aiuta una prostituta (Renzi), ma il padre (Vallone) della ragazza vuole farsi giustizia da sé. Da *I milanesi ammazzano il sabato* di Giorgio Scerbanenco, adattato dal regista con Biagio Proietti e Arthur Brauer, un giallo autunnale e meditativo (ben fotografato da Lamberto Caimi), in cui il ritratto di una Milano nebbiosa e malinconica finisce per sovrapporsi alla storia gialla e in parte a soffocarla. Anche se attore tedesco, Wolff riesce a dare al suo personaggio accenti italianissimi di «sentita e pudica bonarietà». L'ispettore Lamberti era stato impersonato da Bruno Cremer in *Il caso Venere privata* di Yves Boisset.

Morte ti fa bella, La ** (*Death Becomes Her*, Usa 1992, col, 103') Robert Zemeckis. Con Meryl Streep, Bruce Willis, Goldie Hawn, Isabella Rossellini. ◆ Rivali in amore, una scrittrice (Hawn) e una cantante (Streep), prossime al mezzo secolo, ricorrono ai filtri di una strega (Rossellini, sempre seminuda) per rimanere eternamente giovani. Verranno trasformate in morte viventi invulnerabili ma deformabili come i personaggi di un disegno animato. Meryl Streep va in giro con la testa ruotata di 180° e Goldie Hawn esibisce un buco perfettamente circolare nella pancia: Zemeckis, grazie agli effetti speciali dell'IL&M di Lucas, porta alle estreme conseguenze la poetica di *Chi ha incastrato Roger Rabbit* Ma, una volta abituatisi ai trucchi paradossali, di sostanza ce n'è pochina: l'umorismo, più che nero, è infantile, e molte promesse non vengono mantenute. Il regista Sydney Pollack interpreta il ruolo del medico.

Morte va a braccetto con le vergini, La * (*Countess Dracula*, Gb 1971, col, 93') Peter Sasdy. Con Ingrid Pitt, Nigel Green, Sandor Eles, Leslie-Anne Down. ◆ Anziché ricorrere al lifting, la contessa Elisabeth Nagy (Pitt) ricorre a bagni di sangue di vergini: ha già portato sull'altare un bel tenente (Eles), quando l'effetto svanisce. Ennesima variazione sul tema di una contessa-vampira veramente esistita (si chiamava Erzsébet Bathory): l'Hammer ormai in decadenza ricorre a qualche timida iniezione di erotismo, ma il risultato è fumettistico.

Morte viene da Scotland Yard, La **½ (*The Verdict*, Usa 1946, b/n, 86') Don Siegel. Con Sidney Greenstreet, Peter Lorre, Joan Lorring, George Coulouris. ◆ L'ispettore Grodman (Greenstreet), sospeso perché ha fatto condannare un innocente, si vendica commettendo un omicidio e complicando la ricerca della verità al suo successore. Il primo lungometraggio per Siegel, ambientato in una Londra ricostruita a Hollywood, si districa con discreta abilità tra i paradossi dell'intreccio, puntando sull'humour nero che garantiva l'allora celebre coppia Greenstreet-Lorre. Ma la principale qualità è lo stile onirico e inquietante che attraversa il film, dovuto anche alle ristrettezze produttive (era scoppiato uno sciopero che aveva impedito la realizzazione di molte scenografie), ma sfruttato abilmente da Siegel con un intelligente uso della nebbia e del chiaroscuro per dare all'opera un fascino particolarissimo.

Morte viene in sogno, La * (*Deadly Dreams*, Usa 1988, col, 76') Kristine Peterson. Con Mitchell Anderson, Juliette Cummins, Kander Berkeley. ◆ Alex (Anderson) sogna di commettere una serie di efferati delitti, che però sono commessi davvero: i suoi sono sogni o realtà? Serie C senza idee originali né sorprese.

Morti di paura ** (*Scared Stiff*, Usa 1952, b/n, 108') George Marshall. Con Dean Martin, Jerry Lewis, Lizabeth Scott, Carmen Miranda, George Dolenz, Dorothy Malone. ◆ Convinti di aver ucciso un gangster, due artisti del varietà (Martin e Lewis) fuggono verso Cuba, dove incontrano la proprietaria (Scott) di un castello che si dice abitato dai fantasmi. Nella tradizione delle parodie hollywoodiane dell'horror, Lewis comincia a mettere a punto la sua comicità schizofrenica, ma la sceneggiatura gli sta stretta. Apparizioni di Bob Hope (il protagonista di *La donna e lo spettro* di George Marshall, 1940, di cui questo film è il remake) e Bing Crosby nella parte di loro stessi.

Morti di salute *½ (*The Road to Wellville*, Usa 1994, col, 120') Alan Parker. Con Anthony Hopkins, Bridget Fonda, Matthew Broderick, John Cusack, Dana Carvey, Michael Lerner, Colm Meaney, John Neville, Lara Flynn Boyle, Traci Lind, Jacob Reynolds, Norbert Weisser. ◆ Michigan, 1907: i coniugi Lightbody, Will (Broderick) ed Eleanor (Fonda), arrivano alla clinica della salute del dottor John Harvey Kellog (Hopkins), inventore dei fiocchi d'avena ed esagitato profeta del vegetarianesimo e dell'astinenza sessuale. Lei scoprirà i piaceri proibiti del «massaggio corporeo» del dottor Spitzvogel (Weisser), lui finirà coinvolto nello scontro tra il dottore e uno dei suoi quaranta figli adottivi, George (Carvey), socio di uno squinternato aspirante industriale (Cusack) che vuole entrare nel commercio dei fiocchi di cereali. Grottesca satira scatologica sull'igienismo a tutti i costi che lo stesso regista ha tratto dall'omonimo (e migliore) romanzo di T. Coraghessan Boyle: Parker schiaccia il pedale del cattivo gusto programmatico ma i singoli elementi non riescono mai a comporre un vero quadro grottesco delle nostre manie in fatto di salutismo e la storia risulta piena di buchi logici (in pochi giorni si passa dalla neve invernale al caldo estivo). Solo i flashback che raccontano la ribellione contro il padre di George bambino (Reynolds) sono assolutamente irresistibili.

Morti e sepolti **½ (*Dead and Buried*, Usa 1981, col, 92') Gary A. Sherman. Con James Farentino, Melody Anderson, Jack Albertson, Lisa Blount. ◆ Una tranquilla cittadina del New England è teatro di una serie di bizzarri omicidi; ma ancora più strano è che le vittime, dopo un po', tornino in circolazione. Variante dell'*Invasione degli ultracorpi*, sorretta da una intelligente sceneggiatura di Dan O'Bannon, e diretta con buon senso della suspense. Gli appassionati dell'horror non ne saranno delusi.

Morti non parlano, I *½ (*Johnny Allegro*, Usa 1949, b/n, 81') Ted Tetzlaff. Con George Raft, Nina Foch, George Macready, Will Geer. ◆ Un ex delinquente (Raft) aiuta i federali a incastrare una gang di falsari. Noir modesto e senza sorprese.

Morti sospette ** (*Un Papillon sur l'epaule*, Francia 1978, col, 95') Jacques Deray. Con Lino Ventura, Claudine Auger, Nicole Garcia, Laura Betti, Roland Bertin, Dominique Lavanant. ◆ A Barcellona un marinaio (Ventura), per aver soccorso un moribondo, viene coinvolto in un oscuro complotto con morti ammazzati e valigette che scompaiono, e gli viene rapita la moglie (Garcia). Il genere di film in cui la verità non verrà mai a galla e che rischia di lasciare a bocca asciutta lo spettatore. Ventura è ottimo nella parte dell'uomo comune vittima di complotti kafkiani. Sceneggiato da Tonino Guerra e Jean-Claude Carrière.

Mortuary Academy ** (*Mortuary Academy*, Usa 1988, col, 85') Michael Schroeder. Con Paul Bartel, Mary Woronov, Perry Lang, Tracey Walter, Christopher Atkins, Cesar Romero. ◆ Molti anni dopo *Il caro estinto*, una satira macabra sulla mania americana del maquillage dei defunti e le camere mortuarie: necrofilia e humour macabro. La coppia (anche nella vita) Bartel-Woronov (*Eating Raoul*, *Scene di lotta di classe a Beverly Hills*) si destreggia bene nel grottesco, anche se il gioco lascia il tempo che trova.

Mosca, La *** (*The Fly*, Usa 1986, col, 95') David Cronenberg. Con Jeff Goldblum, Geena Davis, John Getz, Joy Boushel. ◆ Uno scienziato (Goldblum) che tenta esperimenti di teletrasporto della materia, usa se stesso come cavia, ma l'intervento casuale di una mosca innesca una metamorfosi che coinvolge, oltre al corpo, il suo carattere. Dal racconto di George Langelaan (sceneggiato dal regista con Charles Edward Pogue), che aveva già ispirato *L'esperimento del dottor K.* Tra Kafka, *La bella e la bestia* e *Lo strano caso del dottor Jekyll e Mr. Hyde*, il primo film di Cronenberg per una major (prodotto da Mel Brooks) riesce a mescolare effetti speciali e sentimenti, rimanendo fedele alla poetica della mutazione e dei rapporti tra carne e psiche. Goldblum e la Davis (che allora facevano coppia) sono dei veri attori – ciò che capita di rado in un horror. Cronenberg appare nella parte di uno dei medici nell'incubo della Davis. Con un seguito. Oscar a Chris Walas e Stephen Dupuis per il trucco.

Mosca 2, La * (*The Fly II*, Usa 1989, col, 104') Chris Walas. Con Eric Stoltz, Daphne Zuniga, Lee Richardson, John Getz, Harley Cross. ◆ Il figlio (Stoltz) nato dalla coppia protagonista della *Mosca* segue le orme del padre, e diventa un grosso dittero che si prende la rivincita su un industriale che cerca di sfruttarlo. Banale sequel con cui esordisce alla regia il creatore degli effetti speciali del prototipo. Estetica da baraccone di luna park.

Mosca addio *½ (Italia 1986, col, 98') Mauro Bolognini. Con Liv Ullmann, Daniel Olbrychski, Aurore Clément, Francesca Ciardi, Carmen Scarpitta, Saverio Vallone, Anna Galiena. ◆ Ida Nudel (Ullmann), una scienziata ebrea russa, si vede negare il visto di fuoriuscita e per quindici anni lotta per ottenere la libertà. Il tema dei diritti civili sembra fuori dalle corde di Bolognini, che si limita a confezionare un film didascalico e di taglio televisivo, facendo troppo affidamento sul carisma della protagonista. Musiche di Ennio Morricone. Girato a Cinecittà.

Mosca a New York ** (*Moscow on the Hudson*, Usa 1984, col, 110') Paul Mazursky. Con Robin Williams, Maria Conchita Alonso, Cleavant Derricus, Alejandro Rey. ◆ In tournée a New York, Vladimir (Williams), sassofonista del circo di Mosca, chiede asilo politico, ma dopo esser stato piantato dalla sua ragazza (Alonso) si fa catturare dalla nostalgia per il proprio paese. Una specie di *Ninotchka* al maschile e al passo coi tempi, dove le miserie e le contraddizioni del sogno americano sono viste attraverso gli occhi di un personaggio candido e sognatore. Mazursky però non sa tenere assieme la storia, divaga e non risparmia banalità e luoghi comuni.

Mosca non crede alle lacrime ** (*Moskva slezam ne verit*, Urss 1980, col, 150') Vladimir Mensov. Con Vera Alentova, Aleksej Batalov, Irina Muravi'ëva, Aleksandr Fajusin, Raisa Rjazanova, Jurij Vasil'ev, Natalja Vavilova, Boris Smorckov. ◆ I destini incrociati di tre sorelle moscovite dal 1958 al 1978: la madre di famiglia Tonja (Rjazanova), la ragazza madre Katja (Alentova) che da operaia diventa dirigente d'azienda e la divorziata Ljudmila (Muravi'ëva), commessa. Uno dei pochi film medi sovietici (perdipiù dell'èra Breznev) arrivati in Occidente, grazie a un Oscar a sorpresa come film straniero. Una garbata commedia con qualche concessione al melodramma, attenta a caratterizzare personaggi e ambienti, ma niente per cui gridare al miracolo. Seconda regia dell'ex attore Mensov che cita alcune inquadrature di *Due soldi di speranza* di Castellani.

Mosche da bar **½ (*Trees Lounge*, Usa 1996, col, 95') Steve Buscemi. Con Steve Buscemi, Mark Boone Junior, Chloe Sevigny, Daniel Baldwin, Mimi Rogers, Eszter Balint, Debi Mazar, Anthony La Paglia, Elizabeth Bracco, Samuel L. Jackson, Seymour Cassel, Carol Kane, Michael Imperioli. ◆ Long Island: il meccanico Tommy Basilio (Buscemi), disoccupato e piantato dalla fidanzata (Bracco) che forse aspetta un figlio da lui, passa le giornate al bar Trees Lounge assieme ad altri falliti suoi simili. Solo un flirt con una ragazzina (Sevigny) sembra smuoverlo dall'apatia, ma per poco. Raccontare una storia di perdenti col piglio di una commedia, ma senza redenzioni e volemose bene, è l'antidoto migliore contro il manierismo. Buscemi (anche sceneggiatore, e all'esordio come regista) ama forse troppo i suoi personaggi e i loro modesti peccati, ma coinvolge con il suo tono ironico, senza strafare in vezzi autoriali, e non esagerando in omaggi impossibili (anche se Cassavetes sembra sovraintendere benevolo). Ottimo il cast. Bronson Dudley è l'alcolizzato impassibile.

Moschettieri del mare, I *½ (Italia/Francia 1961, col, 110') Steno [Stefano Vanzina]. Con Anna Maria Pierangeli, Robert Alda, Aldo Ray, Philippe Clay, Carlo Ninchi, Mario Scaccia. ◆ Tre pirati scampati a un naufragio si impossessano di un galeone e sotto mentite spoglie si recano a Maracaibo: salvano il governatore da un tranello del suo vice e gli riportano le figlie. Avventure in chiave umoristica in un filmino esile esile.

Mosè *½ (Italia 1976, col, 141') Gianfranco De Bosio. Con Burt Lancaster, Irene Papas, Mariangela Melato, Anthony Quayle, Ingrid Thulin, Marina Berti, Laurent Terzieff. ◆ L'ebreo Mosè (Lancaster) è allevato alla corte del Faraone (Terzieff) e prende coscienza delle condizioni in cui versa il suo popolo, che egli condurrà nella Terra Promessa. Versione cinematografica di un kolossal televisivo: lenta e impaludata. Meglio leggere il libro.

Mosè e Aronne ** (*Moses und Aron*, Rft/Austria/Francia/Italia 1974, col, 105') Jean-Marie Straub, Danièle Huillet. Con Günther Reich, Louis Devos, Eva Csapo, Reger Lucas, Werner Mann, Ladislav Illavsky. ◆ Fedelissima e arcigna versione dell'opera di Arnold Schönberg, che oppone Mosè (Reich) e Aronne

(Devos) come simboli di due visioni del mondo diverse, una mirata al trascendente, l'altra più terrena. Uno dei film meno digeribili (per chi non apprezzi la musica) di Straub e Huillet, che privano l'immagine di qualunque attrattiva, in ossequio a un cinema di pensiero.

Moses Wine detective **½ (*The Big Fix*, Usa 1978, col, 108') Jeremy Paul Kagan. Con Richard Dreyfuss, Susan Anspach, Bonnie Bedelia, John Lithgow, F. Murray Abraham, Fritz Weaver. ◆ Uno scalcinato detective (Dreyfuss) ex sessantottino viene ingaggiato per rintracciare un ex capo storico del movimento studentesco di Berkeley. Una commedia che mette in secondo piano l'intrigo giallo per privilegiare il ritratto di una generazione disincantata che però non ha dimenticato del tutto i valori per cui ha lottato. Dreyfuss si concede qualche gigioneria di troppo, ma il film (sceneggiato da Roger L. Simon a partire da un suo romanzo) ha un'aria di nostalgia accattivante. Grande la lezione di pedinamento (con dita nel naso) che Dreyfuss dà ai due figli.

Mosquito Coast *** (*The Mosquito Coast*, Usa 1986, col, 119') Peter Weir. Con Harrison Ford, Helen Mirren, River Phoenix, Martha Plimpton, André Gregory, Dick O'Neill. ◆ Raccontata dal figlio Charlie (Phoenix), la storia dell'inventore Allie Fox (Ford) che, disgustato dalla società dei consumi, porta la famiglia in mezzo alle giungle del Centroamerica: convinto che «Dio ha lasciato il mondo incompleto e spetta all'uomo completarlo», si metterà contro missionari, indios e banditi, e andrà incontro alla catastrofe. Dal romanzo di Paul Théroux (ben adattato da Paul Schrader), una parabola ambiziosa sulla barbarie dell'uomo civilizzato, che riesce a evitare il didascalismo dei film a tesi. Fox, santo e pazzo, Don Chisciotte e canaglia, è una sorta di fratello di Fitzcarraldo: e Weir, come Herzog, sa riprendere la natura vergine evitando ogni effetto-cartolina. Veemente, furioso, e visivamente mozzafiato. Il pubblico non accettò Ford in un ruolo sgradevole e condannò il film a un immeritato insuccesso.

Mosse pericolose **½ (*La Diagonale du fou*, Francia/Svizzera 1985, col, 100') Richard Dembo. Con Michel Piccoli, Alexandre Arbatt, Leslie Caron, Liv Ullmann, Daniel Olbrychski, Michel Aumont. ◆ Ginevra, 1983: chi vincerà il campionato del mondo degli scacchi? Il vecchio campione sovietico Liebskind (Piccoli) o il giovane dissidente espatriato Fromm (Arbatt)? Il Kgb, per non rischiare, mobilita parapsicologi e familiari. Il contorno politico e psicoanalitico è approssimativo, la metafora del gioco degli scacchi è abusata: eppure il film di Dembo (Oscar come migliore film straniero) ha una sua suspense, ed è buona l'idea di non far dialogare i due sfidanti fino al termine.

Most Dangerous Game, The (Caccia fatale) → *Pericolosa partita, La*

Mostri, I **½ (Italia/Francia 1963, b/n, 128') Dino Risi. ◆ Film a episodi. In *L'educazione sentimentale* (con Ugo Tognazzi, Ricky Tognazzi) un padre che insegna al figlioletto a essere disonesto ne verrà ucciso dopo qualche anno; in *La raccomandazione* (con Vittorio Gassman, Franco Castellani) un attore celebre fa finta di aiutare un collega; in *Il mostro* (con Ugo Tognazzi, Vittorio Gassman) due carabinieri sorridono in modo ebete al fotografo che li immortala dopo aver catturato un criminale; in *Come un padre* (con Ugo Tognazzi, Lando Buzzanca) un marito cornuto si sfoga col suo migliore amico, senza sapere che è lui che lo cornifica; in *Presa dalla vita* (con Vittorio Gassman, Maria Mannelli) un regista intellettuale fa rapire una vecchietta; in *Il povero soldato* (con Ugo Tognazzi) il fratello fintoingenuo di una squillo assassinata ne vende il diario a un giornale; in *Che vitaccia* (con Vittorio Gassman) un baraccato romano preferisce andare allo stadio che lavorare; in *La giornata dell'onorevole* (con Ugo Tognazzi, Yacinto Yaria, Ugo Attanasio) un democristiano moralista a parole non riceve un onesto generale in possesso di documenti compromettenti; in *Latin lovers* (con Ugo Tognazzi, Vittorio Gassman) due vitelloni sulla spiaggia sono vittime di un equivoco; in *Testimone volontario* (con Vittorio Gassman, Ugo Tognazzi, Marisa Merlini) un avvocato demolisce e quasi fa incriminare un onesto poveraccio; in *I due orfanelli* (con Vittorio Gassman, Daniele Vargas) un mendicante si rifiuta di far guarire il suo compare cieco; in *L'agguato* (con Ugo Tognazzi, Mario Cecchi Gori) si vede la perfidia di un vigile urbano; in *Il sacrificato* (con Vittorio Gassman, Rica Dialina, Françoise Leroy) un uomo abbandona la sua amante persuadendola che è per il suo bene; in *Vernissage* (con Ugo Tognazzi) un padre di famiglia inaugura la sua 600 andando a mignotte; in *La musa* (con Vittorio Gassman) si vede come si vince un premio letterario; in *Scenda l'oblio* (con Ugo Tognazzi, Luisa Rispoli) di fronte ai massacri nazisti al cinema, un marito pensa alla propria villa; in *La strada è di tutti* (con Vittorio Gassman) è raccontata l'ipocrisia di un pedone; in *L'oppio dei popoli* (con Ugo Tognazzi, Michèle Mercier, Marino Masé) mentre il marito è incollato alla tv, la moglie riceve l'amante; in *Il testamento di Francesco* (con Vittorio Gassman, Riccardo Paladini) un frate vanitoso arriva in televisione; in *La nobile arte* (con Ugo Tognazzi, Vittorio Gassman, Mario Brega, Lucia Modugno) un ex pugile suonato persuade un suo collega, conciato ancora peggio, a ritornare sul ring: il secondo finirà sulla sedia a rotelle. Venti sketch sulla mostruosità dell'Italia del boom, scritti da Age [Agenore Incrocci], Scarpelli, Scola e Ruggero Maccari: un panorama sociale a volte grottesco e virulento, più spesso solo cinico e compiaciuto. Barzellette sulle corna e satira politica: alla fine tutto si appiattisce nella ricerca della risata. Ma molti personaggi sono entrati nella memoria collettiva. Il mito della commedia all'italiana, che *castigat ridendo mores*, è nato qui, con tutti i pregi e i vizi. Innumerevoli le imitazioni.

Mostro, Il **½ (Italia 1977, col, 105') Luigi Zampa. Con Johnny Dorelli, Sydne Rome, Renzo Palmer, Yves Beneyton, Enzo Santaniello, Renato Scarpa. ◆ Un ignoto killer uccide una serie di personaggi in vista, ma prima avvisa il giornalista frustrato Valerio (Dorelli), che paga lo scoop finendo in carcere. Tema massmediologico affrontato con superficialità; la sorpresa finale rischia di affondare tutto nel ridicolo. Confrontare con *Maledetta estate*.

Mostro, Il **½ (Italia/Francia 1994, col, 118') Roberto Benigni. Con Roberto Benigni, Nicoletta Braschi, Michel Blanc, Jean-Claude Brialy, Dominique Lavanant, Massimo Girotti, Ivano Marescotti. ◆ Aspirante donnaiolo e studioso di cinese, contestatore della maggioranza condominiale e abile ladro di supermercati, Loris (Benigni) viene scambiato per un serial killer: e la poliziotta Jessica (Braschi) si installa in casa sua, col compito di provocarlo e smascherarlo. Benigni riesce ad alternare l'omaggio ai grandi del passato (inseguimenti alla Buster Keaton, balletti alla Totò, intenerimenti alla Chaplin, e uno spirito anarcoide debitore di tutti e tre) a una comicità più greve, basata sugli equivoci sessuali (a cominciare dalla classica torcia che viene scambiata per un'erezione spropositata): ma lo fa sempre con la medesima leggerezza e mancanza di presunzione. Sa rinnovare i più tradizionali meccanismi della comicità (la ripetizione, la riproposizione della stessa scena da un punto di vista diverso), indovina parecchie gag (a cominciare dalla camminata da nani) e riesce a rendere contagiosa la sua perdonabile ammirazione per la consorte. Peccato che la regia latiti nelle scene in cui non compare come attore, e che il ritmo a volte cada. La sceneggiatura è scritta da Benigni con Vincenzo Cerami; la musica è di Evan Lurie, la fotografia di Carlo Di Palma. I disegni animati della sigla sono di Franco Matticchio.

Mostro che uccide, Il *½ (*The Bat*, Usa 1959, b/n, 78') Crane Wilbur. Con Vincent Price, Agnes Moorehead, Gavin Gordon, John Sutton. ◆ Una scrittrice (Moorehead) è ospite in una villa isolata intorno a cui agisce un maniaco omicida: anche lei è in pericolo, ma riesce a smascherarlo. Non bastano gli attori a dare interesse a un thriller scontato, tratto da una pièce di M.R. Ronehart e A. Hopwood più volte portata sullo schermo.

Mostro della Laguna Nera, Il **½ (*Creature From the Black Lagoon*, Usa 1954, b/n, 79') Jack Arnold. Con Richard Carlson, Julia Adams, Richard Denning, Antonio Moreno, Ben Chapman, Nestor Paiva. ◆ In Amazzonia due biologi (Carlson e Denning) si imbattono in un umanoide capace di vivere sott'acqua: riescono a catturarlo, ma lui fugge di nuovo. Fantahorror disprezzato dalla critica del tempo, ebbe un grosso successo ed è stato rivalutato solo di recente. L'originalità di Arnold fu di rappresentare il mostro in chiave quasi simpatica, e di accentuare i sottintesi sessuali: celebre la scena in cui la creatura spia la Adams che nuota con un costume aderente. Bella fotografia subacquea; fu girato in 3D. Nel costume di gomma c'era Ricou Browning. Seguìto da *La vendetta del mostro*.

Mostro della palude, Il ** (*Swamp Thing*, Usa 1982, col, 91') Wes Craven. Con Adrienne Barbeau, Louis Jourdan, Ray Wise, David Hess. ◆ Uno scienziato (Wise) si trasforma accidentalmente in una specie di Hulk alla clorofilla, e protegge la collega (Barbeau), di cui un tempo era innamorato, dal malvagio (lo spassoso Jourdan) che vorrebbe impadronirsi della formula. Variante della *Bella e la Bestia*, che non nasconde la sua origine fumettistica. Sufficientemente scombiccherato da risultare, per i fan del genere, divertente. La Barbeau al culmine del sex appeal. Da non confondere col bidone *Swamp Thing*, che raccoglie quattro episodi della posteriore serie televisiva. Un sequel (non di Craven) da noi è rimasto inedito.

Mostro della via Morgue, Il * (*The Phantom of the Rue Morgue*, Usa 1954, col, 84') Roy Del Ruth. Con Karl Malden, Claude Dauphin, Steve Forrest, Patricia Medina, Charles Gemora. ◆ Un braccialetto trovato vicino al cadavere di una ragazza incrimina lo scienziato (Forrest) suo fidanzato: il colpevole è lui, ma trasformato in scimmia. Pessimo pasticcio che incrocia Edgar Allan Poe e *Lo strano caso del dr. Jekyll e Mr. Hyde*. Girato in 3D.

Mostro delle nebbie, Il ** (*The Mad Magician*, Usa 1954, b/n, 72') John Brahm. Con Vincent Price, Mary Murphy, Eva Gabor, John Emery, Patrick O'Neal. ◆ Un illusionista (Price) uccide i suoi rivali e ne incarna le sembianze. Discreto horror su misura del gigionismo di Price. Realizzato in 3D, come voleva la moda dell'epoca.

Mostro del mare, Il *½ (*The Sea Beast*, Usa 1926, b/n, 100') Milard Webb. Con John Barrymore, Dolores Costello, George O'Hara. ◆ In questa prima versione cinematografica del *Moby Dick* di Melville, Achab (Barrymore) ha un fratello fedifrago (O' Hara), e una fidanzata (Costello) che sviene quando le si presenta senza una gamba. E non solo uccide la balena bianca, ma torna a casa per impalmare la sua bella. A parte gli orrori della sceneggiatura di Bess Meredyth, la regia, almeno a tratti, è corrusca e spettacolare e Barrymore, dall'avventuriero scanzonato della prima parte, deve trasformarsi – e non è facile – in un uomo vittima di un'ossessione. Tornerà negli stessi panni in *Moby Dick* (1930) di Lloyd Bacon, ma Gregory Peck, in *Moby Dick la balena bianca* di John Huston, farà di meglio.

Mostro del pianeta perduto, Il ** (*The Day the World Ended*, Usa 1956, b/n, 75') Roger Corman. Con Richard Denning, Lori Nelson, Adele Jergens, Touch [Mike] Connors. ◆ 1970: sette sopravvissuti a un bombardamento atomico vivono in un rifugio. Due sono colpiti dalle radiazioni atomiche, un terzo muore, un mutante ne uccide un quarto e rapisce l'unica ragazza. Fantascienza a basso costo per il terzo film di Corman: curioso il contrasto tra le trovate allegramente baracconesche, le ambizioni alte dei dialoghi e l'uso non banale delle location.

Mostro di Firenze, Il * (Italia 1986, col, 86') Cesare Ferrario. Con Leonard Mann, Gabriele Tinti, Bettina Giovannini. ◆ Uno scrittore (Mann) cerca di dare un volto all'assassino delle coppiette: le immagini illustrano le sue ipotesi inconcludenti. Un instant-movie raffazzonato su un caso di cronaca celeberrimo. Sciacallesco.

Mostro di Frankenstein, Il ? (Italia 1920, b/n, 39') Eugenio Testa. Con Luciano Albertini, Umberto Guarracino, Lida Albertini, Aldo Mezzanotte. ◆ Uno scienziato riesce a fabbricare un uomo con una formula chimica di sua invenzione, ma la creatura (Guarracino) si ribella al suo creatore e commette ogni genere di disastri, fino a quando non sarà ridotto all'impotenza da Sansone (Albertini). Non si ha la certezza che ne sia sopravvissuta una copia, ma il film merita una citazione perché è stato l'unico horror prodotto in Italia fino al 1956, anno in cui Riccardo Freda e Mario Bava realizzarono *I vampiri*.

Mostro di Londra, Il ** (*The Two Faces of Dr. Jekyll*, Gb 1960, col, 88') Terence Fisher. Con Paul Massie, Dawn Addams, Christopher Lee, David Kossof, Oliver Reed. ◆ Il grigio dottor Jekyll (Massie), cavia di se stesso, si trasforma in un Mr. Hyde aitante, spietato e – contro la tradizione – per nulla scimmiesco; in questi panni uccide la moglie (Addams) e il suo amante (Lee). Affrontando un classico più volte adattato per lo schermo come *Lo strano caso del dr. Jekyll e Mr. Hyde*, Fisher partì da uno spunto che considerava promettente (mostrare il Male sotto un aspetto affascinante), ma non fu soddisfatto del risultato. E la messa in scena, difatti, è piatta. Da confrontare con *Il testamento del mostro*.

Mostro di sangue, Il *½ (*The Tingler*, Usa 1959, b/n, 89') William Castle. Con Vincent Price, Judith Evelyn, Darryl Hickman, Philip Coolidge. ◆ Un coroner (Price) scopre che la paura causa la nascita di una creatura che può essere vinta solo se la vittima urla. Uno degli horror più dementi che siano mai stati girati, oggetto in patria di un certo culto. Per far sobbalzare gli spettatori, in alcuni cinema vennero sistemati dei circuiti elettrici sotto poltrone scelte a caso.

Mostro è in tavola... barone Frankenstein, Il ** (*Andy Warhol's Frankenstein*, conosciuto anche come *Flesh for Frankenstein*, Italia/Francia/Rft 1974, col, 94') Paul Morrissey. Con Udo Kier, Joe Dallesandro, Monique Van Vooren, Dalila Di Lazzaro, Nicoletta Elmi. ◆ Girato in Italia dal clan di Warhol assieme a *Dracula cerca sangue di vergine... e morì di sete*, di cui condivide le traversie di attribuzione. Il barone Frankenstein (Kier) vuole dar vita a una razza perfetta, facendo accoppiare due sue creature (tra cui l'esordiente Di Lazzaro), che però non ne vogliono sapere. Umorismo macabro e gusto dell'assurdo in scenografie art déco di Enrico Job. Originariamente girato in 3D per esaltare il lato granguignolesco. Meno brillante, comunque, del suo gemello.

Mostro... e mezzo, Un → *Un mostro... e mezzo*

Mostro magnetico, Il *½ (*Magnetic Monster*, Usa 1953, b/n, 75') Kurt Siodmak. Con Richard Carlson, King Donovan, Jean Byron. ◆ Un nuovo elemento radioattivo genera delle implosioni che lo fanno crescere a dismisura. Variante puerile e a basso costo di *Il fluido che uccide*.

Mostruoso uomo delle nevi, Il * (*The Abominable Snowman of the Himalayas*, Usa 1957, b/n, 91') Val Guest. Con Peter Cushing, Forrest Tucker, Maureen Connell, Arnold Marle. ◆ Una spedizione in Himalaia per cercare lo Yeti, ne uccide due esemplari. Ma, uno a uno, gli esploratori sono vittime di incidenti: si salva solo quello (Cushing) che mostra sensibilità per i bestioni. Piccolo cabotaggio per la Hammer: la suspense è poca, il messaggio pacifista risibile.

Motel Eden **½ (*El jardín del Edén*, Messico/Canada 1994, col, 104') Maria Novaro. Con Renée Coleman, Bruno Bichir, Gabriela Roel, Rosario Sagrav, Ana Ofelia. ◆ Dopo la scomparsa del padre, Serena (Coleman) si trasferisce con i tre figli a Tijuana, al confine con gli Stati Uniti, sperando nell'aiuto di una zia. Troverà anche altre persone: ciascuno cerca il proprio paradiso e tutti finiscono per perdersi dietro chimere e fantasmi. Sul tema della frontiera, luogo di confine e di passaggio, la Novaro costruisce un film corale, delicato e vitale, dove trovano posto sia la sensibilità per il dramma che il senso del magico, e dove l'attenzione alle dinamiche sociali («Povero Messico: così lontano da Dio e così vicino agli Stati Uniti») si accompagna al gusto per un racconto tessuto a frammenti e divagazioni.

Mother lode → *Predatori della vena d'oro, I*

Motorizzate, Le *½ (Italia 1963, b/n, 100') Marino Girolami. ◆ Film a episodi. In *Carmelitane sprint* (con Ave Ninchi) una suora si vendica di alcuni comunisti sfasciando la loro auto; in *Roulotte squillo* (con Bice Valori, Michel Galabru) le avventure di una prostituta che riceve nella sua roulotte; in *La signora ci marcia* (con Walter Chiari, Valeria Fabrizi) un uomo, all'amore, preferisce la vittoria in una gara; in *Vigile ignoto* (con Totò [Antonio de Curtis], Liana Orfei, Gianni Agus, Mario Castellani) un poveraccio si finge vigile per intascare i soldi delle multe; in *Un investimento sicuro* (con Raimondo Vianello, Sandra Mondaini, Riccardo Billi) chi tenta di truffare le assicurazioni con un finto incidente finisce all'ospedale. Il tentativo di sorridere dei difetti degli italiani non riesce ad allontanarsi dalle solite barzellette infarcite di luoghi comuni (in *Un investimento sicuro* non manca neppure la battuta: «Donna al volante, pericolo costante») con la sola eccezione dell'episodio di Totò, geniale quando catechizza la famiglia affamata e cerca di sfamare moglie, figlio e suocera con un solo uovo. Sceneggiatura di Tino Carpi e Beppe Costa. La voce narrante è di Corrado Mantoni..

Motorizzati, I * (Italia/Spagna 1962, b/n, 90') Camillo Mastrocinque. Con Alberto Bonucci, Walter Chiari, Nino Manfredi, Ugo Tognazzi, Franca Valeri, Franco Franchi, Ciccio Ingrassia, Aroldo Tieri. ◆ Alberto Bonucci (nella parte di se stesso) racconta vari episodi che l'hanno disamorato dalla macchina: coniugi che si dannano per comprare un'auto, legittimi proprietari scambiati per ladri, truffe abortite ai danni dell'assicurazione. Cronaca spicciola e poco graffiante dell'Italia del benessere economico. Incassi, per l'epoca, ragguardevoli.

Motorpsycho! **½ (*Motorpsyco*, Usa 1965, b/n, 74') Russ Meyer. Con Haji, Alex Rocco, Stephen Oliver, Holle K. Winters, Sharon Lee. ◆ Tre motociclisti sbandati, tra cui un reduce dal Vietnam, arrivano in una cittadina nel deserto californiano dove uccidono e violentano in serie: una vedova e un vedovo si uniscono per fare giustizia. Indimenticabile il massacro finale a colpi di bombe a mano e slogan contro i vietcong. In anticipo sui *Selvaggi* di Corman, Meyer riflette, con cinismo e gusto dell'iperbole, sull'equazione America = violenza. Assai contenute, rispetto ai suoi altri film dell'epoca, le nudità.

Mouchette – Tutta la vita in una notte ***½ (*Mouchette*, Francia 1967, col, 81') Robert Bresson. Con Nadine Nortier, Jean-Claude Guilbert, Marie Cardinal, Paul Hébert. ◆ Mouchette (Nortier), una quattordicenne povera e maltrattata dal padre, viene violentata da un bracconiere. Morta la madre e vittima dei pettegolezzi del paese, si lascia cadere nel fiume quasi per gioco. Da *Nuova storia di Mouchette* di Georges Bernanos è, come *Au hasard Balthazar*, la storia di una vittima predestinata alla sofferenza da un oscuro volere divino, cui resta solo la vergogna e l'orgoglio. L'unico commento che Bresson fa al suo calvario è il *Magnificat* di Monteverdi nell'ultima scena: il suo stile depurato ma tesissimo non ha nessun cedimento, anche se l'origine letteraria si fa sentire di più che in altre occasioni.

Moulin Rouge ** (*Moulin Rouge*, Usa 1952, col, 119') John Huston. Con José Ferrer, Zsa Zsa Gabor, Katherine Kath, Colette Marchand, Suzanne Flon, Christopher Lee, Peter Cushing. ◆ Vita del pittore Henry de Toulouse Lautrec (Ferrer), che immortalò la fauna della vita notturna parigina, pur essendo condannato dalla deformità fisica alla solitudine e all'alcolismo. Lussuosa ricostruzione della Parigi della Belle époque, e tentativi di usare il colore in maniera pittorica. Oscar alle scenografie e ai costumi. Nella media, comunque, delle biografie hollywoodiane. Ferrer, per adattarsi alla statura di Toulouse, recitò in ginocchio.

Movie Rush – La febbre del cinema * (Italia 1976, col, 98') Ottavio Fabbri. Benjamin Lev, Loredana Bertè, Massimo Boldi, Kim Caroli. ◆ Un giovane cineasta (Lev) vuol fare un film a tutti i costi: ruba un'antiquata cinepresa senza sonoro, raccatta dei vestiti e riunisce nella sua mansarda qualche attore improvvisato. Sgangherato film giovanilese di un'epoca ormai remota. La Bertè si mostra senza veli.

Movimenti notturni *½ (*Tapage Nocturne*, Francia 1979, col, 94') Catherine Breillat. Con Dominique Laffin, Joe Dallesandro, Bertrand Bonvoisin, Marie-Hélène Breillat. ◆ La cineasta Solange (Laffin) si districa tra vari amanti finché s'illude di trovare la pace dell'anima e dei sensi con una donna. Verboso e inconcludente; resta l'interpretazione della protagonista, che prometteva bene ma morì giovanissima. Musiche di Serge Gainsbourg.

Mowgli – Il libro della giungla *½ (*Rudyard Kipling's The Jungle Book*, Usa 1994, col, 110') Stephen Sommers. Con Jason Scott Lee, Cary Elwes, Sam Neill, Lena Headey, John Cleese, Jason Flemyng. ◆ Il piccolo Mowgli, figlio di una guida indiana, si smarrisce nella giungla e viene allevato dagli animali. Diventato grande (Lee), ritrova Kitty, sua amica d'infanzia (Headey): per amore cerca di riabituarsi al mondo civilizzato, ma un ufficiale inglese (Elwes) gli contende la ragazza e un favoloso tesoro. Ispirato ai personaggi delle *Storie di Mowgli* di Rudyard Kipling (ma la sceneggiatura di Ronald Yanover e Mark D. Geldman opera una semplificazione davvero «selvaggia»), un film d'avventura per ragazzi che punta più sulla parte umanizzata che su quella animalesca, e che non regge il confronto con le versioni precedenti (Korda, 1942; Disney, 1967). Una differenza fondamentale, che la dice lunga sulla moda dei buoni sentimenti: qui alla fine la feroce tigre Shere-Khan non muore.

Mr. & Mrs. Bridge **½ (*Mr. & Mrs. Bridge*, Usa 1990, col, 124') James Ivory. Con Paul Newman, Joanne Woodward, Robert Sean Leonard, Margaret Walsh, Kyra Sedgwick, Blythe Danner, Simon Callow. ◆ Scene di un matrimonio nell'America degli anni Trenta e Quaranta: i figli che partono per la guerra e le figlie che si sposano male sembrano non turbare troppo il rigido avvocato Walter Bridge (Newman); sua moglie India (Woodward, dal 1956 signora Newman), alla fine, avrà molti rimpianti. Ivory è bravo a raccontare una storia americana con occhio europeo, evita le cadute nel bozzettismo, ma sul suo cinema da camera grava sempre il sospetto dell'esercizio di stile un po' fine a se stesso. Ruth Prawer Jhabvala ha adattato due romanzi di Evan S. Connell, dedicati ciascuno a un coniuge.

Mr. Arkadin → *Rapporto confidenziale*

Mr. Bean – L'ultima catastrofe ** (*Bean*, Gb 1997, col, 89') Mel Smith. Con Rowan Atkinson, Peter MacNicol, Pamela Reed, Burt Reynolds, John Mills, Harris Yulin. ◆ In trasferta a Los Angeles come rappresentante della National Gallery londinese, l'ignorante e quasi muto Mr. Bean (Atkinson) riesce a spacciarsi per un critico, a disgustare la famiglia che lo ospita e a distruggere il capolavoro *La madre* di Whistler, che dovrebbe presentare. Nel passaggio sul grande schermo di Mr. Bean (sceneggiato da Richard Curtis e Robin Driscoll) i ritmi si allentano e il buonismo è dietro l'angolo, ma poco male: fratello minore e antipatico di Tati, egoista, infantile, piccolo-borghese e ovviamente anarchico, Bean è uno strano ibrido di simpatia e repulsione, e tutto sommato si merita gli incassi clamorosi che ha raccolto in tutto il mondo.

Mr. Belvedere suona la campana *½ (*Mr. Belvedere Rings the Bell*, Usa 1951, b/n, 87') Henry Koster. Con Clifton Webb, Joanne Dru, Hugh Marlowe, Zero Mostel. ◆ L'imperturbabile Mr. Belvedere (Webb) entra come governante tuttofare in una tipica famiglia americana per provare la sua teoria secondo cui l'età non costituisce un ostacolo alla felicità. Terzo episodio (dopo *Il sig. Belvedere va in collegio*) della serie inaugurata con *Governante rubacuori*, con ormai poche carte da giocare.

Mr. Crocodile Dundee ** (*«Crocodile» Dundee*, Australia 1986, col, 98') Peter Faiman. Con Paul Hogan, Linda Kozlowski, John Meillon, Mark Blum, Michael Lombard. ◆ Aggiornamento del mito del buon selvaggio: Dundee (Hogan) in Australia cacciava coccodrilli e scolava birre, arrivato a New York non capisce le comodità del Plaza Hotel ma conquista una giornalista yuppie (Kozlowski). Coscritto, prodotto e interpretato dal divo australiano del momento, si diverte a sfottere le manie made in Usa. Comicità facile facile: a sorpresa, un hit in tutto il mondo. Con un seguito.

Mr. Crocodile Dundee II *½ (*«Crocodile» Dundee II*, Usa 1988, col, 111') John Cornell. Con Paul Hogan, Linda Kozlowski, Hechter Ubarry, Charles Dutton, Juan Fernandez. ◆ Ormai Dundee (Hogan) vive a New York: ma una banda di spacciatori uccide l'ex marito della sua fidanzata (Kozlowski) e la rapisce. Occorre tornare in Australia. Smaltite le gag sul bifolco a New York, resta poco con cui tenere in piedi una storia. Interviene nella sceneggiatura Brett Hogan, figlio di Paul.

Mr. Jones *½ (*Mr. Jones*, Usa 1993, col, 112') Mike Figgis. Con Richard Gere, Lena Olin, Anne Bancroft, Tom Irwin, Bruce Altman, Delroy Lindo. ◆ Mr. Jones (Gere) è un fascinoso depresso bipolare; la sua psichiatra, Libbie Bowen (Olin) è più instabile di lui, e se ne innamora, alla faccia della deontologia professionale. Love story costruita a tavolino, sopra le righe e bugiarda come il suo protagonista. Gere non sembra essersi documentato molto sulla malattia che rappresenta: ma è il produttore esecutivo, e il film è rivolto unicamente alle sue fan. Jon Amiel e C. Gaby Mitchell hanno rimaneggiato – e zuccherato – la prima versione girata da Figgis.

Mr. Klein *** (*Mr. Klein*, Francia/Italia 1976, col, 123') Joseph Losey. Con Alain Delon, Jeanne Moreau, Suzanne Flon, Michel Lonsdale, Massimo Girotti, Roland Bertin. ◆ Nella Parigi occupata dai nazisti, l'usuraio Klein (Delon) è perseguitato dalla presunta esistenza di un ebreo suo omonimo e sosia: schiavo della curiosità, finirà anche lui in un lager. Thriller kafkiano a suo modo beffardo, girato da Losey con stile giustamente impassibile. Lo spettatore non sa mai se abbandonare il personaggio al suo destino di contrappasso, o partecipare alla sua angoscia: e Delon coglie inaspettati accenti di ambiguità. Sceneggiato da Franco Solinas e Fernando Morandi.

Mr. Magoo * (*Mr. Magoo*, Usa 1997, col, 87') Stanley Tong. Con Leslie Nielsen, Kelly Lynch, Ernie Hudson, Stephen Tobolowski, Malcolm McDowell, Miguel Ferrer. ◆ Miope come una talpa, pasticcione, vanitoso e indistruttibile, Quincy Magoo (Nielsen), col suo fido bulldog Angus, beffa inconsapevolmente una banda di ladri di gioielli, uscendo indenne anche da una cascata. Da un *cartoon* degli anni Cinquanta creato da Stephen Bosustow, il genere di film che non diverte più né grandi né piccoli. Il regista preferito di Jackie Chan, all'esordio negli Usa, ripropone alcune celebri gag dei film di Michael Hui (mito hongkonghese ignoto in Occidente) come quella del pollo che fa l'aerobica, ma non velocizza un film sbagliato in partenza.

Mr. Moto

È l'asso nella manica del servizio segreto giapponese, ma esercita la professione negli Usa. Creato dal premio Pulitzer John P. Marquand nel 1935 con il romanzo *No Hero* (che apparve per la prima volta a puntate sulle pagine del *Saturday Evening Post*), Mr. Moto si presenta come un «ometto piccolo, dall'aspetto delicato, quasi gracile» e dai modi impeccabili, addirittura ossequiosi: sorride spesso, mettendo in bella mostra la dentatura dorata, e cammina a passi leggeri, accennando una serie di inchini. Tuttavia, a dispetto delle apparenze, possiede una notevole forza fisica, è esperto di arti marziali e si rivela più scaltro e attivo dei colleghi orientali Charlie Chan e Mr. Wong. Grazie al suo inglese perfetto, agli ingegnosi travestimenti e a una spiccata versatilità (sa guidare barche, compiere rilievi topografici, preparare cocktail degni del migliore maggiordomo), Mr. Moto può permettersi di lavorare in incognito e risolvere sempre brillantemente i casi che gli si presentano.

Sul grande schermo ebbe una vita breve, ma intensa. Nel 1936, la Twentieth Century Fox – già artefice del successo di Charlie Chan – acquistò i diritti del romanzo *Think Fast, Mr. Moto*, relegandone la produzione nella sezione dei B-movie, diretta da Sol M. Wurtzel. All'epoca Peter Lorre era sotto contratto con lo studio, non più trattato come una star, bensì confinato a ruoli di secondaria importanza.

Scelto da Wurtzel per il debutto di Mr. Moto (*Think Fast, Mr. Moto*, ovvero *La tigre verde*, 1937), nonostante il parere contrario del regista Norman Foster che non vedeva un attore ungherese nella parte di un giapponese, Peter Lorre ottenne subito un grande successo di pubblico e con riluttanza fu costretto a ripetere il personaggio per altri sette film.

La credibilità della sua interpretazione non fu solo il frutto di una sapiente operazione cosmetica, della quale vanno citati almeno gli occhiali con la montatura in acciaio. Lorre e Foster si sforzarono di costruire un personaggio hollywoodiano nuovo, che recuperasse la caratterizzazione sinistra tipica dell'interprete mettendola però al servizio di un eroe positivo e simpatico, a cui stava innanzitutto a cuore il bene dell'umanità. L'operazione riuscì: dopo Charlie Chan, il pubblico voleva altri serial a base di esotismo e mistero, e la simbiosi attore- personaggio fu perfetta. In questo modo, la torbida immagine che Lorre si trascinava dai film interpretati fino ad allora venne stemperata e ricondotta all'interno di binari più prevedibili e accettabili. Se *La tigre verde* gioca ancora con quell'immagine (l'identità di Moto è tenuta segreta fino alla fine, e il giapponese uccide senza crearsi problemi), dal secondo episodio in poi il personaggio di Marquand ha la meglio sul passato cinematografico dell'attore.

Nel 1939 Lorre lasciò la Fox, per il timore di bloccarsi in un ruolo stereotipato e per la delusione di non aver ricevuto valide proposte alternative, come aveva chiesto nel contratto. Il suo abbandono, unito alla nascente tendenza antinipponica, fu fatale per Mr. Moto, anche se lo studio aveva già comprato altri diritti ed era intenzionato a realizzare un nuovo serial. Nel 1965 si provò a resuscitare il detective giapponese con Henry Silva, cattivo longilineo di tanti polizieschi (*The Return of Mr. Moto*), ma fu un tentativo isolato, senza successo e senza seguito. Nella serie interpretata da Peter Lorre, solo due film sono tratti da romanzi originali (*La tigre verde* e *Il tesoro di Gengis Khan*, da molti considerato il migliore), mentre gli altri sono semplicemente basati sul personaggio creato da John P. Marquand. In questi ultimi, l'ottimo cast e il brillante lavoro di produzione suppliscono alle carenze narrative.

I FILM
La tigre verde (1937), di Norman Foster
Il tesoro di Gengis Khan (1937), di Norman Foster
Il guanto avvelenato (1938), di James Tinling
Mr. Moto coglie l'occasione (1938), di Norman Foster
Il misterioso Mr. Moto (1938), di Norman Foster
L'ultimo avvertimento di Mr. Moto (1939), di Norman Foster
Mr. Moto nell'isola del pericolo (1939), di Herbert I. Leeds
Mr. Moto va in vacanza (1939), di Norman Foster
The Return of Mr. Moto * (Usa/Gb 1965, col, 71') Ernest Morris. Con Henry Silva, Terrence Longdon, Suzanne Lloyd, Marne Maitland. ◆ Un sindacato internazionale del crimine vuole controllare la produzione del petrolio: Mr. Moto (Silva) si oppone. Un ritorno poco propizio, del tutto infedele all'originaria concezione del personaggio e grossolano nella realizzazione. Henry Silva è completamente fuori parte. Inedito in Italia.

Mr. Moto coglie l'occasione *½ (*Mr. Moto Takes a Chance*, Usa 1938, b/n, 63') Norman Foster. Con Peter Lorre, Rochelle Hudson, Robert Kent, J. Edward Bromberg. ◆ Mr. Moto (Lorre) collabora con una spia inglese (Hudson) per scoprire un deposito d'armi in Indocina. Più avventure esotiche che giallo. Quarto della serie.

Mr. Moto nell'isola del pericolo * (*Mr. Moto in Danger Island*, Usa 1939, b/n, 63') Herbert I. Leeds. Con Peter Lorre, Jean Hersholt, Amanda Duff, Warren Hymer. ◆ Mr. Moto (Lorre) è a Puerto Rico sulle tracce di un traffico di diamanti. Settimo della serie, e non tra i più avvincenti.

Mr. Moto va in vacanza *½ (*Mr. Moto Takes a Vacation*, Usa 1939, b/n, 63') Norman Foster. Con Peter Lorre, Joseph Schildkraut, Lionel Atwill, Virginia Field. ◆ Anche in vacanza Mr. Moto (Lorre) combatte criminali diabolici a caccia di gioielli. Routine, ma non spregevole; Atwill è un efficace vilain. Ottavo e ultimo capitolo della serie originale.

Mr. Nice Guy *½ (*Yige Hao Ren*, Hong Kong 1996, col, 90') Sammo Hung. Con Jackie Chan, Richard Norton, Gabrielle Fitzpatrick, Karen McLymont. ◆ Cuoco televisivo a Melbourne, Jackie (Chan) salva una giornalista (Fitzpatrick) e se la sbriga tra due bande rivali di narcotrafficanti. Alcune delle acrobazie più rischiose e spettacolari di Chan non bastano a tenere in piedi uno dei suoi film più scontati e peggio scritti degli ultimi anni. Regia alimentare per Sammo (che compare nella parte del ciclista).

Mr. North **½ (*Mr. North*, Usa 1988, col, 93') Danny Huston. Con Anthony Edwards, Robert Mitchum, David Warner, Lauren Bacall, Anjelica Huston, Harry Dean Stanton. ◆ Nel 1926, un giovanotto (Edwards) dotato di poteri pranoterapeutici sconvolge le abitudini di Newport: rivitalizza un ipocondriaco (Mitchum) con dispetto degli eredi, cura una ragazza dall'emicrania, si fa una fama non desiderata di guaritore e subisce un processo per pratica illecita della professione medica. Da *Mr. Theophilus North* di Thornton Wilder, una storia volutamente démodé, lieve, zuccherina e ottimista. Timido debutto alla regia per Danny Huston: papà John aveva collaborato alla sceneggiatura, e la morte gli aveva impedito di interpretare il ruolo poi andato a Mitchum.

Mr. Rorret ad altezza d'uomo *½ (Italia 1988, col, 90') Fulvio Wetzl. Con Lou Castel, Massimo Venturiello, Anna Galiena, Enrica Rosso. ◆ Il proprietario (Castel) di un cinema specializzato in horror è un maniaco omicida che gode del terrore sul volto degli spettatori e li aggredisce all'uscita del cinema, uccidendoli. Idea passabile (anche se un po' abusata, dopo *L'occhio che uccide* e *L'angoscia*), sprecata da una sceneggiatura maldestra e da una regia solo volenterosa. In origine intitolato *Rorret* – da leggersi, si intende, al contrario.

Mr. Sabato sera *½ (*Mr. Saturday Night*, Usa 1992, col, 119') Billy Crystal. Con Billy Crystal, Julie Warner, David Paymer, Helen Hunt, Ron Silver. ◆ Ormai anziano e ridotto a esibirsi davanti ai vecchietti degli ospizi, Buddy Young jr (Crystal) rievoca la sua carriera, dal salotto di famiglia ai fasti della televisione. La visione yiddish della vita e della comicità, i fallimenti nella vita privata e l'effimera gloria del palcoscenico: nulla di veramente originale e graffiante, e un finale troppo zuccheroso. Per il suo esordio alla regia, Crystal ha ripescato uno dei personaggi che l'avevano portato al successo televisivo: ma l'operazione è troppo scopertamente raffazzonata. Jerry Lewis compare nella parte di se stesso.

Mrs Dalloway *½ (*Mrs Dalloway*, Gb/Olanda/Usa 1997, col, 90') Marleen Gorris. Con Vanessa Redgrave, Rupert Graves, Natascha McElhone, Michael Kitchen, Alan Cox, Sarah Badel, Lena Headey, John Standing, Robert Portal. ◆ Londra, 1923: mentre prepara una grande festa di compleanno, l'anziana Clarissa Dalloway (Redgrave) ripensa con nostalgia all'estate decisiva della sua giovinezza; quando, ventenne (McElhone), sfiorò la vita di un reduce (Graves), tanto angosciato dalla guerra da finire suicida. Dall'omonimo romanzo di Virginia Woolf, riletto con una disinvoltura tanto sfrontata quanto naïf (la sceneggiatura è di Eileen Atkins), un bilancio esistenziale amaro e cupo, nel quale una delle scritture più sofferte e complesse del Novecento viene tramortita a colpi di décor, luoghi comuni e recitazione più o meno ispirata. Un conto è la favola femminista dell'*Albero di Antonia*, un altro il mondo della Woolf.

Mrs. Doubtfire (Mammo per sempre) *½ (*Mrs. Doubtfire*, Usa 1993, col, 125') Chris Columbus. Con Robin Williams, Sally Field, Pierce Brosnan, Harvey Fierstein, Robert Prosky. ◆ Daniel Hillard (Williams), doppiatore di cartoni animati disoccupato, divorzia dalla moglie (Field) e perde l'affidamento dei figli. Per restare vicino ai pargoli, anche se a loro insaputa, assume i panni della governante Mrs. Doubtfire. Il gioco dura poco, ma Mrs. Doubtfire diventa un personaggio televisivo di successo, e forse la separazione si ricomporrà. La morale relativamente spregiudicata che recita alla fine Mrs. Doubtfire (ci sono altri modi di trovare affetto, oltre che nelle famiglie tradizionali) serve a mascherare un elogio, molto tradizionalista, della insostituibilità della figura paterna. Williams cerca di bilanciare l'infantilismo anarchico, preso in prestito dai suoi personaggi più recenti (vedi *Hook*), con la melassa dei buoni sentimenti. La regia è assente, la sceneggiatura (di Randy Mayem Singer e Leslie Dixon tratta dal romanzo per ragazzi *Un padre a ore* di Anne Fine) saccheggia senza vergogna *Tootsie*, e le risate arrivano puntuali ma meccaniche. Fierstein (il fratello gay) è l'autore-interprete di *Amici complici amanti*. Il cartoon iniziale è stato realizzato da Chuck Jones.

Mr. Smith va a Washington → *Mister Smith va a Washington*

Mrs. Parker e il circolo vizioso ** (*Mrs. Parker and the Vicious Circle*, Usa 1994, col e b/n, 124') Alan Rudolph. Con Jennifer Jason Leigh, Campbell Scott, Matthew Broderick, Andrew McCarthy, Peter Gallagher, Tim McGowan, Wallace Shawn, Stephen Baldwin, Jennifer Beals, Sam Robards, Nick Cassavetes, Gwyneth Paltrow. ◆ La vita di Dorothy Parker (Leigh): intellettuale ciarliera e scrittrice newyorkese brillante e dispersiva, animatrice della tavola rotonda (il «circolo vizioso») dell'Algonquin Hotel. Al suo attivo: pochi libri, poche sceneggiature (tra cui la prima versione di *È nata una stella*), l'amico del cuore Robert Benchley (Scott) che muore di cirrosi, un marito drogato (McCarthy), uno più giovane (Gallagher), più un assortimento di cani e amanti fedifraghi. Rudolph, anche sceneggiatore con Randy Sue Coburn, è interessato più all'amore non consumato per Benchley e all'ovvia decadenza a base di alcol che alla letteratura e al cinema. Un *The Moderns* ambientato a New York dagli anni Venti, fotografati a colori, agli anni Cinquanta, in bianco e nero (la Parker morì nel 1967, a 74 anni): fastoso nella ricostruzione, compiaciuto e vagamente superfluo. Lili Taylor è Edna Farber, Keith Carradine è Will Rogers. Fotografia di Jan Kiesser e musica di Mark Isham. Coprodotto da Robert Altman.

Mr. Wong

È il nome dell'ennesimo detective-gentiluomo di stirpe orientale (cinese, per la precisione), creato da Hugh Wiley nel 1935 per la rivista *Collier*. Sulla scia del successo ottenuto dai predecessori Charlie Chan e Mr. Moto, Mr. Wong debutta al cinema nel 1938 con il volto del mitico (e quasi irriconoscibile) Boris Karloff. La partecipazione dell'attore è sostanzialmente l'unico motivo d'interesse di questi film polizieschi prodotti dalla Monogram Pictures. Le storie in sé non sarebbero male, ma l'azione viene sacrificata a vantaggio di dialoghi ridondanti; i personaggi più volte ricorrenti (come il capitano Street e la giornalista) risultano stereotipati e la messa in scena è poco curata. Nel 1940, dopo aver interpretato cinque episodi tutti diretti da William Nigh, Boris Karloff rinunciò al ruolo. La Monogram si rivolse allora a Keye Luke, noto per aver partecipato al serial di Charlie Chan, con l'intenzione di lanciare un Mr. Wong più giovane rispetto al modello tradizionale. Il risultato è visibile in *Il fantasma della città*, esperimento interessante in teoria, ma fallimentare e senza seguito nella pratica.

I FILM

La morte invisibile (1938), di William Nigh
Vendetta (1939), di William Nigh
Città cinese (1939), di William Nigh
L'ora fatale – Ora suprema (1940), di William Nigh
Condannato a morte (1940), di William Nigh
Il fantasma della città (1941), di Phil Rosen

Mucchio selvaggio, Il **** (*The Wild Bunch*, Usa 1969, col, 134') Sam Peckinpah. Con William Holden, Robert Ryan, Ernest Borgnine, Edmond O'Brien, Warren Oates, Ben Johnson, Jaime Sanchez, Emilio Fernandez, Bo Hopkins, L.Q. Jones, Strother Martin. ◆ 1914: un gruppo di banditi, capeggiati da Pike Bishop (Holden), reduci da una sanguinosa rapina, accettano di depredare un carico d'armi per il sedicente generale Mapeche (il regista Fernandez), che combatte i ribelli di Pancho Villa. Ma dopo che Mapeche ha fatto uccidere uno del gruppo, il messicano Angel (Sanchez), perché aveva distribuito una cassa d'armi alla sua gente, i suoi compagni lo vendicano con una carneficina da cui non si salverà nessuno. L'ultimo grande western classico e il capolavoro di Peckinpah (sceneggiato dal regista con Walon Green): un inno epico alla morte, che fa piazza pulita di tutti i miti della frontiera, lasciando intatto solo quello dell'amicizia. E insieme una riflessione pessimista sul rapporto tra l'uomo e la violenza, che fa sembrare bambinate, in confronto, i film di Sergio Leone. Ai tempi fece scalpore non solo l'amoralità dei personaggi e il sangue versato, ma anche il parossismo della messa in scena: 3.643 inquadrature, un montaggio frenetico (di Lou Lombardo) che combina ralenti a flash subliminali, una grande libertà nel mescolare tempi e punti di vista. Anche tecnicamente, il film di Peckinpah ha ancora molto da insegnare. In seguito, al western è rimasta l'elegia e la meditazione crepuscolare; ma l'epopea è morta con i quattro delinquenti del mucchio che, quando gli si propone di andare verso la morte, rispondono semplicemente: «Why not?» (in italiano: «Sì, andiamo»). Di recente è circolata una versione di 142' con dei flashback in più.

Muhammad Alì il più grande – La storia di Cassius Clay ** (*Muhamed Alì, the Greatest*, Usa 1974, col, 98') William Klein. ◆ Dal combattimento con Sonny Liston a quello con George Foreman, passando per disavventure politiche, lotte razziali e amicizie: la vita privata e sportiva del grande campione. Documentario glorificatorio. Compare anche Malcolm X.

Mulan *** (*Mulan*, Usa 1998, col, 91') Barry Cook, Tony Bancroft. ◆ Per evitare al vecchio padre di combattere contro gli invasori unni, la giovane Mulan si arruola al suo posto con il nome maschile di Puig: salverà la vita all'amato comandante Shang, verrà smascherata ma riuscirà - da femmina - a liberare l'imperatore catturato dai nemici. Realizzato dagli studios della Florida, il trentaseiesimo lungometraggio Disney aggiorna una leggenda bimillenaria (una delle stesure più conosciute risale a un poema dell'epoca Wei, 386-534 d. C.) con qualche tocco proto-femminista e un occhio ai mercati d'Oriente. Ma le esigenze di marketing, le tecniche di animazione computerizzata (soprattutto per le scene dell'invasione degli unni) e l'inevitabile messaggio pedagogico (i propri limiti si superano solo assumendosi fino in fondo le proprie responsabilità) non appesantiscono una storia coinvolgente, che ritaglia ampi spazi di alleggerimento per il «drago di seconda categoria» Mushu, piccolo gioiello di inventiva animata. Nell'edizione italiana si riconoscono le voci di Enrico Papi (Mushu), Vincenzo Mollica (il gigantesco soldato Chien-Po) e Lina Wertmüller (nonna Fa), mentre Mulan è doppiata da Laura Lenghi.

Mulatto, Il **½ (Italia 1950, b/n, 85′) Francesco De Robertis. Con Umberto Spadaro, Renato Baldini, Jole Fierro, Mohamed H. Hussein, Giulia Melidoni, Angelo Maggio. ◆ Figlio di una madre violentata da un soldato di colore e morta di parto, il piccolo Angelo (Maggio) fatica a farsi accettare dal vedovo (Baldini) della donna finalmente uscito di prigione: alla fine i due legano, ma quando si presenta lo zio americano (Hussein), Angelo capisce che, a causa della sua pelle mulatta, il suo posto non è in Italia ma negli Stati Uniti. Ambientato a Ischia e «ispirato a fatti veri» (come recita all'inizio del film una scritta decisamente ricattatoria, che si appella «alla giustizia degli uomini perché consideri e risolva uno fra i più delicati "problemi umani" creati dalla guerra»), è un melodramma all'apparenza convenzionale sceneggiato dallo stesso regista, che invece sa affrontare il tema del razzismo con un'intensità e un'originalità capaci di evitare ogni scappatoia consolatoria per far esplodere il problema in un finale sorprendentemente drammatico. Molto riuscito l'uso di una doppia colonna sonora (fatta di canzoni napoletane e di musica americana blues e jazz) per sottolineare anche sensorialmente «il carattere inconciliabile dei due universi, opposti anche se segnati entrambi dall'emarginazione». Il piccolo Angelo Maggio era un vero mulatto, prima ripudiato e poi adottato dall'attore napoletano Dante Maggio. Nello stesso anno uscì una specie di seguito, *Angeli tra la folla*, supervisionato da De Robertis e diretto da Leonardo De Mirti, che qui collabora alla regia.

Mulino delle donne di pietra, Il **½ (Italia/Francia 1960, col, 100′) Giorgio Ferroni. Con Scilla Gabel, Herbert Bohem, Wolfgang Preiss, Pierre Brice, Dany Carrel, Liana Orfei, Olga Solbelli. ◆ Per tenere in vita la figlia Helfi (Gabel), il dottor Wahl (Bohem) dissangua giovani donne, riciclandone i corpi per il macabro carillon che ha allestito nel mulino a vento in cui abita. Soddisfacente gotico italiano (sceneggiato dal regista, Remigio Del Grosso, Ugo Liberatore e Giorgio Stegani da un racconto di Pieter van Veigen) che, pur rubando motivi a destra e manca, trova i suoi punti di forza nel clima morboso elegantemente alluso e nella prodigiosa fotografia di Pier Ludovico Pavoni, che dipinge le scene di colori irreali sfumando la distinzione tra incubi e realtà, ma tiene conto anche delle suggestioni del paesaggio nordico, sulla scia del *Vampiro* di Dreyer.

Mulino del Po, Il ** (Italia 1949, b/n, 106′) Alberto Lattuada. Con Carla Del Poggio, Jacques Sernas, Leda Gloria, Giacomo Giuradei, Giulio Calì, Anna Carena. ◆ Bassa emiliana, fine Ottocento: Berta (Del Poggio) ama Orbino (Sernas) ma è troppo povera per sposarlo. Contro la sua famiglia, che non ha partecipato alle rivolte contro i proprietari terrieri, si accaniscono i mezzadri sconfitti. Il fratello di Berta, Princivalle (Giuradei), ha la bella pensata di dare alle fiamme il suo mulino per riscuotere l'assicurazione. L'immenso romanzo di Riccardo Bacchelli è stato adattato dall'autore, Mario Bonfantini, Lattuada, Carlo Musso, Sergio Romano, Federico Fellini, Tullio Pinelli e Luigi Comencini. Saga corale in cui Lattuada equilibra le ragioni delle varie parti in causa, cercando una personale via al realismo, che spesso rischia però la calligrafia. Musica di Ildebrando Pizzetti.

Mulino sulla Floss, Il *½ (*The Mill on the Floss*, Gb 1937, b/n, 94′) Tim Whelan. Con Frank Lawton, Geraldine Fitzgerald, Victoria Hopper, Fay Compton, James Mason, Griffith Jones. ◆ Due famiglie si contendono un mulino, ma il figlio zoppo (Lawton) di un concorrente si innamora della figlia (Fitzgerald) dell'altro, che viene cacciata di casa e annega assieme al giovane. Romeo e Giulietta in crinolina. Banale versione del capolavoro di George Eliot.

Mummia, La *** (*The Mummy*, Usa 1932, b/n, 72′) Karl Freund. Con Boris Karloff, Zita Johann, David Manners, Arthur Byron, Edward Van Sloan. ◆ Riportato accidentalmente in vita dalla lettura di un papiro magico, l'egizio Im-Ho-Tep (Karloff), sotto mentite spoglie, guida una spedizione archeologica in Egitto, per resuscitare la principessa da lui amata: ma la ragazza (Johann) del gruppo ne sembra la reincarnazione. Esordio alla regia di uno dei più grandi direttori della fotografia dell'epoca: un horror d'atmosfera con una vena di romanticismo, tuttora pieno di suggestione. Ai tempi un grande successo. Jack Pierce, che aveva già creato il trucco della creatura di *Frankenstein*, sottoponeva ogni giorno Karloff a sei ore di seduta. Innumerevoli seguiti, imitazioni e remake, di cui il più famoso è quello di Fisher del 1959.

Mummia, La ** (*The Mummy*, Gb 1959, col, 88′) Terence Fisher. Con Christopher Lee, Peter Cushing, Yvonne Furneaux, Eddie Byrne, Raymond Huntley, George Pastell. ◆ La mummia (Lee) del sacerdote Kharis torna in vita per vendicare la profanazione della tomba della principessa dell'antico Egitto Ananka: ma la straordinaria somiglianza con quest'ultima di una componente (Furneaux) della spedizione archeologica, lo distoglie dalla vendetta. Trucco e scenografie non competono con la versione del 1932, e la regia di Fisher si sveglia solo a tratti. Cushing è il migliore della compagnia.

Mummia, La *½ (*The Mummy*, Usa 1999, col, 121′) Stephen Sommers. Con Brendan Fraser, Rachel Weisz, Arnold Vosloo, John Hannah, Kevin J. O'Connor, Jonathan Hyde, Patricia Velasquez. ◆ Egitto, anni Venti: Evelyn (Weisz), Rick (Fraser) e Jonathan (Hannah) gareggiano con una spedizione americana negli scavi delle rovine di Hamunaptra: riporteranno in vita Imhotep (Vosloo), vittima di una maledizione per avere ucciso il faraone, suo rivale in amore. La mummia dapprima cerca carne nuova da aggiungere al suo scheletro, poi scatena le classiche piaghe (ma non erano una prerogativa di Jahvé?) per far resuscitare l'amata (Velasquez). Successo a sorpresa negli Usa per un fantasy d'avventura che ripropone moduli da Indiana Jones (anche se l'eroe scanzonato di turno, Fraser, non ha il carisma e la simpatia di Harrison Ford) mixati con una sarabanda di mediocri e ripetitivi effetti speciali digitali. Poco a che vedere con i precedenti: la Universal comunque aveva il progetto in cantiere da dieci anni (vi avevano messo mano Clive Barker e John Sayles), anche se la sceneggiatura la firma solo Sommers. Solo gli spettatori che vanno al cinema per la prima volta possono meravigliarsi con avventure così.

Muppets alla conquista di Broadway, I **½ (*The Muppets Take Manhattan*, Usa 1984, col, 94') Frank Oz. Con Juliana Donald, Lonny Price, Louis Zouch, Dabney Coleman, Art Carney, Gregory Hines, James Coco, Linda Lavin. ◆ Nonostante i molti rifiuti, Kermit la rana riesce - con l'aiuto della simpatica Lucy (Donald) - a realizzare il sogno dei Muppets: debuttare a Broadway con il loro musical *Manhattan Melodies*. Seconda avventura dei pupazzi animati creati da Jim Henson (e da lui animati con Frank Oz, Jerry Nelson, Richard Hunt, Dave Goelz e Steve Whitmire) dopo *Ecco il film dei Muppet*: si perde la coralità del racconto per la «diaspora» dei Muppets, che non vogliono pesare su Kermit e lo lasciano solo a New York; ma il divertimento, specie per merito di una confusionaria famiglia di topi camerieri, non manca. Solita parata di guest star: Elliott Gould, Brooke Shields, Liza Minnelli, il sindaco di N.Y. Ed Koch, John Landis e Vincent Sardi, il proprietario dell'omonimo ristorante.

Muppets nell'isola del tesoro, I ** (*Muppet Treasure Island*, Usa 1996, col, 103') Brian Henson. Con Tim Curry, Kevin Bishop, Billy Connolly, Jennifer Saunders. ◆ Il giovane Jim Hawkins (Bishop), seguendo la mappa avuta da un marinaio, salpa per l'isola del tesoro insieme agli amici Gonzo e Rizzo il Ratto: ma sull'Hispaniola c'è il pirata Long John Silver (Curry), che li prende in ostaggio, e la vita non sarà più facile una volta arrivati a destinazione. I famosi pupazzi di Jim Henson, diretti dal figlio Brian, in un film d'avventure (il quarto della serie iniziata con *Ecco il film dei Muppet*) ispirato al romanzo di Robert Louis Stevenson: questa volta di diverso c'è la sfavillante ambientazione nel XVIII secolo, che riprende, in chiave di mini-kolossal, quella di molti film esotici americani anni Trenta-Quaranta, campioni di Kitsch (quelli con Carmen Miranda, soprattutto). I pupazzi sono più di quattrocento, e il ritmo è piuttosto scatenato.

Mura di Gerico, Le **½ (*The Walls of Jericho*, Usa 1948, b/n, 106') John M. Stahl. Con Cornel Wilde, Linda Darnell, Anne Baxter, Kirk Douglas, Ann Dvorak, Marjorie Rambeau. ◆ A Jericho, nel Kansas, un procuratore distrettuale (Wilde) è tormentato da una moglie alcolizzata (Dvorak) e da un'innamorata (Darnell) che, respinta, gli mette contro la consorte. Come in *Femmina folle*, Wilde è una vittima ideale e rassegnata della furia dell'altro sesso ma alla fine troverà l'amore in una comprensiva avvocatessa (Baxter). Melodramma turgido e sufficientemente folle, anche se non il migliore del regista.

Mura di Malapaga, Le **½ (*Au-delà des grilles*, Francia/Italia 1949, b/n, 95') René Clément. Con Isa Miranda, Jean Gabin, Andrea Checchi, Vera Talchi, Ave Ninchi, Vittorio Duse. ◆ Pierre (Gabin), ricercato per assassinio, arriva a Genova deciso a costituirsi, ma incontra un'ostessa infelice (Miranda) che lo nasconde e ne fa il proprio amante. Tentativo in parte riuscito di fondere il realismo poetico del cinema francese d'anteguerra col neorealismo italiano (Suso Cecchi d'Amico e Cesare Zavattini collaborano alla sceneggiatura). Clément sfrutta bene Genova e i suoi carruggi, ma i due protagonisti grondano di letteratura. Sopravvalutato all'epoca. A Cannes vennero premiati la Miranda e la regia. Oscar come miglior film straniero.

Muraglia delle tenebre, La **½ (*High Wall*, Usa 1947, b/n, 99') Curtis Bernhardt. Con Robert Taylor, Herbert Marshall, Audrey Totter, Dorothy Patrick, H.B. Warner, Warner Anderson. ◆ Un ex pilota (Taylor) che crede di aver ucciso la moglie finisce in manicomio: una dottoressa lo aiuta a trovare il vero colpevole. Giallo psicoanalitico, secondo la moda più avanzata dell'epoca, con una partenza folgorante e una conclusione più convenzionale; buon prodotto di artigianato.

Muraglie ** (*Pardon Us*, Usa 1931, b/n, 55') James Parrott. Con Stan Laurel, Oliver Hardy, Wilfred Lucas, James Finlayson, Walter Long, Tiny Sandford, Charlie Hall, June Marlowe. ◆ Finiti in prigione, Stanlio e Ollio vengono coinvolti nella rivolta organizzata dalla «Tigre» (Long), ma la loro goffaggine farà fallire il tentativo di fuga e i due saranno premiati con la liberazione. Questo primo lungometraggio della coppia manca di una vera coesione narrativa così da risultare piuttosto un susseguirsi di gag. Tra le migliori, la sequenza del dentista (ripresa da *Leave 'em Laughing*), quella della scuola in prigione e il primo tentativo di fuga, con i due che si nascondono tra i raccoglitori di cotone, si dipingono la faccia di nero e cantano spiritual. Piccolissime parti per il produttore Hal Roach e Boris Karloff (entrambi nei panni di due prigionieri).

Murder obsession – Follia omicida *½ (Italia/Francia 1980, col, 90') Riccardo Freda. Con Silvia Dionisio, Martine Brochard, Stefano Patrizi, Laura Gemser, Anita Strindberg. ◆ Omicidi a catena sul set di un film: si sospettano la mamma castratrice e il figlio (Patrizi) complessato. Pasticcio orrorifico-psicoanalitico, salvato a malapena dal buon mestiere di Freda, che tornava a dirigere dopo dieci anni.

Murderock – Uccide a passo di danza * (Italia 1983, col, 96') Lucio Fulci. Con Olga Karlatos, Ray

Lovelock, Claudio Cassinelli, Cosimo Cinieri. ◆ In una scuola di danza un maniaco uccide le ballerine più brave con uno spillone infisso nel cuore. Caricatura horror di *Flashdance*, meno violenta della media dei film di Fulci, ma senza una suspense degna di questo nome. Colonna sonora di Keith Emerson.

Muriel, il tempo di un ritorno *½ (*Muriel ou le temps d'un retour*, Francia/Italia 1963, col, 115') Alain Resnais. Con Delphine Seyrig, Jean-Pierre Kerien, Jean-Baptiste Thierré, Nita Klein. ◆ Drammi della memoria tra la borghesia di Boulogne: Hélène (Seyrig) si illude di ritrovare il tempo perduto con un ex amante, che però arriva in città accompagnato dalla nuova fiamma. Il suo figliastro Bernard (Thierré) è ossessionato dal ricordo di Muriel, una ragazza che ha torturato durante la guerra d'Algeria. Resnais sceglie la tecnica dell'ellissi e, tranne nel monologo in cui Bernard racconta la tortura, segue i personaggi nelle loro azioni quotidiane insignificanti. «La banalità è mostrata per quello che è nella sua tragedia, che ha come risvolto solo l'evasione mentale nel ricordo e nell'immaginazione di quel che non è nei fatti» ma tutto resta a livello di intenzione, e il racconto risulta opaco e ostile, inutilmente confuso e terribilmente accidioso. Certo non il migliore film di Resnais, e uno di quelli che è invecchiato peggio. Premio speciale della critica, e coppa Volpi alla Seyrig a Venezia nel 1963.

Muro della paura, Il *½ (*Escape from East Berlin*, Usa 1962, b/n, 94') Robert Siodmak. Con Don Murray, Christine Kaufmann, Werner Klemperer, Ingrid van Bergen. ◆ Il 25 luglio 1962 ventotto berlinesi dell'Est riescono a fuggire nel settore occidentale scavando un tunnel di 30 metri. Film-verità propagandistico, allora assai discusso e difeso da Willy Brandt. L'anziano Siodmak sa costruire le atmosfere, ma la sceneggiatura è sfilacciata.

Muro di gomma, Il **½ (Italia 1991, col, 120') Marco Risi. Con Corso Salani, Angela Finocchiaro, Antonello Fassari, Pietro Ghislandi, Carla Benedetti, Jimmy il Fenomeno [Origene Soffrano]. ◆ La tragedia di Ustica e le sue vergogne di Stato, portate alla luce dalle indagini di un giornalista caparbio (Salani). Cronaca fedele dove la realtà, sul modello di *Tutti gli uomini del presidente*, è appena rimodellata. La sceneggiatura è di Stefano Rulli, Sandro Petraglia e Andrea Purgatori, il giornalista del *Corriere della Sera* che ha seguito il caso in prima persona e a cui è ispirato il personaggio del protagonista. Un film importante nel contesto del cinema italiano, anche se l'aderenza ai fatti e l'esigenza di obiettività impongono una eccessiva asciuttezza stilistica. Rulli e Petraglia compaiono nel collegio di difesa della parte civile. Colonna sonora di Francesco De Gregori. Per la prima volta Jimmy il Fenomeno è usato in un ruolo non grottesco, quello di un passeggero dell'aereo.

Muro di vetro, Il ** (*The Glass Wall*, Usa 1953, b/n, 80') Maxwell Shane. Con Vittorio Gassman, Gloria Grahame, Ann Robinson, Jerry Paris. ◆ Un reduce ungherese (Gassman) sbarca a New York clandestinamente e vuole cercare un amico, ma è questo che lo trova riconoscendolo in un identikit su un giornale e salvandolo dal suicidio. Dimenticato melodramma a sfondo sociale. Regia anonima, Gassman non particolarmente in vena.

Museo di Margaret, Il ** (*Margaret's Museum*, Canada 1995, col, 114') Mort Ransen. Con Helena Bonham Carter, Kate Nelligan, Clive Russell, Craig Olejnik, Andrea Morris, Peter Boreski, Kenneth Welsh. ◆ Cape Breton, Nuova Scozia: Margaret MacNeil (Bonham Carter), che ha perso in miniera il padre e il fratello, decide di sposare Neil Currie (Russell), che lavora come lavapiatti. Ma anche il marito, rimasto disoccupato, finisce in miniera; e alla nuova, inevitabile tragedia Margaret reagisce con lucida e macabra follia. Da *Il museo dei minatori di Glace Bay* e altri racconti di Sheldon Currie (sceneggiati dall'autrice con Gerald Wexter), un dramma emotivamente raffreddato ma psicologicamente forte, sprofondato nella miseria e in cupe atmosfere nordiche.

Musica per i tuoi sogni ** (*My Dream is Yours*, Usa 1949, b/n, 101') Michael Curtiz. Con Doris Day, Adolphe Menjou, Jack Carson, Lee Bowman, Eve Arden. ◆ Un'impiegata (Day) con una bella voce è scoperta da un talent scout (Carson) di Hollywood: nonostante le difficoltà iniziali riesce ad avere successo e a sposare l'uomo a cui deve la sua fortuna. Remake di *L'universo innamorato* (1934, di Ray Enright). Routine, non fosse per una sequenza onirica in cui la Day ha come partner Bugs Bunny.

Musica per vecchi animali ° (Italia 1989, col, 89') Stefano Benni, Umberto Angelucci. Con Dario Fo, Paolo Rossi, Viola Simoncioni, Eros Pagni, Francesco Guccini, Felice Andreasi, Isaac George. ◆ Una giornata d'agosto, un professore in pensione (Fo), una bambina (Simoncioni) e un meccanico (Rossi) decidono di attraversare una grande città alla volta del Grande Ospedale, mentre è in atto una misteriosa emergenza. Dal romanzo *Comici spaventati guerrieri* di Benni, una collana sfilacciata di episodi che sanno più di cabaret che di cinema. Ma quello che irrita è l'anticonformismo a buon mercato e il libertarismo di maniera. Fo e Rossi dovrebbero essere non riconciliati, ma sembrano arrivare dritti dal piccolo schermo.

Music Box – Prova d'accusa ** (*Music Box*, Usa 1989, col, 126') [Constantin] Costa-Gavras. Con Jessica Lange, Armin Müller-Stahl, Frederic Forrest, Donald Moffat, Lukas Haas, Sol Frieder. ◆ Quando Ann Talbot (Lange), affermato avvocato di Chicago, apprende che l'amato padre Mike Laszo (Müller-Stahl), contadino ungherese emigrato in Usa nel 1945, è denunciato come criminale di guerra, ne assume la difesa. Ispirato a un fatto vero, un misto tra dramma giudiziario, thriller e melodramma familiare, troppo accademico e didascalico per risultare appassionante o anche solo politicamente utile. Nessun flashback nella sceneggiatura di Joe Eszterhas, ma – già allora, prima di *Basic Instinct* – troppi finali. Premio a Jessica Lange e Orso d'oro a Berlino ex aequo con *Allodole sul filo*. L'edizione italiana conserva, chissà perché, il titolo originale (che si riferisce a un carillon da cui emergerà la prova decisiva), ma fa parlare tutti – americani, ungheresi, immigrati che parlano male l'inglese – nello stesso modo.

Music Graffiti * (*That Thing You Do!*, Usa 1997, col, 107') Tom Hanks. Con Tom E. Scott, Johnathon Schaech, Steve Zahn, Ethan Embry, Liv Tyler, Tom Hanks. ◆ Usa, 1964: ascesa e caduta dei Wonders (Scott, Schaech, Zahn, Embry), rock band portata al successo con una sola canzone da un provetto talent scout (Hanks) e subito scioltasi per liti interne. Un'insulsa commediola per l'esordio alla regia di Hanks, tra i cui produttori esecutivi figura Jonathan Demme: l'intreccio è troppo prevedibile, lo sviluppo lineare e noioso, la regia piattamente televisiva, lo spirito nostalgico e melenso. Meglio lasciar perdere la metafora del sogno americano: una puntata di *Happy Days* ha meno pretese e più verve e humour. Esornativa la presenza della Tyler nel ruolo della fidanzatina prima del compositore/cantante e poi del batterista (Scott, praticamente un clone giovane di Hanks), ma i suoi primi piani sono la cosa più intensa del film. Il titolo originale è quello della canzone del gruppo, a cui ha collaborato anche Hanks.

Music of Chance, The ** (*The Music of Chance*, Usa 1993, col, 97') Philip Haas. Con James Spader, Mandy Patinkin, M. Emmet Walsh, Charles Durning, Joel Grey, Samantha Mathis, Christopher Penn. ◆ Il giocatore di poker Jack Pozzi (Spader) convince l'ex pompiere James Nashe (Patinkin) a prestargli i fondi per spennare due ricchissimi polli (Durning e Grey): ma non immagina che si troverà prigioniero nella loro tenuta, costretto a erigere una muraglia simbolica quanto inutile. Del romanzo di Paul Auster (che appare nell'ultima scena), sceneggiato dall'esordiente regista con la moglie Belinda, conserva il gusto per le geometrie inquietanti e per i raddoppiamenti speculari dell'intreccio. Ma sullo schermo simboli e metafore diventano fatalmente ingombranti e, malgrado l'accurata messa in scena, l'aria kafkiana rischia di dissolversi nell'arabesco gratuito. Musica di Phillip Johnston.

Musoduro – Amore selvaggio **½ (Italia 1953, col, 85') Giuseppe Bennati. Con Fausto Tozzi, Marina Vlady, Cosetta Greco, Gérard Landry, Odoardo Spadaro, Giulio Calì, Alessandro Fersen, Gianni Cavalieri, Dante Carapelli, José Jaspe. ◆ L'amore per la stessa ragazza (Vlady) rinfocola la rivalità tra il bracconiere Marco detto Musoduro (Tozzi) e il guardiacaccia Romolo (Landry), che per liberarsi dell'avversario lo fa accusare ingiustamente della morte di un altro bracconiere, il Rospo (Calì). Considerato un po' surrettiziamente il primo western italiano, il film di Bennati (tratto dal racconto di Luigi Ugolini, sceneggiato dal regista con il protagonista Fausto Tozzi) è invece un discreto melodramma che sfrutta al meglio il paesaggio della Maremma e le sue tradizioni popolari (la figura dell'ambulante, interpretato da Odoardo Spadaro, che rispolvera l'arte del banditore in strofe per scagionare Musoduro) con un certo puntiglio documentaristico nel filmare le cruente cacce dei cani al cinghiale e al tasso. Abbastanza insolito, comunque, per il cinema italiano l'inseguimento finale «all'americana» con la sparatoria tra i ruderi delle Case Morte. Quattordici anni prima del *Laureato*, Tozzi porta via nello stesso modo la Vlady dall'altare. Grandi apprezzamenti coevi per la fotografia in Ferraniacolor di Mario Damicelli, ma oggi in Tv circola solo una versione in bianco e nero.

Mussolini ultimo atto *½ (Italia 1974, col, 135') Carlo Lizzani. Con Rod Steiger, Franco Nero, Lisa Gastoni, Lino Capolicchio, Henry Fonda. ◆ Nel 1945 Mussolini (Steiger), anziché accettare la resa con la mediazione del cardinale Schuster (Fonda), si rifugia in Valtellina. Preso in consegna dai nazisti, cade nelle mani dei partigiani di Walter Audisio (Nero), e viene fucilato assieme all'amante Claretta Petacci (Gastoni). Lizzani ostenta rispetto per la storia ma ignora piazzale Loreto; e la sua cronaca diligente aggiunge poco a quello che si sa già. Steiger gigioneggia. Musiche di Ennio Morricone.

Muta di Portici, La * (Italia 1952, b/n, 85') Giorgio Ansoldi [e Giacinto Solito]. Con Paolo Carlini, Flora Mariel, Octavio Señoret, Doris Duranti, Umberto Sacripante, Raf Pindi [Raffaele Pindinelli], Paolo Dola, Gino Scotti, Luciano Rebeggiani, Simona Andreassi. ◆ Napoli 1647: mentre il pescivendolo Tommaso Aniello detto Masaniello (Carlini) aspetta il momento opportuno per guidare la ribellione dei napoletani stanchi delle troppe tasse, sua sorella Lucia (Mariel) viene fatta arrestare perché di lei si è innamorato Alfonso (Señoret), il figlio del viceré: torturata perderà la voce, ma quando i rivoltosi, finalmente insorti, vorrebbero impiccare per vendetta il suo fidanzato, sarà lei a salvarlo. Improponibile rievocazione di un episodio storico: Carlini è incapace di fare il trascinatore di popolo, la sceneggiatura (di Ansoldi, Solito, Cesare Ardolino e Alessandro De Stefani) è squinternatissima e il tentativo di «rilettura leninista» della sollevazione (con tanto di gruppo dirigente che guida le mosse del popolo e sostiene che «i nostri migliori alleati sono i nostri nemici») è di uno schematismo risibile. Nei titoli di testa la regia di Giorgio Ansoldi è seguita da un cartello che attribuisce la «realizzazione» del film a Giacinto Solito.

Mutande pazze * (Italia 1992, col, 101') Roberto D'Agostino. Con Monica Guerritore, Eva Grimaldi, Deborah Calì, Barbara Kero, Marisa Merlini, Sergio Vastano, Venantino Venantini, Irma Capece Minutolo, Raoul Bova. ◆ Una conduttrice Tv (Guerritore), una valletta (Calì), una fotomodella (Grimaldi) e una giovane studentessa (Kero) pur di sfondare alla televisione o al cinema sono pronte a tutto, soprattutto a offrirsi con «generosità» ai vari potenti di turno. A parole, un ritratto della babilonia che si nasconde dietro il mondo dello spettacolo, compreso un sosia di Sgarbi (Giovanni Visentin) persino più odioso dell'originale; nei fatti, una noiosa serie di battute e doppi sensi che non fanno mai ridere (tipo «il culo non mente mai» detto dal regista Nando Crass oppure «il finocchio fa male?»). Lo scrittore Aldo Busi, nella parte di se stesso, si esibisce in uno spogliarello in cui però si mostra nudo solo di schiena. Un esordio di cui nessuno sentiva il bisogno.

Mutande rosse ** (*Les Culottes rouges*, Francia 1962, b/n, 104') Alex Joffé. Con Bourvil [André Raimbourg], Laurent Terzieff, Antoine Bourseiller, Etienne Bierry, Odette Piquet. ◆ In un campo di prigionia tedesco, gli evasi recidivi sono obbligati a portare delle mutande rosse per poter essere sorvegliati meglio. Uno di loro, Rossi (Terzieff), riesce a scappare nascondendosi in una cassa di costumi con l'aiuto di Fendard (Bourvil), macchinista dello spettacolo allestito dai soldati, che così evade suo malgrado. Una commedia di guerra tutta giocata sul confronto tra due caratteri opposti, sceneggiata dal regista e Pierre Corti, a partire da un'idea di Etienne Nierry (che interpreta il ruolo di Schmidt): più che il clima del campo, stilizzato con pochi – anche se incisivi – tratti, conta il rapporto tra l'eroe coraggioso, ma egoista e sprezzante, e il servo conformista ma generoso. Naturalmente, grande prova degli attori.

Mutant Hunt * (*Mutant Hunt*, Usa 1987, col, 90') Tim Kincaid. Con Rick Gianasi, Mary Fahey, Ron Rainaldi. ◆ Androidi costruiti in laboratorio si ribellano e diventano mostri assassini che vagabondano per Manhattan: due agenti cercano di fermarli. Fantascienza di serie F.

Muzungu *½ (Italia 1999, col, 100') Massimo Martella. Con Giobbe Covatta, Paolo Maria Veronica, Emanuela Grimalda, Felice Andreasi, Dodi Conti, Melanie Gerren, Flavio Bucci, Massimo Sansonetti. ◆ Due animatori (Covatta e Veronica) e una turista (Grimalda) precipitano nei pressi di un villaggio missionario in Kenya: in attesa dei soccorsi impareranno a conoscere la dura vita quotidiana di preti e suore, e quando arriverà in visita un vescovo (Bucci) aiuteranno a tener nascosta una pietosa bugia. Un film dichiaratamente buonista, che contiene persino una frecciatina contro gli sperperi per il Giubileo, ma con una recitazione ai minimi termini e una sceneggiatura (di Paola Catella, Giobbe Covatta, Carlo Mazzotta e Vincenzo Salemme) che non sa se scegliere la via della commedia o quella del documentario umanitario. Né bastano le buone intenzioni, perché si sa dove portano le strade che ne sono lastricate. Il titolo in lingua swahili vuol dire «uomo bianco».

My Beautiful Laundrette – Lavanderia a gettone **½ (*My Beautiful Laundrette*, Gb 1985, col, 97') Stephen Frears. Con Gordon Warnecke, Daniel Day-Lewis, Saeed Jaffrey, Rishan Seth, Shirley Ann Field. ◆ A Londra, il giovane pakistano Omar (Jaffrey) rileva una fatiscente lavanderia a gettoni ceduta-gli da uno zio ricco e furbo, e chiede aiuto all'ex compagno di scuola bianco Johnny (Day-Lewis), diventato punk e razzista. Isolati dai rispettivi clan a causa della loro amicizia, tra loro nasce l'amore. Scritto da Hanif Kureishi, uno spaccato sociologicamente preciso dei conflitti della periferia londinese, messo in scena con freschezza e senza fronzoli. Lo spirito arrabbiato, provocatore e antithatcheriano gli valse un prestigio che oggi appare sproporzionato. Prodotto in economia da Channel Four, ottenne una distribuzione nelle sale, nonostante fosse stato girato in 16mm.

My Fair Lady **½ (*My Fair Lady*, Usa 1964, col, 170') George Cukor. Con Audrey Hepburn, Rex Harrison, Stanley Holloway, Wilfrid Hyde-White, Gladys Cooper, Jeremy Brett, Theodore Bickel. ◆ Londra, primo Novecento: il professor Higgins (Harrison), misogino studioso di fonetica, scommette con un amico di trasformare la fioraia cockney Eliza Doolittle (Hepburn) in una donna di classe. Ci riesce, ma si innamora – ricambiato. Dal musical di Alan Jay Lerner (tratto da *Pigmalione* di G.B. Shaw), che dominava le scene di Broadway da anni, Cukor ha realizzato un film volutamente teatrale e stilizzato, che gioca tra vero e falso: celebre la sequenza nel campo di Ascot, con cavalli che sfrecciano e sagome dipinte. Affabile e sfarzoso (girato in 70mm e con 6 piste sonore) ma troppo, troppo lungo. Otto Oscar: film, regia, protagonista maschile, fotografia (Harry Stradling), scenografia (Cecil Beaton, Gene Allen, George James Hopkins), costumi (Cecil Beaton), arrangiamenti (André Previn) e sonoro (George Groves).

My Life – Questa mia vita ** (*My Life*, Usa 1993, col, 116') Bruce Joel Rubin. Con Michael Keaton, Nicole Kidman, Michael Constantine, Haing S. Ngor, Bradley Whitford, Queen Latifah. ◆ Il cancro ha lasciato pochi mesi di vita a Bobby Jones (Keaton), e forse non ce la farà a vedere nascere il proprio figlio: per questo videoregistra, a uso del nascituro, una serie di discorsi sull'arte del vivere. Seguendo i consigli di un guaritore orientale (Ngor), non riuscirà a salvarsi, ma ritrova un rapporto sereno con i propri genitori. L'esordio alla regia dello sceneggiatore di *Ghost* è un cocktail di misticismo New Age e intimismo familiare. Al di là del furbo alternarsi di lacrime e sorrisi, trova una coerenza proprio nell'idea, più spietata e inquietante di quanto non sembri, del video che congela la vita e, con le sue dissolvenze in nero, anticipa la morte. Produce Jerry Zucker, regista di *Ghost*. Colonna sonora di John Barry.

My Name Is Joe *** (*My Name Is Joe*, Gb/Germania/Francia/Italia/Spagna 1998, col, 105') Ken Loach. Con Peter Mullan, Louise Goodall, David McKay, Annemarie Kennedy, David Hayman, Gary Lewis, Lorraine McIntosh, Scott Hannah. ◆ Ex alcolizzato e disoccupato, Joe (Mullan) conosce un'assistente sociale (Goodall) e tra i due inizia una tenera storia d'amore; ma uno dei ragazzi (McKay) della squadra di calcio allenata da Joe ha un problema con la malavita e l'uomo non se la sente di non aiutarlo, anche se rischia di mettere in crisi il suo rapporto affettivo. Comincia come una commedia sentimentale e via via diventa un melodramma morale a sfondo sociale: Loach mette in scena la sceneggiatura di Paul Laverty con mano sicura, passando dalla leggerezza alla lucidità senza sbavature né stilistiche né ideologiche, e riaffermando ancora una volta - con tono più sconsolato ma più fermo del solito - la necessità di dar voce e visibilità a chi non ha scelta. Cast all'altezza del progetto, con alcuni attori non professionisti e un Peter Mullan (Palma d'oro a Cannes '98) di magnetica presenza.

Mystere *½ (Italia 1983, col, 88') Carlo Vanzina. Con Carole Bouquet, Duilio Del Prete, John Steiner, Gabriele Tinti, Janet Agren, Philip Coccioletti. ◆ Una prostituta di via Veneto (Bouquet) si trova in pericolo di vita a causa di un accendino con dentro un microfilm; l'aiuta un commissario (Coccioletti) alla Colombo. Giallo patinato in formato esportazione scritto da Vanzina insieme a suo fratello Enrico: nulla che non sia già stato visto.

Mystery → *Mistery*

Mystery Train – Martedì notte a Memphis ** (*Mystery Train*, Usa 1989, col, 110') Jim Jarmusch. ◆ Film a episodi. A Memphis, quattro stranieri dormono all'Arcade Hotel, ma non si incontrano mai. In *Lontano da Yokohama* (con Masatoshi Nagase, Youki Kudoh) una coppia di giapponesi fa il tour dei luoghi storici di Presley e fa l'amore in stanza per noia, dopo aver scoperto che Elvis, Madonna e la statua della Libertà hanno tutti la stessa faccia; in *Un fantasma* (con Nicoletta Braschi, Elizabeth Bracco, Tom Noonan) una sperduta vedova italiana conosce varia fauna locale e vede il fantasma di Elvis; in *Perduti fra le stelle* (con Joe Strummer, ex leader dei Clash, Rick Aviles, Steve Buscemi) un operaio inglese piantato dalla moglie dà fuori di matto e si caccia nei guai. Il minimalismo jarmuschiano sulla via di diventare maniera: personaggi stralunati e microstorie che non si concludono raccontate con un occhio incuriosito ma impassibile. Il divertimento cala da un episodio all'altro. Apparizioni di due miti del rhythm 'n' blues: Screamin' Jay Hawkins (il portiere) e Rufus Thomas (l'uomo che si fa accendere il sigaro). Musiche originali (brutte) di John Lurie, alla chitarra e non al sax. Il treno del titolo è quello di uno dei successi di «The King».

Mysteria → *Body puzzle*

Mystic Pizza ** (*Mystic Pizza*, Usa 1989, col, 104') Donald Petrie. Con Julia Roberts, Vincent D'Onofrio, Annabeth Gish, Lili Taylor, William R. Moses, Conchata Farrell. ◆ Tre ragazze portoghesi lavorano in una pizzeria di Mystic, nel Connecticut: Daisy Arujo (Roberts) fa la spregiudicata, la sorella Kat (Gish) si attacca a un uomo sposato, l'amica Jojo Barboza (Taylor) non vede l'ora di sposarsi. Bozzetto affabile e non troppo impegnativo con una nostalgica colonna sonora (Perry Como, Aretha Franklin, Sinatra). Primo ruolo da protagonista per la Roberts e per la Taylor. Da un soggetto di Amy Holden Jones. Particina per Matt Damon, qui al suo debutto.

Načala → *voce «Giovanna d'Arco»*

Nadine – Un amore a prova di proiettile *½ (*Nadine*, Usa 1987, col, 88') Robert Benton. Con Kim Basinger, Jeff Bridges, Rip Torn, Glenne Headly, Gwen Verdon. ◆ Nel Texas del 1954, a Austin, Nadine Hightower (Basinger) è una bellissima estetista che cerca di rientrare in possesso delle foto osé che si è fatta fare, ma il fotografo viene ucciso e lei è coinvolta in un losco affare di speculazioni. Per fortuna il marito (Bridges), da cui sta per divorziare, le viene in aiuto. Una commedia vecchio stile, che però Benton dirige con un linguaggio piatto e televisivo: restano solo le grazie della Basinger.

Nails *½ (*Nails*, Usa 1992, col, 97') John Flynn. Con Dennis Hopper, Anne Archer, Tomas Milian, Keith David, Cliff DeYoung, Charles Hallahan. ◆ Harry Niles (Hopper), sbirro ubriacone, indaga sull'omicidio di un collega, scoprendo connivenze tra politici e narcotraficantes. Sagra del già visto (scritta da Larry Ferguson) abbastanza truce, in cui si segnala solo il compiacimento di Hopper nell'autodegradarsi e nell'andare in giro nudo. Irriconoscibile Milian nella parte del poliziotto baffuto sulla via del pensionamento.

Naja ** (Italia 1998, col, 101') Angelo Longoni. Con Enrico Lo Verso, Stefano Accorsi, Lorenzo Amato, Francesco Siciliano, Adelmo Togliani, Claudia Pandolfi, Luciano Federico, Pietro Genuardi, Marco Morellini. ◆ Una domenica in caserma per cinque reclute consegnate: il nevrotico (Togliani) che scappa per andare dalla madre, il romano bullo (Siciliano), l'omosessuale represso (Amato), il siciliano leale e taciturno (Lo Verso), l'emiliano bonaccione (Accorsi) con la ragazza incinta (Pandolfi) che l'aspetta fuori. Longoni non fa molto per nascondere l'origine teatrale dalla sua pièce (che ha adattato insieme a Massimo Sgorbani), ma cerca di energizzare gli attori senza fare il Marco Risi della situazione. Venduto come film di denuncia, è arrivato in ritardo: e comunque ha ambizioni soprattutto psicologiche, che reggono fino a un finale fiacco.

Naked *** (*Naked*, Gb 1993, col, 131') Mike Leigh. Con David Thewlis, Lesley Sharp, Katrin Cartlidge, Greg Cruttwell, Claire Skinner. ◆ Johnny (Thewlis) è un filosofo cinico nella Londra contemporanea: non ha casa, rifiuta qualunque legame, teorizza l'imminenza dell'apocalisse (come dimostrerebbe la presenza della cifra 666 nei codici a barre) e, in genere, vive per provocare il suo prossimo. Diviso tra l'ex fidanzata romantica (Sharp) e la sua coinquilina dark (Cartlidge), usa il sesso come arma: non troppo diversamente, forse, da Jeremy (Cruttwell), lo yuppie esteta e sadico che incrocia nelle sue peregrinazioni. Che Johnny sia programmaticamente non-riconciliato è il presupposto ma anche la maggior debolezza di un film dove i personaggi, per quanto a tutto tondo, sono bloccati nel loro ruolo. Ma seguire i percorsi del protagonista e ascoltare i suoi sproloqui è comunque un'esperienza interessante: Leigh (autore anche della sceneggiatura) non concede nulla, spesso irrita, ma sa raccontare una Londra marginale e sorprende per come mescola i generi. Alla fine c'è anche spazio per la farsa, ma tutto il film è percorso da un umorismo acre e grottesco che smorza la seriosità dell'assunto. Premiato a Cannes per l'interpretazione di Thewlis e la regia.

Nanà ** (*Nana*, Usa 1934, b/n, 89') Dorothy Arzner. Con Anna Sten, Lionel Atwill, Phillips Holmes, Richard Bennett, Mae Clarke, Muriel Kirkland, Reginald Owen, Jessie Ralph. ◆ Nel 1890, la bella Nanà (Sten) fa perdere la testa a vari rampolli del bel mondo parigino: duelli e suicidi si sprecano e l'ultimo sarà proprio quello della bella seduttrice. Dal romanzo omonimo di Emile Zola sceneggiato da Willard Mack e Harry Wagstaff Gribble, un film che non sa sfruttare tutte le possibilità che offre il capolavoro letterario, ma che è salvato dall'ottima prova della Sten e dalla fotografia di Gregg Toland. Rifatto nel 1954.

Nanà *½ (Francia/Italia 1954, col, 120') Christian-Jaque [Christian Maudet]. Con Charles Boyer, Martine Carol, Noël Roquevert, Walter Chiari, Marguerite Pierry, Paul Frankeur, Elisa Cegani, Dora Doll, Jacques Castelot. ◆ Durante il secondo impero, la bella ballerina Nanà (Carol) fa girare la testa a duchi, conti e ministri, che per lei dilapidano i patrimoni: ma il conte Muffat (Boyer) non accetta di cadere in rovina da solo e la strangola. Liberamente ispirato al romanzo di Emile Zola (sceneggiato da Jean Ferry, Albert Valentin e Henry Jeanson), il film fa un grande sfoggio di virtuosismo tecnico, ma si ferma a una fredda illustrazione delle disavventure di Nanà e non riesce a conquistare l'interesse dello spettatore. Martine Carol è la moglie del regista.

Nanny la governante **½ (*The Nanny*, Gb 1965, b/n, 93') Seth Holt. Con Bette Davis, Wendy Craig, Jill Bennett, William Dix, James Villiers, Pamela Franklin. ◆ Il piccolo Joey Fane (Dix), a casa dopo essere stato ricoverato in un istituto per il trauma subìto alla morte della sorellina, dimostra un'ostilità inspiegabile per l'anziana governante (Davis). Ma quando anche madre e zia rischiano di morire avvelenate, tutti scopriranno che la vecchia nanny è una pazza omicida. Tratto dal romanzo di Evelyn Piper, ben sceneggiato da Jimmy Sangster, il film, «senza mai eccedere negli effetti e senza giocare troppo sullo stereotipo della perfida vecchiaia dell'attrice», offre alla Davis una delle interpretazioni migliori dell'ultima parte della sua carriera, sospendendo il film «sul baratro del grand guignol senza mai lasciarvelo sprofondare».

Nanù, il figlio della giungla ** (*The World's Greatest Athlete*, Usa 1973, col, 92') Robert Scheerer. Con Tim Conway, Jan-Michael Vincent, John Amos, Roscoe Lee Browne. ◆ Un allenatore americano in vacanza in Africa (Amos) scopre che un ragazzo (Vincent) allevato da una tribù di indigeni è un asso dello sport: lo trascina negli Usa per risolvere i guai della sua scalcinata squadra di atletica, ma Nanù decide di tornare nella giungla. Commediola per famiglie prodotta dalla Disney, con qualche discreto effetto speciale e tanta melassa.

Nanuk l'eschimese **** (*Nanook From the North*, Usa 1922, b/n, 55') Robert J. Flaherty. Con Allakarialuk e gli abitanti del villaggio di Port Harrison. ◆ Le opere e i giorni dell'eschimese Nanuk (Allakarialuk), di sua moglie Nyla, dei loro due figli e del cane Comock in un villaggio a nord-est della Baia di Hudson, durante un periodo di tempo che va dall'estate all'inverno. Primo documentario a essere riconosciuto come opera d'arte, il film è il risultato di un anno di lavoro sul campo, a cui ne vanno aggiunti altri dodici della vita personale del regista (le due donne che si vedono nella sequenza del kayak sono in realtà le madri dei figli di Flaherty). Oltre all'interesse antropologico e allo scrupolo di «registrare i fatti», *Nanuk* esprime una precisa visione cosmica: «è l'uomo *nel mondo*, di fronte alla Natura, nel senso esistenziale e originario della parola». Preoccupato di mostrare non la decadenza degli eschimesi sotto la dominazione bianca, ma la loro «maestà primordiale e la loro originalità finché ancora è possibile», il regista ricrea i modelli di vita di un popolo così come si sono tramandati dall'alba dei tempi e cerca di fissarli per l'eternità tralasciando le acquisizioni propriamente contemporanee (fucili e utensili di metallo, già in uso nel 1920). Un'autentica apologia dell'uomo, dove più che la potenza degli elementi naturali vengono esaltati il coraggio quotidiano, la capacità di adattamento, la nobiltà d'animo, lo spirito gaio degli abitanti del Grande Nord. Per far ciò, Flaherty non esita a utilizzare anche i procedimenti classici del cinema di finzione: l'impostazione drammatica, la ricreazione di avvenimenti con una messinscena «truccata», la direzione degli attori (tutti indigeni non professionisti), il montaggio lirico, basato su un'oscillazione del ritmo fortemente emozionale, con il quale lo spettatore è chiamato a osservare attraverso i totali e i campi medi, e a partecipare attraverso i primi piani. Molte le sequenze indimenticabili: dalla costruzione dell'igloo con una lastra di ghiaccio come finestra alla scoperta del grammofono con Nanuk che tenta di capirne il meccanismo e mordicchia il disco, dalla toilette dei bambini alla pesca della foca, dalle corse sulla slitta trainata dai cani alla tempesta di neve che li seppellirà. Grazie a *Nanuk*, entrarono nell'uso comune termini come igloo, kayak, anorak, fino ad allora conosciuti solo dagli etnografi. Il protagonista morì di fame due anni dopo l'uscita del film, nel corso di una disastrosa spedizione di caccia. Nel 1947 venne realizzata una versione sonora di 52', commentata da Carl Steans Clancy.

Napoléon **** (*Napoléon*, Francia 1927, b/n, 235' ma in televisione circola una versione di 110') Abel Gance. Con Albert Dieudonné, Gina Manès, Wladimir Roudenko, Alexandre Koubitzky, Antonin Artaud, Abel Gance, Edmond Van Daële, Maurice Schutz, Annabella [Suzanne Charpentier], Marguerite Danis-Gance, Suzanne Bianchetti, Suzy Vernon. ◆ La storia di Napoleone Bonaparte (Dieudonné) dalla fanciullezza fino al 1796: in collegio dimostra doti strategiche giocando a palle di neve; alla proclamazione della Repubblica si oppone in Corsica a chi vuole chiamare gli inglesi; durante il Terrore è fatto prigioniero nel forte Carré di Antibes; chiamato in soccorso della Convenzione dopo l'esecuzione di Robespierre (Daële) e Saint-Just (Gance) soffoca l'insurrezione dei monarchici; ottiene il comando dell'esercito diretto in Italia, sposa Giuseppina Beauharnais (Manès) e il 16 aprile 1796 guida la Grande Armata a Montezemolo. Il film più famoso di Abel Gance non è che un frammento – il primo – dell'immenso piano originario dell'opera, prevista in sei episodi e presto abbandonata dal regista. Frutto di un'articolata coproduzione (Francia, Germania, Cecoslovacchia, Russia, Svezia, Paesi Bassi), costò 18 milioni di franchi per un totale di 450 mila metri di pellicola impressionata durante due anni di lavorazione e a tutt'oggi rimane una delle imprese più imponenti della storia del cinema. Il desiderio di Gance di far agire il pubblico non solo come spettatore del dramma, ma anche come attore s'ispira ai propositi di Griffith per *Nascita di una nazione*. E proprio a questa intenzione si devono le ardite sperimentazioni tecniche: le tre scene simultanee, proiettate su altrettanti schermi posti uno di fianco all'altro (secondo Gance quella centrale rappresentava la prosa, quelle laterali la poesia e tutte insieme il cinema; il trittico era stato realizzato per tre sequenze:

il dibattito alla Convenzione, il «Ballo delle Vittime» e la marcia verso l'Italia, ma in un momento di disperazione il regista distrusse le prime due); le scene multiple, dove l'inquadratura era divisa al suo interno in immagini addirittura diverse tra loro; le frequenti sovrimpressioni e la grande mobilità della macchina da presa, ora portata a mano, ora legata a oggetti in movimento per ottenere il massimo della soggettività; il montaggio rapido e incalzante. Con il film di Griffith, *Napoléon* ha in comune anche l'alternanza tra brani di storia quotidiana, vissuta da personaggi anonimi, e momenti di Storia agita da eroi semi-divini, nonostante la maggior parte delle sequenze relative ai primi non siano arrivate a noi. Napoleone è colui che mette ordine dopo l'esperienza rivoluzionaria, recuperandone gli aspetti più positivi e cercando di farli durare a lungo. All'epoca il personaggio fu considerato fascista e il film un'apologia del futuro dittatore. In realtà Napoleone sembra incarnare soprattutto la volontà di potenza artistica del regista-demiurgo e lo stesso Gance si riserva di interpretare il personaggio di Saint-Just, che in una delle scene chiave pronuncia un discorso inequivocabilmente positivo sui valori della Rivoluzione. Tra gli interpreti si segnalano Antonin Artaud nella parte di Marat e Annabella in quella di Violine. In origine *Napoléon* venne proiettato con una partitura originale di Arthur Honegger, poi andata perduta. L'avvento del sonoro snaturò il film, riproposto a più riprese, ma invano, da Gance in versioni notevolmente accorciate (si ricordano le due postsincronizzate del 1932 e del 1955). Solo negli anni Settanta Kewin Brownlow ricostruì la versione originale, attualmente in circolazione, recuperando materiali provenienti da tutto il mondo. È la stessa su cui si è basato Francis Ford Coppola per le spettacolari proiezioni al City Music Hall di New York nel 1981, con la musica d'accompagnamento firmata dal padre Carmine.

Napoleone *½ (Italia 1952, b/n, 89') Carlo Borghesio. Con Renato Rascel, Carlo Ninchi, Marisa Merlini, Loris Gizzi, Lilia Silvi, Sergio Tofano, Gianni Cajafa. ◆ Nell'atrio di una scuola, il busto di marmo di Napoleone racconta a quello di Giulio Cesare che tutta la sua folgorante carriera militare non è stata altro che frutto di felici combinazioni e che l'unica sua iniziativa si è rivelata un disastro: Waterloo. Versione decisamente poco didattica delle vicende dell'imperatore corso, esempio di cinema comico-leggero, parodistico, costruito attorno al personaggio Rascel e alla macchietta da lui inventata per i varietà degli anni Quaranta. Raimondo Vianello (che nei titoli di testa è citato come Raimond Vian) interpreta il generale Cambronne.

Napoleone ad Austerlitz ** (*Austerlitz*, Francia/Italia/Jugoslavia 1960, col, 170') Abel Gance. Con Pierre Mondy, Jean Mercure, Jack Palance, Orson Welles, Michel Simon, Jean-Louis Trintignant, Martine Carol, Leslie Caron, Claudia Cardinale, Rossano Brazzi, Ettore Manni, Jean Marais, Vittorio De Sica, Anna Maria Ferrero, Anna Moffo, Daniela Rocca. ◆ Cinque anni della vita di Napoleone (Mondy), che trasforma la repubblica di Francia in impero e sconfigge l'Austria prima a Ulm e il 2 dicembre 1805 ad Austerlitz. Megaproduzione internazionale dalla struttura iperbolica (Napoleone era una costante nella carriera di Gance, che nel 1927 aveva progettato di dedicargli un film in sei parti, di cui riuscì a girare solo la prima), il film scade nell'enfasi e nell'eccesso, ricorrendo a una fotografia complessa ed elaborata, e concedendo troppo alle singole star che appaiono magari solo per pochi minuti. Ma le scene di battaglia sono piuttosto ben fatte e l'interpretazione di Mondy credibile.

Napoleone Bonaparte ** (*Napoléon*, Francia/Italia 1954, col, 182') Sacha Guitry. Con Daniel Gélin, Jean-Pierre Aumont, Jeanne Boitel, Pierre Brasseur, Gianna Maria Canale, Pauline Carton, Jean Gabin, Jean Chevrier, Michèle Morgan, Raymond Pellegrin, Danielle Darrieux, Cosetta Greco, Jean Marais, Yves Montand, Serge Reggiani, Maria Schell, Micheline Presle. ◆ Dal 1769 al 1821, la vita di Napoleone (Gélin) raccontata da Talleyrand ai suoi amici: dalla Corsica a Sant'Elena, attraverso l'affetto per la sorella Paolina Borghese (Canale) e l'amore per Giuseppina Beauharnais (Morgan), le campagne d'Italia e d'Europa, l'incoronazione e le nozze con Maria Luisa d'Austria (Schell), l'invasione della Russia e Waterloo. Opulento e debordante film d'evocazione storica con qualche compiacimento nazionalistico. Erich von Stroheim interpreta Beethoven, Orson Welles sir Hudson Lowe e il regista Sacha Guitry è Talleyrand. Esibizione canora di Luis Mariano nei panni di Garat.

Napoletani a Bagdad * (*Siren of Bagdad*, Usa 1953, col, 72') Richard Quine. Con Patricia Medina, Paul Henreid, Hans Conried, Charlie Lung. ◆ Un mago e il suo aiutante (Henreid e Conried) cercano di salvare una ballerina (Medina) dall'essere venduta come schiava, ma sono coinvolti in un intrigo di corte e ai due non resta che aiutare il legittimo sultano a riconquistarsi il trono. Bizzarra commedia dalla stravagante ambientazione orientale (ma in originale senza nessun riferimento alla napoletanità dei protagonisti, invenzione di doppiaggio tutta italiana) che imita malamente lo stile di Hope-Crosby.

Napoletani a Milano **½ (Italia 1953, b/n, 101') Eduardo De Filippo. Con Eduardo De Filippo, Anna Maria Ferrero, Frank Latimore, Vittorio Sanipoli, Luigi Russo, Eugenio Maggi, Laura Gore, Irma Capece Minutolo, Giovanni Riccardi, Tina Castigliano, Michele Malaspina, Sonia Holm, Giuseppe Pica. ◆ Spacciandosi per i parenti di cinque persone morte nel crollo della loro abitazione durante i lavori per costruire un fabbrica, una ventina di napoletani guidati da don Salvatore Aianello (De Filippo) si presentano a Milano ai padroni della società per chiedere un indennizzo: verranno assunti in fabbrica e durante uno sciopero e la successiva «autogestione» si conquisteranno anche la stima dei colleghi del Nord. Commedia amara con intenti moralistici che parte dall'apparente accettazione dei luoghi comuni sul razzismo, ma che poi si sviluppa in modo originale: Eduardo non si evita qualche assolo retorico ma in altri momenti (come nel rapporto tra l'intraprendente Nannina [Ferrero] e l'ingegner Parenti [Latimore]) la sceneggiatura firmata dal regista con Age e Scarpelli sa ribaltare le molte ovvietà sul tema senza chiudere gli occhi sulla realtà. Curiosa, e riuscita, la commistione tra attori professionisti e volti presi dalla strada. Flora Gandolfi è la signora che acquista i guanti. L'anno successivo Enzo Di Gianni dirigerà un'esilissima parodia dove i ruoli sono ribaltati (*I milanesi a Napoli*).

Napoletano nel Far West, Un ** (*Many Rivers to Cross*, Usa 1955, col, 95') Roy Rowland. Con Robert Taylor, Eleanor Parker, Victor McLaglen, Russ Tamblyn, James Arness, Hale Alan jr. ◆ I sogni di avventure e libertà del trapper «Pelledura» Gentry (Taylor) si infrangono di fronte alla testardaggine di Maria «Placida» Capece (Parker) che riesce prima a farsi sposare e poi a farsi amare nonostante scazzottate, fughe, indiani e rapimenti. Una commedia western, scritta con un certo brio da Harry Brown e Guy Trosper, che la distribuzione italiana ha «napoletanizzato» in maniera tanto arbitraria quanto, alla fin fine, divertente: un prologo spurio spiega come un tal Nicolino Capece sia arrivato nel Kentucky per fondare San Gennaro City (mentre in originale il film era dedicato ironicamente alla perseveranza delle donne del West) e chi era irlandese diventa oriundo di Napoli, doppiato con uno spiccato accento partenopeo, Victor McLaglen compreso. Solo per cultori del camp più folcloristico.

Napoli – Berlino un taxi nella notte * (*Helsinki Napoli All Night Long*, Finlandia/Svizzera 1988, col, 102') Mika Kaurismäki. Con Kari Väänänen, Roberta Manfredi, Jean-Pierre Castaldi, Nino Manfredi, Margi Clarke, Remo Remotti, Eddie Costantine. ◆ Alex (Väänänen), un tassista finlandese che lavora a Berlino, sposato a un'italiana (Manfredi) con padre beone a carico (Manfredi), è coinvolto nell'omicidio di due trafficanti d'eroina e inseguito dagli assassini che rivogliono una valigia piena di marchi. Confuso rimescolamento di stereotipi costellato dalla presenza-cammeo di grandi registi con funzione demiurgica: Wim Wenders (che fa la parte di un benzinaio), Samuel Fuller (quella per lui ormai abituale del gangster), Jim Jarmusch (padrone del bar).

Napoli che non muore ** (Italia 1939, b/n, 91') Amleto Palermi. Con Fosco Giachetti, Marie Glory, Paola Barbara, Bella Starace Sainati, Giuseppe Porelli, Gianni Agus, Clelia Matania. ◆ Entusiasta di Napoli, una francesina sposa un giovanotto partenopeo, ma le differenze culturali sono troppe e vorrebbe andarsene: quando si accorge di essere incinta decide di restare. Film minore di Palermi che comunque non rinuncia a tentare una sperimentazione linguistica (lei che parla in una lingua mista tra francese e napoletano) su una struttura drammatica non certo inedita. Non poche le soluzioni originali e drammaticamente efficaci.

Napoli d'altri tempi **½ (Italia 1938, b/n, 95') Amleto Palermi. Con Vittorio De Sica, Elisa Cegani, Maria Denis, Giuseppe Porelli, Emma Gramatica, Olga Vittoria Gentili. ◆ Napoli 1886: Mario Perla (De Sica), un giovane che non ha mai conosciuto i suoi genitori, viene aiutato da una benefattrice (Gramatica) a coltivare la sua passione per la musica. La donna, che si scoprirà essere sua zia, gli farà conoscere anche la marchesina Maria (Cegani), ma dopo aver ottenuto il successo come compositore di canzoni, il giovane si innamorerà della popolana Ninetta (Denis). Affresco garbato e sincero di un mondo scomparso rivissuto con nostalgia e pudore. Primo e migliore dei tre film di ambiente napoletano realizzati da Palermi con Vittorio De Sica. Gli altri sono *Le due madri*, 1939 e *La peccatrice*, 1940. Nicola Maldacea interpreta il ruolo di Nicola.

Napoli è sempre Napoli * (Italia 1954, b/n, 95') Armando Fizzarotti. Con Lea Padovani, Renato Baldini, Carlo Ninchi, Ubaldo Lay, Valeria Moriconi, Tina Pica. ◆ Carmela (Padovani) ama un pescatore, Pietro (Baldini), oberato dai debiti. Per aiutarlo accetta di fare la cantante: la morale vacilla ma i creditori sono accontentati e i due possono così sposarsi. Vicenda musicale troppo vista, ritagliata sul fascino, non proprio immacolato, della Padovani. Comunque, troppo romanticismo.

Napoli è tutta una canzone * (Italia 1959, b/n, 84') Ignazio Ferronetti. Con Dina De Santis, Paolo Sardisco, Adriana Vasto, Elio Steiner, Sanni Nazzario, Franca Badeschi, Nico Pari. ◆ Tornata a Napoli dopo aver raggiunto il successo come attrice, Nicoletta (De Santis) sente rinascere l'amore per Luciano (Sardisco), un posteggiatore che canta nelle trattorie per turisti, e per lui sembra disposta ad abbandonare il comprensivo impresario (Steiner) che le ha costruito la carriera. Finto melodramma passionale che si trasforma in un'interminabile carrellata di numeri musicali e che non giustifica in alcun modo l'inaspettato e repentino finale. Recitazione al di sotto del livello di guardia. Tra gli altri si esibiscono Nilla Pizzi (nel numero del bajon), Giacomo Rondinella, Rino Salviati, Clelia Matania, Flora Lillo e Domenico Modugno (*Mannaggia chi t'ha fatto*).

Napoli ha fatto un sogno → *Monastero di Santa Chiara (Napoli ha fatto un sogno)*

Napoli milionaria **½ (Italia 1950, b/n, 102') Eduardo De Filippo. Con Eduardo De Filippo, Leda Gloria, Delia Scala, Totò [Antonio de Curtis], Carlo Ninchi, Dante Maggio, Gianni Glori, Titina De Filippo, Laura Gore, Mario Soldati, Aldo Giuffré, Giacomo Rondinella, Carlo Giuffré. ◆ Durante l'ultima guerra la famiglia Jovine si arrangia come può e quando Gennaro (De Filippo), prigioniero in Germania, torna a casa trova che la moglie (Gloria) si è arricchita con la borsa nera, il figlio (Glori) è un ladro e la figlia (Scala) è incinta: solo la malattia dell'ultima figlia, e la difficoltà di trovare la penicillina, obbligano tutti a riflettere sui veri valori della vita. Tratto dalla sua omonima commedia, il film di De Filippo ricostruisce la vita di un vicolo di Napoli dal 1939 al 1945, coi fascisti, i tedeschi e poi gli alleati, raccontando di tutti la dolente umanità e il bisogno di sopravvivere. Non sempre, però, l'amaro sorriso riesce ad amalgamare spunti realistici e intenti polemici. Totò, grandissimo nel numero del finto morto, inventò la gag della pagnotta da cui tira fuori la pasta, la carne, il contorno, la forchetta, la saliera e il tovagliolo.

Napoli... serenata calibro 9 * (Italia 1978, col, 83')

Alfonso Brescia. Con Mario Merola, Nick Jordan, Rita De Simone, Nunzio Gallo, Nino Vingelli, Marco Girondino. ◆ Mentre Salvatore (Merola) festeggia la prima comunione del figlioletto, una banda di contrabbandieri gli uccide moglie e figlio: da quel momento vive solo per vendicarsi, ci riesce e si costituisce. Poliziesco con tutti gli ingredienti della sceneggiata, ritagliato addosso alla star Merola che si propone come il simbolo della mafia pulita: fa «solo» contrabbando, ricettazione e carneficina per motivi d'onore. Per sorprendere i banditi si traveste da posteggiatore, ma canta poco.

Napoli si ribella * (Italia 1977, col, 95') Michele Massimo Tarantini. Con Luc Merenda, Enzo Cannavale, Adolfo Lastretti, Ferdinando Murolo, Claudio Gora, Francesca Guadagno. ◆ A Napoli, il commissario milanese Mauri (Merenda), impegnato in un caso di furto di gioielli, scopre che si tratta di una copertura per un traffico di droga. Violentissimo poliziesco ambientato in una Napoli dove succede di tutto.

Napoli, sole mio! * (Italia 1958, col, 90') Giorgio C. Simonelli. Con Maurizio Arena, Lorella De Luca, Tina Pica, Enzo Turco, Clelia Matania, Virgilio Riento, Ferruccio Amendola, Titina De Filippo, Enzo Garinei. ◆ La ricca Lorella (De Luca) vorrebbe sposare il poverissimo Michele (Arena), ma sua madre si oppone: lei fugge con lui, lui diventa un ricco cantante e la suocera cambia idea. Musicale convenzionale e troppo visto con Arena ancora magro e doppiato da Ferruccio Tagliavini. Accanto a lui, Titina De Filippo e Tina Pica sono sprecate.

Napoli terra d'amore * (Italia 1954, b/n, 95') Camillo Mastrocinque. Con Giacomo Rondinella, Maria Fiore, Beniamino Maggio, Bruna Corrà, Lucien Gallas, Carlo Giuffré. ◆ Un onesto giovane (Rondinella) è invischiato da una cantante di night (Corrà) nei giochi della camorra: la fedele fidanzata (Fiore) lo salverà. Melodramma con canzoni convenzionale e scontato, il cui unico motivo d'interesse è quello, documentario, della presenza di Rondinella, all'epoca divo della canzone napoletana.

Napoli violenta ** (Italia 1976, col, 100') Umberto Lenzi. Con Maurizio Merli, John Saxon, Barry Sullivan, Elio Zamuto, Grazia Maria Spina, Silvano Tranquilli, Guido Alberti, Pino Ferrara, Nino Vingelli. ◆ Trasferito a Napoli, il commissario Betti (Merli) di *Roma violenta* prosegue la sua personale lotta contro la malavita. Lo aspettano: una banda di ladri d'appartamento stupratori, un criminale agli arresti domiciliari (Zamuto) che rapina banche, il boss O'Generale (Sullivan) che gestisce il racket del pizzo e un industriale (Saxon) dai loschi traffici. Lenzi esaspera la violenza metropolitana ma possiede sicuramente il senso dell'azione: da antologia la sequenza della funicolare, con Merli appeso al tetto. Scritto da Vincenzo Mannino, con musiche formidabili di Guido e Maurizio De Angelis. A Napoli, all'uscita nelle sale, la polizia dovette intervenire per contenere il pubblico.

Narciso nero *** (*Black Narcissus*, Gb 1946, col, 99') Michael Powell, Emeric Pressburger. Con Deborah Kerr, David Farrar, Flora Robson, Sabu [Sabu Dastagir], Jean Simmons, Kathleen Byron. ◆ Una missione di suore inglesi, mandata ad aprire un convento nell'Himalaia, deve far fronte alle difficoltà materiali e alle tentazioni della carne. Dopo che una sua conversa (Byron), innamorata di un residente inglese (Farrar), impazzisce, la superiora, madre Clodagh (Kerr), deve ammettere la sua sconfitta e abbandonare la missione. Opulento melodramma pieno di sottintesi erotici e di amori impossibili, sceneggiato dal regista a partire dal romanzo omonimo di Rumer Godden, costruito con una straordinaria abilità per le ellissi e tutto giocato sui contrasti: Inghilterra e India, ragione e natura, sacrificio e piacere, repressione e lussuria, educazione e istinto (ma anche molto più concretamente, in una scena delirante e sensualissima, il rossetto che si mette la conversa impazzita e il libro di preghiere che le vuol leggere la superiora). Ancor oggi straordinaria la cornice esotica completamente ricostruita in studio, unico modo che il regista aveva per controllare perfettamente lo stile sontuoso e fiammeggiante del film. Oscar alle scenografie (Alfred Junge) e alla fotografia (Jack Cardiff). Conturbante l'interpretazione della peccatrice indigena offerto dalla Simmons. Le scene in cui la superiora ripensa al periodo in cui non aveva ancora preso i voti e sperava di sposarsi furono censurate nell'edizione americana del dopoguerra.

Narcos *½ (Italia/Spagna 1992, col, 106') Giuseppe Ferrara. Con Juan José Pinero, Joe Maldonado, Cristobal Gornes. ◆ Tre ragazzi di Medellin diventano dei baby killer al soldo dei narcotraficantes. Quando ormai sanno troppo, i boss li vogliono eliminare: basta consegnarsi alla polizia? Il cinema di denuncia di Ferrara, per quanto volenteroso, stenta a trovare l'equilibrio tra documentarismo e le regole dello spettacolo. E l'enfasi prevale.

Nasce una stella *½ (*Somethings to Shout About*, Usa 1943, b/n, 93') Gregory Ratoff. Con Don Ameche, William Gaxton, Janet Blair, Jack Oakie. ◆ Un giornalista newyorchese scopre un nuovo talento teatrale in una ragazza di provincia, e con l'aiuto di un finanziatore mette in scena uno spettacolo, ma il successo non arriva: ci riprova senza soldi e sfonda. Musical tollerabile con canzoni di Cole Porter. Qualche numero musicale originale interessante come *You'd Be So Nice to Come Home To*. Il film in cui ha debuttato Cyd Charisse, citata nei titoli col nome di Lily Norwood.

Nascita dei Beatles, La ° (*Birth of the Beatles*, Gb 1979, col, 99') Richard Marquand. Con Stephen Mackenna, Rod Culbertson, John Altman, Ray Ashcroft, Ryan Mitchell, David Wilkinson. ◆ Storia dei primi anni della carriera dei quattro cantanti, da Liverpool all'incontro con Brian Epstein fino alla prima trionfale tournée in Usa. Tv-movie raffazzonato e approssimativo che pretende di far rivivere i Beatles con quattro attori che li ricordano (poco) e facendo ascoltare le loro canzoni eseguite dai Rain. Da querela.

Nascita di una nazione *** (*The Birth of a Nation*, Usa 1915, b/n, 165') David Wark Griffith. Con Lillian Gish, Mae Marsh, Henry B. Walthall, Miriam Cooper, Robert Harron, Wallace Reid, Ralph Lewis,

Mary Alden, Walter Long, George Siegmann, Joseph Henabery, Elmer Clifton, Josephine Crowell. ◆ Stati Uniti, 1860: legate da antichi vincoli di amicizia, le famiglie dei nordisti Stoneman e dei sudisti Cameron si trovano su fronti contrapposti durante la guerra di Secessione. Dopo la vittoria del Nord e l'assassinio di Lincoln, Ben Cameron (Walthall) decide di fondare il Ku Klux Klan per difendere la sua gente dall'arroganza dei neri: ridarà il potere ai bianchi, dopo aver visto la sorella suicidarsi per sfuggire alla violenza di un uomo di colore, e si sposerà con l'amata Elsie Stoneman (Gish). Tratto da un mediocre romanzo del pastore battista Thomas Dixon jr, *L'uomo del Clan*, integrato con un altro dello stesso autore, *The Leopard's Spot*, fonde mirabilmente il dramma collettivo e quelli individuali. Superato per la visione storica (il Ku Klux Klan, secondo Griffith, avrebbe salvato il Sud dall'anarchia dopo la vittoria dei nordisti, colpevoli di aver liberato i neri), resta una pietra miliare della cinematografia per la raggiunta maturità dei mezzi espressivi: il montaggio parallelo, l'alternanza di campi lunghissimi e primi piani, l'attenta caratterizzazione dei personaggi e il perfetto controllo degli attori, le grandiose scene di massa, gli effetti luministici (merito anche della bella fotografia di Billy Bitzer). Da segnalare il largo uso di mascherini per rompere la monotonia dello schermo rettangolare. Girato in nove settimane, costato la cifra record per l'epoca di 110 mila dollari, ne incassò oltre 15 milioni: merito anche delle contestazioni e della pubblicità gratuita che ne accompagnò l'uscita. Contro le tesi razziste insorsero infatti gli americani liberali, l'Associazione per il progresso della gente di colore e molti giornali e nelle manifestazioni di strada si contarono numerose vittime. Il film fu a lungo proibito in Europa, dove truppe di colore combattevano negli eserciti alleati. Griffith rispose alle accuse con un pamphlet, *The Rise and Fall of Free Speech in America*, dove rivendicava il diritto di esprimere le proprie opinioni politiche, ma la sua miglior autodifesa fu *Intolerance*, girato nel 1916. Nei panni di John Wilkes Booth, assassino di Lincoln, c'è Raoul Walsh, anche assistente alla regia. Occhio all'uomo che cade dal tetto: è un giovanissimo Erich von Stroheim. In laserdisc esiste una versione restaurata, con l'aggiunta di 31'.

'Na sera 'e maggio → *Sera di maggio, Una*

Nashville **** (*Nashville*, Usa 1975, col, 159') Robert Altman. Con David Arkin, Barbara Baxley, Ned Beatty, Karen Black, Ronee Blakley, Keith Carradine, Geraldine Chaplin, Robert Doqui, Shelley Duvall, Allen Garfield, Henry Gibson, Scott Glenn, Jeff Goldblum, Barbara Harris, Michael Murphy, Allan Nicholls, Lily Tomlin, Gwen Welles, Keenan Wynn. ◆ A Nashville, nel Tennessee, si svolge un megafestival di musica pop, sponsorizzato da un candidato politico qualunquista che si sta facendo la campagna elettorale: durante cinque giorni si intrecciano varie vicende (una cameriera cerca la via del successo, la moglie di un avvocato vive un breve amore con un cantante, una giornalista della Bbc inanella tutta una serie di gaffe, un vecchio si preoccupa della salute della moglie, i potenti locali si adoperano per favorire il candidato repubblicano) che si concludono con l'uccisione al Centennial Park della cantante Barbara Jean (Blakley) mentre la gente continua a cantare *It Don't Worry Me*, non me la prendo. Caleidoscopico, frammentario melodramma musicale, uno dei capolavori del cinema anni Settanta, ironico e magistralmente montato, con cui Altman rinnova e critica (demolendone le regole) il cinema classico hollywoodiano. La struttura narrativa aperta, dove tutto si intreccia con tutto, permette al film di affrontare una serie di temi e aspetti della società americana (il talento, l'ambizione, la musica, lo show-business, la politica, la violenza) senza imporre un punto di vista preciso, ma anche senza preoccupazioni didascaliche o moralistiche. E la «babele dei personaggi» è sottolineata anche dalla babele delle colonne sonore (registrate su 24 piste diverse) che enfatizzano e riverberano la «confusione esistenziale» che attraversa il film. Ricchissimo di elementi ironici o sorprendentemente comici (uno per tutti: l'incidente sull'autostrada causato dallo scontro tra un divano e una barca!) il film, sceneggiato da Joan Tewkesbury, si avvale anche del contributo dei singoli attori, che sono stati spinti da Altman a creare loro stessi battute e situazioni per i loro personaggi. Interpretano se stessi: Jonnie Barnett, Vassar Clements, Misty Mountain Boys, Sue Barton, Elliott Gould, Julie Christie. Oscar alla canzone *I'm Easy*, scritta e cantata (in una scena dove quattro donne pensano di essere il destinatario dell'esecuzione) da Keith Carradine.

Nastro rosso a New York → *Rosemary's Baby*

Nata di marzo **½ (Italia 1957, b/n, 109') Antonio Pietrangeli. Con Jacqueline Sassard, Gabriele Ferzetti, Mario Valdemarin, Tina De Mola, Gina Rovere. ◆ L'amara esperienza matrimoniale (raccontata in tre lunghi flashback a un amico) di Francesca (Sassard) – ragazza vivace, sventata e capricciosa come sono le persone nate di marzo – che sposa Sandro Grisolia (Ferzetti), un architetto quarantenne: la differenza d'età e di mentalità li fa dividere, ma quando si rincontrano non possono fare a meno di confessarsi il loro amore. Pietrangeli si stacca dagli schemi della commedia di costume e realizza un delicato ritratto femminile ambientato tra la borghesia milanese. L'happy end fu sollecitato dalla produzione ma accettato di buon grado dal regista che relegandolo all'ultimissima scena riesce a non sconfessare del tutto lo spirito indipendente e paritario del suo personaggio femminile. La sceneggiatura è di Age, Scarpelli, Scola, Maccari e Pietrangeli. Il montatore del film, Eraldo Da Roma, interpreta la parte di Tito.

Nata ieri **½ (*Born Yesterday*, Usa 1950, b/n, 103') George Cukor. Con Broderick Crawford, Judy Holliday, Howard St. John, William Holden. ◆ Un rozzo e arricchito uomo d'affari (Crawford) ha per amante una ballerina bella ma ignorante (Holliday). Per non fare brutte figure decide di farla «educare» da un giornalista (Holden), ma tra i due nasce l'amore. Tratta dall'omonima pièce di Garson Kanin (che riscrisse la sceneggiatura di Albert Mannheimer), è una commedia briosa e divertente, costruita soprattutto sulla perfetta recitazione degli attori, su cui emerge Judy

Holliday (che l'aveva già recitata a teatro e che soffiò la parte a Rita Hayworth), giustamente premiata con l'Oscar. La versione italiana può contare sull'ottimo doppiaggio della protagonista da parte di Rina Morelli. Rifatto nel 1993.

Nata ieri ** (*Born Yesterday*, Usa 1993, col, 100') Luis Mandoki. Con Melanie Griffith, John Goodman, Don Johnson, Edward Herrmann, Max Perlich, Michael Ensign. ◆ Il milionario Harry Brock (Goodman), venuto a Washington per cercare protezioni politiche, ha un'amante, Billie Dawn (Griffith), troppo oca per essere portata in società: decide di farla «istruire» da un giornalista (Johnson), ma con le buone maniere Billie scoprirà anche l'impegno politico e naturalmente l'amore per il suo pigmalione. Rifacimento piuttosto fedele (sceneggiato da Douglas McGrath) della commedia di George Cukor: la Griffith regge abbastanza bene il confronto con Judy Holliday, i richiami ai valori morali dell'America sono funzionali all'èra clintoniana come ieri a quella di Truman, ma la regia di Mandoki è scolastica e prevedibile quanto quella di Cukor era brillante e indiavolata. Melanie Griffith e Don Johnson erano marito e moglie quando hanno girato il film.

Natale al campo 119 ** (Italia 1947, b/n, 85') Pietro Francisci. Con Aldo Fabrizi, Vittorio De Sica, Peppino De Filippo, Massimo Girotti, Carlo Campanini, Alberto Rabagliati, Giacomo Rondinella, Adolfo Celi, Maria Mercader, Vera Carmi, Ave Ninchi, Olga Villi, Carlo Mazzarella, Beniamino Maggio, Pietro De Vico. ◆ A guerra finita, nel campo 119 in California sono raccolti prigionieri provenienti da tutte le parti d'Italia: intrecciano canti e raccontano episodi della loro vita, finché arriva l'annuncio della Liberazione. Uno spunto neorealistico raccontato coi toni della commedia e la pignoleria documentaristica di chi deve rappresentare tutte le regioni d'Italia. Non solo folcloristico.

Natale in casa d'appuntamento *½ (Italia 1976, col, 98') Armando Nannuzzi. Con Françoise Fabian, Ernest Borgnine, Corinne Cléry, Silvia Dionisio, Norma Jordan, Fabrizio Jovine, Jole Fierro. ◆ Per festeggiare il suo imminente matrimonio, e la conseguente conquista della rispettabilità, Mira (Fabian), organizzatrice di ragazze squillo dal passato torbido e compromesso col regime, dà una festa nella casa d'appuntamento: ma le comunicheranno per telefono che il suo fidanzato è morto in un incidente d'auto. Una lettura riduttiva e stonata del romanzo omonimo di Ugo Gregoretti, ridotto a spunto per esercizi di timida pornografia con giovani attrici sprecate in situazioni da calendario di barbiere.

Natale rosso sangue, Un → *Black Christmas – Un Natale rosso sangue*

Nata libera ** (*Born Free*, Gb 1965, col, 95') James Hill. Con Virginia McKenna, Bill Traves, Geoffrey Keen, Peter Lukoye, Omar Chambati. ◆ Una coppia di ranger allevano i tre cuccioli di un leone che è stato ucciso: uno dei tre si affeziona in modo particolare alla coppia e, diventata una leonessa adulta, resterà loro «amica» anche dopo essere stata rimessa in libertà. Tratto dal bestseller di Joy Adamson, il film ottenne un enorme successo commerciale tanto che ebbe un seguito (*Living Free*, 1972, di Jack Couffer, inedito in Italia) e se ne trasse una serie televisiva e molti documentari. Naturalista e dalla parte degli animali solo in apparenza.

Nata per danzare *** (*Born to Dance*, Usa 1936, b/n, 108') Roy Del Ruth. Con Eleanor Powell, James Stewart, Virginia Bruce, Una Merkel, Sid Silvers, Frances Langford, Raymond Walburn, Reginald Gardiner, Buddy Ebsen. ◆ Una ballerina (Powell) è in cerca di una scrittura nonostante il suo fidanzato non voglia: il caso le fa sostituire una star e così inizia una folgorante carriera. Una delle tante varianti della più amata favola hollywoodiana su musiche di Cole Porter, con tante riprese dal vero della 42a strada. Stupendi i numeri di danza della Powell (*Easy to Love* e *I've Got You Under My Skin*), la ballerina con le «più belle gambe degli anni Trenta», che si supera nel celebre finale *Swinging the Jinx Away*, pezzo d'antologia girato su una corazzata. Ma tutto il film è pieno di momenti saporiti, come la sequenza *Hey Babe, Hey*, dove James Stewart, Buddy Ebsen, Frances Langford e Una Merkel si uniscono alla Powell, oppure le passeggiate notturne della protagonista e di uno Stewart che Del Ruth dirige con sufficiente intelligenza per farci dimenticare che non è né un ballerino né un cantante.

Natascia – L'incendio di Mosca **½ (*Voina i mir I – II*, Urss 1967, col, 263', diviso in due parti rispettivamente di 128' e 135') Sergej Bondarčuk. Con Ljudmila Savel'eva, Irina Skobceva, Vjaceslav Tikhonov, Sergej Bondarčuk, Boris Zachava, Viktor Sattnicy, Oleg Tabakov. ◆ Il film è diviso in due parti: la crisi morale e personale di Andrej Bolkonskij (Tikhonov), giovane aiutante di campo del generale Kutuzovn, la sua amicizia con Pëtr Bezukov (Bondarčuk) e l'amore per la giovanissima Nataša Rostov (Saval'eva), nella prima (intitolata *Natascia* e ambientata nel 1805); l'invasione napoleonica, la battaglia di Borodino, l'incendio di Mosca, la morte di Andrej poco dopo aver rincontrato Nataša, nella seconda (intitolata *L'incendio di Mosca* e ambientata nel 1812). Spettacolare e fluviale versione del romanzo di Tolstoj *Guerra e pace*, originariamente divisa in quattro parti, con centinaia di attori e migliaia di comparse. La minuziosa ricostruzione ambientale (imponente e suggestiva la battaglia di Borodino) e una generale atmosfera di insistita magniloquenza, che vede al centro la celebrazione della pazienza e della tenacia del popolo russo, rivelano la sintonia del film con le esigenze propagandistiche della politica poststaliniana. Conosciuto anche col titolo di *Guerra e pace*. In Italia fu distribuita una versione ridotta. In originale dura 291'.

Nati con la camicia *½ (Italia/Usa 1983, col, 100') Enzo B. Clucher [Enzo Barboni]. Con Terence Hill [Mario Girotti], Bud Specer [Carlo Pedersoli], Buffy Dee, David Huddleston, Riccardo Pizzuti, Faith Minton. ◆ Doug e il ventriloquo giramondo Rosco (Spencer e Hill), scambiati per agenti della Cia, si vedono affidare una pericolosa missione. Molti cazzotti e altrettante gag, ma alla coppia manca la freschezza dei primi tempi.

National Lampoon's Vacation *½ (*National Lampoon's Vacation*, Usa 1983, col, 98') Harold Ramis. Con Chevy Chase, Imogene Coca, Beverly D'Angelo, Randy Quaid, Eddie Bracker, John Candy. ◆ Un inventore (Chase) porta la sua famiglia in vacanza da Chicago in California: succederà ogni tipo di disastro. Sconnessa commedia, che cerca di recuperare lo spirito demenziale reso celebre dalla trasmissione televisiva Saturday Night Live. Per uno spettatore europeo, però, molte gag lasciano a desiderare, con dettagli più repellenti che divertenti. Con due seguiti sempre interpretati da Chase – *Ma guarda un po' 'sti americani* (1985) e *National Lampoon's Christmas Vacation* (1989) di Jeremy S. Checik, inedito in Italia – e un predecessore «apocrifo», *Riunione di classe* (1982).

Nato con la camicia *½ (*Three on a Spree*, Gb 1961, b/n, 80') Sidney J. Furie. Con Jack Watling, Carole Lesley, John Slater, Colin Gordon, Renée Houston. ◆ Per entrare in possesso di otto milioni di sterline, Michael Brewster (Watling) deve spendere un milione di sterline in sessanta giorni. Un'idea non proprio originale diretta e interpretata in maniera anonima. Rifatto da Walter Hill in *Chi più spende... più guadagna*.

Nato il quattro di luglio **½ (*Born on the Fourth of July*, Usa 1989, col, 144') Oliver Stone. Con Tom Cruise, Raymond J. Barry, Caroline Kava, Kyra Sedgwick, Willem Dafoe, Tom Berenger, Abbie Hoffman, Stephen Baldwin, Lili Taylor, Richard Panebianco, John Getz. ◆ La vita di Ron Kovic (Cruise), nato il 4 luglio 1946, figlio della provincia americana fanatica e nazionalista, che torna dal Vietnam paralizzato e impotente e matura sulla propria pelle una presa di coscienza che lo trasformerà in un leader pacifista invitato a parlare alla Convenzione democratica del 1976. Tratto dall'autobiografia di Ron Kovic (che firma la sceneggiatura col regista), il film è «un esercizio di alta retorica antimilitarista» che alterna momenti commoventi (l'incontro con la madre del commilitone che ha involontariamente ucciso in Vietnam) ad altri fin irritanti per la pesantezza didascalica (la convalescenza nell'ospedale americano, la «fuga» in Messico per fare i conti con i propri problemi sessuali) e per la voglia di trasformare la vita di Kovic in una specie di parabola cristologica (con tanto di «peccati», propri e del proprio Paese, da scontare sulla croce, cioè sulla carrozzella). Belle, comunque, le scene di guerra e bravo Tom Cruise nell'interpretare un ruolo che cancella la sua immagine di sex symbol. Otto nomination e due Oscar: miglior regia e montaggio (David Brenner e Joe Husthing). Il vero Ron Kovic si vede, naturalmente in carrozzella, nella parata che apre il film, Oliver Stone interpreta un reporter tv. Particine d'esordio per altri due Baldwin, Daniel e William.

Natura ambigua dell'amore, La *½ (*Love and Human Remains*, Canada 1993, col, 100') Denys Arcand. Con Thomas Gibson, Ruth Marshall, Cameron Bancroft, Mia Kirshner, Joanne Vannicola. ◆ Il cinico David (Gibson), cameriere gay ex attore, è corteggiato dal giovane Bernie (Bancroft), mentre Candy (Marshall), la ragazza con la quale divide l'appartamento, è incerta se cedere ai suoi corteggiatori maschi o se diventare lesbica. Un serial killer, intanto, si aggira per Montreal, e si capisce che è uno degli amici di David e Candy: ma quale? Da una commedia di Brad Fraser, nota in Italia come *Resti umani non identificati* e adattata dall'autore, è uscito un film ibrido e mai convincente. Dopo *Il declino dell'impero americano*, Arcand vuole fare il punto sui costumi sessuali degli anni Novanta, tra Aids, sadomasochismo e voglia di tenerezza. Ma il punto di vista che adotta è didascalico, saccente e mai complice: e il lato thriller dell'intreccio resta appiccicato malamente, e stride con le scene da pochade di pesante sapore teatrale.

Naturich, la moglie indiana **½ (*The Squaw Man*, Usa 1931, b/n, 105') Cecil B. DeMille. Con Warner Baxter, Eleanor Boardman, Lupe Velez, Paul Cavanagh, Roland Young, Julia Faye, Charles Bickford. ◆ L'aristocratico inglese Jim Wynnegate (Baxter), in seguito a una delusione d'amore, si trasferisce in un ranch del Wyoming dove vive con una squaw, Naturich (Velez), che ha salvato dalla violenza di un ladro di bestiame (Bickford) e che a sua volta lo salverà, uccidendo il ladro che cercava vendetta. I due hanno un figlio che, su consiglio di una donna (Boardman) amata in passato da Jim, verrà mandato in Inghilterra a ricevere un'educazione, mentre Naturich, dopo aver visto il figlio partire, si suiciderà per non farsi arrestare dalla polizia per l'omicidio commesso. Un melodramma in cornice western, tratto dalla pièce di Edwin Milton Royle che DeMille aveva già portato sullo schermo nel 1914 (la sua opera prima) e nel 1918. Questa terza versione (sceneggiata da Lucien Hubbard, Leonore J. Coffee ed Elsie Janies) è la più riuscita: la «lezione razzista» sulla superiorità dell'educazione bianca (il giovane americano, figlio del vecchio mondo e dalle radici etniche americane viene mandato in Europa a studiare) passa in secondo piano di fronte a una messinscena volutamente priva di qualsiasi elemento spettacolare, che privilegia la semplicità, il lirismo e l'intensità delle emozioni in gioco senza alcuna concessione al facile sentimentalismo. Ma la vera forza del film è l'interpretazione intensa e commovente di Lupe Velez, eccellente in un ruolo «quasi mizoguchiano» di eroina fedele e caparbia, capace di sacrificarsi fino alla morte per il futuro del figlio, così come per amore del marito non aveva esitato a dare la morte a chi lo minacciava.

Naufrago, Il ** (*The Cheaters*, rititolato *The Castaway*, Usa 1945, b/n, 87') Joseph Kane. Con Joseph Schildkraut, Ona Munson, Billie Burke, Eugene Pallette, Raymond Walburn. ◆ A Natale, un vagabondo alcolizzato e una matura attrice entrano in una casa di avidi borghesi: questi finiranno per trattarli bene quando capiscono che la donna è, senza saperlo, la legittima erede di una grossa fortuna. Caramellosa (ma ben recitata) commediola natalizia per famiglie.

Navajo Joe * (Italia/Spagna 1966, col, 93') Sergio Corbucci. Con Burt Reynolds, Aldo Sambrell, Nicoletta Machiavelli, Fernando Rey, Franca Polesello, Peter Cross [Pierre Cressoy]. ◆ L'indiano Navajo Joe (Reynolds) fa di tutto per fermare il crudele meticcio Duncan (Sambrell), capace di ogni atrocità sia verso i bianchi che verso gli indiani. Il regista non si fa più passare per Sidney Corbett e firma col suo nome una vicenda inverosimile (soprattutto nella sua scelta «filopellerossa»), con psicologie inesistenti e dialoghi che sfiorano il delirio.

Nave bianca, La ** (Italia 1941, b/n, 77′) Roberto Rossellini. Con attori non professionisti. ◆ L'equipaggio di una nave da guerra colpita da una cannonata nemica viene salvato dalla nave ospedale, la «nave bianca»: tra le crocerossine uno dei marinai ritroverà la fidanzata che aveva lasciato piangente sulla banchina del porto. Commissionato da Francesco De Robertis (che supervisionò le riprese) e dal Centro cinematografico del ministero della Marina, è l'opera con la quale Roberto Rossellini esordì alla regia: mescolando melodramma e spezzoni di guerra, il regista costruì un film corale, dove l'attenzione data agli elementi antispettacolari avrebbe dovuto sottolineare la rivolta dell'uomo alla macchina bellica. Il risultato è però lontano dalle intenzioni, anche se in un certo antinaturalismo si possono intravedere i segni di un neorealismo ante litteram. In originale durava 83′.

Nave dei dannati, La *½ (*Voyage of the Damned*, Gb 1976, col, 125′) Stuart Rosenberg. Con Faye Dunaway, Max von Sydow, Malcolm McDowell, Oskar Werner, James Mason, Lynne Frederick, Lee Grant, Wendy Hiller, Katharine Ross, Julie Harris, Orson Welles, Ben Gazzara, Fernando Rey, Jose Ferrer, Donald Huston, Maria Schell, Sam Wanamaker. ◆ Alla vigilia della seconda guerra mondiale, un transatlantico tedesco lascia Amburgo alla volta di Cuba con 937 ebrei in cerca di asilo politico: ma L'Avana non accoglie i profughi e dopo altre inutili tappe la nave è costretta a tornare in Germania. Dal romanzo omonimo di Gordon Thomas, ispirato da una manovra propagandistica di Goebbels (che doveva dare all'opinione pubblica internazionale la prova dell'esistenza del problema ebraico), un costosissimo film paracatastrofico, freddo e impersonale, con troppe grandi star che una sceneggiatura (e una regia) eccessivamente debole lasciano gigioneggiare impunemente. La versione italiana è più breve di 30′ e il personaggio dell'ammiraglio Canaris è sparito.

Nave dei folli, La *½ (*Ship of Fools*, Usa 1965, col, 150′) Stanley Kramer. Con Vivien Leigh, Simone Signoret, Jose Ferrer, Lee Marvin, Oskar Werner, Elizabeth Ashley, George Segal, José Greco, Michael Dunn, Charles Korvin, Heinz Ruehmann. ◆ Agosto 1933, il nazismo è già nell'aria, ma un gruppo di incoscienti ricconi fa una traversata da Vera Cruz a Bremerhaven su una nave di linea tedesca. Tratto dal romanzo-fiume di Katherine Ann Porter, il film vorrebbe essere una specie di ritratto dell'umanità («Questa è una nave di pazzi» dice il personaggio interpretato da Michael Dunn «e se guardate bene, può darsi che a bordo ci troviate voi stessi»): c'è la divorziata che ha perso ogni illusione (Leigh), gli amanti proibiti (Werner e Signoret), lo sportivo caustico (Marvin). Ma l'aria da melodramma polveroso che si respira e la regia piatta e stanca offuscano la buona recitazione degli attori. Due Oscar (immeritati): miglior fotografia (Ernest Laszlo) e scenografia.

Nave della morte, La *½ (*Follow the Boys*, Usa 1944, b/n, 110′) Eddie [Edward] Sutherland. Con George Raft, Vera Zorina, Jeannette MacDonald, Orson Welles, Marlene Dietrich, W.C. Fields, Maria Montez, Dinah Shore, The Andrews Sisters. ◆ Il ballerino Tony West (Raft), deluso per essere stato riformato, serve la patria in guerra organizzando spettacoli per le truppe. Esile pretesto per un film di propaganda, collage di scenette e numeri musicali di vario livello: da un atroce spettacolo di cani ammaestrati al grande Orson, che taglia in due la Dietrich e poi si ipnotizza da solo. Il tasso di Kitsch, in ogni caso, è quasi sempre insopportabile; interessante, oggi, il trattamento del tema razziale, dove convivono separatismo e messaggi concilianti e ottimisti («Sono americano, posso dire ciò che voglio») messi in bocca a un coro gospel. In passato è circolato in Italia anche con il titolo altrettanto insulso *Paloma nera*.

Nave delle donne maledette, La **** (Italia 1953, col, 95′) Raffaello Matarazzo. Con Kerima, Ettore Manni, Tania Weber, May Britt, Elvy Lissiak, Romolo Costa, Olga Solbelli, Flo Sandon's. ◆ Nella Spagna del XVIII secolo, Consuelo (Britt), accusatasi al posto di Isabella (Weber) di un infanticidio, viene condannata alla deportazione: ma sulla nave che la sta portando alle colonie insieme ad altre detenute viaggiano anche Isabella e un avvocato (Manni) deciso a provare l'innocenza di Consuelo. Ci riuscirà solo dopo essere fuggito su una scialuppa con la sua protetta, approfittando della sommossa con cui le deportate hanno momentaneamente conquistato il controllo della nave, che però esploderà con tutti i suoi occupanti. Melodramma barocco e sensuale, ispirato al romanzo di Léon Gozlan *Histoire de cent-trente femmes* (sceneggiato dal regista con Ennio De Concini e Aldo De Benedetti), il film affronta il tema dell'ingiustizia con una carica erotica inusitata per i tempi: la scena in cui le rivoltose convincono la ciurma a unirsi a loro con argomenti tutti femminili ha fatto sognare molti spettatori (anche se questa è stata una delle scene più censurate in tutte le edizioni, italiane o estere che fossero). Eccessivo e claustrofobico, questo film incrina la visione «consolatoria» dell'opera di Matarazzo, mettendo in scena l'erotismo come forza eversiva e libertaria e filmandolo con uno stile insolitamente ridondante e compiaciuto, «cui dà corpo una fotografia dai colori cupi, netti e forti, anche questi decisamente di un tono sopra il reale». L'eccentricità del soggetto e l'originalità della regia hanno giustificato, negli anni successivi, letture eccentriche del film, visto come «metafora della "giusta" sconfitta della sinistra (pirati e donne di malaffare) per mano del supremo ordine divino».

Nave di Satana, La ** (*Dante's Inferno*, Usa 1935, b/n, 89′) Harry Lachman. Con Spencer Tracy, Claire Trevor, Henry B. Walthall, Alan Dinehart, Scotty Beckett. ◆ Un giovane ambizioso e senza scrupoli (Tracy) è assunto dal proprietario di un baraccone di luna park: farà carriera, diventando proprietario di molte attrazioni (tra cui una che si richiama all'Inferno dantesco) e coi guadagni comprerà anche una bisca galleggiante. Ma un provvidenziale incendio lo farà ravvedere, e tornare con la moglie (Trevor). Inusuale e fantasioso melodramma, più ricco di effetti speciali – come l'incendio della nave – che di autentica forza narrativa. I set dell'Inferno sono stati ispirati dai disegni di Gustave Doré. Una delle primissime apparizioni della Hayworth (qui ancora Rita Cansino), nella parte di una ballerina.

Nave fantasma, La * (*Death Ship*, Canada 1980, col, 91') Alvin Rakoff. Con George Kennedy, Richard Crenna, Nick Mancuso, Sally Ann Howes, Kate Reid. ◆ Un gruppo di naufraghi trova rifugio su una misteriosa nave deserta: moriranno uno a uno. Versione marinara di *The Car*, stupido quanto basta per cadere nel ridicolo involontario.

Nave faro, La → *Lightship – La nave faro*

Nave matta di Mister Roberts, La → *Mister Roberts*

Nave più scassata dell'esercito, La ** (*The Wackiest Ship in the Army*, Usa 1960, col, 99') Richard Murphy. Con Jack Lemmon, John Lund, Ricky Nelson, Chips Rafferty, Tom Tully, Joby Baker. ◆ A un ufficiale (Lemmon) viene affidato il comando di uno scalcinato natante e di un equipaggio mal addestrato: diventerà protagonista di un'eroica azione di guerra che termina con la distruzione di una flottiglia giapponese. In perfetto equilibrio tra i toni del film di guerra e quelli della commedia brillante, è un film gradevole e divertente, soprattutto grazie all'interpretazione di Lemmon.

Nave senza nome, La ** (*Wing and a Prayer*, Usa 1944, b/n, 97') Henry Hathaway. Con Don Ameche, sir Cedric Hardwicke, Dana Andrews, Charles Bickford, Richard Jaeckel, Henry Morgan. ◆ Una portaerei Usa è impegnata in una manovra strategica per obbligare i giapponesi a dare battaglia: sarà quella di Midway, che segnò la riconquista americana del Pacifico. Un film di guerra senza infamia e senza lode con molte riprese aeree e di repertorio.

Nave tutta matta, Una *½ (*Ensing Pulver*, Usa 1964, col, 104') Joshua Logan. Con Robert Walker jr, Burl Ives, Walter Matthau, Tommy Sands, Millie Perkins. ◆ Su un cargo da guerra Usa, il guardiamarina Pulver (Walker) salva la vita al dispotico capitano Morton e lo spinge a riflettere sul suo nevrotico comportamento. Inconsistente seguito del film *Mister Roberts*, con Walker che interpreta la parte che era stata di Lemmon (e naturalmente lo fa rimpiangere). Curiosa presenza di molte comparse destinate a far carriera: Larry Hagman, Al Freeman, James Farentino, James Coco e Jack Nicholson.

Nave tutta rosa, Una → *Operazione sottoveste*

Naviganti coraggiosi ** (*Down to the Sea in Ships*, Usa 1949, b/n, 120') Henry Hathaway. Con Lionel Barrymore, Dean Stockwell, Richard Widmark, Cecil Kellaway, Gene Lockhart. ◆ Il vecchio capitano Bering (Barrymore) vuol portare suo nipote (Stockwell) in mare per insegnargli la caccia alla balena, ma gli armatori gli affiancano il giovane capitano Dan Lanceford (Widmark). Avventure marinaresche non prive di spettacolarità ma con trucchi talmente evidenti da indispettire lo spettatore smaliziato.

Navigator ** (*Flight of the Navigator*, Usa 1986, col, 90') Randal Kleiser. Con Joey Cramer, Veronica Cartwright, Cliff De Young, Sarah Jessica Parker. ◆ Il dodicenne David (Cramer) cade in una buca (che in realtà è il portello di un'astronave) e quando ne esce scopre che sono passati otto anni: internato in un laboratorio della Nasa, risale sull'astronave guidata da un robot che ha bisogno delle mappe spaziali nascoste nella sua memoria e scorrazza per i cieli. Favola fantascientifica piena di colpi di scena, tutta giocata sulla voglia di ritrovare il tempo perduto. La realizzazione, però, non è all'altezza: gli effetti speciali sono scontati e le invenzioni più belle vengono da *E.T.* e *Guerre stellari.*

Navigator **½ (*The Navigator: A Medieval Odyssey*, Australia 1988, col e b/n, 91') Vincent Ward. Con Bruce Lyons, Chris Haywood, Hamish McFarlane, Marshall Napier, Noel Appleby, Paul Livingstone, Sarah Pierse. ◆ Nel XIV secolo, Griffin, un bambino veggente, spiega che per salvare il villaggio dalla peste nera bisogna scavare un tunnel che attraversi la Terra e piantare una croce sulla guglia di una chiesa: si ritroveranno nella Sydney dei nostri giorni. Metaforico road-movie diviso in due parti: in bianco e nero quella medioevale, a colori quella australiana, riletta con tutti gli ingredienti dell'onirismo fantasy. La notevole ricerca sul piano fotografico (con continue variazioni cromatiche delle inquadrature) è penalizzata da una certa povertà di soluzioni scenografiche. Conosciuto anche col titolo *Un'odissea nel tempo.*

Navigatore, Il ***½ (*The Navigator*, Usa 1924, b/n, 56') Donald Crisp, Buster Keaton. Con Buster Keaton, Kathryn McGuire, Noble Johnson, Frederick Vroom. ◆ Un giovane milionario (Keaton) si trova solo con la ragazza (McGuire) che ama (e che non voleva saperne di sposarlo) su una nave che va alla deriva nei mari del Sud. Risolto il problema della sopravvivenza, c'è quello dei cannibali. Keaton e Crisp (futuro Oscar come attore non protagonista per *Com'era verde la mia valle*) sfruttano alla perfezione lo spazio chiuso della barca, dove l'azione è coreografata con precisione cronometrica: abbandonati sulla nave, i due personaggi impiegano paradossalmente molto tempo prima di incontrarsi e questa trovata innesca una bellissima serie di gag sul tema della paura (indimenticabili alcune espressioni di Keaton, lampante negazione di chi lo voleva una «faccia di pietra»). Il classico tema della lotta contro gli oggetti dà luogo a una serie di soluzioni surreali: dall'aragosta usata come tenaglia al sistema di pulegge che permette di cucinare. Quarto mediometraggio di Keaton sceneggiato da Jean Havez, Clyde Bruckman e J.A. Mitchell: uno dei suoi maggiori successi, oltre che uno dei suoi film migliori.

Navy Seals (Pagati per morire) * (*Navy SEALS*, Usa 1990, col, 112') Lewis Teague. Con Charlie Sheen, Michael Biehn, Joanne Whalley-Kilmer, Rick Rossovich, Cyril O'Reilly. ◆ Il corpo speciale antiterrorismo dei Navy Seals (da «SEa, Air, Land»: mare, aria, terra), voluto da Kennedy nel 1962, entra in azione nel Mediterraneo e tra le macerie di Beirut, dove gli estremisti islamici hanno nascosto dei missili rubati agli Usa. Un film sguaiato e scontato, tutto retorica patriottica e rambismo d'accatto.

Nazarin *** (*Nazarin*, Messico 1958, b/n, 94') Luis Buñuel. Con Francisco Rabal, Marga Lopez, Rita Macedo, Ignacio Lopez Tarso, Jesús Fernandez, Ada Carrasco, Antonio Bravo, Aurora Molina. ◆ Nel Messico di fine Ottocento dominato dalla dittatura di Porfirio Diaz, l'abate Nazarin (Rabal) si sforza di seguire alla lettera l'insegnamento di Cristo: ma l'aver dato ospitalità a una prostituta accusata di omicidio (Macedo) lo fa sospendere *a divinis*, l'aver guarito una bambina lo trasforma in un santo capace di fare miracoli e l'aver predicato l'esempio di Cristo lo porta in prigione. Tratto dal romanzo di Benito Pérez Galdos sceneggiato dal regista e Julio Alejandro, il film racconta la storia di «un'ossessione di santità», capace solo di andare incontro a dure sconfitte: seguendo le disavventure di un prete donchisciottesco, che prende troppo sul serio la missione evangelica, Buñuel offre qui «una rigorosa analisi delle morali e dei valori dominanti in una società di miseria» e stigmatizza tutto il potere di alienazione che un certo messaggio cristiano ha dimostrato di possedere. Inesorabile e consequenziale nel suo percorso ideologico (l'impegno di chi non sa distinguere tra cause ed effetti della povertà, e quindi non si schiera contro gli oppressori oltre che a favore degli oppressi, è destinato al fallimento), il film, però, non è mai predicatorio e progredisce grazie a un accumulo di notazioni ironicamente ambigue: il «cammino della croce» avverrà in compagnia di due donne smaniose di sesso, in galera sarà difeso da un ladro che ha rubato in chiesa, la salvezza inizierà solo quando abbandonerà le certezze per il dubbio. Perfettamente in sintonia le scelte visive (firmate da Gabriel Figueroa), dove le ossessioni figurative che rimandano a Goya (il personaggio del nano Ujo o l'erotismo di certe scene) si fondono con i suoi tipici sberleffi surrealisti (il Cristo con la corona di spine che ride). Premio speciale della giuria a Cannes.

Nebbia a San Francisco *½ (*Fog Over Frisco*, Usa 1934, b/n, 68') William Dieterle. Con Bette Davis, Donald Woods, Margaret Lindsay, Lyle Talbot, Hugh Herbert, Arthur Byron. ◆ Per amore del brivido Arlene (Davis) si fa coinvolgere da una banda di criminali che non esiteranno a ucciderla, nonostante i tentativi della sorellastra (Lindsay) di aiutarla. Un giallo dai risvolti melodrammatici, interessante solo per l'intensità della recitazione di Bette Davis.

Nebbie *½ (*Conflict*, Usa 1945, b/n, 86') Curtis Bernhardt. Con Humphrey Bogart, Alexis Smith, Rose Hobart, Sydney Greenstreet. ◆ Un marito (Bogart) uccide la moglie (Hobart) per sposare la cognata (Smith). Ma uno psicologo (Greenstreet) lo smaschera facendogli credere che la donna è ancora viva. Bogart, per uscire dagli stereotipi del suo personaggio, accetta di interpretare un personaggio negativo in un giallo di ordinaria amministrazione, improbabile nelle premesse ma abbastanza avvincente negli sviluppi.

Nebbie del passato **½ (*Portrait from Life*, Gb 1948, b/n, 90') Terence Fisher. Con Mai Zetterling, Robert Beatty, Herbert Lom, Guy Rolfe, Patrick Holt, Arnold Marle. ◆ Alla fine della seconda guerra mondiale un anziano ebreo (Marle) sta disperatamente cercando la figlia Hildegarde (Zetterling), della quale ha perso le tracce. Sarà un ufficiale inglese (Rolfe) a ritrovarla e a farle ritrovare la memoria che aveva perso. Uno dei migliori film drammatici di Fisher, realizzato dal regista prima di dedicarsi al cinema gotico: nonostante qualche incongruenza nella sceneggiatura, il tema dell'amnesia (Hildegarde crede di essere la figlia di un gerarca nazista) permette al film di affrontare con forte intensità drammatica il nodo dell'identità nazionale e della compromissione col passato. Grande prova della futura regista Mai Zetterling.

Nebbie sulla Manica ** (*Dangerous When Wet*, Usa 1953, col, 95') Charles Walters. Con Esther Williams, Fernando Lamas, Jack Carson, Charlotte Greenwood, Denise Darcel, William Demarest, Donna Corcoran, Barbara Whiting. ◆ Per poter comprare un toro per la sua fattoria nell'Arkansas, Kathy Higgins (Williams) si iscrive alla traversata della Manica: durante le nuotate d'allenamento farà anche la conoscenza del ricco André (Lamas, che poi nella realtà sposerà davvero la Williams). Improbabile commedia musicale scritta da Dorothy Kingsley, che punta più sugli intermezzi da commedia (le manie naturiste della famiglia Higgins, la cui mamma è interpretata dalla star dei musical Fox anni Quaranta Charlotte Greenwood; o gli equivoci tra nuotatori nel Tamigi coperto di nebbia, da cui il titolo originale) che sulle canzoni di Arthur Schwartz e Johnny Mercer. La cosa migliore è però il sogno in cui la Williams nuota in un cartoon con Tom e Jerry.

Nebbie sul mare *½ (Italia 1944, b/n, 83') Marcello Pagliero [e Hans Hinrich]. Con Viveca Lindfors, Gustav Diessl, Otello Toso, Claudio Ermelli, Guido Morisi, Carmen Navascués, Umberto Spadaro, Adele Garavaglia, Aristide Garbini. ◆ Brasile: assolta per insufficienza di prove dall'accusa di complicità e abbandonata dal marito (Diessl) che aveva ucciso un creditore troppo intraprendente, Maria Rosai (Lindfors) cerca lavoro sotto falso nome. Trova anche l'amore di un onesto ingegnere italiano come lei, Leonardo Monti (Toso), ma lo scoppio della seconda guerra mondiale li obbliga al rientro in patria: sulla nave riconosceranno in un fuochista il primo marito, che durante un attacco aereo inglese saprà sacrificarsi per la nuova felicità della moglie. Curioso melodramma (semi) propagandistico scritto da Gherardo Gherardi, che non riesce a fondere davvero le due anime della storia, quella drammatica (del delitto e del viaggio per mare) e quella centrale, sdolcinata e melò, della corte di Leonardo a Maria. Né la regia, firmata nei titoli dal solo Pagliero per ragioni razziali, riesce a sfruttare la bellezza (non molto enigmatica, per la verità) dell'attrice svedese di passaggio in Italia (prima di sbarcare a Hollywood e diventare moglie di Don Siegel). Visti i tempi, anche la slealtà degli inglesi che, con un loro proditorio attacco aereo fanno precipitare la tragedia, non è particolarmente sottolineata.

Necrofila, La *½ (*Love Me Deadly*, Usa 1972, col, 93') Jacques La Certe. Con Mary Wilcox, Lyle Waggoner, Christopher Stone. ◆ Vittima di traumi edipici, la frigida Lindsay (Wilcox) ha l'hobby di baciare cadaveri nelle camere ardenti: un impresario di pompe funebri necrofilo le farà conoscere pratiche più hard. Solo per appassionati del genere, anche perché le sequenze macabre e *gore* sono gli unici momenti interessanti in un intreccio catatonico. È circolato di recente coi titoli *Queen of Evil* e *La regina del male*, inspiegabilmente attribuito a Oliver Stone. Distribuito in cassetta col titolo *Amami mortalmente*.

Nefertite regina del Nilo * (Italia 1961, col, 106') Fernando Cerchio. Con Jeanne Crain, Vincent Price, Edmund Purdom, Amedeo Nazzari, Liana Orfei, Clelia Matania, Guido Marchetti. ◆ Nefertite (Crain), figlia del gran sacerdote, è costretta a sposare il sacerdote Amenophis IV (Nazzari), ma continua ad amare Tumos (Purdom). Intrighi e amori nell'antico Egitto in un peplum che mette in campo un cast prestigioso ma male assortito, e diretto con mano goffa. La vera regina d'Egitto (poi immortalata in un celebre busto) si chiamava Nefertiti.

Negoziatore, Il ** (*The Negotiator*, Usa 1998, col, 138') F. Gary Gray. Con Samuel L. Jackson, Kevin Spacey, David Morse, Ron Rifkin, J.T. Walsh, John Spencer, Regina Taylor, Siobhan Fallon. ◆ Specialista nel condurre trattative per liberare ostaggi, Danny Roman (Jackson) sequestra un ispettore della disciplinare (Niebaum) e alcuni collaboratori per dimostrare di essere stato incastrato dall'alto, e chiede che a negoziare il loro rilascio sia Chris Sabian (Spacey). Sceneggiato da James DeMonaco e Kevin Fox, che si sono ispirati a una storia vera, un thriller serrato e senza pretese, popolare nel modello narrativo (l'innocente che deve dimostrare di esserlo) e sofisticato nello svolgimento (due ore e più di trattative verbali, al cinema, non sono uno scherzo). È meccanica dell'intrattenimento allo stato puro (la psicologia rimane in superficie), ma come prodotto di genere funziona piuttosto bene, anche perché i due protagonisti sono del tutto credibili.

Negozio al corso, Il ** (*Obchod na korze*, Cecoslovacchia 1965, b/n, 128') Jan Kadár, Elmar Klos. Con Jozef Kroner, Ida Kaminska, Hana Slivková, Helena Zvarikova, Frantisek Zvarik. ◆ Durante l'occupazione nazista della Slovacchia un falegname ariano (Kroner) viene messo a «proteggere» la bottega di un'anziana ebrea (Kaminska), ma nonostante gli inviti dell'avida moglie non la denuncia e anzi le si affeziona. Quando arriva l'ordine di deportazione, non sa se nasconderla o consegnarla: involontariamente ne causerà la morte e finirà per suicidarsi. Tratto dal racconto *La trappola* di Ladislav Grosman (sceneggiato dal romanziere e dai due registi), il film vuole dimostrare che «il terrore non nasce soltanto dalle pistole e dalle bombe ma anche dalle brave persone che pensano di non poter mai fare nulla di male e che finiscono assassini». Gli autori trattano la tragica storia come se fosse una commedia dell'assurdo, ma il tema è di quelli che non fanno venire voglia di sorridere, neanche a denti stretti. E comunque il bozzettismo del film appare molto invecchiato. Oscar come miglior film straniero nel 1966.

Nei bassifondi di Los Angeles **½ (*Cry Danger*, Usa 1951, b/n, 79') Robert Parrish. Con Dick Powell, Rhonda Fleming, Richard Erdman, William Conrad, Regis Toomey. ◆ Un ex galeotto (Powell) si vendica di coloro che l'hanno mandato in prigione. Parrish, già attore e montatore (Oscar per *Anima e corpo*) esordisce nella regia con un noir concitato ed essenziale, dalle atmosfere cupe, molto ben dialogato da William Bowers. Powell mostra una buona stoffa drammatica.

Nei panni di Pietro → *Uomo venuto dal Cremlino, L'*

Nei panni di una bionda ** (*Switch*, Usa 1991, col, 103') Blake Edwards. Con Ellen Barkin, Perry King, Lorraine Bracco, JoBeth Williams, Jimmy Smits, Tony Roberts. ◆ Un playboy impenitente (King), ucciso dalle sue tre amanti, si reincarna per punizione nel corpo femminile di Amanda Brooks (Barkin): per non finire all'Inferno dovrà trovare qualcuno che l'aveva amato veramente. Edwards (recuperando l'idea di *Ciao Charlie* di Minnelli) porta alle estreme conseguenze il tema dell'ambiguità sessuale già affrontato in *Victor Victoria*: Amanda deve continuare ad amare l'altro sesso (col rischio del lesbismo) o rispettare la sua nuova natura fino in fondo? La partenza è ottima, alcune situazioni irresistibili, ma il film si affloscia in un finale patetico e perbenista. Memorabile la Barkin, che deve simulare il disagio e la sorpresa di stare nel suo corpo.

Nel bel mezzo di un gelido inverno **½ (*In the Bleak Midwinter*, Gb 1995, b/n, 100') Kenneth Branagh. Con Michael Maloney, Richard Briers, Mark Hadfield, Nicholas Farrel, Gerard Horan, John Sessions, Celia Imrie, Hetta Charnley, Julia Sawalha, Joan Collins, Jennifer Saunders, Robert Hines. ◆ Piuttosto che accettare un umiliante contratto con Hollywood, Joe Harper (Maloney) accetta di allestire un *Amleto* in una chiesa sconsacrata: il cast è pittoresco, la produzione deficitaria, le prove costellate di problemi, ma non è detto che il risultato debba per forza essere un disastro. Continuando a utilizzare il cinema per mostrare la grandezza del teatro (la sua modernità con *Molto rumore per nulla*, la nostalgia per i vecchi mattatori in *Canto del cigno*), Branagh usa ancora Shakespeare per spiegare come la grandezza di un testo stia nella capacità di parlare a chiunque gli si accosti. E infatti il fulcro di questa spiritosa commedia non è nella messa in scena finale (con inevitabili invenzioni moderniste e ancor più inevitabile lieto fine) ma in tutta l'odissea delle prove, quando ogni attore si confronta – anche scherzando, o facendo ridere – con la profondità dell'arte teatrale. Divertente prova di Joan Collins nel ruolo dell'agente di Harper. Sceneggiatura dello stesso Branagh.

Nel bene e nel male *½ (*Vie conjugale: Françoise*, Francia/Italia 1964, b/n, 115') André Cayatte. Con Marie-José Nat, Jacques Charrier, Macha Méril, Georges Rivière, Michèle Girardon, Jacques Monod. ◆ Storia di un fallimento coniugale visto dalla parte di lei (Nat), che accusa il marito (Charrier) di indolenza (non ha saputo sfruttare le occasioni professionali che lei gli aveva trovato, prima come giudice in provincia, poi come assistente di un grande avvocato a Parigi) e ingiustificate gelosie. Realizzato assieme a *Vita coniugale* (che narra la stessa storia dal punto di vista di lui), è un tentativo insolito (i due film andrebbero visti uno dopo l'altro) di analisi psicologica che però si rivela troppo didascalica e a tratti anche banale. Il violinista è interpretato da Stéphane Grappelli.

Nel blu dipinto di blu (Volare) *½ (Italia 1959, b/n, 103') Piero Tellini. Con Domenico Modugno, Giovanna Ralli, Arianna, Vittorio De Sica, Franco Migliacci, Elisabetta Velinsky, Carlo Taranto, Riccardo Garrone, Gino Buzzanca, Roberto Paris. ◆ Per difendersi dall'accusa di aver fatto il palo, il perdigiorno Turi La Rosa (Modugno) sostiene di essersi trovato nei pressi della gioielleria dove è stato tentato il colpo solo per fare la corte a una camerierina (Arianna). Ma la ragazza è innamorata davvero e Turi alla fine abbandona i suoi sogni di gloria – e la gelosissima Assuntina (Ralli) – per seguirla. A dispetto del titolo, un melodramma più che un film con musiche: Modugno canta – tra l'altro *Pasqualino maraja*, *Strada anfosa*, *Io*, *Resta cu me*, mentre *Volare* è eseguita da De Sica, nei panni di un imbroglione gentiluomo – ma in maniera da non rallentare il racconto (Turi, per campare, si esibisce nelle taverne). E a fianco degli sceneggiatori Scola e Tellini si sente la presenza di Zavattini con la sua voglia di raccontare un'umanità dolceamara che vive ai margini della legalità e per tirare avanti si adatta a stare con mani e piedi nel gesso per fare da modello alle statue dei santi. Irrisolto, ma curioso nel suo tentativo di «elevare» il film canzonettistico.

Nel buio da soli → *Soli nel buio*

Nel centro del mirino **½ (*In the Line of Fire*, Usa 1993, col, 125') Wolfgang Petersen. Con Clint Eastwood, John Malkovich, Rene Russo, Dylan McDermott, John Mahoney, Fred Dalton Thompson. ◆ Frank Horrigan (Eastwood), veterano dei servizi segreti col rimorso di non avere salvato JFK, deve difendere il nuovo presidente dal furbissimo maniaco Mitch Leary (Malkovich). Un thriller che si sforza di dare spessore ai personaggi, e ci riesce soprattutto per merito dei due interpreti: Eastwood, disilluso e pieno di rimpianti, e Malkovich, ambiguo, glaciale e accattivante. Il gioco del gatto e del topo che Leary conduce ai danni di Horrigan, chiamandolo continuamente al telefono, è la parte migliore del film, e si colora di una sotterranea ambiguità. Ben girate le scene d'azione e di suspense, anche se manca un pizzico di coraggio per spingersi un po' oltre la prevedibilità del genere. Insulso il personaggio dell'agente in gonnella (Russo) e già sentita la musica di Morricone: uniche pecche in una confezione di gran classe.

Nel cerchio ** (Italia 1976, col, 80') Gianni Minello. Con Giorgio Mascia, Luanne Canziani, Giuseppe Bella, Dino Bugno, Edy Biagetti. ◆ Giorgio (Mascia), un giovane sardo trasferitosi a Venezia per cercare lavoro, scopre sulla propria pelle la crudeltà delle persone e l'inumanità delle istituzioni, così che per vivere non gli resta che prostituirsi. Esordio di Gianni Minello in un film sulla società sbagliata e le istituzioni devianti diretto con sobrietà artigianale. Volonteroso, ma anche un po' schematico.

Nel continente nero *½ (Italia 1992, col, 110') Marco Risi. Con Diego Abatantuono, Corso Salani, Tony Sperandeo, Anna Falchi, Ivo Garrani, Gianfranco Barra. ◆ Un giovanotto tutto d'un pezzo (Salani), in Kenia per i funerali del padre che non vedeva da decenni, viene coinvolto nella vita disordinata di un faccendiere (Abatantuono) che ha qualcosa da nascondere. Storia di una seduzione (morale ma anche sessuale) mancata, dove la coppia antitetica di protagonisti rimanda pesantemente al *Sorpasso*. La storia procede a singhiozzo, le macchiette di contorno sono troppe, e le divagazioni turistiche inopportune. Generica la satira degli italiani come esportatori di corruzione e malcostume. Più interessante il personaggio ambiguo e sgradevole di Abatantuono, malgrado la sua insopportabile tendenza a gigioneggiare. Andrea Purgatori, giornalista e cosceneggiatore, appare nella prima scena durante la presentazione d'affari.

Nel corso del tempo *** (*Im Lauf der Zeit*, Rft 1975, b/n, 176') Wim Wenders. Con Rüdiger Vogler, Hanns Zischler, Lisa Kreuzer, Rudolf Schündler. ◆ Bruno, «king of the road» (Vogler), un riparatore di proiettori cinematografici che vive sul suo camion, soccorre un uomo, Robert detto «kamikaze» (Zischler), che ha tentato uno strano suicidio. Insieme i due vagano per la Repubblica Federale: qualche avventura occasionale, discorsi, silenzi riempiti dal rock, incontri con i gestori delle sale, fino a quando, sul confine tra le Germanie, i due si separano. Conclusione della trilogia sulla strada di Wenders (dopo *Alice nella città* e *Falso movimento*), e primo suo film a essere distribuito in Italia (con sottotitoli). Girato fidandosi molto dell'improvvisazione, il film è una riflessione sulla morte dei padri e su quella del cinema (è dedicato a Fritz Lang e la proprietaria di una sala che chiude afferma: «È meglio che non esista più alcun cinema piuttosto che un cinema come quello attuale») che utilizza la struttura dei road-movie per esaltare la mistica della vita afferrata casualmente e quella del ritorno alle origini della settima arte: Wenders sovverte i tempi tradizionali del racconto, e si sofferma su ciò che il modo classico di raccontare ignora (comprese le funzioni fisiologiche dei personaggi). Un film più importante che bello; oggi, forse, un po' datato. In ogni caso, un'esperienza visiva unica.

Nel cuore della notte → *Incubi notturni*

Nel deserto di Laramie **½ (*Gas Food Lodging*, Usa 1991, col, 101') Allison Anders. Con Fairuza Balk, Brooke Adams, Ione Skye, Robert Knepper, Donovan Leitch, James Brolin, Chris Mulkey, Jacob Vargas. ◆ Ritratto di famiglia nel New Mexico: madre cameriera e single (Adams), padre assente da anni (Brolin), sorella maggiore scapestrata (Skye), sorella minore sognatrice (Balk). La Anders (che adatta il romanzo di Richard Peck *Don't Look and It Won't Hurt*) adotta un minimalismo elegante, con tocchi di umorismo lieve e pronto a trapassare nei toni lirici e onirici; e con più di un ricordo di *L'ultimo spettacolo* (i film che vede al cinema la piccola Shade sono immaginari mélo messicani girati *ad hoc*). Quello che si dice un debutto promettente: un po' sopravvalutato negli Usa, prima che il cinema indipendente da Sundance diventasse di moda. Colonna sonora di J Mascis (che interpreta Cecil) e Barry Adamson. Leitch (il fan dal *glam rock*) è il fratello della Skye.

Nel 2000 guerra o pace → *Vita futura, La – Nel 2000 guerra o pace*

Nel duemila non sorge il sole ** (*1984*, Gb 1956, b/n, 91′) Michael Anderson. Con Edmond O'Brien, Michael Redgrave, Jan Sterling, Donald Pleasence. ◆ In una società di stampo staliniano un funzionario del governo (O'Brien) si innamora illegalmente di una collega (Sterling) e, tradito, subisce il lavaggio del cervello. Prima, cupa versione del romanzo *1984* di George Orwell, che ispirerà anche *Orwell 1984*.

Nel fango della periferia **½ (*Edge of the City*, distribuito anche con il titolo *A Man Is Ten Feet Tall*, Usa 1957, b/n, 85′) Martin Ritt. Con John Cassavetes, Sidney Poitier, Jack Warden, Kathleen Maguire, Ruby Dee. ◆ Un operaio bianco disertore (Cassavetes) stringe amicizia con un nero (Poitier), e lo vendica dopo che questi è stato ucciso dal losco caposquadra (Warden). Tratto dall'originale televisivo di Robert Alan Arthur (qui anche sceneggiatore), è un dramma socialmente impegnato che, sulla scia del successo di *Fronte del porto*, segna l'esordio di Ritt. Oggi appare un po' schematico e fatalista, ma ai tempi il messaggio dell'alleanza del bianco col nero era tutt'altro che scontato.

Nel fantastico mondo di Oz *½ (*Return to Oz*, Usa 1985, col, 110′) Walter Murch. Con Nicol Williamson, Jean Marsh, Piper Laurie, Fairuza Balk. ◆ Dorothy (Balk) fugge da una clinica per ritornare nel paese di Oz, che trova però dominato da esseri malvagi. Fiaba ricca di effetti speciali, che conserva poco dell'incanto del primo *Mago di Oz*. Esordio nella regia di un grande tecnico del suono.

Nel giardino delle rose *½ (Italia 1990, col, 101′) Luciano Martino. Con Massimo Ghini, Ottavia Piccolo, Barbara De Rossi, Giancarlo Giannini, Gioia Scola, Leo Gullotta, Remo Girone. ◆ In viaggio verso Napoli dove sta morendo sua madre, Claudio (Ghini) fa il bilancio della sua vita. Il produttore Martino debutta alla regia con un film di qualche ambizione, ma che non sa mettere a fuoco i suoi numerosi personaggi.

Nel giorno del Signore * (Italia 1970, col, 92′) Bruno Corbucci. Con Fred Robsam, Igli Villani, Ira Fürstenberg, Lando Buzzanca, Sidney Chaplin, Vittorio Caprioli, Carlo Dapporto, Erminio Macario, Ciccio Ingrassia, Franco Franchi, Gino Bramieri, Franca Valeri, Mario Carotenuto, Checco Durante. ◆ Gelosa di Raffaello (Robsam) e del suo amore per la bella Fornarina (Villani, nipote di Sophia Loren), la nobildonna Beatrice del Giovenale (Fürstenberg) fa in modo che la rivale sia accusata di omicidio: toccherà al pittore urbinate risolvere il giallo. Farsa storica piena di comparse illustri che non azzecca mai il tono appropriato.

Nel giorno di San Valentino ** (*On Valentine's Day*, Usa 1986, col, 106′) Ken Harrison. Con Hallie Foote, William Converse-Roberts, Steven Hill, Matthew Broderick, Richard Jenkins. ◆ Texas, 1917: due giovani (Foote e Converse-Roberts) si sono sposati senza il consenso dei genitori, affrontando problemi di ogni genere. Ma col loro amore daranno una lezione a tutti quanti li circondano. Da una commedia di Horton Foote, un film sovraccarico di personaggi e di storie di contorno: a tratti delicato, ma statico.

Nel gorgo del peccato *½ (Italia 1955, b/n, 84′) Vittorio Cottafavi. Con Margot Hielscher, Fausto Tozzi, Elisa Cegani, Franco Fabrizi. ◆ Alberto (Tozzi) torna dalla madre (Cegani), dopo anni di loschi affari, con la bella Germaine (Hielscher) al fianco. Un ex amante della donna (Fabrizi), geloso, tenterà di metterlo di nuovo nei guai, ma la madre, a costo della vita, riuscirà a salvare il figlio, che così potrà finalmente essere felice e sposare l'amata. Dramma a fosche tinte basato su scene forti. I legami del sangue e la morale escono, faticosamente ma inevitabilmente, vincitori.

Nell *½ (*Nell*, Usa 1994, col, 113′) Michael Apted. Con Jodie Foster, Liam Neeson, Natasha Richardson, Nick Searcy. ◆ Blue Ridge Mountains, Nord Carolina: il medico condotto della zona (Neeson) scopre l'esistenza di Nell (Foster), ragazza selvaggia cresciuta nell'isolamento totale, che si esprime in un idioma tutto suo. Con l'aiuto di una psicologa (Richardson), Lovell cerca di entrare in comunicazione con lei e intuisce qualcosa di oscuro nel suo passato. Il tentativo di integrarla nella normale vita sociale fallisce anche per l'invadente intervento dei mass media: Nell tornerà a vivere tra le sue montagne, e i due medici, che hanno messo su famiglia insieme, andranno a trovarla di tanto in tanto. Un felice dramma bucolico contro i guasti della civiltà: Apted sbaglia registro e bersaglio, cercando di armonizzare il tutto con una dose esagerata di controluce color argento e tramonti romantici. La Foster giganteggia in tecnica senza riuscire a emozionare con sincerità e forse, in qualità di produttrice-star (*Nell* è il primo film della Egg Pictures, la casa di produzione dell'attrice), involontariamente soffoca la sensibilità documentaristica del regista. Un'occasione sprecata, che nella versione italiana soffre ancora di più per il ridicolo doppiaggio del «nellish», la lingua selvaggia della protagonista.

Nella città bianca → *Dans la ville blanche*

Nella città l'inferno ** (Italia 1958, b/n, 106′) Renato Castellani. Con Anna Magnani, Giulietta Masina, Cristina Gajoni, Miriam Bru, Renato Salvatori, Alberto Sordi, Milly (Monti), Umberto Spadaro, Saro Urzì, Sergio Fantoni, Gina Rovere. ◆ Una domestica (Masina) finisce in prigione accusata di furto. È innocente ed estranea a quel mondo, ma la vicinanza con una frequentatrice abituale del carcere (Magnani) finisce per avviarla sulla cattiva strada. Melodramma claustrofobico, quasi interamente ambientato in prigione, tratto dal romanzo *Roma, via delle Mantellate* di Isa Mari, sceneggiato dal regista con Suso Cecchi d'Amico. La Masina e la Magnani formano un duo di grande intensità.

Nella città perduta di Sarzana ** (Italia 1981, col, 102′) Luigi Faccini. Con Riccardo Cucciolla, Franco Graziosi, Bruno Corrazzari. ◆ Nel 1924 un magistrato viene inviato a Sarzana, cittadina ligure che oppone una strenua resistenza all'avanzata del potere fascista. Muterà le sue opinioni, ma sarà inutile. Accurata ricostruzione storica in un film prodotto dalla Rai, corretto ma senza voli.

Nella giungla di cemento *½ (*Menace II Society*, Usa 1992, col, 97') Albert e Allen Hughes. Con Tyrin Turner, Jada Pinkett, Larenz Tate, Arnold Johnson, Samuel L. Jackson, Charles S. Dutton. ◆ Los Angeles, ghetto di Watts: con un padre spacciatore (Jackson), Caine Lawson (Turner) non può che crescere sulla strada del crimine. Al contrario del suo amico O-Dog (Tate), che arriva a vendere agli amici la videocassetta in cui lo si vede ammazzare un negoziante coreano, Caine ha una fidanzata perbene e qualche rimorso: ma all'orizzonte non c'è nessuna redenzione. Sulla scia di *Boyz'n the Hood*, realismo urbano ad alto tasso di retorica: crudeltà per *épater le bourgeois* e predicozzi *politically correct*. Bill Duke è il poliziotto che fa l'interrogatorio. Esordio degli Hughes Brothers, anche sceneggiatori con Tyger Williams.

Nella mischia ** (Italia 1995, col, 93') Gianni Zanasi. Con Lorenzo Viaconzi, Andrea Proietti, Emiliano Cipolletti, Marco Adamo, Valentina Sora, Daniela Ottobrini, Francesca Ottobrini, Giacomo Ciarrapico, Cristina Aubry, Manrico Gammarota. ◆ Un gruppo di adolescenti in un quartiere periferico romano, Lorenzo, Emiliano, Marco e Andrea (Viaconzi, Cipolletti, Adamo e Proietti): impazienti di emanciparsi dagli adulti, annoiati dalla scuola, insoddisfatti dei lavoretti che trovano, cercano ingenuamente di mettere a segno qualche furto e qualche truffa per sopravvivere, ma le cose non vanno mai per il verso giusto. Con mano leggera, qualche volta debole ma mai volgare, prendendo le distanze dalla comune vulgata sui giovanissimi (tutti più o meno «assassini nati») e facendosi apprezzare per la sua delicatezza non retorica, Zanasi racconta la vita di adolescenti «normali», per il momento senza drammi e senza nemmeno futuro, un po' romantici nei loro vani sogni d'illegalità. Un'opera prima che denota un'indubbia sensibilità narrativa (anche nel rapporto tra personaggi e contesto urbano), ma che «confonde volentieri il De Sica e il Truffaut meno problematici». Sceneggiatura dello stesso Zanasi, che riprende e sviluppa il suo cortometraggio *La bella prova*, citato all'inizio e alla fine del film.

Nella morsa → *Presi nella morsa*

Nell'anno del Signore *½ (Italia/Francia 1970, col, 117') Luigi Magni. Con Nino Manfredi, Claudia Cardinale, Ugo Tognazzi, Alberto Sordi, Robert Hossein, Enrico Maria Salerno, Britt Ekland, Pippo Franco. ◆ Roma 1825: Manfredi è un ciabattino dall'aria tonta che di notte attacca le satire antipontificie alla statua di Pasquino. Sordi è un fratacchione, Tognazzi un cardinale untuoso. La storia in formato barzelletta con morale progressista in dotazione (inutile tentare di salvare dalla ghigliottina due carbonari se il popolo non è pronto a sollevarsi in armi). Secondo film di Magni, autore anche della sceneggiatura e d'ora in poi specialista della Roma papalina.

Nella polvere del profondo Sud **½ (*Intruder in the Dust*, Usa 1949, b/n, 87') Clarence Brown. Con David Brian, Juano Hernandez, Claude Jarman jr, Elizabeth Patterson, Porter Hall. ◆ In una cittadina del profondo Sud un nero (Hernandez) è accusato di omicidio, e la folla lo vuole linciare. Dramma poliziesco raccontato con gli occhi di un ragazzo (Jarman jr) e tratto da un romanzo di Faulkner (tradotto in italiano come *Non si fruga nella polvere*), fu uno dei primi film ad affrontare il tema del razzismo. Brown, già regista di fiducia della Garbo, dimostra, per i tempi, uno spirito progressista.

Nella società degli uomini **½ (*In the Company of Men*, Usa 1997, col, 93') Neil LaBute. Con Aaron Eckhart, Stacy Edwards, Matt Malloy, Jason Dixie, Emily Cline. ◆ Per vendicarsi dell'altro sesso, due yuppie inaciditi – il macho Chad (Eckhart) e il goffo Howard (Malloy) – scelgono come capro espiatorio una bella segretaria sorda e timida, Christine (Edwards): vogliono farla innamorare di entrambi e poi piantarla in asso, ma non tutto andrà secondo i piani. Non bisogna confondere la repulsione per i personaggi con la lucidità della messa in scena: il commediografo LaBute, al primo film, tocca tasti su cui il cinema hollywoodiano glissa, con effetti volta a volta disturbanti e istruttivi, imbarazzanti e liberatori. La visione non lascia illesi, e gli attori sono di una bravura terrificante. Appena un po' compiaciuto, e senza un particolare talento per l'immagine.

Nella stretta morsa del ragno *½ (Italia/Rft/Francia 1971, col, 109') Anthony Dawson [Antonio Margheriti]. Con Anthony Franciosa, Michèle Mercier, Klaus Kinski, Peter Carsten, Irina Maleeva, Silvano Tranquilli, Raf Baldassarre, Paolo Gozlino, Karin Field, Vittorio Fanfoni. ◆ Alan Foster (Franciosa) accetta la scommessa di passare la notte in una casa di fantasmi: troverà l'amore di uno spettro (Mercier), ma non ne uscirà vivo. Auto-remake fotocopia di *Danza macabra* con metà dell'atmosfera del prototipo (colpa anche della fotografia a colori e della Mercier che non regge il confronto con la Steele): niente di imperdibile, a parte un invasato Kinski che, nei panni di Edgar Allan Poe, recita *Berenice* nel prologo.

Nella sua pelle *½ (*Dating the Enemy*, Australia 1996, col, 104') Megan Simpson Huberman. Con Claudia Karvan, Guy Pearce, Matt Day, Lisa Hensley, Pippa Grandison, John Howard, Scott Lowe. ◆ Dopo un anno di matrimonio, la giornalista scientifica Tash (Karvan) e il conduttore televisivo Brett (Pearce) capiscono di avere caratteri opposti e si augurano reciprocamente di entrare nella pelle dell'altro: il che puntualmente avviene, con tutte le conseguenze immaginabili, sul lavoro, nella vita privata e nelle relazioni sessuali. Uno spunto vecchio come il cinema raccontato senza molte invenzioni di sceneggiatura (della regista), ma con una discreta performance da parte dei due protagonisti. E senza il bisogno di inventarsi una giustificazione narrativa al cambiamento uomo-donna, come se l'interscambiabilità tra i sessi fosse un fatto talmente normale da giustificarsi da sé.

Nella tana del serpente *½ (*Chains of Gold*, Usa 1990, col, 95') Rod Holcomb. Con John Travolta, Marilu Henner, Hector Elizondo, Bernie Casey. ◆ Un assistente sociale (Travolta) si infiltra tra i grossisti di crack e salva un suo piccolo amico. Poliziesco schematico e banale. Travolta collabora alla sceneggiatura e tenta di riciclarsi come eroe tutto d'un pezzo, ma senza successo.

Nell'eccitante attesa dell'accoppiamento armonico ** (*Hot Times*, Usa 1974, col, 88') Jim McBride. Con Henry Cory, Gail Lorbert, Amy Farber, Bob Lesser. ◆ In cerca disperata di una donna, Archie (Cory) si improvvisa anche attore porno, finché ne rimorchia una a Times Square, la notte di capodanno. Girato da McBride su commissione (ma sceneggiato da lui), è una specie di «porno familiare molto soft» che anticipa la serie di *Porky's*, ma è molto più divertente – oltre che più esplicito – quanto a cose di sesso.

Nelle pieghe della carne * (Italia/Spagna 1970, col, 90') Sergio Bergonzelli. Con Eleonora Rossi Drago, Anna Maria Pierangeli, Fernando Sancho, Alfredo Majo. ◆ In una villa in Bretagna un terzetto bacato (padrona, governante e nipote) fa fuori gli ospiti. Verranno smascherati da un agente. Goffo thriller che vorrebbe evocare (invano) un'atmosfera decadente.

Nell'occhio del ciclone *½ (*Eye of the Storm*, Usa/Germania 1991, col, 94') Yuri Zeltser. Con Craig Sheffer, Dennis Hopper, Lara Flynn Boyle, Bradley Gregg, Leon Rippy. ◆ Nel deserto di Mojave, Ray (Sheffer) e il fratello cieco Steven (Gregg) vivono nel motel dove anni prima sono stati uccisi i genitori. Quando arriva una coppia di litigiosi vacanzieri (Hopper e Flynn Boyle), si convincono che si tratta degli assassini. Thriller (scritto dal regista e da Michael Stewart) stiracchiato e poco coinvolgente, che non ha mai il coraggio di andare fino in fondo. Roland Emmerich è un produttore esecutivo.

Nelly e Monsieur Arnaud *** (*Nelly et Monsieur Arnaud*, Francia/Italia/Germania 1995, col, 106') Claude Sautet. Con Emmanuelle Béart, Michel Serrault, Jean-Hughes Anglade, Claire Nadeau, Michael Lonsdale, Charles Berling. ◆ La giovane Nelly (Béart), reduce da una rottura sentimentale e disoccupata, viene assunta come dattilografa dal signor Arnaud (Serrault), anziano e facoltoso magistrato in pensione: tra i due s'instaura un rapporto profondo, anche se poi ognuno continua per la propria strada. Con la grazia che gli è propria e lo stile che lo distingue (fatto di accenni, ellissi, cose non dette e atti incompiuti), Sautet (anche autore della sceneggiatura con Jacques Fieschi) mette in scena la solitudine, il bisogno e la paura dei sentimenti raccontando una relazione «indefinibile», ma che – forse proprio per questo – contiene quasi tutta la gamma di emozioni e potenzialità che un incontro può provocare, gelo compreso. Interpreti ispirati.

Nel mar dei Caraibi ** (*The Spanish Main*, Usa 1945, col, 100') Frank Borzage. Con Paul Henreid, Maureen O'Hara, Walter Slezak, Binnie Barnes. ◆ Una donna (O'Hara) è contesa tra un pirata buono (Henreid) e uno cattivo (Slezak). Sgargiante fumettone del periodo in cui imperversavano i film di corsari, molto lontano dalla vena intimista di Borzage, ma comunque abbastanza riuscito, con qualche bel tocco ironico nelle scene interpretate da Walter Slezak.

Nel mezzo della notte **½ (*Middle of the Night*, Usa 1959, b/n, 118') Delbert Mann. Con Kim Novak, Fredric March, Glenda Farrell, Martin Balsam, Albert Dekker, Jan Norris, Lee Copeland, Lee Philips, Effie Afton. ◆ Da tempo vedovo, Jerry Kingsley (March) vorrebbe rifarsi una vita al fianco della sua giovane segretaria Betty (Novak), fresca di divorzio. I parenti di lui ostacolano in ogni modo questo matrimonio fino a convincere Betty ad abbandonare l'uomo che pure ama, ma il tentato suicidio del socio di Kingsley (Dekker), infelice per via della moglie, rimette molte scelte in discussione. Un melodramma abbastanza convenzionale, che Paddy Chayefsky ha tratto da una sua pièce portata a Boadway da Joshua Logan e che è riscattata dalla straordinaria prova dei due protagonisti: anche se la situazione non sembra troppo credibile, March e soprattutto una intensissima Novak riescono a infondere la scintilla dell'autenticità nei personaggi di due infelici troppo provati dalle avversità e risollevare così la convenzionale regia di Delbert Mann.

Nel mondo della luna *½ (*The Moon's Our Home*, Usa 1936, b/n, 83') William A. Seiter. Con Henry Fonda, Margaret Sullavan, Charles Butterworth, Walter Brennan, Beulah Bondi. ◆ Uno scrittore (Fonda) sposa una diva del cinema (Sullavan), ma subito nascono equivoci e battibecchi. Faranno pace. Nella realtà, Fonda e la Sullavan erano già divorziati. Commediola esilissima e non tropppo sofisticata.

Nel mondo della luna * (*Over the Moon*, Gb 1937, col, 76') Thornton Freeland, William K. Howard. Con Merle Oberon, Rex Harrison, Ursula Jeans, Robert Douglas, Wilfrid Hyde-White, Louis Borell. ◆ Una ragazza di campagna inglese (Oberon) eredita una fortuna. Il medico che le fa la corte (Harrison), anziché gioire, fa il ritroso. Riconciliazione finale a Venezia, in gondola. Insulsa commediola (da un soggetto dello specialista Lajos Biro) prodotta da Alexander Korda, pretesto per una serie di cartoline turistiche in giro per l'Europa. Anche la Oberon, futura moglie del produttore, non è mai stata così brutta.

Nel nome del maligno * (*Prime Evil*, Usa 1988, col, 90') Roberta Findlay. Con William Beckwith, Christine Moore, Tim Jacobs. ◆ Una setta medioevale mantiene l'immortalità grazie a un patto col diavolo e a riti sacrificali adeguati. Horror di una regista che viene dal cinema erotico, povero sia di idee che di budget.

Nel nome del padre ** (Italia 1972, col, 109') Marco Bellocchio. Con Yves Beneyton, Renato Scarpa, Laura Betti, Lou Castel, Piero Vida, Aldo Sassi, Gisella Burinato. ◆ Anni Cinquanta: in un collegio gestito dai preti, l'arrivo di Angelo (Beneyton), un convittore anticonformista e ribelle, scatena le tensioni latenti che sfoceranno nell'inutile rivolta dei servi (un gruppo di emarginati che vengono sfruttati con l'alibi della carità) e degli studenti. Ma proletari e borghesi non riusciranno a incontrarsi, se non in un ultimo gesto iconoclasta (Angelo e Tino, uno dei servi con la fissazione della fantascienza, taglieranno un pero «miracoloso» sotto cui la gente si riuniva a pregare). Utilizzando i propri ricordi personali, Bellocchio costruisce un grottesco ritratto dell'universo chiuso di un collegio dove riproduce le dinamiche che allora agitavano la società e, più in generale, lo scontro tra desiderio e potere, tra follia e ragione. Dichiaratamente caricaturale (i sacerdoti e gli studenti hanno quasi tutti nomi ironicamente simbolici: Nevvero, Corazza, Diotaiuti, Severità, Matematicus, Bestias, Bocciofili), il film ha forti momenti espressivi (la recita degli allievi, certi rituali di vita ecclesiastica o collegiale) ma scivola spesso in uno schematismo ideologico e troppo rigidamente metaforico.

Nel nome del padre ****½** (*In the Name of the Father*, Gb 1993, col, 133') Jim Sheridan. Con Daniel Day-Lewis, Pete Postlethwaite, Emma Thompson, Anthony Brophy, John Lynch, Frankie McCafferty, Peter Howitt. ◆ Guildford, Inghilterra, 1974: due stragi attribuite all'Ira portano all'arresto di quattro hippies irlandesi, tra cui Gerry Conlon (Day-Lewis), e del padre di costui, Giuseppe (Postlethwaite). False confessioni estorte con sevizie, quindici anni di carcere, inutili proclamazioni d'innocenza in un Paese in cerca di capri espiatori, la tragica morte di Giuseppe: solo nel 1989, grazie a una campagna di controinformazione organizzata da un'agguerrita avvocatessa (Thompson), «i quattro di Guildford» verranno assolti e rimessi in libertà. Ispirandosi alle memorie del vero Gerry Conlon (*Il prezzo dell'innocenza*), Sheridan affronta una clamorosa vicenda giudiziaria evitando accuratamente la strada maestra del film tribunalizio per avventurarsi in quelle – più infide – che portano all'incrocio del melodramma familiare con il prison-movie. E trattiene se stesso e la star Day-Lewis dalla tentazione di fare del giovane protagonista l'indomito eroe di turno. Un onesto film di formazione, realizzato con un senso dello spettacolo civile incline alla commozione forte ma allergico alla retorica: in Inghilterra ha scosso le coscienze di molti. Cast eccellente.

Nel paese dei sordi ******* (*Le Pays des sourds*, Francia 1992, col, 99') Nicolas Philibert. Con Jean-Claude Poulain, Odile Ghermani, Babette Deboissy, gli alunni e il personale dell'Institut national des jeunes sourdes di Parigi. ◆ Un documentario appassionante e commovente, divertente e affascinante nell'universo dei sordomuti senza nessuna voce off che spiega ma con i sottotitoli per permettere di leggere quello che i sordomuti esprimono a gesti. Mescolando scene di vita (un matrimonio, la visita ai monumenti di Parigi, l'incontro con un gruppo di giovani americani in vacanza in Francia) a momenti più «pedagogici» (un professore insegna il corretto uso dei segni, i piccoli drammi di un gruppo di giovanissimi scolari) o più personali (i sogni di un attore, la storia romantica di una coppia), il film illustra i problemi ma anche le gioie e l'allegria di un mondo spesso dimenticato o mistificato, ma rivendica anche la centralità della visione nella comunicazione cinematografica. E lo fa, correttamente, senza sostituirsi alla realtà, ma offrendo allo spettatore un accesso privilegiato al mondo, senza dover passare attraverso i binari della finzione o il bisogno di fare prediche. Un film struggente.

Nel più alto dei cieli ***** (Italia 1977, col, 85') Silvano Agosti. Con Marcella Michelangeli, Francesca Romana Coluzzi, Livio Barbo, Edy Biagetti, Clara Colosimo. ◆ Un gruppo di pellegrini rimane chiuso in un ascensore mentre si sta recando in udienza dal papa. Finiranno con l'uccidersi e divorarsi a vicenda, ma era solo un sogno. Goffo apologo satirico che fa il verso a Buñuel e Ferreri, senza averne l'inventiva surreale.

Nel profondo del delirio ****** (*Dr. Jekyll et les femmes*, ridistribuito col titolo *Le Cas étrange de Dr. Jekyll et Miss Osbourne*, Francia 1981, col, 95') Walerian Borowczyk. Con Marina Pierro, Udo Kier, Patrick Magee, Howard Vernon, Catherine Coste. ◆ Riuniti nella casa del dr. Jekyll (Kier), tutti i suoi amici cominciano a essere vittime di una serie di delitti con complicazioni sadiche. Ma quando la moglie (Pierro) scopre che l'autore è il proprio marito, trasformatosi in Mr. Hyde, decide di seguirne la sorte e fa il bagno (!) nella tinozza dove c'è l'intruglio che la renderà come Hyde. Come diceva Gainsbourg in una canzone, il dr. Jekyll è ben contento di essere diventato Mr. Hyde e Borowczyk lo segue su questo terreno per raccontare il trionfo della libido sul mondo borghese: la lettura che fa del racconto di Stevenson non è delle più originali, ma lo stile è elegante e morboso senza essere leccato. Marina Pierro è folgorante. La versione italiana, malgrado le proteste dell'autore, è stata montata in modo arbitrario.

Nel profondo paese straniero ****½** (Italia/Francia/Svizzera 1997, col, 102') Fabio Carpi. Con Claude Rich, Valeria Cavalli, Grégoire Colin, Renée Faure, Jacques Dufilho, Walter Vidarte, Rafael Rodriguez, José Quaglio, Vani Tripathi, Franco Trevisi. ◆ Accompagnato dalla giovane Sibilla (Cavalli), uno scrittore anziano e semicieco, René (Rich), viaggia dalla Spagna all'India tenendo conferenze: l'incontro con un giovane torero (Colin) accenderà la passione di Sibilla (e il sentimento della paternità in René), la strana «avventura» del poeta con una prostituta indiana farà scoprire alla sua accompagnatrice la gelosia, ma intanto il sentimento della morte si fa sempre più incombente... Continuando un percorso d'autore sulle tracce di una personale introspezione psicologica (la madre «invadente» era già al centro di *La prossima volta il fuoco*), Carpi, autore anche della sceneggiatura, affronta il tema della vecchiaia – delle sue paure e capricci, delle sue generosità e infantilità – come raramente il cinema italiano ha saputo fare. In questo modo lascia nell'ombra le giustificazioni della trama (perché un vecchio deve girare continuamente per il mondo?), ma l'atmosfera astratta e cupa insieme è una specie di specchio in cui ritrovare le proprie fantasie. Il personaggio di René deve molto alla figura di Borges (e di Omero), ma con più fiducia nella musica che nella scrittura.

Nel regno dei cieli ****** (*Au Royaume des cieux*, Francia 1949, b/n, 108') Julien Duvivier. Con Suzanne Cloutier, Serge Reggiani, Liliane Maigné, Juliette Greco, Suzy Prim. ◆ In un carcere femminile una direttrice morbosa (Prim) perseguita una giovane detenuta (Cloutier) che il fidanzato (Reggiani) tenta di salvare da quell'inferno. Il realismo e la denuncia si stemperano nella punizione dei malvagi e nel lieto fine. Comunque il soggetto, per i tempi, non era convenzionale e alcune scene (lo sciopero della fame, la «ronda» delle detenute davanti a un cadavere) sono pezzi d'antologia.

Nel regno del ragno ***½** (*Dick Tracy – The Spider Strikes*, Usa 1937, b/n, 62') William N. Witney, John

English. Con Ralph Byrd, Lynn Roberts, Charles Middleton, Jerry Tucker, David Sharpe. ◆ Dick Tracy (Byrd) è alle prese con la banda dello Zoppo che ha catturato il fratello di Dick, Gordon, e l'ha reso succube ai suoi voleri. Questo film raggruppa i primi tre episodi del serial Republic *Dick Tracy*.

Nel regno di Napoli **½ (*Neapolitanische Geschwister*, Rft/Italia 1978, col, 125') Werner Schroeter. Con Liana Trouché, Antonio Orlando, Cristina Donadio, Ida Di Benedetto, Margareth Clementi, Gerardo D'Andrea. ◆ Trent'anni di storia napoletana visti attraverso le disavventure di due famiglie povere ma oneste. Melodramma a forti tinte dallo stile raggelato, che non sempre riesce ad armonizzare il lato patetico con il discorso politico, ma che comunque ha saputo dare un ritratto di Napoli molto più «veritiero» e appassionato che in molti film di cineasti italiani. La Di Benedetto grandeggia nella parte di una ricca lesbica che cerca di far prostituire una ragazza. Girato in napoletano da un regista tedesco che si definisce «orfano di Maria Callas».

Nel segno di Roma *½ (Italia/Francia/Rft 1959, col, 98') Guido Brignone [e Riccardo Freda e Michelangelo Antonioni]. Con Anita Ekberg, Georges Marchal, Folco Lulli, Jacques Sernas, Lorella De Luca, Gino Cervi, Chelo Alonso, Mimmo Palmara, Paul Müller, Alberto Farnese. ◆ Sconfitto dalla regina Zenobia (Ekberg), che si è ribellata a Roma, il console Marco Valerio (Marchal) viene costretto a lavorare come schiavo, ma quando riesce a fuggire si finge traditore e si presenta alla sovrana per offrirle i suoi servigi: aiuterà i romani a vincere, ma anche a smascherare il tradimento dell'infido Semanzio (Lulli) e a salvare la vita della regina, di cui si è innamorato. Un peplum dignitoso ma piuttosto contorto nella trama (scritta dal regista con Francesco Thellung, Francesco De Feo, Sergio Leone e Giuseppe Mangione), con la Ekberg troppo «impacciata» dalle sue grazie per essere credibile come regina guerriera. Durante le riprese, Brignone si ammalò e il film (i cui titoli di testa si aprono – forse per la prima volta nel cinema italiano – con un cartello che ne attribuisce la paternità al produttore: «un film di Enzo Merolle») fu portato a termine da Riccardo Freda, che diresse le scene della battaglia finale (e per questo è citato nei titoli) e gli esterni e da Michelangelo Antonioni, che diresse gli interni. Distribuito anche col titolo *La regina del deserto*.

Nel sole *½ (Italia 1967, col, 107') Aldo Grimaldi. Con Al Bano [Albano Carrisi], Romina Power, Franco Franchi, Ciccio Ingrassia, Nino Taranto, Carlo Giordana, Linda Christian, Hélène Chanel, Antonella Steni, Cristina Sacchetti, Enzo Maggio, Enrico Montesano, Loretta Goggi, Vincenzo Crocitti, Carlo Taranto. ◆ Innamorato della ricca Lorena Vivaldi (Power), lo studente-lavoratore Carlo Carrera (Al Bano) si finge un riccone con la complicità di un autista (Franchi) e di un maggiordomo (Ingrassia): ma il geloso Giorgio (Giordana) lo sbugiarda. Mitico abbraccio finale dopo sbandamenti vari, e dopo che Al Bano ha cantato *Nel sole*, il successo che l'aveva lanciato. Passabile musicarello (c'è anche un altro hit, *Tutto l'oro del mondo*), conformista quanto basta e pieno di macchiette faticose per i gusti attuali. Da un soggetto di Bruno Corbucci e Mario Amendola, fu il primo, galeotto film della coppia: sul set, infatti, la figlia sedicenne di Linda Christian (che interpreta la madre anche nella finzione) e di Tyrone Power si innamorò del ragazzo di Cellino San Marco; lo avrebbe sposato nel 1970. All'epoca incassò ben 809 milioni. Seguito da *L'oro del mondo*.

Nel Texas cadevano le stelle ** (*The Stars Fell on Henrietta*, Usa 1995, col, 110') James Keach. Con Robert Duvall, Aidan Quinn, Frances Fisher, Brian Dennehy, Lexi Randall, Billy Bob Thornton, Victor Wong. ◆ Texas, anni Trenta: il rabdomante Mr. Cox (Duvall) non ha ancora perso la speranza di trovare il petrolio, e il contadino Don (Quinn) è così disperato da essere disposto a credergli e cominciare a trivellare la propria terra. Visto che Clint Eastwood è coproduttore, non si può non pensare al mondo di derelitti e piccoli truffatori di *Honkytonk Man*: peccato però che tutto si risolva nell'effetto nostalgia e nella celebrazione della voglia di sognare. Gradevole, ben confezionato (la fotografia è di Bruce Surtees) e non molto di più. Scritto da Philip Railsback.

Nemica, La *½ (Italia 1952, b/n, 92') Giorgio Bianchi. Con Elisa Cegani, Frank Latimore, Vira Silenti, Giacomo Verlier, Carlo Ninchi, Ada Dondini, Filippo Scelzo, Cosetta Greco, Luigi Cimara. ◆ Apprezzato da tutti per la sua vitalità e simpatia, il duca Roberto Di Neri (Latimore) non si spiega la freddezza della madre (Cegani) che gli preferisce il fratello minore (Verlier): quando scoprirà di essere il frutto di un peccato di gioventù del padre defunto, cercherà la morte durante la prima guerra mondiale, ma il destino mescolerà ancora le carte. Fedele ma scolastica riduzione del dramma omonimo di Dario Niccodemi, sceneggiato da Alberto Vecchietti, Fede Arnaud, Ermanno Donati e dal regista. Tutto si regge sulla recitazione della Cegani, intensa nelle scene madri ma poco convincente nel rendere la psicologia di una donna obbligata da un giuramento ad amare un figlio non suo. La guerra in trincea è stata ricreata anche con alcuni spezzoni documentari.

Nemiche amiche *½ (*Stepmom*, Usa/Germania 1998, col, 124') Chris Columbus. Con Susan Sarandon, Julia Roberts, Ed Harris, Jena Malone, Liam Aiken, Lynn Whitfield. ◆ Anna (Malone), dodici anni, e Ben (Aiken), sette, odiano la giovane e imbranata matrigna Isabel (Roberts): e la loro madre divorziata Jackie (Sarandon), che non ha ancora perdonato l'ex marito (Harris), ci gode. Tuttavia, di fronte alla malattia di Jackie, gli screzi si appianano e tutti danno il meglio di sé. Dopo *Mrs. Doubtfire*, Columbus si conferma cantore della famiglia postmoderna, questa volta con due madri: ma dopo qualche melensaggine pigia presto sul pedale del patetico, in una cornice di beato benessere wasp che rende tutto fasullo. Quattro sceneggiatori, tra cui lo strapagato Ron Bass, hanno adattato il soggetto di Gigi Levangie; le due protagoniste, anche coproduttrici, non risparmiano sulla glicerina.

Nemici di ieri *½ (*Yesterday's Enemy*, Gb 1959, b/n, 95') Val Guest. Con Stanley Baker, Guy Rolfe, Leo McKern, Gordon Jackson. ◆ Durante la seconda guerra mondiale un contingente inglese in Birmania se la deve vedere, oltre che con i giapponesi, con un comandante carogna. Dramma bellico di ordinaria amministrazione.

Nemici d'infanzia *½ (Italia 1995, col, 114') Luigi Magni. Con Paolo Murano, Renato Carpentieri, Giorgia Tartaglia, Nicola Russo, Elena Berera, Elodie Treccani, Gregorio Gandolfo, Luigi Diberti. ◆ Educazione alla vita del dodicenne Paolo (Murano) che nella Roma del 1944 si divide tra l'amicizia con la coetanea Luciana (Tartaglia) e l'ammirazione per l'invalido Corsini (Carpentieri): quando scopre che è un membro dei Gap mandato a uccidere proprio il padre di Luciana, torturatore fascista, e la ragazza gli chiede di rivelargli l'identità dell'attentatore, Paolo dovrà scegliere con chi stare. Scritto dal regista prima in forma di romanzo e sceneggiato con Carla Vistarini, un film soffocato dalla mancanza di mezzi (certi esterni senza comparse sono desolanti) e da un eccesso di ideologia: tutti parlano come libri di storia, burattini di un gioco dove l'importante sembra la capacità di recitare la propria moralina (il gappista che prevede già le contraddizioni future della sinistra, il giovane fascista coerente con il qualunquismo della nazione fino al suicidio, il nazista incolpevole, la giovane apolitica ma istintivamente dalla parte giusta).

Nemici naturali *½ (*Natural Enemies*, Usa 1979, col, 100') Jeff Kanew. Con Hal Holbrook, Louise Fletcher, Peter Armstrong, Jose Ferrer, Viveca Lindfors. ◆ Un pubblicitario (Holbrook) scopre una mattina di avere l'impellente bisogno di far fuori la propria famiglia. Incerto tra commedia grottesca e dramma, Kanew punta il dito contro la famiglia americana, ma gli sviluppi dell'idea iniziale sono deludenti.

Nemici per... la pelle * (*Le Tatoué*, Francia/Italia 1968, col, 89') Denys de La Patellière. Con Jean Gabin, Louis de Funès, Paul Marcey, Yves Barsacq. ◆ Un uomo (Gabin) con un Modigliani tatuato sulla schiena fa un contratto capestro con un antiquario (de Funès). Stanca commedia che esaurisce subito l'idea di partenza, e per cui nulla possono fare gli interpreti.

Nemici, una storia d'amore **½ (*Enemies, a Love Story*, Usa 1989, col, 119') Paul Mazursky. Con Anjelica Huston, Ron Silver, Lena Olin, Margaret Sophie Stein, Alan King, Judith Malina. ◆ New York, 1949: Herman Broder (Silver), un intellettuale ebreo sfuggito ai nazisti ma ancora ossessionato dai ricordi, ha sposato Yadwiga (Stein), la donna che lo salvò, ma vive un'intensa passione con un'altra profuga, Masha (Olin). La situazione si complica quando ricompare la sua prima moglie, Tamara (Huston), che credeva morta in un campo di concentramento: inquieto e pieno di rimorsi, comincia a dividersi in tre. Dal romanzo di Isaac B. Singer, sceneggiato da Mazursky con Roger L. Simon, una tragi-commedia arguta, ironica e profondamente amara, «un'imprevedibile elegia sul tema della menzogna» intrecciata dentro un contrappunto di memorie, ipocrisie, solidarietà e male di vivere. Nel ruolo di Leon Tortshiner, recita il regista.

Nemico amato ** (*Beloved Enemy*, Usa 1936, b/n, 86') H.C. Potter. Con Merle Oberon, Brian Aherne, Henry Stephenson, David Niven, Karen Morley, Donald Crisp, Jerome Cowan, Ra[sic] Hould. ◆ Berlino 1921: al seguito del padre diplomatico (Stephenson), l'inglese Helen (Oberon) incontra casualmente l'inafferrabile Dennis Riordan (Aherne), leader degli indipendentisti irlandesi, e tra i due scoppia il colpo di fulmine. L'odio tra i due popoli mette in crisi il loro legame, ma l'amore della donna avrà un ruolo determinante nel favorire le trattative di pace. Il film d'esordio di Potter è una inverosimile ricostruzione della lotta d'indipendenza irlandese, di cui comunque non nasconde la crudeltà e la violenza di entrambi i contendenti. La sceneggiatura (di John Balderston, Rose Franken e William Brown Meloney) non riesce a dare credibilità alla storia d'amore, melensa e improbabile, nonostante l'ottima direzione della Oberon (non a caso Potter veniva dal teatro) e la fotografia di Gregg Toland che fa intuire le sue future ricerche formali. Una didascalia iniziale avverte che «i fatti sono inventati», ma il personaggio di Riordan è evidentemente ispirato alla figura di Michael Collins, attentato finale compreso (però con un happy ending imposto dalle reazioni delle preview).

Nemico ci ascolta, Il ** (*Air Raid Wardens*, Usa 1943, b/n, 67') Edward Sedgwick. Con Stan Laurel, Oliver Hardy, Edgar Kennedy, Jacqueline White, Horace [Stephen] McNally, Donald Meek, Howard Freeman. ◆ Inetti e pasticcioni, Stanlio e Ollio (Laurel e Hardy) vengono espulsi anche dalla guardia nazionale, ma saranno proprio loro a smascherare una rete di spie naziste che vuole sabotare la fabbrica di magnesio della città. Laurel e Hardy partecipano allo sforzo propagandistico cercando di riproporre i meccanismi classici della loro comicità fisica, slow-burn compreso (non a caso a dirigerli c'è il miglior regista del Keaton muto). Ma l'età dei due comici non è in grado di reggere il ritmo necessario per queste farse, e così il film trasmette un involontario senso di malinconia per un'epoca che non c'è più, capace però di commuovere gli spettatori che non hanno la memoria troppo corta.

Nemico del popolo, Un *½ (*An Enemy of the People*, Usa 1977, col, 103') George Schaefer. Con Steve McQueen, Bibi Andersson, Charles Durning, Richard Bradford. ◆ Gli interessi economici sono più forti delle ragioni ecologiche: e chi ne fa le spese è uno scienziato onesto e idealista (McQueen, con la barba). Adattamento sceneggiato da Arthur Miller di *Un nemico del popolo* di Ibsen, è pieno di buone intenzioni, ma è girato in modo piatto e televisivo. Queen, che credeva nel film (uno dei suoi ultimi), è anche produttore esecutivo.

Nemico di mia moglie, Il *½ (Italia 1959, b/n, 100') Gianni Puccini. Con Marcello Mastroianni, Giovanna Ralli, Vittorio De Sica, Memmo Carotenuto, Luciana Paluzzi, Giacomo Furia, Raimondo Vianello, Andrea Checchi, Gisella Sofio, Enzo Garinei. ◆ Marco (Mastroianni) passa tutte le domeniche a fare l'arbitro di calcio e così rischia di mandare a rotoli il suo matrimonio. Alla fine, grazie anche a un pestaggio da parte dei tifosi, la moglie (Ralli) lo riprenderà in casa. Spaccato di vita familiare, affabile ma leggerino. Teddy

Reno interpreta se stesso e Giuliano Gemma fa una piccola comparsata. Conosciuto anche col titolo *Il marito bello*.

Nemico invisibile, Il *½ (*Charlie Chan in London*, Usa 1934, b/n, 79') Eugene Forde. Con Warner Oland, Drue Leyton, Douglas Walton, Alan Mowbray, Raymond [Ray] Milland, E.E. Clive. ◆ Il primo film della serie dedicata all'investigatore cinese tratto da un soggetto originale di Philip MacDonald: Charlie Chan (Oland) aiuta Scotland Yard a trovare degli assassini che si sono impossessati di segreti governativi.

Nemico per amico, Un ** (*Après la guerre*, Francia 1989, col, 105') Jean-Loup Hubert. Con Richard Bohringer, Antoine Hubert, Julien Hubert, Martin Lamotte, Isabelle Sadoyan, Raoul Billerey. ◆ Sud della Francia, 1944: per evitare le rappresaglie causate dal loro coinvolgimento nella morte del sindaco, i due fratellastri Antoine e Julien (A. e J. Hubert, figli del regista) si dirigono a Lione in cerca della madre. Fanno amicizia con un disertore tedesco (Bohringer), ma le leggi della guerra metteranno fine a ogni possibile utopia. Hubert cerca di bissare il successo di *Innocenza e malizia*, ma qui la sceneggiatura (sempre del regista) è più prevedibile e il messaggio pacifista perde vigore sotto un eccesso di commozione. Senza contare che molti elementi (l'assenza del padre, il burbero che rivela un cuore d'oro, la galleria delle comparse) sembrano presi di peso dal film precedente e che, specie in originale, il dialogo è troppo furbescamente attualizzato.

Nemico pubblico *** (*The Public Enemy*, Usa 1931, b/n, 84') William A. Wellman. Con James Cagney, Jean Harlow, Edward Woods, Joan Blondell, Beryl Mercer, Donald Cook, Mae Clarke. ◆ Ascesa e caduta di Tom Powers (Cagney), cresciuto nelle strade di New York e diventato gangster durante il proibizionismo in compagnia dell'amico Matt Doyle (Woods). Uno degli archetipi del gangster-movie, teso e vibrante, costruito con sequenze brevi ed ellittiche, capaci di dare il senso di una scelta di vita violenta e insieme romantica. Nonostante gli anni, il film stupisce ancora per la modernità della recitazione di Cagney, implacabile coi nemici e tenero con la mamma, e per i bei dialoghi di Kubec Glasmon e John Bright. La scena in cui schiaccia un pompelmo in faccia alla fidanzata che si lamenta (Clarke) è entrata nella storia del cinema, ma quella finale, in cui il suo corpo, ucciso e legato come una mummia, viene messo davanti alla porta di casa per cadere quando il fratello la apre, è ancora sconvolgente.

Nemico pubblico *½ (*Enemy of the State*, Usa 1998, col, 127') Tony Scott. Con Will Smith, Gene Hackman, Jon Voight, Lisa Bonet, Regina King, Stuart Wilson, Tom Sizemore, Gabriel Byrne, Jason Lee, Jason Robards. ◆ Avvocato di belle speranze, Robert Clayton Dean (Smith) si ritrova in tasca un video che dimostra come un ambizioso dirigente dell'Agenzia per la sicurezza nazionale (Voight) sia un assassino: all'improvviso diventa l'obiettivo di un complotto per eliminarlo, e l'unico di cui sembra potersi fidare è un'ex spia paranoica (Hackman). Il thriller politico nell'era della privacy tenta di coniugare, nella sceneggiatura di David Marconi, la matrice hitchcockiana (l'Uomo Qualunque che precipita in un gorgo malefico) con la memoria di film spionistici d'autore (*La conversazione* e *I tre giorni del condor*). Ma poi la regia di Tony Scott pensa solo all'azione, riducendo tutto alla solita scheggia impazzita che sembra onnipotente e si fa beffe di ogni logica narrativa. Unica idea originale, il negozio di biancheria intima con le commesse-modelle in mutandine e reggiseno o guêpière.

Nemico pubblico n. 1, Il *½ (*L'Ennemi public n. 1*, Francia/Italia 1953, b/n, 105') Henri Verneuil. Con Fernandel [Fernand Contandin], Zsa Zsa Gabor, Paolo Stoppa, Tino Buazzelli, Jean Marchat, Saturnin Fabre, Louis Seihner. ◆ Il mite e miope Joe Calvet (Fernandel), a causa di un impermeabile, viene scambiato per un gangster. Ma lo scambio di ruoli gli trasforma il carattere e Joe riuscirà a sgominare la banda e a trasformare la bella Lola la bionda (Gabor) in un'allevatrice di polli. Innocua commediola su misura del protagonista.

Nené ** (Italia 1977, col, 100') Salvatore Samperi. Con Leonora Fani, Tino Schirinzi, Sven Valsecchi, Ugo Tognazzi, Paola Senatore, Rita Savagnone. ◆ I primi turbamenti di un bambino (Valsecchi), innamorato della cugina (Fani) più grande e già esperta. Sullo sfondo, le elezioni del 1948 e la sconfitta del Fronte popolare. Forse il miglior film di Samperi (tratto dall'omonimo romanzo di Cesare Lanza sceneggiato dal regista e Alessandro Parenzo), meno pruriginoso del solito. La Fani veniva dal cinema erotico di serie C; Schirinzi, attore di Strehler e di Castri, esordiva al cinema. Musiche di Francesco Guccini.

Nenette e Boni *** (*Nénette et Boni*, Francia 1996, col, 113') Claire Denis. Con Grégoire Colin, Alice Houri, Valeria Bruni Tedeschi, Vincent Gallo, Jacques Nolot, Alex Descas. ◆ Marsiglia: Boni (Colin), pizzaiolo ambulante ossessionato dalla bellezza di una panettiera (Bruni-Tedeschi), accoglie malvolentieri la sorella Nénette (Houri), fuggita dal collegio e incinta: ma tra silenzi e incomprensioni, pian piano i due si ritroveranno. Una storia di solitudini a catena, impregnata degli umori inquinati del paesaggio, che svuota dall'interno il modello del dramma di periferia: lo sguardo della Denis, secco, essenziale e nudo, si sbarazza di qualsiasi retorica grazie alla predilezione per il dettaglio semidocumentaristico rielaborato in chiave di finzione scabra e intensa; e i soliti raccordi melodrammatici sono spezzati da giustapposizioni di scene dove la psicologia è bandita per lasciare il posto a una macchina da presa a fior di pelle, tesa a far scaturire emozioni profonde nel pieno rispetto morale dei personaggi. Notevole il cast, in cui spicca lo straordinario Colin, e memorabile la sua immaginaria scena di sesso mentre impasta la pizza. Musiche dei Tindersticks.

Né onore né gloria ** (*Lost Command*, Usa 1966, col, 128') Mark Robson. Con Anthony Quinn, Alain Delon, George Segal, Michèle Morgan, Maurice Ronet, Claudia Cardinale, Grégoire Aslan, Jean Servais. ◆ Durante la guerra d'Algeria, il colonnello Raspéguy (Quinn) deve combattere contro un suo ex ufficiale passato alla guerriglia: lo sconfiggerà, ma i suoi metodi metteranno in crisi uno dei suoi collaboratori. Tratto dal romanzo *I centurioni* di Jean Larteguy, è uno dei primi film sulla guerra d'Algeria: partendo da posizioni pacifiste tenta di dividere con equità torti e ragioni, ma non resiste alla tentazione del melodramma.

Ne parliamo lunedì *½ (Italia 1989, col, 100') Luciano Odorisio. Con Andrea Roncato, Elena Sofia Ricci, Sebastiano Nardone, Francesco Scali. ◆ In un motel sperduto in qualche pianura del Nord Italia, marito, moglie e amante giocano al *Postino suona sempre due volte* per vincere la noia. Ma alla fine non succede nulla, e lo spettatore si sente un po' preso in giro. Il film del (fallito) lancio di Elena Sofia Ricci come star erotica. Roncato se la cava onorevolmente.

Nero * (Italia 1992, col, 100') Giancarlo Soldi. Con Sergio Castellitto, Chiara Caselli, Luis Molteni, Hugo Pratt, Carlo Colnaghi. ◆ Weekend con il morto per il mite Federico (Castellitto), alle prese col cadavere di un amico che scompare e riappare a piacimento, e con una fidanzata (Caselli) e un ispettore di polizia (Pratt) che sembrano sapere troppo. È Milano o è Twin Peaks? Tratto dal romanzo omonimo di Tiziano Sclavi, l'ideatore di Dylan Dog (qui anche cosceneggiatore col regista), è una parodia semihorror (o un horror semiparodico) con ambizioni kafkian-polanskiane, che finisce col prendersi troppo sul serio. E con un'aria di prodotto pensato a tavolino per essere cult a tutti i costi, che dà sui nervi. Musica di Francesco Guccini e dei Mau Mau.

Nero criminale – Le belve sono tra noi *** (*Frightmare*, Gb 1974, col, 86') Pete Walker. Con Deborah Fairfax, Kim Butcher, Sheila Keith, Rupert Davies, Paul Greenwood, Leo Genn. ◆ Jackie (Fairfax) nasconde alla sorellastra (Butcher) che mamma (Keith) è una serial killer ed è appena uscita dal manicomio; ma ignora che è anche rientrata in attività. Dietro un titolo idiota si cela un thriller al femminile di categoria superiore: scritto abilmente (da David McGillivray), messo in scena con diabolico senso della suspense e dotato di una crudeltà nell'attaccare la famiglia che lascia stupefatti. Il sangue ha la sua parte, ma lo shock viene anche dall'accurata direzione degli attori e dalla precisione sociologica della descrizione: quasi una via di mezzo tra Ken Loach e *Driller Killer* di Ferrara.

Nerolio **½ (Italia 1996, b/n, 78') Aurelio Grimaldi. Con Marco Cavicchioli, Vincenzo Crivello, Salvatore Lazzaro, Piera Degli Esposti, Franco Mirabella. ◆ Metà anni Settanta: un celebre e scandaloso poeta e regista (Cavicchioli), arrogante, affamato di sesso, esteta un po' ridicolo (fa ascoltare Satie alle marchette), solo, megalomane, infuriato per gli attacchi dei giornali, è alle prese con un cinico scrittorello (Crivello), che si finge suo fan ed è disposto a tutto pur di farsi pubblicare, e con gli amati ragazzi di vita, che casualmente diventano suoi carnefici. Una ricostruzione immaginaria ma non troppo dell'ultimo Pasolini, profeta rancoroso e contraddittorio teorico del sesso come sopraffazione. Grimaldi, alla sua prova migliore fino ad oggi, ne dà un'immagine laica e anche sgradevole, che ha urtato le vestali e i seguaci postumi del maestro. Nessun calvario, nessuna ascesi cripto-cattolica: un film che solleva più domande di quelle cui può rispondere, inevitabilmente estetizzante (bianco e nero di Maurizio Calvesi, musica classica), coraggioso e un po' compiaciuto. Per la sceneggiatura Grimaldi ha adattato la sua pièce inedita *Sputerò su mio padre.*

Nerone (di A. Blasetti) → *Petrolini*

Nerone *½ (Italia 1976, col, 105') [Mario] Castellacci, [Pier Francesco] Pingitore. Con Pippo Franco, Maria Grazia Buccella, Enrico Montesano, Paola Tedesco, Oreste Lionello, Paola Borboni, Paolo Stoppa, Gianfranco D'Angelo, Aldo Fabrizi. ◆ Contestato dai senatori, che tentano un colpo di Stato guidati da Seneca (Lionello), odiato dai cristiani e inviso alla madre Agrippina (Borboni), l'imperatore Nerone (Franco) viene rinchiuso in manicomio: fuggirà con l'aiuto di Petronio (Montesano) e, usando le proprie doti d'attore e spacciandosi per Gesù, convincerà Pietro (Stoppa) ad aiutarlo. Scombinato tentativo da parte del gruppo del Bagaglino di rivalutare in chiave comica l'imperatore che incendiò Roma: Castellacci e Pingitore provano timidamente la carta dell'avanspettacolo con musiche (Montesano fa di Petronio un gagà partenopeo), ma si fermano a qualche seno nudo e all'idea di far passare i primi cristiani per extraparlamentari di sinistra.

Nerone e Messalina *½ (Italia 1953, b/n, 106') Primo Zeglio. Con Gino Cervi, Paola Barbara, Yvonne Sanson, Milly Vitale, Steve Barclay, Renzo Ricci, Carlo Tamberlani, Bella Starace Sainati. ◆ Le malefatte dell'imperatore romano (Cervi) dall'uccisione della madre alla persecuzione dei cristiani. Film storico convenzionale e semplicistico, con un cast piuttosto curioso.

Nerosubianco * (Italia 1968, col, 89') Tinto Brass. Con Anita Sanders, Terry Canter, Nino Segurini. ◆ Un'italiana repressa (Sanders) scopre a Londra le gioie del sesso con un nero, ma poi torna col marito. Un Brass del periodo contestatario, formalmente presuntuoso e falsamente provocatorio.

Nero Wolfe

L'investigatore più grasso della storia del genere poliziesco fu creato da Rex Stout in *Fer-de-Lance* (*La traccia del serpente*) nel 1934 ed ebbe un successo letterario immediato. In contrasto con chiunque svolge la medesima professione, Nero Wolfe fa della sua obesità (centocinquanta chili) e della sua innata indolenza un segno di distinzione. Lavora malvolentieri, solo per pagarsi il costosissimo hobby della coltivazione delle orchidee: ne possiede diecimila esemplari, di ogni rara varietà, amorevolmente custodite in tre serre al terzo piano della sua casa sulla 35a Strada Ovest di Manhattan, dove trascorre indisturbato quattro ore della sua giornata (dalle 9 alle 11 e dalle 16 alle 18) in compagnia del giardiniere Theodor Horstmann. Ama i succulenti manicaretti che gli prepara il cuoco di fiducia, Fritz Brenner, e la birra Tuborg che consuma in dosi abbondanti (cinque litri al giorno, lontano dai pasti) e di cui conserva in un cassetto i tappi delle bottiglie per essere sicuro di non eccedere. Detesta il traffico e la vita frenetica della metropoli, esce di rado, solo se costretto (mai per lavoro: magari per un'esposizione di orchidee) e solo a bordo di una Heron guidata dal suo assistente Archie Goodwin. Ed è appunto su Goodwin che ricade tutta la fatica dell'attività investigativa di Nero Wolfe: è Archie, infatti, che gli procura di volta in volta i casi da risolvere e corre da un punto all'altro della città alla ricerca di prove, indizi e testimoni, mentre il raffinato cervello del suo superiore è impegnato a selezionare le amate orchidee o a leggere corposi tomi della sua biblioteca. La resa dei conti avviene sempre nello studio di Wolfe, dove l'investigatore (seduto su una poltrona di cuoio rosso, fatta su misura per la sua mole) riunisce tutti i sospettati (ai quali riserva poltroncine gialle) e sfodera il suo formidabile istinto deduttivo sulla base del dettagliato resoconto di Archie. Tanto Wolfe è pingue, sedentario e casalingo, quanto Goodwin è muscoloso, aitante e dinamico. Tanto il primo è scorbutico e misogino, quanto il secondo è galante e spiritoso. Due caratteri opposti e complementari, che Stout ha messo a punto enfatizzando le caratteristiche psicologiche di entrambi e giocando anche su una spiccata differenziazione culturale. Wolfe, nato nel New Jersey alla fine dell'Ottocento, è di origine europea, montenegrina per la precisione: ha trascorso infanzia, adolescenza e giovinezza nei Balcani, a stretto contatto con la cultura austroungarica e panslava; nella prima guerra mondiale si è arruolato volontario nell'esercito del Montenegro e, allo sbarco delle truppe americane, si è unito a queste meritandosi un congedo con onore; a New York si stabilisce definitivamente solo a partire dal 1930, ma la sua mentalità rimane sempre quella di un europeo non integrato, infastidito dalla modernità e a disagio nel caos della metropoli. Archie Goodwin, invece, nato negli anni Dieci in una fattoria dell'Ohio, è un campione di americanità perfettamente integrato nella società capitalistica, tutto nervi, spigliatezza, audacia e movimento: del resto basta già la sua prestanza fisica a far luce sul modello che rappresenta e sui valori che incarna. La coppia Wolfe-Goodwin, da molti accostata a quella Holmes-Watson, è decisamente più radicale nella sua diversità e permette a Stout, raffinato intellettuale convertitosi alla narrativa di genere, di conciliare alla perfezione le due scuole poliziesche, inglese e americana, trovando una formula originale e di lungo successo (gli ultimi romanzi risalgono alla metà degli anni Settanta). Lui, ovviamente, si identifica con Nero Wolfe.

Il trionfo di Nero Wolfe, però, fu quasi esclusivamente letterario. Il cinema americano s'interessò di lui ben poco e solo sull'onda della pubblicazione dei primi romanzi: due infatti sono i film che lo riguardano, *Meet Nero Wolfe* (1936, con Edward Arnold nel ruolo del detective e Lionel Stander in quello dell'assistente) e il seguito *The League of Frightened Men* (1937, con Walter Connolly e di nuovo Stander). Più fortunata, invece, la sua carriera televisiva, almeno in Italia: nella serie diretta da Giuliana Berlinguer nel 1969 (trasposta negli anni Sessanta e schernita dai critici fedeli alla pagina scritta), il serio Nero Wolfe è un memorabile Tino Buazzelli («l'unico attore, insieme a Orson Welles, che poteva interpretare con credibilità il personaggio di Stout») e il suo fatuo braccio destro è un altrettanto indovinato Paolo Ferrari. Anche a loro non furono risparmiati gli strali dei delusi, ma si sa come vanno i rapporti tra letteratura (anche di genere) e televisione.

I FILM

Meet Nero Wolfe ** (Usa 1936, b/n, 73') Herbert J. Biberman. Con Edward Arnold, Lionel Stander, Joan Perry, Victor Jory, Nana Bryant, Dennie Moore. ◆ Nero Wolfe (Arnold), con la preziosa collaborazione del suo assistente Archie Goodwin (Stander), scopre il rapporto tra due omicidi apparentemente slegati. Tratto dal romanzo *La traccia del serpente* è il primo film con il corpulento detective creato da Rex Stout, interpretato da Arnold alla lettera nonostante qualche risata di troppo. Piccolo ruolo per la giovane Rita Cansino, in seguito Hayworth. Inedito in Italia e seguìto da *The League of Frightened Men*. Il regista non ha nessun rapporto con l'Herbert J. Biberman del *Sale della terra*.

The League of Frightened Men *½ (Usa 1937, b/n, 65') Alfred E. Green. Con Walter Connolly, Lionel Stander, Eduardo Ciannelli, Irene Hervey, Victor Kilian. ◆ Nero Wolfe (Connolly) e il suo assistente Archie Goodwin (Stander) sono alle prese con un gruppo di ex compagni di scuola che vengono uccisi uno a uno. Secondo film con l'investigatore creato da Rex Stout, tratto dal suo romanzo omonimo: il mistero è poco misterioso, ma le manie di Nero e le corse del suo factotum sono rese abbastanza bene. Inedito in Italia.

Nervi d'acciaio *½ (*Steel Town*, Usa 1952, col, 85') George Sherman. Con Ann Sheridan, Howard Duff, John Lund, Howard Best. ◆ Il proprietario di un'industria assume il nipote ma lo fa cominciare dalla gavetta. Parabola tipicamente americana nel suo ottimismo, in questo caso più trita del solito.

Nessuna festa per la morte del cane di Satana ** (*Satansbraten*, Rft 1976, col, 112') Rainer Werner Fassbinder. Con Kurt Raab, Margit Carstensen, Volker Spengler, Ingrid Caven, Ulli Lommel. ◆ Walter Kranz (Raab), poeta ex rivoluzionario a corto di ispirazione, prima si dà all'omicidio, poi si circonda di pederasti coi soldi di un'ammiratrice (Carstensen): ma suo fratello ritardato (Spengler) rischia di far finire tutto in tragedia. Dopo il composto e raffinato *Effi Briest*, Fassbinder volle cogliere di sorpresa pubblico e critica con un film urlato, buffonesco e volutamente sgradevole, che prende di mira l'intellettualismo decadente (Kranz si ispira alla vita di Stefan George e ne plagia le opere). Una riflessione caustica sulla crisi dell'arte nella società borghese, che risente molto del clima ideologico di quegli anni, e delle trovate di un'avanguardia ormai lontana.

Nessun amore è più grande *** (*Ningen no Jōken*, Giappone 1959-61, b/n, 160') Masaki Kobayashi. Con Tatsuya Nakadai, Michiyo Aratama, Shinji Nambara, Ineko Arima, Sô Yamamura. ◆ 1943: ingegnere minerario giapponese e pacifista, Kaji (Nakadai), si oppone ai disumani maltrattamenti inflitti dai suoi connazionali ai cinesi della Manciuria del Sud. Quando nella miniera di carbone scoppia una rivolta, Kaji viene sospettato di antinazionalismo e imprigionato a sua volta. Prima parte di una monumentale trilogia considerata il debutto della Nouvelle Vague giapponese (la seconda parte, *Il cammino verso l'eternità*, e la terza, *La preghiera del soldato*, in Italia sono inedite). Kobayashi rielabora l'omonimo romanzo di Jumpei Gomikawa aggiungendovi abbondanti elementi di autobiografia (era stato prigioniero in Manciuria e Corea per anni) e cerca di fondare un umanesimo idealista alternativo a quello tradizionale giapponese, basato aggressivamente sui concetti di gerarchia, disciplina e culto dell'esercito. Classico ma spettrale nella messinscena, con scene di azione e di riflessione sapientemente intrecciate in modo da evitare cadute nel patetismo (per questo Kobayashi licenzierà nella seconda parte il cosceneggiatore Zenzô Matsuyama), *Nessun amore è più grande* colpisce per la potenza delle immagini e per la sua disperata ricerca di speranza in un mondo dominato dalla sopraffazione. La versione italiana è abbondantemente tagliata: quella originale dura 200'.

Nessuna pietà ** (*No Mercy*, Usa 1986, col, 105') Richard Pearce. Con Richard Gere, Kim Basinger, Jeroen Krabbé, George Dzundza, Gary Basaraba, Ray Sharkey. ◆ Un poliziotto in missione in Louisiana (Gere) si innamora di una donna (Basinger) che è stata venduta da bambina all'assassino che sta cercando. Poliziesco a forti tinte sceneggiato da Jim Carabatsos che sfrutta bene il colore locale. Il personaggio della Basinger, schiava di un criminale e semianalfabeta, ha sfumature non banali.

Nessuna pietà per i mariti *½ (*Tell It to the Judge*, Usa 1949, b/n, 87') Norman Foster. Con Rosalind Russell, Robert Cummings, Gig Young, Marie McDonald. ◆ Un'aspirante giudice (Russell) è sposata a un avvocato (Cummings): ogni dieci minuti decidono di divorziare, ma il lieto fine è d'obbligo. Farsa hollywoodiana inconsistente, tenuta in piedi da un cast brillante.

Nessuna pietà per Ulzana ** (*Ulzana's Raid*, Usa 1972, col, 103') Robert Aldrich. Con Burt Lancaster, Bruce Davison, Jorge Luke, Richard Jaeckel, Joaquin Martinez. ◆ Una sparuta pattuglia di cavalleria guidata da un ufficiale inesperto (Davison) e un vecchio scout (Lancaster) dà la caccia agli apache del feroce Ulzana (Martinez), fuggiti da una riserva. Aldrich sfuma le differenze tra buoni e cattivi, e fa della guerriglia degli apache una lotta per la sopravvivenza. Nonostante una forte sceneggiatura di Alan Sharp, il risultato, tuttavia, non va al di sopra della media.

Nessuna regola → *Game, The – Nessuna regola*

Nessuno ** (Italia 1992, col, 91') Francesco Calogero. Con Roberto de Francesco, Fabrizia Nora, Lucrezia Lante della Rovere, Davide Brechini, Andrea Prodan, Sergio Castellitto, Renato Carpentieri. ◆ Roberto (de Francesco), diciotto anni, è rimasto traumatizzato in tenera età dalla madre ninfomane (della Rovere). Dopo che quest'ultima entra in coma e la sorellastra (Nora) di cui è innamorato lo tradisce, Roberto si chiude in un silenzio ostinato, da cui uscirà solo mentendo a se stesso. All'opera seconda, il regista messinese alza le ambizioni, e cerca di far dire alle immagini quello che le parole non riuscirebbero comunque a comunicare. Schivo e obliquo come il suo protagonista, il film, per quanto insolito nel panorama italiano e controllato formalmente, sconta qualche orpello letterario di troppo (il titolo si riferisce esplicitamente all'*Odissea*, e implicitamente a Pirandello e Musil), e soprattutto una recitazione approssimativa.

Nessuno ci può fermare ** (*Stir Crazy*, Usa 1980, col, 111') Sidney Poitier. Con Gene Wilder, Richard Pryor, JoBeth Williams, Craig T. Nelson, Barry Corbin. ◆ Primo film della coppia Wilder-Pryor, nei panni di due guitti che finiscono in galera per errore. Una gara di rodeo sarà l'occasione per evadere. Poitier si prende gioco di alcuni stereotipi razziali e dirige con mano leggera un film movimentato ma abbastanza infantile.

Nessuno è perfetto * (Italia 1981, col, 105') Pasquale Festa Campanile. Con Renato Pozzetto, Ornella Muti, Lina Volonghi, Felice Andreasi, Massimo Boldi, Gabriele Tinti. ◆ Cosa succede se l'affascinante fotomodella Chantal (Muti) dopo il matrimonio si rivela un ex ufficiale dei parà diventato donna chirurgicamente? Pozzetto tanto per cambiare interpreta il personaggio di un benestante angariato dai pettegolezzi e dalle malignità della provincia sfaccendata e invidiosa, ma il titolo («rubato» a Billy Wilder) è più divertente del film, giochino scontato di blanda (e volgare) comicità.

Nessuno mi crede * (Italia 1992, col, 95') Anna Carlucci. Con Isabella Ferrari, Stefano Davanzati, Gianina Facio, Sergio Solli, Monica Guazzini, Maurizio De Razza. ◆ Una scrittrice di romanzi rosa (Ferrari), convinta che la sua amica (Facio) sia stata rapita, si improvvisa detective: scoprirà che si è trattato solo di un gigantesco equivoco, ma in compenso si trasforma in scrittrice di gialli. Esordio nella regia della terza sorella Carlucci, con una commedia che si vorrebbe spiritosa, se non proprio sofisticata, e invece è solo imbarazzante per il suo dilettantismo.

Nessuno mi crederà ** (*They Won't Believe Me*, Usa 1947, b/n, 79') Irving Pichel. Con Robert Young, Susan Hayward, Jane Greer, Rita Johnson. ◆ Un marito (Young) architetta un incidente per far fuori la moglie; ma a lasciarci le penne è l'amante, mentre la moglie si suicida. Ovvio che diventi il sospettato numero uno. Melodramma in cui è obbligatorio il trionfo della giustizia, ben recitato ma non esattamente originale.

Nessuno mi può giudicare * (Italia 1966, b/n, 107') Ettore M. Fizzarotti. Con Laura Efrikian, Fabrizio Moroni, Caterina Caselli, Nino Taranto, Gino Bramieri, Clelia Matania, Vittorio Congia, Wanda Capodaglio. ◆ L'amore tra due giovani impiegati di un grande magazzino (Moroni ed Efrikian) è ostacolato con mezzi disonesti da un ispettore geloso. Commedia esilissima che mescola i soliti buoni sentimenti con una timida perorazione cantata (da parte di «Casco d'oro» Caselli, fresca vincitrice al festival di Sanremo) della gioventù beat che non è così ribelle e dissoluta come si temeva.

Nessuno mi salverà *** (*The Sniper*, Usa 1952, b/n, 87') Edward Dmytryk. Con Arthur Franz, Adolphe Menjou, Gerald Mohr, Marie Windsor, Richard Kiley, Mabel Paige, Frank Faylen. ◆ Quando è soggetto a crisi psicotiche, il fattorino Eddie Miller (Franz) uccide le sue vittime – tutte donne – con una carabina di precisione. Per impedirsi di compiere questi crimini, in un momento di lucidità Eddie si ustionerà deliberatamente la mano destra, poi si autodenuncerà alla polizia, riuscendo finalmente a mettere le forze dell'ordine sulle proprie tracce. Uno dei primi serial killer del cinema americano è il protagonista di un cupo dramma poliziesco sceneggiato da Harry Brown (da un soggetto di Edna e Edward Anhalt) che risente del clima di caccia alle streghe nel quale era stato pesantemente coinvolto Dmytryk (che aveva confessato la sua appartenenza al Partito comunista denunciando i suoi vecchi compagni). Eppure proprio questa atmosfera nera e psicotica dà al film un'intensità indimenticabile e ne fa l'opera migliore di Dmytryk: il comportamento di Eddie (cui Arthur Franz offre una maschera indimenticabile) è mosso da una forza sadomasochista inquietante ma incontestabile che finisce per incanalarsi tutta nella misoginia del personaggio. In questo modo «la manifestazione estrema e patologica, ma in fondo logica, di una diffusa ideologia sessuale diventa il ritratto non solo di un malato ma di tutta una società alienata nei suoi rapporti umani». Di grande forza il finale, con la «sorpresa» antidrammatica che spiazza la polizia dopo l'irruzione nella camera di Eddie.

Nessuno resta solo ** (*Not As a Stranger*, Usa 1955, b/n, 135') Stanley Kramer. Con Robert Mitchum, Olivia de Havilland, Frank Sinatra, Gloria Grahame, Lee Marvin, Broderick Crawford, Lon Chaney jr, Charles Bickford. ◆ Uno studente di medicina deciso a tutto (Mitchum) sposa una ricca infermiera svedese (de Havilland) per riuscire a terminare gli studi, ma poi la trascura per la carriera: dopo un intervento sbagliato, si vede crollare il mondo addosso. Il primo film di Kramer è un melodramma tratto dal romanzo di Morton Thompson, con facili battute contro chi tradisce i propri ideali per la carriera, anche se non manca di qualche ambizione psicologistica.

Nessuno sa il proprio destino ** (*The Whistler*, Usa 1944, b/n, 59') William Castle. Con Richard Dix, Gloria Stuart, Alan Dinehart, Joan Woodbury, J. Carrol Naish, Byron Foulger. ◆ Un uomo (Dix) che si ritiene responsabile della morte della moglie assolda un killer per farsi uccidere, ma dopo cambia idea. Primo di una serie di otto film del mistero ispirati a una popolare trasmissione radiofonica, *The Whistler* (letteralmente «il fischiatore», perché alla radio le avventure erano introdotte da un misterioso personaggio che fischiettava una melodia). Soggetto di Cornell Woolrich. La storia è stata ripresa dal finlandese Aki Kaurismäki in *Ho affittato un killer*. Gli altri film della serie sono: *Mark of the Whistler* (1944), *L'asso di picche* (*Power of the Whistler*, 1945), *Voice of the Whistler* (1945), *Misterious Intruder* (1946), *Secret of the Whistler* (1946), *The 13th Hour* (1947) e *The Return of the Whistler* (1948).

Nessuno sfuggirà **** (*None Shall Escape*, Usa 1944, b/n, 85') André de Toth. Con Alexander Knox, Marsha Hunt, Henry Travers, Erik Rolf, Richard Crane. ◆ In un futuro non precisato, dopo la caduta della Germania, si svolge a Varsavia un processo contro il criminale nazista Wilhelm Grimm (Knox), dignitario del Reich di stanza in Polonia: un prete cattolico (Travers), il fratello (Rolf) e l'ex fidanzata (Hunt) testimoniano contro di lui, ricostruendo ciascuno un pezzo della sua storia (a partire, rispettivamente, dal 1919, dal 1923 e dal 1938). Il presidente del tribunale alla fine chiede al pubblico di giudicare l'imputato che si dichiara «non colpevole». Un film tanto straordinario quanto misconosciuto, girato dal regista in America nel 1943. Pur rientrando nella strategia antinazista di Hollywood, *Nessuno sfuggirà* evita qualsiasi cliché del film di propaganda: sceneggiato da Lester Cole (uno dei «dieci di Hollywood» finiti sulla lista nera), colpisce per l'impressionante esattezza dell'analisi storica, per la forza con cui denuncia un'ideologia aberrante e le responsabilità del singolo, per la ricchezza e la maturità della messinscena: un *Vincitori e vinti* diciotto anni prima, quando il processo di Norimberga era ancora fantascienza e l'Europa non sapeva se e come sarebbe uscita dall'incubo nazista. Eccellente la prova di Knox.

Nessuno torna indietro ** (Italia 1945, b/n, 121') Alessandro Blasetti. Con Elisa Cegani, Valentina Cortese, Maria Mercader, Maria Denis, Doris Duranti, Mariella Lotti, Dina Sassoli, Lamberto Picasso, Checco Rissone, Bella Starace Sainati, Vittorio De Sica, Roldano Lupi, Claudio Gora, Virgilio Riento. ◆ La storia di sette giovani, ospiti di un pensionato per studentesse a Roma: la vita riserverà sorprese per tutte, più o meno piacevoli, e nessuna riuscirà comunque a fare ciò che progettava. Blasetti riduce le protagoniste da otto a sette, ma realizza una versione sostanzialmente fedele del romanzo omonimo di Alba De Cèspedes (anche sceneggiatrice col regista e Vittorio Nino Novarese), interpretato da tutte le più note attrici italiane del periodo: girato nel 1943, fu distribuito due anni dopo. Corretto nella ricostruzione ambientale e nell'analisi delle psicologie femminili, ma niente di più.

Nessun uomo le appartiene ** (*No Man of Her Own*, Usa 1932, b/n, 85') Wesley Ruggles. Con Clark Gable, Carole Lombard, Dorothy Mackaill, Grant Mitchell, Elizabeth Patterson. ◆ L'unico film interpretato dalla Lombard assieme al suo futuro marito Clark Gable. Lui è un baro che sposa una brava ragazza senza dirle niente del suo passato: sconterà la pena ma conserverà il suo amore. Banale ma dotato di innegabile fascino.

Nestore – L'ultima corsa *½ (Italia/Francia 1994, col, 105') Alberto Sordi. Con Alberto Sordi, Matteo Ripaldi, Cinzia Cannarozzo, Eros Pagni, Tatiana Farnese, Vanessa Gravina. ◆ Per l'anziano vetturino

Gaetano (Sordi) arriva il giorno in cui portare il suo altrettanto vecchio cavallo Nestore al mattatoio e chiudersi in una casa di riposo. Con l'aiuto del nipotino Ferruccio (Ripaldi) tenterà in tutti i modi di salvare l'amatissimo compagno di lavoro, ma nessun adulto lo vorrà aiutare. Imbarazzante lamento autobiografico di un attore-regista che sembra incapace di accettare la propria vecchiaia: lo spunto desichiano del vecchio che come Umberto D. è dimenticato da tutti si colora di sfumature ancora più cupe se nella coppia cavallo e vetturino, Sordi (autore anche della sceneggiatura insieme a Rodolfo Sonego) vede un se stesso dimenticato e bistrattato da tutti. Inusualmente crude e strazianti le scene al mattatoio.

Net, The – Intrappolata nella rete *½ (*The Net*, Usa 1995, col, 115') Irwin Winkler. Con Sandra Bullock, Jeremy Northam, Dennis Miller, Diane Baker, Wendy Gazelle. ◆ Los Angeles: Angela Bennett (Bullock), cacciatrice di virus dei computer, cade nel mirino di una banda di cyberdelinquenti, che cancellano dalle banche dati tutto ciò che la riguarda, per ricostruirle l'identità fittizia di una ricercata dalla polizia. E nell'era dell'informazione digitale, dimostrare chi è veramente per Angela diventa un incubo kafkiano. Scritto da John Brancato e Michael Ferris, tra i film che cercano di sfruttare la nuova voga di Internet e delle realtà virtuali è uno dei meno deludenti: il che non significa che sia anche un thriller soddisfacente. Una buona idea, quella dell'identità cancellata, si paga a prezzo di un'inverosimiglianza clamorosa (*non* si può accedere ai database della polizia via Internet); e il messaggio, che denuncia i rischi della tecnologia dopo averne mostrato le *mirabilia*, è ancora quello del vecchio *Wargames*. Né convince la trasformazione della Bullock da *nerd* tutta casa e computer a James Bond in gonnella. Fotografia di Jack N. Green, musica di Mark Isham.

Nevada Smith ** (*Nevada Smith*, Usa 1966, col, 135') Henry Hathaway. Con Steve McQueen, Karl Malden, Arthur Kennedy, Suzanne Pleshette, Brian Keith, Janet Margolin, Raf Vallone, Martin Landau. ◆ Un giovane meticcio, Nevada Smith (McQueen), ha un solo scopo nella vita: uccidere gli assassini della sua famiglia. Per riuscirci si farà anche arrestare (uno degli assassini è in prigione), ma alla fine porterà a termine la sua vendetta. Hathaway (con lo sceneggiatore John Mitchell Hayes) mette troppa carne al fuoco e va per le lunghe, ma certi passaggi sono decisamente poco convenzionali per un western. Ispirato al protagonista del romanzo di Harold Robbins *L'uomo che non sapeva amare*, portato al cinema due anni prima.

Neve nel bicchiere, La *½ (Italia 1984, col, 144') Florestano Vancini. Con Massimo Ghini, Anna Teresa Rossini, Antonia Piazza, Luigi Mezzanotte, Anna Lelio, Teresa Ricci, Marne Maitland. ◆ I travagli di una famiglia contadina della bassa ferrarese dal 1898 al 1927 raccontati dalla voce fuori campo di un nipotino: tre decenni, tre generazioni, che vivranno sulla loro pelle il passaggio da «scariolanti» a mezzadri ma anche, con la conquista di un po' di benessere e l'inurbamento (alla fine la famiglia approda a Bologna), la perdita di molte delle loro più autentiche radici. Tratto dal romanzo omonimo di Nerino Rossi, il film è la rievocazione senza rimpianti, ma anche senza autentiche passioni, di una civiltà contadina che non c'è più. Lo stile è minuzioso ma, al fondo, inefficace e svela tutte le difficoltà a penetrare nella realtà con strumenti che non sembrano più aggiornati di un neorealismo ormai sepolto. La produzione televisiva ha (probabilmente) imposto la scelta, abbastanza fastidiosa, di non far parlare in dialetto i vari personaggi e ha consigliato uno stile visivo corretto ed elegante, lontanamente ispirato a Segantini e ai macchiaioli. Molto bravo il giovane Ghini. La versione televisiva dura 240'.

Neve rossa **½ (*On Dangerous Ground*, Usa 1951, b/n, 82') Nicholas Ray. Con Robert Ryan, Ward Bond, Ida Lupino, Charles Kemple, Ed Begley, Cleo Moore. ◆ Il troppo violento poliziotto Wilson (Ryan) viene spedito per punizione in montagna a indagare sull'omicidio di una ragazzina. Costretto a tenere a bada il padre che vuol farsi giustizia, scopre che l'assassino è un giovane squilibrato protetto dalla dolcissima sorella cieca (Lupino). Occasione mancata secondo lo stesso Ray, il film (sceneggiato da A.I. Bezzerides a partire da un romanzo di George Butler) riesce comunque a rendere efficacemente la specularità fra la violenza dell'uomo di legge e quella dell'emarginato, sullo sfondo di un conflitto città/natura che vede progressivamente la rabbia perdersi nel paesaggio. Prodotto da John Houseman e con una bella colonna sonora di Bernard Herrmann.

Nevi del Chilimangiaro, Le *½ (*The Snows of Kilimanjaro*, Usa 1952, col, 117') Henry King. Con Gregory Peck, Susan Hayward, Ava Gardner, Hildegarde Neff [Hildegard Knef], Leo G. Carroll. ◆ Uno scrittore (Peck) sta morendo in una tenda ai piedi del Kilimangiaro. Mentre la moglie (Hayward) lo assiste, ripercorre in flashback amori ed episodi del passato, guerra di Spagna compresa, dove incontrò e perse il suo primo grande amore (Gardner). Fumettone a lieto fine che volgarizza temi di Hemingway, ispirandosi a un suo racconto. Gli elementi migliori sono la musica di Bernard Hermann e la fotografia di Leon Shamroy. Il sassofonista che la Gardner va ad ascoltare in un club parigino è Benny Carter.

New Age, The – Nuove tendenze *** (*The New Age*, Usa 1994, col, 112') Michael Tolkin. Con Peter Weller, Judy Davis, Patrick Bauchau, Samuel L. Jackson, Rachel Rosenthal, Adam West. ◆ Perso il loro lavoro, Peter (Weller) e Katherine Witner (Davis) cercano disperatamente di conservare il loro alto tenore di vita: e mentre si cornificano allegramente, seguono i consigli di un guru New Age (Bauchau) e aprono un negozio di moda. Ma il declino è inarrestabile, e la tentazione di un'uscita di scena in grande stile si fa forte. Non termina, tuttavia, in tragedia questo affresco acido della borghesia losangelina che, con un po' di fortuna e più attenzione da parte dei media sarebbe potuto diventare il *Re dei giardini di Marvin* degli anni Novanta. Tolkin, romanziere e sceneggiatore dei *Protagonisti* di Altman, ha l'unico limite di guardare i suoi personaggi come insetti: ma anche se non fa nulla per renderli simpatici, spinge lo spettatore a identificarsi con loro, con un risultato quantomeno disturbante. La precisione sociologica e la critica spietata non sboccano mai, per fortuna, in un messaggio o in una morale. E la messinscena, glaciale ma piena di bruschi cambiamenti di ritmo, mostra una ricerca sull'immagine rara nel cinema americano odierno. Oliver Stone è uno dei produttori esecutivi.

New Jack City *** (*New Jack City*, Usa 1991, col, 98') Mario Van Peebles. Con Wesley Snipes, Ice-T, Judd Nelson, Allen Payne, Mario Van Peebles, Bill Nunn, Tracy Camilla Johns, Russell Wong. ◆ Ascesa e caduta di un boss nero del crack (Snipes), il cui mito è il protagonista di *Scarface* di De Palma. Poliziesco esagitato e barocco, diretto con un gran senso dell'immagine e del ritmo dall'esordiente Van Peebles, figlio del regista Melvin. Snipes è un cattivo arrogante e ammaliante, ma i due poliziotti super cool (il rapper Ice-T e il bianco ed ex tossico Nelson) finiscono per rubargli la scena.

New Jersey Drive *** (*New Jersey Drive*, Usa 1995, col, 95') Nick Gomez. Con Shannon Corley, Gabriel Casseus, Saul Stein, Gwen McGee, Samantha Brown. ◆ A Newark, New Jersey, il giovane nero Jason (Corley) passa il tempo a rubare macchine con gli amici: ma un poliziotto bianco isterico (Stein) gli giura vendetta. Nel genere «vite bruciate nel ghetto», uno dei film più autentici e meno retorici: il regista esordiente (qui anche sceneggiatore) aderisce al punto di vista dei ladri che prendono l'esistenza come un gioco, senza traumi lagnosi alle spalle anche se con uno spiraglio di riscatto alla fine. Con uno stile sempre un passo oltre il finto documentarismo ingenuo, cercando invece tempi e ritmi di puro cinema, senza manierismi. Spike Lee è il produttore esecutivo.

New Rose Hotel ° (*New Rose Hotel*, Usa 1998, col, 93') Abel Ferrara. Con Willem Dafoe, Christopher Walken, Asia Argento, Annabella Sciorra, Yoshitaka Amano, Ryuichi Sakamoto, John Lurie, Gretchen Mol. ◆ Tokyo: in un vicino futuro il losco X (Dafoe) assolda una prostituta italiana (Argento) per sedurre un genio dell'ingegneria genetica (Amano): la educa, se ne innamora, ne viene fregato. Scampoli cyberpunk tratti da un vecchio racconto di William Gibson (cosceneggiano Ferrara e Christ Zois), dove per tutto il film si vede solo gente che parla in una stanza. Noioso gioco di verità e punti di vista, in cui nell'ultima mezz'ora ci si sorbisce un replay (con minime varianti) di quanto appena avvenuto. La creatività si limita a mixare musiche e immagini come in un cattivo trip, il maledettismo si riduce a una logora poesia dell'autodistruzione. Anche i fan di Abel hanno cominciato a disertare.

New York, New York *** (*New York, New York*, Usa 1977, col, 133') Martin Scorsese. Con Robert De Niro, Liza Minnelli, Lionel Stander, Georgie Auld, Mary Kay Place, Diahnne Abbot, Barry Primus, Dick Miller. ◆ Le carriere parallele del sassofonista Jimmy Doyle (De Niro) e della cantante Francine Evans (Minnelli) nell'immediato dopoguerra: entrambi arrivano al successo, ma il loro matrimonio va a pezzi. Accurata e luccicante rilettura del musical, sceneggiata da Earl MacRauch e Mardik Martin (ma senza perdere di vista la complessità psicologica dei personaggi), che è stata il maggior tonfo della carriera di Scorsese: rivisitazione di un genere e di un'epoca, questo film, dagli ambienti rigorosamente ricostruiti in studio, «gioca sulle convenzioni del melodramma così come sull'antinomia tra le ragioni creative del jazz e quelle evasive e consolatorie della canzone» [Coursodon-Tavernier] per raccontare il mondo dello showbusiness e delle «mogli dell'orchestra» con uno sfoggio di regia affascinante ma un po' fine a se stessa. De Niro è doppiato al sassofono da Auld, che recita nella parte del direttore della band. La Abbot, allora compagna di De Niro, canta *Honeysuckle Rose*. Indimenticabile, e immediatamente diventata un hit, la versione di Liza Minnelli della canzone che dà il titolo al film, scritta da Kander ed Ebb. La versione originale durava 153', quella integrale (uscita negli Usa nel 1981 e da noi in tv, in cui era stato reintrodotto il numero finale *Happy Endings*) 164'.

New York ore 3: l'ora dei vigliacchi ** (*The Incident*, Usa 1967, b/n, 107') Larry Peerce. Con Tony Musante, Martin Sheen, Beau Bridges, Thelma Ritter, Brock Peters, Ruby Dee, Donna Mills. ◆ Due teppisti (Musante e Sheen) terrorizzano i passeggeri di un vagone della metropolitana: l'unico che ha il coraggio di reagire è un soldatino col braccio ingessato (Bridges). Dopo un inizio brutale e folgorante, Pierce perde lena, e si limita a mettere in scena una galleria di personaggi stereotipati, non esente da razzismo. Debutto di Sheen e di Mills.

New York-Parigi Air Sabotage 1979 ° (*SST – Death Flight*, Usa 1977, col, 93') David Lowell Rich. Con Robert Reed, Susan Strasberg, Burgess Meredith, Brock Peters. ◆ Il solito film catastrofico ambientato su un jet oggetto di un sabotaggio. Questa volta c'è anche il rischio di un contagio a bordo. Micidiale.

New York Stories *** (*New York Stories*, Usa 1989, col, 123') Martin Scorsese, Francis Ford Coppola, Woody Allen. ◆ Film a episodi. *Lezioni di vero* (Martin Scorsese. Con Nick Nolte, Rosanna Arquette, Patrick O'Neal, Steve Buscemi) è la storia del rapporto burrascoso tra un pittore affermato e la sua allieva-amante in cerca di emancipazione. In *La vita senza Zoe* (Francis Ford Coppola. Con Heather McComb, Giancarlo Giannini, Talia Shire, Carole Bouquet) la figlia di un famoso flautista recupera un gioiello smarrito. *Edipo Relitto* (Woody Allen. Con Woody Allen, Mae Questel, Mia Farrow, Julie Kavner) racconta le disavventure di un povero ebreo tormentato da una madre possessiva che non condivide nessuna sua scelta (e tantomeno la sua nuova fidanzata) e che anche dopo scomparsa si installa, gigantesca, nel cielo di Manhattan per sorvegliarlo e sgridarlo meglio. Un film nato a tavolino, su un'idea solo produttiva, discontinuo nei suoi risultati: l'episodio di Scorsese, ispirato ai diari di Polina Suslova, giovane amante di Dostoevskij, è di gran lunga il migliore, un piccolo gioiello tutto centrato sulla fisicità della creazione artistica, che sposa in maniera perfetta musica (l'indimenticabile *A Whiter Shade of Pale* dei Procol Harum) e immagine: Scorsese at his best; con brevi apparizioni di Deborah Harry e Peter Gabriel. Quello di Coppola è una sciocchezzuola scritta assieme alla figlia Sofia e vorrebbe avere un risvolto sociale (la contrapposizione tra ricchi e poveri); il padre Carmine appare nella parte di un suonatore di strada. Allen dirige una variazione sui suoi soliti temi, a tratti divertente ma non irresistibile.

Niagara ** (*Niagara*, Usa 1953, col, 89') Henry Hathaway. Con Joseph Cotten, Marilyn Monroe, Jean Peters, Casey Adams, Dennis O'Dea. ◆ Rose (Monroe) progetta con l'amante di far fuori il marito (Cotten), gettandolo nelle cascate del Niagara. Ma il progetto fallisce e gli amanti saranno puniti. Primo grande successo della Monroe, in un ruolo totalmente negativo (scritto da Charles Brackett) e molto provocante. Quando appare con un vestito rosso, un uomo commenta: «Ce l'avranno un idrante da queste parti?». La regia di Hathaway, tuttavia, è piena di enfasi e di scompensi, specie nel finale.

Niagara Niagara *½ (*Niagara, Niagara*, Usa 1997, col, 96') Bob Gosse. Con Robin Tunney, Henry Thomas, Michael Parks, Stephen Lang, John MacKay. ◆ Due adolescenti problematici – lui (Thomas) è un ladruncolo, lei (Tunney) soffre della sindrome di Tourette, con improvvisi attacchi d'aggressività – s'incontrano per caso e decidono di andare in Canada alla ricerca di una bambola che non si trova nei supermercati. Stravaganze *on the road* che vorrebbero portare il segno della follia autodistruttiva e invece indossano l'etichetta della banalità giovanile, convenzionale e furbescamente esibizionista. Gli attori, sempre sopra le righe, fanno involontariamente la caricatura dei loro personaggi, e Gosse trasforma due adolescenti disperati in figurine patetiche e stucchevoli nella loro ricerca di simpatia. La Tunney ha vinto la Coppa Volpi a Venezia.

Nibelunghi, I **** (*Die Nibelungen*, Germania 1924, b/n, 237' divisi in due parti di 107' e 130') Fritz Lang. Con Paul Richter, Margarete Schön, Rudolph Klein-Rogge, Hanna Ralph, Georg August Koch, Theodor Loos, Bernhard Goetzke, Hans Adalbert von Schlettow, George August Koch. ◆ Prima parte: *La morte di Sigfrido*: dopo aver ucciso il drago e il nano Alberico, guardiano del tesoro dei nibelunghi, Sigfrido (Richter), resosi invisibile grazie al Tarhelm, il cappuccio magico, arriva nel regno dei burgundi per aiutare il re Gunther a sconfiggere l'amazzone Brunilde (Ralph), regina d'Islanda. In cambio ottiene la mano della sorella del sovrano, Crimilde (Schön), ma Brunilde lo fa uccidere a tradimento da Hagen (von Schlettow). Seconda parte: *La vendetta di Crimilde*: Crimilde si reca nel regno degli unni, sposa Attila (Klein-Rogge) e lo convince a invitare a corte i nobili burgundi per compiere la sua vendetta contro Hagen. Durante un'orgia, unni e burgundi vengono alle mani e la zuffa si trasforma in guerra tra i due popoli. Crimilde ucciderà Hagen con la spada di Sigfrido ma a sua volta sarà abbattuta da Ildebrando (Koch), per aver provocato la rovina degli unni. Nel portare sullo schermo la storia dei nibelunghi e di altre saghe nordiche, adattate insieme alla moglie Thea von Harbou, Lang si discosta notevolmente dalla versione wagneriana, traboccante di pathos. Il regista punta tutto sul rigore formale e sceglie – per la prima parte – uno stile figurativo improntato all'equilibrio, alla simmetria, all'armonia. La seconda parte è percorsa invece da un notevole dinamismo, che sfocia addirittura nel caos della battaglia, ma anche qui la cura formale garantisce un'austerità e una stilizzazione che ben poco hanno a che vedere con la musica di Wagner. La lavorazione durò nove mesi e Lang poté sfruttare la neve e il gelo naturali in più di un'occasione. Fondamentale il contributo dei tecnici: gli operatori Carl Hoffmann, Günther Rattau (straordinari nella scena della pietrificazione dei nani) e Walter Ruttmann (per la sequenza del sogno degli avvoltoi); gli scenografi Otto Hutte, Erich Kettelhut e Carl Vollbrecht; l'addetto agli effetti speciali Otto Gentsch. *I Nibelunghi* diventò il film preferito di Hitler e Goebbels, Kracauer parlò di antisemitismo a proposito del nano Alberico e molti vollero vedere nel ritratto degli unni una propensione del regista al razzismo. In realtà si tratta di accuse poco giustificate, da cui Lang e la von Harbou si difesero affermando che i personaggi della leggenda erano stati trattati come uomini semplici e fallaci e non come eroi divini, a partire dallo stesso Sigfrido, ariano per attribuzione assolutamente indebita. E il tema langhiano della centralità del fato, poi, che guida il destino dei personaggi al di sopra e contro il loro volere, va a cozzare con l'esaltazione nazista della volontà. Negli anni Sessanta il regista si rifiutò di realizzare il remake, certo che i dialoghi avrebbero reso i personaggi retorici e ridicoli, distruggendo tutto il meticoloso lavoro figurativo dell'originale. Nonostante ciò, *I Nibelunghi* vennero rifatti da Harald Reinl nel 1966. Tra i vari omaggi tributati a questo capolavoro va citata almeno la scena del raduno di caccia ripresa da Marcel Carné in *L'amore e il diavolo*.

Nick Carter * (*Nick Carter – Master Detective*, Usa 1939, b/n, 60') Jacques Tourneur. Con Walter Pidgeon, Rita Johnson, Henry Hull, Donald Meek, Milburn Stone, Addison Richards. ◆ Da una fabbrica d'aerei spariscono alcuni progetti: il detective Nick Carter (Pidgeon) si occupa del caso e smaschera il medico della fabbrica che nasconde i microfilm nelle fasciature. Versione lenta e senza vita di una vecchia serie di romanzi gialli a tinte forti e a basso prezzo, di cui conserva la fattura grossolana. Allo stesso personaggio di detective (nato nel 1886 e raccontato fino a oggi da una scuderia di scrittori anonimi, intercambiabili tra loro) si ispirano i film *Sky Murder* (1940, di George B. Seitz) e *Phantom Raiders* (1942, di Jacques Tourneur), inediti in Italia.

Nick e Gino **½ (*Dominick and Eugene*, Usa 1988, col, 111') Robert M. Young. Con Tom Hulce, Ray Liotta, Jamie Lee Curtis, Robert Levine, Todd Graff. ◆ Eugene (Hulce), rimasto a uno stadio psicologico infantile, fa il netturbino e finanzia gli studi di suo fratello Nick (Liotta), medico di belle speranze. L'omicidio di un suo piccolo amico lo fa precipitare nella disperazione. Melodramma toccante e ben recitato sceneggiato da Alvin Sargent e Corey Blechman, cui

si perdona la svolta thriller un po' sopra le righe.
Nick lo scatenato *½ (*Rhinestone*, Usa 1984, col, 111') Bob Clark. Con Sylvester Stallone, Dolly Parton, Ron Leibman, Richard Farnsworth. ◆ Una cantautrice (Parton) scommette che può tramutare chiunque in una stella del country – compreso il primo tassista che incontra (Stallone). Sly tenta la carta della commedia, ma manca di ritmo, e i dialoghi (da lui scritti assieme al futuro regista Phil Alden Robinson) sono pieni di battute che non fanno ridere nessuno. La popputa Dolly Parton è la partner meno adatta che potesse trovare.
Nick mano fredda **½ (*Cool Hand Luke*, Usa 1967, col, 127') Stuart Rosenberg. Con Paul Newman, George Kennedy, Jo Van Fleet, Dennis Hopper, Anthony Zerbe, Joe Don Baker, Harry Dean Stanton. ◆ Nick (Newman), condannato ai lavori forzati per ubriachezza molesta, diventa in breve un simbolo di ribellione e di antiautoritarismo, adorato dai compagni e odiato dai guardiani. Riuscirà a fuggire, ma finirà male. Classico film carcerario, piuttosto crudo, ma appesantito da un posticcio messaggio libertario. Lo sceneggiatore, Donn Pearce, è un ex detenuto. Kennedy, il capo dei prigionieri, vinse l'Oscar come attore non protagonista; Newman ottenne solo la nomination.
Nick's Movie – Lampi sull'acqua **½ (*Nick's Movie – Lightning over Water*, Rft/Usa 1980, col, 91') Wim Wenders, Nicholas Ray. Con Nicholas Ray, Wim Wenders, Susan Ray, Tim Ray, Tom Farrel, Ronee Blackley, Jerry Bamman. ◆ Wenders raggiunge nella sua casa-studio il regista Nick Ray, minato da un tumore, per proporgli di girare un film insieme. Il progetto si sviluppa senza un disegno preciso, tra una conferenza in un college, la proiezione di vecchi film di Nick, il suo ricovero in ospedale, la confusione delle troupe, gelide inserzioni video: Ray «interpreta» la sua morte, e dopo il decesso (avvenuto il 16 giugno 1979) Wenders e la troupe ne portano le ceneri su una giunca lungo l'Hudson, scherzando, ricordandolo, parlando di cinema (in America, per dire morire, c'è un'espressione idiomatica: to take a slow boat to China). Assemblato più volte è un film estremo e controverso sulla dialettica vita/cinema, realtà/finzione, che inquieta e fa discutere: l'amore indubbio di Wenders per Ray, infatti, non cancella un'impressione generale di necrofilia che disturba ogni volta che si vede o si pensa al film e che ne fa la più «crudele» delle dichiarazioni d'amicizia.
Nico * (*Above the Law*, Usa 1988, col, 99') Andrew Davis. Con Steven Seagal, Sharon Stone, Pam Grier, Henry Silva, Ron Dean. ◆ Seagal, già maestro di aikido, stuntman e marito di Kelly Le Brock, esordisce sul grande schermo nei panni di un poliziotto italoamericano che usa le maniere forti contro narcotraficantes e colleghi corrotti. Molta azione, ironia zero. Seagal ha collaborato alla sceneggiatura e cofinanziato il film; i maligni hanno detto che Chuck Norris, in confronto a lui, sembra Laurence Olivier.
Nicola e Alessandra *½ (*Nicholas and Alexandra*, Gb 1971, col, 183') Franklin J. Schaffner. Con Michael Jayston, Janet Suzman, Jack Hawkins, Michael Redgrave, Laurence Olivier, Curt Jurgens. ◆ Storia della rivoluzione russa vista dalla parte degli zar, fino all'eccidio di Ekaterinburg. Accurato lavoro di ricostruzione (Oscar ai costumi e alle scenografie) per un film accademico e tedioso, che alcuni cammeo non bastano a vivacizzare.
Nido dell'aquila, Il *½ (*A Breed Apart*, Usa 1984, col, 101') Philippe Mora. Con Rutger Hauer, Powers Boothe, Kathleen Turner, Donald Pleasence, Brion James. ◆ Assoldato per rubare un uovo d'aquila, uno scalatore (Boothe) se la deve vedere con un ranger ecologista (Hauer) reduce del Vietnam. La Turner è la proprietaria di un emporio, contesa tra i due. Avventure tra boschi e rocce senza molta suspense.
Nido del ragno, Il * (Italia 1988, col, 86') Gianfranco Giagni. Con Roland Wybenga, Paola Rinaldi, William Berger, Stéphane Audran. ◆ Un professore scopre l'esistenza di una setta e viene costretto a eseguire una missione di morte. Gianfranco Manfredi e Tonino Cervi sono tra gli sceneggiatori di questo mediocrissimo thriller.
Nido di spie * (*Téhéran 43*, Urss/Svizzera/Francia 1980, col, 130') Aleksandr Alov, Vladimir Naumov. Con Nataša Belokovstikova, Alain Delon, Curt Jurgens, Igor Kostolevskij. ◆ Spie tedesche tornano in azione a quarant'anni di distanza, per colpire i superstiti dei patti di Teheran del 1943. Anonimo e farraginoso film di spionaggio, poco riuscito come molte coproduzioni con nomi famosi.
Nient'altro che guai * (*Nothing But Trouble*, Usa 1991, col, 93') Dan Aykroyd. Con Demi Moore, Chevy Chase, John Candy, Dan Aykroyd, Taylor Negron, Bertila Damas. ◆ Due coppie di yuppie (Chase-Moore e Negron-Damas) finiscono in una città infernale, governata da un giudice pazzo (Aykroyd, irriconoscibile sotto chili di make-up e con naso fallico), da dove cercano di fuggire. Farsa horror diretta con mano pesante e scarso senso della misura. Disastroso debutto alla regia di Aykroyd, che firma la sceneggiatura assieme a suo fratello Peter.
Niente baci sulla bocca ** (*J'embrasse pas*, Francia/Italia 1992, col, 115') André Téchiné. Con Manuel Blanc, Emmanuelle Béart, Philippe Noiret, Ivan Desny, Hélène Vincent. ◆ Pierre (Blanc) arriva a Parigi dai Pirenei col sogno di fare l'attore. Finisce col battere il marciapiede, rifiutando di farsi mantenere da un ricco omosessuale (Noiret). Si innamora di una prostituta (Béart), e viene sodomizzato dal protettore di lei: sotto le armi, forse, lo aspetta una nuova vita. Interessante quando riflette sulle regole del commercio dei corpi e delle anime (paragonando attori a ragazzi di vita), il film di Téchiné inciampa quando tenta il romanticismo maledetto e si misura col realismo poetico. Un paio di personaggi avvincenti e altri che grondano di cattiva letteratura. Bella e affatto cartolinesca la Parigi fotografata da Thierry Arbogast. Musiche di Philippe Sarde.
Niente da perdere *½ (*Nothing to Lose*, Usa 1997, col, 97') Steve Oedekerk. Con Tim Robbins, Martin Lawrence, Kelly Preston, Giancarlo Esposito, John C. McGinley, Susan Barnes. ◆ Bianco, alto, ricco e tradito dalla moglie, Nick (Robbins) solidarizza con T. Paul (Lawrence), il nero piccolo e povero che ha

cercato di rapinarlo: e insieme progettano un colpo. L'integrazione razziale secondo la Hollywood odierna, con qualche sarcasmo incrociato che vorrebbe essere irriverente. Ma la cosa più azzeccata di questa commedia dal fiato corto (scritta dal regista) è il titolo-boomerang.

Niente di grave: suo marito è incinto *½ (*L'Evénement le plus important depuis que l'homme a marché sur la lune*, Francia 1973, col, 86') Jacques Demy. Con Marcello Mastroianni, Catherine Deneuve, Micheline Presle, Marisa Pavan, Claude Melki. ◆ Il tran tran di una coppia piccolo-borghese (Mastroianni e Deneuve) è sconvolto dalla gravidanza di lui. Commedia grottesca che forse sarebbe stata nelle corde di Ferreri (visti anche gli attori), ma che nelle mani di Demy si trasforma in un gioco surreale frivolo e futile. Mireille Mathieu interpreta se stessa.

Niente di nuovo sul fronte occidentale ** (*All Quiet on the Western Front*, Usa 1979, col, 150') Delbert Mann. Con Richard Thomas, Ernest Borgnine, Patricia Neal, Donald Pleasence, Ian Holm. ◆ Vita e morte nelle trincee tedesche durante la prima guerra mondiale. Secondo film tratto dal romanzo di Remarque, dopo il classico *All'Ovest niente di nuovo*. Borgnine è il veterano che inizia i novellini agli orrori del fronte. Il messaggio antimilitarista, dopo tanti anni, non fa più scalpore, e l'onesto artigiano Mann si adagia nelle convenzioni dello sceneggiato televisivo.

Niente di personale *½ (*Nothing's Personal*, Usa/Canada 1980, col, 97') George Bloomfield. Con Donald Sutherland, Suzanne Somers, Roscoe Lee Browne, Dabney Coleman, Catherine O'Hara. ◆ Professore e avvocatessa (Sutherland e Somers) fanno causa comune per salvare cuccioli di foca. Fiacca commediola romantico-ecologica piena di buoni sentimenti.

Niente di personale ** (*Nothing Personal*, Gb 1995, col, 85') Thaddeus O'Sullivan. Con Ian Hart, John Lynch, James Frain, Michael Gambon, Gary Lyndon. ◆ Belfast, 1975: una bomba dell'Ira fa una strage in un pub e i protestanti rispondono col fuoco. Mentre nella notte i capi negoziano una tregua, si consuma il dramma di due ex compagni di scuola: Liam (Lynch), padre di famiglia cattolico e pacifista, viene preso prigioniero e torturato dagli scagnozzi Ginger (Hart) e Eddie (Lyndon) di Kenny (Frain), militante lealista nevrotico e implacabile. Sceneggiato da Daniel Mornin dal suo primo romanzo (*All Our Fault*), un dramma notturno che nulla aggiunge a quanto già detto e filmato sull'argomento politico: semmai può destare interesse come fenomenologia della solitudine individuale in un momento storico incandescente. La lunga esperienza televisiva del regista si sente fin troppo, anche se la scelta dell'unità di tempo (si svolge tutto in una notte) e in fondo anche di luogo (ma questa volta è la città a fare da palcoscenico, non gli interni) contribuiscono a creare un'atmosfera abbastanza intensa, rivelando le origini teatrali dell'autore. Coppa Volpi a Ian Hart.

Niente in comune ** (*Nothing in Common*, Usa 1986, col, 118') Garry Marshall. Con Tom Hanks, Jackie Gleason, Eva Marie Saint, Hector Helizondo, Barry Corbin. ◆ Uno yuppie (Hanks) è costretto ad affrontare seriamente la vita quando il matrimonio dei suoi genitori (Gleason e Saint) va in crisi dopo 36 anni. Commedia con tocchi brillanti e risvolti drammatici, sceneggiata da Rick Podell e Michael Premmger, che Marshall non riesce a controllare del tutto. Ma Hanks non è spregevole, e fa piacere rivedere dopo tanti anni Eva Marie Saint e Jackie Gleason (al suo ultimo film).

Niente orchidee per Miss Blandish → *Grissom Gang*

Niente per bocca *** (*Nil by Mouth*, Gb 1997, col, 128') Gary Oldman. Con Kathy Burke, Ray Winstone, Charlie Creed-Miles, Laila Morse, Edna Doré, Jamie Forman, Leah Fitzgerald, Chrissie Cotterill, Jon Morrison, Steve Sweeney, Gerry Bromfield. ◆ Operaia cinquantenne, Jane (Morse) mantiene tutta la famiglia: la madre Kath (Doré), il figlio eroinomane Billy (Creed-Miles) e la figlia Valerie (Burke), che una sera il marito Ray (Winstone), alcolista cocainomane soggetto a spaventose crisi di violenza, picchierà selvaggiamente causandole un aborto; ma la donna, invece di denunciarlo, lo perdonerà. Prodotto da Luc Besson e musicato da Eric Clapton, l'esordio alla regia di Gary Oldman è un film autobiografico durissimo, quasi senza intreccio, del tutto privo di pateticismo, retorica e autocompiacimento. Ricordando con rabbia e pietà un'infanzia feroce nei sobborghi londinesi, muovendo la macchina da presa con sussulti toccanti su corpi senza affetto, gesti ossessivi, parole convulse, o fissandoli come se fosse in preda a una stasi pericolosamente irreale e catatonica, Oldman pratica un cinema fortemente morale che non scade mai nel voyeurismo, coraggioso come oggi pochi sanno fare. La Burke ha vinto la Palma d'oro a Cannes come miglior attrice.

Niente può essere lasciato al caso *½ (*11 Arrowhouse*, Gb 1974, col, 98') Aram Avakian. Con Charles Grodin, Candice Bergen, James Mason, Trevor Howard, John Gielgud. ◆ Il protagonista (Grodin, anche autore della sceneggiatura) è un mercante di diamanti che tenta il colpo della sua vita. Giallorosa con intenzioni semiparodiche, che spreca un cast altisonante.

Niente sesso, siamo inglesi *½ (*No Sex Please, We're English*, Gb 1973, col, 95') Cliff Owen. Con Ronnie Corbett, Arthur Lowe, Beryl Reid, Ian Ogilvy. ◆ Per errore un pacco di materiale pornografico viene recapitato a un'ignara coppia di sposini. Commedia degli equivoci, con spunti maliziosi, fatalmente invecchiata, tratta da un testo teatrale (di Anthony Marriott e Alistair Foot) più volte portato sulle scene anche in Italia.

Niente vergini in collegio * (*Passion Flower Hotel*, Rft/Francia 1978, col, 90') André Farwagi. Con Nastassja Kinski, Gerry Sundquist, Veronique Delbourg, Kurt Raab. ◆ Una diciassettenne americana (Kinski), che va a studiare a Zurigo, scopre che i ragazzi del collegio vicino sono molto meno svegli di lei. Argomento pruriginoso ma annacquato, che rischia di deludere anche i fans della Kinski.

Night club *½ (Italia 1989, col, 90') Sergio Corbucci. Con Christian De Sica, Mara Venier, Massimo

Wertmüller, Sergio Vastano, Sabina Guzzanti, Roberto Ciufoli, Luciana Turina, Diane Bodart, Sabrina Ferilli, Elena Paris, Claudia Gerini, Elisabetta Valentini. ◆ Spaccato della dolce vita nella Roma del 1960, con un cumenda (Vastano) in cerca di donne che rimane vittima di due truffatori (Wertmüller e Ciufoli). Intanto Fred Buscaglione muore in un incidente d'auto. Pretese di ricostruzione storica (il film comincia con la prima di gala al cinema Fiamma della *Dolce vita*) non servono a nascondere che si tratta di un prodotto piattamente televisivo, e che infatti nelle sale non ha attirato nessuno. Ultimo, scialbo film di Corbucci, autore della sceneggiatura con Massimo Franciosa, su un soggetto di Giovanni Fago, Lucio Fulci e Luciano Martino.

Night Flier, The **½ (*The Night Flier*, Usa 1996, col, 97') Mark Pavia. Con Miguel Ferrer, Julie Entwisle, Dan Monahan, Michael H. Moss, John Bennes, Beverly Skinners, Richard Olsen, Elizabeth McCormick. ◆ Il cinico reporter Richard Dees (Ferrer) è sulle tracce di un vampiro che cala nottetempo col suo Cessna in aeroporti fuori mano: troverà pane per i suoi denti. È più feroce il vampiro dell'informazione, abituato a fotografare cadaveri ancora caldi, o quello della tradizione, che non si riflette negli specchi? L'apologo (tratto dal racconto di Stephen King *Il volatore notturno* e adattato dal regista con Jack O'Donnell) è elementare, ma la messa in scena è sorprendentemente efficace nel servire sanguinacci e inquietudini più sottili. E che sollievo: un horror senza ragazzini ma con personaggi crudeli e antipatici.

Night Force *½ (*Night Force*, Usa 1987, col, 82') Lawrence D. Foldes. Con Linda Blair, James Van Patten, Richard Lynch, Cameron Mitchell. ◆ La Blair in versione Rambo è a capo di un commando che deve liberare la figlia di un senatore tenuta in ostaggio nel Centramerica. Film d'azione senza molte pretese di originalità.

Night Game – Partita con la morte *½ (*Night Game*, Usa 1989, col, 95') Peter Masterson. Con Roy Scheider, Karen Young, Lane Smith, Richard Bradford, Paul Gleason. ◆ Un poliziotto texano dà la caccia a un serial killer che colpisce in coincidenza con i successi di una squadra di baseball. Thriller prevedibile e senza troppa suspense, che spreca alcuni buoni attori.

Night Games – Giochi nel buio *½ (*Night Games*, Usa 1980, col, 100') Roger Vadim. Con Joanna Cassidy, Cindy Pickett, Barry Primus, Paul Jenkins. ◆ Una donna annoiata e frigida viene soddisfatta solo in sogno da uomini bizzarramente addobbati. O così almeno pare a lei. Vadim gira un film più osé di quanto avrebbe fatto un regista americano, ma sfiora sempre il ridicolo involontario.

Nightkill ** (*Nightkill*, Rft 1980, col, 97') Ted Post. Con Robert Mitchum, Jaclyn Smith, James Franciscus, Sybil Danning, Fritz Weaver, Mike Connors. ◆ Una moglie trascurata e infelice (Smith) decide di far fuori il marito con l'aiuto dell'amante (Franciscus): l'arrivo di un sedicente poliziotto (Mitchum), in realtà un socio del marito, fa precipitare la situazione. Ennesima variazione sul *Postino suona sempre due volte*, tenuta in piedi dalla classe di Mitchum. Girato a Phoenix, Arizona, con soldi e troupe tedeschi.

Nightmare a Bitter Creek *½ (*Nitghtmare at Bitter Creek*, Usa 1988, col, 100') Tim Burstall. Con Lindsay Wagner, Tom Skerrit, Joanna Cassidy, Constance McCashin, Janne Mortil. ◆ Quattro campeggiatrici diventano l'obiettivo di alcuni criminali in fuga per i boschi. Modesta (ed edulcorata) versione al femminile di *Un tranquillo week-end di paura*, girata per la televisione.

Nightmare Beach – La spiaggia del terrore * (*Welcome to Spring Break*, Usa 1989, col, 90') Harry Kirkpatrick. Con Nicholas De Toth, Sarah Buxton, Michael Parks, John Saxon. ◆ Un individuo mascherato fa strage di turisti. Thriller mediocre che sfrutta il titolo dei film di Freddy Krueger. I figli di Rambaldi (Vittorio e Alessandro) si danno da fare tra sceneggiatura ed effetti speciali con modestissimi risultati.

Nightmare Before Christmas → *Tim Burton's Nightmare Before Christmas*

Nightmare – Dal profondo della notte *** (*A Nightmare on Elm Street*, Usa 1984, col, 92') Wes Craven. Con Heather Langenkamp, John Saxon, Ronee Blakley, Robert Englund, Johnny Depp, Amanda Wyss, Nick Corri. ◆ Freddy Krueger (Englund), un maniaco omicida vittima di un linciaggio, torna a uccidere in sogno i figli dei suoi carnefici. Uno dei più originali horror degli anni Ottanta, che ha rivoluzionato la grammatica dell'incubo cinematografico, creando uno stato di tensione continuo e avvolgente. Tra il fiabesco (la paura del Babau) e il surreale (le sorprendenti alterazioni spaziotemporali), il film di Craven ha creato un personaggio, Krueger (con la sua faccia segnata dalla violenza e le mani sostituite da artigli taglienti), che è entrato nell'immaginario collettivo, e ha dato origine a vari sequel (e miniserie televisive) mai all'altezza dell'originale. Esordio cinematografico di Depp nella parte di Glen.

Nightmare 2 – La rivincita ° (*A Nightmare on Elm Street 2: Freddy's Revenge*, Usa 1985, col, 84') Jack Sholder. Con Mark Patton, Kim Myers, Robert Englund, Clu Gulager, Hope Lange. ◆ Krueger (Englund) torna in azione servendosi del corpo di un ignaro ragazzotto. Noioso sequel girato in fretta, con poche idee, e in cui si avverte la mancanza di Craven. Il peggiore della serie.

Nightmare 3 – I guerrieri del sogno **½ (*A Nightmare on Elm Street 3: Dream Warriors*, Usa 1987, col, 96') Chuck [Charles] Russell. Con Heather Langenkamp, Patricia Arquette, Craig Wasson, Robert Englund, Larry Fishburne, John Saxon. ◆ Torna in scena la protagonista del primo film (Langenkamp), con una laurea in psichiatria e un ciuffo bianco, per aiutare alcuni ragazzi vittime di incubi analoghi a quelli che aveva lei. Nella terza puntata iniziano i sogni collettivi, e si scopre che Freddy (Englund) è figlio di una monaca violentata da un'orda di pazzi. Craven collabora alla sceneggiatura e impone una svolta verso il grottesco e l'humour nero che sarà caratteristica degli episodi successivi (con cui tuttavia non vorrà avere a che fare). Musiche di Angelo Badalamenti.

Nightmare 4 – Il non risveglio ** (*A Nightmare on Elm Street 4: The Dream Master*, Usa 1988, col, 92') Renny Harlin. Con Robert Englund, Lisa Wilcox, Rodney Eastman, Danny Hassel, Andras Jones. ◆ Dopo aver fatto la solita strage di adolescenti, Freddy (Englund) viene sistemato da una ragazza che lo fa guardare in uno specchio. Al quarto episodio, Englund guadagna il primo posto nei credits, e Krueger diventa l'indiscusso protagonista. Ormai il pubblico non si spaventa più, e parteggia per il mostro dalla battuta facile. Alcune situazioni oniriche (come quella nel cinema) sono molto raffinate, e gli effetti speciali sono ottimi, forse i migliori della serie.

Nightmare 5 – Il mito *½ (*A Nightmare on Elm Street: The Dream Child*, Usa 1989, col, 89') Stephen Hopkins. Con Robert Englund, Lisa Wilcox, Kelly Jo Minter, Erika Anderson, Whitby Hertford. ◆ Krueger (Englund) si serve dei sogni di un bambino che deve ancora nascere per mietere nuove vittime. La madre (Lisa Wilcox, già eroina del quarto episodio) riuscirà a fermarlo. Gli sceneggiatori rinunciano ormai a qualsiasi logica, e i passaggi tra realtà e sogno sono del tutto arbitrari. Manca vera suspense, anche se le scenografie alla Escher della sequenza finale riescono ancora a meravigliare.

Nightmare 6 – La fine * (*Freddy's Dead: The Final Nightmare*, Usa 1991, col, 95') Rachel Talalay. Con Robert Englund, Lisa Zane, Yaphet Kotto, Shon Greenblatt, Lezlie Deane. ◆ Per arrivare a sua figlia, Freddy (Englund) si accanisce contro gli ospiti di un riformatorio. Ma alla fine verrà trascinato fuori dal mondo onirico, ed eliminato definitivamente (?). Le vittime di Freddy sono più antipatiche del solito, e alcune sequenze (come quella del ragazzo finito in un videogame letale) dilettantesche. L'effetto 3D, nella versione per le sale, era mediocre. L'ameno Englund, che recita senza trucco nei frequenti flashback, salva il film dal disastro. Alice Cooper è il padre di Freddy.

Nightmare – L'incubo di Janet Lind → *Incubo di Janet Lind, L'*

Nightmare – Nuovo incubo **½ (*Wes Craven's New Nightmare*, Usa 1994, col, 112') Wes Craven. Con Heather Langenkamp, Robert Englund, Mike Hughes, John Saxon, David Newson, Wes Craven, Robert Shaye. ◆ Dieci anni dopo il primo *Nightmare*, Wes Craven sta scrivendo un nuovo episodio per l'attrice Heather Langenkamp, convinto che l'entità maligna incarnata da Freddy Krueger possa diventare reale se non viene imprigionata in un film. Di fatto, Freddy (Englund) comincia a popolare gli incubi della Langenkamp e di suo figlio Dylan (Hughes), uccidendo suo marito Chase (Newson), tecnico degli effetti speciali. Un sequel innovativo, che trasporta il fantastico nel mondo «reale» (quasi tutti interpretano se stessi) per riflettere sul ruolo dell'horror nella società contemporanea. Apprezzabile il tentativo di girare un horror adulto, narrativamente sofisticato (i passaggi tra film nel film, incubo e «realtà» sono spesso vertiginosi), che rinuncia agli odiosi adolescenti che infestavano gli ultimi film della serie. Con due rimpianti: che Freddy non incontri il suo interprete Englund; e che le sequenze orrorifiche non facciano che riciclare, a volte in tono minore, quelle del primo film della serie.

Night of the Ghouls *½ (*Revenge of the Dead*, poi rititolato *Night of the Ghouls*, Usa 1960, b/n, 69') Edward D. Wood jr. Con Duke Moore, Kenne Duncan, Valda Hansen, Criswell, Tor Johnson, Jeannie Stevens, Paul Marco. ◆ Il ciarlatano Dr. Acula (Duncan) organizza finte sedute spiritiche in una casa maledetta, ma fantasmi veri lo porteranno con sé nella tomba. Pseudo sequel di *Bride of the Monster* (tornano infatti i personaggi dei poliziotti e dell'impagabile servitore forzuto e muto [Johnson]), rimasto nel cassetto per oltre vent'anni perché Wood non aveva pagato i costi di sviluppo. Costumi da carnevale e trovate surreali (come la tromba che suona da sola durante la seduta), Kitsch sfrenato (come il futurologo Criswell che si leva da una bara per recitare serissimo prologo ed epilogo) e aria di improvvisazione casuale: i fan di Wood rischiano di divertirsi.

Nightshift → *Turno di notte*

Night Terrors ° (*Tobe Hooper's Night Terrors*, Usa 1993, col, 95') Tobe Hooper. Con Robert Englund, Zoe Trilling, Alona Kimhi, William Finley. ◆ Ad Alessandria d'Egitto Eugenie (Trilling), figlia di un archeologo e discendente di una nemica di D.A.F. de Sade, cade nelle grinfie di una reincarnazione del divin marchese (Englund) assetato di vendetta. Depravazioni da fumetto, intermezzi soft-core, Kitsch a metà tra il peggiore Ken Russell e il migliore Jess Franco: manca, comunque, ogni traccia di humour, e si tratta del nadir della carriera di Hooper (e di Englund). Sceneggiatura-groviera di Daniel Matmor e Ron Globus, produzione di Yoram Globus. Noto anche come *Le notti proibite del marchese di Sade.*

Nightwatch *½ (*Nightwatch*, Usa 1998, col, 101') Ole Bornedal. Con Ewan McGregor, Nick Nolte, Patricia Arquette, Josh Brolin, John C. Reilly, Brad Dourif. ◆ Uno studente fifone (McGregor) viene assunto come guardiano di notte dell'obitorio: e un misterioso serial killer lo vuole incolpare dei propri delitti. Partenza promettente, ovvio colpo di scena, il solito finale tirato e noioso: danese negli Usa, il regista sforna un inutile auto-remake di *Guardiano di notte*, giocando meno sul grottesco e con l'impercettibile collaborazione di Steven Soderbergh in sede di sceneggiatura. Cast sprecato e diretto male.

Nijinsky *½ (*Nijinsky*, Gb 1980, col, 125') Herbert Ross. Con George de la Peña, Alan Bates, Leslie Browne, Ronald Pickup, Colin Blakely, Jeremy Irons. ◆ La breve vita del ballerino e coreografo russo Nijinsky (de la Peña), colpito da grave malattia mentale nel 1916, e la storia della sua relazione con l'impresario Diaghilev (Bates). Arte (Debussy e Stravinskij), passioni proibite e follia in una biografia di maniera. Carla Fracci interpreta la parte di Tamara Karsavina, Tomas Milian jr quella del giovane ragazzo sulla spiaggia.

Nikita ° (*Nikita*, Francia/Italia 1990, col, 115') Luc Besson. Con Anne Parillaud, Jean-Hugues Anglade, Tcheky Karyo, Jeanne Moreau, Jean Bouise, Jean Reno, Philippe Leroy-Beaulieu, Roland Blanche. ◆ Arrestata durante una sanguinosa rapina, la tossicomane

Nikita (Parillaud) viene trasformata in killer per conto dei servizi segreti francesi. Un soggetto apparentemente trasgressivo per un film finto e pretenzioso: dopo un avvio da grande cinema d'azione, Besson punta senza ironia alcuna sul look più convenzionale, infilando una dietro l'altra inquadrature stereotipate e traslucide, degne della peggiore tradizione pubblicitaria. Tra «le donne con la pistola» che furoreggiano da qualche tempo, la Parillaud è una delle più belle e delle più spietate, ma certamente una delle meno originali, mentre la particina di Jeanne Moreau è poca cosa perché possa dare un tono diverso a un film intento soprattutto ad ammirarsi. Rifatto a Hollywood come *Nome in codice: Nina* (1993).

Nikita – Spie senza volto * (*Little Nikita*, Usa 1988, col, 98') Richard Benjamin. Con River Phoenix, Sidney Poitier, Richard Jenkins, Richard Lynch, Caroline Kava. ◆ Un agente federale (Poitier) avverte un ragazzo (Phoenix) che i suoi genitori sono spie russe da anni infiltrate negli Usa, e che un sicario del Kgb li sta per uccidere. Thriller del disgelo, in cui russi e americani si coalizzano contro il nemico comune. Didascalico, retorico e improbabile.

Nina *** (*A Matter of Time*, Usa 1976, col, 99') Vincente Minnelli. Con Ingrid Bergman, Liza Minnelli, Charles Boyer, Spiros Andros, Tina Aumont, Anna Proclemer, Gabriele Ferzetti, Arnoldo Foà, Amedeo Nazzari, Orso Maria Guerrini, Fernando Rey. ◆ La stella del cinema Nina (Minnelli) ricorda gli inizi della sua carriera a Roma, cameriera in un albergo dove incontrò l'eccentrica contessa Sanziani (Bergman): la sua amicizia, i racconti della sua vita indipendente e spregiudicata e soprattutto l'invito a «essere se stessa senza assomigliare a nessuno» l'aiuteranno a entrare nel mondo del cinema e a diventare famosa. L'ultimo film di Minnelli (sceneggiato da John Gay a partire da un romanzo di Maurice Druon) è anche il suo testamento artistico perché col personaggio della contessa Sanziani traccia un bilancio della propria carriera e delle idee che l'hanno guidata: nella vita l'importante è la «regia», la propria messinscena, il proprio «sogno» (se la vita non dà più niente – sostiene la contessa – allora è molto meglio rifugiarsi nel sogno). E il fatto che questa esplicitazione della filosofia di tutta una carriera serva per insegnare a Nina (interpretata dalla vera figlia del regista) come vivere, rende il film ancora più toccante e personale. Trascurato dal pubblico e martoriato dalla produzione che modificò il montaggio, Minnelli riafferma, con una straordinaria dimostrazione di anacronistico coraggio, la priorità dello spettacolo, il suo disprezzo per le mode cinematografiche e la possibilità di vivere grazie all'immaginazione. Debutto di Isabella Rossellini nel ruolo di una suora.

Nine Months – Imprevisti d'amore * (*Nine Months*, Usa 1995, col, 103') Chris Columbus. Con Hugh Grant, Julianne Moore, Tom Arnold, Joan Cusack, Jeff Goldblum, Robin Williams, Mia Cottet. ◆ San Francisco: lo psicologo inglese Samuel Faulkner (Grant) entra in crisi alla notizia che la sua fidanzata Rebecca (Moore) è incinta: ma l'orgoglio di padre (per di più di un maschio) avrà la meglio. Se l'idea di vedere Robin Williams nei panni di un ostetrico russo pasticcione alle prese con due parti contemporaneamente vi sembra esilarante, potete reggere anche l'ora e mezza che precede questo brillante climax (per altro ricalcato da *Mickey & Maude* di Edwards). Altrimenti meglio rinunciare al dubbio talento comico di Grant (al suo esordio americano) e alla smaccata propaganda antiabortista. Remake-lampo di *Neuf mois* di Patrick Braudé (1994) inedito in Italia. Columbus è anche sceneggiatore.

Ninfa degli antipodi, La **½ (*Million Dollar Mermaid*, Usa 1952, col, 115') Mervyn LeRoy. Con Esther Williams, Victor Mature, Walter Pidgeon, Jesse White, David Brian, Donna Corcoran, Frank Ferguson, Howard Freeman. ◆ La vita della nuotatrice australiana Annette Kellerman, che ancora bambina (Corcoran) imparò a nuotare nonostante la poliomielite e diventata adulta (Williams) divenne una delle più celebri attrazioni del teatro newyorchese Hippodrome, esibendosi in numeri di danza acquatica. Il più bello dei film interpretati da Esther Williams, dove finalmente le sue qualità natatorie trovano uno sviluppo coerente nella storia (sceneggiata da Everett Freeman). Anche se le peripezie sentimentali sono troppo insistite (e poi non si riesce a capire perché una donna debba innamorarsi di Victor Mature, nel ruolo dell'intraprendente imbonitore che la scopre, e che vuole far fortuna a Hollywood con un cane chiamato Rin Tin Tin!), la trama è relativamente ricca e originale, a partire dallo «scandalo per il costume a un pezzo» che costò davvero alla Kellerman un processo nel 1907, e al tono blandamente melodrammatico – come piaceva all'epoca – che non annoia mai. Due numeri acquatici sono diretti da Busby Berkeley (il balletto della fontana e quello dei fumi colorati), ma è imperdibile per i cultori del kitsch l'esibizione subacquea a tempo di Čaikovskij (coreografata da Audrene Brier) così come l'incontro con la Pavlova (interpretata da Maria Tallchief) che consacra la sua arte acquatica perché «ha unito la danza classica al nuoto».

Ninfa plebea * (Italia 1996, col, 111') Lina Wertmüller. Con Lucia Cara, Stefania Sandrelli, Raoul Bova, Peppe De Rosa, Isa Danieli, Ennio Coltorti, Rino Marcelli, Luisa Amatucci, Giuditta Del Vecchio, Lorenzo Crespi. ◆ Cresciuta tra una madre esuberante (Sandrelli) e un padre impotente (Coltorti), Miluzza (Cara) ha del sesso una visione naturale e drammatica insieme: desiderata dal padrone (De Rosa) della fabbrica in cui lavora, rischia di scivolare su una brutta china per colpa delle maldicenza del paese, se un soldato (Bova) non vedesse in lei la sua futura moglie. Adattando con Ugo Pirro il romanzo omonimo di Domenico Rea, la Wertmüller trasforma quella che dovrebbe essere una specie di favola melodrammatica a cavallo dell'ultima guerra in un fumettone fintamente osé, tutto languori e zoomate, con la Sandrelli al suo minimo storico e l'esordiente Lucia Cara che mostra le cosce come l'Antonelli in *Malizia*. Esagerati anche i controluce di Ennio Guarnieri, la musica di Morricone e le scenografie di Enrico Job. Nemmeno dalla peggior Wertmüller ci si poteva aspettare un filmaccio così.

Ninì Tirabusciò, la donna che inventò la mossa ** (Italia 1970, col, 118') Marcello Fondato. Con Monica Vitti, Gastone Moschin, Pierre Clementi, Peppino De Filippo, Carlo Giuffré, Sylva Koscina, Salvo Randone, Nino Taranto, Marisa Merlini, Fanfulla [Luigi Visconti], Lino Banfi, Angela Luce, Toni Ucci, Bruno Cirino. ◆ All'inizio del Novecento, un'attricetta di sceneggiate, Maria Sarti (Vitti) sogna di diventare una nuova Duse, ma ottiene fama e successo inventando «la mossa»: idolo delle folle napoletane (e assolta anche da un'accusa di oscenità) Maria, ormai diventata Ninì Tirabusciò, non riesce però a trovare un uomo con cui dividere la propria vita. Ispirandosi alla storia di Maria Campi (trasformata in Sarti nel film) Fondato cerca di ricostruire l'atmosfera dell'epoca (grazie anche alle belle scenografie di Flavio Mogherini), ma non riesce mai a essere appassionato o (come sembrerebbe volere) autoironico: meglio comunque la seconda parte torinese, con le intemperanze dei futuristi, della prima a Napoli. Patetico Banfi nella parte del napoletano (!) Nicola Maldacea.

Ninja la furia umana → *American Ninja*

Ninna nanna di Broadway *½ (*Lullaby of Broadway*, Usa 1951, col, 92') David Butler. Con Doris Day, Gene Nelson, Gladys George, S.Z. Sakall. ◆ Una ballerina di fila (Day) arriva a New York per cercare la madre che l'aveva abbandonata e scopre che è diventata una star della canzone. Commediola infarcita di numeri musicali che riesce a divertire.

Ninotchka ***½ (*Ninotchka*, Usa 1939, b/n, 110') Ernst Lubitsch. Con Greta Garbo, Melvyn Douglas, Ina Claire, Bela Lugosi, Sig [Sigfried] Rumann, Felix Bressart, Alexander Granach, Richard Carle. ◆ Nina Ivanovna Yakusciova detta Ninotchka (Garbo), ispettrice del governo sovietico, viene mandata a Parigi per controllare l'operato di tre agenti (Lugosi, Rumann e Bressart), incaricati di vendere dei gioielli. Ma innamoratasi del frivolo aristocratico Léon d'Algout (Douglas), finirà col cedere all'amore decidendo di restare al suo fianco. Da un racconto di Melchior Lengyel, sceneggiato da Charles Brackett, Billy Wilder e Walter Reisch, è la commedia più celebre del regista grazie al ruolo brillante della Garbo (e infatti il film fu lanciato con lo slogan «Garbo ride!»). Come sempre a Lubitsch non interessa il risvolto ideologico della storia (l'anticomunismo è solo un pretesto e Ninotchka, scegliendo Léon, accetta la propria frivolezza, non l'ideologia capitalista), ma piuttosto la possibilità di giocare con le manie e i difetti delle persone, che si diverte a ribaltare. Tutto, infatti, «ricorre due volte nel film, e la prima volta viene generalmente respinto o criticato, la seconda accettato con gratitudine» [Fink]: così è per il cappellino, per le barzellette di Léon e perfino per la Torre Eiffel. Proibito nel dopoguerra in alcuni paesi europei per paura di «turbamenti dell'ordine pubblico», il film risultava, nel 1988, ancora proibito in Finlandia. Rifatto in forma di musical come *La bella di Mosca*.

Nipote di Beethoven, Il ** (*Le Neveu de Beethoven*, Francia/Rft 1985, col, 105') Paul Morrissey. Con Wolfgang Reichmann, Dietmar Prinz, Jane Birkin, Mathieu Carrière, Nathalie Baye. ◆ Gli ultimi anni di vita di Beethoven (Reichmann) raccontati dal punto di vista del nipote Karl (Prinz), cui il grande musicista, solo, egoista e iperprotettivo, rese la vita impossibile. Tratto dai libri di Luigi Magnani, il film ha il merito di non scadere nel macchiettistico e nell'aneddotico. Morrissey gira su commissione, ma conserva qualche sprazzo della sua vena caustica, e divide torti e ragioni con equanimità.

Nipote picchiatello, Il *** (*You're Never Too Young*, Usa 1955, col, 95') Norman Taurog. Con Jerry Lewis, Dean Martin, Diana Lynn, Nina Foch, Raymond Burr, Veda Ann Borg. ◆ Il garzone di un barbiere (Lewis) si trova in tasca un diamante rubato: per sfuggire al ladro che vuole recuperarlo si traveste da bambino e con l'aiuto involontario di una professoressa (Lynn) e di un insegnante di educazione fisica (Martin) riesce addirittura a nascondersi in un college per adolescenti. Uno dei migliori film della coppia Martin-Lewis (anche se è quello dove scoppiarono i primi contrasti tra i due che poco dopo si sarebbero divisi), ricco di allusioni garbatamente erotiche (le gag nel vagone letto tra il finto adolescente e la professoressa che ribalta la situazione di *Frutto proibito*) e battute misogine che trovano nel pretesto del travestimento la propria giustificazione narrativa: imitando il mondo degli adulti Jerry lo mette in ridicolo.

Nipote Sabella, La ** (Italia 1958, b/n, 97') Giorgio Bianchi. Con Tina Pica, Peppino De Filippo, Dolores Palumbo, Sylva Koscina, Renato Salvatori, Nino Vingelli, Ciccio Barbi, Gorella Gori, Remington Olmstead, Carlo Taranto, Carlo Giuffré. ◆ Il petrolio che pare si trovi nel terreno di famiglia andrà alla coppia che farà per prima una figlia: l'indomita Sabella (Pica) cerca di favorire il nipote Raffaele (Salvatori) e la neomoglie Lucia (Koscina), ma don Emilio (De Filippo) e donna Carmelina (Palumbo) non vogliono essere da meno. Ritornano i personaggi di *Nonna Sabella*, ma la sceneggiatura (di Alessandro Continenza e Ruggero Maccari, con la collaborazione di Luciano Martino) sacrifica la coralità dell'originale e punta tutto sui divertenti scontri tra Tina Pica e Peppino De Filippo, accentuando l'invadente matriarcato della prima e i furbeschi intrighi del secondo. Carlo Giuffré – non accreditato – interpreta Gaetano, l'amico che presta ai due sposini la bicicletta per tornare da Salerno a Pòllena.

Nipoti di Zorro, I * (Italia 1968, col, 88') Marcello Ciorciolini. Con Franco Franchi, Ciccio Ingrassia, Dean Reed, Pedro Sanchez [Ignazio Spalla], Mario Maranzana, Franco Fantasia, Enzo Andronico, Evy Farinelli, Lino Banfi. ◆ Due emigranti siculi (Franchi e Ingrassia) alla ricerca dell'oro in California vengono coinvolti nella lotta di Zorro (Reed) contro il malvagio governatore. Parodia tra le meno riuscite della coppia, solo per i loro fans.

Nirvana *½ (Italia 1997, col, 114') Gabriele Salvatores. Con Christopher Lambert, Diego Abatantuono, Sergio Rubini, Stefania Rocca, Emmanuelle Seigner, Amanda Sandrelli, Claudio Bisio. ◆ Dicembre 2005: l'inventore di videogiochi Jimi (Lambert) è in crisi: la sua donna (Seigner) l'ha lasciato e un virus ha alterato la sua ultima creazione, Nirvana, il cui protagonista, Solo (Abatantuono), ora chiede di essere «liberato». Per accontentarlo Jimi si rivolge a Joystick (Rubini), pirata della Rete, e a Naima (Rocca), esperta di hardware. Salvatores (anche sceneggiatore con la collaborazione di Gloria Corica e Pino Cacucci) lascia le variazioni sulla commedia all'italiana per la fanta-avventura, ma il suo apologo digitale – di cui è encomiabile lo sforzo produttivo – soffre di fascinazione elettronica e superficialità narrativa: il futuro è ridotto a un puro catalogo di denunce e paure, l'alta tecnologia è un giochino inconsistente e troppo ostentato, e di visionario, nonostante le apparenze, c'è ben poco, mentre rimangono tracce della precedente comicità cabarettistica attraverso i camei di Paolo Rossi, Bebo Storti, Silvio Orlando, Ugo Conti, Antonio Catania, Gigio Alberti. Irriconoscibile Sergio Rubini sotto le protesi di Sergio Stivaletti. I diversi quartieri della megalopoli sono stati realizzati da Giancarlo Basili, la musica originale è di Mauro Pagani.

Nitrato d'argento ** (*Nitrate d'argent*, Francia/Italia/Ungheria 1996, col, 90') Marco Ferreri. Con Iaia Forte, Sabrina La Leggia, Marc Berman, Christelle Legroux, Eric Berger. ◆ Una controstoria del cinema dal punto di vista degli spettatori, costruita sull'alternanza di spezzoni di film e scenette in sala, dalle origini a oggi. L'idea di festeggiare il centenario mescolando fiction e documentario poteva essere interessante, ma questa volta la provocazione di Ferreri cade nel vuoto (e nella nostalgia): il cinema non è più così sacro nell'immaginario collettivo, la sala ha cessato da tempo di essere il fulcro della sua fruizione e il lavoro sui materiali storici è decisamente scontato. Sceneggiatura di Ferreri, Gianni Romoli e David Maria Putorti. Le splendide sale cinematografiche «d'epoca» si trovano a Budapest.

Nixon → *Intrighi del potere, Gli – Nixon*

Noa Noa * (Italia 1974, col, 105') Ugo Liberatore. Con Hiram Keller, Gianfranco De Grassi, Mariana Camara, Carlo Puri, Paolo Malco, Macia Pellegrini. ◆ I ribelli del Bounty si stabiliscono su un'isola del Pacifico dove si godono la vita tra le belle indigene. Ma gli indigeni non accettano di essere trattati da servi. Avventure esotiche con divagazioni erotiche e confusi sottintesi progressisti: all'epoca un grande successo.

Noccioline a colazione *½ (Italia 1978, col, 94') Mario Orfini. Con Stefano Mizzau, Cristiana Mancinelli, Pierpaolo Benigni, Eva Axen, Jerry Di Giacomo. ◆ Maestro elementare disoccupato, Marco (Mizzau) accetta di occuparsi dell'orang-utang dello zoo che sembra lasciarsi morire per inedia: entrerà in crisi il rapporto con la moglie Alice (Mancinelli, generosamente nuda), ma quello con la scimmia troverà un finale di speranza. Commedia generazionale fin troppo esplicita nella sua schematica metafora politica (dentro o fuori le gabbie, Marco e l'orango sono prigionieri del sistema), troppo verbosa e appesantita da una recitazione da filodrammatica. Esordio alla regia del produttore Mario Orfini che interpreta il direttore dello zoo. Nello scimmione si nasconde il mimo Jerry Di Giacomo.

No Control – Fuori controllo ** (*Body Parts*, Usa 1991, col, 85') Eric Red. Con Jeff Fahey, Lindsay Crouse, Brad Dourif, Zakes Mokae. ◆ Alcuni uomini cui vengono trapiantati gli arti di un assassino cominciano a sentire impulsi omicidi. Ma c'è chi intende tornare in possesso dei vari organi. Red porta alle estreme conseguenze un tema non nuovo: la partenza è lenta, ma il finale, ben congegnato, non delude gli amanti del genere.

Nodo alla cravatta, Il *½ (Italia 1991, col, 95') Alessandro Di Robilant. Con Patrick Bauchau, Delia Boccardo, Sergio Orsesko, Eleonora Danco. ◆ Il quattordicenne Carlo (Orsesko), trascurato dai suoi, fa le bizze e viene chiuso in collegio: meglio la disciplina paramilitare, comunque, che una famiglia come la sua. Spaccato dei mali della borghesia (in questo caso romana), con elogio del ribellismo giovanile: tutto già visto, in confezione patinata e con ambizioni letterarie. Il nodo alla cravatta è quello che Carlo non è ancora capace di fare, ma anche il cappio che minaccia di soffocarne la gioventù.

Nodo alla gola *** (*Rope*, Usa 1948, col, 80') Alfred Hitchcock. Con James Stewart, John Dall, Farley Granger, sir Cedric Hardwicke, Joan Chandler. ◆ Due giovani omosessuali nutriti di idee superomistiche, Shaw Brandon (Dall) e Philip (Granger) uccidono, per il solo piacere del gesto, un amico, nascondendone il cadavere in un cassone del loro salotto, poco prima che arrivino degli ospiti. Il loro professore (Stewart) sente puzza di bruciato e li fa crollare. Per rispettare l'unità di tempo e di luogo, Hitchcock ha girato una decina di virtuosistici piani sequenza, raccordati in modo quasi impercettibile. Il film, ispirato a un caso di cronaca nera e tratto da una commedia di Patrick Hamilton (sceneggiata da Arthur Laurents), resta soprattutto una sfida e un esperimento, anche se non manca di suspense genuina. Hitchcock appare subito dopo i titoli di testa, mentre attraversa una strada accanto a una donna. Il film è conosciuto anche col titolo *Cocktail per un cadavere*.

Nodo scorsoio *½ (*Noose*, Gb 1948, b/n, 98') Edmond T. Greville. Con Carole Landis, Joseph Calleia, Nigel Patrick. ◆ Una giornalista tenta di smascherare una gang di Soho che controlla la droga e la prostituzione. Noir anglosassone prevedibile malgrado qualche ambientazione suggestiva.

Nodo scorsoio *½ (*My Blood Runs Cold*, Usa 1965, col, 104') William Conrad. Con Troy Donahue, Joey Heatherton, Barry Sullivan, Jeannette Nolan. ◆ Un'ereditiera è gratificata dalla corte che le rivolge un giovane (Donahue) e non si accorge che si tratta di un maniaco. Finita la stagione dei beach-movie, Donahue tenta di riciclarsi, ma senza convincere molto.

No grazie, il caffè mi rende nervoso *½ (Italia 1982, col, 109') Lodovico Gasparini [e Lello Arena]. Con Lello Arena, Massimo Troisi, Maddalena Crippa, Carlo Monni, Aldo Barbone, Anna Campori. ◆ Sotto il nome di Funiculì Funiculà si cela un killer che fa strage in un festival partenopeo. Troisi fornisce il soggetto per l'esordio di Arena, già suo collega di cabaret, e interpreta una delle vittime. Ma il tentativo di sfruttare il successo di *Ricomincio da tre* è affondato nel macchiettismo folcloristico. Cosceneggiatura di Michael Pergolani, musiche di James Senese.

Noia, La ° (Italia/Francia 1963, col, 100') Damiano Damiani. Con Horst Buchholz, Catherine Spaak, Bette Davis, Isa Miranda, Lea Padovani, George Wilson. ◆ Dino (Buchholz), un giovane pittore romano in crisi, trova nella madre (Davis) una comprensiva mezzana, ma perde la testa per una ragazza dal passato torbido (Spaak). Damiani, complici gli sceneggiatori Tonino Guerra e Ugo Liberatore, riduce il romanzo di Moravia a fotoromanzo, appiccicandogli un finale troppo roseo. Bette Davis è spaesata, e Buchholz non è all'altezza. Leonida Repaci interpreta Balestrieri.

Noia, La ** (*L'Ennui*, Francia 1998, col, 120') Cédric Kahn. Con Charles Berling, Sophie Guillemin, Arielle Dombasle, Robert Kramer, Maurice Antoni, Alice Grey, Tom Ouedraogo. ◆ Un professore di filosofia (Berling) piantato dalla moglie (Dombasle) rimane folgorato dalla modella Cécilia (Guillemin), una macchina da sesso – tant'è che il suo amante precedente, un pittore (Kramer), c'è rimasto secco – ignorante come una capra. Ovviamente il cervello cede nella lotta impari contro la placida ottusità della carne, e presto affiorano la gelosia e la sete di possesso del maschio. Adattamento del romanzo di Moravia (firmato dal regista con Laurence Ferreira-Barbosa), assai apprezzato dalla critica francese e fedele, se non nella lettera, sicuramente nello spirito. Ma il tema è usurato, e la secchezza di tono non rimedia alla prolissità e alla noia che, appunto, si insinua dopo tante scene di sesso simulate.

Noi cannibali *** (Italia 1953, col, 90') Antonio Leonviola. Con Silvana Pampanini, Vincenzo Musolino, Folco Lulli, Giuseppe Porelli, Milly Vitale, Gildo Bocci, Stella Spadoni, Gino Rossi, Rina Dei, Ughetto Bertucci, Laura Contarini. ◆ Una ballerina d'avanspettacolo, Virginia (Pampanini), e un marginale che si arrangia col contrabbando, Aldo (Musolino), si mettono insieme sperando di rifarsi una vita: lei deve continuamente respingere le avances degli uomini (bellissima la sequenza della festa popolare durante la quale il ballo si trasforma in una specie di stupro collettivo), lui fatica a trovare lavoro. Fino a quando il desiderio sempre represso di un boss locale (Lulli) diventa vera e propria violenza che si conclude con la morte di Virginia e spinge Aldo verso il suicidio. Straordinario melodramma sceneggiato dal regista con Gian Gaspare Napolitano, Giuseppe Mangione e Daniele D'Anza, che si stacca per forza di stile e d'astrazione dalla produzione corrente di quegli anni. Ambientato tra i baraccati del porto di Civitavecchia (dove il lavoro dello scenografo Luigi Scaccianoce si fonde perfettamente con le riprese dal vero), il film sa evitare l'ottimismo ideologico di certo neorealismo e il moralismo consolatorio di tanti melodrammi (nonostante un finalino ottimista chiaramente posticcio). Recuperando una lezione di stile che viene direttamente dal cinema degli anni Trenta (Clair, Pabst), Leonviola racconta la disperazione senza uscita di chi si sente destinato alla sconfitta con uno stile molto controllato (certe inquadrature, specie dei panorami industriali, ripropongono la lezione della pittura metafisica) e in questo modo evita gli eccessi didascalici che potrebbero derivare dall'uso di elementi dichiaratamente simbolici (le rotaie del treno, ma anche la sorella «buona» di Virginia interpretata da Milly Vitale). Straordinario il lavoro di Aldo Giordani sul colore, «filtrato nel Ferrania squillante che illustra la passionalità di una Pampanini da bidonville», assolutamente convincente in uno dei più bei ruoli di tutta la sua carriera. Commento musicale, efficace nel suo sottotono, di Bruno Maderna. Leonviola è la maschera che all'inizio del film fa entrare lo spettatore nel teatrino di varietà.

Noi donne siamo fatte così * (Italia 1971, col, 112') Dino Risi. Con Monica Vitti, Carlo Giuffré, Enrico Maria Salerno, Ettore Manni. ◆ Dodici episodi e altrettanti personaggi per la Vitti: *Una giornata lavorativa* (suona i piatti in un'orchestra), *Romantica* (è la madre di 22 figli), *Schiava d'amore* (una violinista claudicante non sa lasciare l'ambulante con cui girovaga), *Il mondo cammina* (i drammi di una coppia «evoluta»), *Cuore di padrone* (una sindacalista turlupinata dal padrone), *Et dominus venit* (una suora scandalizza un vescovo suonando musica beat), *Vietnam* (una corrispondente di guerra insulta chi si informa della sua salute), *La motocicletta* (una motociclista acrobatica si concede a un anziano ammiratore), *L'angelo dei cieli* (una hostess rassicura i passeggeri ma ha paura), *L'allumeuse* (una cieca eccita con il suo «sguardo» i clienti di un ristorante), *Chiamate Roma 21-21* (una mitomane si sfoga alla radio). Serie di barzellette per lo più misogine e poco divertenti. Scola, Sonego, Age e Scarpelli tra gli sceneggiatori.

Noi due a Manhattan * (*Generation*, Usa 1969, col, 104') George Schaefer. Con David Janssen, Kim Darby, Carl Reiner, James Coco, Sam Waterston. ◆ Guai familiari di una coppia appena sposata: lei è la figlia di un riccone, lui un contestatore ecologista che pretende che non partorisca in ospedale. Insulso.

Noi due sconosciuti **½ (*Strangers When We Meet*, Usa 1960, col, 117') Richard Quine. Con Kirk Douglas, Kim Novak, Ernie Kovacs, Walter Matthau, Barbara Rush, Virginia Bruce. ◆ Entrambi sposati, due ricchi borghesi (Douglas e Novak) iniziano una relazione impossibile. Notevole studio di un adulterio, intimamente tragico sotto un'apparenza delicata e superficiale: «la società americana e il mito della felicità ricevono un duro colpo, senza che nessun personaggio sia davvero condannabile, il che aumenta la portata morale della storia e l'efficacia della sua critica sociale». Sceneggiatura di Evan Hunter (alias Ed McBain) da un suo romanzo.

Noi due senza domani *½ (*Le Train*, Francia/Italia 1973, b/n e col, 100') Pierre Granier-Deferre. Con Jean-Louis Trintignant, Romy Schneider, Nike Arrighi, Franco Mazzieri. ◆ Nella Francia del 1940, cercando di fuggire in treno all'avanzata tedesca, un elettricista riformato (Trintignant) ha una breve ma appassionata storia d'amore con una ricca ebrea tedesca (Schneider): i due metteranno fine volontariamente alla loro relazione, ma tre anni più tardi la Gestapo li farà rincontrare. Tratto da *Il treno* di Simenon, il film ne tradisce lo spirito, inventando un finale da melodramma.

Noi due soli *½ (Italia 1950, b/n, 90') Vittorio Metz, Marcello Marchesi [e Marino Girolami]. Con Walter Chiari, Hélène Remy, Carlo Campanini, Gianrico Tedeschi, Anna Campori, Raimondo Vianello, Enrico Viarisio, Mario Feliciani, Italo Juli. ◆ Alle prese col problema dell'alloggio, Walter (Chiari) fa un lungo sogno in cui immagina un mondo postatomico in cui vivere solo con la sua fidanzata (Remy). Qualche trovata bizzarra dovuta ai registi-sceneggiatori Vittorio Metz e Marcello Marchesi non solleva una commedia sbilenca. Alla regia ha collaborato Marino Girolami, citato nei titoli di testa come «direzione tecnica».

Noi due una coppia **½ (*En och en*, Svezia 1978, col, 95') Erland Josephson, Sven Nykvist, Ingrid Thulin. Con Erland Josephson, Ingrid Thulin, Björn Gustafsson, Even Lindberg, Martin Lefwert, Anna Dufva. ◆ Ylva (Thulin), pittrice cinquantenne senza mercato per scelta, abbandona il convivente e parte per un viaggio da Stoccolma a Copenaghen con il cugino coetaneo Dan (Josephson), che trascina pigramente la sua vita di benestante nullafacente (legge, non a caso, *Oblomov* di Gonciarov). Le reciproche crisi esistenziali, le contraddizioni e l'egoismo di entrambi non troveranno una soluzione nel rapporto affettivo che tentano vanamente di instaurare. Scene di un «non matrimonio», sussurrate e civilissime, per tre collaboratori di Bergman che, senza il talento del maestro ma con coraggio e sensibile professionalità, uniscono le loro forze per raccontare senza retorica e falsi pudori l'amore impossibile tra ricchi cinquantenni «prigionieri delle libertà borghesi e handicappati dei sentimenti», che non si piacciono e perciò non possono piacere. Un film d'attori (soggetto e sceneggiatura sono di Josephson), splendidamente illuminato (e sicuramente diretto) dal grande Nykvist. Il titolo italiano capovolge il senso del film: «uno e uno», come recita quello originale, non fanno affatto una coppia.

Noi duri **½ (Italia 1960, b/n, 102') Camillo Mastrocinque. Con Fred Buscaglione, Totò [Antonio de Curtis], Paolo Panelli, Scilla Gabel, Bice Valori, Mario Castellani, Elio Pandolfi, Luigi Pavese, Toni Ucci, Giulio Marchetti. ◆ Il tenente dell'Fbi Fred Bombardone (Buscaglione) allestisce un'orchestra di poliziotti per introdursi in incognito nel locale parigino «Le fric d'Afrique» dove il temibile Algerino (Totò) contrabbanda stupefacenti. Grandi performance musicali in una frizzante parodia dei classici del genere, perfetta illustrazione delle canzoni dell'indimenticabile Fred.

Noi e la gonna → *Avventura a Vallechiara*

Noi gangster ** (*Le Grand chef*, Francia/Italia 1959, b/n, 92') Henri Verneuil. Con Fernandel [Fernand Contandin], Gino Cervi, [Joel] Papouf, Jean-Jacques Delbo, Georges Chamarat, Noëlle Norman, Gaby Basset, Florence Blot. ◆ Due poveracci (Fernandel e Cervi) rapiscono un bambino talmente pestifero (Papouf) che pagano loro pur di restituirlo ai genitori. Da un racconto di O'Henry (*Il riscatto di Capo Rosso*) sceneggiato dal regista con Henri Troyat e Jean Mause, un film paradossale ma innocuo, tenuto in piedi da una coppia di attori molto affiatata.

Noi i ragazzi dello zoo di Berlino → *Christiane F. – Noi i ragazzi dello zoo di Berlino*

Noi non siamo angeli * (Italia 1975, col, 90') Frank Kramer [Gianfranco Parolini]. Con Michael Coby, Paul Smith, Woody Strode, Jill Ireland, Renato Cestié. ◆ Avventure e scazzottate attorno a una gara tra diligenze e automobili all'inizio del Novecento. Maldestro tentativo di imitare i film con Bud Spencer e Terence Hill.

Noi peccatori *½ (Italia 1952, b/n, 90') Guido Brignone. Con Yvonne Sanson, Tamara Lees, Steve Barclay, Carletto Sposíto, Evi Maltagliati, Bella Starace Sainati. ◆ Quando lui diventa cieco, lei fa la sciantosa per trovare i soldi per l'operazione. Lui non gradisce, ma per fortuna la Madonna di Pompei fa miracoli. Melodramma esasperato, molti gradini indietro rispetto a Matarazzo.

Noi siamo due evasi *½ (Italia/Spagna 1959, b/n, 98') Giorgio C. Simonelli. Con Ugo Tognazzi, Raimondo Vianello, Magali Noël, Sandra Mondaini, Titina De Filippo, Maurizio Arena, Elio Crovetto, Irene Tunc, Rafael Calvo, Fiorella Ferrero, Mirko Ellis. ◆ Scambiati per due pluriassassini, due ingenui assicuratori (Vianello e Tognazzi) finiscono in galera: senza davvero volerlo evaderanno e le loro strade torneranno a incrociarsi con quelle dei veri ricercati. Commediola sconclusionata che sfrutta la popolarità televisiva della coppia di *Un, due, tre*: scritta da Castellano, Pipolo e Dino Verde, alterna citazioni cinematografiche «alte» (Bresson, Capra, Fellini) a giochi di parole e travestimenti (da marines, frati, donne...) che oggi sembrano venire da un passato davvero remoto. Magali Noël canta *Le Rififi* accompagnata da Buscaglione e i suoi Asternovas.

Noi siamo le colonne **½ (*A Chump at Oxford*, Usa 1940, b/n, 63') Alfred Goulding. Con Stan Laurel, Oliver Hardy, Wilfrid Lucas, Forrest Harvey, James Finlayson. ◆ Come premio per aver sventato una rapina (alla Finlayson National Bank!), Stanlio e Ollio possono iscriversi all'Università di Oxford, dove sono preda degli scherzi studenteschi fino a quando Stan, per aver picchiato la testa contro una finestra, si trasforma in lord Paddington, nobile e coltissimo snob inglese che costringe Ollio a fargli da cameriere. Almeno fino al prossimo colpo in testa. L'ultima delle grandi riuscite della coppia (su una sceneggiatura firmata anche da Harry Langdon) con almeno due sequenze d'antologia: il gioco «a quattro mani» fatto da Stan di notte nel parco e la sua interpretazione di lord Paddington, genialmente autoironica. Un giovane Peter Cushing interpreta lo studente Jones.

Noi siamo le colonne *½ (Italia 1956, b/n, 95') Luigi Filippo d'Amico. Con Antonio Cifariello, Franco Fabrizi, Ottavio Alessi, Mireille Granelli, Elisa Montes, Vanna Vivaldi, Vittorio De Sica, Lauro Gazzolo, Aroldo Tieri, Pina Gallini, Zoe Incrocci, Laura Betti, Nando Tamberlani, Lydia Johnson. ◆ A Pisa, tre universitari si barcamenano tra esami e avventure amorose: Ugo (Cifariello) s'innamora di Lea (Granelli), Aldo (Fabrizi) corteggia la figlia (Montes) per ingraziarsi il padre professore, Ottavio (Alessi) è troppo timido per combinare qualcosa. Goliardia e poco più in questa commediola che ironizza (senza cattiveria) sulla superficialità sentimentale degli studenti. Da non perdere il numero di De Sica, attore decaduto che viene «affittato» perché reciti la parte del padre. Film d'esordio di Laura Betti, la cantante alla festa studentesca.

Noi siamo tuo padre → *Les compères – Noi siamo tuo padre*

Noi tre ** (Italia 1984, col, 88') Pupi Avati. Con Christopher Davidson, Carlo Delle Piane, Lino Capolicchio, Ida Di Benedetto, Gianni Cavina, Giulio Pizzirani, Bob Tonelli. ◆ Il quattordicenne Amadé, alias Mozart (Davidson), in procinto di diplomarsi a Bologna, cerca di sottrarsi alla sua vocazione e prova i primi turbamenti amorosi. Bozzetto esile e leggero (forse troppo), appesantito da troppe macchiette di contorno e da una micidiale colonna sonora di Riz Ortolani.

Noi uomini duri *½ (Italia 1987, col, 90') Maurizio Ponzi. Con Renato Pozzetto, Enrico Montesano, Isabel Russinova, Novello Novelli, Antonella Vitale. ◆ Un tranviere romano (Montesano) e un bancario milanese (Pozzetto) fanno amicizia durante un massacrante corso di survival. Per il bancario sarà anche l'occasione di risolvere i suoi problemi con le donne. Umorismo alla buona in un film pensato per piacere in tutta Italia. Ponzi si ricorda di essere stato un regista ambizioso e vorrebbe inserire qualche tocco psicologico.

Noi vivi – Addio, Kira **½ (Italia 1942, b/n, 174') Goffredo Alessandrini. Con Fosco Giachetti, Alida Valli, Rossano Brazzi, Giovanni Grasso, Emilio Cigoli, Annibale Betrone, Mario Pisu. ◆ Russia, qualche anno dopo la Rivoluzione d'Ottobre: la borghese Kira (Valli) s'innamora dell'aristocratico Leo (Brazzi), sorvegliato dalla polizia segreta. Arrestata per sospetto antisovietismo, Kira viene rilasciata per interessamento del commissario Andrej (Giachetti), al quale si concede per proteggere l'amato in difficili condizioni di salute. Finirà in tragedia. Melodramma kolossal (è il primo film italiano sonoro ad avere una durata doppia rispetto al normale e di fatto è un dittico), nel complesso piuttosto monotono e prolisso. All'epoca ha goduto di cattiva fama presso la critica, ma rivisto oggi non è privo d'interesse. Potrebbe essere segnalato come il prototipo del teleromanzo all'italiana (del resto è sempre stato proiettato o mandato in onda in due parti o puntate): stilemi televisivi sono riscontrabili sia nelle modalità di ripresa, basate quasi solo sui primi piani per scarsità di mezzi, sia nella sceneggiatura «d'appendice» di Anton Giulio Majano, uno dei futuri artefici delle produzioni destinate al piccolo schermo. Tuttora considerato anticomunista, in realtà condanna non tanto la Rivoluzione quanto la degenerazione stalinista, e proprio l'inquietante ritratto del regime sembra legittimare una lettura della vicenda secondo un'ottica italiana (in questo senso si muove l'adattamento del romanzo *Noi vivi* di Ayn Rand da parte di Corrado Alvaro e Orio Vergani). Tenendo conto dell'allusione alla contemporaneità nazionale, risulta significativa la messinscena tutta giocata sugli interni, «stanze disordinate, squallide, provvisorie, come se la città fosse nell'imminenza di un immenso trasloco che non avviene mai». Si tratta di uno dei primi segnali di insofferenza nei confronti della retorica celebrativa di regime, uno sguardo diverso che qualche mese dopo, con *Ossessione*, rimbalzerà definitivamente dagli schermi in tutta la sua potenza espressiva. La Valli è indimenticabile nella sua bellezza senza tempo e senza speranza.

Nomadi ** (*Les Gens du voyage*, Francia 1937, b/n, 108') Jacques Feyder. Con Françoise Rosay, André Brulé, Marie Glory, Fabien Loris, Guillaume de Sax, Sylvia Bataille, Louise Carletti, Yvonne Gall. ◆ In un grande circo equestre, la domatrice Flora (Rosay) accoglie Fernand (Brulé), appena evaso di prigione, da cui vent'anni prima ha avuto un figlio, Marcello (Loris). Costui è innamorato della figlia del proprietario del circo, Yvonne (Bataille), ma il padre si oppone al matrimonio: sarà Fernand, prima di essere ucciso dalla polizia, a rendere possibili le nozze. Un mélo che, oltre al tema specifico dell'amore, affronta quello, meno scontato, del confronto genitori-figli. Interessante la messinscena della vita circense, che rinuncia al pittoresco per concentrarsi sul palcoscenico dei drammi privati. Sceneggiatura di Jacques Viot e del regista. Esiste una versione tedesca girata dallo stesso Feyder, che del cast originale conserva solo la Rosay.

Nomadi, I ** (*The Sundowners*, Usa 1960, col, 113') Fred Zinnemann. Con Deborah Kerr, Robert Mitchum, Peter Ustinov, Glynis Johns, Dina Merrill. ◆ Negli anni Venti, una famiglia di irlandesi emigrata in Australia si dedica all'allevamento di pecore e finisce col preferire la vita libera alla fissa dimora. Ispirandosi al romanzo di Jon Cleary, Zinnemann si perde nel bozzettismo e nella contemplazione dei bei paesaggi (la fotografia è di Jack Hildyard), e gira uno dei suoi film meno memorabili. Musiche di Dimitri Tiomkin.

Nomads *** (*Nomads*, Usa 1986, col, 95') John McTiernan. Con Pierce Brosnan, Lesley-Anne Down, Anna Maria Monticelli, Mary Woronov, Adam Ant, Nina Foch. ◆ Una banda di punk va in giro per Los Angeles ammazzando gente e cercando nuovi proseliti. Li scopre un antropologo, studioso di culture nomadi, ma è impossibile eliminarli, perché sono spiriti: e l'antropologo, ucciso, diventa uno di loro. Piccolo horror che crea un'atmosfera allucinante senza far scorrere una goccia di sangue. Sottovalutato alla sua uscita, è stato scopiazzato da molti film più fortunati. Notevole esordio di McTiernan.

Nome della rosa, Il **½ (Italia/Francia/Rft 1986, col, 125') Jean-Jacques Annaud. Con Sean Connery, F. Murray Abraham, Christian Slater, Fëdor Šaliapin, Michael Lonsdale, Valentina Vargas. ◆ Nell'autunno del 1327, il francescano Guglielmo di Baskerville (Connery), accompagnato dal novizio Adso da Melk (Slater) arriva in un monastero dove francescani, domenicani e delegati pontifici dovranno chiarire alcuni misteri di fede. Ma l'atmosfera è insanguinata da una serie di misteriosi delitti che l'inquisitore Bernardo Gui (Murray Abraham) pensa di risolvere mandando al rogo due frati e una povera ragazza. Naturalmente la verità è un'altra, legata alla labirintica biblioteca del convento, e verrà scoperta da Guglielmo. Tratto dall'omonimo bestseller di Umberto Eco, il film riprende la struttura narrativa del giallo (semplificandone la trama, riducendo i delitti ma «giustiziando» alla fine il cattivo inquisitore) e ne sfrutta la suggestiva ambientazione medioevale, ma sacrifica l'apparato filosofico e culturale che facevano la vera originalità del romanzo. Ottima la fotografia di Tonino Delli Colli (quasi completamente impostata sui toni del marrone, del rosso e del giallo) e le scenografie di Dante Ferretti. Connery, anche sotto la tunica, è grandioso come sempre.

Nome in codice: Broken Arrow **½ (*Broken Arrow*, Usa 1996, col, 86') John Woo. Con John Travolta, Christian Slater, Samantha Mathis, Delroy Lindo, Frank Whaley, Bob Gunton, Jack Thompson. ◆ In una base aeronautica vicino alle Montagne Rocciose, il maggiore Vic Deakins (Travolta) ruba da uno Stealth due testate atomiche con cui vuole ricattare il governo: ma non ha fatto i conti col suo secondo, il tenente Riley Hale (Slater) che, paracadutato fuori dallo Stealth, viene soccorso da un'intrepida guardia forestale (Mathis). Scritto da Graham Yost sulla falsariga di *Speed* (a partire dalla struttura tripartita), il secondo film americano di Woo mantiene la promessa di azione intelligente con qualche tocco d'autore (il bellissimo inizio col match di boxe tra i due antagonisti; la soddisfazione di Deakins quando uccide per la prima volta con le sue mani, lui che era abituato a sganciare bombe in Iraq). Scene come quella finale sul treno sono molto più complesse e affascinanti, come esecuzione, che nella media dei film Usa: anche se da un regista come Woo è lecito pretendere qualcosa di più.

Nome in codice: Nina ° (*Point of No Return*, rititolato in Gb *The Assassin*, Usa 1993, col, 108') John Badham. Con Bridget Fonda, Gabriel Byrne, Dermot Mulroney, Miguel Ferrer, Harvey Keitel, Anne Bancroft, Olivia D'Abo. ◆ Una sbandata assassina (Fonda) viene prelevata dai servizi segreti e trasformata in killer di Stato: ma anche la macchina programmata per uccidere ha un cuore, e l'amore rischia di esserle fatale. Fotocopia, più che remake, di *Nikita*: Badham non si sforza neanche, molte volte, di variare le posizioni della macchina da presa rispetto al film di Besson (vedi la sequenza nella cucina). Ma anche senza conoscere il modello, si avverte lo stesso un'atmosfera fasulla: e la patina high-tech crolla nel ridicolo.

Non abbandonarmi *** (*Not Wanted*, Usa 1949, b/n, 92') Elmer Clifton [e Ida Lupino]. Con Sally Forrest, Keefe Brasselle, Leo Penn, Dorothy Adams, Wheaton Chambers, Rita Lupino. ◆ Una ragazza diciannovenne (Forrest) vede un bambino in una carrozzella e sostiene che sia suo. Fermata dalla polizia, racconta la sua triste storia: ragazza-madre in difficoltà aveva affidato il figlio ancora in fasce a un istituto senza avere più la possibilità di riaverlo. Primo film da regista dell'attrice Ida Lupino (non accreditata nei titoli di testa), che era subentrata a Elmer Clifton dopo che questo era stato colpito da un infarto a pochi giorni dall'inizio delle riprese. Il film (scritto dalla stessa Lupino insieme a Paul Jarrico) racconta con rara sensibilità emotiva il percorso sentimentale e morale di un'antieroina tragica e vulnerabile, in un contesto urbano sorprendente per la sua modernissima espressività. La naturalezza dei personaggi e delle situazioni, la misura del tono che rifugge da qualsiasi affettazione o indulgenza, la verità che scaturisce da ogni dettaglio rivelano un talento registico fuori dal comune. Prodotto dalla stessa Lupino insieme al marito Anson Bond.

Nona configurazione, La * (*The Ninth Configuration*, Usa 1980, col, 118') William Peter Blatty. Con Stacy Keach, Scott Wilson, Jason Miller, Ed Flanders, Moses Gunn, Robert Loggia. ◆ In una clinica psichiatrica per reduci di guerra, il direttore (Keach), più bacato dei suoi pazienti, preso da ardore mistico si sacrifica per loro. Film verboso e sconclusionato, che Blatty (autore dell'*Esorcista*) ha tratto da un suo romanzo.

Non alzare il ponte, abbassa il fiume * (*Don't Raise the Bridge, Lower the River*, Usa 1968, col, 99') Jerry Paris. Con Jerry Lewis, Terry-Thomas, Jacqueline Pearce, Bernard Cribbins. ◆ George Lester (Lewis) è un americano in Inghilterra che cerca di riconquistare la moglie dimostrandole che non è un buono a nulla: per farlo cerca di vendere ad alcuni arabi i piani «segreti» di una perforatrice elettronica. Uno dei Lewis meno divertenti. Il regista Jerry Paris interpreta il ruolo dell'arbitro di baseball, suo figlio quello di un giocatore. Il titolo è preso da una famosa battuta di Jimmy Durante.

Non aprite prima di Natale * (*Don't Open Till Christmas*, Gb 1983, col, 83') Edmund Purdom. Con Edmund Purdom, Caroline Munro, Gerry Lundquist, Belinda Mayne, Mark Jones. ◆ Un ispettore di polizia dà la caccia a un killer di Babbi Natale. Thriller prevedibile e senza troppe pretese.

Non aprite quel cancello *½ (*The Gate*, Canada 1987, col, 92') Tibor Takacs. Con Stephen Dorff, Christa Denton, Louis Tripp, Kelly Rowan. ◆ Un ragazzino (Tripp), lasciato solo durante il weekend, non trova di meglio che aprire le porte dell'Inferno. Ne escono mostriciattoli di ogni genere e dimensioni, che sconfiggerà con armi tipicamente infantili. Horror naïf, con effetti speciali modesti, che ha avuto un imprevedibile successo e un seguito.

Non aprite quel cancello 2 *½ (*The Gate II*, Canada 1989, col, 93') Tibor Takacs. Con Louis Tripp, Pamela Segall, James Villemaire, Simon Reynolds. ◆ Un ragazzo (Tripp) contatta le forze infernali per ottenere che il padre alcolizzato riacquisti il lavoro. Dovrà affrontare un viaggio nell'altra dimensione. Più fantasy e fiabesco della prima puntata, ma altrettanto fiacco e approssimativo negli effetti speciali.

Non aprite quella porta *** (*The Texas Chainsaw Massacre*, Usa 1974, col, 87') Tobe Hooper. Con Marilyn Burns, Allen Danzinger, Paul A. Partain, William Vail. ◆ Nel Texas più profondo cinque ragazzi si imbattono in una famiglia di pervertiti, dediti all'omicidio (armi preferite: martello e motosega) e al cannibalismo. Se ne salverà uno solo. Uno dei più allucinanti horror di tutti i tempi: la violenza è più suggerita che mostrata, ma certe situazioni richiedono nervi molto saldi. Tra attori e regista vi era un pessimo rapporto, il che spiega in parte l'atmosfera di tensione che si respira nel film. Hooper è anche produttore, sceneggiatore e coautore della colonna sonora. Con due seguiti veri e uno apocrifo.

Non aprite quella porta – Parte 2 *½ (*The Texas Chainsaw Massacre 2*, Usa 1986, col, 95') Tobe Hooper. Con Dennis Hopper, Caroline Williams, Bill Johnson, Bill Moseley. ◆ La famiglia di antropofagi ritorna travestita di perbenismo reaganiano. Sulla loro strada troveranno uno sceriffo (Hopper), suonato quanto loro, in cerca di vendetta. Hooper sceglie la carta del grottesco, senza rinunciare ai colpi bassi (gli effetti speciali di Tom Savini, tuttavia, sono stati tagliati dai produttori). Il risultato è sgradevole senza mai essere veramente liberatorio. Seguito da *Leatherface. The Texas Chainsaw Massacre III*, edito solo in cassetta.

Non aprite quella porta 3 * (Italia 1990, col, 90') Clyde Anderson [Claudio Fragasso]. Con Peter Hooten, Tara Buckman, Richard Foster. ◆ Un maniaco gioca al gatto e al topo con una donna. Ma il marito vigila. Mediocre thriller italiano, spacciato dai distributori come un seguito dei film di Tobe Hooper. Da evitare.

Nona sinfonia, La *** (*Schlussakkord*, Germania 1936, b/n, 101') Detlef Sierck [Douglas Sirk]. Con Willy Birgel, Maria von Tasnady, Lil Dagover, Maria Koppenhöfer, Albert Lippert, Kurt Meisel, Peter Bosse, Theodor Loos. ◆ Per star vicina al figlio, adottato da Erich Garvenberg (Birgel), direttore d'orchestra in crisi matrimoniale, Hanna (von Tasnady) si fa assumere come governante. Il suo amore per la musica la avvicina a Erich ma le inimica la moglie Charlotte (Dagover), che subisce l'influenza di un astrologo ciarlatano (Loos). Così, quando la moglie viene trovata morta poco dopo che Hanna ha rivelato il suo vero rapporto col bambino, la governante viene accusata di omicidio. Primo grande melodramma di Sirk e primo film in cui non si avverte l'influenza delle sue precedenti opere teatrali: al centro della storia (sceneggiata dal regista e Kurt Heuser) il ruolo della musica, capace di unire persone che non si conoscono e stanno dalle due parti dell'oceano (la scena capitale in cui Hanna, ricoverata in un ospedale americano, ascolta alla radio Garvenberg che dirige la Nona sinfonia di Beethoven e grazie alle note instaura un legame che anticipa il ritrovamento del figlio lasciato in Germania prima della tragica emigrazione col marito) oppure capace di dividere definitivamente chi non ne comprende il fascino e la bellezza (cioè Charlotte). E già qui si possono trovare le due grandi caratteristiche del cinema futuro di Sirk: l'idea del melodramma come «genere universale», scelta necessaria per poter raccontare lo scontro dell'uomo con il proprio destino, e quel «lirismo freddo e raffrenato» che gli impedirà di scivolare negli eccessi lacrimosi, nonostante una certa tendenza al barocchismo (la maschera schiacciata da un passante, prima che sia ritrovato il cadavere del marito di Hanna).

Non c'è due senza quattro *½ (Italia 1984, col, 110') E.B. Clucher [Enzo Barboni]. Con Bud Spencer [Carlo Pedersoli], Terence Hill [Mario Girotti], April Clough, Dary Reiz. ◆ Due raffinati uomini d'affari brasiliani (Spencer e Hill) ingaggiano due sosia per salvarsi la pelle. La formula Spencer-Hill (scazzottate e umorismo di grana grossa) incomincia a perdere colpi e ricorre all'ambientazione esotica, ma le trovate sono trite e ritrite.

Non c'è due... senza tre * (*The Bride Wore Boots*, Usa 1946, b/n, 86') Irving Pichel. Con Barbara Stanwyck, Robert Cummings, Diana Lynn, Peggy Wood, Natalie Wood. ◆ Per dimostrare alla moglie (Stanwyck), innamorata dei cavalli, che l'ama ancora, il marito (Cummings) decide di gareggiare al Grand Prix. Commedia insulsa con attori a mezzo servizio.

Non c'è fumo senza arrosto *½ (*Il n'y a pas de fumée sans feu*, Francia 1972, col, 123') André Cayatte. Con Annie Girardot, Bernard Fresson, Mireille Darc, André Falcon, Michel Bouquet, Mathieu Carrière. ◆ Un candidato progressista (Fresson) viene ricattato da un sindaco di destra (Falcon) che prima cerca di screditarlo con delle finte foto oscene e poi lo fa imprigionare per un omicidio che non ha commesso: la moglie (Girardot), con l'aiuto di un'amica (Darc), lo toglie dai guai ma gli fa perdere tutti gli amici. Un film che si voleva politico e che invece si perde in una trama troppo complicata e di un troppo facile moralismo.

Non c'è pace tra gli ulivi *** (Italia 1950, b/n, 100') Giuseppe De Santis. Con Raf Vallone, Lucia Bosé, Folco Lulli, Maria Grazia Francia, Dante Maggio, Michele Riccardini, Vincenzo Talarico, Piero Tordi. ◆ Tornato dalla guerra, un pastore (Vallone) scopre che la famiglia è stata ridotta in miseria da un usuraio (Lulli) e decide di farsi giustizia da sé. Ritratto di un mondo arcaico, ma segnato dalla Storia, con una messinscena quasi brechtiana, assolutamente originale nel cinema italiano del periodo. L'uso sapiente della profondità di campo, l'utilizzo della voce off in prima persona e la recitazione straniante degli attori ne fanno un'opera stilisticamente raffinata, senza tuttavia soffocare gli aspetti emozionali del racconto. È stato girato nei pressi di Fondi, il paese natale di De Santis. Alla sceneggiatura hanno collaborato De Santis, Libero De Libero e i futuri registi Gianni Puccini e Carlo Lizzani.

Non c'è posto per lo sposo **½ (*No Room for the Groom*, Usa 1952, b/n, 82') Douglas Sirk. Con Tony Curtis, Piper Laurie, Don DeFore, Spring Byington, Fess Parker. ◆ Appena dopo essersi sposato con Lee (Laurie), Alvah Morell (Curtis) deve partire subito per la Corea; tornato in licenza, trova la casa invasa da parenti pestiferi, e minacciata da un industriale che vuole comprare il terreno. Variazione in chiave slapstick sul tema dei rapporti sessuali negati (come in *Ero uno sposo di guerra*). Curtis ha una buona verve, e Sirk non risparmia frecciate ai perbenisti ipocriti.

Non c'è problema ** (*Pas de problème!*, Francia 1974, col, 100') Georges Lautner. Con Miou-Miou [Sylvette Hery], Jean Lefèvre, Bernard Menez, Anny Duperey, Patrick Dewaere. ◆ Una donna con un passato non proprio irreprensibile (Miou-Miou) si ritrova in casa il cadavere di uno sconosciuto e cerca un sistema per disfarsene. Movimentata variazione sul tema della *Congiura degli innocenti*, un po' sopra le righe ma nel complesso godibile.

Non cercate l'assassino ** (*99 River Street*, Usa 1953, b/n, 83') Phil Karlson. Con John Payne, Evelyn Keyes, Brad Dexter, Peggie Castle. ◆ Un gangster uccide la sua amante e fa ricadere la colpa sul marito (Payne), un tassista. Noir senza troppe ambizioni, ma ben congegnato, privo di fronzoli e con una bella atmosfera.

Non chiamarmi Omar *½ (Italia 1992, col, 102') Sergio Staino. Con Ornella Muti, Stefania Sandrelli, Gastone Moschin, Michele Mirabella, Elena Sofia Ricci, Gianni Cavina, Barbara D'Urso, Pierfrancesco Loche, Antonello Fassari, Giuliana Calandra, Corinne Cléry, Mario Dalmaviva, Victor Cavallo. ◆ Nel nebbioso mattino invernale di un'iperrealistica metropoli del Nord, grazie a un talk-show radiofonico e complice una valigetta dal contenuto misterioso, si incrociano i destini di una casalinga avvilita (Muti), di un tassista (Cavina) e della moglie paralitica (Sandrelli), di un chirurgo cinico (Moschin), diviso tra consorte (Cléry) e amante (Calandra), di una spregiudicata donna in carriera (Ricci). Equivoci, inseguimenti, colpi di scena e omicidi sino a un lieto fine all'insegna del femminismo, versione ottimista di quello di *Thelma & Louise*. Tratta dal racconto *Nudi e crudi* di Francesco Tullio Altan, da lui sceneggiata in tandem con Staino, una commedia grottesca senza grandi trovate e con frequenti cadute: i due autori graffiano molto di più con la matita. A loro agio il disegnatore Georges Wolinski nei panni di Assiro Fez e il cantautore Vinicio Capossela in quelli di Nando.

Non ci resta che piangere *½ (Italia 1984, col, 111') Massimo Troisi, Roberto Benigni. Con Massimo Troisi, Roberto Benigni, Amanda Sandrelli, Iris Peynado, Paolo Bonacelli, Carlo Monni, Livia Venturini. ◆ Durante un furioso temporale, un bidello (Troisi) e un maestro elementare (Benigni) cercano rifugio in una locanda e si ritrovano catapultati nel 1492. Una coppia inedita, eterogenea ma ben assortita, che purtroppo non mantiene quanto sembrava promettere: il talento comico è indiscutibile e alcune gag sono buone, ma l'intreccio (sempre opera del duo) si sfilaccia inarrestabilmente e della regia a quattro mani non si ha la minima sensazione. Più che un film, appare uno scherzo improvvisato e poco riuscito, anche se vedere Benigni e Troisi insieme è di per sé un piacere.

Non ci sarà domani ** (*Kiss Tomorrow Goodbye*, Usa 1950, b/n, 102') Gordon Douglas. Con James Cagney, Barbara Payton, Luther Adler, Ward Bond, Helena Carter, Steve Brodie. ◆ Uno spietato criminale (Cagney) evade e corteggia la sorella (Payton) di un compagno da lui eliminato nella fuga. Douglas cerca di rifare *Furia umana*, ma tende ad andare sopra le righe. Prodotto dal fratello di Cagney, William, che appare anche nel film come fratello del protagonista. Conosciuto anche col titolo *Un bacio e addio*.

Non commettere atti impuri * (Italia 1971, col, 95') Giulio Petroni. Con Barbara Bouchet, Claudio Gora, Marisa Merlini, Luciano Salce, Gigi Ballista, Simonetta Stefanelli. ◆ Un padre spregiudicato cerca di «svegliare» il figlio; infatti alla fine questi gli soffia l'amante. Pretese di satira d'attualità convivono con qualche timida escursione sexy.

Non contate su di noi ** (Italia 1978, col, 120') Sergio Nuti. Con Francesca Ferrara, Maurizio Rota, Sergio Nuti, Francesco Scalzo. ◆ Ritratto dall'interno di un gruppo di tossicodipendenti romani, senza moralismi e autocommiserazioni. Girato con attori non professionisti e in parte improvvisato, è un film sincero, che, al contrario di altri film sul medesimo argomento (*Amore tossico*), lascia aperto uno spiraglio di speranza.

Non credo più all'amore → *Paura*

Non desiderare la donna d'altri ** (*They Knew What They Wanted*, Usa 1940, b/n, 96') Garson Kanin. Con Carole Lombard, Charles Laughton, William Gargan, Harry Carey. ◆ Un viticoltore italiano in California (Laughton, coi baffetti) cerca moglie per corrispondenza, ma per farlo invia la foto di un uomo più prestante. Quando Amy (Lombard) lo scopre, la delusione è inevitabile, ma alla fine le nozze si faranno. Una discreta commedia tratta dalla pièce di Sidney Howard – ai tempi molto celebre – che si fa apprezzare soprattutto per la verve degli interpreti. Comparsata di Karl Malden e Tom Ewell, ospiti al party prematrimoniale.

Non desiderare la donna d'altri (di Krzysztof Kieślowski) → *Decalogo n. 6*

Non dimenticate Mozart → *Dimenticate Mozart*

Non dirle chi sono *½ (*Don't Tell Her It's Me*, Usa 1990, col, 98') Malcolm Mowbray. Con Shelley Long, Steve Guttenberg, Jami Gertz, Kyle MacLachlan, Madchen Amick. ◆ Una scrittrice di gialli rosa movimenta la vita del fratello che, dopo una malattia, ha perso la voglia di vivere. Commedia degli equivoci e dei travestimenti, esagitata e sopra le righe, del genere che piace solo al pubblico americano.

Non dirmelo... non ci credo * (*Another You*, Usa 1991, col, 94') Maurice Phillips. Con Gene Wilder, Richard Pryor, Mercedes Ruehl, Stephen Lang, Vanessa Williams. ◆ A un imbroglione (Pryor) appena uscito di prigione viene affidato in tutela l'ex ospite di un manicomio (Wilder), col vizio della menzogna. Guai ed equivoci a catena secondo la formula di *Non guardarmi: non ti sento*, ma con molta meno verve. Scarsi, questa volta, gli incassi.

Non dirmi addio ** (*Sentimental Journey*, Usa 1946, b/n, 84') Walter Lang. Con John Payne, Maureen O'Hara, William Bendix, sir Cedric Hardwicke, Connie Marshall, Glenn Langan. ◆ Un'attrice malata di cuore (O'Hara) conosce un'orfanella (Marshall) e decide di adottarla perché possa stare vicina al marito (Payne) anche dopo la sua morte. Un melodramma fatto apposta per commuovere, tratto da un soggetto di Nelia Gardner White sceneggiato da Samuel Hoffenstein ed Elizabeth Reinhardt: tutto è costruito, molto prevedibilmente, per cavar lacrime dallo spettatore, e l'onesto artigiano Lang ci riesce egregiamente. Rifatto nel 1958 (*Dono d'amore*).

Non disturbate *½ (*Do Not Disturb*, Usa 1965, col,

102') Ralph Levy. Con Doris Day, Rod Taylor, Sergio Fantoni, Hermione Baddeley. ◆ Trasferitasi in Inghilterra per seguire gli affari del marito (Taylor), la moglie (Day) non riesce ad adattarsi alla nuova vita e finisce per ingelosirlo accettando – nel solito modo verginale – la corte di un antiquario (Fantoni). Scialba commedia in cui la protagonista non ha più smalto né velleità canore: difficile persino sorridere ai problemi che ha con i sottomultipli della sterlina, la guida a sinistra e la sua difficoltà a reggere lo champagne.

Non dite a mamma che la babysitter è morta * (*Don't Tell Mom the Babysitter's Dead*, Usa 1991, col, 95') Stephen Herek. Con Christina Applegate, Joanna Cassidy, John Getz, Keith Coogan. ◆ Mentre la madre (Cassidy) è in vacanza, i cinque figli sono affidati a un'istitutrice nazistoide. Quando le viene un coccolone, i pargoli depositano il cadavere all'obitorio, e si arrangiano da soli: Sue Ellen (Applegate), la più grande, diventa una stilista. Stupidaggine popolata da insopportabili teen-ager smorfiosi, che non riesce mai a strappare un sorriso.

Non drammatizziamo... è solo questione di corna ** (*Domicile conjugal*, Francia 1970, col, 97') François Truffaut. Con Jean-Pierre Léaud, Claude Jade, Daniel Ceccaldi, Claire Duhamel, Hiroko Berghauer, Ada Lonati, Barbara Laage, Pierre Fabre. ◆ Antoine Doinel (Léaud) si è sposato con Christine (Jade), ma dopo la nascita del piccolo Alfonso ha un'avventura con una giapponese (Berghauer) che lo farà cacciare di casa: la vita con la silenziosa amante nipponica, comunque, è piuttosto monotona e Antoine cerca di riprendere il suo litigioso ménage con Christine. Incredibile titolo italiano per il quarto episodio della storia di Antoine Doinel, alter ego cinematografico di Truffaut: questa volta, però, la leggerezza narrativa degli altri episodi si stempera in una banale storia d'adulterio, che i riferimenti a luoghi e situazioni dei precedenti film non riescono a sollevare.

Non è mai troppo tardi ** (Italia 1953, b/n, 86') Filippo Walter Ratti. Con Paolo Stoppa, Isa Barzizza, Marcello Mastroianni, Giorgio De Lullo, Enzo Cerusico, Valeria Moriconi, Luisa Rivelli, Leda Gloria. ◆ Antonio Trabbi (Stoppa), un uomo gretto e avaro, ammonito da visioni provvidenziali, si ravvede e cambia vita il giorno di Natale. Adattamento di *Un racconto di Natale* di Dickens, che sembra fatto apposta per Stoppa. Da notare un giovane Mastroianni e un ancor più giovane Cerusico.

Non entrate in quella casa *½ (*Prom Night*, Canada 1980, col, 91') Paul Lynch. Con Jamie Lee Curtis, Leslie Nielsen, Casey Stevens, Antoinette Bower. ◆ Un killer si vuole vendicare dei ragazzi che, anni prima, hanno provocato la morte di sua figlia. Thriller di routine, la cui maggiore curiosità è una superba Curtis, fresca di *Halloween*. Seguìto da *Hallo Mary Lou: Prom Night II* (1987, di Bruce Pittman) e *Prom Night III: the Last Kiss* (1990, di Ron Olivier e Peter Simpson) entrambi inediti in Italia.

Non entrate in quella scuola * (*Under Cover*, Usa 1987, col, 94') John Stockwell. Con David Neidorf, Jennifer Jason Leigh, Barry Corbin, David Harris. ◆ Superpoliziotto di Baltimora (Neidorf), con l'aiuto di una collega (Leigh), incastra gli spacciatori di droga che riforniscono i ragazzi in età scolare. Poliziesco visto e rivisto, prodotto dalla Cannon di Golan e Globus.

Non è perché non si ha nulla da dire che si deve stare zitti ** (*C'est pas parce qu'on a rien à dire qu'il faut fermer sa gueule*, Francia 1974, col, 100') Jacques Besnard. Con Bernard Blier, Michel Serrault, Jean Lefèbvre, Tsilla Chelton. ◆ Due ladri maldestri (Blier e Serrault) non si possono godere il frutto di un loro colpo perché ricattati da un'arpia. Commedia un po' meccanica nell'accumulo delle trovate, ma resa godibile da due ottimi attori.

Non è più tempo d'eroi *** (*Too Late the Hero*, Usa 1969, col, 133') Robert Aldrich. Con Cliff Robertson, Michael Caine, Henry Fonda, Ian Bannen, Denholm Elliott, Harry Andrews. ◆ Seconda guerra mondiale: una missione angloamericana viene mandata nella giungla di un'isola del Pacifico per distruggere un avamposto giapponese, ma la missione si rivela più difficile del previsto e si trasforma in una guerra dei nervi, tra comandanti inetti (Elliott) e nemici infidi. Eccezionale la sequenza finale, dove gli unici due superstiti (Caine e Robertson) devono attraversare sotto il fuoco nemico la terra di nessuno e vengono incitati dai compagni che li aspettano al sicuro come se stessero giocando una partita di football. Film bellico cinico e pieno d'azione, capace di raccontare la guerra come un gioco divertente e insieme una tragedia disumana, meno fortunato di *Quella sporca dozzina* ma, alla prova del tempo, più originale.

Non è stata una vacanza... ma una guerra! *½ (*The Great Outdoors*, Usa 1988, col, 90') Howard Deutch. Con Dan Aykroyd, John Candy, Annette Bening, Stephanie Faracy, Chris Young, Robert Prosky. ◆ Un padre di famiglia (Candy) ha deciso di portare la famiglia in vacanza nella natura del Wisconsin, ma non ha fatto i conti col cognato rompiscatole (Aykroyd). Scialba replica di *Un biglietto in due*, scritta dal solito John Hughes, con Candy che da carnefice diventa vittima.

Non è tempo di commedia *½ (*No Time For Comedy*, Usa 1940, b/n, 98') William Keighley. Con James Stewart, Rosalind Russell, Geneviève Tobin, Charles Ruggles. ◆ Un commediografo (Stewart) trova il successo grazie all'attrice che sposa (Russell): un fiasco provvidenziale gli salva il matrimonio. Film di routine per due attori che hanno dato il loro meglio altrove.

Non è vero... ma ci credo! *½ (Italia 1953, b/n, 107') Sergio Grieco. Con Peppino De Filippo, Titina De Filippo, Liliana Bonfatti, Carlo Croccolo, Pietro Carloni, Luigi De Filippo, Lidia Martora, Carlo Pennetti. ◆ Ossessionato dalla superstizione, il commendator Gervasio Savastano (P. De Filippo) assume un impiegato con la gobba (Croccolo), convinto che gli porterà fortuna. Ma dopo aver obbligato la figlia (Bonfatti) a sposarlo, si angoscia per le possibili malformazioni ereditarie. Versione abbastanza fedele della commedia omonima di Peppino De Filippo (conosciuta anche col titolo *Gobba a ponente*), divertente quando scherza sulle manie del protagonista (il dibattito mattutino sulle catastrofi con il cameriere [Pennetti] è imperdibile) ma artificiosa e fin noiosa nello svolgimento narrativo. Firmato dall'inesperto Grieco, il film fu supervisionato dallo stesso Peppino che si circondò di molti familiari: l'amante ufficiale Lidia Martora (la segretaria Mazzarella), la sorella Titina (la moglie Teresa), il figlio Luigi (il segretario Spirito) e il cognato Pietro Carloni (l'avvocato Donati). Sceneggiatura di Peppino De Filippo, Mario Corsi e Nicola Manzari, che appare nel ruolo del pretore.

Non faccio la guerra, faccio l'amore * (Italia/Spagna 1966, col, 96') Franco Rossi. Con Philippe Leroy, Catherine Spaak, Otto W. Fischer, Pepe Calvo, Frank Wolff, Paul Müller. ◆ Un'orfanella (Spaak) è allevata da alcuni sommergibilisti tedeschi che, nel 1965, non si rendono conto che la guerra è finita da un pezzo. Pasticcio senza capo né coda scritto dal regista con Luigi Magni e Jaia Fiastri.

Non giocate con il cactus ** (*O.C. & Stiggs*, Usa 1987, col, 109') Robert Altman. Con Daniel H. Jenkins, Neil Barry, Paul Dooley, Dennis Hopper, Nina Van Pallandt, Melvin Van Peebles. ◆ Due stralunati ragazzi dell'Arizona passano l'estate combinando scherzi atroci a un vicino di casa. Commedia sconclusionata a tratti molto divertente, con una vena surreale tipicamente altmaniana. Nel film sono compresi anche una parodia di *Apocalypse now* (con Hopper reduce del Vietnam, un elicottero e la *Cavalcata delle Valchirie*) e un concerto di King Sunny Ade e gli African Beats, il musicista nigeriano inventore del *Ju-ju*. Girato nel 1985, uscì subito in video e circolò nelle sale solo dopo un paio d'anni.

Non guardare indietro ** (*Don't Look Back*, Usa 1995, col, 90') Geoff Murphy. Con Eric Stoltz, John Corbett, Josh Hamilton, Billy Bob Thornton, Annabeth Gish, Amanda Plummer, Dwight Yoakam. ◆ Il tossico Jesse (Stoltz) ruba una valigia piena di dollari a una banda di criminali ferocissimi e ripara nel paesello, dove gli amici imborghesiti ignorano i suoi trascorsi. La violenza che irrompe nella routine della provincia, il destino dei perdenti: Thornton (cosceneggiatore con Tom Epperson e interprete del capo dei cattivi) torna alle atmosfere di *Qualcuno sta per morire*, ma la regia smussata da tv-movie perde pian piano forza e originalità. Musica di J. Steven Soles. Particina per Peter Fonda nel ruolo di Mouse.

Non guardarmi, non ti sento ** (*See No Evil, Hear No Evil*, Usa 1989, col, 100') Arthur Hiller. Con Richard Pryor, Gene Wilder, Joan Severance, Kevin Spacey, Kristen Childs. ◆ I gestori di un'edicola restano immischiati in un assassinio commesso da una bellissima donna di cui ricordano solo il profumo e le gambe: Dave (Wilder) è sordo e bianco, Wally (Pryor) è cieco e nero. Cinque sceneggiatori (tra cui Wilder) hanno cercato di salvare questa commedia demenziale che alterna momenti esilaranti ad altri decisamente scontati.

Non guardatemi * (*Cours Privé*, Francia 1986, col, 95') Pierre Granier-Deferre. Con Elisabeth Bourgine, Michel Aumont, Xavier Deluc, Emmanuelle Seigner. ◆ Lettere anonime e foto accusano una professoressa (Bourgine) di darsi a orge sfrenate con i suoi allievi. Il direttore della scuola (Aumont) si mostra comprensivo ma vorrebbe in cambio qualcosa. Granier-Deferre mira in alto, e tenta di ispirarsi ai *Diabolici* di Clouzot, ma il suo film non è fruibile neanche come pornosoft. Chi ne avesse voglia può recuperare una giovane e svestita Emanuelle Seigner.

Non ho parole *½ (Italia 1992, b/n e col, 75') Pasquale Misuraca. Con Mario Buonafede, Luciano Cianti, Stephan Marsan, Daniela Palmini, Luca Benedetti, Elena Dalalau, Alberto Gajano, Gabriella Giusti. ◆ Un incontro impossibile tra un meccanico e una cliente, la morte di un funzionario Pci che non può avere figli, i ricordi di un padre che ripensa al figlio che non c'è più, lo sguardo in soggettiva di una persona rinchiusa in una cantina, la favola di Eco e Narciso. Organizzato in cinque «momenti» (*Distanze di sicurezza*, *Di che colore dicevi?*, *Le leggi del grigio*, *Da un certo punto di vista*, *Chi sei?*), un film che rinuncia quasi al parlato, scavando nei silenzi e nei rumori quotidiani per cercare di recuperare il mistero di ciò che c'è di irripetibile nei gesti umani. Ma l'operazione rischia di scivolare nell'intellettualismo programmatico (l'ultima parte è ai limiti dell'incomprensibilità): il rigore formale non va oltre i bei paesaggi, lasciando troppo nascoste le intenzioni del regista (naturalmente autore anche della sceneggiatura), e alla fine rimane un'aria di gratuito ermetismo che - come nella scena di sesso del funzionario comunista - minaccia di sfociare nel ridicolo involontario. Che dire, per altro, di un film che si chiude ringraziando «il rispettabile pubblico e soprattutto quel ragazzo in fondo alla sala, nella luce senz'ombra»?

Non ho tempo *½ (Italia 1973, b/n e col, 105') Ansano Giannarelli. Con Mario Garriba, Franco Agostini, Lucio Lombardo Radice, Marisa Fabbri, Fernando Birri. ◆ La breve vita del matematico Evariste Galois (Garriba), uno dei fondatori dell'algebra astratta, in polemica con la società e la scuola del tempo, e morto in un misterioso duello nel 1832. Sceneggiato insieme a Edoardo Sanguineti, il film con uno stile sperimentale e avanguardistico tipico degli anni Settanta vuole riflettere su alcuni nodi che una figura come quella di Galois pone alla scienza e alla militanza (nell'unica scena a colori sventola una bandiera rossa). Ma il meccanismo di straniamento didattico che sta alla base dell'operazione oggi è difficilmente sopportabile. Garriba, il protagonista, è regista, sceneggiatore e ricercatore universitario.

Non mandarmi fiori ** (*Send Me No Flowers*, Usa 1964, col, 100') Norman Jewison. Con Rock Hudson, Doris Day, Tony Randall, Clint Walker. ◆ Un ipocondriaco (Hudson), credendosi prossimo alla morte, cerca un sostituto per sua moglie (Day). Moderatamente divertente, anche se i toni caricaturali e grotteschi rischiano di stufare in fretta.

Non mangiate le margherite **½ (*Please Don't Eat the Daisies*, Usa 1960, col, 111') Charles Walters. Con Doris Day, David Niven, Janis Paige, Spring Byington, Richard Haydn, Patsy Kelly. ◆ La movimentata vita familiare di una donna indipendente (Day), alle prese con quattro figli scatenati, un trasloco e un marito critico teatrale (Niven) sul punto di tradirla.

Liberamente tratta dal romanzo di Jean Kerr, una commedia spigliata e divertente, vagamente prefemminista, con una Day anche cantante (si esibisce in *Please Don't Eat the Daisies*).

Non me lo dire! ** (Italia 1940, b/n, 74') Mario Mattoli. Con Erminio Macario, Silvana Jachino, Vanda Osiri [poi Wanda Osiris], Enzo Biliotti, Cesare Pavese, Carlo Rizzo. ◆ Jimmy (Macario), un possidente torinese sull'orlo del fallimento, è inseguito da tre malviventi che cercano di ucciderlo per intascare l'assicurazione sulla vita di cui sono beneficiari. Ritorno di Macario alla dimensione dialettale, ultima collaborazione con Mattoli che cerca di sfruttarne al meglio la dimensione surreale (come nella scena in cui è creduto pazzo e sull'ambulanza che lo porta all'ospedale si imbatte in un pazzo vero).

Non mi muovo! **½ (Italia 1943, b/n, 75') Giorgio C. Simonelli. Con Eduardo De Filippo, Peppino De Filippo, Vanna Vanni, Titina De Filippo, Mino Doro, Virgilio Riento, Luigi Pavese, Renato Cialente, Lamberto Picasso, Vinicio Sofia. ◆ Banditore dalla parola svelta ma senza una lira, don Carlo Mezzetti (E. De Filippo) si installa con la figlia Annuccia (Vanni) e gli amici Pasqualino (P. De Filippo) e Olimpia (T. De Filippo) nell'appartamento sfitto di un possidente (Doro), sfruttando l'involontaria complicità del portiere (Riento): ci penserà un colpo di fulmine a risolvere ogni cosa. Gustoso ritratto dell'impostore di buon cuore, ispirato alla commedia *'O quattro 'e maggio* di Diego Petriccione (avversario storico di Scarpetta, padre naturale dei tre De Filippo: una scelta con più di un significato polemico). L'adattamento dello stesso Eduardo esalta la complicità, se non proprio l'ammirazione, per la furbizia partenopea (i battibecchi con l'avvocato [Cialente] sono imperdibili), e attraverso le disavventure del finto dottore interpretato da Peppino racconta con ironia l'aria di Napoli e il dramma allegro della sua gente.

Non mi sfuggirai * (*Escape Me Never*, Usa 1947, b/n, 104') Peter Godfrey. Con Errol Flynn, Ida Lupino, Eleanor Parker, Gig Young, Reginald Denny. ◆ Un compositore (Flynn) sposa un'orfana (Lupino), ma poi si innamora dell'aristocratica moglie del fratello. Melodramma dozzinale e povero di idee, con attori di gran nome fuori ruolo. Remake di *Escape Me Never* di Paul Czinner, del 1935.

Non mi ucciderete *½ (*East of the River*, Usa 1940, b/n, 73') Alfred E. Green. Con John Garfield, Brenda Marshall, Marjorie Rambeau, William Lundigan. ◆ Due fratellastri (Garfield e Lundigan), una volta cresciuti, si trovano su sponde opposte della legge e si contendono la stessa donna. Ma il ravvedimento è dietro l'angolo. Un melodramma annacquato e convenzionale.

Nonna Felicita *½ (Italia 1938, b/n, 76') Mario Mattoli. Con Dina Galli, Armando Falconi, Maurizio D'Ancona, Nino Taranto, Lilly Hand [Lilia Dale], Angelo Gandolfi, Lydia Johnson, Paolo Varna [Ottorino Visconti]. ◆ Sono passati vent'anni dai tempi raccontati in *Felicita Colombo*: i figli del conte Jean (Falconi) e della salumiera Felicita (Galli) non ci sono più, in compenso il nipotino ventenne (D'Ancona) finisce nella rete di una sedicente parigina (Hand) e della sua avida madre (Johnson), da cui lo libereranno i due cari nonni con l'aiuto dell'intraprendente Nino (Taranto). Mattoli porta sullo schermo anche la seconda commedia di Giuseppe Adami (sceneggiata dal regista insieme ad Aldo De Benedetti), ma la carica umoristica popolarmeneghina di *Felicita Colombo* qui sa già di maniera, nonostante le pittoresche macchiette della Galli e di Falconi. Da non perdere, però, Taranto che si esibisce nel suo numero storico *Quagliarulo se ne va*.

Nonna Sabella, La **½ (Italia/Francia 1957, b/n, 95') Dino Risi. Con Tina Pica, Renato Salvatori, Sylva Koscina, Peppino De Filippo, Paolo Stoppa, Dolores Palumbo, Rossella Como, Gina Mascetti, Renato Rascel, Fausto Guerzoni, Gorella Gori, Mimmo Poli. ◆ L'autoritaria Sabella (Pica) impedisce da anni il matrimonio tra la succube zia Carmelina (Palumbo) e il timido don Salvatore (De Filippo), mentre vorrebbe organizzare quello tra il nipote Raffaele (Salvatori) ed Evelina (Como), la figlia dei ricchi coniugi Mancuso (Stoppa e Mascetti), anche se il giovane preferisce la bella postina Lucia (Koscina). Piccolo monumento alla comicità di Tina Pica, perfetta nel tratteggiare una inarrestabile vecchietta dai furori «garibaldini», quintessenza del più protervo matriarcato nazionale. La sceneggiatura di Pasquale Festa Campanile, Massimo Franciosa, Ettore Giannini e Risi (a partire dall'omonimo romanzo di Festa Campanile) non esce dal bozzettismo strapaesano, ricco però di una ingenua malizia popolaresca e di alcune irresistibili situazioni comiche (la partita a tressette dai Mancuso con il prete [Rascel] e il «fatto compiuto» messo in atto da Carmelina e Salvatore). Seguìto da *La nipote Sabella*.

No, no, no, con tua madre non ci sto *½ (*Le Grand amour*, Francia 1969, col, 86') Pierre Etaix. Con Pierre Etaix, Annie Fratellini, Nicole Kalfan. ◆ Modeste disavventure coniugali e piccoli sbandamenti di un giovane marito dall'immaginazione molto accesa. Commediola gentile ma senza pepe, recitata da Etaix assieme a sua moglie.

Non parlare, baciami! *½ (*Kiss and Tell*, Usa 1945, b/n, 90') Richard Wallace. Con Shirley Temple, Jerome Courtland, Walter Abel, Porter Hall. ◆ Per raccogliere fondi bellici, la bella Corliss Archer (Temple) vende baci a pagamento. Il passo successivo è rimanere incinta di un baldo pilota (Courtland) sposato segretamente. Tratto da un grande successo di Broadway, una delle maggiori affermazioni della Temple in versione adulta, appena meno melenso dei suoi film girati in minore età. Seguita da *A Kiss for Corliss* (1948, di Richard Wallace) inedito in Italia.

Non perdiamo la testa ** (Italia 1959, b/n, 94') Mario Mattoli. Con Ugo Tognazzi, Franca Valeri, Carlo Campanini, Tina Pica, Aroldo Tieri, Gianrico Tedeschi, Raimondo Vianello, Xenia Valderi, Daniela Rocca, Elda Tattoli. ◆ Creduto ammalato, lo sprovveduto Tony Cuccar (Tognazzi) viene trasportato dalla dama di beneficenza Beatrice (Valeri) in una villa dove è guardato con sospetto da tutti, ma sarà salvato dalla bella Violante (Rocca). Esordio cinematografico dei soggettisti Scarnicci e Tarabusi (autori in Tv della celeberrima *Un, due, tre*) che riportano sullo schermo diverse esilaranti gag televisive. Compare Daniele Vargas, uno dei migliori «cattivi» del cinema italiano, perfetto nel ruolo inquietante del maggiordomo.

Non per soldi... ma per amore ** (*Say Anything*, Usa 1989, col, 100') Cameron Crowe. Con John Cusack, Ione Skye, John Mahoney, Lili Taylor, Eric Stoltz, Joan Cusack, Lois Chiles. ◆ Un ragazzo solitario e presuntuosetto (Cusack) si innamora della prima della classe: avrà un bel da fare a convincere il padre di lei dell'onestà delle sue intenzioni. Commedia adolescenziale meno cretina del solito, con personaggi non banali e risvolti drammatici. Joan Cusack è sorella di John anche nel film. Sceneggiatura di Crowe (al suo esordio alla regia), produzione di James L.Brooks e fotografia di Laszlo Kovacs.

Non per soldi... ma per denaro ***½ (*The Fortune Cookie*, Usa 1966, b/n, 125') Billy Wilder. Con Jack Lemmon, Walter Matthau, Ron Rich, Cliff Osmond, Judi West. ◆ Il cameraman Harry Hinkle (Lemmon), investito involontariamente dal giocatore nero «Boum Boum» Jackson (Rich) durante una partita di football americano, accetta di fingersi paralizzato e seguendo i suggerimenti dell'avida moglie Sandy (West) e del truffaldino cognato Willie Gingrich (Matthau) cerca di ingannare l'assicurazione. Una delle più cupe commedie di Wilder, ritratto cinico e disincantato dell'avidità umana e della difficoltà a resistergli. L'happy end (con il riscatto morale di Jack Lemmon) non cancella il sentimento di amarezza che il film ha saputo costruire poco a poco. Meritatissimo l'Oscar come miglior attore non protagonista a Matthau, inarrivabile nella parte dell'avvocato imbroglione.

Non più di uno *½ (Italia 1989, col, 100') Berto Pelosso. Con Renato Pozzetto, Maddalena Crippa, Giulia Fossà, Susanna Javicoli, Giorgio Del Bene. ◆ Lui (Pozzetto), già bruciato da un matrimonio fallito, non vorrebbe avere più figli, ma la sua donna (Crippa) rimane incinta. Dopo separazioni, equivoci e aborti spontanei, tutto andrà a posto: basta accordarsi sul numero. Commediola con pretese di neorealismo rosa con cui Pozzetto, più serio del solito, tenta (meritoriamente) di variare il suo personaggio. Il cambiamento però non è fatto con vero coraggio e così ha scontentato tutti.

Non predicare... spara! ** (*Buck and the Preacher*, Usa 1972, col, 102') Sidney Poitier. Con Sidney Poitier, Harry Belafonte, Ruby Dee, Cameron Mitchell. ◆ Un ex sergente si allea con un sedicente predicatore per aiutare gli ex schiavi neri a emigrare dalla Louisiana. Per ripagarsi dei danni subiti dai bianchi svaligeranno una banca. Western antirazzista dai toni picareschi, che propone un'inedita alleanza tra neri e indiani. Esordio di Poitier alla regia.

Non puoi impedirmi d'amare **½ (*In Name Only*, Usa 1939, b/n, 94') John Cromwell. Con Carole Lombard, Cary Grant, Charles Coburn, Kay Francis, Helen Vinson. ◆ Un uomo ricco ma mal maritato (Grant) si innamora di una vedova (Lombard), ma deve fare i conti con la moglie (Francis), un'avida arrampicatrice sociale. Buon melodramma, diretto da Cromwell con mano sicura e un grande cast.

Non rompete i chiavistelli *½ (*The Cracksman*, Gb 1963, col, 112') Peter Graham Scott. Con Charles Drake, George Sanders, Dennis Price. ◆ Un ingenuo fabbro (Drake) viene sfruttato da un gruppo di malviventi per i loro lavori di scasso e finisce in guai seri. Giallorosa esile esile, che non rappresenta degnamente l'humour britannico.

Non rubare... se non è strettamente necessario ** (*Fun with Dick and Jane*, Usa 1977, col, 95') Ted Kotcheff. Con Jane Fonda, George Segal, Ed MacMahon, Dick Gautier. ◆ Un ingegnere astronautico (Segal), perso il lavoro, per mantenere un alto tenore di vita si dà alle rapine insieme alla moglie (Fonda). Contrariamente alla morale hollywoodiana, il furto paga. Parabola beffarda sul mito del denaro e del successo, che però comincia ad annaspare dopo mezz'ora.

Non sei mai stata così bella ** (*You Were Never Lovelier*, Usa 1942, b/n, 97') William A. Seiter. Con Fred Astaire, Rita Hayworth, Adolphe Menjou, Leslie Brooks, Adele Mara, Xavier Cugat. ◆ Un severo padre di famiglia argentino (Menjou) è alla disperata ricerca di un pretendente per la sua gelida figlia maggiore (Hayworth): lo troverà in un ballerino newyorkese (Astaire) venuto a Buenos Aires per giocare ai cavalli. Un musical dalla trama improbabile che si riscatta solo quando lascia spazio ai numeri di ballo (su tutti *The Shorty George* e *I'm Old-Fashioned*) e di canto (*Dearly Beloved*). Le canzoni della Hayworth sono doppiate da Nan Wynn.

Non siamo angeli **½ (*We're No Angels*, Usa 1955, col, 106') Michael Curtiz. Con Humphrey Bogart, Peter Ustinov, Aldo Ray, Joan Bennett, Basil Rathbone, Leo G. Carroll. ◆ Tre ergastolani fuggiti dall'Isola del Diavolo (Bogart, Ray e Ustinov) diventano gli angeli custodi di una famiglia di ingenui bottegai, tartassati da un esosissimo creditore. Dopo aver risolto i problemi della famigliola (ed eliminato l'avaro grazie al morso di una vipera che Ray si porta sempre con sé) preferiranno far ritorno in prigione. Commedia degli equivoci e dei paradossi un po' tirata per le lunghe, che bilancia una punta di humour nero con molto zucchero: alla fine, sulla testa dei tre protagonisti e sul serpentello velenoso si accende un'aureola. Bogart era stanco e svogliato, ma riesce a far sorridere.

Non siamo angeli ** (*We're No Angels*, Usa 1989, col, 106') Neil Jordan. Con Robert De Niro, Sean Penn, Demi Moore, Bruno Kirby, Wallace Shawn, James Russo. ◆ Evasi loro malgrado da un carcere, due galeotti (De Niro e Penn) si spacciano per preti in un villaggio vicino al Canada. Tra miracoli finti e veri, mostrano di avere un cuore, e uno si terrà addosso la tonaca per la vita. Jordan e lo sceneggiatore David Mamet si sono ispirati al film omonimo del 1955 senza decidere bene che registro adottare. De Niro, in quanto produttore esecutivo, è libero di fare tutte le smorfie che vuole; quanto a Penn, dopo questo film ha cominciato a meditare di ritirarsi dagli schermi.

Non siamo più bambini * (*Young People*, Usa 1940, b/n, 78') Allan Dwan. Con Shirley Temple, Jack Oakie, George Montgomery, Charlotte Greenwood. ◆

Un'orfanella (Temple) diventa protagonista di un musical di successo. Pura routine girata quando ormai la fortuna della Temple stava declinando.

Non siamo soli ** (*We Are Not Alone*, Usa 1939, b/n, 112') Edmund Goulding. Con Paul Muni, Jane Bryan, Flora Robson, Una O'Connor, Henry Daniell, Cecil Kellaway. ◆ Un uomo (Muni), innamorato dell'istitutrice dei suoi figli (Bryan), viene accusato dell'omicidio della moglie (Robson). Melodramma giudiziario tratto da un romanzo di James Hilton (qui anche cosceneggiatore), non trascendentale, ma ben recitato e diretto con solido professionismo.

Non siate tristi per me *½ (*No Sad Songs for Me*, Usa 1950, b/n, 89') Rudolph Maté. Con Margaret Sullavan, Wendell Corey, Viveca Lindfors, Ann Doran, Natalie Wood. ◆ Una mamma morente (Sullavan, ironicamente al suo ultimo film) prepara la famiglia al trapasso e cerca una compagna per il futuro vedovo. Drammone meno ricattatorio di altri prodotti del genere, ma sempre lacrimogeno. La piccola Wood è la figlia.

Non si deve profanare il sonno dei morti ** (*No profanar el sueño de los muertos*, ritinolato *Fin de semana para los muertos*, Spagna/Italia 1974, col, 90') Jorge Grau. Con Ray Lovelock, Cristina Galbó, Arthur Kennedy, Aldo Massasso, Giorgio Trestini, José Luis Lifante, Vera Drudy. ◆ Nella campagna inglese gli ultrasuoni che dovrebbero ammazzare gli insetti risvegliano invece i morti: e il più stupido poliziotto della storia (Kennedy) non dà retta a un giovanotto (Lovelock) che ha scoperto tutto, solo perché è un capellone. Divertente horrorazzo post-romeriano, con risibile messaggio ecologico, buona suspense ed effettacci (di Giannetto De Rossi) schifosi quanto basta. Sceneggiatura di Sandro Continenza, Marcello Coscia, Juan Cobos e Miguel Rubio. Rieditato coi titoli *Da dove viene?* e *Zombi 4*.

Non si maltrattano così le signore ** (*No Way to Treat a Lady*, Usa 1968, col, 108') Jack Smight. Con Rod Steiger, Lee Remick, George Segal, Murray Hamilton. ◆ Steiger è un gentile serial killer, la cui prossima vittima potrebbe essere la donna del poliziotto che lo bracca. Mix di giallo e commedia a tratti bizzarro, ma non del tutto riuscito, tratto da un romanzo di William Goldman.

Non si muore così ** (*On ne meurt pas comme ça*, Francia 1946, b/n, 105') Jean Boyer. Con Eric von Stroheim, Anne-Marie Blanc, Denise Vernac, Jean-Jacques Delbo, André Tabet, Jean Temerson. ◆ Un regista fanatico della verosimiglianza, Eric von Berg (von Stroheim), vede morire veramente durante le riprese il suo attore (Delbo), e indaga per risolvere il caso. Giallo melodrammatico (per non arrestare l'assassino, di cui condivide il comportamento, il commissario dichiara che il morto si è suicidato), a favore del quale giocano un'ambientazione interessante e la presenza magnetica di von Stroheim.

Non si sevizia un paperino **½ (Italia, 1972, col, 110') Lucio Fulci. Con Tomas Milian, Barbara Bouchet, Irene Papas, Marc Porel, Florinda Bolkan, Georges Wilson, Virginio Gazzolo, Antonello Campodifiori, Rosalia Maggio, Linda Sini. ◆ In un paesino dell'Italia meridionale un serial killer fa strage di bambini, e la gente si scaglia contro una povera mentecatta (Bolkan) accusata di essere una strega amante del demonio: ma il giornalista Andrea Martelli (Milian) e la disinibita turista Barbara (Bouchet) scopriranno la vera identità del mostro. Un film importante per la genesi del thriller italiano, in cui Fulci dimostra di conoscere perfettamente i meccanismi della paura; con in più il merito di discostarsi dai canovacci del cinema alla Argento, all'epoca già inflazionati, puntando invece sull'ambientazione insolita (con gli omicidi compiuti alla luce del sole) e su un'atmosfera morbosa tra sacro e peccato originale. Memorabile la barbara esecuzione della Bolkan sulle dolci note di *Quei giorni insieme a te*, cantata da Ornella Vanoni. Il film ebbe problemi con la censura (per la scena in cui la Bouchet si mostra nuda a un bimbo, in realtà un nano maggiorenne) e venne duramente attaccato dai cattolici. È arduo vederlo integrale in tv.

Non si scrive sui muri a Milano *½ (Italia 1975, col, 110') Raffaele Maiello. Con Stefania Casini, Laura Duke Condominas, Stefano Oppedisano, Alfredo Pea, Flavio Bonacci, Nino Bignamini. ◆ Una maestra e un'operaia (Casini e Condominas) si incontrano dopo essersi scambiate messaggi sui muri della metropolitana. Ambizioso e serioso spaccato di vita e politica milanese, negli anni in cui si faceva il «teatro di guerriglia» per le strade. La Condominas era stata protagonista di *Lancillotto e Ginevra* di Bresson. Lucio Dalla canta *Ho parlato stop alla morte*.

Non si uccidono così anche i cavalli? *** (*They Shoot Horses, Don't They?*, Usa 1969, col, 129') Sydney Pollack. Con Jane Fonda, Michael Sarrazin, Gig Young, Susannah York, Red Buttons, Bonnie Bedelia, Bruce Dern. ◆ Nella California del 1931, un gruppo di uomini e di donne cerca di guadagnare i 1.500 dollari in palio per una maratona di danza, ma dopo mille ore di gara, Gloria (Fonda) decide di lasciare la pista e convince il suo casuale compagno di ballo (Sarrazin) ad aiutarla a suicidarsi. Dal romanzo di Horace McCoy (sceneggiato da James Poe e Robert E. Thompson), Pollack dirige un grande melodramma «pieno di lacrime, di sofferenza e di sangue, più lirico, più naturalista e più superficiale del testo letterario», ma anche molto più coinvolgente. Girato quasi esclusivamente nella pista da ballo, chiuso e allucinato ma solo in parte allusivo e metaforico, il film utilizza il procedimento del flashforward (cioè brevi anticipazioni di scene che si svolgeranno nel futuro) per dare allo spettatore il senso di un destino che nessuna vincita riuscirà mai a modificare (e che la figura femminile di Gloria sottolinea in tutto il suo orrore con il suo atto disperato). Oscar a Gig Young come miglior attore non protagonista.

Non son degno di te * (Italia 1965, b/n, 115') Ettore M. Fizzarotti. Con Gianni Morandi, Laura Efrikian, Nino Taranto, Enrico Viarisio, Dolores Palumbo, Fabrizio Capucci, Vittorio Congia, Stelvio Rosi, Aroldo Tieri, Giacomo Furia, Carlo Croccolo, Ave Ninchi, Anna Maria Gambineri, Gino Bramieri, Raffaele Pisu. ◆ A mettere in crisi il fidanzamento tra la recluta Gianni (Morandi) e Carla (Efrikian) è il figlio di un ricchissimo armatore (Rosi). Seguito di *In ginocchio da te*, con Morandi che canta, tra l'altro, *Non son degno di te*, *In ginocchio da te* e perfino l'*Ave Maria* di Schubert. Imperdibile?

Non sono un angelo *** (*I'm No Angel*, Usa 1933, b/n, 87') Wesley Ruggles. Con Mae West, Cary Grant, Edward Arnold, Gertrude Michael, Kent Taylor, Gregory Ratoff. ◆ Tira (West), regina del circo e «visione di bellezza suprema», impiega tutte le sue arti per conquistare Jack Clayton (Grant), l'unico uomo che sembra insensibile al suo fascino. E per farlo arriva a citarlo in tribunale. Quintessenza dell'erotismo secondo Mae West, che si presenta in alcune mise che hanno fatto epoca (il vestito di veli e gioielli che mette al circo, il négligée decorato con grandi ragnatele, lo strascico nero con un grande giro di perle, un mantello di pelliccia e un cappello ornato di grandi piume che ricadono mollemente sui suoi riccioli biondi) e che dice alcune delle sue battute più celebri (Lei: «Cosa fai per vivere, carino?». Lui: «Più o meno... l'uomo politico». Lei: «Anche a me non piace lavorare». O ancora. L'indovino: «Vedo un cambiamento». Lei: «Un cambiamento di uomo?». L'indovino: «No. Un cambiamento di stato». Lei: «Eretto o sdraiato?»). Da antologia la sequenza del tribunale dove sfilano tutti i suoi amanti e Mae West fa la parte dell'avvocato difensore, del pubblico ministero e del giudice. Naturalmente Cary Grant le cade tra le braccia mentre lei canta l'inequivocabile *I'm No Angel*.

Non sparare, baciami! **½ (*Calamity Jane*, Usa 1953, col, 101') David Butler. Con Doris Day, Howard Keel, Allyn McLerie, Philip Carey, Dick Wesson, Paul Harvey. ◆ Calamity Jane (Day) vuole abbandonare i suoi modi bruschi per sedurre un tenente di cavalleria: alla fine però gli preferisce il pistolero Wild Bill Hickok (Keel). Brillante commistione di western e musical, ravvivata dalla verve di Doris Day e da alcune canzoni piacevoli, una delle quali (*Secret Love*) valse ai suoi autori l'Oscar.

Non stuzzicate i cowboys che dormono ** (*The Cheyenne Social Club*, Usa 1970, col, 102') Gene Kelly. Con James Stewart, Henry Fonda, Robert Middleton, Sue Ann Langdon, Shirley Jones, Elaine Devry. ◆ Due anziani cowboy (Stewart e Fonda) ricevono in eredità un bordello, ma i loro tentativi di riconvertirlo in albergo incontrano l'ostilità della popolazione. Una commedia western con qualche momento divertente, ma poco ritmo.

Non stuzzicate la zanzara * (Italia 1967, col, 124') Lina Wertmüller. Con Rita Pavone, Giancarlo Giannini, Giulietta Masina, Romolo Valli, Mita Medici, Peppino De Filippo, Raffaele Pisu, Giusi Raspani Dandolo, Caterina Boratto, Enrico Viarisio, Gianni Brezza. ◆ Per potersi scatenare sul palco e in televisione una giovane cantante (Pavone) non esita a fuggire, con l'aiuto del partner in amore e musica (Giannini), dal collegio e dall'autoritaria famiglia. La Pavone è la performer più disinvolta tra i teen-idol degli anni Sessanta italiani, ma anche questo come altri suoi «musical» si trascina privo di coesione e brio (soggetto e sceneggiatura tutti della Wertmüller). Teddy Reno interpreta se stesso.

Non ti appartengo più ** (*I've Always Loved You*, Usa 1946, col, 117') Frank Borzage. Con Philip Dorn, Catherine McLeod, William Carter, Maria Ouspenskaya, Felix Bressart. ◆ Giovane pianista di grande talento (McLeod) è affascinata dal suo maestro (Dorn), che però s'ingelosisce per i successi da lei riportati. Melodramma a sfondo musicale tutto girato nelle sale da concerti e nelle camere d'albergo di una lunghissima tournée, scritto da Borden Chase (in seguito gran sceneggiatore di western), primo film a colori prodotto dalla Republic, è fin «disarmante nel rifiuto di ogni ironia e nell'assoluta serietà con cui racconta peripezie sempre più lacrimose». Per fortuna, a salvare la situazione ci sono le musiche eseguite dal grande Arthur Rubinstein.

Non ti conosco più amore *½ (Italia 1980, col, 102') Sergio Corbucci. Con Johnny Dorelli, Monica Vitti, Gigi Proietti, Franca Valeri, Donatella Damiani, Girolamo Marzano. ◆ Per ingelosire il marito avvocato (Dorelli), una signora (Vitti) finge di non riconoscerlo più, dichiarandosi convinta che il suo vero consorte sia un medico (Proietti) venuto a visitarla. Fiacco e modesto remake di un film del 1934, *Non ti conosco più*, di Nunzio Malasomma.

Non ti pago! *½ (Italia 1943, b/n, 72') Carlo Ludovico Bragaglia. Con Eduardo De Filippo, Peppino De Filippo, Titina De Filippo, Vanna Vanni, Paolo Stoppa, Giorgio De Rege, Dolores Palumbo. ◆ Il gestore di un banco del lotto, don Ferdinando Quagliolo (E. De Filippo), si rifiuta di pagare la straordinaria vincita a un suo dipendente sfacciatamente fortunato, Procopio Bertolini (P. De Filippo), perché i numeri vincenti gli sarebbero stati dati in sogno dal proprio padre, che avrebbe quindi sbagliato dormiente. Dall'omonima commedia di Eduardo, una farsa classica che purtroppo non riesce a valorizzare appieno i grandi talenti dei De Filippo.

Non ti posso dimenticare *½ (*The Sky's the Limit*, Usa 1943, b/n, 89') Edward H. Griffith. Con Fred Astaire, Joan Leslie, Robert Benchley, Robert Ryan, Elizabeth Patterson, Marjorie Gateson. ◆ Durante la seconda guerra mondiale, un eroico aviatore (Astaire) corteggia una fotografa (Leslie) che lo crede un imboscato. Per niente aiutato dalla partner, Astaire conta solo su se stesso per dare un po' di brio ai numeri musicali (il romantico *My Shining Hour*, il divertente *One for My Baby and One More for the Road*) in uno di quei film che servivano a tenere alto il morale durante la guerra.

Non tirate il diavolo per la coda *½ (*Le Diable par la queue*, Francia/Italia 1968, col, 98') Philippe de Broca. Con Yves Montand, Maria Schell, Jean Rochefort, Madeleine Renaud, Clotilde Joano, Marthe Keller, Jean-Pierre Marielle, Xavier Gélin. ◆ Un rapinatore in fuga col bottino (Montand) si ferma in un castello dove vivono dei nobili spiantati: la paura del gangster è molto minore della voglia di mettere le mani sul malloppo. Commedia stiracchiata, basata tutta su un dialogo che solo in rari casi riesce a divertire. Il cast è di prima qualità, ma nessuno sembra credere troppo alla storia.

Non toccare la donna bianca ** (*Touche pas à la*

femme blanche, Francia/Italia 1974, col, 108') Marco Ferreri. Con Marcello Mastroianni, Catherine Deneuve, Ugo Tognazzi, Philippe Noiret, Michel Piccoli, Alain Cuny, Serge Reggiani, Paolo Villaggio. ◆ Nella buca provocata dalle ruspe che hanno smantellato il quartiere delle Halles a Parigi, si svolge la storia del generale Custer e della per lui fatale battaglia di Little Big Horn, quando gli indiani riuscirono a sconfiggere il famoso Settimo cavalleria. Paradossale e grottesca rievocazione di un celebre episodio della storia americana, con gli indiani nella parte degli sfrattati e dei diseredati che vivono ai margini della metropoli. Ma il tentativo di smontare un meccanismo classico del cinema hollywoodiano servendosi di Brecht, Godard e della controcultura giovanile è giustamente «cattivo» ma non molto riuscito. Mastroianni nella parte di Custer e Tognazzi in quella della guida indiana sono molto divertenti, ma tutto il cast si cala dentro l'operazione con un'abbondante dose di disincantata ironia.

Non torno a casa stasera **½ (*The Rain People*, Usa 1969, col, 102') Francis Ford Coppola. Con James Caan, Shirley Knight, Robert Duvall, Marya Zimmet, Tom Aldredge, Laurie Crewers. ◆ Piantato il marito e i genitori, ragazza incinta (Knight) va in giro per l'America insieme a un ex giocatore di football tonto e ritardato (Caan), a cui ha dato un passaggio sulla propria automobile. Quarto lungometraggio di Coppola, che usa la struttura narrativa del film on the road per raccontare l'America di provincia e le sue paranoie sociali e familiari. Interessante e ricco di spunti originali, delude solo nel finale. Al suo primo ruolo di protagonista, Caan dà già prova di un ragguardevole talento.

Non tradirmi con me ** (*Two-Faced Woman*, Usa 1941, b/n, 94') George Cukor. Con Greta Garbo, Melvyn Douglas, Constance Bennett, Roland Young, Robert Sterling, Ruth Gordon. ◆ Per riconquistare il marito che la trascura, una donna (Garbo) si finge la sorella gemella di se stessa. Film dall'atmosfera vagamente pirandelliana, avrebbe avuto bisogno di una recitazione leggera e brillante che la Garbo non sembra capace di dare. All'epoca fu un fiasco (e pare sia stato una delle cause del ritiro dell'attrice dal cinema, qui alla sua ultima interpretazione), oggi si fa apprezzare soprattutto per la prova di Constance Bennett, brava e divertente.

Non tutti ce l'hanno *** (*The Knack... and How to Get It*, Gb 1965, b/n, 84') Richard Lester. Con Rita Tushingam, Ray Brooks, Michael Crawford, Donald Donnelly. ◆ Avventure londinesi di tre coinquilini: Colin (Crawford) è un insegnante complessato, Tolen (Brooks) un dongiovanni che ha molto successo con le donne perché ha il «knack», e Nancy (Tushingham), una timida provinciale che innesca la rivalità tra i due. Sceneggiato da Charles Wood (che appare nella parte di un soldato) e tratto dalla commedia di Ann Jellicoe, il film è una brillante e variopinta incursione nella Swinging London degli anni Sessanta, tra la spregiudicatezza delle giovani generazioni e l'ostile disapprovazione delle vecchie. «Surrealismo, candid camera, tecnica pubblicitaria, suggestioni optical e musicali vengono tutti fusi in un bel ritratto d'epoca», premiato con la Palma d'oro a Cannes. Piccole parti per Charlotte Rampling (una sciatrice nautica), Jane Birkin e Jackie [Jacqueline] Bisset (due fidanzate di Tolen).

Non tutti hanno la fortuna di aver avuto i genitori comunisti ** (*Tout le monde n'a pas eu la chance d'avoir des parents communistes*, Francia 1993, col, 90') Jean-Jacques Zilbermann. Con Josiane Balasko, Maurice Bénichou, Catherine Hiegel, Jean-François Derec, Victor Nieznanov, Alexandre Piskariov, Alexis Maslov, Jeremy Davis, Christine Dejoux. ◆ Nel settembre 1958, alla vigilia del referendum per la Quinta Repubblica, la militante comunista Irène (Balasko) è tormentata dal fatto di avere un marito (Bénichou) bottegaio e gollista: l'incontro con Ivan (Nieznanov), membro del coro dell'armata rossa in tournée a Parigi, la farà sognare per qualche giorno: ma tutti i suoi sforzi sono concentrati sulla conversione del coniuge. Esordio dichiaratamente autobiografico di un ex proiezionista (anche autore della sceneggiatura con Nicolas Boukhrief) che sembra voler recuperare il «cinéma de papà» degli anni Cinquanta, con la sua Parigi pittoresca, l'ambiente piccolo-borghese, il tono da commedia di costume con qualche aspirazione satirica. Peccato che il ritmo a volte latiti e il tono dolceamaro scivoli nel prevedibile.

Non uccidere ** (*Ne ubji*, conosciuto anche col titolo francese *Tu ne tueras point*, Liechtenstein/Jugoslavia 1961, b/n, 129') Claude Autant-Lara. Con Laurent Terzieff, Horst Frank, Suzanne Flon, Mića Orlović, Marijan Lovríc, Zoran Milosavljević, Ivo Jaksić, Vladeta Dragutinović. ◆ Alla fine della seconda guerra mondiale, in un carcere militare francese, fanno amicizia due detenuti: Cordier (Terzieff) è un cristiano che in nome del Vangelo si rifiuta di indossare la divisa militare, Adler (Frank) è un seminarista tedesco che in tempo di guerra è stato obbligato a fucilare un partigiano francese e finito il conflitto si è spontaneamente consegnato alla giustizia transalpina. Verranno giudicati nello stesso giorno e dalla stessa giuria, che naturalmente userà metri di giudizio opposti. Pensato nel 1948, prendendo spunto da un episodio di cronaca (il caso dell'obiettore francese Jean-Bernard Morceau e del sacerdote tedesco Müller), il film non trovò nessun produttore francese disposto a finanziarlo, fino a quando l'italiano Moris Ergas accettò di produrlo girandolo in Jugoslavia con capitali del Liechtenstein. La sceneggiatura di Jean Aurenche e Pierre Bost si sforza di misurarsi con indiscutibile sincerità su un tema allora molto scottante: nella prima parte l'odissea di chi si rifiuta di servire la patria è raccontata con un taglio asciutto e docu mentaristico, ma poi il film finisce per cadere nella retorica, facendo di Cordier un «cristiano senza chiesa» troppo ideologico e troppo oratorio. Presentato alla Mostra di Venezia, dove Suzanne Flon (nel ruolo della madre di Cordier) si aggiudicò la Coppa Volpi come miglior attrice, il film scatenò prevedibili polemiche e faticò a trovare una distribuzione regolare sia in Francia che in Italia.

No Nukes ** (*No Nukes*, Usa 1980, col, 103') Julian Schlossenberg, Danny Goldberg, Anthony Potenza.

Con Jackson Browne, Bruce Springsteen, Carly Simon, James Taylor, The Doobie Brothers, Crosby Still & Nash... ◆ Le cinque serate (19-23 settembre 1979) organizzate a New York dalla Musicians United for Safe Energy, nata dopo l'incidente nucleare di Three Mile Island: il meglio del pop-rock americano del periodo (e qualche ospite come Jane Fonda preaerobica e Ralph Nader) in un documentario ben confezionato ma non particolarmente brillante. Tra le smancerie country anni Settanta spicca per irruenza e carisma la performance di Springsteen, che presenta l'inedita *The River*, ironizza sul suo trentesimo compleanno e duetta in *Stay* con Jackson Browne.

Non violentate Jennifer *½ (*Day of the Woman*, ritolato *I Spit on Your Grave*, Usa 1978, col, 90') Meir Zarchi. Con Camille Keaton, Eron Tabor, Richard Pace, Anthony Nichols. ◆ In vacanza tra le paludi del Sud, la scrittrice Jennifer (Keaton), violentata da una banda di *rednecks* (tra cui lo scemo del villaggio), si trasforma in una vendicatrice senza pietà. Fantasmi di castrazione e sadismi ribaltati in un film tecnicamente non incompetente, ma incapace di raggiungere la lucidità di film analoghi (*L'ultima casa a sinistra*, *Angelo della vendetta*). Crudo e disturbante, e con una piccola fama di *cult*.

Non voglio morire **½ (*I Want to Live!*, Usa 1958, b/n, 120') Robert Wise. Con Susan Hayward, Simon Oakland, Theodore Bikel, Virginia Vincent. ◆ Incriminata per un delitto che non ha commesso, la prostituta Barbara Graham (Hayward) finisce nella camera a gas a causa dell'opinione pubblica e della stampa che le sono apertamente ostili. Traendo spunto da un fatto realmente accaduto, Wise costruisce un intenso film di denuncia, che ha nel commento musicale, ricco di brani jazz, di John Mandel e nell'interpretazione della Hayward (Oscar per la migliore attrice) i suoi maggiori punti di forza. Peccato che la decisa presa di posizione innocentista del regista (nella realtà mai dimostrata e piuttosto improbabile) tolga forza al film. All'inizio, in un night sotto la casa di Barbara, si vedono i jazzisti Gerry Mulligan, Art Farmer e Shelley Manne. Rifatto nel 1983 da David Lowell Rich (*I Want to Live*).

Non voglio perderti *** (*No Man of Her Own*, Usa 1950, b/n, 97') Mitchell Leisen. Con Barbara Stanwyck, John Lund, Jane Cowl, Phyllis Thaxter, Lyle Bettger, Henry O'Neill. ◆ Abbandonata dall'amante (Bettger) perché incinta, una donna (Stanwyck) sopravvive a un incidente ferroviario e prende l'identità di una passeggera morta (Thaxter): si rifarà una vita ma il suo ex amante tornerà a farsi vivo per ricattarla... Un noir pieno di ritmo e suspense, tratto dal romanzo *Ho sposato un'ombra* di William Irish (pseudonimo di Cornell Woolrich) e sceneggiato da Sally Benson e Catherine Turney. Ribaltando molti luoghi comuni del genere, Leisen fa della protagonista non la donna fatale e mortifera della tradizione ma la vittima innocente di un passato a cui non si può sfuggire. Bella prova della Stanwyck, ma eccezionale quella di Lyle Bettger nel ruolo di un «cattivo» tra i più cinici della storia del genere (indimenticabile quando fa scivolare sotto la porta un biglietto ferroviario e cinque dollari alla donna che ha messo incinta e lo sta supplicando di tenerla con lui). Bella fotografia di Daniel Fapp. Lo stesso romanzo è alla base anche di *J'ai épousé une ombre* (1983, di Robin Davis con Nathalie Baye), inedito in Italia, e di *Scambio d'identità* (1996).

No, o la folle gloria del comando **½ (*Não, o a vã glória de mandar*, Portogallo/Spagna/Francia 1990, col, 101') Manoel De Oliveira. Con Luis Miguel Cintra, Diego Doria, Miguel Guillherme, Lola Forner. ◆ Mentre sta andando a morire nelle foreste del Mozambico, un tenente portoghese rievoca ai suoi soldati episodi di storia patria. Il culmine è la sparizione di re Sebastiano nella battaglia di Alcaçar-Quibir, emblema della ricerca dell'eroismo attraverso la sconfitta. Il pubblico non portoghese rischia di capire molto poco: ma De Oliveira sa sempre sorprendere col suo stile, sospeso tra pathos, ironia e stilizzazione surreale. A volte il kitsch sembra involontario (l'episodio di Vasco De Gama tra ninfe e amorini), ma l'assurda battaglia di Alcaçar-Quibir e la morte finale del tenente sono da brivido.

Normanni, I * (Italia/Francia 1962, col, 91') Giuseppe Vari. Con Cameron Mitchell, Franca Bettoja, Ettore Manni, Geneviève Grad, Philippe Hersent, Piero Lulli, Paul Muller, Raf Baldassarre. ◆ Guidati da Wilfrid (Mitchell), i guerrieri normanni smascheranno gli intrighi del nobile inglese Olivier (Manni), che ha imprigionato e fatto assassinare il legittimo re sassone Dagoberto e rimetteranno sul trono d'Inghilterra la legittima regina (Bettoja). Dopo *Gli invasori* di Bava, la casa di produzione di serie B Galatea insiste nel genere vichingo: ma Vari non può giocare neanche sulla competenza tecnica. L'operatore è Vittorio Storaro, l'assistente Pasqualino De Santis.

Norma Rae *** (*Norma Rae*, Usa 1979, col, 113') Martin Ritt. Con Sally Field, Beau Bridges, Ron Leibman, Pat Hingle, Barbara Baxley, Gail Strickland. ◆ Nel profondo Sud degli Stati Uniti, Norma Rae (Field), operaia in una filanda, si batte per i diritti sindacali dei lavoratori, affrontando senza paura prepotenze padronali e pregiudizi maschili. Accorato omaggio alle lotte femministe e operaie in America sceneggiato da Irving Ravetch e Harriet Frank jr, qua e là un po' troppo manicheo, ma comunque con una qualità che i registi hollywoodiani sembrano aver dimenticato: la capacità di «raccontare in modo realistico la stanchezza, la fatica, l'amarezza della vita senza perdere per questo un senso tonico dell'ottimismo», che sa esprimere con la «larghezza» delle sue inquadrature (anche in senso letterale, con un ottimo uso del CinemaScope) e la capacità di usare il colore per sottolineare gli stati d'animo dei protagonisti. Ben diretto e ancor meglio interpretato. Oscar a Sally Field come miglior protagonista (premiata anche con la Palma d'oro a Cannes) e a David Shire e Norman Gimbel per la canzone *It Goes Like It Goes*.

North Shore *½ (*North Shore*, Usa 1987, col, 96') William Phelps. Con Matt Adler, Nia Peeples, John Philbin, Gerry Lopez, Cristina Raines, Gregory Harrison. ◆ Il miglior surfista dell'Arizona (Adler) si cimenta con le imponenti onde di un'isola delle Hawaii. Ottima la fotografia e spettacolari le riprese del surf, ma la storia è modesta e prevedibile.

Nosferatu a Venezia *½ (Italia 1988, col, 97') Augusto Caminito. Con Klaus Kinski, Barbara De Rossi, Christopher Plummer, Yorgo Voyagis. ◆ Evocato da un esperto inglese e da una nobile ossessionata da antiche maledizioni, il vecchio vampiro vaga inattaccabile tra i palazzi patrizi, le calli e i canali, confuso tra le nebbie e lo sfarzo macabro del Carnevale, seducendo e lottando per amare una vergine e porre fine ai suoi tormentati giorni. Incauto debutto alla regia di un produttore e sceneggiatore: in una fotografia ricercata, che finisce per produrre cartoline stucchevoli, il cast internazionale barcolla su una storiella male impostata, e Kinski straborda con risultati ben diversi dal film di Herzog, facendo rimpiangere gli eccessi dei suoi innumerevoli B-movie.

Nosferatu, il principe della notte **½ (*Nosferatu, Phantom der Nacht*, Rft/Francia 1979, col, 107') Werner Herzog. Con Klaus Kinski, Isabelle Adjani, Bruno Ganz, Roland Topor, Jacques Dufilho. ◆ Inviato nei Carpazi a risolvere una questione immobiliare, un giovane tedesco (Ganz) va a finire nel castello di un vampiro assetato di sangue (Kinski) che riuscirà poi, seguendolo nel viaggio di ritorno, a insidiargli la moglie (Adjani) e a infettare tutto il paese. Elegante ma freddo remake del capolavoro di Murnau, attento soprattutto alla creazione di un'atmosfera algida e funerea, dove le sorti dei personaggi sono predestinate sin dal principio. Questa lenta progressione (il film dura 40' in più dell'originale di Murnau pur essendogli molto fedele) verso la tragedia ha il suo punto di forza in Kinski, che rinnova la figura classica del vampiro facendone un personaggio stanco e distante, quasi restio a seguire la propria inclinazione di mostro necrofilo. Bella e pallida come non mai, la Adjani è perfetta nella parte del mostro sacrificale.

Nosferatu il vampiro **** (*Nosferatu. Eine Symphonie des Grauens*, Germania 1922, b/n, 63') Friedrich Wilhelm Murnau. Con Max Schreck, Gustav von Wangenheim, Greta Schroeder, Alexander Granach, Max Nemetz, Georg Heinrich Schnell. ◆ Per trattare l'acquisto di una proprietà, Thomas Hutter (Wangenheim) lascia la fidanzata Ellen (Schroeder) a Wisborg, in Svezia e raggiunge nei Carpazi il conte Orlok (Schreck). Si accorge a sue spese che è un Nosferatu cioè un non-vivente che ha bisogno del sangue altrui per sopravvivere, ma non può impedirgli di partire, chiuso in una cassa, per Wisborg, che anche lui raggiunge con mezzi di fortuna. Nella città, le morti seminate da Nosferatu sono attribuite alla peste, ma Ellen, che ha letto il *Libro dei vampiri*, scopre la verità e decide di sacrificarsi per il bene di tutti: si fa vampirizzare ma tratterrà il mostro fino al sorgere del sole che ne dissolverà il corpo. Ispirandosi al romanzo di Bram Stoker *Dracula* (ma cambiando nomi e ambientazioni per cercare di non pagare i diritti d'autore) Murnau costruisce, come dice il titolo originale, una «sinfonia dell'orrore», inquietante ritratto di una città che, insieme ai suoi abitanti, si accascia e si ripiega su se stessa, impotente di fronte all'avanzare del Male e del suo rappresentante. Girato quasi tutto in luoghi reali, il film supera le convenzioni dell'espressionismo per diventare una delle più alte rappresentazioni «dell'istinto di morte che si nasconde nell'uomo civilizzato». Tutt'ora insuperato nella capacità di descrivere il progressivo ottenebramento delle forze vitali, il film utilizza tutte le possibilità espressive del cinema per sollevarsi oltre i limiti del realismo e trasformarsi in una riflessione metafisica sul Male e sul Nulla: utilizzando pellicola negativa trasforma i boschi dei Carpazi in un intrico di bianchi alberi spettrali contro un cielo nero; girando fotogramma per fotogramma snatura l'effetto del movimento; modificando i procedimenti di stampa ottiene che la nave con Nosferatu assomigli a uno spettro che naviga su acque fosforescenti. E allo spettatore sembra che dallo schermo soffi «una gelida corrente dall'aldilà». Rifatto da Herzog nel 1979 (*Nosferatu, il principe della notte*).

No smoking → *Smoking*

Nostalghia ° (Italia/Urss 1983, col, 130') Andrej Tarkovskij. Con Oleg Jankovskij, Domiziana Giordano, Erland Josephson, Patrizia Terreno, Laura De Marchi, Delia Boccardo, Milena Vukotic, Piero Vida. ◆ Un poeta sovietico, Andrej Gorcakóv (Jankovskij), venuto in Italia per cercare notizie su un musicista russo del Settecento esule e suicida, conosce un uomo dimesso dal manicomio (Josephson): la solidarietà fra i due emarginati dal mondo contemporaneo finisce per escludere la bella accompagnatrice (Giordano) del poeta e prelude a un finale tragico. Girato con lunghissimi piani sequenza, ambientato in luoghi di estrema suggestione (Bagno Vignoni, San Galgano) magnificamente fotografati da Giuseppe Lanci, il film vorrebbe essere una poetica dichiarazione sulla fede nell'arte come strumento per intuire la verità del mondo, ma il regista non sa controllare la forza espressiva delle proprie scelte e si compiace troppo dei propri incomprensibili simboli (perché piove sempre? perché quasi tutti i paesaggi sono trasformati in acquitrini? qual è il senso dell'attraversamento della piscina con la candela accesa?). Estenuante e pedantemente poeticistico, oltre che francamente noioso. La Giordano è doppiata.

Nostalgia di un amore ** (*Violets Are Blue...*, Usa 1986, col, 88') Jack Fisk. Con Sissy Spacek, Kevin Kline, Bonnie Bedelia, John Kellogg, Augusta Dabney. ◆ Innamorati ai tempi del liceo, un giornalista e una fotografa (Kline e Spacek) si ritrovano dopo molto tempo e scoprono che la passione è ancora forte. Un film malinconico e delicato nel raccontare gli strani casi dell'amore (la sceneggiatura è di Naomi Foner), un po' troppo statico per coinvolgere o commuovere.

Nostos, il ritorno **½ (Italia 1989, col, 87') Franco Piavoli. Con Luigi Mezzanotte, Franca De Camargo, Alex Carozzo, Giuseppe Marcoli, Paola Agosti. ◆ Alla fine di una guerra, Nostos (Mezzanotte) vorrebbe tornare a casa con i suoi compagni, ma il viaggio nel Mediterraneo è ritardato da molti ostacoli, psicologici (come i ricordi evanescenti della sua vita passata) e naturali (come la bellezza ammaliante delle cose ma anche la loro violenza). Rivisitazione del mito di

Ulisse, attraverso un percorso soprattutto interiore e praticamente senza dialoghi (le poche parole che si scambiano i personaggi sono dette in una lingua incomprensibile), nella quale l'attenzione del regista è tutta per la forza delle immagini e dei rumori della natura. Insolito e personalissimo, il film può sconcertare (e annoiare) ma anche affascinare se si entra in sintonia con lo sforzo di cercare «la poesia nelle cose». Alla tv, però, perde molto del suo fascino. Piavoli firma anche la bella e solare fotografia.

Nostra città, La **½ (*Our Town*, Usa 1940, b/n, 90') Sam Wood. Con William Holden, Martha Scott, Fay Bainter, Beulah Bondi, Frank Craven, Thomas Mitchell, Guy Kibbee, Stuart Erwin, Arthur Allen, Doro Merande. ◆ In una piccola città del New England, le vicende parallele di due famiglie si intrecciano in seguito a un matrimonio. Da un celebre dramma di Thornton Wilder, *Piccola città*, un adattamento per lo schermo, firmato dallo stesso Wilder, Frank Craven e Harry Chantlee, che utilizza in parte gli stessi attori che lo avevano portato in scena a Broadway (Craven, che collaborò anche alla sceneggiatura, Merande, Allen e la debuttante Scott). Perfettamente ambientato nelle scenografie di William Cameron Menzies, il film racconta le piccole miserie e i modesti splendori della vita di provincia senza voler nascondere la sua origine teatrale, di cui Wood ha mantenuto la figura del narratore che si rivolge direttamente al pubblico e le scene finali in cui i morti prendono la parola (anche se, per esigenze di lieto fine, la morte dell'eroina è presentata come un «sogno»).

Nostra compagna, La **½ (*La Tendre ennemie*, Francia 1936, b/n, 69') Max Ophuls. Con Simone Berriau, Jacqueline Daix, Catherine Fonteney, Georges Vitray, Marc Valbel, Lucien Nat, Maurice Devienne, Camille Bert, Pierre Finlay, Germaine Reuver. ◆ I fantasmi di tre uomini (Vitray, Valbel e Nat), che hanno amato la stessa donna (Berriau), si danno da fare perché la figlia (Daix) di questa, meno cinica che nella pièce originale (a cui il regista modifica il finale), non accetti un matrimonio di interesse e sposi l'uomo che ama veramente. Da una pièce boulevardière di André-Paul Antoine, che aveva già messo in scena nel 1929, Ophuls trae una commedia deliziosa, nella quale convivono «il comico, il tragico, l'ironico e l'incerto, così come nella vita si mescolano sentimenti molto diversi».

Nostra Signora dei Turchi *** (Italia 1968, col, 125') Carmelo Bene. Con Carmelo Bene, Lydia Mancinelli, Salvatore Siniscalchi, Anita Masini, Ornella Ferrari. ◆ Le visioni e i ricordi di uno scrittore meridionale (Bene) in un piccolo centro della Puglia, tra allucinazioni teatrali, deliri religiosi e ricordi dell'invasione turca. Per il suo debutto al cinema Bene, partendo dal suo omonimo romanzo, si cuce addosso un film che gli somiglia: geniale e debordante, barocco e folle, volutamente sregolato ma pieno di folgoranti trovate registiche e di bei monologhi. Una visione difficile, ma decisamente appagante per chi riesce ad arrivare in fondo. Fuori campo si sentono Ruggero Ruggeri che recita *Com'è bella giovinezza* e Arnoldo Foà che recita *Alle cinque della sera*.

Nostra Signora di Fatima ** (*The Miracle of Our Lady of Fatima*, rit-titolato *Miracle of Fatima*, Usa 1952, col, 102') John Brahm. Con Susan Whitney, Sherry Jackson, Sammy Ogg, Gilbert Roland, Angela Carter, Frank Silvera, Jay Novello. ◆ Portogallo, 1917: alla pastorella dodicenne Lucia Dos Santos (Whitney) e ai suoi due cuginetti (Jackson e Ogg) appare nei campi di Cova, presso Fatima, una donna con un'aureola luminosa che li esorta all'amore di Dio e promette di tornare il 13 di ogni mese. Nonostante le minacce e la feroce propaganda antireligiosa della polizia, la notizia si diffonde e il 13 ottobre ci saranno 70 mila fedeli ad aspettare l'apparizione. Melodramma dichiaratamente propagandistico, che mescola spiritualità cattolica e anticomunismo (la Madonna parla apertamente di «schemi del diavolo» che rischiano di distruggere la Terra) e gioca con una certa abilità sull'innocenza infantile per strappare simpatia al pubblico. Sceneggiatura di Crane Wilbur e James O'Hanlon.

Nostra vita comincia di notte, La *½ (*The Subterraneans*, Usa 1960, col, 89') Ranald MacDougall. Con George Peppard, Leslie Caron, Janice Rule, Roddy McDowall, Anne Seymour, Jim Hutton, Scott Marlowe. ◆ Nell'ambiente neobohémien di San Francisco lo scrittore Leo Perceipied (Peppard) incontra Mardou Fox (Caron), fuggita dall'Europa e da una penosa giovinezza: una stupida avventura rischia di distruggere il loro amore, ma la decisione di Leo di sposarla (erano gli anni dell'amore libero!) e l'annuncio che Mardou è incinta fanno capire ai due che sono fatti l'uno per l'altra. Superficiale e confusa riduzione dei *Sotterranei* di Jack Kerouac, che lo sceneggiatore Robert Thom mescola con il libro di Lawrence Lipton sulla beat generation *The Holy Barbarians*: di quello spirito non resta praticamente niente né era possibile immaginarsi che la Mgm facesse di meglio. Resta solo un'occasione per vedere i jazzisti Art Farmer, Carmen McRae, Gerry Mulligan, Shelley Manne, Art Pepper e il compositore André Previn che firma la colonna sonora.

Nostre sorelle di danza, Le **½ (*Our Dancing Daughters*, Usa 1928, b/n, 80') Harry Beaumont. Con Joan Crawford, Anita Page, Nils Asther, John Mack Brown, Dorothy Sebastian. ◆ Tre debuttanti nell'alta società californiana dei «ruggenti anni Venti»: Anna (Page), arrivista matrimoniale con il vizio dell'alcol; Bea (Sebastian), piena di buoni sentimenti ma tormentata da una debolezza sessuale passata; Diana «la pericolosa» (Crawford), vitale e indipendente, che flirta e balla il charleston con eccessivo trasporto. Bea si sposa, mentre Anna e Diana si contendono lo stesso principe azzurro (Mack Brown): «la pericolosa» sconta la cattiva reputazione, ma alla fine avrà la meglio sull'etilismo mascherato della rivale. Nonostante la banalità dell'intreccio e del titolo, *Le nostre sorelle di danza* è un ritratto perfetto dei *Roaring Twenties*, il cui spirito edonistico sarebbe durato ancora per poco (il crollo di Wall Street è dell'anno successivo). Negli Usa ebbe un successo travolgente proprio per la sua capacità di sintetizzare e dare risalto alle caratteristiche dell'epoca, che trovano una splendida incarnazione in Diana, l'irresistibile creatura alla Fitzgerald interpretata da Joan Crawford: l'attrice sembrava nata per questo ruolo di «maschietta» tutta jazz e spregiudicatezza (ma fino a un certo punto: la meta è comunque il matrimonio), e in effetti il personaggio le rimase appiccicato addosso fino a *Il romanzo di Mildred* (1945), film che le offrì l'opportunità di costruire un archetipo interpretativo nuovo e altrettanto forte.

Nostri mariti, I * (Italia/Francia 1966, col e b/n, 105') Luigi Zampa, Dino Risi, Luigi Filippo d'Amico. ◆ Film a episodi. In *Il marito di Olga* (Luigi Zampa. Con Jean-Claude Brialy, Michèle Mercier, Akim Tamiroff, Lando Buzzanca, Mario Pisu) il protagonista spinge la moglie a tradirlo per ottenere un'eredità; in *Il marito di Attila* (Dino Risi. Con Ugo Tognazzi, Liana Orfei, Giulio Rinaldi) la polizia per arrestare un ladruncolo si serve di sua moglie; in *Il marito di Roberta* (Luigi Filippo d'Amico. Con Alberto Sordi, Nicoletta Rangoni Machiavelli, Alessandro Cutolo, Claudio Gora) il marito vede la moglie cambiare sesso poco dopo il matrimonio. Qualche risata e niente di più, a dispetto degli intenti di critica sociale.

Nostri parenti, I → *Allegri gemelli*

Nostri sogni, I *½ (Italia 1943, b/n, 85') Vittorio Cottafavi. Con Vittorio De Sica, Maria Mercader, Paolo Stoppa, Guglielmo Barnabò, Luigi Almirante. ◆ Dovendo accompagnare a teatro una bella signorina (Mercader), un giovane spiantato (De Sica) si finge rampollo di una ricca famiglia. In uno dei ruoli che gli sono più congeniali, De Sica regge da solo la fragile impalcatura di un film grazioso e garbato, tratto dall'omonima commedia di Ugo Betti. Il film d'esordio di Cottafavi.

Nostro agente all'Avana, Il **½ (*Our Man in Havana*, Gb 1960, b/n, 107') Carol Reed. Con Alec Guinness, Ernie Kovacs, Burl Ives, Maureen O' Hara, Noel Coward, Ralph Richardson. ◆ James Warmolr (Guinness) è un innocuo rappresentante di aspirapolveri a Cuba che accetta, per soldi, di diventare agente del servizio segreto inglese. Piacevole riduzione cinematografica del delizioso romanzo omonimo di Graham Greene, da lui stesso sceneggiato: divertita commedia satirica fino a quando scherza con i trucchi e i personaggi loschi che animano il mondo delle spie, il film si trasforma in un thriller da incubo quando quel «gioco» provoca rappresaglie e uccisioni. Indimenticabile la scena della partita a dama dove le pedine sono sostituite da bottigliette di liquore, da bere (letteralmente) invece che «mangiare». Guinness è grande nella parte del pasticcione alle prese con questioni che non lo riguardano né lo interessano.

Nostro agente Flint, Il ** (*Our Man Flint*, Usa 1965, col, 107') Daniel Mann. Con James Coburn, Lee J. Cobb, Gila Golan, Edward Mulhare, Gianna Serra, Benson Fong. ◆ L'agente segreto Flint (Coburn) si oppone ai piani di un'organizzazione che vuole sgominare il mondo. La risposta americana a James Bond, gradevole e coinvolgente solo nella scelta del protagonista. Seguito da *A noi piace Flint*.

Nostro agente Natalino Tartufato, Il → *Italian Secret Service*

Nostro pane quotidiano *** (*Our Daily Bread*, Usa 1934, b/n, 75') King Vidor. Con Karen Morley, Tom Keene, John Qualen, Barbara Pepper, Addison Richards, Harry Holman. ◆ Stanchi di non trovare lavoro in città, John (Keene) e Mary (Morley) si trasferiscono in campagna: con altri artigiani formano una cooperativa per lavorare la terra, ma i problemi – sentimentali ed economici – non mancano. Da un progetto travagliato – rifiutato da molti produttori, distribuito solo grazie a Chaplin e girato in estrema economia, coi soldi personali del regista che ipotecò casa e automobile – è un film sincero e generoso, con cui Vidor voleva offrire il suo contributo di ottimismo e speranza alle persone oppresse dalla depressione. Diseguale negli esiti, anche a causa di attori non sempre all'altezza, è narrato con grande e commossa adesione agli eventi e girato con indiscussa maestria. Indimenticabile la scena dell'arrivo dell'acqua, dopo un lungo e faticoso lavoro, su un terreno da irrigare.

Notorious – L'amante perduta **** (*Notorious*, Usa 1946, b/n, 101') Alfred Hitchcock. Con Cary Grant, Ingrid Bergman, Claude Rains, Louis Calhern, Leopoldine Konstantin, Reinhold Schunzel. ◆ La figlia di una spia nazista (Bergman) viene convinta da un agente segreto americano (Grant) a farsi sposare da uno dei capi dello spionaggio tedesco in Brasile, Sebastian (Rains), per poterlo controllare. Hitchcock al suo meglio in uno dei suoi più riusciti film di spionaggio dove la trama gialla – sceneggiata da Ben Hecht – si mescola al melodramma sentimentale (per amore di Grant la Bergman accetta di finire nel letto di Rains, che tenterà di avvelenarla). Alcuni colpi di stile, come lo zoom sulla chiave che porta in cantina, sono entrati nella storia del cinema, mentre le scene d'amore tra Grant e la Bergman sono ancora oggi di struggente intensità. Da vedere e rivedere. Hitchcock appare alla festa di Sebastian dove beve una coppa di champagne con una sola sorsata.

Notre Dame *** (*The Hunchback of Notre Dame*, Usa 1939, b/n, 117') William Dieterle. Con Charles Laughton, Maureen O'Hara, sir Cedric Hardwicke, Thomas Mitchell, Edmond O'Brien, Alan Marshall, Walter Hampden, George Zucco, Harry Davenport, Minna Gombell. ◆ Parigi, 1482: l'odissea della zingara Esmeralda (O'Hara) che è corteggiata dal capo delle guardie Febo (Marshall), che accetta di sposare il poeta Gringoire (O'Brien) per salvarlo dalla vendetta dei mendicanti, e che è prima fatta rapire e poi condannata a morte dal geloso Frollo (Hardwicke), un ambiguo magistrato. La salverà il deforme campanaro Quasimodo (Laughton) nascondendola nella chiesa di Notre Dame, allora asilo inviolabile, disposto a dare la vita per difenderla da chi crede voglia rapirla e invece cerca solo di liberarla dall'assalto delle guardie del re. Affascinante versione del romanzo di Victor Hugo *Notre-Dame de Paris* sceneggiato da Sonya Levien con la collaborazione di Bruno Frank. Il romantico e disperato amore del gobbo per una donna bellissima diventa il dramma di un'epoca dove «si scontrano il più brutale oscurantismo (chiara allusione alla barbarie nazista che si diffondeva per l'Europa) e la luce della cultura e della tolleranza», e dove in più di un'occasione la sceneggiatura oppone il fanatismo e la tirannia alla libertà di pensiero (l'appello di Gringoire in favore di Esmeralda e «contro ogni distinzione di razza» è un evidente riferimento alle dottrine del Reich). La capacità del romanzo di scavare nei miti sepolti e rivitalizzare «l'anima dei monumenti parigini» diventa qui il trionfo del grottesco gotico, che la fotografia sottoesposta di Joseph August esalta nei chiaroscuri con cui descrive la Corte dei miracoli, di chiara reminiscenza espressionista. Citazione d'obbligo per le scenografie fantasmagoriche di Van Nest Polglase e per l'indimenticabile interpretazione di Laughton, irriconoscibile nei panni di Quasimodo e capace di stare alla pari con Lon Chaney che nel 1923 aveva reso famoso lo stesso personaggio (*Il gobbo di Notre Dame* di Wallace Worsley). Rifatto nel 1957 (da Delannoy) e nel 1982, in un tv-movie diretto da Michael Tuchner (con Anthony Hopkins nel ruolo di Quasimodo) inedito in Italia.

Notre Dame de Paris *½ (*Notre-Dame de Paris*, Francia/Italia 1956, col, 104') Jean Delannoy. Con Gina Lollobrigida, Anthony Quinn, Robert Hirsch, Philippe Clay, Jean Tissier, Jean Danet, Alain Cuny. ◆ Un'altra versione del romanzo di Hugo sulla bella zingara Esmeralda (Lollobrigida), amata in silenzio dal deforme campanaro Quasimodo (Quinn). Gran sfoggio di costumi e colori, ma a parte una certa sensualità della Lollo il film non riesce mai a conquistare l'attenzione, nemmeno riproponendo il tragico finale del romanzo di Hugo che invece Dieterle aveva cambiato. Boris Vian interpreta la parte del cardinale.

Nottata, La *½ (Italia 1974, col, 95') Tonino Cervi. Con Sara Sperati, Susanna Javicoli, Giancarlo Prete, Max Christian Delys, Giuliana Calandra, Giorgio Albertazzi, Martine Brochard. ◆ Scorribande notturne per Milano di due ragazze incontratesi casualmente in una toilette. Una specie di antologia del vizio metropolitano, troppo superficiale nella sceneggiatura per poter essere attendibile come affresco urbano.

Nottataccia *½ (Italia 1992, col, 100') Duccio Camerini. Con Massimo Wertmüller, Stefania Sandrelli, Massimo Bellinzoni, Massimo Bonetti, Giorgio Gobbi. ◆ Estate a Roma. Un professore (Wertmüller) si innamora della psicologa (Sandrelli) che abita nel palazzo di fronte: ma la voce calda e comprensiva che gli risponde è quella di un travestito (Bellinzoni) in cura presso di lei. Commedia degli equivoci di chiara derivazione teatrale, con qualche ambizione di regia, ma con ritmi e tempi quasi sempre sbagliati. Tra Wertmüller che recita troppo e la Sandrelli lasciata in balìa di se stessa, chi ne esce meglio è Bellinzoni. Camerini, nipote del regista Mario, compare nella parte dell'inquilino del piano di sopra.

Notte, La **½ (Italia 1960, b/n, 122') Michelangelo Antonioni. Con Marcello Mastroianni, Jeanne Moreau, Monica Vitti, Bernhard Wicki, Rosi Mazzacurati. ◆ Il matrimonio tra lo scrittore Giovanni (Mastroianni) e la moglie Lidia (Moreau) si trascina senza passione. Dopo la visita a un amico morente, i due partecipano a un party per la presentazione dell'ultimo libro di Giovanni, poi si recano alla festa di un industriale dove, tra riti eccentrici, Giovanni corteggia la figlia del padrone di casa (Vitti), e Lidia respinge le avances di un invitato. All'alba, nel parco della villa, i due parlano del loro amore e finiscono disperatamente per fare l'amore. Secondo capitolo della cosiddetta trilogia esistenziale (con *L'avventura*, 1960, e *L'eclisse*, 1962), il film «cerca di definire alcune costanti delle usanze individuali», in cui il lento disfarsi dei rapporti coniugali vuole essere il segno di altre crisi: Antonioni descrive una condizione di disagio esistenziale e l'ambienta dentro uno spazio che schiaccia l'individuo con il suo caos tecnologico e neocapitalistico, finendo per raccontare solo le vaghezze e le ambiguità di uno «sconcerto esistenziale» incapace di trasformarsi in vera coscienza critica. Nelle sequenze della festa (datatissima testimonianza del clima di quegli anni) si riconoscono Ottiero Ottieri, Salvatore Quasimodo, Giansiro Ferrata, Roberto Sanesi, Valentino Bompiani, Giorgio Gaslini e un giovanissimo Umberto Eco senza barba. Orso d'oro a Berlino.

Notte a Bengali, Una *½ (*La Nuit Bengali*, Francia 1988, col, 92') Nicolas Klotz. Con Hugh Grant, Shabana Azmi, Supriya Pathak, Soumitra Chatterjee, John Hurt, Anne Brochet. ◆ Calcutta, 1930: un giovane ingegnere (Grant) accolto durante la convalescenza dalla malaria nella casa di un ricco bramino, si innamora della figlia Gayatri (Pathak), ma la differenza di cultura e di religione spezzeranno questo amore. Purtroppo le sfumature e l'aura di mistero del romanzo da cui il film è tratto, *Maytreyi* di Mircea Eliade, rimangono inespresse (nonostante la sceneggiatura di Jean-Claude Carrière) e il film si perde dietro a inutili sfoggi di cultura (tutti i riferimenti a Tagore). Ambizioso ma opaco.

Notte a Broadway, Una **½ (*Tin Pan Alley*, Usa 1940, b/n, 94') Walter Lang. Con Alice Faye, John Payne, Betty Grable, Jack Oakie, Allen Jenkins, i Nicholas Brothers, Elisha Cook jr, Esther Ralston. ◆ Alla vigilia della prima guerra mondiale, due intraprendenti musicisti fondano una casa discografica che viene portata al successo da una coppia di graziose cantanti. Un musical vivace e ben fatto, con canzoni orecchiabili (*Sheik of Araby*) e un Jack Oakie in gran forma. Oscar a Alfred Newman per la colonna sonora. Rifatto nel 1950 da Richard Sale col titolo *I'll Get By*, inedito in Italia.

Notte a Casablanca, Una ** (*A Night in Casablanca*, Usa 1946, b/n, 85') Archie Mayo. Con Groucho, Chico e Harpo Marx, Charles Drake, Sig Ruman, Lisette Verea, Lois Collier. ◆ A Casablanca si rifugia un ricettatore nazista (Ruman) che per impossessarsi degli oggetti di valore di un albergo uccide uno dopo l'altro tutti i suoi proprietari: verrà smascherato dal direttore (Groucho) e da due inservienti (Chico e Harpo) dell'hotel. Quella che doveva essere una parodia di *Casablanca* (e che scatenò le reazioni legali dei fratelli Warner) si rivelò una commedia non perfettamente riuscita. Ma con la scena più famosa di tutto il repertorio di Harpo: lui è appoggiato a un muro e un poliziotto gli dice «Cosa credi di fare? Stai forse puntellando il muro?». Harpo si sposta e il muro cade! Si sente la mancanza di Margaret Dumont.

Notte al castello, Una ** (*Paris in Spring*, Usa 1935, b/n, 82') Lewis Milestone. Con Mary Ellis, Tullio Carminati, Ida Lupino, Akim Tamiroff, Lynne Overman. ◆ Delusi in amore, due giovani prima vogliono suicidarsi, poi invece preferiscono coalizzarsi contro i rispettivi fidanzati. Piacevole commedia recitata con garbo.

Notte all'Opera, Una **** (*A Night at the Opera*, Usa 1935, b/n, 92') Sam Wood. Con Groucho, Chico e Harpo Marx, Margaret Dumont, Sig Ruman, Kitty Carlisle, Allan Jones, Walter Woolf King. ◆ Un giovane tenore in cerca di successo (Jones) riesce a sfondare grazie all'aiuto di tre eccentrici allegroni, Otis B. Driftwood (Groucho), Fiorello (Chico) e Tommaso (Harpo). Con *Zuppa d'anitra* il miglior film dei fratelli Marx (il primo prodotto da Irvin Thalberg per la Mgm e il primo senza il quarto fratello Zeppo), dove il contatto con il rigido e pomposo mondo della lirica produce effetti di irresistibile comicità, raggiungendo il suo culmine quando i tre fanno irruzione in uno spettacolo lirico, con l'orchestra che passa dal *Trovatore* a *Take Me Out to the Ball Game*. Tra le scene più surreali, l'interpretazione dei tre barbuti aviatori russi, il discorso di Chico alla folla riunita al City Hall (una delle sue più riuscite fusioni di sintassi personale e nonsense) e l'irresistibile scena della cabina che si riempie sempre più di persone. Rifatto nel 1993 (*Gli sgangheroni*).

Notte a Rio, Una ** (*That Night in Rio*, Usa 1941, col, 90') Irving Cummings. Con Alice Faye, Don Ameche, Carmen Miranda, Maria Montez, S.Z. Sakall, J. Carrol Naish. ◆ Sosia perfetto di un barone brasiliano, un attore di varietà (Ameche) viene ingaggiato per sostituirlo durante un viaggio. Musical gradevole con una Carmen Miranda in splendida forma. Rifacimento di *Folies Bergère* (1935, di Roy Del Ruth con Maurice Chevalier e Ann Sothern), poi rifatto una terza volta in *Divertiamoci stanotte* (1951).

Notte assassina, La * (*Roadhouse 66*, Usa 1984, col, 96') John Mark Robinson. Con Willem Dafoe, Judge Reinhold, Karen Lee, Kate Vernon, Stephen Elliott, Alan Autry. ◆ Elegante avvocato e giovane autostoppista sono costretti a fermarsi in una cittadina dell'Arizona per un guasto alla macchina. Amori e guai in vista. Prevedibile e piuttosto noioso, ha troppe pause narrative per riuscire a emozionare come vorrebbe.

Notte bianca **½ (*The Doctor Takes a Wife*, Usa 1940, b/n, 89') Alexander Hall. Con Loretta Young, Ray Milland, Edmund Gwenn, Reginald Gardiner, Gail Patrick, Frank Sully. ◆ Femminista e fiera sostenitrice della propria autonomia, una ragazza (Young) è costretta a ospitare un uomo (Milland) in casa. Una coppia di interpreti all'altezza rende piacevole una commedia non troppo originale nelle premesse narrative.

Notte brava, La *** (Italia 1959, b/n, 95') Mauro Bolognini. Con Jean-Claude Brialy, Rosanna Schiaffino, Elsa Martinelli, Laurent Terzieff, Anna Maria Ferrero, Franco Interlenghi, Tomas Milian, Mylène Demongeot, Antonella Lualdi. ◆ Dopo aver compiuto un furto, due borgatari sbandati, Scintillone (Brialy) e Ruggeretto (Terzieff), a cui se ne unisce ben presto anche un terzo, Bella-Bella (Interlenghi), passano la notte a divertirsi: si faranno imbrogliare da alcune ragazze di facili costumi, ruberanno ancora e Scintillone verrà anche arrestato. Ispirato al romanzo *Ragazzi di vita* di Pier Paolo Pasolini, che firma anche la sceneggiatura insieme a Laurence Bost, un film intenso e desolato, attento alle piccole e grandi bravate di una gioventù senza speranze, che vive alla giornata. Regia scarna ed essenziale, attori con le facce adatte ai ruoli. Probabilmente il miglior film di Bolognini.

Notte brava del soldato Jonathan, La ***½ (*The Beguiled*, Usa 1971, col, 105') Don Siegel. Con Clint Eastwood, Geraldine Page, Elizabeth Hartman, Jo Ann Harris, Darleen Carr, Pamelyn Ferdin. ◆ Durante la guerra di Secessione, un caporale nordista ferito (Eastwood) trova rifugio in un collegio femminile: si illude di fare il gallo nel pollaio, ma le gelosie che ispira gli saranno fatali. Imprevedibile commedia nera che volge in tragedia, sceneggiata da John B. Sherry e Grimes Grice e diretta da un maestro dell'azione con un'attenzione ai sentimenti, alle psicologie e ai rapporti interpersonali che sconfessa molti luoghi comuni della critica sulla difficoltà per un autore di cambiare registro. Ribaltando l'immagine virile di Eastwood, spingendo l'atmosfera gotica fino al paradossale e utilizzando con un brio insospettato i procedimenti formali più ostici (flashback menzogneri, cambi del punto di vista all'interno di una stessa scena, passaggi dal realismo al fantastico, sovrimpressioni con modifiche della velocità nella stessa sequenza, originali dissolvenze incrociate), Siegel costruisce un film «sul desiderio e la frustrazione, un apologo sulla castrazione dove la morte e la violenza sono sempre presenti ma sempre dissimulate» come nel movimento di gru che apre il film (dopo gli splendidi titoli di testa alla Matthew Brady contrappuntati dai rumori della guerra e dalle percussioni di Lalo Schrifrin) nel quale si passa dal bianco e nero al colore quando una ragazzina scopre dietro un cespuglio la gamba di un soldato nordista sporca di sangue. Un capolavoro che allora il pubblico non seppe capire.

Notte che Evelyn uscì dalla tomba, La * (Italia 1971, col, 90') Emilio P. Miraglia. Con Anthony Steffen [Antonio De Teffé], Marina Malfatti, Erika Blanc, Giacomo Rossi Stuart, Umberto Raho. ◆ Un nobile (Steffen), ossessionato dalla moglie morta, uccide prostitute con i capelli rossi: poi sposa l'intraprendente Gladys (Malfatti), e il fantasma della defunta comincia a perseguitarlo. Gialluccio al tempo stesso scontato e illogico, risalente a un'epoca in cui mostrare le tette delle attrici bastava per tirare i 90' d'ordinanza. Le targhe delle auto sono inglesi, ma le ville venete. Sceneggiatura di Fabio Pittorru, Massimo Felisatti e del regista.

Notte che piove, Una * (Italia 1996, col, 90') Gianfranco Bullo. Con Massimo Venturiello, Olga Baumont, Viola Simoncioni. ◆ Guido (Venturiello) e Anna (Baumont) si reincontrano casualmente in Sardegna dopo molti anni: lei vorrebbe riallacciare il legame che li ha uniti da ragazzi, ma Susan (Simoncioni), la figlia adolescente, fa di tutto per sedurre Guido. Sceneggiato dal regista, un triangolo «morboso» troppo borghese e vacanziero per diventare dramma: e infatti sembra il *pilot* – lento, per di più – di una telenovela all'italiana. Venturiello, vittima delle due donne, lo è anche della pessima recitazione delle attrici.

Notte che spensero le luci in Georgia, La ** (*The Night the Lights Went Out in Georgia*, Usa 1981, col, 120') Ronald F. Maxwell. Con Kristy McNichol, Dennis Quaid, Mark Hamill, Don Stroud, Sunny Johnson, Arlen Dean Snyder. ◆ Fratello e sorella formano un duo musicale: lei è troppo ambiziosa, lui lo è troppo poco. L'inizio è fiacco, ma il film cresce con il progredire della storia. Il titolo è tratto da una canzone che ebbe molto successo qualche anno prima in America.

Notte con vostro onore, Una ** (*First Monday in October*, Usa 1981, col, 98') Ronald Neame. Con Walter Matthau, Jill Clayburgh, Barnard Hughes, Jan Sterling, James Stephens, Joshua Bryant. ◆ La prima donna che entra a far parte della Corte Suprema (Clayburgh) dovrà vedersela con i sarcasmi e le invidie di un collega dalla battuta tagliente (Matthau). Commedia molto parlata e divertente solo a tratti, piuttosto datata nel tipo di comicità e di situazioni che propone.

Notte d'angoscia **½ (*When Strangers Marry*, rititolato *Betrayed*, Usa 1944, b/n, 67') William Castle. Con Robert Mitchum, Kim Hunter, Dean Jagger, Neil Hamilton, Lou Lubin, Milt Kibbee. ◆ Una giovane sposina (Hunter) è chiamata ad aiutare il marito (Mitchum, qui al suo primo ruolo importante) implicato in un omicidio. Un buon thriller di serie B, suggestivo nella cupa ambientazione newyorchese (ricostruita in studio) e nel clima di angosciata inquietudine che attraversa il racconto.

Notte degli squali, La * (Italia 1987, col, 96') Anthony Richmond [Tonino Ricci]. Con Treat Williams, Christopher Connelly, Janet Agren, Antonio Fargas, Steve Eliot, John Steiner. ◆ Entrato in possesso di un disco che contiene rivelazioni scottanti, cacciatore di squali viene braccato da alcuni killer. Per sbarazzarsi di loro, ricorrerà ai suoi «amici» pescecani. Improbabile e balordo film d'avventura: gli squali non ne hanno nessuna colpa, tutti gli altri sì.

Notte dei demoni, La *½ (*Werewolves on Wheels*, Usa 1971, col, 85') Michel Levesque. Con Stephen Oliver, Severn Darden, D. J. Anderson, Deuce Berry, William Gray, Gray Johnson. ◆ Finiti in un monastero popolato da adoratori del diavolo, alcuni centauri dovranno poi fare i conti con la presenza del maligno, che si è impossessato di uno di loro. Horror di bassa categoria, che confonde più che spaventare. L'unica cosa buona è la fotografia (di Isidore Mankowsky), che riesce a creare una discreta atmosfera.

Notte dei falchi (Entebbe operazione Thunderbolt), La *½ (*Operation Thunderbolt*, Israele 1977, col, 125') Menahem Golan. Con Yehoram Gaon, Gila Almagor, Assaf Dayan, Klaus Kinski, Shai K. Ophir, Sybil Danning. ◆ La ricostruzione di un episodio realmente accaduto: la liberazione dei passeggeri ebrei di un aereo francese presi in ostaggio da un commando di terroristi mediorientali. Girato con la collaborazione del governo israeliano, è un film passabile nelle scene d'azione ma insopportabilmente manicheo nelle caratterizzazioni dei personaggi.

Notte dei generali, La *½ (*The Night of the Generals*, Gb 1967, col, 148') Anatole Litvak. Con Peter O'Toole, Omar Sharif, Tom Courtenay, Donald Pleasence, Christopher Plummer, Philippe Noiret. ◆ Durante la seconda guerra mondiale, a Varsavia, si cerca di smascherare un generale nazista colpevole dell'omicidio di alcune prostitute. Un giallo senza suspense, lento e confuso nello sviluppo narrativo.

Notte dei maghi, La ** (*Hanussen*, Rft/Ungheria 1988, col, 120') István Szabó. Con Klaus Maria Brandauer, Erland Josephson, Karoly Eperjes, Ildiko Bansagi, Walter Schmidinger. ◆ Durante la prima guerra mondiale, Erik Jan Hanussen (Brandauer), un soldato austriaco ferito alla testa, sviluppa dei poteri parapsicologici che lo rendono un famoso veggente. Ma darà fastidio al nascente regime hitleriano e verrà eliminato. Ultimo film della trilogia di Szabó dedicata alla contraddittoria fascinazione che esercita il potere, dopo *Mephisto* (1981) e *Il colonnello Redl* (1984). È il più debole dei tre, anche se l'interpretazione istrionica di Brandauer non lascia indifferenti.

Notte dei morti viventi, La ***½ (*The Night of the Living Dead*, Usa 1968, b/n, 96') George A. Romero. Con Duane Jones, Judith O'Dea, Russell Streiner, Karl Hardman, Keith Wayne, Judith Ridley. ◆ In una cittadina della Pennsylvania, misteriose radiazioni hanno il potere di resuscitare i morti, trasformandoli in mostri assetati di sangue: ne faranno le spese un gruppo di persone, assediate in un'isolata fattoria. Una delle pietre miliari del cinema horror contemporaneo, liberamente ispirato al racconto *I vampiri* di Richard Matheson: realizzato dall'esordiente Romero insieme a un gruppo di cineasti di Pittsburgh durante alcuni weekend, il film sa sfruttare al meglio la propria povertà di mezzi (l'orrore non descritto ma fatto intuire) e fonde perfettamente thriller e ironia, tensione e sarcasmo verso la provincia americana (nel finale, l'unico superstite sarà ammazzato dalle squadre di salvataggio che lo scambieranno per uno zombi). Ha inaugurato la prolifica serie dei «morti viventi», è stato spesso imitato ma praticamente mai eguagliato nell'intensità narrativa e nella capacità di creare un clima allucinato. Una situazione simile verrà raccontata sempre da Romero in *Zombi* (1978) e in *Il giorno degli zombi* (1985). Remake di Tom Savini su sceneggiatura dello stesso Romero.

Notte dei morti viventi, La *½ (*Night of the Living Dead*, Usa 1990, col, 89') Tom Savini. Con Patricia Tallman, Tony Wood, McKee Anderson. ◆ Mentre i morti viventi invadono la Terra, i sopravvissuti devono fare i conti anche con l'idiozia della razza umana. Non si sentiva il bisogno di un remake dell'originale, ma pare che Romero (che riscrive la sceneggiatura) volesse fare concorrenza alla versione indebitamente colorizzata del suo classico. Il maestro del trucco Savini esordisce con un film nato già vecchio, sebbene un gradino al di sopra degli horror per teen-ager.

Notte del demonio, La *** (*Curse of the Demon*,

rititolato negli Usa *Night of the Demon*, Gb 1957, b/n, 83') Jacques Tourneur. Con Dana Andrews, Peggy Cummins, Niall MacGinnis, Athene Seyler, Maurice Denham, Ewan Roberts. ◆ Un mago dell'occulto, capo di una setta satanica (MacGinnis), riesce a provocare a distanza la morte delle persone che indagano sulle sue attività, ma uno scienziato americano (Andrews), sfidando la predizione che lo vorrebbe morto, riuscirà a sconfiggerlo. Tratto da un racconto di Montague Rhodes James (sceneggiato da Charles Bennet e dal produttore Hal E. Chester), è un'autentica «lezione di atmosfera horror»: Tourneur – a cui non interessa far paura ma raccontare il sentimento della paura, quella universale e onnipresente in ogni uomo – è magistrale nel trasformare ogni spazio in un luogo di minaccia, sede di forze tenebrose e implacabili, pronte a balzare sui personaggi. Splendidamente inquietante.

Notte del fuggitivo, La * (*Night of the Running Man*, Usa 1994, col, 89') Mark L. Lester. Con Andrew McCarthy, Scott Glenn, Janet Gunn, John Glover. ◆ Il killer sadico David Eckart (Glenn) insegue per metà degli Stati Uniti il tassista Jerry Logan (McCarthy), che si è ritrovato tra le mani una valigia con un milione di dollari. Thriller scontato senza una sola trovata originale, a parte la tortura dei piedi a mollo nell'acqua bollente: ma quando il malcapitato deve scappare via, il ridicolo è in agguato.

Notte del furore, La **½ (*Rage*, Usa 1972, col, 93') George C. Scott. Con George C. Scott, Richard Basehart, Martin Sheen, Barnard Hughes, Paul Stevens, Nicolas Beauvy. ◆ Innocuo e pacifico contadino (Scott) si fa violento e vendicativo quando il figlio muore a causa di un gas fuoriuscito per errore da un laboratorio militare segreto. Al suo esordio alla regia, Scott confeziona un melodramma a tinte forti, dove si fondono momenti lirici a scatti di allucinante violenza, non sempre convincente (specie nel mutamento caratteriale del protagonista) ma interessante nel raccontare le ramificazioni occulte del potere e le contraddizioni di un americano davanti alla negazione dei valori (di libertà e individualismo) in cui ha sempre creduto. In originale 104'.

Notte del giorno dopo, La *½ (*The Night of the Following Day*, Usa 1969, col, 93') Hubert Cornfield. Con Marlon Brando, Richard Boone, Rita Moreno, Pamela Franklin, Jess Hahn, Gerard Buhr. ◆ All'aeroporto di Parigi quattro banditi sequestrano una ragazza (Franklin) per chiederne il riscatto, ma le cose non andranno per il verso giusto. Una storia prevedibile (che neppure un finale imprevedibile riesce a sollevare), tratta da un romanzo di Lionel White (l'autore da cui Kubrick trasse *Rapina a mano armata*) e rovinata dalla presenza ingombrante e ingovernabile di Brando, che fece licenziare il regista e chiese a Richard Boone di dirigere gli ultimi quindici giorni di riprese. Rimane la bella fotografia di Willi Kurant e la bravura di Boone.

Notte del giudizio, La → *Cuba Libre – La notte del giudizio*

Notte dell'agguato, La **½ (*The Stalking Moon*, Usa 1969, col, 109') Robert Mulligan. Con Gregory Peck, Eva Marie Saint, Robert Forster, Noland Clay, Frank Silvera, Russell Thorson. ◆ Una guida (Peck) scorta a casa una donna bianca (Saint), che è stata per dieci anni prigioniera degli apache, e il suo figlio mezzosangue. Ma l'indiano padre del bambino li insegue, e cerca di riappropriarsi con la forza della sua famiglia. Un western insolito e intimista scritto da Alvin Sargent (che praticamente comincia dove finisce *Sentieri selvaggi* di Ford) tutto costruito sull'attesa interminabile di una rabbia che continua a rimandare la sua esplosione distruttiva e che utilizza la presenza ossessiva di un personaggio che non si vede quasi mai per far crescere la tensione.

Notte dell'aquila, La **½ (*The Eagle Has Landed*, Usa/Gb 1977, col, 112') John Sturges. Con Michael Caine, Donald Sutherland, Robert Duvall, Jenny Agutter, Donald Pleasence, Anthony Quayle, Jean Marsh, Treat Williams, Larry Hagman. ◆ Hitler vuole rapire Winston Churchill, e spedisce in Gran Bretagna un commando di uomini perfettamente addestrati alla missione. Avventure spettacolari e prive di pause, con un buon cast e un regista specializzato in film d'azione. La storia (da un bestseller di Jack Higgins) è del tutto inattendibile, ma ci si diverte lo stesso. In originale 134'.

Notte della verità, La * (*Mother's Boys*, Usa 1993, col, 95') Yves Simoneau. Con Jamie Lee Curtis, Peter Gallagher, Joanne Whalley-Kilmer, Vanessa Redgrave, Joss Ackland, J.E. Freeman. ◆ Dopo tre anni di assenza, Jude Madigan (Curtis) torna dal marito Robert (Gallagher) a reclamare i tre figlioletti: li corrompe a forza di regali, li istiga contro la suocera (Redgrave) e la nuova fidanzata (Whalley-Kilmer) del padre, e arriva a comportarsi da pazza omicida (anche se non morirà nemmeno il cane, tranquilli). Il solito thriller sulla famiglia in pericolo, nella variante misogina con complicazioni edipico-psicoanalitiche: tanto improbabile quanto privo di suspense. Scritto da Barry Schneider e Richard Hawley, da un romanzo di Bernard Taylor.

Notte delle matite spezzate, La ** (*La noche de lapiches*, Argentina 1988, col, 90') Hector Olivera. Con Vita Escardo, Pablo Navarro, Alejo Garcia Pintos, Leonardo Sbaraglia, Adriana Salonia, Pablo Machado. ◆ Nella città della Plata i leader studenteschi della scuola di belle arti vengono fatti arrestare e poi torturati in carcere. Solo uno di loro uscirà vivo dall'esperienza. Film di grande impegno civile, sincero e dettagliato nella descrizione delle torture, dove però lo sdegno del regista fa crescere l'intensità drammatica, ma non la coerenza del racconto. Meritevole negli intenti, ma non convincente negli esiti. Per spettatori dallo stomaco forte.

Notte dell'iguana, La *** (*The Night of the Iguana*, Usa 1964, b/n, 118') John Huston. Con Richard Burton, Ava Gardner, Deborah Kerr, Sue Lyon, James «Skip» Ward, Grayson Hall, Cyril Delevanti, Gladys Hill. ◆ T. Laurence Shannon (Burton), un ex prete mezzo alcolizzato, fa la guida turistica in Messico, cercando di districarsi tra due donne che lo corteggiano, Maxine Faulk (Gardner) e Hannah Jelkes (Kerr), oltre che dalle voglie della giovane Charlotte (Lyon). Da un dramma serioso di Tennessee Williams sceneggiato da

Anthony Veiller, Huston ha tratto un film sottilmente autoironico, che ribalta la cupa disperazione della pièce con un finale di speranza dove l'ex prete e quella che dovrebbe essere una mantide religiosa (Faulk/Gardner, che durante il film si paga due giovani meticci per divertirsi durante dei bagni notturni) trovano uno nell'altro e ciascuno nei propri limiti la forza di guardare al domani (con un ottimismo che Williams non accettò mai). Nonostante una serie di pesanti simbolismi teatrali (il colletto talare che Burton non riesce mai ad allacciarsi; l'iguana tenuta al guinzaglio, «creatura di Dio giunta alla fine della propria corda»), il film si impone per la splendida prova della Gardner, eroina fiduciosa e disperata insieme, che recita la sua parte «con terrena partecipazione e scoperta sessualità, minata da un filone sotterraneo di paura», splendidamente fotografata nell'elegante bianco e nero di Gabriel Figueroa. Oscar a Dorothy Jeakins per i costumi.

Notte dell'imbroglio, La *½ (*Midnight Sting*, rititolato *Diggstown*, Usa 1992, 1069) Michael Ritchie. Con James Woods, Louis Gossett jr, Bruce Dern, Oliver Platt, Heather Graham, Randall «Tex» Cobb. ◆ Il baro Gabriel Caine (Woods) cerca di imbrogliare il boss Gillon (Dern) organizzando un incontro di boxe truccato, in cui un ex campione sotto mentite spoglie (Gossett) sfiderà dieci dilettanti di fila. Farsa vecchio stile che puzza di fasullo, e che gli attori servono con impegno degno di miglior causa. Ritchie, in passato, aveva altre ambizioni.

Notte dello scapolo, La **½ (*The Bachelor Party*, Usa 1957, b/n, 93') Delbert Mann. Con Don Murray, E.G. Marshall, Jack Warden, Patricia Smith, Carolyn Jones, Larry Blyden, Philip Abbott. ◆ Cinque impiegati si riuniscono per festeggiare l'addio al celibato di uno di loro (Abbott). Tre sono sposati e inaciditi dal matrimonio, il quarto è scapolo e sembra felice. Da un soggetto scritto per la Tv da Paddy Chayefsky, un film molto parlato, che affonda nella psicologia dell'uomo medio americano. Un po' datato ma molto ben recitato.

Notte dello sciamano, La *½ (*Apprentice to Murder*, Usa 1988, col, 94') R.L. Thomas. Con Donald Sutherland, Chad Lowe, Mia Sara, Knut Husebo, Rutanya Alda. ◆ Presunto esorcista ed esperto di medicina medioevale (Sutherland) si deve difendere dall'accusa di avere ucciso un uomo che pensava essere messaggero del diavolo. Il fatto alla base della storia è realmente accaduto, ma l'intreccio appare comunque improbabile e poco interessante. Sutherland è decisamente sotto al suo standard. Girato in Norvegia.

Notte del piacere, La **½ (*Fröken Julie*, Svezia 1951, b/n, 90') Alf Sjöberg. Con Anita Björk, Ulf Palme, Märta Dorff, Andres Henrikson, Lissi Aland, Inger Norberg. ◆ Segnata da un padre debole (Henrikson) e una madre nevrotica, la contessina Giulia (Björk) decide, nella notte di San Giovanni, di concedersi al servo Jean (Palme). Ma dopo aver consumato la loro notte d'amore, non avranno il coraggio di fuggire e Giulia si ucciderà per non affrontare la collera paterna. Adattamento del dramma *La signorina Giulia* di August Strindberg, che lo stesso regista sceneggia con molta libertà, «mescolando passato e presente e utilizzando la casa dei conti per dare alla storia un contesto sociale e storico» (con una serie di flashback innovativi per l'epoca, in cui gli avvenimenti dell'infanzia irrompono nella stessa scena in cui Giulia li evoca). In questo modo smorza l'atmosfera claustrofobica della pièce (che si svolge tutta in una stanza), ma approfondisce il tema dell'umiliazione sessuale e dell'autodistruzione, grazie anche a una straordinaria interpretazione di Anita Björk e a una suggestiva fotografia di Göran Strindberg. Palma d'oro a Cannes ex aequo con *Miracolo a Milano* di De Sica.

Notte d'estate, Una – Gloria **½ (*Gloria*, Usa 1980, col, 123') John Cassavetes. Con Gena Rowlands, John Adames, Buck Henry, Julie Carmen, Val Avery, Basilio Franchina. ◆ Gloria (Rowlands), amante di un gangster, si ritrova, lei che non ama i bambini, a dover proteggere un piccolo portoricano, figlio dei vicini di casa uccisi dalla mafia. Dopo *Assassinio di un allibratore cinese*, Cassavetes (autore anche della sceneggiatura) torna a confrontarsi col noir. L'uso degli stereotipi e la confezione quasi hollywoodiana celano uno spaccato amaro del malessere e della solitudine della metropoli. Cassavetes, a dire il vero, sembra spesso con la testa altrove: ma il finale tragico e fiabesco è un bel colpo d'ala. Sigaretta in bocca, pistola in mano e impermeabile alla Bogart, la Rowlands affronta il suo personaggio di eroina per forza con sottile ironia. Leone d'oro a Venezia, ex aequo con *Atlantic City, Usa*. Rifatto con Sharon Stone (*Gloria* 1998).

Notte d'estate con profilo greco, occhi a mandorla e odore di basilico * (Italia 1986, col, 101') Lina Wertmüller. Con Michele Placido, Mariangela Melato, Roberto Herlitzka, Massimo Wertmüller, John Steiner, Arnaldo Ninchi. ◆ Burbero specialista in sequestri di persona (Placido) viene rapito da avvenente e ricca manager lombarda (Melato): l'obiettivo è il riscatto, ma l'amore ha presto il sopravvento. Stereotipato, sciocco, prevedibile e stiracchiato. Da evitare con cura.

Notte d'estate in città ** (*Nuit d'été en ville*, Francia 1990, col, 85') Michel Deville. Con Jean-Hugues Anglade, Marie Trintignant. ◆ Chiacchiere postcoitali di Louis (Anglade) ed Emile (Trintignant): si sono conosciuti a una festa, sono finiti subito a letto, forse tenteranno la convivenza. La sceneggiatura di Roselinde Deville ostenta finezze psicologiche femminili, la regia del marito virtuosismi da maestro consumato. Due personaggi (nudi) in un appartamento: il risultato, alla fin fine, è più intellettualistico di quanto vorrebbe sembrare. E senza la musica di Camille Saint-Saëns, molto spesso le immagini faticherebbero a comunicare qualche emozione.

Notte di bivacco ** (*Cheyenne*, rititolato *The Wyoming Kid*, Usa 1947, b/n, 100') Raoul Walsh. Con Dennis Morgan, Jane Wyman, Bruce Bennett, Alan Hale, Arthur Kennedy, Barton MacLane. ◆ Bizzarro rapinatore di diligenze, soprannominato «il poeta» perché più disinvolto con la penna che con la pistola, viene ricercato da un ex giocatore d'azzardo passato al ruolo di sceriffo. Un soggetto originale che Walsh tratta in modo convenzionale. Alcune scene sono state riutilizzate da Walsh nel suo *Gli amanti della città sepolta*.

Notte di dicembre ** (*Nuit de décembre*, Francia 1939, b/n, 82') Kurt [Curtis] Bernhardt. Con Renée Saint-Cyr, Pierre Blanchar, Gilbert Gil, Jean Tissier, Marcel André, Bernard Blier, Georges Flateau, Marcel Pérés. ◆ Nel 1919, il pianista Pierre Darmond (Blanchar) passa una notte con una donna (Saint-Cyr) che il giorno dopo sparisce nel nulla. Vent'anni dopo, a un concerto, vede tra il pubblico una giovane (sempre Saint-Cyr) straordinariamente rassomigliante a quella donna: nonostante sia corteggiata da un suo allievo (Gil), Pierre vorrebbe sposarla, ma quando il padre di lei (André) gli fa capire che non è sicuro della sua paternità, il pianista capisce che potrebbe essere il frutto di quella lontana notte d'amore. Curioso melodramma (sceneggiato da Jean Jacot, H. André Legrand, Lilo Dammert e Bernard Zimmer) che, nonostante un certo barocchismo nella messinscena, riesce a «sprigionare una poesia sottile, toccando i temi della reminiscenza, della reincarnazione e dell'immortalità dell'amore». Da notare che le scene musicali sono girate con più serietà e maggior cura che nelle coeve produzioni hollywoodiane (si può riconoscere il compositore Maurice Jaubert, autore delle colonne sonore di *Carnet di ballo* e *Porto delle nebbie*, dirigere un'orchestra).

Notte di fortuna *½ (Italia 1941, b/n, 86') Raffaello Matarazzo. Con Peppino De Filippo, Leda Gloria, Vera Bergman, Guido Notari, Lorella Gori. ◆ Biagio (De Filippo), un commesso di farmacia di provincia, vince un milione al Casinò di Sanremo ma spreca tutta la vincita per i consigli sbagliati di una maestrina di pianoforte (Gloria) che scambia per una donna di mondo. Il ritorno a casa è molto imbarazzante, perché tutti lo credono ricco, ma poi l'amore accomoda tutto. Farsa non originalissima (la gag del milionario che si ricorda solo a tratti di Biagio è presa da *Luci della città*), ma con una grande prova di Peppino De Filippo, qui per la prima volta in un film senza Eduardo. Freda, che i titoli di testa danno come cosceneggiatore, non accredita la sua collaborazione.

Notte di nozze **½ (*The Wedding Night*, Usa 1935, b/n, 84') King Vidor. Con Gary Cooper, Anna Sten, Ralph Bellamy, Helen Vinson, Siegfried Rumann, Esther Dale. ◆ Uno scrittore newyorchese in crisi (Cooper) decide di trasferirsi in campagna con la moglie. Nasce un nuovo romanzo, ma anche un nuovo amore, con una contadina (Sten) già promessa a un altro. Il film doveva essere un trampolino di lancio per la Sten, che il produttore Goldwyn voleva trasformare in una nuova Garbo: l'attrice deluse le attese, ma Vidor – appassionato al tema del confronto città/campagna – riesce a vivificare il racconto descrivendo in modo originale la vita rurale dello scrittore di città. Un finale, per quei tempi, insolitamente cupo e drammatico.

Notte di San Lorenzo, La **½ (Italia 1982, col, 105') Paolo e Vittorio Taviani. Con Omero Antonutti, Margarita Lozano, Claudio Bigagli, Massimo Bonetti, Norma Martelli, Enrica Maria Modugno. ◆ Il 10 agosto (notte di San Lorenzo) 1944 la popolazione del borgo toscano di San Miniato cerca di raggiungere le postazioni americane e di sottrarsi alle rappresaglie naziste. Scritto con Tonino Guerra, «in continua oscillazione tra ricordi personali e memoria collettiva, cronaca e fantasia, epica ed elegia» il film è la rievocazione di un episodio minore della guerra, dove l'attenzione è rivolta soprattutto ai pensieri, alle parole e ai gesti della «povera gente». Alcuni momenti di alta poesia (la battaglia nei campi di grano) e altri di imbarazzante retorica. Premio speciale della giuria al festival di Cannes.

Notte di stelle *** (Italia 1991, col, 89') Luigi Faccini. Con Fabio Bussotti, Antonella Taccarelli, Tiziano Giuffrida, Norma Martelli, Claudio Angelini, Ivano Marescotti. ◆ La complicata amicizia tra Luana (Taccarelli), cantante frustrata in una orchestrina di liscio, Lucio (Bussotti), operatore sociale e regista indipendente, e Carlo (Giuffrida), pittore di strada appena uscito dal carcere. «Dedicato ai ragazzi delle periferie invisibili», un film poverissimo e denso di emozione, disarmante nel suo rifiuto totale di compromessi minimamente spettacolari. Quasi volesse riportare al grado zero il cinema italiano degli anni Ottanta, Faccini fa della sua «inattualità» formale un'autentica virtù narrativa: finalmente un intreccio di storie prese dalla realtà senza il bisogno di nobilitarle con il sensazionalismo o una confezione carina. Un'opera di denuncia, dolorosa, coerente, sporca e pura allo stesso tempo. Ottimi i tre giovani interpreti.

Notte e dì ** (*Night and Day*, Usa 1946, col, 128') Michael Curtiz. Con Cary Grant, Alexis Smith, Monty Wooley, Ginny Sims, Jane Wyman, Dorothy Malone. ◆ La carriera del musicista Cole Porter (Grant): la disapprovazione del nonno per la sua vocazione, il successo, le incomprensioni coniugali, un incidente che lo lascia quasi paralizzato, la consacrazione finale nella «sua» Università di Yale. Film biografico non troppo convincente, soprattutto nella scelta di affidare a Grant il ruolo di Porter, ma affascinante nella colonna sonora (*Night and Day* e *You Are the Top* cantate dallo stesso Grant, *Beguin the Beguine*, *You Do Something to Me* e l'indimenticabile *My Heart Belongs to Daddy*) e nella coloratissima fotografia di Peverell Marley e William Skall.

Notte è fatta per... rubare, La ** (Italia/Spagna 1967, col, 100') Giorgio Capitani. Con Philippe Leroy, Catherine Spaak, Gastone Moschin, Pepe Calvo, Gianni Bonagura. ◆ Ermetica e forse inattaccabile, la cassaforte di un ricco svizzero viene presa d'assalto da tre gruppi diversi di scassinatori. Commediola garbata e a tratti divertente, che purtroppo non sfrutta fino in fondo l'originalità della premessa. La canzone che dà il titolo al film è cantata da Catherine Spaak.

Notte e giorno *** (*Nuit et jour*, Francia/Belgio 1991, col, 91') Chantal Ackerman. Con Guilaine Londez, Thomas Langmann, François Negret. ◆ Parigi, estate: Jack (Langmann) fa il tassista di notte per poter trascorrere tutto il giorno con Julie (Londez). Sono molto giovani e molto innamorati. Ma una sera Julie conosce Joseph (Negret), il ragazzo che guida il taxi nelle ore diurne, e instaura una relazione anche con lui all'insaputa di Jack. Radiografia di un triangolo adolescenziale e utopistico, all'insegna dell'amore esigente e assoluto: la Ackerman, autrice anche della sceneggiatura, sceglie per la regia la medesima assolutezza, concentrando la macchina da presa solo sui personaggi, tenuti a turno sempre in campo (non ci sono praticamente sequenze di raccordo), e restituendo una Parigi notturna filtrata solo attraverso la loro percezione emotiva. All'inizio il tono è da commedia leggera, poi la scrittura del film si fa impercettibilmente più tesa e scarnificata per mettere a nudo la crudeltà e la sofferenza dei sentimenti. Un'opera di complessa semplicità (le inquadrature sono quasi tutte frontali, il montaggio è minimale), che affronta un tema classico e abusato con uno stile del tutto personale e particolarmente suggestivo.

Notte e il momento, La ** (*The Night and the Moment*, Gb/Italia/Francia 1994, col, 90') Anna Maria Tatò. Con Willem Dafoe, Lena Olin, Miranda Richardson, Jean-Claude Carrière, Carole Richert, Christine Sireyzol, Guy Verame, Ivan Bacciocchi. ◆ XVIII secolo: per sedurre la marchesa (Olin) che lo ospita, lo scrittore (Dafoe), che di notte le è entrato in camera, accetta di raccontare le sue precedenti avventure galanti, compresa quella assolutamente casta che visse durante una prigionia e che si rivelerà meno innocente del previsto. Elegante ma fredda versione dell'omonimo racconto in forma di dialogo scritto dal libertino francese Crébillon figlio nel 1735 ma pubblicato solo vent'anni più tardi per evitare gli strali della censura reale (che l'avevano già portato in carcere, come si capisce dalla trama del film). Sceneggiato dalla regista con Jean-Claude Carrière, che appare nella parte del direttore del carcere con la mania delle torture, il film cerca di sfuggire dall'impostazione teatrale spezzettando le schermaglie di una notte con la ricostruzione delle precedenti avventure galanti: ma di bei costumi (ancorché di Gabriella Pescucci) se ne sono visti un'infinità, mentre l'idea di tessere un elogio del libertinismo contro la volgare concretezza di questi tempi poteva essere più interessante. Peccato che le (buone) intenzioni non siano sorrette adeguatamente dalla regia.

Notte e la città, La *½ (*Night and the City*, Usa 1992, col, 104') Irwin Winkler. Con Robert De Niro, Jack Warden, Jessica Lange, Alan King, Cliff Gorman, Eli Wallach, Barry Primus. ◆ Avvocato di quart'ordine, Harry Fabian (De Niro) pensa di combinare finalmente qualcosa di buono organizzando un torneo di boxe: si associa con un vecchio campione (Warden) ma pesta i piedi a un boss, si indebita e finisce male. De Niro non sta zitto un momento, e la macchina da presa non sta ferma un istante: ma tutta questa agitazione trasmette poche emozioni. Lo sceneggiatore Richard Price ha aggiornato come poteva *I trafficanti della notte* di Dassin. E il personaggio femminile (Helen interpretata da Jessica Lange) resta, come nell'originale, del tutto accessorio. Prodotto dalla Tribeca di De Niro in associazione con la Penta America: un bel fiasco.

Notte e nebbia *** (*Nuit et brouillard*, Francia 1956, b/n e col, 32') Alain Resnais. ◆ Per questo documentario, commissionatogli dal Comité d'histoire della seconda guerra mondiale per il decennale della liberazione, Resnais unisce spezzoni tratti da archivi storici delle Forze alleate e sequenze a colori girate sui luoghi della deportazione. Innestando le parole di un ex prigioniero (il poeta e saggista Jean Cayrol, i cui testi sono letti nell'edizione originale da Michel Bouquet) e la musica lieve di Hanns Heisler sugli allucinanti documenti custoditi dalla burocrazia militare, Resnais svela al mondo l'orrore, «per non dimenticare e per incitare alla vigilanza. Senza sosta». Un film che oggi «fa parte della coscienza collettiva», visto in innumerevoli passaggi televisivi e citato in altri film (è quello che vedono le sorelle in *Anni di piombo* della von Trotta) ma che non ha perso una scheggia della sua forza e della sua capacità di ricordarci la fragilità dell'essere umano, contrapponendo tutto il male del mondo (i cadaveri ammassati coi bulldozer, gli occhi accusatori e brucianti degli scheletrici sopravvissuti, l'accumulo «capitalista» degli oggetti e dei resti: capelli di donna, orologi, occhiali, denti) all'indifferente routine dei carnefici, al colore delle riprese contemporanee, con la vita che continua, i fiori, i bambini, gli alberi. Un film che è anche un'esperienza di vita, capace, come ha scritto Serge Daney, di insegnare «allo stesso tempo che i campi di sterminio erano veri e che quel film era giusto». Per il suo contenuto era stato rifiutato nel 1956 al festival di Cannes. Questo mediometraggio fu distribuito originariamente in Italia assemblato all'interno di un film a episodi intitolato sempre *Notte e nebbia*.

Notte e nebbia *** (Italia 1960, col e b/n, 120') Alexandre Astruc, Jacques Baratier, Jean Valère, Henri Gruel, Alain Resnais. ◆ Film a episodi, assemblato in questa forma dal distributore italiano (Globe Film) e composto da un mediometraggio di finzione – *La tenda scarlatta*, 1953, in cui Alexandre Astruc racconta la storia ottocentesca dell'amore fra una ragazza e un ufficiale – e da tre documentari: *Paris la nuit*, di Jacques Baratier e Jean Valère, descrive la vita notturna nella capitale francese; *La gioconda*, di Henri Gruel, è una divertente presa in giro del quadro più famoso del mondo; *Notte e nebbia*, di Alain Resnais, ricostruisce i crimini commessi dai nazisti nei campi di concentramento. È naturalmente in quest'ultimo documentario (girato nel 1955) che si trovano i più alti momenti del film, grazie a un fitto e suggestivo gioco di rimandi tra passato e presente e a una sapiente alternanza tra il colore e il bianco e nero.

Notte e nebbia del Giappone *½ (*Nihon no Yoru to Kiri*, Giappone 1960, col, 107') Nagisa Oshima. Con Fumio Watanabe, Miyuki Kuwano, Masahiko Tsugawa, Toru Ajioka, Akiko Koyama. ◆ Autunno 1960: il giornalista Nozawa (Watanabe), già esponente dello Zengakuren (movimento studentesco un tempo allineato col più moderato Partito comunista giapponese), sposa Reiko (Kuwano), una militante dello stesso movimento, ora schierato su posizioni più radicali. Ma anziché essere la riconciliazione tra due generazioni, il banchetto di nozze, attraverso una serie di flashback, porta alla luce vecchi fantasmi e in particolare fioccano le accuse su chi sia stato il responsabile del suicidio dell'idealista Takao. Oshima, dopo il fallimento della rivolta del giugno 1960 contro il trattato nippoamericano, volle fare un bilancio degli errori della sinistra nel suo paese, criticando sia il dogmatismo stalinista che il moderatismo. Il risultato è un curioso incrocio tra *Rashomon* di Kurosawa (il passato ricostruito con flashback contraddittori), il dramma didattico di Brecht e il cinema fantastico giapponese (il tema delle ombre che ritornano): ma resta un'opera rivolta a una cerchia di iniziati, per di più pesantemente datata. I produttori, spaventati dal contenuto rivoluzionario, lo fecero sparire subito dalla circolazione malgrado le veementi proteste del regista, già allora abile promoter di se stesso. Arrivò in Europa solo nel 1972.

Notte ha mille occhi, La **½ (*Night Has a Thousand Eyes*, Usa 1948, b/n, 81') John Farrow. Con Edward G. Robinson, Gail Russell, John Lund, Virginia Bruce, William Demarest, Richard Webb. ◆ Un illusionista (Robinson) ha delle visioni premonitrici di eventi funesti. Decide di abbandonare il lavoro ma poi, colpito negli affetti, prova a cambiare il destino. Eccellente film nero, cupo e malinconico, tratto da un romanzo di Cornell Woolrich che Robinson interpreta con grande intensità.

Notte in Transilvania, Una * (*Transylvania 6-5000*, Usa 1985, col, 94') Rudy De Luca. Con Jeff Goldblum, Joseph Bologna, Jeffrey Jones, John Byner, Carol Kane, Ed Begley jr, Geena Davis. ◆ Un giornalista americano (Goldblum) deve scrivere un articolo di colore sul paese di Dracula, che ormai ha l'aspetto di una tranquilla località turistica. Ma sotto la cenere il fuoco è ancora acceso. Horror letargico, comico solo nelle intenzioni e girato in Jugoslavia. Il titolo originale fa il verso alla canzone di Glenn Miller *Pennsylvania 6-5000*. Conosciuto anche col titolo *Transylvania 6-5000*.

Notte italiana **½ (Italia 1987, col, 93') Carlo Mazzacurati. Con Marco Messeri, Giulia Boschi, Remo Remotti, Memé Perlini, Silvana De Santis, Mario Adorf. ◆ Un avvocato padovano, Otello Morsiani (Messeri), viene mandato nel Polesine per una perizia e così scopre, più o meno involontariamente, malefatte e connivenze di un signorotto locale (Adorf). Non riuscirà a modificare la ragnatela di connivenze che copre tutto, ma si conquisterà l'amore della dolce Daria (Boschi). Primo film prodotto dalla Sacher Film di Nanni Moretti e Angelo Barbagallo, è il film d'esordio di Mazzacurati, uno dei primissimi che, negli anni Ottanta, «ritorni ad aprire gli occhi sul melmoso mondo delle complicità e del benessere»: un quadro padano tinto di giallo, ben interpretato da Messeri e dalla bella figlia di Aba Cercato. Divertente la comparsata degli stralunati bolognesi gemelli Ruggeri.

Notte movimentata, Una *½ (*All in a Night's Work*, Usa 1961, col, 94') Joseph Anthony. Con Dean Martin, Shirley MacLaine, Cliff Robertson, Charlie Ruggles, Norma Crane, Gale Gordon, Jack Weston, Jerome Cowan. ◆ Dalla stanza in cui è morto un ricco industriale è stata vista fuggire una ragazza. A fare luce sulla vicenda è chiamato il nipote del defunto. Commedia scioccherella e priva di pretese, tenuta in piedi dal mestiere di alcuni eccellenti caratteristi (Gordon, Weston e Cowan).

Notte pazza del conigliaccio, La *½ (Italia 1967, b/n, 113') Alfredo Angeli. Con Giulio Platone, Enrico Maria Salerno, Sandra Milo, Lydia Alfonsi, Massimo Serato, Ettore Manni. ◆ Quando la moglie è in vacanza lui si concede una scappatella, ma la ragazza rimorchiata e portata in casa si suicida con un colpo di pistola. Tra i primi registi pubblicitari a passare alla regia di un lungometraggio, Angeli non riesce a dare spessore a questo ambizioso ritratto di costume. Troppo anonimo il protagonista Platone, soverchiato dall'istrionico Enrico Maria Salerno.

Notte porta consiglio, La → *Roma libera (La notte porta consiglio)*

Notte senza fine *** (*Pursued*, Usa 1947, b/n, 101') Raoul Walsh. Con Robert Mitchum, Teresa Wright, Judith Anderson, Dean Jagger, Alan Hale, John Rodney. ◆ Jeb Rand (Mitchum) è un uomo tormentato da strani incubi (un paio di speroni che vanno e vengono davanti ai suoi occhi) e ossessionato dal desiderio di conoscere le proprie origini: scoprirà che la relazione illecita tra il proprio padre e la madre della sorellastra (Wright) aveva scatenato una faida all'origine della morte del genitore. Vendicandolo e sposando la sorellastra, potrà finalmente liberarsi del proprio ingombrante passato. Un western anomalo e psicoanalitico (sceneggiato da Niven Busch) dove i protagonisti devono combattere più i propri mostri interiori che i nemici esterni. Aiutato dalla musica cupa e grandiosa di Max Steiner, dalla fotografia chiaroscurata di James Wong Howe e perfettamente equilibrato nell'intreccio tra presente e flashback, il film utilizza la recitazione genialmente teatrale dei personaggi (delle due donne, Judith Anderson e Teresa Wright, qui madre e figlia, e di un sorprendente Mitchum) e la capacità di mostrare la natura non come paradisiaco rifugio ma come nemico ostile e incombente per dare concreta corposità ai temi psicologici del racconto. Una grande riuscita.

Notte senza legge ** (*Day of the Outlaw*, Usa 1959, b/n, 96') André de Toth. Con Robert Ryan, Burl Ives, Tina Louise, Nehimiah Persoff, Jack Lambert, Alan Marshall. ◆ Un'isolata cittadina del West è depredata da alcuni fuorilegge. Tocca al burbero proprietario di un ranch ristabilire l'ordine e la pace. L'ottimo western di serie B, nonostante una vicenda già vista troppe volte, si fa ammirare per l'asciutta regia di de Toth (che predilige qui i piani fissi ma molto compositi dal punto di vista figurativo, e dove la presenza della neve aggiunge tensione alla storia), il bel bianco e nero di Russell Harlan, le ottime interpretazioni del «buono» Ryan e del «cattivo» Ives.

Notte sui tetti, Una ** (*Love Happy*, Usa 1949, b/n, 91') David Miller. Con Groucho, Chico e Harpo Marx, Ilona Massey, Vera Ellen, Marion Hutton, Eric Blore. ◆ Harpo trova una preziosissima collana in una scatola di sardine: lui non sa che farsene, ma sulle tracce del gioiello si buttano una banda di malfattori e il bizzarro detective Sam Grunion (Groucho). Ultimo film dei fratelli Marx, su un soggetto di Harpo sceneggiato da Frank Tashlin, Mac Benoff e (non accreditato) Ben Hecht: qualche buona gag (come la serie di torture cui viene sottoposto Harpo o l'elaboratissimo inseguimento sui tetti da cui Harpo si sottrae cavalcando le luci intermittenti di un'enorme sagoma di cavallo al neon), ma lo spirito dissacrante dei loro primi film si è dissolto. Brevi apparizioni per Raymond Burr, futuro Perry Mason, e Marilyn Monroe, nella parte di una provocante cliente di Grunion/ Groucho.

Notte sulla città ** (*Un Flic*, Francia 1972, col, 105') Jean-Pierre Melville. Con Alain Delon, Catherine Deneuve, Richard Crenna, Riccardo Cucciolla, Simone Valère. ◆ Malinconico e violento poliziotto dà la caccia a una banda di rapinatori capeggiati da un uomo che vorrebbe soffiargli la ragazza. Inadatto al ruolo di flic stanco e deluso dalla vita, Delon rende poco credibile tutta la vicenda. Il film si salva grazie al mestiere di Melville, che gira con maestria le scene d'azione, in particolare quella iniziale della rapina in banca.

Notte, un sogno, Una ** (Italia 1988, col, 83') Massimo Manuelli. Con Sergio Rubini, Claire Nebout, Hugues Quester, Laura Lieblein, Rodolfo Traversa, Franco Vaccaro. ◆ Signora borghese annoiata dal rapporto coniugale passa una notte di emozioni in compagnia di un fotografo con la passione del biliardo. La storia non brilla per originalità, ma Rubini è bravo e Torino di notte con le musiche di Paolo Conte riesce a creare qualche suggestione.

Notti bianche, Le **½ (Italia/Francia 1957, b/n, 107') Luchino Visconti. Con Marcello Mastroianni, Maria Schell, Jean Marais, Clara Calamai, Marcella Rovena, Dick Sanders, Corrado Pani. ◆ Passeggiando di notte, Mario (Mastroianni) incontra una ragazza disperata (Schell), che aspetta inutilmente l'arrivo dell'uomo di cui è innamorata. Tra i due sembra nascere un idillio, ma quando lei rivede l'oggetto dei suoi desideri, abbandona Mario senza esitazioni. Tratto dal racconto omonimo di Dostoevskij, il film ne ribalta il senso trasformando il dramma dell'amore sfortunato in quello dell'assurdità e dell'illusione dell'amore: lasciando alla donna il ruolo dostoevskiano della sognatrice, Visconti presenta l'uomo come «un piccolo-borghese che cerca di evadere da una solitudine meschina attraverso la purezza del sentimento» ma che il caso penserà a deludere e umiliare. Se l'impianto narrativo appare oggi appesantito, la cosa migliore resta la Pietroburgo (diventata Livorno) ricostruita a Cinecittà da Mario Chiari e Mario Garbuglia: una città nebbiosa e surreale, magica e indeterminata, eterea e fantastica, degna cornice di una vicenda che ha la sostanza e i toni di un sogno. Nastro d'argento ai due scenografi, a Mastroianni e alle musiche di Nino Rota. Maria Schell si doppia in Italiano.

Notti boccaccesche di un libertino e di una candida prostituta, Le ** (*Raphaël ou le débauché*, Francia 1970, col, 110') Michel Deville. Con Françoise Fabian, Maurice Ronet, Jean Vilar, Brigitte Fossey, Isabelle de Funès, Anne Wiazemsky. ◆ Una vedova morigerata (Fabian) si innamora di un impenitente libertino (Ronet): per conquistarlo si improvviserà una carriera da prostituta. Incredibile titolo italiano per l'ultimo film di Deville scritto insieme a Nina Companeez: una sottile descrizione della Francia ottocentesca post-restaurazione raccontata con lo stile di una commedia che rischia a ogni momento di trasformarsi in tragedia, com'è nelle abitudini di questo regista perfettamente a suo agio con i toni in bilico tra «leggerezza e crudeltà, frivolezza e gravità, gioia e disperazione».

Notti del Decamerone *½ (*Decameron Nights*, Usa/ Gb 1953, col, 87') Hugo Fregonese. Con Joan Fontaine, Louis Jourdan, Binnie Barnes, Joan Collins, Noel Purcell, Marjorie Rhodes. ◆ Boccaccio (Jourdan) cerca la sua amata Fiammetta (Fontaine), che per sfuggire alla peste si è rifugiata in una villa. Qui lo scrittore inizia a narrare le sue novelle. Insulsa e anonima versione di un classico della letteratura, che Fregonese mette in scena con fredda convenzionalità.

Notti della luna piena, Le *** (*Les Nuits de la pleine lune*, Francia 1984, col, 102') Eric Rohmer. Con Pascale Ogier, Fabrice Luchini, Tchéky Karyo, Christian Vadim, Virginie Thévenet, Anne-Sévérine Liotard. ◆ La voglia di autonomia di Louise (Ogier) – che ha paura di essere amata troppo ma adora la seduzione e ama giocarci – la spinge a trascurare il fidanzato (Karyo) che finirà per lasciarla e andare a vivere con Marianne (Liotard). Quarto capitolo della serie *Commedie e Proverbi* (introdotto dal finto proverbio: «Chi ha due donne perde l'anima, chi ha due case perde la ragione»), il film è una delle migliori riuscite di Rohmer, divertito e intelligente ritratto di una generazione che vorrebbe solo scherzare coi sentimenti e non accetta di farsi coinvolgere da quello che di triste o di tragico c'è nel rapporto amoroso (alla fine Louise è un po' triste, ma è il rischio che aveva scelto di correre). Proprio come lo stile raffinato e autoironico della messinscena evita allo spettatore di farsi coinvolgere nella storia narrata, richiedendogli una partecipazione più intellettuale che emotiva, in sintonia con le scelte del regista che insegue il tocco del moralista settecentesco per raccontare l'amoralità dei nostri anni. Premio per la miglior attrice a Venezia a Pascale Ogier (prematuramente scomparsa l'anno stesso).

Notti di Cabiria, Le *** (Italia 1957, b/n, 110') Federico Fellini. Con Giulietta Masina, Amedeo Nazzari, François Perier, Aldo Silvani, Dorian Gray, Franca Marzi, Polidor [Ferdinand Guillaume]. ◆ Cabiria (Masina) è un'ingenua e sentimentale prostituta romana che vorrebbe trovare il vero amore, ma cade sempre tra le braccia di uomini inaffidabili e disonesti. Come già nella *Strada*, del 1954, Fellini pone la figura clownesca e innocente della moglie Giulietta Masina a diretto contatto con le brutture e le nefandezze della vita quotidiana: dall'accostamento nasce un film gentile e ironico, sorta di omaggio al cialtronesco mondo delle borgate romane, in cui il regista tiene a sottolineare l'esistenza della Grazia, cattolicamente intesa, qui incarnata in un gruppo di giovani che «ridestano alla vita» (e al sorriso) Cabiria dopo che un cliente l'aveva ingannata con una promessa di matrimonio e poi derubata. In un ruolo a lei estremamente congeniale, la Masina ottenne, grazie a questo film, un'enorme popolarità, anche all'estero e vinse la Palma d'oro a Cannes. Ma su tutti, svetta comunque Nazzari, strepitoso nella sua straordinaria presa in giro di un divo del cinema. Nastro d'argento e Oscar come miglior film straniero.

Notti di Chicago, Le ***½ (*Underworld*, Usa 1927, b/n, 110') Josef von Sternberg. Con George Bancroft, Clive Brook, Evelyn Brent, Fred Kohler, Larry Semon. ◆ Il gangster Buck Mulligan (Bancroft) prende in simpatia e promuove a suo luogotenente l'alcolizzato Rolls Royce (Brook), ex avvocato caduto in disgrazia. Condannato a morte per avere ucciso un bruto che cercava di violentare la sua amante Feather (Brent), Buck fugge dal carcere, convinto che Rolls Royce e la ragazza filino assieme e l'abbiano tradito. Ma quando capisce che è vera solo la prima parte dei suoi sospetti, li fa scappare e si lascia riprendere. Uno dei primi capolavori di von Sternberg, prende a pretesto il nascente genere gangsteristico per costruire un viluppo di passioni e sospetti dagli sviluppi imprevedibili. La tragedia è sempre sul punto di esplodere, ma alla fine, con brusca impennata, lascia posto a un romanticismo esasperato. Lo stile è molto secco, paragonato all'opera successiva dell'autore, con due vistose eccezioni: la celebre sequenza del ballo dei gangster, all'inizio rutilante ed eccessiva come in un film di von Stroheim, e poi fellinianamente spettrale; e la scena in cui Feather seduce Rolls Royce senza neanche toccarlo, ma fingendo di essere più interessata a un libro: un classico, quest'ultimo, dell'erotismo cinematografico. Ben Hecht, autore del soggetto, protestò per le manomissioni del regista, ma si calmò quando, l'anno dopo, gli venne attribuito l'Oscar. Interessante l'impiego di Semon, alias Ridolini, in un contesto serio, nella parte di un gangster lunare e burlone: fu una delle sue ultime apparizioni. Distribuito originariamente in Italia con il titolo *Il castigo*.

Notti di primavera ** (*Walborgsmassoafton*, Svezia 1935, b/n, 85') Gustaf Edgren. Con Ingrid Bergman, Lars Hanson, Karin Carlsson, Victor Seastrom, Erik Berglund. ◆ Innamorata del principale (Lars Hanson), la segretaria Lena Bergstrom (Bergman) spera in un suo divorzio dalla moglie. La separazione avviene, ma la consorte viene coinvolta in uno scandalo per un tentato aborto e si suicida, costringendo l'ex marito a partire per la Legione straniera. La Bergman, ancora in versione prehollywoodiana, è sufficientemente brava per tenere in piedi questa ennesima variazione sul tema del triangolo amoroso.

Notti di Salem, Le **½ (*Salem's Lot*, Usa 1980, col, 112') Tobe Hooper. Con David Soul, James Mason, Lance Kerwin, Bonnie Bedelia, Lew Ayres, Elisha Cook jr. ◆ Scrittore di successo scopre che nel New England un fosco antiquario pratica il culto del vampirismo. Ispirandosi a un romanzo di Stephen King, Hooper descrive atmosfere sinistre e lugubri, riti satanici e misteriosi che colpiscono vittime innocenti. Determinante il contributo di Mason, personaggio demoniaco da brividi. Seguito, solo nominale, con *I vampiri di Salem Lot* (1987), di Larry Cohen.

Notting Hill **½ (*Notting Hill*, Gb 1999, col, 123') Roger Michell. Con Julia Roberts, Hugh Grant, Hugh Bonneville, Alec Baldwin, Emma Chambers, James Dreyfus, Rhys Ifans, Tim McInnerny, Gina McKee. ◆ Libraio nel quartiere londinese di Notting Hill, il timido William (Grant) incontra per caso l'attrice Anna Scott (Roberts) e scocca la scintilla: ne nasce un legame che è sempre sul punto di diventare amore, ma deve fare i conti col fidanzato di lei (Baldwin, non accreditato), la scoperta di un film osé nel passato dell'attrice e le indecisioni sentimentali di lui. Lo sceneggiatore Richard Curtis bissa il successo di *Quattro matrimoni e un funerale* con una storia tanto prevedibile quanto rassicurante, e divertente. Gli elementi sono sempre gli stessi: un sentimento che fatica a concretizzarsi (o meglio, che antepone il romanticismo al sesso), un coro di comprimari pittoreschi e tutti ugualmente simpatici (con una citazione particolare per il coinquilino di William, interpretato da Bonneville), un meccanismo narrativo elementare ma efficace. E in sovrappiù c'è un accenno di critica contro le ingerenze dei mass media nella vita privata, che finisce per farci capire come sia dura persino la vita delle star... Partecipazione non accreditata anche per Matthew Modine, il pittore che chiede in sposa la Roberts nel film in tv. Il quadro che William riceve in regalo è *La mariée* di Chagall.

Notti proibite del marchese di Sade, Le → *Night Terrors*

Notti selvagge ** (*Les Nuits fauves*, Francia/Italia 1992, col, 126') Cyril Collard. Con Cyril Collard, Romane Bohringer, Carlos Lopez, Corrine Blue [Bosselet], Clémentine Célarié, Claude Winter, Maria Schneider. ◆ Parigi, metà degli anni Ottanta: il cineoperatore Jean (Collard) si divide tra la diciassettenne Laura (Bohringer), cui in un primo momento non rivela di essere sieropositivo, e il rugbista Samy (Lopez). La prima arriva all'orlo della crisi di nervi, il secondo è affascinato da sadici neonazisti. Jean troverà un equilibrio riconciliandosi col flusso vitale dell'universo. La morte prematura di Collard per Aids (5 marzo 1993) costringe a vedere con occhi diversi questo suo unico film: sovraccarico, turbinoso, eccessivo, narcisista, ma percorso anche da una necessità di comunicare e di mettersi in gioco che lascia spesso stupefatti. C'è il rischio del *cupio dissolvi* decadente e dell'invito alla morte (né si capisce, ammettiamolo, cosa ci sia di tanto istruttivo per la gioventù nella scena in cui Laura rifiuta il preservativo che le porge Jean): ma di fronte a un cinema così vivo e vissuto si è disposti a essere indulgenti. Collard ha tratto il film da un suo romanzo, molto più hard e brutale, ed è autore di buona parte delle musiche. Maria Schneider è la donna araba. Corinne Blue, che interpreta la madre di Laura, era la compagna di Cyril Collard. La produttrice Nella Banfi è la proprietaria del negozio. In Italia circola anche una versione ridotta di circa 15'.

Notturno di sangue **½ (*Nocturne*, Usa 1946, b/n, 87') Edwin L. Marin. Con George Raft, Lynn Bari, Virginia Huston, Joseph Pevney, Myrna Dell, Edward Ashley. ◆ Un detective (Raft) indaga sulla morte di un compositore: tutti credono che si tratti di suicidio, ma lui non se ne vuole convincere. Film noir di serie B decisamente interessante, dove il regista opera con abilità sulla progressiva identificazione tra il morto e l'investigatore. Suggestiva e raffinata la sequenza iniziale.

Notturno indiano ** (*Nocturne indien*, Francia 1989, col, 110') Alain Corneau. Con Jean-Hugues Anglade, Clémentine Célarié, Otto Tausig, Dipti Dave, Ratna Bhooshan. ◆ Un francese (Anglade) sbarca in India alla ricerca di un amico scomparso che continua a sfuggirgli, da Bombay a Madras fino a Goa: ma forse quella persona non esiste e l'uomo sta solo cercando se stesso. Tratto dal racconto omonimo di Antonio Tabucchi (a sua volta debitore di molte atmosfere allo scrittore portoghese Fernando Pessoa) e sceneggiato dal regista con Louis Gardel, il film riesce per un po' a restituire il mistero e il fascino dell'India, ma poi, confondendo forma poliziesca, misteri teosofici e tensione metaforica, scivola in un narcisismo funzionale solo a confondere le carte in tavola.

Notturno selvaggio *½ (*The Moonlighter*, Usa 1953, col, 77') Roy Rowland. Con Fred MacMurray, Barbara Stanwyck, Ward Bond, William Ching, John Dierkes, Morris Ankrum, Jack Elam. ◆ Dopo essersi vendicato di chi voleva linciarlo (impiccando invece un innocente), un ladro di cavalli (MacMurray) organizza una rapina in banca: sulle sue tracce si mette l'ex fidanzata legalista (Stanwyck). Sceneggiato da Niven Busch, un western sconclusionato e recitato senza convinzione, ma con un finale a sorpresa nel quale un assassino e una vicesceriffo se ne vanno verso un futuro di felicità con i soldi di una rapina, alla faccia del codice Hays. È girato in 3D, ma in televisione (dove circola una copia in b/n) non se ne accorge nessuno. Passato in Tv come *Il razziatore della notte*, traduzione molto più sensata del titolo originale che si riferisce al ladro che aspetta le notti di luna piena per poter vedere i cavalli da rubare.

Notturno tragico **½ (*Night Must Fall*, Usa 1937, b/n, 117') Richard Thorpe. Con Robert Montgomery, Rosalind Russell, Dame May Whitty, Alan Marshal, Kathleen Harrison, E.E. Clive, Merle Tottenham, Winifred Harris. ◆ Assunto per simpatia da una vecchia signora ricca e bisbetica (Whitty) nonostante le abbia sedotto la domestica (Tottenham), l'affascinante Danny (Montgomery) conquista anche Olivia (Russell), la nipote della padrona di casa, che così non denuncerà subito di aver trovato nella camera dell'uomo le prove che lo accusano di un tremendo omicidio. E le conseguenze saranno tragiche. Un piccolo gioiellino del terrore, sceneggiato da John Van Druten (a partire da una commedia di Emlyn Williams) e retto tutto sulla perfetta interpretazione di Robert Montgomery, «faccia d'angelo» dall'espressione ingenua e sorridente che invece nasconde una natura d'assassino. Grandi momenti di tensione e intelligenti riflessioni sulle possibili implicazioni «sociali» offerte dalla trama (Danny è sostanzialmente un proletario in cerca di fortuna, che tenta di sfruttare al meglio l'unica ricchezza che gli ha dato la natura, la sua bellezza), queste ultime più sviluppate nel remake firmato da Karel Reisz nel 1964, *La doppia vita di Dan Craig*.

N'oublie pas que tu va mourir *½ (*N'oublie pas que tu va mourir*, Francia 1995, col, 121') Xavier Beauvois. Con Xavier Beauvois, Chiara Mastroianni, Roshdy Zem, Bulle Ogier, Jean-Louis Richard, Pascal Bonitzer, Jean Douchet. ◆ Quando scopre di essere sieropositivo, Benoît (Beauvois), laureato in storia dell'arte e renitente alla leva, scopre le gioie della droga e del sesso promiscuo. Ad Amsterdam fa il corriere della droga, a Roma si innamora di una ragazza (Mastroianni), finché, per dare un senso alla propria vita, va a combattere con i partigiani croati. Commentando *La morte di Sardanapalo* di Delacroix, Benoît difende l'attualità del romanticismo byroniano nel momento in cui la civiltà si dissolve: ma è difficile capire quanto il regista-attore-sceneggiatore beniamino degli intellettuali (basta vedere il cast; Philippe Garrel dirige alcune scene romane) prenda sul serio la storia che racconta. Con le armi del realismo esasperato che all'arriva all'hard core e del compiacimento maledettistico, Beauvois si difende in anticipo da chi accuserebbe certe parti del suo film (a cominciare dal finale) di essere ingenue o ridicole: ma più ancora che in *Notti selvagge* di Collard, cui è per molti aspetti vicino, si fatica a cavare un senso da questo manifesto velleitario e confuso di una generazione senza arte né parte, cinica e lamentosa. Si trattasse di documento oggettivo, potrebbe andare: ma lo stile esaltato di Beauvois, a metà strada tra la cartolina e il Genet da salotto, lo esclude. Se è un pregio, è comunque difficile restare indifferenti. Musiche di John Cale. Premio della giuria a Cannes.

Nouvelle Vague *** (*Nouvelle Vague*, Francia 1990, col, 89') Jean-Luc Godard. Con Alain Delon, Domiziana Giordano, Jacques Dacqmine, Christophe Odent, Roland Amstutz, Cecile Reigher. ◆ Una ricca e dinamica donna-manager (Giordano) è attratta prima da un uomo affascinante ma inetto (Delon), e poi – dopo la sua morte – dal fratello gemello, uguale nella fisionomia ma opposto nel carattere. Una riflessione, ardua e affascinante, sui due temi centrali del Cinema: lo scorrere del tempo, con la presenza costante nei nostri atti del passato, e il ruolo dell'amore, con i suoi modi di esprimersi. Il primo (inedito nel cinema di Godard che spesso si svolgeva in una specie di presente perpetuo) è visualizzato dalle scene all'aria aperta, con le inquadrature insistite sulle foglie e sul cambio di stagione; il secondo confonde vita e cultura, così che l'amore spesso ostacolato tra i due protagonisti (le labbra divise da un fazzoletto) viene circondato da un altro tipo di amore, quello del regista per il cinema (lei si chiama Torlato-Favrini, come la Gardner in *La contessa scalza*, la gag sull'ape morta che punge è ripresa da *Acque del sud*) e per la cultura (le citazioni di Lucrezio, di Tolstoj). Ne risulta un film austero e ironico, a tratti sconcertante nella sua programmata voglia di privilegiare solo le immagini essenziali al tema del film (con una scelta evidentemente antinarrativa e antihollywoodiana), ma «capace, attraverso nuove forme e nuovi modelli, di farci vedere il mondo contemporaneo in tutti quegli aspetti di novità che gli altri film non sanno raccontare».

Novecento atto I **½ (Italia 1976, col, 155') Bernardo Bertolucci. Con Gérard Depardieu, Robert De Niro, Romolo Valli, Dominique Sanda, Burt Lancaster, Sterling Hayden, Donald Sutherland, Laura Betti, Stefania Sandrelli, Francesca Bertini, Alida Valli, Stefania Casini, Paolo Branco, Anna Maria Gherardi.

◆ Alfredo Berlinghieri (De Niro) è figlio di una famiglia di ricchi proprietari terrieri, Olmo Dalcò (Depardieu) dei contadini che lavorano per loro. Nati lo stesso giorno del 1900 vivranno parallelamente, nel privato e nel politico, tutti gli avvenimenti della storia italiana: l'adolescenza (che cementa la loro amicizia), poi il servizio durante la prima guerra mondiale (dove la differenza di classe è alla base delle due diverse destinazioni militari) e l'avvento del fascismo. Intanto Olmo ha sposato Anita (Sandrelli), una fervente socialista che muore mettendo al mondo una figlia, mentre Alfredo fa lo stesso con l'irrequieta Ada (Sanda). Uno splendido inizio nelle campagne emiliane, e poi una progressiva discesa in un melodramma ostentato e compiaciuto, che non riesce a evitare approssimazioni e personaggi schematici, come il fascista Attila, interpretato da Sutherland. Scritto dal regista col fratello Giuseppe e il suo montatore di fiducia Franco «Kim» Arcalli, in bilico tra Verdi e Freud, di cui mescola suggestioni musicali parmensi e nodi edipici, il film insegue un suo progetto «didattico» ambizioso e ciclopico (raccontare la storia di classe d'Italia in chiave antipadronale) ma non riesce a fondere compiutamente esigenze spettacolari e impegno politico. Per questo i due personaggi più convincenti di questa prima parte sono quelli dei due patriarchi, più lontani degli altri dalla Storia e dalla Retorica: Burt Lancaster e Sterling Hayden, perfetti nella parte di Alfredo Berlinghieri padre e Leo Dalcò.

Novecento atto II *½ (Italia 1976, col, 146') Bernardo Bertolucci. Con Gérard Depardieu, Robert De Niro, Donald Sutherland, Laura Betti, Dominique Sanda, Alida Valli. ◆ Il fascismo e la lotta di liberazione visti attraverso le vicende personali di Alfredo Berlinghieri (De Niro) e Olmo Dalcò (Depardieu): il primo viene abbandonato dalla moglie Ada (Sanda) per l'eccessiva remissione davanti al potere fascista e, nella gestione dei propri terreni, al fattore Attila (Sutherland); il secondo subisce la repressione fino alla riscossa della Liberazione, quando guiderà i contadini contro il suo vecchio amico: Attila e la sua amante Regina (Betti) verranno uccisi dalla rabbia popolare, Alfredo condannato simbolicamente a morte. Ma l'amicizia tra i due sopravviverà. Nella seconda parte dell'opera (che naturalmente era stata pensata come un unicum, divisa solo per esigenze di programmazione, tanto che l'Atto I inizia con alcune scene del 1945) Bertolucci cerca di fondere le due anime del suo film, cioè il fascino narrativo di tipo hollywoodiano e la scelta realistica di memoria socialista, arrivando a immaginare un finale-balletto (singolarmente simile a certi film maoisti) dove un'immensa bandiera rossa avvolge e copre il popolo che ha sconfitto il fascismo: è una specie di sacra rappresentazione dove «la religiosità è sostituita dalla politica per prolungarsi in un epilogo simbolico tra Brecht e Beckett», che naturalmente scatenò polemiche all'interno della sinistra (erano gli anni in cui Berlinguer lanciava il compromesso storico). Quello che c'era di buono nel primo Atto qui si perde nella retorica e in un trionfalismo populista indeciso tra il melodramma, l'epica e la cronaca storica, che offusca anche il lavoro degli attori e del direttore della fotografia Vittorio Storaro.

976 – Chiamata per il diavolo ** (*976 – Evil*, Usa 1989, col, 95') Robert Englund. Con Stephen Geoffreys, Sandy Dennis, Patrick O'Bryan, Jim Metzler, Maria Rubell, Lezlie Deane. ◆ In una città di provincia della California un giovane che perde a poker viene contattato dal demonio, prodigo di preziosi e maligni consigli. L'intreccio non è troppo chiaro, ma il film offre comunque qualche momento di brivido unito a divertimento. Il regista è l'interprete di Freddy Krueger, il protagonista della serie *Nightmare*. Con un seguito.

9 di Dryfork City, I *½ (*Stagecoach*, Usa 1966, col, 114') Gordon Douglas. Con Ann-Margret [Ann Margaret Olsson], Alex Cord, Bing Crosby, Van Heflin, Slim Pickens, Red Buttons. ◆ Una diligenza in viaggio nel Wyoming viene assalita dagli indiani: i passeggeri dovranno cavarsela da soli. Prolisso e deludente remake di *Ombre rosse*, bello solo nella prova di Ann-Margret, nella parte che fu di Claire Trevor. È l'ultimo film di Bing Crosby.

9 settimane e ½ *½ (*9 ½ Weeks*, Usa 1986, col, 121') Adrian Lyne. Con Mickey Rourke, Kim Basinger, Christine Baransky, Margaret Whitton, David Margulies. ◆ Giorni di ossessioni erotiche per la gallerista d'arte Elizabeth (Basinger) sedotta dal torbido yuppie John (Rourke) in vena di sperimentazioni forti. Accolto da uno straordinario successo di scandalo (e di pubblico, bisogna ammetterlo), il film lanciò i due protagonisti come modelli dell'erotismo anni Ottanta e si impose come un simbolo «epocale». Patinato, superficiale, coloratissimo ed elegante (soprattutto nell'uso del controluce) ma assolutamente privo di ossessione e di eros, il film (sceneggiato da Patricia Knop, Zalman King e Sarah Kernochan) anticipava la paura del sesso cresciuta con l'Aids insistendo più sull'attesa che sulla soddisfazione erotica (non a caso il film era molto lontano dalle promesse che suggerivano i torridi trailer) e giocando abilmente con alcuni miti di massa, primo fra tutti quello del maschio «selvaggio» (ovvero con la barba non rasata) ma di successo (cioè ricco e rampante). Ma dopo la prima visione del film si sopportano solo le mirabili fattezze della Basinger, scatenata sulle note di *You Can Leave Your Hat On* (firmata Randy Newman, interpretata da Joe Cocker e diventata il sottofondo per eccellenza per striptease casalinghi). Con un inutile seguito.

Nove settimane e ½ – La conclusione * (*Another 9 ½ Weeks*, Gb/Francia 1997, col, 102') Anne Goursaud. Con Mickey Rourke, Angie Everhart, Agathe de la Fontaine, Steven Berkoff. ◆ Elizabeth è morta, e il tetro John Gray (Rourke) si consola con la sorella Lea (Everhart) a Parigi: sesso sotto i ponti, miele e rapporti a tre abortiti. La Everhart tenta uno strip in abiti maschili davanti a Rourke dormiente, che apre un occhio e lo richiude: detto tutto. E in tutto il film Mickey pronuncia sì e no trenta parole. Penoso e anacronistico sequel, che si vociferava dovesse dirigere Polanski.

Novizia, La * (Italia 1975, col, 95') Pier Giorgio Ferretti. Con Gloria Guida, Gino Milli, Femi Benussi, Lionel Stander. ◆ Al capezzale di un vecchio moribondo, una casta suorina è oggetto della irrefrenabile passione del nipote del malato. Softcore all'italiana, in cui la Guida si spoglia con una disinvoltura perlomeno sospetta per una suora.

Novizie, Le *½ (*Les Novices*, Francia 1970, col, 92') Guy Casaril. Con Brigitte Bardot, Annie Girardot, Jean Carmet, Jacques Duby, Lucien Barjon. ◆ Una novizia (Bardot) scappa dal convento e si rifugia a casa di una prostituta (Girardot), che vorrebbe iniziarla alla professione e invece finirà per entrare in convento. Una commedia volgare e noiosa, priva di smalto e prevedibile negli sviluppi.

Nozze di Muriel, Le **½ (*Muriel's Wedding*, Australia 1994, col, 105') P.J. Hogan. Con Toni Collette, Rachel Griffiths, Bill Hunter, Jeanie Drynan, Gennie Nevison, Matt Day, Daniel Lapaine, Sophie Lee, Belinda Jarrett. ◆ Muriel (Collette), ragazzotta impacciata e goffa, sogna di sposarsi col principe azzurro, ma intanto deve subire una famiglia mostruosa e un ambiente ostile; si prenderà una sonora rivincita sulle amiche sposando un superfusto (Day): anche se le sorprese non sono finite. Primo film, scritto e diretto per il grande schermo, del marito di Jocelyn Moorhouse, regista in proprio e autrice del soggetto di questo film. Una commedia frizzante con buchi neri profondi e laceranti che si aprono, a sorpresa, tra le mura domestiche: merito soprattutto di un'irriverenza, di una cattiveria e di una capacità d'ironizzare che non risparmiano niente e nessuno. Divertente la rivisitazione ironica delle canzoni degli Abba, gruppo svedese pop agli albori negli anni Settanta. Primo film in cui appare il simbolo delle Olimpiadi del 2000.

Nozze di sangue ** (Italia 1941, b/n, 85') Goffredo Alessandrini. Con Fosco Giachetti, Beatrice Mancini, Luisa Ferida, Nino Pavese, Umberto Spadaro, Adele Garavaglia, Elio Marcuzzo, Felice Romano, Fedele Gentile. ◆ Convinta di incontrare finalmente il promesso sposo, Immacolata (Mancini) passa la prima notte di nozze con Pietro (Pavese), che vuole così vendicarsi dell'odiato Gitta (Giachetti). E infatti quando Gitta scopre l'accaduto accoglie in casa la donna solo per pietà e si riprende l'amante (Ferida): scoprirà troppo tardi il grande amore che gli vuole l'incolpevole Immacolata. Un melodramma disperato e sconsolante (la morte impedirà a Immacolata e Gitta di darsi il loro primo bacio), tratto da un racconto di Lina Pietravalle e sceneggiato da Gherardo Gherardi, Maria Stefan, Giuseppe Zucca, Vittorio Cottafavi (non accreditato) e dal regista. La storia è il trionfo delle passioni ferite e degli orgogli calpestati, ma il ritratto della comunità di boscaioli (dove curiosamente si celebrano matrimoni senza l'ombra di un prete) è sbozzato con efficacia e il coro delle donne è percorso da sensibilità più femministe che matriarcali. La Ferida è doppiata da Tina Lattanzi, la Mancina da Rosetta Calavetta.

Nozze di sangue (di Carlos Saura) → *Bodas de sangre*

Nozze di Shirin, Le **½ (*Shirin Hochzeit*, Rft 1976, b/n, 120') Helma Sanders-Brahms. Con Ayten Erten, Aras Ören, Aykut Kaptanoglu, Refik Erdogan, Ruhi Ayliksi, Nuri Ölmer. ◆ Una ragazza turca (Erten) abbandona il tetto coniugale e raggiunge in Germania l'uomo che ama (Ören). Qui, tra lavoro in fabbrica e prostituzione, scopre che le donne non se la passano meglio che in Anatolia. Lucido e distaccato, il film è un bel saggio sulla condizione femminile, drammatica e degradata nel mondo pastorale come in quello industriale. La frase che la protagonista ripete di frequente – «donna sempre paura» – è l'emblema di una vita vissuta nell'umiliazione e nel timore dell'arroganza maschile. Un film schematico ma efficace, di quelli che fanno riflettere.

N.P. – Il segreto ** (Italia 1971, col, 95') Silvano Agosti. Con Francisco Rabal, Irene Papas, Ingrid Thulin, Edy Biagetti, Linda Carradoni, Vincenzo Giancola, Marco Agosti. ◆ Un ingegnere (Rabal) inventa una macchina capace di trasformare i rifiuti in prodotti commestibili. Lo Stato si appropria del marchingegno e di altre invenzioni del poveretto e procede a una disumana meccanizzazione della società. A metà tra l'indagine psicologica e la denuncia sociopolitica, un apologo fantascientifico invecchiato in fretta.

Nube, La *½ (*La nube*, Argentina/Francia/Germania/Italia 1998, col, 123') Fernando E. Solanas. Con Eduardo Pavlovsky, Angela Correa, Franklin Caicedo, Carlos Paez, Leonor Manso, Bernard Le Coq, Christophe Malavoy, Laura Novoa. ◆ Mentre la pioggia funesta Buenos Aires, un gruppo di teatranti guidati da Max (Pavlovsky) si batte per salvare il teatro Espejo dalla demolizione. Sceneggiato dal regista e composto quasi esclusivamente di piani-sequenza in steadycam, un poema elegiaco-fantastico dedicato all'arte indipendente, incompresa e vessata dal potere, compreso quello sedicente democratico. La denuncia di Solanas passa attraverso un cast eccellente e la fotografia decolorata del figlio Juan Diego, ma utilizza anche metafore troppo scoperte (la pioggia battente per tutto il film, le automobili e i passanti che marciano all'indietro) con effetti didascalici e retorici abbastanza irritanti, ai quali contribuisce pure un abuso di citazioni brechtiane. Partitura musicale di Gerardo Gandini, premiata alla Mostra di Venezia.

Nuda dal fiume *½ (*Hrst plná vody – Adrift*, Cecoslovacchia/Usa 1971, col, 105') Jan Kadár. Con Rade Markovic, Paula Pritchett, Milena Dravic, Josef Kroner, Vlado Muller. ◆ Salvata una ragazza (Pritchett) dalle acque del Danubio, un pescatore (Markovic) se la porta in casa, ma tra lei e la moglie (Dravic), non è semplice scegliere. Film dalla lavorazione travagliata: iniziato nel 1968 come produzione cecoamericana, interrotto quando i carri armati sovietici entrarono a Praga, ripreso in Jugoslavia e infine montato negli Stati Uniti. Per raccontare una storia tutto sommato banale (tratta dal bestseller ungherese *Qualcosa galleggia sull'acqua* di Lájos Zilahy), Kadár ha scelto una struttura narrativa complessa e faticosa da seguire, che non giova all'approfondimento psicologico dei tre protagonisti.

Nuda nell'uragano **½ (*Floods of Fear*, Gb 1959, b/n, 82') Charles Crichton. Con Anne Heywood, Howard Keel, Cyril Cusack, Harry H. Corbett, John Crawford. ◆ Condannato per un omicidio che non lo riguarda, un evaso si riscatta compiendo atti eroici durante l'inondazione di un fiume. Dramma avventuroso girato e interpretato con abilità. Ottimo il lavoro del direttore della fotografia Christopher Challis.

Nuda per un delitto ** (*Les Yeux cernés*, Francia 1964, b/n, 80') Robert Hossein. Con Michèle Morgan, Robert Hossein, François Patrice, Paul Mercey, Marie-France Pisier. ◆ Morto il marito, la moglie (Morgan) è costretta a pagare un misterioso testimone-ricattatore di cui non conosce l'identità. Giallo freddo e preciso come un cruciverba, costruito con perizia ma senza troppa passione. Si fa ammirare senza coinvolgere.

Nuda sotto la pelle *½ (*Girl on a Motorcycle*, Gb/Francia 1968, col, 91') Jack Cardiff. Con Alain Delon, Marianne Faithfull, Roger Mutton, Marius Goring, Catherine Jourdan. ◆ Donna sposata abbandona il marito e inforca la motocicletta per tornare dal suo amante di un tempo, che vive in Germania. Un film inconsistente nella trama e molto datato nella difesa a oltranza dell'amore libero e trasgressivo, che allora – siamo nel 1968 – faceva moda e tendenza. Dal romanzo *La motocicletta* di André Pieyre de Mandiargues.

Nude per l'assassino * (Italia 1975, col, 94') Andrea Bianchi. Con Nino Castelnuovo, Edwige Fenech, Femi Benussi, Solvi Stubing, Erna Schurer, Franco Diogene. ◆ Un assassino fa strage in un atelier di fotomodelle per vendicare una donna morta di aborto clandestino: un fotografo dongiovanni (Castelnuovo) lo blocca. Il regista sembra non aver mai visto un film di Argento, tanto è squallida la confezione. In compenso sprizza volgarità da ogni inquadratura: dall'inizio, con un frontale ginecologico censurato, al finale, con Castelnuovo che vuole sodomizzare la Fenech (che si spoglia molto meno della Benussi). Al di sotto del trash.

Nude... si muore *½ (Italia/Usa 1968, col, 93') Anthony Dawson [Antonio Margheriti]. Con Mark Damon, Selly Smith, Lorenza Guerrieri, Malisa Longo, Alan Collins [Luciano Pigozzi], Michael Rennie, Silvia Dionisio. ◆ In un collegio di Nizza un assassino fa strage di educande: un po' per creare confusione sull'identità del suo vero bersaglio (un'ereditiera), un po' perché francamente imbranato. Il soggetto originale è di Mario Bava (non accreditato) e aveva intenzioni semiparodistiche, ma in mano a Margheriti diventa un giallo-rosa di ordinaria amministrazione con timide spruzzate sexy (la censura permetteva poco). Colonna sonora superkitsch di Carlo Savina.

Nudi alla meta **½ (*I'm All Right Jack*, Gb 1959, b/n, 104') John Boulting. Con Ian Carmichael, Peter Sellers, Terry-Thomas, Irene Handl, Richard Attenborough, Margaret Rutherford. ◆ Ex militare cerca di far carriera nel mondo degli affari, ma riesce solo a svelarne la corruzione e gli imbrogli. Scintillante e caustica commedia al vetriolo che mette alla berlina non solo la classe padronale, ma anche i rappresentanti dei lavoratori, attraverso la figura di un sindacalista fanatico (il «compagno Kite», nell'interpretazione memorabile di Peter Sellers). Bella sceneggiatura, scritta da Boulting insieme ad Alan Hackney e Frank Harvey.

Nudi in paradiso *½ (*A Night in Heaven*, Usa 1983, col, 80') John Avildsen. Con Christopher Atkins, Lesley Ann Warren, Robert Logan, Carrie Snodgress, Deborah Rush, Sandra Beall, Andy Garcia. ◆ Un'insegnante (Warren) si fa trascinare dalle amiche in un locale di spogliarelli maschili: tra i ballerini riconosce un suo ex allievo (Atkins), con il quale passerà una notte d'amore. Dramma romantico massacrato dalla produzione (su una sceneggiatura di Joan Tewkesbury), dove resta soltanto la bella interpretazione della Warren.

Nudo di donna *½ (Italia/Francia 1981, col, 105') Nino Manfredi. Con Nino Manfredi, Eleonora Giorgi, Jean-Pierre Cassel, Georges Wilson, Carlo Bagno, Donato Castellaneta. ◆ A Venezia un uomo rimane sconvolto quando scopre che la moglie, calma e tranquilla, ha una sosia, fotomodella disinibita nei costumi e vivace nel carattere. Commedia fantastica tutta giocata su un facile erotismo e i soliti effetti della serie «com'è triste Venezia» (nebbia, calli, riflessi, silenzi). Elegante la fotografia di Danilo Desideri.

Nudo e il morto, Il *** (*The Naked and the Dead*, Usa 1958, col, 131') Raoul Walsh. Con Aldo Ray, Cliff Robertson, Raymond Massey, William Campbell, Richard Jaeckel, James Best, Joey Bishop, L.Q. Jones. ◆ Nel Pacifico, durante la seconda guerra mondiale, il sergente Croft (Ray) e il tenente Hearn (Robertson) hanno due modi opposti di intendere i rapporti con i subalterni: il primo è inflessibile e autoritario, il secondo preferisce non usare la paura per farsi obbedire. Quando dovranno guidare una pericolosa missione di ricognizione in un'isola occupata dai giapponesi, sarà il comportamento degli stessi soldati a dimostrare chi aveva ragione. Possente rilettura del romanzo omonimo di Norman Mailer sceneggiato dal regista con Dennis e Terry Sandres, dove Walsh (lontanissimo dalla serenità e dal dinamismo di *Obiettivo Burma!*) fonde con grande abilità la forza epica e spettacolare del film d'azione con lo studio psicologico dell'uomo di fronte al nemico, tracciando tre ritratti indimenticabili: chi è tentato dall'autoritarismo perché intimamente debole (il generale interpretato da Massey), chi cerca un modo umano di comunicare con i suoi sottoposti (Robertson) e chi invece, professionista del massacro, finirà annientato dalla sua stessa febbre di distruzione ma ci ricorda anche che non può esistere una guerra «umana». E anche se alla fine muore (diversamente che nel romanzo) è lui, interpretato da un ottimo Ray, a essere il vero cuore del film.

Nuit du carrefour, La → *voce «Maigret»*

Nulla è dovuto al fattorino **½ (*Trois télégrammes*, Francia 1950, b/n, 96') Henri Decoin. Con Pierrette Simonet, Gérard Gervais, Germaine Michel, Olivier Hussenot, Henri Crémieux, Yves Robert. ◆ Parigi, rue Muffetard: il giovanissimo telegrafista Antoine (Gervais) smarrisce in un incidente tre telegrammi destinati al presidente dell'Assemblea nazionale. Tutti gli abitanti partecipano alle rocambolesche ricerche, e alla fine Antoine scopre che il destinatario era un altro e che l'ufficio postale fa una copia di tutti i telegrammi. Una sceneggiatura piena d'invenzioni e di dialoghi briosi (e del regista Alex Joffé) consente di esplorare palmo per palmo gli angoli e gli umori di un quartiere popolare parigino, il suo anonimato ricco di sorprese, la quotidianità imprevedibile degli abitanti, soprattutto i più giovani. La messinscena non è memorabile, perché non asseconda adeguatamente la poesia e il realismo della scrittura, ma questo tentativo di «commedia neorealista alla francese» portò un soffio di sana leggerezza in una cinematografia ancora troppo impregnata di fatale pessimismo. Fu un grande successo commerciale all'inizio degli anni Cinquanta.

Nulla sul serio **½ (*Nothing Sacred*, Usa 1937, b/n, 75') William A. Wellman. Con Fredric March, Carole Lombard, Walter Connolly, Charles Winninger, Sig Ruman, John Qualen. ◆ Un giornalista di New York (March) si interessa al caso di una ragazza (Lombard) mortalmente colpita da radiazioni. Lei in realtà sta benissimo, ma finge di essere moribonda per potersela spassare nella metropoli a spese del quotidiano per il quale lavora il giornalista. Commedia scintillante solo a tratti, interpretata con brio soprattutto dai caratteristi ma che lascia l'impressione di un divertimento un po' meccanico. Sceneggiatura (di un cinismo sopraffino) di Ben Hecht, musiche di Oscar Levant. Rifatto nel 1954 da Norman Taurog (*Più vivo che morto*).

Numero diciassette *½ (*Number Seventeen*, Gb 1932, b/n, 63') Alfred Hitchcock. Con John Stuart, Leon M. Lion, Anne Grey, Donald Calthrop. ◆ Il detective in incognito Gilbert Fordyce (Stuart) è alla caccia di un collier rubato da una banda di ladri, di cui fa parte una ragazza (Grey) che si innamora di lui. Giallorosa, parodia e commedia degli equivoci sboccano in un finale concitato, dove un treno senza guidatore è inseguito da un pullman: peccato che tutto sia realizzato con modellini. Hitchcock (autore della sceneggiatura insieme alla moglie Alma Reville) sembra fare le prove per i film che girerà a Hollywood, ma il risultato ha scarsa consistenza.

Nuora, La ** (*L'Ombre d'une chance*, Francia 1973, col, 95') Jean-Pierre Mocky. Con Jean-Pierre Mocky, Robert Benoit, Marianne Eggerickx, Jenny Arasse, Agnès Desroches. ◆ Mercante d'antiquariato non resiste molto ai tentativi di seduzione della giovane moglie di suo figlio. Quando questi lo viene a sapere, spara al padre. Mocky ha decisamente fatto di meglio, ma anche questo dramma (dove si scontrano un'idea della vita anarchica e libertaria e una borghese e conformista) rivela la sua buona professionalità, l'attenzione per i personaggi alle prese con situazioni insolite e difficili.

Nuova terra, La ** (*Nybygama*, Svezia 1973, col, 125') Jan Troell. Con Max von Sydow, Liv Ullmann, Per Oscarsson, Eddie Axberg, Pierre Lindstedt, Allan Edwall. ◆ Seconda parte della saga sull'emigrazione svedese in America (dopo *Karl e Kristina*). Arrivata nel Minnesota, una famiglia di emigrati scandinavi deve affrontare tutti i problemi dell'insediamento. Toni epici e accorati per un racconto che oscilla tra la ricostruzione storica e il polpettone, a dispetto delle peripezie familiari che vi vengono descritte.

Nuove avventure dei Robinson, Le *½ (*Mountain Family Robinson*, Usa 1979, col, 100') John Cotter. Con Robert F. Logan, Susan Damante Shaw, William Bryant, Heather Rattray, Ham Larsen, George [Buck] Flower. ◆ Sempre sulle Montagne Rocciose, i Robinson vivono imperterriti la loro vita pionieristica tra intemperie e gioie bucoliche. Continuano le avventure della famiglia più ecologista del cinema americano, dopo *La grande avventura* (1975) e *La grande avventura continua* (1978): la terza puntata è praticamente un clone delle prime due, ma gli spettatori più piccoli potrebbero anche non accorgersene.

Nuove avventure di Charlie, Le ** (*All Dogs Go to Heaven 2*, Usa 1996, col, 86') Paul Sabella, Kelly Ward. ◆ Stufo di «un mortorio senza farabutti» (così definisce il Paradiso), l'irrequieto pastore tedesco Charlie si catapulta dal cielo a San Francisco per recuperare il corno dell'arcangelo Gabriele, rubato dal perfido Carface: ma mentre si trova in missione sulla Terra si innamora della bella Sasha e fa amicizia con un bambino di nome David. Sequel a cartoni animati di *Charlie: anche i cani vanno in Paradiso*, con l'ormai celebre cane – un po' monello e un po' dandy – a far da irresistibile intrattenitore per un pubblico non solo infantile. La qualità non è eccelsa, ma nel disegno e nella caratterizzazione di certi personaggi sono evidenti le influenze di Tex Avery (Carface, ad esempio, ricorda lo Spike averyano).

Nuove avventure di Pippi Calzelunghe, Le ** (*The New Adventures of Pippi Longstocking*, Usa 1988, col, 100') Ken Annakin. Con Tami Erin, Eileen Brennan, Dennis Dugan, Dianne Hull, George Di-Cenzo, John Schuck. ◆ La protagonista dei racconti di Astrid Lindgren viene qui trasportata in America e trasformata in una instancabile combinaguai. Digeribile solo e soltanto dai bambini.

Nuove comiche, Le *½ (Italia 1994, col, 102') Neri Parenti. Con Paolo Villaggio, Renato Pozzetto, Ramona Badescu, Sergio Di Pinto, Roberto Caporali, Denis Ganiò, Claudia Zaccari, Luigi Petrucci, Karina Huff, Isa Gallinelli. ◆ Le disavventure di Paolo e Renato (Villaggio e Pozzetto) usciti da un televisore colpito da uno sparo: saranno elettricisti pasticcioni, campeggiatori infoiati, guardie del corpo autolesioniste, genitori – Renato lui, Paolo lei – affettuosi, prima di venir nuovamente risucchiati dentro il tubo catodico. Più malinconia (per il rimpianto di quello che i due comici sono stati in passato) che risate in questo terzo ritorno dopo *Le comiche* e *Le comiche 2*: non basta citare qua e là Laurel e Hardy né rubare le gag di Jerry Lewis (il guanto tettarella dal *Balio asciutto*) per ritrovare la verve dei film slapstick. Qualche innocua polemica per una gag in cui i due cadono in testa a uno pseudo-Berlusconi che sta rivolgendosi agli italiani: naturalmente eliminata dai trailer mandati sulle reti del Biscione.

Nuovi angeli, I *** (Italia 1961, b/n, 90') Ugo Gregoretti. Con attori non professionisti. ◆ Il mondo giovanile visto attraverso otto episodi che vanno dalla Sicilia (matrimoni combinati all'insaputa degli interessati) alla Lombardia (la fatica degli operai in fabbrica e la noia dei figli di papà), passando per Napoli, la Toscana, la Riviera adriatica... Ispirandosi al volume di racconti *I ventenni non sono delinquenti* di Mino

Guerrini, Gregoretti ha l'acume e lo spirito d'osservazione necessario a confezionare un film-inchiesta interessante e vivace. Oggi, a trent'anni di distanza, *quei* giovani sembrano però appartenere a un altro pianeta. La voce del commento è di Ugo Gregoretti.

Nuovi barbari, I * (Italia 1983, col, 91') Enzo G. Castellari [Enzo Girolami]. Con Timothy Brent, Giancarlo Prete, George Eastman [Luigi Montefoschi], Fred Williamson, Anna Kanakis. ◆ In un futuro postnucleare che assomiglia al Medioevo, buoni e cattivi si scontrano in duelli cruenti e furibondi. Come uno scolaro svogliato, Castellari scopiazza dal filone fantasy senza la minima originalità. Assolutamente da evitare.

Nuovi centurioni, I *** (*The New Centurions*, Usa 1972, col, 103') Richard Fleischer. Con George C. Scott, Stacy Keach, Jane Alexander, Rosalind Cash, Scott Wilson, Erik Estrada. ◆ Ritratto corale di una squadra di poliziotti di Los Angeles: i loro problemi personali non sono inferiori a quelli provocati dalla malavita metropolitana. Ottimo adattamento di un bel romanzo di Joseph Wambaugh, sceneggiato da Stirling Silliphant: Fleischer tiene con sicurezza le fila di un racconto cupo e pessimista, che dietro la trama sembra voler raccontare l'impossibilità di fare il poliziotto in una città contemporanea. Tutti gli attori sono all'altezza del compito.

Nuovi eroi, I *½ (*Universal Soldier*, Usa 1992, col, 102') Roland Emmerich. Con Jean-Claude Van Damme, Dolph Lundgren, Ally Waker, Jerry Orbach. ◆ Il soldato Luc Devreaux (Van Damme) e il sergente Scott (Lundgren), che si erano uccisi a vicenda nella giungla vietnamita, vengono trasformati in cyborg programmati per uccidere: ma ricordi e sentimenti – questi ultimi almeno in Devreaux – riaffiorano e creano degli intoppi. Variazione sul tema di *Robocop* con ritmi e dialoghi (pochi) da fumetto: un po' più di ironia avrebbe giovato. Commoventi gli sforzi di recitazione di Van Damme.

Nuovi mostri, I ** (Italia 1977, col, 115') Ettore Scola, Dino Risi, Mario Monicelli. ◆ Film a episodi. In *L'uccellino della Val padana* (Ettore Scola. Con Ugo Tognazzi, Orietta Berti) un marito impresario sfrutta la moglie cantante; in *Con i saluti degli amici* (Dino Risi. Con Gianfranco Barra) un mafioso preso a fucilate nega che gli abbiano sparato; in *Tantum ergo* (Dino Risi. Con Vittorio Gassman, Luigi Diberti) un cardinale spegne gli ardori di un gruppo di parrocchiani del dissenso; in *Autostop* (Mario Monicelli. Con Ornella Muti, Eros Pagni) un commesso viaggiatore uccide l'autostoppista che ha rifiutato le sue effusioni; in *First Aid (pronto soccorso)* (Mario Monicelli. Con Alberto Sordi) un aristocratico snob, non riuscendo a trovar posto in nessun ospedale per il pedone che ha soccorso, decide di lasciarlo sul luogo dell'incidente; in *Il sospetto* (Ettore Scola. Con Vittorio Gassman) un commissario teme che un suo sottoposto, infiltratosi in un gruppo dell'estrema sinistra, abbia usato quella nuova identità per fargli impunemente delle pernacchie; in *Hostaria* (Ettore Scola. Con Vittorio Gassman, Ugo Tognazzi) i clienti di un ristorante alla moda non si accorgono che i cibi subiscono le devastanti conseguenze delle liti furiose che il cuoco e il cameriere, due omosessuali divorati dalla gelosia, fanno in cucina; in *Pornodiva* (Dino Risi. Con Eros Pagni) un padre accetta per 4 milioni che la figlia interpreti un pornofilm; in *Come una regina* (Ettore Scola. Con Alberto Sordi) un nuovo ricco chiude la mamma in un ospizio; in *Cittadino esemplare* (Ettore Scola. Con Vittorio Gassman) un borghese non si distrae dal pranzo e dalla televisione mentre di fronte a casa un uomo muore accoltellato; in *Mammina mammona* (Dino Risi. Con Ugo Tognazzi, Nerina Montagnani) due innocui barboni finiscono in manicomio; in *Sequestro di persona cara* (Ettore Scola. Con Vittorio Gassman) un uomo finge davanti ai reporter un dolore che non prova per il rapimento della moglie; in *Senza parole* (Dino Risi. Con Ornella Muti, Yorgo Voyagis) un terrorista seduce una hostess e le lascia come pegno d'amore una borsa con una bomba che esploderà al suo prossimo volo; in *Elogio funebre* (Ettore Scola. Con Alberto Sordi) un gruppo di comici di varietà improvvisa uno sketch davanti alla bara di un collega. Quattordici brevi episodi sulle piccole e grandi meschinità dell'italiano medio: a quindici anni di distanza dai *Mostri*, Risi ci riprova, in compagnia di Scola e Monicelli (senza firmare ognuno le proprie regie, che invece qui sveliamo), ma questa volta lo sguardo rimane quasi sempre in superficie, le situazioni appaiono gratuite e paradossali, i personaggi mai troppo credibili, il cinismo tocca punte eccessive, a dispetto dell'ottima prova di tutto il cast. Forzandone un po' il senso si potrebbe leggere come una metafora della fine della commedia all'italiana, così come è perfettamente sintetizzata nell'ultimo episodio. L'occasione del film era stata quella di raccogliere i fondi per pagare le cure mediche allo sceneggiatore Ugo Guerra e infatti registi, attori e sceneggiatori (Age, Scarpelli, Maccari, Zapponi e Scola) hanno partecipato al film senza chiedere i loro abituali compensi.

Nuovo cinema Paradiso ** (Italia/Francia 1988, col, 157') Giuseppe Tornatore. Con Philippe Noiret, Salvatore Cascio, Jacques Perrin, Leo Gullotta, Leopoldo Trieste, Enzo Cannavale, Brigitte Fossey, Nino Terzo, Pupella Maggio. ◆ Salvatore (Perrin), regista di successo ma insoddisfatto, rivive in una notte insonne la sua infanzia e giovinezza in un paese siciliano, dove l'operatore Alfredo (Noiret) trasmetteva, a lui bambino (Cascio), l'amore per il cinema. Ma oggi Alfredo è morto, il paese completamente cambiato, e il cinema in cui lavorava, dopo essere scaduto a sala a luci rosse, è in rovina. Una rassegna di storia e costumi patri dal punto di vista di una sala di provincia, e soprattutto la fenomenologia di un modo di consumare il cinema che si è perduto: quando i preti tagliavano le scene di baci, e il pubblico rideva e piangeva con i film di Totò, John Ford e Matarazzo. La prima parte, quella più cinefila, è molto più riuscita della seconda, dedicata agli amori infelici di Salvatore e al suo ritorno nel paesello. La scena del proiezionista che porta le pizze da un cinema all'altro è una citazione da *Due soldi di speranza*. Prodotto e abilmente promosso da Franco Cristaldi, è uscito due volte nelle sale, in due versioni differenti: la prima (integrale) è stata ignorata dal pubblico; l'altra, più breve, (1239, dove scompare Brigitte Fossey, la versione adulta dell'amore di Salvatore), ha ottenuto un notevole successo (anche e soprattutto all'estero), ed è stata premiata con l'Oscar e col Gran premio speciale della giuria al festival di Cannes. Un amarcord dolceamaro, superficiale e accattivante, da cui si finisce, volenti o nolenti, con l'essere catturati. Scatenato Ennio Morricone, in una delle sue colonne sonore più roboanti e fortunate.

Nuovo Punk Story *** (*Desperate Living*, Usa 1977, col, 87') John Waters. Con Liz Renay, Mink Stole, Edith Massey, Susan Lowe, Mary Vivian Pearce, Jean Hill. ◆ In fuga insieme alla domestica dopo aver ucciso il marito, una donna finisce tra le grinfie della crudele e feroce Carlotta (Massey), regina punk dell'immaginario stato di Mortville, dove la cattiveria regna sovrana. Geniale e irriverente come al solito, Waters popola lo schermo di freak pazzerelloni e dispettosi, brutti e cattivi, capaci di scardinare tutti gli stereotipi hollywoodiani sul decoro narrativo e figurativo. Da non perdere.

Nuvola nera *½ (*Last of the Comanches*, rititolato *The Sabre and the Arrow*, Usa 1952, col, 85') André de Toth. Con Broderick Crawford, Barbara Hale, Lloyd Bridges, Martin Milner, Johnny Stewart, Mickey Shaughnessy. ◆ I superstiti a un attacco indiano, devono attraversare il deserto per raggiungere la salvezza, ma i pellerossa non danno loro tregua. Western di media qualità, privo di una grande tensione narrativa. Tra un attacco indiano e l'altro, la Hale tratteggia un bel personaggio femminile. Remake di *Sahara*.

Nuvole in viaggio *** (*Kauas pilvet karkaavat*, Finlandia 1996, col, 96') Aki Kaurismäki. Con Kati Outinen, Kari Väänänen, Elina Salo, Sakari Kuosmanen, Markku Peltola. ◆ Helsinki: Ilona (Outinen), cameriera, e suo marito Lauri (Väänänen), tramviere, perdono il lavoro. Il destino sembra accanirsi contro di loro finché apriranno un ristorante che, forse, avrà successo. Parlando della disoccupazione «più come stato mentale che come realtà economica», Kaurismäki resta in felice equilibrio tra l'osservazione neutra e sconfortata e un ottimismo «metafisico» che nessuna realtà sembra giustificare. Ormai giunto alla maturità, lo stile catatonico e stralunato del regista si è lasciato alle spalle ogni compiacimento formalista, ed è indispensabile per raccontare, con un affetto e una partecipazione non comuni, l'odissea priva di patetismo di due brave persone vittime di una società che è uguale in Finlandia come in tutto il resto del mondo. Il film è dedicato alla memoria di Matti Pellonpää, uno degli attori preferiti di Kaurismäki: ed è lui il figlioletto della coppia che compare nella foto e di cui, col pudore dei sentimenti tipico del regista, non viene detto mai nulla.

Nuvole passeggere *½ (*Till the Clouds Roll By*, Usa 1946, col, 137') Richard Whorf. Con Robert Walker, Van Heflin, Van Johnson, Lucille Bremer, Dorothy Patrick. ◆ Fiacca ricostruzione della vita del compositore Jerome Kern (Walker): solo i numeri musicali e le coreografie salvano di tanto in tanto la piattezza di un racconto lacrimevole, dove l'amico fraterno del compositore muore di dolore quando la figlia gli disobbedisce per fare la cantante. Tra le numerose guest star, Frank Sinatra, Judy Garland (che canta *Look for the Silver Lining*), June Allyson, Lena Horne (*Why Was I Born?*), Kathryn Grayson, Cyd Charisse, Angela Lansbury (*How D'Ya Like to Spoon with Me*), Dinah Shore, Esther Williams, Tony Martin.

Nuvole sotto il cuscino, Le *½ (Italia 1991, col, 93') Fulvio Accialini, Lucia Coluccelli. Con Deborah Jones, Carla Chiarelli, Luis Molteni, Alessandra Karpoff, Leonardo Gajo, Shamira, Pier Paolo Nizzoli, Osvaldo Salvi. ◆ A Milano si intrecciano le strade di Andrea (Jones), un'aspirante fotografa col mito di Robert Capa, e di un terzetto di terroristi per disperazione – il «pensatore» (Molteni), sua moglie Regina (Chiarelli) e la complice Chewing Gum (Karpoff) – che ricattano la banca che li ha sfrattati seminando la città di bombe. Il terzetto finirà male, mentre Andrea, responsabile più o meno involontaria della loro fine, riuscirà finalmente a partire per il Nicaragua come fotoreporter. Il primo lungometraggio di due filmmaker milanesi è un «fumetto giallo-rosa estroso ma piuttosto infantile» sui moderni Peter Pan che continuano a tenere le «nuvole sotto il cuscino», raccontato dall'invadente voce off del tassista «Oslo 15», testimone dei fatti e aspirante scrittore: la storia (sceneggiata dai due autori e da Fabio Carlini) è ben congeniata, anche se deve un po' troppo a *Diva*, ma la regia non riesce a trasmettere nessuna vera passione per quello che accade, troppo preoccupata di essere corretta per diventare personale.

Obbligo di giocare – Zugzwang ** (Italia 1989, col, 83') Daniele Cesarano. Con Kim Rossi-Stuart, Andrea Prodan, Nicoletta Della Corte, Sonia Petrovna, Ubaldo Lo Presti, Stefano Gragnani. ◆ Tecnico luci in un teatro, che ha assistito all'omicidio di una coppia, pedina l'assassino e lo vede compiere altri delitti: ossessionato dal killer misterioso, anche i giorni seguenti vaga per la città alla sua ricerca. Più che un thriller, il film è uno studio psicologico sul fascino della vittima per il carnefice, dove l'atmosfera conta più che l'azione. Opera prima ambiziosa e interessante.

Obiettivo amore * (*King of Love*, Usa 1987, col, 100') Anthony Wilkinson. Con Nick Mancuso, Rip Torn, Sela Ward, Michael Lerner, Alan Rosenberg, Katy Boyer. ◆ Una buona fetta della storia americana di questo secolo – dal maccartismo alle pantere nere – vista attraverso le vicende personali del direttore di una rivista popolare. Film per la Tv assurdo e insensato, nonché superficiale nei riferimenti storici.

Obiettivo «Brass» *½ (*Brass Target*, Usa 1978, col, 111') John Hough. Con Sophia Loren, John Cassavetes, George Kennedy, Max von Sydow, Patrick McGoohan, Robert Vaughn. ◆ Alla fine della seconda guerra mondiale il generale Patton (Kennedy) fa trasferire dell'oro a Francoforte, ma alcuni suoi subordinati riescono a rubarglielo. Avventure fiacche basate su un episodio inventato di sana pianta. Il cast è prestigioso, ma l'unico a convincere è von Sydow nella parte di un killer.

Obiettivo Burma! **** (*Objective, Burma!*, Usa 1945, b/n, 142') Raoul Walsh. Con Errol Flynn, James Brown, Warner Anderson, George Tobias, Henry Hull, William Prince. ◆ Sabotata una stazione radar giapponese in Birmania, un gruppo di paracadutisti americani guidati dal capitano Nelson (Flynn) non possono essere recuperati dagli aerei americani per l'arrivo dei nemici: inizia così un'estenuante marcia nella giungla verso la salvezza che costerà molte vite umane. Uno dei migliori film di guerra mai realizzati, denso d'azione e d'avventure, raccontato con magistrale senso narrativo da tre sceneggiatori «di sinistra» (Walsh Bessie, Lester Cole e Ranald McDougall) e ottimamente fotografato da James Wong Howe. L'idea che la guerra è un'avventura collettiva, tragica e grave, che richiede la solidarietà profonda di tutti i suoi combattenti, è fatta vedere da Walsh attraverso la varietà dei vari membri del gruppo, di cui illustra i diversi atteggiamenti di fronte al pericolo e alla fatica, alla speranza e alla delusione. Commissionato con intenti evidentemente propagandistici e girato quando ancora l'esito della guerra era incerto, il film riesce a evitare i molti difetti del film di genere (le notazioni nevrotiche o roboanti tanto comuni in quegli anni) e si fa ammirare ancora oggi per la composta classicità della sua regia sobria e quasi invisibile «addosso» ai personaggi e all'ambiente. Ne esistono due versioni: una più corta (1279) e una colorizzata. L'essenziale del soggetto fu ripreso da Walsh sei anni dopo in *Tamburi lontani*.

Obiettivo Butterfly *½ (*The Safecracker*, Gb 1958, b/n, 96') Ray Milland. Con Ray Milland, Barry Jones, Jeannette Sterke, Ernest Clark, Melissa Stribling, Victor Maddern. ◆ Durante la seconda guerra mondiale, uno scassinatore inglese (Milland) viene scarcerato e mandato a svaligiare una cassaforte nemica. Un film che non sa scegliere tra il dramma o la commedia e dove il Milland regista non sa offrire al Milland attore l'occasione per mettere in mostra le sue grandi qualità.

Obiettivo indiscreto * (Italia 1992, col, 102') Massimo Mazzucco. Con Luca Barbareschi, Sam Jenkins, Marc De Jonge. ◆ Ex architetto (Barbareschi), dopo aver fotografato in giro per il mondo scene di morte, accetta di realizzare una campagna pubblicitaria «trasgressiva» per prodotti di moda. Insulso tentativo di mettere a confronto arte e merce, trasgressione e conformismo: restano solo banalità e luoghi comuni, compreso un erotismo da quaresima.

Obiettivo mortale *½ (*Wrong Is Right*, Usa 1982, col, 118') Richard Brooks. Con Sean Connery, George Grizzard, Robert Conrad, Katharine Ross, John Saxon, Henry Silva, Leslie Nielsen, Robert Webber, Hardy Krüger, Dean Stockwell, Jennifer Jason Leigh. ◆ Il giornalista televisivo Patrick Hale (Connery) diventa testimone (e in parte attore) della lotta tra un terrorista palestinese, Raffeq (Silva), e il presidente degli Stati Uniti (Grizzard), che con l'aiuto della Cia disinnesca il ricatto nucleare dell'arabo senza perdere d'occhio i propri indici di popolarità e l'incidenza delle sue azioni sui mass media. Amara e disincantata riflessione sull'impotenza del giornalismo, costretto a inseguire gli indici d'ascolto e a manipolare le informazioni, il film cerca di usare l'ironia per fronteggiare il cinismo che si è impadronito del mondo della comunicazione. Ma una sceneggiatura non ben calibrata e il tentativo di utilizzare lo stesso stile televisivo per raccontare gli avvenimenti, appesantiscono irrimediabilmente il film. Da non perdere, però, Connery che nell'ultima scena si toglie il parrucchino che ha portato per tutto il film come personale «omaggio» al disinquinamento delle immagini.

Obiettivo ragazze * (Italia 1963, col, 99') Mario Mattoli. Con Walter Chiari, Carlo Campanini, Tony Renis, Marisa Del Frate, Renzo Palmer, Franco Franchi, Ciccio Ingrassia, Alighiero Noschese, Elio Pandolfi, Antonella Steni, Alberto Bonucci, Diletta D'Andrea, Fulvia Franco, Vittorio Congia, Piero Mazzarella, Fred Bongusto. ◆ Un gruppo di ex militari al ristorante ricorda con nostalgia gli aneddoti della sua naia. Quando uno di loro finge di avere saputo che stanno per essere richiamati c'è un fuggi fuggi generale. Stanca riproposta del film-antologia con attori distratti o fuori posto.

Oblomov *** (*Neskol'ko dnej iz žizni I.I. Oblomova*, Urss 1979, col, 143') Nikita Michalkov. Con Oleg Tabakov, Jurij Bogatyrëv, Andrej Popov, Elena Solovej, Avangard Leont'ev, Gleb Striženov. ◆ Russia, Ottocento: Oblomov (Tabakov) è un piccolo proprietario terriero, pigro e abulico al di là di ogni immaginazione, che niente e nessuno riesce a scuotere dal suo torpore asfissiante, né il brillante amico Stol'c (Bogatyrëv), né Olga (Solovej) innamoratasi di lui. Ispirato al romanzo omonimo di Gončarov (sceneggiato dal regista e Aleksandr Adabašjan) ne è una trasposizione simbolica che oscilla tra commedia e melodramma, «meditazione contemporanea sull'oblomovismo, la malattia dell'inerzia russa qui trasformata quasi in una forma di conoscenza». Particolarmente seducente nella ricostruzione storica e nelle raffinatezze della fotografia (di Pavel Lebesev), il film gioca con abilità sul contrasto tra immagini e musica e si giova della straordinaria prova del protagonista, Oleg Tabakov.

Obsession * (*Hush*, Usa 1998, col, 95') Jonathan Darby. Con Jessica Lange, Gwyneth Paltrow, Johnathon Schaech, Nina Foch, Hal Holbrook, Debi Mazar, Kaiulani Lee, David Thornton. ◆ Dietro le maniere affettate, la suocera pazza Martha Baring (Lange) ha il piano perfetto per riconquistare il figlio Jackson (Schaech), ammazzare la nuora incinta (Paltrow) e tenersi il nipotino. Simbolismi risaputi (sceneggia il regista) e manierismi d'attrice per dire che la famiglia è un covo di vipere. E una suspense in cui si capisce tutto alla seconda scena.

O cangaceiro * (Italia/Spagna 1969, col, 105') Giovanni Fago. Con Tomas Milian, Ugo Pagliai, Eduardo Fajardo, Howard Ross [Renato Rossini]. ◆ Il rivoluzionario brasiliano Espedito, detto El Redentor (Milian), passa dalla parte dei nemici, ma presto si accorge che le forze governative lo vogliono eliminare. L'impianto narrativo e i conflitti truculenti sono quelli di un mediocre western all'italiana, con un po' di scontata simpatia sessantottina per le rivolte popolari del Sudamerica.

Oca selvaggia colpisce ancora, L' ** (*The Sea Wolves*, Gb/Usa 1980, col, 120') Andrew V. McLaglen. Con Gregory Peck, Roger Moore, David Niven, Trevor Howard, Barbara Kellerman, Patrick Allen. ◆ Ex combattenti della prima guerra mondiale vengono richiamati in azione durante la seconda: l'obiettivo è eliminare un sottomarino tedesco nelle acque dell'Oceano Indiano. Avventure di guerra col ritmo e il sapore di una volta, animate da una serie di attori che giocano sul fatto di essere tutti troppo anziani per il loro ruolo. A dispetto del titolo italiano, non si tratta esplicitamente di un seguito dei *Quattro dell'Oca Selvaggia.*

Occasioni di Rosa, Le ** (Italia 1981, col, 86') Salvatore Piscicelli. Con Marina Suma, Angelo Cannavacciuolo, Sergio Boccalatte, Gianni Prestieri, Martin Sorrentino. ◆ Nella degradata periferia napoletana Rosa (Suma), d'accordo col fidanzato Tonino (Cannavacciuolo), lascia il lavoro e si prostituisce. Lui, intanto, coltiva la relazione con un omosessuale, che vorrebbe «affittare» Rosa per poter avere un figlio. Storia della presa di coscienza di una sottoproletaria, narrata con realismo secco e scabro che scivola però verso il melodramma. Piscicelli tende a vivere di rendita su *Immacolata e Concetta* (il suo primo film), e ammicca troppo a Fassbinder e Pasolini. Bell'esordio di Marina Suma, che poi non ha più saputo (o voluto?) trovare ruoli così interessanti.

Occhei occhei *½ (Italia 1984, col, 108') Claudia Florio. Con Paula Molina, Giulia Salvatori, Walter Ricciardi, Anna Maestri, Angel Ecido, Ninetto Davoli, Giuseppe Cederna, Remo Remotti, Franco Trevisi. ◆ Adolescenza difficile per Rosa e Bianca (Molina e Salvatori, entrambe figlie d'arte), due ragazze che vivono alla periferia di Roma: i ragazzi le maltrattano e le famiglie non le capiscono. Uno sguardo giovanilistico, ironico ma non troppo originale, sull'universo dei teen-ager. Al suo esordio alla regia, la Florio è anche autrice della sceneggiatura (nella quale si lascia andare a troppe citazioni cinefile).

Occhiali d'oro, Gli *½ (Italia/Francia/Jugoslavia 1987, col, 110') Giuliano Montaldo. Con Philippe Noiret, Rupert Everett, Valeria Golino, Nicola Farron, Roberto Herlitzka, Riccardo Diana, Esmeralda Ruspoli, Stefania Sandrelli, Rodolfo Marcenaro. ◆ L'amicizia, nella Ferrara fine anni Trenta, tra un medico omosessuale (Noiret) e un giovane ebreo (Everett), entrambi vittime di atti persecutori e discriminatori. Calligrafica trasposizione del romanzo omonimo di Giorgio Bassani (adattato dal regista con Nicola Badalucco e Antonella Grassi): gli attori sono convincenti, ma l'atmosfera è fredda e lo stile strizza troppo l'occhio alla televisione.

Occhi che non sorrisero, Gli *½ (*Carrie*, Usa 1952, b/n, 118') William Wyler. Con Laurence Olivier, Jennifer Jones, Eddie Albert, Miriam Hopkins, Basil Ruysdael, Ray Teal. ◆ Carrie Meeber (Jones), una ragazza di provincia delusa dalla grande città e spaventata dal lavoro in fabbrica, accetta di vivere alle spalle di George Hurstwood (Olivier), direttore di un ristorante che fuggirà con lei e i soldi del principale. Ma il destino (e la polizia messa sulle loro tracce dal derubato e dalla moglie abbandonata) li dividerà, spingendo l'uomo verso il suicidio. Dallo «scandaloso» romanzo di Theodore Dreiser *Nostra sorella Carrie* (che negli Usa uscì in edizione integrale solo nel 1981!) Wyler trae un melodramma lacrimevole e stucchevole, che la Jones interpreta con eccessiva enfasi (ma non l'ottimo Olivier) e dove si perde la foga moralistica del romanziere. A parziale discolpa del regista, vanno ricordati i tagli imposti dalla Paramount (che bloccò il film per due anni) e il rifiuto di interpretare Carrie da parte di Ginger Rogers, la quale giudicò il soggetto «aperta propaganda comunista».

Occhi degli altri, Gli ** (*I Saw What You Did*, Usa 1965, b/n, 82') William Castle. Con Andi Garrett, Sara Lane, John Ireland, Joan Crawford, Leif Erickson. ◆ Due ragazzine in vena di scherzi telefonici mettono in allarme un assassino vero (Ireland), che ha appena ucciso la moglie e che si crede smascherato. Un buon giallo scritto da William McGivern, teso e incalzante, diretto con mestiere. La Crawford ha solo una particina: è l'amante dell'assassino, destinata a subire la stessa fine della moglie.

Occhi del delitto, Gli **½ (*Jennifer 8*, Usa 1992, col, 124') Bruce Robinson. Con Andy Garcia, Uma Thurman, Lance Henriksen, John Malkovich, Kathy Baker, Graham Beckel. ◆ Il detective John Berlin (Garcia), sulle tracce di un assassino di ragazze cieche, si innamora di una possibile vittima (Thurman), ma diventa il sospettato numero uno. Robinson, autore anche della sceneggiatura, vuole evitare effettacci e luoghi comuni sui serial killer: il film risulta un po' risaputo, ma tiene sino al termine, e indovina le atmosfere e alcuni personaggi. Bella la fotografia tenebrosa di Conrad Hall, specie nella scena della discarica dei rifiuti. La Thurman non fa rimpiangere Audrey Hepburn in *Gli occhi della notte.*

Occhi della notte, Gli **½ (*Wait Until Dark*, Usa 1967, col, 108') Terence Young. Con Audrey Hepburn, Alan Arkin, Richard Crenna, Efrem Zimbalist jr, Jack Weston, Samantha Jones. ◆ Entrata casualmente in possesso di una notevole quantità di droga, una ragazza cieca (Hepburn) deve fare i conti con tre malviventi che la vogliono recuperare. Tratto da un grande successo di Broadway (di Frederick Knott) adattato da Robert e Jane Howard-Carrington e costruito apposta per spaventare lo spettatore, il film colpisce il bersaglio. La Hepburn si è conquistata una nomination, ma Alan Arkin, perfetto nel ruolo del bandito nevrotico, è indimenticabile.

Occhi della notte, Gli *½ (*Deadly Eyes* conosciuto anche col titolo *The Rats*, Usa 1982, col, 93') Robert Clouse. Con Sam Groom, Sara Botsford, Scatman Crothers, Lisa Langlois, Cec Linder. ◆ Una città viene attaccata da topi giganti, grandi come mucche. A un insegnante di scienze (Groom) e a un ufficiale sanitario (Botsford) il compito di sconfiggerli. Sufficientemente demenziale per divertire, troppo insensato per spaventare.

Occhi dello sconosciuto, Gli * (*Eyes of a Stranger*, Usa 1981, col, 85') Ken Wiederhorn. Con Lauren Tewes, Jennifer Jason Leigh, John DiSanti, Gwen

Lewis, Peter DuPre. ◆ A Miami, un maniaco massacratore di ragazze (DiSanti) finisce per minacciare la sorella minorata (Leigh) della giornalista televisiva (Tewes) che lo sta per smascherare. Tanto sangue e nessuna originalità. Men che mediocre.

Occhi del testimone, Gli *½ (*Mute Witness*, Gb/Russia/Germania 1995, col, 95') Anthony Waller. Con Marina Sudina, Oleg Jankowskij, Fay Ripley, Evan Richards, Igor Volkov. ◆ A Mosca Billie Hughes (Sudina), una truccatrice americana muta, scopre che, nottetempo, negli studio in cui lavora, si girano degli *snuff*, ossia porno con omicidi veri. Ma farsi capire e credere, a Mosca, per lei è impresa doppiamente ardua. Dal thriller trucido alla Dario Argento l'esordiente Waller scivola nel grottesco, credendo di fare dell'humour nero ma cadendo solo nel ridicolo involontario. Di maniera sia l'ambientazione metacinematografica che quella nella cupa Russia ex comunista. Sorpresina finale con Alec Guinness.

Occhi di Laura Mars ** (*Eyes of Laura Mars*, Usa 1978, col, 103') Irvin Kershner. Con Faye Dunaway, Tommy Lee Jones, Brad Dourif, René Auberjonois, Raul Julia, Frank Adonis. ◆ Una fotografa di moda (Dunaway) si scopre veggente e aiuta la polizia a individuare il colpevole di alcuni delitti. Thriller ingegnoso che procura qualche brivido ma delude nel finale. Soggetto e cosceneggiatura di John Carpenter. La canzone (*Prisoner*) è cantata da Barbra Streisand. Le fotografie «di» Laura Mars sono state scattate da Rebecca Blake.

Occhi di serpente **½ (*Snake Eyes*, rititolato in Gran Bretagna *Dangerous Game*, Usa/Italia 1993, col, 106') Abel Ferrara. Con Harvey Keitel, Madonna [Louise Veronica Ciccone], James Russo, Nancy Ferrara. ◆ Il regista Eddie Israel (Keitel) gira un film in cui una star dalle dubbie capacità di recitazione (Madonna) interpreta la parte di una donna che, stanca della routine di sesso e droga impostale dal marito, cerca una redenzione impossibile. Intanto gli va in crisi il matrimonio, mentre l'attore Francis Burns (Russo) mostra una preoccupante incapacità di simulare, violentando l'attrice sul set. Ferrara teorizza il cinema come rischio e improvvisazione (mostrando anche una vecchia intervista a Herzog), in un film sbilenco e improvvisato come un Cassavetes dei bei tempi. A volte noioso, stridulo, esagitato, ma pieno di una furia genuina, e assai abile nel giocare tra i vari livelli di finzione: ne esce *Il disprezzo* degli anni Novanta, geniale nello sfruttare l'assoluta imbranataggine di Madonna, così come Godard si era servito della Bardot. Coprodotto dalla Pentamerica dei Cecchi Gori, che si sono trovati fra le mani un prodotto ben difficile da smerciare al grande pubblico. Il titolo indica il punteggio più basso ai dadi (due, gli occhi del serpente), il massimo della sfortuna.

Occhi di Tokyo, Gli → *Tokyo Eyes – Gli occhi di Tokyo*

Occhi indiscreti di uno sconosciuto, Gli * (*Bedroom Eyes*, Canada 1984, col, 95') William Fruet. Con Dayle Haddon, Kenneth Gilman, Barbara Law, Christine Cattell, Jane Catling. ◆ Facendo jogging, un uomo prende l'abitudine di fermarsi a guardare, dietro a una finestra, i giochi amorosi di una bella ragazza. Una sera però nella casa avviene un omicidio, di cui lui è testimone e primo indiziato... Poco originale nello spunto e prevedibile negli sviluppi: un thriller incolore e privo di ritmo.

Occhi, la bocca, Gli *½ (Italia 1982, col, 101') Marco Bellocchio. Con Lou Castel, Angela Molina, Emmanuelle Riva, Michel Piccoli, Antonio Piovanelli, Giampaolo Saccarola. ◆ Giovanni (Castel), attore dallo spirito ribelle, torna dopo anni in famiglia, in seguito alla morte del fratello gemello. Conosciuta Wanda (Molina), la fidanzata del defunto (che volendo rompere la relazione aveva causato il suicidio), se ne innamora. A quasi vent'anni di distanza dai *Pugni in tasca*, Bellocchio torna a mettere in scena l'oppressione della vita familiare di provincia. Ha perso però per strada l'ironia caustica, la voglia di sbeffeggiare l'istituzione famiglia, a favore di un racconto cervellotico, astruso, appesantito da psicologismi oscuri e inefficaci sullo schermo.

Occhi nel buio ** (*Afraid of the Dark*, Gb/Francia 1991, col, 92') Mark Peploe. Con Ben Keyworth, James Fox, Fanny Ardant, Paul McGann, Clare Holman, Robert Stephens. ◆ Lucas (Keyworth), undici anni, teme che la madre cieca (Ardant) possa essere vittima di un serial killer che si aggira per Londra, e comincia a sospettare i vicini. La realtà è che Lucas è in ansia per l'arrivo di una sorellina, sta per diventare cieco, ed è candidato al ruolo di omicida. Per l'esordio alla regia, il cognato e cosceneggiatore di Bertolucci ha scelto un thriller psicoanalitico, che aderisce al punto di vista infantile mescolando abilmente realtà e immaginazione. La messinscena, tuttavia, pecca di accademismo, e il vezzo dei dettagli fin troppo premonitori finisce con l'annacquare la suspense.

Occhi nella notte ** (*Eyes in the Night*, Usa 1942, b/n, 80') Fred Zinnemann. Con Ann Harding, Edward Arnold, Donna Reed, Reginald Denny, John Emery, Stephen McNally. ◆ Una pericolosa banda di spie viene debellata da Duncan McClain (Arnold), un poliziotto cieco ma scaltro. Primo film americano per Zinnemann, che se la cava confezionando un giallo decoroso (sceneggiato da Guy Trosper e Howard Emmett Rogers a partire da un romanzo di Bayard Kendrick), dove gli attori vengono messi in secondo piano dall'intelligentissimo cane del protagonista. Arnold rifarà lo stesso ruolo in *The Hidden Eye* (1945, di Richard Whorf) inedito in Italia.

Occhi nella notte * (*Night Eyes*, Usa 1991, col, 94') Jag Mundhra. Con Tanya Roberts, Andrew Stevens, Warwick Sims, Karen Elise Baldwin, Stephen Meadows. ◆ Un musicista rock assolda un detective privato per controllare le infedeltà notturne della moglie. Ennesima, stanca variazione sul tema thriller e voyeurismo.

Occhi nelle tenebre **½ (*Blink*, Usa 1994, col, 115') Michael Apted. Con Madeleine Stowe, Aidan Quinn, Laurie Metcalf, James Remar, Peter Friedman. ◆ A Chicago, una violinista cieca (Stowe) si sottopone a un'operazione e riacquista la vista a metà: comprende il giorno dopo quello che ha visto il giorno prima. Un brutto affare se si è testimoni di un omicidio e si è alla mercé dell'assassino. C'è il solito giovane poliziotto (Quinn) che crede nella ragazza e si innamora di lei, ma questa volta è la vittima designata a salvare se stessa. Uno psicothriller la cui originalità sta nell'handicap della protagonista, che «ha gli occhi sulla locomotiva e il cervello sull'ultimo vagone»; ma anche il trauma originario del serial killer non è male: una menomazione che funge da vero motore dell'intreccio e rappresenta un'interessante variazione sul tema, sempre caro al cinema, del «vedere», con la memoria come serbatoio di immagini inconsapevolmente sepolte e il flash involontario come momento di verità. La brillante sceneggiatura è di Dana Stevens, la fotografia di Dante Spinotti. Apted dirige con consumato mestiere, regalando qualche brivido autentico. La Stowe suona davvero il violino e il gruppo folk irlandese The Drovers esiste anche nella realtà. In una partita di basket gioca Michael Jordan.

Occhio alla palla *½ (*The Caddy*, Usa 1953, b/n, 95') Norman Taurog. Con Jerry Lewis, Dean Martin, Donna Reed, Fred Clark, Barbara Bates, Joseph Calleia. ◆ Abile giocatore di golf con la paura del pubblico, Harvey (Lewis) si traveste da caddy e suggerisce all'amico Joe (Martin) i colpi per vincere un torneo: quando il trucco non funzionerà più, un impresario divertito dai guai che combinano li scritturerà come comici. Commediola scontata sceneggiata da Edmund Hartmann e Danny Arnold, con un unico colpo di originalità alla fine: le fidanzate dei due (Reed e Bates) vengono abbordate da Dean Martin e Jerry Lewis che si scontrano con Harvey e Joe (sempre interpretati da Martin e Lewis). Martin canta uno dei suoi hit, *That's Amore*.

Occhio alla penna *½ (Italia 1981, col, 92') Michele Lupo. Con Bud Spencer [Carlo Pedersoli], Amidou, Joe Bugner, Piero Trombetti, Sara Franchetti. ◆ Un equivoco fa sì che un bianco e un indiano vengano favorevolmente accolti in un villaggio del West, dove si renderanno utili sgominando una banda di fuorilegge. Innocue scazzottate e battute di grana grossa per il crapulone Spencer e il britannico Bugner, ex campione europeo dei pesi medi.

Occhio alla Perestrojka * (Italia 1990, col, 98') [Franco] Castellano, Pipolo [Giuseppe Moccia]. Con Ezio Greggio, Jerry Calà, Rodolfo Laganà, Pippo Santonastaso, Corinne Cléry. ◆ In Bulgaria tre italiani si fidanzano con altrettante giovani, le quali, grazie ai cambiamenti politici, possono venire in Italia a realizzare i promessi fiori d'arancio. Ma i tre sono naturalmente già impegnati. Operazione furbastra e mediocre sul gallismo italiano unito al fenomeno delle donne dell'Est a caccia di marito occidentale. I temi sono ovvi, parodiati e fiacchi. La maschera di Calà (anche sceneggiatore assieme ai registi) non trova posa, superando il sopportabile.

Occhio al testimone *½ (*Another Stakeout*, Usa 1993, col, 108') John Badham. Con Richard Dreyfuss, Emilio Estevez, Rosie O'Donnell, Dennis Farina, Cathy Moriarty, Madeleine Stowe, Miguel Ferrer. ◆ Ritornano i personaggi di *Sorveglianza... speciale*, i poliziotti Chris Lecce (Dreyfuss) e Bill Reimers (Estevez), con l'aggiunta di una collega imbranata (O'Donnell). Questa volta si travestono da buoni vicini per sorvegliare una casa in cui è nascosta una testimone (Moriarty) che la mafia vuole uccidere. Poliziesco che parte con dovizia di esplosioni, e poi si affloscia in una specie di parodia di una sit-com, con i due sbirri che fingono di essere padre e figlio. Poche risate, e ancor meno suspense.

Occhio caldo del cielo, L' ** (*The Last Sunset*, Usa 1961, col, 112') Robert Aldrich. Con Kirk Douglas, Rock Hudson, Dorothy Malone, Joseph Cotten, Carol Lynley, Jack Elam, Neville Brand. ◆ Il bandito Brendon O'Malley (Douglas) e lo sceriffo che gli dà la caccia, Dana Stribling (Hudson), sono assoldati per portare una mandria dal Messico alla California: durante il viaggio il conflitto tra i due si riaccenderà a causa del comune amore per la moglie del padrone, Belle (Malone), amata in passato da Brendon e che ora preferisce Dana. Il fuorilegge vorrebbe consolarsi con la figlia (Lynley), ma quando scopre di esserne il padre si presenta al definitivo duello con lo sceriffo con la pistola scarica. Prodotto da Douglas e scritto da Dalton Trumbo (e non molto amato da Aldrich), è un western incestuoso e filosofeggiante, sontuosamente fotografato da Ernest Laszlo, ma incapace di coinvolgere davvero lo spettatore, nonostante qualche bella scena (la morte di Joseph Cotten, che interpreta il marito di Belle; l'apparizione di Carol Lynley alla festa messicana con il vestito giallo della madre) e un Douglas (troppo) a suo agio nella parte del bandito nevrotico e complessato.

Occhio che uccide, L' **** (*Peeping Tom*, Gb 1960, col, 109') Michael Powell. Con Carl Boehm, Moira Shearer, Anna Massey, Maxine Audley, Brenda Bruce, Martin Miller. ◆ Torturato in gioventù dal padre che lo usava come cavia per esperimenti sulle reazioni alla paura, il giovane cineoperatore Mark Lewis (Boehm) ammazza le ragazze che riprende, facendo in modo che le vittime si vedano allo specchio un attimo prima di morire. Geniale saggio sul cinema come voyeurismo, pulsione necrofila e insieme scopofila (il bisogno morboso di contemplare), capace di legare indissolubilmente Eros e Thanatos, il film, scritto da Leo Marks, è chiaramente una metafora sull'arte della visione (come lo era stato *Una finestra sul cortile*, ma qui molto più crudele e imbarazzante), che Powell dissemina di «allusioni generali specifiche al cinema, di stoccate malevole al perbenismo bigotto e, soprattutto, di riferimenti personali»: il protagonista veste la giacca marroncina e il montgomery che sono stati per anni la divisa di Powell; questi appare brevemente nella parte del padre del protagonista e affida a suo figlio Columba il ruolo di Mark bambino. Clamorosamente sottovalutato all'epoca della sua uscita (un critico britannico scrisse che si sarebbe dovuto «prenderlo con la paletta e buttarlo subito nella fogna più vicina»), sprizza in realtà intelligenza da ogni scena, oltre a rappresentare una sorta di punto di partenza per il thriller moderno, da Brian De Palma in poi.

Occhio del diavolo, L' ** (*Djävulens öga*, Svezia 1959-1960, b/n, 87') Ingmar Bergman. Con Jarl Kulle, Bibi Andersson, Stig Järrel, Nils Poppe, Gertrud Fridh, Sture Lagewall, Gunnar Björnstrand. ◆ Per far perdere la verginità a Britt Marie (Andersson), una ragazza che sta per sposarsi, Satana (Järrel) manda sulla terra un suo affascinante emissario, Don Giovanni (Kulle): ma la missione fallisce perché costui, innamorato della fanciulla, non vuole più sedurla. Dalla commedia radiofonica *Ritorna Don Giovanni* di Oluf Bang (sceneggiata dallo stesso regista), un «rondò capriccioso» che in chiave di divertissement tocca temi e figure tipicamente bergmaniani (c'è persino un pastore in crisi, preludio di *Luci d'inverno*). Il mito dell'eterno seduttore presentato da Björnstrand, attore-narratore del film nonché alter ego di Bergman, subisce un'interessante metamorfosi («dall'ideale estetico della vita Don Giovanni esce con un salto che lo porta nella vita etica»), ma *L'occhio del diavolo*, nonostante le intenzioni, si perde in dialoghi eccessivamente verbosi e didascalici per il tono leggero e grottesco dell'insieme. Il titolo deriva da un proverbio irlandese, come si legge nella didascalia d'apertura: «La verginità di una giovane è come un orzaiolo nell'occhio del diavolo».

Occhio del gatto, L' *½ (*Cat's Eye*, Usa 1985, col, 93') Lewis Teague. Con Drew Barrymore, James Woods, Alan King, Kenneth McMillan, Robert Hays, Candy Clark. ◆ Il gatto è il denominatore comune di tre racconti tratti da Stephen King: un uomo vuole smettere di fumare, un miliardario si vendica dell'amante della moglie, una bambina è vittima di incubi mostruosi. Teague prende le invenzioni di King un po' troppo sul serio, così che il film manca dell'ironia necessaria a renderlo appetibile anche a chi non è fanatico del brivido.

Occhio della morte, L' * (*Shadow of Death*, Usa 1990, col, 90') Robert Kirk. Con Deborah Foreman, Clayton Rohner, Lyle Alzado, Anthony Perkins, Tobias Andersen, Lannie Garrett. ◆ Regista decide di girare due film in un ex penitenziario, ma deve fare i conti con le sanguinarie vendette di un pluriomicida scampato alla sedia elettrica. Confuso e ben poco lineare, cerca di stupire accumulando un effetto dopo l'altro.

Occhio del terrore, L' ** (*White of the Eye*, Gb 1986, col, 111') Donald Cammell. Con David Keith, Cathy Moriarty, Alan Rosenberg, Art Evans. ◆ In una città dell'Arizona, Paul White (Keith) è sospettato di una serie di omicidi, proprio mentre torna in circolazione l'ex marito psicopatico (Rosenberg) di sua moglie (Moriarty). Thriller girato con sfoggio di bizzarrie stilistiche come non se ne vedevano dagli anni Sessanta: il risultato non manca di atmosfera da autentico incubo, anche se rientra nel novero delle stravaganze senza seguito.

Occhio d'oro, L' * (*The Golden Eye*, rititolato *The Mystery of the Golden Eye*, e anche *Charlie Chan and the Golden Eye*, Usa 1948, b/n, 69') William Beaudine. Con Roland Winters, Mantan Moreland, Victor Sen Yung, Wanda McKay, Bruce Kellogg, Tim Ryan, Evelyn Brent. ◆ Charlie Chan (Winters) arriva in Arizona per scoprire che cosa si nasconde dietro l'uccisione del proprietario della miniera Golden Eye. Sceneggiatura originale di W. Scott Darling.

Occhio indiscreto **½ (*The Public Eye*, Usa 1992, col, 99') Howard Franklin. Con Joe Pesci, Barbara Hershey, Stanley Tucci, Jerry Adler. ◆ Un fotografo di cronaca nera (Pesci, ricalcato sul grande Weegee) si mette nei guai per amore – incorrisposto – di una bella vedova (Hershey), proprietaria di un locale notturno. Ricostruzione d'epoca perfetta, confezione curatissima, un Pesci misurato e convincente, un tema affascinante come quello della fotografia alle prese con la realtà (e con la morte): peccato che quando il film imbocca la strada del giallo, diventi risaputo. Primo film (dopo la coregia di *Scappo con i soldi*) dello sceneggiatore Franklin, sotto gli auspici di Robert Zemeckis.

Occhio malocchio prezzemolo e finocchio * (Italia 1983, col, 119') Sergio Martino. Con Johnny Dorelli, Lino Banfi, Janet Agren, Adriana Russo, Dagmar Lassander, Mario Brega, Paola Borboni, Mario Scaccia, Renzo Montagnani, Milena Vukotic. ◆ Nel primo episodio (*Il pelo della discordia*) un uomo superstizioso è convinto che il vicino di casa gli porti sfortuna; nel secondo (*Il mago*) un prestigiatore di provincia riceve dei poteri magici trasmessigli da una vecchia strega. Risate e scenette comiche di bassa lega.

Occhio per occhio ** (*Œil pour œil*, Francia 1956, col, 113') André Cayatte. Con Curt Jurgens, Folco Lulli, Lea Padovani, Paul Frankeur. ◆ Rimasto vedovo, un uomo (Lulli) decide di vendicarsi del medico (Jurgens) che, a suo parere, non ha saputo salvare sua moglie dalla morte. Un dramma ambientato in Libano, che inizia in maniera lenta e macchinosa, ma che conquista un bel ritmo quando l'azione si trasferisce nel deserto, dove il vedovo vuole uccidere il medico.

OcchioPinocchio * (Italia 1994, col, 135') Francesco Nuti. Con Francesco Nuti, Chiara Caselli, Joss Ackland, Victor Cavallo, Pina Cei, Novello Novelli. ◆ Il magnate Brando Della Valle (Ackland) scopre di avere un figlio: un animo semplice soprannominato Pinocchio (Nuti), che ha passato la vita in un ospizio toscano. Pinocchio scappa dalla nuova reggia dorata, e fugge per gli Stati Uniti a fianco di Lucy Light (Caselli), ragazza di poca virtù inseguita dalla polizia. Archiviati i pretestuosi e inutili rimandi alla fiaba di Collodi (il paese dei Balocchi è una discoteca dove si svolge un ridicolo balletto, la balena un capanno dove Lucy inizia Pinocchio al sesso), resta un film mostruoso al di là dell'umana immaginazione. Girato negli Usa con grande spreco di miliardi (pare 18, investiti in dolly, carrellate e stunt fatti male), pateticamente indeciso tra il prodotto per il mercato internazionale (confezione di lusso stile «vorrei ma non posso», ammiccamenti al road-movie) e il filmino per pochi intimi: Nuti non cerca nemmeno di far ridere, si improvvisa Forrest Gump, e distilla la sua presenza, comparendo dopo 20' di film e concedendosi solo un paio di monologhi. Ma per evitare che lo spettatore si addormenti, deve fare recitare sempre nuda la sua partner: detto tutto. Delle tensioni tra Nuti e il produttore Cecchi Gori, che lamentava gli sprechi oltreoceano, è rimasta traccia evidente: il racconto è pieno di buchi, di assurdi salti tra gli Usa e la Toscana, e di sequenze che non vanno da nessuna parte.

Occhio privato, L' *** (*The Late Show*, Usa 1977,

col, 93') Robert Benton. Con Art Carney, Lily Tomlin, Bill Macy, Ruth Nelson, Eugene Roche, Joanna Cassidy, Howard Duff. ◆ Un vecchio e acciaccato investigatore privato (Carney) viene assunto per rintracciare un gatto, ma si trova presto un cadavere tra i piedi. Delizioso poliziesco crepuscolare, capace di giocare con molta autoironia sull'anzianità del detective e sulla cialtroneria dei nuovi gangster, dove in filigrana si legge il bisogno (tipico di quegli anni) di mescolare due generi – qui il noir e la commedia – per rinnovare il cinema: «tutta l'astuzia di Benton consiste nel costruire un sistema di referenze e di metafore (la foto di Martha Vickers sulla scrivania di Art Carney, la scelta di fare della Tomlin un'attrice) a cominciare dal titolo originale che rinvia a un universo cinematografico "passato" scombussolato dall'irruzione di personaggi moderni». Nella parte di un Bogart della terza età, Carney è davvero insuperabile.

Occhi per sentire *½ (*Hear No Evil*, Usa 1993, col, 97') Robert Greenwald. Con Marlee Matlin, D.B. Sweeney, Martin Sheen, John C. McGinley, Christina Carlisi. ◆ La ricerca di una preziosa moneta scatena un diabolico tenente corrotto (Sheen) contro un'incolpevole istruttrice di educazione fisica sordomuta (Matlin). Visto che il cattivo è arrestato a 209 dalla fine, c'è in serbo una sorpresina finale. Noioso thriller-con-handicap, emozionante come un telefilm, indietro anche rispetto al modello di *Gli occhi della notte*.

Occhi senza volto **½ (*Les Yeux sans visage*, Francia/Italia 1960, b/n, 86') Georges Franju. Con Pierre Brasseur, Alida Valli, Edith Scob, Juliette Mayniel, Béatrice Altariba. ◆ Christiane Génessier (Scob) rimane completamente sfigurata in un incidente d'auto provocato dal padre (Brasseur). Questi, attanagliato dal rimorso, cerca di ridarle la bellezza con degli inquietanti interventi di chirurgia plastica. Ormai un piccolo classico del cinema dell'orrore, grazie soprattutto alla mano di Franju, che mescola con maestria fantasia e realismo, morbosità e lirismo, in un crescendo che culmina nella straordinaria sequenza finale. Alla sceneggiatura hanno collaborato Pierre Boileau e Thomas Narcejac.

Occidente in fiamme ** (*Gold Is Where You Find It*, Usa 1938, col, 90') Michael Curtiz. Con Olivia de Havilland, George Brent, Claude Rains, Margaret Lindsay, John Litel, Barton MacLane. ◆ In California cercatori d'oro e agricoltori si disputano lo stesso pezzo di terra: la contesa verrà risolta in tribunale. Curtiz non riesce a dare troppa vivacità a un intreccio scontato, ma un buon cast e il bel technicolor di Sol Polito riescono a sollevare il film.

Occupazioni occasionali di una schiava, Le **½ (*Gelegenheitsarbeit einer Sklavin*, Rft 1973, b/n, 91') Alexander Kluge. Con Alexandra Kluge, Franz Bronski, Sylvia Gartmann, Trangott Buhre. ◆ Per mantenere i figli e pagare gli studi al marito la casalinga Roswitha Bronski (Kluge) pratica aborti clandestini, poi, quando è scoperta ed evita per un soffio la galera, decide di darsi alla politica. Acuto ritratto di donna nella società moderna fuori dai canoni tradizionali del suo ruolo, è la prima opera di Kluge a essere stata distribuita in Italia (sia pur sottotitolata) e la prima che si avvicini a modelli narrativi tradizionali (e non allo stile ermetico delle sue prime opere). Originale nello stile e polemico nei contenuti, il film utilizza la lezione di Adorno e di Brecht per analizzare le contraddizioni della cultura di massa e di una realtà retta dalle leggi del capitale, senza rinunciare al proprio inconfondibile linguaggio, che assembla materiali apparentemente eterogenei, rifiutando «l'oggettività immediata e nuda del cinema verità per reinventare e lievitare il reale, con un montaggio (epico e ironico) di didascalie, citazioni ritagliate, stampini, versi, commenti fuori campo».

Oceano rosso *½ (*Blood Alley*, Usa 1955, col, 115') William A. Wellman. Con John Wayne, Lauren Bacall, Anita Ekberg, Mike Mazurki, Paul Fix. ◆ Su una vecchia barca guidata da un americano, contadini cinesi scappano verso Hong Kong, inseguiti dai comunisti. Una ben poco riuscita miscela di esotismo e anticomunismo.

Oci Ciornie **½ (Italia/Urss 1987, col, 117') Nikita Michalkov. Con Marcello Mastroianni, Silvana Mangano, Marthe Keller, Elena Sofonova, Vsevolod Larionov. ◆ Su una nave da crociera il cameriere (Mastroianni) racconta a un passeggero russo la storia del suo infelice matrimonio e l'infatuazione per una signora misteriosa dai grandi occhi neri (in russo: oci ciornie). Michalkov, con i cosceneggiatori Aleksandr Adabašjan e Suso Cecchi d'Amico, rielabora alcuni racconti di Čechov (*La signora col cagnolino*, su cui inserisce spunti narrativi e intonazioni presi da *Una moglie* e *L'anniversario* per lui, *Anna al collo* per lei) e costruisce un film malinconico e tenero, che poggia quasi per intero sull'interpretazione di un Mastroianni in forma smagliante (meritatamente premiato a Cannes). Suggestivo e intrigante il finale.

Octagon ** (*The Octagon*, Usa 1980, col, 103') Eric Karson. Con Chuck Norris, Karen Carlson, Lee Van Cleef, Art Hindle, Jack Carter. ◆ Assoldato da una ragazza come guardia del corpo, uno specialista in arti marziali (Norris) scopre che i nemici della donna sono anche gli assassini di suo padre. Vendetta, tremenda vendetta. Un buon film di kung-fu, con le dosi giuste di ritmo e azione. Nel suo genere, è senz'altro superiore alla media.

Octopussy – Operazione piovra **½ (*Octopussy*, Gb 1983, col, 130') John Glen. Con Roger Moore, Maud Adams, Louis Jourdan, Kristina Wayborn, Kabir Bedi, Lois Maxwell, Desmond Llewellyn, Vijay Amritraj, Steven Berkoff, David Meyer, Anthony Meyer, Robert Brown. ◆ Con l'aiuto della bella Octopussy (Adams), Bond (Moore) sventa i piani criminali di un generale russo (Berkoff) e di un principe afgano (Jourdan) che vogliono finanziare l'invasione sovietica dell'Europa con un commercio di false uova Fabergé. Tredicesima avventura ufficiale dell'agente 007, ambientata in mezzo mondo (Cuba, Londra, Berlino) ma con un nucleo centrale a Udaipur, in India, sintomatica spia dello «spostamento dell'interesse spettacolare dalla tecnologia più o meno avveniristica al romanzo avventuroso del primo Novecento». Schematico come sempre nella contrapposizione

Est-Ovest, il film può contare su alcune belle scene acrobatiche (l'inseguimento in ciclomotore a Udaipur, la lotta sulle ali dell'aereo) e i pregevoli titoli di testa di Maurice Binder.

Oddio, ci siamo persi il papa *½ (*Saving Grace*, Usa 1986, col, 112') Robert M. Young. Con Tom Conti, Fernando Rey, Erland Josephson, Giancarlo Giannini, Donald Hewlett. ◆ Stufo della monotonia del Vaticano, il papa scappa in incognito e finisce in un paesino dove avrà modo di compiere diverse opere di bene. L'idea è buona, ma la realizzazione è scialba. Curioso il personaggio del pontefice interpretato da un Tom Conti dinamico e irrequieto.

Ode a Billy Joe * (*Ode to Billy Joe*, Usa 1976, col, 108') Max Baer. Con Robby Benson, Glynnis O'Connor, James Best, Joan Hotchkis, Sandy McPeak. ◆ Nell'America rurale degli anni Cinquanta due giovani (Benson e O'Connor) si amano e sfidano il perbenismo che li circonda. La storia trae spunto da una canzone di successo degli anni Sessanta (di Bobbie Gentry) e regge più o meno per il tempo di un 45 giri. Poi diventa noiosa e ridicola.

Odette * (Italia 1934, b/n, 70') Jacques Houssin, Giorgio Zambon. Con Francesca Bertini, Samson Fainsilber, Jacques Maury, Léon Walther, Claude May, Maurice Maillot, May Muriel, Yolande Marcus. ◆ Scacciata dal marito (Walther) perché infedele, Odette (Bertini) diventa la principessa Verianoff e gira il mondo in compagnia di un noto truffatore (Fainsilber). Giunta a Napoli scopre che la figlia Jacqueline (May) che non vede dal giorno del divorzio sta per sposarsi: ottiene dall'ex marito di rivederla – anche se è obbligata a presentarsi come un'amica della madre che la ragazza crede morta – ma non regge alla disperazione e dopo averla incontrata si suicida. Pessimo polpettone melodrammatico tratto dall'omonimo dramma di Victorien Sardou: recitazione sovraccarica, battute cult («lasciate che mi dibatta sola in questo fango»), morale ultrabacchettona. Curiosi solo certi (lunghi) inserti turistici, tra cui una gita sulle pendici del Vesuvio quando ancora fumava. Girato in doppia versione, francese e italiana.

Odio **½ (*Home of the Brave*, Usa 1949, b/n, 85') Mark Robson. Con James Edwards, Douglas Dick, Steve Brodie, Jeff Corey, Lloyd Bridges, Frank Lovejoy. ◆ Durante la seconda guerra mondiale un soldato di colore (Edwards) rischia di diventare catatonico più per il razzismo dei suoi commilitoni che per la brutalità della guerra. Un film coraggioso per la sua epoca (nonostante qualche dialogo francamente irritante: il soldato nero «soffre di discriminazione perché troppo sensibile» sostiene lo psichiatra), ancora oggi incisivo e coinvolgente, tratto da un testo teatrale di Arthur Laurents (sceneggiato da Carl Foreman), nel quale il protagonista, però, non era nero ma ebreo.

Odio, L' *** (*La Haine*, Francia 1995, b/n, 95') Mathieu Kassovitz. Con Vincent Cassel, Hubert Kounde, Said Taghmaoui, Karim Belkhadra, Edouard Montoute, François Levantal, Solo Dicko, Marc Duret, Eloise Eauth, Rywka Wajsbrot. ◆ Dopo una notte di guerriglia urbana con la polizia scatenata dalla notizia che durante un interrogatorio un ispettore ha ferito a morte un ragazzo di sedici anni, i giovani della cintura parigina si svegliano in stato d'assedio. Ancora scossi e smaniosi di vendetta, Vinz (Cassel), Hubert (Kounde) e Sai (Taghmaoui) si aggirano in cerca di un'occasione per scatenare la loro rabbia, dalla banlieue a Parigi e poi ancora nella banlieue. Vinz ha anche una pistola, perduta da un poliziotto durante gli scontri, e muore dalla voglia di usarla. Dalle 10.38 alle 6.01 del giorno dopo: quasi ventiquattr'ore nella vita di tre ventenni, scandita dall'asetticità dell'indicazione temporale, in un ritratto senza fronzoli di una gioventù urbana che si trascina giorno dopo giorno tra voglia di integrazione e profonda insicurezza (le belle scene dei protagonisti davanti agli specchi, alla ricerca di un'identità che solo altri – i miti del cinema o un'eleganza sognata – sembrano poter dare). «Portaparola» di una generazione di giovani *rappeur* e *casseur*, il film evita il populismo e non cavalca mai la rabbia, ma ne prende quasi le distanze, con una saggia dose di ironia e un controllo delle immagini al limite del formalismo (la fotografia è di Pierre Aïm), alla ricerca di una essenzialità «metafisica», con la macchina da presa attaccata ai volti di tre attori straordinariamente espressivi. Kassovitz interpreta lo skinhead che Vinz non ha il coraggio di ammazzare. Premio per la regia a Cannes.

Odio colpisce due volte, L' *½ (*Lightning Strikes Twice*, Usa 1951, b/n, 91') King Vidor. Con Ruth Roman, Richard Todd, Mercedes McCambridge, Zachary Scott, Frank Conroy. ◆ L'attrice Shelley (Roman) si innamora a prima vista di Richard Trevelyan (Todd), appena prosciolto dall'accusa di uxoricidio: e lo sposa su due piedi, lasciando con un palmo di naso la vecchia amica (McCambridge) che l'ha fatto assolvere. Ma chi è il vero assassino? «Un'insalata di cose senza interesse», definì giustamente il regista questo film: anche se si trova una traccia della sua mano nel tema degli elementi scatenati (tempeste e torridi deserti) che fanno eco allo scatenarsi delle passioni. Ma attori e sceneggiatura (di Leonore Coffee) sono di seconda scelta.

Odio esplode a Dallas, L' **½ (*The Intruder*, rititolato *I Hate Your Guts!* e *Shame*, Usa 1962, b/n, 80') Roger Corman. Con William Shatner, Frank Maxwell, Beverly Lundsford, Robert Emhardt, Charles Barnes, Katherine Smith. ◆ Adam Cramer (Shatner), membro di un'associazione razzista, arriva a Dallas per seminare zizzania e impedire l'attuazione di una legge che favorisce l'integrazione nelle scuole. Alle prese con temi sociali e politici che non gli sono consueti, Corman costruisce ugualmente un film di alta qualità, intenso e cattivo, che purtroppo ai suoi tempi fece fiasco al botteghino. Da rivedere e rivalutare. In Italia è uscito anche con il titolo *L'intruso*.

Odio implacabile **½ (*Crossfire*, Usa 1947, b/n, 85') Edward Dmytryk. Con Robert Young, Robert Mitchum, Robert Ryan, Gloria Grahame, Paul Kelly, Sam Levene. ◆ Quattro soldati vanno a divertirsi in un night-club, ma la serata si conclude con un omicidio. Il colpevole (Ryan), un violento antisemita, cerca di far ricadere la colpa su uno degli altri tre. Tratto dal romanzo omonimo di Richard Brooks (nel quale però l'assassinato non era un ebreo bensì – tema ancor più scottante per l'epoca – un omosessuale), è un thriller efficacemente attraversato da una densa atmosfera di paranoia: più che per il contenuto antirazzista (genericamente affrontato e utilizzato soprattutto come pretesto narrativo) il film ha le sue qualità migliori nell'interpretazione di tutto il cast e negli ottimi dialoghi (della coppia di sceneggiatori Adrian Scott e John Paxon).

Odio le bionde ** (Italia/Francia/Rft 1980, col, 100') Giorgio Capitani. Con Enrico Montesano, Jean Rochefort, Corinne Cléry, Ivan Desny, Paola Tedesco, Gigi Ballista. ◆ Emilio (Montesano), scrittore di gialli firmati da un altro, si mette nei guai quando la sua descrizione di un furto suscita l'interesse di alcuni ladri veri. Simpatica e innocua commediola.

Odio mortale *½ (Italia 1962, col, 89') Francesco Montemurro. Con Amedeo Nazzari, Danielle De Metz, Renato Baldini, Peter Meersman, Angela Luce, Aldo Buffi Landi. ◆ Tiranno francese governa con metodi dispotici un villaggio della Florida. Il coraggioso capitano Lebouff (Nazzari) si mette a capo dei ribelli. Cappa e spada dall'ambientazione pseudostorica, che piacerà solo agli appassionati del genere.

Odissea del Neptune nell'impero sommerso, L' *½ (*The Neptune Factor*, Usa/Canada 1973, col, 98') Daniel Petrie. Con Ben Gazzara, Walter Pidgeon, Yvette Mimieux, Ernest Borgnine, Chris Wiggins, David Yorston. ◆ Una scossa tellurica isola dal mondo un laboratorio sottomarino con a bordo tre uomini. Anonima versione acquatica di *Abbandonati nello spazio*, che si sottrae alla monotonia solo durante le riprese subacquee.

Odissea nel tempo, Un' → *Navigator* (di Vincent Ward)

Odissea nuda *½ (Italia/Francia 1961, col, 117') Franco Rossi. Con Enrico Maria Salerno, Patricia Dolores Donlon, Venantino Venantini, Elisabeth Logue, Nathalie Gasse. ◆ Recatosi a Tahiti per dirigere un documentario, un intellettuale (Salerno) vuole rimettere in discussione tutto se stesso. Il progetto è ambizioso, ma è difficile credere a Salerno come a un Gauguin dei nostri tempi, soprattutto in una storia così piena di luoghi comuni.

Odissea sessuale **½ (*Odyssey, the Ultimate Trip*, Usa 1977, col, 80') Gerard Damiano. ◆ Film a episodi. In *The Beginning* (con Richard Bolla [Robert Kerman], Nancy Dare, Terri Hall) una coppia le prova tutte per ritrovare la gioia del sesso, comprese le telecamere (quando non si parlava ancora di *Sesso, bugie e videotape*): ci riuscirà solo in un bordello, dietro la finzione di una maschera; in *The Middle* (con Gloria Leonard, Samantha Fox) donne insoddisfatte dagli uomini si confessano da una psicologa; in *The End* (con Susan McBain, Vanessa Del Rio) una fotomodella fa del porno, non distingue più tra finzione e realtà, si isola, si suicida. L'hard esistenzialista di Damiano al suo meglio: vita quotidiana (quasi alla Cassavetes) e allucinazioni, fantasie e autodistruzione. Senza moraleggiamenti, malgrado la didascalia iniziale («All'inizio nasciamo, alla fine moriamo; ciò che sta in mezzo si chiama vita»), ma col tentativo - a tratti riuscito - di misurarsi con temi seri. Non se ne fanno più di porno in cui gli attori hanno un'apparenza così ordinaria e in cui i maschi sono così ridicolizzati. Uscito in sala come *Odyssex - L'impero dei piaceri sessuali*.

Odissea tragica **½ (*Search*, Usa 1948, b/n, 105') Fred Zinnemann. Con Montgomery Clift, Ivan Jandl, Aline MacMahon, Wendell Corey, Jarmila Novotna. ◆ Un bambino cecoslovacco (Jandl) reduce dai campi di concentramento viene raccolto e accudito da un soldato americano (Clift), mentre la madre lo cerca disperatamente per tutta Berlino. Dramma commovente e realistico, dove il sentimentalismo della storia è equilibrato da alcune scene incisive e fin brutali (la paura dei bambini all'arrivo di chi doveva liberarli dai lager) che all'epoca ebbe un grandissimo successo e vinse un Oscar per la miglior sceneggiatura (a Richard Schweizer e David Wechsler). Ottima la regia, bravo come sempre Clift (qui al suo film d'esordio), ma ancora più bravo di lui il giovane Jandl. Esiste una versione colorizzata.

Odore della notte, L' **½ (Italia 1998, col, 100') Claudio Caligari. Con Valerio Mastandrea, Giorgio Tirabassi, Marco Giallini, Alessia Fugardi, Francesca D'Aloja, Emanuele Bevilacqua, Little Tony [Antonio Ciacci]. ◆ Alla fine degli anni Settanta impazzano le imprese criminali (ma senza morti) della banda dell'«Arancia Meccanica», guidata dall'ex poliziotto Remo Guerra (Mastandrea): quasi una guerra dei borgatari contro i ricchi e i fortunati (tra le vittime sfilano deputati Dc e il vero Little Tony), ma senza sogni di una vita diversa o di cambiamenti sociali. Caligari, due film in quindici anni, questa volta è convincente nel ricostruire dal basso una fetta di passato prossimo: sa raccontare, ha un tono duro e rabbioso (ma non urlato e truculento, anche se producono Marco Risi e Maurizio Tedesco), e un occhio acuto e antitelevisivo. Piccole pecche: qualche citazione cinefila inutile (*Assalto al treno*, nientemeno) e una voce over fin troppo letteraria, come se avesse paura di fare del puro e semplice cinema di genere. Il regista ha adattato il libro *Le notti di Arancia Meccanica* di Dido Sacchettoni.

Odore di pioggia *½ (Italia 1989, col, 90') Nico Cirasola. Con Totò Onnis, Agnete Vossgard, Claudia Criesmayer, Frank Lino, Renzo Arbore. ◆ Disavventure quotidiane di un giovane artista farfallone a sud del Sud, detto Acchiappamosche (Onnis), un po' rustico, ma di belle speranze, che va in giro su una vecchia Guzzi 500 gridando al vento i suoi versi e le sue canzonacce. Lungometraggio d'esordio del pugliese Cirasola, che non riesce a cancellare un certo stile televisivo. Divertente Arbore nei panni di un barbiere che rade a ritmo di blues.

Odyssex – L'impero dei piaceri sessuali → *Odissea sessuale*

Oedipus Orca * (Italia 1976, col, 100') Eriprando Visconti. Con Rena Niehaus, Piero Faggioni, Gabriele Ferzetti, Carmen Scarpitta, Miguel Bosé, Michele Placido. ◆ Seguito di *La Orca*: tornata a casa dopo il sequestro, la ragazza (Niehaus) si insospettisce per la riluttanza mostrata dal padre nel pagare il riscatto. Scopre così che la madre aveva avuto un amante, e parte alla sua ricerca. Softcore travestito da dramma interiore con improbabili riferimenti psicoanalitici.

Off Limits – Proibito ai militari *½ (*Operation Mad Ball*, Usa 1957, b/n, 105') Richard Quine. Con Jack Lemmon, Mickey Rooney, Kathryn Grant, Ernie Kovacs, Arthur O'Connell, James Darren. ◆ A guerra finita, alcuni americani di stanza in Francia cercano di organizzare una serata danzante. Nemmeno la presenza, tra gli sceneggiatori, di Blake Edwards riesce a dare smalto a questa commedia scialba e prevedibile.

Offresi amore teneramente ** (*Nobody's Fool*, Usa 1986, col, 107') Evelyn Purcell. Con Rosanna Arquette, Eric Roberts, Jim Youngs, Louise Fletcher, Mare Winningham, Gwen Welles. ◆ Ragazza-madre di provincia (Arquette) decide di cambiar vita dandosi al teatro, ma quando tutto sembra andare bene e scopre l'amore con il tecnico delle luci (Roberts), ecco che si rifà vivo il padre della bimba. Innocua commedia sentimentale, che ha nella solida interpretazione di Roberts il suo punto di forza.

Oggetti smarriti ** (Italia 1980, col, 95') Giuseppe Bertolucci. Con Mariangela Melato, Bruno Ganz, Maria Luisa Santella, Renato Salvatori, Laura Morante, Francesca Rinaldi, Michael Pergolani. ◆ In crisi con se stessa, una signora della Milano bene (Melato) trascorre un giorno e una notte alla stazione in compagnia di un suo vecchio amico (Ganz), facendo strani incontri, ora inquietanti ora interessanti. Girando nella vera stazione Centrale, Bertolucci dà uno spessore autenticamente drammatico alle vicende della disorientata protagonista: se la sceneggiatura (scritta da Bertolucci con Enzo Ungari, Mimmo Rafele e Lidia Ravera) è sbilanciata nei suoi «eccessi letterari», la regia è invece controllata e suggestiva, aiutata dalla bella fotografia di Renato Tafuri e dalle musiche jazz di Enrico Rava. Esordio di Laura Morante nella parte di una tossicodipendente che si prostituisce.

Oggetto del mio desiderio, L' **½ (*The Object of My Affection*, Usa 1998, col, 111') Nicholas Hytner. Con Jennifer Aniston, Paul Rudd, Nigel Hawthorne, Alan Alda, John Pankow, Allison Janney, Amo Gulinello. ◆ Afflitta da un fidanzato noioso (Pankow), l'assistente sociale newyorkese Nina (Aniston) si innamora del gay George (Rudd) con cui divide l'appartamento, e gli propone di fare da padre al bambino che sta aspettando: ma anche George vuole avere la sua vita sentimentale e sessuale. Simpatica commedia sulle mutazioni del costume contemporaneo, che preferisce la leggerezza alla predica politicamente corretta. Ben scritta (da Wendy Wasserstein, da un romanzo di Stephen McCauley) e interpretata, con memorabili personaggi di contorno: dall'agente letterario che cerca invano di non essere snob (Alda) al gay rassegnato a invecchiare (Hawthorne).

Oggi a me... domani a te *½ (Italia 1968, col, 93') Tonino Cervi. Con Montgomery Ford, Bud Spencer [Carlo Pedersoli], Wayde Preston, William Berger, Jeff Cameron, Tatsuya Nakadai. ◆ L'indiano Bill Kowa (Ford), finito in carcere anche se innocente, recluta cinque pistoleri per catturare il fuorilegge che gli ha ucciso la donna e l'ha mandato in prigione. Simpatica variante sul tema dei *Magnifici sette*, fotografato con eleganza da Sergio D'Offizi. Cosceneggiatura di Dario Argento. Con questo film Tonino Cervi passa dalla produzione alla regia.

Oggi, domani, dopodomani *½ (Italia/Francia 1965, b/n e col, 97') Marco Ferreri, Eduardo De Filippo, Luciano Salce. ◆ Film a episodi. In *L'uomo dei 5 palloni* (Marco Ferreri. Con Marcello Mastroianni, Catherine Spaak, Ugo Tognazzi) un industriale si fa ossessionare dalla voglia di sapere fino a che punto si possono gonfiare i palloncini senza farli esplodere; in *L'ora di punta* (Eduardo De Filippo. Con Marcello Mastroianni, Virna Lisi, Luciano Salce), Michele scopre che tutte le coppie del quartiere, compresa quella che lo ospita, usano la pistola per risolvere le liti familiari; in *La moglie bionda* (Luciano Salce. Con Marcello Mastroianni, Pamela Tiffin, Lelio Luttazzi) un marito vuole vendere la moglie troppo spendacciona agli arabi, ma si accorge di essere lui al centro dell'interesse del compratore. Scandalosa operazione commerciale di Carlo Ponti che giudicando «impresentabile» il film che aveva fatto girare a Ferreri (*L'uomo dei 5 palloni*) lo ha ridotto fino a 25' e lo ha distribuito con due altri episodi girati frettolosamente, uno tratto da un atto unico di Eduardo (*Pericolosamente*), l'altro da un soggetto di Goffredo Parise. Nonostante tutto, nel primo episodio ci sono ancora scintille di intelligenza e paradosso, negli altri due soltanto qualche grama risata. Solo nel 1979, il film di Ferreri è stato ridistribuito in Italia nella sua versione integrale, col titolo *Break up – L'uomo dei palloni*.

Oggi è un altro giorno (Milano 1945-1995) **½ (Italia 1995, col e b/n, 38') Bruno Bigoni, Giuseppe De Santis. Con Salomone [Moni] Ovadia e gli allievi dell'Itsos di Milano. ◆ Il giro in bicicletta di un professore (Ovadia) e un gruppo di studenti liceali che attraversano Milano per ritrovare alcuni dei luoghi segnati dalla lotta partigiana – la piazza dove fu ucciso Eugenio Curiel, la «Villa triste» dove operava la banda Koch – si alternano agli interventi dei giovani studenti che spiegano cosa significhi per loro oggi la Resistenza e parole come libertà, dolore, morte, guerra. Il ritorno alla regia di Giuseppe De Santis dopo ventitré anni di inattività avviene in coppia col più giovane Bruno Bigoni e grazie a un video prodotto dall'assessorato alla Cultura della Provincia di Milano e dal Centro regionale per i Servizi didattici e audiovisivi. L'occasione celebrativa e didattica – il video circola soprattutto nelle scuole – non riduce il valore dell'operazione (proporre alle generazioni più giovani le radici storiche che accomunano persone cronologicamente distanti come Bigoni e De Santis): alternando il racconto e le dichiarazioni dei giovani a frammenti documentari e a sequenze «mentali» di taglio modernissimo che evocano scene di tortura o l'esecuzione per la strada di un giovane, il film riesce a trasmettere una riflessione non accademica sul passato antifascista e sul suo valore oggi. Il video si chiude con Ovadia, Bigoni e De Santis che recitano il testo di Piero Calamandrei per la lapide a Kesselring.

Oggi sposi *½ (Italia 1934, b/n, 72') Guido Brignone. Con Umberto Melnati, Leda Gloria, Ugo Ceseri, Giuseppe Porelli, Mario Gallina. ◆ Due sposini vanno in luna di miele a Roma, ma la vacanza si rivela piena di imprevisti. Commedia di discreto livello, sorretta dalla buona vena dei protagonisti. Sceneggiatura di Aldo De Benedetti.

Oggi sposi *½ (*The Wedding Party*, Usa 1966, b/n, 90') Brian De Palma. Con Jill Clayburgh, Charles Pfluger, Jennifer Salt, Robert De Niro, William Finley. ◆ Disavventure di un giovane in procinto di sposarsi che, dopo avere tentato infruttuose avances notturne con la futura moglie, decide di darsela a gambe. De Palma, al suo primo lungometraggio, sperimenta stili diversi, e fa esordire De Niro e la Clayburgh. Poco più di una curiosità, solo per i cultori del regista e degli attori.

Oggi sposi: sentite condoglianze ** (*War Between Men and Women*, Usa 1972, col, 110') Melville Shavelson. Con Jack Lemmon, Barbara Harris, Jason Robards, Herb Edelman, Lisa Gerritsen, Severn Darden. ◆ Un fumettista misogino (Lemmon) sposa una donna matura (Harris) con tre figli, ma il rapporto non sarà tutto rose e fiori. Qualche battuta azzeccata non rende giustizia ai racconti umoristici di James Thurber (che sono alla base del film); l'opera si regge soprattutto sulla buona prova degli attori.

Ogni donna ha il suo fascino *½ (*Do You Love Me?*, Usa 1946, col, 91') Gregory Ratoff. Con Maureen O'Hara, Dick Haymes, Harry James, Reginald Gardiner, Alma Kruger, Richard Gaines. ◆ La direttrice di un conservatorio (O'Hara) decide di curare maggiormente il proprio aspetto: non tarderanno ad arrivare ben due spasimanti. Un esilissimo spunto narrativo produce un musical altrettanto esile.

Ogni nudità sarà proibita **½ (*Toda nudez sera castigada*, Brasile 1973, col, 110') Arnaldo Jabor. Con Paulo Porto, Darlene Gloria, Paulo Sacks, Ugo Carvana, Paulo Cesar Pereiro, Isabel Ribeiro. ◆ Un vedovo (Porto) sposa una prostituta, scandalizzando il figlio appena uscito di prigione. E lui si vendica facendo della matrigna la propria amante. Tra il dramma e la commedia, un'intelligente e sottile analisi delle ipocrisie del moralismo. Qualche efficace reminiscenza buñueliana e una vivacissima Darlene Gloria nella parte della prostituta.

Ogni ragazza vuol marito ** (*Every Girl Should Be Married*, Usa 1948, b/n, 85') Don Hartman. Con Cary Grant, Betsy Drake, Franchot Tone, Diana Lynn, Alan Mowbray, Elizabeth Patterson. ◆ In cerca di marito, la commessa di un grande magazzino (Drake) mette gli occhi su un pediatra scapolo (Grant) non facile da conquistare. Frizzante commedia rosa che trae vantaggio dal fatto che i due protagonisti, Betsy Drake e Grant, recitano con gran disinvoltura, essendosi innamorati durante le riprese e sposati poco dopo l'uscita del film. Esiste una versione colorizzata.

Ogni uomo dovrebbe averne due ** (*Every Home Should Have One*, Gb 1970, col, 94') Jim Clark. Con Marty Feldman, Shelley Berman, Judy Cornwell, Patrick Cargill, Jack Watson, Julie Ege. ◆ Per reclamizzare dei cereali, un pubblicitario (Feldman) crea una campagna promozionale a sfondo erotico, ma deve fare i conti con l'intransigente moralismo della moglie. Conosciuto allora solo alla Tv britannica, lo stralunato Feldman inizia la sua carriera cinematografica con questa commedia maliziosa e oggi un po' superata, comunque piacevole e sorretta da un buon ritmo. In America è uscita col titolo *Think Dirty*.

Ogre, The ° (*Der Unhold/The Ogre*, Germania/Francia/Gb 1996, col, 117') Volker Schlöndorff. Con John Malkovich, Armin Müller-Stahl, Gottfried John, Marianne Sägebrecht, Volker Spengler, Heino Ferch, Dieter Laser, Agnès Soral, Caspar Salmon, Daniel Smith, Sasha Hanau. ◆ Una purezza di spirito molto simile all'ingenuità finisce per salvare ogni volta Abel (Salmon, poi da adulto Malkovich) dalle conseguenze delle sue azioni. Così, quando finisce nel castello di Kaltenborn, dove Göring (Spengler) va a caccia e il conte (Müller-Stahl) educa i ragazzi nel mito nazista, accetta di essere «l'orco» che, con la sua ascendenza sui bambini, deve reclutare allievi per la scuola del castello: ma fino a quando non capirà quello che sta facendo? Patinata e insipida versione del *Re degli ontani* di Michel Tournier, dove le esigenze della superproduzione internazionale schiacciano qualsiasi barlume di ispirazione: Schlöndorff fallisce sia sul piano epico (il film, sceneggiato dal regista con Jean-Claude Carrière, è vacuo e pomposo e gli attori, a cominciare da Malkovich, fuori parte) sia su quello intellettuale (la riflessione sull'incapacità della Germania di accettare le sue responsabilità è superficiale e schematica).

Ogro *½ (Italia/Spagna/Francia 1979, col, 121') Gillo Pontecorvo. Con Gian Maria Volonté, Saverio Marconi, Angela Molina, José Sacristan, Eusebio Poncela. ◆ Sul letto di morte, un terrorista che non ha mai rifiutato la lotta armata (Volonté) ripensa all'azione più spettacolare a cui ha partecipato, quella contro il vicepresidente del Consiglio Carrero Blanco da parte dei baschi dell'Eta il 20 settembre 1973. Anche in questo caso Pontecorvo usa uno stile asciutto ed essenziale, attento all'azione e ai suoi sviluppi, ma non riesce a dare alla vicenda il tono epico e lo spessore drammatico di altri suoi film e così l'opera (sceneggiata dal regista con Ugo Pirro e Giorgio Arlorio) rimane prigioniera della sua fredda attendibilità storica non riuscendo ad abbozzare, neppure in filigrana, un discorso sul terrorismo nostrano.

Oh! Calcutta! *½ (*Oh! Calcutta!*, Usa 1973, col, 95') Martin Guillaume Aucoin. Con Mark Dempsey, Samantha Harper, Patricia Hakins, Bill Macy, Raina Barrett, George Welbes. ◆ Versione cinematografica di un musical allestito con grande successo a Broadway nel 1969 da Kenneth Tynan (che ha sconfessato la riduzione per lo schermo), composto da una serie di scenette a sfondo sessuale ideate da vari autori (da John Lennon a Jules Feiffer a Robert Benton e Sam Shepard). Il film originale non aggiunge né toglie niente alla versione teatrale – sorta di divertita incursione nel mondo dei tabù sessuali, in difesa del permissivismo e contro l'ottusità del perbenismo – mentre l'edizione italiana è stata insopportabilmente tagliata e alterata nei dialoghi, in nome di quegli stessi princìpi che lo spettacolo voleva irridere. In originale 1089.

Oh, che bella guerra! **½ (*Oh, What a Lovely War*, Gb 1969, col, 116′) Richard Attenborough. Con Laurence Olivier, John Gielgud, Ralph Richardson, Dirk Bogarde, Phyllis Calvert, Jean-Pierre Cassel, John Clements, Michael Redgrave, Vanessa Redgrave, Maggie Smith, Susannah York, Jane Seymour. ◆ Allo scoppiare della prima guerra mondiale la propaganda bellica fa la voce grossa, poi i primi lutti familiari aiutano a comprendere la portata tragica dell'evento. Commedia musicale che segna l'esordio alla regia per Attenborough, il quale trasferisce sullo schermo gli aspri e polemici umori pacifisti di un testo teatrale di Joan Littlewood. Ben diretto, ma inspiegabilmente mutilato nell'edizione italiana: in originale 139′.

Oh, mia bella matrigna *½ (Italia 1976, col, 95′) Guido Leoni. Con Sabina Ciuffini, Gianfranco De Angelis, Maurice Ronet, Crippy Yocard, Gloria Piedimonte, Tom Fellegi. ◆ Lalla (Ciuffini), la seconda moglie di un professore di archeologia (Ronet), è troppo giovane perché non scatti la scintilla con il figlio di primo letto, Claudio (De Angelis): i due piccioncini pensano anche a come eliminare il marito, ma il piano ha uno sviluppo inaspettato. Imbarazzante melodramma con risvolti edipici sceneggiato dai fratelli Sandro e Guido Leoni, che non risparmia nemmeno il cartello «Fine. Anzi no continua»: né cult né trash, ma le scene in cui lei si fa impiastricciare con una torta per dimostrare l'entusiasmo del suo giovanile amore sono da antologia. La Ciuffini mostra con generosità il (bel) seno ma non si toglie le mutandine nemmeno sotto la doccia. Integrale, invece, il nudo di Crippy Yocard, usata da Claudio per suscitare le gelosie della matrigna.

Oh, Serafina! ** (Italia 1976, col, 100′) Alberto Lattuada. Con Renato Pozzetto, Dalila Di Lazzaro, Angelica Ippolito, Lilla Brignone, Marisa Merlini, Aldo Giuffré, Gino Bramieri, Franco Nebbia. ◆ Per l'avidità della moglie (Ippolito), diventata amante del segretario dei politici locali, l'industriale lombardo Augusto Valle (Pozzetto), ingenuo e amante della natura, si ritrova internato in un manicomio. E qui trova l'amore sincero con la bella e dolce Serafina (Di Lazzaro), rinchiusa per aver contestato il padre mercante d'armi. Liberamente ispirato al romanzo omonimo di Giuseppe Berto, un film (sceneggiato da Lattuada, Berto ed Enrico Vanzina) dove le goffaggini di Pozzetto e l'erotismo che è diventato il segno del regista si trovano fusi in una fiaba crudele e grottesca (e troppo ingenua).

Oi vita, oi vita mia → *'O surdato 'nnammurato*

Okinawa *½ (*Halls of Montezuma*, Usa 1950, col, 113′) Lewis Milestone. Con Richard Widmark, Jack Palance, Reginald Gardiner, Robert Wagner, Jack Webb, Karl Malden. ◆ Durante la seconda guerra mondiale i marines si scontrano ad Okinawa con le truppe giapponesi. Film di guerra stereotipato e convenzionale, che si regge solo grazie alla grinta degli attori.

Oklahoma! ** (*Oklahoma!*, Usa 1955, col, 145′) Fred Zinnemann. Con Gordon MacRae, Shirley Jones, Rod Steiger, Gene Nelson, Eddie Albert, Gloria Grahame. ◆ Bella ragazza dell'Oklahoma (Jones) preferisce il piacente cowboy Curley (MacRae) al rozzo agricoltore Jud (Steiger), che tenta però di vendicarsi del torto subìto. Spettacolare commistione di western e musical, girata in Todd-AO e tratta dalla commedia musicale di Rodgers e Hammerstein, che all'epoca ebbe un enorme successo: oggi mostra tutti i suoi difetti, soprattutto la sua prolissità. Sempre belle le coreografie di Agnes DeMille, che aveva collaborato anche all'edizione di Broadway. Oscar alle musiche di Robert Russell Bennett, Jay Blackton e Adolph Deutsch (tra i numeri più celebri *The Surrey with the Fringe on Top*, *People Will Say We're in Love*, *Oh, What a Beatiful Morning*) e al suono (Fred Hynes).

O.K. Nerone ** (Italia 1951, b/n, 90′) Mario Soldati. Con Walter Chiari, Carlo Campanini, Silvana Pampanini, Jackie Frost, Piero Palermini, Giulio Donnini, Alba Arnova, Giacomo Furia. ◆ Presi a botte vicino al Colosseo, due turisti americani (Chiari e Campanini) sognano di vivere, con alterne fortune, nell'antica Roma, dove saranno schiavi, gladiatori e «favoriti» dell'imperatore. Commediola sciocca ma comunque divertente. Tra gli sceneggiatori, Age e Scarpelli, Monicelli e Steno. Attenzione a Gino Cervi nella parte di Nerone.

O la borsa o la vita **½ (Italia 1933, b/n, 68′) Carlo Ludovico Bragaglia. Con Sergio Tofano, Rosetta Tofano, Luigi Almirante, Cesare Zoppetti, Lamberto Picasso, Mara Dussia. ◆ Agente di Borsa convinto di aver dilapidato il patrimonio di un amico, Daniele (Tofano), decide di morire entro mezzanotte per permettere a costui di riscuotere l'assicurazione sulla sua vita. Ma poiché la polizza è valida solo in caso di disgrazia, Daniele cerca di procurarsene qualcuna: farsi investire da una macchina, entrare nella fossa dei leoni allo zoo, salire su un aereo impegnato in rischiose acrobazie, finire in un covo di sedicenti anarchici (in realtà sono pazzi fuggiti dal manicomio) e accettare un incarico da kamikaze. Tutto inutile: la vita non vuole lasciarlo. Opera d'esordio di Bragaglia, tratta da una commedia radiofonica di Alessandro De Stefani, *La dinamo dell'eroismo* (sceneggiata dal regista e Gino Mazzucchi), a dispetto della sua origine «parlata», è un piccolo capolavoro di cinema puro, la cui scatenata comicità nonsense, messa in moto dall'equivoco iniziale, deve molto alla lezione del muto. Tofano, aspirante suicida stralunato, è straordinario ma l'intero cast contribuisce a creare una galleria di figurine surreali tanto riuscite quanto rare nella produzione italiana del periodo (e non solo di quello). Le acrobazie aeree sono dovute all'asso dell'aviazione Mario De Bernardi.

Old Boyfriends (Vecchi amori) → *Compagno di scuola, Il*

Old Gringo – Il vecchio gringo *½ (*Old Gringo*, Usa 1989, col, 119′) Luis Puenzo. Con Gregory Peck, Jane Fonda, Jimmy Smits, Patricio Contreras, Jenny Gago, Jim Metzler, Gabriela Rosi. ◆ In Messico, durante la rivoluzione capeggiata da Pancho Villa, si incrociano i destini dello scrittore Ambrose Bierce

(Peck) e di un'insegnante americana (Fonda). Lui è in cerca di avventure e di morte, lei di emozioni forti. Tratto dal romanzo omonimo di Carlos Fuente (sceneggiato da Puenzo e Aida Bortnik), è un film epico e commovente solo nelle intenzioni: attori e soggetto sono in ritardo di almeno vent'anni.

Oleanna ** (*Oleanna*, Usa 1996, col, 87′) David Mamet. Con William H. Macy, Debra Eisenstadt. ◆ Un professore (Macy) si attarda nel suo studio a dare spiegazioni a una studentessa un po' tonta (Eisenstadt), che in seguito lo accusa di elitismo, maschilismo e tentato stupro: inizia un gioco delle parti, in cui vittima e carnefice si cercano e si scambiano di ruolo. Cinema da camera (che Mamet ha adattato da una sua commedia) dove fin dall'inizio è scoperto il tema delle diverse interpretazioni della realtà. Meno prevedibile che si arrivi a una satira violenta di femministe e adepte del *politically correct*, senza per questo risparmiare la distruzione sadica del personaggio maschile. Dimostrazione di virtuosismo (anche se il doppiaggio rende ragione solo a Macy) che resta alla fine ermetica e un po' fine a se stessa.

Olimpiadi dei mariti, Le * (Italia 1960, b/n, 98′) Giorgio Bianchi. Con Ugo Tognazzi, Raimondo Vianello, Delia Scala, Sandra Mondaini, Hélène Chanel, Anna Rasmussen, Toni Ucci, Ernesto Calindri. ◆ Due giornalisti (Tognazzi e Vianello) abbordano due turiste tedesche a Roma per le Olimpiadi. Dovendo trovare una scusa per le mogli, si cacciano nei guai. Modesta commediola a base di equivoci e travestimenti, dei tempi in cui Tognazzi non era stato ancora scoperto come attore dalle grandi possibilità.

Olimpiadi della giungla, Le *½ (*Animalympics*, Usa 1978, col, 90′) Steven Lisberger. ◆ In un'isola dei mari del Sud si svolgono le Olimpiadi del regno animale a cui partecipano, tra gli altri, l'elefantessa Olga Elefantova, il bassotto Kurt Kuffer, il papero asiatico Kwakimoto e la leonessa Kit. Modesto film a cartoni animati abbastanza tradizionale nel disegno e senza grandi invenzioni di sceneggiatura.

Olio di Lorenzo, L' ** (*Lorenzo's Oil*, Usa 1992, col, 135′) George Miller. Con Nick Nolte, Susan Sarandon, Peter Ustinov, Kathleen Wilhoite, Gerry Bamman, Margo Martindale, Zack O'Malley Greenburg. ◆ Nell'estremo tentativo di salvare il figlio affetto da un morbo genetico mortale (la sindrome di O'Malley Greenburg), una coppia di non medici (Nolte e Sarandon) scopre un rimedio in grado di prevenire la malattia e arrestarne il decorso. Ispirato alla storia vera dei coniugi Odone (economista lui, linguista lei), *L'olio di Lorenzo* si distingue da altri film del genere per l'approccio pudico e preciso alla vicenda, ma non riesce a evitare fino in fondo il rischio del patetico di coppia, che rende paradossalmente poco verosimile nella fiction una vicenda effettivamente accaduta nella realtà. Fondamentale l'apporto dei due attori (la Sarandon è stata nominata all'Oscar), ma forse non è secondario il fatto che George Miller, l'autore di *Mad Max* (autore anche della sceneggiatura con Nick Enright), in realtà è un ex medico.

Oliver! **½ (*Oliver!*, Gb 1968, col, 153′) Carol Reed. Con Ron Moody, Shani Wallis, Oliver Reed, Mark Lester, Jack Wild, Hugh Griffith, Harry Secombe. ◆ Arrivato a Londra, Oliver Twist (Lester) prima si unisce a una banda di giovani ladruncoli guidati dal volgare Fagin (Moody), e poi viene adottato da un benigno gentiluomo. Versione per il grande schermo di un musical di grande successo di Lionel Bart, che dava uno sfondo canoro alle vicissitudini del personaggio di Dickens. Bello da vedere, grazie anche all'abilità degli scenografi ma non da sentire, considerato che le canzoni sono state tutte doppiate. Vincitore di sei Oscar: miglior film, regia, colonna sonora (Johnny Green), scenografia (John Box, Terence Marsh), suono e uno speciale alla coreografa Onna White.

Oliver & Company **½ (*Oliver & Company*, Usa 1989, col, 74′) George Scribner. ◆ Film d'animazione che fa dell'Oliver Twist di Dickens un grazioso gattino, trasformando i suoi compari di malefatte in cani randagi. Prodotto da Walt Disney, non è all'altezza dei migliori film della casa, ma rimane comunque un passatempo piacevole e divertente.

Oliver's Story * (*Oliver's Story*, Usa 1978, col, 92′) John Korty. Con Ryan O'Neal, Candice Bergen, Ray Milland, Nicola Pagett, Edward Binns, Swoosie Kurtz. ◆ Inconsolabile dopo la morte dell'amata, il rampollo della fortuna Bonwit Teller (O'Neal) litiga col padre e non riesce ad amare una ragazza che pure sembra attrarlo. Seguito di *Love Story*: noiosa, melensa, prevedibile versione di un altro sciropposo romanzo di Erich Segal.

Oliver Twist ** (*Oliver Twist*, Gb 1982, col, 100′) Clive Donner. Con George C. Scott, Tim Curry, Michael Hordern, Timothy West, Eileen Atkins, Cherie Lunghi. ◆ Le disavventure del trovatello Oliver Twist, che viene circuito dall'avido Fagin (Scott) e deve lottare contro la cattiveria del fratellastro Monks prima di riuscire ad abbandonare il sottobosco di ladri in cui era capitato. Un'altra versione del romanzo di Charles Dickens: onesto film televisivo (sceneggiato da James Goldman) che si distingue soprattutto per la strepitosa performance di Scott nel ruolo dell'ebreo Fagin. Niente a che vedere con *Le avventure di Oliver Twist* dirette da D. Lean.

Olivier Olivier ** (*Olivier Olivier*, Francia 1992, col, 109′) Agnieszka Holland. Con François Cluzet, Brigitte Rouan, Jean-François Stévenin, Grégoire Colin, Marina Golovine. ◆ A sei anni dalla scomparsa del loro figlio Olivier, la famiglia Duval si ritrova in casa, direttamente dai marciapiedi di Parigi, un quindicenne (Colin): forse è un impostore (e la sorella, che lo ama incestuosamente, preferirebbe che lo fosse), forse è davvero il figlio ancora traumatizzato da una violenza inenarrabile. La regista di *Europa Europa* (che noia questi titoli doppi!) riesce a essere un po' meno didattica del solito, e racconta una storia ambigua in modo ambiguo. Anche se non si sentiva il bisogno degli ennesimi dilemmi pirandelliani, complicati con variazioni – non troppo sotterranee – di *Teorema*.

Oltraggio, L' ° (*The Outrage*, Usa 1964, b/n, 97′) Martin Ritt. Con Paul Newman, Edward G. Robinson, Claire Bloom, Laurence Harvey, William Shatner. ◆ Un bandito messicano (Newman, esagitato e truccato in modo ridicolo) è condannato a morte per lo stupro di una donna e l'uccisione del marito imbelle (Harvey): ma testimoni e protagonisti narrano versioni discordanti dell'accaduto. Pretenzioso e inutile adattamento di *Rashomon*: la tesi sulla relatività della verità, in una cornice western, suona fasulla e forzata. Secondo – e peggiore – dei tre western pseudoesistenzialisti girati da Ritt con Newman (con *Hud il selvaggio* e *Hombre*).

Oltre il destino *½ (*Interrupted Melody*, Usa 1955, col, 106') Curtis Bernhardt. Con Eleanor Parker, Glenn Ford, Roger Moore, Cecil Kellaway. ◆ Biografia di una cantante d'opera australiana che, grazie all'amorevole assistenza del marito, riuscì a riprendersi dalla poliomielite. Drammone a lieto fine che non varca i limiti dell'onesto professionismo. Poco giustificato l'Oscar alla sceneggiatura di William Ludwing e Sonya Levien.

Oltre il giardino *** (*Being There*, Usa 1979, col, 130') Hal Ashby. Con Peter Sellers, Shirley MacLaine, Melvyn Douglas, Jack Warden, Richard Dysart, Richard Basehart. ◆ Un giardiniere (Sellers) timido e analfabeta viene a contatto con la high-class americana, che scambia la sua ingenuità per intelligenza e i suoi silenzi per saggezza. Così viene osannato come genio della finanza e della politica. Tratto da un romanzo di Jerzy Kosinski, che firma anche l'adattamento per lo schermo (in questo personaggio senza passato ha condensato molte delle proprie angosce di esule che ha cercato in tutti i modi di «cancellare» la sua storia), è un'ironica e pungente satira della società statunitense, soggiogata e istupidita dalla televisione. Impagabile prova di Sellers e Oscar come miglior attore non protagonista per Douglas.

Oltre il ponte di Brooklyn ** (*Over the Brooklyn Bridge*, Usa 1984, col, 106') Menahem Golan. Con Elliott Gould, Margaux Hemingway, Sid Caesar, Burt Young, Shelley Winters, Carol Kane. ◆ Il proprietario di una squallida pizzeria (Gould), sogna di aprire un locale al di là del ponte. Ma la famiglia – ebrea – non gradisce la sua ragazza cattolica (Hemingway) e non gli concede i finanziamenti. Commediola diretta da Golan con mano sorprendentemente lieve, che realizza un ritratto divertito e affettuoso della comunità ebraica newyorchese.

Oltre la legge *½ (*One Man's Jury*, Usa 1978, col, 104') Charles M. Martin. Con Jack Palance, Christopher Mitchum, Pamela Shoop, Joe Spinell. ◆ Un tenente di polizia (lo stagionato ma efficace Palance) usa metodi spicci contro una banda di gangster particolarmente disgustosi. Poliziesco violento e schematico, sulla scia del *Giustiziere della notte* e della serie dell'ispettore Callaghan.

Oltre la mente * (*Mindbender*, Usa 1995, col, 93') Ken Russell. Con Ishai Golan, Terence Stamp, Idan Alterman, Hetty Baynes, Erez Atar. ◆ La vita di Uri Geller (Golan), dotato di poteri telecinetici: gli esordi più o meno folcloristici, il colpo tentato dall'esercito americano per spacciarlo come «arma segreta», il rapporto con il dottor Joe Hartman (Stamp) Ken Russell, affascinato da tutto ciò che è metafisico e irrazionale, scrive (insieme a Yael Stern) e mette insieme alla meno peggio un biopic imbarazzante sotto ogni punto di vista: il clou è un incredibile appello telecinetico al disarmo cui fa seguito, nei titoli di coda, l'epifania del vero Geller a tu per tu con gli spettatori.

Oltre la porta ° (Italia 1982, col, 118') Liliana Cavani. Con Marcello Mastroianni, Eleonora Giorgi, Tom Berenger, Michel Piccoli, Maria Sofia Amendola. ◆ Innamorata del patrigno (Mastroianni), Nina (Giorgi), corrompendo i funzionari marocchini, trasforma in una gabbia dorata la cella in cui questi è rinchiuso per un omicidio che non ha commesso. Intanto organizza tour erotici per turisti, e si fa sposare da un giovane americano (Berenger). Ma tornata in Italia col patrigno, sarà solo sua. Serioso polpettone con pretese di scandalo (scritto dalla regista con Enrico Medioli), dove tutto suona inverosimile e costruito a tavolino, a cominciare dal solito Marocco popolato di maschi affamati di donne bianche.

Oltre la tempesta → *Albatross, L' – Oltre la tempesta*

Oltre la vendetta * (*Blind Side*, Usa 1992, col, 100') Geoff Murphy. Con Rebecca De Mornay, Ron Silver, Rutger Hauer, Jonathan Banks, Mariska Hargitay. ◆ Durante una vacanza in Messico, i coniugi Kaines (Silver e De Mornay) investono accidentalmente un poliziotto, e se la filano per evitare guai con la giustizia locale. Ma tornati a casa, uno sconosciuto (Hauer) che sembra sapere troppo si introduce nella loro vita, e comincia a perseguitarli. Scipito epigono del filone delle famiglie in pericolo: questa volta non c'è neanche un'ombra di ambiguità ad animare i personaggi, e il finale è il più roseo e scontato che si possa immaginare.

Oltre l'Eden *½ (*L'Eden et après*, Francia/Cecoslovacchia 1971, col, 100') Alain Robbe-Grillet. Con Catherine Jourdan, Pierre Zimmer, Lorraine Rainer, Sylvain Corthay, Richard Leduc. ◆ Un gruppo di studenti annoiati, che si riunisce al caffè L'Eden, viene coinvolto in un'avventura esotica a sfondo sadomaso che li porterà alla morte. Ma a questo punto il film ricomincia da capo. Tipica sperimentazione di Robbe-Grillet, che si serve di materiali dei generi più bassi per rovesciare le leggi del racconto tradizionale. Il motivo della protagonista che si ritrova dentro un film, comunque, risale a Buster Keaton (*La palla n. 13*). Snob ed estetizzante. Con lo stesso materiale, montato in modo diverso, il regista realizzò un altro film con un'altra storia, *N. a pris les dés*.

Oltre le sbarre ** (*Me'achorei hasoragim*, Israele 1984, col, 105') Uri Barbash. Con Arnon Zadok, Muhamad Bakri, Hillel Ne'eman, Assi Sayan. ◆ In un braccio di massima sicurezza di un carcere mediorientale ebrei e palestinesi solidarizzano contro i loro aguzzini. Collana di bozzetti crudi ma abbastanza prevedibili, in cui la maggiore originalità è il sottofondo politico, fonte di accese discussioni e di critiche da parte degli estremisti di entrambe le parti in questione. Fuori dal suo contesto il film perde però molto della sua carica provocatoria. Premiato alla Settimana della critica del festival di Venezia.

Oltre ogni limite **½ (*Extremities*, Usa 1986, col, 89') Robert M. Young. Con Farrah Fawcett, James

Russo, Diana Scarwid, Alfre Woodward. ◆ Dopo essere stata vittima di un tentativo di stupro, una donna (Fawcett) subisce una nuova aggressione: ma questa volta si ribella, sequestra il maschio e diventa lei la carnefice. Un'amica la ferma prima che abbia portato a termine la sua vendetta. Violento e discusso adattamento di un'opera teatrale di William Mastrosimone, il film si limita a un'esposizione didattica dei problemi (la violenza sulle donne, il maschilismo, la liceità della vendetta), senza andare mai veramente a fondo, mentre un finale accomodante smorza l'impatto della prima parte, tesa e crudele. Una rivelazione la prova della Fawcett che, in versione seria e senza trucco, si dimostra all'altezza del ruolo.

Oltre ogni rischio *½ (*Cat Chaser*, Usa 1989, col, 90') Abel Ferrara. Con Peter Weller, Kelly McGillis, Tomas Milian, Charles Durning, Frederic Forrest. ◆ Un ex soldato (Weller) viene coinvolto in intrighi delittuosi dalla sua ex amante (McGillis), diventata moglie del capo della polizia segreta di Santo Domingo. Thriller verboso e confuso, malgrado qualche buona sequenza d'azione. La McGillis si spoglia e cerca vanamente di lanciarsi come star erotica. Il regista si è lamentato di manipolazioni da parte dei produttori.

Oltre Rangoon **½ (*Beyond Rangoon*, Gb 1995, col, 99') John Boorman. Con Patricia Arquette, Aung Ko, Frances McDormand, Adelle Luz, Spalding Gray, Tiara Jacquelina, Kuswadinath Bujang, Victor Slezak, Jit Murad, Ye Myint, Cho Cho Myint. ◆ Durante un viaggio in Birmania, Laura Bowman (Arquette), una giovane dottoressa americana ancora sconvolta dalla morte della famiglia sterminata da un folle, si imbatte in una tragedia più grande della sua, e in un popolo che la affronta con grande serenità. Colpita dall'esempio del futuro premio Nobel per la pace Aung San Suu Kyi (Luz) e coinvolta nella resistenza alla dittatura militare che opprime il Paese, saprà trovare in sé la forza per ricominciare a vivere, anche grazie all'aiuto del vecchio Aung Ko (Ko). Come in *Un tranquillo weekend di paura* o *L'esorcista II* i personaggi di Boorman ritrovano i fantasmi che opprimono il loro spirito riprodotti e moltiplicati nel paesaggio umano che li circonda, sotto forma di incubi visionari o violenti, da cui ci si può liberare solo tornando in pace con se stessi, ma anche prendendo risolutamente coscienza e posizione. Un film a suo modo militante e poetico, sceneggiato da Alex Lasker e Bill Rubenstein e arricchito da una colonna sonora New Age di Hans Zimmer. Non tutto funziona a meraviglia nella messinscena del regista inglese, che talvolta sfiora la retorica; ma certi momenti (come la manifestazione studentesca nel cuore della notte o il momento del «distacco» di Laura dal suo passato) sono indimenticabili. Charley Boorman, figlio del regista, veste i panni del fotografo.

O Lucky Man ** (*O Lucky Man!*, Gb 1973, col, 173') Lindsay Anderson. Con Malcolm McDowell, Rachel Roberts, Arthur Lowe, Ralph Richardson, Helen Mirren. ◆ La carriera di un ingenuo piazzista di una ditta di caffè (McDowell), la cui fortuna subisce continui capovolgimenti. Dopo avere incontrato scienziati pazzi, gruppi rock e ingegneri nucleari, alla fine farà l'attore. Ambizioso aggiornamento del *Candido* di Voltaire in chiave di ballata satirica sceneggiato da David Sherwin: troppo lungo per non riuscire stucchevole, ma interpretato da McDowell con grande verve. Bella musica di Alan Price.

Olympia **½ (Germania 1936) Leni Riefenstahl. Documentario in due parti: *Olympia – I Parte* (*Olympia I. Teil «Fest der Völker»*, b/n, 125') e *Apoteosi di Olympia* (*Olympia II. Teil «Fest der Schönheit»*, b/n, 99'). ◆ La storia delle Olimpiadi, dall'antichità classica all'inaugurazione dell'edizione di Berlino e allo svolgimento dei giochi, girata con stile estetizzante per esaltare un ideale di bellezza classica. Prodotto con l'appoggio ufficiale del governo nazista (la Riefenstahl ebbe a disposizione 40 operatori, alcuni dei quali su dirigibili o dentro le piscine), il film aveva ovvie intenzioni propagandistiche di esaltazione della razza ariana; nondimeno la regista dedicò immagini molto belle (usando spesso il rallentatore per aumentarne l'enfasi) anche alle vittorie di Jesse Owens, scene che fecero bollire di rabbia il Führer. Per montare 300 ore di girato ci vollero 18 mesi. Enfatico, ma spettacolare e spesso innovativo nell'uso del montaggio e del linguaggio cinematografico. Coppa Mussolini alla mostra di Venezia del 1938 ex aequo con *Luciano Serra pilota*.

Olympia *½ (*A Breath of Scandal*, Usa/Italia 1960, col, 98') Michael Curtiz. Con Sophia Loren, John Gavin, Maurice Chevalier, Angela Lansbury, Isabel Jeans, Tullio Carminati, Roberto Risso, Carlo Hinterman, Milly Vitale. ◆ All'inizio dell'Ottocento, una nobile (Loren) desta scandalo nella corte viennese per essersi innamorata di un americano (Gavin). Da una commedia di Ferenc Molnár, un film in costume sfarzoso e vuoto. Chevalier e la Lansbury cercano di compensare la staticità dei protagonisti. Girato a Cinecittà.

Ombra che cammina, L' ** (*The Walking Dead*, Usa 1936, b/n, 66') Michael Curtiz. Con Boris Karloff, Edmund Gwenn, Marguerite Churchill, Ricardo Cortez, Warren Hull, Robert Strange, Joseph King. ◆ Riportato in vita da un professore dopo essere stato ingiustamente giustiziato sulla sedia elettrica, un musicista dall'ambiguo passato (Karloff) si vendica di coloro che l'avevano fatto condannare a morte. Tipico horror degli anni Trenta, rapido e sbrigativo, che mescola i luoghi comuni del genere con suggestioni prese dai film di gangster, ma girato da Curtiz con grande attenzione alle atmosfere: Karloff dopo la resurrezione, con livide striature bianche tra i capelli, e l'andatura appesantita di chi deve trascinarsi una gamba, non si dimentica facilmente.

Ombra del diavolo, L' ° (*The Devil's Own*, Usa 1997, col, 107') Alan J. Pakula. Con Brad Pitt, Harrison Ford, Margaret Colin, Ruben Blades, Treat Williams, George Hearn, Mitchell Ryan, Natascha McElhone, Paul Roman, Simon Jones. ◆ Tom O'Meara (Ford), un poliziotto newyorkese di origine irlandese, ospita il compatriota Frankie McGuire (Pitt) che gli è stato presentato da un giudice (Hearn), senza sapere che si tratta di un terrorista dell'Ira, venuto negli Usa per comprare una partita di razzi da usare contro gli elicotteri inglesi: inevitabile la scoperta della verità e lo scontro tra due idee opposte di «lealtà» ai propri ideali. Dov'è finito il talento di Pakula? Si intravede nelle prime scene irlandesi, con una bella azione di guerriglia urbana, ma poi sparisce dietro il (basso) standard produttivo in voga a Hollywood, preoccupato solo di non irritare la suscettibilità delle due star (che sul set hanno violentemente litigato per invidia reciproca. E si capisce). Le fan di Brad Pitt si possono consolare con un super primo piano dei suoi occhi azzurri. Fotografia di Gordon Willis e sceneggiatura di Kevin Jarre, David Aaron Cohen e Vincent Patrick.

Ombra del dubbio, L' *** (*Shadow of a Doubt*, Usa 1943, b/n, 108') Alfred Hitchcock. Con Joseph Cotten, Teresa Wright, MacDonald Carey, Hume Cronyn, Patricia Collinge, Henry Travers. ◆ Charlie Oakley (Cotten) si trasferisce senza motivo apparente presso alcuni suoi parenti; la nipote (Wright) dapprima lo prende in simpatia, poi capisce che è l'ammazzavedove ricercato da un ispettore (Carey), e rischia di diventare la prossima vittima. Più che un thriller, la storia di un amore impossibile, e il ritratto di un assassino ambiguo ma mai veramente antipatico, indimenticabile rappresentazione di quello che potrebbe essere davvero il diavolo. Hitchcock (che appare come un giocatore di bridge in treno) era fiero della collaborazione di Thornton Wilder alla sceneggiatura, che però è dispersiva e piena di episodi accessori. Invecchiato e fastidioso il doppiaggio italiano, come anche la musica di Tiomkin. Rifatto da Harry Keller (*Step Down to Terror*, 1958, con Colleen Miller e Charles Drake) inedito in Italia.

Ombra dell'altro, L' *½ (*A Medal for Benny*, Usa 1945, b/n, 77') Irving Pichel. Con Dorothy Lamour, Arturo de Cordova, J. Carrol Naish, Mikhail Rasumny. ◆ Un giovane scapestrato si riscatta andando a morire da eroe in Giappone. Il nuovo fidanzato della sua ex ragazza non intende essere da meno. Mediocre film di propaganda, tratto da un soggetto di John Steinbeck e Jack Wagner.

Ombra dell'uomo ombra, L' *½ (*Shadow of the Thin Man*, Usa 1941, b/n, 97') W.S. Van Dyke II. Con William Powell, Myrna Loy, Barry Nelson, Donna Reed, Sam Levene. ◆ Quarto film per la coppia di detective Nick e Nora Charles (Powell e Loy), impegnati a risolvere un caso di omicidio nell'ambiente dell'ippica. La formula del giallorosa cominciava a logorarsi, anche se il favore del pubblico non veniva meno. Seguito da *L'uomo ombra torna a casa*.

Ombra del nemico, L' ** (*Living in Peril*, Usa 1996, col, 90') Jack Ersgard. Con Rob Lowe, James Belushi, Dean Stockwell, Dana Wheeler-Nicholson, Richard Moll, Alex Meneses. ◆ L'architetto Walter Woods (Lowe) si trasferisce a Los Angeles per costruire una casa a un ricco cliente di Beverly Hills (Belushi): ma quella che doveva diventare l'occasione della sua vita si trasforma in un incubo, tra camionisti pazzi, coinquilini svitati e violentissimi «visitatori» notturni. Paranoie urbane a ovvio lieto fine, più vicine alla citazione coeniana (l'amministratore del condominio interpretato da Dean Stockwell) che kafkiana, senza infamia e senza lode. Sceneggiato in famiglia da tre Ersgard: Patrick, Jesper e Jack.

Ombra del passato, L' *** (*Murder, My Sweet*, Usa 1945, b/n, 95') Edward Dmytryk. Con Dick Powell, Claire Trevor, Anne Shirley, Otto Kruger, Mike Mazurki. ◆ Marlowe (Powell) viene ingaggiato da un ex detenuto per ritrovare la sua ragazza, Velma, che si nasconde sotto una doppia identità. Il caso si incrocia con quello di una collana rubata e sfocia in un'ecatombe. Dick Powell, il primo Marlowe sullo schermo, abbandona la sua maschera brillante in un film secco e duro, approvato dallo stesso Chandler, malgrado le variazioni apportate al testo d'origine (*Addio, mia amata*). Celebre la scena degli incubi di Marlowe imbottito di droga e di botte. Lo stesso libro ha ispirato *Marlowe, il poliziotto privato* nel 1975.

Ombra del patibolo, L' → *Certosa di Parma, La*

Ombra del testimone, L' ** (*Mortal Thoughts*, Usa 1991, col, 103') Alan Rudolph. Con Demi Moore, Glenne Headly, Bruce Willis, Harvey Keitel, John Pankow, Billie Neal. ◆ Un marito violento e maiale (Willis) è un perfetto candidato all'omicidio. Ma chi se ne assume l'onere: la moglie vessata (Headly) o l'amica del cuore (Moore), anch'ella infelicemente sposata? Chi conosce *Paura in palcoscenico* di Hitchcock capisce subito la soluzione di questo giallo più ingenuo di quanto vorrebbe sembrare. Ma i personaggi non sono banali e Rudolph – a mezzo servizio – resta un buon conoscitore delle frustrazioni dell'America di provincia. La Moore è anche produttrice esecutiva.

Ombra di mille soli, L' ** (*Fat Man and Little Boy*, Usa 1990, col, 126') Roland Joffé. Con Paul Newman, Dwight Schultz, Bonnie Bedelia, John Cusack, Laura Dern, Natasha Richardson, Ed Lauter. ◆ Nell'agosto 1942 il generale Groves (Newman) riceve ordine dal presidente Roosevelt di costituire un'équipe di teste d'uovo per accelerare la fabbricazione della bomba atomica e lui chiama lo scienziato Oppenheimer (Schultz), per quanto sospettato di comunismo, contando sul suo odio per il nazismo. Il racconto termina prima di Hiroshima: ma Oppenheimer aveva già capito che la bomba serviva agli Stati Uniti più per il dopoguerra che per il conflitto ancora in corso. L'interesse del film è soprattutto storico e documentaristico. Grandi dilemmi (fino a che punto è lecito portare la curiosità scientifica?) e coloriture pacifiste, ma ritmo da sceneggiato televisivo. Grossa delusione al botteghino, malgrado gli illustri nomi coinvolti. Fotografia di Vilmos Zsigmond e musiche di Ennio Morricone.

Ombra nel buio, Un' *½ (*The Fan*, Usa 1981, col, 95') Edward Bianchi. Con Lauren Bacall, Michael Biehn, Maureen Stapleton, James Garner, Hector Elizondo, Griffin Dunne. ◆ Un'attrice di Broadway (Bacall) è perseguitata da un ammiratore psicotico che non si ferma neppure di fronte all'omicidio. Thriller scontato e manierato nell'ambientazione teatrale; l'unico motivo d'interesse è la presenza della Bacall, un'attrice sempre dotata di molta classe.

Ombra nella nebbia, Un' **½ (*Bulldog Drummond Strikes Back*, Usa 1934, b/n, 83') Roy Del Ruth. Con Ronald Colman, Loretta Young, C. Aubrey Smith,

Charles Butterworth, Warner Oland, Mischa Auer. ◆ Anche durante la luna di miele Bulldog (Colman) e il suo amico Algy (Butterworth) trovano il tempo di indagare su una misteriosa casa di Londra. Quarto film sonoro dedicato all'investigatore dai modi ultraspicci, sicuramente il migliore della serie per «il ritmo stupefacente, la libertà d'invenzione, la varietà dei toni» [Coursodon-Tavernier]. Il dialogo, che dà l'impressione di essere costantemente improvvisato, permette di mescolare i generi, confondere le piste, favorire i colpi di scena, mentre l'ironia introduce «una distanza affettuosa e complice». Di gran classe la fotografia di Peverell Marley.

Ombra nell'ombra, Un' * (Italia 1979, col, 106') Pier Carpi. Con Irene Papas, Anne Heywood, Marisa Mell, Lara Wendel, John Philip Law, Frank Finlay, Valentina Cortese, Carmen Russo. ◆ Unica sopravvissuta di quattro sorelle, la figlia del diavolo Daria (Wendel) si dirige minacciosa verso il Vaticano, dopo che un esorcista (Law) e la madre pentita (Heywood) hanno tentato invano di sbarrarle la strada. L'ennesimo thriller sulla scia dell'*Esorcista*, con qualche variazione erotica in più (la Senatore, altra figlia di Lucifero, mostra abbondantemente le sue grazie). Goffo e macchinoso. Unico film dello scrittore e pittore Pier Carpi tratto da un suo romanzo.

Ombre (di Arthur Robison) → *Ombre ammonitrici*

Ombre *** (*Shadows*, Usa 1959, b/n, 87') John Cassavetes. Con Lelia Goldoni, Ben Carruthers, Hugh Hurd, Anthony Ray, Rupert Crosse. ◆ Rapporti tesi tra due fratelli e la sorella, neri dalla pelle chiara, ma ancora più elettrici tra lei (Goldoni) e il fidanzato bianco (Ray) che la respinge nel momento in cui scopre la sua origine razziale. Il primo film di Cassavetes e il primo assaggio di quella nevrosi newyorchese che tanta parte avrà nel cinema americano anni Settanta. La macchina da presa vaga in piena libertà, gli attori improvvisano, il montaggio è iperteso, secco e aggressivo: un film scommessa, crudamente realistico e informale, un saggio collettivo dell'Actor's Workshop che Cassavetes creò come corrispondente off-Broadway del celeberrimo Studio. Nel 1959 fu un vero shock. Oggi può fare meno impressione, eppure è ancora in grado di dare forti emozioni. La livida fotografia è di Erich Kollmar, la colonna sonora, sincopata e struggente, di Charles Mingus. Una curiosità produttiva: il cast fu completato con un annuncio sul *New York Times* e i finanziamenti vennero raccolti tramite un appello durante una trasmissione radiofonica notturna.

Ombre ammonitrici **½ (*Schatten – Eine nachtliche Halluzination*, Germania 1923, b/n, 59') Arthur Robinson. Con Fritz Körtner, Ruth Weyher, Alexander Granach, Gustav von Wangenheim, Ferdinand von Platen, Max Gülstorff. ◆ A un banchetto si presenta un «mostratore» d'ombre cinesi (Granach): dopo aver dato prova della propria abilità con le silhouette di carta decide di passare alle persone di carne e ossa: così sotto l'effetto dell'ipnosi il gelosissimo padrone di casa (Körtner) vede finalmente la moglie (Weyher) che lo tradisce con un bellimbusto (von Wangenheim), e se ne vendica in modo cruento. Scritto da Robinson e Rudolf Schneider, un piccolo classico dell'espressionismo, che anticipa il *Tartufo* di Murnau: lo spettacolo del diabolico illusionista rimuove le censure e lascia l'inconscio libero di realizzare i sogni peggiori, prima trattenuti dalla fragile struttura delle convenzioni sociali. Il finale consolatorio (si era trattato solo di un gioco) non cela la critica, e i nobili personaggi, vestiti in costumi Direttorio, sono rappresentati come maschere repellenti. Ma già dall'inizio l'apparenza si sovrappone alla realtà, per risultare più vera di essa: come nella scena in cui i laidi invitati si divertono a palpeggiare l'ombra dell'ignara padrona di casa, suscitando la gelosia del marito che crede la tocchino veramente. Denso di erotismo, sadismo e umorismo nero, non ha tuttavia la coerenza stilistica e la lucidità che ne facciano un capolavoro. Unico film passato alla storia di un regista nato a Chicago, trasferitosi in Germania, poi in Inghilterra e infine a Hollywood. Ignobile la colonna sonora che gli è stata appioppata nell'edizione italiana in video, così come non si spiega la discrepanza tra il titolo riconosciuto (*Ombre ammonitrici*, riportato sulla confezione della cassetta) e il cartello nei titoli che traduce letteralmente l'originale, *Ombre*.

Ombre bianche ** (*The Savage Innocents*, Gb/Italia/Francia 1960, col, 107') Nicholas Ray. Con Anthony Quinn, Yoko Tani, Peter O'Toole, Marie Yang, Marco Guglielmi. ◆ La vita tranquilla di un cacciatore eschimese, Inuk (Quinn) che da poco ha trovato l'agognata consorte (Tani), finisce quando entra a contatto con la civiltà. Prima si danna per acquistare un fucile, poi uccide involontariamente un missionario che gli ha fatto il torto di non voler «ridere» con sua moglie. Tratto dal romanzo di Hans Ruesch *Top of the World* (sceneggiato da Ray con la collaborazione di Reusch e Franco Solinas) e girato tra il Canada, Londra e Cinecittà, è una celebrazione del mito del buon selvaggio, con scrupoli semidocumentaristici e antropologici. Quinn declina i verbi alla terza persona anche parlando di sé, come pare imponga la grammatica eschimese, ma rischia spesso la caricatura. Una volta tanto, comunque, il CinemaScope in 70mm viene usato con sapienza. I tempi di *Nanook*, comunque, sono lontani, e per Ray comincia la parabola discendente.

Ombre del pavone, Le *½ (*Echoes of Paradise*, rititolato *Shadows of the Peacock*, Australia 1989, col, 92') Phillip Noyce. Con John Lone, Wendy Hughes, Steven Jacobs, Peta Toppano. ◆ Love story in Thailandia tra un'australiana frustrata e un danzatore balinese. Erotismo patinato ed esotismo da cartolina, con un minimo di professionalità in più rispetto a film come *Orchidea selvaggia*. Girato nel 1987 e distribuito solo due anni dopo e soltanto in videocassetta, anche in Australia.

Ombre e nebbia ***½ (*Shadows and Fog*, Usa 1991, b/n, 86') Woody Allen. Con Woody Allen, Mia Farrow, John Malkovich, Madonna [Louise Veronica Ciccone], Jodie Foster, Lily Tomlin, Kathy Bates, Donald Pleasence, John Cusack, Kate Nelligan. ◆ Negli anni Venti, in una nebbiosa città tedesca, il pavido signor Kleinman (Allen) viene ingaggiato da un comitato cittadino per difendere la collettività da un misterioso strangolatore: in una notte di ronda incontra gente di ogni tipo, perde il lavoro, la compagna e rischia di perdere anche la vita, finché decide di diventare l'assistente di un mago e di consacrarsi alle pratiche illusionistiche. Allen sostituisce le nevrosi newyorchesi con le ombre e le nebbie della mitteleuropa, ma conserva inalterati i punti forti del suo cinema: il girotondo casuale della vita dove non esiste più una morale certa e un inevitabile castigo (come già in *Crimini e misfatti*); l'esaltazione dell'arte come unico luogo dove trucchi e «illusioni» possono aiutare a sottrarsi al Male e a creare rivitalizzanti utopie (come già in *Zelig*); la riscoperta di una religiosità laica dove la sofferenza fa ritrovare agli uomini concrete solidarietà (come già in *Broadway Danny Rose*). Tutti temi che l'ambientazione di fantasia del film permette di affrontare con una grande libertà creativa, grazie anche al bianco e nero contrastato di Carlo Di Palma, alle spigolose geometrie urbane (completamente ricreate in studio) di Santo Loquasto e alle musiche di Kurt Weill che citano Brecht e accompagnano le brevi apparizioni di un gran numero di star, a cominciare da Madonna (che interpreta Marie).

Ombrello bulgaro, L' *½ (*Le Coup de parapluie*, Francia 1980, col, 94') Gérard Oury. Con Pierre Richard, Gert Fröbe, Valérie Mairesse, Gordon Mitchell, Gérard Jugnot. ◆ Un attore (Richard) che crede di dover girare un film viene in realtà ingaggiato come killer di un trafficante d'armi: l'arma prescelta è un ombrello con la punta avvelenata. Giallorosa tipicamente francese, movimentato, isterico e senza troppa sostanza.

Ombrellone, L' *½ (Italia/Francia 1965, col, 97') Dino Risi. Con Enrico Maria Salerno, Sandra Milo, Daniela Bianchi, Jean Sorel, Lelio Luttazzi, Raffaele Pisu, Leopoldo Trieste, Véronique Vendell. ◆ La vita frenetica sulla Riviera adriatica stressa un ingegnere (Salerno) che, una volta assicuratosi che la moglie (Milo) gli è fedele, preferisce tornare a lavorare a Roma. Satira balneare con qualche innocua frecciata rivolta ai nuovi ricchi e agli intellettuali affamati. Risi aveva già perso molto mordente. Cosceneggiato da Ennio De Concini.

Ombre malesi ***½ (*The Letter*, Usa 1940, b/n, 95') William Wyler. Con Bette Davis, Herbert Marshall, James Stephenson, Gale Sondergaard, Frieda Inescort. ◆ In Malesia, Leslie Crosbie (Davis), la moglie fredda e calcolatrice di un piantatore inglese (Marshall), uccide l'amante sostenendo di averlo fatto per legittima difesa, ma la convivente cinese dell'uomo (Sondergaard) la ricatta con una lettera che prova la sua colpevolezza. Da un racconto, poi trasformato in pièce, di Somerset Maugham e sceneggiato da Howard Koch, un noir melodrammatico teso e raffinato, con un inizio irresistibile (l'assassinio dell'amante), una messinscena accuratamente sinistra (persino il fogliame umido e frusciante desta sospetti), un cast britannico eccellente e una Davis capace di alternare calcolo e isteria con passaggi da brivido. Toni Gaudio firma una fotografia magnetica, tutta giocata di taglio sulla bianca luce diffusa della luna piena. Wyler lavora con precisione maniacale (tanto da litigare violentemente con la star) per far emergere il cuore di tenebra nascosto nella colonia tropicale prossima alla dissoluzione. Max Steiner commenta il tutto con una colonna sonora ossessiva, in cui colpa e destino rimbalzano su due sole note. Peccato per il doppio finale punitivo, conforme alle regole del Codice Hays (la Davis viene uccisa dalla donna cinese, che presumibilmente sarà arrestata mentre il racconto di Maugham si chiudeva, con molta più ipocrisia, su un trionfo collettivo del cinismo), che però non compromette un autentico gioiello hollywoodiano, frutto di un talento registico e di una squadra di professionisti fuori dal comune. Nel doppiaggio italiano la voce del procuratore distrettuale è del giovane Alberto Sordi. Già filmato nel 1929 (*The Letter* di Jean de Limour con Jeanne Eagels e Herbert Marshall) ha avuto tre rifacimenti, nel 1947 (*Le donne erano sole* di Vincent Sherman con Ann Sheridan e Lew Ayers), nel 1982 (*The Letter* di John Erman con Lee Remick e Ronald Pickup) e nel 1987 (*Peremenia učasti* di Kira Muratova con Natalia Leble e Juri Čiykov) entrambi inediti in Italia.

Ombre rosse **** (*Stagecoach*, Usa 1939, 97') John Ford. Con John Wayne, Claire Trevor, John Carradine, Thomas Mitchell, Andy Devine, Donald Meek, Louise Platt, Tim Holt, George Bancroft, Berton Churchill, Tom Tyler, Francis Ford, Jack Pennick. ◆ Nel 1880, una diligenza lascia Tonto per Lordsburg con a bordo la moglie incinta (Platt) di un ufficiale, un giocatore professionista (Carradine), un timido rappresentante di liquori (Meek), lo sceriffo Wilcox (Bancroft) a cui si aggiungono Dallas (Trevor), una prostituta cacciata dalla città, il medico alcolizzato Josiah Boone (Mitchell), il banchiere disonesto Henry Gatewood (Churchill) e, in seguito, il fuorilegge Ringo Kid (Wayne): dopo aver perso la scorta militare e aver fatto una sosta in cui la donna ha partorito (con l'aiuto della prostituta e del medico ubriacone), la diligenza è attaccata dai comanci e salvata dalla cavalleria. Arrivati a destinazione lo sceriffo permetterà a Ringo di vendicare la morte del padre e del fratello (uccidendo in un duello i tre fratelli Plummer) e poi di andarsene oltre frontiera con Dallas. Tratto dal racconto *Stage to Lordsburg* di Ernest Haycox, a sua volta ispirato a *Palla di sego* di Guy de Maupassant, è il più celebre dei western, quintessenza del genere e autentico capolavoro in «perfetto equilibrio tra la teatralità e l'avventura, lo spazio chiuso e l'immensità cosmica, l'aneddoto e la sintesi, l'epicità e il messaggio». Atto d'accusa contro l'ipocrisia sociale e l'emarginazione in pieno New Deal rooseveltiano (nel momento del bisogno i pregiudizi contro la prostituta o il medico ubriacone, il giocatore d'azzardo o il fuorilegge si dissolvono come neve al sole), il film segna il ritorno di Ford al western e consente a Wayne di imporsi come attore di primo piano. La celeberrima sequenza dell'inseguimento degli indiani alla diligenza (aperta da una panoramica laterale sui comanci appostati sulle colline entrata nella storia del cinema) fu girata nella Monument Valley (fino ad allora sconosciuta allo spettatore cinematografico) e realizzata con una cinepresa che correva a 60 km orari a fianco della diligenza. Due Oscar: miglior attore non protagonista (Thomas Mitchell) e alla colonna sonora (di Richard Hageman, Frank Harling, John Leipold e Leo Shuken) ottenuta riarrangiando 14 canti popolari americani. Fiacco remake nel 1966, diretto da Gordon Douglas: *I nove di Dryfork City*.

Ombre sui muri *½ (*La Maison assassinée*, Francia 1988, col, 118') Georges Lautner. Con Patrick Bruel, Anne Brochet, Agnès Blanchot, Ingrid Held. ◆ Dopo la grande guerra, Séraphin (Bruel), unico sopravvissuto alla strage della sua famiglia, torna in paese e si accorge che molti hanno segreti da nascondere. Stanco spaccato della solita provincia ipocrita, diretto con mestiere ma in modo anonimo.

Ombre sul Canal Grande **½ (Italia 1951, b/n, 117') Glauco Pellegrini. Con Isa Pola, Antonio Centa, Elena Zareschi, Leony Leon Bert, Gianni Cavalieri. ◆ Una giovane vedova (Pola) crede che il marito trovato morto nelle acque del Canal Grande si sia suicidato a causa della sua relazione extraconiugale, ma l'investigatore da lei assoldato scopre la verità: si tratta di omicidio, e vi è implicato l'amante della donna (Centa). Mélo a sfondo noir, sceneggiato da Rodolfo Sonego e dal regista. Evidente l'intenzione di indagare al di là della superficie dei palazzi che si affacciano sul Canale: la storia svela il marciume sentimentale della sua borghesia apparentemente «rispettabile», e Pellegrini dissolve il solito alone romantico che avvolge la città utilizzando la propria esperienza di documentarista. Siamo all'inizio degli anni Cinquanta, tendenza Antonioni (*Cronaca di un amore* è dell'anno precedente).

Ombre sul Kilimanjaro *½ (*Killers of Kilimanjaro*, Gb 1959, col, 91') Richard Thorpe. Con Robert Taylor, Anthony Newley, Anne Aubrey, Gregoire Aslan. ◆ Avventure e incidenti in Africa durante la costruzione della ferrovia Mombasa-Lago Vittoria. Prodotto di routine, girato secondo la formula dell'esotismo con variazioni melodrammatiche che funzionava solo a quei tempi.

Ombre sul mare *½ (*Destroyer*, Usa 1943, b/n, 99') William A. Seiter. Con Edward G. Robinson, Glenn Ford, Marguerite Chapman, Edgar Buchanan. ◆ Alle dipendenze del fidanzato della figlia, il capitano (Robinson) di una innocua nave postale cerca di mettere in pratica i suoi ardori bellici. Film di propaganda in chiave di commedia, che inaugura una formula che sarà imitata più volte, a partire da *La nave matta di Mister Roberts*.

Ombre sul palcoscenico *½ (*I Could Go on Singing*, Gb 1963, col, 99') Ronald Neame. Con Judy Garland, Dirk Bogarde, Jack Klugman, Aline MacMahon. ◆ L'ultimo film della Garland, nella parte di una cantante che va in Inghilterra a reclamare il figlio illegittimo avuto con Bogarde. Un grave incidente riunirà i tre. Melodramma con canzoni in cui, come al solito, è inevitabile intravedere qualche aggancio alla biografia della protagonista. Peccato che la regia sia irrimediabilmente mediocre.

Omen IV – Presagio infernale *½ (*Omen IV – The Awakening*, Usa 1991, col, 93') Jorge Montesi, Dominique Othenin-Girard. Con Faye Grant, Michael Lerner, Michael Woods, Madison Mason. ◆ Seguito di *Conflitto finale* e ultimo capitolo della saga del *Presagio*. Il maligno questa volta s'incarna in un'orfanella adottata da un senatore che mira alla Casa Bianca: la mamma fiuta puzza di bruciato, il babbo no. Produzione televisiva (quindi senza effettacci) e di routine, che tenta di aggiornare il genere con riferimenti ecologici.

Omertà ** (*The People Against O'Hara*, Usa 1951, b/n, 102') John Sturges. Con Spencer Tracy, Pat O'Brien, Diana Lynn, John Hodiak, Eduardo [Edward] Ciannelli. ◆ Un avvocato con un passato da alcolizzato in cerca di riscatto professionale (Tracy) si sacrifica per scoprire il vero colpevole e dimostrare l'innocenza del proprio cliente. Un solido dramma giudiziario sceneggiato da John Monks jr (da un romanzo di Eleanor Lipsky) con la tendenza a moraleggiare – come capita sempre quando c'è Tracy di mezzo. Il giovane impiegato ingiustamente accusato di omicidio è interpretato da James Arness, che sarebbe poi diventato famoso per la serie televisiva *Gunsmoke*. Charles Bronson è poco più di una comparsa nella parte di uno dei fratelli Campbell.

Omicidi di provincia ** (*Flesh and Bones*, Usa 1994, col, 126') Steve Kloves. Con Dennis Quaid, Meg Ryan, James Caan, Gwyneth Paltrow, Christopher Rydell, Scott Wilson. ◆ Texas: Arlis Sweeney (Quaid) da piccolo aiutava il padre Roy (Caan) a svaligiare case: ma una notte qualcosa andò storto, e il genitore massacrò una famiglia. Arlis ha cercato di rifarsi una vita, ma Roy gli sta sempre alle calcagna, e la situazione precipita quando Arlis incontra una ragazza (Ryan) che è l'unica sopravvissuta a quella strage. Al suo secondo film, Kloves (anche sceneggiatore) dipinge con toni elegiaci un'America minore e violenta, popolata da relitti a metà strada tra Faulkner e Lynch. Ma dopo una prima mezz'ora quasi folgorante i personaggi perdono interesse, l'intreccio prende pieghe macchinose, e Meg Ryan c'entra come i cavoli a merenda. Sydney Pollack è produttore esecutivo, la lussuosa fotografia (fitta di richiami a pittori come Andrew Wyeth) è dell'Oscar Philippe Rousselot.

Omicidi e incantesimi *½ (*Cast a Deadly Spell*, ritifolato *Lovecraft*, Usa 1991, col, 92') Martin Campbell. Con Fred Ward, David Warner, Julianne Moore, Clancy Brown. ◆ A Los Angeles, nel 1948, il sinistro Amos Hackshaw (Warner) incarica il detective Lovecraft (Ward) di ritrovare un libro di magia che gli è stato rubato. Il film noir incontra i demoni di H.P. Lovecraft, in un pastiche semiserio ed episodicamente divertente, dove compaiono gremlin di ogni genere. Fuori luogo, comunque, il finale apocalittico. Il personaggio ritorna in *Witch Hunt – Caccia alle streghe*.

Omicidi morbosi → *Quando il destino si tinge di nero*

Omicidio **½ (*Murder!*, Gb 1930, b/n, 108') Alfred Hitchcock. Con Herbert Marshall, Nora Baring, Phyllis Konstam, Edward Chapman. ◆ Un attore (Marshall), giurato a un processo, conduce un'indagine per suo conto e scagiona l'imputata (Baring) dall'accusa di omicidio. Tradizionale giallo sceneggiato dalla moglie del regista Alma Reville con sorpresa finale (del genere che Hitchcock non amava troppo), con un paio di elementi molto originali per l'epoca: l'uso della voce fuori campo del personaggio per esprimerne i pensieri, e la presenza di un assassino che si traveste da donna. Primo film parlato di Marshall. Hitchcock girò contemporaneamente anche l'edizione tedesca interpretata da Alfred Abel (nel ruolo di Marshall), Olga Tschekowa e Paul Graetz, ma per ammissione dello stesso regista qui si sono perse molte sfumature ironiche. Hitchcock si vede in primo piano, accanto a una donna, mentre Marshall sta uscendo in strada.

Omicidio a Las Vegas → *I Shot a Man in Las Vegas*

Omicidio al Green Hotel * (*Kill or Cure*, Gb 1964, b/n, 88') George Pollock. Con Terry-Thomas, Eric Sykes, Dennis Price, Lionel Jeffries, Moira Redmond, David Lodge. ◆ Un detective privato (Terry-Thomas), capitato in un albergo salutista, trova morta la sua cliente ed è il primo sospettato. Modesta farsa gialla in cui invano si cercherebbero tracce del rinomato humour britannico.

Omicidio all'alba ** (*Rainbow Drive*, Usa 1990, col, 92') Bobby Roth. Con Peter Weller, Sela Ward, Bruce Weitz, David Caruso. ◆ Un poliziotto di Hollywood (Weller) indaga su un duplice omicidio, in cui è coinvolto un aspirante senatore che tiene in mano la stampa. Giallo di ordinaria amministrazione dai pallidi risvolti civili, girato con discreto piglio e spruzzi di cinismo da un regista rimasto, dopo *Una storia a Los Angeles*, allo stadio di eterna promessa.

Omicidio allo specchio *½ (*Dead of Winter*, Usa 1987, col, 100') Arthur Penn. Con Mary Steenburgen, Roddy McDowall, Jan Rubes, William Russ, Ken Pogue, Wayne Robson. ◆ Un'attrice senza molta fortuna (Steenburgen) viene convocata in una villa isolata: dovrebbe sostituire l'attrice Julia Rose, a cui assomiglia in maniera straordinaria e che ha bloccato le riprese di un film per un esaurimento nervoso. Ma ben presto si accorge che la vera Julia è stata assassinata e che il produttore (Rubes) è uno psicologo criminale. Chiamato dalla Mgm a sostituire un esordiente licenziato dopo tre settimane di riprese, Penn cerca di ridare credibilità a una sceneggiatura complicata e improbabile, chiaramente ispirata a *Mi chiamo Julia Ross* di Joseph H. Lewis: ne esce un thriller senza vere qualità ma con una bella prova della Steenburgen (che alla fine interpreta tre ruoli: il suo, la morta e la sorella gemella Evelyn).

Omicidio al neon per l'ispettore Tibbs *½ (*They Call Me Mister Tibbs!*, Usa 1970, col, 108') Gordon Douglas. Con Sidney Poitier, Martin Landau, Barbara McNair, Anthony Zerbe, Jeff Corey, Ed Asner. ◆ Tornato a San Francisco, Tibbs (Poitier) indaga sull'omicidio di una prostituta in cui è coinvolto un suo amico prete (Landau). Poliziesco di ordinaria amministrazione (ricordato solo per un lunghissimo inseguimento a piedi), che annacqua i temi razziali di *La calda notte dell'ispettore Tibbs*. Seguito da *L'organizzazione sfida l'ispettore Tibbs*.

Omicidio a luci rosse ***½ (*Body Double*, Usa 1984, col, 109') Brian De Palma. Con Craig Wasson, Melanie Griffith, Deborah Shelton, Gregg Henry, Dennis Franz. ◆ Un attore di film dell'orrore (Wasson) si innamora di una donna che vede spogliarsi dalla finestra; assiste impotente al suo barbaro omicidio, e crede di ritrovarne la sosia in un'attrice porno (Griffith). Variante della *Donna che visse due volte* di Hitchcock e summa della poetica di De Palma (autore anche della sceneggiatura con Robert J. Avrech), che qui fonde perfettamente tutti i temi che gli sono cari: il voyeurismo, il cinema nel cinema, il doppio (body double significa «controfigura»). Complesso, affascinante e sempre imprevedibile, anche se non consigliabile a chi cerca un giallo tradizionale. La Griffith esegue strip con molta perizia, e ha reso inutile ricorrere a un'attrice porno autentica (Annette Haven). Cammeo dei Frankie Goes to Hollywood, che eseguono *Relax*, e ottime musiche di Pino Donaggio. In televisione circola una versione tagliata.

Omicidio a New Orleans *½ (*Heaven's Prisoners*, Usa 1996, col, 131') Phil Joanou. Con Alec Baldwin, Kelly Lynch, Mary Stuart Masterson, Eric Roberts, Teri Hatcher, Vondie Curtis-Hall, Joe Viterelli. ◆ Ex poliziotto ex alcolizzato, Dave Robichaux (Baldwin) si è ritirato nelle paludi vicino a New Orleans: ma appena ne ha l'occasione (un bimotore pieno di mafiosi gli precipita a due passi da casa), torna a impicciarsi degli affari altrui, rovinando la vita propria e di chi ama. Il personaggio del *cajun* Robichaux, creato da James Lee Burke (il romanzo *Prigionieri del cielo*, adattato da Harley Peyton e Scott Frank, è il secondo della serie), è un *loser* tormentato e condannato alla violenza: ma interpretato da Baldwin si trasforma in atletico raddrizzatore di torti, neanche troppo simpatico. E Joanou si adatta a una superficialità da telefilm.

Omicidio a sorpresa *½ (*Tag: The Assassination Game*, Usa 1982, col, 92') Nick Castle. Con Robert Carradine, Linda Hamilton, Michael Winslow, Kristine De Bell, Bruce Abbot. ◆ In un college impazzano le pistole giocattolo: ma uno studente svitato pensa bene di usare proiettili veri. Mediocre thriller con alcuni attori agli esordi: la Hamilton (*Terminator*) e Winslow (*Scuola di polizia*). Castle finirà alla corte di Spielberg (suo il soggetto di *Hook*), ma senza sfondare veramente.

Omicidi occasionali **½ (*Stag*, Usa 1997, col, 100') Gavin Wilding. Con Mario Van Peebles, Andrew McCarthy, John Stockwell, Kevin Dillon, Ben Gazzara, Taylor Dayne, Jerry Stiller, William McNamara, John Henson. ◆ L'avvocato Michael (Van Peebles) organizza una scatenata festa di addio al celibato per l'amico Victor (Stockwell): ma per un incidente una delle due prostitute coinvolte ci rimane secca. Che fare dell'altra (Dayne), e come mettere d'accordo dieci professionisti rispettabili e trovare una versione che li scagioni? La sceneggiatura di Evan Tylor e Pat Bermel offre una discesa agli inferi convincente, smascherando ipocrisie e istinti inconfessabili in un crescendo sgradevole ma controllato da una regia attenta, nei limiti di un simpatico *B-movie*. Curiose somiglianze con *Cose molto cattive*.

Omicidio corre sul filo, L' *½ (*Sorry, Wrong Number*, Usa 1989, col, 100') Tony Wharmly. Con Loni

Anderson, Carl Weintraub, Hal Holbrook, Jim Coltrane, Diane D'Aquila, Patrick Macnee. ◆ Bloccata a letto da una crisi cardiaca, Madelyn Stevenson (Anderson) ascolta, grazie a un'interferenza, la telefonata di due persone che organizzano l'assassinio di una donna: ma poi una serie di indizi le fanno capire che l'obiettivo è proprio lei. Anne Louise Bardach riscrive per la televisione il radiodramma di Lucille Fletcher (già portato sullo schermo nel 1948 col titolo *Il terrore corre sul filo*), ma per arrivare alla durata canonica di un tv-movie aggiunge dei noiosissimi flashback che spiegano perché il marito (Weintraub) è un poco di buono. Così però tutta la tensione se ne va.

Omicidio incrociato *½ (*The Hitman*, Usa 1991, col, 91') Aaron Norris. Con Chuck Norris, Michael Parks, Al Waxman, Alberta Watson, Salim Grant, Ken Pogue, Marcel Sabourin. ◆ Per smascherare un gruppo di trafficanti internazionali, un poliziotto di Seattle (Norris) si infiltra in una banda di spacciatori di droga che ha ramificazioni in Canada e in Iran. Affidando le proprie evoluzioni alla regia del fratello Aaron, Chuck Norris ripete le cose che sa fare meglio: arti marziali e sfoggio di violenza gratuita. Gran spreco di stuntmen.

Omicidio in diretta ** (*Snake Eyes*, Usa 1998, col, 99') Brian De Palma. Con Nicolas Cage, Gary Sinise, Carla Gugino, Stan Shaw, John Heard, Kevin Dunn, Mike Starr, Luis Guzmán, Christina Fulton. ◆ Ad Atlantic City, durante un match di boxe truccato, sparano al segretario della difesa, e il detective Rick Santoro (Cage) si districa tra apparenze e menzogne, scoprendo la verità con l'aiuto delle videocamere. De Palma crede ancora al cinema come mappa nel caos della visione contemporanea, e costruisce alcuni dei piani-sequenza più belli degli ultimi anni, a cominciare dai 12' iniziali (anche se la continuità è ottenuta grazie all'elaborazione digitale). Ma che cosa c'è da vedere, a parte la tecnica? Un modesto giallo (scritto da David Koepp) con poche sorprese, attori mal diretti, risultati inferiori alle ambizioni teoriche (compreso un pretestuoso riferimento a *Rashomon*) e un finale ammorbidito e rigirato per non dispiacere alla produzione. Certo, non è un giocattolone hollywoodiano: ma alla fine non sazia né lo stomaco né la mente. Fotografia di Stephen H. Burum e musica di Ryuichi Sakamoto. Occhio alla scena dei titoli di coda: un piano-sequenza che si chiude con un lentissimo zoom su un rubino incastonato nel muro, a ricordare con quell'anello i due agenti uccisi e fatti sparire nel cemento.

Omicidio nella mente, L' *½ (*Murder in Mind*, Usa 1997, col, 89') Andrew Morahan. Con Mary-Louise Parker, Nigel Hawthorne, Jimmy Smits, Jason Scott Lee, Gailard Sartain. ◆ Accusata di avere ucciso il marito, la smemorata Caroline (Parker) si affida a un ipnotizzatore (Hawthorne) per far riemergere la verità: ma l'ha insegnato Hitchcock (*Il sipario strappato*) che non bisogna fidarsi dei flashback. Modesto giallo di impostazione teatrale (da una *pièce* di Michael Cooney) con troppi colpi di scena e cattivi troppo cattivi, anche se alla fine riesce quasi a disorientare lo spettatore.

Omicidio perfetto ** (*The Perfect Murder*, Gb 1988, col, 94') Zafar Hai. Con Neseeruddin Shah, Dalip Tahil, Madhur Jaffrey. ◆ A Bombay un ispettore indaga sul presunto omicidio del segretario di un magnate. L'arrivo del monsone sbroglierà la matassa. Giallo in forma di commedia, che sfrutta in modo facile ma non sgradevole il colore locale. Prodotto da Ismail Merchant e James Ivory.

Omicron **½ (Italia 1963, b/n, 95') Ugo Gregoretti. Con Renato Salvatori, Rosemarie Dexter, Gaetano Quartararo, Mara Carisi, Dante Di Pinto, Ida Serasini. ◆ Un alieno, spedito sulla Terra per organizzarne l'invasione, si incarna nel corpo dell'operaio Trabucco (Salvatori). Con la sua attitudine all'automazione si guadagna la stima dei padroni, ma poi incomincia a umanizzarsi, e muore incitando allo sciopero. Tentativo in parte riuscito (sceneggiato dall'autore stesso) di innestare la satira sociale nella fantascienza. Avrebbe meritato maggiore fortuna, anche per la divertita interpretazione di Salvatori. Comparsata per Ugo Gregoretti.

Onassis, l'uomo più ricco del mondo *½ (*Onassis: The Richest Man in the World*, Usa 1988, col, 200') Waris Hussein. Con Raul Julia, Jane Seymour, Anthony Quinn, Francesca Annis, Anthony Zerbe, Lorenzo Quinn. ◆ Fluviale biografia dell'armatore greco (Julia) che vantò, tra i suoi amori, la vedova Kennedy (Annis) e Maria Callas (Seymour). Quinn, che era stato Onassis nel *Magnate greco*, interpreta il dispotico padre Socrates. Girato per la televisione.

Once more. Ancora **½ (*Encore – Once more*, Francia 1988, col, 87') Paul Vecchiali. Con Jean-Louis Rolland, Florence Giorgetti, Pascale Rocard, Nicolas Sylberg, Patrick Raynal, Dora Doll, Marc Briones. ◆ Un uomo sposato (Rolland) scopre di essere omosessuale e abbandona la famiglia. Tenterà il suicidio per amore di Frantz (Raynal), e non apprezzerà mai l'amore di Michel (Briones), che lo assiste sul letto di morte, contagiato dall'Aids. Lo stile di Vecchiali è astratto e rigoroso: 10 anni di vita (dal 15 ottobre 1978 al 15 ottobre 1987) vengono condensati in 10 sequenze, girate – tranne l'ultima – senza stacchi. Secondo l'autore dovrebbe essere un inno alla vita, un film «non sull'Aids ma sulla paura». Di fatto è un melodramma tutto di testa, che è stato odiato e amato con la stessa foga. Nella versione italiana le canzoni sono state accorciate, ma non è una gran perdita.

Once Upon a Time in China V ** (*Huang Feihong zhi Wu Long Cheng Jian Ba*, Hong Kong 1994, col, 90') Tsui Hark. Con Vincent Zhao [Chiu Mancheuk], Rosamund Kwan, Su Tsui-yu, Xiong Xinxin, Kent Cheng. ◆ L'eroe del kung fu Wong Fei-hung (Zhao), assieme ai suoi amici e alle due ragazze innamorate di lui (che è evidentemente vergine), salva una cittadina da un malvagio pirata. Al quinto capitolo della saga ispirata a un eroe realmente esistito, lo svogliato Tsui si rifà al Jackie Chan di *Project A*, imponendo una svolta farsesca (anche se il *grand guignol* non manca). L'esecuzione e le coreografie sono sempre impeccabili, gli attori sono simpatici, ma il divertimento è futile e il paragone coi primi due episodi, inediti in Italia, è improponibile.

Once Were Warriors – Una volta erano guerrieri **½ (*Once Were Warriors*, Nuova Zelanda 1994, col, 99') Lee Tamahori. Con Rena Owen, Mamaengaroa Kerr-Bell, Temuera Morrison, Julian Arahanga, Taungaroa Emile, Rachel Morris jr, Joe Kairau. ◆ La dissoluzione di una famiglia sottoproletaria maori: la madre (Owen) non riesce a calmare la violenza del marito (Morrison), soprannominato Jack la Furia; un figlio (Arahanga) si unisce a una gang di giovani metropolitani; un altro (Emile) finisce in un centro di rieducazione; solo la figlia (Kerr-Bell) sembra salvarsi dallo sfacelo, ma sarà proprio lei a pagare il prezzo più alto. Un duro spaccato urbano, insolito nel cinema della Nuova Zelanda conosciuto per i bei paesaggi che qui compaiono solo all'inizio, in un cartellone pubblicitario, e da cui il regista prende subito le distanze. Partendo dalla violenza, dalla miseria e dall'emarginazione che aliena la famiglia Heke (ma senza cadute nel vittimismo), Tamahori gira con l'energia combattiva di Milius e la rabbia di Loach, alla ricerca della cultura maori perduta da consegnare alle nuove generazioni insieme alla ritrovata dignità femminile. Tratto dall'omonimo bestseller di Alan Duff (sceneggiato da Riwia Brown) e immerso in una predominanza cromatica di rosso, nero e bianco (i colori maori), è un'opera prima che perde volentieri il controllo del racconto pur di non finire nelle secche della sociologia facile e che, per contro, fa della fenomenologia del corpo (forzuto, battuto, ammaccato, violentato, tatuato) la chiave – forse un po' misteriosa e debole agli occhi occidentali – per accedere all'antica spiritualità guerriera: un esempio di fiero e vigoroso cinema «muscolare», che in Nuova Zelanda ha battuto gli incassi di *Jurassic Park* e all'estero è stato insignito di numerosi premi.

Ondata d'amore ** (*Moontide*, Usa 1942, b/n, 94') Archie Mayo. Con Jean Gabin, Ida Lupino, Thomas Mitchell, Claude Rains, Jerome Cowan. ◆ Gabin è perseguitato da un uomo che lo ricatta per un omicidio da lui commesso in stato di ubriachezza, e che si accanisce anche contro la sua donna. Uno dei tre film girati da Gabin in America, dove Mayo cerca di riprodurre le atmosfere realistiche dei film francesi che lo resero celebre. Per il protagonista la sorte, in questo caso, è molto più clemente.

Ondata di calore *½ (Italia/Francia 1969, col, 91') Nelo Risi. Con Jean Seberg, Luigi Pistilli, Paolo Modugno, Lilia Nguyen, Gianni Belfiore, Franco Acampora, Stefano Oppedisano. ◆ Il weekend di un'americana (Seberg) sola ad Agadir: prima si fa sedurre da un macho locale, poi tenta il suicidio. Ma il marito che fine ha fatto? Giallo ovattato girato con ritmi e vezzi da cinema d'autore. La Seberg, comunque, salva il film con l'intensità della sua interpretazione.

Onde cerebrali * (*Brainwaves*, Usa 1982, col, 80') Ulli Lommel. Con Suzanna Love, Tony Curtis, Keir Dullea, Vera Miles. ◆ Una ragazza (Love) subisce il trapianto del cervello di una donna uccisa e diventa così vittima sacrificale. Uno dei rozzi thriller girati da Lommel negli Usa con sua moglie, Suzanna Love, che mette tristezza per come vengono usati attori come Curtis (una specie di Frankenstein) e Dullea.

Onde del destino, Le *½ (*Breaking the Waves*, Danimarca/Svezia/Olanda/Francia/Norvegia 1996, col, 159') Lars von Trier. Con Emily Watson, Stellan Skarsgård, Jean-Marc Barr, Katrin Cartlidge, Adrian Rawlins, Jonathan Hackett, Udo Kier. ◆ Nord della Scozia: dopo che il marito Jan (Skarsgård) è rimasto paralizzato in un incidente su una piattaforma petrolifera, la virginale Bess (Watson), da lui istigata, si degrada come una prostituta, convincendosi che è l'unico modo per guarirlo. Messa al bando dalla comunità dei bacchettoni locali, ma continuando a parlare con Dio come don Camillo, porterà la sua missione fino al sacrificio, anche se non potrà vedere gli effetti del miracolo. Svolta nella carriera del cerebrale von Trier (anche sceneggiatore) verso un cinema esplicitamente emozionale, che guarda alto (*Ordet* di Dreyer) e colpisce basso (come *Il cattivo tenente* di Ferrara, per altro molto più sgradevole e radicale nell'affrontare i paradossi della fede). Convertitosi, pare, al cattolicesimo, von Trier serve una prevedibile parabola sull'ambivalenza di peccato e purezza, colpa e redenzione, amore e sacrificio: ma non basta calcare le tinte e prendere alla lettera le metafore per cogliere il senso (e lo scandalo) del sacro. Cinema ricattatorio, ambiguo, mortifero, cripto-machista, e (almeno questo i suoi fan lo ammetteranno) un po' invasato e gratuito. Perché la fotografia di Robby Müller è sgranata e traballante? E a che scopo il racconto è interrotto da siparietti kitsch (realizzati con tecniche digitali) accompagnati da hit degli anni Settanta? Gran premio speciale della giuria a Cannes, e grandi lodi alla Watson.

One Shot One Kill – A colpo sicuro *½ (*Sniper*, Usa 1993, col, 98') Luis Llosa. Con Tom Berenger, Billy Zane, J.T. Walsh, Aden Young. ◆ Uno spietato cecchino professionista (Berenger) e un figlio di papà (Zane) che non ha mai ucciso nessuno vengono spediti dai servizi segreti americani a eliminare un boss della droga, candidato alla presidenza del suo Paese. Personaggi banali per un film d'azione senza sorprese, malgrado le numerose (e stucchevoli) soggettive delle pallottole. Il regista è parente dello scrittore peruviano – noto incompetente di cinema – Mario Vargas Llosa.

Onibaba (Le assassine) **½ (*Onibaba*, Giappone 1964, b/n, 100') Kaneto Shindo. Con Nobuko Otowa, Jitsuko Yoshimura, Kei Sato, Uno Jukichi, Taiji Tonomura. ◆ In un passato imprecisato, nel corso di una guerra che non sembra finire mai, suocera (Otowa) e nuora (Yoshimura) vivono uccidendo soldati feriti e spogliandone i cadaveri: l'arrivo di un disertore (Jukichi) scatena la gelosia tra le donne e la più vecchia si impossessa della maschera demoniaca che ha preso a un samurai per spaventare la più giovane e impedirle così di abbandonarla. Ma il suo piano avrà conseguenze inaspettate. A metà tra la storia di fantasia e l'allegoria esistenziale, un dramma che sfrutta il classico binomio giapponese tra sesso e morte per sottolineare come «la bestialità e l'animalità degli esseri umani possa confondersi con la scintilla primordiale del loro essere». C'è, infatti, nell'abiezione e nella barbarie in cui cade la vecchia un'inquietudine (religiosa?) che assomiglia alla superstizione e che permette a Shindo (autore anche della sceneggiatura) di raccontare l'antiumanesimo da cui traggono energia i suoi personaggi e che una regia che non rinuncia a calcare la mano sugli effetti forti sottolinea con enfasi.

Only You – Amore a prima vista *½ (*Only You*, Usa 1994, col, 108') Norman Jewison. Con Marisa Tomei, Robert Downey jr, Bonnie Hunt, Joaquim De Almeida, Billy Zane, Fisher Stevens, Gianfranco Barra, Fiorenzo Fiorentini, Mattia Sbragia. ◆ Prima una maga, poi una profezia predicono alla giovane Faith (Tomei) il matrimonio con un certo Damon Bradley. E quando, ormai adulta, scoprirà che un Damon Bradley esiste davvero, non esiterà a mandare all'aria un matrimonio, lasciare l'America e inseguirne le tracce in giro per l'Italia. Da Venezia alla Toscana, da Roma a Positano, scenari da cartolina per un film-favola che vorrebbe rifare il verso a *Vacanze romane* (c'è anche la scena davanti alla Bocca della verità) ma è soltanto pieno di irritanti luoghi comuni sul Bel Paese. La confezione, però, è di gran lusso: fotografia di Sven Nykvist, scenografie di Luciana Arrighi, costumi di Milena Canonero (che ha disegnato persino una sciarpa identica a quella che portava Audrey Hepburn nel film di Wyler).

Onora il padre *½ (*Honor Thy Father*, Usa 1971, col, 100') Paul Wendkos. Con Joseph Bologna, Raf Vallone, Brenda Vaccaro, Richard Carlino. ◆ Un boss che ha progetti di autonomia viene esautorato e chiama il figlio a difenderlo: ma l'organizzazione se ne infischia anche delle sue minacce di cantare. Dal libro di Gay Talese, ispirato al caso di Bill Bonanno (e sceneggiato da Lewis John Carlino), uno spaccato di vita quotidiana nella mafia: un prodotto televisivo senza infamia e senza lode.

Onorata società, L' *½ (Italia 1961, col, 75') Riccardo Pazzaglia. Con Franco Franchi, Ciccio Ingrassia, Rosanna Schiaffino, Vittorio De Sica, Domenico Modugno, Didi Perego, Tiberio Murgia. ◆ Due picciotti (Franchi e Ingrassia) scappano dopo avere sedotto le figlie di un capomafia, ma vengono riacciuffati, costretti al matrimonio e condannati a morte. Modesta parodia, sceneggiata però con una cura maggiore degli altri film di Franchi e Ingrassia. I due comici, in uno dei loro primi film, non sono ancora gli unici mattatori. Prodotto da Domenico Modugno e primo film di Pazzaglia, molto lontano dal «brodo primordiale» di *Quelli della notte*.

Onore dei Prizzi, L' ***½ (*Prizzi's Honor*, Usa 1985, col, 129') John Huston. Con Jack Nicholson, Kathleen Turner, Anjelica Huston, Robert Loggia, John Randolph, William Hickey. ◆ Il killer mafioso Charlie Partanna (Nicholson) si innamora di una collega polacca (Turner), e la sposa malgrado l'opposizione della famiglia. Dopo che la mafia avrà messo i due sposi uno contro l'altro, Charlie si troverà di fronte a una scelta ardua. Uno dei migliori film sulla mafia, e tra i migliori film di Huston: un'imprevedibile saga di efferatezze a ritmo di commedia brillante (e di musiche rossiniane), piena di humour nero, superbamente scritta (da Richard Condon e Janet Roach da un romanzo dello stesso Condon) e recitata. Anjelica Huston, l'innamorata delusa ma ostinata di Charlie, ha vinto un meritato Oscar come miglior attrice non protagonista.

Onorevole Angelina, L' ** (Italia 1947, b/n, 95') Luigi Zampa. Con Anna Magnani, Nando Bruno, Ave Ninchi, Ernesto Almirante, Marco Tulli, Agnese Dubbini, Armando Migliari, Maria Donati, Ughetto Bertucci, Maria Grazia Francia. ◆ Nella borgata romana di Pietralata, Angelina (Magnani), la moglie di un vicebrigadiere (Bruno), diventa una paladina della povera gente, e combatte efficacemente gli speculatori della borsa nera. Tentata di buttarsi nella politica, viene ingannata e manipolata dai ricchi, e torna a fare la donna di casa. L'ideologia conciliatoria, e qualunquisticamente piccolo-borghese, di Zampa in una parabola blandamente satirica, sorretta dall'interpretazione travolgente della Magnani (che collaborò alla sceneggiatura di Piero Tellini, Suso Cecchi d'Amico [ma nei titoli è Susi D'Amico] e Zampa). Il futuro regista Franco Zeffirelli interpreta la parte di Filippo Garrone, il figlio «riformista» dello speculatore edilizio (Migliari) che si innamora della figlia (Francia) di Angelina.

Onorevole con l'amante sotto il letto, L' * (Italia 1981, col, 92') Mariano Laurenti. Con Lino Banfi, Janet Agren, Alvaro Vitali, Marisa Merlini, Leo Gullotta, Gigi Reder, Teo Teocoli. ◆ Una giovane insegnante (Agren) licenziata giunge a Roma dal potente protettore onorevole, la cui moglie è l'amante di un altro politico; e dopo una travagliata vacanza in montagna delle due coppie adultere, presenti l'una all'insaputa dell'altra, la ragazza sceglie di fuggire con un ferroviere. Farsaccia ai minimi termini, dove la noia incombe inesorabile.

Onorevoli, Gli *½ (Italia 1963, b/n, 106') Sergio Corbucci. Con Totò [Antonio de Curtis], Peppino De Filippo, Gino Cervi, Franca Valeri, Franco Fabrizi, Walter Chiari, Aroldo Tieri, Carlo Pisacane, Memmo Carotenuto, Riccardo Billi, Luciano Salce, Mario Castellani. ◆ Cinque storie di trombature di altrettanti candidati alle elezioni: la democristiana Bianca Sereni (Valeri), il senatore liberale Rossani-Breschi (Cervi), lo scrittore comunista Saverio Fallopponi (Tieri), il missino Giuseppe Mollica (De Filippo) e il monarchico Antonio La Trippa (Totò). L'episodio migliore è quello di Totò, candidato per il Partito della Restaurazione, che ossessiona i vicini con gli slogan della campagna elettorale («Vota La Trippa», a cui una voce anonima aggiunge: «Sì, al sugo...») e rinuncia a tutto quando scopre di essere stato coinvolto in uno scandalo. Ma la satira è modesta e strappa al massimo qualche sorriso stiracchiato, sfociando nel qualunquismo. Comparsata di Sergio Corbucci nella parte dell'albergatore di Roccasecca.

Onorevoli detenuti *½ (Italia 1999, col, 100') Giancarlo Planta. Con Massimo De Francovich, Maddalena Crippa, Gianni Cavina, Franco Castellano, Chiara Muti, Saïd Taghmaoui, Aisha Cerami, Toni Bertorelli, Memé Perlini. ◆ In custodia preliminare e vessato da un giovane procuratore ambizioso, l'onorevole tangentista Massimo De Longhi (De Francovich) ritrova un po' di umanità. Planta (anche sceneggiatore) vorrebbe evitare i giudizi, senza scadere in un garantismo peloso: ma ne esce un quadretto deamicisiano, cinema di buone intenzioni e buoni attori (figlie d'arte escluse), tutto fuorché incisivo o esemplare. Damiano Damiani è il prete.

On the Line *½ (*On the Line*, Usa 1997, col, 90') Elodie Keene. Con Linda Hamilton, Jeff Fahey, Jay Acovone, Coolio, Dan Ferro, Samaria Graham, Paul Herman, Dean Norris, Tim Redwine. ◆ Stanca di doversi occupare solo di stupri e violenze sessuali, il tenente Jean Martin (Hamilton) ottiene di passare alla squadra omicidi: collaborerà alla cattura di una feroce banda di giovanissimi svaligiatori di banche, ma dovrà fare i conti con la crudeltà della vita da poliziotto. Tv-movie di routine, abile nell'alternare scene d'azione a momenti intimisti (Martin è separata e ha un figlio adolescente) ma prevedibile e scontato.

Opera ° (Italia 1987, col, 105') Dario Argento. Con Cristina Marsillach, Urbano Barberini, Daria Nicolodi, Ian Charleson. ◆ Una giovane cantante lirica (Marsillach) è chiamata a sostituire una collega nel *Macbeth* di Verdi, opera notoriamente iettatoria. Cominciano infatti omicidi a catena, eseguiti da un emulo del *Fantasma dell'opera*. Argento ha speso centinaia di milioni per l'inutile soggettiva dei corvi che volano nel teatro Regio di Parma seminando il panico, ma ha completamente trascurato la sceneggiatura. Il risultato è enfatico e risibile, e non fa neanche paura. L'aiuto-regista Michele Soavi è il poliziotto che viene ucciso.

Opera al nero, L' ° (*L'Œuvre au noir*, Francia/Belgio 1988, col, 105') André Delvaux. Con Gian Maria Volonté, Sami Frey, Anna Karina, Philippe Léotard, Jacques Lippe. ◆ Nel Cinquecento, un alchimista e medico bisessuale, accusato di eresia (Volonté), torna nella sua Bruges per assistere i reietti. Imprigionato dall'Inquisizione, si suicida. Dal romanzo omonimo della Yourcenar, una ricostruzione di insopportabile accademismo. La fotografia cerca lugubri bagliori che fanno tanto fiammingo, e Volonté recita l'ennesimo personaggio contro. Film fatto a tavolino, pieno di pretese e senza vita.

Opera del seduttore, L' *½ (*A Chorus of Disapproval*, Gb 1988, col, 100') Michael Winner. Con Jeremy Irons, Anthony Hopkins, Jenny Seagrove, Prunella Scales, Patsy Kensit, Alexandra Pigg. ◆ Un timido vedovo (Irons) si offre per una particina a una compagnia di dilettanti che sta allestendo l'*Opera del mendicante*. Diventerà il protagonista, facendo valere, al contempo, le sue arti di seduttore, non si sa quanto volontarie. Da una commedia di Alan Ayckbourn (sceneggiatore assieme a Winner), un film che vuole essere molto inglese nel suo umorismo, ma che si rivela fiacco e senza ritmo. Irons, per quanto il personaggio sia ambiguo, sembra un po' a disagio; Hopkins (il capocomico), invece, gigioneggia a ruota libera.

Operazione Apfelkern *** (*La Bataille du rail*, Francia 1946, b/n, 85') René Clément. Con Jean Clarieux, Jean Daurand, Tony Laurent, Lucien Desagneaux, Robert Leray, Léon Pauléon, Jean Rauzéna. ◆ Regione di Chalon-sur-Saône, 1944: alla vigilia dello sbarco in Normandia, i ferrovieri francesi resistono eroicamente contro i tedeschi nascondendo i clandestini, bloccando i convogli e sabotando i collegamenti. Nato come documentario su commissione e trasformato in film durante le riprese (cominciate nell'aprile 1945), *Operazione Apfelkern* è un'impresa quasi unica nel cinema francese (paragonabile solo a *Espoir* di Malraux, 1939) e pressoché indefinibile: privo di una vera struttura narrativa (i vari episodi sono legati l'uno all'altro dalla cronologia storica), recitato da attori semisconosciuti e da reali ferrovieri, girato sul campo senza la possibilità di allestire un set (i treni deragliano davvero, le munizioni non sono a salve), il primo dei sei film dedicati da Clément alla seconda guerra mondiale si presenta come una sorta di epopea agiografica realizzata secondo i canoni del cinema-verità, eccezionale sia per le condizioni di lavorazione che per il risultato estetico (la fotografia sobria e incisiva è di Henri Alekan). Sceneggiato dal regista e da Colette Audry, vinse al festival di Cannes 1946 e da alcuni è ritenuto l'unico film francese in grado di competere con i grandi film di guerra americani.

Operazione Canadian Bacon *½ (*Canadian Bacon*, Usa 1995, col, 90') Michael Moore. Con Alan Alda, John Candy, Rhea Perlman, Kevin Pollak, Rip Torn, Bill Nunn, Kevin J. O'Connor, G.D. Spradlin, Steven Wright. ◆ La guerra fredda è finita, e per rialzare i sondaggi il presidente americano (Alda) dichiara guerra all'inerme Canada. Uno sceriffo di frontiera (Candy) prende la faccenda troppo sul serio, e alla Casa Bianca decidono di ucciderlo per creare un eroe. Dopo il documentario *Roger & Me*, Moore (anche sceneggiatore) si inceppa nella fiction. Non che i dialoghi non siano divertenti («In fin dei conti che cosa ci hanno dato i canadesi? Solo Neil Young e il sistema metrico decimale!») e che i singoli bersagli (dal puntiglio bilinguistico dei canadesi alla cialtroneria yankee) non siano azzeccati: ma tutto sa di scherzo tirato per le lunghe. Jim Belushi è un giornalista, Dan Aykroyd il poliziotto autostradale.

Operazione «Cicero» ***½ (*5 Fingers*, Usa 1952, b/n, 108') Con James Mason, Danielle Darrieux, Oscar Karlweis, John Wengraf, Walter Hampden, Herbert Berghof, Michael Rennie. ◆ Ankara: 1944: per amore dei soldi, e della bella contessa Staviska (Darrieux), il maggiordomo (Mason) dell'ambasciata inglese passa documenti top secret ai nazisti. Sono veri e di primissima mano (compreso il piano dello sbarco in Normandia), ma i tedeschi non si fidano e non li vogliono usare. Fredda e cinica storia di inganni e doppi giochi, con qualche buon momento di suspense (l'ultimo tentativo di fotografare i piani segreti) sceneggiata da Michael Wilson, dal libro di ricordi di L.C. Moyzich (che nel film è interpretato da Oscar Karlweis). Il film utilizza la storia, ancora in parte misteriosa, di una delle spie più celebri della seconda guerra mondiale, Ulysses Diello detto Cicero, per darci il ritratto di uno dei più tipici eroi mankiewicziani: «elegante, altezzoso, innamorato di sé, inorgoglito dalle proprie macchinazioni che sono contemporaneamente spettacolo, gioco intellettuale e mezzo per dominare gli altri» e che finirà, lui convinto di essere al di sopra delle leggi e delle regole, per essere giocato dal destino che ristabilirà ironicamente la Morale. Grandissima la prova di Mason, cinico e ambiguo personaggio, capace di ridere di se stesso.

Operazione commandos *½ (*They Who Dare*, Gb 1953, col, 101') Lewis Milestone. Con Dirk Bogarde, Denholm Elliott, Akim Tamiroff, Eric Pohlmann. ◆ Un commando inglese collabora con partigiani greci per far saltare un aeroporto nazista a Rodi. Film bellico d'ordinaria amministrazione, girato da Milestone senza convinzione.

Operazione Crêpes Suzette *½ (*Darling Lili*, Usa 1970, col, 109') Blake Edwards. Con Julie Andrews, Rock Hudson, Jeremy Camp, Lance Percival, Gloria Paul, Grégoire Aslan. ◆ Darling Lili (Andrews, diventata da poco moglie di Edwards) è una spia tedesca travestita da soubrette che, durante la prima guerra mondiale, si innamora di un maggiore inglese (Hudson). Quando scopre che l'operazione Crêpes Suzette in cui è coinvolto lui riguarda solo una spogliarellista, impazzisce di gelosia. Sceneggiato come una commedia da vaudeville con numerosi numeri musicali (alcuni perfino in francese, in onore all'ambientazione della vicenda) il film venne drasticamente tagliato dai produttori e fu un fiasco colossale (visti anche i costi elevati). Gli elementi migliori sono le gag in cui è coinvolto un ispettore di polizia (Aslan), incapace di catturare una qualsiasi spia. Canzoni di Henry Mancini e Johnny Mercer.

Operazione Crossbow ° (*Operation Crossbow*, Usa 1965, col, 116') Michael Anderson. Con George Peppard, Sophia Loren, Trevor Howard, John Mills, Anthony Quayle, Tom Courtenay, Lilli Palmer, Paul Henreid. ◆ Una missione impossibile deve distruggere i missili V2 nazisti durante la seconda guerra mondiale. Lento e goffo film di spionaggio, che finisce con interminabili esplosioni di modellini. La Loren (come del resto tutti i nomi celebri del cast) ha una parte melodrammatica di una decina di minuti del tutto accessoria. Tra gli sceneggiatori figura Emeric Pressburger, nascosto sotto lo pseudonimo di Robert Imrie.

Operazione diabolica *** (*Seconds*, Usa 1966, b/n, 106') John Frankenheimer. Con Rock Hudson, Salome Jens, John Randolph, Will Geer, Jeff Corey. ◆ Un uomo d'affari frustrato (Hudson) si rivolge a un'agenzia per rifarsi un nuovo aspetto e una nuova identità: dapprima è soddisfatto, ma quando vorrebbe tornare indietro scopre di essere vittima di un orribile complotto. Connubio di satira sociale e fantascienza sceneggiato dal futuro regista Lewis John Carlino (da un romanzo di David Ely), è uno dei film chiave degli anni Sessanta per la sua capacità di rompere con i generi tradizionali hollywoodiani e aprire il cinema a nuove forme espressive (spesso influenzate dalla televisione, nella quale Frankenheimer – come altri registi suoi contemporanei – aveva fatto le prime esperienze professionali). Per precipitare lo spettatore in «un viaggio claustrofobico dentro l'angoscia e il vuoto» e mettere così a nudo l'inanità del sogno americano (che prometteva riuscita materiale ed eterna giovinezza), il regista utilizza uno stile diretto e immediato che mescola primissimi piani, focali deformanti e sequenze molto corte. Grande prova di Rock Hudson e «trionfo del bianco e nero» nella fotografia di James Wong Howe.

Operazione dollari *½ (*Les Femmes s'en balancent*, Francia 1954, b/n, 93') Bernard Borderie. Con Eddie Constantine, Nadia Gray, Dominique Wilms, Jacques Castelot, Dario Moreno, Robert Berri, Gil Delmare, Robert Burnier. ◆ In Italia per smascherare una banda di falsari di dollari, Lemmy Caution (Constantine) dapprima punta i suoi sospetti su Henrietta Aymes (Gray), accusata anche di aver ucciso il marito (Castelot), ma poi segue la pista di Paulette Philipson (Wilms), ex amante del morto. Terzo film sull'agente federale americano creato da Peter Cheyney e apparso per la prima volta in *F.B.I. Operazione criminale* (in quest'occasione il romanzo, adattato dal regista e Jacques Vilfrid, è *È arrivato Lemmy Caution*): il mix di avventure e autoparodia si perde in un giallo più confuso che complicato, nel quale Constantine – tra una scazzottata e l'altra – sembra preoccuparsi solo di sfoggiare il proprio sorriso canagliesco e di allungare gli occhi nelle scollature delle donne, comunque notevoli per i tempi. In originale dura 109' e la Wilms ha il nome ben più italianeggiante di Paulette Benito.

Operazione golden car * (*Les Grands moments*, Francia 1966, col, 95') Claude Lelouch. Con Jean-Pierre Kalfon, Amidou, Pierre Barouch, Jacques Portet, Janine Magnan, Paul Barre. ◆ Alcuni detenuti tentano l'evasione sul furgone blindato che hanno avuto l'incarico di costruire. Modesta farsa di un giovane Lelouch che non aveva ancora deciso quale strada pigliare.

Operazione Love → *Estasi d'amore*

Operazione mistero *½ (*Hell and High Water*, Usa 1954, col, 104') Samuel Fuller. Con Richard Widmark, Bella Darvi, Victor Francen, Cameron Mitchell, Gene Evans, David Wayne. ◆ In piena guerra fredda un sommergibile con la missione di distruggere una base atomica scongiura una guerra nucleare. Avventure sottomarine abbastanza convenzionali. Fuller non si trova a suo agio quando il nemico è invisibile e non c'è dialettica.

Operazione paura ***½ (Italia 1966, col, 85') Mario Bava. Con Erika Blanc, Giacomo Rossi-Stuart, Fabienne Dali, Piero Lulli, Micaela Esdra. ◆ Verso la fine dell'Ottocento, in un paese tedesco, una bambina-fantasma in cerca di vendetta spinge al suicidio gli abitanti di un villaggio. Uno dei più bei film fantastici italiani, tra i migliori di Bava. Girato con stile surreale, mescola incubi e realtà creando una tensione ininterrotta. Da antologia alcune sequenze, come quella del protagonista (Rossi-Stuart, padre di Kim) che insegue il suo doppio in una serie di stanze tutte uguali. Ai tempi ignorato, anche se la bambina-fantasma ispirò Fellini per *Toby Dammit*, episodio di *Tre passi nel delirio*.

Operazione pirati → *Project A*

Operazione Rosebud ** (*Rosebud*, Usa 1974, col, 125') Otto Preminger. Con Peter O'Toole, Richard Attenborough, Cliff Gorman, Claude Dauphin, Raf Vallone, Peter Lawford, Isabelle Huppert, Amidou. ◆ Una banda di terroristi arabi sequestra cinque ragazze sullo yacht di un miliardario ebreo francese, decisi a rilasciarle solo dopo aver ottenuto dei riconoscimenti politici. Un giornalista che lavora per la Cia (O'Toole) individua il loro covo e li cattura, ma l'organizzazione palestinese Settembre Nero effettua subito un altro attentato. Uno sforzo encomiabile del settantenne regista ebreo per affrontare un problema attuale e scottante, ma il film, tratto dal romanzo omonimo di Paul Bonnecarrène e Joan Hemingway, è mal sceneggiato e sostanzialmente confuso. Tra gli interpreti c'è anche l'ex sindaco di New York, John Linsday, nei panni del senatore Donovan. In un primo tempo la parte del giornalista era stata assegnata a Mitchum, poi sostituito con O'Toole. I titoli sono di Saul Bass.

Operazione San Gennaro **½ (Italia/Francia/Rft 1966, col, 104' o 98') Dino Risi. Con Nino Manfredi, Totò [Antonio de Curtis], Senta Berger, Mario Adorf, Harry Guardino, Claudine Auger, Dante Maggio, Enzo Cannavale, Ugo Fangareggi, Pinuccio Ardia, Ralph Wolter, Giovanni Druti, Solvi Stubing. ◆ Per rubare il tesoro di San Gennaro, alcuni ladri americani (Guardino, Berger e Wolter) cercano l'aiuto di Armando Girasole detto Dudù (Manfredi), ognuno convinto, una volta fatto il colpo, di lasciare i soci a bocca asciutta. Giallorosa in confezione internazionale (sceneggiato da Nino Manfredi, Ennio De Concini, Adriano Baracco e Risi) che sfrutta senza vero ingegno il colore locale, mettendo a confronto tecnologia e organizzazione americana contro improvvisazione e genialità partenopea: tutto piuttosto risaputo, ma il coro dei caratteristi e qualche trovata azzeccata assicurano un piacevole divertimento.

Operazione San Pietro *½ (Italia/Francia/Rft 1967, col, 98') Lucio Fulci. Con Lando Buzzanca, Jean-Claude Brialy, Edward G. Robinson, Christine Barclay, Heinz Ruhmann, Dante Maggio, Uta Levka, Pinuccio Ardia, Ugo Fangareggi, Antonella Della Porta, Giovanni Scatuglia, Renato Castellani. ◆ I produttori di *Operazione San Gennaro* cercarono di fare il bis. Ma la storia del furto della *Pietà* di Michelangelo, recuperata grazie ai soliti ladri pentiti e a un «commando» di preti, è sceneggiata con meno brio e conta su interpreti meno brillanti che il film modello.

Operazione sottoveste **½ (*Operation Petticoat*, Usa 1959, col, 120') Blake Edwards. Con Cary Grant, Tony Curtis, Joan O'Brien, Dina Merrill, Virginia Gregg. ◆ Durante la seconda guerra mondiale, cinque ausiliarie e un tenente burlone (Curtis) creano scompiglio in un sommergibile americano, che verrà dipinto di rosa (in mancanza di meglio), e ridotto a clinica pediatrica per indigene. I maggiori pericoli verranno dagli americani, che lo scambiano per un'unità nemica. Farsa bellica tra le migliori nel suo genere sceneggiata da Stanley Shapiro e Maurice Richlin, diretta con buon ritmo, e abile a bilanciare sdolcinature, tocchi surreali e punte di malizia. Conosciuto anche col titolo *Una nave tutta rosa*.

Operazione terrore **½ (*Experiment in Terror*, Usa 1962, col, 123') Blake Edwards. Con Glenn Ford, Lee Remick, Stefanie Powers, Ross Martin, Roy Poole, Ned Glass. ◆ Due sorelle vengono terrorizzate da un misterioso psicopatico (Martin) che vuole loro estorcere del denaro. Thriller raffinato e assai efficace, diretto con maestria da un regista che passa con disinvoltura da un genere all'altro. Brave la Remick e la Powers nei ruoli delle sorelline indifese e spaventate. Memorabile colonna sonora di Henry Mancini.

Operazione «Z» * (*One Minute to Zero*, Usa 1952, b/n, 102') Tay Garnett. Con Robert Mitchum, Ann Blyth, William Talman, Richard Egan, Charles McGraw. ◆ Un soldato americano in Corea (Mitchum) si divide tra il servizio alla patria e l'amore di un'infermiera (Blyth). Propaganda bellica spicciola, girata da Garnett e Mitchum per ragioni alimentari.

Oppio ** (*To the Ends of the Earth*, Usa 1948, b/n, 109') Robert Stevenson. Con Dick Powell, Signe Hasso, Ludwig Donath, Vladimir Sokoloff, Edgar Barrier. ◆ Un giornalista americano (Powell) inviato in Oriente per indagare sul contrabbando di oppio segue le tracce di una compatriota, vedova di un ingegnere e tutrice di una giovane cinese, e scopre in Egitto una piantagione illegale di papaveri. La responsabile del contrabbando è la ragazzina, mentre la vedova innocente finirà per sposare il giornalista. Un thriller avventuroso tradizionale (i cattivi sono tutti puniti o ci pensano da soli, i buoni trionfano) ma piuttosto serrato e interessante per le insolite immagini semidocumentaristiche sulla coltivazione, il trattamento e lo smercio dell'oppio.

Opposite of Sex, The – L'esatto contrario del sesso *½ (*The Opposite of Sex*, Usa 1998, col, 100') Don Roos. Con Christina Ricci, Martin Donovan, Lisa Kudrow, Ivan Sergei, William Lee Scott, Johnny Galecki, Lyle Lovett. ◆ Ragazzaccia terribile, sboccata e popputa, Deedee Truitt (Ricci, già la maniera di se stessa a diciassette anni), lieta per la morte del patrigno, si trasferisce dal fratellastro gay Bill (Donovan), gli seduce il fidanzato (Sergei) e poi rimane incinta di non si sa chi. Scandito dalla voce fuori campo saputella e scontata della protagonista, un bigino (scritto dal regista) di tutto ciò che oggi va di moda: finta scorrettezza politica, neovolgarità per nulla osé, amoralità di superficie che non scalfisce nulla. Solo per chi ha già deciso di divertirsi.

Ora che uccide, L' * (*Charlie Chan's Secret*, Usa 1936, b/n, 71') Gordon Wiles. Con Warner Oland, Rosina Lawrence, Charles Quigley, Henrietta Crosman, Edward Trevor. ◆ Charlie Chan (Oland) è alle prese con la strana scomparsa di un ricco erede che tutti credono annegato. Soggetto originale di Joseph Hoffman. Uno dei film meno interessanti della serie, anche per la mancanza del «figlio numero uno».

Ora con te, Un' → *Un'ora con te*

Ora d'amore, Un' → *Un'ora d'amore*

Ora dei forni, L' ***½ (*La hora de los hornos*, Argentina 1968, b/n, 260' divisi in tre parti di 95', 120' e 45') Fernando E. Solanas, Octavio Getino. ◆ Un film-documentario sulla storia sociopolitica dell'Argentina diviso in tre parti: in *Neocolonialismo e violenza* (95', suddivisa in tredici capitoli) si analizza la situazione politico-sociale argentina e latinoamericana in generale per evidenziarne, «con il dichiarato obiettivo di scioccare il pubblico», la condizione neocoloniale; in *Atto a favore della liberazione* (120', articolata in due sezioni – «Cronaca del peronismo, 1945-55» e «Cronaca della resistenza, 1955-66» – e ventidue capitoli) si affronta la cronaca, la lotta e la crisi del movimento peronista; *Violenza e liberazione* (45', in dodici capitoli) propone testimonianze, lettere e interviste a militanti come materiali di base per arrivare al «canto finale» della violenza rivoluzionaria, non più oppressiva ma liberatoria. Dedicato al Che Guevara, morto durante le riprese (si vedono le immagini del cadavere, ricavate da un cinegiornale) e ispirato alle teorie di Franz Fanon, *L'ora dei forni* è uno dei migliori esempi mai realizzati di cinema militante e sicuramente l'opera più significativa della cinematografia argentina degli anni Sessanta, un «film-atto che si vuole funzionale all'azione, un film-saggio che si fa scoperta di una realtà sociale vista secondo l'oggettività dell'azione di classe», capace di servire a una successiva azione rivoluzionaria; significativo oggi soprattutto come sintesi delle illusioni del tempo, destinate a un rapido e tragico fallimento. Girato e assemblato in Argentina dai due registi – fondatori del movimento Cine-Liberación e teorici del «terzo cinema» – e finito di montare in Italia (con l'aiuto di Valentino Orsini), il film fu presentato e premiato alla Mostra di Pesaro nel 1968: in patria ebbe una circolazione semiclandestina, ma ampia ed entusiasta, fino al 1973, quando l'avvento al potere di Peron spinse Solanas a sostituire la parte finale sul Che con episodi della cronaca politica del governo peronista (il che gli valse furibonde accuse di involuzione politica, ma conferma il carattere «aperto» dell'opera, fin dall'inizio intesa come un film di intervento). Il titolo deriva da una citazione del poeta cubano José Martí, comparsa nel celebre manifesto del Che sui «due, tre, molti Vietnam». La cupa e bizzarra colonna sonora è dello stesso Solanas, che anche con la partitura musicale cercava di «sfuggire ai modelli politici e narrativi dominanti».

Ora del delitto, L' *½ (*Strange Intruder*, Usa 1956, b/n, 82') Irving Rapper. Con Edmund Purdom, Ida Lupino, Ann Harding, Jacques Bergerac. ◆ Un reduce della Corea (Purdom) si identifica con un compagno ucciso e viene tormentato da impulsi omicidi. Una botta in testa ristabilisce la normalità. Le premesse per un dramma psicologico c'erano, ma il film rischia di cadere nel ridicolo involontario.

Ora del destino, L' **½ (*Joan of Paris*, Usa 1942, b/n, 93') Robert Stevenson. Con Paul Henreid, Michèle Morgan, Thomas Mitchell, Laird Cregar, May Robson, Alan Ladd, Jimmy Monks, Jack Briggs, Richard Fraser, Alexander Granach, Paul Weigel. ◆ Abbattuti sul cielo di Francia, cinque piloti della Raf arrivano a Parigi: quattro (Ladd, Briggs, Monks e Fraser) si nascondono nella chiesa di padre Antoine (Mitchell), il comandante (Henreid) cerca di mettersi in contatto con l'Intelligence clandestino britannico, evitando gli emissari della Gestapo grazie all'aiuto di una coraggiosa barista (Morgan). Appassionato film di propaganda (l'inizio con la scena del ballo che si dissolve sul nero e la voce off che ipotizza un avvenuto sbarco alleato in Europa per introdurre la storia è un piccolo capolavoro di comunicazione «subliminale») che alterna il noir resistenziale al melodramma. Se la sceneggiatura (di Ellis St Joseph con contributi di Charles Bennett) oscilla tra azione e sentimenti e la verosimiglianza della Parigi occupata lascia molto a desiderare, la rilettura del mito di Giovanna d'Arco attraverso il sacrificio di Michèle Morgan è un momento di grande commozione, e il funzionario nazista troppo sicuro della propria intelligenza (Cregar) è costruito con perfida ironia. Dal canto suo la fotografia di Russell Metty aggiunge fascino alle scene di tensione, come l'assassinio della spia nel bagno turco. Primo film hollywoodiano di Henreid e della Morgan.

Ora della furia, L' *½ (*Firecreek*, Usa 1968, col, 104') Vincent McEveety. Con James Stewart, Henry Fonda, Inger Stevens, Gay Lockwood, Jack Elam, Dean Jagger. ◆ Un mite sceriffo (Stewart) difende una donna indiana dagli scagnozzi di un boss (Fonda) che spadroneggiano in città. Western del periodo in cui il genere declinava: di crepuscolare, tuttavia, c'è solo l'appannato Stewart. Fonda, subito dopo *C'era una volta il West*, torna a recitare nel ruolo per lui nuovo del cattivo.

Ora della rivincita, L' *½ (*Three O'Clock High*, Usa 1987, col, 101') Phil Joanou. Con Casey Siemaszko, Anne Ryan, Richard Tyson, Jeffrey Tambor. ◆ Uno studente pavido cerca invano di sottrarsi alla sfida con un energumeno da lui incautamente provocato. La solita sciocchezzuola ambientata nei college, girata però con grande spreco di virtuosismi tecnici da un giovane protetto di Spielberg, al suo primo lungometraggio. Fotografia di Barry Sonnenfeld, braccio destro dei fratelli Coen e futuro direttore della *Famiglia Adams*.

Ora della verità, L' ** (*La Minute de verité*, Francia/Italia 1952, b/n, 108') Jean Delannoy. Con Michèle Morgan, Jean Gabin, Walter Chiari, Simone Paris. ◆ Durante una lunga notte di discussione e confessioni, il marito (Gabin) scopre che la moglie, attrice di prosa (Morgan), aveva avuto una relazione con un pittore (Chiari) che, una volta da lei abbandonato, si suicidò. Accurato ma non travolgente dramma psicologico, in cui Gabin e la Morgan recitano assieme dopo *Porto delle nebbie* e *Tempesta*. Nell'edizione francese Daniel Gélin recita al posto di Chiari.

Ora della violenza, L' * (*The Substitute*, Usa 1996, col, 115') Robert Mandel. Con Tom Berenger, Ernie Hudson, Diane Venora, Glenn Plummer, Marc Anthony, Cliff De Young, Luis Guzman, William Forsythe. ◆ Miami: la professoressa di storia Jane Hetzko (Venora) è minacciata dagli allievi narcotrafficanti. Al che il suo uomo, il mercenario disoccupato Shale (Berenger), recita la parte del supplente per raddrizzare la schiena ai teppisti. La situazione scolastica deve preoccupare gli americani, ma questo è un passo indietro rispetto al già scadente *Pensieri pericolosi*: ogni spunto di critica (sia pure da destra) si diluisce in improbabili vicende di guerriglia urbana. Peccato che un direttore della fotografia come Bruce Surtees sia finito qui.

Ora delle pistole, L' (Vendetta all'O.K. Corral) *½ (*Hour of the Gun*, Usa 1967, col, 100') John Sturges.

Con James Garner, Jason Robards, Robert Ryan, Jon Voight, Albert Salmi. ◆ Lo sceriffo Earp (Garner) e il tubercolotico Doc Holliday (Robards) devono ancora regolare i conti con Clanton (Ryan), che ha ammazzato uno dei fratelli del primo. Seguito di *Sfida all'O.K. Corral*, con Garner nella parte che fu di Lancaster e Robards in quella di Douglas: la vendetta arriva alla fine di un film lento e poco ispirato, malgrado la buona lena degli interpreti. Primo ruolo per Voight.

Ora del lupo, L' ** (*Vargtimmen*, Svezia 1968, col, 90') Ingmar Bergman. Con Max von Sydow, Liv Ullmann, Erland Josephson, Gertrud Fridh, Ingrid Thulin. ◆ Diario di un pittore solitario e ossessionato da allucinazioni (von Sydow), che coinvolge la moglie (Ullmann) nei suoi deliri e tenta di ucciderla, prima di fare una fine tragica. Considerato da Bergman un film «terribilmente personale», è una storia ai limiti del fantastico e di chiara marca espressionista. Ma manca l'ironia, si parla troppo, e le bizzarrie formali cominciano a mostrare la corda. Girato nel 1966.

Ora del tè, L' * (*Diamond Skulls*, rititolato negli Usa *Dark Obsession*, Gb 1989, col, 87') Nick Broomfield. Con Gabriel Byrne, Amanda Donohoe, Michael Hordern, Judy Parfitt, Douglas Hodge, Ian Carmichael. ◆ Quattro giovani di buona famiglia, ubriachi, investono una cameriera. A pagare il fio sarà l'unico sinceramente pentito. Tedioso atto d'accusa contro le malefatte della classe dirigente, che il regista tenta di rimpolpare con digressioni morbose. Difficile, poi, essere in ansia per le sventure di quel pesce lesso di Byrne.

Ora di New York, L' **½ (*The Clock*, Usa 1945, b/n, 90') Vincente Minnelli. Con Judy Garland, Robert Walker, James Gleason, Keenan Wynn, Marshall Thompson. ◆ Un soldato (Walker) in licenza per due giorni a New York incontra una segretaria (Garland), passa la giornata con lei incontrando varia umanità: tra i due nasce una storia d'amore coronata da matrimonio-lampo. Amabile bozzetto di tono realistico (anche se girato tutto in studio) e spontaneo, in cui Minnelli dirige per la seconda volta la Garland, che aveva appena sposato. Sottovalutato dal pubblico del tempo, e doppiato solo di recente.

Ora fatale, L' *½ (*The Fatal Hour*, Usa 1940, b/n, 67') William Nigh. Con Boris Karloff, Marjorie Reynolds, Grant Withers, Jason Robards sr. ◆ Quarto film della serie di Mr. Wong, investigatore cinese ricalcato su Charlie Chan e Mr. Moto, interpretato da Karloff. Questa volta risolve il caso dell'uccisione di un poliziotto: ma è solo un prodotto di routine girato in fretta.

Ora scarlatta, L' ** (*The Scarlet Hour*, Usa 1956, b/n, 95') Michael Curtiz. Con Tom Tryon, Carol Ohmart, James Gregory, Jody Lawrance, Elaine Stritch, E.G. Marshall. ◆ La moglie (Ohmart) di un ricco imprenditore e il suo amante (Tryon) decidono di fare un colpo ai danni di un gruppo di ladri di gioielli e scappare col malloppo, ma non tutto va per il verso giusto. Un giallo piuttosto interessante (cosceneggiato da Frank Tashlin), che avrebbe dovuto fare da trampolino di lancio ai due protagonisti, ma che in realtà risulta più efficace nelle interpretazioni collaterali e nella regia di un vecchio maestro del cinema hollywoodiano.

Oratorio di Natale → *Christmas Oratorio – Oratorio di Natale*

Ora X: colpo sensazionale → *Accadde domani*

Orazi e Curiazi *½ (Italia 1962, col, 90') Ferdinando Baldi. Con Alan Ladd, Franca Bettoja, Franco Fabrizi, Jacques Sernas, Robert Keith. ◆ Versione romanzata del duello che decise la lunga guerra tra romani e albani, reso tristemente noto dai libri di testo per le elementari di una volta. Ladd ormai sul viale del tramonto in un peplum uguale a cento altri. Sceneggiatura di Carlo Lizzani, Ennio De Concini e Giuliano Montaldo.

Orazi e Curiazi 3-2 * (Italia 1977, col, 90') Giorgio Mariuzzo. Con Lino Banfi, Gloria Guida, Gianni Agus, Enzo Cannavale, Piero Mazzarella, Francesco Mulé, Elio Pandolfi. ◆ Parodia della storia romana a livello da avanspettacolo, con una serie di comici assortiti regione per regione. La Guida si spoglia con parsimonia.

Orca, La *½ (Italia 1976, col, 98') Eriprando Visconti. Con Rena Niehaus, Michele Placido, Flavio Bucci, Bruno Corrazzari. ◆ Tre maldestri delinquenti sequestrano una ricca ninfetta (Niehaus), che sedurrà uno di loro e dopo lo ucciderà. La polizia coprirà tutto. Il vecchio tema del rapporto tra carnefice e vittima in confezione shock: all'epoca destò un certo scalpore, che indusse il regista (nipote di Luchino) a fare subito il bis con *Oedipus orca*.

Orca assassina, L' ** (*Orca – Killer Whale*, Usa/Olanda 1977, col, 92') Michael Anderson. Con Richard Harris, Charlotte Rampling, Will Sampson, Bo Derek, Robert Carradine, Keenan Wynn. ◆ Un'orca vuole vendicarsi dei cacciatori che gli hanno ucciso la femmina incinta: un pescatore (Harris) non dà retta ai consigli dell'etologa (Rampling), ma poi accetta la sfida ad armi pari. Bo Derek, non ancora sex symbol, esordisce sullo schermo, ma l'orca le divora una gamba. Sulla scia dello *Squalo*, un film d'avventura retorico ma spettacolare. Musiche di Morricone. Prodotto da De Laurentiis.

Orchidea bianca ** (*The Other Love*, Usa 1947, b/n, 95') André de Toth. Con Barbara Stanwyck, Richard Conte, David Niven, Maria Palmer. ◆ Una concertista (Stanwyck), convinta che le manchi poco da vivere, lascia la sua clinica svizzera per seguire un giocatore d'azzardo (Conte). Ma il suo medico (Niven), innamorato di lei, la farà tornare. Fumettaccio abbastanza avvincente, anche in virtù del suo notevole cast.

Orchidea bionda * (*Ladies of the Chorus*, Usa 1949, b/n, 61') Phil Karlson. Con Adele Jergens, Rand Brooks, Marilyn Monroe, Nana Bryant. ◆ Una ballerina (Monroe) è chiesta in moglie da un giovane agiato (Brooks). Chi non è d'accordo è la madre di lei (Jergens), che è passata per un'esperienza analoga. Esile commediola letteralmente da quattro soldi, che si segnala unicamente per la Monroe nel suo primo ruolo da protagonista.

Orchidea nera *½ (*Black Orchid*, Usa 1959, b/n,

96') Martin Ritt. Con Sophia Loren, Anthony Quinn, Jimmie Baird, Ina Balin. ◆ Un improvvisato businessman (Quinn) vorrebbe sposare la vedova pentita (Loren) di un gangster di mezza tacca. Ma sua figlia scalpita, mentre il figlio di lei è intenzionato a seguire le orme paterne. Prodotto da Carlo Ponti, un melodramma a lieto fine, con quell'ambientazione italoamericana fintamente realistica che faceva chic a Hollywood negli anni Cinquanta. Oggi francamente noioso. Premio al festival di Venezia per la Loren.

Orchidea rosso sangue, Un' *½ (*La Chair de l'orchidée*, Francia/Italia/Rft 1975, col, 115') Patrice Chéreau. Con Charlotte Rampling, Bruno Cremer, Edwige Feuillère, Simone Signoret, Alida Valli, Valentina Cortese. ◆ Claire (Rampling), un'ereditiera chiusa dall'avida zia (Feuillère) in manicomio, evade e impara a farsi giustizia da sé. Noir confuso e dispersivo, che si risolve in una galleria di splendide attrici sfatte. Tratto da un romanzo di James Hadley Chase, adattato dal regista e da Jean-Claude Carrière, è il primo film di Chéreau, noto soprattutto come regista di teatro.

Orchidea selvaggia * (*Wild Orchid*, Usa 1990, col, 116') Zalman King. Con Mickey Rourke, Carré Otis, Jacqueline Bisset, Assumpta Serna, Bruce Greenwood. ◆ Una giovane donna d'affari (Otis) viene coinvolta nel clima torrido e fornicatorio di Rio; l'imbolsito Rourke, tuttavia, l'avrà solo a dieci minuti dalla fine. Banale fumetto pieno di divagazioni turistico-cartolinesche, che scade nel ridicolo involontario. Erotico come una patata lessa, anche se in patria ha avuto problemi di censura specie per l'ultima sequenza, che alcune voci davano per non simulata. La presenza della Bisset è del tutto esornativa.

Orchidea selvaggia 2 – Blue Movie Blue * (*Wild Orchid II: Two Shades of Blue*, Usa 1991, col, 107') Zalman King. Con Nina Siemasko, Wendy Hughes, Brent Fraser, Tom Skerritt, Joe Dallesandro, Robert Davi. ◆ Rimasta sola dopo la morte del padre, jazzista eroinomane, la giovanissima Blue (Siemasko) finisce in un bordello di lusso dove viene educata fino a diventare la prediletta di potenti; e non sarà affatto facile sfuggire al torbido controllo della tenutaria, per vivere il sincero amore con un ragazzo romantico e sognatore. L'unico legame con *Orchidea selvaggia* è il regista, e quindi il suo stile patinato e insulso, ma evidentemente i distributori italiani, consapevoli delle scarse attrattive del *Blue Movie* – accozzaglia fintamente elegante ed erotica di luoghi comuni imbarazzanti, senza oltretutto nomi minimamente di richiamo – pensano opportuno richiamarsi al fortunato pasticcio erotico-turistico con Rourke.

Ordet – La parola **** (*Ordet*, Danimarca 1955, b/n, 124') Carl Theodor Dreyer. Con Preben Lendorff Rye, Henrik Malberg, Birgitte Federspiel, Emil Hass Christensen, Cay Kristiansen. ◆ Jutland, 1930: la religione ha segnato profondamente i tre figli del vecchio Morten Borgen (Malberg): Johannes (Lendorff Rye), studente di teologia, si crede il Messia, vaga per la campagna danese e crea scandalo con le sue accuse; il fratello Mikkel (Christensen), sposato, ha perduto la fede; il terzo, Anders (Kristiansen), rischia di non poter sposare la donna che ama perché sono di confessioni diverse. I contrasti si appianano alla notizia della morte della moglie di Mikkel per parto prematuro. Ma Johannes invoca Dio e accade il miracolo: la donna riapre gli occhi. La parola o, meglio, il verbo evangelico è protagonista del penultimo film di Dreyer, dove i temi della follia e della comunione col divino, già presenti nella *Passione di Giovanna d'Arco*, tornano con uno stile austero ed essenziale ma pieno di una straordinaria tensione: un ritmo lento e cadenzato (che si appoggia su lunghi piani fissi e lente panoramiche) dà al film «un andamento ipnotico che ottiene lo scopo di concentrare l'attenzione dello spettatore su piccole porzioni di spazio – un viso, l'interno di una casa ordinato e pulito, i pochi gradini di una scala – così da permettere allo sguardo di cogliere l'essenza delle cose». La scena della resurrezione è una delle più emozionanti della storia del cinema. Recitazione sottotono e mai forzata, interni spogli e pochi esterni vuoti: Dreyer ha una capacità di afferrare il mistero e l'orrore della morte che suscita una reale commozione. Leone d'oro a Venezia.

Ordine segreto del III Reich **½ (*Nachts, wenn der Teufel kam*, Rft 1957, b/n, 105') Robert Siodmak. Con Claus Holm, Mario Adorf, Hannes Messemer, Annemarie Düringer. ◆ Nel 1943 un ispettore delle SS pieno di dubbi sul regime (Holm) individua il colpevole di una serie di omicidi in un minorato mentale (Adorf); ma per evitare cattiva pubblicità, il caso viene archiviato, e l'ispettore spedito al fronte. Al di là degli intenti di denuncia, Siodmak ricostruisce un'atmosfera da incubo espressionista, e gira il suo ultimo film veramente personale.

Ordini sono ordini, Gli * (Italia 1972, col, 100') Franco Giraldi. Con Monica Vitti, Orazio Orlando, Corrado Pani, Claudine Auger, Luigi Diberti. ◆ Una segretaria frustrata (Vitti) dà retta a un'imperiosa voce interiore che le dice di lasciare il marito. Soffocata anche dal suo nuovo uomo (uno scultore), sceglierà la piena autonomia. Da un racconto di Moravia (nella raccolta *Il paradiso*), sceneggiato dall'autore e da Tonino Guerra, una commedia agrodolce con pretese progressiste, come si usava allora. Le sculture che si vedono sono di Mario Ceroli.

'O re ** (Italia 1989, col, 90') Luigi Magni. Con Giancarlo Giannini, Ornella Muti, Carlo Croccolo, Corrado Pani, Luc Merenda, Cristina Marsillach, Annamaria Ackermann. ◆ Vita privata dell'indolente Francesco di Borbone (Giannini) e della moglie Maria Sofia (Muti), esuli a Roma dopo che Garibaldi ha conquistato il Regno delle due Sicilie: all'incomprensione si aggiungono improvvisi problemi economici. Rivisitazione storica ironica ma manierata, che patisce un ritmo da piccolo schermo (dove infatti è circolata una versione più lunga). Giannini nei panni di re Franceschiello è accattivante, ma la Muti come tedesca caparbia fa ridere.

Ore contate *** (*Bactrack*, rititolato *Catchfire*, Usa 1989, col, 79') Dennis Hopper. Con Jodie Foster, Dennis Hopper, John Turturro, Dean Stockwell, Fred Ward, Vincent Price, Charlie Sheen, Joe Pesci.

◆ Un'artista concettuale (le sue opere sono quelle di Jenny Holzer, specializzata in tabelloni luminosi su cui scorrono slogan), testimone di un omicidio, viene braccata da un killer che però si innamora di lei. «Protect me from what I want», dice del resto uno dei più celebri slogan della Holzer, ripreso nel film. Viaggio nei generi cinematografici e nella pittura americana (dal concettuale al pop e a Georgia O'Keefe), girato con logica e stile surreali. In America è uscito senza la firma di Hopper, ma con il nome fittizio di Alan Smithee come regista, a causa di controversie sul montaggio, ma quello che rimane basta per farne un classico film maledetto. Un cast da delirio, e un must per i fans della Foster e di Hopper. Bob Dylan è un artista che usa la motosega al posto dello scalpello.

Ore dell'amore, Le **½ (Italia 1963, b/n, 110') Luciano Salce. Con Ugo Tognazzi, Emmanuelle Riva, Barbara Steele, Brunello Rondi, Diletta D'Andrea, Luciano Salce. ◆ Visto che il tran tran coniugale non funziona, e che le scappatelle si rivelano una delusione, Gianni (Tognazzi) e Maretta (Riva) salvano il loro rapporto tornando a vivere come amanti. Forse il miglior film di Salce (e degli sceneggiatori Castellano e Pipolo), un acidulo spaccato di vita borghese nell'Italia del boom. Tognazzi è al suo meglio, in equilibrio tra dramma e farsa. Ma anche la sensibile Riva è ben valorizzata, mentre la Steele, reduce da *8 ½*, introduce un tocco felliniano.

Ore 10: calma piatta ** (*Dead Calm*, Australia 1989, col, 96') Phillip Noyce. Con Sam Neill, Nicole Kidman, Billy Zane. ◆ Marito e moglie (Neill e Kidman) in barca a vela soccorrono l'unico sopravvissuto di un'altra barca: ma presto si scopre che è un maniaco omicida. Sopravvalutato thriller claustrofobico, suggestivo nell'uso degli spazi, che verso la fine diventa però esagerato e improbabile. Sceneggiato da Terry Hayes dal romanzo di Charles Williams *Punto morto*, che aveva ispirato l'incompiuto *The Deep* di Orson Welles.

Ore 10 lezione di sesso * (*Guess What We Learned in School Today*, Usa 1970, col, 91') John Avildsen. Con Richard Carballo, Roger Manley, Devi Goldenberg. ◆ Una famiglia conservatrice contesta un'insegnante di educazione sessuale di larghe vedute. Il pargolo, intanto, divora riviste porno. Invecchiata e stucchevole farsa del futuro autore di *Rocky*.

Ore disperate **½ (*The Desperate Hours*, Usa 1955, b/n, 112') William Wyler. Con Humphrey Bogart, Fredric March, Arthur Kennedy, Martha Scott, Dewey Martin, Gig Young, Mary Murphy. ◆ Una famiglia modello è presa in ostaggio da tre malviventi. Il figlioletto vorrebbe che il padre (March) facesse l'eroe («Hai paura, papà?», «Sì, e non me ne vergogno»), mentre il capo della banda (Bogart) deve mediare tra il fratellino «buono» (Martin) e il socio spietato (Kennedy). Wyler non si preoccupa di celare l'origine teatrale della sceneggiatura di Joseph Hayes, ma cerca di sfumarne il perbenismo di fondo. Una parabola quasi darwiniana sulla violenza, dove però conflitti e psicologie appaiono fatalmente invecchiati. Penultimo film di Bogart: in origine il suo personaggio doveva essere più giovane, tant'è che sul palcoscenico l'aveva interpretato Paul Newman. Rifatto e aggiornato da Michael Cimino nel 1990.

Ore disperate **½ (*Desperate Hours*, Usa 1990, col, 105') Michael Cimino. Con Mickey Rourke, Anthony Hopkins, Kelly Lynch, Mimi Rogers, Lindsay Crouse, David Morse, Elias Koteas. ◆ Un assassino (Rourke), evaso con l'aiuto di un'avvocatessa, si asserraglia con i suoi complici nell'abitazione di un incerto padre di famiglia sull'orlo del divorzio (Hopkins). Remake con geniali divagazioni western (il delinquente suonato, interpretato da Morse, che va a morire in mezzo ai cavalli) e riuscite caratterizzazioni di contorno, ma piuttosto prevedibile nel confronto tra i due uomini. Rourke evita gigionerie e Cimino è attento a confezionare un solido prodotto di intrattenimento. Prodotto da Dino De Laurentiis.

Ore 9 lezione di chimica **½ (Italia 1941, b/n, 91') Mario Mattoli. Con Alida Valli, Irasema Dilian, Andrea Checchi, Carlo Campanini, Giuditta Rissone, Bianca Della Corte. ◆ Amori e disavventure familiari nel collegio femminile di Valfiorita: il corteggiato professor Marini (Checchi) alla fine sposerà la ricca Anna (Valli) e i guai familiari di Maria (Dilian) si avvieranno a soluzione. Commedia piacevole e garbata (sceneggiata da Mattoli con Marcello Marchesi) e un po' osé per i tempi, tutta giocata all'interno del collegio tra ordine e trasgressione, disciplina e pulsioni (moderatamente) sessuali. Nel 1955 Mattoli ne farà un remake dal titolo *Le diciottenni*.

Ore nude, Le * (Italia 1964, col, 90') Marco Vicario. Con Rossana Podestà, Philippe Leroy, Keir Dullea, Odoardo Spadaro. ◆ Una donna (Podestà) tradisce il freddo marito (Leroy) ma, presa da ossessioni funeste, torna da lui. Dal racconto *Appuntamento al mare* di Moravia, sceneggiato da Tonino Guerra e fotografato da Carlo Di Palma, un film che con simboli e silenzi fa il verso ad Antonioni e a Resnais. Ma l'esordiente Vicario cambiò subito genere, girando l'anno dopo *Sette uomini d'oro*. La Podestà era sua moglie.

Ore rubate *½ (*Stolen Hours*, Usa 1963, col, 100') Daniel Petrie. Con Susan Hayward, Michael Craig, Diane Baker, Edward Judd, Paul Rogers. ◆ Una divorziata (Hayward), a cui non resta che un anno di vita, è divisa tra l'amante pilota d'automobilismo e il suo medico di buon cuore. Seguirà quest'ultimo in Cornovaglia. Remake di *Tramonto* di Goulding, con bei paesaggi e l'eroina più lacrimosa del cinema di quegli anni. Mélo ruffiano pensato per un pubblico femminile.

Ore sono contate, Le ** (*Count the Hours*, Usa 1953, b/n, 76') Don Siegel. Con Teresa Wright, Macdonald Carey, John Craven, Dolores Moran, Jack Elam. ◆ Un uomo, accusato di omicidio, confessa una colpa che non ha commesso pur di risparmiare alla moglie incinta (Wright) penosi interrogatori. Il suo difensore (Carey) riuscirà a salvarlo e a trovare il vero colpevole. Girato in soli nove giorni, ma con un efficace senso drammatico e alcuni approfondimenti non dozzinali. Sceneggiatura di Doane R. Hoag e Karen DeWolf.

Ore 13: dopo il massacro la caccia *½ (*Certain*

Fury, Usa 1985, col, 87') Stephen Gyllenhaal. Con Tatum O'Neal, Irene Cara, Nicholas Campbell, Peter Fonda, Moses Gunn. ◆ Due ragazze, una bianca (O'Neal) e una nera (Cara), accusate ingiustamente del massacro compiuto da una prostituta in una stazione di polizia, sono costrette alla fuga. Film d'azione poco smaliziato che non va tanto per il sottile. La O'Neal aveva vinto un Oscar dodici anni prima per *Paper Moon*, ma la sua carriera era finita là.

Ore 20: scandalo in diretta *½ (*Le Quatrième pouvoir*, Francia 1985, col, 90') Serge Leroy. Con Philippe Noiret, Nicole Garcia, Jean- Claude Brialy, Roland Blanche, Michel Subor, Bernard Freyd. ◆ Due giornalisti, già legati sentimentalmente, mettono le mani su una registrazione che inchioda il primo ministro. La ragione di Stato vorrebbe mettere tutto a tacere: i due si comporteranno diversamente. Le solite accuse alla corruzione del potere e allo strapotere dei media, ispirato al caso di Christine Ockrent. Poco originale e non troppo avvincente, malgrado gli interpreti.

Orfana senza sorriso, L' *½ (*Scandal at Scourie*, Usa 1953, col, 90') Jean Negulesco. Con Greer Garson, Walter Pidgeon, Agnes Moorehead, Donna Corcoran. ◆ Una coppia protestante crea scandalo quando adotta una piccola peste cattolica, in seguito accusata di essere responsabile di un incendio. Melodramma familiare con qualche originalità nella trama, affidato agli inossidabili Pidgeon e Garson, sposi perfetti sullo schermo dai tempi della *Signora Miniver*.

Orfeo ** (*Orphée*, Francia 1950, b/n, 112') Jean Cocteau. Con Jean Marais, Maria Casarès, François-Périer, Marie Déa, Juliette Gréco, Edouard Dhermitte, Henri Crémieux. ◆ Nella Parigi degli anni Cinquanta il celebre poeta Orfeo (Marais) perde la moglie Euridice (Déa) in un incidente. Per riportarla in vita accetta di entrare nello specchio che porta nel regno sovrumano della Principessa (Casarès) la quale stabilisce che potranno tornare entrambi nel mondo dei vivi a patto di non guardarsi mai più. Ma uno sguardo fugace in uno specchietto retrovisore provocherà l'istantanea scomparsa di Euridice e la morte di Orfeo. Tratto dal dramma del 1925 dello stesso Cocteau, forma, con *Le Sang d'un poète* (1930) e *Il testamento di Orfeo* (1960) una trilogia sulla morte e sul ruolo del poeta come tramite tra il mondo reale e quello fantastico. Ma il tentativo di ambientare il mito greco nella Parigi dell'esistenzialismo non funziona e il film oggi mostra tutti i suoi anni e quasi irrita con la sua voglia di essere «poetico» per forza. Lo specchio che permette il passaggio in un'altra dimensione fu realizzato con una vasca di mercurio in cui gli attori si immergevano. Juliette Gréco interpreta la parte di Anglaonice, guida delle baccanti.

Orfeo ** (*Orfeo*, Francia/Svizzera/Italia 1985, col, 95') Claude Goretta. Con Gino Quilico, Audry Michael, Carolyn Watkinson, Eric Tappy. ◆ Orfeo scende negli Inferi per riavere l'amata Euridice, ma la perde perché non rispetta i patti con Plutone. Apollo, alla fine, lo accoglie in cielo. Fedele versione filmata del melodramma di Monteverdi, girata tutta in interni con freddo manierismo stilizzato. Solo per i melomani.

Orfeo negro ** (*Orfeu negro*, Francia/Italia/Brasile 1959, col, 105') Marcel Camus. Con Breno Mello, Marpessa Dawn, Lourdes De Oliveira, Ademar Da Silva, Lea Garcia. ◆ Un tranviere di Rio, Orfeo (Mello), si innamora di una giovane contadina, Euridice (Dawn), durante il carnevale. Ma per salvarla da un uomo travestito da Morte, la uccide accidentalmente e quando porterà il suo cadavere sulla collina dove abita, la sua gelosa fidanzata (De Oliveira) lo spingerà in un burrone con Euridice tra le braccia. Da un racconto di Vinicius De Moraes, una versione esotica del mito greco, che all'epoca affascinò molti per il tono popolaresco e pseudoingenuo. Oggi però appare abbastanza convenzionale e di maniera. Splendide musiche di Antonio Carlos Jobim, Luis Bonfa e Vinicius De Moraes. Palma d'oro a Cannes e Oscar come miglior film straniero.

Organizzazione ringrazia, L' – Firmato Il Santo *½ (*The Fiction Makers*, Gb 1970, col, 105') Roy Ward Baker. Con Roger Moore, Sylvia Syms, Kenneth J. Warren, Justine Lord. ◆ Simon Templar detto Il Santo (Moore), avventuriero gentiluomo ai margini della legge, viene costretto da alcuni delinquenti a svaligiare una banca superprotetta. Avventure per un pubblico familiare che già conosce la fortunata serie dei telefilm di Templar.

Organizzazione sfida l'ispettore Tibbs, L' *½ (*The Organization*, Usa 1971, col, 107') Don Medford. Con Sidney Poitier, Barbara McNair, Raul Julia, Allen Garfield, Dan [Daniel J.] Travanti. ◆ Terzo e ultimo episodio di Poitier poliziotto, dopo *La calda notte* e *Omicidio al neon per l'ispettore Tibbs*. I suoi nemici questa volta sono dei trafficanti di droga; molta azione, ma a livello di telefilm. E l'uscita in contemporanea dei film con il detective Shaft, fanno apparire Tibbs già invecchiato.

Orgasmo *½ (Italia/Francia 1968, col, 91') Umberto Lenzi. Con Carroll Baker, Lou Castel, Colette Descombes, Tino Carraro, Lilla Brignone, Tina Lattanzi. ◆ Una giovane e ricca vedova (Baker) diventa l'amante di uno sconosciuto (Castel) da lei ospitato, che però pensa a farla fuori con l'aiuto di una sedicente sorellastra. Giallo con venature morbose che oggi fanno sorridere. La Baker, in vana ricerca di fortuna oltreoceano, girò con lo stesso regista altri tre film fotocopia.

Orgoglio degli Amberson, L' ***½ (*The Magnificent Ambersons*, Usa 1942, b/n, 88') Orson Welles. Con Joseph Cotten, Dolores Costello, Anne Baxter, Tim Holt, Agnes Moorehead, Ray Collins. ◆ Dopo essere stato respinto dalla ricca Isabel Amberson (Costello), Eugene Morgan (Cotten), un giovane ardimentoso che si butta nella nascente industria dell'automobile, vede ripetersi la stessa storia di orgoglio vent'anni dopo, quando il figlio di Isabel, George (Holt), si innamora di sua figlia Lucy (Baxter). Ma la Storia ha ormai abbandonato gli Amberson, e non rimane che la morte e il rimpianto. La produzione – complice l'allora montatore Robert Wise – tagliò 43', aggiungendo scene di raccordo, e imponendo un finale più roseo (girato da Freddie Fleck) e adatto ai tempi di guerra. Tratto dal romanzo omonimo di

Booth Tarkington, il secondo film di Orson Welles, per quanto disconosciuto dall'autore, è ugualmente un saggio magistrale e modernissimo nell'uso del tempo e dello spazio cinematografico: ci sono meno virtuosismi che in *Quarto potere*, ma l'uso del piano sequenza, del grandangolo e della profondità di campo (grazie anche al direttore della fotografia Stanley Cortez) resta straordinario. Welles si riserva il ruolo del narratore (e la sua assenza spiega in parte il fiasco commerciale del film); celebri i titoli di coda, letti e non scritti, in cui Welles si menziona per ultimo.

Orgoglio e passione *½ (*The Pride and the Passion*, Usa 1957, col, 132') Stanley Kramer. Con Cary Grant, Sophia Loren, Frank Sinatra, Theodore Bikel. ◆ Un ufficiale inglese (Grant), nella Spagna invasa da Napoleone, aiuta i guerriglieri a impossessarsi di un enorme cannone che servirà ad aprire una breccia nelle mura di Avila. Costoso polpettone girato in loco, con grandiose scene di massa ma con personaggi ridicoli. Dal romanzo *The Gun* di C.S. Forester.

Orgoglio e pregiudizio **½ (*Pride and Prejudice*, Usa 1940, b/n, 118') Robert Z. Leonard. Con Greer Garson, Laurence Olivier, Mary Boland, Edna May Oliver, Maureen O'Sullivan, Ann Rutherford, Frieda Inescort, Edmund Gwenn, Karen Morley, Marsha Hunt, E.E. Clive, Bruce Lester, Edward Ashley. ◆ L'arrivo dei ricchi Charles Bingley (Lester) e Fitzwilliam Darcy (Olivier) a Longbourne scatena le mondanità del villaggio e mette in agitazione la famiglia Bennet: l'amore tra la primogenita Jane (O'Sullivan) e Bingley è ostacolato dalla diversità di censo, quello tra la secondogenita Elizabeth (Garson) e Darcy dall'indipendenza (e dall'orgoglio) di lei e dai pregiudizi di lui, mentre la più giovane Lydia (Rutherford) pensa bene di scappare con il superficiale Wickham (Ashley). Sontuosa versione del romanzo omonimo di Jane Austen (e della pièce che ne trasse Helen Jerome) sceneggiata da Aldous Huxley e Jane Murfin, con la collaborazione di John Van Druten e Tess Slesinger. Impeccabile spettacolo vecchia maniera, interpretato da splendidi caratteristi (menzione d'onore per la ciarliera Mary Boland e il remissivo Edmund Gwenn nel ruolo dei signori Bennet) e diretto da un professionista in modo non troppo impersonale: un esempio perfetto di cosa poteva produrre lo studio-system (qui la Mgm) al suo apogeo.

Orgogliosi, Gli ** (*Les Orgueilleux*, Francia/Messico 1953, b/n, 105') Yves Allégret. Con Gérard Philipe, Michèle Morgan, Carlos Lopez Moctezuma, Michèle Cordue, Victor Manuel Mendoza, André Toffel. ◆ In un piccolo villaggio messicano, un'epidemia di tifo fa incontrare un medico alcolizzato (Philipe) e la fresca vedova (Morgan) di un uomo morto di meningite: lei troverà il coraggio per guardare al futuro e lui la forza per ritrovare la sua dignità d'uomo e di medico. Scritto da Sartre (che però si affrettò a disconoscerlo) e sceneggiato da Jean Aurenche, Jean Clouzot e Pierre Bost, è «la trasposizione in un Messico di maniera dell'arsenale granguignolesco del teatro sartriano», tipico esempio di quel pessimismo esistenziale che aveva dato vita al réalisme noir: una narrazione rigorosamente comportamentale, rifiuto di ogni forma di psicologismo e un certo compiacimento per la tendenza autodistruttiva che attanaglia i personaggi (fece scandalo per aver mostrato Gérard Philipe che vomita o per certe audacie sessuali che comunque rendono indimenticabile la Morgan in sottoveste). Gli esiti ai limiti della parodia non impedirono al film di vincere il Leone di bronzo a Venezia, dove anche Philipe e la Morgan furono premiati come migliori attori.

Orgoglioso ribelle, L' *½ (*The Proud Rebel*, Usa 1958, col, 103') Michael Curtiz. Con Alan Ladd, Olivia de Havilland, Dean Jagger, David Ladd, John Carradine. ◆ Finita la guerra di Secessione, John Chandler (Ladd) va in cerca di un'insegnante per il figlio muto (interpretato dal suo vero figlio). Si innamora della proprietaria di una fattoria, mentre il figlio guarisce sul più bello. Melodramma familiare convenzionale e troppo roseo, anche se non gratuitamente ricattatorio. Da notare un trentenne Harry Dean Stanton.

Originale, L' ** (*Trust Me*, Usa 1989, col, 95') Bobby Houston. Con Adam Ant, David Packer, Talia Balsam, Joyce van Patten, Karen Black. ◆ Un gallerista senza scrupoli (Ant) progetta di uccidere un pittore promettente (Packer) per rialzare le quotazioni dei suoi quadri: ma questi lo precede, e fa il morto per finta. La maggiore originalità sta nella descrizione, non priva di ironia, degli ambienti modaioli californiani, dove i neo-ricchi si lamentano dei Basquiat acquistati a caro prezzo e che ora non compra più nessuno. Senza scintille, però, la regia.

Originale erotic dance, L' * (*Lambada*, Usa 1990, col, 98') Joel Silberg. Con J. Eddie Peck, Melora Hardin, Shabba-Doo, Ricky Paul Goldin. ◆ Un professore di matematica frequenta le discoteche del barrio latino di East L.A. con intenti pedagogici e si innamora di una studentessa. Le chiappe al vento non compensano il vuoto assoluto di idee.

Orizzonte perduto *** (*Lost Horizon*, Usa 1937, b/n, 118') Frank Capra. Con Ronald Colman, Jane Wyatt, John Howard, Edward Everett Horton, Margo, Sam Jaffe, Thomas Mitchell, Isabel Jewell, H.B. Warner. ◆ Cinque americani in fuga dalla Cina invasa dal Giappone – lo scrittore e soldato Robert Conway (Colman), suo fratello George (Howard), un paleontologo (Horton), un finanziere inseguito dalla polizia (Mitchell) e un'americana malata di tubercolosi (Jewell) – precipitano con il loro piccolo aereo sulle montagne dell'Himalaia e capitano in un regno incantato, Shangri-La, dove regnano la pace e la gente rimane giovane. Ma nonostante il Grande Lama chieda a Robert di sostituirlo alla guida della comunità, i due fratelli decidono di abbandonare la valle, insieme a una bellezza locale (Margo). Solo Robert sopravvive alla fuga e decide di tornare nella valle. Tratto dal romanzo omonimo di James Hilton e sceneggiato da Robert Riskin, il film vuole essere un elogio dell'Utopia (l'eterna giovinezza che domina a Shangri-La è l'effetto della mancanza dell'americanissima struggle for life) conquistata grazie alla saggezza e all'intelligenza degli uomini: ne esce una specie di «favola laica», appassionante e coinvolgente nella sua ingenuità ideologica, attraversata da un'insolita vena di pessimismo, che lasciò freddi molti estimatori di Capra per la scelta narrativa fantastica, lontanissima dai toni di commedia dei suoi altri film. Girato in studio ricorrendo, quando necessario, a un capannone frigorifero, vinse due Oscar: miglior scenografia (Stephen Goosson) e montaggio (Gene Havlick e Gene Milford). Lungo in origine 132', il film è stato recentemente restaurato a cura dell'American Film Institute in una versione con la colonna sonora integrale ma che sostituisce 7' di scene perdute con foto fisse. Il remake in chiave di musical del 1972 di Charles Jarrot (*Orizzonte perduto*, con Peter Finch, Liv Ullmann, Sally Kellerman, George Kennedy, Michael York, Olivia Hussey e Charles Boyer) fu giustamente un fiasco.

Orizzonti di gloria **** (*Paths of Glory*, Usa 1957, b/n, 86') Stanley Kubrick. Con Kirk Douglas, Adolphe Menjou, Ralph Meeker, George Macready, Joseph Turkel, Richard Anderson, Suzanne Christian [Christiane Harlan]. ◆ Prima guerra mondiale, fronte franco-tedesco: un generale ambizioso (Macready) prima comanda un'operazione suicida, poi, visto l'insuccesso, esige tre condanne a morte come punizione. Invano un colonnello umanitario (Douglas) cercherà di difendere i tre poveracci. Il più efficace e commovente film antimilitarista di tutti i tempi, bloccato dalla censura francese e distribuito negli Stati Uniti solo grazie alla presenza di Douglas. Impietoso e pieno di amara ironia nel mostrare l'ottusità e il sadismo di chi comanda. Ma anche un eccezionale esercizio di stile, dove ogni movimento di macchina e ogni angolazione di ripresa hanno un senso e una funzione precisa. Il soggetto è tratto dal romanzo parzialmente autobiografico di Humphrey Cobb, sceneggiato da Kubrick con Calder Willingham e l'autore di noir Jim Thompson in modo che il centro del film non fosse più la storia dei tre soldati fucilati (come nel libro), ma la follia degli alti gradi militari (assolutamente geniale la prova di Adolphe Menjou nella parte del generale Broulard). Angosciante e bellissima l'ultima scena, quando i soldati francesi dimenticano gli orrori di cui sono stati testimoni, unendosi al canto di una giovane tedesca (Christian, poi terza moglie di Kubrick), ambigua e commovente metafora di un'unità che sappia superare le divisioni nazionalistiche. Elogiato da Churchill per il realismo della ricostruzione e uscito in Francia solo nel 1975.

Orizzonti lontani *½ (*The Big Land*, Usa 1957, col, 92') Gordon Douglas. Con Alan Ladd, Virginia Mayo, Edmond O'Brien, Julie Bishop. ◆ Allevatori e agricoltori si alleano per fare arrivare la ferrovia nel Texas e sottrarsi alle vessazioni dei commercianti. Western standard in confezione famiglia.

Orlando ** (*Orlando*, Gb/Russia/Italia 1992, col, 92') Sally Potter. Con Tilda Swinton, Billy Zane, Charlotte Valandrey, Heathcote Williams, Lothaire Blutaeu, Lol Coxhill. ◆ Orlando (Swinton) nasce come maschio durante il regno di Elisabetta I, e rimane sempre giovane; nel Settecento, in Uzbekistan, si ritrova donna. Conoscerà l'amore che gli era sempre stato negato, e si ritrova, ai giorni nostri, a giocare con la figlia con una videocamera, mentre in aria volteggia e canta, con la sua voce da castrato, Jimmy Somerville. Dal romanzo-puzzle di Virginia Woolf, un saggio di criptofemminismo in chiave surrealista. Ben giocati, comunque, i temi del viaggio nel tempo e dell'androgino. Troppo Greenaway, almeno nella prima parte, nelle inquadrature, nei costumi e nelle musiche. Arcana la Swinton.

Orlando e i paladini di Francia * (Italia 1957, col, 110') Pietro Francisci. Con Rik Battaglia, Lorella De Luca, Rosanna Schiaffino, Fabrizio Mioni, Ugo Sasso, Ivo Garrani, Rossella Como, Clelia Matania, Vittorio Sanipoli. ◆ Il perfido Gano di Magonza (Sanipoli), pagato dal re moro Agramante, cerca di seminare zizzania tra Orlando (Battaglia) e Rinaldo (Mioni) per motivo di Angelica (Schiaffino): ma i buoni trionfano come in un'opera dei pupi. Il film di Francisci ne ha la stessa ingenuità, ma non il fascino.

Orlando furioso ** (Italia 1973, col, 113') Luca Ronconi. Con Massimo Foschi, Mariangela Melato, Ottavia Piccolo, Giacomo Piperno, Carlo Valli, Sergio Nicolai. ◆ Due delle sei puntate dell'*Orlando furioso* televisivo, realizzato a partire da una memorabile rappresentazione teatrale dello stesso regista. Gli episodi ariosteschi sono quelli di Ruggero che libera Angelica uccidendo l'idra, e di Orlando che impazzisce d'amore. Ronconi (cosceneggiatore con Edoardo Sanguineti) esalta l'artificio e la convenzione, mostrando gli inservienti che spostano le macchine sceniche, e sfrutta bene le scenografie della villa Farnese di Caprarola e delle Terme di Caracalla. L'intenzione era quella di restituire un senso del meraviglioso prossimo all'originale; ma la versione filmica appiattisce l'incanto del teatro.

Orma del gorilla, L' * (*Mark of the Gorilla*, Usa 1950, b/n, 68') William Berke. Con Johnny Weissmuller, Trudy Marshall, Suzanne Dalbert, Onslow Stevens. ◆ Jim della giungla (Weissmuller) smaschera un gruppo di nazisti che per cercare un giacimento d'oro si travestono da gorilla. Quarto film della serie, involontariamente comico.

Ormai è fatta! *½ (Italia 1999, col, 100') Enzo Monteleone. Con Stefano Accorsi, Emilio Solfrizzi, Giovanni Esposito, Antonio Catania, Antonio Petrocelli, Fabrizia Sacchi, Francesco Guccini, Alessandro Haber. ◆ Fossano, 1973: il «ladro gentiluomo» Horst Fantazzini (Accorsi) tenta l'evasione, ferisce tre guardie di custodia, ne prende due in ostaggio (Solfrizzi ed Esposito) e alla fine viene imbottito di piombo; attualmente è ancora ospite dello Stato. Farsa semitragica all'italiana: politicamente corretta e assolutoria, schierata a difendere un piccolo eroe che è esemplare di un'epoca in cui la delinquenza comune sfoggiava istanze rivoluzionarie, ma che non si capisce perché dovrebbe ispirare tanta simpatia (anche se ha la faccia di «Maxibon» Accorsi). Basandosi sull'autobiografia di Fantazzini, Monteleone e il cosceneggiatore Angelo Orlando sono a tratti acuti nell'additare vizi ancora attuali: ma ci voleva più freddezza e meno pathos da Soccorso Rosso. Lo stile (con le musiche balcaniche di Pivio e Aldo De Scalzi) è così alla moda da sembrare anacronistico.

Ormai non c'è più scampo * (*When Time Ran*

Out, Usa 1980, col, 121') James Goldstone. Con Paul Newman, Jacqueline Bisset, William Holden, Eddie Albert, Ernest Borgnine, Valentina Cortese, Barbara Carrera, Burgess Meredith, James Franciscus. ◆ Trivellazioni petrolifere risvegliano un vulcano hawaiano che distrugge, tra le altre cose, un albergo di lusso. Tedioso e goffo kolossal catastrofico che, come capita in questi casi, si risolve in una galleria di volti noti, che accettano di comparire unicamente per ragioni alimentari.

Ormai sono una donna ** (*Beau-père*, Francia 1981, col, 122') Bertrand Blier. Con Patrick Dewaere, Ariel Besse, Nathalie Baye, Maurice Ronet, Nicole Garcia, Macha Méril. ◆ Una giovane (Besse) si innamora del patrigno (Dewaere). Prima è lei a insistere, poi la rincorre lui, ma la storia sarà breve, anche perché i cosiddetti adulti non sono così maturi. Commedia agrodolce, che il regista ha tratto da un suo romanzo, con qualche scivolone sentimentale nel finale. Blier è un buon direttore d'attori, e sapeva essere spregiudicato senza ricorrere alle bizzarrie in cui si è specializzato di recente.

Ormai ti amo ** (*Walk Softly, Stranger*, Usa 1950, b/n, 81') Robert Stevenson. Con Joseph Cotten, Alida Valli, Spring Byington, Paul Stewart. ◆ Storia di amore e redenzione tra una paralizzata e un rapinatore. Lui si consegnerà alla polizia, ma lei promette di aspettarlo. Melodramma nero non originalissimo, ma ancora vedibile per i suoi protagonisti.

Orme, Le ** (Italia 1975, col, 110') Luigi Bazzoni. Con Florinda Bolkan, Peter McEnery, Nicoletta Elmi, Caterina Boratto, John Karlsen, Klaus Kinski, Lila Kedrova. ◆ La doppia vita di Alice (Bolkan), interprete per la Fao ossessionata dall'esperimento che uno scienziato (Kinski) sembra compiere su un astronauta: c'è davvero un uomo (McEnery) che la vuole uccidere o tutto è frutto della sua schizofrenia? Psicodramma dai risvolti fantascientifici (le orme del titolo sono quelle dell'astronauta sulla luna) che crea un'insistente atmosfera di mistero, ma non arriva a uno scioglimento soddisfacente. Sceneggiato dal regista con Luigi Fenelli e fotografato, con bella sensibilità, da Vittorio Storaro.

Oro * (*A Prize of Gold*, Gb 1955, col, 98') Mark Robson. Con Richard Widmark, Mai Zetterling, Nigel Patrick, Donald Wolfit. ◆ Un sergente americano a Berlino (Widmark) si innamora di una maestra (Zetterling), e progetta una rapina per finanziare le sue attività filantropiche. Insulso incrocio tra un romanzo rosa e un giallo (senza essere però un giallorosa), che scivola verso la conclusione più prevedibile.

Oro dei legionari, L' *½ (*Les Morfalous*, Francia 1984, col, 105') Henri Verneuil. Con Jean-Paul Belmondo, Jacques Villeret, Michel Costantin, Michel Creton, Marie Laforêt. ◆ Durante la seconda guerra mondiale, in Tunisia, quattro soldati francesi decidono di tenersi il carico d'oro che devono trasportare. Tra agguati nazisti e tradimenti, nessuno potrà godersi il malloppo. Avventure in chiave cinica, palesemente debitrici dell'analogo *I guerrieri*. Pensato su misura di Belmondo e per sbancare il botteghino: ciò che è avvenuto solo in patria.

Oro dei sette santi, L' ** (*Gold of the Seven Saints*, Usa 1961, col, 91') Gordon Douglas. Con Roger Moore, Clint Walker, Leticia Roman, Robert Middleton, Gene Evans, Chill Willis. ◆ Due cercatori d'oro (Moore e Walker) credono di essere diventati ricchi, ma devono fare i conti con i banditi e l'ironia del destino. Western non eccelso ma sceneggiato (da Leonard Freeman e Charles Brackett) con buon mestiere: in pratica è la versione leggera e semiumoristica del *Tesoro della Sierra Madre*.

Oro del demonio, L' ** (*All That Money Can Buy*, conosciuto anche col titolo *The Devil and Daniel Webster*, Usa 1941, b/n, 107') William Dieterle. Con Walter Huston, Edward Arnold, James Craig, Anne Shirley, Simone Simon, Jane Darwell, Gene Lockhart, John Qualen, Jeff Corey. ◆ Un contadino (Craig) vende l'anima al diavolo (Huston) ma, pentito, affida la sua difesa a un famoso oratore del senato americano, Daniel Webster (Arnold). Il mito di *Faust* viene trasportato nel New Hampshire nell'Ottocento per esprimere la quintessenza dell'ottimismo yankee. Dieterle sfoggia un notevole talento visivo, grazie alla fotografia di Joseph August, ma non riesce a controllare appieno una sceneggiatura inutilmente verbosa di Dan Totheroth e Stephen Vincent Benét, autore del racconto da cui è tratto il film e celeberrimo in America (Daniel Webster, 1782-1852, rappresentante del Massachusetts e poi segretario di Stato con Andrew Jackson, fu realmente un oratore ammiratissimo). La colonna sonora di Bernard Hermann vinse l'Oscar. Circola una versione ridotta di 85'.

Oro della California, L' ** (*Westbound*, Usa 1958, col, 96') Budd Boetticher. Con Randolph Scott, Virginia Mayo, Karen Steele, Michael Dante, Andrew Duggan, Michael Pate. ◆ Durante la guerra civile americana un capitano nordista (Scott) deve trovare il modo per trasportare un carico d'oro dalla California al quartier generale delle sue truppe. Western non disprezzabile ma comunque inferiore ad altri dello stesso regista, che in questo caso soffre della mancanza di Burt Kennedy, suo sceneggiatore di fiducia. Tra gli attori spicca la Steele (in seguito moglie del regista), che dà al proprio ruolo una notevole carica di aggressività.

Oro della Cina, L' → *Generale morì all'alba, Il*

Oro del mondo, L' * (Italia 1968, col, 94') Aldo Grimaldi. Con Romina Power, Al Bano [Albano Carrisi], Linda Christian, Carlo Giordana, Nino Taranto, Franco Franchi, Ciccio Ingrassia, Antonella Steni, Enrico Montesano, Carlo Taranto, Nino Terzo, Carla Vistarini, Isa Danieli, Fulvio Mingozzi. ◆ Per conquistarsi i favori di una bella studentessa (Romina) un arrogante rampollo (Giordana) di industriali giunge al ricatto: o il fidanzamento con lui oppure il fallimento della ditta del padre di lei. Ma il bravo, povero e onesto fidanzato (Al Bano), aiutato da due salumieri (Franchi e Ingrassia) scopre la macchinazione e lotta perché l'amore trionfi. Favola musical a budget ridottissimo che recupera i personaggi di *Nel sole* e sfrutta l'eco dell'amore extracinematografico tra Al Bano (che canta i suoi hit) e Romina: successo commerciale garantito e gioiello kitsch insostenibile ai più. Sceneggiatura del regista.

Oro di MacKenna, L' * (*Mackenna's Gold*, Usa 1969, col, 128') J. Lee Thompson. Con Gregory Peck, Omar Sharif, Telly Savalas, Camilla Sparv, Keenan Wynn, Burgess Meredith, Edward G. Robinson, Eli Wallach, Anthony Quayle. ◆ Un indiano morente ha dato a uno sceriffo (Peck) la mappa che indica una montagna tutta d'oro. Ma la cosa fa gola anche a un bandito messicano (Sharif). Lento, prolisso e goffo, assomiglia a uno spaghetti-western, ma è molto meno divertente. Fu colpa anche di fiaschi come questo che il genere si esaurì. Musiche di Quincy Jones. In originale 136'.

Oro di Napoli, L' *** (Italia 1954, col, 118') Vittorio De Sica. ◆ Film a episodi. In *Il guappo* (dal racconto *Trent'anni, diconsi trenta*, con Totò [Antonio de Curtis], Pasquale Gennaro, Lianella Carell) il «pazzariello» don Saverio si ribella al guappo prepotente che da dieci anni si è installato a casa sua solo quando lo crede in fin di vita: ma è un finto allarme; in *Pizze a credito* (dai racconti *Gente nel vicolo* e *La morte a Napoli*, con Sophia Loren, Paolo Stoppa, Giacomo Furia, Alberto Farnese, Luciano Rondinella) una pizzaiola dall'immaginazione pronta fa becco il marito; in *I giocatori* (dal racconto omonimo, con Vittorio De Sica, Pierino Bilancioni) un nobile maniaco del gioco (un autoironico De Sica, che era davvero un incallito giocatore) si riduce a giocare a carte col figlio del portinaio, e continua a perdere; in *Teresa* (dal racconto *Personaggi in busta chiusa*, con Silvana Mangano, Erno Crisa) un uomo sposa una prostituta, ma in privato la umilia provocandone la fuga; in *Il professore* (dal racconto *Don Ersilio Miccio vendeva saggezza*, con Eduardo De Filippo, Tina Pica, Gianni Crosio) un maestro nell'arte del «pernacchio» (da distinguersi dalla volgare pernacchia) sbeffeggia un nobile borioso che, con la sua automobile, crea ogni giorno scompiglio per i vicoli. Tratto dalla raccolta omonima di Giuseppe Marotta (che collaborò alla sceneggiatura con Cesare Zavattini e De Sica), è un'amabile serie di acuti bozzetti che riescono a evitare, in genere, il folclore gratuito. I personaggi di Totò, della prorompente Loren e, soprattutto, di De Filippo, sono entrati nella memoria collettiva. Prodotto da Ponti e De Laurentiis, che fecero tagliare l'episodio *Il funeralino* (con Teresa De Vita), in quanto giudicato deprimente.

Oro di Picano Valley, L' * (*The Lawless Range*, Usa 1935, b/n, 51') R. [Robert] N. Bradbury. Con John Wayne, Sheila Mannors, Frank McGlynn jr, Jack Curtis, Yakima Canutt, Wally Howe, Julia Griffith, Earl Dwire. ◆ Giunto a Picano Valley in aiuto di un vecchio amico di famiglia (Howe) che è scomparso, John Middleton (Wayne) scopre che la banda responsabile di tutti gli agguati obbedisce agli ordini di un banchiere (McGlynn jr) che vorrebbe espropriare i terreni di tutti perché nascondono giacimenti d'oro. Un western dove i colpi di scena sono troppi e troppo meccanici (nel primo quarto d'ora, tutti – banditi, eroina [Mannors] e onesti cittadini – sembrano preoccupati solo di sparare a Middleton) e dove per allungare il film si fa esibire Wayne in due lunghi intervalli canori.

Oro di Roma, L' *½ (Italia 1961, b/n, 115') Carlo Lizzani. Con Anna Maria Ferrero, Jean Sorel, Gérard Blain, Andrea Checchi, Paola Borboni. ◆ L'infame nazista Kappler, nel settembre del 1943, impone un gravoso riscatto agli ebrei romani, ma poi si accanisce ugualmente contro di loro. Film di ricostruzione storica, che però non mette bene a fuoco i personaggi (fermandosi a un eccessivo schematismo: il ribelle, Blain; la fatalista, Ferrero) e finisce col tradire le buone intenzioni di partenza.

Oro di Ulisse, L' *** (*Ulee's Gold*, Usa 1997, col, 111') Victor Nuñez. Con Peter Fonda, Patricia Richardson, Jessica Biel, J. Kenneth Campbell, Christine Dunford, Steven Flynn, Dewey Weber, Tom Wood. ◆ L'apicoltore Ulee Jackson (Fonda), vedovo della moglie Penelope e tutore delle nipoti, si ritrova nei guai a causa del figlio Jimmy, in carcere per un furto di cui ha nascosto la refurtiva; i complici si fanno vivi, e a Ulee toccherà battersi e ricompattare la famiglia. Scritto dal regista, un sommesso mélo noir in equilibrio tra quotidianità e mitologia: è il ritorno a Itaca del Capitan America di *Easy Rider*, con un Peter Fonda eccellente (e candidato all'Oscar) nel dare intensità a una recitazione tutta in sottotono. Curioso ma mai voyeuristico, Nuñez usa la macchina da presa come un detective, puntando su primissimi piani, silenzi, gesti minimi e apparentemente insignificanti. Il sogno americano è morto da un pezzo, ma questo Ulisse che ha trovato l'oro nel miele è molto più che un sopravvissuto.

Orologiaio, L' *½ (*Georg Elser*, Rft/Usa 1990, col, 102') Klaus Maria Brandauer. Con Klaus Maria Brandauer, Brian Dennehy, Rebecca Miller, Marthe Keller, Elisabeth Orth. ◆ A Monaco, nel 1938, un orologiaio antinazista (Brandauer) piazza un ordigno nella birreria dove Hitler deve tenere un discorso. Racconto diligente ma prevedibile e povero di suspense, tratto dal romanzo di Stephen Sheppard (qui anche sceneggiatore), che arranca faticosamente fino a una conclusione nota in anticipo. Brandauer gioca sottotono, sia come attore sia come regista.

Orologiaio di Saint-Paul, L' *** (*L'Horloger de Saint-Paul*, Francia 1974, col, 105') Bertrand Tavernier. Con Philippe Noiret, Jean Rochefort, Jacques Denis, Julien Bertheau, Sylvain Rougerie, Christine Pascal. ◆ L'arresto del figlio, strappa violentemente Michel Descombes (Noiret), orologiaio nel quartiere Saint-Paul di Lione, dal suo tranquillo tran tran e lo costringe a confrontarsi con un mondo su cui aveva chiuso gli occhi, prima di tutto l'impegno politico del figlio (che ha ucciso un ex parà, guardiano in una fabbrica dove infastidiva la sua fidanzata), arrivando a capire le ragioni di quel gesto e a dichiararsi «totalmente solidale» con lui. Folgorante esordio nel lungometraggio di Tavernier che ha adattato un romanzo di Simenon (*L'horloger d'Everton*) con la collaborazione di Jean Aurenche e Pierre Bost (vecchi sceneggiatori di qualità, che erano stati indicati da Truffaut come i responsabili di un esecrabile «cinéma de papa»). Scegliendo di raccontare un esempio di «eroismo quotidiano», il film ribalta il luogo comune che vuole i vecchi fare la morale ai giovani. La regia, poi, spezzetta la trama gialla in tanti piccoli ma concretissimi quadri di vita di provincia (la cena con gli amici, la spesa al mercato in compagnia del commissario interpretato da Rochefort), riuscendo a rendere l'atmosfera plumbea e soffocante che pesa sulle persone e il bisogno di recuperare scelte di tipo morale, «perfetto esempio di cinema fortemente radicato in un Paese e in grado di dialogare con il pubblico sulla Storia e sul presente sulla base di una riflessione seria, personale e non elitaria». Il film è dedicato a Jacques Prévert.

Orologio a cucù * (Italia 1938, b/n, 85') Camillo Mastrocinque. Con Vittorio De Sica, Ugo Ceseri, Oretta Fiume, Lamberto Picasso, Laura Solari. ◆ A Livorno, nel 1815, si indaga sulla morte di un banchiere antinapoleonico. Il colpevole viene scoperto, l'idillio del capitano Ducci (De Sica) con la figlia del morto va in porto, e Napoleone evade dall'Elba. Guazzabuglio in costume poco ispirato.

Oro maledetto *½ (*Wild Gold*, Usa 1934, b/n, 75') George Marshall. Con John Boles, Claire Trevor, Harry Green, Roger Imhof. ◆ Un ingegnere minerario si innamora di una ballerina sposata a un delinquente; un provvidenziale incidente gli lascerà strada libera. Western melodrammatico di un'altra epoca.

Oro per i Cesari * (Italia/Francia 1962, col, 92') Sabatino Ciuffini, Riccardo Freda. Con Jeffrey Hunter, Mylène Demongeot, Massimo Girotti, Ettore Manni, Giulio Bosetti. ◆ Un intelligente schiavo geologo cerca oro in Gallia per conto dell'imperatore Domiziano. Troverà la libertà e l'amore. Nessuna preoccupazione di verosimiglianza storica in un peplum di routine. Freda ha diretto solo le scene di esterni, mentre per ragioni produttive André de Toth risulta nei titoli di testa come «supervisore alla regia».

Oro sommerso * (*Wet Gold*, Usa 1984, col, 100') Dick Lowry. Con Brooke Shields, Burgess Meredith, Tom Byrd, Brian Kerwin. ◆ Un vecchio marinaio si associa con una cameriera e il suo ragazzo per recuperare un tesoro sommerso. Scipito prodotto televisivo che cita volenterosamente *Il tesoro della Sierra Madre*. La presenza della Shields, d'altronde, è quasi sempre una garanzia di bassa qualità.

Orphans *** (*Orphans*, Gb 1998, col, 101') Peter Mullan. Con Gary Lewis, Douglas Henshall, Rosemarie Stevenson, Stephen McCole, Frank Gallagher, Alex Norton. ◆ Nella notte che precede il funerale della madre, tre fratelli e una sorella handicappata affrontano l'angoscia della perdita: Thomas (Lewis) rimane nella cappella con la salma, Sheila (Stevenson) si perde nella città sulla sedia a rotelle, Michael (Henshall) viene accoltellato in un bar, John (McCole) è deciso a vendicarlo. Scritta e diretta dall'attore protagonista di *My name is Joe*, una notevole opera prima, pervasa di un humour nero per niente gratuito, che ricorda i grandi maestri della crudeltà. All'unità di tempo (la notte) corrisponde una frantumazione delle azioni e dello spazio che il regista gestisce con vigorosa libertà espressiva, passando senza soluzione di continuità dal comico al tragico, dal reale al surreale, dalla malinconia luttuosa all'exploit vitalistico. E con un senso della messa in scena talvolta sorprendente (gli episodi di conflittualità fisica, ambientati in un paesaggio reale che sfuma nel metafisico). Colonna sonora di Craig Armstrong.

Orribile segreto del dr. Hichcock, L' *** (Italia 1962, col, 88') Robert Hampton [Riccardo Freda]. Con Barbara Steele, Robert Flemyng, Montgomery Glenn [Silvano Tranquilli], Teresa Fitzgerald [Maria Teresa Vianello]. ◆ Un dottore necrofilo, sedicente vedovo (Flemyng), sposa una giovane (Steele), che presto capisce di essere destinata a qualche macabro esperimento. Uno dei migliori horror italiani degli anni Sessanta, che rinuncia al soprannaturale, e ricostruisce un caso degno di Krafft-Ebing con estro barocco e un gran senso dell'atmosfera: al centro l'ossessione necrofila del protagonista, una «passione estrema» che come spesso in Freda spinge chi la vive «a passare dall'altro lato dello specchio, in un mondo di sofferenze e frustrazioni che finiscono per trasformare le persone in mostri». La Steele è meravigliosa anche nella parte, per lei insolita, della vittima. Più noto all'estero che da noi.

Orribile verità, L' *** (*The Awful Truth*, Usa 1937, b/n, 92') Leo McCarey. Con Cary Grant, Irene Dunne, Ralph Bellamy, Alexander D'Arcy, Cecil Cunningham. ◆ Jerry e Lucy Warrimer (Grant e Dunne) devono aspettare 90 giorni prima che il divorzio diventi esecutivo: così Jerry ha tempo di mandare all'aria il flirt della moglie col fatuo Daniel Leeson (Bellamy) e di riconquistarne l'amore. Una delle più classiche commedie sofisticate, girata (secondo lo stile ricorrente di McCarey) senza che gli attori avessero mai letto la sceneggiatura per intero e lasciando molto all'improvvisazione. Grazie a una regia elegantissima e raffinata, il film costruisce «una serie di variazioni e di arabeschi sul desiderio frustrato, sui dispetti amorosi e sulla gelosia», utilizzando sapientemente la recitazione degli attori ma anche alcuni elementi esterni, come Mr. Smith, il cane della coppia che il giudice ha affidato a lei e che lui vuole «visitare» nei momenti meno opportuni. Il pubblico dapprima reagì freddamente, e decretò il successo del film solo dopo che venne aggiunto il monologo del giudice al telefono, nel quale difende il matrimonio mentre la moglie non lo lascia parlare. Remake di Alexander Hall (*Ancora e sempre*, 1953).

Orrori del castello di Norimberga, Gli ** (Italia/Rft 1972, col, 92') Mario Bava. Con Elke Sommer, Joseph Cotten, Massimo Girotti, Rada Rassimov, Antonio Cantafora, Nicoletta Elmi. ◆ Un barone sadico dal volto sfigurato viene riportato in vita dai soliti incoscienti: il suo strumento di tortura preferito è la vergine di Norimberga. Bava è più interessato a giochi di bravura con la macchina da presa che alla trama, Cotten recita con molta ironia, e il film è abbastanza strampalato da essere divertente. Esordio della piccola Elmi. L'azione, malgrado il titolo, si svolge in Austria.

Orrori di Frankenstein, Gli *½ (*The Horror of Frankenstein*, Gb 1970, col, 95') Jimmy Sangster. Con Ralph Bates, Kate O'Mara, Graham Jones, Veronica

Carlson, Dennis Price. ◆ Questa volta il vero mostro è il barone Frankenstein (Bates) che compie una lunga serie di delitti, tra cui il parricidio, per assicurarsi la materia prima necessaria alla fabbricazione della creatura. Dirige lo sceneggiatore di *La maschera di Frankenstein*, ma la celebre storia ormai è alla deriva. Con molto sangue e poca sostanza, segna la fine del grande cinema gotico made in Britain prodotto dalla Hammer.

Orsetti del cuore, Gli *½ (*The Care Bears Movie*, Canada 1985, col, 75') Arna Selznick. ◆ Gli orsetti di Tantoamore stringono amicizia con due piccoli umani e li aiutano a sconfiggere chi li perseguita. Avventure a disegni animati raccomandabili ai bambini in età prescolare. Quello degli orsetti, commercializzati in tutte le salse, fu un discreto business.

Orsetti del cuore II, Gli * (*Care Bears Movie II: a New Generation*, Usa 1986, col, 77') Dale Schott. ◆ Un ragazzino pestifero minaccia il regno degli orsetti, ma alla fine la melassa contagerà anche lui. Brutto seguito con goffe animazioni, poco divertente anche per i piccoli.

«Orsi» interrompono gli allenamenti, Gli * (*The Bad News Bears in Breaking Training*, Usa 1977, col, 100') Michael Pressman. Con William Devane, Jackie Earle Haley, Jimmy Baio, Clifton James. ◆ Una squadra di baseball di ragazzini versa come al solito in cattive acque, ma il successo è sempre dietro l'angolo, grazie al solito allenatore (Devane) in cerca di riscatto. Seguito di *Che botte se incontri gli orsi*, senza le star del primo episodio e decisamente peggiore. Seguìto da *Gli «Orsi» vanno in Giappone* (1978).

«Orsi» vanno in Giappone, Gli *½ (*The Bad New Bears Go To Japan*, Usa 1978, col, 91') John Berry. Con Tony Curtis, Jackie Earle Haley, Tomisaburo Wakayama, George Wyner, Lonny Chapman. ◆ Un agente che di grande ha solo le ambizioni (Curtis) assume la rappresentanza della squadra degli Orsi e la porta in tournée in Giappone. Ultimo episodio (dopo *Che botte se incontri gli «Orsi»*, 1976, e *Gli «Orsi» interrompono gli allenamenti*, 1977) delle avventure di una squadra di baseball formata solo da teen-ager: la storia (sceneggiata da Bill Lancaster) è scontata ma Tony Curtis è ancora divertente.

Orso, L' ** (*L'Ours*, Francia 1988, col, 93') Jean-Jacques Annaud. Con Tcheky Karyo, Jack Wallace e gli orsi Bart, Doc, La Douce, Griz, Bianca. ◆ Un orsacchiotto orfano viene adottato da un grande orso solitario, che gli insegna a cacciare e a sfuggire a cani e cacciatori. Film dalla parte degli animali, con poche presenze umane, girato con grande abilità e ruffianeria. Gli etologi hanno riscontrato vari errori, ad Annaud è stato rinfacciato il tocco alla Disney (anche se la presenza della morte è tutt'altro che disneyana), ma il pubblico non ci ha fatto caso. La sceneggiatura di Gérard Brach rischia grosso nella sequenza del sogno e nell'inevitabile scena primaria (l'orsetto stupito che osserva due adulti che copulano). Girato nelle Dolomiti. Nella parte dei due animali protagonisti compaiono in realtà una quindicina di orsi – sostituiti a volte da mimi e pupazzi di Jim Henson. Nella scena finale, comunque, Karyo ha rischiato veramente grosso.

Orso chiamato Arturo, Un * (Italia 1992, col, 100') Sergio Martino. Con George Segal, Carol Alt, Doris von Thury, Mattia Sbragia. ◆ Un compositore di colonne sonore (Segal) viene coinvolto da una bellona doppiogiochista (Alt) in una guerra di spie dove è in gioco una formula segreta. L'orso del titolo è un pupazzo esplosivo. Fiacchissimo giallorosa che arriva con almeno vent'anni di ritardo, e dove le battute cadono pateticamente nel vuoto. Una protagonista imbambolata, e uno incartapecorito.

Orso di peluche, L' * (*L'Ours en peluche* Francia/Italia 1994, col, 107') Jacques Deray. Con Alain Delon, Francesca Dellera, Paolo Bonacelli, Martine Brochard, Franco Interlenghi, Mattia Sbragia, Laure Killing, Madeleine Robinson, Regina Bianchi. ◆ Un barone della medicina (Delon) viene minacciato di morte da qualcuno che gli fissa giorno e ora dell'esecuzione: tra amici traditi e infermiere sedotte e abbandonate, si spreca l'elenco dei sospetti. Al loro nono film, Deray e Delon ormai vanno al minimo, e tutto suona fasullo, dai tormenti interiori agli amplessi selvaggi. La Dellera non può fare altro che la caricatura di se stessa. Da un romanzo di Simenon sceneggiato dal regista e Jean Curtelin.

Orso e la bambola, L' *½ (*L'Ours et la poupée*, Francia 1969, col, 90') Michel Deville. Con Brigitte Bardot, Jean-Pierre Cassel, Daniel Ceccaldi, Xavier Gélin. ◆ Una superdivorziata mangiatrice di uomini (Bardot) si innamora di un violoncellista miope (Cassel) che vive con una nidiata di figli. Una Bardot ormai sfiorita non è certo d'aiuto a questa commedia (sceneggiata dal regista con Nina Companeez) che cerca di rifarsi a modelli americani non esaltanti.

Orson Welles – The One Man Band **½ (*Orson Welles – The One Man Band*, Germania/Francia/Svizzera 1995, col, 95') Vassili Silovic e Oja Kodar. ◆ Documentario-antologia sull'ultimo periodo creativo della carriera di Orson Welles, quando accettava spot e comparsate televisive per finanziare film girati con quattro soldi, rimasti incompiuti e inediti. La messe è ricca. Di *The Other Side of the Wind*, film sul cinema interpretato da John Huston, si vede tra l'altro una scena erotica psichedelica con Oja Kodar. Se *The Deep*, tratto dallo stesso romanzo che ha ispirato *Ore 10: calma piatta*, non sembra particolarmente allettante, si rimpiange invece *Il mercante di Venezia* shakespeariano, con Welles nella parte di uno Shylock di grandiosa statura tragica; o *The Dreamers*, da Karen Blixen, con un Welles scavato e quasi spettrale. E ci si incuriosisce per i frammenti con Welles imperturbabile e fascinoso prestigiatore (*The Magic Show*), o trasformista burlone (*One Man Band*) che si diverte con innocue canzonature delle manie britanniche (*The Taylor*). Desta qualche dubbio comunque, l'operazione, dominata dal narcisismo accomodante della Kodar, già compagna del genio e ora vestale delle sue memorie: il rigore filologico è un optional, si vorrebbe vedere di più, e soprattutto si resta con la domanda di sempre: l'ultimo Welles era un genio incompreso e sabotato, o cercava a bella posta il frammento e il fallimento, sapendo di non potere più raggiungere i vertici di un tempo?

Orwell 1984 ** (*1984*, Gb 1984, col, 115') Michael Radford. Con John Hurt, Richard Burton, Suzanna Hamilton, Cyril Cusack, Phyllis Logan. ◆ Nella società totalitaria dominata dal Grande Fratello, chi si innamora subisce il lavaggio del cervello. Burton, alla sua ultima apparizione, è il funzionario malvagio che conserva un barlume di umanità anche quando tortura le sue vittime con i topi. Secondo film tratto dal romanzo di Orwell dopo *Nel duemila non sorge il sole*, ha un'ambientazione molto accurata, debitrice di *Metropolis* di Lang. Ma il risultato è privo di vera emozione, malgrado le buone interpretazioni.La colonna sonora comprende brani degli Eurythmics.

Orzowei, il figlio della savana * (Italia/Rft 1976, col, 105') Yves Allégret. Con Stanley Baker, Peter Marshal, Doris Kunstmann, Vincenzo Crocitti. ◆ Un ragazzo bianco, respinto dalla tribù in cui è stato allevato, incomincia un pellegrinaggio in Africa alla ricerca di una nuova casa. Avventure esotiche per un pubblico familiare, che però non ha raccolto l'invito a rivedere sul grande schermo l'eroe di una nota serie di telefilm. Tristemente famose le musiche di Maurizio e Guido De Angelis.

Oscar – Una fidanzata per due figlie ** (*Oscar*, Usa 1991, col, 110') John Landis. Con Sylvester Stallone, Ornella Muti, Joey Travolta, Yvonne DeCarlo, Paul Greco, Chazz Palminteri, Vincent Spano, Linda Gray, Marisa Tomei. ◆ Il boss «Snaps» Provolone (Stallone) promette al padre morente di diventare un uomo onesto, ma la cosa è più difficile del previsto e in più la figlia è incinta dell'autista (che si è arruolato) e compare una figlia naturale che intende sposarsi con il contabile del gangster. Remake di *Io, due figlie e tre valigie*, costruito con un ritmo discreto e un ottimo uso dei caratteristi, ma privo di autentica grinta e soprattutto con troppi personaggi senza una vera necessità narrativa. Molti i cammeo: Yvonne DeCarlo (zia Rosa), il co-sceneggiatore Harry Shearer (Guido Finucci, il sarto), Don Ameche, Tim Curry e Vincent Spano e, non accreditato, un invecchiatissimo Kirk Douglas (papà Eduardo). La Muti è una moglie di origine italiana, isterica e da operetta. Prima parte comica per Stallone (all'inizio Landis aveva pensato a Danny DeVito), che con questo film cerca di ricostruirsi un'identità d'attore.

Oscar insanguinato **½ (*Theatre of Blood*, Gb 1973, col, 104') Douglas Hickox. Con Vincent Price, Diana Rigg, Robert Morley, Ian Hendry, Harry Andrews, Coral Browne, Robert Coote, Michael Hordem, Diana Dors, Jack Hawkins, Milo O'Shea. ◆ Un pomposo attore di teatro (Price) decide di uccidere i critici teatrali che non l'hanno nominato attore dell'anno. E per queste sue vendette-contrappasso si ispira al repertorio che ha interpretato nell'ultima stagione (Robert Morley muore soffocato per aver mangiato i suoi due barboncini arrostiti in un pasticcio di carne come all'imperatrice romana del *Tito Andronico* erano stati serviti i suoi due figli arrosto). Anche se il meccanismo è simile all'*Abominevole dottor Phibes*, il film di Hickox è ugualmente uno spasso. Un bell'esercizio di humour nero, sopraffino e allegramente granguignolesco, dove Price è semplicemente grandioso.

Oscuri presagi ** (*Cold Heaven*, Gb 1992, col, 95') Nicolas Roeg. Con Theresa Russell, Mark Harmon, James Russo, Will Patton, Talia Shire, Seymour Cassel. ◆ Marie (Russell), moglie fedifraga, si ritrova tra i piedi il marito (Harmon) dopo che l'ha visto cadavere. La Madonna (sic!), intanto, tormenta la sua omonima, e pretende un santuario. Arduo prendere sul serio un soggetto così strampalato: Roeg accetta il soprannaturale senza cercare di spiegarlo, affronta il rischio del ridicolo, ma costruisce una sua personale via al fantastico. Delirante, non c'è dubbio, ma meno arcigno e velleitario di altre sue opere del passato.

O sole mio! **½ (Italia 1946, b/n, 92') Giacomo Gentilomo. Con Tito Gobbi, Adriana Benetti, Vera Carmi, Ernesto Almirante, Vittorio Caprioli, Salvatore Cuffaro, Arnoldo Foà, Carlo Ninchi, Armando Francioli, Cesare Fantoni, Vittorio Sanipoli, Cesare Polacco. ◆ Alla vigilia delle Quattro giornate di Napoli, un cantante italo-americano (Gobbi) paracadutato nella zona deve cantare per radio il suo repertorio per trasmettere messaggi in codice all'esercito di liberazione: un'impiegata della radio, spia dei tedeschi (Carmi) rischia di far fallire il piano, ma dopo un drammatico confronto col fratello (Ninchi) saprà riscattarsi. «Sceneggiata resistenziale» che contamina un soggetto civile come la lotta di popolo contro i nazisti con un soggetto canoro e regionalistico. L'originalità del film è proprio nella commistione di stili e di approcci, che «tratta in maniera inequivocabilmente neorealistica tutti gli esterni e le situazioni popolari» mentre per gli ambienti interni la fotografia di Anchise Brizzi e Tonino Delli Colli non nasconde il suo debito con la tradizione espressionista e langhiana: in questo modo la ricostruzione di un avvenimento reale come l'insurrezione delle quattro giornate è raccontata con molto colore popolare, ma senza il populismo deleterio di tanta successiva retorica resistenziale.

Ospedale più pazzo del mondo, L' * (*Young Doctors in Love*, Usa 1982, col, 95') Garry Marshall. Con Michael McKean, Sean Young, Harry Dean Stanton, Hector Helizondo, Dabney Coleman. ◆ Un gruppo di neolaureati in medicina passa il tempo tra scherzi e flirt in attesa di specializzarsi. Mediocre farsa di livello televisivo, esordio alla regia di Marshall futuro regista di *Pretty Woman*. Demi Moore, allora star di una soap-opera ospedaliera, appare in un cammeo.

Ospite, L' * (Italia 1999, col, 87') Alessandro Colizzi. Con Elodie Treccani, Umberto Orsini, Anita Zagaria, Ignazio Oliva, Maddalena Maggi, Yoon C. Joyce, Lorenzo Lavia. ◆ La mamma (Zagaria) si porta in casa un giovane amante orientale, il padre professore (Orsini) abbozza, la figlia (Treccani) freme di rabbia: ma il peggio che fa è tirare sotto un cane con la macchina. Adattato dal romanzo *La vergogna* di Silvia Cossu (anche cosceneggiatrice, insieme al regista), un film letterario nel peggior senso del termine: serioso, polveroso, inamidato; che non succeda niente è stabilito a priori, ma ciò non riesce mai a diventare una chiave espressiva.

Ospite, L' *½ (Italia 1971, col, 95') Liliana Cavani. Con Lucia Bosé, Peter Gonzales, Glauco Mauri, Giancarlo Laio. ◆ A metà tra finzione e reportage, la storia di un'ex ricoverata di un manicomio (Bosé) che cerca di reinserirsi nella società. Pamphlet prebasagliano nelle forme del cinema-verità, con tutti i difetti e i ricatti sentimentali degli esercizi sperimentalistici anni Settanta. Prodotto dalla Rai.

Ospite d'inverno, L' ** (*The Winter Guest*, Gb/Usa 1997, col, 110') Alan Rickman. Con Emma Thompson, Phyllida Law, Gary Hollywood, Arlene Cockburn, Sheila Reid, Sandra Voe, Douglas Murphy, Sean Biggerstaff. ◆ In un paesino della Scozia, dove le vecchie passano il tempo andando ai funerali e i ragazzini si immaginano avventure sensazionali, una fotografa rimasta vedova (Thompson) sogna di rifarsi una vita in Australia, ma non può fare a meno dell'aiuto dell'anziana madre (Law) e del figlio adolescente (Hollywood). Una pièce teatrale di Sherman MacDonald (sceneggiata dall'autore e dal regista) e una performance quasi dal vero (Law e Thompson sono madre e figlia nella realtà) per il debutto nella regia di un attore: scintille di gran classe e qualche emozione nella recitazione, ma con un eccesso di metafore (la solitudine del paesaggio e il gelo del clima come solitudine e gelo dell'anima) che sottolineano in maniera eccessiva la letterarietà del testo. Per fortuna c'è la disavventura onanistica dei due ragazzini.

Ospite d'onore, L' ** (*My Favorite Year*, Usa 1982, col, 92') Richard Benjamin. Con Peter O'Toole, Mark Linn-Baker, Jessica Harper, Joseph Bologna, Lainie Kazan, Lou Jacobi, Cameron Mitchell. ◆ Alcuni produttori, nel 1953, hanno la cattiva idea di invitare a uno show televisivo un divo ubriacone e donnaiolo (O'Toole), che creerà guai a tutti. Movimentata commedia su misura per l'istrionico protagonista, ispirata alla figura di Errol Flynn. Molti ammiccamenti e allusioni (Bologna rifà Sid Caesar) sfuggono però al pubblico non americano.

Ospite gradito... per mia moglie, Un *½ (*König, Dame, Bube*, Rft/Usa 1972, col, 88') Jerzy Skolimowski. Con Gina Lollobrigida, David Niven, John Moulder-Brown, Mario Adorf, Christopher Sandford, Barbara Valentin. ◆ Zia e nipote (Lollobrigida e Moulder-Brown), amanti segreti, progettano il delitto perfetto. Ma l'improvvisa fortuna del marito (Niven) rende incerta la moglie su chi dei due preferire. Ispirato a uno dei primi romanzi di Nabokov (*Re, regina, cavaliere*), una commedia nera senza troppo veleno, diretta da Skolimowski per ragioni essenzialmente alimentari, uscita in Italia con tre anni di ritardo, un titolo insulso e pesantemente involgarita nel dialogo. Uno degli ultimi film girati dalla Lollobrigida prima che si ritirasse.

Ossessione ** (*The Gaunt Stranger*, Gb 1938, b/n, 73') Walter Forde. Con Wilfrid Lawson, Alexander Knox, Sonnie Hale. ◆ Un criminale maestro del travestimento beffa la polizia e porta a termine una sua vendetta. Versione d'epoca, un po' naïf ma proprio per questo suggestiva, di un classico del mistero, *The ringer* di Edgar Wallace. Lo stesso libro ha ispirato *L'uomo dai cento volti* di Guy Hamilton.

Ossessione ***½ (Italia 1943, b/n, 135') Luchino Visconti. Con Clara Calamai, Massimo Girotti, Juan De Landa, Dhia Cristiani, Vittorio Duse, Elio Marcuzzo, Michele Riccardini. ◆ Un vagabondo di nome Gino (Girotti) si ferma presso uno spaccio lungo il Po, diventando l'amante di Giovanna (Calamai), la moglie dell'ignaro padrone. I due decidono di ucciderlo, ma la riscossione dell'assicurazione avvelena i loro rapporti (oltre a insospettire la polizia). Liberamente ispirato a *Il postino suona sempre due volte* di James Cain (non citato nei titoli di testa per ragioni di diritti) e sceneggiato, oltre che da Visconti, da Giuseppe De Santis, Mario Alicata, Giacomo Puccini e (non accreditati) Rosario Assunto e Sergio Grieco, è il film con cui tradizionalmente si fa iniziare il neorealismo, non tanto per la scelta del tema (anche se l'audacia del soggetto e l'importanza data al background sociale sono temi che si ritroveranno nelle opere di questo filone) ma soprattutto per la forza espressiva con cui rompe con la tradizione calligrafica del cinema fascista. Visconti, al suo esordio, dipinge un mondo squallido e senza speranza, raccontato con insolito pessimismo e freddezza di toni, tanto da venire boicottato dal regime. Evidente l'influenza del realismo francese (Visconti era stato assistente di Renoir). La parte centrale è un po' dispersiva e aneddotica, ma la passione tra Girotti e la Calamai è molto concreta e carnale e il tono generale secco e laconico, sostenuto da una grande padronanza dei mezzi espressivi (profondità di campo, lunghi piani e complessi movimenti di macchina) ne fanno un'opera modernissima.

Ossessione amorosa *½ (*By Love Possessed*, Usa 1961, col, 115') John Sturges. Con Lana Turner, Efrem Zimbalist jr, Jason Robards, George Hamilton, Thomas Mitchell, Barbara Bel Geddes, Everett Sloane. ◆ Un avvocato del New England si trova al centro di una ragnatela di passioni sul tipo dei *Peccatori di Peyton Place*. Il suicidio di una ragazza, il cui fidanzato era stato a torto accusato di violenza carnale, farà ravvedere tutti. Soap-opera con molta carne al fuoco, che l'inesperto Sturges tende a volgere in melodramma.

Ossessione d'amore * (*Sangre y arena*, Spagna 1989, col, 99') Javier Elorrieta. Con Sharon Stone, Christopher Rydell, Aña Torrent, Guillermo Montesinos, José Luis de Villalonga. ◆ Un torero (Rydell) abbandona la moglie (Torrent) per una bionda e focosa straniera (Stone), che però gli porta jella. Ennesima, insulsa versione del racconto di Vicente Blasco Ibañez, già interpretato da Rodolfo Valentino (*Sangue e arena*, 1922) e da Tyrone Power (*Sangue e arena*, 1941). Rydell non ha la statura del protagonista. La Stone in trasferta spagnola fa le prove (ma i fans non si devono aspettare troppo) per *Basic Instinct*.

Ossessione del passato ** (*The Shining Hour*, Usa 1938, b/n, 80') Frank Borzage. Con Margaret Sullavan, Joan Crawford, Robert Young, Melvyn Douglas, Fay Bainter. ◆ Un'ex ballerina (Crawford), che ha sposato un ricco proprietario terriero (Douglas), non viene accettata dalla cognata (Bainter), che arriva a dar fuoco alla casa, rischiando così di uccidere il fratello (Young) e sua moglie (Sullavan). Gran cast, ma da Borzage ci si aspetta qualcosa di più sostanzioso.

Ossessione di donna *½ (*Woman Obsessed*, Usa 1959, col, 103') Henry Hathaway. Con Susan Hayward, Stephen Boyd, Barbara Nichols, Dennis Holmes, Theodore Bikel, Ken Scott, Arthur Franz, James Philbrook. ◆ La vedova (Hayward) proprietaria di una fattoria si innamora di un suo lavorante (Boyd) scatenando le gelosie del figlio (Holmes): ci penserà un uragano a ricompattare il nucleo familiare. Tratto da un romanzo di John Mantley sceneggiato da Sydney Boehm, un melodramma di ordinaria amministrazione che sconta l'insofferenza del regista per il CinemaScope. Ambientato nei boschi del Canada, fu girato invece in California, tra i monti della Sierra Madre.

Ossessione fatale → *Driftwood – Ossessione fatale*

Ostaggi, Gli ** (*A Man Alone*, Usa 1955, col, 96') Ray Milland. Con Ray Milland, Mary Murphy, Ward Bond, Raymond Burr, Lee Van Cleef, Alan Hale jr. ◆ Ingiustamente accusato di una rapina, un cowboy (Milland) si rifugia nella casa dello sceriffo (Bond) da cui tutti stanno lontani perché ammalato di febbre gialla: curando lo sceriffo farà amicizia con la figlia (Murphy) ma scoprirà anche che il tutore della legge è coinvolto nella rapina per cui volevano linciarlo. Milland esordisce nella regia con un western anomalo e statico (sceneggiato da John Tucker Battle) che nonostante qualche rozzezza sa rendere bene l'atmosfera di assedio e persecuzione che ingabbia i protagonisti: la prima mezz'ora, praticamente muta, è notevole e il discorso di autodifesa dello sceriffo, in cui smonta molti dei miti della frontiera, è decisamente inusuale.

Ostaggio, L' *½ (*Northern Pursuit*, Usa 1943, b/n, 94') Raoul Walsh. Con Errol Flynn, Julie Bishop, Helmut Dantine, John Ridgely. ◆ Un poliziotto canadese (Flynn) si finge nazista per sventare un piano pericoloso. Film di propaganda girato in fretta, tra i meno memorabili del sodalizio tra Walsh e Flynn.

Ostaggio al minuto, Un → *Colpo della metropolitana, Il*

Ostaggio di riguardo, Un ** (*Orphans*, Usa 1987, col, 120') Alan J. Pakula. Con Albert Finney, Matthew Modine, Kevin Anderson, John Kellog. ◆ Due giovani delinquenti da strapazzo (Modine e Anderson) non del tutto equilibrati sequestrano per errore un vecchio gangster (Finney), che decide di restare e impartire loro lezioni di vita. Pakula non fa nulla per nascondere l'origine teatrale della storia, tratta da una pièce di Lyle Kessler, qui anche sceneggiatore: il genere di film verboso e paradossale, ovviamente ben recitato, che può spazientire o incantare.

Ostaggio per il demonio * (*The Demon Murder Case*, Usa 1983, col, 100') Billy Hale. Con Kevin Bacon, Liane Langland, Eddie Albert, Andy Griffith, Cloris Leachman, Richard Masur. ◆ Un giovane (Bacon) è posseduto dal demonio: chi riuscirà a liberarlo, il prete (Albert), la psicologa (Leachman) o lo studioso di esoterismo (Griffith)? Produzione televisiva che tira lo sbadiglio.

Osterman Weekend **½ (*The Osterman Weekend*, Usa 1983, col, 102') Sam Peckinpah. Con Rutger Hauer, John Hurt, Burt Lancaster, Meg Foster, Craig T. Nelson, Helen Shaver, Dennis Hopper, Chris Sarandon. ◆ Un agente della Cia in cerca di vendetta (Hurt) convince un giornalista (Hauer) che i suoi amici sono spie sovietiche e gli riempie la casa di telecamere. Un tranquillo weekend si trasforma così in un gioco al massacro diabolicamente orchestrato. Versione aggiornata del *Diabolico dottor Mabuse*, e affascinante riflessione sui poteri di falsificazione dell'immagine. Ultimo film di Peckinpah (sceneggiato da Alan Sharp e Ian Masters da un romanzo di Robert Ludlum), girato con l'intelligenza consueta; soddisfacente anche dal punto di vista spettacolare, malgrado le manipolazioni dei produttori.

Ostia ***½ (Italia 1970, col, 102') Sergio Citti. Con Laurent Terzieff, Franco Citti, Anita Sanders, Ninetto Davoli. ◆ La vita di due fratelli di Ostia (F. Citti e Terzieff), ladri e inconsapevolmente omosessuali, viene sconvolta dall'arrivo di una donna (Sanders). L'inevitabile gelosia avrà uno sbocco tragico. Il migliore film di Citti è anche quello dell'esordio nella regia di questo collaboratore di Pasolini: un dramma narrato senza calcare la mano, con personaggi che si stampano nella memoria, una «fiaba torva, truce e candida sull'amore fra due fratelli insidiato dal diavolo» e ambientato in un universo di borgata e di «ragazzi di vita». Scritto assieme a Pasolini, e diretto con uno stile secco e incisivo del tutto originale. Sergio Citti doppia Terzieff. Lamberto Maggiorani, protagonista di *Ladri di biciclette*, è il padre che violenta la figlia nel flashback.

Ostinato destino * (Italia 1992, col, 102') Gianfranco Albano. Con Monica Bellucci, Alessandro Gassman, Angela Finocchiaro, Lauretta Masiero, Marina Berti. ◆ Una ricca signora muore destinando l'eredità al primo dei suoi figli che si sposerà. Uno di loro (Gassman) convola a nozze, ma la mogliettina (Bellucci) è pagata dagli altri due per ucciderlo e dividere il malloppo. Intreccio inutilmente ingarbugliato per una commedia nera di ben poco spessore, approssimativa nella messinscena e troppo poco ironica per essere presa sul serio.

'O surdato 'nnammurato (Oi vita, oi vita mia) *½ (Italia 1984, col, 95') Ninì Grassia. Con Franco Cipriani, Annie Belle, Lino Crispo, Elena Valentino, Bianca Sollazzo. ◆ Un soldatino (Cipriani) si invaghisce della figlia (Belle) del generale: ma la legittima fidanzata (Valentino) vigila. Modesta sceneggiata napoletana diretta dallo specialista Grassia.

Otello ***½ (*Othello*, Marocco/Italia/Francia/Usa 1952, b/n, 91') Orson Welles. Con Orson Welles, Suzanne Cloutier, Michael Mac-Liammoir, Robert Coote, Michael Lawrence, Hilton Edwards, Fay Compton, Nicholas Bruce. ◆ Mandato dalla Repubblica di Venezia a comandare la piazzaforte di Cipro, il moro Otello (Welles) sceglie Cassio (Lawrence) come suo secondo, scatenando l'invidia di Iago (MacLiammoir) che per vendicarsi soffia sulla gelosia del Moro, facendogli credere che la moglie Desdemona (Cloutier) ami Cassio. Convinto, la uccide soffocandola, ma poi scopre la verità e si uccide. Ispirandosi al dramma di Shakespeare (ma tenendo ben presente la versione operistica di Arrigo Boito, che faceva di Iago il vero protagonista della tragedia), Welles costruisce un film modernissimo, che sopperisce con un montaggio pirotecnico (in un'ora e mezzo di film ci sono almeno 1.500 inquadrature differenti) ai problemi produttivi che fecero durare le riprese più di due anni (dal 1949 al 1951, tra Venezia, Roma e il Marocco) e che videro nel ruolo di Desdemona alternarsi anche Lea Padovani, Cécile Aubry e Betsy Blair (delle quali restano brevissime inquadrature, praticamente irriconoscibili, in campi lunghissimi). Aperto e chiuso dai funerali del moro e della moglie, il film è tutto centrato sul dramma di un personaggio istintivo e incolto come appunto è Otello alle prese con una civiltà (la bellezza, l'arte e la cultura, Desdemona, Venezia e il loro retroterra storico) dalla quale si sente irrimediabilmente rifiutato. Una recitazione trattenuta e sobria viene ancor più esaltata da una messinscena, che cambia continuamente taglio e angolo delle riprese, e dalla scenografia di Alexandre Trauner, che utilizza al meglio la povertà della produzione (fuochi, tagli di luce, vapori, ombre) così che questo «è il solo film di Welles che autorizzi a parlare di un utilizzo classico del suo talento barocco». Piccolissime apparizioni per Joseph Cotten (nei panni di un senatore veneziano) e di Joan Fontaine (come paggio). Gran premio per il miglior film a Cannes, ex aequo con *Due soldi di speranza*. Nel 1978 Welles ha diretto per la televisione tedesca un documentario sulle peripezie produttive dell'*Otello* intitolato *Filming Othello*, dove ricorda le difficoltà che dovette superare per portare a termine il film e come questi problemi influirono sullo stile del film.

Otello ** (*Othello*, Gb 1965, col, 166') Stuart Berge. Con Laurence Olivier, Maggie Smith, Frank Finlay, Joyce Redman, Derek Jacobi. ◆ La tragedia di Otello (Olivier) che, aizzato nella sua gelosia dal perfido Iago, uccide l'innocente moglie Desdemona (Smith) convinto che l'abbia tradito. Registrazione con intenzioni unicamente documentarie del dramma di Shakespeare messo in scena da John Dexter per il National Theatre nel 1964. Olivier, che era stato Jago nel 1938, abbassa il tono di voce per interpretare il condottiero facendone un nero che imita i bianchi, mentre Jago (Finlay) è un uomo mediocre. Emilio Cigoli doppia Olivier in modo discutibile.

Otello *½ (Italia 1986, col, 120') Franco Zeffirelli. Con Placido Domingo, Katia Ricciarelli, Justino Diaz, Urbano Barberini, Petra Malakova, Massimo Foschi, Remo Remotti, Sergio Nicolai. ◆ Libera versione dell'opera di Giuseppe Verdi, con l'aggiunta di alcune danze e alcuni tagli (manca totalmente la *Canzone del Salce*), che accosta cantanti veri ad attori doppiati. La storia dell'uxoricidio compiuto da Otello (Domingo), reso geloso dal perfido Jago (Diaz), è messa in scena da Zeffirelli con sfarzo coreografico da cinema formato esportazione (e difatti produce la Cannon): scenografia di Gianni Quaranta, fotografia di Ennio Guarnieri e «grandi intrichi di spadoni, di celate, di griglie e gabbie ferrigne, quasi a significare la trappola mortale in cui il moro geloso e folle andrà a rinserrarsi come una bestia braccata». Variopinto e professionale, ma vuoto. Lorin Maazel dirige l'orchestra.

Otello, il moro di Venezia ** (*Otello*, Urss 1959, col, 109') Sergej Iosipovic Jutkevic. Con Sergej Bondarčuk, Andrej Popov, Irina Skobčeva, Vladimir Sosak'skij. ◆ Il dramma del moro di Venezia (Bondarčuk) che uccide la moglie Desdemona (Skobceva) per le calunnie che Jago (Popov) gli ha raccontato. Girato in ambienti naturali, in Crimea e nei pressi di Odessa, il film non riesce a liberarsi da una patina accademica e oleografica nonostante proponga un'interessante lettura del dramma di Shakespeare, secondo la quale Otello è un uomo onesto e appassionato che cerca nella lotta la via di un nuovo ideale: quando crede di aver perduto Desdemona (per le insinuazioni di Jago) la sua fede nei valori umani crolla e la sua tragedia diventa quella della fede perduta, della fiducia tradita. Una delle più note interpretazioni del futuro regista Bondarčuk. Musiche di Aram Khacaturjan.

Othello ° (*Othello*, Gb 1995, col, 123') Oliver Parker. Con Laurence Fishburne, Kenneth Branagh, Irène Jacob, Nathaniel Parker, Michael Maloney, Gabriele Ferzetti. ◆ Come portare oggi sullo schermo la tragedia di Shakespeare? Scegliendo un attore nero e macho (Fishburne), con pelata e tatuaggi, per interpretare Otello, e mostrandolo a letto con Desdemona (Jacob) in un paio di scene da videoclip. Oppure portando in primo piano la crudeltà immotivata di Iago (Branagh), che si rivolge alla macchina da presa per coinvolgere lo spettatore. L'esordiente Parker, che ha adattato il testo originale, ha detto di aver visto la tragedia come un «thriller erotico»: ma di fatto si è limitato a rubare idee a destra e manca, iniziando dall'*Amleto* cappa e spada di Zeffirelli per finire con *Lezioni di piano* (il finale con le bare calate in mare). Improponibile, in ogni caso, il confronto con l'*Otello* di Orson Welles: basta confrontare gli inizi dei due film (il funerale di Otello e il supplizio di Iago in Welles, una gondola in un canale veneziano in Parker) per capire che Parker non ha né stile né senso della tragedia.

84 Charing Cross Road *** (*84 Charing Cross Road*, Gb 1987, col, 97') David Jones. Con Anne Bancroft, Anthony Hopkins, Judi Dench, Jean De Baer, Maurice Denham, Mercedes Ruehl. ◆ Il rapporto esclusivamente epistolare che per più di trent'anni lega una scrittrice americana, Helene Hanff (Bancroft), con il direttore di una libreria antiquaria londinese (Hopkins) e che da semplice richiesta di libri diventa progressivamente stima, amicizia, quasi amore. Tratto dall'omonimo libro autobiografico della Hanff (poi diventato una pièce) e sceneggiato da Hugh Whitemore con un abilissimo uso della voce fuori campo (che riesce a fondere passi di lettere e riflessioni ai dialoghi), il film racconta le vicende di due mondi che parlano la stessa lingua ma sono profondamente diversi e che attraversano le vicende che vanno dal 1949 agli anni Settanta (il dopoguerra, le difficoltà della ricostruzione, i regali soprattutto alimentari che la più ricca americana manda ai suoi amici inglesi che non ha mai visto, l'intrusione del progresso nelle vite di tutti), nell'attesa di un incontro fisico che non ci sarà mai. Commossa dichiarazione d'amore ai vecchi libri come tramite immateriale e invisibile del rapporto con altri uomini e altri tempi, è un'autentica boccata d'ossigeno nella ridondante volgarità del mondo dello spettacolo. Brava la Bancroft, ma superbo Hopkins il cui sguardo sommesso tradisce un desiderio impossibile e quasi inconfessato.

84 Charlie Mopic **½ (*84 Charlie Mopic*, Usa 1989, col, 95') Patrick Duncan. Con Jonathan Emerson, Nicholas Cascone, Jason Tomlins, Christopher Burgard. ◆ La guerra del Vietnam questa volta viene mostrata attraverso il punto di vista di un'unità mobile televisiva, che segue i soldati in una missione pericolosa. Quarant'anni dopo *Una donna nel lago*, un altro film girato interamente in soggettiva, ma con una motivazione narrativa più convincente. L'effetto di coinvolgimento è buono, anche se la storia non brilla per originalità.

Ottava meraviglia, L' * (*Once Upon a Time*, Usa 1944, b/n, 89') Alexander Hall. Con Cary Grant, Janet Blair, James Gleason, Ted Donaldson. ◆ Un impresario fallito cerca di far fortuna con un ragazzo e il suo bruco danzante, ma quando vuole venderlo alla Disney il bruco si è già trasformato in farfalla. Modesta la trovata di partenza e troppo tirata per le lunghe.

Ottava moglie di Barbablù, L' **½ (*Bluebeard's Eighth Wife*, Usa 1938, b/n, 80') Ernst Lubitsch. Con Gary Cooper, Claudette Colbert, Edward Everett Horton, David Niven, Elizabeth Patterson. ◆ La figlia di un nobile squattrinato, Nicole De Loiselle (Colbert), sposa un miliardario pluridivorziato (Cooper), pretendendo 100 mila dollari nel caso il fatto si ripeta. Furbescamente, fa di tutto per esasperarlo, ma poi ci ripensa. Maliziosa parabola sui rapporti tra denaro e sentimenti, dove l'iniziativa viene sempre presa dalla donna. Meno sophisticated e più screwball di altre commedie di Lubitsch, per il tono bizzarro e le stranezze dei personaggi, che all'epoca fu accolta con molta freddezza da un pubblico sconcertato da «un'atmosfera di follia generale che privilegia più la patologia che l'eccentricità» e che non fa mai progredire la storia, ma piuttosto ne presenta sempre nuove variazioni intorno al tema della frustrazione sessuale. Non mancano comunque le zampate lubitschiane, come il cartello in vetrina all'inizio del film che dice: «Si parla l'inglese, si capisce l'americano». Scritto da Billy Wilder e Charles Brackett.

Ottavo giorno, L' ** (*Le Huitième jour*, Francia/Belgio 1996, col, 118') Jaco Van Dormael. Con Daniel Auteuil, Pasqual Duquenne, Miou-Miou [Sylvette Hery], Isabelle Sadoyan, Henri Garcin, Michèle Maes, Laszlo Harmati, Fabienne Loriaux. ◆ Arrivato nel lavoro ma finito come padre – la madre (Miou-Miou) se ne è andata di casa con le due figlie – Harry (Auteuil) incontra per caso Georges (Duquenne), un ragazzo down scappato dal suo istituto: dopo gli iniziali imbarazzi, non potrà più fare a meno di lui. Scritto e diretto con impeto provocatorio dal regista di *Toto le héros*, il film rappresenta un punto d'arrivo per Van Dormael, che in passato ha seguito come volontario le comunità down e ha diretto alcuni documentari su di loro. Ma questo non impedisce al film di cadere in un'eccessiva semplificazione dei ruoli e della realtà: non mancano momenti commoventi (quando Georges si sente rifiutato sessualmente), ma il trovarsi di fronte a un autentico down che interpreta un altro se stesso è comunque un ricatto emotivo. Mentre il finale «tragico» è annullato dallo stesso regista in troppi altri finali buonisti. Il cantante idolatrato da Georges è Luis Mariano (nel film è interpretato da Laszlo Harmati), divo dell'operetta e poi della canzonetta francese. Le musiche sono del fratello del regista, Pierre. Palma d'oro alla coppia Auteuil-Duquenne a Cannes.

Ottobre – I dieci giorni che sconvolsero il mondo ***½ (*Oktjabr'*, Urss 1927, b/n, 102') Sergej M. Ejzenštejn. Con Nikandrov, Vladimir Popov, Boris Livanov, Eduard Tissè, i soldati dell'Armata Rossa e i cittadini di Leningrado. ◆ A Pietroburgo nel febbraio del 1917, è caduto il regime zarista ma Kerenskij (Popov) perpetua il regime oppressivo. Solo in aprile con l'arrivo dall'esilio di Lenin (Nikandrov), il proletariato riesce a organizzarsi e in ottobre l'insurrezione proletaria conquisterà il Palazzo d'Inverno. Commissionato dal governo (che mise a disposizione mezzi larghissimi) per commemorare il decennale della Rivoluzione, è un film appassionato e possente, in cui il protagonista assoluto è la massa di operai, soldati e cittadini presi dalla strada e che sono stati chiamati a «reinterpretare» le azioni che molti avevano vissuto in prima persona. Ejzenštejn mette in pratica alcune delle sue teorie tra cui quella del «montaggio produttivo» (che si rifà al principio degli ideogrammi cinesi) in cui l'accostamento di immagini diverse produce un concetto (la «deificazione» di Kerenskij è ottenuta montandolo in alternativa con divinità buddiste, africane e cristiane). Il regista fu accusato, dalla critica legata al regime, di sperimentalismo ed estetismo e le vicende politiche interne obbligarono Ejzenštejn a sopprimere i protagonisti della cosiddetta opposizione di sinistra, Trockij e Zinov'ev.

8millimetri – Delitto a luci rosse → *8mm – Delitto a luci rosse*

8 ½ **** (Italia 1963, b/n, 138') Federico Fellini. Con Marcello Mastroianni, Sandra Milo, Anouk Aimée, Claudia Cardinale, Rossella Falk, Barbara Steele, Guido Alberti, Mario Pisu, Caterina Boratto, Edra Gale, Ian Dallas, Rossella Como, Annibale Ninchi, Giuditta Rissone, Polidor. ◆ Guido (Mastroianni), un regista in crisi d'ispirazione diviso fra la moglie borghese (Aimée) e l'amante sensuale e positiva (Milo), riassume la propria esistenza nella cornice irreale di una stazione termale: la casa romagnola dell'infanzia, l'innocente scoperta della femminilità (il celebre episodio di Saraghina, interpretata da Edra Gale, la popputa vagabonda che balla sulla spiaggia), la repressione nel collegio cattolico; e ancora incubi (quello iniziale nel tunnel), sogni di megalomania (l'harem), di purezza (la misteriosa Cardinale, che per la prima volta non viene doppiata), di fuga (l'astronave). Finale sul set del film da fare, con musica da circo e la passerella dei personaggi. Autobiografia immaginaria, visivamente straordinaria, che, con apparente svagatezza, va a fondo in temi ultimi come l'Arte, la Memoria e la Morte. Il cardinale decrepito interrogato dal protagonista risponde: «Chi ha detto che si viene al mondo per essere felici?». Sceneggiato da Fellini con Ennio Flaiano, Tullio Pinelli e Brunello Rondi. Una delle migliori colonne sonore di Nino Rota: la marcetta del film è diventata «la bandiera della clownerie felliniana, ma anche la sigla musicale con la quale il nome di Rota risuona nella memoria collettiva di tutto il mondo». Un capolavoro che si fa vedere e rivedere senza stancare mai, vincitore di due Oscar: migliori costumi (Piero Gherardi) e miglior film straniero. La fotografa Elisabetta Catalano interpreta la parte della sorella di Luisa.

Otto in fuga * (*Eight on the Lam*, Usa 1967, col, 106') George Marshall. Con Bob Hope, Phyllis Diller, Jill St. John, Shirley Eaton, Jonathan Winters. ◆ Un vedovo (Hope) con sette bambini trova 10 mila dollari: sospettato di furto, proverà la sua innocenza con l'aiuto dei marmocchi. Commediola sonnacchiosa al caramello, con Hope già in età da pensione.

Otto milioni di modi per morire **½ (*Eight Million Ways to Die*, Usa 1986, col, 115') Hal Ashby. Con Jeff Bridges, Rosanna Arquette, Andy Garcia, Alexandra Paul, Randy Brooks. ◆ Un ex poliziotto alcolizzato (Bridges) si prende a cuore le sorti di una call girl di lusso (Arquette), scontrandosi con un boss della droga (Garcia) estimatore di Gaudì. Un noir sporco e arrabbiato: un po' pasticciato, a dire il vero, ma con attori perfettamente in parte e alcuni momenti ad alta tensione. Oliver Stone è coautore della sceneggiatura con Robert Towne (che però non è accreditato) a partire dal romanzo di Lawrence Block *Mille modi per morire*.

8mm – Delitto a luci rosse ** (*8MM*, Usa 1999, col, 123') Joel Schumacher. Con Nicolas Cage, Joaquin Phoenix, Peter Stormare, James Gandolfini, Anthony Heald, Chris Bauer, Catherine Keener, Amy Morton. ◆ Il detective Tom Welles (Cage) scende negli inferi per indagare su uno snuff (film porno con omicidio vero) trovato dalla vedova nella cassaforte di un senatore: mentre la mogliettina (Keener) scalpita, a New York rintraccia il regista (Stormare) e l'assassino (Bauer) e, disgustato, fa giustizia da sé. Scritto da Andrew Kevin Walker (*Seven*), uno dei film più biechi e reaganiani del decennio: ipocrita (perché alletta la curiosità morbosa) e moralista (perché la punisce, demonizzando un concetto di devianza degno della Santa Inquisizione). Non che sia girato male – anche se Cage è più cane del solito – e che, a tratti, non inchiodi sulla poltrona: ma è uno di quei film che ti fanno sentire in colpa a vederli, e per motivi opposti a quelli che vorrebbe il regista.

Otto teste e una valigia *½ (*8 Heads in a Duffel Bag*, Usa/Gb 1997, col, 94') Tom Schulman. Con Joe Pesci, Andy Comeau, Kristy Swanson, Todd Louiso, Dyan Cannon, George Hamilton, David Spade. ◆ Uno studente di medicina (Comeau), in vacanza in Messico con la famiglia della fidanzata (Swanson), si ritrova con il bagaglio sbagliato e le otto teste che il gangster Tommy Spinelli (Pesci) dovrebbe consegnare a un boss mafioso. Commedia degli equivoci vecchio stampo, con umorismo macabro che vorrebbe essere irriverente. Ma non c'è un briciolo della follia e della cattiveria di *Voglio la testa di Garcia* di Peckinpah, abbondantemente citato, e Pesci è una macchietta che abbaia e non morde. Esordio nella regia dello sceneggiatore Schulman.

Otto uomini fuori **½ (*Eight Men Out*, Usa 1988, col, 119') John Sayles. Con John Cusack, Clifton James, Michael Lerner, Christopher Lloyd, John Mahoney, Charlie Sheen, Michael Rooker. ◆ Rievocazione delle finali del campionato di baseball del 1919, in cui alcuni giocatori dei Chicago White Sox si vendettero le partite. Un'accurata e deliziosa ricostruzione d'epoca, a cui però manca vera passione. Per se stesso Sayles si è ritagliato la parte del cronista più popolare dell'epoca, Ring Lardner.

Outlaws Is Coming, The → *voce «Billy the Kid»*

Out of Order – Fuori servizio ** (*Abwärts*, Rft 1984, col, 85') Carl Schenkel. Con Renée Soutendijk, Götz George, Kurt Raab, Wolfgang Kieling. ◆ Un venerdì sera quattro persone rimangono bloccate in un ascensore, senza possibilità di chiamare aiuto: un ladro col suo bottino, un giovinastro e una coppia sull'orlo della crisi di nervi. Molto rumore per arrivare a una conclusione tradizionale. La scommessa di girare un film in pochi metri quadrati, comunque, è in parte riuscita, anche se non si va oltre il livello di un buon telefilm.

Out of Sight ** (*Out of Sight*, Usa 1998, col, 123') Steven Soderbergh. Con George Clooney, Jennifer Lopez, Ving Rhames, Don Cheadle, Dennis Farina, Albert Brooks, Luis Guzmán, Steve Zahn, Michael Keaton, Samuel L. Jackson. ◆ Evaso da un carcere, Jack Foley (Clooney) prende involontariamente in ostaggio lo sceriffo federale Karen Sisco (Lopez): quando lei si libera è ben decisa a dargli la caccia, ma la sua fantasia le fa immaginare torride storie d'amore con il bandito, che intanto sta organizzando un colpo grosso a Detroit. Da un romanzo di Elmore Leonard, sceneggiato da Scott Frank, un noir scacciapensieri, confezionato su misura per il «corpo a corpo» tra le star. Soderbergh strizza l'occhio a Tarantino (la particina di Michael Keaton sembra uscita da *Jackie Brown*) ma si limita a una convenzionale rilettura del genere, trasformando la dialettica di avvicinamento e allontanamento tra i due protagonisti – cominciata con un incontro «cinefilo» nel bagagliaio di una macchina – in un banale tira e molla più simpatico che ironico.

Out of the Blue **½ (*Out of the Blue*, Usa 1980, col, 94') Dennis Hopper. Con Linda Manz, Dennis Hopper, Raymond Burr, Don Gordon, Sharon Farrell. ◆ La ribellione disperata di una ragazza (Manz) che ha un padre alcolizzato e incline all'incesto (Hopper) e una madre drogata, ma che non si trova a suo agio nemmeno con i coetanei. Hopper trasforma un potenziale melodramma in un reportage secco e sgradevole, ma toccante proprio per la sua obiettività. Spaccato di un'America come di rado viene mostrata. Musiche di Neil Young. Stupidamente reintitolato in cassetta *Snack Bar Blues*.

Overboard. Una coppia alla deriva *½ (*Overboard*, Usa 1987, col, 112') Garry Marshall. Con Kurt Russell, Goldie Hawn, Roddy McDowall, Edward Hermann. ◆ Un falegname (Russell) con una nidiata di mocciosi a carico finge di essere il marito di una odiosa riccona (Hawn) colpita da amnesia. Equivoci a catena e un lieto fine melenso in una commedia sopra le righe e mai veramente spassosa. Marshall appare nella parte di un batterista.

Over the top * (*Over the Top*, Usa 1987, col, 93') Menahem Golan. Con Sylvester Stallone, Robert Loggia, Susan Blakely, Rick Zumway. ◆ Un camionista (Stallone) contende il figlioletto al ricco suocero e intanto cerca di vincere il campionato di braccio di ferro. Stallone è in cerca di un'immagine meno violenta: muscoli, lacrime e buoni sentimenti in un film ricalcato sul *Campione*, che però non ha avuto il successo sperato.

Ovosodo *** (Italia 1997, col, 100') Paolo Virzì. Con Edoardo Gabbriellini, Claudia Pandolfi, Regina Orioli, Nicoletta Braschi, Alessio Fantozzi, Pietro Fornaciari, Barbara Scoppa, Monica Brachini, Salvatore Barbato. ◆ La felicità è la malattia degli idioti? Il dubbio resta a Piero Mansani detto Ovosodo (Gabbriellini), bloccato come un «ovo sodo» a metà dell'esofago, dopo aver sposato il suo amore d'infanzia Susy (Pandolfi) ed essersi accontentato di fare l'operaio a Livorno anziché proseguire gli studi. Racconto di formazione ed educazione sentimentale, commedia sulle classi sociali ambientata in un'inedita Livorno (Ovosodo è anche il quartiere nel quale si svolge la storia e dove è nato Virzì), un acuto spaccato del presente cui manca solo lo scatto morale e la ribellione: descrive, sorride e assolve, come la classica commedia all'italiana. In compenso Virzì (cosceneggiatore con Francesco Bruni e Furio Scarpelli) sa raccontare molto bene, servendosi della voce over del narratore per imprimere un ritmo al quale il cinema italiano non è abituato. Musiche di Battista Lena e degli Snaporaz, fotografia di Italo Petriccione e montaggio di Jacopo Quadri. Un sacco di polemiche più o meno pretestuose: dalla presunta non-filmicità della voce over ai gusti letterari molto trendy che snocciola Piero: Benni, Chatwin, Pennac, Pazienza... Gran premio speciale della giuria al festival di Venezia.

Ovunque nel tempo *½ (*Somewhere in Time*, Usa 1980, col, 103') Jeannot Szwarc. Con Christopher Reeve, Jane Seymour, Christopher Plummer, Teresa Wright. ◆ Ossessionato da una donna vista in una vecchia fotografia, Reeve si autoipnotizza e viaggia indietro nel tempo per vivere (o rivivere?) una tormentata storia d'amore. Fantasy sentimentale e calligrafica che lo sceneggiatore Richard Matheson vorrebbe farcire di qualche riflessione filosofica. Con un altro protagonista forse sarebbe andata meglio.

Oxford University *½ (*Oxford Blues*, Usa 1984, col, 97') Robert Boris. Con Rob Lowe, Ally Sheedy, Amanda Pays, Julian Sands, Julian Firth. ◆ Un giovane americano a Oxford conquista una bellezza locale e impara a conoscere lo spirito di squadra vincendo una gara di canottaggio. Remake aggiornato e scacciapensieri di *Un americano a Oxford*.

Pacco, doppio pacco e contropaccotto *½ (Italia 1993, col, 115') Nanni Loy. ◆ Film a episodi. In *L'esame* (con Italo Celoro, Leo Gullotta, Angela Luce) un truffatore truffato esamina un truffatore; in *Non vedente* (con Giobbe Covatta, Nello Mascia) un sedicente cieco deve decidere se «ritrovare» la vista o perdere il posto; in *Consulenza fiscale* (con Italo Celoro, Leo Gullotta, Anita Zagaria) un «esperto» froda il fisco per conto di contribuenti che neppure pagano le tasse; in *Il fantasma di via Sanità* (con Marina Confalone, Gerardo Scala, Silvio Spaccesi, Pia Velsi) un finto fantasma mette in fuga il mago ciarlatano che occupa abusivamente l'appartamento di una vedova; in *Rientro estivo* (con Leo Gullotta, Italo Celoro) un gruppo di vacanzieri paga 100 mila lire per un viaggio su un traghetto che non ha nemmeno il motore; in *Tengo un americano* (con Enzo Cannavale, Isa Danieli, Antonio Rizzo) un portinaio si compra la casa beffando i biscazzieri per cui lavora; in *Psicologia* (con Italo Celoro, Germano Bellavia) un venditore ambulante permette ai suoi clienti di «imbrogliarlo», mentre in realtà è lui che li truffa; in *Cuore di mamma* (con Alessandro Haber, Angelo Orlando, Mara Venier, Nunzio Gallo) uno studente lavativo convince, con l'aiuto di una prostituta, un professore bigotto a promuoverlo; in *Corruzione* (con Vittorio De Bisogno, Micol Pambieri, Luigi Savoia) a un ricattatore vengono estorti 30 milioni; in *Pacco, doppio pacco e contropaccotto* (con Tommaso Bianco, Luigi Petrucci, Giuseppe Di Rosa) due riccastri che sperano di comprare Nikon di contrabbando subiscono una tripla stangata. Il quinto film dedicato a Napoli di Nanni Loy (cosceneggiatore insieme a Elvio Porta) è costruito come un mosaico di frammenti uniti dall'idea di «una napoletanità per cui la vita è recita e tutti siamo attori bravissimi nell'interpretare l'arte di arrangiarsi». Ma i dieci episodi si riducono a povere barzellette che restano alla superficie delle cose e finiscono anche per annoiare nella loro ripetitività.

Pace a chi entra **½ (*Mir vchodjaščemu*, Urss 1961, 90') Aleksandr Alov, Vladimir Naumov. Con Aleksandr Demjanen'ko, Stanislav Chitrov, Viktor Advjuščko, Lidja Šaporenko. ◆ Un giovane tenente sovietico (Demjanen'ko) è inviato nelle retrovie per portare in ospedale una prigioniera tedesca incinta (Šaporenko) e un soldato sotto shock (Advjuščko): attraversata una Germania devastata e ormai sconfitta, la missione – grazie anche alla collaborazione di un autista americano – si conclude con il parto della donna proprio il giorno in cui viene dichiarata la fine della guerra. Figlio del nuovo clima di disgelo fra Est e Ovest nei primi anni Sessanta, il film recupera i temi legati ai sentimenti e centrati su personaggi quotidiani messi al bando dalla retorica stalinista: la sua visione antiepica della guerra, venata di uno spirito pacifista e non priva di spunti ironici, ha segnato una vera e propria rivoluzione nel cinema sovietico. Premio speciale della giuria a Venezia.

Pacifista, La ° (Italia/Francia/Rft 1971, col, 85') Miklós Jancsó. Con Monica Vitti, Pierre Clementi, Peter Pasetti, Piero Faggioni, Gino Lavagetto, Cristiano Minellono, Francesco Carnelutti, Luigi Pignatelli. ◆ Una giornalista televisiva (Vitti) rimane coinvolta negli oscuri maneggi di un'organizzazione terrorista di destra cui appartiene il giovane Sconosciuto

(Clementi) che si innamora di lei, incaricato di un delitto politico che non vuole commettere. Sceneggiato con Giovanna Gagliardo (ai tempi compagna del regista) e Gyula Hernádi, è un clamoroso infortunio di Jancsó che, catapultato in Italia, si ritrova a cercare una sintesi impossibile fra la sua ricerca linguistica, la diva ex antonioniana Monica Vitti e il cinema italiano di impegno civile. Probabilmente il peggior film di Jancsó. Il protagonista di tante opere del regista, Jozséf Madaras, pur avendo preso parte al film – è l'uomo con gli occhiali neri – non è citato nei titoli.

Padre, Il *** (*Apa*, Ungheria 1966, b/n, 91') István Szabó. Con Miklós Gábor, Klári Tolnay, András Bálint, Dani Erdély, Kati Sólyom. ◆ Il piccolo ungherese Tako (Erdély) costruisce per sé e per gli altri un'immagine mitica del padre medico morto alla fine della guerra (Gábor), rendendolo protagonista di mirabolanti gesta partigiane. Il tempo passa, arriva la rivolta del '56 e, ormai adulto, Tako (Bálint) fa i conti con se stesso e con la più modesta realtà del genitore. Evidente e lucidissima critica del culto della personalità e della figura carismatica di Stalin, vissuta dall'autore (e dai migliori registi dell'Est della sua generazione) con tutta la drammaticità lacerante tra la ricerca di una propria matura autonomia e il lascito politico e morale dei padri. Rivisto oggi, solo un eccesso di sentimentalismo nella parte che riguarda l'infanzia di Tako – pur raccontata con molta delicatezza – sminuisce un po' i grandi meriti del film. Clamorosamente premiato al festival di Mosca.

Padre Clemence ** (*The Father Clements Story*, Usa 1987, col, 100') Ed [Edwin] Sherin. Con Louis Gosset jr, Malcolm-Jamal Warner, Carrol O'Connor, Rosetta LeNoire, Leon Robinson, Ron McClarty. ◆ Un prete anticonformista (Gosset) lotta con tutte le sue forze contro la gerarchia ecclesiastica che vuole impedirgli di adottare un ragazzo. Un tv-movie per niente banale, impegnato a riproporre l'autentica vicenda biografica del fondatore del movimento ecclesiale One Church-One Child.

Padre Daens ** (*Daens*, Belgio/Francia/Olanda 1992, col, 138') Stijn Coninx. Con Jan Decleir, Gérard Desarthe, Antje De Boeck, Michael Pas, Johan Leysen, Idwig Stéphane, Wim Meuwissen, Jappe Claes, Julien Schoenaerts. ◆ 1888: nella Fiandra sconvolta dalle lotte degli operai sfruttati, Adolf Daens (Decleir), prete belga folgorato dalla *Rerum Novarum*, fonda il Partito cristiano democratico e viene eletto in Parlamento con l'appoggio determinante dei socialisti. Un ambizioso kolossal storico, a metà tra la biografia e il melodramma: nel rievocare la «svolta sociale» del religioso, Coninx (che firma anche la sceneggiatura con François Chevallier) oscilla tra la descrizione palpitante della povertà (di cui però occulta i momenti più crudi, come l'aborto della giovane operaia violentata da un kapò) e la voglia di spiegare la politica dell'epoca (con dibattiti parlamentari evidentemente impostati «col senno di poi»). Nonostante le intenzioni, l'ideologia finisce per soffocare la passione lasciando nello spettatore il gusto insoddisfatto per una lezione di storia troppo schematica e un melodramma troppo poco incisivo.

Padre della sposa, Il *** (*Father of the Bride*, Usa 1950, b/n, 93') Vincente Minnelli. Con Spencer Tracy, Joan Bennett, Elizabeth Taylor, Don Taylor, Leo G. Carroll. ◆ Storia delle complicazioni e dei problemi che un tranquillo avvocato, Stanley Banks (Tracy), deve affrontare in vista del matrimonio della sua figlia preferita (Taylor). Sceneggiata da Albert Hackett e Frances Goodrich (da un romanzo di Edward Streeter), è la prima commedia «familiare» di Minnelli, ritratto geniale e acutissimo della media borghesia americana che trae la sua forza dall'aver scelto, narrativamente, il punto di vista del padre che si racconta in prima persona, diviso tra una mal celata gelosia paterna, l'ansia e la fragilità psicologica (madre e figlia sono alleate nel «tramare» alle sue spalle) e le concrete preoccupazioni finanziarie per le spese della cerimonia. Interpretato da un terzetto di attori in stato di grazia (la madre è Joan Bennett), il film riesce a «fondere perfettamente satira e caricatura» senza scadere mai nella farsa. Visto il successo la vicenda ebbe un seguito con *Papà diventa nonno* (1951). Circola anche in versione video colorizzata. Remake nel 1991.

Padre della sposa, Il ** (*Father of the Bride*, Usa 1991, col, 105') Charles Shyer. Con Steve Martin, Diane Keaton, Kimberly Williams, Kieran Culkin, Martin Short, George Newbern. ◆ Nonostante abbia 22 anni, la notizia che la figlia Annie (Williams) vuole sposarsi butta nella disperazione il padre (Martin). E i preparativi per il matrimonio rischieranno di mandare definitivamente in crisi l'ansioso genitore. Remake dell'omonimo film di Minnelli, di cui riprende sostanzialmente la struttura, con lo stesso monologo-confessione all'inizio e il ballo con la moglie (Keaton) alla fine. Si perde l'analisi della famiglia borghese americana e si accentua il rapporto psicologico tra padre e figlia: magari si sorride di più, ma si graffia molto di meno. Con un seguito.

Padre della sposa 2, Il *½ (*Father of the Bride 2*, Usa 1995, col, 106') Charles Shyer. Con Steve Martin, Diane Keaton, Martin Short, Kimberly Williams, Eugene Levy, George Newbern. ◆ Proprio mentre George Banks (Martin) sta per diventare nonno, sua moglie Nina (Keaton) rimane, a sorpresa, incinta un'altra volta. Sequel del precedente film di Shyer, e remake (con più di un'innovazione) di *Papà diventa nonno* di Minnelli. Con qualche ambizione di esplorare temi seri (la crisi della mezza età, la gelosia dei padri per le figlie che si sposano) annacquata nella farsa e nello zuccheroso culto dei bebè.

Padre di famiglia, Il ** (Italia/Francia 1967, col, 110') Nanni Loy. Con Nino Manfredi, Leslie Caron, Claudine Auger, Ugo Tognazzi, Mario Carotenuto, Evi Maltagliati, Marisa Solinas, Sergio Tofano, Raoul Grassilli, Giampiero Albertini, Elsa Vazzoler, Paolo Bonacelli. ◆ L'agitata vita sentimentale di una coppia di intellettuali di sinistra, l'architetto Marco Florio (Manfredi) e sua moglie Paola (Caron): l'arrivo non proprio desiderato dei figli, la crisi sentimentale di lui, l'abbandono del lavoro di lei per problemi familiari, le liti con il suocero (Carotenuto), i problemi dell'educazione pedagogica col metodo Montessori. Il film, scritto da Loy con Ruggero Maccari, vorrebbe raccontare la trasformazione e la crisi della famiglia nell'Italia del boom ed essere insieme il ritratto dei sogni e delle delusioni di tutta una generazione che si accorge di aver tradito i propri ideali; ma la voglia di strappare la risata al pubblico fa evitare al regista tutte le sgradevolezze della storia che si trasforma così in un compiaciuto e rassicurante ritratto della propria ambiguità. Tognazzi è il macchiettistico anarchico Romeo, un ruolo affidato in un primo tempo a Totò.

Padre e figlio **½ (Italia/Francia/Belgio 1994, col, 95') Pasquale Pozzessere. Con Michele Placido, Stefano Dionisi, Enrica Origo, Giusi Consoli, Carlotta Jazzetti, Claudia Gerini, Luciano Federico. ◆ Genova: Corrado (Placido), ex operaio dell'Ansaldo emarginato per la sua militanza sindacale, trova un posto in fabbrica al figlio Gabriele (Dionisi), appena tornato dal servizio militare, che però si fa cacciare. Sempre più «lontano» dal padre, Gabriele prima finisce in carcere per un furto, poi, conosciuto un transessuale (Consoli), ruba in casa per poter fuggire con lui: Corrado lo scopre e lo scontro diventa anche confronto. Due generazioni faccia a faccia, distanti ed entrambe perdenti, in una Genova agonizzante, «mediterranea» e inedita. Costruito con uno stile impressionistico e antiassertivo, il film non vuole proporre soluzioni al tema dell'incomunicabilità tra genitori e figli, ma piuttosto suggerire nuovi angoli di osservazione. Centrale in questo progetto la libertà lasciata agli attori, capaci di riscattare le debolezze della sceneggiatura (del regista e Roberto Tiraboschi) con la sola forza espressiva – i silenzi di rassegnata dignità di Placido, i gesti di convulsa vitalità di Dionisi – «come se fosse compito dello spettatore immaginare ciò che ci può essere dietro il loro comportamento». Opera seconda (dopo *Verso sud*) cancellata da una distribuzione fantasma, è comunque uno dei pochi film italiani di rilievo degli ultimi anni, dedicato a Ezio De Libero, compositore scomparso prima di terminare la colonna sonora che comprende brani di Ryuichi Sakamoto, Nusrat Fateh Ali Khan, Youssou N'Dour e Mad Criminal Institute.

Padre in prestito, Un ** (*Second Best*, Usa 1993, col, 105') Chris Menges. Con William Hurt, John Hurt, Chris Cleary Miles, Keith Allen, Jodhi May. ◆ Graham Holt (W. Hurt), gallese single impiegato delle poste con traumi infantili alle spalle, si fa affidare in adozione l'irrequieto John (Miles), il cui padre vero (Allen) è in prigione. Quale papà sceglierà il ragazzo? Quando quello vero torna malato di Aids, non ci sono più dubbi... Da ex direttore della fotografia, Menges cerca di lasciar parlare le immagini, affidandosi a cieli, paesaggi, dettagli rivelatori. Incuriosisce l'assenza di figure femminili, ma non manca, alla fine, il prevedibile appello alle lacrime. L'interpretazione di William Hurt è troppo modesta e dimessa per non generare il sospetto dell'artificio. Tratto da un romanzo di David Cook, adattato dall'autore.

Padre padrone *** (Italia 1977, col, 117') Paolo e Vittorio Taviani. Con Omero Antonutti, Fabrizio Forte, Saverio Marconi, Marcella Michelangeli, Stanko Molnar, Nanni Moretti. ◆ La storia del pastorello sardo Gavino Ledda (Forte) che il padre (Antonutti) strappa dalla scuola per fargli custodire il gregge sulle montagne: la sua caparbia volontà e la sua ansia di conoscere lo porteranno a studiare sfidando la volontà paterna e, adulto (Marconi), a diventare professore universitario di glottologia. Ispirandosi all'omonimo romanzo autobiografico del protagonista, i due registi raccontano, attraverso la storia del pastore-intellettuale emancipato dalla sua terra ma a essa tenacemente legato, il difficile percorso di riappropriazione dell'identità umana, «manifesto di fiducia ideale nella forza dell'uomo e condanna di barbarie nuove e antiche». L'apologo sulla difficile riappropriazione dei gesti e dei segni della propria cultura si fonde così con il tema della necessità di lottare contro ogni tipo di potere, che può assumere l'aspetto dell'asprezza brutale del padre (un intenso Omero Antonutti) ma anche quello della «densità spigolosa del paesaggio sardo». A sottolineare la funzione didattica contribuisce anche la presenza brechtiana di Gavino Ledda che introduce e conclude il film. Primo successo di pubblico dei fratelli Taviani, propiziato dalla Palma d'oro assegnata a Cannes da una giuria presieduta da Roberto Rossellini. Nanni Moretti interpreta il commilitone amico di Gavino.

Padri e figli ** (Italia/Francia 1957, b/n, 92') Mario Monicelli. Con Vittorio De Sica, Marcello Mastroianni, Lorella De Luca, Antonella Lualdi, Riccardo Garrone, Marisa Merlini, Franco Interlenghi, Memmo Carotenuto, Raffaele Pisu, Ruggero Marchi. ◆ Un'infermiera (Merlini), che per arrotondare lo stipendio fa anche la cameriera, attraversa la vita quotidiana di un medico (Marchi) alle prese con i problemi sentimentali dei suoi due figli, quella di un giovane marito (Interlenghi) preoccupato dalla nascita del primo figlio, quella di un famoso sarto (De Sica) che vorrebbe lasciare l'azienda al figlio per godersi la vita, quella di un parente (Mastroianni) in crisi perché la moglie è sterile. Le prime modificazioni della struttura familiare urbana raccontate da Monicelli con i toni del neorealismo rosa ma anche con quell'attenzione alla trasformazione sociale che costituiranno il nerbo della commedia all'italiana.

Padrino, Il ***½ (*The Godfather*, Usa 1972, col, 175') Francis Ford Coppola. Con Marlon Brando, Al Pacino, Diane Keaton, James Caan, Robert Duvall, John Cazale, Talia Shire, Sterling Hayden, Richard Castellano, John Marley, Richard Conte, Al Lettieri, Simonetta Stefanelli, Angelo Infanti, Corrado Gaipa, Franco Citti, Saro Urzì. ◆ Mike Corleone (Pacino), eroe di guerra estraneo all'attività criminale della Famiglia, dopo l'attentato al padre don Vito (Brando) viene sempre più coinvolto negli affari del clan e affianca i fratelli Sonny (Caan) e Fredo (Cazale) fino a diventare l'erede del Padrino e gestire il sanguinoso regolamento di conti che prelude a una nuova e più manageriale dimensione del clan mafioso. Clamoroso successo popolare tratto da un romanzo «assai fasullo» di Mario Puzo (cosceneggiatore col regista), pietra miliare della rifondazione hollywoodiana attorno ai film-evento colossali. Girato da Coppola per motivi squisitamente economici, il film riesce a mescolare brutali efferatezze, mitologia mediterranea, folclorismo di maniera, ambiguità verso la mafia vista come compenetrazione di Bene e Male, rappresentazione metaforica del conflitto fra vecchia e nuova America e di quello fra vecchia e nuova Hollywood. Ma c'è anche, se non soprattutto, il progressivo parallelismo tra mafia e politica (che diventa equivalenza negli episodi successivi) e la magistrale ricostruzione, «più distante che affascinata», di un'epoca e di una «morale» del crimine, e di una struttura patriarcale. Film oscuro e notturno (anche grazie a una fotografia stupefacente di Gordon Willis e alle scenografie di Dean Tavoularis), *Il Padrino* non è più solo un film di genere ma diventa una tragedia, mitica e rituale, e soprattutto una metafora dell'America e della sua storia, «fatta da un americano che ha vissuto sulla sua pelle e nella sua famiglia la fatica dell'apprendistato al mito americano». Tre Oscar: miglior film, attore protagonista (Brando, che per ottenere il rigonfiamento delle gote si riempì la bocca di cotone) e sceneggiatura. Con un po' di attenzione ci si accorge che Diane Keaton (la fidanzata di Mike) in questo film non si era ancora rifatta il naso. Talia Shire (che interpreta la moglie di Sonny) è la sorella di Coppola. Il bambino che viene battezzato è Sofia, la figlia di Coppola, che avrà una parte in *Il Padrino – Parte III*. Nino Rota non ottenne la nomination perché aveva «riciclato» una sua precedente colonna sonora, quella di *Fortunella*. Con due seguiti.

Padrino, Il – Parte II **** (*The God father, Part II*, Usa 1974, col, 185') Francis Ford Coppola. Con Al Pacino, Robert De Niro, Diane Keaton, Robert Duvall, John Cazale, Lee Strasberg, Michael V. Gazzo, Gastone Moschin, Talia Shire, B. Kirby jr [Bruno Kirby], Joe Spinell, Harry Dean Stanton, Danny Aiello, James Caan, Francesca De Sapio, Leopoldo Trieste, Maria Carta, Troy Donahue. ◆ La saga della famiglia Corleone continua con la rievocazione in parallelo della storia giovanile del patriarca don Vito (De Niro) – arrivato dalla Sicilia nel 1901 e registrato come Corleone, da Antolini che era, per un errore del funzionario dell'immigrazione – e della storia del figlio Mike (Pacino), il cui impegno nell'aumentare il potere della Famiglia – contro le inchieste senatoriali, le ribellioni di alcuni rami dell'organizzazione, il passaggio della corrotta Cuba da Batista a Castro – coincide con l'aumento della sua solitudine, tradito anche dal fratello Fredo (Cazale) che farà uccidere. Sequel spettacolare e virtuosistico in cui il rapporto metaforico mafia-America si fa più stringente e la dimensione angosciata della saga assume i toni cupi della tragedia greca con il tradimento del fratello. L'America non è più la nuova terra promessa, ma il terreno in cui il potere e il denaro si intrecciano con la corruzione e il tradimento e dove il Paese da conquistare con perverso spirito da «pionieri del crimine» diventa invece teatro del proprio smarrimento autodistruttivo. Sei Oscar: film, regia, sceneggiatura (Coppola e Mario Puzo), attore non protagonista (De Niro), colonna sonora (Nino Rota, Carmine Coppola), scenografia (Dean Tavoularis, Angelo Graham, George P. Nelson). Scandalosamente anche per questo sequel la fotografia di Gordon Willis non riceve nessun riconoscimento ufficiale.

**Padrino, Il – Parte III ***½ (*The Godfather, Part III*, Usa 1990, col, 155') Francis Ford Coppola. Con Al Pacino, Diane Keaton, Talia Shire, Andy Garcia, Eli Wallach, Joe Mantegna, Sofia Coppola, George Hamilton, Bridget Fonda, Raf Vallone, Helmut Berger, John Savage. ◆ Si chiude il trittico dedicato alla saga del clan mafioso Corleone. Il Padrino Mike (Pacino), roso dal rimorso, passa il comando al nipote (Garcia), liquida le attività illegali e cerca di ripulire il patrimonio e la coscienza investendo in un'immobiliare europea in accordo con il Vaticano: tutto si avvita in un intreccio di complotti che mescolano la storia privata agli avvenimenti pubblici e costano la vita alla figlia (S. Coppola) del Padrino, a Calvi e a papa Giovanni Paolo I. Il regista chiude la saga della famiglia Corleone con un melodramma ridondante dagli accenti shakespeariani che sfuma nel malinconico e solitario spegnersi del protagonista. Grande spettacolo, forse troppo, quasi grossolano. Critiche unanimi alla scelta di far interpretare il ruolo centrale della figlia di don Mike a Sofia Coppola (che sostituisce Winona Ryder).

Padrona del suo destino *½ (*Dangerous Beauty*, Usa 1998, col, 111') Marshall Herskovitz. Con Catherine McCormack, Rufus Sewell, Oliver Platt, Moira Kelly, Jacqueline Bisset, Naomi Watts, Fred Ward, Jeroen Krabbé, Joanna Cassidy, Melina Kanakaredes, Daniel Lepaine, Luis Molteni. ◆ Nella Venezia rinascimentale, la bella Veronica Franco (McCormack) non può sposare il nobile Marco Venier (Sewell) per la sua bassa estrazione sociale; su consiglio della mamma (Bisset), diventerà la cortigiana più colta e ambita della città, ma non ha fatto i conti con la peste e la Santa Inquisizione. Dalla vera storia di Veronica Franco, sceneggiata da Jeannine Dominy a partire dalla biografia di Margaret Rosenthal, una sfarzosa commedia d'epoca (costumi di Gabriella Pescucci) all'insegna di un anacronistico femminismo e ambientata in una finta Venezia da cartolina. La tecnologia digitale permette di usare sfondi reali ma non evita gli errori storici (la chiesa del Redentore a Cannareggio fu edificata come ringraziamento per la fine della peste, e anche la Salute è posteriore). La scena della lezione di latino con la banana (!) conferma – se mai ce ne fosse ancora bisogno – l'ossessione tutta americana per il sesso orale.

Padrone del mondo, Il ** (*Master of the World*, Usa 1961, col, 104') William N. Witney. Con Vincent Price, Charles Bronson, Henry Hull, Mary Webster, Richard Harrison. ◆ Un geniale scienziato dell'Ottocento (Price) ha trovato una soluzione efficace ma un tantino sanguinaria per abrogare le guerre e con la sua macchina volante comincia a distruggere gli eserciti. Una piccola comitiva, calatasi nel vulcano in cui l'uomo si nasconde, cerca di opporsi al suo encomiabile ma sbrigativo progetto. Tratto da un romanzo di Verne sceneggiato da Richard Matheson, il film conserva tutto il fascino rétro dell'apologo fantascientifico, soprattutto nella ricostruzione dell'astronave, a metà tra uno zeppelin e un elicottero. Il venerabile Vincent Price è un protagonista ironico e impagabile.

Padrone del mondo, Il *½ (Italia 1983, col, 100')

Alberto Cavallone. Con Sven Kruger, Sacha D'Arc, Viviana M. Rispoli, Vittoria M. Garlanda. ◆ Età della pietra: Bog (Kruger), che riesce ad articolare fonemi e ha coscienza di sé, sfugge a una tribù di cannibali e, con l'ingegno e la violenza, diventa il capo di una tribù che adora l'orso. Concepito sulla scia della *Guerra del fuoco*, non è che sia girato tanto peggio (i personaggi, coerentemente, si esprimono solo a grugniti): il guaio è che le intenzioni di Cavallone (raccontare la «prima rivoluzione intellettuale: il passaggio alla parola») restano nella sceneggiatura, e la vicenda prende una piega da monotono film d'avventura, con scampoli horror e meno sesso del previsto. Girato con due soldi, in parte alle Canarie.

Padrone del vapore, Il ** (Italia 1951, b/n, 87') Mario Mattoli. Con Mario Riva, Riccardo Billi, Carlo Campanini, Bice Valori, Raffaele Pisu, Gisella Sofio, Gianrico Tedeschi, Aldo Giuffré, Carlo Giuffré, Giusi Raspani Dandolo, Zoe Incrocci, Walter Chiari, Delia Scala. ◆ Un ricco americano (Campanini) arriva in un paesino montano deciso a pubblicizzare una sua bevanda e sconvolge il tranquillo tran tran locale fatto di baruffe e ripicche tra i locali e due romani trasferitisi lì (Billi e Riva). Film-rivista che rinuncia alla verosimiglianza (il villaggio è di cartapesta) e nel quale già traspaiono il pessimismo e la polemica del regista verso forme di spettacolo all'americana. Walter Chiari e Delia Scala interpretano se stessi nello sketch *Amore, Amor!* Sofia Lazzaro, non ancora Loren, è una ballerinetta con i cartelli nel teatro.

Padrone di casa, Il **½ (*The Landlord*, Usa 1970, col, 113') Hal Ashby. Con Beau Bridges, Lee Grant, Pearl Bailey, Diana Sands, Lou Gosset, Susan Anspach, Patricia [Trish] Van Devere. ◆ Un newyorkese ricco e bianco (Bridges) compra un palazzo a Brooklyn da ristrutturare per sé cacciando gli inquilini poveri e negri, ma il fascino dell'ambiente sconvolge i suoi propositi. Esordio alla regia dell'allora montatore Ashby, con un film sul problema razziale che spartisce equamente la sua ironia fra personaggi bianchi e neri. Una piacevole commedia tratta da un romanzo di Kristin Hunter e sceneggiata da Bill Gunn con il piglio disinvoltamente serio e divertente dell'Altra America degli anni Settanta.

Padrone di casa, Il ** (*The Super*, Usa 1991, col, 86') Rod Daniel. Con Joe Pesci, Vincent Gardenia, Ruben Blades, Madolyn Smith-Osborne. ◆ Un cinico e avarissimo proprietario immobiliare (Pesci) viene condannato al domicilio coatto in uno dei suoi fatiscenti appartamenti. A contatto con neri e ispani si trasformerà quasi in un bravo ragazzo. Commedia fracassona sugli stereotipi razziali sorretta dalla verve incontenibile di Pesci, cui solo l'altro gigione del cast (Gardenia) riesce a rubare qualche scena.

Padrone e l'operaio, Il * (Italia 1975, col, 105') Steno [Stefano Vanzina]. Con Renato Pozzetto, Teo Teocoli, Francesca Romana Coluzzi, Loris Zanchi, Gianfranco Barra. ◆ La classe operaia ha finalmente ragione del padronato, perlomeno a letto, visto che il padrone dottor Tosi (Pozzetto) fa cilecca con moglie e amante mentre il possente lavoratore Carminati Luigi (Teocoli) fa strage di femmine. Farsaccia senza idee con Pozzetto già impegnato ad aumentare in chili e diminuire in vis comica.

Padrone sono me!, Il ** (Italia 1956, b/n, 79') Franco Brusati. Con Myriam Bru, Paolo Stoppa, Pierre Bertin, Andreina Pagnani, Jacques Chabassol, Albino Cocco, Leopoldo Trieste, Daniela Rocca. ◆ Il ritratto della decadenza di una famiglia borghese nel primo Novecento: da una parte l'amore senza futuro del borghese Robertino (Chabassol) per la cugina americana Dolly (Bru) lo spinge a sacrificare la vita quando è sotto le armi, facendo precipitare la madre (Pagnani) nella pazzia; dall'altra la tenace ricerca dell'avanzamento sociale da parte del contadino Mingon (Stoppa) e di suo figlio Zvanì (Cocco) lo porteranno a comprare la villa dei suoi ex padroni. Brusati esordisce nella regia sceneggiando l'omonimo romanzo di Alfredo Panzini con un buon gusto visivo e immaginifico e, insieme, l'attenzione alla dimensione sociopolitica.

Padroni della città, I ** (Italia/Rft 1976, col, 98') Fernando di Leo. Con Harry Baer, Al Cliver [Pier Luigi Conti], Jack Palance, Vittorio Caprioli, Edmund Purdom, Gisela Hahn, Roberto Reale. ◆ Toni (Baer), un bulletto romano addetto al recupero crediti, organizza una truffa ai danni del potente Sfregiato (Palance), e si ritrova addosso i suoi feroci scagnozzi. Noir picaresco con finale quasi tarantiniano e scene d'azione secche ed eleganti. Di Leo, anche sceneggiatore, non si prende mai troppo sul serio, e fa male. Baer, doppiato in romanesco, veniva dal giro di Fassbinder. Musiche di Luis Bacalov.

Paesaggio dopo la battaglia ** ½ (*Krajobraz po bitwie*, Polonia 1970, col, 109') Andrzej Wajda. Con Daniel Olbrychski, Stanislaw Celińska, Tadeusz Janczar, Mieczyslaw Stoor, Zygmunt Malanowicz. ◆ Dopo la liberazione dal campo di concentramento tedesco i prigionieri polacchi sono raccolti per lo smistamento: fra di loro c'è un poeta (Olbrychski), ossessionato dalla fame e fanatico dei libri, che intreccia una relazione senza speranza con una giovane ebrea (Celińska). Ispirato ai racconti del giovane Tadeusz Borowski, realmente scampato al lager nazista, questo film affronta il dramma della Polonia e dei polacchi senza il cupo fatalismo delle prime opere di Wajda, ma anzi sottolinea la necessità di liberarsi dalla malattia nazionale della vocazione al martirio che sopisce le coscienze e la capacità di agire degli individui.

Paesaggio nella nebbia **½ (*Topio stin omichli*, Grecia/Francia 1988, col, 127') Thodoros Anghelopulos. Con Michalis Zeke, Tania Paleologou, Stratos Giorgioglou, Vassilis Kolosos, Dimitris Kaberidis. ◆ In un paesaggio avvolto nel silenzio e dilatato dai campi lunghi, il piccolo Alexander (Zeke) e la sorella Voula (Paleologou) intraprendono il loro viaggio alla ricerca di un fantomatico padre emigrato in Germania. Cosceneggiato da Tonino Guerra e dal regista, un film dichiaratamente metaforico e poetico sull'iniziazione alla vita, sul suo senso, sul destino: Anghelopulos continua a girare con lo stile che lo contraddistingue, basato sulla durata e il piano sequenza (qui fa anche incontrare ai due protagonisti la troupe di attori che era alla base del suo film precedente *La reci-*

ta), ma la presenza dei due bambini riesce a dare concretezza e forza a un regista altrove troppo freddo. Leone d'argento a Venezia.

Paese dei campanelli, Il * (Italia 1954, col, 95') Jean Boyer. Con Sophia Loren, Carlo Dapporto, Alda Mangini, Amedeo Girard, Mario Riva, Sergio Tofano, Alberto Talegalli, Luisella Beghi, Diana Dei. ◆ Uno pseudomago (Riva) sostiene con gli abitanti di un villaggio che i campanelli delle case suoneranno in caso di adulterio. Arriva una nave carica di marinai e la profezia pare avverarsi. La celeberrima operetta di Lombardo e Ranzato tradotta in un mediocre film-varietà in ferraniacolor, con tante ragazze scollacciate. Prima fra tutte, nella parte di Bonbon, una Loren forte, se non altro, delle sue misure di allora: 95-58-95.

Paese incantato, Il ** (*Fando y Lis*, Messico 1972, col, 95') Alejandro Jodorowsky. Con Sergio Klainer, Diana Marsical, Valerie Jodorowsky, Maria Teresa Rivas. ◆ Fando e Lis (Klainer e Marsical), diretti al fantastico paese di Tar dove la sofferenza non esiste, attraversano un paesaggio onirico animato da strani incontri e dai propri fantasmi: la crudele madre di lui, la violenza carnale subita da lei. Da una commedia di Arrabal, un film calato nella tradizione surrealista, metafora di un'umanità spogliata dei sentimenti e oppressa dalla cinica brutalità del mondo. Opera prima del regista, girata con povertà di mezzi ma ricchezza di ispirazione utopica e provocatoria. Comunque sconsigliabile a chi non apprezza film troppo simbolici. Prodotto nel 1968 e bloccato per quattro anni.

Paese selvaggio *½ (*Wild in the Country*, Usa 1961, col, 114') Philip Dunne. Con Elvis Presley, Hope Lange, Tuesday Weld, Millie Perkins, John Ireland. ◆ Un ragazzo di campagna, ribelle e antisociale (Presley), è diviso fra la psichiatra che per riabilitarlo lo incoraggia a scrivere finendo per innamorarsi di lui, una ragazza che lo preferisce delinquente e la fidanzata eroica che pensa solo al suo bene. Scritta da Clifford Odets, la vicenda sa molto di maniera ed è eccessivamente lenta ma Elvis tutto sommato è sopportabile.

Paese selvaggio ** (*Hard Country*, Usa 1981, col, 104') David Greene. Con Jan-Michael Vincent, Kim Basinger, Michael Parks, Gailard Sartain, Tanya Tucker, Ted Neely, Daryl Hannah. ◆ Un ex vaccaro texano (Vincent) passa il giorno a lavorare e la notte a far follie mentre la sua fidanzata (Basinger, al suo debutto) cerca di farsi sposare e soprattutto di lasciare il Texas. Western urbano meno peggio di quello che potrebbe sembrare.

Paganini * (Italia 1989, col, 82') Klaus Kinski. Con Klaus Kinski, Deborah Kinski [Caprioglio], Nikolai Kinski, Dalila Di Lazzaro, Bernard Blier, Donatella Rettore. ◆ Delirante e sconnessa biografia del grande violinista Niccolò Paganini (Kinski) che durante un concerto al teatro Regio di Parma rivive la propria vita e ne anticipa la fine. Frutto di una totale identificazione fra l'attore-autore e il protagonista, il film è una goffa sintesi di Kinski, Paganini e Nosferatu, utile più che altro a documentare i mai sopiti ardori erotici del luciferino Klaus che hanno in questo caso per oggetto la giovanissima Deborah Caprioglio, ribattezzata Kinski per l'occasione e prossima a essere oggetto delle più paciose attenzioni di Tinto Brass.

Paganini horror * (Italia 1989, col, 90') Luigi Cozzi. Con Daria Nicolodi, Josmine Main, Donald Pleasence, Pietro Genuardi, Michel Klippstein. ◆ Un musicista entra in possesso di uno spartito inedito di Paganini ricavandone un brano rock per un gruppo tutto al femminile. Per girare il videoclip si sceglie proprio la casa del demoniaco maestro, scatenando così le forze del Male in un'inaudita e grossolana carneficina. Tentativo fallito di contaminare l'horror con il comico-demenziale: desolante e ridicolo.

Pagare o morire ** (*Pay or Die*, Usa 1960, b/n, 110') Richard Wilson. Con Ernest Borgnine, Alan Austin, Zohra Lampert, Robert Ellenstein, Franco Corsano. ◆ Il poliziotto italoamericano Petrosino (Borgnine) va in trasferta nella Palermo degli anni Dieci a caccia di prove contro la mafia newyorchese. Uno fra i primi film a raccontare i meccanismi interni della mafia: il tono è da melodramma (c'è anche un attentato al Metropolitan durante un recital di Caruso per sottolineare i legami tra mafia e opera) e la regia è fin troppo sbrigativa, ma l'ottima interpretazione di Borgnine solleva il film tratteggiando con sensibilità la figura del detective.

Pagemaster – L'avventura meravigliosa *½ (*The Pagemaster*, Usa 1994, col, 75') Maurice Hunt, Joe Johnston. Con Macaulay Culkin, Christopher Lloyd, Ed Begley jr, Mel Harris. ◆ Degno figlio di questi tempi ansiogeni, l'imbranato Richard Tyler (Culkin) entra in una biblioteca per ripararsi da un temporale. Trasformato (in sogno?) in una illustrazione, vivrà in compagnia di tre libri animati – Avventura, Fantasy e Horror – quelle storie che prima le sue fobie gli impedivano di affrontare persino con la fantasia: la trasformazione di Jekyll in Hyde, la caccia a Moby Dick, lo sbarco nell'isola del tesoro, la lotta col drago. Facendo seguire a un «prologo» dal vero tutta una parte a cartoon (diretta da Maurice Hunt), questo film cerca di stabilire «un'alleanza strategica tra libri e cinema contro l'invadenza di video e cyber-informatica» ma finisce per fermarsi al livello delle buone intenzioni: la storia è troppo infantile per conquistare un pubblico adulto e troppo ripetitiva per affascinare davvero i più giovani.

Pagine chiuse *** (Italia 1969, b/n, 88') Gianni Da Campo. Con Duilio Laurenti, Silvano De Munari, Maria Gazziola, Luigi Nadali, Giorgio Da Ros. ◆ I genitori si separano e l'undicenne Luciano (Laurenti) si ritrova in collegio, incapace di inserirsi, frustrato anche nei suoi tentativi di isolarsi nel mondo fantastico in cui lo proiettano i fumetti. Per il suo esordio il ventitreenne Da Campo (autore della sceneggiatura con Laura e Margherita Borin), assistito da Valerio Zurlini, sceglie di raccontare un'amara vicenda di solitudine, incomprensione e violenza per l'invidia dei coetanei e l'ottusità degli adulti. Raccontato con un «registro a mezza voce sotto cui pulsa una non comune sensibilità» è un film lucido e sottilmente polemico su una realtà ingiustamente trascurata, capace di «aprire con semplicità le pagine chiuse di una dolorosa memoria autobiografica» per darle un respiro più universale.

Pagine dal libro di Satana **½ (*Blade af Satans Bog*, Danimarca 1920, b/n, 110') Carl Theodor Dreyer. Con Helge Nissen, Jacob Texiere, Ebon Strandin, Johannes Meyer, Elith Pio, Emma Wieth, Tenna Kraft, Clara Pontoppidan, Carlo Wieth. ◆ Quattro incarnazioni di Satana (Nissen) nella storia: è un fariseo che convince Giuda (Texiere) a tradire Cristo; un inquisitore che spinge il monaco don Fernandez (Meyer) ad accusare di stregoneria e violentare una ragazza; un giacobino che persuade il servo Joseph (Pio) a consegnare i padroni ai rivoluzionari; e una specie di Rasputin che, questa volta, non riesce a spezzare l'amore di una coppia di finlandesi che lottano contro i rivoluzionari russi. Ispirato a *Intolerance* di Griffith e adattato da un romanzo di Marie Corelli, il secondo film di Dreyer è quasi una prova generale delle opere future del regista – da *La passione di Giovanna d'Arco* a *Dies irae* – in cui spiccano le figure delle vittime, dalla patetica Maria Antonietta (Kraft) al dolente e umanissimo Giuda, e un'interessante concezione del diavolo che tenta l'uomo solo perché costretto da Dio, sapendo che ogni suo successo sarà fonte di ulteriore dannazione. Moderna la sintassi e serrato il ritmo (all'epoca gli stessi attori protestarono per il montaggio troppo rapido): ancora poco ascetico lo stile, che tocca invece con curiosità e competenza tecnica i generi più diversi.

Pagliacci, I ** (Italia/Germania 1943, b/n, 75') Giuseppe Fatigati. Con Alida Valli, Paul Hörbiger, Beniamino Gigli, Carlo Romano, Karl Martell. ◆ La tragica vicenda di gelosia che ispirò l'opera di Leoncavallo viene rievocata dal protagonista omicida (Hörbiger) che, uscito di galera dopo vent'anni, cerca di rivedere la figlia Giulia (Valli) – cresciuta ignara nella famiglia adottiva – e racconta al musicista (Romano) la sua storia: le lacrime di Giulia alla prima dei *Pagliacci* faranno capire al padre di essere stato perdonato. Curioso melodramma che mescola la storia (il delitto avvenne veramente in un paesino della Calabria, Montalto Uffugo) con la musica (nel film c'è una scena dell'opera), versione italiana del film tedesco *Lache Bajazzo*, diretto da Leopold Hainisch con Monika Burg e Hainz Moog che sostituivano Alida Valli e Carlo Romano. Le scene musicali sono interpretate da Beniamino Gigli, Adriana Perri e Leone Pacci.

Pagliacci (Amore tragico) *½ (Italia 1949, b/n, 81') Mario Costa. Con Gina Lollobrigida, Afro Poli, Tito Gobbi. ◆ Il capocomico Canio (Poli), che sulla scena interpreta un marito geloso, si accorge che la moglie Nedda (Lollobrigida) lo tradisce anche nella realtà e ammazza davvero lei e il suo amante Silvio (Gobbi). Trasposizione fedele dell'opera di Leoncavallo preceduta da un breve prologo. La Lollobrigida è doppiata da Onelia Fineschi, Poli da Galliano Masini, Morucci (che è Arlecchino) da Gino Siniberghi.

Paisà **** (Italia 1946, b/n, 125') Roberto Rossellini. ◆ Sei episodi sull'avanzata degli alleati attraverso l'Italia. Nel primo (con Carmela Sazio, Robert Van Loon) una ragazza siciliana fraternizza con un soldato americano: entrambi vengono uccisi dai tedeschi, ma gli americani crederanno la ragazza una traditrice. Nel secondo (con Dots M. Johnson, Alfonsino) uno scugnizzo napoletano ruba le scarpe a un soldato nero che finisce con l'impietosirsi. Nel terzo (con Maria Michi, Gar Moore) una ragazza romana costretta a prostituirsi, ritrova il soldato americano che l'aveva messa incinta: ma lui non la vorrà più rivedere. Nel quarto (con Harriet White, Renzo Avanzo, Giulietta Masina) un'infermiera inglese attraversa Firenze alla vana ricerca di un partigiano che ama. Nel quinto (con Bill Tubs e i francescani del convento di Maiori) tre cappellani di confessioni diverse sono ospiti di un convento di monaci bonari, che digiunano per la conversione di due «eretici». Nel sesto (con Dale Edmonds, Cigolani), nel delta del Po, partigiani e paracadutisti alleati sono vittime della ferocia nazista. Girato con mezzi di fortuna a ridosso dei fatti e prodotto con la collaborazione della Foreign Film Production Inc., un capolavoro del neorealismo. L'ideologia di Rossellini è ispirata a un umanitarismo e un animismo un po' generico (vedi il quinto episodio), ma la sua visione della vita è tragica e asciutta, e la capacità di cogliere e sintetizzare la realtà è unica. La spoglia commozione, i rari momenti di sorriso, la durezza non conciliatoria del finale ne fanno un film indimenticabile e imprescindibile nella nostra storia culturale. Alla sceneggiatura collaborarono col regista Federico Fellini, Vasco Pratolini, Marcello Pagliero, Alfred Haynes, Annalena Limentani e Sergio Amidei. Esiguo, allora, il successo di pubblico. La voce narrante è di Giulio Panicali.

Paladini, I – Storia d'armi e d'amori ° (Italia/Usa 1983, col, 100') Giacomo Battiato. Con Zeudi Araya, Barbara De Rossi, Rick Edwards, Leigh McCloskey, Ronn Moss, Tanya Roberts, Maurizio Nichetti, Lina Sastri, Massimo De Rossi. ◆ I cristiani Rolando (Edwards) e Bradamante (B. De Rossi) amano i saraceni Isabella (Roberts) e Ruggero (Moss): si inseguono e si perdono, si desiderano e si combattono e alla fine decidono che è meglio l'amore della guerra e depongono le armi. Liberamente ispirato ai personaggi ariosteschi, il film non riesce mai a coinvolgere lo spettatore in un prodotto troppo stilizzato e freddo, che ha dovuto subire anche complicate traversie di produzione.

Palcoscenico *** (*Stage Door*, Usa 1937, b/n, 92') Gregory La Cava. Con Katharine Hepburn, Ginger Rogers, Adolphe [ma nei titoli di testa Adolfo] Menjou, Andrea Leeds, Gail Patrick, Lucille Ball, Ann Miller, Constance Collier, Eve Arden. ◆ Nella pensioncina Ribalta (ma sulla targa c'è scritto Talìa), zeppa di attrici e dei loro sogni, piomba una miliardaria aspirante attrice (Hepburn) cui i soldi di papà assicurano il ruolo di protagonista nello spettacolo in preparazione. La ragazza cui spettava la parte (Leeds) si suicida e l'evento sconvolgente spreme alla giovane viziata un inaspettato talento drammatico. Tratto da un lavoro teatrale di Edna Ferber e George S. Kaufman del quale evita brillantemente le pesantezze, il film (sceneggiato da Morrie Ryskind e Anthony Veiller) propone un colorito quadro d'ambiente, dosando con estremo equilibrio dramma e commedia, umorismo e sensibilità psicologica. Una delle migliori interpretazioni della Hepburn che proprio in quegli anni andava imponendo la sua immagine di donna forte e indipendente, circondata da un cast perfetto e ricco di future stelle.

Palermo-Milano solo andata * (Italia 1995, col, 103') Claudio Fragasso. Con Raoul Bova, Giancarlo Giannini, Valerio Mastandrea, Ricky Memphis, Francesco Benigno, Romina Mondello, Stefania Sandrelli, Tony Sperandeo, Rosalinda Celentano. ◆ Sei poliziotti, guidati da Nino Di Venanzio (Bova), devono scortare da Palermo a Milano un ragioniere della mafia (Giannini) coinvolto in un'inchiesta da un pentito. Giungeranno davanti al palazzo di giustizia del capoluogo lombardo dopo aver evitato stragi, sparatorie, agguati e tradimenti. Scritto da Rossella Drudi, il poliziesco non si riscatta dall'archetipo *Piovra*, come sottolinea implicitamente uno dei protagonisti (Bova), addirittura l'erede del commissario Cattani. Se lo scopo voleva essere quello di ritrovare la strada perduta del cinema medio di genere, gli autori hanno sbagliato percorsi e itinerari: perché lo specifico televisivo è una cosa, quello cinematografico un'altra. Cast giovane, folto di corpi partoriti dalla Tv (Mastandrea, Memphis, Mondello).

Palermo o Wolfsburg ° (*Palermo oder Wolfsburg*, Rft 1980, col, 175') Werner Schroeter. Con Nicola Zarbo, Ida Di Benedetto, Brigitte Tig, Gisela Hahn, Antonio Orlando. ◆ Nicola (Zarbo) lascia un paese del centro della Sicilia e va a lavorare nella Germania di mamma Volkswagen, ma una biondina (Tig) gli fa perdere la testa; lui tira fuori il coltello e due crucchi ci rimangono secchi: segue processo quanto mai brechtiano. Se *Nel regno di Napoli* aveva un certo estro, la seconda puntata italiana dell'esteta tedesco sconta goffaggini e banalità a non finire: la sua Sicilia sembra ferma all'anteguerra (l'intellettuale locale vive nel culto di Bellini), mentre la Germania razzista sembra quella del *Fabbricante di gattini* di Fassbinder. E mettere in scena coscientemente gli stereotipi (nel Sud la gente canta canzoni tristi per strada, nel Nord si lavora e non si sorride) non significa evitarli, ma solo ostentare la pigrizia della propria immaginazione. Scritto dal regista con Giuseppe Fava.

Palio *½ (Italia 1932, b/n, 90') Alessandro Blasetti. Con Leda Gloria, Guido Celano, Ugo Ceseri, Laura Nucci, Mario Ferrari. ◆ La sera precedente la corsa del palio senese, una sciantosa (Nucci) in combutta con quelli della contrada della Civetta fa cadere in un agguato il campione della Lupa (Celano) che, nonostante le percosse ricevute, fugge dall'ospedale per partecipare alla gara: vincerà e conquisterà l'amore di Fiora (Gloria). Ispirandosi ad alcuni racconti di Luigi Bonelli (adattati dallo stesso Bonelli con il regista e Gian Bistolfi), il film propone, dentro una Siena non banalizzata da facili approcci turistico-pubblicitari, l'esaltazione della forza e della semplicità del popolo italiano.

Pal Joey **½ (*Pal Joey*, Usa 1957, col, 111') George Sidney. Con Rita Hayworth, Frank Sinatra, Kim Novak, Barbara Nichols, Elizabeth Patterson. ◆ Un cantante squattrinato ma dal fascino infallibile (Sinatra) conquista una vedova miliardaria (Hayworth) che gli permette di realizzare il sogno della sua vita – aprire un locale tutto suo – ma si innamora di una delle ragazze di fila (Novak). Versione cinematografica di uno spettacolo interpretato a Broadway da Gene Kelly, è un musical spigliato e divertente, anche se la sceneggiatura di Dorothy Kinsley addolcisce decisamente il libretto originale di John O'Hara. Le coreografie (anche per le scarse capacità di Sinatra e della Novak) sono ridotte al minimo – solo una scena onirica – mentre è lasciata molta parte alle canzoni con Sinatra che si esibisce in alcuni dei suoi più grandi successi (*The Lady Is a Tramp* e, in duetto con la Hayworth doppiata da Jo Ann Greer, *Bewitched*) mentre Kim Novak – doppiata da Trudy Erwin – mima *My Funny Valentine*.

Palla di Neve *½ (Italia 1994, col, 93') Maurizio Nichetti. Con Paolo Villaggio, Fabiano Vagnarelli, Alessandro Haber, Leo Gullotta, Monica Bellucci, Anna Falchi, Dong Mei Xiao, Osvaldo Salvi, Roberto Della Casa, Nestor Garay, Angelo Orlando, Luigi Molteni. ◆ Il mercante di armi Marcov (Haber) vuole usare il beluga Palla di Neve come siluro vivente per attaccare le navi, l'attore Billy Balla (Villaggio) invece lo cerca perché gli ha inghiottito il libretto pensionistico: ma poi si unirà al piccolo Theo (Vagnarelli) per ridare la libertà al cetaceo. Nichetti (che non rinuncia a un cammeo come marinaio) accetta una regia alimentare per il produttore Ciro Ippolito, ma non dà l'impressione di essersi molto sforzato per dirigere questa stracca favoletta ecologica, tratta da un racconto di Emilio Nessi e sceneggiata da Nichetti, Ippolito, Gianni Romoli e Stefano Sudrié. Inutili i décolleté della Bellucci (la madre di Theo) e della Falchi (l'istruttrice di delfini), stanca la macchietta di Gullotta come venditore greco. Girato a Santorini.

Palla numero 13, La **** (*Sherlock Junior*, Usa 1924, b/n, 42') Buster Keaton. Con Buster Keaton, Kathryn McGuire, Joseph Keaton, Ward Crane. ◆ Un proiezionista (Keaton), ingiustamente accusato di furto, entra, in sogno, in un film in cui ritrova gli stessi personaggi della realtà, ma nel quale ha modo di comportarsi eroicamente. Al risarcimento onirico segue quello nella vita reale. Uno dei film più surreali e complessi di Keaton, punto di partenza per ogni fantasia che mescoli finzione filmica e realtà, tra le quali *La rosa purpurea del Cairo*. Tra le innumerevoli e virtuosistiche gag, molte nascono proprio dal linguaggio cinematografico: Keaton, appena entrato dentro lo schermo, viene sballottato da un paesaggio all'altro, pur restando immobile. Acuta anche la riflessione sul cinema come compensazione e come modello: nell'ultima sequenza Keaton abbraccia la fidanzata prendendo ispirazione da quanto scorre sullo schermo, per poi restare interdetto quando, dopo il bacio, appare l'immagine della coppia circondata da marmocchi. Le fonti discordano sulla parte che avrebbe avuto Fatty Arbuckle nella realizzazione. Noto anche come *Calma, signori miei!*

Palle d'acciaio *½ (*Head Office*, Usa 1986, col, 86') Ken Finkleman. Con Judge Reinhold, Eddie Albert, Jane Seymour, Lori-Nan Engler. ◆ Entrato in una multinazionale come pedina per un torbido ricatto, l'inconsapevole Jack (Reinhold) ne inceppa candidamente i maneggi, smascherando l'operazione di smantellamento di un'azienda che causerebbe migliaia di disoccupati. Il regista dell'*Aereo più pazzo del mondo... sempre più pazzo* vorrebbe mettere la sua comicità demenziale al servizio di un allegro pamphlet contro il cinismo, gli yuppie e le multinazionali, ma i buoni intenti si perdono per strada e tutto finisce in una sbiadita commediola. Comunque sexy Jane Seymour. Due camei per Danny DeVito e Rick Moranis.

Palle in canna * (*National Lampoon's Loaded Weapon*, Usa 1993, col, 83') Gene Quintano. Con Jacki Arthur, Emilio Estevez, Samuel L. Jackson, Jon Lovitz, Tim Curry, Kathy Ireland, Frank McRear, William Shatner, Whoopi Goldberg, F. Murray Abraham. ◆ Per combattere un traffico di droga nascosta dentro a biscotti per bambini, al poliziotto Wes Luger (Jackson) viene affiancato Jack Colt (Estevez) che però sembra più preoccupato di combinare guai che di incastrare gli spacciatori. Astrusa parodia della serie *Arma letale* in stile demenziale (con tanto di citazione della scena in cui ci dovrebbe essere una bomba nel cesso) che non fa praticamente ridere mai. Particine per Bruce Willis, Charles Napier, J. T. Walsh, Erik Estrada, Charlie Sheen.

Palloncino bianco, Il **½ (*Badkonak-e sefid*, Iran 1995, col 859) Jafar Panahi. Con Aida Mohammad Khani, Mohsen Kafili, Fereshteh Sadr Orafai, Anna Borkowska, Mohammad Shahani. ◆ Il 21 marzo in Iran si festeggia il capodanno e in quell'occasione, come augurio per il futuro, i bambini espongono un pesciolino rosso in una boccia di vetro. Razieh (Mohammad Khani) ne vuole assolutamente uno nuovo, nonostante la vasca del giardino ne sia già piena. Cocciuta e insistente, riesce a convincere la madre a darle la sua ultima banconota e corre a comprarlo, ma nelle strade affollate della capitale finisce per perdere il denaro, portato dal vento in un tombino: nel tentativo di recuperarlo, la bambina farà molti incontri e imparerà a conoscere un po' di più il mondo. Un racconto morale filtrato dall'esistenza di Kiarostami (autore della sceneggiatura), messo in scena in tempo reale, pieno di personaggi presi direttamente dalla realtà (i due incantatori di serpenti, il sarto, il militare in libera uscita, il venditore afgano di palloncini) per «aprire gli occhi anche su quello che non è bello da vedere». Caméra d'or a Cannes.

Palloncino rosso, Il ** (*Le Ballon rouge*, Francia 1956, col, 35') Albert Lamorisse. Con Pascal Lamorisse. ◆ Liberato da una siepe in cui era impigliato, un palloncino decide di seguire il suo piccolo salvatore (Lamorisse) diventando il suo miglior amico. Quando un gruppo di teppistelli lo fa scoppiare, tutti i palloncini di Parigi volano dal bambino e lo portano in cielo. Realizzato in totale autarchia, è una poetica e atipica favola cinematografica, ambientata in una Parigi fantastica vista con lo stupore di uno sguardo infantile. Palma d'oro a Cannes per il cortometraggio e grande successo popolare.

Pallottola per Roy, Una *** (*High Sierra*, Usa 1941, b/n, 100') Raoul Walsh. Con Humphrey Bogart, Ida Lupino, Alan Curtis, Arthur Kennedy, Henry Travers, Henry Hull, Cornel Wilde, Joan Leslie. ◆ Appena amnistiato, Roy «Mad Dog» Earle (Bogart) partecipa a una rapina dall'esito catastrofico. Respinto dalla giovane Velma (Leslie) alla quale ha generosamente pagato l'operazione per curare il suo piede zoppo, Roy fugge in compagnia di Marie (Lupino), una ballerina che ha accettato di condividere la sua vita da gangster: per salvarla, Roy si fa inseguire fin sulle montagne della Sierra Nevada, dove sarà accerchiato e ucciso dalla polizia senza che Marie possa fare niente per lui. Sceneggiato da John Huston e W.R. Burnett, il film è uno dei punti di congiunzione tra il genere gangsteristico e quello noir: se l'ambientazione e la trama sono ancora da film gangster, con i suoi spazi aperti e il finale tra le montagne, il personaggio di Bogart (qui al suo primo ruolo da protagonista) ha tutte le caratteristiche del noir, con la sua figura crepuscolare e solitaria, incapace di adattarsi a un mondo non più in sintonia con i suoi valori. Coerentemente walshiani, invece, il bisogno disperato e ossessivo di libertà che è alla base delle azioni di Roy e la figura angosciata e inconsciamente autodistruttiva di Marie (interpretata da una grande Ida Lupino). Rifatto da Stuart Heisler con Jack Palance e Shelley Winters, *Tutto finì alle sei* (1956). Otto anni più tardi Walsh dirigerà un remake in chiave western, *Gli amanti della città sepolta*.

Pallottola senza nome, La *** (*No Name on the Bullet*, Usa 1959, col, 77') Jack Arnold. Con Audie Murphy, Charles Drake, Joan Evans, Virginia Grey, Edgar Stehli, Warren Stevens. ◆ L'arrivo del killer John Grant (Murphy) semina il panico in un cittadina del West, dove più di una persona ha qualcosa da nascondere. La paura fa saltare i nervi a tutti e innesca una serie di cruente vendette, ma il vero obiettivo del killer è il vecchio giudice Benson (Stehli) che in passato ha condannato ingiustamente un uomo che ora si vuole vendicare: ma come potrà Grant provocare un vecchio paralitico per spingerlo a un duello che gli sarebbe certamente fatale? Il migliore dei western girati da Arnold, costruito su un personaggio dall'assoluta ambiguità morale, una sorta di angelo sterminatore che va al di là dei soliti assassini della Frontiera e assorbe in sé anche i lati oscuri di molti rispettabili cittadini (in fondo la maggior parte delle sue vittime è tutt'altro che innocente). Persino la simpatia accordatagli dal medico (Drake) all'arrivo non viene mai meno del tutto, e – a conferma di quanto Arnold si allontani dal consueto manicheismo del genere – il medico stesso non è visto come l'incarnazione suprema del Bene in contrapposizione al Male, bensì come un uomo consapevole delle colpe altrui ma non disposto alla giustizia sommaria. Murphy, di solito abituato a ruoli opposti, se la cava benissimo nei panni del killer.

Pallottola spuntata, Una ** (*The Naked Gun*, Usa 1988, col, 86') David Zucker. Con Leslie Nielsen, Priscilla Presley, Ricardo Montalban, George Kennedy, O.J. Simpson, Nancy Marchand. ◆ L'imbranato detective Drebin (Nielsen) è impegnato in una sconnessa avventura fantapolitica a base di terroristi e pericolose passeggiate su cornicioni zeppi di statue con seni e falli in evidenza. Partendo da una loro serie di telefilm parodistici (*Police Squad*), il trio di sceneggiatori ZAZ (David Zucker, Jim Abrahams, Jerry Zucker), sforna un film i cui riferimenti sono tutti interni all'universo della Tv e del fumetto. Il ritmo è concitato e la comicità caotica e incalzante, ma le risate e lo spirito goliardico dissacrante si consumano in fretta. Con due seguiti.

Pallottola spuntata 2 ½, Una – L'odore della paura ** (*The Naked Gun 2 ½: The Smell of Fear*, Usa 1991, col, 85') David Zucker. Con Leslie Nielsen, Priscilla Presley, George Kennedy, O.J. Simpson, Richard Griffiths. ◆ Il tenente Drebin (Nielsen) sventa, suo malgrado, un complotto antiecologista e salva Bush. Raffica di gag più o meno riuscite, con una spiccata propensione all'ammiccamento cinefilo e al pastiche linguistico. Da antologia il montaggio di metafore del coito (trivelle, treni, razzi, fuochi d'artificio). Gli americani trovano irresistibile che Barbara Bush finisca in mutande.

Pallottola spuntata 33 1/3, Una – L'insulto finale *½ (*Naked Gun 33 1/3: The Final Insult*, Usa 1994, col, 82') Peter Segal. Con Leslie Nielsen, Priscilla Presley, George Kennedy, Fred Ward, O.J. Simpson, Anna Nicole Smith, Kathleen Freeman. ◆ Il tenente Drebin (Nielsen) si è sposato, ma viene richiamato in servizio quando evade dal carcere il terrorista Rocco (Ward), che ha progettato di far scoppiare una bomba durante la cerimonia degli Oscar. Si inizia con una parodia della sequenza della carrozzella di *The Untouchables* (a sua volta un omaggio alla *Corazzata Potëmkin*), e si prosegue con sberleffi al cinema carcerario, alla *Moglie del soldato*, a *Thelma & Louise* e chi più ne ha più ne metta. Alla terza puntata, il trio Jerry Zucker-Jim Abrahams-David Zucker si limita a produrre e/o scrivere la sceneggiatura. L'accumulo delle gag ormai è meccanico, e i pretesti di risata troppo legati all'attualità minuta per lasciare il segno. Elliott Gould, Pia Zadora, Al Jankovic e Mariel Hemingway compaiono nella parte di loro stessi.

Pallottole su Broadway ***½ (*Bullets Over Broadway*, Usa 1994, col, 99') Woody Allen. Con John Cusack, Jack Warden, Tony Sirico, Chazz Palminteri, Joe Viterelli, Jennifer Tilly, Rob Reiner, Marie-Louise Parker, Dianne Wiest, Harvey Fierstein, Jim Broadbent, Tracey Ullman. ◆ New York, anni Venti: per salvare l'integrità artistica dei propri testi che solo lui crede di poter portare in scena, David Shayne (Cusak) è costretto ad accettare l'aiuto finanziario di un gangster (Viterelli) che cerca di favorire la carriera artistica della propria protetta Olive (Tilly). Nonostante la presenza della grande ma declinante diva Helen Sinclair (Wiest) nel cast, lo spettacolo si annuncia disastroso se non fosse per Cheech (Palminteri), un guardaspalle che dovrebbe controllare l'amante del boss e invece suggerirà a David come migliorare il testo e finirà per eliminare la stessa Olive perché attrice troppo cagna. Una commedia fintamente leggera, una delle più sincere (e disperate) confessioni sul teatro e sulla creatività che il cinema ci abbia offerto, scritta dal regista in collaborazione con Douglas McGrath. Con uno sguardo lucido e impietoso, Allen «costruisce un edificio perfetto e poi lo dinamita dall'interno, trasformando i suoi eroi in pusillanimi» e obbligando i suoi personaggi a capire le conseguenze delle proprie azioni (la metamorfosi di David che da genio incompreso si trasforma in un uomo cosciente dei propri limiti). E soprattutto costringe tutti a confrontarsi con la vita reale, dove i tradimenti (di David con Helen e della fidanzata Ellen [Parker] col collega Flender [Reiner]) non sono solo battute da recitare, così come la morte mette fine davvero alla vita. Splendida Dianne Wiest (premiata con l'Oscar per la miglior attrice non protagonista) che nel suo personaggio cita apertamente la Margo Channing di *Eva contro Eva*.

Palmetto **½ (*Palmetto*, Usa/Germania 1998, col, 113') Volker Schlöndorff. Con Woody Harrelson, Elisabeth Shue, Gina Gershon, Chloe Sevigny, Michael Rapaport, Tom Wright. ◆ Palmetto, Florida: uscito di galera, l'ex giornalista Harry Bourbon (Harrelson) accetta di partecipare al finto rapimento della figlia (Sevigny) di un riccone, organizzato dalla seconda moglie (Shue); ma poi lo chiamano a fare l'addetto stampa proprio del procuratore distrettuale che indaga sul caso. Classico ma godibile noir sudaticcio, col torto di arrivare per ultimo, nel quale il pollo della situazione finisce in una spirale di guai sempre più vorticosa. Il regista, in vacanza da temi più seri, esegue con stile impersonale e una vena di ironia imperscrutabile, che rende plausibili colpi di scena in cui è facile cascare. E. Max Frye ha adattato *Just Another Sucker* di James Hadley Chase.

Paloma, La *** (*La Paloma*, Svizzera/Francia 1974, col, 110') Daniel Schmid. Con Ingrid Caven, Peter Kern, Peter Chatel, Bulle Ogier, Beatrice Stoll. ◆ Una cantante ingrata (Caven) tradisce l'uomo (Kern) che l'ha salvata dalla tisi, e poi, con una disposizione testamentaria, lo costringe a un'estrema e macabra profanazione. Ma è solo l'allucinazione di un attimo. Melodramma eccessivo che va al di là dell'immaginabile, e per questo non delude. Girato con uno stile antirealista debitore in parte di Syberberg e Fassbinder, ma con un autonomo sottofondo di ironia. Bella colonna sonora e canzoni da cabaret di Peer Raben.

Paloma nera → *Nave della morte, La*

Palombella rossa **½ (Italia/Francia 1989, col, 89') Nanni Moretti. Con Nanni Moretti, Silvio Orlando, Mariella Valentini, Alfonso Santagata, Claudio Morganti, Asia Argento, Imre Budavari, Fabio Traversa, Eugenio Masciari, Remo Remotti, Marco Messeri. ◆ Dopo un incidente d'auto Michele Apicella (Moretti), dirigente del Pci e giocatore di pallanuoto, non riesce a ricordare quale sia stato il suo gesto clamoroso di cui tutti parlano. Pressato da una giornalista oca (Valentini) e da due fanatici (Santagata e Morganti), riesce a ricostruire il suo passato e il suo senso dell'impegno politico, mentre gioca una partita decisiva. Sbaglierà però il rigore della vittoria, e si troverà a contemplare un onirico sole dell'avvenire di cartapesta: è la fine degli ideali? Costruito come una partita di pallanuoto – che si interrompe ogni 10 secondi – forse il film più complesso, ma anche meno risolto, dell'autore. La crisi del comunismo prima dell'èra della quercia, la critica del vuoto dei mass media e del linguaggio, la rivisitazione dell'infanzia e degli anni della militanza (con tanto di inserti del cortometraggio *La sconfitta* del 1973): Moretti mette in gioco tutto se stesso, ma non vuole pronunciare parole definitive, rifugiandosi nell'allegoria surreale. *Il dottor Zivago*, trasmesso in televisione, o *I'm on Fire* di Bruce Springsteen, diventano gli unici momenti possibili di partecipazione emotiva collettiva: e cantare una canzone a Tribuna elettorale (questa l'azione sconcertante che Michele aveva cancellato) diventa l'unica risposta possibile alla volgarità del linguaggio. Moretti spesso tende a strafare, non controlla il suo narcisismo, fellineggia addirittura, ma il suo *horror vacui* suona oggi più attuale e tragico di quanto non sembrasse allora. Tra i non attori coinvolti: i registi Carlo Mazzacurati (l'istruttore di nuoto), Daniele Luchetti (assistente di Michele alla Tribuna elettorale), Raul Ruiz (il teologo), i critici Giovanni Buttafava (lo psicoanalista) e Mario Sesti (il moderatore della Tribuna elettorale), lo sceneggiatore Franco Bernini (un giornalista alla Tribuna elettorale). Il padre di Moretti, Luigi, è il sindacalista. La palombella sta alla pallanuoto come il pallonetto sta al calcio.

Palookaville ** (*Palookaville*, Usa 1995, col, 93') Alan Taylor. Con William Forsythe, Adam Trese, Vincent Gallo, Lisa Gay Hamilton, Kim Dickens, Bridgit Ryan, Frances McDormand, Gareth Williams. ◆ Disoccupati e pasticcioni, Russ (Gallo), Jerry (Trese) e Sid (Forsythe) pensano che il modo più facile per arricchirisi sia rubare: prima cercano di svaligiare una gioielleria e fanno un buco nel muro della pasticceria adiacente, poi decidono di assaltare un furgone di paghe con armi giocattolo: ma naturalmente nulla andrà come nei piani. Prendendo lo spunto da tre racconti di Calvino (*Un letto di passaggio*, *Desiderio di novembre* e *Furto in una pasticceria*), l'esordiente Alan Taylor racconta l'incapacità a crescere di tre amici squinternati, imbranati con le donne quasi quanto con le rapine: la sceneggiatura (di David Epstein) è spesso spiritosa, gli interpreti indovinati, ma la regia non ha mai quell'incisività capace di sollevare il film dalla categoria del carino. Il titolo è un modo gergale per dire «città di sfigati».

Palude della morte, La ** (*Swamp Water*, Usa 1941, b/n, 86') Jean Renoir. Con Dana Andrews, Walter Huston, Walter Brennan, Anne Baxter, Virginia Gilmore, John Carradine. ◆ Un trapper (Andrews) incontra nella palude un fuggiasco (Brennan) accusato ingiustamente di omicidio e, indagando senza rivelare il segreto dell'uomo, riesce a scagionarlo trovando il vero assassino. Il primo film statunitense di Renoir, mostra tutta la difficoltà di innestare la cifra stilistica del regista francese in un soggetto ambientato nella provincia americana. Nonostante tutto Renoir riesce a tratteggiare alcuni vigorosi ritratti, stabilendo una relazione fra la violenza dei comportamenti e il selvaggio habitat in cui questi si manifestano. Rifatto da Negulesco nel 1952 (*Prigionieri della palude*).

Panama Sugar * (Italia 1990, col, 100') Marcello Avallone. Con Scott Plank, Lucrezia Lante Della Rovere, Memé Perlini, Duilio Del Prete, Oliver Reed. ◆ Un gruppo di affaristi d'assalto vuole a tutti i costi turisticizzare, con relativo corollario di cementificazione, un'incontaminata isoletta tropicale. A opporsi c'è solo Panama Sugar (Plank). Banalità esotico-ecologiste per un inutile filmettino comico d'evasione.

Panarea * (Italia 1997, col, 100') Pipolo [Giuseppe Moccia]. Con Hoara Borselli, Massimo Bulla, Alessandro Cozzani, Alessia Merz, Adelmo Togliani, Guja Ielo, Guido Nicheli, Daniel Quint, Simona D'Azeglio, Teresa D'Alessandro, Alessio Maria Federici, Andrea Livio, Nadia Caterina Munno. ◆ Gioventù infoiata in vacanza a Panarea: chi lotta (Bulla e Cozzani) per la stessa ragazza (Borselli), chi deve badare (Merz) alla sorella minore (Munno), chi approfitta (Livio) dell'assenza dei genitori. Ritmata dalle insopportabili note della macarena, una specie di sit-com decerebrata dove gli sceneggiatori Castellano e Pipolo continuano a scambiare espressioni pseudo gergali per dialoghi e sketch televisivi per cinema. Ai limiti dell'insopportabilità il recupero del «ganassa» milanese interpretato da Guido Nicheli. Il disc jockey Capitan Cook è Bernardo Cherubini, fratello di Jovanotti.

Panchina sul lungomare, La ** (*Boardwalk*, Usa 1979, col, 98') Stephen F. Verona. Con Ruth Gordon, Lee Strasberg, Janet Leigh, Joe Silver, Eli Mintz, Eddie Barth. ◆ Una coppia di anziani coniugi (Gordon e Strasberg) cerca a fatica di affrontare i molti problemi dell'età, che nemmeno una figlia premurosa (Leigh) riuscirà a lenire. Ritratto realistico dei problemi degli anziani nella nostra società interpretato da due grandi attori.

Pancho Villa * (*Así era Pancho Villa*, Messico 1958, col, 87') Ismael Rodríguez. Con Pedro Armendariz, Elsa Aguirre, Maria Elena Marques. ◆ Per salvare la moglie, rapita dal suo ex amante passato al nemico, Pancho Villa (Armendariz) sarebbe disponibile a patteggiare ma la donna preferisce il sublime sacrificio. Edulcorata oleografia rivoluzionaria affidata al carisma di una popolarissima star come Pedro Armendariz.

Pandora ***½ (*Pandora and the Flying Dutchman*, Gb 1951, col, 115') Albert Lewin. Con Ava Gardner, James Mason, Nigel Patrick, Sheila Sim, Harold Warrender. ◆ Pandora Reynolds (Gardner) fa la femme fatale tra i playboy inglesi di un villaggio sulla Costa Brava, finché non incontra il misterioso proprietario di uno yacht, Hendrik van der Zee (Mason), che in realtà è l'olandese volante, condannato a vagare in eterno finché non troverà una donna disposta a sacrificargli la vita per amore. E Pandora non è altri che la reincarnazione della moglie che van der Zee aveva ucciso, a torto, per gelosia. Un mito d'amore e di morte trapiantato in una cornice che potrebbe essere quella di un racconto di Fitzgerald: Lewin, anche autore della sceneggiatura, gira il suo film più arrischiato, contraddittorio e delirante – in una parola, il suo capolavoro. Il gioco dei flashback nei flashback e lo stile lussureggiante costruiscono un'atmosfera fatale e trasognata. Il surrealismo non è solo nei temi (l'*amour fou*) e nelle citazioni (il quadro dechirichiano che dipinge van der Zee), ma nel modo stesso di costruire ogni inquadratura, mescolando antico e moderno (i jazzisti tra le statue classiche) e cercando sempre quella che Breton chiamava la «bellezza convulsiva». Un monumento al fascino di Ava Gardner, raggiante e carnale come non mai, e uno dei melodrammi più folli – e disprezzati dai critici parrucconi – della storia del cinema.

Pane, amore e... ** (Italia/Francia 1955, col, 100') Dino Risi. Con Vittorio De Sica, Sophia Loren, Lea Padovani, Tina Pica, Antonio Cifariello, Mario Carotenuto, Virgilio Riento. ◆ Dopo le dolci schermaglie con la «bersagliera» nei due film di Comencini (*Pane, amore e fantasia* e *Pane, amore e gelosia*), il maresciallo Antonio Carotenuto (De Sica) torna nella sua Sorrento, dove fa subito una corte serrata alla bella pescivendola «smargiassa» (Loren): a conquistarla sarà il giovane vigile urbano Nicolino (Cifariello), mentre il maresciallo si consolerà con l'ancora piacente padrona di casa (Padovani). De Sica continua con amabile ironia a prendersi in giro e Risi fa la sua parte con discreto mestiere. La novità è la sostituzione della Lollo con la sua mortale nemica Sophia, monumento di popolare fierezza e spavaldo sex-appeal, ma meno adatta al ruolo. Sceneggiatura di Marcello Girosi, Ettore M. Margadonna, Vincenzo Talarico e Risi.

Pane, amore e Andalusia * (Italia/Spagna 1958, col, 88') Javier Setò. Con Vittorio De Sica, Peppino De Filippo, Carmen Sevilla, Columba Dominguez, Mario Carotenuto, Lea Padovani, Dolores Palumbo. ◆ Il maresciallo dei carabinieri Antonio Carotenuto (De Sica) cerca di sfuggire alle nozze con donna Violante (Padovani) accompagnando la banda musicale al festival di Siviglia e approfittandone per corteggiare la giovane Carmen (Sevilla), ma è a sua volta insidiato dalla matura Dolores (Dominguez). Il quarto episodio della serie iniziata con *Pane, amore e fantasia* (sceneggiato da Ettore M. Margadonna, Luciana Corda e Sandro Continenza) vede ormai rimanere della formazione storica il solo De Sica, ripiegato nella coazione a ripetere di una struttura narrativa troppo stantìa e coadiuvato con onesto mestiere dal simpatico Peppino De Filippo nel ruolo di don Pablo.

Pane, amore e fantasia **½ (Italia 1953, b/n, 92') Luigi Comencini. Con Vittorio De Sica, Gina Lollobrigida, Tina Pica, Marisa Merlini, Roberto Risso, Maria Pia Casilio, Virgilio Riento, Memmo Carotenuto, Gigi Reder, Checco Rissone. ◆ Inviato a Sagliena, nell'Abruzzo, dalla natia Sorrento, il maresciallo dei carabinieri Antonio Carotenuto (De Sica) non può impedirsi di essere galante con le donne: diviso fra il desiderio per la bella «bersagliera» (Lollobrigida) e quello per la levatrice Annarella (Merlini), finirà per agevolare l'amore della prima per il timido carabiniere Stelluti (Risso) e consolarsi con la seconda. Enorme successo popolare (un miliardo e mezzo d'incasso) per il film che fu considerato a suo tempo «la pugnalata nella schiena al neorealismo», punto di svolta del nostro cinema verso la commedia all'italiana. Annusando l'aria di disimpegno degli anni Cinquanta, il film (sceneggiato dal regista con Ettore M. Margadonna) è costruito secondo le regole tradizionali della commedia dell'arte con i suoi caratteri predeterminati (che poi erano i tipi fondamentali della società contemporanea: De Sica nei panni del vecchio ancora piacente ma comico nel suo gallismo, la Lollobrigida come impertinente amorosa, Risso nel ruolo del bel giovane e tutta una serie di ottimi caratteristi a far da spalla) ma aggiornata da una struttura narrativa – nuova per l'epoca – fatta di piccole scenette conchiuse e intrecciate tra loro, capaci di offrire un divertente quadro della provincia ciociara. Indimenticabili la prova di De Sica, amabilmente buffonesca, e una Lollo (consacrata da questo film al ruolo di star) di superba presenza fisica. Il titolo deriva dalla domanda che il maresciallo fa a un uomo che sta mangiando sulla piazza: «Cosa mettete nel pane?» chiede. E l'altro: «Fantasia». Il personaggio del maresciallo sarà protagonista di altri tre film, a cominciare da *Pane, amore e gelosia*.

Pane, amore e gelosia **½ (Italia 1954, b/n, 97') Luigi Comencini. Con Vittorio De Sica, Gina Lollobrigida, Roberto Risso, Marisa Merlini, Virgilio Riento, Maria Pia Casilio, Memmo Carotenuto, Checco Rissone, Saro Urzì, Gigi Reder, Yvonne Sanson. ◆ Il maresciallo Antonio Carotenuto (De Sica) deve vigilare sulla virtù della «bersagliera» (Lollobrigida) perché il suo fidanzato (Risso) è stato trasferito mentre la levatrice (Merlini) fa venire da Roma il bambino che ha avuto senza essere sposata: inevitabili le maldicenze e lo scandalo. Seguito del fortunato *Pane, amore e fantasia* (sceneggiato dal regista con Ettore M. Margadonna, Vincenzo Talarico ed Eduardo e Titina De Filippo), praticamente imposto dalla Titanus a un esitante Comencini ma talmente «richiesto» dal successo di pubblico del precedente film che inizia esattamente dove finiva l'altro, senza bisogno di riassumere i fatti o presentare i personaggi tanto era stato visto e amato: ancora sostenuto dall'umanissimo umorismo di De Sica e dalla popolare avvenenza della Lollo, offre, fra le pieghe della commedia di caratteri, un quadro dei sogni e delle realtà dell'Italia preboom economico più efficace di tanto documentarismo sociologico. Il personaggio del maresciallo torna in *Pane, amore e...*

Pane, burro e marmellata *½ (Italia 1977, col, 100') Giorgio Capitani. Con Enrico Montesano, Rossana Podestà, Claudine Auger, Rita Tushingam, Laura Trotter, Adolfo Celi. ◆ Abbandonato dalla moglie, un presentatore televisivo (Montesano) trova addirittura tre amiche (Podestà, Auger e Tushingam) che lo accolgono presso di loro offrendogli la docile sottomissione di un vero e proprio harem. Mediocre commediola sul sogno proibito del gallismo italiano.

Pane e cioccolata **½ (Italia 1974, col, 115') Franco Brusati. Con Nino Manfredi, Paolo Turco, Ugo D'Alessio, Gianfranco Barra, Tano Cimarosa, Johnny Dorelli, Anna Karina, Federico Scribogna. ◆ L'emigrato italiano (Manfredi), cameriere nella linda Svizzera, compie l'efferato crimine di orinare in pubblico, perdendo lavoro e permesso di soggiorno: comincia così una vita di clandestinità fino al disperato e fallimentare tentativo di simulata arianità con tintura bionda ai capelli. Nonostante l'ingombrante presenza di Manfredi che non si rifiuta nessun vezzo gigionesco (e firma la sceneggiatura con il regista e Iaia Fiastri), Brusati riesce ad affrontare il tema dell'emigrazione senza cadere nel populismo e lavorando efficacemente sul registro grottesco-surreale. Esemplare la scena dei clandestini che ammirano i loro biondi padroni muoversi come divinità in un'atmosfera flou alla Hamilton.

Pane e fiore ***½ (*Nun va goldun*, Iran/Francia 1996, col, 78') Mohsen Makhmalbaf. Con Mirhadi Tayebi, Ali Bakhshi Jozam, Ammar Tafti, Maryam Mohamadamini, Mohsen Makhmalbaf, Moharam Zinal Zadeh. ◆ Ai provini del film di Makhmalbaf (lui stesso) si presenta l'ex guardia dello Scià (Ali Bakhshi) che il regista, adolescente rivoluzionario, aveva accoltellato. Invece di dargli una parte, Makhmalbaf gli propone di ricreare l'episodio con l'aiuto di due giovani attori: impresa ardua, perché ognuno ha il proprio punto di vista sull'accaduto. Il cinema nel cinema secondo la prospettiva della vita reale che irrompe in quella della finzione (entrambi gli episodi sono autentici): non un'asfittica *mise en abyme*, ma un appassionante intreccio labirintico in cui si affrontano *vis-à-vis* la realtà e l'effettiva possibilità di rielaborarla attraverso il mezzo cinematografico inteso come strumento di conoscenza e di azione. Anche se – per fortuna – non si tratta di un mezzo onnipotente: e il film, che si snoda filosofico, leggiadro e crudele in un mix raffinatissimo e talvolta umoristico di metafore e dettagli concreti, conserva tutto il sapore dell'ambiguità e del mistero insondabile di certi comportamenti umani.

Panic button... operazione fisco * (Italia/Usa 1964, b/n, 90') Giuliano Carnimeo, George Sherman. Con Maurice Chevalier, Jayne Mansfield, Akim Tamiroff, Eleanor Parker, Michael Connors, Carlo Croccolo, Vincent Barbi, Leopoldo Trieste, Alberto Rabagliati. ◆ L'implacabile fisco ha riscontrato profitti non denunciati e una coppia di evasori (Croccolo e Barbi) decidono di simulare il deficit ingaggiando un attore tramontato (Chevalier) e investendo in un telefilm deliberatamente fallimentare che però viene premiato alla Biennale di Venezia. In compenso a essere un flop è proprio il film di Carnimeo e Sherman (accreditato solo del ruolo di supervisore), commedia risibile e pateticamente incolore.

Panico **½ (*Panique*, Francia 1946, b/n, 100') Julien Duvivier. Con Viviane Romance, Michel Simon, Lita Recio, Paul Bernard, Max Dalban, Jenny Leduc. ◆ L'autore di un delitto convince la sua donna (Romance) a lasciare un indizio di colpevolezza nell'appartamento di uno strano individuo, monsieur Hire (Simon), mal sopportato da tutti ma visibilmente innamorato della donna. Accusato dalla polizia e inseguito dai vicini inferociti, l'uomo cerca di fuggire e solo dopo la sua morte emergono le prove che lo scagionano. Un noir con cui Duvivier cerca di recuperare il suo smalto migliore d'anteguerra: tratto da un romanzo di Georges Simenon (adattato dal regista e Charles Spaak) sottilmente tenero e sostenuto da un'interpretazione magistrale di Simon, il film denuncia tutta la misantropia senza indulgenze del regista, descrivendo con asciutta impietosità tutte le debolezze umane. Rifatto nel 1989 da Patrice Leconte col titolo *L'insolito caso di Mr. Hire*.

Panico allo stadio *½ (*Two Minute Warning*, Usa 1976, col, 125') Larry Peerce. Con Charlton Heston, John Cassavetes, Martin Balsam, Beau Bridges, Gena Rowlands, Walter Pidgeon. ◆ Un cecchino nascosto nello stadio di Los Angeles vuole ammazzare il presidente degli Stati Uniti durante una partita e impegna il servizio di sicurezza in una (non tanto) frenetica corsa contro il tempo. Mediocre esercitazione di sapore telefilmico sulla sindrome degli «assassini che sono fra noi», con un andamento dispersivo che ammazza ogni ipotesi di suspense. Cassavetes, nel ruolo del poliziotto, brilla comunque di luce propria.

Panico a Needle Park *** (*The Panic in Needle Park*, Usa 1971, col, 110') Jerry Schatzberg. Con Al Pacino, Kitty Winn, Adam Vint, Richard Bright, Kiel Martin, Raul Julia, Paul Sorvino. ◆ Helen (Winn) si prostituisce per pagare la droga per sé e per il suo compagno Bobby (Pacino), un piccolo spacciatore. Accusata di furto, collaborerà con la polizia facendolo arrestare assieme al suo capo, per poi tornare a vivere con lui quando esce di prigione. Documento crudo e disadorno (sceneggiato da Joan Didion e John Gregory Dunne) sull'ambiente dei drop out, che rifiuta i facili alibi sociodemagogici per descrivere il fallimento di due vite ma anche la loro disperata voglia di vivere (commovente la scena dell'adozione del cane). Sicuramente il miglior film sulla droga della Nuova Hollywood anni Settanta, girato con una fotografia volutamente fredda e scostante (di Adam Holinder) per sottolineare la recitazione secca e nervosa di Al Pacino, qui al suo primo ruolo da protagonista. Needle Park è quell'«ago» (needle) di verde che si forma all'incrocio tra Broadway e Amsterdam Avenue a Manhattan. Palma d'oro a Cannes per Kitty Winn.

Panni sporchi ** (Italia 1999, col, 110') Mario Monicelli. Con Mariangela Melato, Michele Placido, Paolo Bonacelli, Gigi Proietti, Alessandro Haber, Ornella Muti, Kassandra Voyagis, Marina Confalone, Pia Velsi, Gianfranco Barra, Francesco Guzzo, Angelo Orlando, Benedetta Mazzini. ◆ Alla morte del suocero (Bonacelli), si sfalda la famiglia dei Razzi, piccoli industriali di provincia: salta fuori un figlio illegittimo e pure gay (Proietti), il figlio pecora nera (Haber) sposa un'albanese (Voyagis) e si suicida, e via a suon di macchiette, tra satanisti e cocainomani di Forza Italia. Monicelli (con gli sceneggiatori Suso Cecchi d'Amico e Masolino D'Amico) insegue con fatica la cronaca, senza trovare quasi mai né il piglio satirico di un tempo, né lo scatto per andare al di là di una mimesi sempre un passo indietro rispetto alla realtà, ma almeno non ha paura di raccontare un'Italia sgradevole con la cattiveria del moralista. Come sempre più spesso accade, la generazione degli attori di mezz'età (e più) recita molto meglio di quella dei giovani. Gianni Morandi appare nella parte di se stesso.

Pantera del West, La * (*Oklahoma Woman*, Usa 1956, b/n, 72') Roger Corman. Con Richard Denning, Peggie Castle, Cathy Downs, Mike Connors. ◆ Marie «Oklahoma» Sounders (Castle), feroce regina dei fuorilegge, non si ferma davanti a nessuna nefandezza pur di assicurarsi potere e denaro. Western di serie B fondato più sui dialoghi che sull'azione e considerato il film più noioso di Corman.

Pantera rosa, La **½ (*The Pink Panther*, Usa 1963, col, 114') Blake Edwards. Con David Niven, Claudia Cardinale, Peter Sellers, Capucine [Germaine Lefèbvre], Robert Wagner, Riccardo Billi. ◆ La pantera rosa è il brillante che il ladro gentiluomo sir Lytton (Niven) cerca di rubare a Cortina d'Ampezzo. Il goffo ispettore Clouseau (Sellers) gli tende più trappole ma finisce cornuto e mazziato, vittima della propria moglie (Capucine) e della stessa proprietaria del gioiello (Cardinale). Edwards, che firma anche la sceneggiatura con Maurice Richlin, volle sperimentare una fusione tra la commedia sofisticata e la comicità fracassona dello slapstick: il risultato, merito anche di due attori diversissimi e molto in forma come Niven e Sellers, ebbe un grande successo. Sellers (che sostituì all'ultimo momento Peter Ustinov) tornò nei panni di Clouseau in *Uno sparo nel buio* (1964) e, undici anni dopo, in altri cinque film: *La pantera rosa colpisce ancora* (1975), *La pantera rosa sfida l'ispettore Clouseau* (1976), *La vendetta della pantera rosa* (1978), *Sulle orme della pantera rosa* (1982), *La pantera rosa – Il mistero Clouseau* (1983). La serie ha avuto un ultimo epilogo nel 1993 con Roberto Benigni in *Il figlio della Pantera Rosa*. Il personaggio della pantera rosa disegnata da Fritz Freling, che compare nei titoli di testa, piacque tanto da diventare protagonista di una serie di cartoon. Celebre anche il tema musicale di Henry Mancini.

Pantera rosa colpisce ancora, La *½ (*The Return of the Pink Panther*, Usa 1975, col, 113') Blake Edwards. Con Peter Sellers, Catherine Schell, Christopher Plummer, Herbert Lom, Peter Arne, Burt Kwouk. ◆ A undici anni da *Uno sparo nel buio* tornano l'ispettore Clouseau e il suo rivale e vittima Dreyfuss (Lom). Il diamante pantera rosa viene rubato un'altra volta: Clouseau sospetta ingiustamente sir Lytton (Plummer nella parte che fu di Niven), ma risolve ugualmente il caso, mentre Dreyfuss, per la rabbia, finisce in manicomio. Edwards, che aveva bisogno di un grosso successo dopo alcuni flop, accentua la comicità catastrofica e le gag da cinema muto, ma ci rimette in finezza. Prende forza il personaggio di Cato (Kwouk), allenatore-cameriere di Clouseau. Seguito da *La pantera rosa sfida l'ispettore Clouseau*.

Pantera rosa, La – Il mistero Clouseau ° (*Curse of the Pink Panther*, Usa 1983, col, 109') Blake Edwards. Con Ted Wass, David Niven, Robert Wagner, Herbert Lom, Capucine [Germaine Lefèbvre], Burt Kwouk, Robert Loggia, Harvey Korman. ◆ Settima *Pantera rosa*, e seconda dopo la morte di Sellers (che era ancora presente nell'immediatamente precedente *Sulle orme della pantera rosa*). Questo, in compenso, è l'ultimo film di Niven (che non fece neanche in tempo a doppiarsi da sé). Sparito Clouseau, Dreyfuss (Lom) incarica al peggior detective esistente (lo scipito Wass) di ritrovare il diamante, come al solito scomparso. Edwards ricicla spezzoni inediti dei film precedenti, ma questa volta neanche i fans più sfegatati hanno gradito.

Pantera rosa sfida l'ispettore Clouseau, La ** (*The Pink Panther Strikes Again*, Usa 1976, col, 103') Blake Edwards. Con Peter Sellers, Lesley-Anne Down, Herbert Lom, Burt Kwouk, Colin Blakely, Richard Vernon. ◆ Quarta *Pantera rosa*: Dreyfuss (Lom), impazzito, fonda un'associazione criminale votata all'uccisione di Clouseau e minaccia di distruggere il mondo. Anche se il tipo di comicità, elementare e fracassona, rimane invariato, ritmo e gag sono migliori che nell'episodio precedente, *La pantera rosa colpisce ancora*, e anche gli incassi furono più ingenti. I disastri migliori l'ispettore li combina in compagnia del fido Cato (Kwouk), Omar Sharif è l'agente egiziano. Seguito da *La vendetta della pantera rosa*.

Pantere dei mari, Le *½ (*Hellcats of the Navy*, Usa 1957, b/n, 82') Nathan Juran. Con Ronald Reagan, Nancy Davis, Arthur Franz, Robert Arthur. ◆ Eroiche missioni e scontro fra ufficiali a bordo di un sommergibile americano impegnato contro i giapponesi nella seconda guerra mondiale. Sarebbe un film come tanti se non fosse che fra le «pantere dei mari» schiera quelli che sarebbero diventati i falchi della Casa Bianca: il futuro presidente Reagan e la sua first lady Nancy (Davis), per la prima e unica volta insieme sullo schermo.

Panther ** (*Panther*, Usa 1995, col, 124') Mario Van Peebles. Con Kadeem Hardison, Bokeem Woodbine, Joe Don Baker, Marcus Chong, Nefertiti, Courtney R. Vance, James Russo, M. Emmet Walsh, Richard Dysart. ◆ La storia delle Pantere Nere, da movimento di autodifesa dei neri alla guerriglia urbana, raccontata dal punto di vista di Judge (Hardison), giovane idealista non violento che finisce per collaborare col poliziotto Brimmer (Baker): ma anche quest'ultimo reagisce con disgusto, quando Hoover (Dysart), capo dell'Fbi, decide di inondare il ghetto di eroina per fiaccare la combattività dei neri. Schierato ma non ciecamente agiografico, hollywoodiano ma non troppo, arrabbiato ma meno separatista di Spike Lee, Van Peebles (che appare nella parte di un oratore) si tiene in un giusto mezzo, senza però creare, almeno filmicamente, nulla di nuovo. Melvin Van Peebles, padre del regista, scrive la sceneggiatura (da un suo romanzo) e interpreta il vecchio carcerato. Angela Bassett, come in *Malcolm X*, interpreta Betty Shabazz.

Paolo Barca, maestro elementare, praticamente nudista ** (Italia 1975, col, 110') Flavio Mogherini. Con Renato Pozzetto, Janet Agren, Magali Noël, Paola Borboni, Liana Trouché, Miranda Martino, Valeria Fabrizi, Stefano Satta Flores. ◆ Maestro nordista e nudista, Paolo Barca (Pozzetto) viene sbattuto a insegnare in Sicilia dove, causa di scandalo per i bigotti, scatena i desideri delle assatanate colleghe, ma lui si rivela meno emancipato del previsto. Costruito a misura del comico milanese non ancora prosciugato in quanto a creatività, il film è sceneggiato da Ugo Pirro che riesce a contestare gradevolmente gli opposti pregiudizi del Nord e del Sud del paese.

Paolo e Francesca (La storia di Francesca da Rimini) ** (Italia 1950, b/n, 96') Raffaello Matarazzo. Con Odile Versois, Armando Francioli, Andrea

Checchi, Aldo Silvani, Dedi Ristori, Sergio Fantoni. ◆ Già celebrato da Dante nell'Inferno, è la tragedia dell'amore di Paolo Malatesta (Francioli) per Francesca da Polenta (Versois), moglie del suo sciancato fratello Gianciotto (Checchi). Matarazzo non si lascia sedurre dalle letture classiche della storica vicenda e sposa con convinzione un approccio mélo, definendo con questo film di Vicario quella che sarà la sua dimensione di più genuino interprete del melodramma popolare. Roberto Murolo è il giullare di corte.

Paolo il caldo ** (Italia 1973, col, 124') Marco Vicario. Con Giancarlo Giannini, Rossana Podestà, Gastone Moschin, Marianne Comtell, Ornella Muti. ◆ Rampollo di una nobile schiatta siciliana minata dalla sifilide e dalla voracità sessuale, Paolo (Giannini) si impegna in maratone erotiche senza pregiudizi sociali e politici, fallendo il matrimonio con la casta figlia del farmacista. Ispirata al romanzo di Vitaliano Brancati (adattato dal regista), la vicenda cerca di offrire un quadro della decadenza di una classe e dei suoi valori filtrato attraverso l'elemento erotico e affidato alla verve di un Giannini eccessivamente istrionico.

Paolo il freddo * (Italia 1974, col, 105') Francesco [Ciccio] Ingrassia. Con Franco Franchi, Ileana Rigano, Guido Leontini, Linda Sini, Isabella Biagini, Ciccio Ingrassia. ◆ Il morente barone, detto «Paolo il caldo» per le sue erotiche prestazioni, chiede al figlio (Franchi) di pensare al lavoro e snobbare le donne. Lui ci prova, sempre accompagnato dai paterni rimbrotti, ma combina solo un sacco di guai. Il romanzo di Brancati e l'omonimo film di Vicario colpiti dall'inevitabile scialba parodia cui Franco e Ciccio assoggettavano sistematicamente i maggiori successi. Prima regia per Ingrassia.

Papà... abbaia piano! ** (*Popi*, Usa 1969, col, 115') Arthur Hiller. Con Alan Arkin, Rita Moreno, Miguel Alejandro, Ruben Figueroa. ◆ Un povero portoricano newyorchese ordisce un piano per fare uscire i figli dalla miseria del ghetto ispanico e permettere loro di godersi un po' della ricchezza dei quartieri alti. Una commedia che miscela con equilibrio i toni seri a quelli comici e l'adesione solidale alle regole dello spettacolo hollywoodiano. Bravo e simpatico Arkin nel ruolo a lui congeniale dell'emarginato nevrotico.

Papà cerca moglie *½ (*A Bedtime Story*, Usa 1933, b/n, 87') Norman Taurog. Con Maurice Chevalier, Helen Twelvetrees, Baby LeRoy, Edward Everett Horton. ◆ Un playboy parigino (Chevalier) si ritrova fra i piedi un adorabile orfanello cui deve fare da padre, con notevole disagio per la sua intensa attività galante. Un musical non particolarmente interessante.

Papa del Greenwich Village, Il *½ (*The Pope of Greenwich Village*, Usa 1984, col, 120') Stuart Rosenberg. Con Eric Roberts, Daryl Hannah, Mickey Rourke, Geraldine Page, Kenneth McMillan, Tony Musante, M.Emmet Walsh, Burt Young, Joe Grifasi. ◆ Due ladruncoli italoamericani, Charlie (Rourke) e Paulie (Roberts), finiscono in grossi guai rubando assieme a uno scassinatore irlandese (McMillan) i soldi del boss mafioso di quartiere. Mischiando senza efficacia mafia simil-Padrino e commedia, Rosenberg assembla un campionario di nevrotici da cui emergono la faccia di Rourke e il grande mestiere di Geraldine Page, madre alcolizzata del poliziotto ammazzato. Solo decorativa la presenza di Daryl Hannah nei panni di una maestra di aerobica. Purtroppo siamo molto lontani dal regista che ha firmato *Nick mano fredda*. Vincent Patrick ha sceneggiato il suo romanzo. Fotografia di John Bailey e musica di Dave Grusin.

Papà dice messa * (Italia 1996, col, 100') Renato Pozzetto. Con Renato Pozzetto, Teo Teocoli, Marta Forghieri, Giacomo Pozzetto, Felice Andreasi, Helmut Hagen, Boris Makaresko. ◆ Un prete di periferia (R. Pozzetto) si vede arrivare in canonica il figlio ventenne avuto prima di prendere i voti (G. Pozzetto, anche nella vita figlio di Renato), con tanto di fidanzata incinta (Forghieri). Con l'aiuto di un travestito dal cuore d'oro (Teocoli) gli farà abbandonare le cattive frequentazioni e smaschererà anche l'insospettabile borghese che spaccia droga. Pozzetto, anche produttore e sceneggiatore (con Stefano Sudrié), ritenta la carta della regia ma con esiti nulli: solo luoghi comuni e macchiette che non fanno ridere, senza ritmo e soprattutto senza idee. Colonna sonora di Jannacci padre e figlio.

Papà diventa mamma *** (Italia 1952, b/n, 84') Aldo Fabrizi. Con Aldo Fabrizi, Ave Ninchi, Virgilio Riento, Luigi Pavese, Paolo Stoppa, Carlo Delle Piane, Giovanna Ralli, Giancarlo Zarfati, Enrico Luzi, Mara Landi, Gianna Segale, Marco Tulli, Anna Maria Dori, Armando Annuale. ◆ Spinto dalla moglie (Ninchi) a offrirsi come volontario per uno spettacolo di ipnosi, il signor Peppe (Fabrizi) assume una personalità femminile. Ma siccome il mago Bhomah (Pavese) cade dal palcoscenico e finisce all'ospedale con la testa rotta (e gli occhi strabici), l'effetto dura nel tempo: Peppe manderà la moglie nel suo negozio di stoffe e lui si occuperà delle faccende domestiche. La trilogia cominciata con *La famiglia Passaguai* si conclude con il film più surreale e scatenato, sceneggiato da Fabrizi con Ruggero Maccari e Mario Amendola (da un soggetto di Piero Tellini): se il meccanismo narrativo è evidentemente ripetitivo – Fabrizi in pose femminili che scimmiotta i difetti delle donne – le invenzioni e soprattutto la straordinaria misura recitativa sono la prova del grande (e sottovalutato) talento dell'attore-regista, capace di utilizzare al meglio uno dei luoghi canonici della comicità d'avanspettacolo (il travestitismo) senza mai cadere nella volgarità o nel luogo comune. Assolutamente irresistibile la sua apparizione in camicia da notte e cuffietta o la scena del bucato, con Fabrizi in zoccoli che canta «Non c'è trippa per gatti» e naturalmente litiga con le altre donne del caseggiato. Perfetto l'uso di due grandi spalle comiche come Virgilio Riento (nel ruolo del commesso Ambrogio) e Paolo Stoppa, lo specialista di «psicanalisi americana». Fotografia di Mario Bava.

Papà diventa nonno ** (*Father's Little Dividend*, Usa 1951, b/n, 82') Vincente Minnelli. Con Spencer Tracy, Joan Bennett, Elizabeth Taylor, Don Taylor, Billie Burke, Moroni Olsen. ◆ La figlia (Taylor) continua a creare grattacapi al povero avvocato Banks (Tracy) che, appena ripresosi dal caotico e costoso matrimonio, si ritrova fra i piedi un mostriciattolo di nipotino che gli fa sfumare un viaggio, lo fa litigare con la moglie (Bennett) e gli fa prendere un colpo sparendogli di sotto il naso con la carrozzina. Stesso cast di *Il padre della sposa* per una divertente commedia che continua a prendere di mira i miti della media borghesia americana alternando (ma con minor inventiva che nel film precedente) ironia e satira. Circola anche in versione video colorizzata.

Papà è in viaggio d'affari *** (*Otac na sluzbenom putu*, Jugoslavia 1985, col, 128') Emir Kusturica. Con Miki [Predrag] Manojlović, Mirijana Karanović, Moreno de Bartolli, Mustafa Nadarević, Dagor Dujmović. ◆ Nella Jugoslavia degli anni Cinquanta, lo scontro fra titoismo e stalinismo frutta a molti l'internamento in campi di lavoro, eufemisticamente indicato come «viaggio d'affari». Fra questi il padre donnaiolo del piccolo Malik (de Bartolli), vittima più che della repressione politica della ripicca di una donna. Divertentissima commedia sceneggiata da Abdulah Sidran, in cui Kusturica affina lo stile di una critica politica filtrata dalla nostalgia e dalla simpatia umana: con una maturità insolita, il regista sa fondere la cronaca familiare e la descrizione dell'infanzia con il bilancio storico di una società in uno dei suoi momenti cruciali, unendo «emozione e derisione, critica incisiva e calore umano, una tendenza al pessimismo e una sorta di gioioso stupore di fronte alla saggezza della vita». Eccezionale il piccolo e sognante protagonista, al quale spetta la miglior battuta, riferita alla circoncisione: «Una fregatura, ti prendono il birillo e te ne tagliano via un pezzo». Palma d'oro a Cannes. In originale 151'.

Papà gambalunga *½ (*Daddy Long Legs*, Usa 1955, col, 126') Jean Negulesco. Con Fred Astaire, Leslie Caron, Fred Clark, Thelma Ritter, Terry Moore, Larry Keating, Ray Anthony. ◆ Un maturo miliardario americano (Astaire) preoccupato più di suonare la batteria che di badare ai suoi soldi, è il segreto benefattore di un'orfanella francese (Caron): quando i due si incontrano e lei scopre l'identità dell'uomo scocca la scintilla dell'amore. Una favola a lieto fine sceneggiata da Phoebe ed Henry Ephron, che celebra le gioie dell'amore tra persone di differente età dove però i due attori-ballerini non sembrano legare molto, anche perché le coreografie di Roland Petit si adattavano meglio alla Caron che ad Astaire. Meglio la musica di Johnny Mercier con il suo intramontabile *Something's Got to Give*. Due precedenti versioni con il medesimo titolo, di Marshall Neilan (1919) e Alfred Santell (1935) e una, *Riccioli d'oro*, con Shirley Temple (1935).

Papà Goriot *½ (*Le Père Goriot*, Francia 1944, b/n, 103') Robert Vernay. Con Pierre Larquey, Pierre Renoir, Georges Rollin, Claude Génia, Lise Delamare, Suzet Maïs, Marcelle Praince. ◆ Nella Parigi del primo Ottocento il giovane e ambizioso Restignac (Rollin) vive nella stessa misera pensione del vecchio Goriot (Larquey). Spremuto fino all'ultimo dalle due figlie avide di lusso, l'anziano muore in solitudine divenendo monito per la sfida del giovane alla società. Una versione dignitosa del grande romanzo di Balzac che, pur lontana dalla sua potenza passionale, evoca con efficacia il clima di meschinità che aleggia sulla pensione Vauquier.

Papà, ho trovato un amico *½ (*My Girl*, Usa 1991, col, 101') Howard Zieff. Con Anna Chlumsky, Dan Aykroyd, Jamie Lee Curtis, Macaulay Culkin, Griffin Dunne. ◆ Vada (Chlumsky), dieci anni, orfana di madre, ha un padre (Aykroyd) truccatore di cadaveri, molti problemi, e un amichetto timido (Culkin), che però morirà punto da uno sciame d'api: com'è difficile la preadolescenza. A tratti delicato, ma con la tendenza a scegliere sempre le soluzioni più facili e plateali. Il minimostro strapagato Culkin è stato ingaggiato prima del successo di *Mamma, ho perso l'aereo* (cui rimanda il furbastro titolo italiano): altrimenti nessuno si sarebbe sognato di farlo morire. Le avventure continuano in *Il mio primo bacio* (1994).

Papà, ma che cosa hai fatto in guerra? *½ (*What Did You Do in the War, Daddy?*, Usa 1966, col, 119') Blake Edwards. Con James Coburn, Dick Shawn, Sergio Fantoni, Giovanna Ralli, Aldo Ray. ◆ Gli americani occupano nel 1943 un paesino siciliano, non trovando alcuna resistenza nei soldati italiani che vogliono farla finita: i guai cominciano quando gli yankee stanno troppo appresso alle donne, arrivano i nazisti e i comunisti cercano di fare la rivoluzione. Girato in America usando italoamericani, tranne Fantoni e la Ralli, proprio in un periodo in cui il Vietnam divideva gli Usa, il film nacque sotto il segno delle incongruenze e delle controindicazioni. Il risultato è una commedia approssimativa sceneggiata da William Peter Blatty, non certo travolgente, appena passabile rispetto agli standard di Edwards.

Papà per una notte * (Italia 1939, b/n, 83') Mario Bonnard. Con Clelia Matania, Sergio Tofano, Carlo Romano, Ugo Ceseri, Leonardo Cortese, Gemma Bolognesi. ◆ La figlia (Matania) di un industriale finge che il trovatello ospitato in famiglia sia il figlio della propria colpa per convincere papà (Tofano) a concedere la sua mano al segretario. Ovvio il finale con doppio matrimonio. Tipica e banale commedia dei telefoni bianchi, con qualche elemento di gradevolezza nella levità così piacevolmente rétro del simpatico Sergio Tofano.

Papà prende moglie *½ (*Father Takes a Wife*, Usa 1941, b/n, 70') Jack Hively. Con Gloria Swanson, Adolphe Menjou, John Howard, Desi Arnaz, Helen Broderick. ◆ Un attempato vedovo (Menjou) si innamora di una famosa attrice (Swanson) ma non sa come regolarsi per ottenere il consenso del poco disponibile figlio. Nonostante l'inossidabile Swanson e anche grazie alla mediocre prestazione di Menjou, una commedia non particolarmente eccitante.

Paparazzi *½ (Italia 1998, col, 100') Neri Parenti. Con Christian De Sica, Massimo Boldi, Diego Abatantuono, Roberto Brunetti, Nino D'Angelo, Alba Parietti, Anna Falchi, Martina Colombari, Brigitte Nielsen, Ugo Conti, Roberto Farnesi, Barbara Chiappini, Patrizia Loreti, Brando De Sica, Mario Parodi. ◆ I cinque fotografi dell'agenzia Magic Press – il Faina (C. De Sica), King (Abatantuono), Er Patata (Brunetti), Ciro 3000 (D'Angelo) e il signor Bin (Boldi) – sanno superare qualsiasi divieto pur di avere un'esclusiva: la festa di compleanno di Alba Parietti, il figlio di Martina Colombari, il nuovo amante della Nielsen, il matrimonio di Anna Falchi, le vacanze dei vip in Costa Smeralda; nemmeno la Casa Bianca è in grado di resistergli. Farsa scombiccherata che finge di stigmatizzare l'invadenza dei fotografi nella vita privata delle persone e invece sfrutta l'esibizionismo del demi-monde televisivo, con un momento di autentico «orrore massmediologico» nella serata con i sosia a casa della Parietti. Pochissima epidermide in bella vista. Infinito l'elenco di chi si è prestato come comparsa per qualche fotogramma di popolarità: Mara Venier, Emilio Fede, Ramona Badescu, Vittorio Sgarbi, Aldo Biscardi, Maurizio Mosca, Valeria Mazza, Nathalie Caldonazzo, Elenoire Casalegno, Carlo Conti, Carmen Di Pietro, Sandro Paternostro, Natalia Estrada, Tiziana Ferrario, Gabriel Garko, Eva Grimaldi, Claudio Lippi, Luana Ravegnini, Valeriano Longoni, Alessandro Nesta, Ela Weber, Sacha M. Darwin. Anche se imperversava nei prossimamente, Alessia Merz è stata tagliata nel film. Il fotografo che cerca invano di entrare alla festa della Parietti è Renato Barillari, il vero re dei paparazzi romani.

Papà, sei una frana ** (*Author! Author!*, Usa 1982, col, 110') Arthur Hiller. Con Al Pacino, Dyan Cannon, Tuesday Weld, Bob Elliott, Alan King. ◆ Impegnato nella messinscena a Broadway di uno spettacolo decisivo per la sua carriera, un commediografo (Pacino) viene mollato dalla moglie e si ritrova a gestire il figlio suo e i quattro che la donna ha avuto dai precedenti mariti. Un testo zeppo di luoghi comuni di Israel Horowitz, che solo a tratti sfodera un po' di umorismo ebraico, non impedisce ad Al Pacino di spendersi al meglio e di mantenere la commedia a un livello sufficientemente godibile.

Papà ti aggiusto io! *½ (*Getting Even with Dad*, Usa 1994, col, 108') Howard Deutch. Con Ted Danson, Macaulay Culkin, Glenne Headly, Saul Rubinek, Hector Elizondo, Gailard Sartain. ◆ Timmy (Culkin), undicenne trascurato dal padre ladruncolo (Danson), ne riconquista l'affetto e lo fa ravvedere, facendo sì che si innamori di una poliziotta (Headly). Tra il padre scansafatiche e fumatore e il pargolo impiccione e salutista è difficile non simpatizzare per il primo: ma non si sa quanto ciò fosse nelle intenzioni degli autori di questa innocua commediola.

Papavero è anche un fiore, Il * (*The Poppy Is Also a Flower*, Usa 1966, col, 100') Terence Young. Con Yul Brynner, Senta Berger, Stephen Boyd, Angie Dickinson, Hugh Griffith, Rita Hayworth, Omar Sharif, Marcello Mastroianni, Amedeo Nazzari, Trevor Howard. ◆ Una task force dell'Onu è impegnata a stroncare il traffico dell'oppio dalla produzione in Iran allo spaccio a Napoli. Soggetto di Ian Fleming e regia dell'autore di quattro film di 007, per un progetto con scopi umanitari interpretato da un cast eccezionale per compensi simbolici. Il risultato è un concentrato soporifero di situazioni avventurose più che banali.

Paper Moon (Luna di carta) *** (*Paper Moon*, Usa 1973, b/n, 102') Peter Bogdanovich. Con Ryan O'Neal, Tatum O'Neal, Madeline Kahn, John Hillerman, Randy Quaid. ◆ Nella depressa America rooseveltiana degli anni Trenta un simpatico imbroglione con la sua sveglia ragazzina (Ryan e Tatum O'Neal) attraversano il Paese arrangiandosi come possono per sopravvivere. La magnifica fotografia in bianco e nero di Laszlo Kovacs ricrea l'atmosfera di quegli anni e dà concretezza all'operazione critico-nostalgica di questa deliziosa commedia (sceneggiata da Alvin Sargent a partire da un bel romanzo di Joe David Brown) che riflette allegramente sul rapporto fra cinema e vita nell'America che si divertiva guardando la bimba prodigio Shirley Temple e ascoltando le canzoni di Tommy Dorsey e Bing Crosby. Oscar alla simpaticissima Tatum O'Neal, figlia anche nella realtà del protagonista.

Papero da un milione di dollari, Un *½ (*Million Dollar Duck*, Usa 1971, col, 92') Vincent McEveety. Con Dean Jones, Sandy Dennis, Joe Flynn, Tony Roberts, James Gregory. ◆ Esposta alle radiazioni, una papera da laboratorio comincia a sfornare uova d'oro, sconvolgendo l'etica dello scienziato (Jones) e ficcandolo nei pasticci con la famiglia e il governo. Mediocre commedia formato famiglia, sottoprodotto della premiata ditta Disney.

Papessa Giovanna, La * (*Pope Joan*, ritiitolato *The Devil's Imposter*, Gb 1971, col, 112') Michael Anderson. Con Liv Ullmann, Keir Dullea, Robert Beatty, Jeremy Kemp, Olivia de Havilland, Maximilian Schell, Patrick Magee, Lesley-Anne Down, Trevor Howard, Franco Nero. ◆ Nel IX secolo, mentre franchi e sassoni si combattono per la successione a Carlo Magno, la figlia di un predicatore, Giovanna (Ullmann), inizia, sotto spoglie maschili, un'irresistibile escalation nella gerarchia ecclesiastica, fin quasi al soglio di Pietro. Come sia finita un'attrice bergmaniana in questa disastrosa commedia continua a restare un mistero.

Papillon **½ (*Papillon*, Usa 1973, col, 150') Franklin J. Schaffner. Con Steve McQueen, Dustin Hoffman, Victor Jory, Don Gordon, Anthony Zerbe, Robert Deman, George Coulouris, Bill Mumy, Barbara Morrison. ◆ L'incrollabile ansia di libertà di Henri Charrière (McQueen) soprannominato Papillon per la farfalla tatuata sul petto: accusato di omicidio e imprigionato prima alla Cayenna – dove si lega d'amicizia con il falsario Louis Delga (Hoffman) – poi all'Isola del Diavolo, cercherà sempre di fuggire, nonostante i fallimenti e i conseguenti inasprimenti della pena. Dal bestseller autobiografico di Chardère (che morì nel luglio del 1973 e non poté vedere sugli schermi l'epica ricostruzione della sua vita), una superproduzione miliardaria con grandi attori e lussureggiante ambientazione, che stempera la tensione libertaria della sceneggiatura di Dalton Trumbo e Lorenzo Semple jr in una regia corretta ma senza vera ispirazione.

Pap'occhio, Il *½ (Italia 1980, col, 101') Renzo Arbore. Con Renzo Arbore, Roberto Benigni, Manfred Freyberger, Luciano De Crescenzo, Diego Abatantuono, Silvia Annichiarico, Andy Luotto, Mario Marenco, Michel Pergolani, Isabella Rossellini, Fabrizio Zampa, Ruggero Orlando. ◆ Sfruttando il caratterista Manfred Freyberger, quasi sosia di Giovanni Paolo II, Arbore inscena una farsa che vede Wojtyła ingaggiare per uno show d'apertura della Tv vaticana proprio la banda dell'Altra Domenica. Guidata dal suo capocomico, l'allegra brigata al gran completo, addirittura con la partecipazione dell'allora consorte della Rossellini, Martin Scorsese (nel ruolo del regista tv), si produce in una caotica propaggine extratelevisiva. Benigni si lancia in monologhi esilaranti e il coro delle pernacchie napoletane intona *Azzurro*. Più che un film è una simpatica rimpatriata con i protagonisti di una delle più indimenticabili trasmissioni della Rai. Cammeo per Mariangela Melato nella parte della «figlia di Jorio».

Pappa e ciccia * (Italia 1982, col, 98') Neri Parenti. ◆ Film a episodi. Nel primo (con Lino Banfi, Milly Carlucci) un emigrato in Svizzera fa credere ai parenti di aver fatto fortuna, così quando arriva la nipote deve tentare in tutti i modi di nascondere la sua professione di imbianchino; nel secondo (con Paolo Villaggio, Pippo Santonastaso, Marina Confalone) un impiegato è vittima di un'agghiacciante vacanza in Kenia dove ne capitano di tutti i colori. Un impianto comico abusatissimo per un film usa e getta.

Paprika *½ (Italia 1991, col, 118') Tinto Brass. Con Deborah Caprioglio, Stephane Ferrara, Martine Brochard, Valentine Demy, John Steiner, Petra Scharbach, Renzo Rinaldi, Luigi Laezza. ◆ Prima della legge Merlin, una giovane istriana (Caprioglio) lavora con entusiasmo nei bordelli di mezza Italia. Sposerà un vecchiaccio (Rinaldi) che le lascerà una cospicua eredità. Tra gobbi e lesbiche, falli veri e finti, un elogio delle case chiuse approssimativo e ripetitivo, percorso però da un innegabile vitalismo e da sprazzi di humour. Brass appare nei panni di un medico abortista.

Paradise * (*Paradise*, Usa 1982, col, 100') Stuart Gillard. Con William Aames, Phoebe Cates, Richard Curnock, Tuvia Tavi. ◆ Nella prima metà dell'Ottocento una bella orfana (Cates) è oggetto del morboso desiderio di un mercante di schiavi ma un baldo giovinotto (Aames) la salva, godendo lui stesso delle delizie precluse al cattivaccio. Patetica versione esoticodesertica di *Laguna blu*, con due protagonisti poco espressivi e poco vestiti. La canzone omonima tediò per un'intera stagione in radio e discoteca.

Paradiso *½ (*Heaven*, Usa 1987, b/n e col, 80') Diane Keaton. ◆ Un collage d'interviste ad americani qualunque sul tema del Paradiso (esiste? come ci si arriva? come ve lo immaginate?), tenuto insieme da spezzoni di vecchi film e clip televisivi sull'argomento. Bizzarro esordio della Keaton alla regia: l'idea è bella, ma la realizzazione è pretenziosa (soprattutto nelle scene girate in studio), l'intervistatrice è un po' troppo condiscendente e ottanta minuti sono eccessivi per un esperimento del genere.

Paradiso dei barbari, Il **½ (*Wind Across the Everglades*, Usa 1958, col, 93') Nicholas Ray. Con Burl Ives, Christopher Plummer, Gipsy Rose Lee, George Voskovec, Tony Galeno. ◆ Nella Florida incontaminata di fine Ottocento un ecologo (Plummer) conduce la sua battaglia all'ultimo sangue contro i bracconieri che stanno sterminando gli uccelli del paradiso, ricercatissimi per le loro piume. Per l'abuso di alcol e di droghe, Ray fu allontanato dal set dopo quasi due mesi di riprese dal produttore Stuart Schulberg e dal fratello sceneggiatore Budd, che seguirono anche personalmente il montaggio. Ciononostante il film mantiene il suo carattere di «omaggio alla bellezza di un mondo che va difeso per la sua fragilità» e conserva l'originalissima atmosfera morbosa in cui si muovono i personaggi, avvolti da una natura sensuale che sollecita in loro comportamenti selvaggi e violenti. Primo ruolo per Peter Falk nella parte di uno scrittore.

Paradiso del capitano Holland, Il *½ (*The Captain's Paradise*, Gb 1953, b/n, 86') Anthony Kimmins. Con Alec Guinness, Yvonne De Carlo, Celia Johnson, Charles Goldner, Miles Malleson. ◆ Un capitano inglese (Guinness) si divide tra una tranquilla moglie a Gibilterra (Johnson) e un'amante scatenata in Africa (De Carlo): ovviamente la situazione è troppo bella per durare e il capitano si ritrova nei pasticci. Lo spunto è migliore del film e il britannico umorismo dopo un po' mostra la corda, nonostante l'impeccabile prestazione di Guinness.

Paradiso delle fanciulle, Il **½ (*The Great Ziegfeld*, Usa 1936, b/n, 180') Robert Z. Leonard. Con William Powell, Luise Rainer, Myrna Loy, Frank Morgan, Virginia Bruce, Reginald Owen, Nat Pendleton, Ray Bolger. ◆ Scintillante biografia di Florenz Ziegfeld (Powell), il vulcanico impresario che all'inizio del secolo trasformò la rivista francese nel musical americano, dai fasti di Broadway alla fine in miseria. Un kolossal mastodontico della Metro Goldwin Mayer con un buon cast, un esercito sterminato di ballerine e scenografie faraoniche. Alcune scenografie sono entrate nella leggenda di Hollywood, a partire dalla gigantesca torta di nozze fatta come una scala a chiocciola con Virginia Bruce seduta in cima per *A Pretty Girl Is Like a Melody* (set che fu ripreso per *Bisticci d'amore*, 1938, con Jeanette McDonald e Nelson Eddy e per *Nuvole passeggere*, 1946). Ridondante e logorroico ma con molte scene affascinanti, vinse tre Oscar: miglior film, attrice non protagonista (Luise Rainer nella parte della prima moglie Anna Held) e coreografie (Seymour Felix). Nel cast compare anche quella Fanny Brice cui sono ispirati i film con la Streisand *Funny Girl* e *Funny Lady*. Al personaggio di Florenz Ziegfeld sono ispirati anche i film *Le fanciulle di Ziegfeld* (1941) e *Ziegfeld Follies* (1944).

Paradiso di bugie, Un *½ (Italia 1997, col, 100') Stefania Casini. Con Antonella Ponziani, Claudio Amendola, Carlotta Darò, Monica Scattini, Emanuele Vezzoli, Renato Pareti, Luciano Federico, Raffaella Lebboroni, Luis Molteni. ◆ Con il miliardo ricavato dalla vendita del ristorante di famiglia, Anna (Ponziani) lascia il Sud con la figlia quindicenne (Darò) e sbarca a Milano per fare la signora, ma l'amante-commercialista (Vezzoli) si rivela un cinico imbroglione: per fortuna il disprezzato portiere Sergio (Amendola) si rivela un vero amico, e anche qualcosa di più. Tentativo di commedia sofisticata con un ritmo troppo altalenante e una sceneggiatura (di Filippo Ascione e Francesca Marciano con la collaborazione della regista) decisamente inadeguata e troppo prevedibile.

Brava la Ponziani a stravolgere il suo cliché, ma esagerata la sua metamorfosi in oca giuliva. Maria Rosaria Omaggio interpreta se stessa alla manifestazione contro le pellicce.

Paradiso perduto, Il **½ (*Paradis perdu*, Francia 1939, b/n, 103') Abel Gance. Con Fernand Gravey, Micheline Presle, Elvire Popesco, André Alerme, Robert Le Vigan. ◆ L'appassionata storia d'amore tra una modista (Presle) e un pittore (Gravey), interrotta dalla guerra e dalla morte per parto di lei. L'ex pittore, a conflitto terminato, diventerà celebre nel mondo della moda, ma solo dopo molti anni la figlia mai accettata (ancora Presle) riuscirà a distoglierlo dai ricordi sotto cui si è sepolto. Un film considerato minore, che tuttavia conferma il talento eclettico del regista: sul tema dell'antimilitarismo a lui caro, Gance costruisce un articolato melodramma di cui però sembra privilegiare soprattutto la parte iniziale, felice e leggera, che in effetti è la più riuscita. Ebbe un gran successo in Francia durante l'Occupazione.

Paradiso proibito ** (*All This and Heaven Too*, Usa 1940, b/n, 143') Anatole Litvak. Con Charles Boyer, Bette Davis, Barbara O'Neil, Virginia Weidler, Jeffrey Lynn. ◆ Nella Francia dell'Ottocento l'arrivo dell'istitutrice Henriette Desportes (Davis) sconvolge l'aristocratica famiglia del duca de Praslin (Boyer) che solo sul letto di morte ammetterà di amare Henriette «con ogni goccia del suo sangue». Tratto da un romanzo molto popolare di Rachel Field (ispirato a un fatto vero) e sceneggiato da Casey Robinson, questo film si scontrò con l'autocensura del Codice Hays che impedì alla Warner di produrre un melodramma dove il rapporto d'amore superasse i limiti di una castissima relazione platonica. Resta comunque un elegante film in costume, ravvivato dall'interpretazione della Davis, misurata anche nei passaggi più commoventi.

Paradiso può attendere, Il **½ (*Heaven Can Wait*, Usa 1978, col, 100') Warren Beatty, Buck Henry. Con Warren Beatty, Julie Christie, James Mason, Dyan Cannon, Charles Grodin, Jack Warden, Vincent Gardenia. ◆ Il giocatore di football americano Joe Pendleton (Beatty) muore prima del tempo stabilito per la svista di un dipendente del Paradiso: verrà fatto reincarnare prima in un miliardario poi in un giocatore di football della sua stessa squadra e potrà così giocare la tanto agognata finale di superbowl. Remake con semplice variazione di disciplina sportiva di *L'inafferrabile Mr. Jordan* (là si trattava di pugilato), è una piacevole commedia sofisticata – sceneggiata da Buck Henry con Elaine May – tutta costruita sulla simpatia istintiva del protagonista (ha l'hobby del sassofono tenore con cui suona, male, *Ciribirin*) e con qualche ammiccamento ecologista nel personaggio di Julie Christie. Il coregista e cosceneggiatore Buck Henry appare nel ruolo della scorta celeste.

Paramedico, Il * (Italia 1982, col, 105') Sergio Nasca. Con Enrico Montesano, Edwige Fenech, Leo Gullotta, Enzo Robutti, Daniela Poggi, Mauro Di Francesco, Marco Messeri, Rossano Brazzi, Enzo Cannavale. ◆ Un infermiere (Montesano) vince un'automobile di lusso con cui si illude di cambiare vita, ma quando un gruppo di terroristi la userà per fuggire cadrà nelle maglie inestricabili della giustizia. Una farsaccia grossolana e sboccata dove Nasca cerca in qualche modo di miscelare comicità e satira sociale. Ma i risultati sono pessimi.

Parapluies de Cherbourg, Les **½ (*Les Parapluies de Cherbourg*, Francia 1964, col, 92') Jacques Demy. Con Catherine Deneuve, Nino Castelnuovo, Anne Vernon, Marc Michel, Ellen Farmer, Mireille Perrey. ◆ Nel novembre del 1957, il meccanico Guy (Castelnuovo) lascia Geneviève, la figlia dell'ombrellaia, per fare il servizio militare in Algeria. Stanca di non ricevere più sue notizie, la ragazza che è incinta subisce le pressioni della madre perché si sposi e al giovane congedato non resta che fare altrettanto. Si rivedranno la vigilia di Natale del 1962, con le rispettive famiglie, durante una nevicata. Felice tentativo di musical europeo, è un film completamente cantato (ma non ballato) su musiche di Michel Legrand. Accolto da un grande successo di pubblico e premiato con la Palma d'oro a Cannes, questa favola malinconica e affascinante ambientata in un mondo senza padri (come spesso nei film del regista) lancia la Deneuve ma consacra soprattutto il talento registico di Demy: straordinaria la cura pittorica con cui l'autentica Cherbourg è «ricolorata» per accompagnare i diversi momenti della storia, ambientata «in un mondo rivisto e corretto dalla cinefilia dove anche la vita si deve inchinare alle leggi dell'arte». La Deneuve è doppiata da Danièle Licari, Castelnuovo da José Bartel.

Parata d'amore → *Principe consorte, Il*

Parata delle stelle, La **½ (*Thousands Cheer*, Usa 1943, col, 126') George Sidney. Con Kathryn Grayson, Gene Kelly, John Boles, Mary Astor, Mickey Rooney, Judy Garland, Eleanor Powell, Bob Crosby, Lena Horne. ◆ La figlia di un colonnello (Grayson) si innamora di un trapezista (Kelly) che, arruolato di malavoglia, ce l'ha a morte con l'autorità militare: ovvio che diventerà un bravo soldato e collaborerà con la ragazza al buon esito di un grande show per la truppa. L'esile trama è riscattata dall'autentica parata di star, schierate con lo stile grandioso della Mgm in uno di quei musical con i quali si cercava di tenere alto il morale dei soldati impegnati nella seconda guerra mondiale. Lo spettacolo di varietà vero e proprio, che occupa circa un terzo del film, ha momenti forzatamente ineguali (pessimi gli sketch comici di Red Skelton, ottimi i numeri di Lena Horne, Benny Carter ed Eleanor Powell) ma è sintomatico di quella fusione di elementi eterogenei (concretizzati da Judy Garland che cerca di convincere il pianista José Iturbi a misurarsi col boogie-woogie) che diventeranno una delle caratteristiche delle regie musicali di Sidney.

Parata dell'impossibile, La *½ (*Where Do We Go From Here?*, Usa 1945, col, 77') Gregory Ratoff. Con Fred MacMurray, Joan Leslie, June Haver, Anthony Quinn, Alan Mowbray, Otto Preminger. ◆ Grazie al classico genio uscito da un'anfora, il protagonista (MacMurray) si ritrova a cavalcare i secoli, proiettato in alcuni momenti fondamentali della storia degli Stati Uniti, a fianco di Washington e Colombo, prima dell'inevitabile ritorno al futuro. Un musical caotico solo a tratti convincente, con ottime canzoni di Ira Gershwin e del brechtiano Kurt Weill. MacMurray e la Haver si sposarono poco dopo le riprese del film.

Parenti, amici e tanti guai ** (*Parenthood*, Usa 1989, col, 124') Ron Howard. Con Steve Martin, Mary Steenburgen, Dianne Wiest, Jason Robards, Rick Moranis, Tom Hulce, Harley Kozak, Keanu Reeves, Helen Shaw. ◆ Un fitto intreccio di parentele e amicizie legano tra loro alcune coppie: quella (Martin e Steenburgen) impegnatissima a curare i tre figli, quella (Moranis e Kozak) con una figlia-genio, la divorziata (Wiest) con due figli e mille casini, un inconcludente giovanotto sempre squattrinato (Hulce)... Gli ex giovani degli anni Settanta cercano di far quadrare la vita personale con i doveri di genitore, in una commedia divertente e abbastanza anticonformista (scritta da Lowell Ganz, Babaloo Mendel e dal regista) con un cast davvero corale. Peccato per l'eccesso di buoni sentimenti che guasta il finale. Per la prima volta in un film di una major si vede una donna sola (Wiest) che possiede un vibratore.

Parenti serpenti ** (Italia 1991, col, 105') Mario Monicelli. Con Marina Confalone, Pia Velsi, Paolo Panelli, Cinzia Leone, Alessandro Haber, Monica Scattini. ◆ Durante le festività natalizie, due anziani coniugi (Panelli e Velsi) chiedono ai figli di prendersi cura di loro in cambio dell'eredità. Ma nessuno vuole assumersi l'onere dell'ospitalità e progettano un piano per sbarazzarsi dei genitori salvando il malloppo. Feroce ritratto di famiglia in un interno, che Monicelli orchestra riprendendo alcuni moduli della commedia all'italiana e una buona dose di humour nero. Il ritmo però lascia a desiderare (specie nella prima parte) e la sceneggiatura (di Carmine Amoruso, segnalato al Premio Solinas, con l'aiuto di Suso Cecchi d'Amico, Piero Bernardi e Monicelli) è troppo debitrice di *Cupo tramonto*. Il cast transgenerazionale è ben assemblato ma il film non riesce a superare i limiti del bozzetto grottesco.

Parenti terribili, I ** (*Les Parents terribles*, Francia 1948, b/n, 97') Jean Cocteau. Con Josette Day, Jean Marais, Yvonne de Bray, Marcel André, Gabrielle Dorziat. ◆ Michel (Marais) ama Madeleine (Day) che invece intende sposare Georges (André), senza sapere che è padre di Michel. La zia, senza rivelare loro la verità, riesce a far sposare i due giovani ma il suicidio della madre disperata (de Bray, a cui Cocteau aveva dedicato la pièce) svela a Michel la natura edipica del suo rapporto con la genitrice. Cocteau porta sullo schermo lo spettacolo omonimo nella sua forma quasi integrale, utilizzando ancora Jean Marais, benché troppo vecchio per la parte del protagonista, e realizzando una strana forma di cinema teatrale (il film si apre addirittura con i tre tradizionali colpi sulle assi del palcoscenico) il cui intento era di «fissare per sempre la recitazione di inimitabili artisti». Un esperimento interessante che restituisce l'opprimente senso fisico di angoscia della tragica vicenda. Remake di Charles Frank nel 1953 (*Intimate Relations*), inedito in Italia.

Parete di fango, La ** (*The Defiant Ones*, Usa 1958, b/n, 97') Stanley Kramer. Con Tony Curtis, Sidney Poitier, Theodore Bikel, Charles McGraw, Lon Chaney jr. ◆ Due carcerati, uno bianco (Curtis) e uno nero (Poitier), riescono a fuggire: entrambi razzisti sono incatenati insieme e non possono che aiutarsi di malavoglia finché tra i due nasce un'autentica solidarietà. Pamphlet antirazzista enfatico e senza troppe mezzetinte, nel generoso stile liberal degli anni Cinquanta coinvolgente e spettacolare. Due Oscar: miglior sceneggiatura (Nathan E. Douglas, Harold Jacob Smith) e fotografia (Sam Leavitt), premio a Berlino per l'interpretazione di Poitier.

Pari e dispari *½ (Italia 1978, col, 114') Sergio Corbucci. Con Terence Hill [Mario Girotti], Bud Spencer [Carlo Pedersoli], Luciano Catenacci, Carlo Reali, Marisa Laurito. ◆ Incaricato di incastrare una banda di giocatori clandestini in Florida un aitante guardiamarina (Hill) ottiene con l'astuzia l'aiuto di un energico camionista (Spencer) un tempo espertissimo al gioco. Fascino americano con ambientazione ben curata, dalle sale gioco allo yacht-bisca, per il consueto cocktail leggero e inoffensivo di cazzotti e simpatia del dinamico duo.

Parigi brucia? ** (*Paris brûle-t-il?*, Francia 1967, b/n, 158') René Clément. Con Jean-Paul Belmondo, Charles Boyer, Leslie Caron, Jean-Pierre Cassel, Bruno Cremer, Alain Delon, Gert Fröbe, Georges Chakiris, Orson Welles, Kirk Douglas, Glenn Ford, Yves Montand, Anthony Perkins, Jean-Louis Trintignant, Michel Piccoli, Simone Signoret, Claude Rich. ◆ Gli ultimi drammatici giorni di guerra nella Parigi del 1945, quando il generale tedesco Dietrich von Choltitz (Fröbe) non eseguì l'ordine di Hitler di bruciare la città in cui, dopo l'insurrezione, De Gaulle fece il suo ingresso trionfale. Un cast chilometrico di grandi attori, il contributo ufficiale del governo francese e la sceneggiatura a quattro mani di Gore Vidal e Francis Ford Coppola (dopo che avevano dato forfait Claude Brulé, Jean Aurenche e Pierre Bost), per quasi tre ore di spettacolo godibile ma superficiale ed epico-celebrativo che glissa su tutti i conflitti interni alla Resistenza e sulle questioni storiche più interessanti, pure presenti nel romanzo ispiratore di Dominique Lapierre e Larry Collins.

Parigi di notte → *Donne facili*

Parigi è sempre Parigi *½ (Italia/Francia 1951, b/n, 89') Luciano Emmer. Con Aldo Fabrizi, Lucia Bosé, Marcello Mastroianni, Ave Ninchi, Galeazzo Benti, Franco Interlenghi, Hélène Remy, Paolo Panelli, Carletto Sposito, Giuseppe Porelli, Vittorio Caprioli, Jeanette Batti, Janine Marsay, Henri Guisol. ◆ Una comitiva di italiani, a Parigi per una partita di calcio della nazionale, si scatena con provinciale ardore nella caccia dei piaceri della grande metropoli: chi spera nell'avventura proibita (Fabrizi, Panelli e Sposito), chi si finge per quello che non è (Benti), chi litiga con la fidanzata (Mastroianni [doppiato da Nino Manfredi] e Bosé), chi s'innamora di un'edicolante (Interlenghi e Remy). Cronache di piccole avventure di gente modesta sulla falsariga del precedente *Domenica d'agosto*, sceneggiate dal regista con Sergio Amidei, Ennio Flaiano, Giulio Macchi, Francesco Rosi, Jacques Remy e Jean Ferry: il risultato è più deludente, soprattutto perché la seconda parte è viziata da un piglio eccessivamente documentaristico, con la ridondante attenzione riservata alla vita dei locali notturni e ai loro numeri, ma certe osservazioni sull'insorgente turismo di massa (la fulminea «visita» al Louvre, il tour in autobus) e il provincialismo degli italiani all'estero sono molto centrati. Un giovanissimo Yves Montand si esibisce in un music-hall cantando anche *Les feuilles mortes*.

Parigina, Una ** (*Une Parisienne*, Francia/Italia 1957, col, 86') Michel Boisrond. Con Brigitte Bardot, Charles Boyer, Henry Vidal, Nadia Gray, André Luguet. ◆ Scoperti a letto insieme, la figlia (Bardot) del Primo ministro e il suo segretario (Vidal) sono costretti a un frettoloso matrimonio. Per consolidare il rapporto con il frivolo e (incredibilmente) poco convinto marito, la ragazza cerca di ingelosirlo flirtando con il principe consorte (Boyer) di una regina in visita che sembra proprio quella inglese. Una commedia improbabile ma piena di uno scanzonato spirito irriverente. B.B., ovviamente, è deliziosa.

Parigi o cara ** (Italia 1962, col, 100') Vittorio Caprioli. Con Franca Valeri, Vittorio Caprioli, Fiorenzo Fiorentini, Antonio Battistella. ◆ Una prostituta romana (Valeri), ben attenta a difendere i sudati guadagni dagli sfruttatori vari, raggiunge a Parigi il fratello gay che lavora nei night. Ma qui trova quanto sognava e finisce per mettersi con un pizzaiolo italiano (Caprioli) con prole a carico. Caprioli e la Valeri, affiatata coppia sulla scena e nella vita, realizzano un film che alterna, con qualche pesantezza, sarcasmo grottesco e vena sentimentale, offrendo comunque l'occasione all'attrice per una delle sue prove più spassose e mature.

Paris Blues *½ (*Paris Blues*, Usa 1961, b/n, 98') Martin Ritt. Con Paul Newman, Sidney Poitier, Joanne Woodward, Diahann Carroll, Louis Armstrong, Serge Reggiani. ◆ Nell'esilio parigino di due jazzisti americani – il primo (Newman) a caccia di gloria e il secondo (Poitier) in fuga dal razzismo – si introducono due belle connazionali (Woodward e Carroll). Ansia di successo, mito bohémien e diritti civili, in un drammone sentimentale sceneggiato da Jack Sher, Irene Kamp e Walter Bernstein che non avrebbe molto a che fare con il jazz se non fosse per la strepitosa jam session guidata da Louis Armstrong con brani di Duke Ellington. Da sola vale il film.

Paris by Night * (*Paris by Night*, Gb 1989, col, 102') David Hare. Con Charlotte Rampling, Michael Gambon, Robert Hardy, Iain Glen, Andrew Ray. ◆ Una rampante (Rampling) del Partito conservatore inglese non si ferma davanti a nulla per far carriera e si ritrova al centro di una torbida vicenda. Dovrebbe essere un giallo a sfondo politico ma i protagonisti, a partire dalla Rampling, sono senza spessore psicologico e l'ambientazione è aleatoria. Deludente seconda prova di un autore teatrale passato al cinema che aveva firmato l'ottimo *Il mistero di Wetherby*.

Paris Palace Hotel *½ (*Paris Palace Hotel*, Francia/Italia 1956, col, 100') Henri Verneuil. Con Charles Boyer, Françoise Arnoul, Roberto Risso, Tilda Thamar, Louis Seigner, Raymond Bussières. ◆ La sfrontata manicure Françoise (Arnoul) si finge nobile e con la complicità di un maturo spasimante (Boyer) conquista un giovane (Risso) che crede ricco e che in realtà è solo un autista. Una commedia scontata nella trama e decisamente datata, nonostante l'abilità di Boyer, delizioso nel suo ruolo consueto di maturo e paterno dongiovanni.

Paris, Texas ** (*Paris, Texas*, Usa 1984, col, 150') Wim Wenders. Con Harry Dean Stanton, Hunter Carson, Nastassja Kinski, Dean Stockwell, Aurore Clément, Bernhard Wicki, John Lurie. ◆ Perso l'amore (Kinski) della sua vita, Travis (Stanton) ha perso anche la parola, e vaga inebetito nel deserto. Riportato in famiglia dal fratello (Stockwell), ritrova il contatto col figlioletto (Carson) e, assieme a lui, va alla ricerca della mamma. La trova in un peep-show: ma se ne riparte ancora una volta solo, dopo averle riconsegnato il figlio. *Alice nella città* negli spazi sconfinati degli Stati Uniti, *Kramer contro Kramer* in versione intellettuale: lo sguardo di Wenders sull'America è curioso e spesso inedito, la sua analisi del rapporto padre-figlio sovente toccante. Ma la sua visione della coppia è di una banalità sconcertante, e i 20' di sdilinquimenti sentimentali tra Stanton e la Kinski nel peep-show mettono alla prova gli spettatori più pazienti. Divenuto un mito all'istante e vincitore della Palma d'oro a Cannes: ambizioso ma più banale di quanto sembra. Ottime la fotografia di Robby Müller e la musica di Ry Cooder. Sceneggiatura di L.M. Kit Carson da un soggetto di Sam Shepard. Paris è una vera città del Texas, il cui nome ha impressionato Wenders, ma che nel film non si vede mai.

Park Row *** (*Park Row*, Usa 1952, b/n, 83') Samuel Fuller. Con Gene Evans, Mary Welch, Bela Kovacs, Herbert Hayes, Tina Rome, Don Orlando, Forrest Taylor, J.M. Kerrigan, Stuart Randall. ◆ New York, 1886: il giornalista Phineas Mitchell (Evans), licenziato, fonda il piccolo quotidiano «Globe» e ottiene il successo con spregiudicatezza e lungimiranza: ma l'editrice (Welch) del rivale «Star», di cui peraltro è innamorato, gli dichiara guerra a oltranza. Fuller, anche sceneggiatore e produttore, si ispira ad alcuni personaggi dell'epoca (la sottoscrizione per il piedistallo della Statua della libertà fu lanciata da Joseph Pulitzer del «World») per mettere in scena in modo non acritico il mito dei pionieri del giornalismo – dove il passato ormai lontano serve a travestire la propria biografia («è a Park Row [la strada newyorkese dei giornali] che ho cominciato come fattorino») – ma anche per opporre un'America vitale a quella cupa del maccartismo. A parte le simpatiche caratterizzazioni e l'abile innesto della storia d'amore, il film è moderno e travolgente soprattutto per lo stile, con fluide carrellate e furibondi piani-sequenza sempre funzionali al racconto (e sicuramente tra i più belli della storia del cinema). Fotografia di Jack Russell.

Parlami dolcemente *½ (*Speak Easily*, Usa 1932, b/n, 82') Edward Sedgwick. Con Buster Keaton, Jimmy Durante, Ruth Selwyn, Thelma Todd, Hedda Hopper, Sidney Toler, William Pawley, Henry Armetta. ◆ Convinto a partire per New York dalla falsa notizia di un'eredità, l'ingenuo professore di letteratura greca Timoleon Zanders Post (Keaton) si unisce a una scombinata troupe d'avanspettacolo e l'inconfessato amore per Pansy Peets (Selwyn) lo spinge a finanziare il loro debutto a Broadway: la sua goffaggine, di cui ha cercato di approfittare anche la provocante Eleanor (Todd), trasformerà la prima in un involontario trionfo comico. Per arginare la crisi del proprio successo, finito praticamente col muto, Keaton ricorre a Durante, più a suo agio con la comicità verbale, ma il risultato non convince. Anche se la distruzione dello spettacolo teatrale anticipa il caos organizzato di *Hellzapoppin'*, le gag migliori sono ancora quelle «mute» (il numero di danza coi palloncini) e Keaton dà il meglio con il proprio corpo (come nella scena in cui si ubriaca con Eleanor) che con la propria voce. Una curiosità: in una gag Jimmy Durante si spaccia per l'autore della canzone *Cantando sotto la pioggia*. Distribuito originariamente col titolo *Il professore*.

Parlando e sparlando ** (*Walking and Talking*, Usa 1996, col, 85') Nicole Holofcener. Con Catherine Keener, Anne Heche, Todd Field, Liev Schreiber, Randall Batinkoff, Kevin Corrigan, Vincent Pastore. ◆ Alla soglia dei trent'anni, Laura (Heche) decide di sposare il suo compagno Frank (Field), mentre l'amica del cuore Amelia (Keener) pensa di poter sospendere l'analisi. Naturalmente entreranno in crisi tutte e due, la prima perché le sembrerà di innamorarsi di chiunque, la seconda perché non riesce ad avere un minimo di rapporto sessuale decente, né con l'ex fidanzato (Schreiber) né con l'impiegato di un videostore (Corrigan). Ritratto generazionale newyorkese, fatto di chiacchiere e nevrosi. L'esordio largamente autobiografico della Holofcener (anche sceneggiatrice) è simpatico ma solo a tratti divertente e rischia presso di trasformarsi in maniera.

Parmigiana, La **½ (Italia 1963, b/n, 95') Antonio Pietrangeli. Con Catherine Spaak, Nino Manfredi, Didi Perego, Salvo Randone, Lando Buzzanca, Vanni De Maigret, Rosalia Maggio. ◆ La giovane Dora (Spaak), dopo la prima esperienza con un seminarista, accumula avventure amorose: incapace di rinchiudersi nella mediocre normalità del matrimonio con il fidanzato questurino (Buzzanca) e delusa dall'altrettanto mediocre opportunismo dell'amato fotografo (Manfredi), sceglie una vita di rischiosa solitudine. Con un'efficace narrazione incastonata di flashback, Pietrangeli adatta il romanzo di Bruna Piatti e traccia, senza moralismi e con molta ironia, un quadro malinconico e graffiante della meschinità e degli egoismi piccolo-borghesi che impregnano la provincia: al centro spicca il personaggio emblematico di Dora, segnata da una spregiudicatezza che confina con l'indifferenza, ma che se accetta i compromessi fisici con l'universo maschile, riesce comunque a rispettare «un suo codice etico, più istintuale che morale». La sceneggiatura è firmata da Pietrangeli, Ettore Scola, Ruggero Maccari, Stefano Strucchi e Bruna Piatti.

Parnell *½ (*Parnell*, Usa 1937, b/n, 96') John M. Stahl. Con Clark Gable, Myrna Loy, Edmund Gwenn, Edna May Oliver, Billie Burke, Alan Marshal, Donald Crisp. ◆ Biografia del leader nazionalista irlandese (Gable) che proprio alla vigilia della proclamazione della Home Rule che doveva garantire l'autodeterminazione della nazione, viene travolto dallo scandalo per la sua relazione adulterina con una donna sposata (Loy). Tratto dalla commedia di Elsie T. Schauffer applaudita a Broadway e sceneggiata da John Van Druten e S.N. Behrman, è un clamoroso flop che dissipa una superba ricostruzione d'ambiente in un dramma insipido e noioso. Gable ci prova ma nessuno può davvero credere che sia irlandese.

Parola, La → *Ordet*

Parola ai giurati, La ***½ (*Twelve Angry Men*, Usa 1957, b/n, 95') Sidney Lumet. Con Henry Fonda, Lee J. Cobb, Ed Begley, E.G. Marshall, Jack Klugman, Jack Warden, Martin Balsam, John Fiedler, George Voskovec, Robert Webber, Edward Binns, Joseph Sweeney. ◆ Undici dei dodici giurati, certi della colpevolezza, sono pronti a liquidare rapidamente il verdetto per il giovane mulatto accusato di omicidio: uno solo (Fonda) dubita e con tenacia riesce a smantellare la superficialità e i pregiudizi dei suoi colleghi. Eccezionale prova d'esordio di Lumet che, partendo da un originale televisivo di Reginald Rose (qui anche sceneggiatore), denuncia il razzismo strisciante nella soddisfatta middle class e le insidie del sistema giudiziario. Straordinaria la tensione dell'impianto narrativo la cui unità di luogo e di tempo, lungi dall'impoverire la vicenda, esalta la dimensione inquieta e claustrofobica. Grande prova di recitazione dei dodici attori, tutti protagonisti di convincenti ritratti psicologici.

Parola amore esiste, La *** (Italia/Francia 1998, col, 87') Mimmo Calopresti. Con Valeria Bruni Tedeschi, Fabrizio Bentivoglio, Valeria Milillo, Daria Nicolodi, Emanuela Macchniz, Giovanna Giuliani, Massimo Bonetti, Marina Confalone, Gérard Depardieu, Roberto De Francesco, Victor Cavallo, Maria Consagra, Raffaella Lebboroni. ◆ Trentenne piena di manie e vittima degli psicanalisti, Angela (Bruni Tedeschi) lascia romantici bigliettini anonimi al suo vicino Marco (Bentivoglio), maestro di violoncello divorziato e smemorato, che pensa si tratti di una sua allieva (Giuliani). L'amore inizierà, forse, anche se in salita su un falsopiano. Calopresti evita sia la melassa (si trema all'idea di un soggetto simile girato a Hollywood) sia il sublime, ricercando un intimismo a base di silenzi, gaffe, frasi lasciate a metà. Un cinema fin troppo controllato nel suo anatomizzare la difficoltà di cedere ai sentimenti: ma con una giustezza di tono e una maturità di scrittura (la sceneggiatura è del regista e di Francesco Bruni, Heidrun Schleef e Doriana Leondeff) rara dalle nostre parti. Fotografia di Alessandro Pesci e musica di Franco Piersanti. Calopresti interpreta lo psicanalista. Depardieu, coproduttore francese del film, è l'avvocato Levi.

Parola di ladro ** (Italia 1957, b/n, 98') Gianni Puccini, Nanni Loy. Con Gabriele Ferzetti, Abbe Lane, Andrea Checchi, Nadia Gray, Memmo Carotenuto. ◆ Nella Roma del primo dopoguerra un ladro gentiluomo e la sua complice (Ferzetti e Lane) cercano di circuire un gioielliere (Checchi) ma l'improvvisa simpatia della donna per la vittima crea sviluppi imprevisti. Esordio alla regia di Loy e Puccini con un onesto prodotto di genere, un giallo con un plot che funziona e una ricostruzione d'epoca condotta con spirito, arguzia e misura.

Parola di un fuorilegge... è legge, La * (*Take a Hard Ride*, Usa/Italia/Rft 1974, col, 100') Anthony Dawson [Antonio Margheriti]. Con Lee Van Cleef, Jim Brown, Catherine Spaak, Fred Williamson, Jim Kelly, Barry Sullivan, Dana Andrews, Harry Carey jr. ◆ Un negro (Brown), che ha promesso al suo capo morente di portare un bel gruzzolo di soldi alla moglie oltre il confine messicano, viene inseguito da una variopinta banda di delinquenti guidata dal perfido Kiefer (Van Cleef). Un costoso e mediocre spaghetti-western con cui Margheriti approda alla coproduzione americana e coinvolge inutilmente vecchie glorie come Dana Andrews.

Parola d'ordine: coraggio *½ (*The Password is Courage*, Gb 1963, b/n, 116') Andrew L. Stone. Con Dirk Bogarde, Maria Perschy, Alfred Lynch, Nigel Stock, Reginald Beckwith. ◆ I ripetuti tentativi di evasione dal campo di concentramento tedesco di un maggiore inglese (Bogarde) durante la seconda guerra mondiale sono conclusi da un eroico epilogo. Ispirato alla biografia di un vero ufficiale e girato nei luoghi originali, un film bellico tradizionale ma dal buon ritmo.

Parole che non ti ho detto, Le **½ (*Message in a Bottle*, Usa 1999, col, 131') Luis Mandoki. Con Kevin Costner, Robin Wright Penn, Paul Newman, John Savage, Illeana Douglas, Robbie Coltrane, Jesse James. ◆ Theresa Osborne (Wright Penn), giornalista di Chicago divorziata, scopre nel North Carolina colui che ha affidato alle onde romantici messaggi d'amore in una bottiglia: è il costruttore di barche Garrett Blake (Costner), che sembra l'uomo dei sogni ma vive nel passato, e non sa liberarsi dal ricordo della moglie defunta. Melodramma gotico con rivolti necrofili, come nella miglior tradizione: poesia della memoria, del mare in tempesta e delle passioni più forti della morte; ma anche evasione su misura per un pubblico urbano, che vagheggia rudi maschi, tramonti e gite in barca. Mandoki si districa elegantemente con la doppia anima del film, che Gerald DiPego ha adattato dal bestseller di Nicholas Sparks: con un romanticismo piacevolmente rétro e senza troppe consolazioni. Newman, malgrado il lifting, ruba spesso la scena a suo «figlio» Costner, tornato al successo dopo una serie di flop. Fotografia di Caleb Deschanel e musica di Gabriel Yared.

Parole e musica **½ (*Words and Music*, Usa 1948, col, 119') Norman Taurog. Con Mickey Rooney, Tom Drake, Janet Leigh, Betty Garrett, Marshall Thompson, Perry Como, Cyd Charisse, Lena Horne, Gene Kelly, Vera-Ellen, June Allyson, Ann Sothern, Mel Tormé. ◆ Biografia abbondantemente romanzata della più famosa coppia di compositori di canzoni di Broadway: il paroliere Lorenz Hart (Rooney) e il musicista Richard Rodgers (Drake), stroncato da un amore infelice il primo, fortunato nella vita come nell'arte il secondo. Sontuoso ma a tratti melenso musical, con un Rooney un po' troppo concitato ma con due dozzine di ottime canzoni fra cui alcuni classici come *Blue Moon* o *The Lady Is a Tramp* magnificamente interpretata da Lena Horne, *Blue Room* cantata da Perry Como e danzata da Cyd Charisse. Il pezzo forte del film è *Slaughter on Tenth Avenue* con cui Gene Kelly introdusse il primo lungo brano di danza moderna in un film hollywoodiano.

Partita, La * (Italia 1988, col, 108') Carlo Vanzina. Con Matthew Modine, Faye Dunaway, Jennifer Beals, Ian Bannen, Federica Moro, Corinne Cléry, Ana Obregon, Vernon Welles, Fëdor Caliapin, Gianfranco Barra. ◆ Nella Venezia del Settecento una nobile tedesca (Dunaway) sfida un gentiluomo italiano (Modine) a dadi: se vince riscatterà i debiti del padre, se perde le apparterrà. Sconfitto, il giovane si dà a una fuga rocambolesca inseguito dai sicari della donna. Un bel romanzo di Alberto Ongaro, un budget miliardario e attori di grido dilapidati all'insegna del fatuo e anodino cinema dei Vanzina, costruito sulle presunte esigenze dello spettatore medio.

Partita a quattro *** (*Design for Living*, Usa 1933, b/n, 90') Ernst Lubitsch. Con Gary Cooper, Fredric March, Miriam Hopkins, Edward Everett Horton, Isabel Jewell. ◆ Incerta fra il pittore George (Cooper) e lo scrittore Tom (March), Gilda (Hopkins) propone una convivenza a tre senza sesso. Mentre lo scrittore è a Londra, gli altri due si danno da fare, ma al suo rientro le cose si complicano e la donna sceglie di sposare un terzo uomo (Everett Horton). Il matrimonio fallisce e il triangolo può ricostituirsi. Deliziosa e, per il periodo, più che spregiudicata sophisticated comedy sceneggiata da Ben Hecht a partire dalla commedia omonima di Noël Coward, che gioca con maliziosa irriverenza sull'ambiguità di una situazione paradossale di libertà e continenza. I dialoghi sono irresistibili, la Hopkins una sex symbol smagliante, Cooper e March a loro agio in versione comica.

Partita a tre ** (*Trois jours à vivre*, Francia 1957, b/n, 85') Gilles Grangier. Con Daniel Gélin, Jeanne Moreau, Lino Ventura, Georges Flamant, Roland Armontel, Aimé Clariond. ◆ Evaso dal carcere dove è stato ingiustamente condannato, un uomo (Ventura) minaccia di uccidere entro i prossimi tre giorni la persona (Gélin) che, testimoniando il falso, l'ha fatto condannare: sarà la fidanzata (Moreau) a trarlo d'impaccio. Un buon thriller, tratto dal romanzo di Peter Vanett (e co- sceneggiato da Michel Audiard) con un serrato confronto fra l'ambigua sensualità della Moreau e la solida determinazione di Lino Ventura.

Partita con la morte → *Night game – Partita con la morte*

Partita d'azzardo **½ (*Destry Rides Again*, Usa 1939, b/n, 94') George Marshall. Con Marlene Dietrich, James Stewart, Brian Donlevy, Charles Winninger, Mischa Auer. ◆ La banda del baro Kent (Donlevy) spadroneggia in città e si sbarazza dello sceriffo, nominando come suo successore un ubriacone. Ma il mite e disarmato Tom Destry (Stewart) saprà guidare la popolazione alla riscossa e conquistare il cuore della cantante del saloon (Dietrich). Western che associa non sempre felicemente il conflitto fra uomo di legge e malavitosi a elementi comici, melodrammatici e addirittura musical. Spiritoso e divertente, mette in campo accanto a uno Stewart, che anticipa con strana serietà i temi dell'impegno morale e della volontà di riscatto dei suoi futuri film con Anthony Mann, un'inedita Dietrich, esordiente al western, più brillante che fatale. Rifatto sempre da Marshall come *La storia di Tom Destry* nel 1955.

Partitura incompiuta per pianola meccanica *** (*Neokoncënnaja p'esa dlja mekhaniceskovo pianino*, Urss 1976, col, 106') Nikita Michalkov. Con Aleksandr Kaljagin, Elena Solovej, Evgenja Glusenko, Antonina Suranova, Anatolij Romasin, Oleg Tabakov. ◆ Durante il ricevimento organizzato dalla piacente vedova di un generale, Anna Petrovna (Suranova), nella sua villa di campagna, il maestro del villaggio Michail Platonov (Kaljagin) sollecitato dall'incontro con la vecchia fiamma Sofia (Solovej) fa i conti con la banalità della sua esistenza e tenta un ridicolo suicidio. Libera trascrizione della commedia di Čechov *Platonov* (sceneggiata dal regista con Aleksandr Adabas'jan) in cui si mescolano melodramma e grottesco (Platonov che cerca di annegarsi in pochi centimetri d'acqua), è la storia di un «regolamento di conti» con la propria coscienza da parte di mediocri figure incapaci di far seguire gli atti alle loro idee, sospese fra la quieta accettazione e la velleitaria ripulsa di un ruolo cui non possono sfuggire. Conservando lo stile «musicale» di Čechov il regista dirige un mirabile gruppo di attori stemperando il dramma nell'umorismo malinconico della commedia. Nikita Michalkov interpreta il ruolo del medico Nikolaj Trileckij.

Partner *½ (Italia 1968, col, 105') Bernardo Bertolucci. Con Pierre Clementi, Stefania Sandrelli, Tina Aumont, Sergio Tofano, Romano Costa. ◆ La vita di un giovane professore di teatro (Clementi), francese a Roma, viene sconvolta dalla comparsa di un sosia, impegnato in comportamenti fortemente trasgressivi, dalla preparazione di bottiglie molotov per azioni rivoluzionarie a omicidi vari. Ispirato a un testo classico sulla schizofrenia come *Il sosia* di Dostoevskij, è un'esercitazione teorica antirealistica e di sapore godardiano (sceneggiata dal regista con Gianni Amico), oggi molto datata, che riflette su teatro, cinema, politica e vita, per dimostrare come nulla di tutto ciò sia vero e naturale ma solo rappresentazione. Giulio Cesare Castello interpreta il professor Mozzoni. Ninetto Davoli, Giancarlo Nanni, Umberto Silva, David Grieco, Stefano Oppedisano, Salvatore Samperi sono studenti. Francesco Tullio Altan, autore delle scenografie, è citato nei titoli come Jean Robert Marquis. Ultima apparizione di Sergio Tofano (qui è il professor Petrushka) in un film.

Party ** (*Party*, Portogallo 1996, col, 90') Manoel de Oliveira. Con Michel Piccoli, Irene Papas, Leonor Silveira, Rogério Samora. ◆ Al party per il decennale del loro matrimonio, Leonor (Silveira) e Rogério (Samora) invitano Irene (Papas), attrice attempata, e il suo amante francese Michel (Piccoli), affascinante dongiovanni che si mette a corteggiare la padrona di casa. Cinque anni dopo, nella stessa villa patrizia, il flirt tra i due riprende con toni più decisi. Un quartetto sofisticato e snob, dall'eloquenza vertiginosa, per un trattatello sull'amore di gusto rococò: virtuosismo interpretativo, sublime eleganza della messa in scena, spiccata letterarietà – con predilezione per paradossi e calembour (i dialoghi sono di Agustina Bessa-Luis) – e perfetto controllo della regia. Eppure, ammesso che si entri in sintonia con i personaggi, l'insieme rischia via via di diventare un po' stucchevole e ripetitivo.

Party per Nick, Un **½ (*It's My Party*, Usa 1995, col, 110') Randal Kleiser. Con Eric Roberts, Marlee Matlin, George Segal, Gregory Harrison, Lee Grant, Olivia Newton-John, Margaret Cho, Bronson Pinchot. ◆ Ammalato di Aids, l'architetto Nick Stark (Roberts) decide di dare un party di due giorni per amici e familiari, a cui si presenterà anche Brandon (Harrison), il suo ex compagno: le recriminazioni lasciano il posto ai ricordi e viceversa. Fatte le debite proporzioni, un *mélo* alla Altman, stipato di personaggi, ellittico nello sviluppo e con una tensione sotterranea che non riesce a sfogarsi. Kleiser (che ha anche scritto la sceneggiatura) cerca le lacrime e non lo nasconde, ma ha il merito di non ricattare moralmente gli spettatori e di curare sia l'architettura del film che i rapporti tra i personaggi.

Party selvaggio *½ (*The Wild Party*, Usa 1974, col, 95') James Ivory. Con James Coco, Raquel Welch, Perry King, Tiffany Bolling, Royal Dano. ◆ Il ricevimento di un attore-regista-produttore sul viale del tramonto (Coco), per presentare il suo ultimo disastroso film, è l'occasione in cui si scatena la sua distruttiva disperazione accompagnata da una serie di ammucchiate orgiastiche della variegata fauna della Hollywood degli anni Venti. Leggermente postdatata (dal 1921 al 1929), la vicenda è ispirata al vero scandalo del comico del muto Roscoe Fatty Arbuckle omicida per amore, «una notte di gin e peccato di cui si sta ancora mormorando», e con cui lo stile raffinato e letterario di Ivory ha poco a che fare. L'unico elemento davvero selvaggio, però, è il montaggio: per intervento della produzione (l'American International Pictures) solo tre scene su sessanta sono rimaste intatte e quando la Nbc comprò il film per proiettarlo in televisione, lo censurò e lo rimontò nuovamente. La copia che circola in Italia, che non subì gli interventi della Nbc ma solo quelli della Aip, risulta comunque sconnessa e anche un po' tediosa, nonostante il fascino di Raquel Welch.

Pascoli dell'odio, I *½ (*Santa Fe Trail*, Usa 1940, b/n, 110') Michael Curtiz. Con Errol Flynn, Olivia de Havilland, Raymond Massey, Ronald Reagan, Van Heflin, William Lundigan. ◆ Un'insensata ricostruzione storica dove il martire antischiavista John Brown (Massey) – quello della canzone – diventa un fanatico isterico cui danno la caccia due ufficiali di West Point, Stuart (Flynn) e Custer (Reagan), che in realtà neppure si conoscevano, destinato il primo a diventare impavido eroe sudista mentre il secondo sarà il suo avversario nordista poi ammazzato dai sioux a Little Big Horn. Sull'impianto storico risibile e reazionario Curtiz costruisce un film che punta tutto sull'impatto delle grandi scene d'azione.

Pasolini un delitto italiano ** (Italia/Francia 1995, col e b/n, 99') Marco Tullio Giordana. Con Carlo De

Filippi, Giulio Scarpati, Claudio Bigagli, Andrea Occhipinti, Nicoletta Braschi, Claudio Amendola, Ivano Marescotti, Adriana Asti, Massimo De Francovich, Antonello Fassari, Toni Bertorelli, Victor Cavallo, Rosa Pianeta, Umberto Orsini. ◆ Rigorosa ricostruzione del processo per l'omicidio di Pier Paolo Pasolini ucciso il 2 novembre 1975 al Lido di Ostia: esaminando gli atti processuali e confrontandoli con testimonianze e documenti dell'epoca (oltre che con la *Vita di Pasolini* di Enzo Siciliano), il regista e gli sceneggiatori Stefano Rulli e Sandro Petraglia mettono in discussione il giudizio del tribunale minorile di Roma e cercano di dimostrare – come sostennero ai tempi gli avvocati Marazzita (Scarpati) e Calvi (Bigagli) – che il delitto non poté essere compiuto dal solo Pino Pelosi (De Filippi). Giordana costruisce un thriller processuale di buona tenuta narrativa e lo trasforma, a poco a poco, in un affettuoso omaggio al «poeta corsaro» che non si vede se non in immagini di repertorio o in rapidi scorci di dettaglio. Buon lavoro di montaggio di Cecilia Zanuso, che integra in modo non banale le immagini di fiction con quelle di repertorio. Le belle foto di Pasolini al lavoro, mentre in sovrimpressione si leggono estratti dell'articolo con cui chiedeva di mettere sotto processo la Dc, sono di Dino Pedriali.

Pasqualino Settebellezze **½ (Italia 1975, col, 93') Lina Wertmüller. Con Giancarlo Giannini, Fernando Rey, Elena Fiore, Shirley Stoler, Ermelinda De Felice. ◆ Un cinico e conformista guappo napoletano (Giannini), a cavallo tra fascismo, guerra, campo di concentramento e ricostruzione, si dimostra disponibile a qualsiasi trasformismo e nefandezza pur di rimanere a galla. Una «commedia da camera della morte» altalenante tra farsa e tragedia, dove il gusto del grottesco della regista si fonde perfettamente con la materia trattata per realizzare il ritratto di un viscido opportunista a tutto tondo, interpretato con efficacia da Giannini. Confuso spesso con un atto d'accusa contro l'immoralità qualunquista («sono vivo» dice soddisfatto alla fine della sua odissea Pasqualino che in nome della sopravvivenza ha ucciso, stuprato, tradito e fatto ogni ignominia), il film è invece – come ha dimostrato lo psicoanalista Bruno Bettelheim nel suo appassionato saggio *Sopravvivere* – un'opera contraddittoria, nichilista, violenta e inquietante che «giustifica il male insinuando la comoda convinzione che nulla avrebbe cambiato le cose» (sia nel campo di concentramento che nella Napoli corrotta e disperata della Liberazione) e cancella ogni riferimento morale per esaltare solo le «primordiali esigenze del corpo: fame e sesso». Perfetto esempio dell'ideologia ambigua (e maschilista) che sta alla base dell'opera della Wertmüller, il film ebbe un grande successo ovunque, anche negli Usa dove ottenne quattro nomination (miglior regia, attore, sceneggiatura e film straniero) ma nessun Oscar. Piacevole colonna sonora di Enzo Jannacci che introduce il film accompagnando scene di repertorio della seconda guerra mondiale (specie di Mussolini e Hitler) con le parole di *Quelli che...* Il quadro che si vede nella camera della comandante (Stoler) del campo di concentramento è *Venere, Cupido, la Follia e il Tempo* del Bronzino, che nella realtà è sempre stato visibile (anche in tempo di guerra) alla National Gallery di Londra. Il soprannome «settebellezze» deriva per antifrasi dalle sette grasse e brutte sorelle di Pasqualino, unico figlio maschio della famiglia.

Pass, The *½ (*The Pass*, Usa 1998, col, 90') Kurt Voss. Con William Forsythe, James LeGros, Elizabeth Peña, Nancy Allen, Michael McKean, John Doe. ◆ Piantato dalla moglie (Allen), il timido borghese Charles (Forsythe) dà un passaggio a un autostoppista (LeGros) che sembra Brad Pitt in *Kalifornia*: e inizia una caccia all'uomo, durante la quale il benpensante tirerà fuori la belva che c'è in lui. Inizio promettente e minaccioso, divagazioni quasi autoriali, conclusione scontata: tipico prodotto che finisce direttamente in cassetta, girato con due soldi e qualche idea sprecata.

Passaggio a Hong Kong *½ (*Ferry to Hong Kong*, Gb 1961, col, 103') Lewis Gilbert. Con Orson Welles, Curt Jurgens, Sylvia Syms, Jeremy Spenser. ◆ Indesiderato sia a Hong Kong che a Macao, l'austriaco Conrad (Jurgens) è costretto, nonostante le proteste del comandante Hart (Welles), a stabilirsi sul traghetto che fa la spola tra queste due città: sarà protagonista di molte avventure, compreso un attacco dei pirati cinesi, ma dimostrerà cosa vale e conquisterà il cuore di Liz (Syms). Le premesse esotico-conradiane e la situazione paradossale di un «viaggiatore per forza» non vengono però sfruttate adeguatamente dal regista che trascina il film senza grandi idee e non impedisce che i protagonisti si lascino andare a qualche eccesso di gigioneria.

Passaggio a Nord-Ovest **½ (*Northwest Passage [Book I – Rogers' Rangers]*, Usa 1940, col, 125') King Vidor. Con Spencer Tracy, Robert Young, Walter Brennan, Ruth Hussey, Nat Pendleton. ◆ Nel Nordamerica di fine Settecento il maggiore Rogers (Tracy) guida i suoi ranger in un'azione durissima, piena di insidie umane e naturali, che ha come fine la distruzione di un villaggio di indiani alleati dei francesi. Compiuta la missione, parte alla ricerca del mitico passaggio a Nord-Ovest che collega l'Atlantico e il Pacifico, oggetto della seconda parte del romanzo di Kenneth Roberts alla base della sceneggiatura ma che – nonostante il titolo originale – non fu mai tradotta in film. Spettacolare, avvincente e reazionaria epopea di un gruppo di «veri uomini guidati da un vero capo» sceneggiata da Lawrence Stallings e Talbot Jennings. Particolarmente brutale lo sterminio degli indiani, considerati né più né meno che natura da piegare. Primo film in cui Vidor usa il colore, impiegato con una notevole consapevolezza narrativa.

Passaggio conteso **½ (*Disputed Passage*, Usa 1939, b/n, 87') Frank Borzage. Con Dorothy Lamour, Akim Tamiroff, John Howard, Judith Barrett, William Collier sr, Keye Luke. ◆ Contrasto ideologico fra il professor Foster (Tamiroff) – convinto che nella vocazione scientifica non ci sia posto per le donne – e il suo allievo John Beaven (Howard), innamorato di una ragazza asiatica (Lamour) che saprà fargli capire la forza dell'amore. Tratto dal romanzo di Lloyd C.

Douglas (sceneggiato da Anthony Veiller e Sheridan Gibney) e realizzato sotto l'influsso della fede luterana, è un melodramma un po' schematico ma affascinante e tra i più rappresentativi dell'ideologia del regista. Borzage si disinteressa dello scontro che oppone maestro e allievo (il primo ha perso ogni idea d'amore per colpa di una donna, il secondo utilizza la scienza per chiudersi in se stesso e rifiutarsi a ogni emozione) per illustrare – attraverso un'eroina idealista che insegna i «veri valori» a un uomo cinico e materialista – la sua visione delle cose: sia in Occidente sia in Oriente, l'uomo non basta a se stesso ed è invece l'amore inteso come sentimento, e non come forza chimica o fisica, che gli permette di realizzarsi. E lo fa con uno stile «immateriale», giocato sulla luce e le ombre, «capace di dare forme alla sua concezione metafisica» dell'esistenza.

Passaggio del Reno, Il *½ (*Le Passage du Rhin*, Francia 1960, b/n, 120') André Cayatte. Con Charles Aznavour, Nicole Courcel, Georges Rivière, Cordula Trantow, Jean Marchat, Georges Chamarat. ◆ Dopo la sconfitta del 1941, due francesi sono spediti in Germania per lavorare nei campi: il primo, il mite pasticciere Roger (Aznavour), si affeziona agli abitanti del villaggio tanto da stabilirvisi dopo la guerra. Il secondo, il giornalista Jean (Rivière), fugge e per far carriera nella Francia libera dovrà lasciare la sua donna colpevole di collaborazionismo con i tedeschi. Un'opera a tesi sceneggiata dal regista e da Armand Jammot che, per sostenere la libertà come fatto individuale indipendente dai condizionamenti collettivi, sfocia nel qualunquismo. La forzatura didascalica nuoce anche alla fisionomia dei personaggi nonostante la buona prova drammatica di Aznavour. Il film «rubò» il Leone d'oro al viscontiano *Rocco e i suoi fratelli*, scatenando clamorose polemiche.

Passaggio di notte ** (*Night Passage*, Usa 1957, col, 90') James Neilson. Con James Stewart, Audie Murphy, Dan Duryea, Dianne Foster, Elaine Stewart. ◆ Il virile e drammatico conflitto fra due fratelli: uno (Stewart) lavora per la ferrovia trasportando le paghe dei ferrovieri, l'altro (Murphy) fa parte di una banda di fuorilegge che assalta il treno per rubarle. Valorizzato da una spettacolare ambientazione naturale, un western minore un po' melodrammatico che si regge su una bella prova di Stewart e una sceneggiatura non dozzinale di Borden Chase.

Passaggio in India *** (*A Passage to India*, Gb 1984, col, 165') David Lean. Con Peggy Ashcroft, Judy Davis, Victor Banerjee, James Fox, Alec Guinness, Nigel Havers, Richard Wilson, Antonia Pemberton. ◆ Nell'India degli anni Venti la giovane inglese Adela (Davis) – venuta in viaggio con la madre del fidanzato, Mrs. Moore (Ashcroft) – accusa ingiustamente di averla violentata un indiano (Banerjee) ansioso di integrarsi nella comunità britannica, per poi ritrattare tutto al processo. Magistrale adattamento del romanzo omonimo di E.M. Forster (sceneggiato dallo stesso Lean), questo film sa conciliare «lo spettacolo e la suggestiva dilatazione della visione con il ritmo interiore del racconto» riuscendo a essere «completamente romantico e metodicamente lucido». In questo modo riesce a proporre in modo davvero convincente la fascinazione sensuale esercitata dalla cultura esotica sull'animo britannico (l'annullamento della vecchia Mrs. Moore nel cielo notturno indiano o l'accecamento sensuale di Adela davanti alle scimmie che infestano gli idoli di pietra), ma sa anche descrivere la drammatica impossibilità di un rapporto non conflittuale fra colonizzatori e colonizzati. Due Oscar: miglior attrice non protagonista (Ashcroft) e colonna sonora (Maurice Jarre).

Passaggio per il paradiso *½ (*The Heavenly Kid*, Usa 1985, col, 89') Cary Medoway. Con Lewis Smith, Jason Gedrick, Richard Mulligan, Nancy Valen, Jane Kaczamarek. ◆ L'anima di un giovanotto imbrillantinato, morto negli anni Cinquanta in una gara di coraggio modello *Gioventù bruciata*, potrà finalmente volare in paradiso solo dopo aver aiutato il timido ragazzo anni Ottanta figlio della sua ex fidanzata. Una commedia surreale che ricicla senza motivi plausibili e con esiti insignificanti una classica situazione del cinema anni Quaranta.

Passaggio per il paradiso *½ (Italia/Francia/Gb 1996, col, 93') Antonio Baiocco. Con Tcheky Karyo, Julie Harris, Mariano Rigillo, Tomas Arana, Vittoria Belvedere. ◆ In missione sulla costa romagnola, il detective privato Renato (Karyo) si imbatte nell'autostoppista Marta (Harris), anziana signora americana mezza matta fuggita da una casa di riposo. Prevedibile parabola sulle solitudini che si incontrano, il bisogno di affetto e la libertà, appesantita da simbolismi letterari e dall'equivoco di scambiare il «carino» per «poetico». Ambiziosa coproduzione (partecipa anche David Bowie!) dallo stile slavato, con musiche originali di Pat Metheny. Sceneggiatura di Fabrizio Bettelli.

Passaporto per l'amore – Inventory ** (*Stan posiadania*, Polonia/Rft 1989, col, 96') Krzysztof Zanussi. Con Krystyna Janda, Maja Komorowska, Artur Zmijewski, Artur Barciś. ◆ Varsavia: il ventenne Tadeusz (Zmijewski), che crede nell'amore come ne scriveva San Paolo, si porta a casa Julia (Janda), una quarantenne allo sbando e sull'orlo del suicidio, per di più ex impiegata della censura; e inizia una relazione con lei, sotto gli occhi allibiti della mamma (Komorowska), perché aiutare il prossimo va bene, ma fino a un certo punto. Scritto dal regista, un melodramma a tesi sull'amore che vince tutto: un po' verboso e didascalico e quindi ignorato dai cinefili, che diffidano dalla fama di «regista del papa» di Zanussi; ma anche senza mezze misure e senza troppe consolazioni. Il maschietto è improbabile, le attrici ben dirette. Passato in Tv come *Inventory – Tutto ciò che abbiamo*.

Passaporto per l'inferno ** (*Passport to Shame*, Gb 1959, b/n, 88') Alvin Rakoff. Con Diana Dors, Eddie Constantine, Herbert Lom, Odile Versois, Brenda de Banzie. ◆ Un taxista londinese (Constantine) per sdebitarsi con un malavitoso deve sposare una donna (Dors), procurando a lei il permesso di soggiorno e a lui la possibilità di sfruttarne la prostituzione. Ma la situazione ha un'imprevista svolta sentimentale e, quindi, di azione. Un buon thriller con risvolti sociali non altrettanto congrui, ma la faccia di Constantine è sempre giusta. Il film è stato rititolato negli Usa *Room 43*.

Passaporto per Pimlico **½ (*Passport to Pimlico*, Gb 1949, b/n, 84') Henry Cornelius. Con Stanley Holloway, Betty Warren, Barbara Murray, Paul Dupuis, Margaret Rutherford, John Slater. ◆ Nella Londra del 1946 si scopre un documento di Carlo Magno che attribuisce al duca di Borgogna la proprietà dell'area di Miramont Place, nel quartiere di Pimlico: gli abitanti dichiarano allora la secessione e abrogano ogni restrizione specie sull'uso di alcolici, ma ben presto saranno costretti dal governo e dall'esercito a rinunciare alla loro indipendenza. Una gustosa commedia prodotta dalla Ealing sul depresso clima di restrizioni del dopoguerra, sulle arguzie dello spirito inglese («Noi siamo sempre stati e sempre saremo inglesi: ed è proprio perché siamo inglesi che non rinunceremo al nostro diritto di essere borgognoni» dice la moglie del droghiere) e sul britannicissimo contendere attorno alle questioni alcoliche. Nel cast di attori sapidi e ironici primeggiano Margaret Rutherford, futura Miss Marple, nella parte della pomposa studiosa di storia, e Stanley Holloway, l'azzimato negoziante che guida la rivolta dei «borgognoni» di Pimlico.

Passaporto rosso ** (Italia 1935, b/n, 94') Guido Brignone. Con Isa Miranda, Tina Lattanzi, Olga Pescatori, Filippo Scelzo, Ugo Ceseri, Giulio Donadio, Mario Ferrari, Mario Pisu. ◆ Figlia di emigrati in Argentina, Maria (Miranda) sposa un medico italiano (Scelzo) anche lui emigrato in America del Sud. Quando scoppia la prima guerra mondiale, il loro figlio (Pisu), che non si sente italiano, non pensa di arruolarsi: sarà allora il vecchio padre che decide di tornare in Italia a combattere facendo nascere nel figlio l'amore di patria e il senso del dovere. Uno dei film più interessanti del periodo fascista (sceneggiato da Gian Gaspare Napolitano e, non accreditato, Ivo Perilli e Fritz Eckardt), dove la storia avventurosa – e tutta maschile – dei nostri connazionali che emigrano (a loro, che partivano con il «passaporto rosso» è dedicato il film nei titoli di testa) si fonde con le vicende melodrammatiche – e tutte femminili – della protagonista, che nulla può fare contro le avversità del destino: un approccio ideologico che sottolinea la lettura fascista della Storia, dove la guerra rimanda alla felicità della patria riunita e il senso del dovere invita le persone a sacrificarsi per un domani migliore. La Miranda interpreta due ruoli, quello della madre Maria e quello della figlia Manuela: il primo avrebbe dovuto essere affidato a Marta Abba che però si rifiutò di recitare accanto alla Miranda e per questo fu licenziata.

Passato che uccide → *Tradimento, Il* (di Riccardo Freda)

Passato e presente **½ (*O passado e o presente*, Portogallo 1971, col, 115') Manoel de Oliveira. Con Maria de Saisset, Manuela de Freitas, Alberto Inácio, Pedro Pinheiro, Barbara Vieira. ◆ Una donna (de Saisset) riesce ad amare i suoi mariti solo quando sono morti. Rimasta vedova, spinge al suicidio il nuovo marito (Pinheiro), ma quando scopre che il primo (Inácio) è ancora vivo, rimpiange l'altro. Paradossi borgesiani in una commedia cerebrale (di Vicente Sanches sceneggiata dall'autore con de Oliveira) ma girata con un brio sorprendente dove la satira della vita a due – impossibile sia dentro che fuori le strutture borghesi del matrimonio – si mescola con una riflessione sull'impossibilità di avere delle certezze, né per i personaggi del film né per lo spettatore, sempre portato a credere che quello che vede può non essere vero. Il primo film di de Oliveira ad avere un'eco internazionale.

Passatore, Il * (Italia 1947, b/n, 97') Duilio Coletti. Con Rossano Brazzi, Valentina Cortese, Carlo Ninchi, Carlo Campanini, Liliana Laine, Bella Starace Sainati, Camillo Pilotto, Gualtiero Tumiati, Folco Lulli, Carlo Tamberlani, Memmo Carotenuto. ◆ Ostacolato nel suo amore per Barbara (Cortese) dal perfido zio prete della ragazza, il giovane Stefano Pelloni (Brazzi) ammazza lui e il rivale, dandosi alla macchia e trasformandosi nel Passatore, mitico bandito della Romagna papalina dell'Ottocento il quale, come ogni eroe popolare che si rispetti, ruba al ricco per dare al povero. Il giovane Brazzi fa del suo meglio nei panni del protagonista di un'ingenua e solo parzialmente riuscita ricostruzione di sapore storico-popolare, sceneggiata da Tullio Pinelli, Federico Fellini, Cesare Zavattini e Coletti ispirandosi al romanzo omonimo di Bruno Corra. A vestire i panni di un brigante, sfortunato con le donne, c'è anche un giovane e sconosciuto Alberto Sordi.

Passeggera, La **** (*Pasażerka*, Polonia 1963, b/n, 42') Andrzej Munk. Con Aleksandra Slaska, Anna Ciepielewska, Jan Kreczmar, Marek Walczewski, Irena Malkiewicz, Maria Koscialkowska. ◆ Su una nave in rotta da Amburgo verso il Canada, nei primi anni Sessanta, Liza (Slaska) ex sorvegliante ad Auschwitz, crede di riconoscere tra i passeggeri Marta (Ciepielewska), un'ebrea che fu sua vittima e con la quale, spinta da un'attrazione fisica non ricambiata, cercò di instaurare un simulacro di rapporto umano. Confida la cosa al marito (Kreczmar) e, nel tentativo di giustificare le sue colpe, ripercorre nel racconto il passato. Tratto dal romanzo omonimo di Zofia Posmysz-Piasecka (autrice anche della sceneggiatura insieme al regista), è un capolavoro di tensione e modernità di scrittura, sicuramente la più alta rappresentazione cinematografica del perverso rapporto vittima-carnefice. Girato una prima volta come originale televisivo nel 1960 (con una struttura che usava soprattutto i dialoghi per rievocare il passato), *La passeggera* fu girato nuovamente l'anno successivo in una versione per il cinema, nella quale le immagini del passato, e del campo di Auschwitz, prendono un posto preponderante ma anche i rapporti tra Liza e Marta acquistano più peso, accentuandone l'ambiguità psicologica e morale. Munk morì in un incidente stradale il 20 settembre 1961, lasciando il film incompiuto: con un lavoro di circa due anni fu portato a termine dal suo collaboratore Witold Lesiewicz che inserì al posto delle riprese mancanti foto di scena e una voce fuori campo. Questa ricostruzione, comunque, non sminuisce la forza delle immagini di Munk, crudele fino all'autolesionismo nel raccontare il campo di concentramento senza un minimo di compiacimento o di compassione, ma con uno sguardo freddo e impassibile che ottiene di rendere ancora più evidente l'orrore del nazismo.

Passeggero, Il (di Abbas Kiarostami) → *Viaggiatore, Il*

Passeggiata, La *½ (Italia 1953, col, 100') Renato Rascel. Con Renato Rascel, Valentina Cortese, Paolo Stoppa, Giuseppe De Martino, Francesco Mulé. ◆ Un timido e ingenuo istitutore di collegio (Rascel) s'innamora di una passeggiatrice (Cortese) e per questo viene licenziato: quando la donna, convinta finalmente del suo amore, decide di cambiare vita, lui è già ripartito per il suo paesello. Tratto dal racconto di Nikolaj Gogol *La prospettiva* (sceneggiato, tra gli altri, da Turi Vasile, Diego Fabbri, Franco Rossi, Cesare Zavattini e Rascel), il film segna l'esordio nella regia di Rascel, troppo preoccupato di addolcire le «scabrosità» della storia per riuscire a sfruttare al meglio la propria vena malinconica.

Passeggiata sotto la pioggia di primavera * (*A Walk in the Spring Rain*, Usa 1970, col, 100') Guy Green. Con Ingrid Bergman, Anthony Quinn, Fritz Weaver, Katherine Crawford, Virginia Grey. ◆ In ritiro nelle colline del Tennessee con il marito intellettuale ed egoista, una donna matura (Bergman) si abbandona con il vicino di casa (Quinn) a una relazione senza prospettive che causa accidentalmente la morte del figlio di lui. Un melodramma sciatto e insignificante sulla malinconica ansia di vita della mezza età, abbondantemente non all'altezza dell'interpretazione di Quinn e soprattutto della Bergman.

Passenger 57 – Terrore ad alta quota ** (*Passenger 57*, Usa 1992, col, 84') Kevin Hooks. Con Wesley Snipes, Bruce Payne, Tom Sizemore, Alex Datcher, Bruce Greenwood. ◆ Per due volte un terrorista internazionale (Payne) e i suoi complici dirottano un aereo, non esitando ad ammazzare passeggeri: e per due volte se la deve vedere con l'esperto di sicurezza John Cutter (Snipes). La seconda è quella buona. Fumetto post-Bruce Willis (il modello è *58 minuti per morire*) rozzo ma, nei suoi limiti, efficace e discretamente spettacolare. Snipes all'inizio aveva rimandato indietro la sceneggiatura, credendo che gli fosse stata destinata – a lui, nero – la parte del cattivo.

Passi nel buio * (*Footsteps in the Dark*, Usa 1941, b/n, 96') Lloyd Bacon. Con Errol Flynn, Brenda Marshall, Ralph Bellamy, Alan Hale, Allen Jenkins. ◆ Uno scrittore dilettante di gialli (Flynn) per raccogliere materiale si dilegua in sortite notturne che alimentano sospetti e gelosie della moglie. Ovviamente finisce coinvolto in un caso che è lui stesso a risolvere. Ispirata allo stile dell'*Uomo ombra* è una commedia gialllorosa piuttosto povera e datata, con un Errol Flynn poco a suo agio in panni non eroici.

Passi nella notte ** (*The Night Walker*, Usa 1964, b/n, 86') William Castle. Con Robert Taylor, Barbara Stanwyck, Lloyd Bochner, Hayden Rorke, Rochelle Hudson. ◆ La ricca vedova di un uomo morto in un'esplosione viene perseguitata da un incubo notturno che sembra doverla condurre alla pazzia. Colpi di scena e atmosfera inquietante, quasi orrorifica, per un thriller (sceneggiato da Robert Bloch) teso, coinvolgente e ben interpretato. È l'ultimo film della Stanwyck prima di passare alla tv.

Passion ** (*Passion*, Francia/Svizzera 1982, col, 87') Jean-Luc Godard. Con Isabelle Huppert, Hanna Schygulla, Jerzy Radziwilowicz, Michel Piccoli, Lazlo Szabo. ◆ Un regista (Radziwilowicz) mette in scena quadri viventi ispirati a Rembrandt e Goya e non trova la protagonista per il film; un produttore (Szabo) esige «una storia»; un'operaia (Huppert) lotta contro il padrone della fabbrica (Piccoli), la cui moglie (Schygulla), padrona dell'albergo che ospita la troupe, è l'amante del regista... La passione è ciò che per Godard lega analogicamente il lavoro, l'amore e l'arte: il regista indaga ancora sulle potenzialità inespresse del linguaggio cinematografico, praticando una sperimentazione non più povera ma molto, molto costosa e patinata, forse più interessante da discutere che da vedere.

Passionaria, La ** (*La escondida*, Messico 1956, col, 103') Roberto Gavaldón. Con Pedro Armendariz, Maria Félix, Andres Soler, Arturo Martinez, Jorge Martinez de Hoyos. ◆ Messico, 1909, sotto la dittatura di Porfirio Diaz: condannato a due anni di servizio nell'esercito per essersi accusato del furto compiuto dalla sua fidanzata Gabriela (Félix), il contadino Felipe (Armendariz) scopre che la ragazza è diventata l'amante clandestina («escondida») del nuovo governatore e abbraccia con ardore la lotta rivoluzionaria. Anche Gabriela, però, sceglie la stessa causa uccidendo il governatore e tornando a essere l'amante di Felipe che, raggiunto Zapata dopo le dimissioni di Diaz, attaccherà un convoglio senza sapere che a bordo c'è Gabriela. Un importante capitolo della storia messicana intrecciato con una travagliata storia d'amore: Gavaldón mescola melodramma e affresco epico per far scorrere il racconto sul doppio binario individuale/collettivo, ma l'amalgama non riesce fino in fondo e il risultato – anche se non manca di talento – risente di una certa retorica. Splendida comunque la fotografia a colori di Gabriel Figueroa, capace di imprimere dinamismo drammatico anche a scene statiche.

Passione ** (*Golden Boy*, Usa 1939, b/n, 99') Rouben Mamoulian. Con Barbara Stanwyck, Adolphe Menjou, William Holden, Lee J. Cobb, Joseph Calleia. ◆ L'ascesa e la caduta del giovane Joe Bonaparte (Holden) che da timido violinista si trasforma in cinico e feroce boxeur per poi perdere tutto e rifugiarsi definitivamente nella musica consolatrice. Ottimi attori (Cobb è grande nell'imitazione di Henry Arnetta) e un ritmo sostenuto fanno dimenticare le incongruenze della sceneggiatura di Clifford Odets tratta da uno dei testi canonici del Group Theater (come possono essere le mani di un violinista boxeur?) e accentuano la lettura melodrammatica di Mamoulian che propone una visione aspra e disincantata della brutalità e dell'ingiustizia alla base dei rapporti sociali.

Passione ** (*En passion*, Svezia 1969, col, 101') Ingmar Bergman. Con Liv Ullmann, Max von Sydow, Bibi Andersson, Erland Josephson, Erik Hell, Sigge Fürst. ◆ Su un'isola del Baltico si incrociano quattro personaggi: Andreas (von Sydow), che ha preferito la natura agli uomini, Anna (Ullmann), perseguitata dal ricordo dell'incidente in cui sono morti il marito e il figlio, i coniugi Vergérus (Andersson e Josephson). L'isola che dovrebbe servire da rifugio ai dolori sofferti diviene prigione interiore e teatro dell'incomunicabilità e dei difficili rapporti psicologici fra le due coppie. Un film denso che coinvolge profondamente lo spettatore, cui ognuno dei personaggi si rivolge direttamente dallo schermo raccontando la propria verità, ma che oggi può apparire un po' datato.

Passione che uccide ** (*The Web*, Usa 1947, b/n, 87') Michael Gordon. Con Edmond O'Brien, Ella Raines, Vincent Price, William Bendix, Maria Palmer. ◆ Assoldata da un ricco industriale, una guardia del corpo (O'Brien) è costretta a uccidere per legittima difesa e si ritrova al centro di un'ingegnosa macchinazione. Thriller godibile e incalzante, con un impianto serrato e ottime prove d'attore.

Passione d'amore **½ (Italia/Francia 1981, col, 118') Ettore Scola. Con Valeria D'Obici, Bernard Giraudeau, Laura Antonelli, Massimo Girotti, Bernard Blier, Jean-Louis Trintignant, Alberto Incrocci, Saverio Vallone. ◆ Intelligente, malata e bruttissima, Fosca (D'Obici) ama il bel capitano di cavalleria (Giraudeau) con tale disperata forza da demolire ogni sua resistenza, violando tutte le norme del decoro della società ottocentesca. Il primo film in costume di Scola propone una delle storie di emarginazione predilette dal regista, in piena sintonia con lo spirito scapigliato del testo ispiratore di Iginio Ugo Tarchetti (adattato dal regista con Ruggero Maccari). Straordinaria l'interpretazione di Valeria D'Obici, una sorta di macabra e disperata versione femminile di Nosferatu. Il produttore Franco Committeri interpreta il marito dell'Antonelli.

Passione di Giovanna d'Arco, La **** (*La Passion de Jeanne d'Arc*, Francia 1928, b/n, 85') Carl Theodor Dreyer. Con Renée Falconetti, Eugène Silvain, Maurice Schutz, Michel Simon, Antonin Artaud, Ravet. ◆ La celebre storia della pulzella di Orléans (Falconetti) raccontata in un solo processo e in una sola giornata, tra il palazzo di giustizia e l'attigua piazza di Rouen. Con l'aiuto dello storico Pierre Champion, Dreyer concentra tempo e spazio per andare oltre la leggenda e «raggiungere la verità estetica e psicologica del soggetto». Prodotto dalla Société Général de Film per creare un pendent femminile al *Napoléon* di Abel Gance, il film non mostra infatti l'intrepida eroina della tradizione, bensì la ragazza qualunque oppressa dal potere, pura, visionaria e sola. È uno dei film chiave per comprendere la figura della donna nel cinema di Dreyer, ed è anche uno dei capolavori del muto, in equilibrio tra reportage e cinema sperimentale. Desiderando ma non potendo utilizzare il sonoro per problemi tecnici, il regista scelse comunque di lavorare quasi esclusivamente sul primo e sul primissimo piano. Spogliata di qualsiasi trucco (anche la rasatura è autentica), dolorosamente illuminata da Rudolph Maté, isolata dal contesto e quasi smembrata nel fisico da inquadrature implacabili, la Falconetti trovò in Giovanna il ruolo principe della sua carriera (ruolo che la produzione voleva affidare a Lillian Gish). Gli 85 mila metri di pellicola girata si ridussero a 2.200 nel montaggio definitivo (circa 120'), ma la versione originale ebbe una vita travagliatissima. L'unico negativo esistente venne distrutto in un incendio nei laboratori Ufa di Berlino nel 1928. Dreyer rieditò il film utilizzando gli spezzoni scartati nel montaggio precedente e per molto tempo si credette che anche questa versione fosse andata persa in un incendio del 1929. Casualmente ritrovata nel 1952, la seconda edizione di Dreyer venne manomessa senza scrupoli da G.M. Lo Duca: le didascalie furono scritte sullo sfondo di vetrate pseudomedioevali, la velocità aumentata a 24 fotogrammi al secondo invece dei 20 originali per consentire l'inserimento della colonna sonora e il poema sinfonico di Victor Alix e Léon Pouget, in tredici parti, per seguire la scansione del racconto, venne sostituito con musiche di Albinoni, Vivaldi, Scarlatti e altri. Fortunatamente nel 1981 fu scoperta in un ospedale psichiatrico norvegese una copia del primo negativo, prestata a suo tempo al direttore e mai restituita: è questa la copia che andrebbe vista e non quella di 85' che circola abitualmente.

Passione fatale ** (*Love Letters*, Usa 1983, col, 98') Amy Holden Jones. Con Jamie Lee Curtis, James Keach, Amy Madigan, Sally Kirkland, Bud Cort. ◆ Suggestionata dalla scoperta di un epistolario amoroso della madre morta, una conduttrice radiofonica (Curtis) inizia una relazione con un uomo sposato (Keach). Soap-opera intimista e crepuscolare, non stupida ma senza grosse sorprese. Visto che produce Roger Corman, la Curtis, allora reduce da *Halloween*, è tenuta a spogliarsi.

Passione gitana * (*Spanish Affair*, Usa 1958, col, 95') Don Siegel. Con Richard Kiley, Carmen Sevilla, José Guardiola, Jesus Tordesillas. ◆ Un architetto americano (Kiley) in viaggio in Spagna per lavoro finisce per innamorarsi della sua accompagnatrice di origine gitana (Sevilla), peraltro promessa sposa fin dall'infanzia a un giovanotto sanguigno che reclama i suoi diritti. Mediocre commediola sentimental-turistica con suggestioni variabili dal western ai quadri di Goya, uno dei film che Siegel girava con puro stile mercenario.

Passione selvaggia ** (*The Macomber Affair*, Usa 1947, b/n, 89') Zoltan Korda. Con Gregory Peck, Joan Bennett, Robert Preston, Reginald Denny. ◆ Un miliardario americano (Preston) ricco e vigliacco decide di diventare un «vero uomo» affrontando con la moglie (Bennett) un safari in Africa, guidato da un virilissimo cacciatore bianco (Peck): lo scopo verrà raggiunto ma a carissimo prezzo. Tratto dal romanzo di Hemingway *Breve la vita felice di Francis Macomber*, sarebbe una delle più fedeli traduzioni dello stile dello scrittore se non fosse che il regista non poteva permettersi un finale come quello del libro, in piena antitesi con il Codice Hays che non concedeva ai cattivi di farla franca. Ciò nondimeno il film resta asciutto, penetrante e ben interpretato.

Passioni **½ (*Quartet*, Gb 1948, b/n, 120') Ralph Smart, Harold French, Arthur Crabtree, Ken Annakin. ◆ Film a episodi. In *I fatti della vita* (Ralph Smart. Con Basil Radford, Naunton Wayne, Mai Zetterling, Jack Watling) un giovanissimo campione di tennis in trasferta a Monte Carlo viene derubato da un'avventuriera, ma recupera il suo denaro e qualcosa di più; in *Il seme alieno* (Harold French. Con Dirk Bogarde, Françoise Rosay, Raymond Lowell, Honor Blackman) il figlio di un industriale va a Parigi a studiare pianoforte contro la volontà del genitore, ma quando fallisce l'esame, che dovrebbe dimostrare il suo talento, si suicida; in *L'aquilone* (Arthur Crabtree. Con George Cole, Susan Shaw, Mervyn Johns, Hermione Baddeley) una coppia rischia la separazione perché lei non sopporta più la folle passione del marito per gli aquiloni; in *La moglie del colonnello* (Ken Annakin. Con Cecil Parker, Nora Swimburne, Linden Travers, Ernest Thesiger) la moglie di un colonnello ottiene un grande successo con una raccolta di poesie erotico-sentimentali e il marito, che pure ha un'amante, è roso dalla gelosia e vuole sapere chi è l'uomo di cui lei parla. Da quattro racconti di Somerset Maugham, che introduce e conclude il film, una piccola «commedia umana britannica» sugli usi, i costumi e soprattutto l'ipocrisia dell'establishment. È il primo capitolo di un'intera trilogia strutturata allo stesso modo (gli altri film sono *Trio* e *Encore*, entrambi inediti in Italia), che in tutto conta dieci episodi ricavati da altrettanti racconti di Maugham. Se il materiale narrativo non è invecchiato col passare degli anni, si deve soprattutto alla straordinaria resa cinematografica dei registi e al talento degli interpreti. L'adattamento dei testi è di R.C. Sherriff.

Passi furtivi in una notte boia - Zelmaide *½ (Italia 1976, col, 90') Vincenzo Rigo. Con Walter Chiari, Carmen Villani, Gianni Cavina, Carlo Croccolo, Carlo Delle Piane, Kristen Gilles, Pippo Santonastaso, Franco Angrisano, Ugo Bologna, Enzo De Toma, Pietro Tondi. ◆ Per comprare il bar dei loro sogni, Zelmaide detta Ida (Villani) e Pompeo (Chiari) si associano al geometra Marchesi (Cavina) per svaligiare la banca del paese: ma nella stessa notte tentano il colpo anche un contabile dell'istituto (Croccolo) e il suo infido complice (Delle Piane). Commedia vagamente gialla che cerca di unire le grazie della Villani (che però si spoglia poco) con le risorse della comicità regionale (la parlata pugliese del maresciallo [Angrisano, doppiato da Lino Banfi], l'ambientazione romagnola); ma la storia – sceneggiata da Massimo Franciosa, Mario Garriba e dal regista a partire dal romanzo di Giorgio Santi – è meccanica e prevedibile, anche se evita le volgarità che in quegli anni andavano per la maggiore.

Passo avanti, Un ** (*Moving Out*, Australia 1982, col, 90') Michael Pattison. Con Vince Colosimo, Maurice De Vincentis, Tibor Gyapjas, Sally Cooper. ◆ Due agitate settimane nella vita di un adolescente immigrato italiano (Colosimo) che deve abbandonare assieme alla famiglia l'abitazione nella cintura suburbana di Melbourne. La perdita delle relazioni sociali, i problemi con l'insegnante e con il padre troppo all'antica, la contraddizione fra l'identità italiana e il desiderio di essere australiano: vitale prova d'esordio di un regista della seconda new wave del cinema australiano, con un'eccellente prestazione del giovanissimo protagonista.

Passo del carnefice, Il ** (*The Fallen Sparrow*, Usa 1943, b/n, 94') Richard Wallace. Con John Garfield, Maureen O'Hara, Walter Slezak, John Miljan, Martha O'Driscoll. ◆ Un americano (Garfield) reduce dalla guerra civile spagnola, dove ha combattuto con i repubblicani ed è stato torturato dai fascisti, torna a casa. Un gruppo di agenti nazisti cerca di strappargli alcuni segreti facendo leva sul turbamento della sua psiche, ma lui è più duro di loro. Un noir politico venato di pessimismo, a tratti involuto (la sceneggiatura di Warren Duff è molto lacunosa quanto a verosimiglianza) ma ricco di suspense e sostenuto dalla convinta e solida interpretazione di John Garfield.

Passo del diavolo, Il ***½ (*Devil's Doorway*, Usa 1950, b/n, 84') Anthony Mann. Con Robert Taylor, Louis Calhern, Paula Raymond, Marshall Thompson, Edgar Buchanan. ◆ Reduce dalla guerra di Secessione dove ha combattuto con onore nelle file nordiste, l'indiano Lance (Taylor) non può godersi in pace la sua terra, ambita da un avvocato che non esita a far montare una sanguinosa aggressione razzista ai danni della comunità pellerossa. A nulla vale la battaglia civile di una coraggiosa donna avvocato (Raymond). Un western amaro e progressista (sceneggiato da Guy Trosper) che, assieme a *L'amante indiana*, ribaltò i canoni hollywoodiani aprendo il ciclo dei film filoindiani con una radicale denuncia della violenza legale di leggi fatte dai bianchi a proprio uso e consumo.

Passo falso ** (*Take One False Step*, Usa 1949, b/n, 94') Chester Erskine. Con William Powell, Shelley Winters, James Gleason, Marsha Hunt, Dorothy Hart. ◆ Un professore di college (Powell) viene accusato del presunto omicidio di una sua vecchia fiamma rivista casualmente poco tempo prima: non gli resta che darsi da fare per trovare la donna prima che la polizia trovi lui. Gustoso thriller di serie B, con l'ex uomo ombra Powell impegnato in una caccia appassionante. Sceneggiato dal regista e Irwin Shaw a partire da un romanzo che lo stesso Shaw aveva scritto col fratello David.

Passo falso * (*Deadfall*, Gb 1968, col, 118') Bryan Forbes. Con Michael Caine, Giovanna Ralli, Eric Portman, Nanette Newman, David Buck. ◆ Un abile scassinatore (Caine) si innamora della figlia (Ralli) di un omosessuale che ha un rapporto più che complicato con il padre. Già le premesse alla relazione non sono granché, ma poi la situazione peggiora e il ladro, sconvolto, tenta un furto impossibile con esito tragico. Un buon regista già vicino al Free Cinema e dei bravi attori, purtroppo coinvolti in una vicenda melodrammatica con situazioni e personaggi eccessivi e improbabili.

Passo sospeso della cicogna, Il *½ (*Le Pas suspendu de la cicogne*, Francia/Grecia/Svizzera/Italia 1991, col, 140') Thodoros Anghelopulos. Con Gregory Karr, Marcello Mastroianni, Jeanne Moreau, Dora Chrysikou. ◆ In un villaggio greco ai confini con l'Albania, crocevia di profughi di mezzo mondo, un reporter televisivo (Karr) crede di riconoscere in un coltivatore di patate (Mastroianni) un uomo politico dato per disperso da anni: al che chiama sul posto la presunta vedova (Moreau). All'austero regista non interessa risolvere l'enigma (e neppure allo spettatore), quanto celebrare il mito della ricerca senza meta, e quello della frontiera: dei popoli come dell'anima. Tutto sa di metafora, e tra i soliti indugi contemplativi e i piani sequenza soporiferi il film si perde e si spappola come i suoi personaggi. Il cosceneggiatore Tonino Guerra antonioneggia in modo spudorato.

Pastasciutta... amore mio ** (*Fatso*, Usa 1980, col, 94') Anne Bancroft. Con Dom DeLuise, Anne Bancroft, Ron Carey, Candice Azzara, Michael Lombard. ◆ Un obeso italoamericano (DeLuise) cerca di dimagrire dopo la morte del cugino, pure lui ciccione, circondato da parenti impiccioni. Per il suo esordio alla regia la brava attrice mischia la comicità ebrea del marito-produttore Brooks con la Little Italy delle sue origini (il vero nome della Bancroft è Anna Maria Louise Italiano). Purtroppo il film, con variazioni dal comico al tragico, risulta un po' deludente anche se non manca di qualche finezza.

Pasto nudo, Il *** (*Naked Lunch*, Usa 1992, col, 115') David Cronenberg. Con Peter Weller, Judy Davis, Roy Scheider, Julian Sands, Ian Holm, Monique Mercure. ◆ Ossessionato da allucinazioni di cui sono protagonisti scarafaggi giganti, uno scrittore (Weller) uccide la moglie (Davis) e fugge a Tangeri, dove si immagina coinvolto nei complotti orditi dai mostruosi agenti di un altro pianeta. Ispirato in ugual misura ai libri (*Il pasto nudo*, ma anche a *Sterminatore* e *Queer*) e alla vita di William Burroughs, un film sulla scrittura, i pericoli dell'immaginazione e la scoperta di sessualità eterodosse. Cronenberg usa i sorprendenti effetti speciali di Chris Walas al di fuori della logica dell'horror: e per quanto alcuni simboli siano un po' facili (la macchina da scrivere-scarafaggio), evita il manierismo con uno spiccato gusto per il nonsense. Musiche di Howard Shore e Ornette Coleman. Prodotto da Jeremy Thomas. Judy Davis interpreta due personaggi: la moglie uccisa e Joan Frost, trasparente travestimento di Janet Bowles. Ian Holm è Tom Frost (cioè Paul Bowles), mentre Nicholas Campbell e Michael Zelniker interpretano i ruoli di Allen Ginsberg e Jack Kerouac.

Patata bollente, La *½ (Italia 1979, col, 100') Steno [Stefano Vanzina]. Con Renato Pozzetto, Edwige Fenech, Massimo Ranieri, Mario Scarpetta, Clara Colosimo. ◆ Un metalmeccanico stimato per l'impegno politico (Pozzetto) ospita un operaio malmenato dai neofascisti (Ranieri), le cui inclinazioni gay creano infiniti equivoci e pettegolezzi sarcastici, nonostante la bella fidanzata (Fenech) si adoperi per smentire. Sulla strada aperta dal *Vizietto*, una commedia appena un po' sopra il livello della farsa: non esagera con le nudità della Fenech ma le battute sull'omosessualità imperversano.

Patch Adams *½ (*Patch Adams*, Usa 1998, col, 115') Tom Shadyac. Con Robin Williams, Monica Potter, Philip Seymour Hoffman, Bob Gunton, Josef Sommer, Irma P. Hall, Frances Lee McCain. ◆ Ex depresso, Patch Adams (Williams) è un brillante studente di medicina che teorizza la «terapia della risata»: inviso agli accademici e ai colleghi per i suoi metodi anticonformisti, ma amato dai pazienti (e dalle infermiere) per la sua esuberante umanità, fonderà una clinica privata dove esercitare la professione a modo suo. La storia di Hunter Doherty Adams, fondatore del Gesundheit Institute nel North Carolina, sceneggiata da Steve Oedekerk: un film buonista e melassoso, che oscilla tra gag clownesche e momenti strappalacrime e si propone di «ricattare» il buon cuore dello spettatore confondendo surrettiziamente il piano della realtà con quello della rappresentazione. Williams, nel ruolo del gigione filantropico, è più smorfeggiante e vanitoso che mai: quando faceva Mork, al confronto, sembrava Beckett!

Patente, La → *Questa è la vita*

Paternity * (*Paternity*, Usa 1981, col, 94') David Steinberg. Con Burt Reynolds, Beverly D'Angelo, Norman Fell, Paul Dooley, Elizabeth Ashley, Lauren Hutton. ◆ Il direttore del Madison Square Garden (Reynolds), manager nonché scapolo di successo, si scopre un'improvvisa, incontrollabile vocazione alla paternità e decide di assoldare una studentessa come madre. Uno spunto banalotto per una commedia di pura routine che vede Reynolds impegnato in noiose e prevedibili situazioni.

Pat Garrett e Billy the Kid ***½ (*Pat Garrett and Billy the Kid*, Usa 1973, col, 106') Sam Peckinpah. Con Kris Kristofferson, James Coburn, Richard Jaeckel, Jason Robards, Katy Jurado, Jack Elam, Bob Dylan, Harry Dean Stanton, Elisha Cook jr, Slim Pickens, Emilio Fernandez, Charles Martin Smith, L.Q. Jones. ◆ Un tempo amici, Garrett (Coburn) e Billy the Kid (Kristofferson) si trovano su fronti diversi: il primo è al soldo dei latifondisti, il secondo continua a fare il bandito. Garrett consiglia il Kid di cambiare aria, ma dopo una prima cattura, una fuga e vari eccidi su entrambi i fronti, sarà costretto a ucciderlo. Storia di due uomini che non riescono ad assumere la statura di eroi, e che uccidono senza odio (bellissimo il finale, ma anche il duello tra il Kid e Alamosa Bill, interpretato da Elam): il pessimismo virile di Peckinpah si colora di toni crepuscolari più ancora che in *Sfida nell'alta sierra*, e la violenza del *Mucchio selvaggio* viene stemperata da uno splendore formale che tende all'elegia. Con lo sceneggiatore Rudolph Wurlitzer, Peckinpah ha voluto spogliare la leggenda del suo alone romantico, senza girare per questo un western realistico. Evidenti i ricordi di *Furia selvaggia* di Penn, dedicato agli stessi personaggi. La meravigliosa fotografia è di John Coquillon. Celebre colonna sonora di Bob Dylan (che interpreta la parte di Alias), con l'hit *Knockin' on Heaven's Door*. Negli Stati Uniti circola anche la versione di 122' approvata a suo tempo da Peckinpah (che compare nel ruolo di Will), dove Garrett ottantenne viene ucciso nelle prime scene del film. Inizialmente a dirigere il film era stato chiamato Monte Hellman.

Pathos – Un sapore di paura * (Italia 1988, col, 89') Piccio Raffanini. Con Virginia Hey, Gérard Darmon, Gioia Scola, Dario Parisini, Eva Grimaldi, Kid Creole. ◆ Una fotografa bisessuale (Hey) indaga sull'omicidio di due sue modelle e amanti, una culturista e una nera calva. L'assassino – che fantasia – si traveste da donna. Relitto dell'epoca dei videoclip, girato con irritanti pretese high-tech, e senza un briciolo né di suspense né di erotismo – per non parlare di ironia. Alla sceneggiatura collabora Lidia Ravera. L'edizione in cassetta cambia il sottotitolo in *Segreta inquietudine*.

Patrick * (*Patrick*, Australia 1978, col, 103') Richard Franklin. Con Susan Penhaligon, Robert Helpmann, Rod Mullinar, Bruce Barry, Julia Blake. ◆ Un giovanotto entrato in coma dopo aver brutalmente ucciso la madre colta con l'amante, sviluppa strani poteri telecinetici con cui ossessiona l'infermiera (Penhaligon) che lo cura e di cui è geloso. Strano e inquietante horror che utilizza l'immobilità dell'eroe per aumentare il senso d'angoscia del film: più che gli effetti speciali (quasi tutti scontati, esclusa l'idea delle lettere scritte a distanza) è interessante il tema della ribellione contro il potere della scienza. Premiato ad Avoriaz. Remake apocrifo prodotto in Italia (*Patrick vive ancora* di Mario Landi).

Patrick vive ancora * (Italia 1980, col, 90') Mario Landi. Con Sacha Pitoeff, Gianni Dei, Carmen Russo, Paolo Giusti, Maria Angela Giordan, Franco Silva. ◆ Casareccio remake erotico di *Patrick*. Il protagonista (Dei), colpito dalla bottiglia lanciata da una macchina, entra in coma e il padre (Pitoeff) invita i presunti responsabili dell'incidente nella sua villa perché Patrick possa ucciderli con i suoi poteri paranormali: li eliminerà tutti ma alla fine si libererà anche del padre per salvare la giovane Lidia (Russo). Cosa si può dire di un horror con dialoghi insulsi, effetti ridicoli e interpreti di tal fatta?

Patrigno II, Il → *Stepfather 2*

Patrizia e il dittatore ** (*Storm in a Teacup*, Gb 1937, b/n, 87') Victor Saville, Ian Dalrymple. Con Rex Harrison, Vivien Leigh, Cecil Parker, Sara Allgood. ◆ Berlusconi ante litteram, un sindaco scozzese (Parker) candidato alle elezioni giura di amare i suoi elettori, ma vuole mandare nella camera a gas il cane Patrizia, perché la padrona non ha pagato le tasse. Il giornalista Frank Burden (Harrison) ne denuncia i soprusi, si innamora della figlia (Leigh) del despota e finisce in tribunale. L'ambigua conclusione può essere tanto cinica quanto accomodante: ma arriva quando la brillante trovata iniziale si è ormai annacquata nella più innocua delle farse. Il doppiaggio d'epoca, oltre a italianizzare i nomi, inserisce a ogni buon conto battute anticomuniste.

Patsy Cline **½ (*Doing Time for Patsy Cline*, Australia 1997, col, 95') Chris Kennedy. Con Matt Day, Richard Roxburgh, Miranda Otto, Tony Barry, Kiri Paramore, Laurence Coy, Annie Byron, Roy Billing, Gus Mercurio. ◆ Ralph (Day), diciottenne australiano che sogna il Tennessee, lascia la famiglia e accetta un passaggio da Boyd (Roxburgh), che viaggia su una Jaguar rubata con Patsy (Otto) e una partita di droga: finirà in carcere, ma anche in cella - con una chitarra e un po' di fantasia - si può trovare la propria Nashville. Da un ex dentista australiano (autore anche della sceneggiatura), una specie di «ballata di formazione» solare, tenera e ironica, che si sbarazza di vari cliché (l'eroe vagabondo, gli incontri *on the road*, l'illegalità, la prigione, l'amore fuggevole) con la forza del ritmo e dell'immaginazione. Di Patsy Cline, icona country morta a trentun anni e presenza fantasmatica nel film, rimangono soprattutto la cultura di cui era esponente e i sogni ad occhi aperti del protagonista. La sua vera storia è stata raccontata da Karel Reisz in *Sweet Dreams*, con Jessica Lange.

Pattini d'argento * (*Silver Skates*, Usa 1943, b/n, 76') Leslie Goodwins. Con Belita, Kenny Baker, Patricia Morison, Eugene Turner, Irene Dare, Frank Faylen. ◆ Trita e stravista vicenda di uno show messo in pericolo dall'indisponibilità della prima ballerina (Belita), che preferisce il matrimonio alla carriera, e salvato dalla giovane esordiente (Baker) che si mette in luce e diventa una star. B-musical della Monogram con una regia fiacca, parzialmente recuperato dall'originale variante dell'essere una rivista tutta sul ghiaccio.

Patti Rocks ** (*Patti Rocks*, Usa 1988, col, 86') David Burton Morris. Con Chris Mulkey, John Jenkins, Karen Landry, David L. Turk, Stephen Yoakum. ◆ Billy ed Eddie (Mulkey e Jenkins) si ritrovano dopo anni e decidono di mettersi in viaggio insieme per andare a trovare Patti (Landry), la donna che Billy, dopo averla messa incinta, vuole convincere ad abortire: Patti si porta a letto Eddie e deciderà di tenersi il bambino. Film a basso costo che riprende i personaggi del precedente *Loose Ends*: dietro una scelta narrativa minimalista il film, piuttosto efficace nel descrivere alcuni miti del maschio americano, è diretto da un regista vicino al cinema di Cassavetes, indipendente e deciso a rimanerlo con coerenza.

Patto a tre * (*Marriage on the Rocks*, Usa 1965, col, 109') Jack Donohue. Con Frank Sinatra, Dean Martin, Deborah Kerr, Cesar Romero, Hermione Baddely, Nancy Sinatra. ◆ Il marito (Sinatra) trascura la moglie (Kerr) per il lavoro e la tv, mentre il suo miglior amico (Martin), seduttore incallito, ha già gli occhi sulla preda. Dopo un viaggio in Messico con annesso divorzio, lo scambio sembrerebbe fatto ma non tutto va come previsto. Il clan Sinatra e un regista di passaggio si impegnano per il primo quarto d'ora a illuderci che ci divertiremo, poi ci propinano una commedia soporifera.

Patto col diavolo *½ (Italia 1950, b/n, 84') Luigi Chiarini. Con Isa Miranda, Eduardo [Edward] Ciannelli, Anne Vernon, Jacques François, Ave Ninchi, Umberto Spadaro, Lamberto Picasso, Checco Rissone, Saro Urzì. ◆ Dramma contadino costruito sull'odio nefasto che oppone due famiglie calabresi causando conflitto e distruzione. Un soggetto di Corrado Alvaro (sceneggiato dal regista, Suso Cecchi d'Amico, Alvaro, Sergio Armidei, Mario Serandrei e, non accreditato, Carlo Mazzoni) per un film di estrema cura formale ma freddo e di scarsa resa espressiva, diretto da un regista che fu tra i maggiori critici e teorici italiani del cinema. La fotografia «leccata» di Carlo Montuori e la recitazione accademica si contrappongono programmaticamente ai dettami del neorealismo, ma non riescono mai a toccare i vertici (cercati) della tragedia.

Patto di sangue ** (*Blood In Blood Out*, Usa 1992, col, 180') Taylor Hackford. Con Damian Chapa, Jesse Borrego, Benjamin Bratt, Enrique Castillo, Delroy Lindo. ◆ I destini di tre giovani chicanos di Los

Angeles: Cruz (Borrego) sfonda come artista, ma finisce eroinomane; il suo fratellastro Paco (Bratt) diventa un poliziotto della narcotici; il loro cugino mezzosangue Miklo (Chapa) fa la spola dentro e fuori l'inferno del carcere di San Quentin, diventandone alla fine il dominatore. Una saga smisurata, piena di tutti i cliché che ci si può aspettare (compreso un massacro finale che il montaggio alterna a una festa, come nel *Padrino*): ma l'accumulo, anziché saturazione, finisce col generare familiarità, e non è difficile lasciarsi coinvolgere dalla logica da telenovela. Telenovela, però, che gronda di sangue e violenza più di qualunque film hollywoodiano medio, ed è abbastanza onesta nel rappresentare la cultura ispanica. Nella versione originale si parla quasi più spagnolo che inglese.

Patton, generale d'acciaio *** (*Patton*, Usa 1970, col, 169') Franklin J. Schaffner. Con George C. Scott, Karl Malden, Michael Bates, Stephen Young, Michael Strong, Frank Latimore, Karl Michael Vogler. ◆ La storia del leggendario generale americano George Smith Patton (Scott) protagonista nella seconda guerra mondiale di clamorose vittorie contro la Germania come pure di una deleteria rivalità con il collega inglese Montgomery (Bates). Magistrale film su una delle personalità militari più controverse di questo secolo che Schaffner racconta con un tono cupo e crepuscolare, senza prendere posizione pro o contro: non per essere imparziale, ma per dare al film un andamento originale, volutamente anti-epico, come la straordinaria scena iniziale, una lunga inquadratura di 6' dove Patton è ripreso con la bandiera americana alle spalle mentre parla alle truppe, ma senza che un solo controcampo ce le faccia vedere. Raramente un film americano che illustri un personaggio storico ha «tanto privilegiato le conseguenze e i risultati alle azioni vere e proprie». Sceneggiato con intelligenza da Francis Ford Coppola e Edmund H. North, il film deve molto del suo fascino alla recitazione di George G. Scott che accentuando gli eccessi, i paradossi e le idiosincrasie di Patton ha interpretato qui – con un'energia e una passione infinita – il personaggio della sua vita. Sette Oscar: miglior film, regia, attore protagonista, sceneggiatura, scenografia (Urie McCleary, Gil Parrondo, Antonio Mateos, Jean-Louis Thévénet), montaggio (Hugh S. Fowler) e suono (Douglas O. Williams, Don Bassman).

Pattuglia dei senza paura, La *** (*The G-Men*, Usa 1935, b/n, 85') William Keighley. Con James Cagney, Robert Armstrong, Ann Dvorak, Margaret Lindsay, Lloyd Nolan. ◆ Sfuggito ai bassifondi grazie al boss del racket che l'ha fatto studiare, un avvocato (Cagney) si arruola nell'Fbi per vendicare l'amico ucciso, combattendo proprio contro il suo benefattore. È il film che segnò la risposta cinematografica alla campagna governativa contro la delinquenza. I protagonisti non sarebbero più stati i gangster ma gli uomini di legge e il «nemico pubblico» Cagney si ritrovò paladino della legalità, salvo poi usare le stesse maniere spicce e violente. Un melodramma sanguinario, avventuroso ed eccitante, scritto da Seton I. Miller con una love story puramente esornativa allo scontro virile. Una delle migliori prove di Cagney. L'importanza storica del film fu sancita con la riedizione nel 1950 per festeggiare l'anniversario della polizia federale.

Pattuglia disperata → *Birra ghiacciata ad Alessandria*

Pattuglia invisibile, La → *Eroi del Pacifico, Gli*

Pattuglia sperduta, La **½ (*The Lost Patrol*, Usa 1934, b/n, 65') John Ford. Con Victor McLaglen, Boris Karloff, Wallace Ford, Reginald Denny, Alan Hale. ◆ Durante la prima guerra mondiale una pattuglia inglese dispersa nel deserto della Mesopotamia viene progressivamente decimata dagli arabi che colpiscono improvvisamente senza mai scendere in campo aperto. Un film ad alta tensione, sceneggiato da Dudley Nichols e costruito sul tipico motivo fordiano della dinamica psicologica di un gruppo umano minacciato da un nemico incombente e invisibile. Oscar alla colonna sonora di Max Steiner.

Pattuglia sperduta, La **½ (Italia 1954, b/n, 80') Piero Nelli. Con Sandro Isola, Giuseppe Aprà, Giuseppe Raumer, Giorgio Luzzatti, Annibale Biglioni, Giuseppe Natta, Giovanni Cellerini, Benito Dall'Aglio, Oscar Navarro, Filippo Posca. ◆ 20 settembre 1849: sperduti nella campagna novarese, otto soldati piemontesi guidati dal capitano Salviati (Isola) cercano di raggiungere le divisioni del generale Ramorino. Faranno il possibile per infliggere qualche perdita al nemico, ma scopriranno che gli austriaci hanno vinto la guerra. L'esordio nel lungometraggio di un documentarista (e del produttore Franco Cristaldi, che firma anche la sceneggiatura con Yvon De Bagnac, Oscar Navarro e Nelli) ricostruisce una pagina nera del nostro Risorgimento limitando, fino alle scene finali, ogni concessione alla retorica. La scelta di attori non professionisti, l'impatto narrativo della nebbia e della campagna devastata, le notazioni di classe vicine alla lezione gramsciana (il ruolo della borghesia, nell'incontro tra il tenente Airoldi [Aprà] e la sua famiglia), la sottolineature delle sofferenze subite dal popolo ne fanno un'opera innovativa e - nelle sue scelte antispettacolari - coraggiosa. Per questo il fervorino finale del napoletano Salviati sulla necessità di un'Italia unita finisce per suonare falso e appiccicaticcio. Prodotto nel 1952 e uscito col titolo di *Vecchio Regno*, fu ridotto di una quindicina di minuti e ritolato *La pattuglia sperduta*. Musiche di Goffredo Petrassi.

Patty – La vera storia di Patty Hearst *½ (*Patty Hearst*, Usa 1988, col, 120') Paul Schrader. Con Natasha Richardson, William Forsythe, Ving Rhames, Frances Fisher, Jodi Long. ◆ Ricostruzione della vicenda politico-scandalistica dell'ereditiera dell'impero americano della carta stampata Patti Hearst (Richardson) rapita nel 1974 dai terroristi dell'Esercito di Liberazione Simbionese e da questi convertita e reclutata, non si sa se con il lavaggio del cervello o con il fascino della trasgressione. Tratto dal libro autobiografico della Hearst e sceneggiato da Nicholas Kazan, è un film opaco, deludente sul piano della fiction come su quello documentario, incapace di utilizzare positivamente l'ambiguità della vicenda.

Paula *½ (*Paula*, Usa 1952, b/n, 80') Rudolph Maté. Con Loretta Young, Kent Smith, Alexander Knox,

Tommy Rettig. ◆ Un bambino rimane muto a seguito di un incidente. La facoltosa donna (Young) che lo ha investito senza prestargli soccorso entra in crisi e si dedica completamente alla sua riabilitazione. Una discreta prova della Young solleva questo melodramma strappalacrime.

Pauline alla spiaggia **½ (*Pauline à la plage*, Francia 1983, col, 94') Eric Rohmer. Con Amanda Langlet, Arielle Dombasle, Pascal Greggory, Féodor Atkine, Simon de La Brosse. ◆ Nell'ultimo scorcio balneare di settembre, la tredicenne Pauline (Langlet) e la bella zia Marion (Dombasle) intrecciano amori e chiacchiere, sempre sull'amore, in un piccolo gruppo di amici che comprende un romantico insegnante di windsurf (Greggory), un infaticabile tombeur de femmes (Atkine), un coetaneo di Pauline (de La Brosse) e una frivola ragazzotta. Terzo episodio della serie *Commedie e proverbi*, porta a epigrafe l'affermazione di Chrétien de Troyes: «Chi parla troppo si danneggia». Una deliziosa commedia girata in stato di grazia che senza alcuna morbosità porta in scena l'acerba freschezza di un'educazione sentimentale. Orso d'argento a Berlino.

Paulo Roberto Cotechiño centravanti di sfondamento * (Italia 1983, col, 88') Nando Cicero. Con Alvaro Vitali, Carmen Russo, Mario Carotenuto, Franca Valeri, Tiberio Murgia. ◆ Prima la nostalgia per la patria, poi la gelosia suscitata dalla fidanzata ballerina (Russo), infine un rapimento: vita di trasferta più che mai travagliata per un fuoriclasse del calcio brasiliano (Vitali) acquistato dalla squadra del Napoli. Meglio il titolo, assolutamente indimenticabile, che la stanca sequenza di lazzi e trivialità varie affidata a un Vitali fuori forma.

Paura, La – Non credo più all'amore *** (Italia/Rft 1954, b/n, 75') Roberto Rossellini. Con Ingrid Bergman, Mathias Wieman, Renate Mannhardt, Kurt Kreuger, Luisa Vidor. ◆ Irene (Bergman), moglie di un industriale farmaceutico (Wieman), ha deciso di lasciare il suo amante (Kreuger), ma viene ricattata da una cinica arpia. Per nascondere la verità, Irene deve cominciare una recita che la logora: ma ignora che il marito conosce già la verità, e che si diverte sadicamente alle sue spalle. Dopo essere stata presentata in una luce ambigua, ben presto la Bergman torna a essere un'eroina incerta come quelle di *Europa 51* e di *Viaggio in Italia*, e patisce una punizione sproporzionata alla sua colpa. Rossellini aderisce al suo punto di vista, e riesce a costruire un'atmosfera di angoscia e sospetto, complici sia ombre espressioniste che più sottili giochi di finzioni e allusioni. L'ispirazione di fondo – coi temi della colpa, dell'espiazione e della tentazione al suicidio – è tipicamente cattolica, ma la distribuzione del bene e del male tutt'altro che manichea o «bigotta», come ha detto qualcuno. Ultimo capitolo della collaborazione artistica con la Bergman, è sempre stato considerato un episodio minore della filmografia rosselliniana – probabilmente per pregiudizi contro la struttura quasi da thriller – e merita di essere rivalutato. La sceneggiatura, di Rossellini, Sergio Amidei e Franz Treuberg, è tratta da un racconto di Stefan Zweig. Conosciuto anche con i titoli *Non credo più all'amore* e *Incubo*.

Paura *½ (*Native Son*, Usa 1986, col, 112') Jerrold Freedman. Con Victor Love, Matt Dillon, Carroll Baker, Akosua Busia, Elizabeth McGovern, Geraldine Page, Oprah Winfrey. ◆ La vita di un giovane e povero nero (Love) nella Chicago dei depressi anni Trenta subisce una drammatica svolta. La radicalità della vicenda, tratta dal romanzo *Ragazzo negro* di Richard Wright e sceneggiata da Richard Wesley, viene abbondantemente edulcorata rispetto al libro e trasformata in un melodramma a tinte forti. Matt Dillon è un romantico e poco credibile comunista. Il romanzo era già stato adattato nel 1949 da Pierre Chenal con una produzione argentina (*Sangre Negra* – in Italia, *Paura*) affidando allo stesso Richard Wright il ruolo del protagonista.

Paura ° (*Fear*, Usa 1996, col, 97') James Foley. Con Mark Wahlberg, Reese Witherspoon, William Petersen, Amy Brenneman, Alyssa Milano, Christopher Gray. ◆ Papà Walker (Petersen) freme quando la figlia Nicole (Witherspoon) inizia a uscire con David (Wahlberg), giovanotto troppo gentile e dal passato oscuro: infatti è uno psicopatico che prenderà di mira l'intera famigliola. Scritto da Cameron Crowe, l'ennesimo, scontato thriller moralista sulle famiglie in pericolo, più sessuofobo e punitivo del solito. Foley al minimo. Musica di Carter Burwell.

Paura bussa alla porta, La **½ (*Storm Fear*, Usa 1956, b/n, 88') Cornel Wilde. Con Cornel Wilde, Jean Wallace, Dan Duryea, Lee Grant, Dennis Weaver. ◆ Una banda di malviventi in fuga si installa nella casa del fratello del capo (Wilde), sconvolgendo la tranquilla vita di montagna della famigliola. Melodramma avventuroso, sincero e coinvolgente, è il primo film in cui Wilde, stanco di interpretare eroi senza sfumature, passò dietro la macchina da presa per cucirsi addosso un personaggio più vicino alla sua sensibilità. La sceneggiatura è di Horton Foote.

Paura d'amare *½ (*Dangerous*, Usa 1935, b/n, 78') Alfred E. Green. Con Bette Davis, Franchot Tone, John Eldredge, Margaret Lindsay, Dick Foran. ◆ Un architetto innamorato (Tone) salva dall'autodistruzione Joyce Heath (Davis), un'ex attrice alcolizzata, aiutandola a tornare sulle scene. Ma il marito segreto di lei (Eldredge) non vuole concederle il divorzio: con il suo amante, Joyce tenta un inutile suicidio e alla fine sacrificherà l'amore per il dovere. Un melodramma ben raccontato ma lacrimoso e sdolcinato, a tratti al limite del ridicolo, sceneggiato da Laird Doyle. L'intensa interpretazione fruttò alla Davis un Oscar giusto per il film sbagliato, riparatore di quello mancato l'anno precedente con *Schiava d'amore*. Rifatto come *La femmina di Singapore* (1941, di Jean Negulesco con Brenda Marshall).

Paura d'amare *½ (*Hilda Crane*, Usa 1956, col, 87') Philip Dunne. Con Jean Simmons, Guy Madison, Jean-Pierre Aumont, Evelyn Varden. ◆ La conturbante Hilda Crane (Simmons) dopo il secondo matrimonio fallito se ne torna al paese dove il suo comportamento scatena pettegolezzi e cattiverie. Dramma sentimentale moralista ma con qualche elemento d'interesse per lo stile anticonformista del personaggio interpretato dalla Simmons, non così consueto per il periodo.

Paura d'amare **½ (*Frankie & Johnny*, Usa 1991, col, 117') Garry Marshall. Con Michelle Pfeiffer, Al Pacino, Hector Elizondo, Nathan Lane, Kate Nelligan, Jane Morris, Greg Lewis, Phil Leeds, Al Fann. ◆ Un cuoco, ex carcerato e divorziato (Pacino), s'innamora perdutamente di una cameriera delusa dagli uomini e dalla vita (Pfeiffer). Una favola del quotidiano, sceneggiata da Terrence McNelly a partire dal suo dramma *Frankie & Johnny in the Clair de Lune* e diretta dal regista di *Pretty Woman*: interessante lo spaccato di una New York poco vista sul grande schermo, che di solito privilegia situazioni socioesistenziali più clamorose; irritante il tocco mieloso di Marshall, a cominciare dal ristorantino multietnico come regno della solidarietà, tanto forzato quanto improbabile. La recitazione di Pacino è un po' sopra le righe, ma sostanzialmente in linea con il personaggio, mentre è splendida quella della Pfeiffer, sofferente ed emaciata senza mai sfiorare il patetismo o la maniera. Dante Spinotti firma la bella fotografia, Terence Trent D'Arby canta il motivo che dà il titolo al film.

Paura dietro la porta → *Fear Inside, The – Paura d'interno*

Paura d'interno → *Fear Inside, The – Paura d'interno*

Paura e amore * (Italia/Rft/Francia 1988, col, 113') Margarethe von Trotta. Con Fanny Ardant, Greta Scacchi, Valeria Golino, Sergio Castellitto, Paolo Hendel, Agnes Soral, Guido Alberti, Peter Simonischek. ◆ Disavventure sentimentali di tre sorelle: la professoressa universitaria Velia (Ardant) si innamora di un uomo sposato che però la tradirà con Maria (Scacchi), l'ingenua sorella sposata; mentre un incidente stradale spezzerà le speranze di matrimonio della terza, Sandra (Golino). Ispirato liberamente alle *Tre sorelle* di Čechov e ambientato nella bella e malinconica provincia pavese, il film intreccia le vicende sentimentali di donne diverse per età e temperamento ma accomunate dalla disillusione sentimentale e dal reciproco amore. La fotografia (di Beppe Lanci) è accurata, gli attori intensi ma i dialoghi implacabilmente didascalici, firmati a quattro mani dalla regista con Dacia Maraini, rendono il tutto mortalmente noioso.

Paura e delirio a Las Vegas **½ (*Fear and Loathing in Las Vegas*, Usa 1998, col, 118') Terry Gilliam. Con Johnny Depp, Benicio Del Toro, Tobey Maguire, Christina Ricci, Cameron Diaz, Ellen Barkin, Mark Harmon, Gary Busey, Harry Dean Stanton, Lyle Lovett, Penn Jillette. ◆ Nel 1971, «alla ricerca del sogno americano», il giornalista Raoul Duke (Depp) va a Las Vegas per una gara di moto e una convention sulle droghe, accompagnato dal suo avvocato Dr. Gonzo (Del Toro) e rifornito di allucinogeni in abbondanza: nel tempio del kitsch americano, la generazione della contestazione si accorgerà che l'era dell'Acquario è finita prima di iniziare, e che la realtà è già un'allucinazione. Il libro autobiografico (*Paura e disgusto a Las Vegas*, scritto nel 1971) di Hunter S. Thompson, inventore del «gonzo journalism» (dove «gonzo» sta per «fuori dalle regole») era lucido e profetico nel suo delirio, e Gilliam tenta di trovare una forma cinematografica che sappia renderlo sullo schermo. Non tutto funziona, perché il regista a volte non riesce a controllare il suo gusto surrealista (e certe trovate, come i mostri di Rob Bottin, scadono nello pseudofellinismo se non addirittura nelle baracconate), ma alla fine – più per mimesi che per distanziamento – lo spettatore finisce per fare i conti con il fallimento delle utopie libertarie del Movement (come la parola d'ordine che «la droga libera la coscienza»), a cui per altro fanno diretto riferimento gli inserti documentari e molte delle citazioni musicali. A riprese iniziate Gilliam ha sostituito Alex Cox, il cui nome è rimasto tra gli sceneggiatori (assieme allo stesso Gilliam, Tony Grisoni e Tod Davies). Virtuosistica fotografia di Nicola Pecorini.

Paura fa 90, La * (Italia 1951, b/n, 90') Giorgio C. Simonelli. Con Silvana Pampanini, Ugo Tognazzi, Franca Marzi, Carlo Croccolo, Virgilio Riento, Galeazzo Benti, Luigi Pavese, Mario Castellani. ◆ Un attore (Tognazzi), che assomiglia incredibilmente al fantasma di un conte nel cui castello si è rifugiata la sua compagnia, è la vittima di una serie infinita di equivoci e scambi di persona. Una commediola senza pretese di facile comicità nazional-popolare, animata dalle forme della Pampanini e dalle smorfie di Tognazzi.

Paura in città *½ (Italia 1976, col, 100') Giuseppe Rosati. Con Maurizio Merli, Raymond Pellegrin, Silvia Dionisio, James Mason, Liana Trouché, Cyril Cusack. ◆ Il commissario Murri (Merli), odiato dai magistrati perché ha il grilletto facile, dà la caccia a un detenuto (Pellegrin) fuggito di galera. Nella media del poliziottesco all'italiana di quegli anni: azione, un po' di sesso, e un atteggiamento ambiguo (e spesso apologetico) nei confronti della violenza delle istituzioni. Mason è finito chissà come nella parte di un questore.

Paura in palcoscenico ** (*Stage Fright*, Usa 1950, b/n, 110') Alfred Hitchcock. Con Marlene Dietrich, Jane Wyman, Michael Wilding, Richard Todd, Alastair Sim, Sybil Thorndike, Kay Walsh. ◆ Sospettato di aver ucciso il marito della propria amante, una diva del music-hall (Dietrich), Jonathan Cooper (Todd) riceve un insperato aiuto dall'amica Eve Gill (Wyman) che lo nasconde in casa sua e indaga per scagionarlo. Un Hitchcock minore che gioca di rimando fra la falsità della rappresentazione teatrale e dei suoi protagonisti e quella della vicenda delittuosa. Da questo punto di vista il Maestro introduce un vero e proprio inganno nei confronti dello spettatore: un flashback incoerente con la verità ma coerentissimo con l'idea di fondo del film, storia delle diverse versioni di un unico delitto. In ogni caso la suspense non manca e il fascino di Marlene continua a colpire quando canta *I'm the Laziest Girl in Town*. Hitchcock è un passante che si volta a guardare Jane Wyman mentre parla da sola.

Paura mangia l'anima, La **½ (*Angst essen Seele auf*, Rft 1973, col, 93') Rainer Werner Fassbinder. Con El Hedi Ben Salem, Brigitte Mira, Irm Hermann, Barbara Valentin, Karl Scheydt. ◆ Emmi (Mira), donna delle pulizie vedova e sessantenne, si innamora del marocchino Alì (Salem), di vent'anni più giovane, e lo sposa, con grande scandalo di figli e colleghi di lavoro. Variante di *Secondo amore* di Sirk, dove una ricca vedova (Jane Wyman) si innamorava di un giardiniere (Rock Hudson). Fassbinder divide rigidamente i personaggi tra buoni e cattivi, e si concede (come Sirk) una nota finale di moderato ottimismo con un approccio solidale ma non retorico alla vicenda umana di due diversi, in rivolta contro il mondo prima e contro i propri egoismi poi: ma, dietro le strutture del melodramma, è l'analisi sociale a interessarlo. In sordina ma spesso toccante, uno dei film tutto sommato meno cattivi dell'autore, che compare nella parte di Eugen. Noto anche come *Tutti gli altri si chiamano Alì*.

Paura nella città dei morti viventi *½ (Italia 1980, col, 91') Lucio Fulci. Con Christopher George, Katherine MacColl, Carlo De Mejo, Antonella Interlenghi, Janet Agren. ◆ Un sacerdote si suicida, una medium sente prossima la catastrofe, le tombe si scoperchiano e i morti viventi si scatenano per il loro trionfo finale. Fulci, il decano dello splatter made in Italy, torna al tema prediletto degli zombi con un tripudio di macelleria e frattaglie sanguinolente, cervelli spiaccicati e pavimenti che crollano divorati dai vermi. A suo tempo presentato al pubblico con tanto di controindicazione medica di un celebre primario cardiologo.

Paura senza perché → *Diritto di uccidere, Il*

Paura su Manhattan *½ (*Fear City*, Usa 1984, col, 96') Abel Ferrara. Con Tom Berenger, Melanie Griffith, Billy Dee Williams, Rae Dawn Chong, Rossano Brazzi, Maria Conchita Alonso. ◆ Proprio mentre un maniaco giustiziere si accanisce, sfregiandole, contro le schiave del vizio, una spogliarellista (Griffith) riprende a drogarsi: salvarla diventa una doppia fatica per il suo manager e amante (Berenger). Tagliate (dalla versione italiana) le scene di strip della Griffith, viene a cadere il principale motivo d'interesse di questo banale spaccato dei bassifondi newyorchesi. Atmosfere cupe, personaggi da telefilm: l'autore di *Angelo della vendetta* e *China Girl* questa volta è a mezzo servizio.

Pavoni, I ** (Italia 1994, col, 104') Luciano Manuzzi. Con Rinaldo Rocco, Nicola Russo, Sabrina Knaflitz, Vincenzo Crivello, Max Malatesta, Ivano Marescotti, Benedetta Buccellato, Flavio Albanese, Victor Cavallo. ◆ Cresciuto in una famiglia che gli ha sempre permesso tutto, Vittorio (Rocco) crede solo nei soldi e nei simboli del consumismo. E quando il padre (Marescotti) vorrebbe tagliargli i finanziamenti per costringerlo a impegnarsi in un lavoro, lui preferisce organizzare con tre amici (Malatesta, Russo e Crivello) l'assassinio di tutta la famiglia per intascare l'eredità. Prendendo spunto dal caso di Pietro Maso, Manuzzi (che firma anche la sceneggiatura con Claudio Lizza) registra la banalità della vita di provincia senza farsi catturare dalle costruzioni psicologiche o drammaturgiche. L'idea originale del film è quella di filmare con la stessa «indifferenza» le serate al bar come il massacro finale, ma questa scelta non riesce mai a sollevarsi in una coerente ricerca di stile: il «rigore tendenziale» viene troppo spesso contraddetto da una musica invadente (di Carlo Siliotto) o da qualche spiegazione di troppo (eccessivamente schematiche le colpe e la permissività dei genitori) finendo per portare lo spettatore verso un generico senso di colpa da «siamo tutti nella stessa barca».

Payback - La rivincita di Porter ** (*Payback*, Usa 1998, col, 100') Brian Helgeland. Con Mel Gibson, Gregg Henry, Deborah Kara Hunger, Maria Bello, Bill Duke, David Paymer, Kris Kristofferson, William Devane, Lucy Alexis Liu, John Glover, Jack Conley. ◆ Il socio (Henry) pensa di averlo eliminato, ma Porter (Gibson) sopravvive alle pistolettate e torna deciso a prendersi quello che gli spetta: dovrà vedersela anche con i capi dell'Organizzazione (Devane e Kristofferson), ma potrà contare sull'aiuto di una prostituta di lusso (Bello). L'esordio alla regia dello sceneggiatore di *L.A. Confidential* (che insieme a Terry Hayne firma anche la riduzione del romanzo *Anonima carogne* di Richard Stark alias Donald Westlake) è un noir costruito un po' troppo su misura per l'eroe di *Arma letale*, che nella sua qualità anche di produttore ha accentuato le scelte originarie del regista a favore di un'ironia troppo dichiarata e plumbea, con eccessivi inserti grandguignoleschi che finiscono per smussare il fascino piacevolmente rétro dell'operazione. Lo stesso personaggio (che nei romanzi di Stark si chiama Parker ma che, per precisa volontà dell'autore, nelle riduzioni cinematografiche non può avere lo stesso nome) è stato interpretato anche da Lee Marvin in *Senza un attimo di tregua* (1967) e da Robert Duvall in *Organizzazione crimini*.

Paziente inglese, Il ** (*The English Patient*, Usa 1996, col, 162') Anthony Minghella. Con Ralph Fiennes, Juliette Binoche, Willem Dafoe, Kristin Scott-Thomas, Naveen Andrews, Colin Firth, Julian Wadham, Nino Castelnuovo, Jürgen Prochnow, Kevin Whately, Clive Merrison. ◆ In Toscana, verso la fine della seconda guerra mondiale, l'infermiera canadese Hana (Binoche) si ferma in un casolare per alleviare l'agonia di Laszlo de Almasy (Fiennes). Mentre lei s'innamora di Kip (Andrews), artificiere sikh delle truppe alleate, l'arrivo del misterioso Caravaggio (Dafoe) fa venire a galla il segreto del moribondo: l'amore adulterino e maledetto per Katherine (Scott-Thomas), incontrata durante una missione in Egitto. Dall'omonimo libro di Michael Ondaatje, sceneggiato con notevoli semplificazioni dal regista, un melodramma tradizionale e ben confezionato che ambisce a collocarsi nel solco tracciato da *Il dottor Zivago* e *Lawrence d'Arabia*: ma a Minghella, anche se dimostra di saperci fare, manca l'afflato epico di un Lean, nonostante le scene nel deserto siano visivamente molto belle. E viene il dubbio che il suo elegante romanticismo kolossal, in equilibrio tra drammi intimisti e sconvolgimenti storici mondiali, abbia conquistato il pubblico di mezzo mondo perché il genere a cui fa riferimento è pressoché scomparso dagli schermi. Dodici nomination all'Oscar e nove statuette conquistate: miglior film, regia, attrice non protagonista (Binoche), fotografia (John Seale), scenografia (Stuart Craig e Stephanie McMillan), costumi (Ann Roth), montaggio

(Walter Murch), colonna sonora drammatica (Gabriel Yared), sonoro (Walter Murch, Mark Berger, David Parker, Chris Newman).

Pazza **½ (*Nuts*, Usa 1987, col, 113') Martin Ritt. Con Barbra Streisand, Richard Dreyfuss, Maureen Stapleton, Karl Malden, Eli Wallach, Robert Webber. ◆ La prostituta d'alto bordo (Streisand) che ha ammazzato un cliente per legittima difesa, rifiuta di passare per matta come vorrebbero i genitori, reclamando un regolare processo e facendo di tutto per provocare la giuria: sarà il suo avvocato (Dreyfuss) a far emergere la vera causa del suo nevrotico comportamento. La Streisand crea un personaggio memorabile di donna caparbiamente impegnata a opporre la verità della sua nevrosi alla falsificazione dell'ipocrita perbenismo della società. Solidissimo cinema liberal (tratto dalla commedia di Tom Topor sceneggiata da Topor con Darryl Ponicsan e Alvin Sargent) con un cast eccezionale ma anche un'aria un po' vecchiotta e convenzionale: se l'inizio è eccellente, le scene nel tribunale sono meno originali, nonostante la foga della Streisand.

Pazza di Chaillot, La ** (*The Madwoman of Chaillot*, Usa 1969, col, 132') Bryan Forbes. Con Katharine Hepburn, Yul Brynner, Danny Kaye, Edith Evans, Charles Boyer, John Gavin, Paul Henreid, Oskar Homolka, Margaret Leighton, Giulietta Masina, Richard Chamberlain, Donald Pleasence. ◆ Gli speculatori che vorrebbero trivellare un vecchio quartiere parigino per estrarre il petrolio finiscono fra le grinfie di un'anziana e irriducibile romantica (Hepburn) che, con la sua corte dei miracoli, li sottopone a un duro processo popolare. Dalla commedia omonima di Jean Girardoux, di cui stempera l'elegante spirito pamphlettistico, il film conserva un certo sapore fantastico nell'allestimento d'epoca e nella vigorosa interpretazione della Hepburn e dell'ottimo cast per privilegiare l'elogio della saggezza borghese e la malinconica nostalgia dei valori perduti.

Pazza giornata di vacanza, Una *½ (*Ferris Bueller's Day Off*, Usa 1986, col, 103') John Hughes. Con Matthew Broderick, Mia Sara, Alan Ruck, Jeffrey Jones, Jennifer Grey, Charlie Sheen. ◆ Figli inquieti di una borghesia sazia e soddisfatta, tre adolescenti decidono che, visto che la gioventù è breve, è meglio mollare la scuola e godersela in giro sulla Ferrari 250 GT di papà. Almeno per un giorno. Diretta dallo sceneggiatore di *National Lampoon's Vacation*, questa commedia disomogenea cerca di condire i soliti allegri ingredienti giovanilistici con qualche riflessione semiseria sui rapporti intergenerazionali.

Pazza per la musica *½ (*Mad about Music*, Usa 1938, b/n, 98') Norman Taurog. Con Deanna Durbin, Herbert Marshall, Gail Patrick, Arthur Treacher. ◆ Affidata a un collegio svizzero dalla madre (Patrick), nota attrice troppo impegnata dal cinema, una ragazza (Durbin) si lega a un compositore (Marshall) che contribuisce a riunire la famiglia. Grazioso filmetto musicale per mettere in evidenza l'ugola della Durbin.

Pazza storia d'amore, Una ** (*Blume in Love*, Usa 1973, col, 117') Paul Mazursky. Con George Segal, Susan Anspach, Kris Kristofferson, Marsha Mason, Shelley Winters, Paul Mazursky. ◆ Un avvocato divorzista, separato e dongiovanni (Segal) cerca in tutti i modi di riconquistare la moglie (Anspach) che, per reazione antiborghese, flirta con un musicista drop-out (Kristofferson). La crisi della coppia contemporanea in una gradevole commedia raccontata col lieve tocco umoristico di Mazursky e i colombi di piazza San Marco a Venezia.

Pazza storia del mondo, La *½ (*History of the World – Part I*, Usa 1981, col, 92') Mel Brooks. Con Mel Brooks, Dom DeLuise, Madeline Kahn, Cloris Leachman, Harvey Korman, Ron Carey, Sid Caesar, Gregory Hines. ◆ Un Bignami superconcentrato di storia dell'umanità, dall'età della pietra passando per l'antica Roma fino alla Rivoluzione francese, narrata nella versione originale dalla voce di Orson Welles. Una raffica di gag a volte divertenti ma più spesso insulse, con una media totale ampiamente insufficiente e soporifera. Fra le migliori quella di Mosè imbranato che rompe le tavole della legge ridimensionando da 15 a 10 i comandamenti.

Pazzi ** (*Disturbed*, Usa 1990, col, 96') Charles Winkler. Con Malcolm McDowell, Geoffrey Lewis, Priscilla Ponter, Pamela Gidley. ◆ Lo psichiatra Russell (McDowell) ha già spinto al suicidio una delle proprie pazienti con le sue pressanti avances: ma il presunto cadavere della nuova vittima (Gidley) scompare, e lo strizzacervelli comincia a uscire di testa, mescolando sogni e realtà. Discreto film di serie B: intreccio scontato, recitazione sul filo della parodia, e tocchi di umorismo sarcastico non involontari.

Pazzia → *All'alba non sarete vivi*

Pazzi a Beverly Hills * (*L. A. Story*, Usa 1991, col, 94') Mick Jackson. Con Steve Martin, Victoria Tennant, Richard E. Grant, Marilu Henner, Sarah Jessica Parker, Iman. ◆ Il responsabile di un demenziale programma Tv di previsioni meteorologiche (Martin), insoddisfatto in amore, lavoro e amicizie, entra nelle grazie di un magico pannello elettronico stradale che lo mette in allarme sul futuro e gli fa incontrare una deliziosa e squinternata giornalista. Scritto, sceneggiato e interpretato a propria misura da Steve Martin, dovrebbe essere, sulla falsariga dell'alleniano *Manhattan*, un atto d'amore per Los Angeles. Forse lo è anche ma certo non è un gran film, offrendo solo qualche momento divertente in un insieme male assortito di satira di costume e commedia surreal-sentimentale.

Pazzia di re Giorgio, La ** (*The Madness of King George*, Gb 1995, col, 109') Nicholas Hytner. Con Nigel Hawthorne, Helen Mirren, Ian Holm, Amanda Donohoe, Rupert Graves, Rupert Everett. ◆ 1788: dopo aver regnato per oltre trent'anni, Giorgio III d'Inghilterra (Hawthorne) comincia a comportarsi in maniera bizzarra: viene quindi affidato a un energico psichiatra ante litteram, il dottor Willis (Holm), che insegnerà al sovrano a convivere con la propria malattia – porfiria, si scoprirà in tempi più recenti – giusto in tempo per sventare il piano del principe di Galles (Everett) che sta per succedergli. Tratto da una fortunatissima commedia di Alan Bennett, da lui stesso sceneggiata, il film è un pretesto per ironizzare sul presente della corte d'Inghilterra parlando del passato. Ma nonostante la solida costruzione drammatica, l'ottima prova degli attori (Hawthorne ha avuto una nomination all'Oscar, la Mirren, che interpreta la regina Carlotta, il premio come miglior attrice a Cannes), il film non riesce mai a sollevarsi dai livelli di una rappresentazione accademica. Oscar anche alla scenografia (Ken Adams e Carolyn Scott).

Pazzi borghesi *½ (*Folies bourgeoises*, Francia 1976, col, 105') Claude Chabrol. Con Stéphane Audran, Bruce Dern, Ann-Margret, Jean-Pierre Cassel, Sydne Rome, Maria Schell, Charles Aznavour, Tomas Milian, Curt Jurgens, Francis Perrin. ◆ Claire de la Tour-Piquet (Audran) tradisce con l'editore Jacques (Cassel) il marito scrittore William (Dern) che ha, a sua volta, un'amante (Ann-Margret). Ma tutta la vicenda viene trasfigurata dalla fervida fantasia della donna che mentalmente demolisce la figura del marito e progetta l'assassinio della rivale. Con le parole di Chabrol, presente in un cammeo come cliente dell'editore: «il mio peggior film, ho tentato un ammasso di sperimentazioni».

Pazzi da legare * (*Armed and Dangerous*, Usa 1986, col, 88') Mark L. Lester. Con John Candy, Eugene Levy, Robert Loggia, Kenneth McMillan, Meg Ryan. ◆ Una coppia di svitati (Candy e Levy) si mette a lavorare per un istituto di vigilanza cacciandosi nei pasticci con una banda di gangster. Uno stereotipato carosello di macchine sfasciate et similia, all'insegna della più trita comicità catastrofica.

Pazzie di gioventù *½ (*Fresh Horses*, Usa 1988, col, 105') David Anspaugh. Con Molly Ringwald, Andrew McCarthy, Patti D'Arbanville, Molly Hagan. ◆ Lo studentello middle-class (McCarthy) si invaghisce della ragazza semi-drop out (Ringwald) che vive lungo il fiume. La provincia come sfondo per il difficile rapporto fra l'America povera e quella ricca, nonché per la fatica di crescere degli adolescenti. Anspaugh è un buon professionista che già in *Colpo vincente* ha dimostrato attenzione ai problemi della comunità, ma non riesce a sollevarsi dalla dignitosa confezione e gli attori lo aiutano pochissimo.

Pazzi, pupe e pillole **½ (*The Disorderly Orderly*, Usa 1964, col, 90') Frank Tashlin. Con Jerry Lewis, Glenda Farrell, Susan Oliver, Everett Sloane, Kathleen Freeman, Karen Sharpe. ◆ Lo studente di medicina Jerome Littlefield (Lewis) si identifica talmente con le sofferenze dei malati da dover abbandonare gli studi: assunto come tuttofare in una clinica psichiatrica combinerà guai a catena, ma aiuterà una paziente (Oliver) a uscire dalla sua depressione e troverà anche l'amore (Sharpe). Uno dei migliori film di Jerry Lewis non diretti da lui, con una girandola di gag inscritte in una personalissima critica dei miti americani: una serie di scene brevi e conchiuse, ai limiti del surreale (magistrale la trovata dell'uomo completamente bendato che si schianta contro l'albero, ma altrettanto geniale la situazione della «neve» del televisore che invade la camera, o il tentativo di far lavare i denti a un paziente che non li ha) sottolineano con forza «il divario sempre più profondo che si sta scavando fra uomini e cose in un mondo dove l'organizzazione razionale tende a coincidere con la disumanizzazione». Assolutamente irresistibile la distruzione progressiva del supermercato. Sceneggiatura di Frank Tashlin.

Pazzo, pazzo West ** (*Hearts of the West*, Usa 1975, col, 102') Howard Zieff. Con Jeff Bridges, Alan Arkin, Andy Griffith, Blythe Danner, Donald Pleasence. ◆ Un giovanotto (Bridges) va all'assalto della Hollywood sul finire degli anni Venti, a cavallo fra muto e sonoro. Vorrebbe fare lo sceneggiatore western ma finisce per diventare attore, consolandosi con la segretaria di produzione. Uno sguardo nostalgico e ironico sulla fauna della mecca del cinema, sul mito del West e su quello del western. Delizioso Alan Arkin nella parte del regista. Disomogeneo ma gradevole.

Pazzo per la musica * (*Josette*, Francia 1936, b/n, 90') Christian-Jaque [Christian Maudet]. Con Fernandel [Fernand Contandin], Josette [Josette Contandin], Lucien Rozenberg, Mona Goya, Robert Arnoux, Jacqueline Prévost, René Lestelly, Sinoël [Jean-Léonis Bies]. ◆ Mentre la mamma (Prévost) è in sanatorio, la piccola Josette (Josette) vive col caritatevole vicino di casa Albert (Fernandel), aspirante cantante senza molta fortuna: il loro destino cambierà aiutando un signore (Rozenberg) che si è sentito male per strada e che scopriranno essere un banchiere milionario. Innocua commediola sui buoni sentimenti interpretata da padre e figlia: qualche concessione favolistica (Josette e Albert dividono buoni e cattivi in fate o maghi e streghe e sperano sempre in qualche magia capace di risolvere tutto), un pretesto sentimentale (Albert si innamora della cantante Viviane [Goya] senza capire che la donna che l'ama veramente è la madre di Josette) e molte canzoni (Fernandel si esibisce anche nel suo numero «balbuziente» da music hall).

Pazzo per le donne * (*Girl Happy*, Usa 1965, col, 96') Boris Sagal. Con Elvis Presley, Harold J. Stone, Shelley Fabares, Gary Crosby, Nita Talbot, Joby Baker. ◆ Un ragazzo (Elvis) riceve l'incarico dal padrone del night dove lavora di sorvegliare la sua esuberante figliola (Fabares). Il poveretto suda sette camicie per tirarla fuori dai guai e disperdere i vari spasimanti, per poi cedere, ovviamente, lui stesso alle grazie della fanciulla. Una trama noiosa e undici canzoni per una delle prestazioni cinematografiche meno memorabili di Presley.

Pazzo per te → *Crazy For You*

Pazzo va alla guerra, Un ** (*Caught in the Draft*, Usa 1941, b/n, 82') David Butler. Con Bob Hope, Dorothy Lamour, Lynne Overman, Eddie Bracken, Irving Bacon. ◆ Un attore hollywoodiano (Hope) le prova tutte per schivare il servizio militare ma poi finisce abile e arruolato, combinando un sacco di guai al campo e innamorandosi della figlia del colonnello. Girato prima di Pearl Harbor, quando si poteva ancora scherzare sul tema dell'imboscamento, è una commedia divertente con un Bob Hope al meglio, impegnato in situazioni balorde e dialoghi allusivi.

Peacemaker, The ** (*The Peacemaker*, Usa 1997,

col, 123') Mimi Leder. Con George Clooney, Nicole Kidman, Marcel Iures, Alexander Baluev, René Medvesek, Gary Werntz, Armin Müller-Stahl, Randall Batinkoff, Michael Bratman. ◆ Un gruppo di mercenari vende ordigni nucleari ad alcuni attentatori bosniaci: Julia Kelly (Kidman), fisico nucleare in servizio alla Casa Bianca, e Thomas Devoe (Clooney), colonnello dei servizi segreti americani, sono incaricati di recuperarli. Un thriller fantapolitico con acrobazie alla James Bond, scritto da Michael Schiffer: i risvolti d'attualità (la Bosnia dopo la guerra e le responsabilità dell'Occidente) appaiono pretestuosi e imbarazzanti, ma la regista ha un buon talento per l'azione e la coppia Clooney-Kidman, vagamente anni Quaranta, conferisce alla vicenda un piacevole retrogusto da commedia classica. È il primo film prodotto dalla DreamWorks di Katzenberg, Geffen e Spielberg.

Peacock's Place → *Al tropico del cancro*

Peccati d'estate * (Italia 1962, col, 95') Giorgio Bianchi. Con Dorian Gray, Daniela Rocca, Elaine Stewart, Mark Damon, Romolo Valli, Riccardo Garrone, Giuseppe Porelli, Riccardo Billi, Franco Scandurra. ◆ Una moglie stanca delle continue avventure del marito (Damon) decide di vendicarsi allo stesso modo. Debole dal punto di vista narrativo, approssimato nella realizzazione. La colonna sonora è di Lelio Luttazzi, Umberto Bindi canta *Riviera*.

Peccati di Madame Bovary, I * (Italia/Rft 1969, col, 91') John Scott [Hans Schott-Schoebinger]. Con Edwige Fenech, Gerhard Riedmann, Franco Ressel, Peter Carsten, Gianni Dei, Rossana Rovere, Franco Borelli. ◆ Annoiata dalla vita di provincia che le propone il marito, Emma Bovary (Fenech) passa da un amante all'altro: pensa anche al suicidio, ma poi continua malinconicamente la sua vita. Nonostante le ascendenze letterarie, è proprio Flaubert il grande assente del film mentre la Fenech è una presenza perlopiù insopportabile. Pare che la censura abbia tagliato il meglio.

Peccati in famiglia * (Italia 1975, col, 97') Bruno Gaburro. Con Michele Placido, Renzo Montagnani, Juliette Mayniel, Simonetta Stefanelli, Jenny Tamburi, Rossella Pescatore. ◆ Un ragazzo del Sud (Placido) s'installa nella villa piacentina dello zio industriale, conquista tutte le donne che vi abitano e cerca di mettere mano all'eredità. Tentativo non riuscito di grottesco all'italiana, con qualche flash erotico per vivacizzare il goffo ritratto di costume. La fotografia è di Aristide Massaccesi, in arte Joe D'Amato.

Peccato **½ (*Beyond the Forest*, Usa 1949, b/n, 97') King Vidor. Con Bette Davis, Joseph Cotten, David Brian, Ruth Roman, Minor Watson. ◆ Rosa Moline (Davis), moglie di un medico dal cuore d'oro (Cotten), sogna di evadere dallo squallore di Fleming, la cittadina del Wisconsin in cui langue: e pur di fuggire a Chicago con un amante ricco, giovane e non troppo convinto (Brian), non arretra di fronte a nulla, aborto e omicidio compresi. Da variazione in chiave contemporanea di *Madame Bovary*, il film (sceneggiato da Leonore Coffee, da un romanzo di Stuart Engstrand) si trasforma in una delle parabole di perdizione ed espiazione care al regista. Vidor guarda la sua peccatrice con un misto di riprovazione puritana, assoluzione cattolica e attrazione morbosa: e la Davis, truccata per non far rimpiangere Jennifer Jones, sfida coraggiosamente il ridicolo, dipingendo un'eroina dell'eccesso che fa concorrenza a quella di *Femmina folle*. Scene come quelle di Rosa moribonda che si trucca, per poi arrancare verso il treno che sbuffa come una macchina diabolica, meritano di entrare in qualunque antologia del melodramma. Grande fotografia contrastata di Robert Burks, e intelligente colonna sonora di Max Steiner, quasi tutta giocata sulla deformazione della celebre canzone *Chicago* di Fred Fisher. Celebre la battuta «What a dump» (in italiano: «Che stamberga»), pronunciata da Rosa a proposito del focolare domestico.

Peccato, Il *½ (*Noche de verano*, Spagna/Italia 1963, b/n, 124') Jorge Grau. Con Umberto Orsini, Marisa Solinas, Francisco Rabal, Maria Jesus Cuadra, Lydia Alfonsi, Tanya Lopert, Marco Guglielmi, Rosalba Neri. ◆ Due storie d'amore parallele, diversamente destinate all'insuccesso, hanno luogo a un anno di distanza durante la Verbena, celebre festa popolare di Barcellona. Opera prima di un documentarista cinefilo, con omaggi a Fellini e ad Antonioni che appesantiscono inutilmente il vivace ritratto d'ambiente e di costume. In un cammeo compare Gian Maria Volonté.

Peccato, Il * (*Good Luck, Miss Wyckoff*, rititolato *The Sin* e *The Shaming*, Usa 1979, col, 105') Marvin J. Chomsky. Con Anne Heywood, Donald Pleasence, Robert Vaughn, Carolyn Jones, Dorothy Malone, Ronee Blakley, John Lafayette, Earl Holliman. ◆ La prima esperienza sessuale di una trentacinquenne repressa (Heywood) è uno stupro compiuto da un ragazzo di colore. Tratto da un romanzo di William Inge: inqualificabile.

Peccato che sia femmina *½ (*Gazon maudit*, Francia 1995, col, 105') Josiane Balasko. Con Josiane Balasko, Victoria Abril, Alain Chabat, Miguel Bosé, Ticky Holgado, Catherine Hiegel, Catherine Samie. ◆ La lesbica Marijo (Balasko) s'innamora – ricambiata – della bella Loli (Abril), sposata con un figlio: il marito (Chabat), puttaniere impenitente, pur di riconquistarla accetta un ménage à trois. Campione d'incassi in Francia nel '95, è una commedia ben confezionata ma molto furba: dietro un apparente elogio della diversità, la Balasko (produttrice, regista e sceneggiatrice) non fa altro che ribadire i luoghi comuni più triti del genere e della sessualità sia etero che omo, limitandosi a sostituire la classica «altra» con la «lesbica dal cuore d'oro» e affidando la morale della storia all'amico del marito, un monumento al senso di colpa in extremis. La Abril è bellissima e sprecata, Miguel Bosé compare a sorpresa in un finale «aperto» piuttosto imbarazzante. Persa nella traduzione la malizia del titolo originale, «boschetto maledetto». Le due sorelle Crumble sono interpretate dalle figlie del regista John Boorman, Telshe e Katrine.

Peccato che sia maschio * (*Echte Kerle*, Germania 1995, col, 100') Rolf Silber. Con Christoph M. Ohrt, Carin C. Tietze, Tim Bergmann, Oliver Stokowski, Rudolf Kowalski, Dieter Brandecker. ◆ Francoforte:

il commissario Christoph Schwenk (Ohrt), dopo una sbronza, si risveglia nel letto di Edgar (Bergmann), meccanico gay. Quando va in bianco con una collega (Tietze), la sua identità sessuale vacilla definitivamente. E in più Edgar traffica in macchine rubate. Una banale commedia degli equivoci che sfrutta il filone alla moda del triangolo «diverso» inserendolo in un intreccio pseudo poliziesco: grande successo in patria, ma l'umorismo è scarso e la regia da telefilm.

Peccato che sia una canaglia ***½** (Italia 1954, b/n, 95') Alessandro Blasetti. Con Sophia Loren, Marcello Mastroianni, Vittorio De Sica, Umberto Melnati, Margherita Bagni, Mario Passante, Memmo Carotenuto, Michel Simon. ◆ Un giovane tassista (Mastroianni) s'innamora della bella popolana (Loren) che lo ha sedotto per rubargli l'autovettura. Spigliata commedia di caratteri più che di situazioni, basata su una nuova coppia di divi. Tratta da un racconto di Moravia (contenuto in *Il fanatico*) e sceneggiata da Ennio Flaiano, Suso Cecchi d'Amico e Alessandro Continenza, è costruita quasi completamente sul personaggio femminile, come tutta la commedia all'italiana del periodo.

Peccato d'amore *** (*Lady Caroline Lamb*, Gb 1972, col, 118') Robert Bolt. Con Sarah Miles, Jon Finch, Richard Chamberlain, John Mills, Margaret Leighton, Ralph Richardson. ◆ Nel primo Ottocento, la moglie (Miles) di un politico inglese dà scandalo intrattenendo apertamente una relazione extraconiugale con lord Byron (Chamberlain). Esordio alla regia dello sceneggiatore di *Lawrence d'Arabia*, che cerca invano di costruire per la moglie attrice un personaggio a tutto tondo di femminista ante litteram. La sceneggiatura è spesso risibile e il conflitto ragione/passione appare molto semplificato, ma l'ambientazione è accurata e il cast si fa rispettare: niente di più del tradizionale cinema di costume britannico. Laurence Olivier compare brevemente nel ruolo di Wellington.

Peccato degli anni verdi, Il *½ (Italia 1960, b/n, 85') Leopoldo Trieste. Con Marie Versini, Maurice Ronet, Alida Valli, Corrado Pani, Ann Smyrner, Sergio Fantoni, Evi Maltagliati. ◆ Collegiale in vacanza, Elena (Versini) viene sedotta dal ricco industriale Paolo (Ronet) e, incinta, chiede un assegno come risarcimento che l'uomo con disprezzo rifiuta: la madre della ragazza (Valli) vorrebbe intervenire, ma Elena respinge la conciliazione perché vuole che Paolo maturi da solo la sua decisione. Un piccolo melodramma piuttosto scontato, se non nella conclusione, sicuramente nello svolgimento: gli elementi anticonformisti (come la richiesta di risarcimento danni e la sospensione del matrimonio riparatore) vengono smorzati da una struttura drammatica poco compatta e da dialoghi privi di adeguata efficacia. Soggetto e sceneggiatura di Leopoldo Trieste. Venne presentato al festival di Locarno col titolo *L'assegno*. Breve apparizione per Raffaella Carrà (ancora Pelloni).

Peccato di castità *½ (Italia 1956, b/n, 100') Gianni Franciolini. Con Giovanna Ralli, Antonio Cifariello, Mara Werlen, Franco Fabrizi, Alberto Talegalli, Gino Buzzanca, Aldo Giuffré, Lilly Granado. ◆ A causa di un voto di castità, una sposina (Ralli) cerca di impedire al marito (Cifariello) di consumare il matrimonio. Commedia datata ma vedibile, tutta giocata sulla procace bellezza della Ralli, la cosiddetta «Carmen di Trastevere».

Peccato di Lady Considine, Il **** (*Under Capricorn*, Usa 1949, col, 117') Alfred Hitchcock. Con Ingrid Bergman, Joseph Cotten, Michael Wilding, Margaret Leighton, Jack Watting, Cecil Parker, Denis O'Dea, John Ruddock. ◆ Australia, 1835: nel tentativo di sottrarre all'alcol la cugina (Bergman) di cui si sta innamorando, il nipote del governatore inglese (Wilding) viene a conoscenza di un terribile segreto. «Questo film è la storia di un volto, quello di Ingrid Bergman»: in effetti il motivo di maggior interesse del film sono le lunghe carrellate costruite sull'attrice che con la sua «confessione» fornisce una delle prove più convincenti di tutta la sua carriera. Per il resto si tratta di un melodramma piuttosto convenzionale sceneggiato da James Bridie, privo della necessaria tensione e forzatamente teatrale. Il cast è di ottimo livello, ma a volte pecca di eccessiva enfasi. Hitchcock si vede due volte: al ricevimento del governatore e poi mentre discute sulle scale del palazzo nel momento in cui il protagonista entra in casa.

Peccato di Rogelia Sanchez, Il **** (Italia/Spagna 1939, b/n, 86') Carlo Borghesio, Roberto De Ribon. Con Juan De Landa, Germana Montero, Rafael Rivelles, Felice Minotti, Letizia Bonini. ◆ A torto geloso della moglie Rogelia (Montero), il minatore Massimo (De Landa) ferisce il medico don Fernando (Rivelles) e uccide una guardia. Mentre il marito sconta la condanna, Rogelia cerca di rifarsi una vita proprio a fianco del dottore, ma la buona società madrilena boicotta la relazione. Il finale, dolciastro e perbenistico, con redenzioni e morti opportune, stride con i toni scabri e realistici della prima parte, che a tratti ricorda *Toni* di Renoir. Mario Soldati e Alberto Moravia adattarono il romanzo *Santa Rogelia* di Armando Palacio Valdes, e si fanno sentire nella costruzione del personaggio violento e sanguigno interpretato dal gigionesco De Landa. La regia venne supervisionata da Edgar Neville.

Peccato mortale *** (*Yo no he hallado las rosas para mi madre*, Spagna/Francia/Italia 1972, col, 90') Francisco Rovira-Beleta. Con Renaud Verley, Susan Hampshire, Danielle Darrieux, Gina Lollobrigida, Giacomo Rossi Stuart. ◆ Un giovane spagnolo (Verley) sfrutta le amanti per mantenere la mamma vedova (Darrieux) a cui è morbosamente legato. Scombinata storia di un complesso edipico di proporzioni gigantesche ma di minimo interesse. La Lollo fa la fotografa sensibile alle grazie dello spagnolo.

Peccatore di Tahiti, Il *½ (*The Tuttles of Tahiti*, Usa 1942, b/n, 91') Charles Vidor. Con Charles Laughton, Jon Hall, Peggy Drake, Florence Bates, Mala, Alma Ross, Victor Francen. ◆ Il signor Tuttle (Laughton) e la sua famiglia vivono felicemente a Tahiti senza preoccuparsi molto dei soldi e dei debiti e scommettendo tutto quello che hanno sui combattimenti dei galli: rischieranno di farsi pignorare la casa, ma la fortuna verrà loro in aiuto. Una commedia scacciapensieri sceneggiata da S. Lewis Meltzer, Robert Carson e

James Hilton, con qualche momento di stanchezza nei dialoghi, ma abbastanza divertente specie per l'interpretazione gigionesca di Laughton.

Peccatori di Peyton, I ** (*Peyton Place*, Usa 1957, col, 157') Mark Robson. Con Lana Turner, Hope Lange, Arthur Kennedy, Lloyd Nolan, Lee Philips, Terry Moore, Russ Tamblyn, Betty Field, David Nelson, Mildred Dunnock, Diane Varsi, Barry Coe, Leon Ames, Lorne Greene. ◆ Sesso, frustrazione e violenza: i vizi privati di una tranquilla cittadina del New England, dietro l'impeccabile facciata delle pubbliche virtù. *Twin Peaks* anni Cinquanta, ovvero la madre di tutte le soap-opera: tratto dallo scandaloso (per l'epoca) bestseller di Grace Metalious sceneggiato da John Michael Hayes, ha un cast di riguardo e un'adeguata colonna sonora di Franz Waxman. Fu seguìto da *Ritorno a Peyton Place* e da una serie televisiva dove il ruolo della Turner era interpretato da Dorothy Malone. In origine durava 162'.

Peccatori guardano il cielo, I *½ (*Crime et châtiment*, Francia 1956, b/n, 107') Georges Lampin. Con Jean Gabin, Robert Hossein, Marina Vlady, Bernard Blier, Gaby Morlay, Ulla Jacobsson, Gabrielle Fonta, Lino Ventura. ◆ Lo studente parigino René Brunel (Hossein) per ribellarsi contro le ingiustizie sociali uccide una sordida usuraia: incalzato dal commissario Gallet (Gabin) e convinto da una giovane prostituta (Vlady) finirà per consegnarsi alla polizia. Trasposizione di *Delitto e castigo* di Dostoevskij nella Francia degli anni Cinquanta, cinematograficamente dignitosa anche se a volte eccede in letterarietà.

Peccatori in blue jeans **½ (*Les Tricheurs*, Francia 1958, b/n, 119') Marcel Carné. Con Pascale Petit, Jacques Charrier, Andréa Parisy, Laurent Terzieff, Roland Lesaffre, Denise Vernac, Jean-Paul Belmondo. ◆ La gioventù bruciata di Saint-Germain-des-Prés, tra nichilismo e amori infelici: Mic (Petit) s'innamora di Bob (Charrier), ma l'orgoglio le impedisce di dichiararsi apertamente e quando lui deciderà di sposare la vacua Clo (Parisy) lei non troverà di meglio che lanciarsi con la macchina in una tragica fuga notturna. Carné (autore del soggetto elaborato con Charles Spaak e sceneggiato da Jacques Sigurd) svolta verso la contemporaneità e mescola il mito prevertiano della passione fatale con i fermenti esistenzialisti della rive gauche, ma il ritratto d'ambiente risulta del tutto sfumato rispetto a quella «tragedia del destino» che rimane il tema fondamentale del suo cinema. Le annotazioni di costume si limitano ad alcuni accenni stereotipati (i blue jeans, i dischi, le auto), mentre l'interesse è concentrato sulla struttura narrativa, che appare in effetti ben costruita e dotata di un'efficace tensione drammatica. La colonna sonora è composta di celebri brani jazz, firmati da Gillespie, Eldridge, Petterson, Hawkins, Stan Getz e altri. All'uscita fu oggetto di aspre critiche da parte della giovane e agguerrita critica francese, già in odore di Nouvelle Vague.

Peccato veniale * (Italia 1974, col, 100') Salvatore Samperi. Con Laura Antonelli, Alessandro Momo, Orazio Orlando, Lilla Brignone, Tino Carraro, Monica Guerritore, Lino Toffolo, Lino Banfi. ◆ Forte dei Marmi, estate 1956: un sedicenne (Momo) viene iniziato alla vita sessuale dalla provocante cognatina (Antonelli). Di scarsa inventiva (tutto già visto in *Malizia*) e con un'abbondante dose di goffa morbosità per riscuotere consensi al botteghino.

Peccatrice bianca, La * (*Amina*, Egitto 1949, b/n, 94') Goffredo Alessandrini. Con Assia Noris, Youssef Wahaby, Rouchdy Azaba, Samina Tewfik. ◆ Un'ex sciantosa europea (Noris) seduce il nipote del marito arabo, sposato per interesse, e difende la sua relazione con l'aiuto della figlia. Melodramma a forti tinte d'ambientazione esotica, mediocre sotto tutti i punti di vista. Doveva essere l'occasione di rilancio della Noris, ma non ebbe il successo sperato.

Peccatrice di San Francisco, La *½ (*The San Francisco Story*, Usa 1952, b/n, 80') Robert Parrish. Con Joel McCrea, Yvonne De Carlo, Sidney Blackmer, Florence Bates. ◆ Durante la corsa all'oro, un minatore (McCrea) si trasforma in vigilante per ripulire San Francisco da profittatori e politicanti corrotti. Western urbano con pennellate mélo, non particolarmente originale ma ben recitato. Il titolo italiano si riferisce alla De Carlo, la donna del gangster più pericoloso della città, destinata a innamorarsi del giustiziere.

Peccatrici folli **½ (*Susan and God*, Usa 1940, b/n, 117') George Cukor. Con Joan Crawford, Fredrich March, Ruth Hussey, Rita Hayworth, John Carroll, Rose Hobart, Bruce Cabot, Constance Collier. ◆ Durante un viaggio in Europa, una signora della buona società (Crawford) ha una crisi spirituale e decide di rinunciare ai beni terreni, mandando a rotoli la famiglia. Sceneggiato da Anita Loos da una commedia di Rachel Crothers, è una feroce satira che prende di mira non tanto il fanatismo religioso quanto le pseudoidealità del bel mondo. Non il meglio di Cukor, ma sempre da vedere.

Pecora nera, La *½ (Italia 1968, col, 110') Luciano Salce. Con Vittorio Gassman, Lisa Gastoni, Adrienne La Russa, Ettore G. Mattia, Antonio Centa, Umberto D'Orsi, Giampiero Albertini, Fiorenzo Fiorentini. ◆ Un onorevole irreprensibile (Gassman) viene sostituito dal fratello gemello (ancora Gassman), scaltro e maneggione. Commedia politica all'italiana sceneggiata dal regista, Ennio De Concini e Adriano Baracco, i cui intenti satirici si perdono via via in una serie di aneddoti elementari e piuttosto scontati.

Pecora nera, La *½ (*Black Sheep*, Usa 1995, col, 83') Penelope Spheeris. Con Chris Farley, David Spade, Tim Matheson, Christine Ebersole, Gary Busey, Timothy Carhart. ◆ Un portaborse (Spade) viene incaricato dall'aspirante governatore Al Donnelly (Matheson) di tenere sotto controllo il fratello Mike (Farley), così pasticcione da rischiare di compromettere il suo successo. Torna la coppia di *Tommy Boy*, e la regista tenta di movimentare le gag da Gianni e Pinotto con un umorismo cannarolo da Mtv e musica grunge (dei Mudhoney). Abbastanza da strappare qualche sorriso, ma non da rinunciare al fast forward. Scritto da Fred Wolf.

Pecora nera del signor ministro, La ** (*Black Sheep of Whitehall*, Gb 1941, b/n, 80') Basil Dearden,

Will Hay. Con Will Hay, John Mills, Basil Sidney, Frank Cellier, Felix Aylmer. ◆ Londra, 1940: un insegnante imbroglione (Hay) viene scambiato per un famoso economista argentino rapito dallo spionaggio tedesco. Vivace commedia prodotta dalla Ealing, che preferisce affidarsi al ritmo quasi slapstick delle gag invece di far leva sul composto humour britannico. La sceneggiatura è discontinua, ma gli attori riempiono i momenti di vuoto con disinvoltura.

Pecos Bill - Una leggenda per amico ** (*Tall Tale*, Usa 1995, col, 96') Jeremiah Chechik. Con Patrick Swayze, Nick Stahl, Oliver Platt, Roger Aaron Brown, Scott Glenn, Stephen Lang, Catherine O'Hara, Moira Harris, Burgess Meredith, Willam H. Macy. ◆ Il piccolo Daniel (Stahl) trova nelle leggende raccontategli dal padre su Pecos Bill (Swayze) e C. la forza per opporsi alla violenza di J.P.Stiles (Glenn), che vuole trasformare Paradise Valley in una miniera a cielo aperto. Rilettura dei miti del West come luogo depositario degli autentici valori americani (dal coraggio alla giustizia), aggiornati in chiave ecologica e anticapitalistica. Simpatica favola populista targata Disney, che nella struttura (la sceneggiatura è di Steven L. Bloom e Robert Rodat) ricorda *Il mago di Oz*, ma con molta minor gioia di vivere.

Pedone, Il **½ (*Der Fussgänger*, Rft/Svizzera 1973, col, 97') Maximilian Schell. Con Gustav Rudolf Sellner, Peter Hall, Maximilian Schell, Gila von Weitershausen. ◆ In seguito alla morte del figlio in un incidente stradale, un ricco industriale tedesco (Sellner) vede riemergere il suo passato di criminale nazista. Scritto, diretto e prodotto dall'attore Schell, è un robusto dramma psicologico, memorabile soprattutto per lo strano cast: Sellner era il direttore dell'Opera di Berlino, Peter Hall è l'editore che lo accusa di nazismo e in una scena compaiono alcune veterane del calibro di Peggy Ashcroft, Elizabeth Bergner, Françoise Rosay e Lil Dagover.

Pee-wee Big Adventure **½ (*Pee-wee Big Adventure*, Usa 1985, col, 90') Tim Burton. Con Pee-wee Herman [Paul Reubens], Elizabeth Daily, Mark Holton, Diane Salinger, Tony Bill. ◆ Alla ricerca della sua bicicletta rubata, Pee-wee percorre gli Stati Uniti finendo negli *studios* della Warner. Dalla sua storia verrà tratto uno stupido film (con James Brolin e Morgan Fairchild), in cui avrà una particina. Tentativo poco fortunato di lanciare l'intrattenitore per bambini Paul Reubens (poi caduto in disgrazia per le sue modeste perversioni), il primo lungometraggio di Burton è, comunque, più burtoniano che non si può. Pee-wee, bambino cresciuto in fuga continua dalla realtà e dalle ragazze, mostruoso come un personaggio di John Waters, è un essere tragico e repellente, che neanche nel mondo fantasmagorico del cinema trova il suo posto. Sabotatore anarchico, tragicamente solo, è il più antipatico dei *freaks* di Burton: ma la sua idiozia raggiunge vertici surreali, come quando negli *studios* sconvolge e mescola i set dei film più diversi. Fotografia di Victor J. Kemper, musica felliniana di Danny Elfman. Seguìto dal più leccato *La mia vita picchiatella*.

Peggio di così si muore *½ (Italia/ Francia/Spagna 1995, col, 95') Marcello Cesena. Con Carla Signoris, Maurizio Crozza, Ugo Dighero, Mauro Pirovano, Marcello Cesena, Jacky Nercessian, Rossy de Palma, Gisella Sofio, Isa Gallinelli, Mauro Marino, Massimo Olcese. ◆ Uno scambio di valigie rende Anna e Carlo (Signoris e Crozza) improvvisamente ricchi ma anche ossessionati da una coppia di gangster (Dighero e Pirovano) che non spariranno nemmeno dopo morti, costringendo gli sposini a una fuga che li porterà prima nelle Dolomiti e poi addirittura nei deserti messicani. Il gruppo dei Broncoviz passa da *Avanzi* al cinema con un thriller (scritto da Cesena [che appare anche nel ruolo di Claudio] e Dighero) sgangherato e presuntuoso. Il tentativo è quello di rileggere con occhio postmoderno il film di genere, innestando su una trama thriller elementi di commedia e di musical: il risultato è lontanissimo da quegli esisti surreal-grotteschi che i cinque si riproponevano e che solo una fotografia iperrealista e «anni Cinquanta» (di Regis Blondeau) fa intuire. In ogni modo, devono ancora mangiarne di pane prima di diventare i Monty Python italiani.

Peggio per me... meglio per te * (Italia 1967, col, 98') Bruno Corbucci. Con Little Tony [Antonio Ciacci], Katia Kristine, Gianni Agus, Aldo Puglisi, Maria Pia Conte, Leo Gavero, Enrico Pagano, Maria Cristina Sani, Enrico Ciacci. ◆ Un pilota d'aereo (Little Tony) affetto da dongiovannismo e malvisto dai superiori compie un'impresa eroica e riscopre la fidanzata. Commediola scacciapensieri all'epoca, oggi d'interesse puramente «archeologico». Little Tony non perde occasione di esibire la sua ugola (canta tra le altre *A Whiter Shade of Pale* e *Peggio per me*).

Peggiori anni della nostra vita, I * (Italia 1949, b/n, 90') Mario Amendola. Con Carlo Campanini, Virginia Belmont, Paolo Stoppa, Silvana Jachino, Nando Bruno, Aroldo Tieri, Nino Crisman. ◆ Durante la guerra di Russia, un soldato (Campanini) fa credere che un suo commilitone (Stoppa) sia morto, si fa rimpatriare con una scusa e si sistema a casa dell'amico. Dramma pseudobellico di scarso interesse. All'epoca l'uscita fu ritardata dalla censura con la motivazione di antisovietismo.

Peggy Sue si è sposata **½ (*Peggy Sue Got Married*, Usa 1986, col, 104') Francis [Ford] Coppola. Con Kathleen Turner, Nicolas Cage, Barry Miller, Catherine Hicks, Joan Allen, Kevin J. O'Connor, Barbara Harris, Don Murray, Randy Bourne, John Carradine, Jim Carrey. ◆ A causa di un coma, una casalinga quarantatreenne (Turner) torna indietro nel tempo e si sveglia 25 anni prima: prima del matrimonio, prima dei figli, prima del divorzio e delle inevitabili delusioni della vita. Commedia agrodolce sceneggiata da Jerry Leichtling e Arlene Sarna, più commossa che graffiante: il valore supremo rimane sempre la famiglia e Peggy ripercorre la propria vita adolescenziale con infinita nostalgia, senza rimettere in discussione nulla. Fu giudicata imbarazzante dai fans del Coppola autore e sperimentatore, ma in realtà si tratta di un ritorno al futuro molto meno scontato di quanto sembra. La Turner è un'interprete straordinaria (anche se come teen-ager appare fisicamente poco credibile) e a lei si deve il magico equilibrio che sorregge il film. Maureen O'Sullivan interpreta la nonna di Peggy Sue. Il titolo deriva da un vecchio successo rock di Buddy Holly.

Pel di carota **½ (*Poil de Carotte*, Francia 1932, b/n, 80') Julien Duvivier. Con Robert Lynen, Harry Baur, Catherine Fontaney, Christiane Dor, Colette Segall, Louis Gauthier. ◆ Soprannominato Pel di carota per i suoi capelli rossi, François (Lynen) ha vita grama in famiglia e solo Annette (Dor), la domestica, capisce la sua infelicità; ma quando il ragazzo tenterà il suicidio, sarà il padre (Baur) a salvarlo. Seconda versione di Duvivier del romanzo omonimo di Jules Renard (la prima è del 1926), che questa volta trae spunto anche da un'altra opera dell'autore, *La Bigote*. Il pessimismo e la misantropia di Renard trovano nel regista un interprete ideale, anche se si sente la mancanza della feroce e sottile ironia dello scrittore. La versione muta (trasferita in Alta Savoia) era più cruda, naturalistica e caricaturale (la madre di Pel di carota era un vero mostro, quasi un orco), mentre in questa (riportata all'ambientazione originaria, la Nièvre) prevalgono le sfumature per il protagonista, meno rude e istintivo, più introverso e «psicologizzato». Il salvataggio di Pel di carota da parte del padre (presente in entrambi i film) è una trovata del regista, un po' da feuilleton. Altri adattamenti, meno riusciti, nel 1952 (di Paul Mesnier) e 1972 (di Henri Graziani).

Pelicula del rey, La – C'era una volta un re... **½ (*La pelicula del rey*, Argentina 1986, col, 107') Carlos Sorin. Con Ulises Dumont, Julio Chaves, Villanueva Cosse, Miguel Dedovich, David Llewelyn, Anna Maria Giunta, Roxana Bergo. ◆ Il regista David Vass (Chaves), che sta girando un film su un avvocato francese del secolo scorso diventato re dell'Auracania e della Patagonia, si trova in serie difficoltà a causa della scomparsa del produttore. Il film nel film e l'epopea storica come metafora del regista demiurgo: Sorin ha preso appunti da Herzog (*Fitzcarraldo*), Wenders (*Lo stato delle cose*), Truffaut (*Effetto notte*) e tuttavia ha costruito un'opera profondamente argentina, volta a scoprire le radici della cultura indigena senza fuorvianti posizioni eurocentriste. Il risultato è discontinuo: la commistione di registri diversi non sempre è felice e il rapporto tra le due vicende parallele è spesso troppo cerebrale e ricercato, ma alcuni squarci di visionarietà surreale (soprattutto nella parte conclusiva) sfiorano la genialità. Leone d'argento a Venezia.

Pelle, La * (Italia 1981, col, 133') Liliana Cavani. Con Marcello Mastroianni, Burt Lancaster, Claudia Cardinale, Ken Marshall, Alexandra King, Carlo Giuffré, Yann Babilee, Jacques Sernas, Giuseppe Barra. ◆ Nella Napoli del 1944 Curzio Malaparte (Mastroianni), al servizio del generale alleato Cork (Lancaster), ha il compito di accompagnare la moglie di un senatore americano in giro per la città: sarà un viaggio infernale, tra mercato di bambini, prostituzione, orge omosessuali. Liberamente tratto dall'omonimo libro di Curzio Malaparte (sceneggiato dalla regista e Robert Katz), voleva essere un film provocatorio, ma in realtà risulta solo sgradevole, quasi compiaciuto della propria ripugnanza che appare del tutto fine a se stessa.

Pelle alla conquista del mondo *½ (*Pelle erobreren*, Danimarca/Svezia 1987, col, 150') Bille August. Con Max von Sydow, Pelle Hvenegaard, Erik Paaske, Axel Strobye, Astrid Villaume, Morten Jorgensen, Bjorn Granath. ◆ La dura lotta per la sopravvivenza di un anziano vedovo (von Sydow) e del figlio Pelle (Hvenegaard) emigrati dalla Svezia in Danimarca sul finire del secolo scorso. Nel mettere in scena una commovente iniziazione alla vita, tratta dall'omonimo romanzo di Martin Andersen Naxo, August pecca di accumulazione e accademismo: sotto gli occhi del giovanissimo protagonista si susseguono senza sosta tragedie, paesaggi e stagioni cesellati in quadri che sembrano nature morte di maniera. Soltanto gli interpreti riescono a infondere un minimo di vitalità a questa saga nordica vincitrice di una contestata Palma d'oro al festival di Cannes.

Pelle di rame *½ (*Jim Thorpe – All American*, Usa 1951, b/n, 107') Michael Curtiz. Con Burt Lancaster, Charles Bickford, Steve Cochran, Phyllis Thaxter, Dick Wesson, Jack Big Head. ◆ Raccontata dall'allenatore (Bickford) che lo scoprì, l'ascesa e la caduta di Jim Thorpe (Lancaster), celebre atleta pellerossa imbattibile quasi in ogni sport: la sua vittoria alle olimpiadi di Stoccolma del 1912, nelle quali vinse il pentathlon e il decathlon, venne annullata dalla scoperta che aveva giocato come professionista per un'estate in una lega minore, ma fu la morte improvvisa del figlio a precipitarlo nell'alcolismo, da cui uscì grazie alla moglie (Thaxter) e soprattutto al suo vecchio amico allenatore. Melodramma sportivo (sceneggiato da Everett Freeman, Douglas Morrow, Francis Flaherty, Russell Birdwell e con la collaborazione dello stesso Thorpe) dove più che la storia di un «diverso» a disagio nel mondo dei bianchi, a Curtiz sembra interessare la figura del self-made man che diventa looser, parabola antimorale di un americano la cui riuscita professionale non è sinonimo di successo (le medaglie olimpiche verranno riconsegnate alla figlia, dopo la riabilitazione postuma, solo nel 1983). La regia però è stanca e poco inventiva, nonostante la discreta prova di Lancaster.

Pelle di sbirro *½ (*Sharky's Machine*, Usa 1981, col, 119') Burt Reynolds. Con Burt Reynolds, Rachel Ward, Vittorio Gassman, Brian Keith, Charles Durning, Bernie Casey, Henry Silva, Earl Holliman, Richard Libertini. ◆ Un ex agente della narcotici (Reynolds) indaga sui legami esistenti tra prostituzione d'alto bordo e politici corrotti. Poliziesco discontinuo, in cui la regia di Reynolds appare del tutto subordinata alle oscillazioni del suo personaggio: ne risulta un film ora duro e violento (genere *Ispettore Callaghan*), ora tenero e addirittura sdolcinato. Gassman è un magnaccia caricaturale, la Ward una prostituta con il cuore in mano. Solo la fotografia di Fraker si mantiene costantemente ad alto livello.

Pelle di serpente ** (*The Fugitive Kind*, Usa 1959, col, 135') Sidney Lumet. Con Marlon Brando, Anna Magnani, Joanne Woodward, Maureen Stapleton, Victor Jory, R.G. Armstrong. ◆ Un affascinante vagabondo (Brando) si ferma in una cittadina del Sud: perseguitato dalla vamp locale (Woodward), intreccia una relazione con la proprietaria del magazzino in cui ha trovato lavoro (Magnani). Tratto da un fosco dramma di Tennessee Williams (*Orpheus Descending*), secondo l'autore scritto appositamente per Brando e la Magnani, ha una sceneggiatura (di Williams e Meade Roberts) ricca di eventi, ma disomogenea e soprattutto debole nella caratterizzazione dei personaggi. Il cast è male assemblato e singolarmente fuori parte, mentre la regia di Lumet cerca di porre rimedio alla situazione puntando sugli aspetti più biechi della vicenda. Memorabile la scena iniziale dell'interrogatorio, in stile *Rashomon*, e degna di nota la giacca di pelle di serpente indossata da Brando, destinata a infinite citazioni (da ultimo in *Cuore selvaggio*).

Pellegrinaggio *½ (*Pilgrimage*, Usa 1933, b/n, 95') John Ford. Con Henrietta Crosman, Heather Angel, Norman Foster, Marian Nixon, Maurice Murphy, Lucille Laverne, Charley Grapewyn, Hedda Hopper, Robert Warwick, Betty Blythe, Francis Ford. ◆ Una madre tirannica (Crosman) impedisce al figlio (Foster) di sposare la fidanzata incinta e lo spinge ad andare in guerra: il ragazzo morirà in Francia e alla madre non resterà che un mesto pellegrinaggio sulla sua tomba. Insolito melodramma sentimentale, tratto da un'opera di I.A.R. Wylie (sceneggiato da Dudley Nichols, Philip Klein e Barry Conners), che alterna sequenze strappalacrime a scene quasi slapstick. Dal punto di vista narrativo è un vero pasticcio, ma Ford riesce a dare un minimo di coerenza all'operazione.

Pellegrini d'amore * (Italia 1953, b/n, 85') Andrea Forzano. Con Sophia Loren, Alda Mangini, Enrico Viarisio, Charles Rutherford, Vic Dane, Lauro Gazzolo, Giulio Calì. ◆ Madame Dalia (Mangini) riesce a imbrogliare due ufficiali con l'aiuto di una ballerina (Loren). Commediola del genere «telefoni bianchi», chiassosa ma poco divertente: regia blanda, attori flebili.

Pelle viva **½ (Italia 1962, b/n, 98') Giuseppe Fina. Con Raoul Grassilli, Elsa Martinelli, Franco Sportelli, Lia Rainer, Narcisa Bonati, Roberto Barbieri, Osvaldo Azzini, Anna Develo, Luigi Carani. ◆ La difficile vita matrimoniale tra un operaio del Nord (Grassilli) e una ragazza-madre del Sud (Martinelli). Opera prima di tutto rispetto, all'insegna di un realismo non manierato né didascalico che segue la vita dei pendolari lombardi «con documentaria e sentimentale sincerità». Volutamente dimessa nello stile e vigorosa nel contenuto, è basata su una sceneggiatura del regista alla quale ha collaborato anche Carlo Castellaneta.

Pendolare, La *½ (*Elle court, elle court, la banlieu*, Francia 1973, col, 89') Gérard Pirès. Con Marthe Keller, Jacques Higelin, Annie Cordy, Nathalie Courval, Victor Lanoux, Robert Cassel, Miou-Miou [Sylvette Hery], Coluche, Jean-Pierre Darras. ◆ Una coppia di sposini (Keller e Higelin), costretta al pendolarismo per lavoro, entra in crisi e decide di separarsi. Commedia amara sul logorio della vita moderna, con qualche veritiera annotazione di costume e uno scivolone melodrammatico piuttosto forzato. È tratta dal romanzo *4 heures de transport par jour* di Brigitte Gros.

Pendulum *½ (*Pendulum*, Usa 1969, col, 106') George Schaefer. Con George Peppard, Jean Seberg, Richard Kiley, Charles McGraw, Madeleine Sherwood, Robert F. Lyons, Marj Dusay. ◆ Accusato della morte della propria moglie (Seberg) e del suo amante, un capitano della polizia (Peppard) sospetta invece di un maniaco assassino (Lyons) che lui aveva fatto arrestare e che è stato liberato per un cavillo giudiziario. Poliziesco melodrammatico, con una partenza allettante e uno sviluppo piuttosto deludente. Buona la colonna sonora di Walter Scharf.

Penelope, la magnifica ladra * (*Penelope*, Usa 1966, col, 97') Arthur Hiller. Con Natalie Wood, Ian Bannen, Dick Shawn, Peter Falk, Jonathan Winters, Lila Kedrova, Lou Jacobi, Jerome Cowan. ◆ Un'insospettabile signora (Wood) rapina la banca di cui il marito è vicepresidente. Commedia di scarso interesse, in cui il massimo dell'umorismo è concentrato nel titolo.

Penitenziario, braccio femminile ** (*The Weak and the Wicked*, Gb 1953, b/n, 81') J. Lee Thompson. Con Glynis Johns, John Gregson, Diana Dors, Jane Hylton. ◆ La vita di un gruppo di detenute in via di riabilitazione, le cui vicende precarcerarie vengono raccontate attraverso flashback. Prison-movie dall'impostazione insolita (è più simile a uno studio di caratteri che a un dramma), ma con uno sviluppo narrativo sostanzialmente prevedibile.

Penna rossa, La ** (*The 13th Letter*, Usa 1951, b/n, 85') Otto Preminger. Con Linda Darnell, Charles Boyer, Constance Smith, Michael Rennie, Françoise Rosay, Judith Evelyn, Guy Sorel. ◆ In un paesino del Canada arrivano lettere anonime ad alcuni cittadini, firmate da un fantomatico «corvo», che li accusa di relazioni extraconiugali. I sospetti cadono su un'infermiera, una suora, una corista... ma il vero autore non si scopre (forse) mai. Remake di *Il corvo* di Clouzot del 1943 sceneggiato da Howard Koch, primo film hollywoodiano a essere girato tutto in esterni (nel Québec). Nonostante alcune prove di bravura (come la panoramica a 360° nella stanza degli orologi), il film non sa ritrovare «l'atmosfera esacerbata» del prototipo. Si possono comunque trovare alcuni dei temi prediletti da Preminger come l'indefinibilità di Bene e Male e la necessità di sospendere il giudizio. Sul set il regista incontra una donna che diverrà la sua seconda moglie, Mary Gardner.

Pennies From Heaven **½ (*Pennies From Heaven*, Usa 1981, col, 107') Herbert Ross. Con Steve Martin, Bernadette Peters, Christopher Walken, Jessica Harper, Vernel Bagneris, John McMartin, Jay Garner, Tommy Rall. ◆ A Chicago, nel 1934, un agente musicale in disgrazia (Martin) si consola proiettandosi nel mondo immaginario delle canzoni. Musical piuttosto ardito, basato sulla miniserie televisiva inglese di Dennis Potter, in cui si tenta di combinare le suggestioni coreografiche anni Trenta (le incisioni sonore sono originali del periodo) con una rielaborazione visiva in chiave iperrealista (Edward Hopper è il referente diretto). Più riuscito nelle singole parti che nell'insieme, soffre di un'eccessiva disponibilità di mezzi che a volte si traduce in eleganza patinata, anche se alcuni tocchi di umorismo brechtiano fanno da sapiente contrappeso all'opulenza tipicamente hollywoodiana. L'ottima fotografia è di Gordon Willis, l'intrigante design è firmato da Ken Adam. Da antologia, comunque, il numero di Steve Martin e Bernadette Peters che rifanno *Cheek to Cheek* proiettato alle loro spalle e quello di Jessica Harper che sogna di uccidere il marito cantando una *soave ballad*. Ottimo il cast, con Christopher Walken grandissimo in uno strip-tease a ritmo di tip-tap. Programmato in Tv anche col titolo *Spiccioli dal cielo*.

Pennsylvania *½ (*Penn of Pennsylvania*, Gb 1941, b/n, 79') Lance Comfort. Con Clifford Evans, Deborah Kerr, Dennis Arundell, Aubrey Mallalieu, D.J. Williams, O.B. Clarence. ◆ A causa delle persecuzioni religiose, un gruppo di quaccheri guidati da William Penn (Evans) lascia l'Inghilterra per il Nuovo Mondo. Dramma storico fortemente romanzato ed eccessivamente ripetitivo. I momenti migliori sono il processo in difesa della libertà religiosa e la fondazione della colonia della Pennsylvania.

Pensaci Giacomino! *½ (Italia 1936, b/n, 76') Gennaro Righelli. Con Angelo Musco, Dria Paola, Amelia Chellini, Maria Bragaglia, Elio Steiner, Salvatore Costa, Olinto Cristina, Vandina Guglielmi. ◆ Un professore (Musco) accetta di sposare la figlia (Paola) del bidello perché incinta, ma cerca di favorire la ripresa del rapporto tra la ragazza e il padre (Steiner) della bambina, riservandosi il ruolo di «nonno». Onesto prodotto artigianale, tratto dall'omonima commedia di Pirandello. La morale è ovviamente consolatoria, ma il tono del racconto è spigliato e la vivida interpretazione di Musco è tanto commovente quanto, agli occhi di oggi, inverosimile.

Pensavo fosse amore invece era un calesse *½ (Italia 1991, col, 100') Massimo Troisi. Con Massimo Troisi, Francesca Neri, Angelo Orlando, Natalia Bizzi, Alessia Sallustri, Nuccia Fumo, Marco Messeri. ◆ Tira e molla sentimentale di una giovane coppia (Troisi e Neri): si sentono attratti l'uno dall'altra, ma hanno paura degli obblighi della vita in comune, matrimonio in testa. Troisi fatica a trovare un ruolo e un modo di raccontarsi e ripropone (con evidente stanchezza) il suo personaggio pigro e tradizionalista, leggero e disimpegnato, lasciando spazio a una galleria di comprimari.

Pensieri pericolosi *½ (*Dangerous Minds*,Usa 1995, col, 100') John N. Smith. Con Michelle Pfeiffer, George Dzundza, Courtney B. Vance, Robin Bartlett, Beatrice Winde, Lorraine Toussaint, Renoly Santiago, Wade Dominguez. ◆ LouAnne Johnson (Pfeiffer), per nove anni nei Marines, va a insegnare in un liceo e si ritrova una classe di delinquenti: lungi dallo scoraggiarsi, con i suoi metodi alternativi trasforma la teppaglia in un gruppo di studenti brillanti. Dal romanzo autobiografico di LouAnne Johnson (*My Posse Don't Do Their Homework*), sceneggiato da Ronald Bass, un film «socialmente impegnato» e cinematograficamente piatto come un telefilm: i ritratti dei ragazzi non vanno al di là di qualche nota di colore, e l'unico motivo d'interesse è l'affascinante Michelle Pfeiffer, l'insegnante che tutti sognano. Grande successo per la canzone *Gangsta's Paradise* cantata da Coolio.

Pensiero d'amore *½ (Italia 1969, col, 96') Mario Amendola. Con Mal dei Primitives [Paul Bradley Couling], Silvia Dionisio, Pippo Franco, Francesco Mulé, Angela Luce, Pietro De Vico, Carlo Delle Piane, Beatrice Bensi [Fiammetta Baralla], Umberto D'Orsi. ◆ Venuto in Italia in incognito, il giovane lord inglese Reg (Mal) conquista il cuore di Paola (Dionisio) e un contratto per esibirsi come cantante, ma prima di convolare a giuste nozze dovrà affrontare gelosie varie, compresa quella dell'ex fidanzato (Franco) di Paola. Commedia puerile farcita di luoghi comuni e di esibizioni di Mal che canta, tra le altre, la canzone che dà il titolo al film, *Occhi neri, occhi neri* e *Tu sei bella come sei*.

Pensionante, Il – Una storia della nebbia di Londra ***½ (*The Lodger – A Story of the London Fog*, Gb 1926, b/n, 75') Alfred Hitchcock. Con Ivor Novello, June, Malcolm Keeen, Marie Ault, Arthur Chesney. ◆ Mentre la polizia cerca un assassino di ragazze bionde, un uomo tenebroso (Novello) e abituato a uscire nottetempo affitta una stanza nella pensione dei Jackson: Daisy (June), la figlia, si innamorerà di lui, incurante degli indizi che lo accusano. Terzo film di Hitchcock, primo in cui appare (è seduto di spalle nella redazione del giornale, ed è l'uomo con un basco contro la cancellata nella scena del linciaggio), e di cui fosse soddisfatto. I temi del sospetto, della minaccia, dell'innocente perseguitato diventeranno una costante del suo cinema. L'inquadratura in soggettiva col volto del pensionante che si avvicina torvo e pieno di desiderio a Daisy, fino a occupare tutto lo schermo, verrà ripresa pari pari nella scena della prima notte di nozze di *Marnie*; mentre la sequenza della vasca da bagno, con Daisy potenzialmente in pericolo, non può non far pensare a *Psyco*. Hitchcock avrebbe preferito non sciogliere l'ambiguità, ma riesce a far parteggiare per il potenziale assassino anche quando tutto l'accusa, facendolo scontrare contro la meschinità di un ambiente asfissiante e piccolo-borghese. Ma *Il pensionante* è un film anche sull'orrore della massa, che consuma avida le notizie sensazionali, ed è pronta a dare sfogo ai propri istinti bestiali. Oltre alla sequenza del linciaggio, è passata alla storia l'inquadratura del soffitto di vetro che mostra, dal basso verso l'alto, il protagonista che passeggia nervosamente nella sua stanza. Novello, con un trucco a metà tra Oscar Wilde e Nosferatu, era un noto attore teatrale inglese. Diversi remake, tra cui quello omonimo del 1944 e *Una mano nell'ombra*, del 1954.

Pensionante, Il **½ (*The Lodger*, Usa 1944, b/n, 84') John Brahm. Con Merle Oberon, George Sanders, Laird Cregar, sir Cedric Hardwicke, Sara Allgood, Aubrey Mather, Queenie Leonard, Doris Lloyd. ◆ Londra, 1880: una famiglia si convince che l'ambiguo dottore (Sanders) che ha affittato una stanza da loro è il misterioso strangolatore che sceglie le sue vittime tra le attrici di teatro. Un buon thriller d'atmosfera, con qualche anacronismo nella messinscena, ma con una suspense decisamente apprezzabile. Celeberrima interpretazione del «grassone» Laird Cregar, che sarebbe morto poco dopo. Si tratta del remake dell'omonimo film di Hitchcock, nel quale però non si faceva menzione dello strangolatore. Ha avuto a sua volta un remake nel 1954, *La mano nell'ombra.*

Pensione, La ** (*The Room Upstairs*, Usa 1987, col, 100') Stuart Margolin. Con Stockard Channing, Sam Waterston, Linda Hunt, Sarah Jessica Parker, James Handy. ◆ Una professoressa nubile e non più giovanissima (Channing) s'innamora di un violoncellista (Waterston) che ha preso una stanza nella stessa pensione. All'insegna della tenerezza, ma meno convenzionale di quel che può sembrare, un tv-movie tratto dall'omonimo romanzo di Norma Levinson.

Pensione Mimosa *** (*Pension Mimosas*, Francia 1935, b/n, 110') Jacques Feyder. Con Françoise Rosay, Paul Bernard, Lise Delamare, André Alerme, Jean Max, Paul Azaïs, Arletty [Léonie Bathiat], Pierre Labry. ◆ A Parigi, il giovane Pierre (Bernard) vive con i proventi del gioco d'azzardo: l'incontro con Nelly (Delamare) lo condurrà alla rovina nonostante gli sforzi della donna (Rosay) che in passato gli aveva fatto da madre. Uno dei maggiori successi del grande regista del muto, passato al sonoro con gran disinvoltura, come si può constatare. Il tema del gioco è dominante, ma non meno importanti sono le figure femminili che incombono sul protagonista, la madre adottiva, quasi una novella Fedra, e l'amante nefasta: siamo nel sottobosco passionale e noir da cui poco dopo sarebbe emerso Marcel Carné, qui accreditato in qualità di assistente alla regia. Alla sceneggiatura ha collaborato Charles Spaak, padre di Catherine, mentre la bellissima scenografia è opera di Lazare Meerson. La madre è interpretata dalla Rosay, moglie del regista.

Pensione paura *½ (Italia/Spagna 1978, col, 90') Francesco Barilli. Con Leonora Fani, Luc Merenda, Francisco Rabal, Jole Fierro, Lidia Biondi, Wolfango Soldati. ◆ Emilia, verso la fine della guerra: la giovane Rosa (Fani) si trova a gestire da sola una pensione frequentata da loschi individui, nella vana attesa che torni il padre partigiano. Tra stupri, follia e vendette, il clima diventa quasi da thriller, e il modello degli horror avatiani è dietro l'angolo: ma la sceneggiatura di Barbara Alberti e Amedeo Pagani (con la collaborazione del regista) non riesce a costruire personaggi coerenti e interessanti.

Pentimento **** (*Pokayaniye*, Urss 1986, col, 145') Tenghiz Abuladze. Con Avtandil Makharadze, Ija Ninidze, Merab Ninidze, Zejnab Bozvadze, Edisher Ghiorgobiani, Kakhi Kavsadze. ◆ Una donna (Bozvadze), la cui famiglia è stata distrutta da un dittatore di provincia, continua a disseppellirne il cadavere affinché non abbiano pace né lui né la sua famiglia, a cominciare dal figlio Avel (Makharadze). Un film politico e poetico allo stesso tempo, che all'inizio adotta i moduli della favola grottesca, con un surrealismo di stampo buñueliano, e poi sfocia via via in un dramma che ricorda le antiche tragedie greche. Dal punto di vista sociologico, il tentativo di esorcizzare il passato staliniano (anche se la vicenda si svolge in un paese e in un'epoca immaginari) ha avuto grande rilievo nell'ex Unione Sovietica, dove Varlam (il nome del protagonista) nel linguaggio comune è diventato sinonimo di tiranno. Indimenticabile la sequenza dell'arrivo di tronchi dalla Siberia, sui quali le donne sperano di vedere incisi i messaggi dei deportati.

Pentito Il * (Italia 1985, col, 120') Pasquale Squitieri. Con Franco Nero, Tony Musante, Max von Sydow, Erik Estrada, Rita Rusic, Ivo Garrani, Marino Masé. ◆ Un mafioso (Musante) collabora con un giudice (Nero) per sgominare una cosca rivale. Prendendo spunto dai polizieschi sull'onorata società di Damiani, ma con l'intento di attualizzare il più possibile il discorso, Squitieri romanza il caso Buscetta, senza omettere precisi riferimenti alla vicenda Sindona. Il risultato è semplicistico nell'impianto ideologico, debole dal punto di vista narrativo e risaputo nella messinscena. Dell'agognata provocazione neanche l'ombra. Soggetto di Mario Cecchi Gori (!) e Squitieri, sceneggiatura di Orazio Barrese, Lucio Jannuzzi, Franco Marotta, Laura Toscano e Squitieri.

People vs. Dr. Kildare, The → *voce «Dottor Kildare»*

Pepi, Luci, Bom e le altre ragazze del mucchio ** (*Pepi, Luci, Bom y otras chicas del monton*, Spagna 1980, col, 80') Pedro Almodóvar. Con Carmen Maura, Felix Rotaeta, Olvido Gara «Alaska», Eva Siva, Julieta Serrano. ◆ Pepi (Maura), deflorata dal poliziotto (Rotaeta), vicino di pianerottolo, in cambio del suo silenzio sulla marijuana che coltiva in balcone, decide di vendicarsi: così dopo aver fatto pestare per sbaglio dagli amici rockettari il gemello dello sbirro, getta la di lui moglie masochista fra le braccia dell'amica lesbica Bom (Gara). Opera prima, caotica e sporcacciona, in cui il vulcanico Almodóvar propone un campionario di perversioni e diversità, riconducendolo a una quotidiana dimensione di normalità. Una commedia cialtrona e simpatica, immersa nel gusto della scatenata movida della Madrid postfranchista.

Peppino, le modelle e... «chella llà» *½ (Italia 1957, b/n, 91') Mario Mattoli. Con Teddy Reno, Peppino De Filippo, Giulia Rubini, Fulvia Franco, Gino Bramieri, Massimo Serato. ◆ Equivoci a non finire coinvolgono Teddy (Reno) – giovane e piacente pittore che si trova a ospitare una bella ragazza (Rubini) con la quale nasce un turbolento amore – e il vicino di casa (De Filippo), pittore e seduttore mancato, invidioso e regolarmente bastonato per sbaglio dai parenti di lei. Un fumetto comico-sentimentale senza pretese, con qualche canzone di contorno: inoffensivo.

Per amare Ofelia ** (Italia 1974, col, 110') Flavio Mogherini. Con Françoise Fabian, Renato Pozzetto, Giovanna Ralli, Alberto De Mendoza, Rossana Di Lorenzo, Orchidea De Santis, Jorge Rigau, Didi Perego, Maurizio Arena. ◆ Per colpa della bellissima mamma (Fabian), il giovane pubblicitario Orlando (Pozzetto) è una frana con l'altro sesso: ci penserà la disinvolta prostituta Ofelia (Ralli) a svezzarlo. Battesimo cinematografico per Pozzetto (tratto da una commedia di Jorge Krimer sceneggiata dal regista con Giorgio Salvioni), che porta sul grande schermo l'umorismo surreale del cabaret lombardo. Il motivo di maggior interesse risiede nella sua comicità rarefatta, volontaria e non, e la regia di Mogherini si dimostra brillante nell'assecondarla. Maurizio Arena (nella parte del protettore Spartaco) è doppiato da Ferruccio Amendola.

Per amore di Beniamino ** (*For the Love of Benji*, Usa 1977, col, 84') Joe Camp. Con Patsy Garrett, Cynthia Smith, Allen Fiuzat, Ed Nelson, Peter Bowles. ◆ Continuano le avventure iniziate con *Beniamino*: questa volta il cane non deve farsi prendere da una spia che vorrebbe decodificare la formula tatuata sulla pelle dell'animale. Innocuo divertimento per bambini. Beniamino tornerà in *Beniamino segugio celeste* (1980) e *Benji the Hunted* (1987), inedito in Italia.

Per amore di Cesarina ** (Italia 1976, col, 95') Vittorio Sindoni. Con Walter Chiari, Valeria Moriconi, Gino Bramieri, Cinzia Monreale, Roberto Chevalier, Renato Pinciroli, Dedi Savagnone. ◆ Davide detto «Stalin» (Chiari) incontra dopo trent'anni un compagno della Resistenza (Bramieri) e prende una sbandata per la figlia di lui, Cesarina (Monreale). Tragicommedia paesana, interamente costruita sui due attori principali. Il soggetto (del regista e Ghigo De Chiara, che firmano anche la sceneggiatura) meritava un approfondimento maggiore, ma il cast riesce a riscattare le debolezze della sceneggiatura. Notevole, soprattutto, l'interpretazione di Chiari.

Per amore di Vera ** (*Larger Than Life*, Usa 1996, col, 92') Howard Franklin. Con Bill Murray, Tai, Janeane Garofalo, Matthew McConaughey, Keith David, Pat Hingle, Jeremy Piven, Lois Smith, Harve Presnell. ◆ All'apertura del testamento, il rampante Jack (Murray) scopre non solo di essere figlio di un clown, ma di avere ereditato molti debiti e l'elefantessa Vera (Tai). Primo *road movie* con elefante della storia, con la solita parabola del cinico che scopre di avere un cuore. Scritto non senza arguzia da Roy Blount jr. L'elefante Tai ha interpretato anche *Quando gli elefanti volavano*.

Per amore e per denaro * (*Love and Money*, Usa 1982, col, 90') James Toback. Con Ray Sharkey, Ornella Muti, Klaus Kinski, Armand Assante, Susan Heldfond, William Prince. ◆ Un banchiere (Sharkey) rapisce la bella moglie (Muti) di un finanziere (Kinski) che l'ha trascinato in un losco giro internazionale. Melodramma pasticciato e incoerente, il cui motivo di maggior interesse è la partecipazione del regista King Vidor nel ruolo del nonno del protagonista. Le scene erotiche tra Sharkey e la Muti vennero molto ridimensionate rispetto al progetto originario.

Per amore ho catturato una spia russa * (*Catch Me a Spy*, Gb/Francia/Usa 1971, col, 94') Dick Clement. Con Kirk Douglas, Marlène Jobert, Trevor Howard, Tom Courtenay, Patrick Mower, Bernadette Lafont, Bernard Blier. ◆ Un agente britannico (Douglas) s'innamora della moglie di una presunta spia sovietica. Thriller complesso e piuttosto debole, con scene girate a Bucarest e in Scozia. Del tutto sprecato il cast.

Per amore... per magia... *½ (Italia 1967, col, 110') Duccio Tessari. Con Gianni Morandi, Rosemarie Dexter, Mischa Auer, Daniele Vargas, Gianni Musy Glori, Harold Bradley, Lorella De Luca. ◆ Aladino (Morandi), gli inseparabili amici ladri, la bella figlia (Dexter) del Granduca, da sposare e difendere dal perfido Visconte (Vargas) alleato con il feroce Mago Magrebino: una curiosa (e non felicissima) versione musicale «moderna» della *Lampada di Aladino*, sceneggiata dal regista con Ennio De Concini, Alberto Cavallone, il produttore-paroliere-talent scout Franco Migliacci. Taglio troppo televisivo ma cast pittoresco (tra cui Paolo Poli, Tony Renis, Mina, Rossano Brazzi, Sandra Milo...) alle prese con coreografie ed effetti speciali.

Per amore, solo per amore ** (Italia 1993, col, 114') Giovanni Veronesi. Con Diego Abatantuono, Penelope Cruz, Alessandro Haber, Stefania Sandrelli, Renato De Carmine, Valeria Sabel, Eliana Giua. ◆ Giuseppe (Abatantuono), un falegname deciso a rimanere scapolo, incontra l'affascinante Maria (Cruz) e cambia idea. Di fronte all'inspiegabile gravidanza di lei, accetta ugualmente di rimanerle accanto e finisce per convincersi che il loro bambino è il figlio di Dio. La Sacra Famiglia in versione commedia italiana: non se ne sentiva la mancanza, anche se l'esuberante Abatantuono ribalta la tradizione di un san Giuseppe opaco e remissivo e la folgorante Penelope Cruz incarna la Vergine Maria più sensuale mai vista sullo schermo. Haber è Socrate, il compagno di avventure di Giuseppe prima dell'incontro fatale, la Sandrelli è Dorotea e Renato De Carmine Cleofa. Sceneggiatura di Veronesi e Ugo Chiti, costumi di Gabriella Pescucci, musiche di Nicola Piovani.

Per caso o per azzardo *½ (*Hasards ou coïncidences*, Francia/Canada 1998, col, 120') Claude Lelouch. Con Alessandra Martines, Pierre Arditi, Geoffrey Holder, Marc Hollogne, Laurent Hilaire, Véronique Moreau, Arthur Cheysson, Patrick Labbé, France Castel, David LaHaye, Luigi Bonino, Sophie Clément, Gaston Lepage. ◆ Stella della danza con figlioletto (Cheysson) a carico, Miriam (Martines) incontra a Venezia incontra l'uomo della sua vita (Arditi), con cui vivrà in perfetta armonia finché sia lui che il bambino muoiono in mare; distrutta dalla sofferenza, Miriam comincia a girare il mondo in cerca di presunti ricordi che riprende con la videocamera. Filosofeggiando su coincidenze (positive) e caso (negativo), Lelouch smarrisce la sua capacità affabulatoria realizzando un mélo goffo e programmatico: se la leggerezza del tocco registico riscatta in parte il manicheismo della struttura (la prima parte è tutta dedicata alla felicità, la seconda tutta al dolore), i disparatissimi ingredienti, mal amalgamati, accentuano il senso di dispersiva indecisione, e il gioco dei ricordi filmati come se fossero esistiti sfiora il ridicolo nonostante la tragedia. Il modo migliore per guardare il film è considerarlo una dichiarazione d'amore del regista per la sua compagna Alessandra Martines, presente praticamente in ogni inquadratura.

Per cento chili di droga **½ (*Cisco Pike*, Usa 1972, col, 94') Bill W.L. Norton. Con Kris Kristofferson, Gene Hackman, Karen Black, Roscoe Lee Browne,

Harry Dean Stanton. ◆ Un poliziotto dedito allo spaccio di droga (Hackman) ricatta un ex cantante rock caduto in disgrazia (Kristofferson). Snervante e riuscita odissea nell'inferno losangelino, condotta con mano ferma e priva di qualsiasi patetismo anche nei momenti più commoventi (come l'incontro del musicista con il suo vecchio partner). Tra i brani cantati da Kristofferson c'è *Lovin' Her Was Easier*.

Perceval *** (*Perceval le gallois*, Francia 1978, col, 138') Eric Rohmer. Con Fabrice Luchini, André Dussolier, Solange Boulanger, Pascale de Boysson, Clementine Amouroux, Jacques Le Carpentier, Antoine Baud, Jocelyne Boissou, Marc Eyraud, Marie-Christine Barrault. ◆ Nonostante sia stato allevato di proposito lontano dalle armi, Perceval (Luchini) abbandona la madre per unirsi ai cavalieri di re Artù e cercare il Santo Graal. Un film impossibile ma una scommessa vinta: Rohmer fa dell'opera di Chrétien de Troyes (XII secolo) un moderno bildungroman, ma nella piena osservanza del testo. Traducendolo in un linguaggio comprensibile, ne mantiene la forma poetica (in ottonari) e sceglie una messinscena estremamente stilizzata, ispirata alle scenografie medioevali, con un contrappunto musicale fornito da strumenti dell'epoca. La recitazione è straniata (in terza persona, spesso ripresa dal coro), gli attori sono più che altro «dicitori», la drammatizzazione è elementare, quasi tautologica: in questo modo si esibisce – invece di nascondere – la teatralità, sottolineata anche dalla fotografia di Nestor Almendros, priva di ombre e «tersa come un disegno colorato da un bambino». Un'operazione raffinata, quasi magica, arditamente interdisciplinare: spetta al cinema il compito di rendere accessibile e rimettere in circolazione un antico «racconto morale», come sembra dire la scena finale chapliniana.

Perché Bodhi Dharma è partito per l'Oriente? ** (*Dharmaga tongjoguro kan kkadalgun?*, Corea del Sud 1989, col, 130') Yong-Kyun Bae. Con Pan-Yong Yi, Won-Sop Sin, Hae-Jin Huang. ◆ Un anziano monaco buddista aiuta a «liberare la luna che c'è in loro» un discepolo roso dai dubbi e un bambino angosciato per aver causato la morte di un uccellino. Una gestazione quasi decennale per l'opera prima di un professore d'arte che ha fatto tutto da sé, musica esclusa: ritmi ovviamente contemplativi, belle immagini in cui l'uomo si fonde con la natura, sospensione – almeno parziale – delle leggi tradizionali della causalità narrativa. Lo zen al cinema, comunque, non evita tutti i rischi dell'estetismo e della parabola a chiave. Per chi è già in sintonia con l'argomento, il fascino è comunque notevole.

Perché è mio amico ** (*Because He's My Friend*, Australia 1978, col, 93') Ralph Nelson. Con Karen Black, Keir Dullea, Jack Thompson, Warwick Poulsen, Tom Oliver, Don Reid, Barbara Stephens. ◆ Una coppia in crisi (Black e Dullea) rischia la separazione, ma l'amore per il figlio ritardato riesce a tenere unita la famiglia. Tv-movie psicologico meno scontato di quanto potrebbe sembrare, sostenuto da una regia piuttosto sensibile e da un buon cast, nel quale emerge il giovane Warwick Poulsen.

Perché il signor R. è diventato matto? *½ (*Warum läuft Herr R. Amok?*, Rft 1969, col, 88') Rainer Werner Fassbinder. Con Kurt Raab, Lilith Ungerer, Harry Baer, Irm Hermann, Hanna Schygulla, Ingrid Caven. ◆ Disegnatore industriale che passa le serate davanti alla televisione con la moglie, il signor R. (Raab) finisce con l'impazzire e col far fuori la famiglia a colpi di candelabro, prima di impiccarsi. Spaccato di squallore piccolo-borghese, con dialoghi semimprovvisati di una banalità esasperante. Un Fassbinder giovanile, crudele ma alquanto datato. Comparsate di Margarethe von Trotta e Volker Schlöndorff.

Perché mammà ti manda sola? * (*Trop jolies pour être honnêtes*, Francia/Italia/Spagna 1973, col, 90') Richard Balducci. Con Carlo Giuffré, Bernadette Lafont, Elizabeth Wiener, Jane Birkin, Emma Cohen, Teresa Carbonell, Henry Courseau. ◆ A Nizza, quattro belle ragazze decidono di svaligiare la cassaforte dell'appartamento di fronte al loro, ma scoprono che è abitato da due rapinatori. Commedia impersonale che mira a soddisfare contemporaneamente le esigenze di tre mercati diversi: le varie situazioni si amalgamano con difficoltà e l'umorismo forzatamente allegro finisce per ottenere l'effetto opposto. Colonna sonora di Serge Gainsbourg.

Perché no? ** (*Pourquoi pas?*, Francia 1978, col, 96') Coline Serreau. Con Sami Frey, Mario Gonzales, Christine Murillo, Nicole Jamet, Michel Aumont, Mathe Souverbie. ◆ Louis (Gonzales), omosessuale, Fernand (Frey), bisessuale e Sandra (Murillo), separata, convivono serenamente finché l'arrivo di un'altra donna rischia di mandare all'aria la «comune». Gradevole commedia di costume, che ha almeno il merito di attaccare i falsi valori borghesi con la leggerezza dell'ironia, rinunciando a qualsiasi tipo di dogmatismo.

Perché proprio a me? *½ (*Why Me?*, Usa 1989, col, 84') Gene Quintano. Con Christopher Lambert, Christopher Lloyd, Kim Greist, J.T. Walsh, Michael J. Pollard. ◆ Un prezioso rubino scomparso da secoli ricompare a Los Angeles tra le mani di uno sprovveduto scassinatore (Lambert) che lo scambia per un fondo di bottiglia. Tratto da un romanzo di Donald Westlake (*Dortmunder non scherza col fuoco*), che ha scritto con Leonard Maas anche la sceneggiatura, è una commedia poliziesca alla quale non mancano le idee, ma che finisce per rimanere prigioniera dei suoi tortuosi meccanismi narrativi. Le fans di Lambert possono ammirarlo in numeri mirabolanti, che pare siano stati eseguiti senza controfigura.

Perché quelle strane gocce di sangue sul corpo di Jennifer? * (Italia 1972, col, 97') Anthony Ascott [Giuliano Carnimeo]. Con Edwige Fenech, George Hilton, Paola Quattrini, Giampiero Albertini, Annabella Incontrera, Oreste Lionello, Franco Agostini, George Rigaud, Luciano Pigozzi. ◆ La fotomodella Jennifer (Fenech) si trasferisce in un condominio dove muoiono tutte le belle ragazze: sarà la vicina lesbica? O il ragazzo sfigurato che vive nascosto? Senza suspense, e con una sceneggiatura disperante (di Ernesto Gastaldi): dopo i primi 20' la Fenech non si spoglia più, e si può spegnere la tele. Secondo alcuni l'omicidio nell'ascensore avrebbe ispirato De Palma per *Vestito per uccidere*.

Perché sei arrivato così tardi? *½ (*Pourquoi viens-tu si tard?*, Francia 1958, b/n, 104') Henri Decoin. Con Michèle Morgan, Henri Vidal, Francis Blanche, Claude Dauphin, Pierre Louis. ◆ L'amore tra un fotoreporter (Vidal) e una avvocatessa (Morgan) viene messo a dura prova dalle rivelazioni sul passato di lei, ex alcolizzata. A metà strada tra il melodramma e il film di denuncia sull'alcolismo, è un film abbastanza dignitoso, anche se le incertezze di registro pesano sull'equilibrio dell'insieme. Nella vita Vidal e la Morgan erano allora marito e moglie.

Perché si uccide un magistrato * (Italia 1974, col, 110') Damiano Damiani. Con Franco Nero, Françoise Fabian, Pier Luigi Aprà, Giancarlo Badessi, Ennio Balbo, Luciano Catenacci, Eva Cemerys. ◆ Un omicidio apparentemente mafioso nasconde in realtà una banale questione di adulterio. In nome della verità e dei distinguo, Damiani costruisce un film di cui si fa fatica a capire il senso e le ragioni. La storia è di scarso interesse e anche l'ambientazione, con gli immancabili ingredienti del caso, è del tutto scontata.

Perché un assassinio **½ (*The Parallax View*, Usa 1974, col, 100') Alan J. Pakula. Con Warren Beatty, Paula Prentiss, William Daniels, Walter McGinn, Hume Cronyn, Kelly Thordsen, Chuck Waters, Earl Hinderman, Bill Joyce, Bettie Johnson. ◆ Un giornalista (Beatty) indaga sulla morte di un senatore e scopre l'esistenza di una società segreta (la Parallax Corporation) che recluta criminali per attentati politici. Immerso nella cupa atmosfera del dopo-Dallas, il film (sceneggiato da David Giler e Lorenzo Semple jr) contamina i moduli narrativi del giallo con quelli del film politico d'inchiesta, propendendo per una conclusione che segna la fine del sogno americano e di qualsiasi ottimismo retorico. Venne premiato al festival del cinema fantastico di Avoriaz, ma ormai di fantapolitico non ha più nulla: ciò che allora appariva apocalittico, oggi sembra semplicemente storia. Dal punto di vista cinematografico suona quasi come la prova generale per *Tutti gli uomini del Presidente* anche grazie alla bella fotografia di Gordon Willis. Beatty si impegna a fondo, ma rimane un giornalista dal look troppo hollywoodiano: un Dick Tracy in versione cupa, verrebbe da aggiungere con il senno di poi.

Per chi suona la campana **½ (*For Whom the Bell Tolls*, Usa 1943, col, 130') Sam Wood. Con Gary Cooper, Ingrid Bergman, Akim Tamiroff, Arturo De Cordova, Joseph Calleia, Katina Paxinou, Vladimir Sokoloff, Mikhail Rasumny, Fortunio Bonanova. ◆ Spagna, 1937: mentre si prepara a una missione decisiva, un antifranchista americano (Cooper) vive un brevissimo e intenso amore con una partigiana spagnola (Bergman). Un film epocale, tratto dall'omonimo romanzo di Hemingway a cui la riduzione non piacque per nulla. In effetti la sceneggiatura di Dudley Nichols, pur fedele all'intreccio, finisce per privilegiare notevolmente i risvolti romantici rispetto alle implicazioni politiche, regalando battute memorabili ai primi e appesantendo le seconde con modesti inserti didascalici; la regia «western» di Wood, che era stato chiamato in sostituzione di DeMille, è corretta ma poco entusiasmante; e l'uso magistrale del technicolor, anche se funziona dal punto di vista spettacolare, mal si confà allo stile cupo dello scrittore. L'efficacia dell'operazione si deve ai temi importanti che affronta (la morte per un ideale, il poco tempo per vivere l'amore) e alla coppia di attori protagonisti, entrambi scelti da Hemingway, che duettano in perfetta sintonia. Le minuziose scenografie sono di William Cameron Menzies, il solenne e struggente commento musicale è di Victor Young. Ebbe sette candidature all'Oscar, ma si aggiudicò solo quello per la miglior attrice non protagonista (Paxinou, nella parte di Pilar). In origine durava 170'.

Percorso infernale * (*Speedtrap*, Usa 1977, col, 98') Earl Bellamy. Con Joe Don Baker, Tyne Daly, Richard Jaeckel, Robert Loggia. ◆ È la storia di un pericolosissimo rally nelle Filippine, a cui partecipa un detective privato (Baker) sulle tracce di un imprendibile ladro di auto. Un inverosimile film di pseudoavventure.

Perdiamoci di vista! ** (Italia 1994, col, 115') Carlo Verdone. Con Carlo Verdone, Asia Argento, Aldo Maccione, Sonya Gessner, Louis Molteni, Claudia Poggiani, Renato Pareti, Cosima Costantini, Anita Bartolucci, Edmondo Tieghi. ◆ Per aumentare l'audience di *Terrazza Italia*, il presentatore Gepy Fuxas (Verdone) è disposto a tutto, ma quando la paraplegica Arianna (Argento) lo «smaschera» in diretta, il mondo gli crolla addosso. Perde il posto e le sue sicurezze, ma cominciando a frequentare Arianna e confrontandosi con i propri e gli altrui pregiudizi riscoprirà (forse) la parte migliore di sé. Verdone (aiutato nella sceneggiatura da Francesca Marciano) dirige il suo film più coraggioso, ma anche il meno compiuto: l'evoluzione dalla commedia al (melo)-dramma procede a sbalzi «volontaristici», come se l'anima comica del Verdone attore non accettasse di piegarsi alle scelte ideologiche del Verdone autore. Peccato, perché le scene della Tv e la «critica» dei mass media sono la parte più debole del film (nonostante la bella riscoperta di Aldo Maccione nei panni dell'ignobile produttore Antonazzi), mentre il legame tra Gepy e Arianna, che per fortuna evita di trasformarsi in avventura sentimentale, dimostra la voglia di un cinema meno banale e più adulto.

Perdizione ** (Italia 1942, b/n, 94') Carlo Campogalliani. Con Adriano Rimoldi, Dina Sassoli, Marisa Vernati, Carlo Romano, Carlo Tamberlani, Evelina Paoli, Checco Durante, Alfredo Martinelli. ◆ Un giovane camionista (Rimoldi) perde la testa per una donna fatale e commette un furto nella villa dove lavora la fidanzata infermiera. Cineromanzo d'appendice, senza molto estro ma con qualche spunto interessante nella messinscena, che ricorda il realismo noir del cinema francese anni Trenta. È uno degli ultimi film italiani di questo genere: ancora qualche mese e *Ossessione* aprirà una nuova èra. Alla sceneggiatura di Alessandro De Stefani ha collaborato Aldo Vergano, futuro regista del *Sole sorge ancora*.

Perdizione, La **½ (*Mahler*, Gb 1974, col, 115') Ken Russell. Con Robert Powell, Georgina Hale, Richard Morant, Lee Montague, Rosalie Crutchley. ◆ La vita di Gustav Mahler (Powell), maestro del decadentismo musicale, e dei suoi familiari secondo l'immaginario fiammeggiante di Ken Russell. Il tradizionale genere biografico ne esce stravolto, scomposto in una serie di quadri che ricordano ora i fumetti ora le copertine di *Life*: kitsch ed estetismo abbondano, ma non a sproposito, grazie anche al tentativo di analisi psicologica. I puristi inorridiranno di fronte a questa operazione visceralmente antiviscontiana (*Morte a Venezia* è, per contrasto, il referente immediato), ma gli estimatori del regista hanno a disposizione uno dei suoi film migliori, girato con pochi soldi e molto estro. Tra le scene memorabili, quella del battesimo di comodo e quella della visita al manicomio.

Perdonami se ho peccato *½ (*Something to Live For*, Usa 1952, b/n, 89') George Stevens. Con Joan Fontaine, Ray Milland, Teresa Wright, Douglas Dick, Rudy Lee. ◆ Un ex alcolizzato (Milland) cerca di strappare un'attrice (Fontaine) al vizio della bottiglia, ma l'innamoramento di lei rischia di rovinare la vita a entrambi, dal momento che lui è sposato con figli. Melodramma enfatico e con un'artificiosa morale strappacuori. Per l'argomento e la presenza di Milland potrebbe essere il sequel ideale dei *Giorni perduti*, ma la visione impedisce un simile paragone.

Perdonami se mi ami! *½ (*Because of You*, Usa 1952, b/n, 95') Joseph Pevney. Con Loretta Young, Jeff Chandler, Alex Nicol, Frances Dee, Mae Clarke. ◆ L'ex amante di un gangster (Young) decide di cambiar vita sposando un ufficiale d'aviazione, ma i fantasmi del passato ritornano. Melodramma lacrimevole, con un'accurata confezione adatta allo scopo.

Perdonate il mio passato **½ (*Pardon My Past*, Usa 1945, b/n, 88') Leslie Fenton. Con Fred MacMurray, Marguerite Chapman, Akim Tamiroff, William Demarest, Rita Johnson, Harry Davenport. ◆ Un reduce di guerra (MacMurray) viene scambiato per il fratello gemello, scomparso dopo essersi indebitato con una banda di gangster locali. Ingarbugliata, ma scorrevole commedia degli equivoci, con situazioni divertenti e venate di sottile umorismo.

Perdono **½ (*This Woman Is Dangerous*, Usa 1952, b/n, 100') Felix E. Feist. Con Joan Crawford, Dennis Morgan, David Brian, Richard Webb, Sherry Jackson. ◆ Elizabeth Austin (Crawford), amante di un gangster (Brian) s'innamora del chirurgo che l'ha salvata dalla cecità (Morgan) e si propone di diventare una moglie esemplare, ma il fuorilegge non è disposto a rinunciare a lei. Un piccolo classico del melodramma americano anni Quaranta, tratto da un romanzetto strappalacrime di Fannie Hurst, sceneggiato da Geoffrey Homes e George Worthing Yates e già portato sullo schermo nel 1920. La Crawford è superba nel caratterizzare una diretta discendente di Mildred (l'amante gangster: «Non ti vedo da sei giorni». E lei: «E da sei notti») e riesce a rendere credibile anche l'enfatica conclusione, mentre Feist evita le trappole del sentimentalismo con una robusta scansione delle scene drammatiche. Ottima la fotografia di Ernest Haller, soprattutto quando l'obiettivo si concentra sul tormentato volto dell'attrice. Il violino della colonna sonora è suonato da Isaac Stern.

Perdutamente ***½ (*Humoresque*, Usa 1946, b/n, 125') Jean Negulesco. Con John Garfield, Joan Crawford, Oscar Levant, J. Carrol Naish, Joan Chandler, Craig Stevens, Tom D'Andrea, Peggy Knudsen, Paul Cavanagh, Robert Blake. ◆ Figlio di un droghiere e virtuoso del violino, Paul Boray (Garfield) ottiene fama e successo grazie alla protezione della mecenate Helen Wright (Crawford): e presto diventa amante di questa donna cinica e romantica, «complessa come una fuga di Bach». Ma quando lei ottiene il divorzio, capisce anche che sarà sempre seconda alla musica di Paul, e si regola di conseguenza. Scontro, più che love story, tra due personaggi vittime dell'orgoglio e di ambizioni smisurate: la sceneggiatura di Clifford Odets e Zachary Gold (da un racconto di Fannie Hurst) riflette con singolare asciuttezza sull'impossibilità dell'amore (tanto più all'interno del matrimonio) e sulla fallibilità degli ideali. E il lato melodrammatico è affidato, più che alle parole, alla musica (di Franz Waxman) e al talento visivo di Negulesco: un eclettico di talento, memore del surrealismo e capace di sequenze di stupefacente modernità (come il suicidio finale e muto tra le onde, accompagnato da un arrangiamento di *Tristano e Isotta*). La fotografia è di Ernest Haller. Robert Blake interpreta Paul da piccolo. Gli assoli di violino sono suonati da Isaac Stern.

Perdutamente tua **** (*Now, Voyager*, Usa 1942, b/n, 117') Irving Rapper. Con Bette Davis, Paul Henreid, Claude Rains, Gladys Cooper, Bonita Granville, John Loder, Ilka Chase, Lee Patrick, Mary Wickes, Janis Wilson. ◆ La figlia indesiderata e nevrotica (Davis) di una matriarca di Boston torna alla vita grazie all'aiuto di uno psichiatra (Rains) e s'innamora perdutamente di un uomo infelicemente sposato (Henreid). Uno dei più straordinari melodrammi psicologici mai realizzati a Hollywood, sceneggiato da Casey Robinson dal bestseller di Olive Higgins Prouty (autrice anche del celebre *Stella Dallas*). Impressionante la metamorfosi della Davis, da Cenerentola semifolle e sciatta a primadonna sofisticata ma sempre nevrotica. Max Steiner vinse l'Oscar per la colonna sonora, mentre l'attrice protagonista dovette accontentarsi della nomination. Magnetica la regia di Rapper, alla quale fornisce un apporto fondamentale la fotografia di Sol Polito: certe panoramiche sul viso dell'eroina o che, dal suo volto, fanno entrare lo spettatore nel mondo asfissiante della casa materna sono «quanto di più funzionale possa esser pensato per far interagire la storia con gli stereotipi del mélo». In nome del Codice Hays, il funzionario Geoffrey Shurlock impedì esplicitamente che tra la Davis e Henreid si consumasse l'adulterio, ma questa limitazione fu aggirata dal film con una delle più belle (e più poetiche) battute di tutta la storia dell'amore cinematografico: «Non dobbiamo pretendere la luna, abbiamo già le stelle», pronunciata proprio nell'ultima scena del film.

Perdutamente tuo... mi firmo Macaluso Carmelo fu Giuseppe ** (Italia 1976, col, 100') Vittorio Sindoni. Con Stefano Satta Flores, Macha Méril, Cinzia Monreale, Luciano Salce, Marisa Laurito, Umberto Orsini, Leopoldo Trieste. ◆ Dopo aver lavorato in Germania per quindici anni, Carmelo Macaluso (Satta Flores) torna in Sicilia da benestante, ma i soldi gli serviranno solo a evitare la galera. Commedia grottesca, con un ritratto d'ambiente al di fuori delle abituali convenzioni narrative: sotto i colpi del cinismo e dell'avidità crollano i miti del paese natio incontaminato e del felice ritorno alle origini. Non è poco per un'Italia troppo spesso malata di retorica.

Per favore ammazzatemi mia moglie ** (*Ruthless People*, Usa 1986, col, 93') David Zucker, Jim Abrahams, Jerry Zucker. Con Danny DeVito, Bette Midler, Judge Reinhold, Helen Slater, Anita Morris, Bill Pullman, Art Evans. ◆ Due poveracci rapiscono la moglie bisbetica (Midler) di un ricco industriale (DeVito), senza sapere che questi stava cercando di sbarazzarsene. Lo spunto è eccellente, la prima mezz'ora è ottima, ma il resto è stancamente ripetitivo. Travolgente la rude comicità della Midler e indiscutibile il talento di DeVito, entrambi non sfruttati appieno.

Per favore, mandatemi il gorilla... **½ (*Send Me a Gorilla*, Nuova Zelanda 1988, col, 94') Melanie Read. Con Carmel McGlone, Katharine McRae, Perry Piercy, J. Callen. ◆ Nell'agenzia di telegrammi cantati «Send a Gorilla», il giorno di San Valentino è un incubo per le tre simpatiche dipendenti che si affannano a recapitare i messaggi travestite in modo bizzarro. Una commedia agrodolce del tutto insolita per il panorama cinematografico neozelandese: nessun amore idilliaco sullo sfondo di paradisi terrestri, ma la mercificazione dei sentimenti in una metropoli deturpata dalla speculazione edilizia. Con molte situazioni esilaranti, un ritmo sostenuto e un'apprezzabile rivalutazione del buffo, categoria estetica spesso dimenticata, quasi sempre svilita. Entusiasmante il terzetto protagonista.

Per favore... non mordermi sul collo *** (*The Fearless Vampire Killers*, Gb 1967, col, 107') Roman Polanski. Con Jack MacGowran, Roman Polanski, Alfie Bass, Jessie Robbins, Sharon Tate, Ferdy Mayne, Terry Downes, Fiona Lewis, Ronald Lacey. ◆ Un professore (MacGowran) e il suo assistente (Polanski) si recano in Transilvania per studiare il fenomeno del vampirismo ma torneranno vampirizzati. La prima e la migliore parodia del genere si snoda attraverso una lunga serie di trovate esilaranti, assemblate con il gusto infantile per il divertimento puro. Le citazioni cinefile (Bela Lugosi, Dreyer) sono prive di intellettualismo e funzionali alla narrazione. Scenografia (Wilfred Shingleton) e fotografia (Douglas Slocombe) fanno a gara per costruire quadri memorabili, ora evanescenti ora accesi, in perfetta sintonia con il clima fantastico della storia. L'atmosfera horror è adeguatamente sottolineata dalla musica di Krysztof Komeda, che spesso si scioglie in accordi irresistibili, come quelli che ritmano la sequenza del balletto vampiresco. Soggetto e sceneggiatura sono di Polanski e di Gérard Brach. La ragazza vampirizzata è Sharon Tate, allora moglie del regista.

Per favore non toccate le palline ** (*Honeymoon Machine*, Usa 1961, col, 87') Richard Thorpe. Con Steve McQueen, Jim Hutton, Paula Prentiss, Brigid Bazlen. ◆ Un ufficiale della marina americana (McQueen) usa il cervellone elettronico della sua nave per sbancare il casinò di Venezia: il piano è perfetto, ma non ha fatto i conti con le grazie della figlia (Bazlen) dell'ammiraglio. Simpatica commedia non molto originale ma spigliata e ben interpretata.

Per favore non toccate le vecchiette *** (*The Producers*, Usa 1968, col, 88') Mel Brooks. Con Zero Mostel, Gene Wilder, Kenneth Mars, Dick Shawn, Lee Meredith, Christopher Hewett, Andreas Voustinas, Estelle Winwood, Renee Taylor, Bill Hickey. ◆ Un produttore (Mostel), con l'aiuto di un imbroglione (Wilder), si fa finanziare da ricche vedove uno spettacolo destinato all'insuccesso per evitare repliche e godersi il denaro rimasto. Ma il pubblico inaspettatamente si entusiasma. Il debutto registico di Mel Brooks, con una spassosa trama-pretesto mette alla berlina la fauna di Broadway. Memorabili le scene musicali, che raggiungono l'apice del kitsch con il numero «primavera di Hitler», ed efficacissima la comicità di Mostel, la cui brillante carriera cinematografica era stata troncata negli anni Cinquanta dalle persecuzioni maccartiste. Oscar a Mel Brooks per la sceneggiatura.

Per favore occupati di Amelia * (Italia/Spagna 1981, col, 96') Flavio Mogherini. Con Barbara Bouchet, Renzo Montagnani, Gianni Cavina, Leopoldo Mastelloni, Mario Carotenuto, Toni Ucci, Aldo Giuffré, Enzo Cannavale, Africa Prat. ◆ Una squillo di lusso (Bouchet) finisce tra le braccia del figlio illegittimo dell'arcivescovo di Rio, innescando una serie di equivoci a catena. Liberamente e volgarmente tratto dalla pochade *Occupati di Amelia* di Georges Feydeau nel riadattamento di Noël Coward: solo scempiaggini e doppi sensi nella sceneggiatura di Mogherini, Luis Castro e Marcello Coscia.

Perfect * (*Perfect*, Usa 1985, col, 120') James Bridges. Con John Travolta, Jamie Lee Curtis, Jann Wenner, Anne De Salvo, Stefan Gierasch, Laraine Newman, Marilu Hanner. ◆ L'idillio tra una sfrenata insegnante di aerobica (Curtis) e un inviato della rivista *Rolling Stone* (Travolta) in crisi eticoprofessionale. Commedia ginnica insulsa e arruffata, animata da una spregiudicatezza del tutto apparente. La scena clou è un numero aerobico trasformato in amplesso: un cimelio degli anni Ottanta. Alla sceneggiatura ha collaborato Aaron Latham, redattore della vera *Rolling Stone*, mentre il direttore della rivista, Jann Wenner, compare nel ruolo di se stesso.

Perfetta coppia di svitati, Una *½ (*Running Scared*, Usa 1986, col, 106') Peter Hyams. Con Gregory Hines, Billy Crystal, Steven Bauer, Darlanne Fluegel, Joe Pantoliano, Dan Hedaya, Jonathan Gruies, Tracy Reed, Jimmy Smits. ◆ Due scatenati poliziotti di Chicago (Hines e Crystal) vicini alla pensione affrontano ogni genere di avventura per catturare un potente boss della droga. Una serie di gag esigue e vecchiotte, rimesse a lucido da una coppia vivace e comunicativa. Non male la scena dell'inseguimento automobilistico.

Perfidia *** (*Les Dames du bois de Boulogne*, Francia 1944, b/n, 90') Robert Bresson. Con Maria Casarès, Paul Bernard, Eléna Labourdette, Lucienne Bogaert, Jean Marchant. ◆ Per vendicarsi dell'abbandono di Jean (Bernard), la ricca borghese Hélène (Casarès) fa in modo che il suo ex amante si innamori della giovane Agnès (Labourdette), una ragazza che mantiene la madre (Bogaert) con la generosità dei suoi casuali accompagnatori: quando i due si sposano Hélène decide di svelare la verità sul comportamento della ragazza, ma l'amore dei due giovani saprà superare anche questo. Il secondo lungometraggio di Bresson, ispirato a un episodio di *Jacques il fatalista* di Diderot, prende spunto da un intreccio mondano piuttosto cinico per farne «uno studio di grande essenzialità e di grande semplicità» sulla tragedia dell'amore. I meccanismi del racconto sono gli stessi alla base del melodramma (vendetta, macchinazione, vergogna, rapporti di classe, senza dimenticare il colpo di scena finale), ma lo stile della regia li trasforma negli elementi di una tragedia: Bresson cancella dal suo film quanto ci può essere di romanzesco, di imprevisto, di inverosimile e sceglie di filmare solo «i gesti e gli sguardi, così che l'emozione affiori sotto la patina delle immagini». I quattro personaggi recitano senza enfasi, in una specie di luce atemporale che permette allo stile della messinscena di essere l'autentico protagonista del film, momento fondamentale del cammino di Bresson verso la possibilità di esprimere l'interiorità di un sentimento con i mezzi espressivi del cinema e non più quelli del romanzo o del teatro.

Perfido inganno *** (*Born To Kill*, Usa 1947, b/n, 92') Robert Wise. Con Claire Trevor, Lawrence Tierney, Walter Slezak, Audrey Long, Elisha Cook jr, Philip Terry. ◆ La perversa relazione tra un assassino psicopatico (Tierney) e la cognata divorziata (Trevor). Un raro concentrato di nefandezze, sia per l'epoca che per il genere noir a cui appartiene, sceneggiato da Eve Greene e Richard Macauley. Considerato un B-movie di culto, dal punto di vista registico osa meno di quanto potrebbe, anche se la qualità del montaggio è eccellente. La scena parossistica della descrizione dei cadaveri è, a suo modo, un classico. Notevole la dark lady Claire Trevor, la Dallas di *Ombre rosse*.

Perfido ricatto → *Vedi Napoli... e poi muori*

Per fortuna c'è un ladro in famiglia ** (*Max Dugan Returns*, Usa 1983, col, 98') Herbert Ross. Con Marsha Mason, Jason Robards, Donald Sutherland, Matthew Broderick, Dody Goodman, Sal Viscuso, David Morse, Kiefer Sutherland. ◆ Una vedova (Mason) con figlio a carico e fidanzato poliziotto (D. Sutherland) vive grazie ai regali del padre (Robards), ladro di professione. Delicata e divertente commedia di Neil Simon, diretta con sensibilità e supportata da un ottimo cast. È il film-debutto di Matthew Broderick.

Per gioco e per amore * (*For Keeps?*, Usa 1988, col, 98') John G. Avildsen. Con Molly Ringwald, Randall Batnikoff, Kenneth Mars, Miriam Flynn, Conchata Ferrell, Sharon Brown, Renée Estevez, Larry Drake. ◆ Una coppia di brillanti studenti universitari (Ringwald e Batnikoff) vede compromesso il proprio avvenire professionale a causa di una gravidanza inaspettata. Una specie di fiaba rassicurante ed educativa: al contrario degli adulti cinici ed egoisti, i giovani amano la famiglia e sanno affrontare ogni difficoltà in nome dell'*omnia vincit amor*. Retorica a volontà, noia inevitabile.

Per grazia ricevuta **½ (Italia 1971, col, 122') Nino Manfredi. Con Nino Manfredi, Lionel Stander, Delia Boccardo, Veronique Vendell, Paola Borboni, Mario Scaccia, Fausto Tozzi, Mariangela Melato, Tano Cimarosa. ◆ Mentre i chirurghi lo stanno operando, Benedetto Parisi (Manfredi) ripercorre la propria vita: orfanello sconvolto dal senso del peccato, garzone in un convento, venditore ambulante, convivente – ma non sposato in chiesa – con Giovanna (Boccardo) per seguire gli insegnamenti anarchici del suocero Oreste (Stander) e finalmente libero da ogni condizionamento quando scopre che anche Oreste ha timore di Dio e chiama un prete per l'estrema unzione. Dopo aver diretto un episodio di *L'amore difficile*, Manfredi esordisce nel lungometraggio con una regia dal sapore naïf e un soggetto indubitabilmente nostrano e originale, a metà tra spiritualità e psicanalisi, sulle conseguenze della cattiva educazione religiosa. Discontinuo il ritmo narrativo, ma ottima la direzione degli attori, tra i quali spicca Stander nel ruolo del vecchio anarchico, che si chiama Oreste in omaggio a Oreste del Buono, unico ad aver incoraggiato Manfredi nell'affrontare questa storia molto autobiografica. Record d'incassi della stagione 1970-71 e premio opera prima a Cannes. Le canzoni *Per grazia ricevuta* e *Me pizzica, me mozzica* sono cantate da Manfredi.

Per grazia rifiutata (Chi si contesta gode) *½ (*How Do I Love Thee?*, Usa 1970, col, 110') Michael Gordon. Con Jackie Gleason, Maureen O'Hara, Shelley Winters, Rosemary Forsyth, Rick Lenz, Clinton Robinson. ◆ Quando il figlio decide di abbandonare la carriera universitaria, il padre ateo (Gleason) fa voto a Dio di non parlare più purché il ragazzo cambi idea. Commedia banale, con qualche spunto divertente dovuto solo alla scioltezza del cast, in cui spicca la presenza brillante di Gleason.

Pericolo è il mio mestiere, Il * (*Il faut vivre dangereusement*, Francia 1975, col, 95') Claude Makovski. Con Claude Brasseur, Annie Girardot, Sydne Rome, Hans-Christian Blach, Roger Blin. ◆ Un detective (Brasseur) indaga sulla fidanzata di un cliente e si trova coinvolto in una losca storia di diamanti. Presunto omaggio al noir americano anni Quaranta, tratto da *Les Suicides du printemps* di Raymond Marlot. In realtà la storia è chandleriana solo nel senso della complicazione e il tutto si riduce a una parodia involontaria del genere.

Pericolo in agguato ** (Italia/Francia 1987, col, 97') Elie Chouraqui. Con Scott Glenn, Jade Malle, Joe Pesci, Brooke Adams, Jonathan Pryce, Laura Morante, Danny Aiello, Giancarlo Prati, Alessandro Haber, Franco Trevisi, Lou Castel. ◆ Ex agente della Cia (Glenn) accetta di fare la guardia del corpo alla figlia di un ricco uomo d'affari milanese, ma la ragazzina viene rapita sotto i suoi occhi. Liberamente tratto da *Man of Fire* di A.J. Quinnell, è un film piuttosto sconnesso dal punto di vista narrativo, ma ha momenti che aprono squarci di interessante visionarietà nel tessuto convenzionale del racconto.

Pericolo nella dimora *** (*Péril en la demeure*, Francia 1984, col, 101') Michel Deville. Con Christophe Malavoy, Nicole Garcia, Richard Bohringer, Michel Piccoli, Anaïs Jeanneret, Anemone, Jean-Claude Jay, Hélène Roussel. ◆ Un giovane insegnante di chitarra (Malavoy) si reca a casa di una nuova allieva e precipita in un dedalo d'intrighi e tradimenti. Un noir di grande fascinazione ed eleganza, con qualche eccesso linguistico che rischia di raffreddare oltremisura l'esplosivo materiale del racconto. Il clima da incubo sottile è dominato da un'ossessione legata alla visione: telecamere, macchine fotografiche, «finestre sui cortili» marcano con forza i passaggi narrativi salienti a scapito di un approfondimento psicologico dei personaggi, ridotti quasi ad appendici degli strumenti di controllo della realtà. La metafora cinematografica è giocata con intelligenza, ma il pericolo della cerebralità è in agguato. Ottima l'ultima parte.

Pericolo pubblico n. 1, Il **½ (*The Beast of the City*, Usa 1932, 87') Charles Brabin. Con Walter Huston, Jean Harlow, Wallace Ford, Jean Hersholt, Dorothy Peterson, Tully Marshall, John Miljan, Mickey Rooney. ◆ Nella lotta tra uno spietato malavitoso (Hersholt) e un agguerrito poliziotto (Huston) interviene il fratello di quest'ultimo (Ford), innamorato e complice di una ragazza della banda (Harlow). Per contrastare l'irruzione dei gangster sul grande schermo, arriva l'antenato dell'ispettore Callaghan, con tanto di introduzione dell'allora presidente degli Stati Uniti, Herbert Clark Hoover, che teorizza la necessità di esaltare i difensori della legge. La storia è molto ben scritta (W.R. Burnett) e adeguatamente messa in scena, con una Harlow appena ventunenne ma già spregiudicata e intensamente sexy.

Pericolosamente insieme *½ (*Legal Eagles*, Usa 1986, col, 114') Ivan Reitman. Con Robert Redford, Debra Winger, Daryl Hannah, Brian Dennehy, Terence Stamp, Steven Hill, David Clennon, John McMartin, Jennie Dundas, Roscoe Lee Browne. ◆ Nel tentativo di recuperare le opere del padre, la figlia di un pittore (Hannah) si ritrova in un mare di guai e viene salvata da due avvocati d'assalto (Winger e Redford). Thriller giudiziario intricatissimo, nel quale gli ingenti mezzi impiegati non riescono a mascherare le debolezze della scrittura di Jim Cash e Jack Epps e l'inconsistenza della regia. Gli attori sono accettabili se presi da soli (come Redford che balla il tip-tap per combattere l'insonnia), ma nelle scene comuni dialogano distrattamente, dando l'impressione di non ascoltarsi affatto.

Pericolosamente Johnny *½ (*Johnny Dangerously*, Usa 1984, col, 90') Amy Heckerling. Con Michael Keaton, Joe Piscopo, Marilu Henner, Peter Boyle, Griffin Dunne, Maureen Stapleton, Danny DeVito, Dom DeLuise. ◆ Negli anni Trenta, due fratelli hanno una carriera folgorante, il primo (Keaton) come delinquente, il secondo (Piscopo) come poliziotto: regoleranno i conti in un'aula di tribunale. Parodia-omaggio ai film di gangster dell'epoca: ma le gag piazzate nei momenti più imprevisti non sempre colpiscono nel segno. Confezione accurata, ma il livello del divertimento, alla fine, è televisivo.

Pericolosa partita, La ***½ (*The Most Dangerous Game*, Usa 1932, b/n, 63') Ernest B. Schoedsack, Irving Pichel. Con Leslie Banks, Joel McCrea, Fay Wray, Robert Armstrong, Noble Johnson. ◆ In un castello su un'isola abbandonata vive il conte Zaroff (Banks), nobile folle che provoca dei naufragi per poi trasformare i superstiti in prede umane delle sue battute di caccia: e così Bob Rainsford (McCrea), per salvare la vita a sé e a un'altra superstite (Wray), dovrà sopravvivere tutta una notte a questa «partita a scacchi all'aria aperta». Un soggetto straordinario (tratto da un racconto di Richard Connell sceneggiato da James A. Creelman) per una pellicola lugubre e sinistra, esotica e inquietante, che riduce i rapporti umani alle loro componenti più primitive e istintive, in uno dei «film più sadiani mai realizzati», illuminato anche dalla eccellente interpretazione di Banks nella parte di un «gentiluomo dal sanguinario spirito cavalleresco». Raccontato con uno stile secco e quasi etnologico, ancor oggi modernissimo, il film dà forma agli incubi più mostruosi di una nazione che porta ancora i segni della grande crisi del '29 e che solo con il paravento del genere fantastico riesce a materializzare pensieri e paure altrimenti proibiti. Geniale l'idea di fare anche della «preda umana» un grande amante della caccia, così da ribaltare i ruoli tradizionali e far vivere anche allo spettatore le angosce che prova chi è cacciato. Due remake espliciti – nel 1946 *A Game of Death* di Robert Wise, nel 1956 *La preda umana* di Roy Boulting – e diversi spunti disseminati in tanti altri film del genere fantastico. Il film è stato programmato in televisione anche con i titoli *The Most Dangerous Game (Caccia fatale)* e *Caccia fatale*.

Per il re e per la patria ***½ (*King and Country*, Gb 1964, b/n 86') Joseph Losey. Con Dirk Bogarde, Tom Courtenay, Leo McKern, Barry Foster, James Villiers, Peter Copley, Barry Justice, Vivian Matalon. ◆ Durante la prima guerra mondiale, un soldato inglese (Courtenay) viene condannato a morte per diserzione, nonostante la difesa del suo capitano (Bogarde). Teatrale fino alla claustrofobia, buio fin quasi a sfiorare l'oscurità, parlato fino allo stordimento: il film di guerra secondo Losey, senza l'ausilio di uno sparo che non sia quello finale del plotone d'esecuzione. Un'opera a tesi (il conflitto bellico è più che mai uno sporco gioco, che rende tutti vittime e carnefici allo stesso tempo), in cui l'antimilitarismo viene filtrato attraverso i consueti temi del regista (il rapporto padre/figlio, il doppio speculare, l'ipocrisia) e rielaborato in modo da tenere sempre desti l'attenzione e il coinvolgimento dello spettatore. La sceneggiatura è di Evan Jones, dal vigoroso dramma *Hamp* di John Wilson.

Per il re, per la patria e per Susanna ** (*Les Fêtes galantes*, Francia 1965, col, 92') René Clair. Con Jean-Pierre Cassel, Philippe Avron, Jean Richard, Marie Dubois, Geneviève Casile, Gyorgy Kovacz, Christian Balatier. ◆ Le imprese militari e amorose di un soldato francese del Settecento (Cassel), durante l'assedio di un castello. Debole satira della guerra, condotta con garbo e grazia d'altri tempi, tra gag e inseguimenti slapstick. Non sempre il meccanismo funziona e in certi punti si avvertono delle vere e proprie fratture, ma nel complesso non è un lavoro così disprezzabile come a suo tempo la critica aveva sostenuto, quella (giovane) francese bollandolo con il marchio del «cinéma de papa», quella italiana tacciandolo di «umanesimo piccolo-borghese». È l'ultimo film di René Clair.

Perito, Il **½ (*The Adjuster*, Canada 1991, col, 102') Atom Egoyan. Con Elias Koteas, Arsinée Khanjian, Maury Chaykin, Gabrielle Rose, Jennifer Dale. ◆ Noah (Koteas) è un perito delle assicurazioni che si prende tanta cura di chi ha avuto la casa distrutta in un incendio (a volte, più semplicemente, ci finisce a letto), da essere considerato un angelo. Sua moglie Hera (Khanjian) videoregistra i film porno che dovrebbe censurare. Un ricco nevrotico (Chaykin) affitta la loro casa con la scusa di girarvi un film, mentre prepara oscuri rituali con la moglie. Ogni personaggio manipola e viene manipolato, e mente prima di tutto a se stesso. Come in tutti i film di Egoyan, le tessere del puzzle alla fine compongono un disegno preciso, il cui significato resta però ermetico. Freddo e stralunato come un Hartley che abbia preso lezioni da Antonioni, ma con meno didascalismi che in passato (gli onnipresenti video non sono più centrali), e l'insolita capacità di far provare interesse per personaggi tanto bizzarri.

Perla, La **½ (*La perla*, Messico 1947, b/n, 87') Emilio Fernández. Con Pedro Armendáriz, Maria Elena Marqués, Fernando Wagner, Gilberto González, Charles Rooner. ◆ Il povero pescatore Quino (Armendáriz) trova una splendida perla con la quale potrebbe finalmente arricchirsi, ma la sua felicità si trasforma in tragedia per l'invidia e l'avidità dei due fratelli. Il fondatore del cinema messicano moderno si misura con una storia di Steinbeck (cosceneggiatore con il regista e Jackson Wagner), ambientata in Messico ricavandone un melodramma dal sapore arcaico, lirico e feroce allo stesso tempo, dove il conflitto mai risolto tra una vita in sintonia con la natura e le tentazioni dell'ambizione è portato dal regista fino alle estreme, tragiche conseguenze. La splendida fotografia contrastata è di Gabriel Figueroa.

Per la pelle di un poliziotto * (*Pour la peau d'un flic*, Francia 1981, col, 104') Alain Delon. Con Alain Delon, Anne Parillaud, Daniel Ceccaldi, Jean-Pierre Darras, Jacques Rispal, Pierre Belot, Xavier Dapraz. ◆ Un ex sbirro passato all'investigazione privata (Delon) deve ritrovare una ragazza cieca: finisce in un mare di guai, insieme alla sua bella (Parillaud). Poliziesco confuso e sovraccarico, con scene d'azione talvolta spettacolari, ma risapute.

Per la polizia è uno di famiglia → *Cousin, Le – Per la polizia è uno di famiglia*

Per la sua donna ** (*Jump For Glory*, Gb 1937, b/n, 90') Raoul Walsh. Con Douglas Fairbanks jr, Valerie Hobson, Alan Hale, Jack Melford, Anthony Ireland, Barbara Everest, Basil Radford, Ian Fleming. ◆ Nel momento in cui s'innamora di una delle vittime, un ladro gentiluomo (Fairbanks) si trova coinvolto in una torbida storia di ricatto e omicidio. Un'opera minore, ma impeccabile nella confezione e curiosa nel combinare l'incontro tra un personaggio maschile tipico della commedia e una dark lady in odor di noir. È tratta da un romanzo di Gordon McConnell.

Per le antiche scale * (Italia 1975, col, 105') Mauro Bolognini. Con Marcello Mastroianni, Françoise Fabian, Marthe Keller, Barbara Bouchet, Pierre Blaise, Maria Teresa Albani, Maria Michi, Ferruccio De Ceresa, Lucia Bosé, Adriana Asti. ◆ Negli anni Trenta, uno psichiatra (Mastroianni) che teme di impazzire cerca di isolare il presunto bacillo della malattia. Tratto dall'omonimo romanzo di Mario Tobino (sceneggiato da Bernardino Zapponi, Mario Arosio, Tullio Pinelli, Raffaele Andreassi, Ginko Soleville), è la testimonianza di un incontro poco riuscito: dove lo stile dello scrittore è secco e tagliente, l'approccio di Bolognini tende a sfumare e ad ammorbidire i toni. Décor, luci e commento musicale (di Ennio Morricone) impreziosiscono ulteriormente la confezione, che appare del tutto inadeguata all'argomento del racconto. Curiosa l'eterogeneità del cast, nel complesso efficace.

Perle della corona, Le *** (*Les Perles de la couronne*, Francia 1937, b/n, 105') Sacha Guitry, Christian-Jaque [Christian Maudet]. Con Sacha Guitry, Jacqueline Delubac, Lynn Harding, Arletty [Léonie Bathiat], Jean-Louis Barrault, Raimu [Jules Muraire], Marcel Dalio, Marguerite Moreno, Raymonde Allain, Pauline Carton, Enrico Glori, Ermete Zacconi, Barbara Shaw, Robert Pizani. ◆ Lo scrittore Jean Martin (Guitry) racconta a sua moglie (Delubac) la storia di sette perle assolutamente identiche, raccolte in giro per il mondo: quattro sono rimaste sulla corona d'Inghilterra, le altre tre hanno attraversato i secoli per finire una nel tesoro votivo di una cappella in Spagna, l'altra frantumata perché scoperta falsa e la terza in fondo al mare, dopo che ha rivelato con i suoi passaggi le storie di troppe amanti. Fantasia scatenata (scritta dallo stesso Guitry) che attraversa cinque secoli di storia europea e coinvolge tre narratori e una moltitudine di personaggi, alcuni dei quali interpretati dagli stessi attori (Guitry, oltre allo scrittore Martin, è anche Francesco I, Barras è Napoleone III; Jacqueline Delubac è la moglie di Martin, Maria Stuarda e Giuseppina Beauharnais). Mescolando la favola e il trattato di storia, il film d'avventura e il vaudeville, il film finisce per sottolineare una certa idea della predestinazione, che vede nelle vicissitudini di ognuno le tracce di un percorso disegnato dalla Storia, ma che soprattutto legge le vicende degli uomini come un infinito «romanzo d'amore e d'avventure». Che naturalmente l'invenzione narrativa di Guitry sa colorare con i toni più fantasiosi (come la delirante scena con Arletty nel ruolo della regina d'Abissinia). Interpretato da attori di diverse personalità che il più delle volte parlano nella loro lingua (e che Guitry fa tradurre da un personaggio sulla scena, inventando così inaspettati effetti comici), il film è anche una palpitante presa di posizione contro il doppiaggio, una maledizione contro cui lo stesso Guitry lanciò più di un anatema.

Perle e porci → *Montenegro tango – Perle e porci*

Per legittima accusa **½ (*Guilty as Sin*, Usa 1993, col, 104') Sidney Lumet. Con Rebecca De Mornay, Don Johnson, Stephen Lang, Jack Warden, Dana Ivey, Luis Guzman. ◆ L'ambiziosa avvocatessa Jennifer Haines (De Mornay) accetta di difendere David Greenhill (Johnson), un gigolo accusato di uxoricidio. Presto se ne pente, ma il giudice la obbliga a difendere il cliente: il quale, oltre a essere colpevole, è un pazzo che minaccia la sua vita. Più che i colpi di scena contano l'atmosfera ambigua di persecuzione e l'abile costruzione di una situazione di trappola. Pur mandando a spasso la verosimiglianza, Lumet e lo sceneggiatore Larry Cohen non esagerano e non scadono nel ridicolo: e anche se il finale è prevedibile, è girato in modo molto più secco che nel 99% dei film di oggi. Johnson si rivela, inaspettatamente, un gigione. Confezione di lusso: fotografia di Andrzej Bartkowiak, musica di Howard Shore.

Per le vie di Parigi ** (*Quatorze juillet*, Francia 1932, b/n, 97') René Clair. Con Georges Rigaud, Annabella [Suzanne Charpentier], Pola Illery, Paul Ollivier, Raymond Cordy, Aimos, Tony Bourdelle. ◆ Dopo una lite, due innamorati – il tassista Jean (Rigaud) e la fiorista Anna (Annabella) – si reincontrano casualmente per strada, durante i festeggiamenti per il 14 luglio. Una piccola storia della Parigi proletaria, tra il feuilleton e Chaplin, di cui Clair firma anche soggetto e sceneggiatura. Per lungo tempo vittima dell'equivoca definizione di «realismo poetico», a una visione attenta il film risulta quanto mai convenzionale e cartolinesco nella messinscena, ma non per questo meno intriso di poesia. La fotografia di Rudolph Maté regala all'insieme un nitore sconosciuto alla tradizione francese. La colonna sonora è di Maurice Jaubert, mentre i testi delle canzoni sono del regista Jean Grémillon.

Permanent Vacation ** (*Permanent Vacation*, Usa 1980, col, 85') Jim Jarmusch. Con Chris Parker, Lelia Gastil, Maria Duval, John Lurie, Eric Mitchell, Sara Driver. ◆ In una New York semideserta ancora scossa da una guerra non precisata, il giovane Aloysius Parker (Parker) mette in pratica l'estetica del *flâneur* e del turista della vita: pianta donne, si annoia con Lautréamont, ascolta i passanti, ruba macchine e alla fine scappa a Parigi, sperando che sia la sua Babilonia. Il primo lungometraggio di Jarmusch non ha ancora messo a punto la gabbia formale che renderà inconfondibili i film successivi, e si limita a gironzolare e annaspare, assaggiando con curiosità ma senza scalfire mai una superficie opaca e vagamente inconcludente. Come da programma, per altro. La new wave newyorkese dell'epoca ha dato di meglio. Musiche di Lurie e Jarmusch.

Permette? Rocco Papaleo ** (Italia 1971, col, 123') Ettore Scola. Con Marcello Mastroianni, Lauren Hutton, Tom Reed, Margot Novak, Umberto Travaglini, André Pierre Fawagi, Peter Goldfarb, Pompeo Capizzano. ◆ Ex pugile sempre al tappeto (Mastroianni) sperimenta la disumanità delle città americane e si trasforma in un bombarolo. Poco attendibile come ritratto della società statunitense, appare invece riuscito nella caratterizzazione del personaggio principale – un perfetto loser animato dal desiderio di riscatto – e in quella delle figure di contorno. Tra gli interpreti si distingue la ex modella Hutton, nel ruolo di una donna in carriera di poche speranze.

Permettete signora, che ami vostra figlia? *½ (Italia 1974, col, 105') Gian Luigi Polidoro. Con Ugo Tognazzi, Bernadette Lafont, Franco Fabrizi, Lia Tanzi, Gigi Ballista, Quinto Parmeggiani, Ernesto Colli, Felice Andreasi, Rossana Di Lorenzo. ◆ Nella speranza di ottenere l'agognato successo, un capocomico (Tognazzi) scrive un dramma su Mussolini e la Petacci e assume pian piano il comportamento del duce. Piuttosto pasticciato nelle corrispondenze tra le due vicende, ma con alcuni spunti divertenti nella loro assurdità, grazie soprattutto alle doti trasformiste degli attori. Il titolo è la frase con cui Mussolini chiese il consenso alla madre di Claretta.

Per noi due il paradiso *½ (*My Blue Heaven*, Usa 1950, col, 96') Henry Koster. Con Betty Grable, Dan Dailey, David Wayne, Jane Wyatt, Mitzi Gaynor, Una Merkel. ◆ Una coppia di famosi attori televisivi (Grable e Dailey) adotta un orfanello di misere condizioni, ma poi scoprono che esiste una madre (Gaynor, al suo esordio). Musical abbondantemente sentimentale e piuttosto scontato.

Per piacere... non salvarmi più la vita ** (*City Heat*, Usa 1984, col, 97') Richard Benjamin. Con Clint Eastwood, Burt Reynolds, Jane Alexander, Madeline Kahn, Rip Torn, Irene Cara, Richard Roundtree, Tony Lo Bianco, William Sanderson. ◆ Kansas City, 1933. Due ex colleghi di polizia, uno rimasto al Dipartimento (Eastwood), l'altro diventato investigatore in proprio (Reynolds), si ritrovano fianco a fianco contro la criminalità organizzata. A metà strada tra il film di mafia e il noir, ma in chiave inaspettatamente comica. Diretta dall'ex attore Benjamin, la coppia di star fa il verso a se stessa e riesce a infondere un certo brio alla scontata vicenda, mentre Irene Cara si esibisce in due classici come *Embraceable You* di Gershwin e *Get Happy* di Arlen.

Per qualche dollaro in meno * (Italia 1966, col, 100') Mario Mattoli. Con Lando Buzzanca, Elio Pandolfi, Gloria Paul, Lucia Modugno, Angela Luce, Luigi Pavese, Carlo Pisacane, Calisto Calisti, Valeria Ciangottini, Raimondo Vianello. ◆ Scoperto un deficit di 100 dollari, il cassiere della banca di Golden Valley (Buzzanca) compie una rapina e si fa arrestare affinché un amico fidato (Vianello) possa riscuotere la taglia che pende sulla sua testa. L'ultimo film di Mattoli è un western comico-picaresco, che vorrebbe ironizzare in modo complicato e approssimativo sui film di Leone. Soggetto di Sergio e Bruno Corbucci. In una piccola parte compare anche Tony Renis.

Per qualche dollaro in più **½ (Italia/Spagna/Rft 1965, col, 130') Sergio Leone. Con Clint Eastwood, Lee Van Cleef, Gian Maria Volonté, Mara Krup, Luigi Pistilli, Klaus Kinski, Rosemarie Dexter, Mario Brega. ◆ Due pistoleri abilissimi – il Monco (Eastwood) e l'ex colonnello Mortimer (Van Cleef) – sono sulle tracce di un crudele disperato messicano, l'Indio

(Volonté), e della sua banda: il primo è mosso solo dalla taglia che grava sulla testa del bandito, l'altro da sentimenti di vendetta. Tra rovesci, avventure, e sanguinose sparatorie si arriva alla resa dei conti finale. Leone (con lo sceneggiatore Luciano Vincenzoni) modifica di poco il cast del fortunatissimo *Per un pugno di dollari*: Eastwood riprende il personaggio dell'eroe cinico e senza nome, Volonté questa volta è il violento capo dei messicani. Tra i due, Van Cleef, che sarà il «cattivo» del successivo film del regista, è l'unico con qualche tratto veramente originale, «un'amarezza cavalleresca quasi carradiniana». La musica è di Ennio Morricone e lo scenario quello arido e desolato del western all'italiana. Nel cast si distingue Klaus Kinski, ancora relegato a un ruolo di spiritato caratterista. Leone, per conto suo, replica senza grandi novità il film precedente, accentuando la costruzione a freddo di un'epopea picaresca dominata dalla morte e dalle sue manifestazioni. Mai come in questo film la violenza «spesso pervertita sadicamente», non ha nulla a che vedere con la durezza reale del periodo storico mentre la vicenda si chiude su se stessa, «in una neutra e pericolosa retorica».

Per questa notte *½ (Italia 1977, col, 100') Carlo Di Carlo. Con Adalberto Maria Merli, Paolo Bonacelli, Olga Karlatos, Eva Axen, Francesco Carnelutti, Laura De Marchi, Massimo De Rossi, Alessandro Haber, Gianni Magni. ◆ Un rivoluzionario repubblicano (Merli) racconta la drammatica resistenza del suo gruppo prima di soccombere egli stesso alle milizie franchiste. Esercitazione antonioniana sulla falsariga del romanzo omonimo di Juan Carlos Onetti (sceneggiato dal regista e Lucile Kaks), di cui vengono accentuati gli aspetti più intellettuali. Ha qualche buon momento quando riesce a non farsi ossessionare dalle preoccupazioni formali. È stato girato a Livorno, ma la città appare del tutto trasfigurata.

Per salire più in basso **½ (*The Great White Hope*, Usa 1970, col, 101') Martin Ritt. Con James Earl Jones, Jane Alexander, Lou Gilbert, Joel Fluellen, Chester Morris, Robert Webber, R.G. Armstrong, Hal Holbrook, Beah Richards, Moses Gunn. ◆ Il nero Jack Jefferson (Jones), imbattibile campione di boxe, viene eliminato da una congiura razzista. Non è il solito film sportivo e neanche un esempio di cinema politico-didattico, quanto piuttosto un melodramma di carattere. Tratto dalla pièce di Howard Sackler, messa in scena con successo a Broadway (e da lui stesso sceneggiata), s'ispira alla vicenda di Jack Johnson, campione mondiale dei pesi massimi dal 1908 al 1915, ma non nasconde riferimenti alle traversie giudiziarie di Cassius Clay. Notevole l'interpretazione di James Earl Jones, vigoroso protagonista anche della versione teatrale lunga quattro ore.

Per scherzo **½ (*Pour rire!*, Francia 1997, col, 100') Lucas Belvaux. Con Jean-Pierre Léaud, Ornella Muti, Antoine Chappey, Tonie Marshall, Philippe Fretun, Bernard Fau, Bernard Mazzinghi, Philippe Saal, Macha Model. ◆ Per riconquistare la moglie (Muti) che lo tradisce, Nicolas (Léaud) diventa amico dell'amante (Chappey), che non lo conosce, e ne dinamita relazioni e vita privata: la sua strategia procede con successo, ma l'esempio che viene da una coppia di amici (Fau e Marshall), anche loro in crisi, rischia di far fallire tutto. Una commedia scanzonata e spiritosa, in cui le crisi coniugali sono ironicamente «commentate» in parallelo dalle sedute processuali dove la Muti, avvocato di grido, difende un marito che ha ucciso l'amante della moglie. Léaud ritrova la spensieratezza infantile dei suoi personaggi truffautiani, diabolico nel manipolare la realtà e nel districarsi in un imbroglio sentimentale sempre più complicato, ma è la Muti la vera sorpresa del film: spiritosa, spigliata, perfettamente nel ruolo. Sceneggiatura del regista.

Persecuzione *** (*The Upturned Glass*, Gb 1947, b/n, 86') Lawrence Huntington. Con James Mason, Rosamund John, Pamela Kellino, Ann Stephens, Morland Graham, Brefni O'Rourke, Henry Oscar. ◆ Un affermato neurochirurgo, Michael Joyce (Mason), spiega durante una lezione ai suoi studenti i rapporti che possono intercorrere tra un individuo sano e la sua natura perversa, e per farlo racconta il caso di un uomo (sempre Mason) che arriva a uccidere una donna (Kellino) perché convinto che sia responsabile del suicidio della sorella (John), da lui teneramente amata. Dopo la lezione, il professor Joyce mette minuziosamente in atto il piano che ha appena descritto, ma non tutto andrà come previsto. Uno straordinario thriller psicologico in cui la perfetta e complicata struttura narrativa – fatta di flashback e improvvisi ritorni alla realtà – fa ben presto dimenticare la regia scolastica e (fortunatamente) tutta al servizio della sceneggiatura di Paul Monaghan e Pamela Kellino. Mescolando abilmente analisi psicologica e comportamento criminale, il film si trasforma in un'affascinante riflessione sulla presunzione umana di dare la vita e la morte (mentre fugge in auto per nascondere il cadavere, il neurochirurgo viene fermato da un medico che lo convince a operare – e salvare – una bambina ferita alla testa) e sulle tentazioni superominiche che agitano in profondità un Paese ancora scosso dalla guerra. Il significato del titolo originale è illustrato dalla riflessione di uno studente che, dopo la lezione del professor Joyce, paragona le persone comuni a bicchieri di vetro grezzo, che non si sbeccano mai, mentre le persone che assomigliano a vetri più raffinati rischiano spesso di finire in mille pezzi.

Perseguitati, I ** (*The Juggler*, Usa 1953, b/n, 86') Edward Dmytryk. Con Kirk Douglas, Milly Vitale, Paul Stewart, Alf Kjellin. ◆ Arrivato in Israele, un ebreo tedesco vittima del nazismo (Douglas) ferisce gravemente un poliziotto e si ritrova perseguitato anche in patria. Melodramma piuttosto greve, ma ben fatto. In origine la regia doveva essere affidata a Stanley Kramer. Riprese in loco.

Perseguitato dalla fortuna **½ (*29th Street*, Usa 1991, col, 101') George Gallo. Con Danny Aiello, Anthony LaPaglia, Lainie Kazan, Frank Pesce, Donna Maghani, Rock Aiello, Vic Manni. ◆ Frank Pesce (LaPaglia), sfaccendato ultimogenito di una famiglia italoamericana, racconta a un commissario di polizia la sua vita perseguitata dalla fortuna: ha appena vinto la lotteria di New York, ma ha poco da rallegrarsi.

Commedia vivace e spigliata basata su una storia realmente accaduta (il vero Frank Pesce, cosceneggiatore, fa la parte del figlio poliziotto, Vito), che segna l'esordio alla regia dello sceneggiatore di *Prima di mezzanotte.* Irresistibili gli interni familiari, ben tratteggiato il contesto mafioso e straordinari Danny Aiello e LaPaglia nei rispettivi ruoli di padre e figlio.

Persiane chiuse *½ (Italia 1951, b/n, 95') Luigi Comencini. Con Massimo Girotti, Eleonora Rossi Drago, Giulietta Masina, Liliana Gerace, Renato Baldini, Sidney Gordon, Antonio Nicoletta, Luisa Rivelli. ◆ Una donna va in cerca della sorella, cacciata dai genitori a causa di una relazione con un uomo e finita in una casa di tolleranza. Tecnicamente dignitoso, ma con troppe concessioni al melodrammatico. Per la Rossi Drago, vincitrice di vari concorsi di bellezza, rappresenta il vero debutto sul grande schermo. Il film era stato iniziato da Gianni Puccini, ammalatosi durante le riprese e sostituito.

Per soldi o per amore * (*For Love Or Money*, Usa 1963, col, 108') Michael Gordon. Con Kirk Douglas, Mitzi Gaynor, Gig Young, Thelma Ritter, William Bendix, Julie Newmar. ◆ Un avvocato (Douglas) viene ingaggiato da una miliardaria (Ritter) per trovare marito alle sue tre figlie. Commedia farsesca molto meno divertente di quanto sembra promettere. Douglas si sforza, ma brilla poco. All'epoca fu un fiasco solenne.

Persona *** (*Persona*, Svezia 1966, b/n, 85') Ingmar Bergman. Con Liv Ullmann, Bibi Andersson, Gunnar Björnstrand, Margaretha Krook, Jöegen Lindström. ◆ Lo strano rapporto tra un'attrice divenuta afasica (Ullmann) e la loquace infermiera che si prende cura di lei (Andersson). Dramma esistenziale sui temi del doppio e della maschera, scritto da Bergman durante un ricovero ospedaliero. Due donne escono dai ruoli che hanno ricoperto fino a quel momento, chi nell'arte, chi nella vita, e si specchiano l'una nell'altra, fino ad arrivare alla perdita completa di sé. Anche il cinema sembra autoinfliggersi il silenzio (all'inizio la pellicola prende fuoco e si accartoccia su se stessa), mentre la televisione parla inviando messaggi di morte (le cronache dal Vietnam, i bonzi che bruciano vivi). Un film sconvolgente, ma anche uno dei più datati di Bergman. Le due interpreti fanno a gara nell'esprimere l'inesprimibile e tagliano insieme il traguardo. La fotografia, come sempre, è di Sven Nykvist.

Personal Services **½ (*Personal Services*, Gb 1987, col, 105') Terry Jones. Con Julie Walters, Alec McCowen, Danny Schiller, Shirley Stelfox, Victoria Hardcastle, Tim Woodward, Dave Atkins, Leon Lissek, Benjamin Whitrow. ◆ Una donna di mezza età (Walters) diventa squillo part-time e tenutaria di un bordello frequentato da vari personaggi pubblici. Il sesso come business contro l'Inghilterra bacchettona: Jones s'ispira alla vita di Cynthia Payne, scandalosa maîtresse anni Sessanta, e trasforma la squallida realtà in farsa con un senso dell'umorismo in cui non è difficile scorgere lo spirito degli ex Monty Python. Ne risulta una commedia lower class, con poco nudo e molto caos, borghesi noiosi e prostitute demenziali. Soggetto e sceneggiatura sono di David Leland, che esordirà alla regia con *Vorrei che tu fossi qui*, anch'esso ispirato alla medesima figura femminile.

Persone normali non hanno niente di eccezionale, Le **½ (*Les Gens normaux n'ont rien d'exceptionnel*, Francia 1993, col, 103') Laurence Ferreira Barbosa. Con Valeria Bruni Tedeschi, Melvil Poupaud, Marc Citti, Claire Laroche, Frédéric Diefenthal, Serge Hazanavicius, Sandrine Kiberlain. ◆ Sull'orlo dell'esaurimento per una crisi sentimentale, Martine (Bruni Tedeschi) accetta di farsi ricoverare qualche giorno in un ospedale psichiatrico: una irrefrenabile volontà di rendersi utile la spingerà a cercare di risolvere i problemi sentimentali di chi è lì ricoverato. Bell'esordio su un tema abusato come la follia, che la regista (autrice anche della sceneggiatura con Santiago Amigorena, Jacky Berroyer e, non accreditato, Cedric Kahn) affronta senza schematismi sociologici e con una libertà inusitata: pur seguendo le peregrinazioni della protagonista – una Bruni-Tedeschi davvero in stato di grazia – il film assume anche le valenze di un documentario capace di raccontare la sofferenza delle persone, senza farsi appesantire da nessuna valenza didattica o giustificazionista.

Persone perbene * (Italia 1992, col, 100') Francesco Laudadio. Con Massimo Ghini, Elena Sofia Ricci, Eros Pagni, Marina Giulia Cavalli, Fabio Camilli, Alberto Cracco. ◆ Un borghese rampante sull'orlo della bancarotta (Ghini) si fa incastrare dalla mafia: per pagare un prestito si trasforma in killer e poi finisce per innamorarsi della vedova (Ricci) dell'uomo che ha ucciso. Ma le colpe si pagano... Un giallo improbabile e imbarazzante, con un meccanismo narrativo sconclusionato, una descrizione sociologica puerile (i peggiori luoghi comuni sulla borghesia arricchita, compresi i raptus erotici dietro le tende che fanno tanto trasgressivo) e una regia soporifera.

Per strade diverse * (*Separate Ways*, Usa 1981, col, 92') Howard Avedis. Con Karen Black, Tony LoBianco, Arlene Golonka, David Haughton, Jack Carter, Sharon Farrell, William Windom, Robert Fuller, Noah Hathaway. ◆ Ex pilota automobilistico (LoBianco) va in crisi quando scopre che la moglie (Black) ha avuto una relazione extraconiugale. Psicodramma semplicistico e scontato, con un cast utilizzato al di sotto delle sue effettive possibilità.

Persuasione **½ (*Persuasion*, Gb/Germania 1995, col, 102') Roger Michell. Con Amanda Root, Ciaran Hinds, Susan Fleetwood, Corin Redgrave, Fiona Shaw, John Woodvine, Phoebe Nicholls, Samuel West, Sophie Thompson, Judy Cornwell, Simon Russell, Felicity Dean. ◆ Nel 1807, la nobile Anne Elliot (Root) rompe il fidanzamento con il capitano Wentworth (Hinds) perché spiantato, ma sette anni più tardi le condizioni si sono invertite: la famiglia Elliot è costretta dai debiti ad affittare la propria casa mentre Wentworth ha fatto fortuna. E per fortuna i sentimenti sono rimasti uguali. Prodotto dalla Bbc in più puntate per la tv, con attori provenienti dal teatro, la riduzione dell'ultimo romanzo di Jane Austen (sceneggiato da Nick Dear) è un piccolo gioiellino di recitazione: senza le preoccupazioni di eleganza di

Ragione e sentimento, ma con un tono più «realistico» e diretto, il film mette a nudo il comportamento delle persone di fronte alle responsabilità (del cuore, della convenienza o dell'interesse poco importa), lasciandole libere di agire in una specie di teatro «antropologico» che sa ricostruire le contraddizioni di una società e della sua «educazione ai sentimenti».

Persuasione occulta ** (*Écoute voir*, Francia 1978, col, 110') Hugo Santiago. Con Catherine Deneuve, Sami Frey, Florence Delay, Anne Parillaud, Jean-François Stevenin, Didier Haudepin, Antoine Vitez. ◆ Una detective (Deneuve) indaga sulla scomparsa dell'amante di un aristocratico in possesso di segreti scientifici. Strano thriller politico, realizzato dal regista argentino durante il suo esilio in Europa con tocchi borgesiani e suspense a corrente alternata. Complessa e affascinante la colonna sonora, poco convincente l'attrice protagonista nei panni di un *private eye* alla Bogart.

Per te ho ucciso *½ (*Kiss the Blood Off My Hands*, Usa 1948, b/n, 80') Norman Foster. Con Burt Lancaster, Joan Fontaine, Robert Newton, Lewis L. Russell, Aminta Dyne, Jay Novello. ◆ Un'infermiera (Fontaine) cerca di aiutare un marinaio in fuga (Lancaster) per aver ucciso accidentalmente un uomo durante una rissa. Blando thriller con forti inclinazioni melodrammatiche. Improbabile la ricostruzione della Londra portuale, efficace la colonna sonora di Miklós Rozsa.

Per tutto il tempo che ci resta * (Italia 1998, col, 104') Vincenzo Terracciano. Con Ennio Fantastichini, Emilio Bonucci, Mariano Rigillo, Imma Piro, Isa Danieli, Vincenzo Peluso, Roberta De Simone, Said Taghmaoui. ◆ Don Francesco (Bonucci), il prete anticamorra, è uno stupratore di ragazzine? Il pubblico ministero Giorgio (Fantastichini), suo amico d'infanzia, indaga. Già sentita la storia, scritta dal regista con Laura Sabatino e Luca Vendruscolo? È sconfortante che un esordiente poco più che trentenne, per di più con finanziamenti statali, diriga un film così vecchio, scontato, accademico, inutile. «Un giallo che non si chiude, metafora della condizione umana», dice lui. Degno di migliori occasioni Fantastichini.

Per una manciata di soldi ** (*Pocket Money*, Usa 1972, col, 102') Stuart Rosenberg. Con Paul Newman, Lee Marvin, Strother Martin, Christine Belford, Kelly Jean Peters, Fred Graham, Wayne Rogers. ◆ Due cowboy (Newman e Marvin) incaricati di comprare dei vitelli da rodeo cercano di cavarsela come possono nel losco mondo degli affari. Moderno western picaresco, basato su un'interessante sceneggiatura di Terrence Malick. Newman figura anche in qualità di produttore.

Per una questione di principio ** (*Carrington V.C.*, Gb 1954, b/n, 105') Anthony Asquith. Con David Niven, Margaret Leighton, Victor Maddern, Maurice Denham. ◆ Ex eroe di guerra (Niven) viene processato con l'accusa di aver rubato del denaro dalle casse del reggimento. Solido dramma giudiziario tratto dalla pièce di Dorothy e Campbell Christie sceneggiato da John Hunter, con qualche colpo di scena imprevedibile e una buona caratterizzazione dei personaggi. Cast all'altezza.

Per un pugno di dollari *** (Italia/Spagna/Rft 1964, col, 95') Bob Robertson [Sergio Leone]. Con Clint Eastwood, John Wells [Gian Maria Volonté], Marianne Koch, Wolfgang Lukshy, Sieghardt Rupp, Carol Brown [Bruno Carotenuto], José Calvo, Margherita Lozano, Mario Brega. ◆ In un villaggio al confine tra il Messico e gli Stati Uniti, due potenti famiglie, i Rojo e i Bugster sono divise da un'acerrima rivalità per il controllo del redditizio contrabbando di armi e alcol. L'equilibrio è rotto dall'arrivo di un pistolero solitario (Eastwood) che tenta di mettere i contendenti uno contro l'altro, ma è catturato e torturato da uno dei Rojo (Volonté) accortosi del piano: mentre i Rojo massacrano i Bugster, lo straniero fugge, riuscendo a sterminare la famiglia vincente grazie alle sue doti di pistolero. Il primo grande western di Sergio Leone, qui ancora nascosto sotto lo pseudonimo di Robertson, perché un regista dal nome americano era ancora una garanzia per il genere: è coadiuvato alla sceneggiatura da Tessari, altro autore di western italiani, e si avvale della fortunata colonna sonora di Ennio Morricone, anche lui nascosto sotto uno pseudonimo inglese, Don Savio. È il film che dà inizio alla fortunata stagione del western all'italiana: incentrata non più su trame sentimentali, sul mito della frontiera o sulle guerre con gli indiani ma su eroi cinici e disincantati, contro tutto e tutti in un mondo in cui c'è poco da salvare e conta solo la violenza. Evidenti fin dall'inizio i segni di un nuovo stile – manierismo radicale, un universo irreale e iperbolico, una ieraticità crudele, l'attore usato come tipo e mai come personaggio, un certo compiacimento – che tornano nei film successivi e che conquistano il pubblico con la forza di un pugno nello stomaco (è stato uno dei massimi successi commerciali del cinema italiano), ma anche con la pericolosità delle esperienze troppo forti, che rischiano di anestetizzare il gusto e assuefarlo a sensazioni così intense. Ispirato a *La sfida dei samurai* di Kurosawa, che ha fatto causa per plagio ed è stato risarcito (con lo sceneggiatore Ryuzo Kikushima) con i diritti esclusivi di distribuzione in Giappone, Corea del Sud e Formosa, oltre al 15 per cento sullo sfruttamento commerciale in tutto il mondo. Infinito l'elenco dei collaboratori nascosti sotto nomi anglofoni: il direttore della fotografia Massimo Dallamano diventa Jack Dalmas, il montatore Roberto Cinquini Bob Quintle, l'arredatore Carlo Simi Charles Simons, l'operatore Stelvio Massi Steve Rock, l'aiuto regista Franco Giraldi è ribattezzato Frank Prestland.

Per un pugno di donne *½ (*Tickle Me*, Usa 1965, col, 90') Norman Taurog. Con Elvis Presley, Jocelyn Lane, Julie Adams, Jack Mullaney, Merry Anders. ◆ Un cowboy canterino (Presley) lavora in un «ranch per turisti» e aiuta una collega a recuperare un tesoro di famiglia che fa gola ai banditi locali. Tipico film costruito per il re del rock, meno risibile di altri perché le esibizioni musicali sono parte integrante della storia. Non male l'atmosfera western nel paese fantasma.

Per un pugno nell'occhio * (Italia/Spagna 1964, col, 100') Michele Lupo. Con Franco Franchi, Ciccio

Ingrassia, Lina Rosales, Francisco Moran, Jesus Puente, Aurora Julia, Jesus Tordesillas. ◆ Due imbranatissimi pistoleri (Franchi e Ingrassia) mettono a soqquadro un tranquillo paesino, aizzando l'una contro l'altra le famiglie che lo controllano. L'ennesima parodia western della prolifica coppia. Solo per i fans e per chi non ha mai fatto l'esperienza.

Perversione mortale ** (*Whispers in the Dark*, Usa 1993, col, 99') Christopher Crowe. Con Annabella Sciorra, Jamey Sheridan, Alan Alda, Anthony La Paglia, Deborah [Kara] Unger, Jill Clayburgh, John Leguizano. ◆ La psicoanalista Anne (Sciorra), suggestionata dalle fantasie erotiche della sua paziente Eve (Unger), cade tra le braccia di Doug, il tipico maschio americano ideale (Sheridan): ma dopo che Eve viene trovata morta e si scopre che Doug non è così perfetto, Anne non sa più a che santo votarsi. Meglio dar retta agli istinti, è la lezione che arriva dopo una raffica di colpi di scena. Erotismo da *Cosmopolitan*, intreccio giallo discreto: Crowe – autore anche della sceneggiatura – riesce almeno a tener desta la curiosità sino alla fine.

Perversioni femminili ** (*Female Perversions*, Usa/ Germania 1996, col, 113') Susan Streitfeld. Con Tilda Swinton, Amy Madigan, Karen Sillas, Frances Fisher, Laila Robins, Clancy Brown, Paulina Porizkova, Dale Shuger, Lisa Jane Persky, John Diehl. ◆ Alla vigilia della nomina a giudice, Eve Stephens (Swinton), avvocato d'assalto, deve occuparsi della sorella Madelyn (Madigan), cleptomane arrestata per furto: il difficile rapporto con lei e il suo mondo «matriarcale» farà riaffiorare spaventosi traumi infantili. Dal saggio psicoanalitico femminista di Louise J. Kaplan (*Perversioni femminili. Le tentazioni di Emma Bovary*, sceneggiato dalla regista e da Julie Hebert), un'opera prima curiosa e coraggiosa, anche se con limiti forse intrinseci all'operazione: l'intreccio a volte appare artificioso nel tentativo di offrire un ampio ventaglio di nevrosi, alcuni passaggi rischiano la banalità e il Kitsch (il produttore è Zalman King, quello di *Orchidea selvaggia* e *9 settimane e ½*), mentre altri sfiorano l'oscurità. Eppure questi «ritratti di signore», dolenti e feroci al tempo stesso, raggiungono momenti di nuda verità difficilmente riscontrabili nella maggior parte dei film femminili o femministi che si vedono in giro. Forse perché non vogliono solo «dare forma» alle fantasie delle donne, ma cercano di partire da esse per riflettere sulle loro stesse contraddizioni. La Swinton, col suo volto enigmatico e la sua recitazone implosiva, è semplicemente strepitosa. La Porizkova, ex top model, è l'avvocato che subentra a Eve.

Per vincere domani ** (*The Karate Kid*, Usa 1986, col, 126') John G. Avildsen. Con Ralph Macchio, Noriyuki «Pat» Morita, Elizabeth Shue, Martin Kove, Chad McQueen, Randee Heller, William Zabka, Ron Thomas, Tamlyn Tomita. ◆ Arrivato a Los Angeles, il giovane Daniel (Macchio) deve affrontare una banda di violenti compagni di scuola: lo aiuterà un anziano giapponese (Morita), maestro di vita e di arti marziali. Dal regista del primo *Rocky*, un'altra storia dello stesso tenore ma permeata di saggezza orientale, con due protagonisti decisamente simpatici. Negli Usa ebbe un successo travolgente, che spinse alla realizzazione di tre seguiti, *Karate Kid II* (1986), *Karate Kid III – La sfida finale* (1989) e *Karate Kid 4* (1994).

Per vivere meglio, divertitevi con noi *½ (Italia 1978, col, 115') Flavio Mogherini. ◆ Film a episodi. In *Un incontro molto ravvicinato* (con Monica Vitti) una signora traumatizzata dalla violenza subita da sette sherpa himalayani crede di essere salvata da un prestante marziano; in *Il teorema gregoriano* (con Johnny Dorelli, Catherine Spaak) un geloso assicuratore vuole verificare la fedeltà della moglie; in *Non si può spiegare, bisogna vederlo* (con Renato Pozzetto, Milena Vukotic) un accanito giocatore alle corse ippiche compra un cavallo con cui spera di arricchirsi. Una regia non proprio dozzinale solleva leggermente il tono generale di questi tre episodi, ma può poco contro la volgarità dei primi due. Tra gli sceneggiatori ci sono anche Cochi Ponzoni e Renato Pozzetto.

Pervola ** (*Pervola*, Olanda 1985, col, 89') Orlow Seunke. Con Gerard Thoolen, Bram van der Vlugt, Melle van Essen, Tom Hoffman. ◆ Per rispettare le ultime volontà del padre, che vuole essere seppellito nella remota località di Pervola, i fratelli Hein (van der Vlugt) e Simon (Thoolen) affrontano un viaggio massacrante tra le nevi del nord della Norvegia. Hein è un cinico affarista, e vuole nascondere a Simon, attore gay, che il padre l'ha perdonato sul letto di morte: ma nella solitudine bianca la verità verrà a galla. L'ambientazione è suggestiva, ma la parabola è scontata, e messa in scena con correttezza scolastica. Opera seconda dell'autore del *Sapore dell'acqua*.

Pescatore della Louisiana, Il * (*The Toast of New Orleans*, Usa 1950, col, 97') Norman Taurog. Con Kathryn Grayson, Mario Lanza, David Niven, Rita Moreno, J. Carrol Naish. ◆ Per placare il suo senso di colpa, un pescatore (Lanza) che crede di avere qualche responsabilità per la distruzione di una barca, decide di darsi alla lirica e diventa una celebrità. Musical di scarsissimo interesse, confezionato solo in funzione dell'ugola di Mario Lanza.

Pescatore di Posillipo, Il → *Piscatore 'e Pusilleco*

Pesce color di rosa, Un * (*The Favour, the Watch and the Very Big Fish*, Gb/Francia 1991, col, 89') Ben Lewin. Con Bob Hoskins, Jeff Goldblum, Natasha Richardson, Michel Blanc, Jacques Villeret, Jean-Pierre Cassel, Angela Pleasence. ◆ Leon (Hoskins), fotografo di immagini sacre, trova in un pianista pazzo (Goldblum) un perfetto modello per Gesù Cristo: ma entrambi non sanno di essere innamorati di Sybil (Richardson), doppiatrice di film porno. Parzialmente ispirato a un racconto di Marcel Aymé, una commedia che vorrebbe giocare sul senso dell'assurdo e lo spirito dissacrante. Ma la regia è pedestre e le gag, tirate per le lunghe, non suscitano neanche il sorriso.

Pesce di nome Wanda, Un *** (*A Fish Called Wanda*, Gb 1988, col, 108') Charles Crichton. Con John Cleese, Jamie Lee Curtis, Kevin Kline, Michael Palin, Maria Aitken, Tom Georgeson. ◆ Una ladra dotata di notevole sex-appeal (Curtis) cerca di sedurre l'avvocato (Cleese) di un socio finito in galera per sapere dove quest'ultimo ha nascosto i gioielli rubati dalla banda. Giallorosa farsesco, con un cast scioltissimo e dialoghi particolarmente coloriti (la sceneggiatura è dell'ex Monty Python John Cleese), deliziosamente immorale scritto e diretto da un regista settantottenne inattivo da più di venti, colonna della produzione Ealing negli anni Quaranta e Cinquanta (*Piccoli detectives* e *L'incredibile avventura di Mr. Holland*). Le gag più riuscite nascono dal conflitto tra la proverbiale freddezza inglese (Cleese) e l'incandescenza made in Usa (Curtis), per cui varrebbe la pena di procurarsi l'edizione originale (nell'edizione italiana, lui si eccita sentendola parlare in spagnolo, ma in originale lei parla in italiano e inanella una serie di parole – da «pizza» a «San Pietro» – che rappresentano la quintessenza dell'italianità per gli stranieri: dette durante un amplesso ottengono straordinari effetti comici). Ritmo travolgente. Kline ha vinto l'Oscar come miglior attore non protagonista nel ruolo del paranoico amante-fratello gay di Jamie Lee Curtis, ma anche Michael Palin (pure lui dei Monty Python) è straordinario, soprattutto nel tentativo di eliminare una vecchia megera.

Pesce in fondo al mare, Un * (*Dream with the Fishes*, Usa 1997, col, 96') Finn Taylor. Con David Arquette, Brad Hunt, Kathryn Erbe, Cathy Moriarty, J.E. Freeman, Richmond Arquette. ◆ Lo sbandato Nick (Hunt), cui una malattia ha lasciato pochi mesi, fa tornare la voglia di vivere a Terry (D. Arquette, anche coproduttore), borghese depresso tentato dal suicidio. Strana coppia *on the road*, con modeste trasgressioni: la maniera del cinema indipendente, rancido nello spirito e sciatto nella confezione. Record di microfoni in campo. Scritto dal regista, esordiente.

Peso del ricordo, Il *½ (*Permanet Record*, Usa 1988, col, 91') Marisa Silver. Con Keanu Reeves, Alan Boyce, Michelle Meyrink, Jennifer Rubin, Kathy Baker, Richard Bradford. ◆ Uno studente modello (Boyce) si suicida, gettando il suo amico somaro (Reeves) e i compagni di classe nello sconforto. Quanto sia difficile diventare adulti nella scuola americana l'aveva già raccontato, con un po' più di humour, *Breakfast Club*. Musica di Joe Strummer, ex Clash, e cammeo di Lou Reed.

Peste, La ° (*La Peste*, Francia/Usa/Argentina 1992, col, 135') Luis Puenzo. Con William Hurt, Sandrine Bonnaire, Jean-Marc Barr, Robert Duvall, Raul Julia, Lautaro Murua, Victoria Tennant. ◆ Convinto che stia scoppiando un'epidemia di peste, il medico Bernard Rieux (Hurt) non risparmia energie per curare i malati, anche se le autorità tendono a ignorare il pericolo. Quando finalmente la città verrà isolata, il suo attivismo si incrocerà con quello di un prete (Murua) ossessionato dal castigo divino, di un cameraman (Barr) sconvolto da ciò che riprende, di una giornalista (Bonnaire) disperatamente aggrappata alla vita, di un eccentrico scrittore (Duvall) e del ricercato Cottard (Julia) che spera di speculare sulle disgrazie altrui. Pessimo adattamento dell'omonimo romanzo filosofico di Albert Camus che Puenzo trasporta ai giorni nostri e ambienta a Buenos Aires (e non nella Orano del dopoguerra), riducendo di molto la presenza repulsiva dei topi, trasformando il giornalista in una donna, modificando orrendamente la morte del prete e togliendo a Cottard molta della sua ambiguità. Lo scopo sarebbe quello di accentuare l'allegoria della peste, «virus della dittatura che serpeggia contagioso nelle viscere della società», ma la voglia di rendere tutto esplicito e forzato toglie al pubblico quello che si dovrebbe chiedere da un film così: il senso intimo e straziante della «cognizione del dolore». E trasforma attori altrove bravi in manichini inespressivi. In originale 147'.

Peter Gunn: 24 ore per l'assassino *½ (*Gunn*, Usa 1967, col, 94') Blake Edwards. Con Craig Stevens, Laura Devon, Edward Asner, Sherry Jackson, Albert Paulsen. ◆ Il detective privato Peter Gunn (Stevens) deve scoprire chi ha eliminato un boss della mala, lasciando via libera al suo socio Nick Fusco (Paulsen). Creato da Edwards per il piccolo schermo, il personaggio di Gunn portato al cinema ha un'aria fasulla. Il cocktail di giallorosa e noir dai risvolti morbosi riserva tuttavia qualche sorpresa – anche se la cosa migliore sono i titoli di testa. Edwards (sceneggiatore assieme a William Peter Blatty, futuro autore dell'*Esorcista*) ha rimpiazzato all'ultimo momento William Friedkin, e nel 1989 ha diretto un remake televisivo di questo stesso film, *Peter Gunn*.

Peter Pan → *Avventure di Peter Pan, Le*

Petit soldat, Le ** (*Le Petit soldat*, Francia 1960, b/n, 88') Jean-Luc Godard. Con Michel Subor, Anna Karina, Henry-Jacques Huet, Laszlo Szabo. ◆ Il fotografo Bruno (Subor), agente di un'organizzazione segreta di destra, riceve l'incarico di uccidere, in Svizzera, un giornalista filoalgerino: tentenna, viene sospettato di fare il doppio gioco, e finirà col perdere l'agente nemica (Karina) di cui si è innamorato. I censori francesi proibirono il film per due anni, i critici di sinistra non gradirono che gli algerini venissero mostrati come torturatori negli anni dell'Oas. Godard voleva solo registrare la confusione degli intellettuali: ma il risultato è più convenzionale e scialbo rispetto a *Fino all'ultimo respiro*, con cui aveva esordito l'anno prima. Lunghe discussioni sull'arte e qualche aforisma memorabile: «La fotografia è la verità, e il cinema è la verità 24 volte al secondo». Primo ruolo da protagonista per la Karina, futura moglie del regista. Il produttore Georges de Beauregard è il deputato poujadista, Godard è un passante alla stazione.

Petöfi 73 *½ (*Petöfi 73*, Ungheria 1973, col, 72') Ferenc Kardos. Con Mihály Kovács, Nóra Kovács, Can Togay, Tibor Csizmadia. ◆ In un liceo ungherese gli studenti allestiscono uno spettacolo drammatico per ricordare la figura del poeta magiaro Petöfi (Kovács). In occasione dei 150 anni della nascita di Sándor Petrovics – che poi assunse il nome magiaro di Petöfi – il regista cerca di mescolare la rievocazione di un grande patriota (morto a soli ventisei anni) con gli entusiasmi vitalistici e contestativi della gioventù ungherese: gli studenti ballano, si agitano, cantano (la colonna sonora di Levente Szörényi mescola la Marsigliese ai ritmi pop), ma il risultato è piuttosto confuso e molti riferimenti – anche per la stringatezza dei sottotitoli con i quali viene distribuito – sfuggono allo spettatore straniero.

Petomane, Il ** (Italia 1983, col, 103') Pasquale Festa Campanile. Con Ugo Tognazzi, Mariangela Melato, Riccardo [Ricky] Tognazzi, Gianmarco Tognazzi, Flavio Colusso, Stefano Roffi, Giovanni Grimaldi. ◆ A Parigi, agli inizi del secolo, Joseph Pujol (U. Tognazzi) fa del peto un'arte trasgressiva, dividendo la Francia. Tratta da un episodio di cronaca della Belle époque, è una commedia meno grossolana di quanto può far pensare, sia per l'ironia surreale e malinconica che la pervade, sia per la raffinata interpretazione di Tognazzi, che ben conosce la differenza tra lo spirito rabelaisiano e la trivialità.

Petrole! Petrole! *½ (*Pétrole, pétrole*, Francia 1981, col, 87') Christian Gion. Con Jean-Pierre Marielle, Bernard Blier, Catherine Alric, Henry Guybert. ◆ Uno sceicco (Blier) sta trattando un lucroso affare con i rappresentanti di una multinazionale, quando si fa avanti un terzo incomodo (Guybert). Commedia non particolarmente riuscita che vuole mettere alla berlina la psicosi petrolifera di quegli anni. Il cast si muove con disinvoltura ma la regia esita tra satira e commedia.

Petrolini **½ (Italia 1952, b/n, 76') O.G. Caramazza [a cura di]. Con Ettore Petrolini, Elma Krimer, Grazia Del Rio, Mercedes Brignone, Tilde Mercandalli, Letizia Quaranta, Augusto Contardi, Sergio Rovida, Mario Mazza, Alfredo Martinelli. ◆ Antologia realizzata a cura della Cineteca nazionale per la Mostra del cinema di Venezia del 1952 che utilizza buona parte del film *Nerone* di Alessandro Blasetti (del 1930, oggi introvabile nella sua integrità) con alcuni estratti da *Il medico per forza* di Carlo Campogalliani (1931). Dopo i titoli, detti direttamente da Petrolini in omaggio alla nascita del cinema sonoro, il film – ambientato nel teatro dove si esibisce l'attore, che spesso si intrattiene col pubblico – si apre con l'interpretazione di Pulcinella; seguono le «malinconie petroliniane alla pizzaiola», lo sketch di Gastone, poi circa 21' dal *Medico per forza* (le scene in cui Sganarello [Petrolini] guarisce Lucinda [Mercandalli], muta per amore), quindi Fortunello, Nerone e la canzone *Nannì* interpretata sul proscenio. (Praticamente, l'unico episodio che manca per intero del *Nerone* di Blasetti è quello finale, con la focosa ammiratrice che, assediandolo, vorrebbe che il grande attore fuggisse con lei, mentre Petrolini le spiega che lui non può appartenere a una sola donna perché appartiene a tutto il pubblico). La frammentarietà del film (un cartello nei titoli avverte che la scelta delle scene montate è stata dettata soprattutto dalla qualità del materiale esistente) permette comunque di apprezzare la forza comica e l'abilità mimica di Petrolini e fa del film un documento insostituibile sull'arte del comico romano: manca il celeberrimo *Salamini*, ma Gastone «con il guanto a penzolon, viveur, danseur, fine dicitor» è indimenticabile e Petrolini-Nerone si esibisce nel tormentone «bravo... grazie», in cui molti videro una presa in giro della popolarità di Mussolini. In alcune televisioni è annunciato, erroneamente, come *Antologia di Petrolini* di Carlo Ludovico Bragaglia.

Petrolio rosso * (*The Oklahoman*, Usa 1957, col, 80') Francis D. Lyon. Con Joel McCrea, Barbara Hale, Brad Dexter, Gloria Talbott, Verna Felton, Douglas Dick, Michael Pate. ◆ Un medico (McCrea) difende gli indiani dell'Oklahoma da chi vorrebbe impadronirsi delle loro riserve, ricche di petrolio. Western domestico, nonostante la trama, con intermezzi sentimentali gonfiati a dismisura e interrotti da improvvise scene d'azione. La Hale indossa in troppe scene lo stesso vestito.

Petulia **½ (*Petulia*, Usa 1968, col, 105') Richard Lester. Con Julie Christie, George C. Scott, Richard Chamberlain, Shirley Knight, Arthur Hill, Joseph Cotten, Pippa Scott. ◆ Un'avvenente signora sposata (Christie) ha una relazione con un medico in crisi esistenziale (Scott), ma il marito geloso e violento la costringe alla rottura. Amara commedia sofisticata, con acute annotazioni di costume e ottime interpretazioni, tratta dal bestseller *Me and the Arch Kook Petulia* di John Haase sceneggiato da Lawrence B. Marcus e con un'atmosfera europeo-antonioniana nonostante l'ambientazione americana, intrisa di nevrosi e di alienazione: Lester aveva già diretto *Help* e nella messinscena si avverte la mano di Nicholas Roeg, accreditato come direttore della fotografia. Non casuale, dunque, la scelta di una San Francisco vittoriana e «psichedelica» allo stesso tempo (era la città di Janis Joplin e dei Grateful Dead).

Pezzi duri... e mosci * (*Naked Truth*, Usa 1992, col, 99') Nico Mastorakis. Con Roberto Caso, Kevin Schon, Courtney Gibbs, Herb Edelman, Brian Thompson, M. Emmet Walsh. ◆ Arrivati a Los Angeles con la speranza di sfondare nel cinema, Frank e Frank (Caso e Schon) sono involontari testimoni di un delitto della mafia: per fuggire ai killer si travestiranno da donna e si nasconderanno tra le miss di un concorso di bellezza. Inqualificabile tentativo di plagiare la trama di *A qualcuno piace caldo*: inutile dire che qui non si sorride nemmeno. Comparsata per Zsa Zsa Gabor e Little Richard.

Pezzo da 20, Un ** (*Twenty Bucks*, Usa 1993, col, 90') Keva Rosenfeld. Con Linda Hunt, Brendan Fraser, Elisabeth Shue, Christopher Lloyd, Steve Buscemi, Melora Walters, Sam Jenkins. ◆ Una banconota da 20 dollari passa di mano in mano, da una senzatetto (Hunt) a un operaio (Fraser) che sta per sposare la figlia di uno sceicco, da un rapinatore a sangue freddo (Lloyd) che tenta di istruire il suo socio deficiente (Buscemi) a un'aspirante scrittrice (Shue). Una catena di episodi di tono assai diverso, ilari o tragici, che sembra ispirarsi, più che ai classici hollywoodiani, al surrealismo di *I favoriti della luna* di Ioseliani. Opera prima di una ex documentarista, a tratti curiosa, ma con il sospetto dell'inutilità. Spalding Gray è il prete.

Pezzo per pezzo, spudoratamente → *Squillo, per quattro svitati, Una*

Phantasm → *Fantasmi*

Phantasm II * (*Phantasm II*, Usa 1988, col, 91') Don Coscarelli. Con James Le Gros, Reggie Bannister, Angus Scrimm, Paula Irvine, Samantha Phillips, Kenneth Tigar. ◆ A distanza di anni, il mostro torna a saccheggiare i cimiteri: Mike e Reggie (Le Gros e Bannister) gli danno di nuovo la caccia, con l'aiuto di una fanciulla scampata per poco alla morte. Più che il seguito, sembra un calco di *Fantasmi*, povero d'inventiva e ricco di mezzi. C'è pure un terzo episodio.

Phantasm III * (*Phantasm III*, Usa 1994, col, 95') Don Coscarelli. Con James Le Gros, Reggie Bannister, Angus Scrimm. ◆ Questa volta il mostro si è organizzato meglio: gestisce un servizio di pompe funebri, trasformando i morti in zombi-killer al suo servizio. Mike e Reggie (Le Gros e Bannister) gli stanno sempre alle costole. La noia regna sovrana.

Phenomena *** (Italia 1984, col, 110') Dario Argento. Con Jennifer Connelly, Daria Nicolodi, Donald Pleasence, Patrick Bauchau, Dalila Di Lazzaro. ◆ In un collegio svizzero una ragazzina (Connelly) scopre un mostruoso assassino di fanciulle con l'aiuto degli animali (insetti e scimpanzé) di cui è amica. Fiaba nera, più horror che thriller, con un intreccio più solido della media dei film di Argento. Meno sadico del solito (a parte la sequenza iniziale, in cui la vittima è Fiore Argento, figlia del regista), con alcuni tocchi gentili, e un gran finale memorabile. Anche se assomiglia un po' troppo a *Suspiria*, è uno dei migliori Argento degli ultimi anni, al quale si perdona l'abuso di heavy metal nella colonna sonora. Effetti speciali sofisticati (quelli meccanici sono opera di Sergio Stivaletti) convivono con trucchi artigianali altrettanto efficienti: per simulare lo sciame di mosche che avvolge il collegio, per esempio, è bastato usare in sovraimpressione l'immagine di caffè in polvere versato nell'acqua.

Phenomenon * (*Phenomenon*, Usa 1996, col, 123') Jon Turteltaub. Con John Travolta, Kyra Sedgwick, Forest Whitaker, Robert Duvall, Sean O'Brian, David Gallagher, Ashley Buccille, Tony Genaro, Bruce Young. ◆ Meccanico dall'animo semplice, George Malley (Travolta) viene «illuminato» dal cielo e si trasforma in un genio che predice i terremoti e ritrova un bambino sperduto: per vincere i sospetti dei concittadini e l'ostilità della scienza (che attribuisce i suoi strani poteri a un misterioso tumore cerebrale), George potrà contare solo sull'amore di Lace (Sedgwick). Una favola soprannaturale (sceneggiata da Gerald DiPego) il cui buonismo programmatico sfiora il ridicolo, ma dove in molti hanno voluto leggere tra le righe un messaggio propagandistico a favore di Scientology (il movimento fondato da Ron Hubbard di cui Travolta è un adepto): dentro ognuno di noi ci sono i mezzi per migliorare la vita di tutti. Colonna sonora in tema con Eric Clapton che sui titoli canta *Change the World* e brani di Peter Gabriel, J. J. Cale, Van Morrison e John Hiatt (la supervisione è di Robbie Robertson).

Phffft (e l'amore si sgonfia) ** (*Phffft!*, Usa 1954, b/n, 91') Mark Robson. Con Judy Holliday, Jack Lemmon, Jack Carson, Kim Novak, Donald Curtis. ◆ Coppia in crisi (Holliday e Lemmon) sceglie il divorzio, ma dopo qualche tiepido svago scopre di amarsi ancora. Nel complesso una «champagne-comedy senza bollicine», nonostante la verve naturale degli interpreti e qualche ricamo colorito sull'istituzione del divorzio. La sceneggiatura è di George Axelrod.

Philadelphia *** (*Philadelphia*, Usa 1993, col, 119') Jonathan Demme. Con Tom Hanks, Denzel Washington, Jason Robards, Antonio Banderas, Roberta Maxwell, Buzz Kilman, Karen Finley. ◆ Philadelphia, anni Novanta: Andrew Beckett, giovane e brillantissimo avvocato gay (Hanks), viene licenziato dal prestigioso studio legale in cui lavora, secondo il suo ex boss (Robards) per inadempienza professionale, in realtà perché malato di Aids. Dopo molte difficoltà, l'avvocato trova un collega di colore, Joe Miller (Washington), disposto a difendere i suoi diritti in tribunale. Insieme vinceranno la causa, ma Beckett morirà poco dopo. Non un film sull'Aids e su chi ne è colpito, ma sulla percezione dell'Aids da parte di chi non ce l'ha ed è invece affetto dal virus del pregiudizio: il vero protagonista di *Philadelphia* non è l'avvocato gay, bensì il suo collega di colore, lente d'ingrandimento che Demme usa, annullando le differenze di razza e sottolineando quelle culturali, per costringere gli spettatori a confrontarsi con se stessi. Un limpido e tesissimo film di formazione, sceneggiato da Ron Nyswaner e affrontato da Demme con uno stile geometrico e lineare, che sembra ricalcato sulla mappa della città della dichiarazione d'indipendenza dove è di casa il diritto e un po' meno l'amore fraterno della sua etimologia. Unica eccezione, l'inserto melodrammatico e barocco in cui la macchina da presa avvolge in un abbraccio disperato Hanks che danza sulle note dell'*Andrea Chénier*: è piaciuto solo questo ai cinefili e ai fans di Demme, che lo accusano di essere diventato troppo «politicamente corretto» e persino caramelloso. Due Oscar: a Tom Hanks come miglior attore protagonista e a Bruce Springsteen per la canzone *Streets of Philadelphia*.

Philadelphia Experiment *½ (*The Philadelphia Experiment*, Usa 1984, col, 102') Stewart Raffill. Con Michael Paré, Nancy Allen, Eric Christmas, Bobby Di Cicco, Kene Holliday. ◆ Durante la seconda guerra mondiale, un esperimento scientifico porta alla scomparsa di una corazzata americana: i marines si salvano, ma si ritrovano catapultati nel 1984. Un look «poveristico», da fantascienza anni Cinquanta, non sostenuto da un'idea narrativa sufficientemente forte: solo a tratti il buco nero si fa davvero ossessione visiva (la landa desertica spazzata dal vento), per il resto la messinscena si adegua al tono involontariamente ilare della brutta sceneggiatura. Originariamente era un progetto di John Carpenter. Pochi i legami con *The Philadelphia Experiment 2*.

Philadelphia Experiment 2, The *½ (*The Philadelphia Experiment 2*, Usa 1993, col, 98') Stephen Cornwell. Con Brad Johnson, Gerrit Graham, Marjean Holden, John Christian Graas. ◆ David Herdeg (Johnson) è l'unico sopravvissuto dell'equipaggio di una nave risucchiata dal 1943 al 1984: ripeterà il viaggio al contrario perché uno scienziato nazista (Graham) riporta indietro nel tempo un bombardiere Stealth, per far vincere la guerra alla Germania. Mondi alternativi, futuri cambiati: nulla che non si sia già visto in *Ritorno al futuro parte II*, o letto in *La svastica sul sole* di Dick. Ma questa è una copia dozzinale: sceneggiatura (di Kevin Rock e Nick Paine) piena di buchi, effetti speciali approssimativi e pochi legami col primo *Philadelphia Experiment*.

Philadelphia Security * (*Fighting Back*, Usa 1982, col, 98') Lewis Teague. Con Tom Skerritt, Patti LuPone, Michael Sarrazin, Yaphet Kotto, David Rasche. ◆ Nella periferia di Philadelphia spadroneggia la malavita: ci pensa un salumaio italoamericano (Skerritt) a rimettere ordine, organizzando nel vicinato una squadraccia di armati volontari. *Il giustiziere della notte* ha fatto scuola: violento, incalzante e con tutti gli ingredienti del caso, compresa l'attitudine giustificazionista nei confronti del vendicatore, sposata in pieno dal regista. Produce Dino De Laurentiis.

Phoenix → *Delitto di polizia - Phoenix*

Piace a troppi **½ (*...Et Dieu créa la femme*, Francia 1956, col, 80') Roger Vadim. Con Brigitte Bardot, Curt Jurgens, Christian Marquand, Jean-Louis Trintignant, Isabelle Corey. ◆ A Saint Tropez, la giovane orfana Juliette (Bardot) scopre di esercitare un notevole fascino sugli uomini, ma alla lusinga e al piacere subentrano amare sorprese. Una commedia che fece epoca, sia per la travolgente presenza di B.B., sia per la provocazione a livello di costume. Partecipe degli umori polemici della nascente Nouvelle Vague, scaturisce non tanto da una riflessione critica sul cinema francese, quanto dal fiuto personale del regista, tempestivo nel cogliere e nell'accelerare i mutamenti comportamentali in atto. Tutti i personaggi femminili anni Sessanta devono qualcosa a Juliette e alla sua incantevole interprete, mentre Vadim (che qui aveva firmato anche la sceneggiatura) in seguito non ha più saputo trovare l'ispirazione dell'esordio e la scioltezza narrativa che la sosteneva. Il modo in cui B.B. balla il mambo non si dimentica facilmente.

Piacere, Il *** (*Le Plaisir*, Francia 1952, b/n, 95') Max Ophuls. ◆ Film a episodi. In *La maschera* (con Claude Dauphin, Gaby Morlay, Jean Galland) un anziano signore, nascosto sotto una maschera giovanile, partecipa ogni sera a danze sfrenate fino a crollare sulla pista; in *La casa Tellier* (con Madeleine Renaud, Ginette Leclerc, Mila Parély, Danielle Darrieux, Pierre Brasseur, Jean Gabin) la tenutaria di un bordello chiude bottega per un giorno e porta le ragazze in campagna alla prima comunione della nipotina; in *La modella* (con Jean Servais, Daniel Gélin, Simone Simon) un pittore s'innamora di una modella, ma si stanca; lei tenta il suicidio e rimane paralizzata, lui la sposa e la cura amorevolmente. Da tre novelle di Maupassant, introdotte e accompagnate da un'inquietante voce fuori campo che fece discutere a lungo la critica (il fantasma dello scrittore? il punto di vista di Ophuls? il narratore dell'ultimo episodio, visto che – nell'edizione originale – ha sempre la voce di Servais? Di certo rappresenta il massimo potenziamento della fiction, un «dolce inganno» possibile solo al cinema), un film accolto molto male dalla Francia sciovinista («È come se Freud ci spiegasse La Fontaine»), che fu tardivamente rivalutato da Godard sulle pagine dei *Cahiers*. Décor sontuoso, cura maniacale nella messinscena, andamento brioso: Ophuls rilegge Maupassant in una chiave del tutto personale, ma riesce a restituire il piacere delle sue pagine trasformandolo in puro godimento visivo e sfidando maliziosamente il voyeurismo insito in ogni amante del cinema.

Piacere della disonestà, Il *½ (*Mr. Topaze*, Gb 1961, col, 84') Peter Sellers. Con Peter Sellers, Nadia Gray, Herbert Lom, Leo McKern, Martita Hunt, John Neville. ◆ Un maestro penalizzato per la sua irreprensibilità (Sellers) decide di mettersi al servizio di un boss per spogliarlo d'ogni bene. Deludente remake di *Topaze* di Marcel Pagnol, è una commedia di caratteri dal respiro affannoso, anche se i dialoghi riescono in parte a neutralizzare le lacune del ritmo. Rititolata negli Usa *I Like Money*.

Piacere della sua compagnia, Il ** (*The Pleasure of His Company*, Usa 1961, col, 115') George Seaton. Con Fred Astaire, Debbie Reynolds, Lilli Palmer, Tab Hunter, Charlie Ruggles. ◆ Un attempato playboy (Astaire) torna a casa della ex moglie per partecipare al matrimonio della figlia (Reynolds), ma quest'ultima, affascinata dal genitore, medita di abbandonare il fidanzato. Una commedia ben fatta (buon cast, scrittura elegante, accuratezza nella messinscena), ma alquanto addomesticata rispetto alle potenzialità dirompenti del soggetto. È tratta dall'omonima pièce teatrale di Samuel Taylor e Cornelia Otis Skinner, autori anche della trascrizione cinematografica.

Piacere dello scandalo, Il * (*Fools For Scandal*, Usa 1938, b/n, 81') Mervyn LeRoy. Con Carole Lombard, Fernand Gravet, Ralph Bellamy, Allen Jenkins, Isabel Jeans, Marie Wilson. ◆ Uno spiantato dongiovanni francese (Gravet) s'invaghisce di una famosa attrice americana (Lombard) e riesce a farla innamorare di sé. Non mancano dei momenti gustosi, ma nel complesso è una commedia deludente, forse perché troppo rétro per il gusto attuale.

Piacere e l'amore, Il *½ (*La Ronde*, Francia 1964, col, 107') Roger Vadim. Con Jean-Claude Brialy, Francine Bergé, Marie Dubois, Jane Fonda, Anna Karina, Jean Sorel, Catherine Spaak, Claude Giraud, Maurice Ronet. ◆ Una girandola di relazioni amorose, in cui tutti i personaggi sono tra loro legati a catena. Tratto da *Girotondo* di Arthur Schnitzler, un film che sostituisce la sottile descrizione dei sentimenti amorosi dell'autore austriaco con una dose eccessiva di voyeurismo e il gusto libertario (leggi: osé) degli anni Sessanta. Di tutt'altro valore la versione di Max Ophuls, *La Ronde*.

Piacere principale, Il *½ (*The Pleasure Principle*, Gb 1991, col, 100') David Cohen. Con Peter Firth, Lynsey Baxter, Hadyn Gwynne, Lysette Anthony, Sara Mair-Thomas. ◆ Il giornalista Dick (Firth) non può resistere al fascino femminile, e viceversa: a dividerselo sono, tra le altre, una hostess divorziata (Baxter) e una chirurga (Gwynne) in procinto di sposarsi – non con lui. «Una risposta al femminismo» ha definito il regista-sceneggiatore questa sua opera prima: ma le ambizioni di commedia di costume e spaccato dei rapporti tra i sessi nella Londra contemporanea affondano nella banalità e nella comicità facile facile.

Piaceri del sabato notte, I (Arabella 252104) *½ (Italia 1960, b/n, 100') Daniele D'Anza. Con Andreina Pagnani, Jeanne Valerie, Elsa Martinelli, Maria Perschy, Jean Murat, Scilla Gabel, Pierre Brice, Romolo Valli, Roberto Risso, Giuseppe Porelli, Grazia Maria Spina, Luigi Pavese, Corrado Pani, Aldo Giuffré, Carlo Pisacane, Marilù Tolo, Giulio Marchetti, Renato Speziali, Paola Barbara. ◆ Le mannequin dell'atelier di Arabella (Pagnani) sono in realtà delle squillo: la morte di un cliente (Porelli) tra le braccia di Paola (Valerie) e la denuncia del marito (Risso) di un'altra «indossatrice» (Perschy) porta la polizia a scoprire tutto. Commedia di costume con venature gialle che fatica a nascondere la sua impostazione moralista e manichea. Alla fine il commissario (Valli) fa la sua bella predica contro i vizi della corrotta società borghese, ma prima le donne – madri e sorelle comprese – erano state fatte a pezzi (il miglior complimento è «sgualdrina»). E forse per questo il film è ambientato nella ricca Milano, con il ricettatore Giuffré e il ricattatore Pani involontariamente comici col loro doppiaggio dialettale. La sceneggiatura è firmata da Giuseppe Mangione, Oreste Biancoli, Mino Guerrini, Ugo Pirro e dal regista. Interessanti gli assoli di jazz scritti da Armando Trovajoli ed eseguiti da Chet Baker e Nini Rosso.

Piacevoli notti, Le *½ (Italia 1966, col, 117') Armando Crispino, Luciano Lucignani. ◆ Tre episodi boccacceschi ambientati nel Rinascimento: nel primo (con Ugo Tognazzi, Magda Konopka, Filippo Scelzo, Glauco Onorato) un nobile libertino riesce a diventare l'amante di una donna tenuta prigioniera dal marito gelosissimo; nel secondo (con Gina Lollobrigida, Adolfo Celi, Daniele Vargas, Eros Pagni, Gigi Proietti, Carmen Scarpitta, Omero Antonutti) un falso papa incoraggia i sogni erotici di una ragazza; nel terzo (con Vittorio Gassman, Maria Grazia Buccella, Gigi Ballista, Hélène Chanel, Luigi Vannucchi, Paolo Bonacelli) Lucrezia Borgia viene colta in flagrante adulterio dal marito che cerca invano di vendicarsi. Pochade goliardica, con qualche eccessiva lungaggine che rischia di smorzare il ritmo comico.

Piacevoli sogni di Cheech e Chong, I *½ (*Cheech & Chong's Nice Dreams*, Usa 1981, col, 89') Thomas Chong. Con Cheech Marin, Thomas Chong, Evelyn Guerrero, Stacy Keach, Timothy Leary. ◆ Due imbroglioni (Cheech e Chong) girano per la città con un carrettino, spacciando erba in confezione gelato. Ritmo brioso, qualche situazione divertente (metamorfosi del sergente di polizia in un'iguana in seguito a uno spinello), ma complessivamente di scarso interesse. Soggetto e sceneggiatura sono della coppia.

Pia de' Tolomei * (Italia 1941, b/n, 78') Esodo Pratelli. Con Germana Paolieri, Carlo Tamberlani, Nino Crisman, Lauro Gazzolo, Cesco Baseggio, Achille Majeroni. ◆ Il conte senese Nello della Pietra (Tamberlani), di ritorno da una battaglia, vede nell'oscurità la moglie Pia de' Tolomei (Paolieri) abbracciata a un uomo: convinto dall'amico Ghino di Tacco (Crisman) che si tratta di un amante – e invece è solo il fratello – la rinchiude nel suo castello e l'abbandona per sempre. In realtà è la vendetta di Ghino, da sempre innamorato di Pia e da lei rifiutato. Mediocre melodramma storico d'ispirazione dantesca (*Purgatorio*, canto V), con nobili straziati dalla sofferenza per colpa di un cattivo loro pari e popolani tutti felici, buoni e partecipi della tragedia della contessa: realizzazione scontata, dialoghi (di Pier Maria Rosso di San Secondo) troppo letterari e recitazione enfatica fino a sfiorare il ridicolo (Crisman è inspiegabilmente doppiato da Sandro Ruffini). Gli antefatti della tragedia vengono raccontati da una voce fuori campo (di Lidia Simoneschi) come fossero un sogno di Pia, tormentata dalla febbre. Girato nella Fortezza di Montalcino.

Pianese Nunzio 14 anni a maggio **½ (Italia 1996, col, 115') Antonio Capuano. Con Fabrizio Bentivoglio, Emanuele Gargiulo, Manuela Martinelli, Tonino Taiuti, Rosaria De Cicco, Teresa Saponangelo, Nando Triola. ◆ Don Lorenzo Borrelli (Bentivoglio), prete «anticamorra» nel quartiere Sanità, ha una storia d'amore con Nunzio (Gargiulo), un tredicenne introverso e difficile che frequenta la parrocchia. La camorra si vendicherà facendo in modo che il ragazzo lo denunci. Un film coraggioso e diseguale (sceneggiato dallo stesso regista e ispirato a una storia vera), a metà tra il melò e l'inchiesta giornalistica: Capuano mette sul piatto, con urgenza, molti «grandi» temi – la miseria di Napoli, l'impegno, l'amicizia, l'amore omosessuale, la disillusione – ma, man mano che la storia procede, l'insieme perde coerenza e si sfalda nell'effettismo, nella ripetitività, nell'esigenza di «spiegare» delle figure diventate, loro malgrado, sempre più astratte e incomprensibili. Esemplare invece la prima parte, in cui il regista procede per squarci e divagazioni quasi jazzistiche perfettamente controllate, rivelando una sensibilità «fisica» al reale e un istinto cinematografico non comuni.

Pianeta azzurro *** (Italia 1982, col, 90') Franco Piavoli. Con attori non professionisti. ◆ In questo suo primo lungometraggio, prodotto da Silvano Agosti, Piavoli porta sulla scena la «sua» Val Bruna. Alberi, fiori, paesaggio e uomini nello scorrere del tempo, in un giorno e mezzo che corrisponde al trascorrere delle stagioni e all'evolvere del mondo nei millenni. Un film assolutamente unico, magico, primordiale, che chiede allo spettatore una disponibilità non superficiale nell'accostarsi alla visione ma che è in grado di sollecitare quella capacità di ascolto del mondo e quella sintonia fra l'uomo e l'universo che sembrano irrimediabilmente perdute.

Pianeta degli uomini spenti, Il ** (Italia 1961, col, 93') Anthony Dawson [Antonio Margheriti]. Con Claude Rains, Bill Carter, Maya Brent, Umberto Orsini, Renzo Palmer, Jacqueline Derval, Giuliano Gemma. ◆ Un pianeta si avvicina minaccioso alla Terra: è mosso da un computer alieno creato da una stirpe ormai estinta, che manda dischi volanti ad annientare le astronavi terrestri. Il secondo film di Margheriti (scritto da Ennio De Concini con lo pseudonimo di Vasilij Petrov) cerca addirittura una dimensione metafisica, mettendo al centro del racconto uno scienziato fanatico della verità (Rains), incerto tra difesa della sua razza e fascinazione per l'intelligenza aliena. Effetti speciali poveri e battute memorabili («Molte cose arrivano inaspettatamente: anche le apocalissi»): un film come *2001: Odissea nello spazio*, in fondo, nasce anche da qui.

Pianeta delle scimmie, Il *** (*Planet of the Apes*, Usa 1968, col, 112') Franklin J. Schaffner. Con Charlton Heston, Roddy McDowall, Kim Hunter, Maurice

Evans, James Whitmore, James Daly, Linda Harrison. ◆ Unico sopravvissuto con Nova (Harrison) su un pianeta sconosciuto, Taylor (Heston) viene catturato da una popolazione di guerrieri-scimmia: lo scienziato Zira (Hunter) e l'archeologo Cornelius (McDowall) vorrebbero studiarlo, mentre Zaius (Evans) vorrebbe lobotomizzarlo. Taylor riuscirà a scappare in compagnia di Nova, ma la sorpresa che lo aspetta è peggiore di ogni sua previsione. Suggestiva fantasociologia apocalittica in quello che ormai è ritenuto quasi un classico del genere, anche perché è tra i primi a orientarsi verso l'interpretazione del presente e del futuro prossimo. Sceneggiato da Michael Wilson e Rod Serling dal romanzo di Pierre Boulle, il film non è privo di ingenuità e di lungaggini, ma sa fondere l'apologo pacifista e antireligioso con la satira dell'orgoglio umano (grazie al rovesciamento radicale della gerarchia uomo/animale): in questo modo mescola avventure e interpretazioni del mondo in modo convincente, affidando all'inquietante e bellissimo finale il compito d'illuminare ulteriormente l'intera storia. Memorabili le sequenze dello sbarco e dell'esplorazione del pianeta, girate – come quasi tutte le altre – a Page (Arizona) e Lake Powell (Utah). Vinse un Oscar speciale per il trucco, applicato da John Chambers direttamente sul volto degli attori, senza quindi fare ricorso alle tradizionali maschere. Con quattro seguiti: *L'altra faccia del pianeta delle scimmie* (1970), *Fuga dal pianeta delle scimmie* (1971), *1999: conquista della Terra* (1972) e *Anno 2670 – Ultimo atto* (1973).

Pianeta del terrore, Il *½ (*Galaxy of Terror*, conosciuto anche con i titoli *Mindwarp: an Infinity of Terror* e *Planet of Horrors*, Usa 1981, col, 80') B.D. [Bruce] Clark. Con Ray Walston, Edward Albert, Erin Moran, Robert Englund, Grace Zabriskie, Taafee O'Connell, Zalman King, Bernard Behrens. ◆ Un'astronave atterra su un pianeta dove l'equipaggio viene decimato da mostri in realtà prodotti dall'inconscio. Da *Alien* al *Pianeta proibito*, la sceneggiatura del regista e di Marc Siegler saccheggia di tutto; e visto che produce Roger Corman (riciclando set ed effetti di altri film), non si sa mai se è una parodia o si fa sul serio. Piccolo e squinternato *cult*, soprattutto per gli effetti speciali splatter e una donna violentata da un vermone. James Cameron è regista della seconda unità e coautore delle belle scenografie. Il futuro profeta del soft-core Zalman King è facilmente riconoscibile come il più odioso della compagnia.

Pianeta errante, Il ** (Italia 1966, col, 90') Anthony Dawson [Antonio Margheriti]. Con Jack [Giacomo Rossi] Stuart, Ombretta Colli, Enzo Fiermonte, Alina Zalewska, Peter Martell [Pietro Martellanza]. ◆ Che cosa causa terremoti sulla Terra? Un vorace asteroide vivente che risucchia tutto ciò che si avvicina: un'eroica spedizione lo distruggerà. Scritto da Ivan Reiner e Renato Moretti, il terzo episodio della serie margheritiana della «Gamma1» (dal nome della stazione spaziale), dopo *I criminali della galassia* e *I diafanoidi vengono da Marte* e prima di *La morte viene dal pianeta Aytin*, girati quasi contemporaneamente ma usciti in anni diversi. Qui ci sono astronauti che si perdono nello spazio in stile *2001: Odissea dello spazio*, anche se appesi a fili visibili e coi guanti per lavare i piatti. Mette tenerezza assistere a una visione del futuro così vecchia, senza neanche un computer. Conosciuto anche col titolo *Missione pianeta errante*.

Pianeta proibito, Il *** (*Forbidden Planet*, Usa 1956, col, 98') Fred M. Wilcox. Con Walter Pidgeon, Anne Francis, Leslie Nielsen, Warren Stevens, Jack Kelly, Richard Anderson. ◆ Nel 2200 una missione spaziale giunge su un pianeta remoto dove vivono, conducendo una vita apparentemente tranquilla, il professor Morbius (Pidgeon) e sua figlia Altaira (Francis) aiutati da Robby, un robot tuttofare: tutti gli altri coloni terrestri sono morti, colpiti da mostruose e terribili entità. Ma i nuovi arrivati scopriranno che questi misteriosi nemici, altro non sono che creature nate dalla mente malata dei precedenti abitanti del pianeta, i Krels, e del professor Morbius, vera e propria materializzazione dei loro odi e della loro aggressività repressa. Ingegnosa rilettura fantascientifica della *Tempesta* di Shakespeare (rielaborata da Irving Block e Allen Adler e sceneggiata da Cyril Hume), il film è una delle tappe fondamentali dello sviluppo del genere: contiene la prima caratterizzazione – una delle più riuscite – di un robot al servizio dell'uomo e sperimenta con successo l'applicazione della psicanalisi a una trama di science fiction. E nonostante l'eccessivo peso dato alla storia d'amore di Altaira, la trama mantiene «un'innocenza e una ricchezza narrativa» capace di suggestionare ancora oggi. Superbo l'utilizzo del colore.

Pianeta ribelle, Il * (*The Shape of the Things to Come*, Canada 1979, col, 95') George McCowan. Con Jack Palance, Carol Lynley, John Ireland, Barry Morse, Nicholas Campbell, Eddie Benton. ◆ Dopo una catastrofe nucleare, un aspirante dittatore cerca d'impadronirsi di una droga trovata sulla Luna, unico rimedio contro le radiazioni. Fantascienza a basso costo ma anche a basso livello, vagamente ispirata al romanzo di H.G. Wells. Vorrebbe essere il remake di *La vita futura – Nel duemila guerra o pace* (1936), con cui ha però ben poco in comune.

Pianeta selvaggio, Il *** (*La Planète sauvage*, Francia/Cecoslovacchia 1973, col, 70') Réne Laloux. ◆ Dopo la distruzione della Terra, gli uomini sono stati ridotti a microscopici animali domestici da una razza di alieni giganteschi, a cui cercano disperatamente di sottrarre gli strumenti del potere. Raffinato film d'animazione su disegni di Roland Topor, sceneggiato da Laloux e Topor da un romanzo di fantascienza di Stefan Wul. La politica è aberrante, la tecnologia provoca angoscia e la natura appare crudele: un incubo apocalittico (ma destinato a un «lieto» fine), visivamente suggestivo ed emozionante. Pregevoli le sferzate di humour nero e ben calibrati i riferimenti alla realtà attraverso metafore e simboli che non peccano mai d'intellettualismo.

Pianeta Venere *½ (Italia 1974, col, 90') Elda Tattoli. Con Bedi Moratti, Mario Piave, Francisco Rabal, Lilla Brignone, Bianca Veldirosi, Marina Berti, Duilio Del Prete. ◆ Due partigiani comunisti si ritrovano dopo la guerra e si sposano, ma lei (Moratti) non riesce a sopportare il maschilismo di lui (Piave) e lo lascia. Post-neorealismo retrospettivo in chiave femminista, non privo d'interesse. La sceneggiatura è firmata dalla regista e da Marco Bellocchio, ai tempi suo compagno.

Pianeta verde, Il * (*La Belle Verte*, Francia 1996, col, 99') Coline Serreau. Con Coline Serreau, Vincent Lindon, Philippine Leroy-Beaulieu, James Thierrée, Samuel Tasinaje, Paul Crauchet, Marion Cotillard, Claire Keim, Patrick Timsit, Didier Flammant. ◆ Dal pianeta Belle Verte – dove si campa più di duecento anni, la proprietà privata non esiste e tutti vivono in armonia con la natura – arriva sulla Terra Mila (Serreau): prima di tornare a casa «disconnetterà» un ginecologo (Lindon) facendogli riscoprire i veri valori della vita. Apologo «filosofico» dove la Serreau, per la prima volta anche attrice protagonista, continua la sua crociata contro i falsi valori della società moderna: qui vorrebbe riallacciarsi alla tradizione degli ingenui alla *Candide* e invece scade nelle più ovvie delle banalità, dalla scoperta che i politici dicono balle a quella che i popoli più primitivi sono i più avanzati perché vivono a contatto con la natura. Qualche sorriso per la partita di calcio dove i giocatori, «disconnessi» (cioè liberati dalle inibizioni e dai condizionamenti), si mettono a ballare in mezzo al campo.

Piange... il telefono * (Italia 1975, col, 95') Lucio De Caro. Con Domenico Modugno, Marie Yvonne Danaud, Francesca Guadagno, Louis Jourdan, Claudio Lippi, Gigi Ballista. ◆ Un aviatore (Modugno) torna dall'ex amante per conoscere la figlia, ma muore di un attacco cardiaco. Cineromanzo strappalacrime di una banalità sconcertante, costruito solo per sfruttare la canzone del titolo. Colonna sonora naturalmente di Domenico Modugno.

Piangerò domani ** (*I'll Cry Tomorrow*, Usa 1955, b/n, 117') Daniel Mann. Con Susan Hayward, Richard Conte, Jo Van Fleet, Ray Danton, Eddie Albert, Margo. ◆ Lillian Roth (Hayward), una cantante-attrice di successo, non riesce ad avere una vita sentimentale soddisfacente e si rifugia nell'alcol. Psicodramma biografico di buon livello, ma appesantito da una certa prolissità. Ottima la direzione degli attori. La Hayward vinse la Palma d'oro al festival di Cannes, mentre la costumista Helen Rose si aggiudicò l'Oscar. Ne esiste anche una versione colorata al computer.

Pianoforte **½ (Italia 1984, col, 100') Francesca Comencini. Con Giulia Boschi, François Siener, Giovannella Grifeo, Karl Zinny, Marie-Christine Barrault, Roberto Bonanni. ◆ Una studentessa universitaria (Boschi) e un giornalista affermato (Siener), entrambi tossicodipendenti, cercano di staccarsi dalla droga: lei ci riesce, lui si uccide. La tragedia della tossicodipendenza in chiave del tutto privata e autobiografica: l'esordiente Comencini punta subito in alto, con l'aiuto di firme illustri (Vincenzo Cerami alla sceneggiatura, Armando Nannuzzi alla fotografia, Ruggero Mastroianni al montaggio, Dante Ferretti alla scenografia). In generale il bersaglio è centrato, anche se gli aspetti intimisti vanno un po' troppo a discapito del clima politico-culturale (la disillusione postsettantasette) in cui la vicenda si svolge e l'impeccabile confezione risulta talvolta stridente rispetto alla sofferenza rappresentata. Notevoli gli interpreti, allora pressoché sconosciuti.

Piano... piano, dolce Carlotta *** (*Hush... Hush, Sweet Charlotte*, Usa 1965, b/n, 133') Robert Aldrich. Con Bette Davis, Olivia de Havilland, Joseph Cotten, Agnes Moorehead, Cecil Kellaway, Victor Buono, Mary Astor, William Campbell, Bruce Dern, George Kennedy, Ellen Corby. ◆ La visita della cugina (de Havilland) risveglia incubi spaventosi nella folle Charlotte (Davis), il cui amante era stato ucciso e mutilato durante un party circa quarant'anni prima. Un film a metà tra l'horror gotico e il melodramma granguignolesco, con un cast eccellente. Secondo il progetto originario, doveva essere il seguito di *Che fine ha fatto Baby Jane?*, ma la Crawford si ritirò (forse per un dissidio con la Davis) e fu sostituita dalla de Havilland, in fondo più efficace nella sua cattiveria nascosta. È tratto, come il precedente, da un romanzo di Henry Farrell, riveduto e corretto dalla penna sanguinaria di Lukas Heller.

Piano, piano non t'agitare ** (*Don't Make Waves*, Usa 1967, col, 97') Alexander Mackendrick. Con Tony Curtis, Claudia Cardinale, Sharon Tate, Robert Webber, Mort Sahl, Jim Backus, Edgar Bergen. ◆ Ridotto sul lastrico da un incidente provocato da una sconosciuta, Charles Cofield (Curtis) riesce a diventare rappresentante di piscine per la zona di Malibu grazie alle conoscenze della ragazza. Commedia alquanto sconnessa nella sceneggiatura, ma con ottime gag satiriche sulla ricca fauna balneare della West Coast, tratta dal romanzo *Muscle Beach* di Ira Wallach. Curtis è in gran forma e la Tate tiene il passo. La canzone del titolo è cantata dai Byrds.

Pianto delle zitelle, Il **½ (Italia 1939, b/n, 21') Giacomo Pozzi Bellini. ◆ La prima domenica di Pentecoste, gli abitanti di Vallepietra salgono in processione al santuario della Trinità, sulle pendici del monte Autore, nella valle di Subiaco, per un pellegrinaggio votivo che si conclude con una specie di sacra rappresentazione detta «pianto» e affidata alle «zite» del paese (ragazze ma anche donne sposate). Il documentario cui comunemente si attribuisce il merito di aver fatto «scoprire» l'italia popolare (ma di quegli stessi anni sono anche i lavori di Fernando Cerchio) ricostruisce una manifestazione religiosa che comincia il sabato e prosegue la prima domenica di Pentecoste. Accompagnato da un secco commento fuori campo scritto da Emilio Cecchi, il film ripropone, col suo ritmo monotono e quasi «disperato», l'andamento cantilenante delle donne che salgono al santuario intonando giaculatorie, le ossessive richieste di grazia gridate dalle fedeli in ginocchio, il «pianto» finale che si trasforma in nenia. Guidato dal gusto antropologico per il fascino dell'esistente, il film di Pozzi Bellini scatenò l'intervento della censura fascista, che mutilò il documentario perché quelle «sopravvivenze medioevali e quelle contraddizioni quasi pagane non rientravano nei modelli nazionali previsti dalle alte gerarchie». Lo stesso pellegrinaggio à stato filmato anche nel 1959 da Gian Vittorio Baldi, sempre col titolo *Il pianto delle zitelle*.

Pianura rossa *** (*The Purple Plain*, Gb 1955, col, 100') Robert Parrish. Con Gregory Peck, Bernard Lee, Win Min Than, Maurice Denham, Brenda de Banzie. ◆ Durante la seconda guerra mondiale, in Birmania, un pilota canadese (Peck) dopo aver cercato invano la morte, finisce con l'aggrapparsi alla vita per ritrovare una giovane indigena (Min Than). Con pochissime scene di battaglia e nessuna tirata ideologica, il film (sceneggiato da Eric Ambler a partire da un romanzo di H.E. Bates) sa trasmettere le sensazioni, visuali e sonore, della guerra, e i temi morali che vi sono collegati: lo smarrimento di chi deve combattere in terra straniera, l'incomprensione tra culture tanto differenti, il fascino mortale dell'eroismo. E poi, fatto unico per quegli anni, l'eroina birmana non è interpretata da un'attrice hollywoodiana truccata.

Piazza vuota, La *½ (Italia 1973, b/n, 107') Giuseppe Recchia. Con Sandro Turnelli, Fulvio Ricciardi, Donatina Furlone, Annamaria Lisi, Paolo Poli, Carlo Bagno, Augusto Bonardi, Sandro Sandri. ◆ Uno scultore (Turnelli) vive recluso in una cantina con un allievo zelante: quando mette piede fuori, la società lo fustiga ed egli fa ritorno al suo rifugio per togliersi la vita. La morte dell'arte, con una messinscena che fa riferimento a Bergman e Fellini. Un cinema povero e autoprodotto, a suo tempo commovente, oggi un po' pretenzioso e datato.

Picari, I ° (Italia/Spagna 1987, col, 128') Mario Monicelli. Con Giancarlo Giannini, Enrico Montesano, Giuliana De Sio, Vittorio Gassman, Nino Manfredi, Bernard Blier, Blanca Marsillach, Paolo Hendel, Vittorio Caprioli. ◆ Nella Spagna del Seicento due vagabondi (Giannini e Montesano) prendono la vita come viene e vivono di mille espedienti, incrociando i destini di una prostituta (De Sio) e di un nobile più squattrinato di loro (Gassman). Alla fine uno di loro rischia di essere impiccato, ma per fortuna il suo amico è l'aiuto del boia. Monicelli ha cercato di ritrovare il tono dell'*Armata Brancaleone*, ma il film è di quelli che hanno allontanato il pubblico dalle sale. I senatori della commedia all'italiana rifanno se stessi in logori macchiettoni; la volgarità cerca di compensare la mancanza di idee; la cornice storica è fasulla e di maniera: il pensionamento anticipato sarebbe stato salutare.

Pica sul Pacifico, La * (Italia 1959, b/n, 90') Roberto Bianchi Montero. Con Tina Pica, Memmo Carotenuto, Elke Sommer, Ugo Tognazzi, Fanfulla [Luigi Visconti], Matteo Spinola, Ileana Lauro, Silvio Bagolini. ◆ Un'anziana signora (Pica) trasferitasi su un'isola del Pacifico cerca marito per farsi accettare dagli indigeni, ma l'evaso che ha preso di mira preferisce costituirsi. Commedia all'italiana priva di mordente, nonostante qualche sforzo di originalità. Una delle tante che hanno intrappolato Tina Pica, un tempo al fianco dei De Filippo, nell'abusato stereotipo della vecchia popolana energica.

Piccanti avventure di Robin Hood, Le * (*The Zany Adventures of Robin Hood*, Usa 1984, col, 100') Ray Austin. Con George Segal, Morgan Fairchild, Roddy McDowall, Janet Suzman, Robert Hardy, Kenneth Griffith, Michael Hordern, Tom Baker. ◆ Parodia della nota storia dell'arciere di Sherwood: Robin (Segal) è più che mai maldestro, Marion (Fairchild) è una pettegola insopportabile e re Riccardo (Hardy) è un pomposo idiota. Molto meno divertente di quanto sembra, a parte qualche sporadico sketch, e di piccante neanche l'ombra.

Piccione d'argilla, Il *½ (*Clay Pigeon*, Usa 1971, col, 97') Tom Stern, Lane Slate. Con Tom Stern, Telly Savalas, Robert Vaughn, John Marley, Burgess Meredith, Ivan Dixon. ◆ Veterano del Vietnam viene coinvolto suo malgrado da un poliziotto nella caccia a uno spacciatore di droga. Poliziesco melodrammatico piuttosto scontato, ma con un cast vigoroso e in buona fede.

Piccione di piazza San Marco, Il *½ (*Le Guignolo*, Francia 1980, col, 107') Georges Lautner. Con Jean-Paul Belmondo, Michel Galabru, George Géret, Carla Romanelli, Mirella D'Angelo, Pierre Vernier, Paolo Bonacelli. ◆ Appena scarcerato, Alexandre Baroni (Belmondo) fa un colpo su una nave da crociera e quindi sbarca a Venezia tallonato dai servizi segreti per un microfilm che non sa di possedere. Avventure in due tempi, con qualche momento di stanca. Regia di mestiere, Belmondo più che mai canagliesco.

Piccione morto in Beethovenstrasse, Il ** (*Tote Taube in der Beethovenstraße*, Rft 1973, col, 105') Samuel Fuller. Con Glenn Corbett, Christa Lang, Stéphane Audran, Anton Diffring. ◆ Un agente americano (Corbett) in Germania si infiltra in una banda che ricatta diplomatici con foto compromettenti: ma si innamora della persona sbagliata (Lang). Spy story girata da Fuller (che compare nella parte del senatore) come un film sperimentale, normalizzata poi dalla produzione. Nel primo quarto d'ora succedono eventi sufficienti per un'ora e mezza di film, e viceversa: bizzarro e non privo di geniaccio, anche se solo per i fans del regista. Christa Lang è la moglie di Fuller. Musica dei Can.

Piccola apocalisse, La *½ (*La Petite apocalypse*, Francia/Italia/Polonia 1992, col, 105') [Constantin] Costa-Gavras. Con Jiří Menzel, André Dussolier, Pierre Arditi, Anna Romantowska, Maurice Benichou, Chiara Caselli, Jacques Denis. ◆ Convinti di venire incontro ai desideri di un depresso polacco (Menzel) in (pseudo) esilio a Parigi, due intellettuali di sinistra delusi (Dussolier e Arditi) gli organizzano un suicidio di protesta davanti al papa: ma l'aspirante suicida non aveva mai avuto nessuna intenzione di farla finita. Sconclusionato apologo sulla crisi dei valori della sinistra che mescola – con una superficialità tutta francese – la critica delle comunicazioni di massa con le frustrazioni della borghesia più sciovinista. E nessun attore sembra convinto della parte che recita. Pietosa esibizione della Caselli nella parte di una ragazza in fregola. Jiří Menzel si doppia (e si storpia) da solo in italiano.

Piccola bottega degli orrori, La *** (*The Little Shop of Horrors*, Usa 1960, b/n, 70') Roger Corman. Con Jonathan Haze, Jackie Joseph, Mel Welles, Dick Miller, Myrtle Vail, Jack Nicholson. ◆ Un eccentrico fiorista (Haze) alleva una pianta carnivora e si trova costretto a uccidere per provvedere al suo nutrimento. Una godibilissima black comedy secondo la «formula Corman»: idee brillanti, budget praticamente nullo, pochissimi giorni di riprese (Corman sostiene: due giorni e una notte) e un set di recupero, quello di un negozio che avevano prestato al regista. La scenografia è di Daniel Haller, abituale collaboratore del regista, mentre Charles Griffith firma la scanzonata sceneggiatura che in seguito sarà utilizzata per l'omonimo musical, a sua volta alla base della nuova versione cinematografica (1986) della storia. Per il suo gusto del sangue, la sua voracità insaziabile, la sua voce tagliente e autoritaria (nella versione originale è quella dello sceneggiatore Charles Griffith) la pianta carnivora è uno dei mostri indimenticabili del cinema fantastico. Tra i vari personaggi resta nella memoria soprattutto il cliente masochista del dentista interpretato da Jack Nicholson, appena ventitreenne e già ghignante.

Piccola bottega degli orrori, La ** (*Little Shop of Horrors*, Usa 1986, col, 94') Frank Oz. Con Rick Moranis, Ellen Greene, Vincent Gardenia, Steve Martin, Tichina Arnold, Michelle Weeks, James Belushi, Bill Murray. ◆ La pianta che l'imbranato Seymour (Moranis) cura con tanto affetto non solo ha bisogno di sangue umano per crescere ma rischia di moltiplicarsi a dismisura. Remake indiretto dell'omonimo film di Corman, basato sul musical che a quello si ispirava: rispetto all'originale perde grinta, aggiunge i numeri musicali e cambia finale. Realizzato dal creatore dei Muppets con un occhio a Lynch e l'altro a Carpenter, senza dimenticare i vecchi classici fantastici, è un divertissement demenziale e godibile anche se non sfrutta appieno tutte le sue possibilità, compresa la squadra di attori che lo anima. Esilaranti i numeri musicali d'apertura (*Skid Row, Downtown*) e di chiusura (*Mean Green Mother From Outer Space*), mentre nel mezzo il ritmo perde spesso colpi. La sceneggiatura è di Howard Ashman, la colonna sonora di Miles Goodman.

Piccola ladra *½ (*Battement de cœur*, Francia 1939, b/n, 97') Henri Decoin. Con Danielle Darrieux, Claude Dauphin, André Luguet, Junie Astor, Saturnin Fabre, Julien Carette, Dora Doll. ◆ A Parigi, un ambasciatore incarica una ladruncola (Darrieux) di rubare l'orologio a un ministro inglese per avere la prova del tradimento della moglie, ma il segretario (Dauphin) dell'ambasciatore saprà farla uscire dall'imbarazzante situazione. Commedia paradossale ma abbastanza vivace, che combina una curiosa figura di «ladra gentildonna» con lo schema narrativo di Cenerentola. Rifatto come *Ladra di cuori*.

Piccola ladra, La *** (*La Petite voleuse*, Francia 1988, col, 110') Claude Miller. Con Charlotte Gainsbourg, Didier Bezace, Simon de La Brosse, Raoul Billerey, Chantal Banlier, Nathalie Cardone, Clotilde de Bayser, Philippe Deplanche, Renée Faure, Marion Grimault. ◆ Abbandonata dalla madre, Janine (Gainsbourg) si dà al furto, rubando anche nella casa dove è stata assunta come colf. Doveva dirigerlo Truffaut, ma Miller si è dimostrato all'altezza dell'eredità, recuperando i temi truffautiani dei *400 colpi* e mettendoli in sintonia con i propri. Ne risulta uno struggente ritratto di ragazzina sola e vitale, autentica discepola di quell'Antoine Doinel che ricorreva ai libri e al cinema per sfuggire alle incomprensioni degli adulti. Se la regia è attenta e sensibile nel cogliere ogni sfumatura preadolescenziale, la giovane attrice protagonista (figlia di Serge Gainsbourg e Jane Birkin) si rivela addirittura perfetta nel restituire il disagio e l'inquieta voglia di vivere del personaggio.

Piccola peste *½ (*Problem Child*, Usa 1990, col, 81') Dennis Dugan. Con John Ritter, Jack Warden, Michael Oliver, Gilbert Gottfried, Amy Yasbeck. ◆ Dopo trenta adozioni andate male, un diabolico ragazzino (Oliver) trova finalmente il padre che gli ci vuole (Ritter). Commediola scatenata per minori di anni dieci, con qualche situazione riuscita (gli «attentati» all'orfanotrofio e gli interventi alla festa dell'odiosa vicina) e tante chiassose ovvietà. Con un seguito.

Piccola peste torna a far danni * (*Problem Child 2*, Usa 1991, col, 91') Brian Levant. Con John Ritter, Michael Oliver, Jack Warden, Laraine Newman. ◆ Mentre il padre single (Ritter) si difende dalle aspiranti mogli, Junior (Oliver) trova una compagna ideale e porta lo scompiglio in una scuola della Florida. Sono gli americani a essere stupidi, o è solo il film? Un Pierino fermo ancora alla fase anale, e un passo indietro anche rispetto al prototipo.

Piccola posta ** (Italia 1955, b/n, 95') Steno [Stefano Vanzina]. Con Franca Valeri, Alberto Sordi, Nanda Primavera, Peppino De Filippo, Sergio Raimondi, Anna Maria Pancani, Amalia Pellegrini, Memmo Carotenuto, Nietta Zocchi, Silvio Bagolini. ◆ Le risposte alle lettrici che scrive su *Adamo e Eva* la pseudocontessa polacca «lady Eva», in realtà romanissima signorina Cangiullo (Valeri), provocano una serie di equivoci in chi vorrebbe prenderle alla lettera – l'aspirante attrice Franchina (Pancani) o la moglie (Zocchi) di un vigile urbano (De Filippo) – e vengono usate dal finto barone (Sordi) per cercare di truffare una vecchia milionaria (Pellegrini). Simpatica commediola sceneggiata da Steno con Lucio Fulci e Sandro Continenza che prende spunto dal successo delle rubriche di lettere sui rotocalchi femminili: la satira di costume è all'acqua di rose, ma la caratterizzazione della Valeri (la sua trasformazione nella Hepburn di *Sabrina* è irresistibile) e la macchietta di Sordi reggono tutto il film. Particina per una giovanissima Nicoletta Orsomando e per Luciano Salce (il nobile con un problema di pipì per il suo cagnolino). La voce narrante è di Arnoldo Foà, il veterinario interpretato da Sergio Raimondi è doppiato da Nino Manfredi.

Piccola principessa, La ** (*The Little Princess*, Usa 1939, col, 91') Walter Lang. Con Shirley Temple, Richard Greene, Anita Louise, Ian Hunter, Cesar Romero, Arthur Treacher, Marcia Mae Jones. ◆ Con l'aiuto della regina Vittoria, una piccola Cenerentola (Temple) riesce a ritrovare il padre dato per disperso in Africa durante la guerra. La solita storiella da babystar, ma questa volta la confezione è di lusso e a colori.

Piccola ribelle, La ** (*The Littlest Rebel*, Usa 1935, b/n, 70') David Butler. Con Shirley Temple, John

Boles, Jack Holt, Karen Morley, Bill Robinson, Stepin Fetchit, Guinn «Big Boy» Wilson. ◆ Un ufficiale dei confederati in mano ai nemici viene salvato per ben due volte dall'intraprendente figlioletta (Temple). Uno dei migliori film di riccioli d'oro, archetipico, ben prodotto e a suo modo affascinante. La Temple e Robinson si esibiscono anche in alcuni numeri di danza. Ne esiste una versione colorata al computer.

Piccola sporca guerra ** (*No habra mas penas ni olvido*, Argentina 1983, col, 78') Hector Olivera. Con Federico Luppi, Hector Bidonde, Victor Laplace, Graciela Dufau. ◆ Argentina, 1974: in uno sperduto paesino, i peronisti di destra decidono di sbarazzarsi del sindaco peronista di sinistra Ignacio Fuentes (Luppi), e lo assediano nel municipio. Con bombardamenti a base di sterco di maiale e ubriaconi arruolati come soldati, il confronto all'inizio sembra una farsa, ma presto degenera in tragedia sanguinosa. Olivera ha adattato *Mai più pene né oblio* di Osvaldo Soriano, cercando di conservare l'equilibrio tra satira impietosa e divertimento picaresco. Ma il film finisce per sfuggirgli di mano, e troppe allusioni restano ermetiche allo spettatore straniero. Orso d'argento al festival di Berlino.

Piccola stella * (*Baby Take a Bow*, Usa 1934, b/n, 76') Harry Lachman. Con Shirley Temple, James Dunn, Claire Trevor, Alain Dinehart, Ray Walker. ◆ Un ladro inseguito dalla polizia consegna il malloppo a una bambina (Temple) che a sua volta l'affida al padre, autista della famiglia derubata e indiziato principale. Melodramma degli equivoci, ovviamente a lieto fine. Del tutto insulso, ma fondamentale per la carriera della piccola stella Shirley Temple. All'epoca fu un grande successo negli Usa.

Piccola storia d'amore, Una * (*A Little Romance*, Usa 1979, col, 108') George Roy Hill. Con Laurence Olivier, Diane Lane, Thelonius Bernard, Arthur Hill, Sally Kellerman, David Dukes, Broderick Crawford. ◆ Due tredicenni (Lane e Bernard) s'incontrano a Parigi e fuggono a Venezia con la complicità di un vecchio gentiluomo (Olivier). Commediola turistica e melliflua, tratta dal romanzo *E=MC, Mon Amour* di Patrick Cauvin. Si salvano solo qualche ritratto secondario (ad esempio il regista di culto) e le divertenti autocitazioni cinefile (*Butch Cassidy*, *La stangata*). È il film-debutto di Diane Lane. Georges Delerue ha vinto l'Oscar per la colonna sonora.

Piccola Vera, La *** (*Malen'Kaja Vera*, Urss 1988, col, 130') Vasilij Pičul. Con Natalija Negoda, Andrej Sokolov, Jurij Nazarov, Ljudmila Zajceva, Andrej Fomin, Aleksandr' Alekseev-Negreba. ◆ Il ritratto di Vera (Negoda), diciottenne che si ribella alla famiglia e alla società in nome del rock e del libero amore. Uno dei primi film sovietici postperestrojka, povero di mezzi ma dotato di intima vitalità, che in patria provocò un vero e proprio shock a causa dello squallido spaccato sociale e affettivo messo in scena e che per le stesse ragioni all'estero fu accolto come una rivelazione. Il taglio semidocumentaristico consente al regista ventisettenne un ottimo controllo del materiale narrativo, a lui congeniale anche per motivi generazionali. Splendide le sequenze girate con la camera a spalla. La sceneggiatura è di Marija Chmelik, moglie di Pičul.

Piccole canaglie * (*The Little Rascals*, Usa 1994, col, 83') Penelope Spheeris. Con Travis Tedford, Bug Hall, Britanny Ashton Holmes, Kevin Jamal Woods, Whoopi Goldberg, Daryl Hannah, Lea Thompson. ◆ Una banda di ragazzini in età prepuberale odia le coetanee e tratta da traditore Alfalfa (Hall), innamorato della smorfiosa Darla (Holmes). Dopo avere visto in azione le bambine durante una frenetica gara di go-kart, anche gli altri cambieranno idea. Tentativo di far rivivere lo spirito della serie *Our Gang* (1922-1944), dedicata alle avventure di una banda di monelli che imitano il mondo adulto. La regista ex punk, anche cosceneggiatrice, assicura un tocco politicamente corretto e umorismo fracassone; ma per lo spettatore europeo lo spettacolo è avvilente. Donald Trump è il padre di Waldo, Mel Brooks il banchiere.

Piccole donne *** (*Little Women*, Usa 1933, b/n, 115') George Cukor. Con Katharine Hepburn, Joan Bennett, Paul Lukas, Frances Dee, Jean Parker, Edna May Oliver, Douglass Montgomery, Spring Byington, Samuel S. Hinds, John Davis Lodge. ◆ La vita delle quattro sorelle March a Concord, Massachusetts, verso la metà dell'Ottocento: Jo (Hepburn), Amy (Bennett), Meg (Dee) e Beth (Parker) tra sogni d'amore e voglia di emancipazione. Terzo adattamento dell'omonimo romanzo di Louisa May Alcott (dopo quelli muti di Alexander Butler, 1917, e di Harley Knoles, 1918), sceneggiato da Sara Y. Mason e Victor Heerman, che vinsero l'Oscar. Perfetta la ricostruzione dell'ambiente e del clima vittoriano, intelligente la regia di Cukor che riesce a conservare lo spirito «rosa» del libro vivificandolo dal di dentro, alternando con grande abilità e un ritmo indiavolato il melò e la commedia. Straordinaria la Hepburn nel ruolo di Jo, autentica anticonformista del gesto e della parola hollywoodiani. Circola anche in versione colorizzata. Rifatto nel 1949 e nel 1994.

Piccole donne **½ (*Little Women*, Usa 1949, col, 121') Mervyn LeRoy. Con June Allyson, Peter Lawford, Margaret O'Brian, Elizabeth Taylor, Janet Leigh, Mary Astor, Lucille Watson, Leon Ames, Rossano Brazzi. ◆ Problemi seri e meno seri delle quattro sorelle March nel Massachusetts dell'Ottocento: Jo (Allyson), Meg (Leigh), Beth (O'Brien) e Amy (Taylor). Il celebre romanzo di Louisa May Alcott, sceneggiato da Victor Heerman, Andrew Salt e Sara Y. Mason, torna per la quarta volta sul grande schermo in un'opera gradevole, ma inferiore alla versione di Cukor. Il cast non risulta ben amalgamato e non ha la forza di emanciparsi dall'accurata confezione ma il meccanismo narrativo è molto ben oliato e il piacere è assicurato. Rossano Brazzi nella parte del professor Bhaer, che parla con un comico accento tedesco, è epocale.

Piccole donne ** (*Little Women*, Usa 1994, col, 115') Gillian Armstrong. Con Winona Ryder, Susan Sarandon, Gabriel Byrne, Trini Alvarado, Samantha Mathis, Kirsten Dunst, Claire Danes, Eric Stoltz, Christian Bale, John Neville. ◆ La storia delle quattro sorelle March, allevate in libertà da una mamma protofemminista (Sarandon) a Concord, Massachusetts: la bella e tradizionale Meg (Alvarado), l'anticonformista e fantasiosa Jo (Ryder), la fragile Beth (Danes), la maliziosa e scalpitante Amy (Dunst, poi Mathis). Quinto adattamento cinematografico dell'omonimo romanzo di Louisa May Alcott, sceneggiato da Robin Swicord con alcuni prestiti dalla biografia della scrittrice (la passione per la filosofia trascendentale, l'omeopatia, i diritti civili), e primo film americano dell'australiana Armstrong. Un melodramma familiare a centralità totalmente femminile (gli uomini ci sono, desiderosi di entrare nel mondo delle piccole donne, ma spesso lasciati a osservare dietro vetri chiusi), in equilibrio tra attualizzazione e nostalgia: nonostante la traduzione in chiave moderna degli archetipi femminili del romanzo (la perfetta donna di casa, l'intellettuale indipendente, la seduttiva cinica, l'adolescente resa eterna dalla morte), l'approccio è difficile per i non iniziati, insensibili al fascino di quella patina caramellosa che la regista non scioglie apposta, per permettere alle lettrici affezionate il transfert drammatico anche sullo schermo. Winona Ryder, con i suoi sguardi intensissimi, è sicuramente l'elemento più indovinato del cast, ma si segnala anche Kirsten Dunst, ormai specializzata in ruoli da bambina cattiva (era Claudia in *Intervista col vampiro*).

Piccole meraviglie **½ (*Small Wonders*, Usa 1996, col, 75') Allan Miller. ◆ Un anno di lavoro di Roberta Guaspar-Tzavaras, appassionata insegnante di violino in tre scuole elementari di East Harlem, a New York: le lezioni con gli allievi, i problemi quotidiani, le prove, i saggi, le esibizioni, come il concerto alla Carnegie Hall dove gli studenti hanno suonato insieme ai più famosi violinisti del mondo (tra cui Isaac Stern, Itzhak Perelman, Midori, Arnold Stein-hardt). Diretto da un famoso documentarista musicale (ex direttore d'orchestra), premiato con l'Oscar per *From Mao to Mozart - Isaac Stern in China* e *Bolero*, un film piuttosto vivace e utile, a cui fortunatamente non interessa fare il ritratto eroico della protagonista (rischio sempre in agguato in casi del genere) bensì restituire il senso e l'atmosfera del suo lavoro didattico, artistico e sociale insieme.

Piccole volpi **** (*The Little Foxes*, Usa 1941, b/n, 116') William Wyler. Con Bette Davis, Herbert Marshall, Teresa Wright, Richard Carlson, Dan Duryea, Charles Dingle, Carl Benton Reid, Patricia Collinge. ◆ Profondo Sud, intorno al Novecento: per installare una filatura di cotone nei loro possedimenti i due fratelli Ben (Dingle) e Oscar (Benton Reid) Hubbard hanno bisogno dei soldi della sorella Regina (Davis), che ha sposato il ricco e malato banchiere Horace Giddens (Marshall): pur di ottenerli Oscar spinge il figlio Leo (Duryea) a rubare nella cassaforte del banchiere, mettendo l'avidissima Regina – che ha «facilitato» la morte del marito, contrario al prestito – nella condizione di ricattarli e ottenere l'agognata maggioranza dell'affare. Solo la figlia (Wright) avrà il coraggio di lasciarla, scegliendo di vivere con il fidanzato (Carlson). Melodramma di straordinaria efficacia narrativa e di fondamentale importanza nella storia del genere, basato sull'adattamento che Lillian Hellman (con la collaborazione di Dorothy Parker per i dialoghi) ricavò con molta accortezza dalla sua omonima pièce, la cui ambizione (praticamente realizzata) era quella di mostrare il passaggio dall'aristocrazia terriera alla borghesia industriale alleata con il Nord. Da parte sua la regia di Wyler privilegia gli scontri verbali, lasciando alla bravura degli attori il compito di vivificare quello che il dialogo tende a spiegare un po' troppo. Comprensibile dunque che proprio il cast – da cui emergono, oltre all'insuperabile Davis, i due «sconfitti» Herbert Marshall e Patricia Collinge (nel ruolo della remissiva moglie di Oscar) – sia la carta migliore del film. La maggior parte degli attori furono reclutati nel cast di Broadway, mentre la protagonista, costretta dal regista ad assistere alle performance di Tallulah Bankhead, seppe reinterpretare il personaggio di Regina giocando d'eccesso: è la celebre «tecnica Davis», fatta di occhiate oblique, labbra serrate, gesti spavaldi e scatti nervosi. Memorabile la scena in cui la perfida calcolatrice decide di lasciar morire il marito agonizzante. Gli splendidi costumi sono di Orry-Kelly. Il passato della famiglia Hubbard è raccontato nel film *Un'altra parte della foresta* (1948) di Michael Gordon.

Piccoli attori → *Ragazzi attori*

Piccoli detectives **½ (*Hue and Cry*, Gb 1947, b/n, 82') Charles Crichton. Con Alastair Sim, Jack Warner, Frederick Piper, Jack Lambert, Joan Dowling. ◆ Un gruppo di ragazzini dell'East End sgomina una banda di criminali che usa le avventure di un giornalino a fumetti per trasmettere ordini e piani. Divertente commedia di produzione Ealing, girata in una Londra ancora sconvolta dai bombardamenti bellici che riesce a gettare uno sguardo scanzonato e sorridente sulle miserie del periodo postbellico e sfrutta al meglio «l'impagabile Alastair Sim nella parte del disegnatore di comics nevrotico, che odia i ragazzini e si diverte a spaventarli con le sue avventure». A sorpresa, fu un grandissimo successo popolare.

Piccoli equivoci *½ (Italia 1988, col, 84') Ricky Tognazzi. Con Sergio Castellitto, Lina Sastri, Nancy Brilli, Roberto Citran, Nicola Pistoia, Pino Quartullo. ◆ Tradimenti e rappacificazioni all'interno di un gruppo di amici attori. Sei personaggi in cerca d'amore animano uno dei film che ha fatto parlare di «nuovo cinema italiano». Nel caso specifico è un cinema da camera salottiero-esistenzialista con tendenza al vaudeville: la vicenda si svolge in un appartamento con giardino ed è scandita dagli abbondanti dialoghi e da un calcolato meccanismo di entrate e uscite. Esordio nella regia del figlio maggiore di Ugo Tognazzi, a partire da un testo di Claudio Bigagli, rielaborato da Ruggero Maccari, Simona Izzo e dallo stesso Tognazzi.

Piccoli fuochi **½ (Italia 1985, col, 93') Peter Del Monte. Con Dino Jaksis, Valeria Golino, Carlotta Wittig, Mario Garriba, Ulisse Minervini. ◆ Il piccolo Tommaso (Jaksis), abbandonato a se stesso, si è costruito un mondo di pura invenzione e quando s'innamora della babysitter (Golino) – l'unica persona che gli dimostra un po' di affetto – ricorre alla fantasia per eliminare il fidanzato rivale. Una favola indirizzata agli adulti distratti e assenti, con momenti suggestivi e qualche debolezza di scrittura. In lontananza si sente l'eco di Spielberg, in primo piano balza la fisicità ancora spontanea e affascinante di Valeria Golino, qui al suo debutto.

Piccoli gangsters ** (*Bugsy Malone*, Gb 1976, col, 93') Alan Parker. Con Scott Baio, Florrie Dugger, Jodie Foster, John Cassisi, Martin Lev. ◆ A New York, negli anni Venti, bande di ragazzini lottano per la supremazia a colpi di torte in faccia. Parodia del gangster-movie in versione musical, potenzialmente originale ma realizzata in modo ripetitivo. Belle la ricostruzione scenografica e le coreografie messe a punto sulla colonna sonora di Paul Williams.

Piccoli grandi eroi * (*D2: The Mighty Ducks*, Usa 1994, col, 102') Sam Weisman. Con Emilio Estevez, Michael Tucker, Jan Rubes, Kathryn Erbe, Shaun Weiss, Kenan Thompson. ◆ Guidati da Gordon Bombay (Estevez), i Mighty Ducks affrontano a Los Angeles i campionati mondiali juniores di hockey: ma il coach non dà il buon esempio e si fa tentare dalle offerte di una squadra professionista. Sequel di *Stoffa da campioni*, prevedibile e un po' monotono, con lezioni di sport & morale stile Disney. Le avventure continuano con *Una squadra a tutto ghiaccio*.

Piccoli maestri, I * (Italia 1998, col, 117') Daniele Luchetti. Con Stefano Accorsi, Stefania Montorsi, Giorgio Pasotti , Diego Gianesini, Filippo Sandon, Marco Piras, Marco Paolini, Massimo Santelia, Manuel Donato, Stefano Scandaletti, Luigi Mercanzin. ◆ Dopo l'8 settembre 1943, Gigi (Accorsi), Simonetta (Montorsi), Lelio (Gianesini) e Bene (Sandon), studenti universitari vicentini legati al Partito d'Azione, decidono di unirsi ai partigiani che combattono nel bellunese: preparati più a discutere che a combattere, organizzeranno non di meno varie azioni e parteciperanno alla presa di Padova. Dall'omonimo romanzo di Luigi Meneghello, sceneggiato dal regista con Sandro Petraglia, Stefano Rulli e Domenico Starnone, una commedia di formazione (raccontata in flashback da Gigi) che non riesce mai a trovare il registro e il ritmo giusti. Troppo sbilanciata in direzione di una generica leggerezza (che non è certo l'antiretorica di Meneghello), con squarci drammatici improvvisi e poco efficaci, pare un'involontaria scampagnata di boy scout che giocano alla guerra. L'inconsistenza dei personaggi, ridotti per lo più a figurine stilizzate, e la scarsa credibilità sia emotiva che ricostruttiva dell'ambientazione rendono impossibile il coinvolgimento dello spettatore.

Piccoli omicidi **½ (*Little Murders*, Usa 1971, col, 110') Alan Arkin. Con Elliott Gould, Marcia Rodd, Vincent Gardenia, Elizabeth Wilson, Jon Korkes, Donald Sutherland, Lou Jacobi. ◆ Quando la moglie viene uccisa per sbaglio, un giovane fotografo del degrado newyorchese (Gould) decide di imbracciare il fucile. Debutto alla regia dell'attore Arkin con una feroce black comedy, tratta da un lavoro che Jules Feiffer aveva scritto per il palcoscenico. La trasposizione cinematografica dopo l'insuccesso a Broadway si deve all'intraprendenza degli amici attori, in primo luogo di Gould che figura anche come produttore. L'umorismo assurdo e pungente appare un po' costretto dall'impianto dichiaratamente teatrale, ma nel complesso l'operazione è più che riuscita e rappresenta un valido tentativo di rinnovare la commedia hollywoodiana classica. Il regista compare in un cammeo come detective «sballato».

Piccoli omicidi fra amici **½ (*Shallow Grave*, Gb 1994, col, 92') Danny Boyle. Con Kerry Fox, Christopher Eccleston, Ewan McGregor, Ken Stott, Keith Allen. ◆ Edimburgo: tre amici, Juliet (Fox), David (Eccleston) e Alex (McGregor), alla ricerca di un coinquilino con cui dividere l'affitto di un lussuoso appartamento, si ritrovano in casa il cadavere di uno sconosciuto e una valigia piena di soldi. Prima faranno sparire il morto, poi sistemeranno i due killer alla ricerca del malloppo, e infine si sbraneranno a vicenda, in un crescendo di orrore e di follia. Salutato come una ventata d'aria nuova nel cinema inglese (anche se sarebbe più corretto definirlo scozzese, non solo per l'ambientazione ma anche per lo spirito acre e poco *understated*), il film dell'esordiente Boyle, scritto da John Hodge, non dice molto di nuovo sui temi dell'avidità umana e della labilità dei vincoli d'amicizia quando sono messi alla prova dal denaro. In compenso costruisce personaggi interessanti, sgradevoli e credibili nelle loro trasformazioni in mostri, e crea un clima avvolgente di violenza e persecuzione, in equilibrio tra surrealismo e realismo estremo (la descrizione di come vengono eliminati i vari cadaveri può turbare le anime sensibili): il tutto all'insegna di un umorismo cinico che non risparmia nessuno. Confezione molto *up to date*: la storia corre incurante di ellissi e buchi logici (Tarantino ha fatto scuola), la macchina da presa (la fotografia è di Brian Tufano) non sta mai ferma e predilige i punti di vista bizzarri, la musica techno martella nella colonna sonora di Simon Boswell.

Piccolo Archimede, Il **½ (Italia 1979, col, 85') Gianni Amelio. Con John Steiner, Aldo Salvi, Shirley Corrigan, Mark Morganti, Laura Betti, Graziano Giusti, Renato Moretti. ◆ Negli anni Trenta, in una villa toscana, l'inglese Alfred Heines (Steiner) intuisce le straordinarie capacità matematiche e musicali di un figlio di contadini, il piccolo Guido (Salvi): cercherà di stimolare la sua intelligenza, ma il loro rapporto sarà spezzato dalla prepotenza e dall'ambizione della padrona di casa (Betti), che spingerà Guido a un tragico gesto. Amelio lascia i temi della riflessione cinefila per un cinema più «tradizionale» nell'impianto narrativo (questo è tratto da una novella di Aldous Huxley), ma anche molto più personale nei temi e nello stile. Il rapporto che lega l'adulto e il bambino non è solo – come nell'originale letterario – un'affascinante e ironica avventura dell'intelligenza, ma anche un'accorata lettura delle difficoltà di instaurare un vero rapporto affettivo, nascosto dietro una cultura che finisce per essere uno schermo. Girato in 16mm e prodotto da Raidue, il film si regge anche sull'intensissima recitazione di tutti i protagonisti, a cominciare dal piccolo Salvi per continuare con l'inglese Steiner che si doppia da solo e una straordinaria

Laura Betti, premiata a San Sebastiano. Perfetto l'accompagnamento musicale di Roman Vlad con brani di Bach, Beethoven e Mozart.

Piccolo Buddha **** (*Little Buddha*, Gb/Francia 1993, col, 139') Bernardo Bertolucci. Con Keanu Reeves, Alex Wiesendanger, Ying Ruocheng, Bridget Fonda, Chris Isaak, Jigme Kunsang, Jo Champa. ◆ Due monaci buddisti, Norbu (Ruocheng) e Champa (Kunsang), arrivano a Seattle, convinti che un ragazzino bianco, Jesse Konrad (Wiesendanger), sia la reincarnazione di un loro Lama. I suoi genitori (Fonda e Isaak) dapprima sono scettici, ma poi il padre accompagna Jesse nel Nepal, dove deve confrontarsi con altri due candidati. Alla storia si alterna la leggenda del principe Siddharta (Reeves), che fugge dalla sua prigione dorata, scopre la sofferenza del mondo e prova compassione per tutti gli esseri viventi vincendo l'egoismo e diventando il Buddha. Bertolucci racconta, con la leggerezza di una fiaba, un itinerario di avvicinamento alla morte: l'essenza delle cose è la loro transitorietà, come mostra l'ultima sequenza, dopo i titoli di coda, in cui viene distrutto un bellissimo mandala di sabbia. Ma il film non è né una predica né un manuale di filosofia orientale: Bertolucci non spiega, ma mostra, con un senso di genuina sacralità e una punta di pudore laico. Le immagini di Vittorio Storaro, le scenografie e i costumi di James Acheson hanno lo splendore che ci si aspetta da una produzione miliardaria, ma non soffocano mai il racconto. E gli effetti speciali – dall'esercito di fantasmi al cobra gigante – alternano la precisione digitale a una qualità artigianale e naïf, che restituisce al cinema una magia perduta. La sceneggiatura (da un soggetto del regista) è di Rudy Wurlitzer (buddista) e di Mark Peploe; le musiche di Ryuichi Sakamoto; il montaggio di Pietro Scalia.

Piccolo campione, Il * (*Thoroughbred*, rititolato *Run For the Roses*, Usa 1978, col, 93') Henry Levin. Con Vera Miles, Stuart Whitman, Sam Groom, Panchito Gomez, Theodore Wilson, Lisa Eilbacher. ◆ Il figliastro portoricano (Gomez) di un ranchero alleva con amore un puledrino zoppo fino a farlo diventare un campione di corsa. Buoni sentimenti a buon mercato.

Piccolo campo, Il **½ (*God's Little Acre*, Usa 1958, b/n, 110') Anthony Mann. Con Robert Ryan, Tina Louise, Aldo Ray, Buddy Hackett, Jack Lord, Fay Spain, Michael Landon. ◆ Un contadino della Georgia alla disperata ricerca dell'oro (Ryan) crivella di buche la sua proprietà, finché capisce che la vera ricchezza è la terra. Dopo l'epopea «degradata» dell'Ovest, Mann affronta con vigore la decadenza del Sud portando sullo schermo il romanzo omonimo di Erskine Caldwell sceneggiato da Philip Yordan, ma, a differenza dei grandi autori sudisti, si ferma prima della catastrofe e opta per il riscatto finale. Ryan, già diretto dal regista in *Lo sperone nudo*, si conferma attore di prim'ordine.

Piccolo Cesare *** (*Little Caesar*, Usa 1930, b/n, 77') Mervyn LeRoy. Con Edgar G. Robinson, Douglas Fairbanks jr, Glenda Farrell, Ralph Ince, William Collier jr, Thomas Jackson. ◆ Ascesa e caduta di Cesare Rico Bandello (Robinson), prima bandito di mezza tacca e poi boss malavitoso nella Chicago fine anni Venti. L'archetipo di tutti i gangster-movie, come sempre in questi casi non il più raffinato ma senza dubbio il più rappresentativo, esemplare nel ritmo e nella descrizione del protagonista, un bullo di periferia goffo e ignorante però inarrestabile nella sua determinazione di arrivare in cima (come lui stesso afferma all'inizio del film «il denaro è importante, ma non è tutto. No, devi essere qualcuno e sapere che un pugno di uomini farà qualsiasi cosa dirai, e devi fare solo ciò che vuoi o nulla»). Alle prese con questo personaggio dall'egocentrismo sconfinato, Robinson (che lottò per avere la parte) offre un'interpretazione memorabile, perfetta in ogni dettaglio, fondata sui gesti e una corposità animalesca, dando vita a un bandito che non chiede mai simpatia, «uno dei primi veri antieroi del cinema americano, cupo, pericoloso e solitario». È lui la vera forza del film, oltre naturalmente al romanzo di W.R. Burnett da cui è tratto e da cui LeRoy (e i suoi sceneggiatori Francis E. Faragoh e Robert N. Lee) hanno preso più di un'idea, tra cui la celeberrima frase «Madre di Dio, è questa la fine di Rico?». Il personaggio di Joe Massara (interpretato da Fairbanks jr), complice e amico verso il quale Rico prova un attaccamento quasi omosessuale, si ispira al personaggio di George Raft, che allora stava girando i suoi primi film a Hollywood dopo anni di vaudeville e una collaborazione giovanile con Owney Madden, l'uomo che organizzò il racket dei taxi a New York e poi divenne un ricchissimo contrabbandiere di birra.

Piccolo colonnello, Il ** (*The Little Colonel*, Usa 1935, b/n e col, 80') David Butler. Con Shirley Temple, Lionel Barrymore, Evelyn Venable, John Lodge, Sidney Blackmer, Bill Robinson. ◆ Una bambina (Temple) riesce a far rappacificare il padre nordista (Lodge) e il nonno sudista (Barrymore). Uno dei migliori film della bambina prodigio, che si esibisce anche in un numero di danza con Bill Robinson. L'ultimo rullo è a colori.

Piccolo diavolo, Il ** (Italia 1988, col, 111') Roberto Benigni. Con Roberto Benigni, Walter Matthau, Nicoletta Braschi, Stefania Sandrelli, John Lurie, Franco Fabrizi, Paolo Baroni, Annabella Schiavone, Brunero Vettori, Giacomo Piperno. ◆ Un prete americano (Matthau) cerca di esorcizzare una parrucchiera indemoniata, ma dal corpo della donna esce un beffardo diavoletto di nome Giuditta (Benigni) che gli combinerà un sacco di guai. Una specie di Faust giullaresco, pieno di frizzi e lazzi da commedia dell'arte. Benigni regista non sempre controlla lo scoppiettante Benigni attore che rischia di mettere in disparte il già spaesato Matthau. Il soggetto è di Vincenzo Cerami, Giuseppe Bertolucci, Roberto Benigni, mentre la sceneggiatura, un po' troppo a maglie larghe, è firmata solo dagli ultimi due. Molte, comunque, le scene divertenti, come la messa celebrata con una sfilata di moda. La fotografia è del wendersiano Robby Muller. Evan Lurie, fratello di John, ha composto la colonna sonora, con tanghi rivisitati alla Astor Piazzolla.

Piccolo fuggitivo, Il *** (*The Little Fugitive*, Usa 1953, b/n, 73') Ray Ashley, Morris Engel, Ruth Orkin. Con Richie Andrusco, Rickie Brewster, Winifred Cushing, Will Lee. ◆ Convinto di aver ucciso il fratello maggiore, un bambino di sette anni (Andrusco) vaga per una giornata sulla spiaggia di Coney Island. Una tragicommedia sulla crudeltà e la sofferenza infantili, trattati senza retorica, con pochissimi mezzi e molta sensibilità. È un'opera collettiva e sperimentale, che costituisce uno dei primi manifesti teorici del New american cinema. La macchina da presa funziona come una sorta di cineocchio teso a cogliere la realtà dal punto di vista soggettivo del bambino, il montaggio rinuncia agli schemi consueti per legare le immagini secondo libere associazioni mentali. Splendida la parte centrale ambientata a Coney Island, in perfetto equilibrio tra documentarismo e rielaborazione individuale.

Piccolo gigante, Il * (*Little Giant*, Usa 1946, b/n, 91') William A. Seiter. Con Bud Abbott, Lou Costello, Brenda Joyce, Jacqueline de Wit, George Cleveland, Elena Verdugo, Mary Gordon, Margaret Dumont. ◆ Pinotto (Costello) decide di lavorare da solo e si fa assumere in una ditta di aspirapolveri di cui diventa uno straordinario venditore solo perché si è convinto – per uno scherzo dei suoi colleghi – di poter indovinare il pensiero dei suoi potenziali clienti. Costretti a far ridere senza lavorare in coppia, Gianni e Pinotto faticano ad arrivare alla fine del film.

Piccolo grande Aaron ** (*King of the Hill*, Usa 1993, col, 103') Steven Soderbergh. Con Jesse Bradford, Jeroen Krabbé, Lisa Eichhorn, Karen Allen, Spalding Gray, Elizabeth McGovern, Cameron Boyd, Adrien Brody, Joseph Chrest. ◆ A St. Louis, nel 1933, il dodicenne Aaron (Bradford) deve pensare a mantenere sé e il fratellino Sullivan (Boyd) mentre la madre è in sanatorio e il padre (Krabbé) cerca disperatamente un lavoro in un altro Stato. Essere un allievo modello non lo aiuta molto nella lotta quotidiana contro il padrone dell'albergo che lo vuole sfrattare, ma quando tutto sembra andare storto e persino l'amico del cuore (Brody) viene arrestato, torna finalmente il padre con un lavoro sicuro. Dopo l'exploit di *Sesso, bugie e videotape* e il semifallimento dell'ambizioso *Delitti e segreti*, Soderbergh ripiega su un soggetto più tradizionale (da lui stesso sceneggiato), ma i risultati migliorano poco: la commediola è ben costruita, con la giusta alternanza di sorrisi e lacrimucce, ma usare lo sguardo di un bambino innocente per raccontare la Depressione non è molto originale né particolarmente produttivo.

Piccolo grande amore * (Italia 1993, col, 111') Carlo Vanzina. Con Barbara Snellenburg, Raoul Bova, David Warner, Susannah York, Paul Freeman, Liz Smith. ◆ Per risollevare le sorti del suo staterello, il principe Max (Warner) cerca un matrimonio altolocato per la figlia Sofia (Snellenburg), ma lei fugge in incognito in Sardegna, dove viene fatta rapire da un infido cortigiano: per fortuna c'è l'affascinante, e plebeo, maestro di surf (Bova) che la salva e le conquista il cuore. Uno dei punti più bassi dei Vanzina Brothers che con la collaborazione di Cesare Frugoni scrivono una commediola che vorrebbe strizzare l'occhio alle storie delle principesse di Monaco. Tanto sciatta e tirata via che nessuno si è accorto della presenza di Raoul Bova. Quanto alla consistenza artistica dell'ex modella Snellenburg, meglio chiudersi in un dignitoso silenzio.

Piccolo grande eroe, Un ** (*Hammers over the Anvil*, Australia 1992, col, 101') Ann Turner. Con Charlotte Rampling, Russell Crowe, Alexander Outhred, Jake Frost, Amanda Douge, John Lee. ◆ Australia, 1910: Alan Marshall (Outhred), quattordicenne poliomielitico, scopre la sessualità e il crudele perbenismo degli adulti attraverso la storia d'amore tra la signora Grace (Rampling), moglie inglese del locale proprietario terriero, e il giovane mandriano East (Crowe). Da una serie di racconti autobiografici dello scrittore australiano Alan Marshall (sceneggiati da Peter Hepworh e Ann Turner), un melodramma di formazione narrato in prima persona e girato in modo molto tradizionale, che risente di una certa letterarietà (la voce off del ragazzino è un po' troppo voce guida) e si affida generosamente a fotografia e natura (mostrando un'Australia più assolata del solito) per assicurarsi una confezione *grand public*. Indovinato il cast, con un Outhred sorprendente.

Piccolo grande uomo **** (*Little Big Man*, Usa 1970, col, 142') Arthur Penn. Con Dustin Hoffman, Faye Dunaway, Martin Balsam, Richard Mulligan, Chief Dan George, Jeff Corey, Aimee Eccles, Kelly Jean Peters, Cal Bellini. ◆ Unico superstite della battaglia di Little Big Horn, l'ultracentenario Jack Crabb (Hoffman) racconta a un giornalista la sua vita: allevato dagli indiani comanche dopo che la sua famiglia era stata massacrata, Jack torna tra i coloni in età adulta e cerca invano di inserirsi nel loro modo di vivere. Disgustato dalla furia omicida dei bianchi ma diventato estraneo anche all'universo indiano finirà col generale Custer (Mulligan) alla battaglia di Little Big Horn, dove verrà risparmiato da un suo vecchio nemico indiano. Ispirandosi al romanzo omonimo di Thomas Berger (sceneggiato da Calder Willingham), Penn descrive la crisi d'identità dell'uomo americano, che oscilla tra mondo bianco e mondo indiano alla ricerca di un sé che non troverà probabilmente mai, e la descrive con il respiro di una grande epopea picaresca, mescolando programmaticamente stili e generi, alternando scene da commedia (come il primo incontro tra Jack e Wild Bill Hickock) con brani di grande drammaticità (come i massacri degli indiani da parte di Custer). La frase che dice il fotografo quando ritrae Jack con la moglie («Immortaliamo il momento») è un omaggio del regista al fratello fotografo Irving Penn, che però si perde in italiano: in originale, infatti, la frase («Moments preserved») è il titolo di un libro di fotografie di Irving e la voce che la pronuncia è quella di Arthur Penn.

Piccolo indiano, Un *½ (*One Little Indian*, Usa 1973, col. 909) Bernard McEveety. Con James Garner, Vera Miles, Clay O'Brien, Jodie Foster, Pat Hingle, Andrew Prine. ◆ Un caporale della cavalleria (Garner) evade dalla prigione e fugge attraverso il deserto a dorso di cammello, portando con sé un piccolo indiano scampato alla strage della sua tribù. Pseudowestern sentimentale di produzione Disney: la scelta del soggetto è inusuale, ma la presenza del cammello è un marchio d'origine inconfondibile.

Piccolo Lord, Il * (*Little Lord Fauntleroy*, Usa 1980, col, 100') Jack Gold. Con Ricky Schroder, Alec Guinness, Eric Porter, Colin Blakely, Connie Booth, Rachel Kempson. ◆ Un anziano lord inglese (Guinness) designa come proprio erede il povero nipotino newyorchese (Schroder), ma presto si fa avanti un altro piccolo pretendente. Monumento alla filantropia vittoriana in un tv-movie costruito senza il minimo pudore e con un cast inglese di mostri sacri, davvero umiliante per il dimesso americanino. È tratto dall'omonimo romanzo di Frances Hodgson Burnett, un classico della letteratura per ragazzi. L'ottima fotografia è di Arthur Ibbetson. Meglio *Lord Fauntleroy* di John Cromwell (1936).

Piccolo mondo antico *** (Italia 1941, b/n, 107') Mario Soldati. Con Alida Valli, Massimo Serato, Ada Dondini, Mariù Pascoli, Annibale Betrone, Giacinto Molteni, Elvira Bonecchi, Enzo Biliotti, Renato Cialente, Adele Garavaglia. ◆ Nella Lombardia austriaca, Franco (Serato) sposa la figlia di un modesto funzionario (Valli) senza il consenso della nonna aristocratica (Dondini): inizia una persecuzione familiare che si concluderà solo dopo la morte della piccola Ombretta, figlia della sfortunata coppia. È uno dei risultati migliori della cosiddetta tendenza calligrafica, che reagì al clima fascista rivolgendosi alla letteratura nazionale ottocentesca ed esplorando con attenzione le possibilità formali del mezzo cinematografico. La sceneggiatura del celebre romanzo di Fogazzaro si deve a Mario Bonfantini, Emilio Cecchi, Alberto Lattuada e Mario Soldati, che ne mettono a punto una riduzione letteraria ma non cerebrale. In perfetta sintonia con l'idea di «realismo storico» propugnata dal regista, si muovono gli operatori Montuori e Gallea, ai quali va il merito delle splendide riprese in esterni (il paesaggio lombardo avvolto nella nebbia e immerso in luci sfumate, in cui giocano un ruolo fondamentale le evanescenti superfici acquatiche). Notevole anche il lavoro dei costumisti (De Matteis, Sensani) e l'apporto della colonna sonora (Masetti). Tra gli interpreti, indimenticabile la Valli trasformata in moglie schiva e sofferente.

Piccolo porto, Il **½ (*Primrose Path*, Usa 1940, b/n, 93') Gregory La Cava. Con Ginger Rogers, Joel McCrea, Marjorie Rambeau, Henry Travers, Miles Mander, Queenie Vassar, Joan Carroll, Vivienne Osborne, Carmen Morales. ◆ Schiacciata da una famiglia composta dalla nonna mezzana (Vassar), la madre prostituta (Rambeau) e il padre alcolizzato (Travers), la giovane Ellie May Adams (Rogers) spera di trovare un po' di felicità nell'amore di Ed (McCrea). Il loro matrimonio va a rotoli quando lui conosce la famiglia di Ellie che, per la povertà e le incitazioni della nonna, rischierà di seguire le orme della madre. Eccentrico e curioso melodramma costruito non tanto sul confronto tra due gruppi sociali (i ricchi e i poveri dei precedenti film di La Cava, a partire da *L'impareggiabile Godfrey*) ma piuttosto sugli opposti stili di vita all'interno di una stessa classe, quella popolare. Tratto da un romanzo di Victoria Lincoln, portato a teatro da Robert L. Buckner e Walter Hart e poi sceneggiato dal regista e Allan Scott, il film presenta elementi tipici della commedia (a partire dal linguaggio volgare e sgrammaticato degli Adams) ma li utilizza in funzione drammatica, dando vita a una vicenda dove l'inevitabile lieto fine non riesce a cancellare l'amara impressione di un mondo lontanissimo dagli ideali edulcorati dell'american way of life.

Piccolo soldato, Il → *Petit soldat, Le*

Piccolo teatro di Jean Renoir, Il ** (*Le Petit Théâtre de Jean Renoir*, Francia/Italia 1969, col, 100') Jean Renoir. ◆ Film a episodi. In *Il re d'Yvetot* (con Fernand Sardou, Françoise Arnoul, Jean Carmet, Dominique Labourier) un anziano marito tollera che la moglie più giovane si prenda un amante – che è il suo migliore amico – e se la ride di fronte al paese; in *L'ultimo cenone* (con Nino Formicola, Milly Monti, Roland Bertin) due anziani mendicanti muoiono felici dopo aver banchettato con gli avanzi di un ristorante di lusso; in *La lucidatrice* (con Marguerite Cassan, Pierre Olaf) un elettrodomestico fa impazzire una borghese ossessionata dai parquet, oltre a far morire i suoi mariti; in *Quand l'amour meurt* Jeanne Moreau interpreta una canzone della *belle époque* (*Quand l'amour meurt* di Oscar Crémieux). Girato per la televisione, l'ultimo film di Renoir ritorna sui temi più cari al regista (la labilità dei sentimenti, il disincanto laico di fronte alla commedia della vita sociale, la satira antiborghese), tentando anche qualche esperimento (come il film-opera, con parti cantate e interventi del coro, nell'ultimo segmento). L'unico episodio memorabile è il primo, solare e melanconico come solo a un anziano maestro riesce; gli altri poco aggiungono (e nulla tolgono) alla sua fama.

Pickpocket **** (*Pickpocket*, Francia 1959, b/n, 74') Robert Bresson. Con Martin Lassalle, Marika Green, Pierre Leymarie, Jean Pélegri, Kassagi, Pierre Etaix. ◆ Diventato ladro per un'insana passione, Michel (Lassalle) viene avvicinato da un borsaiolo (pickpocket) professionista che lo coinvolge nelle sue malefatte. Orgogliosamente convinto che gli esseri superiori – come lui – possano mettersi al di sopra della legge, Michel continua nei suoi furti ma il suo cuore arido comincia ad aprirsi all'amore per Jeanne (Green), una ragazza madre: quando verrà arrestato, penserà di suicidarsi ma la visita di Jeanne riuscirà a spezzare la corazza del suo egoismo e i due si baceranno attraverso le sbarre del parlatorio. Lontanissimamente ispirato a *Delitto e castigo* di Dostoevskij, il quinto lungometraggio di Bresson è costruito intorno alla sfida di raccontare il sentimento dell'orgoglio, attraverso una sorta di viaggio nell'anima umana sprovvisto però di qualsiasi alibi psicologico o deriva spettacolare. Facendo leggere alla voce di Michel alcuni passi del suo diario, Bresson facilita l'identificazione tra lo spettatore e il suo protagonista, ma poi allontana ogni possibile «simpatia» filmando il comportamento sdegnoso e freddo di Michel, sempre più schiavo del proprio vizio: ciò che appare sullo schermo sono così solo personaggi che «esistono appena, si muovono come sonnambuli, hanno lo sguardo sfuggente e l'andatura esitante, confusi con uno sfondo talmente banale da apparire opaco». Ma questo processo di astrazione, che sembra cogliere solo frammenti sparsi della realtà, permette alla fine di un cammino lungo e sofferto di «far emergere l'anima e mostrare la vera ricchezza umana», quella che, nonostante la mediocrità di Jeanne e il vizio di Michel, li spingerà all'incontro col loro destino, tanto più improvviso quanto più inevitabile: è questa la «più bella storia d'amore di tutto il cinema di Bresson, dolorosa certo ma anche piena di slanci e desiderio, capace di portarli a superare i propri limiti e ad aprirsi l'un l'altro». Uno stato di grazia, lontano ancora dal cupo pessimismo delle opere degli anni Ottanta, che si vede anche in una delle più belle scene girate dal regista, quella dei furti alla parigina Gare de Lyon, dove l'alternarsi di piani medi e primi piani, i movimenti di macchina (panoramiche e carrelli laterali molto corti) e il ritmo del montaggio trasmettono «l'esaltazione e l'eleganza di un'attività che sembra – paradosso morale – naturale per l'uomo», mentre il rischio di essere scoperti innerva le sequenze del piacere angosciante del pericolo. Qualcuno sostiene che i dialoghi siano stati scritti in gran parte da Jean Cocteau, ma non ci sono prove convincenti. Il futuro regista Pierre Etaix è il secondo complice.

Picnic *** (*Picnic*, Usa 1956, col, 113') Joshua Logan. Con William Holden, Kim Novak, Rosalind Russell, Susan Strasberg, Arthur O'Connell, Cliff Robertson, Betty Field. ◆ Un fascinoso vagabondo (Holden) arriva in una piccola cittadina del Kansas alla vigilia di un picnic: la sua presenza turberà irrimediabilmente la vita dei partecipanti. Il volto nascosto della provincia americana viene allo scoperto in un robusto melodramma corale (più di cento voci) tratto dalla pièce di William Inge, la sceneggiatura di Daniel Taradash conserva l'impostazione teatrale. Sostenuto da una splendida sensibilità visiva (la fotografia è di James Wong Howe, ma lo stesso regista intervenne nell'uso del colore, ravvivato dal CinemaScope) e contrappuntato da un'adeguata colonna sonora (di George Duning), presenta un cast disomogeneo ma nel complesso convincente, eccezion fatta per la Novak che non riesce a conferire il giusto spessore al suo personaggio. È il primo film di Logan da regista, dopo una lunga carriera come attore e dialoghista. All'epoca ottenne un grande successo soprattutto per la spregiudicatezza con cui ritrae i vizi privati della middle class.

Picnic ad Hanging Rock *** (*Picnic at Hanging Rock*, Australia 1975, col, 115') Peter Weir. Con Rachel Roberts, Dominic Guard, Helen Morse, Anne Lambert, Vivean Gray, Margaret Nelson, Jane Vallsi, John Jarratt, Jacki Weaver, Kirsty Child. ◆ Il 14 febbraio 1900, durante un picnic ai piedi di un gruppo roccioso, tre allieve di un collegio aristocratico scompaiono insieme alla loro istitutrice. Un mistery fantastico, tratto dal romanzo omonimo di Joan Lindsay, a sua volta basato su un fatto di cronaca, e sceneggiato da Cliff Green. Fu il film che impose Weir all'attenzione internazionale, aprendo un varco all'intero cinema australiano, fino a quel momento pressoché ignorato. Raffinatissimo dal punto di vista formale (fotografia di Russell Boyd, musica di Bruce Smeaton), imposta a livello tematico quella che sarà la dominante di quasi tutta l'opera del regista, ovvero il conflitto irrisolvibile tra cultura (razionale, perbenista, opprimente) e natura (irrazionale, vitalistica, liberatoria). La simbologia impiegata (gli orologi fermi, le rocce appuntite e antropomorfiche) non ha nulla di cerebrale, ma contribuisce a creare un'atmosfera irreale e onirica in cui ha modo di dispiegarsi la rapinosa fascinazione per l'ignoto e l'orrorifico. Autentico cinema del disagio, tanto più inquietante quanto più non prevede vie d'uscita.

Picnic alla francese **½ (*Le Déjeuner sur l'erbe*, Francia 1959, col, 92') Jean Renoir. Con Paul Meurisse, Catherine Rouvel, Fernand Sardou, Jacqueline Marane, Jean-Pierre Granval, Robert Chandeau, Micheline Gary. ◆ Uno scienziato (Meurisse), sostenitore della fecondazione artificiale e favorito alla presidenza dell'Europa unita, scopre le gioie dell'amore naturale grazie al rapporto con la cameriera contadina. Per alcuni è un tributo pagato alla cultura borghese di provenienza, per altri un'intuizione ecologista ante litteram. Dal punto di vista figurativo, questa commedia semifarsesca è senza dubbio un omaggio al padre Auguste e più in generale all'Impressionismo, del quale viene recuperato il titolo della più nota delle opere di Edouard Manet. Girato in Provenza, in parte nella tenuta di famiglia «Les Collettes» a Cagnes, segna un momento di svolta nella filmografia del maestro anche per l'impiego di metodi televisivi, tra cui la presenza di otto macchine da presa azionate contemporaneamente per ottenere dagli attori la massima scioltezza recitativa. Il risultato è certamente interessante, anche se talvolta produce l'effetto di un quadro animato.

Picnic alla spiagga ** (*Bhaji on the Beach*, Gb 1993, col, 101') Gurinder Chadha. Con Kim Vithana, Jimmi Harkishin, Sarita Khajuria, Mo Sesay, Lalita Ahmed, Shaheen Khan, Zohra Segal, Renu Kochar, Peter Cellier, Tanveer Ghani. ◆ Riunite per la gita di un giorno a Blackpool, un gruppo di donne angloindiane si confrontano sui problemi grandi e piccoli della vita, qualcuna cercando solo di divertirsi, qualcun'altra tentando di evitare l'inseguimento del marito manesco che vorrebbe riportarla a casa e qualche altra ancora costretta a fare i conti con scelte più radicali. Opera prima di una regista nata in Kenya da famiglia indiana e poi trasferitasi a Londra, è uno dei film più rappresentativi del nascente cinema dell'immigrazione indiana in Gran Bretagna, dove la storia (scritta a quattro mani dalla regista e da Meera Syal) è piuttosto un «pretesto» per esporre una serie di conflitti generazionali, interpersonali e razziali, dove «ogni personaggio, più che vivere di vita propria, finisce per essere un tassello delle tesi femministe che la regista vuole dimostrare». Ma alla fine il quadro d'insieme è più consolatorio che altro.

Picpus → *voce «Maigret»*

Pictures at an Exhibition – Emerson, Lake and Palmer *½ (*Emerson, Lake and Palmer*, Gb 1972, col, 95') Nicholas Ferguson. Con Keith Emerson,

Greg Lake, Carl Palmer. ◆ Rock magniloquente e ricco di virtuosismi discutibili, sperimentazioni visive d'epoca: un'esibizione del famoso supertrio rock al massimo del successo, ripresa in video e manipolata elettronicamente con aggiunta di cartoon ed effetti vari. Solo per appassionati.

Piede in paradiso, Un ** (*One Foot in Heaven*, Usa 1941, col, 108') Irving Rapper. Con Fredric March, Martha Scott, Beulah Bondi, Gene Lockhart, Elisabeth Fraser. ◆ Trent'anni della vita di un pastore metodista (March) che, assieme alla famiglia, attraversa gli Stati Uniti, convinto di dover svolgere la propria missione a prezzo di qualsiasi sacrificio. Lento e ben intenzionato, con una sequenza memorabile: quella in cui March entra per la prima volta in un cinematografo dove si proietta un film di William S. Hart. Rapper sostituì Anatole Litvak.

Piede in paradiso, Un * (Italia 1991, col, 91') E.B. Clucher [Enzo Barboni]. Con Bud Spencer [Carlo Pedersoli], Carol Alt, Thierry Lhermitte, Ian Bannen, Jean Sorel. ◆ Un angelo timido (Lhermitte) e una diavolessa (Alt) si contendono un tassista (Spencer) che ha appena scoperto di avere vinto alla lotteria. Spencer spia la Alt con faccia allupata e fa a pugni solo verso la fine: ma il tentativo di rinnovare il suo personaggio in una commedia che si vorrebbe surreale è naufragato penosamente.

Piede più lungo, Il – L'uomo del Diner's club ** (*The Man From the Diner's Club*, Usa 1963, b/n, 96') Frank Tashlin. Con Danny Kaye, Cara Williams, Kay Stevens, Martha Hyer, Telly Savalas, George Kennedy. ◆ Un gangster (Savalas) sta cercando chi, come lui, ha un piede più lungo dell'altro, per simulare un suicidio ed espatriare indisturbato. A possedere i requisiti è un timido impiegato del Diner's Club (Kaye). Sia Tashlin che Kaye hanno fatto di meglio, e le gag tendono a essere meccaniche. Sceneggiatura di William Peter Blatty (*L'esorcista*). Harry Dean Stanton è un beatnik.

Piedi freddi → *Cold Feet – Piedi freddi*

Piedipiatti * (Italia 1991, col, 97') Carlo Vanzina. Con Renato Pozzetto, Enrico Montesano, Victor Cavallo, Anne Benny. ◆ Una coppia di poliziotti, uno milanese e uno romano (occorre dire chi?) gira mezza Italia a caccia di falsari e spacciatori di droga. Se le battute sugli attributi virili sono sempre le stesse dai tempi di *Dove vai se il vizietto non ce l'hai*, la parte d'azione è copiata da *Sorveglianza... speciale* e *Amsterdamned*. Semplicemente indecente.

Piedipiatti a Beverly Hills, Un → *Beverly Hills Cop – Un piedipiatti a Beverly Hills*

Piedipiatti a Beverly Hills II, Un → *Beverly Hills Cop II – Un piedipiatti a Beverly Hills II*

Piedipiatti e mezzo, Un → *Un piedipiatti e mezzo*

Piedone a Hong Kong *½ (Italia 1975, col, 115') Steno [Stefano Vanzina]. Con Bud Spencer [Carlo Pedersoli], Al Lettieri, Enzo Cannavale, Renato Scarpa. ◆ Seguito di *Piedone lo sbirro*. Il massiccio poliziotto Rizzo (Spencer) è in missione in Oriente per debellare un temibile clan. Avventure in chiave comica e naïf, con più sganassoni che pistolettate. Segue *Piedone l'Africano*.

Piedone d'Egitto * (Italia 1980, col, 107') Steno [Stefano Vanzina]. Con Bud Spencer [Carlo Pedersoli], Enzo Cannavale, Angelo Infanti, Cinzia Monreale, Leopoldo Trieste, Robert Loggia. ◆ Ultima avventura, e fine della serie, per il poliziotto napoletano Rizzo detto Piedone (Spencer). La trama è sempre più inverosimile: uno scienziato ha scoperto che un insetto è in grado di annusare (sic!) i giacimenti di petrolio, e attira loschi individui. Il ritmo è fiacco, le gag sempre le stesse.

Piedone l'Africano *½ (Italia, 1978, col, 115') Steno [Stefano Vanzina]. Con Bud Spencer [Carlo Pedersoli], Enzo Cannavale, Baldwin Dakile, Dagmar Lassander. ◆ Rizzo-Piedone (Spencer) va in Sudafrica, per indagare sul contrabbando di diamanti. Cambia l'ambientazione ma non la formula. Segue *Piedone d'Egitto*.

Piedone lo sbirro ** (Italia 1973, col, 110') Steno [Stefano Vanzina]. Con Bud Spencer [Carlo Pedersoli], Adalberto Maria Merli, Raymond Pellegrin, Juliette Mayniel. ◆ Il poliziotto napoletano Rizzo detto Piedone (Spencer), dalle maniere rudi e dal cuore d'oro, litiga con il suo capo, viene abbandonato, ma sgomina una pericolosa banda di trafficanti di droga. Spencer, orfano di Hill, ottenne ugualmente un grande successo; e Steno inaugurò una fortunata serie avventurosa-comica-casereccia, facendo il verso ai polizieschi americani. Tre seguiti: *Piedone a Hong Kong* (1975), *Piedone l'Africano* (1978) e *Piedone d'Egitto* (1980).

Piena di vita *½ (*Full of Life*, Usa 1956, b/n, 91') Richard Quine. Con Judy Holliday, Richard Conte, Salvatore Baccaloni, Esther Minciotti. ◆ Il suocero (Baccaloni) mette il naso nel ménage domestico di due giovani sposi (Holliday e Conte), convincendoli a celebrare un nuovo matrimonio secondo il rito cattolico. Tutto si sistema, e arriva anche il successo sul lavoro: buoni sentimenti e melassa sopra il livello di guardia. Tratto da un romanzo di John Fante da lui stesso sceneggiato. La traduzione del titolo sarebbe più giusta al maschile (*Pieno di vita*) perché il protagonista è il vecchio suocero.

Pierino colpisce ancora * (Italia, 1982, col, 90') Marino Girolami. Con Alvaro Vitali, Enzo Robutti, Toni Ucci, Michela Miti, Riccardo Billi. ◆ Seguito di *Pierino contro tutti*: Pierino (Vitali), bocciato a scuola, viene prima mandato in collegio, poi il padre, disperato, gli trova dei lavori, da lui invariabilmente persi. Comicità elementare per un film scritto e girato alla meno peggio. Ancora discreto l'afflusso di pubblico. Segue *Pierino medico della Saub*.

Pierino contro tutti * (Italia 1981, col, 92') Marino Girolami. Con Alvaro Vitali, Riccardo Billi, Enzo Liberti, Michela Miti. ◆ Pierino (Vitali), scolaro cresciutello e smaliziato, combina gli scherzi più malvagi ai danni della scuola, dei compagni, dell'odiata insegnante e della bella supplente (Miti). L'ultimo gradino della commediaccia all'italiana è una regressione all'infanzia e alle barzellette sulla cacca. Quasi senza trama, fu un inaspettato quanto effimero successo, che generò un paio di seguiti – *Pierino colpisce ancora* (1982), *Pierino medico della Saub* (1982) e otto anni più tardi *Pierino torna a scuola* (1990) – e alcune imitazioni. Vitali, già comparsa felliniana e splendida spalla di Montagnani e Banfi, non meritava di essere bruciato così in fretta.

Pierino il fichissimo * (Italia 1981, col, 91') Sandro Metz. Con Maurizio Esposito, Adriana Russo, Tuccio Musumeci. ◆ Pierino (Esposito) racconta barzellette scatologiche, tira sassi nel sedere della maestra e rovina la vita del suo prossimo. Collage di barzellette per cerebrolesi girato senza nemmeno Alvaro Vitali e non un briciolo di professionalità.

Pierino la peste *½ (*Bébert et l'omnibus*, Francia 1963, b/n, 92') Yves Robert. Con Antoine Lartigue, Pierre Mondy, Jean Richard, Michel Serrault. ◆ Lo scapestrato Bébert (in italiano Pierino) prende un treno per una città lontana, non si perde d'animo e continua nelle sue birichinate, finché il padre e il fratello non lo ritrovano. Il regista della *Guerra dei bottoni* insiste con la sua visione dell'infanzia scanzonata ma fasulla e, sotto sotto, dolciastra.

Pierino la peste alla riscossa * (Italia 1982, col, 84') Umberto Lenzi. Con Giorgio Ariani, Jenny Tamburi, Didi Perego, Renzo Montagnani. ◆ Serie di barzellette su Pierino, interpretato dall'imbarazzante Ariani. Squallido tentativo di agganciarsi al successo dei già mediocri film di Girolami con Vitali.

Pierino medico della Saub *½ (Italia 1982, col, 85') Giuliano Carnimeo. Con Alvaro Vitali, Mario Carotenuto, Serena Bennato. ◆ Dopo aver ottenuto una rocambolesca laurea, Pierino (Vitali) diventa medico della mutua, trovandosi al centro di intricate gerarchie e di raccomandazioni clientelari. Aggiornamento del *Medico della mutua* di Sordi, con gag e battute del sottogenere pierinesco. Il meno peggio, forse, della serie.

Pierino torna a scuola * (Italia 1990, col, 97') Mariano Laurenti. Con Alvaro Vitali, Nadia Bengala, Elena Fabrizi, Bruno Minniti. ◆ Dopo anni da disoccupato, Pierino (Vitali) torna a scuola, dove s'innamora della supplente (Bengala): cercherà comunque rifugio nell'esercito. Anche Vitali si è pentito, e cerca di non essere più volgare: ma la comicità farsesca del film appartiene a un'altra epoca. Fiacco, noioso, rifiutato dal pubblico.

Pietà per chi cade *½ (Italia 1954, b/n, 84') Mario Costa. Con Amedeo Nazzari, Antonella Lualdi, Nadia Gray, Massimo Serato. ◆ Credendo il marito (Nazzari) disperso in guerra, Anna (Lualdi) si lega a un altro uomo (Serato). Quando il marito torna, uccide il rivale: al processo Anna lo difende falsando la verità, e riconquista così anche l'amore e la stima della figlia. Gli attori più amati del periodo in un melodramma strappalacrime che rispetta scrupolosamente le regole.

Pietà per i giusti *** (*Detective Story*, Usa 1951, b/n, 103') William Wyler. Con Kirk Douglas, Eleanor Parker, William Bendix, Lee Grant, Joseph Wiseman, Cathy O'Donnell. ◆ L'ispettore newyorchese Jim McLeod (Douglas), ossessionato dal ricordo del padre delinquente, non conosce la parola pietà, e non esita a ricorrere alla violenza: ma il mondo gli crolla addosso quando la moglie (Parker) gli confessa di avere abortito. Per McLeod la ricerca della purezza, a questo punto, coincide con quella della morte. Tratto da un dramma di Sidney Kingsley, ma sceneggiato da Philip Yordan e Robert Wyler senza l'aria del teatro filmato, il film di Wyler gioca bene sulla concentrazione spaziale e temporale. Oggi i timidi risvolti liberal colpiscono meno della concitazione drammatica e dell'ambiguità della tesi di fondo; meglio invecchiato del suo gemello *Ore disperate*. Lee Grant, indimenticabile ladra, è alla sua prima e ultima presenza sul grande schermo prima di finire sulle liste nere, ma si aggiudica comunque la Palma d'oro a Cannes.

Pietà per la carne **½ (*Home Before Dark*, Usa 1958, b/n, 136') Mervyn LeRoy. Con Jean Simmons, Dan O'Herlihy, Rhonda Fleming, Efrem Zimbalist Jr. ◆ Dopo un lungo ricovero in una clinica a causa di un esaurimento nervoso, una donna (Simmons) si accorge che il marito (O'Herlihy) non la ama più, e cerca di assomigliare il più possibile alla sorellastra rivale (Fleming). La regia di LeRoy non ha molte sfumature ma per la Simmons è uno dei più bei ruoli di sempre.

Pietra che scotta, La ** (*The Hot Rock*, Usa 1972, col, 105') Peter Yates. Con Robert Redford, George Segal, Zero Mostel, Ron Leibman, Paul Sand, Moses Gunn. ◆ Guidati dal simpatico Dortmunder (Redford), quattro malviventi di mezza tacca eseguono un furto su commissione: uno di loro è catturato con la refurtiva, ma gli altri non demordono. Dal romanzo di Donald Westlake adattato da William Goldman, un giallo brillante discretamente congegnato, anche se oggi un po' logoro. I personaggi di Westlake tornano in *La rapina più pazza del mondo*.

Pietra dello scandalo, La *½ (*Top o' the Morning*, Usa 1949, b/n, 100') David Miller. Con Bing Crosby, Ann Blyth, Barry Fitzgerald, Hume Cronyn, John McIntire. ◆ Un agente delle assicurazioni (Crosby) indaga sul furto di una pietra dai poteri prodigiosi, sottratta da un castello irlandese. Inedito ma trascurabile ibrido tra giallorosa e musical.

Pifferaio di Hamelin, Il ** (*The Pied Piper*, Gb 1972, col, 90') Jacques Demy. Con Donovan, John Hurt, Donald Pleasence, Diana Dors. ◆ Un pifferaio (Donovan) libera una cittadina infestata dai topi; per vendicarsi di non essere stato pagato, si porta via tutti i bimbi al suono del suo magico strumento. Versione della fiaba dei fratelli Grimm (e del libro di Robert Browning). I produttori, che si aspettavano un musical disneyano per ragazzi, si ritrovarono un film ricco di particolari non edulcorati sul Medioevo: ma il risultato non convince ugualmente, e Demy, anche nel genere fiabesco, ha fatto di meglio.

Pigiama party * (*Pajama Party*, Usa 1964, col, 85') Don Weis. Con Tommy Kirk, Annette Funicello, Dorothy Lamour, Harvey Lembeck, Elsa Lanchester, Jody McCrea, Buster Keaton. ◆ Un marziano (Kirk), spedito sulla Terra per conquistarla, finisce in una compagnia festaiola e rinuncia ai suoi propositi. Risibile beach-movie con alcune effimere star dell'epoca, da ricordare solo per l'apparizione di Keaton come capo indiano.

Pigmalione **½ (*Pygmalion*, Gb 1938, b/n, 95') Anthony Asquith, Leslie Howard. Con Leslie Howard, Wendy Hiller, Marie Lohr, Wilfred Lawson.

◆ Il professore di fonetica Higgins (Howard) scommette di trasformare nel giro di sei mesi Eliza Doolittle (Hiller), una fioraia ignorante e dal terribile accento cockney, in una dama dell'alta società: finirà per innamorarsene. Prima versione della commedia di G.B. Shaw, che si fece pregare per concedere i diritti. La regia elegante e il ritmo brillante sopperiscono ai limiti della derivazione teatrale e permettono ad Asquith di farne un film molto personale, perfettamente a suo agio «tra i riti distratti e aridi di cuore dell'aristocrazia londinese e l'indolenza, la misoginia e l'eccentricità svagata dello studioso-dandy». Un classico del cinema britannico d'anteguerra, che perde ovviamente tutto col doppiaggio. Colonna sonora di Arthur Honegger. La commedia di Shaw ispirò, nel 1964, il musical *My Fair Lady* di Cukor dove Rex Harrison «copiò» più di un particolare gestuale di Leslie Howard.

Pigs Today – Porcelli oggi * (*Going' All the Way*, Usa 1983, col, 85') Robert Freeman. Con Dan Waldman, Deborah Van Rhyn, Sheria Miller, Joshua Cadman. ◆ Monica (Van Rhyn) lascia Artie (Waldman) accusandolo di pensare solo al sesso. Dopo aver avuto relazioni platoniche con altri compagni si rimettono insieme. Fiacca commedia giovanilistica, che il titolo italiano cerca di spacciare per un clone di *Porky's*.

Pila della Peppa, La *½ (*La Magot de Josefa*, Francia/Italia 1963, b/n, 90') Claude Autant-Lara. Con Bourvil [André Raimbourg], Anna Magnani, Pierre Brasseur, Ramon Iglesias. ◆ Il figlio di un'ostessa di campagna burbera e avara (Magnani), cerca invano di organizzare una truffa a suo danno. Una Magnani a disagio in una commedia rurale, dalla trama banale e dai personaggi di maniera.

Pilgrimage *½ (*Pilgrimage*, Usa 1971, col, 95') Beni Montresor. Con Cliff De Young, Idanna Pucci, Robert Latourneaux. ◆ Un giovane ricco (De Young) in crisi con la famiglia inizia a vagare per gli States conoscendo varia umanità, tornando a casa giusto in tempo per assistere alla morte del genitore. L'esordio nella regia dello scenografo Montresor è realizzato con un occhio alle avanguardie artistiche dell'epoca, ma irrisolto nelle sue ambizioni.

Pillole di Ercole, Le *½ (Italia 1960, b/n, 85') Luciano Salce. Con Nino Manfredi, Sylva Koscina, Vittorio De Sica, Andreina Pagnani, Jeanne Valerie. ◆ A Salsomaggiore il dottor Pasqui (Manfredi) ingerisce una pozione afrodisiaca e seduce la moglie di uno sconosciuto. Per fare ammenda gli offre una notte con la propria moglie (Koscina), incaricando però una prostituta di interpretarne la parte. Da una superata pochade di inizio secolo più volte portata sugli schermi. Doppi sensi e modesti equivoci. Particina per Oreste Lionello nel ruolo del fattorino.

Pilota, Il * (*The Pilot*, Usa 1979, col, 99') Cliff Robertson. Con Cliff Robertson, Diane Baker, Dana Andrews, Milo O'Shea. ◆ Un pilota di linea alcolizzato (Robertson) decide di non volare più, ma riesce a risalire dalla crisi. Dramma banale e prevedibile, pretesto più che altro per riprese aeree d'effetto.

Pilota del Mississippi, Il ** (*The Adventures of Mark Twain*, Usa 1944, b/n, 130') Irving Rapper. Con Fredric March, Alexis Smith, Donald Crisp, Alan Hale, John Carradine, C. Aubrey Smith. ◆ La vita avventurosa di Samuel Langhorne Clemens, in arte Mark Twain (March), da marinaio nel nativo Mississippi, a giornalista e conferenziere sempre oppresso dai debiti. Biografia romanzata in stile hollywoodiano, affabile e superficiale.

Pilota razzo e la bella siberiana, Il ** (*Jet Pilot*, Usa 1950, col, 112') Josef von Sternberg. Con John Wayne, Janet Leigh, Jay C. Flippen, Paul Fix, Richard Rober, Roland Winters. ◆ Un pilota dell'aviazione americana (Wayne) si innamora di una collega russa (Leigh) che ha chiesto asilo politico negli Stati Uniti. Prodotto da Howard Hughes, un film di propaganda da guerra fredda, realizzato di malavoglia da un grande regista, virtuoso del bianco e nero e qui costretto a girare a colori. Uscì dopo sette anni, rimontato e aggiornato nelle scene di acrobazia aerea. Non tutta la comicità sembra involontaria.

Pilota ritorna, Un ** (Italia 1942, b/n, 88') Roberto Rossellini. Con Michela Belmonte, Massimo Girotti, Gaetano Masier, Piero Lulli, Elvira Betrone. ◆ Le peripezie di un gruppo di aviatori italiani prigionieri in Grecia in un campo di concentramento. Alcuni riusciranno a fuggire e a riprendere la guerra. Film di propaganda bellica scritto con uno pseudonimo da Vittorio Mussolini (figlio di Benito) e sceneggiato anche da Antonioni che, come Rossellini, Lizzani e altri, lavorava a quei tempi sotto la protezione del figlio del duce.

Piloti dell'inferno, I ** (*Hell Drivers*, Gb 1958, b/n, 91') Cyril Endfield. Con Stanley Baker, Herbert Lom, Peggy Cummins, Patrick McGoohan, Sean Connery. ◆ Un ex detenuto (Baker) inizia a lavorare come camionista, scontrandosi contro il boss (Lom) di un racket. Noir elementare ma abbastanza efficace.

Pinguini ci guardano, I * (Italia 1955, col, 90') Guido Leoni. Con Alba Arnova, Isa Barzizza, Tina De Mola, Isa Miranda, Renato Rascel, Tino Scotti. ◆ Le bestie dello zoo guardando gli uomini fuori dalle gabbie, manifestano preoccupazioni e desideri non troppo diversi da quelli umani. Serie di modesti sketch cuciti con intermezzi canori di Renato Rascel. La parodia dei *Bambini ci guardano* di De Sica si limita al titolo.

Pink Cadillac *½ (*Pink Cadillac*, Usa 1989, col, 121') Buddy Van Horn. Con Clint Eastwood, Bernadette Peters, Geoffrey Lewis, William Hickey, Timothy Carhart, Jim Carrey. ◆ Un cacciatore di taglie (Eastwood) deve ritrovare una donna (Peters) fuggita con 250 mila dollari: ma quando scopre che la poverina ha un marito neonazista che le ha rapito il pargolo, decide di aiutarla. Avventure on the road semiserie, con Eastwood che si prodiga in travestimenti e macchiette, cercando invano di ripetere il successo di *Filo da torcere*. Ma regia e sceneggiatura (di John Eskow) sono fiacche (Van Horn era il responsabile delle scene acrobatiche nei film di Eastwood dei primi anni Ottanta, poi passato alla regia), e il gioco è tirato per le lunghe.

Pink Floyd a Pompei ** (*Pink Floyd à Pompei*, Francia 1972, col, 85') Adrian Maben. Con David Gilmour, Nick Mason, Roger Waters, Richard

Wright. ◆ I Pink Floyd nel loro periodo più sperimentale suonano e improvvisano tra le rovine di Pompei. Solo per i fan del gruppo; l'abbinamento tra musica e immagini, che allora sembrava estremamente innovativo, oggi è molto datato.

Pink Floyd - The Wall *½ (*Pink Floyd - The Wall*, Gb 1982, col, 99') Alan Parker. Con Bob Geldof, Christine Hargreaves, James Laurenson, Eleanor David, Bob Hoskins. ◆ Una rockstar drogata (Geldof, futuro organizzatore di Live Aid), al culmine della sua carriera, ha un crollo mentale: ricordi di gioventù si sommano a incubi del presente. Opera-rock basata sull'omonimo album dei Pink Floyd, che alterna sequenze dal vero ad altre d'animazione (curate dal disegnatore Gerald Scarfe). Didascalico e pieno di banalità sulla scuola e la famiglia che vorrebbero essere libertarie. Tonitruante surrealismo di massa in un costoso videoclip allungato, adatto solo a chi è già nutrito del verbo di Roger Waters e soci.

Pinky, la negra bianca ** (*Pinky*, Usa 1949, b/n, 102') Elia Kazan. Con Jeanne Crain, Ethel Barrymore, Ethel Waters, William Lundigan. ◆ Diplomatasi infermiera a Boston, Pinky Johnson (Crain), una ragazza nera dalla pelle chiara, torna nel profondo Sud, dove accudisce l'anziana e burbera Miss Em (Barrymore), diventandone amica. Dopo la morte di Miss Em i parenti, beffati dal testamento, accuseranno Pinky di omicidio. Storia di una presa di coscienza di razza in anticipo sui tempi, anche se le semplificazioni retoriche non mancano e tutto risulta fin troppo addolcito. Non tra i film preferiti del regista - che sostituì John Ford dopo dieci giorni di riprese.

Pinocchio **** (*Pinocchio*, Usa 1940, col, 88') Walt Disney. ◆ Animata per merito della fata turchina, la marionetta Pinocchio disubbidisce al suo costruttore Geppetto e invece di andare a scuola segue Mangiafuoco. Per sfuggirgli finisce nel ventre di una balena dove ritrova Geppetto: insieme riusciranno a liberarsi e Pinocchio, dimostrando di essersi ravveduto - ha rischiato la vita per salvare quella di Geppetto - verrà trasformato dalla fata in un bambino di carne e ossa. Sottolineando la componente iniziatica del romanzo di Carlo Collodi (ed eliminando molti episodi) Disney produce il suo miglior lungometraggio animato, quello che meglio esemplifica la sua capacità di fondere componente favolistica e dimensione fantastica. Il grillo parlante, i giocattoli animati di Geppetto, Mangiafuoco, la straordinaria trasformazione dei bambini in somarelli (realizzata con un tocco alla Jekyll), la vita nel ventre della balena sono tutti momenti straordinari che testimoniano la capacità d'invenzione di Disney. Dal punto di vista tecnico, questo è sicuramente il suo lungometraggio più complesso e più ricco di animazione (solo i 30 secondi con il risveglio del villaggio quando Pinocchio va a scuola erano costati 25 mila dollari. Nel 1939!) e l'utilizzo della macchina multiplane qui è ben più complesso che in *Biancaneve*. Eppure alla sua uscita il film fu quasi un fallimento e dovette aspettare le riedizioni per recuperare i soldi spesi. Due Oscar: miglior colonna sonora (Leigh Harline, Paul J. Smith, Ned Washington) e canzone (*When You Wish Upon a Star*).

Piogge di Ranchipur, Le *½ (*The Rains of Ranchipur*, Usa 1955, col, 104') Jean Negulesco. Con Lana Turner, Richard Burton, Fred MacMurray, Joan Caulfield, Michael Rennie. ◆ Una femme fatale inglese (Turner), innamorata di un giovane medico indiano (Burton), si redime e muore facendo l'infermiera durante un'epidemia. Secondo adattamento, dopo *La grande pioggia* (1939), del romanzo di Louis Briomfield: enfatico e poco avvincente.

Pioggia **** (*Regen*, Olanda 1929, b/n, 15') Joris Ivens. ◆ Una giornata di pioggia ad Amsterdam, annunciata prima dal vento e dall'addensarsi delle nuvole, poi dalle prime gocce che sorprendono i passanti, quindi dall'intensificarsi della pioggia, che poi si dirada e smette permettendo la ripresa del lavoro. Uno dei primissimi documentari di Ivens, scritto insieme a M.N.H. [Mannus] Franken e sonorizzato con un accompagnamento solo musicale di Lou Licthveld nel 1932. Costruito con un rigore geometrico che non ha perduto il suo fascino - secondo una logica «astratta» fatta di luci e ombre, linee e volumi - questo «cinepoema sui valori visibili dell'atmosfera» dimostra la notevole influenza esercitata sul trentunenne documentarista dalle teorie elaborate dal gruppo della Bauhaus e più in generale dell'avanguardia storica (dadaista e futurista su tutte): la struttura e il movimento del film sono definiti dal ritmo della pioggia e dal suo impatto sulla città, secondo un alternarsi armonico e lirico che mescola una grande varietà di piani (dalle inquadrature «dal cielo» a quelle ravvicinate di una goccia che scivola su un vetro, a numerosi camera-car) e sfrutta perfettamente tutte le occasioni estetiche di una città costruita sull'acqua come Amsterdam (riflessi nei canali, riprese delle acque agitate dal passaggio dei battelli). Ma il film rivela anche una capacità di osservazione e un gusto per il particolare (i panni stesi che si gonfiano per il vento, le persone in attesa dei tram sorprese dalla pioggia, il cagnolino che la padrona trascina sotto l'acqua) che anticipa quella «curiosità antropologica» che sarà sviluppata nei documentari di più marcata impronta sociale. Contrariamente a quanto comunemente scritto, il documentario dura 15 e non 12 minuti.

Pioggia **½ (*Rain*, Usa 1932, b/n, 92') Lewis Milestone. Con Joan Crawford, Walter Huston, William Gargan, Guy Kibbee, Walter Catlett. ◆ Durante una sosta forzata nelle isole Samoa, un fanatico missionario (Huston) prima cerca di redimere una prostituta (Crawford), poi la vuole scacciare e infine tenta di violentarla. Questa versione del racconto *Miss Sadie Thompson* di William Somerset Maugham - già adattato per il teatro e già portato sullo schermo nel 1928 da Raoul Walsh (*Sadie Thompson*, con Gloria Swanson, Lyonel Barrymore e lo stesso Walsh nella parte dell'ufficiale galante) - piacque poco, e fu oggetto di censure - specie in Italia. Milestone indulge sugli aspetti torbidi e sensazionalistici, ma rispetta con intelligenza l'origine teatrale del testo, giocando sul ritmo e i movimenti di macchina. Un remake nel 1953.

Pioggia **½ (*Miss Sadie Thompson*, Usa 1953, col, 91') Curtis Bernhardt. Con Rita Hayworth, José Ferrer, Aldo Ray, Russell Collins, Charles Bronson. ◆

Una ballerina (Hayworth) arriva in un'isola dei mari del Sud, dove s'innamora, ricambiata, di un ufficiale (Ray). Ma il responsabile della missione (Ferrer), respinto dalla donna, minaccia di rivelare al militare i suoi trascorsi poco edificanti. Nuova versione sceneggiata da Harry Kleiner del racconto di Somerset Maugham (che però non è nemmeno citato nei titoli di testa) in cui la Hayworth, in una delle sue migliori interpretazioni, esprime «una naturalezza senza compromessi che modifica l'immagine del personaggio» facendo di Sadie Thompson una vera e propria prostituta che si avvia sul viale del tramonto. Meno riuscita la regia di Bernhardt: aggiorna la storia al secondo dopoguerra, ma in questo modo il puritanesimo di Ferrer appare poco giustificato, e le numerose canzoni cantate dalla Hayworth (doppiata dalla solita Jo Ann Greeg) spezzettano troppo la progressione del racconto. Originariamente girato in 3D: immaginarsi cosa doveva essere la scena in cui Sadie si avvicina al ventilatore e aprendosi la camicetta si rinfresca la scollatura!

Pioggia di piombo **½ (*Black Tuesday*, Usa 1954, b/n, 80') Hugo Fregonese. Con Edward G. Robinson, Peter Graves, Jean Parker, Milburn Stone. ◆ Due criminali (Robinson e Graves) condannati a morte, liberati dai complici il giorno dell'esecuzione, fuggono con alcuni ostaggi e vanno a recuperare la refurtiva. Piccolo film di gangster con un occhio ai modelli degli anni Trenta, secco e ben interpretato.

Pioggia di soldi *½ (*Mo' Money*, Usa 1992, col, 90') Peter Macdonald. Con Damon Wayans, Stacey Dash, Joe Santos, John Diehl, Marlon Wayans. ◆ Un piccolo truffatore (Wayans) scopre i mondi che apre una carta di credito rubata: ma l'amore per una yuppie (Dash) e l'assassinio di un poliziotto che indagava su criminali ben peggiori di lui lo fanno passare (quasi) dalla parte della giustizia. Scritta e prodotta dall'istrionico Wayans, una commedia gialla (o viceversa) prevedibile, con messaggio edonistico e allegramente amorale. I soldi, comunque, li ha fatti solo in patria.

Pioggia infernale *½ (*Hard Rain*, Usa 1998, col, 96') Mikael Salomon. Con Morgan Freeman, Christian Slater, Minnie Driver, Randy Quaid, Ed Asner, Michael Goorjian, Mark Rolston, Richard Dysart, Betty White. ◆ Jim (Freeman) e i suoi complici vogliono approfittare dell'evacuazione di una cittadina minacciata da piogge torrenziali e inondazioni per derubare il furgone portavalori: ma non hanno fatto i conti con un agente testardamente onesto (Slater) e uno sceriffo (Quaid) che invece ha dimenticato la legalità. Una bella idea per aggiornare la solita storia dei buoni contro i cattivi, con l'acqua che sale e costringe tutti a diventare marinai; ma poi le trovate si ripetono e tutto scade in un catastrofismo subacqueo di routine. Sceneggiatura di Graham Yost, producono gli stessi di *Speed* più Slater.

Pioggia opportuna sulla montagna vuota ***½ (*Kongshan Lingyu*, conosciuto anche con il titolo *Raining in the Mountain*, Hong Kong 1979, col, 121') King Hu. Con Shi Jun, Sun Yue, Xu Feng, Wu Mingcai, Tian Feng. ◆ In un monastero dove si aspetta la nomina del nuovo abate, due fazioni di ladri si contendono una preziosa pergamena: il nuovo eletto (Shi) farà bruciare l'originale sostituendolo con copie. Girato in Corea assieme a *Legend of the Mountain*, il film con cui il regista di *A Touch of Zen* cercò di rinnovare il proprio stile, incontrando però un insuccesso che fece declinare la sua carriera. Con meno azione che in passato ma con le inconfondibili e fulminanti coreografie e il consueto splendore formale, Hu (anche sceneggiatore e montatore) racconta una parabola buddista sulla vanità delle cose terrene ambientandola in uno spazio ambiguo e labirintico, dove le regole tradizionali dei raccordi non valgono più. Di grande suggestione, spesso ermetico e astratto, ma percorso anche da una vena di ironia beffarda e assai terrena.

Pioggia sporca → *Black Rain*

Piombo rovente *** (*Sweet Smell of Success*, Usa 1957, b/n, 96') Alexander Mackendrick. Con Burt Lancaster, Tony Curtis, Susan Harrison, Marty Milner, Sam Levene, Barbara Nichols. ◆ J. J. Hunsecker (Lancaster), temuto giornalista newyorchese, si serve del suo portaborse Sidney (Curtis) per gettare fango sul fidanzato della propria sorella (Harrison), coinvolgendolo in una storia di droga. Ma Sidney, disgustato, troverà il coraggio di ribellarsi. In trasferta negli Usa, il britannico Mackendrick getta uno sguardo insolitamente crudele sulla corruzione e l'onnipotenza del quarto potere. La sceneggiatura è di Clifford Odets e Ernest Lehman. La fotografia di James Wong Howe cattura bene la New York notturna. Bella colonna sonora di Elmer Bernstein, con la partecipazione di musicisti jazz come Chico Hamilton.

Pionieri dell'Alaska, I * (*The Spoilers*, Usa 1956, col, 84') Jesse Hibbs. Con Anne Baxter, Jeff Chandler, Rory Calhoun, Barbara Britton, Ray Danton, Raymond Walburn. ◆ Un onesto minatore (Chandler) e la proprietaria (Baxter) di un saloon smascherano un commissario governativo corrotto (Calhoun) che vuole sequestrare la loro miniera. Quinta versione di un romanzo di Rex Beach (la più famosa è *I cacciatori dell'oro* di Ray Enright, con Marlene Dietrich): personaggi di nessun interesse e ritmi da abbiocco, almeno fino a una scazzottata finale che però non riesce a essere da antologia.

Pionieri del West, I ** (*Cimarron*, Usa 1931, b/n, 130') Wesley Ruggles. Con Richard Dix, Irene Dunne, Estelle Taylor, Nance O'Neill. ◆ Nel 1889 Yancey Cravat (Dix) e la moglie Sabra (Dunne) partono alla volta dell'Oklahoma: lui fonda un giornale destinato a grande successo, ma il desiderio di avventura lo porta verso frontiere sempre nuove. Da un romanzo di Edna Farber sceneggiato da Howard Eastbrook, un western di respiro epico un po' invecchiato, che bilancia avventura e buoni sentimenti. Più volte imitata la sequenza della corsa dei carri verso le terre di cui prendere possesso. Due Oscar (miglior film e sceneggiatura) su sei nomination. Un remake di Anthony Mann nel 1961, *Cimarron*.

Piove sul nostro amore ** (*Det regnar på vår kärlek*, Svezia 1946, b/n, 90') Ingmar Bergman. Con Birger Malmesten, Gösta Cederlund, Barbro Kollberg, Ludde Gentzel, Douglas Håge. ◆ David (Malmesten), disoccupato, incontra una povera ragazza di campagna (Kollberg), e con lei va a vivere in un capanno, osteggiati dal proprietario del terreno. David perde un nuovo lavoro a causa dei suoi precedenti penali, mentre la ragazza partorisce un bimbo morto. Secondo film di Bergman, tratto da una pièce di Oscar Braathens: dramma dell'ipocrisia e dell'indifferenza, nel quale sono già presenti risonanze allegoriche (il personaggio del destino che segue i due giovani). Piccola particina per Erland Josephson, impiegato dell'ufficio anagrafe.

Piovono pietre *** (*Raining Stones*, Gb 1993, col, 91') Ken Loach. Con Bruce Jones, Julie Brown, Gemma Phoenix, Ricky Tomlinson, Tom Hickey, Mike Fallon, Ronnie Ravey, Lee Brennan, Jonathan James. ◆ Manchester: operaio disoccupato, Bob Williams (Jones) s'indebita per comprare alla figlia (Phoenix) il vestito della prima comunione, ma lo strozzino (James) del quartiere rivuole i soldi con gli interessi e nell'attesa gli sequestra il libretto del sussidio. La reazione di Bob è molto più violenta del previsto, ma il consiglio di padre Barry (Hickey) è che probabilmente c'era dietro un volontà imperscrutabile. Una schietta commedia proletaria nell'Inghilterra postindustriale e post-thatcheriana: Loach, con occhio «documentario» e una buona dose di rabbiosa ironia, rigetta la retorica del film a tesi e costruisce, sulla sceneggiatura di Jim Allen, un racconto di classe tanto più credibile quanto più attento ai dettagli delle immagini (dal vestito bianco della prima comunione alle unghie nere di Bob mentre si confessa), capace di raccontare il disagio della classe operaia senza soffocarne la vitalità (come dimostrano i lavori che s'inventa il protagonista, furto di zolle erbose da un club conservatore compreso). E anche il marxismo è tradotto nel contesto reale: la Chiesa non è più solo e sempre oppio dei popoli, ma in certe occasioni diventa alleata nella lotta contro l'ingiustizia sociale e dà un'assoluzione che è tacito consenso. Colonna sonora di Stewart Copeland, ex batterista dei Police.

Piovra nera, La **½ (*The Fearmakers*, Usa 1958, b/n, 83') Jacques Tourneur. Con Dana Andrews, Dick Foran, Marilee Earle, Mel Torme, Roy Gordon, Kelly Thordsen, Veda Ann Borg, Robert Fortier, Joel Marston, Janet Brandt. ◆ Tornato dalla guerra di Corea dopo due anni di prigionia, Alan Eaton (Andrews) scopre che la società di sondaggi che aveva fondato è passata in mano dell'ambiguo Jim McGinnis (Foran). Con l'appoggio di un senatore (Gordon) e della segretaria di McGinnis (Earle), Alan scoprirà che la società modifica i risultati dei sondaggi per manipolare l'opinione pubblica a favore dei suoi committenti. Sfruttando al meglio le capacità drammatiche di Dana Andrews e «il talento dinamico e violento» del direttore della fotografia Sam Leavitt, Tourneur dirige una tarda metamorfosi di quel cinema anticomunista che era nato dalla guerra fredda (i committenti delle ricerche manipolate a favore di un «programma di pace a ogni costo» sono chiaramente di sinistra). Ma la storia (sceneggiata da Elliot West e Chris Appley) sposta quasi subito il suo centro dalla polemica antidemocratica al ritratto di un «eroe stanco e disturbato a cui le debolezze psicologiche fanno vedere la realtà come un incubo confuso e incredibile». In questo modo il vero soggetto del film, ambientato in una Washington astratta e crepuscolare e dominata dalla statua di un Lincoln che assomiglia a uno spettro, diventa la stanchezza, l'usura fisica e psicologica insieme dell'uomo e della sua società.

Piovuta dal cielo ** (*Forces of Nature*, Usa 1999, col, 106') Bronwen Hughes. Con Sandra Bullock, Ben Affleck, Maura Tierney, Steve Zahn, Blythe Danner, Ronny Cox, David Strickland, Meredith Scott Lynn. ◆ In viaggio da New York a Savannah per sposarsi, il «redattore di alette» – cioè di risvolti di copertina – Ben Holmes (Affleck) si ritrova come compagna di viaggio Sarah (Bullock), squinternata capace di fargli provare la libertà che non ha mai conosciuto: e mentre infuria un uragano, raggiungere la sposina (Tierney) diventa sempre più difficile. Lo sceneggiatore Marc Lawrence prende il meccanismo di *Accadde una notte* e di *Un biglietto in due* e vi innesta riflessioni agrodolci e variamente comiche sul matrimonio e la vita di coppia: ne esce un prodotto di grande furbizia commerciale, perfido paradigma di trasgressione e ritorno all'ordine, girato con soldi e musiche in abbondanza. La fotografia è di Elliot Davis.

Piramide di paura *½ (*Young Sherlock Holmes*, Usa 1985, col, 109') Barry Levinson. Con Nicholas Rowe, Alan Cox, Sophie Ward, Anthony Higgins, Susan Fleetwood, Freddie Jones. ◆ Il futuro investigatore Sherlock Holmes (Rowe) studia in un college insieme all'inseparabile Watson (Cox) e viene coinvolto in un misterioso caso che dalla loro scuola li porta nei sotterranei di Londra, dove una setta criminale ha ricostruito un tempio egizio. Scritto da Chris Columbus (*Gremlins*), e coprodotto da Steven Spielberg, con effetti speciali e ritmi da *I predatori dell'arca perduta*. Niente più che un costoso giocattolo: pretestuosa l'evocazione di Holmes, anonima la regia.

Piraña ** (*Piranha*, Usa 1978, col, 92') Joe Dante. Con Bradford Dillman, Heather Menzies, Barbara Steele, Kevin McCarthy, Keenan Wynn, Dick Miller, Paul Bartel. ◆ Un bacino è infestato da piraña carnivori frutto di un esperimento della Cia a fini bellici: le autorità minimizzano la faccenda e mandano al massacro i bagnanti. Scritta da John Sayles e prodotta da Roger Corman, una imitazione semiparodica dello *Squalo*, dove tutto è rifatto in piccolo – a cominciare dai pesci assassini. Divagazioni – si sarebbe detto allora – demenziali e, all'occorrenza, una suspense discreta: non così divertente, tuttavia, come sostengono molti fans. Con un seguito, solo nominale.

Piraña paura * (*Piranha II: The Spawning*, Usa/Italia 1981, col, 95') James Cameron. Con Tricia O'Neil, Steve Marachuk, Lance Henriksen, Ricky G. Paul. ◆ Nei mari tropicali una progenie di pesci assassini volanti (sic!) terrorizza i bagnanti. Dopo la scena erotica subacquea iniziale si può anche spegnere il televisore: nessuno avrebbe detto che l'esordiente Cameron avrebbe fatto carriera. Effetti speciali (compreso un pesce che sbuca dallo stomaco in stile *Alien*) modesti.

Pirata, Il *** (*The Pirate,* Usa 1948, col, 102') Vincente Minnelli. Con Judy Garland, Gene Kelly, Walter Slezak, Gladys Cooper, Reginald Owen, George Zucco. ◆ Il saltimbanco Serafino (Kelly) fa credere alla romantica Manuela (Garland) di essere quel pirata Macoco da cui lei sogna di essere rapita: ma il vero pirata, in realtà, è il grasso sindaco del paese (Slezak), promesso sposo della ragazza. In America, all'epoca, fu un vero disastro per Minnelli, e non vennero capiti l'ironia della messinscena e il gioco sottile tra immaginazione e realtà, verità e mascheramento. Kelly non si prende mai sul serio e trova uno dei suoi ruoli migliori. Bella la colonna sonora di Cole Porter. Tra i numeri più celebri: *Niña* e il conclusivo *Be a Clown*. Uscito in Italia solo nel 1980.

Pirata Barbanera, Il ** (*Blackbeard the Pirate*, Usa 1952, col, 99') Raoul Walsh. Con Robert Newton, Linda Darnell, William Bendix, Keith Andes, Richard Egan, Irene Ryan. ◆ Il bucaniere Barbanera (Newton) lotta col rivale Morgan per il possesso di un tesoro: ma alla fine la sua ciurma si ammutina. Newton interpreta il pirata come un «orco tonitruante», guadagnandosi le simpatie dello spettatore. Avventure dichiaratamente di cartapesta eppure molto sanguigne in un Walsh minore ma non spregevole.

Pirata dell'aria, Il *½ (*Skyjacked*, Usa 1972, col, 100') John Guillermin. Con Charlton Heston, Yvette Mimieux, James Brolin, Claude Akins, Jeanne Crain. ◆ Un aereo viene dirottato da un ufficiale psicopatico (Heston) verso la Russia dove i militari sovietici riescono a eliminarlo. La suspense si smorza presto, e il cast non riesce a tener desto l'interesse.

Pirata del re, Il *½ (*King's Pirate*, Usa 1967, col, 100') Don Weis. Con Doug McClure, Jill St. John, Guy Stockwell, Mary Ann Mobley. ◆ Nel Madagascar, un avventuriero (McClure) si mette al servizio della corona britannica per debellare i pirati. Avventure senza troppe pretese per un pubblico di ragazzi. Remake di *Contro tutte le bandiere*.

Pirata e la principessa, Il ** (*The Princess and the Pirate*, Usa 1944, col, 94') David Butler. Con Bob Hope, Virginia Mayo, Walter Brennan, Walter Slezak, Victor McLaglen. ◆ Inseguita dai pirati, una ragazza (Mayo) in possesso della mappa di un tesoro fugge assieme a un attore (Hope) sull'isola di un malvagio governatore (Slezak). Avventure semifarsesche con citazioni da Max Linder (la gag dello specchio rotto e del «doppio») rese godibili soprattutto dal cast: ottimi McLaglen e Brennan nei panni dei pirati. Piccola parte per Bing Crosby.

Pirata Nero, Il *** (*The Black Pirate*, Usa 1926, col, 88') Albert Parker. Con Douglas Fairbanks, Billie Dove, Anders Randolf, Donald Crisp, Tempe Piggott, Sam De Grasse, Charles Stevens, Charles Belcher, Fred Becker. ◆ Trasformatosi nel Pirata Nero per vendicare la morte del padre, Michael (Fairbanks) conquista la fiducia di una ciurma di pirati catturando da solo un galeone, a bordo del quale trova una principessa (Dove). Per guadagnare tempo propone di chiedere un riscatto, ma il luogotenente (De Grasse) smaschera il suo doppio gioco e lo condanna a morte facendolo camminare bendato su un'asse che sporge sul mare. Il Pirata Nero riesce però a salvarsi e con l'aiuto di una ciurma fedele catturerà i pirati e libererà la principessa rivelando di essere il duca di Arnoldo. Il più spettacolare dei film con Fairbanks, che lo stesso attore aveva sceneggiato con lo pseudonimo di Elton Thomas insieme a Jack Cunningham. Costruito con una serie di scene capaci di mettere in evidenza le doti acrobatiche del protagonista (per tutte, la conquista da solo del galeone, quando atterra sul ponte dal sartiame lacerando tutta la vela con un pugnale che gli rallenta la caduta), il film alterna momenti dichiaratamente umoristici, specie per la presenza nella ciurma di un pirata scozzese con tanto di gonnellino (Crisp), con altri più cruenti e feroci, trattati con un gusto dell'ellisse degno di un fumetto (quando un prigioniero ingoia un anello per non consegnarlo, il capo dei pirati [Randolf] lo porta fuori scena e poi rientra con l'anello in una mano e il coltello insanguinato nell'altra). Ma la grande novità del film fu quella di essere completamente filmato da Henry Sharp con il procedimento technicolor a due dominanti (qui il verde e il bruno) ottenendo effetti veramente magici, anche se obbligò la troupe a lavorare completamente in interni per controllare meglio la luce.

Pirata sono io!, Il *½ (Italia 1940, b/n, 82') Mario Mattoli. Con Erminio Macario, Dora Bini, Juan De Landa, Enzo Biliotti, Mario Siletti, Katiuscia Odinzova, Carmen Navascues. ◆ Santa Cruz, Caraibi, XVII secolo: per fare buona impressione sul viceré in visita (Siletti), il governatore (Biliotti) incarica un timido maestro di scuola, José (Macario), di organizzare un finto attacco di pirati che lui possa respingere con onore. Naturalmente arrivano i pirati veri, che saccheggiano i villaggi e rapiscono le donne: sarà José a guidare una vittoriosa spedizione contro Bieco de la Muerte, il capo dei pirati (De Landa). Fiacca parodia dei film d'avventura del periodo (scritta dal regista insieme a Vittorio Metz, Marcello Marchesi e Stefano Vanzina), con Mattoli costretto a puntare più su azioni e scenografie (riciclate) che sulla ingenua vis comica di Macario. Fotografia di Aldo Tonti, montaggio di Mario Serandrei.

Pirati ** (*Pirates*, Francia/Tunisia 1986, col, 124') Roman Polanski. Con Walter Matthau, Cris Campion, Charlotte Lewis, Damien Thomas, Richard Pearson, Olu Jacobs. ◆ Naufraghi, il pirata Capitan Red (Matthau) e il suo fedele mozzo Rana (Campion) vengono raccolti da un galeone spagnolo: Red trama per impadronirsi della nave, mentre Rana si innamora della figlia (Lewis) del governatore di Maracaibo. Tardiva rivisitazione del genere comico-avventuroso, con gli innesti di umorismo grottesco che ci si aspetta dal regista e dal cosceneggiatore Gérard Brach. Spesso brillante, a tratti fiacco e di maniera, in definitiva non indispensabile. Polanski pensava al film fin dal 1974, con Nicholson nella parte di Red e se stesso in quella di Rana. Costosissima la realizzazione (che ha comportato la costruzione di un galeone vero), finanziata dal tunisino Tarak Ben Ammar.

Pirati della Malesia, I * (Italia 1941, b/n, 90') Enrico Guazzoni. Con Massimo Girotti, Clara Calamai, Camillo Pilotto, Luigi Pavese, Sandro Ruffini, Nino Pavese, Greta Gonda, Oreste Onorato. ◆ Dopo aver liberato la bella Ada (Calamai) dalle mani dei thugs,

Tremal-Naik (Girotti) è fatto prigioniero dal feroce «rajà bianco», lord James Brooks (N. Pavese): sarà liberato da Sandokan (L. Pavese), e dai suoi Tigrotti della Malesia, con l'aiuto di Yanez (Ruffini) e di una intraprendente baronessa olandese (Gonda). La riduzione del romanzo omonimo di Emilio Salgari (firmata da Mino Doletti, Gianni Franciolini e, non accreditato, dal produttore Andrea di Robilant) permette di scoprire l'esotismo ai tempi del duce: pirati con i sandali, Yanez con la pancetta e grandi insulti agli inglesi. Dello spirito salgariano (fantastico o avventuroso che sia) nemmeno l'ombra. Recitazione da filodrammatica. Girotti-Tremal-Naik torna anche nelle *Due tigri* di Giorgio C. Simonelli.

Pirati della Malesia, I * (Italia, 1964, col, 110') Umberto Lenzi. Con Steve Reeves, Jacqueline Sassard, Mimmo Palmara, Nando Gazzolo, Andrea Bosic. ◆ Sandokan (Reeves), dopo mille peripezie, riesce a riportare sul trono di Sarawak la legittima principessa Hada (Sassard), detronizzata dagli inglesi. Una delle ultime interpretazioni di Reeves. Mezzi e costumi modesti, quasi nulla di Salgari.

Pirati dello spazio, I *½ (*Ice Pirates*, Usa 1984, col, 91') Stewart Raffill. Con Robert Urich, Mary Crosby, Michael D. Roberts, Anjelica Huston, John Carradine. ◆ In un remoto futuro, dove l'acqua è diventata un bene prezioso, un gruppo di avventurieri viaggia tra le galassie per aiutare una giovane donna alla ricerca del padre. Tardo clone di *Guerre stellari*, che cerca un tono scanzonato da film con Errol Flynn. Buono per la Tv dei ragazzi.

Piscatore 'e Pusilleco *½ (Italia 1954, b/n, 89') Giorgio Capitani. Con Giacomo Rondinella, Cristina Grado, Otello Toso, Maria Mohana, Silvia Melandri, Beniamino Maggio, Renato Navarrini, Anna Arena, Sandro Pistolini, Goffredo D'Andrea. ◆ Convinto che l'amata Maria (Grado) lo tradisca, Salvatore (Rondinella) accetta un contratto come cantante che lo porterà in giro per il mondo: la sua fama cresce, mentre la donna abbandonata finisce anche in prigione (dove partorisce) per le macchinazioni di Walter (Toso) e Red Star (Mohana), che vorrebbero spingerla a soddisfare le voglie dell'impresario Morelli (Navarrini). Melodramma con canzoni (Rondinella ne canta tredici, compresa quella del titolo e *A canzone 'e Napule* scritta da Totò), in cui l'inevitabile lieto fine arriva dopo anni di disgrazie e sofferenze per la povera protagonista. Da notare il *tópos* tutto partenopeo del riconoscimento - del padre da parte del figlioletto (Pistolini) - attraverso la bella voce (come avverrà anche in *Ascoltami* con Luciano Tajoli). Sceneggiatura di Luigi Capuano.

Piscina, La *½ (*La Piscine*, Francia 1968, col, 113') Jacques Deray. Con Alain Delon, Romy Schneider, Maurice Ronet, Jane Birkin, Paul Crauchet. ◆ L'arrivo di Harry (Ronet) con la figlia Penelope (Birkin) nella villa dove Marianne (Schneider) ospita lo scrittore fallito Jean Paul (Delon) provoca rimescolamenti di coppie e tensioni più o meno sotterranee che esplodono in un omicidio. La prima parte sembra un Losey dei poveri, ma convince sempre di più della svolta da giallo. Torbido ma non troppo.

Piscine – Incontri a Beverly Hills *½ (*Hugo Pool*, Usa 1996, col, 92') Robert Downey [sr.]. Con Alyssa Milano, Patrick Dempsey, Cathy Moriarty, Malcolm McDowell, Robert Downey jr, Sean Penn, Richard Lewis, Ann Magnuson, Alan Arkin. ◆ Con un padre drogato (McDowell) e una madre (Moriarty) con la mania delle scommesse, la pulitrice di piscine Hugo (Milano) è quasi un modello di normalità: anche se l'unica persona di cui è capace di innamorarsi è un paraplegico (Dempsey) che comunica solo con un computer. Galleria survoltata di macchiette californiane, con comprimari di lusso che sembra si divertano a fare gli scemi: ma quando il racconto prende una svolta seria, mostra la sua esilità. Scritto da Robert e Laura Downey.

Pisito, El *** (*El pisito*, Spagna 1958, b/n, 90') Marco Ferreri. Con José Luis López Vazquez, Maria Carrillo, Concha López Silva, José Cordero, Andrea Moro, Celia Conde. ◆ Fidanzato da dodici anni, il mite Rodolfo (Vazquez) non si può sposare per la carenza di alloggi e così la fidanzata Petrita (Carrillo) lo spinge a impalmare l'ottantenne Martina (Silva), padrona della pensione in cui vive, per ereditarne l'appartamento. Dopo due anni, finalmente Rodolfo consumerà nello stesso giorno il funerale di Martina e il matrimonio con Petrita. Folgorante esordio di Ferreri in Spagna con un acido apologo sul cinismo umano scritto insieme a Rafael Azcona. Lo spunto vagamente neorealista è stravolto dal regista con un umorismo nero e demistificante, capace di distruggere i valori tradizionali della piccola borghesia franchista con uno spirito ora grottesco ora atroce (lo sciancato che attraversa la strada di corsa e grida: «Salto come un grillo, meglio di chi ha due gambe»). Il titolo vuol dire «l'appartamentino». Marco Ferreri, senza barba ma già stempiato, veste i panni del padrone di casa.

Piso pisello *½ (Italia 1981, col, 103') Peter Del Monte. Con Luca Porro, Alessandro Haber, Valeria D'Obici, Piero Mazzarella, Leopoldo Trieste, Eros Pagni. ◆ Cristiano (Porro) diventa padre a tredici anni e, abbandonato dai genitori ex sessantottini (Haber e D'Obici), vaga per una Milano popolata da simpatici barboni. Favola metropolitana postzavattiniana sul mondo adulto e sulla crisi delle ideologie visti con gli occhi di un innocente («Ma papà, la contestazione generale è ormai roba da vecchi»). Lezioso e irrisolto nelle sue ambizioni. Scritto dal regista assieme a Bernardino Zapponi.

Pista degli elefanti, La *½ (*Elephant Walk*, Usa 1954, col, 103') William Dieterle. Con Elizabeth Taylor, Peter Finch, Dana Andrews, Abraham Sofaer. ◆ Un'inglese (Taylor) sposa il proprietario (Finch) di una piantagione di tè di Ceylon, ma fa i capricci: epidemie e cariche di elefanti avvicineranno i due coniugi. Farraginoso melodramma coloniale sceneggiato da John Lee Mahin con più di un'eco da *Jane Eyre* e *Rebecca la prima moglie*. La Taylor rimpiazzò Vivien Leigh, della quale è rimasto qualche fotogramma nei campi lunghi.

Pista del ragno, La *½ (*Dick Tracy – The Trail of the Spider*, Usa 1937, b/n, 62') William N. Witney, John English. Con Ralph Byrd, Lynn Roberts, Charles Middleton, Jerry Ticker, David Sharpe, Lee Ford, Michael Kent. ◆ Per incastrare definitivamente lo Zoppo, Dick Tracy si sostituisce all'incisore a cui il bandito voleva far stampare banconote false e così riesce a penetrare nel covo della banda: sta per subire la stessa operazione al cervello che aveva reso succube suo fratello Gordon, ma il provvidenziale arrivo della polizia lo salva dal peggio. Questo film raggruppa gli episodi 11, 13, 14 e 15 del serial Republic *Dick Tracy*. Nel tredicesimo episodio, un accorgimento della sceneggiatura (Tracy e i suoi si riuniscono per far il punto sui crimini dello Zoppo) permette di utilizzare, in flashback, una serie di scene girate per gli episodi precedenti (quindi già viste), e risparmiare così sulle spese di produzione.

Pista di fuoco, La *½ (*The Big Wheel*, Usa 1949, b/n, 92') Edward Ludwig. Con Mickey Rooney, Thomas Mitchell, Spring Byington, Mary Hatcher, Allen Jenkins. ◆ Un giovane (Rooney) vuole seguire le orme del padre, un pilota automobilistico morto in gara, ma al suo primo impegno causa un incidente fatale a un altro corridore. Il successo comunque arriva, in questo mediocre film di motori e buoni sentimenti.

Pistola non basta, La *½ (*Man from Del Rio*, Usa 1956, b/n, 82') Harry Horner. Con Anthony Quinn, Katy Jurado, Peter Whitney, Douglas Fowley. ◆ Un rude messicano (Quinn) sconfigge un fuorilegge che spadroneggia in una cittadina servendosi non della sua colt, ma della forza di carattere. Western di routine.

Pistola per Ringo, Una ** (Italia 1964, col, 100') Duccio Tessari. Con Montgomery Wood [Giuliano Gemma], Fernando Sancho, Hally Hammond, Nieves Navarro, Antonio Casas. ◆ Ringo (Wood), fuorilegge solitario, viene incaricato da uno sceriffo di metter fine alle imprese di alcuni spietati banditi. Il film che, con l'incasso record di due miliardi, consacrò la fama di Giuliano Gemma. Nello stesso anno di *Per un pugno di dollari*, Tessari partecipa all'inaugurazione del western all'italiana con un film molto meno originale: non rinuncia a una tenue ironia, ma non riscrive le regole del genere né inventa nuovi personaggi, puntando tutto sull'accumulo di effetti e sulla rapidità delle sequenze. Seguìto da *Il ritorno di Ringo*.

Pistola sepolta, La ** (*The Fastest Gun Alive*, Usa 1956, b/n, 92') Russell Rouse. Con Glenn Ford, Jeanne Crain, Broderick Crawford, Russ Tamblyn. ◆ Il tranquillo commerciante George Temple (Ford) è sfidato a duello da un bandito (Crawford) che lo crede un codardo. Temple, in realtà abile pistolero, lo uccide: ma per non dover più usare la pistola, decide di fingersi morto. Onesto western di serie B che ebbe un successo insperato. Ne esiste una versione colorizzata.

Pistole dei magnifici 7, Le ** (*Guns of the Magnificent Seven*, Usa 1969, col, 106') Paul Wendkos. Con George Kennedy, Monte Markham, James Withmore, Bernie Casey, Fernando Rey. ◆ Terzo capitolo della saga dei *Magnifici sette*, senza nessuno degli attori dei primi due. Questa volta si tratta di far evadere dal carcere un capo dei rivoluzionari messicani. Azione discreta per un prodotto di serie. Segue *I magnifici sette cavalcano ancora*.

Pistolere, Le * (*Les Pétroleuses*, Francia/Spagna/Italia/Gb 1971, col, 94') Christian-Jaque [Christian Maudet], Guy Casaril. Con Claudia Cardinale, Brigitte Bardot, Michael J. Pollard, Micheline Presle. ◆ Una ranchera (Cardinale) si allea con una fuorilegge (Bardot) per difendere un giacimento di petrolio. Christian-Jaque, mastodonte del cinema francese, tenta di ripetere col western ciò che Malle aveva fatto – sempre con la Bardot – in *Viva Maria*. Il risultato è stucchevole, e i tentativi di parodia non decollano mai.

Pistolero, Il **½ (*The Shootist*, Usa 1976, col, 99') Don Siegel. Con John Wayne, Lauren Bacall, Ron Howard, James Stewart, Richard Boone, Hugh O'Brian, Harry Morgan, John Carradine, Scatman Crothers, Sheree North. ◆ Carson City, 1901: l'anziano pistolero John Brooks (Wayne), che ha i giorni contati a causa del cancro, decide di regolare i conti con tre vecchi nemici. Western crepuscolare se ce n'è uno, con l'eroe che va al duello su un tram a cavalli, e un cast di vecchie glorie che non nascondono le proprie rughe (per Wayne fu anche l'ultimo film). Niente lacrime, tuttavia, o *cupio dissolvi*: la morte viene vista con stoicismo, e Siegel non disdegna un mesto sorriso. Non un granché, però, i dialoghi degli sceneggiatori Miles Hood Swarthout e Scott Hale, e banale la figura del ragazzino (Howard) orfano di padre e affascinato dalla vecchia cariatide.

Pistolero dell'Ave Maria, Il * (Italia/Spagna 1969, col, 88') Ferdinando Baldi. Con Leonard Mann, Luciana Paluzzi, Peter Martell, Alberto De Mendoza. ◆ Un ragazzo e una ragazza vogliono vendicare l'assassinio del padre. Assurdo finto western, con un intreccio da romanzo d'appendice e spunti quasi gotici. Mai visti, nel West, case coloniche toscane e cipressi di carducciana memoria.

Pistolero Jesse James, Il * (*Young Jesse James*, Usa 1960, b/n, 73') William F. Claxton. Con Ray Stricklyn, Willard Parker, Merry Anders, Robert Dix. ◆ Gli anni di apprendistato del celebre bandito (Stricklyn). Western di serie C con poco da dire su uno dei personaggi più frequentati del genere.

Pistole roventi *½ (*Gunpoint*, Usa 1966, col, 86') Earl Bellamy. Con Audie Murphy, Joan Staley, Warren Stevens, Edgard Buchanan. ◆ Uno sceriffo (Murphy) assolda una squadra di uomini pronti a tutto per sgominare i banditi che hanno rapinato un treno e rapito una ragazza. Murphy sul viale del tramonto in un western senza sorprese.

Pistole sporche *½ (*Mean Guns*, Usa 1996, col, 96') Albert Pyun. Con Christopher Lambert, Ice-T, Michael Halsey, Deborah Van Walkenburg, Tina Coté. ◆ Il boss Moon (Ice-T) riunisce in un carcere vuoto un nugolo di criminali che hanno infranto le regole e li rifornisce di armi: per i tre sopravvissuti, dieci milioni di dollari. Versione *live* di un videogame? Claustrofobia come scusa per risparmiare sul budget? Qualche trovata in questo thriller truce per l'home video c'è (per esempio nell'uso delle musiche): ma non è neanche il caso di sopravvalutarlo. Scritto da Andrew Witham.

Pittore maledetto, Il → *Caravaggio*

Più bel casino del Texas, Il *½ (*The Best Little*

Whorehouse in Texas, Usa 1982, col, 114') Colin Higgins. Con Burt Reynolds, Dolly Parton, Dom DeLuise, Charles Durning. ◆ L'opinione pubblica preme perché lo sceriffo (Reynolds) chiuda «Il ranch delle pollastrelle», una rinomata casa di piacere gestita dalla sua amante (Parton) e frequentata anche dal governatore (Durning). Da un musical di Broadway, una commedia presto stucchevole e adatta solo a palati yankee.

Più bella avventura di Lassie, La * (*The Magic of Lassie*, Usa 1978, col, 100') Don Chaffey. Con James Stewart, Mickey Rooney, Alice Faye, Stephanie Zimbalist, Pernell Roberts, Michael Sharrett. ◆ Due fratelli (Zimbalist e Sharrett), affezionatissimi al loro cane Lassie, se lo vedono sottrarre da un tale (Roberts) che dimostra di esserne il proprietario. L'intera famiglia sprofonda nella malinconia, ma proprio durante la festa del Ringraziamento, Lassie ritorna. Sciapo remake di *Torna a casa, Lassie* – appena visibile per Stewart nei panni del nonno. Le musiche sono di Pat Boone.

Più bella coppia del mondo, La * (Italia 1968, col, 85') Camillo Mastrocinque. Con Walter Chiari, Paola Quattrini, Aldo Giuffré, Francesco Mulé, Elio Pandolfi, Gianni Agus. ◆ Durante un'edizione del Cantagiro, due presentatori (Chiari e Quattrini), creduti marito e moglie, alimentano l'equivoco. Misera commedia degli equivoci, pretesto per le apparizioni – tra i tanti – di Adriano Celentano, Patty Pravo, Bobby Solo, Rita Pavone, Massimo Ranieri, i Nomadi, i Primitives, i Camaleonti, i Giganti.

Più bella del reame, La * (Italia 1989, col, 95') Cesare Ferrario. Con Carol Alt, John Finch, Mirella Banti, Sergio Vastano, Nina Soldano. ◆ La vita, le feste, i viaggi, le storie di sesso di Marina (Alt) tra noia, vanità e finta voglia di cambiare. Dal secondo libro di Marina Ripa di Meana, il seguito di *I miei primi quarant'anni*. La stupidità di questa sfilata di lingerie e di cartoline turistiche è tale che non vale neanche la pena di indignarsi.

Più bella serata della mia vita, La *½ (Italia 1972, col, 108') Ettore Scola. Con Alberto Sordi, Michel Simon, Charles Vanel, Claude Dauphin, Pierre Brasseur, Janet Agren. ◆ Un uomo senza scrupoli (Sordi), in Svizzera per depositare illegalmente dei fondi, arriva in una lussuosa dimora, dove, in seguito a un processo sommario, viene condannato a morte da quattro vecchietti (Simon, Vanel, Dauphin e Brasseur). Il mattino dopo, tutto sembra solo uno scherzo: ma il destino è in agguato. Scola (con il cosceneggiatore Sergio Amidei) tradisce il senso del racconto *La Panne* di Friedrich Dürrenmatt, dove il protagonista, convinto della propria colpevolezza, si suicidava. Sordi alza le ambizioni, ma il cliché è sempre quello. Mal utilizzati (e doppiati) i grandi vecchi del cinema francese.

Più bella storia di Dickens, La *½ (*Scrooge*, Gb 1970, col, 118') Ronald Neame. Con Albert Finney, Alec Guinness, Edith Evans, Kenneth More, Lawrence Naismith. ◆ Il vecchio Scrooge (Finney) non si commuove per la povertà e l'infelicità del mondo neanche sotto le feste di Natale: si pentirà dopo la visita di tre fantasmi. Dal *Cantico di Natale* di Charles Dickens, un musical ben interpretato ma assai lontano dai gusti odierni.

Più belle truffe del mondo, Le ** (*Les Plus belles escroqueries du monde*, Francia/Italia/Giappone/Olanda 1963, b/n, 90') Hiromichio Horikawa, Roman Polanski, Claude Chabrol, Ugo Gregoretti. ◆ Film a episodi. In *La dentiera* (Hiromichio Horikawa. Con Mie Tama, Ken Mitsuda) una domestica uccide l'anziano datore di lavoro per prendergli la dentiera di platino, ma scopre che la protesi non ha valore; in *La collana di diamanti* (Roman Polanski. Con Nicola Karen, Jan Teulings) una ladra d'alta classe inganna un famoso psichiatra e un ricco gioielliere; in *L'uomo che vendette la Torre Eiffel* (Claude Chabrol. Con Francis Blanche, Jean-Pierre Cassel, Catherine Deneuve) un truffatore inganna un ricco e ingenuo turista; in *Il foglio di via* (Ugo Gregoretti. Con Gabriella Giorgelli, Beppe Mannaiuolo) una prostituta, per regolare la sua posizione sociale, sposa un vecchietto, che però pretende i diritti coniugali. Sketch poco divertenti, sui quali si solleva quello di Polanski (il suo primo film non polacco, e la sua prima collaborazione con lo sceneggiatore Gérard Brach), svagato e funambolico. Un quinto episodio di Jean-Luc Godard (*Il poeta falsario*, con Jean Seberg e Laszlo Szabo), fu tagliato al montaggio.

Più bello di così si muore *½ (Italia 1982, col, 103') Pasquale Festa Campanile. Con Enrico Montesano, Vittorio Caprioli, Monica Guerritore, Paola Borboni, Ida Di Benedetto. ◆ Spartaco Meniconi (Montesano) si riduce per disperazione a battere il marciapiede en travesti. Il suo primo cliente (Caprioli) si innamora di lui; scoperta la verità, rimpiazza Spartaco con sua moglie (Guerritore). Dal romanzo di Amurri, una prevedibile – e non troppo divertente – commedia degli equivoci.

Più bel sogno, Il *** (*Le Bonheur*, Francia 1935, b/n, 100') Marcel L'Herbier. Con Gaby Morlay, Charles Boyer, Paulette Dubost, Michel Simon, Claude Roussel. ◆ Un caricaturista anarchico (Boyer) attenta per protesta alla vita di una star del cinema (Morlay). Durante il processo, la donna chiede clemenza e quando si rivedono dopo che lui ha passato qualche mese in galera, capiscono di essere innamorati; ma poi l'uomo assisterà in incognito alle riprese dell'ultimo film dell'attrice, basato sulla loro vicenda, e deciderà di abbandonarla. Una trama stravagante, liberamente ispirata a una pièce di Henry Bernstein, che rinnova – sconvolgendoli – gli stereotipi dell'intrigo sentimentale borghese e spinge il «classico» L'Herbier a una messinscena dinamica, avventurosa, quasi barocca. In effetti, *Il più bel sogno* è un melodramma delirante ed esaltato che sovverte i canoni abituali di tutti coloro che sono coinvolti (anche Boyer si ritrova a interpretare un personaggio fiammeggiante di solito affidato ad altri; nella versione teatrale c'era Jean-Louis Barrault) e prende le distanze da tutti i mélo alla francese dell'epoca perdendo qualsiasi connotazione poetica nazionale per diventare un melodramma senza confini.

Più comico spettacolo del mondo, Il ** (Italia

1953, col, 70') Mario Mattoli. Con Totò [Antonio de Curtis], May Britt, Franca Faldini, Tania Weber, Enzo Garinei, Mario Castellani, Gianni Agus. ◆ Il clown Tottons (Totò), attrazione principale del circo, nasconde un segreto e per questo non si toglie mai il trucco: per allontanare i sospetti sarà costretto a sostituire il domatore e a entrare nella gabbia dei leoni. Parodia del *Più grande spettacolo del mondo* di DeMille realizzata in 3D (il che spiega i numerosi lanci di oggetti verso il pubblico, elementare accorgimento per dimostrare le possibilità delle riprese tridimensionali). La trama si riduce a una serie di numeri tratti dalle riviste di Totò: il migliore, oltre a quello del domatore e quello del manichino, è il coiffeur pour dames durante il quale Totò travestito da donna massaggia una procace biondona. Nel pubblico si riconoscono Aldo Fabrizi, Silvana Mangano, Peppino De Filippo, Carlo Campanini, Carlo Croccolo e Anthony Quinn. Totò interpreta anche il ruolo della sua mamma.

Più felice dei miliardari, Il * (*The Happiest Millionaire*, Usa 1967, col, 118') Norman Tokar. Con Fred MacMurray, Tommy Steele, Greer Garson, Geraldine Page, Lesley Ann Warren. ◆ Il magnate Drexel Biddle (MacMurray) usa i soldi per procurare la felicità al suo prossimo, animali compresi. Fu l'ultimo film della Disney a essere supervisionato direttamente dal fondatore. In origine durava 164'; tediosi i numeri musicali. Tratto dalla biografia dell'eccentrico miliardario Biddle, scritta dalla figlia che, nel film, è interpretata dalla Warren.

Più forte dell'amore *½ (*The Blue Veil*, Usa 1951, b/n, 113') Curtis Bernhardt. Con Jane Wyman, Charles Laughton, Joan Blondell, Agnes Moorehead, Everett Sloane, Cyril Cusack. ◆ Luisa Mason (Wyman), dopo aver perduto l'unico figlio, si dedica ad allevare orfani: vecchia e sola, verrà salvata da uno dei suoi pupilli di un tempo. Lacrime a buon mercato; sprecato l'ottimo cast di contorno. Remake del *Velo azzurro* (1942) di Jean Stelli con Gaby Morlay.

Più forte dell'odio *½ (*Montana*, Usa 1950, col, 76') Ray Enright. Con Errol Flynn, Alexis Smith, S.Z. Sakall, Monte Blue. ◆ Il pecoraio Morgan Lane (Flynn) sfida il veto dei mandriani del Montana a far pascolare greggi sui loro terreni. Naturalmente conquisterà la figlia (Smith) del re dei vaccari. Western in technicolor della Warner, con bei paesaggi e poche sorprese. Film minore di Flynn.

...più forte ragazzi! *½ (Italia 1972, col, 101') Giuseppe Colizzi. Con Bud Spencer [Carlo Pedersoli], Terence Hill [Mario Girotti], Cyril Cusack, Ferdinando Murolo. ◆ Due amici (Spencer e Hill), che per lavoro conducono aerei da turismo sulla foresta amazzonica, vanificano a suon di botte i disegni di un gruppo di speculatori. Cambiano gli scenari, ma la formula è sempre la stessa.

Più gran bene del mondo, Il ** (*We Think the World of You*, Gb 1989, col, 101') Colin Gregg. Con Alan Bates, Gary Oldman, Max Wall, Liz Smith, Frances Barber. ◆ Nell'Inghilterra puritana degli anni Cinquanta un maturo omosessuale (Bates) che ama un giovane sposato (Oldman) finisce con l'affezionarsi, in mancanza di meglio, alla sua cagna. Dal romanzo di J.R. Ackerley, sceneggiato da Hugh Stoddart, una commedia dolceamara e in sordina sull'amore incorrisposto. Nessuna volontà di scandalo e una certa leziosità di fondo.

Più grande amatore del mondo, Il *½ (*The World's Greatest Lover*, Usa 1977, col, 89') Gene Wilder. Con Gene Wilder, Carol Kane, Dom DeLuise, Fritz Feld. ◆ Hollywood, anni Venti: Rudy Valentine (Wilder) sogna di diventare il nuovo Figlio dello sceicco, ma è simile alla celebre star solo nel nome, tanto che la moglie lo tradisce con il vero Rudy. Parodia diseguale che non mette a segno tutte le gag, e che trova fonte di ispirazione addirittura nello *Sceicco bianco* di Fellini.

Più grande amore, Il → *Suor Letizia*

Più grande avventura, La ***½ (*Drums Along the Mohawks*, Usa 1939, col, 103') John Ford. Con Claudette Colbert, Henry Fonda, Edna May Oliver, Eddie Collins, John Carradine, Dorris Bowden, Ward Bond, Francis Ford. ◆ Frontiera americana, 1776: due coloni appena sposati, Gil e Lana (Fonda e Colbert), devono affrontare le tragedie della vita – perdono il primo figlio durante un attacco indiano che distruggerà ogni loro bene – e contemporaneamente i rovesci della guerra contro gli inglesi: conosceranno gli orrori delle battaglie, ma vedranno realizzarsi i loro sogni e la gioia di un nuovo figlio li aiuterà a superare le difficoltà. Primo film a colori di Ford e uno dei più belli sulla guerra d'indipendenza americana (si chiude con l'immagine della nuova bandiera nazionale che sventola sul forte liberato dall'assedio degli indiani alleati degli inglesi), è anche uno dei più «plastici» di tutta la carriera del regista, quello in cui il respiro epico di temi come la lotta per l'indipendenza e la conquista delle terre vergini si fondono perfettamente con la dimensione familiare e intimista da cui è vista la Storia. Sceneggiato da Lamar Trotti e Sonya Levien (da un romanzo di Walter D. Edmonds), il film alterna magistralmente i momenti tragici e quelli più felici, la storia di un Paese e quella di alcuni suoi individui, «permettendo a Ford di effettuare una sintesi perfetta tra l'emozione estetica e l'emozione umana, tra ciò che è storico e ciò che è atemporale». La scena in cui Claudette Colbert sale su una collina per veder partire il marito in guerra e quella successiva in cui, con una lanterna, lo cerca tra i reduci che tornano feriti nella notte, sono un esempio perfetto di come Ford sa fondere le ragioni dello stile e quelle dell'emozione.

Più grande colpo del secolo, Il ** (*Le Soleis des voyous*, Francia/Italia 1966, col, 98') Jean Delannoy. Con Jean Gabin, Robert Stack, Margaret Lee, Jean Topart. ◆ Un vecchio gangster (Gabin) non riesce a staccarsi dal giro: organizza una difficile ma fortunata rapina, ma viene tradito dai complici. Routine per un regista e un attore che ormai vivevano di rendita.

Più grande corrida, La ** (*The Brave One*, Usa 1956, col, 100') Irving Rapper. Con Michel Ray, Rodolfo Hoyos, Fermin Rivera, Elsa Cardenas, Joi Lansing. ◆ Messico: Leonardo (Ray) si affeziona a un torello destinato alla corrida e tanto fa che riesce a salvarlo quando è già nell'arena. Il cinema di poesia secondo la Hollywood dell'epoca, che oggi rischia di sembrare manierato: ma almeno Rapper mostra sincera simpatia per il mondo che descrive. Bella fotografia di Jack Cardiff. Oscar alla sceneggiatura che Dalton Trumbo, allora nella lista nera, firmò con lo pseudonimo di Robert Rich.

Più grande spettacolo del mondo, Il **½ (*The Greatest Show on Earth*, Usa 1952, col, 153') Cecil B. DeMille. Con Charlton Heston, Betty Hutton, James Stewart, Gloria Grahame, Cornel Wilde, Dorothy Lamour, Lyle Bettger, Lawrence Tierney. ◆ Brad (Heston), impresario di un circo, è indeciso tra una trapezista (Hutton) e una domatrice d'elefanti (Grahame). Ma l'impresario (Bettger) di quest'ultima rischia di trascinare tutti nei guai se il clown Buttons (Stewart), ex medico ricercato per eutanasia, non si sacrificasse consegnandosi alla polizia. La retorica dello spettacolo che deve continuare a tutti i costi e quella dei drammi nascosti sotto il sorriso da sfoderare al pubblico: DeMille non conosce le mezze misure, ma è innegabilmente abile nello sfruttare i luoghi comuni del folclore circense e nel fare spettacolo. Bing Crosby e Bob Hope sono due spettatori. Due Oscar: miglior film e soggetto (Frederic M. Frank, Theodore St. John, Frank Cavett).

Più grande storia mai raccontata, La ° (*The Greatest Story Ever Told*, Usa 1965, col, 141') George Stevens. Con Max von Sydow, Charlton Heston, Carroll Baker, Dorothy McGuire, Sidney Poitier, Shelley Winters, José Ferrer, Van Heflin, Claude Rains, Donald Pleasence, John Wayne, Telly Savalas. ◆ Vita, passione e miracoli di Nostro Signore (von Sydow), in un racconto sostanzialmente fedele ai Vangeli. Stevens si produsse il film da solo e andò a girarlo nell'Utah, che secondo lui assomigliava alla Palestina più della Palestina (anche Pasolini, del resto, dirà lo stesso del Sud d'Italia). Impietosi, all'epoca, i giudizi della critica americana: il film di Stevens, di fatto, è imbalsamato ma non mistico, e non evita le immagini da cartolina e i santini. Tra i più brutti film sull'argomento mai girati, in buona compagnia con l'altrettanto oleografico *Gesù* di Zeffirelli e l'altrettanto cinereo *Messia* di Rossellini. John Wayne è un centurione romano che assiste alla crocifissione. La versione originale durava 260', ridotti in un primo tempo a 191'.

Piume di cavallo → *Horse Feathers*

Piume di struzzo **½ (*The Birdcage*, Usa 1996, col, 119') Mike Nichols. Con Robin Williams, Gene Hackman, Nathan Lane, Dianne Wiest, Dan Futterman, Calista Flockhart, Hank Azaria, Christine Baranski, Tom McGowan. ◆ Per evitare problemi con il futuro suocero (Hackman), un senatore ultrareazionario, Val (Futterman) chiede al padre omossessuale (Williams) di nascondere le sue tendenze, ma così scatenerà la crisi di Albert (Lane), l'uomo che vive con lui da vent'anni. Rifacendo *Il vizietto*, Nichols (che ha affidato la riscrittura alla sua ex moglie Elaine May) rimane fedele alla trama ma ribalta l'economia comica del testo, trasformando Hackman nel vero perno comico del film. Naturalmente ci sono tutti i prevedibili repertori a base di mossette e gridolini legati all'argomento (piuttosto stereotipati nei pur bravi Williams e Lane, assolutamente esilaranti con il cameriere Agador/Spartacus [Azaria]), ma la cattiveria con cui sono descritti il senatore e sua moglie (Wiest) e l'acida ironia con cui viene messo alla berlina il mondo politico americano, schiavo dei massmedia e delle proprie ossessioni, rivelano il tocco di un maestro della commedia.

Più micidiale del maschio * (*Deadlier Than the Male*, Gb 1967, col, 101') Ralph Thomas. Con Richard Johnson, Elke Sommer, Sylva Koscina, Nigel Green, Suzanna Leigh. ◆ Bulldog (Johnson) deve risolvere il mistero in cui sono coinvolte due graziose ragazze (Sommer e Koscina). Fallimentare tentativo di rispolverare il personaggio del colonnello inglese Hugh «Bulldog» Drummond in funzione anti James Bond subito bocciata dal pubblico. La storia continua, ahinoi, in *Alcune ragazze lo fanno*.

Più tardi al buio ** (*After Dark, My Sweet*, Usa 1990, col, 114') James Foley. Con Jason Patric, Rachel Ward, Bruce Dern, George Dickerson, Rocky Giordani. ◆ Un pugile suonato (Patric) viene coinvolto da una bella alcolizzata (Ward) e dal suo ambiguo zio (Dern) nel rapimento di un ricco ragazzino: di fronte all'eventualità di eliminare il pargolo, il trio si spezza. Mai visti dei perdenti così scalcinati, anche se l'ispiratore è l'omonimo romanzo di Jim Thompson. Foley sa dirigere gli attori, ma a furia di dipingere un clima di disfacimento rischia di annacquare la suspense. Nell'ultima mezz'ora, tuttavia, il film si sveglia, e regala una torrida sequenza erotica tutt'altro che banale e gratuita.

Più vivo che morto ** (*Living It Up*, Usa 1954, col, 95') Norman Taurog. Con Dean Martin, Jerry Lewis, Janet Leigh, Edward Arnold, Sheree North. ◆ Creduto vittima di radiazioni, Homer (Lewis) è confortato da una giornalista (Leigh), che costruisce un lacrimevole caso sulle pagine dei quotidiani. Ma il dottore (Martin) si è sbagliato, e Homer, per salvare la credibilità della giornalista, deve simulare un suicidio. Remake di *Nulla di serio* del 1937, dove al posto di Lewis c'era Carole Lombard. Spunti di satira e qualche sequenza memorabile (quella nello Yankee Stadium); inutili, invece, i risvolti patetici.

Pixote, la legge del più debole **½ (*Pixote, a lei do mais fraco*, Brasile 1982, col, 125') Hector Babenco. Con Fernando Ramos Silva, Marilia Pera, Jorge Juliano, Gilberto Moura. ◆ Pixote (Silva), dieci anni, evade dal riformatorio dove ha imparato a conoscere la legge della giungla, e diventa il capo di una gang di coetanei dediti alla rapina, allo sfruttamento della prostituzione e – se necessario – all'omicidio. Sociologia granguignolesca con qualche sospetto di compiacimento: Babenco (futuro autore del *Bacio della donna ragno*) avverte accorato che 13 milioni di giovani brasiliani sono nelle medesime condizioni di Pixote, ma non risparmia nulla in materia di droga e omosessualità. L'efficacia del racconto, tuttavia, è innegabile, e il ritmo degli eventi è martellante. Il piccolo protagonista, preso dalla strada, vi è morto pochi anni dopo.

Pizza Connection ** (Italia 1985, col, 116') Damiano Damiani. Con Michele Placido, Mark Chase, Simona Cavallari, Massimo De Francovich, Ida Di Benedetto. ◆ Mario (Placido), un pizzaiolo di New York al soldo della mafia, torna in Sicilia per eliminare un procuratore scomodo, e coinvolge il fratello Michele (Chase), ingenuo e onesto, che, innamorato di una prostituta, gli chiede aiuto per liberarla. Giallo all'americana, melodramma, denuncia civile: Damiani conosce bene la formula, ma si respira aria di televisione, e le sorprese non sono molte.

Pizzicata **½ (Italia/Germania 1995, col, 101') Edoardo Winspeare. Con Cosimo Cinieri, Chiara Torelli, Fabio Frascaro, Anna Dimitri, Ines D'Ambrosio, Paolo Massafra, Lamberto Probo. ◆ Puglia 1943: salvatosi col paracadute, il soldato italoamericano Tony Morciano (Frascaro) è accolto dalla famiglia di Carmine Pantaleo (Cinieri), che lo fa passare per un cugino in licenza; ma l'amore che suscita nella giovane Cosima (Torelli) scatenerà la violenta gelosia di Pasquale (Massafra), figlio del possidente locale. Interessante opera prima apprezzata (e vista) più all'estero che in Italia, capace di adattare un originale sguardo antropologico sulle radici contadine del Salento a una struttura melodrammatica che descrive l'impossibile incontro tra la modernizzazione portata dalla Storia (il soldato figlio di immigrati che torna nella sua terra scontrandosi con pregiudizi inestirpabili) e le radici classiste di una miseria atavica. Le origini documentaristiche del regista si notano nell'accurata ricostruzione del ballo della «pizzicata» come rito sociale e nelle cerimonie delle «tarantate», le donne punte dalla tarantola.

Pizzico di follia, Un ** (*Knock on Wood*, Usa 1954, col, 103') Norman Panama, Melvin Frank. Con Danny Kaye, Mai Zetterling, David Burns, Leon Askin. ◆ Un ventriloquo (Kaye), che non sa che i suoi pupazzi vengono usati per nascondere microfilm, viene coinvolto in un intrigo spionistico. Routine per Kaye, orchestrata con un certo brio.

Pizzico di fortuna, Un *½ (*Lucky Me*, Usa 1954, col, 100') Jack Donohue. Con Doris Day, Robert Cummings, Phil Silvers, Eddie Foy, Martha Hyer. ◆ In Florida una ballerina di fila (Day) in cerca disperata di lavoro trova l'amore e riesce a mettere in piedi una rivista. Musical mediocre con la novità, allora, dello schermo panoramico. Debutto di Angie Dickinson.

Place Vendôme ** (*Place Vendôme*, Francia 1998, col, 117') Nicole Garcia. Con Catherine Deneuve, Emmanuelle Seigner, Jean-Pierre Bacri, Jacques Dutronc, Bernard Fresson, François Berléand, Philippe Clévenot, Dragan Nikolic. ◆ Rimasta vedova, Marianne (Deneuve) scopre gli altarini del marito mercante di gioielli (Fresson), e per salvare dalla bancarotta il negozio di place Vendôme decide di seguirne l'esempio, ritrovando sulla sua strada l'ex amante Battistelli (Dutronc): avrà il riscatto che merita. Noir a forte centralità femminile (scritto dalla regista con Jacques Fieschi), ambientato in un universo inedito come quello dei grandi trafficanti e commercianti di gioielli. Ma il tema della verifica delle proprie capacità in un mondo ostile, e per di più da parte di una donna, rimane allo stato di intenzione, e anche il coraggio della Deneuve nel farsi vedere invecchiata viene malamente sprecato: non è detto che la lentezza e la cupezza siano segno di distinzione registica.

Planet of Love – Galassie in collisione ** (*Galaxies Are Colliding*, ritotolato *Planet of Love*, Usa 1992, col, 97') John Ryman. Con Dwier Brown, Susan Walters, Karen Medak, Kelsey Grammer. ◆ Preoccupato delle sorti del pianeta, Adam (Brown) trascura la fidanzata, e parte per il deserto del Mojave. Creduto morto, vaga conoscendo il lato bizzarro dell'esistenza, e incontra una ragazza dell'Europa orientale senza fissa dimora (Medak) che gli fa tornare la voglia di vivere. Patemi dei *thirtysomething* in salsa post-Woody Allen con un pizzico di Lynch. Tipica opera prima, presa dall'ansia di dire tutto e di sembrare anche carina: a volte ci riesce, a volte no.

Plan 9 from Outer Space *½ (*Plan 9 from Outer Space*, Usa 1959, b/n, 79') Edward D. Wood jr. Con Gregory Walcott, John Breckindridge, Tor Johnson, Vampira [Maila Nurmi], Criswell, Bela Lugosi, Mona McKinnon. ◆ Preoccupati dei progressi degli armamenti nucleari, che potrebbero distruggere l'universo, gli alieni decidono di fermare i terrestri facendo risorgere i morti. Il pilota Jeff Trent (Walcott) li fermerà: ma avrà imparato la lezione? Il film più noto di Wood ha la fama (immeritata: altri hanno fatto ben di peggio) di essere il più brutto della storia del cinema; negli Usa è stato oggetto di culto molto prima che Tim Burton dedicasse un biopic al suo autore, dove racconta tutti gli aneddoti sulla lavorazione (Lugosi, morto anzitempo, venne sostituito da un improbabile «sosia» che si tiene il volto coperto). Del film in sé restano memorabili le interpretazioni dilettantesche di un gruppo di freaks scelti accuratamente (il lottatore Johnson, la presentatrice televisiva Vampira, il futurologo Criswell che recita prologo ed epilogo), le incredibili scenografie (un'astronave con tendine al posto delle porte), le incongruenze del racconto. Il pasticcio sarebbe quasi divertente (a cominciare dall'originale commistione di fantascienza e horror), se non andasse per le lunghe e non tentasse di elevarsi con un risibile messaggio pacifista.

Platoon **½ (*Platoon*, Usa 1986, col, 120') Oliver Stone. Con Charlie Sheen, Willem Dafoe, Tom Berenger, Forrest Whitaker, Francesco Quinn, Kevin Dillon, Johnny Depp, Richard Edson, Keith David, Corey Glover. ◆ Partito volontario, il soldatino Chris (Sheen) conosce gli orrori del Vietnam: la paura, la violenza contro i civili, la follia che serpeggia tra i graduati. A un sergente umano e spinellato (Dafoe) se ne contrappone uno pazzo e sanguinario (Berenger): alla fine Chris, compiendo la sua maturazione, farà giustizia. Ispirato alle esperienze sul campo del regista (che firma anche la sceneggiatura), il film che ha fatto interrogare l'America sulla sporca guerra, aprendo la strada a un'infinità di epigoni. Non particolarmente originale né nella forma né nei contenuti, ma girato con una veemenza sufficiente a farlo sembrare un pugno nello stomaco. Ha reso Stone una star, ma è lungi da essere la sua opera migliore. Quattro Oscar: miglior film, regia, montaggio (Claire Simpson) e suono (John Wilkinson, Richard Rogers). Stone è l'ufficiale al telefono nel bunker colpito da una bomba.

Playboy in prova * (*Can't Buy Me Love*, Usa 1987, col, 94') Steve Rash. Con Patrick Dempsey, Amanda Peterson, Courtney Gains, Tina Caspary. ◆ Uno studente imbranato di Tucson (Dempsey) offre mille dollari guadagnati col sudore della fronte a una ragazza più grande (Peterson), perché faccia finta di essere la sua fidanzata. Un messaggio di un conformismo terrificante in una commedia per teen-ager prodotta dalla Touchstone.

Playboys *½ (*The Playboys*, Gb 1992, col, 109') Gillies MacKinnon. Con Robin Wright, Aidan Quinn, Albert Finney, Milo O'Shea, Niamh Cusack. ◆ Irlanda, 1957: la single Tara Maguire (Wright) è la pecora nera del paese, perché ha un figlio ma non un marito, e non vuole rivelare chi sia il padre. Chi avrà la meglio tra i due corteggiatori, il giovane attore girovago (Quinn) o il poliziotto anziano e un po' losco (Finney)? La sceneggiatura di Shane Connaughton (*Il mio piede sinistro*) sfiora melodramma e farsa senza sapersi decidere, e la regia di McKinnon non va al di là del bozzetto.

Players Club, The *½ (*The Players Club*, Usa 1997, col, 102') Ice Cube. Con Lisa Raye, Chrystale Wilson, Monica Calhoun, Adele Givens, Ice Cube. ◆ Spogliarellista di notte (ma, sia chiaro, niente droga, lesbismo e prostituzione), studentessa di giorno: così Diana (Lisa Raye) sopravvive e si riscatta. Uno *Showgirls* dei poveri in versione nera, con correttezza politica di fondo: il rapper Ice Cube esordisce come regista e sceneggiatore, con qualche graffiata di humour (il poliziotto bianco costretto a gridare «Sono nero e sono fiero» [I'm black and I'm proud] mentre viene preso a staffilate sulle chiappe), ma il tutto è fin troppo prevedibile.

Play Time – Tempo di divertimento ** (*Playtime*, Francia 1967, col, 108') Jacques Tati. Con Jacques Tati, Barbara Dennek, Jacqueline Lecomte, Reinhard Kolldehoff. ◆ In una Parigi ultramoderna, un gruppo di turisti americani si incrocia con monsieur Hulot (Tati), impegnato nella vana ricerca di un impiegato in un ufficio labirintico. Nove anni dopo *Mio zio*, Tati riprende la polemica contro la civiltà contemporanea disumanizzante, portando all'estremo il suo stile particolare e sottotono. Gag solo accennate, personaggi evanescenti che si perdono nel campo lungo, prevalere del suono sulla parola: Truffaut parlò di «un film che viene da un altro pianeta... l'Europa del 1968 filmata da un Lumière marziano». Al passivo rimane la genericità bonaria della satira e la facilità di certe allegorie (la turista sensibile che fotografa la fioraia in mezzo ai palazzoni di vetrocemento): ma soprattutto lo squilibrio tra le varie parti e la fragilità della sceneggiatura. Impossibile, comunque, apprezzarlo sul piccolo schermo. Tati volle costruire un'autentica città del futuro, Tativille, da trasformare in seguito in un centro (mai realizzato) di produzione cinematografica. Altissimi i costi (tra l'altro il regista volle girare in 70mm con un sonoro multipiste), scarsi gli incassi. La versione originale di 152', dopo le avvisaglie del fiasco, venne ridotta da Tati a 137'. Quella italiana è ancora più breve di quella destinata all'estero, che dura 114'.

Pleasantville **½ (*Pleasantville*, Usa 1998, b/n e col, 123') Gary Ross. Con Tobey Maguire, Reese Whiterspoon, Jeff Daniels, Joan Allen, William H. Macy, J.T. Walsh, Don Knotts, Marley Shelton, Jane Kaczmarek, Natalie Ramsey, Kevin Connors, Pal Walker. ◆ Per colpa di uno strano tecnico tv, David (Maguire) si ritrova nella sua sit-com preferita, a Pleasantville, insieme alla recalcitrante sorella Jennifer (Witherspoon). Nel fittizio mondo in bianco e nero degli anni Cinquanta, i due ragazzi sconvolgeranno l'ordine asettico della serie azionando il meccanismo del desiderio: le passioni reali irrompono nella fiction, e l'avvenuta «contaminazione» si manifesta attraverso la progressiva comparsa del colore. Ambizioso debutto alla regia di uno sceneggiatore, che aggiorna un'idea non proprio originale in modo intelligente e quasi provocatorio, costruendo una parabola sulla televisione lontana tanto dalla nostalgia quanto dalla demonizzazione e sfruttando alla perfezione le risorse degli effetti speciali. Peccato che il ritmo non si mantenga costante per tutto il film, che nel finale scade in un didascalismo inutile e perfino irritante. Colonna sonora di Randy Newman. Coprodotto da Steven Soderbergh.

Plenty ** (*Plenty*, Usa 1985, col, 124') Fred Schepisi. Con Meryl Streep, Charles Dance, Sam Neill, Tracey Ullman, Sting [Gordon Matthew Sumner], John Gielgud. ◆ Dopo aver fatto la staffetta per la Resistenza in Francia, Susan (Streep) non accetta la mediocrità della vita borghese, manda in crisi il proprio matrimonio e finisce per rifugiarsi nella follia. Dalla pièce di David Hare – Pinter in sedicesimo degli anni Ottanta – la solita denuncia dell'ipocrisia britannica filtrata da un personaggio controverso, con cui non sempre è facile simpatizzare. Regia professionale e anonima, interpretazioni di classe.

Plumbum – Un gioco pericoloso **½ (*Plj umbum, ili opasnaja igra*, Urss 1986, col, 96') Vadim Jasupovic Abdrašitov. Con Anton Androsov, Elena Dmitrieva, Elena Yakovleva, Alexander Pasutin. ◆ Un quindicenne (Androsov) introverso, assoldato in una squadra di vigilanti, si accanisce contro delinquenti e vagabondi, arrivando ad arrestare e interrogare il padre (Pasutin), pescatore di frodo. La parabola di un piccolo mostro prodotto dalla società sovietica preglasnost, girata con uno stile volutamente dimesso e spesso efficace. Lo spaccato di degradazione non sempre evita – come nei film russi successivi – la maniera e il sensazionalismo.

Plunkett & McLeane **½ (*Plunkett & McLeane*, Gb 1999, col, 100') Jake Scott. Con Robert Carlyle, Johnny Lee Miller, Liv Tyler, Alan Cumming, Michael Gambon. ◆ Nella Londra di metà Settecento, il capitano MacLeane (Miller) e il rude Plunkett (Carlyle) stringono un sodalizio d'affari: il primo, introdotto nell'alta società, procura i ricchi da spolpare, il secondo passa all'azione; ma quando il capitano si innamora della figlia (Tyler) del ministro della Giustizia (Gambon), il rischio dell'impiccagione si avvicina. Un'ironica commedia gotica (scritta da Robert Wade, Neal Purvis e Charles McKeown, prodotta da Gary Oldman e diretta dal figlio di Ridley Scott), dal ritmo spavaldo e – per contrasto col secolo dei Lumi – quasi completamente avvolta nell'oscurità, che pare l'aggiornamento in stile *Butch Cassidy* dei mélo Gainsborough: avventure picaresche e spirito anti-istituzionale, con una perfetta coppia di gaglioffi ribelli.

Pocahontas ** (*Pocahontas*, Usa 1995, col, 88') Mike Gabriel, Eric Goldberg. ◆ Nel 1607, sulle coste della Virginia, i coloni inglesi incontrano la tribù degli Algonquin del grande capo Powhatan. Così nasce l'amore tra il capitano John Smith e la figlia del capo, Pocahontas (che vuol dire «piccola birichina»), ma poi una serie di equivoci e l'avidità del comandante Ratcliffe scatenano la guerra: sarà Pocahontas a evitarla, offrendo la sua vita in cambio di quella dell'amato John Smith. La Disney, per il suo trentatreesimo lungometraggio d'animazione, ha scelto una storia vera trasformata in un musical, puntando verso un pubblico più adulto, con un occhio al tema antropologico, alle minoranze, alle diversità razziali, con un disegno più sintetico e molto aiutato dall'elettronica e toni sessuali più marcati. In compenso ci sono meno animaletti per i bambini (un bulldog inglese che sente il richiamo della foresta, il colibrì Flit, il procione Meekko), più melodramma, un lieto fine non obbligatorio, voci celebri al doppiaggio (John Smith in originale ha quella di Mel Gibson), canzoni di Alan Menken e Stephen Schwartz premiate con l'Oscar (tra le quali spicca *I colori del vento*) e tonnellate di merchandising. I personaggi tornano in *Pocahontas II – Viaggio nel nuovo mondo* (1998).

Pocahontas II - Viaggio nel nuovo mondo ** (*Pocahontas II - Journey to a New World*, Usa 1998, col, 79') Bradley Raymond, Tom Ellery. ◆ Giunta a Londra con l'ambasciatore John Rolfe per testimoniare il pacifismo della propria gente, Pocahontas deve affrontare gli ostacoli dell'etichetta di corte e soprattutto le manovre dell'avido Ratcliffe, ma troverà l'insperato aiuto di un vecchio amico. Distribuito solo in video, il trentatreesimo lungometraggio Disney ripropone i personaggi del primo episodio, depurati delle implicazioni antropologiche a favore di un più diretto (e infantile) divertimento: merito del colibrì Flit, del procione Meekko e del bulldog, oltre che della miope signora Jenkins. Curioso che l'eroina cambi fidanzato senza alcun dramma, lasciando il redivivo John Smith per Rolfe. Nell'edizione italiana Pocahontas canta con la voce di Manuela Villa, figlia di Claudio.

Pochi dollari per Django * (Italia 1967, col, 87') Leon Klimovsky. Con Anthony Steffen [Antonio De Teffé], Gloria Osuna, Frank Wolff. ◆ Django (Steffen) e un vecchio bandito (Wolff) che si è redento riescono a far piazza pulita dei malviventi che infestano una cittadina. Trama senza novità per un prodotto di serie.

Pocket Money – Per una manciata di dollari → *Per una manciata di dollari*

Po' di sole nell'acqua gelida, Un *½ (*Un Peu de soleil dans l'eau froide*, Francia 1971, col, 109') Jacques Deray. Con Marc Porel, Claudine Auger, Barbara Bach, Bernard Fresson, Gérard Depardieu. ◆ Giovane, brillante e dongiovanni, il giornalista parigino Gilles Lantier (Porel) va in provincia a mietere vittime: dopo il suicidio di una donna sposata che si era innamorata di lui, forse cambierà. Fotoromanzo di qualche ambizione, tratto da un romanzo di Françoise Sagan e sceneggiato dagli illustri Jean-Claude Carrière ed Ennio Flaiano.

Poetic Justice ° (*Poetic Justice*, Usa 1993 col, 109') John Singleton. Con Janet Jackson, Tupac Shakur, Regina King, Tyra Ferrel, Tone Loc, The Last Poets. ◆ L'estetista Justice (Jackson), poetessa dilettante, è sconvolta dall'assassinio del suo fidanzato; il postino Lucky (Shakur) le fa la corte, ma forse solo per trovare una madre per il proprio figlioletto. Al secondo film, il cantore di West Los Angeles Singleton (anche sceneggiatore) tenta di spostare la prospettiva dalla parte delle donne e di uscire (anche geograficamente) dal ghetto, esponendo le contraddizioni della piccola borghesia nera. Ma la sceneggiatura è schematica, i dialoghi sentenziosi e telefonati, il finale zuccheroso come la parodia di film per bianchi (interpretato da Billy Zane e Lori Petty) che si vede all'inizio. Un po' più di humour (come per altro mostra il rapper Shakur quando prende in giro un camionista amante del country) avrebbe giovato. La poetessa nero-femminista Maya Angelou è l'autrice delle poesie e appare nella parte di zia Jane.

Poeti dall'inferno ° (*Total Eclipse*, Gb/Francia/Belgio 1995, col, 110') Agnieszka Holland. Con Leonardo DiCaprio, David Thewlis, Romane Bohringer, Dominique Blanc, Nita Klein, Christopher Chaplin, Jacques Thierée. ◆ Verlaine (Thewlis), poeta già affermato, legge i lavori del giovanissimo Rimbaud (DiCaprio) e ne coglie subito l'eccezionale valore. Quando conosce l'autore, se ne innamora perdutamente: trascura la moglie Mathilde (Bohringer), arrivando a picchiarla, e avvia una tempestosa e scandalosa relazione che lo porterà in carcere. Imbarazzante «love story» tra poeti geniali, dove la poesia non c'entra nulla anche se negli anni trascorsi insieme i due scrissero le loro opere migliori. La sceneggiatura di Christopher Hampton (che appare nei panni del giudice che condanna Verlaine per sodomia) punta tutto su un maledettismo d'accatto (Verlaine è un ubriacone da operetta, Rimbaud un adolescente esaltato dall'assenzio: insieme due gay sciroccati e ridicoli), e la Holland non fa nemmeno lo sforzo di fingere un guizzo di regia, condannando definitivamente il film alla piattezza del peggior sceneggiato televisivo. Persino i due bravi attori protagonisti appaiono del tutto spaesati. Tremendo il finale in Etiopia, con DiCaprio agonizzante truccato da James Dean (il ruolo originariamente doveva andare a River Phoenix).

Poiana vola sul tetto, La *½ (*The Last of the Mobile Hot-Shots*, Usa 1970, col, 108') Sidney Lumet. Con James Coburn, Lynn Redgrave, Robert Hooks, Perry Haynes, Reggie King. ◆ Condannato a morire per un cancro, Job Thorington (Coburn) sposa durante uno show televisivo l'ex spogliarellista Myrtle (Redgrave), sperando di diventare padre e togliere così la proprietà familiare in Louisiana al fratellastro nero (Hooks): ma quando i tre si affronteranno sarà il fratellastro a uscire vincitore, portandosi la donna sul tetto per salvarla da un'inondazione del Mississippi. Magniloquente adattamento del dramma di Tennessee Williams *The Seven Descents of Myrtle* (sceneggiato da Gore Vidal), che finisce per sottolineare soprattutto l'enfasi sensazionalistica del testo, con le sue patologie sessuali (naturalmente Job è impotente) e la decadenza fisica e morale del profondo Sud. Interpretazione naturalistica al limiti della maniera. Il titolo originale si riferisce alla protagonista, ultima sopravvissuta del quintetto Mobile Hot-Shots.

Point Break – Punto di rottura *** (*Point Break*, Usa 1991, col, 122') Kathryn Bigelow. Con Patrick Swayze, Keanu Reeves, Lori Petty, Gary Busey, John McGinley. ◆ Per autofinanziarsi, un gruppo di surfisti rapina banche nascondendosi con maschere da ex presidenti americani. Un giovane agente Fbi (Reeves) riesce a infiltrarsi nella banda, ma rimane affascinato dal suo leader-filosofo (Swayze) e dalla ex ragazza di costui (Petty). La Bigelow si misura con un genere da sempre ritenuto appannaggio maschile e riesce a fondere la tensione dei thriller con le suggestioni più o meno filosofiche (l'atto estremo, la sfida ai propri limiti), confondendo le differenze tra Bene e Male e portando la tensione al limite con riprese da capogiro e un montaggio adrenalinico. La giovane regista volteggia con la macchina da presa come i suoi ribelli beach boy fanno con la tavoletta da surf o col paracadute. Swayze è in gran forma per il ruolo migliore che gli sia capitato finora, Reeves è una rivelazione. Produce il regista James Cameron, ai tempi marito della Bigelow.

Poirot e il caso Amanda ° (*The Alphabet Murders*, conosciuto anche col titolo *The ABC Murders*, Gb 1966, b/n, 90') Frank Tashlin. Con Tony Randall, Robert Morley, Anita Ekberg, Maurice Denham, Guy Rolfe, Sheila Allen, James Villiers. ◆ Venuto a Londra dal suo sarto, Hercule Poirot (Randall) viene coinvolto in una serie di omicidi legati tra loro dall'ordine alfabetico, tra cui quello apparente di Amanda Beatrice Cross (Ekberg): naturalmente risolverà il mistero, sorprendendo anche il dipendente di Scotland Yard (Morley) che avrebbe dovuto proteggerlo. Artificiosa parodia del personaggio inventato da Agatha Christie (dal cui romanzo *La serie infernale* David Pursall e Jack Seddon hanno tratto la sceneggiatura) che non ritrova la verve satirica del miglior Tashlin e che tenta invano di confrontarsi con la comicità devastante dell'ispettore Clouseau. Cammeo per Margaret Rutherford e Stringer Davis nei panni di Miss Marple e Mister Stringer.

Poison *½ (*Poison*, Usa 1990, col e b/n, 85') Todd Haynes. ◆ Film in tre episodi. *Hero* (con Edith Meeks) è l'inchiesta su un ragazzino delicato e vittima di angherie, che uccide il padre e vola dalla finestra; *Horror* (con Larry Maxwell, Susan Gayle Norman) è un B-movie su uno scienziato che studia la libido e diventa portatore di un contagio; *Homo* (con James Lyons, Scott Renderer) è un bigino di Jean Genet, dove un ladro si innamora di un altro carcerato che l'aveva già turbato in riformatorio. Alternando ermeticamente storie e stili molto diversi, dal finto documentario all'estetismo sopra le righe del terzo episodio, l'esordiente Haynes vuole interrogarsi e provocare sul tema del rapporto tra devianza e società, metafora e rappresentazione esplicita dell'omosessualità. Onore al risultato ottenuto con mezzi ristretti (i collaboratori sono gli stessi di *Velvet Goldmine*: il montatore e cosoggettista James Lyons, la direttrice della fotografia Maryse Alberti), ma c'è un che di velleitario e troppo didascalico, e il risultato è più scontato di quanto non sembri.

...poi ti sposerò ** (*Un Monsieur de compagnie*, Francia/Italia 1965, col, 98') Philippe de Broca. Con Jean-Pierre Cassel, Catherine Deneuve, Annie Girardot, Sandra Milo, Jean-Claude Brialy. ◆ Il giovane Antoine (Cassel), educato all'ozio dall'anziano nonno, durante un lungo sogno, si ritrova orfano e in balìa della vita: ma anche in quella dimensione, il lavoro è sempre l'ultima delle alternative. Una commedia spigliata e movimentata, ma senza nulla di memorabile.

Poker Alice * (*Poker Alice*, Usa 1987, col, 100') Arthur Allan Seidelman. Con Elizabeth Taylor, George Hamilton, Tom Skerritt, Richard Mulligan, David Wayne, Susan Tyrrell. ◆ Una giocatrice di poker (Taylor) vince un bordello: la aiutano nella gestione un altro giocatore (Hamilton) e un pistolero (Skerritt) innamorato di lei. Stucchevole commedia western, imbalsamata come le sue star. Girato per la televisione.

Poker col diavolo *½ (*Rencontres*, Francia 1962, b/n, 95') Philippe Agostini. Con Gabriele Ferzetti, Michèle Morgan, Pierre Brasseur, Diana Gregor. ◆ Un famoso pianista (Ferzetti) ha un incidente che gli stronca la carriera. Sta per suicidarsi e far beneficiare la moglie (Morgan) dell'assicurazione, quando scopre che questa lo tradisce, e cambia piano. Giallo dalle molte sorprese e dalla poca sostanza.

Poker di sangue *½ (*Five Card Stud*, Usa 1968, col, 103') Henry Hathaway. Con Dean Martin, Robert Mitchum, Inger Stevens, Roddy McDowall. ◆ Per vendicare il fratello, impiccato perché baro, un uomo (Mitchum) uccide tutti quelli che, a torto o ragione, considera coinvolti. Una delle potenziali vittime, un baro (Martin) estraneo al fatto, si ribella. Western con cadenze noir che non risulta però all'altezza delle promesse, malgrado cast e regista.

Pola X ° (*Pola X*, Francia 1999, col, 134') Leos Carax. Con Guillaume Depardieu, Katerina Golubëva, Catherine Deneuve, Delphine Chuillot, Samuel Dupuy, Laurent Lucas. ◆ Quando scopre di avere una sorella (Golubëva) profuga balcanica, il ricco scrittore Pierre (Depardieu) molla mamma (Deneuve) e fidanzata (Chuillot) e si nasconde in una comune parigina, inseguendo un destino di autodistruzione. Carax (sceneggiatore con Jean-Paul Fargeau e Lauren Sedofsky) attualizza l'intreccio dell'illeggibile romanzo *Pierre o delle ambiguità* di Melville (Pola è l'acronimo del titolo francese), trasformando i dilemmi gnostici e le inquietudini gotiche di uno scrittore vicino al trascendentalismo in un prevedibile spottone sulle delizie della marginalità e del maledettismo. Solo scampoli del talento visivo di cui, almeno, aveva dato prova in passato, e un tono lagnoso e presuntuoso dove il ridicolo è sempre in agguato, anche e soprattutto nelle scene di sesso: un'inutile sequenza hard «vedo-non vedo», le tette della povera Deneuve che affiorano dalla vasca da bagno. Il regista Sharunas Bartas interpreta il capo della comune.

Pole Pole *½ (Italia 1996, col, 85') Massimo Martelli. Con Fabio Fazio, Luciano Manzalini, Geoffrey Oyer, Julliet Akinyi. ◆ Conduttore televisivo, Fabio (Fazio) accetta di andare in Kenya a girare uno spot a favore dell'Amrf, la Fondazione africana per la medicina e la ricerca: l'autista del camion che lo trasporta (Oyer) gli farà conoscere meglio l'Africa e soprattutto gli africani. Costruito come uno special tv, un film generoso nei suoi intendimenti (gli incassi sono devoluti all'Amrf) ma estremamente schematico e ideologico, dove tutti parlano come un libro stampato. Divertente macchietta di Luciano Manzalini, uno dei fratelli Ruggeri, nella parte dell'amico italiano che sa tutto dell'Africa. Il titolo, in lingua swahili, vuol dire «piano piano».

Pole position *½ (Italia 1980, col, 112') Oscar Orefici, James Davis, Ronald King. ◆ Un film sul mondo della Formula Uno e sui suoi retroscena, costruito con un montaggio non eccelso di interviste, spezzoni di gare, scene di repertorio. Per gli appassionati delle corse è l'occasione per rivedere alcuni dei più celebri campioni dell'epoca: Gilles Villeneuve, Jody Sheckter, Clay Regazzoni, Emerson Fittipaldi, Nicki Lauda, Mario Andretti. Compaiono anche Enzo Ferrari e Paul Newman.

Policarpo «ufficiale di scrittura» ** (Italia/Francia/Spagna 1959, col, 103') Mario Soldati. Con Renato Rascel, Peppino De Filippo, Carla Gravina, Luigi De Filippo, Renato Salvatori, Trini[dad] Montero, Roberto Rey, Lidia Martora Maresca, Romolo Valli, Ernesto Calindri, Toni Soler, José Isbert, Rodriguez Elias, Checco Durante, Anita Durante. ◆ Roma, inizio secolo: Policarpo De Tappetti (Rascel), calligrafo del ministero eccessivamente zelante, sarebbe felice se sua figlia Celeste (Gravina) ricambiasse l'attenzione per Gegé (L. De Filippo), figlio del suo capufficio (P. De Filippo). Lei invece preferirà l'operaio di una fabbrica di macchine da scrivere (Salvatori) mentre Policarpo, per ottenere il tanto sospirato «scatto» di nove lire mensili, dovrà abbandonare il pennino quadro per l'odiata dattilografia. L'ultimo film di Soldati, pur confezionato con cura (la fotografia è di Giuseppe Rotunno, i costumi di Piero Tosi, la scenografia di Flavio Mogherini) non è molto di più di una sorridente illustrazione del romanzo di Gandolin (al secolo Luigi Arnaldo Vassallo) sceneggiato da Age e Scarpelli: il mondo della burocrazia ministeriale è visto sempre con complice affetto e Rascel, che non sa trattenersi dallo scivolare nelle macchiette, è lontanissimo dalla prova del *Cappotto*. Piccolissimi ruoli per Alberto Sordi (il concolinaro), Mario Riva (il pompiere del teatro), Memmo Carotenuto (il venditore di castagnaccio), Vittorio De Sica (l'illusionista), Ugo Tognazzi (il professore «inamidato»), Amedeo Nazzari (il carabiniere).

Police **½ (*Police*, Francia 1985, col, 113') Maurice Pialat. Con Gérard Depardieu, Sophie Marceau, Richard Anconina, Sandrine Bonnaire, Pascale Rocard. ◆ Vita quotidiana di un flic parigino (Depardieu) che pesta gli indiziati senza rancore e non disdegna il sesso con le prostitute che arresta. Una ragazza araba (Marceau) quasi si innamora di lui: ma non sono previsti baci finali. Pialat gira improvvisando, cercando di evitare sia il romanzesco che l'effetto documentario. La verità di una situazione può saltar fuori dopo minuti e minuti di dialoghi serrati e spossanti: un modo di fare cinema non accomodante ma che non delude. Notevole fotografia di Luciano Tovoli.

Police Python 357 ** (*Police Python 357*, Francia/Rft 1976, col, 128') Alain Corneau. Con Yves Montand, François Périer, Stefania Sandrelli, Mathieu Carrière, Simone Signoret. ◆ Commissario (Périer) e vicecommissario (Montand) hanno in comune l'amante (Sandrelli), uno all'insaputa dell'altro: dopo che questa viene trovata morta, iniziano due indagini parallele che avranno esiti tragici. Acclamato all'epoca come l'erede di Jean- Pierre Melville, Corneau sa dipingere i personaggi, ma diventa macchinoso quando si tratta di sciogliere le fila dell'intreccio.

Police Story ** (*The Police Story*, Usa 1973, col, 100') William A. Graham. Con Vic Morrow, Chuck Connors, Diane Baker, Edward Asner, Ina Balin, Ralph Meeker, Harry Guardino. ◆ Il poliziotto La Frieda (Morrow) arresta un bandito (Connors) che però grazie a conoscenze all'interno del corpo di polizia, riesce a evitare il carcere. Ma la sfida tra i due è solo agli inizi. Basato su un racconto di Joseph Wambaugh, è stato girato per la Tv e ha dato vita a una fortunata serie, anticipatrice nel descrivere la vita quotidiana di un distretto. Buono il cast.

Polizia bussa alla porta, La ***½ (*The Big Combo*, Usa 1955, b/n, 89') Joseph H. Lewis. Con Cornel Wilde, Jean Wallace, Brian Donlevy, Richard Conte, Ted De Corsia, Lee Van Cleef, Earl Holliman. ◆ Il tenente Diamond (Wilde) dà la caccia al mafioso Brown (Conte), spinto non solo dal senso di giustizia ma anche da una malcelata invidia per il suo modo di vivere, nonché dalla gelosia per la sua donna (Wallace). Sceneggiato da Philip Yordan, il miglior film del regista assieme a *La sanguinaria*. L'oscurità dell'immagine (la fotografia, ottima, è di John Alton) serve anche a nascondere le scenografie a buon mercato: ma ci voleva un grande regista per costruire un tale senso torbido di minaccia e di passioni sotterranee. Ambiguo – vedi la velata omosessualità dei due scagnozzi (Van Cleef e Holliman) e il sadomasochismo nel rapporto tra la Wallace e Conte – violento, e ricco di idee di regia memorabili. Celebre la sequenza in soggettiva – sia visiva che sonora – della morte di Brian Donlevy: Conte gli strappa l'apparecchio acustico, in modo che si vedono i bagliori degli spari, ma non si sente il rumore.

Polizia chiede aiuto, La ** (Italia 1974, col, 90') Massimo Dallamano. Con Giovanna Ralli, Claudio Cassinelli, Mario Adorf, Franco Fabrizi, Farley Granger, Marina Berti, Paolo Turco, Corrado Gaipa, Micaela Pignatelli, Roberta Paladini. ◆ Dopo aver rinvenuto il corpo nudo di una ragazza impiccata in una soffitta, il sostituto procuratore Vittoria Stori (Ralli) e il commissario Silvestri (Cassinelli) indagano tra i suoi amici contestatori: in realtà c'entra la prostituzione minorile. Contaminazione tra due dei generi più in voga negli anni Settanta: il poliziesco e il giallo argentiano. Efficiente la regia di Dallamano, ma sgangherata la storia di Ettore Sanzò che sembra aver ben presente il racconto di Massimo Felisatti da cui è stato tratto *A tutte le auto della polizia*. Notevoli musiche di Stelvio Cipriani.

Polizia dello spazio contro Ufo – Allarme! I diafanoidi vengono dallo spazio → *I diafanoidi vengono da Marte*

Polizia è al servizio del cittadino?, La *½ (Italia 1973, col, 98') Romolo Guerrieri [Romolo Girolami]. Con Enrico Maria Salerno, Giuseppe Pambieri, Alessandro Momo, Stella Carnacina, Daniel Gélin. ◆ Il commissario Sironi (Salerno) ha le mani legate: sa chi è il capo della mafia del posto, ma il rispetto della legge gli impedisce di andare a fondo nella vicenda. Passerà alla vendetta personale e, nelle vesti di giustiziere, uccide il boss. Poliziottesco all'italiana, rozzo sia nell'ideologia che nella confezione.

Polizia incrimina la legge assolve, La ** (Italia 1973, col, 105') Enzo G. Castellari [Enzo Girolami]. Con Franco Nero, James Whitmore, Fernando Rey, Delia Boccardo, Silvano Tranquilli, Luigi Diberti, Duilio Del Prete, Edy Galleani, Mario Erpichini, Massimo Vanni, Stefania G. Castellari [Stefania Girolami], Zoe Incrocci, Nello Pazzafini, Carla Mancini. ◆ Genova: il commissario Belli (Nero; tormentoni: «Buttiamo in aria questa sporca città», «Non ne posso più di avere le mani legate») si mette in mezzo alla guerra tra due bande di narcotrafficanti: scopre coperture potenti, ma ci rimette la figlia (interpretata dalla figlia del regista, Stefania). Scritto da Castellari con Tito Carpi, Gianfranco Clerici e Leonardo Martin, uno dei maggiori incassi della stagione e uno degli archetipi del poliziesco italiano: ma anche uno dei film più esplicitamente ideologici del genere, che controbatte in anticipo le possibili critiche. Nero dà vita a uno dei primi commissari di ferro che considerano il codice «buono per i polli», anche se è con i potenti che se la prende («La polizia è al servizio del cittadino... ma quale cittadino? Quello che conta, quello che comanda, quello che paga»). Emblematica la scena in cui affronta gli operai che occupano una fabbrica (e che lo accolgono scandendo: «Fascisti, carogne, tornate nelle fogne!») e li convince con le buone a lasciarlo passare per catturare un killer che si è nascosto in mezzo a loro. Spesso verboso e – per gli standard odierni – prevedibile, conta comunque su scene d'azione girate e montate (da Vincenzo Tomassi) magistralmente. Musiche di Guido e Maurizio De Angelis.

Polizia interviene: ordine di uccidere, La *½ (Italia 1975, col, 100') Giuseppe Rosati. Con James Mason, Enrico Maria Salerno, Leonard Mann, Janet Agren, Franco Interlenghi. ◆ Un commissario di polizia (Salerno) ha il sospetto che l'assassinio di due poliziotti nasconda un piano eversivo, e uccide un presunto boss della cospirazione. Un cast internazionale e riferimenti alle trame nere degli anni Settanta non bastano: il poliziesco italiano rimane di basso livello.

Polizia militare *½ (*Off Limits*, Usa 1953, b/n, 89') George Marshall. Con Bob Hope, Mickey Rooney, Marilyn Maxwell, Marvin Miller. ◆ Entrambi sotto le armi, un allenatore di pugilato (Hope) e un aspirante campione (Rooney) trovano successo. Intreccio convenzionale e gag invecchiate male.

Polizia non perdona, La *½ (*The Loners*, Usa 1972, col, 79') Sutton Roley. Con Dean Stockwell, Todd Susman, Scott Brady, Gloria Grahame, Tim Rooney. ◆ Tre hippie motociclisti scorrazzano nel Sud-ovest degli Stati Uniti, ma la polizia locale si accanisce contro di loro. Modesto clone di *Easy Rider*.

Polizia ringrazia, La ** (Italia/Rft 1972, col, 99') Stefano Vanzina. Con Enrico Maria Salerno, Mariangela Melato, Franco Fabrizi, Mario Adorf, Cyril Cusack. ◆ Un commissario di polizia (Salerno) deve vedersela da una parte con le bande di delinquenti, dall'altra con una lega di «cittadini perbene» che uccide autonomamente i malviventi (o presunti tali). Amaro poliziesco a tesi, più ambizioso e curato della media italiana del periodo: l'unico film firmato da Vanzina padre senza ricorrere allo pseudonimo abituale di Steno.

Polizia sta a guardare, La *½ (Italia 1973, col, 95') Roberto Infascelli. Con Enrico Maria Salerno, Jean Sorel, Claudio Gora, Lee J. Cobb, Laura Belli. ◆ Un vicequestore (Salerno) scopre che il questore (Sorel) che deve sostituire è il capo della mafia locale, e gli viene rapito il figlio. Senza infamia e senza lode, nella media del genere.

Poliziotta, La ** (Italia 1974, col, 105') Steno [Stefano Vanzina]. Con Mariangela Melato, Alberto Lionello, Renato Pozzetto, Gigi Ballista, Mario Carotenuto, Orazio Orlando, Umberto Smaila. ◆ Una ragazza (Melato) di Ravedrate, stanca della famiglia, del fidanzato (Lionello) e del datore di lavoro porcello, entra nei Vigili Urbani col piglio di Giovanna d'Arco, suo cavallo di battaglia nelle recite parrocchiali di gioventù. Ma tanto zelo moralizzatore verrà insabbiato presto. Aggiornamento di una qualsiasi commedia di costume di Zampa di vent'anni prima: spunti di satira, macchiette e battute risapute, ma interpreti in forma.

Poliziotta a New York, La * (Italia 1981, col, 91') Michele Massimo Tarantini. Con Edwige Fenech, Alvaro Vitali, Renzo Montagnani, Aldo Maccione. ◆ La poliziotta Gianna (Fenech) riesce a sgominare due organizzazioni rivali di narcotrafficanti, malgrado i collaboratori imbranati che la circondano. Le solite gag e le avare esibizioni della protagonista non allontanano la noia.

Poliziotta della squadra del buon costume, La *½ (Italia 1979, col, 94') Michele Massimo Tarantini. Con Edwige Fenech, Lino Banfi, Alvaro Vitali, Sal Borgese, Gianfranco Barra. ◆ Secondo episodio della serie. Fingendosi una spogliarellista, la poliziotta Gianna (Fenech) sgomina un racket della prostituzione. Deludente per i fan della Fenech. Alza il livello qualche sketch, per altro risaputo, della coppia Banfi-Vitali i quali, nei panni del commissario Scappavia e dell'agente Tarallo, torneranno anche nell'episodio successivo, *La poliziotta a New York*.

Poliziotta fa carriera, La * (Italia 1976, col, 94') Michele Massimo Tarantini. Con Edwige Fenech, Mario Carotenuto, Giuseppe Pambieri, Francesco Mulé. ◆

Dopo gli insuccessi iniziali, la poliziotta Gianna D'Amico (Fenech) si riscatta e fa arrestare pericolosi delinquenti. L'abbinamento tra giallo all'italiana e commediaccia pecoreccia ebbe un discreto successo e due seguiti, *La poliziotta della squadra del buon costume* (1979) e *La poliziotta a New York* (1981). La Fenech, comunque, è meglio nella serie dedicata alla naia.

Poliziotti *½ (Italia 1994, col, 91') Giulio Base. Con Kim Rossi Stuart, Claudio Amendola, Michele Placido, Nadia Fares, Luigi Diberti. ◆ Torino: Lorenzo, poliziotto «fai da te» (Amendola), viene incaricato di piantonare in ospedale un pericoloso detenuto, Sante (Placido), insieme a un collega timido e sensibile, Andrea (Rossi Stuart). Una sera Lorenzo abbandona il campo per andare a risolvere una questione personale e Sante, convinto Andrea a farsi accompagnare fuori dall'ospedale, scappa: il ragazzo si suicida per il senso di colpa, Lorenzo lo vendicherà. Da un fatto di cronaca che nel 1975 ispirò un articolo a Pier Paolo Pasolini, un turgido dramma poliziesco tagliato con l'accetta e pieno di luoghi comuni, dove il poliziotto buono è di un'ingenuità disarmante (nonostante la bravura di Rossi Stuart), quello dai modi rudi sembra la versione italica del giustiziere della notte Bronson e il cattivo ha tutti i tic del malavitoso da telefilm (compresa la voglia di tenerezza della porno-professionista e la bottiglia di whisky scolata nel lussuoso appartamento vuoto). Sceneggiatura di Giulio Base, Franco Bertini e Sandro Petraglia.

Poliziotti a domicilio *½ (*Cops & Robbersons*, Usa 1994, col, 90') Michael Ritchie. Con Chavy Chase, Jack Palance, Dianne Wiest, Robert Davi, David Barry Gray, Jason James Richter, Fay Masterson, Miko Hughes, Sal Landi. ◆ Per spiare uno spacciatore di biglietti falsi (Davi) dall'omicidio facile, una coppia di poliziotti (Palance e Gray) si installa nella casa di Norman Robberson (Chase), un colletto bianco con la mania dei telefilm polizieschi. Inevitabili equivoci tra i due sbirri e la folcloristica famiglia Robberson, che si conclude – in gloria – con un comico sequestro. Commediola all'acqua di rose, sceneggiata da Bernie Somers: attori gradevoli (compresa un'insolita Dianne Wiest nel ruolo di una mamma apprensiva e salutista), gag simpatiche, ma un'aria di «già visto» che rovina tutto.

Poliziotti a due zampe *½ (*Loose Cannons*, Usa 1990, col, 90') Bob Clark. Con Gene Hackman, Dan Aykroyd, Dom DeLuise, Ronny Cox, Nancy Travis. ◆ Due poliziotti picchiatelli (Hackman e Aykroyd) contendono a degli ex nazisti un film porno interpretato dal Führer in persona. Il poliziesco di coppia nella variante demenziale (Aykroyd, quando va in tilt, imita i personaggi dei disegni animati): a tratti strampalato, più spesso semplicemente stupido. Spiace veder coinvolto Hackman.

Poliziotti per caso *½ (*Who's the Man?*, Usa 1993, col, 88') Ted Demme. Con Ed Lover, Doctor Dré, Badja Djola, Jim Moody, Ice-T, Denis Leary, Richard Bright. ◆ Lover e Doctor Dré (se stessi), i peggiori barbieri di Harlem, passano il test per entrare nella polizia, malgrado i loro sforzi in senso contrario: e incastrano un malvagio bianco (Bright) che cerca petrolio nel quartiere. Il nipote di Demme porta sullo schermo una coppia di *dee-jay* diventati popolari in un programma di MTV da lui ideato. Ma la somma di ammiccamenti alla vecchia *blaxploitation*, camei di rapper famosi (Run DMC e Jay, Pepa e Yo-Yo, Queen Latifah, Fab 5 Freddy), umorismo alla Gianni e Pinotto e alla *Scuola di polizia*, è vicina allo zero.

Poliziotto alle elementari, Un *½ (*Kindergarten Cop*, Usa 1990, col, 108') Ivan Reitman. Con Arnold Schwarzenegger, Penelope Ann Miller, Pamela Reed, Linda Hunt, Richard Tyson, Carroll Baker, Cathy Moriarty. ◆ Sulle tracce di un narcotrafficante (Tyson), un poliziotto (Schwarzenegger) finisce nel corpo docente di un asilo: catturerà il bandito ma soprattutto si farà apprezzare come insegnante. Schwarzy, gigante buono, per metà film è vittima di mocciosi smorfiosetti, per poi scatenarsi in un ovvio duello pirotecnico col cattivo. Dopo *I gemelli*, sempre diretto da Reitman, continua l'opera di ripulitura dell'immagine del culturista austriaco, promosso a eroe per famiglie. Successo progettato a tavolino, puntualmente realizzatosi.

Poliziotto a 4 zampe *½ (*K9*, Usa 1989, col, 102') Rod Daniel. Con James Belushi, Mel Harris, Ed O'Neil, Jerry Lee. ◆ Per sgominare una banda di trafficanti di droga, un poliziotto (Belushi) deve ricorrere all'aiuto di un cane pastore tedesco (Jerry Lee), con cui, all'inizio, l'intesa è ardua. Esaurite le coppie poliziesche umane (il bianco e il nero, il vecchio e il giovane) si è pensato bene di inaugurare quella uomo-animale. La presenza di Belushi garantisce battute non proprio da film di Disney: ma il divertimento è arduo, e l'encefalogramma piatto.

Poliziotto della brigata criminale, Il ** (*Peur sur la ville*, Francia 1975, col, 125') Henri Verneuil. Con Jean-Paul Belmondo, Adalberto Maria Merli, Charles Denner, Lea Massari. ◆ Un maniaco moralizzatore (Merli) prima terrorizza le sue vittime al telefono e poi le strangola: ma non ha fatto i conti col commissario Letellier (Belmondo). La sceneggiatura prende troppe strade, e la confezione è di puro mestiere: ma la mezz'ora finale di inseguimenti e acrobazie è tra le più spettacolari mai girate da Belmondo. Bella colonna sonora di Ennio Morricone.

Poliziotto è marcio, Il ** (Italia/Francia 1974, col, 95') Fernando di Leo. Con Luc Merenda, Salvo Randone, Richard Conte, Raymond Pellegrin, Delia Boccardo, Gianni Santuccio, Vittorio Caprioli, Monica Monet, Gino Milli, Mario Garriba. ◆ Il commissario Malacarne (Merenda) sembra un duro difensore della legge: invece intasca mazzette dalla mala. La situazione precipita quando il boss Pascal (Pellegrin) vuole far sparire un esposto in apparenza innocuo che ha in consegna Malacarne senior (Randone), integerrimo maresciallo dei carabinieri. Nella sceneggiatura del regista (da un soggetto di Sergio Donati) è evidente la volontà di dissacrare i cliché del poliziottesco alla Maurizio Merli, costruendo un personaggio pieno di contraddizioni e nemmeno simpatico: peccato che il racconto spesso si sfilacci, malgrado accelerazioni brutali che lasciano il segno.

Poliziotto fuori di testa, Un *½ (*Off Beat*, Usa

1986, col, 92') Michael Dinner. Con Judge Reinhold, Meg Tilly, Joe Mantegna, John Turturro, James Tolkan, Anthony Zerbe, Harvey Keitel, Austin Pendleton, Penn Jillette. ◆ Joe (Reinhold), timido bibliotecario, sostituisce un amico al ballo della polizia e si innamora della poliziotta Rachel (Tilly), spacciandosi per un suo collega. Il gioco degli equivoci lo farà diventare un eroe. Il buon cast di contorno non salva questa fiacca commedia di evidente origine teatrale.

Poliziotto in affitto *½ (*Rent-a-Cop*, Usa 1988, col, 96') Jerry London. Con Burt Reynolds, Liza Minnelli, James Remar, Dionne Warwick, Richard Masur. ◆ Una squillo (Minnelli) testimone di una strage aiuta la sua guardia del corpo, un poliziotto sospeso dal servizio (Reynolds), a trovare i killer. Interni girati a Roma (la fotografia è di Giuseppe Rotunno), esterni a Chicago. Regista esordiente, due star che non fanno più faville: fiacca la suspense, pietose le divagazioni da commedia.

Poliziotto in blue jeans *½ (*Kuffs*, Usa 1991, col, 102') Bruce A. Evans. Con Christian Slater, Milla Jovovich, Tony Goldwin, Bruce Boxleitner. ◆ Dopo l'uccisione del fratello, il giovane e scapestrato George Kuffs (Slater) entra in una squadra di poliziotti privati di San Francisco, trova l'assassino e sgomina la corruzione. L'intreccio è volutamente un pretesto, e l'originalità del film dovrebbe risiedere nello stile demenziale: discorsi del protagonista alla macchina da presa, e sottotitoli che «traducono» i suoi mugolii quando è legato e imbavagliato. Ma le gag, in genere, cadono nel vuoto, e tutto sembra l'ennesima replica di *Beverly Hills Cop*. Esordio di Evans, già sceneggiatore di *Stand by Me*. Le coreografie sono di Karole Armitage.

Poliziotto in blue jeans, Un ** (*Shakedown*, Usa 1988, col, 96') James Glickenhaus. Con Peter Weller, Sam Elliott, Patricia Charbonneau, Antonio Fargas, Richard Brooks, Tom Waits. ◆ Un avvocato (Weller) e un poliziotto infiltrato (Elliott) formano una strana coppia per far chiarezza nelle collusioni tra sbirri corrotti e spacciatori di droga. La trama è uguale a mille altre, la confezione no: Glickenhaus, una volta, è stato definito il miglior regista di scene d'azione sul mercato. Al di là della violenza accuratamente coreografata e del ritmo, comunque, non rimane molto.

Poliziotto o canaglia *½ (*Flic ou voyou*, Francia 1979, col, 105') Georges Lautner. Con Jean-Paul Belmondo, Marie Laforêt, Georges Géret, Michel Galabru. ◆ Un commissario di polizia parigino (Belmondo) dai metodi poco diplomatici scatena un putiferio in provincia, non desistendo neanche dopo il rapimento della figlia. Le acrobazie e le smorfie di Belmondo sono l'unica differenza rispetto a un qualsiasi poliziesco italiano di pochi anni prima.

Poliziotto privato: un mestiere difficile ** (*The Amsterdam Kill*, Usa 1977, col, 90') Robert Clouse. Con Robert Mitchum, George Cheung, Bradford Dillman, Richard Egan, Leslie Nielsen, Keye Luke. ◆ Insieme a un giovane aiutante cinese (Cheung), l'ex poliziotto alcolizzato Larry Quinlan (Mitchum) sgomina una banda di narcotrafficanti che agisce tra l'estremo Oriente e Amsterdam. Mitchum, che conserva la stessa smorfia disincantata di quando interpreta Marlowe, è l'unico punto di forza di un film altrimenti risaputo.

Poliziotto sadico – Maniac Cop 2 ** (*Maniac Cop*, Usa 1986, col, 87') William Lustig. Con Tom Atkins, Robert Z'Dar, Bruce Campbell, Laurene Landon, Richard Roundtree, Sheree North. ◆ Finito in galera, il violento poliziotto Matt Cordell (Z'Dar) viene massacrato dai detenuti, ma torna a vendicarsi come zombi. Scritto e prodotto da Larry Cohen, un horror urbano che sembra una parodia – truculenta e incattivita – dei polizieschi alla *Arma letale*. Serie B o C, ma con qualche idea non disprezzabile, e alcuni tocchi di humour nero. Al contrario di quanto dice il titolo italiano, non è il seguito di *Maniac Cop*, bensì l'antecedente.

Poliziotto scomodo, Un ** (Italia 1978, col, 90') Stelvio Massi. Con Maurizio Merli, Massimo Serato, Mario Feliciani, Mimmo Palmara, Olga Karlatos, Marco Gelardi, Attilio Duse, Nello Pazzafini. ◆ Il commissario Francesco Olmi (Merli), dopo avere ucciso accidentalmente un innocente, viene trasferito in provincia e decide di abbandonare le maniere forti: ma cambia idea quando una spietata banda di trafficanti d'armi prende in ostaggio la sua donna (Karlatos) e un'intera scolaresca. Da un soggetto di suo figlio Danilo, Massi gira a Civitanova Marche (la sua città natale) un discreto poliziesco spaccato in due, con qualche ingenuità di troppo nella definizione dei personaggi e nella direzione degli attori. Merli comunque ce la mette tutta e non accetta mai controfigure, neanche nelle scene più spericolate.

Poliziotto superpiù * (Italia 1980, col, 104') Sergio Corbucci. Con Terence Hill [Mario Girotti], Ernest Borgnine, Joanne Dru, Marc Lawrence. ◆ Un agente di polizia di Miami (Hill), sottoposto a radiazioni nucleari, ne esce illeso e dotato di superpoteri. Puerile e fracassone, e con effetti speciali poveri. Girato negli Usa.

Pollice da scasso *½ (*The Brink's Job*, Usa 1978, col, 103') William Friedkin. Con Peter Falk, Peter Boyle, Warren Oates, Gena Rowlands, Allen Goorwitz [Garfield]. ◆ Nel 1950, un gruppo di ladruncoli mette a segno un colpo ai danni di una banca di Boston: ma verranno arrestati. Giallo picaresco e farsesco, sovrarecitato (a partire da Falk) e fuori dalle corde di Friedkin.

Pollo si mangia con le mani, Il *½ (*Carbon Copy*, Usa 1981, col, 92') Michael Schultz. Con George Segal, Susan Saint James, Denzel Washington, Jack Warden, Paul Winfield. ◆ In nome della carriera, Walter (Segal) ha nascosto sia di essere ebreo, sia di avere un figlio nero (Washington). Quando questi, diciassettenne, si fa vivo, Walter va in tilt. Malgrado il regista sia nero, i luoghi comuni della commedia hollywoodiana che affronta problemi ritenuti spinosi ci sono tutti. Debutto di Washington.

Polpette *½ (*Meatballs*, Canada 1979, col, 92') Ivan Reitman. Con Bill Murray, Harvey Atkin, Kate Lynch, Russ Braham, Kristine DeBell. ◆ Avventure sentimentali e scherzi nel campeggio estivo di una scuola: vittime principali gli istruttori, chiamati in gergo «polpette». Murray, Reitman e lo sceneggiatore

Harold Ramis colgono, almeno negli Usa, il loro primo grande successo: ma la comicità è stupida e innocua. Torneranno insieme in *Ghostbusters*. Due sedicenti seguiti, a partire da *Meatballs II*.

Poltergeist – Demoniache presenze **½ (*Poltergeist*, Usa 1982, col, 114') Tobe Hooper. Con JoBeth Williams, Craig T. Nelson, Heather O'Rourke, Oliver Robins, Zelda Rubinstein, Beatrice Straight. ◆ La nuova villetta di una famiglia americana tipo è costruita su un cimitero indiano: e gli spiriti rapiscono la figlia Carol Anne (O'Rourke), di cinque anni. Una medium nana (Rubinstein) si rivelerà più efficace dei macchinari high-tech degli esperti di paranormale convocati. Steven Spielberg, autore del soggetto, cosceneggiatore e coproduttore, si fa sentire nel ritmo mozzafiato, nei tocchi ironici e nel perfetto intreccio tra quotidiano e soprannaturale. Effetti speciali ben piazzati, e spaventi genuini. Due seguiti non all'altezza. Più volte copiata l'idea degli spiriti che ipnotizzano le vittime attraverso lo schermo televisivo.

Poltergeist II – L'altra dimensione *½ (*Poltergeist II*, Usa 1986, col, 91') Brian Gibson. Con JoBeth Williams, Craig T. Nelson, Heather O'Rourke, Julian Beck, Oliver Robins, Zelda Rubinstein, Will Sampson. ◆ La piccola Carol Anne (O'Rourke) questa volta è alle prese con Kane (Beck, fondatore del Living Theatre, alla sua ultima apparizione), un nonmorto a capo di una diabolica setta, che vuole rapirla. In aiuto della famigliola, oltre alla solita medium (Rubinstein), interviene un saggio indiano (Sampson). Banale fotocopia del prototipo: gli effetti speciali sono di buon livello (il mostro è disegnato da Hans Rudi Giger, il consulente visivo di *Alien*), ma si sente la mancanza di una regia esperta e del tocco di Spielberg.

Poltergeist III *½ (*Poltergeist III*, Usa 1988, col, 97') Gary A. Sherman. Con Tom Skerritt, Nancy Allen, Heather O'Rourke, Zelda Rubinstein, Lara Flynn Boyle. ◆ Carol Anne (O'Rourke) è a Chicago dagli zii (Skerritt e Allen): ma anche qui non viene lasciata in pace, e cominciano a manifestarsi fenomeni misteriosi. Ancora una volta è la medium (Rubinstein) a mettere le cose a posto e a salvare la bambina sacrificandosi. O'Rourke e Rubinstein morirono poco dopo le riprese del film. Sherman è un regista discreto, ma oltre alle idee originali mancano anche i soldi.

Poltrona per due, Una *** (*Trading Places*, Usa 1983, col, 116') John Landis. Con Eddie Murphy, Dan Aykroyd, Ralph Bellamy, Don Ameche, Jamie Lee Curtis, Paul Gleason, James Belushi, Denholm Elliott, Kristin Holby. ◆ Due anziani e avari fratelli capitalisti (Ameche e Bellamy) scommettono un dollaro per verificare la tesi se sia l'ambiente a determinare il destino dell'individuo: e per questo buttano sulla strada un giovane finanziere (Aykroyd), mettendo al suo posto un ladruncolo (Murphy) che, in breve, diventa un mago della borsa. Ma la beffa si ritorcerà contro gli organizzatori. La sceneggiatura di Timothy Harris e di Hershel Weingrod potrebbe essere quella di un film di Preston Sturges, tanto è ben congegnata. Landis dirige con una levità quasi mozartiana che da lui non ci si aspetterebbe, ma non rinuncia a improvvise puntate verso una comicità più grottesca e greve. Il gioco degli equivoci tra il finto gorilla (Belushi) e quello vero – e infoiato – è tra le cose più spassose mai girate dal regista. Trampolino di lancio per Murphy, al secondo film, e per la Curtis, in versione sexy.

Poltrona vuota, La **½ (*Cast a Dark Shadow*, Gb 1957, b/n, 84') Lewis Gilbert. Con Dirk Bogarde, Margaret Lockwood, Kay Walsh, Mona Washbourne. ◆ Un giovane (Bogarde) sposa donne ricche e le uccide per ereditarne i beni: ma la prossima vittima (Lockwood) è più avveduta delle altre. Tema non nuovo (da *L'ombra del dubbio* a *Monsieur Verdoux*) ma abbastanza suspense nell'esecuzione. Bogarde fa le prove per i personaggi luciferini per i quali sarà celebre.

Polvere degli angeli, La * (*A Force of One*, Usa 1979, col, 90') Paul Aaron. Con Chuck Norris, Jennifer O'Neill, Clu Gulager, Ron O'Neal. ◆ Un campione di karatè (Norris) è chiamato in California per combattere un grosso traffico di droga. Arti marziali e ideologia da vigilantes: solo per i fan di Norris. Seguito di *Commando Black Tigers* di Ted Post.

Polvere d'impero **½ (*Poussière d'empire*, Francia 1983, col, 100') Lâm Lê. Con Dominique Sanda, Jean-François Stévenin, Thang Long, Hoàng Lan, Yann Roussel, Anne Canovas, Myriam Mézières. ◆ Un vietcong nasconde nei bagagli di una suora (Sanda) e di un sergente francese (Stévenin) un messaggio per far sapere alla moglie che non è morto: ma i due vengono uccisi e la lettera arriverà a destinazione dopo oltre vent'anni, quando la donna è da un pezzo a Parigi. Dalla caduta dell'Indocina francese a quella di Saigon, il regista franco-vietnamita racconta in modo obliquo la storia del suo Paese, concentrandosi nella prima parte, claustrofobica, su due rappresentanti del potere coloniale declinante (una missionaria in crisi e un sergente cinico), per adottare poi una narrazione più libera ed ellittica. Strana meteora che non ha avuto seguito, esempio di un cinema di alte ambizioni poetiche e meraviglia visiva, sospeso tra la pesantezza dei simboli e la libertà delle associazioni, le leggende della tradizione e l'analisi storica, la potenza della natura e le illusioni degli uomini. Scritto dal regista con Henri Colomer e Michel Andrieu, e animato dalle musiche «da un altro mondo» di Nguyen-Thien Dao.

Polvere di Napoli ** (Italia 1998, col, 102') Antonio Capuano. ◆ Film a episodi. In *Scopa a sette* (con Alan De Luca, Gigio Morra, Antonino Iuorio, Gianni Ferreri) un marchese maniaco della scopa si gioca la propria carne con due prosciuttari; in *Le nozze* (con Teresa Saponangelo, Raffaele Musella) una giovane coppia litiga e fa la pace; in *Fred* (con Silvio Orlando, Lola Pagnani, Francesco Pennasilico) un emigrato tornato dall'Argentina visita Pompei con la moglie zoccola, che fa allupare il custode; in *Richard Gere* (con Giovanni Esposito) uno sciamannato convinto di assomigliare alla star hollywoodiana vende il proprio sperma e vede il suo mito Richard; in *Ciarli e Gerri* (con Silvio Orlando, Tonino Taiuti) due sassofonisti capiscono che è meglio fare i cabarettisti e lasciare la musica ai neri. Convinto che dell'*Oro di Napoli* raccontato da Marotta e De Sica non sia restata che la polvere, Capuano (con gli apporti di Taiuti e Paolo Sorrentino in sede di sceneggiatura) cerca nuove strade dopo il realismo sociale, puntando sul grottesco, il nonsense, l'Artaud alla partenopea. Ma malgrado gli arditi e a volte suggestivi simbolismi, e l'occhio a tratti visionario (specie nel secondo episodio), puntualmente si ricade negli stereotipi: Totò e Peppino sugli altarini, i falli pompeiani, i neri che suonano da dio. Virtuosismo stilistico da vendere, ma latitano chiarezza di idee e misura.

Polvere di stelle ** (Italia 1973, col, 142') Alberto Sordi. Con Alberto Sordi, Monica Vitti, Wanda Osiris, Carlo Dapporto, John Philip Law, Edoardo Faieta, Francesco Angrisano, Franco Scagnetti. ◆ A Bari, poco dopo l'arrivo delle forze alleate, la compagnia di guitti di Mimmo Adami (Sordi) e Dea Dani (Vitti) riesce ad allestire uno spettacolo nel teatro Petruzzelli. Nel clima di euforia generale, riescono a ottenere un successo per loro impensabile. Ma quando tutto rientra nella normalità, svanisce il sogno d'esibirsi di fronte a prestigiose platee. Nostalgica rievocazione del mondo dell'avanspettacolo (sceneggiato dal regista-attore con Ruggero Maccari e Bernardino Zapponi) con alcune vecchie glorie, ed ennesima esposizione della filosofia del «purché se magna». A tratti brioso e gustoso, ma troppo lungo, e con ambizioni di affresco storico non sempre riuscite.

Polvere di stelle (di Michael Apted) → *Stardust – Polvere di stelle*

Polveriera, La *** (*Bure baruta*, Jugoslavia/Francia/Grecia/Macedonia/Turchia 1998, col, 100') Goran Paskaljevic. Con Nikola Ristanovski, Nebojsa Glogovac, Miki Manojlovic, Marko Urosevic, Bogdan Diklic, Dragan Nikolic, Aleksandar Bercek, Lazar Ristovski, Vojislav Brajovic, Sergej Trifunovic, Ana Sofrenovic, Mirjana Jokovic, Toni Mihajlovski, Dragan Jovanovic. ◆ Storie e destini si intrecciano nella notte di Belgrado: un automobilista (Diklic) usa la legge del taglione contro colui (Urosevic) che lo ha urtato in macchina; un emigrante (Manojlovic) torna per cercare la fidanzata; un tassista (Glogovac) attacca discorso con un ex poliziotto torturatore (Bercek); dopo un allenamento pugilistico, due amici (Ristovski e Nikolic) si confessano i reciproci tradimenti; un ragazzo (Trifunovic) dirotta un autobus; una coppia litigiosa (Jokovic e Mihajlovski) viene sequestrata... Dall'omonima pièce di Dejan Dukovski, un mosaico di disperazione, violenza e morte – incorniciato da un beffardo numero di cabaret – per raccontare in una notte senza fine la Jugoslavia deflagrata: quadri di tensione e odio quotidiano, narrati con sguardo dolente e ostinato, preciso come un bisturi. Facendo propria (forse fin troppo) la drammaturgia teatrale, ma fermando la macchina da presa sui dettagli e i piccoli gesti, il serbo Paskaljevic mette in scena la dissoluzione dei rapporti umani e civili della sua patria: e l'impressionante lucidità del film lo disancora dal suo contesto geografico, rendendolo universale.

Polyester **½ (*Polyester*, Usa 1981, col, 86') John Waters. Con Divine, Tab Hunter, Edith Massey, Mink Stole. ◆ Il marito è un pornotrafficante, il figlio uno sniffatore di colla, la figlia una ladra: la buona casalinga Francine Fishpaw (Divine), sull'orlo della crisi di nervi, si butta tra le braccia di un principe azzurro (Hunter), senza accorgersi di essere finita nella trappola ordita dall'odiosa madre (Massey). Satira dell'american way of life che sceglie le armi dell'assurdo e del cattivo gusto gioioso e deliberato: nulla di oltraggioso e rivoltante, comunque, in confronto alle prime prove del regista, che da questo film ha cominciato ad addolcirsi. Il travestito Divine e l'ex bello da spiaggia Tab Hunter fanno una coppia memorabile. Noto come il primo film in odorama: nelle sale vennero distribuiti dei talloncini numerati che, grattati al momento indicato, emanavano una serie di puzze.

Pomi d'ottone e manici di scopa *½ (*Bedknobs and Broomsticks*, Usa 1971, col, 117') Robert Stevenson. Con Angela Lansbury, David Tomlinson, Roddy McDowall, Sam Jaffe, John Ericson. ◆ Seconda guerra mondiale: una stravagante signora inglese (Lansbury), aspirante strega, grazie a un manuale di formule magiche fa fallire il progettato sbarco nazista in Inghilterra. Mary Poppins è il modello ineguagliato di questa produzione Disney, che mescola, in alcune sequenze, disegni animati a riprese dal vero. Lezioso e con troppe canzoni. Oscar per gli effetti speciali.

Pomo d'Adamo, Il *½ (*In the Mood*, Usa 1987, col, 99') Phil Alden Robinson. Con Patrick Dempsey, Beverly D'Angelo, Talia Balsam, Michael Constantine, Kathleen Freeman. ◆ Sonny Wisecarver (Dempsey), quindicenne di Los Angeles fa innamorare di sé donne più vecchie e, nonostante la seconda guerra mondiale in corso, diventa un mito dei rotocalchi. Finirà col rivolgersi alle coetanee. Da una storia vera (Wisecarver compare nella parte di un postino), una commedia svagata e un po' stucchevole che punta soprattutto alla ricostruzione d'epoca. Primo film di Robinson, autore anche della sceneggiatura.

Pomodori verdi fritti (alla fermata del treno) **½ (*Fried Green Tomatoes at the Whistle Stop Café*, Usa 1991, col, 127') Jon Avnet. Con Kathy Bates, Jessica Tandy, Mary Stuart Masterson, Mary-Louise Parker, Gailard Sartain, Stan Shaw, Cicely Tyson. ◆ Una casalinga frustrata, Evelyn (Bates), trova fiducia in se stessa grazie al rapporto con un'ottuagenaria (Tandy) che le racconta la storia, realmente accaduta, della profonda amicizia tra due ragazze, Idgy (Masterson) e Ruth (Parker), nel Sud razzista e maschilista di sessant'anni prima. Un quartetto femminile di indubbia simpatia e di altrettanto indubbia bravura, ma il racconto – tratto dall'omonimo libro di Fannie Flagg, cosceneggiatrice insieme a Carol Sobieski – finisce per penalizzare la coppia dei giorni nostri, relegata al ruolo di cornice posticcia e un po' banale: la ribellione di Evelyn è ridicola al confronto di quella di Idgy negli anni Trenta, e forse sta qui il vero spunto di riflessione femminile/femminista. Peccato che il regista, produttore hollywoodiano esordiente alla regia, non abbia avuto il coraggio di rendere più esplicito il rapporto omosessuale tra Idgy e Ruth. I pomodori verdi fritti sono la specialità del Whistle Stop Café, il locale gestito dalle due ragazze.

Pompieri, I * (Italia 1985, col, 97') Neri Parenti. Con Paolo Villaggio, Lino Banfi, Andrea Roncato, Gigi Sammarchi, Massimo Boldi, Christian De Sica, Ricky Tognazzi, Paola Onofri. ◆ Due pompieri in pensione (Villaggio e Banfi) vengono richiamati e, dopo molte disavventure, mostreranno di essere degli eroi. Risposta italiana alle *Scuole di...* americane: situazioni risapute, e non una battuta che sia nuova. Particina per Moana Pozzi prehard. Seguìto da *Missione eroica – I pompieri 2*.

Pompieri 2 → *Missione eroica – I pompieri 2*

Pompieri di Viggiù, I *** (Italia 1949, b/n, 91') Mario Mattoli. Con Carlo Campanini, Ave Ninchi, Silvana Pampanini, Totò [Antonio de Curtis], Nino Taranto, Wanda Osiris, Carlo Dapporto, Isa Barzizza, Mario Castellani, Ricky Denver, Elena Giusti, Harry Feist, Miriam Glori, Laura Gore, Dante Maggio, Ughetto Bertucci, Ariodante Dalla, Dolores Palumbo, Ernesto Almirante. ◆ Per dare una lezione a chi ha scritto una canzone sui pompieri di Viggiù, il comandante (Campanini) dei vigili del fuoco di quella cittadina si presenta nel teatro dove si mette in scena l'omonima commedia musicale e dove recita anche la figlia (Pampanini), fuggita di casa e decisissima a fare la soubrette. Ben presto lo seguiranno la moglie (Ninchi) e tutto il corpo dei pompieri che assisterà dietro le quinte allo spettacolo e convincerà il comandante che la figlia ha fatto bene a prendere la strada del varietà. Prendendo spunto dalla celebre canzone di Fragna e Lerici-Rastelli (qui cantata con insistita malizia da Dapporto), Mattoli orchestra un film corale con la partecipazione di tutti i nomi del varietà e della comicità dell'epoca e con una serie di numeri dalle riviste più celebri del 1948: Taranto con la Pampanini nel numero del topo d'albergo e in quello del poliziotto che deve reprimere l'oltraggio al pudore dalla rivista *Nuvole*; Totò con la Barzizza e Castellani nel numero del manichino e il gran finale coi fuochi d'artificio da E *così era il mondo*; Wanda Osiris che canta *Canto campestre* e *Sentimental* (scendendo naturalmente dalle scale) dalla rivista *Al Grand Hotel*; Carlo Dapporto nelle scenette di Petronio e monsieur Verdoux da *Buon appetito*; e ancora Ariodante Dalla che canta (con inserti documentari sui faraglioni) *Qui... sotto il cielo di Capri*, Jole Cacciagli in *Perché non sognar*, Harry Feist (che in *Roma città aperta* aveva interpretato il ruolo del maggiore nazista Bergmann) in un numero coreografico di samba... Uno straordinario «documentario» sul mondo della rivista, girato come fosse un musical hollywoodiano (anche se con maggior povertà di mezzi) e montato con un bel ritmo, tra abbondanza di belle ragazze molto poco vestite (almeno per i tempi) e frequenti gag sui temi d'attualità. La coppia tra il pubblico è interpretata da Dolores Palumbo e Ernesto Almirante.

Pon Pon n. 2 * (*The Revenge of Cheerleder*, Usa 1973, col, 86') Richard Lerner. Con Jerry Woods, Raimbeaux Smith, Helen Lang, Patricia Rohmer. ◆ Nel liceo di Hale cinque pon pon girl trascinano al successo la squadra di pallacanestro e impediscono la chiusura della scuola. Modesto seguito di *Le ragazze pon pon*, cui sono state tagliate però le scene hard.

Ponte, Il *½ (*Stranded*, Usa 1935, b/n, 76') Frank Borzage. Con George Brent, Kay Francis, Patricia Ellis, Donald Woods. ◆ Un incidente durante la costruzione di un ponte mette nei guai un ingegnere (Brent): una ragazza (Francis) impegnata in opere di volontariato sociale lo aiuta contro il racket. Dramma convenzionale e didattico, il film non è tra i più riusciti del regista.

Ponte dell'amore, Il *½ (*Lucky Part-ners*, Usa 1940, b/n, 99') Lewis Milestone. Con Ronald Colman, Ginger Rogers, Jack Carson, Spring Byington. ◆ Due giovani (Rogers e Colman) comprano insieme casualmente un biglietto della lotteria: sperando nella vincita, si frequentano e s'innamorano. Soggetto esilissimo appena sorretto dagli interpreti, e fuori dalle corde del regista.

Ponte di comando ** (*H.M.S. Defiant*, Gb 1962, col, 100') Lewis Gilbert. Con Alec Guinness, Dirk Bogarde, Maurice Denham, Anthony Quayle. ◆ Al tempo delle guerre napoleoniche, un vascello inglese che veleggia verso la Corsica si ammutina: ma i rivoltosi non perdono il senso dell'onore e, quando la flotta britannica è in pericolo, si coprono di gloria. Poche sorprese nella retorica patriottica e nelle scene spettacolari; interessante, comunque, il testa a testa tra Guinness e Bogarde.

Ponte di guai, Un * (*Volunteers*, Usa 1985, col, 106') Nicholas Meyer. Con Tom Hanks, John Candy, Rita Wilson, Gedde Watanabe. ◆ Arruolato per sbaglio nei Peace Corps, uno studente viziato (Hanks) finisce in Thailandia a costruire un ponte. Fiacca satira degli Usa kennediani in un film sempre incerto sulla strada da prendere.

Ponte di Remagen, Il ** (*The Bridge at Remagen*, Usa 1969, col, 115') John Guillermin. Con George Segal, Robert Vaughn, Ben Gazzara, Bradford Dillman, E.G. Marshall, Peter Van Eyck. ◆ Verso la fine della seconda guerra mondiale, un manipolo di alleati tenta di sfondare la resistenza tedesca sul fronte occidentale per entrare in Germania. Ben girato ma senza grandi sorprese.

Ponte di San Luis Rey, Il *½ (*The Bridge of San Luis Rey*, Usa 1944, b/n, 89') Rowland V. Lee. Con Lynn Bari, [Alla] Nazimova, Louis Calhern, Akim Tamiroff, Francis Lederer, Donald Woods. ◆ Perù, 1714: cinque persone muoiono nel crollo di un ponte sospeso. Un missionario cerca di ricostruirne la storia, interrogandosi sui disegni della Provvidenza. Adattamento incolore – malgrado il cast curioso – del romanzo di Thornton Wilder firmato da Howard Estabrook.

Ponte di Waterloo, Il **½ (*Waterloo Bridge*, Usa 1940, b/n, 103') Mervyn LeRoy. Con Vivien Leigh, Robert Taylor, Lucile Watson, Virginia Field, C. Aubrey Smith, Maria Ouspenskaya. ◆ Londra, 1914: l'improvvisa partenza per il fronte impedisce all'ufficiale Roy Cronin (Taylor) di sposare la ballerina Myra (Leigh). Credendolo morto e caduta in rovina, Myra si prostituisce: al suo ritorno non gli confessa nulla, ma non oserà sposarlo, e si butterà sotto un camion. Classico e sontuoso melodramma, dove attori, luci (di Joseph Ruttenberg) e scenografie contano più che la regia. Puritanesimo spesso irritante e pudore dei sentimenti a volte commovente. Dal dramma omonimo di Robert E. Sherwood (sceneggiato da S.N. Behrman e Hans Rameau), da cui sono stati tratti altri due film *La donna che non si deve amare* (1931) di James Whale, e *Gaby* (1956) di Curtis Bernhardt. Ottenne un enorme successo e venne citato in molti altri film: ad esempio in *La ragazza di Bube* (ma c'era già nel romanzo di Cassola) e in *Iris fiore del Nord*.

Ponte sul fiume Kwai, Il *** (*The Bridge on the River Kwai*, Gb 1957, col, 161') David Lean. Con Alec Guinness, Jack Hawkins, William Holden, Sessue Hayakawa, Geoffrey Horne, James Donald. ◆ Durante la seconda guerra mondiale, un gruppo di alleati è prigioniero dei giapponesi in Birmania. Il colonnello inglese Nicholson (Guinness) e quello giapponese Saito (Hayakawa), dopo duri scontri, arrivano a un accordo: i prigionieri accettano di costruire un ponte, ed è lo stesso Nicholson, che ha messo in gioco il suo onore, a dirigere i lavori. Un prigioniero americano (Holden) che riesce a fuggire è incaricato di far saltare il ponte ma il finale sarà tragico per tutti. Primo kolossal di Lean, che riesce a bilanciare le ragioni dello spettacolo con una morale non corriva: l'assurdità dell'etica militaresca e della guerra in generale, con un'amarezza di fondo certo non in linea con il genere. Grandi interpretazioni, e stereotipi usati in modo efficace. Sette Oscar: miglior film, regia, attore protagonista (Guinness), fotografia (Jack Hildyard), montaggio (Peter Taylor), sceneggiatura non originale (Carl Foreman e Michael Wilson: ma poiché entrambi erano sulla lista nera, nei credits risulta solo l'autore del romanzo, Pierre Boulle), musica (Malcolm Arnold; il suo arrangiamento della *Colonel Bogey March* della Grande Guerra fu un enorme successo).

Ponte verso il sole *½ (*Bridge to the Sun*, Usa/Francia 1961, 1139) Etienne Périer. Con Carroll Baker, James Shigeta, James Yagi, Emi Florence. ◆ Poco prima della seconda guerra mondiale, un diplomatico giapponese idealista (Shigeta) sposa l'americana Gwen (Baker), sognando invano l'armonia tra i due paesi. Dall'autobiografia di Gwen Terasaki, un melodramma nutrito di buone intenzioni.

Pontiac Moon ** (*Pontiac Moon*, Usa 1994, col, 108') Peter Medak. Con Ted Danson, Ryan Todd, Mary Steenburgen, Eric Schweig, Cathy Moriarty, J.C. Quinn, Don Swayze. ◆ Luglio 1969: l'estroso professor Washington Bellamy (Danson), oppresso da una moglie agorafoba e iperprotettiva (Steenburgen), fugge di casa col figlioletto (Todd), deciso a raggiungere un cratere nell'Idaho in contemporanea con l'allunaggio dell'Apollo 11. Sorridente *road movie* bagnato di nostalgia e facile lirismo; gradevole e girato con cura, ma col difetto di perdere interesse nel finale.

Ponticello sul fiume dei guai, Il *½ (*The Geisha Boy*, Usa 1958, col, 98') Frank Tashlin. Con Jerry Lewis, Marie McDonald, Sessue Hayakawa, Suzanne Pleshette, Nobu Atsumi McCarthy, Robert Kazuyoshi Hirano, Barton MacLane. ◆ Un mago di scarsa abilità (Lewis), in tournée in Giappone col suo coniglio Harry – che si arrossa stando al sole in calzoncini e occhiali scuri – si prende a cuore la sorte di un ragazzino che non ride mai (Kazuyoshi Hirano) e della sua graziosa zia (Atsumi McCarthy). Uno dei film più fiacchi di Lewis (nonostante la sceneggiatura dello stesso Tashlin) con un insopportabile sottofondo bamboleggiante e dolciastro, divertente solo quando distrugge letteralmente la sua compagna di viaggio, l'attrice Lola Livingston (McDonald), o nella gag surreale del colloquio col giapponese in cui non può comunicare nemmeno con i sottotitoli (perché naturalmente sono in giapponese anche quelli). Il titolo italiano fa il verso al *Ponte sul fiume Kway* perché l'attore che interpretava Saito nel film di Lean (Hayakawa) qui è lo zio del ragazzino, che nel tentativo di farlo divertire costringe alcuni inglesi a costruire un piccolo ponte simile a quello sul fiume Kway nel suo giardino (c'è anche un inserto con un primo piano di Guinness).

Ponti di Madison County, I *** (*The Bridges of Madison County*, Usa 1995, col, 135') Clint Eastwood. Con Meryl Streep, Clint Eastwood, Annie Corley, Victor Slezak, Jim Haynie. ◆ Iowa, 1965: mentre il marito (Haynie) e i figli sono assenti per quattro giorni, Francesca Johnson (Streep) conosce il maturo fotografo Robert Kincaid (Eastwood), che sta facendo un reportage sui ponti coperti della contea per *National Geographic*. Lei è un'italiana sposa di guerra, delusa dal sogno americano; lui un solitario fiero di essere tale. Sarà grande amore, ma Francesca non avrà il coraggio di lasciare la famiglia, e non lo rivedrà più. Molti anni dopo, morti sia Francesca che Robert, i due figli Carolyn (Corley) e Michael (Slezak) ne rivivono la storia sui diari materni, traendone più di una lezione. Eastwood (che ha sostituito alla regia Robert Redford e Bruce Beresford) affronta il melodramma da par suo: asciuga l'enfasi ma non respinge la commozione, ricostruisce col massimo realismo il sorgere simultaneo di una duplice seduzione, e sottolinea l'inevitabile tragicità del tempo che scorre verso la morte. Dirige magistralmente la Streep e si prende più di un rischio in un territorio che finora gli era estraneo: ma se la parte centrale è debole, l'idea dei due figli che scoprono la verità sulla madre rende profonda una storia che altrimenti rischierebbe di essere l'ennesimo remake di *Breve incontro*. Dal best-seller omonimo di Robert James Waller, adattato da Richard LaGravenese. Fotografia di Jack N. Green. Eastwood è coautore, con Lennie Niehaus, del tema musicale e pare che sul set sia scoccata più di una scintilla tra i due protagonisti.

Ponti di Toko-Ri, I ** (*The Bridges at Toko-Ri*, Usa 1954, col, 103') Mark Robson. Con William Holden, Grace Kelly, Fredric March, Mickey Rooney, Robert Strauss, Earl Holliman, Dennis Weaver. ◆ Guerra di Corea: il pilota di jet Brubaker (Holden) passa un breve intervallo di pace in licenza a Tokyo con moglie (Kelly) e figli, prima di partire per una missione fatale. La mancanza di lieto fine, e l'analisi delle paure e del lato umano dei personaggi, allora suonava antiretorica – anche se la propaganda, uscita dalla porta, torna dalla finestra. Le sequenze migliori restano comunque quelle d'azione, spettacolari e piene di suspense. Rooney, anche nella parte drammatica del pilota d'elicotteri, non rinuncia a tocchi comici.

Pony Express ** (*Pony Express*, Usa 1953, col, 101′) Jerry Hopper. Con Charlton Heston, Rhonda Fleming, Jan Sterling, Forrest Tucker. ◆ Un ex sergente di cavalleria (Sterling), con l'aiuto di William Cody alias Buffalo Bill (Heston), inaugura un servizio di staffette a cavallo tra la California e il Mississippi, tenendo a bada indiani e loschi affaristi. Western di ambizioni epiche, ma scolorito nella realizzazione. Nella realtà i pony express durarono pochissimo, subito soppiantati dalla ferrovia.

Pookie ** (*The Sterile Cuckoo*, Usa 1969, col, 107′) Alan J. Pakula. Con Liza Minnelli, Wendell Burton, Tim McIntire. ◆ In un college del New England la nevrotica Pookie (Minnelli) si innamora del timido Jerry (Burton): ma le due solitudini rimarranno tali. Da un romanzo di John Nichols, la prima regia di Pakula, all'insegna dell'intimismo dimesso e del disegno accurato dei personaggi. La Minnelli fu candidata all'Oscar.

Poor Cow ** (*Poor Cow*, Gb 1967, col, 104′) Ken Loach. Con Carol White, Terence Stamp, John Bindon, Kate Williams, Malcolm McDowell. ◆ Mentre il marito Dave (Bindon) è in carcere, Joy (White) si lega a Tom (Stamp), amico e collega dell'altro. Quando anche Tom finisce dentro, inizia a prostituirsi: ma, per amore del figlio, non demorde e, uscito Dave, cerca di ricominciare come prima. Primo film di Loach, crudo e anticonvenzionale, girato in una Londra ostile e povera. Certi vezzi godardiani e procedimenti stranianti hanno fatto comunque il loro tempo. Esordio per McDowell.

Popeye – Braccio di Ferro ° (*Popeye*, Usa 1980, col, 114′) Robert Altman. Con Robin Williams, Shelley Duvall, Paul Smith, Paul Dooley, Richard Libertini, Linda Hunt. ◆ Alla ricerca del padre, Braccio di Ferro (Williams) capita nella cittadina di Sweethaven, dove si innamora di Olivia (Duvall), fidanzata dello sceriffo Bluto (Smith) che tiranneggia il paese. Ambiziosa trasposizione cinematografica del personaggio nato nei fumetti di Elzie Crisler Segar, già ispiratori dei disegni animati di Max Fleisher. All'inizio il regista doveva essere Hal Ashby, gli interpreti Dustin Hoffman e Lily Tomlin, con la Paramount alla produzione. Passando alla Disney, del progetto è rimasta solo la sceneggiatura del cartoonist intellettuale Jules Feiffer. Altman dice che «Sweethaven somiglia alla società americana, totalitaria e fascista, dove uno è costretto a fare quello che qualcun altro ha deciso per lui»: ma sullo schermo si vedono solo goffi tentativi di ricreare il ritmo da disegno animato e intermezzi cantati stucchevoli. Il doppiaggio italiano di certo non aiuta. Girato a Malta, con Giuseppe Rotunno alla fotografia.

Popolo in ginocchio, Un **½ (*Massacre*, Usa 1934, b/n, 70′) Alan Crosland. Con Richard Barthelmess, Ann Dvorak, Dudley Digges, Claire Dodd, Henry O'Neill, Robert Barrat, Arthur Hohl, Sidney Toler. ◆ Tornato nella sua riserva per assistere il padre morente, Joe Cavallo di Tuono (Barthelmess), figlio di un capo sioux, scopre le ingiustizie commesse dai bianchi e vendica lo stupro della sorella. Arrestato e condannato, fugge con l'aiuto di un'indiana (Dvorak) e va a Washington dal commissario per la questione pellerossa (O'Neill), che vuole fare di lui il simbolo delle sue battaglie. Ma Joe è nuovamente arrestato. L'unico film americano degli anni Trenta che tratta il tema delle riserve indiane (nel decennio precedente si era visto qualcosa di più: *Braveheart* di Alan Hale, *The Vanishing American* di George B. Seitz e *Redskin* di Victor Schertzinger; poi bisognerà aspettare *Ucciderò Willie Kid* di Polonsky, 1969, e soprattutto *Nessuna pietà per Ulzana* di Aldrich, 1972, che presenta analogie singolari con questo film). Presenza insolita nella produzione della Warner Bros, *Un popolo in ginocchio* sconta qualche incertezza nella caratterizzazione dei personaggi e qualche debolezza di regia, ma la sua schietta presa di posizione antirazzista in un contesto ancora imbevuto di mitologia western lo colloca a buon diritto nella storia del genere. Sceneggiato da Ralph Block e Sheridan Gibney da una storia di Robert Gessner e Block, con un happy ending (Joe si salva, sposa la ragazza indiana che l'aveva aiutato a fuggire e diventa il rappresentante federale della riserva) chiaramente posticcio.

Poppea una prostituta al servizio dell'impero * (Italia 1972, col, 93′) Alfonso Brescia. Con Don Backy [Aldo Caponi], Femi Benussi, Peter Landers [Piero Scheggi], Linda Sini, Vittorio Caprioli, Howard Ross [Renato Rossini], Eva Czemerys, Esmeralda Barros, Giordano Albertoni. ◆ Le disavventure del superdotato Ottone (Don Backy) e del superaffamato Savio (Landers) nella Roma imperiale: saltimbanchi, gladiatori (che per caso salvano la vita a Nerone [Caprioli]), centurioni in Cappadocia e anche cristiani, ma sempre alla ricerca di donne, soprattutto della ninfomane Poppea (Benussi). Tentativo fallito di fondere la parodia del peplum (con scene di massa piratate da altri film), le scazzottate del western all'italiana e un po' di commedia sexy. Alla fine si ricordano solo i nudi di Benussi e C. e gli sforzi di Caprioli per «citare» il Nerone di Petrolini. Anche Don Backy mostra le chiappe.

Porca miseria! *½ (Italia 1951, b/n, 95′) Giorgio Bianchi. Con Carlo Croccolo, Francesco Golisano, Isa Barzizza, Mario Riva, Carlo Campanini. ◆ Giacomino (Croccolo) e Carletto (Golisano) cercano fortuna come artisti di avanspettacolo, ma verranno piantati dalla loro soubrette (Barzizza). Tra i meno riusciti del filone dedicato ai guitti di provincia. Libero rifacimento di *Quei due* di Gennaro Righelli, a sua volta tratto parzialmente da *Sik-Sik, l'artefice magico* di Eduardo De Filippo e da altri personaggi eduardiani.

Porca società *½ (Italia 1978, col, 90′) Luigi Russo. Con Saverio Marconi, Mirella D'Angelo, Luciano Bartoli, Fabia Fabiani. ◆ L'operaio Paolo (Marconi) viene a contatto con il mondo dell'attivismo politico, ma durante una manifestazione viene ucciso da una pallottola vagante. Meno velleitario di altri film postsessantottini, ma ugualmente modesto.

Porca vacca * (Italia 1980, col, 113′) Pasquale Festa Campanile. Con Renato Pozzetto, Laura Antonelli, Aldo Maccione, Enzo Robutti. ◆ Prima guerra mondiale: Primo Baffo (Pozzetto), un cantante da strapazzo, parte per il fronte dopo aver cercato invano di farsi riformare. Truffato da due contadini imbroglioni, Marianna (Antonelli) e Tomo Secondo (Maccione, doppiato in veneto), dà inizio a una guerra privata contro di loro. Banale e grossolana imitazione della *Grande guerra* di Monicelli, che non riesce a trovare il respiro dell'affresco storico, e si esaurisce nelle macchiette.

Porca vacca mi hai rotto... *½ (*Steptoe and Son*, Gb 1972, col, 100') Cliff Owen. Con Carolyn Seymour, Wilfrid Brambell, Harry Corbett, Arthur Howard. ◆ Il figlio di un robivecchi sposa una spogliarellista contro il volere paterno: e tanto fa il genitore che i due si separano. Modesta commedia con qualche pretesa di analisi sociale. Complimenti al titolo italiano.

Porcelli oggi → *Pigs Today – Porcelli oggi*

Porcelloni in vacanza → *Meatballs – Porcelloni in vacanza*

Porci con le ali * (Italia 1977, col, 105') Paolo Pietrangeli. Con Franco Bianchi, Cristiana Mancinelli Scotti, Lou Castel, Anna Nogara. ◆ Nella Roma degli anni Settanta, mentre cominciano i primi segni del riflusso, due giovani militanti di sinistra (Bianchi e Mancinelli, la figlia di Elsa Martinelli), sotto sotto profondamente borghesi, pensano più al sesso che all'impegno. Instant-movie dall'allora celebre romanzo-scandalo di Lidia Ravera e Marco Lombardo Radice (pubblicato sotto lo pseudonimo di Rocco e Antonia): non ne ripeté il successo e, al contrario del libro, risulta approssimativo e fasullo anche come documento di un'epoca. Esordio alla regia del cantautore Pietrangeli. Musiche di Giovanna Marini.

Porci, geishe e marinai ** (*Buta to Gunkan*, Giappone 1961, b/n, 115') Shohei Imamura. Con Yuji Nagato, Masao Mishima, Tetsuro Tanba, Mitzi Mori. ◆ In un porto giapponese, dove sono di stanza militari americani, una banda di yakuza traffica nel riciclaggio dei resti delle forniture alimentari americane, usate come cibo per porci. Spinto dalla sua amante, la prostituta Haruko (Mori), Kinta (Nagato) tenta invano di mettersi da parte. Uno dei pochi film di Imamura a essere giunto in Italia: radiografia impietosa, ma tentata spesso dal sensazionalismo, di un mondo marginale dove a contare sono gli istinti primari del cibo e del sesso. Polemica contro la presenza degli americani, e intenzioni provocatorie nel tono greve e virulento (vedi la fiumana dei maiali nel finale).

Porcile ** (Italia/Francia 1969, col, 98') Pier Paolo Pasolini. ◆ Nella prima parte (con Pierre Clementi, Franco Citti, Ninetto Davoli), collocata in epoca imprecisata, un cannibale (Clementi) viene catturato e condannato a essere sbranato dalle fiere. Nella seconda (con Jean-Pierre Léaud, Anne Wiazemsky, Alberto Lionello, Ugo Tognazzi, Marco Ferreri, Margherita Lozano, Ninetto Davoli), ambientata nella Germania postnazista, un giovane (Léaud), incerto se ribellarsi al padre industriale (Lionello), finisce divorato dai porci con cui è solito accoppiarsi. Una parabola fin troppo esplicita e verbosa sulla società che divora i figli ribelli: dal tono crudo e leggendario si passa alla satira grottesca e sopra le righe. Non uno dei migliori Pasolini. Resta notevole l'uso degli scenari: le falde dell'Etna nella prima parte, la villa Pisani di Stra nella seconda.

Porco mondo (porno) * (Italia/Spagna 1978, col, 101') Sergio Bergonzelli. Con Carlo De Mejo, Karin Well, William Berger, Alida Valli. ◆ Un senatore (De Mejo), che dietro la facciata di moralista è un pervertito, viene ucciso da un gruppo di giovani tipo *Arancia meccanica* amici del figlio. Trama scombinata, risibili pretese di satira, effettismo gratuito: che cosa ci faccia in mezzo la Valli (che interpreta la governante) è un mistero. Comparsata anche per Aiché Nanà, la spogliarellista resa celebre dalle foto di Tazio Secchiaroli al *Rugantino*.

Porgi l'altra guancia *½ (Italia 1974, col, 95') Franco Rossi. Con Terence Hill [Mario Girotti], Bud Spencer [Carlo Pedersoli], Jean-Pierre Aumont, Mario Pilar. ◆ Alla fine del secolo scorso, nei Caraibi, una coppia di missionari (Spencer e Hill) non proprio ligi al precetto evangelico del titolo difendono la gente del posto da un tiranno. Buoni sentimenti, botte incruente, una spruzzata di ribalderia: lasciati momentaneamente gli spaghetti-western, la coppia Spencer-Hill garantiva sempre incassi astronomici.

Porgy and Bess ** (*Porgy and Bess*, Usa 1959, col, 142') Otto Preminger. Con Sidney Poitier, Dorothy Dandridge, Sammy Davis jr, Pearl Bailey, Diahann Carroll. ◆ Nel ghetto nero di Catfish Row, il mendicante storpio Porgy (Poitier) si innamora di Bess (Dandridge), una prostituta che cerca di sfuggire al suo protettore. Ma come ringraziamento per avere eliminato quest'ultimo, Bess fugge con un trafficante di droga (Davis). Versione all black dell'opera di George Gershwin del 1937, ebbe una gestazione travagliata (ritardi, incidenti, cambi di regista: Preminger sostituì Mamoulian) e scarso successo di pubblico, tanto da determinare il ritiro dall'attività del produttore Samuel Goldwyn. Preminger insegue il perfezionismo della ricostruzione d'epoca, ma vorrebbe inserire richiami alla realtà contemporanea. Risultato mai veramente convincente. Oscar ad André Previn e Ken Darby per gli arrangiamenti.

Porky's – Questi pazzi, pazzi porcelloni *½ (*Porky's* , Canada 1981, col, 94') Bob Clark. Con Dan Monahan, Mark Herrier, Wyatt Knight, Roger Wilson, Kim Cattrall, Susan Clark, Alex Karras, Chuck Mitchell. ◆ Florida, anni Cinquanta: un gruppo di liceali arrapati che in genere non vanno più in là del voyeurismo vengono beffati e spennati da Porky (Mitchell), gestore di un peccaminoso locale notturno. Segue la vendetta. Successo a sorpresa a base di scherzi goliardici, battutacce e una dose di sesso che non sarebbe passata in un film di produzione americana. Due seguiti. Tagliuzzata la versione che passa in televisione.

Porky's II – Il giorno dopo * (*Porky's II – The Next Day*, Canada 1983, col, 95') Bob Clark. Con Dan Monahan, Wyatt Knight, Mark Herrier, Roger Wilson. ◆ Gli studenti del primo *Porky's* crescono e non se la prendono più contro ciccioni e seriosi, ma contro preti guardoni, politici corrotti e fanatici del Ku Klux Klan. La volgarità diminuisce, ma anche il (relativo) divertimento: il mito del «politicamente corretto» miete le prime vittime.

Porky's III – La rivincita * (*Porky's Revenge*, Usa 1985, col, 91') James Komack. Con Dan Monahan,

Wyatt Knight, Mark Herrier, Scott Colomby, Kaki Hunter. ◆ Il malvagio Porky ricatta l'allenatore di una squadra di basket dove militano i ragazzi dei precedenti episodi. Ultimo e fiacco episodio della serie.

PornOcchio, Il ** (*Cry Uncle!*, Usa 1971, col, 85') John Avildsen. Con Allen Garfield, Madeleine de la Roux, Devin Goldenberg, David Kirk, Sean Walsh. ◆ Uno scalcinato detective privato (Garfield) deve rintracciare un pornofilm che comprometterebbe un miliardario (Kirk). Semiparodia del noir, ribalda, piena di sesso e discretamente divertente. Grande performance di Garfield. Avildsen – chi l'avrebbe detto – dirigerà *Rocky* e *Per vincere domani*.

Pornografo, Il **½ (*Inserts*, Usa 1979, col, 97') John Byrum. Con Richard Dreyfuss, Jessica Harper, Bob Hoskins, Veronica Cartwright. ◆ Hollywood, anni Trenta: Boy Wender (Dreyfuss), ex maestro del cinema muto, è costretto a guadagnarsi da vivere girando film porno. La sua attrice, Harlene (Cartwright), muore d'overdose, ma c'è subito pronta una sostituta (Harper). Dietro le quinte di Hollywood (si parla di Murnau, von Stroheim e del giovane Clark Gable), ma senza il cinismo dei pettegolezzi di Kenneth Anger: Byrum demitizza tanto la fabbrica dei sogni quanto lo squallore della pornografia. Gioco al massacro tra pochi personaggi molto in stile anni Settanta. L'esordiente Byrum, in seguito, non ha mantenuto le promesse.

Portaborse, Il **½ (Italia 1990, col, 94') Daniele Luchetti. Con Nanni Moretti, Silvio Orlando, Angela Finocchiaro, Giulio Brogi, Anne Roussel, Guido Alberti, Renato Carpentieri. ◆ Il professore Luciano Sandulli (Orlando) viene cooptato per scrivere i discorsi del ministro Cesare Botero (Moretti). I vantaggi e i favori iniziano a fioccare: ma Luciano, resosi conto del marcio dell'ambiente, oserà ribellarsi. Rifiutato dalla Rai, e prodotto dalla Sacher Film di Moretti e Barbagallo, un attacco frontale – e in anticipo sui tempi – all'Italia dei furbi, dei corrotti e del rampantismo socialista. Moretti si cala con intelligenza nei panni di un personaggio arrogante e sgradevole; ma l'evoluzione psicologica del professorino è un po' schematica, e il gesto di ribellione finale (la distruzione dell'automobile) troppo facile. Giustamente lodato come esempio di cinema italiano che torna a far presa sulla realtà, il film di Luchetti (che interpreta la parte del regista pubblicitario) è spesso pungente e ha il coraggio del pessimismo (con o senza brogli, Botero alla fine vince le elezioni): ma non convince appieno il suo moralismo astratto, e il suo mitizzare la figura del perdente. Il soggetto originale è di Bernini e Pasquini ma i due sceneggiatori hanno tolto la loro firma non riconoscendosi negli interventi successivi di Rulli e Petraglia.

Porta dei sogni, La *½ (*Toys in the Attic*, Usa 1963, b/n, 90') George Roy Hill. Con Dean Martin, Geraldine Page, Yvette Mimieux, Wendy Hiller, Gene Tierney. ◆ Julian (Martin) torna a New Orleans con la giovane moglie Lily (Mimieux). Oltre alle due sorelle zitelle (Hiller e Page), la felicità coniugale è minata dalla ricomparsa di una vecchia fiamma di lui. Deludente adattamento di una pièce di Lillian Hellman, che finisce col diventare una confusa soap-opera.

Porta del cielo, La ** (Italia 1945, b/n, 90') Vittorio De Sica. Con Marina Berti, Elettra Druscovich, Giuseppe Forcina, Massimo Girotti, Giovanni Grasso, Roldano Lupi, Maria Mercader, Carlo Ninchi, Elli Parvo, Amelia Bissi, Cristiano Cristiani, Giovanni Grasso, Annibale Betrone, Tilde Teldi, Giulio Calì. ◆ Tra i malati che si stanno recando a Loreto in treno, ci sono un povero ragazzo paralitico (Cristiani) accompagnato da una ragazza senza famiglia (Mercader), un pianista (Lupi) che ha perso l'uso di una mano, una governante (Druscovich) che vorrebbe veder ritornare la pace nella famiglia per cui lavora da anni, un operaio diventato cieco (Girotti) per colpa di un collega (Ninchi) che, ossessionato dal rimorso, gli fa da accompagnatore. Prodotto da Salvo D'Angelo per la Orbis e finanziato dal Vaticano, questo film fu girato interamente a Roma (comprese le scene ambientate nella basilica di Loreto, rifatta a San Paolo fuori le mura) nei sette mesi a cavallo della liberazione, e poté contare su un cast tanto nutrito perché recitare qui voleva dire sottrarsi al trasferimento forzoso negli studi che la Repubblica di Salò stava allestendo a Venezia. Sceneggiato dal regista con Cesare Zavattini, Diego Fabbri, Adolfo Franci e Carlo Musso, il film evita di cadere nell'apologia propagandistica, non risparmia qualche frecciata a certa pelosa pietà (i nipoti del commerciante paralitico) e pur nella frammentarietà del racconto (la storia di ogni personaggio è meccanicamente spiegata con un flashback) rivela un occhio registico e un'attenzione al particolare verista già pronti per i successivi capolavori neorealisti.

Porta del corpo, La ** (*Nikutai no mon*, Giappone 1964, col, 90') Seijun Suzuki. Con Jo Shishido, Yumiko Nogawa, Satoko Kasai, Kayo Matsuyo. ◆ Nei bassifondi di Tokyo, Shintaro (Shishido), ricercato per aver ucciso un soldato americano, trova rifugio presso alcune prostitute: fuggirà con una di loro, ma verrà tradito dalle altre, che non ammettono ci si possa innamorare di un uomo. Spaccato cupo ed esagitato del marasma del Giappone postbellico, debitore del cinema di Oshima e di Imamura. Le sequenze fumettistiche delle prostitute che denudano e torturano le compagne «traditrici» sono un inchino alle esigenze dei produttori: ma Suzuki cerca sempre un personale quanto velleitario lirismo della spazzatura, alternando il realismo estremo (c'è anche un bue macellato) a trasfigurazioni fantastiche (vedi l'uso dei colori) e a pesanti simbolismi.

Porta della Cina, La **½ (*China Gate*, Usa 1957, b/n, 97') Samuel Fuller. Con Angie Dickinson, Gene Barry, Nat King Cole, Paul Dubov, Lee Van Cleef, Marcel Dalio. ◆ Nel 1954, durante la guerra in Indocina, Lia (Dickinson), una prostituta di sangue misto, incaricata di guidare una pattuglia in una missione di sabotaggio, ritrova il marito razzista (Barry) che l'aveva abbandonata. I temi in gioco sono forse troppi (razzismo, anticomunismo, anticolonialismo, elogio dei reietti), ma Fuller, che firma anche la sceneggiatura, evita le mezze misure e riesce a mescolare melodramma e film bellico. Ai tempi molte polemiche per il personaggio di Lia che uccide il capo dei comunisti (Van Cleef) e sogna gli Stati Uniti per il proprio figlio. Prima parte da protagonista per la Dickinson, alla quale rimarrà appiccicato il soprannome («Lucky Legs») che nel film porta il suo personaggio.

Porta dell'inferno, La *½ (*Edge of Doom*, Usa 1950, b/n, 99') Mark Robson. Con Farley Granger, Dana Andrews, Joan Evans, Mala Powers, Adele Jergens. ◆ Sconvolto dalla morte della madre e dal suicidio del padre, Martin (Granger) uccide il prete che gli ha negato la sepoltura, ma è tormentato dal rimorso. Il risultato non è all'altezza delle ambizioni: Granger fa il nevrotico da manuale, Robson non ritrova la vena felice di altri suoi film.

Porta del mistero, La *½ (*Remains To Be Seen*, Usa 1953, b/n, 89') Don Weis. Con Van Johnson, June Allyson, Angela Lansbury, Luis Calhern, Dorothy Dandridge. ◆ Una cantante (Allyson) che deve riscuotere un'eredità finisce nel mirino di un malvagio dottore (Calhern), che ha già fatto fuori l'anziano parente. Modesta commedia gialla di chiara derivazione teatrale.

Porta d'oro, La *** (*Hold Back the Dawn*, Usa 1941, b/n, 115') Mitchell Leisen. Con Charles Boyer, Olivia de Havilland, Paulette Goddard, Victor Francen, Walter Abel, Curt Bois. ◆ L'avventuriero Georges Ivanescu (Boyer) è bloccato in Messico: consigliato dall'amante Anita (Goddard), corteggia una maestrina in vacanza (de Havilland) con l'intenzione di sposarla e ottenere il visto d'ingresso negli Usa. Sceneggiato da Charles Brackett e Billy Wilder, questo curioso incrocio tra noir e melodramma rivela più di un'affinità con *Casablanca* nel descrivere l'ambiente di chi aspetta di poter finalmente raggiungere il paese dei propri sogni. Ma a differenza del film di Curtiz, questo è costruito soprattutto sulla capacità di rendere simpatica la figura di un piccolo imbroglione con un passato da gigolo, grazie ad alcuni divertenti tocchi da commedia (perfetti per la recitazione di Boyer) e al melodrammatico riscatto finale attraverso l'amore e il sacrificio. Curiosa la costruzione narrativa a flashback: Ivanescu racconta la sua storia a un regista di Hollywood il cui ruolo è interpretato da Leisen stesso e la scena è ambientata sul set dei *Cavalieri del cielo* (il film che Leisen aveva diretto prima di questo) di cui si vedono due interpreti, Veronica Lake e Brian Donlevy.

Portami in città ** (*Take Me To Town*, Usa 1953, col, 81') Douglas Sirk. Con Ann Sheridan, Sterling Hayden, Philip Reed, Lee Patrick. ◆ Una ballerina di saloon (Sheridan) riesce a convincere un predicatore vedovo (Hayden) che sono fatti l'uno per l'altra. Variante in costume di *Vedovo cerca moglie* dello stesso regista, roseo e gradevolmente innocuo.

Portami quello che hai e prenditi quello che vuoi *½ (*Les Figurants du nouveau monde*, ritintolato *Les Caprices de Marie*, Francia/Italia 1971, col, 92') Philippe de Broca. Con Philippe Noiret, Marthe Keller, Valentina Cortese, Bert Convy, Didi Perego, François Prier, Jean-Pierre Marielle. ◆ Un miliardario americano (Noiret) scommette di sposare una donna qualunque: conosciuta una giovane contadina francese (Keller), le chiede di seguirlo in America e fa ricostruire sui suoi territori il paesino dove viveva. I soldi non sono tutto: favola moderna garbata ma banale.

Portami via ** (Italia 1994, col, 95') Gianluca Maria Tavarelli. Con Stefania Orsola Garello, France Demoulin, Sergio Troiano, Michele Di Mauro, Fabrizio Monetti, Riccardo Montanaro. ◆ Torino: due amici, assistente sociale l'uno e rappresentante l'altro (Troiano e Di Mauro), passano le notti trasferendosi da un locale all'altro e sognando avventure impossibili. L'incontro con due giovani ragazze dell'Est (Garello e Demoulin), venute a Torino piene di aspettative e finite a fare le prostitute, cambierà la loro vita: per toglierle dai guai le accompagneranno in Francia. Un'opera prima indipendente, urbana e notturna, capace di coagulare sullo schermo il disagio e il senso di perdita di una generazione che si muove a caso in una città sempre periferica, sognando una svolta fantastica che invece arriva bruscamente dalla realtà. Tavarelli dirige con taglio minimalista, senza perdersi nelle secche del neo-neorealismo, scavalcando la facile retorica dell'abietto esistenzialismo metropolitano a vantaggio di emozioni (un po' troppo) semplici e sincere. Sceneggiatura del regista e di Leonardo Fasòli, vincitrice del premio Solinas.

Porta proibita, La **½ (*Jane Eyre*, Usa 1944, b/n, 96') Robert Stevenson. Con Orson Welles, Joan Fontaine, Margaret O'Brien, Henry Daniell, John Sutton, Agnes Moorehead, Elizabeth Taylor. ◆ L'orfana Jane Eyre (O'Brien da piccola, Fontaine da grande) viene ospitata in un maniero per educare la figlia del ricco Rochester (Welles), che le propone di sposarlo: scoperto che ha già una moglie pazza (che non si vede mai) fugge. Morta la moglie nell'incendio da lei stessa appiccato e diventato cieco Rochester, Jane tornerà impietosita. La regia di Stevenson illustra fedelmente il clima gotico e di persecuzione del romanzo di Charlotte Brontë (adattato dal regista con Aldous Huxley e John Houseman), anche se non riesce a trovare una cifra interpretativa originale. Memorabili le scene nel collegio in cui è rinchiusa l'orfanella Jane, dove un direttore sadico fa morire la piccola Elizabeth Taylor sotto la pioggia. Affascinanti la fotografia a lume di candela di George Barnes e la scenografia di Wiard B. Ihnen e James Basevi. Grande partitura di Bernard Herrmann. Per Welles fu l'esordio a Hollywood come attore diretto da altri, e un buon successo. Rifatto nel '70 (*Jane Eyre nel castello dei Rochester*) e nel '95 (*Jane Eyre*).

Porta segreta, La **½ (*The Double Door*, Usa 1934, b/n, 75') Charles Vidor. Con Mary Morris, Kent Taylor, Evelyn Venable. ◆ La sorella più anziana (Morris) rifiuta di accettare in casa la moglie (Venable) del fratello (Taylor), arrivando a segregarla in uno scantinato segreto. Noir ai confini con l'horror, sceneggiato da Gladys Lehman e Jack Cunningham a partire dalla pièce di Elizabeth A. McFadden, diretto con buon senso dell'atmosfera. Primo film firmato a Hollywood dall'ungherese Charles Vidor, ancora debitore dell'espressionismo.

Porta un bacione a Firenze *½ (Italia 1955, b/n, 90') Camillo Mastrocinque. Con Milly Vitale, Alberto

Farnese, Nino Besozzi, Marisa Merlini, Sergio Tofano, Franco Pastorino, Ciccio Barbi, Pietro Tordi. ◆ Tornata a Firenze da New York, dove si era trasferita col padre, Simonetta (Vitale) s'innamora di uno scultore (Farnese): nemmeno un incidente che rende (momentaneamente?) cieca la ragazza metterà in crisi il loro amore. Utilizzando il titolo di una celeberrima canzone di Odoardo Spadaro (che si vede nella parte del fiorentino incontrato da Simonetta sulla nave), una commedia che mescola spunti «turistici» (comprese le riprese di una partita di calcio fiorentino in costume) con situazioni più dichiaratamente comiche (i problemi economici del conte che ospita Simonetta e del suo cameriere, interpretati da Besozzi e Tofano), a un finale melodrammatico. Nostalgico commento musicale cantato da Claudio Villa, Nilla Pizzi e Odoardo Spadaro.

Porte aperte *** (Italia 1990, col, 108') Gianni Amelio. Con Gian Maria Volonté, Ennio Fantastichini, Renato Carpentieri, Paolo Volpicelli, Renzo Giovampietro, Lydia Alfonsi. ◆ Palermo, 1937: l'impiegato Tommaso Scalia (Fantastichini), frustrato nella carriera e nel lavoro, uccide la moglie, il superiore e un collega, si costituisce e reclama la pena di morte. Ma il giudice Di Francesco (Volonté), malgrado le pressioni popolari e politiche, esita a trasformare la giustizia in assassina. Dal libro di Leonardo Sciascia, ispirato a un fatto realmente accaduto, una riflessione asciutta e pessimista sul tema del delitto e del castigo, e un atto di fede nella ragione malgrado tutto: Amelio rimane distante da ogni stereotipo sulla Sicilia e sul fascismo, e riesce a fare un cinema di pensiero che sarebbe piaciuto a Rossellini. Ogni banale suspense da film giudiziario è bandita, ma l'emozione non è assente, grazie anche alla passione con la quale gli attori si calano in personaggi ricchi di sfumature e contraddizioni. Una citazione particolare per la rivelazione cinematografica dell'attore teatrale Renato Carpentieri (il giurato Consolo), praticamente perfetto.

Porte girevoli, Le ** (*Les Portes tournantes*, Canada/Francia 1988, col, 100') Francis Mankiewicz. Con Monique Spaziani, Miou-Miou [Sylvette Hery], Gabriel Arcand, Jacques Penot. ◆ Antonie (Penot) e suo padre (Arcand) rintracciano un vecchio diario della nonna Celeste (Spaziani), una famosa pianista del periodo del muto andata negli Stati Uniti dopo aver abbandonato la famiglia. Patinata elegia del cinema delle origini e del tempo perduto: un esordio fin troppo controllato.

Portiere di notte, Il *½ (Italia 1974, col, 120') Liliana Cavani. Con Dirk Bogarde, Charlotte Rampling, Philippe Leroy, Isa Miranda, Nora Ricci, Gabriele Ferzetti. ◆ Vienna, 1957: il portiere Max (Bogarde), che nasconde un passato di torturatore nazista, ritrova casualmente Lucia (Rampling), un'ebrea sopravvissuta ai lager, con la quale aveva avuto una relazione sadomaso. Il rapporto riprende, ma Lucia è diventata una testimone pericolosa, di cui altri ex nazisti si vogliono disfare. Le ambizioni della Cavani sono di esplorare – con l'ausilio di Sade, Dostoevskij e il Visconti della *Caduta degli dei* – gli abissi dell'anima umana e gli orrori della Storia. Il risultato inclina sia al mélo che al fumetto. Sproporzionato lo scandalo destato all'epoca – anche se ancora oggi non si vede integrale in televisione. La Rampling vestita con un cappello e il torso nudo, coperto solo da un paio di bretelle, è diventata una specie di «immagine di marca» dell'attrice.

Porto delle nebbie, Il **** (*Quai des brumes*, Francia 1938, b/n, 90') Marcel Carné. Con Jean Gabin, Michèle Morgan, Michel Simon, Pierre Brasseur, Edouard Delmont, Robert Le Vigan, Aimos. ◆ Il disertore Jean (Gabin) s'innamora di una ragazza, Nelly (Morgan), conosciuta nel porto di Le Havre: ma, sospettato dell'omicidio del fidanzato di lei, è costretto a fuggire. Torna in tempo per salvarla dal suo viscido tutore Zabel (Simon), ma la sua sorte è segnata. Film chiave del cinema francese degli anni Trenta e massima espressione del cosiddetto «realismo poetico»: una tragedia populista moderna, con un eroe dimesso e solitario, braccato dagli uomini e condannato dal fato. La sceneggiatura, tratta con varie modifiche dal romanzo omonimo di Pierre Mac Orlan, è di Jacques Prévert. Nonostante la definizione storica, il film non ha nulla di propriamente realistico, ma è immerso in una dimensione mitologica sottolineata, oltre che dalla scrittura poetica prevertiana, anche dalle scenografie simboliche di Alexandre Trauner e dalla musica evocativa di Maurice Jaubert. Carné dirige con sicurezza, ma soprattutto ha il merito di coordinare gli eccellenti apporti individuali, tra cui va anche ricordata la straordinaria fotografia di Eugène Schufftan, Louis Page, Henri Alékan, Philippe Agostini. In Francia fu accusato di disfattismo e indicato in seguito come una delle cause morali della sconfitta contro la Germania. In Italia, dove si era aggiudicato un premio alla Mostra di Venezia del 1938, venne proiettato per la prima volta in versione integrale solo nel 1959.

Porto di New York, Il ** (*Port of New York*, Usa 1949, b/n, 86') Laszlo Benedek. Con Scott Brady, Richard Roberty, K.T. Stevens, Yul Brynner. ◆ Un poliziotto (Brady) sgomina una banda di trafficanti di droga con l'aiuto di una ragazza pentita. Discreto noir realistico del futuro regista del *Selvaggio*. Brynner, non ancora pelato, debutta nella parte del cattivo.

Posizioni compromettenti **½ (*Compromising Positions*, Usa 1985, col, 96') Frank Perry. Con Susan Sarandon, Raul Julia, Edward Herrmann, Joe Mantegna, Judith Ivey, Mary Beth Hurt, Joan Allen, Deborah Rush, Anne De Salvo. ◆ Il dentista Fleckstein (Mantegna), noto donnaiolo, viene trovato morto. L'ultima cliente (Sarandon) che l'ha visto vivo decide di indagare per conto suo, con il beneplacito dell'ispettore di polizia incaricato del caso (Julia), innamorato di lei. La trama (sceneggiata da Susan Isaacs) è chiaramente debitrice alle commedie poliziesche degli anni Trenta, ma Perry riesce ad ancorare la storia in maniera molto concreta e credibile nella realtà di tutti i giorni e soprattutto sa ottenere dai suoi protagonisti – Sarandon in testa – una tale adesione ai personaggi da lasciare a bocca aperta, finendo per offrirci «uno di quei film dove gli attori si mostrano talmente superiori alla materia trattata che si finisce quasi per avere un po' di imbarazzo di fronte a tutta questa bravura».

Posse – La leggenda di Jessie Lee *½ (*Posse*, Usa/Gb 1993, col, 109') Mario Van Peebles. Con Mario Van Peebles, Stephen Baldwin, Charles Lane, Tiny Lister, Big Daddy Kane, Salli Richardson, Tone Loc, Billy Zane, Richard Jordan, Richard Edson, Paul Bartel, Pam Grier. ◆ 1892, guerra ispano-americana: dopo avere rubato una cassa d'oro, Jessie Lee (Van Peebles) e i suoi compari, tutti neri tranne uno (Baldwin), disertano e riparano nel West, dove la pacifica comunità nera di Freemanville è minacciata dal Ku Klux Klan. Un occhio ai western di Sergio Leone e uno al cinema black contemporaneo (da cui la frequenza di «motherfucker» nell'edizione originale, e la presenza di registi [Lane] e di rapper [Kane e Loc] come attori) per l'opera seconda del narcisista Van Peebles. Se *New Jack City* aveva ritmo ed efficacia, *Posse* è girato come un videoclip e fa solo rumore. Né bastano un paio di discorsetti alla Spike Lee per dare spessore politico. Fiasco negli Usa, e altrove. L'anziano Woody Strode, attore caro a Ford, è il narratore nel prologo e nell'epilogo; Melvin Van Peebles, regista padre di Mario, è Papa Joe; Aaron Neville è il cantante; Isaac Hayes è il fruttivendolo.

Possession * (*The Possession of Joel Delaney*, Usa 1972, col, 105') Waris Hussein. Con Perry King, Shirley MacLaine, Lisa Kohane, David Elliott. ◆ Un giovane psicopatico (King), vittima di una setta portoricana, si accanisce contro la sorella (MacLaine) e la propria psichiatra (Kohane). Horror ibrido incerto sulla strada da prendere.

Possession **½ (*Possession*, Francia/Rft 1981, col, 127') Andrzej Zulawski. Con Isabelle Adjani, Sam Neill, Heinz Bennent, Margit Carstensen, Michael Hogben. ◆ La moglie (Adjani) di un uomo d'affari berlinese (Neill) ha un amante regolare e uno nascosto. Dopo che un detective ha fallito nell'impresa, il marito scoprirà che il secondo è un demone dotato di tentacoli. Saggio di patologia vagamente misogino, che si tramuta – con più coerenza di quanto in genere si è detto – in un horror perverso. L'orrore dell'anima e quello dei corpi: lo stile di Zulawski vuole imitare la follia della protagonista, manda all'aria qualunque logica narrativa e stordisce lo spettatore a furia di carrellate vorticose. Peccato che alla fine la carne al fuoco sia troppa, e la sceneggiatura complichi inutilmente il gioco. Mette i brividi l'Adjani (premiata a Cannes) che si dimena e urla. Non per tutti i gusti, resta il miglior film del regista. Diffidare dalla versione in cassetta che dura 81': taglia gli effetti speciali (pregevoli) di Carlo Rambaldi e rende incomprensibile la storia – già non limpidissima.

Posso, me lo permette il fisico * (*P.S. I Love You*, Usa 1971, col, 102') Steven Hillard Stern. Con Peter Kastner, Joanna Cameron, Louise Sorel, Gary Burghoff. ◆ Un giovane regista pubblicitario (Kastner) subisce le pressanti attenzioni della sua datrice di lavoro e della di lei figliastra, gelosa e viziata. Mediocre commedia di costume sulla scia del *Laureato*.

Posta celere ** (*Budbringeren*, noto anche col titolo inglese *Junk Mail*, Norvegia/Danimarca 1996, col, 83') Pål Sletaune. Con Robert Skærstad, Andrine Sæther, Per Egil Aske, Eli Anne Linnestad. ◆ Oslo: Roy (Skærstad), un postino impiccione e poco professionale, prima salva dal suicidio la ragazza che spia, poi scopre che è implicata in una rapina; sarà la fine del suo tran tran. Ritratto senza compromessi della depressione nordica: dopolavori da incubo, spaghetti freddi in scatola, vomito e piatti sporchi. Con tocchi di umorismo truce alla Tarantino come ciliegina sulla torta. Ma il grottesco non è mai catartico, è solo sgradevole e così si rimpiange l'ironia e l'affetto verso i personaggi di Kaurismäki. Scritto dal regista, esordiente, con Jonny Halberg.

Posta grossa a Dodge City **½ (*Big Hand for a Little Lady*, Usa 1966, col, 95') Fielder Cook. Con Joanne Woodward, Henry Fonda, Jason Robards, Charles Bickford, Burgess Meredith. ◆ La moglie (Woodward) di un giocatore d'azzardo (Fonda) prende il posto del marito al tavolo da poker con i quattro uomini più ricchi del Texas dopo che il consorte ha avuto un attacco cardiaco. Commedia western che deve tutto a un cast bene assortito e a una sceneggiatura «di ferro», scritta da Sidney Carroll rielaborando un suo telefilm: niente di eccelso, ma uno di quei meccanismi narrativi che non fanno staccare gli occhi dallo schermo nemmeno per un minuto.

Posta in gioco, La *½ (Italia 1987, col, 118') Sergio Nasca. Con Turi Ferro, Lina Sastri, Sonia Petrovna, Vittorio Caprioli, Flavio Bucci. ◆ Il giudice Bellomo (Ferro), che indaga sull'assassinio di un assessore (Sastri) di Nardò, riesce a far condannare gli esecutori materiali: ma i mandanti, come al solito, rimangono nell'ombra. Ispirato a un fatto di cronaca e al libro omonimo di Carlo Bollino. Apprezzabile come opera di denuncia del sistema mafioso; molto meno dal punto di vista cinematografico. La colonna sonora è di Eugenio Bennato.

Postiglione della steppa, Il *** (*Der Postmeister*, Germania 1940, b/n, 95') Gustav Ucicky. Con Heinrich George, Hilde Krahl, Siegfried Brever, Hans Holt, Ruth Hellberg. ◆ Al curioso compagno di viaggio, Mitija (Holt) racconta la storia di Dunja (Krahl), figlia di un postiglione sedotta dall'ufficiale di cavalleria Minskij (Brever) che aveva seguito a San Pietroburgo. Rimasta sola, aveva conosciuto Mitija e se n'era innamorata, ma quando il padre postiglione (George) era venuto a trovarla Minskij aveva organizzato una falsa cerimonia nuziale: il padre ripartirà contento ma Mitija, sentendosi tradito, lascerà Dunja che si ucciderà. Da un racconto di Puškin (sceneggiato da Gerhard Menzel), un melodramma vigoroso e cupo, in cui la violenza primitiva dei sentimenti (la voglia di evadere di Dunja, l'attaccamento morboso del padre verso la figlia, il doppio inganno dell'amante, la passione che porta la ragazza al disprezzo di se stessa) viene sfumata in un lirismo di grande effetto, sia attraverso l'uso della musica di Willy Schmidt-Gentner all'interno delle singole scene, sia mediante una costruzione elegante e raffinata delle inquadrature (la fotografia è di Hans Schneeberger). Da antologia l'interpretazione di Heinrich George e Hilde Krahl. Ci sono almeno altre tre versioni cinematografiche del racconto puskiniano: *Kolležskij registrator* (1925, sonorizzato nel 1949) di Jurij Željabužskij e Ivan Moskvin, *Mastro di posta* (conosciuto anche col titolo *Angoscia di padre*, 1937) di Victor Tourjansky e *Dunja, la figlia della steppa* (1955) di Josef von Baky.

Postino, Il ** (Italia 1994, col, 113') Michael Radford «in collaborazione» con Massimo Troisi. Con Massimo Troisi, Philippe Noiret, Maria Grazia Cucinotta, Linda Moretti, Renato Scarpa, Anna Bonaiuto, Mariano Rigillo. ◆ Estate 1952: postino ausiliario provvisorio in un'isola del golfo di Napoli, Mario Ruoppolo (Troisi) si trova ad avere come unica persona da servire il poeta Pablo Neruda (Noiret), lì in esilio. Tra i due crescerà poco a poco una forte amicizia che permetterà a Mario di conoscere la forza della poesia e della fede politica. L'ultimo film di Massimo Troisi (la cui morte subito dopo la fine delle riprese avvolge la visione del film di una commozione da cui è difficile non farsi «ricattare») è un tentativo, riuscito solo in parte, di rinverdire la tradizione «alta» della commedia all'italiana in chiave internazionale e anti-hollywoodiana. La rilettura del *Postino di Neruda* di Antonio Skármeta (fatta dagli sceneggiatori Furio e Giacomo Scarpelli, Anna Pavignano e la coppia di registi) sposta l'ambientazione dal Cile all'Italia, alla ricerca di una riflessione sulla nostra storia che finisce in una nostalgia un po' ambigua (il popolo manifestante alla fine è troppo debitore del «come eravamo») ma che comunque percorre strade lontanissime dalla volgarità neotelevisiva e dal minimalismo pseudoletterario. È vero che il ritratto di Neruda scivola nell'agiografia, ma Troisi, «con quel volto dagli zigomi scavati che lo fa somigliare in certi momenti a Pasolini», domina e sorregge tutto il film, sfortunatamente poco sfruttato da una regia inesistente (e non si capisce se quel «in collaborazione con Massimo Troisi» che si legge nei titoli di testa sia un dato di fatto o solo un omaggio postumo). Esornativa la presenza della prorompente ma inconsistente Maria Grazia Cucinotta nel ruolo della fidanzata di Ruoppolo. Oscar a Luis Bacalov per la migliore musica per un film drammatico.

Postino suona sempre due volte, Il *** (*The Postman Always Rings Twice*, Usa 1946, b/n, 113') Tay Garnett. Con Lana Turner, John Garfield, Cecil Kellaway, Hume Cronyn, Audrey Trotter, Leon Ames. ◆ Frank Chambers (Garfield), un vagabondo in cerca di fortuna cade vittima del torbido fascino di una donna sposata (Turner) e accetta di partecipare all'omicidio del marito (Kellaway). Ma quando le cose sembrano andare al meglio, si tradisce e viene condannato a morte. Terza versione cinematografica dell'omonimo romanzo di James Cain, qui sceneggiato da Harry Ruskin e Niven Busch (dopo *Le Dernier tournant* di Pierre Chenal e *Ossessione* di Luchino Visconti). Garnett rinuncia al crudo realismo dello scrittore e si rifugia nel mito, dimostrando un'ottima padronanza degli stereotipi sia noir che melodrammatici. Ne deriva una tragedia del destino, essenziale e veloce nello svolgimento, con personaggi impegnati in un gioco delle parti già fortemente codificato (vedi *La fiamma del peccato*), ma non per questo meno efficace. Alla fama di cult-movie ha contribuito anche l'erotismo della Turner, rarefatto ed evocativo per motivi di censura. La sequenza della sua entrata in scena è un pezzo da antologia: bastano un rossetto, un paio di caviglie, una succinta mise bianca – completata da un asciugamano a mo' di turbante – per materializzare un'autentica dark lady e mettere in moto un intrigo di eros e thanatos senza via di scampo. Una nuova versione, con il medesimo titolo, diretta da Bob Rafelson nel 1981.

Postino suona sempre due volte, Il **½ (*The Postman Always Rings Twice*, Usa 1981, col, 123') Bob Rafelson. Con Jack Nicholson, Jessica Lange, John Colicos, Michael Lerner, Christopher Lloyd, John P. Ryan, Anjelica Huston. ◆ Al tempo della Depressione, lo sbandato Frank Chambers (Nicholson) conquista la fiducia di un benzinaio di origine greca (Colicos) e ne seduce la moglie Cora (Lange) e i due amanti uccidono l'uomo. La polizia, pur sospettando, non può fare nulla: ma la punizione del destino arriva ugualmente. La bella sceneggiatura di David Mamet è tutto sommato la più fedele al romanzo di James Cain, ispiratore di altri tre film (oltre a quello omonimo del 1946, *Le Dernier tournant* di Chenal e *Ossessione* di Visconti). Molto gonfiate dai mass media, ai tempi, le scene di sesso, più disperate e violente, comunque, che morbose. Rafelson non delude, cercando un tono realistico ed evitando gli stereotipi del loser e della dark lady: la direzione degli attori è ottima, resta solo il sospetto dell'esercizio di stile. Fotografia di Sven Nykvist.

Posti segreti *½ (*Secret Places*, Gb 1985, col, 98') Zelda Barron. Con Marie-Thérèse Relin, Tara MacGowran, Claudine Auger, Jenny Agutter, Cassie Stuart. ◆ Durante la seconda guerra mondiale una rifugiata tedesca, Laura (Relin), va in un college inglese dove stringe amicizia con la coetanea Patience (MacGowran). Film intimista e accurato nella ricostruzione d'epoca, ma al di sotto delle sue ambizioni.

Postman Blues *½ (*Posutoman burusu*, Giappone 1997, col, 110') Sabu [Hiroyuki Tanaka]. Con Shinichi Tatsumi, Kyoko Toyama, Ren Osugi, Keisuke Horibe, Tomoroh Taguchi, Susumu Terajima. ◆ Da quando un dito mozzato gli cade nella borsa, la vita del postino Sawaki (Tatsumi) diventa di colpo movimentata: il suo tempo si dividerà tra un killer che concorre per il titolo della categoria e una ragazza malata terminale. Il regista-sceneggiatore, all'opera seconda, mescola farsa nera e melodramma dolciastro, poetica dell'alienazione e parodie cinefile (*Leon* e *Hong Kong Express*): ma con una noncuranza postmoderna e una superficialità sconclusionata.

Postmortem * (*Postmortem*, Usa 1998, col, 105') Albert Pyun. Con Charlie Sheen, Michael Halsey, Ivana Milicevic, Stephen McCole. ◆ Glasgow: un ex poliziotto (Sheen), criminologo in crisi, aiuta la polizia a catturare un serial killer figlio di un becchino, che sembra essere stato suggestionato da *Buio omega*. Modestissimo thriller-fotocopia, morboso ma non troppo, con un interprete che sprizza da tutti i pori noia e rimpianto per la gloria passata.

Posto, Il *** (Italia 1961, b/n, 105') Ermanno Olmi.

Con Alessandro Panseri, Loredana Detto, Tullio Kezich, Mara Revel, Bice Melegari. ◆ Il posto è il lavoro ma anche, più concretamente, la collocazione gerarchica delle scrivanie sulla quale si scatena la competizione nell'azienda in cui il giovane Domenico (Panseri) entra attraverso un concorso. L'amicizia con una ragazza che non riesce a vedere per turni differenti, la festa aziendale, i piccoli avvenimenti quotidiani: un film antispettacolare che, con ironica levità, offre un quadro acuto della condizione piccolo-borghese nella Milano degli anni Sessanta, con attenzione e simpatia per il giovane protagonista.

Posto al sole, Un **½ (*A Place in the Sun*, Usa 1951, b/n, 122') George Stevens. Con Montgomery Clift, Elizabeth Taylor, Shelley Winters, Raymond Burr, Anne Revere, Keefe Brasselle. ◆ L'ambizioso George Eastman (Clift) corteggia, ricambiato, un'ereditiera (Taylor), e progetta di eliminare in una gita in barca la giovane operaia (Winters) che da lui attende un bambino. Il coraggio viene meno ma la ragazza muore incidentalmente: George accetterà la condanna a morte. In questa versione del romanzo di Theodore Dreiser *Una tragedia americana* – da cui Josef von Sternberg aveva già tratto il film omonimo – Stevens privilegiò l'analisi psicologica a quella sociale, affrontando i massimi sistemi con uno spirito umanitario (comprensione per le vittime e i colpevoli, ma doverosa condanna di questi ultimi) che gli valse il plauso della critica. Ottima la direzione degli attori, ma resta l'impressione di un'opera sopravvalutata. Sei Oscar: regia, sceneggiatura (Michael Wilson e Harry Brown), fotografia (William C. Mellor), musica (Franz Waxman), montaggio (William Hornbeck) e costumi (Edith Head).

Posto delle fragole, Il **** (*Smult ronstället*, Svezia 1957, b/n, 95') Ingmar Bergman. Con Victor Sjöström, Bibi Andersson, Ingrid Thulin, Gunnar Björnstrand, Folke Sundqvist, Max von Sydow. ◆ L'anziano luminare della medicina Isak Borg (Sjöström) si reca insieme alla nuora (Thulin) a ritirare un prestigioso premio accademico: il viaggio è l'occasione per un ripensamento sulla sua esistenza e per un pellegrinaggio a tappe nei luoghi veri e immaginari dei suoi fallimenti. Se la giovinezza è il superamento della «linea d'ombra» conradiana, la vecchiaia è l'arrivo al «posto delle fragole» di Bergman. Il regista ha solo trentasette anni, ma è già capace di amari bilanci esistenziali, non a caso affidati alla sensibilità interpretativa del grande regista svedese Sjöström (qui alla sua ultima apparizione sul grande schermo). Il risultato è un singolare road-movie alla ricerca del tempo perduto, una straordinaria fiaba drammatica sulla solitudine che dal punto di vista formale oscilla tra l'espressionismo onirico (l'incubo iniziale e quello del processo) e il naturalismo quotidiano. Solo alla fine il ritmo sincopato si distende e i sussulti d'angoscia si sciolgono in un sorriso sereno: e la vita mancata del protagonista si illumina attraverso le vite ancora possibili dei suoi giovani compagni di strada. Un film ancora affascinante e significativo, uno dei migliori di Bergman. Molti i premi, tra i quali l'Orso d'oro a Berlino.

Posto nel mondo, Un **½ (*Un lugar en el mundo*, Argentina 1992, col, 120') Adolfo Aristarain. Con Gaston Batyi, Federico Luppi, Cecilia Roth, José Sacristan, Leonor Benedetto, Lorena Del Rio, Mario Alarcon, Rodolfo Ranni, Hugo Arana. ◆ Studente in medicina in viaggio da Buenos Aires al villaggio natio, Ernesto ripensa a quando era ragazzo (Batyi) e si lascia trasportare dai ricordi: l'esempio dei genitori (Luppi e Roth), ex militanti della resistenza peronista diventati animatori instancabili di una cooperativa agricola; l'aiuto di una monaca anticonformista (Benedetto); l'esperienza del primo amore (Del Rio); l'incontro con un geologo spagnolo (Sacristan) scettico e disilluso, ma affascinato da quella strana famiglia. Un viaggio nella memoria che, con un pudore e una forza privi di retorica, risveglia la coscienza e vuole porsi come metafora per il suo Paese e per l'intero continente latinoamericano. Aristarain organizza il suo racconto epico-politico-sentimentale evitando le trappole nostalgiche grazie a un imprevedibile senso dell'umorismo e a una buona dose di disincanto. E proprio in virtù di questo riuscito mélange tra ideale e reale, utopia e disillusione, sconfitte e speranze, risulta credibile persino un protagonista che si chiama Ernesto e studia medicina come Che Guevara, in attesa di trovare il suo «posto nel mondo». Candidato all'Oscar come miglior film straniero, in Italia circola solo in videocassetta in versione originale sottotitolata.

Posto per riposare, Un → *Resting Place, A*

Posto tranquillo, Un *½ (*A Safe Place*, Usa 1971, col, 94') Henry Jaglom. Con Tuesday Weld, Jack Nicholson, Orson Welles, Gwenn Welles, Philip Proctor. ◆ L'amore di due giovani assai diversi (Nicholson e Proctor) non riesce a liberare una ragazza newyorchese (Weld) dal mondo onirico di cui è prigioniera dopo l'incontro infantile con un illusionista (O. Welles). Welles nella parte che gli era più cara negli ultimi anni, quella del prestigiatore (memorabile il suo tentativo di far sparire un elefante), è l'unico motivo di interesse di questo compitino da intellettuale americano che guarda alla Nouvelle Vague con una decina d'anni di ritardo.

Potenza e gloria **½ (*The Power and the Glory*, Usa 1933, b/n, 76') William K. Howard. Con Spencer Tracy, Colleen Moore, Ralph Morgan, Helen Vinson. ◆ Venuto dal nulla, Tom Garner (Tracy) diventa un magnate delle ferrovie, ma perde l'amore della moglie (Moore) e, disgustato dalla propria corruzione, si suicida. La storia è raccontata dal segretario (Morgan): i flashback non rispettano l'ordine cronologico, e la voce off del narratore viene sincronizzata sui movimenti labiali dei personaggi. Prima sceneggiatura di Preston Sturges: un film all'epoca assai innovativo (e incompreso), considerato un ideale precursore di *Quarto potere* tanto nella struttura che nei temi. Anche la fotografia di James Wong Howe precorre, in parte, quella di Gregg Toland del capolavoro di Welles.

Potere, Il ** (Italia 1974, col, 86') Augusto Tretti. Con Paola Tosi, Massimo Compostrini, Ferruccio Maliga, Giovanni Moretto. ◆ Pur in forme diverse il controllo del potere si realizza sempre in modi analoghi: a partire da questa tesi un percorso attraverso fasi storiche – età della pietra, epoca romana, colonizzazione del West, sviluppo del fascismo, e neocapitalismo contemporaneo – un singolare saggio politico fortemente polemico contro ogni forma di potere costituito, condotto con provocatoria povertà di mezzi e visione ingenua e schematica; cinema apertamente di contestazione, fatalmente datato ma non privo di certa suggestione.

Potere → *Power – Potere*

Potere assoluto *** (*Absolute Power*, Usa 1996, col, 121′) Clint Eastwood. Con Clint Eastwood, Gene Hackman, Ed Harris, Laura Linney, Judy Davis, Scott Glenn, E.G. Marshall, Dennis Haysbert, Melora Hardin, Richard Jenkins. ◆ Il ladro Luther Whitney (Eastwood) vede gli uomini della scorta del presidente americano Alan Richmond (Hackman) uccidere una sua amante (Hardin). Unico depositario della verità, inseguito dall'ignara polizia e dai servizi segreti, vulnerabile nel suo unico affetto (la figlia Kate [Linney]), Whitney farà la cosa giusta, anche se non c'è nessuna gioia, questa volta, nel trionfo della giustizia. Eastwood ha girato uno dei suoi film più cupi, complesso nel temi e senza facili soluzioni, quasi bloccato in un gioco snervante di verità e menzogne, ma capace di colpire a fondo, con un coraggio e una radicalità rare nel cinema americano recente. Da antologia la sequenza quasi lynciana del ladro voyeur e quella dell'attentato in stile JFK. William Goldman, Oscar per *Tutti gli uomini del presidente*, trova pane per i suoi denti nel romanzo di David Baldacci (pubblicato in Italia con lo pseudonimo di David B. Ford), anche se la sua sceneggiatura ha qualche buco. Magistrali, come sempre, la fotografia di Jack N. Green e il montaggio di Joel Cox.

Potere del male, Il – Paradigma ° (Italia/Francia 1985, col, 109′) Krzysztof Zanussi. Con Marie-Christine Barrault, Vittorio Gassman, Benjamin Voelz, Raf Vallone, Cinzia De Ponti. ◆ In una imprecisata città mitteleuropea uno studente di teologia (Voelz), convinto della presenza del Bene e della Grazia, si innamora della moglie (Barrault) di un industriale fabbricante d'armi (Gassman). Umiliato e ingannato dall'intelligenza diabolica di quest'ultimo, si convincerà che è il Male a trionfare. Stupisce in Zanussi, già agiografo di papa Wojtyła, un pessimismo tanto radicale: ma il film, accigliato e corrusco, snocciola dialoghi interminabili e affonda nel ridicolo involontario, senza riuscire a costruire un solo personaggio credibile.

Potere di Satana, Il * (*Necromancy* , Usa 1972, col, 83′) Bert J. Gordon. Con Orson Welles, Pamela Franklin, Lee Purcell, Michael Ontkean. ◆ Traumatizzata dalla nascita di un figlio morto, una giovane (Franklin) si ritrova in un misterioso villaggio dominato da un anziano stregone (Welles) che intende usarla per sacrifici in onore di Satana. Thriller banale e confuso, con Welles sprecato come in poche altre occasioni.

Povera bimba milionaria, Una ** (*The Poor Little Rich Girl*, Usa 1936, b/n, 72′) Irving Cummings. Con Shirley Temple, Alice Faye, Jack Haley, Jane Darwell, Gloria Stuart, Michael Whalen. ◆ Raccolta da una coppia di artisti di varietà (Haley e Faye) e istruita facilmente al canto e al ballo, una bimba smarrita (Temple) diventa una stella, e scritturata per una pubblicità radiofonica, riesce a riunirsi al padre (Whalen). Remake di un successo di Mary Pickford, uno dei più celebri musical della Temple, lezioso ma indubbiamente ben confezionato. Ne esiste una versione colorizzata.

Poveri ma belli **½ (Italia 1956, b/n, 101′) Dino Risi. Con Marisa Allasio, Maurizio Arena, Renato Salvatori, Alessandra Panaro, Lorella De Luca, Memmo Carotenuto, Mario Carotenuto, Ettore Manni, Virgilio Riento. ◆ Due bellimbusti trasteverini, Romolo (Arena) e Salvatore (Salvatori), litigano per la stessa ragazza (Allasio), ma poi finiscono per interessarsi alle rispettive sorelle (Panaro e De Luca). Risi parlò di «neorealismo adattato alle esigenze della nostra società», la critica storse il naso, il pubblico affollò le sale. Ormai fa parte della storia del nostro cinema: un film dialettale, giovanilmente scanzonato, proletario nell'estrazione ma piccolo-borghese nello spirito, che decretò il successo di un genere (la commedia all'italiana) e di un regista in perfetta sintonia con l'evoluzione del costume nazionale. Sceneggiatura di Risi, Massimo Franciosa e Pasquale Festa Campanile. Il montaggio è di Mario Serandrei (colui che, montando *Ossessione*, parlò per primo di neorealismo). I cinque giovani attori, pressoché sconosciuti, passarono subito alla notorietà dando vita a dei personaggi tipici e destinati a durare nel tempo (il bullo, la fidanzatina smaliziata ma perbene). Pare che il manifesto pubblicitario con il fondoschiena della Allasio ben in evidenza sia stato censurato su segnalazione di papa Pio XII. Due seguiti: *Belle ma povere* (1957) e *Poveri milionari* (1959).

Poveri milionari *½ (Italia 1959, b/n, 95′) Dino Risi. Con Maurizio Arena, Renato Salvatori, Lorella De Luca, Alessandra Panaro, Sylva Koscina, Memmo Carotenuto. ◆ Seguito di *Belle ma povere*. Romolo (Arena) e Salvatore (Salvatori) sono ormai sposati: il secondo perde la memoria investito dalla macchina della proprietaria (Koscina) dei grandi magazzini, che se ne innamora e lo nomina direttore, costringendo gli amici a equivoci e peripezie per riportarlo in sé. La vena di *Poveri ma belli* è ormai esaurita, e dal neorealismo rosa si è passati alla farsa anonima.

Povero Cristo * (Italia 1975, col, 95′) Pier Carpi. Con Mino Reitano, Rosemarie Dexter, Raul Grassilli, Roberto Brivio, Curt Jurgens, Enrico Beruschi. ◆ Contattato da uno sconosciuto che gli offre una ricompensa per trovare entro due mesi la prova dell'esistenza di Gesù, un giovane di provincia (Reitano) affronta, con una compaesana prostituta (Dexter), una lunga e vana ricerca tra biblioteche e varia umanità. Scoprirà che Cristo è dentro ciascuno di noi. Cast «geniale» per un incredibile pasticcio postconciliare. Non è dispiaciuto alla critica cattolica.

Povero ricco, Un * (Italia 1983, col, 92′) Pasquale Festa Campanile. Con Renato Pozzetto, Ornella Muti, Nanni Svampa, Piero Mazzarella, Ugo Gregoretti. ◆ Su consiglio dello psicologo (Gregoretti), un industriale (Pozzetto) ossessionato dal possibile crack finanziario si esercita a vivere in povertà: si fa assumere sotto mentite spoglie come fattorino, fa amicizia con un barbone dalle mille risorse (Mazzarella), e si innamora di una mezza prostituta (Muti). Esaurita la trovata iniziale, il film scivola via nelle prevedibilità, non risparmiando nessun luogo comune sul folclore milanese e sull'umanità dei diseredati. Buon cast (Muti a parte) utilizzato banalmente.

Powaqqatsi ** (*Powaqqatsi*, Usa 1988, col, 99') Godfrey Reggio. ◆ Secondo capitolo della trilogia documentaria – per ora incompiuta – iniziata con *Koyaanisquatsi*. Reggio sposta il suo obiettivo sul lavoro umano, contrapponendo le inutili fatiche del terzo mondo ai fasti del mondo occidentale con i suoi spot pubblicitari. Più didascalico e con minor forza visiva del suo predecessore – anche se l'uso della macchina da presa riesce spesso a non essere ingenuo. Più scialba anche la colonna sonora, sempre di Philip Glass, che cerca di mescolare stili e idiomi di mezzo mondo. Prodotto dalla Cannon di Golan e Globus, sotto gli auspici di Coppola e Lucas.

Powder – Un incontro straordinario con un altro essere ** (*Powder*, Usa 1995, col, 111') Victor Salva. Con Mary Steenburgen, Jeff Goldblum, Sean Patrick Flanery, Lance Henriksen, Brandon Smith. ◆ Alla morte dei nonni, le autorità di un piccolo paese americano scoprono Jeremy (Flanery), un giovane vissuto per vent'anni in casa, al riparo da sguardi indiscreti per via della sua carnagione chiarissima e di alcuni poteri paranormali e incontrollabili, figli di un fulmine che colpì sua madre la notte del parto. Il regista (autore anche del copione) limita all'essenziale gli effetti speciali e propende per una lettura umanistica che premia il cervello e le potenzialità del ragazzo *powder* (che in inglese sta per cipria). Critiche all'imbarazzante trionfo delle macchine, ingenuità sospette, sincerità latenti, ma uno stile discreto che rifiuta il tocco da kolossal.

Power – Potere ** (*Power*, Usa 1986, col, 111') Sidney Lumet. Con Richard Gere, Julie Christie, Gene Hackman, Kate Capshaw, Denzel Washington, E.G. Marshall, Fritz Weaver. ◆ A un professionista dell'immagine, Pete St. John (Gere), capace di portare al successo qualunque candidato, viene affidato un industriale dal dubbio passato: l'avversario invece ha scelto come consulente quello che era stato il socio di Pete, Wilfred (Hackman) dai metodi molto meno spregiudicati. Storia poco credibile di una presa di coscienza: dopo *Quinto potere* Lumet se la prende (parole sue) con «l'influenza della pubblicità, l'importanza dell'apparenza, la disumanizzazione della politica», ma non si accorge che i tempi cambiano troppo in fretta perché film come il suo non sembrino nati vecchi.

Power Rangers – The Movie *½ (*Mighty Morphin Power Rangers: The Movie*, Usa 1995, col, 95') Bryan Spice. Con Karan Ashley, Johnny Yong Bosch, Steve Cardenas, Jason David Frank, Amy Jo Johnson, David Yost, Paul Freeman, Nicholas Bell. ◆ Sei ragazzini californiani vengono investiti di poteri eccezionali dall'alieno Zordon (Bell), e si trasformano nei Power Rangers, giustizieri mascherati in lotta contro il malefico e trasformista Ivan Ooze (Freeman) che vuole eliminare Zordon. Più che un film, un gadget o, al massimo, un videogame live che prende spunto da una serie televisiva di successo presso i più piccoli: l'esordiente Spice, grazie a un budget considerevole, si diverte con gli effetti speciali e, tanto per non sfigurare, cita un po' tutti i generi e gli eroi cari agli adolescenti, dalla saga di Superman a quella di Freddy Krueger.

Pozzo, Il ** (*The Well*, Australia 1997, col, 102') Samantha Lang. Con Pamela Rabe, Miranda Otto, Paul Chubb, Frank Wilson. ◆ In una casa isolata nella campagna australiana, una donna sola (Rabe) stringe un'ambigua amicizia con la giovane domestica (Otto): alla morte del padre progettano insieme un viaggio in Europa, ma l'arrivo di un uomo (Wilson) modificherà i piani. Un esordio con troppi debiti formali e narrativi (soprattutto *Sweetie* di Jane Campion e *Creature del cielo* di Peter Jackson), ma anche con una certa abilità nel creare atmosfere inquietanti.

Pozzo e il pendolo, Il *** (*The Pit and the Pendulum*, Usa 1961, col, 80') Roger Corman. Con Vincent Price, John Kerr, Barbara Steele, Luana Anders, Anthony Carbone. ◆ Nicholas Medina (Price), figlio di un inquisitore che aveva torturato sotto i suoi occhi la moglie e il fratello traditore, crede di aver sepolto viva la moglie (Steele), e che ora il suo fantasma si voglia vendicare. Si tratta solo di una messinscena: ma, vista l'eredità paterna, Nicholas si trasforma da vittima in carnefice. Lo sceneggiatore Richard Matheson ha tratto dal racconto di Poe solo l'idea della macchina di tortura con la lama che oscilla: ma il film è comunque tra i migliori degli horror di Corman, anche tecnicamente. Le scenografie minacciose rispecchiano i contorcimenti dei personaggi, e il gioco delle apparenze e delle doppie personalità è orchestrato abilmente. Price ruba la scena, la Steele è sprecata.

Pozzo e il pendolo, Il *½ (*The Pit and the Pendulum*, Usa 1991, col, 105') Stuart Gordon. Con Lance Henriksen, Rona De Ricci, Oliver Reed, Jeffrey Combs. ◆ L'inquisitore Torquemada (Henriksen), innamorato di una giovane (De Ricci), la fa arrestare e ne sottopone il marito a torture assortite. Pochissimo a che vedere col racconto di Poe, e ancor meno col film di Corman. Spaventi ed effettacci in confezione a buon mercato. Girato in Italia.

Pranzo alle 8 ***½ (*Dinner at Eight*, Usa 1933, b/n, 113') George Cukor. Con John Barrymore, Wallace Beery, Jean Harlow, Lionel Barrymore, Marie Dressler, Lee Tracy, Edmund Lowe, Billie Burke, Madge Evans, Karen Morley, Jean Hersholt, Closser Hale, Phillips Holmes ◆ L'armatore Oliver Jordan (L. Barrymore) è malato e sull'orlo della rovina, ma la moglie Millicent (Burke), tutt'altro che in ansia, organizza un fastoso pranzo di gala – in onore di una coppia di ricchissimi inglesi che non si faranno vedere – a cui invita il rivale in affari del marito, Dan Packard (Beery) con la volgare moglie Kitty (Harlow), l'attore in disgrazia Larry Renault (J. Barrymore), che non sa avere una relazione con la propria figlia Paula (Evans), il medico di famiglia, e dongiovanni, dottor Talbolt (Lowe) con la moglie Lucy (Morley) e la ricca e grassa attrice Carlotta Vance (Dressler), in passato amante del padrone di casa. Larry, a cui l'agente

(Tracy) ha tolto la speranza di tornare a lavorare, non arriverà, ma per gli altri l'impegno mondano sarà rispettato. Dietro l'apparenza di commedia sofisticata e i dialoghi brillanti, un film crudele e impietoso, che ci si stupisce ancora oggi possa essere uscito dagli studios della Mgm: perfetto l'incastro delle varie storie, racchiuse nell'arco di una sola giornata, e feroci le caratterizzazioni dei personaggi, falliti d'alto bordo o volgari arricchiti. John Barrymore accettò con coraggio un ruolo semiautobiografico (quando l'agente gli domanda «Come sta il Grande Profilo, oggi?» si allude al soprannome dell'attore). Da una commedia di Kaufman e Ferber adattata da Herman J. Mankiewicz, Frances Marion e Donald O. Stewart.

Pranzo di Babette, Il *** (*Babettes gaestebud*, Danimarca 1987, col, 103') Gabriel Axel. Con Stéphane Audran, Bodil Kjer, Birgitte Federspiel, Jean-Philippe Lafont, Jarl Kulle, Bendt Rothe, Ebba With, Gudmar Wivesson. ◆ Babette (Audran), la donna che due vecchie sorelle accettano in casa come domestica, è in realtà lo chef del Café Anglais in fuga da Parigi dopo aver partecipato alla Comune, una cuoca «capace di trasformare un pranzo in una specie di avventura amorosa». E quando vince a una lotteria 10 mila franchi, li spende tutti per offrire alla piccola comunità di bigotti luterani che l'ha adottata un pranzo indimenticabile: brodo di tartaruga e vino Amontillado, blinis Demidoff e Veuve Cliquot 1860, *cailles en sarcophages* e Clos Vougeot 1864. A 69 anni, Axel si ispira al racconto omonimo di Isak Dinesen (pseudonimo di Karen Blixen) per dirigere un apologo sui capricci del destino e sulla necessità di soddisfare la gola tanto quanto l'anima, e ne cava un gioiellino che fa venire l'acquolina in bocca. Piccola parte per Bibi Andersson, la signora svedese. Oscar come miglior film straniero.

Pranzo di nozze ** (*The Catered Affair*, Usa 1956, b/n, 93') Richard Brooks. Con Bette Davis, Ernest Borgnine, Debbie Reynolds, Rod Taylor, Barry Fitzgerald. ◆ Complicazioni e imbarazzi di una coppia di fidanzati (Taylor e Reynolds) di fronte alla cerimonia nuziale: che parenti invitare? Dove fare il ricevimento? Quanto spendere? Tratto da uno sceneggiato televisivo di Paddy Chayefsky adattato da Gore Vidal, è il ritratto di gente comune, con le loro piccole e profonde crisi, che come sempre in Chayefsky arriva a soluzioni non del tutto felici ma perlomeno favorevoli: al centro della storia soprattutto la famiglia di lei, con il padre tassista (Borgnine), uno zio suscettibile (Fitzgerald) e una madre combattiva, interpretata da una Davis con un'orribile parrucca e che, nonostante gli sforzi, non riesce a eguagliare la prova di Thelma Ritter che aveva recitato lo stesso ruolo in tv.

Pranzo di Pasqua ** (*The Pigeon That Took Rome*, Usa 1962, 1019) Melville Shavelson. Con Charlton Heston, Elsa Martinelli, Harry Guardino, [Salvatore] Baccaloni, Marietto, Gabriella Pallotta. ◆ Per inviare messaggi sulle manovre tedesche, in vista dell'avanzata degli alleati, due soldati americani (Heston e Guardino) si nascondono a Roma presso la famiglia di un membro della Resistenza: equivoci, piccioni viaggiatori messi in padella, l'amore tra uno dei soldati e una delle ragazze della famiglia ospitante... Amenità varie e la consueta immagine «pittoresca» dell'Italia in una *war comedy* spigliata ma convenzionale.

Pranzo reale **½ (*A Private Function*, Gb 1984, col, 93') Malcolm Mowbray. Con Michael Palin, Maggie Smith, Liz Smith, Denholm Elliott, Richard Griffiths. ◆ Yorkshire 1947: il razionamento postbellico continua, ma il matrimonio tra Elisabetta e Filippo di Edimburgo si deve celebrare ugualmente con un banchetto memorabile. Offesa perché esclusa dalla lista degli invitati – il marito (Palin) svolge la poco onorevole professione di callista – un'insegnante di pianoforte (Smith) medita di rubare il maiale Betty, che è stato allevato di nascosto per l'evento. Satira di costume che unisce il gusto britannico del paradosso a una viratura grottesca in parte debitrice dei Monty Python (di cui faceva parte Palin). Esagitato ma, a tratti, spassoso. La Smith che fa la parodia di lady Macbeth, incitando il marito ad accoltellare il maiale, è irresistibile.

Prato, Il ° (Italia 1979, col, 115') Paolo e Vittorio Taviani. Con Michele Placido, Isabella Rossellini, Saverio Marconi, Giulio Brogi, Angela Goodwin, Remo Remotti. ◆ A San Gimignano, Giovanni (Placido), neomagistrato milanese poco convinto, si innamora di Eugenia (Rossellini), una antropologa che si dedica ad animazioni teatrali con i ragazzini; terzo incomodo, un perito agrario (Marconi) che progetta una comune agricola. Fallisce il ménage a tre, falliscono le utopie: Giovanni, morso dal cane rabbioso di Eugenia, si lascia morire. La crisi degli ideali della fine degli anni Settanta descritta con un profluvio di simboli e senza un briciolo di ironia. Personaggi ridicoli, recitazione da filodrammatica, angosce puramente letterarie. Unanimemente giudicato uno dei peggiori Taviani di sempre. Per chi si accontenta, bei paesaggi (la fotografia è di Franco Di Giacomo) e belle musiche (di Ennio Morricone). Saverio Marconi ha rimpiazzato Nanni Moretti, che aveva abbandonato il set dopo pochi giorni di riprese.

Preda della belva, La **½ (*Outrage*, Usa 1950, b/n, 78') Ida Lupino. Con Mala Powers, Tod Andrews, Robert Clarke, Raymond Bond, Lilian Hamilton. ◆ Vittima di una violenza sessuale, una ragazza (Powers) fugge dal matrimonio e dalla famiglia, e reagisce ossessionata a qualsiasi attenzione maschile: saprà trovare fiducia in se stessa e negli uomini grazie all'affetto di un pastore (Andrews). Un dramma sociale a budget ridotto sceneggiato dalla regista con Collier Young e Marvin Wald. Diretto con rigore e realismo, il film utilizza i meccanismi del noir per raccontare la lenta e difficile cicatrizzazione di una ferita morale e lo fa con uno stile «classico e straziante» (l'addio finale tra i due protagonisti) che si regge su un'abile direzione degli attori (la Lupino era attrice lei stessa e discendeva da una famiglia di grandi attori inglesi), una regia abilmente sottotono e una fotografia (di Archie Stout) «che fugge i grandi contrasti e sfuma la violenza e la tenerezza».

Preda nuda, La *** (*The Naked Prey*, Usa 1966, col, 94') Cornel Wilde. Con Cornel Wilde, Gert Van Den Bergh, Ken Gampu. ◆ In Africa, un ricco signore assolda una guida e alcuni uomini per una caccia all'elefante, che si trasforma in una carneficina. Catturati dagli indigeni, i componenti della spedizione vengono tutti uccisi tranne la guida (Wilde), che fugge nella foresta: dopo una marcia snervante, in cui si trova costretto a eliminare i suoi inseguitori, è salvato in extremis da alcuni soldati. Ottimo safari-movie di un attore hollywoodiano passato con successo alla regia: evidente l'influenza dell'inquietante *La pericolosa partita* con il celebre conte Zaroff che dava la caccia ai naufraghi, ammirevole l'autonomia delle immagini (il film è quasi del tutto privo di dialoghi), che comprendono anche inserti semidocumentaristici sul paesaggio e le usanze del luogo e soprattutto impressionanti (e brutali) le scene d'azione dirette con un realismo allucinante (il serpente decapitato e mangiato crudo, le torture con cui sono uccisi i suoi compagni di safari) così da trasformare il tema centrale della sopravvivenza in una sorta di spaventosa odissea horror.

Predator *** (*Predator*, Usa 1987, col, 104') John McTiernan. Con Arnold Schwarzenegger, Carl Weathers, Elpidia Carrillo, Bill Duke, Jesse Ventura, Kevin Peter Hall. ◆ Un commando, nella giungla sudamericana per liberare degli ostaggi, diventa il bersaglio di un alieno invisibile e sanguinario, che ne colpisce i componenti a uno a uno. McTiernan ha indovinato il cocktail tra horror e film d'avventura, e ha diretto uno dei migliori Schwarzenegger di sempre. Visivamente straordinario (e assai imitato), tiene la suspense sino al termine, non scadendo neanche nel confronto finale tra il mostro diventato visibile (Hall) e l'ultimo sopravvissuto (Schwarzenegger). E riesce a dire qualcosa di non banale sulla paura dell'altro e dell'ignoto. Con un seguito.

Predator 2 *½ (*Predator 2*, Usa 1990, col, 108') Stephen Hopkins. Con Danny Glover, Gary Busey, Ruben Blades, Maria Conchita Alonso, Bill Paxton, Kevin Peter Hall. ◆ 1997 : in una Los Angeles dilaniata dagli scontri tra narcotrafficanti e agenti Fbi, un poliziotto (Glover) affronta una misteriosa forza aliena (Hall) responsabile di efferati omicidi. Scritto, come il predecessore da Jim & John Thomas. Gli orrori della metropoli degradata fanno quasi scolorire quelli del mostro: ma tutto è di seconda mano, malgrado una regia discreta.

Predatori della notte, I → *I violentatori della notte*

Predatori dell'arca perduta, I *** (*Raiders of the Lost Ark*, Usa 1981, col, 115') Steven Spielberg. Con Harrison Ford, Karen Allen, John Rhys-Davies, Denholm Elliott, Wolf Kahler, Paul Freeman, Anthony Higgins. ◆ Tra Perù, Nepal ed Egitto, l'archeologo e avventuriero Indiana Jones (Ford) contende ai nazisti il ritrovamento dell'Arca con le Tavole di Mosè, che garantirebbe al possessore poteri sovrannaturali. Straordinario successo per un abile pastiche che mescola il cinema (e i fumetti) d'avventure esotiche degli anni Trenta con l'horror degli anni Ottanta, tocchi da commedia sofisticata (vedi i duetti tra Ford e la Allen, in una parte che quarant'anni prima sarebbe stata di Katharine Hepburn) e una messinscena da kolossal. Il soggetto è firmato da Philip Kaufman e George Lucas (che vi pensava da otto anni, e battezzò il personaggio col nome del suo cane Indiana), la sceneggiatura da Lawrence Kasdan: ma il ritmo travolgente e la perfetta coreografia delle sequenze d'azione – ognuna congegnata come un pezzo di virtuosismo – sono solo di Spielberg. Sono entrati nella memoria collettiva Jones che insegue un camion a cavallo, o la gag in cui fredda con la pistola un arabo spaccone che volteggia la scimitarra. Fonte di innumerevoli plagi e imitazioni, di due seguiti (o, meglio, prequel: *Indiana Jones e il tempio maledetto* e *Indiana Jones e l'ultima crociata*) e di una serie televisiva dedicata all'infanzia del personaggio. Quattro Oscar: miglior scenografia (Norman Reynolds, Leslie Dilley, Michael Ford), montaggio (Michael Kahn), suono (Bill Varney, Steve Maslow, Gregg Landaker, Roy Charman), ed effetti speciali (Richard Edlund, Kit West, Bruce Nicholson, Joe Johnston). Subito celebre la colonna sonora di John Williams. Ford diventò una star: Tom Selleck, cui per primo era stata offerta la parte, si starà ancora mangiando le mani.

Predatori della vena d'oro, I – Mother Lode *½ (*Mother Lode*, Usa 1983, col, 101') Charlton Heston. Con Charlton Heston, Kim Basinger, Nick Mancuso, John Marley. ◆ L'ossessione per la «vena madre» (mother lode) spinge alla follia un cercatore d'oro (Heston) della Columbia britannica: a farne le spese sono non solo gli avventurieri impiccioni, ma anche un fratello gemello meno sballato. La sceneggiatura del figlio di Heston, Frazer, ricicla motivi vecchi come il mondo (Caino e Abele, gli equivoci dei gemelli). Sia come attore sia come regista, Heston va sopra le righe. Secondo film per il cinema della Basinger.

Preda umana, La ** (*Run for the Sun*, Usa 1956, col, 99') Roy Boulting. Con Richard Widmark, Jane Greer, Trevor Howard, Peter Van Eyck, Carlos Henning. ◆ Secondo remake di *La pericolosa partita.* Il sadico organizzatore di cacce all'uomo questa volta è un criminale nazista (Howard) che si è rifugiato in Messico, e le vittime cui dà la caccia nella giungla sono uno scrittore americano (Widmark) e una giornalista (Greer). La regia e l'interpretazione sono dignitose, ma mancano quasi tutti gli echi inquietanti e le ironie del contrappasso che erano la forza del capolavoro di Schoedsack e Pichel del 1932.

Predoni del Kansas, I *½ (*Kansas Raiders*, Usa 1950, col, 80') Ray Enright. Con Audie Murphy, Brian Donlevy, James Best, Dewey Martin, Marguerite Chapman. ◆ Il leggendario Jesse James (Murphy) e i suoi fedeli si uniscono nelle scorrerie alla banda del colonnello Quantrill (Donlevy). Un western deludente, considerando il buon cast e la sceneggiatura (di Robert Richards) attenta al contesto storico. Piccola parte per Tony Curtis nel ruolo di Kit Dalton.

Preferisco l'ascensore *** (*Safety Last*, Usa 1923, b/n, 78') Fred C. Newmeyer, Sam Taylor. Con Harold Lloyd, Mildred Davis, Bill Strothers, Noah Young. ◆ Harold (Lloyd), dipendente di un grande magazzino alloggiato in un grattacielo, escogita una brillante idea pubblicitaria: far scalare l'altissimo edificio da una specie di «uomo ragno», Bill (Strothers). Ma all'ultimo momento Bill, inseguito da un poliziotto, non può mantenere l'impegno e toccherà ad Harold arrampicarsi sul grattacielo per attirare i clienti. Il film che fece guadagnare a Lloyd, da parte del pubblico americano, l'appellativo di «Re della commedia scavezzacollo». Sebbene risenta di una certa frattura tra la prima e la seconda parte, il film (sceneggiato da Hal Roach, Sam Taylor e Tim Whelan) è un curioso e ineguagliato mélange di riso e di suspense girato completamente fuori dagli studi, che ha il suo apice nella scena della scalata, con Lloyd sospeso nel vuoto mentre tenta di aggrapparsi alle lancette di un orologio mezzo divelto. Questa scena, tra le più celebri (e angoscianti) della storia del cinema, venne realizzata con il massimo della perfezione tecnica consentita all'epoca: alcune sequenze furono girate ad altezza reale, con una piattaforma di sicurezza collocata qualche piano più in basso; altre utilizzavano una sovrastruttura costruita sul tetto dell'edificio, ripresa da angolazioni particolari che tenessero conto delle esigenze prospettiche e offrissero la migliore simulazione possibile della realtà. Il vero Bill Strothers, scalatore di grattacieli professionista, ha fatto da controfigura a Lloyd in un paio di occasioni. Mildred Davis, che interpreta la ragazza che aspetta Harold sul tetto del grande magazzino, nella vita era la moglie di Lloyd.

Preferisco la vacca ** (*The Kid from Brooklyn*, Usa 1946, col, 113') Norman Z. McLeod. Con Danny Kaye, Virginia Mayo, Vera Ellen, Steve Cochran, Eve Arden, Walter Abel, Lionel Stander. ◆ Peripezie e lieto fine sentimentale per un garzone di latteria (Kaye) che attraverso una serie di incontri addomesticati diventa un eroe della boxe. Un remake veramente lungo di *La via lattea* di Harold Lloyd, anche se tra tutte le gag e i numeri musicali Kaye riesce qua e là a divertire.

Preferisco mio marito *½ (*Never Say Goodbye*, Usa 1946, b/n, 97') James V. Kern. Con Errol Flynn, Patty Brady, Eleonor Parker, Lucile Watson, Forrest Tucker, S.Z. Sakall, Donald Woods. ◆ Con l'aiuto di un marinaio, conosciuto per relazioni epistolari, una bimba intraprendente (Brady) ricongiunge i genitori (Flynn e Parker) e ritrova la felicità. Una commedia piuttosto insipida che avrebbe voluto scherzare sulla virilità di un mito come Errol Flynn («Nessuno potrebbe credere che sei un duro» gli dice la figlia) ma che non mantiene le sue promesse.

Prefetto di ferro, Il ** (Italia 1977, col, 110') Pasquale Squitieri. Con Giuliano Gemma, Claudia Cardinale, Stefano Satta Flores, Francisco Rabal, Enzo Fisichella, Lina Sastri. ◆ In epoca fascista, l'inflessibile prefetto Mori (Gemma) affronta in Sicilia la mafia e il banditismo, rischiando in prima persona e colpendo senza remore i notabili del regime coinvolti. Ma sarà nominato senatore e trasferito. Con grandi mezzi, e semplificando la situazione storica, Squitieri confeziona un affresco che bada soprattutto all'impatto spettacolare. Tratto dall'omonimo romanzo di Arrigo Petacco sceneggiato da Ugo Pirro, Augusto Caminito e lo stesso Squitieri. Felice l'utilizzazione drammatica di Gemma.

Prega il morto e ammazza il vivo * (Italia 1971, col, 96') Joseph Warren [Giuseppe Vari]. Con Klaus Kinski, Victoria Zinny, Paul Sullivan, Dean Stratford. ◆ Una banda di fuorilegge in fuga verso il Messico accetta come guida un giovane avventuriero (Sullivan) che in realtà intende seminare discordia e pericoli per vendicare la famiglia trucidata. Western assolutamente convenzionale, con un Kinski solo di mestiere.

Preghiera per morire, Una *½ (*A Prayer for the Dying*, Gb 1987, col, 100') Mike Hodges. Con Mickey Rourke, Alan Bates, Bob Hoskins, Liam Neeson, Alison Doody. ◆ Un terrorista irlandese (Rourke) accetta l'ultimo incarico come sicario, ma si ritrova con un prete (Hoskins) come testimone: non resta che andare a confessarsi da lui. Intanto i poliziotti e i suoi stessi compagni sono sulle sue tracce. Rourke ha caldeggiato la realizzazione del film, ma non si è riconosciuto nel montaggio finale. Personaggi improbabili, e luoghi comuni sui terroristi dell'Ira divisi tra la fede cattolica e la scelta della lotta armata.

Preludio d'amore *½ (Italia 1947, b/n, 84') Giovanni Paolucci. Con Vittorio Gassman, Massimo Girotti, Marina Berti, Maria Michi, Lauro Gazzolo, Claudio Gora. ◆ Davide (Gassman), appena tornato dalla prigionia, interviene provvidenzialmente a salvare la sua ragazza (Berti), che rischia il linciaggio perché ritenuta responsabile del suicidio della giovane compagna di un marinaio che l'ha insidiata. Scritto con Leopoldo Trieste, un film prevedibile ma illuminato dall'intenso rapporto con l'ambientazione naturale, in quelle terre di Liguria già oggetto di attività documentaristica di Paolucci con Piero Portalupi, responsabile della bella fotografia.

Premonizioni * (*Hideaway*, Usa 1996, col, 112') Brett Leonard. Con Jeff Goldblum, Christine Lahti, Alfred Molina, Jeremy Sisto, Alicia Silverstone. ◆ Hatch Harrison (Goldblum), mentre è tra la vita e la morte per un incidente, entra in contatto con Jeremy (visto), il figlio di un dottore salvato in circostanze analoghe e diventato un pericoloso serial killer. Sarà Regina (Silverstone), la figlioletta di Hatch morta qualche tempo prima, a vegliare sul papà «contaminato». Il soggetto non è male (anche se per mettere in scena l'eterna lotta tra Bene e Male si pesca a mani basse in un repertorio consumato), ma la sceneggiatura è uno strazio, gli effetti speciali strappano la risata tanto sono ridicoli e pretenziosi, e Jeff Goldblum ha l'aria di chiedersi a ogni fotogramma cosa ci fa in un film così brutto.

Prendi il mio cuore → *Cross My Heart – Prendi il mio cuore*

Prendi i soldi e scappa *** (*Take the Money and Run*, Usa 1969, col, 85') Woody Allen. Con Woody Allen, Janet Margolin, Marcel Hillaire, Jacquelyn Hyde, Lonny Chapman. ◆ Aspirante delinquente fin da bambino, Virgil Starkwell (Allen) colleziona fallimenti, condanne in carcere ed evasioni: per quanto inerme, viene condannato a otto secoli di galera. Mentre sta fabbricando una finta pistola con una saponetta, si informa se per caso piova, come era successo un'altra volta, quando si era ritrovato in mano un mucchio di schiuma. Primo lungometraggio di Allen, e capolavoro del suo primo periodo. Articolato come la parodia di un documentario televisivo, con tanto di interviste ai testimoni, distrugge di fatto ogni coerenza logica e narrativa. Le gag visive (Virgil che entra in un negozio di animali per svaligiarlo e ne esce inseguito da un gorilla) convivono con quelle legate a un più originale gusto dell'assurdo e del paradosso portato alle estreme conseguenze (le discussioni tra cassieri e direttori sull'ortografia del messaggio con cui Virgil avverte che si tratta di una rapina) – e con l'umorismo verbale per cui Allen sarà celebre («Dopo 15 minuti avevo capito di amarla per l'eternità, e dopo mezz'ora avevo completamente rinunciato all'idea di rubarle la borsetta»). Qualche lungaggine solo nella parodia dei film carcerari come *Io sono un evaso*. L'uso beffardo dei materiali d'archivio (con molto vetriolo sugli Usa degli anni Cinquanta) anticipa *Zelig*. In Italia venne distribuito solo dopo *Il dittatore dello stato libero di Bananas*.

Prendila, è mia *½ (*Take Her, She's Mine*, Usa 1963, col, 98') Henry Koster. Con James Stewart, Sandra Dee, Robert Morley, Audrey Mason, Philippe Fourquet. ◆ Disavventure e imbarazzo di un padre preoccupato (Stewart) che segue la figlia studentessa ribelle (Dee) anche a Parigi tra contestazioni, feste e retate della polizia. Spigliata e discontinua, una commedia familiare ovvia ma ben interpretata, dalla fortunata pièce di Phoebe e Henry Ephron sceneggiata da Nunnally Johnson.

Prendimi → *Choose Me – Prendimi*

Prendimi, straziami che brucio di passion → *Frankenstein all'italiana*

Prénom Carmen *½ (*Prénom Carmen*, Francia/Svizzera 1983, col, 84') Jean-Luc Godard. Con Marushka Detmers, Jacques Bonnaffé, Myriem Roussel, Jean-Luc Godard, Hyppolite Girardot. ◆ La giovane Carmen (Detmers) che frequenta terroristi ed è lei stessa una «terrorista naturale», chiede allo zio (Godard), regista volontariamente recluso in una clinica parigina, l'utilizzo di un appartamento sul mare per girare un film. Seduce e maltratta un poliziotto, progetta una rapina, muore in una sparatoria con la polizia durante una ripresa. Narrazioni intersecate, frantumazione estrema del linguaggio, le sottili dissonanze dei *Quartetti* di Beethoven (eseguiti live) come incongruo accompagnamento delle immagini. Il Godard più intellettuale e chiuso su se stesso: poco o nulla della Carmen della tradizione (a parte il carattere di mangiatrice d'uomini, e l'«Habanera» canticchiata nel manicomio), sberleffi stantii, sesso e sbadigli. Fischiato Leone d'oro a Venezia.

Preparate i fazzoletti ** (*Préparez vos mouchoirs*, Francia/Belgio 1977, col, 110') Bertrand Blier. Con Gérard Depardieu, Patrick Dewaere, Carole Laure, Michel Serrault, Riton. ◆ Per guarire la moglie Solange (Laure) dall'apatia, il marito Raoul (Depardieu) arriva a procurarle un amante (Dewaere): ma solo un quindicenne spocchioso (Riton) le restituisce le gioie del sesso. Il gusto del paradosso e lo stile impassibile che saranno tipici del regista (autore anche della sceneggiatura), orchestrati con una leggerezza che si vorrebbe mozartiana. In bilico tra grottesco e parodia, sberleffo e melodramma – ma col sospetto del gioco fine a se stesso. A sorpresa Oscar come miglior film straniero.

Preparati la bara! * (Italia 1967, col, 92') Ferdinando Baldi. Con Terence Hill [Mario Girotti], Horst Frank, George Eastman [Luigi Montefiori], Barbara Simon, Ivan Giovanni Scratuglia, Lee Burton [Guido Lollobrigida], José Torres. ◆ Con un pugno di sbandati Django (Hill) affronta i banditi che durante l'attacco a un convoglio hanno trucidato sua moglie, ma le manovre di un ex amico (Frank) con ambizioni di potere complicano il tutto. Nulla di nuovo in un western di modesta fattura, con nel cast, tra gli altri, Gianni Brezza, ballerino Tv noto ai più come partner di Loretta Goggi. Fotografia di Enzo Barboni che passerà alla regia con lo pseudonimo di E.B. Clucher e trasformerà Terence Hill in Trinità.

Prepotenti, I *½ (Italia 1958, b/n, 85') Mario Amendola. Con Aldo Fabrizi, Nino Taranto, Ave Ninchi, Wandisa Guida, Mario Riva, Luca Ronconi, Ferruccio Amendola. ◆ Intemperanze campanilistiche e teneri sentimenti per i componenti di una famiglia romana in gita a Napoli: il figlio (Amendola) si accapiglia per fede calcistica, e finisce in questura, la figlia (Guida) si innamora di un napoletano (Ronconi); e i rispettivi padri (Fabrizi e Taranto) tra dispetti e ripicche cercano di impedire il matrimonio. Comicità senza pretese ma ben interpretata, discontinua tra situazioni indovinate e altre scontate. I personaggi ritornano in *Prepotenti più di prima*.

Prepotenti più di prima *½ (Italia 1959, b/n, 89') Mario Mattoli. Con Aldo Fabrizi, Nino Taranto, Mario Riva, Ave Ninchi, Alice Sandro, Luca Ronconi, Ferruccio Amendola. ◆ Il romano Cesare (Fabrizi) e il napoletano Mimì (Taranto) litigano in continuazione. Nulla riesce a pacificarli: né il matrimonio dei figli (Sandro e Ronconi) né la nascita di un nipote; ogni occasione, anzi, è nuova fonte di conflitti. Dichiarato dallo stesso regista «opera di recupero», è il seguito del film di Mario Amendola *I prepotenti* (ma il personaggio di Marcella Martucci non è più interpretato da Wandisa Guida ma da Alice Sandro). Superficiale tentativo di affrontare con un sorriso i problemi e i conflitti dell'inurbamento forzato e dell'industrializzazione.

Presa del potere da parte di Luigi XIV, La **** (*La Prise du pouvoir par Louis XIV*, Francia 1966, b/n, 102') Roberto Rossellini. Con Jean-Marie Patte, Raymond Jourdan, Giulio Cesare Silvagni, Katharina Renn, Dominique Vincent, Pierre Barat, Fernand Fabre, Françoise Ponty. ◆ L'ascesa al trono e i primi anni di regno del Re Sole (Patte), considerati sia sotto il profilo storico-politico che in relazione alla vita quotidiana del sovrano e della corte. Il miglior film televisivo di Rossellini (prodotto dall'Ortf ma distribuito in Italia nelle sale, sceneggiato da Philippe Erlanger con la collaborazione di Jean Gruault), perfetta fusione sia tra cronaca e storia che tra documentario e finzione. Gli elementi aneddotici, volti a soddisfare le esigenze spettacolari del racconto, sono infatti inseriti e utilizzati anche in funzione storico-critica, come risulta evidente nella paradigmatica sequenza del risveglio del re, appuntamento obbligatorio per tutta la nobiltà cortigiana. È la miglior esemplificazione della funzione didattica teorizzata da Rossellini per la televisione e il cinema, nella quale l'uso dello sfarzoso cerimoniale è descritto in «funzione del potere assoluto che depaupera, dall'interno, sul piano economico e su quello del ruolo sociale, le velleità di indipendenza dei nobili».

Presagio, Il ** (*The Omen*, Usa 1976, col, 111') Richard Donner. Con Gregory Peck, Lee Remick, David Warner, Billie Whitelaw, Harvey Stephens, Patrick Troughton. ◆ Un diplomatico americano (Peck) a Londra scopre che il figlio Damien (Stephens), adottato anni prima a Roma in circostanze misteriose per sostituire il figlio nato morto, è l'Anticristo profetizzato dall'Apocalisse. Dal romanzo omonimo di David Seltzer (autore anche della sceneggiatura), una rilettura «moderna» delle Sacre Scritture: horror e spunti demoniaci, morti inspiegabili, riti ed esorcismi assortiti con sottile gusto morboso. Oscar alla colonna sonora di Jerry Goldsmith. Naturalmente il figlio del Diavolo sopravvive, consentendo altri tre episodi: *La maledizione di Damien* (1978), *Conflitto finale* (1981) e *Omen IV – Presagio infernale* (1991).

Presagio di morte * (*Fathers and Sons*, Usa 1991, col, 96') Paul Mones. Con Jeff Goldblum, Rory Cochrane, Ellen Greene, Rosanna Arquette, Samuel L. Jackson, Joie Lee. ◆ Ancora sconvolto dalla morte della moglie, l'ex regista Max Fisher (Goldblum), trasferitosi in una cittadina del New Jersey, ha un rapporto difficile col figlio Eddie (Cochrane), che frequenta brutte compagnie. E per di più in circolazione c'è anche un serial killer, che distribuisce libri deliranti per suggestionare le future vittime. Il regista e sceneggiatore Mones, fino a un quarto d'ora dalla fine, non ha ancora capito se sta girando un thriller o una *soap opera*: un ibrido che non va da nessuna parte, e che stupisce abbia trovato dei produttori.

Presenze *½ (*The Turn of the Screw*, Gb 1992, col, 98') Rusty Lemorande. Con Patsy Kensit, Stéphane Audran, Julian Sands, Marianne Faithfull. ◆ La fragile istitutrice Miss Giddens (Kensit) si trova alle prese con due marmocchi succubi di una coppia diabolica di fantasmi (Sands e Faithfull): si improvvisa esorcista, ma qualcosa le va storto. Terza versione di *Il giro di vite* di Henry James, dopo *Suspense* e *Improvvisamente un uomo nella notte*. Il regista la gira come un horror gotico un po' vecchiotto, con troppi carillon e bambole che vorrebbero essere inquietanti. La Kensit, oltre che negata alla recitazione, è troppo giovane per la parte.

Presenze dal profondo → *Deep Rising – Presenze dal profondo*

Presidente, Il **½ (*Le Prèsident*, Francia/Italia 1961, b/n, 108') Henri Verneuil. Con Jean Gabin, Bernard Blier, Renée Faure, Henri Cremieux, Alfred Adam. ◆ Un ex presidente del Consiglio (Gabin), ritiratosi in campagna ma sempre legato alla vita politica e a ferrei princìpi morali, impedisce a un suo ex protetto (Blier), rivelatosi anni prima capace di tradire per interessi personali, di assumere l'incarico del Governo. Da un romanzo di Georges Simenon sceneggiato dal regista con Michel Audiard, un film di notevole ritmo narrativo, con un dialogo serrato e una magistrale performance di Gabin.

Presidente, Il – Una storia d'amore ** (*The President*, Usa 1995, col, 114') Rob Reiner. Con Michael Douglas, Annette Bening, Martin Sheen, Michael J. Fox, Richard Dreyfuss, Samantha Mathis, Anna Deavere Smith, Nina Siemaszko. ◆ Il presidente Andrew Shepard (Douglas), vedovo e democratico, si appresta a far votare al Congresso due leggi-chiave sull'ambiente e la criminalità, quando inizia una relazione con l'ecologista Sydney Wade (Bening). I pettegolezzi impazzano sui media, il reazionario senatore Rumson (Dreyfuss) ci marcia, ma Shepard riuscirà a salvare capra e cavoli, ossia le ragioni del cuore e quelle del buon governo. La politica come gioco di percentuali di consensi, la Casa Bianca come il set di una sit-com, l'impossibilità di essere normale per l'uomo più potente della terra (che non riesce neanche a ordinare un mazzo di rose per telefono): non mancano idee intelligenti nella commedia di Reiner, ma il buonismo di fondo è stucchevole (c'è chi ha parlato di uno spot per Clinton), e i richiami a Frank Capra (sbandierati anche nei dialoghi) troppo furbetti. Scritto da Aaron Sorkin, fotografato da John Seale.

Presidente del Borgorosso football club, Il * (Italia 1970, col, 115') Luigi Filippo d'Amico. Con Alberto Sordi, Tina Lattanzi, Margherita Lozano, Daniele Vargas, Carlo Taranto, Rossana Di Lorenzo. ◆ Alla morte del padre, vissuto separato dalla famiglia, un solerte impiegato del Vaticano (Sordi) eredita, con l'azienda vinicola, la squadra di calcio di un paese della Romagna; e presto si appassiona, spende e lotta per la vittoria e il consenso del turbolento tifo locale. Una satira scontata del mondo calcistico (sceneggiata da Sordi con Sergio Amidei e l'ex calciatore Adriano Zecca), molto approssimativa e non abbastanza divertente. C'è anche Omar Sivori nella parte di se stesso.

Presidentessa, La *½ (Italia 1952, b/n, 87') Pietro Germi. Con Silvana Pampanini, Carlo Dapporto, Ave Ninchi, Luigi Pavese, Franco Coop, Aroldo Tieri, Ernesto Calindri. ◆ Costretta ad abbandonare una cittadina di provincia su decreto del presidente del Tribunale (Pavese), una spregiudicata ballerina-cantante (Pampanini) si rifugia proprio in casa del magistrato – che non la conosce – e quando giunge l'inaspettata visita del ministro della Giustizia, è presentata come legittima moglie: la donna sedurrà facilmente il politico, che decide la promozione e il trasferimento a Parigi del giudice. Un Germi lontano dai suoi temi consueti si limita a mettere in scena fedelmente l'omonima commedia di Charles-Maurice Hennequin e Pierre Veber: nonostante l'accurata ricostruzione e il buon cast il film non esce dalla routine. Remake nel 1977.

Presidentessa, La *½ (Italia 1977, col, 105') Luciano Salce. Con Mariangela Melato, Johnny Dorelli, Gianrico Tedeschi, Vittorio Caprioli, Luciano Salce. ◆ Una soubrette (Melato) con ambizioni di arte «alta», creduta legittima moglie di un giudice vicentino fustigatore di costumi (Tedeschi), conquista il ministro della Giustizia (Dorelli) che si è recato in visita a Vicenza, fa ottenere la promozione a Roma del giudice di provincia, provoca il fidanzamento della figlia di questi con il nipote seminarista del ministro (sempre Dorelli), debutta disastrosamente alla Scala come ballerina classica... Buon cast ma risultati deludenti nella versione aggiornata agli anni Cinquanta e italianizzata della pochade di Charles-Maurice Hennequin e Pierre Veber, già portata sugli schermi da Germi nel 1952: qualche accenno di satira – il Veneto moralista ipocrita, i ministri corrotti nella capitale assediata da scioperi e manifestazioni – ma troppi ammiccamenti erotici per un pubblico facile.

Presidio – Scene di un crimine, Il *½ (*The Presidio*, Usa 1988, col, 97') Peter Hyams. Con Sean Connery, Mark Harmon, Meg Ryan, Jack Warden, Mark Blum, Dana Gladstone. ◆ Un poliziotto congedatosi dall'esercito (Harmon) indaga su un omicidio commesso in una base militare, trovando il tempo di concupire la figlia (Ryan) dello scontroso comandante (Connery), sua bestia nera di un tempo. Poliziesco risaputo tanto nell'intreccio che nel disegno dei personaggi. La confezione professionale, oggi, non è più un titolo di merito.

Presi nella morsa **½ (*Caught*, Usa 1949, b/n, 88') Max Ophuls [e John Berry]. Con Barbara Bel Geddes, Robert Ryan, James Mason, Frank Ferguson, Curt Bois, Marcia MacJones, Ruth Brady, Natalie Schafer. ◆ Per Leonora (Bel Geddes) il sogno di un matrimonio borghese si infrange contro la megalomania dello sposo, il ricco Smith Ohlrig (Ryan) che le rende la vita impossibile: nella disgrazia, troverà comprensione dal dottor Quinada (Mason), ma nemmeno lui potrà impedire che i sogni materni di Leonora abbiano un tragico epilogo. Uno dei noir più cupi ed esasperati del periodo, tratto da un romanzo di Libbie Block (sceneggiato da Arthur Laurents) che nasconde dietro la trama un lucido apologo sul denaro e sul possesso. Qua e là lo stile di Ophuls lascia ancora meravigliati, con i suoi carrelli barocchi, ma le riprese erano state iniziate da John Berry (licenziato perché aveva superato il budget previsto) e il suo stile era tutto costruito sulla profondità di campo e sulle inquadrature disassate, alla Welles. Il risultato è un film ibrido, che risente del fatto di essere nato con due teste e che non riesce ad amalgamare bene il ritratto tutto psicologico e interiore di Leonora (probabilmente più dovuto a Ophuls) con quello più cupo e impressionista di Ohlring (che risente dell'impostazione di Berry).

Presi tra le fiamme ** (*The Forest Rangers*, Usa 1942, col, 87') George Marshall. Con Fred MacMurray, Paulette Goddard, Susan Hayward, Albert Dekker, Rod Cameron, Eugene Pallette. ◆ Tra numerosi incendi provocati misteriosamente, due donne (Goddard e Hayward) si contendono l'amore di una coraggiosa guardia forestale (MacMurray). Una commedia sentimentale con qualche discreta scena d'azione. Lanciò la canzone *I've Got Spurs That Jingle, Jangle, Jingle*.

Prestami il rossetto ** (*Coup de foudre*, Francia 1983, col, 94') Diane Kurys. Con Miou-Miou [Sylvette Hery], Isabelle Huppert, Guy Marchand, Jean-Pierre Bacri, Robin Renucci. ◆ Francia, anni Cinquanta: due donne segnate dalla guerra – una intraprendente (Miou-Miou), l'altra confusa e fragile (Huppert) – patiscono il matrimonio con uomini mediocri. Tra loro nasce un'intesa così profonda da spingerle a fuggire dalla routine familiare. La maniera del cinema al femminile, con più apparenza che sostanza nel disegno dei personaggi.

Prestami tua moglie * (Italia 1980, col, 99') Giuliano Carnimeo. Con Lando Buzzanca, Janet Agren, Daniela Poggi, Claudine Auger, Renzo Montagnani. ◆ La moglie separata (Agren) torna a farsi viva dopo vari anni, e un meridionale trapiantato a Milano (Buzzanca), convinto di perdere le sicurezze economiche della ricca convivente (Auger), si finge spiantato e complica la situazione all'inverosimile. Cast variegato, con Massimo Boldi e Diego Abatantuono come macchiette di spalla, per un prevedibile gioco di equivoci e scambi di persona che almeno evita di eccedere nel turpiloquio.

Prestanome, Il **½ (*The Front*, Usa 1976, col, 94') Martin Ritt. Con Woody Allen, Zero Mostel, Herschel Bernardi, Michael Murphy, Andrea Marcovicci, Danny Aiello, Josef Sommer. ◆ Anni Cinquanta: un modesto cassiere (Allen) in perenne bolletta per il vizio delle scommesse accetta volentieri di fare da prestanome dietro compenso per uno sceneggiatore televisivo (Murphy) accusato di attività antiamericane. Ma l'amore per una segretaria contestatrice (Marcovicci) e il suicidio di un comico (Mostel) che rifiuta di accusarlo gli fanno prendere coscienza. Ritt, lo sceneggiatore Walter Bernstein, Mostel e Bernardi furono nelle liste nere di McCarthy (come ricordano i titoli di coda) e questo è il primo film di Hollywood che ha il coraggio di tornare esplicitamente a ricordare quegli anni bui: ma il tentativo di raccontare quel dramma con un tono agrodolce e ironico non sempre è ben calibrato, e Allen sembra troppo preoccupato di strappare un sorriso per essere davvero convincente.

Prestazione straordinaria * (Italia 1994, col, 104') Sergio Rubini. Con Sergio Rubini, Margherita Buy, Simona Izzo, Alessandro Haber, Gianrico Tedeschi, Michetta Farinelli, Mariella Valentini, Michael Reale, Gianni Bonagura. ◆ Lettore di manoscritti in una casa editrice in crisi, Aldo (Rubini) subisce per un equivoco le avances della nuova dirigente (Buy): lui resiste, lei cerca addirittura la complicità della di lui compagna (Izzo), fino a quando un viaggio in Grecia alla ricerca di un autore misterioso (Tedeschi) aprirà gli occhi a tutti e due. Pessima versione italiana sul tema dell'anno (quello delle violenze di lei a lui, affrontato con altro spessore da Michael Crichton in *Rivelazioni*, che Rubini tiene ostentatamente tra le mani): la sceneggiatura – di Filippo Ascione, Fabrizio Bettelli, Angelo Pasquini e lo stesso Rubini – perde i personaggi per strada, la crisi spirituale finale è totalmente gratuita, ma è soprattutto la volgarità della messinscena che sconcerta, col suo tentativo di far ridere con le peggiori sguaiatezze italiane: la segretaria (Valentini) con le tette grandi e il cervello piccolo, i colleghi diventati maiali a furia di leggere manoscritti porno, la Izzo che fa giurare Rubini «su quello che ha di più sacro» e lui le mette le mani sulle tette.

Presto... datemi una donna → *Treni strettamente sorvegliati*

Presunto innocente ** (*Presumed Innocent*, Usa 1990, col, 128') Alan J. Pakula. Con Harrison Ford, Brian Dennehy, Bonnie Bedelia, Raul Julia, Greta Scacchi, Paul Winfield. ◆ Incaricato di indagare sull'assassinio di una collega (Scacchi) della quale era stato amante, il rispettabile procuratore Rusty Sabich (Ford) si trova presto sul banco degli accusati: dubita di lui anche il suo avvocato (Julia), e gli rimane vicina solo la moglie (Bedelia). Illustrazione del bestseller di Scott Turow: così professionalmente curata e levigata da essere perfettamente anonima. Uno spasso per chi non ha letto il libro e ama il genere processuale; una noia micidiale nel caso contrario. La Scacchi, radiosa come non mai, impegna Ford in un paio di scene erotiche. Prodotto da Sydney Pollack.

Pret-a-Porter ** (*Pret-a-Porter*, ritititolato *Ready to Wear*, Usa 1994, col, 133') Robert Altman. Con Marcello Mastroianni, Sophia Loren, Julia Roberts, Tim Robbins, Stephen Rea, Kim Basinger, Anouk Aimée, Tracey Ullman, Sally Kellerman, Linda Hunt, Lili Taylor, Forest Whitaker, Richard E. Grant, Rupert Everett, Danny Aiello, Teri Garr, Jean Rochefort, Michel Blanc, Jean-Pierre Cassel, Lauren Bacall, Lyle Lovett, Ute Lemper, Chiara Mastroianni, Tom Novembre, Anne Canovas, François Cluzet, Rossy de Palma. ◆ A Parigi, durante la settimana del prêt-à-porter si incrociano le strade di giornalisti, stilisti e semplici curiosi: Sergei (Mastroianni), misterioso sarto russo, è accusato della morte di Olivier de la Fontaine (Cassel), capo della Camera della moda, anche se in realtà è un italiano che è tornato solo per incontrare sua moglie (Loren), che non vede da 42 anni; due giornalisti americani (Roberts e Robbins) rimangono, per un equivoco, senza valigie in una stanza sola, e da lì non si muovono più; le direttrici delle tre maggiori riviste di moda Elle Francia (Hunt), Harper's Bazar America (Kellerman) e Vogue inglese (Ullman) cercano invano di concupire il cinico fotografo Milo O'Brannigan (Rea); la stilista Simone Lowenthal (Aimée), per protestare contro la mercificazione della moda e la vendita della sua società a un produttore texano di stivali (Lovett), organizza una sfilata di modelle nude, compresa una incinta (Lemper); la reporter televisiva Kitty Potter (Basinger), stanca di dover celebrare ogni cosa a tutti i costi, getta la spugna... «I bianchi si assomigliano tutti. Li riconosco dai vestiti» dice l'autista asiatico di La Fontaine e la metafora non potrebbe essere più chiara: la moda come maschera del vuoto, il nudo come verità che però è già messinscena e innumerevoli cacche di cane che finiscono per sporcare le suole di scarpe raffinate. Non c'era bisogno di girare un film così lungo per arrivarci. Più che alla struttura a incastro di *Nashville* e di *America oggi*, Altman (sceneggiatore con Barbara Shulgasser) si rifà alla vecchia pochade: diverte epidermicamente, ma solo di rado graffia. E dice ben poco sui retroscena delle sfilate. Cher, Harry Belafonte e molti stilisti (Trussardi, Ferré, Gaultier, Lagerfeld) appaiono nella parte di se stessi. Con bella autoironia Mastroianni e la Loren rifanno trent'anni dopo la scena dello striptease di *Ieri, oggi, domani*. La musica è di Michel Legrand.

Prete, Il ** (*Priest*, Gb 1994, col, 106') Antonia Bird. Con Linus Roache, Tom Wilkinson, Cathy Tyson, Robert Carlyle, James Ellis, Lesley Sharp, Christine Tremarco. ◆ Liverpool: i laceranti dilemmi religiosi ed esistenziali di padre Greg (Roache), giovane prete dai rigidi princìpi appena arrivato in un quartiere popolare. In conflitto con padre Matthew (Wilkinson) che arringa i fedeli come un sindacalista e convive con la perpetua (Tyson), Greg dovrà fare i conti con un segreto confessionale di violenza incestuosa e con la propria insopprimibile omosessualità, vissuta clandestinamente con un distruttivo senso di colpa. Indecisa tra il cinema sociale di Ken Loach e il melodramma a tesi, l'esordiente Antonia Bird mette molta carne al fuoco e se la cava con lacrime *politically correct*. Le buone intenzioni ci sono tutte e non manca qualche scena coinvolgente (il drammatico dialogo tra padre Greg e il crocifisso), ma dopo un inizio di forte impatto, girato per le strade della Liverpool più depressa con taglio semidocumentaristico, il film si avvia a diventare una specie di impegnato *Uccelli di rovo* in versione gay (ma padre Ralph aveva più coraggio): forse può scuotere qualche cattiva coscienza e diffondere una sensibilità (comunque edulcorata) nei confronti di certi temi, ma di sicuro irrita chi non sopporta più che in nome di sacrosante battaglie sulla «diversità» si debbano ancora difendere film bruttini come questo.

Prete bello, Il *½ (Italia 1989, col, 93') Carlo Mazzacurati. Con Massimo Santelia, Davide Torsello, Roberto Citran, Adriana Asti, Marco Messeri, Jessica Forde. ◆ Vicenza, 1939: il difficile passaggio alla maturità di due ragazzi poveri, Sergio (Santelia) e Cena (Torsello), attorno ai quali si agita un mondo di adulti conformisti e ridicoli. Il prete del titolo è don Gastone (Citran), indeciso tra l'inchino al regime e il richiamo della carne. Dal romanzo di Goffredo Parise (sceneggiato dal regista assieme a Franco Bernini ed Enzo Monteleone), l'opera seconda di Mazzacurati delude anche come ricostruzione d'epoca, e non sale al di sopra delle categorie del carino e dell'inutile.

Prete da uccidere, Un ** (*To Kill a Priest*, Usa/Francia 1988, col, 105') Agnieszka Holland. Con Christopher Lambert, Ed Harris, Joss Ackland, Tim Roth, Timothy Spall. ◆ Ricostruzione romanzata della morte di Jerzy Popieluszko, che nel film si chiama Alec (Lambert), il sacerdote polacco vicino a Solidarność ucciso nel 1984 – pare – da agenti della polizia segreta. La regista cerca di evitare l'agiografia concentrandosi sul rapporto tra la vittima e il capitano di polizia (Harris) incaricato dell'operazione e poi condannato dal regime. La giusta indignazione (a tre degli sgherri era stata appena abbassata la pena) e qualche sequenza agghiacciante non bastano a rendere memorabile un film che si affida a manierismi kafkiani. Fuori parte Lambert.

Prete scomodo, Un * (Italia 1975, b/n, 103') Pino Tosini. Con Enrico Maria Salerno e attori non professionisti. ◆ La storia di don Lorenzo Milani (Salerno), dalla prima passione per la teologia alla scelta sacerdotale, a fianco dei più poveri, al trasferimento nel piccolo borgo di Barbiana, dove realizza una scuola singolare e anticonformista capace di provvedere all'istruzione degli esclusi, fino alle polemiche e alla condanna da parte della Chiesa. La vita di un prete scomodo è ricostruita utilizzando gli scritti polemici più noti (*Esperienze Pastorali, Lettera a una professoressa*), ma il film finisce per appiattire una figura originale e carismatica e rischia di risultare unilaterale e semplicistico.

Prete sposato, Il * (Italia 1970, col, 98') Marco Vicario. Con Rossana Podestà, Lando Buzzanca, Salvo Randone, Magali Noël, Luciano Salce, Silvia Dionisio, Mariangela Melato, Enrico Maria Salerno, Barbara Bouchet. ◆ Sconvolto dagli atteggiamenti disinibiti dell'alta borghesia romana che frequenta la parrocchia alla quale è affidato, un giovane sacerdote siciliano (Buzzanca) trova consolazione in una ragazza squillo (Podestà), decisa a cambiar vita, e sfida l'ipocrisia dei superiori chiedendo di far convivere matrimonio e missione sacerdotale. Un tema serio affrontato senza idee, indeciso tra satira facile e farsa sguaiata e mal condotta.

Pretora, La * (Italia 1976, col, 98') Lucio Fulci. Con Edwige Fenech, Giancarlo Dettori, Gianni Agus, Oreste Lionello. ◆ Come screditare la severissima quanto affascinante pretora (Fenech) di una borgata veneta? Chiamando in paese la sorella gemella, e facendo circolare le sue fotografie in versione porno-Biancaneve! Anche Fulci si piega ai dettami della commedia all'italiana del periodo, con qualche cenno di satira sulle ipocrisie di provincia come alibi per il richiamo boccaccesco della Fenech, che si regala ai fans in un doppio ruolo.

Pretty Baby *½ (*Pretty Baby*, Usa 1978, col, 109') Louis Malle. Con Brooke Shields, Keith Carradine, Susan Sarandon, Frances Faye, Antonio Fargas, Barbara Steele, Diana Scarwid, Gerrit Graham. ◆ Nel quartiere a luce rossa di Storyville, a New Orleans, Violet (Shields), la dodicenne figlia di una prostituta, cresce tra professioniste e clienti, pianisti jazz e un affascinante fotografo francese (Carradine), che finirà per sposare. Calligrafico ed elegante (grazie alla fotografia di Sven Nykvist), neanche pruriginoso, ma inerte e inutile. Ai tempi uno scandalo programmato a tavolino sullo sfruttamento delle ragazzine a fini voyeuristici (ma Brooke, nondimeno, era ancora vergine...). Malle, al primo film americano sembra essere andato a scuola dal peggior Lattuada.

Pretty Woman – Una ragazza deliziosa ** (*Pretty Woman*, Usa 1990, col, 117') Garry Marshall. Con Richard Gere, Julia Roberts, Hector Helizondo, Ralph Bellamy, Jason Alexander, Laura Sangiacomo. ◆ Il miliardario triste Edward Lewis (Gere) assolda per due settimane la prostituta Vivian Ward (Roberts), portandola nell'alta società senza farle pesare la sua origine. Visto che siamo a Hollywood, come dice un passante nel finale, l'amore non può che trionfare malgrado tutto. Abile rivisitazione della favola di Cenerentola e del mito di Pigmalione sceneggiata da J.F. Lawton, e strabiliante successo internazionale. Buoni sentimenti appena aggiornati, e un'aria fasulla che può irritare o intenerire. La Roberts si fa sostituire da una controfigura nella scena iniziale, ma è diventata una star; Gere ha indovinato il film che l'ha rilanciato. La canzone omonima è di Roy Orbison.

Prevaricatori, I *** (*The Cheat*, Usa 1915, b/n, 45') Cecil B. DeMille. Con Fanny Ward, Jack Dean, Sessue Hayakawa, Utake Abe. ◆ Disperata per aver perso in una speculazione sbagliata i 10 mila dollari che le erano stati affidati a nome della Croce Rossa, Edith Hardy (Ward) si fa prestare la somma da un ricco commerciante orientale, Aka Arakau (Hayakawa) che esige in cambio che lei gli si conceda. Ma quando la donna si presenta per restituire la somma, avuta con uno stratagemma dal marito (Dean), Arakau la marchia con il ferro rovente che gli serve per catalogare le collezione delle sue statuine: durante la colluttazione, Edith lo ferisce con una pistola ma è il marito – che l'aveva seguìta per gelosia – a venir arrestato. L'uomo sarebbe anche disposto a farsi condannare se durante il processo la donna non svelasse la verità, salvando il coniuge e riconquistandone l'amore. Uno dei primissimi capolavori di DeMille, appassionante melodramma mondano dove il linguaggio cinematografico comincia a prendere una consistenza d'arte: la sceneggiatura di Hector Turnbull sfronda l'intrigo al massimo e riduce il confronto psicologico, ma il merito della riuscita è soprattutto di DeMille (e del direttore della fotografia Alvin Wyckoff) che utilizza soprattutto le ombre e la luce – piuttosto dell'abusata enfasi recitativa – per sottolineare gli stati d'animo dei protagonisti e caricare la storia di un'atmosfera misteriosa e onirica. Per quegli anni fu un'autentica rivelazione, perché il pubblico trovava sullo schermo «un dramma esotico ammaliante, narrato con uno spirito nuovo, un movimento accelerato e un dinamismo mai avvertito prima». Nella versione originale Arakau era un commerciante giapponese, ma dopo il 1918 cambiò nazionalità per ragioni politiche e diventò un *burmese ivory king* (un re birmano dell'avorio), come si legge sul giornale che annuncia il suo ferimento. Sessue Hayakawa terminerà la sua lunga carriera recitando nel *Ponte sul fiume Kwai*.

Prezzo del coraggio, Il ** (*Rescuers: Stories of Courage – Two Women*, Usa 1997, col, 103') Peter Bogdanovich. ◆ Film a episodi. In *Mamusha* (con Elizabeth Perkins, Al Waxman) una polacca salva un piccolo ebreo, fingendo che sia suo figlio per tutto il corso dell'occupazione tedesca; in *Woman on a Bicycle* (con Sela Ward, Anne Jackson, Fritz Weaver, L.B. Straten) una ragazza di parrocchia, nella Francia di Vichy, fa propaganda antinazista e nasconde in casa una famiglia di ebrei. Tratta da storie vere, una produzione televisiva di Barbra Streisand e Cis Corman, che vuole raccontare l'eroismo quotidiano e la presa di coscienza contro la ferocia nazista da parte di comuni cittadini non ebrei. Bogdanovich depone le ambizioni d'autore ed esegue con efficienza e una punta di commozione: almeno nel primo episodio, mentre la resistenza francese nel secondo sembra *I ragazzi della via Paal*. Passato in Tv come *Rescuers – Storie di donne coraggiose*. Ne esistono altre due puntate (*Two Couples* e *Two Families*), cui non ha messo mano Bogdanovich.

Prezzo del demonio, Il ** (*El hombre y el monstruo*, Messico 1958, b/n, 93') Rafael Baledon. Con Abel Salazar, Marta Roth, Henry Rambal, Any Lauren Baledon, José Chavez, Carlos Suarez. ◆ Originale rilettura del romanzo stevensoniano: in questo film il «dottor Jekyll» è un pianista geloso e assassino (Salazar) che si trasforma in lupo mannaro. E quando è in questo stato solo la mano della madre può, toccandolo, farlo ritornare a un aspetto umano.

Prezzo del dovere, Il *½ (*Above and Beyond*, Usa 1952, b/n, 122') Melvin Frank, Norman Panama. Con Robert Taylor, Eleanor Parker, James Whitmore, Jim Backus, Larry Keating. ◆ L'isolamento, la crescente tensione e la crisi familiare per il pilota (Taylor) che in gran segreto si prepara alla missione di sganciare la prima bomba atomica su Hiroshima: appena credibile per la buona interpretazione, un lavoro nel complesso modesto.

Prezzo dell'inganno, Il ***½ (*Deception*, Usa 1946, b/n, 112') Irving Rapper. Con Bette Davis, Paul Henreid, Claude Rains, John Abbott. ◆ Il violoncellista Karel Novak (Henreid), appena arrivato a New York dopo la guerra, sposa su due piedi la vecchia fiamma Christine Radcliffe (Davis), ignorando che è l'amante-allieva del compositore Alexander Hollenius (Rains). Quest'ultimo, pazzo megalomane roso dalla gelosia, si vendica a modo suo, affidando a Novak l'esecuzione del suo nuovo concerto per violoncello e tormentandolo sadicamente. Christine alla fine non regge più la recita e uccide il suo pigmalione. Tre anni dopo *Perdutamente tua*, Rapper ritrova lo stesso cast per un film molto diverso e ambizioso: un melodramma cerebrale costruito come un kammerspiel, in cui i personaggi si torturano col sorriso sulle labbra, mentono o sono lieti di comportarsi da vittime. Quasi nessuna figura di contorno, interni barocchi come in Welles o Wyler, strade sempre spazzate dalla pioggia: la cornice ideale per due tipi di follia diversa, quella istrionica di Rains (forse nella sua interpretazione migliore) e quella compressa e tormentata della Davis, che si controlla con grande intelligenza. La sceneggiatura è di John Collier e Joseph Than, da un romanzo di Louis Verneuil. Fondamentale il contributo della fotografia di Ernest Haller e della musica di Erich Wolfgang Korngold. La Davis suona davvero l'*Appassionata* di Beethoven, ma nel sonoro è doppiata da Shura Cherkassky.

Prezzo dell'onore, Il * (Italia 1952, b/n, 90') Ferdinando Baldi. Con Maria Frau, Mario Vitale, Vincenzo Musolino, Mino Doro, Armando Guarneri, Amedeo Trilli, Rose Marten. ◆ Un gruppo di poveri boscaioli del Sud insorge contro il padrone dispotico, ma la vittoria si limita a una aumentata consapevolezza. Debutto impegnato per uno dei più assidui registi della produzione popolare di genere, con qualche debolezza narrativa ma con attenzione ai personaggi e una certa abilità. Comparsata per Giovanna Ralli.

Prezzo del potere, Il * (Italia/Spagna 1969, col, 108') Tonino Valerii. Con Giuliano Gemma, Warren Vanders, Maria Cuadra, Fernando Rey, Van Johnson. ◆ Dopo la fine della guerra di Secessione il presidente degli Stati Uniti James Garfield (Johnson) viene ucciso a Dallas, nel Texas, durante un viaggio per conquistare il consenso negli stati del Sud. Una curiosa rilettura dell'assassinio Kennedy in chiave western con un'insanabile debolezza narrativa e un risultato spettacolare davvero modesto.

Prezzo del successo, Il ** (*Career*, Usa 1959, b/n, 105') Joseph Anthony. Con Dean Martin, Anthony Franciosa, Shirley MacLaine, Carolyn Jones, Joan Blackman. ◆ Delusioni professionali, fallimenti matrimoniali, persino problemi con il maccartismo al ritorno dalla guerra di Corea: è la travagliatissima carriera per un giovane dalla provincia a Broadway (Franciosa) in cerca di affermazioni nel teatro. Qualcosa di pregevole si trova, tra le caratterizzazioni e la ricostruzione di ambiente, ma il ritmo manca inesorabilmente.

Prezzo di Hollywood, Il ** (*The Buddy Factor*, Usa 1994, col, 93') George Huang. Con Kevin Spacey, Frank Whaley, Michelle Forbes, Benicio Del Toro, T.E. Ryssell, Roy Dotrice, Jerry Levine. ◆ Il giovane Guy (Whaley), fresco di laurea in cinematografia, viene assunto come assistente dal boss della Keystone Pictures, Buddy Ackerman (Spacey). Ma le umiliazioni sono tali da scatenare una tremenda voglia di vendetta. Anche se, come sempre, a pagare «il prezzo di Hollywood» sarà una donna (Forbes). Esordio nella regia di un cino-americano (autore anche della sceneggiatura) ex funzionario di una major: tracce di misoginia, sadomasochismo, stanca omosessualità e proiezione quasi horror di un sistema malato e contagiato dal virus del potere assoluto. Senza la levità dei *Protagonisti* di Altman e con l'inevitabile livore di chi ha fatto troppa gavetta.

Prick up – L'importanza di essere Joe ** (*Prick Up Your Ears*, Gb 1987, col, 108') Stephen Frears. Con Gary Oldman, Alfred Molina, Vanessa Redgrave, Wallace Shawn, Julie Walters, James Grant, Lindsay Duncan. ◆ Il commediografo in erba Joe Orton (Oldman) viene sedotto dal più maturo e colto Kenneth Halliwell (Molina) proprio il giorno dell'incoronazione della regina Elisabetta. Ma il sodalizio sentimentale si sgretola con il progredire della folgorante carriera del primo, corteggiato addirittura dai Beatles, fino alla tragica conclusione. Da una vera storia che turbò un'Inghilterra dove la sodomia era ancora reato (raccontata in una biografia da John Lahr e sceneggiata da Alan Bennett), uno spaccato acidulo dell'effimera stagione della Swinging London. Meno provocatorio di quel che vorrebbe essere, strappa il sorriso agli spettatori complici ma dice poco, in definitiva, sul clima culturale dell'epoca.

Prigione *½ (*Fängelse*, Svezia 1949, b/n, 79') Ingmar Bergman. Con Doris Svedlund, Birger Malmsten, Eva Henning, Hasse Ekman, Stig Olin, Irma Christenson, Anders Henrikson, Marianne Löfgren. ◆ Il regista Martin Grundé (Ekman) cerca una storia per un film sull'inferno terreno e l'amico Thomas (Malmsten) gliene propone una che mescola le vicende di una prostituta (Svedlund) da lui intervistata alla sua personale crisi con la moglie (Henning). Martin però rinuncia al progetto: il film dovrebbe finire con un interrogativo e non c'è nessuno a cui porlo. Piuttosto tortuoso nell'intreccio (soggetto originale e sceneggiatura sono del regista) ma pervaso da una insospettabile ironia, *Prigione* è il primo film importante di Bergman: anticipa alcuni suoi temi fondamentali (il rapporto tra realtà e finzione, i drammi della coppia, lo scavo interiore, il dubbio, i sogni/incubi, la morte), sperimenta riprese lunghe (dettate da esigenze economiche) che poi costituiranno un tratto saliente del suo stile e inaugura la poetica del volto femminile indagato fino a diventare un «autonomo mezzo espressivo». In Italia arrivò circa dieci anni dopo, sulla scia del successo del *Settimo sigillo* e del *Posto delle fragole*.

Prigioniera, La **½ (*La Prisonnière*, Francia 1968, col, 105') Henri-Georges Clouzot. Con Elisabeth Wiener, Laurent Terzieff, Bernard Fresson, Dany Carrel, Daniel Rivière, Dario Moreno, Noëlle Adam, Claude Piéplu. ◆ Compagna di un artista cinetico (Fresson), Josée (Wiener) viene sedotta da Stanislas Hassler (Terzieff), un gallerista voyeur e misogino che la fotografa in pose osé e sado-maso: cercherà di fargli conoscere l'amore. Nel suo ultimo film, Clouzot (anche sceneggiatore) fa emergere i propri fantasmi - anche se le perversioni sono assai edulcorate per gli standard odierni - mettendosi in discussione anche come autore: e l'ex «accademico» poco amato dalla Nouvelle Vague diventa un regista d'avanguardia, che si ispira all'arte ottico-cinetica di Vasarely per inediti e insuperati esperimenti visivi (la fotografia è di Andreas Winding), nei quali il tono gelido e crudele del film (che ambiva a essere un trattato di patologia sessuale nella società dell'alienazione) trova la sua formulazione più compiuta. Tra gli invitati al cocktail ci sono Michel Piccoli, Eddie Constantine e Charles Vanel.

Prigioniera del deserto, La *** (*La Captive du désert*, Francia 1990, col, 98') Raymond Depardon. Con Sandrine Bonnaire, Dobi Koré, Dobi Wachinké, Atchi Wahi-Li, Fadi Taha. ◆ Una giovane donna europea (Bonnaire) è prigioniera di un gruppo di nomadi del Sahara che segue nei loro continui spostamenti. Un giorno tenta anche di fuggire ma si perde nel deserto, poi, improvvisamente, le dicono che il giorno dopo sarà liberata. Ispirato al sequestro dell'archeologa francese Françoise Cloustre, che rimase prigioniera per trentatré giorni nel deserto del Ciad (e sulla quale Depardon girò due reportage contribuendo a far risolvere il problema), il film rifiuta ogni riferimento alla cronaca – non si spiegano le ragioni del sequestro e la liberazione finale arriva all'improvviso – per diventare «un viaggio dentro l'esperienza di chi è costretto a vivere per anni nel deserto». Comportamentale prima che narrativo (tutti non fanno che camminare in silenzio o si riparano dal sole), il film trasmette allo spettatore, attraverso lunghe inquadrature fisse o panoramiche lentissime, la sensazione e gli stati d'animo di chi è tenuto prigioniero senza catene e vive il deserto in tutto il suo drammatico nulla. La televisione penalizza irrimediabilmente questo film, ma sul grande schermo può essere una delle più profonde esperienze sui due elementi primordiali del cinema: il tempo e lo spazio, la durata e la visione.

Prigioniera dell'isola, La **½ (*La Danse de mort*, Francia/Italia 1948, b/n, 88') Marcel Cravenne. Con Erich von Stroheim, Denise Vernac, Jean Servais, Maria Denis, Massimo Serato. ◆ Da venticinque anni Edgar (von Stroheim) e Théa (Vernac) vivono sull'isola dove sorge il carcere di cui il primo è governatore. L'arrivo di un ex fidanzato (Servais) della moglie fa precipitare la situazione. Da *La danza di morte* di August Strindberg adattata da Michel Arnaud e von Stroheim, un kammerspiel crudele e, per l'epoca, originale. La regia di Cravenne si inchina di fronte a von Stroheim, che si esibisce in alcuni numeri del suo repertorio a base di spade e frustini: il ruolo più congeniale per il grande attore dai tempi della *Grande illusione*.

Prigioniera del Sudan, La ** (*Timbuktu*, Usa 1959, b/n, 91') Jacques Tourneur. Con Victor Mature, Yvonne De Carlo, George Dolenz, John Dehner, Marcia Henderson. ◆ Un avventuriero americano doppiogiochista (Mature) prima fornisce le armi ai ribelli arabi, ma poi passa dalla parte del comandante (Dolenz) dell'avamposto francese: per intima convinzione o per corteggiare la moglie (De Carlo) dell'ufficiale? Un film di serie B riscattato dalla regia di Tourneur che smussa i manicheismi e costruisce la figura di «un avventuriero ambiguo, senza vocazione, senza credo e, in un certo senso, senza patria». In questo modo la gloria lascia il posto all'egoismo e il genere viene dinamitato dall'interno, per offrirci uno dei pochi, veri ritratti di un mercenario del cinema americano. Il film non uscì mai in Francia, nonostante fosse stato doppiato, perché in anni di guerra d'Algeria fu considerata inopportuna l'affermazione finale per cui il popolo arabo avrebbe dovuto un giorno reclamare con dignità la propria indipendenza.

Prigioniera di Sydney, La ** (*Zu neuen Ufern*, Germania 1937, b/n, 106') Detlef Sierck [Douglas Sirk]. Con Zarah Leander, Willy Birgel, Hilde von Stolz, Carola Höhn. ◆ 1830: per amore di un ufficiale (Birgel), una cantante (Leander) si autoaccusa di una truffa, e viene deportata in Australia, dove la aspetta una nuova vita. Goebbels e l'Ufa cercavano una nuova Marlene Dietrich, e la trovarono nella svedese Leander, che in patria divenne subito una star. Sirk, al penultimo film tedesco, rispetta senza molte invenzioni gli stereotipi del melodramma, ma sembra ricordarsi dei «degenerati» di Grosz e di Dix nella raffigurazione dei personaggi. Noto anche come *Verso nuovi orizzonti*.

Prigioniera di un segreto **½ (*Keeper of the Flame*, Usa 1942, b/n, 100') George Cukor. Con Spencer Tracy, Katharine Hepburn, Richard Whorf, Forrest Tucker, Margaret Wycherly. ◆ Un giornalista (Tracy), indagando sul passato di un ricco politico acclamato dopo la morte come eroe nazionale, vince la resistenza della vedova (Hepburn), e scopre che il defunto in realtà era un fascista che tramava un colpo di Stato. Due anni dopo *Quarto potere*, Cukor e lo sceneggiatore Donald O. Stewart riprendono la formula del film-inchiesta: e anche nelle scene cupe e contrastate nella casa del magnate vi è qualcosa di wellesiano. Malgrado il coraggio dell'assunto (la Mgm si pentì di averlo prodotto), il film cade in un finale melodrammatico. Cukor dirige per la prima volta la coppia Hepburn-Tracy, appena reduce dal successo di *La donna del giorno*, e che ritroverà in *La costola di Adamo* e *Lui e lei*.

Prigionieri del cielo ** (*The High and the Mighty*, Usa 1954, col, 147') William A. Wellman. Con John Wayne, Claire Trevor, Laraine Day, Jan Sterling, Robert Stack, David Brian, Phil Harris. ◆ Sull'aereo in rotta dalle Hawaii a San Francisco scoppia una rissa e un colpo di pistola fa esplodere un motore, ma il sangue freddo del pilota (Wayne) riuscirà a evitare la tragedia. Il progenitore dei vari *Airport* anticipa lo schema classico del filone catastrofico: ansie, tormenti, esami di coscienza e una galleria di flashback per descrivere i vari personaggi: tratto da un fortunato romanzo di Ernest K. Gann (qui anche sceneggiatore), il film è costruito con mano sapiente ma non evita di scivolare nel facile sentimentalismo e nello schematismo. E poi è esageratamente lungo. Oscar alla colonna sonora di Dmitri Tiomkin.

Prigionieri del destino *½ (*Time Out of Mind*, Usa 1947, b/n, 88') Robert Siodmak. Con Phyllis Calvert, Robert Hutton, Ella Raines, Eddie Albert, Helena Carter, Leo G. Carroll. ◆ Non volendo seguire la tradizione marinara della famiglia, Chris (Hutton) fugge a Parigi per fare il musicista. Ma lì sposa una donna ricca (Carter) che lo fa diventare alcolizzato: per sua fortuna la figlia (Calvert) della governante lo ama sempre. Siodmak a mezzo servizio ha sempre dello stile, ma la sceneggiatura di Abem Finkel e Arnold Phillips – che non voleva dirigere – è irrimediabilmente dozzinale se non fosse per il personaggio della sorella (Raines) animata da una tensione quasi incestuosa.

Prigionieri della città deserta ** (*Split Second*, Usa 1953, b/n, 85') Dick Powell. Con Stephen McNally, Alexis Smith, Jan Sterling, Paul Kelly, Richard Egan. ◆ Un gruppo di uomini e donne si ritrovano ostaggi di un evaso (McNally) in una cittadina disabitata del Nevada vicina al luogo dove si sta per realizzare un esperimento atomico. L'attore Dick Powell esordisce nella regia con un thriller non particolarmente originale (sceneggiato da William Bowers e Irving Wallace) ma condotto con buon ritmo e ben giocato tra i colpi di scena.

Prigionieri della guerra **** (Italia 1995, b/n virato, 62') Yervant Gianikian, Angela Ricci Lucchi. ◆ Una serie di spezzoni d'archivio mettono a confronto scene della prima guerra mondiale (battaglie del '14/'15 in Galizia e Vojvodina) a riprese fatte nei campi di concentramento dei due schieramenti, in Siberia tra i prigionieri austriaci, e a Feldbach, in Austria, tra i prigionieri russi, oltre a immagini riprese nel campo per orfani di guerra austriaci di Oberhollabrunn. Il film più compatto e coinvolgente dei due cineasti italiani, quello dove l'uso del *found footage* supera i limiti dello sperimentalismo estetico o della preoccupazione documentaristica per diventare testimonianza storica e riflessione politica. Scegliendo e montando materiali da loro stessi cercati negli archivi di mezza Europa (il film è prodotto dal Museo storico di Trento e da quello della Guerra di Rovereto), Gianikian e Ricci Lucchi ci offrono una personalissima riflessione sulla guerra, dove non sono più importanti gli schieramenti politico-militari (e infatti non si riconoscono immediatamente vinti e vincitori) ma piuttosto le divisioni tra oppressi e oppressori. Una lettura politica che gli autori dei vari documentari rimuovevano o mascheravano e che invece il paziente lavoro dei due registi sui singoli fotogrammi – ingranditi, virati, reinquadrati – riporta in superficie, obbligando lo spettatore a confrontarsi con la vera tragedia della guerra (come nelle scene indimenticabili della fossa comune). Intenso commento musicale di Giovanna Marini. Il titolo è una citazione da *Gli ultimi giorni dell'umanità* di Karl Kraus.

Prigionieri della palude ** (*Lure of the Wilderness*, Usa 1952, col, 92') Jean Negulesco. Con Jean Peters, Jeffrey Hunter, Constance Smith, Walter Brennan, Jack Elam. ◆ Nel 1910 un giovane cacciatore (Hunter) scopre nell'inesplorata palude della Georgia un uomo (Brennan) autosegregatosi da otto anni con la figlia per sfuggire a una ingiusta accusa di omicidio, e si adopera per dimostrarne l'innocenza e restituire i due al consorzio civile. Remake abbastanza riuscito di *La palude della morte*, con Brennan impegnato a distanza nello stesso ruolo.

Prigionieri dell'oceano ***½ (*Life-boat*, Usa 1943, b/n, 96') Alfred Hitchcock. Con Tallulah Bankhead, John Hodiak, Walter Slezak, William Bendix, Mary Anderson, Hume Cronyn. ◆ I superstiti di una nave passeggeri affondata dai nazisti in pieno Oceano, imbarcatisi su una scialuppa, accolgono un naufrago tedesco (Slezak). Questi invoca un trattamento umanitario e di fatto, grazie alle sue capacità, assume il comando. Ma farà una fine atroce quanto meritata. Da un soggetto di John Steinbeck, sceneggiato da Jo Swerling. I personaggi emblematici – l'ingegnere comunista (Hodiak), l'intellettuale snob (Bankhead), l'uomo d'affari di destra (Cronyn) – tradiscono gli intenti di parabola a tesi: ma il realismo della messinscena, il ruolo di primo piano giocato dagli oggetti, la suspense psicologica, la crudeltà ne fanno un film memorabile e sicuramente sottovalutato. Hitchcock non rinuncia alla sua consueta apparizione – anche se questa volta è sulle pagine di un giornale, nella pubblicità di una cura dimagrante.

Prigionieri dell'onore ** (*Prisoner of Honor*, Gb 1991, col, 115') Ken Russell. Con Richard Dreyfuss, Oliver Reed, Peter Firth, Jeremy Kemp, Peter Vaughan, Kenneth Colley, Catherine Neilson. ◆ Il colonnello dell'esercito francese Picquart (Dreyfuss, anche coproduttore) indaga sul capitano ebreo Alfred Dreyfus (Colley), accusato di spionaggio nel 1895. Malgrado i pregiudizi, scopre che le prove sono una montatura: metterà a repentaglio la sua carriera pur di far trionfare la verità. Complessi giochi di punti di vista nella sceneggiatura di Ron Hutchinson: Russell esegue per metà divertito e per metà annoiato, cercando di inserire tocchi bizzarri. Sarà ironico sentire la Marsigliese cantata in inglese e vedere un giornale chiamato «*The* Figaro»? Lindsay Anderson è il ministro della guerra. Girato per la Tv via cavo.

Prigionieri del passato **½ (*Random Harvest*, Usa

1942, b/n, 124') Mervyn LeRoy. Con Ronald Colman, Greer Garson, Philip Dorn, Susan Peters, Reginald Owen. ◆ Fuggito dalla clinica, un ufficiale inglese (Colman) che ha perso la memoria nella prima guerra mondiale viene assistito amorevolmente da un'artista di varietà (Garson) che diventa sua moglie; ma un nuovo incidente gli ridona l'identità precedente e gli toglie il ricordo del periodo appena trascorso. Melodramma romantico altamente emotivo tratto dal romanzo di James Hilton e sceneggiato da Claudine West, George Froeschel, Arthur Wimperis e lo stesso Hilton. Grande sfarzo produttivo Mgm e ottima prova dei due protagonisti. Esiste una versione colorizzata.

Prigionieri del sogno, I **½ (*La Fin du jour*, Francia 1938, b/n, 105') Julien Duvivier. Con Louis Jouvet, Michel Simon, Sylvie [Louise Sylvain], Victor Francen, Madeleine Ozeray, François Périer, Gaston Modot. ◆ Un tempo attore di successo e dongiovanni, Raphaël Saint-Clair (Jouvet) ritrova vecchi rivali e colleghi in una casa di riposo. Dopo aver sedotto una servetta (Ozeray) finirà pazzo, mentre l'eterna spalla Cabrissade (Simon) muore sulla scena, tentando per l'ultima volta di recitare una parte importante. La sceneggiatura di Charles Spaak tratta in modo fin troppo letterario e accademico classici temi come quelli della vecchiaia e dell'egocentrismo degli attori: ma sa anche fissare un personaggio in poche battute, e offrire agli attori dell'ottimo materiale. Di una classicità così distillata da essere incolore la regia di Duvivier.

Prigionieri di Satana **½ (*The Purple Heart*, Usa 1944, b/n, 99') Lewis Milestone. Con Dana Andrews, Farley Granger, Richard Conte, Sam Levene, Marshall Thompson, Tala Birell. ◆ Costretto ad atterrare per un guasto tecnico, l'equipaggio di un bombardiere americano si ritrova prigioniero dei giapponesi e sottoposto a barbare torture per ottenere informazioni militari. Un war film dal cast notevole, prodotto e cosceneggiato da Darryl F. Zanuck, altalenante tra sequenze di notevole tensione e cadute di ritmo dovute al carattere documentario dato alla vicenda.

Prigioniero, Il **½ (*Johnny Apollo*, Usa 1940, b/n, 93') Henry Hathaway. Con Tyrone Power, Lloyd Nolan, Dorothy Lamour, Edward Arnold, Charles Grapewin, Lionel Atwill. ◆ Le colpe dei padri ricadono sui figli, si sa: così un universitario (Power), isolato per la reputazione del genitore colpevole di una appropriazione indebita, finisce in affari loschi per farlo uscire di prigione. Mélo convenzionale ma confezionato al solito con molta professionalità e buon cast, soprattutto la Lamour nella parte dell'artista di varietà e fidanzata coraggiosa che spinge il giovane all'onestà.

Prigioniero, Il **½ (*The Prisoner*, Gb 1955, b/n, 91') Peter Glenville. Con Alec Guinness, Jack Hawkins, Raymond Huntley, Wilfrid Lawson, Ronald Lewis. ◆ In un regime dispotico il vescovo (Guinness), guida spirituale impegnato nella difesa dei diritti, viene imprigionato e sottoposto da uno spietato inquisitore (Hawkins) a una incessante tortura morale e psicologica. Qualche lacuna ma momenti toccanti in un dramma claustrofobico tratto dalla pièce di Bridget Boland (qui anche sceneggiatore) e costruito completamente sui dialoghi. Magistrale il confronto Guinness-Hawkins.

Prigioniero del Caucaso II **½ (*Kav-kazski plennik*, Russia/Kazakhstan 1996, col, 98') Sergej Bodrov. Con Oleg Menšikov, Sergej Bodrov jr, Djemal Sikharulidze, Susanna Mekhralieva, Aleksej Zharkov, Valentina Fedotova. ◆ Caucaso, oggi: due soldati dell'armata rossa, il sergente Saša (Menšikov) e il soldato Vanja (Bodrov jr) vengono catturati dal vecchio Abdul-Murat (Sikharulidze), che li tiene incatenati nel suo villaggio sperando di scambiarli col figlio, prigioniero dei russi. Bodrov, che ha scritto la sceneggiatura con Arif Aliev e Boris Giller ispirandosi a un racconto di Tolstoj, allude chiaramente alla guerra in Cecenia, pur senza farne il nome, anche se ambisce a messaggi umanitari più universali. Pacifista senza facili riconciliazioni, classicamente costruito nella suspense (chi si salverà?) e nell'equilibrio dei personaggi (il soldato scafato e prepotente e la recluta dall'animo gentile, che quasi s'innamora della figlioletta del carceriere), al racconto manca quel tanto di *scorrettezza politica* che l'avrebbe reso veramente originale. Anche perché la crudezza di maniera si stempera nell'elegia dei bei paesaggi e in una certa prevedibilità di fondo. Va comunque rispettato il coraggio con cui il regista ha girato, nella Russia di oggi (e a 300 km. dal fronte), un film del genere.

Prigioniero della miniera, Il **½ (*Garden of Evil*, Usa 1954, col, 100') Henry Hathaway. Con Gary Cooper, Susan Hayward, Richard Widmark, Hugh Marlowe, Cameron Mitchell, Rita Moreno, Victor Emanuel Mendoza. ◆ Una donna (Hayward) convince tre avventurieri (Cooper, Widmark e Mitchell) a seguirla per liberare il marito (Marlowe) rimasto infortunato in una miniera per cercare un tesoro nascosto. Ambientazione messicana a metà del secolo scorso per un western sceneggiato da Frank Fenton con uno stile conciso e secco e una bella capacità di far emergere i caratteri dei personaggi anche nelle loro parti d'ombra: soprattutto la Hayward, «né vamp né donna verginale», rompe con gli stereotipi del genere e nei rapporti con il marito rivela un insolito fondo di rimpianti e amarezza. Indimenticabile la fine di Mendoza, che muore insultando degli indiani invisibili che lo colpiscono con le loro frecce.

Prigioniero della paura **½ (*The October Man*, Gb 1947, b/n, 98') Roy [Ward] Baker. Con John Mills, Joan Greenwood, Edward Chapman, Kay Walsh, Felix Aylmer, Joyce Carey, Juliet Mills. ◆ Segnato psichicamente da un incidente d'auto e ossessionato dalla possibilità di ricadere nella follia, un chimico (Mills) viene creduto responsabile dell'omicidio di un'indossatrice e deve lottare contro la paura di essere veramente colpevole. Ottima suspense ed eccellente lavoro sul personaggio in un thriller psicologico sceneggiato con bella tensione da Eric Ambler. In originale 110'.

Prigioniero della paura **½ (*Fear Strikes Out*, Usa 1957, b/n, 100') Robert Mulligan. Con Anthony Perkins, Karl Malden, Norma Moore, Perry Wilson,

Adam Williams. ◆ Costretto dal padre (Malden) a diventare un giocatore di baseball, a John Piersall (Perkins) saltano i nervi alla prima partita importante. Uno psichiatra (Williams) lo guarirà facendo luce nel suo passato. Onesto dramma generazionale a lieto fine con una spruzzata di psicanalisi, come usava all'epoca. Primo film di Mulligan, prodotto dal futuro regista Alan Pakula. Perkins rifinisce il personaggio del giovane fragile e tormentato che gli rimarrà appiccicato per sempre.

Prigioniero della Seconda Strada ** (*The Prisoner of Second Avenue*, Usa 1975, col, 105') Melvin Frank. Con Jack Lemmon, Anne Bancroft, Gene Saks, Elizabeth Wilson. ◆ A New York, durante una caldissima estate piena di disagi, una coppia affronta una crisi di sconforto senza precedenti: lui (Lemmon) è stato licenziato dopo vent'anni di onesto lavoro, lei (Bancroft) è troppo comprensiva per non angosciarlo. Dalla vena pessimista di Neil Simon una commedia agrodolce dialogatissima che rivela nettamente l'origine teatrale. Protagonisti sopra le righe, e una breve apparizione di Sylvester Stallone.

Prigioniero dell'isola degli squali, Il **½ (*The Prisoner of Shark Island*, Usa 1936, b/n, 95') John Ford. Con Warner Baxter, Gloria Stuart, Harry Carey, John Carradine, Claude Gillingwater. ◆ Il medico Samuel Mudd (Baxter), ingiustamente sospettato dell'assassinio di Lincoln, viene recluso in una fortezza circondata da un fossato che pullula di pescecani. Fallita un'evasione, verrà graziato in seguito al suo eroico comportamento durante un'epidemia di febbre gialla. La vita del vero Mudd diventa, nelle mani di Ford e dello sceneggiatore Nunnally Johnson, una parabola sul Bene che nasce dal Male, epica e movimentata come può esserlo un romanzo di Victor Hugo. Francis Ford, fratello del regista, è il caporale O'Toole. Rifatto nel 1952 da Charles Marquis Warren, *Hellgate, il grande inferno*, con Sterling Hayden.

Prigioniero del passato ** (*The Return of the Soldier*, Gb 1981, col, 101') Alan Bridges. Con Alan Bates, Julie Christie, Glenda Jackson, Ann-Margret, Ian Holm, Frank Finlay. ◆ In una lussuosa villa di campagna la moglie altezzosa (Christie), la cugina affezionata (Margret), e la fiamma di gioventù, sfiorita e comprensiva (Jackson), circondano di cure un ufficiale inglese (Bates) tornato senza memoria dalla Grande Guerra. Tra scampoli psicoanalitici e scenografie leccate, una trasposizione diligente ma senza voli del romanzo di Rebecca West. Letterario e un po' vecchiotto, ma con un cast ben diretto.

Prigioniero del terrore, Il **½ (*Ministry of the Fear*, Usa 1944, b/n, 92') Fritz Lang. Con Ray Milland, Marjorie Reynolds, Carl Esmond, Dan Duryea, Hillary Brooke, Erskine Sanford, Alan Napier. ◆ Uscito di prigione, l'innocente Stephen Neale (Milland) viene inseguito da spie naziste che vogliono il microfilm nascosto in una torta da lui vinta a una fiera di beneficenza. Ciechi e dame di carità che non sono tali, killer sadici (Duryea) amanti delle forbici, la nebbia che come in un film horror si infiltra dappertutto: facendo muovere il suo protagonista come se si fosse perduto in un labirinto e senza preoccuparsi molto della poca veridicità della sceneggiatura (tratta da *Quinta colonna* di Graham Greene e adattata da Seton I. Miller), Lang costruisce un universo onirico geometrico e antiespressionista, capace di trasformare l'avventura di Stephen Neale in una specie di incubo irreale, dove il Male ha la consistenza delle ombre e la capacità inquietante di apparire e sparire continuamente. Alcune copie durano 85'.

Prigioniero di Amsterdam, Il **½ (*Foreign Correspondent*, Usa 1940, b/n, 119') Alfred Hitchcock. Con Joel McCrea, Laraine Day, Herbert Marshall, George Sanders, Edmund Gwenn, Eduardo [Edward] Ciannelli. ◆ Poco prima dello scoppio della seconda guerra mondiale, il giornalista americano Johnny Jones (McCrea), in Europa per riferire che aria tira, indaga sul rapimento di un politico olandese con l'aiuto di una ragazza (Day) il cui padre (Marshall), dietro l'apparenza pacifista, è un agente nazista. Un Hitchcock minore per la convenzionalità della sceneggiatura (di Charles Bennett, Joan Harrison, James Hilton, Robert Benchley), ma non per l'eccellenza delle soluzioni tecniche (la fotografia è di Rudolph Maté) – a cominciare dalla sequenza senza stacchi dell'aereo che cade in mare, ripresa dall'interno della cabina. Celebre l'idea dei mulini con le pale che girano controvento. Hitchcock si vede mentre leggendo il giornale supera il giornalista in strada.

Prigioniero di Zenda, Il *** (*The Prisoner of Zenda*, Usa 1937, b/n, 101') John Cromwell. Con Ronald Colman, Madeleine Carroll, Douglas Fairbanks jr, Mary Astor, C. Aubrey Smith, Raymond Massey, David Niven, Montagu Love, Alexander D'Arcy. ◆ Poco prima dell'incoronazione, il re di Ruritania (Colman) viene narcotizzato e imprigionato nel castello di Zenda dal fratellastro rivale (Massey) e dal suo complice, Rupert di Hentzau (Fairbanks jr), ma i suoi fedeli (Smith e Niven) convincono un turista inglese straordinariamente simile al re (sempre Colman) a impersonarlo per la cerimonia; e tra colpi di scena e astuzie il sosia riesce a sgominare l'usurpatore, per poi allontanarsi e rinunciare all'amore della principessa (Carroll). Dal fortunato romanzo di Anthony Hope, già più volte portato sugli schermi tra il 1913 e il 1922, avventure di cappa e spada sceneggiate con divertita fantasia da John Balderston, Wills Root e Donald Ogden Stewart. Scenari e costumi piacevolmente improbabili. W .S. Van Dyke II rigirò le scene dei duelli perché il produttore Selznick le considerava prive di ritmo. A suo modo un classico. Rifatto altre due volte, nel 1952 e nel 1979.

Prigioniero di Zenda, Il **½ (The Prisoner of Zenda, Usa 1952, col, 101') Richard Thorpe. Con Stewart Granger, Deborah Kerr, James Mason, Jane Greer, Louis Calhern, Robert Douglas, Robert Coote, Tom Browne, Eric Adlen, Lewis Stone. ◆ Un turista inglese (Granger), sosia del re di Ruritania (sempre Granger), è convinto da due ufficiali (Calhern e Coote) a prendere il posto del sovrano, imprigionato nel castello di Zenda, per far fallire il complotto del fratellastro (Douglas) e dell'infido Rupert di Hentzau (Mason). Più spazio alla componente sentimentale, con un rilievo speciale per madame de Mauban

(Greer), perfida amante dell'usurpatore, in questa nuova versione del romanzo di Anthony Hope, sceneggiato da John Balderstone e Noel Langley con una significativa fedeltà al film del '37 (in certe scene seguìto quasi battuta per battuta). Ricco Technicolor (di Joseph Ruttenberg) e grandi mezzi Mgm, ma a dominare è soprattutto James Mason, magistrale interprete del perfido Rupert di Hentzau.

Prigioniero di Zenda, Il ° (*The Prisoner of Zenda*, Usa 1979, col, 108') Richard Quine. Con Peter Sellers, Lynne Frederick, Lionel Jeffries, Elke Sommer, Gregory Sierra, Jeremy Kemp, Simon Williams, Stuart Wilson, Catherine Schell. ◆ Poche novità – il sosia del re (Sellers) è un cocchiere di Londra, città dove il sovrano si divide tra il casinò e una passionale contessa (Sommer) che complicherà non poco le vicende in Ruritania – nell'ultimo remake del classicissimo film di cappa e spada tratto dal romanzo di Anthony Hope, dove il fratellastro (Kemp) e l'infido Rupert di Hentzau (Wilson) hanno imprigionato il legittimo erede al trono (sempre Sellers). Considerata la presenza di un Peter Sellers che praticamente non fa ridere, nonostante interpreti ben tre personaggi (oltre al cocchiere-sosia, è anche il legittimo re Rodolfo V e suo padre Rodolfo IV), il film – sceneggiato da Dick Clement e Ian La Frenais – delude particolarmente.

Prima che sia troppo presto *½ (Italia 1981, col, 95') Enzo Decaro. Con Enzo Decaro, Dalila Di Lazzaro, Isa Danieli, Francesco Vairano, Vittorio Caprioli. ◆ Nella Napoli terremotata dei furti, delle lotterie e dell'arte di arrangiarsi, un giovane (Decaro) trova impiego presso il Comune e si prodiga per gli anziani, guidando una «invasione» della base Nato di Bagnoli per ottenere il sussidio promesso e riconquistando la bella ufficialessa americana con la quale viveva in passato. Decaro si impegna a fondo, ma qualche gag felice e la consueta anima pittorescamente partenopea non bastano a sostenere un film.

Prima che venga l'inverno ** (*Before Winter Comes*, Gb 1968, col, 102') J. Lee Thompson. Con David Niven, [Chaim] Topol, Anna Karina, John Hurt, Anthony Quayle. ◆ L'uomo sensibile e abile conoscitore delle lingue (Topol) che nel 1945, in Austria, collabora con l'ufficiale inglese (Niven) nello smistamento di un campo profughi, si rivela un ricercato per diserzione dall'esercito sovietico e come tale deve essere consegnato. Un'amara riflessione sull'esasperante assurdità della guerra e della disciplina militare da un racconto di Frederik L. Keele, discontinuo ma in vari momenti toccante.

Prima colpa *** (*Caged*, Usa 1950, b/n, 96') John Cromwell. Con Eleanor Parker, Agnes Moorehead, Hope Emerson, Jan Sterling, Jane Darwell. ◆ Ingiustamente arrestata per la rapina nella quale il marito perde la vita, una giovanissima donna (Parker) piomba nell'inferno di violenza e sopraffazione di un carcere femminile. Un motivo largamente sfruttato dal cinema ma ben risolto in un melodramma desolante, con un'intensa prova della protagonista che rivela «una modernità di recitazione che fa rimpiangere il fatto di non aver avuto più sovente ruoli così drammatici». La vigorosa sceneggiatura di Virginia Kellog, autrice anche del racconto alla base di *La furia umana*, evita qualsiasi concessione all'ottimismo hollywoodiano – la guardiana sadica sfugge a ogni sanzione per la protezione di un alto funzionario, i politici fanno fallire qualsiasi tentativo di umanizzazione proposto dalla direttrice – e nel finale quella che era una donna fondamentalmente onesta esce dal carcere solo per unirsi a una banda di gangster.

Prima comunione ** (Italia/Francia 1950, b/n, 90') Alessandro Blasetti. Con Aldo Fabrizi, Gaby Morlay, Ludmilla Dudarova, Lucien Baroux, Enrico Viarisio, Ernesto Almirante, Dante Maggio, Carlo Romano. ◆ Mattina di Pasqua, il giorno della prima comunione di sua figlia: il vestito tarda ad arrivare dalla sartoria e così il commendator Carloni (Fabrizi) deve affrontare imprevisti e contrattempi di ogni tipo. Fortunata coproduzione italofrancese per una commedia niente più che spigliata, sceneggiata da Zavattini e Blasetti e appesantita dall'insistente commento fuori campo (detto da Alberto Sordi) che se eccede nel facile moralismo contro il «materialismo» del protagonista (che pensa di risolvere ogni problema con i soldi e che finisce per ammettere: «Io sono un porco») evita comunque di scivolare nell'elogio della piccola borghesia filocattolica (come ci si poteva aspettare dal regista). La salva la buona recitazione. Breve apparizione di Louis de Funès nel ruolo di un prete.

Prima del calcio di rigore *½ (*Die Angst des Tormanns beim Elfmeter*, Rft 1971, col, 101') Wim Wenders. Con Arthur Brauss, Kai Fischer, Erika Pluhar, Libgart Schwarz, Rüdiger Vogler. ◆ Dopo essere stato espulso da una partita, il portiere Joseph Bloch (Brauss) comincia a vagare per Vienna e dintorni, uccide una donna senza motivo e dissemina tracce ovunque, come se aspettasse di essere catturato. Fresco di letture fenomenologiche e sulla scorta dell'omonimo romanzo di Peter Handke, Wenders esordisce nel cinema narrativo (si fa per dire) rinunciando a ogni suspense e spiegazione psicologica, e proponendo una prima, acerba versione dei suoi miti (il viaggio senza meta, la frontiera, lo sguardo, l'incomunicabilità, la cultura americana del rock e del cinema). Cinema sul vuoto e sull'alienazione come si usava all'epoca, e che non uscirebbe indenne, oggi, dalla prova del tempo.

Prima del diluvio ** (*Avant le déluge*, Francia/Italia 1954, b/n, 138') André Cayatte. Con Marina Vlady, Jacques Fayet, Clément Thierry, Roger Coggio, Jacques Chabassol, Bernard Blier, Isa Miranda, Delia Scala, Paul Frankeur, Carlo Ninchi. ◆ Quattro minorenni (Fayet, Thierry, Chabassol e Vlady), diversi per origine ed estrazione sociale ma ugualmente segnati dal difficile rapporto con i genitori e l'ambiente circostante, vengono processati per l'omicidio di un loro coetaneo (Coggio): i veri responsabili sono loro o chi non ha saputo educarli? Per Cayatte ancora un film giudiziario emblematico, come gli altri realizzato con la sceneggiatura di Charles Spaak, per provocare sul tema della corresponsabilità sociale e stimolare accese polemiche politiche e morali. Ma il film esagera negli effetti drammatici e i toni aggressivi servono solo come provocazione puramente spettacolare.

Prima dell'alba **½ (*Before Sunrise*, Usa 1995, col, 100') Richard Linklater. Con Ethan Hawke, Julie Delpy, Andrea Eckert, Hanno Pöschl, Erni Mangold, Dominik Castell, Karl Bruckschwaiger, Tex Rubinowitz. ◆ Poco più che ventenni, Jesse (Hawke), americano in attesa del volo di ritorno, e Céline (Delpy), parigina in viaggio verso casa, si incontrano casualmente in treno: lui scende a Vienna, lei lo segue per trascorrere insieme la notte prima del rientro. Un attimo fuggente della cosiddetta generazione X, avida di parole e di sentimenti: Linklater, da bravo complice, costruisce con mano leggera e fluida una divertente commedia completamente assorbita dai personaggi, una lunga passeggiata dove il tempo e il luogo reali si fermano e quasi scompaiono per lasciare il passo al ritmo e all'anima di questa coppia in formazione per una sola notte, nuova e in qualche modo «antica». Cinema fenomenologico di pura sceneggiatura (scritta da Linklater e Kim Krizam con dialoghi, monologhi e battute memorabili), che costringe la macchina da presa a stare incollata ai due (bravi) attori, assecondando la loro trascinante logorrea e i loro movimenti emozionali senza possibilità di fuga «fuori campo»: di fronte all'ultima, romantica e spumeggiante dialettica dei sentimenti, il linguaggio cinematografico non cede il posto alla letterarietà artificiosa (come hanno sostenuto in molti) ma si fa «muto» e torna volentieri al grado zero. La Nouvelle Vague rohmeriana non è passata invano, nemmeno oltreoceano.

Prima della lunga notte (L'ebreo fascista) * (Italia 1980, col, 103') Franco Molé. Con Ray Lovelock, Martine Brochard, Silvia Dionisio, Adalberto Rossetti, Enrica Bonaccorti. ◆ Ebreo per parte di padre, il giovane Oberdan (Lovelock) mette in crisi prima le convenzioni familiari, sposandosi civilmente con Rosa (Dionisio), poi il rapporto con la moglie, partendo volontario per l'Etiopia e, tornato, facendo il giornalista in un'altra città: le leggi razziali metteranno in crisi le sue convinzioni e lo spingeranno verso la tragedia. Dal libro di Luigi Preti *Un ebreo nel fascismo*, un film condotto con approssimazione e gratuità, superficiale e senza vigore, con dialoghi pretenziosi e recitazione distaccata.

Prima della pioggia ** (*Po Dezju*, conosciuto anche col titolo inglese *Before the Rain*, Macedonia/Gb/Francia 1994, col, 115') Milcho Manchewski. Con Katrin Cartlidge, Rade Serbedzija, Gregoire Colin, Labina Mitevska, Silvija Stojanovska, Phyllida Law, Josif Josifovski, Boris Delcevski, Dejan Velkov, Kiril Ristoski. ◆ Diviso in tre capitoli. *Parole*: in Macedonia, Kiril (Colin), giovane monaco votato al silenzio, accoglie nel monastero Zamira (Mitevska), una ragazza albanese braccata da un gruppo di armati. *Volti*: a Londra, una donna (Cartlidge) che lavora in un'agenzia fotogiornalistica si dibatte tra il rapporto col marito e la relazione con Alexander (Serbedzija), un fotoreporter di guerra deciso a lasciare il lavoro per tornare nella nativa Macedonia. *Immagini*: Alexander, tornato in Macedonia in cerca di quiete, si trova coinvolto nel conflitto tra i suoi parenti macedoni e i vicini albanesi; sceglie di proteggere Zamira, figlia di un'antica fiamma, dalla vendetta dei propri cugini. Un trittico a struttura circolare, con innumerevoli rimandi interni, quasi a unire in un unico abbraccio le vite spezzate dalla violenza fratricida (tutti i personaggi alla fine risultano legati tra loro) nei Balcani come in Occidente. In questo mosaico di rapporti, costruiti rielaborando intrecci classici (*Romeo e Giulietta*, *Amleto*, *Odissea*), la figura chiave è quella del fotoreporter, che abbandona la testimonianza per immagini e passa all'azione personale (ma anche il monaco vanifica le chiacchiere e le regole prendendo posizione). Sceneggiata dallo stesso Manchewski, macedone residente a New York, è un'opera prima che riscatta una scrittura talvolta troppo ponderata con una partecipazione commossa alla storia che racconta, ma che rischia di ridurre il dramma dei Balcani a una serie di immagini affascinanti ma stereotipate. Leone d'oro a Venezia 1994, ex aequo con *Vive l'amour* di Tsai Ming-liang.

Prima della rivoluzione ** (Italia 1964, b/n, 100') Bernardo Bertolucci. Con Adriana Asti, Francesco Barilli, Allen Midgette, Morando Morandini, Cristina Pariset, Cecrope Barilli, Gianni Amico, Emilia Borghi, Domenico Alpi. ◆ Fabrizio (Barilli), borghese parmense (ogni riferimento alla *Certosa di Parma* di Stendhal non è casuale) e comunista, va in crisi quando si suicida l'amico Agostino (Midgette). La nevrotica zia Gina (Asti) lo conforta e se ne innamora, ma lo attende il matrimonio con la fidanzata (Pariset) imposta dalla famiglia: evidentemente Fabrizio è rimasto «prima della rivoluzione», e non ha saputo superare i condizionamenti della sua classe. Il secondo film di Bertolucci (scritto in collaborazione con Gianni Amico, interprete del personaggio che esalta Rossellini, Hitchcock e Godard) intende essere sia un'analisi politica venata di autobiografismo, che un atto d'amore nei confronti del cinema. Oggi però i dialoghi tra Fabrizio e l'amico Cesare (il critico Morandini), intellettuale senza compromessi, sono insopportabilmente didascalici. Quanto allo stile disarticolato e improvvisato da Nouvelle Vague, che insegue la verità di volti ed espressioni, funziona con un'attrice mercuriale come la Asti, ma non certo con il legnoso Barilli. Resta un indubbio talento visivo (la fotografia è di Aldo Scavarda, Storaro è ancora assistente) e la capacità di cogliere inquietudini che, poco tempo dopo, esploderanno con *I pugni in tasca* di Bellocchio. Ennio Morricone è autore della colonna sonora e delle canzoni (cantate da Gino Paoli). Le improvvisazioni jazz sono di Gato Barbieri. Un'unica sequenza a colori riprende la camera ottica – quasi antesignana del cinema – della Rocca di Fontanellato. A mo' di sarcastica epigrafe, il film si apre con la frase di Talleyrand: «Chi non ha vissuto negli anni prima della Rivoluzione, non può capire cosa sia la dolcezza del vivere».

Prima dell'uragano ** (*Battle Cry*, Usa 1955, col, 149') Raoul Walsh. Con Van Heflin, Aldo Ray, James Whitmore, Raymond Massey, Tab Hunter, Dorothy Malone, Mona Freeman, Anne Francis, Nancy Olson. ◆ Vicende belliche e sentimentali di quattro marines, dal campo di addestramento all'invio sul fronte del Pacifico fino al ritorno a casa. Da un bestseller di Leon M. Uris, autore anche della sceneggiatura, un film ambientato durante la seconda guerra mondiale ma raccontata con un occhio a quella di Corea: la novità consiste soprattutto nella parte attiva che hanno le donne nel far filare i soldatini. Dall'edizione italiana è stata tagliata quasi mezz'ora, riguardante soprattutto la vita nel campo.

Prima di mezzanotte **½ (*Midnight Run*, Usa 1988, col, 122') Martin Brest. Con Robert De Niro, Charles Grodin, Yaphet Kotto, John Ashton, Joe Pantoliano, Dennis Farina. ◆ Il cacciatore di taglie Jack Walsh (De Niro) deve scovare Jonathan Mardukas (Grodin), un inoffensivo contabile che ha sottratto 15 milioni di dollari a un boss per darli in beneficenza. Ma non sa di avere alle calcagna anche la mafia e l'Fbi, e che Mardukas non può assolutamente fare due cose: andare in aereo e stare zitto. Road-movie abile a mescolare suspense e commedia, che diventa alla fine un elogio dell'amicizia. Due difetti: andare per le lunghe e non rinunciare a tediosi inseguimenti fracassoni. De Niro senza birignao, Grodin all'altezza. Sceneggiatura di George Gallo, musica di Danny Elfman.

Prima di sera ** (Italia 1954, b/n, 90') Piero Tellini. Con Paolo Stoppa, Gaby André, Lyla Rocco, Giovanna Ralli, Gianni Cavalieri, Memmo Carotenuto, Carletto Sposito, Giacomo Furia, Nando Bruno. ◆ Il medico farmacista gli vende per errore un veleno micidiale al posto del tranquillante e la polizia lo cerca per salvarlo, ma il modesto assicuratore (Stoppa) crede di essere ricercato per una lieve irregolarità sul lavoro: una giornata di frenetico girovagare e tensione crescente, un film semplice ma ben curato, con un'ottima interpretazione di Stoppa.

Prima e dopo ** (*Before and After*, Usa 1996, col, 108') Barbet Schroeder. Con Meryl Streep, Liam Neeson, Edward Furlong, Julia Weldon, Alfred Molina, Daniel von Bargen. ◆ Un adolescente (Furlong) viene accusato di aver ucciso la fidanzata: il padre (Neeson), credendolo colpevole, occulta le prove; la madre (Streep), confidando nella sua innocenza, fa in modo che la legge segua il suo corso. Per tutti, comunque, la vita cambia irrimediabilmente. Un dramma piuttosto tradizionale (sceneggiato da Ted Tally a partire da un romanzo di Rosellen Brown) ma meno scontato di quanto ci si aspetta: Schroeder evita la trappola dello sviluppo giudiziario mantenendo fino alla fine la tensione all'interno del nucleo famigliare *middle class*, e gli attori fanno (più che bene) il resto.

Prima è stata Eva, La **½ (*It Started with Eve*, Usa 1941, b/n, 90') Henry Koster. Con Deanna Durbin, Charles Laughton, Robert Cummings, Guy Kibbee. ◆ Per allietare il padre miliardario in fin di vita (Laughton) il figlio scapestrato (Cummings) gli presenta come fidanzata una modesta telefonista (Durbin), ma l'anziano guarisce e si affeziona profondamente alla ragazza, complicando la vita al giovane. Trovate briose e interpretazioni ispirate – soprattutto la Durbin, forse al suo meglio – per una commediola romantica, semplice e piacevole. Rifatto in *Vorrei non essere ricca* (1964, di Jack Smith).

Prima legione **½ (*The First Legion*, Usa 1951, b/n, 86') Douglas Sirk. Con Charles Boyer, Lyle Bettger, Barbara Rush, William Demarest, Leo G. Carroll, Walter Hampden, George Zucco. ◆ In un seminario di gesuiti l'improvvisa guarigione di un vecchio padre invalido fa gridare al miracolo: il merito va in realtà a un giovane medico ateo (Bettger), che vorrebbe starsene zitto per godersi lo spettacolo della rapida mercificazione del sacro. Ma la guarigione di una giovane inferma (Rush) innamorata di lui lo farà ricredere. Il tema del bisogno di credere viene trattato da Sirk senza manicheismi: la conclusione è mistica, e certi passaggi fanno pensare addirittura a Buñuel. Raro caso di melodramma religioso riuscito.

Prima linea ***½ (*Attack!*, Usa 1956, b/n, 107') Robert Aldrich. Con Jack Palance, Eddie Albert, Lee Marvin, William Smithers, Richard Jaeckel, Robert Strauss. ◆ Francia, 1944: il capitano Cooney (Albert), per quanto codardo e inetto, resta al suo posto per motivi politici, e lascia il plotone del tenente Costa (Palance) in balìa dei tedeschi. Ferito a morte, Costa non riesce a vendicarsi: ci penserà il tenente Woodruff (Smithers), e forse la verità su Cooney verrà rivelata. Tratto dal dramma *Fragile Fox* di Norman Brooks sceneggiato da James Poe, uno dei migliori film bellici di sempre, dove i conflitti tra i personaggi sono altrettanto violenti quanto quelli tra gli eserciti nemici mentre Aldrich dirige le scene di battaglia con la stessa furia e suspense di quelle dialogate. Non così pacifista come sembrò allora, anche se l'esercito negò la sua collaborazione e Aldrich si dovette arrangiare in economia. Le scenografie povere e l'aria di disfacimento risultano però congeniali a un film secco e, per i tempi, di un realismo brutale.

Prima missione ** (*Long de Xin*, conosciuto anche con i titoli *First Mission* e *Heart of the Dragon*, Hong Kong 1985, col, 100') Sammo Hung. Con Jackie Chan, Sammo Hung, Emily Chu, Mang Hoi, Lam Ching-ying, Yuen Wah, Yuen Kwai, Wu Ma. ◆ Un poliziotto (Chan) pensa di aver buttato via la sua vita per badare al fratello ritardato (Hung), quando questi si mette dei guai trovando dei gioielli rubati. Nel momento in cui il loro sodalizio si stava rompendo, Sammo e Jackie tentarono di dare più spessore alla formula del kung fu comico. Chan azzecca uno dei rari personaggi antipatici (anche se alla fine si riscatta) della sua carriera, ma le gag sul tontolone sono di terza mano. Hung è cosceneggiatore e codirettore (con Yuen Biao) dei combattimenti.

Prima moglie, La → *Rebecca, la prima moglie*

Prima notte del dottor Danieli, industriale, col complesso del... giocattolo, La * (Italia 1970, col, 93') Gianni Grimaldi. Con Lando Buzzanca, Françoise Prevost, Katia Christina, Saro Urzì, Ira Fürstenberg. ◆ Impreviste complicazioni in luna di miele per un industriale siciliano campione di virilità (Buzzanca), inibito completamente con la illibatissima sposina e spronato al dovere dalla suocera scatenatissima e intraprendente. Dalla commedia *Aragoste di Sicilia*, scritta dal regista con Bruno Corbucci, una farsaccia rapida e scombinata, con i consueti luoghi comuni sulla esuberanza mediterranea e doppi sensi logori.

Prima notte di quiete, La **½ (Italia 1972, col, 132') Valerio Zurlini. Con Alain Delon, Sonia Petrova, Alida Valli, Adalberto Maria Merli, Lea Massari, Giancarlo Giannini, Renato Salvatori, Salvo Randone. ◆ A Rimini, Daniele Dominici (Delon), trasandato supplente di lettere, si lega con Vanina (Petrova), la più bella delle sue allieve, contrastato dalla madre (Valli) e dall'amante (Merli) di lei, nonché dalla propria amante possessiva (Massari). Ma i sogni di fuga avranno vita breve. *I vitelloni* trent'anni dopo: i toni si sono fatti più cupi, l'innocenza è definitivamente perduta. Forse il miglior film di Zurlini (autore della sceneggiatura insieme a Enrico Medioli): parabola autodistruttiva di un piccolo eroe che, pur grondando di letteratura, riesce a trovare accenti sinceri. Splendida l'ambientazione in una livida Rimini invernale, suggestiva la musica di Mario Nascimbene e azzeccate tutte le figure di contorno.

Prima pagina *** (*The Front Page*, Usa 1974, col, 105') Billy Wilder. Con Jack Lemmon, Walter Matthau, Susan Sarandon, Vincent Gardenia, Carol Burnett, David Wayne, Allen Garfield, Austin Pendleton, Charles Durning. ◆ Chicago, 1929: il reporter Hildy Johnson (Lemmon) vuole piantare il lavoro per sposarsi facendo entrare in crisi il direttore del suo giornale, Walter Burns (Matthau). Ma la fuga di un condannato a morte (Pendleton) che si rifugia nella sala stampa del palazzo di giustizia fa tornare a Hildy lo spirito del cronista. Dalla commedia di Ben Hecht e Charles MacArthur sono stati tratti altri tre film: *The Front Page* (1930) di Milestone, *La signora del venerdì* (1940) di Hawks e *Cambio marito* (1988) di Kotcheff. La versione di Wilder, sceneggiata assieme a I.A.L. Diamond, ritrasforma il personaggio di Hildy in un uomo (dopo il cambio di sesso operato da Hawks) ed è sicuramente la migliore. L'impianto teatrale si fa sentire, la satira del cinismo dei giornalisti e dell'imbecillità dei potenti non è molto profonda, ma il ritmo e gli attori sono perfetti. Non un capolavoro, comunque, anche se sommamente divertente.

Primavera ** (*Maytime*, Usa 1937, b/n, 132') Robert Z. Leonard. Con Jeanette MacDonald, Nelson Eddy, John Barrymore, Herman Bing. ◆ Una famosa cantante americana (MacDonald) si innamora di un collega (Eddy) incontrato anni prima a Parigi, suscitando la reazione passionale e violenta del maritomaestro (Barrymore) sposato per gratitudine. Al limite del kitsch, ma ben realizzato e con qualche sequenza incisiva, un melodramma musicale tratto da un hit di Broadway di Sigmund Romberg, su misura per i duetti operistici della MacDonald e Eddy.

Primavera carnale **½ (*Serieux comme le plaisir*, Francia 1974, col, 97') Robert Benayoun. Con Jane Birkin, Richard Leduc, Georges Mansart, Michel Londsdale, Andréa Ferréol, Jean-Luc Bideau, Pierre Etaix, Serge Gainsbourg. ◆ Dalla convivenza in un appartamento parigino a un improvvisato on the road pieno di incontri imprevisti e curiosi in terra di Francia, un allegro ménage a tre tra due ragazzi (Leduc e Mansart) e una ragazza (Birkin). Titolo a effetto fuorviante per un film originale e piacevole, che tra il surreale e la satira fa prova di un anticonformismo sincero e disinvolto, adeguatamente interpretato dal cast. Comparsata per Isabelle Huppert. Benayoun ha fatto parte del movimento surrealista ed è redattore di *Positif*.

Primavera di sole *½ (*The Sun Comes Up*, Usa 1948, col, 93') Richard Thorpe. Con Jeanette MacDonald, Lloyd Nolan, Claude Jarman jr. ◆ Distrutta dal dolore per la perdita del marito e dell'unico figlio, una famosa cantante (MacDonald) si ritira sui monti con il cane Lassie e si affeziona a un piccolo orfanello. Ultimo film per la MacDonald tra smancerie e melassa a volontà, con tanto di salvataggio dall'incendio dell'orfanotrofio a opera del coraggioso cane: un'operina edificante colorata ma anonima.

Primavera romana della signora Stone, La ** (*The Roman Spring of Mrs. Stone*, Usa 1961, col, 104') José Quintero. Con Vivien Leigh, Warren Beatty, Coral Browne, Lotte Lenya, Jeremy Spencer, Jill St. John. ◆ A Roma per un periodo di riposo, un'attrice di mezza età in crisi (Leigh) si invaghisce di un giovane gigolo (Beatty) che tenta di sfruttarla e poi l'abbandona. Da Tennessee Williams sceneggiato da Gavin Lambert un film sorretto dalla prova intensa della protagonista, con qualche momento ovvio.

Prima vittoria **½ (*In Harm's Way*, Usa 1965, b/n, 165') Otto Preminger. Con John Wayne, Kirk Douglas, Patricia Neal, Tom Tryon, Paula Prentiss, Brandon De Wilde, Henry Fonda, Dana Andrews, Burgess Meredith, Franchot Tone, Slim Pikens, George Kennedy, Bruce Cabot, Larry Hagman, Barbara Bouchet. ◆ Tra l'attacco giapponese a Pearl Harbor e il primo contrattacco americano si consumano le vicende e i drammi personali di alcuni militari e delle loro mogli. Tratto dal mediocre bestseller di James Bassett, il film racconta con belle intuizioni il comportamento umano, tra eroismi e vigliaccherie, di «un gruppo di persone che si trovano improvvisamente in una situazione insolita», ma non riesce a fondere pienamente l'azione collettiva con quella individuale e la narrazione risulta frammentaria e dispersiva. Ottimo esordio della Bouchet nella parte della moglie infedele Liz Eddington.

Prima volta, La *½ (Italia 1999, col, 105') Massimo Martella. Con Micaela Ramazzotti, Max Malatesta, Giovanni Ghersi, Marco Vivio, Costantino Meloni, Fulvia Lorenzetti, Silvia Barone, Mauro Meconi, Alessia Fugardi, Valentina Limongelli, Pilar Abella, Federico Zonetti, Claudia Botticelli, Francesca Chiarantano, Manuel Scorcia. ◆ Storie di ragazze e ragazzi nella periferia romana: la commessa (Fugardi) stuprata dal padrone, il timido (Vivio) svezzato dalla fidanzata (Lorenzetti) del fratello maggiore, l'oca (Ramazzotti) che un tossico convince a bucarsi, gli sposini (Barone e Meconi) che arrivano vergini al matrimonio, la venezuelana ricca (Abella) che fugge con un coatto (Zonetti), la timida (Botticelli) che fa innamorare il ragazzo belloccio. Dietro una patina di realismo rosa, malgrado tatuaggi e piercing d'ordinanza, regnano imperterriti stereotipi vecchi come il mondo: e alla fine tutto suona troppo carino e improbabile. Soggetto e produzione di Antonio Avati; sceneggiatura di Sergio Consani, Luca De Bei, Tommaso Avati e del regista, che ha scelto come protagonisti attori alle prime armi o addirittura gli stessi ragazzi intervistati durante la fase di documentazione.

Prima volta di Jennifer, La *** (*Rachel, Rachel*, Usa 1968, col, 101') Paul Newman. Con Joanne Woodward, Estelle Parsons, James Olson, Kate Harrington, Donald Moffat, Terry Kiser, Geraldine Fitzgerald. ◆ Rachel (nell'edizione italiana Jennifer: Woodward), insegnante trentacinquenne, vede nella relazione con un amico d'infanzia (Olson), e in una presunta maternità, la via d'uscita dall'esistenza monotona in una cittadina del New England, al fianco di una madre tirannica. Rimarrà sola, ma troverà la forza di andarsene. Primo e finora migliore film di Newman tratto da un grande romanzo di Margaret Laurence, sceneggiato da Stewart Stern: intimista, dai toni volutamente dimessi, adatti ai personaggi frustrati e marginali. Per contrasto la messinscena è assai lavorata – anche se mai gratuita – capace di utilizzare una camera molto mobile, una grande varietà di inquadrature e una serie di indovinati flashback (che visualizzano anche i fantasmi di Rachel come nella breve tentazione sessuale per il direttore della scuola) per «svelare le inquietudini, le angosce e anche le speranze di Rachel con le immagini così come con i dialoghi». Ben diretta la Woodward, moglie del regista.

Prime immagini dell'anno nuovo, Le ** (*New Year's Day*, Usa 1989, col, 92') Henry Jaglom. Con Maggie Jakobson, Gwen Welles, Melanie Winter, Henry Jaglom, David Duchovny. ◆ Lo scrittore Drew (Jaglom) trova il suo appartamento newyorchese occupato da tre inquiline: Winona (Winter), alla ricerca di un uomo con cui fare un figlio; la doppiatrice Lucy (Jakobson), in fuga dagli uomini; e Annie (Welles), innamorata di Lucy. Come in molti film dell'autore, si parla molto e si ha l'impressione di girare a vuoto. Per chi ha pazienza, il gioco è meno improvvisato di quanto sembri, e finisce con l'essere una specie di *Girotondo*, in cui i personaggi cercano se stessi prima ancora del proprio partner. Ma la filosofia di Jaglom («Passato, presente, futuro: dipende su quale stella ci si trova») rischia di essere da Baci Perugina, anche se in versione intellettuale. Cammeo per il regista Miloš Forman che interpreta Laszlo. Trasmesso in televisione col titolo *Il primo giorno dell'anno nuovo*.

Primi turbamenti, I *½ (*Faustine et le bel été*, Francia 1971, col, 90') Nina Companeez. Con Isabelle Adjani, Muriel Catala, Marianne Egerikx, Maurice Garrel. ◆ Durante le vacanze estive in campagna un'adolescente sensibile e idealista (Adjani) conosce, prima come osservatrice e poi partecipando attivamente, il mondo di frenetiche passioni erotiche e incestuose dei componenti di un'altolocata famiglia di vicini. Prima regia di una apprezzata sceneggiatrice, intrisa di riferimenti visivi (all'impressionismo soprattutto) e musicali (Chopin, Liszt, Schumann) anche se il risultato appare più artificioso e cerebrale che naturalistico e lirico. Ma la giovanissima Adjani merita la visione.

Primo amore *** (*Lonesome*, Usa 1929, b/n, 87') Paul [Pál] Fejós. Con Barbara Kent, Glenn Tryon, Fay Holderness, Gustave Parthos, Eddie Phillips. ◆ Durante una gita a Coney Island, un operaio (Tryon) e una telefonista (Kent) si conoscono, si innamorano, si perdono e poi scoprono di essere vicini di casa. Delicatissimo ritratto della gente umile tratto da una storia di Mann Page (e sceneggiato da Edward T. Lowe) dove alla semplicità narrativa della vicenda fa riscontro una tecnica di ripresa sofisticata e controllatissima (sovrimpressioni, split-screen, panoramiche ottiche per passare da una scenografia all'altra). Al centro c'è la difficoltà di comunicare nella società americana (l'inizio con i due risvegli paralleli e il viaggio verso il luogo di lavoro è indimenticabile) e più in generale il rifiuto di quei valori dominanti che porteranno l'ungherese Fejós stesso a tornare in Europa. Distribuito nella versione muta con accompagnamento sonoro, *Primo amore* aveva originariamente tre scene parlate e alcune scene notturne colorizzate. Rifatto da Kurt Neumann nel 1936 (*Lonesome*) ma inedito in Italia. Anche Amidei se n'è ricordato per sceneggiare *Domenica d'argento*.

Primo amore **½ (*Alice Adams*, Usa 1935, b/n, 99') George Stevens. Con Katharine Hepburn, Fred MacMurray, Evelyn Venable, Fred Stone, Frank Albertson, Hedda Hopper. ◆ Ragazza di umile origine (Hepburn) si finge ricca e nobile per rimanere vicino all'uomo (MacMurray) di cui è innamorata. Tratto da un romanzo di Booth Tarkington (sceneggiato da Dorothy Yost, Mortimer Offner e Jane Murfin) un ritratto femminile di buon spessore in un film che affronta temi allora inconsueti per il cinema americano. Ma più della critica sociale (in fondo tutta l'aspirazione di Alice è quella di passare dalla piccolissima borghesia a cui appartiene alla upper middle class della famiglia di MacMurray) è l'interpretazione della Hepburn che trasforma il film, qui al suo primo ruolo importante (per cui conquistò una nomination per sé e per il film), capace con la sua sola prova di dare una marcia in più al film.

Primo amore *½ (Italia 1941, b/n, 113') Carmine Gallone. Con Leonardo Cortese, Vivi Gioi, Valentina Cortese, Clelia Matania, Bianca Della Corte. ◆ Cresciuto in America dove è diventato un compositore di jazz, Pietro Redi (Cortese) decide di dedicarsi alla musica classica e per questo torna in Italia, ad Amalfi, dove fa innamorare la cuginetta (Della Corte): l'arrivo dell'ex amante americana (Gioi) spinge la ragazza al suicidio, ma tutto si risolve ascoltando una canzone che Pietro ha dedicato al suo amore. «Ispirate ai più bei canti popolari italiani» tante, tante, musiche accattivanti (Cicognini, Bixio, Tagliaferri, Murolo...) costellano una storiella prevedibile.

Primo amore ** (Italia 1958, b/n, 96') Mario Camerini. Con Carla Gravina, Lorella De Luca, Raf Mattioli, Christine Kaufmann, Paola Quattrini, Geronimo Meynier, Mario Carotenuto, Carlo Giuffré, Mario Pisu. ◆ Prime esperienze sentimentali, con gioie e inevitabili delusioni cocenti, di un gruppo di giovani a Roma. Sceneggiatura di Camerini, Age, Scarpelli, Ettore Scola, Piero De Bernardi; fotografia di Tonino Delli Colli e cast affollato per una serie di episodi, paralleli e intersecati, in equilibrio tra affettuosa e lieve introspezione, accenni «spregiudicati» e un prevedibile romanticismo.

Primo amore *½ (Italia 1978, col, 117') Dino Risi.

Con Ugo Tognazzi, Ornella Muti, Mario Del Monaco, Caterina Boratto, Riccardo Billi. ◆ Lasciato il mondo dell'avanspettacolo e ospite di una casa di riposo per artisti anziani, il sempre vitale Picchio (Tognazzi) si lega a una cameriera (Muti) con ambizioni di soubrette, e con lei fugge per l'Italia dilapidando i risparmi nella vana illusione di un amore sincero e di un ritorno al lavoro. Atmosfere vagamente felliniane e citazioni pretenziose (*L'angelo azzurro* compreso) si intrecciano con la nostalgia per un mondo che non c'è più e la satira della volgarità televisiva: una risata compiaciuta e una smorfia che si vorrebbe amara, ma niente di più. Particina per Marina Lothar ex Frajese. Sceneggiatura di Risi e Ruggero Maccari. Pomposamente rintitolato *Primo amore di Dino Risi.*

Primo amore (di Joan Tewkesbury) → *Compagno di scuola, Il*

Primo applauso *½ (Italia 1957, b/n, 97') Pino Mercanti. Con Claudio Villa, Tecla Scarano, Eva Vanicek, Maria Teresa Vianello, Carlo Dapporto, Massimo Carocci, Nando Bruno, Carletto Sposito, Attilio Bossio, Carlo Taranto, Mario Riva, Riccardo Billi, Giuseppe Porelli, Marco Tulli, Giacomo Furia. ◆ Grazie alle lezioni di una vecchia cantante (Scarano) e all'intraprendenza di Nando (Carocci, doppiato da Nino Manfredi), il barista Aldo Nelli (Villa) partecipa al programma per dilettanti *Primo applauso* e vince, ma il successo rischia di fargli dimenticare amici e fidanzata (Vanicek). Commedia musicale sceneggiata da Vincenzo Talarico su misura per il mito di Claudio Villa (che canta tra le altre *Corde della mia chitarra*, *Sono nato per cantare* e *Il pericolo numero uno*), che cerca di sfruttare il successo della trasmissione televisiva *Primo applauso* (nella realtà condotta da Tortora, nel film invece presentata da Mario Riva). Senza reale rapporto con la trama gli intermezzi comici, affidati a Dapporto (un regista teatrale pasticcione: oggi ai limiti del patetico) e a Riccardo Billi (un concorrente di *Primo applauso* che canta *Balocchi e profumi* in coppia con Riva).

Primo appuntamento **½ (*Premier rendez-vous*, Francia 1941, b/n, 105') Henri Decoin. Con Danielle Darrieux, Fernand Ledoux, Jean Tissier, Louis Jourdan, Sophie Desmarets, Suzanne Dehelly, Gabrielle Dorziat, Georges Mauloy, Georges Marchal, Daniel Gélin. ◆ Presentandosi all'appuntamento con lo sconosciuto con cui aveva avuto una romantica corrispondenza, l'orfana Micheline (Darrieux) trova solo un vecchio professore (Ledoux): lui s'inventa di essere venuto al posto del nipote e gli equivoci non si possono più fermare. Una commedia non particolarmente originale (la sceneggiatura è firmata da Michel Duran ma in realtà era di Max Kolpé, autore proibito dalla censura tedesca), che però viene vivificata dalla freschezza e dalla spigliatezza della Darrieux, teenager maliziosa che regge la scena con consumata astuzia nonostante l'età. Fu il primo grande successo del cinema francese sotto l'Occupazione (retrospettivamente vi si legge il desiderio di fare la lezione agli uomini maturi tentati di esercitare il loro potere sulle giovani) e per questo la Darrieux, accusata di collaborazionismo, passò i suoi guai alla Liberazione.

Primo bacio, Il *½ (*First Love*, Usa 1939, b/n, 78') Henry Koster. Con Deanna Durbin, Helen Parrish, Robert Stack, Eugene Pallette, Lewis Howard. ◆ Connie (Durbin), giovane orfana dotata di una voce straordinaria, va ad abitare presso lo zio milionario (Pallette). Maltrattata dalla famiglia, grazie all'affetto della servitù partecipa a un ballo dove affascina con il suo canto il ricco Ted Drake (Stack). La rivalità con la cugina (Parrish) la spinge a tornare al pensionato: ma il sandalo che aveva perso al ballo allo scoccare della mezzanotte riporta Ted sulle sue tracce. Cenerentola in versione musicale, confezionata – come tanti prodotti di questo genere – su misura per la Durbin, che alla fine degli anni Trenta salvò così la Universal dal fallimento. Della serie, questo sarebbe uno dei titoli più interessanti, ma oggi – nonostante un certo dinamismo – appare come una commedia abbastanza asettica e datata. Primo film per Stack e primo bacio sullo schermo per la Durbin, all'epoca molto reclamizzato. La Parrish è incantevole nel ruolo antagonista di ragazza viziata e snob. Tra le canzoni eseguite dalla Durbin c'è *Amapola.*

Primo cavaliere, Il * (*First Knight*, Usa 1995, col, 134') Jerry Zucker. Con Sean Connery, Richard Gere, Julia Ormond, Ben Cross, Liam Cunningham, Christopher Villers, Valentine Pelka, Colin McCormack, John Gielgud. ◆ Promessa a re Artù (Connery), la bella Ginevra (Ormond) viene rapita dal crudele Malagant (Cross): verrà salvata dall'eroico Lancillotto (Gere), che per questo verrà nominato cavaliere della tavola rotornda, ma che scoprirà anche di essersi innamorato della futura sposa del proprio re. Ignobile rivisitazione della saga medioevale con happy end d'obbligo (Artù muore e così Ginevra e Lancillotto si possono amare). L'ex regista «demenziale» Zucker riduce il protagonista a una specie di cowboy-samurai che chiama il cavallo con un fischio, fa sparire il Graal, Merlino, Morgana e la spada Excalibur per costringere il mito e la favola dentro i gusti involgariti e ipervitaminizzati del pubblico d'oggi.

Primo contatto *½ (*Star Trek First Contact*, Usa 1996, col, 110') Jonathan Frakes. Con Patrick Stewart, Jonathan Frakes, Brent Spiner, Michael Dorn, Alfre Woodard, Alice Krige. ◆ L'Enterprise del capitano Picard (Stewart) risale in un vortice dal XXV al XXI secolo per dare la caccia ai Borg, entità biomeccaniche che vogliono assimilare la Terra. Inizia col «carrello indietro più lungo della storia della fantascienza» (dall'occhio di Picard al totale dell'astronave sospesa nello spazio) e cerca spessore nei soliti dilemmi di cyborg che aspirano all'umanità e di umani che temono di diventare cyborg. Ma chi non è un iniziato, e non coglie tutti i riferimenti alla serie, si addormenta dopo i primi dieci minuti. Dopo *Generazioni*, primo episodio cinematografico di *Star Trek* senza il capitano Kirk. L'avventura continua con *Star Trek – L'insurrezione.*

Primo dei pochi, Il **½ (*The First of the Few*, rititolato negli Usa *Spitfire*, Gb 1942, b/n, 117') Leslie Howard. Con Leslie Howard, David Niven, Rosamund John, Roland Culver, David Horne. ◆ Colpito dal vertiginoso sviluppo dell'aviazione militare tedesca negli anni prima della seconda guerra mondiale l'ingegnere inglese J.R. Mitchell (Howard) dedica tutte le sue energie per creare un apparecchio potentissimo – il leggendario «Spitfire» – capace di garantire la difesa della patria. Dramma biografico in un film di propaganda bellica ben realizzato. Howard, qui alla sua ultima apparizione sullo schermo, si dirige con grande controllo.

Primo della lista, Il *½ (*Hit List*, Usa 1989, col, 87') William Lustig. Con Jan-Michael Vincent, Lance Henriksen, Leo Rossi, Rip Torn. ◆ Per sbaglio un killer spietato (Henriksen) rapisce il figlio di un onesto cittadino (Rossi): il bersaglio originale (Vincent) gli dà una mano. Lustig ammorbidisce il tasso di violenza dei suoi primi film, ma non c'è una sola idea originale (compreso un finale alla *Terminator*) in questa specie di telefilm dilatato.

Primo giorno dell'anno nuovo, Il → *Prime immagini dell'anno nuovo, Le*

Primo peccato ** (*Dreamboat*, Usa 1952, b/n, 83') Claude Binyon. Con Ginger Rogers, Clifton Webb, Jeffrey Hunter, Anne Francis. ◆ Una trasmissione televisiva rivela che il serio e compassato professore universitario (Webb) tanto temuto dagli studenti è stato molti anni prima un divo del cinema muto; e dopo la querela e l'ingiunzione di ritirare i film, la lusinga di fama e ricchezza convincono l'uomo a far pace con la sua ex collega (Rogers) e a tornare sul set. Una commedia non irresistibile ma ben realizzata e vivace, soprattutto nei finti episodi del film muto.

Primo premio Mariarosa *½ (Italia 1953, b/n, 90') Sergio Grieco. Con Carlo Croccolo, Galeazzo Benti, Fulvia Franco, Mirella Uberti, Carlo Romano, Armando Migliari, Claudio Ermelli, Carlo Campanini, Isa Barzizza, Renato Malavasi, Gianna Dauro, Gigi Bonos. ◆ Il timido Virgilio (Croccolo) arriva a San Bonifacio per sposarsi con la bella Maria (Franco) e alla lotteria del paese vince la mucca Maria Rosa: ma poi scopre che deve restituire il premio e che l'amico Otello (Benti) gli vuole rubare la fidanzata. Per fortuna, la cameriera Anita (Uberti) veglia su di lui... Commediola inoffensiva che prende in prestito qualche idea da Hollywood (come il mulo Francis, la mucca parla [con la voce di Virgilio Riento] anche se la sente solo il pubblico) e qualcun'altra dalla rivista (il sogno danzato con la Barzizza e coreografato da Harry Feist, il maggiore Fritz di *Roma città aperta*, o il numero di Campanini, carcerato con insolite sottolineature gay). Tratto dalla pièce *La fortuna* di Alessandro Tatistscheff, sceneggiata da Carlo Veo e Michele Pescatore.

Primo ribelle, Il *½ (*Allegheny Uprising*, Usa 1939, b/n, 81') William A. Seiter. Con John Wayne, Claire Trevor, George Sanders, Brian Donlevy, Chill Wills, Moroni Olsen. ◆ Poco prima della guerra di Secessione in Pennsylvania una colonia di pionieri combatte con coraggio e astuzia i pellerossa ostili e la guarnigione di militari che collaborano per rifornirli di armi. Avventura western senza pretese, con un cast interessante.

Primo uomo diventato donna, Il (La vera storia di Christine Jorgensen) * (*The Christine Jorgensen Story*, Usa 1970, col, 89') Irving Rapper. Con John Hansen, Joan Tompkins, Quinn Redeker. ◆ Biografia di un apprezzato fotografo di moda (Hansen) divenuto donna, dai problemi giovanili di identità al clamore suscitato dall'intervento chirurgico cui si sottopone, alla storia d'amore con un giornalista che raccoglie la sua sofferta esperienza. Indeciso tra l'illustrazione del caso, celebre scandalo degli anni Cinquanta, e il dramma psicologico: in assoluto carente su entrambi gli aspetti.

Primula bianca, La ** (Italia 1947, b/n, 85') Carlo Ludovico Bragaglia. Con Carlo Campanini, Andrea Checchi, Carlo Ninchi, Mirella Monti, Laura Gore, Paolo Monelli, Angelo Calabrese, Fosco Lulli, Giulio Calì. ◆ Sempre alla ricerca di una notizia «da prima pagina» il cronista Felice Moretti (Campanini) viene scambiato per un evaso e finisce nella banda del Volpe (Ninchi), mettendosi in un mare di guai ma aiutando la polizia a smascherare l'insospettabile capo Armando. Commedia degli equivoci sceneggiata da Anton Giulio Majano, Guglielmo Morandi e (non accreditato) Aldo De Benedetti, tutta centrata sulla comicità, paradossale e delicata, di Carlo Campanini. Il direttore del giornale che ossessiona Felice è interpretato dal grande critico letterario Paolo Monelli.

Primula Rossa, La *** (*The Scarlet Pimpernel*, Gb 1934, b/n, 95') Harold Young. Con Leslie Howard, Merle Oberon, Raymond Massey, Nigel Bruce, Joan Gardner. ◆ Con il nome di Primula Rossa («La cercan qui, la cercan là / Tutta la Francia dal suo nome è scossa / Sarà all'inferno oppure in cielo / Quella dannata Primula Rossa?») un insospettabile aristocratico inglese, sir Percy Blakeney (Howard), compie ai tempi del Terrore arditissime sortite al di là della Manica per salvare gli aristocratici francesi dalla ghigliottina. Nato dalla fantasia della baronessa Orczy, quintessenza dell'eroe romantico britannico «tra svogliatezza e istinto della caccia, amore per le cause perse (e magari anacronistiche), irrimediabile malinconia e gusto della beffa», questo personaggio – a cui furono dedicati almeno nove film (tra cui *L'inafferrabile Primula Rossa* di Powell e Pressburger) – riempie con il suo inossidabile dandysmo un film ancor oggi piacevole, prodotto con grandi mezzi da Alexander Korda e interpretato da un Leslie Howard, il cui volto si identificherà per sempre con quello del personaggio. Sceneggiatura di Robert E. Sherwood, Sam Berman, Arthur Wimperis, Lajos Biro.

Primula Smith, La **½ (*Pimpernel Smith*, Gb 1941, b/n, 121') Leslie Howard. Con Leslie Howard, Mary Morris, Francis L. Sullivan, Hugh McDermott. ◆ Stravagante e apparentemente innocuo, il giovane professore di Cambridge Horatio Smith (Howard), impegnato in scavi archeologici in Germania, è in realtà in missione per liberare alcuni prigionieri dei nazisti. Qui anche regista, Howard trasferisce il mito della Primula Rossa ai tempi della seconda guerra mondiale accentuandone la componente patriottica e libertaria (già la scelta di Smith è significativa, a dimostrare, scegliendo il cognome più comune possibile, che ogni inglese può trasformarsi in primula) mentre la sua regia è tutta al servizio del personaggio e della trama, per «far emergere la commozione dai sottotoni e bilanciare con destrezza l'andamento svagato della commedia con improvvise aperture drammatiche». Sceneggiatura di Anatole de Grunwald, Roland Pertwee e Ian Dalrymple.

Principal, The – Una classe violenta ** (*The Principal*, Usa 1987, col, 109') Christopher Cain. Con James Belushi, Louis Gossett jr, Rae Dawn Chong, Michael Wright. ◆ Punito per le sue intemperanze, un insegnante di scuola superiore (Belushi) viene nominato preside dell'istituto più malfamato e violento del distretto, dove solo un sorvegliante di colore (Gossett) e qualche timido alunno lo affiancano nel fronteggiare le due gang rivali che spadroneggiano, picchiano, tentano di stuprare le docenti. Ben recitato ma ampiamente prevedibile, fedele ai cliché del filone, una sorta di western scolastico con qualche traccia di denuncia sociale e l'inevitabile finale violento ma aperto alla speranza.

Principe Azim, Il ** (*The Drums*, Gb 1938, col, 99') Zoltan Korda. Con Sabu [Sabu Dastagir], Raymond Massey, Valerie Hobson, David Tree, Roger Livesey. ◆ Un giovanissimo principe indiano (Sabu) salva con il suo coraggio un intero reggimento inglese dall'usurpatore riuscendo così a prendere possesso del legittimo regno paterno. Avventure coloniali ingenue ma affascinanti, ben condotte e a colori smaglianti. In originale dura 104'.

Principe cerca moglie, Il *½ (*Coming to America*, Usa 1988, col, 116') John Landis. Con Eddie Murphy, Arsenio Hall, John Amos, James Earl Jones, Shari Headley. ◆ Alla ricerca del vero amore, Akeem (Murphy) principe ereditario del regno di Zamunda, si finge povero nel quartiere newyorchese di Queens: tornerà in patria con la figlia (Headley) del gestore del fastfood presso cui lavora. Edulcorato e sciocchino, malgrado qualche frecciata all'american way of life. Landis si diverte a citare l'esotismo kitsch dei technicolor Paramount di un tempo; Murphy e Hall se la spassano rispettivamente in quattro e tre ruoli diversi; lo spettatore, invece, rischia lo sbadiglio. Attenti ai titoli di coda. Musica di Nile Rodgers. All'inizio del film appaiono Ralph Bellamy e Don Ameche, i protagonisti miliardari di *Una poltrona per due*, ora ridotti in miseria. Uno strascico di polemiche: Murphy è stato accusato di avere rubato il soggetto a un giornalista, mentre Landis ha giurato di non lavorare più con lui.

Principe consorte, Il ** (*The Love Parade*, Usa 1929, b/n, 110') Ernst Lubitsch. Con Maurice Chevalier, Jeanette MacDonald, Lillian Roth, Lionel Belmore, Ben Turpin. ◆ Il conte Renard (Chevalier), amante di Parigi e del gentil sesso, sposa Louise (MacDonald), regina di Sylvania, ma si sente sacrificato nella parte di principe consorte. Primo film parlato (e cantato) di Lubitsch che sfrutta il sonoro (e il silenzio) per costruire gag in modo ingegnoso. L'intreccio, tratto da un'operetta, è però rudimentale, e perde in confronto ai Lubitsch muti. Chevalier e la MacDonald (esordiente) saranno tra gli attori preferiti del regista. Un grande successo dell'epoca.

Principe coraggioso, Il *½ (*Prince Valiant*, Usa 1954, col, 100') Henry Hathaway. Con Robert Wagner, Janet Leigh, James Mason, Debra Paget, Sterling Hayden, Victor McLaglen, Donald Crisp, Brian Aherne. ◆ Per diventare cavaliere di re Artù, il giovane principe Valentino (Wagner) deve affrontare duelli, inganni, cavalieri malvagi e salvare una principessa. Il tentativo di trasportare sullo schermo la popolarità del principe valiant (coraggioso in originale, Valentino nella traduzione), inventato dal disegnatore di fumetti Hal Foster nel 1937, si rivela un fallimento totale: nonostante il CinemaScope, la ricchezza della produzione Fox e la sceneggiatura di Dudley Nichols, il film non sa restituire la «magia» fosteriana e le avventure non riescono ad appassionare. Si salvano solo le belle ambientazioni e la musica di Waxman.

Principe coronato cercasi per ricca ereditiera * (Italia 1970, col, 111') Gianni Grimaldi. Con Franco Franchi, Ciccio Ingrassia, Katia Christina, Linda Sini. ◆ Un principe siciliano senza una lira (Franchi), costretto a usare il maggiordomo (Ingrassia) per far visitare il castello ai turisti, accetta di sposare – senza consumare – una miliardaria americana (Christina). Dopo tre mesi divorzieranno: lei avrà il titolo e lui un miliardo. Ma non hanno fatti i conti con l'amore. Più ardita del solito, qui la farsa tende al «boccaccesco» – più che altro con allusioni mimico-lessicali – ma i risultati sono sempre minimi.

Principe d'Egitto, Il ** (*The Prince of Egypt*, Usa 1998, col, 90') Brenda Chapman, Steve Hicker, Simon Wells. ◆ La storia di Mosé, trovatello sulle rive del Nilo, principe-bighellone alla corte dei Faraoni in coppia con il fratello Ramses e infine guida del suo popolo in fuga dall'Egitto schiavista attraverso il Mar Rosso. Kolossal spettacolare, via via più severo nei contenuti e cupo nella forma, il primo cartoon della DreamWorks è volutamente lontano dalla spensierata filosofia Disney e si rivolge a un pubblico meno infantile (Ramses batte tutti in simpatia e generosità: difficile, per i più piccoli, capire perché Mosé lo abbandoni all'ira di Dio). Iconografia biblica (il disegno dei personaggi ha la durezza di certi fumetti religiosi), epica affidata a grandiosi effetti speciali (l'attraversamento del Mar Rosso), movimenti di macchina in abbondanza: eppure, malgrado l'intelligenza dell'operazione, regna una certa noia didascalica.

Principe degli attori, Il ** (*Prince of Players*, Usa 1955, col, 102') Philip Dunne. Con Richard Burton, Maggie McNamara, Raymond Massey, John Derek, Charles Bickford. ◆ Destini diversi, ma sempre segnati dalla sregolatezza e dalla follia, per i Booth, leggendaria famiglia americana di attori shakespeariani: il giovane Edwin (Burton) ripercorre la strada del padre Junius Brutus tra problemi con la famiglia e l'alcol, genialità esasperata ed enorme successo sulle scene; il fratello maggiore John, roso dall'invidia, si getta nella politica con i sudisti e raggiunge la notorietà assassinando il presidente Lincoln. Scritto da Moss Hart, un soggetto storico raccontato con intensità, ma frenato da banalità psicologiche e sovrabbondanza di citazioni teatrali.

Principe del circo, Il *½ (*Merry Andrew*, Usa 1958, col, 103') Michael Kidd. Con Danny Kaye, [Anna Maria] Pier Angeli, Baccaloni, Robert Coote. ◆ Un uomo depresso e demotivato (Kaye), destinato a vita quieta come preside e insegnante di archeologia, ritrova vitalità ed entusiasmo quando coincidenze e peripezie lo portano a lavorare in un circo italiano come domatore, clown e acrobata. Una trama esile con sketch non troppo divertenti: inoffensivo.

Principe della città, Il **½ (*Prince of the City*, Usa 1981, col, 167') Sidney Lumet. Con Treat Williams, Jerry Orbach, Don Billett, Richard Foronjy, Kenny Marino, Bob Balaban, Lindsay Crouse. ◆ Un investigatore della sezione narcotici di New York, Daniel Ciello (Williams), paga caro la decisione di collaborare a un'inchiesta sulla corruzione della polizia, trovandosi costretto a denunciare colleghi e amici. Ispirato alla storia vera dell'agente Bob Leuci (raccontata in un libro da Robert Daley e adattata da Jay Presson Allen e da Lumet che qui firma la sua prima sceneggiatura ufficiale), il film procede per «accumulazione di sequenze individualmente molto forti ma spesso ripetitive, la cui intensità emozionale a volte tocca i limiti dell'intollerabilità». Ne esce un quadro desolato del mondo della polizia dominato dalla sfiducia e dalla vendetta, dentro il quale il protagonista finisce per farsi prendere da una vera crisi di identità. Una fotografia volutamente sporca (di Andrzej Bartkowiak) aggiunge fascino al film ma non evita l'impressione di trovarsi davanti a un'opera sfuggita dalle mani del regista, intensa ma faticosamente lunga. Straordinaria la prova di Treat Williams.

Principe delle donne, Il * (*Boomerang*, Usa 1992, col, 117') Reginald Hudlin. Con Eddie Murphy, Robin Givens, Halle Berry, David Alan Grier, Grace Jones, Eartha Kitt. ◆ Impiegato di una ditta di cosmetici, Marcus Graham (Murphy) si ritiene un maestro nel coniugare sesso e carriera: ma dopo la conquista di una dirigente fredda e provocatrice (Givens) metterà la testa a posto con una sua collega (Berry). Dietro le sue risate, Murphy si prende terribilmente sul serio, sia quando sciorina i simboli del successo che quando fa il pentito: e la mancanza di ironia, in una commedia, è letale. Maschilismo, razzismo rovesciato, lusso pacchiano da catalogo di vendita per corrispondenza: da evitare con cura. Agghiacciante l'apparizione di Grace Jones che tenta invano di fare la parodia di se stessa.

Principe delle maree, Il **½ (*The Prince of Tides*, Usa 1991, col, 132') Barbra Streisand. Con Barbra Streisand, Nick Nolte, Blythe Danner, Kate Nelligan, Jeroen Krabbé, Melinda Dillon. ◆ Per fare luce nel passato di una sua cliente, la psicoanalista Susan Lowenstein (Streisand) ne convoca il fratello (Nolte) che finisce per frugare soprattutto dentro se stesso e lasciar affiorare i mostri nascosti della sua infanzia. Tratto dal bestseller di Pat Conroy (anche sceneggiatrice con Becky Johnson), il secondo film diretto dalla Streisand è un commovente melodramma costruito con grande abilità e un tocco che – andando contro le aspettative del pubblico – cerca di adattare ai nostri giorni lo stile impersonale e molto controllato degli studios degli anni Quaranta e Cinquanta (controluci, dissolvenze, rifiuto di qualsiasi scena «verista» nella storia d'amore tra la Streisand e Nolte, finale moralista che stride con l'insegnamento «amorale» della psicoanalista). Non inseguire la facile estetica degli anni Ottanta è comunque un segno di originalità che non andrebbe sottovalutato. Straordinario tutto il cast. Jason Gould, figlio della Streisand e di Elliott Gould, interpreta il figlio della psicoanalista.

Principe delle volpi, Il *½ (*Prince of Foxes*, Usa 1949, b/n, 107') Henry King. Con Tyrone Power, Orson Welles, Wanda Hendrix, Everett Sloane, Marina Berti, Katina Paxinou. ◆ Incaricato di eliminare il governatore estense di una città fortificata ma innamoratosi della sua giovane moglie, un diplomatico (Power) al servizio di Cesare Borgia (Welles) sfida il suo signore guidando con astuzia e coraggio la resistenza all'assedio. Avventure prevedibili ma fotografate (da Leon Shamroy) con bella atmosfera. Le riprese sono state effettuate nell'inconsueta e poco sfruttata Repubblica di San Marino.

Principe di Homburg, Il ** (Italia 1984, col, 97') Gabriele Lavia. Con Gabriele Lavia, Monica Guerritore, Massimo Foschi, Bianca Galvan. ◆ Contravvenendo agli ordini stabiliti, un audace principe-generale (Lavia) ottiene la vittoria contro gli svedesi ma viene condannato a morte per la sua disobbedienza dal Grande Elettore, che lo grazia in extremis. Con tutte le caratteristiche positive e negative dell'origine teatrale – staticità, cura formale, magniloquenza attoriale – una trasposizione solo a tratti convincente del dramma di Heinrich von Kleist, con il regista e attore a suo agio in un personaggio impulsivo, lacerato e sognatore.

Principe di Homburg, Il *** (Italia 1997, col, 85') Marco Bellocchio. Con Andrea Di Stefano, Barbora Bobulova, Toni Bertorelli, Anita Laurenzi, Fabio Camilli, Gianluigi Fogacci, Italo Dall'Orto. ◆ Per aver lanciato la sua cavalleria all'attacco senza attendere l'ordine dell'Elettore (Bertorelli), il principe di Homburg (Di Stefano) viene condannato a morte: in sua difesa interviene l'amata Natalia (Bobulova), ma quando l'Elettore gli offre una grazia disonorevole, decide di affrontare la sua sorte. L'omonimo dramma di Heinrich von Kleist (scorciato e modificato nel finale) diventa, nella sceneggiatura scritta dal regista, il luogo dello scontro tra razionalità e inconscio: il «figlio» Homburg incarna le ragioni dell'autonomia di giudizio e di sentimento, ma anche della libertà e della passione, mentre il «padre» Elettore è il depositario delle necessità della Legge e dell'Ordine. E la regia, essenziale e rigorosa («langhiana» è stato giustamente detto), allarga lo spettro dell'interpretazione, innestando nel romanticismo di Kleist le intuizioni della psicanalisi (ma senza le fastidiose sottolineature degli ultimi film, dovute alla presenza di Massimo Fagioli): così il sapiente uso del «fuori fuoco» carica di valori metaforici le immagini (sono esseri reali o fantasmi sognati le sagome che interagiscono con Homburg?) senza mai arrivare a risolvere il conflitto dalla parte dell'individuo che sogna o da quella del governante che deve rispettare la legge. In questo senso si capisce la recitazione «stranita più che straniata» dei due giovani protagonisti.

Principe di Scozia, Il ** (*The Master of Ballantrae*,

Usa 1953, col, 89') William Keighley. Con Errol Flynn, Yvonne Furneaux, Roger Livesey, Anthony Steele. ◆ In fuga dall'Inghilterra e perseguitato per aver appoggiato lo sconfitto pretendente al trono, il Signore di Ballantrae (Flynn) diventa un abile pirata e medita di tornare per punire il fratello che crede responsabile di tradimento. Avventure prevedibili, in un ricco technicolor (la superba fotografia di Jack Cardiff si ispira direttamente ai pittori inglesi del periodo), tratte dal bel romanzo di Robert L. Stevenson, infinitamente migliore dell'adattamento di Herb Meadow. Ultimo film di cappa e spada di Errol Flynn.

Principe e il povero, Il **½ (*The Prince and the Pauper*, Usa 1937, b/n, 120') William Keighley. Con Billy e Bobby Mauch, Errol Flynn, Claude Rains, Alan Hale, Montagu Love. ◆ Mentre Enrico VIII sta agonizzando, il principe ereditario Edoardo (Bobby M.) scambia per gioco i vestiti con un mendicante straordinariamente somigliante, Tom Canty (Billy M.), ma poi i due ragazzi si trovano prigionieri delle nuove identità in due mondi a loro sconosciuti. Una piacevole trasposizione del notissimo romanzo di Mark Twain dove per una volta i due protagonisti non sono interpretati dallo stesso attore ma da due gemelli. Errol Flynn, nei panni di un soldato di ventura, entra in scena verso la metà del film. Grande colonna sonora di Erich Wolfgang Korngold. Rifatto nel 1978.

Principe e il povero, Il *½ (*Crossed Swords*, Usa 1978, col, 113') Richard Fleischer. Con Mark Lester, Oliver Reed, Raquel Welch, Ernest Borgnine, Rex Harrison, George C. Scott, Charlton Heston. ◆ Sotto il regno di Enrico VIII (Heston) il principe Edoardo (Lester) si scambia di abiti con il giovane borseggiatore Tom Canty (sempre Lester) che gli assomiglia come una goccia d'acqua: impareranno a conoscere un tipo di vita che non immaginavano neppure. Ancora una volta sugli schermi la celeberrima storia di Mark Twain, ma il dispendio di mezzi, il cast notevole, la professionalità e il giusto dosaggio di humour e avventura non riescono a competere con la versione del '37, anche perché Lester è quasi nullo nella sua doppia parte. In originale 121'.

Principe e la ballerina, Il **½ (*The Prince and the Showgirl*, Gb/Usa 1957, col, 117') Laurence Olivier. Con Marilyn Monroe, Laurence Olivier, Jeremy Spenser, Sybil Thorndike, Richard Wattis. ◆ A Londra nel 1911 per l'incoronazione di Giorgio V, il reggente di Carpazia (Olivier) non sa resistere a una vivace ballerina americana (Monroe) che riuscirà anche a risolvere le beghe interne con il principe ereditario (Spenser). Qualche momento convincente e una deliziosa interpretazione dei due protagonisti (anche produttori) non bastano a far lievitare davvero la commedia tratta dal successo teatrale di Terence Rattigan, qui anche sceneggiatore. Le morbidezze di Marilyn, però, sono imperdibili.

Principe fusto, Il *½ (Italia 1960, b/n, 100') Maurizio Arena. Con Maurizio Arena, Michelle Girardon, Noël Traverthon, Ivo Del Bianco, Lorella De Luca, Kathia Caro, Memmo Carotenuto, Piero Lulli, Marianne Leibl, Franco Coop, Tina Perna, Gabriele Tinti, Olghina Di Robilant, Mimmo Poli. ◆ Per una scommessa con due nobili (Traverthon e Del Bianco), il bullo di Trastevere Ettore (Arena) si finge il principe Giovanni Anticoli di Celano per conquistare la ricca americana Susan (Girardon), particolarmente sensibile ai titoli nobiliari, ma in questo modo scatena la gelosia della fidanzata Angela (De Luca). Esordio alla regia di Maurizio Arena con una storia (sceneggiata da Isa Mari, Umberto Scarpelli, Giandomenico Giagni e Lucio Mandarà) in chiara sintonia con le proprie origini popolaresche, di cui rivendica orgogliosamente simpatia e sincerità (che il mondo dei nobili non possiede). E infatti la trama si sfilaccia ben presto in una serie di macchiette compiaciute e situazioni estemporanee, quasi un catalogo delle qualità del protagonista: spirito di gruppo, abilità da centauro, seduttore (e maschilista) irresistibile, con l'aggiunta di una curiosissima imitazione di Charlot. Le musiche, compresa la canzone *Non piangere più*, sono di Maurizio Arena, così come i genitori di Ettore sono quelli veri del regista-attore, Amedeo ed Elvira Di Lorenzo. Cammeo anche per il sarto Emilio Schubert nel ruolo di se stesso, per Raimondo Vianello e, nei panni di un frate che crede ai giornali, per Ugo Tognazzi.

Principe guerriero, Il ** (*The War Lord*, Usa 1965, col, 123') Franklin J. Schaffner. Con Charlton Heston, Rosemary Forsyth, Richard Boone, Maurice Evans, Guy Stockwell. ◆ Inviato a prendere possesso di un terreno in una zona contesa tra celti e frigi, un guerriero normanno (Heston) si innamora della ragazza (Forsyth) destinata a sposare il figlio di un capo e si avvale dello «jus primae noctis» per averla con sé, scatenando l'ira dei combattenti. Tratto da una pièce di Leslie Stevens, il film cerca di dare un'immagine non stereotipata del Medioevo, scavando nelle superstizioni e nei pregiudizi e rievocando il ruolo della religione cristiana nella cultura di quel periodo, ma la produzione massacrò il montaggio di Schaffner, introducendo molte scene di battaglia girate evidentemente da un altro regista. E così un film non perfettamente riuscito (anche per colpa del regista che sfrutta male tutte le idee contenute nel testo di Stevens) si trasforma in un semifallimento. Restano i costumi di Nino Novarese e la splendida fotografia di Russell Metty.

Principe ladro, Il *½ (*The Prince Who Was a Thief*, Usa 1951, col, 88') Rudolph Maté. Con Tony Curtis, Piper Laurie, Everett Sloane, Jeff Corey. ◆ Risparmiato dal ladro incaricato di ucciderlo e da questi allevato come un figlio, il principe erede di Tangeri (Curtis) cresce in incognito e abilissimo nel furto; e quando si introduce nella corte, attirato dal tesoro, dopo intricate avventure e colpi di scena, riesce a conquistare il trono. Entertainment senza troppe pretese.

Principe ribelle, Il * (Italia 1947, b/n, 90') Pino Mercanti. Con Massimo Serato, Mariella Lotti, Otello Toso, Paolo Stoppa, Mario Ferrari, Umberto Spadaro. ◆ Un nobile siciliano (Serato) guida un gruppo di patrioti soprannominati «i lupi della foresta» contro gli austriaci sperando nell'aiuto degli spagnoli. I rinforzi non giungono in tempo, e l'eroe viene condannato a morte. Sarà la figlia del viceré (Lotti) a chiedere e ottenere la grazia. Cappa e spada pseudostorico, prolisso e senza nerbo. Il montatore Mario Serandrei è anche coautore del soggetto, con Giuseppe Zucca e Lucio Battistrada.

Principessa degli intrighi, La ** (*Princess Caraboo*, Usa 1994, col, 97') Michael Austin. Con Phoebe Cates, Stephen Rea, Kevin Kline, Jim Broadbent, Wendy Hughes, John Lithgow, Peter Eyre, John Sessions, John Wells, Jacqueline Pearce, Roger Lloyd Pack. ◆ Devon, 1817: una ragazza (Cates) che parla una lingua sconosciuta affascina l'alta società sostenendo di essere una principessa giavanese fuggita dai pirati che l'avevano rapita. Ma un giornalista (Rea) scopre una verità molto più prosaica. La sceneggiatura del regista e di John Wells (che interpreta il reverendo Hunt) riprende la vecchia metafora della società come un ballo in maschera: e lo stesso film è recitato come una farsa, con una fiera delle gigionerie guidata da Kline nella parte del maggiordomo greco Frixos. Risultato gradevole (visto anche che alla fotografia c'è un maestro come Freddie Francis) e innocuo.

Principessa delle Canarie, La * (Italia/Spagna 1955, col, 105') Paolo Moffa. Con Silvana Pampanini, Marcello Mastroianni, Gustavo Rojo, Elvira Quintilla, José Maria Lado, Anibal Vela. ◆ Nel corso dell'annessione delle Azzorre all'Impero spagnolo nasce l'amore tra la figlia (Pampanini) del re delle Isole, a capo della disperata resistenza dopo la morte del padre, e un ufficiale dell'esercito invasore (Mastroianni). Coproduzione con ambizioni spettacolari e ambientazione esotica a ricchi colori, sul modello americano, per avventure a lieto fine. Le scene delle battaglie sono state girate da Pietro Francisci.

Principessa delle ostriche, La *** (*Die Austerprinzessin*, Germania 1919, b/n, 46') Ernst Lubitsch. Con Ossi Oswalda, Victor Jansen, Harry Liedtke, Julius Falkenstein, Curt Bois. ◆ Ossi (Oswalda), figlia del re delle ostriche, decide di sposarsi per capriccio. Lo scapestrato Nucki (Liedtke), il prescelto, manda al suo posto il segretario Josef (Falkenstein), che si gode il banchetto, ma la notte resta a bocca asciutta. Ossi si invaghisce di Nucki, ubriaco, mentre fa la dama di beneficenza: lo porta a casa e scopre di essere sposata a lui, visto che Josef ha usato il nome del padrone. Un piccolo film indiavolato (e agli antipodi della comicità slapstick che furoreggiava, allora, negli Stati Uniti) che ancora oggi si guarda con divertimento. L'umorismo spesso malizioso e pesantemente allusivo verrà depurato da Lubitsch nei successivi film americani. Ma si vede già la mano del maestro nell'uso in funzione comica delle scenografie (i disegni sul pavimento che Josef, annoiato dall'attesa, percorre in tutti i sensi possibili) e dei movimenti di macchina, e nel ritmo da balletto impresso a ogni sequenza, cui spesso partecipano decine di comparse.

Principessa del Nilo, La *½ (*The Princess of the Nile*, Usa 1954, col, 71') Harmon Jones. Con Debra Paget, Jeffrey Hunter, Michael Rennie, Jack Elam, Wally Cassell, Dona Drake. ◆ Lungo le rive del Nilo il figlio del califfo di Bagdad (Hunter) affronta con coraggio il malvagio capo di una tribù di beduini, vendica l'amico ucciso e si unisce alla bella principessa travestita da danzatrice (Paget) per organizzare l'opposizione all'usurpatore. Tutto molto impacciato, in una cornice esotica di maniera solo gradevolmente colorata.

Principessa del sogno, La * (Italia 1942, b/n, 72') Roberto Savarese, Maria Teresa Ricci. Con Irasema Dilian, Antonio Centa, Maria Melato, Olga Solbelli, Gina Sammarco, Gioia Collei, Annibale Betrone, Jone Frigerio, Carlo Lombardi, Nicola Maldacea. ◆ Cresciuta in orfanotrofio, Elisabetta (Dilian) coltiva, grazie alla lettura delle favole, il sogno di essere figlia di una principessa, mentre la sua vera madre è la cameriera (Melato) dell'istituto. Ma un giorno incontra davvero un principe (Centa) e scoppia l'amore, che nemmeno l'ostilità dei parenti di lui potrà spegnere. Melassosa rivisitazione del mito di Cenerentola, tratta da una favola di Luciana Peverelli, anche cosceneggiatrice insieme ai registi. Francamente noiose certe inutili digressioni fantastiche che danno forma ai sogni di Elisabetta; scontato il lieto fine, un po' meno l'odio con cui sono descritti i borghesi che vanno all'orfanotrofio: «invece di nutrire una quantità noiosissima di cani adotterò una bambina» fanno dire alla cantante lirica (Sammarco) che adotterà Elisabetta e sarà causa involontaria dell'incontro col principe.

Principessa di Bali, La *½ (*The Road to Bali*, Usa 1952, col, 90') Hal Walker. Con Bob Hope, Bing Crosby, Dorothy Lamour, Murvyn Vye, Carolyn Jones. ◆ Peripezie di ogni tipo tra isole bellissime per due artisti di varietà (Hope e Crosby) che fuggono da Sydney per problemi sentimentali, vengono ingaggiati come palombari in cerca di un tesoro sommerso, sfidano mostri marini e vulcani in eruzione. Non tra i migliori, ma unico film a colori della serie «The Road to...», scanzonata parodia musicale tra avventure esotiche e facile comicità. Film di debutto per Carolyn Jones.

Principessa di Clèves, La ** (*La Princesse de Clèves*, Francia/Italia 1961, col, 115') Jean Delannoy. Con Marina Vlady, Jean Marais, Jean- François Poron, Annie Ducaux, Lea Padovani. ◆ Nonostante l'amore profondo e sincero per un giovane duca (Poron), la giovanissima principessa di Clèves (Vlady) conserva la fedeltà al maturo consorte (Marais), anche dopo che l'infame e ingiusta accusa di tradimento, mossa alla donna dai cortigiani intriganti, causa la morte del marito. Fedele, sontuosa e minuziosa trasposizione del celebre romanzo di Madame de La Fayette sceneggiato da Jean Cocteau. Il risultato però delude e non riesce davvero a conquistare lo spettatore, nonostante l'eleganza e la magistrale fotografia di Henry Alekan.

Principessa di Mendoza, La *½ (*That Lady*, Usa 1955, col, 100') Terence Young. Con Olivia de Havilland, Gilbert Roland, Paul Scofield, Dennis Price, Christopher Lee, Françoise Rosay, Anthony Dawson, Pepe Nieto. ◆ Gli intrighi della corte di Spagna e la gelosia di Filippo II (Scofield, al suo esordio) avranno ragione dell'indipendenza di Anna de Mendoza (de Havilland, guercia dell'occhio destro) e del suo amore per il ministro reale Antonio Perez (Roland), imprigionato con una falsa accusa di omicidio e costretto all'esilio. Magniloquente ma inerte (e arbitraria) ricostruzione della Spagna del sedicesimo secolo, sceneggiata da Anthony Veiller e Sy Bartlett: bei costumi, ambienti regali (Escorial compreso), CinemaScope a manetta, ma nessuna vera emozione.

Principessa Sissi, La ** (*Sissi, die Deutschweister*, Austria 1955, col, 120') Ernst Marischka. Con Romy Schneider, Karl-Heinz Böhm, Magda Schneider, Wilma Degischer, Gustave Knuth, Uta Franz. ◆ L'eterno contrasto tra amore e ragion di Stato: a Francesco Giuseppe (Böhm) è destinata in matrimonio Elena (Franz), una delle figlie del granduca di Baviera, ma il giovane imperatore d'Austria si innamora a prima vista della sorella minore di lei, la deliziosa Sissi (Schneider). Enorme successo popolare per una storiella sentimentale esile e graziosa, curata nella scenografia sfarzosa e coloratissima ma soprattutto interpretata da una bellissima Schneider. A grande richiesta più seguiti: *Sissi, la giovane imperatrice* (1956) e *Destino di un'imperatrice* (1957).

Principe studente, Il *½ (*The Student Prince*, Usa 1954, col, 107') Richard Thorpe. Con Ann Blyth, Edmund Purdom, John Ericson, Louis Calhern, Edmund Gwenn. ◆ Inviato a Heidelberg per partecipare alla ricca vita studentesca e prepararsi alla vita sociale – e al matrimonio combinato – il giovane erede al trono (Purdom) si innamora perdutamente di una giovane locandiera (Blyth). Feste di universitari, un duello, qualche bacio e tante canzoni: Mario Lanza, fisicamente inadatto al ruolo, presta la voce a Purdom per la trasposizione fiacca di un'operetta già diretta (con molta maggior grazia anche se senza musiche, nel 1927) da Ernst Lubitsch e interpretata da Ramon Novarro e Norma Shearer.

Principio del domino: la vita in gioco, Il *½ (*The Domino Principle*, Usa 1977, col, 97') Stanley Kramer. Con Gene Hackman, Candice Bergen, Richard Widmark, Mickey Rooney, Edward Albert, Eli Wallach. ◆ Un'organizzazione misteriosa fa evadere dal carcere un ex combattente (Hackman) per utilizzarlo in un attentato contro un pezzo grosso. Fantapolitica con ambizioni kafkiane, che scivola verso un finale prevedibile e si impantana in una parentesi sentimentale inopportuna. Tra Rosi e Lelouch, è stato suggerito.

Priorità assoluta *½ (*Eve of Destruction*, Usa 1991, col, 98') Duncan Gibbins. Con Renée Soutendijk, Gregory Hines, Michael Greene, Kurt Fuller. ◆ Una scienziata (Soutendijk) crea un androide a sua immagine e somiglianza: ma questo si guasta, e minaccia l'incolumità della sua famiglia e di mezza New York. Da un'idea non disprezzabile (il robot che ha la memoria del suo creatore e ne realizza i sogni segreti), un film grossolano e fracassone, privo di vera suspense. La Soutendijk, femme fatale del *Quarto uomo*, è più convincente (e più sexy) nella parte del Terminator femmina.

Priscilla, la regina del deserto **½ (*The Adventures of Priscilla, Queen of the Desert*, Australia 1994, col, 103') Stephan Elliott. Con Terence Stamp, Hugo Weaving, Guy Pearce, Bill Hunter, Sarah Chadwick, Mark Holmes, Julia Cortez, Ken Radley, Alan Dargin. ◆ Specializzati in spettacoli en travesti, gli omosessuali Tick (Weaving) e Adam (Pearce) e il transessuale Bernadette (Stamp) partono da Sydney con un pullman per raggiungere Alice Spring, nel cuore dell'Australia, dove devono esibirsi dall'ex moglie di Tick, che gestisce un albergo-casinò. Una scatenata commedia che non si risparmia nessun luogo comune sulla sessualità ma che li supera tutti con una bella dose di autoironia, diametralmente all'opposto della volgarità sessista del *Vizietto*. Il lungo viaggio in pullman diventa una specie di percorso a ostacoli durante il quale affrontare i problemi del deserto e quelli della violenza contro i gay, le contraddizioni di un'educazione sessuofoba (gli aborigeni sono disposti ad accettarli più dei coloni bianchi) ma anche quelle delle proprie paure esistenziali (Bernadette ha appena perso il «marito» e Tick è impaurito dall'incontro con l'ex moglie e soprattutto col figlio). Scoppiettante e colorato come i costumi ultrakitsch (disegnati da Tim Chappel e Lizzy Gardiner, premiati con l'Oscar) che i tre indossano nei loro spettacoli (indimenticabili le esibizioni di Adam sul tetto del pullman al suono della *Traviata*), il film scritto e diretto da Stephan Elliott ride e scherza sul tema della diversità ma si chiude sulla speranza che le nuove generazioni sappiano accettare i «gusti sessuali» dei padri con molta più comprensione e ironia. Non perdere i titoli di coda per sapere che fine fa l'aquilone-bambola gonfiabile.

Privilege ** (*Privilege*, Gb 1967, col, 101') Peter Watkins. Con Paul Jones, Jean Shrimpton, Mark London, Max Bacon, Jeremy Child. ◆ L'ascesa di un giovane cantante pop (Jones), guidato con cinismo da abili manager che lo rendono idolo di orde di fan, e la sua repentina caduta quando, sensibilizzato da una pittrice (Shrimpton), si ribella e cerca di liberarsi dal personaggio costruito su di lui. Una precoce ma schematica denuncia dello sfruttamento del nuovo star-system e del suo utilizzo come sedativo di massa. Jones non ha il carisma necessario, e la love story è appiccicata. Belle invece le scene del delirio collettivo, con montaggio nervoso e toni allucinati.

Processo, Il **½ (*Der Prozess – Im Namen der Menschlichkeit*, Austria 1947, b/n, 109') Georg Wilhelm Pabst. Con Ernst Deutsch, Ewald Balder, Aglaja Schmid, Albert Truby, Gustav Diessl. ◆ Ungheria, 1882: la comunità ebraica di un villaggio è accusata della scomparsa di una ragazza: in seguito a una confessione estorta con la tortura, la sinagoga viene data alle fiamme e l'intera comunità messa sotto accusa. Un barone nazionalista vuole approfittarne: ma un avvocato difensore cattolico (Balder) vince la causa, anche se non i pregiudizi. Da un fatto realmente accaduto, una lucida analisi del radicarsi dell'antisemitismo, che nel finale cede a una certa verbosità didascalica e a un umanitarismo un po' annacquato. Nobili, comunque, le intenzioni (anche perché Pabst doveva riscattarsi dalla sua tardiva presa di distanza dal nazismo).

Processo, Il (di Mark Robson) → *Imputato deve morire, L'*

Processo, Il **½ (*Le Procès*, Francia/Rft/Italia

1962, b/n, 120') Orson Welles. Con Anthony Perkins, Romy Schneider, Orson Welles, Akim Tamiroff, Jeanne Moreau, Elsa Martinelli, Madeleine Robinson, Arnoldo Foà, Suzanne Flon, Michael Lonsdale. ◆ L'impiegato Joseph K. (Perkins) è chiamato dagli emissari di un potere misterioso a difendersi da un'oscura accusa: dapprima sbeffeggia il fantomatico tribunale davanti a cui compare, e nega di avere bisogno dei servigi di un avvocato (Welles). Ma poco per volta si cala nel ruolo della vittima, e accetterà la condanna a morte. Welles non si preoccupa di essere fedele a Kafka (Joseph K. è molto più ribelle e sarcastico nel film di quanto non lo sia nel libro) e insegue un sogno di cinema visionario, grandioso ma compiaciuto e chiuso su se stesso. Di una cupa bellezza piranesiana, il film sconta personaggi senza spessore e attori (a cominciare dal monotono Perkins) stranamente mal diretti. E anche il discorso sull'assurdità del potere rimane più detto a parole che espresso nelle immagini. Girato a Roma, alla parigina Gare d'Orsay (allora in disarmo) e a Zagabria. Il prologo col racconto *Davanti alla legge* è stato realizzato da Alexandre Alexeieff con la tecnica dello schermo di spilli.

Processo alla città **½ (Italia 1952, b/n, 98') Luigi Zampa. Con Amedeo Nazzari, Mariella Lotti, Silvana Pampanini, Paolo Stoppa, Franco Interlenghi, Eduardo [Edward] Ciannelli, Tina Pica, Dante Maggio. ◆ Nei primi del secolo, a Napoli, l'indagine sull'omicidio di due coniugi conduce un giudice istruttore (Nazzari) alla scelta coraggiosa di incriminare potenti della camorra e alte personalità conniventi. Intorno ai fatti del celebre processo Cuocolo, una ricostruzione d'epoca accurata ed efficace, in una Napoli lontana dai consueti stereotipi. Efficace melodramma popolare, senza i cedimenti macchiettistici di altri film del regista, qui più solido e controllato, capace di «rendere con rigore le complicità di potenti e camorra dentro modelli americani». Alla sceneggiatura hanno collaborato, insieme al regista, Turi Vasile, Ettore Giannini, Francesco Rosi, Suso Cecchi d'Amico e Diego Fabbri.

Processo al re *½ (*O processo do rei*, Portogallo/Francia/Italia/Germania 1989, col, 90') João Mário Grilo. Con Antonino Solmer, Aurelle Doazan, Gérard Hardy. ◆ 1667: il re del Portogallo Alfonso VI (Solmer) non vuole aiutare gli alleati francesi contro la Spagna, e una congiura lo fa deporre. Pretesto: l'incapacità di dare un erede alla regina. Grilo (sceneggiatore con Daniel Arasse e Jean-Pierre Theillade) è affascinato dalla crudezza e dal formalismo del processo, in cui si disquisisce dottamente sulle *défaillances* del membro regale: ma non riesce a trovare un senso in questa riesumazione storica se non in un gusto pittoricista superficiale e pasticciato, visto che la fotografia di Eduardo Serra ricostruisce sia Vermeer sia i dipinti della scuola di Fontainebleau.

Processo di Giovanna d'Arco, Il *** (*Le Procès de Jeanne d'Arc*, Francia 1963, b/n, 95') Robert Bresson. Con Florence Carrez [alias Delay], Jean-Claude Fourneau, Roger Honorat, Marc Jacquier e altri attori non professionisti. ◆ Minuta ricostruzione del processo subìto da Jeanne d'Arc (Carrez) a Rouen dal gennaio al maggio 1431, fino alla condanna al rogo e all'esecuzione sulla piazza del Mercato Vecchio. Un film giudiziario d'autore (Bresson ha scritto la sceneggiatura basandosi sulle minute del processo), in cui «gli interrogatori servono soltanto a suscitare sul volto di Giovanna le sue impressioni profonde, a registrare sulla pellicola i movimenti del suo animo». Rigoroso, geometrico, quasi glaciale nella messinscena (ma la logica del campo-controcampo è spezzata da primi piani emotivamente efficaci proprio in virtù del loro isolamento), il film di Bresson si distingue nettamente da tutte le altre versioni anche per il ritratto della pulzella: non più l'eroina plebea, ma una donna raziocinante nel suo mistero, disinvolta ed elegante, che si confronta con i giudici alla pari («parlava una lingua di perfezione mirabile», sostiene il regista). All'epoca fu più criticato (per eccesso di distacco e cerebralità) che apprezzato, e anche oggi sconta – a torto – la difficoltà del suo autore. Florence Carrez in seguito diventò scrittrice col nome di Florence Delay.

Processo di Verona, Il **½ (Italia/Francia 1962, b/n, 144') Carlo Lizzani. Con Silvana Mangano, Frank Wolff, Françoise Prévost, Claudio Gora, Giorgio De Lullo, Andrea Checchi, Henri Serre, Salvo Randone, Gennaro De Gregorio, Ivo Garrani, Franco Castellani. ◆ 1943: per l'atto di ribellione a Mussolini, cinque membri del Gran Consiglio, tra i quali il genero del duce Galeazzo Ciano (Wolff), vengono incarcerati e sottoposti a un processo manovrato dai tedeschi. La storia riletta come una tragedia elisabettiana, fatta di tradimenti e passioni consumate all'interno del nucleo familiare: al centro del film (sceneggiato da Ugo Pirro) c'è il dramma di Edda Ciano Mussolini (Mangano), che tenta di salvare la vita del marito. Un buon lavoro di ricostruzione che qualche volta rischia di scivolare nel didatticismo. Vivi Gioi è Rachele Mussolini, Giorgio De Lullo è Pavolini, Andrea Checchi veste i panni di Dino Grandi e Ivo Garrani interpreta Farinacci.

Processo e morte di Socrate *½ (Italia 1940, b/n, 105') Corrado D'Errico. Con Ermete Zacconi, Alfredo De Sanctis, Ermete Tamberlani, Olga Vittoria Gentili, Rossano Brazzi, Filippo Scelzo, Luigi Almirante, Alfredo Robert, Nerio Bernardi, Aldo Fiorelli. ◆ Un'appassionata difesa non basta per evitare a Socrate (Zacconi), accusato di corrompere la gioventù, la condanna a morte: morirà bevendo la cicuta di lì a qualche giorno, discutendo nel frattempo in carcere prima con Critone (De Sanctis) poi con i suoi più cari discepoli. Statico e magniloquente omaggio alla filosofia socratica, ricostruita da D'Errico a partire dai dialoghi platonici (*Eutifrone*, *Critone*, *Fedone* e *Apologia* soprattutto) e declamata da uno Zacconi ottantaduenne con sorprendente bonomia. Se nel 1940 l'insegnamento socratico poteva anche funzionare come antidoto alla retorica mussoliniana, oggi appare prolisso e anche un po' ridicolo, come la frangetta di Rossano Brazzi nella parte di Simmia.

Processo per direttissima *½ (Italia/Francia 1974, col, 96') Lucio De Caro. Con Ira Fürstenberg, Mario Adorf, Bernard Blier, Gabriele Ferzetti, Adalberto Maria Merli, Michele Placido. ◆ Una giornalista

(Fürstenberg) lotta strenuamente per fare luce sulla morte misteriosa di un giovane militante di sinistra, avvenuta durante un fermo di polizia. Esordio dello sceneggiatore Lucio De Caro con un film che vuole rileggere gli anni della tensione ispirandosi all'attualità, ma alle intenzioni di denuncia non segue una realizzazione convincente, anche perché nessuno può credere che la principessa Ira Fürstenberg possa ricordare sullo schermo Camilla Cederna. Si salva solo il giudice Ferzetti.

Prode Anselmo e il suo scudiero, Il *½ (Italia 1972, col, 98') Bruno Corbucci. Con Alighiero Noschese, Enrico Montesano, Erminio Macario, Mario Carotenuto, Lino Banfi, Femi Benussi, Renzo Montagnani, Tamara Baroni. ◆ In viaggio verso la Santa Sede, per consegnare al pontefice la reliquia della mano di san Mancinello e poi partire per le Crociate, Anselmo di Mongibello (Noschese) e il suo scudiero Gian Puccio Senza Terra (Montesano) devono difendersi soprattutto dagli attacchi di Ottone di Buldoffen (Montagnani). Fallimentare tentativo di mescolare spirito picaresco e concessioni voyeuristiche: nonostante una certa ricchezza produttiva e gli sforzi di un Montesano con pettinatura post hippy, il film (sceneggiato da Castellano, Pipolo, Corbucci e Mario Amendola) non ha nulla a che fare con la sottile ironia del personaggio raccontato da Visconti Venosta. In quegli anni la Baroni era stata la protagonista di una chiacchieratissima storia d'amore con l'industriale Bubi Bormioli.

Prof. dott. Guido Tersilli primario della clinica Villa Celeste convenzionata con le mutue, Il * (Italia 1969, col, 104') Luciano Salce. Con Alberto Sordi, Evelyn Stewart, Pupella Maggio, Claudio Gora, Alessandro Cutolo, Giovanni Nuvoletti, Ira Fürstenberg. ◆ Libero docente con intrallazzi vari e primario della lussuosa clinica di proprietà del suocero, il Dott. Tersilli (Sordi), spadroneggia su clienti ricchi e poveri spinto da inarrestabile avidità. E se degenti e collaboratori fuggono, il primario ricicla la clinica come lussuoso centro di ringiovanimento. Seguito del *Medico della mutua*: lo spunto di critica sociale si è completamente dissolto e resta solo il qualunquismo che porta a ridere delle disgrazie altrui.

Professione assassino *½ (*The Mechanic*, Usa 1972, col, 100') Michael Winner. Con Charles Bronson, Jan-Michael Vincent, Keenan Wynn, Jill Ireland. ◆ Il killer di una organizzazione criminale (Bronson) vede nel figlio (Vincent) di una sua vittima il cinismo e la freddezza necessari a quel «lavoro»: lo preparerà e lo porterà con sé anche quando scoprirà che il giovane è incaricato dall'organizzazione di eliminarlo. Brutalità ed esagerazioni spettacolari in un film che non si preoccupa nemmeno di «spiegare» la violenza e azzarda paralleli tra crimine e sopraffazione delle istituzioni soffermandosi dettagliatamente su svariate tecniche omicide. Indegno.

Professione bigamo * (Italia/Rft 1970, col, 99') François Legrand. Con Lando Buzzanca, Terry Torday, Raffaella Carrà, Peter Weck. ◆ Una moglie in Italia e una in Germania: ma un giorno il baldo controllore ferroviario (Buzzanca) della linea Roma-Monaco commette un passo falso, e le due donne scoprono uno stato civile ancora più complicato dell'immaginabile. Comicità mediocre con Buzzanca impegnato nel solito ruolo di «gallo» italiano.

Professione della signora Warren, La ** (*Frau Warrens Gewerbe*, Rft 1960, b/n, 102') Akos Von Rathony. Con Lilli Palmer, O.E. Hasse, Johanna Matz. ◆ La madre (Palmer) è uscita dalla povertà grazie alla gestione di alcune case di tolleranza, e quando la figlia Vivie lo scopre vuole andarsene di casa. Per trattenerla la madre le spiega che la colpa non è sua bensì dell'ipocrisia della società, ma la ragazza non vuole darle retta. Una trascrizione fedele e fin troppo diligente della commedia omonima di G.B. Shaw, corretta nel descrivere gli ambienti e tratteggiare le psicologie delle protagoniste ma priva di incisività.

Professione... giocattolo ** (*Le Jouet*, Francia 1976, col, 92') Francis Veber. Con Pierre Richard, Michel Bouquet, Fabrice Gréco, Charles Gérard, Jacques François. ◆ Il figlioletto capriccioso del potentissimo e dispotico padrone di un giornale (Bouquet) ottiene che un giornalista di poche speranze (Richard) che ha suscitato la sua simpatia gli venga regalato. Ma il malcapitato riesce, dopo umiliazioni varie, a conquistare l'affetto del ragazzino e trama con lui per costringere il genitore a una maggior umanità. Un apprezzato sceneggiatore passa alla regia dimostrando un gusto paradossale nel raccontare questa favola sul potere del denaro nella quale mescola caratterizzazioni azzeccate (soprattutto Bouquet come autocrate senza limiti) e buoni sentimenti trionfanti. Rifatto nel 1982 a Hollywood (*Giocattolo a ore*).

Professione giustiziere * (*The Evil That Men Do*, Usa 1984, col, 89') J. Lee Thompson. Con Charles Bronson, Theresa Saldana, Joseph Maher, José Ferrer, John Glover, Raymond St. Jacques. ◆ Un ex killer (Bronson) abbandona il riposo su un'isola del Pacifico per vendicare un amico giornalista, dando la caccia agli spietati torturatori di un regime dell'America latina. Fastidiose le giustificazioni pseudoumanitarie e pseudoprogressiste alla violenza; per il resto Bronson è la fotocopia di se stesso.

Professione pericolo **½ (*The Stunt Man*, Usa 1980, col, 129') Richard Rush. Con Peter O'Toole, Steve Railsback, Barbara Hershey, Allen Goorwitz [Garfield], Chuck Bail. ◆ Un ladro (Railsback) in fuga viene assoldato come controfigura da un regista (O'Toole) megalomane e ossessionato dal realismo. Lo farà veramente morire nel corso delle riprese? Un piccolo classico del cinema nel cinema, con imprevedibili incroci tra finzione e realtà. Sbilenco, confusionario, girato con tanta furia e tanta azione da riuscire frastornante: non è per tutti i gusti, ma sicuramente non assomiglia a nessun altro film sullo stesso tema.

Professione: poliziotto ** (*Le Marginal*, Francia 1983, col, 100') Jacques Deray. Con Jean-Paul Belmondo, Henry Silva, Claude Brosset, Pierre Vernier, Roger Dumas. ◆ Tra Parigi e Marsiglia un poliziotto (Belmondo) dai metodi brutali supera gli ostacoli posti dai suoi superiori e riesce a incastrare un potente narcotrafficante. Musica accattivante di Morricone, buon ritmo, acrobazie e poche sorprese.

Professione: reporter **½ (Italia/Francia/Spagna 1974, col, 126') Michelangelo Antonioni. Con Jack Nicholson, Maria Schneider, Jan Hendry, Jenny Runacre, Stephen Berkoff. ◆ Per dimenticare il passato e alla ricerca di una nuova identità David Locke (Nicholson), reporter in Africa per un servizio sui guerriglieri, si sostituisce a David Robertson, un mercenario morto d'infarto. Tornato in Europa conosce una ragazza (Schneider) con la quale ripara in Spagna nel tentativo di far perdere le proprie tracce alla moglie (Runacre) che cerca Robertson per avere notizie del marito. Verrà ucciso da due africani nemici di Robertson. Come in *Blow-up*, Antonioni imposta un intreccio quasi giallo per raggiungere l'astrazione – evidente, in questo caso, nel virtuosistico piano sequenza finale di 7', che segna la morte e l'allontanamento dal personaggio. Ad accorgersi che la realtà è impenetrabile allo sguardo umano, questa volta, è un giornalista televisivo, già abituato alla manipolazione dei punti di vista e all'irrealtà dell'immagine in movimento (vedi la ripresa video dell'uomo fucilato che, come direbbe Bazin, continua oscenamente a morire). Dove il film cala è nella descrizione di un amore impossibile, e nei dialoghi a buon mercato (la sceneggiatura è di Mark Peploe, Peter Wollen e Antonioni). Ma, specie figurativamente, il film – fotografato da Luciano Tovoli – è tra i più belli e misteriosi di Antonioni: assolato, vitreo, impareggiabile nell'usare scenari tanto diversi come i deserti africani e la Barcellona surreale di Gaudí.

Professionista, Il ** (*Harry in Your Pocket*, Usa 1973, col, 103') Bruce Geller. Con James Coburn, Michael Sarrazin, Trish Van Devere, Walter Pidgeon. ◆ Un anomalo quartetto di borseggiatori – una coppia di collaudati professionisti (Coburn e Pidgeon), un giovane alle prime armi e la sua ragazza (Sarrazin e Van Devere) – entra in crisi quando la gelosia mina la loro armonia. E per non sacrificare il futuro dei più giovani il vecchio del gruppo si farà arrestare. Qualche momento di suspense, location suggestive e una buona recitazione (Pidgeon nettamente in risalto) sono gli elementi di questa commedia agrodolce, simpatica ma inconcludente.

Professionisti, I ***½ (*The Professionals*, Usa 1966, col, 120') Richard Brooks. Con Lee Marvin, Burt Lancaster, Robert Ryan, Woody Strode, Claudia Cardinale, Jack Palance, Ralph Bellamy, Marie Gomez. ◆ Per liberare la moglie (Cardinale) rapita da un rivoluzionario messicano (Palance), un ricco americano (Bellamy) ingaggia quattro professionisti: un veterano dell'esercito (Marvin), uno specialista in cavalli (Ryan), un esperto cacciatore (Strode) e un conoscitore di esplosivi (Lancaster). I quattro riescono nel loro intento ma poi scoprono che il «rapimento» nasconde una tormentata storia d'amore e decidono di ubbidire alla loro moralità e non al richiamo dei soldi. Utilizzando la struttura di un western classico che recupera temi e forme di tante avventure in Messico, Brooks (sceneggiando un romanzo di Frank O'Rourke) trasforma il film in una «riflessione amara e disincantata sul tramonto di un'America liberale e sui suoi rapporti col terzo mondo». Al centro ci sono quattro eroi che incarnano le delusioni e le miserie di tutta una generazione e che scoprono sulla propria pelle che non ci si può rifugiare dietro l'asetticità professionale di chi si preoccupa solo di eseguire il proprio lavoro: la verità è più ricca e concreta di quello che può sembrare, straordinario coacervo «di menzogne e inganno e astuzie, di ragioni sfumate e complesse» (l'esecuzione delle guardie governative mette in crisi il moralismo puritano attento solo agli ideali che ispirano le azioni; le scelte delle due donne non sono mai quello che sembra a un primo sguardo). Questa parabola, il film la racconta con una concretezza esemplare, senza fronzoli, con «una forma schietta e perentoria, da rendere geloso lo stesso Lumière», per sottolineare (con la macchina da presa costantemente ad altezza d'uomo) che il valore primario è sempre e solo la presenza fisica delle persone e di quanto le circonda.

Professor Dottor Guido Tersilli... → *Prof. Dott. Guido Tersilli...*

Professore, Il → *Parlami dolcemente*

Professore a tutto gas ** (*Son of Flubber*, Usa 1963, b/n, 100') Robert Stevenson. Con Fred MacMurray, Nancy Olson, Keenan Wynn, Tommy Kirk, Ed Wynn, Elliott Reid, Paul Lynde. ◆ Ancora vicissitudini per l'inventore pasticcione (MacMurray) conosciuto in *Un professore tra le nuvole*, che solo in extremis risolleva le sorti finanziarie e matrimoniali grazie all'invenzione di una pistola capace di provocare la pioggia. Fedele allo schema del fortunato predecessore, *Un professore tra le nuvole*, una commedia prodotta dalla Disney con qualche trovata felice e un cast di indovinati caratteristi (perfetto Paul Lynde) a compensare l'ovvietà.

Professoressa di lingue, La * (Italia 1976, col, 95') Danilo Dani [Demofilo Fidani]. Con Femi Benussi, Fausta Bennati, Sonia Bonova, Pupo De Luca, Lamberto Maggi, Walter Romagnoli. ◆ Il figlio balbuziente di un grosso industriale di carne di maiale è rimandato in francese e inglese: durante l'estate prenderà lezioni da Pamela (Benussi) che respingerà gli assalti erotici di mezza famiglia e metterà a punto un «sistema» sesso-pedagogico capace di liberare il ragazzo dalla paura degli esami e della balbuzie. Voyeurismo spicciolo, strip e gemiti a volontà, in un film da livelli minimi anche per la «commedia erotica all'italiana». Solo per i fan della Benussi.

Professoressa di scienze naturali, La *½ (Italia 1976, col, 90') Michele Massimo Tarantini. Con Lilli Carati, Michele Gammino, Marco Gelardini, Alvaro Vitali, Mario Carotenuto, Ria De Simone, Gianfranco D'Angelo, Giacomo Rizzo, Gianfranco Barra, Gastone Pescucci. ◆ Supplente in un liceo siciliano, la professoressa Stefania Marini (Carati) accetta la corte del dottor Fifì (Gammino) ma non disdegna le attenzioni di un suo intraprendente studente (Gelardini). Tentativo poco riuscito di mescolare comicità ed erotismo: la prima si riduce a qualche gag risaputa (specie nella partita a calcio tra ragazzi e ragazze), il secondo è affidato alle grazie di una Carati pre-hard (che si esibisce in un insolito «amplesso» subacqueo).

Professore matto, Il *½ (*The Nutty Professor*, Usa 1996, col, 95') Tom Shadyac. Con Eddie Murphy, Jada Pinkett, James Coburn, Larry Miller, Dave Chappelle, John Ales, Patricia Wilson, Jamal Mixon. ◆ Timido professore universitario afflitto da 180 chili di peso, Sherman Klump (Murphy) sperimenta su di sé le proprie ricerche genetiche e si trasforma in Buddy Love, seduttore snello e spavaldo. Ma per conquistare Carla (Pinkett) dovrà lottare non poco per riappropriarsi del suo corpo. Dichiaratamente debitore delle *Folli notti del dottor Jerryll* di Jerry Lewis (che qui figura come produttore esecutivo) e sceneggiato da David Sheffield, Barry W. Blaustein, Tom Shadyac e Steve Oedekerk, è l'ennesimo tentativo di Murphy per riconquistare la simpatia del pubblico: qui usa a man bassa la tecnologia digitale (interpreta tutti i sette membri della famiglia Klump, donne e bambini compresi) e cavalca una comicità a base di rutti e altre volgarità, ma non riesce praticamente mai a far ridere.

Professore tra le nuvole, Un **½ (*The Absent Minded Professor*, Usa 1961, b/n, 97') Robert Stevenson. Con Fred MacMurray, Nancy Olson, Keenan Wynn, Tommy Kirk, Ed Wynn. ◆ Sempre assorto nello studio di nuove formule al punto di mancare più volte alla celebrazione del proprio matrimonio (con Nancy Olson), uno scienziato stravagante (MacMurray) scopre una nuova forma di energia – la volma – che gli permette anche di far volare la sua vecchia macchina e non manca di attirare l'attenzione del dipartimento della Difesa. Effetti speciali, trovate gustose e caratterizzazioni molto divertenti (la partita di basket è esilarante) per una piacevole e fortunata commedia Disney. Esiste una versione colorizzata. Le avventure continuano in *Professore a tutto gas* (1963). Remake nel 1997 (*Flubber – Un professore fra le nuvole*).

Professore venga accompagnato dai suoi genitori * (Italia 1974, col, 100') Mino Guerrini. Con Aldo Maccione, Jacques Dufilho, Piero Mazzarella, Gabriella Pallotta, Enzo Cannavale. ◆ Nel liceo Manzoni di Roma gli studenti devono sopportare un preside inetto (Dufilho) e il dittatoriale professor Petracco (Maccione): per fortuna c'è il progressista Maraldi (Mazzarella). Qualche tic dell'ambiente messo alla berlina e una lunga serie di battutine e gag scemotte, assolutamente simili a quelle ideate per il filone sulla vita da caserma. Ma forse è peggio Mazzarella nei panni dell'insegnante progressista e democratico.

Professor Kranz, tedesco di Germania *½ (Italia/Brasile 1978, col, 113') Luciano Salce. Con Paolo Villaggio, Josè Wilker, Vittoria Chamas, Maria Rosa, Adolfo Celi, Walter D'Avila, Joaquim Soares. ◆ Tra le favelas di Rio uno scombinato «psicoanalista» d'origine tedesca (Villaggio) organizza con un ragazzino, una prostituta e sua sorella (Rosa e Chamas) e un taxista il rapimento di uno sceicco in visita d'affari, ma l'entrata in scena di alcuni banditi professionisti complica la situazione. Sceneggiato da un regista (Ugo Liberatore), un giornalista (Fabrizio Zampa), un produttore (Augusto Caminito) e un tuttologo (Giuseppe Catalano), avrebbe potuto essere la storia bella e patetica del tentativo di riscatto di una congrega di perdenti, condotta dal sulfureo personaggio ideato da Villaggio, ma l'occasione si spreca in una farsa confusa e senza troppo mordente.

Professor Trombone, Il → *Ratto delle sabine, Il*

Profeta, Il *½ (Italia 1967, col, 93') Dino Risi. Con Vittorio Gassman, Ann Margret, Oreste Lionello, Liana Orfei, Yvonne Sanson, Fiorenzo Fiorentini, Enzo Robutti. ◆ Ritiratosi per anni in volontario eremitaggio sui monti per fuggire dalla vita superficiale della città, un ex impiegato (Gassman) viene scoperto dalla Tv e portato a Roma dove si muove confuso tra una disinvolta ragazza beat (Margret) e un improvvisato agente (Lionello) che utilizza la sua nomea di profeta per creduloni e pubblicità. Scritta con Ettore Scola e il fedele Maccari, una satira qualunquista e meccanica sulla capacità di reintegrazione e assorbimento della società dei consumi e del successo, tutta affidata alle capacità istrioniche di Gassman tra gag e battute non molto riuscite.

Profezia ° (*Prophecy*, Usa 1979, col, 95') John Frankenheimer. Con Talia Shire, Robert Foxworth, Armand Assante, Richard Dysart. ◆ Inviato nel Maine a indagare su strani fenomeni naturali avvenuti intorno a una cartiera, un dottore (Foxworth) scopre che l'inquinamento ha provocato pericolose mutazioni genetiche su animali e uomini. Tra fantahorror e – presumibilmente – denuncia ecologica un pasticcio con ambizioni spettacolari che brilla di comicità involontaria.

Profezia di un delitto *½ (*Les Magiciens*, Tunisia/Italia/Rft 1976, col, 90') Claude Chabrol. Con Jean Rochefort, Gert Fröbe, Franco Nero, Stefania Sandrelli, Gila von Weitershausen. ◆ In un'isola del Mediterraneo, uno svizzero sfaccendato (Rochefort) assiste alle previsioni di un prestigiatore (Fröbe) sicuro di far precipitare la crisi coniugale di una coppia (Nero e Sandrelli). Ma naturalmente le cose non andranno come previsto. Ispirandosi al romanzo *Initiation au meurtre* di Frédéric Dard, Chabrol vorrebbe costruire un apologo sulla forza della messinscena e sul rapporto tra apparenza e realtà, ma senza la sua tradizionale (auto)ironia il film finisce per diventare inutilmente cerebrale e confuso.

Profonda luce dei sensi, La ° (*La Messe dorée*, Francia 1974, col, 95') Beni Montresor. Con Lucia Bosé, Maurice Ronet, Stefania Casini, Eva Axen, Benoît Ferreux, Yves Morgan. ◆ Nella loro fastosa dimora due coniugi di mezza età (Ronet e Bosé) ospitano un gruppo di giovani e li guidano in un viaggio erotico, immaginato e sperimentato in rituali complessi, che possa restituire autenticità esistenziale al gelo delle loro esistenze. Ricercato e pretenzioso, lentissimo e irto di simbolismi più insensati che ermetici, il film di un celebre scenografo è un blando attacco a ipocrisie e degradazioni di un mondo decadente, che analogamente alla serata dei protagonisti fallisce inesorabilmente. Musiche di Severino Gazzelloni.

Profondo come il mare *½ (*The Deep Blue Sea*, Gb/Francia 1955, col, 99') Anatole Litvak. Con Vivien Leigh, Kenneth More, Eric Portman, Emlyn Williams. ◆ La bella e invidiata moglie (Leigh) di un alto magistrato si innamora perdutamente di un famoso ex pilota della Raf frivolo e instabile, e per lui perde sicurezze e dignità. Un melodramma psicologico tratto da una pièce di Terence Rattigan illuminato dalla prova intensa della protagonista, ma nel complesso prolisso e inconcludente.

Profondo rosso *** (Italia 1975, col, 123') Dario Argento. Con David Hemmings, Daria Nicolodi, Gabriele Lavia, Giulio Brogi, Clara Calamai, Macha Méril, Eros Pagni, Giuliana Calandra. ◆ Il pianista Marc Daly (Hemmings) è testimone impotente e involontario dell'omicidio di una medium (Méril): con l'aiuto di una giornalista (Nicolodi), decide di indagare da solo, scoprendo in una villa le tracce di un orrendo delitto commesso molti anni prima. A tutt'oggi, il più abile dei film di Argento: un attacco deliberato ai nervi dello spettatore, martellato da un montaggio quasi subliminale, da una musica ipnotica (del jazzista Giorgio Gaslini e dei Goblin) e da esplosioni di violenza rimaste ineguagliate. Sadico e malsano, in definitiva, ma girato con notevole intelligenza cinematografica. Qualche tocco di ironia, comunque, nella sceneggiatura scritta assieme a Bernardino Zapponi. Geniale l'uso delle location, scelte tra Roma e Torino per costruire una città da incubo. Effetti speciali di Carlo Rambaldi. Nicoletta Elmi è la bambina che tortura le lucertole. Argento allude ai propri casi sentimentali quando mostra Hemmings che getta la foto di Marilù Tolo nel cestino.

Profughi dell'amore *** (*Daughters Courageous*, Usa 1939, b/n, 107') Michael Curtiz. Con Claude Rains, John Garfield, Fay Bainter, May Robson, Donald Crisp, Priscilla Lane, Rosemary Lane, Lola Lane, Gale Page, Jeffrey Lynn. ◆ Dopo vent'anni di assenza un giramondo (Rains) torna in famiglia, scombussolando la vita sentimentale delle quattro figlie (le tre Lane e Page), cresciute e fidanzate, e della moglie (Bainter) in procinto di risposarsi. Seguito piuttosto ibrido di *Quattro figlie* (là Garfield moriva suicida, qui è il fidanzato di una delle figlie ma finisce per proporre a Rains di ripartire da soli per nuove avventure, in un finale inaspettatamente malinconico), il film – sceneggiato da Julius e Philip Epstein da un racconto di Dorothy Bennett e Irving White – è diretto da Curtiz con uno stile e una ricchezza di movimenti di macchina inusuale per un film di genere. Ingiustamente dimenticato (e sottovalutato) il film sorprende per la capacità di ribaltare le prospettive del racconto: comincia come una commedia un po' lacrimosa e si conclude con un improvviso cambiamento di tono, in un'atmosfera autunnale di angosciosa rassegnazione che dichiara irrealizzabili i sogni e gli ideali della gioventù e ammette la necessità dei compromessi. E lo sguardo rassegnato della madre e della figlia (che ha lasciato partire Garfield per sposare un altro) contiene la tacita affermazione che non si può mai esser certi di aver fatto la scelta giusta. Le quattro sorelle ritorneranno in *Four Wives* (1939) di Michael Curtiz e *Four Mothers* (1941) di William Keighley, entrambi inediti in Italia.

Profumo * (Italia 1987, col, 98') Giuliana Gamba. Con Florence Guérin, Luciano Bartoli, Robert Egon Spechtenhauser, Giuliano Sestili. ◆ Lorenza (Guérin) passa da vittima del ricco e vizioso marito a carnefice di un giovane hippy androgino. Pubblicizzato come primo film erotico italiano diretto da una donna (la Gamba è stata assistente di Joe D'Amato, alias Aristide Massaccesi), non si differenzia da un softcore diretto da un uomo per un pubblico maschile, e non evita il ridicolo involontario.

Profumo della papaya verde, Il **½ (*L'Odeur de la papaye verte*, Francia 1993, col, 104') Tran Anh Hung. Con Tran Nu Yen-Khe, Lu Man San, Truong Thi Loc, Nguyen Anh Hoa, Vuong Hoa Hoi. ◆ Appena dodicenne, Mui (San) viene mandata nel 1951 a Saigon a lavorare in una famiglia benestante, dove il padrone di casa scappa con la cassa ma la moglie lo accoglie quando torna a casa a morire. Dieci anni dopo, Mui (Yen-Khe) lavora presso un amico della stessa famiglia, Khuyen (Hoi), un musicista fidanzato con una ragazza ricca e superficiale che lascerà per sposare Mui, alla quale insegnerà a leggere e scrivere. Una delicata favola femminile d'iniziazione alla vita (lo schema narrativo, in fondo, è quello di Cenerentola) che lascia sullo sfondo la crudeltà dello spaccato sociale e la complessità del contesto storico (è ambientata tra le due guerre di liberazione, dai francesi prima e dagli americani poi, e si chiude con il sinistro rumore di elicotteri in lontananza). Tempi dilatati e ciclici, amore per il dettaglio, azioni spesso sospese, grande importanza ai particolari: scritto dalla stessa regista (e girato completamente in studio a Parigi), è stato ingiustamente accusato di calligrafismo, invece ha uno stile suggestivo, lontano dalla frenesia e dal voyeurismo occidentale, che richiede disponibilità d'animo per poter comunicare sensazioni profonde con pochissimi mezzi (è costato diciotto milioni di franchi). A Cannes ha vinto la Caméra d'or come miglior opera prima.

Profumo della signora in nero, Il **½ (Italia 1974, col, 101') Francesco Barilli. Con Mimsy Farmer, Maurizio Bonuglia, Mario Scaccia, Orazio Orlando, Donna Jordan, Jho Jhenkins, Carla Mancini. ◆ Perseguitata dai fantasmi e dai traumi della sua infanzia, Silvia (Farmer) diventa un'assassina, o almeno lo crede: chi le sta attorno, infatti, le sta preparando la festa. In una Roma popolata da strani personaggi e professori africani che discettano di magia e cannibalismo è ambientato uno dei più inquietanti thriller-horror italiani dell'epoca, che fonde bene il clima di complotto polanskiano, il lato fiabesco (con rimandi ad *Alice nel paese delle meraviglie*) e il *grand guignol*, e che esplode in un finale tra i più agghiaccianti del genere; anche se Barilli, al primo film (e cosceneggiatore con Massimo D'Avack), gira sempre in modo controllato ed elegante, con una punta di ironia e una personale poetica del bizzarro. Ampio spazio alle musiche di Nicola Piovani, a tratti un po' morriconeggianti. Casuale l'omonimia con un film di Marcel L'Herbier del 1931, *Le parfum de la dame en noir*. La bambina, Daniela Barnes, da grande reciterà col nome di Lara Wendel.

Profumo del mosto selvatico, Il *½ (*A Walk in the Clouds*, Usa 1995, col, 103') Alfonso Arau. Con Keanu Reeves, Aitana Sanchez-Gijon, Giancarlo Giannini, Anthony Quinn, Angelica Aragon, Evangelina Elizondo, Freddy Rodriguez, Debra Messing, Febronio Covarrubias. ◆ Paul Sutton (Reeves), rappresentante e sposo infelice, durante un viaggio conosce Victoria Aragon (Sanchez-Gijon): la ragazza, abbandonata dall'uomo che l'ha messa incinta, non sa come presentarsi ai suoi e chiede a Paul di fare la parte del marito. Lui accetta e tra i due nasce una vera storia d'amore. Remake «traumatico» di *Quattro passi tra le nuvole* di Blasetti (Keanu Reeves ha preso il posto di Gino Cervi!), in cui anche il regista sembra trovarsi a disagio rispetto alla committenza americana (fratelli Zucker): il bel Keanu serve a dare un po' di sex appeal al personaggio originariamente dimesso, e Arau cerca di far sbocciare quel clima di erotismo caldo e diffuso che l'aveva portato al successo in *Come l'acqua per il cioccolato*. Si sono messi in tre – Robert Mark Kamen, Mark Miller e Harvey Weitzman – per riscrivere la sceneggiatura (forse perché era firmata da un altro trio: Zavattini, De Benedetti, Tellini).

Profumo di donna **½ (Italia 1974, col, 100') Dino Risi. Con Vittorio Gassman, Agostina Belli, Alessandro Momo, Moira Orfei, Franco Ricci. ◆ Il capitano Fausto Consolo (Gassman), diventato cieco dopo un incidente, nasconde il proprio dolore dietro la maschera del cinico donnaiolo che rifiuta la pietà altrui. Un soldatino (Momo) lo accompagna in un viaggio da Torino a Napoli, al termine del quale ha progettato il suo suicidio: ma l'amicizia del giovane e l'amore di una ragazza disinteressata (Belli) gli faranno cambiare idea. Da *Il buio e il miele* di Giovanni Arpino, adattato dal regista con Ruggero Maccari, un film in equilibrio tra patetico e umorismo nero, dove Risi riesce in parte a evitare la retorica dei grandi temi in gioco (il male di vivere, la maturazione di fronte al dolore) e tratteggia dei personaggi che riescono a superare l'aneddoto. Remake americano nel 1992, *Scent of a Woman – Profumo di donna*. Palma d'oro a Cannes per Vittorio Gassman.

Profumo di mare *½ (*Better Late Than Never*, Gb 1983, col, 95') Bryan Forbes. Con David Niven, Art Carney, Kimberley Partridge, Maggie Smith, Lionel Jeffries. ◆ Due stagionati ufficiali, uno inglese (Niven nella sua ultima apparizione) e l'altro americano (Carney) si ritrovano dopo quarant'anni, convocati in Costa Azzurra dal testamento della donna che avevano amato entrambi, e che li ha nominati tutori della nipotina. Scipita commedia vecchio stile tra paesaggi-cartolina.

Profumo di un giorno d'estate, Il ** (*Shadrach*, Usa 1997, col, 90') Susanna Styron. Con Harvey Keitel, Andie MacDowell, John Franklin Sawyer, Scott Terra, Daniel Treat, Monica Bugajski, Jonathan Parks Jordan, Erin Undonwood. ◆ Virginia, estate 1935: i giorni che il piccolo Paul (Terra) passerà dai vicini più poveri, i Dabney (Keitel e MacDowell), lo aiuteranno a crescere e a scoprire che, per permettere al vecchio nero Shadrach (Sawyer) di essere seppellito nella sua terra, si può anche infrangere la legge. Da un racconto breve di William Styron, sceneggiato dalla figlia regista e dalla produttrice Bridget Terry, una bella storia di formazione (narrata da Paul adulto, che nella versione originale ha la voce di Martin Sheen), penalizzata da una regia solo illustrativa. Il doppiaggio, traducendo ogni riga alla lettera, infarcisce i dialoghi di «maledizioni» ridicole all'orecchio italiano.

Profumo di Yvonne, Il *½ (*Le Parfum d'Yvonne*, Francia 1994 col, 89') Patrice Leconte. Con Hippolyte Girardot, Sandra Majani, Jean-Pierre Marielle, Richard Bohringer, Paul Guers. ◆ Lago di Ginevra, 1961: Victor (Girardot), disertore dalla guerra d'Algeria, si innamora dell'aspirante starlet Yvonne (Majani) e frequenta il suo stravagante amico omosessuale René (Marielle). Yvonne fuggirà con un attempato dongiovanni, René farà un'uscita di scena in stile *Marito della parrucchiera*, e Victor rimarrà a leccarsi le ferite. Tremori e languori, vampate di cauto erotismo e innocue bizzarrie (come la «Coppa Houligant», competizione di bellezza ed eleganza in automobile cui partecipano Yvonne e René): Leconte, che si ispira a un romanzo di Patrick Modiano (*Villa triste*), è tanto convinto che i suoi personaggi siano interessanti, da rinunciare a raccontare una storia degna di questo nome. Ma anche il pathos, così, finisce per puzzare di fasullo. Notevoli, comunque, le forme della modella olandese Sandra Majani.

Profundo Carmesí **½ (*Profundo Carmesí*, Messico 1996, col, 114') Arturo Ripstein. Con Regina Orozco, Daniel Gimenez Cacho, Marisa Paredes, Patricia Reyes Espindola, Julieta Egurrola. ◆ Messico 1949: l'ex infermiera Coral (Orozco), pur di tenere con sé il bellimbusto Nicolas (Cacho), non esita a trasformare una traballante relazione in un'efficiente associazione a delinquere, volta alla soppressione di ricche vedove sedotte dal maschio. La combinazione di passione folle e sragionata (della donna) e di debolezza (dell'uomo) non si ferma di fronte a nulla, ma viene troncata dalla polizia messicana coi suoi metodi brutali quanto quelli degli assassini. Impietoso studio di due caratteri repellenti (anche nel fisico: lei è obesa, lui ha un parrucchino) nel contesto di una società marcia. Interpretato splendidamente (da ricordare la Paredes nella parte di una bigotta sensibile alle tentazioni della carne), girato con classe (la musica è di David Mansfield e la fotografia di Guillermo Granillo), sgradevole e coinvolgente, ma con un dubbio di fondo: che cosa volevano dimostrare Ripstein e la sceneggiatrice Paz Alicia Garciadiego? Che il male e la stupidità sono radicati negli esseri umani? Che le società mostruose producono mostri? Un po' troppo *stile*, in ogni caso, perché il messaggio buchi lo schermo. La storia si ispira a un fatto vero, già alla base di *I killers della luna di miele*. Visto che il titolo significa «Profondo carminio», i distributori italiani hanno pensato bene di non tradurlo.

Progeny ** (*Progeny*, Usa 1998, col, 90') Brian Yuzna. Con Arnold Vosloo, Jillian McWhirter, Brad Dourif, Lindsay Crouse, Wilford Brimley. ◆ Che cosa farà il dottor Burton (Vosloo) dopo aver scoperto che la moglie (McWhirter) è incinta di alieni? Tenta l'aborto, ma come minimo tutti lo prendono per pazzo. Yuzna e Stuart Gordon (coproduttore e cosceneggiatore con Aubrey Solomon) affondano sempre il bisturi nelle certezze della normalità, toccando tasti delicati con una radicalità - anche visiva - non indegna dei fasti horror passati. Vosloo sembra un Nicolas Cage più espressivo: peccato che il regista non abbia rinunciato a stupide visualizzazioni degli alieni, malgrado il budget all'osso.

Progetto mortale * (*The Patriot*, Usa 1986, col, 88') Frank Harris. Con Gregg Henry, Simone Griffeth, Michael J. Pollard, Leslie Nielsen, Jeff Conaway. ◆ Un ex militare della marina americana (Henry) affronta in una base militare un complotto terrorista per impadronirsi di segreti nucleari. C-movie girato alla meno peggio.

Prognosi riservata * (*Critical Condition*, Usa 1987, col, 107') Michael Apted. Con Richard Pryor, Rachel Ticotin, Ruben Blades, Joe Mantegna, Bob Dishy, Sylvia Miles, Joe Dallesandro. ◆ Per evitare il carcere, un imbroglione (Pryor) si finge matto, ma in manicomio una serie di equivoci finiscono per farlo passare per medico. Una farsaccia sguaiata, senza idee e senza comicità.

Program, The * (*The Program*, Usa 1993, col, 114') David S. Ward. Con James Caan, Craig Sheffer, Halle Barryn, Kristy Swanson, Omar Epps. ◆ In un college americano, la squadra di football non riesce ad arrivare in finale. Ce la farà grazie all'energico allenatore (Caan) e al ravvedimento dei suoi giocatori: il quarterback bianco si fa disintossicare dall'alcol in tempo per il grande match, il difensore bianco pieno di steroidi rimane a casa e il ragazzo nero del ghetto si riscatta segnando il punto decisivo. Un filmetto didattico ed edificante sulla competizione sportiva come panacea di tutti i mali, all'insegna di un ottimismo che azzera qualsiasi messa in discussione dei guasti provocati da un simile spirito agonistico. Siamo all'ennesima, pedante versione dell'american dream che salva dalle brutture della società, eppure all'epoca il film destò scalpore per la sequenza in cui alcuni teenager sfidano la morte sdraiandosi di notte sulla linea bianca che divide la carreggiata di una free-way: qualcuno ci ha provato, qualcun altro ha invocato la censura. La solita demonizzazione del cinema fuori luogo, perché *The Program* non merita nemmeno quella.

Programmato per uccidere * (*Marked for Death*, Usa 1990, col, 94') Dwight H. Little. Con Steven Seagal, Basil Wallace, Keith David, Tom Wright, Joanna Pacula. ◆ Un ex agente dell'Fbi (Seagal) torna in azione per fermare una gang di narcotrafficanti giamaicani guidata da un santone vudù. Violenza con qualche sospetto di razzismo in un prodotto dozzinale. Colonna sonora reggae, dal classico Jimmy Cliff (che compare anche nel film) a Shabba Ranks.

Proibito ** (*Forbidden*, Usa 1932, b/n, 83') Frank Capra. Con Barbara Stanwyck, Adolphe Menjou, Ralph Bellamy, Dorothy Peterson, Thomas Jefferson. ◆ Lulu Smith (Stanwyck), ragazza di provincia, si sacrifica per Bob Grover (Menjou), un politico che non vuole rinunciare alla sua carriera; sposa un giornalista (Bellamy), ma l'uccide quando minaccia di divulgare la verità su Grover. Capra, autore del soggetto, non si disse soddisfatto di questo melodramma, ripromettendosi, in futuro, di commuovere il pubblico con situazioni più realistiche. Resta comunque interessante l'intreccio tra commedia e momenti patetici, e la maestria di alcune sequenze, come quella della festa di Halloween.

Proibito *½ (Italia/Francia 1954, col, 100') Mario Monicelli. Con Mel Ferrer, Amedeo Nazzari, Lea Massari, Henri Vilbert, Germaine Kérjean, Paolo Ferrara. ◆ Don Paolo Solinas (Ferrer) viene mandato in un paese della Sardegna, insanguinato da un'antica faida tra due famiglie, i Corraine e i Barras, ma i suoi sforzi per riportare la pace sembrano inutili. Dal romanzo *La madre* di Grazia Deledda (molto rimaneggiato da Suso Cecchi d'Amico, Giuseppe Mangione e Monicelli), un dramma senza molto nerbo e uno dei pochi ruoli italiani per Mel Ferrer, venuto a Roma insieme alla moglie Audrey Hepburn.

Proibito amare **½ (*Lost in Yonkers*, Usa 1993, col, 112') Martha Coolidge. Con Richard Dreyfuss, Mercedes Ruehl, Irene Worth, David Strathaim, Brad Stoll, Mike Damus, Robert Guy Miranda, Jack Laufer, Susan Mertson. ◆ Nell'estate del 1942, Louis (Dreyfuss) deve nascondersi per colpa dei suoi affari non proprio puliti e lascia i due figli Jay e Arty (Stoll e Damus) all'inflessibile nonna (Worth): i due bambini prenderanno questa «fuga» come un'affascinante vacanza, grazie anche al fascino di Belle (Ruehl), una zia un po' ritardata che sogna l'amore e l'evasione in un mondo diverso. Delizioso adattamento della pièce premio Pulitzer di Neil Simon, che firma anche la sceneggiatura: il tema della fantasia come unico modo per conquistare una libertà che le contingenze quotidiane sembrano negare è affrontato soprattutto attraverso la forza che ha la parola (e i dialoghi) di scavare dietro le apparenze, mentre il suo scoppiettante ma superficiale cinismo si stempera in una riflessione più pacata ma profonda. La messinscena della Coolidge riesce a far dimenticare la struttura teatrale del racconto (tutto il film si svolge praticamente in due locali: il negozio della nonna e la stanza di sopra), coadiuvata anche da un cast in stato di grazia, su cui svettano le bravissime Ruehl e Worth, che avevano già recitato negli stessi ruoli a teatro, e avevano vinto due Tony.

Proibito rubare **½ (Italia 1948, b/n, 85') Luigi Comencini. Con Adolfo Celi, Tina Pica, Mario Russo, Luigi Dermasti, Antonio Girelli. ◆ Nella Napoli dell'immediato dopoguerra, un sacerdote missionario (Celi) rimane colpito dalla povertà e dal disagio dei vicoli e superando infinite difficoltà riesce a rendere operante una comunità per giovani sbandati. Primo film a soggetto di Comencini, scritto con Suso Cecchi d'Amico, e primo ruolo di rilievo per il giovanissimo Celi; legato a tematiche e modi neorealisti (con tanto di autentici scugnizzi coinvolti), il film sviluppa il suo tema con una facile forma narrativa, dove si alternano toni drammatici e un sorridente ottimismo di fondo.

Proiezionista, Il ** (Italia/Usa 1991, col, 134') Andrej [Michalkov] Končalovskij. Con Tom Hulce, Lolita Davidovich, Bob Hoskins, Feodor Chaliapin, Alexander Zbruev. ◆ Proiezionista personale di Stalin (Zbruev), il quale ama i western e i musical americani,

Ivan Sanshin (Hulce) vive nell'esaltazione acritica del dittatore: e non si accorge di spingere la moglie (Davidovich) prima tra le mani del capo del Kgb, Beria (Hoskins), e poi al suicidio. Končalovskij torna a dirigere in Russia con i soldi di Claudio Bonivento e della Columbia raccontando la Storia vista con gli occhi di un innocente, al tempo stesso complice e vittima: la ricostruzione d'epoca è buona, ma l'impianto è statico, e la noia fa presto capolino. Il titolo internazionale è *The Inner Circle*.

Project A *** (*A Jihua*, conosciuto anche col titolo inglese *Project A*, Hong Kong 1982, col, 105') Jackie Chan. Con Jackie Chan, Sammo Hung, Yuen Biao, Dick Wei, Bill Tung, Isabella Wong. ◆ L'eroico marinaio di Sua Maestà Dragon Ma (Chan), il rigido ispettore di polizia Tzu (Biao) e lo scaltro ladro Fei (Hung) uniscono le forze e si introducono sotto mentite spoglie nel covo del malvagio pirata Lo. Non si pretenda una grande trama da Chan (anche sceneggiatore), ma il film è forse il suo capolavoro. L'ambientazione coloniale si rivela ideale per fondere la comicità *slapstick* (con evidenti omaggi a Harold Lloyd, nella scena in cui Jackie è appeso alle lancette di un orologio) e il kung fu (con due spalle complementari: l'estroso e corpulento Hung e il più serio Biao), la tradizione dell'opera cantonese e scazzottate degne di John Ford, la spettacolarità delle scene d'azione (mitico l'inseguimento su biciclette) e un gusto coreografico che guarda al musical hollywoodiano. Cinema ingenuo e leggerissimo, ma percorso da un buon umore contagioso e da un gusto dell'invenzione che lascia sbalorditi. Nella scena della torre Chan quasi si ruppe l'osso del collo. In passato è circolato in Italia col titolo *Operazione pirati*; il seguito (*Project A, Part II*) è inedito.

Promessa all'alba ** (*Promise at Dawn*, Usa/Francia 1970, col, 101') Jules Dassin. Con Melina Mercouri, Assaf Dayan, François Raffoul, Didier Haudepin, Fernand Gravey, Rufus, Perlo Vita [Jules Dassin]. ◆ Dalla Russia dei primi anni della Rivoluzione dove recita come attrice, alla Polonia dove si fa passare per una grande sarta fino alla Francia dove fa ogni tipo di mestiere, la vita tormentata di Nina Kacewa (Mercouri) madre intraprendente e fermamente intenzionata a indirizzare l'amato figlio Romain alla gloria. La biografia dello scrittore Romain Gary offre lo spunto per una performance notevole della Mercouri, alle prese con un personaggio singolare e volitivo (la «promessa all'alba» del titolo è quella che la madre fa al figlio di amarlo sempre e non lasciarlo mai). Settimo film dell'attrice col marito Dassin – che sceneggia, dirige, produce e si riserva un cammeo come attore russo del muto.

Promessa è una promessa, Una * (*Jingle All the Way*, Usa 1996, col, 89') Brian Levant. Con Arnold Schwarzenegger, Sinbad, Jake Lloyd, Rita Wilson, Phil Hartman, Robert Conrad, Martin Mull, James Belushi. ◆ Troppo preso dal lavoro, Howard Langston (Schwarzenegger) si dimentica del regalo di Natale per il figlio Jamie (Lloyd): così, la vigilia, dovrà lottare con ogni mezzo per contendere a un esagitato postino (Sinbad) l'ultimo esemplare di Turbo Man, il pupazzo alla moda che aveva promesso al figlio. Commediola stracca e sfilacciata, pensata soprattutto da uomini di marketing (Turbo Man è stato effettivamente lanciato sul mercato, ma con un film tanto brutto non poteva che essere un fiasco): Schwarzy non ha nemmeno l'autoironia delle sue ultime prove, l'attore televisivo Sinbad non è molto più di un ingombrante bisteccone e la sceneggiatura (di Randy Kornfield) ha solo l'idea dell'associazione di ladri travestiti da Babbo Natale, dove spicca Belushi. Produce Chris Columbus.

Promesse, La ***½ (*La Promesse*, Belgio/Francia/Tunisia/Lussemburgo 1996, col, 93') Jean-Pierre e Luc Dardenne. Con Jérémie Renier, Olivier Gourmet, Assita Ouedraogo, Rasmané Ouedraogo, Hachemi Haddad. ◆ Liegi: il quattordicenne Igor (Renier) assiste il padre Roger (Gourmet) nei traffici illegali di manodopera clandestina. Lo «tradirà» per mantener fede alla promessa fatta a un immigrato africano (R. Ouedraogo) morto per la caduta da un ponteggio. Un intenso e impressionante film di formazione che la forte sensibilità al documentario dei due registi belgi (ne hanno girati una quarantina) tiene lontano da qualsiasi meccanismo spettacolare: con spirito rosselliniano, la macchina da presa indaga e mostra il reale facendo scaturire il dramma e la presa di coscienza attraverso i corpi, gli oggetti e le azioni dei personaggi, e lascia che la «materialità» semplice e cruda delle situazioni sia trasfigurata simbolicamente dalla sola forza delle immagini. Con tanta «tv verità» distorta dai fasulli imperativi della comunicazione, uno sguardo in profondità che ha l'effetto di una boccata d'ossigeno dopo un prolungato inquinamento visivo: benefico, ma quasi scioccante per la sua purezza.

Promesse e compromessi ** (*Miami Rhapsody*, Usa 1995, col, 95') David Frankel. Con Sarah Jessica Parker, Gil Bellows, Antonio Banderas, Mia Farrow, Paul Mazursky, Kevin Pollak, Naomi Campbell, Barbara Garrick, Carla Gugino. ◆ Gwyn Marcus (Parker), in procinto di sposarsi con Matt (Bellows), scopre che tutti i suoi familiari hanno relazioni extraconiugali: la madre (Farrow) con l'infermiere (Banderas) che assiste la nonna, il padre (Mazursky) con un'agente di viaggio, il fratello prossimo alla paternità (Pollak) con un'avvenente ragazza di colore (Campbell) e la sorella neomaritata (Gugino) con una vecchia fiamma. Uno spigliato girotondo amoroso non tanto su tema dell'infedeltà, come potrebbe sembrare, quanto su quello dell'indistruttibilità del legame coniugale: in fondo tutti, o quasi, continuano allegramente a tradirsi senza pensare alla separazione. Frankel scrive e dirige la sua opera prima facendo il verso alle telenovelas e sognando Billy Wilder e Woody Allen: il risultato è niente di più di una commedia scanzonata e piacevole soprattutto per il divertito assortimento del cast.

Promesse, promesse ** (*Baby, It's You*, Usa 1983, col, 105') John Sayles. Con Rosanna Arquette, Vincent Spano, Joanna Merlin, Jack Davidson, Nick Ferrari, Dolores Messina, Matthew Modine, Robert Downey jr. ◆ Anni Sessanta, New Jersey: l'incontro tra una ragazza di origine ebraica (Arquette), che vorrebbe fare l'attrice, e un ambizioso coetaneo cattolico italoamericano (Spano), che si crede l'erede di Frank Sinatra, deve fare i conti con le rispettive ambizioni. Scritto dalla coproduttrice Amy Robinson, è un film gradevole e ricco di attenzione ai dettagli che racconta il mondo giovanile e i suoi sogni con bella delicatezza e qualche intelligente intuizione, nonostante l'uso smodato di una colonna sonora d'epoca e una certa debolezza nella sceneggiatura.

Promessi sposi, I ** (Italia 1941, b/n, 115') Mario Camerini. Con Gino Cervi, Dina Sassoli, Ruggero Ruggeri, Armando Falconi, Enrico Glori, Carlo Ninchi, Luis Hurtado, Evi Maltagliati, Ines Cristina Zacconi, Franco Scandurra, Lauro Gazzolo, Checco Rissone, Luigi Almirante. ◆ Nella Lombardia dominata dagli spagnoli, Renzo Tramaglino (Cervi) deve sopportare i colpi del destino prima di poter sposare Lucia Mondella (Sassoli) che aveva attirato l'interesse del signorotto don Rodrigo (Glori). Una trasposizione sostanzialmente fedele del capolavoro di Alessandro Manzoni (sceneggiata dal regista con Ivo Perilli e Gabriele Baldini e rivista da Emilio Cecchi e Riccardo Bacchelli), inferiore a prove precedenti di Camerini, pur conservandone lo stile pacato e preciso, la cura nelle ambientazioni e nella direzione degli attori. Ma il vigore della scrittura manzoniana rimane distante (anche se la sceneggiatura «recupera certi particolari – Carneade, le brache del campanaro – cari al ricordo del lettore»), e spesso ci si affida all'impatto spettacolare delle masse o alla magniloquenza della produzione Lux (il Duomo com'era nel Seicento ricostruito in grandezza naturale a Cinecittà, il ramo del lago di Como ripreso dal vero). Musica di Ildebrando Pizzetti. Dopo numerose versioni mute (tra le quali una di Mario Bonnard nel 1923), questa è la prima versione parlata del romanzo, che verrà adattato ancora nel 1963 e, per la televisione, nel 1967 (da Sandro Bolchi) e nel 1989 (da Salvatore Nocita).

Promessi sposi, I * (Italia/Spagna 1963, col, 100') Mario Maffei. Con Gil Vidal, Maria Silva, Manuel Manolo Monroy, Carlo Campanini, Ivo Garrani, Ilaria Occhini, Lilla Brignone, Arturo Dominici, Paolo Carlini, Amalia Rodriguez. ◆ Il tormentato fidanzamento tra Renzo (Vidal) e Lucia (Silva) nella Lombardia del Seicento tra i soprusi di don Rodrigo (Monroy) e la paura di don Abbondio (Campanini). Un adattamento molto approssimativo del romanzo del Manzoni, con tagli arbitrari e squilibri tra le varie parti del racconto. Regia e recitazione piatte e superficiali, una colonna sonora (di Carlo Rustichelli) insistente e fuori luogo. Alla sceneggiatura di Silver Bem (Alias Emo Bistolfi), Mario Guerra, José Mallorqui e Vittorio Vighi partecipò la campionessa di *Lascia o raddoppia* Maria Luisa Garoppo. La voce del commento è di Gastone Moschin.

Promises, promises → *Promesse, promesse*

Promontorio della paura, Il **½ (*Cape Fear*, Usa 1962, b/n, 105') J. Lee Thompson. Con Gregory Peck, Robert Mitchum, Polly Bergen, Martin Balsam, Lori Martin, Telly Savalas. ◆ L'ex galeotto psicopatico Max Cady (Mitchum), deciso a vendicarsi dell'avvocato Sam Bowden (Peck) che lo ha fatto imprigionare, ne perseguita la famiglia senza trasgredire alcuna legge. Ma finirà per abboccare all'esca tesagli, nelle paludi della Florida, da Bowden, ormai risoluto a combattere il Male ad armi pari. Il remake di Scorsese (*Cape Fear – Il promontorio della paura*) ha fatto rivalutare il prototipo di Lee Thompson, che ha però una sceneggiatura molto più inverosimile (qui Bowden usa la propria famiglia come esca) e manichea. Regia tagliata con l'accetta, e una grande interpretazione di Mitchum (in alcune scene è di un raro e volgare erotismo), che comunque aggiunge poco al personaggio che aveva interpretato in *La morte corre sul fiume*. Il vero interesse del film è nella sceneggiatura di James Webb (tratta da un racconto di John McDonald) che descrive Bergen e Martin (moglie e figlia) e lo stesso Peck come borghesi così perbene che viene voglia di parteggiare per Cady. Un classico la colonna sonora di Bernard Herrmann.

Pronti a morire ** (*The Quick and the Dead*, Usa 1995, col, 103') Sam Raimi. Con Sharon Stone, Gene Hackman, Russell Crowe, Leonardo DiCaprio, Lance Henriksen, Pat Hingle. ◆ Herod (Hackman), despota del paese di Redemption, indìce una gara in cui sedici pistoleri si eliminano a vicenda come in un torneo di tennis: tanto è sicuro di vincere lui. Tra i concorrenti: Ellen (Stone), che ha buoni motivi per vendicarsi di Herod; Cort (Crowe), un ex killer diventato pastore che Herod vuole costringere a uccidere; e lo stesso figlio di Herod, lo spocchioso Kid (DiCaprio). Partendo da una sceneggiatura di Simon Moore, Raimi gira il primo western-videogame della storia del cinema: tanto insulso, vuoto e meccanico nella sua struttura, quanto ricco di virtuosismi visivi, bizzarrie e innocuo humour nero. Crudeltà da fumetti e corpi in cui le pallottole lasciano buchi perfettamente rotondi come nei disegni animati. La Stone coproduce e fa tagliare le scene più hard. Fotografia di Dante Spinotti e montaggio di Pietro Scalia. Gary Sinise è il padre di Ellen nel flashback, Woody Strode (alla sua ultima apparizione) è il becchino.

Pronti a tutto *½ (*Downtown*, Usa 1990, col, 96') Richard Benjamin. Con Anthony Ed-wards, Forest Whitaker, Penelope Ann Miller, Kimberly Scott, Joe Pantoliano. ◆ Trasferito per punizione nel quartiere malfamato di Philadelphia, un poliziotto bianco e ingenuo (Edwards) si allea con un collega di colore (Whitaker) per debellare una organizzazione criminale coperta da funzionari di polizia corrotti. Nessuna novità – lo scontro iniziale dei diversi caratteri, l'amicizia virile che sfida i disonesti – e ritmo da telefilm.

Pronto... c'è una certa Giuliana per te *½ (Italia 1967, col, 97') Massimo Franciosa. Con Mita Medici, Gianni Dei, Marina Malfatti, Caterina Boratto, Silvia Dionisio, Paolo Ferrari, Françoise Prevost. ◆ Un amore semplice e sincero tra compagni di classe, lui impacciato figlio di un industriale (Dei), lei orfana (Medici) e destinata a perdere anche la zia con cui vive. Dal romanzo *Maturità classica* di Gianfranco Ferrari un raccontino fragile fragile tra esami, sventure e buoni sentimenti; ai tempi ebbe un certo successo di pubblico.

Pronto, chi parla? *½ (Italia 1945, b/n, 85') Carlo

Ludovico Bragaglia. Con Annette Bach, Gino Bechi, Laura Gore, Carlo Campanini, Aroldo Tieri, Guglielmo Barnabò, Lola Braccini, Arturo Bragaglia. ◆ Per una bugia del suo cameriere Alfredo (Campanini) che corteggia col nome – e la voce – del padrone la cameriera (Gore) di casa Diani, il cantante Fabio Morani (Bechi) si presenta nei panni di un domestico alla contessa Luisa Diani (Bach), ma anche quando lo scherzo è svelato, l'arrivo degli zii e del fidanzato (Tieri) obbliga il quartetto a perseverare nello scambio di identità. Mentre nasce il neorealismo, Bragaglia insiste con le commedie degli equivoci che furoreggiavano prima della guerra: la sceneggiatura di Aldo De Benedetti è divertente e ben oliata (e la Bach decisamente bella), ma il pubblico dei tempi non aveva più voglia di ridere in quel modo: allora fu un fiasco, oggi, al massimo, si può sorridere.

Proposta, La * (*The Proposition*, Usa 1998, col, 111') Lesli Linka Glatter. Con Kenneth Branagh, Madeleine Stowe, William Hurt, Neil Patrick Harris, Robert Loggia, Blythe Danner. ◆ Boston, 1935: l'avvocato Barrett (Hurt), impotente e desideroso di eredi, è alla ricerca di qualcuno che gli insemini la moglie (Stowe); dopo un maldestro giovincello (Harris) che finisce misteriosamente ammazzato, provvederà un prete (Branagh) tormentato dai sensi di colpa. Cast ricco ma al minimo storico per questo polpettone ridicolo e anacronistico (scritto da Rick Ramage), pieno di contorti colpi di scena che lasciano indifferenti.

Proposta indecente *½ (*Indecent Proposal*, Usa 1993, col, 117') Adrian Lyne. Con Demi Moore, Robert Redford, Woody Harrelson, Seymour Cassel, Oliver Platt. ◆ Diana (Moore) e David Murphy (Harrelson), a sette anni dalle nozze, sembrano ancora una coppia modello: con la recessione, però, la proposta del miliardario John Gage (Redford) – un milione di dollari per una sola notte d'amore con Diana – non si può liquidare tanto facilmente. Ma copulare, letteralmente, su 25 mila dollari appena vinti al casinò è un conto, continuare a farlo, idealmente, sui soldi dell'indecente baratto, è un altro. Per chi ancora non lo sapesse, il matrimonio si salverà: né c'era da aspettarsi altro da un regista come Lyne. Una stupefacente operazione mediologica: il film di cui tutti sapevano già tutto, ma che ciononostante tutti sono andati a vedere lo stesso. La confezione da videoclip e il furbo casting contano meno – come in *Attrazione fatale* – della capacità di creare un caso e di far discutere i rotocalchi. Ma è ancora cinema, questo? Sceneggiatura di Amy Holden Jones dal romanzo di Jack Engelhard.

Proprietà non è più un furto, La *½ (Italia/Francia 1973, col, 126') Elio Petri. Con Ugo Tognazzi, Flavio Bucci, Daria Nicolodi, Mario Scaccia, Orazio Orlando, Gigi Proietti, Salvo Randone. ◆ Preso da odio profondo per il denaro e per chi ne possiede, convinto che la ricchezza è sempre frutto di illeciti a danno del prossimo, il giovane impiegato di banca Total (Bucci) assume come simbolo da punire un volgare macellaio (Tognazzi) e lo deruba progressivamente di automobile, gioielli, amante (Nicolodi). Scritto dal regista con Ugo Pirro è un disastroso tentativo di apologo grottesco e politico, verboso e inutilmente espressionista che cerca di utilizzare uno stile brechtiano per descrivere la patologia di un disfacimento sociale che si rivela però metafisico e antistorico.

Proprietà riservata ** (*Personal Property*, Usa 1937, b/n, 84') W.S. Van Dyke II. Con Jean Harlow, Robert Taylor, Reginald Owen, Una O'Connor, Forrest Harvey, Henrietta Crosman, E.E. Clive. ◆ Una vedova senza soldi (Harlow) spera di incastrare un ricco londinese (Taylor) che si presenta alla donna spacciandosi per un funzionario del fisco e viene assunto come maggiordomo per far colpo sui futuri suoceri: equivoci a ripetizione fino all'inevitabile lieto fine. Tratta da una pièce di H.M. Harwood (sceneggiata da Hugh Mills e Ernest Vajda e già portata sullo schermo nel 1931, *The Man in Possession*, inedita in Italia), questa improbabile commedia brillante perde molta della sua verve per colpa di una coppia di protagonisti non azzeccata. Se la Harlow non è al suo meglio, Taylor è decisamente impacciato nei panni comici. Spiritosi titoli di testa di John Held jr.

Prosciutto prosciutto *½ (*Jamón Jamón*, Spagna 1992, col, 96') Juan José Bigas Luna. Con Penélope Cruz, Stefania Sandrelli, Javier Bardem, Anna Galiena, Jordi Molla. ◆ Un'industriale delle mutande (Sandrelli) mette un aitante modello di biancheria intima alle calcagna della ragazzina (Cruz) – figlia di una puttana (Galiena) – che vorrebbe sposarsi il suo rampollo. Ma tutti si innamorano della persona sbagliata, e va finire in tragedia. Melodramma semifarsesco sulla Spagna contemporanea e sulla classica accoppiata sesso-cibo («jamóna» significa infatti «bella gnocca»). Spruzzate surrealiste (la presenza costante degli animali), sberleffi, malizie e qualche almodovarismo di troppo. Sottoutilizzate le attrici italiane: delle due se la cava meglio – e concede di più – la Galiena.

Prosseneti, I * (Italia 1976, col, 105') Brunello Rondi. Con Alain Cuny, Juliette Mayniel, Luciano Salce, Stefania Casini, Silvia Dionisio, José Quaglio, Ilona Staller. ◆ Un'anziana coppia di nobili (Cuny e Mayniel) ha trasformato la villa avita in casa d'appuntamenti. Vi sfilano, tra gli altri, una ragazza meridionale costretta a prostituirsi, e un torturatore che ritrova la figlia della sua vittima. Forse il peggior film di Rondi, che cerca qualche vano alibi intellettuale e di denuncia per un'operazione commerciale che oggi fa solo sorridere. Da notare la giovane e già scostumata Ilona Staller.

Prossima fermata: Paradiso *½ (*Defending Your Life*, Usa 1991, col, 112') Albert Brooks. Con Albert Brooks, Meryl Streep, Rip Torn, Lee Grant, Buck Henry. ◆ Giunto nell'aldilà, Daniel Miller (Brooks) scopre che per accaparrarsi un posto dignitoso occorre superare mille difficoltà burocratiche e processi kafkiani. Gli andrà bene, e si innamorerà di un angelo (Streep). Fiacca commedia soprannaturale che si ispira volenterosamente al filone fantastico degli anni Quaranta.

Prossima vittima, La *½ (*Eye for an Eye*, Usa 1995, col, 101') John Schlesinger. Con Sally Field, Ed Harris, Olivia Burnette, Kiefer Sutherland, Alexandra Kyle, Joe Mantegna, Beverly D'Angelo, Barrell Larson, Charlayne Woodward. ◆ Testimone impotente attraverso un telefonino dello stupro e dell'assassinio della figlia, Karen McCann (Field) vede tornare in libertà l'autore del delitto (Sutherland) per un vizio di forma e ricominciare così a terrorizzare giovani donne: non le resta che assumere in prima persona il compito di fare giustizia. Il solito giallo reazionario sulla polizia con le mani legate, sceneggiato da Amanda Silver e Rick Jaffa: se si esclude la trovata iniziale (la mamma imbottigliata in auto che telefona a casa e ascolta in diretta quello che sta subendo la figlia), il resto è scontato e prevedibile, compreso Sutherland che sembra imitare le cose peggiori del padre.

Prossima volta il fuoco, La ° (Italia/Francia/Svizzera 1993, col, 78') Fabio Carpi. Con Jean Rochefort, Marie Christine Barrault, Lila Kedrova, Jacqueline Lustig, Lidia Koslovich, Patrizia De Clara, Silvia Mocci, Valerio Andrei, Francesco Antonioni. ◆ Come ogni anno, Amedeo (Rocheford), professore di semantica alla Sorbona va a far visita all'anziana madre (Kedrova) insieme alla moglie (Barrault) in una villa di famiglia dove trova anche la figlia Gloria (Lustig) incinta. L'atmosfera misteriosa del luogo e le fantasie di Amedeo lo portano a immaginare di uccidere la madre per trasformare la moglie in genitrice e fare della figlia Gloria la propria amante. Ma poi la madre muore sul serio... Con l'aiuto dello scrittore Luigi Malerba, Carpi scrive un film che «vorrebbe mettere un po' di disordine nell'ordine costituito» riportando alla luce i pensieri più nascosti del nostro inconscio, primo fra tutti il desiderio dell'incesto, ma per una volta la sua regia è incapace di trasmettere la benché minima ambiguità, i dialoghi sono appesantiti da un simbolismo soffocante e anche le immagini più «oniriche» (come il gruppo di donne nude: ma perché si vedono i segni dell'abbronzatura?) finiscono per essere fin troppo ovvie.

Prossimo uomo, Il *½ (*The Next Man*, Usa 1976, col, 108') Richard C. Sarafian. Con Sean Connery, Cornelia Sharpe, Albert Paulsen, Adolfo Celi, Charles Cioffi. ◆ Mentre le tensioni internazionali dividono i paesi produttori di petrolio, il ministro degli Esteri progressista (Connery) dell'Arabia Saudita viene circuito da una donna killer incaricata di ucciderlo. Dramma politico improbabile, con violenze gratuite e ricche ambientazioni turistiche per un fumettone sentimentale in cui il fascino di Connery non basta.

Prostituta al servizio del pubblico ed in regola con le leggi dello Stato, Una *½ (Italia 1970, col, 94') Italo Zingarelli. Con Giovanna Ralli, Giancarlo Giannini, Denise Bataill, Paolo Bonacelli. ◆ Scappata dal marito sfruttatore, una prostituta (Ralli) vede prima in un giovane e timido pugile, poi in un maturo straniero la possibile via di uscita dallo squallore per sé e i suoi figli. Uno spiacevole senso di tragica ineluttabilità e una descrizione più compiaciuta che puntuale non aiutano quella che voleva essere una ricognizione senza pregiudizi sul mondo della prostituzione a uscire dalla facile superficialità.

Protagonisti, I *½ (Italia 1968, col, 103') Marcello Fondato. Con Jean Sorel, Sylva Koscina, Luigi Pistilli, Pamela Tiffin, Lou Castel, Gabriele Ferzetti, Maurizio Bonuglia. ◆ Tre uomini e due donne raggiungono nel suo rifugio un fuorilegge sardo (Castel), disponibile a incontri prezzolati con turisti in cerca di forti emozioni, e nell'improvviso conflitto a fuoco tra il bandito e la polizia saranno protagonisti di un gioco cinico e sprezzante con la vita umana del ricercato. Scritto con Ennio Flaiano, e sottolineato dalla musica di Luis Enriquez Bacalov, l'esordio nella regia di Fondato avviene con un film non troppo equilibrato e a fuoco; ma la fotografia (di Marcello Gatti) e lo straordinario paesaggio della Sardegna offrono momenti di una certa intensità.

Protagonisti, I **½ (*The Player*, Usa 1992, col, 118') Robert Altman. Con Tim Robbins, Greta Scacchi, Whoopi Goldberg, Fred Ward, Lyle Lovett, Dean Stockwell, Brion James, Vincent D'Onofrio, Sydney Pollack. ◆ Un produttore esecutivo in odore di crisi (Robbins), minacciato di morte da uno sceneggiatore, decide di passare all'attacco. Uccide la persona sbagliata, ma niente paura: i cattivi, a Hollywood, vivono felici e contenti. Satira dell'industria del cinema contemporanea – sceneggiata da Michael Tolkin dal suo romanzo – dove gli studios sono diretti da cretini che esigono che si riassuma un film in venticinque parole, e dove le buone idee sono sacrificate al lieto fine che il pubblico pretende. Altman oscilla furbamente tra la parodia e il rispetto delle regole che intende dileggiare: e alla fine il suo film non è né carne né pesce. Molti pezzi di bravura ma anche troppi ammiccamenti cinefili fini a se stessi (come il piano-sequenza iniziale che vorrebbe rendere omaggio a quello dell'*Infernale Quinlan* di Welles): di certo Altman non ha girato il *Nashville* degli anni Novanta. I protagonisti dei due film nel film sono Julia Roberts, Bruce Willis, Susan Sarandon, Peter Falk, Scott Glenn e Lily Tomlin. Tra la schiera di attori nella parte di loro stessi Anjelica Huston, John Cusack, Burt Reynolds, Malcolm McDowell, Andie MacDowell, Cher, Nick Nolte, Jack Lemmon, Jeff Goldblum. Palma d'oro a Cannes per Tim Robbins.

Protector * (*The Protector*, Usa 1985, col, 94') James Glickenhaus. Con Jackie Chan, Danny Aiello, Roy Chiao, Victor Arnold, Kim Bass. ◆ Tra New York e Hong Kong un poliziotto americano di origine cinese (Chan) sfida la disciplina dei superiori per vendicare un amico e sconfiggere i narcotrafficanti. Una sarabanda poco convincente di funambolismi, inseguimenti e arti marziali per uno degli eroi degli ultimi kung fu-movie, non troppo a suo agio nella scialba versione Usa del suo consueto lavoro.

Protesta del silenzio, La * (*Amazing Grace and Chuck*, Usa 1987, col, 117') Mike Newell. Con Joshua Zuehlke, Alex English, Gregory Peck, William Petersen, Jamie Lee Curtis. ◆ Un bambino di dodici anni (Zuehlke), colpito dalla visita a un deposito di missili nucleari, inizia una protesta nella sua cittadina del Montana: si rifiuta di parlare e di giocare a baseball nella squadra dove è campione, coinvolgendo sportivi famosi e, via via, i ragazzi di tutto il mondo. I presidenti delle due superpotenze sono costretti al disarmo. Pacifismo all'acqua di rose in un film ingenuo e fiacco.

Protettore, Il *½ (*Le Protecteur*, Francia 1974, col, 85') Roger Hanin. Con Juliette Berto, Georges Geret, Bruno Cremer, Roger Coggio, Jean Servais, Robert Hossein, Manuel de Blas. ◆ Sparita senza ragioni, la figlia diciottenne (Berto) di un architetto (Geret) è finita nel racket della prostituzione di lusso gestito da un barone (Coggio) con amicizie altolocate: il padre inizia una guerra personale e disperata per liberare la ragazza, ma il potere della malavita sembra imbattibile. Una struttura da film noir per analizzare la piaga della prostituzione: qualche momento efficace nella denuncia alle inefficienze legislative e ai meccanismi dei media scandalistici, ma spesso si rimane alle suggestioni gratuite del «mondo torbido» e della violenza spettacolare.

Protocol * (*Protocol*, Usa 1984, col, 95') Herbert Ross. Con Goldie Hawn, Chris Sarandon, Richard Romanus, André Gregory, Ed Begley jr, Gail Strickland, Cliff De Young, Keith Szarabajka. ◆ Sunny (Hawn), cameriera oca ma non troppo, diventa eroina per caso e viene cooptata a Washington da politici cinici che vogliono servirsene per negoziare l'apertura di una base militare americana in un paese del Medio Oriente. Passi la satira all'acqua di rose, ma la pretesa di rifare il finale (e la morale) di *Mister Smith va a Washington* no. Neanche i fans della Hawn hanno gradito.

Prova, La *½ (*The Quest*, Usa 1996, col, 94') Jean-Claude Van Damme. Con Jean-Claude Van Damme, Roger Moore, James Remar, Janet Gunn, Jack McGee, Aki Aleong. ◆ Tibet, 1925: i sedici migliori combattenti del mondo si sfidano nella città proibita. Tra essi c'è l'intruso Chris Dubois (Van Damme), che ha imparato il kickboxing mentre era prigioniero in Thailandia. Inizia come un film d'avventure vecchio stile, e si trasforma in una via di mezzo tra *Mortal Kombat* e *Pronti a morire*: il lottatore di sumo contro l'esperto di kung fu, il mongolo contro il coreano... Van Damme regista (e coautore del soggetto) non cade nel ridicolo, ma non evita lo sbadiglio.

Provaci ancora mamma * (*Bunny O'Hare*, Usa 1972, col, 91') Gerd Oswald. Con Bette Davis, Ernest Borgnine, Jack Cassidy, Jay Robinson, John Astin, Joan Delaney. ◆ Una vecchietta (Davis) buttata fuori di casa decide di darsi alle rapine in banca, aiutata da un anziano venditore ambulante (Borgnine). Perché due attori con il passato della Davis e di Borgnine hanno accettato di girare questa scemenza banale e insulsa? Ecco uno dei tanti (piccoli) misteri di Hollywood.

Provaci ancora Sam *** (*Play It Again, Sam*, Usa 1972, col, 87') Herbert Ross. Con Woody Allen, Diane Keaton, Tony Roberts, Jerry Lacy, Susan Anspach, Jennifer Salt, Viva. ◆ Sam (Allen), critico cinematografico maniaco di *Casablanca* e divorziato dalla moglie (Anspach), chiede consigli al fantasma di Bogart (Lacy) su come trattare le donne: ma la sua timidezza ha sempre la meglio. Finirà con l'andare a letto con la moglie (Keaton) del suo migliore amico (Roberts), ma in un finale all'aeroporto ricalcato su quello del suo cult-movie, Allen si comporterà finalmente in modo degno di Bogey. Rispetto al testo teatrale dello stesso Allen, il film di Ross approfondisce l'aspetto di parodia cinefila, giocando abilmente con la riproposizione delle sequenze del film di Curtiz del 1942. Molte situazioni e battute (sulle mode intellettuali o la cultura alternativa) sono invecchiate, ma il ritmo resta brillante e praticamente senza soste. Allen perfeziona i suoi cavalli di battaglia (il sesso, le donne, i complessi dell'intellettuale ebreo) e la sua mimica a base di tic e contorcimenti (memorabile la sua nevrosi nell'incontro con Sharon interpretata dalla Salt). Il personaggio di Allen nell'originale si chiama Allan Felix, e non Sam, ma i distributori italiani hanno pensato che il pubblico non potesse comprendere l'allusione del titolo alla celebre frase «Play it again, Sam» che, in *Casablanca*, Ingrid Bergman dice al pianista nero appena riconosce che suona *As Time Goes By*.

Prova del fuoco, La **½ (*The Red Badge of Courage*, Usa 1951, b/n, 69') John Huston. Con Audie Murphy, Bill Mauldin, John Dierkes, Royal Dano, Douglas Dick, Andy Devine. ◆ Durante la guerra di Secessione, un soldato nordista (Murphy) trova il modo di riscattarsi eroicamente da un precedente gesto di vigliaccheria. Dal romanzo di Stephen Crane, adattato da Huston e Alfred Band, un film che la Mgm, contrariata dall'approccio antiretorico del regista, rimontò tagliandolo di 10'. L'analisi della psicologia dell'uomo in guerra e il dubbio che Huston voleva insinuare sull'inutilità dell'eroismo furono così compromessi. Rimane la ricostruzione storica accurata, sulla scia delle fotografie d'epoca di Matthew Brady. Girato negli stessi luoghi dove Griffith aveva ambientato il suo *Nascita di una nazione*.

Prova d'innocenza *½ (*Ordeal by Innocence*, Usa 1984, col, 87') Desmond Davis. Con Donald Sutherland, Christopher Plummer, Sarah Miles, Faye Dunaway, Ian McShane, Diana Quick. ◆ Quando scopre di avere le prove che avrebbero scagionato un giovane condannato a morte, un professore americano (Sutherland) va a Londra per fare luce sul mistero. Dal romanzo *Le due verità* di Agatha Christie, un pasticcio con troppi flashback e flashworward, e voci fuori campo quando l'intreccio diventa troppo oscuro. Cast svogliato e sprecato.

Prova d'orchestra ** (Italia/Rft 1979, col, 70') Federico Fellini. Con Balduin Bass, Elisabeth Labi, Clara Colosimo, Rolando Baracchi, Giovanni [Franco] Javarone, Sybil Mostert. ◆ Un'orchestra, riunita per una prova, si ribella all'arrogante direttore tedesco (Bass). Si scatena l'anarchia, finché un'enorme palla nera sfonda una parete: sbigottiti, tra i calcinacci, i musicisti rispondono finalmente agli ordini del direttore, che diventano sempre più nazistoidi. Ovvia allegoria della società italiana, che punta il dito contro il sindacalismo e il trionfo dei particolarismi. Il senso finale, tuttavia, sfuma nell'ambiguità: tra l'ordine e l'anarchia, Fellini sembra tenersi in un giusto mezzo troppo generico. Meglio lasciar perdere, tuttavia, le esegesi simboliche, e godersi una galleria di bozzetti grotteschi, felici anche se di maniera. Fotografia di Giuseppe Rotunno, musica – molto bella – di Nino Rota.

Prova per Maggie, Una → *Trappola per due*

Prova schiacciante ** (*Shattered*, Usa 1991, col,

97') Wolfgang Petersen. Con Tom Berenger, Greta Scacchi, Bob Hoskins, Joanne Whalley-Kilmer. ◆ Vittima di un incidente che l'ha sfigurato e gli ha fatto perdere la memoria, Dan Merrick (Berenger) si risveglia con una faccia nuova e una bella moglie (Scacchi). Ma gli incubi lo perseguitano, e anche nel passato di lei c'è qualcosa di losco. Thriller patinato condito con le citazioni hitchcockiane che oggi sembrano obbligatorie. Lo spettatore attento ci mette poco a sciogliere l'enigma, ma la confezione è passabile. Prima regia hollywoodiana del tedesco Petersen.

Prove apparenti **½ (*Night Falls on Manhattan*, Usa 1996, col, 104') Sidney Lumet. Con Andy Garcia, Ian Holm, Lena Olin, Richard Dreyfuss, James Gandolfini, Ron Leibman, Sheik Mahmud-Bey, Colm Feore. ◆ Da pubblico ministero in un processo contro un feroce boss della droga (Mahmud-Bey) a procuratore distrettuale, l'ex agente Sean Casey (Garcia) fa un'ascesa fulminante: ma quando indaga su un caso di corruzione nella polizia, vacillano i suoi ideali di giustizia astratta e la sua fiducia nell'anziano genitore Liam (Holm), poliziotto tutto d'un pezzo. Dopo *Serpico* e *Il principe della città*, Lumet (che ha tratto la sceneggiatura da un romanzo di Robert Daley) torna a occuparsi del marcio delle forze dell'ordine, ritratte con un dileggio che sfiora la parodia. Ma ormai nella tesi da dimostrare non ci sono più sorprese, e si rimpiange la suspense e l'amarezza del *Verdetto*. Resta, comunque, un onesto film come se ne facevano una volta, con attori ben diretti (anche se Lena Olin si limita a tenere in bella mostra le marche dei prodotti, come se fosse in uno spot).

Providence ***½ (*Providence*, Francia/Svizzera 1977, col, 107') Alain Resnais. Con John Gielgud, Dirk Bogarde, Ellen Burstyn, David Warner, Elaine Stritch, Tanya Lopert. ◆ L'anziano scrittore Clive Langham (Gielgud) passa una notte insonne a immaginare storie con protagonisti il figlio Claude (Bogarde), la nuora Sonia (Burstyn) e il figlio illegittimo Kevin (Warner): ma la sua fantasia, poco per volta, è sopraffatta da ricordi sgradevoli e da immagini di morte. Il giorno dopo i fantasmi notturni vengono in parte scacciati dall'arrivo dei tre personaggi. Scritto da David Mercer, un viaggio nella vita della mente, dove alla classica contrapposizione tra realtà e fantasticheria si aggiunge quella tra immaginazione volontaria e involontaria. Anche se i piani di racconto si intrecciano vertiginosamente, c'è abbastanza ironia da allontanare l'intellettualismo supponente. Gielgud, demiurgo non onnipotente, è in pratica la versione prosaica del Prospero shakespeariano. Cast di gran classe, e confezione lussuosa senza essere patinata; splendida, in particolare, la colonna sonora dell'anziano maestro Miklós Rózsa.

Provinciale, Il *½ (Italia 1971, col, 107') Luciano Salce. Con Gianni Morandi, Maria Grazia Buccella, Sergio Leonardi, Franco Fabrizi. ◆ Giornalista di provincia (Morandi) arriva in città e perde la testa per una prostituta (Buccella), ma poi si ravvede e posa gli occhi su una «brava ragazza». Commedia prevedibile e piuttosto scialba, dove la Buccella «non recita, si dà».

Provinciale, La ** (*Small Town Girl*, rititolato *One Horse Town*, Usa 1936, b/n, 108') William A. Wellman. Con Janet Gaynor, Robert Taylor, Binnie Barnes, Lewis Stone, Andy Devine, James Stewart. ◆ Una ragazzina di provincia (Gaynor) riesce a farsi sposare da un miliardario (Taylor) mentre questi è ubriaco. Quando lui torna sobrio decide di divorziare, ma lei saprà fargli cambiare idea. Commedia allegra e briosa, di quelle che si guardano col sorriso sulle labbra.

Provinciale, La **½ (Italia 1952, b/n, 108') Mario Soldati. Con Gina Lollobrigida, Gabriele Ferzetti, Alda Mangini, Franco Interlenghi, Nanda Primavera, Marylin Buferd, Barbara Berg. ◆ Gemma (Lollobrigida), figlia d'un affittacamere tradisce il marito professore (Ferzetti), ma deve subire il ricatto di un'ambigua contessa romena (Mangini) che la spinge a prostituirsi. Dal romanzo omonimo di Alberto Moravia, sceneggiato da Soldati, Sandro De Feo, Jean Ferry e Giorgio Bassani, un dramma convincente e ben recitato, dove gli spunti letterari convivono con una descrizione accurata dell'ipocrisia del mondo di provincia. Ben costruito il personaggio di Gemma, una delle migliori interpretazioni della Lollobrigida.

Provinciale a New York, Un **½ (*Out-of-Towners*, Usa 1970, col, 97') Arthur Hiller. Con Jack Lemmon, Sandy Dennis, Sandy Baron, Billy Dee Williams, Ann Prentiss, Anne Meara. ◆ Una coppia di provinciali (Lemmon e Dennis) si trasferisce a New York, ma la metropoli non fa proprio per loro. Neil Simon, autore della sceneggiatura, prende di mira gli svantaggi della grande città e le nevrosi della gente di paese. Godibile soprattutto grazie alla bravura dei due protagonisti.

Provvisorio quasi d'amore *½ (Italia 1991, col, 100') Bruno Bigoni, Enrico Ghezzi, Francesca Marciano, Roberta Mazzoni, Daniele Segre, Silvio Soldini, Kiko Stella. ◆ Film a episodi. In *Sirena* (Francesca Marciano. Con Irene Grazioli, Victor Cavallo, Giuseppe Cederna) una ragazza che fa girare la testa a tutti si suicida; in *Antonio e Cleo* (Silvio Soldini. Con Andrea Novicov, Carla Chiarelli) un rapporto finisce per colpa di uno spazzolino da denti; in *Imperfetto orario* (Kiko Stella. Con Paolo Bassegato) un uomo è in ansiosa attesa dell'amata; in *Occasioni di shopping* (Bruno Bigoni. Con Laura Ferrari, Renato Sarti) una donna crede di essere inseguita da un killer; in *Gelosi e tranquilli* (Enrico Ghezzi. Con Enrico Ghezzi, Simona Bonaiuto) un rapporto si sfalda tra citazioni di sant'Agostino, canzoni di Umberto Tozzi e riviste porno; in *Blue Valentine* (Roberta Mazzoni. Con Monica Scattini, Alfredo Pea) una virago torna dal suo uomo dopo aver abbordato un depresso piantato dalla moglie; in *Sarabanda finale* (Daniele Segre. Con Barbara Valmarin, Nicola Donalisio) una borghese torinese si lascia pomiciare in autobus da un marchettaro. Un progetto che tentava di parlare di sentimenti e di città: archeologia di un cinema che non c'era e che non c'è stato, in piena era post-minimalista e neocarina, con la testa ancora nel decennio precedente. Si sforzano di uscire dal proprio tinello Soldini e Segre (fotografati da Luca Bigazzi), quest'ultimo in modo più velleitario.

Prudenza e la pillola *½ (*Prudence and the Pill*, Gb 1968, col, 98') Fielder Cook. Con Deborah Kerr, David Niven, Robert Coote, Irina Demick, Joyce Redman, Judy Geeson. ◆ Per far sì che l'adulterio della moglie (Kerr) possa portare al divorzio, il marito (Niven) sostituisce l'aspirina alle pillole anticoncezionali di lei. Commedia da fine anni Sessanta, un po' più spregiudicata del solito nei temi. Gli interpreti ce la mettono tutta, ma il soggetto è debole e quello che ieri sembrava audace oggi non fa neanche sorridere.

Psicanalista per signora *½ (*Le Confident de ces dames*, Francia/Italia 1959, b/n, 85') Jean Boyer. Con Fernandel [Fernand Contandin], Sylva Koscina, Ugo Tognazzi, Denise Grey, Mimmo Carotenuto, Aroldo Tieri, Lauretta Masiero, Bice Valori, Caprice Chantal, Dolores Palumbo, Carlo Campanini, Silvio Noto. ◆ Diventato famoso per aver guarito la contessa del paese con il suo buon senso – e aver lasciato il nipote (Tognazzi) in perenne attesa dell'eredità – un veterinario (Fernandel) è assediato da torme di clienti ma anche da chi lo vuole denunciare per abuso di professione: risolverà ogni cosa sposando la bella dottoressa (Koscina). Situazioni e gag scontate alle quali solo Fernandel riesce a dare un po' di smalto. I distributori italiani si ostinano a scrivere psicanalisi e derivati senza la «o».

Psycho → *Psyco* (di Alfred Hitchcock)

Psycho *** (*Psycho*, Usa 1999, col, 106') Gus Van Sant. Con Vince Vaughn, Anne Heche, Julianne Moore, Viggo Mortensen, William H. Macy, Robert Forster, Chad Everett, Rita Wilson. ◆ Lila (Moore) si mette sulle tracce della sorella Marion (Heche), fuggita con 400 mila dollari rubati: con il fidanzato (Mortensen) e l'investigatore Milton Arbogast (Macy) arriverà al motel gestito da Norman Bates (Vaughn). Van Sant affronta il film di Hitchcock come se fosse un testo di Shakespeare o di una sinfonia di Beethoven: non cerca il remake o la copia, punta sull'interpretazione e sul riarrangiamento. Aggiornato (dal medesimo sceneggiatore dell'originale, Joseph Stefano) qualche dettaglio narrativo, Van Sant scommette sulle luci e i colori di Chris Doyle, sull'orchestrazione musicale di Danny Elfman (anche se le partiture rimangono quelle di Bernard Herrmann), sulla propria capacità di stilizzazione. Un'operazione dai notevoli risultati visivi e sonori, con un unico punto inevitabilmente debole rispetto al modello: gli attori principali. Se la Heche riesce a non far rimpiangere la Leigh (scena della doccia compresa), Vaughn – con i suoi movimenti alla Frankenstein, più goffi e quasi teneri – è lontano anni luce dalla psicopatologia asciutta e diabolica di Anthony Perkins. In ogni caso, un film da vedere anche per chi conosce a memoria l'originale.

Psycho II *½ (*Psycho II*, Usa 1983, col, 113') Richard Franklin. Con Anthony Perkins, Meg Tilly, Vera Miles, Robert Loggia, Dennis Franz. ◆ Dopo ventidue anni di manicomio Norman Bates (Perkins) torna a casa, ma tutto congiura contro la sua salute psichica, tanto che torna a risentire la voce materna. Sorpresa: era una messinscena di Lila Crane (Miles), sorella della ragazza uccisa sotto la doccia. Doppia sorpresa: di mamma, Norman ne ha un'altra – viva e vegeta – ed è tutt'altro che guarito. Sceneggiatura puerile e regia discreta, anche se lontana anni luce dal modello. Di citazioni della scena della doccia, comunque, non se ne può più.

Psycho III * (*Psycho III*, Usa 1986, col, 96') Anthony Perkins. Con Anthony Perkins, Diana Scarwid, Jeff Fahey, Roberta Maxwell. ◆ Norman Bates (Perkins) ha ripreso a lavorare e quasi si innamora di un'ex suora (Scarwid) che vorrebbe guarirlo: ma riprende a uccidere le ospiti del suo motel, e continua a tenersi in camera la mummia della mamma. Banale debutto alla regia di Perkins, che non osa confrontarsi col modello hitchcockiano e, in mancanza di meglio, calca la mano sul grand guignol.

Psycho IV *½ (*Psycho IV: The Begining*, Usa 1990, col, 92') Mick Garris. Con Anthony Perkins, Olivia Hussey, Henry Thomas, CCH Pounder, Warren Frost. ◆ Trent'anni dopo il primo *Psycho*, lo sceneggiatore Joseph Stefano si è occupato nuovamente di Norman Bates per spiegare la genesi della sua follia. Un presequel, dunque, con una madre edipica e castratrice da manuale, che spinge il pubblico a solidarizzare col piccolo omicida (interpretato da Henry Thomas, già amico di E.T.). Ma la suspense (Bates adulto intanto medita di far fuori la moglie incinta) è relativa, e il gioco dei flashback banale.

Psych-Out il velo sul ventre ** (*Psych- Out*, Usa 1968, col, 82') Richard Rush. Con Susan Strasberg, Jack Nicholson, Adam Roarke, Dean Stockwell, Henry Jaglom, Bruce Dern. ◆ Una ragazza (Strasberg) fuggita dal riformatorio per cercare il fratello hippy (Dern) si imbatte in un gruppo rock guidato dal capellone Nicholson. Film «figlio dei fiori» che oggi può tutt'al più strappare qualche sorriso. Ancora interessante la coloratissima fotografia psichedelica di Laszlo Kovacs. Musiche e comparsate degli Strawberry Alarm Clock e dei Seeds.

Psyco ***½ (*Psycho*, Usa 1960, b/n, 108') Alfred Hitchcock. Con Anthony Perkins, Janet Leigh, Vera Miles, John Gavin, Martin Balsam, John McIntire, Simon Oakland. ◆ In fuga da Phoenix con 40.000 dollari nella valigia, Marion Crane (Leigh) finisce nel motel di Norman Bates (Perkins), giovane timido con l'hobby della tassidermia e del voyeurismo, e una madre autoritaria della quale però si sente solo la voce. Dopo che Marion è stata accoltellata sotto la doccia, Norman ne fa sparire il cadavere. Prima che si scoprirà il suo segreto, farà una brutta fine anche un detective (Balsam) venuto a curiosare. Caso clinico da manuale su uno sdoppiamento di personalità con complicazioni edipiche e sessuofobe, e insieme saggio sulla suspense cinematografica: il più grande successo di Hitchcock non è per nulla invecchiato. Far morire la protagonista dopo 40' di film fu una vistosa infrazione a tutte le convenzioni del racconto filmico: farla morire in quel modo significò trasgredire i codici allora vigenti sulla rappresentazione della violenza. Hitchcock gioca con le attese degli spettatori come il gatto col topo, e fu orgoglioso di aver creato dell'emozione pura, indipendentemente da qualunque messaggio. Nell'ultimo terzo di film, comunque, vi è un evidente calo di tensione. Per girare i 45" della scena della doccia, su uno *story board* di Saul

Bass, occorsero sette giorni di lavorazione, 72 posizioni della macchina da presa e una controfigura per Janet Leigh. Celebre la colonna sonora di Bernard Hermann. Il romanzo originale, molto meno onesto nel manipolare lo spettatore, è di Robert Bloch, ed è stato adattato da Joseph Stefano. Hitchcock compare su un marciapiede con in testa uno stetson. Tre seguiti e innumerevoli imitazioni e omaggi. Perkins, da allora, non riuscì più a scrollarsi di dosso il ruolo dello psicopatico. Rifatto nel 1999 da Gus Van Sant (*Psycho*).

Psycosissimo * (Italia 1961, b/n, 94') Steno [Stefano Vanzina]. Con Raimondo Vianello, Ugo Tognazzi, Monique Just, Edy Wessel, Spiros Focas, Francesco Mulé, Tony Ucci, Ugo Pagliai, Mario Bernardi, Leonardo Severini. ◆ Due attori specializzati in scene poliziesche (Vianello e Tognazzi) sono scambiati per veri killer e incaricati da Arturo (Mulé) di uccidere la moglie. Accettano pensando di inscenare un falso omicidio e scappare coi soldi, ma anche la moglie vuole uccidere il marito e con killer veri. Commediola squinternata che parte con intenti parodistici per finire sui binari di una comicità a buon mercato.

Pubblicitario offresi ** (*Lost in America*, Usa 1985, col, 91') Albert Brooks. Con Albert Brooks, Julie Hagerty, Garry Marshall, Art Frankel, Michael Greene. ◆ Stufi di sgobbare per fare quattrini, due yuppie (Brooks e Hagerty) decidono di vivere come gli hippie, «proprio come in *Easy Rider*». Commedia senza troppe pretese, abbastanza divertente nella presa in giro dell'arrivismo sociale americano.

Pubblifollia * (*Crazy People*, Usa 1990, col, 92') Tony Bill. Con Dudley Moore, Daryl Hannah, J.T. Walsh, Paul Reiser, Mercedes Ruehl. ◆ Un copyrighter (Moore) viene internato in una clinica dopo che ha girato degli spot dove dice finalmente la verità sui prodotti: in attesa che il pubblico gli dia ragione, guarisce i vari depressi iniziandoli al suo mestiere. Troppo blando per essere una satira della pubblicità, e fiacco negli sviluppi dell'idea di partenza. Moore ha sostituito John Malkovich, che saggiamente ha deciso di defilarsi.

Public Access ** (*Public Access*, Usa 1992, col, 86') Bryan Singer. Con Ron Marquette, Dina Brooks, Burt Williams, Larry Maxwell. ◆ Lo sconosciuto Whiley Preacher (Marquette) arriva nella cittadina di Brewster, affitta uno spazio su una Tv privata locale, e inizia una trasmissione in cui fa scontrare coloro che chiamano: vuole portare alla luce il marcio della provincia o perseguire oscure vendette? La sceneggiatura (firmata dal regista con Christopher McQuarrie e Michael Felt Dougan) non scioglierà gli enigmi, e tutto finisce per ristagnare a metà strada tra *Twin Peaks* e ambizioni metafisiche. Impressionante, comunque, lo sfoggio di perizia tecnica del futuro artefice dei *Soliti sospetti*, sostenuto dalle musiche e dal montaggio di John Ottman.

Puccini ** (Italia 1952, col, 119') Carmine Gallone. Con Gabriele Ferzetti, Marta Toren, Nadia Gray, Paolo Stoppa, Myriam Bru, Sergio Tofano. ◆ Amori, insuccessi e trionfi musicali del grande Giacomo Puccini (Ferzetti) che ha i primi successi con l'aiuto di una cantante (Gray), fa un figlio con un'amica d'infanzia (Toren), causa il suicidio di un'ammiratrice (Bru) e muore prima di aver portato a termine *La Turandot*. La vita di una stella del melodramma italiano secondo uno specialista del genere biografico, che dosa con sapienza pubblico e privato, momenti di gloria e disavventure tragiche. All'epoca il pubblico lo accolse con entusiasmo. Le parti cantate sono eseguite da Beniamino Gigli, Antonietta Stella, Rossana Carteri, Giulio Neri e Gino Penno.

Puerto Escondido ° (Italia 1992, col, 110') Gabriele Salvatores. Con Diego Abatantuono, Claudio Bisio, Valeria Golino, Renato Carpentieri, Antonio Catania. ◆ Un bancario milanese (Abatantuono) perseguitato da un commissario omicida (Carpentieri) che ha già tentato di farlo fuori, fugge in Messico, dove fa comunella con due connazionali fricchettoni (Bisio e Golino). Dopo aver tentato di smerciare marijuana e di derubare uno sfruttatore del popolo, finirà in galera, ma avrà compreso che nella vita ci sono altri valori oltre i vestiti griffati e gli agi della società consumista. Una parabola improbabile e facilona, dove il tema caro al regista della fuga nel tempo (ai mitici anni Settanta) e nello spazio (lontano da Milano), si riduce a una serie di battute spicciole e di pensierini su come siamo cattivi noi occidentali. Abatantuono monologa che non lo tiene più nessuno, la Golino farfuglia e sgrana gli occhioni. Sullo sfondo, un terzomondismo di maniera a base di poveri campesinos, peyotl, tequila e baby gangster. Tratto da un romanzo di Pino Cacucci, è stato scritto da Enzo Monteleone ma con aggiunte di Salvatores e Abatantuono che hanno scontentato lo sceneggiatore. Cammeo per Fabrizio Bentivoglio, lo sballato sul pullman.

Pugnale cinese, Il ** (*The Kennel Murder Case*, Usa 1933, b/n, 73') Michael Curtiz. Con William Powell, Mary Astor, Ralph Morgan, Eugene Pallette, Jack La Rue, Helen Vinson. ◆ Un collezionista d'arte orientale viene misteriosamente assassinato, e sul caso è chiamato a far luce il raffinato investigatore Philo Vance (Powell). L'ultimo e il migliore – grazie anche alla raffinata regia di Curtiz – dei quattro film in cui William Powell veste i panni del detective uscito dalla penna di S.S. Van Dine.

Pugnale scomparso, Il ** (*Charlie Chan at the Opera*, Usa 1937, b/n, 66') Bruce Humberstone. Con Warner Oland, Keye Luke, Boris Karloff, Charlotte Henry, Thomas Beck, Margaret Irving, George Gaye, Frank Conroy, William Demarest. ◆ In un teatro, dove sono avvenuti due misteriosi omicidi, si scopre la presenza dell'ex marito (Karloff) di una delle vittime: tutto lo indicherebbe come colpevole, ma Charlie Chan (Oland) saprà scoprire il vero responsabile. Quattordicesimo film della serie e uno dei migliori (da un soggetto originale di Benn Meredith), anche per merito di Boris Karloff (straordinario quando si nasconde col costume da Mefistofele) e di William Demarest nel ruolo di un poliziotto scettico. Pregevole colonna sonora di Oscar Levant che inventò una minipartitura operistica per Faust.

Pugni di rabbia *½ (Italia 1991, col, 100') Claudio Risi. Con Ricky Memphis, Johara [Racz], Alessandra Fassio, Romita Losco, Mario Aglietti. ◆ Danilo

(Memphis), pugile borgataro, conquista i suoi primi successi proprio mentre la sua ragazza africana (Johara) muore di overdose. Melodramma neo-neorealista con tutti i luoghi comuni dei due generi. Sulla scia dei successi del fratello Marco, Claudio Risi, già regista dei *Ragazzi della terza C* televisivi, azzecca solo l'ambientazione in una periferia romana degradata.

Pugni in tasca, I **** (Italia 1965, b/n, 107') Marco Bellocchio. Con Lou Castel, Paola Pitagora, Marino Masè, Pier Luigi Troglio, Liliana Gerace. ◆ L'epilettico e paranoico Alessandro (Castel) decide di sollevare l'unico fratello sano (Masè) dal peso dei familiari tarati e dà il via a una serie di drammatici omicidi. Opera prima dissacrante ed estremista, che impose Bellocchio all'attenzione internazionale. La dissoluzione della famiglia borghese viene attuata con una ferocia sgradevole e poetica insieme, che trova nel grottesco i suoi spunti migliori e nello sconvolgente Castel il suo interprete ideale. All'epoca lasciò a brandelli l'immaginario cinematografico collettivo, oggi non lascia indifferente nemmeno chi ha acquisito un non comune senso dell'orrore. Soggetto e sceneggiatura sono dello stesso regista, il montaggio è di Silvano Agosti. Diciassette anni dopo (ma con molta minor rabbia), Bellocchio ritorna sul tema con *Gli occhi, la bocca*, affidando ancora il ruolo principale all'attore anglosvedese.

Pugni, pupe e marinai * (Italia 1961, b/n, 100') Daniele D'Anza. Con Maurizio Arena, Ugo Tognazzi, Raimondo Vianello, Maria Grazia Spina, Monique Just, Gloria Paul, Paolo Ferrari, Alberto Bonucci, Renzo Palmer, Franco Franchi, Ciccio Ingrassia, Elio Crovetto, Enzo Cerusico, Carlo Hintermann. ◆ Avventure tragicomiche di un gruppo di allegri marinai fuggiti dall'isolotto a loro affidato verso le attrazioni della città. Scritto da Vittorio Metz con Castellano e Pipolo, un canovaccio esile sul quale i protagonisti si cimentano in gag e battute di qualità discontinua. Appaiono, nella parte di loro stessi, lo speaker Tv Riccardo Paladini, Don Lurio, Armando Trovajoli, Angelo Lombardi ed Enzo Tortora.

Pugni, pupe e pepite ** (*North to Alaska*, Usa 1960, col, 122') Henry Hathaway. Con John Wayne, Stewart Granger, Fabian, Ernie Kovacs, Capucine [Germaine Lefèbvre], Mickey Shaughnessy. ◆ In Alaska, ai tempi della corsa all'oro, due cercatori (Wayne e Granger) difendono la loro concessione da un gruppo di banditi e si contendono l'amore della stessa ragazza (Capucine). Western robusto e allegro, girato con una buona dose di ironia e alcune memorabili scazzottate nel fango.

Pugno di criminali, Un ** (*Big House, U.S.A.*, Usa 1955, b/n, 82') Howard W. Koch. Con Broderick Crawford, Ralph Meeker, Charles Bronson, Reed Hadley, Lon Chaney jr, William Talman. ◆ Alcuni banditi tentano di estorcere del denaro a una famiglia che ha smarrito il proprio bambino. Poliziesco di serie B essenziale e realista nello stile, sgradevole ma efficace proprio nella sua cruda aderenza agli eventi.

Pugno di fango, Un *½ (*Claudelle Inglish*, Usa 1961, b/n, 99') Gordon Douglas. Con Diane McBain, Arthur Kennedy, Will Hutchins, Constance Ford, Chad Everett, Claude Akins. ◆ Nel Sud degli Stati Uniti una ragazza (McBain) si fa troppi spasimanti, e finisce per pagarne le conseguenze. Da un romanzo di Erskine Caldwell un melodramma fiacco e privo di intensità.

Pugno di ferro ** (*Killer McCoy*, Usa 1947, b/n, 104') Roy Rowland. Con Mickey Rooney, Ann Blyth, Brian Donlevy, James Dunn, Tom Tully, Sam Levene. ◆ Il figlio (Rooney) di un attore disoccupato fa carriera come pugile, ma viene coinvolto in un omicidio. Ottimi caratteristi e una buona descrizione della malavita per questo remake di *L'urlo della folla*, diretto nove anni prima da Richard Thorpe.

Pugno di polvere, Un **½ (*Ten North Frederick*, Usa 1958, b/n, 102') Philip Dunne. Con Gary Cooper, Diane Varsi, Suzy Parker, Geraldine Fitzgerald, Stuart Whitman, Tom Tully. ◆ Al funerale di un uomo politico ingenuamente populista (Cooper), la figlia (Varsi) rievoca la vita del padre, tra una moglie ambiziosa e bisbetica (Fitzgerald) e l'impossibile amore per una ragazza troppo giovane (Parker). Tratto da un romanzo di John O'Hara (i cui diritti la Fox aveva comprato pensando a Spencer Tracy), un melodramma vivificato soprattutto dall'interpretazione di Gary Cooper che sembra vivere sullo schermo il dilemma dei suoi anni difficili.

Pugno proibito *½ (*Kid Galahad*, Usa 1962, col, 95') Phil Karlson. Con Elvis Presley, Gig Young, Lola Albright, Joan Blackman, Charles Bronson, Ned Glass. ◆ Affermatosi nel mondo della boxe, un ragazzo (Presley) non si fa intimidire dal racket che prova a truccare i suoi incontri. Remake musicale dell'*Uomo di bronzo* (1937): Presley è decisamente più credibile quanto canta che quando sale sul ring, ma in questo film anche le sue esibizioni canore (*King of the Whole Wide World* e *Home Is Where the Heart Is*, tra le altre) sono deludenti. Il film è riuscito in Italia col titolo *Il carnefice del ring* (sic!).

Pulce nell'orecchio, La * (*A Flea in her Ear*, Usa/Francia 1968, col, 94') Jacques Charon. Con Rex Harrison, Louis Jourdan, Rosemary Harris, Rachel Roberts, John Williams, Grégoire Aslan. ◆ In una locanda parigina si ritrovano mariti infedeli e mogli sospettose: equivoci a non finire. Scialba e inconsistente versione cinematografica di una celebre pochade teatrale di Georges Feydeau.

Pulp Fiction ***½ (*Pulp Fiction*, Usa 1994, col, 154') Quentin Tarantino. Con John Travolta, Samuel L. Jackson, Uma Thurman, Bruce Willis, Maria de Medeiros, Harvey Keitel, Tim Roth, Amanda Plummer, Christopher Walken, Ving Rhames, Eric Stoltz, Rosanna Arquette, Frank Whaley, Alexis Arquette, Paul Calderon, Angela Jones. ◆ Una serie di storie che si intersecano a Los Angeles: 1) Due balordi (Roth e Plummer) stanno per fare una rapina in una tavola calda. 2) Due killer spietati, Vincent Vega (Travolta) e Jules Winnfield (Jackson) recuperano una misteriosa valigetta, puliscono la loro macchina sporca di sangue con l'aiuto di Wolf (Keitel), e finiscono proprio nel locale dove i due balordi fanno la rapina. 3) Vincent porta a ballare Mia (Thurman), la moglie del capo Marsellus Wallace (Rhames): ci finirà a letto? 4) Il pugile Butch (Willis), anziché andare a terra in un incontro truccato, uccide il suo avversario e tenta di fuggire da Marsellus: ma finisce assieme a lui nella tana di due assassini sadici. «Pulp fiction» significa narrativa da quattro soldi, a base di sesso e violenza: ma Tarantino, da cinefilo che ama le citazioni, non prende nulla sul serio, e sdrammatizza le situazioni più truci con un umorismo ghignante a volte irresistibile. Un perfetto gioco d'incastri, dialoghi paradossali (il copione è di Tarantino con la collaborazione di Roger Avary per il soggetto), una buona direzione d'attori (Travolta e Jackson su tutti). Ma non si chiedano emozioni vere: al secondo film, c'è già il rischio che Tarantino sia troppo innamorato di se stesso. La fotografia è di Andrzej Sekula; Danny DeVito è uno dei produttori esecutivi. Tarantino interpreta Jimmie, Steve Buscemi è il sosia di Buddy Holly. Palma d'oro a Cannes nel 1994 e Oscar per la miglior sceneggiatura originale.

Pummarò * (Italia 1990, col, 100') Michele Placido. Con Thywill A.K. Amenya, Pamela Villoresi, Jacqueline Williams, Franco Interlenghi. ◆ L'odissea di un laureato del Ghana (Williams) alla ricerca del fratello: dalle campagne del Casertano, dove la camorra controlla lo sfruttamento degli extracomunitari, al degrado di Roma, dove si unisce a lui una connazionale prostituta, e al violento razzismo che a Verona lo punisce per l'amore con un'italiana (Villoresi). Volenteroso debutto alla regia di Placido, aiutato, in sede di sceneggiatura, da Sandro Petraglia e Stefano Rulli. Gli intenti documentaristici e di denuncia stridono col bozzettismo e i luoghi comuni.

Pump Up the Volume – Alza il volume ** (*Pump Up the Volume*, Usa/Canada 1990, col, 98') Allan Moyle. Con Christian Slater, Samantha Mathis, Ellen Greene, Scott Paulin. ◆ Uno studente modello (Slater) di notte si trasforma nel sovversivo disc-jockey di un'emittente radio clandestina. «Che cosa c'è di positivo nel passare la propria gioventù in un decennio così svuotato che non c'è nulla da aspettarsi e nessuno da rispettare?». Moyle, autore anche della sceneggiatura, non prevede il lieto fine: le ambizioni sono alte – almeno per un film giovanilistico – ma le sfumature sono assenti.

Punizione estrema → *Supreme Sanction – Punizione estrema*

Punto debole ** (*Split Image*, Usa 1982, col, 111') Ted Kotcheff. Con Michael O'Keefe, Karen Allen, Brian Dennehy, Peter Fonda, James Woods, Elizabeth Ashley. ◆ Un ragazzino modello (O'Keefe) per amore di una ragazza (Allen) entra a far parte di una strana setta religiosa; preoccupati, i genitori ingaggiano qualcuno in grado di riportarlo alla normalità. Un buon dramma che ha nell'interpretazione il suo punto di forza: ottimo O'Keefe nella parte del ragazzo, bravi Dennehy in quella del padre e Woods nei panni del moderno esorcista.

Punto d'impatto *½ (*Blue Heat*, Usa 1990, col, 106') John Mackenzie. Con Brian Dennehy, Joe Pantoliano, Jeff Fahey, Bill Paxton, Debora-Lee Furness. ◆ A Los Angeles quattro poliziotti, amici per la pelle anche quando non lavorano, cercano di stroncare un grosso traffico di cocaina. Poliziesco prevedibile e monotono a dispetto delle rumorose sequenze d'azione.

Punto di non ritorno *½ (*Event Horizon*, Usa/Gb 1997, col, 95') Paul Anderson. Con Laurence Fishburne, Sam Neill, Kathleen Quinlan, Joely Richardson, Richard T. Jones, Jack Noseworthy, Jason Isaacs, Sean Pertwee, Peter Marinker. ◆ 2047: una nave spaziale di salvataggio, guidata dal capitano Miller (Fishburne), viene inviata in soccorso della *Event Horizon*, ricomparsa sette anni dopo essere stata risucchiata in un buco nero nei pressi del pianeta Nettuno; la *Event Horizon* è deserta, ma poco dopo i soccorritori cominciano a soffrire di incubi e allucinazioni. Tra la fantascienza anni Settanta, l'horror psico-demoniaco e uno spudorato citazionismo cinefilo (dalla saga di *Alien* a *Shining* a *Stati di allucinazione*), un'odissea claustrofobica e monocorde sull'esplorazione dei mostri interiori. Più degli effetti speciali colpiscono quelli sonori, ma tutto è risaputo e già visto in meglio. Sceneggiatura di Philip Eisner.

Punto di svolta ** (*Keep the Change*, Usa 1992, col, 93') Andy Tennant. Con William Petersen, Lolita Davidovich, Rachel Ticotin, Jack Palance, Buck Henry, Lois Smith, Fred Dalton Thompson. ◆ Pittore in crisi, Joe Starling (Petersen) torna nel Montana. La sua ex fidanzata Ellen (Davidovich) gli rivela di avere avuto una figlia da lui, dodici anni prima, mentre il cinico Overstreet (Palance) fa di tutto per mettere le mani sulle sue terre. Da un romanzo di Thomas McGuane, un onesto film televisivo che, col suo passo lento, riesce a costruire più di un personaggio interessante, e a tirare le fila della storia in modo non banale. Petersen coproduce. Da confrontare con *Sulla strada del mito*.

Punto zero ** (*Vanishing Point*, Usa 1971, col, 107') Richard C. Sarafian. Con Barry Newman, Cleavon Little, Dean Jagger, Victoria Medlin, Paul Koslo. ◆ Inseguito dalla polizia per mezza America a causa dell'alta velocità di guida, un ex pilota automobilistico (Newman) diventa un simbolo dell'insofferenza giovanile verso le autorità. Ballata su un eroe solitario, a metà strada tra il western contemporaneo e lo sfruttamento commerciale del ribellismo alla *Easy Rider*, sceneggiata dal critico cinematografico e scrittore cubano in esilio Guillermo Cabrera Infante, che voleva firmarsi Guillermo Caín (Caino!). Relitto di un'epoca, in ogni caso, tanto nei contenuti quanto nello stile. Finale prevedibile, troppi flashback e troppe canzoni per riempire i momenti di vuoto. Ai tempi, comunque, un piccolo mito.

Può succedere anche a te *½ (*It Could Happen to You*, Usa 1994, col, 101') Andrew Bergman. Con Nicolas Cage, Rosie Perez, Bridget Fonda, Seymour Cassel. ◆ Charles, un onesto poliziotto newyorkese a corto di spiccioli (Cage), lascia come mancia a Yvonne, cameriera di un fast food (Fonda), metà di un biglietto della lotteria. Quello vincente. Lui mantiene la promessa di dividere la cospicua vincita (quattro milioni di dollari), ma la moglie Muriel, avida e volgare (Perez), va per vie legali: a lei i soldi, ai due l'amore. Una commedia romantica che vorrebbe resuscitare l'ottimismo utopistico di Frank Capra, ma che invece si risolve in un ingenuo e scontato apologo moderno sui buoni di cuore e sul potere distruttivo del denaro. Una volta tanto la stampa (per di pù scandalistica) fa la parte della fata che ridà fiducia agli afflitti, invece che della strega prosperante sulle loro disgrazie. Ma che la cattiva, con tanto di unghie lunghe sempre laccate e affilate, sia una portoricana, lascia francamente perplessi: come sono buoni i bianchi, anche se la migliore è proprio la Perez.

Pupa del gangster, La *½ (Italia/Francia 1975, col, 100') Giorgio Capitani. Con Sophia Loren, Marcello Mastroianni, Aldo Maccione, Pierre Brice, Dalila Di Lazzaro, Mario Maranzana, Gianni Bonagura. ◆ La prostituta Pupa (Loren) può finalmente vendicarsi del protettore che la maltratta (Mastroianni) mettendo sulle sue tracce la polizia che lo cerca per un omicidio. Modestissima riduzione di un racconto di Cornell Woolrich, fatta soprattutto di macchiette che sembrano divertire solo chi le interpreta.

Pupe calde e mafia nera ** (*Cotton Comes to Harlem*, Usa 1970, col, 97') Ossie Davis. Con Godfrey Cambridge, Raymond St. Jacques, Calvin Lockart, Judy Pace, Redd Foxx, Emily Yancy. ◆ Una coppia di poliziotti neri, Beccamorto e Bara (Cambridge e St. Jacques), è sulle tracce di un sedicente reverendo (Lockart) che truffa la gente di colore con la scusa di volerla riportare in Africa. Discreto adattamento, ricco di ritmo e umorismo, di un romanzo del giallista Chester Himes interamente girato ad Harlem. Seguito da *Harlem Detectives* (1972).

Puppet → *Horror Puppet*

Pura formalità, Una *½ (Italia/Francia 1993, col, 108') Giuseppe Tornatore. Con Gérard Depardieu, Roman Polanski, Sergio Rubini, Nicola Di Pinto, Paolo Lombardi, Tano Cimarosa, Maria Rosa Spagnolo. ◆ Che cosa ha fatto l'uomo (Depardieu) che corre sotto l'acqua attraverso i boschi e che un ispettore di polizia (Polanski) si ostina a tenere in stato di fermo? È il responsabile dell'omicidio dello scrittore Onoff, come sostiene l'ufficiale? È solo la vittima di un errore giudiziario, come invece si affanna a dire l'inquisito? Tornatore punta molto in alto, mescolando il giallo con il film psicologico e il kammerspiel: il suo obiettivo è un cinema capace di superare le strettoie del realismo per sfociare nella riflessione metafisica, ma a furia di confondere le piste finisce per perdere la bussola e ridursi a giochini tipo il nome del morto, che vuol dire acceso-spento (on-off). «Giallo senza moventi, dramma senza pathos, thriller senza suspense», il film (scritto e montato dallo stesso Tornatore) nel suo finale «ultraterreno» finisce per essere una montagna che partorisce il prevedibile topolino, storia di un «giudizio» talmente definitivo da lasciare indifferenti. Resta solo la bella prova dei due protagonisti e di un convincente Rubini nel ruolo secondario del poliziotto che verbalizza.

Purificazione *½ (*Mr. Soft Touch*, Usa 1949, b/n, 93') Henry Levin, Gordon Douglas. Con Glenn Ford, Evelyn Keyes, John Ireland, Beulah Bondi, Percy Kilbride, Ted de Corsia. ◆ Tornato dal fronte, il gestore di un locale notturno (Ford) si accorge che il socio gli ha preso la sua parte. Per recuperarla, dovrà vedersela con i gangster al servizio di chi l'ha derubato. Poliziesco di modesta fattura e un finale tragicamente moralista.

Puritana, La ° (*La Puritaine*, Francia/Belgio 1986, col, 86') Jacques Doillon. Con Sandrine Bonnaire, Michel Piccoli, Sabine Azéma, Laurent Malet, Jessica Forde. ◆ Un regista di teatro (Piccoli) convoca le sue allieve per celebrare il ritorno di sua figlia (Bonnaire). Ma i due continuano a evitarsi e a beccarsi, nascondendo chissà quale segreto. Psicodramma involuto, pretenzioso e praticamente incomprensibile, dove le varie allieve, per dirne una, «interpretano» la voce, la mano, gli occhi, il quarto dito dei piedi (sic!) e l'assenza della figlia. L'intellettualismo di Doillon qui tocca il fondo, e conta attori illustri fra le sue vittime.

Puro cashmere * (Italia 1986, col, 98') Biagio Proietti. Con Mauro Di Francesco, Paola Onofri, Anna Galiena, Antonio Cantafora, Dario Mazzoli. ◆ Alla caccia del suo pullover scomparso, un maestro d'asilo (Di Francesco) si innamora di una ragazza (Onofri) che lo coinvolge in un losco e pericoloso giro di scommesse clandestine. Modesto giallorosa che non si capisce a quale pubblico si rivolga.

Puro siccome un angelo papà mi fece monaco... di Monza * (Italia 1969, col, 90') Gianni Grimaldi. Con Lando Buzzanca, Igli Villani, Didi Perego, Paul Muller, Paolo Carlini. ◆ Murato vivo dai frati di un convento per aver commesso atti impuri con una novizia, il peccatore (Buzzanca) rivede la luce cinquant'anni dopo, ma il tempo per lui non sembra essere passato. Comicità di grana grossa al servizio della volgarità.

Purple Rain ** (*Purple Rain*, Usa 1984, col, 111') Albert Magnoli. Con Prince, Apollonia Kotero, Morris Day, Olga Karlatos, Jerome Benton, Clarence Williams III. ◆ L'egocentrico Kid (Prince) cerca di imporsi con i suoi Revolution nella scena musicale di Minneapolis: quando la donna (Apollonia) l'ha piantato e tutto sembra volgere al peggio, ritrova l'amore e il successo cantando una canzone, *Purple Rain*, scritta da due sue musiciste (Wendy e Lisa) che aveva sempre snobbato. Primo e migliore film di Prince: tutti gli stereotipi della favola rock, e buoni numeri musicali. Oscar per la canzone d'apertura, *When Doves Cry*.

Putney Swope ** (*Putney Swope*, Usa 1969, b/n e col, 88') Robert Downey. Con Arnold Johnson, Pepi Hermine, Allen Garfield, Antonio Fargas, Ruth Hermine, Mel Brooks. ◆ Unico nero di un'agenzia di pubblicità di Madison Avenue di cui viene nominato accidentalmente presidente, Putney Swope (Johnson) licenzia tutti i dipendenti sostituendoli con dei neri («nessuno dei quali assomiglia a Sidney Poitier» notava all'epoca un critico), rifiuta le pubblicità a favore di alcol e sigarette e rivoluziona lo stile della comunicazione. Commedia irriverente di un regista iconoclasta uscito dall'avanguardia, che spara contro troppi bersagli e rischia di scivolare nel qualunquismo. Qualche sberleffo, comunque va a segno (il presidente nano degli Stati Uniti, gran fumatore di marijuana e sostenitore delle pubblicità televisive per i giocattoli bellici) anche se il gusto di stupire a tutti i costi toglie mordente alla sua satira.

Puttana → *Whore – Puttana*

Puttana del re, La * (*La Putain du Roi*, Francia/Italia/Gb 1990, col, 138') Axel Corti. Con Timothy Dalton, Valeria Golino, Stéphane Freiss, Robin Renucci. ◆ Parigi, fine del Seicento: Jeanne de Luynes (Golino), destinata al convento, prima viene fatta sposare a un nobile, poi diventa l'amante di Vittorio Amedeo II, re del Piemonte (Dalton). Pasticcio in costume in confezione internazionale e insapore, più adatto al piccolo che al grande schermo. Pessimo il cast, inesistente la regia.

Q – Il serpente alato ** (*Q – The Winged Serpent*, Usa 1982, col, 93') Larry Cohen. Con Michael Moriarty, Candy Clark, David Carradine, Richard Roundtree, James Dixon. ◆ Un serpente alato ha fatto il nido in cima al Chrysler Building newyorkese, e svolazza tra i grattacieli decapitando pulitori di vetri e ragazze che prendono la tintarella. Un ladruncolo (Moriarty) scopre il nido, ma se ne sta zitto, perché in cambio vorrebbe fama e denaro. Tipico Cohen-film, scombiccherato, girato con due soldi, ma con personaggi più interessanti che nella media degli horror, e pieno di humour nero che bilancia il grand guignol. Ma è pur sempre la solita solfa di mostri che viene dritta dagli anni Cinquanta, e non merita la fama esagerata che le hanno attribuito certi cinefili.

Quadriglia d'amore *½ (*Anything Goes*, Usa 1956, col, 106') Robert Lewis. Con Bing Crosby, Donald O'Connor, Mitzi Gaynor, Zizi Jeanmaire, Phil Harris, Kurt Kasznar. ◆ Un impresario e un attore (O'Connor e Crosby) vanno in Europa a cercare un'attrice per la rivista musicale che vogliono allestire e ne trovano due (Gaynor e Jeanmaire). Scialbo remake di un musical del 1936 (*Anything Goes*, di Lewis Milestone e sempre con Crosby, inedito in Italia) a sua volta tratto da un celebre musical di Broadway scritto da Cole Porter. Solo le bellissime canzoni originali (indimenticabile Crosby che canta *You're the Top* e *All Through the Night*) riescono a sollevare una sceneggiatura quasi nulla. Zizi Jeanmaire si esibisce in un numero di danza coreografato dal marito Roland Petit.

Quadrophenia **½ (*Quadrophenia*, Gb 1979, col, 115') Franc Roddam. Con Phil Daniels, Leslie Aash, Philip Davis, Mark Wingett, Kate Williams, Sting [Gordon Matthew Sumner]. ◆ Ispirata dal long playing degli Who, la storia di un fattorino inglese (Daniels) che, negli anni Sessanta, si realizza solo drogandosi e partecipando alle furibonde risse tra rocker e mod. Un musical che ha dentro (specie nella prima metà) la rabbia e l'intenso realismo del cinema britannico di quindici anni prima. Bella regia di Roddam (autore anche della sceneggiatura con Dave Humphries e Martin Stellman) e lusinghiero esordio cinematografico di Sting.

Qua la mano * (Italia 1980, col, 130') Pasquale Festa Campanile. ◆ Film a episodi. In *Sto così col Papa* (con Enrico Montesano, Philippe Leroy, Mario Carotenuto, Adriana Russo) un vetturino romano riesce a conoscere il papa; in *Il prete ballerino* (con Adriano Celentano, Renzo Montagnani, Enzo Robutti, Lilli Carati) un prete si rivela più abile nel ballo che nelle prediche. Intrattenimento di poche pretese con pochissime risate.

Qua la mano picchiatello ** (*Smorg asbord*, rititolato *Cracking Up*, Usa 1983, col, 83') Jerry Lewis. Con Jerry Lewis, Herb Edelman, Zane Buzby, Milton Berle, Sammy Davis jr. ◆ Warren Nefron (Lewis) deve ricorrere alle cure di uno psicoanalista (Edelman) per cercare di entrare in sintonia con il mondo del lavoro e delle donne, ma invece di guarire alla fine è il paziente che contagia il medico. Il film riprende il tema di fondo di *Bentornato picchiatello* (1981) ed è costruito su una serie di scenette che esemplificano la malattia di Warren e dei suoi antenati: qualcuna è divertente (come quella al ristorante), ma molte sono scontate e la quantità è superiore alla qualità. In America il film fece fiasco.

Qualche giorno con me **½ (*Quelques jours avec moi*, Francia 1988, col, 131') Claude Sautet. Con Daniel Auteuil, Sandrine Bonnaire, Jean-Pierre Marielle, Dominique Lavanant, Vincent Lindol, Thérèse Liotard, Danielle Darrieux. ◆ Ispettore di una catena di supermercati, Martial (Auteuil) scopre nell'amore per una giovane domestica (Bonnaire) la forza di uscire dalla crisi del suo matrimonio: così quando il ragazzo della cameriera uccide un trafficante di droga che la ricattava, Martial si accusa del delitto e si fa rinchiudere in manicomio. Scritto da Sautet con la collaborazione di Jacques Fieschi e Jerôme Tonnerre, il film, ambiziosamente letterario, comincia come una commedia (e una grande prova comica di Jean-Pierre Marielle) e si trasforma in un dramma senza speranza, nel quale l'incontro tra il mondo borghese di Martial e quello sottoproletario (e vitalistico) della ragazza è destinato al fallimento (e alla follia).

Qualcosa che scotta **½ (*Susan Slade*, Usa 1961, col, 116') Delmer Daves. Con Troy Donahue, Dorothy McGuire, Connie Stevens, Lloyd Nolan, Brian Aherne, Vert Convy, Kent Smith. ◆ In seguito a una fulminea relazione con un alpinista (Donahue) poi morto in montagna, Susan (Stevens) si scopre incinta. Per mettere a tacere le maldicenze, la madre (McGuire) fa in modo che il figlio risulti suo. Ma Susan, dopo un incidente al bambino, decide di rivelare il segreto. Un crudele melodramma sulla rispettabilità della famiglia e sul timore del giudizio altrui a pochi anni dalla rivoluzione sessantottina. Daves (autore anche della sceneggiatura ispirata a un romanzo di Doris Hume) scava nelle pieghe del perbenismo americano, che accomuna tutte le generazioni, senza criticare i personaggi, ma portando alla luce i risvolti ipocriti e drammatici dei loro comportamenti con un lirismo che permette allo spettatore la massima partecipazione. Il settimo episodio del *Decalogo* di Kieślowski (*Non rubare*) s'ispira alla stessa storia.

Qualcosa che vale ** (*Something of Value*, Usa 1957, b/n, 113') Richard Brooks. Con Rock Hudson, Dana Wynter, Sidney Poitier, Wendy Hiller. ◆ Cresciuti insieme, il nero Kimani (Poiter) e il bianco Peter (Hudson) vengono divisi dall'odio razziale: il primo entrerà nelle file dei terribili Mau-Mau, il secondo si arruolerà tra i volontari che gli danno la caccia, anche se la loro amicizia sembra capace di sopravvivere a tutto. Tratto dal romanzo di Robert C. Ruark (sceneggiato dal regista), il film affronta il tema dell'integrazione razziale e del colonialismo, evitando facili schematismi ma non riuscendo a liberarsi da un eccesso di didascalicità. Il film doveva essere preceduto da una scena in cui Winston Churchill riassumeva i problemi politici della questione Mau-Mau, ma dopo le anteprime fu tagliata: dello statista inglese resta solo la frase finale, «I problemi dell'Africa orientale sono in realtà quelli del mondo intero».

Qualcosa di biondo *½ (Italia 1984, col, 100') Maurizio Ponzi. Con Sophia Loren, Daniel J. Travanti, Philippe Noiret, Edoardo Ponti, Ricky Tognazzi, Angela Goodwin, Marisa Merlini, Franco Fabrizi. ◆ Una tassista di mezza età (Loren) si mette alla ricerca del padre di suo figlio e dei soldi necessari all'operazione per ridare al bambino (Ponti) la vista. Melodramma di nessuna consistenza (su un soggetto di Sergio Citti e una sceneggiatura di Ponzi, Franco Ferrini, Gianni Menon e John McGreevy), adatto solo agli spettatori dalla lacrima facile, inutile anche alla Loren caso mai avesse voluto rinverdire i fasti di una volta. Particina per la nipote della Loren, Alessandra Mussolini, che poi ha preferito darsi alla politica. Edoardo Ponti, conosciuto come Dodò, è il secondo figlio che la Loren ha avuto dal marito produttore Carlo Ponti.

Qualcosa di cui... sparlare *½ (*Something to Talk About*, Usa 1995, col, 105') Lasse Hallström. Con Julia Roberts, Dennis Quaid, Robert Duvall, Gena Rowlands, Kyra Sedgwick, Brett Cullen, Haley Aull. ◆ Quando Grace (Roberts), figlia dell'allenatore di cavalli Wyly King (Duvall), scopre che il marito Eddie (Quaid) la tradisce, scoperchia il vaso di Pandora di tutte le corna del paese, aprendo gli occhi anche alla mamma (Rowlands). La prima sceneggiatura della postfemminista Callie Khouri dai tempi di *Thelma e Louise* non è altrettanto esplosiva, limitandosi al solito spaccato agrodolce di frustrazioni coniugali nella provincia americana, per di più a lieto fine. Intermezzi ippici scemi, buona direzione d'attori (l'unico tocco di Hallström) e sprecata fotografia di Sven Nykvist. Goldie Hawn è produttrice esecutiva.

Qualcosa di personale ** (*Up, Close and Personal*, Usa 1996, col, 124') Jon Avnet. Con Robert Redford, Michelle Pfeiffer, Joe Mantegna, Stockard Channing, Kate Nelligan, Glenn Plummer. ◆ Sally Atwater (Pfeiffer), aspirante star televisiva, viene notata dal direttore di una rete di Miami, Warren Justice (Redford), che la fa assumere e la obbliga a un'estenuante gavetta: Sally, ribattezzata Tally (omofono di «telly», cioè «televisione») ottiene il successo professionale e l'amore di Warren, ma un trasferimento nella più prestigiosa rete di Philadelphia, senza Justice al suo fianco, la mette in serie difficoltà. Il mito di Pigmalione ambientato nel mondo televisivo dove dominano cinismo e rampantismo: la storia è prevedibile sin dai titoli di testa, battibecchi e lacrime compresi, ma i due carismatici attori sono uno spettacolo di bellezza e credibilità: e il regista ha la mano che ci vuole per dirigere un film che non appaia scontato anche se lo è. Gli sceneggiatori Joan Didion e John Gregory si sono ispirati alla biografia di Jessica Savitch (*Golden Girl*), famosa reporter della Nbc scomparsa qualche anno fa (lei, però, era anche cocainomane).

Qualcosa di sinistro sta per accadere ** (*Something Wicked This Way Comes*, Usa 1982, col, 95') Jack Clayton. Con Jason Robards, Jonathan Pryce, Diane Ladd, Pam Grier, Royal Dano, Shawn Carson. ◆ All'inizio del secolo, in una piccola città di provincia americana, arriva il circo: la sua maggiore attrazione è un misterioso signore (Pryce) che esaudisce tutti i desideri dei cittadini, prendendosi la loro anima in cambio. Curiosa incursione nel genere horror della Walt Disney, che si rifà a un racconto di Ray Bradbury, autore anche della sceneggiatura. Ma l'atmosfera fiabesca, tipica della casa, stride con i toni luciferini della storia.

Qualcosa di travolgente *** (*Some-thing Wild*, Usa 1986, col, 113') Jonathan Demme. Con Jeff Daniels, Melanie Griffith, Ray Liotta, Margaret Colin, Tracey Walter, Dana Preu. ◆ Uno yuppie newyorchese (Daniels) si lascia dragare da una provinciale procace e sfacciata (Griffith): in cuor suo spera di passare un weekend da leone che invece rischierà di finire in tragedia. Una commedia incalzante e amarissima, dove i sogni diventano incubi e tutti cercano di ingannare tutti. Sceneggiato da E. Max Frye, il film ribalta continuamente le attese dello spettatore e alla fine distrugge qualsiasi grandeur reaganiana, attraverso lo scontro tra uomo e donna, città e provincia, senso del dovere e trasgressione. Perfetta l'interpretazione dei due protagonisti (lasciando allo spettatore la preferenza di una Melanie Griffith in nero o in biondo) e di un promettentissimo volto nuovo, Ray Liotta. La colonna sonora è di John Cale, Laurie Anderson e David Byrne. Cammeo per i registi John Waters (il venditore di auto usate) e John Sayles (il poliziotto in moto).

Qualcosa è cambiato **½ (*As Good As It Gets*, Usa 1997, col, 138') James L. Brooks. Con Jack Nicholson, Helen Hunt, Greg Kinnear, Cuba Gooding jr, Jesse James, Skeet Ulrich, Shirley Knight, Yeardley Smith, Lupe Ontiveros, Bibi Osterwald. ◆ Misantropo, razzista, omofobo, pieno di paure, lo scrittore di romanzi rosa Melvin Udall (Nicholson) si lascerà ammorbidire dalla cameriera Carol Connelly (Hunt), single con figlio asmatico, e dal cane del vicino gay Simon (Kinnear). Una bella dose di umorismo nero e di gigioneria attoriale su cui finisce per prevalere la voglia di tenerezza, come ci si aspetta dal furbissimo regista (anche sceneggiatore – con Mark L. Andrus – e produttore): che però è anche più «autore» di molti suoi colleghi, e si diverte a dirigere gli attori senza fretta, cercando qualche verità in personaggi altrimenti improbabili. Intrattenimento comunque assicurato, in confezione lusso (la fotografia è di John Bailey). Meritato Oscar a Nicholson e alla Hunt nell'anno di *Titanic*. I registi Lawrence Kasdan e Harold Ramis interpretano rispettivamente il dottor Greene e il dottor Betts, Shane Black è il manager al Caffè 24 e Todd Solondz un uomo nel bus.

Qualcuno da amare **½ (*Someone to Love*, Usa 1987, col, 111') Henry Jaglom. Con Henry Jaglom,

Andrea Marcovicci, Sally Kellerman, Orson Welles, Michael Emil, Oja Kodar, Ronee Blakley, Monte Hellman, Jeremy P. Kagan. ◆ Dannu (Jaglom), cineasta alla ricerca di «qualcuno da amare», organizza un party in cui gli invitati possano dire la loro sul tema dell'amore e dei sentimenti. Film «all'europea», interamente basato sui dialoghi, interessante ma alla lunga un po' monotono, con molte facce note di Hollywood a interpretare se stessi. Gli interventi più stimolanti sono naturalmente quelli di Welles, qui alla sua ultima apparizione cinematografica.

Qualcuno da amare ** (*Untamed Heart*, Usa 1993, col, 102') Tony Bill. Con Christian Slater, Marisa Tomei, Rosie Perez, Kyle Secor, Steve Cochran. ◆ Aiuto cameriere, orfano, timido e vergine, Adam (Slater) osa rivolgere la parola alla collega Caroline (Tomei) solo dopo averla salvata da due violentatori: l'amore arriva, ma la felicità è breve. Melodramma di qualche ambizione poetica, che mescola ingenuità e ruffianate, delicatezze e banalità. Uno strano oggetto nel cinema americano d'oggi anche se da Tony Bill, dopo *Dentro la grande mela*, ci si aspetta sempre qualcosa di più.

Qualcuno da odiare **½ (*King Rat*, Usa 1965, b/n, 133') Bryan Forbes. Con George Segal, Tom Courtenay, James Fox, Patrick O'Neal, Denholm Elliott, James Donald, John Mills, Alan Webb. ◆ Nel campo di concentramento giapponese di Changi, nell'isola di Singapore, sono gli stessi prigionieri inglesi a far rispettare le regole: per questo il tenente Grey (Courtenay) vede di malocchio il caporale americano King (Segal), un trafficone capace di fare «affari» anche con i giapponesi. Non gli servirà salvare, con le medicine che riesce a procurarsi, il braccio del tenente Marlowe (Fox): quando finirà la guerra e i prigionieri torneranno liberi, King verrà ignorato da tutti. Tratto da un romanzo di James Clavell (sceneggiato dal regista e Robert Smith), il film descrive con forte efficacia il problema della sopravvivenza materiale e spirituale in un universo concentrazionario, il piacere della corruzione attraverso il potere e il fascino di chi esercita l'autorità. Peccato che non sempre la regia riesca a calare questi temi in una autentica necessità drammatica.

Qualcuno ha ucciso mio marito * (*Somebody Killed Her Husband*, Usa 1978, col, 97') Lamont Johnson. Con Farrah Fawcett-Majors, Jeff Bridges, John Wood, Tammy Grimes, John Glover, Patricia Elliott. ◆ Dopo che il marito è morto in circostanze misteriose, la moglie adultera (Fawcett-Majors) teme che la polizia sospetti di lei e dell'amante. È il film che avrebbe dovuto lanciare sul grande schermo Farrah Fawcett-Majors, reduce dal successo televisivo nella serie *Charlie's Angels*, e invece ne decretò il fallimento, trattandosi di un giallorosa che non suscita né tensione né interesse.

Qualcuno in ascolto *½ (Italia 1988, col, 71') Faliero Rosati. Con Vincent Spano, Anne Canovas, Oliver Benny, Isabelle Pasco, David Brandon. ◆ Un tecnico addetto alle trasmissioni via satellite (Spano) assiste a un omicidio: quando tenta di fare luce sul mistero, scopre un complotto internazionale. Uno spunto narrativo sin troppo sfruttato per un giallo che batte colpi a vuoto.

Qualcuno lo chiama amore ** (*Some Call It Loving*, Usa 1973, col, 103') James B. Harris. Con Zalman King, Carol White, Lisa Farrow, Richard Pryor, Veronica Anderson. ◆ Un sassofonista (King) acquista in un baraccone da circo una ragazza dormiente (Farrow), se la porta a casa, la sveglia e cerca di farne – con scarso successo – la sua donna ideale. Il secondo film diretto dall'ex produttore di Kubrick rielabora il mito della bella addormentata nel bosco partendo da un racconto di John Collier: i toni fiabeschi calati nell'oggi possono sconcertare lo spettatore, ma è indubbio che il continuo passaggio (senza stacchi evidenti) tra realtà e fantasia dona a quest'opera «toni personalissimi e disturbanti», anche se troppo dichiaratamente «poetici». Nella parte della «Bella addormentata», Lisa Farrow, sorella minore di Mia.

Qualcuno sta per morire *** (*One False Move*, Usa 1992, col, 106') Carl Franklin. Con Bill Paxton, Cynda Williams, Billy Bob Thornton, Michael Beach, Jim Metzler. ◆ Il poliziotto di campagna Dale Dixon (Paxton) si trova alle prese con due criminali (Thornton – coautore della sceneggiatura – e Beach) che hanno appena commesso una strage: il problema è che Fantasia (Williams), la donna di uno dei due, anni prima aveva avuto un figlio da Dale. Un'intelligente struttura a mosaico non lascia mai prevedere le mosse di questo noir che inizia con un'esplosione di violenza, prosegue on the road e finisce nel melodramma. Il regista Franklin, nero, qui al suo primo film vero dopo lavori alimentari per Corman, demistifica sia la violenza (mai visti omicidi tanto fulminei e brutali) che i rapporti tra razze, particolarmente intricati, e senza troppi stereotipi. Peccato che la versione italiana passata in Tv ammorbidisca le scene violente, mai gratuite o sensazionalistiche.

Qualcuno sta uccidendo i più grandi cuochi d'Europa ** (*Who Is Killing the Great Chefs of Europe?*, Usa 1978, col, 112') Ted Kotcheff. Con George Segal, Jacqueline Bisset, Robert Morley, Jean-Pierre Cassel, Philippe Noiret, Jean Rochefort. ◆ Il raffinato e saporito mondo dei gourmet è messo in subbuglio da un misterioso assassino: perché tanto odio contro gli chef? Gradevole e divertente commedia gialla, incalzante e ricca di battute nonché di immagini che fanno venire l'acquolina in bocca. Brillante l'interpretazione di tutto il cast, nel quale spicca l'esilarante Morley nei panni del miglior cuoco del mondo.

Qualcuno verrà *** (*Some Came Running*, Usa 1959, col, 136') Vincente Minnelli. Con Frank Sinatra, Dean Martin, Shirley Mac-Laine, Martha Hyer, Arthur Kennedy, Nancy Gates. ◆ Dopo un'assenza di sedici anni e un periodo sotto le armi, il romanziere Dave Hirsh (Sinatra) torna nella sua piccola città natale, accolto con sospetto dalla famiglia del fratello (Kennedy): lo scandalo crescerà con la sua frequentazione di un giocatore professionista (Martin) e una prostituta (MacLaine), capace però di sacrificare la vita per salvare quella di Dave. Tratto da un romanzo di James Jones (sceneggiato da John Patrick e Arthur Sheekman), è un melodramma attento più alla costruzione dei caratteri che allo sviluppo narrativo, anche se, in filigrana, sa raccontare l'inesorabilità dello scorrere del tempo, il ridicolo dei sogni e delle passioni, le bassezze della vita sociale. Ma è nella forza e nella passione con la quale Minnelli usa gli stereotipi del melodramma (l'artista ribelle, il disilluso, il conformista frustrato, la peccatrice) che il film affascina, senza cercare nessuna distanziazione ironica (come fa Sirk) ma aderendo fino in fondo alle ragioni dei suoi personaggi, costruiti con la sola forza dello stile. Per questo, è impossibile non commuoversi nella scena finale, quando Dean Martin, per rendere omaggio all'amica morta, compie il gesto che non ha mai voluto fare in tutto il film: si toglie il cappello.

Qualcuno volò sul nido del cuculo *** (*One Flew Over the Cuckoo's Nest*, Usa 1975, col, 133') Miloš Forman. Con Jack Nicholson, Louise Fletcher, Will Sampson, William Redfield, Brad Dourif, Christopher Lloyd, Danny DeVito, Scatman Crothers. ◆ La ferrea dittatura di un'infermiera (Fletcher) sui pazienti di un manicomio viene messa a dura prova dal nuovo arrivato (Nicholson), un teppistello che ha simulato la pazzia per evitare il carcere. Sgradevole ma intenso e a tratti accattivante film-denuncia sull'istituzione manicomio, tratto dall'adattamento teatrale che Dale Wasserman ha fatto dell'omonimo romanzo di Ken Kesey. Magistralmente interpretato da Nicholson e dalla Fletcher, infermiera di inarrivabile perfidia, oltre che da una serie di attori (DeVito, Dourif, Lloyd) che impiegheranno anni prima di trovare un'altra parte altrettanto interessante. Notevole lo sforzo di Forman di evitare con cura ogni tirata moralistica, lasciando al succedersi dei fatti (raccontati sempre senza eccedere nel pathos) il compito di descrivere «un ordine malefico e implacabile capace di creare schiavi e dittatori». Non succedeva dai tempi di *Accadde una notte* (1934) che uno stesso film vincesse i cinque Oscar più importanti: miglior film, regia, protagonista maschile e femminile, sceneggiatura (Laurence Hauben e Bo Goldman). Il film fu co-prodotto da Michael Douglas, dopo che il padre Kirk aveva cercato invano di interpretarlo.

Quam mirabilis **½ (Italia 1994, b/n, 56') Alberto Rondalli. Con Giada Balestrini, Elisabetta Faleni, Anna Sivelli, Valeria Bugatto, Rocio Cuadrelli, Barbara Santoni, Alberto Bargetto, Georgette Cavestri, Maite Lozano. ◆ Giovane suora di clausura, Anna (Balestrini) è attratta da una nuova arrivata, Natalie (Bugatto): dopo molte esitazioni decideranno di fuggire insieme ma un prete (Bargetto) convincerà Anna a tornare in convento. Con pochi mezzi e con l'ausilio di un gruppo di attrici provenienti dal teatro, Rondalli (autore anche della sceneggiatura e della fotografia) produce e realizza un mediometraggio austero, disegnato con rigore geometrico, ottimamente illuminato in bianco, nero e grigio, minimamente dialogato e ambiguamente leggibile come esaltazione e critica della scelta religiosa più ardua. Memore di Bresson e a suo modo pascaliano, quest'opera prima che è «solo racconto e constatazione senza messaggio» trova, nel suo insolito rigore e nella rispettosa attenzione a psicologie femminili mosse dal bisogno del sacro, una inattesa e matura misura.

Quando Alice ruppe lo specchio ** (Italia 1989, col, 90') Lucio Fulci. Con Brett Halsey, Ria De Simone, Zora Ulla Kesler, Sasha Darwin. ◆ Lester Person (Halsey), un Landru cannibale, è perseguitato da un suo collega, che commette omicidi analoghi ai suoi, accumulando indizi che portano a lui. Che dire di un film che inizia come *Quarto potere* (un cancello col cartello «No Trespassing»), cita le orecchie in primo piano di Lynch e *Monsieur Verdoux* di Chaplin, e mostra smembramenti con la sega elettrica sulle note di un valzer di Strauss? Senza budget, senza attori e senza regole (fossero anche quelle dell'horror) da rispettare, Fulci riesce a non prendersi troppo sul serio e a divertire, almeno i fans della serie F.

Quando baci una sconosciuta * (*Once You Kiss a Stranger*, Usa 1969, col, 106') Robert Sparr. Con Paul Burke, Carol Lynley, Mar-tha Hyer, Peter Lind Hayes, Philip Carey, Stephen McNally, Whit Bissel. ◆ Una psicopatica (Lynley) propone a un giocatore professionista di golf (Burke), semialcolizzato e soprannominato «l'eterno piazzato» perché arriva sempre secondo, uno scambio di delitti: lei ucciderà il suo più temibile avversario (Carey), lui dovrà eliminare lo psichiatra (Bissel) che la cura e vuole internarla. Indefinibile rifacimento del capolavoro di Hitchcock *L'altro uomo* tratto dal romanzo *Sconosciuti in treno* di Patricia Highsmith (per questa versione sceneggiato da Frank Tarloff e Norman Katlov): basterebbe già il cambio di sesso e l'esplicito legame sessuale tra i due protagonisti – dove in Hitchcock tutto era giocato sull'ambiguità e il non detto – per capire il livello del remake. La storia ha ispirato anche Danny DeVito per *Getta la mamma dal treno*.

Quando c'è la salute ** (*Tant qu'on a la santè*, Francia 1966, col, 80') Pierre Etaix. Con Pierre Etaix, Denise Perrone, Dario Meschi, Véra Belmont, Emil Coryn, Simone Fonder. ◆ Stufo della vita di città, Pierre (Etaix) va nella foresta equatoriale, ma scopre che anche qui la civiltà moderna ha imposto i suoi modelli. Innocua e talvolta stereotipata commedia senza dialoghi, diretta e interpretata da un ex collaboratore di Tati. Nel 1973 il film è stato distribuito con un nuovo montaggio che utilizza anche un precedente cortometraggio di Etaix (*Insomnie*, 1963).

Quando c'era Lui... caro lei! *½ (Italia 1978, col, 100') Giancarlo Santi. Con Paolo Villaggio, Gianni Cavina, Maria Grazia Buccella, Salvatore Funari, Hugo Pratt, Mario Carotenuto, Orietta Berti, Giuliana Calandra, Tiberio Murgia, Gianni Magni. ◆ Un benzinaio con passato fascista (Villaggio) ritrova dei vecchi compagni di fede politica (e un anarchico voltagabbana). E con loro rivive avventure e ricordi. Un esilissimo pretesto narrativo con moralina finale (contro «il qualunquismo del potere a qualunque costo») per reinventare un Ventennio di cartone e sbruffonate, con il disegnatore Hugo Pratt nella parte dell'anarchico e Orietta Berti nei panni di donna Rachele, sempre in cucina a far fettuccine. Goliardia più che satira.

Quando chiama uno sconosciuto *½ (*When a Stranger Calls*, Usa 1979, col, 97') Fred Walton. Con Charles Durning, Carol Kane, Tony Beckley, Colleen Dewhurst, Rachel Roberts, Ron O'Neal. ◆

Maniaco omicida uccide due bambini ma non la loro babysitter (Kane), salvata dall'intervento della polizia: qualche anno dopo, tornato in libertà, cerca di completare l'opera. Un film che inizia bene ma si perde presto in varie incongruenze.

Quando dico che ti amo * (Italia 1967, col, 99') Giorgio Bianchi. Con Tony Renis, Lola Falana, Anna Rita Spinaci, Alida Chelli, Enzo Jannacci, Carletto Sposito, Luciana Scalise, Elena Nicolai ◆ Un giovane cantante in attesa del successo (Renis) si destreggia abilmente tra sei fidanzamenti paralleli: sarà ovviamente scoperto e malmenato proprio quando trova un unico, sincero amore. Girato sulla scia dell'omonimo, inaspettato successo sanremese (scritto da Renis e presentato in abbinamento con la Spinaci), il film ha una trama-pretesto che serve solo per raccordare i numeri musicali del ricco cast: oltre a Renis e la Spinaci, Caterina Caselli, Jimmy Fontana, il giovane e (allora) incompreso Lucio Dalla (che canta *Bisogna saper perdere*). E un raro e sornione Jannacci nella parte di Ascanio.

Quando donna vuole *½ (*Youth Takes a Fling*, Usa 1938, b/n, 79') Archie Mayo. Con Joel McCrea, Andrea Leeds, Dorothea Kent, Frank Jenks, Grant Mitchell, Virginia Grey. ◆ Un contadino (McCrea) va a New York nella speranza di diventare un lupo di mare, ma presto s'accorge che la vita del marinaio non fa per lui e cade nelle braccia di una ragazza (Leeds). Commedia esile nell'intreccio e priva dello smalto necessario a renderla gradevole.

Quando eravamo re *** (*When We Were Kings*, Usa 1996, col e b/n, 87') Leon Gast. Con Mohammed Alì, George Foreman, Don King, Mobutu Sese Seko, Spike Lee, Norman Mailer. ◆ La ricostruzione del periodo che precedette l'incontro per il titolo mondiale, quando nel 1974, sul ring di Kinshasa, combatterono il campione dei massimi George Foreman e lo sfidante Mohammed Alì. Ci sono voluti ventidue anni a Leon Gast per trovare i soldi necessari a montare quello che era stato pensato come un documentario sul megaconcerto di musica nera che doveva precedere l'incontro di boxe (si esibirono James Brown, B.B. King e Miriam Makeba), ma che poi è diventato un «ritratto antropologico» di un atleta fuori dal comune. Alternando riprese del 1974 a materiale d'archivio sulla carriera di Mohammed Alì e interviste girate dal coproduttore Taylor Hackford in tempi più recenti (a Spike Lee e agli scrittori Norman Mailer e George Plimpton, ai tempi reporter sportivi dell'evento), il film cresce emotivamente fino a diventare un monumento ad Alì, la cui energia si riversa dalle conferenze stampa e dagli allenamenti (prolungati per sei settimane per una ferita a Foreman) a tutto il popolo zairese, che vedeva in lui il profeta di una nuova liberazione. Premio Oscar come miglior documentario.

Quando eravamo repressi * (Italia 1992, col, 100') Pino Quartullo. Con Pino Quartullo, Alessandro Gassman, Francesca D'Aloja, Lucrezia Lante della Rovere, Vittorio Gassman. ◆ Chiusi in un albergo, quattro trentenni praticano un complicato scambio di coppie per cercare di ravvivare la propria vita sentimentale. Quando escono, le coppie tornano a essere quelle «legittime». Da un testo teatrale dello stesso regista, un ritratto generazionale ridicolo e noioso, che sembra un aggiornamento dei peggiori difetti della commedia all'italiana, con Gassman padre sessuologo sopra le righe e Gassman figlio scatenato a letto.

Quando gli uomini armarono la clava e... con le donne fecero din-don * (Italia 1971, col, 95') Bruno Corbucci. Con Nadia Cassini, Antonio Sabato, Aldo Giuffré, Vittorio Caprioli, Elio Pandolfi, Valeria Fabrizi, Howard Ross, Lucretia Love, Pia Giancaro. ◆ Lotte preistoriche fra due tribù – i cavernicoli, abitanti delle caverne, e gli acquamanni, che risiedono sulle palafitte. Umorismo di pessimo livello che vorrebbe riciclare situazioni tratte da due commedie di Aristofane: *Lisistrata* e *Le donne alla festa di Demetra*.

Quando i dinosauri si mordevano la coda **½ (*When Dinosaurs Ruled the Earth*, Gb 1969, col, 100') Val Guest. Con Victoria Vetri, Robin Hawdon, Patrick Allen, Magda Konopka, Drewe Henley, Imogen Hassall. ◆ In epoca preistorica una ragazza (Vetri) fugge dalle montagne prima di venire sacrificata agli dèi: per strada troverà l'amore di un uomo (Hawdon) e la solidarietà dei dinosauri. Da un soggetto di James G. Ballard, un film che ignora la profondità dello scritto per puntare sugli effetti speciali (ottimamente realizzati da Jim Danforth) e sull'ambientazione. Divertente e spettacolare. La Vetri, che poi avrebbe preso lo pseudonimo di Angela Dorian, era stata «playmate dell'anno» nel 1968.

Quando il destino si tinge di nero *½ (*Paint It Black*, Usa 1989, col, 101') Tim Hunter. Con Rick Rossovich, Doug Savant, Sally Kirkland, Julie Carmen, Martin Landau, Monique Van De Ven. ◆ A Santa Barbara lo psicopatico Eric (Savant), aspirante artista, decide di aiutare il suo scultore preferito, Jonathan Dunbar (Rossovich), uccidendo a sua insaputa chi gli ostacola la carriera: rendendolo, ovviamente, il sospettato numero uno. Qualche guizzo di crudeltà e le scenografie lussuose non bastano a costruire suspense. Degna di migliori occasioni la colona sonora di Jürgen Knieper. Noto anche come *Omicidi morbosi*.

Quando il giorno verrà ** (*Watch on the Rhine*, Usa 1943, b/n, 114') Herman Shumlin. Con Bette Davis, Paul Lukas, Lucille Watson, Geraldine Fitzgerald, George Coulouris, Donald Woods, Beulah Bondi. ◆ Durante la seconda guerra mondiale una coppia tedesca (Lukas e Davis) fa il doppio gioco per gli americani ma, nel corso di un viaggio a Washington, rischia di essere smascherata. Spy story dichiaratamente antifascista, nobilitata dalla sceneggiatura di Dashiell Hammett (che adattò un lavoro teatrale della moglie Lillian Hellman) e dall'eccellente performance di Paul Lukas, Oscar per la migliore interpretazione maschile. Il film, che oggi appare troppo verboso e pedante nel suo intento propagandistico, riprende tre degli interpreti che ne avevano decretato il succeso a Broadway: Lukas, Watson e Coulouris.

Quando il sole scotta *½ (*La Route de Salina*, Francia/Gb 1971, col, 95') Georges Lautner. Con Robert Walker, Mimsy Farmer, Rita Hayworth, Marc

Porel, Ed Begley. ◆ Nel profondo Sud degli Stati Uniti un vagabondo (Walker) trae vantaggio dal fatto che una benzinaia (Hayworth) lo scambia per il proprio figlio, scomparso anni prima. Un cast eterogeneo per un dramma che non sfrutta appieno le premesse iniziali. Poca suspense, personaggi senza profondità.

Quando i mondi si scontrano ** (*When Worlds Collide*, Usa 1951, col, 83') Rudolph Maté. Con Richard Derr, Barbara Rush, Peter Hanson, John Hoyt, Larry Keating, Judith Ames. ◆ Alla vigilia di una catastrofe che distruggerà la Terra, occorre spedire nello spazio un'astronave a bordo della quale si trovano coloro che dovranno perpetuare la specie umana. Fantascienza molto parlata e oggi un po' datata prodotta da George Pal, con qualche discreto effetto speciale (a cui fu assegnato l'Oscar) e alcune suggestive immagini di New York devastata dalle acque.

Quando la bestia urla **½ (*Monkey on My Back*, Usa 1957, b/n, 93') André de Toth. Con Cameron Mitchell, Dianne Foster, Jack Albertson, Paul Richards, Kathy Garver. ◆ Tornato a casa dopo essersi comportato eroicamente in guerra, l'ex pugile Bareny Ross (Mitchell) diventa tossicomane. Piccolo grande film, avvincente e intenso, che affronta senza troppi compiacimenti un tema allora scabroso per il cinema.

Quando la città dorme ****½ (*While the City Sleeps*, Usa 1955, b/n, 100') Fritz Lang. Con Dana Andrews, Rhonda Fleming, Sally Forrest, Thomas Mitchell, Vincent Price, Howard Duff, Ida Lupino. ◆ Per conquistare la fiducia dei suoi quattro principali collaboratori, l'erede di un diffusissimo quotidiano (Price) mette in palio tra loro il posto di direttore generale, destinato a chi scoprirà l'identità dell'«assassino del rossetto» che in quei giorni domina le fantasie dell'opinione pubblica. Tratto dal romanzo *The Bloody Spur* di Charles Einstein, (sceneggiato da Casey Robinson), il film abbandona ben presto la «ricerca dell'assassino» per concentrarsi sui disturbi non meno aberranti dei suoi «investigatori», giornalisti divorati dall'ambizione, assetati di potere, pronti a tutto pur di emergere. Un poliziesco al grado zero, dove la morale è stata sostituita dal cinismo, il cattivo tradizionale fa da specchio ai presunti buoni che gli danno la caccia e il primo è più degno di comprensione dei secondi. Con un grande senso dello spazio e del ritmo, Lang ricostruisce perfettamente l'atmosfera frenetica e claustrofobica della redazione, mettendo a punto un universo fatale che distilla il meglio della grande lezione espressionista e delle esperienze noir: «uno spaccato d'attualità rielaborato come se fosse un girone infernale», reale e astratto nello stesso tempo, un microcosmo estendibile all'intera società americana, dominata dal crimine e dalla competizione. Penultimo film americano di Lang, è uno dei suoi migliori in assoluto, nonostante certa critica dell'epoca l'abbia scambiato per un semplice giallo.

Quando la coppia scoppia * (Italia 1981, col, 97') Steno [Stefano Vanzina]. Con Enrico Montesano, Claude Brasseur, Dalila Di Lazzaro, Lia Tanzi, Gigi Reder, Daniela Poggi. ◆ Abbandonato dalla moglie, un marito geloso (Montesano) cerca di scoprirne i segreti attraverso le confidenze della figlia piccola. Variazione incolore e stereotipata sul tema del tradimento coniugale.

Quando la moglie è in vacanza ***½ (*The Seven Year Itch*, Usa 1955, col, 105') Billy Wilder. Con Marilyn Monroe, Tom Ewell, Robert Strauss, Evelyn Keyes, Sonny Tufts. ◆ Rimasto a Manhattan dopo aver spedito moglie e figlio nel Maine per le vacanze estive, il direttore di una piccola casa editrice (Ewell), marito esemplare da sette anni, si trova alle prese con l'avvenente e ingenua neovicina di casa (Monroe). Sceneggiato da Wilder e George Axelrod (a partire dalla sua omonima commedia), il film prende di mira le ossessioni erotiche dell'americano medio, «maschio cacciatore» come gli indiani del prologo, ma inibito e represso: di fronte alle tentazioni, l'Uomo Qualunque del Ventesimo secolo si rifugia nell'immaginazione (da antologia la scena del corteggiamento al ritmo del Concerto n. 2 di Rachmaninov – ironica citazione della colonna sonora di *Breve incontro* – e la fantasia di baciare la preda «rapidissimo e vorace») permettendo a Wilder di mettere a nudo l'immaginario collettivo, cinematografico per il protagonista (da *Il mostro della laguna nera* a *Da qui all'eternità*, dal melodramma a Lubitsch) e televisivo-consumistico per il figlio (il costume spaziale) e stigmatizzandone con ironia tutti i luoghi comuni. Meraviglioso tramite tra realtà e fantasia è Marilyn Monroe, mito allo stato puro che gioca a fare la caricatura del suo personaggio di svampita irresistibile (è qui la celeberrima scena della gonna sollevata dal vento della sotterranea e la battuta sugli «intimi» lasciati in frigorifero per combattere l'afa). Realizzato quando era ancora in vigore il Codice Hays di autocensura, non arriva a rendere esplicito l'adulterio, ma lo assume come oggetto di divieto e di desiderio attraverso spostamenti simbolici (il dito continuamente intrappolato, la pagaia e il pattino del figlio) che offrono spunti per gag irresistibili.

Quando l'amore è romanzo *½ (*The Helen Morgan Story*, 1957, b/n, 118') Michael Curtiz. Con Ann Blyth, Paul Newman, Richard Carlson, Gene Evans, Alan King, Cara Williams. ◆ A cavallo tra gli anni Venti e Trenta, la travagliata biografia dell'attrice e cantante Helen Morgan (Blyth) che, dopo una serie di infelici vicende sentimentali, tra le quali una con il contrabbandiere di liquori Larry Maddux (Newman) finì per morire alcolizzata. Melodramma poco convincente, soprattutto perché l'intera vicenda regge sulle spalle di un'attrice, la Blyth, che non appare all'altezza del ruolo affidatole.

Quando l'amore se n'è andato *½ (*Where Love Has Gone*, Usa 1964, col, 114') Edward Dmytryk. Con Susan Hayward, Bette Davis, Jane Greer, Michael Connors, Joey Heatherton, Anne Seymour. ◆ Stufa delle angherie a cui la sottopone la madre (Hayward), la figlia (Heatherton) si vendica uccidendole l'amante. Improbabile drammone a fosche tinte basato su un romanzo di Harold Robbins, a sua volta ispiratosi alla vera storia di Lana Turner e del suo amante Johnny Stompanato. Un pizzico di sana perfidia c'è solo nell'interpretazione della Davis, dittatoriale nonna che domina su figlia e nipote.

Quando l'amore va a scuola → *Treni strettamente sorvegliati*

Quando le donne amano * (*Adorables Créatures*, Francia/Italia 1952, b/n, 108') Christian-Jaque [Christian Maudet]. Con Antonella Lualdi, Martine Carol, Edwige Feuillère, Danielle Darrieux, Renée Faure, Daniel Gélin, Louis Seigner. ◆ Prima del matrimonio, un giovanotto rubacuori (Gélin) ricorda le numerose esperienze amorose avute in passato. Un intreccio sciocco e inconsistente per un film che vorrebbe essere piccante, ma che in realtà si rivela solo insipido.

Quando le donne avevano la coda *½ (Italia 1970, col, 105') Pasquale Festa Campanile. Con Senta Berger, Giuliano Gemma, Renzo Montagnani, Frank Wolff, Lino Toffolo, Lando Buzzanca, Francesco Mulé, Aldo Giuffré, Paola Borboni. ◆ Alcuni cavernicoli scoprono l'essere femminile, e di conseguenza anche il desiderio di possederlo. Umorismo pecoreccio in salsa troglodita (alla sceneggiatura ha collaborato anche Lina Wertmüller). Incredibile ma vero, ha avuto anche un seguito, *Quando le donne persero la coda*.

Quando le donne persero la coda * (Italia 1972, col, 94') Pasquale Festa Campanile. Con Lando Buzzanca, Senta Berger, Renzo Montagnani, Francesco Mulé, Frank Wolff, Fiammetta, Lino Toffolo. ◆ Tra i cavernicoli questa volta si fa strada l'idea del profitto economico, da realizzarsi prostituendo le donne. Seguito di *Quando le donne avevano la coda*, non meno mediocre del precedente (soggetto di Lina Wertmüller, cosceneggiatura di Iaia Fiastri).

Quando le donne si chiamavano madonne * (Italia 1972, col, 94') Aldo Grimaldi. Con Edwige Fenech, Vittorio Caprioli, Stefania Careddu, Paolo Turco, Mario Carotenuto, Don Backy [Aldo Caponi], Francesca Benedetti, Antonia Brancati. ◆ Nel Quattrocento, tre amici vogliono portarsi a letto tre donne tanto belle quanto difficili da conquistare. I riferimenti all'epoca del Boccaccio sono solo un pretesto per produrre una comicità greve e stantìa, basata sulle qualità fisiche della Fenech, destinata presto a diventare la stella di questo genere di cinema.

Quando le leggende muoiono **½ (*When the Legends Die*, Usa 1972, col, 105') Stuart Millar. Con Richard Widmark, Frederic Forrest, Luana Anders, Vito Scotti, Herbert Nelson. ◆ Storia dell'amicizia tra un campione di rodeo che non riesce ad accettare la vecchiaia (Widmark) e un pellerossa (Forrest) costretto per sopravvivere a inserirsi nel mondo dei bianchi. Western malinconico e realista sceneggiato con passione da Robert Dozier, che descrive senza compiacimenti gli aspetti squallidi nella vita dei «mitici» cowboy. Il regista due anni prima aveva prodotto *Piccolo grande uomo*.

Quando le montagne finiscono *½ (Italia 1994, col, 101') Daniele Carnacina. Con Giuseppe Cederna, Margaret Mazzantini, Felice Andreasi, Lina Bernardi, Mattia Sbragia, Angela Finocchiaro, Antonio Catania, Flavio Bucci, Toni Barbi, Silvia De Luca. ◆ La notizia che Anna (Mazzantini) aspetta un figlio mette in subbuglio Sandro (Cederna), che deve affrontare anche la crisi dei vecchi genitori (Andreasi e Bernardi); ma il confronto con i problemi degli altri e con i luoghi della propria infanzia (le montagne del Bellunese) lo aiuteranno a crescere. Esordio educato e inoffensivo (che il regista ha sceneggiato a partire da ricordi personali), a tratti anche sincero, ma ingenuamente letterario (le voci off) e senza una ragion d'essere che non sia quella della propria autogratificazione. Come il piano-sequenza in steady-cam che apre il film: ineccepibile, ma senza alcuna necessità espressiva.

Quando l'erba si tinge di rosso * (*Quiet Cool*, Usa 1986, col, 80') Clay Borris. Con James Remar, Nick Cassavetes, Jared Martin, Adam Coleman Howard, Fran Ryan. ◆ Poliziotto newyorchese (Remar) è chiamato a indagare su alcune piantagioni sospette tra i monti della California. La solita storia dell'agente «macho» che riesce quasi da solo a sgominare una banda di malviventi: anonima e inutile filiazione del personaggio di Rambo.

Quando le signore si incontrano *½ (*When Ladies Meet*, Usa 1941, b/n, 108') Robert Z. Leonard. Con Robert Taylor, Joan Crawford, Greer Garson, Herbert Marshall, Spring Byington. ◆ Un giovanotto (Taylor) riesce a conquistare una scrittrice (Crawford) di cui è innamorato aprendole gli occhi sulla disonestà dell'uomo (Marshall) con cui lei ha una relazione. Tratto da una pièce di Rachel Crothers, è un remake, prolisso nel dialogo ma interpretato da un cast di tutto rispetto, di un film diretto nel 1933 da Harry Beaumont (*When Ladies Meet*).

Quando l'inferno si scatena *½ (*When Hell Broke Loose*, Usa 1958, b/n, 78') Kenneth G. Crane. Con Charles Bronson, Richard Jaeckel, Violet Rensing, Eddy Foy, Arvid Nelson. ◆ In Europa, durante la seconda guerra mondiale, alcuni corpi speciali dei nazisti attentano alla vita del generale Eisenhower. Niente di più che un ordinario film di guerra, originale nella premessa ma non negli sviluppi.

Quando morire ** (*Right to Die*, Usa 1987, col, 90') Paul Wendkos. Con Raquel Welch, Michael Gross, Ronnie Bartlett, Joanna Miles. ◆ Affetta da sclerosi laterale amiotrofica, Emily (Welch) non può più parlare e chiede l'eutanasia tramite computer; il marito (Gross) conduce una battaglia legale dall'esito incerto, e alla fine le stacca il respiratore. La sceneggiatura di Phil Penningroth affronta problemi smisurati per un tv-movie; e la regia ha una singolare – e forse involontaria – incapacità di catarsi, che se da una parte allontana le facili consolazioni, dall'altro rende l'esperienza della visione sconsigliabile a comitive di amici con popcorn o coppiette al primo appuntamento. Il risultato, in ogni caso, è abbastanza onesto.

Quando muore una stella **½ (*The Legend of Lylah Clare*, Usa 1968, col, 130') Robert Aldrich. Con Kim Novak, Peter Finch, Ernest Borgnine, Rossella Falk, Gabriele Tinti, Valentina Cortese, George Kennedy, Coral Browne. ◆ Per la sua straordinaria rassomiglianza, Elsa Brinkmann (Novak) è scelta per interpretare un film sulla diva Lylah Clare, morta in circostanze poco chiare: finirà per identificarsi con la defunta, facendo la stessa tragica fine. Tratto da un originale televisivo di Robert Thom e Edward De

Blasio sceneggiato da Hugo Butler e Jean Rouverol, è un melodramma barocco ed eccessivo che ricostruisce la personalità di un'attrice partendo da differenti punti di vista. Snobbato dal pubblico alla sua uscita, forse per i suoi continui e brutali cambi di tono narrativo (in un intreccio tra realtà e finzione che si rimandano l'un l'altra come due specchi deformanti), il film è un ritratto al vetriolo del mondo del cinema, visto come una fabbrica dove si costruiscono mostri e i cui campioni sono rappresentati da un produttore senza scrupoli (Borgnine) e una giornalista infida (Browne). Geniale il finale con lo spot di cibo per cani che si tramuta in un incubo.

Quando passi da queste parti... ** (*Griffin and Phoenix: a Love Story*, Usa 1976, col, 100') Daryl Duke. Con Peter Falk, Jill Clayburgh, Sally Kirkland, George Chandler, John Lehne, Dorothy Tristan. ◆ Lui (Falk) ha il cancro, lei (Clayburgh) la leucemia: l'amore tra due malati incurabili è breve ma intenso. Bravissimi i due protagonisti nell'evitare tutti gli stereotipi di una storia insopportabilmente sdolcinata, che non riesce comunque a elevarsi sopra la media.

Quando si ama * (*Break of Hearts*, Usa 1935, b/n, 80') Philip Moeller. Con Katharine Hepburn, Charles Boyer, John Beal, Jean Hersholt, Sam Hardy. ◆ Il tormentato amore fra un direttore d'orchestra (Boyer) e un'aspirante compositrice (Hepburn). Melodramma zuccheroso con tanto di crisi matrimoniale e discesa nell'alcolismo per lui (con conseguente perdono finale di lei), sceneggiato da Sarah Y. Mason, Victor Heerman e Anthony Veiller senza nessuna idea (lei a lui: «Ti amo, ti amo da tanto tempo. Da questo pomeriggio») e diretto peggio.

Quando soffia il vento ** (*When the Wind Blows*, Gb 1986, col, 86') Jimmy Teru Murakami. ◆ Allo scoppio di un conflitto mondiale, una coppia di anziani cerca di difendersi dalle conseguenze di un'imminente esplosione atomica, ma le istruzioni governative sono talmente ridicole che i due finiranno per soccombere. Tratto da un fortunato libro illustrato del britannico Raymond Briggs, è un film d'animazione dichiaratamente «di denuncia», suggestivo nell'idea di partenza e in certe scelte visive (disegno animato bidimensionale e sfondi tridimensionali), ma troppo verboso per essere davvero coinvolgente. Accompagnamento musicale di Roger Waters e David Bowie.

Quando torna l'inverno ** (*Un Singe en hiver*, Francia 1963, b/n, 100') Henri Verneuil. Con Jean Gabin, Jean-Paul Belmondo, Suzanne Flon, Paul Frankeur, Gabriele Dorzat. ◆ L'ex sottufficiale Quentin (Gabin) intristisce in un paese sulla costa Atlantica, finché l'arrivo del giovane e scapestrato Fouchet (Belmondo), piantato dalla sua donna e con una figlia da recuperare in un collegio, gli fa tornare la voglia di fare bisboccia e di sognare per un'ultima volta, prima dell'inverno della vecchiaia. Modeste trasgressioni (sbronze e fuochi d'artificio sulla spiaggia) e retorica sentimentale: Verneuil e Gabin sembrano sinceri, ma il racconto non evita lungaggini e scivoloni. Da un romanzo di Antoine Blondin, adattato da Michel Audiard.

Quando una donna ama **½ (*Riptide*, Usa 1934, b/n, 90') Edmund Goulding. Con Norma Shearer, Robert Montgomery, Herbert Marshall, Ralph Forbes, Skeets Gallagher, Mrs. Patrick Campbell. ◆ Un lord inglese (Marshall) sospetta a torto la giovane moglie (Shearer) di tradirlo durante le sue lunghe assenze. Commedia interpretata con eleganza e ambientata in scenari lussuosi, che all'epoca dovettero apparire ancora più stravaganti. Originale e divertente la sequenza iniziale, in cui i protagonisti sono vestiti da insetti giganti per una festa mascherata. Piccola particina per Walter Brennan come autista.

Quando una ragazza è bella *½ (*Bring Your Smile Along*, Usa 1955, col, 83') Blake Edwards. Con Frankie Laine, Constance Towers, Keefe Brasselle, Lucy Marlow, William Leslie, Jack Albertson. ◆ Maestra di provincia (Towers) va a New York e sfonda come compositrice di testi per canzoni, ma quando il suo ex fidanzato arriva in città per riportarla a casa, le cose si complicano. Modesto debutto alla regia per Edwards, che è anche autore, insieme a Richard Quine, della sceneggiatura.

Quando vennero le balene ** (*When the Whales Came*, Gb 1989, col, 100') Clive Rees. Con Paul Scofield, Helen Mirren, Helen Pearce, Max Rennie, David Threlfall, Barbara Ewing, John Hallam. ◆ In un'isola a sud della Gran Bretagna nasce un'amicizia fra due bambini (Pearce e Rennie) e un vecchio (Scofield), emarginato dalla comunità dei pescatori perché ritenuto troppo eccentrico. Gradevole film per famiglie, pieno (anche troppo...) di buoni sentimenti.

Quando volano le cicogne **½ (*Letjat žuravli*, Urss 1957, b/n, 97') Mikhail K. Kalatozov. Con Tat'jana Samojlova, Aleksej Balatov, Vasilij Merkur'ev, Aleksandr Švorin, Svetlana Karitonova, Konstantin Nikitin. ◆ L'amore tra due giovani moscoviti, Veronika (Samojlova) e Boris (Balatov), è tragicamente interrotto dalla guerra: Boris parte per il fronte e Veronika, provata dalle difficoltà, cede per debolezza alla corte di un cugino, Mark (Švorin), e lo sposa pur senza amarlo. Boris morirà solo, nel fango, e Veronika, ignara della sua sorte, lo attenderà invano alla stazione quando i soldati ritorneranno dalla guerra. Sceneggiato da Viktor Rozov dalla sua commedia *Eternamente vivi*, è un film tenero e struggente, attento più ai particolari quotidiani che ai grandi temi, raccontato con uno stile pacato e dimesso (anche se la fotografia di Sergej Urusevskij si concede qualche ricercatezza formale, come nella scena della morte di Boris): lontano «dal convenzionalismo dei film staliniani» il film apre l'epoca del «disgelo» raccontando gli aspetti dolorosi del dramma esistenziale vissuto da milioni di donne sovietiche in un paese sconvolto dalla guerra. Palma d'oro a Cannes.

Quante volte... quella notte *½ (Italia/Rft 1973, col, 95') Mario Bava. Con Daniela Giordano, Brett Halsey, Dick Randall, Brigitte Skay, Pascal Petit. ◆ Una ragazza (Giordano) racconta di essere stata vittima di un tentato stupro, ma il presunto violentatore (Halsey) sostiene che le cose sono andate diversamente. Nemmeno un testimone riesce a far luce sulla verità. Bava, molto più a suo agio nel genere horror, tenta qui una ben poco convincente incursione nel thriller dai toni pirandelliani, ambizioso ma assai sconnesso nella struttura narrativa. Iniziato nel 1969, il film è uscito quattro anni più tardi per problemi con la censura.

Quantez ** (*Quantez*, Usa 1957, col, 80') Harry Keller. Con Fred MacMurray, Dorothy Malone, Sidney Chaplin, James Barton, John Gavin, John Larch. ◆ Quattro fuorilegge si rifugiano in un villaggio abbandonato del Messico, dove vengono però stretti d'assedio dagli indiani. Western ammirevole per la fotografia (di Carl E. Guthrie) e le scene d'azione, ma non altrettanto per lo sviluppo narrativo, contorto e prolisso.

Quanto è bello lu murire accisu ** (Italia 1976, col, 85') Ennio Lorenzini. Con Stefano Satta Flores, Giulio Brogi, Alessandro Haber, Angela Goodwin, Elio Marconato. ◆ La storia di Carlo Pisacane (Satta Flores) e del suo tentativo fallito di organizzare una rivoluzione contadina in Calabria ai tempi dei Borboni. Raccontata come una cantata popolare, la storia dei «trecento giovani e forti» è spezzettata in una serie di aneddoti che rischiano di impoverire la figura complessa di Pisacane, fino a farne una specie di astratto eroe della rivoluzione. Nello sviluppo narrativo ha molto più rilievo l'ufficiale borbonico interpretato da Brogi, al quale Lorenzini affida il discutibile compito di impersonare la morale del film, massacratore dei rivoluzionari pur avendo lucidamente presente (con una coscienza storica inusitata per i tempi) le linee dello sviluppo storico e la sua futura inevitabile sconfitta.

Quanto rompe mia moglie ** (*Vas-y, maman!*, Francia 1978, col, 96') Nicole De Buron. Con Annie Girardot, Pierre Mondy, Eléonore Klarwein, Richard Constantini, Henri Garcin, Guy Marchand, Anémone. ◆ Stufa della vita domestica, una casalinga (Girardot) scrive un libro, *La Femme engourdie*, che ottiene un grande successo: lei è felice, ma la famiglia va in tilt. Commediola senza pretese di vago sapore femminista che strappa qualche sorriso.

Quarantaduesima strada ***½ (*42nd Street*, Usa 1933, b/n, 89') Lloyd Bacon. Con Warner Baxter, Bebe Daniels, George Brent, Ruby Keeler, Dick Powell, Ginger Rogers. ◆ Nonostante le difficoltà economiche, un regista scontroso (Baxter) riesce ad allestire una commedia musicale, *Pretty Baby*: cinque settimane di prove e vicissitudini sentimentali, con l'ultima arrivata, Peggy (Keeler), che saprà sostituire con successo la vedette infortunata. Uno dei primi capolavori del musical hollywoodiano anni Trenta, archetipo prebellico dello «spettacolo nello spettacolo», è il primo film in cui il coreografo Busby Berkeley rivela appieno il suo stile. I soliti cliché tematici (l'amore e la faticosa lotta per emergere) vengono riscattati dai riferimenti alla realtà socio-economica della Grande Depressione e raccontati con una messinscena inedita e vigorosa. Bacon, che sostituì all'ultimo Mervyn LeRoy (il regista dell'altro grande musical del periodo, *La danza delle luci*), dirige una commedia musicale con un ritmo forsennato, a metà tra il gangster-movie e il film di guerra: i numeri di danza (*You're Getting to Be a Habit with Me*, *Shuffle Off to Buffalo* e naturalmente *42nd Street*) hanno sempre meno a che fare con il palcoscenico e sempre più col cinema perché le coreografie di Berkeley lavorano sullo spazio puntando al massimo sulla visualità e sul dinamismo e liberano la macchina da presa dalla statica angolazione frontale per offrire tutta la mobilità possibile, capace di restituire al pubblico quella fluidità e quella visione d'insieme che inevitabilmente si perdono nella statica fruizione teatrale. Oltre a inaugurare il cinema berkeleyano, *Quarantaduesima strada* rappresentò un passo decisivo nella carriera di Dick Powell, fino ad allora impiegato in ruoli minori, e in quella dell'esordiente Ruby Keeler. Fu ripreso a Broadway cinquant'anni più tardi ed esiste anche in una versione colorizzata al computer.

40 gradi all'ombra del lenzuolo * (Italia 1976, col, 105') Sergio Martino. ◆ Film a episodi. In *La cavallona* (con Edwige Fenech, Tomas Milian) una signora si concede avventure galanti solo per telefono con uno sboccato bolognese; in *L'attimo fuggente* (con Giovanna Ralli, Alberto Lionello) due coniugi si fingono una contessa e il suo autista per ritrovare il desiderio sessuale; in *La guardia del corpo* (con Marty Feldman, Dayle Haddon) un'ereditiera è salvata suo malgrado dal «gorilla» messole al fianco dal padre; in *I soldi in banca* (con Barbara Bouchet, Enrico Montesano) chi doveva esportare illegalmente 60 milioni in Svizzera se ne serve per corrompere la moglie del committente; in *Un posto tranquillo* (con Aldo Maccione, Sydne Rome) l'uomo che salva un'avvenente ragazza da un tentativo di suicidio non riesce a portarsela a letto per colpa del geloso cane di lei. Cinque episodi che hanno per denominatore comune un basso e squallido umorismo da caserma, illustrato dalle nudità di qualche bellezza nostrana.

40 mq di Germania *** (*40 mq. Deutschland*, Rft/Turchia 1986, col, 80') Tevfik Baker. Con Ozay Fecht, Yaman Okay, Mustafà Gulpinar, Demir Gokgol, Grit Mackentanz, Marita Petersen. ◆ Un turco (Okay) emigrato in Germania decide di portarsi la moglie (Fecht) ad Amburgo, nel suo miniappartamento di 40 metri quadrati: ma, geloso e diffidente, l'uomo chiude la donna in casa ogni volta che esce per recarsi al lavoro, portandola a un'esasperazione che rischia di trasformarsi in follia. Opera prima costruita come un «dramma da camera», il film (che è servito da due attori straordinari) è il cupo e spietato ritratto di una vita resa squallida dalla povertà e dal pregiudizio, che il regista è bravo a raccontare con un tono asciutto, senza mai cadere nelle trappole del melodramma. Distribuito in lingua originale con sottotitoli.

40.000 dollari per non morire **½ (*The Gambler*, Usa 1974, col, 111') Karel Reisz. Con James Caan, Lauren Hutton, Paul Sorvino, Burt Young, M. Emmet Walsh, James Woods. ◆ Un professore di letteratura (Caan), cacciatosi nei guai a causa della sua ossessione per il gioco d'azzardo, decide di andare fino in fondo e cerca la propria rovina definitiva. Scritto da James Toback (che realizza qui una delle più disperate e belle sceneggiature del decennio, anche se i dialoghi rivelano un'eccessiva ricercatezza letteraria), il film non cerca di descrivere come si diventa giocatori ma come si sopravvive quando lo si è già. Senza concedere niente al romanticismo che può nascondersi nel gioco, Reisz evita con cura ogni possibile identificazione con il protagonista «murato dentro le sue ossessioni, la sua solitudine, abbandonato in questo deserto dell'anima dove nessun soccorso è possibile». Strazianti, nella loro programmata crudeltà, le scene in cui Caan accompagna la vecchia madre a ritirare i suoi risparmi in banca (e si scontra con l'impiegato interpretato da James Woods) e il tentativo di violenza sulla fidanzata (Hutton). Montaggio di Roger Spottiswoode.

49° Parallelo → *Invasori, Gli – 49° Parallelo*

Quaranta pistole *** (*Forty Guns*, Usa 1957, b/n, 80') Samuel Fuller. Con Barbara Stanwyck, Barry Sullivan, Dean Jagger, John Ericson, Gene Barry. ◆ Griff Dunnell (Sullivan) deve catturare un aiutosceriffo corrotto da una ricca proprietaria terriera (Stanwyck) che capeggia una banda di quaranta pistoleri. Ce la farà – e alla fine riuscirà persino a redimere la perfida signora – ma saranno in molti a rimetterci la vita. Un western energico e fiammeggiante scritto e prodotto, oltre che diretto, da Fuller, con un diffuso senso di morte e un happy end non voluto dall'autore (nel finale originale la Stanwyck veniva uccisa da Sullivan). Dal punto di vista narrativo rovescia i consueti rapporti di forza uomo-donna: il potere è tutto nelle mani dell'eroina ed è significativo il suicidio per amore dello sceriffo-amante. Dal punto di vista stilistico è uno dei film anticlassici per eccellenza (non a caso citato da Godard come fonte d'ispirazione per *Fino all'ultimo respiro*): lungi dal conferire un ordine formale all'intreccio, Fuller da una parte procede per piani sequenza – spettacolare quello dell'ufficio postale, all'epoca il più lungo nella storia della Fox – e dall'altra risolve alcuni momenti drammatici – come la morte del fratello di Griff, subito dopo le nozze – con piani così brevi e veloci che a stento si riesce a capire cosa è successo. Tra le curiosità: Marilyn Monroe avrebbe voluto interpretare il ruolo della Stanwyck, ma il regista si oppose; la scena in cui è sbalzata e trascinata dal cavallo impazzito è stata girata dall'attrice senza l'aiuto della controfigura; per la villa della protagonista fu utilizzata la famosa «Tara» di *Via col vento*.

«44 Magnum» per l'ispettore Callaghan, Una ** (*Magnum Force*, Usa 1973, col, 124') Ted Post. Con Clint Eastwood, Hal Holbrook, Mitchell Ryan, David Soul, Felton Perry, Kip Niven. ◆ A San Francisco l'ispettore Callaghan (Eastwood) scopre alcune mele marce all'interno del dipartimento di polizia. Scritto da John Milius e Michael Cimino è il secondo episodio del ciclo dedicato al taciturno e solitario poliziotto californiano (inaugurato da *Ispettore Callaghan, il caso «Scorpio» è tuo*, 1971), decisamente meno elegante e più brutale del primo. Il personaggio ritorna in *Cielo di piombo ispettore Callaghan* (1976).

47 morto che parla *½ (Italia 1950, b/n, 89') Carlo Ludovico Bragaglia. Con Totò [Antonio de Curtis], Silvana Pampanini, Adriana Benetti, Dante Maggio, Tina Lattanzi, Aldo Bufi Landi, Mario Castellani, Arturo Bragaglia, Totò Mignone, Carlo Croccolo. ◆ L'avarissimo barone Peletti (Totò) è vittima di uno scherzo nel quale gli si fa credere di essere prima morto, e poi finito all'Inferno. Un soggetto originale ma piuttosto mediocre di Ettore Petrolini (sceneggiato da Age e Scarpelli, Vittorio Metz, Marcello Marchesi e, non accreditato, Nicola Manzari) costringe Totò dentro i limiti di un carattere (qui, l'avaro) «rendendolo monocorde, succube dell'intreccio» e vietandogli così i suoi sbalzi creativi e le sue libertà. Utilizzata qui per la prima volta la battuta: «Noblesse oblige: la nobiltà è obbligatoria». Esordio per Gigi Reder, futuro ragionier Filini.

48 ore *** (*48 HRS.*, Usa 1982, col, 97') Walter Hill. Con Eddie Murphy, Nick Nolte, Annette O'Toole, Frank McRae, James Remar, David Patrick Kelly. ◆ Per dare la caccia a un pericoloso assassino che è fuggito di prigione, l'ispettore Cates (Nolte) si fa aiutare da un detenuto, Reggie Hammond (Murphy), al quale concede la libertà vigilata per quarantotto ore. Poliziesco urbano costruito su uno dei meccanismi più collaudati della commedia (due persone che si detestano sono costrette a lavorare insieme) e diretto con un ritmo indiavolato: è il film d'esordio di Eddie Murphy, che conquistò il pubblico con la sua inconfondibile risata e la sua comicità diretta e volgare, ma bisogna ammettere che il meno appariscente Nick Nolte non gli è da meno. Seguito, nel 1990, da un deludentissimo *Ancora 48 ore*.

48 ore per non morire ** (*Rage*, Messico/Usa 1966, col, 103') Gilberto Gazcon. Con Glenn Ford, Stella Stevens, David Reynoso, Armando Silvestre, Ariadna Welter. ◆ Un medico (Ford) afflitto dai rimorsi per la morte della moglie riscopre il valore della vita quando, contratta la rabbia, ingaggia una lotta contro il tempo per raggiungere il più vicino ospedale. Un buon dramma, diretto con cura e interpretato con abilità da Ford.

Quarantunesimo, Il **½ (*Sorok pervyi*, Urss 1956, col, 92') Grigorij Čuchraj. Con Oleg Striženov, Izol'da Uzvickaja, Nikolaj Krjučkov, Nikolaj Dupak, Georgij Šapovalov. ◆ Durante la rivoluzione russa, una soldatessa bolscevica (Uzvickaja), che grazie alla sua mira infallibile ha già ucciso quaranta ufficiali zaristi, si innamora di un tenente dei Bianchi (Striženov) che ha fatto prigioniero: quando le sfuggirà per attirare l'attenzione di un convoglio nemico, alla donna non resterà che imbracciare il fucile e fare la sua quarantunesima vittima. Uno dei primi film a segnare il cosiddetto «disgelo» del cinema sovietico è il rifacimento di un capolavoro del muto, *L'isola della morte* di Jakov Protažanov (1927): lo sceneggiatore Gregorij Koltunov rielabora il racconto di Boris Lavrenev all'origine dei due film e il conflitto tra l'amore e l'impegno politico (con l'inevitabile vittoria di quest'ultimo) diventa qui un sommesso richiamo ai «valori semplici e umani che il vortice della Storia inesorabilmente stritola e distrugge», anche se un troppo diffuso romanticismo (e qualche «ricatto sentimentale») non gli permettono di prendere davvero le distanze dal passato. Premio speciale della giuria a Cannes.

Quarry, The – La cava ** (*The Quarry*, Usa 1998, col, 110′) Marion Hänsel. Con John Lynch, Jonny Phillips, Oscar Petersen, Sylvia Esau. ◆ In Sud Africa, un evaso (Lynch) accetta un passaggio da un pastore battista, che gli fa delle avances: per reazione l'uomo lo uccide e lo seppellisce in una cava, prendendo il suo posto nella comunità; ma le sue strane omelie (la prima è su un furto compiuto da due fratelli di colore) fanno nascere qualche dubbio al capo della polizia. Un noir morale, di taglio classico, sull'intricato rapporto tra verità e apparenza, ruolo e persona, peccato ed espiazione, destino e libero arbitrio. Ambientato nel nuovo Sudafrica con espliciti risvolti «politici», è un film ambizioso e interessante, nonostante qualche debolezza ideologica nella sceneggiatura (della regista e Damon Galgut) e una certa ieraticità «d'autore».

Quarta guerra, La ** (*The Fourth War*, Usa 1990, col, 91′) John Frankenheimer. Con Roy Scheider, Jürgen Prochnow, Tim Reid, Harry Dean Stanton, Lara Harris, Dale Dye. ◆ Due colonnelli, uno americano (Scheider) e l'altro sovietico (Prochnow), ignorano le mosse diplomatiche fra le proprie nazioni e scatenano una loro guerra privata, potenzialmente pericolosissima. L'intreccio non brilla certo per originalità, ma Frankenheimer comunque sa come dare tensione e intensità a questo genere di storie.

Quarta vittima, La ** (*The Scarecrow*, Nuova Zelanda 1982, col, 87′) Sam Pillsbury. Con John Carradine, Tracy Mann, Jonathan Smith, Daniel McLaren, Anne Flannery, Des Kelly. ◆ In un villaggio della Nuova Zelanda un ragazzino crede che l'autore di alcuni misteriosi omicidi sia un forestiero da poco arrivato in paese. Tratto da un romanzo di Ronald Hugh Morrieson, un thriller costruito con abilità.

Quartet ** (*Quartet*, Gb/Francia 1981, col, 101′) James Ivory. Con Isabelle Adjani, Maggie Smith, Alan Bates, Anthony Higgins, Pierre Clémenti, Virginie Thevenet. ◆ Parigi, 1927: quando il marito squattrinato (Higgins) viene arrestato per furto, l'indifesa Marya Zelli (Adjani) va a stare da una coppia di ricchi e maturi coniugi H.J. e Lois Heidler (Smith e Bates), diventando presto l'amante del suo ospite. Tratto dal romanzo omonimo di Jean Rhys (sceneggiato da Ruth Prawer Jhabvala), il film può vantare un'impeccabile ricostruzione ambientale messa però al servizio di una narrazione fredda, priva di vitalità, che si fa ammirare senza mai appassionare. Il personaggio di H.J. Heidler (più nel romanzo che nel film, per il vero) adombra lo scrittore Ford Madox Ford. Palma d'oro a Cannes per l'Adjani.

Quartetto Basileus **½ (Italia/Svizzera/Francia 1981, col, 125′) Fabio Carpi. Con Hector Alterio, Omero Antonutti, Pierre Malet, Michel Vitold, Gabriele Ferzetti, Rada Rassimov, Mimsy Farmer, Lisa Kreutzer, Alessandro Haber, Francesco Carnelutti. ◆ I tre superstiti del quartetto d'archi Basileus (Alterio, Antonutti e Vitold) ritrovano il piacere di suonare – e il gusto della vita – quando si unisce a loro un violinista ventenne, Edoardo (Malet), ma la giovane età dell'ultimo arrivato metterà duramente in crisi le vite dei tre più vecchi musicisti. Prodotto per la televisione (in una edizione di 180′), è un'amara meditazione sulla terza età che incrocia storie e personaggi con controllata eleganza. Le musiche (di Schubert, Debussy, Ravel, Paganini, Smetana, Beethoven e altri) sono eseguite dal quartetto Amadeus e da Clara Haskill.

Quartetto pazzo *½ (Italia 1945, b/n, 70′) Guido Salvini. Con Anna Magnani, Rina Morelli, Paolo Stoppa, Gino Cervi. ◆ Nel corso di ventiquattr'ore trascorse nella stessa casa, due sorelle cercano di dare stabilità ai propri legami sentimentali. Versione cinematografica dell'omonimo successo teatrale di Ernest Eklund, recitato sui palcoscenici dalla compagnia Pagnani-Morelli-Cervi- Stoppa. Per motivi di distribuzione, la sconosciuta (cinematograficamente) Andreina Pagnani fu sostituita da Anna Magnani. Una commedia troppo parlata per essere anche divertente.

Quartiere *½ (Italia 1987, col, 95′) Silvano Agosti. Con Victoria Zinny, Dario Ghirardi, Valeria Sabel, Alessandra Corsale, Paola Agosti, Bustric [Sergio Bini], Ivano Errera, Lorenzo Negri, Nino Manzone, Francesca Trevisanello, Georgette Ranucci. ◆ Un quartiere di Roma fa da sfondo a quattro storie, quella di due sorelle (Corsale e Agosti) violentate da un gruppo di teppisti, quella di due amici (Errera e Negri) che scoprono di amarsi proprio quando uno sta per sposarsi, quella di un marito (Bustric) abbandonato dalla sua donna e quella di un barbone (Manzone) al quale una donna regala una notte d'amore. Ambizioso tentativo di raccontare l'impossibilità dei sentimenti nel mondo moderno, il film non raggiunge il suo scopo per un eccesso di intellettualismo nelle scelte di regia (troppi specchi e vetri che respingono la luce, troppi inutili godardismi) e per una sceneggiatura che non risparmia battute lunari o ingenuità incongrue. Il film era stato presentato in concorso a Venezia in un'edizione più lunga di 29′.

Quartiere dei lillà, Il **½ (*Porte des lilas*, Francia/ Italia 1957, b/n, 95′) René Clair. Con Pierre Brasseur, Georges Brassens, Henry Vidal, Dany Carrel, Raymond Buissières, Amédée. ◆ A Parigi, un bandito inseguito dalla polizia (Vidal) trova ospitalità presso due amici, Juju (Brasseur) e l'Artista (Brassens), ma sfrutta per la fuga la ragazza (Carrel) di cui Juju è innamorato e viene ucciso dall'amico. Dal romanzo populista di René Fallet *La Grande ceinture*, ampiamente modificato dallo stesso regista, una favola tragica che ricorda il grande cinema francese anni Trenta come «una sgualcita foto d'epoca»: situazioni e caratteri archetipi, regia stilizzata, scenografia completamente ricostruita in studio (da Léon Barsacq). L'atmosfera di fatalità eclissa il tratto giocoso tipico del cinema clairiano, ma lo scompiglio portato dal forestiero è solo provvisorio e il microcosmo non si disintegra, anzi si ricompone sempre uguale a se stesso, secondo un modello caro al regista. Con un cast straordinario e una preziosa colonna sonora di Georges Brassens.

Quartieri alti *½ (Italia 1945, b/n, 87′) Mario Soldati. Con Massimo Serato, Adriana Benetti, Enzo Biliotti, Alfredo Del Pelo, Nerio Bernardi, Maria Melato, Umberto Melnati. ◆ Il giovane Giorgio (Serato) è diviso fra l'amore (interessato) per una donna matura e quello per la giovane Isabella (Benetti): prima cerca di nasconderle il rapporto con l'altra, poi capisce di dover troncare ogni rapporto con l'ambiente corrotto di cui ha fatto parte. Tratto dal romanzo omonimo di Ercole Patti (che collaborò alla sceneggiatura) e dalla commedia *Le Rendez-vous de Senlis* di Jean Anouilh, il film racconta una storia prevedibile nel suo moralismo che Soldati dirige in modo svogliato, rimanendo indeciso tra l'ironia e il sentimento.

Quarto comandamento, Il ** (*La Passion Béatrice*, Francia 1987, col, 131') Bertrand Tavernier. Con Julie Delpy, Bernard-Pierre Donnadieu, Niels Tavernier, Monique Chaumette, Robert Dhéry. ◆ Francia 1350: dopo quattro anni di prigionia, François de Cortemart (Donnadieu) è un uomo irriconoscibile, violento con gli uomini e deluso da Dio, incapace, una volta tornato al suo castello, di ricambiare l'amore della figlia Béatrice (Delpy), che l'ha aspettato con fiducia: lui arriverà a violentarla e lei non potrà far altro che ucciderlo, infliggendogli un castigo che lui stesso sa di meritarsi. Esplorazione del Male nelle sue pulsioni più violente, il film (sceneggiato dall'allora moglie Colo Tavernier O'Hagan) si fa ricordare soprattutto per la cura con cui è ricreata l'ambientazione medioevale della storia, che gli ha meritato i complimenti di Jacques Le Goff. Ma la trama è troppo contorta per appassionare davvero. Il film è dedicato «al mio caro amico Riccardo Freda», regista di una *Beatrice Cenci*, alla cui vicenda Tavernier si è ispirato.

Quarto comandamento, Il (di James Gray) → *Little Odessa*

4° Fanteria *½ (*Die Deutschmeister*, Austria 1955, col, 109') Ernst Marischka. Con Romy Schneider, Magda Schneider, Susi Nicoletti, Greti Schorg, Paul Horbiger. ◆ Alla fine del secolo scorso arriva a Vienna una ragazza di provincia (Schneider) che ha un discreto successo sia con gli uomini che con la musica. Commedia leggera e graziosa, trampolino di lancio per una Romy Schneider dal sorriso radioso.

Quarto grado **½ (*Tight Spot*, Usa 1955, b/n, 97') Phil Karlson. Con Ginger Rogers, Edward G. Robinson, Brian Keith, Lorne Greene, Katherine Anderson. ◆ Un gangster (Greene) tenta in vari modi di eliminare la sua ex ragazza (Rogers), decisa a testimoniare in tribunale contro di lui. Alle prese con un ruolo per lei insolito, la Rogers offre un'ottima interpretazione e Karlson, specialista del poliziesco, regge con sicurezza le redini del racconto ben sceneggiato da William Bowers.

Quarto potere **** (*Citizen Kane*, Usa 1941, b/n, 119') Orson Welles. Con Orson Welles, Joseph Cotten, Dorothy Comingore, Everett Sloane, George Coulouris, Ray Collins, Ruth Warrick, Erskine Sanford, William Alland, Agnes Moorehead, Richard Baer, Paul Stewart, Fortunio Bonanova. ◆ Alla morte del magnate della stampa Charles Foster Kane (Welles), un giornalista (Alland) viene incaricato di indagare sulla sua storia passata e scoprire il senso dell'ultima parola da lui pronunciata: «Rosebud». Per farlo incontrerà la seconda moglie Susan Alexander (Comingore), il suo braccio destro Bernstein (Sloane), il suo miglior amico, Jedediah Leland (Cotten) e il maggiordomo (Stewart): attraverso i loro racconti scoprirà le diverse facce di Kane, ma nessuno saprà rivelare il mistero di Rosebud. Primo lungometraggio di Welles, chiamato dalla Rko a Hollywood (dopo il successo di scandalo della sua trasmissione radiofonica *La guerra dei mondi*) con un contratto unico nella storia del cinema che gli permetteva di essere contemporaneamente produttore, sceneggiatore, regista e attore dei suoi film, *Quarto potere* è «lo studio di un sultano che soffre di amnesia», ritratto faustiano di un «americano al cento per cento» come dichiara lo stesso protagonista a chi lo accusa di simpatie di destra o di sinistra. Opera capitale nella storia del cinema, il film è giustamente importante per molte ragioni: la scelta del soggetto che – grazie anche all'abilità del cosceneggiatore Herman J. Mankiewicz – mette in evidenza l'ambiguità del sogno americano; la struttura narrativa, tutta a incastri, dove i sei flashback raccontano anche due volte il medesimo soggetto con angolazioni e letture diverse (l'esordio lirico della seconda moglie: dimostrazione della potenza di Kane nel ricordo di Leland, incubo privato in quella di Susan Alexander); l'innovazione tecnica, dovuta soprattutto al direttore della fotografia Gregg Toland che utilizzando nuovi sistemi di illuminazione e obiettivi speciali ottenne una straordinaria profondità di campo; l'influenza esercitata sullo sviluppo del cinema (e della critica) per la sua forza nel sottolineare il ruolo centrale del regista, qui «autore» nel senso pieno del termine. Poco amato alla sua uscita americana (ottenne un solo Oscar, per la miglior sceneggiatura originale), attaccato da chi vedeva nel protagonista troppi richiami alla vita reale di William Randolph Hearst, criticato anche in Europa dove arrivò nel dopoguerra e suscitò molte perplessità per il suo gusto barocco e ridondante (celebre la stroncatura di Sartre), *Quarto potere* si è presa la sua rivincita nei decenni successivi, confermando il suo posto unico nella storia del cinema e venendo ripetutamente eletto dai critici «il film più bello del mondo». L'edizione italiana ha comicamente storpiato i due nomi-simbolo del film, Rosebud e Xanadu (il gigantesco castello-prigione di Kane) in «Rosabella» e «Candalù»! Il reporter con la pipa è interpretato da Alan Ladd.

Quarto protocollo *½ (*The Fourth Protocol*, Gran Bretagna 1987, col, 119') John Mackenzie. Con Michael Caine, Pierce Brosnan, Ned Beatty, Joanna Cassidy, Betsy Brantley, Peter Cartwright. ◆ Una spia inglese (Caine) deve sventare un piano del Kgb, che prevede di compiere un attentato a una base americana facendo poi ricadere la colpa sui britannici. Dal bestseller omonimo di Frederick Forsyth una storia di spionaggio stiracchiata e piena di situazioni e personaggi già visti, non ultimo Caine nella parte dell'agente segreto indisciplinato ma efficace.

Quarto uomo, Il *** (*Kansas City Confidential*, Usa 1952, b/n, 98') Phil Karlson. Con John Payne, Coleen Gray, Preston Foster, Dona Drake, Jack Elam, Neville Brand, Lee Van Cleef. ◆ Accusato ingiustamente di essere coinvolto in un furto, Joe Rolfe (Payne) decide di vendicarsi scoprendo i veri responsabili: prende l'identità di uno dei banditi (Elam), che è stato ucciso dalla polizia, ma l'appuntamento per la spartizione del bottino riserverà più di una sorpresa. Poliziesco di prima qualità, secco e tagliente, dove le ambiguità del film noir si mescolano a uno stile realistico e documentario. Peccato solo che l'abilità messa nel descrivere i personaggi (e soprattutto l'ambiguo ex poliziotto, interpretato da Preston Foster) non serva a Karlson per approfondire la struttura narrativa (sceneggiata da George Bruce e Harry Essex), troppo schematica per essere davvero indimenticabile.

Quarto uomo, Il **½ (*De Vierde Man*, Olanda 1983, col, 98') Paul Verhoeven. Con Jeroen Krabbé, Renée Soutendijk, Thom Hoffman, Dolf De Vries. ◆ Uno scrittore omosessuale (Krabbé) viene sedotto da una donna affascinante (Soutendijk) che, a quanto pare, uccide tutti i suoi amanti: sarà lui la prossima vittima? Thriller surreale pieno di sogni, simboli e premonizioni, tratto da un libro di Gerard Reve (che mette molto di sé nel protagonista) e girato con indubbio talento visivo, ma col vizio di rendere tutto esplicito. La poetica di Verhoeven, come sempre, è quella del pugno nello stomaco, ma la versione italiana, per evitare il divieto ai minori, è stata stupidamente tagliuzzata. In originale dura 105'.

Quasi quasi mi sposo *½ (Italia 1982, col, 96') Vittorio Sindoni. Con Fabio Traversa, Benedetta Buccellato, Enrico Maria Salerno, Luciano De Crescenzo, Luciano Salce, Gabriele Ferzetti. ◆ Storia dell'amore travagliato fra due giovani dalle personalità molto diverse, Leo (Traversa) e Roberta (Buccellato). Film giovanilistico non troppo originale e ben poco centrato. Meglio la seconda parte della prima. In una particina, c'è anche Renzo Arbore.

Quatermass conclusion: la Terra esplode ** (*The Quatermass Conclusion*, Gb 1979, col, 107') Piers Haggard. Con John Mills, Simon MacCorkindale, Barbara Kellerman, Margaret Tyzack, Brewster Mason. ◆ Dallo spazio arriva un raggio mortale che polverizza gli adolescenti: tocca al professor Quatermass (Mills) salvare la situazione. Quarto episodio, prodotto per la televisione, di un ciclo inauguratosi con *L'astronave atomica del dott. Quatermass* (allora interpretato da Brian Donlevy). Gli effetti speciali sono modesti e il film si regge soprattutto sulla bella interpretazione di John Mills.

14ª ora **½ (*Fourteen Hours*, Usa 1951, b/n, 92') Henry Hathaway. Con Paul Douglas, Richard Basehart, Barbara Bel Geddes, Debra Paget, Jeffrey Hunter, Agnes Moorehead, Howard da Silva, Jeff Corey. ◆ L'agente Dunningan (Douglas) vede, sul cornicione del quindicesimo piano di un palazzo, uno sconosciuto (Basehart) sul punto di buttarsi nel vuoto: per quattordici ore cercherà di convincerlo a mettersi in salvo, scoprendo i drammi di una vita infelice e angosciata, fino all'improvviso e drammatico epilogo. Tratto da un racconto di Joel Sayre (a sua volta ispirato a un fatto di cronaca), il film è girato con uno stile documentario che fa dimenticare tutta la parte ricostruita in studio e utilizza al meglio molti caratteristi, capaci di ravvivare l'intreccio francamente un po' prolisso. La produzione impose ad Hathaway di girare un lieto fine (che aveva la copia presentata al festival di Venezia), ma il pubblico preferì di gran lunga l'epilogo tragico, costringendo la Fox a reintegrare la versione originale. In una particina, c'è anche l'esordiente Grace Kelly.

Quattordici o guerra *½ (*Wild in the Streets*, Usa 1968, col, 96') Barry Shear. Con Christopher Jones, Shelley Winters, Diane Varsi, Hal Holbrook, Millie Perkins, Richard Pryor. ◆ Dopo avere abbassato a quattordici anni l'età minima per votare, un cantante (Jones) idolatrato dai giovani punta alla presidenza degli Stati Uniti. Fantascienza assai bizzarra e stravagante, piena di idee (chiudere in casa tutte le persone sopra i trentacinque anni, e obbligarle a drogarsi con Lsd) che all'epoca dovevano evidentemente avere una maggiore carica satirica. In Italia è uscito anche col titolo di *Furore nelle strade*.

Quattro bassotti per un danese ** (*The Ugly Dachshund*, Usa 1966, col, 93') Norman Tokar. Con Dean Jones, Suzanne Pleshette, Charlie Ruggles, Charles Lane, Mako, Kelly Thordsen. ◆ Liti familiari causate dalle rispettive preferenze per i cani: lei (Pleshette) ama i bassotti, lui (Jones) è affezionato al suo danese. Tipico prodotto Walt Disney, pensato e scritto soprattutto per i bambini, capaci di sorridere a tutte le sciocchezze proposte dalla storia.

Quattro bastardi per un posto all'inferno * (*Shark!*, rititolato *Maneater*, Usa/Messico 1969, col, 92') Samuel Fuller. Con Burt Reynolds, Arthur Kennedy, Barry Sullivan, Silvia Pinal, Enrique Lucero, Charles Berriochoa. ◆ Alcuni avventurieri cercano di recuperare un tesoro sommerso in fondo al mare, dove i pescecani fanno buona guardia al forziere. Scadente film d'avventura, tolto dalle mani di Fuller (che chiese che il suo nome non comparisse nei titoli di testa) e rimontato in modo pedestre.

Quattro bersaglieri, I → *Tripoli, bel suol d'amore*

Quattro bravi ragazzi * (Italia 1993, col, 86') Claudio Camarca. Con Matteo Chioatto, Riccardo Salerno, Patrizio Fumagalli, Lorenzo Bianchi, Michele Placido, Toni Sperandeo. ◆ Le criminali scorribande notturne di quattro ragazzi «normali»: di giorno si trascinano annoiati a scuola, la sera si danno appuntamento per massacrare donne, vecchiette e omosessuali. La «sociologia della violenza» secondo Aurelio Grimaldi (suo il soggetto) in un'opera prima che sembra speculare a *Mery per sempre* (là la scuola del carcere minorile di Palermo, qui un istituto superiore nel capoluogo lombardo) se non fosse per l'insopportabile ripetitività delle azioni, la banale prevedibilità degli assunti (naturalmente il più ricco e perbene è il più avido di sangue) e una certa ambiguità ideologica, forse involontaria (l'aula sembra un centro sociale occupato, ma vi spadroneggiano ragazzetti esaltati solo dalla violenza). Ridicolo Michele Placido nel ruolo del magnaccia. Il finale cartoonesco-virtuale (i cattivi saranno puniti solo in un'altra realtà?) dà il colpo di grazia all'insieme già parecchio traballante.

Quattro cavalieri dell'Apocalisse, I *** (*The Four Horsemen of Apocalypse*, Usa 1921, b/n e col, 150') Rex Ingram. Con Rudolph [Rodolfo] Valentino, Alice Terry, Pomeroy Cannon, Josef Swickard, Brinsley Shaw, Alan Hale, Bridgetta Clark, Nigel de Brulier,

John Sainpolis, Mabel van Buren, Brodwich «Smoke» Turner, Stuart Holmes, Henry Klaus. ◆ Divisi dall'educazione e dalle scelte politiche – autoritari e militaristi i von Hartrott, esteti e pacifisti i Desnoyers – i due generi del latifondista argentino Madariaga (Cannon) alla morte del patriarca portano le famiglie in Europa: Karl von Hartrott (Hale) a Berlino, Marcelo Desnoyers (Swickard) a Parigi. Allo scoppio della prima guerra mondiale, il figlio di Marcelo, Julio (Valentino) – che ha già dato scandalo compromettendo Marguerite Laurier (Terry), moglie di un magistrato amico di famiglia – rifiuta di arruolarsi, ma la ferocia del nemico (che ha distrutto il villaggio dove il padre aveva raccolto in una villa i suoi tesori artistici) e la scelta di Marguerite di fare la crocerossina (e dedicarsi in incognito al marito diventato cieco in battaglia) gli fanno cambiare idea: morirà in battaglia dopo aver dimostrato il suo eroismo, mentre sul fronte opposto la stessa sorte toccherà anche al cugino (Holmes). Il film che ha lanciato Valentino è un torrenziale melodramma tratto dall'omonimo romanzo di Vicente Blasco-Ibáñez e sceneggiato da June Mathis. Con una ricchezza produttiva pari solo a quella messa in campo per i kolossal di Griffith, Rex Ingram e la Metro Pictures Corporation (non ancora Mgm) stupirono il pubblico con una varietà di ambienti e atmosfere – dall'Argentina a Parigi, dall'isteria della guerra al terrore dell'invasione, dal campo di battaglia della Marna a Lourdes, dove Julio incontra Marguerite col marito cieco – che hanno i loro momenti più alti nella visione dei quattro cavalieri dell'Apocalisse (virata in rosso e blu) e nella scena finale, quando il visionario Tchernoff (de Brulier) si aggira nello sterminato cimitero di guerra. E che John Seitz illumina splendidamente con una fotografia dai toni espressionisti. La grande forza del film, però, è Valentino, di cui Ingram sa sfruttare al meglio «il carisma, i dolci sguardi dei suoi occhi profondi, la sua grazia, l'uso disinibito del suo corpo nella danza» (Valentino si presenta al pubblico ballando un tango che ancor oggi trasmette un'insinuante magnetismo erotico) e che proprio qui inizia la sua carriera di simbolo del sesso. Wallace Beery interpreta il comandante von Richthoffen. Rifatto nel 1962.

Quattro cavalieri dell'Apocalisse, I *½ (*The Four Horsemen of the Apocalypse*, Usa 1962, col, 153') Vincente Minnelli. Con Glenn Ford, Charles Boyer, Ingrid Thulin, Lee J. Cobb, Paul Henreid, Karl Boehm, Paul Lukas, Yvette Mimieux. ◆ Durante la seconda guerra mondiale due cugini si trovano su fronti opposti: l'uno, Heinrich (Boehm), sta coi nazisti, l'altro, Julio (Ford) coi partigiani francesi. Pomposo remake di un classico del muto, interpretato da Rodolfo Valentino nel 1921 e tratto dal romanzo omonimo di Vicente Blasco-Ibáñez: costretto dalla Mgm a lavorare su una storia che non gli piaceva e con un protagonista (Ford) che non trovava giusto per quel ruolo, Minnelli sembra preoccuparsi solo della parte visiva del film (dove domina il rosso, il colore delle passioni) lasciando alla sceneggiatura di Robert Andrey e John Gay tutte le sue incongruenze e i suoi eccessi melodrammatici.

Quattrocento colpi, I **** (*Les 400 coups*, Francia 1959, b/n, 93') François Truffaut. Con Jean-Pierre Léaud, Albert Rémy, Claire Maurier, Patrick Auffay, Georges Flamant. ◆ Circondato da un ambiente ostile, figlio indesiderato e studente incompreso, Antoine Doinel (Léaud) si difende come può: marina la scuola, racconta bugie, compie qualche furto. Insieme all'amico Réne (Auffay) ruba una macchina da scrivere per procurarsi il denaro necessario per una gita al mare. Pizzicato, finisce in riformatorio, ma riesce a fuggire. Primo lungometraggio di Truffaut, allora polemico critico cinematografico dei *Cahiers du cinéma* e di *Arts*, e primo capitolo del ciclo di Antoine Doinel (seguiranno *L'amore a vent'anni*, *Baci rubati*, *Non drammatizziamo... è solo questione di corna* e *L'amore in fuga*). Costruito di proposito su alcuni spunti autobiografici e interpretato dall'attore che da questo momento diventerà una sorta di alter ego del regista, *I quattrocento colpi* è una delle opere più significative della Nouvelle Vague e ancora oggi colpisce per la sua autenticità e la sua freschezza, frutto di un magico equilibrio tra improvvisazione e rigore, realismo e rielaborazione astratta. Un poema sulla solitudine di un adolescente come tanti, dal taglio cronachistico e privo dei consueti stereotipi mélo: attraverso una regia semidocumentaristica, che abolisce l'uso della soggettiva ma prevede il protagonista in ogni inquadratura, Truffaut con molto affetto descrive, interroga, suggerisce, emoziona. E come sempre nelle sue opere, i libri e il cinema sono le uniche, vere possibilità di salvezza per i piccoli Antoine cresciuti senza amore. Molte le sequenze indimenticabili (tra le quali il colloquio con la psicologa) e uno dei finali più belli della storia del cinema. In brevi apparizioni ci sono Jeanne Moreau (la donna con il cagnolino), il regista Jacques Demy (il poliziotto) e lo stesso François Truffaut. Il titolo originale significa «fare il diavolo a quattro».

490 + 1 = 491 ** (*491*, Svezia 1964, b/n, 95') Vilgot Sjöman. Con Lars Lind, Leif Nymark, Lena Nyman, Stig Törnblom, Frank Sundström. ◆ Per verificare alcune teorie educative, un gruppo di giovani criminali viene tolto dal riformatorio e fatto vivere nella casa di un assistente sociale: ma le tensioni all'interno del gruppo e la perversa intelligenza di uno di loro (Nymark) saboteranno l'esperimento. Tratto dal romanzo omonimo di Lars Görling, è un feroce ma squilibrato atto d'accusa contro la polizia e la magistratura svedese, accusati di perseguire la medesima logica dei criminali che vogliono recuperare: verboso e un po' schematico, il film scandalizzò per la crudezza delle scene di violenza, tra le quali quella (sforbiciata nell'edizione italiana) di una prostituta abbandonata alle brame di un lupo alsaziano. Il titolo fa riferimento all'episodio del Vangelo di Matteo (XVIII, 4) in cui Gesù dice a Pietro che si può perdonare un peccatore fino «a settanta volte sette», cioè 490 volte.

Quattro cuccioli da salvare *½ (*Benji the Hunted*, Usa 1987, col, 87') Joe Camp. Con Frank Inn, Red Steagall, Nancy Francis. ◆ Beniamino, cane di dubbia origine ma di gran cuore, prende sotto la propria protezione quattro cuccioli di puma, difendendoli contro animali affamati e prepotenti. Quarta produzione Disney della serie inaugurata nel 1974 con *Beniamino*: questa volta, però, la sceneggiatura è troppo scontata e il film vale soltanto per qualche bel passaggio documentaristico.

4 del Getto Tonante, I * (Italia 1955, col, 98') Fernando Cerchio. Con Massimo Girotti, Andrea Checchi, Antonio Cifariello, José Jaspe, Giulio Paradisi, Emma Baron, Tino Carraro, Dawn Addams, Giulia Rubini. ◆ Reduce dalla seconda guerra mondiale, il maggiore Montanari (Girotti) forma con altri tre piloti una squadriglia acrobatica che saprà proseguire le sue esibizioni nonostante la morte di uno di loro. Melodramma ad alta quota, retorico e banale, con qualche discreta (per allora) ripresa aerea.

Quattro delitti in allegria ** (*La Cité de la peur*, Francia 1994, 102') Alain Berbarian. Con Alain Chabat, Dominique Farrugia, Chantal Lauby, Gérard Darmon, Sam Karmann, Valérie Lemercier. ◆ Odile Deray (Lauby) arriva a Cannes durante il Festival per promuovere il film *Red Is Dead*, un horror interpretato da attori mediocri e sconosciuti, ma nessuno si scomoda di vederlo. Nel frattempo, però, un serial-killer comincia a seminare il panico sulla Croisette, uccidendo i proiezionisti incaricati di proiettare il filmaccio con le stesse armi del suo protagonista: una falce e un martello. Una commedia divertente, opera del gruppo dei *Nuls* (Chabat, Farrugia, Lauby) popolarissimi in Francia grazie a Canal Plus e conosciuti in Italia per *Adrenaline*. Girato in parte nei giorni di Cannes '93, vive del fregolismo dei suoi commedianti (quasi tutti recitano almeno un doppio ruolo) e di una goliardia così contagiosa da convincere alcuni nomi prestigiosi a interpretare le piccole parti dei proiezionisti massacrati (Tcheky Karyo, Daniel Gélin, Eddy Mitchell). Rosanna Arquette e Daniel Toscan du Plantier appaiono fugacemente nei panni di loro stessi. Grande successo in patria.

Quattro dell'Apocalisse, I * (Italia 1975, col, 105') Lucio Fulci. Con Fabio Testi, Lynne Frederick, Michael J. Pollard, Harry Baird, Tomas Milian. ◆ Un giocatore d'azzardo (Testi) si vendica del bandito che gli ha ucciso un amico e violentato la donna. Truculento spaghetti-western che non si sottrae a tutti gli stereotipi propri del (sotto)genere.

Quattro dell'Ave Maria, I *½ (Italia 1968, col, 132') Giuseppe Colizzi. Con Terence Hill [Mario Girotti], Bud Spencer [Carlo Pedersoli], Eli Wallach, Brock Peters, Kevin McCarthy, Livio Lorenzon. ◆ Per recuperare il denaro rubatogli da due banditi (Hill e Spencer), un direttore di banca ingaggia un pistolero di professione, il generoso Cacopulos (Wallach). Primo film della coppia Hill-Spencer: meno comico e frastornante dei successivi ma più godibile come western, grazie anche alla presenza del bravissimo Wallach.

Quattro dell'Oca selvaggia, I *½ (*Wild Geese*, Gb/Usa 1978, col, 134') Andrew V. McLaglen. Con Richard Burton, Roger Moore, Richard Harris, Hardy Kruger, Stewart Granger, Jack Watson, Jeff Corey. ◆ Alcuni mercenari ricevono l'incarico di liberare il presidente di uno Stato africano, preso in ostaggio dagli oppositori politici. Spettacolare film d'azione, prolisso ma comunque godibile, soprattutto se non lo si prende troppo sul serio. Nonostante il titolo, *L'Oca selvaggia colpisce ancora* e *I quattro dell'Oca selvaggia 2* sono seguiti molto liberi.

Quattro dell'Oca selvaggia 2, I * (*Wild Geese II*, Gb 1985, col, 125') Peter Hunt. Con Scott Glenn, Barbara Carrera, Edward Fox, Laurence Olivier, Robert Webber. ◆ Un commando di mercenari fa evadere Rudolf Hess (Olivier) dallo Spandau di Berlino. Se russi, palestinesi e irlandesi hanno la parte dei cattivi, non è arduo capire chi siano i buoni. Seguito solo nominale di *I quattro dell'Oca selvaggia*, che tenta goffamente di coniugare azione e ironia.

Quattro del Pater Noster, I * (Italia 1969, col, 98') Ruggero Deodato. Con Paolo Villaggio, Lino Toffolo, Enrico Montesano, Oreste Lionello, Rosemarie Dexter, Sal Borgese. ◆ Recuperato il bottino di un furto, tre perdigiorno (Villaggio, Toffolo e Montesano) vengono accusati del reato e messi in prigione: li farà evadere un malfattore (Lionello) interessato più al malloppo che a loro. Banale e scioccherella parodia western. Alla sceneggiatura ha collaborato Maurizio Costanzo.

Quattro del Texas, I * (*Four for Texas*, Usa 1963, col, 124') Robert Aldrich. Con Frank Sinatra, Dean Martin, Anita Ekberg, Ursula Andress, Charles Bronson, Victor Buono, Jack Elam, i tre Stooges. ◆ Un pistolero (Sinatra) e un giocatore d'azzardo (Martin) prima si contendono una forte somma di denaro, poi si alleano per evitare che questa finisca nelle mani di un losco banchiere (Bronson). Deludente western in chiave di commedia sceneggiato da Aldrich e Teddi Sherman, che non sa fondere l'avventura con il gusto del paradosso.

Quattro di Chicago, I *½ (*Robin and the Seven Hoods*, Usa 1964, col, 123') Gordon Douglas. Con Frank Sinatra, Dean Martin, Bing Crosby, Sammy Davis jr, Peter Falk, Edward G. Robinson, Barbara Rush, Sig Ruman, Victor Buono, Jack LaRue. ◆ Nella Chicago degli anni Trenta, il dominio della malavita finirà, dopo una serie di rocamboleschi scontri, nelle mani di un gangster (Sinatra) che distribuisce ai poveri una parte dei suoi «guadagni» e per questo è soprannominato Robin Hood. Commedia musicale senza molta grinta, con il clan Sinatra al gran completo e una piccola partecipazione per Edward G. Robinson, ucciso dopo due minuti e mezzo dall'inizio del film. Nomination per gli autori delle canzoni, Sammy Cahn e James Van Heusen.

Quattro donne aspettano *½ (*Until They Sail*, Usa 1957, b/n, 95') Robert Wise. Con Paul Newman, Jean Simmons, Joan Fontaine, Piper Laurie, Sandra Dee, Charles Drake, Patrick MacNee, Dean Jones. ◆ Durante la seconda guerra mondiale, in Nuova Zelanda, quattro sorelle (Simmons, Fontaine, Laurie e Dee) trepidano per i rispettivi uomini. Lacrimevole storia di sentimenti femminili, tratta da un racconto di James Michener, la cui sceneggiatura rischia di perdersi nel groviglio di trame e sottotrame in cui è articolata la vicenda. Prima interpretazione da alcolizzato nella carriera di Newman che alle avances della Simmons preferisce (momentaneamente) la bottiglia, spiegando: «Voglio passare la sera con questa, e senza rimpianti... nessuno, così, sarà ferito».

Quattro donne nella notte ** (*Bonnes à tuer*, Francia/Italia 1954, b/n, 90') Henri Decoin. Con Danielle Darrieux, Michel Auclair, Corinne Calvet, Myriam Petacci, Lyla Rocco, Roberto Risso. ◆ Un losco e disonesto reporter (Auclair) invita a casa propria le quattro donne (Darrieux, Calvet, Petacci, Rocco) che gli hanno permesso di fare carriera nella sua vita per un confronto che si rivelerà drammatico. Film d'attori, convincente nella caratterizzazione dei personaggi ma lento e verboso nell'intreccio, tratto dal romanzo di Pat MacGerr. I costumi sono di Pierre Balmain.

Quattro facce del West, Le ** (*Four Faces West*, nuovo titolo del primitivo *They Passed This Way*, Usa 1948, b/n, 90') Alfred E. Green. Con Joel McCrea, Charles Bickford, Frances Dee, Joseph Calleia, Forrest Taylor, Martin Garralaga. ◆ Un cowboy (McCrea) si vede costretto a rapinare una banca per salvare il ranch del padre: non è un bandito vero, e sarà proprio la sua onestà a provocarne l'arresto. Un western ben fotografato (da Russell Harlan) ma un po' troppo lento, anche se il soggetto è raccontato con un'insolita delicatezza.

Quattro farfalle per un assassino ** (*Straight on Till Morning*, Gb 1972, col, 96') Peter Collinson. Con Rita Tushingam, Shane Briant, James Bolan, Annie Ross, Tom Bell, Claire Kelly. ◆ Una giovane scrittrice di fiabe (Tushingam) si trasferisce da Liverpool a Londra, dove si innamora di un ragazzo all'apparenza innocuo (Briant), ma che in realtà è un sanguinario assassino. Giallo di buona fattura, più interessante nelle premesse che nello sviluppo. Il titolo originale («dritto fino al mattino») è una citazione da *Peter Pan*.

Quattro figli di Katie Elder, I **½ (*The Sons of Katie Elder*, Usa 1965, col, 122') Henry Hathaway. Con John Wayne, Dean Martin, Martha Hyer, Michael Anderson jr, Earl Holliman, Jeremy Slate, James Gregory, Dennis Hopper. ◆ Tornati a casa per il funerale della madre, quattro fratelli (Wayne, Martin, Holliman, Anderson) scoprono che la loro terra e tutto il villaggio sono in mano a una banda di criminali in doppio petto: con le armi in pugno riusciranno a sgominarli, liberando il paese e vendicando la memoria della madre. Primo film di Wayne dopo l'operazione di cancro al polmone, è la storia del «riscatto di un torbido passato condotta nel nome di una vecchia madre», inno alla morale e al coraggio dei pionieri raccontato con passione e bel mestiere.

Quattro figlie *** (*Four Daughters*, Usa 1938, b/n, 90') Michael Curtiz. Con Claude Rains, Rosemary Lane, Lola Lane, Priscilla Lane, Gale Page, John Garfield, Jeffrey Lynn, Frank McHugh, May Robson. ◆ La vita di un professore di conservatorio (Rains) e delle sue quattro figlie (le tre Lane e la Page) è vivacizzata dall'arrivo di un compositore (Lynn) e poi da quello di Mickey Borden (Garfield), un giovane pieno di talento musicale ma sfiduciato e ombroso: per lui una delle figlie (P. Lane) abbandona il compositore sull'altare, ma poi sarà proprio Mickey a farle capire che ha sbagliato. E per permetterle di tornare sui suoi passi, si suicida. Commedia familiare che si trasforma in melodramma e poi in dramma, questo film – sceneggiato da Julius Epstein e Lenore Coffee da un racconto di Fannie Hurst – è uno dei più sottovalutati di Curtiz che invece dimostra qui un'abilità registica (con una serie di movimenti di macchina capaci di sottolineare e valorizzare lo sviluppo drammatico della storia) inusuali per un film di genere e soprattutto per una soap-opera, pur anomala come è questa. Amaro ritratto dell'adolescenza nel momento in cui viene a scontrarsi con le necessità della vita e quando i sogni della gioventù devono far i conti con i compromessi, il film contribuì a creare il mito di Garfield: il suo Mickey Borden ha già i segni delle future interpretazioni, testarde e autodistruttive, ma capaci di capire il ruolo dei sentimenti e generose fino al supremo sacrificio di sé, oltre che naturalmente cariche di un'energia e di un sex appeal che «a malapena possono venir contenuti dentro i confini dello schermo». Le quattro sorelle tornano in *Profughi dell'amore* (1939) e *Four Wives* (1939) di Michael Curtiz e *Four Mothers* (1941) di William Keighley, entrambi inediti in Italia.

Quattro figli unici *½ (Italia 1992, col, 103') Fulvio Wetzl. Con Mariella Valentini, Roberto Citran, Ivano Marescotti, Valentina Holtkamp, Fabio Iellini, Piero Natoli. ◆ Virginia (Valentini) ed Ennio (Citran) indagano sulla scomparsa di Paolo, il figlio di lui: e scoprono che la figlia Micol (Holtkamp) ha registrato tutte le conversazioni familiari, ordinandole in un archivio per argomenti manco fosse il Michele di *Bianca*. Storia di solitudini domestiche (uffa!), che parte da un'idea promettente ma non regge la misura del lungometraggio.

Quattro giornate di Napoli, Le **½ (Italia 1962, b/n, 110') Nanni Loy. Con Domenico Formato, Regina Bianchi, Peter Dane, Frank Wolff, Jean Sorel, Lea Massari, Gian Maria Volonté, Georges Wilson, Pupella Maggio, Luigi De Filippo, Enzo Cannavale, Rosalia Maggio. ◆ 28 settembre 1943: il popolo napoletano insorge contro l'occupazione tedesca e in quattro giorni riesce a sconfiggere i nazisti e obbligarli alla ritirata prima dell'arrivo degli alleati. Film corale dal respiro epico, ottimamente diretto da Loy, abile nel dare uniformità stilistica a una vicenda che procede per frammenti, singoli e brevi episodi di eroismo individuale, come il sacrificio del piccolo Gennarino Capuozzo (Formato) che muore su una barricata o le imprese della banda Ajello, tutta di ragazzi scappati dal riformatorio. Sceneggiatura di Carlo Bernari, Pasquale Festa Campanile, Massimo Franciosa, Vasco Pratolini e Loy.

4 giorni a settembre ** (*O que é isso, companheiro?* conosciuto anche col titolo inglese *Four Days in September*, Brasile 1997, col, 102') Bruno Barreto. Con Alan Arkin, Pedro Cardoso, Fernanda Torres, Selton Mello, Cláudia Abreu, Luiz Fernando-Guimarães, Nélson Dantas, Matheus Nachtegäle, Marco Ricca, Mauricio Gonçalves, Caio Junqueira. ◆ Per combattere la dittatura brasiliana, alcuni giovani (Cardoso, Mello, Junqueira) si uniscono a un gruppo clandestino, imparano a sparare sotto la guida di Maria (Abreu) e rapiscono l'ambasciatore degli Stati Uniti (Arkin) per liberare un gruppo di compagni: lo scambio riesce, ma la polizia non smette la caccia. Dal libro autobiografico del giornalista Fernando Gabeira (che nel film è interpretato da Cardoso), sceneggiato da Leopoldo Serran, il sogno guerrigliero di una generazione perduta: ma l'idealismo rivoluzionario democratico (il loro è un terrorismo senza spargimenti di sangue), per sensibilizzare le platee di oggi, finisce per sfumare nel didascalismo televisivo più anonimo e sbiadito. Musica di Stewart Copeland, ex batterista dei Police.

Quattro in medicina *** (*Doctor in the House*, Gb 1954, col, 92') Ralph Thomas. Con Dirk Bogarde, Muriel Pavlow, Kenneth More, Kay Kendall, Donald Houston, Donald Sinden. ◆ Disavventure erotico-sentimentali durante il tirocinio di un gruppo di studenti in medicina che sembrano pensare più alle ragazze che agli studi. Commedia irriverente e scanzonata tratta dalle storie di Richard Gordon che in Gran Bretagna conquistò inaspettatamente il record d'incassi con la sua inusuale sfacciataggine sessuale (per i tempi, s'intende) e il «drastico abbandono di qualsiasi suggestione del buon tempo antico». Seguito da sei film sullo stesso tema – *Un dottore in alto mare*, 1955, *Dottore a spasso*, 1957, *Si spogli dottore!*, 1960, *Dottore nei guai*, 1963, *Vai avanti... dottore*, 1965 e *Doctor in Trouble*, 1970, inedito in Italia – e anche da un serial-tv. Bogarde, qui al primo ruolo brillante della sua carriera, reciterà solo nei primi tre e poi tornerà in *Dottore nei guai*.

4 marmittoni alle grandi manovre ** (Italia 1974, col, 99') Franco Martinelli [Marino Girolami]. Con Gianfranco D'Angelo, Sergio Leonardi, Raf Luca, Angelo Pellegrino, Lisa Leonardi, Isabella Savona, Vittorio Congia, Lino Banfi, Riccardo Garrone, Gianni Agus, Toni Ucci, Ugo Fangareggi, Giacomo Rizzo, Franco Agostini, Tiberio Murgia, Alvaro Vitali, Salvatore Baccaro. ◆ Un pastore abruzzese (D'Angelo), un ladruncolo romano (Leonardi), un principe napoletano (Luca) e un mafioso siciliano (Pellegrino) sono chiamati sotto le armi per il servizio di leva: si arrangiano come possono, ma saranno proprio loro a far vincere le truppe italiane all'esercitazione Nato. Comicità elementare ma efficace per questa bonaria satira della vita militare scritta da Bruno Corbucci e Mario Amendola (prima dei titoli di coda, gli interpreti si presentano in abiti civili per scusarsi e spiegare che tutto è frutto di fantasia). I sergenti che litigano tra loro (Congia e Banfi), l'eterna burocrazia, i comandanti tromboni (Agus e Ucci), l'arte di arrangiarsi, le gag sul rancio e sulle esercitazioni: non c'è niente di nuovo, ma è detto senza annoiare e con qualche piacevole strizzatina d'occhio.

Quattro matrimoni e un funerale **½ (*Four Weddings and a Funeral*, Gb 1994, col, 117') Mike Newell. Con Hugh Grant, Andie MacDowell, Kristin Scott-Thomas, Simon Callow, John Hannah, James Fleet, Charlotte Coleman, Corin Redgrave, Anna Chancellor. ◆ Assiduo frequentatore di matrimoni, anche se sempre in ritardo e abbonato alla gaffe, il trentenne Charles (Grant) ha già due pretendenti – la snob Fiona (Scott-Thomas) e l'appiccicosa Henrietta (Chancellor) – ma perde la testa per un'americana, Carrie (MacDowell), che non solo ha già avuto 33 uomini, ma sposa un ricco scozzese (Redgrave). E prima di arrivare al quarto matrimonio, quello dello scontato lieto fine, ci sarà più di un imprevisto. Scritta da Richard Curtis, una commedia che funziona come un meccanismo a orologeria, abile a sfruttare il ripetersi della situazione più trita che si possa immaginare, quella del matrimonio. Anche se la satira dell'alta società è all'acqua di rose e il gioco degli equivoci a volte scontato, il ritmo è quasi travolgente, e Newell sa rendere familiari e simpatici i personaggi. Il tentativo di inserire una nota patetica e anticonformista (il funerale dell'estroso gay Gareth [Callow], col suo amante Matthew [Hannah] che legge una toccante poesia di Auden) può venire giudicato variamente, ma non sbilancia un film in punta di penna e mai troppo profondo. A sorpresa, un successo di massa. Indimenticabile l'epiteto («Faccia di chiulo») con cui Fiona apostrofa Henrietta. Rowan Atkinson (Mr. Bean) è il prete pasticcione.

Quattro monaci, I *½ (Italia 1962, col, 90') Carlo Ludovico Bragaglia. Con Peppino De Filippo, Aldo Fabrizi, Nino Taranto, Erminio Macario, Luciana Gilli, Umberto Spadaro, Nino Terzo, Franco Ressel. ◆ Travestiti da frati, quattro malviventi (De Filippo, Fabrizi, Macario e Taranto) si nascondono in un convento, dove continuano imperterriti nelle loro malefatte. Commedia leggera costruita su misura per quattro mattatori della comicità da avanspettacolo.

Quattro morti irrequieti ** (*Stop, You're Killing Me*, Usa 1952, col, 86') Roy Del Ruth. Con Broderick Crawford, Claire Trevor, Virginia Gibson, Margaret Dumont, Henry Morgan, Sheldon Leonard. ◆ Un contrabbandiere di liquori rovinato dalla fine del proibizionismo e che ha cercato di riciclarsi come produttore di (pessima) birra (Crawford) spera di trovare un prestito spacciandosi per ricco proprietario: per questo prende in affitto una villa a Saratoga ma è la stessa in cui un gangster ha eliminato i suoi quattro complici e ha nascosto il bottino di una rapina. Tratto dalla commedia di Damon Runyon e Howard Lindsay e sceneggiato da James O'Hanlon, è una commedia (con qualche intermezzo musicale) dallo spirito un po' troppo grossolano per essere davvero divertente, nonostante il bel cast di caratteristi. Rifacimento di *Un bandito in vacanza* (1938).

Quattro mosche di velluto grigio ** (Italia 1971, col, 105') Dario Argento. Con Michael Brandon, Mimsy Farmer, Jean-Pierre Marielle, Francine Racette, Bud Spencer [Carlo Pedersoli], Marisa Fabbri, Oreste Lionello, Stefano Satta Flores. ◆ Il giovane batterista Roberto Tobias (Brandon), che crede di aver ucciso involontariamente una persona, è perseguitato da uno psicopatico che ammazza tutte le persone a lui vicine. Il terzo giallo dell'ex critico di cinema Dario Argento (che infatti ambienta la sua storia in una immaginaria via «F. Lang») è un thriller barocco nello stile e negli effettacci, dotato di una sua sinistra capacità di coinvolgere e spaventare, ma squilibrato tra il forte talento visionario (ben fotografato da Franco Di Giacomo) e «l'imbarazzo nello strutturare una vicenda e a scriverne i dialoghi». Il titolo si riferisce a quattro mosche che rimangono «fotografate» nel cristallino surgelato di una delle vittime.

Quattro moschettieri, I *½ (Italia/Francia 1963, col, 105') Carlo Ludovico Bragaglia. Con Aldo Fabrizi, Nino Taranto, Erminio Macario, Peppino De Filippo, Carlo Croccolo, Lisa Gastoni, Georges Rivière, John Francis Lane, Francesco Mulé, Alberto Bonucci, Milena Vukotic, Anna Campori. ◆ Un oste (Fabrizi) e i suoi tre complici (Macario, Taranto e Croccolo) si sostituiscono ai quattro moschettieri incaricati da lord Buckingham di recuperare la collana della regina di Francia. Ma poi la disperazione della sovrana saprà commuoverli e i quattro si accontenteranno di derubare il cardinale Richelieu (De Filippo) dei suoi anelli. Approssimativa rilettura di Dumas con i toni della farsa: battute facili e comicità stantia.

Quattro notti di un sognatore *** (*Quatre nuits d'un rêveur*, Francia/Italia 1971, col, 91') Robert Bresson. Con Isabelle Weingarten, Guillaume des Forêts, Jean-Maurice Monnoyer, Jérôme Massart. ◆ Salvata una notte da un tentativo di suicidio sul Pont-Neuf di Parigi, nelle tre successive notti Marthe (Weingarten) racconta a Jacques (des Forêts) il suo amore disperato per un uomo che aveva affittato una camera in casa sua e che è partito promettendo inutilmente di farsi vivo: l'amicizia per il suo salvatore sembra trasformarsi in amore ma quando la ragazza rivede tra la folla l'uomo che cercava, lo segue lasciando Jacques alla sua solitudine. Tratto dal racconto di Dostoevskij *Le notti bianche* (già all'origine del film omonimo di Visconti, 1957), è il film meno tragico di Bresson, quello dove i temi del suo cinema sono diluiti nella descrizione di un mondo non totalmente astratto: anche la passione di Marthe si colora di insoliti accenti erotici (la scena in cui si guarda nuda allo specchio), come a sottolineare con più energia il contrasto tra l'amore-sentimento e l'amore-passione, dualismo che rimanda al conflitto dostoevskiano tra sogno e realtà e che si ricollega al nodo centrale del film: l'incapacità dell'essere umano di adattarsi al mondo circostante.

Quattro passi sul lenzuolo *½ (*Loving Couples*, Usa 1980, col, 97') Jack Smight. Con Shirley MacLaine, James Coburn, Susan Sarandon, Stephen Collins, Sally Kellerman. ◆ Sposati da tempo, lui e lei (MacLaine e Coburn) si concedono un'avventura extraconiugale con due giovani (Sarandon e Collins) a loro volta in piena crisi matrimoniale. Nessuno spunto originale in una commedia tutta prevedibile.

Quattro passi tra le nuvole *** (Italia 1942, b/n, 95') Alessandro Blasetti. Con Gino Cervi, Adriana Benetti, Giuditta Rissone, Carlo Romano, Margherita Seglin, Giacinto Molteni, Aldo Silvani, Mario Siletti, Lauro Gazzolo, Enrico Viarisio. ◆ Un commesso viaggiatore infelicemente sposato (Cervi) accetta per un giorno di farsi passare per il marito di una ragazza sedotta e abbandonata (Benetti) e rimane affascinato dalla vita contadina della sua famiglia. Città contro campagna, corruzione contro onestà: nonostante le apparenze, niente a che vedere con l'esaltazione ruralista di Mussolini. Qui è lo spirito populista di Zavattini (che firma la sceneggiatura con Aldo De Benedetti, Giuseppe Amato e il regista) a prendere il sopravvento sulla regia solitamente «tirannica» (ma sempre puntuale) di Blasetti. Del resto, la crisi coniugale e la compromissione amorosa non erano certo temi graditi al regime, soprattutto se introdotti da efficaci squarci di degradazione urbana. Un piccolo grande film che contribuì a incrinare irreparabilmente gli edificanti ritratti ufficiali, anticipando umori e caratteri che sarebbero emersi compiutamente nel periodo neorealista. Il cast è particolarmente ispirato, ma i tecnici non sono da meno: l'operatore cecoslovacco Vaclav Vich firma la fotografia, Mario Serandrei il montaggio, Virgilio Marchi le scenografie. Rifatto in maniera «traumatica» a Hollywood (*Il profumo del mosto selvatico*, 1995)

Quattro pazzi in libertà ** (*The Dream Team*, Usa 1989, col, 113') Howard Zieff. Con Michael Keaton, Christopher Lloyd, Peter Boyle, Stephen Furst, Lorraine Bracco, Dennis Boutsikaris. ◆ Quattro malati di mente (Keaton, Lloyd, Boyle e Furst) si smarriscono nel bel mezzo di New York, e scoprono che gli abitanti della Grande Mela sono più strani di loro. Commedia che fa il verso a *Qualcuno volò sul nido del cuculo*, piuttosto prevedibile ma risollevata dalle brillanti performance dei protagonisti.

Quattro perle, Le ** (*Whipsaw*, Usa 1935, b/n, 83') Sam Wood. Con Myrna Loy, Spencer Tracy, Harvey Stephens, William Harrigan, Clay Clement, Robert Gleckler. ◆ Fingendosi un ex detenuto, un poliziotto (Tracy) fugge assieme a una ladra di gioielli (Loy) inseguita da una banda rivale. Rifugiatasi in campagna, di fronte allo spettacolo di un'onesta contadina che partorisce, la ladra si ravvede: l'aspettano fiori d'arancio. Convenzionale gangster story a lieto fine sceneggiata da Howard Emmett Rogers, con l'unica novità di una protagonista femminile.

Quattro piume, Le **½ (*The Four Feathers*, Gb 1939, col, 115') Zoltan Korda. Con John Clements, June Duprez, Ralph Richardson, C. Aubrey Smith, Jack Allen, Allan Jeayes, Donald Gray, Clive Baxter. ◆ Durante la guerra coloniale per la riconquista del Sudan, Harry Faversham (Clements), un ufficile inglese che aveva ricevuto da tre commilitoni (Richardson, Allen, Gray) altrettante piume come segno di codardia perché si era congedato alla vigilia della guerra – la quarta piuma del titolo è quella che gli aggiunge la fidanzata (Duprez) – saprà riscattarsi dall'accusa di vigliaccheria: travestendosi da arabo, riuscirà a salvare gli amici di un tempo. Avventure vecchio stampo tratte dall'omonimo romanzo di E.W. Mason, in un'Africa raccontata con sguardo palesemente romanzesco che non ha senso accusare di sciovinismo, dove l'Impero britannico «ha i colori sfumati della nostalgia romantica e diventa un fatto di cavalleria ed etica individuali, in antitesi al formalismo cieco della classe militare» [Martini]. Ottimo l'uso del Technicolor (di Georges Périnal e Jack Cardiff). Dallo stesso soggetto sono stati tratti altri quattro film (nel 1921, nel 1928, nel 1956, *Tempesta sul Nilo* e un tv-movie nel 1977, *The Four Feathers* di Don Sharp con Beau Bridges, inedito in Italia), ma questo è senz'altro il migliore.

4 ragazze sognano * (Italia 1943, b/n, 66') Guglielmo Giannini. Con Vanna Vanni, Valentina Cortese, Luisa Garella, Yvonne Giannini, Paolo Stoppa, Enrico Glori, Luigi Pavese, Stefano Sibaldi, Ernesto Sabbatini. ◆ La morte dello zio dovrebbe risolvere i problemi di Ada (Vanni) e delle sue amiche Enrichetta (Cortese), Carla (Garella) e Giovanna (Y. Giannini, figlia del regista), ma il disonesto esecutore testamentario (Glori) trama nell'ombra. Però non ha fatto i conti con un simpatico gangster (Stoppa). Ambientata in un'America di fantasia, la commedia del futuro leader del movimento dell'Uomo Qualunque (autore anche di soggetto e sceneggiatura) è solo una curiosità «sociologica» sulla corruzione dei ricchi e la vitalità dei poveri (le quattro amiche e il bandito-filosofo): qualche tenue allusione populista e una notazione «modernista» sull'efficacia della pubblicità radiofonica. Cammeo per il regista, nella parte del sergente di polizia che interroga Stoppa.

Quattro rose rosse *½ (Italia 1951, b/n, 86') Nunzio Malasomma. Con Olga Villi, Jean Claude Pascal, Fosco Giachetti, Valérie Darc, Tina Lattanzi, Aldo Nicodemi. ◆ Su una bella indossatrice (Villi) posano gli occhi un giovane già fidanzato (Pascal) e un banchiere (Giachetti), che cerca di liberarsi del rivale con uno stratagemma. Dramma delle passioni di scarsa consistenza, che prende spunto dal testo di una vecchia canzone.

4 scatenati di Hong Kong, I ** (*Si Qishi*, noto anche col titolo inglese *Four Riders*, Hong Kong 1972, col, 95') Zhang Che. Con David Chiang, Ti Lung, Lily Li, Ching Li. ◆ Corea, anni Cinquanta: un disertore (Ti) ingiustamente accusato di omicidio viene salvato da tre commiltoni che si alleano per combattere i mafiosi locali. All'inizio sembra un Fuller minore, poco nelle corde del regista, abituato a spadaccini e ambientazioni nel passato. Ma l'epico e sanguinoso massacro finale è puro Peckinpah, e una fonte di ispirazione per John Woo (vedi *A Better Tomorrow 2*), qui assistente alla regia. Con corredo di misoginia sotterranea e trip sull'amicizia maschile. I «quattro cavalieri» del titolo inglese sono quelli dell'Apocalisse, visualizzati in stile Minnelli!

Quattro tocchi di campana ** (*A Gunfight*, Usa 1971, col, 90') Lamont Johnson. Con Kirk Douglas, Johnny Cash, Karen Black, Raf Vallone, Jane Alexander, Eric Douglas. ◆ In un villaggio messicano due pistoleri famosi ma squattrinati (Douglas e Cash) decidono di sfidarsi e di organizzare intorno all'evento una vera e propria fiera, così da garantire al sopravvissuto una cospicua somma in denaro. Un western piuttosto originale, appesantito da una regia senza invenzioni e piuttosto statico (l'azione è concentrata nei minuti finali): le cose migliori sono le notazioni sugli eccessi della folla. In una particina esordisce Keith Carradine. Il film è stato finanziato dalla tribù apache degli Jicarilla.

4... 3... 2... 1... morte ** (Italia/Spagna/Rft 1967, col, 79') Primo Zeglio. Con Lang Jeffries, Essy Persson, Joachim Hansen, Ann Smyrner, Luis Davila, Danièle Martin. ◆ Un gruppo di astronauti, che ha portato sulla Terra alcuni extraterrestri, deve fare in modo che questi non cadano nelle mani di una banda di pericolosi criminali. Dai romanzi di Walter Ernsting – incentrati sulla figura di Perry Rhodan, eroe dello spazio – un film d'azione non disprezzabile, che ha come modello non tanto la fantascienza quanto le avventure alla maniera di James Bond. Effetti speciali di Anthony Dawson, pseudonimo di Antonio Margheriti.

Quattro verità, Le *½ (Italia/Francia/Spagna 1962, b/n, 114') Luis Garcia Berlanga, René Clair, Hervé Bromberger, Alessandro Blasetti. ◆ Film a episodi. In *La morte e il carnefice* (Luis Garcia Berlanga. Con Hardy Kruger, Aña Casares), un suonatore ambulante pensa al suicidio, ma un uomo e una donna riusciranno a fargli cambiare idea; in *I due piccioni* (René Clair. Con Charles Aznavour, Leslie Caron, Raymond Bussières) tra un uomo e una donna, rimasti chiusi per caso in un appartamento, nasce l'amore; in *Il corvo e la volpe* (Hervé Bromberger. Con Michel Serrault, Jean Poiret, Anna Karina) un uomo gelosissimo della propria moglie finisce in affari con chi gliela insidia; in *La lepre e la tartaruga* (Alessandro Blasetti. Con Monica Vitti, Sylva Koscina, Rossano Brazzi, Gianrico Tedeschi) sono raccontate le peripezie di una donna per riconquistare il marito infedele. Liberamente ispirati a quattro favole di Jean de La Fontaine, questi episodi non riescono a conservare sullo schermo la forza originale dell'apologo morale. Gli elementi (relativamente) migliori sono una certa grazia dell'episodio di Clair e la cattiveria di quello di Berlanga.

Quattrozampe a San Francisco * (*Homeward Bound II: Lost in San Francisco*, Usa 1996, col, 88') David R. Ellis. Con Veronica Lauren, Kevin Chevalia, Robert Hays, Kim Greist, Benj Thall, Michael Rispoli, Max Perlich. ◆ All'aeroporto di San Francisco, in procinto di partire insieme ai padroni, Chance (un bulldog), Shadow (un retriever) e Sassy (una gatta) abbandonano le loro gabbie e si avventurano in città. Fiacco sequel di *In fuga a quattro zampe*, sceneggiato da Chris Hauty sulla base dei personaggi creati da Sheila Burnford. In originale le voci dei tre loquaci animali sono di Michael J. Fox, Sally Field e Ralph Waite.

Queenie – La stella di Calcutta *½ (*Queenie*, Usa 1987, col, 200') Larry Peerce. Con Mia Sara, Kirk Douglas, Claire Bloom, Martin Balsam, [Chaim] Topol, Joel Grey, Joss Ackland. ◆ La storia di una ragazza indiana (Sara) che passa dalla miseria dei bassifondi di Calcutta alla celebrità come star hollywoodiana. Basato su un romanzo di Michael Korda – ispiratosi all'autentica vicenda di sua zia Merle Oberon, scoperta e lanciata dal regista Alexander Korda (qui interpretato da Douglas) – un film per la Tv sontuoso ma poco convincente, soprattutto per l'inadeguatezza alla parte dell'attrice protagonista.

Queen Kelly ? (*Queen Kelly*, Usa 1928, b/n, 96') Erich von Stroheim. Con Gloria Swanson, Walter Byron, Seena Owen, Sidney Bracey, Wilhelm von Brincken, Sylvia Ashton, Tully Marshall, Madge

Unt, Wilson Benge. ◆ Nonostante sia promesso sposo a Regina V (Owen), il principe Wolfram (Byron) non si rifiuta nessuna avventura galante e quando conosce l'orfanella Patricia Kelly (Swanson) la sera stessa la rapisce e la fa sua. Il mattino dopo Regina fa imprigionare Wolfram e ricaccia Kelly al convento dove riceve un telegramma che la fa partire per l'Africa: qui la zia (Ashton) che l'ha mantenuta agli studi prima di morire le lascia il bordello di cui era proprietaria e la obbliga a sposare un vecchio laido e invalido (Marshall). Il più maledetto tra i film di un regista maledetto, la cui lavorazione fu bloccata dai produttori (Gloria Swanson, che pure interpretata il ruolo della protagonista, e Joseph Kennedy, padre del futuro presidente John) per paura che l'avvento del sonoro rendesse completamente priva di valore commerciale un'opera che si annunciava dispendiosissima e troppo osé anche per i permissivi standard dell'epoca. Distribuito all'origine solo in Europa (con un finale voluto dalla Swanson: dopo la notte d'amore al palazzo Kelly si annega – mentre nella sceneggiatura originale di Stroheim veniva salvata da un soldato e poi partiva per l'Africa – e il principe Wolfram si suicidava), il film fu ricostruito agli inizi degli anni Ottanta da Donald Krim con l'aiuto di foto di scena e didascalie che svelano le intenzioni del regista specie per il finale: dopo il matrimonio Kelly dirige la casa chiusa, mentre in Europa il principe esce di prigione e si mette a cercarla; Regina è assassinata, Wolfram parte per l'Africa dove ritrova la sua amata e la porta in patria per farla salire al trono con il nome di Queen Kelly. Quel che resta, pur nel suo carattere frammentario, porta il marchio inconfondibile di Stroheim, condannato dalla sua megalomania a pensare solo opere magniloquenti (il budget previsto era di 800 mila dollari, all'epoca un costo spropositato) e antisintetiche, dove l'unico filo conduttore è «il tema dell'innocenza costantemente insidiata dalla corruzione, dalla mostruosità, dall'imputridimento dei corpi e delle anime» (ma accettata con una condiscendenza sospetta, come nella scena del matrimonio africano dove Kelly non fa il minimo tentativo di ribellione alla volontà della zia). L'altra grande caratteristica di questo non-film è la valenza erotica di molte scene, anche qui però mescolata a elementi che ne sottolineano le componenti più ambigue e corruttrici (il pesante umorismo nella scena in cui Kelly perde le sue mutandine davanti al principe, il sadismo e la crudeltà con cui Regina scudiscia Kelly, l'orrore del matrimonio tra Kelly e il vecchio, celebrato davanti al letto in cui sta agonizzando la zia), come se Stroheim avesse incosciamente bisogno di distruggere e corrompere ogni cosa.

Queen of Evil → *Necrofila, La*

Quegli anni selvaggi ** (*These Wilder Years*, Usa 1956, b/n, 91') Roy Rowland. Con James Cagney, Don Dubbins, Barbara Stanwyck, Walter Pidgeon, Edward Andrews, Betty Lou Keim. ◆ Un ricco uomo d'affari (Cagney) si mette alla ricerca di un figlio avuto in gioventù, che all'epoca non aveva voluto riconoscere e per espiare i peccati del passato finisce con l'adottare una ragazza madre (Keim). Un insolito ruolo melodrammatico per Cagney, che regge sulle sue sole spalle una specie di soap-opera ante litteram.

Quei bravi ragazzi ***½ (*Goodfellas*, Usa 1990, col, 146') Martin Scorsese. Con Ray Liotta, Robert De Niro, Joe Pesci, Lorraine Bracco, Paul Sorvino, Frank Sivero, Mike Starr, Frank Vincent, Debi Mazar, Samuel L. Jackson, Illeana Douglas. ◆ Trent'anni di omicidi, contrabbando, spaccio di droga, rapine, carcere ma anche di pranzi, feste, mogli, figli, amanti: a raccontarli è Henry Hill (Liotta), gangster pentito e implacabile accusatore degli ex «amici» (tra cui De Niro e Pesci). Sceneggiato dal regista e da Nicholas Pileggi dal libro di quest'ultimo, *Wiseguy*, il film racconta la mafia dei nostri giorni vista dal basso e nel quotidiano, con gli occhi di «manovali» che non diventeranno mai Padrini. Flusso di immagini costruite con esattezza documentaristica e montate su una colonna sonora ininterrotta, dove canzoni, voce fuori campo, dialoghi, spari e boati si sovrappongono in modo stupefacente e mozzafiato, è un gangster-movie anomalo, nel quale anche la sceneggiatura sembra costruita su cellule narrative impazzite e gli attori sanno inserirsi senza prevaricazioni di sorta nella corrente magnetica del film. Ray Liotta è bravissimo, Joe Pesci una conferma che vale un Oscar (come attore non protagonista). La fotografia è di Michael Balhaus, il montaggio è di Thelma Schoonmaker. La madre di Pesci è interpretata dalla madre di Scorsese, Catherine; il padre Charles è Vinnie. Molte le scene di violenza, ma tutte necessarie. Scandalosamente premiato soltanto con un Leone d'argento alla Mostra di Venezia.

Quei due ** (Italia 1935, b/n, 75') Gennaro Righelli. Con Eduardo De Filippo, Peppino De Filippo, Assia Noris, Lamberto Picasso, Luigi Almirante, Franco Coop. ◆ Due poveracci eternamente affamati (E. e P. De Filippo) e innamorati della stessa ragazza (Noris) tentano in tutti i modi di mettere qualcosa sotto i denti: ci riusciranno solo quando la ragazza, per farsi perdonare di essersi innamorata di un violinista, preparerà per i due un pranzo coi fiocchi. Parzialmente tratto dall'atto unico di Eduardo *Sik-Sik, l'artefice magico* (al quale direttamente si ispira la scena in cui i due, per trovare da mangiare, si spacciano per prestigiatori), il film è sorretto da un buon ritmo e da alcune trovate di regia degne di nota: l'inseguimento di una gallina da parte di Peppino è filmato attraverso l'ottica deformata di uno specchio concavo, il litigio tra Eduardo e Peppino è sonorizzato con rumori che nascondono le parole. Piccolissimo ruolo per Anna Magnani, nella parte di Pierotta. Il soggetto sarà ripreso da Giorgio Bianchi nel 1951 per *Porca miseria!*, con Carlo Croccolo, Isa Barzizza e Geppa, alias Francesco Golisano.

Quei due ** (*Staircase*, Gb/Usa 1969, col, 100') Stanley Donen. Con Rex Harrison, Richard Burton, Cathleen Nesbit, Beatrix Lehmann. ◆ La difficile e nevrotica convivenza tra due vecchi omosessuali, Charlie (Harrison) e Harry (Burton), che stanno insieme da più di trent'anni. Dalla commedia *Il sottoscala* di Charles Dyer, che qui firma anche la sceneggiatura, un film statico, più malinconico che allegro, adatto all'istrionismo dei suoi due protagonisti. Criticato dai militanti gay perché «considera la vita tra omosessuali come un'imitazione del modello eterosessuale». La colonna sonora è di Dudley Moore.

Quei fantastici pazzi volanti * (*Jules Verne's Rocket to the Moon*, Gb 1967, col, 105') Don Sharp. Con Burl Ives, Troy Donahue, Gert Fröbe, Terry-Thomas, Hermione Gingold, Lionel Jeffries, Klaus Kinski, Daliah Lavi. ◆ All'inizio del secolo il nobile inglese P.T. Barnum (Ives) finanzia la costruzione di un'astronave che dovrebbe arrivare fin sulla Luna: ma anche allora, non mancavano i sabotatori. Fantascienza piatta e incolore vagamente ispirata al romanzo di Jules Verne *Dalla Terra alla Luna*, che scade troppo presto nella farsa.

Queimada ** (Italia/Francia 1969, col, 112') Gillo Pontecorvo. Con Marlon Brando, Evaristo Marquez, Renato Salvatori, Tom Lyons, Dana Ghia, Giampiero Albertini. ◆ Mandato nelle Antille per sobillare la popolazione contro i portoghesi e farla alleare con l'Inghilterra, l'avventuriero inglese sir William Walker (Brando) riesce nell'intento, ma dovrà in seguito eliminare il capo della ribellione (Marquez) da lui stesso suscitata. Ambizioso (e fallimentare) tentativo di spiegare il colonialismo e costruire una tipologia narrativa a partire dalle sue vicende. Nonostante la forza di Brando, il personaggio di Walker finisce con l'essere schiacciato dal senso della Storia che incarna, soffocato tra le ambiguità della sceneggiatura (di Franco Solinas e Giorgio Arlorio) che lo vuole colonialista mentre ordisce le trame del potere e nello stesso tempo lucida coscienza marxista dei fatti (celeberrima la dimostrazione secondo la quale, per le leggi del capitalismo, è più conveniente avere rapporti con una prostituta che avere una moglie): manca un terzo personaggio storicizzante, e si sente. Oggi appaiono ancora più fuori luogo le citazioni da Franz Fanon e le allusioni alle lotte dei Black Panthers che si sentono nei dialoghi. Allo stesso tema si è ispirato vent'anni dopo Alex Cox col suo *Walker* (1988).

Quei pazzi pazzi sulle autostrade → *Crazy Runners – Quei pazzi pazzi sulle autostrade*

Quei temerari sulle loro pazze, scatenate, scalcinate carriole *½ (*Those Daring Young Men in Their Jaunty Jalopies*, conosciuto anche col titolo *Monte Carlo or Bust*, Usa/Italia/Francia 1969, col, 124') Ken Annakin. Con Walter Chiari, Bourvil [André Raimbourg], Lando Buzzanca, Tony Curtis, Susan Hampshire, Mireille Darc, Terry-Thomas, Eric Sykes, Gert Fröbe, Peter Cook, Dudley Moore, Jack Hawkins, Nicoletta Rangoni Machiavelli. ◆ Colpi bassi e sete di vittoria a un rally di Monte Carlo degli anni Venti, dove si affrontano, tra gli altri, un industriale inglese (Terry-Thomas) che vuole umiliare il suo socio americano (Curtis), un galeotto tedesco (Fröbe) che ha nascosto nella ruota di scorta la refurtiva di un furto e due vigili italiani (Chiari e Buzzanca). Piccole trovate e brevi episodi che spezzettano irrimediabilmente il film, alla vana ricerca di ritrovare la comicità della *Grande corsa*.

Quei temerari sulle macchine volanti ** (*Those Magnificent Men in Their Flying Machines*, Gb/Usa 1965, col, 132') Ken Annakin. Con Stuart Whitman, Sarah Miles, Alberto Sordi, James Fox, Robert Morley, Gert Fröbe, Jean-Pierre Cassel, Terry-Thomas, Benny Hill, Sam Wanamaker. ◆ All'inizio del secolo un lord inglese organizza una corsa in aeroplano da una parte all'altra della Manica. I partecipanti non sono meno pittoreschi dei loro velivoli. Un cast di lusso per una storia divertente e stravagante, che sarebbe stata ancora più efficace se dotata di maggior ritmo. Divertente cammeo per Red Skelton che introduce il film ripercorrendo la storia dell'aviazione.

Quel bandito sono io! *½ (Italia/Gb 1950, b/n, 83') Mario Soldati. Con Jean Kent, Robert Beatty, Gordon Harker, Margaret Rutherford, Rona Anderson, Tamara Lees, Giulio Marchetti. ◆ Un cassiere di banca (Beatty) somiglia come una goccia d'acqua a un gangster americano, che non esita ad approfittare in modo disonesto della circostanza. Alle prese con un soggetto portato sullo schermo sin troppe volte (qui tratto dalla commedia omonima di Peppino De Filippo, sceneggiata dal regista insieme a Steno e a Monicelli), Soldati fa quel che può. Fotografia ed effetti speciali di Mario Bava.

Quel certo non so che * (*That Certain Feeling*, Usa 1956, col, 103') Norman Panama, Melvin Frank. Con Bob Hope, Eva Marie Saint, George Sanders, Pearl Bailey, Al Capp. ◆ Un disegnatore di fumetti in crisi d'ispirazione (Hope) viene aiutato dalla segretaria (Saint) e dal suo ex marito (Sanders), che spera ancora di recuperare la moglie. Commediola insulsa e smorta, che solo Sanders sembra interpretare con la dovuta convinzione.

Quel certo non so che **½ (*The Thrill of It All*, Usa 1963, col, 108') Norman Jewison. Con Doris Day, James Garner, Arlene Francis, Edward Andrews, Reginald Owen, ZaSu Pitts. ◆ Una madre (Day) è talmente brava nel raccontare come ha convinto i figli a usare il sapone che un industriale (Owen) le propone di fare pubblicità alla tv. Ma lo straordinario successo che ottiene mette in crisi i suoi rapporti col marito (Garner). Grazie a una sceneggiatura di Carl Reiner (futuro regista di sottile genialità) tutta a favore dell'intraprendenza e dell'indipendenza dalla famiglia, Doris Day recita finalmente in una commedia che (per i primi tre quarti) non è zuccherosa e melensa come al solito. Modernissime le scene televisive, con pause ed esitazioni degne di un maestro del piccolo schermo. Divertente serie di cammeo per Carl Reiner.

Quel che resta del giorno ** (*The Remains of the Day*, Gb/Usa 1993, col, 134') James Ivory. Con Anthony Hopkins, Emma Thompson, James Fox, Christopher Reeve, Peter Vaughan, Michel Lonsdale, Hugh Grant, Tim Pigott-Smith. ◆ Nel 1958, quando la tenuta di Darlington Hill viene acquistata da un ricco americano (Reeve), il maggiordomo Stevens (Hopkins) ripensa alla storia della casa dove ha servito per quarant'anni e alla sua personale: per l'attaccamento al proprio ruolo ha trascurato l'affetto per il padre (Vaughan), ha soffocato l'amore che gli dimostrava la governante (Thompson) e soprattutto ha finto di non capire che lord Darlington (Fox) era un simpatizzante nazista che con i suoi ricevimenti cercava di spingere la politica estera inglese nelle braccia di Hitler. Raccontata e filmata con la stessa pignola precisione che il maggiordomo mette nel suo lavoro, questa riduzione del bel romanzo omonimo di Kazuo Ishiguro (sceneggiato da Ruth Prawer Jhabvala) resta prigioniera del suo fascino: nonostante l'eccellente prova di Hopkins, il film «non riesce a scavare dentro le pieghe d'ombra di quel raffinato formalismo» limitandosi a rifletterne piattamente le forme, perfette ma fredde.

Quel dannato pugno di uomini * (*The Meanest Men in the West*, Usa 1965, col, 93') Charles Dubin, Samuel Fuller. Con Charles Bronson, Lee Marvin, Lee J. Cobb, Sara Lane, Miriam Colon. ◆ Martin Kalig (Marvin) uccide il padre e poi fa cadere suo fratello Harge (Bronson) in un'imboscata, ma quest'ultimo saprà vendicarsi del tradimento. Un accorto e astuto rimontaggio di due telefilm della serie *Il Virginiano*, (*It Tools for Three* di Fuller e *The Reckoning* di Charles S. Dubin) recuperati quando i due grintosi protagonisti erano diventati famosi anche al cinema.

Quel fantasma di mio marito *½ (Italia 1950, b/n, 95') Camillo Mastrocinque. Con Walter Chiari, Medy Saint Michel, Ernesto Almirante, Cesare Bettarini, Enzo Biliotti, Franco Coop. ◆ Un reporter (Chiari) va in Palestina per un servizio e torna a casa dalla moglie (Saint Michel) sotto le spoglie di un fantasma: ci vorrà un medico per riportarlo alle sue sembianze umane. Commedia leggera e spensierata, sceneggiata dal regista insieme a Giuseppe De Santis e Antonio Pietrangeli.

Quel fantastico assalto alla banca *½ (*The Great Bank Robbery*, Usa 1969, col, 98') Hy Averback. Con Kim Novak, Zero Mostel, Clint Walker, Claude Akins, Akim Tamiroff, John Anderson. ◆ Intorno all'inespugnabile cassaforte di una banca si aggirano diversi cowboy, quasi tutti con intenzioni disoneste. Commedia western meno divertente del dovuto, soprattutto a causa della fiacchezza della sceneggiatura (di William Peter Blatty, l'autore dell'*Esorcista*).

Quel fenomeno di mio figlio *½ (*That's My Boy*, Usa 1951, b/n, 98') Hal Walker. Con Jerry Lewis, Dean Martin, Ruth Hussey, Polly Bergen, Eddie Mayehoff, Marion Marshall. ◆ Un ex campione di football americano (Mayehoff) vorrebbe che il figlio (Lewis), goffo e complessato, diventasse altrettanto bravo nello sport e per questo paga la retta universitaria al figlio (Martin) di un suo dipendente perché lo aiuti a diventare un campione. Qualche risata in un prodotto che oggi ha perso molto della sua carica satirica, ma che all'epoca ebbe un certo successo, dando anche origine a una serie televisiva. Quarto film di Jerry Lewis e prima creazione psicologicamente sviluppata del suo personaggio chiave: il pasticcione imbranato che delude le aspettative di tutti.

Quel freddo giorno nel parco **½ (*That Cold Day in the Park*, Usa 1969, col, 113') Robert Altman. Con Sandy Dennis, Michael Burns, Susanne Benton, Luana Anders, John Garfield jr, Michael Murphy. ◆ Frances Austen (Dennis), che vive sola in un appartamento di Vancouver situato vicino a un parco, offre riparo a un vagabondo (Burns) che ha passato la notte all'addiaccio, sotto la pioggia. Ma poi le sue attenzioni verso il giovane si fanno eccessive. Tratto dall'omonimo romanzo di Richard Miles (che però ad Altman e alla sua sceneggiatrice Gillian Freeman servì solo come spunto di partenza), è un «piccolo melodramma sensibile ma anche crudele e inquietante» sulle nevrosi di una zitella borghese, un po' manierato nella regia (l'uso creativo del colore è forse eccessivo) ma intrigante nella descrizione di un desiderio sessuale continuamente represso. Nelle Tv gira una versione più corta di 10'.

Quel giardino di aranci fatti in casa ** (*I Ought to Be in Pictures*, Usa 1982, col, 107') Herbert Ross. Con Walter Matthau, Ann-Margret, Dinah Manoff, Lance Guest, Lewis Smith, Martin Ferrero. ◆ Una teenager newyorchese (Manoff) va a Hollywood nella speranza di sfondare come attrice grazie all'aiuto del padre (Matthau): questi però non è, come lei crede, un affermato sceneggiatore, ma un giocatore e bevitore ormai privo di ambizioni. Basato su una commedia di Neil Simon, è un film piacevole ma scontato che si regge soprattutto sull'istrionismo (sempre un po' simile a se stesso) di Matthau.

Quel giorno a Rio *½ (*Blame It on Rio*, Usa 1984, col, 100') Stanley Donen. Con Michael Caine, Joseph Bologna, Valerie Harper, Michelle Johnson, Demi Moore, Jose Lewgoy. ◆ Un quarantenne in crisi coniugale (Caine) decide di prendersi una vacanza a Rio in compagnia del suo miglior amico (Bologna) che si fa accompagnare dalla procace figlia diciannovenne (Johnson): inevitabili le complicazioni sentimentali. Commedia sentimentale inutilmente sbracata, che la bella interpretazione di Caine non riesce a salvare. Irriconoscibile la regia di Stanley Donen che sembra aver perso del tutto la grazia del passato (se si esclude un piccolo omaggio a Fred Astaire di cui si vede un estratto di *Carioca*). Remake di *Un Moment d'égarement* (1977, di Claude Berri con Jean-Pierre Marielle e Victor Lanoux) inedito in Italia.

Quel giorno il mondo tremerà ** (*Armaguedon*, Francia/Italia 1976, col, 95') Alain Jessua. Con Alain Delon, Jean Yanne, Renato Salvatori, Michel Duchaussoy. ◆ Il commissario di polizia Vivien (Duchaussoy), con l'aiuto di uno psichiatra (Delon), dà la caccia a uno psicopatico (Yanne) che, ribattezzatosi con il nome di un vendicatore dell'Apocalisse, minaccia di uccidere alcuni personaggi famosi. Un giallo discreto, serrato nel ritmo e piuttosto coinvolgente. Le musiche sono di Astor Piazzolla.

Quel gran pezzo dell'Ubalda tutta nuda e tutta calda * (Italia 1972, col, 91') Mariano Laurenti. Con Edwige Fenech, Pippo Franco, Karin Schubert, Umberto D'Orsi, Pino Ferrara. ◆ Disavventure boccaccesche di un mugnaio (D'Orsi) che cerca in tutti i modi di difendere la moglie Ubalda (Fenech) dall'assalto di amanti e ammiratori tra i quali uno squinternato ex soldato (Franco) che non si accorge delle corna che gli mette la moglie (Schubert). Un titolo leggendario per un caposaldo del softcore nostrano, che trabocca di volgarità e stupidità a ogni fotogramma. Costato circa 90 milioni ne incassò 700. Rifatto nel '95 dallo stesso regista (*Chiavi in mano*).

Quella certa età *½ (*That Certain Age*, Usa 1938, b/n, 95') Edward Ludwig. Con Deanna Durbin, Melvyn Douglas, Jackie Cooper, Nancy Carroll, John Halliday, Irene Rich. ◆ Un editore (Douglas) ospita nella propria villa uno scrittore (Cooper), ma se ne pente quando la figlia adolescente (Durbin) si prende una cotta per il nuovo arrivato. Commediola tutto sommato gradevole, soprattutto per merito degli interpreti.

Quella certa età ** (*Le Blé en herbe*, Francia 1954, b/n, 106') Claude Autant-Lara. Con Edwige Feuillère, Nicole Berger, Pierre-Michel Beck, Charles Dechamps, Renée Devillers. ◆ Iniziazione sentimentale di due adolescenti in vacanza in Bretagna nel 1925: Phil (Beck) scoprirà l'amore con una matura «dama bianca» (Feuillère) e poi inizierà al sesso la sua amica Vinca (Berger). Tratto dal romanzo *Il grano in erba* di Colette (che apprezzò la sceneggiatura di Jean Aurenche, Pierre Bost e Autant-Lara), il film racconta con pregevole delicatezza un tema scabroso come quello della scoperta dell'amore fisico, mescolando ironia e una discreta ma efficace critica sociale. Solite proteste dei benpensanti alla sua uscita in Francia. Piccolo ruolo per Louis de Funès, nella parte del proiezionista.

Quella che avrei dovuto sposare ** (*There's Always Tomorrow*, Usa 1956, b/n, 84') Douglas Sirk. Con Barbara Stanwyck, Fred MacMurray, Joan Bennett, Pat Crowley, Jane Darwell, William Reynolds. ◆ In difficoltà con la famiglia, dove i figli sono molto freddi con lui, un ricco industriale di giocattoli (MacMurray) si riavvicina a una sua fiamma dei tempi del liceo (Stanwyck), ma alla fine sarà proprio la donna a fargli capire che deve tornare dai suoi. Remake di *There's Always Tomorrow* di Edward Sloman (1934, inedito in Italia), il film scandaglia l'istituzione familiare, la cui degenerazione in opprimente routine incoraggia il tentativo di adulterio, ma soprattutto illustra la grigia mediocrità della classe media che alla fine – come i robot che costruisce il protagonista – si vede costretta a fare gesti (e scelte) soffocanti.

Quella che non devi amare *½ (*Guest Wife*, Usa 1945, b/n, 90') Sam Wood. Con Don Ameche, Claudette Colbert, Dick Foran, Charles Dingle, Irving Bacon, Grant Mitchell. ◆ Avendo bisogno di una finta moglie per concludere un affare, uno scapolo (Ameche) si fa prestare quella (Colbert) del suo miglior amico (Foran), che però non tarda a ingelosirsi. Commedia scioccherella che si tiene in piedi grazie allo smalto dei tre interpreti principali.

Quella cosa chiamata amore ** (*The Thing Called Love*, Usa 1993, col, 110') Peter Bogdanovich. Con Samantha Mathis, River Phoenix, Dermot Mulroney, Sandra Bullock, K.T. Oslin. ◆ La giovane Miranda Presley (Mathis) va a Nashville per sfondare nella musica country. In attesa della fama fa la cameriera, si sposa quasi per scherzo con James Wright (Phoenix), un divo in erba spocchioso, e spezza il cuore a un cantante meno fortunato (Mulroney). Del Bogdanovich di una volta è restato lo sforzo di rendere simpatici i personaggi e il senso del tempo che scorre casualmente, senza che i conflitti si risolvano. Ma manca, ormai, l'aggancio alla realtà degli Usa contemporanei. Fiacca la sceneggiatura di Carol Heikkinen. Ultima interpretazione di Phoenix.

Quella di cui si mormora **½ (*My Reputation*, Usa 1946, b/n, 94') Curtis Bernhardt. Con Barbara Stanwyck, George Brent, Warner Anderson, Lucille Watson, John Ridgely, Eve Arden. ◆ Vedova da poco, una donna (Stanwyck) si lega a un ufficiale (Brent), dando inizio a una relazione che è fonte di malignità e pettegolezzi. Ampiamente datato nell'argomento, questo dramma sentimentale si regge tutto sulla bravura della Stanwyck che «riesce a rendere convincente questo tipo di personaggio e a trascendere le convenzioni della soap-opera». Molto curata la fotografia di James Wong Howe.

Quella nostra estate *½ (*Spencer's Mountain*, Usa 1963, col, 119') Delmer Daves. Con Henry Fonda, Maureen O'Hara, Donald Crisp, James MacArthur, Wally Cox, Mimsy Farmer. ◆ Gli Spencer, una famiglia patriarcale che vive nella regione montuosa del Wyoming, si sacrifica affinché il primogenito (MacArthur) possa essere il primo della stirpe a frequentare l'università. Tratta da un romanzo di Earl Hamner, è una sdolcinata saga familiare che nemmeno Fonda nel ruolo del capofamiglia riesce a vivacizzare. In seguito ne fu tratta una serie televisiva, *The Waltons*.

Quella notte inventarono lo spogliarello **½ (*The Night They Raided Minsky's*, Usa 1968, col, 99') William Friedkin. Con Jason Robards, Britt Ekland, Norman Wisdom, Forrest Tucker, Elliott Gould, Joseph Wiseman, Denholm Elliott, Jack Burns. ◆ Fuggita dalla comunità amish, Rachel Schpitendavel (Ekland) arriva a New York ed entra involontariamente nello smaliziato universo del burlesque. Una accurata e deliziosa ricostruzione dell'avanspettacolo nell'America degli anni Venti sceneggiata da Arnold Schulman, Sidney Michaels e Norman Lear. Battute volgarotte, balletti sgangherati, ragazze discinte ma sempre troppo magre o troppo grasse: un quadro d'epoca ironico e ricco di momenti divertenti, diretto con mano sicura e ritmo frastornante. Ottimo anche l'apporto di Andrew Laszlo (fotografia), Charles Strouse (musica) e William e Jean Eckart (scenografia).

Quella pazza famiglia Fikus *½ (*Fire Sale*, Usa 1977, col, 88') Alan Arkin. Con Alan Arkin, Rob Reiner, Vincent Gardenia, Sid Caesar, Anjanette Comer, Kay Medford. ◆ I due fratelli Ezra (Arkin) e Russel (Reiner) Fikus – allenatore di una squadra di basket che perde sempre, il primo, imbranato gestore di un magazzino di merci, il secondo – non riescono a incassare una polizza assicurativa di cui sono legittimi beneficiari, ma le disgrazie che li perseguitano faranno loro scoprire di possedere il pallino del commercio. Commedia nera che, a dispetto delle bizzarrie raccontate e di un cast di prima qualità, non riesce a divertire davvero.

Quella piccola differenza * (Italia/Francia 1969, col, 91') Duccio Tessari. Con Juliette Mayniel, Pino Caruso, Victoria Zinny, Carlo Hintermann, Elisabetta De Galleani. ◆ Un ricco industriale (Caruso) sposato e con due amanti rimane sconcertato nell'apprendere dal suo medico che sta per cambiare sesso. Battute e situazioni risapute per un film volgare e approssimativo.

Quella sporca dozzina *** (*The Dirty Dozen*, Usa 1967, col, 149') Robert Aldrich. Con Lee Marvin, Ernest Borgnine, Robert Ryan, Charles Bronson, John Cassavetes, Jim Brown, George Kennedy, Trini Lopez, Telly Savalas, Donald Sutherland, Ralph Meeker, Richard Jaeckel, Clint Walker. ◆ Poco prima dello sbarco delle truppe alleate in Normandia, il maggiore Reisman (Marvin) deve conquistare un castello nel quale è installato il quartier generale dei nazisti nella Francia occupata e sterminare tutti i suoi componenti: per farlo sceglie dodici galeotti condannati a morte o ai lavori forzati che addestrerà personalmente fino a quando saranno pronti per la missione. Un classico del cinema di guerra sceneggiato da Nunnally Johnson e Lukas Heller (a partire da un romanzo di E.M. Nathanson), intenso ed emozionante, violento e brutalmente realistico (ma anche sottilmente ironico, specie nel personaggio interpretato da Sutherland), recitato splendidamente da tutte le facce patibolari che allora a Hollywood andavano per la maggiore. Oscar per i migliori effetti sonori (John Poyner). Un grande successo al botteghino e ben tre sequel.

Quella sporca dozzina II * (*The Dirty Dozen: The Next Mission*, Usa 1985, col, 100') Andrew V. McLaglen. Con Lee Marvin, Ernest Borgnine, Richard Jaeckel, Ken Wahl, Larry Wilcox, Sonny Landham. ◆ Questa volta i galeotti reclutati per amor di patria devono partecipare a un'azione che ha per obiettivo l'omicidio del Führer. Film per la Tv che dell'originale conserva solo una parte del cast (Marvin, Borgnine e Jaeckel), non certo il ritmo e la qualità.

Quella sporca dozzina: missione di morte *½ (*The Dirty Dozen: The Deadly Mission*, Usa 1987, col, 100') Lee H. Katzin. Con Telly Savalas, Ernest Borgnine, Vince Edwards, Gary Graham, James Van Patten, Vincent Van Patten, Bo Svenson. ◆ Morto nel primo film, Savalas torna qui in un altro ruolo, e guida dodici soldati pronti a tutto in una nuova avventura che riguarda strani e pericolosi esperimenti scientifici compiuti dai nazisti. Un insoddisfacente e fiacco terzo episodio di una serie che mostrava la corda già alla seconda puntata.

Quella sporca dozzina: missione nei Balcani *½ (*The Dirty Dozen: The Fatal Mission*, Usa 1988, col, 100') Lee H. Katzin. Con Telly Savalas, Ernest Borgnine, Erik Estrada, Hunt Block, Jeff Conaway, Alex Cord. ◆ I nazisti si sono impadroniti dell'Orient-Express, e tocca ai dodici assatanati membri della pattuglia sbrogliare la situazione. La presenza di una donna (Heather Thomas) e quella del pugile Ray «Boom Boom» Mancini nel cast sono le uniche novità di questa quarta tappa del ciclo della «sporca dozzina»: troppo poco.

Quella sporca ultima meta **½ (*The Longest Yard*, Usa 1974, col, 123') Robert Aldrich. Con Burt Reynolds, Eddie Albert, Ed Lauter, Anitra Ford, Michael Conrad, Jim Hampton, Bernadette Peters, Richard Kiel. ◆ Paul Crewe (Reynolds), ex giocatore di football americano finito in galera, deve allestire una squadra di prigionieri in grado di sfidare quella organizzata dal direttore del carcere (Albert). Tutto il mestiere di Aldrich al servizio di un film sempre in bilico tra la commedia e il dramma, nel quale si fondono due generi tipici del cinema americano (il film sullo sport e quello sull'universo carcerario) rinvigoriti da massicce dosi di violenza. Da non perdere la sequenza della partita dove Aldrich ricorre a tutta la sua abilità di regista (montaggio serratissimo, scomposizione dello schermo, ralenti).

Quella sporca ultima notte * (*Capone*, Usa 1975, col, 101') Steve Carver. Con Ben Gazzara, Harry Guardino, Susan Blakely, John Cassavetes, Sylvester Stallone, Frank Campanella. ◆ Un'improbabile e stereotipata descrizione della parabola gangsteristica di Al Capone (interpretato con irritante manierismo da Gazzara), dall'ascesa nel mondo della malavita di Chicago alla condanna per evasione fiscale. Prodotto da Roger Corman, il film include alcune scene del suo *Massacro del giorno di San Valentino*.

Quella strana ragazza che abita in fondo al viale **½ (*The Little Girl Who Lives Down the Lane*, Canada 1976, col, 94') Nicolas Gessner. Con Jodie Foster, Alexis Smith, Martin Sheen, Scott Jacoby, Mort Shuman. ◆ In una villetta isolata una ragazzina (Foster), lasciata sola dal padre scrittore partito per un viaggio senza ritorno, si difende con ostinati silenzi e tè al cianuro da adulti curiosi e «invadenti» e da un giovane maniaco sessuale (Sheen) che intuisce il motivo delle innumerevoli scomparse. Ambientato nel Maine, il film fa crescere l'horror tra psicologie adolescenziali (c'è anche spazio per il sorgere del primo amore) e la falsa quiete della provincia Usa. Non tutto funziona, tra lentezze e improbabilità, ma la Foster inquieta sempre e il finale crea più suspense del previsto.

Quella villa accanto al cimitero ** (Italia 1981, col, 88') Lucio Fulci. Con Katherine MacColl, Paolo Malco, Ania Pieroni, Giovanni Frezza, Dagmar Lassander, Carlo De Mejo, Giovanni De Nava. ◆ Nella casa del dottor Freudstein (sic!) è impazzito già un ricercatore, che ha fatto a pezzi la fidanzata e si è impiccato; ma il dr. Boyle (Malco), impavido, vi si trasferisce con moglie (MacColl) e figlioletto. Scritto dal regista con Dardano Sacchetti e Giorgio Mariuzzo, forse il più compatto degli horror fulciani del periodo: atmosfera abbastanza paurosa, effettacci (di Giannetto De Rossi) schifosi e serviti al momento giusto, poesia macabra e ironia impercettibile.

Quelle due *** (*The Children's Hour*, Usa 1962, b/n, 107') William Wyler. Con Audrey Hepburn, Shirley MacLaine, James Garner, Miriam Hopkins, Fay Bainter, Karen Balkin, Veronica Cartwright. ◆ Una ragazzina bugiarda e viziata (Balkin) rovina la vita a due insegnanti, Karen (Hepburn) e Martha (MacLaine), accusandole falsamente di lesbismo. Intelligente e raffinato adattamento di un testo teatrale di Lillian Hellman che Wyler aveva già portato sullo schermo nel 1936 (*La calunnia*, dove Miriam Hopkins – che fa Mrs. Mortar – interpretava la parte qui affidata alla MacLaine): questa volta, però, la maggior libertà concessa dalla morale hollywoodiana permette a Wyler di affrontare apertamente il problema dell'omosessualità – tanto che Martha confessa a Karen di essere sempre stata disperatamente innamorata di lei – e di chiudere il film rispettando il pessimismo della Hellman: Martha si suicida e Karen non accetta di tornare con il fidanzato (Garner) che l'aveva abbandonata in seguito allo scandalo. E i recenti tempi di maccartismo, oltre al clima da guerra fredda che invade l'America, servono al regista per trovare nuovi punti di riferimento nel creare un'atmosfera di paranoia e sospetto.

Quell'estate del '42 **½ (*Summer of '42*, Usa 1971, col, 102') Robert Mulligan. Con Jennifer O'Neill, Gary Grimes, Jerry Houser, Oliver Conant, Lou Frizell, Katherine Allentuck. ◆ Nel 1942, su un isolotto del New England, un adolescente (Grimes) ha una breve relazione con una donna (O'Neill) che ha da poco perso il marito in guerra. Nostalgica e accattivante rievocazione di un'epoca in cui la spensieratezza dei giovani si scontrava con i drammi della guerra (i due vanno al cinema a vedere il finale di *Perdutamente tua*), sceneggiata da Herman Raucher con qualche scivolata di troppo (la comicità abbastanza pesante di Grimes che cerca di comprare i preservativi al drugstore) ma diretta da Mulligan «con una reale delicatezza di toni che nelle bellissime scene finali si conquista l'adesione totale dello spettatore». Oscar alle musiche (troppo invadenti) di Michel Legrand.

Quelle strane occasioni * (Italia 1976, col, 115') Nanni Loy, Luigi Magni, Luigi Comencini. ◆ Film a episodi. In *Italian Superman* (Anonimo [Nanni Loy]. Con Paolo Villaggio) un povero venditore di castagnaccio diventa ricco facendo l'amore in pubblico nei pornonight di Amsterdam, ma quando sua moglie pretende di essere la sua unica partner si blocca; in *Il cavalluccio svedese* (Luigi Magni. Con Nino Manfredi, Olga Karlatos, Giovanna Steffan, Giovannella Grifeo) un rigido architetto cede alle grazie di una svedese, figlia di un amico che poi scopre essere stato l'amante della moglie; in *L'ascensore* (Luigi Comencini. Con Alberto Sordi, Stefania Sandrelli, Beba Loncar) un monsignore rimane chiuso per una giornata con una bella ragazza in un ascensore e approfitta della situazione con melliflua ipocrisia. Tre episodi senza pretese, inutilmente volgare il primo (che Loy si dev'essere vergognato di firmare), scontato il secondo e appena passabile il terzo per la bravura di Sordi e la presenza di una sexy Sandrelli.

Quelli belli... siamo noi * (Italia 1970, col, 95') Giorgio Mariuzzo. Con Maurizio [Maurizio Arcieri], Orchidea De Sanctis, Carlo Dapporto, Carlo Delle Piane, Ugo Fangareggi, Isabella Biagini, Elsa Vazzoler, Ric [Riccardo Miniggio], Gian [Gianfabio Bosco], Lino Banfi. ◆ Meccanico con la passione per la musica, Maurizio (Arcieri) s'innamora di Elisabetta (De Sanctis), figlia di un barbiere siciliano (Dapporto) che l'ha promessa in sposa a un conterraneo: gli equivoci e le gelosie rischiano di rovinare l'amore tra i due giovani. Musicarello costruito su misura per l'ex voce solista dei New Dada, che canta *Cinque minuti e poi...*, *L'amore è blu* ed *Elizabeth* ma non la canzone del titolo. Gli intermezzi comici, di un umorismo parrocchiale, sono affidati a Dapporto e alla Biagini (che interpreta sua nipote Flora e fa anche l'imitazione di Mina) e a Ric e Gian (nei panni dei garzoni della barberia: assolutamente pietosi). Citata nei titoli di testa, Loredana Berté non si riconosce nel film.

Quelli del casco * (Italia 1988, col, 91') Luciano Salce. Con Francesco Bonelli, Sonia De Gaudenz, Giovan Battista Canavacciuolo, Dario Casalini, Carmen Di Pietro, Romina Lari, Riccardo Rossi. ◆ Un liceale (Bonelli) si innamora di una ragazza (De Gaudenz) fotografata a volto coperto su un cartellone pubblicitario: per rintracciarla, si fa aiutare da una compagna di scuola, non sospettando che è proprio lei la ragazza che cerca. Una commedia che gira a vuoto, incapace di dare spessore e credibilità alle parole e ai pensieri dell'adolescenza di oggi.

Quelli della banda Beretta **½ (*Le Gang des otages*, Francia 1972, b/n, 94') Edouard Molinaro. Con Bulle Ogier, Daniel Cauchy, Gilles Segal, Gérard Darrier, Christian Barbier. ◆ Scorribande malavitose di un ex paracadutista psicopatico (Cauchy), che da bandito di mezza tacca si trasforma in rapinatore: fuggito dal carcere con l'amante (Ogier) e un complice (Segal), finirà tragicamente i suoi giorni. Un buon poliziesco tratto da un fatto di cronaca, asciutto nello stile ed essenziale nei dettagli. Bella la fotografia di Raoul Coutard e ottima Bulle Ogier, aggressiva pupa del gangster.

Quelli della calibro 38 *½ (Italia 1976, col, 105') Massimo Dallamano. Con Carole André, Marcel Bozzuffi, Ivan Rassimov, Fabrizio Capucci, Riccardo Salvino. ◆ Un delinquente che si fa chiamare «Il marsigliese» (Bozzuffi) minaccia di far saltare in aria la sua città: per fermarlo ci vorrà un poliziotto (Rassimov) poco disciplinato ma assai efficace. Film d'azione di modesta fattura, nel quale i protagonisti hanno sguardi perennemente truci.

Quelli dell'accademia militare * (*Hollywood Air Force*, Usa 1986, col, 101') Bert Convy. Con Chris Lemmon, Lloyd Bridges, Vic Tayback, Graham Jarvis, Brian Bradley. ◆ In un reparto dell'aviazione americana pieno di soldati burloni e goliardici ne succedono davvero di tutti i colori. Commedia insulsa e sciocca, può al massimo far sorridere un pubblico di adolescenti.

Quelli della montagna ** (Italia 1943, b/n, 85') Aldo Vergano. Con Amedeo Nazzari, Mariella Lotti, Mario Ferrari, Cesco Baseggio, Nino Pepe, Nino Cobelli, Giuseppe Pagliarini [ma nei titoli di testa è Paglierini], Sennuccio Benelli, Walter Lazzaro, Ori Monteverdi. ◆ Richiamato negli alpini il giorno stesso delle nozze, l'avvocato Andrea Fontana (Nazzari) vede entrare in crisi il suo matrimonio con Maria (Lotti) e le sue sicurezze di uomo: si riscatterà come soldato (e riconquisterà la moglie) solo quando dimenticherà i propri problemi in nome del dovere e della disciplina. Irrisolto tentativo di mescolare un melodramma matrimoniale (Fontana scopre che la moglie era stata fidanzata a un suo carissimo amico morto in un'escursione, per di più fratello del capitano [Ferrari] che sembra volerlo umiliare sotto le armi) con le esigenze propagandistiche del film di commissione. Nato da un'idea del regista Ciro Betrone (morto durante la campagna d'Albania e al quale l'opera è dedicata) e sceneggiato da Vergano con Alessandro Blasetti (che nei titoli appare anche come supervisore alla regia), Corrado Pavolini, Alberto Spaini, Sergio Pugliese e non accreditato Raffaele Luciani, il film sfrutta al meglio la spavalda aggressività del personaggio interpretato da Nazzari, che esce schiacciato – ma umanamente vincente – dal confronto con il precedente fidanzato della moglie (eroe troppo celebrato per essere davvero umano), ma cade nella più scontata retorica patriottarda quando lo sviluppo della storia mette in campo l'inevitabile eroismo degli alpini. Bella recitazione di tutto il cast a partire da un intenso Mario Ferrari. Ai futuri fan di Cochi e Renato segnaliamo un'esecuzione da coro alpino di *Come porti i capelli bella bionda*.

Quelli della «San Pablo» **½ (*The Sand Pebbles*, Usa 1966, col, 179') Robert Wise. Con Steve McQueen, Candice Bergen, Richard Attenborough, Richard Crenna, Larry Gates, Mako. ◆ Negli anni Venti, in Cina, un marinaio americano (McQueen) scopre che la missione religiosa sul fiume Yangtze verso la quale è diretto si trova in realtà circondata e assediata da forze nemiche. Tratto dall'omonimo romanzo di Richard McKenna, è un kolossal d'avventure belliche assai lungo ma comunque avvincente e intenso, splendidamente fotografato da Joseph MacDonald e altrettanto ben interpretato da McQueen. Tante nomination, compresa quella per il miglior film, ma nessuna statuetta.

Quell'incerto sentimento ** (*That Uncertain Feeling*, Usa 1941, b/n, 84') Ernst Lubitsch. Con Merle Oberon, Melvyn Douglas, Burgess Meredith, Alan Mowbray, Olive Blakeney, Harry Davenport. ◆ Trascurata dal marito, Jill Baker (Oberon) si fa corteggiare da un playboy (Meredith): accortosi della tresca, il coniuge (Douglas) riuscirà a sua volta a farla ingelosire. Sempre elegante e raffinato, Lubitsch – nonostante alcuni divertenti risvolti parodistici nei confronti della psicanalisi – non riesce tuttavia a dare brillantezza e mordente a questo remake di un suo film del 1925 (*Baciami ancora*, con Marie Prevost, Monte Blue e John Roche) tratto dalla commedia *Divorçons* di Victorien Sardou ed Emile de Najac. Ne esiste una versione colorizzata.

Quello che spara per primo ** (*Un Nommé La Rocca*, Francia/Italia 1961, b/n, 90') Jean Becker. Con Jean-Paul Belmondo, Pierre Vaneck, Béatrice Altariba, Christine Kaufmann, Claude Piéplu. ◆ L'amicizia tra Xavier Adé (Vaneck) e Roberto La Rocca (Belmondo) sembra indistruttibile: per dimostrare l'innocenza del primo, La Rocca non esita ad affrontare un boss della malavita di Marsiglia; per non far correre rischi al secondo, Xavier si offre – durante la guerra – di disinnescare una mina. Finirà per sempre quando uno sgarro di Xavier sarà la causa della morte accidentale della donna di La Rocca. Esordio nella regia del figlio di Jacques Becker, che adatta un romanzo di José Giovanni (*La Scoumoune*, poi portato sullo schermo dallo stesso Giovanni col titolo *Il clan dei marsigliesi*) con un buon ritmo e riuscendo a sfruttare al meglio la simpatia di Belmondo.

Quell'oscuro oggetto del desiderio ***½ (*Cet obscur objet du désir*, Francia 1977, col, 100') Luis Buñuel. Con Fernando Rey, Angela Molina, Carole Bouquet, Julien Bertheau, André Weber, Milena Vukotic. ◆ Mentre un gruppo terrorista compie attentati ovunque, a Parigi un ricco vedovo sulla cinquantina (Rey) s'innamora perdutamente della diciottenne Conchita (Bouquet) che accetta la sua corte senza mai concederglisi. Dopo alterne vicende, l'uomo ritroverà la ragazza (questa volta col volto della Molina) a Siviglia, mentre si esibisce in uno spogliarello. Tratto da *La donna e il burattino* di Pierre Louys, già portato sullo schermo da von Sternberg (*Capriccio spagnolo*) e da Duvivier (*Femmina*), l'ultimo film di Buñuel – sceneggiato insieme a Jean-Claude Carrière – non è meno audace e corrosivo dei precedenti. Trasferendo il soggetto nel proprio universo poetico-ideologico, il regista ancora una volta sferra un feroce attacco alla morale borghese e bigotta, concludendo non a caso il film (e la sua carriera) con un'esplosione improvvisa. Ma ciò che colpisce maggiormente è la sua capacità d'inventiva, per nulla esaurita. Se dissemina il film di attentati politici, altrettanti ne attua sul piano linguistico, a partire dallo sdoppiamento del personaggio femminile in due attrici diversissime che sembrano un'unica figura grazie all'adozione della stessa voce e a vari accorgimenti di montaggio. Echi surrealisti dissacratori (come la simbologia sessuale giocata sugli oggetti quotidiani), attese frustrate tanto del personaggio quanto dello spettatore (scene lasciate a metà, riprese e alla fine non risolte), esaltazione dell'irrazionale (l'amore folle, il sogno, gli andirivieni temporali): ogni dettaglio è curato e contribuisce a perfezionare un meccanismo narrativo sperimentato altrove forse con più spirito d'avanguardia, ma con minore intellegibilità. Per questo è una delle opere di Buñuel che ha riscosso maggior successo di pubblico. In origine il personaggio di Conchita spettava alla sola Maria Schneider, licenziata e sostituita dopo quasi un mese di riprese. Nell'edizione originale Fernando Rey è doppiato da Michel Piccoli.

Quello strano cane... di papà *½ (*The Shaggy D. A.*, Usa 1976, col, 91') Robert Stevenson. Con Dean Jones, Tim Conway, Suzanne Pleshette, Jo Anne Worley, Vic Tayback, Keenan Wynn. ◆ Per colpa di un anello magico e di una vecchia maledizione, un giovane avvocato (Jones) che ha mire politiche viene trasformato in un cane parlante nelle circostanze più inopportune. Fiacco seguito a sette anni di distanza di *Geremia cane e spia*, sempre prodotto dalla Disney: senza lode e senza (?) infamia. Seguito da *The Return of the Shaggy Dog* (1987) di Stuart Gillard con Gary Kröger, inedito in Italia.

Quell'ultimo ponte ** (*A Bridge Too Far*, Gb 1977, col, 150') Richard Attenborough, Sidney Hayers. Con Dirk Bogarde, James Caan, Sean Connery, Edward Fox, Elliott Gould, Anthony Hopkins, Hardy Kruger, Ryan O'Neal, Robert Redford, Michael Caine, Arthur Hill, Wolfgang Preiss, Maximilian Schell. ◆ Nel 1944, 35 mila paracadutisti alleati scendono in

Olanda per impadronirsi di una serie di ponti così da favorire l'avanzata delle truppe, ma il piano fallisce. Tratto dall'omonimo bestseller di Cornelius Ryan, il film rievoca l'operazione Market-Garden con cui Montgomery cercò di forzare la linea Sigfrido. Lungo e costoso quanto la stessa guerra, questo kolossal non piacque al pubblico e finì in perdita. Pieno di rumore e furore, è solo una parata di grandi nomi usati per pochi minuti, tra i quali la norvegese Liv Ullmann (nei panni di una «tipica» donna olandese), sir Laurence Olivier (medico olandese) e Gene Hackman (capo dei paracadutisti polacchi). In originale 175'.

Quel maledetto colpo al Rio Grande Express ** (*The Train Robbers*, Usa 1973, col, 92') Burt Kennedy. Con John Wayne, Ann-Margret, Rod Taylor, Ben Johnson, Ricardo Montalban. ◆ Una truffatrice (Ann-Margret) si spaccia per la vedova dell'uomo che ha rapinato il Rio Grande Express e chiede a un ex ufficiale (Wayne) di aiutarla a ritrovare il bottino per restituirlo e riabilitare la memoria del marito. La sceneggiatura sembra ricordare, per questo interessante western da camera, il lavoro di scrittura che Kennedy aveva fatto quindici anni prima per Boetticher, ma la regia è fiacca e i personaggi troppo enfatizzati.

Quel maledetto ispettore Novack ** (*The File of the Golden Goose*, Gb 1969, col, 109') Sam Wanamaker. Con Yul Brynner, Charles Gray, Edward Woodward, John Barrie, Adrienne Corri. ◆ L'ispettore Novack (Brynner), americano, e Thompson, di Scotland Yard, si infiltrano in una banda internazionale di falsari: l'inglese viene scoperto e ucciso, ma Novack porta a termine la missione. L'esordio nella regia cinematografica di Wanamaker, attore e regista di teatro, è un prevedibile thriller spionistico, che assomiglia a un'eccentrica collezione di cliché turistici su Londra.

Quel maledetto treno blindato *½ (Italia 1978, col, 95') Enzo G. Castellari [Enzo Girolami]. Con Bo Svenson, Fred Williamson, Peter Hooten, Michel Pergolani, Michael Constantin, Ian Bannen, Jackie Basehart, Raimund Harmstorf, Debra Berger. ◆ Ardenne, 1944: cinque soldati americani fuggono per evitare la corte marziale e si travestono da nazisti, ma poi si riscattano facendo saltare un treno che trasporta una testata nucleare tedesca. Partenza promettente e antieroica, finale prevedibile e sciapo (malgrado siano accreditati cinque sceneggiatori: Sandro Continenza, Sergio Grieco, Romano Migliorini, Laura Toscano e Franco Marotta), modesto dal punto di vista spettacolare: sulla scia di *La croce di ferro*, ma non all'altezza del culto che gli tributa Tarantino.

Quel meraviglioso desiderio ** (*That Wonderful Urge*, Usa 1948, b/n, 82') Robert Sinclair. Con Tyrone Power, Gene Tierney, Arleen Whelan, Reginald Gardiner, Lucile Watson, Gene Lockhart, Gertrude Michael, Porter Hall. ◆ Un giornalista (Power) scrive una serie di cattiverie su un'ereditiera (Tierney) che si vendica facendolo passare per un cacciatore di dote: naturalmente i due finiscono per sposarsi. Garbata commedia sentimentale, remake di *L'amore è novità* (1937), in cui Power interpretava lo stesso ruolo.

Quel motel vicino alla palude *** (*Death Trap*, rititolato *Eaten Alive*, Usa 1976, col, 96') Tobe Hooper. Con Neville Brand, Mel Ferrer, Stuart Whitman, William Finley, Carolyn Jones, Marilyn Burns, Robert Englund. ◆ Il vecchio Judd (Brand), proprietario di un motel vicino a una palude in Louisiana, è un pazzo omicida che usa un coccodrillo per soddisfare la sua mania di sangue. Uno dei migliori horror gotici del cinema indipendente della fine degli anni Settanta, dietro cui si può leggere tutta la patologia dell'America contemporanea, vista come una società malata e violenta. A differenza di molti horror anche successivi, dove il gusto splatter è solo fine a se stesso, qui l'ironia e la ricchezza di rimandi e citazioni (oltre ad alcune scene indimenticabili come quella in cui il tenero cagnolino di una ragazza è inghiottito dal coccodrillo) testimoniano l'originalità del regista che mescola sapientemente echi di *Psyco* e del sottovalutato – e inedito in Italia – *Murders in the Zoo* (1933, di Edward Sutherland), citazioni da *Peter Pan* e strizzatine d'occhio al Tennessee Williams che descrive la decadenza del Sud e al mito del cowboy macho. Insieme a Wayne Bell, Hooper firma anche la colonna sonora. Il film è anche conosciuto negli Usa con i titoli *Starlight Slaughter* o *Legend of the Bayou* o ancora *Horror Hotel*.

Quel movimento che mi piace tanto *½ (Italia 1975, col, 103') Franco Rossetti. Con Carlo Giuffré, Francesca Benetti, Renzo Montagnani, Martine Brochard, Cinzia Monreale, Enzo Cannavale, Mario Colli. ◆ In vista delle elezioni, un avvocato (Giuffré), per paura che uno scandalo lo rovini, abbandona l'amante (Brochard): e lei si vendica presentandogli una prostituta che il professionista finirà per sposare. Per una volta, Giuffré abbandona il tipo dialettale, cercando di risolvere l'antinomia tra le sue due possibilità di attore, l'amoroso e il comico. Con qualche (modesto) risultato.

Quel nostro impossibile amore ** (*La bella Lola*, Spagna/Italia/Francia 1962, col, 88') Alfonso Balcázar. Con Sara Montiel, Antonio Cifariello, Germán Cobos, Frank Villard, Luisa Mattioli, Laura Nucci, José Maria Caffarel, Gerard Moore. ◆ Per non rovinare con la sua pessima reputazione l'uomo che ama (Cifariello) e che è disposto a sposarla contro il volere della famiglia, la «bella Lola» (Montiel) rompe il fidanzamento e torna alla sua vita dissoluta nei casinò: troppo tardi lui scoprirà le vere ragioni di quel sacrificio. Melodramma con canzoni che ricicla la trama della *Signora delle camelie* intorno al binomio «l'amore come sacrificio» e «il passato come condanna» (la sceneggiatura è di José María Arozamena, José María Palacio Acebes, Miguel Cussó e del regista). Troppo ingenuo per essere credibile, se non fosse per la bellezza senza età della Montiel, perfino struggente quanto canta *Amapola* davanti al suo ex fidanzato.

Quel pomeriggio di un giorno da cani *** (*Dog Day's Afternoon*, Usa 1975, col, 130') Sidney Lumet. Con Al Pacino, John Cazale, Charles Durning, James Broderick, Chris Sarandon, Sully Boyar, Beulah Garrick, Penelope Allen, Carol Kane. ◆ Il 22 agosto 1972, tentando una rapina, due reduci dal Vietnam,

Sonny e Sal (Pacino e Cazale), restano intrappolati all'interno di una banca con alcuni ostaggi: le forze dell'ordine non riescono a convincere i due ad arrendersi, spalleggiati anzi dalla folla che organizza spontanee manifestazioni di solidarietà, fino a quando l'arrivo di un cinico agente dell'Fbi non risolverà la situazione. Accuratissima ricostruzione di un fatto di cronaca realmente accaduto (sceneggiato da Frank Pierson a partire da un articolo di B.F. Kluge e Thomas Moore), il film oltrepassa gli schemi del cinema di denuncia per trasformarsi in «una riflessione sui rapporti tra mass media e pubblico, sul potere della televisione di "creare" degli eroi dal nulla e di trasformare ogni avvenimento in spettacolo». L'ottima prova di Cazale è messa in ombra da quella di Pacino (un omosessuale che ha organizzato la rapina per pagare l'operazione di cambio di sesso al proprio amante [Sarandon]), malinconico incrocio di incoscienza e anarchismo, amoralità e ingenuità (la sua telefonata all'amico travestito è memorabile), perfetto nella sua recitazione ipertesa e altrettanto perfettamente seguìto dalla macchina da presa del regista che fa dimenticare la monotonia dell'ambientazione (quasi tutto il film si svolge all'interno della banca). Judith Malina, leader del Living Theatre, interpreta la madre di Sonny. Oscar per la miglior sceneggiatura.

Quel ragazzo della curva B * (Italia 1987, col, 94') Romano Scandariato. Con Nino D'Angelo, Laurentina Guidotti, Benito Artesi, Bruno Pesaola. ◆ Stadio di Fuorigrotta: Nino (D'Angelo), napoletano tifoso del Napoli e fidanzato con Maria (Guidotti), fonda un club di tifosi non violenti, ma la camorra ci mette il naso. Trionfo del Napoli (con Maradona in testa) e dei buoni sentimenti. Ultima apparizione di D'Angelo con il look da ragazzino.

Quel signore che venne a pranzo → *Signore resta a pranzo, Il*

Quel tipo di donna ** (*That Kind of Woman*, Usa 1959, b/n, 92') Sidney Lumet. Con Sophia Loren, Tab Hunter, George Sanders, Jack Warden, Barbara Nichols, Keenan Wynn. ◆ L'amante (Loren) di un uomo ricco e raffinato (Sanders) incontra su un treno un giovane soldato, (Hunter) e se ne innamora perdutamente. Ottima performance di Sanders contro una coppia Loren-Hunter che, pur al massimo delle proprie possibilità, resta sempre mediocre. Notevole la fotografia di Boris Kaufman. La storia ricorda molto da vicino quella dell'*Idolo del sogno* (1929, di Richard Wallace con Gary Cooper e Nancy Carroll) poi rifatto nel 1938 (*The Shopworn Angel* di Henry C. Potter con James Stewart e Margaret Sullavan, inedito in Italia).

Quel treno per Yuma *** (*3:10 to Yuma*, Usa 1957, b/n, 92') Delmer Daves. Con Glenn Ford, Van Heflin, Felicia Farr, Leora Dana, Henry Jones, Richard Jaeckel, Robert Emhardt, Sheridan Comerate. ◆ Dan (Heflin), povero contadino ma abile tiratore, accetta per denaro di scortare Waden (Ford) al carcere di Yuma: nonostante lo aspettino in stazione gli uomini del bandito, riuscirà a salire sul treno delle 3 e 10, proprio grazie alla collaborazione di Waden, conquistato dalla sua forza morale. Sceneggiato da Halsted Welles a partire da un racconto di Elmore Leonard, è uno dei più celebri western psicologici, costruito sul senso dell'attesa che serpeggia dietro ai gesti più quotidiani e sull'ammirazione per due uomini veri, capaci di capirsi e rispettarsi anche se schierati su posizioni opposte. Perfetta la messa in scena di Daves che usa i movimenti di gru «con eleganza epica» e cerca di dare al film un tono visivo da documentario d'epoca ispirandosi alle fotografie di Brady. Grande successo ottenne la canzone che accompagnava il film, cantata da Frankie Laine.

Quercia dei giganti, La **½ (*Tap Roots*, Usa 1948, col, 109') George Marshall. Con Van Heflin, Susan Hayward, Boris Karloff, Julie London, Ward Bond. ◆ I Dabney, proprietari di una grande vallata, si vogliono tenere estranei alla guerra di Secessione, ma il fidanzato (Heflin) della figlia maggiore Morna (Hayward) si arruola lo stesso nei confederati: il suo ritorno porterà gli orrori della guerra nel tranquillo paese. Sembra la versione economica di *Via col vento*, non altrettanto eccitante o commovente. Ottima la ricostruzione del pranzo di famiglia, con tavolona imbandita al modo del Sud, pannocchie bollite comprese. Karloff è un vecchio stregone indiano.

Querelle de Brest **½ (*Querelle*, Rft/Francia 1982, col, 106') Rainer Werner Fassbinder. Con Brad Davis, Franco Nero, Jeanne Moreau, Laurent Malet, Günher Kauffman, Burkhard Dierst, Hanno Pöschl. ◆ Un marinaio omicida, Querelle (Davis), segreto oggetto di desiderio del suo capitano Sablon (Nero), si lascia andare a un calvario di esperienze attraverso cui spera di trovare una propria identità: si fa sodomizzare dal proprietario di un bistrot (Kauffman), ruba l'amante (Moreau) al fratello, denuncia Gil, un assassino di cui si è innamorato, e infine supplica il suo capitano di sfogare su di lui i suoi desideri perversi. L'ultimo film di Fassbinder (uscito dopo la morte del suo autore e ispirato all'omonimo romanzo di Genet) è una personalissima riflessione sui rapporti umani dominati solo da violenza e sopraffazione, nei quali anche la sessualità risponde alle stesse regole e le donne hanno sempre il ruolo di vittime. Girato interamente in studio e ambientato in una Brest ridondante di simboli fallici e simile a una città dei Tropici con i suoi colori gialli e arancioni, *Querelle de Brest* è un film «glaciale», che rischia di frastornare lo spettatore per la frammentazione delle vicende e l'incrociarsi dei vari piani narrativi che riprendono le modalità strutturali del testo di Genet: la storia di Querelle è commentata a tre livelli differenti, dai pensieri e dalle fantasie di Sablon incise al registratore, da una voce narrante fuori campo e da alcune citazioni scritte su cartelli, mentre l'uso dello stesso attore (Pöschl) per interpretare Gil e il fratello di Querelle dovrebbe sottolineare che il tradimento del primo è diretto contemporaneamente contro il fratello. La Moreau, unica donna del cast, accetta un trucco che la imbruttisce e interpreta alcune canzoni.

Questa donna è mia *½ (*I Take This Woman*, Usa 1940, b/n, 97') W.S. Van Dyke II. Con Spencer Tracy, Hedy Lamarr, Verree Teasdale, Kent Taylor, Laraine Day, Mona Barrie, Jack Carson. ◆ Un medico

(Tracy) votato alla cura della povera gente, apre una clinica di lusso pensando di compiacere la ricca moglie europea (Lamarr), ma capirà che lei lo ama per quello che è. Iniziato da von Sternberg (che litigò con la protagonista e se ne andò), continuato da Frank Borzage e finito da Van Dyke è un melodramma pesante e anche noioso, che nemmeno gli attori riescono a riscattare.

Questa è la mia vita **½ (*Vivre sa vie*, Francia 1962, b/n, 85') Jean-Luc Godard. Con Anna Karina, Sady Rebbot, André S. Labarthe, Guylaine Schlumberger, Brice Parain, Petr Kessowitz, Paul Pavel. ◆ Nanà (Karina) ha iniziato a prostituirsi per necessità, ma poi è rimasta definitivamente sul marciapiede: cercherà di ribellarsi al suo protettore (Rebbot), che la vorrebbe vendere, e finisce per essere uccisa in uno scontro a fuoco tra protettori. Sceneggiato da Godard a partire dall'inchiesta giornalistica *Dove va la prostituzione?* di Marcel Sacotte, è un film che non segue le leggi tradizionali della narrazione: diviso in dodici quadri introdotti da una citazione dal *Ritratto ovale* di Poe, il film cerca di cogliere tutte le componenti della realtà – anche quando sono contraddittorie – per «allinearle, in blocchi isolati, senza più credere alle vecchie formule di mediazione offerte dalla trama, dal carattere del personaggio, dall'unità di un tema». Congeniali a questa idea di cinema sono l'uso delle didascalie, che interrompono bruscamente il flusso delle immagini (o aggiungono altri significati, come nella scena in cui Nanà entra in un cinema nel quale si proietta *La passione di Giovanna d'Arco* e i sottotitoli del film di Dreyer entrano in relazione con la vita della prostituta), e l'uso del piano sequenza, procedimento funzionale a registrare «l'immediato e il casuale». Premio speciale della giuria al festival di Venezia.

Questa è la vita ** (Italia 1954, b/n, 101') Giorgio Pàstina, Mario Soldati, Luigi Zampa, Aldo Fabrizi. ◆ Film a episodi. In *La giara* (Giorgio Pàstina. Con Turi Pandolfini, Natale Cirino, Antonio Nicotra, Salvo Libassi, Domenico Modugno, Franca Gandolfi) per aggiustare la giara del litigioso don Lolò, zì Dima ci resta chiuso dentro; in *Il ventaglino* (Mario Soldati. Con Myriam Bru, Pina Piovani, Andreina Paul, Mario Corte, Antonio La Raina, Alberto Lionello), una ragazza madre spende i primi soldi avuti in elemosina per comprarsi un ventaglio con cui attira l'attenzione di due bersaglieri; in *La patente* (Luigi Zampa. Con Totò [Antonio de Curtis], Armenia Balducci, Mario Castellani, Nino Vingelli, Attilio Rapisarda) lo iettatore Rosario Chiarchiaro chiede che gli venga riconosciuta ufficialmente la sua attività per sbarcare il lunario; in *Marsina stretta* (Aldo Fabrizi. Con Aldo Fabrizi, Luigi Pavese, Amalia Pellegrini, Carlo Romano, Lauro Gazzolo, Lucia Bosé, Walter Chiari, Ada Dondini, Zoe Incrocci) l'irritazione per una marsina troppo stretta dà a un testimone di nozze la forza per far celebrare un matrimonio che i ricchi genitori dello sposo cercano in tutti i modi di osteggiare. Quattro episodi tratti da altrettante novelle di Pirandello, nelle quali, come sottolinea un insolito prologo didascalico, si vorrebbe riflettere sui rapporti tra realtà e finzione. In realtà le quattro regie non si staccano molto da un'onesta notazione di costume (con una citazione particolare per l'episodio di Pàstina, la cui storia sarà ripresa anche dai Taviani in *Kaos*): le cose migliori sono a livello di sceneggiatura, soprattutto per *La patente* (dove Vitaliano Brancati collabora con Zampa) e *Il ventaglino* (dove Giorgio Bassani affianca Soldati).

Questa notte mi incarnerò nel tuo cadavere ** (*Esta noite me encarnerei no teu cadaver*, Brasile 1966, b/n e col, 106') José Mojica Marins. Con José Mojica Marins, Nádia Freitas, Roque Rodrigues, Tina Wohlers. ◆ Zé do Caixão (Marins), becchino ateo e omicida con la mania dell'eugenetica, cerca la donna per concepire il figlio perfetto. Ma una delle sue vittime lo maledice e lo fa finire all'inferno: allucinazione retaggio del cattolicesimo o realtà? Horror macabro prolisso e scatenato, a metà strada tra il surrealismo da luna park e modelli culturali alti (a partire dai libertini di Sade), il fumetto sexy e gli spaventi a buon mercato. Girato con un certo geniaccio visionario e sgangherato dal factotum Marins, figura di culto del cinema popolare brasiliano, che sfoggia unghie lunghissime e un'aria vagamente jettatoria, riscoperto in questi anni di trash-mania.

Questa notte o mai *½ (*This Could Be the Night*, Usa 1957, b/n, 103') Robert Wise. Con Jean Simmons, Paul Douglas, Anthony Franciosa, Joan Blondell, Julie Wilson, ZaSu Pitts, J. Carrol Naish. ◆ Una maestrina, Anna (Simmons), diventa la segretaria di un gangster (Douglas), proprietario di un night-club: pur di tenersi la ragazza sarà disposto a rimangiarsi anche il suo odio per il matrimonio. Un melodramma sentimentale e caramelloso, specie di versione solenne di *Bulli e pupe*.

Questa notte o mai **½ (*Heute Nacht oder nie*, Svizzera 1972, b/n, 90') Daniel Schmid. Con Peter Chatel, Harry Bär, Voli Geiler, Anna Fadda, Peter Hartmann, Irène Olgiati, Silvio Pasquarelli, Ingrid Caven, Peter Kern, Igor Josza, Rosy-Rosy [Rose-Marie Heinikel]. ◆ Il 16 maggio, festa di San Giovanni Nepomuceno, una troupe di saltimbanchi mette in scena una propria versione della morte di Emma Bovary in una casa privata, dove i padroni fanno i servi e viceversa: anche se il ribaltamento dei ruoli non è destinato a durare molto. Con il suo primo lungometraggio – grottesco «balletto di simboli post-romantici che racconta una parabola su una società rigida e bloccata» – Daniel Schmid prende spunto da un'usanza boema per affrontare uno dei temi nodali della sua opera futura, il ruolo dell'arte e la sua funzione (o la sua impotenza) all'interno della società. Ambientato in uno degli spazi emblematici della ritualità borghese, il salotto di casa, il film mette di fronte la capacità degli attori di innescare perturbazioni e riflessioni anche politiche (l'appello alla rivolta) e l'incapacità del pubblico – qui i servi diventati padroni per una notte – di cogliere il reale significato di quello che stanno vedendo, finendo per confessare una concezione dell'arte che «crea il proprio destino nel puro vuoto e nel silenzio dei suoi più diretti interessati». Per questo, più che la capacità di raccontare una storia compiuta, a Schmid interessa la possibilità del cinema di smitizzare e ribaltare i valori consolidati della cultura borghese, anche per sola forza di stile (qui a volte stupefacente, nel suo mescolare buono e cattivo gusto, Visconti e Beardsley, Lautréamont e Rimbaud). Fotografia di Renato Berta.

Questa notte o mai più * (*La Chanson d'une nuit*, Francia 1932, b/n, 75') Anatole Litvak [ma nei titoli di testa è Litwak]. Con Jan Kiepura, Magda Schneider, Pierre Brasseur, Lucien Baroux, Charles Lamy, Charlotte Lysés, Sinoël [Jean-Léonis Bies], Pierre Labry. ◆ Per un equivoco, un imbroglione (Brasseur) è scambiato per il tenore Renato Ferraro, e il cantante (Kiepura) sta al gioco per concedersi finalmente una vacanza tranquilla: ma lo scambio d'identità non sfugge alla bella Matilde (Schneider, futura madre di Romy). Una commedia con musiche, girata in Austria con una produzione francese e dialogata dal giovanissimo Henri-Georges Clouzot: la trama è risibile, e Kiepura ha una bella voce ma nessuna abilità recitativa. La versione italiana è stata fatta sovrapponendo il doppiato ai dialoghi originali francesi, che in più di una scena si sentono distintamente.

Questa ragazza è di tutti **½ (*This Property Is Condemned*, Usa 1966, col, 110') Sydney Pollack. Con Robert Redford, Natalie Wood, Charles Bronson, Kate Reid, Alan Baxter, Dabney Coleman. ◆ Durante gli anni della Depressione, un ispettore delle ferrovie, Owen Legate (Redford), arriva in un paesino del Sud per fare dei licenziamenti e seduce una ragazza, Alva (Wood), che lo seguirà a New Orleans contro il volere della madre (Reid). Ma il loro amore è destinato a finire tragicamente. Secondo film di Pollack tratto dall'atto unico di Tennessee Williams *Forbidden* e cosceneggiato da Fred Coe, Francis Ford Coppola e Edith Summer, il film è costruito come un lungo flashback (la sorella di Alva racconta a un ragazzo la storia della sua famiglia) che concede troppo all'universo williamsiano (la decadenza del Sud, la corruzione dell'innocenza, il destino di morte), ma riesce a commuovere nelle scene finali e lascia stupiti per il bellissimo lavoro sul colore, merito del direttore della fotografia James Wong Howe.

Questa specie d'amore *½ (Italia 1972, col, 108') Alberto Bevilacqua. Con Ugo Tognazzi, Jean Seberg, Ewa Aulin, Fernando Rey, Angelo Infanti, Evi Maltagliati. ◆ Il matrimonio di Federico (Tognazzi) è in crisi: lui torna a Parma dal padre, che subì le persecuzioni del fascismo per le sue idee politiche, e la moglie (Seberg), figlia viziata di un ricco e superficiale romano, lo segue scoprendo (ma per poco) la genuinità della vita di provincia. Bevilacqua usa il suo romanzo omonimo per raccontare lo scontro di due psicologie e di due modi di intendere la vita, affidando a Tognazzi il doppio ruolo del padre antifascista e del figlio Federico. Ma non bastano i riti della cucina emiliana e una discreta prova dell'attore per dare concretezza a un film gratuito e troppo letterario.

Questa terra è la mia terra ** (*Bound for Glory*, Usa 1976, col, 135') Hal Ashby. Con David Carradine, Ronny Cox, Melinda Dillon, Gail Strickland, John Lehne, Ji-Tu Cumbuka, Randy Quaid. ◆ Nel 1936, durante la Depressione, il cantautore Woody Guthrie (Carradine) raggiunge gli Stati del Sud e al fianco di Pauline (Strickland) apre una mensa per i poveri e lotta per un migliore trattamento dei lavoratori: come cantante potrebbe avere successo, ma preferisce l'attività sindacale. Tre anni della vita del più famoso folk singer americano tra le due guerre, padre ideale di Bob Dylan e convinto sostenitore dell'uso della canzone come arma di agitazione sociale e politica. Ashby si rifà al materiale documentario dei cinegiornali e ricostruisce con cura gli anni della Depressione, ma la fotografia di Haskell Wexler si preoccupa troppo degli effetti cromatici e della bellezza compositiva per non soffocare l'emozione del racconto. Ne esce un film estetizzante e autocensurato dove il sincero spirito di denuncia alla base dell'autobiografia di Guthri (sceneggiata da Robert Getchell) non trova una regia capace di dare nerbo e senso a tutta l'opera. Due Oscar: miglior fotografia (non meritato) e miglior colonna sonora non originale (Leonard Rosenman, meritato). In originale dura 147'.

Questa terra è mia ** (*This Land is Mine*, Usa 1943, b/n, 103') Jean Renoir. Con Charles Laughton, Kent Smith, Maureen O'Hara, George Sanders, Walter Slezak, Una O'Connor, George Coulouris. ◆ Nella Francia occupata, un professore (Laughton), reo di aver incitato alla resistenza contro i nazisti, viene arrestato e fucilato: prima però riesce a leggere ai suoi allievi la dichiarazione dei diritti dell'uomo. Sceneggiato dal regista insieme a Dudley Nichols, con una Francia completamente ricostruita in studio, è un film con chiari fini propagandistici: spiegare al pubblico americano l'eroismo delle popolazioni al cui fianco si erano schierati gli Usa. Manca la caratteristica principale dei film di Renoir, l'analisi delle radici sociali dei vari personaggi, ma viste le condizioni di produzione forse non poteva essere diversamente.

Questa volta parliamo di uomini *½ (Italia 1965, col, 92') Lina Wertmüller. ◆ Film a episodi. Nel prologo (con Nino Manfredi) un uomo insaponato che non può terminare la doccia per l'improvvisa mancanza dell'acqua, resta chiuso fuori casa e cercando di sfuggire alla curiosità degli inquilini introduce i quattro episodi: in *Un uomo d'onore* (con Nino Manfredi, Luciana Paluzzi) un ricco industriale sfrutta la tendenza della moglie a rubare i gioielli delle amiche; in *Il lanciatore di coltelli* (con Nino Manfredi, Milena Vukotic) un lanciatore di coltelli miope si rifiuta di mettere gli occhiali e, dopo aver ucciso la moglie, non riesce a trovare nessuna disposta a sostituirla; in *Un uomo superiore* (con Nino Manfredi, Margaret Lee) un professore rischia grosso quando esagera nel ricordare alla moglie la superiorità del maschio; in *Un brav'uomo* (con Nino Manfredi, Patrizia De Clara) un contadino ciociaro, pur vivendo alle spalle della moglie, non smette mai di disprezzarla. Tentativo di nobilitare il film a episodi con intenti pedagogici filofemministi, ma una regia troppo disposta a scadere nella farsa finisce per appesantire anche la buona interpretazione di Manfredi.

Questi fantasmi ** (Italia 1954, b/n, 95') Eduardo De Filippo. Con Renato Rascel, Maria Frau, Erno

Crisa, Franca Valeri, Ugo D'Alessio, Rina Franchetti. ◆ Pasquale Lojacono (Rascel) e sua moglie Maria (Frau) vivono senza pagare l'affitto in un vecchio palazzo napoletano che si dice infestato dai fantasmi, ma lei è un'adultera e fa credere al marito che il suo ricco e generoso amante sia uno dei fantasmi: quando Pasquale lo scoprirà, accetterà di crederlo un vero fantasma. Fedele trasposizione della commedia omonima di Eduardo, raccontata con bella delicatezza ma non adeguatamente sorretta dagli interpreti (specie la troppo «prosperosa» Maria Frau). Rifatto nel 1967.

Questi fantasmi *½ (Italia/Francia 1967, col, 104') Renato Castellani. Con Sophia Loren, Vittorio Gassman, Aldo Giuffré, Margaret Lee, Mario Adorf, Francesco Tensi, Piera Degli Esposti. ◆ Inquilino gratuito di un palazzo che si vuole infestato dai fantasmi, Pasquale (Gassman) crede che le cibarie che trova nella dispensa siano «regali» dei fantasmi, mentre in realtà sono offerte dal ricco amante della moglie Maria (Loren). Nuova versione della commedia omonima di Eduardo De Filippo che però modifica il finale rispetto al film del 1954: quando scopre la verità, Pasquale (Gassman) finge di uccidere la moglie (Loren) per salvare la faccia e, scontata la galera, parte per l'estero con la donna. Inutile variazione sul tema cucita addosso a un Gassman troppo gigione e a una Loren che all'epoca rifiutava di girare copioni in cui doveva morire. Per niente eccitante la visione di una Loren in camicia da notte, fin troppo a suo agio nella parte della fedifraga.

Questione di vita o di morte **½ (*Tiger Bay*, Gb 1959, b/n, 105') J. Lee Thompson. Con Hayley Mills, Horst Buchholz, John Mills, Yvonne Mitchell, Megs Jenkins, Anthony Dawson, George Selway, George Pastell. ◆ Testimone involontaria di un delitto, la piccola Ginny (H. Mills) decide di non dire alla polizia quello che sa e anzi si schiera dalla parte del marinaio assassino (Buchholz), di cui cercherà di favorire l'imbarco e la fuga. Un'inchiesta poliziesca che si trasforma nel ritratto dolente e partecipe di una solitudine infantile e del suo disperato bisogno d'affetto. Peccato che la sceneggiatura di John Hawkesworth e Shelley Smith – perfetta nel descrivere con efficacia il personaggio della bambina, lo strano legame che si instaura con l'assassino e, in definitiva, le continue delusioni che il mondo degli adulti (perfettamente esemplificato dall'ottusità della zia [Jenkins] o dal cinismo del manager sportivo [Dawson]) riserva ai più piccoli – non sia altrettanto incisiva nel raccontare l'inchiesta dell'ispettore di polizia (J. Mills), come se il bisogno di un finale edificante avesse finito per soffocare le reali intenzioni degli autori.

Questione d'onore, Una *½ (Italia/Francia 1966, col, 113') Luigi Zampa. Con Ugo Tognazzi, Nicoletta Rangoni Machiavelli, Bernard Blier, Franco Fabrizi, Sandro Merli, Leopoldo Trieste. ◆ Efisio Mulas (Tognazzi), un pastore sardo fuggito senza consumare il matrimonio con la giovane sposa (Machiavelli), torna nell'isola per commettere un omicidio su commissione, ma passa invece la notte con la moglie: l'omicidio, però, viene commesso ugualmente ed Efisio, non potendo ammettere di aver messo incinta la moglie, si vede costretto a ucciderla per «vendicare» il suo onore. Sceneggiato da Leo Benvenuti, Piero De Bernardi, Enzo Gicca e Zampa, il film è un tentativo di aggiornare la commedia all'italiana con tematiche pseudopirandelliane e un po' di satira sociale (il film si apre con un lungo cartello che ironizza sull'autonomia della Sardegna), ma Zampa non sa resistere alle tentazioni della farsa e si lascia prendere la mano da un Tognazzi che di sardo non ha quasi nulla.

Questi pazzi, pazzi, pazzi... radio days → *Zia Julia e la telenovela*

Questi ragazzi *½ (Italia 1937, b/n, 70') Mario Mattoli. Con Vittorio De Sica, Paola Barbara, Giuditta Rissone, Enrico Viarisio, Armando Migliari, Francesco [Checco] Rissone. ◆ Vincenzo e Giovanna (De Sica e Barbara) interrompono il viaggio di nozze per separarsi e decidono di dirlo alla zia Lucia (Rissone) che li aveva spinti con forza al matrimonio: ma il romanticismo di Lucia e qualche piccola gelosia fanno riconciliare i due sposini. Tratto dalla commedia omonima di Gherardo Gherardi, è un tipico film da «telefoni bianchi»: garbato e scorrevole, ma sostanzialmente fatuo e inutile.

Questo è il mio uomo ° (*That's My Man*, Usa 1947, 1189) Frank Borzage. Con Don Ameche, Catherine McLeod, Roscoe Karns, Kitty Irish, Joe Frisco. ◆ Un impiegato di banca (Ameche) diventa ricco grazie a un puledro che ha allenato personalmente, ma il dolore per una malattia del figlio e il vizio del gioco lo rovinano: la moglie (McLeod) saprà riconquistarlo alla vita e lui tornerà a occuparsi del cavallo. Il tema dell'amore capace di riscattare ogni debolezza (tipico di Borzage) è raccontato qui con troppa commozione per non irritare e scivolare nel cliché di se stesso.

Questo e quello * (Italia 1983, col, 119') Sergio Corbucci. ◆ Film a episodi. In *Questo... amore impossibile* (con Renato Pozzetto, Janet Agren, Gianni Agus) un disegnatore di fumetti in crisi creativa viene risollevato da una bionda fatina pagata dall'editore. In *Quello... del basco rosso* (con Nino Manfredi, Sylva Koscina, Desirée Becker, Paolo Panelli) uno scrittore porta a letto la figlia di una sua vecchia fiamma per liberarla da un trauma infantile. La prima volta di Manfredi nudo (di spalle). Corbucci si fida del carisma dei suoi due protagonisti (anche sceneggiatori assieme a Bernardino Zapponi), ma il divertimento resta una pia intenzione: grezzo, volgare e supponente.

Questo impossibile oggetto * (*The Impossible Object*, Francia 1973, Col, 117') John Frankenheimer. Con Alan Bates, Dominique Sanda, Lea Massari, Michel Auclair, Evans Evans. ◆ Uno scrittore americano (Bates) si innamora di una donna sposata (Sanda): abbandonano tutto e fuggono in Marocco, ma la morte del loro figlio li farà tornare alle rispettive famiglie. Commedia lacrimosa di buoni sentimenti riconquistati sul cadavere di un innocente: la sceneggiatura (di Nicholas Mosley) è inutilmente intellettuale e Frankenheimer dimostra tutto il proprio disagio nel dirigere un sottoprodotto di Lelouch.

Questo me lo sposo io *½ (*Bride for Sale*, Usa 1949, b/n, 87') William D. Russell. Con Claudette

Colbert, Robert Young, George Brent, Max Baer. ◆ Il capo di un ufficio di consulenza tributaria, fa uno scherzo a un'impiegata (Colbert) ossessionata dall'idea di trovar marito: le presenta un bellimbusto, ma quando la ragazza sta per sposarsi, si accorge d'amarla. Commediola sentimentale, facile da vedere e da dimenticare.

Questo mio folle cuore **½ (*My Foolish Heart*, Usa 1949, b/n, 98') Mark Robson. Con Dana Andrews, Susan Hayward, Kent Smith, Lois Wheeler, Robert Keith. ◆ L'amore tra due giovani è rotto dalla guerra: Louis (Andrews) muore prima di poter sposare Elisa (Hayward), che però è incinta e per assicurarsi un futuro accetta di sposare un vecchio spasimante (Smith). Quando il marito scopre la verità sulla paternità della piccola, il matrimonio si sfascia ed Elisa decide di occuparsi da sola del futuro della figlia. L'unico film tratto, per modo di dire, da un racconto di J.D. Salinger (*Uncle Wiggily in Connecticut*) è un bel ritratto di donna volitiva e indipendente, disegnato però con qualche ovvietà di troppo e ingiustamente lontano dallo spirito dello scrittore.

Questo mondo è meraviglioso **½ (*It's a Wonderful World*, Usa 1939, b/n, 86') W. S. Van Dyke II. Con James Stewart, Claudette Colbert, Guy Kibbee, Nat Pendleton. ◆ Un investigatore (Stewart) vuol salvare un cliente accusato d'omicidio, ma a sua volta è accusato di complicità: sarà l'aiuto di una ragazza (Colbert) a salvarlo e a dargli l'amore. Sulla scia del successo ottenuto dai propri film sull'*Uomo ombra*, Van Dyke dirige una scoppiettante commedia gialla di Ben Hecht (da un soggetto che aveva scritto con Herman J. Mankiewicz): l'inizio è laborioso e la coppia Stewart-Colbert non è delle più indovinate, ma i travestimenti di Stewart per sfuggire alla cattura (boyscout con lenti spessissime o attore dallo sgangherato accento del Sud) sono molto divertenti e soprattutto la fluidità e la ricchezza della messinscena stupiscono se si pensa che il film fu girato in soli dodici giorni.

Questo nostro amore *½ (*This Love of Ours*, Usa 1945, b/n, 90') William Dieterle. Con Merle Oberon, Charles Korvin, Claude Rains, Sue England, Carl Esmond. ◆ Un marito tradito (Korvin), alleva la figlia nel culto della madre (Oberon) facendo credere alla ragazza che questa sia morta: dopo dodici anni la coppia si rappacifica e la donna viene presentata come una seconda moglie, ma la figlia scoprirà la verità. Melodramma piuttosto scontato e (molto) moralista ispirato alla commedia di Pirandello *Come prima, meglio di prima*, che è anche il titolo del remake (1955) di Jerry Hopper con Rock Hudson e Cornell Borchers.

Questo nostro simpatico mondo di pazzi ** (*Tout le monde il est beau, tout le monde il est gentil*, Francia 1972, col, 106') Jean Yanne. Con Jean Yanne, Bernard Blier, Michel Serrault, Jacques François, Marina Vlady. ◆ Un giornalista radiofonico (Yanne) è licenziato per l'anticonformismo delle sue trasmissioni: il successo di un suo spettacolo satirico lo fa riassumere, ma la sua spregiudicatezza lo fa nuovamente licenziare. Esordio nella regia di Jean Yanne, che dimostra di possedere già lo spirito caustico delle sue successive regie, ma anche la facile demagogia e una buona dose di qualunquismo.

Questo pazzo, pazzo, pazzo, pazzo mondo *** (*It's a Mad Mad Mad Mad World*, Usa 1963, col, 192') Stanley Kramer. Con Spencer Tracy, Edie Adams, Milton Berle, Sid Caesar, Mickey Rooney, Ethel Merman, Dorothy Provine, Peter Falk, Terry-Thomas, Buster Keaton, Jim Backus, Jimmy Durante, i tre Stooges, Edward Everett Horton, ZaSu Pitts. ◆ Per trovare un bottino nascosto da un gangster si scatena un'indiavolata caccia al tesoro sotto gli occhi interessati di un astuto capitano di polizia (Tracy) che decide di agire in proprio quando la scoperta del malloppo sembra imminente. Scatenata commedia d'inseguimento girata intorno a Las Vegas e nel deserto del Mojave, che riprende tecniche e gag delle comiche mute e offre un ritratto divertito e surreale della mostruosità contemporanea. Girato in cinerama, è uno dei pochi film che riescono a sfruttare in maniera coerente il maggior spazio offerto dall'inquadratura cinematografica. Peccato che in televisione (dove circolano versioni ridotte, a 175' e meno ancora) molto dell'effetto visivo si perda. Penultimo film per Tracy, già gravemente ammalato. Oscar per gli effetti speciali sonori (a Walter G. Elliott).

Questo pazzo sentimento ** (*That Old Feeling*, Usa 1997, col, 105') Carl Reiner. Con Bette Midler, Dennis Farina, Paula Marshall, Gail O'Grady, David Rasche, Jamie Denton, Danny Nucci. ◆ Per il matrimonio della figlia Paula (Marshall) con un politico in carriera (Denton), si ritrovano dopo quattordici anni di divorzio Lilly (Midler) e Dan (Farina): finiscono a letto insieme, mettendo in crisi i rispettivi legami, ma anche quello recentissimo di Paula. Una commedia sofisticata costruita per l'esuberanza di Bette Midler, che si conferma l'unica attrice capace di raccogliere l'eredità di Mae West e Betty Boop. Curioso il fatto che la coppia âgée (Midler-Farina) sia molto più trasgressiva della giovane (Marshall-Denton) e che un paparazzo (Nucci) non sia descritto con il solito disprezzo hollywoodiano. Sceneggiatura di Leslie Dixon. La canzone che dà il titolo originale è eseguita da Patrick Williams e, meglio, da Louis Armstrong e Oscar Peterson.

¡Que viva Mexico! → *Lampi sul Messico*

Quickly – «Spari e baci a colazione» ** (Italia 1971, col, 85') Alberto Cavallone. Con Magda Konopka, Jane Avril [Maria Pia Luzi], Claudie Lange, Sergio Leonardi, Henry Vernon [Antonio Casale], Beryl Cunningham. ◆ Una ladra (Konopka) finge di morire, e tre suoi compari e un paio di agenti delle assicurazioni partono alla ricerca di una chiave per aprire la cassetta di sicurezza che contiene il bottino. Cavallone (anche cosceneggiatore e montatore) cerca di dare brio a uno sgangherato canovaccio giallo-rosa tipico dell'epoca - girato in set esotici veri e finti - con inserti surreali, disegni animati che dialogano con i personaggi e commentano il film, voci over che esaltano la bellezza delle scelte registiche, tecniche d'avanguardia (come graffi e disegni fatti direttamente sulla pellicola). L'ironia è spesso forzata e le spiritosaggini sono da «Settimana enigmistica», ma il tutto merita di essere ricordato per il bizzarro ingegno che esibisce.

Qui comincia l'avventura *½ (Italia 1975, col, 105') Carlo Di Palma. Con Monica Vitti, Claudia Cardinale, Ninetto Davoli, Guido Leontini, Salvatore Beccaro, Fernando Camerini. ◆ Una motociclista (Vitti) arriva in un paesino della Puglia e affascina con le sue mirabolanti avventure una stiratrice (Cardinale) che pianta la famiglia e la segue a Milano: è l'inizio di un'amicizia che le farà diventare entrambe più consapevoli. Seconda regia di un grande direttore della fotografia, sceneggiato da Barbara Alberti, Amedeo Pagani e Di Palma (ai tempi compagno della Vitti), il film avrebbe dovuto essere un manifesto femminista capace di fondersi con il divertimento e la spensieratezza della commedia all'italiana, ma finisce per trasformarsi in una farsa fintamente picaresca che cerca di rifarsi allo stile delle comiche (la beffa alla guapperia napoletana, l'inseguimento – girato in bianco e nero – sul tetto di un treno). Inutili le strizzatine d'occhio a Fellini e Antonioni ed eccessiva la ricercatezza formale della fotografia; Carosone canta *Caravan petròl*.

Quien Sabe? **½ (Italia 1966, col, 102') Damiano Damiani. Con Gian Maria Volonté, Lou Castel, Klaus Kinski, Martine Beswick, Andrea Checchi, Carla Gravina. ◆ Nel 1917 un sicario americano (Castel) si aggrega a un ex rivoluzionario diventato bandito (Volonté) per uccidere un generale ribelle ma, compiuto l'assassinio, il bandito si ricorda del suo passato politico, uccide il compagno e distribuisce i soldi della ricompensa ai poveri perché si comprino le armi. Rilettura politica (sceneggiata da Franco Solinas e Damiani) di alcuni miti del cinema western: il Messico, per prima cosa, come luogo di fughe romantiche e scontri esistenziali (e il film è pieno di strizzate d'occhio a *Zapata* di Kazan) e poi la lezione anti-imperialista che vede in ogni yankee una pedina del Potere. Un divertimento un po' goliardico, ma significativo del tentativo di inseguire un'idea «impegnata» di cinema popolare. Molte sequenze sono state utilizzate per un western comico, *Partirono preti tornarono curati* (1973) di Riccardo Salvino.

Quiller memorandum **½ (*The Quiller Memorandum*, Gb/Usa 1966, col, 105') Michael Anderson. Con George Segal, Alec Guinness, Max von Sydow, Senta Berger, George Sanders. ◆ L'agente americano Quiller (Segal) viene inviato nella Germania dell'Ovest per lottare contro un gruppo neonazista: sgomina gli avversari, ma si rende conto che la sua vittoria è solo parziale. Tratto dal libro *The Berlin Memorandum* di Adam Hall (pseudonimo di Elleston Trevor), il film è tutto nella bella sceneggiatura di Harold Pinter che evita di fare un'epitome di James Bond per giocare sui rapporti che si instaurano tra cacciatore e vittima (qui Segal e Senta Berger) e raccontare la squallida vita delle spie.

Quintet ** (*Quintet*, Usa 1978, col, 119') Robert Altman. Con Paul Newman, Vittorio Gassman, Bibi Andersson, Fernando Rey, Nina Van Pallandt, Brigitte Fossey. ◆ In un mondo futuro coperto dal ghiaccio, un cacciatore di foche (Newman) viene coinvolto suo malgrado nelle uccisioni a catena regolate dal gioco del quintet. Complicata allegoria ispirata a Borges (*La lotteria di Babele*) e a Sheckley (*La decima vittima*), fredda e cerebrale ma non priva di suggestione, dove elementi futuribili si mescolano con costumi cinquecenteschi. Girato in Canada, tra gli avanzi dell'esposizione di Montreal del 1967.

Quinto elemento, Il *½ (*Le Cinquième élément*, Francia 1997, col, 122') Luc Besson. Con Bruce Willis, Gary Oldman, Milla Jovovich, Ian Holm, Chris Tucker, Lee Evans. ◆ 23° secolo: il tassista newyorkese Korben Dallas (Willis), con l'aiuto del savio Cornelius (Holm) e della misteriosa Leeloo (Jovovich), è l'unico uomo in grado di salvare dalle mire del malefico Zorg (Oldman) il quinto elemento indispensabile alla sopravvivenza del pianeta e dell'umanità. Il più grande sforzo produttivo francese mai realizzato, con un cast di star internazionali, un'équipe di disegnatori coordinati da due famosi fumettisti di fantascienza (Mœbius e Mézières) e costumi spaziali creati appositamente da Jean-Paul Gaultier: anche se necessario allo spettacolo, tutto questo non basta a fare un film, e dopo un po', tra immagini mirabolanti, citazioni varie e ammiccamenti ironici (se Oldman fa il solito cattivone, Willis ripete *Die Hard* nel futuro), questo «rock'n'road movie» segna il passo. Anche perché, con il pretenzioso Besson alla regia, è difficile credere all'idea che si tratti di *entertainment* puro e semplice.

Quinto: non ammazzare *** (*The Suspect*, Usa 1944, b/n, 85') Robert Siodmak. Con Charles Laughton, Henry Daniell, Ella Raines, Dean Harens, Rosalind Ivan, Stanley C. Ridges. ◆ Londra, 1902: tormentato da una moglie arpia (Ivan), il mite Philip Marshall (Laughton) si innamora di una giovane e dolce segretaria (Raines). Il suo sogno d'amore sembra potersi realizzare quando la moglie muore cadendo dalle scale, ma un ispettore di Scotland Yard (Ridges) non è sicuro che si tratti solo di fatalità. Ispirato a un fatto di cronaca che fece scalpore (il caso Crippen), questo film mescola atmosfere noir a un'analisi, distaccata e «scientifica», delle pulsioni criminali presenti nell'uomo, dove la mostruosità prende i caratteri banali di una moglie oppressiva, ma anche quelli più simpatici e accattivanti di un meticoloso e integerrimo borghese sessantenne. Inseparabile dalla regia, per capire i meriti del film, la splendida fotografia di Paul Ivano e la straordinaria prova di Charles Laughton.

Quinto potere **½ (*Network*, Usa 1976, col, 121') Sidney Lumet. Con Peter Finch, William Holden, Faye Dunaway, Ned Beatty, Robert Duvall, Beatrice Straight. ◆ Licenziato dall'Ubs per il crollo dell'audience, il commentatore televisivo Howard Beale (Finch) dichiara davanti alle telecamere di volersi suicidare: il suo indice d'ascolto sale e viene riassunto, ma quando l'indice scende di nuovo alla rete non resta che organizzare la sua morte in diretta. Appassionato ma rozzo pamphlet contro la televisione sceneggiato da Paddy Chayefsky, che vi ha riversato il suo stile teatrale enfatico e pesantemente didattico, ma che Lumet riesce a riscattare con una regia spesso inventiva (come nella scena in cui gli executive preparano freddamente l'assassinio di Howard) e con un'ottima prova collettiva degli attori, tra cui emergono Duvall (il direttore delle news), la Dunaway (una produttrice disposta a tutto per la carriera) e Beatty (il telepredicatore): ne risulta un film appassionato e rude, impietoso e a tratti sensazionalistico come la Tv che condanna. Quattro Oscar: miglior attore (Finch, attribuito postumo), attrice (Dunaway), attrice non protagonista (Straight) e sceneggiatura.

Quiz Show **½ (*Quiz Show*, Usa 1994, col, 127') Robert Redford. Con John Turturro, Ralph Fiennes, Martin Scorsese, Paul Scofield, Rob Morrow, David Paymer, Hank Azaria, Christopher McDonald, Johann Carlo, Elizabeth Wilson, Mira Sorvino, Griffin Dunne, George Martin. ◆ Usa, 1958: ebreo del Queens, Herbie Stempel (Turturro) è la star di *Twenty-One*, il programma a quiz più seguito della Nbc. Ma l'audience è in calo e i rappresentanti dello sponsor gli impongono di uscir di scena: molto meglio Charles Van Doren (Fiennes), bello, colto e figlio di un premio Pulitzer. Ma Stempel non ci sta e le sue denunce insospettiscono un ispettore del Congresso (Morrow). Un film «classico e democratico», nel solco della migliore tradizione statunitense, sul primo scandalo che infranse il sogno americano (quello del self-made man che raggiunge la gloria a colpi di presunta «cultura»). Nei trucchi del piccolo schermo Redford fa specchiare e consumare l'inganno perpetrato ai danni di un Paese intero, svelando come si manipolano i miti nazionali e la fiducia popolare per asservirli alle leggi del guadagno. E ripescando un episodio che appartiene all'infanzia della tv, tra conflitti di classe già trasformati in contrasti di look (il wasp accademico Van Doren è più bello e prestigioso di Stempel, proletario fisicamente un po' repellente che al massimo può leggere il *Reader's Digest*), canzoni allusive di Bertolt Brecht e Kurt Weill (*Mack the Knife*, *Moritat*) e oscure manovre dietro le quinte (il vero regista del programma è lo sponsor Geritol, il cui rappresentante non a caso è interpretato dal regista Scorsese), Redford offre un utile parametro di confronto ai dibattiti sulla degenerazione televisiva, tutti concentrati sempre e solo sull'attualità. Sceneggiatura di ferro (di Paul Attanasio), cast eccellente e regia «invisibile» ma forse la trama poteva anche essere un po' più corta. Una curiosità: anche Redford, nel 1959, aveva partecipato a un quiz televisivo.

Quo Vadis? ** (Italia 1913, b/n, 119') Enrico Guazzoni. Con Amleto Novelli, Gustavo Serena, Lea Giunchi, Amelia Cattaneo, Carlo Cattaneo, Bruto Castellani, Augusto Mastripietri, Olga Brandini, Cesare Moltini, Ignazio Lupi, Leo Orlandini. ◆ L'amore tra Vinicio (Novelli) e Licia (Giunchi) è insidiato dall'imperatore Nerone (Cattaneo) che prima vorrebbe far rapire la giovane poi, dopo aver appiccato il fuoco a Roma dando la colpa ai cristiani, la condanna a morire nel circo insieme a Ursus (Castellani): la forza dello schiavo ferma il toro sulla cui groppa è legata Licia e Vinicio, che ne ha ottenuto la liberazione e si è convertito al cristianesimo, potrà sposarla benedetto dall'apostolo Pietro. Tratto dal romanzo omonimo di Henryk Sienkiewicz e sceneggiato dallo stesso regista, il primo kolossal della storia del cinema (che precedette di un anno *Cabiria* di Pastrone) rivela ancora oggi una concezione narrativa originale e ardita – specie nella ricchezza dei personaggi e nella volontà di rispettare anche sullo schermo la complessità dell'opera letteraria – e dimostra l'abilità di Guazzoni nel coreografare le grandi scene di folla che tanto stupirono il pubblico (il cast era composto da 5 mila persone, per le sequenze nel circo furono impiegati 30 leoni e i set erano i più elaborati che si fossero visti fino ad allora). Ma soprattutto il film, che era costato 48 mila lire, è entrato nella storia perché ottenne una rinomanza mondiale, specie negli Stati Uniti dove contribuì in maniera determinante all'affermazione della nuova formula del lungometraggio. Fu rifatto nel 1924 con capitali italotedeschi e affidato a Gabriellino D'Annunzio e Georg Jacoby, con un cast composto da Emil Jannings, Alfons Fryland, Lilian Hall-Davis, Rina De' Liguoro e lo stesso Bruto Castellani nella parte di Ursus, e poi nel 1951 da Mervyn LeRoy.

Quo vadis? *½ (*Quo Vadis?*, Usa 1951, col, 171') Mervyn LeRoy. Con Robert Taylor, Deborah Kerr, Peter Ustinov, Leo Genn, Patricia Laffan, Buddy Baer, Finlay Currie, Marina Berti. ◆ Il patrizio romano Marco Vinicio (Taylor) si innamora della cristiana Licia (Kerr), scatenando così la gelosia di Poppea che la fa arrestare. Ma il muscoloso Ursus (Baer) salverà Licia dal supplizio nel circo e la folla si ribellerà contro Nerone (Ustinov). Versione magniloquente ma sostanzialmente vuota dell'omonimo romanzo di Henryk Sienkiewicz (sceneggiato da John Lee Mahin, S.N. Behrman e Sonya Levren), primo dei grandi film storici americani realizzati in Italia. Dal disastro generale si salva solo l'interpretazione di Ustinov (un indimenticabile Nerone) e la colonna sonora di Miklós Rózsa. Rifatto per la Tv italiana nel 1985 da Franco Rossi.

Rabbia, La *½ (Italia 1962, b/n, 100') Pier Paolo Pasolini, Giovanni Guareschi. ◆ Film di montaggio sull'attualità politica e sociale degli anni Cinquanta e Sessanta: l'intervento sovietico in Ungheria, la liberazione di Cuba, l'incoronazione della regina Elisabetta, Ava Gardner a Roma e Sophia Loren nel Polesine, la morte di Pio XII e l'elezione di Giovanni XXIII, l'indipendenza dell'Algeria, l'assassinio di Lumumba, la morte di Marilyn Monroe, l'impresa di Gagarin. Nelle intenzioni del produttore Gastone Ferrante il film avrebbe dovuto mettere a confronto due interpretazioni «estreme e opposte»: nella prima parte quella di Pasolini (con le voci recitanti di Giorgio Bassani e Renato Guttuso), nella seconda quella di Guareschi (con le voci di Carlo Romano e Gigi Artuso), ma i due commenti esagerano nella lettura ideologica dei fatti lasciando nello spettatore il senso di un inutile «comizio cinematografico». Gramissima vita commerciale: fu ritirato dopo due giorni di proiezione a Milano, Roma e Firenze e mai più distribuito.

Rabbia ad Harlem ** (*A Rage in Harlem*, Gb/Usa 1991, col, 108') Bill Duke. Con Forest Whitaker, Robin Givens, Gregory Hines, Danny Glover, Zakes Mokae, Badja Djola. ◆ La ricerca di una bara piena di dollari coinvolge, oltre a gangster e investigatori, anche un timido impiegato di pompe funebri (Whitaker), che perderà la sua verginità con la bellona (Givens) della situazione e si terrà il bottino. Il romanzo di Chester Himes era un noir picaresco, il film di Bill Duke (già attore e regista televisivo al suo esordio sul grande schermo) un giallo farsesco. Un lussuoso film all black non privo di humour: ma niente di nuovo rispetto ai tempi di *Pupe calde, mafia nera*. Esordio della Givens, ex fotomodella ed ex moglie di Mike Tyson, definita da un personaggio del film «il più bel culo che Dio abbia mai creato».

Rabbia giovane, La **** (*Badlands*, Usa 1973, col, 95') Terrence Malick. Con Martin Sheen, Sissy Spacek, Warren Oates, John Carter, Ramon Bieri, Alan Vint. ◆ Dopo aver ucciso il padre della sua ragazza, Holly (Spacek), l'ex spazzino Kit Carruthers (Sheen) fugge con lei attraversando Sud Dakota e Montana lasciandosi dietro una scia di sangue. La passione tra i due (25 e 15 anni, rispettivamente), se mai c'è stata, finisce in fretta: Holly assiste agli omicidi con un misto di sbigottimento e indifferenza; Kit, per conto suo, uccide senza odio e, per quanto si atteggi a James Dean, ostenta buone maniere e idee conformiste. Primo dei due film girati da Malick, allora noto solo come sceneggiatore di *Per una manciata di soldi*. La scelta di ambientare un noir negli spazi sconfinati delle *badlands* è di per sé vincente, ma la forza di Malick (che ha scritto la storia ispirandosi a un fatto di cronaca, il caso Starweather-Fugate) risiede soprattutto nell'alternare distanza e partecipazione emotiva: la violenza (dal padre di Holly che le uccide il cane per punizione, agli inutili omicidi di Kit) è filmata senza nessuna adesione emotiva ma raccontata con un senso dell'assurdo che elimina qualsiasi compiacimento così come manca, nei personaggi, ogni traccia di facile ribellismo. L'uso della voce off di Holly, che racconta la storia leggendo passi del suo diario, tende ad avvolgere gli eventi di un alone favolistico e permette al regista di giocare con i cliché di quella cultura americana – da Grant Wood a Norman Rockwell – che descrive la provincia come «un paradiso perduto (o sonnolento) che rifiuterebbe la violenza». L'ironia, il surrealismo sottotono, l'assoluta mancanza di retorica ne fanno uno dei film più insoliti e preziosi del cinema americano.

Rabid – Sete di sangue **½ (*Rabid*, Canada 1976, col, 91') David Cronenberg. Con Marilyn Chambers, Frank Moore, Joe Silver, Patricia Gage. ◆ Vittima di un trapianto di epidermide andato male, una ragazza (Chambers) sviluppa un nuovo organo sotto un'ascella, con cui succhia il sangue al suo prossimo, trasmettendogli una forma di rabbia: presto l'intera Montreal è preda dell'epidemia. Il sesso come contagio e pulsione di morte, la carne che genera nuovi organi: Cronenberg, al secondo lungometraggio, aveva già le idee chiare. Come nel precedente *Il demone sotto la pelle*, la confezione è quella di un horror di serie B che punta allo stomaco dello spettatore: ma non per questo il risultato è meno inquietante, anzi. Cronenberg avrebbe voluto Sissy Spacek come protagonista, ma il produttore esecutivo Ivan Reitman (futuro regista di *Ghostbusters*) insistette per scritturare la pornostar Marilyn Chambers – che comunque si limita a spogliarsi.

Racconti dalla cripta ** (*Tales from the Crypt*, Usa 1989, col, 78') Walter Hill, Robert Zemeckis, Richard Donner. ◆ Film a episodi. In *The Man Who Was Death* (Walter Hill. Con William Sadler) un boia, rimasto senza lavoro, decide di fare giustizia da sé: la pena di morte verrà ripristinata giusto in tempo perché sulla sedia elettrica ci finisca lui; in *And All Through the House* (Robert Zemeckis. Con Mary Ellen Trainor, Larry Drake) un serial killer travestito da Babbo Natale complica i piani di un uxoricida; in *Dig the Cat... He's Real Gone* (Richard Donner. Con Joe Pantoliano, Robert Wuhl) un uomo, grazie al trapianto di una ghiandola felina, acquista nove vite. Tre telefilm confezionati con cura, che si ispirano alla più nota serie di *Storie incredibili*. La struttura, con l'obbligatoria beffa finale, è comunque scontata, e la suspense relativa.

Racconti del cuscino, I ° (*The Pillow Book*, Gb/Francia/Olanda 1995, col, 126') Peter Greenaway. Con Vivian Wu, Ewan McGregor, Yoshi Oida, Ken Ogata. ◆ Nagiko (Wu), figlia di uno scrittore (Ogata), impara ad associare l'eros alla scrittura sulle tracce di Sei Shonagon, la cortigiana del X secolo autrice del libro omonimo. Dopo avere usato la propria pelle come pergamena, diventa lei calligrafa: e utilizzerà tredici corpi maschili come altrettanti «libri», per vendicarsi di un bieco editore (Oida), già amante del padre e responsabile della morte del suo amante (McGregor). Greenaway parte con l'ambizione di un saggio visivo su eros e thanatos, arte e sesso, prospettiva occidentale (monocentrica) e orientale (policentrica): e per questo moltiplica le immagini dentro le immagini, con effetti che vorrebbero essere rivoluzionari e invece si vedono in qualunque trasmissione televisiva. E il discorso rimane tutto di superficie, tra esotismo di maniera e gusto morboso, in nome di uno sfrenato edonismo visivo (la fotografia è di Sacha Vierny) che vorrebbe giustificarsi da sé. Sontuoso e lievemente stucchevole (o nauseante, a seconda del gusto e dello stomaco: ci sono cadaveri scuoiati e masturbazioni necrofile), è cinema (cinema?) nato morto e che si morde la coda. Chi cerca brividi veri (a proposito di sesso, morte e scrittura) si riveda *L'impero dei sensi*.

Racconti della cripta, I **½ (*Tales From the Crypt*, Gb 1972, col, 92') Freddie Francis. Con Ralph Richardson, Joan Collins, Ian Hendry, Peter Cushing, Robin Phillips, Richard Greene, Barbara Murray, Patrick Magee, Nigel Patrick. ◆ Un menagramo incappucciato (Richardson) ammonisce cinque borghesi in visita a una catacomba sul terribile destino che li aspetta: un'uxoricida (Collins) viene uccisa da un serial killer; un adultero (Hendry) diventa uno zombi; un avido accaparratore di terreni (Phillips) fa morire un simpatico vecchietto (Cushing), ma subisce una punizione adeguata; una moglie (Murray) fa un uso disastroso di tre desideri per salvare il marito (Greene); un cieco (Magee) guida la rivolta contro l'avido direttore (Patrick) di un ospizio. Scritto da Milton

Subotsky e tratto dai fumetti *Tales from the Crypt* e *The Vault of Horror* di Bill Gaines, uno dei migliori horror a episodi britannici tipici dell'epoca, in equilibrio tra umorismo nero e ingegnosità macabra. Prevedibile nel meccanismo moralistico del contrappasso, ma godibilmente recitato e capace di raggiungere toni inquietanti specie nell'ultimo episodio, con un sadismo da antologia.

Racconti della luna pallida d'agosto, I **** (*Ugetsu Monogatari*, Giappone 1953, b/n, 97') Kenji Mizoguchi. Con Machiko Kyo, Masayuki Mori, Kinuyo Tanaka, Sakae Ozawa, Mitsuko Mito. ◆ Giappone, XVI secolo: mentre infuriano le guerre imperiali, un vasaio (Mori) e un contadino (Ozawa) abbandonano le famiglie in cerca di fortuna. Il primo viene sedotto da una principessa (Kyo) tanto bella quanto funesta, e quando tornerà a casa scoprirà che la moglie (Tanaka) è morta. Il secondo, che aveva sempre desiderato diventare samurai, si compra un'armatura e si attribuisce azioni eroiche ma rivelerà la propria viltà e finirà per scoprire che la consorte si è data alla prostituzione. Tratto da due novelle di Akinari Ueda (*L'albergo di Asaji* e *La lubricità del serpente*, pubblicati nel 1776) e sceneggiato da Matsutaro Kawaguchi e Yoshikata Yoda, il film è una delle punte più alte del cinema mondiale, la storia incrociata di due uomini e due donne in cui scoppia il conflitto realtà-bellezza e il regista s'interroga sulle potenzialità e sulla funzione dell'arte. Il desiderio dei due protagonisti di superare i propri limiti e realizzare le potenzialità che credono di intravedere in loro stessi, li porta a cadere nella trappola dell'apparenza: l'arte deve innanzitutto servire l'uomo aiutandolo a scoprire la sua realtà più profonda e non renderlo schiavo della pura bellezza. Così al termine della sua folle ricerca, il vasaio si risveglia davanti al vuoto della sua fantomatica bellezza formale, mentre il contadino si rivelerà volgare e spregevole. In questo modo il film arriva a sostenere che «arte e vita sono una sola identica espressione» attraverso il racconto di due avventure, quella dell'artista tentato dalla bellezza pura ma menzognera e quella dell'uomo costretto a scegliere tra la sua realtà profonda e l'apparenza di questa realtà. Anche se nell'impostazione e nella struttura risente dell'influenza del teatro Nô, il ritmo è teso, quasi «frenetico» (sicuramente quello con il maggior numero di movimenti di camera nella carriera del regista). Un film «cosmico» e appassionante, una colonna portante dell'intera cinematografia. Tra le sequenze migliori, quelle del bagno e del picnic, apice dell'esperienza sensuale per il vasaio sedotto dalla principessa. Leone d'argento al festival di Venezia, ex aequo con *Moulin rouge*, *Il piccolo fuggitivo*, *Teresa Raquin* e *I vitelloni*.

Racconti dello zio Tom, I * (*Song of the South*, Usa 1946, col, 94') Wilfred Jackson (animazione), Harve Foster (riprese dal vivo). Con James Baskett, Bobby Driscoll, Luana Patten, Hattie McDaniel. ◆ Un bamboccio (Driscoll), figlio di proprietari progressisti di una piantagione, ascolta rapito le favole del vecchio zio Tom (Baskett, Uncle Remus nell'originale). La madre non è contenta che il piccolo si immischi coi neri, ma si ricrede dopo che un toro ha quasi infilzato il pargolo. La storiella fa da cornice a tre sequenze d'animazione, in cui Fratel Coniglietto – un'antipatica imitazione di Bugs Bunny – sfugge alle trappole di Compare Orso e Comare Volpe (che nell'originale è un maschio). Anche i fans più accaniti dei film prodotti da Walt Disney faranno fatica a digerire questa melassa allo stato puro, non solo anodina, ma razzista e offensiva dietro la patina di tolleranza. Modeste le sequenze in cui gli attori dialogano con i disegni animati. Baskett vinse un Oscar speciale, che si aggiunse a quello per la canzone *Zip a Dee Doo Dah*. Il titolo originale *Uncle Remus* venne cambiato in seguito alle proteste dell'Interracial Film and Radio Guild.

Racconti del terrore, I *** (*Tales of Terror*, Usa 1962, col, 90') Roger Corman. Tre episodi ispirati ai racconti di Poe e sceneggiati da Richard Matheson. ◆ In *Morella* (con Vincent Price, Maggie Pierce, Leona Gage) una donna, morta di parto ventisei anni prima, esce dalla tomba per vendicarsi di padre e figlia; in *Il gatto nero* (con Vincent Price, Peter Lorre, Joyce Jameson; tratto, oltre che dal racconto omonimo, dal *Barilotto di Amontillado*) il sommelier Montresor, scoperta la tresca della moglie con un collega, li mura vivi in cantina: sarà tradito da un gatto; in *Valdemar* (con Vincent Price, Basil Rathbone, Debra Paget, David Frankman) un moribondo viene scosso dall'ipnosi che lo mantiene in vita quando vede la moglie che lo tradisce, deteriorandosi in pochi istanti. Quarto film della serie di Corman ispirata a Poe, e tra i più riusciti. Il grottesco dell'episodio centrale – che lascia corda all'istrionismo dei due protagonisti – bilancia opportunamente il gotico degli altri due. Più che in altri casi, Corman punta all'orrore che nasce dai sentimenti, e non ignora chiavi di lettura psicoanalitiche. Suggestivi gli effetti fotografici dell'anziano e geniale Floyd Crosby. Il racconto di Poe *La verità sul caso di Mr. Valdemar* ha ispirato anche l'episodio di Romero in *Due occhi diabolici*.

Racconti d'estate ** (Italia 1958, col, 113') Gianni Franciolini. Con Alberto Sordi, Marcello Mastroianni, Michèle Morgan, Gabriele Ferzetti, Franco Fabrizi, Dany Carrel, Lorella De Luca, Franca Marzi, Dorian Gray, Sylva Koscina. ◆ A Rapallo, in una giornata d'estate, s'intrecciano più vicende sentimentali, tra cui quella di un amministratore (Sordi) che ritrova una vecchia fiamma ma è ricattato dall'amante, e quella di un commissario di polizia (Mastroianni) che si innamora della ladra francese (Morgan) che deve accompagnare oltrefrontiera. Da un'idea di Alberto Moravia, sviluppata da una squadra di sceneggiatori più o meno illustri, (Sonego, Amidei, Flaiano, Franciolini, Sordi), il film sa offrire, nonostante l'apparenza scanzonata, molte annotazioni di costume e di vita spicciola per niente superficiali. Antesignano (in meglio) dei tanti sottoprodotti balneari degli anni Ottanta.

Racconti di Canterbury, I ** (Italia 1972, col, 110') Pier Paolo Pasolini. Con Hugh Griffith, Laura Betti, Ninetto Davoli, Franco Citti, Josephine Chaplin, Alan Webb, Pier Paolo Pasolini, Levan Dyne, Adrian Street. ◆ In viaggio verso Canterbury per onorare la tomba di Thomas Beckett, Geoffrey Chaucer (Pasolini) e gli altri pellegrini raccontano storie e aneddoti per ingannare il tempo: «i mariti si lamentano delle mogli, i padri dei figli, gli ecclesiastici si insultano a vicenda e le suore vengono allegramente prese in giro». Il secondo film della cosiddetta «trilogia della vita» (dopo il *Decameron* e prima del *Fiore delle Mille e una notte*) è basato su otto dei ventuno racconti dello scrittore medioevale inglese. Nonostante un incastro narrativo divertente e ben congegnato il film rischia di apparire «un calco devitalizzato del *Decameron*», privo della vitalità e dell'autenticità che l'autore si augurava (anche se al festival di Berlino venne premiato con l'Orso d'oro proprio «per la maestria e la vitalità con cui il regista ha interpretato una grande opera letteraria»). Nel *Racconto dell'indulgenziere* Eduardo De Filippo doppia il personaggio del vecchio pastore, mentre per il ruolo di sir January, Pasolini aveva pensato a Orson Welles. Colonna sonora di Ennio Morricone, che ha rielaborato musiche popolari inglesi e irlandesi scelte da Pasolini. La scena dell'Inferno è stata girata sull'Etna. Il film ebbe varie disavventure giudiziarie (che ne comportarono anche il sequestro per un certo periodo) a causa di una presunta oscenità nel personaggio del frate.

Racconti di giovani amori **½ (Italia 1967, b/n, 93') Ermanno Olmi. ◆ Film a episodi. In *La cotta* (con Luciano Piergiovanni, Renata Carniglia, Giovanna Claudia Mongino) un ragazzo s'innamora di una donna molto più matura di lui; in *La regina* (con Graziella Menichelli, Giustino De Paoli, Eugenio Cirelli Bruni) un'aspirante attrice vive una travagliata relazione con un ragazzo che non la capisce; in *Il ragazzo di Gigliola* (con Caterina Barbero, Roberto Nannavecchia, Lorenzo Sala, Elsa Tecla Boni) invece di abbandonare il fidanzato accusato di furto, una ragazza lo assiste durante il processo e scopre di amarlo ancora di più. Prodotto per la televisione e originariamente limitato al primo episodio (gli altri due furono aggiunti per consentire la diffusione del film nelle sale cinematografiche) tratta storie di gente comune, raccontate con affetto verso i personaggi e attenzione ai dettagli. Minimalismo ante litteram, all'insegna dell'autenticità.

Racconti di giovani mogli ** (*Young Wives' Tale*, Gb 1958, b/n, 78') Henry Cass. Con Joan Greenwood, Nigel Patrick, Audrey Hepburn, Derek Farr. ◆ Nell'Inghilterra postbellica, a causa della crisi degli alloggi, due famiglie sono costrette a vivere nello stesso appartamento: problemi di figli, di governanti, di concentrazione, di coppia e anche di gelosia. Commedia degli equivoci a ritmo serrato con lieto fine d'obbligo. L'intreccio è spesso prevedibile, ma le singole situazioni risultano abbastanza divertenti.

Racconti di Hoffmann, I **** (*The Tales of Hoffmann*, Gb 1951, col, 127') Michael Powell, Emeric Pressburger. Con Robert Rounseville, Moira Shearer, Ludmilla Tchérina, Ann Ayars, Robert Helpmann, Pamela Brown, Leonid Massine. ◆ Innamorato di una ballerina (Shearer) senza essere ricambiato, Hoffman (Rounseville) racconta a un gruppo di studenti tre storie d'amore sfortunate (c'è lo zampino del diavolo) da lui vissute in passato: con Olympia (Shearer), una bambola spacciata per vera dal suo creatore; con Giulietta (Tchérina), una cortigiana veneziana che, aiutata da un mago, cercò d'impadronirsi dell'anima di Hoffman; con Antonia (Ayars), una gracile cantante morta per non aver saputo resistere al richiamo della vocazione lirica. Nell'epilogo, Hoffman si rende conto che il suo destino è la poesia e abbandona ogni lotta per conquistare la ballerina. Dall'opera di Offenbach (adattata dai due registi) con il cast pressoché al completo di *Scarpette rosse*, una «partitura cinematografica» sui temi romantico-fantastici della sofferenza amorosa e della maledizione artistica, cari tanto allo scrittore quanto ai registi. Ardite sperimentazioni cromatiche, mirabolanti soluzioni di messinscena, innumerevoli virtuosismi tecnici: sembra di trovarsi di fronte a una superproduzione, ma tanta magnificenza è solo un «effetto speciale» della feconda inventiva degli autori (valga per tutti l'esempio della celebre danza della Shearer, risolta con riprese dall'alto della scalinata disegnata sul pavimento perché un modello reale sarebbe risultato troppo costoso). Melomusical inebriante, spettacolo totale senza l'ausilio delle parole, inno alla visionarietà contro qualsiasi affondo realistico, *I racconti di Hoffman* sono «il sogno lucido nel quale si resta addormentati per il piacere di continuare a sognare».

Racconti di Vittoria, I ** (Italia 1995, col, 65') Antonietta De Lillo. Film a episodi. ◆ *Pozzi d'amore* (con Enzo Moscato, tratto dalla sua pièce omonima): un monologo teatrale racconta la paura della morte e della separazione dall'altro. *In alto a sinistra* (con Enzo Decaro, tratto dal racconto omonimo di Erri De Luca): il ricordo della malattia e poi della morte del padre permettono al figlio di superare e accettare il dolore. *Racconti di Vittoria* (con Vittoria Belcastro): un'oncologa che lotta contro la propria malattia invita gli altri malati a non essere passivi o rassegnati di fronte alla malattia. Né film di fiction né documentario, quest'opera anomala usa tre diverse prospettive (quella «teatrale», quella «letteraria» e quella «televisiva») per arrivare a un cinema di tipo «saggistico», dove la morte non è né angoscia né lamentazione ma piuttosto «esperienza di vita», da esorcizzare nel mito (come il primo episodio), come ritualità (nel secondo) o come combattimento corpo a corpo con essa (nel terzo). Peccato che non sempre l'intensità del tema riesca a controllare la tentazione della retorica, soprattutto nel secondo episodio, o la voglia di costruire una dialettica drammaturgica tra le varie testimonianze nell'episodio che dà il titolo al film.

Racconti immorali di Borowczyk, I ? (*Contes immoraux*, Francia 1974, col, 92') Walerian Borowczyk. ◆ Film a episodi. In *Erzsebet Bathory* (con Paloma Picasso, Pascale Christophe) una contessa del Seicento per restare giovane fa il bagno nel sangue di fanciulle; in *Teresa filosofa* (con Charlotte Alexandra) una fanciulla chiusa in un ripostiglio si abbandona a un delirio mistico-erotico; in *La marea* (con Fabrice Luchini, Lise Danvers; tratto da uno dei più bei racconti di André Pieyre de Mandiargues) un ventenne inizia al sesso (orale) la cugina; in *Lucrezia Borgia* (con Florence Bellamy, Jacopo Berinzi) la nobildonna italiana ha rapporti incestuosi col padre Alessandro VI e il fratello Cesare Borgia. La versione italiana è più breve di circa 13' e agli episodi (montati in ordine diverso) vengono intercalati spezzoni di un documentario dello stesso regista, *Une Collection particulière*, con un ridicolo commento di Giuseppe Berto. Nella versione originale è un lussuoso manuale dell'erotismo surrealista.

Racconti romani ** (Italia/Francia 1955, col, 110') Gianni Franciolini. Con Franco Fabrizi, Antonio Cifariello, Maurizio Arena, Giancarlo Costa, Silvana Pampanini, Giovanna Ralli, Maria Pia Casilio, Totò [Antonio de Curtis], Vittorio De Sica, Eloisa Cianni, Nando Bruno, Mario Carotenuto, Mario Riva, Aldo Giuffré, Piero Garinei, Carlo Crovetto. ◆ Per comprare un camioncino con cui migliorare le proprie condizioni economiche, Otello, Mario e Spartaco (Cifariello, Arena e Costa) si fanno convincere dallo scioperato Alvaro (Fabrizi) a tentare alcune truffe: bagarinaggio, spaccio di biglietti falsi, truffa ai danni di un avvocato, «ricatti» a coppiette colte in flagrante. Naturalmente i risultati saranno pessimi – Otello, Mario e Spartaco passano anche una notte in prigione – e alla fine tutti si metteranno a lavorare seriamente. Ispirandosi ad alcuni dei *Racconti romani* di Alberto Moravia scelti da Sergio Amidei (*Il biglietto falso*, *Il godi godi*, *Arrivederci*, *Il terrore di Roma*, *Il bassetto*, *La parola mamma*, *La voglia di vino* e *Prepotenti per forza*) e sceneggiati, oltre che da loro, anche da Age, Scarpelli e Francesco Rosi, il film cerca di far convivere il pessimismo dello scrittore con la bonarietà della commedia all'italiana: ne esce un ibrido curioso, vivacizzato – forse troppo – da un cast brillante, che testimonia la nascente tentazione del cinema italiano a stemperare nel rosa certe componenti di più seria analisi sociale. Bello il duetto tra il professor Semprini (Totò) e l'avvocato Mazzoni Baralla (De Sica) sull'insopportabilità della parola mamma. Citazione speciale nel nutrito cast femminile per la pescivendola irruente e irosa interpretata da Giovanna Ralli.

Racconto crudele della giovinezza *** (*Se ishun zankoku monogatari*, Giappone 1960, col, 96') Nagisa Oshima. Con Yusuke Kawazu, Miyuki Kuwano, Yoshiko Kuga, Fumio Watanabe. ◆ Makoto (Kuwano), studentessa di piccola virtù, e Kiyoshi (Kawazu), aspirante delinquente, formano un proficuo ménage: lei si lascia abbordare da maturi automobilisti, lui interviene per «salvarla» facendosi dare denaro dai malcapitati. Ma la malavita organizzata, gelosa della concorrenza, li prende di mira. Primo lungometraggio di Oshima, prodotto da una major (la Shochiku) che probabimente non si era resa conto di quanto aveva fra le mani, e grande successo tra i giovani giapponesi dell'epoca. Girato lo stesso anno di *Fino all'ultimo respiro*, ne condivide la libertà formale (Oshima riempie lo schermo panoramico di primi piani), il gusto di reinventare il cinema fuori dalle regole dei padri, e il pessimismo esistenziale. Il tono, tuttavia, è molto più cupo che nel film di Godard: entrambi i giovani sembrano marchiati da una corruzione innata, e la loro rivolta non ha alcuna prospettiva ideale; mentre le generazioni più anziane sono vittime dell'impotenza e dello scetticismo. Non manca, comunque, un lirismo sotterraneo, che contrasta con il tono aspro e nervoso. Un classico degli anni Sessanta, che in Italia si è visto solo in televisione.

Racconto d'amore **½ (*Love Story*, ritolato negli Usa *A Lady Surrenders*, Gb 1944, b/n, 113') Leslie Arliss. Con Margaret Lockwood, Stewart Granger, Patricia Roc, Tom Walls, Reginald Purdell, Moira Lister, Walter Hudd, Bryan Herbert. ◆ Condannata a parere dei medici, la pianista Lissa Campbell conosciuta con lo pseudonimo di Felicity Crichton (Lockwood), si concede una vacanza in Cornovaglia, dove si innamora di Kit (Granger), un ex pilota destinato a diventare cieco: per non rivelare l'un l'altro il loro tragico destino, Lissa e Kit fingono superficialità nei sentimenti e indifferenza di fronte all'impegno bellico (siamo nel 1944) ma la forza dell'amore li spingerà a svelarsi per vivere insieme il tempo che sarà loro concesso. Melodramma Gainsborough in abiti contemporanei (sceneggiato dal regista con Doreen Montgomery e Brock Williams, a partire da un racconto di J.W. Drawbell), meno convincente di quelli in costume per l'assenza di figure veramente conflittuali e «negative» (anche l'amica di Kit, Judy [Roc] si ritira di fronte al vero amore), comunque interessante per come sa fondere le esigenze della propaganda – sacrificio, dedizione, impegno, eroismo – con quella protofemminista dell'appagamento dei propri sentimenti e dei propri desideri. Immediatamente celebre la composizione *Cornish Rapsody* (scritta da Hubert Bath), che Lissa suona in ricordo del primo incontro con Kit.

Racconto d'autunno ***½ (*Conte d'automne*, Francia 1998, col, 111') Eric Rohmer. Con Béatrice Romand, Marie Rivière, Alain Libolt, Didier Sandre, Alexia Portal, Stéphane Darmon Alcaïs, Mathieu Davette. ◆ Magali (Romand), viticultrice nell'Ardèche, è vedova e sola, e la sua migliore amica Isabelle (Rivière), libraia, mette un annuncio a sua insaputa per cercarle un marito. Ma la fidanzata (Portal) del figlio di Magali ha un altro piano, che coinvolge il professore di cui è stata innamorata. In una campagna degna di Renoir, Rohmer (come sempre anche sceneggiatore) recupera la lezione di Marivaux e Beaumarchais intrecciando equivoci e giochi del caso senza la meccanicità della commedia, e dimostrandosi ancora capace di ascoltare paesaggi e personaggi: per scoprire quanto sotto la recita dell'amicizia e delle buone maniere si menta in primo luogo a se stessi. Per nulla crepuscolare ma sorridente e spietato, Rohmer invita all'identificazione e cattura con una suspense immediata; e intanto insegna come tornare a vedere la realtà e il cinema, con un effetto disintossicante. Conclusione e vetta della quadrilogia delle stagioni, che approfondisce i temi dei rapporti tra generazioni (*Racconto di primavera*), del caso (*Racconto d'inverno*) e della paura di fronte ai sentimenti (*Un ragazzo... tre ragazze*). Maldestro contentino al festival di Venezia, dove è stato premiato con un'Osella per la sceneggiatura.

Racconto dell'ancella, Il *½ (*The Handmaid's Tale*, Usa/Rft 1990, col, 109') Volker Schlöndorff. Con Natasha Richardson, Faye Dunaway, Aidan Quinn, Elizabeth McGovern, Victoria Tennant, Robert Duvall. ◆ Nella repubblica di Gilead, in un futuro teocratico, le poche donne fertili sono condannate alla procreazione coatta: Kate (Richardson) deve mettere al mondo un figlio per la sterile Serena Joy (Dunaway), ma si ribella e fugge tenendosi il neonato. Dal romanzo di Margaret Atwood, sceneggiato da Harold Pinter, un film orwelliano riuscito a metà: l'atmosfera fantapolitica è passabile, ma l'azione e i risvolti psicologici della vicenda sono poco «fecondi».

Racconto di Canterbury, Un **½ (*A Canterbury Tale*, Gb 1944, b/n, 124') Michael Powell, Emeric Pressburger. Con John Sweet, Eric Portman, Sheila Sim, Dennis Price, Esmond Knight, Charles Hawtrey, Hay Petrie. ◆ In un villaggio vicino a Canterbury, dove imperversa un maniaco che impiastra di colla i capelli delle ragazze, si incontrano un sergente americano in licenza (Sweet, un vero soldato americano) che da tempo non riceve lettere dalla sua fidanzata; un sergente inglese (Price), che sognava di fare l'organista e si era adattato a suonare nei cinema; e una ragazza (Sim) della difesa civile, che crede di aver perso in guerra il fidanzato. Durante il viaggio in treno a Canterbury l'imbrattatore, un archeologo (Portman) con qualche complesso edipico alle spalle, confessa le malefatte, ma liete sorprese aspettano tutti gli altri. La guerra è agli sgoccioli, e Powell e Pressburger girano un film dove si respira già un'aria di pace. L'intreccio è volutamente esile, per lasciare spazio a una descrizione affettuosa della provincia britannica, dove si scherza sulla convivenza tra americani – ignoranti di storia – e inglesi – tanto legati al passato da sentire l'eco dei pellegrini del tempo di Chaucer. Pieno di annotazioni deliziose e stravaganti, con i limiti e i pregi dell'opera minore girata senza preoccupazioni. La versione che circola abitualmente è di 95', ed è priva di gran parte della sequenza in costume.

Racconto d'inverno *½ (*Conte d'hiver*, Francia 1991, col, 114') Eric Rohmer. Con Charlotte Véry, Hervé Furic, Fréderic Van Den Driessche, Michel Voletti, Ava Loraschi, Christiane Desbois, Marie Rivière. ◆ Alla fine di un appassionato amore estivo, per un lapsus, Félicie (Véry) dà a Charles (Van Den Driessche) un indirizzo sbagliato: lei rimane incinta, mette al mondo una bambina, conosce altri uomini, ma non perde mai la speranza di reincontrare Charles. Una sit-com solo per intellettuali rohmeriani convinti. Per gli altri risulta saturo di citazioni letterarie, anche se svolte con ironia, e mostra i segni della maniera facendo rimpiangere la freschezza e la spontaneità delle precedenti opere del regista.

Racconto di primavera *** (*Conte de printemps*, Francia 1990, col, 110') Eric Rohmer. Con Anne Teyssedre, Hugues Quester, Florence Darel, Eloïse Bennet. ◆ In un momento di crisi con il fidanzato, Jeanne (Teyssedre) si fa ospitare da Natasha (Darel), una pianista che non sopporta la giovane amante (Bennet) del padre e cerca di favorire la conoscenza tra l'amica e il genitore. È il primo di quattro racconti legati alle stagioni, una commedia «primaverile» sulla instabilità degli affetti e dei luoghi, dove la leggerezza quotidiana raggiunge una dimensione quasi trascendentale. Giocato perlopiù in interni e dentro le anime dei personaggi, ripresi soprattutto attraverso primi piani, *Racconto di primavera* è il classico film in cui «non succede niente» e capita di tutto, come nelle opere migliori del regista. Tra Kant e Matisse, Beethoven e Schumann, dialoghi letterari e dettagli di una verosimiglianza sorprendente, un appuntamento imperdibile per gli amanti del Rohmer's touch e molto piacevole per gli altri. Tutti bravissimi gli interpreti, ma Florence Darel è speciale.

Racket dei sequestri, Il * (*The Squeeze*, Gb 1977, col, 107') Michael Apted. Con Stacy Keach, David Hemmings, Carol White, Edward Fox, Stephen Boyd. ◆ Un ex poliziotto (Keach) torna in campo con successo quando la ex moglie e la figlia vengono rapite da una banda di malviventi che intendono ricattare il marito banchiere. Intrigo farraginoso, sviluppi poco plausibili, insistenza su situazioni scabrose e sgradevoli. Ma qua e là si vede il tentativo del regista di dare un minimo di ordine e di grazia al materiale che si è ritrovato tra le mani. «Squeeze» in gergo significa estorsione.

Racket della prostituzione minorile, Il → *Storie di vita e malavita*

Radiazione BX distruzione uomo **** (*The Incredible Shrinking Man*, Usa 1957, b/n, 81') Jack Arnold. Con Grant Williams, Randy Stuart, April Kent, Paul Langton, William Schallert, Billy Curtis. ◆ Colpito da una misteriosa radiazione, un uomo (Williams) comincia a rimpicciolirsi sempre di più. Tutto rappresenta un pericolo per lui, dalla moglie al gatto di casa: dopo aver lottato con un ragno per la sopravvivenza, sparisce nel prato, diventato per lui foresta, del suo giardino. Non un mero trionfo di effetti speciali, bensì uno dei film di fantascienza più inquietanti degli anni Cinquanta (dominati dalla paranoia del gigantismo a causa della guerra fredda) e, più in generale, «un capolavoro pulp» sull'angoscia di stare al mondo. Sceneggiatura esemplare di Richard Matheson, dal suo secondo romanzo. Arnold, ex attore e già autore della saga del *Mostro della Laguna Nera*, orchestra a meraviglia una metamorfosi complessa, che nulla ha a che vedere con le varie miniaturizzazioni già viste sullo schermo. Rifatto (al femminile e in un'altra chiave) nel 1980, da Joel Schumacher: *The Incredible Shrinking Woman*, inedito in Italia.

Radici del cielo, Le *½ (*The Roots of Heaven*, Usa 1958, col, 125') John Huston. Con Trevor Howard, Juliette Greco, Errol Flynn, Eddie Albert, Orson Welles, Paul Lukas, Herbert Lom, Grégoire Aslan. ◆ In Africa, un uomo (Howard) si batte per salvare gli elefanti dal genocidio e conquista molte persone alla sua causa, ma la sua impresa non è destinata alla vittoria. Un doppio del capitano Achab (che vede negli elefanti il simbolo della Natura incontaminata e nella loro salvezza l'unica chance che l'uomo ha per non perdere le proprie radici) in un film a tesi piuttosto sconnesso, pervaso di un furore quasi mistico e da un idealismo ecologico ante litteram che appaiono evidentemente poco congeniali al regista. Tratto dall'omonimo romanzo di Romain Gary (coautore anche della sceneggiatura con Patrick Leigh-Fermor), risulta apprezzabile proprio per ciò che dal libro non mutua, come il senso dell'ironia che caratterizza le apparizioni di Orson Welles e Errol Flynn. L'attore protagonista manca invece del carisma necessario al personaggio e la Greco è quasi ridicola. Poco dignitosi i trasparenti usati in sostituzione del paesaggio africano ed esecrabili gli esterni girati nelle «foreste» francesi di Boulogne e Fontainebleu.

Radici della paura, Le * (*The Evil*, Usa 1978, col, 90') Gus Trikonis. Con Richard Crenna, Joanna Pettet, Andrew Prine, Cassie Yates, Lynne Moody, Victor Buono, George O'Hanlon jr. ◆ Un medico (Crenna) affitta una villa da adibire a clinica, non prestando ascolto a chi sostiene che è infestata dal demonio. Insieme ai suoi assistenti sarà costretto a ricredersi. Horror realizzato in economia di idee, con molti effetti speciali ripetitivi e troppo pochi brividi per gli appassionati del genere.

Radio Days *** (*Radio Days*, Usa 1987, col, 88') Woody Allen. Con Mia Farrow, Seth Green, Josh Mostel, Dianne Wiest, Diane Keaton, Wallace Shawn, Kenneth Mars, Danny Aiello, Jeff Daniels. ◆ Dalla seconda metà degli anni Trenta al 1944, i ricordi d'infanzia di un ebreo americano, filtrati attraverso le sue trasmissioni radiofoniche preferite: una vita quotidiana grama, anche se allegra, si alterna a una vita immaginaria, popolata da cantanti, presentatori, eroi dei fumetti, commentatori sportivi. Tra le tante figure, emerge quella di Sally (Farrow), una timida sigaraia che riesce ad aver successo come commentatrice mondana. L'opera meno lineare di Allen, che ammucchia in (apparente) ordine sparso fatti, fantasie, notazioni curiose, battute, divagazioni: la struttura e la voce narrante (in originale dello stesso Allen) giocano a frantumare il film e l'America, che ritrovano la loro coesione solo nella radio e nella memoria di chi ha vissuto i suoi giorni migliori. Film nostalgico di un mondo più ingenuo ma più spontaneo, dove la parola era regina. Eccellenti il cast, la scenografia di Santo Loquasto e la fotografia di Carlo Di Palma, ora vivace ora fredda secondo le esigenze della storia giocata su due piani, reale e fantastico. Gli esperti potranno divertirsi a cogliere i rimandi tra le parole delle (bellissime) canzoni e le simultanee situazioni del film. Nella parte della signora Waldbaum c'è Judith Malina del Living Theatre.

Radiofreccia ** (Italia 1998, col, 120') Luciano Ligabue. Con Stefano Accorsi, Luciano Federico, Enrico Salimbeni, Alessio Modica, Patrizia Piccinini, Francesco Guccini, Roberto Zibetti, Serena Grandi, Cristina Moglia, Cosima Coccheri, Paolo Maria Scalondro. ◆ Raccontata dal suo deejay Bruno (Federico), la storia di Radio Raptus, fondata a metà degli anni Settanta e diventata Radiofreccia in memoria di Ivan Benassi detto «Freccia» (Accorsi), giovane irrequieto finito nel giro dell'eroina e morto per una overdose. L'esordio alla regia di Ligabue («consigliato» da Antonello Grimaldi) si basa su due racconti del suo libro *Fuori e dentro il borgo* (da lui stesso sceneggiati con Antonio Leoti). Tipico film di formazione giovanilistica, tra autobiografismo e fantasia (il borgo del film è la nativa Correggio), sincero nel ricostruire le contraddizioni di una generazione cresciuta con la musica anglo-americana (e in colonna sonora ci sono i Lynyrd Skynyrd, Lou Reed, i Creedence Clearwater Revival, David Bowie, Iggy Pop) ma anche ingenuo nel suo eccessivo schematismo a tesi e nell'inutile sfoggio di virtuosismi cinematografici (quasi a sottolineare che quello è cinema: e invece è solo tecnica che non diventa mai stile). Due canzoni di Ligabue (*Ho perso le parole* e *Metti in circolo il tuo amore*) e una di Francesco Guccini (*Incontro*), che nel film ha il ruolo di Adolfo, il barista.

Raffica di coltelli → *Coltelli del vendicatore, I*

Raffles *½ (*Raffles*, Usa 1940, b/n, 72') Sam Wood. Con Olivia de Havilland, David Niven, Dame May Witty, Douglas Walton, Dudley Digges. ◆ Un ladro gentiluomo (Niven) si innamora di una ragazza (de Havilland) e finisce per farsi arrestare. Commedia che si tinge di giallo o viceversa, fedelissima (tranne nel finale) all'omonimo film realizzato nel 1930 da George Fitzmaurice e rifatto a sua volta nel 1963. Raffles è il personaggio creato nel 1908 dall'inglese Ernest William Hornung, la cui popolarità in Usa è maggiore di quella del suo omologo francese, Arsenio Lupin.

Raffles, il ladro gentiluomo * (*Raffles*, Messico 1963, b/n, 90') George Harvey. Con Richard Walton, Sheila Powell, Arthur Eden. ◆ Il bandito arrestato (Walton) promette d'evadere in un giorno prestabilito per non mancare all'appuntamento con una ragazza: ci riesce. Episodio ingenuo e modesto delle avventure di Raffles, prodotto evidentemente con meri intenti commerciali.

Rag. Arturo De Fanti, bancario precario * (Italia 1980, col, 92') Luciano Salce. Con Paolo Villaggio, Catherine Spaak, Anna Maria Rizzoli, Gigi Reder, Carlo Giuffré, Anna Mazzamauro, Ugo Bologna, Vincenzo Crocitti. ◆ Per superare le loro difficoltà economiche, un bancario e sua moglie (Villaggio e Spaak) trasformano la loro casa in una comune: c'è posto per i rispettivi amanti, gli ex coniugi, i nuovi compagni di questi e gli amici di tutti. Impasto di pochade e pseudocommedia degli equivoci, con pretese satiriche che sfociano nella noia. Salce (autore anche della sceneggiatura con Ottavio Alessi e Augusto Carminito) rispolvera le sue letture di Labiche, ma anche la memoria gli fa brutti scherzi. Villaggio non si libera di Fantozzi e continua a prostrarsi davanti al direttore. Enrica Bonaccorti interpreta la parte di una servetta che per licenziarsi pretende arretrati e liquidazione.

Ragazza allarmante, Una **½ (*Good Girls Go to Paris*, Usa 1939, b/n, 75') Alexander Hall. Con Joan Blondell, Melvyn Douglas, Walter Connolly, Alan Curtis, Isabel Jeans, Clarence Kolb. ◆ Una cameriera di una mensa universitaria (Blondell) sogna di sposare uno studente ricco (Curtis) e di andare con lui a Parigi. S'innamorerà invece di un professore (Douglas). Inconsueta commedia anti-Cenerentola, leggiadra e divertente.

Ragazza a Saint-Tropez, Una *½ (*Le Gendarme de Saint-Tropez*, Francia 1965, col, 95') Jean Girault. Con

Louis de Funès, Jean Lefèbvre, Geneviève Grand, Michel Galabru, Christian Marin. ◆ Un efficiente brigadiere dei carabinieri (de Funès) viene inviato a Saint-Tropez per eliminare la «piaga» dei nudisti. Commedia di costume che all'epoca ottenne un enorme successo di pubblico. Contribuì a rendere famoso de Funès, che fino ad allora era stato un semplice caratterista, e inaugurò un prolifico filone vacanziero.

Ragazza che sapeva troppo, La ** (Italia 1962, b/n, 92') Mario Bava. Con Leticia Roman, John Saxon, Valentina Cortese, Dante Di Paolo, Robert Buchanan, Gianni Di Benedetto. ◆ Un'americana (Roman) a Roma è testimone di un omicidio e decide di fare delle indagini per conto proprio. Quando la sua vita ormai è in serio pericolo, riesce a scoprire l'assassino. Giallo formato esportazione che guarda non senza ironia a Hitchcock e Lang. Le riprese notturne della Roma Coppedé sono inquietanti, e verranno recuperate pari pari in alcuni film di Dario Argento.

Ragazza che voleva essere amata, Una → *Sweet Charity*

Ragazza chiamata Tamiko, Una *½ (*A Girl Named Tamiko*, Usa 1962, col, 110') John Sturges. Con Laurence Harvey, Michael Wilding, France Nuyen, Martha Hyer. ◆ Per ottenere la cittadinanza americana, un fotografo sovietico espatriato in Giappone (Harvey) corteggia un'americana (Hyer). Poi si innamora di una giapponesina (Nuyen) e rinuncia al suo piano. Dal romanzo di Ronald Kirkbride, una soap-opera di routine con performance di scarso rilievo.

Ragazza cinese *½ (*China Girl*, Usa 1942, b/n, 95') Henry Hathaway. Con Gene Tierney, George Montgomery, Lynn Bari, Victor McLaglen, Sig Ruman, Robert Blake. ◆ In Birmania, durante il conflitto cinogiapponese, un fotografo americano (Montgomery) fuggito da un lager nipponico s'innamora di una ragazza cinese (Tierney), fervente patriota contro gli invasori. Quando lei morirà sotto un bombardamento, lui imbraccerà le armi per vendicarla. Opera minore di Hathaway scritta e prodotta da Ben Hetch che nella scenografia e in alcune scene «lascia intuire l'influenza di von Sternberg».

Ragazza con gli stivali rossi, La * (*La Femme aux bottes rouges*, Francia 1974, col, 94') Juan Luis Buñuel. Con Catherine Deneuve, Fernando Rey, Adalberto Maria Merli, Laura Betti, Jacques Weber. ◆ Un milionario (Rey) attira nella sua villa alcuni artisti nel tentativo di metterli gli uni contro gli altri, ma il suo odio nei confronti della creatività gli farà fare una brutta fine. Maldestro tentativo del figlio di Buñuel di imitare le atmosfere dei film del padre, utilizzando persino alcuni dei suoi attori preferiti.

Ragazza con la pistola, La **½ (Italia 1968, col, 102') Mario Monicelli. Con Monica Vitti, Carlo Giuffré, Stanley Baker, Tiberio Murgia, Stefano Satta Flores, Corin Redgrave. ◆ Sedotta e abbandonata, Assunta (Vitti) lascia il paesino siculo e insegue a Londra l'uomo che l'ha disonorata (Giuffré), decisa a vendicarsi. Ma l'aria della metropoli la sprovincializza e la fa desistere dai suoi propositi. Commedia all'italiana «pre-sessantotto», che riutilizza macchiette e stereotipi inneggiando all'emancipazione. Frizzante e via via sempre meno prevedibile, ha il suo punto di forza nel catapultare la siciliana sanguinaria nella Swinging London anni Sessanta, dando al personaggio una nuova dignità. Lanciò la Vitti come attrice comica dopo il sodalizio con Antonioni e (ri)lanciò Giuffré verso il ruolo di seduttore impenitente che avrebbe ricoperto in numerose farse sboccate negli anni Settanta. Sceneggiatura di Luigi Magni e Rodolfo Sonego. La fotografia è di Carlo Di Palma. Nomination all'Oscar come miglior film straniero.

Ragazza con la valigia, La *** (Italia/Francia 1960, b/n, 103') Valerio Zurlini. Con Claudia Cardinale, Jacques Perrin, Romolo Valli, Corrado Pani, Gian Maria Volonté, Renato Baldini, Luciana Angiolillo. ◆ Aida (Cardinale), un'aspirante soubrette ingannata da un bellimbusto (Pani), fa innamorare il giovanissimo e romantico fratello di costui (Perrin): un sacerdote (Valli), suo professore di matematica, convincerà Aida ad andarsene per il bene del ragazzo. Una sorta di Traviata adriatica, senza i maledetti sviluppi del caso, unita a un'iniziazione sentimentale raccontata con pudore e limpidezza: *La ragazza con la valigia* è uno dei film più raffinati e incisivi di Zurlini, regista di una provincia crepuscolare che oggi non c'è più. Ricchi di notazioni psicologiche, di costume e di rimandi letterari-figurativi, i due personaggi principali forniscono la prova più convincente della raggiunta maturità espressiva dell'autore e trovano nel sedicenne Perrin e nella ventunenne Cardinale due interpreti indimenticabili. Gli sceneggiatori sono Leo Benvenuti, Piero De Bernardi, Enrico Medioli, Giuseppe Patroni-Griffi e Zurlini. Scenografia del futuro regista Flavio Mogherini. Nel ruolo di Nino c'è Enzo Garinei. Claudia Cardinale è doppiata da Adriana Asti. Della colonna sonora fanno parte *Il cielo in una stanza*, *Tintarella di luna* e *Una zebra a pois* cantate da Mina, *Rock matto* e *Impazzivo per te* cantate da Celentano. La romanza *Celeste Aida*, dall'*Aida* di Verdi, è cantata da Beniamino Gigli.

Ragazza dagli occhi d'oro, La **½ (*La Fille aux yeux d'or*, Francia 1961, b/n, 92') Jean-Gabriel Albicocco. Con Marie Lafôret, Paul Guers, Jacques Verlier, Françoise Dorléac, Françoise Prévost, Frédéric de Pasquale, Alice Sapritch. ◆ Fotografo di moda e incallito dandy, Henri Marsay (Guers) si innamora dell'unica ragazza (Lafôret) che sembra insensibile al suo fascino, di cui ignora anche il nome. Spiandola, scopre che è lesbica e vive con un'amica, Eléonore (Prévost), e per questo decide di conquistarla a ogni costo, provocando a tal punto la gelosia di Eléonore da innescare la tragedia. Opera prima di Albicocco, realizzata con delicatezza e sensibilità. Adattando con Pierre Pelegri l'omonima novella di Balzac, il regista trasferisce la vicenda «in uno spazio cinematografico talmente fuori dal tempo che i personaggi, primo fra tutti lo straordinario Casanova cinico di Paul Guers, non tradiscono le caratteristiche tratteggiate dal romanziere». Se oggi un certo estetismo esacerbato può sembrare datato, la virtuosità dei movimenti di macchina e le inquadrature barocche del direttore della fotografia Quinto Albicocco (padre di Jean-Gabriel) danno al film «una coesione capace da sola di dare credibilità alla storia». All'epoca destò un grande scandalo dovuto più che altro ai pregiudizi sull'argomento, dato che non contiene la minima traccia di volgarità. Gli occhi d'oro sono quelli di Marie Lafôret, la cui bellezza trepida si adatta perfettamente al personaggio che interpreta. In seguito sposò il regista, del quale questo film rimane sostanzialmente l'unico di rilievo nella sua modesta e sfortunata carriera cinematografica. I costumi delle ragazze fotografate sono di Nina Ricci e Jean Patou. Accompagnamento musicale di Narciso Yepes.

Ragazza dagli occhi verdi, La ** (*Girl with Green Eyes*, Gb 1964, b/n, 91') Desmond Davis. Con Rita Tushingham, Peter Finch, Lynn Redgrave. ◆ A Dublino, una ragazza (Tushingham) si innamora di uno scrittore sposato (Finch), va a Londra sperando che lui la segua, ma il loro amore non può durare. Dal bel romanzo di Edna O'Brien (autrice anche della sceneggiatura), un esordio promettente, con atmosfere da Free Cinema e attori molto ben sintonizzati sui rispettivi personaggi.

Ragazza dalla pelle di luna, La * (Italia 1973, col, 91') Luigi Scattini. Con Zeudi Araya, Ugo Pagliai, Beba Loncar, Giacomo Rossi Stuart. ◆ Una coppia (Loncar e Pagliai) spera di ritrovare l'armonia degli inizi in una vacanza alle Seychelles, ma lui si innamora di un'indigena (Araya) e lei lo tradisce con uno scrittore (Rossi Stuart): passata la crisi, torneranno assieme. Di interesse nullo, lanciò l'attrice Zeudi Araya che da allora fu soprannominata «la ragazza dalla pelle di luna».

Ragazza dal pigiama giallo, La * (Italia 1977, col, 103') Flavio Mogherini. Con Ray Milland, Dalila Di Lazzaro, Michele Placido, Mel Ferrer, Howard Ross. ◆ Una donna sposata (Di Lazzaro) che ha due amanti, un medico e un operaio, lascia il marito. Respinta dal medico, viene picchiata a sangue dal marito e uccisa dall'operaio, ma un poliziotto indaga. Melodramma giallo che si vorrebbe «all'americana»: i paraventi formali non possono nulla contro la volgarità di certe battute e situazioni. Meglio sorvolare sulle implicazioni socioculturali dell'intreccio.

Ragazza da sedurre, Una *½ (*A Very Special Favor*, Usa 1965, col, 104') Michael Gordon. Con Rock Hudson, Leslie Caron, Charles Boyer, Dick Shawn, Walter Slezak, Nita Talbot. ◆ Dopo aver perso una causa perché il giovane avversario (Hudson) ha fatto innamorare il giudice donna, un avvocato francese (Boyer) chiede al giovane di sedurgli la figlia psicoanalista (Caron), che sembra condannata a un matrimonio infelice. Commedia brillante con un intreccio assurdo e forzato. Hudson non fa una bella figura accanto a una Caron secca e rigida, che come zitella passa, ma come donna fatale convince ben poco.

Ragazza del bagno pubblico, La *** (*Deep End*, Usa/Rft 1970, col, 90') Jerzy Skolimowski. Con Jane Asher, John Moulder-Brown, Diana Dors, Karl Michael Vogel, Christopher Sandford, Erica Beer. ◆ L'inserviente quindicenne (Moulder-Brown) di un bagno pubblico londinese s'innamora di una spregiudicata collega ventenne (Asher), che lo eccita e lo respinge: lui riuscirà a convincerla a fare l'amore, ma gli effetti saranno tragici. Un melodramma adolescenziale, non privo di senso dell'umorismo, tra le opere migliori di Skolimowski, all'epoca trentenne sradicato dall'originaria Polonia e in cerca di conferme internazionali. Efficace, nel suo disarmante squallore, l'ambientazione che fa da sfondo alla tragica iniziazione amorosa, con dei bassifondi londinesi che richiamano da vicino le esperienze del Free Cinema. A parte qualche affondo misogino, è commovente la delicatezza con cui vengono ritratte le vite di due giovani senza futuro, stretti per l'ultima volta in uno dei finali più belli del cinema anni Settanta. Diana Dors, l'ex Monroe inglese, è così segnata da essere irriconoscibile. Musica di Cat Stevens e dei Can.

Ragazza del bersagliere, La ** (Italia 1967, col, 108') Alessandro Blasetti. Con Graziella Granata, Antonio Casagrande, Tony Renis, Leopoldo Trieste, Rossano Brazzi, Franca Valeri, Renato Salvatori, Vittorio Caprioli, Solvejg D'Assunta. ◆ Un'emiliana (Granata) si innamora di un bersagliere napoletano (Casagrande) che muore annegato e da quel momento le impedisce di rifarsi una vita comparendo come fantasma: riuscirà a farsi seguire nell'aldilà. Penultimo film di Blasetti, tratto dalla pièce *La fidanzata del bersagliere* di Edoardo Anton (sceneggiata da Leo Benvenuti, Piero De Bernardi, Carlo Romano e dal regista), che ebbe un discreto successo teatrale nell'interpretazione di Ornella Vanoni. È una commedia surreale, non certo all'altezza delle precedenti prove del regista, ma realizzata con la consueta professionalità. Da segnalare una breve apparizione di Gigi Proietti nella parte di Cesare.

Ragazza della domenica, La ** (*Everything I Have Is Yours*, Usa 1952, col, 92') Robert Z. Leonard. Con Marge Champion, Gower Champion, Monica Lewis, Dennis O'Keefe, Dean Miller, Eduard Franz, John Gallaudet, Diane Cassidy, Elaine Stewart. ◆ La maternità allontana Pamela Habbard (M. Champion) dalle scene di Broadway, e il marito Chuck (G. Champion) deve far coppia con la spumeggiante Sibyl (Lewis). Cresciuta la figlia, Pamela è decisa a tornare in teatro ma il marito vuole che lei faccia solo la mamma, e allora il divorzio sembra inevitabile. Musical «protofemminista» costruito essenzialmente sulle frustrazioni domestiche di una ballerina, moglie anche nella realtà del suo partner. Il tono è superficiale e caramelloso (come i filmini familiari fatti per la figlia) e il prevedibile lieto fine consolatorio, ma la maternità è insolitamente vista come un ostacolo alla carriera e non come la massima realizzazione della donna. Sceneggiatura di George Wells, musiche di Johnny Green (*Derry Down Dilly*, scritta con Johnny Mercer, *Serenade for a New Baby*), ma nessun numero davvero indimenticabile.

Ragazza dell'altro, La *½ (*Joyride*, Usa 1977, col, 92') Joseph Ruben. Con Desi Arnaz jr, Robert Carradine, Melanie Griffith, Ann Lockhart, Tom Ligon, Cliff Lenz. ◆ Stanchi della California, due giovani coppie partono per l'Alaska in cerca di avventura, ma durante il tragitto commettono una rapina prendendo una ragazza in ostaggio. Inseguimenti e struggimenti d'amore on the road poco originali, interpretati da quattro figli d'arte: di Desi Arnaz, John Carradine, Tippi Hedren e June Lockhart.

Ragazza della quinta strada, La **½ (*Fifth Avenue Girl*, Usa 1939, b/n, 83') Gregory La Cava. Con Ginger Rogers, Walter Connolly, James Ellison, Verree Teasdale, Tim Holt, Kathryn Adams. ◆ Senza lavoro, ma piena di entusiasmo, una giovane ragazza (Rogers) riporta la pace e la tranquillità nella famiglia di un anziano e ricco industriale (Connolly). E finisce per sposarne il figlio (Holt). Tra l'ottimismo rooseveltiano e l'interclassismo hollywoodiano (ma con delle notazioni sociali non banali), una commedia un po' mistificante, ma divertente e a tratti raffinata (bella la ripresa attraverso il vetro di una coppa di champagne), dove la Cenerentola Rogers balla poco e parla molto. Sceneggiatura di Allan Scott.

Ragazza dello slum, La * (*Backstreet Dreams*, Usa 1990, col, 104') Rupert Hitzig. Con Brooke Shields, Jason O'Malley, Sherilyn Fenn, Tony Fields, Burt Young, Anthony Franciosa. ◆ Un criminale di mezza tacca (O'Malley), con figlio autistico, viene aiutato da una psicologa (Shields) che s'innamora senza speranza di lui. Ibrido di melodramma e gangsterismo, con malcelate ambizioni e di interesse pressoché nullo. La Shields psicologa è un azzardo imperdonabile e la Fenn (*Twin Peaks*) è ingiustamente sacrificata nella parte della moglie del protagonista (e la sua apparizione è limitata a pochi minuti).

Ragazza del Palio, La * (Italia 1957, col, 102') Luigi Zampa. Con Diana Dors, Vittorio Gassman, Tina Lattanzi, Enrico Viarisio, Franca Valeri, Bruce Cabot. ◆ Grazie alla somma vinta a un telequiz, una bella texana in vacanza a Siena (Dors) si finge milionaria e viene corteggiata da un principe spiantato (Gassman) che, scoperta la bugia, l'abbandona. Per vendicarsi, la ragazza sfrutta la sua abilità di cavallerizza e vince il Palio per la contrada rivale di quella del principe. Dal romanzo omonimo di Raffaello Giannelli, una commedia turistica di scarsa consistenza. La Valeri interpreta ancora una volta la parte della signorina snob e l'inglesina Dors monta un cavallo finto. Incredibili le acconciature per la festa in maschera, soprattutto quella con «gabbia + canarino vivo» intrecciata nei capelli della Valeri.

Ragazza del peccato, La ** (*En cas de malheur*, Francia 1958, b/n, 120') Claude Autant-Lara. Con Jean Gabin, Brigitte Bardot, Edwige Feuillère, Nicole Berger, Franco Interlenghi, Jean-Pierre Cassel. ◆ Una giovane donna (Bardot) offre il suo corpo a un avvocato di mezza età (Gabin) affinché lui la difenda in un processo per rapina: lui si innamora e vorrebbe lasciare la moglie, ma la ragazza viene uccisa da un ex amante. Dal romanzo omonimo di Georges Simenon (adattato da Jean Aurenche e Pierre Bost), con uno storico confronto tra due miti del cinema francese: uno al tramonto (l'ex proletario romantico Gabin, ora avvocato canuto, imborghesito e «tentato»), l'altro in ascesa (la Bardot, maliziosa ragazza di scarse virtù, potente simbolo dell'emancipazione sessuale). Autant-Lara squarcia il velo dell'ipocrisia borghese facendo sollevare alla Bardot la gonna fino alla vita come offerta di pagamento della parcella (scena parzialmente tagliata dalla censura italiana). E oltre allo scandalo, sancisce per sempre l'impossibilità per Gabin di entrare in relazione con le ragazze della nuova generazione (*La ragazza del peccato* è infatti l'ultimo film in cui l'attore si trova alle prese con passioni frustrate). All'inizio diffidente verso la Bardot, al termine delle riprese Gabin ebbe parole di elogio per la partner.

Ragazza del quartiere, La ** (*Two for the Seesaw*, Usa 1962, b/n, 120') Robert Wise. Con Robert Mitchum, Shirley MacLaine, Edmond Ryan, Elisabeth Fraser, Eddie Firestone. ◆ Un avvocato (Mitchum) separatosi di fresco dalla moglie si trasferisce a New York e inizia una convivenza con una ragazza (MacLaine): lei capisce che lui è indeciso e lo spinge a una rappacificazione con la moglie. Commedia seria o, viceversa, dramma leggero, da un testo di William Gibson sceneggiato da Isabel Lennart con una certa enfasi. Avrebbe voluto replicare il successo della versione teatrale interpretata da Henry Fonda, ma non vi riuscì nonostante la buona prova di Mitchum, che fece del suo meglio per regalare al personaggio qualche dubbio in più e qualche sussulto di autocompatimento in meno.

Ragazza del riformatorio, La ** (*Born Innocent*, Usa 1974, col, 100') Donald Wrye. Con Linda Blair, Joanna Miles, Allyn Ann McLerie, Kim Hunter. ◆ Scappata di casa per l'ennesima volta, una ragazzina (Blair) viene rinchiusa in riformatorio dove subisce varie umiliazioni. Non mancano interessanti risvolti psicologici, ma la ricerca del sensazionalismo rovina tutto. In origine era destinato alla Tv e conteneva una scena di violenza carnale molto realistica (che diede al film una certa notorietà).

Ragazza del secolo, La **** (*It Should Happen to You*, Usa 1954, col, 87') George Cukor. Con Judy Holliday, Peter Lawford, Jack Lemmon, Michael O'Shea, Vaughn Taylor. ◆ Una modella disoccupata (Holliday) affitta un gigantesco cartellone pubblicitario e ci fa scrivere il suo nome e cognome: Gladys Glover. L'idea funziona e la ragazza si trova di colpo al centro dell'attenzione generale. Tanto una commedia satirica sul sottile potere della pubblicità, quanto un ritratto a tutto tondo di un personaggio femminile dominato dal desiderio irrazionale della celebrità a ogni costo, *La ragazza del secolo* è un film perspicace e geniale, ai limiti della profezia. Scritto da Cukor con Garson Kanin (segna la fine della loro straordinaria collaborazione), pieno di dettagli illuminanti e interpretato alla perfezione dalla Holliday, oggi risulta datato solo nella conclusione, più hollywoodiana che verosimile. Obbligatorio per i lettori di McLuhan, assolutamente raccomandabile per tutti gli altri. Superfluo dire che il cartellone pubblicitario rimanda a uno schermo bianco percorso dai titoli di testa. È il film d'esordio di Jack Lemmon (il fidanzato fotografo) e l'ultimo della Holliday sotto la direzione di Cukor.

Ragazza di Bube, La ** (Italia 1963, b/n, 111') Luigi Comencini. Con Claudia Cardinale, George Chakiris, Marc Michel, Dany Paris, Monique Vita. ◆ Nel dopoguerra, una ragazza toscana (Cardinale) s'innamora di un ex partigiano (Chakiris) costretto a nascondersi per aver commesso un delitto e decide di aspettare il suo ritorno. Dal romanzo omonimo di Cassola sceneggiato dal regista e Marcello Fondato, un film amaro e malinconico, che affronta senza retorica i drammi postbellici e i dilemmi postneorealisti: Comencini sa esprimere bene il senso di delusione e sconfitta vissuto dagli ex partigiani nell'immediato dopoguerra e propone un crepuscolare ritratto femminile, quello di una ragazza che «assume con coscienza la propria condizione e tenta invano di non esserne succube». Memorabile la Cardinale (che in questo film si doppia da sola) e suggestiva la fotografia di Gianni Di Venanzo.

Ragazza di campagna, La **½ (*The Country Girl*, Usa 1954, b/n, 104') George Seaton. Con Bing Crosby, Grace Kelly, William Holden, Anthony Ross. ◆ Un regista di teatro (Holden) assume un attore famoso ma alcolizzato (Crosby), apparentemente vittima della moglie (Kelly), ex alcolizzata per aver perso il figlio: uno choc provvidenziale restituisce all'attore le sue capacità professionali e alla coppia la forza per ricominciare. Mélo a lieto fine da un testo di Clifford Odets sceneggiato dal regista, dove però le implicazioni psicologiche sono ridotte a pure convenzioni e i protagonisti non perdono occasione per gigioneggiare. Oscar per la sceneggiatura e attrice protagonista (Grace Kelly, non ancora principessa).

Ragazza di latta, La * (Italia 1970, col, 98') Marcello Aliprandi. Con Sydne Rome, Roberto Antonelli, Elena Persiani. ◆ Un dipendente di una grande industria (Antonelli) con velleità anticonformiste è attirato da una ragazza (Rome) che sembra condividere i suoi ideali e che invece si adatta ben presto alla mentalità comune. Della serie: i piccoli borghesi non sono così retrogradi come sembrano e le donne, a dispetto di quanto dicono, sognano solo il focolare. Pessimo sotto tutti i punti di vista.

Ragazza di Madame Claude, La ** (*Le Téléphone rose*, Francia 1975, col, 95') Edouard Molinaro. Con Mireille Darc, Pierre Mondy, Françoise Prévost, Michael Lonsdale. ◆ Un piccolo industriale in difficoltà (Mondy) va a Parigi per discutere la costituzione di una società, ma il potenziale socio gli affianca una prostituta di lusso (Darc): l'uomo se ne innamora e lei, commossa, lascia la finzione e lo ricambia pienamente. Una commedia agrodolce non scontata come può sembrare, che si stempera nel lieto fine ma non senza lasciare qualche ombra. Girata perlopiù nell'intrigante cornice di una Parigi notturna.

Ragazza di mille mesi, La * (Italia 1961, b/n, 95') Steno [Stefano Vanzina]. Con Ugo Tognazzi, Danielle De Metz, Francesco Mulé, Raimondo Vianello, Sophie Desmarets, Lilly Lembo, Ernesto Calindri, Gloria Paul. ◆ Un disegnatore di moda (Tognazzi), deciso ad andarsene all'estero, affitta la sua villa a una donna e alla figlia di lei, apparentemente minorata. In realtà la ragazza è costretta da alcuni individui a fingersi malata per impedire all'uomo di partire. Da una commedia di Jacques Deval, ridotta a un plot scalcinato in funzione dell'umorismo un po' grossolano della coppia Tognazzi-Vianello. Rieditato nel 1964 come *Tognazzi e la minorenne*. Con Luciano Salce nella parte dello psicoanalista.

Ragazza di Nashville, La **½ (*Coal Miner's Daughter*, Usa 1980, col, 124') Michael Apted. Con Sissy Spacek, Tommy Lee Jones, Beverly D'Angelo, Phyllis Boyens, Levon Helm. ◆ Loretta Lynn (Spacek) si sposa giovanissima e suo marito la spinge a cantare: diventerà una star della musica country. Una delle migliori biografie musicali realizzate a Hollywood. Negli Usa Loretta Lynn è un mito: ha circa cinquantacinque anni, ha venduto più di nove milioni di dischi e la sua autobiografia (scritta in collaborazione con George Vecsey) è un bestseller. La Spacek, ex cantante rock, ha adattato l' accento e lo stile al country kentuckiano arrivando a cantare senza playback davanti a un pubblico semivero (nella sequenza della Grand Ole Opry di Nashville) e aggiudicandosi un meritato Oscar.

Ragazza di nome Giulio, La * (Italia 1970, col, 103') Tonino Valerii. Con Silvia Dionisio, Gianni Macchia, Anna Moffo, Esmeralda Ruspoli, Malisa Longo. ◆ Una giovane veneziana (Dionisio) trascurata dalla madre e plagiata dalla cameriera e amante, accetta di fidanzarsi con un giovane, ma prima di sposarlo vorrebbe avere un rapporto sessuale: non le riesce. Dall'omonimo romanzo di Milena Milani, una vicenda scabrosa trattata con poco stile e interpretata da attrici legnose.

Ragazza di nome Xiao Xiao, Una **½ (*Xiang nu Xiao Xiao*, Cina 1986, col, 90') Xie Fei, Wu Lan. Con Na Renhua, Liu Qing, Deng Xiao Guang, Ni Meiling, Zhang Yi. ◆ Nella Cina prerivoluzionaria Xiao Xiao (Renhua) è costretta dal clan al quale appartiene a sposare un bambino di due anni ma viene sedotta da un giovane che poi l'abbandona. Solo perché mette al mondo un maschio, Xiao Xiao non viene uccisa come vorrebbe la legge per gli adulteri, ma i tempi stanno cambiando e certe tradizioni vengono rispettate sempre meno dalle nuove generazioni. Un mélo realistico, nella linea dello Studio dei Giovani di Pechino da cui proviene, con una scena erotica davvero sorprendente per il cinema cinese di qualche anno fa. Molto bello l'uso dell'acqua (il fiume, la risaia, la pioggia, le correnti delle chiuse) come elemento simbolico. La versione italiana è doppiata malissimo.

Ragazza di passaggio, La *½ (Italia 1970, col, 108') Gianni Da Campo. Con Duilio Laurenti, Brigitte Jandl, Anna Furia, Claudia Valletti. ◆ Il sedicenne Stefano (Laurenti) si innamora di una modella di nudo, Marina (Jandl) che racconta al giovane le proprie tristi esperienze sentimentali ma non si accorge del suo turbamento. Da Campo riprende l'attore protagonista del suo film d'esordio (*Pagine chiuse*) ma non ritrova l'intensità di allora: lo scontro tra il sincero anticonformismo della donna e i timidi sentimenti del ragazzo sono raccontati con un tono falsamente crepuscolare, come la Venezia in cui è ambientata la storia.

Ragazza di Piazza San Pietro, La * (Italia/Spagna 1958, b/n, 100') Piero Costa. Con Vittorio De Sica, Walter Chiari, Susanna Canales, Dolores Palumbo, Tony Angeli, Pina Bottin, Piero Giagnoni, Matilde

Sampedro, Carlo Delle Piane, Carla Foscari, Mary Martin. ◆ Disavventure sentimentali della famiglia Conforti, produttrice di souvenir per turisti e cambiavalute non proprio regolare: il padre (De Sica) fa la corte a una turista americana (Martin), la figlia Lucia (Canales) s'innamora del professore (Chiari) del fratello Paolino e l'altro figlio Vittorio (Angeli) cerca invano la fortuna sul ring. Commediola senza una vera trama, tenuta insieme dall'esilissimo filo narrativo di una gelosia ingiustificata. La Canales tenta di imitare (invano) la simpatica irruenza della Ralli; De Sica è l'ombra di se stesso e Chiari non fa ridere nemmeno quando parla della sua collezione di farfalle. Per allungare il brodo si ricorre a due esibizioni di Johnny Dorelli.

Ragazza di Rose Hill, La **½ (*La Femme de Rose Hill*, Francia/Svizzera 1989, col, 94') Alain Tanner. Con Marie Gaydu, Jean-Philippe Ecoffey, Roger Jendly, Denise Péron, André Steiger. ◆ Un uomo del cantone di Vaud (Jendly) sceglie la moglie sul catalogo di un'agenzia: quando arriva scopre che è indiana e ha la pelle scura (Gaydu). Si sposano subito perché obbligati dalle leggi sull'immigrazione, ma la ragazza abbandona presto il marito e conosce un ragazzo (Ecoffey) con cui instaura un'appassionata relazione malvista dalla famiglia di lui. Un melodramma sociale, il cui mancato happy end non è dovuto solo all'*amour fou*, infelice per definizione, ma anche alla xenofobia e al razzismo. Lo stile è sobrio, l'analisi psicologica efficace e l'atmosfera sottilmente inquieta. Ma un certo didascalismo ideologico va a svantaggio di un maggior coinvolgimento emotivo nella vicenda e nel film.

Ragazza di Spitfire Grill, La ** (*The Spitfire Grill*, Usa 1996, col, 103') Lee David Zlotoff. Con Alison Elliott, Ellen Burstyn, Marcia Gay Harden, Will Patton, Kieran Mulroney, Gailard Sartain, John M. Jackson. ◆ Uscita di prigione, la giovane Percy Talbot (Elliott) trova lavoro, e comprensione, al ristorante di Hannah (Burstyn): scoprirà a proprie spese che le donne hanno quasi tutte dei traumi da nascondere e che invece gli uomini, a cominciare dal nipote di Hannah, Nahun (Patton), sono schiavi dei pregiudizi. Una commedia come tante, sceneggiata dal regista e condannata al lieto fine, ma con un occhio di riguardo nel descrivere la vita di provincia (con tanto di «diverso» che riecheggia il mito di Ulisse e il suo ritorno a Itaca) e una bella sensibilità nel raccontare l'amicizia tra Percy, Hannah e la timida Shelby (Gay Harden).

Ragazza di Tony, La **½ (*Goodbye Columbus*, Usa 1969, col, 105') Larry Peerce. Con Richard Benjamin, Ali McGraw, Jack Klugman, Nan Mattin, Michael Meyers. ◆ Un ragazzo dall'impiego modesto (Benjamin) diventa l'amante di una ragazza ricca (McGraw): i genitori di lei gli chiederanno di scegliere tra sposarla, decidendosi a cercare un lavoro redditizio, o lasciarla. Dal romanzo di Philip Roth adattato da Arnold Schulman, un convincente sopralluogo nell'ambiente degli ebrei ricchi newyorkesi, visto con gli occhi di un «infiltrato» irriducibile nonostante la passione. Lanciò la McGraw, al suo primo ruolo da protagonista. Grande la performance dello sconosciuto Meyers (il fratello della ragazza). Jan Peerce, il padre del regista, ha un cammeo nella parte di un invitato a un matrimonio. La musica è stata composta e interpretata da *The Association*.

Ragazza di Trieste, La * (*Les Loups chassent la nuit*, Francia/Italia 1951, b/n, 98') Bernard Borderie. Con Carla Del Poggio, Jean-Pierre Aumont, Roldano Lupi, Folco Lulli, John Kitzmiller, Attilio Dottesio. ◆ Un agente segreto (Aumont), in Italia per recuperare un prezioso documento, viene aiutato da una cantante (Del Poggio) e se ne innamora: finge di lasciarla per portare a termine l'impresa, ma torna da lei prima che la ragazza si suicidi. Polpettone misto tra giallo e rosa, innestato su una storia di spionaggio che di originale ha solo l'ambientazione in provincia.

Ragazza di Trieste, La *½ (Italia 1982, col, 108') Pasquale Festa Campanile. Con Ben Gazzara, Ornella Muti, Andréa Ferréol, Mimsy Farmer, William Berger, Jean-Claude Brialy. ◆ Un disegnatore di fumetti (Gazzara) si innamora di una misteriosa ragazza (Muti) che si rivela essere pazza. Dal romanzo omonimo di Festa Campanile, sceneggiato da Ottavio Jemma e ambientato a Trieste in omaggio alle teorie psichiatriche di Franco Basaglia, un film discontinuo, con interessanti sprazzi di autentico disagio, una splendida fotografia di Alfio Contini e qualche passo falso del cast. Il fumettista Gazzara ricorda un po' troppo facilmente sia Pratt che Crepax, ma il sorriso finale è un momento altissimo di recitazione, memore dei suoi momenti migliori sotto la guida di Cassavetes. Coi lunghissimi capelli coperti da una calotta di lattice che dovrebbe simulare una pelata, la Muti perde metà del suo fascino, ma su questa trovata la produzione costruì buona parte della campagna pubblicitaria.

Ragazza di via Millelire, La **½ (Italia 1980, col, 126') Gianni Serra. Con Oria Conforti, Maria Monti, Antonio Nasso, Stefano Milelli. ◆ Nell'hinterland torinese, la tredicenne Betty (Conforti) si vendica di uno stupro di gruppo, organizzato ai suoi danni dal fidanzato, manovrando due spacciatori di droga a cui fa credere di volersi vendere. Dall'omonimo romanzo scritto dal regista, un ibrido di documentario e fiction che non teme la crudezza e, pur tra qualche ripetizione di troppo, raggiunge momenti di alta intensità espressiva, astenendosi rigorosamente da qualsiasi giudizio. Accolto malissimo al festival di Venezia, fu censurato e ridotto per la Tv a 97'. Via Domenico Millelire è parallela alla più nota via Artom, una delle grandi arterie di Mirafiori-Sud.

Ragazza e il generale, La ** (Italia 1967, col, 103') Pasquale Festa Campanile. Con Virna Lisi, Rod Steiger, Umberto Orsini, Marco Mariani, Valentino Macchi. ◆ Durante la prima guerra mondiale, due soldati italiani (Orsini e Mariani) catturano un generale austriaco (Steiger). Mentre i due litigano sul merito, si fa avanti una donna a reclamare la ricompensa (Lisi). Un film bellico «d'intrattenimento», ma non banale come è stato generalmente ritenuto. Più che buone le prove degli attori. Sceneggiatura del regista con Massimo Franciosa e Luigi Malerba, colonna sonora di Ennio Morricone. Gli esterni sono stati girati in Friuli.

Ragazza e quattro mitra, Una *½ (*Une Fille et des fusils*, Francia 1965, b/n, 106') Claude Lelouch. Con

Janine Magnan, Jean-Pierre Kalfon, René Barouh, Amidou, Jacques Porter. ◆ Quattro operai delusi si danno al gangsterismo e rapiscono un'attricetta (Magnan) scambiandola per una diva: i produttori del film che lei sta interpretando sfruttano il fatto per un colpo pubblicitario e pagano il riscatto. Terzo film di Lelouch, all'insegna della contaminazione dei generi, dei temi e degli stili (evidente l'influenza del passato da documentarista). Premio al festival argentino di Mar de La Plata.

Ragazza in prestito, La *½ (Italia 1964, b/n, 95') Alfredo Giannetti. Con Annie Girardot, Rossano Brazzi, Tony Anthony, Nino Dal Fabbro, Renzo Palmer, Marisa Merlini. ◆ Un quarantenne (Brazzi) preferisce l'indipendenza al matrimonio. La sua compagna (Girardot) cerca in ogni modo di farsi sposare, poi accetta la corte insistente di un altro. Amara commedia di costume, non particolarmente originale, ma con buone notazioni e un Brazzi insolito. Nei *credits* compare Franco Sparanero, in seguito Franco Nero.

Ragazza in vetrina, La **½ (Italia 1960, b/n, 86') Luciano Emmer. Con Lino Ventura, Marina Vlady, Magali Noël, Bernard Fresson. ◆ Un minatore italiano emigrato in Olanda (Fresson) vorrebbe tornare in patria, ma s'innamora di una prostituta (Vlady) e per lei rinuncia a lasciare il paese. Tra documentario e narrativa, una grande commedia sentimentale, un ritratto dolente e antiretorico dell'umanità dei reietti. È l'ultimo film per il cinema realizzato da Emmer prima di una «pausa» durata fino al 1990. Sceneggiatura di Emmer, Vinicio Marinucci, Luciano Martino e Pier Paolo Pasolini.

Ragazza per l'estate, Una ** (*Une Fille pour l'été*, Italia/Francia 1959, b/n, 88') Edouard Molinaro. Con Pascale Petit, Micheline Presle, Michel Auclair, Georges Poujouly. ◆ A Saint-Tropez, un pittore insoddisfatto e frustrato (Auclair) contribuisce indirettamente a spingere al suicidio una ragazza (Petit). Dal romanzo di Maurice Clavel, un film che risente dell'influenza della Nouvelle Vague, ma che rimane un tentativo isolato nella filmografia di Molinaro. Ben sviluppato sotto il profilo narrativo e raffinato dal punto di vista formale, ha uno dei suoi punti di forza nella sensibile interpretazione di Pascale Petit, un'attrice in seguito male impiegata in sottoproduzioni italiane e tedesche.

Ragazza più bella del mondo, La **½ (*Billy Rose's Jumbo*, Usa 1962, col, 125') Charles Walters. Con Doris Day, Stephen Boyd, Jimmy Durante, Martha Raye. ◆ Un giovane artista circense (Boyd) si innamora della figlia (Day) di un proprietario di circo col vizio del gioco. Da una commedia di Billy Rose, un lungo musical vecchia maniera, ma vivace e smagliante per gli amanti del genere. In gran forma Doris Day, ottima la colonna sonora (di Rodgers e Hart) e spettacolari le coreografie di Busby Berkeley, qui al suo ultimo lavoro. Tra le canzoni ci sono: *The Most Beautiful Girl in the World*, *My Romance* e *This Can't Be Love*.

Ragazza piuttosto complicata, Una *½ (Italia 1969, col, 112') Damiano Damiani. Con Catherine Spaak, Jean Sorel, Florinda Bolkan, Gigi Proietti, Gabriella Grimaldi. ◆ Un uomo (Sorel) si inserisce nella telefonata di due donne, riesce a conoscere la più giovane (Spaak) e a diventarne l'amante, ma l'altra donna (Bolkan), che è la matrigna della giovane, trasformerà la loro relazione in una tragedia. Il racconto *La marcia indietro* di Alberto Moravia è trasposto (dal regista, Alberto Silvestri e Franco Verucci) in modo da evidenziarne gli aspetti più morbosi: Damiani punta sulla tensione, ma il risultato è scarsamente intrigante. A ben poco valgono gli interventi di un cast fascinoso e credibile.

Ragazza Rosemarie, La *** (*Das Madchen Rosemarie*, Rft 1958, b/n, 100') Rolf Thiele. Con Nadja Tiller, Peter Van Eyck, Carl Raddatz, Mario Adorf, Horst Frank, Gert Fröbe. ◆ Una prostituta (Tiller) è strumentalizzata e uccisa da agenti dello spionaggio industriale. Un ritratto impietoso dell'alta borghesia tedesca, ispirato a un fatto di cronaca epocale che ebbe un ampio seguito presso l'opinione pubblica e che metteva in crisi il mito della Germania del miracolo di Adenauer. Thiele analizza la vicenda e ne esamina i risvolti storici, politici e sociali (anche grazie all'ottima sceneggiatura scritta insieme al giornalista Erich Kuby) con un'acutezza e una ferocia critica che non saranno confermate dai film seguenti. Appropriata l'interpretazione della Tiller.

Ragazza senza fissa dimora, La ** (*Rue du départ*, Francia 1986, col, 105') Tony Gatlif. Con Ann-Gisel Glass, François Cluzet, Christine Boisson, Roger Coggio, Gérard Depardieu, Hugues Quester. ◆ Paul (Cluzet), evaso di prigione per vendicare suo padre, incrocia il suo destino con quello di Clara (Glass), che il proprio padre medico (Depardieu) invece odia, e che rischia di cadere nella schiavitù della prostituzione. Il realismo poetico di Carné trapiantato nel mondo dei marginali contemporanei, polemicamente opposto, malgrado la sua violenza, alla società borghese. Il regista dell'*Uomo perfetto*, al secondo film, rimane fedele alla sua poetica maledettistica e populistica, ma rischia di indulgere negli stereotipi.

Ragazza senza storia, La *** (*Abschied von Gestern*, Rft 1966, b/n, 88') Alexander Kluge. Con Alexandra Kluge, Hans Korte, Edit Kuntze-Peloggio, Palma Falck, Josef Kreindl, Gunther Mack, Alfred Edel, Erene Bepperling, Fritz Bauer. ◆ Una ragazza di origine ebraica proprietaria solo della sua valigia, Anita G. (Kluge), lascia Magdeburgo, nella Rdt, per la Germania dell'Ovest e dopo esser stata condannata con la condizionale per un piccolo furto tenterà invano di inserirsi nella società, facendo ogni tipo di lavoro e frequentando anche l'università, dove conosce un vanesio assistente (Edel): quando il suo ultimo amante, il consigliere ministeriale Pichota (Mack) la abbandona incinta, tornerà in prigione, aiutando la polizia a raccogliere le prove contro di lui. Il primo lungometraggio di Kluge, premiato con il Leone d'argento a Venezia, è un'amara riflessione sulla società tedesca degli anni Sessanta vista attraverso gli occhi di una donna. Costruito con una libertà estetica estrema, chiaramente influenzata dalla Nouvelle Vague e soprattutto da Godard, il film si presenta come una specie di diario soggettivo in cui il resoconto delle disavventure di Anita G. si intreccia ai ricordi personali (fotografie di serate borghesi e concerti casalinghi dove si intravedono anche divise naziste, montati con una logica non narrativa ma simbolica) e ai materiali documentari – visivi e sonori – così da costruire una specie di film brechtiano, capace di «aprire una via diretta alla coscienza dei protagonisti ricorrendo ad associazioni di vario tipo». Il titolo originale significa «Commiato dall'ieri», concetto sviluppato dalla citazione di Reinhard Baumgart che apre il film: «Non un abisso ci separa da ieri, ma la mutata situazione». I direttori della fotografia sono Edgar Reitz e Thomas Mauch.

Ragazza sfrenata, Una * (*Excess Baggage*, Usa 1997, col, 101') Marco Brambilla. Con Alicia Silverstone, Benicio Del Toro, Christopher Walken, Harry Connick jr, Nicholas Turturro, Jack Thompson, Sally Kirkland. ◆ Un timido ladro d'auto (Del Toro) si ritrova nel bagagliaio un'ereditiera (Silverstone) che aveva messo in scena un finto rapimento per estorcere soldi al padre. Faticoso giallo-rosa, prodotto dalla protagonista, in cui due personaggi che si beccano in continuazione alla fine si innamorano: tutto suona fasullo e poco ispirato, e gli attori starnazzano mal diretti. Musica di John Lurie.

Ragazza terribile, La **½ (*Das schreckliche Mädchen*, Rft 1989, col, 93') Michael Verhoeven. Con Lena Stolz, Monika Baumgartener, Elisabeth Bertram, Robert Giggenbach, Michael Gahr. ◆ Sonja (Stolz), svolgendo per un concorso il tema «La mia città natale durante il III Reich», scopre che varie autorità locali commisero crimini contro gli ebrei: minacciata e messa al bando, non cede e sulla base dei documenti trovati scrive un libro che la renderà celebre. Senza retorica e con una buona dose di coraggio, Michael Verhoeven affronta gli scheletri ancora chiusi negli armadi della «buona» borghesia tedesca. Qua e là si avverte lo spirito brechtiano. Premiato al festival di Berlino.

Ragazza tutta d'oro, Una * (Italia 1967, col, 90') Mariano Laurenti. Con Enrico Simonetti, Iva Zanicchi, Ricky Shayne, Lilly Lembo, Pietro De Vico, Anna Campori, Nino Vignelli, Doro Corrà. ◆ Convinto di aver scoperto nella sconosciuta Iva Zanelli (Zanicchi) l'interprete ideale per le sue canzoni, il maestro Enrico Signoretti (Simonetti) la porta per un provino a Roma, dove è seguita anche dallo spasimante Gianni (Shayne) con il suo scalcinato complesso rock: successo e inevitabile amore. Inesistente musicarello che cerca di far convivere le canzoni più tradizionali della Zanicchi e quelle pop di Caterina Caselli, Rocky Roberts, Equipe 84 e Patty Pravo, comparse spaesate in una serie di night. Per non parlare dell'umorismo impalpabile ed educatamente surreale di Simonetti, che oggi appare irrimediabilmente datato.

Ragazza yé-yé, La ** (*The Swinger*, Usa 1966, col, 81') George Sidney. Con Ann-Margret [Ann Margaret Olsson], Anthony Franciosa, Robert Cootes, Yvonne Romain, Horace MacMahon. ◆ Una giovane scrittrice (Margret) che non riesce a far pubblicare i suoi racconti perché troppo «puliti», organizza una finta orgia perché l'editore (Franciosa) si interessi a lei: solo con fatica riuscirà a cancellare l'immagine che si è creata. Commedia spigliata, sceneggiata da Lawrence Roman e interpretata da una Margret vivacissima. È il penultimo film di Sidney.

Ragazze **½ (*Career Girls*, Gb 1997, col, 85') Mike Leigh. Con Katrin Cartlidge, Lynda Steadman, Mark Benton, Kate Byers, Andy Serkis. ◆ Compagne di appartamento negli anni Ottanta, Hanna (Cartlidge) e Annie (Steadman) si ritrovano dieci anni dopo per un week-end di ricordi e confronti: meno nevrotiche, più in carriera ma ancora sole, se la passano comunque meglio del loro amico Ricky (Benton), ormai perso in una sorta di dolce follia. Una commedia dolente e al tempo stesso ironica sull'amicizia come legame irrinunciabile e terapeutico, che aggira le trappole temporali del prima e del dopo adottando una specie di «flusso di coscienza» cinematografico. Un film quasi da camera, con un intreccio minimale, ma capace di dar conto di un'intera epoca e delle sue trasformazioni interiori, restituendo con evidenza quasi fisica la fluida e inafferrabile sensazione del cambiamento. Assassino il doppiaggio italiano, che fa cadere nel ridicolo tutta la sapienza nevrotica delle interpreti: senza contare che proprio il lavoro sulla voce dei personaggi – più che la colonna sonora – è l'elemento attraverso cui il regista costruisce le dissolvenze tra presente e passato (e viceversa).

Ragazze a Beverly Hills ** (*Clueless*, Usa 1995, col, 97') Amy Heckerling. Con Alicia Silverstone, Stacey Dash, Brittany Murphy, Paul Rudd, Donald Faison, Elisa Donovan, Dan Hedaya, Breckin Meyer, Jeremy Sisto, Aida Linares, Wallace Shawn. ◆ Cher (Silverston) è bella, ricca e decisionista: convinta di potere tutto, cambia i connotati a Tay (Murphy) trasformandola in *femme fatale*, ma non si accorge che l'uomo ci cui è innamorata è gay. Vagamente ispirato a *Emma* di Jane Austen, la commedia – a dispetto del titolo italiano – è una crudele ricognizione sui giovani, carini e beneducati figli dell'opulenta California. Ritmo incalzante, personaggi minori descritti con sottile perfidia, passerella impressionante di corpi adolescenziali perfetti (e falsi). Sceneggiatura della stessa regista ricca di battute al vetriolo, cast di neo stellette di sicuro avvenire.

Ragazze alla finestra ** (*Belles on Their Toes*, Usa 1952, col, 89') Henry Levin. Con Myrna Loy, Jeanne Crain, Debra Paget, Jeffrey Hunter, Edward Arnold, Hoagy Carmichael. ◆ Una vedova (Loy) rifiuta di far adottare la numerosa figliolanza. I primi tempi sono duri, poi un industriale l'aiuta ad aprire una scuola professionale. Seguito di *Dodici lo chiamano papà*, reso piacevole soprattutto dalla garbata e vivace presenza di Myrna Loy.

Ragazze audaci *½ (*Playgirl*, Usa 1954, b/n, 85') Joseph Pevney. Con Shelley Winters, Barry Sullivan, Colleen Miller, Richard Long, Gregg Palmer, Ken Taylor. ◆ Una ragazza di campagna (Winters), innamorata di un giornalista, viene lanciata con successo sulle pagine di un fotoromanzo, ma il direttore della rivista si infatua di lei. Dramma hollywoodiano piuttosto confuso e pasticciato, con più di un morto. Se la cava bene solo la Winters.

Ragazze brivido → *Adorabili e bugiarde*

Ragazze che sognano *½ (*Rings on Her Fingers*, Usa 1942, b/n, 85') Rouben Mamoulian. Con Henry Fonda, Gene Tierney, Laird Cregar, Mary Treen. ◆ Una ragazza (Tierney) lascia l'impiego per seguire una coppia di imbroglioni, ma si innamora di una delle loro vittime (Fonda) e decide di restare con lui. Un film sentimentale professionalmente corretto, ma con troppi debiti verso *Lady Eva*, interpretato dalla Stanwyck e dallo stesso Fonda. La Tierney, poco più che debuttante, non è ancora noir ma prende già l'iniziativa in modo da non lasciare dubbi sulla sua decisiva evoluzione.

Ragazze da marito *½ (Italia 1952, b/n, 90') Eduardo De Filippo. Con Eduardo De Filippo, Titina De Filippo, Anna Maria Ferrero, Delia Scala, Lianella Carell, Peppino De Filippo, Carlo Campanini, Carlo Croccolo. ◆ Un impiegato ministeriale (E. De Filippo) accetta una tangente per pagare le vacanze alla famiglia: durante la villeggiatura una figlia dovrà fare un matrimonio riparatore, un'altra si fidanza con un giovane povero e la terza sposa un uomo ricco. Ma i suoi superiori scoprono la corruzione e lo licenziano. Commedia agrodolce dai toni moralistici, che si regge tutta sulla bravura di Eduardo grande attore sia comico che drammatico. Sceneggiatura di E. De Filippo, Steno, Age e Scarpelli.

Ragazze della Terra sono facili, Le **½ (*Earth Girls Are Easy*, Usa 1988, col, 98') Julien Temple. Con Geena Davis, Jeff Goldblum, Jim Carrey, Damon Wayans, Julie Brown. ◆ San Fernando Valley, Hollywood: nella piscina di una graziosa manicure (Davis), reduce da una delusione amorosa, piomba un Ufo con a bordo tre extraterrestri pelosi (Goldblum, Carrey e Wayans) i quali, una volta depilati, si rivelano tre aitanti giovanotti che vanno pazzi per il ballo, le ragazze e la tv. Una specie di metafora autobiografica zeppa di gag e inseguimenti, con qualche numero musicale e una scenografia anni Sessanta. Gustosa la scena (con riferimento a *Corto circuito*) in cui i tre ripetono in situazioni diverse le battute di James Dean e Dean Martin imparate dalla tv. Commovente il finale nel quale lei sale sull'astronave come se fosse il cavallo bianco del principe di *Biancaneve*. L'attrice Julie Brown, che canta, *'Cause I'm a Blonde*, ha anche collaborato alla sceneggiatura.

Ragazze di campagna → *Land Girls, The – Ragazze di campagna*

Ragazze di città *½ (*Girls Town*, Usa 1996, col, 82') Jim McKay. Con Lili Taylor, Aunjanue Ellis, Bruklin Harris, Anna Grace, Guillermo Diaz, Ernestine Jackson, Tara Carnes, Michael Imperoli. ◆ Tre ragazze (Taylor, Grace, Harris) all'ultimo anno delle superiori rimangono sconvolte dal suicidio della loro più cara amica (Ellis): quando scoprono che la causa è uno stupro non confessato, decidono di vendicarsi con fantasia. L'ennesimo film indipendente americano in presunta presa diretta sulla realtà: spoglio, logorroico e nondimeno vezzoso (il regista ha alle spalle vari videoclip musicali e si vede). Le tre attrici principali si sono scritte le parti da sé, facendosi prendere la mano nei dialoghi.

Ragazze di Harvey, Le **½ (*The Harvey Girls*, Usa 1946, col, 101') George Sidney. Con Judy Garland, John Hodiak, Angela Lansbury, Preston Foster, Virginia O'Brien, Cyd Charisse. ◆ La catena di ristoranti «Harvey House» si sposta verso l'Ovest insieme alla linea ferroviaria in espansione: e le cameriere del locale devono vedersela con le litigiose ragazze dei saloon. Buffo e inconsistente plot per un musical riuscito grazie al cast e alle canzoni di Harry Warren e Johnny Mercer (che talvolta però risultano troppo romantiche e troppo poco western). Tra le coreografie di Charles Walter, sono notevoli i mulinelli per il numero *The Atcheson, Topek and the Santa Fe* (la canzone vinse l'Oscar). Il numero migliore è quello in cui la Lansbury guida un coro di «saloon girl» al ritmo di *Oh, You Kid*.

Ragazze di Jimmy, Le ** (*A Night in the Life of Jimmy Reardon*, Usa 1988, col, 90') William Richert. Con River Phoenix, Ann Magnuson, Meredith Salenger, Matthew Perry, Ione Skye, Louanne. ◆ Evaston (Chicago), anni Sessanta: Jimmy Reardon (Phoenix) fa strage di cuori. Poco prima di partire per il college a cui il padre l'ha iscritto a sua insaputa, se ne va alle Hawaii con la ricca e viziata Lisa. Dal romanzo che lo stesso regista scrisse, neanche ventenne, nel 1963 (*Aren't you even gonna kiss me goodbye?*), un film meno scontato di quanto può sembrare dalla trama. Peccato che le interessanti notazioni psicologiche non sempre abbiano il necessario supporto narrativo. Cast di giovanissimi, con risultati alterni.

Ragazze di piazza di Spagna, Le **½ (Italia 1952, b/n, 91') Luciano Emmer. Con Lucia Bosé, Cosetta Greco, Marcello Mastroianni, Ave Ninchi, Leda Gloria, Liliana Bonfatti, Renato Salvatori, Fernando Milani. ◆ Un professore racconta la storia di tre sartine: Marisa (Bosé) rinuncia a fare l'indossatrice per sposare un semplice operaio; Elena (Greco) tenta il suicidio per amore, ma poi ritrova la voglia di vivere grazie all'amore di un tassista (Mastroianni); Lucia (Bonfatti), molto bassa di statura, cerca solo uomini altissimi, ma finisce per innamorarsi di un piccolo fantino (Milani). Storie quotidiane di gente comune, raccontate con garbata ironia (a tratti un po' troppo «graziosa») e velato ottimismo, senza perdere di vista il contesto sociale come prescrivevano i canoni del cosiddetto neorealismo rosa in voga all'epoca. Soggetto e sceneggiatura sono di Sergio Amidei. Francesco Maselli è accreditato come assistente alla regia. Il narratore è Giorgio Bassani. Nel ruolo-cammeo del sor Vittorio c'è Eduardo De Filippo.

Ragazze di San Frediano, Le *** (Italia 1954, b/n, 114') Valerio Zurlini. Con Antonio Cifariello, Rossana Podestà, Giovanna Ralli, Marcella Mariani, Corinne Calvet, Giulia Rubini, Luciana Liberati, Sergio Raimondi, ◆ Un giovane meccanico fiorentino soprannominato Bob (Cifariello) ha contemporaneamente cinque ragazze: quella (Mariani) che ha promesso di sposare, delusa, tenta il suicidio, un'altra (Podestà) dice di essere stata sedotta durante la festa di fidanzamento, la terza (Rubini) ha lasciato per lui il fidanzato, la quarta (Ralli) lo abbandona senza rimpianti, la quinta (Calvet) vorrebbe portarlo via da Firenze. Il primo lungometraggio di Zurlini, tratto dal romanzo (ma nei titoli è indicato come «racconto») omonimo di Vasco Pratolini su sceneggiatura di Benvenuti e De Bernardi. Vivace ritratto di un dongiovanni impenitente e delle sue conquiste, realizzato con insolita freschezza e schietta ironia, ma con un finale annacquatissimo rispetto al romanzo, nel quale le ragazze si vendicavano del giovane portandolo in giro nudo per il quartiere. Di rilievo l'attenzione al contesto e la resa figurativa. Bravissimi i giovani attori. Nella parte di Venturini c'è il regista Giuliano Montaldo; la fotografia è di Gianni Di Venanzo, aiuti Carlo Di Palma e Pasqualino De Santis. Un cartello all'inizio del film spiega il soprannome del protagonista: «Dai tempi in cui Robert Taylor apparve sugli schermi, quei giovanotti belli, fisicamente dotati, spesso coi baffetti, sempre con gli occhi di velluto, quelli insomma che piacciono tanto alle donne, vengono chiamati col nome generico e spregiativo di Bob», e il film è dedicato proprio «a quei poveri ragazzi, vittime innocenti della propria avvenenza».

Ragazze d'oggi *½ (Italia 1955, col, 90') Luigi Zampa. Con Marisa Allasio, Edoardo Bergamo, Lilli Cerasoli, Françoise Rosay, Louis Signer, Julien Carette, Sylvie [Louise Sylvain Mainguené], Marcel Dalio, Noël Roquevert, André Brunot. ◆ Peripezie amorose di tre sorelle: una sta con un bravo ragazzo, l'altra con un poco di buono che lascerà, la terza con un uomo sposato in attesa di separazione. Una commedia di costume di scarsa inventiva, ma senza pretese. Con Paolo Stoppa nella parte di Bardellotti, Mike Bongiorno (allora in auge con *Lascia o raddoppia*) nel ruolo di Sandro, il bravo ragazzo, e Enzo Garinei in una breve apparizione.

Ragazze folli **½ (*Entrée des artistes*, Francia 1938, b/n, 100') Marc Allégret. Con Janine Darcey, Odette Joyeux, Claude Dauphin, Mady Made, Madeleine Lambert, Louis Jouvet. ◆ François (Dauphin), allievo dell'Accademia d'arte drammatica di Parigi, è amato da due ragazze, Cécilia (Joyeux), ricca ed eccentrica, e Isabelle (Darcey), povera e piena di talento. Dopo aver flirtato con la prima, s'innamora dell'altra. Ma Cécilia non accetta l'abbandono: nel saggio finale muore sulla scena facendo ricadere la colpa su François. Considerata dalla critica come l'opera migliore di Allégret, *Ragazze folli* è senza dubbio un film notevole, ma all'insegna del disequilibrio: un po' convenzionale negli intrighi sentimentali, anche se la bravura dei giovani attori, in particolare della Darcey, riscatta la debolezza narrativa; efficacemente realistico, quasi documentario, nella parte che riguarda l'apprendistato teatrale, con uno straordinario Jouvet nel ruolo del professore. Soggetto e sceneggiatura di André Cayatte e Henry Jeanson, scenografia di Alexandre Trauner. Con una breve apparizione di Bernard Blier.

Ragazze folli ** (*Futures vedettes*, Francia 1954, b/n, 91') Marc Allégret. Con Jean Marais, Brigitte Bardot, Isabelle Pia, Mischa Auer. ◆ Un professore sposato (Marais), approfittando dell'assenza della moglie, diventa amante di una sua allieva (Bardot), che abbandonerà quando la moglie ritorna: riavutasi dalla delusione, la ragazza acquista sensibilità artistica e successo. Dal romanzo di Vicky Baum, con una Bardot in attesa del grande lancio come sex symbol (che avverrà con *E Dio creò la donna*), ma già abbondantemente provocatoria per la sua naturale sensualità. Grazie a lei il film s'illumina di un realismo convincente e inedito nel cinema francese di quegli anni. Altrettanto irresistibile Marais nel ruolo del maturo professore.

Ragazze in catene ** (*Girls in Chains*, Usa 1943, b/n, 70') Edgar G. Ulmer. Con Arlene Judge, Roger Clark, Robin Raymond, Barbara Pepper, Dorothy Burgess, Clancy Cooper. ◆ Una donna (Judge) decide di lavorare in un riformatorio femminile per migliorare le condizioni delle detenute e per smascherare l'attività di un racket, ma deve fare i conti con la durezza delle prigioniere e i soprusi dei carcerieri. L'intreccio è mal congegnato e la sceneggiatura è ai limiti del ridicolo, ma il regista aguzza l'ingegno per cercare di salvare il salvabile e ci riesce. L'insieme è piuttosto tremendo, ma le singole scene valgono la visione (da notare l'uso magistrale dei soffitti bassi, tanto opprimenti quanto suggestivi). Il titolo richiama intenzionalmente gli strilli dei quotidiani sensazionalistici.

Ragazze in pericolo **½ (*Jeunes filles en détresse*, Francia 1939, b/n, 90') Georg Wilhelm Pabst. Con Micheline Presle, Marcelle Chantal, André Luguet, Robert Pizani, Louise Carletti, Jacqueline Delubac. ◆ In un collegio femminile abitato da figlie di genitori divorziati, capita la figlia (Presle) dell'avvocato che ha permesso quei divorzi: boicottata dalle compagne, la ragazza – che ha anche tentato il suicidio per risolvere la separazione dei genitori – si dà da fare per riconciliare alcune coppie. Tratto dal romanzo di Peter Quinn sceneggiato da Christa Winsloe, è uno degli ultimi film prima del rientro in Germania di Pabst, che ancora una volta rivela un saldo controllo dei mezzi espressivi e un'acuta sensibilità psicologica: basta un colpo d'occhio per cogliere il carattere e le relazioni tra i personaggi, la tensione dell'atmosfera, l'approssimarsi di un momento drammatico. Notevole il debutto di Micheline Presle. Medaglia di bronzo alla mostra di Venezia.

Ragazze in uniforme *** (*Mädchen in Uniform*, Germania 1931, b/n, 95') Léontine Sagan [Schlesinger] con la supervisione di Carl Froelich. Con Hertha Thiele, Dorothea Wieck, Ellen Schwannecke, Emilia Unda, Hedwig Schlichter. ◆ In un severissimo collegio femminile, durante una sbornia, una ragazza (Thiele) confessa alla sua istitutrice (Wieck) di essere innamorata di lei. Viene punita e si suicida. Dal romanzo e dall'opera teatrale *Ieri e oggi* di Christa Winsloe (alias baronessa von Hatvany), un dramma originale e straordinariamente audace per l'epoca che mescola provocatoriamente l'omosessualità femminile, la rigida educazione prussiana e il militarismo tedesco in odor di nazismo. Molto riuscito anche dal punto di vista stilistico, con immagini raffinate e sottilmente pervase di riferimenti simbolici capaci di descrivere lo sbocciare della sensualità nelle adolescenti con «una delicatezza di tocco che il cinema non ritroverà tanto facilmente». All'avvento di Hitler, la regista e le sue collaboratrici lasciarono la Germania. È il primo e l'unico film tedesco di Léontine Sagan. Rifatto da von Radvanyi nel 1958. Esiste una versione senza il suicidio finale.

Ragazze in uniforme ** (*Mädchen in Uniform*, Rft/ Francia 1958, col, 101') Géza I. von Radványi. Con Lilli Palmer, Romy Schneider, Christine Kaufmann, Danik Patisson, Marthe Mercadier. ◆ Un'orfana (Schneider) mandata in collegio si lega morbosamente a una sua istitutrice (Palmer): in seguito allo scandalo la donna è costretta a lasciare il lavoro, ma il tentato suicidio della ragazza farà cambiare idea ai suoi superiori. Rifacimento, con variazioni, del film del 1931. Le situazioni scabrose sono addolcite e velate. La performance della Schneider è tutta tesa a far dimenticare i personaggi sdolcinati con cui aveva debuttato.

Ragazze pon pon, Le * (*The Swinging Cheerleaders*, Usa 1974, col, 84') Jack Hill. Con Jo Johnston, Rainbeaux Smith, Colleen Camp, Rosanna Katon. ◆ Una giovane sociologa si inserisce in un gruppo di ragazze disinibite per studiarle, ma scoperta la sua identità, viene allontanata: riconquisterà la fiducia smascherando un giro di scommesse clandestine gestite da un professore. Blue-movie appena camuffato, che tra una scena softcore e l'altra delinea un quadro d'insieme tremendo: il rettore è un capomafia, l'allenatore è un furfante, la polizia persegue gli innocenti, i ragazzi sono scemi, le ragazze puttanelle e l'unico contestatore è un poco di buono anche lui.

Ragazze pon pon si scatenano, Le * (*Summer School Teachers*, Usa 1978, col, 87') Barbara Peeters. Con Candice Rialson, Pat Anderson, Rhonda Leigh Hopkins. ◆ In un college californiano tre insegnanti donne cercano di contrastare la mentalità maschilista dominante dimostrandosi coraggiose e soprattutto disinibite. Mediocre commedia con velleità pseudofemministe.

Ragazze vincenti ° (*A League of Their Own*, Usa 1992, col, 128') Penny Marshall. Con Geena Davis, Lori Petty, Tom Hanks, Madonna [Louise Veronica Ciccone], David Strathairn, Bill Pullman. ◆ 1943: mentre gli uomini sono in guerra, la lega del baseball organizza un campionato femminile. Per molte è finalmente un'occasione di riscatto e di libertà: ma anche l'allenatore cinico e alcolizzato (Hanks) imparerà qualcosa. Galleria di bozzetti scontata e superficiale, intinta di umorismo dolciastro: il peggio del cinema americano di consumo. Chi non conosce le regole del baseball può anche buttare la spugna in anticipo. Interpreti sopra le righe. Il regista Garry Marshall (*Pretty Woman*), fratello della regista, interpreta il re delle merendine. Madonna fa la ragazzaccia ma non si spoglia, ed è oggetto di battutine tipo: «C'è ancora qualcuno che non ha visto le tue tette?».

Ragazzi attori **½ (*Babes in Arms*, Usa 1939, b/n, 91') Busby Berkeley. Con Mickey Rooney, Judy Garland, Charles Winninger, Guy Kibbee, June Preisser, Douglas McPhail. ◆ I figli (Rooney e Garland) di una coppia di attori di vaudeville mettono in scena un piccolo spettacolo destinato al successo. Un musical che servì quasi solo a lanciare la giovanissima coppia Rooney-Garland verso una carriera strepitosa. Facile e godibile, ma inspiegabilmente senza la maggior parte delle canzoni scritte da Rogers e Hart (rimane la celebre *Where or When*, pressoché irriconoscibile). Seguito da *I ragazzi di Broadway*. Passato in Tv col titolo *Piccoli attori*.

Ragazzi dei Parioli, I ** (Italia 1959, b/n, 102') Sergio Corbucci. Con Raf Mattioli, Alessandra Panaro, Ennio Girolami, Scilla Gabel, Valeria Moriconi. ◆ Due giovani romani (Mattioli e Girolami), che si fingono produttori per conoscere ragazze, portano due aspiranti attrici in un appartamento. Una cade e sviene, e il ragazzo che è con lei, credendo sia morta, rinuncia alle sue intenzioni. Corbucci ancora incerto tra il cinema di qualità e la cassetta, mette in scena una storia non banale e svela le potenzialità, presto sacrificate, di regista di carattere.

Ragazzi del cimitero, I * (*I Was a Teenage Zombie*, Usa 1986, col, 90') John Elias Michalakis. Con Michael Ruben, George Seminara, Steve McCoy, Peter Bush, Cassie Madden. ◆ Uno spacciatore di droga viene ucciso e gettato in un fiume colmo di rifiuti tossici: i suoi carnefici dovranno affrontare il suo ritorno. Esordio mediocre per Michalakis: realizzato con pochissimi mezzi, fa il verso ai film horror anni Cinquanta, a cominciare dal titolo (*I Was a Teenage Werewolf* e *I Was a Teenage Frankenstein*, entrambi del 1957), aggiungendovi di suo dialoghi demenziali ed effetti splatter in abbondanza. Il film vale ben poco, ma la colonna sonora merita l'ascolto.

Ragazzi del coro, I *** (*The Choirboys*, Usa 1977, col, 119') Robert Aldrich. Con Charles Durning, Louis Gossett, Perry King, Randy Quaid, Don Stroud, James Woods, Clyde Kusatsu, George De Cenzo. ◆ In un commissariato di polizia di Los Angeles, un tenente sadico (De Cenzo) sottopone i propri uomini a costanti umiliazioni per «allenarli» al lavoro. Non tutti però resistono alla violenta terapia d'urto e il più giovane del gruppo si suiciderà dopo essere stato scoperto incatenato, frustato dall'amante sadomaso. Sconsigliato agli spiriti delicati ma raccomandabile a tutti gli altri, *I ragazzi del coro* è uno dei film americani più importanti degli anni Settanta e sicuramente uno dei migliori di Aldrich. Quasi un *Taxi Driver* in versione collettiva, meno romantico e più spietato, fa l'autopsia di una istituzione irrimediabilmente marcia e completa la fenomenologia del machismo nazionale, che poi si esprimerà a livello più commerciale con la rambomania incarnata da Stallone. A metà strada tra la finzione e la testimonianza, è basato sul libro di Joseph Wambaugh, ex sergente della polizia di Los Angeles che sconfessò il trattamento cinematografico di Christopher Knopf. Da molti fu ritenuto un completo fallimento.

Ragazzi del fiume, I **½ (*River's Edge*, Usa 1986, col, 99') Tim Hunter. Con Crispin Glover, Keanu Reeves, Ione Skye Leitch, Daniel Roebuck, Roxana Zal, Phil Brock, Josh Richman, Dennis Hopper. ◆ Nella provincia americana, un ragazzo (Roebuck) uccide una coetanea per gioco e ne abbandona il corpo vicino al fiume. Gli amici cercano di proteggerlo, finché uno di loro cede e confessa. Sguardo glaciale sui «figli della violenza», sceneggiato da Neal Jimenez senza commenti o tirate moralistiche: Hunter sfiora il cinismo, ma fa salva l'obiettività (tra l'altro il soggetto è basato su un fatto realmente accaduto). Ottimo il cast di giovanissimi, ma il migliore è Dennis Hopper nel ruolo di Feck.

Ragazzi del giudice Hardy, I *½ (*Judge Hardy's Children*, Usa 1938, b/n, 87') George B. Seitz. Con Mickey Rooney, Lewis Stone, Fay Holden, Cecilia Parker, Ann Rutherford, Betsy Ross Clark, Ruth Hussey. ◆ Seguendo il padre a Washington, Hardy (Rooney) si innamora della figlia di un diplomatico francese. Terzo film della serie.

Ragazzi irresistibili, I *½ (*The Sunshine Boys*, Usa 1997, col, 119') John Erman. Con Woody Allen, Peter Falk, Sarah Jessica Parker, Michael McKean, Liev Schreiber, José Soto. ◆ Al Lewis (Allen) e Willie Clark (Falk), ex star della televisione ormai in pensione, si riuniscono dopo molti anni per partecipare a una superproduzione natalizia; l'antico sodalizio però pare impossibile, perché i due non smettono mai di litigare. Remake del film di Herbert Ross, risceneggiato da Neil Simon a partire dalla sua pièce del '72. Commedia brillante per definizione ma piuttosto noiosa nella realizzazione, incuriosisce per le performance degli attori, ma nell'insieme ispira una malinconia senile; e l'umorismo di Simon, indossato da Allen, fa uno strano effetto, anche perché il ruolo più nevrotico – forse per spiazzare le attese – spetta a Falk.

Ragazzi del juke-box, I ** (Italia 1959, b/n, 102') Lucio Fulci. Con Mario Carotenuto, Elke Sommer, Antonio De Teffé, Giacomo Furia, Betty Curtis [Roberta Corti], Tony Dallara [Antonio Lardera], Adriano Celentano, Fred Buscaglione, Yvette Masson, Benny [Benedetta] Rutili, Mario Ambrosino, Gianni Meccia. ◆ Il commendator Césari (Carotenuto), discografico e paladino della musica melodica – «a ogni lacrima incasso diecimila lire» – si deve allontanare dalla società per una convalescenza e la figlia Giulia (Sommer), d'accordo col fidanzato Paolo (De Teffé), cambia indirizzo all'azienda, riempiendo i juke-box con le canzoni di Betty Doris (Curtis) e Tony Bellaria (Dallara). Raccontata dalla voce off di un juke-box, questa commedia drammatizza il cambiamento del gusto popolare italiano dalle canzoni melodiche (identificate con Appio Claudio, evidente parodia di Claudio Villa) a quelle dei cosiddetti «urlatori»: lo spirito è quello goliardico – oggi si direbbe cult – della commedia farsesca (con battute del tipo: «alla fine Adriano indossa il suo peggior nemico, lo smoking» o «lei è Maria Davanzale [Masson] che come l'autostrada del Sole ha tutte le curve a posto»), il plot, firmato da Fulci con Piero Vivarelli e Vittorio Vighi, è banale e stravisto, ma le esibizioni canore sono tutt'altro che disprezzabili e colgono bene lo spirito dei tempi. Tony Dallara è da antologia quando canta *Largo al factotum della città* di Rossini a tempo di rock.

Ragazzi della 56ª strada, I **½ (*The Outsiders*, Usa 1983, col, 91') Francis Ford Coppola. Con C. Thomas Howell, Ralph Macchio, Matt Dillon, Diane Lane, Patrick Swayze, Rob Lowe, Emilio Estevez, Tom Cruise, Leif Garrett, Tom Waits, Sofia Coppola. ◆ Un giovane greaser (Howell), che ama Elvis Presley, la poesia e *Via col vento*, guida la sua banda contro quella dei soc, ovvero social, ragazzi bene delle famiglie arricchite col petrolio: durante uno scontro due greaser uccidono un social, si rifugiano in una chiesa e salvano due bambini da un incendio rimettendoci la vita. Tratto dal romanzo di S.E. Hinton sceneggiato da Katherine Knutsen Rowell, un melodramma giovanile, evidentemente modellato su *Gioventù bruciata* di Nicholas Ray, a cui però non è estranea l'influenza dei telefilm per teen-ager: altamente stilizzato, con geometrie semplici e rigorose, colpisce per l'uso espressionista del colore, cupo e violento come le emozioni dei giovanissimi protagonisti (non a caso il racconto è in prima persona e segue gli appunti di un diario). Nato da un'inchiesta di mercato, dopo il disastro commerciale della produzione di Coppola con *Un sogno lungo un giorno*, è da collegarsi a *Rusty il selvaggio* (girato nello stesso set, a Tulsa, Oklahoma, e tratto da un altro romanzo della medesima scrittrice), con il quale forma un vero e proprio dittico e rispetto al quale è stato eccessivamente sottovalutato. Rivelò un'intera generazione di giovani attori, che in seguito presero vie diverse ma tutte comunque di successo. Ottima la colonna sonora di Carmine Coppola. La Hinton ha un cammeo come infermiera. Ne è stata tratta una serie televisiva.

Ragazzi della notte * (Italia 1995, col, 101') Jerry Calà. Con Jerry Calà, Walter Nudo, Maria Monsé, Samantha De Grenet, Alessia Merz, Sergio Vastano, Francesca Rettondini, Dario Cassini. ◆ Siparietti provinciali sullo sfondo della «febbre del sabato sera» che, ogni settimana, coglie l'Italia delle discoteche. Calà nei panni di se stesso gira con una troupe televisiva per indagare sul «fenomeno». L'intento vorrebbe essere quasi documentaristico con i ragazzi che s'impasticcano e si schiantano sulle autostrade da una parte (i «deviati»), e garzoni di panetteria dall'altra (i «faticatori»). Affollato di volti e corpi televisivi e corredato di un glossario che archivia le espressioni giovanilistiche più insulse («Sei l'entità femminile più ravanabile», «Se vuoi, mi levo dal tuo perimetro», «La squinzia ha imposto il preserva» e via deliziando). Supervisione del padre del trash italico, Mariano Laurenti.

Ragazzi della porta accanto, I **½ (*The Boys Next Door*, Usa 1985, col, 87') Penelope Spheeris. Con Charlie Sheen, Maxwell Caulfield, Patti D'Arbanville, Christopher McDonald, Hank Garrett, Moon Zappa. ◆ La notte brava di due ragazzi emarginati e rabbiosi (Caulfield e Sheen) all'ultimo anno di high school: incominciano con l'ubriacarsi e con l'orinare nelle piscine altrui, e finiscono con una serie di omicidi ingiustificati. Spaccato sociologico allucinante e obiettivo, con qualche cedimento retorico nel finale. La sceneggiatura è scritta da due ragazzi ai tempi ventiduenni (Glen Morgan e James Wong), e la regista accentua il lato sgradevole del machismo dei protagonisti. Primo film importante per Charlie Sheen. Turpiloquio da antologia.

Ragazzi della strada, I * (*Newsboys' Home*, Usa

1939, b/n, 73') Harold Young. Con Wendy Barrie, Jackie Cooper, Edmund Lowe, Edward Norris, Samuele S. Hinds. ◆ Lotta impari tra due proprietari di testate: il disonesto e potente perderà contro un'avversaria giovane e poco esperta, ma onesta. L'ennesimo film di ragazzi pensato come l'inizio di un ciclo, semplice e di modesta fattura. Debutto deludente per il cast di giovani attori.

Ragazzi della via Paal, I **½ (*No Greater Glory*, Usa 1934, b/n, 78') Frank Borzage. Con George Breakstone, Louis Wilson, Frankie Darro, Jimmy Butler, Jackie Searl, Donald Haines. ◆ A Budapest, negli anni Trenta, due bande di ragazzini si contendono un campo da gioco, ma la morte di uno di loro (Breakstone) li farà rappacificare. Tratto dal celebre romanzo omonimo di Ferenc Molnár, questo film impone definitivamente Borzage come autore dall'estro poetico e nella sua filmografia segna il passaggio dalle storie di coppia a quelle di gruppo. Dietro il lirismo della trasposizione, sono evidenti sia l'attenzione del regista al contesto sociale, sia il messaggio pacifista dello scrittore. Fu premiato come miglior film straniero alla Mostra di Venezia del 1935 ed ebbe grande successo in tutto il mondo. Rifatto nel 1968.

Ragazzi della via Paal, I ** (*A Pál utcai fiúk*, Ungheria/Usa 1968, col, 104') Zoltán Fábri. Con Anthony Kemp, William Burleigh, John Moulder-Brown, Sándor Pécsi, Mari Törőcsik. ◆ La lotta tra due bande di ragazzini nella Budapest degli anni Trenta: la morte di uno di loro metterà fine alle contese. Riadattamento in chiave poetica dell'omonimo romanzo di Ferenc Molnár, già trasposto in film nel 1934. Film di sentimenti, ma ricco di spunti critici verso le vicende sociali. Regia vivace e nomination all'Oscar.

Ragazzi del massacro, I *½ (Italia 1969, col, 100') Fernando di Leo. Con Pier Paolo Capponi, Susan Scott [Nieves Navarro], Marzio Margine, Enzo Liberti, Michel Bardinet. ◆ L'ispettore Luca Lamberti (Capponi) indaga su una classe di delinquenti minorili che hanno stuprato e ammazzato la loro insegnante: a fatica riuscirà a vincere il muro di omertà, conquistandosi la fiducia di uno di loro. Adattamento del romanzo omonimo di Scerbanenco (firmato dal regista con Nino Latino e Andrea Maggiore), che accampa qualche ambizione sociologica nel descrivere un mondo al di fuori della società, ma poi sceglie soluzioni sensazionalistiche e colpi di scena poco convincenti. La bravura del regista si vede solo nelle scene di violenza, agghiaccianti e poco esplicite.

Ragazzi del Max's bar, I ** (*Inside Moves*, Usa 1980, col, 113') Richard Donner. Con John Savage, David Morse, Diana Scarwid, Amy Wright, Harold Russell. ◆ Un ragazzo handicappato in seguito a un tentato suicidio (Savage) ritrova la fiducia in se stesso frequentando un bar di Los Angeles i cui giovani clienti sono per la maggior parte disabili. Dal romanzo di Todd Walton sceneggiato da Valerie Curtin e Barry Levinson, una tragicommedia talvolta ingenua e indecisa tra realtà e sogno (americano), ma non priva di momenti emozionanti. Il titolo originale si riferisce ai movimenti che gli atleti fanno dentro (inside) l'area dei 3 secondi giocando a basket.

Ragazzi di Bandiera Gialla, I *½ (Italia 1967, col, 93') Mariano Laurenti. Con Marisa Sannia, Gianni Pettenati, Fabrizio Moroni, Renata Pacini, Riccardo Garrone. ◆ Un gruppo di studenti decide di fondare un club beat, ma i due leader (Pettenati e Moroni) litigano a causa di una ragazza (Sannia). Poi lei si innamora di un discografico e i rivali si rappacificano per far nascere il Bandiera gialla. Epopea in chiave romantica di uno dei locali storici dell'Italia anni Sessanta. Il titolo era quello di una fortunata trasmissione radiofonica di Gianni Boncompagni (che partecipa al film e ne cura la parte musicale). Con Patty Pravo, Lucio Dalla, Rocky Roberts, The Primitives, l'Equipe 84, Gli Idoli.

Ragazzi di Broadway, I *** (*Babes On Broadway*, Usa 1941, b/n, 118') Busby Berkeley. Con Mickey Rooney, Judy Garland, Fay Bainter, Virginia Weidler, Richard Quine, Donna Reed, Margaret O'Brien. ◆ Seguito di *Ragazzi attori*, in cui la coppia Rooney-Garland si esibisce a Broadway in svariate imitazioni e incorre in qualche disillusione. Meno intenso rispetto al primo musical, di cui ricalca la formula dello spettacolo nello spettacolo, è considerato il miglior film della coppia Rooney-Garland. Tra i numeri più interessanti: *How About You* e *F.D.R. Jones*. Alla regia ha partecipato Vincente Minnelli (sua la sequenza del «teatro fantasma»), che dirige per la prima volta la futura moglie Garland. Il ruolo di Virginia Weidler era stato originariamente creato per Shirley Temple, ma la Fox non la lasciò libera di accettare. È il debutto di Margaret O'Brien.

Ragazzi di Camp Siddons, I * (*Follow Me, Boys!*, Usa 1966, col, 131') Norman Tokar. Con Fred MacMurray, Vera Miles, Lillian Gish, Charlie Ruggles, Elliott Reid. ◆ Un ex suonatore di jazz (MacMurray) si stabilisce in una cittadina di provincia e, per conquistare la ragazza che ama, fonda un gruppo di boy-scout: la sposa e insieme adottano un orfanello che diventerà medico. Edificante e zuccheroso, con una sceneggiatura discontinua e un montaggio un po' compresso. MacMurray invecchiato è la caricatura di se stesso, mentre la Miles è incredibilmente «sempreverde», a parte qualche capello bianco e un grembiule un po' dimesso.

Ragazzi di provincia, I **½ (*The Rat Race*, Usa 1960, col, 105') Robert Mulligan. Con Tony Curtis, Debbie Reynolds, Joe Bushkin. ◆ A New York, un musicista jazz (Curtis) e una ballerina (Reynolds) coabitano platonicamente: finiranno per innamorarsi. Da un testo di Garson Kanin (ex sceneggiatore di Cukor), da lui stesso adattato per lo schermo, una delicata commedia minimalista ante litteram: nella solitudine della Grande Mela, una storia come tante di due persone comuni, trattata con pudore, rispetto e partecipazione. Immagini «sporche» e vere, jazz morbido di Elmer Bernstein. Con due cammeo di Jack Oakie e Kay Nedford.

Ragazzi di via Panisperna, I **½ (Italia 1988, col, 123') Gianni Amelio. Con Andrea Prodan, Ennio Fantastichini, Michele Melega, Giovanni Romani, Giorgio Dal Piaz, Laura Morante, Cristina Marsillach, Mario Adorf, Virna Lisi. ◆ Nella Roma del

1934 il giovane e brillante studente Ettore Majorana (Prodan) conosce Enrico Fermi (Fantastichini), un professore poco più anziano e già noto. Insieme ad altri giovani della facoltà di Fisica di via Panisperna lavorano alla scissione dell'atomo, sfidando la scienza ufficiale che fa capo a Marconi. Ma Majorana si estrania dal gruppo, forse consapevole delle potenzialità distruttive che la scoperta potrebbe avere, e dopo essersi rifugiato in Sicilia scomparirà misteriosamente. La passione e l'etica, l'intuizione e la ragione, l'eccesso e la misura, la collaborazione e le rivalità, i successi e i dubbi: Amelio tralascia del tutto gli aneddoti e lavora sulle idee e sui personaggi, in qualche modo «autobiografici». Non quindi una ricostruzione storicamente fedele delle vicende del gruppo, ma un'opera di fantasia, più ricca e complessa di quanto ci si aspetterebbe, centrata su due figure principali (Fermi e Majorana) per molti versi antitetiche e complementari, sia nella professione che nel privato. Quasi goliardico nella prima parte, più cupo e raccolto nella seconda, il film ha il suo punto di forza in uno stile «povero» che dà spessore a un gusto del racconto ormai poco comune nel cinema italiano e in un cast giovane ed efficace. In origine era destinato solo alla Tv (la versione per il piccolo schermo dura 180'). Soggetto di Amelio e Vincenzo Cerami, sceneggiatura di Amelio e Alessandro Sermoneta. Con Sabina Guzzanti nel ruolo della fidanzata di Edoardo (Romani).

Ragazzi duri non ballano, I ** (*Tough Guys Don't Dance*, Usa 1987, col, 110') Norman Mailer. Con Ryan O'Neal, Isabella Rossellini, Lawrence Tierney, Debra Sandlund, Wings Hauser, John Bedford Lloyd, Frances Fisher, Penn Jillette, Clarence Williams III. ◆ Provincetown, Massachusetts: lo scrittore Tim Madden (O'Neal) trova nel suo campo di marijuana la testa della ricca moglie Patti (Sandlund) e di una ex pornostar di passaggio (Fisher). Il padre malato di cancro (Tierney) trova una ragione di vita nel tirarlo fuori dai guai, mentre il depravato poliziotto locale (Hauser) cerca di incastrarlo: ma di mezzo ci sono anche droga e spiriti. Il noir cinico e beffardo di Mailer, tradotto in immagini, non cattura come sulla pagina, diventando una via di mezzo tra *I peccatori di Peyton* in versione hard e un *Twin Peaks* ante litteram. Ma il gusto del bizzarro, le contorsioni della trama e l'aria di decadenza (con la Rossellini uscita dritta da *Velluto blu*) meritano un'occhiata. Reperto del periodo in cui la Cannon voleva darsi al cinema d'autore, con lo zampino di Francis Coppola come produttore esecutivo. Musiche (atroci) di Angelo Badalamenti.

Ragazzi fuori **½ (Italia 1989, col, 110') Marco Risi. Con Francesco Benigno, Alessandro Di Sanzo, Roberto Mariano, Alfredo Li Bassi, Maurizio Prollo, Filippo Genzardi, Salvatore Termini, Giuseppe Piricò, Giuseppe Lucania, Alessandro Calamia, Carlo Berretta. ◆ Dopo aver scontato la pena nel carcere minorile palermitano di Malaspina, alcuni ragazzi si trovano a dover riaffrontare la vita quotidiana: Mery (Di Sanzo), omosessuale, si prostituisce, Cin Ciong (Termini) viene ucciso per aver rubato, Antonio (Mariano), venditore di patate, viene arrestato per mancanza di licenza, Natale (Benigno) tenta uno stupro di gruppo e Claudio (Prollo), l'unico che si è rifatto una vita, viene ucciso per un'antica vendetta. Dal romanzo di Aurelio Grimaldi, che è anche cosceneggiatore, il seguito di *Mery per sempre* dello stesso regista. Consequenziale dal punto di vista narrativo, ma completamente diverso sotto il profilo stilistico, si presenta come un dramma d'ispirazione neorealista il cui plot sfilacciato trova una sua ragione nella teoria del pedinamento di zavattiniana memoria e una sua coerenza nella regia tesa di Risi. Ha diviso la critica, indispettito i politici (anche perché doveva essere dedicato a Leoluca Orlando) e scandalizzato i benpensanti. Bravissimi gli attori, ma la parlata siciliana e il suono in presa diretta possono rendere difficile la totale comprensione dei dialoghi. Memorabile la sequenza dell'inseguimento e dell'assassinio del ladro tra le bancarelle del mercato.

Ragazzi irresistibili, I ** (*The Sunshine Boys*, Usa 1975, col, 111') Herbert Ross. Con Walter Matthau, George Burns, Richard Benjamin, Lee Meredith. ◆ Due anziani attori di varietà in pensione (Matthau e Burns) vengono convinti a partecipare a una trasmissione tv: non si parlano da anni, ma alla fine fanno pace. Dalla commedia di Neil Simon. Noiosetto anche se zeppo di sketch. La produzione ha eliminato ogni traccia di stile dalla regia, lasciando tutto il campo alle due «decrepite» star Matthau e Burns. Burns, che ottenne l'Oscar come miglior attore non protagonista, sostituì Jack Benny, quando questi si ammalò e morì. Remake nel 1996.

Ragazzi irresistibili, I *½ (*The Sunshine Boys*, Usa 1996, col, 119') John Erman. Con Woody Allen, Peter Falk, Sarah Jessica Parker, Michael McKean, Liev Schreiber, José Soto. ◆ Al Lewis (Allen) e Willie Clark (Falk), ex star della televisione ormai in pensione, si riuniscono dopo molti anni per partecipare a una superproduzione natalizia; l'antico sodalizio però pare impossibile, perché i due non smettono mai di litigare. Remake del film di Herbert Ross, risceneggiato da Neil Simon a partire dalla sua pièce del '72. Commedia brillante per definizione ma piuttosto noiosa nella realizzazione, incuriosisce per le performance degli attori, ma nell'insieme ispira una malinconia senile; e l'umorismo di Simon, indossato da Allen, fa uno strano effetto, anche perché il ruolo più nevrotico – forse per spiazzare le attese – spetta a Falk.

Ragazzi perduti *½ (*Lost Boys*, Usa 1987, col, 94') Joel Schumacher. Con Jason Patric, Kiefer Sutherland, Jamie Gertz, Corey Haim, Dianne Wiest. ◆ Una combattiva famigliola (Wiest, Patric, Haim) in viaggio lungo la costa californiana affronta un gruppo di vampiri similpunk. Tentativo maldestro e un po' idiota di unire la commedia giovanile al thriller gotico. Una novità in campo vampirologico: se uccidi il capo, tutti gli altri tornano normali. Ma nel complesso questi sono tra i vampiri più anemici e sciocchi passati sullo schermo. Interessanti riprese aeree con la macchina piazzata su un elicottero, a emulare il volo capriccioso dei mostri. Kiefer Sutherland (l'orrido David) è figlio di Donald e gli somiglia. Il progetto originario, di cui non è rimasta traccia, prevedeva la realizzazione vampiresca di *Peter Pan*.

Ragazzi venuti dal Brasile, I **½ (*The Boys from Brazil*, Usa 1978, col, 123') Franklin J. Schaffner. Con Gregory Peck, Laurence Olivier, James Mason, Lilli Palmer, Uta Hagen. ◆ Un anziano ebreo cacciatore di nazisti (Olivier) scopre che il dottor Mengele (Peck) è vivo e intende allevare una nuova razza hitleriana attraverso manipolazioni genetiche. Dal best-seller di Ira Levin sceneggiato da Heywood Gould, fantapolitica di indubbia efficacia. Assurde le proteste sull'assurdità della storia. Grandi interpretazioni dei due antagonisti Peck e Olivier.

Ragazzo che sapeva volare, Il ** (*The Boy Who Could Fly*, Usa 1986, col, 114') Nick Castle. Con Lucy Deakins, Jay Underwood, Bonnie Bedelia, Fred Savage, Colleen Dewhurst, Fred Gwynne, Louise Fletcher. ◆ La tenera amicizia tra una ragazza (Deakins) e il suo vicino di casa autistico (Underwood) che vuole a ogni costo imparare a volare. In bilico tra realtà e fantasy, con qualche discontinuità narrativa e diversi momenti emozionanti. Notevoli i due giovani protagonisti. Il regista, anche autore della sceneggiatura, è un ex allievo di Carpenter, omaggiato con un cammeo.

Ragazzo che sorride, Il (Mattino) * (Italia 1969, col, 103') Aldo Grimaldi. Con Al Bano [Albano Carrisi], Nino Taranto, Susanna Martinkova, Antonella Steni, Rocky Roberts, Riccardo Garrone, Yvonne Sanson, Francesco Mulé, Fiorenzo Fiorentini, Carlo Taranto, Mark Porter, Claudia Baldeo, Mimmo Poli, Umberto Raho. ◆ Il primo impiego per l'ingegner Giorgio (Al Bano) è la direzione di una miniera in Africa, ma la moglie (Martinkova) non vuole seguirlo: lui immagina il peggio, ma lei l'ha fatto solo per curare la sua sterilità. Musicarello con pretese social-familiari e un Al Bano pre-Romina: in Africa lui lotta per l'integrazione e la giustizia sociale, mentre in Italia lei sopporta in silenzio le maldicenze pur di diventare fertile. Inqualificabili i siparietti leggeri affidati a Taranto. Canzoni a go-go: Al Bano canta *Musica*, *Mille cherubini in coro*, *Mattino* e *Il ragazzo che sorride*; Rocky Roberts (che interpreta un minatore!) si esibisce in *Sono tremendo* e *Stille Nacht*.

Ragazzo come gli altri, Un ** (*Just One of the Guys*, Usa 1985, col, 102') Lisa Gottlieb. Con Joyce Hyser, Clayton Rohner, Billy Jacoby, Toni Hudson, William Zabka. ◆ Un'insegnante molto carina (Hyser), infastidita dal comportamento dei colleghi durante un concorso, decide di cambiare scuola. Commedia a ritmo serrato, con una caratterizzazione piuttosto insolita dei personaggi e un cast divertito e divertente. C'è anche Sherilyn Fenn (*Twin Peaks*). In Italia è uscito solo in videocassetta.

Ragazzo dai capelli verdi, Il **½ (*The Boy with Green Hair*, Usa 1948, col, 82') Joseph Losey. Con Pat O'Brien, Robert Ryan, Dean Stockwell, Barbara Hale, Richard Lyon, Walter Catlett, Samuel S. Hinds. ◆ Peter (Stockwell), dieci anni, vive da solo con il nonno: un mattino si sveglia con i capelli verdi e la sua vita cambia di colpo. Dopo essere fuggito in preda alla disperazione, viene riportato a casa dalla polizia e grazie alle parole di un medico capisce che la sua diversità può essere positiva per lui e per gli altri. Losey esordisce alla regia con una favola contro la discriminazione razziale (tratta da un racconto di Betsy Beaton e sceneggiata da Ben Barzman e Alfred Lewis Levitt) che, a tre anni dalla tragedia di Hiroshima, diventa inevitabilmente anche un film per la pace (il verde dei capelli è al tempo stesso un possibile effetto radioattivo e un messaggio di speranza). Un'opera prima molto interessante, anche se le incertezze narrative e stilistiche (i rapporti tra il registro fiabesco e la tendenza al realismo, tra il punto di vista infantile e la maturità del piccolo protagonista) talvolta sembrano far scorrere il film su due binari paralleli. Nonostante l'uso del technicolor, si tratta di un film povero, realizzato in poco più di un mese.

Ragazzo dal kimono d'oro, Il – Karate Warrior * (Italia 1987, col, 95') Larry Ludman [Fabrizio De Angelis]. Con Kim Rossi Stuart, Ken Watanabe, Jannelle Barretto. ◆ Adolescente americano a Manila (Rossi Stuart) cade in un agguato del racket locale e si salva grazie a un maestro di arti marziali: dopo un tirocinio, la vendetta sarà sua. Copia sfacciatamente *Karate Kid* l'italianissimo Ludman alias De Angelis, che firma con pseudonimi praticamente tutto. Regia, ambientazione e recitazione frettolose e approssimative. Spicca per assurdità il kimono di lamé che nessun orientale indosserebbe in pubblico. Con un sequel nel 1988 e un altro nel 1991.

Ragazzo dal kimono d'oro II, **Il** * (Italia 1988, col, 90') Larry Ludman [Fabrizio De Angelis]. Con Kim Rossi Stuart, Amy Baxter, Christopher Allen. ◆ Dopo il suo soggiorno di studio a Manila, Anthony (Rossi Stuart) torna in Usa per fronteggiare la gang di Dick, i Tiger: cerca di evitare lo scontro, ma Dick lo obbliga a dargli una lezione. Sequel (mai uscito sul grande schermo) del film del 1987, copia di *Karate Kid II*. Mira a realizzare il massimo effetto col minimo della spesa. Dal mediocre al peggio, comprese le insopportabili voci dei doppiatori.

Ragazzo dal kimono d'oro III, **Il** * (Usa 1991, col, 88') Larry Ludman [Fabrizio De Angelis]. Con Ron Williams, Dorian D. Field, Christopher Allen, Richard Goon. ◆ Larry e Gregg si coalizzano contro una gang capitanata da Joe, cultore del karate: per batterlo si affidano a Akay Masura, maestro di arti marziali. Terza puntata delle avventure del ragazzo dal kimono d'oro, iniziate nel 1987. Questa volta l'italianissimo Ludman copia *Karate Kid III*. Interessanti le coreografie del combattimento finale, mal sostenute però da una regia e da un montaggio elementari.

Ragazzo della baia, Il *½ (*The Bay Boy*, Canada/Francia 1984, col, 101') Daniel Petrie. Con Liv Ullmann, Kiefer Sutherland, Peter Donat, Mathieu Carrière, Isabelle Mejias, Alan Scarfe. ◆ Nel Canada del 1937, un ragazzo di sedici anni (Sutherland) non sa se seguire le sue aspirazioni o rispettare i desideri dei genitori. Un duplice omicidio, di cui sarà testimone, gli farà superare tutte le indecisioni. Un film vecchia maniera autobiografico e dolente, con un certo gusto per il racconto classico, ma con uno sviluppo poco originale. Senza particolare ispirazione la Ullmann (la madre del ragazzo).

Ragazzo del Pony Express, Il * (Italia 1986, col,

94') Franco Amurri. Con Jerry Calà, Isabella Ferrari, Alessandro Benvenuti, Emanuela Taschini, Gabriella Saitta. ◆ Un giovane laureato disoccupato (Calà) decide di lavorare come pony express e per comprare la moto usa i soldi di uno scippo involontario ai danni di una ragazza (Ferrari) con la quale finirà per fidanzarsi. Si ride, ma troppo poco. Nel complesso un film stanco e superficiale. Benvenuti meritava di essere valorizzato di più.

Ragazzo di borgata *½ (Italia 1976, col, 100') Giulio Paradisi. Con Stefano Arquilla, Ennio Panosetti, Rita Tushingham, Danika La Loggia, Beba Loncar. ◆ Il sedicenne borgataro Ettore Colantuoni (Arquilla) aspira agli agi della vita borghese, e si convince che il furto è il modo più facile per diventare ricchi: così converte alla sua visione delle cose anche il padre (Panosetti), modesto operaio asfaltista. Elogio della furbizia proletaria in bilico tra echi pasoliniani (non a caso Sergio Citti ha collaborato ai dialoghi) e scampoli di commedia all'italiana: l'opera prima di Paradisi inizia in modo promettente, ma poi non sa che pesci pigliare. E il lieto fine che dovrebbe essere cinico è in realtà la scelta meno coraggiosa. Alla sceneggiatura hanno collaborato anche Alfredo Giannetti e Lucio Battistrada.

Ragazzo di Calabria, Un **½ (Italia 1987, col, 106') Luigi Comencini. Con Gian Maria Volonté, Diego Abatantuono, Thérèse Liotard, Santo Polimeno. ◆ Nella Calabria del 1960 Mimì (Polimeno) ha la passione della corsa. Incitato dalla madre (Liotard) e da un autista sciancato (Volonté), che credono nelle sue doti sportive, è invece ostacolato dal padre (Abatantuono), che lo vuole bravo studente. Vincendo una gara ai Giochi della Gioventù, Mimì riuscirà a convincere anche il genitore. Il film di «un settantenne col cuore bambino», riuscito perfettamente nelle parti adolescenziali, un po' meno sul versante metaforico (la corsa come rivincita sul Potere che condanna alla povertà e all'ignoranza). Un'occasione per vedere Abatantuono fuori dagli schemi. Il soggetto è dell'esordiente Demetrio Casile. Alla sceneggiatura hanno collaborato Ugo Pirro e Francesca Comencini, figlia del regista e regista a sua volta.

Ragazzo di campagna, Il * (Italia 1984, col, 93') [Franco] Castellano, Pipolo [Giuseppe Moccia]. Con Renato Pozzetto, Massimo Boldi, Enzo Cannavale, Massimo Serato, Donna Osterbuhr. ◆ Un ingenuo contadino (Pozzetto) decide di trasferirsi a Milano, dove viene coinvolto dal cugino di città (Boldi) in attività illecite. La solita farsa mistificatoria sulla campagna come culla dell'innocenza e la città come luogo di dannazione. Banale e noioso. Pozzetto è spaesato (nel film, non in città).

Ragazzo di Ebalus, Il * (Italia 1984, col, 110') Giuseppe Schito. Con Saverio Marconi, Riccardo Cucciolla, Thérèse Ann Savoy. ◆ Braccato dalla polizia e dai suoi ex compagni, un giovane terrorista (Marconi) trova aiuto e asilo da un contadino (Cucciolla) e da una giovane professoressa (Savoy). Uno dei pochi film italiani sul terrorismo, velleitario e piuttosto confuso.

Ragazzo e il poliziotto, Il * (*Smokey Bites The Dust*, Usa 1981, col, 85') Charles B. Griffith. Con Jimmy McNichol, Janet Julian, Walter Barnes, Patrick Campbell. ◆ Un ragazzo (McNichol) rapisce la reginetta dei laureati (Julian) e si ritrova alle calcagna il padre di lei, sceriffo. Una lunga sequela di inseguimenti in auto per una commediaccia senza sorprese.

Ragazzo e la quarantenne, Il * (*Say Hello to Yesterday*, Gb 1971, col, 92') Alvin Rakoff. Con Jean Simmons, Leonard Whiting, Evelyn Laye, John Lee. ◆ Un ventenne di modesta estrazione sociale (Whiting) corteggia la bella moglie non più giovane di un operatore finanziario (Simmons) e ne diventa l'amante solo per un giorno. Un dramma romantico senz'altra attrattiva che l'ambientazione nella Swinging London.

Ragazzo e una ragazza, Un *½ (Italia 1983, col, 93') Marco Risi. Con Jerry Calà, Marina Suma, Monica Scattini, Sandro Ghiani, Nino Prester. ◆ Una studentessa universitaria napoletana (Suma) e uno sbruffoncello milanese (Calà) si innamorano, ma quando lei resta incinta e abortisce lui entra in crisi e la pianta: dopo una seconda gravidanza finiranno per sposarsi. Commedia agrodolce, di quando Risi vedeva (ancora) la vita in rosa. Un po' semplicistica e zuccherosa, ma ha il merito di aver programmaticamente evitato le insopportabili trivialità dell'agonizzante commedia all'italiana. Soggetto di Enrico e Carlo Vanzina, sceneggiatura di Furio Scarpelli e Marco Risi.

Ragazzo, la tua pelle scotta *½ (*The Learning Tree*, Usa 1969, col, 107') Gordon Parks. Con Kyle Johnson, Alex Clarke, Estelle Evans, Dana Elcar. ◆ Un ragazzo di colore ha visto lo sceriffo bianco uccidere un altro nero. Tratto dall'autobiografia dello stesso regista, è inspiegabilmente pieno di compromessi, rispetto al romanzo, nel trattare la questione razziale e perciò assai deludente. Ottima invece la fotografia.

Ragazzo selvaggio, Il *** (*L'Enfant sauvage*, Francia 1970, b/n, 85') François Truffaut. Con Jean-Pierre Cargol, Françoise Seigner, François Truffaut, Paul Villé, Pierre Fabre. ◆ Estate 1793: all'Istituto nazionale sordomuti di Parigi arriva un «ragazzo selvaggio» (Cargol), ritrovato allo stato primitivo nella foresta dell'Aveyron. Contro il parere dei colleghi, il dottor Itard (Truffaut) lo porta a casa sua e con l'aiuto della governante (Seigner) cerca di educarlo al linguaggio. Ispirato a un fatto vero, raccontato nel rapporto che il dottor Jean Itard stilò per la Société des observateurs alla fine del Settecento, *Il ragazzo selvaggio* è un film-saggio di grande e intensa poeticità, sceneggiato dal regista e Jean Gruault e strutturato attorno alla particolare relazione tra medico e paziente. Oltre al tema dell'infanzia, fondamentale nel cinema di Truffaut, va notato l'intimo legame tra lo sviluppo del testo scritto (il diario del medico) e la creazione di quello visivo (il film), che per il regista costituiscono un processo unico e inscindibile (i libri non mancano mai nei suoi film). Splendida la fotografia di Nestor Almendros. È dedicato a Jean-Pierre Léaud, l'attore e alter ego di Truffaut.

Ragazzo sul delfino, Il * (*Boy on a Dolphin*, Usa, 1957 col, 111') Jean Negulesco. Con Alan Ladd, Clifton Webb, Sophia Loren, Laurence Naismith. ◆ In Grecia, una pescatrice di spugne (Loren) ritrova in fondo al mare un'antica statuetta raffigurante un ragazzo in groppa a un delfino e si innamora dell'archeologo (Ladd) che sta cercando di sventare i loschi piani di un mercante d'arte. Sentimenti & avventura nel Mediterraneo assolato. È il debutto a Hollywood della Loren, che qui recita abbronzatissima e indossa per metà film abiti bagnati mentre i capelli e il viso sono quasi sempre miracolosamente asciutti. Accanto a lei, Ladd recita con un'aria commiserevole, da «guarda cosa mi tocca fare».

Ragazzo... tre ragazze, Un → *Un ragazzo... tre ragazze*

Ragazzo tutto fare *** (*The Bellboy*, Usa 1960, b/n, 72') Jerry Lewis. Con Jerry Lewis, Bob Clayton, Alex Gerry, Sonnie Sands, Eddie Shaeffer. ◆ A Miami, un portiere d'albergo (Lewis), pasticcione ma volenteroso, deve assecondare i capricci di tutti i clienti. Lewis debutta alla regia con «un omaggio a Stan Laurel e al cinema comico». Anche sceneggiatore, si cuce un ruolo su misura: non parla per tutto il film e alla fine si giustifica dicendo che nessuno gli ha mai chiesto niente. Gag gustosissime (tra cui quella dei cani portati a spasso, che è una delle più ricorrenti nei film di Lewis), ma soprattutto una grande dimostrazione di genialità inventiva: allo spettatore Lewis chiede di «ammirare prima di tutto l'audacia, la libertà e la modernità di una messinscena che si regge solo su se stessa e sugli elementi della comicità allo stato puro: il vuoto e il pieno, il tempo e lo spazio, il poco e l'eccesso, il possibile e l'impossibile» (un cliente dell'albergo mangia un inesistente ananas e Lewis ne prende un pezzo per «assaggiarne» il gusto; in una stanza vuota dirige un'orchestra inesistente di cui però lo spettatore sente i suoni; basta un flash per trasformare la notte nel giorno).

Rage – Furia primitiva * (Italia/Usa 1988, col, 92') Vittorio Rambaldi. Con Patrick Lowe, Cheryl Arutt, Bo Svenson. ◆ In un laboratorio di genetica, una scimmia morde un allievo giornalista trasformandolo in un mostro. Inconsistente, dilettantesco e fiacco persino nella scena del festino orrorifico: i trucchi e gli effetti speciali firmati da Carlo Rambaldi, padre del giovane regista, sono poca cosa e non bastano a far decollare il film.

Raggi mortali del dottor Mabuse, I * (*Die Todesstrahlen des Dr. Mabuse*, Rft/Italia/Francia 1964, b/n, 95') Hugo Fregonese. Con Peter Van Eyck, O.E. Hasse, Wolfgang Preiss, Yvonne Furneaux, Claudio Gora, Rica Dialina. ◆ Il terribile dottor Mabuse si è reincarnato in uno scienziato pazzo (Preiss) che da un laboratorio sottomarino tenta di distruggere il mondo. L'intervento del servizio segreto inglese farà fallire il suo progetto. Un misto di fantascienza, horror e parapsicologia nel (pallido) tentativo di contrastare l'egemonia dei film di James Bond. In Italia è stato visto pochissimo.

Raggio invisibile, Il **½ (*The Invisible Ray*, Usa 1936, b/n, 82') Lambert Hillyer. Con Frances Drake, Boris Karloff, Bela Lugosi, Walter Kingsford, Beulah Bondi. ◆ Uno scienziato pazzo (Karloff) viene contaminato dalle radiazioni di un minerale e ogni cosa che tocca muore. Un altro scienziato (Lugosi) si dà da fare per scoprire un antidoto. Cast d'eccezione ed effetti speciali di ottimo livello per l'epoca (sono di John P. Fulton, che aveva già dato prova di bravura tre anni prima nell'*Uomo invisibile*).

Raggio verde, Il ** (*Le Rayon vert*, Francia 1986, col, 98') Eric Rohmer. Con Marie Rivière, Béatrice Romand, Amira Chemakhi, Sylvie Riches. ◆ Dotata di una sensibilità superiore alla media, Marie (Rivière), un'impiegata parigina in vacanza, passa da un fallimento sentimentale all'altro, ma l'ultimo giorno incontra un ragazzo simpatico con il quale assiste al fenomeno del «raggio verde», l'ultimo scintillio del sole quando tramonta sul mare, che dà il titolo a un'opera di Jules Verne. Sopravvalutato dalla critica italiana, è un'opera piuttosto flebile e ripetitiva, anche se non priva di acute annotazioni psicologiche. Apparentemente senza drammaturgia e messinscena, sembra un esperimento di «cinéma direct», con un'ottica che rimanda a quella del Super8 e dialoghi che suonano (e sono) improvvisati. La protagonista, Marie Rivière, recita se stessa e non lo nasconde. Leone d'oro alla Mostra del cinema di Venezia.

Ragione di stato *½ (*La Raison d'état*, Francia/Italia 1978, col, 100') André Cayatte. Con Monica Vitti, Jean Yanne, François Périer, Michel Bouquet. ◆ Un biologo (Périer) vorrebbe denunciare un alto funzionario francese implicato nel traffico illegale d'armi, ma viene ucciso: una sua collega italiana (Vitti) cerca di scoprire la verità. Svela i retroscena dei traffici d'armi, ma nonostante l'interesse del tema è meno vigoroso dei precedenti film di Cayatte. Troppi dialoghi, regia banale, recitazione tremebonda.

Ragione e sentimento ** (*Sense and Sensibility*, Gb 1996, col, 136') Ang Lee. Con Kate Winslet, Emma Thompson, Gemma Jones, Hugh Grant, Alan Rickman, Greg Wise, Emile François, James Fleet, Tom Wilkinson, Harriet Walter, Elizabeth Spriggs, Robert Hardy, Ian Brimble. ◆ In età da matrimonio, le sorelle Dashwood sono opposte per temperamento: Marianne (Winslet) è impetuosa e romantica e si fa affascinare dal superficiale Willoughby (Wise), mentre l'assennata e prudente Elinor (Thompson) non riesce a esprimere i propri sentimenti all'impacciato Edward (Grant). Il dolore maturerà la prima facendole scoprire l'affetto del colonnello Brando (Rickman), la costanza aiuterà la seconda a coronare il suo sogno. Il film che ha aperto la stagione degli adattamenti da Jane Austen (seguiranno *Persuasione* ed *Emma*) finisce per restare prigioniero della sua stessa bellezza compositiva e della minuzia scenografica con cui è ricostruita una società in transizione tra classicismo e romanticismo. La sceneggiatura della Thompson (pur premiata con l'Oscar) è troppo preoccupata di sottolineare l'orgoglio e la caparbietà delle donne inglesi nel superare tutti gli ostacoli che creano loro il carattere e l'educazione nazionale, mentre la messa in scena di Ang Lee si limita a un minimalismo che sa evitare le tentazioni magniloquenti di un Ivory ma non coinvolge mai.

Ragione per vivere e una per morire, Una → *Una ragione per vivere e una per morire*

Ragioni del cuore, Le → *Aspetta primavera, Bandini*

Ragionier Arturo De Fanti, bancario precario → *Rag. Arturo De Fanti, bancario precario*

Ragtime ** (*Ragtime,* Usa 1981, col, 155') Miloš Forman. Con James Cagney, Howard E. Rollinss jr, Brad Dourif, Mary Steenburgen, Elizabeth McGovern, Donald O'Connor, Pat O'Brien, Debbie Allen. ◆ Un pianista nero di talento (Rollins) si trova invischiato in una rissa con alcuni bianchi. Dopo aver cercato giustizia invano, per l'esasperazione diventa un terrorista. Dal romanzo omonimo di E.L. Doctorow, un affresco dell'America anni Dieci sospeso tra realtà e finzione. La sceneggiatura (di Michael Weller) è eccessivamente riduttiva rispetto al romanzo e la storia cala di tono quando sulle vicende collettive prende il sopravvento la figura del protagonista. Ma sono soprattutto le scelte del produttore Dino De Laurentiis ad aver rovinato quello che sarebbe potuto essere un capolavoro, rendendolo un fumettone di lusso, piuttosto insipido e apolitico rispetto alle intenzioni del regista. Tagliato, tra l'altro, il personaggio dell'anarchica Emma Goldman. James Cagney (nella parte di un poliziotto razzista e assassino) torna sullo schermo dopo vent'anni. Norman Mailer è Stanford White. Bella la colonna sonora di Randy Newman. Il «ragtime» è un genere di musica sincopata caratteristica del jazz americano a cavallo dell'inizio secolo.

Rainbow, The *½ (*The Rainbow*, Gb 1989, col, 104') Ken Russell. Con Sammi Davis, Amanda Donohoe, Paul McGann, David Hemmings, Glenda Jackson, Jon Finch. ◆ A vent'anni da *Donne in amore*, Russell adatta *L'arcobaleno*, il romanzo di D. H. Lawrence che ne costituisce il prologo. La giovane Ursula Brangwen (Davis), figlia di Anna (Jackson, che in *Donne in amore* era Ursula), esplora entrambe le sponde della sessualità, prima con una maestra di nuoto (Donohoe), poi con un virile ufficiale (McGann): e alla fine sfida la famiglia e i benpensanti guadagnandosi da sola da vivere come insegnante. Vent'anni, però, sono bastati perché il gusto figurativo del regista si banalizzasse: e i bagni sotto le cascate si vedono ormai in qualsiasi spot. Si salvano gli interpreti.

Rainbow – Il mago dell'arcobaleno ** (*Rainbow*, Gb/Canada 1995, col, 101') Bob Hoskins. Con Willy Lavendal, Bob Hoskins, Dan Aykroyd, Saul Rubinek, Jacob Tierney, Jonathan Schuman, Eleanor Misrahi. ◆ New Jersey: Mike (Lavendal), dieci anni, e i suoi amici imparano a volare dentro un arcobaleno magico. Ma dopo che uno di essi ha rubato una delle pepite d'oro che lo compongono, la terra perde i colori e la gente diventa cattiva. Fiaba visivamente ambiziosa, con più di un omaggio al *Mago di Oz*: il genere di film pieno di messaggi positivi che ormai è senza pubblico. Anche se la fotografia in alta definizione digitale del veterano Freddie Francis è una gioia per gli occhi.

Rainmaker, The → *Uomo della pioggia, L' – The Rainmaker*

Rain Man – L'uomo della pioggia **½ (*Rain Man*, Usa 1988, col, 104') Barry Levinson. Con Dustin Hoffman, Tom Cruise, Valeria Golino, Jerry Molen. ◆ Charlie (Cruise), giovane e aggressivo commerciante d'auto, scopre che la maggior parte dell'eredità paterna è andata a Raymond (Hoffman), paziente di un ospedale psichiatrico: scopre anche che è suo fratello, malato d'autismo, e decide di conoscerlo meglio. Grande interpretazione di Hoffman (ma Cruise si difende bene) e regia ossessionata dal timore di perderne la più lieve sfumatura. Rain Man è una storpiatura del nome Raymond. Valeria Golino (fidanzata di Charlie), imita Mary Elizabeth Mastrantonio, fidanzata di Cruise nel *Colore dei soldi* di Martin Scorsese. Il regista Levinson ha un cammeo nella parte del medico fiscale. Quattro Oscar: miglior film, regia, attore protagonista (Hoffman) e sceneggiatura (Ronald Bass e Barry Morrow).

Raising Cain → *Doppia personalità – Raising Cain*

Rambo **½ (*First Blood*, Usa 1982, col, 97') Ted Kotcheff. Con Sylvester Stallone, Richard Crenna, Brian Dennehy, David Caruso. ◆ Il reduce decorato con medaglia d'onore del Congresso, John Rambo (Stallone) cerca di reinserirsi nella società cercando un lavoro, ma uno sceriffo violento e arrogante (Dennehy) lo arresta: scappa nei boschi dove mette in pratica tutto quello che ha imparato nel Vietnam e finisce per arrendersi al suo ex comandante (Crenna) dei Berretti verdi. Tratto dal romanzo *Primo sangue* di David Morrell sceneggiato da Michael Kazall, William Sackheim e da Stallone stesso, semplifica l'intrigo (nel libro, lo sceriffo è un reduce della Corea) e lo affida all'atletismo individualistico di Stallone, un Rocky incattivito e quasi psicopatico, che incide notevolmente nell'immaginario bellico-avventuroso. Ambiguo, spettacolare e di un'efficacia allarmante dal punto di vista sociologico. Straordinario successo di pubblico. Con due seguiti.

Rambo 2 – La vendetta *½ (*Rambo: First Blood Part II*, Usa 1985, col, 95') George Pan Cosmatos. Con Sylvester Stallone, Richard Crenna, Charles Napier, Steven Berkoff, Julia Nickson, Martin Kove. ◆ Condannato ai lavori forzati, Rambo (Stallone) riceve dal suo ex comandante (Crenna) una proposta di libertà anticipata in cambio di una missione impossibile: tornare in Vietnam e cercare i prigionieri americani dimenticati. Sequel mediocre, ma di grosso successo sceneggiato da Stallone e James Cameron. Prototipo del cinema conservatore e superpatriottico dell'èra reaganiana (è nota la frase di Reagan: «La prossima volta manderò Rambo»). Qui, più che del disagio del reduce, Rambo diventa il portavoce del decisionismo armato e vendicatore, trasformandosi nella versione aggiornata di Superman: «un corpo da combattimento, un milite ignoto che nessuno, oltreoceano, desidera dimenticare». Con un seguito.

Rambo 3 ** (*Rambo III*, Usa 1988, col, 101') Peter Macdonald. Con Sylvester Stallone, Richard Crenna, Marc de Jonge, Spiros Focas, Kurtwood Smith, Sasson Gabai, Doudi Shoua. ◆ Rambo (Stallone) si è ritirato a vita monastica, ma per salvare il suo ex comandante (Crenna) catturato dai russi in Afghanistan, reimbraccia il mitra. Terzo episodio della «saga» di Rambo sceneggiato da Stallone e Sheldon Lettich. Plot infantile e dialoghi ai limiti del ridicolo sono visibilmente una scusa per realizzare delle ottime scene d'azione per cui va famoso l'operatore Macdonald, qui promosso regista. L'infrangibile e ascetico Stallone porta i capelli lunghi trattenuti da una fascia, indossa una canottiera nera, una catenina portafortuna e bowie-knife formato gigante. Il film è dedicato «al valoroso popolo afghano».

Ran **** (*Ran*, Giappone/Francia 1985, col, 161') Akira Kurosawa. Con Tatsuya Nakadai, Akira Terao, Jinpachi Nezu, Daisuke Ryu, Mieko Harada, Peter Hisashi Igawa. ◆ Il monarca Hidetora Ichimonji (Nakadai) spartisce prima del tempo il suo regno fra tre figli, che si combattono l'un l'altro e che lo scacciano e vilipendono: vagando per la brughiera in compagnia del fido buffone, diventa pazzo. Ispirato al *Re Lear* di Shakespeare, di cui offre un'interpretazione alla luce della cultura giapponese e del teatro Nō, *Ran* è un film dal fascino inebriante, caotico (il titolo originale significa appunto «caos»), smisurato, allucinante e commovente come lo sono i sogni, tanto più se collettivi e quindi epici. Grandi quadri in perenne movimento, colori sgargianti, scene di battaglia tra le più belle mai realizzate sullo schermo: «un Lear per i nostri tempi e per tutti quelli a venire» ha detto un critico inglese (ed è noto quanto gli inglesi amino Shakespeare). È il primo film per il quale Kurosawa ha potuto disporre di tutto il tempo e il denaro necessari. Sceneggiatura del regista e di Hideo Oguni e Masato Hara.

Ranch delle tre campane, Il **½ (*South of St. Louis*, Usa 1949, col, 88') Ray Enright. Con Joel McCrea, Alexis Smith, Zachary Scott, Dorothy Malone, Douglas Kennedy, Alan Hale, Victor Jory. ◆ In Texas, durante la guerra di Secessione: dopo che il loro ranch è stato distrutto, Lee (Kennedy) si arruola nell'esercito sudista e, finita la guerra, nei Ranger, mentre Charlie (Scott) e Kip (McCrea) si danno al contrabbando di armi. Inevitabile che le strade dei tre fratelli tornino a incrociarsi, anche con spargimento di sangue. Un piccolo, grande western pieno di colpi di scena, scritto da Zachary Gold e James R. Webb, che sfida in modo originale il manicheismo tipico del genere diversificando i caratteri e le sorti dei tre personaggi; il più interessante è naturalmente quello che sta nel mezzo, Kip, più in sintonia col noir che col western. Curiosa, a questo proprosito, la scelta di Joel McCrea, di solito poco incline a ruoli così sfumati. Eccellente l'uso del technicolor da parte del direttore della fotografia Karl Freund.

Rancho Bravo *½ (*The Rare Breed*, Usa 1965, col, 97') Andrew McLaglen. Con James Stewart, Maureen O'Hara, Brian Keith, Juliet Mills. ◆ Un cowboy dai modi rudi (Stewart), insieme al padrone del ranch (Keith), aiutano una vedova (O'Hara) a portare negli Usa il toro «vendicatore», capostipite di una nuova razza di bovini. Più difficile per la donna scegliere l'uomo da amare. Western atipico senza violenza o pistolettate, calato in una (fin troppo) piacevole atmosfera bucolica.

Rancho Notorius **** (*Rancho Noto-rius*, Usa 1952, col, 86') Fritz Lang. Con Marlene Dietrich, Arthur Kennedy, Mel Ferrer, William Frawley. ◆ Un uomo (Kennedy) cerca gli assassini della moglie sulla base delle parole di un amico morente. Arriva al covo della banda capeggiata da un uomo (Ferrer) e una donna (Dietrich), e pian piano diventa più spietato degli uomini ai quali stava dando la caccia. I classici temi di Lang (odio, assassinio e vendetta, come recita il motivo musicale del film) rivisitati in chiave western per l'ultima volta. Sceneggiato da Daniel Taradash, è un western anomalo, assolutamente antinaturalistico, stilizzato, essenziale («brechtiano», è stato scritto), una sorta di ballata perfettamente in equilibrio tra lirismo e violenza. La forma della saga leggendaria è data anche dall'iterato inserimento della canzone *The Legend of Chuck-a-Luck*, che all'epoca era una novità (Lang l'anticipò di un anno rispetto a *Mezzogiorno di fuoco*). Eccellente il cast e mitica la Dietrich, dark lady al tramonto, o alla maturità, che si sacrifica per amore (l'attrice ebbe modo di lamentarsi del «sadismo» di Lang: «terminate le riprese, mi lasciai andare al più forte sospiro di sollievo mai sentito nei teatri di posa della Rko»). *Gypsy Davey* e *Get Away Young Man* sono cantate da lei.

Ransom **½ (*Ransom*, Usa 1996, col, 121') Ron Howard. Con Mel Gibson, Gary Sinise, Rene Russo, Lili Taylor, Delroy Lindo, Brawley Nolte, Liev Schreiber, Donnie Wahlberg, Dan Hedaya. ◆ Il poliziotto Jimmy Shaker (Sinise), mosso da confusi propositi di rivalsa di classe, rapisce il figlioletto (Nolte) del milionario Tom Mullen (Gibson), *self made man* abituato al successo e alle tangenti. Ma di fronte alla richiesta di due milioni di dollari di riscatto, Mullen rifiuta di stare al gioco, e mobilita i media offrendo una taglia equivalente sui rapitori. Raccontare di più sarebbe un torto alla sceneggiatura di Richard Price e Alexander Ignon (che riprende il soggetto del film *Il ricatto più vile* del 1956), geniale nel far ripartire ogni volta la suspense e abile nel costruire personaggi complessi e contraddittori. A Ron Howard va il merito di avere costruito un thriller tesissimo senza esplosioni e smargiassate, ma non di avere risolto i nodi ideologici. Mullen è un'incarnazione troppo antipatica del bene (di fronte a un male debole e pieno di ragioni come Shaker) perché la sua vittoria sia catartica: e alla fine la glorificazione dell'America *wasp* è fin imbarazzante. Fotografia del kieślowskiano Piotr Sobociński. Brawley Nolte è figlio di Nick; Price interpreta un detective.

Rapace, Il ** (*Le Rapace*, Francia/Italia/Messico 1968, col, 115') José Giovanni. Con Lino Ventura, Xavier Marc, Rosa Furman, Aurore Clavel. ◆ Messico, 1930: i rivoluzionari capeggiati da Miguel assoldano un killer (Ventura) per ammazzare il presidente, ma dopo il delitto vorrebbero far fuori sia lui che il loro capo. Una sorta di noir epico piuttosto suggestivo, con un'ottima performance di Lino Ventura.

Rapacità **** (*Greed*, Usa 1924, b/n, 100') Erich von Stroheim. Con Gibson Gowland, ZaSu Pitts, Jean Hersholt, Cesare Gravina, Chester Conklin, Sylvia Ashton, Dale Fuller. ◆ California, inizio del secolo: la vincita di 5 mila dollari a una lotteria avvelena il matrimonio tra il dentista senza laurea McTeague (Gowland) e Trina (Pitts), e suscita l'invidia di Marcus (Hersholt), l'ex fidanzato della donna. Trina, che ha concepito una passione morbosa per il gruzzolo, e preferisce vivere in miseria pur di non intaccarlo, verrà uccisa dal marito, che a sua volta morirà di sete nella Death Valley, ammanettato al cadavere di Marcus. «Il più grande capolavoro mutilato della storia del cinema»: quel che resta di *Rapacità*, dramma epico tratto dal romanzo *McTeague* di Frank Norris, è circa un quarto del materiale previsto dal regista e tuttavia è sufficiente per collocare il film tra i più grandi del muto. Stroheim abbandona i salotti degli aristocratici europei e si avventura lungo le strade della California, puntando l'obiettivo su personaggi dilaniati da passioni primitive, irrefrenabili e fatali in un film nel quale il fatalismo sociale ed esistenziale assume toni parossistici e senza speranza e dipinge un'umanità poco al di sopra del livello bestiale. La sua tendenza al gigantismo e la sua precisione maniacale qui raggiungono livelli altissimi, esaltando e al tempo stesso esasperando il naturalismo del romanzo: tutte le scene tranne una (il sogno dell'usuraio Zerkow, allestita in studio) furono girate in nove mesi nei luoghi indicati da Norris, con costi di produzione che ammontarono a 470 mila dollari, una cifra enorme per l'epoca; e, dai baffi di una comparsa al cumulo di monete su cui si adagia Trina (ancora una volta, secondo il regista, il denaro è all'origine di tutti i mali), niente è lasciato al caso e ogni dettaglio aggiunge significato e spessore. Così al realismo estremo si accompagna anche una dimensione allegorica, evidente nelle sequenze simboliche che ritmano il racconto e nei parallelismi tra uomini e animali. Indimenticabile il finale di morte nella Death Valley, che per gli attori e i tecnici fu un vero incubo a causa delle proibitive condizioni ambientali. Il drastico ridimensionamento del girato fu dovuto al produttore Irving Thalberg, succeduto a Sam Goldwyn dopo la nascita della Mgm: di fronte all'indecisione di von Stroheim che montò il film quattro volte, riducendolo dalle nove ore iniziali a sette, poi a quattro (sperando che potesse essere proiettato in due parti distinte) e poi ancora a tre, il produttore impose una versione di 100', tramandando un capolavoro di cui non resta, probabilmente, che lo scheletro.

Rapa Nui * (*Rapa Nui*, Usa 1994, col, 100') Kevin Reynolds. Con Jason Scott Lee, Esai Morales, Sandrine Holt, Emilio Tuki Hito, Rena Owen. ◆ 1680: nell'isola di Rapa Nui (poi ribattezzata Isola di Pasqua dal navigatore olandese che la scoprì, nel 1722) il clan dei Lobi Corti, obbligato a costruire le gigantesche statue (moai), è in aperta rivolta contro quello dei Lobi Lunghi, i nobili locali. Noro (Scott Lee), dei Lobi Lunghi, cerca di vincere la rituale gara tra clan per diventare re dell'isola: il suo obiettivo, però, non è il potere bensì la possibilità di sposare Ramana (Holt), la ragazza dei Lobi Corti di cui è innamorato. Epica esotica senza capo né coda, con paesaggi suggestivi e sforzi disumani che si perdono nel vuoto di una messinscena noiosa e interminabile. Reynolds vorrebbe replicare la formula vincente di *Robin Hood* (kolossal al servizio di una giusta causa) ma dietro la macchina da presa sembra non esserci nessuno, e anche il produttore Kevin Costner evidentemente era impegnato altrove. Prevedibili polemiche ecologiste perché la lavorazione – in loco – avrebbe rovinato uno degli ultimi paradisi naturali esistenti sul pianeta, ma la produzione ha assicurato di aver rimesso tutto al suo posto, filo d'erba per filo d'erba. Sempre che qualcuno voglia controllare.

Rape of the Red Temple, The *½ (*Huoshao hongliangsi*, conosciuto anche con il titolo inglese *Burning Paradise*, Hong Kong 1994, col, 104') Ringo Lam. Con Willie Chi, John Ching-tung, Carmen Lee, Wong Kam-kong. ◆ Il giovane Fong Sai-yuk (Chi), futuro eroe delle arti marziali, libera i monaci di Shaolin prigionieri di un malvagio stregone in un tempio sotterraneo. Il kung fu incontra Indiana Jones e i mitologici-horror italiani degli anni Sessanta: un tentativo di rivitalizzare il genere riuscito al 30%, anche se i neofiti apprezzeranno ritmo, movimento e scempiaggini. Produce Tsui Hark. Il regista, comunque, ha fatto molto di meglio.

Rapimento quasi perfetto, Un * (*Jimmy the Kid*, Usa 1983, col, 85') Gary Nelson. Con Gary Coleman, Paul LeMat, Walter Olkewicz, Dee Wallace. ◆ Il figlio annoiato e benestante (Coleman) di una coppia di cantanti viene rapito da una banda sgangherata che gli insegna a godersi la gioventù. Da un romanzo di Donald Westlake. Commedia zoppicante ed eccessivamente adolescenziale, in cui il ragazzino Coleman costringe il resto del cast ad adeguarsi al suo basso livello di recitazione.

Rapina al Cairo *½ (*Cairo*, Gb 1963, b/n, 91') Wolf Rilla. Con George Sanders, Richard Johnson, Faten Hamama, John Meillon. ◆ Il maggiore Pickering (Sanders), con l'aiuto di una banda internazionale, ruba il tesoro di Tutankamen dal museo del Cairo: ma o perché i ladri si ammazzano fra loro, o perché li becca la polizia, nessuno si godrà il maltolto. Remake esotico niente meno che di *Giungla d'asfalto*: convenzionale, e senza il senso di amarezza del prototipo.

Rapina al computer ** (*Bellman and True*, Gb 1988, col, 112') Richard Loncraine. Con Bernard Hill, Derek Newark, Richard Hope, Ken Bones, Frances Tomelty. ◆ Un esperto in computer è coinvolto in un piano criminale e contemporaneamente deve badare al figliastro che si sente trascurato. Dal romanzo di Desmond Lowden, un misto di thriller e dramma familiare con risultati non sempre convincenti. La direzione degli attori e la creazione degli ambienti fanno intuire un certo polso registico.

Rapina al sole ** (*Par un beau matin d'été*, Francia 1965, col, 100') Jacques Deray. Con Jean-Paul Belmondo, Sophie Daumier, Gabriele Ferzetti, Adolfo Celi, Geraldine Chaplin. ◆ Una banda rapisce la figlia di un magnate, ma dopo il colpo i complici litigano e si uccidono a vicenda: resta in vita solo un rapitore (Belmondo) che libera la ragazza (Chaplin). Dal romanzo di James Hadley Chase. Elegante ma tedioso, solo a tratti coinvolgente grazie alle implicazioni psicologiche. Deray, che si esprime al meglio proprio nel genere nero, non perde di vista il botteghino e ciò gli nuoce non poco.

Rapina al treno postale, La **½ (*Robbery*, Gb 1967, col, 114') Peter Yates. Con Stanley Baker, Joanna Petter, James Booth, Frank Finlay, Barry Foster.

◆ Dopo la rapina al treno postale Glasgow-Londra, la polizia scatena una furiosa caccia ai malviventi: l'unico sopravvissuto, il cervello della banda, riesce a fuggire in America, dove però viene fermato. Fedele ricostruzione della storica rapina, ma sono poche le novità di quest'ennesima versione, anche se riesce a tenere sempre alta la tensione.

Rapina a mano armata ***½ (*The Killing*, Usa 1955, b/n, 83') Stanley Kubrick. Con Sterling Hayden, Vince Edwards, Coleen Gray, Jay C. Flippen, Ted De Corsia, Elisha Cook, Joe Sawyer, Timothy Carey, Marie Windsot. ◆ Un ex galeotto, Johnny Clay (Hayden), organizza una rapina in un ippodromo con la complicità di varie persone, tra cui il cassiere (Cook) e un poliziotto corrotto (De Corsia). Al momento di dividere il bottino, interviene un gangster estraneo al gruppo che fa una strage. Johnny, che non si è presentato all'appuntamento, lascia la città con il bottino e la fidanzata. Terzo lungometraggio di Kubrick dall'omonimo romanzo di Lionel White, sceneggiato dal regista e da Jim Thompson (di quest'ultimo sono anche i dialoghi aggiunti). Un noir di un vigore impressionante, freddo e saturo di tensione come raramente capita di vedere sul grande schermo. Straordinaria la struttura temporale, che usa i flashback non solo per dar conto delle vicende passate (senso diacronico), ma anche per esprimere la simultaneità degli eventi (senso sincronico). La fotografia color acciaio è di Lucien Ballard. Eccellente la performance di Hayden, ma anche gli altri attori sono indispensabili.

Rapina del secolo, La *½ (*Six Bridges to Cross*, Usa 1955, col, 96') Joseph Pevney. Con Tony Curtis, Julie Adams, George Nader, Sal Mineo. ◆ Dopo vari errori, Jerry (Curtis) sembra aver messo la testa a posto, ma un amico poliziotto scopre che è l'autore di una rapina spettacolare. Ricostruzione romanzata di una celebre rapina avvenuta a Boston. Mineo debutta, Curtis sembra l'ombra di se stesso.

Rapina in Berkeley Square * (*A Nightingale Sang in Berkeley Square*, Usa 1979, col, 102') Ralph Thomas. Con Richard Jordan, David Niven, Oliver Tobias, Elke Sommer, Gloria Grahame, Hugh Griffith, Richard Johnson. ◆ Uscito da una prigione britannica, un fuorilegge (Jordan) è obbligato a prendere parte a un'elaborata rapina in una banca. Realizzato con mestiere, ma scarsamente originale. Niven ha incollato addosso il cliché del vecchio gentiluomo. Una delle ultime apparizioni di Gloria Grahame nel ruolo della madre di Jordan.

Rapina... mittente sconosciuto ** (*Special Delivery*, Usa 1976, col, 86') Paul Wendkos. Con Bo Svenson, Cybill Shepherd, Michael Gwynne, Tom Atkins, Jeff Goldblum, Sorrell Booke. ◆ Quattro reduci del Vietnam compiono una rapina, ma uno di loro (Svenson) scappa con il bottino che nasconde in una cassetta della posta. Divertente misto di azione e commedia. Buona prova per la Shepherd, artista e fidanzata del capo gang.

Rapina più pazza del mondo, La **½ (*The Bank Shot*, Usa 1974, col, 83') Gower Champion. Con George C. Scott, Sorrell Brooke, Joanna Cassidy. ◆ Un criminale pianifica una rapina che prevede la sparizione dell'intero edificio della banca. Da un romanzo di Donald Westlake, il sequel di *La pietra che scotta*, con Scott che interpreta il ruolo che era di Robert Redford. Storia ben strutturata, messinscena spettacolare, regia in velocità.

Rapina record a New York **½ (*The Anderson Tapes*, Usa 1972, col, 98') Sidney Lumet. Con Sean Connery, Dyan Cannon, Martin Balsam, Ralph Meeker, Christopher Walken. ◆ Un fuorilegge appena uscito di galera (Connery) organizza un colpo, ma la polizia è informata e arresta tutti i componenti della gang, uccidendone anche qualcuno. Dal romanzo di Lawrence Sanders. Più che un thriller, sembra un film di spionaggio (tutti sono sorvegliati da qualcuno), con una graduale ma efficace escalation di tensione (alla quale fornisce un importante contributo la colonna sonora di Quincy Jones). Non sempre Lumet ha il polso sicuro, ma le smagliature non si notano molto nel complesso. È il debutto di Christopher Walken.

Rappin' * (*Rappin'*, Usa 1985, col, 92') Joel Silberg. Con Mario Van Peebles, Tasia Valenza, Charles Flohe, Leo O'Brien, Eriq La Salle, Richie Abanes, Harry Goz. ◆ Un ex galeotto, ballerino di breakdance (Van Peebles), deve vedersela con i soprusi di un piccolo gangster (Flohe) con cui instaura una lotta personale. Musical a base di breakdance e rap, sull'onda della moda. Deve tutto all'interpretazione di Van Peebles (figlio di Melvin), poi passato alla regia.

Rapporti di classe **½ (*Amerika/Klassenverhältnisse*, Rft/Francia 1984, b/n, 126') Jean-Marie Straub, Danièle Huillet. Con Christian Heinisch, Mario Adorf, Manfred Blank, Laura Betti, Nazzareno Bianconi. ◆ Versione rispettosa ma immaginativa di *America* di Kafka: le disavventure del giovane Karl in cerca di lavoro negli Stati Uniti, cacciato da ogni posto a causa dei suoi scrupoli e della sua buona fede. La messinscena evita i manierismi kafkiani ma sceglie un tono di secco realismo, che bene evidenzia il lato metaforico della vicenda. Il tono onirico dipende invece dall'epoca imprecisata e dall'ambientazione ambigua (Amburgo travestita da New York). In una necessaria versione originale (visto il lavoro fatto sulla voce) con sottotitoli.

Rapporto a quattro **½ (*Justine*, Usa 1969, col, 116') George Cukor. Con Anouk Aimée, Dirk Bogarde, Robert Forster, Anna Karina, Philippe Noiret, Michael York. ◆ Ad Alessandria d'Egitto, negli anni Trenta, la bella moglie di un banchiere, Justine (Aimée) influenza la vita di tutti quelli che incontra: passando da un'alcova all'altra, seduce in particolare un giovane intellettuale inglese (York). Dai quattro romanzi che formano il *Quartetto di Alessandria* di Lawrence Durrell, sceneggiati da Lawrence B. Marcus con tocchi di esotismo kitsch voluti dai produttori. A tratti sembra davvero «una specie di *Peyton Place* con cammelli», come temeva lo scrittore, e ciò che riesce a rimediare Cukor con la regia (ambientazione e atmosfera enigmatici e sfuggenti come il personaggio femminile) è purtroppo poco visibile sul piccolo schermo. Location in Tunisia, ma Cukor non girò nemmeno un esterno. Il tormentato progetto era stato proposto a vari altri registi in precedenza, tra i quali Joseph Leo Mankiewicz. E prima che intervenisse Cukor «per sfida professionale», era stato affidato a Joseph Strick.

Rapporto confidenziale *** (*Mr. Arkadin*, rititolato *Confidential Report*, Svizzera/Spagna 1955, b/n, 100') Orson Welles. Con Orson Welles, Robert Arden, Paola Mori, Akim Tamiroff, Patricia Medina, Michael Redgrave, Mischa Auer, Katina Paxinou, Suzanne Flon, Peter Van Eyck, Gert Fröbe. ◆ Un avventuriero da strapazzo, Van Stratten (Arden), avvicina il miliardario Arkadin (Welles) con l'intenzione di ricattarlo. Van Stratten bluffa: ma Arkadin decide di servirsene, incaricandolo di far luce sul proprio passato – che dice di avere dimenticato – perché vuole eliminare i testimoni superstiti delle sue malefatte: ma il suo piano sarà intralciato dall'amore morboso per la figlia Raina (Mori, futura moglie di Welles), non insensibile alla corte dell'avventuriero. Welles sottopone tanto l'immagine quanto la narrazione a una deformazione sistematica, con un gusto a metà tra il barocco e il baraccone da luna park. Immagini sghembe che distruggono la prospettiva tradizionale (splendido l'episodio nel porto di Napoli), grandangoli e primi piani di volti sfatti e mostruosi sono la forma più naturale per un racconto che si avvolge su se stesso e divaga di continuo, dove gli episodi secondari (grazie anche a un cast di caratteristi straordinari) fanno arretrare sullo sfondo la storia principale. Girato con mezzi di fortuna per mezza Europa nel corso di otto mesi, una delle prove meno disciplinate del genio di Welles, ma ugualmente un grande film: quasi una versione di *Quarto potere* in chiave di commedia lugubre e ghignante. Welles – con una barba finta sempre sul punto di scollarsi – racconta la favola della rana e dello scorpione, ripresa poi da troppi registi che vogliono fare i cinefili. Nella versione per il mercato spagnolo, i ruoli di Sofia e della baronessa Nagel sono interpretati rispettivamente da Irene López Heredia (al posto di Katina Paxinou) e Amparo Revelles (invece di Suzanne Flon).

Rapporto Pelican, Il **½ (*The Pelican Brief*, Usa 1993, col, 141') Alan J. Pakula. Con Julia Roberts, Denzel Washington, Sam Shepard, John Heard, Toni Goldwyn, James B. Sikking, Stanley Tucci, John Lithgow. ◆ In seguito all'assassinio di due giudici, la studentessa di legge Darby Shaw (Roberts) consegna al suo docente-amante, Thomas Callahan (Shepard), il *Rapporto Pelican*, una relazione sullo sfruttamento di una zona ecologica (dove vivono i pellicani del titolo) che ipotizza il coinvolgimento della Casa Bianca. Callahan lo passa all'Fbi e muore in un attentato destinato a lei mentre Darby si rivolge al giornalista Gray Grantham (Washington): proseguiranno l'indagine insieme, tra minacce e autobombe. Dall'omonimo romanzo di John Grisham (sceneggiato dal regista), un thriller politico-cospirativo che si trova a dover fare i conti con la stanchezza del genere (la realtà ormai supera di gran lunga la fiction) e la necessità cinematografica di condensare un intreccio la cui originalità sta nell'aprire continuamente nuove e inesauribili piste al complotto. Pakula se la cava piuttosto bene, forte anche della sua esperienza degli anni Settanta: la trama non è il solito rompicapo pretestuoso, e il finale aperto, dopo oltre due ore incalzanti, è un segno di distinzione all'interno del genere. Inevitabile che la caratterizzazione dei personaggi passi in secondo piano rispetto all'intrigo, ma sia la Roberts che Washington fanno una bella figura.

Rappresaglia ** (Italia 1973, col, 102') George Pan Cosmatos. Con Marcello Mastroianni, Richard Burton, Leo McKern, Renzo Montagnani, Giancarlo Prete, John Steiner, Anthony Steel, Renzo Palmer, Delia Boccardo, Robert Harris. ◆ Versione romanzata dell'attentato di via Rasella e dell'eccidio delle Fosse Ardeatine, voluto dai nazisti e organizzato dal generale Kappler, con Burton nel ruolo del capo della Gestapo e Mastroianni in quello del prete. Dal libro *Morte a Roma* di Robert Catz che è anche cosceneggiatore con il regista. Molta enfasi e commozione accompagnate da una posizione politica che sfiora il pacifismo qualunquista e che, a parte la demonizzazione dei nazisti e la «beatificazione» dei martiri, non dà alcuno spessore critico alla vicenda, addossando a Pio XII tutta la responsabilità del massacro.

Rapsodia *½ (*Rhapsody*, Usa 1954, col, 115') Charles Vidor. Con Elizabeth Taylor, Vittorio Gassman, John Ericson. ◆ Una donna ricca (Taylor) influenza la vita di due musicisti (Gassman ed Ericson), ognuno dei quali ha le sue debolezze. Dal romanzo di Maurice Guest, sceneggiato da Fay e Michael Kanin, un dramma romantico e tedioso, ma con una splendida colonna sonora composta da Johnny Green e Bronislau Kaper, eseguita dal pianista Claudio Arrau e dal violinista Michael Rabin.

Rapsodia in agosto ***½ (*A chigatsu no kyohshikyoku*, Giappone 1991, col, 98') Akira Kurosawa. Con Sachiko Murase, Hisashi Igawa, Narumi Kayashima, Richard Gere. ◆ Ogni estate l'anziana Kane (Murase), che ha perso i suoi cari nell'esplosione della bomba atomica di Nagasaki, ospita i suoi nipoti: questi riescono a convincerla a fare pace con i parenti americani – rappresentati da un cugino (Gere) che viene per la prima volta a fare visita – ma non ad alleviarne il dolore. Tra il flash dell'occhio gigante, simbolo allucinatorio dell'esplosione – e la lunga sequenza con la nonna, impazzita, che arranca nella tempesta piegata come un fuscello, Kurosawa (che ha tratto la sceneggiatura da un romanzo di Kiyoko Murata) riesce a esprimere l'indicibilità della tragedia e l'incomunicabilità del dolore. Ma niente metafore e allegorie, per il resto: il film affronta temi come quelli della strage della bomba atomica e della possibilità di perdonare con una franchezza brutale che molti, poco generosamente, hanno tacciato di semplicismo e di retorica. Ma la semplicità del regista ultraottantenne è molto più problematica di quel che sembra, e soprattutto riesce a trasmettere emozioni che da molto tempo, al cinema, non si provano più. Tremendo il doppiaggio italiano, con voci da Tv dei ragazzi e Gere – che in originale alternava inglese e giapponese – con un assurdo accento similinglese.

Rapsodia in blu ** (*Rhapsody in Blue*, Usa 1945, b/n, 139') Irving Rapper. Con Robert Alda, Joan Leslie, Alexis Smith, Oscar Levant, Charles Coburn,

Julie Bishop. ◆ Storia della vita del compositore George Gershwin (Alda): la carriera, gli amici, il matrimonio. Una biografia largamente romanzata ed entusiastica, che sa però mantenere una grande credibilità, maggiore di tanti titoli dello stesso genere. La colonna sonora comprende tutti i successi del musicista. Celebre la sequenza finale, in cui Gershwin, ormai invalido, incontra la moglie dalla quale è separato a una messa di Natale.

Rapsodia per un killer **½ (*Fingers*, Usa 1978, col, 91') James Toback. Con Harvey Keitel, Jim Brown, Tisa Farrow, Danny Aiello, Tanya Roberts. ◆ Un aspirante concertista (Keitel), coinvolto dal padre nel racket delle scommesse e della prostituzione, fallisce nelle ambizioni artistiche e subisce un'allucinante iniziazione alla violenza. Opera prima difficilmente etichettabile, senza eccessive ambizioni simboliche e con qualche motivo di sorpresa per lo spettatore. Ai tempi Toback era amico di Scorsese e Schrader, e non ci si stupisce che tiri aria di *Mean Streets* e di *Taxi Driver*, visti anche il protagonista e l'operatore Michael Chapman. Sceneggiatura del regista.

Raptus segreti di Helen, I **½ (*What's the Matter with Helen?*, Usa 1971, col, 101') Curtis Harrington. Con Shelley Winters, Debbie Reynolds, Dennis Weaver, Agnes Moorehead, Michael MacLiammoir, Harry Dean Stanton. ◆ Durante la post-Depressione, le madri di due assassini (Reynolds e Winters) cercano di rifarsi una vita in California creando una scuola per bambine prodigio, ma una di loro (Winters) ha un esaurimento nervoso che la conduce alla follia. Sulla scia di *Che fine ha fatto Baby Jane?* (lo sceneggiatore è Henry Farrell, l'autore del racconto da cui fu tratto il film di Aldrich), ma con molto più affetto nei confronti delle due ex-dive, che interpretano due sognatrici perdenti in una fabbrica dei sogni che è già paccottiglia. Nel cast tre attori legati a Orson Welles (Moorehead, Weaver e MacLiammoir).

Rascel fifì *½ (Italia 1956, b/n, 84') Guido Leoni. Con Renato Rascel, Dario Fo, Franca Rame, Annie Fratellini. ◆ Il proprietario di un night (Rascel) riduce il suo acerrimo concorrente (Fo) a un suo dipendente. Innocua parodia dei noir americani, con la Rame in tenuta sexy, Fo impegnato anche come sceneggiatore e Rascel in un ruolo doppio (del padre e del figlio).

Rascel marine * (Italia 1958, col, 106') Guido Leoni. Con Renato Rascel, Celina Cely, Ernesto Calindri, Paolo Ferrari. ◆ Americani e giapponesi, anziché combattere su un'isola del Pacifico, si danno alla bella vita con le indigene. Avanspettacolo filmato senza troppe pretese; ai tempi la critica cattolica protestava per gli «abbigliamenti troppo succinti».

Ras del quartiere, Il * (Italia 1983, col, 88') Carlo Vanzina. Con Diego Abatantuono, Lino Troisi, Isabella Ferrari, Mauro Di Francesco. ◆ Un teppistello dal cuore d'oro (Abatantuono) aiuta uno sventurato ragioniere a recuperare la figlia (Ferrari), scappata di casa e unitasi alla temuta banda rivale. Decisamente fallimentare la versione più o meno comica del filone warrior, con Di Francesco che si fa chiamare Jena (come Kurt Russell in *1997: fuga da New York*) e il prodigioso successo di Abatantuono con slang da «terrunciello» agli sgoccioli.

Rashomon **** (*Rashomon*, Giappone 1950, b/n, 88') Akira Kurosawa. Con Toshiro Mifune, Machiko Kyo, Takashi Shimura, Masayuki Mori, Minoru Chiaki, Kichijiro Ueda, Fumiko Homma. ◆ Un monaco (Chiaki), un boscaiolo (Shimura) e un passante (Ueda) discutono del caso di un bandito (Mifune) accusato di avere ucciso un samurai (Mori) e di averne stuprato la moglie (Kyo). Ognuno dei partecipanti (i morti vengono evocati da una maga) racconta una versione diversa dei fatti, accollandosi la responsabilità del delitto, ma scaricandone la colpa sugli altri due. Il boscaiolo riferisce una quarta versione, che non va a onore di nessuno dei tre. Una parabola sulla relatività della verità, con un'apertura umanitaria nel finale. Congegnato con grande abilità e un superiore senso di ironia, e girato con uno stile nervoso e molto moderno. Il film che ha reso noti Kurosawa, Mifune e la Kyo in Occidente, Leone d'oro a Venezia e Oscar per il miglior film straniero. Accusato di essere troppo europeizzante dagli occidentali (ma i racconti di Akutagawa da cui è tratto sono degli anni Dieci), e poco amato in patria (i produttori non volevano mandarlo a Venezia perché pensavano fosse poco esportabile): capita anche ai capolavori.

R.A.S. – Nulla da segnalare ** (*R.A.S. Rien à signaler*, Francia/Italia 1973, col, 110') Yves Boisset. Con Philippe Leroy, Jacques Spiesser, Jacques Villeret, Michele Zaccaro. ◆ Nel 1956, durante la guerra d'Algeria, un plotone di insubordinati e simpatizzanti comunisti viene trasformato in una macchina di guerra da un maggiore (Leroy) che, dietro l'aria da gentleman, è il più bastardo di tutti. Film antimilitarista con approfondimenti psicologici non banali, anche se con più di un cedimento retorico.

Rasoi ** (Italia 1994, col, 55') Mario Martone. Con Enzo Moscato, Toni Servillo, Marco Manchisi, Tonino Taiuti, Iaia Forte, Vincenza Modica. ◆ Ripresa filmata dell'omonimo spettacolo di cui Martone curò anche la regia teatrale, scritto assieme a Toni Servillo su testi di Enzo Moscato. Un canto d'amore a Napoli, tra *Spoon River* e Genet, dove una serie di personaggi senza nome, del passato e del presente, dell'immaginazione e della realtà, si risvegliano sul palcoscenico per il tempo di cantare (Moscato), di raccontare le proprie storie dolenti e carnali, fino ad arrivare alla barocca dissoluzione di Napoli come brodo primordiale di sperma e sangue narrata da Servillo con l'accompagnamento di un pianoforte da café-chantant. Di cinema, però, ce n'è pochino, e chi conosce la versione teatrale sa che questo film vagamente imbalsamato non le rende ragione.

Rasputin *½ (*La Tragédie impériale*, Francia 1938, b/n, 116') Marcel L'Herbier. Con Harry Baur, Marcelle Chantal, Pierre-Richard Wilm, Carine Nelson. ◆ Dopo aver guarito l'erede al trono, il monaco Rasputin (Baur) esercita un fascino magnetico sulla famiglia dello zar, di cui peraltro prevede la tragica fine, finché i cortigiani lo fanno fuori. Film storico di maniera, con qualche cupo bagliore, girato da un ex maestro delle avanguardie nella sua fase calante.

Rasputin ** (*Rasputine*, Francia/Italia 1954, b/n, 80') Georges Combret. Con Pierre Brasseur, Isa Miranda, Milly Vitale. ◆ Rasputin (Brasseur), il quale asserisce che per combattere Satana occorre conoscere il peccato, ha un influsso morboso su donne di ogni classe sociale, compresa la zarina. Per toglierlo di mezzo il veleno non basta, occorre anche la pistola. Nelle convenzioni del film storico, la sceneggiatura cerca di penetrare il mistero del fascino di Rasputin, e lascia Brasseur libero di gigioneggiare.

Rasputin e l'imperatrice ** (*Rasputin and the Empress*, Usa 1932, b/n, 123') Richard Boleslawsky. Con John, Ethel e Lionel Barrymore, Ralph Morgan, Diana Wynyard, Tad Alexander. ◆ La storia del monaco matto ma dal fascino magnetico che si installa alla corte degli zar, narrata con il tipico fasto hollywoodiano. Il primo film di rilievo di Boleslawsky (voluto dalla Barrymore al posto di Charles Bradin), e l'unico in cui recitano assieme i tre bizzosi fratelli Barrymore: Lionel è Rasputin, John il capo dei congiurati che l'uccidono, Ethel la zarina. Costato oltre un milione di dollari, venne lanciato con grande risonanza e ottenne un notevole successo. Se non che la Warner venne citata in giudizio dalla principessa Youssoupoff, che si sentiva calunniata essendosi riconosciuta nel personaggio di Natasha (Wynyard), sedotta da Rasputin e poi sposa del capo dei congiurati. Il tribunale dette ragione alla principessa, che ci guadagnò 750 mila dollari.

Ratataplan ** (Italia 1979, col, 95') Maurizio Nichetti. Con Maurizio Nichetti, Angela Finocchiaro, Edy Angelillo. ◆ Il neolaureato ingegner Colombo (Nichetti) avendo dimostrato fantasia a un test di assunzione, viene scartato. Ripara a fare il cameriere in un bar dove crea uno schifoso intruglio miracoloso. Il prodotto viene sfruttato da altri e lui è licenziato. Anche l'amore con la bella del condominio (Angelillo) avrà esiti frustranti. Sarà felice solo assieme a una bruttina (Finocchiaro). Opera prima di Nichetti che già rivela la sua propensione per una comicità surreale e le sue capacità mimiche: non pronuncia mai una parola ma risulta divertente come una marionetta dinoccolata.

Ratboy **½ (*Ratboy*, Usa 1986, col, 105') Sondra Locke. Con Sondra Locke, Robert Townsend, Christopher Hewett, Larry Hankin, Sydney Lassick, S.L. Baird, Louie Anderson, Gerrit Graham. ◆ Una vetrinista (Locke) trova un ragazzo-topo (Baird) e decide di sfruttarlo come fenomeno da baraccone assieme ad alcuni sballati. Ma alla fine lo lascia tornare da dov'è venuto. Favola gentile e bizzarra sceneggiata da Rob Thompson e ambientata nei bassifondi di Los Angeles, un po' troppo debitrice di *Elephant Man* e con alcuni vistosi buchi di sceneggiatura. Il tocco della Locke (che esordisce alla regia), comunque, è insolito e originale. I collaboratori (a cominciare dal direttore della fotografia Bruce Surtees) sono quelli abituali di Clint Eastwood, che ai tempi era compagno della Locke. Townsend diventerà regista e braccio destro di Eddie Murphy.

Ratto delle Sabine, Il *½ (Italia 1945, b/n, 72') Mario Bonnard. Con Totò [Antonio de Curtis], Carlo Campanini, Clelia Matania, Mario Pisu, Olga Solbelli, Mario Castellani. ◆ Un maestro (Campanini) fa recitare un suo dramma in versi a una compagnia di guitti guidata dal cavalier Aristide Tromboni (Totò): la rappresentazione è un fiasco e termina in una bagarre. L'estro surreale di Totò sembra procedere su un piano diverso rispetto al resto del film e ne viene compresso. Conosciuto anche col titolo *Il professor Trombone*.

Ratto delle Sabine, Il * (Italia/Francia 1961, col, 96') Richard Pottier. Con Roger Moore, Mylène Demongeot, Scilla Gabel, Folco Lulli. ◆ Per popolare l'urbe appena fondata, i romani rapiscono le donne dei sabini. Ne nasce una guerra, ma le donne intercedono per la pace. Dozzinale storia romanzata, dove fa un certo effetto vedere Roger Moore col gonnellino.

Razorback – Oltre l'urlo del demonio *½ (*Razorback*, Australia 1984, col, 95') Russell Mulcahy. Con Gregory Harrison, Artie Whiteley, Bill Kerr, Chris Haywod. ◆ Un anziano cacciatore viene accusato dell'omicidio del nipotino, di cui è invece responsabile un gigantesco e feroce cinghiale. Lotta all'ultimo sangue tra l'uomo e la bestia sul modello dello *Squalo*, ambientata però nei deserti australiani. Lodato da alcuni per lo stile shock (e un po' da videoclip), snobbato dai più per l'inconsistenza della trama. Esordio di Mulcahy (*Highlander*).

Razza selvaggia * (Italia 1980, col, 99') Pasquale Squitieri. Con Saverio Marconi, Stefano Madia, Imma Piro, Enzo Cannavale, Angelo Infanti, Victoria Zinny. ◆ Un ingenuo immigrato campano (Marconi) a Torino scopre che il suo amico sbruffone è un drogato, e che sua sorella e la nipotina si prostituiscono. Fantasociologia nel tipico stile Squitieri, che affonda gli onesti propositi nell'inverosimiglianza narrativa e nella rozzezza ideologica. Musiche di Tullio De Piscopo.

Razziatore della notte, Il → *Notturno selvaggio*

Razzi volanti * (*Keep 'em Flying*, Usa 1941, b/n, 86') Arthur Lubin. Con Bud Abbott, Lou Costello, Carol Bruce, Martha Raye. ◆ Gianni e Pinotto (Abbott e Costello), nell'accademia di aviazione, si innamorano di due gemelle (Raye), mentre il loro amico serio si comporta da eroe. L'umorismo alla buona della coppia non è certo reso più digeribile dalla cornice, data l'epoca, patriottica.

R.D.F. – Rumori di fondo ** (Italia 1996, col, 76') Claudio Camarca. Con Francesco Domenidò, Andrea Occhipinti, Antonello Fassari, Giuditta Del Vecchio, Licia Maglietta, Francesco Meoni. ◆ Pecoraro di borgata col piercing, Zago (Domenidò) decide di fare il colpo della vita ammazzando un bieco usuraio (Fassari). Ma la rapina si trasforma in assedio quando arriva l'ispettore Tiresia (Occhipinti), rambo a sua volta vittima degli strozzini. Western metropolitano post-neo-neorealistico, l'opera seconda di Camarca (anche sceneggiatore) si fa apprezzare per la competenza formale, l'esasperato iperrealismo, l'estetica scabra che spesso si lascia alle spalle i cascami da videoclip. Peccato che, dietro l'ostentata amoralità e crudeltà, si ricomponga una divisione tradizionale dei personaggi in buoni e cattivi, e che la rabbia del protagonista rimanga astratta e di maniera, senza approfondire la rivendicazione sottoproletaria e neotribale.

Buon lavoro sull'immagine (di Raffaele Mertes) e sul sonoro.

Real Thing, The – A Stylish Thriller ** (*Livers Ain't Cheap*, Usa 1996, col, 86') James Merendino. Con James Russo, Pat Gallagher, Jeremy Piven, Fabrizio Bentivoglio, Ashley Laurence, Emily Lloyd, Rod Steiger, Gary Busey, Esai Morales, Max Perlich. ◆ All'insaputa l'una dell'altra, due bande progettano di svaligiare una discoteca l'ultimo dell'anno: da una parte c'è lo spietato Dexter (Gallagher), sull'altro fronte i dilettanti capeggiati da Rupert (Russo), che cerca i soldi per pagare un trapianto al fratello scapestrato (Piven). A furia di tentativi, pure Merendino (anche sceneggiatore) riesce quasi ad azzeccare il colpo: un noir con personaggi ben costruiti, una certa furia e un'insolita cattiveria. Scontato, però, quando si tratta di venire al sodo e fare la morale. Più originale e meno presuntuoso il titolo originale: «I fegati non sono a buon mercato».

Re a New York, Un ** (*A King in New York*, Gb 1957, b/n, 105') Charlie Chaplin. Con Charlie Chaplin, Dawn Addams, Michael Chaplin, Maxine Audley, Oliver Johnston. ◆ Un re senza trono in visita a New York (Charlie C.) viene coinvolto nel mondo della pubblicità, accetta di farsi fare una plastica facciale (che esplode quando non può trattenere il riso a uno spettacolo), e protegge un ingenuo giovanotto (Michael C., figlio di Charlie) fanatico marxista. Si salverà a stento, e tornerà nella sua Parigi. Satira del mito del denaro e dell'isteria anticomunista americana, di cui lo stesso Chaplin aveva fatto le spese. A tratti pungente, ma nel complesso piuttosto fiacco perché l'analisi dei meccanismi alienanti si affida troppo spesso alla satira dei fenomeni esteriori, malgrado (o proprio per) le volenterose citazioni di gag di trent'anni prima. Negli Stati Uniti circolò solo dopo il 1973. Il batterista che suona i piatti, improvvisamente e fragorosamente, in testa a Charlie Chaplin è il celebre Tony Crombie.

Re-animator *** (*Re-Animator*, Usa 1985, col, 86') Stuart Gordon. Con Jeffrey Combs, Bruce Abbott, Barbara Crampton, David Gale. ◆ Lo studente di medicina Herbert West (Combs) scopre un siero per riportare in vita i morti: ma i resuscitati sono violenti e aggressivi. Stuart Gordon esordisce nella regia con uno dei più oltraggiosi ed eccessivi horror degli anni Ottanta, ispirato al racconto di Lovecraft *Herbert West – Re-animator*: cadaveri che vanno in giro con la testa sottobraccio e la usano per leccare fanciulle nude, cervelli spiaccicati sui muri, gente strangolata da budella. Ritmo scatenato e, per chi ha lo stomaco, divertimento assicurato. Nel suo genere, un capolavoro mai eguagliato che gode di un fervido culto. La colonna sonora di Richard Band ricorda troppo quella di Bernard Herrmann per *Psyco*. Con un seguito.

Re-animator 2 ** (*Bride of Re-Animator*, Usa 1991, col, 99') Brian Yuzna. Con Jeffrey Combs, Bruce Abbott, Claude Earl Jones, Fabiana Udenio, David Gale. ◆ Herbert West (Combs) che ha scoperto il modo di far resuscitare i morti, interi e a pezzi, convince un suo collega a cui è morta la fidanzata, a tentare l'esperimento sulla ragazza di cui ha conservato il cuore. Sequel di *Re-animator* del 1985, di cui Yuzna era stato produttore. Tentativo abbastanza riuscito di fondere comico e orrorifico con grandi effetti speciali, tra cui la mano che cammina, ripresa dalla *Famiglia Addams*. Esilaranti mostri barocchi composti da pezzi di cadavere e soprattutto, una testa che vola grazie a due ali attaccate al posto delle orecchie.

Reazione a catena (Ecologia del delitto) *** (Italia 1971, col, 90') Mario Bava. Con Claudine Auger, Luigi Pistilli, Laura Betti, Claudio Volontè, Leopoldo Trieste, Brigitte Skay, Isa Miranda, Giovanni Nuvoletti. ◆ L'omicidio di un'anziana contessa paralitica (Miranda) non è che l'inizio di una serie di delitti (undici in tutto) che coinvolgono i suoi eredi e i casuali visitatori di una baia ancora selvaggia. Uno dei migliori film di Bava, e uno dei pochi film di cui fosse soddisfatto: verrà imitato da Argento & C. nella struttura ma non nell'humour nero corrosivo. Girato con stile quasi sperimentale (Bava cura anche la fotografia), e con un gusto dell'assurdo che sdrammatizza il sangue che scorre a litri. Memorabile l'assassinio della coppia che copula. Fosse stato girato in America sarebbe diventato un cult-movie.

Reazione a catena *½ (*Chain Reaction*, Usa 1996, col, 106') Andrew Davis. Con Keanu Reeves, Morgan Freeman, Rachel Weisz, Fred Ward, Kevin Dunn, Brian Cox, Joanna Cassidy, Nicholas Rudall. ◆ Dopo l'omicidio del dr. Barkley (Rudall), il tecnico Eddie Kasalvich (Reeves) è l'unico a conoscere la frequenza giusta per estrarre energia dall'acqua con onde sonore: e diventa subito una preda, inseguito sia dei cattivi che dall'ignara Fbi. Davis cerca di ripetere il meccanismo del *Fuggitivo*, con un innocente aiutato da una ragazza braccato nei luoghi più impensati: ma la sceneggiatura di J.F. Lawton e Michael Bortman è priva di sorprese, le pretese high-tech troppo seriose, e non bastano due megaesplosioni all'inizio e alla fine (che ambirebbero a essere le più spettacolari della storia del cinema, anche se gli effetti speciali non sono all'altezza) a tenere in piedi un film.

Rebecca, la prima moglie ***½ (*Rebecca*, Usa 1940, b/n, 130') Alfred Hitchcock. Con Laurence Olivier, Joan Fontaine, George Sanders, Judith Anderson, Nigel Bruce, C. Aubrey Smith, Florence Bates. ◆ A Monte Carlo una spaurita dama di compagnia (Fontaine) conosce e sposa in un battibaleno il ricco vedovo Maxim De Winter (Olivier). Ma nella sua magione a Manderley il ricordo ossessionante della prima moglie Rebecca, alimentato da una governante pazza (Anderson), porta la ragazza sull'orlo della follia: finché il mare non restituisce il cadavere di Rebecca e Maxim è accusato di omicidio. Il primo film americano di Hitchcock, prodotto da David Selznick, è fedele al romanzo di Daphne Du Maurier (sceneggiato da Robert E. Schewood e Joan Harrison), di cui conserva la struttura da favola gotica e l'atmosfera lugubre, morbosa e intrisa di sessuofobia. L'inizio da commedia e il finale da film giudiziario non sono però al livello della parte centrale. A Hitchcock (che appare dietro una cabina telefonica) non piaceva la storia, anche se tornò su temi simili – il passato che ritorna e il sentirsi indegni della persona amata – in *Il peccato di Lady Considine* e *La donna che visse due volte*. La Fontaine è una vittima perfetta e divenne una star. Oscar come miglior film (l'unico mai attribuito a Hitchcock) e per la fotografia di George Barnes. Memorabile colonna sonora di Franz Waxman.

Rebel Matt, soldato ribelle *½ (*Rebel*, Australia 1985, col, 91') Michael Jenkins. Con Matt Dillon, Debbie Byrne, Bryan Brown, Bill Hunter. ◆ A Sydney, durante il secondo conflitto mondiale, un soldato americano traumatizzato dalla guerra (Dillon) si innamora di una cantante di cabaret (Byrne) il cui marito è al fronte. Dramma piuttosto scontato la cui unica originalità sta nell'ambientazione e nel punto di vista moderatamente femminista.

Re burlone → *Cospiratori del golfo, I*

Rebus * (Italia 1988, col, 125') Massimo Guglielmi. Con Charlotte Rampling, Christophe Malavoy, Fabrizio Bentivoglio, Massimo Venturiello, Massimo Girotti. ◆ Dopo 35 anni e grazie all'aiuto di Raul (Bentivoglio), un meccanico (Malavoy) torna sulle tracce di una Bugatti del 1927 e della sua misteriosa proprietaria, la contessa Myriam du Terrail (Rampling), sparita nel nulla dopo che l'aveva fatto innamorare durante un viaggio Parigi-Biarritz. La confezione è patinata, ma non è sufficiente utilizzare brani di Coltrane e Billie Holliday per creare emozioni. Da un racconto di Antonio Tabucchi contenuto in *Piccoli equivoci senza importanza*. Solo per chi ama le Bugatti e/o Charlotte Rampling (incapace, al solito, di scegliersi le parti).

Rebus per l'assassino, Un *½ (*The Last of Sheila*, Usa 1973, col, 120') Herbert Ross. Con James Coburn, James Mason, Dyan Cannon, Raquel Welch, Ian McShane, Joan Hackett. ◆ Il marito (Coburn) di una star di Hollywood uccisa in un incidente invita sul suo yacht sei possibili sospetti: presto gli omicidi si moltiplicano. Giallo alla Agatha Christie scritto da Stephen Sondheim e Anthony Perkins, pieno di allusioni a personaggi del business cinematografico che è difficile decifrare. La volontà di stupire a tutti i costi rende l'intrigo arduo da seguire.

Rebus per un assassino *½ (*The Winter Kills*, Usa 1979, col, 97') William Richert. Con Jeff Bridges, John Huston, Anthony Perkins, Sterling Hayden, Richard Boone, Eli Wallach, Dorothy Malone, Toshiro Mifune, Tomas Milian, Ralph Meeker, Elizabeth Taylor. ◆ Nick Keegan (Bridges) torna a indagare dopo vent'anni sulla morte del fratello, coinvolto nell'omicidio di un presidente (ovvio il riferimento a Kennedy), e scopre il coinvolgimento del padre (Huston). Confuso e ambizioso giallo politico massacrato dalla produzione che modificò il finale e smussò l'atmosfera noir. Gustosa comunque la prova di Huston.

Recita, La **** (*O thiasos*, Grecia 1975, col, 230') Thodoros Anghelopulos. Con Eva Kotamanidu, Vanghelis Kazan, Aliki Gheorguli, Maria Vassiliu, Stratos Pachis, Petros Zarkadis. ◆ Le peregrinazioni di un gruppo di attori girovaghi (i cui membri hanno i nomi dei personaggi del mito degli Atridi: Elettra, Egisto, Pilade, Oreste...) che mettendo in scena il dramma ottocentesco di Peresiadis *Golfo la pastorella* si intrecciano – senza nessun tipo di ordine cronologico – con la storia della Grecia dal 1939 al 1952: la dittatura del generale Matexas, l'attacco italiano e l'occupazione nazista, la violenza subita da Elettra, la vendetta di Oreste che uccide la madre e il suo amante, la resistenza che prosegue anche dopo la fine della guerra contro le forze d'occupazione angloamericane, il matrimonio della sorella di Elettra con un soldato statunitense, la vittoria della destra e la restaurazione del generale Papagos. Punto di arrivo del rinnovamento formale degli anni Sessanta e Settanta, il film di Anghelopulos riesce a intrecciare perfettamente riflessione politica e ricerca formale raccontando una storia che si svolge a tre livelli – quello del teatro, quello della vita privata e quello della politica – e che attraversa quattordici anni di storia nazionale con una libertà d'invenzione e un'originalità di racconto che stupisce ancora (il film si apre e si chiude sulla stessa immagine di un vecchio che suona la fisarmonica con una voce off che ambienta la storia all'inizio nel 1952 e alla fine nel 1939). L'intreccio tra i tre livelli di significazione è stretto e impercettibile, non esistono flashback e i passaggi temporali sono realizzati con carrellate che ci fanno viaggiare nel tempo così che da una parte dello schermo «escono» i personaggi di un periodo storico e dall'altro «entrano» quelli di un altro senza nessun bisogno di rispettare la cronologia. Il punto di vista della vicenda, infatti, non è quello della narrazione ma quello della memoria collettiva che non distingue nettamente le collocazioni temporali. Gli attori che parlano direttamente in macchina e la collocazione della macchina da presa di fronte alla scena creano quel distacco che Brecht definì «straniamento» capace di fornire allo spettatore la consapevolezza di essere di fronte a una rappresentazione. Uno dei capolavori del cinema contemporaneo che assieme a *I giorni del '36* (1972) e *I cacciatori* (1977) forma la trilogia di Anghelopulos sulla storia contemporanea della Grecia.

Recita a quattro, Una ** (*La Bande des quatre*, Francia/Svizzera 1988, col, 160') Jacques Rivette. Con Laurence Cote, Fejria Deiba, Bernadette Giraud, Ines de Medeiros, Benoît Régent, Bulle Ogier. ◆ Quattro ragazze allieve di una scuola di teatro sono perseguitate da un uomo (Régent), forse poliziotto, forse mentitore, che le mette in ansia per una loro amica e, con vario successo, tenta di sedurle. Rivette torna su due suoi motivi favoriti: l'intrigo giallo senza soluzione e l'incrocio tra palcoscenico e vita quotidiana. Ma il gioco è fin troppo rarefatto e geometrico, l'elemento fantastico è appena accennato: la pazienza richiesta allo spettatore non sempre viene ripagata, e spesso si ha l'impressione di essere capitati in un film dell'ultimo Rohmer, e di quelli meno riusciti.

Recluta, La *½ (*The Rookie*, Usa 1990, col, 121') Clint Eastwood. Con Clint Eastwood, Charlie Sheen, Raul Julia, Sonia Braga, Tom Skerrit, Lara Flynn Boyle. ◆ Il poliziotto stagionato e il pivello (Eastwood e Sheen), dopo i soliti battibecchi, uniscono le loro forze per eliminare un supercriminale (Julia nei panni di un tedesco) e la sua socia (Braga), che fa la dominatrix nei ritagli di tempo. Pura routine, non fosse per una sorprendente scena sadomaso tra Eastwood e la Braga. Eastwood non si dimentica di essere un grande regista, ma dà l'impressione di non credere in quanto sta facendo.

Recluta dell'anno, La *½ (*Rookie of the Year*, Usa 1993, col, 103') Daniel Stern. Con Thomas Ian Nicholas, Gary Busey, Albert Hall, Amy Morton, Dan Hedaya. ◆ Il dodicenne Henry (Nicholas), fanatico del baseball, dopo un incidente scopre di essere diventato un lanciatore mirabolante, e viene ingaggiato in prima divisione. Ma cosa farà quando i suoi poteri svaniranno? L'esordiente regista Stern (che si riserva la parte dell'allenatore) non doveva avere ben chiaro a quale pubblico rivolgersi, e finisce con l'affidarsi a un sentimentalismo di maniera.

Reclute * (*Recruits*, Usa 1986, col, 90') Rafal Zielinski. Con Steve Osmond, Doug Annear, Alan Deveau, Lolita David [Davidovich]. ◆ Un gruppo di sballati, assoldati da uno sceriffo per ripulire una cittadina, si rivelano insospettabilmente efficienti. Fiacca imitazione di *Scuola di polizia*, sguaiata e fracassona, girata con budget ridotto.

Recuperanti, I **½ (Italia 1969, col, 95') Ermanno Olmi. Con Antonio Lunardi, Andreino Carli, Alessandra Micheletto, Pietro Tolin. ◆ Un uomo (Carli), torna nel suo paese dopo la guerra, dove c'è la fidanzata (Micheletto) che l'aspetta: ma l'unico lavoro che riesce a trovare è quello, pericoloso, di recuperare ordigni bellici insieme al vecchio Du (Lunardi). Sceneggiato dal regista con Tullio Kezich e Mario Rigoni Stern, il film è «un omaggio all'altopiano di Asiago». Più descrittivo che introspettivo, racconta in maniera lineare e senza manicheismi un mondo rurale che sta scomparendo, in cui l'esigenza di un lavoro sicuro vince sull'aspirazione alla vita libera.

Re degli zingari, Il *½ (*King of the Gypsies*, Usa 1978, col, 112') Frank Pierson. Con Eric Roberts, Susan Sarandon, Judd Hirsch, Brooke Shields, Sterling Hayden, Annette O'Toole, Shelley Winters, Annie Potts. ◆ Il vecchio re degli zingari (Hayden), morendo, lascia il potere al nipote (l'esordiente Roberts), che si è già segnalato per uno spirito più moderno: suo padre (Hirsch), roso dall'invidia, gli dichiara guerra. Tentativo non riuscito di sfruttare il folclore gitano in una cornice metropolitana. Prodotto da De Laurentiis in confezione lusso: fotografia di Sven Nykvist e musiche di Stephane Grappelli (che compare brevemente).

Re dei barbari, Il *½ (*Sign of the Pagan*, Usa 1954, col, 92') Douglas Sirk. Con Jeff Chandler, Jack Palance, Ludmilla Cherina, Jeff Morrow, Rita Gam. ◆ Il centurione Marciano (Chandler) sposa l'imperatrice Pulcheria (Cherina) e debella gli unni di Attila (Palance). Magniloquente polpettone in costume, che se ne infischia della verosimiglianza storica: appena digeribile per la gigioneria di Palance. Decisamente un soggetto fuori dalle corde di Sirk.

Re dei falsari, Il **½ (*Le Cave se rebiffe*, Francia 1961, b/n, 95') Gilles Grangier. Con Jean Gabin, Bernard Blier, Martine Carol, Frank Villard, Maurice Biraud, Ginette Leclerc, Antoine Belpêtré, Albert Dinan, Clara Gansard, Françoise Rosay. ◆ Tre goffi imbroglioni (Blier, Villard e Belpêtré) chiedono l'aiuto del mitico Ferdinand detto «il Grisbì» (Gabin) per organizzare la stampa e lo spaccio di un miliardo di fiorini falsi. Ma il falsario assoldato (Biraud) si rivelerà più intraprendente del previsto. Noir dal tono leggero e scanzonato, oltre che spensieratamente misogino, tratto da un romanzo di Albert Simonin (da lui adattato col regista e Michel Audiard) che si regge tutto sui dialoghi scintillanti, di una retorica barocca e irreale, e sull'incontenibile gigioneria di un Gabin «infallibile e megalomane» che ingannando i suoi soci non fa altro che ripagarli con la loro stessa moneta. Peccato solo per lo straordinario uso dell'argot che sparisce nel piatto adattamento italiano (il titolo originale significa: il minchione non ci sta).

Re dei giardini di Marvin, Il **½ (*The King of Marvin Gardens*, Usa 1972, col, 103') Bob Rafelson. Con Jack Nicholson, Bruce Dern, Ellen Burstyn, Julia Anne Robinson, Scatman Crothers. ◆ Il fratello arruffone e ciarliero (Dern) coinvolge quello serio e borghese (Nicholson) in una speculazione edilizia fasulla. Dramma familiare che mette a confronto due tipiche visioni del mondo yankee: quella dell'esistenza come affare e quella, complementare, del suo rifiuto artistico-intellettuale. Sopravvalutato alla sua uscita, oggi il film (scritto da Jacob Brackman) «mostra i limiti di un simbolismo troppo invadente e un certo compiacimento nel descrivere questi due *losers*», ma la regia è molto armoniosa – nonostante Rafelson porti all'estremo le tecniche di *Cinque pezzi facili*: improvvisazione, narrazione non lineare, un linguaggio nervoso e freddo – e la cornice fatiscente di Atlantic City dà al film l'atmosfera di «una favola mortuaria». I Giardini di Marvin sono il corrispondente del Parco della Vittoria nel monopoli americano.

Re dei grizzly, Il *½ (*King of the Grizzlies*, Usa 1970, col, 93') Ron Kelly. Con John Yesno, Chris Wiggins, Hugh Webster. ◆ Improbabile storia dell'amicizia tra un orso e un indiano (Yesno) che gli salva la vita da cucciolo e da grande. Produzione Disney girata con stile semidocumentaristico in belle cornici naturali. Lontano anni luce dall'*Orso* di Annaud.

Re dei re, Il ** (*King of Kings*, Usa 1961, col, 168') Nicholas Ray. Con Jeffrey Hunter, Siobhan MacKenna, Robert Ryan, Carmen Sevilla, Viveca Lindfors, Rita Gam, Rip Torn, Hurd Hatfield, Harry Guardino, Brigid Bazlen, George Coulouris, Fernando Sancho. ◆ Questa versione della vita di Cristo (Hunter) accentua la lettura politica della figura del Messia facendo di Barabba (Guardino) un cospiratore antiromano che, tramite il suo amico Giuda (Torn), cerca di far passare Gesù dalla sua parte. Uno dei più singolari tra i film che si ispirano ai Vangeli, sceneggiato da Philip Yordan, rimontato dalla produzione perché considerato troppo violento, agiografico e manierato in certi momenti ma anche sorprendentemente inventivo in altri (soprattutto la prima parte). Un film irrisolto, ed è un peccato perché molti dei motivi cari a Ray (il rapporto padre-figlio, il peso del passato sulle nostre azioni, il destino delle vittime, il ruolo dell'intercedente) rimandano a temi presenti nei Vangeli. Il commento di Ray Bradbury, affidato alla voce fuori campo di Orson Welles nell'originale, è letto in quella italiana da Gino Cervi.

Re del jazz, Il ** (*The Benny Goodman Story*, Usa 1955, col, 116') Valentine Davies. Con Steve Allen, Donna Reed, Herbert Anderson, Sammy Davis sr. ◆ Biografia (o meglio agiografia) del celebre clarinettista jazz Benny Goodman (Allen), girata quando era all'apogeo del successo: la giovinezza nel quartiere ebreo di Chicago, le prime modeste scritture, l'amore duraturo di una ragazza-bene, la fama. Gene Krupa, Lionel Hampton e Teddy Wilson, i componenti della sua band, appaiono nella parte di se stessi. Goodman, ovviamente, doppia Allen al clarinetto.

Re dell'Africa, Il *½ (*Mighty Joe Young*, Usa 1949, b/n, 94') Ernest B. Schoedsack. Con Terry Moore, Ben Johnson, Robert Armstrong, Frank McHugh. ◆ Una ragazza cresciuta nella giungla (Moore) va in tournée negli Stati Uniti col gorilla gigante di cui è amica. Ma la città crea qualche problema al bestione, che alla fine torna in Africa. Versione addolcita e un po' fiacca di *King Kong*, con effetti speciali di Ray Harryhausen e Willis O'Brien vincitori dell'Oscar. Ne esiste una versione colorizzata.

Re della notte, Il ** (*O rei da noite*, Brasile 1975, col, 105') Hector Babenco. Con Paulo José, Marilia Pera, Vick Militello. ◆ Un dongiovanni da strapazzo pensa di uccidere la moglie per impossessarsi del patrimonio di sua sorella, ma finisce senza soldi e alcolizzato a fare il vagabondo. Il primo film di Babenco, in cui, dietro l'impianto da sceneggiata a forti tinte, è già chiaro il suo interesse per i bassifondi e i relitti umani, oltre a uno sguardo molto personale su São Paulo. Come al solito, il finale è aperto, e non c'è né condanna né assoluzione.

Re della prateria, Il ** (*These Thousands Hill*, Usa 1959, col, 96') Richard Fleischer. Con Don Murray, Lee Remick, Richard Egan, Patricia Owens, Stuart Whitman. ◆ Con l'aiuto di una prostituta (Remick), un cacciatore (Murray) diventa ranchero e fa progressi in società. Presto la mette da parte, ma anni dopo si pente e cerca di rimediare. Western in chiave melodrammatica giocato sui mezzi toni, non del tutto banale, anche se meno riuscito di altri film di Fleischer.

Re dell'arena, Il ** (*The Kid from Spain*, Usa 1932, b/n, 96') Leo McCarey. Con Eddie Cantor, Lyda Roberti, Robert Young, Ruth Hall, J. Carrol Naish, Noah Berry. ◆ Scacciato dal college perché trovato nel dormitorio femminile, lo studente Edward Williams (Cantor) viene coinvolto suo malgrado in una rapina e fugge in Messico, dove viene scambiato per un famoso torero. Con la sua macchietta di tonto che cerca invano di essere furbo, e i suoi mobilissimi occhi a palla, Cantor ebbe ai tempi un grande successo. Data la presenza di una spalla «seria» come il latin lover Ricardo (il giovane Young), sembra di vedere un Jerry Lewis ante litteram. L'umorismo, tuttavia, è elementare e antiquato, e affidato più a dialoghi e bisticci interminabili che a gag visive. Il film passerebbe oggi inosservato non fosse per un paio di sequenze lussuosamente coreografate da Busby Berkeley, nelle quali le ragazze indossano costumi che una più severa applicazione del Codice Hays, poco tempo dopo, non avrebbe più permesso. Si dice che tra le ballerine vi siano Paulette Goddard, Jane Wyman e Betty Grable, ma identificarle è arduo. La fotografia è di Gregg Toland.

Re della spiaggia, Il * (*Side Out*, Usa 1990, col, 100') Peter Israelson. Con C. Thomas Howell, Peter Horton, Courtney Thorne Smith, Harley Jane Kozak, Christopher Rydell, Terry Kiser, Randy Stoklos. ◆ Per guadagnare durante l'estate, Monroe Star (Howell) aiuta lo zio californiano nel recupero crediti, ma quando incontra Zack Barnes (Horton) lascia i tribunali per il beach volley. Scemenzuola estiva che vorrebbe sfruttare la moda della pallavolo da spiaggia: fustacciοni abbronzati, storia prevedibile (le riprese delle gare sono di una nullità sconcertante) e sorrisi formato spot.

Re delle isole, Il *½ (*The Hawaiians*, Usa 1970, col, 134') Tom Gries. Con Charlton Heston, Geraldine Chaplin, John Philip Law, Tina Chen, Mako, Keye Luke, Alec McCowen. ◆ Alla fine dell'Ottocento, un avventuriero (Heston) costruisce un impero commerciale nelle Hawaii con l'aiuto di una donna cinese (Chen) che, alla fine, sposa. Tra la scoperta del petrolio e un'epidemia di lebbra, una saga epica poco ispirata e prolissa che riprende i personaggi di *Hawaii* (1966, di George Roy Hill). Colonna sonora di Henry Mancini.

Re dell'ombra, Il **½ (*The Sleeping Cardinal*, Gb 1931, b/n, 84') Leslie Stephenson Hiscott. Con Arthur Wonter, Ian Fleming, Philip Hewland, Louis Goodrich, Jane Welsh, Norman McKinnel. ◆ Sherlock Holmes (Wonter) smaschera una gang di rapinatori che esporta il denaro rubato ricattando un funzionario del ministero degli Esteri: a capo dell'organizzazione c'è naturalmente Moriarty (McKinnel). Abile combinazione di due storie firmate da Conan Doyle (*La casa vuota* e *Il problema finale* sceneggiato da Cyril Twyford e H. Fowler Mear), è il primo, il più lungo e il migliore dei film con Wonter nella parte di Holmes. Tutte le deduzioni del detective hanno i loro fondamenti nell'intreccio, con grande plausibilità della vicenda e altrettanto rispetto nei confronti del pubblico. Peccato che Ian Fleming (nessun legame con il creatore di James Bond) sia un Watson un po' troppo allocco, anche se divertente. Il titolo originale si riferisce a un quadro dietro il quale Moriarty ha ricavato un nascondiglio segreto.

Re dell'opera, Il ** (*Metropolitan*, Usa 1935, b/n, 75') Richard Boleslawsky. Con Lawrence Tibbett, Virginia Bruce, Alice Brady, Cesar Romero, Thurston Hall. ◆ Un bravo tenore (Tibbett) abbandona il coro del Metropolitan e tenta una carriera da solista al seguito di una primadonna capricciosa (Bruce). Sarà lui a tenere in piedi la compagnia e a portarla al successo con una rappresentazione dei *Pagliacci.* Amore e musica in un prodotto hollywoodiano superficiale ma fastoso, un grande successo dell'epoca. Fotografia di Rudolph Maté.

Re del Pecos, Il **½ (*King of the Pecos*, Usa 1936, b/n, 54') Joseph Kane. Con John Wayne, Muriel Evans, Cy Kendall, Jack Clifford, Frank Glendon, Yakima Canutt. ◆ Uno studente di legge (Wayne) vuole vendicare l'assassinio dei genitori. Dapprima cerca di fermare il responsabile (Kendall) con metodi legali, poi organizza un manipolo di rancheros e si fa giustizia da sé. Uno dei migliori western di serie B interpretati da Wayne. Il budget sembra molto più elevato del reale grazie alla regia solenne di Kane e alla raffinata fotografia di Jack Marta. Montaggio di Joseph H. Lewis.

Re del sole, I * (*Kings of the Sun*, Usa 1963, col, 108') J. Lee Thompson. Con Yul Brynner, George Chakiris, Shirley Anne Field, Richard Basehart. ◆ Un re maya (Chakiris) in fuga di fronte a invasori che usano armi di bronzo (quelle del suo popolo sono di legno) trova alleati nelle tribù indiane del Texas. Pasticcio pseudostorico solenne, pomposo e soporifero.

Red e Toby nemiciamici *½ (*The Fox and the Hound*, Usa 1981, col, 81') Art Stevens, Ted Berman, Richard Rich. ◆ Una volpe e un cane da caccia, amici finché sono cuccioli, da adulti si devono dare la caccia. Tra i film di animazione Disney del passato decennio, uno dei meno azzeccati: fiacca e ripetitiva la storia, e soprattutto poco riusciti i personaggi di contorno, che sono sempre stati il punto di forza di questi film.

Re di denari *½ (Italia 1936, b/n, 89') Enrico Guazzoni. Con Angelo Musco, Maria Denis, Nerio Bernardi, Mario Ferrari, Rosina Anselmi, Mario Pisu, Nicola Maldacea. ◆ Un ricco possidente siciliano (Musco) deve precipitarsi a Roma perché il nipote ha sedotto la figlia di un nobile supponente ma povero in canna. Modesta farsa su misura del protagonista, che cela una parabola sul denaro di furbesca amoralità.

Re d'Inghilterra non paga, Il * (Italia 1941, b/n, 90') Giovacchino Forzano. Con Andrea Checchi, Mario Mina, Luigi Pavese, Mino Doro, Osvaldo Valenti, Elodia Maresca, Silvana Jachino, Maria Labia, Giuseppe Addobbati, Alfredo De Sanctis, Aldo Silvani. ◆ La richiesta di un prestito da parte del re d'Inghilterra scatena la rivalità tra le famiglie dei banchieri fiorentini: la spuntano i Peruzzi, alleati coi Bardi, spingendo gli umiliati Buondelmonti all'esilio. Ma quando l'insolvenza del sovrano rischia di mandare in rovina tutta Firenze, i Buondelmonti tornano in città decisi a vendicarsi col sangue sui concorrenti: per fortuna l'amore tra Ippolito Buondelmonti (Checchi) e Dianora dei Bardi (Jachino) e il loro matrimonio segreto – favorito dalle donne delle due famiglie – saprà riportare la pace. Polpettone in costume che il regista (con Pio Vanzi e Giuseppe Zucca) ha tratto da antiche storie fiorentine: l'obiettivo propagandistico (contro gli antenati della «perfida Albione», truffatori ieri come oggi) è evidente, ma altrettanto evidente è la povertà e la verbosità della messinscena.

Re di Poggioreale, Il ** (Italia/Francia 1961, b/n, 118') Duilio Coletti. Con Ernest Borgnine, Keenan Wynn, David Opatoshu, Yvonne Sanson, Cristina Gajoni, Max Cartier, Aldo Giuffré, Giacomo Furia, Nino Vignelli, Carlo Pisacane, Sergio Tofano, Salvo Randone, Rosita Pisano, Lino Ventura, Mario Passante. ◆ 1943: con la complicità del colonnello (Wynn) che comanda la piazza di Napoli, don Peppino Navarra (Borgnine) utilizza una parte dei suoi commerci illegali per alleviare la miseria dei concittadini, conquistandosi il titolo di «re di Poggioreale». Ma l'avvicendamento dei funzionari di polizia e la tragica morte del figlio Enrico (Cartier) mettono fine al suo «regno». Un melodramma che è anche uno spaccato antropologico dell'universo napoletano, ispirato a un personaggio reale e sceneggiato da John Fante, Vittoriano Petrilli e Giuseppe Mangione. Se i personaggi principali risentono di un certo prevedibile folclore (con tanto di gara tra Borgnine e Wynn su chi fa meglio la pizza), compreso il commissario idealista (Opatoshu) venuto dal Nord e il vescovo (Randone) che sceglie proprio il ladro don Peppino per riportare a Napoli il tesoro di San Gennaro nascosto in Vaticano, il ritratto del mondo di miserabili che li circonda – ora disperato ora solo avido – è convincente e credibile; e il saccheggio finale, quando nessuno rispetta più l'ex «re» caduto in disgrazia, ha una sua incisiva verità morale.

Re di Roma, Il – Aquila imperiale * (*Napoléon II, l'aiglon*, Francia 1961, col, 105') Claude Boissol. Con Jean Marais, Bernard Verley, François Maistre, Danièle Gaubert, Jean-Pierre Cassel, Marianne Koch. ◆ Il figlio di Napoleone e di Maria Luisa di Parma, Franz duca di Reichstadt (Verley), cresce alla corte di Vienna, deludendo sia gli austriaci che i bonapartisti che gli offrono il trono. Poteva essere il ritratto di un perdente amletico, ma è un fiacco e serioso film in costume recitato in modo enfatico da Marais nella parte di Montholon.

Red Rock West *½ (*Red Rock West*, Usa 1993, col, 98') John Dahl. Con Nicolas Cage, Lara Flynn Boyle, J.T. Walsh, Dennis Hopper, Timothy Carhart. ◆ In una cittadina del Wyoming, Michael (Cage) viene scambiato da Wayne (Walsh) per il killer assoldato per far fuori sua moglie (Flynn Boyle). Michael vorrebbe dileguarsi dopo essersi preso l'anticipo e aver ripetuto lo stesso gioco con la consorte: ma non ha fatto i conti con l'arrivo del killer vero (Hopper) e, soprattutto, con la sua iella. Tutto già visto e poca suspense: quando poi i colpi di scena cominciano a moltiplicarsi, il ridicolo è dietro l'angolo. I fratelli Dahl, autori della sceneggiatura, sembrano non aver mai visto né *Blood Simple* né *The Hot Spot*: un po' d'ironia avrebbe giovato, e il finale horror c'entra come i cavoli a merenda.

Reds *** (*Reds*, Usa 1981, col, 200') Warren Beatty. Con Warren Beatty, Diane Keaton, Edward Herrmann, Jerzy Kosinski, Jack Nicholson, Paul Sorvino, Maureen Stapleton, Gene Hackman, William Daniels. ◆ Cinque anni della vita del giornalista americano John Reed (Beatty) e della sua compagna Louise Bryant (Keaton), dal 1915 al 1920, dalla vita bohémienne del Greenwich Village al diretto coinvolgimento nella rivoluzione sovietica e nel dibattito della Seconda Internazionale. Riesumando dall'oblio, in piena èra reaganiana, la vita di John Reed, autore del memorabile *I dieci giorni che sconvolsero il mondo*, amico personale di Lenin e unico americano sepolto al Cremlino, Beatty rivela insospettabili doti di regista e narratore epico. Grazie anche alla bella sceneggiatura scritta insieme a Trevor Griffiths (e con la collaborazione di Elaine May e Robert Towne), il film riesce a rendere avvincenti i dibattiti ideologici legati alla nascita del socialismo libertario in America e al deterioramento del sogno comunista in Unione Sovietica senza per questo minimizzare la tormentata e tumultuosa storia d'amore dei due protagonisti: «nessun film, forse, ha saputo raccontare la vita di una coppia così strettamente legata alla vita pubblica eppure così intensamente passionale e privata». Girato per la maggior parte in luoghi chiusi e poco spettacolari (ma tutti ravvivati da un'intelligente organizzazione dello spazio visivo e dalla fotografia particolarmente inventiva di Vittorio Storaro), *Reds* rivendica il ruolo della parola di fronte a un cinema sempre più legato all'immagine (tutta la seconda parte del film è centrata sulle frustrazioni «linguistiche» di Reed) e in anni sempre più superficiali la centralità del ricordo e della memoria (il racconto è interrotto da brevi scene in cui testimoni di quegli anni raccontano i loro ricordi, parlando direttamente verso la macchina da presa). C'è anche qualche concessione allo spettacolo, qualche annacquamento della posizione ideologica del protagonista e qualche lungaggine di troppo, tuttavia *Reds* rimane un autentico, suggestivo e appassionante atto di anticonformismo intellettuale. Indimenticabili le scene della Rivoluzione d'Ottobre scandite dall'Internazionale. Tre Oscar: regia, miglior attrice non protagonista (Stapleton, nella parte dell'anarchica Emma Goldman) e fotografia. Eccezionale Nicholson nel ruolo di Eugene O'Neill.

Red Scorpion – Scorpione rosso * (*Red Scorpion*, Usa 1989, col, 102') Joseph Zito. Con Dolph Lundgren, M. Emmet Walsh, Al White, Brion James, Carmen Argenziano. ◆ Un ufficiale russo in missione in Africa (Lundgren) passa dalla parte dei ribelli antisovietici, facendo strage di cubani. Grezzo film bellico che va avanti a spari ed esplosioni, mal servito da un protagonista antipatico e inespressivo. Effetti speciali di Tom Savini.

Re ed io, Il ** (*The King and I*, Usa 1956, col, 133') Walter Lang. Con Deborah Kerr, Yul Brynner, Rita Moreno, Martin Benson. ◆ Celebrata commedia musicale, tratta dal musical *Anna e il re del Siam* di Rodgers e Hammerstein II, che aveva già ispirato il film omonimo. Nell'Ottocento il sovrano dell'arretrato Siam (Brynner) affida l'educazione dei figli a una vedova inglese (Kerr). Lontani anni luce, ed entrambi testardi, il re e la donna finiscono per stimarsi – e forse qualcosa di più. E il progresso fa la sua entrata a corte. Saggio di affabile eurocentrismo e di banalità esotiche, che, malgrado tutto, riesce a farsi seguire con simpatia, specie per merito degli attori. Cinque Oscar: miglior attore (Brynner), costumi (Irene Sharaff), scenografie (Lyle Wheeler, John DeCuir, Walter M. Scott, Paul S. Fox), direzione musicale (Alfred Newman, Ken Darby) e suono (Carl Faulkner).

Regalo di Natale **½ (Italia 1986, col, 101') Pupi Avati. Con Diego Abatantuono, Carlo Delle Piane, Gianni Cavina, Alessandro Haber, George Eastman [Luigi Montefiori], Giovanna Piaz. ◆ Quattro ex amici più o meno falliti si ritrovano, la notte di Natale, per spennare a poker un presunto pollo, un industriale ricco e viscido (Delle Piane, premiato al festival di Venezia). Durante la serata riemergono vecchi rancori (storie di corna) e il pollo si rivela, in realtà, un altro. Uno dei film migliori di Avati, cattivo e preciso nel disegno dei personaggi, ma con qualche buco nella sceneggiatura, che pecca sia di ridondanza che di reticenza. Il film che ha rilanciato Abatantuono (nella parte del gestore di un cinema in crisi) come attore serio. Ma anche Eastman (il proprietario gay di una palestra), che veniva dal western e dall'horror di serie C. Giovanni Bruzzi ha «sceneggiato» la partita a carte, facendo da consulente per i ciak che riguardavano le giocate.

Regarde les hommes tomber **½ (*Regarde les hommes tomber*, Francia 1994, col, 100') Jacques Audiard. Con Jean Yanne, Jean-Louis Trintignant, Mathieu Kassovitz, Bulle Ogier, Christine Pascal, Yvon Back, Yves Verhoeven, Marc Citti. ◆ Rappresentante maturo, sposato e deluso dalla vita, Simon Hirsch (Yanne) decide senza una ragione di indagare su due balordi che hanno mandato in coma un suo amico poliziotto: sono l'irascibile Marx (Trintignant) e il sottomesso Johnny (Kassovitz), legati da un rapporto di padrone-servo con sfumature omosessuali, in cui Simon, imprevedibilmente, si introdurrà come terzo incomodo. Per il suo esordio alla regia, il figlio dello sceneggiatore Michel Audiard sceglie un noir tutto di testa e un po' letterario, spietato nel tratteggiare i personaggi e percorso da una vena di tranquilla follia. Qualche ricordo di *Mia dolce assassina* di Miller e un promettente stile ellittico. Scritto da Audiard e Alain Le Henry dal romanzo *Triangle* di Teri White.

Regeneration ** (*Regeneration*, Gb/Canada 1997, col, 113') Gillies MacKinnon. Con Jonathan Pryce, James Wilby, Jonny Lee Miller, Stuart Bunce, Tanya Allen, John Neville. ◆ 1917: lo psicologo militare Rivers (Pryce), nel suo ospedale di Edimburgo, ha il compito di «guarire» Siegfried Sassoon (Wilby), eroe di guerra ma anche poeta tentato dal pacifismo. Il confronto metterà in crisi le rispettive convinzioni. Come tanti giovani registi inglesi, MacKinnon punta tutto sulla tecnica (carrellate che ambiscono a essere le più travolgenti dai tempi di *Orizzonti di gloria*), sulla fotografia (di Glen MacPherson, con ricordi di Otto Dix) e sugli attori, ma manca qualcosa: la capacità di scavare in tutte le ambiguità del soggetto, di evitare un certo semplicismo nelle psicologie. E rimane un'aria di esercitazione accademica su nobili temi. Dal romanzo di Pat Barker, adattato da Alan Scott e ispirato a due «poeti di guerra» realmente esistiti, Sassoon e Wilfred Owen (interpretato da Bunce).

Regina **½ (Italia 1987, b/n, 87') Salvatore Piscicelli. Con Ida Di Benedetto, Fabrizio Bentivoglio, Giuliana Calandra, Mariano Rigillo. ◆ Un'attrice in crisi (Di Benedetto) alle prese con la *Fedra* di Racine inizia una relazione con un uomo egoista (Bentivoglio) pornoattore di nascosto: gli esiti saranno distruttivi per entrambi. Celebrazione di un'eroina masochista in un melodramma dedicato e ispirato a Douglas Sirk, troppo programmatico nella ricerca del finale tragico. Ma non vi sono cadute di tono, e l'innesto di una materia torbida e torrida sugli schemi convenzionali del genere funziona. Ottima fotografia di Tonino Nardi in un bianco e nero pastoso e pieno di sfumature.

Regina Cristina, La **½ (*Queen Christina*, Usa 1933, b/n, 100') Rouben Mamoulian. Con Greta Garbo, John Gilbert, Ian Keith, Lewis Stone, Elizabeth Young, Reginald Owen. ◆ La regina Cristina di Svezia (Garbo), durante una sortita in cui si traveste da paggio, si innamora dell'ambasciatore di Spagna (Gilbert): per lui rinuncia al trono, ma un malvagio pretendente si mette di mezzo, e non le resta che l'esilio e la solitudine. Un personaggio insieme reticente e passionale, creato apposta per la Garbo, che si scelse di persona il regista, e rifiutò partner come Laurence Olivier, Franchot Tone e Leslie Howard prima di accettare Gilbert («uno stupendo comprimario, mai in grado di offuscare la luce dell'attrice»). Da antologia il movimento di macchina del finale, che passa dal totale al primissimo piano della Garbo (alla quale il regista aveva detto di non pensare a nulla, perché sul suo volto si potessero leggere la più vasta gamma di espressioni).

Regina d'Africa, La *** (*The African Queen*, Usa 1951, col, 103') John Huston. Con Humphrey Bogart, Katharine Hepburn, Robert Morley, Theodore Bikel, Peter Bull. ◆ Lago Vittoria, 1914: una zitella missionaria (Hepburn) e un cinico alcolizzato (Bogart) fuggono con uno scalcinato battello fluviale, la Regina d'Africa, davanti all'avanzata delle truppe tedesche: riusciranno anche ad affondare una nave tedesca, non prima di essersi innamorati. Curioso incrocio tra commedia di carattere e farsa bellica (ma con un finale tragico) sceneggiato da James Agee e Huston, a partire da un romanzo di C.S. Forester. Anche se non è perfettamente risolto il rapporto tra l'ambientazione realisticamente naturalista e il carattere romanzesco quando non addirittura farsesco della storia, il film conquista per la grande interpretazione dei due protagonisti, in scena da soli per buona parte del film. Bogart si meritò l'Oscar – l'unico della sua carriera. Girato parte in Congo e in Uganda, parte in studio (e si vede). Bogart e Huston furono gli unici a non ammalarsi durante le riprese: secondo loro, per l'uso massiccio di whisky. La scrittura della sceneggiatura e la preparazione del film hanno ispirato a Peter Viertel il romanzo *Cacciatore bianco cuore nero*, da cui Clint Eastwood ha tratto il film omonimo (1990).

Regina dei desperados, La * (*Montana Belle*, Usa 1951, col, 82') Allan Dwan. Con Jane Russell, George Brent, Scott Brady, Andy Devine, Forrest Tucker. ◆ La vedova di un fuorilegge (Russell) veste panni maschili e si dimostra più efficiente dei suoi colleghi uomini. Ma l'amore per il proprietario di una casa da gioco le fa calare le arie e la spedisce in prigione. Banale western con un fondo misogino, basato unicamente sul fascino non troppo sottile di Jane Russell.

Regina dei pirati, La ** (*Anne of the Indies*, Usa 1951, col, 81') Jacques Tourneur. Con Jean Peters, Louis Jourdan, Debra Paget, Herbert Marshall. ◆ Soprannominata Capitano Provvidenza, Anna (Peters) diventa una pirata per vendicare il fratello ma si innamora di un collega francese (Jourdan) che è stato pagato dagli inglesi per tradirla. Nel genere avventuroso dei film di pirati un prodotto discreto con «il fascino innocente degli album di figurine per adulti», dove Tourneur dimostra ancora una volta la sua sensibilità per l'uso del colore.

Regina dei vampiri, La ** (*Vampire Circus*, Gb 1971, col, 87') Robert William Young. Con Adrienne Corri, Laurence Payne, Thorley Walters, Lynne Frederick, Moulder Brown. ◆ In un villaggio della Serbia arriva un circo dietro il cui paravento si nascondono i discendenti di un vampiro giustiziato quindici anni prima. I mostri non solo bevono il sangue e si trasformano nottetempo in pantere e altre belve, ma hanno anche intensi appetiti sessuali. Le promettenti idee di partenza e i tocchi di humour (anche gli animali del circo sono vampiri) vengono sprecati dal trionfo finale dei cliché. Tarda produzione Hammer, interessante per i cultori del genere.

Regina del deserto, La → *Nel segno di Roma*

Regina del Far West, La *½ (*Cattle Queen of Montana*, Usa 1954, col, 88') Allan Dwan. Con Barbara Stanwyck, Ronald Reagan, Gene Evans, Lance Fuller, Jack Elam. ◆ Arrivata nel Montana la bella Sierra Nevada (Stanwyck) deve difendere il suo bestiame sia dagli indiani che da un bandito che detta legge nella zona (Evans). Verrà aiutata da Colorado (Reagan), il figlio del capotribù Piedi Neri che ha seguito corsi universitari e crede nei principi della civiltà. Improbabile western dove il pellerossa Reagan scolora di fronte alla grinta di lei. Dwan deve fare i conti con una sceneggiatura banale, e si affida ai bei paesaggi.

Regina della notte, La ** (*Cérémonie d'amour*, Francia 1988, col, 95') Walerian Borowczyk. Con Marina Pierro, Mathieu Carrière, Josy Bernar. ◆ Itinerario di seduzione e di morte per le strade e i sotterranei di Parigi: la vittima è un intellettuale (Carrière), la carnefice una prostituta-sacerdotessa (Pierro) incontrata sul métro. Dal romanzo di André Pieyre de Mandiargues, un film a tratti verboso, ma dotato di innegabile genio nel mescolare fantastico e quotidiano, segnali di morte e riti di sopraffazione. I guardoni, dopo mezz'ora, getteranno la spugna, ma Marina Pierro sa creare un'atmosfera erotica anche solo truccandosi allo specchio.

Regina delle piramidi, La ** (*Land of the Pharahos*, Usa 1955, col, 106') Howard Hawks. Con Joan Collins, Jack Hawkins, James Robertson Justice, Dewey Martin, Sidney Chaplin, Luisa Boni, Kerima. ◆ Intrighi e violenze alla corte di Chèope (Hawkins), che ha affidato a Vashtar (Justice) – capo di una tribù fatta prigioniera – la costruzione della piramide che dovrà essere la sua tomba: dopo aver cercato di far eliminare il suo sposo, la malvagia regina Nellifer (Collins) finirà per essere rinchiusa viva nella piramide, mentre l'architetto e la sua gente riconquistano la libertà. Unica (e insolita) superproduzione diretta da Hawks che affronta la storia egizia con il suo occhio da moralista (l'uomo è l'unica unità di misura possibile per giudicare le azioni degli uomini) e racconta passioni – soprattutto l'avidità e l'orgoglio – a misura di kolossal. Poco attento agli ingredienti tradizionali dei film storici (il che spiega l'insuccesso del film), Hawks sembra preoccupato soprattuto di ricostruire con scrupoloso realismo i modi di vita, l'ambientazione (firmata da Alexandre Trauner) e le tecniche di costruzione delle piramidi (per cui chiese la collaborazione dell'archeologo Jean-Pierre Lauer). Praticamente nullo l'apporto di William Faulkner alla sceneggiatura firmata insieme ad Harry Kurnitz e H. Jack Bloom. I décolletés di Joan Collins impressionarono gli spettatori.

Regina di Broadway, La * (*In Person*, Usa 1935, b/n, 85') William A. Seiter. Con Ginger Rogers, George Brent, Alan Mowbray, Grant Mitchell. ◆ Una star del cinema in cerca di privacy e di riposo (Rogers) si innamora del medico che l'ha portata in una stazione di montagna (Brent). Debolissima commedia girata dalla Rogers tra un musical e l'altro.

Regina di Saba, La * (Italia 1952, col, 98') Pietro Francisci. Con Leonora Ruffo, Gino Cervi, Gino Leurini, Franco Silva, Isa Pola, Franca Tamantini, Dorian Gray. ◆ Il figlio di Salomone (Leurini), sotto mentite spoglie, conquista il cuore della sua avversaria, la regina di Saba (Ruffo). Quando lei lo scopre, minaccia fuoco e fiamme, ma Salomone (Cervi), con la sua saggezza, sistema tutto. Insulso e goffo film in costume di un pioniere del genere.

Regina di Venere, La * (*Queen of the Outer Space*, Usa 1958, col, 79') Edward L. Bernds. Con Eric Fleming, Zsa Zsa Gabor, Laurie Mitchell, Patrick Waltz, Paul Birch, Dave Willock, Barbara Darrow, Lisa Davis, Marilyn Buferd. ◆ Tre astronauti (Fleming, Waltz e Willock) e uno scienziato (Birch) con un'incredibile aria da babbei cascano su Venere, dove una malvagia regina sfigurata (Mitchell) ha scacciato gli uomini e medita di distruggere la Terra: per fortuna una venusiana (Gabor) ha nostalgia dell'altro sesso. Maschilismo e scollature anni Cinquanta in una fantascienza a costo minimo, troppo sciocca per prendersi sul serio e costruita sugli scarti di altri film (le pistole a raggi, i costumi e il set della foresta vengono dal *Pianeta proibito*, la nave spaziale da *Volo su Marte* e i ragni giganti da *Mondo senza fine*): il che non basta a renderla divertente. Soggetto dell'illustre Ben Hecht, sceneggiato da Charles Beaumont.

Regina Kelly, La → *Queen Kelly*

Regina Margot, La *½ (*La Reine Margot*, Francia/Italia 1954, col, 93') Jean Dréville. Con Jeanne Moreau, Armando Francioli, Robert Porte, Henri Génès, Françoise Rosay, André Versini. ◆ La figlia di Caterina de' Medici, Margot (Moreau), sposata a Enrico di Navarra, assiste impotente alla strage della notte di San Bartolomeo prima di vedere il marito sul trono. Ma nel frattempo il suo amante (Francioli) è andato al patibolo. Storia romanzata sceneggiata da Abel Gance a partire da Alexandre Dumas, il cui unico interesse è la presenza della giovane Moreau, per la prima volta protagonista che in una scena si intravede completamente nuda. Particina per Louis de Funès nel ruolo dell'astrologo René. Rifatta nel 1994.

Regina Margot, La **½ (*La Reine Margot*, Francia/Germania/Italia 1994, col, 145') Patrice Chéreau. Con Isabelle Adjani, Daniel Auteuil, Jean-Hugues Anglade, Vincent Perez, Virna Lisi, Dominique Blanc, Pascal Greggory, Claudio Amendola, Miguel Bosé, Asia Argento, Julien Rassam, Thomas Kretschmann, Jean-Claude Brialy. ◆ Congiure, tradimenti e massacri nei due anni che videro il declino dei Valois in Francia, nonostante gli intrighi di Caterina de' Medici (Lisi), disposta a tutto per conservare il potere ai propri figli: re Carlo IX (Anglade), Enrico duca di Anjou (Greggory), François duca di Alençon (Rassam) e Margherita detta Margot (Adjani). Il matrimonio imposto a Margot il 18 agosto 1572 con il protestante Enrico di Navarra (Auteuil), futuro re Enrico IV (quello per cui «Parigi val bene una messa»), invece di favorire la pacificazione nazionale coi cattolici scatenò il massacro della notte di Saint-Barthélemy (23-24 agosto 1572) mentre i tentativi della sua famiglia di avvelenare Enrico finirono con l'allontanare Margot dai suoi per difendere prima la causa del marito poi quella dell'amante, Bonifacio de La Mole (Perez), che però fu decapitato il 30 aprile 1574. Molto liberamente ispirato al romanzo omonimo di Alexandre Dumas (e alle memorie della stessa Margot, le prime scritte in Francia da una donna), il film – sceneggiato dal regista con Danièle Thompson – descrive la corte di Francia come un clan mafioso, dove una Caterina vampiresca e lugubre prende il ruolo del Padrino e i rapporti tra fratelli non escludono l'incesto. Con un occhio alla politica (il fanatismo dei Valois ricorda la situazione nell'ex Jugoslavia e più in generale l'Olocausto) e molti riferimenti colti (soprattutto alla pittura di Zurbarán e Velázquez), Chéreau mette al centro del suo film la carnalità dei personaggi «non più anime belle e dannate ma piuttosto corpi torturati dalla passione e avvelenati dall'odio» ai quali la macchina da presa si incolla addosso, inseguendoli con gran mobilità dentro luoghi opprimenti e claustrofobici. In questo modo si perde l'idea alla base del romanzo («l'amicizia è più forte del fanatismo» che Dumas traeva dal legame che si instaura tra Enrico di Navarra e Carlo IX), che però non viene sostituito da una visione altrettanto unitaria, lasciando il film in sospeso tra cupa ricostruzione storica e voglia (frustrata) di spettacolo popolare. Nell'edizione originale (che durava 159') si sprecavano i corpi nudi (compreso quello dell'Adjani e un Perez frontale) sforbiciati per l'Italia e la tv. Palma d'oro a Cannes per la Lisi.

Regina vergine, La ** (*Young Bess*, Usa 1953, col, 112') George Sidney. Con Jean Simmons, Stewart Granger, Charles Laughton, Deborah Kerr, Cecil Kellaway, Leo G. Carrol. ◆ Figlia di Enrico VIII e Anna Bolena, la giovane Elisabetta (Simmons) assiste impotente alla condanna del suo spasimante, l'ammiraglio Seymour (Granger): quando salirà al trono, resterà fedele alla sua memoria. Dramma in costume meno pacchiano della media. Laughton rifà il personaggio che gli aveva fatto guadagnare l'Oscar in *Le sei mogli di Enrico VIII*. Granger sarà il primo marito della Simmons.

Regine, Le → *Delitto del diavolo, Il – Le regine*

Regno del terrore, Il ** (*Reign of Terror*, ritítolato *The Black Book*, Usa 1949, b/n, 89') Anthony Mann.

Con Robert Cummings, Arlene Dahl, Richard Basehart, Richard Hart, Beulah Bondi. ◆ La Rivoluzione francese in chiave di thriller: Charles D'Aubigny (Cummings) è un seguace di Barras che deve sottrarre dei documenti compromettenti per agevolare il colpo di Stato contro Robespierre. Non proprio riuscito, ma più vivace e interessante della maggior parte dei film in costume del tempo. Prodotto da William Cameron Menzies.

Regola del gioco, La **** (*La Règle du jeu*, Francia 1939, b/n, 110') Jean Renoir. Con Marcel Dalio, Nora Grégor, Roland Toutain, Jean Renoir, Gaston Modot, Mila Parely. ◆ Amici e amanti si ritrovano nella tenuta del marchese Chesnaye (Dalio) per una partita di caccia alla lepre. Le regole del gioco mondano impongono la tolleranza e l'ipocrisia: ma il meccanismo si inceppa quando, per un equivoco, il guardiacaccia (Modot) uccide l'aviatore (Toutain) che credeva essere in compagnia della propria moglie. Il marchese, nondimeno, rassicura tutti con ottime maniere, e il gioco può riprendere. Il capolavoro di Renoir (che interpreta Octave, l'amico dell'aviatore, e che dice la celebre battuta: «Il tragico della vita è che tutti hanno le loro ragioni»), incompreso alla sua uscita, perché accusato di allontanarsi dalle tematiche realistiche, e riscoperto dalla generazione dei cinefili formata dai *Cahiers du cinéma*. Recuperando la tradizione letteraria di Marivaux, di Beaumarchais e di de Musset e collegandosi alla tradizione cinematografica francese di quegli anni (*Sette uomini... una donna* di Yves Mirande, 1936, ha significative rassomiglianze a livello di sceneggiatura), questo film mescola humour e crudeltà nel descrivere con lucido pessimismo il crepuscolo di un mondo. Con coraggiosa originalità Renoir – autore anche della sceneggiatura – elimina ogni traccia di cinismo (grazie soprattutto alla presenza di personaggi vulnerabili e sinceri come l'aviatore e il suo amico Octave) costringendo lo spettatore a confrontarsi con il ritratto dei propri limiti senza gli schermi e il distacco offerti dall'ironia. Altrettanto originale la messinscena che «usa con straordinaria virtuosità la profondità di campo e i movimenti di camera – complessissimi ma fluidi – per trasformare una scenografia teatrale in un insieme di spazi dove sfila, come in una mascherata, tutta una società». Tagliato e poi ritirato dalla distribuzione nel settembre 1939 perché «demoralizzante», è stato restaurato nel 1965.

Re in esilio *** (*The Exile*, Usa 1947, b/n, 97') Max Ophuls. Con Douglas Fairbanks jr, Maria Montez, Paule Croset, Henry Daniell, Nigel Bruce. ◆ Nel 1660, il re d'inghilterra Carlo II (Fairbanks jr) si rifugia in Olanda dove, in incognito, si innamora di una locandiera (Croset). Ma il trono aspetta. Il primo film hollywoodiano di Ophuls (che firma la sceneggiatura, tratta da un romanzo di Cosmo Hamilton, in coppia con Douglas Fairbanks jr) è un'opera «frivolissima ed elegantissima», tutta costruita in studio con immagini cesellate di una ammirabile raffinatezza. Al centro, una serie di temi che sembrano più legati all'esperienza privata del regista, che alla sua ispirazione d'autore (la felicità personale, l'amore finalmente ricambiato, la fuga dal mondo, la calma della campagna) e che trasformano questo falso film di cappa e spada, in un'opera elegante e rarefatta per palati sopraffini, disposti a farsi conquistare per una volta da una bellezza impalpabile e da un fascino malinconico.

Reinette e Mirabelle **½ (*Quatre aventures de Reinette et Mirabelle*, Francia 1987, col, 95') Eric Rohmer. Con Joëlle Miquel, Jessica Ford, Philippe Laudenbach, Yasmine Aury, Béatrice Romand, Marie Rivière, Fabrice Luchini. ◆ Quattro avventure minime di Reinette (Miquel), giovane pittrice campagnola disposta a guardare alla vita con curiosità e freschezza, che diventa amica di Mirabelle (Ford), una coetanea parigina più scafata e cinica: nell'*Ora blu* le due ragazze aspettano l'istante tra notte e alba in cui tutto tace; in *Il cameriere del caffè* Reinette torna a pagare un cameriere antipatico (Laudenbach) dopo essere fuggita dal bar; in *La mendicante, la cleptomane, l'imbrogliona* Reinette dà nuove prove della sua dirittura morale; in *La vendita del quadro* Reinette si finge sordomuta e con l'aiuto dell'altra vende un suo quadro a un gallerista (Luchini), illudendosi di combinare un affare. Spontaneità, gusto del paradosso e poesia delle piccole cose, senza quella verbosità programmatica che spesso è tipica dell'ultimo Rohmer.

Relazioni intime ** (*Intimate Relations*, Gb/Canada 1996, col, 100') Philip Goodhew. Con Julie Walters, Rupert Graves, Laura Sadler, Matthew Walker, Holly Aird, Les Dennis, Elizabeth McKechnie. ◆ Inghilterra, 1954: un giovane marinaio senza fissa dimora (Graves) trova ospitalità presso la famiglia Beasley; la moglie (Walters) lo seduce, per gelosia la figlia dodicenne (Sadler) fa altrettanto, e scoppia la tragedia. Scritto dal regista (che si è ispirato a un fatto di cronaca), un melodramma compatto e venato di nero, con un senso dell'ironia che evita cadute nello psicologismo e un cast di ottimi attori (su cui primeggia la Walters). Regia tradizionale, ma molto attenta ai dettagli che producono senso: bastano due tendine quasi iperrealiste a descrivere il perbenismo di un'epoca, di un paese, di una classe.

Relazioni pericolose *½ (*Les Liaisons dangereuses 1960*, Francia 1959, b/n, 98') Roger Vadim. Con Jeanne Moreau, Gérard Philipe, Annette Vadim [Stroyberg], Jean-Louis Trintignant, Jeanne Valérie. ◆ Versione moderna del romanzo di Laclos, dove Valmont (Philipe) e la Merteuil (Moreau) diventano marito e moglie. Lui seduce l'ingenua Cécile (Valérie), promessa sposa all'amante della moglie, ma poi il gioco gli sfugge di mano, e finisce male per tutti – e la Merteuil si ritrova col volto sfigurato. Per quanto sceneggiato assieme a un esperto di Laclos, Roger Vailland, il film di Vadim annacqua il romanzo epistolare, riducendolo a un campionario melodrammatico di modeste perversioni. Philipe, poi, non ha la faccia del cinico. Boris Vian interpreta Prévan. La versione italiana fu massacrata e privata delle scene di nudo che oggi passerebbero inosservate. La colonna sonora utilizza illustri jazzisti come Thelonious Monk e Art Blakey. In originale 105'. Lo stesso romanzo sarà adattato da Frears (*Le relazioni pericolose*, 1988) e da Miloš Forman (*Valmont*, 1989).

Relazioni pericolose, Le *** (*Dangerous Liaisons*, Usa 1988, col, 120') Stephen Frears. Con Glenn Close, John Malkovich, Michelle Pfeiffer, Uma Thurman, Swoosie Kurtz, Keanu Reeves. ◆ Nella Francia di fine Settecento la perfida e libertina marchesa di Merteuil (Close) per vendicarsi di un suo vecchio amante che sta per sposare un'illibata giovinetta (Thurman), usa il fascino del visconte di Valmont (Malkovich) per far giungere un po' meno pura la ragazza alle nozze. Ma giocare con gli affetti come fossero scacchi non paga. Frears esordisce a Hollywood adattando la versione teatrale che Christopher Hampton (autore anche della sceneggiatura) aveva tratto dal capolavoro omonimo di Pierre Choderlos de Laclos (adattato nel 1959 da Vadim – *Relazioni pericolose* – e nel 1989 da Forman – *Valmont*). Tanto moderno nell'interpretazione quanto accurato nella scenografia, il film aggiorna il conflitto tra amore e passione alla base del romanzo in una crudele battaglia tra i sessi dove dominano il denaro e il potere. I puristi si sono scandalizzati per l'atmosfera «poco settecentesca» (salvo ricredersi dopo il flop di Forman), ma alcune scene sono magistrali – la morte di Valmont, il primo piano finale della Merteuil – e gli attori perfetti.

Re Lear **½ (*Korol' Lir*, Urss 1970, b/n, 120') Grigorij Kozinčev. Con Jurij Jarvet, El'sa Radzin' Szolkonis, Valentina Šcendrikova, Karl Sebris, Vladimir Emeljanov, Regimantas Adomajtis, Leonard Merzin, Donatas Banionis. ◆ Il dramma del vecchio re Lear (Jarvet) che dopo aver diviso il regno tra le tre figlie, è da loro scacciato e abbandonato alla morte. Adattando la tragedia shakespeariana nella traduzione di Boris Pasternak, il regista riduce la solennità spettacolare della tragedia per accentuare la forza e l'energia delle immagini, «capaci di caricare lo schermo di elettricità». Centrale in questa ottica la scelta del protagonista, inadeguato fisicamente ma dotato di una nervosità espressiva sorprendente.

Re Lear **½ (*King Lear*, Gb/Usa 1971, b/n, 137') Peter Brook. Con Paul Scofield, Irene Worth, Jack MacGowran, Cyril Cusack, Patrick Magee, Alan Webb. ◆ L'anziano re Lear (Scofield) spartisce anzitempo il suo regno tra le figlie, ma, scacciato da esse, impazzisce e muore. Interessante versione della tragedia di Shakespeare girata in Danimarca a partire da una regia teatrale dello stesso Brook: ambientato in una terra senza tempo dove l'uomo è ancora costretto a lottare contro la natura, il film fa propria l'interpretazione che legge nella disperazione e nella negatività shakespeariana un riflesso dell'assurda ironia del gioco del potere. Grande lavoro dello scenografo Georges Wakhevich e della costumista Adèle Angard che usano a piene mani l'iconografia eschimese per sottolineare il contrasto tra il mondo barbarico e l'attualità della tragedia. Solo per addetti.

Re Lear *½ (*King Lear*, Usa/Svizzera 1987, col, 91') Jean-Luc Godard. ◆ Con Peter Sellars, Burgess Meredith, Molly Ringwald, Jean-Luc Godard, Norman Mailer, Kate Mailer. Dopo Chernobyl «tutto tornò tranne la cultura»: William Shakespeare jr V (Sellars), impiegato presso il dipartimento culturale della Cannon, gira l'Europa per ricostruire le opere del suo illustre antenato, trascrivendo su un quaderno appunti di conversazioni rubate al signor Lear (Meredith), simbolo del Potere cinematografico e televisivo, e a sua figlia Cordelia (Ringwald), incarnazione della virtù. Consigliabile solo agli estimatori del regista, un film-saggio apocalittico e cerebrale sulla necessità-impossibilità di reinventare le arti, in particolare il cinema: Godard riflette a ruota libera componendo un collage polifonico spesso indecifrabile nonostante la chiarezza delle immagini e giocando contemporaneamente su più piani, tra cui quello strettamente legato alla lavorazione del film (sui titoli di testa si sentono fuori campo le voci dei produttori, poi c'è Norman Mailer con la figlia, incaricato di scrivere la sceneggiatura, che presto abbandona il set). La parola chiave è «immagine» e i temi di fondo – come nel *Re Lear* di Shakespeare – sono la filiazione, la dispersione della discendenza, la morte: il cinema, figlio delle altre arti, a sua volta genera la televisione che ne dissolve il potere magico (come si vede nell'immagine, semplicissima e suggestiva, della scatola di cartone: dal fascio di luce di una lampadina a un bastoncino che funziona da tubo catodico); intanto i suoi «padri» (Welles, Lang, Pasolini, Truffaut, Tati, Renoir e altri) sono morti e di loro rimangono non le opere (da ricostruire, evidentemente, come quelle di Shakespeare), ma le fotografie conservate da qualche amico affettuoso nell'album di famiglia. Godard, con autoironia, interpreta il ruolo del professore vestito da buffone di corte. Cammeo finale di Woody Allen, spaesato come non mai.

Re leone, Il **½ (*The Lion King*, Usa 1994, col, 87') Roger Allers, Rob Minkoff. ◆ Nascita, infanzia e difficile maturazione di Simba (voce di George Castiglia), giovane leone che si considera responsabile della morte del padre Mafusa (voce di Vittorio Gassman) e per questo fugge per un volontario esilio. Solo dopo essere cresciuto e aver recuperato la propria identità, Simba (voce di Riccardo Rossi) potrà tornare nei propri territori e, sconfitto lo zio Scar (voce di Tullio Solenghi), vero responsabile della morte del padre, recupererà il potere. Il trentaduesimo lungometraggio a soggetto interamente a cartoni animati della Disney segna un arretramento rispetto ad *Aladdin* (di cui però supera gli incassi, grazie ad azioni di marketing sempre più sofisticate e massicce): perde lo stile «modernista», bidimensionale e spigoloso ma comunque originale a favore di una omologazione visiva che tende ad appiattire ogni invenzione (molte scene sono state girate con la tecnica della pixillation che «ricalca» a cartoni immagini dal vero: qui la carica degli gnu e altre scene di animali). Troppo pochi i personaggi di contorno (specie le spalle comiche, qui solo Pumbaa e Timon), schiacciati dalla compatezza della trama, elogio del diritto monarchico per discendenza più che rilettura africana della tragedia di Amleto: è il «meno americanocentrico e il meno antropocentrico (non c'è ombra di essere umano) fra i lungometraggi, nonché il meno sdolcinato, il meno magico e soprattutto il meno mammista» [Aprà] ma anche uno dei meno affascinanti. Canzoni (non eccelse) di Tim Rice ed Elton John, tra cui *Can You Feel the Love Tonight*, comunque premiata con l'Oscar, andato anche ad Hans Zimmer per la miglior colonna sonora. Nel '96 è stato prodotto uno *spin-off* di 70' distribuito solo in video con i due personaggi più divertenti del film, *In giro per il mondo con Timon e Pumbaa*. Con un seguito: *Il Re leone II – Il regno di Simba*.

Re leone II – Il regno di Simba ** (*The Lion King II – Simba's Pride*, Usa 1998, col, 82') Darrel Rooney. ◆ Scorrazzando nelle Terre di Nessuno, Kiara si innamora di Kovu, ma lei è la figlia di Simba e lui il nipote di Scar, scelto dalla crudele Zira per vendicarsi sul Re leone. Seguito – distribuito solo in video – del *Re leone*: la storia è schematica e prevedibile, con il castigo finale e l'invito a superare l'odio in nome dell'amore; però l'animazione (assemblata tra Los Angeles, il Canada e l'Australia) è fatta con una certa ricchezza di mezzi, anche se continuano a essere penalizzate le spalle comiche come Pumbaa e Timon. Sei nuove canzoni, ma *He Lives In You*, cantata da Tina Turner, si può sentire in originale solo durante i titoli di coda. La voce italiana di Zira è dell'ex sexy diva Paola Tedesco.

Relic – L'evoluzione del terrore ** (*The Relic*, Usa 1996, col, 110') Peter Hyams. Con Penelope Ann Miller, Tom Sizemore, Linda Hunt, James Whitmore, Constance Towers, Clayton Rohner. ◆ Un mostro chiamato Kothoga s'aggira per i sotterranei del museo di storia naturale di Chicago: è un cocktail di mutazioni genetiche che viene dritto dall'Amazzonia, ed è ghiotto di ipotalami umani. E mentre l'alta società festeggia l'inaugurazione di una mostra, il tenente D'Agosta (Sizemore) e la dottoressa Margo Green (Miller) cercano di fermarlo. Dal romanzo di Douglas Preston e Lincoln Childs, il genere di film che ci si aspetta da Hyams (anche direttore della fotografia): confezione eccellente, suggestivo uso delle scenografie, suspense elementare ma efficace, e nessuna idea originale. Il bestione è opera di Stan Winston, gli effetti speciali discretamente *gore*. Produce Gale Ann Hurd.

Religiosa, La → *Susanna Simonin, la religiosa*

Remake * (Italia 1987, col, 109') Ansano Giannarelli. Con Daniela Morelli, Roberto Accornero, Paola Onofri, Silli Togni. ◆ Un critico (Accornero) amante del cinema spazzatura incontra un'ex fiamma (Morelli) nella cornice del festival di Locarno. Confidenze e racconti di delusioni, ma l'amore non rinasce. Il critico Morando Morandini appare nella parte di se stesso. Velleitario tentativo di mescolare cinema e riflessione sul cinema: il racconto ansima e i personaggi non interessano a nessuno.

Remo e Romolo (Storia di due figli e di una lupa) * (Italia 1976, col, 95') Mario Castellacci, Pier Francesco Pingitore. Con Enrico Montesano, Pippo Franco, Gabriella Ferri, Maria Grazia Buccella, Oreste Lionello, Maurizio Arena, Gianfranco D'Angelo. ◆ La storia di Romolo (Franco) e Remo (Montesano), allevati dalla prostituta Lupa (Ferri) e fondatori di Roma: dopo il celeberrimo omicidio, Remo non sparirà dalla Storia ma ritornerà sotto forma di un fantasma. Il gruppo del Bagaglino allestisce questa sgangherata parodia a base di rutti, peti e anacronismi (compresa l'imitazione di Paolo VI).

Renaldo e Clara * (*Renaldo and Clara*, Usa 1978, col, 292') Bob Dylan. Con Bob Dylan, Sarah Dylan, Joan Baez, Ronnie Hawkins, Ronee Blakley, Jack Elliott, Harry Dean Stanton. ◆ Da centinaia e centinaia di ore di girato realizzate durante *The Rolling Thunder Review*, la ciclopica tournée del 1975 con Dylan e ospiti illustri, il debutto alla regia del menestrello rock confonde, rischia di annoiare e risulta pretenziosa. Tante esecuzioni musicali, fiction ermetica e monologhi straniati, interviste e stralci di attualità: tutto riesce ad aumentare la confusione e l'ambiguità intorno a Mr. Robert Allen Zimmermann. Primo film per Sam Shepard. Innumerevoli versioni inevitabilmente ridotte in circolazione.

Rendez-vous **½ (*Rendez-vous*, Francia 1985, col, 90') André Téchiné. Con Juliette Binoche, Lambert Wilson, Wadeck Stanczak, Jean-Louis Trintignant, Anne Wiazemsky, Olimpia Carlisi. ◆ Giovane attrice (Binoche) in cerca di fortuna a Parigi si trova divisa tra un regista demiurgo (Trintignant), un bel tenebroso (Wilson), attore di live-show ossessivo da vivo come da morto, e un maschio appiccicoso e meschino (Stanczak), che le sputa in faccia mentre fa l'amore con lei. Téchiné è un Rohmer per anime non candide, cinico nello spettacolarizzare il corpo della Binoche. Chiacchiere intellettuali di contorno (Shakespeare e Dostoevskij), ma riscattate completamente da qualche momento di intensità non fasulla. Non per tutti i gusti.

Renegades – Faccia di rame *½ (*Renegades*, Usa 1989, col, 106') Jack Sholder. Con Kiefer Sutherland, Lou Diamond Phillips, Jami Gertz, Rob Knepper. ◆ Giovane poliziotto solo-contro-tutti (Sutherland) si allea con un giovane indiano (Phillips) per dare la caccia a un criminale con cui hanno entrambi un conto in sospeso. Western urbano pieno di inseguimenti e acrobazie, con una trama di banalità irritante. Ma Sholder dirige le scene d'azione con molta competenza. Phillips e Sutherland avevano appena recitato assieme in *Young Guns*.

Renegade – Un osso troppo duro * (Italia 1987, col, 93') E.B. Clucher [Enzo Barboni]. Con Terence Hill [Mario Girotti], Ross Hill, Robert Vaughn, Norman Bowler. ◆ Un cowboy dei nostri tempi (T. Hill) sventa i loschi piani di un malvagio affarista (Vaughn). Avventure all'acqua di rose, con scazzottate, un cavallo intelligente come Furia e un tir nero che sembra uscito da *Duel*. Hill (anche produttore) cerca di rinnovare il repertorio, ma per un pubblico ormai stanco. Ross Hill è suo figlio.

Renna bianca, La *** (*Valkoinen peura*, Finlandia 1952, b/n, 73') Erik Blomberg. Con Mirjami Kuosmanen, Kalervo Nissilä, Åke Lindman, Arvo Lehesmaa. ◆ Bella e malinconica di giorno, Pirita (Kuosmanen, anche moglie del regista e con lui autrice della sceneggiatura) si trasforma di notte in una renna bianca che attira i cacciatori nella «valle del Male», dove – tornata donna – li uccide. Una versione femminile di Jekyll e Hyde (ma anche una variazione del *Bacio della pantera*), in cui gli aspetti documentaristici e antropologici si fondono perfettamente (nel tragico finale) con quelli fantastici e melodrammatici. Girato coraggiosamente dal vero, nel Nord della Lapponia, e tutto «giocato sulla contrapposizione nettissima tra la luce accecante del giorno e le ombre minacciosissime della notte» [Covie], il film sa trasmettere l'aspra purezza dell'inverno di Finlandia, ed è anche un omaggio al coraggio che permette ai suoi abitanti di affrontarlo. È la prima pellicola finlandese ad aver riscosso un grande successo, anche di vendite, all'estero. Premiato a Cannes.

Re per quattro regine, Un *½ (*The King and Four Queens*, Usa 1956, col, 84') Raoul Walsh. Con Clark Gable, Eleanor Parker, Jo Van Fleet, Jean Willes, Barbara Nichols, Sara Shane, Roy Roberts. ◆ Un avventuriero (Gable) corteggia con una grande variazione di tecniche le donne di quattro banditi perché gli svelino dove hanno nascosto il bottino di una rapina in cui sono morti tre di loro. Western ammiccante e caricaturale, dove Gable (che per l'unica volta nella sua carriera è anche produttore) recita nei panni di una specie di monsieur Verdoux. Walsh non ha la mano per la commedia, e il gioco è ripetitivo e scontato. All'epoca, tuttavia, il tono farsesco e antiretorico suonava nuovo.

Re per una notte **½ (*The King of Comedy*, Usa 1983, col, 108') Martin Scorsese. Con Robert De Niro, Jerry Lewis, Diahnne Abbott, Sandra Bernhard. ◆ L'aspirante comico Rupert Pupkin (De Niro) rapisce, con l'aiuto di Marsha (Bernhard), l'attore Jerry Langford (Lewis), conduttore di uno show televisivo di grande successo: per liberarlo ottiene di essere invitato alla televisione dove conquisterà il successo. Una commedia nera (sceneggiata da Paul D. Zimmerman) che si regge soprattutto sulla bravura degli attori e mette in scena, con una metafora fin troppo evidente, lo scontro tra il nuovo e il vecchio cinema, quello indipendente e quello hollywoodiano. Indimenticabile interpretazione di De Niro, che ha i baffetti e indossa un incredibile paio di mocassini bianchi e giacche impossibili. Zitto e immobile per la prima volta, Lewis è legato con del nastro adesivo dalla Bernhard che riesce a essere esilarante anche facendo la fatalona in reggiseno e slip. Dr. Joyce Brothers, Victor Borge, Tony Randall, Ed Herlihy, interpretano se stessi. Catherine e Charles Scorsese, madre e padre del regista, interpretano la madre di De Niro e un uomo in un bar. Scorsese si concede un cammeo nella parte del regista televisivo.

Replay di un omicidio *½ (*F/X2*, Usa 1991, col, 108') Richard Franklin. Con Bryan Brown, Brian Dennehy, Rachel Ticotin, Joanna Gleason, Philip Bosco. ◆ Uno specialista di effetti speciali cinematografici (Brown) è coinvolto in un vecchio caso mai risolto (il furto di dieci preziosissimi medaglioni d'oro, opera di Michelangelo): per uscirne dovrà far ricorso alla sua abilità nei trucchi e a un ex poliziotto (Dennehy). Seguito di *F/X effetto mortale*, con i due antagonisti di ieri che questa volta lottano insieme: ancora qualche bella trovata (la lotta tra il robot-clown e il killer, la caccia all'uomo nel supermercato deserto), ma l'idea mostra un po' la corda. Distribuito in cassetta col titolo *FX2 – Replay di un omicidio*.

Replicante, Il * (*The Wraith*, Usa 1986, col, 92') Mike Marvin. Con Charlie Sheen, Nick Cassavetes, Sherilyn Fenn, Randy Quaid, Griffin O'Neal. ◆ Un giovane ucciso da una banda di teppisti (Sheen) torna a bordo di un'autovettura futuribile deciso a vendicarsi. Riconquisterà anche la sua ragazza di un tempo (Fenn). Incidenti e inseguimenti a iosa nei deserti dell'Arizona in un film fracassone a encefalogramma piatto.

Repo Man – Il recuperatore * (*Repo Man*, Usa 1984, col, 92') Alex Cox. Con Emilio Estevez, Harry Dean Stanton, Tracey Walter, Vonetta McGee, Olivia Barash. ◆ Un punk californiano (Estevez) campa recuperando le automobili di cui non vengono pagate le rate. Ma una delle vetture contiene del materiale radioattivo che fa gola a servizi segreti ed extraterrestri. Mix di fantascienza, road-movie e cultura alternativa malamente dosato e piuttosto noioso; *Liquid Sky*, nello stesso genere, era più divertente. In patria, comunque, gode di una fama immeritata. Primo film di Cox.

Repulsion *** (*Repulsion*, Gb 1965, b/n, 104') Roman Polanski. Con Catherine Deneuve, Yvonne Furneaux, John Fraser, Ian Hendry, Patrick Wymark. ◆ Una giovane manicure sessuofoba (Deneuve), lasciata sola in casa, è preda di allucinazioni e arriva a uccidere gli uomini che, più o meno innocentemente, le stanno attorno. Un inquietante scavo psicologico, in bilico tra economia espressiva (pochi dialoghi, claustrofobia, precisione realistica dei dettagli) e delirio surrealista (evidente l'omaggio all'*Orfeo* di Cocteau). Le atmosfere ossessive che renderanno celebre Polanski sono già collaudate alla perfezione nel suo primo film occidentale, spacciato ai produttori come un horror a forti tinte. Sorprendente interpretazione della Deneuve. Sceneggiatura di Polanski e Gérard Brach, fotografia (straordinaria) di Gilbert Taylor e musiche di Chico Hamilton. Orso d'argento al festival di Berlino.

Requiescant *½ (Italia/Rft 1966, col, 110') Carlo Lizzani. Con Lou Castel, Mark Damon, Rossana Kriesmann, Pier Paolo Pasolini. ◆ Un bimbo scampato a un massacro viene allevato da un pastore protestante (Pasolini): da grande (Castel) andrà in cerca della sorella e di vendetta, e farà causa comune con i peones. Tentativo di spaghetti-western politicamente evoluto, che però non si alza dalla media, malgrado l'interpretazione che si vorrebbe tormentata di Castel e la presenza estemporanea di Pasolini.

Resa dei conti, La *½ (Italia/Spagna 1967, col, 108') Sergio Sollima. Con Lee Van Cleef, Tomas Milian, Luisa Rivelli, Walter Barnes, Fernando Sancho. ◆ L'ultimo incarico di un bounty-killer (Cleef) è quello di catturare un messicano (Milian) accusato di stupro e omicidio: ma il colpevole è in realtà il figlio di un ricco. Spaghetti-western sceneggiato da Franco Solinas (che aveva adattato una sua storia ambientata nella Sardegna dei nostri giorni) che mescola l'avventura con un messaggio pseudorivoluzionario (il finale con la «scelta di classe» da parte del bounty-killer è stato suggerito da Sergio Leone). Per il duello finale Ennio Morricone adatta alla chitarra addirittura *Per Elisa* di Beethoven.

Rescuers – Storie di donne coraggiose → *Prezzo del coraggio, Il*

Resting Place ** (*Resting Place*, Usa 1986, col, 100') John Korty. Con John Lithgow, Richard Bradford, Morgan Freeman, C.C.H. Pounder, Frances Sternhagen, M. Emmet Walsh. ◆ Un ufficiale americano (Lithgow), che accompagna la salma di un soldato nero caduto in Vietnam, deve affrontare le ostilità dei bianchi locali quando si tratta di seppellirlo nel loro cimitero. Film televisivo onesto e didascalico, ben recitato ma senza sorprese.

Resto è silenzio, Il **½ (*Der Rest ist Schweigen*, Rft 1959, b/n, 105') Helmut Käutner. Con Hardy Krüger, Peter van Eyck, Rudolph Forster, Rainer Penkert, Heinz Drache, Adelheid Seeck, Ingrid Andree. ◆ Il giovane John H. Claudius (Krüger) si convince che il padre, magnate dell'industria bellica, sia stato assassinato dallo zio Paul (van Eyck) con la complicità della vedova (Seeck) che poi ha sposato. Il ritrovamento di un diario conferma i suoi dubbi, ma la prova decisiva arriverà solo dalla confessione della madre. Un'attualizzazione attenta e intelligente dell'*Amleto* shakespeariano firmata dallo stesso regista, ricca di umori politici e sociali sulle responsabilità della borghesia tedesca, che finisce per trasformarsi in una requisitoria contro tutta una società (quella della rinascita economica e della «smemoratezza politica» guidata da Adenauer) e un'intera epoca storica.

Restoration – Il peccato e il castigo *½ (*Restoration*, Usa 1995, col, 118') Michael Hoffman. Con Robert Downey jr, Sam Neill, David Thewlis, Meg Ryan, Polly Walker, Ian McKellen, Hugh Grant, Hugh McDiarmid. ◆ Londra, 1663: la carriera dello studente di medicina Robert Merivel (Downey jr), da medico dei cani di re Carlo II (Neill) a marito di comodo per una favorita (Walker) del sovrano, da psichiatra in erba in un manicomio quacchero a testimone della peste e dell'incendio di Londra. Su un classico canovaccio di ascesa e caduta (la sceneggiatura è di Rupert Walters, dal romanzo di Rose Tremain) ispirato alla narrativa inglese del Settecento, un film hollywoodiano sugli splendori e miserie dell'era della Restaurazione, che sembra rispondere a Greenaway e alla *Pazzia di re Giorgio*: consolatorio e indulgente nei confronti del suo debole anti-eroe, opulento e compiaciuto nel mostrare sfarzi degni di Las Vegas. Accurato, manierato, chiassoso e superficiale. Due Oscar: scenografia (Eugenio Zanetti) e costumi (James Acheson).

Resurrectio **½ (Italia 1931, b/n, 65') Alessandro Blasetti. Con Lya Franca, Daniele Crespi, Venera Alexandrescu, Olga Capri, Mario Mazza. ◆ Abbandonato dalla sua amante (Alexandrescu), il direttore d'orchestra Pietro Gadda (Crespi) prima medita il suicidio poi si reca nella villa della donna con una pistola, ma finisce per sparare al proprio ritratto. Per fortuna, fuori, c'è una ragazza curiosa (Franca) che l'aveva notato sull'autobus e non aveva esitato a scendere per aspettarlo: grazie a lei ritroverà la voglia di vivere e di lavorare e un concerto al Conservatorio, al quale presenzia anche l'amante ormai sconfitta, segnerà l'inizio della sua «resurrezione». È il primo film sonoro girato in Italia, ma nelle sale arrivò prima la *Canzone dell'amore* di Gennaro Righelli, giudicato più affidabile commercialmente (mentre *Resurrectio* fu distribuito dopo il successo di *Terra madre* dello stesso regista). L'intreccio è banale e pretestuoso, utile solo per le sperimentazioni audiovisuali (soggetto e sceneggiatura sono, per l'unica volta, interamente di Blasetti), ma colpisce ancora oggi la concezione «totale» del sonoro: invece di dar libero sfogo ai dialoghi, come ci si aspetterebbe dopo tanti anni di muto, Blasetti attua un sapiente mixage di parole, musica e rumori, soprattutto quelli della strada, costruendo situazioni sonore simultanee a cui spesso fanno da contrappunto soluzioni visive di chiara matrice avanguardista (sovrimpressioni, siparietti neri, tagli originali delle inquadrature, in cui si fa fatica a distinguere dov'è piazzata la macchina da presa). Tra i momenti più belli, quello in cui il protagonista, nascosto in un androne di mattina presto, medita di spararsi un colpo di pistola, mentre tutt'intorno la città si risveglia, una macchina corre all'impazzata e gli operai vanno al lavoro.

Resurrezione ** (*We Live Again*, Usa 1934, b/n, 82') Rouben Mamoulian. Con Fredric March, Anna Sten, Sam Jaffe, C. Aubrey Smith, Jane Baxter. ◆ Una delle numerose versioni del romanzo omonimo di Tolstoj. Un nobile (March) che ha lasciato una contadina di cui si era innamorato (Sten), minato dal senso di colpa, decide di dividerne il destino quando lei viene ingiustamente condannata. Cosceneggiato da Preston Sturges, Leonard Praskins, Maxwell Anderson e, non accreditato, da Edgar G. Ulmer, e fotografato da Gregg Toland, il film ha i suoi momenti migliori nell'uso dell'ambiente in funzione narrativa (i prati coi mandorli, la pioggia pasquale) ma cede troppo alle esigenze divistiche di Hollywood.

Resurrezione ** (Italia 1944, b/n, 105') Flavio Calzavara. Con Claudio Gora, Doris Duranti, Guido Notari, Germana Paolieri. ◆ Un nobile russo (Gora), che ha sedotto e abbandonato una contadina (Duranti), la ritrova come imputata a un processo di cui è giurato. Convinto della sua innocenza, cercherà invano di difenderla, e poi la seguirà in Siberia. Corretta versione del romanzo di Tolstoj (sceneggiato da Corrado Alvaro e Tomaso Smith) e tra le migliori interpretazioni della Duranti, contadina improbabile sulla carta.

Resurrezione ** (*Auferstehung*, Rft/Italia/Francia 1958, col, 121') Rolf Hansen. Con Myriam Bru, Horst Buchholz, Lea Massari, Marisa Merlini, Jean Murat, Günter Lüders, Til Kiwe, Gabrielle Dorziat, Antonio Cifariello, Edith Mill, Ruth Niehaus, Robert Freytag. ◆ Il principe Dmitrij Ivanovic Nechljudov (Buchholz) riconosce nell'imputata di omicidio Ekaterina Maslova (Bru) la giovane Katjuša, che aveva sedotto e abbandonato in gioventù e che per questo era finita a fare la prostituta. Per riscattarsi, si impegna ad alleviare la vita dei carcerati, attivandosi anche per far ottenere la grazia alla donna ingiustamente condannata a 12 anni di lavori forzati in Siberia. Fedele e imponente versione del romanzo di Lev Tolstoj, che nell'adattamento firmato da Renato Castellani (con la collaborazione di Julianne Kay) stempera il messaggio evangelico originale a favore di una moralità più laica e pragmatica. Se la struttura del racconto (con i suoi flashback a incastro che fanno scoprire poco alla volta la verità allo spettatore) è compatta e avvincente, così come la capacità di descrivere con poche battute l'ipocrisia e i pregiudizi che condannano Katjuša e compatiscono il comportamento di Dmitrij, il vero punto debole del film è nella scarsa intensità dei due protagonisti, belli ma decisamente inerti.

Retata, La * (*Dragnet*, Usa 1987, col, 106') Tom Mankiewicz. Con Dan Aykroyd, Tom Hanks, Christopher Plummer, Alexandra Paul, Elizabeth Ashley, Dabney Coleman, Harry Morgan. ◆ Omaggio-parodia alla serie di telefilm polizieschi *Dragnet*, celebri negli Stati Uniti. Il sergente Joe Friday (Aykroyd), nipote di quel Jack Webb che era stato il protagonista della serie tv, è un poliziotto morigerato che assieme a un collega squinternato (Hanks) sventa il truce piano di un predicatore (Plummer) che ha le mani nella pornografia. Il pubblico non americano perde gran parte degli ammiccamenti (Harry Morgan, in passato spalla di Jack Webb qui è promosso capitano): resta il solito poliziesco semiserio che le battute dei due protagonisti (Aykroyd è anche cosceneggiatore) non bastano a tenere in piedi. Tom Mankiewicz è il figlio di Joseph Leo.

Rete, La **½ (*La red*, Messico 1953, b/n, 83') Emilio Fernández. Con Rossana Podestà, Armando Silvestre, Crox Alvarado, Guillermo Cramer, Carlos Riquelme. ◆ Ferito dopo una rapina, José Luis (Silvestre) affida la propria donna (Podestà) al complice Antonio (Alvarado) che però non può non innamorarsi di lei. Quando José li raggiunge, la gelosia innesca la tragedia: Antonio uccide la donna e viene ucciso dalla polizia; José, con il corpo di lei tra le braccia entra nel mare per annegarsi. Una trama melodrammatica che Fernández depura di ogni accento romanzesco per concentrarsi sulla sola forza delle immagini (qui fotografate da Alex Philips). Corpi scolpiti nel bianco e nero, primi piani ravvicinatissimi, contrasti di forme e luci: a costo di scivolare nell'accademismo, Fernández sembra preoccuparsi solo di sottolineare l'erotismo dei corpi lasciando a un destino ingovernabile il compito di condurre verso la tragedia la storia dei suoi personaggi. Sexy come non mai la Podestà, che usò il film come trampolino per una breve carriera hollywoodiana.

Retroscena *½ (Italia 1939, b/n, 105') Alessandro Blasetti. Con Elisa Cegani, Filippo Romito, Camillo Pilotto, Giovanni Grasso, Ugo Ceseri. ◆ Un cantante lirico (Romito) ama una pianista (Cegani): dapprima la sua carriera è sabotata da un critico maligno, poi con uno stratagemma – si presenta sulla scena sotto falso nome – riconquista il successo e l'amore. Un Blasetti minore, girato appena prima di *Un'avventura di Salvator Rosa*. Pare che il regista si volesse rifare di un critico famoso che gli aveva stroncato *Ettore Fieramosca*.

Return of Mr. Moto, The → *voce «Mr. Moto»*

Return of Sherlock Holmes, The → *voce «Sherlock Holmes»*

Reuben, Reuben... ** (*Reuben, Reuben*, Usa 1983, col, 101') Robert Ellis Miller. Con Tom Conti, Kelly McGillis, Robert Blossom, Cynthia Harris, Lois Smith. ◆ Un poeta alcolizzato, lamentoso e narcisista (Tom Conti in un personaggio vagamente ispirato a Dylan Thomas), si fa mantenere dalle sue mature fans nel New England finché si innamora di una studentessa (McGillis, al suo primo film). Ma il cane Reuben giocherà al poeta un brutto scherzo. Tragicommedia di chiara derivazione teatrale, progettata a tavolino per il talento istrionico di Conti. Lo sceneggiatore Julius J. Epstein è lo stesso di *Casablanca* ed è suo l'umorismo dolente che serpeggia in tutto il film.

Re vagabondo, Il * (*The Vagabond King*, Usa 1956, col, 86') Michael Curtiz. Con Kathryn Grayson, Oreste [Kirkop], Rita Moreno, sir Cedric Hardwicke, Leslie Nielsen, Walter Hampden. ◆ Terza versione cinematografica dall'operetta di Rudolf Friml (a sua volta tratta dal romanzo di Justin Hunthly McCuthy), che racconta con pochissima verosimiglianza storica la vita del poeta vagabondo François Villon (Oreste) che prima critica il re Luigi XI (Hampden), e poi ne diventa ministro, facendo carriera a corte. Mediocre musical in costume, che tentò invano di lanciare il protagonista Oreste, un giovane tenore maltese. Il numero migliore è quello danzato di *Watch Out for the Devil*. Le versioni migliori della stessa storia sono quella muta del 1927 (*The Beloved Rogue* di Alan Crosland con John Barrymore nel ruolo di Villon e Conrad Veidt in quella di Luigi XI) e quella inedita in Italia del 1938 (*If I Were King* di Frank Lloyd con Ronald Colman nella parte di Villon e Basil Rathbone in quella di re Luigi).

Revak lo schiavo di Cartagine * (Italia/Usa 1961, col, 84') Rudolph Maté. Con Jack Palance, Milly Vitale, Guy Rolfe, Austin Willis, Richard Wyler, Deirdre Sullivan, Joseph Cuby. ◆ Condotto in catene a Cartagine, il principe celta Revak (Palance) userà il fascino che esercita sulla principessa Kerata (Vitale) per organizzare la fuga degli altri schiavi e far vela verso Roma. Forse il più brutto peplum mai fatto, affidato a un regista «in esilio» e alla fine della sua carriera. Invece di affrontare con leggerezza l'inverosimiglianza della storia (uno schiavo indomito e ribelle lasciato solo e libero una notte intera con la sorella di chi l'ha catturato!), Maté cerca di accentuarne la chiave realista, e in questo modo la recitazione muscolare di Palance (chiaramente a disagio) precipita nel comico involontario.

Revenge – Vendetta *½ (*Revenge*, Usa 1990, col, 124') Tony Scott. Con Kevin Costner, Madeleine Stowe, Anthony Quinn, Sally Kirkland, Tomas Milian. ◆ Un ufficiale di marina (Costner) tradisce la fiducia di un proprietario terriero messicano (Quinn) innamorandosi della moglie (Stowe). Qualcuno, evidentemente, deve pagare – possibilmente la donna, nell'ottica misogina di Hollywood. Drammone tirato a lucido (tratto da un bel racconto di Jim Harrison molto mal sceneggiato dallo stesso scrittore e da Jeffrey Fiskin) che vorrebbe essere una specie di remake di *Catene della colpa*, massacrato dai produttori e il cui insuccesso negli Usa ha rischiato di stroncare la carriera del fratello di Ridley Scott. Solo per i fans di Costner (nel ruolo più «sporco» della sua carriera) e per gli amanti della bella fotografia.

Revolution *½ (*Revolution*, Usa/Gb 1985, col, 123') Hugh Hudson. Con Al Pacino, Nastassja Kinski, Donald Sutherland, Joan Plowright, Annie Lennox, Sid Owen, Steven Berkoff, Robbie Coltrane, Dexter Fletcher. ◆ Il pescatore Tom Dobb (Pacino) e suo figlio Ned (Owen) sono coinvolti nella guerra d'indipendenza che gli americani combattono contro gli inglesi: per cinque anni si incontreranno e si perderanno – Ned è anche arruolato di forza dagli inglesi e fatto prigioniero – fino a che il figlio, diventato adulto (Fletcher), partirà verso l'Ovest mentre Tom deciderà di imparare a leggere e a scrivere. Costoso fiasco che vuole raccontare la storia di un uomo che si integra poco a poco nella storia di una nazione in crescita, ma poco felice nella scelta degli attori (la Kinski è un'improbabile patriota), e banale nella caratterizzazione dei personaggi. La splendida fotografia di Bernard Lutic e le scene di battaglia, molto ben orchestrate, in parte salvano il film. Il film che ha fatto fallire l'inglese Goldcrest.

Revolver *½ (Italia/Francia/Rft 1972, col, 115') Sergio Sollima. Con Fabio Testi, Oliver Reed, Paola Pitagora, Agostina Belli, Bernard Giraudeau, René Koldehoff. ◆ Il direttore di un penitenziario (Testi) deve rilasciare un detenuto (Reed) in cambio dell'incolumità della moglie; ma quando scopre di essere la pedina di uno sporco affare, quasi solidarizza col malvivente. Poliziesco tagliato con l'accetta, con pretese di denuncia del potere, come si usava negli anni Settanta.

Riavanti... marsh! * (Italia 1979, col, 118') Luciano Salce. Con Carlo Giuffré, Alberto Lionello, Renzo Montagnani, Aldo Maccione, Stefano Satta Flores, Sandra Milo, Anna Maria Rizzoli, Silvia Dionisio, Olga Karlatos. ◆ Cinque quarantenni, richiamati alle armi per un corso d'aggiornamento, ritrovano la voglia di scherzare e, alla fine, si separano con malinconia. Ritratto di personaggi infantili e volgari, deprimente per la sua evidente complicità.

Ribalta di gloria ** (*Yankee Doodle Dandy*, Usa 1942, b/n, 126') Michael Curtiz. Con James Cagney, Joan Leslie, Walter Huston, Richard Whorf, Irene Manning, Jeanne Cagney, Rosemary DeCamp. ◆ Premiato da Roosevelt per meriti patriottici, George M. Cohan (Cagney), musicista e ballerino autore dell'inno dell'esercito americano (*Over There*), rievoca la sua lunga carriera, dagli anni del vaudeville fino al successo a Broadway e alla popolarità nazionale. Una delle interpretazioni più famose di Cagney (la cui scelta da parte della Warner fu approvata da Cohan in persona che si era riservato questa esclusiva quando aveva venduto i diritti sulla sua autobiografia), magistrale monumento alle virtù americane – la famiglia, il patriottismo e lo spettacolo – capace di trasformare la storia di un artista in una specie di celebrazione nazionale, «un inno all'eroismo e all'audacia dell'America». Sceneggiato da Robert Buckner ed Edmund Joseph e fotografato da James Wong Howe, il film oggi appare eccessivamente sentimentale e demagogico (fu prodotto quando l'America non era ancora entrata in guerra, ma l'impegno di Cohan a favore del prestito per la prima guerra mondiale funzionava da propaganda per la seconda) eppure la ricostruzione ambientale è molto felice e i numeri musicali tuttora godibili (*Give My Regards to Broadway*, *You're a Grand Old Flag* e *Yankee Doodle Dandy*). Divertente la scena in cui Cohan «traduce» per i suoi nipotini i titoli criptici di *Variety*. La sorella di Cagney, Jeanne, interpreta la sorella di Cohan. Tre Oscar: miglior attore (Cagney), colonna sonora (Ray Heindorf, Heinz Roemheld) e suono (Nathan Levinson). Uno dei primi film a essere stato colorizzato (ne esistono anzi due versioni diverse).

Ribelle, Il ** (*None but the Lonely Heart*, Usa 1944, b/n, 113') Clifford Odets. Con Cary Grant, Ethel Barrymore, Jane Wyatt, June Duprez, George Coulouris, Dan Duryea. ◆ Un accordatore di pianoforti (Grant) vive a Londra con la madre (Barrymore) malata di cancro. Alla ricerca dell'indipendenza arriva a trasformarsi in ladro, e la madre finisce in carcere come complice. Melodramma urbano dai toni mesti, tratto da un romanzo di Richard Llewellyn, adattato dallo sceneggiatore Odets al suo esordio come regista. Grant è convincente in un ruolo drammatico per lui insolito; la Barrymore vinse l'Oscar come non protagonista. Colonna sonora di Hanns Eisler, il collaboratore di Brecht allora esule a Hollywood.

Ribelle, Il *½ (*All the Right Moves*, Usa 1983, col, 91') Michael Chapman. Con Tom Cruise, Lea Thompson, Craig T. Nelson, Charles Cioffi, Christopher Penn. ◆ In una squallida cittadina industriale della Pennsylvania una promessa del football (Cruise) e il suo allenatore (Nelson) sognano di andarsene in California. Spaccato di costume che non si eleva sopra la media. Primo ruolo da protagonista per Cruise.

Ribelle, La ** (Italia 1993, col, 88') Aurelio Grimaldi. Con Penelope Cruz, Stefano Dionisi, Laura Betti, Lorenza Indovina, Marco Leonardi. ◆ Rinchiusa in un istituto religioso con la sorella Rosaria (Indovina), la palermitana Enza (Cruz) conosce, durante i fine settimana in cui può uscire, Sebastiano (Leonardi) e se ne innamora. Per lui fugge dall'istituto, ma le cose non vanno come si aspettava ed Enza sopravvive come può, finché incontra Franchino (Dionisi) che le proporrà una nuova esistenza. Opera seconda (dopo *La discesa di Aclà a Floristella*), che Grimaldi ha tratto dal suo libro *Storia di Enza*: un ritratto femminile a tutto tondo all'interno di una storia di dolore, emarginazione e voglia di riscatto. Il regista partecipa con affetto al tentativo di Enza di sfuggire al suo destino, ma sceglie uno stile asciutto e freddo, un po' troppo letterario, che finisce per astrarre il film dal suo humus naturale. Fortunatamente Penelope Cruz, dal travolgente fascino mediterraneo, sa restituire al suo personaggio tutta la forza selvaggia di un'adolescenza inquieta e impaziente di vivere.

Ribelle dell'Anatolia, Il *** (*America, America*, Usa 1963, b/n, 168') Elia Kazan. Con Stathis Giallelis, Frank Wolff, Harry Davis, Estelle Hemsley, Elena Karam. ◆ Nel 1896 il giovane greco Stavros (Giallelis) lascia la natia Anatolia, per andare a Costantinopoli e cercare di risparmiare i soldi per poter emigrare in America. Tra complotti anarchici, imbroglioni, prostitute rapaci e promesse spose racchie rischierà di non partire: e dopo essersi messo nei guai anche durante la navigazione, riuscirà a mettere piede a Manhattan solo sotto falso nome. Ispirandosi a un proprio romanzo, Kazan racconta la storia delle origini della propria famiglia (Stavros è suo zio) e dell'America stessa, un sogno che può essere raggiunto solo attraverso il sacrificio di altre persone e la rinuncia ai propri valori e ideali (come mantenere puro «il sorriso dell'Anatolia» si chiede il regista?). Ritorna il tema dei rapporti conflittuali coi padri (*La valle dell'Eden*), ma la libertà di racconto e l'entusiasmo sono unici, e fanno perdonare alcune digressioni non indispensabili. Tormentata la storia della produzione, ed esigui gli incassi. Oscar alle scenografie di Gene Callahan. Il film è stato ridistribuito in Italia col titolo *America, America*.

Ribelle del Sud, La *½ (*Belle Starr*, Usa 1941, col, 87') Irving Cummings. Con Randolph Scott, Gene Tierney, Dana Andrews, John Sheppard, Elizabeth Patterson. ◆ Finita la guerra di Secessione, Bella (Tierney) respinge un capitano nordista e sposa un ex confederato ribelle (Scott), seguendone le sorti. Quando muore, lui si consegna agli unionisti. Gene Tierney, al suo secondo film, illumina questo polpettone, aberrante dal punto di vista ideologico.

Ribelle di Algeri, Il ** (*L'Insoumis*, Francia/Italia 1964, col, 90') Alain Cavalier. Con Alain Delon, Lea Massari, Maurice Garrel, Georges Geret. ◆ Un aderente all'Oas (Delon) rapisce un'avvocatessa (Massari), tenera con gli algerini, ma commette l'errore fatale di innamorarsene. Per Delon un buon personaggio maledetto, ma il film, sceneggiato dal regista (al suo esordio) assieme a Jean Cau, non mantiene tutte le promesse implicite nel trattare un tema allora scottante. Fotografato da Claude Renoir.

Ribelle di Amalfi, Il → *Leone di Amalfi, Il*

Ribelle d'Irlanda, Il *½ (*Captain Lightfoot*, Usa 1954, col, 91') Douglas Sirk. Con Rock Hudson, Barbara Rush, Jeff Morrow, Kathleen Ryan. ◆ Nell'Irlanda del 1815, i ribelli contro il governo inglese gestiscono una casa da gioco clandestina per finanziare la loro causa. Avventure a lieto fine in chiave picaresca senza troppa sostanza. Un esito minore nella collaborazione tra Sirk e Hudson.

Ribelle di Scozia, Il *½ (*Kidnapped*, Gb 1971, col, 100') Delbert Mann. Con Michael Caine, Trevor Howard, Jack Hawkins, Donald Pleasence, Vivien Heilbron, Freddie Jones. ◆ Alla metà del Settecento un ragazzo, venduto dall'avido zio a dei briganti, ne diventa amico e partecipa alla rivolta degli scozzesi contro gli inglesi nel XVII secolo. Malgrado il buon cast e i bei paesaggi della Scozia, un film d'avventura di routine, in cui rimane poco dei romanzi *Il rapito* e *Catriona* di Stevenson ai quali si ispira. Dal primo erano stati già tratti *La volpe rossa* di Beaudine e altri due film inediti in Italia.

Ribelli dell'Honduras, I ** (*Appointment in Honduras*, Usa 1953, col, 79') Jacques Tourneur. Con Ann Sheridan, Glenn Ford, Zachary Scott, Jack Elam. ◆ Un idealista americano (Ford), che deve aiutare i ribelli a cacciare il dittatore dell'Honduras, porta a termine la sua missione nella giungla con l'aiuto di alcuni poco di buono. Singolare film d'avventura (sceneggiato da Karen DeWolf ma con l'evidente tocco di Tourneur) dove il regista sembra divertirsi a negare molti degli elementi che contraddistinguono questo genere hollywoodiano: non c'è nessuna esaltazione dell'azione (a differenza del film di Walsh) né alcuna «realizzazione di sé» del protagonista (come in Hawks), piuttosto una specie di accettazione passiva, una «insensibilità» di fronte agli accadimenti della trama che diventa la chiave essenziale della riuscita del protagonista e che porta il regista a cogliere l'essenza più segreta del film di genere, «l'azione colta nel momento stesso in cui si compie» senza spiegazioni o giustificazioni.

Ribelli dell'isola, I * (*Savage Mutiny*, Usa 1953, b/n, 73') Spencer Bennet. Con Johnny Weissmuller, Angela Stevens, Lester Matthews, Nelson Leigh, Paul Marion. ◆ Jim della giungla (Weissmuller) sventa i piani di una nazione ostile (Urss?) che cerca di scacciare la popolazione da un'isola sulla quale vorrebbero fare esperimenti con la bomba atomica. Assurdo prodotto della guerra fredda, rozzo e ingenuo, decimo film della serie.

Ribelli di Carnaby Street, I *½ (*The Jokers*, Gb 1966, col, 94') Michael Winner. Con Michael Crawford, Oliver Reed, Gabriella Lucidi, Harry Andrews. ◆ Ai tempi della Swinging London due figli di papà progettano il furto dei gioielli della corona. Giallorosa che diventa un'innocua satira di Scotland Yard e altri miti del tradizionalismo britannico.

Ribellione *** (*Boule de suif*, Francia 1945, b/n, 103') Christian-Jaque [Christian Maudet]. Con Micheline Presle, Louis Salou, Berthe Bovy, Alfred Adam, Jean Brochard, Pierre Palau, Marcel Simon, Suzet Maïs, Luise Conte, Sinoël [Jean-Leonis Bies], Gabrielle Fontan, Berthe Tissen, Janine Vienot, Robert Dalban, Paul Faivre, Mona Dol, Jim Gérald, Roger Karl, Georges Tourriel, Michel Salina. ◆ Durante l'invasione prussiana della Francia del 1870, un gruppo di persone cerca di mettersi in salvo su una diligenza. Tre coppie di nobili e ricchi borghesi (Brochard e Maïs, Palau e Bovy, Simon e Conte) non nascondono il proprio disprezzo alla scoperta che una passeggera è la prostituta «Palla di sego» (Presle), ma non esitano a spingerla tra le braccia di un ufficile prussiano per poter proseguire il viaggio; né sapranno dimostrare altrettanta dignità e coraggio quando saranno alla presenza del crudele ufficiale Fifi (Salou). Uno dei primi film prodotti in Francia dopo la Liberazione, violento (anche se un po' compiaciuto) atto d'accusa contro il passato collaborazionista di certa borghesia durante l'occupazione nazista. Fin dai titoli di testa, accompagnati dalle note del libertario *Inno alla gioia* di Beethoven, la riduzione di due celeberrime novelle di Maupassant (*Palla di sego* e *Mademoiselle Fifi*, adattate da Henri Jeanson, Louis d'Hée e dal regista) stempera la carica naturalistica del testo letterario per trasformarsi in una feroce sottolineatura dei compromessi e delle viltà perpetrate dalle classi più ricche di fronte al nemico, mentre una macchina da presa mobilissima (nonostante i luoghi chiusi in cui si svolge prevalentemente la storia) si «sostituisce» al montaggio nell'animare una eccezionale prova collettiva di recitazione. Scandali e polemiche accompagnarono l'uscita del film in Francia.

Ricatto di un commissario di polizia a un giovane indiziato di reato *½ (*Les Aveux les plus doux*, Francia/Italia 1971, col, 91') Edouard Molinaro. Con Philippe Noiret, Roger Hanin, Marc Porel, Caroline Cellier. ◆ Due poliziotti (Noiret e Hanin) estorcono con l'inganno la confessione a un giovane (Porel) complice di una rapina in cui è scappato il morto. Ma verranno messi sotto accusa. Dramma poliziesco tratto da una pièce di Georges Arnaud girato totalmente in interni con ambizioni di denuncia civile, che finisce però con l'essere schematico e irrisolto.

Ricatto più vile, Il ** (*Ransom*, Usa 1956, col, 109') Alex Segal. Con Glenn Ford, Donna Reed, Leslie Nielsen, Juano Hernandez, Juanita Moore, Bobby Clark, Robert Burton, Robert Forrest. ◆ Il figlio dell'industriale degli aspirapolvere David Stannard (Ford) viene rapito; ma il padre, dopo aver raccolto il mezzo milione di dollari del riscatto, sfida in Tv i rapitori: o mi ridate il pupo, o questi soldi sono la taglia su di voi. La sceneggiatura di Cyril Hume e Richard Maibaum cerca di scavare nei dilemmi del protagonista, e indica nella famiglia l'unico baluardo contro il materialismo del successo e l'inefficacia delle istituzioni. Il regista, al suo esordio, offre uno spaccato abbastanza interessante di un'America bianca non più così sicura delle proprie fondamenta: ma il finale è conciliante, e non manca neppure una vena mistica (imperdonabile il fedele servitore nero [Hernandez] che si mette a pregare) che si perde senza rimpianti nel remake *Ransom*, ben più duro e revanchista. L'impianto è pesantemente teatrale (non a caso l'origine è nel tv-movie *Fearful Decision*), ma Ford si produce in una delle prove più impegnative e sofferte della sua carriera.

Riccardo Cuor di Leone * (*King Richard and the Crusaders*, Usa 1954, col, 114') David Butler. Con Rex Harrison, Virginia Mayo, George Sanders, Laurence Harvey, Robert Douglas. ◆ Sotto le mura di Gerusalemme, i maggiori pericoli per Riccardo Cuor di Leone (Sanders) vengono da alcuni congiurati. Il Saladino (Harrison), invece, gli salva addirittura la vita. La banalità della sceneggiatura fa affondare un film storico che spreca il suo cast.

Riccardo III ***½ (*Richard III*, Gb 1955, col, 133') Laurence Olivier. Con Laurence Olivier, John Gielgud, Ralph Richardson, Claire Bloom, Alec Clunes, Cedric Hardwicke, Stanley Baker, Pamela Brown. ◆ La sanguinosa scalata al trono d'Inghilterra di Riccardo di Gloucester (Olivier), le cui menomazioni fisiche – è gobbo, zoppo e ha un braccio storpiato – sono il simbolo esteriore di una «deformità di natura» che lo porta a tradire e uccidere chiunque possa ostacolarlo: il fratello Giorgio di Clarence (Gielgud), i due giovanissimi nipoti Edoardo V e il duca di York, i pari d'Inghilterra che gli sono ostili, compreso l'ex alleato duca di Buckingham (Richardson). Ma verrà sconfitto e ucciso nella battaglia di Bosworth, lanciando il celebre grido: «Un cavallo... un cavallo per il mio regno». Nella sua terza e ultima regia shakespeariana, Olivier – sempre aiutato dallo sceneggiatore Alan Dent – modifica l'inizio del dramma per renderlo più comprensibile ed elimina una serie di personaggi presenti nel testo teatrale per concentrarsi sulla lotta per la conquista della corona (che incombe letteralmente su tutto il film, aprendolo e chiudendolo). Circondato da grandissimi interpreti, Olivier sa rappresentare perfettamente le tecniche con cui si conquista il potere, mutevole e mellifluo nell'umore come nei vestiti («Io posso cambiare colore come un camaleonte») che sottolineano il ricorso a semplici ma efficaci metafore visive (le ombre che strisciano quando si trama). In originale durava 155'. Una nuova versione con Ian McKellen nel 1996.

Riccardo III ** (*Richard III*, Gb 1996, col, 104') Richard Loncraine. Con Ian McKellen, Annette Bening, Kristin Scott-Thomas, Jim Broadbent, Robert Downey jr, Maggie Smith, Nigel Hawthorne, Dominic West, John Wood, Jim Carter, Bill Paterson. ◆ Negli anni Trenta, in un'Inghilterra divisa dalla guerra civile, Riccardo di Gloucester (McKellen) non si ferma davanti a niente pur di conquistare il potere: uccide il fratello Clarence (Hawthorne), re Edordo IV (Wood) e suo cognato (Downey jr), i nipoti , il primo ministro lord Hastings (Carter). Ma i nobili si ribellano e appoggiati dalla madre di Riccardo (Smith) e dalla vedova di Edoardo (Bening) affronteranno l'usurpatore nella battaglia di Bosworth. Per avvicinare a Shakespeare un pubblico giovane e videodipendente, McKellen (che firma la sceneggiatura con Loncraine partendo dalla messa in scena teatrale firmata da Richard Eyre) taglia drasticamente una delle tragedie più lunghe e trasporta la Guerra delle Due Rose ai tempi del nazismo, affidandosi alla fantasia cromatica di un regista che si è formato in pubblicità. La trovata funziona dal punto di vista scenografico (la battaglia di Bosworth ambientata in una fabbrica in disuso, con Riccardo che esclama «il mio regno per un cavallo» a bordo di una jeep in panne), ma perde in tensione drammatica quando rilegge la tirannia con i simboli del kitsch, finendo per risultare ripetitiva mentre la recitazione scivola nella maniera. Il *Riccardo III* di Olivier era molto più bello.

Riccardo III – Un uomo, un re ***½ (*Looking for Richard*, Usa 1996, col, 109') Al Pacino. Con Al Pacino, Frederick Kimball, Kevin Spacey, Alec Baldwin, Winona Ryder, Aidan Quinn, Harris Yulin, Penelope Allen, Kevin Conway. ◆ Al Pacino, deciso a mettere in scena *Riccardo III* di Shakespeare, s'interroga sul senso e sui problemi dell'operazione, girando le domande ai suoi collaboratori, a passanti qualsiasi, a professori oxfordiani, ad attori e registi shakesperiani (tra cui John Gielgud, Kenneth Branagh, Vanessa Redgrave, Peter Brook, Judith Malina). Attraverso l'intersezione di più piani narrativi (dall'inchiesta giornalistica a quella culturale, dalla ricostruzione metacinematogafica alla fiction, dal confronto artistico allo svelamento documentario, dai sopralluoghi in Inghilterra alla messa in scena in un teatro di Manhattan, dalla ricerca linguistica alla pratica recitativa), Pacino riesce a sviscerare la «questione Shakespeare» utilizzando tutte le potenzialità del mezzo cinematografico: il risultato è un'intelligente e affascinante riflessione sul campo che, oltre ad avere valore in sé, dà anche maggiore spessore all'attuale revival shakespeariano sul grande schermo. Il progetto risale agli anni Settanta: a Pacino, anche produttore, ci sono voluti più di tre anni per realizzare il film. L'ideale, ovviamente, sarebbe vederlo in lingua originale (e in Italia è circolata una versione sottotitolata), soprattutto per apprezzare le disquisizioni sul pentametro giambico e sul senso di inferiorità patito dagli attori americani per la loro pronuncia.

Ricche e famose *** (*Rich and Famous*, Usa 1981, col, 117') George Cukor. Con Jacqueline Bisset, Candice Bergen, David Selby, Steven Hill, Meg Ryan, Michael Brandon. ◆ Vent'anni di amicizia contrastata tra la scrittrice intellettuale Liz Hamilton (Bisset) e l'autrice di bestseller Merry Blake (Bergen), lanciata proprio dall'amica. Alla rivalità letteraria si aggiunge quella sentimentale, visto che il marito della seconda è innamorato della prima, e Debby (Ryan, esordiente), la figlia della Blake, soffia il ragazzo alla Hamilton. Al suo ultimo film, l'ottantaduenne Cukor riprende una commedia di Van Druten (sceneggiata da Gerald Ayres e da lui già diretta nel 1943: *L'amica*) dipingendo con una brillantezza solo apparente il ritratto di due donne sostanzialmente infelici. Ma sotto il gioco delle battute e delle ripicche esplode la sensualità che i codici di censura hollywoodiani tendono a reprimere e quel «fascino inconfessato della carne» che ha attraversato molti dei suoi film di donne (fece scalpore la scena di sesso della Bisset con un giovane stallone nella toilette di un aereo). Nel party a Malibu si intravedono Christopher Isherwood e Roger Vadim, in quello finale Ray Bradbury.

Ricchezza senza domani ** (Italia 1939, b/n, 84') Ferdinando Maria Poggioli. Con Lamberto Picasso, Doris Duranti, Claudio Gora, Guido Notari. ◆ Un industriale (Picasso) si accorge di essere odiato dalla moglie e dai suoi operai. Cambia vita, aiuta la nipote a trovare la felicità e si ritira in campagna dopo aver donato la fabbrica ai suoi dipendenti. Apologo con tratti satirici decisamente inconsueto per l'epoca. Non banale il personaggio di Lamberto Picasso, ma la trasformazione della frivola moglie (Duranti) ha un che di miracoloso.

Ricchi ricchissimi praticamente in mutande * (Italia 1982, col, 95') Sergio Martino. Con Renato Pozzetto, Pippo Franco, Lino Banfi, Edwige Fenech, Janet Agren, Daniele Formica, Pippo Santonastaso. ◆ La cornice di un tribunale è pretesto per collegare tre episodi: un povero cristo (Franco) scopre che la moglie è scappata con un gruppo di nudisti; il marito (Banfi) di un'industriale emiliana crede di concedersi un'avventura con una bella tedesca (Agren) che si rivelerà essere una truffatrice; un industriale (Pozzetto) è disposto a cedere la moglie (Fenech) a uno sceicco per salvare i propri cantieri, ma scopre che l'emiro ha gusti gay. Tre barzellette raccontate senza nessuna verve.

Riccioli d'oro *½ (*Curly Top*, Usa 1935, b/n, 75') Irving Cummings. Con Shirley Temple, John Boles, Rochelle Hudson, Jane Darwell, Arthur Treacher. ◆ Un'orfanella (Temple) è adottata da un ricco industriale (Boles): gli risolve gli affari e gli combina un matrimonio con sua sorella. Melassa hollywoodiana del periodo in cui la Temple era all'apogeo. Graham Greene scrisse che la Fox, con film del genere, solleticava bassi istinti pedofili.

Ricco e strano *** (*Rich and Strange*, rititolato negli Usa *East of Shanghai*, Gb 1931, b/n, 83') Alfred Hitchcock. Con Henry Kendall, Joan Barry, Betty Amman, Percy Marmont, Elsie Randolph, Hannah Jones, Aubrey Dexter. ◆ Un'improvvisa lettera di credito permette al modesto impiegato Fred Hill (Kendall) di fare quello che ha sempre sognato: il gran signore. S'imbarca per una crociera con la moglie Emily (Barry), ma durante il tragitto lei s'innamora di un elegantone (Marmont), lui cede alle lusinghe di una principessa (Amman) che si rivelerà essere un'imbrogliona. Un naufragio, con successivo salvataggio da parte di una giunca di pirati cinesi, li riunirà. Una delle opere più originali di Hitchcock, sceneggiata dalla moglie Alma Reville e da Val Valentine: senza sospetti o colpevoli o assassinii (se si esclude quello fuori campo di un gatto), il film è piuttosto «la storia di un apprendistato» vissuta da due adulti e raccontata mescolando realismo e onirismo per dimostrare che «la conoscenza reale di sé passa obbligatoriamente attraverso la realizzazione dei desideri più nascosti». Magistrale il modo in cui Hitchcock passa nella prima parte dall'espressionismo (la scena nell'ufficio) al burlesco (il viaggio in métro) alla più acida descrizione satirica della crisi di un matrimonio per ribaltare tutto in una seconda parte inaspettata e profondamente umana. Hitchcock non appare.

Ricercati: ufficialmente morti **½ (*Extreme Prejudice*, Usa 1987, col, 104') Walter Hill. Con Nick Nolte, Powers Boothe, Michael Ironside, Maria Conchita Alonso, Rip Torn, Clancy Brown, Wiliam Forsythe. ◆ Frontiera tra Stati Uniti e Messico: Jack (Nolte) e Cash (Boothe), un tempo amici, ora sono diventati sceriffo e trafficante di droga. Nel loro duello si inseriscono sei militari (quelli «ufficialmente morti») in missione segreta e semi-illegale. Hill rende omaggio a Peckinpah (la rapina è presa da *Getaway*, il massacro finale dal *Mucchio selvaggio*), ma bada più alla quantità che alla qualità. Gli attori recitano da cani, la logica latita: ma lo spettacolo c'è, e non solo quello. Un western pessimista in epoca moderna, tratto da un soggetto di John Milius.

Ricercato per omicidio * (*Cet homme est dangereux*, Francia 1953, b/n, 92') Jean Sacha. Con Eddie Constantine, Colette Deréal, Grégoire Aslan, Jacqueline Pierreux, Guy Decomble, Claude Borelli, Véra Norman, Roland Bailly, Michel Nastorg. ◆ Per infiltrarsi nella banda di Siegela (Aslan), che progetta il rapimento della ricca Miranda (Borelli), Lemmy Caution (Constantine) si fa credere un malvivente: rischierà più di una volta la vita prima di aver ragione dei criminali. Seconda avventura cinematografica, dopo *F.B.I. Operazione criminale*, dell'agente dell'Fbi inventato da Peter Cheyney (questa volta Jacques Berland adatta il romanzo *Pericolo pubblico* utilizzando come dialoghista Marcel Duhamel, il creatore della *Série noire* che aveva cominciato le sue pubblicazioni proprio con i romanzi di Cheyney). Gli elementi sono sempre gli stessi – whisky, scazzottate e belle donne – ma questa volta l'autoironia e la parodia sono ai minimi storici.

Ricerche diaboliche *½ (*Monster on the Campus*, Usa 1958, b/n, 76') Jack Arnold. Con Arthur Franz, Joanna Moore, Judson Pratt, Troy Donahue. ◆ Il sangue di un pesce preistorico trasforma un professore (Franz) in un mostro. Horror naïf, approssimativo e terribilmente kitsch. Arnold ha fatto cose ben migliori.

Richiamo della foresta, Il ° (*The Call of the Wild*, Usa 1935, b/n, 81') William A. Wellman. Con Clark Gable, Loretta Young, Jack Oakie, Reginald Owen, Frank Conroy, Sidney Toler, James Burke. ◆ Yukon, inizio secolo: partiti sulle tracce di una miniera d'oro, Jack Thornton (Gable) e Shorty (Oakie) salvano una donna (Young) dai lupi e grazie a lei scoprono un ricco filone. Ma allo stesso giacimento arriva anche il crudele Mr. Smith (Owen) che si è fatto guidare dal marito (Conroy) della donna, da tutti creduto morto. La sceneggiatura di Gene Fowler e Leonard Praskins stravolge il romanzo omonimo di Jack London: il fedele cane Buck non è più al centro della storia (resta solo la sua gara per trascinare una slitta piena di farina), tutta centrata sulla zuccherosa storia d'amore tra Thornton e la donna, che alla fine – in conformità alle regole del Codice Hays – se ne va col redivivo marito (così come Buck torna nella foresta mentre Oakie si trova una donna indiana, lasciando l'eroe protagonista solo come un baccalà). Un film sbilanciato che non riesce mai a conquistare l'attenzione: una delle regie da dimenticare di Wellman. I pettegolezzi vogliono che durante le riprese nascesse un amore tra Gable e la Young, la quale dopo il film annunciò il suo ritiro dalle scene per ragioni di salute e nel 1937 adottò un bambino di due anni (che invece i gossip hollywoodiani dicono nato dalla sua relazione con Gable).

Richiamo della foresta, Il *½ (Italia/Rft/Francia/Spagna 1972, col, 100') Ken Annakin. Con Charlton Heston, Michèle Mercier, Maria Rohm, Rik Battaglia, George Eastman [Luigi Montefiori]. ◆ Le avventure nel Klondike di un cacciatore (Heston) e del suo fedele cane, che dopo la morte del padrone sceglie di tornare coi lupi, diventando il terrore degli indiani cattivi. Più fedele al romanzo di London del suo predecessore del 1935, ma altrettanto fiacco e poco ispirato.

Richiamo delle campane, Il → *Miracolo delle campane, Il* (di Manuel Mur Oti)

Richiamo delle campane, Il **½ (*Cielo negro*, Spagna 1951, b/n, 115') Manuel Mur Oti. Con Susana Canales, Fernando Rey, Luis Prendes, Teresa Casal, Inés Pérez Indarte, Julia Caba Alba, Porfiria Sánchiz. ◆ Ingenua e sognatrice, Emilia (Canales) crede che Fortún (Prendes) la corteggi; e invece le lettere che riceve, e a cui risponde con ardore, sono un atroce scherzo delle sue ex colleghe, che hanno assoldato un poeta senza soldi (Rey) per inventare missive appassionate: quando lo scoprirà, colpita anche da una miopia sempre peggiore e dalla morte della mamma (Indarte), penserà di farla finita. Un melodramma smaccatamente propagandistico a favore della funzione consolatrice della Chiesa: le campane del titolo italiano sono quelle che squarciano il «cielo nero» del titolo originale e impediscono alla protagonista il suicidio, guidandola (con un lunghissimo camera-car) verso la chiesa madrilena di San Francisco el Grande e la consolazione divina. Il film, sceneggiato dal regista, è comunque costruito con un'abile progressione drammatica, e anche l'eccesso di disgrazie che colpiscono Emilia (la delusione sentimentale e la malattia della madre, ma anche il licenziamento, l'umiliazione di chi deve cercare lavoro, il rischio della cecità) finisce per sottolineare la forza d'animo della protagonista e, per estensione, del genere femminile: autentico nucleo centrale di un film nel quale gli uomini non hanno mai il coraggio delle proprie azioni, oppure – come il poeta mercenario – trovano troppo tardi la forza del riscatto.

Richiamo del nord, Il *½ (*Wild Geese Calling*, Usa 1941, b/n, 77') John Brahm. Con Henry Fonda, Joan Bennett, Warren William, Ona Munson, Barton McLane. ◆ Triangolo tra un ex boscaiolo divenuto albergatore (Fonda), sua moglie (Bennett) e un giocatore (William). Gli scenari dell'Oregon e dell'Alaska, fotografati da Lucien Ballard, sopperiscono alle carenze di sceneggiatura e all'indecisione del regista tra western e melodramma.

Richiamo d'ottobre *½ (*The Return of October*, Usa 1948, col, 98') Joseph H. Lewis. Con Glenn Ford, Terry Moore, Albert Sharp, James Gleason. ◆ Una donna (Moore) crede che il suo cavallo Ottobre sia la reincarnazione dello zio: i parenti la vorrebbero diseredare, ma il destriero le fa vincere una fortuna. Sciocchezzuola che preannuncia i fasti di Francis, mulo parlante.

Richie Rich – Il più ricco del mondo * (*Richie Rich*, Usa 1994, col, 94') Donald Petrie. Con Macaulay Culkin, John Larroquette, Edward Herrmann, Christine Ebersole, Jonathan Hyde, Michael McShane, Chelcie Ross, Mariangela Pino, Stephi Lineburg, Michael Maccarone. ◆ Erede di settanta milioni di dollari, Richie (Culkin) ha un McDonald personale e Claudia Schiffer (al suo esordio sullo schermo, in un breve cammeo) come insegnante di aerobica, ma si sente tanto solo. Troverà dei veri amici in un gruppo di coetanei meno ricchi e razzialmente assortiti, con cui smaschererà le trame truffaldine di un losco amministratore (Larroquette). Tratto da una serie di fumetti popolare degli anni Sessanta, una noiosa americanata incerta sul pubblico a cui rivolgersi (che se ne fanno gli undicenni della citazione del duello sui testoni di pietra di *Intrigo internazionale*?). Ormai anche Culkin comincia a essere un po' stagionato per questi ruoli di «adorabile» moccioso.

Ricky e Barabba * (Italia 1992, col, 93') Christian De Sica. Con Renato Pozzetto, Christian De Sica, Francesca Reggiani, Sylva Koscina, Franco Fabrizi, Marisa Merlini. ◆ Il barbone Barabba (De Sica) salva la vita al miliardario Ricky (Pozzetto) e ne diventa amico, aprendogli gli occhi sul mondo che lo circonda. Anche i ricchi piangono, ma alla fine Barabba parte con l'amico su una Ferrari Testa Rossa. L'unico elemento sorprendente è il coraggio di riproporre un soggetto antidiluviano con le solite gag e battute del cinema italiano in confezione natalizia.

Ricominciare ad amarsi ancora *½ (*Falling in Love Again*, Usa 1980, col, 103') Steven Paul. Con Elliott Gould, Susannah York, Stuart Paul, Michelle Pfeiffer, Steven Paul. ◆ Un architetto in crisi professionale e matrimoniale (Gould) si consola ricordando i bei tempi di quand'era giovane. Tenue commedia di costume, intrisa di una malinconia di maniera sul divario tra passato e presente. Il regista ventenne è anche sceneggiatore (con la York) e attore. La Pfeiffer esordisce nella parte della York giovane. Il doppiaggio italiano trasforma in siciliani i genitori ebrei del protagonista.

Ricominciare a vivere ** (*Hope Floats*, Usa 1998, col, 114') Forest Whitaker. Con Sandra Bullock, Harry Connick jr, Gena Rowlands, Rosanna Arquette, Mae Whitman, Michael Paré, Cameron Finley, Kathy Najimy, Bill Cobbs. ◆ Dopo aver scoperto in diretta Tv che il marito (Paré) la tradisce da tempo con la sua migliore amica (Arquette), Birdee Pruitt (Bullock, anche produttrice) torna con la figlia nel natio Texas: ricomincerà a vivere, tra i drive-in della sua giovinezza e le casette nel bosco, grazie a Justin (Connick jr), falegname e antico spasimante. Una love story in fuga dalla volgarità degli orrendi giochi televisivi sulle coppie, sceneggiata da Steven Rogers: il ritmo è blando, le melensaggini abbondano, ma a riscattare una storia che scivola verso un consolatorio lieto fine ci pensano le insolite presenze di una figlia coraggiosamente egoista (Whitman), di una bizzarra nonna impagliatrice (Rowlands) e di un nipotino trasformista (Finley). Connick jr è più noto (e più a suo agio) come musicista jazz. Fotografia di Caleb Deschanel.

Ricomincio da capo *** (*Groundhog Day*, Usa 1993, col, 103') Harold Ramis. Con Bill Murray, Andie MacDowell, Chris Elliott, Stephen Tobolowski. ◆ Il giornalista televisivo Phil (Murray), a Punxsutawney per un noioso servizio sul «giorno della marmotta», continua a risvegliarsi lo stesso giorno. Presto conosce a memoria tutto quanto gli capita attorno, e cerca di approfittare della situazione specie a fini seduttivi; preso poi dalla disperazione, cerca di suicidarsi, ma invano: ogni mattina lo risveglia, alla radio, la solita canzone. Incubo tragicomico che sfrutta con intelligenza tutti gli sviluppi possibili di un paradosso temporale: più vicino al fantastico degli anni Quaranta (*Accadde domani*) che alle pacchianate di *Ritorno al futuro*. Sceneggiatura virtuosistica (di Trevor Albert e Ramis), regia non sempre memorabile, Murray in gran forma. MacDowell ripete il suo personaggio lagnosetto di *Green Card*. Ramis è lo psicoanalista.

Ricomincio da povero *½ (*For Richer, for Poorer*, conosciuto anche col titolo *Father, Son and the Mistress*, Usa 1992, col, 90') Jay Sandrich. Con Jack Lemmon, Talia Shire, Madeline Kahn, Joanna Gleason, Jonathan Silverman, George Wyner. ◆ Il ricco Aram Katounian (Lemmon) rinuncia a tutti i suoi soldi perché il figlio fannullone (Silverman) impari la filosofia del *self-made man*: ma poi è sopraffatto dal senso di colpa quando la moglie (Shire) è costretta a fare la donna di servizio. Fiacca parabola televisiva, con un Lemmon spuntato e una morale di roseo ottimismo imprenditoriale.

Ricomincio da tre *** (Italia 1981, col, 109') Massimo Troisi. Con Massimo Troisi, Lello Arena, Fiorenza Marchegiani, Deddi Savagnone, Lino Troisi, Renato Scarpa, Marco Messeri. ◆ Il napoletano Gaetano (Troisi), decide di lasciare la famiglia, tradizionale e rassegnata, per «ricominciare da tre» perché un paio di cose buone le ha fatte e non intende rinunciarvi. Arrivato a Firenze si innamora di Marta (Marchegiani) e dopo molti ripensamenti accetta di fare da padre al figlio che la donna aspetta e che probabilmente non è suo. Opera prima di Troisi, autore con Anna Pavignano della sceneggiatura, campione di incassi in anni in cui il cinema italiano sonnecchiava. Rivelò le qualità dell'attore, degno esponente della tradizione teatrale napoletana, ma soprattutto seppe dare, con Gaetano, «il primo personaggio del cinema italiano che rivela la profondità del rivolgimento antropologico portato dal femminismo e dal movimento delle donne». A tratti davvero spassosissimo. Belle musiche di Pino Daniele.

Ricorda il mio nome **½ (*Remember My Name*, Usa 1978, col, 96') Alan Rudolph. Con Geraldine Chaplin, Anthony Perkins, Moses Gunn, Jeff Goldblum, Alfre Woodard. ◆ Una donna uscita di prigione (Chaplin) si vendica del suo ex marito (Perkins) entrando di nuovo nella sua vita e poi piantandolo. Ritratto di una donna enigmatica narrato sottotono, con grande perizia psicologica e un notevole lavoro sulla recitazione. Lo stile di Rudolph, autore anche della sceneggiatura, è ancora debitore di quello di Altman (produttore del film), e comunque non è per tutti gusti. Colonna sonora della cantante blues Alberta Hunter.

Ricordando Hemingway ** (*Wrestling Ernest Hemingway*, Usa 1993, col, 122') Randa Haines. Con Robert Duvall, Richard Harris, Shirley MacLaine, Sandra Bullock, Piper Laurie. ◆ Florida: i due pensionati Walt (Duvall) e Frank (Harris) sono molto diversi (il primo è timido e sognatore, il secondo fanfarone e dongiovanni) e molto simili (entrambi soli, anziani, delusi dalla vita e dalle donne); ovvio che diventeranno amici per la pelle, litigheranno, faranno la pace e – prima della fine – almeno uno ci lascerà le penne. La regista di *Figli di un dio minore* cerca sempre le lacrime facili, ma ha il gusto di costruire i personaggi e di innamorarsene, ed è ben servita dal cast. La sceneggiatura è dell'esordiente Steve Conrad.

Ricorda quella notte **½ (*Remember the Night*, Usa 1940, b/n, 94') Mitchell Leisen. Con Barbara Stanwyck, Fred MacMurray, Beulah Bondi, Elizabeth Patterson. ◆ Un procuratore (MacMurray) si innamora di una ladruncola (Stanwyck), e la invita a casa sua per le feste di Natale. Dietro la scorza da dura lei è una brava ragazza: dopo aver saldato i debiti con la giustizia, convolerà a nozze con lui. Riuscito incrocio di commedia e melodramma, sceneggiato da Preston Sturges e diretto con grande delicatezza da Leisen che evita – nonostante il soggetto zuccheroso – di farsi prendere dalla facile emozione. Imperdibile la sequenza iniziale, che si apre (alla Lubitsch) su un primo piano del pugno di una donna che stringe un braccialetto, sul cranio pelato di un uomo e sul piede nudo di un manichino: quando l'inquadratura si allarga il commesso calvo scopre che la cliente è sparita e il braccialetto anche... Una delle migliori prove della Stanwyck.

Ricordi della casa gialla **½ (*Record açoes da casa amarela*, Portogallo 1989, col, 122') João César Monteiro. Con João César Monteiro, Manuela de Freitas, Sabina Sacchi, Luis Miguel Cintra, Inêz de Medeiros. ◆ Anziano ospite di una pensione, ma ancora interessato alle fanciulle in fiore, João de Deus (Monteiro) si fa cacciare dalla padrona, diventa vagabondo, si identifica con von Stroheim, finisce in manicomio ma ne evade. Commedia stralunata al rallentatore, nella tradizione dei film portoghesi, ma con uno spirito bizzarro e anarchico che si fa ricordare: a metà tra la veemenza di Céline (l'idea di partenza è venuta al regista leggendo *Morte a credito*) e la malinconia di Pessoa, «seguendo infiniti percorsi fuori del tempo e quanto mai attuali», il film si interroga sul futuro del Paese e sul destino dell'uomo, ma con una feroce ironia che evita di scivolare in ogni tipo di prediche moralistiche.

Ricordi di Abbey, I **½ (*The Browning Version*, Usa/Gb 1994, col, 97') Mike Figgis. Con Albert Finney, Greta Scacchi, Matthew Modine, Julian Sands, Michael Gambon, Ben Silverstone, Maryam D'Abo, David Lever, Michael Gambon. ◆ Odiato dai suoi allievi, disprezzato dai colleghi e tradito dalla moglie (Scacchi), il professore di lettere classiche Andrew Crocker-Harris (Finney) accetta di andare in pensione in anticipo, ma il regalo che gli fa uno studente (Silverstone) il giorno del suo addio – la versione di Robert Browning dell'*Agamennone* di Eschilo – gli darà la forza per pronunciare un discorso fuori da ogni convenzione. Non si capisce molto il senso di questa nuova versione di *Addio, Mr Harris* se non quella di offrire ad Albert Finney l'occasione di dimostrare tutta la sua bravura. La regia di Figgis segue con puntualità il testo della pièce di Terence Rattigan sceneggiata da Ronald Harwood, senza apportarci molto di personale, se non l'esaltazione di quella «qualità inglese» (il film è prodotto da Ridley Scott) fatta di cura nell'ambientazione e precisione psicologica. Comunque, è sempre un piacere vedere Finney recitare.

Ricordi di Brighton Beach ** (*Brighton Beach Memoirs*, Usa 1986, col, 110') Gene Saks. Con Jonathan Silverman, Blythe Danner, Bob Dishy, Brian Dillinger, Lisa Waltz, Judith Ivey. ◆ La giovinezza di Eugene Jerome (Silverman), un ragazzo ebreo nella New York degli anni Trenta, le cui aspirazioni principali sono diventare un asso del baseball e vedere una donna nuda. Da una celebrata commedia autobiografica di Neil Simon (prima parte di una trilogia il cui secondo capitolo ha ispirato *Frenesie militari* e che sarà seguita da *Neil Simon's «Broadway Bound»*, 1992, inedito in Italia), è un film accurato nella ricostruzione d'epoca e ben interpretato (divertenti le due sorelle ebree interpretate da Blythe Danner e Judith Ivey), ma che non va al di sopra del bozzetto.

Ricordi perduti **½ (*Souvenirs perdus*, Francia 1950, b/n, 105') Christian-Jaque [Christian Maudet]. Con Edwige Feuillière, Pierre Brasseur, Danièle Delorme, Gérard Philipe, Suzy Delair, François Périer, Gilberte Géniat, Bernard Blier, Yves Montand, Yolande Laffon, Armand Bernard, Christian Simon, Germaine Stainval. ◆ Quattro oggetti smarriti rimandano a quattro storie: una statuetta di Osiride è legata alla notte d'amore di Florence (Feuillère) e Philippe (Brasseur), che si nascondono le reciproche disavventure per ritrovare la passione che una volta li legava; un violino è testimone della corte che il vigile Raoul (Blier) fa a una vedovella (Géniat) che però gli preferirà un cantastorie (Montand); una pelliccia di volpe è lo strumento che è servito a un pazzo fuggito dal manicomio (Philipe) per uccidere la donna (Delorme) a cui prima aveva salvato la vita; una corona mortuaria ricorda la sorpresa di Suzy (Delair), andata al cimitero per onorare il giovane (Périer) che l'aveva sedotta e che invece ha incontrato vivo e vegeto. Un esile filo narrativo per quattro storielle poetico-fantastiche sceneggiate con mano felice dai fratelli Jacques e Pierre Prévert, Pierre Véry, Henri Jeanson, Jacques Companeez e dal regista, preoccupato soprattutto di dare agli attori lo spazio e l'attenzione che meritano – e che ricambiano con generosità. Musica di Joseph Kosma.

Ricostruzione di un delitto **½ (*Anaparastasi*, Grecia 1970, col, 110') Thodoros Anghelopulos. Con Thula Statopulu, Yannis Totsikas, Michalis Photopulos, Petros Choidas. ◆ Un emigrante (Photopulos) torna nel suo villaggio, dove viene ucciso dalla moglie (Statopulu) con la complicità dell'amante (Totsikas). Le inchieste parallele di un magistrato e di un gruppo di giornalisti (tra cui il regista) fanno sì che la verità venga a galla. Paragonato a *Ossessione* per il ruolo di rottura che ha avuto nel cinema greco (quando vigeva ancora la dittatura dei colonnelli), il primo lungometraggio di Anghelopulos è un aggiornamento del mito degli Atridi su uno sfondo sociale di arretratezza, descritto con implicita polemica. Vizi e virtù del suo cinema (l'uso del piano sequenza, la circolarità narrativa, i silenzi, i tempi morti) sono già tutti presenti.

Ride bene... chi ride ultimo * (Italia 1977, col, 105') Pino Caruso, Marco Aleandri, Walter Chiari, Gino Bramieri. ◆ Film a episodi. In *Sedotto e abbandonato* (Pino Caruso. Con Pino Caruso, Leo Gullotta, Gabriella Pallotta) un sacrestano viene violentato da tre turiste; in *Arriva lo sceicco* (di e con Gino Bramieri) un industriale milanese è disposto a compiacere in tutti i modi uno sceicco gay finché non scopre che non ha soldi; in *La visita di controllo* (Marco Aleandri. Con Luciano Salce, Orchidea De Santis) un operaio assenteista crede a torto di essere cornificato; in *Prete per forza* (Walter Chiari. Con Walter Chiari, Macha Méril, Anna Maria Rizzoli, Marisa Laurito) una donna scambiata per prete ascolta imbarazzanti confessioni. Umorismo di grana grossa in quattro barzellette di poche pretese.

Ridere per ridere *** (*The Kentucky Fried Movie*, Usa 1977, col, 78') John Landis. Con Evan Kim, George Lazenby, Bill Bixby, Donald Sutherland, Henry Gibson. ◆ Parodia di una giornata di trasmissioni televisive, con telegiornali, dibattiti, prossimamente e minifilm veri e propri (il simil kung-fu *Per un pugno di yen*). Sketch a raffica in cui Landis (l'uomo che «fa i giochini» nel trailer del porno) calca la mano sul nonsense e la volgarità con esiti spesso irresistibili. L'idea del film era partita da un gruppo teatrale di Madison (il Kentucky Fried Theatre) composto dai futuri registi Jim Abrahams, David e Jerry Zucker, che scrivono la sceneggiatura, oltre a comparire in diversi cammeo. Gli episodi migliori: il cinema con gli effetti speciali forniti da una maschera, e lo speaker del telegiornale che vede una coppia amoreggiare davanti al video. La versione italiana accredita falsamente la presenza di Woody Allen. Landis tenterà la stessa formula in *Donne amazzoni sulla luna*, ma con minore freschezza.

Ridicule ** (*Ridicule*, Francia 1996, col, 102') Patrice Leconte. Con Charles Berling, Jean Rochefort, Fanny Ardant, Judith Godrèche, Bernard Giraudeau, Bernard Dhéran, Carlo Brandt, Urbain Cancelier. ◆ Il nobile di campagna Ponceludon de Malavoy (Berling) si reca a Versailles sperando di convincere Luigi XVI a finanziare la bonifica della Dombes: il marchese di Bellegarde (Rochefort) lo introduce alle regole non scritte della corte, ma nemmeno il fascino della sua figlia (Godrèche) potrà impedire all'irruento giovane di cadere nella trappola preparatagli da madame de Blayac (Ardant) e dall'abate di Vilecourt (Giraudeau). Amara riflessione sul fascino a doppio taglio della parola e del motto di spirito nella cultura francese del Settecento, che la sceneggiatura di Remi Waterhouse descrive con una freddezza ai confini della crudeltà, ma che il regista annega in un *décor* tanto ricco quanto effettistico e in un finale con «redenzione» moralistico e gratuito.

Ridi, pagliaccio! * (Italia 1941, b/n, 94') Camillo Mastrocinque. Con Laura Solari, Fosco Giachetti, Elli Parvo, Otello Toso, Giulio Donadio, Bella Starace Sainati. ◆ Una segretaria (Solari) va in galera per salvare il collega di cui è innamorata. Uscitane, viene abbandonata dal fidanzato, tenta il suicidio, viene salvata da un acrobata. E non è finita qui. Dramma strappalacrime che cerca di ammodernare l'opera di Leoncavallo cui fa riferimento nel titolo, sottolineata anche dall'uso delle romanze tratte da *I pagliacci*.

Rien ne va plus ** (*Rien ne va plus*, Francia 1997, col, 105') Claude Chabrol. Con Isabelle Huppert, Michel Serrault, François Cluzet, Jackie Berroyer, Jean-François Balmer, Nathalie Kousnetzoff, Marie Dubois. ◆ Soci in «affari» e legati da un rapporto ambiguo e possessivo malgrado (o proprio per) la differenza d'età, Betty (Huppert) e Victor (Serrault) vivono di piccole truffe (lei seduce e addormenta viaggiatori solitari, lui li deruba), finché tentano il salto di qualità: senza però aver previsto le trappole della gelosia e quelle della violenza organizzata. Al cinquantesimo film Chabrol (anche sceneggiatore) ha una gran voglia di parlare di sé (il rapporto tra Betty e Victor sarebbe ispirato a quello tra il regista e sua moglie), ma anche di divertirsi con un giallo-rosa al vetriolo. Infatti parte alla grande, ma poi si perde tra buchi di sceneggiatura clamorosi e strane sortite tarantiniane, e soprattutto ammansisce lo sguardo critico e impietoso che è sempre stato il suo punto di forza. Peccato.

Riffa, La * (Italia 1991, col, 93') Francesco Laudadio. Con Monica Bellucci, Massimo Ghini, Giulio Scarpati, Elena Cantatore, Sandra Collodel, Gianluca Favilla, Tiziana Pini, Paolo De Vita. ◆ Rimasta sola con un bambino e una marea di debiti, la vedova (Bellucci) di un industriale barese decide di offrirsi come premio di una lotteria; ogni giocatore deposita a suo nome cento milioni e il vincitore vivrà con lei quattro anni. Naturalmente si fanno avanti in molti... Pietoso esordio cinematografico di una ex top model: la satira della ricca e volgare borghesia provinciale è sotto i minimi di decenza e la Bellucci qui è francamente incapace di recitare.

Riff Raff – Meglio perderli che trovarli *** (*Riff-Raff*, Gb 1991, col, 95') Ken Loach. Con Robert Carlyle, Emer McCourt, Jimmy Coleman, George Moss, Ricky Tomlinson, David Finch. ◆ L'ex galeotto Stevie (Carlyle) lavora sotto falso nome in un cantiere dove emarginati di ogni tipo sono sfruttati senza nessuna garanzia contrattuale. Una microcomunità solidale di brava gente («Gentaglia-Robaccia» potrebbe tradursi il titolo) si difende dall'esistenza grama con cameratismo e allegria da naufraghi. Un'esilarante e controcorrente tragicommedia proletaria (sceneggiata da Bill Jesse), che attacca al cuore la brutale e disastrata Inghilterra thatcheriana. Finale incendiario in tutti i sensi.

Rififi **½ (*Du Rififi chez les hommes*, Francia 1955, b/n, 116') Jules Dassin. Con Jean Servais, Carl Mohner, Magali Noël, Robert Manuel, Robert Hossein, Janine Darcy. ◆ Uscito di galera e piantato dalla sua donna, un ladro (Servais) organizza un colpo impossibile per riaffermare il suo prestigio. Ma nessuno dei rapinatori si godrà il bottino. Tratto da un romanzo di Auguste Le Breton (cosceneggiatore insieme a Dassin e René Wheeler), è un efficace noir che adatta al cinema francese temi e situazioni del cinema americano: inizia con toni da commedia, ma finisce fin troppo moralisticamente. Dassin, che per la prima volta girava in Francia, recita nella parte dell'esperto di casseforti con lo pseudonimo di Perlo Vita. Scenografia di Alexandre Trauner. La canzone di Gérard e Larue *Le rififi* è cantata da Magali Noël.

Rififi internazionale *½ (*Du Rififi à Paname*, Francia/Italia/Rft 1966, col, 100') Denys de La Patellière. Con Jean Gabin, George Raft, Nadja Tiller, Gert Fröbe, Mireille Darc, Claude Brasseur. ◆ Un gangster (Gabin) organizza un fiorente traffico d'oro finché non viene tradito dal suo socio (Fröbe), che gli mette contro rivali e poliziotti. Il crimine comunque non paga, e il traditore è il primo a farne le spese. Ispirandosi a un altro romanzo di Le Breton, La Patellière fa l'opposto di Dassin, cercando di americanizzare e spettacolarizzare il noir francese (evidenti i riferimenti e la nostalgia per *Scarface*). Il risultato è piuttosto rozzo e privo di reale interesse. Ma Gabin si difende.

Rifiuti di New York, I → *Trash – I rifiuti di New York*

Riflessi in un cielo scuro ** (Italia/Francia 1991, col, 92') Salvatore Maira. Con Françoise Fabian, Anna Kanakis, Peter Stormare, Valerie Perrine, Maurizio Donadoni, Stefano Madia, Vittorio Mezzogiorno. ◆ Per salvarla da un'aggressione, una dottoressa alcolizzata (Fabian) nasconde in casa la giovane Kim (Kanakis): quando scopre che la ragazza è tossicodipendente, la dottoressa, che ha tagliato i ponti con figlio e marito, cerca di aiutarla cementando così un rapporto che si rivelerà importantissimo per entrambe. La buona idea del confronto tra due donne orgogliose della propria libertà affettiva ma schiave della propria dipendenza viene penalizzato da una sceneggiatura (scritta dal regista con Massimo Franciosa e Luisa Montagnana) che scade in un lirismo un po' troppo spiegato e non riesce ad aggirare i limiti della produzione Rai. Peccato, soprattutto per la bella prova delle due interpreti.

Riflessi in un occhio d'oro *** (*Reflections in a Golden Eye*, Usa 1967, b/n, 109') John Huston. Con Marlon Brando, Elizabeth Taylor, Brian Keith, Julie Harris, Robert Forster. ◆ In un campo militare in Georgia, il maggiore Weldon Penderton (Brando), impotente e segretamente omosessuale, uccide il soldato Williams (Forster) che si è innamorato di sua moglie (Taylor), la quale in realtà è l'amante di un colonnello (Keith). Forse la più bella interpretazione di Brando nella parte di un personaggio «ossessionato dalla ricerca dell'innocenza e della purezza». Portando sullo schermo il romanzo omonimo di Carson McCullers sceneggiato da Chapman Mortimer e Gladys Hill, Huston non si fa coinvolgere dalle ambiguità omosessuali del libro e riesce così a mantenere uno sguardo distaccato e neutro su un gruppo di personaggi che vogliono andare fino in fondo ai loro desideri e che innescano una tragedia quasi senza rendersene conto: «film di voyeur su dei voyeurs, ci mostra personaggi che parlano senza dire niente e che muoiono senza aver potuto parlare». Interpretato da attori in stato di grazia, il film ha il suo centro in un Brando che sottolinea senza un briciolo di volgarità o d'eccesso le proprie emozioni, «sinfonia di repressioni visibili e di furori rientrati» e che perfezionò il suo ruolo con una serie di piccoli tocchi (quel lisciarsi i capelli!) capaci di rafforzare il senso del film. Girato nelle vicinanze di Roma, il film è stato ripreso tutto (da Aldo Tonti e Oswald Morris) in technicolor, ma in fase di stampa è stato filtrato e «truccato» fino a diventare un colore a tratti quasi inesistente, che sfuma in un «bianco e nero a colori». Il titolo si riferisce al pavone dall'occhio d'oro disegnato dal domestico filippino Anacleto (Zorro David) e che riflette la bruttezza e la stupidità della vita.

Riflessi in uno specchio scuro **½ (*The Offence*, Gb 1973, col, 112') Sidney Lumet. Con Sean Connery, Trevor Howard, Vivien Merchant, Ian Bannen, Derek Newark. ◆ Un poliziotto (Connery) picchia a morte un sospetto maniaco sessuale; quando scopre che era innocente, va in crisi e arriva a identificarsi con l'assassino. Psicodramma poliziesco, teso e molto ben recitato, che tradisce però la sua origine teatrale (*This Story of Yours* di John Hopkins).

Riflessi sulla pelle **½ (*The Reflecting Skin*, Gb/Canada 1990, col, 95') Philip Ridley. Con Lindsay Duncan, Jeremy Cooper, Viggo Mortensen, Sheila Moore, Duncan Fraser, David Longworth. ◆ Mentre una banda di pervertiti uccide bambini nelle praterie canadesi, il piccolo Seth (Cooper), che ha uno spiccato gusto per il macabro (fa esplodere rane e parla con i feti), perseguita una vedova (Duncan), credendola una vampira. Racconto allucinante, deformato secondo il perverso punto di vista infantile, pieno di sorprese e nefandezze che fanno pensare a Lynch. Ottimo esordio nella regia dello sceneggiatore e scrittore Philip Ridley, che ha l'unico torto di crollare in un finale ridondante.

Rigoletto ** (Italia 1946, b/n, 105') Carmine Gallone. Con Tito Gobbi, Marcella Govoni, Mario Filippeschi, Giulio Neri, Anna Maria Canali. ◆ Il buffone di corte Rigoletto (Gobbi) si vuole vendicare del duca di Mantova (Filippeschi), che ha rapito e disonorato sua figlia (Govoni). Ma a morire, per un equivoco, è proprio quest'ultima. Versione dell'opera di Verdi con uno dei migliori baritoni dell'epoca; l'orchestra è diretta da Tullio Serafin. Uno dei cinemelodrammi di cui Gallone era maestro. La voce della Govoni è di Lina Pagliughi.

Rigoletto e la sua tragedia * (Italia 1956, col, 91') Flavio Calzavara. Con Aldo Silvani, Janet Vidor, Gérard Landry, Cesare Polacco, Franca Tamantini, Nietta Zocchi. ◆ La tragica beffa di Rigoletto (Silvani) che vuole vendicare l'onore della figlia Gilda (Vidor) disonorata dal duca di Mantova (Landry) e invece finisce per uccidere proprio la figlia. Adattamento del dramma verdiano (ispirato a *Le Roi s'amuse* di Victor Hugo) in cui fra le parti dialogate si inseriscono le arie più note interpretate da Tito Gobbi (Rigoletto), Giuseppina Rinaldi (Gilda) e Mario del Monaco (duca di Mantova): un drammone in costume a forti tinte senza nulla di memorabile. Fotografia di Adalberto Albertini. Prodotto nel 1954.

Rimini Rimini * (Italia 1987, col, 114') Sergio Corbucci. Con Paolo Villaggio, Serena Grandi, Laura Antonelli, Jerry Calà, Eleonora Brigliadori, Maurizio Micheli, Andrea Roncato, Sylva Koscina, Paolo Bonacelli. ◆ Il film che evita allo spettatore la fatica di usare il telecomando: tante storie che si intrecciano in quel di Rimini, con un pretore (Villaggio) traviato da una maliarda (Grandi), una signora insoddisfatta (Brigliadori) in cerca di avventure, una presunta vedova (Antonelli) da consolare, nuovi ricchi volgari, preti e suore non proprio casti. La scena migliore è la parodia di *Nove settimane e ½* da parte di Villaggio e Serena Grandi. Hanno spremuto le meningi ben otto sceneggiatori, tra i quali Marco Risi e Bernardino Zapponi. Con un seguito.

Rimini Rimini un anno dopo * (Italia 1988, col, 94') Bruno Corbucci, Giorgio Capitani. Con Andrea Roncato, Maurizio Micheli, Corinne Cléry, Eva Grimaldi, Gianfranco D'Angelo, Isabel Russinova, Maria Rosaria Omaggio. ◆ Replica in tono minore e tirata al risparmio di *Rimini Rimini*. Nel primo episodio un giovanotto timorato di Dio (Roncato) scopre i piaceri della carne; nel secondo episodio un industriale barese (Micheli) deve offrire la moglie (Omaggio) alle furie di un texano che ha cornificato; nel terzo episodio un maturo playboy (Montagnani) deve seguire una dieta rigorosa se vuole mantenere un po' di virilità; nel quarto episodio una ragazzina è costretta a trovare tre amanti alla propria governante (Cléry) se vuole avere un po' di libertà serale; nell'ultimo episodio un finto venditore marocchino (D'Angelo) riesce a ingannare il proprio avaro padrone e a godere delle grazie della moglie. Oltre al divertimento hanno latitato anche gli incassi.

Rimpatriata, La *½ (Italia 1963, col, 100') Damiano Damiani. Con Walter Chiari, Francisco Rabal, Leticia Roman, Dominique Boschero, Paul Guers, Riccardo Garrone, Gastone Moschin. ◆ Nella Milano del boom, un gruppo di amici non più giovani organizzano una notte brava: ma, all'alba, capiscono di non avere più nulla da dirsi, e ritornano al proprio ruolo. Per Chiari la parte impegnativa dell'ex giovane che continua a vivere alla giornata, destando – in un primo momento – l'invidia degli amici accasati. Ma la sceneggiatura (del regista e di Liberatore) stempera l'amarezza nella superficialità e nel bozzetto.

Ringo cavalca e spara *½ (*Red River Range*, Usa 1938, b/n, 55') George Sherman. Con John Wayne, Ray Corrigan, Max Terhune, Kirby Grant, Lorna Gray, Sammy McKim, Polly Moran, Perry Ivins. ◆ Per scoprire chi razzia le loro mandrie, gli allevatori chiedono aiuto agli agenti federali soprannominati «i tre moschettieri»: Tucson e Lullaby (Corrigan e Terhune) con l'amico Reilly (Grant) indagano alla luce del sole, mentre Stony (Wayne) si finge un evaso e riesce a conquistare la fiducia dei banditi, che inevitabilmente cadranno nella rete della giustizia. Ventesimo film della serie *The Three Mesquiteers* prodotta dalla Republic a partire dai personaggi creati da William Colt MacDonald (in totale, dal 1936 al 1943, ne furono girati 51): Wayne ne interpretò otto – questo è il quarto – prendendo il posto di Robert Livingston; ma non è la sua presenza che alza la media di questi western, piuttosto sono la strana commistione tra avventura, comicità (qui la macchietta della turista ignara di partecipare a una razzia [Moran] e più in generale le gag affidate al ventriloquo comico Terhune) e spunti modernisti, come i grandi camion che i banditi usano per nascondere il bestiame rubato e macellato.

Ringo e Gringo contro tutti * (Italia/Spagna 1966, col, 104') Bruno Corbucci. Con Lando Buzzanca, Raimondo Vianello, Maria Martinez, Gino Buzzanca, Monica Randall. ◆ Due soldati sudisti scimuniti (Vianello e Buzzanca) combinano guai a catena e dopo la guerra partecipano a un'inesistente rivoluzione messicana finendo per essere acclamati come eroi. Western comico (nelle intenzioni), affidato a una coppia poco affiatata e poco divertente.

Ringo, il volto della vendetta * (Italia/Spagna 1966, col, 100') Mario Caiano. Con Anthony Steffen [Antonio De Teffé], Frank Wolff, Eduardo Fajardo, Alejandra Nilo. ◆ Bari e sceriffi corrotti sono alla caccia di un tesoro: ma non hanno fatto i conti con il pistolero solitario (Steffen). Spaghetti-western dozzinale, senza quell'ironia che a volte salva il genere.

Rinnegati dell'isola misteriosa, I *½ (*The Enchanted Island*, Usa 1958, col, 94') Allan Dwan. Con Dana Andrews, Jane Powell, Don Dubbins, Arthur Shields. ◆ Un disertore di una baleniera (Andrews) trova l'amore in un'isola dell'oceano Pacifico. Non ci fossero dei cannibali di mezzo, sarebbe il paradiso. Goffa e banalizzante trasposizione di *Typee* di Melville.

Rinnegati del Wyoming, I * (*Wyoming Renegades*, Usa 1955, col, 73') Fred F. Sears. Con Phil Carey, Gene Evans, Martha Hyer, William Bishop. ◆ Un ex bandito (Carey) cerca di redimersi con l'aiuto della sua donna (Hyer): dopo molti equivoci, dimostrerà coi fatti di essere passato dalla parte della giustizia. Western di serie B di ordinaria amministrazione.

Rinoceronte, Il ** (*Rhinoceros*, Usa 1974, col, 101') Tom O'Horgan. Con Zero Mostel, Gene Wilder, Karen Black, Joe Silver, Robert Weil. ◆ Versione di una delle più note commedie di Ionesco, una trasparente allegoria del conformismo e dei regimi totalitari. In una città in cui la metamorfosi degli uomini in rinoceronti è diventata la norma, un impiegato (Wilder) dapprima cerca di adeguarsi, poi decide disperatamente di opporsi. Le interpretazioni sono state lodate, ma il testo di Ionesco è di quelli infilmabili.

Rinuncia, La *½ (*The Abdication*, Gb 1974, col, 103') Anthony Harvey. Con Peter Finch, Liv Ullmann, Cyril Cusack, Paul Rogers. ◆ La regina di Svezia Cristina (Ullmann) rinuncia al trono quando si converte al cattolicesimo, ma non può fare a meno di innamorarsi del cardinale (Finch) che deve verificare la sua fede. Dramma in costume con qualche pretesa di introspezione psicologica, ma irrimediabilmente soporifero. Da una commedia di Ruth Wolf.

Rio Bravo *** (*Rio Grande*, Usa 1950, b/n, 105') John Ford. Con John Wayne, Maureen O'Hara, Ben Johnson, Harrey Carey jr, Victor McLaglen, Claude Jarman jr, Jack Pennick. ◆ Per il colonnello Yorke (Wayne), che deve difendere dagli apache donne e bambini, è una dannazione avere a che fare contemporaneamente col figlio (da lui considerato un imbelle perché bocciato all'accademia militare) e con la moglie (una sudista che l'ha piantato all'inizio della guerra di Secessione): ma alla fine tutto si aggiusta. Il capitolo conclusivo della trilogia fordiana sulla cavalleria, dopo *Massacro a Fort Apache* e *I cavalieri del Nord Ovest*, ha un tono leggero e ottimistico. Personaggi stereotipati ma amabili, e riuscite caratterizzazioni di contorno. Johnson e McLagen interpretano rispettivamente Tyree e Quincannon, personaggi già presenti in *I cavalieri del Nord-Ovest*. Un classico, anche se non un capolavoro sceneggiato da James Kevin McGuinness. Da evitare la versione colorizzata.

Rio Conchos ** (*Rio Conchos*, Usa 1964, col, 107') Gordon Douglas. Con Richard Boone, Stuart Whitman, Tony Franciosa, Edmond O'Brien, Jim Brown. ◆ Un gruppo di desperados (un ufficiale indisciplinato, un nero, un messicano, un pistolero) devono trovare chi rifornisce di armi gli apache ribelli. Il colpevole è un nostalgico e folle sudista (O'Brien).

Western movimentato sceneggiato da Clair Huffaker e Joseph Landon, in cui sembra di sentire già l'influsso dei modelli italiani, anche se l'antenato diretto è *I comancheros*. Non sempre felice il casting (Franciosa come messicano). Esordio di Jim Brown, uno dei pochi attori neri che lasciò qualche traccia nel genere.

Rio Lobo *** (*Rio Lobo*, Usa 1970, col, 114') Howard Hawks. Con John Wayne, Jorge Rivero, Jennifer O'Neill, Chris Mitchum, Jack Elam, Sherry Lansing. ◆ Finita la guerra di Secessione, un colonnello nordista (Wayne) diventa amico di due prigionieri sudisti, e si allea con loro per combattere un traditore nordista che spadroneggia a Rio Bravo. Capitolo conclusivo (sceneggiato da Leigh Brackett e Burton Wohl) della trilogia western di Hawks, dopo *Un dollaro d'onore* e *El Dorado*. Considerato a torto un film minore, ha momenti molto belli, specie quando fa l'elogio dell'amicizia e passa bruscamente da toni da commedia a momenti drammatici. Di gran lunga superiore alla media dei western che Wayne girava in quegli anni.

Ripetente fa l'occhietto al preside, La *½ (Italia 1980, col, 92') Mariano Laurenti. Con Lino Banfi, Annamaria Rizzoli, Alvaro Vitali, Carlo Sposito, Loredana Martinez, Renzo Ozzano, Ria De Simone, Leo Colonna, Walter Valdi, Jimmy il Fenomeno [Origene Soffrano]. ◆ Per raggiungere finalmente la maturità e non far conoscere la ricchezza del padre, la bella Angela (Rizzoli) si trasferisce in un liceo di Stresa: farà naturalmente innamorare il preside Calabroni (Banfi), ma conquisterà anche l'amore del compagno di classe (Ozzano). Commediola fintamente sexy (la Rizzoli si mostra nuda una sola volta, e brevissimamente, sotto la doccia), che punta quasi tutto sulla comicità (pugliese di Banfi e caciarona di Vitali, professore di scienze eternamente oggetto di scherzi pirotecnici) e cerca di imbastire nel finale qualche equivoco alla Feydeau. Potrà interessare che Banfi (anticipando Moretti?) è ferocemente contrario all'introduzione nella scuola di neologismi e parole straniere.

Riposo del guerriero, Il *½ (*Le Repos du guerrier*, Francia/Italia 1962, col, 80') Roger Vadim. Con Brigitte Bardot, Robert Hossein, James Robertson Justice, Macha Méril. ◆ Una ragazza (Bardot) salva casualmente un intellettuale (Hossein) dal suicidio, se ne innamora e ne subisce le bizze. Riconciliazione finale sullo sfondo delle rovine dell'abbazia di San Galgano. Dal romanzo- scandalo di Christiane Rochefort, un fotoromanzo in salsa intellettuale, ennesimo veicolo costruito da Vadim per l'ex moglie. Per l'epoca vedere la Bardot seminuda con la faccia imbronciata era il massimo dell'erotismo.

Riposseduta * (*Repossessed*, Usa 1990, col, 84') Bob Logan. Con Linda Blair, Ned Beatty, Leslie Nielsen, Anthony Stark, Jesse Ventura. ◆ Parodia dell'*Esorcista*, con la protagonista di quel film, la Blair, che, diventata una casalinga, è di nuovo preda del demonio. Se l'esorcista è Nielsen (*Una pallottola spuntata*) si possono immaginare le conseguenze. Papa Wojtyła suona il rock e la comicità è a livelli da *Striscia la notizia*.

Riprendiamoci Fort Alamo! – Il generale Max * (*Viva Max!*, Usa 1969, col, 92') Jerry Paris. Con Peter Ustinov, Pamela Tiffin, Jonathan Winters, John Astin, Keenan Wynn. ◆ Ai giorni nostri un generale messicano (Ustinov) occupa Fort Alamo, scatenando un'incomposta reazione nell'esercito americano. Farsa militare dall'umorismo forzato, recitata in modo isterico e mai divertente.

Risaia, La **½ (Italia 1956, col, 100') Raffaello Matarazzo. Con Elsa Martinelli, Folco Lulli, Rick Battaglia, Michel Auclair, Liliana Gerace, Lilla Brignone, Edith Jost, Vivi Gioi. ◆ Il padrone di una risaia, Pietro Guerrini (Lulli), scopre che una mondina (Martinelli) è la figlia illegittima che ha avuto con il grande amore della sua vita: così, quando il fidanzato (Battaglia) della ragazza uccide il nipote del padrone (Auclair), che voleva violentarla, Guerrini se ne assume la colpa per dare ai due giovani la possibilità di guardare al futuro con un po' di speranza. Sceneggiato da Aldo De Benedetti, Ennio De Concini e Carlo Musso, è il film più anomalo di Matarazzo che utilizza al meglio le possibilità offerte dal set all'aperto (fu girato tutto in ambienti naturali) per sfruttare i movimenti di macchina e la mobilità della gru. Nonostante i possibili punti di contatto con *Riso amaro*, il film si allontana dal naturalismo di De Santis per scegliere una strada originale e rischiosa (specie per il pubblico di quei tempi): raccontare una storia realistica con uno stile irrealistico (la recitazione della Martinelli non è mai naturale, ma ispirata a un ostentato distacco dalla realtà; le scene madri sono fredde e mai emotive) nel quale ribaltare le regole del melodramma (alla fine è il padre che si sacrifica, mentre la figlia non è costretta a sopportare le colpe dei padri).

Risate di gioia **½ (Italia 1960, b/n, 106') Mario Monicelli. Con Anna Magnani, Totò [Antonio de Curtis], Ben Gazzara, Fred Clark, Edy Wessel, Mac Ronay, Toni Ucci, Carlo Pisacane, Fanfulla [Luigi Visconti], Gina Rovere, John Francis Lane, Marcella Rovena, Gianni Bonagura, Anna Campori, Peppino De Martino. ◆ La notte di Capodanno Gioia (Magnani), una comparsa di Cinecittà che tutti chiamano Tortorella, spera di poter festeggiare il nuovo anno in compagnia di amici facoltosi mentre l'ex figurante Umberto Pennazzuto, detto Infortunio (Totò), dovrebbe fare il palo a Lello (Gazzara), un borseggiatore rimasto senza compare. Le loro strade si incroceranno. Tratto da due racconti di Moravia (*Risate di gioia* e *Ladri in chiesa*) e sceneggiato dal regista con Age, Scarpelli e Suso Cecchi d'Amico, è un film amarognolo (con tendenza al patetico), poco fortunato e sostanzialmente sottovalutato. E invece i due protagonisti, da antologia quando evocano insieme le loro «esperienze cinematografiche», sanno dosare in maniera perfetta ironia e compassione, flemma e rassegnazione, galanteria e anacronistici gesti di cavalleria, ultimi campioni di un mondo che vuole solo sfruttarli (per non essere tredici a tavola o perché possiedono un frac adatto per entrare alle feste). È l'unico film in cui recitano insieme Totò e la Magnani, vecchi compagni d'avanspettacolo, insuperabili quando si esibiscono nel numero di *Geppina*.

Rischio assoluto ** (*Genuine Risk*, Usa 1989, col,

88') Kurt Voss. Con Peter Berg, Terence Stamp, Michelle Johnson, M.K. Harris, Teddy Wilson, Max Perlich. ◆ Accanito scommettitore ai cavalli e sempre al verde, Henry (Berg), che non è certo un duro, accetta di recuperare crediti per un boss spietato (Stamp) e si innamora pure della sua squinzia. Scampoli della tradizione noir dei perdenti e sussulti pre-tarantiniani, cucinati senza infamia e senza lode dal regista-sceneggiatore. Colonna sonora jazz di Deborah Holland.

Rischio d'impatto * (*Ground Control*, Usa 1998, col, 98') Richard Howard. Con Kiefer Sutherland, Robert Sean Leonard, Kelly McGillis, Kristy Swanson, Henry Winkler, Bruce McGill. ◆ Phoenix: un controllore di volo (Sutherland), pieno di sensi di colpa dopo un incidente, si riscatta in una notte di turbolenze facendo atterrare sano e salvo un aereo. Budget comicamente all'osso, personaggi da brutto telefilm, noia assoluta.

Rischiose abitudini *** (*The Grifters*, Usa 1990, col, 114') Stephen Frears. Con John Cusack, Anjelica Huston, Annette Bening, Pat Hingle, Charles Napier, J.T. Walsh, Stephen Tobolowski. ◆ Lilly Dillon (Huston), che si arrangia facendo da galoppino (un po' disonesta) a un bookmaker, cerca di liberare il figlio (Cusack) dall'influenza della sua ragazza, Myra (Bening), entrambi imbroglioni ridotti a mal partito: per vendetta la giovane rivela i furti di Lilly al suo capo, ma la donna si dimostrerà più furba dei suoi killer, ma anche più avida di ogni possibile legame affettivo. Prodotto da Martin Scorsese e sceneggiato da Donald Westlake a partire dal romanzo di Jim Thompson, è un noir cinico e disilluso dove «un campionario di piccoli malviventi consuma le ultime illusioni in un reciproco gioco al massacro». Frears depura il film di tutti gli elementi estranei ai casi dei tre protagonisti (presentati all'inizio con la tecnica dello split-screen) fino a trasformarli in automi mossi unicamente dal proprio interesse e condannati a una tragica fine: più che alla trama la regia si interessa alla «ricognizione di un immaginario crudele trapiantato nella realtà» e questo può sconcertare più di uno spettatore. Grandissima la prova degli attori, soprattutto delle due attrici (la Huston ha la maschera «deformata e rabbiosa di chi sta andando all'Inferno»). Generose ma non gratuite scene di nudo della Bening. Una delle migliori colonne sonore di Elmer Bernstein.

Rischioso inganno *½ (*For Hire*, Canada 1997, col, 91') Jean Pellerin. Con Joe Mantegna, Rob Lowe, Bronwen Booth, Charles Powell. ◆ Uno scrittore di gialli (Mantegna) si conquista la fiducia di un tassista (Lowe, capelli tinti e in vena di autoparodia) e gli fa credere di essere gravemente malato per spingerlo al crimine e poi scriverci un libro sopra. Idee passabili nella sceneggiatura di Karen Erbach e Leah Kerr, sprecate da una regia pedestre e ingenua, che arriva sempre in ritardo sullo spettatore.

Rischio totale **½ (*Narrow Margin*, Usa 1990, col, 97') Peter Hyams. Con Gene Hackman, Anne Archer, James B. Sikking, J.T. Walsh, Susan Hogan. ◆ Remake di *Le iene di Chicago* di Fleischer: un viceprocuratore (Hackman) e la sua testimone (Archer), inseguiti da killer, salgono su un treno per Vancouver, dove li aspettano peripezie di ogni sorta. Thriller ferroviario e claustrofobico, corretto, ma prevedibile quanto un telefilm. Hyams, come di consueto, è anche sceneggiatore e direttore della fotografia.

Risky Business – Fuori i vecchi... i figli ballano ** (*Risky Business*, Usa 1983, col, 96') Paul Brickman. Con Tom Cruise, Rebecca De Mornay, Curtis Armstrong, Bronson Pinchot, Joe Pantoliano. ◆ In assenza dei suoi genitori un ragazzo modello (Cruise) prima si diverte con una prostituta (De Mornay), poi progetta con lei un giro di ragazze squillo. Satira del mito degli affari in confezione glamour, mirata a un pubblico giovanile. Ma Brickman non è capace di tenere la vena caustica fino al termine. Uno dei primi ruoli di spicco per Cruise, al quale la frangetta non dona proprio. Musica dei Tangerine Dream.

Riso amaro **** (Italia 1949, b/n, 100') Giuseppe De Santis. Con Silvana Mangano, Vittorio Gassman, Doris Dowling, Raf Vallone, Checco Rissone, Nico Pepe, Adriana Sivieri, Carlo Mazzarella. ◆ Dopo aver spinto Francesca (Dowling) a rubare una collana e a nascondersi tra le donne in partenza per la raccolta del riso, Walter (Gassman) corteggia la mondina (Mangano) che a sua volta si è impossessata del gioiello e con la quale spera di fare qualche altro colpo: la convince ad allagare le risaie per rubare il raccolto, ma il loro piano è destinato a concludersi tragicamente. Appena trentaduenne, De Santis firma il suo capolavoro: un appassionante e complesso melodramma a sfondo sociale, dove la pianura del vercellese diventa teatro di lotte politiche e duelli personali dal sapore western. Spettacolo e coscienza civile sono fusi con rara maestria in un racconto di ampio respiro che può stare alla pari con i grandi affreschi epici americani e dove «i miti e le mitologie della cultura popolare sono resi astratti e formalizzati dalla messinscena e sono mossi dai grandi temi dell'inconscio collettivo». Sorprendente ancora oggi l'incipit, che nel cinema italiano rimane un contributo indispensabile sul rapporto tra mass media e settima arte. Indimenticabile la Mangano (in particolare nel torrido boogie-woogie) che anticipa – con eleganza – la figura della maggiorata anni Cinquanta. Da antologia Gassman, bellissimo mascalzone punito a dovere in un finale granguignolesco. Soggetto di De Santis, Carlo Lizzani e Gianni Puccini, autori anche della sceneggiatura insieme a Ivo Perilli, Carlo Musso e Corrado Musso. Colonna sonora di Goffredo Petrassi e Armando Trovajoli.

Risorgere per amare ** (*Les Jeux sont faits*, Francia 1947, b/n, 105') Jean Delannoy. Con Marcel [Marcello] Pagliero, Micheline Presle, Marguerite Moreno, Fernand Fabre, Colette Ripert, Charles Dullin. ◆ Nel mondo dei morti s'incontrano Eva (Presle) e Pierre (Pagliero): lei è una moglie borghese e fedifraga uccisa dal marito, lui un rivoluzionario ucciso da un poliziotto. L'amore che nasce tra i due dà loro diritto a una seconda chance, ma tornati tra i vivi, la tragedia, anche se con modalità diverse, li riprenderà entrambi. Bizzarra riflessione fantastica sceneggiata da Jean-Paul Sartre sul destino cui non si può sfuggire, messa in scena con poca fantasia da un regista mai geniale, ma tuttavia scenograficamente interessante (l'aldilà è uguale al qui, abitato anche dai morti, che stanno tra i vivi senza essere visti e che sono vestiti nelle fogge più svariate delle più diverse epoche). A guidare l'insieme il tema sartriano del *sursis*, del rinvio. Danièle Delorme è l'annegata, Marcel Marceau un operaio. Allo stesso tema si rifà anche il film americano *Dimmi addio* di Alfred L. Werker (1947).

Risposta armata * (*Armed Response*, Usa 1986, col, 85') Fred Olen Ray. Con David Carradine, Lee Van Cleef, Mako, Lois Hamilton, Dick Miller. ◆ Una famiglia di reduci del Vietnam viene coinvolta in una guerra tra gang di Chinatown per il possesso di una statuetta. Violento e piuttosto stupido, con un cast di habitués della serie B non sfruttato al meglio.

Ristorante all'angolo, Il * (*Blood Dinner*, Usa 1987, col, 82') Jackie Kong. Con Rick Burks, Carl Crew, Roger Dauer, Sheba Jackson. ◆ I nipoti di un folle assassino ne tengono in vita il cervello, e trasformano un ristorante vegetariano in un mattatoio, sacrificando vittime a un'oscura divinità. Horror demenziale che tende alla deformazione caricaturale senza mai essere veramente divertente. Frattaglie e sangue in abbondanza.

Risvegli ** (*Awakenings*, Usa 1991, col, 121') Penny Marshall. Con Robert De Niro, Robin Williams, Julie Kavner, John Heard, Penelope Ann Miller, Ruth Nelson, Max von Sydow. ◆ Un geniale dottore (Williams) fa uscire da un coma decennale alcuni malati di encefalite letargica: ma il miracolo dura l'arco di un'estate, e i pazienti ripiombano nel sonno. De Niro è straordinario nella parte dell'ex malato che deve imparare di nuovo a vivere e riscopre i sentimenti prima di tornare nel nulla. Ma il film, sceneggiato da Steven Zaillian, è ricolmo di melassa e, alla fine, suona piuttosto ipocrita e semplicistico. Ispirato alle esperienze di Oliver Sacks, narrate nel libro omonimo: ma nella realtà le cose non filarono così lisce, né i «resuscitati» erano così affabili.

Risveglio del dinosauro, Il ** (*The Beast from 20.000 Fathoms*, Usa 1953, b/n, 80') Eugène Lourié. Con Paul Christian, Paula Raymond, Cecil Kellaway, Kenneth Tobey, Lee Van Cleef. ◆ Un'esplosione atomica risveglia un dinosauro ibernato al polo Nord. Sentendo il richiamo di casa, si dirige a Manhattan, non sapendo che nel frattempo è diventata una metropoli. Verrà abbattuto tra le giostre di Coney Island. Ispirato a un racconto di Ray Bradbury sceneggiato da Lou Morheim e Fred Freiburger, è il capostipite dei film di mostri che proliferarono negli anni Cinquanta: costò 200 mila dollari e ne incassò 5 milioni. Segna anche l'esordio negli effetti speciali di Ray Harryhausen, maestro dei modellini animati con la tecnica stop motion. Tecnicamente, i risultati sono ancora artigianali, ma il film – che accosta con un certo estro il fantastico e il quotidiano – la dice lunga sulle inquietudini e le paure dell'epoca. Il regista, nuovo al genere, era stato scenografo di Renoir negli anni Trenta.

Rita ** (*Educating Rita*, Gb 1983, col, 110') Lewis Gilbert. Con Julie Walters, Michael Caine, Michael Williams, Maureen Lipman. ◆ Una giovane parrucchiera londinese (Walters) si fa dare lezioni di letteratura da un professore alcolizzato (Caine), dandogli in cambio lezioni di vita. Variazione dolceamara e un po' scontata del *Pigmalione* di Shaw (e di *Nata ieri*), tratta da una commedia di successo di Willy Russell. Nella versione italiana si perde gran parte del divertimento, basato sulla parlata cockney della Walters che aveva interpretato il personaggio anche sulla scena.

Rita fugge... lui corre... egli scappa → *Feldmarescialla, La*

Ritagli **½ (*Postřižiny*, Cecoslovacchia 1980, col, 98') Jiří Menzel. Con Jiří Schmitzer, Magda Vasaryová, Jaromír Hanzlík, Rudolf Hrusinsky. ◆ Cecoslovacchia, anni Venti: l'introverso Francin, direttore di una fabbrica di birra, cerca clienti in bicicletta, mentre la moglie Marja (Vasaryová) l'aspetta pazientemente a casa fino a quando l'arrivo del cognato allegro e fracassone scombina la regolare quotidianità della coppia: grazie a lui, e all'influenza del dottor Gruntorad, Marja trasformerà se stessa e la casa sotto gli sguardi di disapprovazione del marito. Dall'omonimo romanzo di Bohumil Hrabal (autore anche della sceneggiatura con il regista), una commedia rurale che sprizza gioia e sensualità pagana con un ritmo insolitamente disteso rispetto al genere e senza cadute nella volgarità. L'ironia dello scrittore è sottile e di non immediata sintonizzazione (a volte si ha il sospetto che funzioni meglio sulla pagina scritta), ma Menzel riesce a mediare letterarietà e cinema con squarci di pura comicità fisica (la scena del tango, la degenza di Marja, la martellante presenza del cognato urlatore, quella silenziosa e impettita del marito). *Ritagli* è il primo capitolo di una trilogia agreste ispirata da Hrabal (gli altri sono *Slavnosti snezenek* [La festa dei bucaneve] e *Vesnicko má Strediskovà* [Il mio piccolo dolce villaggio], 1985, entrambi inediti in Italia).

Rita, la figlia americana *½ (Italia 1965, b/n, 95') Piero Vivarelli. Con Totò [Antonio de Curtis], Rita Pavone, Fabrizio Capucci, Lina Volonghi, Umberto D'Orsi. ◆ Inguaribile quanto impreparato amante della musica classica, un neoarricchito (Totò) grazie a improvvisa eredità adotta un'orfanella cilena (Pavone) confidando di farne una concertista, ma la vivace ragazzina impazzisce per gli odiati ritmi ye-ye che giungono dal locale vicino. Realizzazione frettolosa ma frizzante con un simpatico Totò «matusa» che in mise da «capellone» ammicca sornione alla nuova generazione. Esibizioni dei Rokes di Shel Shapiro. Totò canta *Malvagità*, scritta da lui. Tra gli sceneggiatori c'è Bruno Corbucci.

Rita la zanzara * (Italia 1966, col, 110') George Brown [Lina Wertmüller]. Con Rita Pavone, Giancarlo Giannini, Bice Valori, Turi Ferro, Vittorio Congia, Tanya Lopert, Laura Efrikian, Giusi Raspani Dandolo, Milena Vukotic, Teddy Reno. ◆ Lontanissimo accenno al coraggioso giornale studentesco di un liceo milanese colpito da persecuzione giudiziaria, nelle vicende comico-sentimental-musicali di una giovane studentessa irrequieta (Pavone) che sfida il conformismo e le autorità scolastiche, e conquista il giovane e impacciatissimo professore (Giannini al debutto sugli schermi, fortemente voluto dalla Wertmüller che lo aveva notato nel televisivo *Davide Copperfield*). Ottima accoglienza ai tempi, canzoni a volontà e qualche sorriso grazie alla vivacità della Pavone (migliore performer tra i cantanti «gettati» sugli schermi nei Favolosi Sessanta) e alla presenza di veterani come Nino Taranto, Peppino De Filippo, Gino Bramieri.

Rita, Sue e Bob in più **½ (*Rita, Sue and Bob Too*, Gb 1987, col, 95') Alan Clarke. Con Siobhan Finneran, Michelle Holmes, George Costigan, Lesley Sharp. ◆ In una città operaia dello Yorkshire due sedicenni affamate di sesso (Finneran e Holmes) cadono nelle braccia di uno scalcinato dongiovanni. Questi, piantato dalla moglie, troverà una soluzione nel rapporto a tre. L'originalità del film di Clarke è che i protagonisti sono brutti e volgari, ma animati da un vitalismo sfrenato. Realistico fino all'iperrealismo nella prima parte, si tramuta però in una commedia con poco pepe nella seconda, retta solo dall'irresistibile vitalità delle due protagoniste. Sceneggiatura di Andrea Dunbar, da una sua commedia.

Ritmo diabolico ** (*The Gene Krupa Story*, Usa 1959, b/n, 101') Don Weis. Con Sal Mineo, Susan Kohner, James Darren, Lawrence Dobkin. ◆ Biografia romanzata del celebre batterista jazz Gene Krupa (Mineo), che finì in galera per fatti di droga e che, con molta fatica, riuscì a tornare alla ribalta nell'orchestra di Tommy Dorsey. Il film di Weis non si cura di evitare gli stereotipi (la vocazione precoce, l'opposizione della famiglia, l'amore che redime) ma bisogna anche pensare che il musicista era ancora vivo e vegeto. Per gli amanti del jazz è una pacchia: si ascoltano, tra le altre, *Memories of You* (cantata da Anita O'Day), *The Sunny Side of the Street* e *Royal Garden Blues*.

Rito, Il ** (*Riten*, Svezia 1969, b/n, 72') Ingmar Bergman. Con Ingrid Thulin, Gunnar Björnstrand, Anders Ek, Erik Hell. ◆ Un giudice (Hell) mette a confronto tre attori (Thulin, Björnstrand, Ek) sotto accusa per uno spettacolo osceno. Sconvolto dall'evocazione dei fatti, finisce con lo stuprare l'attrice e venir colpito da un infarto. Kammerspiel girato per la televisione svedese, in cui Bergman riflette sulla sacralità dell'arte (il suo originario valore dionisiaco) e il suo ruolo nella società. Fittamente dialogato e troppo didascalico. L'ombra che si intravede del confessore è quella del regista.

Ritorna l'amore *½ (*Made for Each Other*, Usa 1939, b/n, 93') John Cromwell. Con Carole Lombard, James Stewart, Charles Coburn, Lucile Watson, Ward Bond. ◆ Una coppia di sposi in crisi (Lombard e Stewart) ritrova l'armonia in occasione di una grave malattia del figlio. La Lombard ha un insolito ruolo di vestale del focolare in una commedia con svolta melodrammatica da cui, dati regista e interpreti, ci si aspetterebbe qualcosa di più. Il finale, col bambino salvato da una rara medicina recapitata via aerea malgrado la tempesta, fu imposto dal produttore David O. Selznick, che si ispirò a quanto era accaduto veramente a suo fratello.

Ritorna la vita **½ (*Retour à la vie*, Francia 1948, b/n, 115') Georges Lampin, Henri-Georges Clouzot, Jean Dréville [e André Cayatte]. ◆ Film a episodi. In *Il ritorno di Antonio* (Georges Lampin. Con François Périer, Patricia Roc, Tanis Chandler, Gisèle Préville, Janine Darcey) il successo che un giovane barman d'hotel, impiegato nelle ore notturne, ottiene presso le ausiliarie americane spinge il capitano a spostarlo al turno diurno; in *Il ritorno di Jean* (Henri-Georges Clouzot. Con Louis Jouvet, Léo Lapara, Jo Dest, Monette Dinay) un soldato tedesco in fuga si rifugia nella camera di un ex prigioniero: quando scopre che è stato un torturatore, il reduce cerca di capire cosa l'ha spinto ad agire così; in *Il ritorno di René* (Jean Dréville. Con Noël-Noël [Lucien Noël], Madeleine Gérôme, Jean Croué, Suzanne Courtal) un reduce dal campo di prigionia scopre che la moglie è fuggita con l'amante e che il suo appartamento è occupato da una famiglia di sfollati; in *Il ritorno di Louis* (Jean Dréville. Con Serge Reggiani, Cécile Didier, Paul Frankeur, Anne Campion, Léonce Corne, Elisabeth Hardy) un giovane contadino torna a casa dalla prigionia con una moglie tedesca, ma i compaesani sono così ostili alla donna da spingerla a tentare il suicidio. Primo film francese a episodi sul tema della reintegrazione di chi ha combattuto in guerra, nel quale la qualità della scrittura (tutti gli episodi sono sceneggiati da Charles Spaak, eccetto quello di Clouzot, scritto dal regista con Jean Ferry) e l'efficacia della messinscena drammatica risentono ancora positivamente della tradizione del cinema francese degli anni Trenta. Il miglior episodio è sicuramente quello di Clouzot, breve e mirabile studio della mostruosità umana in perfetta sintonia con le altre opere del regista, ma non molto inferiori sono i due con la firma di Dréville, capaci di far riflettere sui pregiudizi più radicati (nell'intenso episodio con Reggiani) o di ironizzare sulla retorica nazionale e la corsa a dichiarare la propria partecipazione alla Resistenza. La versione italiana è mutilata dell'episodio d'apertura, *Il ritorno della zia Emma* (André Cayatte. Con Bernard Blier, Jane Marke, Lucien Nat, Hélèna Manson. Sceneggiatura di Charles Spaak), in cui la zia scampata a Dachau trova i nipoti preoccupati solo di farle autenticare le firme che hanno falsificato durante la sua assenza per assicurarsi l'eredità.

Ritorna se mi ami *½ (*Flight Command*, Usa 1940, b/n, 116') Frank Borzage. Con Robert Taylor, Ruth Hussey, Walter Pidgeon, Paul Kelly, Red Skelton. ◆ Tra un cadetto (Taylor) e la moglie del comandante (Hussey) sembra ci sia del tenero: ma sono ingiusti sospetti, e lui si riabilita, comportandosi da eroe e sperimentando il sistema di volo cieco inventato dal fratello di lei. Routine aviatoria girata con intenti di propaganda.

Ritorna Za-la-Mort → *Fumeria d'oppio*

Ritorno, Il * (*Jesus vender tilbage*, noto anche col titolo inglese *The Return*, Danimarca 1992, col, 97') Jens Jørgen Thorsen. Con Marco Di Stefano, Ninna Atlanta, Jed Curtis, Johnny Melville. ◆ Gesù (Di Stefano) torna sulla Terra, si fa una terrorista su un aereo, butta via la Bibbia, fa l'autostop coi barboni e alla fine torna in cielo, disgustato dal Vaticano. Cialtronata inimmaginabile che ha avuto l'onore di essere bloccata dalla censura: quando le fiacche velleità provocatorie affondano nel dilettantismo della messa in scena e nella pochezza dei contenuti.

Ritorno a Berlino ** (*Der Passagier – Welcome to Germany*, Rft 1988, col, 105') Thomas Brasch. Con Tony Curtis, Matthias Habich, Katharina Talbach, Alexandra Stewart. ◆ Negli ultimi anni del Terzo Reich, ad alcuni ebrei venne promessa un'illusoria salvezza se avessero partecipato a un film antisemita (e infatti accadde qualcosa del genere per l'infame *Süss l'ebreo*). Quarant'anni dopo l'unico sopravvissuto (Curtis) torna in Germania per girare un film sull'episodio. Riflessione non originalissima sul ruolo della finzione di fronte ai fantasmi del passato. L'imbiancato Curtis, in un ruolo drammatico e tormentato, è comunque una gradita sorpresa.

Ritorno a casa *½ (*Homecoming*, Usa 1973, col, 111') Peter Hall. Con Cyril Cusack, Ian Holm, Vivien Merchant, Michel Jayston, Terrence Rigby. ◆ Versione fin troppo fedele dell'omonima commedia di Harold Pinter. Un giovane (Jayston) porta la moglie (Merchant) a conoscere la sua famiglia – il padre e i suoi due fratelli – dopo anni di assenza. La donna viene irretita nel clima di follia che vi regna, e decide di rimanervi, perdendo il marito. Enigmatico e ossessivo, ma con una regia cinematografica inesistente.

Ritorno a casa Gori **½ (Italia 1996, col, 104') Alessandro Benvenuti. Con Alessandro Benvenuti, Sabrina Ferilli, Athina Cenci, Alessandro Haber, Carlo Monni, Novello Novelli, Massimo Ceccherini, Barbara Enrichi, Gianna Giachetti, Vito [Stefano Bicocchi], Ilaria Occhini. ◆ Intorno al cadavere di Adele (Occhini) si stringono tutti i parenti: il vedovo (Monni) si rifiuta di avvicinarsi alla bara, il figlio (Ceccherini) spera di recuperare la refurtiva che vi ha nascosto dentro, la cognata (Cenci) non vorrebbe modificare la sua decisione di lasciare il marito (Haber), una coppia di cugini (Benvenuti e Ferilli) sono tornati precipitosamente dalle vacanze in Africa... A sette anni da *Benvenuti in casa Gori*, il regista toscano (autore anche della sceneggiatura con Ugo Chiti) riprende il ritratto corale della famiglia dimostrando un'invidiabile abilità nello svolgere un racconto a più voci in perfetto equilibrio tra loro. E se la storia non evita qualche concessione comica un po' facile, la direzione d'attori testimonia di una maturità registica pienamente raggiunta.

Ritorno al futuro *** (*Back to the Future*, Usa 1985, col, 116') Robert Zemeckis. Con Michael J. Fox, Christopher Lloyd, Lea Thompson, Crispin Glover, Thomas F. Wilson, Claudia Wells, James Tolkan, Casey Siemaszko. ◆ Marty McFly (Fox) torna indietro per errore nel 1955 sulla macchina del tempo del suo amico scienziato Doc (Lloyd). Incontra i suoi genitori e lo stesso Doc in versione giovane (ancora ignaro delle sue scoperte future) e fa di tutto perché il futuro non prenda una brutta piega, cercando nel contempo di tornare nel 1985. Il fenomeno del box office del 1985, prodotto (come i due sequel) da Spielberg e scritto da Zemeckis e Bob Gale. Una celebrazione nostalgica dell'America degli anni Cinquanta nello spirito smaliziato degli anni Ottanta, ma con un ottimismo di fondo fin fastidioso. Paradossi a ripetizione («Se è vero che vieni dal futuro, chi sarà il presidente nel 1985?», «Ronald Reagan», «Ah ah ah»), confezione impeccabile, e l'inquietante ombra dell'incesto (la giovane madre di Marty si innamora di colui che sarà suo figlio). Glover e la Thompson interpretano le parti dei genitori di Marty vecchi e giovani. Huey Lewis, autore del successo *The Power of Love*, compare nella parte di un professore.

Ritorno al futuro parte II **½ (*Back to the Future Part II*, Usa 1989, col, 107') Robert Zemeckis. Con Michael J. Fox, Christopher Lloyd, Lea Thompson, Thomas F. Wilson, Elisabeth Shue, James Tolkan, Casey Siemaszko. ◆ Marty (Fox) deve andare nel 2015 per evitare guai a suo figlio: ma innesca una serie di eventi che trasformano in peggio la storia della sua famiglia – e della sua stessa città. Per ristabilire il corso normale degli eventi, deve ritornare ancora nel 1955, col rischio di incrociare se stesso (visto che vi era già stato nella prima puntata). Vertiginoso accumulo di paradossi temporali, un po' povero d'azione rispetto alla prima parte (di cui ricicla molte sequenze, facendole «abitare» dal nuovo Marty), ma ancora piuttosto divertente. Se non conoscete a memoria il primo, rinunciate a vederlo. Poco onesto il finale, che si interrompe sul più bello con il prossimamente della terza parte. Fox compare anche nelle parti di suo figlio e di sua figlia, oltre che di se stesso invecchiato. La Shue rimpiazza Claudia Wells nella parte della fidanzata.

Ritorno al futuro parte III *½ (*Back to the Future Part III*, Usa 1990, col, 118') Robert Zemeckis. Con Michael J. Fox, Christopher Lloyd, Mary Steenburgen, Thomas F. Wilson, Lea Thompson, Elisabeth Shue, Harry Carey jr, James Tolkan. ◆ Marty (Fox) torna indietro nel Far West per salvare Doc (Lloyd), che vi è capitato per sbaglio: Doc troverà l'amore e deciderà di rimanervi, mentre a Marty capitano le abituali disavventure causate dagli antenati dei nemici tradizionali della sua famiglia. Il cocktail di western e di fantascienza ha poche carte da giocare (a Marty appena entrato nel saloon: «Come ti chiami?», «Eastwood. Clint Eastwood»), e la ripetizione delle solite situazioni inizia a stancare. Decisamente il più naïf dei tre episodi. La band hard rock ZZ Top compare travestita da orchestrina rurale.

Ritorno alla laguna blu * (*Return to Blue Lagoon*, Usa 1991, col, 98') William A. Graham. Con Milla Jovovich, Brian Krause, Lisa Pelikan, Courtney Phillips. ◆ Dopo inenarrabili vicissitudini il figlio (Krause) della coppia di *Laguna blu* si ritrova sulla solita isola deserta in mezzo al Pacifico con una coetanea (Jovovich): scopriranno l'amore, e preferiranno non fare ritorno alla civiltà. Sequel fotocopia con immagini cartolina e rari brividi pruriginosi.

Ritorno all'alba * (*Retour à l'aube*, Francia 1938, b/n, 90') Henri Decoin. Con Danielle Darrieux, Pierre Dux, Jacques Dumesnil, Thérèse Dorny, Raymond Cordy, Marcelle Barry, Samson Fainsilber. ◆ Anita (Darrieux), una ragazza ungherese sposata con un capostazione (Dux), va a Budapest per riscuotere un'eredità e si perde nella notte della capitale: sperimenterà la vita mondana e lussuosa, rischiando anche di essere incriminata per furto, prima di tornare alla sua tranquilla esistenza di provincia. Da un racconto di Vicki Baum (sceneggiato da Pierre Wolff e Decoin), un filmetto d'appendice di scarso interesse: storia scontata, recitazione rigida, messinscena ridotta al minimo indispensabile. Brillano solo gli occhi della Darrieux quando è lontana dal noioso capostazione.

Ritorno alla quarta dimensione * (*My Science Project*, Usa 1985, col, 94') Jonathan Beteul. Con John Stockwell, Danielle Von Zerneck, Dennis Hopper, Fisher Stevens, Barry Corbin. ◆ I soliti ragazzini scoprono una macchina capace di viaggiare nei buchi dello spazio-tempo. Sulla scia del già mediocre *Explorers* un film senza molte idee. Hopper sprecato nella parte di un professore hippy.

Ritorno al nido *½ (Italia 1946, b/n, 78') Giorgio Ferroni. Con Luciano De Ambrosis, Erminio Spalla, Bianca Doria, Elio Steiner, Olga Solbelli, Mariù Pascoli, Otello Seno, Luciano Zambon, Giorgio Piamonti, Riccardo Diodà, Augusto Di Giovanni. ◆ Vitali (Spalla), artista girovago, trova Remigio (De Ambrosis) nel riformatorio in cui è stato rinchiuso e scopre le trame di Giacomo Milligan (Steiner) per nascondere il bambino alla sua vera mamma (Doria): pagherà con la vita questa scoperta, ma la verità trionferà ugualmente. Si conclude la storia cominciata in *Senza famiglia*: girato durante la Repubblica di Salò negli studi della Giudecca di Venezia ma distribuito nel dopoguerra, il film (tratto dal romanzo di Hector-Henri Malot e sceneggiato da Piero Tellini con la collaborazione non accreditata di Aldo Del Fabbro) mantiene il tono – abbastanza irritante – della prima parte, facendo del protagonista più che un ostaggio senza colpa nelle mani del destino una specie di piccolo ebete che accetta col sorriso sulle labbra le disgrazie più grandi.

Ritorno a Peyton Place *½ (*Return to Peyton Place*, Usa 1961, col, 122') José Ferrer. Con Jeff Chandler, Eleanor Parker, Carol Lynley, Mary Astor, Tuesday Weld, Brett Halsey, Luciana Paluzzi. ◆ Dal romanzo di Grace Metalious, il seguito dei *Peccatori di Peyton* con un cast totalmente cambiato: la Parker prende il posto della Turner, e Lynley sostituisce Hope Lange. La figlia di Constance scrive un libro con l'intenzione di tirar fuori gli scheletri dall'armadio dei suoi concittadini; viene perseguitata, ma in compenso si innamora dell'editore. Un antenato delle soap-opera odierne. Seguìto da *Murder in Peyton Place*, inedito in Italia.

Ritorno dal fiume Kwai *½ (*Return from the River Kwai*, Gb 1988, col, 93') Andrew V. McLaglen. Con Edward Fox, Denholm Elliott, Tatsuya Nakadai, Christopher Penn, George Takei. ◆ Prigionieri inglesi vengono condotti in Giappone per ovviare alla carenza di manodopera. Il richiamo al *Ponte sul fiume Kwai* è abusivo, e malgrado il buon cast (in cui spicca Nakadai, il protagonista di *Ran*) il tono è fiacco e televisivo. Quanto alla caratterizzazione dei giapponesi, sembra di essere tornati indietro di quarant'anni.

Ritorno dalla morte *½ (*Welcome Home*, Usa 1989, col, 92') Franklin J. Schaffer. Con Kris Kristofferson, JoBeth Williams, Sam Waterston, Trey Wilson, Brian Keith. ◆ Il pilota Jake Robbins (Kristofferson) torna a casa diciassette anni dopo essere stato dato per disperso in Cambogia: peccato che la moglie (Williams) si sia risposata. Ma neanche lui, laggiù, è rimasto con le mani in mano. Quando il melodramma è agli sgoccioli, il film imbocca la strada della denuncia dei servizi segreti. Dal polpettone (ultima regia di Schaffer) l'unico a salvarsi è Waterston, nella parte del secondo marito.

Ritorno dall'ignoto * (*Return from Witch Mountain*, Usa 1978, col, 95') John Hough. Con Christopher Lee, Bette Davis, Kim Richards, Ike Eisenman. ◆ Seguito di *Incredibile viaggio verso l'ignoto*: questa volta i cattivi che cercano di impadronirsi dei poteri magici del piccolo protagonista sono Lee e la Davis. Fantasy targato Disney, unicamente per un pubblico di ragazzini.

Ritorno dal nulla *½ (*The Basketball Diaries*, Usa 1995, col, 102') Scott Kalvert. Con Leonardo DiCaprio, Ernie Hudson, Mark Wahlberg, James Madio, Lorraine Bracco, Roy Cooper. ◆ New York, anni Sessanta. L'inquieta adolescenza di Jim Carroll (DiCaprio) attraverso il suo diario: le partite di pallacanestro nella squadra della scuola cattolica, le prime sniffate di detersivo con gli amici, la morte di un compagno, l'inferno dell'eroina. Dal vero diario di Jim Carroll (*Jim entra nel campo di basket*), sceneggiato dal regista, una specie di *drug movie* che perde di vista la ricchezza linguistica e l'esuberante provocazione dell'originale (qualche assaggio è mantenuto nei brani in voce off) per concentrarsi, con piglio sociologico e pedagogico, sul solito iter maledetto dell'adolescente perduto. DiCaprio si stravolge a dovere, ma i suoi sforzi non riscattano la generale impressione di *déjà vu* e il disappunto per la riduzione di un libro pieno di momenti «alti» ad una sequela di «bassi» da sceneggiato per dibattito.

Ritorno degli Ewoks, Il * (*Ewoks: The Battle for Endor*, Usa 1985, col, 100') Jim e Ken Wheat. Con Wilford Brimley, Warwick Davis, Aubree Miller, Sian Phillips. ◆ Seguito di *L'avventura degli Ewoks.* Una ragazzina viene aiutata da un eremita e da un Ewok (sorta di orsetto di pelouche, protagonista di un episodio del *Ritorno dello Jedi*) a sconfiggere una strega. Effetti speciali piuttosto costosi per una produzione televisiva: Lucas, infatti, non ha proseguito.

Ritorno dei magnifici sette, Il * (*Return of the Seven*, Usa 1966, col, 96') Burt Kennedy. Con Yul Brynner, Warren Oates, Robert Fuller, Emilio Fernandez, Claude Akins. ◆ Seguito dei *Magnifici sette*, di cui è rimasto il solo Brynner, impegnato ancora una volta ad assoldare desperados per difendere i pacifici peones dalle prepotenze di un ras locale. Ritorna anche la musica di Bernstein in questo western fiacco e ripetitivo, la cui unica curiosità è la presenza come sceneggiatore di Larry Cohen, futuro maestro dell'horror di serie B.

Ritorno dei morti viventi, Il ** (*The Return of the Living Dead*, Usa 1985, col, 85') Dan O'Bannon. Con

Clu Gulager, James Karen, Thom Mathews, Linnea Quigley, Don Calfa. ◆ Quanto aveva mostrato Romero nella *Notte dei morti viventi* era tutto vero. Uno degli zombi (diventati tali perché contaminati da un gas radioattivo) ritorna in vita: il contagio si diffonde rapidamente, e a farne le spese per primi sono un gruppo di punk che vanno a fare orge nei cimiteri. Per il suo debutto alla regia lo sceneggiatore di *Alien* calca la mano sull'umorismo macabro (vedi gli zombi che richiedono nuovo cibo per radio): il risultato è truculento e irriverente, non indegno del suo modello. La sequenza dello strip nel cimitero ha lanciato la Quigley come star del cinema di serie Z. Arduo vederlo in versione integrale in televisione. Con un seguito.

Ritorno dei morti viventi 2, Il * (*Return of the Living Dead Part II*, Usa 1988, col, 89') Ken Wiederhorn. Con James Karen, Thom Mathews, Michael Kenworthy, Marsha Dietlein, Dana Ashbrook. ◆ Incauti profanatori provocano una fuga di gas che li zombifica assieme agli ospiti di un cimitero: il pretesto è lo stesso del film di O'Bannon, ma il tono, questa volta, vira decisamente verso la parodia e la farsa, e rischia di stufare presto.

Ritorno dei tre moschettieri, Il *½ (*The Return of the Three Musketeers*, Gb/Francia/Spagna 1989, col, 101') Richard Lester. Con Michael York, Oliver Reed, Richard Chamberlain, Frank Finlay, C.T. Howell, Kim Cattrall, Philippe Noiret, Christopher Lee, Geraldine Chaplin, Jean-Pierre Cassel. ◆ D'Artagnan (York) riunisce i suoi colleghi per salvare la regina Anna dalle macchinazioni di Mazarino (Noiret). Tratto da *Vent'anni dopo* di Dumas padre, segue a quindici anni di distanza *I quattro moschettieri*. Nel nuovo cast compaiono Howell (un aspirante moschettiere) e la Cattrall (la figlia della defunta Milady). Ma il cinema nel frattempo è cambiato, e il tono scanzonato da slapstick dei film precedenti si è fatto televisivo e non diverte più nessuno. Roy Kinnear, presente in tutti i film della serie, morì in un incidente equestre durante le riprese, e il film è dedicato a lui.

Ritorno del campione, Il *½ (*The Stratton Story*, Usa 1949, b/n, 106') Sam Wood. Con James Stewart, June Allyson, Frank Morgan, Agnes Moorehead, Bill Williams. ◆ La storia vera di un giocatore di baseball (Stewart) che dopo aver perso una gamba tornò a giocare grazie alla sua forza di volontà. Una tipica parabola americana che meritò l'Oscar per il miglior soggetto (a Douglas Morrow), ma che oggi appare convenzionale e di facile effetto. Ne esiste una versione colorizzata.

Ritorno del dottor X, Il *½ (*The Return of Dr. X*, Usa 1939, b/n, 62') Vincent Sherman. Con Humphrey Bogart, Rosemary Lane, Dennis Morgan, John Litel. ◆ Un assassino giustiziato (Bogart) si trasforma in vampiro e terrorizza la metropoli. Rozzo horror a basso costo, che anticipa singolarmente temi e situazioni di film recenti. Quella di Bogart, comunque, è una delle peggiori interpretazioni della sua carriera. Non è il seguito di *Doctor X* di Curtiz.

Ritorno del gladiatore più forte del mondo, Il * (Italia 1971, col, 93') Al Albert [Adalberto Albertini]. Con Brad Harris, John Barracuda, Maria Pia Conte, Raf Baldassarre. ◆ Un ex gladiatore (Harris) sconfigge un ribelle all'imperatore mentre i barbari premono sui confini di Roma. Tardivo peplum che tenta volonterosamente qualche tocco autoironico.

Ritorno delle aquile, Il *½ (*The Holcroft Covenant*, Gb 1985, col, 112') John Frankenheimer. Con Michael Caine, Anthony Andrews, Victoria Tennant, Lilli Palmer, Mario Adorf, Michael Lonsdale. ◆ Il figlio (Caine) di un generale nazista suicida e pentito, si ritrova con un'eredità miliardaria con cui fare ammenda dei crimini paterni. Ma i neonazisti sono sulle sue tracce. Da *Il patto* di Robert Ludlum, un thriller vecchio stile, pieno di inseguimenti in mezzo mondo e troppo inverosimile per essere emozionante.

Ritorno dell'incredibile Hulk, Il * (*Bride of the Incredible Hulk*, Usa 1979, col, 99') Kenneth Johnson. Con Bill Bixby, Lou Ferrigno, Mariette Hartley, Jack Colvin. ◆ Uno dei seguiti dell'*Incredibile Hulk*. Stanco di trasformarsi in un energumeno verde, lo scienziato (Bixby) si affida a una collega (Hartley). Ma non serve a nulla: la serie deve continuare. Per un pubblico di ragazzini.

Ritorno dello Jedi, Il **½ (*Return of the Jedi*, Usa 1983, col, 133') Richard Marquand. Con Mark Hamill, Harrison Ford, Carrie Fisher, Billy Dee Williams, Alec Guinness, Anthony Daniels, PeterMayhew, Frank Oz, Sebastian Shaw, David Prowse. ◆ Dopo aver liberato Hans Solo (Ford) dalla prigione di Jabba the Hutt, Luke Skywalker (Hamill), diventato finalmente un cavaliere jedi, fronteggia il crudele alfiere del Male Lord Vader (Prowse) e scopre che questi è suo padre. Dopo *L'impero colpisce ancora*, il terzo episodio della saga di *Guerre stellari*, tende alla favola per adulti con effetti sempre più speciali e un grande spazio lasciato alla filosofia simil-orientale. La guerra sulla Luna di Endor è tra le sequenze meglio realizzate della serie e i vertiginosi inseguimenti su moto volanti attraverso i boschi sono esilaranti, ma la storia ha perso un po' del suo fascino. Lucas (anche qui produttore e sceneggiatore con Lawrence Kasdan) riprese i personaggi degli orsetti pelosi Ewoks per farne i protagonisti di due film, *L'avventura degli Ewoks* e *Il ritorno degli Ewoks*.

Ritorno dello Jedi, Il – Edizione speciale **½ (*Star Wars. Episode VI: Return of the Jedi*, Usa 1983, col, 135') Richard Marquand. ◆ Per festeggiare i vent'anni della prima uscita di *Guerre stellari*, Lucas ha rieditato l'intera trilogia restaurando il colore e il sonoro ma soprattutto «completando», con la collaborazione del produttore Rick McCallum, alcune scene che l'approssimata tecnologia di allora non aveva permesso di realizzare secondo le intenzioni originarie. Per un totale di circa due minuti, l'edizione speciale di *Il ritorno dello Jedi* introduce nuove scene nel numero musicale alla presenza di Jabba the Hutt (l'attrice Femi Taylor, che impersona la danzatrice dalla pelle verdognola, ha girato appositamente nuovo materiale), fa apparire dal pozzo di sabbia l'enorme tentacolo-becco dello Sarlacc e registra le esplosioni di gioia per la vittoria definitiva sull'Impero anche a Tatooine, Cloud City e Coruscant, con tanto di statua dell'imperatore che viene abbattuta come si è fatto in Russia con quelle di Lenin.

Ritorno dell'uomo invisibile, Il ** (*The Invisible Man Returns*, Usa 1940, b/n, 81') Joe May. Con Cedric Hardwicke, Vincent Price, John Sutton, Nan Grey. ◆ Seguito dell'*Uomo invisibile* di Whale. Il fratello del defunto «uomo invisibile» rende invisibile un condannato a morte (Price), che può fuggire e dimostrare la sua innocenza. Una provvidenziale trasfusione eviterà gli sgradevoli effetti collaterali del primo episodio. Discreto horror che riprende i celebri e sorprendenti effetti speciali del prototipo. Uno dei primi ruoli di spicco per il grande Price.

Ritorno del marinaio, Il *½ (*Sailor's Return*, Gb 1978, col, 112') Jack Gold. Con Tom Bell, Shope Shodeinde, Mick Ford, Paola Dionisotti, George Costigan, Bernard Hill. ◆ Nell'Inghilterra vittoriana un marinaio (Bell) torna con una moglie di colore (Shodeinde); alla sua morte, questa sarà costretta a fare la serva nella casa in cui era entrata da padrona. Dal romanzo di David Garnett, un film dal ritmo televisivo, senza infamia e senza lode.

Ritorno di Arsenio Lupin, Il *½ (*Signé Arsène Lupin*, Francia/Italia 1959, b/n, 100') Yves Robert. Con Robert Lamoureaux, Alida Valli, Yves Robert, Roger Dumas, Jacques Dufilho. ◆ Lupin (Lamoureaux), ladro gentiluomo, è alla caccia di un tesoro per mezza Europa, seguendo le tracce contenute in una serie di quadri. Sulle stesse tracce si muove Aurelia (Valli), una delle sue conquiste. Seguito delle *Avventure di Arsenio Lupin*, di cui riprende la formula senza nessun cambiamento. Un giallorosa molto movimentato ambientato nella Belle époque, che ai tempi incontrava il favore del pubblico.

Ritorno di Black Stallion, Il *½ (*Black Stallion Returns*, Usa 1983, col, 93') Robert Dalva. Con Kelly Reno, Vincent Spano, Allen Goorwitz [Garfield], Woody Strode, Teri Garr. ◆ Seguito di *Black Stallion*, sempre prodotto da Coppola con alcuni attori della sua scuderia. Il protagonista del primo episodio (Reno), ora cresciuto, va in Marocco alla ricerca del suo cavallo, che è stato rapito per partecipare a una corsa nel deserto. Avventure a lieto fine per un pubblico di ragazzini.

Ritorno di Butch Cassidy, Il ** (*Butch and Sundance: The Early Days*, Usa 1979, col, 110') Richard Lester. Con William Katt, Tom Berenger, Jeff Corey, Brian Dennehy, Peter Weller. ◆ Gli antefatti di *Butch Cassidy* nel film per cui *Variety* ha coniato il neologismo «prequel». Cassidy (Berenger), uscito di prigione sulla parola, organizza assieme a un nuovo amico, il pistolero Sundance Kid (Katt), una spettacolare e incruenta rapina al treno. Tentativo di rivisitare i miti del western con ironia e malinconia: Lester costruisce sequenze d'azione funamboliche e pirotecniche, ma il film sembra girare a vuoto, e difficilmente riesce a conquistare lo spettatore. La carriera di Berenger iniziò qui (malgrado la previsione iettatoria di qualche critico), quella di Katt (*Un mercoledì da leoni*) invece si arrestò.

Ritorno di Casanova, Il * (*Le Retour de Casanova*, Francia 1991, col, 98') Edouard Niermans. Con Alain Delon, Fabrice Luchini, Elsa, Wadeck Stanczak, Delia Boccardo, Alain Cuny. ◆ Vecchio e bandito da Venezia, Casanova (Delon) ormai vive di ricordi e di espedienti: provocato dalla giovane Marcolina (Elsa), riesce a conquistarla solo col favore delle tenebre. Tornerà a Venezia dopo avere accettato di fare la spia dell'Inquisizione. Gli sceneggiatori Jean-Claude Carrière e Niermans hanno completamente tradito lo spirito cinico e amaro del romanzo omonimo di Arthur Schnitzler, trasformandolo in una banale commedia degli equivoci in costume. Colpa, soprattutto, dell'aggiunta del personaggio di Camille, servitore ciarliero alla Sganarello, interpretato dall'invadente Luchini. L'esposizione delle senili nudità di Delon è segno, d'altra parte, che non c'erano molte carte da giocare.

Ritorno di Don Camillo, Il *½ (Italia/Francia 1953, b/n, 90') Julien Duvivier. Con Fernandel [Fernand Contandin], Gino Cervi, Paolo Stoppa, Leda Gloria, Saro Urzì, Charles Vissières, Enzo Stajola. ◆ Don Camillo (Fernandel) è stato mandato per punizione in un paesino di montagna: ma è lo stesso Peppone (Cervi) a sentirne la mancanza. La costruzione di un argine e la lotta contro un egoista proprietario terriero sono l'occasione per il suo ritorno. Il parroco e il sindaco comunista, più che beccarsi, si impegnano in una gara di solidarietà in questo secondo episodio della serie di Don Camillo, l'ultimo diretto da Duvivier. Più zuccheroso e innocuo del primo. La voce del Cristo è di Ruggero Ruggeri. Seguìto da *Don Camillo e l'onorevole Peppone.*

Ritorno di Harry Collings, Il ** (*The Hired Hand*, Usa 1971, col, 93') Peter Fonda. Con Peter Fonda, Warren Oates, Verna Bloom, Robert Pratt, Severn Darden. ◆ Un cowboy (Fonda) lascia la famiglia per girare il West con un amico. Dopo sette anni torna a casa, ma la consorte (Bloom) non s'illude: infatti, l'uomo riparte per una nuova avventura, e troverà la morte in uno scontro. Grandiosa la fotografia di Vilmos Zsigmond, mentre la regia di Peter Fonda – in cerca di originalità a ogni costo – rischia di risultare pretenziosa. Esiste una versione televisiva di 989 contenente una scena con Larry Hagman.

Ritorno di Jafar, Il **½ (*The Return of Jafar*, Usa 1994, col, 66') Toby Shelton, Tad Stones, Alan Zaslove. ◆ Riuscito a sfuggire alla lampada-prigione grazie al bandito Abismal, il malvagio Jafar pensa solo a vendicarsi: per farlo usa il pappagallo Iago, che è riuscito a conquistarsi la fiducia di Aladdin, ma non ha fatto bene i suoi piani. Il successo mondiale di *Aladdin* (1992) ha spinto la Disney a produrre un sequel sempre a cartoni da distribuire direttamente in videocassetta. La trama è ridotta all'osso per permettere ai personaggi più divertenti – l'iroso pappagallo Iago, l'irrefrenabile Genio (sempre doppiato da Proietti, mentre per l'edizione originale non si è più fatto ricorso alla voce di Robin Williams) – di esibirsi in veri e propri minishow. Gli ammiccamenti e gli anacronismi continuano a sprecarsi (bellissimo il giro del mondo del Genio), ma le invenzioni grafiche sono meno pirotecniche e la trama è più scontata. Per produrlo hanno lavorato contemporaneamente la Disney americana, quella australiana e quella giapponese. Le musiche originali di Alan Menken sono state rielaborate da Mark Watters.

Ritorno di Lassie, Il * (*Challenge to Lassie*, Usa 1949, col, 76') Richard Thorpe. Con Edmund Gwenn, Donald Crisp, Geraldine Brooks, Reginald Owen, Alan Webb. ◆ L'attaccamento di Lassie al suo padrone (Crisp) lo porta a non voler abbandonare la tomba dove è stato sepolto. Basato su un fatto vero successo a Edimburgo nel secolo scorso, dove il cane era però un fox terrier. La stessa storia è stata riproposta nel 1961, sempre con Crisp: *Bobby, il cucciolo di Edimburgo*.

Ritorno di Marcellino, Il * (*Barcos de papel*, Argentina/Spagna 1962, b/n, 85') Roman Viñoly Barreto. Con Pablito Calvo, Jordel Filho, Alberto Omedo, Oscar Orlegni. ◆ La pietosa e triste storia di Quico (Calvo), un ragazzo povero, gentile e tenero di cuore, schernito dagli altri bambini e da Giulio, il padroncino di casa (Filho): solo quando Quico muore in seguito a un incidente, Giulio avrà per lui un vero gesto di amicizia. Dall'omonimo romanzo di Alvaro Yungle, un film per ragazzi senza pretese, retorico e noioso.

Ritorno di Martin Guerre, Il *** (*Le Retour de Martin Guerre*, Francia 1982, col, 124') Daniel Vigne. Con Gérard Depardieu, Nathalie Baye, Roger Planchon, Maurice Barrie, Bernard-Pierre Donnadieu. ◆ Metà del Cinquecento in un paesino della Francia: il contadino Martin, sposatosi appena tredicenne, sparisce. Dopo molti anni si presentano alla moglie (Baye) due individui, sostenendo entrambi di essere Martin. La vicenda finisce davanti al giudice mettendo a dura prova la donna che ritiene che l'impostore (Depardieu) sia quello di cui è innamorata. Un autentico tuffo nel passato per questa insolita riflessione sull'identità e la menzogna, con un'eccezionale ricostruzione d'epoca e una notevole sensibilità registica. Depardieu al meglio. Sceneggiatura del regista con Jean-Claude Carrière. Rifatto nel 1993 (*Sommersby*).

Ritorno di Mr. Hardy, Il * (*Andy Hardy Comes Home*, Usa 1958, b/n, 80') Howard W. Koch. Con Mickey Rooney, Fay Holden, Cecilia Parker, Sara Haden, Patricia Breslin, Joey Forman, Jerry Colonna, Teddy Rooney. ◆ Con una moglie e un figlio, Andy (Rooney) torna a Carven per aprire una fabbrica. Sedicesimo e ultimo film sul personaggio di Andy Hardy, «risuscitato» dodici anni dopo *Carambola d'amore* con scarso successo di pubblico.

Ritorno di Ringo, Il ** (Italia 1965, col, 96') Duccio Tessari. Con Montgomery Wood [Giuliano Gemma], Fernando Sancho, Hally Hammond [Lorella De Luca], Nieves Navarro, Antonio Casas. ◆ Ringo (Wood) torna a casa dopo aver combattuto nella guerra di Secessione e scopre che il suo villaggio è nelle mani dei banditi di Fuentes (Sancho). Anche la moglie (Hammond), fedele fino a quel momento, sta per cedere. Allora si presenta travestito da vagabondo e a uno a uno si libera dei nemici. Trasposizione western dell'*Odissea* (sceneggiata da Tessari con Fernando Di Leo) con puntuali riferimenti al poema di Omero. Momenti di enfasi si alternano a interventi ironici e distaccati. Nelle numerose riedizioni Giuliano Gemma appare con il suo vero nome.

Ritorno di Zanna Bianca, Il *½ (Italia 1974, col, 100') Lucio Fulci. Con Franco Nero, Virna Lisi, John Steiner, Renato Cestié. ◆ Il piccolo Bill (Cestié) grazie al famoso cane lupo e ad alcuni amici, viene in possesso, dopo mille avventure, di una miniera d'oro nel Klondike. Film per ragazzi piuttosto avvincente, benché il soggetto sia scontato e un po' troppo manicheo. È l'ennesimo episodio sul cane reso celebre da Jack London.

Ritratti **½ (*The Portrait*, Usa 1993, col, 100') Arthur Penn. Con Gregory Peck, Lauren Bacall, Cecilia Peck, Paul McCrane, Mitchell Laurence, Donna Mitchell, Joyce O'Connor, William Prince, Augusta Dabney. ◆ L'occasione di finire un ritratto – necessario per organizzare la sua prima mostra – porta Megs (C. Peck) a casa dei genitori Gardner e Fanny (G. Peck e Bacall) proprio quando la coppia sta per traslocare: è l'occasione per riflettere sulla vecchiaia e misurarsi con un rapporto che la figlia continua a vivere in modo conflittuale. Dopo quasi quarant'anni Arthur Penn torna a lavorare per la televisione, dirigendo un tv-movie sceneggiato da Lynn Roth a partire da una pièce off-Broadway di Tina Howe. Pur nei limiti dell'opera su commissione, Penn non rinuncia ad affrontare uno dei temi centrali della sua ricerca – il legame genitori e figli, con le recriminazioni dei secondi di fronte all'egoismo o all'invadenza dei primi – ma finisce per darne una visione meno traumatica che in passato (come in *Anna dei miracoli* o *Furia selvaggia*) privilegiando il «battito furioso» del cuore che sul finir della vita resta l'unica vera ragione dell'esistenza (anche se Megs pensa di esserne stata privata per colpa di un troppo egoistico legame tra i due genitori). Affiatatissimi i due Peck, padre e figlia nella finzione e nella realtà, a cui fa da controcanto un'intramontabile Lauren Bacall. I quadri sono di Gretta Sarfaty, la poesia dedicata a Voltaire è di Richard Wilbur.

Ritratto di borghesia in nero *½ (Italia 1978, col, 105') Tonino Cervi. Con Ornella Muti, Senta Berger, Capucine [Germaine Lefèbvre], Stefano Patrizi, Paolo Bonacelli, Giancarlo e Mattia Sbragia, Eros Pagni, Giuliana Calandra. ◆ Venezia, estate 1938: un giovane pianista, Mattia (Patrizi), inizia una relazione con la madre (Berger) di un suo amico ma poi si innamora della bella e viziata Elena (Muti), figlia di un'importante famiglia veneta. La rivalità tra le due donne finisce in tragedia – Elena uccide la donna – ma l'inchiesta delle autorità fasciste viene insabbiata per evitare lo scandalo e Mattia ed Elena si sposano. Dal mediocre racconto *La maestra di piano* di Roger Peyrefitte, sceneggiato dal regista con Cesare Frugoni e la collaborazione di Goffredo Parise, un film d'atmosfera pseudodecadente, con troppa biancheria intima e troppa poca tensione. Fintamente morboso.

Ritratto di Dorian Gray, Il **½ (*The Picture of Dorian Gray*, Usa 1945, b/n e col, 110') Albert Lewin. Con George Sanders, Hurd Hatfield, Donna Reed, Angela Lansbury, Peter Lawford, Lionel Gilmore, Richard Fraser, Douglas Walton, Morton Lowry. ◆ Incitato dalle teorie libertine di lord Henry Wotton (Sanders), Dorian Gray si consacra all'edonismo e al culto della propria bellezza scegliendo una vita di piacere e immoralità e disprezzando l'amore di Sybil Vane (Lansbury). Se lo può permettere perché, grazie a un misterioso patto, i segni della sua vita disordinata non rovinano il suo aspetto, bensì un ritratto fattogli dall'amico Basil (Gilmore), ma proprio il pittore sarà all'origine della sua tragedia. Dal celebre romanzo di Oscar Wilde, Lewin (autore anche della sceneggiatura) trae una versione che sembra preoccupata soprattutto di battere nuovi sentieri, in primo luogo attraverso una scelta di attori felicemente originale (per il ruolo di Sibyl Vane la giovane Lansbury, la cui vera madre compare nel ruolo della Duchessa) o decisamente audace per l'epoca (Hatfield). Meno personale l'interpretazione del romanzo, che propone «una lettura rispettosa e asettica che riduce Wilde a un campione del cinismo» e tende a confondere la creazione con la riproduzione culturale. Alcuni inserti a colori sono spesso eliminati nella versione televisiva. Oscar per la fotografia a Harry Stradling. Mediocre remake nel 1970: *Dorian Gray* di Massimo Dallamano.

Ritratto di Jennie, Il *** (*Portrait of Jennie*, Usa 1949, b/n, 88') William Dieterle. Con Joseph Cotten, Jennifer Jones, Ethel Barrymore, Cecil Kellaway, Lillian Gish, Anne Francis. ◆ Un pittore (Cotten) si innamora di una ragazza (Jones) che incontra casualmente e trova sempre cambiata, finché scopre che è morta da tempo. In una notte di tempesta tenta di seguirla nell'aldilà, ma rimane solo col ritratto che le ha fatto e che l'ha reso celebre. Fiammeggiante e surreale melodramma d'*amour fou* adorato da Buñuel, tra i più riusciti nel suo genere, grazie anche al mixage tra ingenuità del protagonista e virtuosismo figurativo: il romanzo di Robert Nathan (sceneggiato e rimaneggiato a più riprese da Paul Osborn, Peter Berneis, David O. Selznick, Ben Hecht, Leonard Bercovici e lo stesso Nathan) diventa un romantico sogno intimista, una «fragile storia di fantasmi» che vive sullo schermo per una specie di magico equilibrio tra atmosfere oniriche (le riprese di New York sotto la neve) e un'atemporalità illusoria e inquietante, da accettare – e da amare – senza farsi troppe domande sulle incongruenze razionali del racconto. La versione originale comprendeva sequenze virate in colori diversi e un finale in technicolor. Dieterle litigò col produttore Selznick, marito della Jones, che rigirò una parte del film, facendo lievitare i costi a 4 milioni di dollari (mai recuperati). Il film tuttavia non ne risente. Oscar agli effetti speciali. Dimitri Tiomkin arrangia musiche di Debussy.

Ritratto di signora ***½ (*The Portrait of a Lady*, Gb/Usa 1996, col, 137') Jane Campion. Con Nicole Kidman, John Malkovich, Barbara Hershey, Mary-Louise Parker, Martin Donovan, Shelley Winters, Richard E. Grant, Shelley Duvall, John Gielgud, Viggo Mortensen, Valentina Cervi. ◆ Fine Ottocento: l'americana Isabel Archer (Kidman), in Inghilterra al seguito della zia (Winters), declina varie proposte di matrimonio per non perdere la sua libertà; ma finisce per sposare in Italia Gilbert Osmond (Malkovich), subdolo avventuriero presentatole da Madame Merle (Hershey). Dall'omonimo romanzo di Henry James, sceneggiato con drastici tagli da Laura Jones, un dramma intelligente, sensibile e spigoloso sulle maschere della seduzione e sulla perdita di sé nell'illusione dell'amore. Scartando qualsiasi soluzione naturalistica e facendo scaturire la psicologia dei personaggi dalla stilizzata fisicità della messa in scena (che diventa subito anche metafisica, come negli splendidi primi piani che emergono dal buio della notte e della mente, o negli audaci inserti onirici), la Campion disegna con vibrante precisione geometrica e sottile femminismo anticonformista il ritratto senza tempo di una giovane donna alle prese con la sua linea d'ombra e con un complotto machiavellico. Perfetto il cast, con qualche riserva sulla scelta di Malkovich, ormai un po' troppo icona diabolica. È uno dei film più belli e sottovalutati degli ultimi anni.

Ritratto di un killer *½ (*Jim Buck*, rititolato *Portrait of a Hitman*, Usa 1977, col, 86') Allan A. Buckhantz. Con Jack Palance, Richard Roundtree, Rod Steiger, Bo Svenson. ◆ Un gangster (Steiger) assume un vecchio killer (Palance) per eliminare un rivale (Svenson). Il killer scopre che la vittima nel passato gli aveva salvato la vita ed era stato suo concorrente in amore. Una gangsterstory che, nonostante il buon cast e la discreta sceneggiatura, non decolla a causa della regia debole e insicura.

Ritratto di un serial killer → *Assassino senza colpa?*

Ritratto in nero **½ (*Portrait in Black*, Usa 1960, col, 112') Michael Gordon. Con Lana Turner, Anthony Quinn, Sandra Dee, John Saxon, Richard Basehart. ◆ Una coppia di amanti (Turner e Quinn) elimina il ricco marito di lei e poi un ricattatore. Il fallito omicidio della figliastra (Dee), che sta per smascherarli, porta a una tragica fine l'assassina. Un thriller teso, prodotto da Ross Hunter, dove il décor raffinato e il cast di alto livello suppliscono alle lacune della sceneggiatura di Ivan Goff e Ben Roberts. Efficace la coppia noir.

Ritrovarsi ***½ (*The Palm Beach Story*, Usa 1942, b/n, 90') Preston Sturges. Con Claudette Colbert, Joel McCrea, Rudy Vallee, Mary Astor, Sig Arno. ◆ Una giovane moglie (Colbert) lascia il marito (McCrea) e arriva a Palm Beach con una svitata milionaria (Astor) e il fratello di lei. Avventure a raffica portano al lieto fine. Un esempio fulgido di screwball comedy, un gioiellino tutto battute e ritmo indiavolato dove Sturges distrugge l'asserzione dell'unicità e l'irrimpiazzabilità dell'essere umano mettendo in campo una serie di «gemelli» che sottolineano con irriverenza «la relatività delle convenzioni e dei princìpi morali e l'arbitrarietà dei sentimenti programmati». Dopo aver irriso alle convenzioni sentimentali di Hollywood (all'inizio del film la coppia si lascia per mancanza di ricchezza, non di amore) usa i capricci della fortuna per scombinare i miti dell'America (il premio finale andrà anche a chi non lavora). Così, nel suo quarto film, Sturges applica alla lettera la lezione del suo film precedente, *I dimenticati*: «far ridere piuttosto che far riflettere».

Ritrovarsi ** (*Safe Passage*, Usa 1994, col, 96') Robert Allan Ackerman. Con Susan Sarandon, Sam Shepard, Robert Sean Leonard, Sean Astin, Jason London, Matt Keeslar, Philip Arthur Ross, Steven Robert Ross, Marcia Gay Harden. ◆ Un attentato nel Sinai dove può essere stato coinvolto il figlio sotto le armi, spinge l'apprensiva ma energica mamma Mag (Sarandon) a riunire gli altri suoi sei figli, permettendo di rientrare anche al marito (Shepard) sbattuto fuori casa: insieme si aspettano meglio le notizie. Un dramma raccontato come fosse una commedia, con le tensioni interpersonali che si trasformano in gag (la cecità momentanea del padre) e il senso della famiglia che risolve ogni cosa: tensioni, psicodrammi, ilarità e dichiarazioni d'affetto per una comediola un po' prevedibile e «ricattatoria» ma simpaticamente ruspante, tratta da un romanzo di Ellyn Bache sceneggiato da Deena Goldstone. Produce Gale Anne Hurd.

Rituals * (*The Creeper – Rituals*, Canada 1978, col, 100') Peter Carter. Con Hal Holbrook, Lawrence Dane, Robin Gammell, Ken James. ◆ Disavventure e disgrazie per cinque turisti che decidono di passare un weekend nella selvaggia regione canadese del Calgary. Sulla falsariga di *Un tranquillo weekend di paura* di Boorman, ma senza paragone.

Riunione di classe * (*National Lampoon's Class Reunion*, Usa 1982, col, 84') Michael Miller. Con Gerrit Graham, Michael Lerner, Fred McCarren, Miriam Flynn, Stephen Furst. ◆ La rimpatriata di alcuni ex compagni di liceo è scombussolata dall'arrivo di un maniaco omicida, che ha la polizia alle calcagna. Terza avventura della serie basata sulle storie della rivista umoristica *National Lampoon*: l'iterazione non giova per nulla.

Riuscirà l'avvocato Franco Benenato a sconfiggere il suo acerrimo nemico il pretore Ciccio De Ingras? ** (Italia 1971, col, 88') Mino Guerrini. Con Franco Franchi, Ciccio Ingrassia, Lino Banfi, Gilian Bray, Memmo Carotenuto, Francesco Mulé, Patricia Reed, Ignazio Leone, Alfredo Pistoni, Nuccia Belletti. ◆ Il pretore De Ingras (Ingrassia) sembra destinato a giudicare solo le cause patrocinate dall'avvocato Benenato (Franchi), la cui parlantina riesce sempre a far trionfare le ragioni dei suoi clienti, ma anche a peggiorare i dolori al fegato del magistrato. Né un trasferimento da Roma a Milano migliorerà la qualità della vita del pretore. Una commedia povera di mezzi (sceneggiata da Vittorio Vighi, Amedeo Sollazzo e Mino Guerrini) ma con qualche spunto interessante: la comicità non nasce – come in Totò – dalla satira del formalismo forense, ma dal considerare il tribunale una specie di teatrino dove passano i casi della vita, il che permette di fare un'elogio dell'insofferenza popolare verso la classe politica (con una lezione sulla pernacchia) e soprattutto dei meriti dell'avanspettacolo, vitalistica volgarità compresa. Franchi, che usa come nome del proprio personaggio il suo vero nome di battesimo – Franco Benenato – si esibisce in una discreta imitazione di Totò e in un numero di tip tap. Lino Banfi fa il cancelliere del tribunale.

Riusciranno i nostri eroi a ritrovare l'amico misteriosamente scomparso in Africa? **½ (Italia 1968, col, 128') Ettore Scola. Con Alberto Sordi, Bernard Blier, Franca Bettoja, Nino Manfredi, Giuliana Lojodice. ◆ Un autoritario e annoiato editore romano (Sordi) parte per l'Africa nera, portandosi appresso un succube ragioniere (Blier), alla ricerca del cognato (Manfredi) sparito da due anni. Dopo peripezie d'ogni sorta, i due scoprono che l'uomo ha abbandonato la civiltà e si è ricostruito una vita come stregone presso una tribù d'indigeni. Il film è una divertita presa in giro della provinciale e odiosa arroganza dell'italiano arricchito nel terzo mondo. Le abbondanti e gustose trovate comiche piacquero molto al pubblico, che trasformò il film in un vero campione d'incassi (quasi due miliardi ai botteghini). Soggetto e sceneggiatura di Scola, Age e Scarpelli. Girato in Angola. Con Roberto De Simone nella parte di padre Cerioni.

Riva dei bruti, La ** (*Frisco Kid*, Usa 1935, b/n, 77') Lloyd Bacon. Con James Cagney, Margaret Lindsay, Ricardo Cortez, Fred Kohler. ◆ San Francisco, 1854: un quartiere della città, chiamato la «riva dei bruti», è taglieggiato da una banda di malviventi. Una giornalista (Lindsay) esorta le forze dell'ordine a ripulire la zona ma s'innamora proprio del capo della banda (Cagney). Un gangster-movie insolitamente a lieto fine, basato su un soggetto mediocre ma diretto con una certa tensione.

Riva dei peccatori, La *½ (*Lady from Louisiana*, Usa 1941, b/n, 82') Bernard Vorhaus. Con John Wayne, Ona Munson, Ray Middleton, Henry Stephenson. ◆ Nella New Orleans del primo Novecento, una banda di malviventi copre il finanziamento dei suoi loschi affari attraverso la «Lotteria della Louisiana», organizzata da un onesto generale in pensione, all'oscuro di tutto. Ma un giovane avvocato (Wayne) saprà svelare la tresca e conquistarsi anche l'amore (Munson). Un poliziesco senza sorprese ma nemmeno senza vistose cadute di tono. Polpettoso. Per gli estimatori di Wayne.

Rivalità eroica ** (*Today We Live*, Usa 1933, b/n, 113') Howard Hawks. Con Joan Crawford, Gary Cooper, Robert Young, Franchot Tone. ◆ Durante la prima guerra mondiale, una ragazza (Crawford) va al fronte e incontra tre spasimanti, due dei quali troveranno la morte nel conflitto. Il terzo (Cooper) diverrà suo marito. Eroismo e retorica a piene mani per questo film tratto da un ampolloso romanzo di William Faulkner, che collaborò anche alla sceneggiatura di Edith Fitzgerald e Dwight Tayla. Ottimo il cast, nel quale svetta la grandiosa Crawford. Nel romanzo il personaggio femminile era piuttosto insignificante, ma venne ampliato nel film per dare rilievo all'attrice. Hawks evidentemente s'interessò solo alle sequenze dei combattimenti aerei, le migliori.

Rive della morte, Le ** (*El río y la muerte*, Messico 1954, b/n, 90') Luis Buñuel. Con Columba Domínguez, Miguel Torruco, Joaquín Cordero, Jaime Fernández, Victor Alcocer, Silvia Derbez, Jorge Arriga. ◆ Nel villaggio rurale di Santa Bibiana, la rivalità tra le famiglie degli Anguiano e dei Menchaca ha provocato per decenni morti assurde, mentre le ragioni della faida – Felipe Anguiano (Torruco), fidanzato di Mercedes (Domínguez), aveva ucciso Filogonio Menchaca (Arriga) per futili pretesti di gelosia – si sono perdute nel tempo. Sarà l'ultimo degli Anguiano, Gerardo (Cordero), che ha studiato medicina nella capitale, a porre fine a questa assurda tradizione nonostante l'offesa che gli ha fatto Rómulo Menchaca (Fernández). Opera di commissione come tutte quelle del primo periodo messicano di Buñuel (sceneggiata dal regista e Luis Alcoriza a partire da un romanzo di Miguel Alvarez Acosta), il film rispetta un «genere» per eccellenza della cinematografia nazionale, quello del dramma rurale a sfondo civilizzatore, prendendo dal cinema di Emilio Fernández (che ne era maestro) la compagna stessa del regista, Columba Domínguez, e l'ideale «buono» Jaime Fernández, ma trasformando per strada l'impresa in una sorta di lettura critica del genere e in una «lezione» sul rapporto della cultura messicana con la morte e con la sua fascinazione, capace di coinvolgere anche i sacerdoti (il prete è vistosamente armato di pistola). Un film minore in ogni caso, sul cui assunto e sul cui testo il regista ha potuto intervenire in modo molto relativo.

Rivelazione **½ (*Now and Forever*, Usa 1934, b/n, 81') Henry Hathaway. Con Gary Cooper, Carole Lombard, Shirley Temple, sir Guy Standing, Charlotte Granville. ◆ Un ambiguo detenuto (Cooper) vuole vendere la figlioletta (Temple) a un ricco parente, facendo inorridire persino l'amante (Lombard). Alla fine la piccola conquista il papà, che si redime e rinuncia al progetto, attirandosi però un'interminabile serie di disgrazie. Un esperimento curioso ed eccentrico quello di mettere l'idolatrata «riccioli d'oro» al fianco di un (grande) Cooper senza cuore. Hathaway mette alla prova il fascino dell'attore e gioca con la tollerabilità del pubblico, ma dopo una prima proiezione negativa è costretto a cambiare il finale: gli amanti peccaminosi non muoiono in un incidente, ma lasciano la bimba tra le braccia di una benefattrice andando incontro a un castigo eccessivo per il delitto solo pensato. Sceneggiatura di Vincent Lawrence e Sylvia Thalberg.

Rivelazioni *½ (*Disclosure*, Usa 1995, col, 127') Barry Levinson. Con Michael Douglas, Demi Moore, Donald Sutherland, Caroline Goodall, Roma Maffia, Rosemary Forsyth. ◆ Dirigente di una società di computer sulla via della fusione, Tom Sanders (Douglas) si vede soffiare il posto di vicedirettore da Meredith Johnson (Moore), un'ex fiamma che vorrebbe continuare a usarlo come giocattolo sessuale. Tom resiste eroicamente (fino a un certo punto...) alle sue avances, e si ritrova la mattina dopo con una doppia accusa: molestie e incapacità professionale. La verità trionfa in questo giallo ibrido, che parte come un pamphlet sul rapporto tra sesso e potere, ma finisce come un thriller di ambizioni high-tech, con inutili quanto ridicole divagazioni sulla realtà virtuale. L'adattamento (a cura di Paul Attanasio) del bestseller di Michael Crichton conferma i leciti sospetti di razzismo e di misoginia mentre la messinscena di Levinson è solo di mestiere, non approfondisce i lati potenzialmente oscuri e ambigui e non dà spessore ai personaggi. E l'unica lezione è che a Hollywood, ormai, si fa il sesso vestiti. La colonna sonora è di Ennio Morricone.

River Wild, The - Il fiume della paura *½ (*The River Wild*, Usa 1994, col, 111') Curtis Hanson. Con Meryl Streep, Joseph Mazzello, Stephanie Sawyer, David Strathairn, Kevin Bacon, John C. Reilly, William Lucking, Elizabeth Hoffman, Victor H. Galloway, Benjamin Bratt. ◆ Famigliola in crisi, Gail e Tom (Streep e Strathairn) sperano di risolvere le loro incomprensioni portando i figli Roarke e Willa (Mazzello e Sawyer) in gommone lungo le rapide nel Colorado. Ma quel percorso è lo stesso scelto da una coppia di banditi (Bacon e Reilly) per fuggire dopo una rapina. La storia vista mille volte della famiglia borghese presa in ostaggio è aggiornata (dalla sceneggiatrice Denis O'Neill) dalla trovata di mettere un'attrice famosa dentro un personaggio «maschile» che deve salvare i suoi cari dai rapinatori e dalle rapide del fiume. La confezione è prevedibile ma impeccabile, i colpi di scena annunciati ma continui, e soprattutto rispunta la vecchia (e pericolosa) idea americana secondo cui i valori più importanti sono gli stessi che servono per sopravvivere nella natura più selvaggia, dove l'uomo torna un po' animale e ritrova il diritto-dovere di uccidere.

Rivincita dei Nerds, La *½ (*Revenge of the Nerds*, Usa 1984, col, 90') Jeff Kanew. Con Robert Carradine, Anthony Edwards, Julie Montgomery, Curtis Armstrong, Michelle Meyrink, Bernie Casey, John Goodman. ◆ Un gruppo di matricole, soprannominate «nerds» per la loro poca prestanza atletica, sono vittime dei nerboruti studenti del gruppo Alpha Beta: ma con un po' di furbizia sapranno farsi rispettare e fare strage di cuori femminili. Commediola studentesca girata in un campus dell'Arizona, con i soliti scherzi goliardici e qualche ammiccamento sexy. Con un seguito.

Rivincita dei Nerds 2, La * (*Revenge of the Nerds II: Nerds in Paradise*, Usa 1987, col, 92') Joe Roth. Con Robert Carradine, Curtis Armstrong, Larry B. Scott, Timothy Busfield, Andrew Cassese. ◆ I «nerds», ovvero gli studenti di scarsa corporatura del college, hanno la meglio sui nerboruti membri del club Alpha Beta e vengono scelti per partecipare al congresso annuale delle Associazioni studentesche che si svolgerà in Florida: inevitabili le reazioni degli esclusi. Stanco sequel del film del 1984 di Kanew. Edwards, protagonista con Carradine nel primo episodio, qui fa solo una breve apparizione.

Rivincita di Baccarat, La *½ (*La Revanche de Baccara*, Francia/Italia 1948, b/n, 95') Jacques de Baroncelli. Con Pierre Brasseur, Sophie Desmarets, Robert Arnoux, Clara Candiani, Vittorio Sanipoli, Lucien Nat, Loredana [Padoan], Ernesto Sabatini, Marcello Giorda, Ginette Roy, Roland Armontel, Evelina Paoli. ◆ Mentre il vero conte di Chamery (Sanipoli) è in prigione a Venezia con l'accusa di pirateria, il perfido Rocambole (Brasseur) che ha preso il suo posto sta per sposare la marchesina Carmen (Loredana): l'avida contessa Baccarat (ma in originale è senza la «t» [Desmarest]) riesce a ristabilire la verità, ma dopo aver tanto lottato contro Rocambole si accorge di amarlo e lo fa fuggire dalla prigione per allearsi con lui in future azioni criminose. Si concludono le avventure iniziate in *Rocambole* e tratte dal romanzo di Ponson du Terrail: la qualità non migliora e i tradimenti allo spirito del testo letterario sono evidenti e non giustificati, tanto da fare del terribile assassino francese una specie di dandy bamboccesco e lunatico.

Rivincita di Porter, La → *Payback – La rivincita di Porter*

Rivincita di Tarzan, La * (*Tarzan's Revenge*, Usa 1938, b/n, 70') David Ross Lederman. Con Glenn Morris, Eleanor Holm, George Barbier, Hedda Hopper, George Meeker, C. Henry Gordon. ◆ Un gruppo di milionari a caccia nella giungla viene catturato da un nababbo. Solo grazie a Tarzan (Morris) la bella della spedizione (Holm) non finisce nell'harem del carceriere, bensì tra le braccia dell'eroe. Morris era campione di decathlon, la Holm campionessa di nuoto e per mettere in risalto la sua abilità natatoria il copione venne riscritto quasi per intero (l'eliminazione di Jane è dovuta alla notorietà della pseudo-attrice, poco credibile al di fuori del personaggio che già era all'epoca). È il film in cui Tarzan compare meno (poco male, date le scarse doti interpretative di Morris, che dopo il film si ritirò per sempre dallo schermo) e commercialmente fu un fiasco.

Rivista di stelle **½ (*Variety Girls*, Usa 1947, b/n, 83') George Marshall. Con Mary Hatcher, Olga San Juan, DeForest Kelley, William Demarest. ◆ Due ragazze in cerca di successo (Hatcher e San Juan) sbarcano a Hollywood e, dopo mille peripezie, diventano famose. Il film è in realtà una carrellata di star della Paramount: Gary Cooper, Bing Crosby, Bob Hope, Ray Milland compaiono in piccoli e gustosi camei. Nonostante lo scoperto intento commerciale, il film mantiene un brio e un tono notevoli.

Rivolta, La ** (*Crisis*, Usa 1950, b/n, 95') Richard Brooks. Con Cary Grant, José Ferrer, Paula Raymond, Signe Hasso, Ramon Novarro, Antonio Moreno. ◆ Un chirurgo americano (Grant) è costretto a operare un dittatore latinoamericano (Ferrer) mentre i ribelli tengono prigioniera sua moglie (Raymond): il destino si incaricherà di risolvere il dilemma, ma poi rimetterà tutto in gioco. Esordio nella regia dello sceneggiatore Richard Brooks con un melodramma un po' scontato ma ben recitato.

Rivolta, La **½ (*Riot*, Usa 1969, col, 97') Buzz Kulik. Con Jim Brown, Gene Hackman, Ben Carruthers, Mike Kellin, Gerald O'Loughlin. ◆ I detenuti di un carcere dell'Arizona organizzano una rivolta per tentare un'evasione di massa. Il direttore fa fallire tragicamente il piano: uno solo raggiungerà la libertà, mentre i suoi compagni moriranno tutti. Teso, ben diretto e magistralmente interpretato (soprattutto da Hackman, anche se ha un ruolo poco originale). Con molte scene di violenza.

Rivolta, La ***½ (*Le Mur*, Francia 1983, col, 107') Yilmaz Güney. Con Tuncel Kurtiz, Ayce Emel Mesci, Malik Berrichi, Nicolas Hossein. ◆ Nella prigione di Ankara, alcuni detenuti esasperati dalle terribili condizioni di detenzione si ribellano sperando di venir trasferiti in un carcere più umano. Speranza vana: non esiste una prigione migliore. Vigoroso film di denuncia del regista curdo, con scene di violenza e di dolore senza mediazioni, dotato di un impatto emotivo fortissimo: se ne sconsiglia la visione agli spiriti impressionabili. In parte autobiografico: Güney fu realmente imprigionato in un carcere turco. Bravissimi gli attori, tutti non professionisti. Girato in Francia, con il contributo del ministero della Cultura francese. Il titolo turco è *Duvar*.

Rivolta al blocco 11 **½ (*Riot in Cell Block 11*, Usa 1954, b/n, 80') Don Siegel. Con Neville Brand, Emile Meyer, Frank Faylen, Leo Gordon. ◆ In un penitenziario americano esplode la rivolta dei detenuti contro l'eccessiva durezza delle leggi imposte dal governatore. Il direttore (Meyer), a costo di mettersi in una posizione difficile, finisce per accettare le richieste dei carcerati guidati da Dunn (Brand). Primo film importante di Siegel, nato dal desiderio del produttore Wanger di denunciare la situazione delle carceri americane. Un action-movie in stile documentaristico sceneggiato con bella efficacia da Richard Collins: nessuna analisi psicologica, location autentiche (con detenuti nel ruolo di comparse) e disincanto esasperato, secondo la tipica cifra siegeliana (che il produttore avrebbe voluto stemperare con un finale più ottimista).

Rivolta degli schiavi, La * (Italia 1960, col, 105') Nunzio Malasomma. Con Rhonda Fleming, Lang Jeffries, Gino Cervi, Serge Gainsbourg, Dario Moreno. ◆ L'imperatore Massimiliano (Moreno) scopre che alcuni suoi collaboratori sono devoti alla religione cristiana. Li perseguita ma non potrà mutare la loro fede e perderà il potere. Liberamente ispirato al romanzo *Fabiola* del cardinale Wiseman, già portato sullo schermo da Blasetti, un peplum ricco più di bei nomi che di idee. Duccio Tessari ha collaborato alla sceneggiatura ed è stato regista della seconda unità.

Rivolta dei gladiatori, La *½ (Italia/Spagna/Francia 1958, col, 98') Vittorio Cottafavi. Con Gianna Maria Canale, Ettore Manni, George Marchal, Mara Cruz, Rafael Luis Calvo, Nando Tamberlani. ◆ Il tribuno Marco Numidio (Manni) viene mandato in Armenia per difendere gli interessi di Roma e sconfiggere la perfida Amira (Canale) che guida la rivolta. Primo cimento mitologico per Cottafavi, che dimostra di saper utilizzare al meglio il formato CinemaScope soprattutto nelle scene di massa.

Rivolta dei pretoriani, La * (Italia 1964, col, 98') Alfonso Brescia. Con Moira Orfei, Richard Harrison, Giuliano Gemma, Piero Lulli, Paola Pitti [Piretti]. ◆ Al terrore esercitato dall'imperatore Domiziano sa opporsi solo il misterioso «lupo rosso», un guerriero mascherato che nasconde l'identità del capo dei pretoriani (Harrison): sarà lui, dopo molte peripezie a guidare l'insurrezione contro il tiranno. Un peplum ingenuamente anacronistico nel suo contenuto libertario. Rieditato, per la presenza dell'ancora sconosciuto Giuliano Gemma, col titolo *Gli invincibili guerrieri*.

Rivolta dell'apache, La *** (*Apache Drums*, Usa 1951, col, 75') Hugo Fregonese. Con Stephen McNally, Coleen Gray, Willard Parker, Arthur Shields, James Griffith. ◆ Usa 1880: in un villaggio del Sudovest, un giocatore professionista, Sam Leeds (McNally), viene cacciato dal sindaco (Parker) per motivi di ordine morale. Quando ritorna per avvertire che gli apache sono sul piede di guerra, nessuno gli crede: ma l'attacco ci sarà, più sanguinoso del previsto. Il miglior western di Fregonese (sceneggiato da David Chandler) che stigmatizza puritanesimo, chiusura mentale e pregiudizi razziali facendo di necessità economiche virtù creative grazie alla sua raffinatezza formale e al suo innato senso plastico (come quando mostra l'incendio del villaggio attraverso il riflesso delle fiamme sulle vetrate della chiesa). Da antologia il finale claustrofobico all'interno della chiesa-rifugio, in contrasto con i grandi spazi aperti solitamente irrinunciabili per il genere: anche l'happy end, visto da Fregonese, diventa onirico e quasi allucinatorio. È l'ultima produzione di Val Newton e l'unica a colori.

Rivolta delle gladiatrici, La *½ (*The Arena*, rititolato *Naked Warriors*, Usa 1973, col, 83') Steve Carver. Con Pam Grier, Margaret Markov, Lucretia Love, Sara Bay [Rosalba Neri], Daniele Vargas, Paul Müller, Dick Palmer [Mimmo Palmara], Salvatore Baccaro. ◆ Costretto a combattere nell'arena, un gruppo multietnico di schiave si ribella e ammazza i padroni: la plebe applaude. Non vale la pena di cercare metafore femministe o rivoluzionarie: tipica produzione (girata in Italia) della New World di Corman, con un po' di nudi e azione quanto basta. Incontri impossibili: Aristide Massaccesi (Joe D'Amato) è direttore della fotografia e regista della seconda unità, Joe Dante è il montatore.

Rivolta di Frankenstein, La *½ (*The Evil of Frankenstein*, Gb 1964, col, 84') Freddie Francis. Con Peter Cushing, Duncan Lamont, Peter Woodthorpe, James Maxwell. ◆ Il barone Frankenstein (Cushing) ritrova la sua creatura in stato d'ibernazione e la rimette in vita con l'aiuto di un ipnotizzatore, ma le conseguenze saranno tragiche. Uno degli innumerevoli, e fra i minori, capitoli della saga di Frankenstein diretto da un regista che è anche un eccellente direttore della fotografia, ma che dimostrerà quanto vale in altri film. Décor raffinato come sempre per i prodotti Hammer.

Rivoluzionario, Il **½ (*The Revolutionary*, Usa 1970, col, 100') Paul Williams. Con Jon Voight, Jennifer Salt, Seymour Cassel, Robert Duvall. ◆ Il percorso di maturazione politico-sociale di uno studente di un college americano (Voight) a cavallo degli anni Sessanta e Settanta, dall'attività politica alla scelta del terrorismo. Studio serio e approfondito di un carattere e di un periodo tra i più intensi e gravidi di sviluppi della società americana (e mondiale) sceneggiato da Hans Konigsberger. Stile rigoroso, taglio non banale, recitazione accurata, anche se il regista privilegia un approccio solo esistenziale ai temi della lotta e della rivolta degli studenti.

Rivoluzione sessuale, La * (Italia 1968, col, 92') Riccardo Ghione. Con Marisa Mantovani, Ruggero Miti, Laura Antonelli, Riccardo Cucciolla, Christian Alegny, Giulio Girola, Lorenza Guerrieri. ◆ Un professore di filosofia convince sette uomini e altrettante donne a vivere esperienze di promiscuità e di continuo cambio di partner. L'esito, tragico, non è quello sperato. Film erotico mascherato sotto le sembianze di studio sociologico. Sceneggiatura di Dario Argento e del regista, dall'omonimo libro del sessuologo austriaco Wilhelm Reich.

Rivoluzione sessuale in America, La ** (*Sex O'Clock U.S.A.*, Francia 1976, col, 81') François Reichenbach. ◆ Documentario sui costumi sessuali degli americani dopo la cosiddetta rivoluzione sessuale. Spettacoli, sexy-shop, luoghi di incontro, approcci e comportamenti sia di etero che di omosessuali. Una pellicola provocatoria (e un po' voyeuristica) realizzata da un buon documentarista.

Roadie – La via del rock *½ (*Roadie*, Usa 1980, col, 105') Alan Rudolph. Con Meat Loaf, Kaki Hunter, Art Carney, Alice Cooper, Blondie [Debbie Harry]. ◆ Un corpulento e ingegnoso ragazzone del Texas (Loaf), unitosi come autista e tecnico a un complesso rock (in gergo, appunto, un «roadie») conquista una giovanissima fan al seguito (Hunter), invaghita di una bizzarra rockstar di New York (Alice Cooper in una iperbolica autoparodia). *On the road* surreale e chiassoso tra l'America minore e la colorita fauna intorno alle tournée rock – organizzatori, ragazzine in cerca di trasgressione, «devianti» di ogni genere – con momenti di buona comicità e un disordine inesorabile. Rudolph farà di meglio in seguito. Per i fans apparizioni di Roy Orbison, Hank Williams jr, Rambling Jack Elliot. È stato anche titolato *Le strade del rock*.

Roba che scotta ** (*Hot Stuff*, Usa 1979, col, 87') Dom DeLuise. Con Dom DeLuise, Suzanne Pleshette, Jerry Reed, Luis Avalos, Ossie Davis. ◆ Quattro poliziotti (tre uomini e una donna) di Miami devono incastrare dei ladri. Nonostante siano una squadra specializzata, sono messi seriamente in difficoltà dagli scaltri malfattori, ma la vittoria finale li aspetta. Una commedia poliziesca dalla trama lieve, nella quale però i personaggi sono ben delineati e approfonditi. Tra gli sceneggiatori figura Donald Westlake.

Roba da matti *½ (*Madhouse*, Usa 1990, col, 94') Tom Ropelweski. Con John Larroquette, Kirstie Alley, Alison La Placa, John Diehl. ◆ A Santa Monica, la bella casa nuova di una coppia di successo, Mark (Larroquette) e Jessie (Alley), è letteralmente invasa da parenti e amici petulanti e invadenti. Ne capitano di tutti i colori – compresi incendi e perquisizioni da parte della polizia – prima che i due proprietari riescano a tornare in possesso della loro dimora e a riacquistare la tranquillità. Una commedia farraginosa e ingarbugliata, con un susseguirsi confuso di personaggi e gag mal recitate.

Roba da ricchi * (Italia 1987, col, 104') Sergio Corbucci. Con Renato Pozzetto, Serena Grandi, Francesca Dellera, Paolo Villaggio, Lino Banfi, Laura Antonelli, Claudia Gerini. ◆ Una vacanza in una località esclusiva diventa l'occasione per avventure boccaccesche e infelici scoperte per il ménage familiare di tre coppie. Solita farsa all'italiana, filone vacanziero. Comici un po' sfatti, bellone prorompenti, Corbucci fuori forma. Si sono messi in sei per scrivere questo «capolavoro»: Bruno Corbucci, Gianni Romoli, Bernardino Zapponi, Mario Amendola, Massimo Franciosa e Sergio Corbucci.

Roberta **½ (*Roberta*, Usa 1935, b/n, 85') William

A. Seiter. Con Irene Dunne, Fred Astaire, Ginger Rogers, Randolph Scott, Claire Dodd. ◆ Una principessa russa (Dunne) per sfuggire alla rivoluzione sbarca a Parigi, e diventa disegnatrice di moda. Puntuale sboccia l'amore con il suo capo (Scott). Dignitosa trasposizione cinematografica del musical omonimo di Kern e Harbach, tratto dal racconto di Alice Duer Miller *Gowns By Roberta*. Notevoli le scene di ballo di Astaire e Rogers (relegati a cast di «supporto»!) e la colonna sonora che comprende alcuni hit come *I Won't Dance*, *Lovely Look At* e *Smoke Gets In Your Eyes*.

Robin e Marian *** (*Robin and Marian*, Gb 1976, col, 112') Richard Lester. Con Sean Connery, Audrey Hepburn, Robert Shaw, Richard Harris, Nicol Williamson, Denholm Elliott. ◆ Robin Hood (Connery) torna a Sherwood dopo vent'anni di guerra in Terrasanta e ritrova lo sceriffo di Nottingham (Shaw) che continua ad angariare il popolo, mentre Marian (Hepburn), stanca di aspettarlo, si è fatta suora. Struggente rilettura del mito di Robin Hood sceneggiato con grande finezza da James Goldman che fonde l'appassionata storia d'amore di due innamorati che la realtà ha sempre diviso (e che solo la morte unirà) con una rivisitazione del personaggio capace di mescolare la passione popolaresca con il distacco dell'ironia (l'adesione alla missione libertaria di Robin non impedisce a Lester di descrivere con affettuosa cattiveria la sua congenita incapacità di crescere). Magistrale tutta la seconda parte dove la battaglia finale, il massacro dei popolani e il duello tra Robin e lo sceriffo possiedono «un tragico e controllato lirismo che permette a Lester di filmare la violenza con una specie di collera repressa che spoglia queste scene di ogni tipo di esaltazione».

Robin Hood

Prototipo del brigante buono che ruba ai ricchi per dare ai poveri, Robin Hood è un personaggio storico passato alla leggenda come il simbolo della resistenza sassone contro la conquista normanna (e in seguito, più in generale, come il difensore dei contadini contro i soprusi della nobiltà e del clero). Nell'immaginario collettivo è indissociabile dalla figura di Riccardo Cuor di Leone, che partecipa valorosamente a una crociata in Terrasanta rischiando, durante l'assenza, di essere spodestato dal fratello Giovanni Senza Terra. Robin, fedele arciere del re, è quindi anche il difensore della monarchia legittima (e magnanima, secondo la tradizione) contro ogni tentativo di usurpazione. Gli storici hanno poi riabilitato il principe Giovanni, ma secoli di cultura popolare – sostenuta anche da un autore come Walter Scott, che si è ispirato a Robin Hood per *Rob Roy* (1817) – hanno decretato la sua condanna ed esaltato le gesta del «principe dei ladri», anch'egli nobile di natali ma soprattutto d'animo.

Al cinema la storia di Robin Hood viene perlopiù rappresentata secondo due moduli narrativi: il primo si attiene scrupolosamente alla leggenda (lotta contro Giovanni, furti per consentire la sopravvivenza della popolazione, amore per la bella Marian e trionfo al ritorno di re Riccardo); il secondo, più generico anche nell'ambientazione (vagamente medioevale), lo identifica come paladino degli oppressi contro gli oppressori del momento.

Dopo tre versioni realizzate nei primi anni Dieci, Robin trionfa sul grande schermo grazie all'interpretazione di Douglas Fairbanks: *Robin Hood* di Allan Dwan (1922). In lui umiliati e offesi trovano un portavoce romantico, dotato di un dinamismo e di un'eleganza fuori dal comune. E il cinema muto d'avventura trova il suo attore ideale. Nell'èra del sonoro e del technicolor, il personaggio si lega indissolubilmente alla figura di Errol Flynn (*Robin Hood* di Michael Curtiz). Meno atletico del suo predecessore ma altrettanto cavalleresco, Flynn è un giustiziere sorridente e inesorabile: baffi sornioni e freccia sempre pronta a scoccare, sbaraglia i nemici e conquista il cuore di lady Marian (Olivia de Havilland) con una grazia irresistibile e, all'epoca, alternativa allo charme un po' rude di Clark Gable.

Non mancano delle produzioni italiane, ma i Robin dei film di casa nostra assomigliano più a lottatori forzuti che a gentili paladini, come l'ex Tarzan Lex Barker in *Robin Hood e i pirati* (Giorgio Simonelli, 1961).

Nella versione animata della Walt Disney (*Robin Hood* di Wolfgang Reitherman, 1973) i personaggi sono animali umanizzati: Robin e Marian sono due volpi, Riccardo e Giovanni due leoni.

Nel 1976, in *Robin e Marian* di Richard Lester compare un Robin un po' invecchiato e stanco rispetto al solito, ma dal portamento sempre nobile e dalla moralità integerrima: il ruolo spetta a Sean Connery (mentre Audrey Hepburn è una Marian deliziosa). Con Kevin Costner (*Robin Hood principe dei ladri* di Kevin Reynolds, 1991) Robin Hood diventa un antieroe di stampo liberal: la contaminazione tra la leggenda medioevale e le utopie sessantottine genera un leader della resistenza popolare molto carismatico, forse persino troppo. Mentre la rivisitazione «giovanilistico-australiana» di Yahoo Serious (*Robin Hood junior*) è solo il pretesto per una farsa ecologista di stampo buonista.

I FILM PRINCIPALI

Robin Hood (1922) di Allan Dwan
Robin Hood (1938) di Michael Curtiz
Robin Hood e i compagni della foresta (1952) di Ken Annakin
Gli arcieri di Sherwood (1960) di Terence Fisher
Robin Hood e i pirati (1961) di Giorgio Simonelli
L'arciere di fuoco (1971) di Giorgio Ferroni
Robin Hood (1973) di Wolfgang Reitherman
Robin e Marian (1976) di Richard Lester
Le piccanti avventure di Robin Hood (1984) di Ray Austin
Robin Hood – La leggenda (1991) di John Irvin
Robin Hood principe dei ladri (1991) di Jevin Reynolds
Robin Hood – Un uomo in calzamaglia (1993) di Mel Brooks

Robin Hood junior (1993) di Yahoo Serious

Robin Hood *** (*The Adventures of Robin Hood*, Usa 1938, col, 102') Michael Curtiz [e William Keighley]. Con Errol Flynn, Olivia de Havilland, Basil Rathbone, Claude Rains, Ian Hunter, Eugene Pallette, Alan Hale, Melville Cooper. ◆ Simpatico e strafottente, Robin (Flynn) conquista la bella lady Marian (de Havilland), sconfigge i perfidi potenti – il principe Giovanni (Rains) e sir Guy di Gisbourne (Rathbone) – e la fa in barba alle autorità depredando i ricchi che transitano nella foresta, suo rifugio e quartier generale. Il più famoso film sul popolare personaggio medioevale inglese e uno dei migliori cappa e spada mai realizzati (senza badare a spese), iniziato da Keighley, sostituito dopo due mesi da Curtiz. Ricco di colpi di scena e di svolte nel racconto, sostenuto da un budget considerevole e dalla forza del technicolor, il film ha i suoi momenti migliori nel processo a lady Marian illuminato dalla luce delle candele e nel duello finale tra Robin e sir Guy, le cui ombre riflettendosi sulle colonne danno l'impressione di un teatrino di ombre cinesi. A mostrare inevitabilmente la corda sono solo alcune caratterizzazioni, tanto eccessive quanto comprensibili per l'epoca. Errol Flynn è indimenticabile nel suo atletico dinamismo. Sceneggiato da Norman Reilly Raine e Seton I. Miller, vinse tre Oscar: direzione artistica (Carl Jules Weyl), montaggio (Ralph Dawson) e colonna sonora (Erich Wolfgang Korngold).

Robin Hood ** (*Robin Hood*, Usa 1973, col, 83') Wolfgang Reitherman. ◆ Raccontata da un gallo cantastorie, è la storia della volpe Robin Hood che, con l'aiuto dell'orso Little John, aiuta i poveri a resistere alle esose richieste dell'usurpatore, il leone Giovanni. Tornato sul trono re Riccardo Cuor di Leone, Robin otterrà la mano della volpacchiotta Marian. La rilettura a cartoni animati del mito di Robin Hood è uno dei film meno belli prodotti dalla Walt Disney: Little John è quasi una fotocopia del Baloo del *Libro della giungla* e se il consigliere di Giovanni, il serpente sir Biss, offre qualche momento di divertimento (ma anche lui arriva diritto dal *Libro della giungla*), la storia è eccessivamente semplificata per affascinare.

Robin Hood – La leggenda *½ (*Robin Hood*, Gb/Usa 1991, col, 102') John Irvin. Con Patrick Bergin, Uma Thurman, Jürgen Prochnow, Edward Fox, Jeroen Krabbé. ◆ Il nobile sassone Robin (Bergin) deve lottare contro un astuto e squallido politicante normanno che l'ha privato ingiustamente del titolo e dei beni. Ha battuto sul tempo il Robin Hood di Reynolds, ma non ha trovato il riscontro che – presuntuosamente – si aspettava. Regia insignificante, attori deboli, risvolti politici scontati. Negli Usa è stato distribuito solo via cavo.

Robin Hood – Un uomo in calzamaglia *½ (*Robin Hood – Men in Tights*, Usa 1993, col, 102') Mel Brooks. Con Cary Elwes, Richard Lewis, Amy Yashbeck, Roger Rees, Dom DeLuise, Mel Brooks, Isaac Hayes, Tracey Ullman, Dick Van Patten. ◆ Fuggito da una prigione musulmana, Robin Hood (Elwes) torna in patria a nuoto, e organizza la resistenza dei contadini contro il regime vessatorio del principe Giovanni (Lewis). Impalmerà la principessa Marian (Yashbeck), ma non troverà la chiave della sua cintura di castità. Brooks (che si riserva la parte di un rabbino, sostituto del tradizionale frate Tuck) gioca, come al solito, sulla parodia, e cita con pedanteria il *Robin Hood* con Kevin Costner: ma la sua è un'operazione inutile, dato che già in quel film c'era un lato ironico. La sua comicità è diventata innocua: le gag, giocate sugli anacronismi, gli ammiccamenti agli spettatori e le autocitazioni, sono a volte ingegnose, ma più spesso prevedibili.

Robin Hood dell'Eldorado ** (*The Robin Hood of El Dorado*, Usa 1936, b/n, 86') William A. Wellman. Con Warner Baxter, Ann Loring, Margo, Bruce Cabot. ◆ Biografia romanzata del ribelle Joaquin Murieta (Baxter), che dedicò la vita a difendere il suo popolo dalle invasioni e dai soprusi degli americani nella metà del XIX secolo, durante la corsa all'oro in Messico. La sua tragica fine (catturato, fu ucciso e decapitato), servì a consolidare la venerazione da parte dei poveri e degli oppressi. Con riprese assai suggestive, è però appesantito dai momenti drammatici, troppo a effetto per essere credibili.

Robin Hood e i compagni della foresta **½ (*The Story of Robin Hood and His Merrie Men*, Usa 1952, col, 83') Ken Annakin. Con Richard Todd, Joan Rice, Peter Finch, James Hayter, Martita Hunt. ◆ Robin Hood (Todd) insieme ai suoi amici fuorilegge della foresta di Sherwood raccoglie l'ingente somma necessaria a pagare il riscatto per Riccardo Cuor di Leone, tenuto prigioniero in Germania. Eliminate le brame del perfido re Giovanni e dello sceriffo, ogni cosa si mette al meglio e Robin, tornato nella legalità, sposa Marian. Una produzione Walt Disney realizzata con grande dispiego di mezzi e un ottimo cast. Non così originale come altre versioni, ma affascinante per i piccini e piacevole per i grandi. Girato in Inghilterra.

Robin Hood e i pirati *½ (Italia 1961, col, 95') Giorgio C. Simonelli. Con Lex Barker, Jackie Lane, Mario Scaccia, Rossana Rori. ◆ Per vendicare l'uccisione del padre e l'usurpazione del trono, Robin (Barker) si allea con i pirati che l'avevano rapito. Con l'aiuto della popolazione, ribellatasi al tiranno, l'eroe porta a termine vittoriosamente l'impresa, e può sposare la sua Kareen (Lane). Insolita ambientazione piratesca per un'ennesima variazione delle imprese del leggendario e nobile bandito. Realizzato senza troppi mezzi, il film risente di una lavorazione affrettata.

Robin Hood junior *½ (*Reckless Kelly*, Australia/Usa 1993, col, 94') Yahoo Serious [Greg Pead]. Con Yahoo Serious [Greg Pead], Melora Hardin, Hugo Weaving, Alexei Sayle, Kathleen Freeman, John Pinette, Bob Maza, Martin Ferrero. ◆ Ultimo discendente della stirpe di fuorilegge australiani Kelly, Ned (Serious) distribuisce quel che rapina ai poveri: così, per trovare i soldi con cui comprare l'isola su cui vive con amici e parenti (e che un avido banchiere [Weaving] vuole «esportare» in Giappone) andrà a recitare a Hollywood, dove naturalmente conquisterà Robin (Hardin). Dopo il successo a sorpresa di *Einstein ju-*

nior, la Warner finanzia un'altra strampalata parodia prodotta, diretta, scritta (insieme a Lulu Serious, David Roach e Warvick Ross), musicata e interpretata (senza controfigure per le numerose cadute) da Yahoo Serious: qui c'è meno mimica e più farsa, qualche ideuzza satirica (soprattutto nelle scene a Hollywood) e un prevedibile messaggio buonista-ecologista. Ma è svanita la freschezza dell'esordio.

Robin Hood principe dei ladri **½ (*Robin Hood: Prince of Thieves*, Usa 1991, col, 143') Kevin Reynolds. Con Kevin Costner, Morgan Freeman, Mary Elizabeth Mastrantonio, Christian Slater, Alan Rickman, Geraldine McEwan, Michael McShane. ◆ Evaso dalle carceri di Gerusalemme insieme al principe nero Azeem (Freeman) e tornato con lui in Inghilterra, Robin (Costner) ruba ai ricchi per dare ai poveri, organizza la guerriglia contro il perfido sceriffo di Nottingham (Rickman) e s'innamora della bella lady Marian (Mastrantonio). Colori quasi lividi, una foresta inglese che ricorda la giungla vietnamita, un eroe «politicamente corretto» (amico dei neri e protettore delle donne): Reynolds vede la leggenda medioevale con l'occhio del reporter contemporaneo e realizza un kolossal «pauperistico» con 50 milioni di dollari. L'operazione ha il suo fascino, anche se il principe dei ladri è un po' troppo Costner style (intellettuale di bellissimo aspetto) e il nero Freeman nel ruolo del compagno arabo sembra una specie di re mago progressista. Molto meglio il cattivo sceriffo di Nottingham, decisamente anticonvenzionale rispetto al solito. Sean Connery arriva giusto in tempo per il finale ed è il migliore re Riccardo che il grande schermo abbia mai avuto.

Robinson Crusoe **½ (*Crusoe*, Usa 1988, col, 91') Caleb Deschanel. Con Aidan Quinn, Ade Sapara, Warren Clark, Hepburn Grahame, Jimmy Nail. ◆ Virginia, 1808: Robinson (Quinn) è un mercante di schiavi che naufraga su un'isola deserta. Trovandosi a dover fare i conti con la solitudine e mille ostacoli da affrontare per sopravvivere, cambia e matura la sua visione della vita, anche grazie al rapporto con un indigeno (Sapara). Una trasposizione inconsueta del celeberrimo classico di Defoe, curata e intelligente. Particolarmente incisiva la sequenza dell'incontro tra Robinson e il nero che diverrà suo amico e salvatore. Bella la fotografia di Tom Pinter, che non fa delle Seychelles il solito scenario turistico.

Robinson nell'isola dei corsari ** (*Swiss Family Robinson*, Usa 1960, col, 128') Ken Annakin. Con John Mills, Dorothy McGuire, James MacArthur, Janet Munro, Sessue Hayakawa. ◆ Una famiglia, fuggendo dalla tragedia delle guerre napoleoniche, s'imbarca e naufraga su una bellissima isola deserta nel Pacifico. I guai non sono finiti: dovranno vedersela con i pirati malesi e con il loro feroce capo (Hayakawa). Un'avventura in stile Disney, accattivante, semplice e di pura evasione. Rifacimento di un film di Emil Ludwig (*Come Robinson Crosuè*, 1940).

Robocop **½ (*Robocop*, Usa 1987, col, 103') Paul Verhoeven. Con Peter Weller, Nancy Allen, Daniel O'Herlihy, Ronny Cox. ◆ Un agente di Detroit (Weller), ucciso da alcuni malviventi, viene trasformato in una sorta di cyborg al servizio della polizia. Ma la creatura conserva memoria della sua vita umana e decide di vendicarsi. Interessante variazione thriller sul ruolo della macchina, la quale può avere la meglio sugli altri robot solo grazie alla sua componente «umana»: teso e avvincente nella prima parte, il primo film diretto a Hollywood dal regista olandese scivola verso il finale in uno scontato trionfo della violenza e in una visione del mondo squallida e punitiva. Notevole il make-up di Rob Bottin e le riprese in stop-motion fatte da Phil Tipped per animare il robot-poliziotto Ed 209. Con due seguiti.

Robocop 2 *½ (*Robocop 2*, Usa 1990, col, 118') Irvin Kershner. Con Peter Weller, Nancy Allen, Daniel O'Herlihy, Belinda Bauer, Tom Noonan, Patricia Charbonneau. ◆ Il cyborg-poliziotto (Weller) rischia di venir eliminato da alcuni malviventi senza scrupoli (O'Herlihy e Noonan). Nel frattempo in laboratorio proseguono le ricerche per approntare una creatura ancora più perfetta. Pallidissimo sequel del film di Verhoeven. Il cast, quasi immutato, non riesce a sollevare una storia troppo banale con una sceneggiatura fragilissima. L'abbondanza delle scene di violenza risulta spesso fastidiosa e gratuita. Sparisce completamente lo humour che valorizzava il modello. Segue *Robocop 3*.

Robocop 3 * (*Robocop 3*, Usa 1992, col, 105') Fred Dekker. Con Robert Burke, Nancy Allen, Rip Torn, John Castle, Jill Hennessy, CCH Pounder, Mako, Bruce Locke. ◆ Malvagi speculatori edilizi vorrebbero estirpare da Robocop (Burke) i rimasugli di coscienza umana: ma lo scienziato incaricato si rifiuta, e il cyberpoliziotto si schiera dalla parte dei diseredati, sconfiggendo un collega nipponico. Scomparso anche il protagonista dei primi due episodi, rimane un noioso fumetto di fantascienza (il prestigioso Frank Miller firma il soggetto), realizzato senza humour e senza idee. Più che cyber-cinema, siamo dalle parti di Goldrake.

Robowar – Robot da guerra * (Italia 1988, col, 92') Vincent Dawn [Bruno Mattei]. Con Red Brown, Catherine Hickland, Max Laurel, Mel Davidson. ◆ Robowar, un perfezionatissimo robot da guerra impazzito, semina morte tra i guerriglieri del Sudest asiatico ma annienta anche i suoi inventori. L'unico superstite, in un cruento scontro finale, ha la meglio sul cyborg (la cui testa e cervello si scoprono essere di un soldato vietnamita). Violenza a fiumi in un mediocre film «rambista» nostrano.

Rob Roy *½ (*Rob Roy*, Gb 1995, col, 139') Michael Caton-Jones. Con Liam Neeson, Jessica Lange, Tim Roth, John Hurt, Eric Stoltz, Andrew Keir, Brian Cox. ◆ Scozia, 1713: La rivolta di Robert Roy MacGregor (Neeson), ingannato da un cicisbeo bravissimo con la spada (Roth) e abbandonato dal suo signore (Hurt) per ragioni politiche: diventerà fuorilegge, avrà la moglie (Lange) violentata, ma alla fine chi dubita dell'happy end? Un'interminabile saga western tra le Highlands, che affronta il tema storico della disintegrazione dei clan a opera degli inglesi attraverso l'eroica resistenza di un «pellerossa» in kilt, con qualche reminiscenza di Walter Scott e di certo cinema anni Settanta (lo sceneggiatore scozzese Alan Sharp aveva scritto *Nessuna pietà per Ulzana* e *Bersaglio di notte*). Epica *politically correct*, paesaggi splendidi, andamento solenne, più tragico che avventuroso, e ampio spazio ai sentimenti: su tutto, però, regna una gran noia, e i momenti migliori sono legati alla perfidia dei «cattivi» inglesi capeggiati da uno straordinario Tim Roth che, anche sotto la parrucca e i modi odiosamente affettati, conferma l'indole cinematograficamente sanguinaria sbocciata in *Le iene* e *Little Odessa*.

Rocambole *½ (*Rocambole*, Francia/Italia 1948, b/n, 105') Jacques de Baroncelli. Con Pierre Brasseur, Sophie Desmarets, Robert Arnoux, Clara Candiani, Vittorio Sanipoli, Lucien Nat, Loredana [Loredana Padoan], Ernesto Sabatini, Marcello Giorda, Ginette Roy, Roland Armontel, Evelina Paoli. ◆ Spacciandosi per il conte Armando di Chamery di cui si sono perse le tracce, Giuseppe Fippart detto Rocambole (Brasseur) entra in possesso dell'eredità di famiglia e chiede la mano della marchesina Carmen (Loredana) che in realtà ama il pittore Armand (Sanipoli): quando l'artista scoprirà di essere il vero conte di Chamery, Rocambole e la sua banda lo faranno sparire e metteranno fuori gioco la contessa Baccarat (ma in originale è senza la «t» [Desmarets]), che cerca di smascherare il brigante. L'ultimo film di de Baroncelli è una versione infedele e poco avvincente del romanzo omonimo di Ponson du Terrail, distribuito in due parti, *Rocambole* e *La rivincita di Baccarat*: delle invenzioni narrative del testo letterario resta ben poco, se non un po' di ironia nel descrivere i personaggi dei nobili (come il marito della contessa Baccarat). In alcune scene in interni si vede addirittura la condensa del respiro uscire dalla bocca degli attori.

Rocambole * (Italia/Francia 1962, col, 100') Bernard Borderie. Con Channing Pollock, Edy Wessel, Alberto Lupo, Guy Delorme, Lilla Brignone, Franco Volpi, Nadia Gray, Gianni Santucci, Rick Battaglia. ◆ Rocambole (Pollock), sotto mentite spoglie, salva il presidente francese e sposa, con il beneplacito della polizia che decide di non arrestarlo per i suoi crimini precedenti, la bella Cleo (Wessel), soffiandola al perfido mercante d'armi Keller. Insulso film d'avventura che annega nella noia le peripezie del personaggio inventato da Ponson du Terrail. Alla sceneggiatura ha collaborato anche Ugo Liberatore.

Rocco e i suoi fratelli **** (Italia 1960, b/n, 180') Luchino Visconti. Con Alain Delon, Renato Salvatori, Annie Girardot, Paolo Stoppa, Claudia Cardinale, Corrado Pani, Katina Paxinou, Spiros Focas, Roger Hanin, Rocco Vidolazzi, Max Cartier, Nino Castelnuovo. ◆ Una vedova lucana (Paxinou) si trasferisce con quattro figli a Milano, dove già vive il quinto, Vincenzo (Focas). Costui introduce il fratello Simone (Salvatori) nel mondo della boxe, mentre Rocco (Delon) trova lavoro come garzone in una stireria, Ciro (Cartier) entra in fabbrica e Luca (Vidolazzi), il minore, cerca di arrangiarsi come può. Il contrastato amore di Simone per Nadia (Girardot), amata anche da Rocco, finirà con un assassinio che Ciro – rifiutando l'arcaica logica dell'omertà – denuncerà accelerando così la disgregazione della famiglia. Ispirato dai racconti contenuti in *Il ponte della Ghisolfa* di Giovanni Testori e sceneggiato dal regista con Vasco Pratolini, Pasquale Festa Campanile, Suso Cecchi d'Amico, Massimo Franciosa ed Enrico Medioli, il film mette a confronto una storia di miseria meridionale con la civiltà industriale del Nord, vista nei suoi due aspetti più forti: fabbrica e coscienza proletaria per alcuni, marginalità e autodistruzione per altri. Il regista milanese racconta la sua città con gli occhi degli emigrati (gelida, ostile, respingente) e ne fa il teatro di passioni irrefrenabili e arcaiche, tornando ancora una volta sul tema portante della sua cinematografia: la deflagrazione dell'istituzione familiare, coerentemente a una scelta stilistica che gli fa prediligere la descrizione dei travagliati sentimenti dei protagonisti alla morale delle soluzioni possibili. Sospeso tra mito e storia, *Rocco e i suoi fratelli* è un capolavoro con innumerevoli influssi letterari ma sono soprattutto avvertibili le influenze di Mann e Dostoevskij (la crisi di un gruppo di famiglia, il contrasto tra un Bene e un Male assoluti), legati tra loro da una struttura narrativa che s'ispira – come quasi sempre in Visconti – al melodramma. Nadia è una sorta di Carmen moderna, e la sua morte all'Idroscalo è uno dei momenti più toccanti e indimenticabili del nostro cinema (e non solo). Cast tutto eccellente (Delon, Salvatori, Girardot e Paxinou sono doppiati rispettivamente da Achille Millo, Riccardo Cucciolla, Valentina Fortunato e Cesarina Gheraldi), montaggio di Mario Serandrei (lo stesso che aveva montato il primo film del regista, *Ossessione*), splendido bianco e nero di Giuseppe Rotunno e colonna sonora di Nino Rota. Tra le impiegate della stireria ci sono Adriana Asti e Claudia Mori. La censura si scagliò contro il film costringendo i proiezionisti ad «annerire» la scena dello stupro di Nadia.

Rocco e le sorelle * (Italia 1961, b/n, 95') Giorgio C. Simonelli. Con Tiberio Murgia, Moira Orfei, Anna Ranalli, Memmo Carotenuto. ◆ Il siciliano Rocco (Murgia) arriva a Milano con quattro sorelle che controlla rigidamente. Finirà in galera per un equivoco e le ragazze saranno libere di trovarsi un fidanzato. Uno dei tanti episodi della commedia italiana di quegli anni, che facevano il verso a film famosi parodiandone il titolo e poco più (qui il bersaglio è *Rocco e i suoi fratelli* che fu parodiato anche da *Walter e i suoi cugini* di Girolami).

Rock, The ** (*The Rock*, Usa 1996, col, 136') Michael Bay. Con Nicolas Cage, Sean Connery, Ed Harris, Michael Biehn, William Forsythe, David Morse, Claire Forlani, Vanessa Marcil, John C. McGinley, John Spencer. ◆ Indignato che 83 Marines siano morti in missioni segrete e le loro famiglie non siano state risarcite, il generale Francis Hummel (Harris) prende in ostaggio 81 turisti in visita nell'ex carcere di Alcatraz («The Rock») e punta contro San Francisco sei missili carichi di gas nervino. Per stanarlo l'Fbi e i Navy Seals chiedono l'aiuto di Stanley Goodspeed (Cage), esperto di armi chimiche, e di John Patrick Mason (Connery), una spia inglese ospite da trent'anni delle prigioni americane, l'unico a essere evaso da

Alcatraz e a conoscerne i segreti. L'action-thriller militaresco con tocchi umoristici che va di moda oggi a Hollywood, catastrofico nelle esplosioni e puerile nel tratteggio dei personaggi. Connery (anche coproduttore esecutivo) vive di rendita sul suo carisma, Cage – con le solite smorfie – gioca al Bruce Willis della situazione. Ma la sceneggiatura (David Weisberg, Douglas S. Cook e Mark Rosner, con contributi non accreditati di Quentin Tarantino e Aaron Sorkin) è un cumulo di contraddizioni e inverosimiglianze, e copia pesantemente *Decisione critica*. Resta preoccupante la disinvoltura con cui si mostrano le alte sfere decidere la morte di decine di persone, senza il minimo dubbio che non stiano facendo la cosa giusta. Prodotto da Don Simpson e Jerry Bruckheimer, come terza parte di un trittico ideale che comprende *Top Gun* e *Allarme rosso*.

Rocketeer ** (*The Rocketeer*, Usa 1991, col, 108') Joe Johnston. Con Bill Campbell, Jennifer Connelly, Timothy Dalton, Alan Arkin, Paul Sorvino, Terry O'Quinn, Ed Lauter. ◆ Los Angeles, 1938: il pilota Cliff Secord (Campbell) diventa una sorta di Superman grazie a un reattore portatile che indossa come uno zaino. Ma lo vogliono anche i nazisti, che hanno una quinta colonna nella star di Hollywood Neville Sinclair (Dalton), e rapiscono la sua fidanzata Jenny (Connelly). Dai fumetti di Dale Stevens, un curioso flop incerto sul pubblico a cui rivolgersi: troppo raffinato per i ragazzini (le allusioni a Errol Flynn [Dalton], la presenza di Howard Hughes [O'Quinn]), troppo infantile per gli adulti. Ammirevoli la fotografia di Hiro Narita e le scenografie di Jim Bissell, che ricostruiscono una Los Angeles di fantasia. Coproduce la Disney.

Rocket Gibraltar **½ (*Rocket Gibraltar*, Usa 1988, col, 100') Daniel Petrie. Con Burt Lancaster, Suzy Amis, Patricia Clarkson, Frances Conroy, Sinead Cusack, John Glover, George Martin, Bill Pullman. ◆ Festeggiamenti per il settantasettesimo compleanno del capofamiglia (Lancaster): i figli, pur volendogli bene, ormai non lo capiscono; i nipoti, invece, sanno come gratificarlo. Da un soggetto di Amos Poe, una piacevole commedia dove il senile e l'infantile si danno la mano. Cast ben assortito, in cui spicca per autorità Lancaster e si segnala il piccolo Macaulay Culkin (che in futuro «perderà l'aereo» più volte facendo impazzire i botteghini). Girato a Long Island. In Italia si è visto solo in tv.

Rock Machine *½ (*The Idolmaker*, Usa 1980, col, 119') Taylor Hackford. Con Ray Sharkey, Tovah Feldshuh, Peter Gallagher, PaulLand, Joe Pantoliano, Olimpia Dukakis. ◆ Biografia romanzata del produttore Bob Marcucci (Sharkey), scopritore di talenti musicali negli anni Cinquanta che lo lasciavano per agenti più importanti. Marcucci decise allora di diventare manager e pigmalione di se stesso. La colonna sonora fa, ovviamente, la parte del leone in questo mediocre film musical-revivalistico.

Rock'n'Roll * (Italia 1978, col, 105') Vittorio De Sisti. Con Rodolfo Banchelli, Rosaria Biccica, Macha Méril, Leo Gullotta. ◆ Un giovane appassionato ballerino (Banchelli) alle prese con le incomprensioni della fidanzata-partner (Biccica), le «distrazioni sentimentali» e le speranze di successo che aumentano gara dopo gara. Intreccio rosa-comico veramente fragile (corresponsabile dello script l'ineffabile Augusto Caminito) per raccordare le tante evoluzioni di rock'n'roll acrobatico dei protagonisti, decisamente scarsi come attori.

Rocky *** (*Rocky*, Usa 1976, col, 119') John G. Avildsen. Con Sylvester Stallone, Talia Shire, Burt Young, Carl Weathers, Burgess Meredith, Thayer David. ◆ Un pugile eterno perdente (Stallone) si impegna a combattere con il campione dei pesi massimi: ha poche speranze di farcela, ma la forza di volontà e l'amore per una ragazza (Shire) gli fanno tornare il rispetto per se stesso e non perde. Scritto da Sylvester Stallone su misura per le sue esigenze recitative e fisiognomiche (oltre al corpo, non va dimenticato il volto da «macho addormentato»), *Rocky* è molto di più di un film sportivo: è una parabola consolatoria del self-made man proletario tutto muscoli e sudore, abituato alla violenza ma bisognoso di affetto. Spettacolare e traboccante di sentimenti contrastanti, trae forza tanto dall'interpretazione di Stallone quanto dallo stile «classico» del regista. Tre Oscar: miglior film, regia e montaggio (Richard Halsey, Scott Conrad). Sono passati alla storia la canzone *Gonna Fly Now*, la corsa di allenamento che termina sul piazzale della chiesa e l'urlo finale di Stallone vincitore: «Adriana!», dedicata alla sorella (interpretata da un'ottima Talia Shire). Colonna sonora di Bill Conti. L'attore e sceneggiatore dirigerà tre dei quattro seguiti.

Rocky II *½ (*Rocky II*, Usa 1979, col, 119') Sylvester Stallone. Con Sylvester Stallone, Talia Shire, Burt Young, Carl Weathers, Burgess Meredith. ◆ Di fronte a un suo abituale avversario, il gigantesco Apollo Creed (Weathers), Rocky (Stallone), che ha sposato Adriana (Shire) e ha un figlio, combatte per vincere. Sequel ripetitivo, con poco da offrire in più dell'originale. Stallone sovrappeso e la Shire quasi bella.

Rocky III *½ (*Rocky III*, Usa 1982, col, 99') Sylvester Stallone. Con Sylvester Stallone, Talia Shire, Burt Young, Carl Weathers, Mister T, Burgess Meredith. ◆ Rocky (Stallone) non vorrebbe più combattere, ma viene costretto dal giovane e irruento Clubber Lang (Mister T) a tornare sul ring: ad allenarlo è l'avversario del film precedente, Apollo Creed (Weathers). Nessun vero motivo, a parte il botteghino, per realizzare questo sequel, a cui ne seguiranno altri due. Insopportabile più del solito Mister T, ricoperto di collanine e orecchini. Notissima la canzone *Eye of the Tiger* di Jim Peterick e Franckie Sullivan III.

Rocky IV *½ (*Rocky IV*, Usa 1985, col, 91') Sylvester Stallone. Con Sylvester Stallone, Dolph Lundgren, Talia Shire, Burt Young, Brigitte Nielsen, Carl Weathers, James Brown. ◆ Rocky (Stallone) combatte e vince contro un superatleta sovietico (Lundgren) per l'onore degli Usa e la pace nel mondo. Sequel dalla semplice morale politica in linea con l'ultima fase della guerra fredda, ormai in via di scioglimento grazie alla perestrojka gorbacioviana. Rocky col tronco sulle spalle che corre nella neve contro il biondo sovietico supertecnologizzato e imbottito di vitamine:

decisamente farsesco. Nel mito della comicità la battuta «ti spiezzo», pronunciata dal boxeur Urss.

Rocky V ** (*Rocky V*, Usa 1990, col, 105') John G. Avildsen. Con Sylvester Stallone, Talia Shire, Burt Young, Sage Stallone, Tommy Morrison, Burgess Meredith. ◆ Invecchiato nel fisico, Rocky (Stallone) viene truffato dal suo commercialista e finisce sul lastrico: l'amore per la famiglia e il ruolo di allenatore di un giovane pugile gli daranno la forza di vivere. L'ultimo sequel della serie, vorrebbe ritrovare lo stile del primo *Rocky*, ma Avildsen eccede in sentimentalismo. Indimenticabile la sequenza in cui Rocky in un bar ritrova la grinta di un tempo e sconfigge il giovane Tommy. Sage, il vero figlio di Stallone, interpreta Rocky jr.

Rocky Horror Picture Show, The **** (*The Rocky Horror Picture Show*, Gb 1975, col, 100') Jim Sharman. Con Tim Curry, Susan Sarandon, Barry Bostwick, Richard O'Brien, Jonathan Adams, Meatloaf. ◆ Due fidanzati imbranati (Sarandon e Bostwick) finiscono in una casa stregata durante un temporale. Li attendono fanta-porno-comiche avventure, orchestrate dal padrone di casa, il sensuale e diabolico alieno Frank'n Furter (Curry), fino al pirotecnico e amaro finale. Il più bel musical rock della storia del cinema, un sublime concentrato di cultura camp, kitsch, irriverente e genialmente pop. Indimenticabile la colonna sonora di Richard O'Brien (*Time Warp*, *Dammit Janet*, *Wild and Untamed Thing*). A suo tempo destò scandalo per le scene di travestitismo e per le smaccate allusioni sessuali. In realtà è un sogno (sulla liberazione sessuale) non un invito o una minaccia. Ignorato alla sua uscita e poi diventato cult, come spettacolo teatrale è presente sui palcoscenici americani da quasi vent'anni. Susan Sarandon recita e canta con una sensualità irresistibile. Frank'n Furter si presenta così: «I'm yust a sweet transvestite from Transsexual, Transylvania», ed è tutto dire. La fortuna che trasformò il film in un cult da midnight movie è citata in una scena di *Saranno famosi*. Esiste un seguito: *Shock Treatment*, sempre di Sharman, del 1981.

Rodaggio matrimoniale ** (*Period of Adjustment*, Usa 1962, b/n, 112') George Roy Hill. Con Tony Franciosa, Jane Fonda, Jim Hutton, Lois Nettleton, John McGiver. ◆ Una giovane coppia di sposi (Fonda e Hutton) deve aiutare due amici (Nettleton e Franciosa) in crisi subito dopo il matrimonio. Superato il periodo di rodaggio, i due imparano a vivere insieme e a sopportarsi reciprocamente. Toni caldi, buoni sentimenti, ironia tranquilla. È tratto da un'opera di Tennessee Williams.

Rodolfo Valentino * (*Valentino*, Usa 1951, col, 102') Lewis Allen. Con Anthony Dexter, Eleanor Parker, Richard Carlson, Patricia Medina, Otto Kruger. ◆ La storia, assai romanzata, del mitico attore del muto (Dexter). Sulla nave che lo porta in America conquista una donna che scopre essere una star del cinema (Parker), con la quale intreccerà una relazione che durerà anni, nonostante il marito geloso. Sceneggiatura piatta e banale, realizzazione affrettata e superficiale, interpretazioni poco impegnate da parte degli attori. Lo charme del personaggio può ben poco contro la noia.

Roger & Me *** (*Roger and Me*, Usa 1989, col, 90') Michael Moore. ◆ A Flint, nel Michigan, nel 1986 la General Motors licenzia 30 mila operai: il regista Moore indaga sulla mutata realtà sociale e cerca di intervistare il presidente della GM Roger Smith sul drastico provvedimento. Un piccolo documentario che fece molto chiasso: il presidente Smith affermò di avere avuto più di un colloquio con il regista (ma questi negò), gli abitanti di Flint si risentirono per l'ironia usata nei loro confronti (i lavori alternativi delle mogli, il tentativo di «commercializzare» le nuove prigioni), la stampa s'impossessò immediatamente della vicenda e il pubblico approvò con entusiasmo l'operazione. Dal punto di vista cinematografico si tratta di un documentario insolitamente comico dato l'argomento, in cui l'individuale e il collettivo si mescolano e si separano continuamente (l'intervista a nome della popolazione diventa una sfida solitaria, stile western; la difesa dei disoccupati porta anche a una presa di distanza dai loro modi di vita). Una risposta al reaganismo, seria e divertente al tempo stesso, con un'analisi sociale più sfaccettata di quanto possa sembrare a prima vista.

Roger il re dei cieli *½ (*Ace Eli and Rodger of the Skies*, Usa 1973, col, 92') Bill Sampson [John Erman]. Con Cliff Robertson, Pamela Franklin, Eric Shea, Bernadette Peters. ◆ Un pilota dell'aviazione della prima guerra mondiale (Robertson), si ricicla, dieci anni dopo la fine del conflitto, come attrazione da fiera girando insieme al figlioletto di paese in paese. Da un soggetto di Steven Spielberg, un film simpatico ma assai di maniera. Debutto cinematografico per la Peters.

Ro.Go.Pa.G. *** (Italia/Francia 1963, b/n e col, 111') Roberto Rossellini, Ugo Gregoretti, Jean-Luc Godard, Pier Paolo Pasolini. Film a episodi. ◆ In *Illibatezza* (Roberto Rossellini. Con Rossana Schiaffino, Bruce Balaban, Gianrico Tedeschi, Maria Pia Schiaffino, Carlo Zappavigna) una hostess riesce a liberarsi di un corteggiatore invadente assumendo atteggiamenti spregiudicati che lo spaventano; in *Il pollo ruspante* (Ugo Gregoretti. Con Ugo Tognazzi, Lisa Gastoni, Ricky [ma nei titoli è Riki] Tognazzi) una famiglia, bombardata dalla pubblicità, vuole comprare un terreno nella «Svizzera dei lombardi», ma farà una brutta fine; in *Il mondo nuovo* (Jean-Luc Godard. Con Jean-Marc Bory, Alexandra Stewart) il protagonista si accorge che gli abitanti di Parigi, a seguito di un'esplosione atomica sotterranea, hanno perso le loro qualità umane; in *La ricotta* (Pier Paolo Pasolini. Con Mario Cipriani, Orson Welles, Laura Betti, Edmonda Aldini, Vittorio La Paglia, Ettore Garofalo, Lamberto Maggiorani, Tomas Milian, Franca Pasut, Elsa De Giorgi, Andrea Barbato, Giuliana Calandra, Adele Cambria, Gaio Fratini, Letizia Paolozzi, Enzo Siciliano) il sottoproletario Stracci fa il buon ladrone in un film sulla Passione, ma durante una pausa della lavorazione s'ingozza di cibo e muore sulla croce. Accanto a tre episodi diseguali sugli «allegri princìpi della fine del mondo» – solo curiosi quelli di Rossellini (per il ruolo delle cineprese Super8 che sostituiscono le lettere) e di Godard (dove si anticipa, con frasi tipo «io ti ex amo», il linguaggio di *Alphaville*), e fin troppo didascalico quello di Gregoretti sul consumismo indotto dalla società – spicca il gioiello di Pasolini: la vitalità barocca della *Ricotta*, ambientata in un sottobosco cinematografico simile a una fiera di paese e attraversata dall'inconsapevole dramma di un proletario (Cipriani) insieme vittima e martire, sintetizza in maniera perfetta le ossessioni del regista su chi «ha fame di pane». Grandissimo e crudelmente autoironico Orson Welles (doppiato da Giorgio Bassani), nella parte del regista che detesta la piccola borghesia, e straordinarie le scene a colori che citano le *Deposizioni* di Rosso Fiorentino e del Pontormo. Nell'episodio *Il mondo nuovo* si vede Godard mentre prende una pillola e attraversa gli Champs Elysées in senso inverso al protagonista. Alla sua uscita l'episodio di Pasolini fu accusato di «vilipendio alla religione di Stato»: dopo il processo (in cui lo obbligarono a cambiare alcune battute) il film riuscì col titolo *Laviamoci il cervello – Rogopag*.

Rollerball ** (*Rollerball*, Usa 1975, col, 128′) Norman Jewison. Con James Caan, John Houseman, Maud Adams, John Beck, Ralph Richardson. ◆ In una cupa società del futuro, un campione di rollerball (Caan), uno sport pensato dal cervello elettronico che governa la società per tenere sotto controllo l'aggressività degli uomini, si ribella alle regole e riesce a sconvolgere il sistema. Singolare esempio di fanta-sport, con un certo scollamento tra le aspirazioni intellettuali e libertarie della sceneggiatura (di William Morrison, dal suo stesso romanzo *Roller Ball Murders*) e la messinscena d'azione, che punta tutto sulla «fisicità» dell'attore protagonista (un ottimo Caan). Spettacolari le scene della partita. Fotografia e montaggio suppliscono alle carenze della regia. Girato a Monaco e Londra.

Rollerblades – Sulle ali del vento *½ (*Airborne*, Usa 1993, col, 89′) Rob Bowman. Con Shane McDermott, Seth Green, Brittney Powell, Chris Conrad. ◆ Trapiantato dalla California a Cincinnati, il surfer Mitchell (McDermott) cambia sport: per conquistare le ragazze bisogna mostrare il proprio coraggio scendendo una collina a rotta di collo sui pattini a rotelle. Sconsolante parabola sul successo e la lotta per emergere, con personaggi fatti con lo stampino. Spettacolare, comunque, la sequenza della corsa che dà il titolo al film.

Rollercoaster – Il grande brivido *½ (*Rollercoaster*, Usa 1977, col, 119′) James Goldstone. Con George Segal, Richard Widmark, Timothy Bottoms, Henry Fonda, Helen Hunt. ◆ Un ispettore (Segal) riesce a fermare un folle (Bottoms) responsabile di un grave incidente e in procinto di provocare una seconda strage in un luna-park americano. Piuttosto teso e coinvolgente all'inizio, in seguito perde colpi e si trascina stancamente verso il prevedibile finale. Spesso gli inseguimenti mozzafiato sono inspiegabilmente interrotti da primi piani e l'effetto rollercoaster («montagne russe») si perde per strada. Notevole la performance di Segal.

Rolling Thunder ** (*Rolling Thunder*, Usa 1977, col, 99′) John Flynn. Con William Devane, Tommy Lee Jones, Linda Haynes, James Best, Dabney Coleman. ◆ Un reduce del Vietnam (Devane) torna a casa dopo otto anni, distrutto nel corpo e nella mente e scopre che sua moglie e suo figlio sono stati uccisi. Per vendicare la loro morte, ritrova le forze ed elabora freddamente un raffinato piano per smascherare gli assassini. Un thriller sul «reducismo vigilante» piuttosto teso e coinvolgente, con abbondanza di scene violente. Soggetto di Paul Schrader.

Rolls-Royce gialla, Una **½ (*The Yellow Rolls-Royce*, Gb 1965, col, 122′) Anthony Asquith. Con Rex Harrison, Shirley MacLaine, Ingrid Bergman, Jeanne Moreau, George C. Scott, Omar Sharif, Alain Delon, Edmund Purdom, Isa Miranda, Art Carney, Carlo Croccolo. ◆ Tre episodi diversi, collegati ad altrettanti proprietari che attraversano la «vita» dell'auto del titolo. All'inizio degli anni Trenta la moglie (Moreau) di un nobile (Harrison) la riceve in regalo e la trasforma in alcova; la donna dovrà quindi cederla a un gangster americano (Scott) in vacanza in Italia con una sensuale compagna (MacLaine). Nell'ultimo episodio l'auto è usata da una signora americana (Bergman) per dare un passaggio a un partigiano jugoslavo (Sharif) durante la seconda guerra mondiale. Da un soggetto di Terence Rattigan, un film scorrevole e curato nella ricostruzione degli ambienti. Il cast è guidato sapientemente da uno dei più interessanti registi inglesi, al suo ultimo film.

Roma *** (Italia/Francia 1972, col, 120′) Federico Fellini. Con Alberto Sordi, Marcello Mastroianni, Anna Magnani, Peter Gonzales, Britta Barnes, Pia De Doses, Fiona Florence, Gore Vidal. ◆ La scoperta della città eterna, dei suoi luoghi nascosti e dei suoi squilibri attraverso i ricordi di un piccolo provinciale (Gonzales), arrivato alla stazione Termini nel 1939, e attraverso l'occhio mobilissimo della macchina da presa di Fellini che firma la sceneggiatura con Bernardino Zapponi. Un percorso personale, completamente sganciato dagli obblighi della drammaturgia tradizionale, in un «documentario» brioso e fiammeggiante, dove spazio e tempo, anzi gli spazi e i tempi della città protagonista vengono ricreati secondo la singolare visionarietà del regista, libero di passare dal lirismo alla satira, dalla truculenza alla nostalgia struggente senza soluzione di continuità. Tra le scene più famose, l'ingorgo notturno sul raccordo anulare, il musical durante gli anni di guerra, la scoperta delle catacombe affrescate, i due casini ai tempi del fascismo – quello ordinario e quello lussuoso – la sfilata di moda vescovile. Le apparizioni di Sordi e Mastroianni nella sequenza in cui compare anche lo scrittore Gore Vidal furono tagliate dallo stesso Fellini nelle copie destinate all'estero.

Roma a mano armata ** (Italia 1976, col, 95′) Umberto Lenzi. Con Maurizio Merli, Tomas Milian, Giampiero Albertini, Arthur Kennedy, Maria Rosaria Omaggio, Ivan Rassimov, Stefano Patrizi, Biagio Pelligra, Luciano Pigozzi, Luciano Catenacci, Tom Felleghi. ◆ Il commissario Leonardo Tanzi (Merli) ama le maniere forti e si scontra col questore Ruini (Kennedy), che alla fine è costretto a dargli ragione. La sceneggiatura di Dardano Sacchetti è poco più di una collana di episodi, che però definiscono una serie di personaggi emblematici ed equamente ripartiti per ceto sociale: dai pariolini stupratori al sottoproletario rancoroso e dalla battuta facile interpretato da Milian, il gobbo Vincenzo Moretto, che (doppiato da Ferruccio Amendola) ebbe un successo tale da essere riproposto nella *Banda del gobbo*. Un miliardo e seicento milioni di incasso all'epoca: un cinema elementare ma efficace, che sapeva mettere il dito sulla piaga, e molto meno manicheista di quanto si credeva allora.

Roma bene ** (Italia 1971, col, 113') Carlo Lizzani. Con Senta Berger, Vittorio Caprioli, Philippe Leroy, Virna Lisi, Irene Papas, Nino Manfredi, Umberto Orsini, Gastone Moschin. ◆ Un quadro disincantato della classe dirigente e di quel che resta dell'aristocrazia del nostro paese, a ridosso del boom economico. Dal dramma *Mani aperte sull'acqua* di Luigi Bruno Di Belmonte sceneggiato da Luciano Vincenzoni e Nicola Badalucco, un mondo fatto di piccole e grandi meschinità, squallori e crimini di ogni tipo, messo alla berlina con una certa ironia pungente e spietata.

Roma città aperta **** (Italia 1945, b/n, 98') Roberto Rossellini. Con Anna Magnani, Aldo Fabrizi, Marcello Pagliero, Maria Michi, Francesco Grandjacquet, Nando Bruno, Vito Annichiarico. ◆ Nella Roma occupata dai nazisti si intrecciano le vicende umane e politiche di alcune persone: la popolana Pina (Magnani) sarà fucilata mentre tenta di raggiungere il camion sul quale il suo uomo (Grandjacquet), un tipografo impegnato nella Resistenza, sta per essere deportato; l'ingegnere comunista Manfredi (Pagliero), arrestato in seguito alla soffiata della sua ex amante (Michi), morirà per le torture; don Pietro (Fabrizi), il parroco del quartiere che protegge e aiuta i partigiani, sarà fucilato sotto gli occhi dei bambini della parrocchia, tra cui il figlioletto (Annichiarico) – ormai orfano – di Pina, che aveva già assistito alla morte della madre. Ispirato alla vicenda reale di don Luigi Morosini (rielaborata da Sergio Amidei e Alberto Consiglio e sceneggiata dal regista con Amidei, Federico Fellini e Celeste Negarville), è il capolavoro e il film simbolo del neorealismo, realizzato subito dopo la liberazione della capitale in condizioni precarie (Rossellini usò pellicola scaduta e set di fortuna). Accolto con freddezza in Italia (soprattutto per un'errata interpretazione delle «concessioni» di Rossellini al melodramma popolare), ebbe un immediato successo all'estero, vincendo il festival di Cannes nel 1946 (tra i tanti estimatori del film, Otto Preminger: «La storia del cinema si divide in due ere: una prima e una dopo *Roma città aperta*»). Commovente ancora a distanza di anni, il film reagisce con il suo stile semplice e diretto alla retorica di tanti anni di fascismo e oppone «a una tradizionale ipocrisia la sincerità e il desiderio di mettere gli uomini al cospetto della realtà così com'è». Memorabili le interpretazioni della Magnani e di Fabrizi. È entrata nella storia del cinema la scena della morte di Pina. Tra gli aiuti operatore di ripresa ci sono Carlo Di Palma e Gianni Di Venanzo. Marcello Pagliero, indimenticabile Manfredi, è il futuro regista di *Roma città libera (La notte porta consiglio)*.

Roma città libera (La notte porta consiglio) *** (Italia 1948, b/n, 81') Marcello Pagliero. Con Vittorio De Sica, Andrea Checchi, Nando Bruno, Valentina Cortese, Ave Ninchi, Marisa Merlini. ◆ Nella Roma appena liberata dagli alleati si snoda il singolare connubio di un intellettuale (Checchi), un ladro (Bruno) e una dattilografa (Cortese): attorno a loro si muovono borsaneristi, vagabondi, soldati americani. Neorealismo firmato da Flaiano e Zavattini e diretto da uno dei protagonisti di *Roma città aperta*: ironia e surrealismo per raccontare il dramma della Roma postbellica, notturna e stravolta. Il film riflette la frammentarietà dei personaggi e degli stili degli sceneggiatori (Flaiano, Pagliero, Suso Cecchi d'Amico, Zavattini, Mercati alias Luigi Filippo d'Amico), ma – nonostante la scarsissima fortuna (uscito con due anni di ritardo, scomparve quasi subito per essere poi presentato al festival dei film «maledetti» di Biarritz) – *Roma città libera* rimane uno dei tentativi migliori di contaminazione tra il cosiddetto neorealismo puro e le diverse tendenze comico-poetiche concomitanti. Fu girato tutto in esterni all'indomani dell'arrivo delle truppe alleate, che fornirono i gruppi elettrogeni. Secondo Aldo Tonti, direttore della fotografia, durante la scena della retata delle prostitute a piazza Barberini la troupe fu aggredita dai passanti che non gradivano fossero girate e rese pubbliche scene di quel genere. Ennio Flaiano, autore del soggetto, compare nel ruolo del questurino che scopre le perle, mentre il regista Camillo Mastrocinque è il signore con l'auto.

Roma come Chicago – Banditi a Roma *½ (Italia 1969, col, 103') Alberto De Martino. Con John Cassavetes, Gabriele Ferzetti, Nikos Kourkoulos, Riccardo Cucciolla, Luigi Pistilli, Anita Sanders. ◆ In seguito a una rapina, un bandito (Cassavetes) viene catturato mentre il complice (Kourkoulos), incalzato dalla polizia, compie vari omicidi tra cui la moglie (Sanders) del prigioniero. Più che un film-denuncia sulla criminalità italiana (il sottotitolo, *Banditi a Roma*, richiama immediatamente *Banditi a Milano* di Lizzani, dell'anno precedente), è una discreta pellicola di genere, diretta da un regista attento al ritmo e alla spettacolarità dell'azione. Misurata l'interpretazione del regista John Cassavetes.

Romana, La ** (Italia 1954, b/n, 91') Luigi Zampa. Con Gina Lollobrigida, Daniel Gélin, Franco Fabrizi, Raymond Pellegrin. ◆ Nell'Italia del fascismo, Adriana (Lollobrigida) è tanto bella quanto sfortunata: dopo una delusione d'amore, si avvia alla prostituzione, dalla quale la salva Mino (Gélin), un partigiano che, arrestato, fa la spia e si uccide assalito dai rimorsi. Adriana si ritrova di nuovo sola e in attesa di un figlio. Dall'omonimo romanzo di Alberto Moravia (sceneggiato dall'autore, dal regista, da Giorgio Bassani e da Ennio Flaiano), Zampa ha tratto un film ovattato e crepuscolare, a metà strada tra il romantico e il decadente, appesantito da troppe divagazioni letterarie. Rifatto per la televisione con la Dellera e la Lollobrigida che interpreta il ruolo della madre.

Romance **½ (Italia 1986, col, 94') Massimo Mazzucco. Con Walter Chiari, Luca Barbareschi, Patrizia Fachini. ◆ Giulio (Chiari), padre scapestrato e passionale, che ha abbandonato la famiglia per vivere liberamente la propria vita, invita il figlio tradizionalista e moralista (Barbareschi) in una baita sperduta tra la neve: dopo tanti anni di incomprensione i due riescono a parlare e a sentirsi vicini. Opera seconda del torinese Mazzucco che tratteggia un bel ritratto di adulto-bambino ma che si affida troppo alle capacità istrioniche dei due protagonisti, con Barbareschi in difficoltà nel confronto con un vecchio leone come Chiari.

Romance *½ (*Romance*, Francia 1998, col, 95') Catherine Breillat. Con Caroline Ducey [Caroline Trousselard], Sagamore Stévenin, François Berléand, Rocco Siffredi, Reza Habouhossein. ◆ La maestra Marie (Ducey) ha le idee confuse sul rapporto tra sessi e sentimenti, e visto che il fidanzato (Stévenin) non la tocca, insegue la degradazione e l'ascesi: finché la maternità la farà diventare un'eroina femminista e omicida. Da sempre esploratrice dei corpi, la regista-sceneggiatrice si innamora di un personaggio che fa della contraddizione una ragion d'essere, e che dovrebbe essere nobilitato dall'abnegazione eroica di santa e puttana. Ma il discorso (che non rinuncia a lunghe scene hard e ogni genere di provocazioni, quali in un film «normale» è raro vedere) si perde nei meandri di una dialettica farraginosa e delirante, lasciando – più che turbati – scettici. A parte la pena per sfide così ostentate e presuntuose al ridicolo involontario: «Io scompaio proporzionalmente all'uccello che mi penetra: è questa la mia purezza». Grande battage per la breve parte del pornostar Siffredi, impacciato come un baccalà quando non deve usare il suo organo preferito.

Romantica avventura, Una **½ (Italia 1940, b/n, 81') Mario Camerini. Con Assia Noris, Gino Cervi, Leonardo Cortese, Ernesto Almirante, Massimo Girotti. ◆ Nell'Italia risorgimentale, la contadina Annetta (Noris) s'innamora del conte Luciano (Cortese), amico d'infanzia di Luigi (Cervi), suo marito, e trascorre la vita con il rimpianto di quell'impossibile amore, nonostante le premure del consorte. Quando Luigi la convincerà ad acconsentire al matrimonio della figlia (ancora la Noris), Annetta si rende conto del male commesso e chiede perdono al marito. Il film, ispirato al racconto omonimo di Thomas Hardy, sia per la scelta dell'ambientazione (l'Ottocento sconvolto dalle guerre risorgimentali) sia per l'attenzione agli aspetti figurativi, segna l'abbandono da parte di Camerini del filone «telefoni bianchi» e l'avvicinamento al cinema dei cosiddetti «calligrafici» (anche se l'eleganza formale era stata sempre una sua prerogativa). Interessante l'uso del bianco e nero con valore simbolico (il bianco del vestito di Annetta) e plastico (nella scena del ballo). Molto belli la scenografia di Gastone Medin e i costumi di Gino Sensani. Girato a Villa Crespi sul lago d'Orta.

Romantica donna inglese, Una **½ (*The Romantic Englishwoman*, Gb 1975, col, 115') Joseph Losey. Con Michael Caine, Glenda Jackson, Helmut Berger, Nathalie Delon. ◆ Elizabeth (Jackson), moglie annoiata di uno scrittore affermato, Lewis (Caine), va in vacanza a Baden- Baden, dove incontra l'affascinante Thomas (Berger). Quando Elizabeth torna a casa, Thomas si fa assumere da Lewis come segretario, ma la relazione tra i due amanti non filerà molto liscia. Un film anomalo, male accolto da quasi tutti i critici che lo considerarono un prodotto ben confezionato ma fondamentalmente vuoto. Eppure, nonostante lo stesso Losey avesse ammesso il suo scarso interesse per i personaggi, è proprio attorno a quel «vuoto» che si struttura la vicenda: sospensione (della noia per Elizabeth), inconoscibilità (cosa è davvero successo tra Elizabeth e Thomas? e dove? nell'ascensore?), sorpresa (l'arrivo del perturbante Thomas nella vita di Lewis). Un gioco forse un po' cerebrale, ma in fondo attraente. Da un soggetto di Thomas Wiseman, sceneggiato da lui e da Tom Stoppard, allora astro nascente della drammaturgia britannica.

Romantici equivoci ** (*Picture Perfect*, Usa 1997, col, 100') Glenn Gordon Caron. Con Jennifer Aniston, Jay Mohr, Kevin Bacon, Kevin Dunn, Olympia Dukakis, Illeana Douglas. ◆ Per compiacere il capo, la pubblicitaria newyorkese Kate (Aniston) finge di essere fidanzata col giuggiolone Nick (Mohr), che sta a Boston; ma quando questi diventa un eroe tutti lo vogliono conoscere: e Nick, che è davvero innamorato di Kate, è lieto di reggere la recita. Scritta dal regista con Arleen Sorkin e Paul Slansky, una commedia – se non sofisticata – discretamente congegnata e per nulla sguaiata: e che prima di prendere la strada più prevedibile, gioca con un certo humour sui luoghi comuni sui *singles* e le donne in carriera.

Romanticismo ** (Italia 1951, b/n, 102') Clemente Fracassi. Con Amedeo Nazzari, Tamara Lees, Fosco Giachetti, Clara Calamai, Antonio Annaloro. ◆ Nell'Italia risorgimentale del 1854, per non destare sospetti, un nobile lombardo (Nazzari) adepto della «Giovine Italia», finge simpatia per gli austriaci. La moglie (Lees), fervente patriottica ignara della verità, disprezzandolo, ne causa l'arresto. Un melodramma risorgimentale poco approfondito dal punto di vista psicologico, ma non privo di un certo ritmo cinematografico. Notevole il cast. Dall'omonimo romanzo di Gerolamo Rovetta, sceneggiato da Renato Castellani, Fulvio Palmieri e Carlo Musso.

Romantico avventuriero *** (*The Gun-fighter*, Usa 1950, b/n, 84') Henry King. Con Gregory Peck, Helen Westcott, Millard Mitchell, Karl Malden. ◆ Ringo (Peck) è un cowboy perseguitato dalla sua fama di abile tiratore. Costretto a fuggire per aver ucciso un ragazzo che l'aveva provocato, torna dalla moglie (Westcott) con la speranza di cambiar vita e trova uno sceriffo (Mitchell) disposto a proteggerlo. Ma nonostante i suoi buoni propositi, rimane vittima di un'altra provocazione e decide di farsi ammazzare. Da un racconto di Williams Bowers e André de Toth (sulla base di un fatto realmente accaduto), sceneggiato con misura dallo stesso Bowers e da William Sellers, è un «western problematico» diretto da un veterano pieno di tatto, mirabile per lo stile secco e rigoroso, antiromantico a dispetto del titolo italiano e pervaso da «una sobrietà quasi giansenista». Girato per la maggior parte in interni, con poche riprese nel deserto dell'Arizona. Peck qui è davvero mitico.

Romanzo ** (*Romance*, Usa 1930, b/n, 76') Clarence Brown. Con Greta Garbo, Lewis Stone, Gavin

Gordon, Elliott Nugent, Florence Lake. ◆ Una cantante italiana d'opera (Garbo) legata a un anziano magnate s'innamora – o almeno crede – di un giovane e ingenuo seminarista (Gordon). Questo sentimento fa filosofeggiare e riflettere la donna sul senso della vita e dell'amore per buona parte del film. Una delle interpretazioni meno viste della diva, affiancata da un ottimo partner, in uno dei primi film sonori della storia del cinema. A parte questo, però, c'è ben poco.

Romanzo della mia vita, Il (Luciano Tajoli) * (Italia 1953, b/n, 100') Lionello De Felice. Con Luciano Tajoli, Antonella Lualdi, Giulietta Masina, Fulvia Franco, Vittorio Sanipoli. ◆ Edulcorata e romanzata biografia del cantante (interpretato dallo stesso Tajoli), dall'insorgere della poliomielite, che lo colpisce da giovane, all'impossibilità di diventare cantante d'opera fino al successo nel mondo della musica leggera. Caso insolito nella cinematografia italiana, Tajoli ebbe l'onore di un film biografico (di cui è soggettista) grazie allo straordinario successo di cui godeva in quegli anni. Con molte esibizioni canore, ma cinematograficamente di scarso interesse.

Romanzo di Lillian Russell, Il ** (*Lillian Russell*, Usa 1940, b/n, 127') Irving Cummings. Con Alice Faye, Don Ameche, Henry Fonda, Edward Arnold. ◆ La vita di una cantante del varietà americano (Faye) all'inizio del Ventesimo secolo, tra diversi amori e relazioni sentimentali: morto il marito musicista (Ameche), ritroverà il primo amore (Fonda), con il quale convola a felici nozze. Un soggetto lieve recitato con gusto e diretto con buon mestiere; accurata la ricostruzione d'ambiente. Nel cartellone Fonda veniva dopo la Faye e Ameche, nonostante fosse già un divo.

Romanzo di Mildred, Il *** (*Mildred Pierce*, Usa 1945, b/n, 110') Michael Curtiz. Con Joan Crawford, Ann Blyth, Jack Carson, Zachary Scott, Eve Arden, Bruce Bennett. ◆ Le difficoltà economiche e sentimentali di una donna (Crawford) che, piantata dal marito, lavora duro per rifarsi una vita ma deve poi sottostare ai capricci di una figlia ambiziosa e perfida (Blyth). Eccezionale commistione fra melodramma e film noir, pieno di tutti i tormenti, le paure e l'aggressività attribuite alle donne americane durante e subito dopo la guerra («certo, Mildred non è una detective hard boiled, ma ne è l'equivalente nell'unico modo possibile per un'eroina degli anni Quaranta»). Una scena iniziale di esemplare maestria registica, una serie di intense interpretazioni (nella parte della protagonista, la Crawford vinse l'Oscar) e, all'origine, un solido e intelligente romanzo di James M. Cain (in cui però manca la sequenza dell'assassinio di Zachary Scott da parte di Ann Blyth, che invece è diventato il fulcro del film) sceneggiato da Ranald MacDougall e Catherine Turney.

Romanzo di Thelma Jordon, Il *** (*The File on Thelma Jordon*, Usa 1949, b/n, 100') Robert Siodmak. Con Barbara Stanwyck, Wendell Corey, Joan Tetzel, Stanley Ridges, Paul Kelly, Richard Rober, Minor Watson. ◆ Thelma (Stanwyck), compagna di un gangster, vuole uccidere una vecchia zia per ereditarne il patrimonio. Per crearsi un alibi, avvicina un procuratore (Corey), del quale, però, s'innamora. A questo punto, le sembra ovvio eliminare anche l'amante, ma la partita non è così facile da giocare. Non un capolavoro, ma un noir di tutto rispetto firmato dal «più conosciuto degli sconosciuti che dirigono film di terrore», dove l'intrigo poliziesco passa in secondo piano di fronte allo studio psicologico di una coppia e dei loro due caratteri e Siodmak racconta la storia di questa tragedia a due trasformando un thriller in un'opera intimista. La bella fotografia di George Barnes fa da cornice all'ottima prestazione della diva, naturalmente a suo agio nei panni della cinica maliarda «sempre bella come un piccolo squalo dal ventre coperto d'argento». Il titolo originale è stato poi cambiato in *Thelma Jordan*, ma la Paramount ebbe qualche esitazione sul nome della protagonista, tanto che nei credits si possono trovare indifferentemente sia Jordan che Jordon.

Romanzo di una vita, Il **½ (*Edison the Man*, Usa 1940, b/n, 107') Clarence Brown. Con Spencer Tracy, Rita Johnson, Lynne Overman, Charles Coburn. ◆ 1929: Thomas Alva Edison (Tracy), ormai vecchio, racconta ad alcuni allievi la storia della sua vita, da quando arrivò a New York, giovane idealista senza soldi, fino al successo che ebbe in seguito all'invenzione della lampadina elettrica. Seconda parte di un film biografico che la Mgm aveva dedicato al celebre inventore (la prima s'intitolava *Tom Edison giovane*, di Norman Taurog con Mickey Rooney nella parte di Edison bambino). Verità e fantasia si mescolano sapientemente, ma la plausibilità del personaggio si deve alla perfetta interpretazione di Tracy. Interessante anche oggi.

Romanzo di un baro, Il *** (*Le Roman d'un tricheur*, Francia 1936, b/n, 78') Sacha Guitry. Con Sacha Guitry, Serge Grave, Pierre Assy, Marguerite Moreno, Rosine Deréan, Jacqueline Delubac, Pauline Carton, Fréhel [Marguerite Boulc'h], Henri Pfeiffer, Pierre Labry, Gaston Dupray. ◆ Sulla terrazza di un caffè parigino un uomo (Guitry) scrive le sue memorie per spiegare come ha imparato che la disonestà salva la vita fin dall'infanzia (Grave) quando, messo in castigo perché aveva rubato, non ha potuto mangiare i funghi che, avvelenati, hanno ucciso tutta la famiglia. Crescendo (Assy) ha fatto tutti i mestieri, fattorino, groom, croupier, confermandosi nell'idea che la disonestà paga e che il modo più sicuro è quello di fare il baro professionista, carriera che ha percorso con molto successo, fino al giorno in cui un soprassalto di onestà gli ha fatto perdere tutto quello che aveva guadagnato. Quarto lungometraggio di Guitry (che l'autore ha tratto dal suo romanzo *Le memorie di un baro*) e unico apprezzato dalla critica contemporanea, questo «amorale corso di felicità» mette alla berlina con un'allegria contagiosa l'ingiustizia e la cecità morale di una società che tratta i propri membri con rispetto inverso ai loro veri meriti. Girato per tre quarti come un film muto (dove la voce off del narratore sostituisce le didascalie), accumulando esempi paradossali sull'onestà e la disonestà degli uomini, quest'opera rivela la straordinaria abilità narrativa del suo autore che passa da una situazione all'altra con una libertà sorprendente e che filma certe scene (come il cambio della guardia a Monte Carlo) con la leggerezza di un balletto. Imperdibili le prime sequenze quando presenta personalmente i tecnici e gli attori del film. Nel 1953 Guitry tornerà sugli stessi argomenti con *La vita di un onest'uomo.*

Romanzo di un giovane povero, Il ** (*Le Roman d'un jeune homme pauvre*, Francia 1935, b/n, 120') Abel Gance. Con Marie Belly, Pierre Fresnay, Pauline Carton, Saturnin Fabre, Marcelle Praince. ◆ Un giovane e spiantato marchese (Fresnay) lavora come amministratore nella casa di una ricca famiglia borghese: riuscirà a sposarne la figlia (Belly) quando l'anziano capofamiglia gli rivelerà di essere il legittimo proprietario di tutti i beni, estorti con l'inganno molti anni prima a un suo avo. Dal celebre romanzo di Octave Feuillet, un'altrettanto famosa trasposizione cinematografica, curata e raffinata ma troppo sentimentale per conquistare anche oggi.

Romanzo di un giovane povero, Il *½ (Italia/Francia 1995, col, 120') Ettore Scola. Con Alberto Sordi, Rolando Ravello, André Dussolier, Isabella Ferrari, Sara Franchetti, Aida Billarelli, Mario Carotenuto, Renato De Carmine. ◆ Vincenzo Persico (Ravello), laureato disoccupato, riceve una strana proposta dall'anziano signor Bartoloni che abita al piano di sotto (Sordi): trenta milioni per uccidergli l'insopportabile moglie (Billarelli). Persico non accetta, ma l'omicidio avviene lo stesso e lui si ritrova in prigione. Una manciata di luoghi comuni vecchi e nuovi spacciati come verità «popolari» sull'odierna situazione sociale (della serie: «meglio la galera di una vita così»), mescolati alla meglio in un intreccio che vorrebbe rinverdire e aggiornare la commedia all'italiana (il personaggio di Sordi richiama inevitabilmente quello del *Vedovo* di Dino Risi): Scola forse crede davvero di marciare al passo coi tempi, ma nel suo film, che pure ha un soggetto di grande e misconosciuta attualità (la disoccupazione intellettuale come nuova povertà), tira aria di conservatorismo qualunquista, di stanchezza diffusa, di incapacità di leggere la realtà per quella che è *qui* e *ora*. E non è certo colpa del decano Sordi, ancora in forma. Sceneggiatura di Ettore Scola, Silvia Scola e Giacomo Scarpelli. Ultimo ruolo per Mario Carotenuto, tipografo nostalgico dei tempi andati. Premio a Venezia per la Ferrari.

Romanzo di un ladro di cavalli, Il ** (*Romance of a Horsethief*, Usa/Jugoslavia 1971, col, 109') Abraham Polonsky. Con Yul Brynner, Jane Birkin, Eli Wallach, Serge Gainsbourg, Marilù Tolo, Oliver Tobias. ◆ Nella Polonia d'inizio secolo, divisa tra Germania e Russia, uno scaltro ebreo ladro di cavalli (Wallach) combatte una sua guerra personale con un capitano dei cosacchi (Brynner): dopo un ultimo grandioso colpo, fuggirà nel Nuovo Mondo insieme a una socialista (Birkin) destinata alla deportazione in Siberia. Tratto dalla sceneggiatura dell'attore David Opastoshu, è il terzo e ultimo film di un ex blacklisted: anche se questa commedia picaresca non manca di charme e di originalità, un ritmo incerto e la difficoltà a far coabitare toni differenti appesantiscono il film. Molto divertente, comunque, il pic-nic dove Jane Birkin dà lezioni di socialismo militante.

Romanzo popolare **½ (Italia 1974, col, 110') Mario Monicelli. Con Ugo Tognazzi, Ornella Muti, Michele Placido, Pippo Starnazza, Vincenzo Crocitti. ◆ Il metalmeccanico milanese Giulio Balsetti (Tognazzi) recede dalle sue scelte da scapolo per la bellezza di Vincenzina (Muti), una ragazza meridionale molto più giovane di lui. «Aperto» e «moderno» solo a parole scaccerà la moglie di casa quando scoprirà che è l'amante di un poliziotto meridionale (Placido) chiudendosi in una solitudine che forse Vincenzina – dopo aver allevato da sola il figlio – accetterà di consolare. Monicelli (autore della sceneggiatura con Age e Scarpelli) affronta con intelligente ironia i problemi dell'Italia che cresce (il rapporto uomo-donna, l'impatto Nord-Sud) fondendoli in un impianto melodrammatico che fece del film uno dei maggiori successi dell'anno e una tra le prove più riuscite del regista. Particolarmente indovinate le ricerche sul linguaggio quotidiano, grazie soprattutto alla collaborazione ai dialoghi, non accreditata, di Enzo Jannacci e Beppe Viola (che appare nella parte della maschera del cinema). Affermazione comica della Muti, grande interpretazione di Tognazzi (che sostituì Manfredi). Famosa la colonna sonora di Enzo Jannacci.

Roma ore 11 ***½ (Italia 1952, b/n, 105') Giuseppe De Santis. Con Lucia Bosé, Carla Del Poggio, Maria Grazia Francia, Lea Padovani, Delia Scala, Elena Varzi, Raf Vallone, Massimo Girotti, Paolo Stoppa, Paola Borboni. ◆ A Roma, decine e decine di ragazze si presentano a un colloquio per ottenere un posto di dattilografa. Mentre aspettano in fila sulle scale del palazzetto, nasce una baruffa che provoca il crollo della ringhiera. Un film corale, tutto al femminile, da un fatto di cronaca molto ben rielaborato dal punto di vista narrativo, con un'unità di luogo che prima attira e poi disperde miriadi di singole storie. Nell'ambito del cinema italiano è forse il miglior esempio di sceneggiatura scritta a più mani: vi collaborarono, senza creare squilibri poetici, Zavattini, Sonego, Franchina, Gianni Puccini e De Santis. Da ricordare anche l'apporto del ventitreenne Elio Petri, allora giornalista dell'*Unità*, che ebbe dal regista l'incarico di intervistare le ragazze coinvolte nella sciagura. La documentazione dell'episodio offre l'occasione per uno sfaccettato ritratto della donna italiana anni Cinquanta e una riflessione sui mass media invadenti e manipolatori. Ne deriva un anomalo film-inchiesta, dove la sociologia convive con l'impressionismo bozzettistico e le «informazioni» s'intrecciano indissolubilmente alle emozioni più nascoste dei personaggi, protagonisti assoluti del dramma. La piazza e l'edificio, interamente ricostruiti in studio, sono opera del grande scenografo francese Léon Bersacq. Ottimo l'apporto dell'intero cast, la cui eterogeneità – sotto la sapiente regia di De Santis – diventa motivo di grande ricchezza creativa. Sullo stesso incidente Genina girò *Tre storie proibite*.

Roma Paris Barcellona **½ (Italia 1990, b/n, 85') Paolo Grassini, Italo Spinelli. Con Giulio Scarpati, Emilio Bonucci, Enrica Origo. ◆ Fine anni Settanta: un rifugiato politico italiano (Scarpati) che vive a Parigi isolato dagli altri latitanti accetta di seguire due vecchi compagni diretti a Barcellona per un'azione terroristica. Insolitamente in bianco e nero e percorso da una certa suspense, *Roma Paris Barcellona* è un road-movie interiore e claustrofobico, giocato all'interno del labirinto mentale dei personaggi. Il discorso sul terrorismo è lucido e misurato, senza ammiccamenti né inutili condanne di maniera.

Roma rivuole Cesare ** (Italia 1972, col, 95') Miklós Jancsó. Con Daniel Olbrychsky, Hyram Keller, José de Vega, Lino Troisi, Gino Lavagetto, Fabio Gamma, Lorenzo Piani. ◆ In Numidia nel 44 a.C. gli indigeni si uniscono, contro Cesare, ad alcuni ribelli romani. Dopo un periodo di iniziale trionfo, il passaggio del potere a Ottaviano, che aveva preso parte alla sommossa, porta al suicidio Claudio (Olbrychsky) che sperava in un mondo dove non ci fosse bisogno di Cesari. Prodotto dalla Rai, è il più interessante dei film che Jancsó ha diretto fuori dall'Ungheria col suo tentativo di trovare un linguaggio cinematografico capace di opporsi alle «caratteristiche dittatoriali» della regia (in questo senso vanno spiegate le resurrezioni dei personaggi morti, tentativo di sottrarsi al potere del regista). Al centro del film c'è la riflessione sull'immobilità della Storia e sull'inevitabilità della corruzione del Potere, a cui però viene contrapposta una nuova fiducia nell'impulso di liberazione (visualizzata da sfrenate corse a cavallo, che si oppongono a riti e cerimonie tendenzialmente ipnotiche). Comunque non per tutti i gusti.

Roma violenta *½ (Italia 1975, col, 90') Franco Martinelli [Marino Girolami]. Con Maurizio Merli, Richard Conte, John Steiner, Ray Lovelock, Silvano Tranquilli, Daniela Giordano, Attilio Duse, Mimmo Palmara. ◆ Allontanato dai superiori dopo che, per vendicare un collega (Lovelock) rimasto paralizzato durante una rapina, ne uccide a sangue freddo il responsabile (Steiner), il commissario Betti (Merli) si mette al servizio come privato cittadino dell'avvocato Sartori (Conte, nel suo ultimo ruolo), che ha organizzato un gruppo di vigilantes per proteggere gli abitanti. Il film che ha lanciato Maurizio Merli come commissario di ferro del cinema italiano (dopo il successo del Garibaldi televisivo): cupo e crudele, convinto che la violenza si combatta solo con la violenza e scritto con estrema ferocia da Vincenzo Mannino, scade purtroppo nella regia di Girolami, scialba e approssimativa soprattutto nelle scene d'azione (l'inseguimento sulla sopraelevata è un chiaro riferimento alla fuga della banda Cavallero). Il finale ambiguo sembra riprendere quello di *La polizia incrimina la legge assolve*, diretto nel 1973 dal figlio di Girolami (Enzo G. Castellari) e prodotto dallo stesso Edmondo Amati. Indispensabili le musiche dei fratelli De Angelis. Due miliardi di incasso all'epoca: record assoluto dei poliziotteschi.

Rombo di tuono * (*Missing in Action*, Usa 1984, col, 98') Joseph Zito. Con Chuck Norris, M. Emmet Walsh, Lenore Kasdorf, James Hong. ◆ Un reduce dal Vietnam (Norris) torna sui luoghi della guerra alla ricerca dei compagni dispersi. Benché tenuto sotto stretta sorveglianza, sfugge ai controlli e va da solo nella giungla. Un Rambo di serie B, a corto d'idee, involontariamente ironico e decisamente xenofobo. Prodotto dalla discussa Cannon di Golan e Globus. Seguito da un prequel (*Missing in Action*), ancora più razzista.

Romeo and Juliet *½ (*Romeo and Juliet*, Gb 1966, col, 126') Paul Czinner. Con Margot Fonteyn, Rudolph Nureyev, David Blair, Desmond Doyle. ◆ La storia dei due sfortunati giovani amanti di Verona musicata da Prokof'ev ed eseguita dal Royal Ballet di Londra. I due protagonisti sono impersonati dalle star Fonteyn e Nureyev. La semplice registrazione del celebre balletto non sembra una scelta premiante: si sente la carenza del contatto dal vivo e si perde il coinvolgimento emotivo. Interessante solo per gli amanti della danza.

Romeo e Giulietta ** (Italia/Gb 1968, col, 138') Franco Zeffirelli. Con Leonard Whiting, Olivia Hussey, Michael York, John McEnery. ◆ Una delle più lussuose e fortunate trasposizioni cinematografiche della tragedia di Shakespeare. La storia dei due giovani amanti di Verona (Whiting e Hussey) ostacolati nel loro amore dalle rispettive famiglie trova in Zeffirelli un solenne e patinato illustratore. Il film ha vinto due Oscar: per la fotografia (Pasquale De Santis) e per i costumi (Danilo Donati). Da segnalare inoltre la colonna sonora, firmata da un Nino Rota in gran forma. Sceneggiatura di Franco Brusati e Masolino d'Amico. Whiting (diciassettenne) è doppiato da Giancarlo Giannini, la Hussey (quindicenne) da Anna Maria Guarnieri.

Romeo + Giulietta di William Shakespeare **½ (*William Shakespeare's Romeo + Juliet*, Usa 1996, col, 120') Baz Luhrmann. Con Leonardo DiCaprio, Claire Danes, John Leguizamo, Pete Postlethwaite, Paul Sorvino, Diane Venora, Harold Perrineau, Paul Rudd, Brian Dennehy, Jesse Bradford, Dash Mihok, Miriam Margolyes, Vondie Curtis-Hall, Christina Pickles. ◆ Verona Beach: Romeo Montague (DiCaprio) e Juliet Capulet (Danes) s'innamorano sfidando l'odio reciproco delle rispettive famiglie, bianca e aristocratica quella di lui, latino-americana quella di lei: ma il loro amore è destinato al suggello della morte. Versione adrenalinica, acida e kitsch, della tragedia shakespeariana, riambientata in una sorta di Los Angeles in miniatura sconvolta dal razzismo: in cerca di una traduzione comprensibile alle giovani generazioni (e forse memore dell'operazione *Jesus Christ Superstar*), il regista australiano ha fegato a scegliere un contesto simile, mantenendo pressoché intatto il testo teatrale (nell'adattamento, di Lurhmann e Craig Pearce, persino le notizie del telegiornale sono date in pentametri giambici. Per la copia italiana la bella traduzione è di Masolino d'Amico). Il risultato, interessante ma diseguale, alterna idee brillanti (il prologo televisivo, l'incontro fatale attraverso i vetri di un acquario, la piscina al posto del balcone) a momenti di sovraccarico audiovisivo un po' stordenti e tirati per le lunghe. Puristi e classicisti è meglio che si tengano alla larga.

Romero **½ (*Romero*, Usa 1989, col, 102') John Duigan. Con Raul Julia, Richard Jordan, Ana Alicia, Eddie Velez. ◆ La storia del vescovo di El Salvador, Oscar Romero (Julia), dall'iniziale disinteresse al progressivo coinvolgimento nella lotta contro i fascisti filogovernativi che ne decideranno la simbolica trucidazione in chiesa, durante una funzione religiosa. Pochissima fiction, molto cinema-verità. Il pesante clima politico e sociale è riprodotto con cura, mentre Raul Julia regge perfettamente il difficile ruolo.

Rommel, la volpe del deserto *** (*The Desert Fox*, Usa 1951, b/n, 88') Henry Hathaway. Con James Mason, Cedric Hard-wicke, Jessica Tandy, Luther Adler. ◆ La ricostruzione delle imprese dell'Afrika Korps guidate dal maresciallo Erwin Rommel (Mason) durante la seconda guerra mondiale, il quale riesce a tenere in scacco le truppe alleate fino all'inevitabile sconfitta: il suo drammatico ritorno in Germania segnerà la frattura fra il corpo ufficiale e i fanatici delle SS. Hathaway mette l'accento più sull'aspetto militaresco-avventuroso che non sulle implicazioni storico-politiche, e il film (sceneggiato da Nunnally Johnson) ribalta la prospettiva con cui il cinema americano (ma non solo) aveva fino ad allora considerato la lotta contro il nazismo. Qui i nazisti appaiono come valorosi soldati che in realtà odiavano Hitler e il nemico Rommel è addirittura commovente quando saluta la famiglia prima di andare incontro a un destino da martire nel tentativo di fermare il Führer, responsabile della rovina della patria. Si tratta di una tra le più avvincenti e problematiche opere sulla guerra d'Africa, che pone l'attenzione sullo spinoso problema della lealtà militare, ma lo sconcerto e l'irritazione della critica dell'epoca sono più che comprensibili. Mason ricopre lo stesso ruolo anche in *I topi del deserto* (1953), una specie di remake ironico del film di Hathaway, voluto dalla Fox quasi per «espiare» di fronte al pubblico americano l'audacia della produzione precedente.

Romolo e Remo *½ (Italia 1961, col, 108') Sergio Corbucci. Con Steve Reeves, Gordon Scott, Virna Lisi, Franco Volpi, Laura Solari, Piero Lulli, Enzo Cerusico, Massimo Girotti, Ornella Vanoni, Jacques Sernas. ◆ La leggenda della fondazione della città eterna, secondo il mito dei due fratelli abbandonati sul Tevere (Reeves e Scott) che fondano la nuova urbe sui sette colli, ma litigano e si affrontano in un duello mortale. Tra gli interpreti, oltre a mister Universo Steve Reeves e all'ex Tarzan Gordon Scott che danno luogo a un «superduello tra superfusti», ci sono anche Massimo Girotti nella parte di re Tazio e la cantante Ornella Vanoni nel ruolo di Tarpeia. Tra gli sceneggiatori Ennio De Concini, Duccio Tessari e Sergio Leone. Regista della seconda unità è Franco Giraldi.

Rompiballe, Il **½ (*L'Emmerdeur*, Francia/Italia 1974, col, 88') Edouard Molinaro. Con Lino Ventura, Jacques Brel, Caroline Cellier, Nino Castelnuovo, Jean-Pierre Darras. ◆ Un killer (Ventura), appostato in un albergo di Montpellier per sparare a un testimone scomodo, è «costretto» a fare amicizia con il petulante e appiccicoso vicino di camera (Brel), a causa del quale non riesce a compiere la sua missione. Finito in galera, si ritrova compagno di cella del rompiscatole, al quale non può più sfuggire. Commedia divertente e briosa, sceneggiata da Francis Veber, con la classica «aria di Francia» che si respira in ogni dialogo, in ogni inquadratura, in ogni passaggio. Rifatto da Billy Wilder (*Buddy Buddy*).

Rompiballe... rompe ancora, Il ** (*Fantasia chez les ploucs*, Francia 1970, col, 90') Gérard Pirès. Con Lino Ventura, Jean Yanne, Mireille Darc, Nanni Loy, Jacques Dufilho, Rufus. ◆ Romolo (Ventura), un oriundo italiano, ha una distilleria clandestina nel West. Quando nella fattoria arriva un gangster con un'amica e un ricco bottino di diamanti, dopo un iniziale periodo di affari, cominciano i guai. Umorismo paradossale, caratterizzazioni spassose, ritmo sostenuto: una commedia divertente, anche se poco omogenea dal punto di vista stilistico. L'unica continuità con *Il rompiballe* è la presenza di Lino Ventura.

Rompicuori, Il **½ (*The Heartbreak Kid*, Usa 1972, col, 104') Elaine May. Con Charles Grodin, Cybill Shepherd, Jeannie Berlin, Eddie Albert. ◆ Un giovane ebreo (Grodin) sposa una sua fiamma (Berlin) ma appena cominciato il viaggio di nozze, conosce una bellissima bionda (Shepherd) con la quale, divorziato dalla prima moglie, convola a nozze. Eppure neanche questa volta il suo animo inquieto trova la felicità. Da una gustosa commedia di Neil Simon, che prende spunto dal racconto breve di Bruce Jay Friedman *A Change of Plan*, la May dirige con abilità e ironia un cast bene assortito e mette a punto un curioso ritratto maschile, aiutata dalla professionalità dell'interprete: Grodin è davvero bravo nel rendere il personaggio, di volta in volta cialtrone, ingenuo, spavaldo, disarmante.

Rompiscatole, Il *½ (*The Cable Guy*, Usa 1996, col, 91') Ben Stiller. Con Jim Carrey, Matthew Broderick, Leslie Mann, Jack Black, George Segal. ◆ Steven Kovacks (Broderick), lasciato dalla fidanzata (Mann) alla vigilia del trasloco, decide di farsi installare una cinquantina di canali sul nuovo televisore. Ma Chip Douglas (Carrey), il «ragazzo del cavo», è fin troppo disponibile: non cerca un cliente, pretende un amico e gli travolge la vita come in un incubo. Poteva essere un piccolo capolavoro di comicità nera, invece è un filmetto sgangherato, inconcludente e noioso, con un messaggio moralistico che viene continuamente smentito dallo stile Mtv del regista. L'unica «sorpresa» è Carrey, perfetto nel ruolo dell'implacabile persecutore bisognoso d'affetto: ma non ha lo spazio che si merita e non trova in Broderick un coprotagonista adeguato.

Romuald e Juliette ** (*Romuald et Juliette*, Francia 1989, col, 104') Coline Serreau. Con Daniel Auteuil, Firmine Richard, Pierre Vernier, Maxime Leroux. ◆ Un ricco industriale parigino (Auteuil), dopo varie disavventure, finisce nelle calde, bonarie, altruiste, consolatorie braccia di una donna delle pulizie nera (Richard), madre di sei figli, avuti tutti da padri diversi. L'insolita coppia, scoperto di amarsi, si sposa e mette al mondo l'ennesimo bambino. Una fiaba che in modo non banale ironizza sul rapporto interrazziale: la sceneggiatura prevedibile (della stessa regista) e la morale fin troppo facile non cancellano però la simpatia utopica che la regista riesce a trasmettere con questa sua lezione di generosità.

Romy e Michelle **½ (*Romy and Michele's High*

School Reunion, Usa 1997, col, 91') David Mirkin. Con Mira Sorvino, Lisa Kudrow, Janeane Garofalo, Alan Cumming, Julia Campbell. ◆ A dieci anni dalla fine della scuola Romy (Sorvino) e Michelle (Kudrow) sono sempre amiche, si vestono come due sceme e non hanno combinato niente nella vita. Una rimpatriata con i vecchi compagni le getta nel panico: mentono, vengono smascherate, ma si prendono una rivincita. L'orrore di diventare adulti e quello di esserlo già da giovani in una commedia leggera ma non stupida (scritta da Robin Schiff) che storicizza gli anni Ottanta, con colonna sonora d'epoca e una certa cattiveria malgrado lo sgargiante stile pop (notevole fotografia di Reynaldo Villalobos) e il finalino da fiaba. Da confrontare con *L'ultimo contratto*.

Ronde, La – Il piacere e l'amore **** (*La Ronde*, Francia 1950, b/n, 97') Max Ophuls. Con Anton Walbrook, Simone Signoret, Serge Reggiani, Simone Simon, Daniel Gélin, Danielle Darrieux, Fernand Gravey, Odette Joyeux, Jean-Louis Barrault, Isa Miranda, Gérard Philipe. ◆ Attraversando una scena teatrale e un set cinematografico, il «conduttore del gioco» (Walbrook) presenta allo spettatore la storia di dieci coppie, nella Vienna dei primi del Novecento. Una prostituta (Signoret) si concede gratis a un soldato (Reggiani) che dopo non le dice neanche grazie. A un ballo il soldato seduce una servetta (Simon). La servetta, assunta presso un giovin signore (Gélin), fa l'ingenua e cade tra le sue braccia. Il giovin signore conduce una donna sposata (Darrieux) nella sua garçonnière, ma sul più bello ha una défaillance. Il marito (Gravey) di lei, prima di addormentarsi, disquisisce sull'onore delle donne sposate e di quelle con cui è lecito divertirsi da giovani. Marito che, beninteso, ha un'amante (Joyeux), che invita in un separé e sistema in un appartamentino. La ragazza vi riceve subito un poeta (Barrault) ciarliero. La sua amante è l'interprete (Miranda) della sua ultima commedia, e con lei passa dagli schiaffi ai baci. Una mattina l'attrice accoglie un conte blasé (Philipe) che le fa cambiare idea circa l'amore in quell'ora del giorno. Nell'ultimo episodio il conte si risveglia nel letto della prostituta del primo episodio, dove probabilmente non ha fatto nulla, e si allontana con signorile cortesia, incrociando un altro militare. Da *Girotondo* di Arthur Schnitzler, Ophuls (che firma anche la sceneggiatura con Jacques Natanson) ha tratto forse il suo capolavoro. È con ironia impietosa e divertimento amaro che passa in rassegna le ipocrisie con cui, a ogni gradino della società, si cerca di abbellire l'impulso sessuale. Ma non c'è moralismo né pesantezza realistica: la commedia dei sessi si risolve, appunto, in un girotondo, dove non c'è morale perché è l'esistenza stessa a non avere consistenza. Fondamentale, in tal senso, l'invenzione del personaggio pirandelliano del «conduttore del gioco», che ha anche il compito di smontare la finzione, e di sottolineare le convenzioni del racconto cinematografico (alla fine dell'episodio del conte e dell'attrice lo si vede tagliare la pellicola, preoccupato della censura). Di grande bellezza e modernità lo stile, sfarzoso ma al tempo stesso essenziale, con piani sequenza acrobatici che durano parecchi minuti e non si notano neanche. Ophuls lo girò al suo ritorno in Francia con i migliori attori del momento, e fece scandalo (specie per l'episodio di Gélin che fa cilecca con la Darrieux). La versione italiana venne tagliata di 10', snaturando completamente l'originale. Esiste una copia integrale con sottotitoli, che la Rai ha trasmesso una volta; oppure basta fare uno sforzo, e comprare una cassetta straniera. Nel 1989 in Francia è uscita una versione originaria (in precedenza mai distribuita) di 110'. Un penoso remake di Vadim nel 1964 (*Il piacere e l'amore*).

Rondine senza nido *½ (*Rebecca of Sunnybrook Farm*, Usa 1938, b/n, 80') Allan Dwan. Con Shirley Temple, Randolph Scott, Jack Haley, Gloria Stuart, Phyllis Brooks. ◆ Una giovane orfana (Temple) ha una bellissima voce. Grazie all'intervento di un pigmalione (Scott) riesce a diventare una star della radio, superando la rigida opposizione del patrigno che vuole sfruttarne egoisticamente le doti artistiche. Uno dei tanti episodi cinematografici della cinguettante enfant prodige dai riccioli d'oro. La storia è molto semplice, i sentimenti e i ruoli al limite del manicheismo. Il film si rifà a una omonima pellicola del 1917. Attualmente esiste anche in versione colorata al computer.

Rondini in volo **½ (*Les Petites du quai aux fleurs*, Francia 1943, b/n, 92') Marc Allégret. Con Odette Joyeux, Louis Jourdan, Bernard Blier, André Lefaur, Gérard Philipe, Colette Richard. ◆ Un libraio vedovo vive con le sue quattro figlie di cui una, Rosine (Joyeux), simula un suicidio per attirare l'attenzione di Francis (Jourdan), il fidanzato della sorella maggiore, del quale è perdutamente innamorata. Ci penserà un medico (Blier) a riportare la calma in famiglia. Un intrigo sentimentale indagato con umorismo e crudeltà in tutte le sue dinamiche psicologiche e d'azione, un girotondo di capricci ed emozioni illuminato da attori straordinari e dall'elegante fotografia di Henri Alekan. Allégret dirige in stato di grazia, aiutato dalla bella sceneggiatura di Jean Aurenche e Marcel Achard. Prima apparizione significativa di Gérard Philipe (Jerôme) e Danièle Delorme (Berenice).

Ronin **½ (*Ronin*, Usa 1998, col, 121') John Frankenheimer. Con Robert De Niro, Jean Reno, Stellan Skarsgård, Natascha McElhone, Sean Bean, Jonathan Pryce, Michael Lonsdale, Skip Sudduth, Jan Triska, Féodor Atkine, Katarina Witt. ◆ Cinque uomini e una donna – Sam (De Niro), Larry (Sudduth), Spence (Bean), Gregor (Skarsgård), Vincent (Reno) e Deirdre (McElhone) – sono messi sotto contratto per rubare una ventiquattr'ore protetta da sofisticati sistemi di sicurezza: non sanno chi li paga, ma presto scopriranno a loro spese che ci sono altri segreti da cui sono stati esclusi. Thriller spionistico post-Muro di Berlino, con protagonisti che sono ex agenti allo sbando («ronin» è il nome degli antichi samurai che giravano il Giappone senza un padrone) la cui unica bussola di comportamento è la morale del professionista. Scritto da J.D. Zeik e Richard Weisz (con la collaborazione ai dialoghi di David Mamet, non accreditato) e diretto con un'intensità e una malinconia che non si sentiva da anni, è una specie di omaggio a un genere in disgrazia, nel quale gli uomini contano più delle armi e degli aggeggi elettronici. Le scene d'inseguimento automobilistico per le strade prima di Arles e poi di Parigi sono tutte rigorosamente autentiche. Naturalmente il senso di spaesamento di personaggi che hanno lingue e accenti diversi sparisce nella insopportabile e monocorde edizione italiana.

Ronny * (*Ronny*, Germania 1932, b/n, 65') Reinhold Schünzel. Con Käthe von Nagy, Willy Fritsch. ◆ Il principe di Perusa (Fritsch) veste in borghese e pensa solo a mettere in scena le operette di cui è autore. Mancando una cantante, i suoi ministri spacciano come tale la costumista Ronny (von Nagy), che ovviamente conquista il suo cuore. Insulsa operetta dove numeri musicali (quasi mai doppiati) sono più lunghi delle parti dialogate. Lo stile Ufa si vede nella relativa abbondanza di mezzi e nei movimenti di macchina complessi: ma le coreografie sono parrocchiali, la recitazione pedestre, l'umorismo stucchevole, e il kitsch supera qualunque livello di recuperabilità estetica. Solo una curiosità d'epoca.

Rorret → *Mr. Rorret ad altezza d'uomo*

Rosa bianca per Giulia, Una **½ (*Where Danger Lives*, Usa 1950, b/n, 84') John Farrow. Con Robert Mitchum, Faith Domergue, Claude Rains, Maureen O'Sullivan. ◆ Un medico (Mitchum) s'innamora di una donna psicopatica (Domergue) che fa ricadere su di lui la colpa dell'uccisione del marito e lo convince a fuggire con lei in Messico. Un noir ingiustamente sottovalutato, che lo sceneggiatore Charles Brackett riempie di dettagli fisici e psicopatici (le «ferite» reali e metaforiche di Mitchum, le «bugie» della Domergue) capaci di sottolineare la componente masochista del genere e che nella seconda parte il regista carica talmente di convenzioni cinematografiche da dare l'impressione di «essere passati in un mondo parallelo, notturno e sfalsato, dove tutto è irreale».

Rosa del Sud, La ** (*So Red the Rose*, Usa 1935, b/n, 82') King Vidor. Con Margaret Sullavan, Walter Connolly, Randolph Scott, Elizabeth Patterson, Robert Cummings. ◆ La storia di una ricca famiglia di proprietari terrieri durante la guerra di Secessione americana: tra disavventure e lotte contro gli invasori nordisti, una giovane (Sullavan) attende con pazienza e abnegazione il ritorno dell'amato (Scott) per poterlo sposare. Vidor dirige con mestiere un film poco significativo nella sua lunga carriera di regista, comunque ben recitato e con scene corali di un certo interesse.

Rosa di Bagdad, La ** (Italia 1949, col, 63') Anton Gino Domeneghini. ◆ Con l'aiuto del mago Burk, il perfido califfo Jafar vorrebbe sposare la nipote di Oman III, la dolce Zeila, per impadronirsi del suo regno. Con un incantesimo toglie di mezzo i tre consiglieri Tonko, Zirko e Zizibé, ma non ha fatto i conti con il giovane Amin, aiutato dal genio della lampada di Aladino. La lavorazione del primo lungometraggio animato italiano – e anche il primo in Technicolor – inizia nel 1942 e termina sette anni più tardi (in contemporanea con *I fratelli Dinamite* di Roberto e Gino Gavioli). L'ammirevole sforzo produttivo, con l'utilizzo di una macchina da ripresa *multiplane*, non riscatta però l'ingenuità della favola e il ritmo altalenante della storia; mentre i personaggi disegnati da Angelo Bioletto rivelano, specie nelle loro componenti comiche, l'influenza dell'insegnamento disneyano (antropomorfizzazione degli animali e sottolineature caricaturali per gli umani). Primo premio al festival del film per ragazzi di Venezia del '49.

Rosa di Washington, La ** (*Rose of Washington Square*, Usa 1939, b/n, 90') Gregory Ratoff. Con Tyrone Power, Alice Faye, Al Jolson, William Frawley, Joyce Compton, Hobart Cavanaugh, Moroni Olsen, E.E. Clive, Louis Prima, Horace McMahon. ◆ Scoperta a un concorso per dilettanti da Ted Cotter (Jolson), la cantante Rose Sargent (Faye) scala ben presto le tappe del successo arrivando fino alle Ziegfeld Follies. Accanto a lei c'è Bart Clinton (Power), un avventuriero dal passato ambiguo che però saprà riscattarsi e pagare il suo debito con la legge (cinque anni di carcere), forte dell'amore della sua donna. Melodramma con musiche ispirato alla vera vita di Fanny Brice e del marito Nicky Arnstein (che saranno interpretati da Barbra Streisand e Omar Sharif in *Funny Girl* e poi in *Funny Lady*). La sceneggiatura di Nunnally Johnson si destreggia con abilità tra invenzioni e allusioni senza però mai uno scatto d'originalità, e se si eccettua l'esecuzione di *My Man* (la canzone che convince Power a costituirsi), il vero centro musicale del film è Al Jolson che canta alcuni dei suoi hit (*Mummy* e *California, Here I Come*).

Rosa L. ** (*Rosa Luxemburg*, Rft 1986, col, 122') Margarethe von Trotta. Con Barbara Sukowa, Daniel Olbrychsky, Otto Sander, Adelheid Arndt. ◆ La vicenda umana e politica di Rosa Luxemburg (Sukowa), dagli esordi come dirigente politico socialista al suo assassinio, nel 1919, per mano della polizia del governo socialdemocratico tedesco. La lotta politica, l'impegno contro la guerra, il carcere, i drammi personali della rivoluzionaria di origine polacca vengono descritti dalla regista con sincera partecipazione, ma con una certa enfasi riguardo al «femminile». Un ritratto fin troppo amorevole, con il continuo rischio di cadute nell'oleografia. Palma d'oro a Cannes per la Sukova.

Rosa la rosa, ragazza di strada → *Donna per tutti, Una*

Rosalie va a far la spesa ** (*Rosalie Goes Shopping*, Rft 1989, col, 94') Percy Adlon. Con Marianne Sägebrecht, Brad Davis, Judge Reinhold, William Harlander, Erika Blumberger. ◆ L'imponente e teutonica Marianne Sägebrecht veste i panni di una consumista assatanata per la quale le modeste finanze non sono un problema. A provvedere al lusso kitsch in cui vive assieme a figli e marito in quel di Stoccarda (Arkansas) basterà l'uso spregiudicato delle sue carte di credito fasulle. C'è il rischio di ripetere i moduli dei film precedenti (*Sugarbaby* e *Bagdad café*) ma la mole dell'attrice bavarese è un ariete contro l'american way of life capace di smascherare impietosamente il bluff dell'edonismo reaganiano.

Rosa nel fango ** (*Rose Bernd*, Rft 1957, col, 90') Wolfgang Stäudte. Con Maria Schell, Raf Vallone, Kathe Gold, Leopold Roberti. ◆ In un piccolo paese della Baviera, la povera e onesta Rosa Bernd (Schell) viene disonorata dal ricco possidente nella cui casa è a servizio, e da uno spasimante. Oggetto di scandalo e disprezzata anche dal padre moralista, dopo aver dato alla luce un bimbo morto, trova l'appoggio solo del marito (Vallone) sposato senza amore, ma dal quale è teneramente sorretta. Un feuilleton strappalacrime, tratto dal dramma di Gerhart Hauptmann: il soggetto è poco originale, ma la realizzazione è accurata e puntuale.

Rosa nera, La ** (*The Black Rose*, Usa 1950, col, 100') Henry Hathaway. Con Tyrone Power, Cecile Aubry, Orson Welles, Herbert Lom, Jack Hawkins, Michael Rennie, James Robertson Justice. ◆ Per non servire gli invasori normanni, un nobile inglese (Power) si mette in viaggio per la Cina con la carovana del generale Bayan (Welles) e si innamora della bellissima «Rosa nera» (Aubry) destinata in dono al Gran Khan: divisi dalla sorte i due si ritroveranno dopo anni, quando Bayan deciderà di offrire la «Rosa nera» al re normanno Guglielmo il Conquistatore. Un polpettone piuttosto insipido con qualche bella scena di massa e un uso interessante del technicolor. Girato fra il Nordafrica e l'Inghilterra. Compare brevemente il giovane Laurence Harvey.

Rosanna, l'odio e l'amore → *Morte al di là del fiume, La*

Rosa nuda, La * (*Naked in the Dark*, Filippine 1988, col, 74') Tata Esteban. Con Chanda Romero, Liza Lorena, Michael De Mesa, Maria Isabella Lopez. ◆ Il tragico percorso esistenziale di Dinkee (Romero), guardone frustrato bloccato da tremende esperienze adolescenziali legate alla madre, prostituta e suicida. Incapace di aver rapporti con le donne, ci riesce solo con Carminia (Lorena), una giovane prostituta alla quale, per gelosia, ucciderà un amante occasionale, finendo poi in manicomio. Travestito da dramma psicoanalitico, il film è poco più di un erotico tout-court.

Rosa per tutti, Una *½ (Italia 1965, col, 110') Franco Rossi. Con Claudia Cardinale, Nino Manfredi, Lando Buzzanca, Mario Adorf, Akim Tamiroff, José Lewgoy, Grande Othelo. ◆ La brasiliana Rosa (Cardinale) dispensa il suo amore «a fin di bene» fino a quando la gelosia non incrina i suoi rapporti. La donna tenta allora di costruirsi una relazione stabile con un medico italiano (Manfredi), ma, di fronte al tentennamento di costui, torna alla sua precedente libertà. La bellezza di Rio de Janeiro, dove si sono svolte le riprese, fa da cornice a una commedia inconsueta, fantasiosa ma improbabile, tratta da una pièce di Glaucio Gill e sceneggiata da Ennio De Concini, Eduardo Borras, Nino Manfredi e il regista.

Rosa purpurea del Cairo, La *** (*The Purple Rose of Cairo*, Usa 1985, col, 82') Woody Allen. Con Mia Farrow, Jeff Daniels, Danny Aiello, Dianne Wiest, Van Johnson. ◆ Durante la Grande Depressione, Cecilia, frustrata e infelice (Farrow), trascorre tutto il suo tempo al cinema, rivedendo molte volte lo stesso film. Un bel giorno, un attore (Daniels) scende dallo schermo e inizia una relazione d'amore con lei, incredula e felice. Mille avventure capitano all'imbranato e ingenuo attore, mentre la produzione (il film rimane incompiuto nella sala dove viene proiettato) e la polizia lo cercano. Quando Cecilia decide di seguire il suo innamorato a Hollywood e va al luogo dell'appuntamento (il cinema, ovviamente), scopre che la pellicola è stata sostituita. Altro capitolo del discorso alleniano sulla vita, la filosofia, la cultura, lo spettacolo, la finzione, l'immaginario collettivo. Qui, più che nei film precedenti, la soluzione di continuità tra realtà e finzione è davvero inesistente. Regista e sceneggiatore, Allen, in modo magistrale, illustra e scardina il tradizionale rapporto schermo-spettatore. Una delle più ironiche e appassionate dichiarazioni d'amore per la settima arte e un raffinato esempio di cinema «delle origini e sulle origini».

Rosa rossa, La **½ (Italia 1973, col, 93') Franco Giraldi. Con Alain Cuny, Antonio Battistella, Elisa Cegani, Giampiero Albertini. ◆ Finita da poco la prima guerra, il generale Paolo Balzeri (Cuny) torna nella sua casa di Trieste, dove ritrova un'anziana coppia di cugini e tanti ricordi, tra i quali l'abitudine di una segreta ammiratrice di deporre una rosa rossa nella sua stanza. Dal romanzo omonimo di Quarantotti Gambini, Giraldi ha tratto un film premiato (al festival di Taormina e di Venezia) e amato dalla critica, ma che il pubblico ha potuto vedere poco nelle sale. Notevole la colonna sonora di Luis Bacalov; raffinata e curata l'atmosfera mitteleuropea, che molto deve agli insegnamenti viscontiani.

Rosa Scompiglio e i suoi amanti **½ (*Rambling Rose*, Usa 1991, col, 113') Martha Coolidge. Con Laura Dern, Diane Ladd, Robert Duvall, Lukas Hass, John Heard. ◆ Georgia, metà anni Trenta: una fanciulla naïf dalla sensualità esuberante (Dern) viene assunta come domestica da una famiglia bene. I maschi del paese sono in subbuglio, l'uomo di casa (Duvall) anche, ma riesce a difendersi. Una commedia piena di grazia che Calder Willingham ha tratto dal suo romanzo omonimo, con una Laura Dern finalmente non torrida, ma ugualmente irresistibile, e una regia allegramente contemplativa nei suoi confronti, del tutto complice di una spontaneità erotica tanto rara quanto gioiosa. Diane Ladd, che interpreta la signora che assume Rosa Scompiglio, è la vera madre di Laura Dern.

Rosa tatuata, La ** (*The Rose Tattoo*, Usa 1955, b/n, 109') Daniel Mann. Con Anna Magnani, Burt Lancaster, Marisa Pavan, Jo Van Fleet. ◆ In un piccolo paese del Sud degli Stati Uniti, Serafina (Magnani) vive nel ricordo ossessivo del marito defunto. La sua devozione rende difficile anche la convivenza con la figlia (Pavan) ma poi si libera della memoria del consorte e trova per sé una discreta serenità accanto a un singolare personaggio che la corteggia (Lancaster). Famoso ma sopravvalutato film interpretato in America dalla Magnani, che vinse un Oscar, cosi come James Wong Howe per le riprese. Dell'opera di Tennessee Williams al quale s'ispira, il regista mantiene la cupa atmosfera, accentuando ulteriormente il carattere passionale della protagonista, ma tutto sa di falso ed esagerato.

Rose, The ** (*The Rose*, Usa 1979, col, 134') Mark Rydell. Con Bette Midler, Alan Bates, Frederic Forrest, Harry Dean Stanton. ◆ I cinque ultimi giorni di vita di una rockstar (Midler) che muore per overdose. Biografia romanzata della cantante degli anni Sessanta Janis Joplin. La Midler, al suo debutto da protagonista, trova un valido partner nel giovane Forrest, meno in Bates, nei panni del manager. Bella la fotografia di Vilmos Zsigmond. Ambiguo il senso finale dell'operazione che finisce per sembrare una condanna moralistica del rock'n'roll.

Roseaux sauvages, Les – L'età acerba ***½ (*Les Roseaux sauvages*, Francia 1994, col, 110') André Téchiné. Con Elodie Bouchez, Frédéric Gorny, Gaël Morel, Stéphane Rideau, Michèle Moretti, Jacques Nolot, Eric Kreikenmeyer, Nathalie Vigne. ◆ 1962: l'arrivo nel liceo di Villeneuve-sur-Lot del giovane *pied noir* Henri (Gorny) rompe gli equilibri di tre amici: le sue posizione oltranziste sull'Algeria scatenano la rabbia della giovane comunista Maïté (Bouchez), ma l'attenzione che comunque gli riserva accendono la gelosia di Serge (Rideau), mentre i suoi modi risvegliano le tendenze omosessuali di François (Morel). Versione «lunga» di uno degli episodi della serie televisiva *Tous les garçons et les filles de leur âge*, questo film racconta con delicatezza e intensità lo sbandamento di un gruppo di liceali di fronte alla scoperta dei loro sentimenti (l'omosessualità di François, il pragmatismo di Serge, la paura dei sentimenti di Maïté) e nodi politici della Francia alle prese con la guerra d'Algeria. Se i drammi (come la morte in guerra del fratello di Serge) si svolgono fuori campo, davanti all'obiettivo scorrono gli sbandamenti esistenziali di una generazione che scopre, truffautianamente, di non poter far affidamento sugli adulti (la scena commovente del colloquio col negoziante omosessuale, la «latitanza» della madre di Maïté) e cerca aiuto dove può: in una poesia di Rimbaud, in un film di Bergman, oppure in un bagno galeotto nella campagna del Sud-Ovest, autentica coprotagonista del film. Un film sulla gioventù che non cade nei luoghi comuni, diretto e interpretato (da attori quasi tutti esordienti) in stato di grazia.

Rose blu, Le **½ (Italia 1990, col, 94') Emanuela Piovano, Anna Gasco, Tiziana Pellerano. Con Ninetto Davoli, Laura Betti, attrici non professioniste. ◆ Racconti, autoanalisi e scene di ordinaria vita carceraria fra le detenute delle Vallette di Torino, con il filo conduttore di una rosa blu regalata a una di loro e simbolo alchemico dell'opera impossibile. Alternando la spavalda ostentazione, la commovente disperazione e la possibile serenità delle detenute, il film conquista un suo sapore pasoliniano, sottolineato dalla partecipazione di Laura Betti e Ninetto Davoli. Alcune delle protagoniste sono morte tragicamente in un incendio che ha devastato il carcere prima che il film fosse terminato.

Rose di Danzica, Le * (Italia 1979, col, 93') Alberto Bevilacqua. Con Helmut Berger, Franco Nero, Olga Karlatos, Macha Méril, Roberto Posse, Eleonora Vallone, Mauro Molli, Franco Ressel. ◆ Il nobile prussiano Erich von Lehner (Berger) deve scortare un ex generale (Nero) dei corpi franchi della repressione baltica del 1919. Costui perde la vita durante uno scontro con i futuri nazisti ed Erich, a sua volta, ha una crisi di coscienza che lo convertirà alla causa popolare. Bevilacqua si cimenta con esiti deludenti in un film che si vorrebbe ricco di spessore psicologico e politico. I due attori non rendono appieno le complessità e le crisi esistenziali dei rispettivi personaggi.

Roselyne e i leoni *½ (*Roselyne et les lions*, Francia 1990, col, 129') Jean-Jacques Beineix. Con Isabelle Pasco, Gérard Sandoz, Philippe Clevenot, Gunter Meisner. ◆ Due giovani sradicati, Roselyne (Pasco) e Thierry (Sandoz) sognano di diventare domatori di leoni. Arrivati in un circo, dopo varie difficoltà riescono a montare un numero spettacolare, garanzia di un successo professionale che sarà coronato anche dalla felicità sentimentale. Dopo *Betty Blue*, Beineix continua la sua analisi dei rapporti di coppia in ambienti e circostanze inconsueti. Elaborati movimenti di macchina e ritmo incalzante, uniti al senso del pericolo e della morte incombente, mirano al coinvolgimento totale dello spettatore, ma in realtà l'operazione è di maniera e di superficie. Non è tutto oro quel che luccica.

Rosemary's Baby – Nastro rosso a New York **** (*Rosemary's Baby*, Usa 1968, col, 137') Roman Polanski. Con Mia Farrow, John Cassavetes, Ruth Gordon, Sydney Blackmer, Ralph Bellamy, Charles Grodin. ◆ Una giovane coppia (Farrow e Cassavetes) va a vivere nel tetro condominio newyorchese «Dakota» (dove sarà assassinato John Lennon) e la donna si accorge con orrore di esser vittima di una setta satanica, che fa capo ai servizievoli e invadenti vicini, i coniugi Castevet (Gordon e Blackmer), esponenti apparentemente rispettabili della middle class. Sperando in un qualche tornaconto il marito, attore mediocre, non ostacola i terribili sortilegi e la poveretta partorisce un mostro, figlio del demonio. «Il film dell'orrore dell'èra Watergate», tratto dall'omonimo romanzo di Ira Levin che Polanski sceneggia con fedeltà e mette in scena con sobrietà, rinunciando del tutto agli effetti speciali consueti per il genere. *Rosemary's Baby* è considerato a tutt'oggi il suo film migliore, l'unico completamente in grado di reinterpretare la lezione hitchcockiana in chiave personale e in rapporto al clima della società. Su un realismo descrittivo di fondo (personaggi, ambienti), Polanski innesta progressivamente un'angoscia surreale, tanto fantastica quanto inquietante, resa più intensa dall'umorismo beffardo, dalle acute osservazioni psicologiche e da un senso di ambiguità diffusa e persistente. Premio Oscar come miglior attrice non protagonista per la Gordon. Esiste un sequel televisivo (*Rosemary's Baby II*, di Sam O'Steen), male accolto da critica e pubblico. Passata alla storia del cinema horror la scena dell'evocazione del diavolo per l'accoppiamento infernale.

Rosencrantz e Guildenstern sono morti ** (*Rosencrantz and Guildenstern Are Dead*, Gb 1990, col, 118') Tom Stoppard. Con Gary Oldman, Tim Roth, Richard Dreyfuss, Joanna Roth, Iain Glen, Joanna Miles. ◆ Due balordi che amano speculare sul caso (Oldman e Roth) vengono coinvolti da un capocomico-stregone (Dreyfuss) in una recita più vera del vero: assistono così, senza capirvi troppo, alla follia di Ofelia e alla tragedia di Amleto, e alla fine finiscono impiccati. Stoppard, ispirandosi a un suo noto testo teatrale, ha imbastito una fantasia shakespeariana a partire da due personaggi minori dell'*Amleto*. Gioco intellettuale pieno di ammiccamenti che sfrutta fino alla nausea il tema del teatro nel teatro. Brillante ma sterile. Immeritato Leone d'oro a Venezia.

Rose scarlatte ** (Italia 1940, b/n, 65') Vittorio De Sica, Giuseppe Amato. Con Renée Saint-Cyr, Vittorio De Sica, Umberto Melnati, Vivi Gioi, Luisella Beghi, Rubi Dalma, Carlo Ranieri. ◆ Un ingegnere (De Sica) avvia per caso uno scherzo galante alla moglie (de Saint-Cyr), convinta di essere corteggiata da un certo signor «Mistero», dal quale riceve quotidianamente rose rosse. Quando il corteggiatore, in realtà il marito, le dà un appuntamento, lei accetta, provocando una dura reazione dell'ingegnere che l'abbandona, ma la donna, pentita, saprà risolvere la situazione. Dalla famosa commedia *Due dozzine di rose scarlatte* di Aldo De Benedetti (anche sceneggiatore), una specie di fiaba edificante, non priva di eleganza, di ironia e persino di una certa ambiguità sotto l'apparente conformismo. L'impostazione è evidentemente teatrale, ma l'esordiente regista De Sica, che firma in coppia con il futuro produttore Peppino Amato, dimostra di aver assimilato – almeno in parte – la lezione cameriniana.

Rosewood **½ (*Rosewood*, Usa 1997, col, 128') John Singleton. Con Ving Rhames, Jon Voight, Michael Rooker, Don Cheadle, Elise Neal, Esther Rolle, Bruce McGill, Loren Dean, Catherine Kellner, Robert Patrick, Mark Boone jr. ◆ Rosewood, Florida, 1923: una bianca (Kellner) picchiata dal suo amante (Patrick) dà la colpa a un inesistente aggressore nero, innescando una serie di linciaggi che degenera in un vero e proprio massacro della popolazione di colore. Lo sceriffo vigliacco (Rooker) sta a guardare, mentre un bottegaio un po' losco (Voight) alla fine salva donne e bambini neri assieme a un reduce di guerra (Rhames). A Singleton l'affresco d'epoca riesce bene, col giusto dosaggio di rabbia e indignazione (anche se qualche volta rischia la caricatura: poco male, se serve a suscitare simpatia per gli innocenti) e con un senso dell'azione e della suspense da classico film hollywoodiano. La sceneggiatura di Gregory Poirier recupera una esecrabile storia vera: i figli delle vittime sono stati risarciti solo nel 1993. Musica di John Williams. In Italia non è mai uscito in sala.

Rosie – Il diavolo nella mia mente ** (*Rosie – The Devil in My Head*, Belgio 1998, col, 97') Patrice Toye. Con Aranka Coppens, Sara de Roo, Dirk Roofhooft, Frank Vercruyssen, Joost Wijnant. ◆ Rosie (Coppens), tredici anni, non ha mai conosciuto il padre e vive con la madre (de Roo), che preferisce farla passare per sorella: i problemi affettivi spingono progressivamente Rosie a rifugiarsi in un mondo fantastico, in compagnia di un trasgressivo principe azzurro. Delicato esordio nel lungometraggio di una regista trentaduenne provieniente dal documentarismo (ne rimane traccia nella sensibilità per il paesaggio urbano, gli interni, i volti dei personaggi) con un'insolita commedia sul disagio adolescenziale in sospeso tra realtà e finzione. La sceneggiatura – della stessa regista – risente di una certa usura nella costruzione (con troppi flashback), ma nei suoi continui spostamenti regala emozioni non banali e qualche sequenza memorabile (il rapimento di una bambina a cui Rosie dà il nome di Elvis).

Rosolino Paternò, soldato *½ (Italia 1970, col, 101') Nanni Loy. Con Nino Manfredi, Jason Robards, Peter Falk, Lorenza Guerrieri, Milena Vukotic, Mario Maranzana, Orso Maria Guerrini. ◆ Alcuni soldati americani sono incaricati di sbarcare in Sicilia insieme a un prigioniero italiano (Manfredi) nel 1943. Ma si tratta solo di un depistaggio, volto a coprire il punto strategico della vera operazione militare. Commedia agrodolce sulla guerra; sceneggiatura di ferro firmata Age e Scarpelli.

Rossa maschera del terrore, La * (*The Oblong Box*, Gb 1969, col, 91') Gordon Hessler. Con Vincent Price, Christopher Lee, Alastair Williamson, Hillary Dwyer. ◆ La tragica storia di Edward Markham (Lee), deturpato da un maleficio e costretto alla segregazione in una torre dal fratello (Price). Creduto morto, Edward fugge e raggiunge la città dove semina morte e terrore e per fermarlo il fratello non ha altra scelta che eliminarlo. Horror gotico stile Hammer, molto deludente: effettacci, un po' di sesso, cattivo gusto e anche noia. Alcune sequenze sono state girate da Michael Reeves.

Rossetto, Il ** (Italia 1960, b/n, 94') Damiano Damiani. Con Giorgia Moll, Pierre Brice, Laura Vivaldi, Bella Darvi, Ivano Staccioli. ◆ Una dodicenne (Vivaldi), innamoratasi di un trentenne (Brice), si atteggia a donna matura e quando lui uccide l'amante (Moll), la ragazzina tace nel tentativo di conquistarlo. Ma un commissario riesce a farla confessare. Un tema delicato, che l'esordiente Damiani affronta in modo piuttosto convincente fondendo il genere poliziesco con l'indagine psicologica. Ben risolto il ritratto della Roma piccolo-borghese. Nei panni del commissario c'è il regista Pietro Germi. Sceneggiatura di Cesare Zavattini e Damiani. Pierre Brice è doppiato da Paolo Ferrari.

Rossi e i bianchi, I → *Armata a cavallo, L'*

Rossini **½ (Italia 1942, b/n, 120') Mario Bonnard. Con Nino Besozzi, Paola Barbara, Armando Falconi, Memo Benassi, Paolo Stoppa, Camillo Pilotto, Greta Gonda. ◆ La vita del famoso compositore (Besozzi) attraverso alcuni momenti salienti della sua esistenza: dalla «prima» a Roma del *Barbiere di Siviglia* all'incontro con la cantante Isabella Colbran (Barbara), che diverrà sua moglie nonché l'interprete di tutte le sue opere. Tra crescenti successi professionali e dispiaceri personali, si arriva alla composizione dell'ultima grandiosa opera, il *Guglielmo Tell*. Non una piatta celebrazione, ma un commosso omaggio al grande musicista in una fastosa messinscena. Sceneggiatura di Bonnard, Parsifal Bassi, Gherardo Gherardi, Vittorio Nino Novarese con la collaborazione di Luigi Bonelli, Luciano Doria, Vittorio Gui, Alberto Luchini e Edoardo Nulli.

Rossini! Rossini! *½ (Italia 1991, col, 124') Mario Monicelli. Con Philippe Noiret, Jacqueline Bisset,

Sergio Castellitto, Sabine Azéma, Giorgio Gaber, Assumpta Serna, Feodor Chaliapin, Galeazzo Benti, Claudio Gora. ◆ Ormai anziano, il compositore pesarese (Noiret) racconta, mescolando passato e presente, momenti della sua vita sia pubblica che privata, e in particolare gli incontri con le donne che ha amato. Biografia prodotta dalla Rai e distribuita anche al cinema: cast variopinto, ma molta noia. Suso Cecchi d'Amico, Nicola Badalucco, Bruno Cagli e Monicelli firmano la sceneggiatura. Una segnalazione a parte merita il bravissimo Gaber, impresario ironico e mellifluo. Vittorio Gassman, nella parte di Beethoven, è stato tagliato dal montaggio definitivo. Avrebbe dovuto dirigerlo Altman che poi abbandonò il progetto per le troppe raccomandazioni che aveva ricevuto (comprese quelle dell'onorevole Forlani).

Rosso d'autunno ** (*Silent Fall*, Usa 1994, col, 101') Bruce Beresford. Con Richard Dreyfuss, Linda Hamilton, John Lithgow, J.T. Walsh, Liv Tyler, Ben Faulkner. ◆ Jake Rainer (Dreyfuss), psichiatra infantile in crisi, accetta di curare un bambino autistico, Tim Warden (Faulkner), che è stato testimone, insieme alla sorella Sylvie (Tyler), del massacro dei genitori: quando Tim ritrova la parola, viene a galla la verità. Un film psicologico piuttosto intrigante, costruito sulla sceneggiatura (di Akiva Goldsman) e sulla recitazione degli attori, dove l'andamento a spirale della storia vale molto di più della sua conclusione e del ritratto della peccaminosa provincia americana, ormai un po' risaputo (tanto più che Beresford, accentuando la raffinatezza della fotografia autunnale in proporzione alle inconfessabili depravazioni locali, sceglie proprio la via più facile: per confronti, si rivedano *Twin Peaks* e *Fargo*). In Italia è stato recuperato solo dopo il successo della Tyler in *Io ballo da sola*.

Rosso di sera *½ (Italia 1989, col, 93') Beppe Cino. Con Massimo Venturiello, Cristina Borghi, Franco Citti, Egidio Termine. ◆ Un fine- settimana qualunque nella vita monotona e triste di Alex (Venturiello), ex contestatore impiegato come autista presso una ditta di spedizioni. Diviso dalla moglie, frequenta gli amici al bar e l'amante senza entusiasmo e senza fiducia in nessun cambiamento. Un quadro non banale ma sicuramente non memorabile della generazione del Sessantotto. Terza prova, piuttosto anonima, dell'ex allievo e assistente di Rossellini.

Rosso nel buio ** (*Les Liens de sang*, Francia/Canada 1978, col, 100') Claude Chabrol. Con Donald Sutherland, Aude Landry, Lisa Langlois, Stéphane Audran, Donald Pleasence, David Hemmings, Micheline Lanctot. ◆ Patricia (Landry), scampata fortunosamente all'omicidio in cui è morta la cugina, denuncia il fratello. Ma l'ispettore Carella (Sutherland) scopre un indizio che fa cambiare direzione all'inchiesta. Un soggetto intrigante e coinvolgente diretto con freddezza quasi scientifica, che sembra più che altro tradire una mancanza di reale interesse per la materia da parte del regista. Il personaggio dell'investigatore Carella nasce dalla penna di Ed McBain. In America il film non uscì fino all 1981.

Rosso sangue *** (*Mauvais sang*, Francia 1986, col, 124') Leos Carax. Con Denis Lavant, Juliette Binoche, Michel Piccoli, Julie Delpy, Hans Meyer, Hugo Pratt, Serge Reggiani. ◆ A Parigi due bande sono in lotta per impadronirsi dell'antidoto al virus S.T.B.O. che colpisce «quelli che fanno l'amore senza amore». Ma durante il colpo Alex (Lavant) è ferito e dopo una corsa disperata muore. Opera seconda di Carax che conferma le proprie qualità prima di farsi prendere dalla megalomania con il successivo *Gli amanti del Pont-Neuf*: raccontando una storia tradizionale con uno stile raffinatissimo (la ricerca sui colori o sugli oggetti) dove si mescolano invenzioni poetiche (quando l'emozione impedisce ad Alex di esprimersi direttamente, si mette a parlare come un ventriloquo) e omaggi cinefili (la musica di Chaplin, l'angelo della morte di Cocteau, l'acquario di Welles, e poi molto Godard), il film riesce a dare un'immagine originalissima dell'incubo morale e sociale nel quale viviamo, in cui le immagini contano più della realtà e i colori riflettono i nostri sentimenti. Non per tutti i gusti, ma tanto personale da conquistare.

Rosso segno della follia, Il *** (Italia/Spagna 1969, col, 105') Mario Bava. Con Steve Forsyth, Laura Betti, Dagmar Lassander, Femi Benussi. ◆ Traumatizzato da piccolo come Norman Bates, John Harrington (Forsyth), paranoico impotente, uccide donne vestite con l'abito da sposa. Alla fine fa fuori anche la moglie Mildred (Betti), ma questa ritorna come fantasma, guastandogli la carriera di serial killer. Originale thriller che punta sull'humour nero e sulle incursioni del fantastico nella vita quotidiana più che su brividi ed effettacci. Tra omaggi a *Estasi di un omicidio* di Buñuel e gli abituali sberleffi allo spettatore che pretende una storia con un capo e una coda, Bava (anche cosceneggiatore e direttore della fotografia) mostra come la serie B sia a volte il contesto ideale per fare cinema in libertà, giocando con le immagini e le idee.

Rotaie **½ (Italia 1931, b/n, 88') Mario Camerini. Con Käthe von Nagy, Maurizio D'Ancora, Daniele Crespi, Aldo Moschino [poi Giacomo Moschini], Carola Pia Lotti. ◆ Due giovani senza lavoro (von Nagy e D'Ancora) rinunciano ai propositi di suicidio e prendono un treno per la riviera coi soldi trovati per terra alla stazione. A San Remo lui finisce schiavo della roulette mentre lei deve respingere le avances di un ricco straniero (Crespi), che paga i debiti dell'uomo sperando di sedurre la donna. Alla fine troveranno la forza di tornare a casa e di avviare una vita normale: lui che esce da una fabbrica e lei lo aspetta per tornare a casa. Girato nel 1929 col sistema muto e sonorizzato (solo con la musica) l'anno successivo, *Rotaie* è «un'emblematica opera di confine» che insieme a *Sole* di Blasetti segnò la rinascita del cinema italiano. La storia, sceneggiata da Corrado D'Errico, non è del tutto scontata, con i problemi della coppia che nascono da una reale situazione sociale (questo è l'unico accenno nel cinema italiano alla crisi mondiale del 1929, così come è una novità l'apparizione di operai veri nella scena conclusiva), mentre la regia rivela una solida cultura cinematografica, capace di piegare alle esigenze del racconto influssi diversissimi: la prima parte, ambientata in una camera d'albergo, si rifà al kammerspiel tedesco, con qualche inserto espressionista (il bicchiere con la pozione mortale che occupa tutto lo schermo, il gioco delle luci e delle ombre che però vengono realmente dagli esterni urbani); la seconda, sanremese, ricorda invece la commedia brillante americana, anticipando la tendenza successiva del regista (anche in termini di «garbata» satira sociale); l'ultima, che recupera l'etica del lavoro e la realtà positiva della città industriale (senza l'angoscia né l'esaltazione delle avanguardie), si riaggancia al cinema sovietico, con una composizione finale che ricorda il *Quarto Stato* di Pellizza da Volpedo. Il regista compare come uno dei giocatori alla roulette.

Rotaie della morte, Le *½ (*The Challenge*, Gb 1960, b/n, 95') John Gilling. Con Jayne Mansfield, Anthony Quayle, Carl Mohner, John Bennett. ◆ Billy (Mansfield), a capo di una banda di delinquenti, trascina in una rapina il suo uomo (Quayle): solo dopo aver pagato il debito con la giustizia, la coppia potrà cominciare una nuova vita. Una gangster story poco originale che non riesce a catturare davvero l'attenzione dello spettatore.

Rotta del terrore, → *Via della paura, La*

Rotta verso la Terra → *Star Trek IV – Rotta verso la Terra*

Rough Riders *** (*Rough Riders*, Usa 1997, col, 180') John Milius. Con Tom Berenger, Brad Johnson, Sam Elliott, Gary Busey, Illeana Douglas, Chris Noth, Geoffrey Lewis, William Katt, Francesco Quinn, Brian Keith, R. Lee Ermey, George Hamilton. ◆ Nel 1898 l'allora sottosegretario alla difesa Theodore Roosevelt (Berenger, anche produttore e mai così convincente) partecipa alla guerra ispano-americana come tenente colonnello: e a Santiago de Cuba guida i volontari dei Rough Riders nella carica, disperata ma vittoriosa, alla collina di San Juan. È la prima manifestazione dell'imperialismo americano, e Milius (sceneggiatore con Hugh Wilson) non lo nasconde: ma è anche la prima volta che nordisti e sudisti, bianchi e neri combattono assieme. E se vengono esaltati gli uomini veri, nella vittoria c'è solo amarezza. Per un cinema così classico e trascinante, ricco di personaggi esemplari come il vigliacco che si riscatta (Johnson), ormai c'è solo il piccolo schermo: ma a Milius, per la prima volta in forma negli anni Novanta, i tempi del tv-movie (in due parti) servono per girare quella che forse è la più grandiosa e complessa battaglia mai vista prima di *Salvate il soldato Ryan*. Ultimo film di Keith, nella parte del presidente McKinley: nel precedente *Il vento e il leone* interpretava proprio il presidente Roosevelt.

Roulette, La **½ (*The Lady Gambles*, Usa 1949, b/n, 99') Michael Gordon. Con Barbara Stanwyck, Robert Preston, Stephen McNally, Tony Curtis. ◆ Una donna (Stanwyck) posseduta dal devastante vizio del gioco d'azzardo, dissipa il patrimonio del marito e rovina anche se stessa finendo sulla strada. Quando sembra aver toccato il fondo dell'abisso, il marito che torna da lei diventa l'ultima chance per risalire la china. Un melodramma noir a forti tinte, con la Stanwyck che giganteggia in un'interpretazione ricca di sfumature psicologiche. Particina per un giovane che farà strada, Anthony Curtis.

Roulette cinese **½ (*Chinesisches Roulette*, Rft/Francia 1976, col, 86') Rainer Werner Fassbinder. Con Margit Carstensen, Alexander Allerson, Andra Schober, Anna Karina, Macha Méril, Ulli Lommel, Völker Spengler. ◆ La roulette cinese è un gioco della verità in cui bisogna scoprire l'identità di una persona (scelta tra i presenti) attraverso una serie di domande. In questo modo si massacrano otto personaggi borghesi (mogli, amanti, figlie) che hanno buoni motivi per odiarsi. Uno dei film più intellettuali di Fassbinder, che insieme a *Nessuna festa per la morte del cane di Satana* e *Despair* forma una specie di trilogia sulla coscienza borghese, ipocrita e in via di decomposizione. Ha scatenato una «roulette cinese» anche tra i critici, che si sono scervellati per evidenziare i numerosi riferimenti cinematografici. Tra tutti i nomi, il meno accreditato è stato Luis Buñuel, in realtà l'unico valido (in particolare per *L'angelo sterminatore*, ma più in generale per l'inserimento di indizi non direttamente collegati all'azione, importanti però per creare un'efficace atmosfera di disorientamento). Un po' faticoso dal punto di vista concettuale, ma raffinato e labirintico sotto il profilo formale: se al centro della storia c'è la borghesia disfatta, al centro del film c'è la macchina da presa, che si muove tra specchi e vetrate cercando di smascherare e spezzare i fili invisibili che avvolgono i personaggi.

Roulette russa *½ (*Russian Roulette*, Usa 1975, col, 93') Lou Lombardo. Con George Segal, Cristina Raines, Bo Brundin, Denholm Elliott, Louise Fletcher. ◆ Un agente della Cia (Segal) deve proteggere il premier russo Kossighin, in visita a Vancouver (Canada), da un connazionale che vuole ucciderlo. Ma i sovietici dissidenti rapiscono entrambi: vogliono eliminare il premier per fare scoppiare una crisi internazionale. Le scene d'azione – a effetto – sono ben girate e Segal è più che credibile nei panni dell'eroe americano, ma la figura del premier russo è tanto stereotipata da rasentare il ridicolo.

Rounders → *Giocatore, Il – Rounders*

'Round Midnight – A mezzanotte circa ***½ (*'Round Midnight*, Usa/Francia 1986, col, 131') Bertrand Tavernier. Con Dexter Gordon, François Cluzet, Gabrielle Haker, Sandra Reaves-Phillips, Christine Pascal, Herbie Hancock, Bobby Hutcherson. ◆ Nella Parigi nel 1959 il giovane illustratore Francis Borier (Cluzet) si prende cura di un sassofonista nero geniale e alcolizzato, Dale Turner (Gordon): ma nonostante l'affetto e la tranquillità che gli offre l'amicizia (e la casa) di Francis, il musicista tornerà in America dove poco tempo dopo morirà. Rilettura di un momento importante della cultura americana – la diaspora dei suonatori di be-bop in Europa – ma rivista con occhi europei (dietro la trama del film c'è la storia simile di Francis Paudras e Bud Powell), il film, sceneggiato dal regista con l'ex moglie Colo O'Hagan e David Rayfiel, è la storia di un debito e di un risarcimento morale («È stata la musica di Dale a farmi superare le prove della guerra d'Algeria», spiega Francis) e un atto d'amore totale per il jazz e per i suoi musicisti, dei quali racconta in sottotono l'ansia musicale ed esistenziale per il nuovo e l'ignoto (come le improvvisazioni del be-bop). Indovinatissima la scelta di Dexter Gordon, autentico maestro del jazz, così come sono tutti veri suonatori i musicisti che si esibiscono in diretta sul palcoscenico del locale parigino *Blue note* di Rue d'Artois o al *Birdland* newyorchese (oltre a Hancock e Hutcherson, suonano Billy Higgins, John McLaughlin, Wayne Shorter, Freddie Hubbard, Cedar Walton). Imperdibile per gli amanti del jazz, lo è altrettanto per gli amanti del cinema per capire come si debba rappresentare sullo schermo la musica e i musicisti. Il titolo originale è derivato da una composizione di Thelonious Monk. Hanno piccole parti i registi John Berry (Ben) e Martin Scorsese (Goodley), gli attori Philippe Noiret (Redon) ed Eddy Mitchel (il cliente ubriaco), il produttore Alain Sarde (Terzian) e il critico Noël Simsolo (il portiere dell'hotel). Oscar alla miglior colonna sonora (a Herbie Hancock). Il film è «rispettosamente» dedicato a Bud Powell e Lester Young.

Route 9 ** (*Route 9*, Usa 1998, col, 100') David MacKay. Con Kyle MacLachlan, Wade Andrew Williams, Peter Coyote, Amy Locane, Roma Maffia. ◆ Due bande di narcotrafficanti si ammazzano a vicenda, e due poliziotti di provincia (MacLachlan e Williams), arrivati sulla scena della strage, decidono di tenersi i loro soldi. Primo inconveniente: uno dei delinquenti non è morto. Con una situazione di partenza simile a *Soldi sporchi*, gli sceneggiatori Brendan Broderick e Rob Kerchner puntano sul concatenarsi di sorprese e colpi di scena più che sulle prevedibili psicologie. Il ritmo, comunque, regge passabilmente. Inedito in sala.

Rovescio della medaglia, Il *½ (*White Man's Burden*, Usa 1995, col, 86') Desmond Nakano. Con John Travolta, Harry Belafonte, Kelly Lynch, Margaret Avery, Carrie Snodgress. ◆ Operaio bianco in una fabbrica di dolciumi, Louis Pinnock (Travolta) viene licenziato per una banalità dal datore di lavoro afroamericano, Thaddeus Thomas (Belafonte). Disoccupato e disperato, lo rapisce per vendetta: ma la sua insopprimibile bontà conquista anche la vittima. Vorrebbe essere un sincero film antirazzista aggiornato ai nostri tempi, ma il gioco dell'intreccio è troppo scoperto e il moralismo didascalico, in agguato sin dall'inizio, si fa insopportabilmente smaccato nel finale.

Roxanne ** (*Roxanne*, Usa 1987, col, 107') Fred Schepisi. Con Steve Martin, Daryl Hannah, Rick Rossovich, Shelley Duvall. ◆ Il capo dei pompieri (Martin) di una sonnecchiosa cittadina di montagna dotato di un naso piuttosto vistoso ama una bellissima ragazza (Hannah) che però gli preferisce un collega (Rossovich) più bello quanto imbranato e sciocco. Trasposizione moderna del *Cyrano de Bergerac* di Rostand: Martin è in gran forma, ma la voglia di strappare un sorriso va a scapito del romanticismo originale.

Roxy – Ritorno di una stella * (*Welcome Home Roxy Carmichael*, Usa 1990, col, 95') Jim Abrahams. Con Winona Ryder, Jeff Daniels, Laila Robins, Dinah Manoff, Stephen Tobolowski. ◆ La notizia del ritorno al paesello di una rockstar mette in subbuglio varia umanità, tra cui una ragazzina disadattata e orfana (Ryder) che si convince di esserne la figlia. Bozzetto dell'America di provincia fatto su misura per l'emergente Ryder, fin troppo gigiona e ruffiana. Secondo film di Abrahams senza i fratelli Zucker; visti gli esiti, tornerà al genere demenziale nel successivo *Hot Shots!*

Royal Flash – L'eroico fifone **½ (*Royal Flash*, Gb 1975, col, 98') Richard Lester. Con Malcolm McDowell, Alan Bates, Florinda Bolkan, Oliver Reed, Britt Ekland, Bob Hoskins. ◆ Fanfarone e immeritatamente considerato un eroe, il luogotenente inglese Harry Flashman (McDowell) viene coinvolto, anche per colpa di una sua passata relazione con Lola Montez (Bolkan), nelle trame di Otto von Bismark (Reed) che vuole usare la somiglianza di Flashman con il re di Baviera per eliminare il sovrano e annettersi la regione. Tratto da un romanzo di George MacDonald Fraser (già sceneggiatore dei *Tre moschettieri* di Lester e qui responsabile anche dell'adattamento), una satira spensierata e iconoclasta dell'èra vittoriana, anche se le invenzioni della regia non possono far dimenticare il debito che la storia ha con *Il prigioniero di Zenda* di cui riprende, parodiandole, molte idee.

Roy Colt & Winchester Jack * (Italia 1970, col, 89') Mario Bava. Con Brett Halsey, Charles Southwood, Marilù Tolo, Isa Miranda, Teodoro Corrà, Lee Burton [Guido Lollobrigida]. ◆ Amici-nemici, Roy Colt (Halsey) e Winchester Jack (Southwood: si ignora se sia uno pseudonimo) vanno alla ricerca di un tesoro: ma un'indiana (Tolo) li fregherà entrambi. Spaghetti-western svogliato e caciarone, girato nella campagna romana; impercettibile la regia baviana. La Miranda è la maîtresse.

R.P.M. Rivoluzione per minuto *½ (*R.P.M.*, Usa 1970, col, 97') Stanley Kramer. Con Anthony Quinn, Ann-Margret, Gary Lockwood, Paul Winfield. ◆ Un professore universitario liberale e democratico (Quinn) è nominato preside del suo ateneo durante i moti studenteschi del Sessantotto. A causa delle violente rivendicazioni, è costretto a chiamare la polizia per sedare i disordini ma così si aliena le simpatie dei contestatori che lo obbligano a lasciare l'università tra gli insulti. Banale e retorica illustrazione dello scontro politico-generazionale che ispirò ben altre opere. Da un mediocre lavoro di Eric Segal, con una anonima regia di Kramer e un energico Anthony Quinn.

Ruba al prossimo tuo *½ (Italia 1969, col, 115') Francesco Maselli. Con Claudia Cardinale, Rock Hudson, Leon Askin, Ellen Corby. ◆ La ladra Esmeralda (Cardinale) convince un funzionario americano (Hudson) di voler restituire dei gioielli ai loro legittimi proprietari: si fa aiutare a entrare nella villa dei derubati per depositare il maltolto, ma le sue buone intenzioni non sono inossidabili alle tentazioni. Un insolito ruolo brillante per la Cardinale in un debole tentativo di commedia ribelle con un occhio alle richieste di Hollywood (la presenza di Hudson doveva servire a lanciare il film sul mercato internazionale). Durante il montaggio definitivo è stato eliminato il personaggio interpretato da Tomas Milian.

Rubacchiotti, I *½ (*The Borrowers*, Gb 1997, col, 86') Peter Hewitt. Con John Goodman, Jim Broadbent, Celia Imrie, Bradley Pierce, Flora Newbigin, Raymond Pickard. ◆ Un ragazzino (Pierce), insospettito dalle sparizioni degli oggetti di casa, scopre una famiglia lillipuziana di squatter che vive nelle intercapedini, «prendendo in prestito» (come suona il titolo originale) ciò che le serve: insieme sventano i piani un malvagio avvocato (Goodman) che vuole radere al suolo la casa in cui abitano. Un adattamento (di Gavin Scott e John Kamps) dei libri per l'infanzia di Mary Norton, celebri in Inghilterra, all'insegna di effetti speciali di marca hollywoodiana: perdendo per strada sia l'umorismo bizzarro, sia uno spirito vagamente ribellista.

Rubare alla mafia è un suicidio ** (*Across 110th Street*, Usa 1972, col, 102') Barry Shear. Con Anthony Quinn, Yaphet Kotto, Anthony Franciosa, Richard Ward. ◆ Tre neri, travestiti da poliziotti, rubano 300 mila dollari da una banca controllata dalla mafia, mettendosi così nel mirino dell'organizzazione. Una gangster story tesa, violenta e avvincente che vede Quinn impegnato anche in veste di coproduttore. Interessante il materiale girato ad Harlem.

Ruby ** (*Ruby*, Usa 1977, col, 84') Curtis Harrington. Con Piper Laurie, Stuart Whitman, Roger Davis, Janit Baldwin. ◆ Il fantasma di un gangster ucciso negli anni Trenta da un compare torna per vendicarsi. Reincarnatosi nella figlia sordomuta (Baldwin), la trasforma in un killer che stermina tutti i componenti della banda, compresa la ex amante (Laurie). Un thriller inconsueto, nel quale la tensione è allentata dalla presenza di alcuni momenti comici. Esiste una versione poco più lunga firmata con lo pseudonimo di Smithee.

Ruby, fiore selvaggio *** (*Ruby Gentry*, Usa 1952, b/n, 80') King Vidor. Con Jennifer Jones, Charlton Heston, Karl Malden, Josephine Hutchinson. ◆ Ruby (Jones), la «figlia della palude», diviene ricca grazie al matrimonio con un proprietario (Malden), della morte del quale viene poi ingiustamente accusata. Ritrovato il primo amore (Heston), lo perderà per mano del fratello, un fanatico ossessionato dal peccato. Film della maturità di Vidor, tra i più originali e liberi della sua carriera sceneggiato da Sylvia Richards. L'intreccio è bollente, il ritmo è forsennato e la compostezza classica della messinscena – più che contenere l'impeto irrazionale della storia e dei personaggi – indaga ed esalta tutte le possibili sfumature del desiderio, ambivalente per natura secondo il regista. Romanticismo turgido, ingigantito dal potente erotismo della Jones, moglie del produttore Selznick e già interprete di *Duello al sole*, sempre di Vidor.

Ruby – Il terzo uomo di Dallas ** (*Ruby*, Usa 1992, col, 110') John Mackenzie. Con Danny Aiello, Sherilyn Fenn, Arliss Howard, Richard Sarafian, Joe Viterelli. ◆ Chi era Jack Ruby (Aiello), l'uomo che uccise Lee Oswald – il presunto killer del presidente John Fitzgerald Kennedy? Una marionetta manovrata dalla mafia? Un ribelle? O solo un trafficone nostalgico dell'America di un tempo? Biografia volutamente ambigua, che rischia però di lasciare con la bocca asciutta. Sherilyn Fenn fa la sosia di Marilyn, Aiello ha la stoffa del protagonista.

Ruby in paradiso **½ (*Ruby in Paradise*, Usa 1993, col, 115') Victor Nuñez. Con Ashley Judd, Todd Field, Bentley Mitchum, Allison Dean. ◆ La giovane e insoddisfatta Ruby Lee Gissing (Judd) decide di iniziare una nuova vita in una località balneare della Florida. Trova un lavoro malgrado la bassa stagione, ma il figlio (Mitchum) della padrona la vuole avere tutta per sé. Ruby è tornata al punto di partenza? La trama, volutamente minimale, è messa in scena con uno stile iperrealista, che a tratti ricorda la prima Campion. Il regista (anche autore della sceneggiatura e operatore alla macchina) cerca di mostrare la banalità quotidiana con un occhio attonito e stupito, ma non sempre riesce a distanziarsi criticamente dalla filosofia da rotocalco che Ruby esprime nel suo diario. Tra le più interessanti produzioni indipendenti Usa degli ultimi anni, anche se sabotata da un doppiaggio maldestro.

Rue Barbare **½ (*Rue Barbare*, Francia 1983, col, 107') Gilles Béhat. Con Bernard Giraudeau, Christine Boisson, Bernard-Pierre Donnadieu, Jean-Pierre Kalfon. ◆ Chet (Giraudeau) è un piccolo malavitoso che si scontra con lo spietato e violento amico e capobanda Matias (Donnadieu). Dopo che costui gli ha ucciso la moglie per vendetta, Chet lo elimina e se ne va in un'altra città a ricominciare, forse, una vita migliore. Dal romanzo *Street of the Lost* dell'americano David Goodis, un «western metropolitano» crudo e appassionante, con buoni e cattivi che si affrontano all'ultimo sangue per le strade di una periferia squallida e degradata. Giraudeau mira a diventare il nuovo Marlon Brando europeo, e a tratti sembra farcela.

Rugantino ** (Italia 1973, col, 110') Pasquale Festa Campanile. Con Adriano Celentano, Claudia Mori, Toni Ucci, Renzo Palmer, Sergio Tofano, Pippo Franco, Paolo Stoppa. ◆ Rosina (Mori), amata da Rugantino (Celentano), è sposata a Gnecco, che viene ucciso da un cospiratore. Dell'omicidio è però accusato Rugantino, che preferisce farsi uccidere pur di non perdere la stima dell'amata. Un successo commerciale di Celentano, questa volta nei panni di un eroe romanesco, al quale il cantante più che la malizia trasteverina consegna un ghigno nevrotico. Festa Campanile si rifà all'omonimo musical di Garinei & Giovannini, al quale aveva già collaborato. Le scenografie sono di Poccetto Ricci, ispirate alle incisioni di Bartolomeo Pinelli.

Ruggenti anni Venti, I **½ (*The Roaring Twenties*, Usa 1939, b/n, 106') Raoul Walsh. Con James Cagney, Priscilla Lane, Humphrey Bogart, Jeffrey Lynn. ◆ Tre reduci della prima guerra mondiale tornano a casa. Nei duri anni del proibizionismo, solo Lloyd (Lynn) segue la retta via e diventa avvocato, mentre Eddie (Cagney) e George (Bogart) si dedicano al traffico clandestino di liquori, con opposta fortuna. Eddie, diventato tassista, difende a costo della vita l'onesto Lloyd dal cinico George. Uno degli ultimi ruoli da comprimario per Bogart in quello che viene considerato l'ultimo gangster-movie dell'epoca d'oro del genere. L'ambizione era quella di fare un film su dieci anni di storia dell'America, spiegando il meccanismo sociale alla base del gangsterismo e insieme diffondendo un messaggio di ottimismo rooseveltiano: l'introduzione storico-sociale viene risolta da Walsh in pochi secondi grazie a efficaci dissolvenze incrociate, lo stile è asciutto e conciso, ma l'intreccio (sceneggiato dal futuro regista Robert Rossen con Jerry Wald e Marl Hellinger) è un po' troppo confuso e oggi il film appare invecchiato rispetto alla sua fama. Esiste una versione colorizzata al computer.

Ruggito del topo, Il ** (*The Mouse That Roared*, Gb 1959, col, 83') Jack Arnold. Con Peter Sellers, Jean Seberg, David Kossoff, William Hartnell. ◆ Sperando negli aiuti per la ricostruzione il ducato di Gran Fenwick dichiara guerra agli Stati Uniti, ma l'esercito mandato a invadere New York sotto la guida del feldmaresciallo Tully Balcome (Sellers) s'impossessa involontariamente di una bomba «Q» e rischia di vincere la guerra. Tratto da un romanzo di Leonard Wibberley sceneggiato da Roger McDougall e Stanley Mann, è una commedia satirica che non risparmia qualche ironica frecciata contro l'istituzione militare statunitense ma il cui umorismo è irrimediabilmente datato. Grande Sellers che interpreta tre esilaranti ruoli: oltre a Balcome è Mountjoy e pure la granduchessa Gloriana XII. Da non perdere la gag che apre il film, prima dei titoli di testa. Nel 1963 Lester dirige un divertente sequel dal titolo *Mani sulla Luna*.

Rugrats, The – Il film ** (*The Rugrats Movie*, Usa 1998, col, 83') Norton Virgien, Igor Kovaljov.◆ Dil, nuovo nato di casa Pickles, monopolizza l'attenzione di papà Stu e di mamma Didi, per cui l'esasperato fratello Tommy decide di riportarlo al reparto maternità con l'aiuto dei suoi amici: ma il gruppo si perde in un bosco, inseguito dai genitori e dalla pestifera cuginetta Angelica. Affermatasi per la sua radicale diversità dai prodotti Disney, l'omonima serie animata televisiva (di Arlene Klasky e Gabor Csupo) al cinema diventa più realistica e meno cattiva (la perfida Angelica, ad esempio, ha un ruolo molto ridimensionato), e anche lo stile dell'animazione viene corretto in senso più tradizionale (il grandangolo sbilenco che restituisce il punto di vista dei «topi da tappeto» - come recita il titolo originale - qui è usato con parsimonia). Comunque, per chi non avesse familiarità con la micidiale covata, il film è una bella scoperta.

Rullo di tamburi **½ (*Drum Beat*, Usa 1954, col, 111') Delmer Daves. Con Alan Ladd, Audrey Dalton, Marisa Pavan, Robert Keith, Charles Bronson, Rodolfo Acosta, Elisha Cook jr. ◆ Su incarico della Casa Bianca, Johnny McKay (Ladd) cerca di concludere la pace con gli indiani modoc, ma il loro intransigente capo (Bronson) non si ferma davanti a niente pur di ostacolare il trattato: dopo una lunga lotta McKay lo catturerà e renderà possibile la pace. Un «lungo poema meditativo» dove Daves (autore anche della sceneggiatura) ricostruisce l'epopea del West basandosi sui documenti del processo al capo modoc: nonostante un Alan Ladd non in sintonia per la parte – ma con un indovinatissimo Bronson – il film ha momenti di grande sontuosità visiva capaci di trasformarsi in una pacata riflessione storica sulla conquista indiana.

Rumori di fondo → *R.D.F. – Rumori di fondo*

Rumori fuori scena ** (*Noises Off*, Usa 1992, col, 104') Peter Bogdanovich. Con Michael Caine, Carol Burnett, Denholm Elliott, Julie Hagerty, Marilu Henner, Christopher Reeve, John Ritter. ◆ Il regista inglese Lloyd Fellowes (Caine) porta in tournée negli Stati Uniti la farsa *Nothing On*: ma la reciproca insofferenza degli attori, e l'intrecciarsi dei piccoli drammi privati trasforma ogni rappresentazione in uno sfacelo. La commedia di Michael Frayn, all'origine del film, giocava sulla messinscena dell'imprevisto e della gaffe: ma sullo schermo si perde il brivido dell'azione reale, e resta solo il gioco ben calibrato, ma anche scontato, degli attori. Il trionfo finale a Broadway è un'aggiunta dello sceneggiatore Marty Kaplan, ed è del tutto insulso e inspiegato.

Runaway *½ (*Runaway*, Usa 1984, col, 100') Michael Crichton. Con Tom Selleck, Cynthia Rhodes, Gene Simmons, Kirstie Alley, Stan Shaw. ◆ Il sergente Ramsay (Selleck) e la sua aiutante (Rhodes) devono sconfiggere il cattivo e geniale Luther (Simmons), che usa robot perfezionatissimi per compiere i suoi delitti. Una buona idea di partenza, così come la presenza «diabolica» di Simmons che fa la parodia del suo ex personaggiodi rockstar (era nei Kiss) non bastano a sorreggere tutto il film che lo scrittore e regista ha tratto da un suo soggetto. Selleck poco espressivo.

Running Brave *½ (*Running Brave*, Canada 1983, col, 105') D.S. Everett [Donald Shebib]. Con Robby Benson, Pat Hingle, Claudia Cron, Graham Greene. ◆ Billy Mills (Benson) è un indiano sioux che vince i diecimila metri alle Olimpiadi di Tokyo nel 1964, nonostante i suoi complessi e i suoi problemi, poco alleviati dal burbero allenatore (Hingle). Ulteriore conferma della difficoltà di fare opere di valore e originali su un tema sportivo, nonostante la buona volontà di regista, cast e troupe.

Running – Il vincitore * (*Running*, Canada 1979, col, 103') Steven Hilliard Stern. Con Michael Douglas, Susan Anspach, Lawrence Dane, Charles Shamata. ◆ Un uomo intorno ai trent'anni (Douglas) sacrifica moglie, figlie e lavoro alla passione per la corsa: il suo sogno è partecipare alle Olimpiadi di Montreal. Una caduta gli impedirà di lottare per la medaglia d'oro, ma sarà il vincitore morale della competizione. Celebrazione e mito del successo, che santifica tutto. Un film irritante che coniuga sport e lacrime secondo una formula discutibile e, anche allora, stantia.

Ruolo della mia famiglia nella rivoluzione mondiale, Il **½ (*Uloga moje porodice u svetskoj revoluciji*, Jugoslavia 1971, col, 107') Bato [Bahrudin] Cengic. Con Milena Dravic, Mica Tomic, Erika Druzovic, Bata Stoikovic. ◆ Le reazioni di una famiglia borghese di fronte alla rivoluzione comunista (definita «un cappotto nazista dipinto di rosso»): chi si entusiasma, chi ne muore, chi pensa che tanto non cambierà mai nulla. Opera seconda di un famoso documentarista bosniaco, che qui rivela tutta la sua verve critica e sarcastica nei confronti dei miraggi rivoluzionari e del perbenismo socialista. Una satira surreale ma precisa nei suoi affondi critici, dove Karl e Groucho

Marx vanno a braccetto, con qualche rischio per il regista che radicalizzerà la sua posizione con il successivo *Slike iz zivota udarnika (Scene della vita di un lavoratore di assalto*, 1976), e verrà messo al bando per un decennio dalla produzione cinematografica jugoslava.

Ruota di scorta della signora Blossom, La ** (*The Bliss of Mrs. Blossom*, Gb/Usa 1968, col, 93') Joseph McGrath. Con Shirley MacLaine, Richard Attenborough, James Booth, John Cleese. ◆ Per combattere la noia matrimoniale Harriet (MacLaine) si trova un amante. Lo sposa anche ma la noia ritorna a far capolino e allora decide di tradire il nuovo marito con l'ex consorte (Attenborough). Una simpatica presa in giro della routine e del conformismo dell'istituzione matrimoniale sceneggiata da Alec Coppel e Denis Norden: gli attori se la cavano egregiamente nel delineare i personaggi piccolo-borghesi mediocri e squallidi, in un film velato da un fondo di amarezza.

Rush Hour – Due mine vaganti *½ (*Rush Hour*, Usa 1998, col, 97') Brett Ratner. Con Jackie Chan, Chris Tucker, Elizabeth Peña, Tom Wilkinson, Philip Baker Hall, Tzi Ma, Chris Penn. ◆ L'ispettore hongkonghese Lee (Chan), in trasferta a Los Angeles, si allea con l'indisciplinato collega americano Carter (Tucker): salvano una bambina rapita e smascherano un cattivo (Wilkinson). Non si è mai pretesa originalità dalle trame dei film con Chan (sceneggiano Jim Kouf e Ross LaManna), ma vederlo ridotto a spalla di un comico venduto come il nuovo Eddie Murphy mette un po' di malinconia. Solite acrobazie (con qualche controfigura in più da parte di Jackie), solito umorismo da Bud Spencer e Terence Hill. Per la prima volta Chan ha fatto sfracelli al box office statunitense.

Russicum – I giorni del diavolo * (Italia 1988, col, 113') Pasquale Squitieri. Con F. Murray Abraham, Treat Williams, Danny Aiello, Rita Rusic, Rossano Brazzi. ◆ Per scoprire le informazioni segrete che i gesuiti del centro Russicum stanno raccogliendo in vista di un viaggio del papa in Unione Sovietica, a Roma si danno guerra le spie della Cia e del Kgb: al giovane funzionario dell'ambasciata Usa Mark Hendrix (Williams) il compito di risolvere i molti misteri. Confuso e inutilmente sanguigno, come tanti film del discutibile Squitieri (autore anche della sceneggiatura con Valerio Riva e Robert Balchus), un fantathriller a cui il cast internazionale non riesce a dare maggior credibilità. Leopoldo Mastelloni nella parte di un febbricitante prete ucraino.

Rusty il selvaggio **½ (*Rumble Fish*, Usa 1983, b/n, 94') Francis Ford Coppola. Con Matt Dillon, Mickey Rourke, Dennis Hopper, Diane Lane, Diana Scarwid, Vincent Spano, Nicolas Cage, Christopher Penn, Larry Fishburne, Tom Waits, Sofia Coppola. ◆ Il sedicenne Rusty James (Dillon) capo di una piccola banda giovanile, vive con il padre alcolizzato (Hopper) nel mito del fratello, «il ragazzo con la moto» (Rourke) che ha vissuto da leader l'epoca eroica delle bande e ora gira per la California: tornerà giusto in tempo per salvare Rusty in una rissa, ma troverà stupidamente la morte per mano di un poliziotto. Tratto dall'omonimo romanzo di Susan E. Hinton (così come l'appena precedente *I ragazzi della 56ª strada*), è un film dai toni espressionistici nel quale Coppola, autore anche della sceneggiatura, fa uso (e abuso) di grandangoli, inquadrature sghembe, ombre e movimenti di macchina rischiando spesso di scivolare dal barocchismo visionario al simbolismo più facile (gli orologi senza lancette, i sogni di Rusty quando è ferito). Molto più interessante il confronto fra i tre personaggi maschili impegnati a trovare un qualche eroismo nella marginalità e che invece finiscono per dimostrare «con sensibile e dolorosa malinconia – solo per brevissimi tratti sentimentalistica – l'impraticabilità del sogno e del mito americano». Il titolo originale rinvia ai pesci combattenti che il fratello di Rusty vuole liberare dall'acquario di un negozio («appartengono al fiume, non combatterebbero se fossero nel fiume, se avessero più spazio» spiega con trasparente metafora) e che sono gli unici elementi a colori in un film tutto fotografato in bianco e nero da Stephen H. Burum.

Rysopis – Segni particolari: nessuno *** (*Rysopis*, Polonia 1965, b/n, 76') Jerzy Skolimowski. Con Jerzy Skolimowski, Elżbieta Czyżewska, Tadeusz Minc, Andrzej Żarnecki, Jacek Szczęk. ◆ Espulso dall'università e costretto a due anni di servizio militare, Andrzej Leszczyc (Skolimowski) passa le poche ore che lo separano dalla partenza vagabondando per la città, tra incontri sentimentali o sessuali abortiti, liti con la sua convivente (Czyżewska: la stessa attrice interpreta tutti i personaggi femminili) e un senso di solitudine sempre più opprimente. Esordio del regista (anche sceneggiatore), che crea un personaggio-alter ego che torna in altri suoi due film (*Walkover* e *Mani in alto*): un marginale che non ha più voglia di ribellarsi, e che attraversa come un testimone curioso e impotente una società animata da pulsioni materiali e che sembra tutto fuorché comunista. Lo sguardo disincantato trova il suo punto di forza in uno stile fluido e inquieto, con piani-sequenza prodigiosi (data anche la ristrettezza dei mezzi). Manca la forza della sintesi, ma si respira l'aria di libertà e sperimentazione delle *nouvelles vagues* di quegli anni. Seguìto da *Walkover*.

Saadia *** (*Saadia*, Usa 1953, col, 82') Albert Lewin. Con Mel Ferrer, Cornel Wilde, Rita Gam, Michel Simon, Cyril Cusack, Wanda Rotha, Jacques Dufilho. ◆ In Marocco una ragazza berbera, Saadia (Gam), vittima dell'influenza di una fattucchiera, rischia di rovinare l'amicizia tra un medico francese (Ferrer) e un caid progressista (Wilde) che dipinge quadri surrealisti. Tra passioni inconfessate, epidemie di peste e attacchi di briganti (capeggiati dal laido Simon), un simpatico melodramma che rispetta solo in superficie i canoni dell'esotismo hollywoodiano, ed è ricco invece di spunti antropologici e psicanalitici, per l'epoca audaci. Considerato un film minore del regista, ma esemplare dei suoi temi irrazionalistici e del suo talento visivo lussureggiante, a suo agio tra i monti dell'Atlante (la fotografia è di Christopher Challis). Lewin ha adattato un romanzo di Francis d'Autheville; musica di Bronislau Kaper.

Sabato, domenica e lunedì **½ (Italia 1990, col, 100') Lina Wertmüller. Con Sophia Loren, Luca De Filippo, Alessandra Mussolini, Jerome Anger, Luca Greco, Enzo Cannavale, Pupella Maggio, Mario Scarpetta, Luciano De Crescenzo. ◆ Pozzuoli, 1934: il matrimonio di Rosa (Loren) e Peppino Priore (De Filippo) prosegue senza scosse da circa trent'anni. Ma Rosa, cuoca sopraffina specializzata in ragù, per vendicare un presunto «tradimento gastronomico» del marito scatena la sua gelosia facendolo sospettare del professor Janniello (De Crescenzo), geologo amico di famiglia: la tensione latente emergerà durante il pranzo domenicale, in sincronia col bradisismo che fa tremare tutta la cittadina. Scene da un matrimonio partenopeo dall'omonima commedia di Eduardo De Filippo, sceneggiata dalla Wertmüller e Raffaele La Capria (con qualche modifica: gli anni Cinquanta sono diventati Trenta, l'ambientazione da Napoli è passata a Pozzuoli e Janniello da ragioniere è diventato geologo). La regista trova nel testo di Eduardo una storia a lei congeniale, variopinto patchwork familiare dominato da una «grande madre mediterranea» e sottoposto – per amore e per onore – a perturbazioni di vario genere, che rientra perfettamente nei canoni della sua poetica del grottesco quotidiano. Buona l'interpretazione della Loren nella parte della popolana orgogliosa (a teatro il personaggio era stato pensato per Pupella Maggio, che qui interpreta il ruolo di zia Memè), e ottimo il cast dei «defilippiani». Alessandra Mussolini è Giulianella, figlia di Rosa e Peppino. Scenografie di Enrico Job, marito della regista. Nato come film-tv (prodotto da Berlusconi), esiste in doppia versione: cinematografica (100') e televisiva (due puntate di 100' ciascuna).

Sabato, domenica e venerdì *½ (Italia 1979, col, 118') Sergio Martino, Pasquale Festa Campanile, [Franco] Castellano, Pipolo [Giuseppe Moccia]. ◆ Film a episodi. In *Sabato* (Sergio Martino. Con Lino Banfi, Milena Vukotic, Edwige Fenech, Lory Del Santo) un ragioniere va a Tokyo, trova moglie e apre un ristorante pugliese; in *Domenica* (Pasquale Festa Campanile. Con Michele Placido, Barbara Bouchet) un giovanotto sposa una ragazza siciliana per liberarla dalla prepotenza paterna; in *Venerdì* (Castellano e Pipolo. Con Adriano Celentano, Lova Moor), un impresario del Crazy Horse sposa la prima ballerina per evitare che lei lasci il suo posto. Tentativo di comicità meno grezza del solito, anche se non si alza al di sopra della macchietta e della caricatura. Nell'episodio *Sabato*, una irriconoscibile, e giovanissima, Maria Teresa Ruta è la segretaria che usa le grazie della sua scollatura per convincere il capufficio.

Sabato italiano *½ (Italia 1992, col, 95') Luciano Manuzzi. Con Francesca Neri, Isabelle Pasco, Chiara Caselli, Stefano Dionisi, Francesco Barilli. ◆ Tre storie si intrecciano un sabato notte nella gaudente Romagna delle discoteche all'ecstasy e della roulette russa sulle strade: una spogliarellista (Neri) viene ingaggiata da due intraprendenti ragazzini; un rivenditore d'auto (Barilli) si gioca a poker la vita della sua ragazza (Pasco); una scemetta impasticcata (Caselli) provoca l'inevitabile incidente finale. Su un soggetto di Pier Vittorio Tondelli, sceneggiato dal regista e Marco Tullio Giordana, un film che si riduce a qualche scampolo di corpi e luci nella notte: un'ora e mezza è lunga, e la curiosità di sapere chi muore rischia di venire meno. Brava la Neri malgrado tutto, inutili o mal dirette le altre due.

Sabato sera, domenica mattina ***½ (*Saturday Night and Sunday Morning*, Gb 1960, b/n, 89') Karel Reisz. Con Albert Finney, Shirley Ann Field, Rachel Roberts, Hylda Baker, Norman Rossington. ◆ Nottingham: dongiovanni proletario e sfaticato, Arthur Seaton (Finney) ha una relazione con una donna sposata (Roberts), ma finisce con l'essere incastrato da una ragazza perbene (Field), scoprendosi un vile. Primo lungometraggio di Reisz, e capostipite, assieme a *I giovani arrabbiati* di Richardson, del Free Cinema britannico. A una grande libertà di forma e struttura si accompagna uno spirito demistificante e uno sguardo analitico sulla società. Rispetto ai film dei colleghi, quello di Reisz sembra essere invecchiato meglio, per il suo umorismo caustico e per il suo ritmo da commedia brillante, in felice contrasto con il grigiore degli ambienti. Finney, che aveva debuttato lo stesso anno negli *Sfasati*, è irresistibile e sa cogliere tutte le sfumature del suo personaggio. Tratto dall'omonimo romanzo di Alan Sillitoe (adattato dall'autore), e fotografato da Freddie Francis.

Sabato tragico *** (*Violent Saturday*, Usa 1955, col, 91') Richard Fleischer. Con Victore Mature, Richard Egan, Stephen McNally, Virginia Leith, Margaret Hayes, Tommy Noonan, Lee Marvin, John Carrol Naish, Sylvia Sidney, Ernest Borgnine, Brad Dexter. ◆ Tre gangster (Marvin, McNally e Naish) arrivano a Brandeville per rapinare la banca e nelle ventiquattr'ore che precedono il colpo si mescolano ad alcuni abitanti della città: Shelley Martin (Mature), un ingegnere che cerca di conquistare la stima del figlio; Boyd Fairchild (Egan), un playboy alcolizzato, e sua moglie Emily (Hayes), che passa di relazione in relazione; Elsie Braden (Sidney), una bibliotecaria ladra al corrente della passione voyeuristica di Harry Reeves (Noonan), direttore della banca, per l'infermiera Linda (Leith), a sua volta innamorata di Boyd. Quando i rapinatori entreranno in azione, la loro vita cambierà, così come quella di Stadt (Borgnine), un amish non violento. Un originale gangster-movie (sceneggiato da Sydney Boehm da un romanzo di William Heath) che sposta completamente l'attenzione sul contesto, «utilizzando l'intreccio poliziesco come mezzo d'indagine sociale» e l'arrivo dei gangster come rivelatore della realtà nascosta. Fleischer infonde dinamismo a quello che poteva diventare uno statico affresco di provincia, trasformando un intreccio frammentario in un film d'azione conciso e intenso, che è allo stesso tempo una parabola sulla violenza e i suoi effetti. Grande cast, in cui spicca un sadico Lee Marvin nel primo ruolo importante della sua carriera.

Sabbie del Kalahari, Le *½ (*The Sands of the Kalahari*, Gb 1965, col, 119') Cyril Endfield. Con Stuart Whitman, Stanley Baker, Susannah York, Harry Andrews, Nigel Davenport. ◆ Un aereo in avaria riesce ad atterrare fortunosamente nel deserto: i sopravvissuti se la devono vedere anche con scimmie feroci. Film d'avventura enfatico e poco ispirato.

Sabbie rosse **½ (*Along the Great Divide*, Usa 1951, b/n, 88') Raoul Walsh. Con Kirk Douglas, Virginia Mayo, John Agar, Walter Brennan, Ray Deal. ◆ Uno sceriffo (Douglas) difende contro tutti un vecchio (Brennan) accusato ingiustamente di omicidio. Un classico western manicheo e cristallino, che non pone dubbi o alternative sulla parte dalla quale si deve stare. Bella la parte dell'ardua traversata del deserto, girata con grande senso drammatico e del paesaggio.

Sabotaggio *** (*Sabotage*, Gb 1937, b/n, 76') Alfred Hitchcock. Con Sylvia Sidney, Oscar Homolka, John Loder, Desmond Tester, Joyce Barbour. ◆ Verloc (Homolka), tranquillo gestore di un cinema, è in realtà un terrorista che, per portare a compimento un attentato, affida all'ignaro fratellino della moglie Sylvia (Sidney) un pacco contenente una bomba a orologeria. Tratto dal romanzo di Joseph Conrad *L'agente segreto* sceneggiato da Charles Bennett. Hitchcock non fu molto soddisfatto del risultato, si pentì di una scelta di sceneggiatura coraggiosa, ma ci sono almeno due sequenze da antologia della suspense: più ovvia quella in cui lo spettatore ha paura che muoia il ragazzino; più difficile e geniale quella in cui teme che Sylvia uccida il marito. Hitchcock non fa nessuna comparsa.

Sabotatori ** (*Saboteur*, Usa 1942, b/n, 108') Alfred Hitchcock. Con Robert Cummings, Priscilla Lane, Otto Kruger, Alan Baxter, Alma Kruger. ◆ Alle soglie della seconda guerra mondiale Barry Kane (Cummings), operaio di una fabbrica americana d'aerei, viene ingiustamente incolpato di un sabotaggio: aiutato da una donna (Lane) scoprirà i colpevoli. Complotti spionistici e un innocente in fuga sceneggiati da Peter Viertel, Joan Harrison e Dorothy Parker: Hitchcock ricicla pretesti narrativi ben noti (vedi *Il club dei 39*, *Giovane e innocente*, *Corrispondente segreto*), mentre nel finale sulla Statua della Libertà fa le prove generali per *Intrigo internazionale*. Il genio del regista si intuisce nelle singole sequenze (il ballo, al Radio City Music Hall, sulla cima della Statua della Libertà), ma nell'insieme il film non è dei più memorabili. Hitchcock si vede addirittura due volte: mascherato da cowboy con i baffi mentre consegna una lettera e poi cliente davanti a un'edicola.

Sabrina ***½ (*Sabrina*, Usa 1954, b/n, 113') Billy Wilder. Con Humphrey Bogart, Audrey Hepburn, William Holden, Walter Hampden, John Williams, Martha Hyer, Marcel Dalio. ◆ Sabrina (Hepburn), figlia dell'autista (Williams) di una famiglia di miliardari, trasformata in una donna sofisticata dopo due anni trascorsi a Parigi, fa innamorare il rampollo David Larrabee (Holden) che non si era mai accorto di lei. E il primogenito Linus (Bogart), preoccupato che il matrimonio d'interesse del fratello possa non andare in porto, incomincia a corteggiarla. Dietro la facciata leggera e le convenzioni della commedia rosa, Wilder descrive i rituali dell'alta società e le barriere di classe con la sua solita disincantata intelligenza (come dice il padre di Sabrina, autista nella casa dei Larrabee: «la vita è come un'automobile: c'è chi si siede dietro, c'è chi si siede davanti. E in mezzo c'è un vetro»). Romanticismo e ironia in un equilibrio miracoloso: perfino quando Sabrina tenta il suicidio nel garage, lo spropositato numero di automobili – segno della ricchezza dei padroni – toglie tutta la drammaticità alla scena. Innumerevoli le scene d'antologia: dalle lezioni di soufflé a Parigi ai problemi del vecchio Larrabee (Hampden) con i sigari e con le olive per il Martini. Sceneggiatura di Wilder, Samuel Taylor ed Ernest Lehman dalla commedia di Taylor. Sul set, però, l'atmosfera fu molto tesa e Bogart, in particolare, si inimicò tutti i colleghi forse perché non si sentiva a suo agio in una parte pensata per Cary Grant. Oscar per i miglior costumi a Edith Head. Remake nel 1995.

Sabrina ° (*Sabrina*, Usa 1995, col, 127') Sydney Pollack. Con Harrison Ford, Julia Ormond, Greg Kinnear, Nancy Marchand, John Wood, Richard Crenna, Angie Dickinson, Lauren Holly, Dana Levy, Miriam Colon, Fanny Ardant, Valeria Lemercier, Gregory Chase. ◆ Per dimenticare David Larrabee (Kinnear), la giovane Sabrina (Ormond), figlia dell'autista di casa, si trasferisce a Parigi: si trasformerà in una donna bellissima che farà colpo non solo su David ma anche sul più maturo e freddo Linus (Ford). Rifare il gioiello di Billy Wilder era già impresa disperata, ma Pollack delude su tutto il fronte, nonostante una sceneggiatura meno raffazzonata del prevedibile di Barbara Benedek e David Rayfiel: ci sono dei tocchi autoriali (come il ruolo del tempo e i condizionamenti che comporta), ma la magia della favola sparisce del tutto: e i tentativi di aggiornamento sembrano «belletto spalmato su un cadavere». Carmen Chaplin, nipote di Charles, è una delle amiche di Sabrina a Parigi; Ines Sastre interpreta una delle modelle.

Sabù, principe ladro → *Buongiorno, elefante!*

Sacco a pelo a tre piazze ** (*The Sure Thing*, Usa 1985, col, 94') Rob Reiner. Con John Cusack, Daphne Zuniga, Anthony Edwards, Boyd Gaines, Tim Robbs, Viveca Lindfors. ◆ Avventure estive, piccole ripicche e gelosie per Walter (Cusack) e Alison (Zuniga), due studenti americani che, dopo aver fatto un viaggio coast to coast litigando, alla fine diventano una felice coppia fissa. Opera seconda di Reiner sceneggiata da Steven L. Bloom e Johathan Roberts, che aggiorna il classico *Accadde una notte* e anticipa *Harry, ti presento Sally*. Più intelligente del titolo italiano e della media delle commedie adolescenziali: anche se non mancano cadute di tono e forzature. Il produttore esecutivo è Henry «Fonzie» Winkler.

Sacco bello, Un **½ (Italia 1980, col, 99') Carlo Verdone. Con Carlo Verdone, Veronica Miriel, Mario Brega, Renato Scarpa, Isabella Bernardi. ◆ Un ferragosto a Roma: un bullo vuole partire per Cracovia contando di fare strage di femmine a colpi di calze di nylon e penne a sfera; un mammone si porta in casa una spagnola (Miriel) disinibita, ma non conclude nulla; un hippy della comunità «Bambini di Dio» incontra il padre (Brega) che cerca di riportarlo in famiglia. Oltre a questi tre personaggi, Verdone interpreta anche il prete, il professore e Anselmo. Una vetrina di caricature e di pezzi di bravura – mimici e linguistici – sostenuta da un umorismo a volte cattivo. Al suo esordio come regista (prodotto da Sergio Leone), Verdone venne salutato come una promessa del cinema italiano: e *Un sacco bello* resta uno dei suoi film migliori. Chiari i riferimenti a *Una domenica d'agosto* di Emmer.

Sacco e Vanzetti ** (Italia 1970, col, 111') Giuliano Montaldo. Con Gian Maria Volonté, Riccardo Cucciolla, Rosanna Fratello, Cyril Cusack, Milo O'Shea, Marisa Fabbri, Sergio Fantoni. ◆ Boston, 1920: due immigrati italiani anarchici, Nicola Sacco (Cucciolla) e Bartolomeo Vanzetti (Volonté), accusati ingiustamente di rapina e omicidio, vengono condannati a morte. Le domande di riapertura del processo vengono respinte, e i due vengono giustiziati il 23 agosto 1927. Montaldo (autore della sceneggiatura insieme a Fabrizio Onofri e Mino Rolli) sposa la tesi del delitto di Stato, e gira un melodramma edificante e pieno di indignazione: nobile nelle intenzioni, meno incisivo dal punto di vista del linguaggio filmico. Nell'edizione che circola in cassetta e che si vede in tv, manca la battuta finale di Vanzetti prima di sedersi sulla sedia elettrica («Viva l'anarchia») tagliata nella colonna sonora dal produttore per «favorire» la vendita alla Rai, ma non nell'immagine che con un po' di fatica si può decifrare dal movimento labiale di Volonté. Cucciolla fu premiato a Cannes nel 1971. Joan Baez canta il tema del film.

Sacrificati di Bataan, I ** (*They Were Expendable*, Usa 1945, b/n, 135') John Ford. Con Robert Montgomery, John Wayne, Donna Reed, Jack Holt, Ward Bond, Cameron Mitchell. ◆ Nel 1942 la situazione degli americani nell'oceano Pacifico è critica: per sperimentare una nuova arma, gli anfibi da sbarco, un gruppo di volontari viene incaricato di una missione suicida nelle Filippine. Una cronaca di guerra asciutta e mesta sceneggiata da Frank Wead, dove la retorica propagandistica finisce col passare in secondo piano. Montgomery prestava servizio come tenente di marina all'epoca della lavorazione, e portò a termine il film in seguito a una malattia di Ford.

Sacrificio ° (*Offret*, Svezia/Francia/Gb 1986, col, 147') Andrej Tarkovskij. Con Erland Josephson, Susan Fleetwood, Valerie Mairesse, Gudrun Gisladottir, Allan Edwall. ◆ Alexander (Josephson) sta festeggiando con la famiglia il suo compleanno, quando giunge la notizia dello scoppio della guerra atomica. Pur di veder salvi i suoi cari, fa voto di sacrificare ogni suo avere. La notizia era falsa, ma non si sottrae alla promessa: dà fuoco alla casa, e viene portato via in ambulanza. «Tutto ciò che non è necessario, è peccato», dice Alexander: ma la sintesi e la chiarezza non sono certo il pregio dell'ultimo film del regista russo. Lo stile sempre più visionario e denso di richiami esoterici cerca di afferrare l'invisibile, ma si incaglia nella letteratura che gronda dai dialoghi e nel bric-à-brac dei simboli. Il sogno di un cinema mai visto finisce col ripiegarsi, manieristicamente, su quello già fatto: a cominciare dalle levitazioni dello *Specchio* e i paesaggi degradati di *Stalker*. Cinefili snob, ciellini e mistici dell'immagine sono andati in estasi: ma l'ultimo Tarkovskij non è certo il più memorabile.

Sacrificio del sangue *½ (*Le Puritain*, Francia 1937, b/n, 97') Jeff Musso. Con Jean-Louis Barrault, Pierre Fresnay, Viviane Romance, Alla Donell, Mady Berry, Alexandre Rignault. ◆ Giovane giornalista ossessionato dalla moralità dei costumi, Francis Ferriter (Barrault) uccide a pugnalate una prostituta e accusa dell'omicidio un ex membro (Rignault) della società di vigilanza morale a cui appartiene. Arrestato presso un'altra prostituta (Romance) e interrogato dal commissario (Fresnay), confesserà il crimine e scoprirà di averlo commesso per frustrazione sentimentale. Una sorta di Ufo nel cinema francese degli anni Trenta, che non ha molti meriti a parte la marginalità e l'irriducibilità a qualsiasi classificazione: Barrault interpreta il suo personaggio-tipo, ma non va oltre i limiti del grottesco, e l'ambientazione generica non aiuta a inquadrare psicologicamente il protagonista, il cui percorso pseudo-dostoevskiano rimane fondamentalmente un mistero. È tratto da un romanzo dell'irlandese Liam O'Flaherty (sceneggiato dallo stesso regista), che nella vaga trasposizione francese – ispirata al «realismo poetico» – perde forse un po' troppo del suo substrato di fanatismo religioso.

Sacrificio fatale *** (*The Rapture*, Usa 1991, col, 100') Michael Tolkin. Con Mimi Rogers, Patrick Bauchau, David Duchovny, Dick Anthony Williams, Will Patton. ◆ Delusa dalla sua vita di sesso occasionale e coppie miste, la telefonista Sharon (Rogers) diventa succube di una setta di evangelisti guidata da un ragazzino nero che preannuncia l'imminenza dell'Apocalisse. Dopo la morte (violenta) del suo nuovo marito (Williams), Sharon medita di uccidersi assieme alla figlioletta, per andare più in fretta in Paradiso: ma Dio, o chi per lui, le gioca un brutto scherzo. Opera prima dello sceneggiatore dei *Protagonisti*, è un viaggio inquietante e ambiguo in quell'America profonda che affida risibili speranze di redenzione a profeti da quattro soldi; ma anche un dramma metafisico vagamente blasfemo, e un film fantastico che ha lasciato sconcertati gli spettatori americani, incapaci di capire da che parte stesse Tolkin. Le ambizioni sono smisurate – Tolkin mette in scena addirittura l'Apocalisse, coerentemente, con un'iconografia da bollettino dei Testimoni di Geova – ma non ci sono prediche né messaggi. E a Tolkin riesce quello che Roeg ha solo tentato in *Oscuri presagi*: parlare dell'irriducibilità della religione al mondo d'oggi. Fotografia di Bojan Bazelli.

Sacro e profano *½ (*Never So Few*, Usa 1959, col, 123') John Sturges. Con Frank Sinatra, Gina Lollobrigida, Peter Lawford, Steve McQueen, Paul Henreid, Brian Donlevy, Charles Bronson. ◆ L'amore tra un capitano americano (Sinatra), di stanza in Birmania durante la seconda guerra mondiale, e la profuga Carla (Lollobrigida), dalla quale lo dividono le alterne vicende belliche. Polpettone interminabile al servizio delle due star: il melodramma è al di fuori delle corde di Sturges.

Sadismo ** (*Performance*, Gb 1970, col, 106') Donald Cammell, Nicolas Roeg. Con James Fox, Mick

Jagger, Anita Pallenberg, Michèle Breton. ◆ Chas (Fox), un gangster sadico in fuga dai suoi e dalla polizia, finisce in uno scantinato dove vivono un ex cantante drogato (Jagger) e le sue due amanti (Pallenberg – allora compagna del chitarrista dei Rolling Stones Keith Richards – e Breton): li renderà succubi tutti e tre. Trasgressioni anni Sessanta: in pratica la versione pop del *Servo* di Losey sceneggiata da Cammell, con Fox, questa volta, nel ruolo del carnefice. Quanto bastava, allora, per fare scandalo: e ancora oggi è arduo vederlo nella versione integrale. Prima (co)regia del direttore della fotografia Roeg. Bella colonna sonora di Jack Nitzsche.

Safari *½ (*Safari*, Gb 1956, col, 91') Terence Young. Con Victor Mature, Janet Leigh, Roland Culver, John Justin, Roland Culver, Earl Cameron. ◆ Per vendicare l'uccisione del figlio e di una vecchia zia in Kenia, un cacciatore (Mature) accecato dall'ira, si mette sulle tracce dei banditi Mau Mau, spauracchio dell'epoca. Mediocre e banale sotto ogni punto di vista.

Safari Express *½ (Italia/Rft 1976, col, 108') Duccio Tessari. Con Giuliano Gemma, Ursula Andress, Jack Palance, Biba, Nello Pazzafini. ◆ Un gruppo di speculatori sta per mettere le mani su importanti risorse naturali africane, ma un avventuriero (Gemma) e una finta suora (Andress) mandano in fumo i loro disegni. Sulla scia della coppia Spencer-Hill, un film per un pubblico preadolescenziale senza troppe pretese.

Safe **½ (*[Safe]*, Usa 1995, col, 118') Todd Haynes. Con Julianne Moore, Xander Berkeley, Peter Friedman, James LeGros, Susan Norman, Jessica Harper, Kate McGregory. ◆ Carol White (Moore), ricca casalinga californiana di San Fernando, vive in un incubo ad aria condizionata dai colori pastello: ma quando comincia a manifestare allergie inspiegabili, lascia il suo mondo artefatto per andare in una comunità *New Age* in mezzo al deserto, dove le vengono instillati messaggi di improbabile ottimismo, mentre le sue cellule continuano a degenerare. Freddo come un teorema ma senza chiave né soluzione, il film di Haynes (anche sceneggiatore) sfiora la satira e il documentario sociale, ma si rifiuta intelligentemente di schierarsi: con un effetto volutamente snervante e disorientante. Lo stile, imbevuto di *ambient music*, è fatto apposta per distanziare lo spettatore, in contrasto con l'interpretazione della Moore, di impressionante naturalismo. A metà strada tra Jon Jost e Michael Tolkin, con troppa fiducia, forse, che i ritmi catatonici suscitino ipnosi e non solo scoramento.

Safe Men *½ (*Safe Men*, Usa 1998, col, 94') John Hamburg. Con Sam Rockwell, Steve Zahn, Michael Lerner, Harvey Fierstein, Christina Kirk, Mark Ruffalo. ◆ Due cantanti di terz'ordine, Sam (Rockwell) ed Eddie (Zahn), vengono scambiati per scassinatori e costretti a lavorare per un gangster ebreo (Lerner). Tarantino per bambini, con dialoghi che vorrebbero essere *cult* e *camp* e tentativi di humour nero: tanto finisce tutto a tarallucci e vino. Il doppiaggio italiano ci mette goffamente di suo (Big Fat Bernie diventa «Panciamolla»).

Saga dei Forsyte, La *½ (*That Forsyte Woman*, Usa 1949, col, 114') Compton Bennett. Con Errol Flynn, Greer Garson, Walter Pidgeon, Robert Young, Janet Leigh. ◆ Nell'Inghilterra di metà Ottocento, la storia travagliata della ricca famiglia inglese dei Forsyte, fra tradimenti, divorzi, cattiverie, relazioni infelici, adulterine e no: il nodo centrale è l'amore della matriarca (Greer) per il fidanzato (Young) della nipote (Leight). Dall'omonimo romanzone di John Galsworthy, una noiosa soap-opera ante litteram.

Saggezza nel sangue, La *** (*Wise Blood*, Usa 1979, col, 110') John Huston. Con Brad Dourif, Ned Beatty, Harry Dean Stanton, Amy Wright, Mary Nell Santacroce. ◆ Tornato in Georgia, un reduce di guerra (Dourif), dopo l'incontro con un predicatore cieco (Stanton), diventa l'invasato profeta di una «Chiesa di Cristo senza Cristo», creandosi un seguito di sbandati: ma la fine delle illusioni sarà tragica. Dal romanzo omonimo di Flannery O'Connor, sceneggiato da Michael e Benedict Fitzgerald, uno dei grandi film di Huston (che si riserva la parte del nonno e si cita nei titoli come «Jhon»): duro fino al sarcasmo, pessimista senza consolazioni, un film livido, sgradevole, spettrale, «sui modi aberranti, bizzarri e ridicoli con cui negli Stati del Sud si manifesta il sentimento del sacro dell'homo americanus». Il «gotico americano» e il mondo dei reietti del Sud di rado è stato rappresentato in modo così sanguigno.

Sahara ** (*Sahara*, Usa 1943, b/n, 97') Zoltan Korda. Con Humphrey Bogart, Bruce Bennett, Lloyd Bridges, J. Carrol Naish, Rex Ingram, Dan Duryea, Richard Nugent. ◆ Giugno 1942: ripiegando nel deserto, tre americani, cinque inglesi, un francese, un sudanese e due prigionieri – un italiano (doppiato da Sordi) e un tedesco – difendono col loro tank un pozzo d'acqua dall'attacco di un battaglione tedesco. Sceneggiato dal black listed John Howard Lawson (che si era ispirato a *Sangue sulla sabbia* del sovietico Michail Romm), un film di guerra senza grandi genialità, dove l'azione serve per mettere a confronto ideologie del sacrificio e ideali di vita. Rifatto come western in *Nuvola nera*.

Sahara * (*Sahara*, Usa 1984, col, 104') Andrew V. McLaglen. Con Brooke Shields, Lambert Wilson, Horst Buchholz, Steve Forrest, John Mills, John Rhys-Davies. ◆ 1928: la figlia (Shields) di un costruttore di auto partecipa travestita da uomo al primo rally nordafricano in omaggio al genitore appena morto: messasi nei guai, finirà con lo sposare uno sceicco. Avventure e melensaggini d'altri tempi. Producono, con scarso fiuto, Golan e Globus.

Sahara Cross *½ (Italia 1977, col, 105') Tonino Valerii. Con Franco Nero, Michel Constantin, Pamela Villoresi, Michael Coby. ◆ In Tunisia l'ingegnere francese Julien (Nero) subisce attentati dinamitardi da parte di terroristi capeggiati da una donna (Villoresi): e finisce loro ostaggio, rendendosi conto che c'è qualcun altro che manovra le fila del gioco. Avventure turistiche con qualche timida colorazione politica e parentesi scanzonate. Il divertimento, per gli standard attuali, è modesto.

Sai cosa faceva Stalin alle donne? *½ (Italia 1969, col, 85') Maurizio Liverani. Con Helmut Berger, Margaret Lee, Silvia Monti, Benedetto Benedetti. ◆ Due ex partigiani comunisti arrivano a Roma: Aldo (Berger) si mette a far politica e partirà volontario per il Vietnam; Benedetto (Benedetti) prima fa lo stalinista, poi esalta Ho Chi-Minh. Rozza presa in giro delle mode e dei miti del costume politico italiano, abituato a vivere di riflesso gli avvenimenti mondiali. Particina come attore per il direttore della fotografia Augusto Tiezzi.

Saigon *½ (*Off Limits*, Usa 1988, col, 102′) Christopher Crowe. Con Willem Dafoe, Gregory Hines, Fred Ward, Amanda Pays, Scott Glenn, David Alan Grier, Keith David. ◆ Saigon, 1968: due sergenti americani (Dafoe e Hines) indagano sull'omicidio di diverse prostitute locali: si sospetta di qualche ufficiale sadico. I tentativi di rinnovare il genere cadono perlopiù nel vuoto, il personaggio della bella suorina (Pays) che dà una mano ai due detective è ridicolo, la soluzione puerile. Discreti, comunque, l'atmosfera e gli interpreti.

Saint-Ex ** (*Saint Ex*, Gb 1995, col, 94′) Anand Tucker. Con Bruno Ganz, Miranda Richardson, Janet McTeer. ◆ La vita dello scrittore francese Antoine de Saint-Exupéry (Ganz): dalla passione spericolata per il volo a quella tormentata per Consuelo Carrillo (Richardson), dalle disavventure nel deserto del Sahara alle atmosfere del *Piccolo Principe*, fino al volo in Africa che gli costò la vita il 31 luglio 1944. Ispirato al libro del giornalista inglese Paul Webster, *Antoine de Saint-Exupéry: The Life and Death of the Little Prince* (sceneggiatura di Frank Cottrell Boyce, lo stesso di *Butterfly Kiss*!), un biopic documentato e poetico, ma più adatto al piccolo schermo che al grande.

Saint Jack **½ (*Saint Jack*, Usa 1979, col, 112′) Peter Bogdanovich. Con Ben Gazzara, Denholm Elliott, James Villiers, Joss Ackland, Lisa Lu, George Lazenby, Peter Bogdanovich. ◆ Jack Flowers (Gazzara), reduce della guerra di Corea e scrittore fallito, è il pappone più amato (almeno dalle lavoranti) di Singapore e un agente della Cia (Bogdanovich) gli offre l'affare della sua vita: fotografare un politico (Lazenby, ex 007) pederasta. Gazzara si cala da gigione nei panni della canaglia in fondo onesta, e Bogdanovich è abile ad alternare i toni picareschi a quelli malinconici. L'elogio dell'amicizia è sincero, ma il film, nel suo insieme, sa un po' di maniera. Atmosfere alla Graham Greene, anche se il romanzo ispiratore è di Paul Théroux. Produce Roger Corman; la fotografia è del wendersiano Robby Müller.

Saint Louis Blues ** (*St. Louis Blues*, Usa 1958, b/n, 93′) Allen Reisner. Con Nat «King» Cole, Eartha Kitt, Pearl Bailey, Ruby Dee, Cab Calloway, Ella Fitzgerald, Mahalia Jackson. ◆ Un giovane nero (Cole) ama il blues, ma il padre, pastore metodista, lo ostacola. Divenuto cieco, si dedica alla musica sacra: ma durante una funzione religiosa, miracolosamente, torna a vedere. Le performance dei protagonisti valgono da sole tutto il film, che dice di ispirarsi alla vita di W.C. Handy.

Saint Tropez – Saint Tropez * (Italia 1992, col, 105′) [Franco] Castellano, Pipolo [Giuseppe Moccia]. Con Jerry Calà, Demetra Hampton, Deborah Caprioglio, Serena Grandi, Alba Parietti, Maurizio Micheli. ◆ Un pianista (Calà) cerca di riconquistare l'ex moglie (Hampton); una ragazza (Caprioglio) si innamora di uno spogliarellista; una donna sposata (Grandi) ricerca le emozioni della prima volta; una siciliana (Parietti) vuole vendicarsi. *Abbronzatissimi* (di cui ritornano due interpreti), in confronto, sembra un film di Lubitsch: per fortuna l'ha capito anche il pubblico.

Salaam Bombay! **½ (*Salaam Bombay!*, India/Francia/Gb 1988, col, 113′) Mira Nair. Con Shafiq Syed, Sarfuddin Quarrassi, Nana Patekar, Raghubir Yadav, Aneeta Kanwar. ◆ Allontanato dal suo paese, Krishna, otto anni (Syed), approda in uno dei più malfamati quartieri di Bombay, dove conosce spacciatori di droga, prostitute vergini in attesa di un cliente adeguato e malavitosi locali. Opera prima della regista, sceneggiata da Sooni Tarapoleva, è uno spaccato dell'India contemporanea un po' troppo pensato a uso e consumo del mercato occidentale: la poesia dei bambini che ci guardano e quella dei fiori nel fango. Ben confezionato, coinvolgente, con una svolta narrativa assai abile: ma rimane qualche lecito dubbio.

Sala di musica, La **** (*Jalsaghar*, India 1958, b/n, 100′) Satyajit Ray. Con Chhabi Biswas, Kali Sarkar, Tulsi Lahiri, Gangapada Bose, Padma Devi, Pinaki Sen Gupta, Ustad Waheed Khan, Roshan Kumari. ◆ Bengala, anni Venti: dopo essere andato in rovina per il piacere della musica e l'orgoglio di dare raffinati concerti, l'improvvisa morte del figlio (Sen Gupta) e della moglie (Devi) fanno cadere Biswambhar Roy (Biswas) nella più cupa delle solitudini: solo la voglia di dare una lezione a un ricco ma volgare vicino (Bose) gli farà aprire nuovamente la sala di musica per un ultimo, straordinario concerto con la ballerina Krishna Bai (Kumari). Straziante ritratto di un orgoglio di casta e di una passione raffinata quanto divorante per la musica, tratto dal racconto di Tarasankar Banerjee e sceneggiato dal regista. Il personaggio dello *zamindar* (signore feudale) Biswambhar Roy è lo specchio di un Paese che non vuole aprire gli occhi davanti al cambiamento e disprezza chi, come il vicino Ganguli, si arricchisce con i lavori di drenaggio (e così è un tacito contrappasso il fatto che figlio e moglie muoiano per la furia delle acque in piena, che lui non si è mai preoccupato di controllare). Eppure l'amore per la musica che gli fa sperperare tutte le ricchezze di famiglia ispira rispetto e commozione, al pari della devozione del servitore Ananata (Sarkar): ultimi bagliori di un mondo fatto di regole eterne ma anche di armonie e piaceri raffinatissimi. Così come sono raffinate, di una bellezza forse mai più raggiunta da Ray, la messa in scena (estremamente austera e ieratica nei movimenti di macchina e nelle inquadrature che rispondono tutte a un ideale «rinascimentale» di prospettiva) e la fotografia di Subrata Mitra («di un lusso raffinato e discreto»).

Salamandra, La **½ (*La Salamandre*, Svizzera 1971, b/n, 123′) Alain Tanner. Con Bulle Ogier, Jean-Luc Bideau, Jacques Denis, Véronique Alain, Marblum Jéquier, Marcel Vidal, Dominique Catton, Daniel Stuffel, François Simon. ◆ Con l'aiuto dell'amico Paul (Denis), il giornalista Pierre (Bideau) deve scrivere una sceneggiatura televisiva sul caso di Rosemonde (Ogier), una ventitreenne accusata di aver sparato allo zio (Vidal) ma assolta per insufficienza di prove. Per documentarsi Pierre pedina e interroga Rosemonde, mentre Paul preferisce inventarsi una sua verità: nessuno dei due finirà la sceneggiatura, ma in compenso Rosemonde avrà imparato da loro che la passività e la ribellione (che l'avevano spinta davvero a sparare allo zio, un vecchio «rispettoso dell'ordine costituito») sono armi a doppio taglio. Il secondo film di Tanner, scritto insieme a John Berger, è un «poemetto anarchico e dal respiro libero» dove confluiscono le sue esperienze autobiografiche – e contraddittorie – all'interno della televisione e la voglia di mettere a punto una sintassi cinematografica più libera e personale (ancora molto affascinanti le scene del girovagare dei personaggi per le vie di Ginevra) per offrire il ritratto di una donna insoddisfatta della propria vita e del mondo in cui vive, specie di «specchio dove si riflettono le tendenze schizofreniche della società» ma dotata comunque di una vitalità con cui saprà contagiare i due sceneggiatori. E che le farà dare il soprannome di «salamandra» (perché, come dice Paul, «è un grazioso animale della famiglia delle lucertole. È velenosa. Non teme il fuoco e può attraversare le fiamme senza bruciarsi»).

Salamandra del deserto, La *½ (*Tamar, Wife of Er*, Israele 1971, col, 85') Riccardo Freda. Con Claudia Wiedekind, Ettore Manni, Lea Nanni, Sabi Dor. ◆ La giovane Tamar (Wiedekind) s'innamora del padre (Manni) del legittimo marito e trama per poter vivere con lui. Sesso e Bibbia avevano fatto la fortuna di Cecil B. DeMille, ma Freda non sembra altrettanto ispirato.

Salario della paura, Il (di Henri-Georges Clouzot) → *Vite vendute*

Salario della paura, Il **½ (*Sorcerer*, Usa 1977, col, 121') William Friedkin. Con Roy Scheider, Bruno Cremer, Francisco Rabal, Amidou. ◆ Quattro sbandati – un killer (Rabal), un terrorista arabo (Amidou), un bancarottiere parigino (Cremer) e un rapinatore (Scheider) – accettano di guidare due camion carichi di esplosivo, con un prevedibile drammatico epilogo. Costoso (20 milioni di dollari) e sfortunato remake di *Vite vendute* di Clouzot, realizzato con dedizione, rispetto, ma anche troppa carne al fuoco. Friedkin, comunque, a tratti sa tenere in pugno lo spettatore. Musiche dei Tangerine Dream.

Sale della terra, Il **½ (*Salt of the Earth*, Usa 1965, b/n, 94') Herbert J. Biberman. Con Rosaura Revueltas, Juan Chacon, Will Geer, David Wolff. ◆ I minatori messicani e indiani di Silver City, nel Nuovo Messico, scendono in sciopero: ma le loro mogli si dimostreranno ancora più combattive. Esempio di realismo sociale in anticipo sui tempi, che sconta alcune ingenuità nel disegno dei personaggi, ma girato con commovente onestà. Anche ad anni di distanza, il film mantiene una forte carica emotiva, frutto di una messinscena per niente approssimata, chiaramente influenzata dal neorealismo nelle sue scelte a favore di una fotografia «violenta e selvaggia» (di Leonard Stark e Stanley Meredith) e capace di evitare molte trappole retoriche a favore di uno stile secco e denso. Regista, sceneggiatore (Michael Wilson), produttore (Paul Jarrico) e un attore (Geer, lo sceriffo) erano sulla lista nera della commissione per le attività antiamericane: realizzato tra mille difficoltà nel 1953 (l'Fbi espulse l'attrice messicana Rosaura Revueltas), il film restò inedito fino al 1965. Noto anche come *Sfida a Silver City*.

Sale e pepe: super spie hippy * (*Salt & Pepper*, Gb 1968, col, 101') Richard Donner. Con Peter Lawford, Sammy Davis jr, Ilona Rodgers, Michael Bates, John LeMesurier. ◆ Sale (Davis jr) e Pepe (Lawford) trovano nel loro night club il cadavere di una squillo-agente segreto, e sventano il piano di un colonnello pazzo che vuole conquistare la Gran Bretagna. Quando si sentono battute come «Aprite subito o chiamo Frank Sinatra» c'è poco da stare allegri: una fiacca semi-parodia di James Bond (con tanto di gadget poveri) nella variopinta cornice della Swinging London, con tante donnine in costumi pop-op. Una fonte di ispirazione primaria – e altrettanto idiota – per la recente serie di Austin Powers. Con un seguito: *Controfigura per un delitto*.

Salerno, ora X *** (*A Walk in the Sun*, Usa 1945, b/n, 117') Lewis Milestone. Con Dana Andrews, Richard Conte, Sterling Holloway, George Tyne, John Ireland, Herbert Rudley, Norman Lloyd, Lloyd Bridges, Huntz Hall. ◆ Un gruppo di soldati americani, sbarcati sulla costa salernitana, devono conquistare una casa colonica nell'entroterra, apparentemente deserta. Appassionante film di guerra, sceneggiato da Robert Rossen a partire dal romanzo di Harry Brown *Passeggiata al sole* (la battuta con cui era stata descritta la campagna d'Italia a quelli che avrebbero dovuto farla). Costruito secondo la più classica delle strutture – sbarco, attesa, scaramucce, battaglia, intervallati da dialoghi a due o più personaggi –, il film abbandona ben presto ogni pretesa realistica per diventare una specie di astratta riflessione sulla guerra e le sue implicazioni, a cui ogni personaggio porta il suo contributo secondo un'armoniosa architettura rapsodica. Indimenticabili il soldato (Ireland) che scrive lettere mentali alla sorella e l'intercalare di Richard Conte («Nessuno muore!»), che assume via via significati diversi.

Sale sulla pelle, Il * (*Salz auf unserer Haut*, Germania/Francia/Canada 1992, col, 109') Andrew Birkin. Con Greta Scacchi, Vincent D'Onofrio, Hanns Zischler, Claudine Auger, Petra Berndt. ◆ Trent'anni di passioni tra la parigina George (Scacchi) e il pescatore scozzese Gavin (D'Onofrio), consumati a puntate sullo sfondo di bei paesaggi (compresi quelli delle Isole Vergini). Fiacco polpettone di taglio televisivo, con tanto di voce fuori campo che enuncia banalità, dove gli interpreti non mostrano mai gli anni che la storia attribuisce loro. Tratto da un romanzo di Benoîte Groult adattato dal regista.

Salmonberries – A piedi nudi nella neve **½ (*Salmonberries*, Germania 1991, col, 95') Percy Adlon. Con k.d. lang, Rosel Zech, Chuck Connors, Jane Lind, Oscar Kawagley, Wolfgang Steinberg. ◆ In uno sperduto villaggio dell'Alaska, diventano amiche un'eschimese androgina di vent'anni che fa il minatore (lang) e una bibliotecaria vedova di mezza età (Zech), fuggita dalla Germania dell'Est. Insieme si spingeranno fino a Berlino, dove il Muro ormai è caduto, per fare poi definitivamente ritorno in Alaska. L'ennesimo film al femminile per Adlon, che questa volta abbandona il tono da commedia (comunque crepuscolare) per cercare un equilibrio narrativo ed emozionale tra Storia e Privato. Il materiale è complesso e sfaccettato, soprattutto per quanto riguarda le differenze (di etnia, età, ceto) tra le due protagoniste. Ma il regista si muove con attenzione e sensibilità, e l'ambientazione tra i ghiacci, quasi fosse l'altra faccia del deserto di *Bagdad café*, si è rivelata una scelta più che felice. Non scontate (e non è poco) le parti che riguardano la popolazione eschimese. k.d. lang è una cantante canadese dichiaratamente lesbica e i salmonberries sono degli agrumi che crescono nella regione artica.

Salmo rosso *½ (*Még kér a nép*, Ungheria 1971, col, 88') Miklós Jancsó. Con Andrea Drahota, Lajos Balázsovits, Györgyi Bürös, József Madaras. ◆ Ungheria, 1890: dei contadini rivoltosi uccidono il conte che li vorrebbe convincere alla resa e frustano il prete, asservito al potere. I soldati prima sembrano schierarsi dalla loro parte, poi li massacrano. Rievocazione storica che si trasforma immediatamente in saggio formale: Jancsó si avvale quasi esclusivamente di danze e canti, nell'intento di celebrare una sorta di «liturgia rivoluzionaria» nella quale i rapporti tra oppressori e oppressi scorrono come in un fiume circolare e continuo di immagini senza tempo convenzionale. Punto di non ritorno del suo cinema politico-simbolico altamente stilizzato (e difficilmente condivisibile). Sicuramente non per tutti i gusti.

Salomè *½ (*Salomè*, Usa 1923, b/n, 50') Charles Bryant. Con Alla Nazimova, Mitchell Lewis, Rose Dione, Nigel De Brulier. ◆ Erode Antipa, tetrarca di Galilea (Lewis), è disposto a tutto purché Salomè (Nazimova), figlia del fratello e di Erodiade, danzi per lui a un banchetto: sarà la madre Erodiade (Dione), amante di Erode, a convincere Salomè a danzare in cambio della testa di Giovanni Battista (De Brulier) col quale ce l'ha a morte per una pubblica accusa d'infedeltà. Tipico film biblico dell'America anni Venti e prima versione cinematografica (muta) dell'omonimo testo teatrale di Oscar Wilde: una serie di quadri statici raccordati da didascalie, alcuni dei quali piuttosto curati dal punto di vista scenografico. Considerato «vistoso», non ha niente a che vedere con il cinema in costume di Griffith e DeMille.

Salomè *** (*Salome, Where She Danced*, Usa 1945, col, 90') Charles Lamont. Con Yvonne De Carlo, Rod Cameron, David Bruce, Walter Slezak, Albert Dekker, Marjorie Rambeau, J. Edward Bromberg. ◆ Nella seconda metà dell'Ottocento, una ballerina berlinese (De Carlo) che fa la spia fugge in America e trova l'amore in un ex ufficiale sudista, il quale uccide l'agente tedesco che doveva eliminarla. La tipica sceneggiatura «geniale» che chiede allo spettatore di dimenticare la verosimiglianza per farsi prendere dal fascino della fantasia: lo sceneggiatore Laurence Stallings inizia con la resa del generale Lee, continua con la battaglia di Sadowa e il furto dei piani di Bismark da parte della De Carlo, e finisce con un duello di cappa e spada a San Francisco tra un cowboy e un conte prussiano, senza dimenticare una diligenza che cade in mare sotto gli occhi di un miliardario russo e un detective cinese che parla con accento ungherese. La De Carlo diventò una star, e con un film così non poteva essere altrimenti; Lamont filma con scolastica piattezza, ma aver accettato di dirigere una storia così follemente squinternata è già un bell'atto di coraggio. Imperdibile dai surrealisti.

Salomè ** (*Salome*, Usa 1953, col, 103') William Dieterle. Con Rita Hayworth, Stewart Granger, Charles Laughton, Judith Anderson. ◆ Salomè (Hayworth), figliastra di re Erode (Laughton), cerca inutilmente di convincere il patrigno a *non* decapitare Giovanni Battista. Nei Vangeli le cose andavano altrimenti, ma a Hollywood si badava ad altro: celeberrima la scena della Hayworth che danza, ancora oggi estremamente sensuale anche se rispettosa dei limiti del visibile. Il resto è puro kitsch in costume, amministrato con una certa disinvoltura da un regista degno di miglior sorte.

Salomè ** (Italia 1972, col, 80') Carmelo Bene. Con Carmelo Bene, Lydia Mancinelli, Alfiero Vincenti, Donyale Luna, Veruschka, Daria Nicolodi. ◆ Erode (Bene), ossessionato dalla figliastra Salomè (Luna), per farla danzare decapita il Battista, ma finisce scorticato. Il testo di Oscar Wilde è un pretesto per un'orgia di colori e di voci, in cui lo spirito goliardico si coniuga alla sperimentazione più intellettuale: c'è un Cristo con i denti di Dracula che canta *Vipera*, un apostolo che cerca di crocifiggersi da solo (ma una volta inchiodatosi una mano, come fare con l'altra?), un'Erodiade interpretata da un'attrice e un attore (Mancinelli e Vincenti) e una danza dei sette veli sulle note di *Abat-jour*. Il più irridente e accessibile dei film di Bene regista – solo per i suoi fans, comunque.

Salomè * (*Salomè*, Francia/Italia 1986, col, 97') Claude D'Anna. Con Tomas Milian, Pamela Salem, Jo Champa, Tim Woodward, Fabrizio Bentivoglio, Jean-François Stévenin. ◆ Il re Erode (Milian), che si barcamena negli intrighi di corte tra la perfida Erodiade (Salem) e il profeta iettatore Yokanaan (Bentivoglio), perde la testa per la figliastra Salomè (Champa). Attualizzazione del dramma di Oscar Wilde con scenografie da *Fellini Satyricon*, carri armati e coreografie da Cicciolina. Pretenzioso e involontariamente ridicolo. Prodotto dalla Cannon. Meglio la versione di Ken Russell (*L'ultima Salomè*).

Salomone e la regina di Saba ** (*Solomon and Sheba*, Usa 1959, col, 120') King Vidor. Con Yul Brynner, Gina Lollobrigida, George Sanders, Marisa Pavan, John Crawford, Harry Andrews. ◆ Il saggio Salomone (Brynner) rende il regno d'Israele prospero e temuto dai vicini: ma viene sedotto dalla regina di Saba (Lollobrigida), e abiura la sua fede. Quando l'ira di Dio distrugge il tempio di Gerusalemme, capisce di aver sbagliato qualcosa. Tardo e lutulento kolossal biblico sceneggiato da Anthony Veiller, Paul Dudley e George

Bruce: l'ultimo film di Vidor. Brynner sostituì Tyrone Power, morto durante le riprese in Spagna. Grandiose le scene di massa e le scollature della Lollo: il canto del cigno di un colosso di Hollywood, che però non ha mai dato il meglio di sé nelle superproduzioni.

Salonicco, nido di spie → *Mademoiselle Docteur*

Salon Kitty *½ (Italia 1975, col, 130') Tinto Brass. Con Helmut Berger, Ingrid Thulin, Teresa Ann Savoy, Maria Michi, Stefano Satta Flores, Gigi Ballista, Salvatore Baccaro. ◆ Nella Germania nazista in guerra, un bordello di lusso è il paravento per controllare gli ufficiali tedeschi da parte delle SS. Sulla scia di *Portiere di notte* e di un malinteso viscontismo, il primo Brass porcellone – grande successo e scandalo all'epoca – si sofferma sui connubi tra sesso e politica, eros e thanatos. La stagione del sesso ludico e solare verrà dopo.

Salon Mexico **** (*Salón México*, Messico 1948, b/n, 95') Emilio Fernández. Con Marga López, Miguel Inclán, Rodolfo Acosta, Roberto Cañedo, Mimí Derba. ◆ Il «Salón México» a Città del Messico è un locale notturno dove si prostituisce, tra tante, Mercedes (López), che però mantiene una sorella in collegio. Quando viene arrestata come complice del suo protettore Paco (Acosta), il poliziotto López (Inclán) – che ha scoperto le ragioni della sua professione – la aiuterà a far sì che il segreto sia mantenuto. Uscita dal carcere potrebbe vedere finalmente la sorella sposarsi con il figlio della direttrice del collegio, ma la gelosia di Paco precipiterà tutto verso la tragedia. Dopo tanti film sul mondo della campagna e degli indios, Fernández sceglie qui (e in *Vittima del peccato*, 1951, con Ninon Sevilla) un'ambientazione metropolitana, dimostrandosi un maestro del melodramma a forti contrasti, giocato su pochi ambienti contrapposti (il Salón e il collegio, e in mezzo Città del Messico, quella popolare e solidale dei poveri, con il quartiere in cui vive Mercedes) e su personaggi maschili ugualmente riduttivi (il poliziotto buono e il protettore malvagio, in un ruolo che Acosta spinge all'estremo, quasi alla parodia: un cattivo pieno di humour nero). In mezzo c'è Mercedes, la buona costretta a farsi cattiva, l'angelo caduto che si riscatta per la fedeltà ai valori familiari, a un ideale oleografico dell'onestà e ad aspirazioni di elevazione sociale. Il «machismo» di Fernández si mette in discussione, si sdoppia e ricorre a una geniale capacità iconografica e di costruzione d'ambienti, nei quali, giocando con la notte con sinuosa perizia, mostra un'abilità fin superiore a quella con cui gioca con il paesaggio e le nuvole nei film «indigenisti».

Salò o le 120 giornate di Sodoma **** (Italia 1975, col, 116') Pier Paolo Pasolini. Con Paolo Bonacelli, Giorgio Cataldi, Umberto Paolo Quintavalle, Aldo Valletti, Hélène Surgère, Caterina Boratto, Elsa de' Giorgi, Sonia Saviange, Ines Pellegrini. ◆ Durante la repubblica di Salò quattro fascisti – il duca (Bonacelli), il monsignore (Cataldi, doppiato da Giorgio Caproni), l'eccellenza (Quintavalle) e il presidente (Valletti, doppiato da Marco Bellocchio) – fanno sequestrare in una villa giovani di entrambi i sessi, e li usano per il proprio piacere, eccitati dai racconti (dedicati alle manie, alla merda e al sangue) di tre narratrici. Ispirato a De Sade e scritto assieme a Sergio Citti (e con la collaborazione di Pupi Avati), l'ultimo film di Pasolini rovescia la gioia della *Trilogia della carne* in una agghiacciante parabola di morte: il sesso diventa sopraffazione e consumazione meccanica, i corpi sono degradati a oggetti da odiare e distruggere. La cornice storica del fascismo è un travestimento della contemporaneità, nella quale l'assuefazione alla violenza rende egualmente complici vittime, carnefici e spettatori. Il rigore geometrico e l'humour nero acre e sotterraneo rendono ancora più allucinante questo viaggio all'Inferno che non si ferma di fronte a nulla, dalla scatofagia alla tortura. Insostenibile per la maggior parte degli spettatori, odiato e condannato da molti, resta un tentativo, coraggioso, disperato e definitivo, di andare a fondo nella parte più oscura dell'essere umano. Con un sottofondo di umorismo acre e sarcastico che rende il tutto ancora più sconvolgente. Il numero musicale che eseguono Saviange e Surgère – uno dei pochi momenti di temporanea distensione del racconto – è ripreso (come le due attrici) da *Femmes femmes* di Vecchiali, un film che Pasolini amava moltissimo. Pasolini fu assassinato prima che *Salò* fosse proiettato al pubblico. Immancabili polemiche e processo (con assoluzione) per il produttore Alberto Grimaldi per «corruzione di minori e atti osceni in luogo pubblico».

Salsa rosa * (*Salsa rosa*, Spagna 1991, col, 90') Manuel Gómez Pereira. Con Verónica Forqué, Maribel Verdú, Juanjo Puigcorbé, José Coronado, Julieta Serrano. ◆ Due donne sposate (Forqué e Verdú) cercano di provare la fedeltà dei rispettivi mariti (Puigcorbé e Coronado) corteggiando l'una quello dell'altra: le nuove coppie, però, sembrano meglio assortite delle originarie. Opera prima di un giovane spagnolo ambizioso, che almodovareggia (persino nella scelta delle attrici) fuori luogo e senza stile: ne risulta una commedia più campata in aria che «svitata», del tutto insipida proprio dove vorrebbe essere piccante. Inedito nelle sale, circola in videocassetta in versione originale con sottotitoli.

Salto mortale *½ (*Man on a Tightrope*, Usa 1953, b/n, 105') Elia Kazan. Con Fredric March, Gloria Grahame, Terry Moore, Adolphe Menjou, Cameron Mitchell, Richard Boone, Gert Fröbe. ◆ Il proprietario (March) di un piccolo circo ambulante cecoslovacco tenta di oltrepassare la frontiera verso l'Occidente: chi farà la spia? Cinema da guerra fredda, che gronda di retorica, sceneggiata da Robert Sherwood e di cui lo stesso Kazan non era soddisfatto. All'attivo rimane solo la descrizione del mondo del circo, come un'oasi in cui non hanno vigore le distinzioni di razza, di religione e di credo.

Salto nel buio *** (*Innerspace*, Usa 1987, col, 120') Joe Dante. Con Dennis Quaid, Martin Short, Meg Ryan, Kevin McCarthy, Fiona Lewis, Robert Picardo, Henry Gibson, Dick Miller. ◆ Tuck Pendleton (Quaid), scalcinato tenente d'aviazione, viene miniaturizzato per compiere un test all'interno di una cavia: ma finisce per sbaglio in Jack Putter (Short), un timido commesso subito inseguito dai cattivi di turno. I due riusciranno a stabilire una proficua collaborazione, anche se Tuck friggerà di gelosia nel vedere – da dentro il corpo di Jack – che la sua ragazza (Ryan) quasi si innamora dell'altro. L'idea, sceneggiata da Jeffrey Boam e Chip Proser, è quella di *Viaggio allucinante*, gli sviluppi – dementi e imprevedibili – sono quelli tipici di Joe Dante. Gag da screwball comedy ed effetti visivi (vincitori dell'Oscar) all'altezza dei tempi, gusto del paradosso e un ritmo senza soste. Dante riesce a dire qualcosa di nuovo su due dei temi più abusati degli anni Ottanta – il doppio e il corpo – e non è poco. Produce la Amblin di Spielberg.

Salto nel vuoto ** (Italia/Francia 1980, col, 120') Marco Bellocchio. Con Michel Piccoli, Anouk Aimée, Michele Placido, Gisella Burinato, Antonio Piovanelli. ◆ Da anni i due fratelli Mauro (Piccoli) e Marta (Aimée) vivono soli, in un rapporto semimatrimoniale: per sbarazzarsi della sorella che teme stia diventando pazza, Mauro le fa conoscere un poco di buono (Placido). Ma sarà lui a fare il salto fatale. Arcigno saggio di nevrosi domestica e di vita di coppia: la psicanalisi e il didatticismo acquistano sempre più spazio nel cinema di Bellocchio. Alla sceneggiatura collaborano Vincenzo Cerami e Piero Natoli. I due protagonisti sono doppiati da Vittorio Caprioli e Livia Giampalmo. Palma d'oro a Cannes per Piccoli e la Aimée.

Salty, il cucciolo del mare * (*Salty*, Usa 1973, col, 92') Ricou Browning. Con Mark Slade, Clint Howard, Nina Foch, Julius W. Harris. ◆ Due fratellini orfani hanno per amico un leone marino che finisce anche rinchiuso dalla polizia in un acquario, perché creduto responsabile di un incendio. Improbabile film per ragazzi girato in Florida: nel corso degli anni, il suo target si è abbassato.

Saludos amigos *½ (*Saludos amigos*, Usa 1942, col, 42') Norman Ferguson [e Walt Disney]. ◆ Alla testa di un gruppo di disegnatori, Walt Disney gira l'America Latina cercando nella bellezza dei paesaggi e negli abitanti locali ispirazione per avventure che hanno come protagonisti il «turista» Paperino nel paese degli Incas, il piccolo aereo postale cileno Pedro, il cowboy Pippo trasformato in gaucho e il pappagallo José Carioca (qui al suo «debutto») che inizia Paperino ai ritmi dei balli brasiliani. Un mediometraggio che alterna riprese dal vero a disegni animati, prodotto dalla Walt Disney (come il successivo e più complesso *I tre caballeros*) per favorire il programma di buon vicinato con il Sud America voluto dal coordinatore del Dipartimento di Stato Nelson Rockefeller: l'intento propagandistico sovrasta la fantasia creativa che trova via libera solo nella parte finale, ritmata dalle musiche brasiliane di Ary Barroso (*Brasil*) e Zequinha de Abreu (*Tico Tico*). L'episodio tra i gaucho è un dichiarato omaggio alle creazioni del pittore argentino F. Molina Campos.

Salvador *** (*Salvador*, Usa 1986, col 1239) Oliver Stone. Con James Woods, James Belushi, John Savage, Michael Murphy, Elpidia Carrillo, John Doe, Cynthia Gibb. ◆ Richard Boyle (Woods), giornalista di guerra in cattive acque, insieme all'amico drogato Rock (Belushi) va a fare un reportage in Salvador, dove seminano la morte gli squadroni del presidente D'Aubuisson, in evidente collusione con il governo Reagan. Riuscirà a riportare in patria un servizio fotografico scottante, ma non la sua donna (Carrillo). Ispirato alla storia del vero Boyle, boicottato in patria e realizzato anche grazie ai protagonisti che hanno accettato compensi minimi, il film che ha lanciato Oliver Stone (il quale appare nella parte di uno dei soldati violentatori). Sincero nella sua condanna degli orrori del fascismo, coraggioso nel fare nomi e cognomi (c'è anche l'assassinio di monsignor Romero): sgradevole, esagitato, sovraccarico, e girato con una furia che spesso lascia stupefatti. Meglio peccare per eccesso che per difetto. Da confrontare con *Sotto tiro*.

Salva la tua vita! *½ (*Julie*, Usa 1956, b/n, 99') Andrew L. Stone. Con Doris Day, Louis Jourdan, Barry Sullivan, Frank Lovejoy, Jack Kelly. ◆ Julie (Day), moglie in seconde nozze di un famoso pianista (Jourdan), scopre che è stato lui a renderla vedova per poterla sposare: la polizia non l'aiuta e allora lei se ne va e torna a fare la hostess, ma il marito la rintraccia in volo con delle pessime intenzioni. Psico-thriller coniugale un po' eccessivo, con qualche momento di vera tensione e molti di comicità involontaria.

Salvate il Gray Lady *½ (*Gray Lady Down*, Usa 1978, col, 111') David Greene. Con Charlton Heston, David Carradine, Stacy Keach, Ned Beatty, Ronny Cox, Rosemary Forsyth, Christopher Reeve. ◆ Un valoroso ingegnere (Carradine) cerca di portare in salvo l'equipaggio di un sottomarino americano speronato da un mercantile. Fiacco malgrado i buoni effetti speciali.

Salvate il soldato Ryan **½ (*Saving Private Ryan*, Usa 1998, col, 169') Steven Spielberg. Con Tom Hanks, Matt Damon, Tom Sizemore, Jeremy Davies, Edward Burns, Giovanni Ribisi, Vin Diesel, Barry Pepper, Adam Goldberg, Ted Danson, Dennis Farina, Harve Presnell, Harrison Young. ◆ 1944: dopo lo sbarco a Omaha Beach, il capitano Miller (Hanks) è incaricato di rintracciare il soldato semplice Ryan (Damon), unico sopravvissuto di quattro fratelli sotto le armi, che le alte sfere (per pietà o demagogia?) hanno deciso di rispedire a casa; ma quando lo trova, quello si rifiuta di lasciare i compagni. Dopo l'Olocausto e la tratta degli schiavi, Spielberg usa la forza delle immagini per raccontare la verità della Storia: mezz'ora iniziale di enorme impatto spettacolare e violenza senza eufemismi per mostrare il D-Day, e poi una narrazione più meditativa nella quale emergono figure emblematiche e didascaliche: dal capitano coraggioso – che in realtà è un professore di lettere – al vigliacco (Davies) che non si redime, dal rude sergente (Sizemore) allo spirito polemico (Burns). Ma l'apparente durezza e crudezza, che tante polemiche fasulle ha suscitato, nasconde un messaggio conciliante: il sacrificio di tante vite è giustificato perché è sul sangue che si fondano gli ideali; e la guerra, con tutte le sue crudeltà (compresi gli americani che ammazzano i prigionieri tedeschi), non è un caos impazzito, ma finisce con l'assumere un senso superiore. In questa prospettiva il film di Spielberg è po' troppo consolatorio (e secondo alcuni addirittura guerrafondaio) e di certo man mano più prevedibile nella drammaturgia, anche se girato con un innegabile talento e un adeguato spiegamento di mezzi. Scritto da Robert Rodat, ha vinto 5 Oscar: miglior regia, fotografia (Janusz Kaminski), montaggio (Michael Kahn), suono (Hary Rydstrom, Gary Summers, Andy Nelson, Ronald Judkins) ed effetti sonori (Gary Rydstrom e Richard Hymns). Non a caso Hollywood ha lasciato invece a bocca asciutta *La sottile linea rossa*, uscito poco dopo, per nulla patriottico e assai più innovativo nel racconto.

Salvate la tigre ** (*Save the Tiger*, Usa 1973, col, 101') John G. Avildsen. Con Jack Lemmon, Jack Gilford, Laurie Heineman, Normann Burton, Patricia Smith, Thayer David. ◆ Un industriale tessile (Lemmon) lamenta l'immoralità dell'America contemporanea, ma quando si trova in difficoltà economiche non disdegna di ricorrere alla frode. Il fallimento del sogno americano e un appello per salvare gli onesti in via d'estinzione, travolti dal cinismo che li circonda (come la tigre per cui si raccolgono firme in strada): buono il soggetto, ma la sceneggiatura (di Steve Shagan) è velleitaria. Se Lemmon-personaggio soccombe all'operazione Wwf, Lemmon-attore (premiato con l'Oscar) è la salvezza del film.

Salvatore Giuliano **** (Italia 1961, b/n, 107') Francesco Rosi. Con Frank Wolff, Salvo Randone, Federico Zardi, Pietro Cammarata, Giuseppe Teti. ◆ La storia del celebre bandito Giuliano (Cammarata): da comandante dell'esercito separatista siciliano a mestatore al soldo dei latifondisti mafiosi. Dopo la strage di innocenti braccianti a Portella delle Ginestre, lo Stato si sveglia, e Giuliano, il 25 luglio 1950, viene trovato cadavere, ma anche il suo luogotenente Pisciotta (Wolff) porta i propri segreti nella tomba. Rosi scompone gli elementi e ricostruisce il racconto attraverso una lunga serie di flashback, fondendo finzione e documentario (il servizio fotografico iniziale, il reportage televisivo del processo) come quasi nessuno dopo di lui è più riuscito a fare in Italia: se il personaggio di Giuliano – spogliato di ogni mitologia e mostrato appena – rimane un mistero insoluto, le ipotesi sul complesso nodo economico-politico che ha portato all'affermazione della mafia sono presentate con grande chiarezza e in modo cinematograficamente esemplare. Un modello per il genere del film-inchiesta e un caposaldo di quel cinema d'impegno civile che oggi si sta cercando di riportare in auge. Fotografia di Gianni Di Venanzo, incalzante montaggio di Mario Serandrei. Sceneggiato dal regista, Enzo Provenzale, Suso Cecchi d'Amico e Franco Solinas.

Salverò il mio amore * (*Two Loves*, Usa 1961, col, 100') Charles Walters. Con Shirley MacLaine, Laurence Harvey, Jack Hawkins, Juano Hernandez, Nobu McCarthy. ◆ Un'insegnante americana (MacLaine) che lavora in una scuola maori in Nuova Zelanda è attratta contemporaneamente da due uomini. Melodramma di qualche pretesa e scarsi risultati, con un cast affaticato da dialoghi impronunciabili.

Salvo D'Acquisto **½ (Italia 1975, col, 110') Romolo Guerrieri [Romolo Girolami]. Con Massimo Ranieri, Enrico Maria Salerno, Lina Polito, Isa Danieli, Paolo Turco, Massimo Serato. ◆ Il sacrificio del brigadiere Salvo D'Acquisto (Ranieri), che durante una rappresaglia nazista offre la sua vita in cambio della salvezza di dieci concittadini. Buona la ricostruzione storica e apprezzabile il tono concreto del racconto, che mette al riparo da eventuali tentazioni retorico-celebrative. Il soggetto è di Giuseppe Berto, che figura anche tra gli sceneggiatori. Lo stesso personaggio era già stato al centro del film di Cottafavi *La fiamma che non si spegne* (1949).

Samaritan ** (*Samaritan: The Mitch Snyder Story*, Usa 1986, col, 100') Richard T. Heffron. Con Martin Sheen, Joe Seneca, Stan Shaw, James Avery, Conchita Ferrell. ◆ La storia di Mitch Snyder (Sheen), veterano del Vietnam e protagonista di clamorosi sit-in davanti alla Casa Bianca in difesa dei più poveri. Un discreto film televisivo scritto da Clifford Campion per sensibilizzare l'opinione pubblica americana sul fronte interno, e per rendere omaggio a chi se ne fa portavoce.

Samba Traoré **½ (*Samba Traoré*, Francia 1993, col, 90') Idrissa Ouedraogo. Con Bakary Sangeré, Mariam Kaba, Abdoulaye Komboudry, Irène Tassembedo, Moumouni Coumpaoré. ◆ Grazie a una rapina a un distributore di benzina Samba Traoré (Sangeré) torna al paese d'origine, conquista Tamarou (Kaba), divorziata con un figlio, e fa la bella vita. Ma la donna rimane incinta e i sospetti dei compaesani lo travolgono. Ouedraogo, nel suo film più noto (e da lui stesso sceneggiato), si sbarazza degli stereotipi poetici e pauperistici che spesso contraddistinguono certo cinema africano, e punta con decisione al cinema classico (giocato sull'interazione tra i corpi e gli spazi) e pedagogico (ma senza moralismi), affinché anche lo stile, come come la parabola di ascesa e caduta che il film racconta, possa avere un valore universale. Orso d'argento a Berlino.

Sammy e Rosie vanno a letto ** (*Sammy and Rosie Get Laid*, Gb 1987, col, 101') Stephen Frears. Con Shashi Kapoor, Frances Barber, Roland Gift, Claire Bloom, Ayub Khan Dim. ◆ Londra: la bianca Rosie (Barber) e il pakistano Sammy (Dim) si concedono divagazioni matrimoniali, mentre il padre di lui, un pakistano reazionario e nostalgico (Kapoor), è alle prese con i (letterali) fantasmi del suo passato di torturatore. Lo sceneggiatore Hanif Kureishi e Frears fanno il bis dopo *My Beautiful Laundrette*: umori acidi sull'Inghilterra thatcheriana, descritta come una bomba pronta a esplodere, e banalità sui rapporti tra i sessi. Troppo dispersivo, comunque, con intermezzi musicali in stile videoclip e divagazioni nel fantastico. Esordio di Gift, leader dei Fine Young Cannibals.

Sammy va al Sud ** (*Sammy Going South*, poi ritititolato *A Boy Ten Feet Tall*, Gb 1963, col, 82') Alexander Mackendrick. Con Fergus McClelland, Edward G. Robinson, Constance Cummings, Harry H. Corbett. ◆ 1956: orfano dopo un bombardamento a Porto Said, Sammy (McClelland), nove anni, decide di raggiungere la zia a Durban, in Sudafrica, viaggiando da solo; ma nella foresta tropicale, dove un cercatore di diamanti (Robinson) lo prende sotto la sua protezione e gli insegna ad andare a caccia, la sua ricerca rischia di arrestarsi. Mackendrick tenta di raccontare l'infanzia in modo non infantile, mostrando l'Africa con gli occhi di un ragazzino pieno di meraviglia, che prende coscienza della morte ma è inconsapevole dei pericoli che corre. Sono gli adulti, di fatto, a soffrire di più, anche se il rientro in famiglia finale sembra contraddire il resto del film. Sarà anche colpa dei tagli della versione italiana: quella originale dura infatti 128'. Scritto da Denis Cannan e tratto da un romanzo di W.H. Canaway. Da confrontare con *L'impero del sole*.

Samoa *½ (*Return To Paradise*, Usa 1953, col, 100') Mark Robson. Con Gary Cooper, Roberta Haynes, Barry Jones, Moira MacDonald. ◆ Un americano (Cooper) in cerca di tranquillità si stabilisce a Samoa e sposa un'indigena. Quando la moglie muore di parto abbandona l'isola, ma vi ritorna anni dopo per vedere la figlia. Debole versione cinematografica del romanzo di James Michener, lenta nello svolgimento, ma non del tutto spiacevole. Riprese in loco.

San Babila ore venti: un delitto inutile ** (Italia 1976, col, 105') Carlo Lizzani. Con Daniele Asti, Pietro Giannuso, Giuliano Cesareo, Brigitte Slay, Paola Faloia, Gilberto Squizzato, Rudy Dal Prà. ◆ A Milano, una giovane squadraccia fascista compie una serie di crimini (stupri, attentati, omicidi, provocazioni contro studenti di sinistra), mentre la polizia si astiene dall'intervenire. La banda finisce in galera grazie alle confessioni di un pentito. Non è tanto una diagnosi, quanto un impressionante reportage sul fenomeno sanbabilino, la nuova destra che negli anni Settanta imperversò nel capoluogo lombardo: gli aspetti psicologici (le motivazioni) e sociologici (l'ambiente) non sono molto approfonditi, ma ciò che qui conta è la cronaca, che oggi funziona da memoria storica.

Sandokan alla riscossa * (Italia/Rft 1964, col, 91') Luigi Capuano. Con Ray Danton, Guy Madison, Franca Bettoja, Mario Petri, Alberto Farnese, Giulio Marchetti. ◆ Con l'aiuto del fido Yanez (Madison), Sandokan (Danton) riesce a cacciare gli usurpatori del trono del padre, ucciso in circostanze drammatiche. Modesto sotto tutti i punti di vista, ha ben poco a che vedere con l'omonimo romanzo salgariano e con il film-tv di Sollima. Seguìto da *Sandokan contro il leopardo di Sarawak*.

Sandokan contro il leopardo di Sarawak * (Italia/Rft 1964, col, 90') Luigi Capuano. Con Ray Danton, Guy Madison, Franca Bettoja, Mario Petri, Alberto Farnese, Giulio Marchetti. ◆ Girato contemporaneamente al precedente, di cui è il seguito, con lo stesso cast e la medesima troupe. Sandokan (Danton) è ora impegnato a salvare la moglie Samoa (Bettoja), rapita per vendetta dagli usurpatori che aveva allontanato dal trono. La spettacolarità di film come questo non è misurabile secondo gli standard attuali.

Sandokan, la tigre di Mompracem * (Italia/Francia/Spagna 1963, col, 95') Umberto Lenzi. Con Steve Reeves, Geneviève Grad, Andrea Bosic, Rik Battaglia, Mario Valdemarin, Leo Anchoriz, Enzo Fiermonte. ◆ La Malesia è sotto il dominio inglese e il padre di Sandokan (Reeves) è stato fatto prigioniero: con l'aiuto di alcuni amici fidati, la «tigre» riesce a liberare il genitore e conquista la nipote (Grad) del governatore. Ritmo blando, esotismo improbabile, quasi nulla di Salgari.

Sandokan (parte prima) *½ (Italia 1976, col, 126') Sergio Sollima. Con Kabir Bedi, Philippe Leroy, Carole André, Andrea Giordana, Adolfo Celi, Milla Sannoner, Renzo Giovampietro, Sal Borgese, Ganesh Kumar. ◆ Nella Malesia di fine Ottocento, Sandokan (Bedi) lotta contro il colonizzatore James Brook (Celi), diventa grande amico del portoghese Yanez (Leroy) e s'innamora di Marianna (André), la perla di Labuan figlia di un nobile inglese. Versione per le sale dell'omonimo sceneggiato televisivo, all'epoca celeberrimo. Azione, intermezzi sentimentali e divagazioni folcloristiche: ciò che sembrava spettacolare per il piccolo schermo, risulta inadeguato per il grande. Azzeccato, comunque, il cast. Colonna sonora di Guido e Maurizio De Angelis. Con un seguito.

Sandokan (parte seconda) *½ (Italia 1976, col, 115') Sergio Sollima. Con Kabir Bedi, Philippe Leroy, Adolfo Celi, Carole André, Andrea Giordana, Milla Sannoner, Renzo Giovampietro, Sal Borgese, Ganesh Kumar. ◆ Marianna (André) diventa moglie di Sandokan (Bedi), ma muore. Tutti i nodi della prima parte vengono al pettine, imponendo alla seconda un taglio più aspro e drammatico. Ma restano tutti i difetti degli sceneggiati televisivi in versione condensata. I personaggi tornano in *La tigre è ancora viva: Sandokan alla riscossa*.

San Francisco *** (*San Francisco*, Usa 1936, b/n, 115') W.S. Van Dyke II. Con Clark Gable, Jeanette MacDonald, Spencer Tracy, Jack Holt, Jessie Ralph, Ted Healy, Shirley Ross, Al Shean. ◆ San Francisco, 1906: una cantante (MacDonald) lascia il losco gestore (Gable) del locale in cui lavora e del quale è innamorata per intraprendere la carriera operistica con l'aiuto dell'interessato rivale (Holt) di lui: il terremoto porrà fine all'epoca d'oro della Costa dei Barbari e ristabilirà l'equilibrio sentimentale. Melodramma con elementi avventuroso-catastrofici, che dà luogo a una contaminazione di generi unica per l'epoca. Cast di prim'ordine (con un grande Tracy nel ruolo secondario del prete-consigliere), ottima cura nella ricostruzione dell'ambiente, sensazionali effetti speciali (celebre la rievocazione realistica del terremoto): un kolossal che allora ebbe un enorme successo e che oggi rappresenta uno spettacolo ancora godibile, oltre a costituire un documento esemplare delle sontuose produzioni anni Trenta della Mgm. Sceneggiatura di Anita Loos. Anche in versione colorizzata.

San Giovanni decollato ** (Italia 1940, b/n, 89') Amleto Palermi. Con Totò [Antonio de Curtis], Titina De Filippo, Silvana Jachino, Franco Coop, Bella Starace Sainati, Luigi Almirante. ◆ Il portinaio-ciabattino Mastr'Agostino Miciaccio (Totò), gran devoto di San Giovanni decollato, cerca di capire chi ruba l'olio al lumino del santo mentre tenta di impedire alla figlia (Jachino) di sposare il ragazzo che ama: non ci riuscirà, ma scoprirà il ladro e nel parapiglia finale San Giovanni farà sì che la moglie (De Filippo) si morda la lingua, costringendola così a un lungo periodo di silenzio. Libera riduzione della commedia omonima di Nino Martroglio (cosceneggiata da Zavattini e Aldo Vergano), è il terzo film di Totò dove il comico mette definitivamente a punto la sua maschera (vivacità espressiva, campionario di lazzi e smorfie, rivisitazione della tradizione popolare partenopea) offrendo qualche prova della sua genialità – il canto muto, l'autodecollazione – ma non riesce ancora a essere davvero convincente perché costretto a essere troppo fedele a un impianto teatrale statico che lo soffoca.

Sangue alla testa **½ (*Le Sang à la tête*, Francia 1956, b/n, 83') Gilles Grangier. Con Jean Gabin, Renée Faure, Monique Mélinand, José Quaglio, Paul Frankeur, Henri Crémieux, Claude Sylvain, Georgette Anys. ◆ Quando la moglie (Mélinand) fugge di casa con un ex fidanzato poco di buono (Quaglio), il commerciante di pesce Francesco Cardinaud (Gabin) scopre che sono in molti – parenti compresi – a essere contenti dell'incidente, per invidia (Cardinaud era uno scaricatore diventato ricco) o per interesse (come la governante [Faure]). Ma l'uomo non cerca vendette: vuole solo ricomporre l'unità familiare. Disilluso ritratto di un mondo di nuovi ricchi, nel quale dominano freddezza emotiva e ritualità quotidiana: la sceneggiatura di Michel Audiard e del regista distilla la misoginia di Simenon (dal cui romanzo *I figli Cardinaud* prende le mosse) ma punta soprattutto sulla figura di Gabin, qui contenuto e raffreddato nel ritratto di un uomo che non vuole capire perché la moglie possa preferire i sentimentalismi di un fallito alle certezze di una gratificante situazione sociale.

Sangue bianco *½ (*The Planter's Wife*, rititolato negli Usa *Outpost in Malaya*, Gb 1952, b/n, 88') Ken Annakin. Con Jack Hawkins, Claudette Colbert, Anthony Steel, Ram Gopal, Jeremy Spenser, Peter Asher, Tom Macauly, Sonya Hana, Audy Ho, Ya Ming, Ng Cheuk Kwong. ◆ Malesia, dopoguerra: i sanguinosi attacchi dei ribelli contro le piantagioni inglesi di caucciù spingono Jim Frazer (Hawkins) a rimandare in patria la moglie Liz (Colbert) e il figlioletto. La donna crede che sia anche un modo per liberarsi di lei, ma una drammatica notte passata a respingere un attacco ribelle rinsalderà l'amore della coppia. Melodramma esotico sceneggiato da Peter Proud e Guy Elmes che cerca di riallacciarsi al successo della Colbert in *...e la vita continua* di Negulesco, ma che Annakin non sa sfruttare. Tipicamente da guerra fredda l'idea che i ribelli siano guidati da un cinese (cioè un comunista) che ha tradito la fiducia degli inglesi (che durante la seconda guerra mondiale gli avevano insegnato come combattere gli invasori giapponesi). Come spiega un cartone all'inizio del film, «sangue bianco» è il nome che i coloni danno al caucciù per i sacrifici che richiede la sua raccolta.

Sangue blu *** (*Kind Hearts and Coronets*, Gb 1949, b/n, 104') Robert Hamer. Con Dennis Price, Alec Guinness, Valerie Hobson, Joan Greenwood, Miles Malleson, Hugh Griffith, Jeremy Spense. ◆ Per vendicare la madre nobile – ripudiata per essere fuggita con un borghese – e per assicurarsi l'eredità, un giovane dandy edoardiano (Price) elimina uno dopo l'altro i familiari che ostacolano il suo piano. La commedia più nera mai prodotta dalla Ealing, irreprensibile nella ricostruzione dell'epoca, feroce nella satira sociale, disarmante nel suo cinico umorismo di matrice letteraria. La sceneggiatura è di Robert Hamer e John Dighton dal romanzo *Israel Rank* di Roy Horniman. Grandissimo Guinness che interpreta tutte le otto vittime – compresa una donna. Nella versione originale il dandy si chiama Mazzini e ha un padre italiano; nella versione italiana, il nome diventa Martinez e il padre spagnolo.

Sangue caldo ** (*Man with the Gun*, Usa 1955, b/n, 83') Richard Wilson. Con Robert Mitchum, Jan Sterling, Angie Dickinson, Barbara Lawrence, Karen Sharpe, Henry Hull. ◆ Un rude pistolero (Mitchum) in cerca della moglie (Dickinson) che l'ha lasciato, viene assoldato da uno sceriffo per eliminare una banda di delinquenti. Un western non proprio da buttare sceneggiato dal registra e N.B. Stone jr, nonostante Mitchum dicesse di fare film simili con gli occhi chiusi («Mi dipingono le palle degli occhi sulle palpebre»). La sua presenza resta comunque il motivo di maggior attrattiva. La prima produzione di Samuel Goldwin jr.

Sangue degli altri, Il *½ (*Le Sang des autres*, Francia/Canada 1984, col, 130') Claude Chabrol. Con Jodie Foster, Michael Ontkean, Sam Neill, Lambert Wilson, Stéphane Audran, Alexandra Stewart, Jean-Pierre Aumont, Micheline Presle. ◆ Parigi, occupazione nazista: la modista Hélène (Foster) entra nella Resistenza per amore del partigiano comunista Jean (Ontkean). Seduce un tedesco (Neill) per liberare Jean, e poi muore in un'azione partigiana. Il «sangue degli altri» è quello sacrificato, spesso cinicamente, in nome degli ideali: per la prima volta un romanzo di Simone de Beauvoir viene portato sullo schermo, ma Chabrol capovolge la prospettiva (privilegia Hélène anziché Jean), e lo riduce a un convenzionale feuilleton di amore e guerra. Poco plausibile il cast di star internazionali. Esiste anche una versione Tv di sei puntate di un'ora ciascuna.

Sangue del vampiro, Il * (*Blood of the Vampire*, Gb 1958, col, 87') Henry Cass. Con Donald Wolfit, Barbara Shelley, Vincent Ball, Victor Maddern. ◆ Il nuovo dottore dell'ospedale scopre che un infermiere (Wolfit) è uno scienziato anemico che ha bisogno del sangue dei pazienti per sopravvivere. Horror a basso budget e con poche idee. Wolfit è truccato come Bela Lugosi, ma non basta.

Sangue di condor *** (*Yawar Mallku*, Bolivia 1969, b/n, 78') Jorge Sanjinés. Con Marcelino Yanahuaya, Vicente Salinas, Benedicta Huanca, Mario Arrieta, Felipe Vargas. ◆ In un villaggio andino Paulina (Huanca), come tutte le donne prolifiche del luogo, è sottoposta a sterilizzazione dagli americani del Peace Corps; il marito Ignacio (Yanahuaya), che guida la ribellione contro gli stranieri, viene ferito a morte dai militari. Una cultura condannata al sottosviluppo dall'imperialismo Usa e la lotta armata come unica soluzione: un film politico durissimo, dallo stile scarno e carico di tensione. Opera più nota del regista, segnò una svolta nella cinematografia dell'intero mondo latinoamericano, ponendosi come alternativa «indigenista» e guerrigliera al Cinema nôvo brasiliano. Girato con pochissimi mezzi e interpretato da attori quasi tutti non professionisti, ebbe numerosi premi e una vasta diffusione militante, soprattutto in Europa.

Sangue e arena **½ (*Blood and Sand*, Usa 1941, col, 123') Rouben Mamoulian. Con Tyrone Power, Linda Darnell, Rita Hayworth, [Alla] Nazimova, Anthony Quinn, John Carradine, Monty Banks, J. Carrol Naish. ◆ Un torero (Power) all'apice del successo s'innamora perdutamente di Dona Sol (Hayworth) e per lei abbandona la corrida, la moglie e gli amici. Tornerà indietro, ma l'ultima apparizione della donna gli sarà fatale. Remake dell'omonimo film interpretato nel 1922 da Rodolfo Valentino: Mamoulian si attiene scrupolosamente al romanzo di Vicente Blasco Ibañez, ma nella messinscena vira al feuilleton. Ne risulta un melodramma caliente, impregnato di un tipico esotismo da studio, vivacizzato da un technicolor spettacolare ed elettrizzato dalla prepotente bellezza della Hayworth, di fronte alla quale Power si difende con un'enfasi piuttosto goffa. Negli Usa in guerra ebbe un successo enorme, oggi è un monumento alla Hollywood dell'epoca. Ernest Palmer e Ray Rannahan vinsero l'Oscar per la fotografia. Ottimo il cast di supporto. Rifatto con Sharon Stone nel 1989 (*Ossessione d'amore*).

Sangue e la rosa, Il ** (*...Et mourir de plaisir*, Francia/Italia 1960, col, 87') Roger Vadim. Con Mel Ferrer, Elsa Martinelli, Annette Vadim, Marc Allégret, Jacques-René Chauffard, Serge Marquand. ◆ Carmilla (Vadim), una giovane donna gelosa delle potenziali rivali che la circondano, fa riemergere l'eredità vampiresca di una sua antenata. Dopo aver commesso una serie di omicidi, s'innamora di una donna (Martinelli) ma quando, accidentalmente, farà del male all'uomo un tempo amato (Ferrer) sarà condannata al vampirismo per sempre. Liberamente ispirato a *Carmilla* di Sheridan Le Fanu (adattato dal regista con Roger Vailland, Claude Brulé e Claude Martin), con esplicite implicazioni lesbiche e una buona dose di prevedibilità, *Il sangue e la rosa* è un horror languido, meritevole di attenzione più per la splendida fotografia di Claude Renoir che per l'ambiziosa regia di Vadim, il quale già allora rischiava il ridicolo. Celebre la sequenza in cui il colore viene come prosciugato dallo schermo per confluire nel vivido spruzzo di sangue sul vestito bianco di Carmilla.

Sangue gitano *½ (*Carmen*, Germania 1918, b/n, 77') Ernst Lubitsch. Con Pola Negri, Harry Liedtke, Leopold von Ledebour, Grete Diecks, Wilhelm Diegelmann, Sophie Pagay. ◆ Per amore della zingara Carmen (Negri), don José (Liedtke) viene espulso dal reggimento dei dragoni e diventa un contrabbandiere. Sempre per amore uccide il marito di Carmen, ma quando la donna rivolge la sua attenzione al picador Escamillo (von Ledebour), don José la uccide. Versione accurata ma non particolarmente originale della novella di Mérimée più che del dramma di Bizet (e infatti la storia è raccontata in flashback, di notte, da un viaggiatore accanto al fuoco di un bivacco: e originariamente queste scene di «cornice» erano tinte di rosso a mano). Fu l'inizio del successo cinematografico di Lubitsch, ma le qualità del film si limitano a una buona prova di Pola Negri e a una puntigliosa ricostruzione ambientale. Il film fu montato e presentato mentre a Berlino infuriava la rivoluzione spartachista.

Sangue misto **½ (*Bhowani Junction*, Usa/Gb 1956, col, 110') George Cukor. Con Ava Gardner, Stewart Granger, Bill Travers, Abraham Sofaer. ◆ In India, durante l'ultimo periodo della dominazione britannica, una donna di sangue misto (Gardner) è combattuta tra l'attrazione per un colonnello inglese (Stewart) e l'amore per la sua terra che vorrebbe indipendente. Primo e ultimo kolossal di Cukor, tratto da un bestseller di John Masters sceneggiato da Sonya Levien e Ivan Moffat. Tradizionale nella messinscena, ma insolitamente spedito nel ritmo, ebbe problemi con la censura a causa di scene d'amore considerate troppo audaci. L'ambiguità e il doppio, temi fondamentali del regista, riescono a non rimanere travolti dalla superproduzione, grazie anche alla sensibilità della Gardner che fornisce una delle prove migliori della sua carriera. Fu girato in Pakistan, perché l'India si rifiutò di concedere l'autorizzazione alle riprese.

Sangue nel sogno ** (*Strange Illusion*, Usa 1945, b/n, 80') Edgar G. Ulmer. Con James Lydon, Sally Eilers, Warren William, Regis Toomey. ◆ Il figlio di un giudice sogna che il padre non è morto per cause naturali: indaga e scopre che il pretendente della madre è in effetti una persona poco raccomandabile. *Amleto* aggiornato secondo i moduli del B-movie, tra melodramma e noir: il soggetto è promettente, ma la realizzazione non è al livello di altri film del regista.

Sangue sulla luna *** (*Blood on the Moon*, Usa 1948, b/n, 88') Robert Wise. Con Robert Mitchum, Barbara Bel Geddes, Robert Preston, Walter Brennan, Phyllis Thaxter, Frank Faylen, Tom Tully, Charles McGraw, Tom Tyler. ◆ Un cowboy alla deriva (Mitchum) viene assoldato da un suo vecchio amico (Preston) per ingannare degli ingenui contadini: ma non appena capisce di cosa si tratta passa dall'altra parte. Wise affronta il western con piglio realistico e atmosfere da noir, alternando esterni ariosi a sequenze in locali dai soffitti incombenti e scontri a pugni nudi violenti fino al sadismo. Uno degli ultimi fuochi della Rko; splendido il cast, Mitchum in testa; ma è efficace anche la cowgirl Bel Geddes, che lo coinvolge in giochi allusivamente erotici. Raffinata fotografia firmata da Nicholas Musuraca. La sceneggiatura è di Lillie Hayward e Harold Shumate. Il titolo è un'espressione indiana che vuol dire aria di tempesta. Conosciuto anche col titolo *Vento di terre selvagge*.

Sangue sulla sabbia (I tredici) *** (*Trinadcat'*, Urss 1936, b/n, 85') Michail Romm. Con Ivan Novosel'sev, Elena Kouz'mina, Alexandre Čistjakov, Andrej Fajt, Ivan Kuznecov, Petr Masoha, Viktor Kulacov, Stepan Krylov. ◆ Nel 1917, dopo la guerra, tredici soldati russi e due civili tornano a casa attraversando il deserto dell'Asia centrale: tra tempeste di sabbia e attacchi controrivoluzionari, solo uno di loro riuscirà a salvarsi. Secondo film di Romm, a cui era stata chiesta una versione sovietica di *La pattuglia sperduta* di John Ford. Romm non riesce a vedere il film americano e, nonostante le esigenze propagandistiche e le numerose difficoltà di lavorazione, costruisce un'opera quasi astratta, dove la qualità della forma mette in ombra la struttura a tesi del racconto ma non il forte senso dell'epopea: nel ruolo di cantore epico, il regista si fa interprete dello spirito invincibile del gruppo che agisce all'unanimità come fosse una sola persona, ed elabora immagini memorabili (la tempesta di sabbia, con le silhouettes degli uomini a piedi e i cavalli in controluce, tipo ombre cinesi), degne della grande tradizione fordiana applicata alla Storia sovietica.

Sangue sul sole *½ (*Blood on the Sun*, Usa 1945, b/n, 98') Frank Lloyd. Con James Cagney, Sylvia Sidney, Wallace Ford, Rosemary DeCamp, Robert Armstrong. ◆ Un reporter americano (Cagney) pubblica un progetto militare giapponese per la conquista del mondo e cerca gli assassini di un suo collega. Variazione sull'incubo nipponico, basata sull'allora famoso *Memoriale Tanaka*, che era stato da poco ritrovato e dato alle stampe in Cina. Nonostante il documento fosse fasullo, lo sceneggiatore Lester Cole lo pose al centro dell'intreccio, arricchendo la solita trama propagandistica con movimentate scene d'azione (Cagney impara anche le arti marziali) e insulse parentesi mélo (la Sidney è un'improbabile spia cinoamericana).

Sangue viennese ** (*Wiener Blut*, Austria 1942, b/n, 110') Willi Forst. Con Maria Holst, Willy Fritsch, Fred Lieweher, Hans Moser, Dorit Kreysler. ◆ A Vienna, un diplomatico tradisce la moglie (Holst), ma lei lo riconquista facendolo ingelosire. Vivace commedia di stampo asburgico di un maestro del genere, con scenografie sontuose e un cast insolitamente effervescente. Quando fu prodotto era un modo (piuttosto sotterraneo, per la verità) di far rivivere la cultura austriaca schiacciata dalla Germania nazista. Il regista Willi Forst appare in un breve prologo.

Sanguinaria, La ***½ (*Gun Crazy*, conosciuto anche col titolo *Deadly Is the Female*, Usa 1949, b/n, 86') Joseph H. Lewis. Con Peggy Cummins, John Dall, Berry Kroeger, Morris Carnovsky, Annabel Shaw. ◆ La bionda e avida Annie Laurie (Cummins) non solo costringe il suo neosposo (Dall) a compiere furti e rapine, ma commette anche due omicidi immotivati: la resa dei conti – tra di loro e con la polizia – avverrà sulle montagne, in mezzo alla nebbia. La tensione erotica che nasce tra i due personaggi – il maschio debole e la femmina demonio – fondata sull'equazione tra piacere e pericolo, suonò audace per l'epoca: e Lewis sa instillare sufficiente ambiguità nella sceneggiatura di Dalton Trumbo, tanto da lasciare il dubbio sui veri sentimenti che nutre Laurie. Il più noto e forse il miglior film di un maestro del cinema a basso costo, ispiratore inconfessato di *Gangster Story*. Il memorabile piano sequenza della rapina girata dall'interno dell'automobile consentì a Lewis non solo di mostrare il suo talento e senso della suspense, ma anche di risparmiare quattro giorni di lavorazione.

Sanguinario, Il *½ (*Sitting Target*, Gb 1972, col, 93') Douglas Hickox. Con Oliver Reed, Jill St. John, Ian McShane, Edward Woodward, Frank Finlay, Freddie Jones. ◆ Un criminale (Reed) evade dal carcere insieme a un altro prigioniero per vendicarsi della moglie infedele, ma scopre che il suo compagno di fuga è in combutta con la consorte. Violento e senza troppe sorprese.

Sanjuro *** (*Tsubaki Sanjuro*, Giappone 1962, b/n, 96') Akira Kurosawa. Con Toshiro Mifune, Tatsuya Nakadai, Yuzo Kayama, Akihiko Hirata, Kunie Tanaka. ◆ Un astuto samurai, Sanjuro (Mifune), cerca di moderare e guidare nove giovani congiurati che vogliono instaurare un nuovo governo nel loro piccolo stato feudale. Un film scritto per Horikawa e solo in ultimo affidato al regista di *La sfida del samurai*, che riprende il personaggio di Sanjuro, portandone a termine la demitizzazione con il senso dell'umorismo e la forza dell'ironia. La messinscena e la stilizzazione della violenza sono giapponesi; ma il ritmo, e anche il personaggio di Mifune, ruvido e generoso, hanno qualcosa di fordiano.

San Michele aveva un gallo *** (Italia 1976, col, 90') Paolo e Vittorio Taviani. Con Giulio Brogi, Daniele Dublino, Virginia Ciuffini, Renato Cestiè, Renato Scarpa, Vito Cipolla. ◆ Nel 1870 un borghese anarchico (Brogi) cerca di provocare un'insurrezione in un paesino umbro, ma la popolazione non partecipa e lui finisce in carcere. Dieci anni dopo ha modo di confrontarsi con dei rivoluzionari prigionieri, che irridono i suoi ideali e i suoi metodi di lotta: disperato, l'anarchico si uccide. Il soggetto è tratto dalla novella *Il divino e l'umano* di Tolstoj, ma i Taviani – autori anche della sceneggiatura – hanno sostituito la fede in Dio con quella nella rivoluzione per creare un drammatico confronto tra il socialismo utopistico e il socialismo scientifico, arte e politica, immaginazione e aderenza alla realtà fattuale. Strutturato come un quartetto musicale (quattro unità di luogo, quattro blocchi narrativi), ha nel bravissimo Brogi il centro propulsivo dell'azione e della riflessione. Le tormentate vicende produttive comportarono un budget molto basso e ritardarono di quattro anni l'uscita del film (prodotto nel 1972). Tuttavia i registi seppero fare di necessità virtù concentrando l'attenzione sull'estrema solitudine del protagonista e svuotando di conseguenza il paesaggio senza che ciò potesse sembrare una resa alle leggi del mercato. Uno dei loro film più sentiti e riusciti.

San Pasquale Baylonne, protettore delle donne * (Italia 1976, col, 100') Luigi Filippo d'Amico. Con Lando Buzzanca, Stella Carnacina, Gina Rovere, Gabriella Giorgelli, Memmo Carotenuto, Gianni Cavina. ◆ Nel nome di Pasquale Baylonne un imbroglione (Buzzanca) si spaccia per guaritore con lo scopo di adescare le belle donne di uno sperduto paesino laziale. Farsa strapaesana dal divertimento assai incerto. Soggetto e sceneggiatura sono di Castellano e Pipolo. Esordio di Giuliana De Sio (con le trecce), che fa il bagno nuda in un torrente.

Sansone * (Italia 1961, col, 90') Gianfranco Parolini. Con Brad Harris, Mara Berni, Alan Steel [Sergio Ciani], Serge Gainsbourg, Brigitte Corey [Luisella

Boni], Carlo Tamberlani. ◆ Il malvagio Warkalla (Gainsbourg!), consigliere della regina Mila, s'impossessa di tutti i suoi beni, ma interviene Sansone (Harris) a sistemare le cose. Intreccio senza novità per un peplum dozzinale.

Sansone e Dalila ** (*Samson and Delilah*, Usa 1949, col, 128') Cecil B. DeMille. Con Victor Mature, Hedy Lamarr, George Sanders, Angela Lansbury, Henry Wilcoxon, Rusty [Russ] Tamblyn, Olive Deering, Fay Holden. ◆ Dalila (Lamarr), respinta da Sansone (Mature), si vendica tagliandogli i capelli e facendolo catturare dai Filistei, ma poi si pente e cerca di aiutarlo a recuperare le forze. Un grande e pacchiano spettacolo in puro stile DeMille, che tratta la Bibbia alla stregua di un romanzone a base di sesso e sangue. All'epoca fu accusato di blasfemia (la sceneggiatura è di Jesse L. Lasky jr e Fredric M. Frank), e costò al regista una paziente difesa davanti alla corte federale di Chicago. Oscar per scenografie e costumi. Commentò Groucho Marx: «È l'unico film che ho visto dove le tette del protagonista sono più grandi di quelle della star».

Sansone e il tesoro degli Incas * (Italia/Rft/Francia 1964, col, 93') Piero Pierotti. Con Alan Steel [Sergio Ciani], Tony Sailer, Mario Petri, Anna Maria Polani, Pierre Cressoy, Wolfang Lukschy, Birgit Heilberg, Carlo Tamberlani, Umberto Spadaro, Gino Marturano, Dada Gallotti. ◆ Ingiustamente accusato di omicidio, Alan Fox (Sailer) fugge dalla diligenza che lo sta portando al processo e che è attaccata dal vero assassino (Petri), ma poi cade in mano degli Incas che fanno prigioniero anche Sansone (Steel), messosi sulle tracce di Alan. Non basterà l'intervento della regina Mysia (Polani) per salvare loro la vita, ci vorrà la straordinaria forza di Sansone. Incredibile operazione produttiva che mescola western e peplum: iniziato come film mitologico (con lo specialista Alan Steel), fu trasformato in uno spaghetti-western dal produttore Fortunato Misiano per sfruttare il successo di Leone e dei suoi imitatori. Il risultato è una storia sgangherata, con Sansone un po' vestito in perizoma e un po' con la giacca sfrangiata alla Davy Crockett. Il caratterista napoletano Nino Vingelli interpreta in modo assolutamente incredibile e comico un indiano.

Santa Clause *½ (*The Santa Clause*, Usa 1994, col, 97') John Pasquin. Con Tim Allen, Judge Reinhold, Wendy Crewson, Eric Lloyd, Peter Boyle. ◆ Babbo Natale muore cadendo dal tetto, ma lascia disposizioni: chiunque indossi i suoi abiti prenderà il suo posto. Capiterà a Scott Calvin (Allen), papà divorziato che trascorre la vigilia di Natale col figlioletto Charlie (Lloyd). Un film natalizio targato Walt Disney, che tenta di rinnovare il genere attraverso uno dei temi chiave dell'immaginario anni Novanta, la «mutazione»: renne addio, ma la sostanza non cambia granché. Sceneggiatura di Leo Benvenuti e Steve Rudnick. La scenografa, Carol Spier, lavora abitualmente con Cronenberg.

Santa Giovanna **½ (*Saint Joan*, Usa 1957, b/n, 110') Otto Preminger. Con Jean Seberg, Richard Widmark, Richard Todd, Anton Walbrook, John Gielgud, Felix Aylmer, Harry Andrews. ◆ Giovanna (Seberg), dopo il rogo, appare in sogno al re di Francia Carlo VII (Widmark) ricostruendo la storia della sua vocazione guerriera e della sua condanna al rogo dopo essere stata abbandonata dagli inglesi. Una revisione antieroica della figura di Giovanna d'Arco, ispirata all'omonimo dramma di George Bernard Shaw, che però fu sottoposto ad ampie modifiche dalla sceneggiatura di Graham Greene. La scelta della diciassettenne Seberg, al suo debutto e completamente priva di esperienza, avvenne dopo centinaia di provini, e secondo la critica dell'epoca fu responsabile del fallimento del film. Ma con la sua ingenuità l'attrice incarna alla perfezione un personaggio sfaccettato e sfuggente. Produce lo stesso Preminger per la United Artists. Esiste anche in versione colorata al computer.

Santarellina ** (*Mam'zelle Nitouche*, Francia 1931, b/n, 106') Marc Allégret. Con Janie Marèse, Raimu [Jules Muraire], André Alerme, Jean Roussellières, Edith Méra, Alida Rouffle, Geo Forster. ◆ Con la minaccia di svelare la sua attività di compositore leggero, Denise, che tutti chiamano Nitouche (Marèse), convince l'organista Celestino (Raimu) ad accompagnarla a teatro dove i capricci della prim'attrice le permettono di debuttare nell'operetta scritta da Celestino. La serata, piuttosto agitata, finirà in caserma e Nitouche scoprirà che il fidanzato scelto dai genitori è l'ufficiale (Roussellières) conosciuto proprio in teatro. Spigliata versione cinematografica dell'operetta omonima di Henri Meilhac, André Millaud ed Hervé [Florimond Ronger]: gli spunti comico-satirici contro una società che decide i matrimoni dall'alto e chiude le ragazze in convento sono praticamente spariti per lasciar spazio soprattutto alla performance comica di Raimu, perfetto nel ruolo dell'organista dalla doppia vita, di giorno in convento a suonare arie sacre, di notte a teatro a dirigere operette. Particine per Edwige Feullière, Viviane Romance, e Simone Simon. Rifatto nel 1954 dal fratello Yves.

Santarellina ** (*Mam'zelle Nitouche*, Francia/Italia 1954, col, 90') Yves Allégret. Con Pier Angeli [Anna Maria Pierangeli], Fernandel [Fernand Contandin], Jean Debucourt, François Guérin, Renée Devillers, Michèle Cordoue, Georges Chamarat, Louis de Funès. ◆ Dopo aver scoperto che Celestino (Fernandel), l'organista del convento, di notte scrive operette, l'intraprendente Denise, soprannominata Nitouche (Pier Angeli), si fa accompagnare a una delle sue rappresentazioni, dove i capricci della prim'attrice la porteranno a debuttare sulla scena. E a conoscere un tenentino (Guérin) che è la stessa persona a cui i suoi genitori volevano farla fidanzare. Yves Allégret riprende l'operetta già diretta dal fratello Marc (nel 1931) e la aggiorna con i dialoghi di Marcel Achard e Jean Aurenche. La commedia leggera non è certo il suo genere preferito, ma l'esilità della sceneggiatura e soprattutto la bella prova della Pier Angeli non hanno fatto invecchiare troppo il film.

Santa sangre – Sangue santo **½ (Italia/Messico 1989, col, 119') Alejandro Jodorowsky. Con Axel e Adan Jodorowsky, Blanca Guerra, Guy Stockwell,

Sabrina Dennison. ◆ Fenix (Axel Jodorowsky) è stato traumatizzato quando ha visto, da piccolo, il padre (Stockwell) amputare le braccia alla madre (Guerra). Fugge dal manicomio e forma con la madre un insolito duo di varietà, massacrando fanciulle nel frattempo. Jodorowsky torna sul set coi soldi di Claudio Argento e non smentisce la sua propensione per il delirio narrativo, il gusto barocco della meraviglia e le sensazioni forti. Prendere o lasciare: Jodorowsky non sarà un genio, ma un geniaccio che non scende a compromessi lo è certamente. E rispetto al passato c'è anche una maggiore consapevolezza ironica. Da antologia il funerale dell'elefante, fatto a pezzi dai poveri affamati: buon incrocio di Fellini e Romero. I protagonisti sono scelti in famiglia.

Sant'Elena, piccola isola *½ (Italia 1943, b/n, 82') Renato Simoni [e Umberto Scarpelli]. Con Ruggero Ruggeri, Lamberto Picasso, Mario Brizzolari, Carla Candiani, Luigi Cimara, Rubi Dalma, Salvo Randone, Paolo Stoppa, Elsa De Giorgi, Mercedes Brignone, Renato Cialente, Franco Becci. ◆ L'esilio di Napoleone (Ruggeri) a Sant'Elena, dall'arrivo il 15 ottobre 1815 alla morte avvenuta il 5 maggio 1821, circondato dalla fedeltà (non sempre perenne) dei suoi più stretti collaboratori – i generali Montholon (Brizzolari) e Gourgaud (Randone), il maresciallo Bertrand (Cimara), il conte Lascases (Becci) e i loro familiari – e costretto a subire il disprezzo del governatore inglese (Picasso). Unico film diretto dal commediografo e critico teatrale Renato Simoni (che nei titoli di testa è affiancato come collaboratore da Umberto Scarpelli) che utilizza i diari di Bonaparte e un testo drammatico di Otello Pagliai per offrire il ritratto di un iroso e disperato Napoleone, superiore alle gelosie e agli odi con cui deve fare i conti anche in esilio, a cui Ruggeri offre l'abilità della propria interpretazione. La sceneggiatura, di Oreste Biancoli ed Ettore M. Margadonna, non risparmia battute contro l'insensibilità inglese, in evidente sintonia con lo spirito patriottico di un paese allora in guerra. Notevole la fotografia di Mario Bava, ispirata all'iconografia neoclassica. Particina per Alberto Sordi, nel ruolo di un ufficiale inglese.

Santiago ** (*Santiago*, Usa 1956, col, 93') Gordon Douglas. Con Alan Ladd, Rossana Podestà, Lloyd Nolan, Chill Wills, Paul Fix, L.Q. Jones, Frank DeKova. ◆ 1898: un mercenario (Ladd) incaricato di consegnare delle armi a Cuba viene ostacolato dall'artiglieria spagnola e da un vecchio nemico, ma l'amore per una partigiana (Podestà) lo converte alla causa rivoluzionaria. Ritmo discreto, ricostruzione ambientale accettabile, trattamento semplicistico ma non privo di spunti interessanti.

Santissimi, I **½ (*Les Valseuses*, Francia 1973, col, 118') Bertrand Blier. Con Gérard Depardieu, Patrick Dewaere, Miou-Miou [Sylvette Hery], Jeanne Moreau, Brigitte Fossey, Isabelle Huppert. ◆ Due simpatiche canaglie (Depardieu e Dewaere) vagabondano commettendo bravate feroci e instaurando rapporti cinici con le donne che incontrano. Quando si trovano nei guai con la polizia, a loro si unisce una ragazza (Miou-Miou) che li segue nelle varie avventure fino alla intuibile resa dei conti. Irriverente, sguaiato e crudele, è il film che ha segnato il passaggio di Blier dal documentario alla finzione, procurandogli notorietà internazionale. All'epoca fu salutato con entusiasmo dalla critica francese per il suo audace anticonformismo, oggi si ha l'impressione che il coraggio sia più calcolato che effettivamente genuino, anche se il furore di vivere dei personaggi, improntato a un nichilismo totale, fa ancora una certa impressione. Il cast, da solo, vale la visione. Splendida la breve, ma intensa apparizione della Moreau nel ruolo di una ex carcerata.

Santo, Il ° (*The Saint*, Usa 1997, col, 116') Phillip Noyce. Con Val Kilmer, Elisabeth Shue, Rade Serbedzija, Valery Nikolaev, Henry Goodman, Alun Armstrong, Michael Byrne, Evgeny Lazarev, Irina Apeximova. ◆ Ladro internazionale al soldo di chi paga meglio, Simon Templar detto «il Santo», ruba la formula della fusione fredda a un'ingenua scienziata (Shue), ma quando deve consegnarla al boss russo Tretiak (Serbedzija) si fa prendere dagli scrupoli. Magniloquente versione del personaggio inventato nel 1928 da Leslie Charteris (e già portato sullo schermo negli anni Quaranta da Louis Hayward, George Sanders e Hugh Sinclair, e in televisione da Roger Moore nei Sessanta): colpi di scena, effetti speciali, travestimenti a raffica ma quasi mai un po' di interesse.

Santo patrono, Il ** (Italia 1972, col, 91') Adalberto [Bitto] Albertini. Con Lucio Dalla, Alberto Sorrentino, Tony Ucci, Gennaro Masini. ◆ Le autorità ecclesiastiche s'accingono a sostituire il patrono di Ponteparadiso, santificato per errore, con un altro santo, ma la popolazione insorge. Trama-pretesto per scodellare una lunga serie di sketch, alcuni riusciti, altri meno. Comicità casereccia, ma non spiacevole con Dalla in abito talare. La colonna sonora è di Ruggero Cini e Lucio Dalla.

Santo prende la mira, Il * (*Le Saint prend l'affût*, Francia 1967, col, 97') Christian-Jaque [Christian Maudet]. Con Jean Marais, Raffaella Carrà, Jess Hahn, Jean Yanne, Daniel Evenou, Nerio Bernardi. ◆ Un ladro gentiluomo (Marais) aiuta un amico malvivente che dopo l'ultimo colpo si è messo nei guai con i servizi segreti americani e tedeschi. Dimenticabile giallorosa scacciapensieri.

Santo Stefano *½ (Italia 1997, col, 84') Angelo Pasquini. Con Claudio Bigagli, Laura Morante, Andrea De Rosa, Antonio Petrocelli, Lucio Allocca, Giorgio Tirabassi, Roberto Nobile, Antonio Pennarella. ◆ Nel 1959, il direttore del carcere di Santo Stefano Bruno D'Assisi (Bigagli) inizia una coraggiosa riforma carceraria che coinvolge anche secondini e detenuti, ma l'avvento del governo Tambroni stronca ogni innovazione: D'Assisi è sostituito, ma un recluso (Amendola) riesce a fuggire con la complicità del figlio dodicenne (De Rosa) dello stesso ex direttore. Cinema civile, nobile negli intenti ma deludente nei risultati, esordio nella regia di uno sceneggiatore (che qui si avvale della collaborazione alla scrittura di Roberto Nobile). Una pagina reale della nostra storia viene ricostruita con mezzi insufficienti (e qualche problema di lavorazione), ma soprattutto attraverso un irrisolto tentativo di conciliare coscienza politica e spettacolarizzazione all'americana (il detenuto interpretato da Amendola). E con un buonismo di fondo abbastanza irritante.

Sapore del delitto, Il **½ (*The Amazing Doctor Clitterhouse*, Usa 1938, b/n, 87') Anatole Litvak. Con Edward G. Robinson, Claire Trevor, Humphrey Bogart, Allen Jenkins, Donald Crisp, Gale Page. ◆ Un neurologo (Robinson) entra a far parte di una banda di criminali per portare a termine una ricerca sperimentale. Il decennio che ha visto l'ascesa del gangster-movie si chiude con un interessante studio psicoanalitico sul gangster, il personaggio che più di tutti ha turbato l'immaginario cinematografico Usa tra il proibizionismo e la seconda guerra mondiale. Un film importante, sceneggiato da John Huston e John Wexley, anche se non del tutto riuscito, con anticipazioni noir e un Bogart provvisoriamente dalla parte dei cattivi.

Sapore della ciliegia, Il **** (*Ta'm e guilass*, Iran 1997, col, 99') Abbas Kiarostami. Con Homayon Ershadi, Abdolrahman Bagheri, Afshin Khorsid Bakhtiari, Safar Alì Moradi. ◆ Badiei (Ershadi), un uomo di mezza età, si aggira in macchina per la desolata periferia di Teheran, cercando qualcuno che l'aiuti a suicidarsi. Un soldato e un seminarista afghano si tirano indietro, ma il tassidermista di un museo (Bagheri) accetta di seppellirlo, a patto che quando arriverà davanti alla sua fossa sia morto veramente. Kiarostami, anche sceneggiatore, non vuole parlare del suicidio del protagonista (i cui moventi restano nell'ombra), ma delle nostre reazioni di fronte alla morte (come testimoniano i lunghi dialoghi girati con una sola inquadratura, senza far mai vedere l'interlocutore, perché è con lo spettatore che il regista vuole interloquire). Mettendo sullo stesso piano i simboli della nuova realtà iraniana - l'esercito, la chiesa e il popolo - il film rivela uno spirito laico che evita sia la disperazione nichilista sia le facili consolazioni (come quelle simbolizzate dalle ciliegie nel racconto di Bagheri), e lascia libero lo spettatore di trarre la sua morale. Nell'ultima sequenza, che pare sia stata tolta da alcune versioni, vediamo la troupe al lavoro: con l'effetto, consueto nel cinema iraniano, di provocare un ritorno alla realtà per sottolineare la finzione della rappresentazione filmica, ma anche con l'ammissione del fatto che l'arte deve ritrarsi di fronte all'indicibile. Un cinema, comunque, di emozioni autentiche: uno dei pochi che ci sia rimasto, girato con uno stile diretto e rosselliniano, che va sempre a fondo. Palma d'oro a Cannes ex aequo con *L'anguilla* di Imamura (inedito in Italia).

Sapore dell'acqua, Il **½ (*De smaak van water*, Olanda 1982, col, 100') Orlow Seunke. Con Gerard Thoolen, Dorijn Curvers, Hans van Tongeren, Joop Admiraal, Olga Zuiderhoek. ◆ Un assistente sociale (Thoolen) rischia di perdere il posto ed è vittima delle calunnie più bieche pur di occuparsi di una ragazzina disadattata (Curvers), incapace di camminare e di parlare. Nulla di nuovo dopo *Anna dei miracoli* e il *Ragazzo selvaggio*: ma l'opera prima di Seunke (premiata in questa categoria al festival di Venezia) sa essere rigorosa e toccante senza forzare troppo la corda del patetico. Girato in 16mm.

Sapore della saggezza, Il ** (*The Getting of Wisdom*, Australia 1977, col, 100') Bruce Beresford. Con Susannah Fowle, Hilary Ryan, Alix Longman. ◆ La maturazione di una ragazzina ribelle (Fowle) al Presbyterian Ladies' College di Melbourne nel 1910. Dal romanzo autobiografico di Ethel Richardson, una buona ricostruzione dell'ambiente e qualche cliché di troppo nel disegnare un personaggio che sembra il prototipo di una donna in carriera contemporanea piuttosto che una femminista inizio secolo.

Sapore dell'inganno, Il → *Fourth Story, The*

Sapore di donna * (*Tam-Lin*, ritilolato *The Devil's Widow*, Gb 1971, col, 107') Roddy McDowall. Con Ava Gardner, Ian McShane, Stephanie Beacham, Cyril Cusack, Richard Wattis. ◆ Quando il giovane amante (McShane) di una ricca maliarda (Gardner) s'innamora di un'altra, la donna lo fa rapire e lo sottopone a un gioco pericoloso. Una specie di fiaba nera diretta da un attore amico della protagonista, al suo esordio come regista. Soggetto poco originale, sceneggiatura scontatissima di William Spier (con frasi tipo «La vita è un'illusione, quindi niente è duraturo») e fotografia impietosa nei confronti della diva, per altro ancora bellissima. Fu sottoposto a numerosi tagli dalla casa produttrice (la Commonwealth United) sull'orlo del fallimento, ed ebbe vita brevissima nelle sale.

Sapore di hamburger *½ (*Better Off Dead*, Usa 1985, col, 98') Savage Steve Holland. Con John Cusack, David Odgen Stiers, Kim Darby, Demian Slade, Scooter Stevens. ◆ Un sedicenne (Cusack) abbandonato dalla ragazza perché non ha vinto una gara di sci si consola con una francesina che lo allena sulle piste fino alla vittoria. Debutto registico piuttosto divertente all'inizio, ma via via sempre più esangue e telefilmico. L'ottimo «Hamburger video» è di Jimmy Picker, una firma nel campo dell'animazione.

Sapore di mare *½ (Italia 1983, col, 98') Carlo Vanzina. Con Jerry Calà, Marina Suma, Christian De Sica, Virna Lisi, Angelo Cannavacciuolo, Karina Huff, Isabella Ferrari. ◆ Forte dei Marmi, estate 1964: le vacanze di un gruppo di rampolli di buona famiglia (con qualche tardona di mezzo) al ritmo dei maggiori successi musicali del periodo. Diciotto anni dopo si ritroveranno e stenteranno a riconoscersi. Piatto e volgare, aprì disgraziatamente il filone nostalgico precontestazione riscuotendo un grande successo nell'Italia del rampantismo incipiente. Con un seguito.

Sapore di mare 2 – Un anno dopo * (Italia 1983, col, 105') Bruno Cortini. Con Eleonora Giorgi, Mauro Di Francesco, Isabella Ferrari, Karina Huff, Gianni Ansaldi, Massimo Ciavarro, Anna Pettinelli, Giorgia Fiorio. ◆ Stessa spiaggia, stesso mare e più o meno la stessa compagnia. Sequel immediato del precedente, all'insegna del divertimento a tutti i costi. Sembra confezionato un po' meglio, ma la solfa non cambia. Colonna sonora di Gianni Boncompagni con una comparsata di Gino Paoli.

Sapore di miele *** (*A Taste of Honey*, Gb 1961, b/n, 100') Tony Richardson. Con Rita Tushingham,

Robert Stephens, Dora Bryan, Murray Melvin, Paul Danquah. ◆ Inghilterra settentrionale: una ragazza diciannovenne (Tushingham), vittima di una madre becera e abbandonata da un marinaio di colore che l'ha messa incinta, trova un momentaneo conforto alla sua solitudine assieme a un omosessuale tenero e premuroso (Melvin). Tratto da una pièce di Shelagh Delaney, che firma anche la sceneggiatura col regista: agli occhi di oggi appare un po' datata, ma rimane un'opera di talento, girata con grande senso di osservazione della realtà, imprescindibile per capire il Free Cinema dei giovani arrabbiati che a cavallo tra i Cinquanta e i Sessanta irruppero scandalosamente sugli schermi inglesi con la poetica del «sex, class and realism». Tushingham e Melvin furono premiati al festival di Cannes.

Saprofita, Il *½ (Italia 1974, col, 100') Sergio Nasca. Con Valeria Moriconi, Al Cliver, Janet Agren, Giancarlo Marinangeli, Cinzia Bruno, Leopoldo Trieste. ◆ Costretto a rinunciare al sacerdozio perché privo della parola, un giovane (Cliver) viene assunto da una famiglia ricca e tarata, a contatto della quale si trasforma in un assassino. Opera prima di un assistente di Marco Bellocchio, pervaso dalla stessa furia distruttiva nei confronti della famiglia e dell'educazione clericale. Tuttavia la sceneggiatura non è tanto provocatoria come vorrebbe essere, e solo a tratti la regia si fa davvero irriverente (come nella scena del pellegrinaggio a Lourdes).

Sarabanda tragica *** (*Saraband for Dead Lovers*, Gb 1948, col, 96') Basil Dearden. Con Joan Greenwood, Stewart Granger, Françoise Rosay, Flora Robson, Frederick Valk, Peter Bull, Anthony Quayle, Megs Jenkins, Michael Gough. ◆ Nel 1726, sul letto di morte, Sophia Dorothea (Greenwood) ricorda la sua triste esistenza: costretta a sposare l'elettore di Hanover George Louis (Bull), poi diventato re d'Inghilterra col nome di Giorgio I, ma innamorata infelice del nobile svedese Philip Königsmark (Granger), e per questo ripudiata e fatta rinchiudere per gli ultimi trent'anni della sua vita nel castello di Ahlden. Il primo film a colori della Ealing è un tentativo (fallito sul piano del pubblico) di rivaleggiare con i melodrammi coevi della Gainsborough iscrivendo la storia di un amore infelice all'interno di una cornice storicamente credibile. Ma se l'ambientazione e le scenografie (firmate dal direttore artistico e coproduttore Michael Relph, che ottenne una nomination) sono davvero impressionanti per ricchezza, varietà e inventiva, la preoccupazione quasi didattica di sottolineare gli intrighi e le corruzioni della corte finisce per schiacciare la storia d'amore, sostituendo la vitalità e il «sadismo» Gainsborough con la rassegnazione e la tristezza. Restano alcune belle scene (la pioggia che durante il matrimonio si trasforma in lacrime sui volti dei personaggi raffigurati sulle vetrate della chiesa, la volgarità popolaresca della festa di carnevale, il duello di Königsmark tra le ombre della notte) e la prova di due straordinarie attrici: Françoise Rosay nel ruolo della gelida e intrigante madre dell'elettore e Flora Robson in quello della contessa Platen, vendicativa amante spaventata dal proprio invecchiamento. Sceneggiatura di John Dighton e Alexander Mackendrick, dal romanzo di Helen Simpson; fotografia di Douglas Slocombe.

Sarafina! – Il profumo della libertà ** (*Sarafina!*, Sudafrica/Gb/Francia 1992, col, 116') Darrell James Roodt. Con Whoopi Goldberg, Leleti Khumalo, Miriam Makeba, John Kani. ◆ Soweto, 1976: Sarafina (Khumalo), figlia di una cameriera (la cantante Makeba) che lavora per i bianchi, impara la storia del Sudafrica da un'insegnante anticonformista (Goldberg), e organizza un recital per invocare la liberazione di Mandela. Conoscerà in prima persona la violenza dei bianchi e la reazione dei neri, e capirà che il problema non è tanto ottenere la libertà, quanto sapere cosa farne. Adattamento del musical di Mbongeni Ngema (che recita nella parte del poliziotto Sabela), pieno di buone intenzioni e cauto nel bilanciare i punti di vista, pro o contro la lotta armata. Il film, però, manca di un'idea unitaria, e si perde tra inserti semidocumentaristici, parentesi melodrammatiche e coreografie fastose.

Sarah Bernhardt – La più grande attrice di tutti i tempi *½ (*The Incredible Sarah*, Usa 1976, col, 106') Richard Fleischer. Con Glenda Jackson, Daniel Massey, Yvonne Mitchell, Douglas Wilmer, David Langton, Simon Williams. ◆ Biografia romanzata della celebre attrice francese (Jackson), che conquistò le platee di quattro continenti a suon di D'Annunzio e Sardou, e continuò a recitare anche dopo che le venne amputata una gamba. La Jackson fa fuochi e fiamme, ma il film, scontato e farraginoso, è «pieno di quegli indimenticabili momenti che si sarebbero dovuti dimenticare», come scrisse un critico americano. Girato in Inghilterra.

Sarahsarà... *½ (Italia 1994, col, 112') Renzo Martinelli. Con Kim Engelbrecht, Giulio Brogi, Ciro Esposito, Lucio Allocca, Denise Newman, Ricky Rudolph. ◆ Paralizzata alla gamba destra dall'infanzia, la quattordicenne sudafricana Sarah (Engelbrecht) deve combattere contro i pregiudizi sportivi e razziali (è nera) per dimostrare quanto vale nel nuoto di fondo, ma con l'aiuto di un allenatore ubriacone (Brogi) riuscirà persino a partecipare alla Capri-Napoli. Esordio nella fiction di un regista pubblicitario che si è ispirato – ambientandola in Sudafrica – alla storia vera della sudanese Gadalla Gubara, che nonostante l'handicap alla gamba arrivò quarta alla gara di nuoto partenopea. Non basta però la supervisione di Nadine Gordimer per dare tensione a una sceneggiatura prevedibile (scritta da Martinelli con altri due pubblicitari, Maurizio D'Adda e Giulio Paradisi) e a una regia che riduce il cinema a una somma di inquadrature più o meno d'effetto.

Saranno famosi **½ (*Fame*, Usa 1980, col, 134') Alan Parker. Con Irene Cara, Lee Curreri, Eddie Barth, Laura Dean, Paul McCrane, Gene Anthony Ray, Antonia Franceschi, Barry Miller, Maureen Teefy. ◆ I sogni, le aspirazioni, gli amori e le delusioni di un gruppo di studenti della High School of Performing Art di New York, tenuti a dare il massimo in ogni disciplina oltre a quella prescelta: c'è l'italoamericano (Curreri) amante del rock che si converte alla classica e si innamora di una cantante nera (Cara), l'ebrea timida e il ballerino nero esuberante (Ray). L'American Dream dei ventenni in un film che contribuì a rilanciare il musical, aggiornandolo con tempestività alle incipienti mode degli anni Ottanta. Dopo una prima parte semidocumentaristica, la storia si fa inesorabilmente scontata, ma i numeri musicali – specie quelli in strada – sono trascinanti. Belle le coreografie di Louis Falco, efficace il montaggio rapido di Gerry Hambling. La colonna sonora (Michael Gore) e la canzone (Gore e Dean Pitchford) vinsero l'Oscar. All'epoca fu un successo travolgente e diede origine a una serie televisiva. In una scena si cita il successo di culto che fece la fortuna del *Rocky Horror Picture Show*.

Sarà perché ti amo **½ (*L'Effrontée*, Francia/Svizzera 1985, col, 96') Claude Miller. Con Charlotte Gainsbourg, Bernadette Lafont, Jean-Claude Brialy, Clothilde Baudon, Julie Glenn. ◆ Charlotte (Gainsbourg), adolescente annoiata, subisce il fascino di una pianista sua coetanea (Baudon), e fa soffrire Lulù (Glenn), una bambina ammalata di sette anni, piena di devozione nei suoi confronti. Miller (sceneggiatore con Bernard Stora, Luc Béraud e Annie Miller) possiede una vasta gamma di sfumature che gli consentono di evitare le trappole del caso, realizzando piccoli ritratti incisivi di ragazzine in cerca d'affetto: non ci si aspettino, comunque, profondità abissali. Esordio della Gainsbourg, figlia di Serge Gainsbourg e di Jane Birkin. Nella colonna sonora, tra Beethoven e Mozart, spuntano anche i Ricchi e Poveri. La distribuzione italiana cercò di spacciarlo come un clone del *Tempo delle mele* e fece un buco nell'acqua.

Saratoga ** (*Saratoga*, Usa 1937, b/n, 94') Jack Conway. Con Clark Gable, Jean Harlow, Lionel Barrymore, Frank Morgan, Walter Pidgeon. ◆ Una ragazza americana (Harlow), tornata da un viaggio in Inghilterra per occuparsi delle scuderie di famiglia, s'imbatte in un affascinante bookmaker (Gable). Commedia brillante e leggera, nella media dell'epoca, sceneggiata da Anita Loos e Robert Hopkins. La morte della Harlow arrestò la lavorazione: dopo aver deciso di rinunciare al progetto, la Mgm fece riadattare la sceneggiatura e scritturò una sosia dell'attrice (Mary Dees) per portare a termine il film.

Saratoga *½ (*Saratoga Trunk*, Usa 1945, b/n, 135') Sam Wood. Con Ingrid Bergman, Gary Cooper, Flora Robson, Jerry Austin, John Warburton, Florence Bates. ◆ Ripudiata insieme alla madre, una ragazza creola (Bergman) torna a New Orleans per vendicarsi della famiglia e assicurarsi un solido avvenire: l'aiuta e infine la salva un imbroglione texano dal cuore d'oro (Cooper). Polpettone interminabile, tratto dall'omonimo romanzo di Edna Ferber sceneggiato da Casey Robinson, che mescola alla rinfusa fiaba gotica, satira sociale, commedia brillante e film d'azione. Al di sopra delle critiche solo la Bergman, nella parte di una bruna avventuriera desiderosa di rivincita e incline all'edonismo: il ruolo più spigliato e allusivamente sexy che l'attrice abbia mai avuto. Fu girato nel 1943, ma venne messo in circolazione due anni dopo: perché era un prodotto troppo frivolo per una nazione in guerra, secondo alcuni; secondo altri perché la Warner temeva la scandalosa relazione tra i due protagonisti, entrambi sposati.

Saremo felici * (Italia 1989, col, 98') Gianfrancesco Lazotti. Con Jo Champa, Franco Cardellino, Maurizio Ferrini, Sonia Petrovna, Amanda Sandrelli. ◆ Cesenatico, 1988: vacanze spensierate per un gruppo di vitelloni anni Ottanta, a cui fa seguito uno sconsolante rientro nella solita vita di provincia. Stereotipi a non finire, una buona dose di ingenuità sospetta e tanta televisione al posto del cinema: non basta frequentare la riviera romagnola per rinverdire antiche suggestioni felliniane. Con il semiesordiente Lazotti collaborano al soggetto Maurizio Ferrini e alla sceneggiatura Ruggero Maccari.

Sarò tua **½ (*If You Could Only Cook*, Usa 1935, b/n, 70') William A. Seiter. Con Herbert Marshall, Jean Arthur, Leo Carrillo, Lionel Stander, Alan Edwards. ◆ Un giovane industriale (Marshall) viene scambiato per disoccupato da una ragazza (Arthur), che lo fa assumere come cameriere nella casa di un mafioso (Carrillo) dove lei lavora come cuoca. Commedia spigliata e divertente sceneggiata da F. Hugh Herbert, Gertrude Purcell e Howard J. Green, con un ottimo cast. La Columbia in Europa spacciò il film come diretto da Frank Capra, che fece causa e sciolse il contratto che lo legava alla casa di produzione.

Sarta, La **½ (*The Dressmaker*, Gb 1988, col, 91') Jim O'Brien. Con Joan Plowright, Billie Whitelaw, Jane Horrocks, Peter Postlethwaite, Tim Ransom. ◆ A Liverpool, nel settembre 1944, la diciassettenne Rita (Horrocks) si innamora di un soldatino americano, senza sapere che la più giovane (Whitelaw) delle sue zie ne è l'amante: per evitare conseguenze, la zia più anziana (Plowright), che fa la sarta, lo ammazza a forbiciate. Tratto da un perfido romanzo di Beryl Bainbridge (sceneggiato da John McGrath), il film descrive con sanguigna cattiveria l'intrusione dell'edonismo americano nella puritana (e repressa) vita della classe operaia inglese: la regia è piuttosto anonima, attenta a ricostruire con puntiglio un'atmosfera realistica, ma le attrici che interpretano le due zie – la shakespeariana Plowright e la beckettiana Whitelaw – sono grandissime.

Sasso in bocca, Il ** (Italia 1970, col, 105') Giuseppe Ferrara. Con Giuseppe Di Bella, Accursio Di Leo, Franca Asciutto, Bill Vanders, Vito Zappalà. ◆ Un collage documentaristico sulla mafia siciliana e le sue connivenze con il potere politico, costituito da brani di repertorio, sequenze di film (da *Salvatore Giuliano* a *Paisà*) e fatti di cronaca fedelmente ricostruiti. Un esperimento interessante, anche se si avverte qualche scompenso tra il materiale d'archivio e le parti ricreate per l'occasione.

Satana in corpo *½ (*Cry of the Banshee*, Gb 1970, col, 87') Gordon Hessler. Con Vincent Price, Elizabeth Bergner, Essy Persson, Hugh Griffith, Hilary Dwyer. ◆ Una strega bruciata viva nel 1500 si vendica del giudice (Price) che l'ha condannata al rogo. Horror di maniera, più promettente sulla carta che sullo schermo.

Satanici riti di Dracula, I * (*Count Dracula and His*

Vampire Bride, Gb 1973, col, 88') Alan Gibson. Con Christopher Lee, Peter Cushing, Michael Coles, William Franklyn, Freddie Jones. ◆ Il celebre conte (Lee) questa volta è un premio Nobel che sceglie le sue vittime tra altolocate personalità londinesi ed è in possesso di un virus capace di distruggere l'umanità. L'ultimo film della serie prodotto dalla Hammer perde colpi e ripete l'errore dell'ambientazione moderna dopo l'altrettanto sciagurato *1972: Dracula colpisce ancora!*

Satanik * (Italia/Spagna 1967, col, 85') Piero Vivarelli. Con Magda Konopka, Julio Peña, Luigi Montini, Armando Calvo, Umberto Raho. ◆ Dopo aver bevuto l'elisir di giovinezza e ucciso l'inventore, la vecchia Marnie (Konopka) si trasforma nella fulgida criminale Satanik. Disastrosa e ridicola versione (suo malgrado) del personaggio dei fumetti inventato da Max Bunker e Magnus. Pupi Avati fu aiuto regista e commentò che se Vivarelli era un regista, poteva diventarlo anche lui – jazzofilo ed ex impiegato della Findus.

Satan's Sadists * (*Satan's Sadists*, Usa 1970, col, 88') Al Adamson. Con Russ Tamblyn, Scott Brady, Kent Taylor, Gary Kent, Jackie Taylor, John Cardos. ◆ Una gang di motociclisti drogati e stupratori insegue nel deserto due testimoni (K. e J. Taylor) delle loro malefatte. Risibili cattiverie psichedeliche post Russ Meyer e post *Easy Rider*: un invito al fast forward, e solo per i cultori del trash. Tamblyn, ballerino di *West Side Story*, fa il cattivo sotto evidente effetto di sostanze (tant'è che non è quasi mai in piedi) e Gary Craven, collaboratore di Orson Welles, fotografa e monta.

Satantango *** (*Sátántangó*, Ungheria/Germania/Svizzera 1994, b/n, 450') Béla Tarr. Con Mihály Vig, Putyi Horváth, Erika Bók, Peter Berling, László Fe Lugossy, Eva Almási Albert, Alfréd Járay, Erzsébet Gaál, János Derzsi, Irén Szajki. ◆ In un villaggio della puzsta ungherese ricompaiono due imbroglioni, Irimiás (Vig) e Petrina (Horváth), che si erano fatti passare per morti, e ora hanno ricevuto un misterioso incarico dalla polizia. Sfruttando il suo ascendente messianico, Irimiás convince la gente del luogo – che già meditava di fuggire e si tradiva a vicenda – a lasciare le proprie case e ad affidare a lui tutti i risparmi, in vista della fondazione di una colonia utopica. Rimane solo il medico (Berling), ubriacone alla deriva che, volendo scoprire il mistero delle strane campane che ogni tanto risuonano come presagi apocalittici, scrive la storia, che si chiude com'era iniziata. Oltre sette ore di film per una trama ermetica che non si conclude possono sembrare pura follia, o presunzione da intellettuale che si crede all'avanguardia: ma prima di giudicare bisogna entrare nel film di Tarr accettare una temporalità che è più vicina a quella di un film di Warhol che di un normale film di finzione. Gli eventi si dipanano, almeno a segmenti, in tempo reale (109 minuti per seguire due persone che camminano per strada, un ballo che sfiora la mezz'ora), ma si tratta di un tempo che scorre in una dimensione del tutto fantastica, in un mondo gravido di echi oscuri e di forze minacciose. L'eccezionale fotografia di Gábor Medvigy rende bene questo senso di vigilia della fine del mondo: un'apocalisse solo possibile, messa in scena da una coppia di cialtroni e che coinvolge un'umanità senza speranza. E alla fine del film si è costretti a familiarizzare con questi personaggi disperati e rancorosi, ma che si illudono ancora di poter trovare un senso nelle cose. Un'esperienza cinematografica unica e che non può lasciare indifferenti, anche se richiede sacrifici non da poco.

Satiricon → *Satyricon*

Satiricosissimo * (Italia 1970, col, 89') Mariano Laurenti. Con Franco Franchi, Ciccio Ingrassia, Edwige Fenech, Karin Schubert, Giancarlo Badessi. ◆ Dopo una festa in costume, Franco e Ciccio si addormentano e sognano di trovarsi nella Roma di Nerone, risvegliandosi appena prima di essere condannati a combattere nel circo. Fiacca parodia di *Fellini Satyricon* affidata unicamente alle risorse pagliaccesche della coppia.

Satisfaction *½ (*Satisfaction*, rititolato *Girls of Summer*, Usa 1988, col, 92') Joan Freeman. Con Justine Bateman, Trini Alvarado, Julia Roberts, Scott Coffey, Liam Neeson, Deborah Harry. ◆ Una rock band (quattro ragazze e un ragazzo [Coffey]) cerca il successo in una località di soggiorno estiva. Ma cosa succede quando tutti e cinque devono dividere la stessa stanza? Quasi niente, visto che lo spirito del film è da anni Cinquanta. Julia Roberts, non ancora famosa, è una batterista poco verosimile; ma Neeson come autore di canzoni in crisi è ancora più improbabile.

Saturn 3 ** (*Saturn 3*, Gb 1980, col, 88') Stanley Donen. Con Farrah Fawcett, Kirk Douglas, Harvey Keitel, Douglas Lambert. ◆ Due scienziati (Douglas e Fawcett) in orbita attorno a Saturno aspettano una navicella per poter tornare sulla Terra. Dalla Terra arrivano invece un altro uomo (Keitel) e un robot che tentano di insidiare la donna. Un dramma spaziale dal passo incerto, ma con un interessante confronto finale tra un eroe ante-Terminator e un precursore cyborg. Suggestive le scenografie.

Satyricon * (Italia 1968, col, 110') Gian Luigi Polidoro. Con Franco Fabrizi, Don Backy, Ugo Tognazzi, Tina Aumont, Mario Carotenuto, Francesco Pau. ◆ Due amici (Don Backy e Fabrizi), più un terzo giovane (Pau), nel tentativo di sottrarsi ai gendarmi di Nerone, incappano in ogni sorta di avventure: dalla cena con il ricco Trimalcione (Tognazzi), all'incontro con il poeta Eumolpo (Carotenuto) e con la ninfomane Circe (Aumont). Polidoro riuscì a precedere l'uscita del *Fellini Satyricon*: ma la sua ricostruzione delle dissolutezze della Roma antica è approssimativa e priva di qualsiasi invenzione. Sceneggiatura di Rodolfo Sonego.

Satyricon (di Federico Fellini) → *Fellini Satyricon*

Saxofone ** (Italia 1978, col, 97') Renato Pozzetto. Con Renato Pozzetto, Mariangela Melato, Cochi Ponzoni, Felice Andreasi, Teo Teocoli, Massimo Boldi, Diego Abatantuono, Giorgio Porcaro. ◆ Una donna sposata (Melato), ricca e annoiata, s'innamora di un sassofonista vagabondo (Pozzetto). In realtà lui è ancora più ricco e ha famiglia, autista e maggiordomo.

Una favola surreale di taglio cabarettistico, con sketch e battute basate sul nonsense. Gioco tra amici (la sceneggiatura è di Enzo Jannacci, Cochi Ponzoni, Pozzetto e Beppe Viola; nelle parti di contorno compaiono i cabarettisti dell'allora celebre «Derby») volutamente esile, compiaciuto ma non supponente. Prima regia di Pozzetto. Colonna sonora di Enzo Jannacci.

Sayat nova → *Colore del melograno, Il*

Sayonara **½ (*Sayonara*, Usa 1957, col, 147') Joshua Logan. Con Marlon Brando, Miiko Taka, Patricia Owens, Red Buttons, Miyoshi Umeki, Ricardo Montalban. ◆ Trasferito in Giappone, il maggiore pilota Gruver (Brando) s'innamora di una ballerina (Taka) del luogo, ma le autorità statunitensi ostacolano i matrimoni misti. Un melodramma strutturato su due storie analoghe ma dagli esiti diversi, splendidamente fotografato in technicolor, ben recitato, anche se con qualche ridondanza evitabile. La sceneggiatura (tratta dal romanzo di James A. Michener) è accreditata a Paul Osborne, ma in origine fu Brando a curare personalmente l'adattamento, sottolineando il tema della discriminazione razziale. Del suo lavoro, tuttavia, resta ben poco: Logan, anche produttore, dovette mediare con le esigenze dell'aviazione, indispensabile al film e intenzionata a non sfigurare. Nell'edizione originale è possibile cogliere una delle idee originali rimaste: l'accento texano del maggiore, carico di pregiudizi razzisti. Ottenne nove candidature all'Oscar e si aggiudicò quattro statuette: per la fotografia (Ellsworth Fredericks), la scenografia (Ted Haworth) e i due attori non protagonisti (Buttons e Umeki). La canzone del titolo è di Irving Berlin.

Sballato, gasato, completamente fuso * (Italia 1982, col, 96') Steno [Stefano Vanzina]. Con Edwige Fenech, Diego Abatantuono, Mauro Di Francesco, Enrico Maria Salerno, Giorgio Bracardi. ◆ Una giornalista (Fenech) conduce un'inchiesta sul maschio italiano e giunge alle conclusioni del titolo. Una sgangherata sequela di luoghi comuni, nella quale ogni intenzione di satira di costume rimane puramente velleitaria.

Sbamm! * (Italia 1980, col, 80') Franco Abussi. Con Ezio Greggio, Valeria D'Obici, El Pasador, Cristina Moffa, Umberto Carollo. ◆ Il milanese Pallone (Greggio), appassionato di musica, diventa per un giorno direttore d'orchestra grazie al padre discografico della fidanzata. Una storia inconsistente per un'opera prima di comicità parrocchiale. Greggio è accreditato anche come sceneggiatore e produttore esecutivo.

Sbandata, La *½ (Italia 1974, col, 90') Alfredo Malfatti. Con Domenico Modugno, Eleonora Giorgi, Pippo Franco, Luciana Paluzzi. ◆ Un anziano emigrato (Modugno) che ha fatto fortuna oltreoceano torna in Sicilia, dove intreccia una relazione con la giovane nipote (Giorgi) prossima alle nozze e interessata al suo patrimonio. Il film poteva puntare su elementi più provocatori (la frustrazione senile, l'avidità di denaro), invece risolve tutto con palpiti pruriginosi e bozzettismo di maniera. Salvatore Samperi è accreditato come sceneggiatore del romanzo *Il volantino* di Pietro Butitta e come produttore. La colonna sonora è di Modugno.

Sbandati, Gli **½ (Italia 1955, b/n, 102') Francesco Maselli. Con Lucia Bosé, Isa Miranda, Jean-Pierre Mocky, Goliarda Sapienza, Antonio De Teffé, Ferdinando Birri. ◆ 1943: nella campagna milanese un'operaia sfollata (Bosé) e un gruppo di partigiani aprono gli occhi al nobile Andrea (Mocky) sulla tragedia che il paese sta attraversando. Un buon esordio alla regia, che riprende alcune tematiche neorealiste per approfondire il discorso sulle responsabilità dell'alta borghesia italiana durante la resistenza; ricorda per certi versi *Il sole sorge ancora*, ma anche *Senso* e la poetica di Antonioni. Impostato come uno studio di caratteri, sceneggiato dal regista, Aggeo Savioli ed Eriprando Visconti, non trascura il contesto e si avvale di un'ottima fotografia di Gianni Di Venanzo. In ruoli secondari sono riconoscibili il giovane Mario Girotti (non ancora Terence Hill) e la piccola Dori Ghezzi. Il regista Giuliano Montaldo è il toscano, il protagonista Mocky passerà con successo alla regia.

Sbarco di Anzio, Lo ** (Italia 1968, col, 117') Duilio Coletti. Con Robert Mitchum, Peter Falk, Robert Ryan, Arthur Kennedy, Mark Damon, Giancarlo Giannini, Carmen Scarpitta. ◆ Il corrispondente di guerra Dick Ennis (Mitchum) lascia la penna per imbracciare il fucile durante lo sbarco alleato di Anzio. Un film all-star, con una spettacolarità crescente e una bella fotografia (Giuseppe Rotunno). Non una pietra miliare del genere, ma godibile. Come supervisore alla regia è accreditato Edward Dmytryk.

Sbatti il mostro in prima pagina ** (Italia 1972, col, 93') Marco Bellocchio. Con Gian Maria Volonté, Fabio Garriba, Carla Tatò, Jacques Herlin, John Steiner, Michel Gardinet, Laura Betti. ◆ Il redattore capo (Volonté) di un grande quotidiano milanese strumentalizza un caso di stupro con omicidio montando una campagna diffamatoria contro un extraparlamentare di sinistra. Il quarto potere nella strategia della tensione: un tema complesso svolto in modo piuttosto forzato e convenzionale. In origine il film doveva essere girato da Sergio Donati, che puntava su un film popolare, ma poi la regia venne affidata a Bellocchio (che chiamò a collaborare alla riscrittura Goffredo Fofi), che non riuscì a fare molto con una simile eredità narrativa. Ne risulta un giallo paradossale e polemico ma non sempre credibile. Il futuro regista Gianpaolo Tescari (qui ancora aiuto) appare nella parte del redattore capo.

Sbirro, il boss e la bionda, Lo **½ (*Mad Dog and Glory*, Usa 1993, col, 96') John McNaughton. Con Robert De Niro, Uma Thurman, Bill Murray, David Caruso, Mike Starr, Kathy Baker. ◆ Per aver salvato la vita al gangster Frank (Murray), il timido poliziotto Mad Dog (De Niro; Mastino nella versione italiana) si trova in casa una ragazza (Thurman) per una settimana: ma, una volta innamoratosene, non la vuole più restituire. Al film d'esordio di McNaughton, *Henry – Pioggia di sangue*, rimandano l'inizio violento e le fotografie macabre di Mad Dog; presto però il film diventa una commedia, con una sceneggiatura brillante (di Richard Price), attori ben diretti e al di fuori dei loro cliché, ma nulla di veramente folgorante e originale. Al suo primo film per una major (coprodotto da Martin Scorsese), McNaughton non vende l'anima, ma se ne sta cauto, confezionando uno spettacolo che comunque non lascia delusi.

Sbirro, la tua legge è lenta... la mia... no! *½ (Italia 1979, col, 103') Stelvio Massi. Con Maurizio Merli, Mario Merola, Francisco Rabal, Carmen Scarpitta, Massimo Dapporto, Nando Marineo, Matilde C. Tisano, Gianni Cajafa. ◆ Il commissario Ferro (Merli) deve ricorrere all'aiuto della mafia per debellare una nuova organizzazione malavitosa che recluta i killer tra i rampolli della Milano bene. Il poliziottesco nella fase crepuscolare: Merli non è più il giustiziere senza dubbi, e si rivalutano gli uomini d'onore di una volta. Interessante l'uso di Merola in una parte ambigua, ma nella regia di Massi (sceneggiatore con José Sanchez) non ci sono invenzioni. Francesco Salvi è un poliziotto.

Sbirro tuttofare, Uno ** (*Metro*, Usa 1996, col, 125') Thomas Carter. Con Eddie Murphy, Michael Rapaport, Carmen Ejogo, Michael Wincott, Denis Arndt, Paul Ben-Victor, Kim Miyori, Donal Logue, Art Evans. ◆ Vita quotidiana del detective Scott Roper (Murphy), specializzato in trattative con rapinatori che prendono ostaggi: gli danno un pivellino da istruire (Rapaport), vorrebbe riconquistare l'ex fidanzata (Ejogo) e deve affrontare la vendetta di un assassino (Wincott) che è fuggito di prigione. Murphy cerca di cambiare stile: pochissime battute, molta azione, sparatorie e colpi di scena. La produzione non bada a spese (l'inseguimento al tram per le vie di San Francisco è fatto davvero in grande), ma è Murphy che è poco credibile in un ruolo serio: ti aspetti sempre che se ne esca fuori con la sua inconfondibile risata. Sceneggiatura di Randy Feldman.

Sbottonate * (*Unzipped*, Usa 1995, b/n e col, 73') Douglas Keeve. Con Isaac Mizrahi, Cindy Crawford, Linda Evangelista, Kate Moss, Naomi Campbell. ◆ Finto documentario sullo stilista Isaac Mizrahi che, ispirandosi a *Nanuk l'eschimese* e ai consigli di mamma, decide di creare un look polo Nord, incurante dei capricci delle modelle, dei ritardi delle consegne e della concorrenza di Jean-Paul Gautier. Il pantheon della moda ha l'ambizione di trasformarsi in un doppio di Hollywood, e Keeve mostra quanto Bette Davis o Judy Garland contino nell'immaginario dei suoi creatori. Ma si limita a documentare servilmente senza abbozzare la minima riflessione: e quanto all'effetto verità, non ci si può certo accontentare di Linda Evangelista che si lamenta che le fanno male i piedi. Girato nel solito insopportabile mix di video, pellicola, colore e bianco e nero.

Scacco alla regina *½ (Italia 1969, col, 98') Pasquale Festa Campanile. Con Rosanna Schiaffino, Haidée Politoff, Romolo Valli, Aldo Giuffré, Daniele Surina. ◆ Una diva (Schiaffino) assume una dama di compagnia (Politoff): tra le due si instaura un tipico rapporto serva-padrona, finché la padrona decide di «vendere» la schiava. Dall'omonimo romanzo di Renato Ghiotto, adattato da Tullio Pinelli e Brunello Rondi; Festa Campanile cerca di evitare le concessioni al pecoreccio, ma il film è di quelli né carne né pesce.

Scacco al re nero *½ (*Sugar Hill*, Usa 1993, col, 123') Leon Ichaso. Con Wesley Snipes, Michael Wright, Theresa Randle, Clarence Williams III, Abe Vigoda, Ernie Hudson, Joe Dallesandro, Sam Bottoms, Vondie Curtis-Hall. ◆ Figli di genitori drogati, Roemello (Snipes) e Raynathan Skuggs (Wright) sono diventati i boss dell'eroina di Sugar Hill, Harlem: ma il primo, dopo avere incontrato una brava ragazza (Randle), vorrebbe mollare tutto. Scritto da Barry Michael Cooper, un feuilleton enfatico e ingenuo, pieno di lacrime e sangue, con tutti i luoghi comuni sul successo facile e le vite sprecate nel ghetto. Si salva la fotografia di Bojan Bazelli e la musica di Terence Blanchard.

Scacco matto ** (*Uncovered*, Gb/Spagna 1994, col, 100') Jim McBride. Con Kate Beckinsale, John Wood, Sinead Cusack, Paudge Behan, Art Malik. ◆ Barcellona: la restauratrice Julia (Beckinsale) scopre che il dipinto fiammingo su cui sta lavorando cela indizi su un fattaccio di sangue dell'epoca. Ma qualcuno, ispirandosi alle mosse della partita a scacchi dipinta nel quadro, incomincia a sfoltirne gli eredi. Dalla *Tavola fiamminga* di Arturo Perez-Reverte (adattato dal regista con Michael Hart e Jack Baran), un giallo di costruzione classica come non se ne fanno più, con qualche tocco svagato che non guasta. Anche se gli esperti scopriranno subito il colpevole, e i maggiori interessi di McBride stanno nel riprendere la Barcellona di Gaudí (fotografata da Affonso Beato) e nello spogliare la protagonista.

Scacco matto a Scotland Yard ** (*Double Exposure*, Usa 1978, col, 98') Richard Quine. Con Peter Falk, Richard Basehart, Honor Blackman, John Williams. ◆ Un'attrice uccide accidentalmente il suo impresario e simula un omicidio per rapina: tocca al tenente Colombo (Falk), ospite di Scotland Yard, venire a capo della faccenda. Telefilm della serie *Colombo* distribuito nei cinema, ben confezionato e sempre fedele al cliché.

Scacco mortale * (*Knight Moves*, Usa/Germania 1992, col, 102') Carl Schenkel. Con Christopher Lambert, Diane Lane, Tom Skerritt, Daniel Baldwin. ◆ Un giocatore di scacchi (Lambert) sull'orlo dell'esaurimento nervoso è sospettato di essere il colpevole di una serie di omicidi che sembrano mettere in atto una lontana minaccia di vendetta. Il vecchio tema borgesiano (vedi anche *L'elemento del crimine*) degli omicidi a catena congegnati come un macabro indovinello, in un thriller patinato ma senza suspense. Del tutto disonesta e gratuita la soluzione. Lambert è produttore esecutivo, Lane era sua moglie.

Scacco tutto matto, Uno → *Sei simpatiche carogne*

Scala a chiocciola, La **** (*The Spiral Staircase*, Usa 1946, b/n, 83') Robert Siodmak. Con Dorothy McGuire, George Brent, Ethel Barrymore, Kent Smith, Rhonda Fleming, Gordon Oliver, Elsa Lanchester. ◆ All'inizio del secolo, una tranquilla cittadina del New England è funestata da una catena di delitti contro giovani donne affette da menomazioni fisiche. A casa del professor Warren (Brent), la governante muta Helen (McGuire) ha ragione di temere per la propria vita. Siodmak immagina un serial killer a metà tra i personaggi di Poe e i mostri dell'espressionismo tedesco, ma storicamente cresciuto nell'epoca nazista. Dialoghi ridotti al minimo, contrasti chiaroscurali, deformazioni ottiche (l'allucinazione dell'assassino, che vede Helen senza bocca, o il primissimo piano del suo occhio che riflette la vittima), oggetti usati in modo simbolico: la regia punta sull'evidenza visiva, rielaborando suggestioni letterarie e psicoanalitiche in un incubo sfaccettato che continua a lasciare meravigliati. Sceneggiatura di Mel Dinelli da un romanzo di Ethel Lina White. Dorothy McGuire non fa rimpiangere Ingrid Bergman, per la quale era stata pensata la parte. Rifatto (purtroppo) nel 1975 da Peter Collinson come *Delitto in silenzio*.

Scala al paradiso **** (*A Matter of Life and Death*, Gb 1946, b/n e col, 104') Michael Powell, Emeric Pressburger. Con David Niven, Kim Hunter, Robert Coote, Roger Livesey, Kathleen Byron, Richard Attenborough. ◆ Peter Carter (Niven), un pilota inglese lanciatosi dall'aereo in fiamme senza paracadute, si sveglia incolume su una spiaggia: l'angelo della morte ha commesso un errore, ma Carter non ha nessuna voglia di seguirlo, tanto più che ha trovato l'amore. Un film su commissione per migliorare i rapporti tra Inghilterra e Stati Uniti (questa la richiesta del ministero britannico dell'Informazione) diventa un trionfo dell'immaginazione. La compenetrazione tra mondo reale (a colori) e aldilà (in bianco e nero) è più ingegnosa e riuscita che in molte delle commedie fantastiche hollywoodiane dell'epoca, così come quella tra suspense (Carter riuscirà o no a sottrarsi al giudizio del tribunale celeste?), romanticismo esasperato e amenità burlesche. Le invenzioni visive (la soggettiva dell'occhio appannato dall'anestesia e in procinto di richiudersi) e i deliri scenografici (lo scalone celeste che dà il titolo sia alla versione italiana che a quella americana, *Stairway to Heaven*) ne fanno uno dei capolavori dei due registi, autori anche della sceneggiatura: Powell lo giudicava il suo film preferito.

Scala buia, La * (*The Unseen*, Canada 1981, col, 89') Peter Foleg. Con Barbara Bach, Sidney Lassick, Stephen Furst, Lelia Goldoni, Karen Lamm, Doug Barr. ◆ Una giornalista e la sua troupe, tutta femminile, sono terrorizzate da un demente, figlio di un incesto. Ridicolo più che orrorifico.

Scala della follia, La * (*Dark Places*, Gb 1974, col, 91') Don Sharp. Con Christopher Lee, Joan Collins, Robert Hardy, Herbert Lom, Jane Birkin, Jean Marsh. ◆ Designato erede di un assassino, un uomo (Hardy) viene posseduto dallo spirito del defunto che lo spinge a eliminare coloro che cercano di contendergli il patrimonio. Thriller di modesta fattura.

Scambio d'identità ** (*Mrs. Winterbourne*, Usa 1996, col, 104') Richard Benjamin. Con Shirley MacLaine, Ricki Lake, Brendan Fraser, Loren Dean, Miguel Sandoval, Cathryn De Prume, Peter Gerety. ◆ Connie Doyle (Lake), incinta e senza tetto, in seguito a un disastro ferroviario si ritrova nei panni di Patricia Winterbourne, nuora di una ricca signora del Massachusett (MacLaine). Dal romanzo di Cornell Woolrich (pubblicato con lo pseudonimo di William Irish) *Ho sposato un'ombra* (già alla base di *Non voglio perderti* e dell'inedito *J'ai épousé une ombre* di Robin Davis), sceneggiato da Phoef Sutton e Lisa-Maria Radano, una commedia che sfrutta l'abilità narrativa dello scrittore (e dunque non è un brutto film), ma ne elimina tutta la dimensione noir, trasformando il raggiro in equivoco e facendo della *dark lady* una brava ragazza piena di sensi di colpa. Obbligatorio rivedere *La mia droga si chiama Julie* di Truffaut, dalla trama simile e dai risultati opposti.

Scambio di mogli → *Berdel – Scambio di mogli*

Scambista, Lo **½ (*De Wisselwachter*, Olanda 1986, col, 94') Jos Stelling. Con Jim van der Woude, Stéphane Excoffier, John Kraay-kamp. ◆ Una signora in rosso (Excoffier) scende per sbaglio in una stazioncina in mezzo alla brughiera, e vi rimane bloccata per tutto l'inverno, ospite di uno scambista (van der Woude) timido e nevrotico. Con la primavera le tensioni erotiche diventano esplicite e si va verso una conclusione tragica. Tra la fiaba e il teatro dell'assurdo, la tragedia e il grottesco, un film con pochissimi dialoghi, fatto di sguardi, rumori e rituali bizzarri. Operazione manierista girata con tecnica superlativa, molto compiaciuta e un po' leccata.

Scampagnata, La → *Gita in campagna, Una*

Scampolo *½ (Italia 1941, b/n, 281') Nunzio Malasomma. Con Lilia Silvi, Amedeo Nazzari, Carlo Romano, Luisa Garella, Nice Raineri. ◆ Una ragazza romana (Silvi), detta «Scampolo», nel consegnargli la biancheria conosce un ingegnere (Nazzari) che vive in albergo insieme all'amante. Dopo qualche tempo lui lascia la donna, si trasferisce in un appartamento e naturalmente s'innamora di «Scampolo». Tipica e ovvia commedia dei «telefoni bianchi», con una sognante Cenerentola italiana, particolarmente apprezzata – si diceva – da Mussolini. All'epoca fu giudicato estroso e «fresco», ottenendo tre stellette sulla rivista *Cinema*.

Scandale, Le – Delitti e champagne **½ (*Le Scandale*, Francia 1967, col, 126') Claude Chabrol. Con Anthony Perkins, Maurice Ronet, Yvonne Furneaux, Stéphane Audran, Annie Vidal, Henry Jones. ◆ Appena riavutosi da uno shock, l'azionista (Perkins) di una fabbrica di champagne si trova al centro di una serie di delitti: approfitta della situazione la moglie di un amico, che vorrebbe entrare in possesso dei suoi titoli. Un mosaico di film hitchcockiani (*L'altro uomo*, *Il sospetto*, *Psyco*, di cui si utilizza anche l'attore protagonista), citati con il gusto cinefilo per l'inquadratura ricercata; Chabrol non dimentica comunque la sua tradizionale satira antiborghese. L'intreccio è particolarmente complicato e Perkins dichiarò di aver accettato la parte solo per capire il whodunit. Fu girato in doppia versione, francese e inglese.

Scandali al mare *½ (Italia 1961, col, 100') Marino Girolami. Con Raimondo Vianello, Luigi Pavese, Lia Zoppelli, Gino Bramieri, Mario Carotenuto, Valeria Fabrizi, Carlo Delle Piane, Carlo Dapporto, Bice Valori, Sandra Mondaini, Alberto Bonucci, Gloria Milland, Paola Quattrini, Euro Bulfoni, Mario De Simone, Riccardo Billi, Ave Ninchi, Fiorella Ferrero, Dori Dorika, Vinicio Sofia, Gina Mascetti, Carlo Fanelli,

Ciccio Barbi. ◆ Disavventure estive all'albergo Miramare: la figlia (Quattrini) del salumiere arricchito (Pavese) vorrebbe sposare il figlio (Bulfoni) della nobile spiantata (Zoppelli), ma i genitori si detestano; un gangster scalcinato (Carotenuto) tenta invano di importare i metodi della mala americana; il barone De Camillis (Dapporto) si inventa inesistenti avventure; un industriale in bancarotta (Bramieri) scopre che non deve fidarsi dell'amante; il portiere dell'albergo (Vianello) deve lottare con la gelosia della fidanzata (Mondaini). Storielline balneari di nessuna consistenza: comicità ultradatata (con innocue frecciate ai vizi nazionali) e «plagi» sfruttati male (la piccola peste per la quale i genitori [Billi e Ninchi] non vogliono pagare il riscatto viene da O. Henry).

Scandal (Il caso Profumo) **½ (*Scandal*, Gb 1988, col, 109') Michael Caton-Jones. Con John Hurt, Joanne Whalley Kilmer, Ian McKellen, Bridget Fonda, Britt Ekland. ◆ A Londra, nel 1959, la diciassettenne Christine Keeler (Whalley Kilmer) si introduce nell'alta società grazie all'amicizia con un medico (Hurt): quando un reporter scopre che tra i suoi amanti vi è anche il ministro della Guerra John Profumo (McKellen), scoppia uno scandalo che porta alla caduta del governo. I vizi privati dell'Inghilterra conservatrice, scandagliati con una certa abilità dall'esordiente Caton-Jones. Buona la ricostruzione del clima dell'epoca e apprezzabile l'attenzione riservata ai due losers, che allontana il film da ogni sospetto bassamente scandalistico. La sceneggiatura è di Michael Thomas.

Scandalo *½ (Italia 1976, col, 110') Salvatore Samperi. Con Lisa Gastoni, Franco Nero, Raymond Pellegrin, Claudia Marsani, Andréa Ferréol. ◆ Nel 1939, in una cittadina della provincia francese, la padrona della farmacia (Gastoni) s'innamora perdutamente del garzone (Nero) che lavora con lei, il quale sfoga sulla donna tutto il suo odio antiborghese. Uno schema troppo semplice (borghesia marcia, proletariato vendicativo) e una variazione scontata – con annessi morbosi – sul rapporto servo-padrona. La fotografia è di Vittorio Storaro.

Scandalo a corte ** (*A Royal Scandal*, Usa 1945, b/n, 94') Otto Preminger, Ernst Lubitsch. Con Tallulah Bankhead, Charles Coburn, William Eythe, Anne Baxter, Vincent Price, Mischa Auer. ◆ Caterina di Russia (Bank-head) ama un suo ufficiale (Eythe), coinvolto in un complotto contro di lei: quando scopre che lui ama la sua favorita (Baxter), ma che può rimpiazzarlo, gli concede la grazia. Prodotto e iniziato da Lubitsch, fu portato a termine dall'amico Preminger, che lo firmò: ma la commedia non era il suo forte, e i risvolti satirici rimangono un po' in ombra. Il cast, comunque, assicura lo spettacolo. Remake di *Forbidden Paradise* di Lubitsch, del 1925, con Pola Negri nella parte della zarina.

Scandalo a Filadelfia **** (*The Philadelphia Story*, Usa 1940, b/n, 112') George Cukor. Con Katharine Hepburn, Cary Grant, James Stewart, Ruth Hussey, John Howard, Roland Young, John Halliday, Mary Nash. ◆ Filadelfia, 1930: dopo aver divorziato da un giovanotto del suo ambiente (Grant), l'ereditiera Tracy Lord (Hepburn) decide di risposarsi con un noioso politico (Howard), ma un reporter (Stewart) la doma e la riconduce al marito ancora innamorato. Un classico della commedia sofisticata, tratto dalla pièce omonima che Philip Barry aveva scritto per la Hepburn. Gli elementi tipici del genere ci sono tutti (l'eccentricità dei ricchi, gli andirivieni amorosi e la salvaguardia della coppia, i dialoghi frizzanti, il ritmo spedito con divagazioni slapstick), ma ciò che rende speciale il film è l'inimitabile stile di Cukor, elegantissimo, discreto, ma pieno di tensioni sotterranee. Quanto ai risvolti sociali, il regista non mette in scena un vero e proprio conflitto di classe, ma il suo atteggiamento verso il bel mondo di Filadelfia è scettico e critico. Oscar alla sceneggiatura (Donald Ogden Stewart; ma collaborò, non accreditato, anche Christopher Isherwood) e al miglior attore protagonista (James Stewart). La Hepburn (che non fu mai così sexy) si aggiudicò il premio dei critici newyorchesi come miglior attrice dell'anno, ma certe espressioni di Cary Grant sono inarrivabili. Joseph Leo Mankiewicz fu il produttore esecutivo. Il remake del 1956 (*Alta società*) è godibile ma non all'altezza del modello.

Scandalo al collegio * (*How to Be Very, Very Popular*, Usa 1955, col, 89') Nunnally Johnson. Con Betty Grable, Robert Cummings, Charles Coburn, Sheree North, Fred Clark. ◆ Due ballerine (Grable e North), testimoni involontarie di un omicidio, si rifugiano in un collegio maschile: una lunga serie di equivoci sfocia in un doppio matrimonio. Commediola insulsa allungata da qualche numero musicale. La North si esibisce in *Shake, Rattle and Roll*, mettendo un po' in ombra la Grable, qui al suo ultimo film.

Scandalo alla ribalta ** (*Lady Paname*, Francia 1949, b/n, 100') Henri Jeanson. Con Suzy Delair, Louis Jouvet, Jane Marken, Henri Guisol, Germaine Montero, Raymond Souplex, Véra Norman. ◆ Parigi, anni Venti: Caprice, giovane cantante di music-hall (Delair), diventa famosa con una canzone che a tutte le interpreti precedenti ha portato sfortuna. Ma anche «Lady Paname», come ormai si fa chiamare, ha un punto debole: innamorata invano, sin da bambina, del compositore (Jouvet), tenta il suicidio. La salverà un vecchio fotografo amico di famiglia. Un piccolo, indovinato affresco della Parigi del music-hall, dominata dalla smania del successo a ogni costo e popolata di aspiranti stelline. Ma lo sceneggiatore Jeanson, per il suo unico film come regista, scrive un copione tra i meno riusciti della sua carriera, con una seconda parte che trabocca di trito e inutile sentimentalismo.

Scandalo al ranch **½ (*Rancho Deluxe*, Usa 1975, col, 93') Frank Perry. Con Jeff Bridges, Sam Waterston, Elizabeth Ashley, Charlene Dallas, Harry Dean Stanton, Slim Pickens, Patti D'Arbanville. ◆ Un ragazzo di New York (Bridges) e un indiano (Waterston) decidono di depredare il ranch di un allevatore reazionario e arrogante. Una commedia picaresca secondo l'ottica della contestazione giovanile, che funziona a buon ritmo anche se qualche autocompiacimento va a scapito della genuinità dell'idea. Sceneggiatura di Thomas McGuane, colonna sonora di Jimmy Buffett, presente in una breve sequenza. Particolarmente cretino il titolo italiano.

Scandalo al sole **½ (*A Summer Place*, Usa 1959, col, 130') Delmer Daves. Con Richard Egan, Dorothy McGuire, Sandra Dee, Troy Donahue, Arthur Kennedy, Constance Ford, Beulah Bondi. ◆ Durante una vacanza, due giovani (Dee e Donahue) s'innamorano e scoprono che i rispettivi genitori (McGuire e Egan) si amavano, ma non avevano potuto sposarsi. Melodramma hollywoodiano che allora turbò le spettatrici e indignò i bacchettoni – visto che il rapporto tra i due giovincelli non è platonico – e che mantiene anche oggi una sua forte carica emotiva. Merito di Daves (autore anche della sceneggiatura tratta dal bestseller di Sloan Wilson) che utilizza in modo spettacolare il colore, i movimenti di macchina e la musica (di Max Steiner) per stigmatizzare l'ipocrisia, lo snobismo e i pregiudizi di cui fanno bella mostra alcuni personaggi. Centrale il ruolo della natura (e soprattutto del mare) che accompagna e sottolinea, «con una preziosità che sconfina nel barocco» il lirismo del film. All'epoca un successone. La Dee e Donahue – già apparsi insieme in *Lo specchio della vita* – divennero due star.

Scandalo a palazzo *½ (*Le Bon plaisir*, Francia 1983, col, 104') Francis Girod. Con Catherine Deneuve, Jean-Louis Trintignant, Michel Serrault, Michel Auclair, Hippolyte Girardot. ◆ Il presidente della Repubblica francese (Trintignant) cerca di impedire che arrivi alla stampa una vecchia lettera che documenta una sua paternità non voluta. Giallo patinato dove gli intenti di denuncia politica si smarriscono nelle pieghe di un intreccio inverosimile e di una sceneggiatura verbosa. Tratto dall'omonimo romanzo di Françoise Giroud, ministro con D'Estaing e Balladur, che ha curato anche l'adattamento. Buono il cast, ma la Deneuve esagera in distacco e impeccabilità.

Scandalo a Parigi, Uno ** (*Scandal in Paris*, rititolato *Thieves' Holiday*, Usa 1946, b/n, 100') Douglas Sirk. Con George Sanders, Signe Hasso, Carole Landis, Akim Tamiroff, Gene Lockhart. ◆ La storia di François Vidocq (Sanders), un ladro che in epoca napoleonica riuscì a far carriera come capo della polizia parigina. Gradevole favola romantico-avventurosa, diretta con eleganza e interpretata da un buon cast. Il secondo film girato da Sirk negli Usa dopo la fuga dalla Germania nazista.

Scandalo Blaze ** (*Blaze*, Usa 1989, col, 119') Ron Shelton. Con Paul Newman, Lolita Davidovich, Jerry Hardin, Gailard Sartain, Richard Jenkins. ◆ Negli anni Cinquanta, il governatore progressista della Louisiana Earl Long (Newman) – fratello di quell'Huey Long protagonista di *Tutti gli uomini del re* – perde il mandato a causa di una relazione con la spogliarellista Blaze Starr (Davidovich). Uno spaccato dell'America puritana che si scopre viziosa, sceneggiato da Ron Shelton e tratto dalla biografia della Starr presente nel ruolo dell'attricetta che Newman bacia sulla spalla dietro le quinte. Pungente e ironico all'inizio, poi piuttosto noioso e scontato. Newman, in mutande e stivaloni, è insolitamente disinibito.

Scandalo dal vestito bianco → *Scandalo del vestito bianco, Lo*

Scandalo della sua vita, Lo ** (*A Woman of Distinction*, Usa 1950, b/n, 85') Edward Buzzell. Con Rosalind Russell, Ray Milland, Edmund Gwenn, Janis Carter, Francis Lederer. ◆ Invitato in un college americano, un professore inglese (Milland) causa uno scandalo svelando involontariamente un segreto della rigida direttrice (Russell). Una commedia non di alto livello, ma sicuramente godibile. Determinante l'apporto del cast, disinvolto anche in scene vorticose dal ritmo quasi slapstick.

Scandalo del vestito bianco, Lo **½ (*The Man in the White Suit*, Gb 1951, b/n, 84') Alexander Mackendrick. Con Alec Guinness, Joan Greenwood, Cecil Parker, Michael Gough, Ernest Thesiger, Vida Hope. ◆ Il chimico Henry Olland (Guinness; ma in originale si chiama Sidney Stratton) inventa una fibra indistruttibile e non sporcabile con la quale si confeziona un abito bianco: tra gli industriali tessili è il panico. Commedia piena d'inventiva ma ricchissima di spunti di satira sociale (come lo «spropositato» odio anticapitalistico dell'operaia interpretata dalla Hope), tratta dalla pièce di Roger McDougall, cosceneggiatore col regista e John Dighton. Nonostante la casa di produzione gli abbia impedito di insistere sugli elementi più corrosivi, Mackendrick è riuscito a creare una situazione surreal-kafkiana estranea alla spensierata «formula Ealing» realizzando, dietro la veste comica, «uno dei ritratti più malinconici dell'idealismo eccentrico britannico e della sua inevitabile sconfitta di fronte all'arroganza stagnante del conformismo». Uno dei pochissimi film britannici centrati sulle relazioni industriali e sui meccanismi di creazione della ricchezza. Guinness è al meglio e l'intero cast lo sostiene. In alcune copie il titolo italiano è diventato *Scandalo dal vestito bianco.*

Scandalo in società *½ (*Youngblood Hawke*, Usa 1964, b/n, 137') Delmer Daves. Con James Franciscus, Geneviève Page, Suzanne Pleshette, Eva Gabor, Mary Astor, Lee Bowman. ◆ Un giovane scrittore di provincia (Franciscus) arriva a New York e con un solo romanzo entra nel bel mondo letterario della città, riscuotendo un notevole successo soprattutto tra le donne. Storia scontata e cast anodino: «spazzatura a suo modo autorevole».

Scandalo internazionale **½ (*A Foreign Affair*, Usa 1948, b/n, 116') Billy Wilder. Con Marlene Dietrich, Jean Arthur, John Lund, Millard Mitchell, Peter Von Zerneck, Stanley Prager. ◆ L'integerrima Phoebe Frost (Arthur), a Berlino per moralizzare le attività dell'esercito americano, viene corteggiata da un tenente trafficone (Lund) che copre l'attività di una cantante tedesca (Dietrich). La progressiva débacle della funzionaria tutta d'un pezzo richiama *Ninotchka*, di cui Wilder era stato sceneggiatore, ma poi l'intreccio, tra giallo e storia d'amore, imbocca altre strade. Godibile, comunque, la caricatura del personaggio femminile americano, che esalta per contrasto la bellezza inquietante e perniciosa di Marlene. La Dietrich canta *Black Market* e *Ruins of Berlin*, la Arthur l'inno dell'Iowa. Sceneggiatura di Charles Brackett (anche produttore), Billy Wilder e Richard Breen.

Scandalo perbene, Uno *½ (Italia 1984, col, 107')

Pasquale Festa Campanile. Con Ben Gazzara, Giuliana De Sio, Valeria D'Obici, Vittorio Caprioli, Carlos de Carvalho. ◆ La moglie (De Sio) del professor Canella riconosce in un uomo privo di memoria (Gazzara) – e reclamato anche da un'altra famiglia, i Bruneri – il marito disperso in guerra. Ricostruzione del caso dello smemorato di Collegno che divise l'Italia negli anni Venti, già trattato da Pirandello (*Come tu mi vuoi*) e portato due volte sullo schermo (*Lo smemorato* di Angelo Nusco e *Lo smemorato di Collegno* con Totò). La sceneggiatura di Suso Cecchi d'Amico propende per l'ipotesi Bruneri: il tipografo, sottoposto a violenze psichiatriche, avrebbe deciso di assumere l'identità del professore per salvarsi la vita. Gazzara è ambiguo quanto serve, la De Sio si spoglia e va sopra le righe, la regia (è l'ultimo film di Festa Campanile) neutra.

Scandalosa Gilda * (Italia 1985, col, 85') Gabriele Lavia. Con Monica Guerritore, Gabriele Lavia, Pina Cei, Jasmine Maimone. ◆ Dopo aver colto il marito in flagrante adulterio con un'amica, Valeria (Guerritore) fugge e incontra un disegnatore di fumetti (Lavia) col quale instaura una devastante relazione sessuale. Vorrebbe essere una specie di *Ultimo tango* anni Ottanta sceneggiato da Lavia e Riccardo Ghione, in realtà è un filmaccio pretenzioso, con un erotismo che spinge allo sbadiglio o al riso. Si salva solo il cartone animato di Bissa, che dà il titolo al film: «Scandalosa Gilda» è l'attributo femminile per cui vanno in estasi gli abitanti di Cazziglia City.

Scandalo segreto *½ (Italia 1989, col, 87') Monica Vitti. Con Monica Vitti, Elliott Gould, Gino Pernice, Carmen Onorati, Pietro De Vico, Catherine Spaak. ◆ Margherita (Vitti) riceve in dono una telecamera da un amico regista (Gould), e casualmente registra un appuntamento del marito con un'amica d'infanzia (Spaak): è la crisi, dopo dieci anni di matrimonio. Il regista arriva in soccorso, ma si scopre che il suo aiuto non è disinteressato. Raccontato tutto soltanto attraverso l'occhio della telecamera, il film eccede in monologhi, scenette slegate, una certa noia di fondo: la Vitti regista convince pochissimo, anche se l'idea non sarebbe male, mentre la Vitti attrice tende a strafare. Al soggetto e alla sceneggiatura ha collaborato il suo compagno Roberto Russo.

Scanners *** (*Scanners*, Canada 1981, col, 102') David Cronenberg. Con Stephen Lack, Jennifer O'Neil, Michael Ironside, Patrick McGoohan. ◆ Dotato a sua insaputa di enormi poteri telepatici, Vale (Lack) viene sequestrato dai servizi segreti, e scopre di essere fratello di uno scanner (un individuo dotato dei suoi stessi poteri) ma malvagio (Ironside). Cronenberg usa gli effetti speciali di un horror (celebre il cranio che esplode sotto la pressione telepatica di Ironside), ma li piazza nei momenti più inaspettati, sottraendosi a una banale logica dello spavento. Personaggi a tutto tondo, spunti di polemica contro la scienza, e un sottofondo inquietante. Uno dei migliori Cronenberg prima maniera.

Scanners 2 – Il nuovo ordine *½ (*Scanners II – The New Order*, Canada 1991, col, 101') Christian Duguay. Con David Hewlett, Yvan Ponton, Deborah Raffin, Isabelle Mejias, Tom Butler. ◆ Un ragazzo di campagna (Hewlett) non sa di possedere enormi poteri psichici; un malvagio psichiatra (Butler) sì, e cerca di servirsene per installare un regime alla *1984*. Della complessità del film di Cronenberg non rimane quasi nulla: la trama è banale, i personaggi anonimi, si salvano solo gli effetti speciali.

Scano Boa – Dannazione * (Italia 1996, col, 95') Giancarlo Marinelli. Con Franco Citti, Giorgia Bongianni, Sergio Ricci, Sergio Avellone, Valentina Forbice. ◆ Un vecchio pescatore (Citti) torna a Scano Boa, sul delta del Po, per pescare lo storione, accompagnato dalla nipote (Bongianni): ma quando questa si innamora di un pescatore più giovane, scoppia la tragedia. Dal romanzo di Gian Antonio Cibotto (che compare nel prologo e nell'epilogo), un'opera prima dalle ambizioni poetiche che franano in una messa in scena dilettantesca, campionario di tutto ciò che un regista non dovrebbe fare: visioni in punto di morte con la mamma che esce dall'acqua, tramonti controluce, uso «lirico» del montaggio e della voce fuori campo. Citti sembra convinto nel ruolo di un disperato della vita, incattivito senza colpa, ma tutto attorno a lui (a cominciare dalla fotografia) pare fasullo. Del libro esisteva già una versione del 1961 (*Scano Boa*) di Renato Dall'Ara, con Alain Cuny e Carla Gravina.

Scapolo, Lo ** (Italia/Spagna 1955, b/n, 98') Antonio Pietrangeli. Con Alberto Sordi, Sandra Milo, Nino Manfredi, Madeleine Fischer, Anna Maria Pancani. ◆ Per sfuggire alle attenzioni di una hostess (Milo, al suo esordio), uno scapolo irriducibile (Sordi) si rifugia dalla mamma, ma anche questa si sta dando da fare per trovargli una moglie. Piccoli incubi quotidiani del maschio latino, tratteggiati con lievità e senso dell'umorismo. Niente di originale, ma abbastanza pungente senza scadere nella farsa. Abbe Lane e Xavier Cugat compaiono nella parte di loro stessi. Nastro d'argento a Sordi. Conosciuto anche col titolo *Alberto il conquistatore*.

Scapolo in paradiso, Uno *½ (*Bachelor in Paradise*, Usa 1961, col, 109') Jack Arnold. Con Bob Hope, Lana Turner, Janis Paige, Jim Hutton, Paula Prentiss, Don Porter, Agnes Moorehead. ◆ Uno scrittore di costume (Hope) nei guai col fisco accetta di scrivere un libro sulla donna americana, e si trasferisce nella Fernando Valley, dove viene trattato come un Casanova. Il paradiso femminile si rivela una specie d'inferno abitato dalla solitudine e dall'insoddisfazione (sai che scoperta). Hope si agita molto, ma le sue colleghe convincono di più.

Scappamento aperto *½ (*Echappement libre*, Francia 1964, b/n, 104') Jean Becker. Con Jean-Paul Belmondo, Jean Seberg, Jean-Pierre Marielle, Enrico Maria Salerno, Fernando Rey. ◆ Un uomo e una donna (Belmondo e Seberg) contrabbandano dal Medioriente una Triumph tutta d'oro per conto di una potente organizzazione. La coppia di *Fino all'ultimo respiro* coinvolta in una sgangherata sequela di inseguimenti, fughe e risse: un prodotto già vecchio e fiacco all'epoca.

Scappa, scappa... poi ti prendo! ** (*I'm Gonna*

Git You Sucka, Usa 1988, col, 89') Keenan Ivory Wayans. Con Keenan Ivory Wayans, Bernie Casey, John Vernon, Dawnn Lewis, Damon Wayans, Clu Gulager. ◆ Dopo anni di routine alla scrivania, il sergente Spade (K.I. Wayans) torna a New York per sistemare il cattivo Mr. Big (Vernon) e vendicare il proprio fratello (D. Wayans), morto di overdose di catene d'oro (sic). Parodia-omaggio dei film polizieschi con soli neri (in gergo «blaxpoitation») degli anni Settanta, con numerosi cammeo delle star dell'epoca (Antonio Fargas, Jim Brown, Isaac Hayes, Clarence Williams III). Umorismo quasi alla fratelli Zucker, sempre più attento alla quantità che alla qualità: a tratti scatenato, anche se lo spettatore italiano perde gran parte delle allusioni. Scritto dal regista assieme a Robert Townsend.

Scappatella con il morto *½ (*Sibling Rivalry*, Usa 1991, col, 88') Carl Reiner. Con Kirstie Alley, Bill Pullman, Carrie Fisher, Jami Gertz, Sam Elliott, Frances Sternhagen. ◆ Alla prima evasione coniugale una neosposa (Alley) ci dà tanto dentro che l'amante (Elliot) ci resta secco: dal problema di nascondere il cadavere nascono i prevedibili equivoci, complicati da sorelle e testimoni impiccioni. Il gioco è esagitato e meccanico: per Reiner un passo falso. Poco a che vedere, comunque, con *Weekend con il morto*, come suggerisce il titolo italiano.

Scappiamo col malloppo *½ (*Quick Change*, Usa 1990, col, 88') Howard Franklin, Bill Murray. Con Bill Murray, Geena Davis, Randy Quaid, Jason Robards, Bob Elliott, Philip Bosco. ◆ Un trio sgangherato (Murray, Davis e Quaid) compie una rapina ma non riesce più ad allontanarsi da Manhattan. Una specie di *Fuori orario* diurno in versione comica, il cui spirito però risulta comprensibile quasi solo ai newyorchesi. La regia a quattro mani è inesistente, il ritmo spesso langue e la Davis è sprecata come spalla.

Scappo dalla città – La vita, l'amore e le vacche ** (*City Slickers*, Usa 1991, col, 112') Ron Underwood. Con Billy Crystal, Daniel Stern, Bruno Kirby, Patricia Wetting, Jack Palance, Helen Slater. ◆ Tre amici quarantenni in crisi esistenzial-metropolitana (Crystal, Stern, Kirby) decidono di lasciare New York per passare quindici giorni nel West, a fare quello che facevano i cowboy: ma quando la loro guida (Palance) muore, dovranno davvero portare la mandria in salvo e superare da soli le avversità della natura. Il mito della frontiera saldato con l'attuale filosofia ecologica: nel confronto tra il «sopravvissuto» Jack Palance e i tre ciarlieri quarantenni vince, naturalmente, il primo. A lui va anche il merito di mettere simpaticamente alla berlina l'intellettualismo impotente dei goffi cittadini. Una storia americana *all men*, dove la nostalgia – una volta tanto – fa rima con ironia. Oscar come miglior attore non protagonista a Palance. Con un seguito.

Scappo dalla città 2 * (*City Slickers II: «The Legend of Curly's Gold»*, Usa 1994, col, 116') Paul Weiland. Con Billy Crystal, Daniel Stern, Jon Lovitz, Jack Palance, Patricia Wettig, Bill McKinney, Josh Mostel. ◆ I tre quarantenni metropolitani Mitch (Crystal), Phil (Stern) e Glen (Lovitz) tornano nel West alla ricerca di un tesoro, guidati dal burbero fratello gemello (Palance) del defunto Curly: ma ormai ogni avventura rischia di essere solo una messinscena per turisti. Assai inferiore al prototipo, rincorre citazioni scolastiche (a partire dal *Tesoro della Sierra Madre*), gag vetuste e sorprese puerili. Il finale, in particolare, tradisce quel poco di ironia che ci poteva essere all'inizio. Prodotto e cosceneggiato da Crystal.

Scaramouche *** (*Scaramouche*, Usa 1952, col, 115') George Sidney. Con Stewart Granger, Eleanor Parker, Janet Leigh, Mel Ferrer, Henry Wilcoxon, Nina Foch, Robert Coote, Lewis Stone. ◆ Nella Francia del 1789, alla vigilia della Rivoluzione, un avventuriero elegante e cinico (Granger) si nasconde nella compagnia, dove recita la sua fidanzata Lenore (Parker), sotto la maschera di Scaramouche per vendicare un amico di fede repubblicana che è stato ucciso dal marchese de Maynes (Ferrer): ma dopo un duello epico, Scaramouche abbandonerà le sue idee di vendetta per l'amore di Aline de Gavrillac (Leigh). Sceneggiato da Ronald Millar e George Froeschel (a partire dal romanzo di Rafael Sabatini già all'origine della versione del 1923 di Rex Ingram), è uno dei più celebri e divertenti film di cappa e spada, con il duello più lungo della storia del genere: 79 di trovate e invenzioni che usano tutti i luoghi di un teatro (dai palchi alle poltrone della platea, dalla scena ai corridoi e alle quinte) per trasformare lo scontro in una specie di scatenato balletto. Interpretato da quattro attori in grande forma e diretto con un ritmo indiavolato, è un piccolo gioiello che «sa mescolare con grazia l'azione, le convenzioni del genere e l'ironia (l'apparizione finale di Bonaparte, le sfide a duello come provocazioni all'Assemblea)». Mel Ferrer fu doppiato dal maestro di lama Jean Heremans, che aveva allenato Stewart Granger e che per questo interpretò da solo tutte le scene di duello.

Scarface **** (*Scarface, Shame of a Nation*, Usa 1932, b/n, 90') Howard Hawks. Con Paul Muni, Ann Dvorak, George Raft, Boris Karloff, Karen Morley, Vince Barnett. ◆ Chicago: ascesa e caduta di Tony Camonte (Muni), boss della mafia tradito dall'amore morboso per la sorella (Dvorak), che ha segretamente sposato il suo braccio destro (Raft). Insieme a *Piccolo Cesare* e *Nemico pubblico*, ma con maggiore incisività, diede l'avvio al genere gangster, stabilendone canoni e stereotipi. Hawks chiese a Ben Hecht di scrivere la sceneggiatura specificando: «È la vera storia di Al Capone. Non vogliamo fare un film di gangster ma descrivere la famiglia Capone come se si trattasse dei Borgia di Chicago». Da qui deriva l'atmosfera satura di intrighi e di morte, il senso di fatalità incombente e il rapporto incestuoso tra il boss e la sorella, che non poté essere sviluppato come il regista intendeva per problemi con la produzione. Tra le tante scene indimenticabili, spesso girate con un taglio espressionista, da ricordare almeno, in apertura, il lungo piano sequenza che porta all'uccisione del vecchio gangster, e la conclusione, in cui Tony viene finito per strada dalle raffiche della polizia, mentre l'insegna «Il mondo è vostro» illumina la notte. Furono girati altri due finali: uno proiettato negli Usa, con l'arresto e l'impiccagione di Camonte; l'altro, inedito, con la morte del mafioso su un mucchio di letame. L'uscita venne ritardata di oltre un anno per motivi di censura. Rifatto nel 1983 da Brian De Palma.

Scarface *** (*Scarface*, Usa 1983, col, 170') Brian De Palma. Con Al Pacino, Michelle Pfeiffer, Steven Bauer, Mary Elizabeth Mastrantonio, Robert Loggia, F. Murray Abraham. ◆ Ascesa e caduta di Tony Montana (Pacino), un rifugiato cubano che, in Florida, diventa un boss del narcotraffico. Ma la droga, i soldi e la morbosa gelosia verso la sorella (Mastrantonio, esordiente) gli danno alla testa: quando, poco professionalmente, si rifiuta di far fuori la famiglia di un testimone, la sua sorte è segnata. Gran finale tra montagne di cocaina e decine di cadaveri. Sceneggiata da Oliver Stone, una grandiosa parabola sul potere e sulla morte. Niente di nuovo, è vero, ma De Palma spinge tutto all'estremo, e non lascia respirare lo spettatore per quasi tre ore. Al Pacino è torvo, eccessivo («Non mento mai, anche quando dico le bugie») e quasi epico. Il film che ha lanciato la Pfeiffer che, senza spogliarsi, ha una carica erotica incredibile. Musica di Giorgio Moroder e fotografia di John Alonzo. I puristi hanno mugugnato per la dedica finale a Ben Hecht e Howard Hawks, autori dell'altro *Scarface*.

Scarlet Clue, The → *voce «Charlie Chan»*

Scarlatti **½ (*Lady in White*, Usa 1988, col, 108') Frank La Loggia. Con Lukas Haas, Alex Rocco, Katherine Helmond, Jason Presson, Renata Vanni. ◆ Un ragazzino (Haas) sviluppa capacità paranormali che lo porteranno a smascherare l'assassino di una bambina morta cinque anni prima. Un thriller fantastico con qualche ingenuità, ma non privo d'inventiva. Di particolare suggestione l'atmosfera degli anni Sessanta, curata in ogni dettaglio. Il regista è anche soggettista, sceneggiatore, coproduttore e autore della colonna sonora.

Scarpe da tennis **½ (*Hard Feelings*, Usa 1981, col, 110') Daryl Duke. Con Carl Marotte, Charlaine Woodard, Grand Bush, Vincent Buffano, Allan Katz, Lisa Langlois. ◆ Un adolescente (Marotte) con vari problemi a scuola e in famiglia trova sostegno nell'amicizia di una vivace ragazzina di colore (Woodard). Un'educazione sentimentale ambientata negli anni Sessanta, trattata in modo non banale e con un occhio ai problemi sociali dell'epoca.

Scarpe d'oro, Le **½ (*Manneken Pis*, Belgio 1995, col, 90') Frank Van Passel. Con Frank Vercruyssen, Antje De Boeck, Ann Petersen, Wim Opbrouck, Stany Crets. ◆ Harry (Vercruyssen), orfano di entrambi i genitori, trova un appartamento a Bruxelles presso l'eccentrica Denise (Petersen), proprio dove abita anche Jeanne (De Boeck), l'autista del tram che prende ogni giorno. Tra i due sboccia un sentimento che si manifesta con timidezza e sospetto, ma il dramma è in agguato. Un campionario di tragedie e sensi di colpa che l'esordiente Van Passel riesce miracolosamente a mantenere nell'ambito di una (amara) commedia del quotidiano, dove i perdenti nati sono tratteggiati con una partecipazione sincera, affettuosa e leggera, ben diversa dagli stereotipi romantici che spesso li avvolgono in un'aura mitica. Sceneggiatura di Christophe Dirickx. Il titolo originale si riferisce alla statua simbolo di Bruxelles e alla voglia del piccolo Harry che costò la vita a tutto il resto della sua famiglia; quello italiano a un regalo che Harry fa a Jeanne.

Scarpe grosse... ** (Italia 1940, b/n, 83') Dino Falconi. Con Amedeo Nazzari, Lilia Silvi, Elena Altieri, Enzo Biliotti, Tina Lattanzi, Lauro Gazzolo, Olindo Cristina, Gonella Gori, Franca [Flora] Volpini, Gastone Schirato. ◆ L'eredità di un nobile, che non sapeva essere suo padre, trasforma Stefano Di Marco (Nazzari) da bracciante in padrone: il fratello del defunto (Biliotti) lo ostacolerà in tutti i modi ma il suo autentico amore per la terra aiuterà Stefano a trasformare la tenuta della Ghirlanda in una proprietà modello, conquistando la stima di tutti e l'amore di Marta (Altieri), figlia del suo avversario. Curiosa fusione tra gli equivoci bonari della commedia all'ungherese (il film è tratto dalla pièce *Bors Istvan* di Sandor Hunyady, sceneggiata dal regista) con le esigenze propagandistiche del regime: gli spunti comici dello zoticone scaraventato in un mondo di cui ignora le regole sono sviluppati solo in parte per lasciare spazio a un entusiasmo da «battaglia del grano» che privilegia i proclami sociali (con inserti sociali sulle case da costruire per i coloni e la necessità della meccanizzazione) e non si risparmiano nemmeno le inquadrature delle messi ondeggianti al vento, neanche fosse una versione autarchica del *Vecchio e il nuovo* ejzenstejniano.

Scarpetta di vetro, La *½ (*The Glass Slipper*, Usa 1955, col, 94') Charles Walters. Con Leslie Caron, Michael Wilding, Keenan Wynn, Estelle Winwood, Elsa Lanchester, Amanda Blake. ◆ La favola di Cenerentola (Caron), perseguitata dalle sorellastre, e del suo amore per il principe azzurro (Wilding), in un musical della Metro Goldwyn Mayer. Confezione lussuosa, ma scarsa fantasia e dialoghi verbosi. Le coreografie sono di Roland Petit.

Scarpette rosse **** (*The Red Shoes*, Gb 1948, col, 133') Michael Powell, Emeric Pressburger. Con Moira Shearer, Marius Goring, Anton Walbrook, Jean Short, Gordon Littman. ◆ Il direttore (Walbrook) di un'importante compagnia di danza classica ingaggia una giovanissima e dotata ballerina (Shearer). Ottenuto il successo con il balletto che dà il titolo al film, la ragazza si fa convincere dal fidanzato compositore (Goring) a lasciare il palcoscenico, ma poi vi ritorna, posseduta dal demone della danza. Un melodramma perfetto, osannato dal pubblico, amatissimo da molti registi (Coppola, Scorsese, De Palma) e imitato da altri (Gene Kelly in *Un americano a Parigi*) nel quale «i trucchi scorrono impercettibili al di sotto della messa in scena melodrammatica, l'astrazione stilistica si fa palese solo nella sequenza dichiaratamente irreale del balletto e le convenzioni e il buon senso vengono negati dalla stessa fluida eleganza del racconto». Perfetto, ma non convenzionale: in equilibrio tra romanticismo e maledettismo, stabilisce un triangolo amoroso dove il vertice è occupato dall'arte, in nome della quale si può anche morire. La sceneggiatura di Pressburger, ispirata da una favola di Andersen, fu scritta nel 1939 su commissione di Alex Korda, che però accantonò il progetto. Dopo la guerra Pressburger comprò i diritti del proprio copione e con Powell allestì una vera compagnia di danza, con al centro la stella del balletto britannico Moira Shearer. Si aggiudicarono l'Oscar sia la colonna sonora di Brian Easdale che le scenografie e i costumi di Hein Hockroth, suggestiva combinazione di espressionismo e astrattismo. L'accesa fotografia è di Jack Cardiff. Nella storia del cinema, pochissime volte racconto popolare e sperimentazione hanno trovato un così magico punto d'incontro.

Scassinatore, Lo **½ (*The Burglar*, Usa 1956, b/n, 90') Paul Wendkos. Con Dan Duryea, Jayne Mansfield, Martha Vickers, Peter Capell, Mickey Shaughnessy, Stewart Bradley, Phoebe Mackay. ◆ A Philadelphia, tre uomini e una donna, Gladden (Mansfield), rubano una preziosa collana a una medium. La notizia del colpo costringe i ladri a rimanere nascosti, ma uno di loro, Harbin (Duryea), spedisce la ragazza ad Atlantic City con la refurtiva: Harbin viene sedotto da una donna, Della (Vickers), in combutta con un poliziotto (Bradley) che farà altrettanto con Gladden per impadronirsi del gioiello. Opera prima di un «piccolo maestro barocco sulla scia dell'Orson Welles della *Signora di Shanghai*». Da un romanzo di David Goodis, che scrive anche la sceneggiatura, Wendkos mutua il «pretesto» per una prova di stile piuttosto spettacolare (inquadrature stravaganti, montaggio su raccordi curiosi) che però riduce il film noir a una mera questione di forma e costringe i personaggi chiusi di Goodis a una esteriorizzazione impropria. Un buon debutto che spinge sul viale del tramonto un genere già al crepuscolo.

Scassinatori, Gli ** (*La Casse*, Francia 1971, col, 127') Henri Verneuil. Con Jean-Paul Belmondo, Omar Sharif, Dyan Cannon, Robert Hossein, Nicole Calpan, Renato Salvatori. ◆ In Grecia, una banda di scassinatori ad alto livello mette a segno un gran colpo, ma si ritrova alle calcagna un poliziotto implacabile (Sharif). Tratto dal romanzo *Ragazza, aspettami* di David Goodis, un noir canagliesco e acrobatico (data la presenza di Belmondo), ma anche beffardo nei confronti di un sistema che è facile identificare con il regime dei colonnelli. Musiche di Ennio Morricone.

Scatenato, Lo ** (Italia 1967, col, 93') Franco Indovina. Con Vittorio Gassman, Martha Hyer, Gila Golan, Massimo Serato, Gigi Proietti, Carmelo Bene. ◆ Un attore (Gassman) scosso da violente crisi di insicurezza si sente perseguitato dagli animali: finirà in uno zoo. Commedia intellettuale che sembra quasi uno studio freudiano sulla patologia persecutoria. Gassman si autodenigra in modo convincente, ma a volte eccede nel cercare il risvolto comico della situazione. Del resto, una certa discontinuità di registro si avverte anche nel copione scritto a sei mani da Luigi Malerba, Tonino Guerra e dal regista. Il direttore della fotografia Aldo Tonti compare nel ruolo del regista, mentre il produttore Mario Cecchi Gori in quello di un pubblicitario. Bene è un prete.

Scatola misteriosa, La * (*The Squeeze*, Usa 1987, col, 101') Roger Young. Con Michael Keaton, Rae Dawn Chong, Liane Langland, Leslie Bevis, John Davidson, Meatloaf. ◆ Un uomo (Keaton) incaricato dall'ex moglie di prelevare dal suo appartamento una misteriosa scatola nera si ritrova in un mare di guai. Una trama intricata e molta agitazione, ma nessuna idea decente.

Sceicco bianco, Lo *** (Italia 1952, b/n, 86') Federico Fellini. Con Brunella Bovo, Leopoldo Trieste, Alberto Sordi, Giulietta Masina, Ernesto Almirante. ◆ In viaggio di nozze a Roma, la giovane sposina Wanda (Bovo) si eclissa per raggiungere il suo eroe dei fotoromanzi, lo Sceicco Bianco (Sordi), al quale scrive assiduamente firmandosi «bambola appassionata». Delusa dalla mediocrità del proprio idolo, torna dal marito (Trieste) che, intanto, si è confessato con la prostituta Cabiria (Masina) e la sua collega. Il primo film di cui Fellini ha piena responsabilità registica: attraverso la vicenda di piccoli provinciali che scoprono la fabbrica dei sogni, Fellini inaugura quell'elemento autobiografico e quella propensione fantastica che saranno costanti del suo cinema. Divertente fino al grottesco nel rappresentare un ambiente di piccole volgarità. Sordi è un irresistibile e infantile seduttore da strapazzo, schiavizzato dalla moglie. Michelangelo Antonioni è coautore con Fellini del soggetto, Ennio Flaiano della sceneggiatura.

Scelta, La ** (*My Body, My Child*, Usa 1982, col, 100') Marvin J. Chomsky. Con Vanessa Redgrave, Joseph Campanella, Stephen Elliott, Jack Albertson, James Naughton. ◆ Per reagire a una crisi depressiva, una donna (Redgrave) decide di fare un altro figlio, ma si troverà di fronte a una drammatica scelta: abortire o dare alla luce un bambino handicappato. Passabile, più che altro per l'interpretazione della Redgrave. L'ultimo film di Albertson, il padre invalido.

Scelta, La (di Marek Kanievska) → *Another Country – La scelta*

Scelta d'amore – La storia di Hilary e Victor *½ (*Dying Young*, Usa 1991, col, 113') Joel Schumacher. Con Julia Roberts, Campbell Scott, Vincent D'Onofrio, Collen Dewhurst, Ellen Burstyn. ◆ L'infermiera Hilary (Roberts), assunta per assistere Victor (Scott), malato di leucemia, se ne innamora, e decide di restargli vicino anche quando peggiora. A più di vent'anni da *Love Story* ritorna il melodramma lacrimoso e vagamente iettatorio: confezionato a tavolino per l'attrice del momento, e con qualche pretesa intellettuale a buon mercato (Victor che istruisce Hilary, mostrandole la sua somiglianza alle donne preraffaelite). In proporzione ha incassato più in Italia che negli Usa.

Scelta d'amore, Una **½ (*Some Mothers' Son*, Gb/ Irlanda/Usa 1996, col, 110') Terry George. Con Helen Mirren, Fionnula Flanagan, Aidan Gillen, David O'Hara, John Lynch, Tom Hollander, Tim Woodward, Geraldine O'Rawe, Peter Howitt. ◆ Belfast, 1979: Kathleen Quigley (Mirren) e Annie Higgins (Flanagan) hanno in comune solo la militanza dei loro figli nell'Ira. Quando, nel carcere di Long Kesh, i due ragazzi (Gillen e O'Hara) si uniscono allo sciopero della fame iniziato da Bobby Sands (Lynch), anche le due donne si ritrovano unite nella stessa battaglia. Un melodramma secco, sensibile e antiretorico: l'opera prima del cosceneggiatore di *Nel nome del padre* (il cui regista, Sheridan, qui è cosceneggiatore con George e produttore) sorprende sia per l'adozione di un'ottica femminile (alle due mamme, diversissime per estrazione sociale e orientamento ideologico, va aggiunta la Thatcher che appare all'inizio in un'intervista televisiva d'epoca), sia per la capacità di organizzare sofferenze private e lotte politiche in un racconto che respinge gli stereotipi (i militanti dell'Ira non sono né solo eroi né solo terroristi, ma esseri umani duri e vulnerabili insieme) e rifiuta la commozione facile. Davvero notevoli le due protagoniste.

Scelta difficile del dottor Gillespie, La * (*Three Men in White*, Usa 1944, b/n, 85') Willis Goldbeck. Con Lionel Barrymore, Van Johnson, Marilyn Maxwell, Keye Luke, Ava Gardner, Alma Kruger, Rags Ragland, Nell Craig, Walter Kingsford. ◆ Nella speranza di essere scelti come assistenti del dottor Gillespie, i due medici del Blair Hospital (Johnson e Luke) sono alle prese con un caso di intossicazione (Gardner). Insulsa commediola di ambiente medico che riprende i personaggi inventati da Max Brand per le avventure del dottor Kildare, senza però il protagonista, licenziato due anni prima dalla Mgm perché si era dichiarato obiettore di coscienza. Restano comunque tutti i personaggi della fortunata serie, a cominciare dal dottor Gillespie (Barrymore) fino alle infermiere Molly (Kruger) e Parker (Craig), al capo dell'ospedale (Kingsford).

Scelta di Sophie, La ** (*Sophie's Choice*, Usa 1982, col, 151') Alan J. Pakula. Con Meryl Streep, Kevin Kline, Peter McNicol, Rita Karin, Josh Mostel, Stephen D. Newman. ◆ A New York, Sophie (Streep), una polacca scampata al lager nazista, e Nathan (Kline), un intellettuale ebreo ossessionato dall'Olocausto, cercano di sopravvivere come possono. A essi si avvicina Stingo (McNicol), uno scrittore in erba che s'innamora della donna e scopre un terribile segreto sul suo passato. Melodramma a forti tinte tratto dal romanzo omonimo di William Styron su sceneggiatura dello stesso regista. L'intreccio è sovraccarico, ingarbugliato e prolisso, ma Pakula ha saputo scegliere con cura i suoi collaboratori, ai quali va tutto il merito del film; la Streep, non ancora malata di manierismo, ha vinto l'Oscar; la fotografia di Nestor Almendros è capace di restituire con la luce ogni minima sfumatura della tragedia. La durata originale è di 158'.

Scelte pericolose **½ (*The Maker*, Usa 1997, col, 98') Tim Hunter. Con Matthew Modine, Jonathan Rhys Meyers, Mary-Louise Parker, Fairuza Balk, Michael Madsen, Jesse Borrego. ◆ Nel Texas il diciottenne Josh (Rhys Meyers) perde tempo a sniffare colla, rubare la posta e sognare una poliziotta (Parker), finché arriva il fratello Walter (Modine) che non vedeva da anni, e che lo coinvolge in truffe e furti sempre più pericolosi. Scritto da Rand Ravich, uno spaccato di provincia convincente, adatto per lo sguardo noir e un po' stralunato del regista, Lynch dei poveri qui alla sua prova migliore. Quando il melodramma familiare e i soliti tormentoni (le cattive influenze, il destino da cui non si sfugge) diventano preponderanti, l'interesse cala; ma gli attori sono ben diretti e la confezione (fotografia di Hubert Taczanowski) è brillante.

Scelte proibite *½ (*The Beans of Egypt, Maine*, poi rititolato *Forbidden Choices*, Usa 1994, col, 100') Jennifer Warren. Con Martha Plimpton, Rutger Hauer, Kelly Lynch, Patrick McGaw, Richard Sanders, Michael MacRae. ◆ Guai a frequentare quei buzzurri dei Beans, dice il papà bigotto alla figlia Earle (Plimpton); che difatti, appena può, si fa mettere in cinta dal figlio (McGaw) dei suoi vicini di casa. Da un romanzo di Carolyn Chute, uno spaccato di provincia americana depressa, senza sorprese né interpretazioni memorabili.

Scemo di guerra *½ (Italia 1985, col, 108') Dino Risi. Con Beppe Grillo, Coluche [Michel Colucci], Bernard Blier, Fabio Testi, Claudio Bisio, Gianni Franco. ◆ In Africa orientale, sul fronte italiano, il sottotenente medico Lupi (Grillo), specializzando in psichiatria, trova nello squilibrato comandante Pilli (Coluche) un interessante caso clinico da studiare. Una commedia grottesca dal sapore amaro, liberamente tratta dal diario di guerra di Mario Tobino *Il deserto della Libia*. Insolita, ma con un finale poco incisivo ed evidenti squilibri. Il testo era stato adattato anni prima da Age e Scarpelli per Vittorio Gassman. Il cinema, come sempre, non sembra essere fatto per Grillo.

Scemo & + scemo * (*Dumb and Dumber*, Usa 1994, col, 107') Bobby e Peter Farrelly. Con Jim Carrey, Jeff Daniels, Lauren Holly, Mike Starr, Karen Duffy, Teri Garr, Charles Rocket, Victoria Rowell. ◆ Per restituire un beautycase a una cliente (Holly), l'autista di limousine Lloyd Christmas (Carrey) parte per Aspen in compagnia dell'amico Harry (Daniels): tra una gaffe e l'altra scoprirà che anche i ricchi si ricattano (nel beauty c'erano i soldi per il liberare il marito rapito). Senza gli effetti animati di *Mask*, Carrey rivela la totale idiozia della propria comicità: solo smorfie, scatologia e volgarità varie, dove annegano i pochi spunti demenziali (l'auto dell'amica «truccata» da cane) e le rare occasioni comiche (la cattiveria cinica di chi sfrutta la cecità dei bambini): al confronto Alvaro Vitali sembra un lord.

Scena di strada *** (*Street Scene*, Usa 1931, b/n, 80') King Vidor. Con Sylvia Sidney, William Collier jr, Estelle Taylor, David Landau, Max Montor, Beulah Bondi, John Qualen. ◆ Davanti al portone di un caseggiato newyorchese si consuma la vita di sempre: la segretaria Rose Maurrant (Sidney) è corteggiata dallo studente ebreo Sam (Collier jr), dal suo capufficio e da un tassista manesco. Il padre (Montor) di Sam, marxista, sogna la rivoluzione. Un vicino è in fibrillazione perché la moglie sta per partorire. Le donne spettegolano sulla relazione tra la signora Maurrant (Taylor) e un altro vicino. Finché il marito (Landau) non li sorprende e li uccide entrambi. Dalla commedia di Elmer Rice vincitrice del premio Pulitzer, Vidor ha ricavato un film che trabocca del suo amore un po' retorico per la gente comune, «colpevoli» compresi, e del suo spirito umanitarista che travalica le differenze di razza e di religione. Ma il film va ricordato soprattutto per il tour de force tecnico. La scena è sempre quella del tratto di marciapiede davanti al portone, senza un interno: ma la grande capacità di descrivere alludendo, la varietà delle angolature, la funzionalità di dolly e carrellate e la stringatezza del montaggio evitano ogni staticità da teatro filmato – ciò che non capita a film analoghi come *Strada sbarrata*. Spike Lee, in *Fa' la cosa giusta*, in fondo non ha inventato molto di nuovo; e Hitchcock si è sicuramente ricordato delle carrellate lungo le finestre per *La finestra sul cortile*. Prodotto da Samuel Goldwyn, che volle nomi prestigiosi come quelli del direttore della fotografia Walter Barnes e del musicista Alfred Newman.

Scene da un matrimonio **½ (*Scener ur ett äktenskap*, Svezia 1973, col, 155') Ingmar Bergman. Con Liv Ullmann, Erland Josephson, Bibi Andersson, Jan Malmsjö, Anita Wall, Gunnel Lindblom. ◆ In sei episodi, la storia del matrimonio di Johan (Josephson) e Marianne (Ullmann): in *Innocenza e panico* si dichiarano felicemente sposati da anni; in *L'arte di nascondere la spazzatura sotto il tappeto*, cominciano a dare segni di incomunicabilità; in *Paola*, Johan abbandona la famiglia per un'amante più giovane (Lindblom); in *Valle di lacrime*, divorziano; in *Gli analfabeti*, si incontrano e ammettono i reciproci errori; in *Nel cuore della notte in una casa buia in qualche parte del mondo*, si rincontrano dopo sette anni, ciascuno con la nuova famiglia, e scoprono di amarsi ancora, ma in modo diverso. Riduzione cinematografica, con risultati tecnici decisamente scadenti (un 16mm gonfiato a 35), di uno sceneggiato televisivo che ebbe un notevole successo di pubblico e suscitò ampi dibattiti sulla coppia-tipo di matrice borghese. Il racconto è lineare e intenso, il linguaggio è semplice e adatto al piccolo schermo (molti primi piani, pochi movimenti di macchina, prevalenza di dialoghi e totale assenza di colonna sonora), l'ambientazione è tutta giocata sugli interni. Per il materiale e l'impostazione Bergman si è ispirato tanto al teatro nordico (Strindberg, Ibsen), quanto a esperienze autobiografiche.

Scene di caccia in bassa Baviera *** (*Jagdszenen aus Niederbayern*, Rft 1968, b/n, 85') Peter Fleischmann. Con Martin Sperr, Angela Winkler, Else Onecke, Michael Strixner, Hanna Schygulla. ◆ Un villaggio di rozzi contadini bavaresi respinge un giovane meccanico (Sperr) sospettato di omosessualità. L'unica persona che gli dimostra affetto è la domestica (Winkler) del borgomastro, anch'ella emarginata e bollata come prostituta. L'intolleranza, l'aggressività, l'odio verso il diverso come dati «naturali» anziché culturali e/o politici: ne deriva un crudo ritratto di provincia dominato dall'angoscia di una catastrofe inevitabile, e ossessionato dall'incubo del nazismo mai sopito. L'attore principale, Sperr, è anche l'autore della pièce a cui il film si è ispirato. Girato a Unholzing, con gli abitanti del luogo e in dialetto bavarese (che già nella versione originale richiese il doppiaggio). Uno dei contributi più importanti al Nuovo cinema tedesco: in Germania, all'epoca, fu una specie di shock.

Scene di lotta di classe a Beverly Hills **½ (*Scenes From the Class Struggle in Beverly Hills*, Usa 1989, col, 102') Paul Bartel. Con Jacqueline Bisset, Ray Sharkey, Robert Beltran, Ed Begley jr, Wallace Shawn, Mary Woronov, Paul Mazursky, Paul Bartel, Arnetia Walker, Rebecca Schaeffer. ◆ Due camerieri (Sharkey e Beltran) scommettono su chi si porterà a letto per primo la padrona dell'altro. In palio uno mette 5.000 dollari, l'altro il suo culo. Ma nelle ville di Beverly Hills tutti sono in preda a una fregola copulatoria irresistibile, compreso il fantasma (Mazursky) del marito di una padrona (Bisset). Elaborata e spassosa parodia delle soap-opera sceneggiata (e coprodotta) da Bruce Wagner, girata con stile impeccabile, piena di volgarità liberatoria e di una crudeltà che cerca di ammiccare a Buñuel. Ottimo il cast. La Woronov, ex star di Warhol, è moglie di Bartel che, nella parte del «magrologo», si doppia da sé in italiano.

Scene di un'amicizia tra donne *½ (*Lumière*, Francia 1976, col, 95') Jeanne Moreau. Con Jeanne Moreau, Lucia Bosé, Caroline Cartier, Francine Racette, Keith Carradine, Bruno Ganz. ◆ Il ritratto di una famosa attrice cinematografica (Moreau) circondata da amiche con le quali si confida. Un esordio registico deludente, e quel che di autobiografico si intuisce lo è ancora di più. Un cineromanzetto rosa, di buon livello perché non manca di sensibilità, ma pur sempre di tal colore. Poco a che vedere con la Moreau anticonformista che ha fatto sognare generazioni di intellettuali. Colonna sonora di Astor Piazzolla.

Scent of a Woman – Profumo di donna *½ (*Scent of a Woman*, Usa 1993, col, 157') Martin Brest. Con Al Pacino, Chris O'Donnell, Gabrielle Anwar, James Rebhorn. ◆ Il liceale Charles Simms (O'Donnell) deve occuparsi per un weekend dell'ex ufficiale cieco Frank Slade (Pacino), che nasconde la sua umanità dietro una maschera di acido cinismo. Il giovane salva il militare dal suicidio e gli fa apprezzare di nuovo la vita: ne ricaverà l'aiuto per evitare di essere espulso dal college. Remake di *Profumo di donna*: tutte le gag sui ciechi (compreso Slade al volante di una Ferrari) e uno spirito dolciastro che vorrebbe ispirarsi all'*Attimo fuggente* ma sa solo di conformismo. La gigioneria di Pacino – doppiato in italiano da Giancarlo Giannini – si è meritata l'Oscar. Sceneggiatura dell'illustre Bo Goldman (*Qualcuno volò sul nido del cuculo*, *Una volta ho incontrato un miliardario*).

Sceriffa, La * (Italia 1959, b/n, 95') Roberto Bianchi Montero. Con Tina Pica, Livio Lorenzon, Annie Alberti, Tina De Mola, Carletto Sposito, Ugo Tognazzi, Tino Scotti, Alberto Sorrentino, Tom Felleghi, Fanfulla [Luigi Visconti], Carlo Pisacane, Paolo Gozlino. ◆ Sceriffa a Rio Ciuccio, donna Carmela Esposito (Pica) vorrebbe pacificare il west con il vino, la pastasciutta e le canzoni (tanto per non far capire le sue origini napoletane), ma per sconfiggere davvero Donovan (Lorenzon) e la sua banda dovrà sfidarli all'O.K. Corral. Farsa in abiti western, non si capisce se più improbabile o più squinternata, sceneggiata da Mario Amendola. Tognazzi è il bandito Colorado Joe, che quando è in prigione si toglie uno stivale «per sentirsi a piede libero».

Sceriffo extraterrestre... poco extra e molto terrestre, Uno * (Italia 1979, col, 95') Michele Lupo. Con Bud Spencer [Carlo Pedersoli], Raimund Harmstorf, Cary Guffey, Joe Bugner, Renato Scarpa. ◆ In seguito a strani fenomeni che si verificano nella sua cittadina, uno sceriffo americano (Spencer) si convince di aver incontrato un extraterrestre e salva un bambino (Guffey) da una banda di malviventi. Una favola fracassona con momenti zuccherosi dovuti alla presenza del piccolo protagonista di *Incontri ravvicinati del terzo tipo*.

Sceriffo in gonnella, Lo *½ (*The Second Time Around*, Usa 1961, col, 99') Vincent Sherman. Con Debbie Reynolds, Andy Griffith, Steve Forrest, Juliet Prowse, Thelma Ritter. ◆ Una giovane vedova (Reynolds) uccide un bandito e viene nominata sceriffo onorario, ma il vero tutore dell'ordine è in realtà il capo della banda e la fa rapire. Western comico da domenica pomeriggio.

Sceriffo per Weather Spring, Uno *½ (*The New Frontier*, Usa 1935, b/n, 52') Carl L. Pierson. Con John Wayne, Muriel Evans, Werner Richmond, Sam Flint, Murdock MacQuarrick, Alan Bridge, Glenn Strange, Allan Cavan, Mary McLaren. ◆ Dopo l'uccisione del padre (Flint), John Dawson (Wayne) abbandona la sua attività di guida per i coloni e accetta di fare lo sceriffo: grazie al sacrificio di un bandito di buon cuore (Bridge) eliminerà l'infido padrone del saloon (Richmond), responsabile anche dell'assassinio del padre. Un western a due facce, che comincia rievocando la colonizzazione della «nuova frontiera» in Oklahoma (e per farlo ricicla scene da *The Red Raiders*, un film muto del 1927 con Ken Maynard) e finisce con una lunga sparatoria notturna illuminata dall'incendio della città. Curiosi i primissimi piani «drammatici» dei due antagonisti, Wayne e Richmond.

Sceriffo scalzo, Lo *½ (*Follow That Dream*, Usa 1962, col, 110') Gordon Douglas. Con Elvis Presley, Arthur O'Connell, Anne Helm, Joanna Moore. ◆ Un vagabondo (Presley) decide di stabilirsi con la famiglia in Florida e cerca di farsi accettare dai diffidenti abitanti di una piccola cittadina costiera. Commedia sempliciotta, ma non spiacevole. The King canta *Home Is Where the Heart Is* e *On Top of Old Smokey*.

Schatten → *Ombre ammonitrici*

Schegge di follia *** (*Heathers*, Usa 1989, col, 102') Michael Lehmann. Con Christian Slater, Winona Ryder, Shannen Doherty, Lisanne Falk, Kim Walker. ◆ Un liceo per futuri yuppie diventa il regno del terrore: disgustato dall'ambiente, il giovane J.D. (Slater) elimina gli odiosi compagni di scuola, coinvolgendo nell'operazione una ragazza (Ryder) incerta tra integrazione e ribellismo. Lehmann non risparmia niente e nessuno, nemmeno la gioventù bruciata che il protagonista rappresenta. Un esordio caustico e sorprendente, all'insegna del cinismo antireaganiano e dell'iperrealismo formale alla Lynch. Soggetto e sceneggiatura sono di Daniel Waters (*Batman 2 – Il ritorno*). Syd Straw canta *Que sera, sera* arrangiata da Van Dyke Parks.

Schegge di paura *½ (*Primal Fear*, Usa 1996, col, 129') Gregory Hoblit. Con Richard Gere, Laura Linney, Edward Norton, Alfre Woodard, John Mahoney, Frances McDormand. ◆ Martin Vail (Gere), brillante avvocato senza scrupoli, accetta la difesa di Aaron (Norton), un timido chierichetto accusato di aver ucciso l'arcivescovo di Chicago: dovrà vedersela col magistrato Janet Venable (Linney), ex collega ed ex amante, ma soprattutto dovrà rivedere i suoi principi professionali. Scaramucce tra divi mascherati da personaggi contrapposti e un colpo di scena in stile *Psyco* per giustificare le promesse del titolo: la storia e il film non ci sono (peccato: il regista, esordiente al cinema, ha vinto svariati Emmy Awards per *Hill Street giorno e notte* e *Avvocati a Los Angeles*), ma per chi si accontenta c'è un'abile sceneggiatura (di Steve Shagan e Ann Biderman, dal romanzo di William Diehl) confezionata su misura per un Richard Gere splendido e perfettamente in parte.

Scheherazade ** (*Song of Scheherazade*, Usa 1947, col, 106') Walter Reisch. Con Jean-Pierre Aumont, Yvonne De Carlo, Brian Donlevy, Eve Arden, Philip Reed, John Qualen, Richard Lane, Terry Kilburn. ◆ Biografia romanzata di Nikolaj Rimskij-Korsakov (Aumont), cadetto della marina zarista che per amore della nobile Cara (De Carlo), decaduta a ballerina, compone il poema sinfonico che lo renderà celebre e le farà cambiare carriera. Uno dei più deliranti pastiche musicali della Universal, che in quegli anni sfruttava al meglio le possibilità inventive del technicolor. Ispirandosi più alle storie raccontate nella sua musica che alla sua vera biografia, il film (sceneggiato dallo stesso regista) può ancora affascinare per l'uso straordinario del colore fatto dai due direttori della fotografia Hal Mohr e William V. Skall, che privilegiano i toni più cupi e profondi per illuminare una scenografia più kitsch che barocca. A piacere, sublimi o ridicole le coreografie con Yvonne De Carlo, a turno danzatrice orientale, spagnola con le nacchere e ballerina dell'Opera russa.

Schermo velato, Lo ** (*The Celluloid Closet*, Usa 1995, col, 101') Rob Epstein, Jeffrey Friedman. ◆ Film documentario su come il cinema di Hollywood, nel corso di un secolo, ha rappresentato l'omosessualità maschile e femminile. Animati da passione militante e curiosità storiografica (e prendendo spunto dall'omonimo, pionieristico studio di Vito Russo), Epstein e Friedman hanno montato un'antologia di clip tratti da film famosi di ogni genere ed epoca (tra cui *Charlot macchinista*, *Marocco*, *Susanna*, *Il falcone maltese*, *Il fiume rosso, Ben Hur*, *Gioventù bruciata*, *A qualcuno piace caldo*, *Nodo alla gola*, *Quelle due*, *Cabaret*, *I guerrieri della notte*, *Il colore viola*, *My Beautiful Laundrette*, fino ai recenti *Philadelphia*, *Go Fish* e *Priscilla, la regina del deserto*), intervallandoli con interviste (tra gli altri, a Tony Curtis, Susan Sarandon, Tom Hanks, Whoopi Goldberg, Gore Vidal, Fairly Granger, Shirley McLaine). Dalla libertà degli anni del muto si passa alle censure (e ai gustosi escamotage per eluderle) dell'epoca del Codice Hays, fino ad arrivare alla sofferta partecipazione dei tempi pù recenti, quando anche a Hollywood l'omosessualità ha conquistato il diritto alla visibilità: l'interesse è notevole e l'intento pedagogico è centrato anche se, date la mancanza di ulteriori approfondimenti e l'inevitabile «meccanicità» della struttura, lo stimolo per collegamenti e analisi è affidato alla cinefilia dello spettatore.

Scherzare col fuoco *½ (*Stick*, Usa 1985, col, 109') Burt Reynolds. Con Burt Reynolds, Candice Bergen, George Segal, Charles Durning, Jose Perez, Richard Lawson. ◆ Stick (Reynolds) esce di galera deciso a cambiar vita, ma nel tentativo di aiutare un amico rimane invischiato in un affare di droga. Melodramma dei bassifondi con macho dal cuore d'oro, stiracchiato e noioso nonostante sia stato rigirato in alcune parti dopo una prima versione ancora più fallimentare. Da un romanzo di Elmore Leonard, che ha anche collaborato alla sceneggiatura.

Scherzi da prete * (Italia 1978, col, 90') Pier Francesco Pingitore. Con Pippo Franco, Lino Toffolo, Gianfranco D'Angelo, Oreste Lionello, Cochi Ponzoni, Luciana Turina, Laura Troschel. ◆ Un prete ciociaro (Franco) celebra la messa in dialetto e si batte per costituire una nuova Dc, Democrazia ciociara: lo scompiglio è grande tra i fedeli e alla Santa Sede. Parodia del caso Lefèbvre secondo i soliti canoni della farsa del Bagaglino. Qualche spunto è divertente, ma l'insieme è roba d'altri tempi.

Scherzi del cuore **½ (*Playing by Heart*, Usa 1998, col, 121') Willard Carroll. Con Sean Connery, Gena Rowlands, Gillian Anderson, Angelina Jolie, Anthony Edwards, Madeline Stowe, Ellen Burstyn, Dennis Quaid, Jay Mohr, Ryan Philippe, Jon Stewart, Patricia Clarkson, Nastassja Kinski. ◆ Ambientato a Los Angeles, un intreccio di coppie con problemi e desideri d'amore: la malattia di Paul (Connery) minaccia di mettere in crisi il suo matrimonio quarantennale con Hannah (Rowlands); la rigidità di Meredith (Anderson) rischia di allontanare anche il comprensivo Trent (Stewart); Hugh (Quaid), tradito dalla moglie (Stowe) con un pastore (Edwards), si esibisce in performance tragicomiche al bar; Joan (Jolie) tenta con ogni mezzo di rimorchiare l'inafferrabile Keenan (Philippe); Mildred (Burstyn) assiste in ospedale il figlio malato di Aids (Mohr). In otto giorni e otto notti la vita di tutti i personaggi si incrocerà con quella degli altri. Una commedia-mosaico a tema sentimentale, costruita sulla falsariga degli affreschi altmaniani ma con una sorpresa finale che rivela qualcosa di diverso sulla concezione della famiglia americana: l'idea di una tribù giustamente dispersa, nella quale ciascuno mantiene la sua identità e affronta il mondo come può. La sceneggiatura di Carroll non è particolarmente originale ma ha dialoghi piacevolmente brillanti, che gli attori (con Connery e la rivelazione Angelina Jolie, figlia di Jon Voight, in testa) recitano alla perfezione. Fotografia di Vilmos Zsigmond e montaggio di Pietro Scalia.

Scherzi maligni **½ (*Frauds*, Australia 1993, col, 94') Stephan Elliott. Con Phil Collins, Hugo Weaving, Josephine Byrnes, Helen O'Connor, Peter Mochrie, Rebel Russell. ◆ Agente delle assicurazioni patito degli scherzi di cattivo gusto, Roland Cupping (Collins) prende di mira una coppia di sposi (Weaving e Byrnes) che ha tentato un'ingenua frode: e sfruttando il loro senso di colpa, li conduce in un gioco sempre più crudele, finché le vittime diventano carnefici. Tra scenografie a metà fra *Toys* e Tim Burton, il tipico film di un regista australiano giovane: stile aggressivo e iperrealista, contenuti acri e dissacranti della normalità borghese. Il rischio, come sempre, è che il gioco non regga fino alla fine: ma la sceneggiatura (dello stesso regista) ha in serbo un paio di trovate ingegnose.

Scherzo, Lo ** (*Zert*, Cecoslovacchia 1968, b/n, 78') Jaromil Jireš. Con Josef Somr, Jana Dìětová, Ludek Munzar, Jaroslava Obermaierova. ◆ Nel 1949 Ludwig (Somr) aveva scritto una cartolina sarcastica a una fidanzata tutta casa e partito, in cui inneggiava a Trockij e diceva: «L'ottimismo è l'oppio dei popoli e gli spiriti felici puzzano d'idiozia». Tanto bastava, nella Cecoslovacchia di allora, per passare sei anni in miniera. Dopo molti anni Ludwig si vuole vendicare dell'amico che l'aveva denunciato, portandosi a letto la sua patetica moglie: ma alla fine l'unica vittima sarà proprio la donna. Alla vigilia dell'invasione sovietica della Cecoslovacchia, una riflessione amara e arrabbiata sugli anni bui dello stalinismo, visti attraverso gli occhi di uno scettico disilluso. Ma l'intreccio di passato e presente e lo stile antirealista sono retaggio di un'avanguardia post-Nouvelle Vague che mostra male i suoi anni. Dal romanzo omonimo di Kundera, adattato dall'autore e dal regista.

Scherzo del destino in agguato dietro l'angolo come un brigante da strada ** (Italia 1983, col, 110') Lina Wertmüller. Con Ugo Tognazzi, Piera Degli Esposti, Renzo Montagnani, Gastone Moschin, Antonella D'Agostino, Roberto Herlitzka, Enzo Jannacci, Valeria Golino, Livia Cerini. ◆ Un ministro degli Interni (Moschin), rimasto chiuso nell'auto blindata, viene ospitato con il veicolo nella caotica villa di un deputato (Tognazzi). Finale ovviamente esplosivo. Una commedia satirica che chiama in causa tutti – dal ministro al portaborse, dal terrorista al capitano della Digos (Montagnani) che si chiama Rin Tin Tin – senza risparmiare nessuno. La Wertmüller non va troppo per il sottile, ma si riscatta con alcuni sprazzi cattivi. Alla sceneggiatura ha collaborato Age. Colonna sonora di Paolo Conte.

Schiaffo, Lo *** (*Red Dust*, Usa 1932, b/n, 83') Victor Fleming. Con Clark Gable, Jean Harlow, Mary Astor, Gene Raymond, Donald Crisp. ◆ In Indocina, il capo di una piantagione (Gable) s'innamora di una giovane prostituta nei guai (Harlow), ma si renderà conto che è la donna adatta a lui solo dopo una relazione pericolosa con una donna sposata (Astor). «Polvere rossa» (come dice il titolo originale) davvero incendiaria per l'immaginario erotico dell'epoca: Gable e la Harlow (addirittura senza reggiseno in un'inquadratura tagliata dalla censura) formano una coppia di sex symbol perfetti, con quel pizzico di ironia che rende seducente il gioco anche a distanza di decenni. Lui è un seduttore braccato dalle donne, lei una ragazzina disinvolta e spaccona che sa affrontare a muso duro anche una donna fatale come la Astor, con la sicurezza di vincere la partita. Indimenticabile la scena in cui la Harlow usa la preziosa acqua potabile per fare il bagno in un barile. In origine il ruolo di Gable doveva essere affidato a John Gilbert. Come cosceneggiatore, accanto a John Lee Mahin c'è Howard Hawks, e si sente. Rifatto nel 1940 come *Congo Maisie* (inedito in Italia) e nel 1953 come *Mogambo*.

Schiaffo, Lo *½ (*La Gifle*, Francia/Italia 1975, col, 105') Claude Pinoteau. Con Lino Ventura, Annie Girardot, Isabelle Adjani, Georges Wilson. ◆ Un professore di liceo (Ventura) separato dalla moglie (Girardot) prende male la richiesta d'indipendenza della figlia (Adjani). Commedia pasticciata sul rapporto tra genitori e figli, con una sceneggiatura vecchia maniera e una regia piuttosto banale. Alla sua opera seconda, Pinoteau vorrebbe conquistarsi un posto nel cinema francese orfano della Nouvelle Vague, ma l'unica vera sorpresa qui è la giovane e fulgida Adjani, all'epoca astro in ascesa.

Schiava d'amore **½ (*Raba ljubvi*, Urss 1975, col, 100') Nikita Michalkov. Con Elena Solovej, Rodion Nachapetov, Aleksander Kaljagin, Oleg Basilasvili, Konstantin Grigor'ev, Nikita Michalkov. ◆ Nella Crimea bianca del 1918, sul set del film strappalacrime *Schiava d'amore*, tutto procede come se la rivoluzione bolscevica non fosse scoppiata, in un clima di isolamento fiabesco. Ogni tanto la polizia arresta qualcuno: tra questi, un operatore rivoluzionario (Nachapetov), che la diva (Solovej), innamorata, cercherà di vendicare. Primo film del regista (che compare anche come attore nei panni di un rivoluzionario) ad avere una certa eco in Occidente, mescola con destrezza e un po' di manierismo ricostruzione storica e deformazione fantastica, melodramma e ironia. Il fratello di Nikita, Andrej Michalkov Končalovskij, ha collaborato alla sceneggiatura.

Schiava del male **½ (*Experiment Perilous*, Usa 1944, b/n, 91') Jacques Tourneur. Con Hedy Lamarr, George Brent, Paul Lukas, Albert Dekker. ◆ Una donna (Lamarr) che vive nel terrore del marito (Lukas) è la prima sospettata del suo omicidio, ma si salverà grazie all'aiuto di un medico (Brent). Tourneur riprende in chiave minore, ma senza sfigurare e con un tocco personale, le atmosfere claustrofobiche e gli inferni familiari di film come *Il sospetto* e di *Angoscia*.

Schiava del peccato, La ** (Italia 1954, b/n, 101') Raffaello Matarazzo. Con Silvana Pampanini, Marcello Mastroianni, Irene Genna, Franco Fabrizi, Maria Grazia Monaci. ◆ In un incidente ferroviario si salvano una prostituta (Pampanini) e una bambina polacca. Per averla, la donna cambia vita, ma un drammatico incontro con l'ex protettore le impedisce l'adozione. Un melodramma strappalacrime racchiuso in un lungo flashback con cornice edificante: la summa del cinema matarazziano. L'unica novità rispetto agli altri film del regista è il ritratto di una donna completamente sola, tanto all'inizio quanto alla fine. L'insopprimibile carica erotica della Pampanini viene utilizzata in funzione del senso di colpa e della sofferenza da scontare.

Schiava del Sudan, La * (*Sudan*, Usa 1945, col, 76') John Rawlins. Con Maria Montez, Jon Hall, Turhan Bey, Andy Devine, George Zucco, Robert Warwick. ◆ La regina del Sudan (Montez) crede di aver trovato l'assassino del padre, ma l'uomo è innocente e l'aiuta sia a incastrare il colpevole che a salvarsi dagli schiavisti. Polpettone esotico di scarso interesse, l'ultimo della coppia Montez-Hall.

Schiava di Bagdad, La * (*Shéhérazade*, Francia/Italia/Spagna 1963, col, 125') Pierre Gaspard-Huit. Con Anna Karina, Gérard Barray, Antonio Vilar, Marilù Tolo, Giuliano Gemma, Fausto Tozzi, Fernando Rey. ◆ Un paladino di Carlo Magno (Barray) s'innamora perdutamente della schiava Shéhérazade (Karina) promessa sposa del Califfo che cercherà invano di contrastare il loro amore. La musa di Godard (che ha una particina!) in costume da odalisca è l'unico motivo di interesse nella zuppa.

Schiava e signora ** (*The President's Lady*, Usa 1953, b/n, 96') Henry Levin. Con Charlton Heston, Susan Hayward, John McIntire, Fay Bainter, Carl Betz. ◆ Una donna dal passato oscuro (Hayward) s'innamora del procuratore Jackson (Heston); quando lui diventa presidente degli Stati Uniti la sposa, ma la riabilitazione giunge troppo tardi. Un discreto melodramma di costume ambientato nel secolo scorso, tratto dal romanzo di Irving Stone.

Schiava io ce l'ho e tu no, La *½ (Italia 1973, col, 100') Giorgio Capitani. Con Lando Buzzanca, Catherine Spaak, Adriana Asti, Veronica Merin, Gianni Bonagura, Paolo Carlini, Gordon Mitchell, Renzo Marignano, Nanda Primavera, Corrado Olmi. ◆ Soffocato da una moglie (Spaak) che vorrebbe renderlo più raffinato, e stressato da un'amante (Asti) che lo tiranneggia, Demetrio Cultrera (Buzzanca) vola in Amazzonia per trovarsi una donna schiava (Merin), ma quando torna a Palermo gli viene il dubbio che anche la sua sottomissione può stancare. Pochade che vorrebbe ironizzare sui sogni proibiti del maschio italiano ma che finisce per essere solo stupidamente misogina. Un film datato e noioso, nonostante la Asti e la Merin mostrino con generosità il seno, sceneggiato senza grandi idee da Giulio Scarnicci, Raimondo Vianello e Sandro Continenza.

Schiave bianche * (*Le Bal des espions*, Francia/Italia 1960, b/n, 75') Michel Clément, Umberto Scarpelli. Con Rosanna Schiaffino, Françoise Arnoul, Claude Cerval, Walter Santesso, Michel Piccoli, Maria Grazia Buccella. ◆ Una soubrette di night (Schiaffino), coinvolta a sua insaputa in un losco giro di spionaggio e spaccio di droga, riesce a provare la sua innocenza. Racconto sfuocato e regia modesta. La Schiaffino canta *Stringerti tra le mie braccia*.

Schiave della città, Le ** (*Lady in the Dark*, Usa 1944, col, 100') Mitchell Leisen. Con Ginger Rogers, Ray Milland, Jon Hall, Warner Baxter, Phyllis Brooks, Barry Sullivan, Mischa Auer. ◆ Tutta dedita al lavoro, la direttrice della rivista di moda *Allure*, Liza Elliott (Rogers), accetta di farsi curare da uno psicoanalista (un «mago di Oz» le dice un'amica scettica) per risolvere le sue paure: scoprirà perché rifiuta gli uomini e non vuole mettersi in competizione con le altre donne e alla fine riuscirà anche a capire chi è l'uomo giusto per lei. Descrizione (poco femminista) di quello che si nasconde dietro il mito dell'emancipazione a tutti i costi, il primo film in technicolor di Leisen è una sfarzosa versione dello spettacolo teatrale di Moss Hart, purtroppo privo in gran parte della colonna sonora di Kurt Weill e Ira Gershwin. Con grande originalità per una commedia musicale, la sceneggiatura (di Frances Goodrich e Albert Hackett, rifatta però dal regista) usa la psicanalisi come motore narrativo, spiegando – anche con un eccesso di verbosità e di didatticismo – i meccanismi del transfert o dei traumi infantili e utilizzando la ricostruzione dei sogni per trasportare l'eroina «in una messe di immagini oniriche, a volte aggressive e volgari (oggi si direbbe kitsch), lontane dall'armonia e dal buon gusto, ma molto più audaci della maggior parte delle scene simili che si trovano in Minnelli o Cukor». Un solo numero di ballo per Ginger Rogers in compagnia di Don Loper sulle note di *Suddenly It's Spring* di Burke e Van Heusen. Le redattrici di *Allure* sfoggiano una delle più eccentriche gallerie di cappellini mai visti in un film.

Schiave esistono ancora, Le ** (Italia/Francia 1964, col e b/n, 88') Roberto Malenotti [e Folco Quilici]. ◆ In Africa, in Medio oriente e in India sulle tracce dei mercanti di schiavi che riforniscono soprattutto gli emiri arabi e i loro harem. Un'inchiesta sotto forma di diario di viaggio, alla ricerca di testimonianze sull'esistenza della schiavitù negli anni Sessanta, sulla falsariga del libro-denuncia di Sean O'Callaghan. Per divergenze col produttore Maleno Malenotti sul montaggio definitivo, il regista Folco Quilici tolse il proprio nome (lasciando che venisse firmato solo dal figlio di Maleno, Roberto), ma il film si differenzia comunque dal filone allora dominante dei vari *Mondo cane*: quasi nessuna concessione all'esotismo, materiale inedito e spesso sorprendente (i pastori africani che si flagellano per dimostrare la loro resistenza al dolore, gli scheletri degli schiavi abbandonati su un'isola del mar Rosso), testimonianze dirette (Eva Kenneth, che ha vissuto per quattro anni in un harem) e un impianto dove la denuncia sociale non serve per contrabbandare tentazioni voyeuristiche.

Schiavi di New York *½ (*Slaves of New York*, Usa 1988, col, 124') James Ivory. Con Bernadette Peters, Adam Coleman Howard, Chris Sarandon, Mary Beth Hurt, Madeleine Potter, Mercedes Ruehl, Steve Buscemi, Anthony La Paglia. ◆ Eleanor (Peters) lavora in una libreria, ma disegna cappelli stravaganti e sogna di entrare nel milieu artistico newyorchese. Ivory torna negli Usa e rompe con i precedenti film britannici, ma solo in apparenza: anche la bohème della Grande Mela è un microcosmo chiuso e «borghese», e la fauna che vi circola è semplicemente l'altra faccia della medaglia che il regista ha lucidato in precedenza. La forma è meno leccata del solito, ma la durata è eccessiva e non tutto è messo bene a fuoco. Sceneggiatura di Tama Janowitz (che compare nel ruolo di Abby), dal suo libro omonimo.

Schiavo d'amore *** (*Of Human Bondage*, Usa 1934, b/n, 83') John Cromwell. Con Bette Davis, Leslie Howard, Frances Dee, Kay Johnson, Reginald Denny, Alan Hale. ◆ La cameriera Mildred (Davis) seduce lo studente di medicina Philip (Howard), lo respinge perché è storpio, ma poi lo sfrutta quando si ritrova incinta e senza marito. Tratto dal romanzo di Somerset Maugham (la sceneggiatura è di Lester Cohen), un melodramma a forti tinte che consacrò la Davis fissandone indelebilmente il personaggio di donna fatale senza scrupoli. Per gli standard odierni la sua interpretazione può sembrare eccessiva e leggermente di maniera, ma conserva il fascino malioso che all'epoca fu giudicato travolgente. In originale la Davis sfoggia un notevole accento cockney. Il romanzo di Maugham ispirò altri due film. Occhio alla versione colorata al computer.

Schiavo d'amore *½ (*Of Human Bondage*, Usa 1946, b/n, 105') Edmund Goulding. Con Paul Henreid, Eleanor Parker, Alexis Smith, Edmund Gwenn. ◆ La cameriera Mildred (Parker), dopo aver fatto innamorare di sé il giovane Philip (Henreid), se ne serve solo nei momenti di bisogno, approfittando della sua vocazione masochistica. Seconda, piatta versione del romanzo di W.S. Maugham.

Schiavo d'amore *½ (*Of Human Bondage*, Gb 1964, b/n, 98') Ken Hughes. Con Kim Novak, Laurence Harvey, Siobhan McKenna, Robert Morley, Roger Livesey. ◆ Terza versione dell'omonimo romanzo di Maugham: una volgare cameriera (Novak) umilia lo studente (Harvey) che si è innamorato di lei finché una malattia non farà giustizia. I due protagonisti non reggono il confronto con quelli della prima versione, mentre la regia capisce poco della cupa e soffocante atmosfera che domina il romanzo.

Schiavo della furia ***½ (*Raw Deal*, Usa 1948, b/n, 79') Anthony Mann. Con Dennis O'Keefe, Claire Trevor, Marsha Hunt, Raymond Burr, John Ireland. ◆ Scappato di galera per insistenza e con l'aiuto dell'amante (Trevor), un ladro (O'Keefe) è costretto a prendere come ostaggio un'avvocatessa dal cuore tenero (Hunt). L'altra ribolle di gelosia, e vorrebbe lasciare la rivale nelle mani del nemico mortale (Burr) del suo uomo: ma non è così spietata come sembra. Originale noir sceneggiato da Leopold Atlas e John C. Higgins, che innesta uno strano triangolo sentimentale sui classici motivi della fuga e della vendetta. Disperato e romantico, girato con lo stile contrastato e folgorante del Mann migliore. Personaggi imprevedibili e ben delineati: l'unico radicalmente cattivo è il sadico Burr.

Schiavo della violenza, Lo *½ (*I Married a Communist*, Usa 1950, b/n, 73') Robert Stevenson. Con Robert Ryan, Laraine Day, John Agar, Thomas Gomez, Janis Carter. ◆ Un sindacalista (Ryan) è ricattato da esponenti di un'organizzazione comunista di cui anch'egli aveva fatto parte in gioventù. Grossolana propaganda antisovietica, che resta un documento della paranoia maccartista allora dominante.

Schiavo del passato **½ (*The Late George Apley*, Usa 1947, b/n, 98') Joseph L. Mankiewicz. Con Ronald Colman, Peggy Cummins, Edna Best, Vanessa Brown. ◆ Il ricco e reazionario bostoniano George Apley (Colman) cerca di imporre alla figlia (Cummins) un matrimonio combinato, ma lei si ribella e riesce a sposare l'uomo che ama. L'ambientazione della vicenda all'inizio del secolo rende la satira fin troppo bonaria: ma Mankiewicz (che si è ispirato al buon romanzo di John P. Marquand) conosce bene l'arte della commedia e trova in Colman un attore congeniale e assai godibile.

Schindler's List – La lista di Schindler ***½ (*Schindler's List*, Usa 1993, b/n e col, 195') Steven Spielberg. Con Liam Neeson, Ben Kingsley, Ralph Fiennes, Caroline Goodall, Embeth Davidtz, Jonathan Sagalle, Beatrice Macola, Andrzej Seweryn. ◆ Dopo che i nazisti hanno invaso la Polonia, l'industriale tedesco Oskar Schindler (Neeson) si accattiva la simpatia dei pezzi grossi delle SS e impiega ebrei nella sua fabbrica di stoviglie, come manodopera a basso costo. Anche dopo la distruzione del ghetto e la deportazione degli ebrei in un campo di concentramento, ottiene che i suoi operai continuino a lavorare per lui, e godano di un trattamento di favore: poco per volta, intanto, si rende conto della follia e della crudeltà dei nazisti. Col profilarsi della «soluzione finale», riuscirà a salvare da Auschwitz 1.100 persone. Tranne il prologo e il finale, dove le vere persone salvate da Schindler, ormai anziane, vanno a rendere omaggio alla sua tomba, Spielberg sceglie il bianco e nero come strumento sia di realismo che di stilizzazione. Da una parte intende salvaguardare la memoria della tragedia più orribile e assurda della storia del Novecento, con una ricostruzione di agghiacciante precisione. Dall'altra non osa – giustamente – rappresentare l'orrore finale, quello delle camere a gas, e trasforma la storia dell'Olocausto in un grande melodramma hollywoodiano, con un buono che all'inizio tanto buono non è (Schindler), un cattivo degno di Sade (il comandante delle SS Amon Goeth, interpretato da Fiennes), e delle vittime che non fanno nulla per essere simpatiche (come l'ebreo Yitzhak Stern [Kingsley], che Schindler sceglie come suo collaboratore). In questo modo il gusto del racconto cinematografico, il pathos e la suspense sono salvi: ma mai al prezzo della banalità e delle soluzioni facili. Rimane qualche eccesso didascalico, ma le invenzioni narrative e visuali profuse in ogni sequenza lasciano spesso meravigliati. E finalmente l'Academy consacra Spielberg con ben sette Oscar: film, regia, fotografia (Janusz Kaminski), musica (John Williams), montaggio (Michael Kahn), sceneggiatura non originale (Steven Zaillian, dal romanzo di Thomas Keneally) e scenografia (Allan Starski ed Ewa Braun). Il titolo contiene un doppio senso: in inglese significa «la lista di Schindler», in yiddish «il trucco di Schindler».

Schiuma dei giorni, La **½ (*L'Ecume des jours*, Francia 1968, col, 111') Charles Belmont. Con Jacques Perrin, Marie-France Pisier, Sami Frey, Alexandra Stewart, Bernard Fresson, Sacha Pitoëff. ◆ Un giovane parigino (Perrin) cerca in ogni modo di salvare la moglie (Pisier) da una malattia mortale (le è fiorita una ninfea nei polmoni), ma i suoi amici eccentrici non possono aiutarlo. Una delicata opera prima tratta dall'omonimo romanzo di Boris Vian sceneggiata dal regista con Pierre Pelegri e Philippe Dumarçay, più vicina a certo cinema francese degli anni Trenta (quello poetico di Prévert) che all'avanguardia della Rive Gauche anni Sessanta, a cui guarda il regista.

Schizoid * (*Schizoid*, Usa 1980, col, 80') David Paulsen. Con Klaus Kinski, Marianna Hill, Craig Wasson, Donna Wilkies. ◆ Alcuni pazienti di uno strano psichiatra (Kinski) vengono barbaramente assassinati in circostanze misteriose. Sangue a fiumi e nient'altro.

Schizopolis ° (*Schizopolis*, Usa 1997, col, 96') Steven Soderbergh. Con Steven Soderbergh, Miguel Ferrer, Betsy Brantley, David Jensen, Eddie Jemison, Scott Allen, Mike Malone, Katherine LaNasa. ◆ Fletcher Munson (Soderbergh) deve scrivere un discorso decisivo per il suo principale K. Azimuth Schwitters, guru New Age e fondatore dell'Eventualismo. Un disinfestatore (Ferrer) manda affanculo il regista e viene assoldato da una nuova troupe per uccidere Schwitters. Ma Soderbergh interpreta anche un dentista, non si sa se in una vita parallela o in altro film... Era meglio buttare la spugna da quando, all'inizio, era apparso il regista farfugliante davanti a uno schermo bianco, promettendo agli spettatori un capolavoro (anche se non lo capiranno). Un progetto sbagliato, che vorrebbe essere delirante come i Monty Python, iconoclasta come l'Altman di *Anche gli uccelli uccidono*, inventivo come Lynch: e invece brancola nel vuoto, pago di un surrealismo d'accatto, di scherzi tirati per le lunghe e di provocazioni nate vecchie. La prova, se ce n'era ancora bisogno, della scarsa lucidità mentale del regista.

Sciacalli nell'ombra ***½ (*The Prowler*, Usa 1951, b/n, 92') Joseph Losey. Con Van Heflin, Evelyn Keyes, John Maxwell, Katharine Warren. ◆ Un poliziotto (Heflin) uccide il marito della donna (Keyes) della quale è ossessivamente innamorato e che vorrebbe sposare. «Un poliziotto criminale di un vigore paragonabile all'infernale Quinlan di Welles»: Losey mette da parte i soliti stereotipi e sottopone il personaggio a ribaltamenti di prospettiva che ne fanno una figura tragica e complessa «un film sui falsi valori, sui mezzi che giustificano il fine e sul fine che giustifica i mezzi». Dal punto di vista stilistico è un momento di svolta nell'attività del regista, che ricorre a lunghi piani sequenza per smorzare la soggettività della macchina da presa e accentuare la sua funzione di occhio che registra e riproduce – criticandolo – il reale. Alla sceneggiatura firmata da Hugo Butler ha collaborato Dalton Trumbo, assente dai credits perché sotto inchiesta (siamo in pieno maccartismo), ma presente come voce off nell'edizione originale (è lo speaker radiofonico). Le riprese in notturna sono naturali, nonostante la partecipazione di un operatore «manipolatore» come Henry Alekan. Ottimi il cast e il lavoro degli scenografi Leven e Mapes nella città fantasma del californiano deserto del Mojave.

Sciacallo, Lo **½ (*L'Aîné de Ferchaux*, Francia/Italia 1963, col, 102') Jean-Pierre Melville. Con Jean-Paul Belmondo, Charles Vanel, Michèle Mercier, Stefania Sandrelli. ◆ Ferchaux (Vanel), finanziere nei guai, fugge negli Stati Uniti prendendosi al seguito Mandet (Belmondo) un pugile fallito. Storia di un'amicizia impossibile (Mandet deruberà Ferchaux) che nasce quando è troppo tardi, e omaggio all'immaginario del cinema americano. Melville – che si ispira a un romanzo di Simenon – ricrea gli Stati Uniti in Francia. Non tra i suoi film più riusciti, ma tutto sommato da rivalutare.

Sciamana, La ** (*Chamanka*, Francia/Polonia/Svizzera 1997, col, 115') Andrzej Zulawski. Con Iwona Petry, Bogusław Linda, Paweł Delag, Agnieszka Wagner, Piotr Machalica, Alicja Jachiewicz. ◆ Un antropologo (Linda), tormentato dal suicidio del fratello prete, trova il cadavere di uno sciamano perfettamente conservato: e ha modo di mettere in pratica i suoi deliri mistico-panteisti con una ragazza (Petry) che va in giro con minigonne all'inguine e detiene il record per spogliarsi nel minor tempo possibile. La sceneggiatura di Manuela Gretkowska gira presto a vuoto; il regista rifà pezzi interi di *La femme publique* e filma col solito stile tarantolato, esaltandosi per scene erotiche per altro mai hard. Tra il trash d'autore e il ridicolo involontario, ma con una vitalità malgrado tutto sorprendente, uno sguardo sconsolato sulla Polonia e un finale cannibalico che forse voleva entrare nella storia dopo *L'impero dei sensi*.

Sciarada *** (*Charade*, Usa 1963, col, 114') Stanley Donen. Con Cary Grant, Audrey Hepburn, Walter Matthau, James Coburn, George Kennedy, Ned Glass. ◆ Un enigmatico e affascinante gentiluomo (Grant) aiuta una giovane vedova francese (Hepburn) a recuperare la grossa somma di denaro nascosta dal marito assassinato, alla quale stanno dando la caccia tre pericolosi malviventi. Un giallorosa con ascendenze hitchcockiane (*Intrigo internazionale*, soprattutto), ma costruito come un balletto di Gene Kelly. Donen viene dal musical, e si vede: il tono è fiabesco e anche il macabro finisce in farsa. La Hepburn, vestita da Givenchy, è una maestra d'eleganza, mentre l'impeccabile Grant si esibisce in numeri irresistibili, come il ballo dell'arancia e il duello con George Kennedy sul tetto dell'American Express. L'ingegnosa sceneggiatura è di Peter Stone, la colonna sonora di Henry Mancini. Autentica l'ambientazione parigina.

Sciarada per quattro spie ** (*Avec la peau des autres*, Francia 1966, col, 94') Jacques Deray. Con Lino Ventura, Marilù Tolo, Jean Servais, Jean Bovise, Wolfgang Preiss. ◆ Un agente segreto francese (Ventura) viene inviato in missione a Vienna dove scopre che il collega scomparso faceva il doppio gioco. Tratto dal romanzo *Au pied du mur* di Gil Perrault, ha un intreccio complicatissimo e un buon cast. Lo stile di Deray non è personale ma ha una certa tenuta.

Scimmia sulla spalla, La * (*Monkey Grip*, Australia 1982, col, 101') Ken Cameron. Con Noni Hazlehurst, Colin Friels, Alice Garner, Harold Hopkins. ◆ Una tormentata storia d'amore tra una ragazza madre (Hazlehurst) e un tossicodipendente (Friels). Un dramma scontato e superficiale a livello di film per la tv.

Sciopèn ** (Italia 1983, col, 100') Luciano Odorisio. Con Michele Placido, Giuliana De Sio, Adalberto Maria Merli, Tino Schirinzi, Carlo De Matteis, Lino Troisi. ◆ A Chieti scoppia un'accesa rivalità tra due musicisti (Placido e Merli) candidati alla direzione della banda cittadina. Arbitro della contesa sarà il solito politicante locale (De Matteis), detto Sciopèn per aver presentato a un concorso un brano di Chopin come suo. Un ritratto della provincia sonnacchiosa con impennate di amaro umorismo e qualche caduta di gusto. La scrittura è più efficace della resa in immagini, a tratti televisiva e ridondante, ma lo sviluppo della storia e le brillanti interpretazioni degli attori riescono a tenere svegli.

Sciopero *** (*Stačka*, Urss 1925, b/n, 97') Sergej M. Ejzenštejn. Con I. Kljukvin, Aleksander Antonov, Grigorij Aleksandrov, Michail Gomorov. ◆ Russia, 1912. Un operaio ingiustamente accusato di furto si impicca: i suoi compagni organizzano un drammatico sciopero di protesta, i padroni assoldano malavitosi per incastrarli e la polizia li massacra insieme alle loro famiglie. Primo lungometraggio di Ejzenštejn (autore anche della sceneggiatura insieme a Valerij Pletnev, Ilja Kravčunoskij e Grigorij Aleksandrov), che secondo il progetto originario doveva aprire un ciclo dedicato all'avvento del comunismo. Un'opera appassionata, concepita a scopi didattici, e nondimeno impostata in modo da lasciare ampi margini alle sperimentazioni linguistiche: il racconto è poco più di un canovaccio in cui il regista ha modo di mettere a punto il «montaggio delle attrazioni» che andava teorizzando (operai colpiti a morte dalla polizia-bue squartato al mattatoio), di studiare le scene di massa (la carica della polizia) e ritagliarvi dei personaggi indimenticabili. Sin dall'inizio Ejzenštejn tende a muoversi su due piani diversi e comunicanti, quello documentario e quello della rielaborazione simbolica del reale.

Sciopero dei milioni, Lo (Abbasso la fortuna!) *½ (Italia 1947, b/n, 94') Raffaello Matarazzo. Con Nino Taranto, Nino Besozzi, Dolores Palumbo, Chiaretta Gelli. ◆ Un impiegato (Taranto) del banco della Sisal (il Totocalcio di allora) è concupito dalla ricca direttrice (Palumbo): ma come fare con i rispettivi coniugi? Commedia ancora da «telefoni bianchi», con molti equivoci, qualche spunto umoristico e poco cinema. Alla sceneggiatura hanno collaborato col regista Mario Monicelli e Steno.

Scipione detto anche l'Africano ** (Italia 1970, col, 108') Luigi Magni. Con Marcello Mastroianni, Ruggero Mastroianni, Vittorio Gassman, Silvana Mangano, Turi Ferro, Woody Strode. ◆ L'irreprensibile Publio Cornelio Scipione detto l'Africano (Marcello Mastroianni) e suo fratello detto l'Asiatico (Ruggero Mastroianni, suo fratello nella realtà e di professione montatore) sono accusati di peculato da Catone il Censore (Gassman). Commedia popolaresca sceneggiata dallo stesso regista, che cela riferimenti all'attualità. Il dialogo è sovrabbondante rispetto alle immagini e rallenta l'azione, provocando qualche momento di stanchezza. Il montaggio è di Ruggero Mastroianni, la colonna sonora di Severino Gazzelloni.

Scipione l'Africano *½ (Italia 1937, b/n, 120') Carmine Gallone. Con Annibale Ninchi, Camillo Pilotto, Fosco Giachetti, Isa Miranda, Francesca Braggiotti, Memo Benassi, Achille Majeroni. ◆ 208 a.C.: dopo la sconfitta di Canne, il senato romano affida a Publio Cornelio Scipione (Ninchi) il compito di combattere Annibale sul territorio africano. La battaglia di Zama vendicherà la disfatta subita in precedenza. Kolossal di regime, concepito nel momento in cui l'Italia si preparava alla campagna d'Etiopia (1935) con lo scopo di «tradurre in immagini l'essenziale identità di spirito che unisce la Grande Roma della conquista africana alla Grande Roma della conquista etiopica» (secondo le parole di Luigi Freddi, direttore della cinematografia fascista). Oltre all'impostazione ideologica manichea, ci sono altri elementi riconoscibilmente fascisti, come il discorso di stampo mussoliniano pronunciato da Scipione prima della battaglia e l'esaltazione del grano quale risorsa economica principale. Fondamentale per ricostruire i legami tra cinema italiano e regime, *Scipione* delude molto gli spettatori moderni perché Gallone sembra assolutamente incapace di trasmettere alla storia quel soffio epico che richiedeva il soggetto (da lui sceneggiato con Camillo Marioani dell'Anguillara e Sebastiano A. Luciani). I momenti migliori sono quelli in cui rispunta la propensione del regista per la messinscena operistica, sovraccarica e melodrammatica, come le sequenze della seduzione e del suicidio di Sofonisba, anche se l'ultima mezz'ora, con la ricostruzione della battaglia di Zama, lascia ancora ammirati per l'imponenza e la ricchezza delle scene, autentico trionfo del kolossal sul grande schermo. L'esordiente Braggiotti, nella parte della perfida Sofonisba, introduce tocchi di erotismo stranamente audaci. Musiche di Ildebrando Pizzetti. Ottenne il premio per il miglior film italiano al festival di Venezia del 1937.

Scirocco * (Italia/Francia 1986, col, 90') Aldo Lado. Con Fiona Gélin, Enzo Decaro, Yves Collignon, Joshua McDonald. ◆ Lea (Gélin) segue il marito (Decaro) in un paese arabo e lo cornifica con un bruto sadomasochista, che poi uccide quando vorrebbe ricattarla. Soporifero porno-soft, che tentò invano di lanciare la Gélin, sorella di Maria Schneider. Sconsigliato anche agli amanti del genere.

Scissors – Forbici *½ (*Scissors*, Usa 1991, col, 113') Frank De Felitta. Con Sharon Stone, Steve Railsback, Ronny Cox, Michelle Phillips. ◆ Dopo aver preso a forbiciate un aspirante stupratore, una ragazza psicolabile (Stone) comincia a essere preda di oscure persecuzioni: è il passato che ritorna. Banale thriller nutrito di psicanalisi da rotocalco. Solo per i fan della Stone e i feticisti degli oggetti appuntiti.

Sciuscià **** (Italia 1946, b/n, 95') Vittorio De Sica. Con Aniello Mele, Bruno Ortensi, Emilio Cigoli, Rinaldo Smordoni, Franco Interlenghi, Anna Pedoni. ◆ Per comprare un cavallo bianco, due piccoli lustrascarpe romani (Smordoni e Interlenghi) si trovano coinvolti a loro insaputa in un furto e finiscono al riformatorio. La fuga sarà ancora più drammatica dell'esperienza carceraria. Ritenuto tradizionalmente il terzo capolavoro del neorealismo (dopo *Roma città aperta*, 1945 e *Paisà*, 1946 di Rossellini), è un brusco film-verità permeato dall'inconfondibile surrealismo fiabesco di Zavattini, autore del soggetto e della sceneggiatura (a cui ha collaborato non poco anche Sergio Amidei), anche se l'idea del film è dello stesso De Sica e s'ispira a due bambini realmente conosciuti durante la guerra. Nella prima parte la macchina da presa si muove al passo dei personaggi, secondo la poetica zavattiniana del «pedinamento» e della «distrazione», mentre in seguito si concentra più sui dettagli e sull'amicizia tra i due ragazzi e sulla vita nel riformatorio. Quest'ultimo approccio ha suscitato, soprattutto a distanza di anni, forti giudizi negativi sul moralismo desichiano. Rivisto oggi, *Sciuscià* (dall'americano «shoeshine», lustrascarpe) è una favola dolorosa, ingenua forse, ma piena di vigore ed emozionante nel suo umanesimo dimesso e marginale. In Italia fu un fiasco commerciale (appena 56 milioni di incasso), negli Usa ottenne l'Oscar come miglior film straniero e un ampio consenso di pubblico. Tra i protagonisti, solo Interlenghi diventerà un attore professionista.

Scocciatori, Gli ** (*Les Casse-pieds*, Francia 1948, b/n, 75') Jean Dréville. Con Noël-Noël [Lucien Noël], Marguerite Duval, Jean Tissier, Bernard Blier, Henri Crémieux. ◆ Uno chansonnier (Noël-Noël) elenca con brio un certo numero di rompiscatole che si possono incontrare ovunque in ogni momento della giornata (dalla donna che guida male al seccatore telefonico): ciascuno di loro, a turno, offre lo spunto per una scenetta. Uno dei tanti film comici francesi dell'epoca, che – mescolando Molière e Méliès – cucivano una serie di sketches popolari, senza pretese anche se abbastanza elaborati per il genere (qui viene tentata addirittura una classificazione degli scocciatori). Grande successo, non solo di pubblico (Premio Delluc 1948 e Grand prix du Cinéma français 1948). Sceneggiatura di Noël-Noël, all'insegna di una comicità oggi un po' stereotipata, ma con qualche affondo satirico ancora efficace. La versione originale dura 909.

Scogliera dei desideri, La *½ (*Boom!*, Usa/Gb 1968, col, 113') Joseph Losey. Con Elizabeth Taylor, Richard Burton, Noel Coward, Joanna Shimkus, Michael Dunn. ◆ Una miliardaria al tramonto (Taylor) vive arroccata in un'isola del Mediterraneo, dove arriva un noto playboy detto «l'angelo della morte» (Burton). Psicodramma pasticciato e piuttosto faticoso a vedersi per la disomogeneità dei vari contributi. Tennessee Williams firma una sceneggiatura manierata e involuta (basandosi sul suo *Il carretto del latte non ferma più qui*), che il regista tenta invano di risollevare con una messinscena artificiosa e ironica («Boom!» sarebbe il rumore delle onde contro gli scogli). Il film era stato pensato per Simone Signoret e Sean Connery. Riprese effettuate a Roma e in Sardegna.

Scogliera del peccato, La * (Italia 1950, b/n, 93') Roberto Bianchi Montero. Con Gino Cervi, Margaret Genske, Delia Scala, Otello Toso, Ermanno Randi. ◆ Una donna fatale (Genske) porta lo scompiglio e la rovina in un paese di mare, dove un suo vecchio amante (Cervi) si è dato all'alcol. Seduzione pericolosa nell'Italia anni Cinquanta, vedibile solo per curiosità.

Scommessa con la morte ** (*The Dead Pool*, Usa 1988, col, 91') Buddy Van Horn. Con Clint Eastwood, Patricia Clarkson, Evan C. Kim, Liam Neeson, David Hunt, Jim Carrey. ◆ L'ispettore Callaghan (Eastwood), al suo quinto film, è alle prese con uno psicopatico che fa fuori le personalità i cui nomi sono contenuti in un elenco in cui è compreso anche lui. Si sospetta un regista di film splatter (Neeson), ma la soluzione non è così moralista. Eastwood attraversa il film come una furia, se la prende con i giornalisti, spacca telecamere e ammazza i criminali col ghigno sulla bocca. Peccato che Van Horn, ex stuntman, sappia dirigere solo le scene d'azione.

Scommessa impossibile, Una *½ (*The Longshot*, Usa 1986, col, 89') Paul Bartel. Con Tim Conway, Jack Weston, Harvey Korman, Ted Wass, Jonathan Winters. ◆ Quattro perdenti nati prendono in prestito 5 mila dollari per un affare sicuro, ma poi puntano l'intera somma sul cavallo sbagliato. L'indipendente Bartel questa volta non fa centro: la comicità è più patetica che crepuscolare e anche il cast ha conosciuto giorni migliori. Mike Nichols è, sorprendentemente, produttore esecutivo.

Scomodi omicidi **½ (*Mulholland Falls*, Usa 1995, col, 107') Lee Tamahori. Con Nick Nolte, John Malkovich, Melanie Griffith, Chazz Palminteri, Chris Penn, Michael Madsen, Jennifer Connelly, Treat Williams, Daniel Baldwin, Andrew McCarthy, Bruce Dern, Ed Lauter, Louise Fletcher, Aaron Neville. ◆ Los Angeles, 1950: il detective Max Hoover (Nolte) e la sua squadra di duri al di sopra della legge indagano sulla morte di una squillo (Connelly), amante del generale Thomas Timms (Malkovich), che sta sperimentando bombe atomiche nel deserto. Nessuno ne uscirà sano e salvo. Uno dei pochi noir recenti dove l'accurata ricostruzione d'epoca non rimane fine a se stessa, ma serve a denunciare un capitolo oscuro della storia americana. Il neozelandese Tamahori, all'esordio hollywoodiano, porta un pessimismo di fondo e una rabbia sincera, pur rispettando (quasi) tutte le regole di un film di genere. Cast grandioso (anche se non sempre utilizzato a pieno), con camei per William Petersen (il mafioso buttato dalla scarpata dei Mulholland Falls) e Rob Lowe (il gangster pedofilo). Fotografia di Haskell Wexler e musica di David Grusin. Scritto da Pete Dexter e Floyd Mutrux.

Scomodo testimone, Uno **½ (*Eye-witness*, Usa 1981, col, 102') Peter Yates. Con William Hurt, Sigourney Weaver, Christopher Plummer, James Woods, Irene Worth, Morgan Freeman. ◆ Un guardiano notturno (Hurt) finge di essere stato testimone di un delitto per attirare l'attenzione di una bella giornalista che sta seguendo il caso (Weaver). Un thriller piacevole e insolito (è la prima volta che in un film americano si parla di lobby ebraica – e in chiave negativa – a proposito dei rapporti tra Usa e Israele) con un intreccio sviluppato in funzione dei rapporti tra i personaggi. La sceneggiatura (di Steve Tesich) a tratti sembra un po' scolastica, ma la regia spedita e sicura di Yates supplisce alle carenze. Interessante il cast di non ancora famosi.

Scomparso → *Missing – Scomparso*

Scomunicato, Lo → *Clan dei marsigliesi, Il*

Sconcerto rock * (Italia 1983, col, 89') Luciano Manuzzi. Con Victor Cavallo, Pietro Valsecchi, Lorella Morlotti, Giuseppina Galeazzi, Gianna Nannini. ◆ Per salvare una rete televisiva privata dalla chiusura, uno dei proprietari (Cavallo) escogita un programma in diretta sulle difficoltà dell'emittente e riesce a ottenere i finanziamenti necessari. Datato e di scarso interesse. La Nannini è autrice della colonna sonora.

Sconfitta di Satana, La *** (*Alias Nick Beal*, Usa 1949, b/n, 93') John Farrow. Con Ray Milland, Audrey Totter, Thomas Mitchell, George Macready, Fred Clark, Darryl Hickman, Geraldine Wall. ◆ L'aiuto dell'ambiguo Nick Beal (Milland), che ha permesso al procuratore Foster (Mitchell) di diventare governatore, si rivela sempre più soffocante e compromettente: per controllare il recalcitrante Foster, Nick gli mette alle costole un'affascinante avventuriera (Totter), ma non ha fatto bene i suoi conti. Curiosa e divertente versione noir del mito di Faust, con Milland nella parte del diavolo tentatore che finisce per ritrovarsi fregato dalle sue stesse armi. La sceneggiatura di Jonathan Latimer sfrutta nel migliore dei modi la prossimità tra l'universo della malavita, con i suoi ingranaggi ineluttabili che portano al crimine, e la tentazione di vendere l'anima al diavolo - anche se l'identificazione tra Nick Beal e il Maligno è solo suggerita da una somiglianza tra l'immagine di Milland e un'illustrazione medievale di Satana - per riflettere su alcuni temi universali dell'etica (uno su tutti: il fine può giustificare i mezzi?). E la regia di Farrow, utilizzando al meglio la profondità di campo e la dislocazione dei personaggi lungo una diagonale, «materializza sullo schermo il rapporto tra chi domina e chi è dominato» [Coursodon-Tavernier].

Sconosciuto, Lo ***½ (*The Unknown*, Usa 1927, b/n, 65') Tod Browning. Con Lon Chaney, Norman Kerry, Joan Crawford, Nick de Ruiz, John George, Frank Lanning. ◆ Per sfuggire alla polizia e continuare a rubare, Alonzo (Chaney) si finge senza braccia e si nasconde in un circo dove s'innamora di Estrelita (Crawford), una ragazza che non sopporta di essere abbracciata dagli uomini. Quando il direttore, e padre di Estrelita, scopre la sua identità, Alonzo lo uccide ma la ragazza riesce a vedere che l'assassino ha due pollici in una mano. È questa la strana deformazione di Alonzo, che nella speranza di sposare la donna della quale è innamorato obbliga un chirugo a tagliargli le braccia: quando torna al circo, però, scoprirà che Estrelita si è fidanzata con Malabar (Kerry), l'atleta del circo. Una delle più deliranti e strazianti storie d'amore mai raccontate al cinema, calvario di un uomo che arriva ad amputarsi per offrirsi a colei che ama. Sceneggiato da Waldemar Young da un soggetto dello stesso Browning, il film si regge tutto sull'eccellente prova di Lon Chaney, straordinario corpo da modellare capace di entrare in un personaggio ai limiti della deformità (quando ha ancora le braccia e si fa fasciare dal suo complice-assistente, lo spettatore stenta a credere che non si tratti di un vero monco, nonostante abbia appena finito di assistere al trucco con cui le braccia vengono «cancellate», tanto la capacità di «deformarsi» tocca livelli inauditi). Ma è altrettanto vero che Chaney non potrebbe esistere senza Browning, regista tutt'ora insuperato nel far saltare le barriere che dividono l'umanità dalla bestialità, il normale dal mostruoso, il desiderio dalla frustrazione (e tutto il film può essere letto alla luce della teoria freudiana sulla castrazione), il realismo dal fantastico. Una coppia impossibile da pensare separata che qui, raccontando la mostruosità delle passioni umane, tocca uno dei punti più alti della sua carriera.

Sconosciuto, Lo ** (*The Unknown Man*, Usa 1951, b/n, 86') Richard Thorpe. Con Walter Pidgeon, Ann Harding, Barry Sullivan, Keefe Brasselle, Dawn Addams. ◆ Un presunto omicida viene assolto, ma il suo avvocato difensore (Pidgeon) in seguito si ricrede e lo fa incriminare di nuovo. Drammatico courtroom-movie che arriva a mettere in crisi la tradizionale opposizione tra crimine e giustizia, presentando quest'ultima come doppiamente colpevole. Il soggetto è buono, ma la sceneggiatura di Ronald Millar e George Froeschel lo rende spesso pesante. Discreto il cast.

Sconosciuto, Lo * (*Attention, les enfants regardent!*, Francia 1978, col, 103') Serge Leroy. Con Alain Delon, Françoise Brion, Richard Costantini, Sophie Renoir, Thierry Torchet. ◆ Una coppia impegnata a girare un film lascia a casa i tre figli. Suggestionati dalla televisione, questi uccidono la governante e uno sconosciuto (Delon) che si aggira nel parco. Delon spaesato in un modesto noir che tratta grossolanamente il tema dei ragazzini diabolici.

Sconosciuto alla porta, Uno ** (*Pacific Heights*, Usa 1990, col, 102') John Schlesinger. Con Melanie Griffith, Matthew Modine, Michael Keaton, Mako, Laurie Metcalf, Tippi Hedren, Nobu McCarthy. ◆ Una giovane coppia (Modine e Griffith) affitta un appartamento dello stabile vittoriano in cui ha investito tutto il suo denaro a un misterioso individuo (Keaton) che, oltre a essere insolvente, si rivela uno psicopatico. Un'allegoria della rapacità del neocapitalismo, girata con uno stile pieno di rimandi hitchcockiani: troppa carne al fuoco per un thriller (sceneggiato da Daniel Pyne) che non si alza dalla media di quelli dedicati ai pericoli del vicinato, e si conclude nel modo più prevedibile. Girato nell'esclusivo e tranquillo quartiere di Pacific Heights di San Francisco. La Hedren è la madre della Griffith.

Sconosciuto di San Marino, Lo *½ (Italia 1946, b/n, 86') Michael Waszynski. Con Anna Magnani, Vittorio De Sica, Aurel M. Milloss, Antonio Gandusio, Giuseppe Porelli, Irma Gramatica. ◆ Repubblica di San Marino, sul finire della seconda guerra mondiale: uno sfollato privo di memoria (Milloss) aiuta come può tutti coloro che si trovano in difficoltà, ma durante una processione ritrova la sua identità – era stato un nazista responsabile di una strage – e decide di suicidarsi. Soggetto e sceneggiatura sono di Cesare Zavattini e Vittorio Cottafavi (che collaborò anche alla regia) ma le idee rimangono allo stato grezzo e nemmeno il cast riesce a dare forza a un dramma narrativamente pasticciato e registicamente irrisolto.

Sconosciuto in casa, Uno * (*Natural Enemy*, Usa 1995, col, 90') Douglas Jackson. Con William McNamara, Lesley Ann Warren, Donald Sutherland, Tia Carrere, Joe Pantoliano, Christian Tesser. ◆ Con un pretesto, il giovane broker Jeremy Harper (McNamara) si installa in casa del suo datore di lavoro (Sutherland), la cui moglie Sandy (Warren), ventiquattro anni prima, aveva abbandonato il proprio figlio appena nato: indovinate un po' chi è? Il solito thriller sugli ospiti indesiderati e le psicosi dei legami famigliari: più crudele, morboso e violento della media, ma spesso involontariamente ridicolo, e recitato da cani. Sceneggiatura di Kevin Bernhardt.

Scontro di titani *½ (*Clash of the Titans*, Gb 1981, col, 118') Desmond Davis. Con Laurence Olivier, Harry Hamlin, Judi Bowker, Maggie Smith, Claire Bloom, Ursula Andress. ◆ Perseo (Hamlin), figlio mortale di Zeus (Olivier), si produce in varie imprese, tra cui domare il cavallo alato Pegaso e uccidere Medusa. Gli effetti speciali in stop motion di Ray Harryhausen sono spettacolari, il film no. Le scenografie consentono di fare a gara a chi indovina gli anacronismi.

Scopone scientifico, Lo *** (Italia 1972, col, 116') Luigi Comencini. Con Alberto Sordi, Silvana Mangano, Bette Davis, Joseph Cotten, Domenico Modugno, Mario Carotenuto, Antonella Demaggi. ◆ Una miliardaria americana (Davis) e il suo autista (Cotten) ogni anno vengono a Roma per giocare a carte con una coppia di sottoproletari, Peppino e Antonia (Sordi e Mangano). Naturalmente la vecchia, grazie alla forza dei soldi che le permettono di recuperare qualsiasi sconfitta, alla fine vince sempre, anche quando il pasticcione Peppino è sostituito dal baro del quartiere (Modugno): sarà la figlia Cleopatra (Demaggi) a risolvere definitivamente la sfida. Una commedia paradossale e amarissima sceneggiata da Rodolfo Sonego, apologo favolistico sulla forza del denaro ed esplicita metafora sui rapporti tra America e colonie. Punto di passaggio della commedia all'italiana verso temi più neri e radicali (nonostante un finale di rivolta e fiducia nei ragazzini, affidato a una bambina programmaticamente «presa dalla strada», Antonella Demaggi), il film dopo un ottimo spunto iniziale tende a frammentarsi in una serie di annotazioni forse un po' ripetitive, ma si regge su un quartetto di attori in grande forma, specie la Mangano che torna alle origini dopo i ruoli regali nei film di Pasolini e Visconti.

Scoppiati → *Jaded – Scoppiati*

Scorciatoia per l'inferno *½ (*Short Cut to Hell*, Usa 1957, b/n, 86') James Cagney. Con Robert Ivers, Georgann Johnson, William Bishop, Peter Baldwin, Murvyn Vye. ◆ Per eliminare un pericoloso testimone, un gruppo di spietati speculatori assolda un killer (Ivers) che però per amore di una donna (Johnson) si pente: tradito dai suoi mandanti, verrà crivellato dai colpi della polizia, ma non prima di aver consegnato la registrazione di tutte le malefatte. Tratto dal romanzo *Una pistola in vendita* di Graham Greene, il film segue abbastanza fedelmente la sceneggiatura che Albert Maltz e W .R. Burnett ne avevano tratto nel 1942 per *Il fuorilegge* (di Frank Tuttle). Prima e unica regia dell'attore James Cagney (che appare nel prologo del film per «presentare» questa sua opera): i risultati, però, sono decisamente scarsi e il cast non aiuta a dare spessore al film. Lo stesso romanzo è alla base anche del tv-movie *Affittasi killer* (1991).

Scorpio *½ (*Scorpio*, Usa 1973, col, 114') Michael Winner. Con Burt Lancaster, Alain Delon, Gayle Hunnicutt, Paul Scofield, Joanne Linville. ◆ La Cia sospetta un suo agente (Lancaster) di combutta con il nemico sovietico (Scofield) e dà ordine a un killer francese (Delon) di ucciderlo: ma costui è un riluttante ex allievo della vittima designata. Il tramonto della spia modello guerra fredda, a suo modo romantica, e l'avvento di un sistema supertecnologico e assolutamente privo di scrupoli, di fronte al quale i due nemici tradizionali si abbandonano all'alcol e alle lacrime. La regia anonima di Winner toglie comunque gran parte dell'interesse a un intreccio che indulge in inutili contorcimenti.

Scorpioni, Gli *½ (*Roadflower*, Usa 1995, col, 96') Deran Sarafian. Con Christopher Lambert, Craigg Sheffer, Michelle Forbes, Alexondra Lee, Christopher McDonald, Joseph Gordon Levitt, John Piper-Ferguson. ◆ L'automobilista maleducato (Sheffer) si rivela essere un pericoloso evaso e le vacanze attraverso l'America di Jack Lerolland (Lambert) si trasformeranno in un incubo: l'amico (McDonald) ucciso, la figlia (Lee) vicina all'essere stuprata, il resto della famiglia rapito. Ma anche il più imbranato degli uomini può diventare una belva da combattimento. La solita orgia di violenza sotto il sole del deserto: un po' di tensione e tutto quello che ci si può aspettare da film del genere, inseguimenti, sparatorie, esplosioni, lamiere contorte. Polemiche in Usa per le numerose ed esplicite scene di violenza.

Scorta, La **½ (Italia 1993, col, 95') Ricky Tognazzi. Con Claudio Amendola, Enrico Lo Verso, Carlo Cecchi, Ricky Memphis, Leo Gullotta, Tony Sperandeo, Angelo Infanti, Ugo Conti, Francesca D'Aloja, Benedetto Ranelli. ◆ Arrivato a Marsala da Varese per aver chiesto di sostituire un giudice ucciso dalla mafia, il procuratore De Francesco (Cecchi) scopre che nel Palazzo di Giustizia si può fidare solo della sua scorta: con loro (Amendola, Lo Verso, Memphis e Sperandeo) cercherà di scoprire le protezioni che un uomo politico offre alla mafia, ma verrà allontanato dal suo incarico, accompagnato solo dal rimpianto dei suoi agenti, rimasti in tre per un attentato. Ispirandosi agli uomini della scorta del giudice Taurisano, Ricky Tognazzi continua a raccontare l'Italia di oggi scegliendo di descrivere compromessi ed eroismi quotidiani di chi rischia la vita per proteggere un magistrato. La regia è scolastica ma corretta e il film scorre via senza inutili scene madri, più convincente di tanto recente cinema impegnato. Bella la fotografia di Alessio Gelsini, insopportabile la musica di Ennio Morricone. Simona Izzo (moglie di Ricky Tognazzi e autrice della sceneggiatura con Graziano Diana) appare brevemente come la moglie di De Francesco. Rita Savagnone interpreta (come è nella realtà) la madre di Amendola.

Scotland Yard – Sezione omicidi ** (*The Frightened City*, Gb 1961, b/n, 97') John Lemont. Con Herbert Lom, John Gregson, Sean Connery, Alfred Marks, Yvonne Romain. ◆ Scotland Yard è impegnata contro un'organizzazione di malavitosi che taglieggia i commercianti londinesi. Un gangster-movie stereotipato ma godibile.

Scozzese alla corte del Gran Khan, Uno – Le avventure di Marco Polo *½ (*The Adventures of Marco Polo*, Usa 1938, b/n, 100') Archie Mayo. Con Gary Cooper, Sigrid Gurie, Basil Rathbone, George Barbier, Alan Hale. ◆ Marco Polo (Cooper) va alla corte del Kublai Khan (Barbier), sventa una congiura di corte, s'innamora, scopre gli spaghetti e la polvere da sparo. In origine doveva essere girato da John Cromwell, che abbandonò il set dopo una settimana, pare per incompatibilità con la sceneggiatura dai toni farseschi di Robert E. Sherwood. Cooper è comunque ironico e adatto al ruolo. In una piccola parte è riconoscibile Lana Turner. Lo «scozzese» del titolo italiano è un retaggio del fascismo che impose un mascheramento di nazionalità perché riteneva irriverente il film verso un genio nazionale.

Scratch-Dance * (*Heavenly Bodies*, Canada 1985, col, 89') Lawrence Dane. Con Cynthia Dale, Richard Rebiere, Walter George Alton, Laura Henry, Stuart Stone. ◆ Samantha (Dale) dirige con successo una palestra di aerobica ma viene sfrattata dalla rivale Debbie (Henry): la contesa si risolve in una massacrante sfida ginnica. Il primo e unico musical aerobico, da sfinimento per chiunque.

Scream **½ (*Scream*, Usa 1996, col, 111') Wes Craven. Con Neve Campbell, David Arquette, Courteney Cox, Skeet Ulrich, Matthew Lillard, Drew Barrymore, Rose McGowan, Jamie Kennedy, Liev Schreiber. ◆ Un assassino con una maschera alla Munch fa strage di ragazzotti dopo averli interrogati sui classici dell'orrore. I sopravvissuti organizzano una serata davanti a una cassetta di *Halloween* di Carpenter, per cercare di prevenire le sue mosse: regola numero 1, solo le vergini hanno qualche possibilità di sopravvivere... Dopo *Nightmare – Nuovo incubo* Craven (partendo da una sceneggiatura di Kevin Williamson) continua l'analisi dei rapporti tra horror e società, finzione e realtà, mescolando spaventi puri (i primi 10' sono esplosivi) e finezze semiologiche, svaccamenti nella commedia e giochini da cinefili. Molto diseguale, si capisce, ma pieno di sorprese e di ironia, e col pregio di cercare strade nuove per il cinema di genere. Gustosi camei per Linda Blair (la reporter odiosa), Henry Winkler (il preside idiota) e Craven (il guardiano).

Scream 2 ** (*Scream 2*, Usa 1997, col, 120') Wes Craven. Con Neve Campbell, David Arquette, Courteney Cox, Liev Schreiber, Sarah Michelle Gellar, Jamie Kennedy, Laurie Metcalf, Timothy Oliphant, Jada Pinkett, David Warden. ◆ Alla prima del film *Stab* (ispirato ai fattacci del primo *Scream*) qualcuno si mette a imitare l'assassino sullo schermo: e per la sopravvissuta Sidney Prescott (Campbell) ricomincia l'incubo. Il remake e il sequel, con perfetta autoreferenzialità, sono il tema del film (scritto sempre da Kevin Williamson), che furbamente include l'autocritica: nessun sequel è all'altezza dell'originale, dicono gli studenti che discutono di cinema. Il solito mix di spaventi e ironia funziona, con qualche tocco azzeccato: come l'assassino (Oliphant) che progetta la propria difesa dicendo di essere stato suggestionato dai film violenti. In *Stab* Heather Graham sostituisce Drew Barrymore; Lewis Arquette – padre della stirpe – è il poliziotto Hartley, e Craven è un uomo in ospedale.

Screamers – Urla dallo spazio **½ (*Screamers*, Canada/Usa/Giappone 1995, col, 109') Christian Duguay. Con Peter Weller, Roy Dupuis, Jennifer Robin, Andy Lauer, Charles Powell, Ron White, Michael Caloz, Liliana Komorowska. ◆ Isolato con pochi uomini sul pianeta Sirius 6B, il capitano Hendricksson (Weller) decide di contattare la parte avversa per scoprire se davvero la guerra che dieci anni prima a diviso la galassia sia terminata: scoprirà a sue spese che gli screamers elettronici inventati per attaccare i nemici si sono automodificati trasformandosi in cloni umani aggressivi e incontrollabili. Tratto da un racconto di Philip Dick sceneggiato da Dan O'Bannon e Miguel Tejada-Flores, questo piccolo film riesce a dare corpi e forme alla paranoia dello scrittore di fantascienza e più in generale dell'umanità alle soglie del terzo millennio: sfruttando al meglio la desolazione di una fabbrica di cemento e di un'immensa cava di sabbia, il film ci mostra con inquietante verosimiglianza un mondo post-atomico dove i bambini sono i più feroci tra i nemici e lo smarrimento esistenziale (nonostante un finale con troppi colpi di scena) si colora di valenze shakespeariane.

Scrigno orientale, Lo * (*The Shanghai Chest*, Usa 1948, b/n, 56') William Beaudine. Con Roland Winters, Sen Yung, Mantan Moreland, Tim Ryan, Deanne Best, Tristan Coffin, John Alvin. ◆ Charlie Chan (Winters) indaga sul mistero delle impronte di un criminale che tutti credono morto e che sono state trovate sul luogo di tre diversi delitti. Sceneggiatura originale di Sam Newman con il terzo degli attori che interpretò Chan, dopo Oland e Toler: pura routine.

Scritto sul vento ** (*Something in the Wind*, Usa 1947, b/n, 89') Irving Pichel. Con Deanna Durbin, Donald O'Connor, Charles Winninger, Helena Carter. ◆ Un giovane ricchissimo (O'Connor) s'innamora di una cantante (Durbin) che i parenti non vogliono accettare a causa di un precedente legame con un membro della famiglia. Commedia ingarbugliata sul classico tema del matrimonio ostacolato, prevedibile ma non sgradevole. Insolito per l'epoca il personaggio femminile della cantante disc-jockey.

Scrivimi fermo posta ***½ (*The Shop Around the Corner*, Usa 1940, b/n, 97') Ernst Lubitsch. Con James Stewart, Margaret Sullavan, Frank Morgan, William Tracy, Joseph Schildkraut, Sara Haden, Felix Bressart. ◆ Nel «negozio dietro l'angolo» un fattorino (Tracy) salva dal suicidio il proprietario Matuscek (Morgan) tradito dalla moglie, mentre i commessi Alfred (Stewart) e Klara (Sullavan) si scrivono fermo posta delle lettere romantiche ignorando l'identità del destinatario. La seconda guerra mondiale è iniziata, e Lubitsch, il cui stile era sinonimo di lusso e sofisticazione, cerca conforto in una Budapest piccolo-borghese da operetta, coltivando buoni sentimenti quasi dickensiani. L'ironia si fa impalpabile, il gioco degli equivoci aereo, e su tutto aleggia un indefinibile senso di malinconia. Come nei film di Frank Capra, l'ottimismo è sempre l'altra faccia di un pessimismo sul destino di solitudine cui, quasi sempre, è condannato l'individuo. Sceneggiatura di Samson Raphaelson. Peccato che il doppiaggio italiano sia irrimediabilmente datato. Rifatto come musical da Leonard nel 1949 (*I fidanzati sconosciuti*).

Scudo dei Falworth, Lo *½ (*The Black Shield of Falworth*, Usa 1954, col, 99') Rudolph Maté. Con Tony Curtis, Janet Leigh, David Farrar, Barbara Rush, Herbert Marshall. ◆ Dopo l'eccidio dei genitori, un ragazzo (Curtis) diventa cavaliere del re (Marshall) e si vendica in un duello, sventando nel contempo una congiura di palazzo. Banali avventure nel Medioevo inglese adatte a un pubblico infantile, con Curtis non molto in parte.

Scugnizzi ° (Italia 1989, col, 122') Nanni Loy. Con Leo Gullotta, Claudia Muzzi, Piero Pepe, Aldo Giuffré, Pino Caruso. ◆ Fortunato Assante (Gullotta) allestisce uno spettacolo teatrale con i ragazzi del riformatorio di Nisida per pagare un creditore, ma poi rimane coinvolto nelle loro dolorose vicende. Un pasticcio sociomusicale dallo spirito caritatevole e dai risultati patetici e irritanti. Travestiti in lacrime, inni al ragù e alle «zoccole», e verità profonde come «La camorra è il mestiere per i giovani» o «In questo paese se vuoi fare l'uomo, devi sparare, spacciare o morire ucciso». Il *West Side Story* dei piccoli carcerati finisce per essere un'ennesima sceneggiata folcloristica. Bravi, comunque, i giovanissimi attori non professionisti. Sceneggiatura di Elvio Porta.

Scugnizzo, Lo * (Italia 1978, col, 105') Alfonso Brescia. Con Angela Luce, Marco Girondino, Gianni Garko, Rick Battaglia, Renato Caruso, Giulio Cocciola. ◆ Uno scugnizzo scappa dal riformatorio e lavora con un camorrista per racimolare i soldi necessari a curare la mamma adottiva malatissima (Luce). Sceneggiata napoletana anche pericolosamente ambigua: la camorra ha un cuore d'oro. Nunzio Gallo interpreta se stesso.

Scugnizzo a New York, Uno * (Italia 1984, col, 98') Mariano Laurenti. Con Nino D'Angelo, Claudia Vegliante, Maria Chiara Sasso, Eddie Constantine, Enzo Cerusico. ◆ Nella Grande Mela, un ragazzo napoletano (D'Angelo) cerca lavoro insieme a un amico di colore: lo scopo è trovare i soldi per ritornare in Italia. Nino D'Angelo superstar canora di un film inesistente.

Sculacciata, La *½ (Italia 1974, col, 95') Pasquale Festa Campanile. Con Sydne Rome, Antonio Salines, Gino Pernice, Toni Ucci, Marisa Bartoli. ◆ Un uomo sposato (Salines), diventato improvvisamente impotente, ritroverà il suo equilibrio sessuale salvando dal suicidio la moglie (Rome) che aveva cercato invano di aiutarlo. La mancanza di desiderio come patologia socioculturale: non mancano spunti di satira verso i consigli da rotocalco femminile, ma la trama è debole e il finale miracolistico appare decisamente fuori registro. Dalla commedia *Neurotandem* di Silvano Ambrogi che firma anche la sceneggiatura con il regista e Luigi Malerba.

Scuola, La **½ (Italia 1995, col, 104') Daniele Luchetti. Con Silvio Orlando, Anna Galiena, Fabrizio Bentivoglio, Antonio Petrocelli, Anita Zagaria, Enrica Maria Modugno, Vittorio Ciorcalo, Roberto Nobile, Gea Martire, Mario Prosperi, Anita Laurenzi. ◆ Ultimo giorno di scuola in un istituto tecnico della periferia romana: mentre crolla il soffitto della biblioteca, l'idealista professor Vivaldi (Orlando) cerca di salvare gli studenti a rischio, il burbero vicepreside Sperone (Bentivoglio) insiste per bocciarli e spera in una promozione del ministero, la solare professoressa Majello (Galiena), che pare avere un amante tra i docenti, improvvisamente si rabbuia. Da tre libri dell'insegnante-scrittore Domenico Starnone, *Ex cathedra*, *Fuori registro* e *Sottobanco* (ben sceneggiati da Stefano Rulli, Sandro Petraglia, il regista e lo stesso Starnone), una commedia grottesca sui rituali del mondo scolastico osservati non attraverso gli studenti, bensì attraverso i docenti, chiusi nella ripetitività di gesti, tempi e spazi burocratici. Strutturato in modo classico (unità di luogo, di tempo e d'azione), ma con riusciti andirivieni spaziotemporali che coprono l'intero anno scolastico, *La scuola* si avvale di un cast perfettamente in parte, guidato da un Silvio Orlando in stato di grazia.

Scuola della violenza, La * (*To Sir, with Love*, Gb 1967, col, 105') James Clavell. Con Sidney Poitier, Judy Geeson, Christian Roberts, Suzy Kendall. ◆ Un professore nero (Poitier) riesce a riportare la tranquillità in una turbolenta classe di ribelli della periferia londinese. Melenso e poco convincente. Negli anni in cui le Pantere Nere combattevano per le strade, l'unica star di colore, Poitier, stava dalla parte dell'ordine costituito.

Scuola dell'odio, La **½ (*Pressure Point*, Usa 1962, b/n, 91') Hubert Cornfield. Con Sidney Poitier, Bobby Darin, Peter Falk, Carl Benton Reid, Mary Munday. ◆ Durante la seconda guerra mondiale, uno psichiatra nero dell'esercito (Poitier) prende in cura un militare razzista (Darin), ma dopo poco i superiori decidono di congedarlo contro il suo parere. Un avvio lento e pesante lascia il posto a un intelligente squarcio sulla patologia del nazismo americano. Vigorosa l'interpretazione di Poitier. Da un caso clinico raccontato dal dr. Robert M. Linder nel suo *The Fifty Minute Hour* sceneggiato dal regista e S. Lee Pogositin.

Scuola di geni *½ (*Real Genius*, Usa 1985, col, 104') Martha Coolidge. Con Val Kilmer, Gabe Jarret, Michelle Meyrink, William Atherton, Jonathan Gries, Patti D'Arbanville. ◆ In una scuola di supercervelli, gli studenti si ribellano contro un professore che sfrutta le loro doti fuori dal comune. Dalle scene iniziali poteva essere una feroce black comedy, invece si riduce a una contrapposizione generazionale di poca sostanza, forse perché gli sceneggiatori (Pat Proft, Neal Israel e Peter Torokvei) sono quelli di *Scuola di polizia* e *Bachelor Party*, la cui comicità demenziale mal si concilia con la regia ambiziosa della Coolidge.

Scuola di hostess * (*Stewardess School*, Usa 1987, col, 93') Ken Blancato. Con Brett Cullen, Mary Cadorette, Donald Most, Sandahl Bergman. ◆ All'esame per conseguire il diploma di assistenti di volo, le studentesse ne vedono di tutti i colori. Commediola demente, prodotta nel 1985 da un grande studio e distribuita con comprensibilissimo ritardo, probabilmente per la vergogna.

Scuola di ladri * (Italia 1986, col, 96') Neri Parenti. Con Paolo Villaggio, Massimo Boldi, Lino Banfi, Enrico Maria Salerno, Barbara Scoppa, Antonio Barros. ◆ Tre goffi cugini (Villaggio, Boldi e Banfi) vengono addestrati dallo zio ladro in pensione (Salerno), ma la polizia li arresta e il parente li bidona. Commedia risaputa, con gag grossolane e stiracchiate su sceneggiatura di Castellano e Pipolo. Peccato per Villaggio e Salerno, che cercano di metterci qualcosa in più. Con un seguito.

Scuola di ladri 2 * (Italia 1987, col, 95') Neri Parenti. Con Paolo Villaggio, Massimo Boldi, Enrico Maria Salerno, Florence Guérin, John Richardson. ◆ Usciti di galera, i due ladri maldestri (Villaggio e Boldi) chiedono di nuovo aiuto allo zio (Salerno). Costui procura loro un colpo insperato, ma poi li truffa grazie a una complice (Guérin) che ha fatto passare per la figlia del terzo nipote scomparso (Banfi, qui assente). Più o meno la stessa solfa, ma la sceneggiatura questa volta è firmata da Laura Toscano, Franco Marotta e Neri Parenti.

Scuola di medicina * (*Stitches*, Usa 1985, col, 89') Alan Smithee [Rod Holcomb]. Con Parker Stevenson, Geoffrey Lewis, Brian Tochi, Robin Dearden, Eddie Albert. ◆ Tre studenti di medicina ne combinano di tutti i colori, tra cadaveri da sezionare che resuscitano improvvisamente e lezioni pratiche di anatomia con compagne procaci. Quando il demenziale diventa demente. Il regista Holcomb è scomparso dai credits quando il film è stato manomesso durante la postproduzione.

Scuola di mostri *½ (*The Monster Squad*, Usa 1987, col, 81') Fred Dekker. Con André Gower, Robby Kiger, Stephen Macht, Duncan Regehr. ◆ Un gruppo di ragazzini fonda una «Squadra antimostri» proprio quando nella loro cittadina arrivano Dracula, Frankenstein, l'Uomo Lupo e la Mummia in cerca di un antico amuleto fondamentale per la sopravvivenza. Un omaggio favolistico ai protagonisti del cinema horror classico, in teoria dedicato ai minori di quattordici anni, in realtà troppo mite anche per loro. Effetti speciali di Richard Edlund.

Scuola di polizia *½ (*Police Academy*, Usa 1984, col, 95') Hugh Wilson. Con Steve Guttenberg, G.W. Bailey, George Gaynes, Kim Cattrall, Bubba Smith, Michael Winslow, David Graf, Bruce Mahler. ◆ Quando il sindaco revoca le restrizioni per l'ammissione alla scuola di polizia, si presentano per l'arruolamento personaggi d'ogni sorta. Umorismo chiassoso e spesso di cattivo gusto (sceneggiato da Pat Proft, Neal Israel e Hugh Wilson) per un successo che ha avuto (fino al 1995) sei seguiti. La veterana pornostar Georgina Spelvin si esibisce – nascosta sotto un podio – in una delle sue specialità. L'human beat box Winslow divenne celebre per le sue gag onomatopeiche.

Scuola di polizia 2: prima missione ° (*Police Academy 2: Their First Assignment*, Usa 1985, col, 87') Jerry Paris. Con Steve Guttenberg, Bubba Smith, David Graf, Michael Winslow, Bruce Mahler, Colleen Camp, George Gaynes. ◆ Sei inetti vengono assegnati al Sedicesimo Distretto e si ritrovano tra due fuochi: lo spietato tenente che li comanda e la gang di sociopatici che infesta il quartiere. Sceneggiatura inesistente, gag riciclate: la prima missione si risolve nel primo disastroso sequel della lunga serie.

Scuola di polizia 3: tutto da rifare * (*Police Academy 3: Back in Training*, Usa 1986, col, 82') Jerry Paris.

Con Steve Guttenberg, Bubba Smith, David Graf, Michael Winslow, Marion Ramsey, Bobcat Goldthwait, George Gaynes. ◆ Tagli di bilancio impongono il ridimensionamento del personale: sopravviverà la scuola che in due settimane riuscirà a formare gli elementi più validi. Trama fantasma per la solita serie di gag a ruota libera. Meglio del precedente, grazie soprattutto a Guttenberg e Goldthwait.

Scuola di polizia 4: cittadini... in guardia * (*Police Academy 4: Citizens on Patrol*, Usa 1987, col, 87') Jim Drake. Con Steve Guttenberg, Bubba Smith, Michael Winslow, David Graf, Sharon Stone, Bobcat Goldthwait, Marion Ramsey, George Gaynes. ◆ Il famigerato comandante Lassard Mahoney (Gaynes) istituisce un nuovo e fallimentare programma di addestramento. Formula stantia, divertimento arduo.

Scuola di polizia 5: destinazione Miami * (*Police Academy 5: Assignment Miami Beach*, Usa 1988, col, 90') Alan Myerson. Con Bubba Smith, George Gaynes, G.W. Bailey, David Graf, Michael Winslow, Marion Ramsey. ◆ La squadra va in trasferta a Miami per assistere alla premiazione del comandante Lassard (Gaynes) prossimo alla pensione, ma perde il capo strada facendo. L'ennesima puntata perde invece i due protagonisti più animati, Guttenberg e Goldthwait. Solo la colonna sonora wagneriano-coppoliana strappa un sorriso.

Scuola di polizia 6: la città è assediata * (*Police Academy 6: City Under Siege*, col, 1989, 839) Peter Bonerz. Con Bubba Smith, David Graf, Michael Winslow, G.W. Bailey, George Gaynes, Marion Ramsey, Bruce Mahler, Gerrit Graham. ◆ Tre rapinatori imprendibili vengono acciuffati dalla sgangherata scuola di Lassard (Gaynes). La fine, si sperava, e invece ce n'è ancora uno.

Scuola di polizia – Missione a Mosca * (*Police Academy: Mission to Moscow*, Usa 1994, col, 82') Alan Metter. Con George Gaynes, Michael Winslow, David Graf, Christopher Lee, Leslie Easterbrook. ◆ Il comandante Lassard (Gaynes) e la sua squadra di cerebrolesi vanno a Mosca per aiutare Eltsin a catturare un pirata informatico che minaccia il mondo intero. Settimo episodio della serie, tenta invano di stare al passo coi tempi, ma anche l'umorismo sembra ormai una copia della serie *Una pallottola spuntata*. È stato girato a Mosca nel periodo del fallito colpo di Stato dell'ottobre 1993: e tra balletti e circhi da cartolina, si vede un'immagine (casuale?) del parlamento russo semidistrutto.

Scuola di sesso * (*Jekyll & Hyde... Together Again*, Usa 1982, col, 87') Jerry Belson. Con Mark Blankfield, Bess Armstrong, Krista Errickson, Tim Thomerson, Michael McGuire. ◆ Jekyll (Blankfield) è un timido medico complessato che aspirando una sostanza afrodisiaca si trasforma nell'assatanato donnaiolo Hyde. Il romanzo di Stevenson secondo la versione già riveduta e corretta di Jerry Lewis (*Le folli notti del dottor Jerryll*, 1963), con l'aggiunta di gag sporcaccione che non fanno ridere nessuno.

Scuola elementare **½ (Italia/Francia 1955, b/n, 97') Alberto Lattuada. Con Riccardo Billi, Mario Riva, Lise Bourdin, Alberto Rabagliati, Diana Dei, René Clermont, Rolando Ranzani, Mario Carotenuto, Dario Fo, Turi Pandolfini, Ugo Attanasio. ◆ Trasferito a Milano, dove abita a casa del compaesano e bidello Pilade (Riva), il maestro elementare Dante Trilli (Billi) è un esempio di serietà e impegno professionale, ma quando la giovane collega Laura (Bourdin), di cui si era innamorato in silenzio, lascia la scuola, anche lui si fa tentare dal sogno del successo e si mette in affari col bidello col proposito di abbandonare l'insegnamento. Un elogio dell'umiltà e del sacrificio professionale (la scena finale, con la premiazione, è interpretata da autentici insegnanti) messi a confronto con il mito della Milano produttiva («Gomma, magneti, panettone, acciaio, macchine, miliardi» la descrive Riva dal tetto del Duomo), un mito però che per i due protagonisti è solo un miraggio e un ostacolo alla vita personale. Un film minore (sceneggiato dal regista con Giorgio Prosperi, Jean Blondel, Ettore M. Margadonna e Charles Spaak) ma molto dignitoso e pieno di riguardo per chi «rimane fuori» (l'episodio del piccolo scolaro ripetente interpretato da Rolando Ranzani). Mario Carotenuto fa l'affittacamere, Dario Fo il tipografo.

Scuola guida *½ (*Moving Violations*, Usa 1985, col, 90') Neal Israel. Con John Murray, Jennifer Tilly, James Keach, Brian Backer, Sally Kellerman. ◆ Un gruppo di incorreggibili automobilisti viene condannato da un giudice donna (Kellerman) a frequentare dei corsi di guida tenuti dal suo amante (Keach) poliziotto. Una commedia fracassona e sguaiata, ma con alcuni bozzetti cattivi e piuttosto riusciti.

Scusa, me lo presti tuo marito? ** (*Good Neighbor Sam*, Usa 1964, col, 130') David Swift. Con Jack Lemmon, Romy Schneider, Edward G. Robinson, Dorothy Provine, Michael Connors. ◆ Per aiutare una vicina di casa (Schneider) a riscuotere un'eredità, un pubblicitario (Lemmon), benché già sposato, finge di essere suo marito. Finiscono sui giornali come coppia modello e le cose si complicano. Farsa movimentata e un po' meccanica su misura per le smorfie del protagonista.

Scusa se è poco *½ (Italia 1982, col, 90') Marco Vicario. ◆ Due episodi da due commedie di Aldo De Benedetti. In *Gli ultimi cinque minuti* (con Monica Vitti, Ugo Tognazzi, Mario Carotenuto) due coniugi separati in cerca di un appartamento rispondono allo stesso annuncio: torneranno assieme. In *Trenta minuti d'amore* (con Monica Vitti, Diego Abatantuono, Orazio Orlando) un investigatore miope scopre che l'autrice del bestseller erotico del momento è la tranquilla signora di un dentista. Ritmo fiacco, umorismo vetusto e innocuo. Il titolo è da prendersi alla lettera.

Scusate il ritardo ** (Italia 1982, col, 109') Massimo Troisi. Con Massimo Troisi, Giuliana De Sio, Lello Arena, Lina Polito. ◆ Vincenzo (Troisi), giovane napoletano disoccupato, passa il tempo tra la famiglia che lo mantiene, l'amico Tonino (Arena) deluso dall'amore e le stanche serate con gli amici. Conosce Anna (De Sio) ma neanche lei riesce a scuoterlo da questo andazzo apatico. Alla seconda regia Troisi (che scrive la sceneggiatura con Anna Pavignano) piega verso il bozzettismo crepuscolare. Come sempre, il film si identifica con lui e la sua comicità autoironica, verbosa e debordante; tutto il resto è concepito come supporto, anche la parte del vecchio compagno della «Smorfia», Arena.

Scusi, dov'è il fronte? ** (*Which Way to the Front?*, Usa 1970, col, 96') Jerry Lewis. Con Jerry Lewis, Jan Murray, John Wood, Kaye Ballard. ◆ Brendan Byers III (Lewis), un patriottico milionario, scartato alla visita di leva, organizza un esercito privato per sconfiggere Hitler. Sbarcato in Italia grazie alla sua somiglianza col generale nazista Kesserling (sempre Lewis) ordina alle truppe tedesche il ritiro, favorendo l'avanzata alleata. Geniale la trovata di Byers che dirige il suo esercito come se fosse una troupe cinematografica; ma il tentativo di trattare la guerra in chiave comica suona spesso stonato, e il confronto con Buster Keaton (*Come vinsi la guerra*), con l'ossessione dei grandi comici ebrei di confrontarsi con Hitler, sulle orme di Charlie Chaplin (*Il grande dittatore*) è arduo. Lewis tornerà alla regia solo nove anni dopo con *Bentornato picchiatello*.

Scusi, dov'è il West? **½ (*The Frisco Kid*, Usa 1979, col, 122') Robert Aldrich. Con Gene Wilder, Harrison Ford, Ramon Bieri, Val Bisoglio. ◆ Da una cittadina polacca, il rabbino Belinski (Wilder) raggiunge la sua comunità a San Francisco: si scontra con la dura vita del West, diventa amico di un fuorilegge quasi gentiluomo (Ford), e va in crisi quando è costretto a uccidere per difendersi. Al suo penultimo film, Aldrich si diverte a riproporre i luoghi comuni del western (indiani, saloon, duelli) dal punto di vista attonito e ingenuo del suo protagonista. Non una parodia, ma una parabola gentile e incruenta, che ha il difetto principale di andare per le lunghe. La sceneggiatura è di Michael Elias e Frank Shaw.

Scusi, facciamo l'amore? *½ (Italia/Francia 1968, col, 95') Vittorio Caprioli. Con Pierre Clementi, Claudine Auger, Beba Loncar Tanya Lopert, Massimo Girotti, Valentina Cortese, Edwige Feuillère, Franca Valeri. ◆ Il giovane napoletano Lello (Clementi) alla morte del padre viene convocato a Milano per incassare l'eredità: si circonda di belle e disponibili signore, e finirà amante di un vecchio e ricco omosessuale. La sceneggiatura di Franca Valeri ed Enrico Medioli tenta la satira di costume, la regia di Caprioli cerca i toni agrodolci, ma i buoni propositi rimangono sulla carta.

Scusi, lei è favorevole o contrario? *½ (Italia 1966, col, 100') Alberto Sordi. Con Alberto Sordi, Anita Ekberg, Bibi Andersson, Tina Aumont, Paola Pitagora, Silvana Mangano, Giulietta Masina, Jacques Herlin, Lella Fabrizi, Laura Antonelli. ◆ Tullio Conforti (Sordi), separato dalla moglie Anna (Masina), ha tante amanti quanti sono i giorni della settimana. Nonostante ciò continuerà a dichiararsi contrario al divorzio. Seconda regia di Sordi che, aiutato dallo sceneggiatore Sergio Amidei, vuole affrontare in modo scanzonato problemi seri. Ma alla frenesia del personaggio corrisponde una messinscena letargica.

Scusi, ma lei paga le tasse? *½ (Italia 1971, col, 96') Mino Guerrini. Con Franco Franchi, Ciccio Ingrassia, Umberto D'Orsi, Karin Schubert, Lino Banfi. ◆ Ciccio Cavaterra (Ingrassia), funzionario dell'ufficio imposte di Roma, perseguita gli evasori fiscali in cerca di una promozione: dopo che gli viene affiancato il nipote Franco (Franchi), verrà degradato a usciere, ma Franco riuscirà a tassare il vincitore della lotteria. Satira modesta e lazzi ormai noti.

Se... **½ (*If...*, Gb 1969, col e b/n, 111') Lindsay Anderson. Con Malcolm McDowell, David Wood, Richard Warwick, Robert Swann, Arthur Lowe. ◆ In un college inglese tre matricole Mick (McDowell), Johnny (Wood) e Wallace (Warwick) subiscono la violenza e la repressione di un sistema di insegnamento militaresco. Il giorno del discorso di fine anno, i tre, appostati sui tetti, sparano su professori e compagni. Costruito con la libertà fantasiosa tipica del cinema di quel periodo e sceneggiato da David Sherwin, è diviso in otto capitoli, pieno di cartelli e scritte, disseminato di immagini simboliche, girato in parte in bianco e nero e in parte a colori: ai tempi le provocazioni di Anderson andarono a segno (c'erano tutte le situazioni canoniche della contestazione) e la descrizione del collegio in cui sopraffazione e omosessualità sono all'ordine del giorno fece il suo effetto. Ma non si pretenda troppa lucidità di analisi: alla fine è il senso del grottesco ad avere la meglio. McDowell fa le prove generali per *Arancia meccanica*. *Se* (*If*) è una famosissima poesia di Kipling, specie di tirata retorico-pedagogica che un padre fa al proprio figlio. Palma d'oro a Cannes.

Se avessi un milione **½ (*If I Had A Million*, Usa 1932, b/n, 89') Film a episodi supervisionato da Ernst Lubitsch, e diretto, oltre che da lui, da James Cruze, H. Bruce Humberstone, Stephen Roberts, William A. Seiter, Norman Taurog, Norman Z. McLeod. Con Charles Laughton, May Robson, Gary Cooper, George Raft, Wynne Gibson, Mary Boland, Jack Oakie, W.C. Fields, Charles Ruggles, Richard Bennett, Alison Skipworth, Gene Raymond, Frances Dee, Roscoe Karns. ◆ Per non lasciare l'eredità agli odiosi parenti, un anziano milionario (Bennett) beneficia di un assegno di un milione di dollari ciascuno otto sconosciuti scelti a caso sull'elenco telefonico: un commesso (Ruggles) distrugge le porcellane del suo negozio; una prostituta (Gibson) può passare un notte in pace; un falsario (Raft) non riesce a incassare l'assegno perché nessuno gli crede; due ex attori comici (Skipworth e Fields) lo spendono a una bancarella di hot dog pensando che si tratti di uno scherzo; un condannato (Raymond) non fa in tempo a spenderlo perché non trova un buon avvocato; un impiegato (Laughton), appena riceve l'assegno, si prende una sonora rivincita sul suo direttore; un soldato (Cooper) convinto che si tratti di un pesce d'aprile lo «gira» in cambio di 10 dollari; una vecchietta (Robson) beneficia gli ospiti di una casa di riposo. Un'amabile satira del mito del denaro, che ebbe un grande successo nell'America postdepressione. Tra gli sceneggiatori figura Joseph L. Mankiewicz. Lubitsch ha diretto il celebre episodio con Laughton e, forse, il prologo e quello con la Gibson.

Sebastian ** (*Sebastian*, Gb 1968, col, 100') David Greene. Con Dirk Bogarde, Susannah York, Lilli Palmer, John Gielgud, Nigel Davenport, Donald Sutherland. ◆ Un tranquillo professore (Bogarde) di Oxford, esperto nella decifrazione di codici segreti, viene coinvolto in una trama di spie. Intreccio macchinoso ma qualche discreta trovata.

Sebastiane *½ (*Sebastiane*, Gb 1976, col, 80′) Derek Jarman. Con Leonardo Treviglio, Barney James, Richard Warwick, Lindsay Kemp. ◆ Sebastiano da Narbona (Treviglio), soldato romano confinato su un'isola con otto colleghi gay, resiste alle attenzioni del comandante, dal quale pure è attratto, e subisce con piacere masochistico le torture a cui viene sottoposto. Parlato interamente in latino (ma, ahinoi, con accento britannico), un esercizio di estetismo decadente ed estenuante che fece conoscere alle platee internazionali il suo regista. Per i fan di von Gloeden e le lettrici di *Playgirl*. Musiche di Brian Eno.

Se c'è rimedio perché ti preoccupi? * (Italia 1995, col, 81′) Carlo Sarti. Con Carlo Sarti, Sofia Spada, Maria Luisa Ravenda, Saturno Nanni, Giorgio Trestini, Umberto Bortolani. ◆ Impacciato assistente universitario di paleontologia tiranneggiato da una madre ossessiva (Ravenda), Gabriele (Sarti) crede di trovare in Rosetta (Spada) la donna giusta per lui: prima non capisce che fa la prostituta, poi se ne spaventa. Volonteroso ma discontinuo esordio di un autentico paleontologo, che ambienta a Bologna le surreali disavventure di un ingenuo vagamente ispirate a Woody Allen (compreso l'uso del jazz nella colonna sonora). La ristrettezza del budget (solo 100 milioni, girato in Super16) non giustificano comunque le troppe cadute di tono e una sceneggiatura che cerca di risolvere ogni situazione con una battuta (non sempre indovinata).

Se ci provi... io ci sto ** (*Cops and Robbers*, Usa 1973, col, 89′) Aram Avakian. Con Cliff Gorman, Joe Bologna, Dick Ward, John P. Ryan, Joe Spinell. ◆ Stanchi della magra vita da poliziotti, due colleghi (Gorman e Bologna) tentano un colpo a Wall Street durante il giorno dei festeggiamenti per gli astronauti rientrati dalla Luna. Torneranno al loro mestiere con un milione di dollari in più. Una commedia poliziesca movimentata con qualche bella gag tratta da un giallo di Donald Westlake, qui anche sceneggiatore, e diretta da un grande montatore.

Seconda B **½ (Italia 1934, b/n, 78′) Goffredo Alessandrini. Con Sergio Tofano, Dina Perbellini, Maria Denis, Cesare Zoppetti, Ugo Cesari. ◆ Il timido idillio tra un professore non più giovane (Tofano) e una collega nubile (Perbellini) viene messo a dura prova dall'impertinenza di un'allieva (Denis) che solo alla fine capisce l'inopportunità del suo comportamento civettuolo. Una delicata commedia scolastica ambientata negli anni Dieci, che rievoca l'Italia piccolo-borghese degli inizi del secolo con toni smorzati e un soffuso alone di nostalgica tristezza. Inevitabilmente rétro già all'epoca della realizzazione, il film è comunque sostenuto da una grazia irreprensibile, sia nello stile dall'andamento musicale, sia nelle interpretazioni (dove eccelle un Tofano squisito). Il soggetto è di Umberto Barbaro, anche sceneggiatore col regista e la collaborazione, non accreditata, di Aldo Vergano; i costumi sono di Gino Sensani. Come direttore di produzione è accreditato Aldo Vergano.

Seconda guerra civile americana, La **½ (*The Second Civil War*, Usa 1997, col, 92′) Joe Dante. Con Beau Bridges, James Earl Jones, Elizabeth Peña, James Coburn, Phil Hartman, Joanna Cassidy, Dan Hedaya, Ron Perlman, Denis Leary, Kevin Dunn. ◆ Il governatore dell'Idaho Farley (Bridges) decide di chiudere le frontiere ai rifugiati pakistani e dichiara la secessione; il presidente degli Usa (Hartman), consigliato da una banda di incompetenti, gli concede un ultimatum di 67 ore e mezzo, per non intralciare l'ultima puntata di una soap-opera. La Tv gioisce e si mette a manipolare la vicenda: finirà nel sangue. La politica come genere televisivo nell'era della realtà-spettacolo: la satira di Dante (la sceneggiatura è di Martyn Burke) non dice nulla di nuovo ma lo dice abbastanza bene, con un gusto del paradosso un po' incrinato dalla retorica. Sopravvalutato, comunque, dai critici italiani, che hanno voluto vedere un parallelo tra i leghisti e il governatore secessionista. Film televisivo girato per la Hbo, e che difatti sul piccolo schermo è più incisivo.

Seconda moglie, La * (Italia 1998, col, 122′) Ugo Chiti. Con Lazar Ristovski, Maria Grazia Cucinotta, Giorgio Noé, Jessica Auriemma, Patrizia Corti, Sergio Pierattini, Stefano Abbati. ◆ Toscana, 1958: rimasto vedovo, Fosco (Ristovski) si risposa con una taciturna siciliana (Cucinotta), ma mentre lui si trova in prigione (per un furto in una tomba etrusca) suo figlio (Noé) attenta alla virtù della matrigna. Bei tempi, quelli di *Malizia*: questa sagra della banalità, sceneggiata dal regista con Nicola Zavagli, sembra uno spot del Mulino Bianco in cui la gente parla solo di «trombare» e la fotografia di Raffaele Mertes serve esclusivamente per illuminare la scollatura della Cucinotta (che comunque non si toglie mai né mutandine né reggiseno). Presuntuosa ricostruzione d'epoca, mano greve, divagazioni imbarazzanti, un'attrice che si conferma ancora una volta virtuale, nessuna regia: il cinema Cecchi Gori al suo peggio.

Seconda signora Carroll, La ** (*The Two Mrs. Carroll*, Usa 1947, b/n, 99′) Peter Godfrey. Con Humphrey Bogart, Barbara Stanwyck, Alexis Smith, Nigel Bruce, Isobel Elsom. ◆ Un pittore psicopatico (Bogart), già assassino della prima moglie, si appresta a far fuori la seconda (Stanwyck), non prima di averla ritratta come angelo della morte. Il confronto tra i due attori non mantiene tutte le sue promesse per colpa di una sceneggiatura poco originale (di Thomas Job tratta da una pièce di Martin Vale, alias Marguerite Veiller) e di una regia piatta. Girato nel 1945 e tenuto nel cassetto per due anni.

Seconda volta, La **½ (Italia 1995, col, 100′) Mimmo Calopresti. Con Nanni Moretti, Valeria Bruni Tedeschi, Valeria Milillo, Roberto De Francesco, Marina Confalone, Francesca Antonelli, Simona Caramelli, Paolo De Vita. ◆ A Torino Alberto Sajevo (Moretti), professore universitario di sociologia industriale, incontra per caso Lisa Venturi (Bruni Tedeschi), la terrorista che dodici anni prima gli ha sparato un colpo alla testa: lei non lo riconosce, lui finge di corteggiarla per tentare un confronto che si rivela impossibile per entrambi. Con un film pudico, secco ed essenziale, costruito sulla dialettica rimozione/ossessione senza far ricorso a flashback, Calopresti riporta al cinema, e al tempo presente, il discorso sul terrorismo fermatosi al lontano *Colpire al cuore* di Amelio: niente teorizzazioni né dibattiti né prese di posizione, ma due personaggi che incarnano, con dolore e intensità, il dramma più sospeso e inafferrabile della recente storia d'Italia. Sceneggiatura di Calopresti, Francesco Bruni e Heidrun Schleef.

Secondo amore **½ (*All That Heaven Allows*, Usa 1955, col, 89') Douglas Sirk. Con Jane Wyman, Rock Hudson, Agnes Moorehead, Virginia Grey, Charles Drake, Conrad Nagel. ◆ Cary Scott (Wyman), vedova con due figli grandicelli, si innamora del giardiniere Ron (Hudson), che ha dieci anni meno di lei e sembra un perfetto seguace della filosofia di Thoreau. I figli non lo accettano, ma l'amore trionfa, dopo che Ron ha rischiato di morire. L'intreccio è convenzionale e ottimistico, ma Sirk è un maestro nel far parlare le scenografie (la casa lussuosa di Cary è rappresentata come un carcere) e nello sfruttare il technicolor (il direttore della fotografia è Russell Metty) per esprimere i sentimenti. Nel remake di Fassbinder *La paura mangia l'anima* verranno accentuati i conflitti di classe e il timido anticonformismo dell'originale.

Secondo Ponzio Pilato ** (Italia 1988, col 1089) Luigi Magni. Con Nino Manfredi, Stefania Sandrelli, Lando Buzzanca, Mario Scaccia, Flavio Bucci, Luisa De Santis, Roberto Herlitzka, Antonio Pierfederici. ◆ Dopo avere mandato a morte Gesù, Ponzio Pilato (Manfredi), amante del quieto vivere, comincia a essere preda di dubbi: convinto di avere commesso un grave delitto, chiederà all'imperatore di essere decapitato. Magni romanizza Pilato e, alla fine, lo fa diventare un eroe controvoglia, come molti personaggi della commedia all'italiana. Volenteroso tentativo di un regista colto-popolare di uscire dagli stereotipi e di confrontarsi con temi universali: meglio del *Ladrone* di Festa Campanile, certo, ma è la formula che è zoppicante in partenza.

Secondo risveglio di Christa Klages, Il ** (*Das zweite Erwachen der Christa Klages*, Rft 1978, col, 88') Margarethe von Trotta. Con Tina Engel, Sylvia Reize, Katherina Thalbach, Peter Schneider, Marius Müller-Westernhagen. ◆ Per evitare la chiusura di un asilo autogestito, Christa (Engel) rapina una banca e fugge in una comune agricola in Portogallo. Al ritorno in patria deciderà di troncare queste forme di lotta. Per il suo esordio nella regia la von Trotta sceglie un arcigno soggetto da cinema militante che si attira molte critiche da parte della destra ma che conquista il pubblico con una specie di *Germania in autunno* vista dalla parte della donna, il cui ostinato e globale rifiuto non cancella la speranza e l'utopia. L'eloquente sottotitolo suona: «Le contraddizioni tra le forme di vita esistenti e la felicità richiesta alla propria vita diventano certe volte insopportabili».

Secondo tragico Fantozzi, Il *** (Italia 1976, col, 105') Luciano Salce. Con Paolo Villaggio, Anna Mazzamauro, Gigi Reder, Liù Bosisio, Giuseppe Anatrelli, Plinio Fernando, Ugo Bologna, Antonino Faà di Bruno. ◆ Continuano le disavventure del travet Fantozzi (Villaggio) tartassato da superiori e colleghi: alla fine tenta il suicidio ma, ripescato e venduto come pesce surgelato, viene riassunto dalla sua azienda per fare il parafulmine. Collage di episodi senza una trama vera e propria sceneggiati da Villaggio stesso con Leo Benvenuti e Piero De Bernardi: il più celebre è quello di Fantozzi costretto a rifare la scena della scalinata di Odessa (nella parte del neonato nella carrozzina), come punizione per aver definito al cineforum aziendale la *Corazzata Potëmkin* «una boiata pazzesca». L'umorismo catastrofico e irriverente regge ancora bene, anche se il meccanismo è un po' ripetitivo. Villaggio diventerà coregista del successivo *Fantozzi contro tutti*. In questo episodio la moglie, signora Pina, è ancora interpretata da Liù Bosisio e non da Milena Vukotic.

Sedia a rotelle, La ** (*Un Meurtre est un meurtre*, Francia/Italia 1972, col, 103') Etienne Périer. Con Jean-Claude Brialy, Robert Hossein, Catherine Spaak, Stéphane Audran, Michel Serrault, Claude Chabrol. ◆ Alla morte per incidente della odiata moglie paralitica, il vedovo (Brialy), viene ricattato dal vero assassino, che gioca sul suo senso di colpa. Giallo dai molti colpi di scena, che non va al di là di un medio professionismo. Il regista Chabrol interpreta l'impiegato dei vagoni-letto.

Sedia elettrica *½ (*Midnight*, ritiolato *Call it Murder*, Usa 1934, b/n, 80') Chester Erskine. Con Lynne Overman, O.P. Heggie, Henry Hull, Sidney Fox, Margaret Wycherly, Humphrey Bogart. ◆ Una donna uccide il marito colto in flagrante con l'amante e il presidente della giuria (Heggie) insiste per la sua condanna a morte: ma sua figlia (Fox) si troverà in una situazione identica. Datato melodramma giudiziario con una piccola parte per Bogart, l'uomo ucciso dalla figlia del presidente della giuria.

Sedicenni, Le **½ (*Rendez-vous de juillet*, Francia 1949, b/n, 95') Jacques Becker. Con Brigitte Auber, Nicole Courcel, Daniel Gélin, Maurice Ronet. ◆ Lucien (Gélin), giovane di buona famiglia appassionato di studi africani riceve improvvisamente il benestare per una spedizione: ma con che animo partire, dopo che ha trovato la sua ragazza a civettare? Più che l'esile intreccio conta il ritratto della gioventù parigina dell'epoca, che passa le sere sulla Rive Gauche ad ascoltare jazz. Becker dirige con stile lieve e, per l'epoca, moderno.

16060 ** (*Dezesseis zero sessenta*, Brasile 1995, b/n, 86') Vinicius Mainardi. Con Antonio Calloni, Maité Proênça, Marcélia Cartaxo, Carlos Meceni. ◆ Il ricco dottor Vitorio (Calloni), temendo la vendetta di un ladro che ha fatto arrestare, paga un killer per farlo uccidere in prigione. Ma a morire è un innocente: e Vitorio, pentito, si fa portare a casa, direttamente dalle *favelas*, la moglie (Cartaxo) e i tre figlioletti del morto. Che ovviamente non riuscirà più a scacciare dalla sua villa. Scene di lotta di classe a Rio de Janeiro, con ricchi violenti e idioti da una parte, e poveri viscidi e pigri dall'altra. Non si salva nessuno, e il finale porta la crudeltà fino in fondo. Ma la dimostrazione è troppo a tavolino, e l'umorismo grottesco alla fine diventa prevedibile. Curiosa la messa in scena, con richiami alle *nouvelles vagues* degli anni Sessanta. Sceneggiatura del regista su soggetto del fratello Diogo. Il numero del titolo si riferisce ai giorni vissuti da Vitorio, che sta per compiere 44 anni.

Sedotta e abbandonata **½ (Italia/Francia 1963, b/n, 125') Pietro Germi. Con Stefania Sandrelli, Saro Urzì, Lando Buzzanca, Aldo Puglisi, Leopoldo Trieste, Umberto Spadaro, Mimmo De Ninno. ◆ Agnese (Sandrelli), giovane e bella siciliana, è sedotta dal fidanzato (Puglisi) della sorella: il padre (Urzì) della ragazza esige nozze riparatrici, il seduttore rifiuta. Dopo pesanti insistenze e un falso rapimento il matrimonio avrà luogo tra la soddisfazione del parentado. Sulla scia del successo di *Divorzio all'italiana* del 1961, Germi ripropone una Sicilia dominata da un grottesco senso dell'onore: ma l'ironia beffarda e in fondo superficiale cede il posto al sarcasmo corrucciato. Commedia morale (scritta da Germi con Age, Scarpelli e Luciano Vincenzoni) che sacrifica qualcosa all'inevitabile macchiettismo, ma non scende a compromessi. Urzì venne premiato al festival di Cannes, Trieste vinse un Nastro d'argento.

Sedotti e bidonati * (Italia 1964, b/n, 90') Giorgio Bianchi. Con Franco Franchi, Ciccio Ingrassia, Mia e Pia Genberg, Leopoldo Trieste, Alberto Bonucci. ◆ Due sprovveduti (Franco e Ciccio) dopo essere stati derubati da due sorelle di cui si erano innamorati, tentano di rifarsi con due ricche bruttone. Fanno male i loro conti e sono costretti a sposarle. Puntuale e fiacca parodia del film del momento: il risultato è scadente, l'idea redditizia (705 milioni di incasso contro i 989 di *Sedotta e abbandonata* di Germi).

Seduto alla sua destra ** (Italia 1967, col, 89') Valerio Zurlini. Con Woody Strode, Franco Citti, Jean Servais, Pier Paolo Capponi. ◆ In un paese africano il capo del movimento non violento per l'indipendenza (Strode) è sequestrato dai mercenari che, con la tortura, cercano di indurlo a una pubblica sconfessione delle sue idee. Sarà ucciso dagli altri capi del movimento, che professano la rivolta violenta. Prodotto da Carlo Lizzani come episodio di *Vangelo 70*, divenne per ragioni di durata un'opera autonoma. Un film riuscito solo in parte, dove Zurlini e il cosceneggiatore Franco Brusati, ispirandosi alla storia di Patric Lumumba, si confrontano col tema dell'intolleranza e della violenza, secondo i dettami del terzomondismo allora di moda. Strode, attore nero caro a John Ford, iniziò qui la carriera italiana.

Seduttore, Il *½ (Italia 1954, b/n, 85') Franco Rossi. Con Alberto Sordi, Lea Padovani, Jacqueline Pierreux, Lia Amanda, Denise Grey, Mino Doro, Ciccio Barli, Mara Berni, Gianna Praz, Riccardo Cucciolla. ◆ Alberto (Sordi) ha tre donne: una moglie (Padovani), una fidanzata (Pierreux) e un'amante (Amanda). La difficile gestione dei tre ménage segreti lo induce a fare conoscere le donne e a proporre una convivenza a quattro. Viene mandato al diavolo, ma in un finale fantastico decolla su una macchina verso il Paradiso, in cui forse il suo desiderio potrà realizzarsi. Da una commedia di Diego Fabbri, al quale si deve la vena fantastica, Sordi è meno brillante del solito e sta stretto in una parte scritta per Albertazzi. La sceneggiatura è firmata da Leo Benvenuti, Diego Fabbri, Ugo Guerra, Guido Leoni, Giorgio Prosperi, Raul Radice, Rodolfo Sonego e lo stesso Rossi.

Seduttore a domicilio *½ (*Loverboy*, Usa 1989, col, 98') Joan Micklin Silver. Con Patrick Dempsey, Kate Jackson, Carrie Fisher, Barbara Carrera, Kirstie Alley. ◆ Per racimolare il denaro necessario per tornare al college dalla sua fidanzata un ragazzo (Dempsey) consegna pizze a domicilio e arrotonda le entrate elargendo i suoi favori alle annoiate clienti. Una specie di *American Gigolo* porta a porta, con atmosfere pre-Aids e stile da situation comedy. Il punto di vista femminile della regista non emerge.

Seduttori della domenica, I *½ (*Les Séducteurs*, Francia/Italia 1980, col, 127') Bryan Forbes, Edouard Molinaro, Gene Wilder, Dino Risi. ◆ Film a episodi. In *Londra* (Bryan Forbes. Con Roger Moore, Lynn Redgrave, Denholm Elliott) l'autista di un lord usa il castello padronale per portarvi le sue amanti; in *Parigi* (Edouard Molinaro. Con Lino Ventura, Catherine Salviat, Robert Webber) un industriale di pochi scrupoli offre una sua impiegata a un cliente americano ma poi si pente; in *Los Angeles* (Gene Wilder. Con Gene Wilder, Kathleen Quinlan) un nevrotico scopre che non c'è sesso senza amore; in *Roma* (Dino Risi. Con Ugo Tognazzi, Sylva Koscina, Rossana Podestà, Beba Loncar) un marito, in assenza della moglie, rispolvera l'agendina con gli indirizzi delle vecchie amichette, con esiti disastrosi. Risicano la sufficienza i due episodi centrali, di qualche ambizione psicologica; barzellette insulse gli altri.

Seduttrice, La ** (*Born To Be Bad*, Usa 1950, b/n, 94') Nicholas Ray. Con Joan Fontaine, Robert Ryan, Zachary Scott, Joan Leslie, Mel Ferrer. ◆ L'arrivista Isabella (Fontaine) soffia alla zia (Leslie) l'editore Charlie (Scott): ma, una volta sposata e ricca, vorrebbe spassarsela con lo scrittore Nick (Ryan). Parabola misogina diretta da Ray di malavoglia e con pesanti condizionamenti produttivi. La Fontaine è comunque una perfida convincente.

Seduzione **½ (*The Lady in Question*, Usa 1940, b/n, 81') Charles Vidor. Con Brian Aherne, Rita Hayworth, Glenn Ford, Irene Rich, George Coulouris. ◆ Un padre di famiglia (Aherne) scelto come giurato in un processo per omicidio si convince dell'innocenza dell'accusata (Hayworth): ma quando la donna, dopo che è stata assolta, scatena la gelosia tra i membri della sua famiglia, allora al giurato e alla moglie (Rich) vengono dei dubbi. Melodramma giudiziario diretto con buon mestiere e tratto da una commedia di H.G. Lustig e Marcel Achard, già portata sullo schermo nel 1938 (*Il caso del giurato Morestan*). Ruolo ambiguo su misura per la non ancora celebre Hayworth, qui per la prima volta insieme a Glenn Ford (nel ruolo del figlio di Aherne), che poi interpreterà con lei altri quattro film, *Gilda*, *Gli amori di Carmen*, *Trinidad* e *La trappola mortale*.

Seduzione, La ** (Italia 1973, col, 96') Fernando di Leo. Con Maurice Ronet, Lisa Gastoni, Jenny

Tamburi, Pino Caruso, Graziella Galvani, Barbara Marzano. ◆ Il giornalista Giuseppe Laganà (Ronet), tornato nella natia Catania, ritrova Caterina (Gastoni), un amore di gioventù ora vedova e madre di Graziella (Tamburi). Ma dopo aver conquistato la madre, non riuscirà a non cedere alle avances della figlia. Niente di nuovo, dopo Brancati, sulla psicopatologia del maschio siculo: ma la messa in scena della seduzione è elegante e mai corriva (anche se l'esibizione di epidermidi, ai tempi, richiamava gli spettatori a frotte), l'analisi dei personaggi abbastanza crudele, e l'inevitabile finale tragico ritardato con intelligenza. Dal romanzo *Graziella* di Ercole Patti (che ha collaborato con di Leo alla sceneggiatura). Musica di Luis Bacalov.

Seduzione del male, La *½ (*The Crucible*, Usa 1996, col, 123') Nicholas Hytner. Con Daniel Day-Lewis, Winona Ryder, Joan Allen, Paul Scofield, Bruce Davison, Rob Campbell, Jeffrey Jones, Peter Vaughan, Karron Graves, George Gaynes. ◆ Salem, 1692: le accuse di un gruppo di ragazzine invasate scatenano una serie di tragici processi per stregoneria. A farne le spese, con altri diciotto innocenti, è John Proctor (Day-Lewis), che la giovane Abigail (Ryder) spera di riconquistare accusando la moglie (Allen) di essere posseduta dal diavolo. Tratta dalla pièce *Il crogiolo* che Arthur Miller aveva scritto nel 1953 sotto l'influenza della «caccia alle streghe» scatenata dal senatore McCarthy (e già all'origine di *Le vergini di Salem*), la storia, sceneggiata dallo stesso Miller, perde sullo schermo la sua forza di denuncia (retorica la sua parte) e si riduce a una serie di scene madri, enfatiche e per nulla coinvolgenti. Una regia accademica, poi, favorisce una lettura psicoanalitica dei fatti (l'isteria come conseguenza di un'inappagata passione sessuale) a danno di un possibile riferimento alle persecuzioni in nome dell'ideologia che funestano la Storia anche in tempi recentissimi.

Seduzione del potere, La *½ (*The Seduction of Joe Tynan*, Usa 1979, col, 107') Jerry Schatzberg. Con Alan Alda, Meryl Streep, Barbara Harris, Rip Torn, Melvyn Douglas. ◆ Un brillante senatore (Alda) in corsa per la Casa Bianca intreccia una relazione con un'avvocatessa (Streep): ma quando la moglie (Harris) minaccia di abbandonarlo, capisce che la carriera sarebbe stroncata e così torna all'ovile. Nelle intenzioni una satira del moralismo americano di facciata; in pratica una soap-opera, girata da Schatzberg nella sua fase più buia. Alda è anche sceneggiatore.

Seduzione mortale *** (*Angel Face*, Usa 1952, b/n, 90') Otto Preminger. Con Jean Simmons, Robert Mitchum, Mona Freeman, Herbert Marshall, Leon Ames, Barbara O'Neil. ◆ Diane Tremayne (Simmons), inquieta ragazza di buona famiglia, irretisce l'autista di ambulanze Frank (Mitchum) e lo coinvolge nella morte dei suoi genitori (Marshall e O'Neil): i due verranno assolti dal processo, ma la furia distruttiva di Diane non è ancora placata. Preminger definì «un incidente interessante» questo film girato scrivendo la sceneggiatura la notte prima delle riprese. Eppure il personaggio al di là del bene e del male di Diane è uno dei più complessi e dei più riusciti della sua filmografia. Tra noir e melodramma, con un senso della fatalità e della sconfitta (esemplare il perdente interpretato da Mitchum) che lo rende un piccolo classico; misconosciuto in Italia.

Seduzione pericolosa *** (*Sea of Love*, Usa 1989, col, 112') Harold Becker. Con Al Pacino, Ellen Barkin, John Goodman, Michael Rooker, William Hickey, Richard Jenkins. ◆ Un poliziotto di mezza età (Pacino), cercando nel mondo dei «cuori solitari» il colpevole di una serie di omicidi a sfondo sessuale, si innamora di una sospettata (Barkin). Un giallo teso e compatto, ben sceneggiato da Richard Price, dove l'inchiesta poliziesca si fonde con il ritratto delle solitudini a cui costringe una città come New York. Le scene erotiche tra Pacino e la Barkin (ottimi entrambi) sono decisamente eccitanti: il che, per un film hollywoodiano, non è poco. Il titolo originale è un hit degli anni Sessanta cantato da Phil Phillips e usato dall'omicida come colonna sonora; nei titoli di coda viene eseguito da Tom Waits. In inglese esiste una versione più lunga, con Lorraine Bracco nella parte della moglie di Pacino.

Se è martedì allora siamo in Belgio * (*If It's Tuesday, It Still Must Be Belgium*, Usa 1987, col, 100') Bob Sweeney. Con Claude Akins, Stephen Furst, Courtney Cox, Bruce Weitz. ◆ Un gruppo di turisti americani fa un tour dell'Europa in bus. Aggiornamento di *Se è martedì deve essere il Belgio*: umorismo scarso e situazioni scontate.

Se è martedì deve essere il Belgio *½ (*If It's Tuesday, This Must Be Belgium*, Usa 1969, col, 99') Mel Stuart. Con Suzanne Pleshette, Ian McShane, Mildred Natwick, Murray Hamilton, Michael Constantine, Joan Collins. ◆ Un gruppo di turisti americani visita le maggiori città europee in tre settimane con un tour organizzato. Datata satira degli yankee all'estero, condita da tante immagini-cartolina e una storia d'amore scipita. Rifatto come *Se è martedì allora siamo in Belgio*. Interpretando se stesse appaiono nel film alcune attrici europee, tra cui Senta Berger, Elsa Martinelli, Catherine Spaak.

Se fossi deputato *½ (Italia 1949, b/n, 90') Giorgio C. Simonelli. Con Nino Taranto, Marisa Merlini, Peppino Spadaro, Riccardo Billi, Mario Riva. ◆ Angelino Angelini (Taranto) va a Roma in cerca di fortuna, finanziato dalle amorevoli zie. L'elezione di un omonimo deputato fa credere alle zie che si tratti del nipote e le induce a sconsiderati festeggiamenti. Gli sceneggiatori Marcello Marchesi e Vittorio Metz si prodigano in scipite trovatine per un film di cassetta girato velocemente e senza convinzione.

Segni particolari: bellissimo * (Italia 1983, col, 82') [Franco] Castellano, Pipolo [Giuseppe Moccia]. Con Adriano Celentano, Federica Moro, Gianni Bonagura, Simona Mariani, Tiberio Murgia. ◆ Conteso da stuoli di donne e terrorizzato dal matrimonio, per scacciare le pretendenti Mattia (Celentano) si serve di una finta figlia (Moro), che finirà col catturarlo. Celentano ai minimi storici: soggetto puerile, dialoghi strascicati e gag che non fanno ridere più nessuno. Federica Moro era stata Miss Italia nel 1982, ma il titolo non l'ha aiutata molto a imparare a recitare.

Segni particolari: nessuno → *Rysopis – Segni particolari: nessuno*

Segno, Il **½ (*De två saliga*, Svezia 1986, col, 81') Ingmar Bergman. Con Harriet Andersson, Per Myrberg, Christina Schollin, Lasse Poysti, Irma Cristenson. ◆ Un uomo, Sune (Myrberg), e una donna, Viveka (Andersson), s'incontrano casualmente in chiesa e cominciano a raccontarsi le rispettive vite, segnate dalla presenza-assenza di Dio. Si sposano, ma col passare degli anni il loro matrimonio è sconvolto dalle crisi di follia allucinatoria di lei, convinta di essere tradita dal marito e perseguitata dal Male. Sune, nell'estremo tentativo di provare il suo amore, si ferisce all'occhio per avere una macchia uguale a quella immaginaria della moglie, ma l'inutilità del gesto lo porterà a decisioni più radicali. L'ultimo film di Bergman, girato per la televisione, è un «brillante rompicapo» (che tuttavia sorprende per la sua fluidità narrativa) su un'agghiacciante storia d'amore totale e totalizzante. Sintesi magistrale, data la brevità, di quasi tutti i temi del regista ed espressione del suo pessimismo più radicato (ma la sceneggiatura è di Ulla Isaksson, da un suo romanzo), *Il segno* ancora una volta apre interrogativi senza fornire risposte, e spiazza la coscienza dello spettatore trascinandolo in un mondo chiuso tra alternative (lucidità e pazzia, fede e sfiducia, realtà e immaginazione) che a questo punto appaiono impossibili. Nonostante la coproduzione di Raidue, in Italia è stato visto pochissimo.

Segno degli Hannan, Il *** (*Last Embrace*, Usa 1979, col, 102') Jonathan Demme. Con Roy Scheider, Janet Margolin, John Glover, Christopher Walken, Charles Napier, Sam Levene. ◆ Un agente della Cia (Scheider), in crisi dopo che gli è stata uccisa la moglie, è oggetto di una serie di minacce scritte in aramaico: lui è nipote di un losco trafficante, e qualcuno si sta vendicando dei discendenti. Col passare del tempo il film – sceneggiato da David Shaber – si è rivelato uno dei migliori omaggi a Hitchcock mai girati (una spanna sopra De Palma), abile nel passare dalla commedia psicologica al thriller romantico. Grande suspense, con un colpo di scena che è un pugno nello stomaco e un finale nelle cascate del Niagara che merita di diventare un classico. Splendida colonna sonora del veterano Miklós Rózsa.

Segno dei quattro, Il *½ (*The Sign of Four*, Gb 1933, b/n, 63') Graham Cutts. Con Arthur Wontner, Isla Revan. ◆ Per avere una riduzione della pena, un detenuto confida al direttore il nascondiglio del bottino: ma questi invece di consegnarlo se ne appropria. Fuori dal carcere l'ex galeotto si vendicherà, ma deve fare i conti con Sherlock Holmes (Wontner) che lo cattura assieme ai complici e restituisce il bottino. Primo adattamento del romanzo omonimo di Conan Doyle, approssimativo nel disegno dei personaggi e della vicenda. Wontner però è un buon interprete del detective. Rifatto nel 1983.

Segno dei quattro, Il ** (*The Sign of Four*, Gb 1983, col, 103') Desmond Davis. Con Ian Richardson, David Healy, Cherie Lunghi, Thorley Walters, Terence Rigby. ◆ Adattamento televisivo dell'omonimo romanzo di Conan Doyle, con Sherlock Holmes (Richardson) alle prese con un ladro e assassino dai metodi assai raffinati. Richardson è un eccellente Holmes in questa serie prodotta dalla tv inglese, che comprende anche *Il mastino dei Baskerville* di Douglas Hickox.

Segno del capricorno, Il ** (*The Sign of the Ram*, Usa 1948, b/n, 84') John Sturges. Con Susan Peters, Alexander Knox, Ron Randell, Peggy Ann Garner, Dame May Whitty. ◆ Costretta su una sedia a rotelle, la moglie (Peters) di un industriale tiranneggia la vita dei familiari: manda a monte il fidanzamento di due figli e avvelena la segretaria del marito che considera una rivale. Scoperti i suoi intrighi si suicida. Fosco drammone senza troppe sfumature, che va un po' stretto a un regista esperto di western. La Peters era diventata realmente paralitica a causa di un incidente stradale: fu il suo ultimo film.

Segno del falco, Il **½ (*Mark of the Hawk*, Gb 1957, col, 83') Michael Audley. Con Sidney Poitier, Eartha Kitt, Juano Hernandez, John McIntire. ◆ In Sudafrica due fratelli neri (Poitier e Hernandez) si battono contro l'apartheid. Imboccheranno strade diverse, uno quella della politica, l'altro quella del terrorismo. Inconsueto intreccio – per l'epoca – per un film corretto e interpretato con efficacia.

Segno della croce, Il ** (*The Sign of the Cross*, Usa 1932, b/n, 118') Cecil B. DeMille. Con Fredric March, Elissa Landi, Claudette Colbert, Charles Laughton, John Carradine, Ian Keith, Vivian Tobin. ◆ Nella Roma di Nerone (Laughton), il prefetto Marco Superbo (March), infatuato della cristiana Marcia (Landi), resiste alle avances di Poppea (Colbert). Quando Marcia finirà nella fossa dei leoni, Marco la seguirà. DeMille ricrea anche col sonoro la monumentalità dei suoi kolossal muti, e mescola furbamente sensualità e misticismo, fascino della decadenza ed eroismo dei martiri: all'epoca fu un trionfo. Laughton è un memorabile Nerone, ma alla storia è passato il bagno della Colbert nel latte; molte delle sequenze più osé, comunque, sono scomparse dalla versione corrente. Nel 1944 DeMille ne curò una nuova versione, aggiungendo la sequenza di due cappellani militari – uno protestante e uno cattolico – che raccontano all'equipaggio di un aereo in volo su Roma l'inizio del cristianesimo.

Segno della legge, Il **½ (*The Tin Star*, Usa 1957, b/n, 93') Anthony Mann. Con Henry Fonda, Anthony Perkins, Betsy Palmer, Neville Brand, Lee Van Cleef, John McIntire. ◆ Un ex uomo di legge (Fonda), diventato cacciatore di taglie, trasmette la sua esperienza a un giovane sceriffo inesperto (Perkins), aiutandolo a catturare degli assassini e poi a proteggerli dalla folla inferocita guidata dal boss del luogo (Brand). Western di apprendistato, diretto con la solita tecnica magistrale (la profondità di campo della fotografia di Loyal Griggs che mette in relazione l'interno dell'ufficio dello sceriffo con la strada, oppure la ripresa, obliqua e leggermente inclinata dalle spalle del cattivo, del duello decisivo di Perkins con Neville Brand), ma troppo schematico nella sua contrapposizione tra Bene e Male – anche per una sceneggiatura scopertamente simbolica di Dudley Nichols – per essere davvero appassionante.

Segno del leone, Il *** (*Le Signe du lion*, Francia 1959, b/n, 100') Eric Rohmer. Con Pierre Wesserlin, Jean Le Poulain, Van Doude, Michèle Girardon. ◆ Jess Hahn (Wesserlin), compositore americano che vive a Parigi, apprende di avere ereditato una fortuna: ma poi la notizia viene smentita. Solo e senza soldi nella Parigi deserta d'agosto, si riduce a fare il barbone, finché i suoi amici lo ritrovano e gli comunicano una nuova sorpresa della sorte. Il primo lungometraggio di Rohmer, prodotto da Claude Chabrol, è una riflessione sul caso in anticipo su molte sue opere future (da *La Boulangère de Monceau* a *Racconto d'inverno*), ma più dalle parti della tragedia greca che del giansenismo cui abitualmente si associa questo regista: in questo film l'uomo è un burattino nelle mani del destino, che sia propizio e avverso, e nell'improvvisa fortuna non vi è alcuna redenzione, ma un'oscura minaccia. L'itinerario di degradazione del protagonista è descritto con un realismo minuto di grande efficacia. Ma il film si ricorda anche come una delle rare dichiarazioni d'odio che siano mai state fatte a Parigi: assolata, sporca, ostile con i suoi marmi e melliflua con le sue acque. Macha Méril è la bionda che balla alla festa del 14 luglio; Stéphane Audran è l'albergatrice; Jean-Luc Godard l'uomo che suona il giradischi.

Segno del potere, Il *½ (*Gold*, Gb 1974, col, 120') Peter Hunt. Con Roger Moore, Susannah York, Ray Milland, Bradford Dillman, John Gielgud. ◆ In Sudafrica una banda di speculatori progetta di sabotare una miniera d'oro: un ingegnere (Moore) sventa il piano. Non bastano quattro esplosioni a creare spettacolarità, e la faccenda va troppo per le lunghe.

Segno di Venere, Il ** (Italia 1955, b/n, 100') Dino Risi. Con Sophia Loren, Franca Valeri, Vittorio De Sica, Alberto Sordi, Peppino De Filippo, Raf Vallone, Tina Pica, Maurizio Arena, Leopoldo Trieste. ◆ Cesira (Valeri), è in cerca di marito ma bruttina com'è non lo trova; la bella cugina Agnese (Loren), invece, pur non cercandolo è presto sposata. Costruito su misura per la Valeri, vera mattatrice, alla Loren non resta che il ruolo di spalla. Cast e sceneggiatori (Risi, Valeri, Flaiano, Zavattini) di prima scelta per un film simpatico e nulla più.

Segno di Zorro, Il **½ (*The Mark of Zorro*, Usa 1920, b/n, 90') Fred Niblo. Con Douglas Fairbanks, Noah Beery, Charles Hill Mailes, Claire McDowell, Marguerite De La Motte, Robert McKim, George Periolat, Walt Whitman, Sidney De Grey, Charles Belcher. ◆ Al suo ritorno dalla Spagna, don Diego Vega (Fairbanks) scopre che la California è tiranneggiata dal governatore Alvarado (Periolat): per ristabilire la giustizia don Diego, che tutti credono inoffensivo e un po' effeminato, entra in azione sotto l'identità di Zorro, riuscendo a far abdicare il governatore e a conquistare il cuore di Lolita (De La Motte). La prima versione del romanzo di Johnston McCulley (sceneggiata dallo stesso Fairbanks con lo pseudonimo di Eugene Miller) è piuttosto modesta se confrontata con i lussi delle successive produzioni con Fairbanks, così come la trama si riduce a una serie di duelli dove Zorro umilia immancabilmente tutti i nemici, a cominciare dal sergente Pedro (Beery). Ma il film è completamente riscattato dai numeri acrobatici del protagonista, la cui agilità lo «rende quasi più uno spirito dell'aria che della terra». Le lezioni di scherma per gli attori erano affidate al belga Harry Uttenhover, tre volte campione del mondo.

Segno di Zorro, Il **½ (*The Mark of Zorro*, Usa 1940, b/n, 93') Rouben Mamoulian. Con Tyrone Power, Linda Darnell, Basil Rathbone, J. Edward Bromberg. ◆ Don Diego (Power), che di giorno si finge un damerino, di notte raddrizza i torti e spinge il popolo della California alla rivolta contro il malvagio governatore (Rathbone). Remake di *The Mark of Zorro* (1920, di Fred Niblo con Douglas Fairbanks) e prima versione sonora delle avventure del giustiziere mascherato. Classico del genere cappa e spada, elementare ed efficace, con duelli magnificamente coreografati. Celebre la colonna sonora di Alfred Newman.

Segno di Zorro, Il *½ (Italia/Spagna 1962, col, 90') Mario Caiano. Con Sean Flynn, Mario Petri, Folco Lulli, Gaby André, Danielle De Metz. ◆ Il giovane Ramon (Flynn) vendica l'uccisione del padre e guida il popolo della California nella ribellione al malvagio governatore Gutierrez. Avventure di modesta presa spettacolare. Gli esterni sono girati tra Roma, Bari e Biarritz. Sean Flynn è il figlio di Errol.

Segreta passione di Judith Hearne, La ** (*The Lonely Passion of Judith Hearne*, Gb 1987, col, 116') Jack Clayton. Con Maggie Smith, Bob Hoskins, Wendy Hiller, Marie Kean, Ian McNeice. ◆ Nella Dublino del dopoguerra Judith Hearne (Smith), zitella di mezza età che ha imparato a combattere la solitudine bevendo, viene corteggiata da un ex emigrante (Hoskins) che sogna ancora l'America e che la crede ricca. Il vecchio Clayton dirige con stile classico e un po' polveroso una storia di equivoci e di solitudini sceneggiata da Peter Nelson e tratta da un romanzo di Brian Moore. Per chi ama i film d'attori.

Segretaria privata, La *½ (Italia 1931, b/n, 78') Goffredo Alessandrini. Con Elsa Merlini, Nino Besozzi, Sergio Tofano, Cesare Zoppetti, Umberto Sacripante, Ermanno Roveri, Marisa Botti, Noemi Orsini. ◆ Arrivata in città decisa a trovare lavoro e amore, Elsa (Merlini) viene assunta come dattilografa alla Banca della Capitale: con l'aiuto del portiere-corista Otello (Tofano), e nonostante le molestie del capo del personale (Zoppetti), saprà realizzare i suoi sogni, sposando il direttore della banca (Besozzi) che all'inizio aveva scambiato per un semplice impiegato. Aggiornamento con musiche della favola di Cenerentola che di fatto è il rifacimento tutto italiano del film tedesco *Die Privatsekretärin* (1931) di Wilhelm Thiele (a sua volta tratto dal romanzo omonimo di Stefan von Szomahazy e dall'operetta di Stefan Bekaffi jr). Elementare e prevedibile nella costruzione narrativa, il film (che segna l'esordio nella fiction di Alessandrini) può vantare qualche spunto simpatico (come la pensione per «signorine e signore sole» dove vive Elsa) e la verve scatenata dei tre protagonisti, soprattutto di Tofano. Curiosa la sottolineatura esplicita delle «molestie sessuali» che il capo del personale rivolge alle sue dipendenti.

Segretaria privata di Andy Hardy, La * (*Andy Hardy's Private Secretary*, Usa 1941, b/n, 101') George B. Seitz. Con Mickey Rooney, Lewis Stone, Fay Holden, Sara Haden, Ian Hunter, Kathryn Grayson, Todd Karns, Gene Raynolds. ◆ Andy (Rooney) cerca una segretaria (Grayson) per superare l'esame di ammissione al collegio. Decimo film della serie con Andy Hardy: la Grayson si esibisce in un lieder di Strauss.

Segretaria quasi privata, La **½ (*The Desk Set*, Usa 1957, col, 103') Walter Lang. Con Spencer Tracy, Katharine Hepburn, Gig Young, Joan Blondell, Dina Merrill. ◆ L'ufficio informazioni di una grande azienda è diretto da una ragazza (Hepburn) dalla memoria di ferro: ma un ingegnere (Tracy) la vuole sostituire con un computer. Commedia stile Broadway tagliata su misura per i due protagonisti: battute divertenti e schermaglie tra i sessi.

Segretaria tutto fare *½ (*Miss Grant Takes Richmond*, Usa 1949, b/n, 87') Lloyd Bacon. Con Lucille Ball, William Holden, Janis Carter, James Gleason. ◆ Miss Grant (Ball) è assunta come segretaria da un giovane uomo d'affari (Holden) che si rivela essere un poco di buono: saprà ricondurlo sulla retta via, quella del matrimonio. La verve della protagonista è l'unico punto di forza di una commediola fatta di niente.

Segretario a mezzanotte ** (*Take a Letter, Darling*, Usa 1942, b/n, 93') Mitchell Leisen. Con Rosalind Russell, Fred MacMurray, Macdonald Carey, Costance Moore, Robert Blanchey, Dooley Wilson. ◆ Energica titolare di un'agenzia pubblicitaria, A.M. MacGregor (Russell) assume come segretario il pittore spiantato Tom Verney (MacMurray): vuole usare il suo fascino come esca per «convincere» potenziali clienti femminili, ma quando lui prende troppo sul serio il suo compito con la sorella (Moore) di un magnate del tabacco (Carey), la gelosia sconfigge la professionalità. Una commedia non particolarmente originale (sceneggiata da Claude Binyon) che ribalta la storia di Cenerentola, scontata nel lieto fine quanto scintillante nella messinscena e nella prova dei caratteristi (ottimo Blanchey nella parte del socio d'affari della Russell).

Segreti **½ (*Secrets*, Usa 1933, b/n, 85') Frank Borzage. Con Leslie Howard, Mary Pickford, C. Aubrey Smith, Blanche Frederici, Doris Lloyd. ◆ Al capezzale del marito malato (Howard), Mary (Pickford) ripercorre la propria giovinezza, l'incontro con l'uomo e il loro matrimonio in un West duro ma felice. Da una commedia di Besier ed Edginton, già adattata per lo schermo da Borzage nel 1924 con lo stesso titolo e qui sceneggiato da Frances Marcon: il tipico intimismo del regista in una versione che comincia a essere un po' scolorita. Interessante l'incrocio tra diversi generi cinematografici: la commedia, l'avventura western e il dramma sentimentale. La Pickford, per quanto convincente, non ebbe successo e a quarant'anni, dopo essere stata una star del muto, abbandonò il set.

Segreti *½ (*A Thousand Acres*, Usa 1997, col, 105') Jocelyn Moorhouse. Con Jessica Lange, Michelle Pfeiffer, Jennifer Jason Leigh, Jason Robards, Keith Carradine, Colin Firth, Kevin Anderson, Pat Hingle, John Carroll Lynch, Michelle Williams. ◆ Iowa: l'anziano genitore (Robards) divide la sua tenuta di mille acri tra le figlie escludendo la minore (Leigh), ma poi ci ripensa e la toglie alle altre due (Lange e Pfeiffer); nel frattempo si è scoperchiato il vaso di Pandora delle atrocità familiari. Dalla regista di *Gli anni dei ricordi*, un'altra saga popolare tra mélo e femminismo sui misfatti della cultura patriarcale, scritta da Laura Jones - abituale collaboratrice di Jane Campion - a partire da un racconto premio Pulitzer di Jane Smiley (un po' simile al *King Lear*, per la verità). L'inizio ha l'andamento sonnacchioso della vita di campagna, ma quando si comincia coi colpi di scena il ritmo sembra non fermarsi più, meccanico e ripetitivo (e senza reali motivazioni psicologiche). Coprodotto dalle società della Lange e della Pfeiffer.

Segreti del cuore, I ** (*The Myth of Fingerprints*, Usa 1996, col, 90') Bart Freundlich. Con Noah Wylie, Roy Scheider, Julianne Moore, Hope Davis, Blythe Danner, James LeGros, Brian Kerwin, Laurel Holloman, Arija Bareikis. ◆ I figli tornano a casa nel Maine per il giorno del ringraziamento, e vengono fuori le magagne: Warren (Wylie) non perdona il padre (Scheider) di aver fatto un'avance alla sua ex fidanzata (Bareikis), mentre la nevrotica e male accoppiata Mia (Moore) cerca un'evasione innocente con un goffo amico d'infanzia (LeGros). Minimalismo made in Usa con una vena di ironia impalpabile, un po' di psicanalisi e le soluzioni più scontate sempre alluse (come la presenza di un fucile, che secondo le regole della drammaturgia...) ma puntualmente evitate. Tipico cinema da Sundance, un po' più sincero della media. Scritto dal regista, esordiente.

Segreti di Filadelfia, I ** (*The Young Philadelphians*, Usa 1959, b/n, 136') Vincent Sherman. Con Paul Newman, Barbara Rush, Diane Brewster, Brian Keith, Alexis Smith, Billie Burke, Robert Vaughn. ◆ Tony Lawrence (Newman), allevato dalla madre nel culto del denaro e del successo, cerca di essere un avvocato onesto, ma poi si arrende al clima di spregiudicato opportunismo che lo circonda. Finché, per difendere un amico d'infanzia ingiustamente accusato di omicidio (Robert Vaughn), accetta il rischio di inimicarsi i potenti da cui è protetto. Un dramma psicologico abbastanza movimentato ma meccanico nello svolgimento e scontato nelle conclusioni, con Newman che interpreta stancamente il triplice ruolo di cittadino onesto malgrado le tentazioni, di squalo per disillusione e di arrivista dal cuore tenero. Tutto però rimane abbastanza in superficie, non tanto per la regia di Sherman (abituato a questi tourbillon dai film in cui dirigeva la Crawford, e qui audace nel tentare una certa critica sociale), quanto per la sceneggiatura da feuilleton di James Gunn.

Segreti di Utopia, I *½ (*Below Utopia*, Usa 1997, col, 90') Kurt Voss. Con Alyssa Milano, Justin Theroux, Ice-T, Tommy «Tiny» Lister, Nicholas Walker. ◆ Mentre una banda di rapinatori sanguinari svaligia la villa, Daniel (Theroux), la pecora nera della famiglia, e la fidanzata Susan (Milano, anche coproduttrice) se ne stanno nascosti in cantina, per poi tirar fuori le unghie. Scontata sorpresina finale in un thriller di routine (scritto da David Diamond) che man mano perde colpi e suspense.

Segreti e bugie ***½ (*Secrets & Lies*, Gb/Francia 1996, col, 141') Mike Leigh. Con Brenda Blethyn, Marianne Jean-Baptiste, Timothy Spall, Phyllis Logan, Claire Rushbrook, Ron Cook, Lee Ross. ◆ Londra: Hortense (Jean-Baptiste), oculista di colore, scopre che la sua vera madre è Cynthia (Blethyn), una donna bianca che vive in periferia con la figlia legittima Roxanne (Rushbrook) e la cui disperazione è alleviata solo dalle visite del fratello Maurice (Spall), fotografo a sua volta assillato dalle nevrosi della moglie (Logan). Un grande melodramma del quotidiano sull'insensatezza dell'ipocrisia, sulla non necessità della solitudine, sull'assurdità del dolore procurato a sé e agli altri attraverso la menzogna e l'occultamento: con una precisione da direttore d'orchestra, un talento sconfinato per dettagli e sfumature, un cast di attori strepitosi (trascinati dalla Blethyn e da Spall), Leigh scrive e dirige uno dei più struggenti e liberatori film d'amore dell'ultimo decennio, provando che, a saper sollevare lo sguardo, anche il minimalismo intimista può diventare metafora dell'intera condizione umana. Sconvolgente il monologo finale di Maurice (quasi un alter ego del regista), che risponde per tutti all'iniziale domanda di verità di Hortense. Palma d'oro a Cannes 1996.

Segreti segreti **½ (Italia 1984, col, 93') Giuseppe Bertolucci. Con Lina Sastri, Rossana Podestà, Giulia Boschi, Stefania Sandrelli, Mariangela Melato, Lea Massari, Alida Valli, Massimo Ghini, Nicoletta Braschi. ◆ La storia di Laura (Sastri), terrorista di origini altoborghesi, che tra le calli di Venezia ha ucciso un giudice e un suo compagno che esitava a sparare, si intreccia con quella di altre sei donne: Gina (Valli), la sua vecchia governante; Maria (Podestà) e Rosa (Boschi), madre e sorella del complice ucciso; la madre Marta (Massari) con la sua amica Renata (Sandrelli), e Giuliana (Melato), il giudice che condannerà Laura. Tentativo di trattare il tema del terrorismo senza schematismi ideologici e banalità documentaristiche. Ma non convincono appieno né i risvolti cinefili né la programmaticità della struttura. Alla sceneggiatura ha collaborato con il regista Vincenzo Cerami.

Segreto, Il *½ (Italia 1989, col, 110') Francesco Maselli. Con Nastassja Kinski, Stefano Dionisi, Franco Citti, Chiara Caselli. ◆ Il fattorino Carlo (Dionisi) si innamora di Lucia (Kinski), ragazza della periferia romana: ma questa nasconde morbosi trascorsi, che puntualmente vengono a galla. Quale sia il segreto del film, lo capisce anche il più ingenuo. Maselli traveste la Kinski da borgatara e cerca di coniugare la tragedia greca col realismo poetico. È vero che c'è Citti, più torvo che mai, ma non basta a evocare Pasolini.

Segreto ardente *** (*Brennendes Geheimins*, Germania 1933, b/n, 90') Robert Siodmak. Con Willi Forst, Hilde Wagener, Hans Joachim Schaufuss, Alfred Abel, Lucie Höflich. ◆ Alla fine della prima guerra mondiale, tra le nevi di Ascona, un barone austriaco (Forst) si fa amico del piccolo Edgar per corteggiarne la madre (Wagener): ma quando il ragazzo capisce di essere stato ingannato, reagisce con insospettata violenza. Dal racconto *L'adolescente* di Stefan Zweig, che ha ispirato anche *Bruciante segreto* di Andrew Birkin, uno dei migliori film del periodo tedesco del regista, abile a rendere il punto di vista del piccolo protagonista, e a non tradire i giochi di allusioni e sottintesi del testo. Ma Siodmak, perseguitato come ebreo, dovette fuggire in Francia poco dopo la prima del film – che fu salvato avventurosamente dalla distruzione. Il protagonista Forst diventerà uno dei migliori registi austriaci.

Segreto degli Incas, Il *½ (*The Secret of the Incas*, Usa 1954, col, 101') Jerry Hopper. Con Charlton Heston, Nicole Maurey, Robert Young, Thomas Mitchell. ◆ Una spedizione si arrampica sulle Ande alla ricerca di reperti incas; buoni contro cattivi in un film d'avventure esotiche senza sorprese. Imperdibile solo la presenza della virtuosistica cantante Yma Sumac.

Segreto del bosco vecchio, Il ° (Italia 1993, col, 134') Ermanno Olmi. Con Paolo Villaggio, Giulio Brogi, Riccardo Zannantonio, Luciano Zandonella, Ernesto De Martin Modolato, Silvano Cetta. ◆ Tutore per conto del nipote Benvenuto (Zannantonio) delle terre che ospitano il «bosco vecchio», il colonnello in pensione Sebastiano Procolo (Villaggio) sembra disposto a tutto per diventare il solo padrone di quelle zone: libera il vento Matteo (al quale dà voce Omero Antonutti) dalla caverna in cui era rinchiuso e arriva a preparare l'uccisione di Benvenuto se non fosse per un ultimo soprassalto di onestà. Deludentissima riduzione dell'omonimo racconto di Dino Buzzati che Olmi cerca di trasformare in una favola fantastica sulla poesia dell'ecologia (con gli animali e gli alberi che parlano), dove inquadrature frettolose e un montaggio affannato non danno il tempo di guardare la natura, mentre i suoni ricostruiti al doppiaggio tradiscono ogni verità ambientale. Checché ne abbia detto certa critica, anche Villaggio è pessimo, ingessato in un ruolo senza spessore.

Segreto del dottor Kildare, Il *½ (*The Secret of Dr. Kildare*, Usa 1939, b/n, 84') Harold S. Bucquet. Con Lew Ayres, Lionel Barrymore, Lionel Atwill, Laraine Day, Helen Gilbert, Nat Pendleton, Sara Haden, Samuel S. Hinds, Emma Dunn, Grant Mitchel, Walter Kingsford, Alma Kruger, Marie Blake, Nell Craig, Martha O'Driscoll, Donald Barry. ◆ Il dottor Kildare (Ayres) scopre che la paura di diventare cieca di una giovane paziente (Gilbert) ha origini psicologiche ma il caso si complica perché la ragazza, figlia di un miliardario che finanzia l'ospedale, si innamora di Kildare. Quarto film ispirato ai personaggi di Max Brand. Helen Gilbert era stata una suonatrice di violoncello prima di venir promossa attrice, solo in funzione della sua davvero notevole bellezza.

Segreto del lago Il **½ (*The Secret of Convict Lake*, Usa 1951, b/n, 83') Michael Gordon. Con Glenn Ford, Gene Tierney, Ethel Barrymore, Zachary Scott, Ann Dvorak, Cyril Cusack, Richard Hylton, Barbara Bates, Jeanette Nolan, Ruth Donnelly, Helen Westcott. ◆ California, 1871: mentre infuria una tormenta, cinque evasi chiedono asilo in un villaggio dove trovano solo donne. Il più civile dei cinque, James Canfield (Ford), ha in progetto di uccidere il fidanzato, momentaneamente assente, della donna più caparbia, Marsha (Tierney), ma gli altri compagni di fuga sono convinti che nasconda il bottino di un grosso colpo. Un western insolito, sceneggiato da Oscar Saul da una storia di Anna Hunger e Jack Pollexfen: molto suggestiva la descrizione delle tensioni – anche erotiche – che si sviluppano fra le donne e i loro ospiti (uno degli evasi, tra l'altro, è un serial killer), più scontati gli sviluppi dell'intreccio, che sono già chiari fin dalla seconda sequenza. Ma quello che ne fa un'opera davvero curiosa è la trovata finale che permette a Canfield di salvarsi la vita e che, in anni di caccia alle streghe (lo stesso Gordon era stato un «testimone amichevole» alle deposizioni della Commissione), privilegia la giustizia popolare e giustifica la «falsa testimonianza» davanti ai tutori dell'ordine e della legge.

Segreto della piramide d'oro, Il * (*Vibes*, Usa 1988, col, 99') Ken Kwapis. Con Cyndi Lauper, Jeff Goldblum, Peter Falk, Julian Sands, Elizabeth Peña. ◆ Harry Buscafusco (Falk) assolda i due sensitivi Nick (Goldblum) e Sylvia (Lauper) per impadronirsi di una piramide incas che infonde superpoteri. Pagliacciata comico-avventurosa per teen-ager che sarebbe dovuta essere il trampolino di lancio cinematografico per la rockstar Lauper. Peccato, non c'è stata un'altra Madonna.

Segreto della vecchia signora, Il ** (*From the Mixed-Up Files of Mrs. Basil E. Frankweiler*, Usa 1973, col, 105') Fielder Cook. Con Ingrid Bergman, Richard Mulligan, George Rose, Johnny Doran, Sally Prager, Madeline Kahn. ◆ Due ragazzini del New Jersey (Prager e Doran) in visita a New York si perdono nei meandri del Metropolitan Museum dove conoscono (o è solo un sogno?) un'anziana signora (Bergman) che renderà indimenticabile il loro soggiorno. Favola per ragazzi dai toni delicati. Una delle ultime apparizioni della Bergman.

Segreto delle piramidi, Il ** (*Charlie Chan in Egypt*, Usa 1935, b/n, 65') Louis King. Con Warner Oland, «Pat» Peterson, Thomas Beck, Frank Conroy, Rita Cansino [Hayworth], Jameson Thomas. ◆ Nella terra dei faraoni, Charlie Chan (Oland) si mette sulle tracce di un archeologo che troverà mummificato. Da un soggetto originale di Robert Ellis ed Helen Loga, l'ottavo film con Warner Oland nei panni dell'investigatore cinese, un film ancora piacevole con qualche buon momento di tensione e uno dei più ricchi di aforismi («piccoli vizi fanno grandi danni», «non si può leggere libro nuovo finché pagine non tagliate», «teoria come polvere su occhiali: oscura i fatti», «conclusioni rapide sono facili da ottenere come buchi nell'acqua», «viaggio di vita è come piuma su fiume: deve seguire corrente»). La colonna sonora assomiglia troppo a quella (non originalissima) del film di William Cameron Menzies *Chandu the Magician* (1932). Piccola parte per Rita Cansino, non ancora Hayworth.

Segreto delle tre punte, Il *½ (Italia 1952, b/n, 80') Carlo Ludovico Bragaglia. Con Massimo Girotti, Roldano Lupi, Tamara Lees, Umberto Spadaro. ◆ Un patriota garibaldino (Girotti) si sostituisce, per spiare il nemico, a un emissario borbonico ucciso dai briganti. Lo sfondo storico-patriottico è pretesto per una storia sentimental-avventurosa. Soggetto e sceneggiatura di Age e Scarpelli.

Segreto dell'isola di Roan, Il **½ (*The Secret of Roan Inish*, Usa 1994, col, 103') John Sayles. Con Jeni Courtney, Eileen Colgan, Micky Lally, Richard Sheridan, John Lynch. ◆ Nell'Irlanda degli anni Quaranta, l'orfanella Fiona Coneelly (Courtney) va a vivere con i nonni sulla costa e viene a sapere alcuni segreti di famiglia: il matrimonio di un antenato con una ragazza-foca nell'isola di Roan, e la sparizione in mare del fratellino Jamie. Che naturalmente decide di mettersi a cercare. Per la sua prima esperienza non americana, l'indipendente Sayles sceglie una fiaba celtica e realizza un film solo apparentemente in contraddizione con le sue opere precedenti: ancora una volta ciò che gli interessa è il ritorno alle radici, la riscoperta del proprio doloroso passato per rendere il presente più comprensibile e accettabile. In questo modo, tra paesaggi evocativi, creature fantastiche e scene piene di poesia, il mito ancestrale si fa attualità e l'antico piacere di raccontare (e raccontarsi) riemerge in tutta la sua affascinante necessità. La splendida fotografia, che evita le trappole del manierismo grazie a un fortissimo senso dello spazio e della natura, è di Haskell Wexler.

Segreto dell'uomo solitario, Il ** (Italia 1990, col, 110') Ernesto Guida. Con Giulio Bosetti, Mimsy Farmer, Nada [Malanima], Didi Perego, Riccardo Cucciolla. ◆ Cristiano (Bosetti), dopo anni di ingiusto ospedale psichiatrico, vive in Gallura, isolato dal mondo, assieme a una contadina (Nada) che non ama, ma da cui attende un figlio. L'arrivo di Sara (Farmer) che accompagna il marito (Cucciolla) malato di mente, gli risveglia il desiderio di vivere. Dal romanzo prefreudiano di Grazia Deledda: paesaggi e silenzi in un cinema sommesso e un po' grigio, inesorabilmente bocciato dal mercato. Bella l'interpretazione di Bosetti.

Segreto del medaglione, Il ** (*The Locket*, Usa 1946, b/n, 86') John Brahm. Con Laraine Day, Brian Aherne, Robert Mitchum, Gene Raymond, Sharyn Moffett, Ricardo Cortez, Henry Stephenson. ◆ Che cosa c'è nel passato di Nancy (Day) che la rende tanto pericolosa per sé e per gli uomini che incontra? Toccherà a uno psichiatra (Aherne) scoprire il segreto, legato a un medaglione avuto in regalo in tenera età, ed evitare così che altri uomini cadano preda del suo inquietante fascino. Gli elementi che fanno il noir ci sono tutti - il peso del passato (evocato da tre flashback incastrati uno dentro l'altro), il fascino angelico della donna che in realtà nasconde il potere mortale della dark lady (capace di spingere al suicidio gli uomini che cadono vittima della sua bellezza), la fotografia espressionista e molto contrastata (di Nicholas Musuraca): ma la sceneggiatura di Sheridan Gibney è troppo arzigogolata per essere efficace e il colpo di scena finale troppo gratuito per essere convincente. Mitchum interpreta, senza molta convinzione, un pittore che si innamora di Nancy. Particine per Martha Hyer (ospite a un party) e Ellen Corby (cameriera).

Segreto del mio successo, Il ** (*The Secret of My*

Success, Usa 1986, col, 110') Herbert Ross. Con Michael J. Fox, Helen Slater, Richard Jordan, Margaret Whitton, John Pankow, Mercedes Ruehl. ◆ Brantley (Fox), fattorino nella multinazionale dello zio, impartisce ordini dall'ufficio di un dirigente: il gioco viene scoperto ma, considerati i buoni risultati prodotti dalle sue scelte, viene promosso sul campo. Parabola sul rampantismo (e le sue complicazioni erotico-sentimentali) meno satirica di quel che sembra. Ross conosce i ritmi della commedia, Fox – con la faccia che si ritrova – un po' meno.

Segreto del Sahara, Il * (Italia 1987, col, 90') Alberto Negrin. Con Michael York, Ben Kingsley, Diego Abatantuono, Miguel Bosé, Andie McDowell, Daniel Olbrychsky, Delia Boccardo. ◆ Uno studioso inglese (York), alla ricerca del segreto della Montagna Parlante, sarà ostacolato da biechi legionari, arabi infidi, perfidi tiranni. Assurdo condensato di una megaproduzione Rai di ben 340' in cui succede tutto e il contrario di tutto. I titoli recitano: «ispirato all'opera di Salgari». Le musiche sono di Ennio Morricone.

Segreto del Tibet, Il **½ (*Werewolf of London*, Usa 1935, b/n, 75') Stuart Walker. Con Henry Hull, Warner Oland, Valerie Hobson, Lester Matthews, Spring Byington. ◆ In Tibet, un botanico inglese (Hull) trova una pianta unica al mondo, ma nel raccoglierla viene assalito da un lupo mannaro che lo trasforma in un suo simile. Tornato a Londra, scopre da un uomo misterioso (Oland) che la pianta è un antidoto contro il licantropismo, ma per lui è troppo tardi: farà molte vittime prima di venir ucciso a sua volta. Prima apparizione del lupo mannaro nel cinema americano, più poetica e meno orrorifica di quanto ci si aspetterebbe: l'interesse del regista va tutto al dramma vissuto dallo scienziato-licantropo, «antieroe» guidato dall'istinto a sopprimere le persone che ama di più.

Segreto di Agatha Christie, Il ** (*Agatha*, Usa 1979, col 98') Michael Apted. Con Vanessa Redgrave, Dustin Hoffman, Timothy Dalton, Helen Morse, Celian Gregory. ◆ Agatha Christie (Redgrave), scoperto il tradimento del marito, segue la rivale per eliminarla con un delitto perfetto: ma un giornalista americano (Hoffman) la ferma in tempo. Fantabiografia, sceneggiata da Kathleen Tynan e Arthur Hopcraft, ispirata alla misteriosa sparizione (dal 3 al 14 dicembre 1926), di cui la celebre giallista non volle mai rivelare il motivo. La fotografia di Vittorio Storaro e due attori come Redgrave e Hoffman sono sprecati per questo divertissement che lascia un senso di inutilità.

Segreto di Alexina, Il ** (*Mystère Alexina*, Francia 1985, col, 86') René Feret. Con Philippe Vuillemin, Valerie Stroh, Bernard Freyd, Marianne Blaser. ◆ Alexina (Stroh), istitutrice nella Francia del secolo scorso, è stata allevata nell'ignoranza del proprio corpo e della propria sessualità. La sua vita è sconvolta quando sente attrazione verso un'altra ragazza: scoprirà di essere un ermafrodito registrato all'anagrafe come donna. Dall'autobiografia di Herculine Barbin ritrovata da Michel Foucault (e tradotta in italiano come *Una strana confessione*). In difficile equilibrio tra l'atto d'accusa verso una società repressiva e l'analisi psicologica, e senza, comunque, la forza documentaria del testo.

Segreto di Don Giovanni, Il ** (Italia 1947, b/n, 85') Camillo Mastrocinque. Con Silvana Pampanini, Gino Bechi, Gino Saltamerenda, Liliana Laine, Aroldo Tieri, Gina Lollobrigida, Galeazzo Benti. ◆ A causa delle troppe scappatelle, un cantante d'opera (Bechi) perde la voce. Disperato e privo del coraggio di suicidarsi, paga alcuni malfattori perché lo uccidano. Ma poi si accorge di amare ancora la moglie. La storia di *Ho affittato un killer*, come si vede, è vecchia come il mondo: Mastrocinque sforna un prodotto di corretto artigianato, aiutato dalla sceneggiatura di Vittorio Nino Novarese e dalla verve di Bechi.

Segreto di Mayerling, Il *½ (*Le Secret de Mayerling*, Francia 1949, b/n, 90') Jean Delannoy. Con Dominique Blanchar, Jean Marais, Claude Farrel, Jean Debucourt. ◆ L'arciduca Rodolfo (Marais), figlio dell'imperatore Francesco Giuseppe, è in contrasto col padre per le sue tendenze liberali. Quando si innamora della giovane e non altolocata Maria (Blanchar), scoppia lo scandalo: verranno assassinati. L'oscura vicenda era già stata portata sullo schermo nel 1936 da Anatole Litvak (*Mayerling*), che sceglieva la tesi del suicidio. La versione di Delannoy è artificiosa e pesante.

Segreto di Pollyanna, Il **½ (*Pollyanna*, Usa 1960, col, 134') David Swift. Con Hayley Mills, Jane Wyman, Richard Egan, Karl Malden, Adolphe Menjou, Donald Crisp, Agnes Moorehead. ◆ L'eccezionale voglia di vivere di una ragazzina di dodici anni (Mills) che, alla scomparsa dei genitori, va a vivere con una zia (Wyman) e finisce col conquistare un paese di misantropi del New England. Neanche la paralisi conseguente a una caduta la abbatterà. Tutto sommato, una delle migliori produzioni Disney di sempre sceneggiata dal regista: ovviamente edificante e commovente (o, a seconda dei gusti, dolciastra), ma con un cast e una regia decenti. Oscar speciale per la quattordicenne Mills. Remake di un film omonimo del 1920 con Mary Pickford.

Segreto di Santa Vittoria, Il *½ (*The Secret of Santa Vittoria*, Usa 1969, col, 140') Stanley Kramer. Con Anthony Quinn, Virna Lisi, Anna Magnani, Hardy Krüger, Renato Rascel, Valentina Cortese, Giancarlo Giannini. ◆ Durante l'occupazione tedesca a Santa Vittoria, un paesino del Piemonte, il sindaco (Quinn), un vinaio ubriacone, fa nascondere un milione di bottiglie di vino pregiato. Nonostante le violente pressioni di un ufficiale tedesco (Krüger), nessuno rivelerà il nascondiglio. Lunghissima commedia bellica fitta di figurine di maniera e di luoghi comuni sugli italiani brava gente. Una delle ultime apparizioni della Magnani.

Segreto di Stato *** (*State Secret*, Gb 1950, b/n, 105') Sidney Gilliat. Con Douglas Fairbanks jr, Glynis Johns, Herbert Lom, Jack Hawkins, Walter Rilla. ◆ Un brillante chirurgo americano (Fairbanks) viene precettato per un'operazione sperimentale nell'immaginario Stato della Vosnia: dopo aver accettato, scopre che il paziente è il dittatore del paese (Rilla), il quale muore – a intervento riuscito – per un'embolia. Il chirurgo fugge e trova riparo in un music-hall, dove convince una cantante di origine americana (Johns) a proteggerlo. Un thriller mozzafiato, costruito secondo la classica formula della caccia all'uomo e secondo la logica della nemesi narrativa: il medico tutto etica professionale, che pensa a salvare la vita del paziente cattivo da cui dipende la sua senza rischiare nulla per salvare quella delle vittime del regime, si trova poi a lottare da solo in un ambiente assolutamente ostile, dove si parla una lingua incomprensibile (frutto della fantasia del regista) e dove l'ambasciata americana vale come il due di picche. Tra angoscia e senso dell'umorismo, Gilliat (autore anche della sceneggiatura) si abbandona alle peripezie fuggendo da ogni possibile cliché e orchestra un film che tiene lo spettatore in sospeso fino all'ultimo minuto. Gli esterni sono stati girati sulle Dolomiti. Il nome del paese fa pensare a uno Stato dell'Est (non a caso: si era in epoca di guerra fredda).

Segreto di stato *½ (Italia 1994, col, 105') Giuseppe Ferrara. Con Massimo Ghini, Massimo Dapporto, Adalberto Maria Merli, Isabel Russinova, Mariella Valentini, Antonello Fassari, Alfredo Pea, Giampiero Bianchi, Tony Sperandeo. ◆ Il poliziotto Carlo Tommasi (Ghini) viene richiamato dal suo eremo per indagare su un attentato dinamitardo a Milano. Il capo del Sisde (Merli) ha già trovato un colpevole, uno dei suoi stessi uomini (Dapporto): ma Tommasi non ci casca, e scopre connivenze nelle sfere più alte. Il soggetto di Andrea Purgatori, ispirato alla cronaca recente (con qualche giochino sulla riconoscibilità dei personaggi) vuole mettere il dito nei rapporti tra mafia, politica, stragi e servizi segreti: ma la sceneggiatura di Andrea Frezza costruisce personaggi da fumetto (o da sceneggiato televisivo), che Ferrara mette in scena con una banale ricerca di spettacolarità. Alla fine, poi, c'è addirittura troppo ottimismo.

Segreto di una donna, Il ***½ (*Whirlpool*, Usa 1949, b/n, 97') Otto Preminger. Con Gene Tierney, Richard Conte, José Ferrer, Charles Bickford, Barbara O'Neil, Constance Collier, Fortunio Bonanova. ◆ L'ipnotizzatore Korvo (Ferrer) plagia la moglie cleptomane (Tierney) di uno psichiatra (Conte) e la fa accusare dell'omicidio della propria ex amante (O'Neil). Dal romanzo *Methinks the Lady* di Guy Endore, adattato da Ben Hecht sotto lo pseudonimo di Lester Bartow. Dopo *Vertigine*, Preminger pone la Tierney al centro di un altro triangolo inquietante, dove le apparenze celano tormenti segreti. Ferrer, genio solitario del Male, perdente e masochista (si spinge all'autoipnosi), regge il confronto col cattivo del film precedente. Fotografia contrastata di Arthur Miller, musica spettrale di David Riskin, scenografie spesso astratte di Lyle R. Wheeler e Thomas Little: uno dei più affascinanti noir dell'epoca.

Segreto di villa Paradiso, Il ** (Italia, 1940, b/n, 76') Domenico M. Gambino. Con Luisa Ferida, Giovanni Grasso, Mino Doro, Carlo Duse, Lily Vincenti, Roberto Bianchi, Lilia Silvi, Hilda Petri. ◆ Un poliziotto argentino, sulle tracce di una banda di falsari, viene ucciso mentre si sta recando a Villa Paradiso, un locale notturno in cui si gioca d'azzardo. Tre suoi colleghi infiltrati nel locale, con l'aiuto di una cantante che vorrebbe cambiare vita (Ferida), riescono a smascherare la gang. Un noir del tutto insolito per l'epoca (non a caso ambientato in America latina), che tuttavia non può fare a meno di contaminarsi con il feuilleton classico (l'agnizione finale ha dell'incredibile: il boss [Grasso] riconosce in un poliziotto [Doro] il figlio abbandonato da piccolo grazie a un anello che aveva regalato alla madre!). Piuttosto intrigante l'inizio, conforme alle regole del genere (anche nella messinscena: illuminazione contrastata, fasci di luce dalle persiane che tagliano i personaggi e creano lo spazio dell'azione); poi il film pian piano perde vigore e si sfilaccia, nonostante l'intreccio di sospetti, riunioni segrete, donne fatali, omicidi e la copertura di numeri di varietà. La sparatoria finale, degna di un gangster-movie americano, è nulla al confronto del colpo di scena all'italiana. La Ferida, per una volta, cede lo scettro di femme fatale a Lily Vincenti, l'amichetta di Rosenberg (interpretato da Carlo Duse).

Seguendo la flotta **½ (*Follow the Fleet*, Usa 1936, b/n, 110') Mark Sandrich. Con Fred Astaire, Ginger Rogers, Randolph Scott, Harriet Hillard, Lucille Ball, Betty Grable. ◆ I due marinai Bake (Astaire) e Bilge (Scott), amici per la pelle, si innamorano delle sorelle Sherry (Rogers) e Connie (Hillard) che vogliono riparare la vecchia nave ereditata dal padre. Sherry e Bake troveranno i fondi organizzando uno spettacolo. Classico musical (secondo del trio Sandrich-Astaire-Rogers) tratto da una commedia di Hebert Osborne e Allan Scott. Le musiche sono di Irving Berlin (tra cui la celebre *Let's Face the Music and Dance*), le coreografie di Fred Astaire. Rispetto al capolavoro *Cappello a cilindro*, quello di *Seguendo la flotta* è comunque solo professionismo d'alta classe.

Sei bambine e il Perseo *½ (Italia 1939, b/n, 100') Giovacchino Forzano. Con Augusto Di Giovanni, Elena Zareschi, Manlio Mannozzi, Mariù Gleck, Giuseppe Addobbati, Giulio Paoli, Vinicio Sofia, Giulio Tempesti, Alfredo Robert, Flori Rianetti [Fausta Amoretti], Tani Biancofiore [Gabriella Tani], Anna Maria Torniai, Scilla Sclanizza, Giuliana Toci [Cesarina Rispoli]. ◆ Nonostante le maldicenze dei fiorentini e la gelosia professionale di Babbio Bandinelli (Robert), Benvenuto Cellini (Di Giovanni) con l'aiuto dei suoi più fedeli collaboratori e delle sue nipoti (Zareschi, Rianetti, Biancofiore, Torniai, Sclanizza e Toci) saprà fondere – in una notte di tempesta – la statua del Perseo che Cosimo de' Medici (Mannozzi) metterà in piazza della Signoria. Ricostruzione fantasiosa (e poco avvincente) del ritorno di Cellini a Firenze dopo il lungo soggiorno in Francia: le solite battute sullo spiritaccio toscano e qualche sorriso per la simpatia delle nipotine, ma in compenso si impara tutto sull'arte della fusione in bronzo.

Seicento del Balaklava, I ** (*The Charge of the Light Brigade*, Gb 1968, col, 130') Tony Richardson. Con Trevor Howard, Vanessa Redgrave, Harry Andrews, John Gielgud, David Hemmings, Jill Bennett. ◆ Nel 1854 la guerra di Crimea vede l'impero russo contrapposto a Francia, Inghilterra e Regno di Sardegna. I seicento uomini della cavalleria leggera inglese saranno massacrati nell'assurdo tentativo di strappare dall'occupazione russa la vallata del Balaklava. Richardson ribalta la prospettiva del film di Michael Curtiz sullo stesso episodio (*La carica dei seicento*, 1936), e punta il dito contro il passato coloniale del suo paese. Nessuna apoteosi eroica, anche se la confezione è quella del kolossal. L'ironia acre del regista, già capofila del Free Cinema inglese, ha tuttavia gioco fin troppo facile.

Sei colpi in canna * (*Hound-Dog Man*, Usa 1959, col, 87') Don Siegel. Con Fabian [Forte], Carol Lynley, Stuart Whitman, Arthur O'Connell, Betty Field, Royal Dano, L.Q. Jones. ◆ Un ragazzo (Fabian) del Sud degli Usa vagabonda con un fannullone (Whitman) sempre dietro qualche gonnella, ma alla fine scoprirà che è suo padre (O'Connell) la persona da ammirare. Commedia rurale con intermezzi musicali che Siegel diresse malvolentieri – e si vede. Il progetto stava a cuore a Sam Peckinpah. Esordio di Fabian Forte, in arte Fabian, mito canoro dell'epoca.

Sei donne per l'assassino **½ (Italia/Francia/Rft 1964, col, 88') Mario Bava. Con Eva Bartok, Cameron Mitchell, Thomas Reiner, Ariana Gorini, Mary Arden, Lea Krueger. ◆ Un omicida mascherato fa strage di modelle usando le tecniche più fantasiose (compresa l'acqua e il fuoco). La polizia indaga ma arriva sempre tardi. Giallo senza troppa logica, girato con uno stile personale, delirante e barocco, che sembra pop art ante litteram. Ai tempi assai criticato per il suo sadismo. Merita di essere ricordato anche come l'ispiratore inconfessato dei primi film di Dario Argento (la soluzione è la stessa dell'*Uccello dalle piume di cristallo*). La sequenza della ragazza nella vasca è riprodotta all'inizio di *Matador* di Almodóvar con fini masturbatori.

Sei giorni sette notti * (*Six Days Seven Nights*, Usa 1998, col, 101') Ivan Reitman. Con Harrison Ford, Anne Heche, David Schwimmer, Jacqueline Obradors, Temuera Morrison, Danny Trejo, Taj Mahal. ◆ Il giorno dopo che il fidanzato (Schwimmer) ha proposto di sposarla, la giornalista newyorkese Robin Monroe (Heche) si ritrova sola su un'isola deserta della Polinesia col rude aviatore Quinn Harris (Ford): si beccano, giocano a fare i Robinson, si innamorano, poi arrivano i pirati. *La regina d'Africa*? No, al massimo una brutta copia di *Travolti da un insolito destino nell'azzurro mare d'agosto*. La sceneggiatura di Michael Browning non azzecca una battuta ed è di una prevedibilità sconfortante, mentre Reitman ignora la leggerezza e solletica un immaginario mediocre. Il cinema di chi si accontenta: Ford è ben conservato, la Heche priva di qualsiasi talento.

Sei giovane solo una volta *½ (*You're Only Young Once*, Usa 1938, b/n, 78') George B. Seitz. Con Mickey Rooney, Lewis Stone, Fay Holden, Cecilia Parker, Ann Rutherford, Frank Craven, Eleanor Lynn. ◆ Andy e sua sorella Marian (Rooney e Parker) si innamorano entrambi durante le vacanze estive a Catalina. Secondo film della serie di Andy Hardy, appena passabile.

6 gradi di separazione *** (*Six Degrees of Separation*, Usa 1993, col, 111') Fred Schepisi. Con Will Smith, Donald Sutherland, Stockard Channing, Anthony Michael Hall, Mary Beth Hurt, Bruce Davison, Ian Mckellen, Heather Graham, Eric Thal, Anthony Rapp, Osgood Perkins. ◆ Spacciandosi per il figlio di Sidney Poitier, il giovane nero Paul (Smith) si introduce in casa di una coppia di ricchi borghesi (Sutherland e Channing), conquistandoli con il suo charme: salvo essere scacciato la mattina dopo, quando viene trovato a letto con una marchetta. Da allora Paul ripete la recita con altre coppie di Manhattan: un gioco che scardina certezze ma che alla fine si rivolge contro di lui. L'origine teatrale è palese (il commediografo John Guane ha adattato una sua commedia), ma il film di Schepisi riesce a spiazzare lo spettatore come la logorrea di Paul ipnotizza i ricchi borghesi ansiosi di mostrarsi *politically correct*. Satira sociale, rapporti tra razze, sessi e generazioni vengono messi a nudo in una ronde di mezze bugie e ipocrisie in buona fede, dove alla fine non vince nessuno. Brillante e a tratti irresistibile (come nella dimostrazione dell'immoralità del *Giovane Holden*), anche se un po' stiracchiato nel finale. Il titolo si riferisce al numero di gradi di parentela sorprendentemente basso che, secondo un personaggio, separano qualunque uomo da un suo simile. La musica è di Jerry Fielding. Il pittore iperrealista Chuck Close è l'artista sulla sedia a rotelle.

Sei mogli di Barbablù, Le *½ (Italia 1950, b/n, 87') Carlo Ludovico Bragaglia. Con Totò [Antonio de Curtis], Isa Barzizza, Mario Castellani, Carlo Ninchi, Tino Buazzelli, Luigi Pavese, Silva Fazi, Aldo Bufi [Landi], Erminio Spalla, Enzo Garinei. ◆ In fuga dall'odiatissima moglie Domenica (Fazi), Totò Esposito (Totò) è scambiato per l'investigatore Nick Parter (Ninchi), venuto in Italia per arrestare il misterioso Barbablù, che ha già ucciso cinque mariti e rapito le rispettive mogli: sarà costretto a fingersi in viaggio di nozze con la giornalista Lana Ross (Barzizza) che spera così di attirare Barbablù in una trappola e dare lo scoop al proprio editore (Buazzelli). Il 1950 è l'anno di Totò: interpreta ben otto film – pochi giorni di lavorazione e via. Tutto il peso del film (sceneggiato alla garibaldina da Bruno Caravagni ed E.M. Ricci) è sulle spalle del comico, che improvvisa e ricicla battute del tipo: «Io ho un piano»... «E io due violini e una zampogna». A dir la verità il cattivo, con i peli che gli crescono a dismisura sul corpo, assomiglia a una specie di Jekyll nostrano piuttosto che a Barbablù. Una delle moglie rapite è Sofia Lazzaro, non ancora Loren. Totò si esibisce brevemente nel numero della marionetta disarticolata vestito con una armatura.

Sei mogli di Enrico VIII, Le **½ (*The Private Life of Henry VIII*, Gb 1933, b/n, 97') Alexander Korda. Con Charles Laughton, Binnie Barnes, Elsa Lanchester, Merle Oberon, Wendy Barrie, Everley Gregg, Robert Donat. ◆ Il re d'Inghilterra Enrico VIII (Laughton) accusa la seconda moglie, Anna Bolena (Oberon), di adulterio e la manda al patibolo; la stessa sorte avrà la numero cinque, Katherine Howard (Barnes), mentre gli sopravvivera solo l'ultima, Katherine Parr (Gregg). Korda non si cura della fedeltà storica, ma sfrutta l'aneddotica sul personaggio, confezionando uno spettacolo sontuoso e premiato da un grande successo. Scoppiettante sceneggiatura di Lajos Biro e Arthur Wimperis. Laughton ebbe gioco facile a vincere l'Oscar: solo sua moglie Elsa Lanchester gli tiene testa nei panni della petulante Anne di Clèves.

...Se incontri Sartana, prega per la tua morte *½ (Italia/Rft 1968, col, 95') Frank Kramer [Gianfranco Parolini]. Con John [Gianni] Garko, William Berger, Sidney Chaplin, Gianni Rizzo, Fernando Sancho, Klaus Kinski. ◆ Sartana (Garko) è l'unico a sapere dov'è nascosta una cassa d'oro, e fa eliminare tra di loro i suoi concorrenti nella ricerca. Spaghetti-western del periodo in cui il genere ormai declinava: tra le alternative della farsa e della violenza, il modesto Parolini sceglie la seconda.

Sei simpatiche carogne – Uno scacco tutto matto * (Italia/Spagna 1968, col, 99') Robert Fiz. Con Edward G. Robinson, Adolfo Celi, Maria Grazia Buccella, Terry-Thomas, Rossella Como. ◆ Un genio del crimine (Robinson) fa rapire tutti i dipendenti di una banca e li sostituisce con dei sosia che ruberanno l'ingente versamento che verrà effettuato il giorno dopo. Modestissimo giallorosa dalla sceneggiatura puerile. Povero Robinson.

Sei solo, agente Vincent **½ (*L.A. Takedown*, Usa 1989, col, 100') Michael Mann. Con Scott Plank, Alex McArthur, Ely Pouget, Laura Harrington, Vincent Guastaferro, Michael Rooker, Daniel Baldwin. ◆ Malgrado il detective Vincent Hanna (Plank) gli stia addosso, il ladro Patrick McLaren (McArthur) compie un'ultima rapina in banca e poi, anziché fuggire, va a vendicarsi di un socio che l'aveva tradito. Scritto e prodotto da Mann, il tv-movie che è alla base di *Heat* (l'inizio e la scena del confronto nel bar sono praticamente uguali, cambia il finale): inevitabilmente più schematico, data anche la durata, ma con una sua autonomia. Se il poliziotto è più banale, le contraddizioni del ladro sono emblematiche del lirismo noir del regista, grande stilista che trova sempre qualcosa di personale da dire.

Selena * (*Selena*, Usa 1997, col, 125') Gregory Nava. Con Jennifer Lopez, Edward James Olmos, Jon Seda, Constance Marie, Jacob Vargas. ◆ La breve vita (1971-1995) di Selena Quintanilla Perez (Lopez), cantante texana, popstar oculatamente gestita dal babbo (Olmos) che, associando costumini stile La Toya Jackson, disco music e ritmi latini, conquista il pubblico ispano-americano: ma poi un pazzo la uccide. Il film di Nava (anche sceneggiatore) è un concentrato di stereotipi in confezione pacchiana (la luccicosa fotografia è di Ed Lachman), che in confronto Ninì Grassia sembra Dreyer; e le cover di *I Will Survive* e altre ovvietà, interpretate dalla stessa Lopez, fanno pena. Resta un interesse sociologico, con Olmos che tesse l'elogio degli ispano-americani, stressati sia dagli yankee sia dai messicani: esempio di un cinema che le majors producono puntando verso un pubblico etnico ben preciso. Difatti in Italia è circolato solo sulla pay-tv e in cassetta.

Sei uomini d'acciaio *½ (*Steel*, rititolato anche *Men of Steel* e *Look Down and Die*, Usa 1980, col, 99') Steve Carver. Con Lee Majors, Jennifer O'Neill, George Kennedy, Terry Kiser, Richard Lynch, R.G. Armstrong. ◆ Una squadra di operai, per rispettare il contratto deve costruire gli ultimi nove piani di un grattacielo in tre settimane, costi quello che costi. Struttura e confezione televisiva, nulla di memorabile.

Sella d'argento *½ (Italia 1978, col, 94') Lucio Fulci. Con Giuliano Gemma, Ettore Manni, Sven Valsecchi, Cinzia Monreale. ◆ Il pistolero Roy Blood (Gemma), che vuole vendicare la morte del padre, superando l'odio di sangue difenderà i due innocenti nipotini dell'assassino Barrett (Manni). Tardo e scontato spaghetti-western che punta a un pubblico di famiglie.

Se lo scopre Gargiulo *½ (Italia 1988, col, 117') Elvio Porta. Con Giuliana De Sio, Richard Anconina, Enzo Cannavale, Nicola de Pinto. ◆ Teresa (De Sio), moglie del figlio (Anconina) dell'innominabile professor Gargiulo, ha ventiquattr'ore di tempo per trovare i soldi per pagare un debito: e a mali estremi... Lo sceneggiatore Porta, all'esordio come regista, ha voluto insistere nel giallo alla napoletana, indugiando sul folclore della malavita ed elogiando la solita arte di arrangiarsi. Esagitato, sopra le righe, e ignorato – almeno fuori casa – dal pubblico. Musiche di Pino Daniele.

Selva dei dannati, La *** (*La Mort en ce jardin*, Francia/Messico 1957, col, 110') Luis Buñuel. Con Simone Signoret, Charles Vanel, George Marchal, Michel Piccoli, Michèle Girardon. ◆ Una cittadina mineraria brasiliana si ribella al governo che vuole nazionalizzare i giacimenti. Un gruppo di personaggi male assortiti – tra cui un avventuriero (Marchal), un prete (Piccoli), una prostituta (Signoret) e un vecchio minatore (Vanel) – fuggono nella giungla inseguiti dalla polizia: si massacreranno a vicenda. All'origine del film è un banale romanzo d'avventure, al cui adattamento parteciparono tuttavia Raymond Queneau e Luis Alcoriza. Buñuel non esprime giudizi sui personaggi – tutti ambigui, né buoni né cattivi – e li osserva agire come cavie di laboratorio in una cornice di natura selvaggia e lussureggiante. Lucido e cinico, dietro le convenzioni imposte dalla produzione.

Selvaggi, I ** (*The Wild Angels*, Usa 1966, col, 93') Roger Corman. Con Peter Fonda, Nancy Sinatra, Bruce Dern, Diane Ladd, Buck Taylor, Michael J. Pollard, Gayle Hunnicutt. ◆ Jack Black (Fonda) e Loser (Dern) sono i capi di una banda di motociclisti californiani: il secondo muore in seguito a uno scontro con la polizia, e i suoi compagni celebrano un degno funerale. Considerato il precursore di *Easy Rider*, ed esaltato per i suoi contenuti anarcoidi da una generazione di cinefili, è in realtà, a parte la scena finale dell'orgia nella chiesa, un film stiracchiato che sembra non vada da nessuna parte, facendo rimpiangere il vecchio *Selvaggio* con Marlon Brando. Corman ingaggiò gli Hell's Angels di Venice, che crearono non pochi problemi. Peter Bogdanovich, non accreditato, riscrisse la sceneggiatura e diede una mano sul set. La parte di Fonda sarebbe dovuta andare a George Chakiris, che però non sapeva andare in moto.

Selvaggi * (Italia 1995, col, 95') Carlo Vanzina. Con Ezio Greggio, Leo Gullotta, Antonello Fassari, Cinzia Leone, Monica Scattini, Emilio Solfrizzi, Carmela

Vincenti, Franco Oppini, Michèle Merkin, Cash. ◆ Un piccolo aereo che sta sorvolando i Caraibi ha un'avaria e così un gruppo di turisti italiani è costretto a sopravvivere su un'isoletta deserta. Ma più che unire gli sforzi per ripartire, si divideranno sulla politica, «berlusconiani» (Greggio e Scattini) da una parte, «pidiessini» (Fassari e Leone) dall'altra, «intellettuale» imbranato in mezzo (Gullotta). I fratelli Vanzina (Carlo alla regia, Enrico alla produzione, insieme alla sceneggiatura) adattano la loro superficiale comicità alla divisione politica del Paese, ma non fanno altro che riproporre situazioni ultrastereotipate e soprattutto già sfruttate dalla televisione.

Selvaggina di passo *** (*Wildwechsel*, Rft 1972, col, 120') Rainer Werner Fassbinder. Con Eva Mattes, Harry Baer, Jörg von Liebenfels, Ruth Drexel, Kurt Raab, Hanna Schygulla, Klaus Löwitsch. ◆ La sedicenne Hanni (Mattes) ha una relazione con il ventiduenne Franz (Baer). Il padre di lei, quando scopre che la figlia è incinta, denuncia il ragazzo per corruzione di minorenne e i due giovani finiranno entrambi in prigione per omicidio. Pur essendo impietoso nei confronti della piccola borghesia, Fassbinder non vuole celebrare alcun maledettismo o ribellismo: tant'è che alla fine Hanni confessa a Franz che il suo non era vero amore. Sgradevole (malgrado il taglio, voluto dall'autore della pièce Franz Xaver Kroetz, di alcune sequenze) e lucido, uno dei migliori Fassbinder prima maniera.

Selvaggio, Il ** (*Bordertown*, Usa 1935, b/n, 90') Archie Mayo. Con Paul Muni, Bette Davis, Eugene Pallette, Margaret Lindsay. ◆ Un penalista (Muni) di umili origini messicane si innamora della moglie altezzosa (Davis) di un uomo d'affari. La parte del processo – ma solo quella – è ripresa in *Strada maestra* di Walsh. Melodramma che si trasforma in giallo, tenuto in piedi dal cast.

Selvaggio, Il *** (*The Wild One*, Usa 1954, b/n, 79') Laszlo Benedek. Con Marlon Brando, Mary Murphy, Lee Marvin, Robert Keith, Jay C. Flippen, Jerry Paris. ◆ Johnny (Brando) irrompe con la sua banda di teppisti in motocicletta, i Black Rebels, in una tranquilla cittadina e salva la vita a Kitty (Murphy), figlia dello sceriffo, che si innamora di lui. Quando sarà accusato di omicidio dal rivale Chino (Marvin), sarà scagionato proprio dal padre della ragazza. Prodotto da Stanley Kramer, un film che fece epoca – prima di *Gioventù bruciata* – per la rappresentazione inedita di un mondo giovanile randagio e insofferente alle costrizioni della famiglia e del lavoro. Che questi ribelli avessero in realtà il cuore tenero, sembrò di secondaria importanza: il film venne accusato di istigazione alla violenza, e in Inghilterra venne proibito per quattordici anni. Oggi si fa apprezzare soprattutto per il fascino visivo (indimenticabili le immagini frontali dei motociclisti sulla strada), l'asprezza stilistica, l'efficacia nella contrapposizione tra i borghesi bacchettoni e i teppisti strafottenti. Brando in giubbotto nero divenne un mito internazionale, ed entrò a far parte dell'inconscio collettivo – come mostrano i diversi quadri che, pochi anni dopo, gli dedicò Andy Warhol. Intensa colonna sonora di Shorty Rogers.

Selvaggio è il vento *½ (*Wild Is the Wind*, Usa 1957, col, 114') George Cukor. Con Anna Magnani, Anthony Quinn, Anthony Franciosa, Dolores Hart, Joseph Calleia. ◆ Gino (Quinn), ricco allevatore italoamericano, sposa Gioia (Magnani), la sorella, appena arrivata dall'Italia, della defunta moglie. Ma in lei cerca solo l'immagine della scomparsa, e si fa cornificare dal figlio adottivo (Franciosa). Melodramma rurale a lieto fine fuori dalle corde del regista, che rimpiazzò John Sturges. Sceneggiato da Arnold Schulman, è il secondo film americano della Magnani, che fu candidata all'Oscar: ma tutto sa di maniera. Remake di *Furia* (1947) di Goffredo Alessandrini.

Sembra morto... ma è solo svenuto ** (Italia 1987, col, 91') Felice Farina. Con Sergio Castellitto, Marina Confalone, Anita Zagaria, Mario Prosperi, Claudio Spadaro, Enzo Scotto Lavina. ◆ La vita di Romano (Castellitto) e Marina (Confalone), spiantati fratelli trentenni, cambia a causa di un vicino di casa che spaccia droga. Lei se ne innamora e resta incinta, lui impara a farsi furbo e diventa bookmaker clandestino e rapitore di cani da corsa. Opera prima di Farina, scritta assieme a Castellitto, in furbo equilibrio tra commedia all'italiana e dramma di costume. Nulla di nuovo sotto il sole, anche se molti critici hanno gridato al miracolo. Precorritore del nuovo cinema italiano incerto tra la carineria e la cattiveria, il film di Farina non incontrò però i favori del pubblico.

Seme della follia, Il *** (*In the Mouth of Madness*, Usa 1994, col, 94') John Carpenter. Con Sam Neill, Jürgen Prochnow, Julie Carmen, Charlton Heston, David Warner, John Glover. ◆ Sutter Cane (Prochnow), autore di libri horror (palesemente debitori di H.P. Lovecraft) che «vendono più di Stephen King» e fanno letteralmente impazzire i lettori, è scomparso. Il detective Trent (Neill) lo trova in un paese fantasma: assiste all'apertura delle porte dell'inferno, scopre di essere un personaggio di Cane, e che dal libro di cui è protagonista è già stato tratto un film (di Carpenter, naturalmente). Forse il migliore degli horror che giocano sulla confusione tra finzione e realtà: un puzzle vertiginoso e inquietante, che non si avvolge su se stesso ma alla fine osa affrontare (come già faceva *Il signore del male*) in modo pessimista e visionario il tema dell'Apocalisse. È una riflessione non banale sull'inflazione di immagini già viste che affligge la società contemporanea. Scritto da Michael DeLuca. Carpenter è coautore della colonna sonora. Da paragonare con *Nightmare – Nuovo incubo*.

Seme della gramigna, Il → *Weeds*

Seme della violenza, Il ** (*Blackboard Jungle*, Usa 1955, b/n, 101') Richard Brooks. Con Glenn Ford, Anne Francis, Louis Calhern, Margaret Hayes, John Hoyt, Sidney Poitier. ◆ L'odissea di un giovane professore (Ford) alla North Manual High School di New York: dovrà faticare molto per sconfiggere l'indifferenza dei colleghi e l'ostilità dei suoi allievi (che arrivano a denunciarlo con lettere anonime) ma alla fine conquisterà la loro stima. Tratto dal romanzo di Evan Hunter sceneggiato da Brooks, è un film che alla sua uscita fece scandalo per la crudezza con cui descriveva la violenza degli slum, ma rivisto oggi la sua presa di posizione a favore del professore progressista con gli occhi chiari e il cuore d'oro appare un po' facile. Ottimo il lavoro con gli attori, tra cui un giovane ma già interessante Poitier nella parte di Miller e il futuro regista Paul Mazursky in quella di Stocker. Per la prima volta viene usato il rock nella colonna sonora, con *Rock Around the Clock* sui titoli di testa.

Seme dell'odio, Il *½ (*The Wilby Conspiracy*, Gb 1975, col, 101') Ralph Nelson. Con Sidney Poitier, Michael Caine, Nicol Williamson, Prunella Gee, Persis Khambatta, Rutger Hauer, Saeed Jaffrey. ◆ Nel Sudafrica razzista una donna avvocato bianca (Gee) difende e fa assolvere il capo (Poitier) di una organizzazione per i diritti civili: i razzisti non glielo perdoneranno. All'impegno civile subentra una banale suspense da film d'azione: lo stesso schema del successivo *Grido di libertà*. Semplicistico.

Seme dell'uomo, Il **½ (Italia 1969, col, 113') Marco Ferreri. Con Marco Margine, Anne Wiazemsky, Annie Girardot, Rada Rassimov, Adriano Aprà, Luciano Odorisio. ◆ Sopravvissuti a una misteriosa epidemia, Cino (Margine) e Dora (Wiazemsky) si rifugiano su una spiaggia, dove collezionano reperti della civiltà distrutta: elettrodomestici, Pepsi Cola giganti, forme di parmigiano. Ma se lui vorrebbe continuare la specie, lei non ci pensa neanche. Il pessimismo apocalittico di Ferreri (autore anche della sceneggiatura con Sergio Bazzini) è corretto da impennate beffarde e da una ricerca visiva suggestiva, debitrice della pop art e dell'arte povera allora in voga. Meno lucido di *Dillinger è morto*, e con troppe facili allegorie: ma dei film di quella stagione ideologica, è uno dei non molti che vale ancora la pena di vedere. Ferreri si vede nella parte di un cadavere seduto.

Seme del tamarindo, Il **½ (*The Tamarind Seed*, Usa 1974, col, 123') Blake Edwards. Con Julie Andrews, Omar Sharif, Anthony Quayle, Oscar Homolka, Sylvia Syms, Daniel O'Herlihy. ◆ Alle Barbados scoppia l'amore tra un'impiegata del ministero degli Esteri inglese (Andrews) e un alto funzionario sovietico (Sharif): ma i controspionaggi dei due paesi cercano di separarli. Thriller romantico vagamente hitchcockiano, additato in genere al pubblico ludibrio. Edwards riesce tuttavia a indovinare il tono malinconico e struggente, e a sbozzare un paio di personaggi interessanti (specie l'ambasciatore omosessuale interpretato da Quayle): tutt'altro che uno dei suoi film peggiori. Bella colonna sonora di John Barry.

Se mi amate... *½ (*Critical Care*, Usa 1997, col, 105') Sidney Lumet. Con James Spader, Kyra Sedgwick, Margo Martindale, Helen Mirren, Albert Brooks, Anne Bancroft, Wallace Shawn, Philip Bosco. ◆ Il padre è tenuto in vita artificialmente, e la figlia Felicia (Sedgwick), in lotta con la sorella (Martindale) per l'eredità, cerca di sedurre l'ambizioso dottorino Ernst (Spader) per convincerlo a staccare i fili. L'anziano Lumet ha voglia di dire la sua sulle questioni ultime, alternando la commedia nera alla denuncia della classe medica. Con un certo coraggio a toccare temi così scomodi, ma con poco cinema: parodie involontarie di Bergman, stile da sit-com, finale che ristabilisce il pathos e i buoni sentimenti. Steven S. Schwarz ha adattato un romanzo di Richard Dooling.

Se mia moglie lo sapesse *** (*Everybody Does It*, Usa 1949, b/n, 98') Edmund Goulding. Con Paul Douglas, Linda Darnell, Celeste Holm, Charles Coburn, Millard Mitchell, Lucille Watson, John Hoyt, George Tobias, Leon Belasco. ◆ La moglie (Holm) crede di avere una voce da soprano e tenta la carriera lirica, ma in realtà è il marito imprenditore (Douglas) a essere un potenziale baritono: il problema è che a scoprirlo è l'affascinante cantante Celeste Carver (Darnell), che lo vorrebbe non solo come compagno di scena. Scatenata commedia sofisticata – remake di *Siamo fatti così* – sceneggiata da Nunnally Johnson da un soggetto di James M. Cain: questa seconda versione accentua la satira contro il matriarcato e trasforma la commedia nel ritratto in negativo di un Paese dove gli uomini (forse come contraccolpo agli anni della guerra) sembrano incapaci di qualsiasi decisione autonoma (l'abulia in ufficio di Douglas). Difficile trovare, se non nei film di W.C. Fields, battute altrettanto acide sull'invadenza delle suocere e la testardaggine delle mogli, e un invito così esplicito a esorcizzare la propria dipendenza matrimoniale con un bel tradimento («Ti ci vuole solo un po' di pratica», dice al protagonista una Darnell in vestaglia bianca e sguardo assassino). La «disastrosa» opera finale è scritta da Mario Castelnuovo – Tedesco. Perfetto il cast, con Douglas e Coburn (suo suocero) su tutti.

Semi congelati → *Banca del seme più pazza del mondo, La*

Seminole **½ (*Seminole*, Usa 1953, col, 87') Budd Boetticher. Con Rock Hudson, Barbara Hale, Anthony Quinn, Richard Carlson, Hugh O'Brian, Lee Marvin. ◆ L'ufficiale Caldwell (Hudson), per colpa di un maggiore arrivista, si trova a combattere contro Osceola (Quinn), il capo dei seminole con cui era cresciuto. Prevarrà la vecchia amicizia, ma finirà lo stesso in tragedia. La grande stagione western di Boetticher non è ancora cominciata ma già risalta il suo pessimismo morale: sottolineato da una «fotografia lussureggiante» di Russell Metty, il film – sceneggiato da Charles K. Peck jr – denuncia «con una radicalità quasi fisica» l'impossibilità per le due razze di trovare, a quell'epoca della loro storia, il modo di capirsi e di integrarsi. E lo fa con una follia barocca che risalta splendidamente nella scena in cui le truppe americane sprofondano nelle paludi, tragico epilogo di un militarismo incapace di capire i tempi.

Se mi vuoi sposami ** (*Honky Tonk*, Usa 1941, b/n, 105') Jack Conway. Con Clark Gable, Lana Turner, Claire Trevor, Frank Morgan, Albert Dekker, Chill Wills. ◆ Una brava ragazza (Turner) ama un baro impenitente (Gable), che riesce a sposare quando è ubriaco fradicio: ma il matrimonio non gli fa cambiare modo di vita. Discreta, anche se prevedibile, commedia di ambientazione western, sorretta da un cast – protagonisti e comprimari – in vena.

Semmelweis ** (Italia/Svizzera 1980, col, 110') Gianfranco Bettetini. Con Giulio Brogi, Alain Cuny, Tino Carraro, Pier Paolo Capponi, Umberto Ceriani,

Enzo Tarascio, Fernando Pannullo. ◆ Lo scienziato ungherese Ignaz Philip Semmelweis (Brogi) riesce a trovare il sistema per non fare infettare i malati dai loro stessi medici, ma, osteggiato in vita, muore pazzo. Film televisivo dai toni didattici e asciutti firmato da un teorico delle comunicazioni di massa, qui anche sceneggiatore insieme al futuro critico televisivo Aldo Grasso: la vita di Semmelweis (che era stata oggetto della tesi di laurea di Louis Ferdinand Céline) viene intrecciata con il dibattito scientifico dell'epoca e una riflessione sui poteri accademici con effetti volutamente stranianti.

Sempre rivali * (*Women of All Nations*, Usa 1931, b/n, 72') Raoul Walsh. Con Victor McLaglen, Edmund Lowe, Greta Nissen, El Brendel, Fifi D'Orsay, Bela Lugosi. ◆ Seguito di *I due rivali*. Il capitano Flagg (McLaglen) e il sergente Quilt (Lowe), un volta congedati dall'esercito, hanno difficoltà ad adattarsi alla vita civile. Dai bagni turchi di New York finiranno in Egitto, a combattere contro un malvagio emiro (Lugosi). Ultimo capitolo delle avventure della coppia di amiconi di *Gloria*. Walsh lo diresse controvoglia, temendo il fiasco: aveva ragione. Particina (scomparsa da quasi tutte le copie) per il giovane Humphrey Bogart.

Senatore, Il → *Bulworth – Il senatore*

Senilità ** (Italia 1962, b/n, 118') Mauro Bolognini. Con Anthony Franciosa, Claudia Cardinale, Philippe Leroy, Betsy Blair, Aldo Bufi Landi. ◆ Lo scrittore fallito Emilio Brentani (Franciosa) perde la testa per la popolana Angiolina (Cardinale); la sua sorella zitella Amalia (Blair), invece, cerca una tardiva giovinezza nell'amore per il gaudente scultore Balli (Leroy). Finché si tratta di descrivere una Trieste autunnale e crepuscolare, Bolognini ci arriva; ma l'immagine in genere banalizza il romanzo di Svevo, riducendolo a una storia abbastanza convenzionale di fallimenti e solitudini, e perdendone a volte il tono impietoso. Sceneggiatura di Bolognini, Tullio Pinelli e Goffredo Parise. Franciosa e Blair sono doppiati rispettivamente da Romolo Valli e Lilla Brignone.

Se non avessi più te * (Italia 1965, col, 95') Ettore M. Fizzarotti. Con Gianni Morandi, Laura Efrikian, Nino Taranto, Aroldo Tieri, Enrico Viarisio, Dolores Palumbo, Vittorio Congia, Nino Terzo, Raffaele Pisu, Gino Bramieri, Stelvio Rosi, Dante Maggio. ◆ Un giovane cantante (Morandi) si sposa in segreto per non deludere le sue fans: ma i giornali mondani inventano una storia d'amore fasulla che mette in apprensione la sposina (Efrikian). Fotoromanzo canoro su misura per l'allora fidanzato d'Italia. Ennio Morricone, ai tempi, non disdegnava di scrivere le musiche per questo genere di film. Incassi, all'epoca, astronomici (un miliardo e mezzo).

Se non faccio quello non mi diverto * (*Portnoy's Complaint*, Usa 1972, col, 101') Ernest Lehman. Con Richard Benjamin, Karen Black, Lee Grant, Jill Clayburgh. ◆ Alexander (Benjamin), ebreo americano, vittima di una educazione bigotta e con complessi edipici irrisolti, è ossessionato dal sesso ma non riesce a mettere in pratica i suoi desideri. Infelice trasposizione del *Lamento di Portnoy* di Philip Roth adattata dal regista: edulcorata, rispetto all'originale, e molto meno spiritosa.

Se non sono matti non li vogliamo ** (Italia 1941, b/n, 98') Esodo Pratelli. Con Ruggero Ruggeri, Armando Falconi, Antonio Gandusio, Paolo Stoppa, Emilio Baldanello, Germana Paolieri, Vanna Vanni, Ada Dondini, Carlo Minello, Ermanno Roveri. ◆ Morendo, il conte Bardonazzi (Stoppa), presidente della società di goliardi «Se non son matti non li vogliamo», lascia l'usufrutto dei propri averi agli ultimi tre superstiti della società, il misogino Bortolo (Gandusio), l'acciaccato Piero (Falconi) e il sognatore Momi (Ruggeri): per i tre, più o meno poveri, l'eredità è un toccasana, ma per non perderla devono tornare a fare le ragazzate che facevano da giovani. E questa volta gli esiti saranno ben più tragici. Un dramma senile con risvolti melodrammatici tratto dalla commedia dialettale *Se no i xe mati no li volemo* di Gino Rocca, sceneggiata dal regista con Renato Simoni e Guglielmo Usellini, che mette a confronto tre mostri sacri della recitazione nazionale. Ma questo veicolo attoriale per mattatori della scena, dove i protagonisti sono costretti a «recitare la commedia» loro malgrado, rivela ben presto una piega disperata che incuriosisce ancora oggi: in certi momenti (specie nel melodrammatico personaggio della figlia di Momi, interpretata da Vanna Vanni) c'è fin troppa melassa, ma la cattiveria senza compiacimenti con cui sono descritti questi tre vecchi, costretti per sopravvivere a comportarsi da stupidi giovinastri (come nella scena del veglione di fine «carnovale») e l'odio che si respira per chi è ancora giovane hanno un'amarezza insolita e toccante. Da veri mattatori, naturalmente, la recitazione dei tre protagonisti, con una menzione speciale per l'iroso Gandusio.

Sensi ° (Italia 1986, col, 93') Gabriele Lavia. Con Gabriele Lavia, Monica Guerritore, Mimsy Farmer, Lewis Edward Ciannelli, Gioia Scola. ◆ Non contenti di essersi resi ridicoli in *Scandalosa Gilda*, Lavia e signora ci riprovano, questa volta in salsa noir. Lui è un killer braccato da misteriosi sicari. Lei è una signora borghese che deve essere rimasta colpita da *Bella di giorno*. Si incontrano in un bordello, e scocca una passione che, prevedibilmente, porta alla morte. I penosi ammiccamenti al cinema americano non bastano a riempire i vuoti tra i nudi patinati della protagonista. Musiche di Fabio Frizzi.

Senso **** (Italia 1954, col, 115') Luchino Visconti. Con Alida Valli, Farley Granger, Massimo Girotti, Heinz Moog, Rina Morelli, Marcella Mariani, Sergio Fantoni. ◆ Alla Fenice di Venezia nel 1866, si rappresenta *Il Trovatore*: il patriota conte Ussoni (Girotti) sfida a duello il tenente austriaco Franz Mahler (Granger), che insulta gli italiani. Livia Serpieri (Valli), anch'ella di sentimenti antiaustriaci, avvicina Mahler per intercedere a favore del cugino Ussoni, e se ne innamora follemente, giungendo a consegnargli i soldi destinati ai patrioti italiani. Ma dopo l'estrema degradazione arriverà la vendetta. Visconti si ispira al romanzo di Camillo Boito (al cui adattamento parteciparono Suso Cecchi d'Amico, Giorgio Bassani, Tennessee Williams e Paul Bowles) per mostrare la crisi di una società – quella nobiliare – che agisce a fianco della Storia, senza potervi partecipare. Se il melodramma è il modello di comportamento di Livia e di Franz, Visconti sembra voler evitare ogni coinvolgimento emotivo nei loro confronti, anche se poi, come sempre, rimane affascinato dal crollo del loro mondo; esemplare, in questo senso, l'uso di Bruckner nella colonna sonora. Celebre la sequenza della battaglia di Custoza, che iconograficamente ricorda i quadri di Lega e Fattori, mentre narrativamente si ispira alla descrizione «in soggettiva» della disfatta di Waterloo nella *Certosa di Parma* di Stendhal. Visconti non poté intitolare il film *Custoza* (sconfitta allora ancora infamante) e fu costretto a girare la scena della morte di Mahler. Il bravissimo direttore della fotografia G.R. Aldo morì in un incidente durante le riprese e fu sostituito da Robert Krasker e Giuseppe Rotunno. Il film accese un accorato dibattito critico innescato da Guido Aristarco sul passaggio del cinema italiano dal neorealismo, inteso come registrazione della realtà, al realismo, inteso come interpretazione critica di essa.

Senso dell'amore, Il ** (*She's the One*, Usa 1996, col, 96') Edward Burns. Con Edward Burns, Mike McGlone, Maxine Bahns, Cameron Diaz, John Mahoney, Jennifer Aniston. ◆ Tassista e neo sposo, Mickey Fitzpatrick (Burns) scopre che l'amante del fratello yuppie (McGlone) è la sua ex fidanzata Heather (Diaz), disponibile anche a qualche ritorno di fiamma. Regista, sceneggiatore, attore e produttore, Burns prosegue con il genere che l'aveva fatto conoscere, la commedia sentimental-famigliare in versione maschile (*I fratelli McMullen*): dialoghi scorrevoli, personaggi immediatamente classificabili, messa in scena senza svolazzi autoriali. Ma l'atmosfera è troppo simile al primo film per non lasciare un po' di delusione. La colonna sonora è firmata da Tom Petty and the Heartbreakers. Robert Redford è produttore esecutivo.

Senso della vita, Il → *Monty Python, il senso della vita*

Senso di Smilla per la neve, Il * (*Smilla's Sense of Snow*, Germania/Danimarca/Svezia 1997, col, 115') Bille August. Con Julia Ormond, Gabriel Byrne, Richard Harris, Robert Loggia, Jim Broadbent, Mario Adorf, Clipper Milano, Jurgen Viogel, Vanessa Redgrave. ◆ Smilla Jaspersen (Ormond), glaciologa di origine eschimese e outsider di carattere, ha dei forti dubbi che la morte di Isaiah (Milano), piccolo vicino di casa precipitato da un tetto, sia incidentale come sostiene la polizia. Comincia così una personalissima inchiesta che le farà conoscere un misterioso «Meccanico» (Byrne) e scoprire la verità su una missione segreta avvenuta trent'anni prima in Groenlandia. Dall'omonimo best seller di Peter Høeg, sceneggiato da Ann Biderman, un giallo illustrativo e noioso, appesantito da una trama complicata e da un cast altisonante e sbagliato (la Ormond è un fintissimo grumo di sprezzo e nevrosi), che la dice lunga sul valore del regista, già responsabile di un'imbarazzante riduzione della *Casa degli spiriti*. Belle le riprese tra le nevi e i ghiacci, troppo poco per rendere il senso mistico-ecologico che traspariva dalle pagine del libro. La trotzkista Vanessa Redgrave fa la parte di un'amministratrice monacale. È la prima grande produzione cinematografica girata in Groenlandia.

Sensualità ** (Italia 1952, b/n, 95') Clemente Fracassi. Con Eleonora Rossi Drago, Amedeo Nazzari, Marcello Mastroianni, Francesca Liddi, Corrado Nardi, Clorindo Cerato, Maria Zanoli, Angelo Binarelli, Gaetano Verna. ◆ Profuga dall'Istria, Franca Gabric (Rossi Drago) trova lavoro nell'azienda agricola di due fratelli. Per ingelosire Riccardo (Nazzari) accetta la corte del più giovane Carlo (Mastroianni) e lo sposa anche: chiaro che finirà in tragedia. Un melodramma torbido e passionale che si ispira con molta libertà al film messicano *Sensualidad* di Alberto Gout, adattato al dopoguerra italiano: i profughi come pericolo destabilizzante (è l'ambiguità di Franca che trasforma l'amore tra i fratelli in odio), la rigida moralità del mondo campagnolo (che impedisce una qualunque soluzione al dramma) e la passionalità come forza distruttiva (la citazione finale del salmo 51 [*Miserere*], quasi a esorcizzare un delitto che non viene punito nel film). Ma più che la sceneggiatura piuttosto tradizionale di Ennio De Concini e Alberto Moravia sono la regia di Fracassi e la fotografia di Aldo Tonti a dare al personaggio di Franca una carica di erotismo provocante e «sovversivo», esaltato dalla bellezza prorompente della Rossi Drago. Come già in *Anna* (ugualmente prodotto da Ponti e De Laurentiis) il ritmo sudamericano del bajon sottolinea l'esplosione della sensualità femminile.

Sensualità morbosa **½ (*Sweet Kill*, rititolato *The Arousers* e anche *A Kiss From Eddie*, Usa 1970, col, 90') Curtis Hanson. Con Tab Hunter, Isabel Jewell, Linda Leider, Nadyne Turney, Roberta Collins. ◆ Uno psicopatico (Hunter) di Venice, California, ogni volta che si apparta con una donna diventa preda di impulsi omicidi. Misconosciuto thriller di un regista (qui anche sceneggiatore) sempre in bilico tra l'avanguardia e la serie B – almeno per quanto concerne budget e temi. Originale e in anticipo sui tempi, è interessante anche per come si mette in gioco Hunter, biondo idolo delle teen-ager di qualche anno prima.

Senti, amore mio → *L'amore attraverso i secoli*

Senti chi parla *½ (*Look Who's Talking*, Usa 1989, col, 90') Amy Heckerling. Con John Travolta, Kirstie Alley, Olimpia Dukakis, George Segal, Abe Vigoda, Twink Kaplan. ◆ Una trentenne (Alley) con figlio a carico in cerca di un papà ci mette un'ora e mezza di film per accorgersi che il candidato ideale era il tassista bonaccione (Travolta) che l'aveva soccorsa quando era in preda alle doglie. Il piccolo Mickey, che pur non parlando pensa già da adulto, l'aveva capito subito. Una sola idea: quella di associare al marmocchio la voce off e le battute di un comico famoso (nell'edizione italiana Paolo Villaggio, nell'originale Bruce Willis). Volenterosi tentativi di autoironia da parte di Travolta. Il pubblico si è divertito da matti, e sono arrivati due seguiti.

Senti chi parla 2 * (*Look Who's Talking Too*, Usa 1990, col, 81') Amy Heckerling. Con John Travolta, Kirstie Alley, Olimpia Dukakis, Elias Koteas, Twink

Kaplan. ◆ Il tassista (Travolta) è diventato pilota d'aerei, e regala a Mickey una sorellina. Il piccolo saccente non gradisce, ma avrà modo di riscattarsi comportandosi da eroe. Per tirare ottanta minuti di film gli sceneggiatori aggiungono un terzo pupo, nero, e ricorrono a stupidissimi battibecchi coniugali. L'umorismo scatologico si abbassa a livelli da asilo. Paolo Villaggio, Anna Mazzamauro e Lino Banfi prestano le voci ai pargoli parlanti (e non più pensanti) in uno dei peggiori doppiaggi che siano mai stati realizzati; nell'originale si prestavano al giochetto Bruce Willis, Roseanne Barr e Damon Wayans. Willis, pare, è stato pagato una decina di milioni di dollari.

Senti chi parla adesso! * (*Look Who's Talking Now*, Usa 1993, col, 92') Tom Ropelewski. Con John Travolta, Kirstie Alley, Olympia Dukakis, George Segal, Lysette Anthony. ◆ James Ubriacco (Travolta) diventa pilota per una manager (Anthony) che cerca invano di sedurlo: ma alla fine moglie e figli arrivano alla riscossa. Visto che i marmocchi sono cresciuti, i produttori hanno avuto la brillante idea di far «parlare» tra di loro i due cani di famiglia, il bastardino Rocks e la cagnetta di razza Daphne: nell'originale le voci erano di Danny DeVito e Diane Keaton, nella versione italiana di Renato Pozzetto e Monica Vitti. Ma le spiritosaggini dei due cani, sommate all'idiozia della trama e all'imbambolamento degli attori umani, produce un cocktail micidiale, al di là dell'immaginabile.

Sentieri della rabbia, I ** (*Halls of Anger*, Usa 1970, col, 96') Paul Bogart. Con Calvin Lockhart, Edward Asner, Janet MacLachlan, Jeff Bridges, Rob Reiner. ◆ Un insegnante nero (Lockhart) deve far fronte ai problemi razziali degli studenti. Film sulla violenza nella scuola, con l'unica novità che questa volta in minoranza sono i bianchi. Senza infamia e senza lode. Reiner è il futuro regista di *Harry, ti presento Sally*...

Sentieri selvaggi **** (*The Searchers*, Usa 1956, col, 119') John Ford. Con John Wayne, Jeffrey Hunter, Vera Miles, Ward Bond, Natalie Wood, Harry Carey jr, Patrick Wayne. ◆ Texas, 1868: dopo che gli indiani hanno massacrato suo fratello Aaron e sua cognata, il reduce sudista Ethan Edwards (Wayne) va alla ricerca delle due bambine rapite, assieme a Martin (Hunter), un mezzosangue adottato da Aaron. Dopo anni ne ritrova una, Debbie (Wood): ma quando scopre che ormai è diventata un'indiana, medita di ucciderla. Tra indiani e bianchi non vi è alcuna possibilità di intesa, sembra suggerire Ford: e Wayne – in una delle sue migliori parti di sempre – interpreta un personaggio tormentato e ossessivo, dai tratti spesso sgradevoli (cava gli occhi agli indiani morti per farsi beffa di una loro credenza). Vero è che le opinioni del regista non sono per forza quelle del personaggio, ma certe prodezze di Ethan (come quando prende a calci la squaw) sono viste con indubbia simpatia. Ideologia a parte, è sicuramente uno dei migliori western del regista (secondo molti registi, da Scorsese a Cimino, uno dei più grandi film di tutti i tempi), classico e innovativo come tutto il suo cinema: geniale l'uso degli spazi della Monument Valley, e la capacità di rendere il senso del tempo che scorre e del passare delle stagioni. La sequenza iniziale, con la stanza buia che si apre sul paesaggio, è da brivido (e verrà citata da Kasdan in *Silverado*); lo stesso vale per il finale, dove viene ripresa la stessa inquadratura, con la sagoma di Wayne che rimpicciolisce, condannato a un destino di solitudine. La musica è di Max Steiner, la fotografia di Winton C. Hoch e Alfred Gilks, la sceneggiatura di Frank S. Nugent dal romanzo di Alan Le May.

Sentiero degli amanti, Il *½ (*Back Street*, Usa 1961, col, 107') David Miller. Con Susan Hayward, Vera Miles, John Gavin, Virginia Grey. ◆ Paul (Gavin) ama Rita (Hayward) ma la moglie (Miles) non gli concede il divorzio: Rita se ne sta quieta, e farà da mamma ai figli di Paul dopo la sua morte. Questa terza versione del romanzo di Fanny Hurst è più maldestra e meno coinvolgente delle precedenti datate 1932 (*La donna proibita*) e 1941 (*Gli amanti*).

Sentiero della gloria, Il *** (*Gentleman Jim*, Usa 1942, b/n, 104') Raoul Walsh. Con Errol Flynn, Alexis Smith, Alan Hale, Ward Bond, Jack Carson, John Loder. ◆ La storia vera del pugile James Corbett (Flynn) campione rodomontesco ma pieno di stile e amante di Shakespeare: vincerà il titolo mondiale contro Sullivan (Bond), dotato di sola forza bruta. Non solo un film di boxe, ma uno spaccato pieno di ottimismo sulla giovinezza dell'America, raccontata attraverso «l'appetito di vivere» di un uomo che è la quintessenza del «walshismo»: curioso, poliedrico (vuole diventare un grande pugile, un attore shakespeariano, un membro rispettato dell'alta società di San Francisco), sempre pronto a imbarcarsi in una nuova avventura, e soprattutto dotato di quell'eleganza e quell'ironia che sole possono permettergli di non fissare mai limiti alle proprie azioni. Qui Walsh è davvero ispirato e racconta con mano ilare e con un gusto del dettaglio che non sempre ritroverà in seguito. Forse il migliore dei sette film da lui girati con Flynn.

Sentiero della rapina, Il ** (*Ride a Crooked Trail*, Usa 1958, col, 87') Jesse Hibbs. Con Audie Murphy, Gia Scala, Walter Matthau, Henry Silva. ◆ Per rapinare la banca della cittadina del West, Joe (Murphy) si fa nominare sceriffo: ma quando il suo complice lo precede, trova una nuova vocazione. Western di ordinaria amministrazione.

Sentiero del pino solitario, Il **½ (*The Trail of the Lonesome Pine*, Usa 1936, col, 102') Henry Hathaway. Con Fred MacMurray, Henry Fonda, Sylvia Sidney, Nigel Bruce, Spanky McFarland. ◆ L'antica faida tra due famiglie di montanari del Kentucky arriva a un punto critico con l'arrivo dell'ingegnere Jack Male (MacMurray) che compra le loro terre per conto di una società ferroviaria. Melodramma a forti tinte e di grande respiro sceneggiato da Grover Jones, Horace McCoy e Harvey Thew, tra i primi successi di Fonda. Terza trasposizione, dopo quelle di Cecil B. DeMille del 1916 e di Charles Maigne del 1923, del romanzo di Henry J. Fox. Primo film in technicolor girato in esterni (la fotografia è di Howard Green), con risultati da cartolina.

Sentiero solitario *½ (*The Lonely Trial*, Usa 1936, b/n, 55') Joseph Kane. Con John Wayne, Raymond

Hatton, Cy Kendall, Bob Kortman, Dennis Moore, Ann Rutherford, Etta [Hattie] McDaniel. ◆ Texano che ha combattuto con il Nord, John Ashley (Wayne) torna al suo paese e scopre che il corrotto politicante Holden (Kendall) usa l'esercito per depredare e uccidere la popolazione: con l'amico Jed (Hatton) si arruolerà per smascherarlo. Un western di routine con un messaggio di fratellanza e integrazione (alla fine sono gli ex sudisti a muoversi per salvare la vita a John). Yakima Canutt, futuro re degli stuntmen, interpreta il ruolo del soldato Horrell.

Sentinel *½ (*The Sentinel*, Usa 1977, col, 93') Michael Winner. Con Chris Sarandon, Cristina Raines, Martin Balsam, Ava Gardner, José Ferrer, John Carradine, Eli Wallach, Tom Berenger. ◆ Le porte dell'Inferno esistono e si trovano in una vecchia casa di Brooklyn, con tanto di versi danteschi in inglese scolpiti sopra. Un prete cieco (Carradine) fa la guardia per impedire l'uscita dei diavolacci. Ma una fotomodella (Raines) affitta un appartamento nello stabile. Nel filone gotico-clericale, a cui *L'esorcista* ha dato la stura, senza andare troppo per il sottile.

Sento che mi sta succedendo qualcosa *½ (*The April Fools*, Usa 1969, col, 95') Stuart Rosenberg. Con Jack Lemmon, Catherine Deneuve, Peter Lawford, Myrna Loy, Charles Boyer, Sally Kellerman, Harvey Korman. ◆ Blubaker (Lemmon), anonimo agente di borsa tranquillamente sposato, ha la grande occasione per far carriera: ma una volta incontrata la moglie infelice (Deneuve) del capo, decide di fuggire con lei a Parigi. Anacronistico tentativo di commedia vecchio stile, che vorrebbe essere brillante e romantica al tempo stesso. Cast buttato via.

Senza amore ** (*Without Love*, Usa 1945, b/n, 111') Harold S. Bucquet. Con Spencer Tracy, Katharine Hepburn, Lucille Ball, Keenan Wynn, Patricia Morison. ◆ Uno scienziato (Tracy) a Washington per motivi di studio trova alloggio presso una collega vedova (Hepburn). Per non far parlare la gente si fingono sposati: da cosa nasce cosa. Da una commedia di Philippe Barry sceneggiata da Donald Ogden Stewart, routine per la coppia più affiatata di Hollywood, al suo terzo film insieme.

Senza buccia * (Italia/Spagna 1979, col, 104') Marcello Aliprandi. Con Olga Karlatos, Lilli Carati, Maurizio Interlenghi, Ilona Staller. ◆ Un gruppo di rampolli della borghesia meneghina trascorre le vacanze in una villa di Vulcano, dedicandosi al nudismo e agli scambi di coppia. Tra gli autori del soggetto figura Ugo Liberatore, già autore di *Bora Bora,* esperto nel mescolare panorami, marini e umani. L'unica curiosità è la presenza di due future dive porno, Staller e Carati.

Senza Dio, I ** (*A Lawless Street*, Usa 1955, col, 78') Joseph H. Lewis. Con Randolph Scott, Angela Lansbury, Jean Parker, Warner Anderson. ◆ Uno sceriffo (Scott) viene lasciato dalla moglie ballerina (Lansbury), stanca di una vita con l'ansia: la ritroverà dopo aver ripulito la città. Scontato western di serie B, salvato dal professionismo del regista e degli interpreti.

Senza di te è notte *½ (*Ohne dich wird es Nacht*, Rft 1956, b/n, 95') Curd Jürgens. Con Curd Jürgens, Eva Bartok, René Deltgen. ◆ Un brillante avvocato (Jürgens) soggetto a improvvise amnesie, scopre che la morfina gli restituisce la memoria e diventa tossicodipendente, coinvolgendo nel suo vizio anche la moglie (Bartok). Dramma enfatico e inesorabilmente datato.

Senza domani **½ (*L'Entraîneuse*, Francia 1938, b/n, 100') Albert Valentin. Con Michèle Morgan, Gilbert Gil, Gisèle Préville, Félicien Tramel, Catherine Fontaney, Andrex [André Jaubert], François Périer. ◆ Abbandonata dall'amante, Suzy, entraîneuse in un locale parigino (Morgan), parte per una breve vacanza. Corteggiata da tutti gli uomini della pensione, sceglie Pierre (Gil), timido e studioso, nell'illusione di riscattare la sua reputazione. Ma per evitare le pesanti avances del padre del ragazzo (Tramel), da lei un tempo conosciuto e rifiutato, ripartirà con un giocatore a cui ha portato fortuna. Un melodramma elegante e malinconico a cavallo di due mondi inconciliabili, in cui i sogni non diventano mai realtà e dove a nessun personaggio è dato modificare, anche di poco, la propria vita. Per il pessimismo di fondo il film partecipa del clima dell'epoca, ma la maggior levità, la tenerezza, la grazia evanescente di certi personaggi e dell'ambientazione appartengono tutte allo sceneggiatore Charles Spaak e al regista Valentin, ex collega perfettamente in sintonia sul registro del lirismo amaro e sensibile (talvolta anche feroce: il ritratto del padre ipocrita è tanto implacabile quanto sommesso è quello del figlio). Raffinata l'interpretazione della Morgan, entraîneuse dal piglio aristocratico e piena di dignità nell'abbandonare la parentesi calorosa e protettiva della pensione in cui gioca il ruolo di un'indimenticabile eroina di passaggio.

Senza esclusione di colpi *½ (*Bloodsport*, Usa 1987, col, 92') Newt Arnold. Con Jean-Claude Van Damme, Donald Gibb, Leah Ayres, Norman Burton, Forrest Whitaker. ◆ La storia vera dell'americano Frank Dux (Van Damme), primo occidentale a vincere il titolo mondiale di *kumite*, arte marziale clandestina e spesso mortale. Uno dei primi film di «Muscles from Bruxelles»: rozzo ma non privo di ritmo, almeno nelle scene di combattimento.

Senza famiglia *½ (Italia 1946, b/n, 82') Giorgio Ferroni. Con Luciano De Ambrosis, Erminio Spalla, Bianca Doria, Elio Steiner, Olga Solbelli, Mariù Pascoli, Elisa Zago, Beppe Zago, Memmo Carotenuto, Otello Seno, Luciano Zambon, Giorgio Piamonti, Riccardo Diodà. ◆ Venduto dal padre adottivo (Carotenuto), il piccolo Remigio (De Ambrosis) gira il Veneto con un artista girovago (Spalla) che non potrà impedirgli di finire nelle grinfie di un losco mercante di bambini (Piamonti), pagato da un avido borghese (Steiner) perché lo faccia sparire e non permetta alla sua vera mamma (Doria) di riconoscerlo. Prima parte di una accademica riduzione del romanzo di Hector-Henri Malot (seguita da *Ritorno al nido*), girata negli stabilimenti della Giudecca a Venezia durante la Repubblica di Salò ma distribuita solo dopo la guerra. Sceneggiato da Piero Tellini con la collaborazione non accreditata di Aldo Del Fabbro, il film amplifica

– se possibile – il punitivo sentimentalismo del libro, e obbliga il piccolo protagonista a passare da disgrazia a disgrazia con una indifferenza al male e al dolore che lasciano sbalorditi.

Senza famiglia *½ (*Sans famille*, Francia/Italia 1958, col, 100') André Michel. Con Gino Cervi, Pierre Brasseur, Bernard Blier, Simone Renant, Joël Flateau, Jacques Moulinières, Roger Pierre, Jean-Marc Thibault. ◆ Remi (Flateau), venduto dal patrigno e finito a far coppia con un saltimbanco giramondo (Cervi), cresce tra mille umiliazioni sempre alla ricerca dei genitori. Nel finale, ormai cresciuto, ritroverà la madre (Renant). Riduzione dell'omonimo lacrimoso romanzo di Hector Malot firmato da Pierre Véry e Rémo Forlani, già portato sullo schermo, tra gli altri, da Marc Allégret nel 1934. Prodotto dignitoso, visti anche gli attori, ma datato.

Senza famiglia nullatenenti cercano affetto ** (Italia 1972, col, 90') Vittorio Gassman. Con Vittorio Gassman, Paolo Villaggio, Corrado Gaipa, Rossana Di Lorenzo, Isa Bellini, Toni Ucci. ◆ L'ingenuo e sbandato Agostino (Villaggio) è aiutato dal meno sprovveduto, ma altrettanto spiantato, Armando (Gassman) nella vana ricerca della madre che lo ha abbandonato da piccolo. Commedia amara giocata sul grottesco e l'irrisione dei buoni sentimenti, che però esaurisce abbastanza in fretta le sue trovate. Prima regia di Gassman da solo.

Senza gloria **½ (*Friedmann Bach*, Germania 1941, b/n, 100') Traugott Müller. Con Gustaf Gründgens, Eugen Klöpfer, Lina Lossen, Wolfgang Liebeneiner. ◆ Lipsia, XVIII secolo: la vita «senza gloria» di Friedmann Bach (Gründgens), figlio maggiore del grande Johann Sebastian (Klöpfer): orientato verso la musica profana e ostacolato dal fantasma del padre, dopo alcune disavventure – anche sentimentali – alla corte di Würtenberg, finirà per legarsi a un gruppo di attori girovaghi. Un biopic realizzato con sensibilità e originalità, più interessato al ritratto di un artista in cerca della propria autonomia che preoccupato di inanellare alla meno peggio le solite notizie biografiche. Risente di una certa verbosità nella seconda parte e di un mancato approfondimento delle innovazioni musicali apportate da Friedmann, ma è sensazionale dal punto di vista della ricostruzione storica: raramente, in operazioni di questo genere, capita di sentirsi davvero in un altro secolo. È l'unico film di Müller, celebre scenografo del Deutsches Theater e della troupe di Gründgens, attore di prim'ordine che riesce a fare di Friedmann un verosimile Uomo Romantico, dolente ed emarginato.

Senza indizio **½ (*Without a Clue*, Gb 1988, col, 106') Thom Eberhardt. Con Michael Caine, Ben Kingsley, Paul Freeman, Jeffrey Jones, Lysette Anthony, Peter Cook. ◆ Sherlock Holmes non esiste, è una creatura della fantasia che Watson (Kingsley) usa per coprire la sua attività investigativa, che si scontra con l'etica professionale di medico. Ma i reali reclamano Holmes per un difficile caso, e Watson ingaggia un attore vanesio (Caine) per sostenerne la parte. Divertimento intelligente e brioso, girato con stile rétro e con un sense of humour molto britannico

Senza legami **½ (*Szabad léleglzet*, Ungheria 1973, 809) Márta Mészáros. Con Erzsébet Kútvölgi, Gábor Nagy, Mariann Moór, Ferenc Kallai. ◆ Jutka (Kútvölgi), operaia ungherese, figlia di genitori separati, si innamora dello studente András (Nagy) a cui fa credere, per vergogna della sua condizione, di essere anche lei studentessa. Quando la verità salterà fuori lui vorrà che la recita continui per i suoi genitori: lei, disgustata, lo lascerà. Denuncia della difficile condizione femminile in un paese socialista tutt'altro che all'avanguardia nella parificazione sessuale e sociale. Stile spoglio, dialoghi essenziali ma efficaci.

Senza limiti ** (*Relentless*, Usa 1990, col, 93') William Lustig. Con Judd Nelson, Robert Loggia, Meg Foster, Leo Rossi. ◆ Uno psicopatico (Nelson) respinto dalla polizia diventa un maniaco omicida e lascia tracce che lo incolpino: ma farsi catturare non è impresa tanto facile. Alcune idee non malvage affondano nella routine e in un banalissimo doppio finale. Nelson è bravo a fare il pazzo.

Senza movente ** (*Sans mobile apparent*, Francia 1971, col, 97') Philippe Labro. Con Jean-Louis Trintignant, Dominique Sanda, Laura Antonelli, Carla Gravina, Erich Segal, Sacha Distel. ◆ Il commissario Carrel (Trintignant) è alle prese con una serie di delitti apparentemente senza nessun legame. Scoprirà che le vittime avevano preso parte a una rappresentazione teatrale durante la quale la protagonista era stata violentata. Giallo macchinoso e un po' morboso tratto da un romanzo di Ed McBain sceneggiato dal regista e Jacques Lanzmann, con la tendenza a perdersi per strada; consigliato soprattutto ai fans della Sanda.

Senza nome, I **½ (*Le Cercle rouge*, Francia 1970, col, 124') Jean-Pierre Melville. Con Alain Delon, Gian Maria Volonté, Yves Montand, Bourvil [André Raimbourg], François Périer. ◆ Un assassino uscito di galera (Delon), un criminale italiano evaso (Volonté) e un ex poliziotto alcolizzato (Montand) svaligiano una gioielleria di Place Vendôme, ma saranno intrappolati da un tenace commissario (Bourvil). Penultimo film di Melville: quasi documentaristico, e ancora più asciutto e scabro del solito nella rappresentazione di un mondo senza buoni né cattivi. Si sente però una certa stanchezza, e spiacciono cadute di gusto come gli incubi di Montand, presi di peso da *Giorni perduti*. Ottimo il cast: per Bourvil fu l'ultimo film.

Senza nome e senza regole *½ (*Who Am I?*, conosciuto anche con i titoli *Ngo Hai Sui* e *Jackie Chan's Who Am I?*, Hong Kong 1998, col, 108') Benny Chan, Jackie Chan. Con Jackie Chan, Michelle Ferre, Mirai Yamamoto, Ron Smerczak. ◆ Dopo una missione impossibile, una testa di cuoio (Chan) finisce smemorato in una tribù di buoni selvaggi africani; salvo tornare in azione a Rotterdam nell'ultima mezz'ora, tra zoccoli di legno e scivoloni da grattacieli. Il canto del cigno del clown hongkonghese prima del lancio hollywoodiano: maschera (in armonia con la storia) multinazionale senza identità, che si ostina a esibirsi in acrobazie a rotta di collo, con l'intreccio sempre più allo sbando e la regia non compresa nel prezzo (anche se Benny Chan – nessuna parentela – aveva firmato film interessanti). È il suo primo film interamente girato in inglese, e in patria non hanno gradito.

Senza pelle **½ (Italia 1994, col, 90') Alessandro D'Alatri. Con Kim Rossi Stuart, Anna Galiena, Massimo Ghini, Patrizia Piccinini, Renzo Stacchi, Paola T. Cruciani. ◆ La tranquillità di Gina (Galiena), impiegata alle poste, e Riccardo (Ghini), conducente d'autobus, è turbata da alcune lettere d'amore anonime. A scriverle è Saverio (Rossi Stuart), un ragazzo psicopatico perdutamente innamorato della donna: Riccardo, superata la gelosia, lascia che Saverio entri nelle loro vite, ma Gina, affascinata dal romanticismo del ragazzo ma anche spaventata dalla sua fragilità, alla fine si tira indietro. Alla sua opera seconda, D'Alatri (autore anche della sceneggiatura) racconta l'impatto della sofferenza mentale sulla quotidianità di «persone qualunque» con un indovinato tono minimale che gli permette di sfuggire a vari cliché: ideologici, sociologici e d'autore. La diversità, l'attrazione, la paura, il rifiuto: in *Senza pelle* nulla è esasperato per supposte esigenze artistiche, ma tutto (linguaggio, reazioni, azioni) è filtrato da un sano senso di realtà per cui l'autista non diventa all'improvviso un campione di sensibilità, lo psicopatico non guarisce grazie all'amore e la donna non viene presa da salvifici raptus materni. Ottimi gli interpreti per la credibile naturalezza che danno ai loro personaggi e la musica di Moni Ovadia e Alfredo La Cosegliaz per le intense sonorità klezmer (ebraico-tzigane) che evocano l'erranza psicologica di Saverio in parallelo alle immagini.

Senza perdono *½ (*Nancy Steel Is Missing*, Usa 1937, b/n, 85') George Marshall. Con Victor McLaglen, June Lang, Peter Lorre, Walter Connolly, John Carradine. ◆ Un domestico tedesco (Lorre) rapisce la figlioletta del padrone (McLaglen) per punirlo del suo impegno per l'entrata in guerra degli Usa contro la Germania. Anni dopo, il caso lo farà riassumere dallo stesso padrone, spacciando la ragazza ormai adulta (Lang) per sua figlia: ma un ex carcerato vorrebbe approfittare del suo segreto. Improbabile e invecchiato feuilleton.

Senza pietà *** (Italia 1948, b/n, 95') Alberto Lattuada. Con Carla Del Poggio, John Kitzmiller, Giulietta Masina, Folco Lulli, Pierre Claudé, Daniel Jones. ◆ A Livorno, una ragazza italiana (Del Poggio) in cerca del fratello fa amicizia con un ufficiale nero (Kitzmiller), ma lei si caccia in un giro di droga e prostituzione, mentre lui finisce in carcere per contrabbando. Girato nella pineta di Tombolo grazie alla mediazione dell'attore americano, ufficiale della V Armata, è il secondo viaggio infernale compiuto da Lattuada (dopo *Il bandito*) nell'Italia disintegrata dell'immediato dopoguerra. In un momento in cui il messaggio di speranza è quasi obbligatorio, il regista ritrae un universo livido e senza vie d'uscita, dove la messinscena crudamente realistica assume via via connotazioni simboliche. Non manca, come sempre, la dimensione spettacolare e cinefila, giocata sia sulle lezioni americane e francesi, sia sui due protagonisti: Carla Del Poggio, bellissima, si è ormai lasciata alle spalle i ruoli assennati dell'anteguerra (nella sequenza iniziale fugge dall'istituto religioso per ritrovarsi in un bordello), mentre Kitzmiller l'anno precedente aveva recitato in *Paisà* e in *Tombolo, paradiso nero*. Federico Fellini collabora al soggetto (insieme a Tullio Pinelli), alla sceneggiatura (con Pinelli e Lattuada) e alla regia. La fotografia è di Aldo Tonti, la musica di Nino Rota.

Senza ragione * (Italia/Gb 1973, col, 90') Silvio Narizzano. Con Franco Nero, Telly Savalas, Mark Lester, Ely Galleani, Duilio Del Prete, Maria Michi. ◆ In fuga su una macchina rubata, il gigolò Mosquito (Nero) e lo psicopatico Memphis (Savalas, pessimo) rapiscono involontariamente un ragazzino (Lester) che, affascinato dal crimine, diventa loro complice. Win Wells e l'illustre Masolino d'Amico firmano una sceneggiatura di ambizioni picaresche, che una regia pedestre risolve sempre all'insegna del facile grottesco e dello sgradevole involontario. Esempio particolarmente indigesto dei film senza capo né coda che proliferavano nella serie B dell'epoca. Rieditato col titolo *Squadra volante uccideteli... senza ragione*.

Senza sapere niente di lei *½ (Italia 1969, col, 96') Luigi Comencini. Con Paola Pitagora, Philippe Leroy, Gabriella Galvani, Silvano Tranquilli, Sara Franchetti, Elisabetta Fanti. ◆ Una donna, dopo avere stipulato una assicurazione sulla vita in favore dei figli, muore in circostanze poco chiare: l'avvocato dell'assicurazione (Leroy) si innamora della figlia (Pitagora) della scomparsa, che gli confessa di essere l'assassina. Giallo riuscito solo a mezzo, con ambizioni di parabola morale.

Senza scampo *** (*Rogue Cop*, Usa 1954, b/n, 92') Roy Rowland. Con Robert Taylor, Janet Leigh, George Raft, Steve Forrest, Anne Francis. ◆ Il sergente Chris Kelvaney (Taylor), al soldo del malavitoso Beaumont (Raft), cerca di convincere suo fratello Eddie (Forrest), anche lui poliziotto, a non identificare un assassino. Ma Eddie non si lascia corrompere, viene ucciso, e Chris – ormai smascherato dai suoi superiori – decide, per una volta, di fare giustizia. Scritto da Sydney Boehm, un piccolo noir realista (non c'è quasi colonna sonora) e insolitamente violento, tutt'altro che consolatorio malgrado gli inevitabili manicheismi. Taylor, nella parte dell'uomo cinico cui d'un tratto crolla addosso il mondo, costruisce un personaggio a tutto tondo che rifinirà nel *Dominatore di Chicago*. Ma anche i comprimari sono costruiti con cura insolita, dalla fidanzata (Leigh) del fratello buono, tutt'altro che angelicata, alla pupa del gangster alcolizzata (Francis), che viene dritta dal *Grande caldo* ma assume un'autentica statura melodrammatica.

Senza scrupoli * (Italia 1985, col, 90') Tonino Valerii. Con Sandra Wey, Marzio M. Onorato, Antonio Marsina, Cinzia De Ponti. ◆ L'annoiata moglie (Wey) di un gioielliere torinese viene violentata durante una rapina. Rintraccia di sua iniziativa lo stupratore e ne rimane affascinata. Sadomasochismo da sabato sera e umorismo involontario: triste parto della breve stagione dell'erotico all'italiana.

Senza tetto né legge **½ (*Sans toit ni loi*, Francia 1985, col, 105') Agnès Varda. Con Sandrine Bonnaire, Macha Méril, Stephane Freiss. ◆ In un fosso viene ritrovato il corpo di Monà (Bonnaire) una giovane morta per assideramento. Il film ne ricostruisce, in forma semi-documentaristica, gli ultimi giorni di vita: il lavoro in una fattoria, l'amore di un tunisino, l'affetto di una ricca signora (Méril), il vagabondare senza meta in autostop. Il vecchio tema della società del benessere che non può tollerare la sete di libertà dell'individuo: la bella prova di Sandrine Bonnaire risente però dei facili simbolismi della sceneggiatura (il ritorno al mare) e di un pacificante umanitarismo di fondo. Leone d'oro a Venezia.

Senza tregua *½ (*Rock Around the Clock*, Usa 1956, b/n, 77') Fred F. Sears. Con Johnny Johnston, Lisa Gave, Alix Talton, Bill Haley and His Comets, The Platters, Tony Martinez and His Band, Freddie Bell and His Bellboys, Alan Freed. ◆ L'impresario Steve Ellis (Johnston) scopre una band indiavolata e attraverso la portavoce del gruppo, Lisa (Gave), convince i musicisti ad andare a New York dove chiede l'intervento di una potente impresaria, Corinne (Talton), innamorata di lui: per gelosia la donna procura alla band un contratto in un locale ben frequentato, convinta del fallimento, e invece è il trionfo grazie al rock and roll. Intreccio debole e pretestuoso, con tutti gli stereotipi della commedia musicale, per un instant-movie sul fenomeno del momento: la nascita del rock'n'roll. Film pilota di una serie (in meno di un anno ne vennero girati una decina), fu prodotto da Sam Katzman, oscuro esecutivo della Columbia specializzato in B-movies e dotato di ottimo fiuto nei confronti dei teen-ager e dei loro gusti musicali allora ampiamente denigrati. Oltre alla canzone del titolo (già sentita l'anno precedente in *Il seme della violenza*) Bill Haley and His Comets cantano *See You Later Alligator* e *Razzle Dazzle*. I Platters *Only You* e *The Great Pretender*. Rifatto come *L'ora del twist*.

Senza tregua **½ (*Hard Target*, Usa 1993, col, 100') John Woo. Con Jean-Claude Van Damme, Lance Henriksen, Yancy Butler, Arnold Vosloo, Wilford Brimley, Kasi Lemmons. ◆ A New Orleans un avventuriero vizioso (Henriksen) organizza cacce all'uomo a pagamento, nello stile della *Pericolosa partita*. Ma non ha fatto i conti col marinaio Chance Boudreaux (Van Damme), assoldato da una ragazza (Butler) per far luce sulla morte del padre. Esordio americano di uno dei più celebrati registi di Hong Kong, stimato da Scorsese e Walter Hill. Nient'altro che un film d'azione, forse, ma superiore alla media: non solo per la confezione superlativa (di rado si vede un montaggio così rapido e al tempo stesso così lucido) e la perfezione delle coreografie nelle scene d'azione, ma anche per l'insolito connubio tra romanticismo rétro, impennate fantastiche e violenza parossistica. Anche se il regista si è lamentato per i tagli dei produttori e ha fatto uscire (negli Usa) un *director's cut*. Lo sceneggiatore Chuck Pfarrer è il barbone ucciso all'inizio.

Senza un attimo di tregua **½ (*Point Blank*, Usa 1967, col, 92') John Boorman. Con Lee Marvin, Angie Dickinson, Keenan Wynn, Carol O'Connor, John Vernon. ◆ Fregato dal suo socio (Wynn) in una rapina, e lasciato come morto, un gangster, Walker, (Marvin) si vendica anni dopo, con l'aiuto della sorella (Dickinson) della moglie, che si era suicidata dopo averlo tradito. Noir ambientato in parte nel penitenziario abbandonato di Alcatraz e girato con uno stile shock pieno di virtuosismi visivi, che mescola liberamente i piani temporali e predilige le ellissi e le sospensioni. Tipico prodotto semisperimentalista degli anni Sessanta (sceneggiato da Alexander Jacobs, David Newhouse e Rafe Newhouse a partire dal romanzo *Anonima carogne* di Richard Stark, alias Donald Westlake), spesso irritante e geniale allo stesso tempo. Marvin, che alterna esplosioni di violenza a una freddezza quasi metafisica, dà una delle sue interpretazioni migliori. Lo stesso personaggio (che nei romanzi di Stark si chiama Parker, ma che per precisa volontà dell'autore nelle riduzioni cinematografiche non può avere lo stesso nome) sarà interpretato anche da Robert Duval in *Organizzazione crimini* (1973) e Mel Gibson in *Payback - La rivincita di Porter* (1998).

Senza un filo di classe **½ (*Where's Poppa*, Usa 1970, col, 82') Carl Reiner. Con George Segal, Ruth Gordon, Ron Leibman, Trish Van Devere, Vincent Gardenia, Paul Sorvino. ◆ La vita dell'avvocato Gordon Hochheiser (Segal) è rovinata dalla madre svampita e possessiva (Gordon), che lo ridicolizza davanti alle donne: alla fine riuscirà a mollarla in una casa di riposo. Il titolo italiano suggerisce un indebito legame con *Un tocco di classe*: il film di Reiner è in realtà una commedia nera sempre in bilico sull'orlo della provocazione e del cattivo gusto, ma girata con una verve insolita. Riuscite le gag legate al travestimento da gorilla. Nella sceneggiatura originale, di Robert Klane, Gordon si adattava ad andare a letto con mamma. Il futuro regista Rob Reiner è Roger.

Senza via di scampo ** (*No Way Out*, Usa 1987, col, 116') Roger Donaldson. Con Kevin Costner, Gene Hackman, Sean Young, Will Patton, Howard Duff, George Dzundza, Iman. ◆ Il capitano di corvetta Farell (Costner) viene incaricato delle indagini sull'omicidio della sua amante Susan, uccisa in un accesso di gelosia proprio dal segretario della difesa (Hackman). Chi incriminerà chi? Le premesse sono promettenti, ma la ricerca della spettacolarità a tutti i costi porta il film del neozelandese Donaldson verso l'inverosimile e uno dei più stupidi e inutili colpi di scena finali visti di recente. È rimasta nella memoria degli spettatori la scena d'amore tra Costner e Young in limousine. Remake (anche se l'hanno detto in pochi) del *Tempo si è fermato* (1948) di John Farrow sceneggiato da Robert Garland. Ultimo film del grande direttore della fotografia John Alcott.

Separati in casa *½ (Italia 1986, col, 104') Riccardo Pazzaglia. Con Riccardo Pazzaglia, Simona Marchini, Massimiliano Pazzaglia, Marina Confalone. ◆ I coniugi Riccardo (Pazzaglia) e Carolina (Marchini), in vista della separazione, confidano ai rispettivi avvocati i propri patemi: ma la scarsità di abitazioni li costringe a vivere nella stessa casa con il letto tagliato a metà e un muretto a secco che li divide. Il figlio (Pazzaglia jr) favorirà l'immancabile riconciliazione. Commediola con pretese di satira sociale, strutturata a sketch e affastellata di luoghi comuni. La regia langue, la recitazione è televisiva.

Se permettete parliamo di donne *½ (Italia/Francia 1964, b/n, 105') Ettore Scola. ◆ Film a episodi. Nel primo (con Vittorio Gassman, Maria Fiore) una siciliana si concede a un uomo solo perché è armato di lupara; nel secondo (con Vittorio Gassman, Donatella Mauro) un impiegato giocherellone fa il serio in famiglia; nel terzo (con Vittorio Gassman, Giovanna Ralli) un bottegaio non capisce che la moglie di un vecchio compagno di scuola fa la prostituta; nel quarto (con Vittorio Gassman, Antonella Lualdi) una donna sta con l'amante mentre aspetta di andare a sposarsi; nel quinto (con Vittorio Gassman, Sylva Koscina) un dongiovanni fatica a giungere al dunque; nel sesto (con Vittorio Gassman, Walter Chiari, Rossana Gherardi) un moralista viene convertito al libertinaggio dal seduttore della sorella; nel settimo (con Vittorio Gassman, Eleonora Rossi Drago) una riccona adesca uno straccivendolo; nell'ottavo (con Vittorio Gassman, Jeanne Valérie, Mario Brega) la moglie di un carcerato deve far ottenere una licenza al marito per attribuirgli il figlio in arrivo. Barzellette di gusto non eccelso scritte da Scola e Ruggero Maccari, che solo a tratti strappano il sorriso.

Sepolcro indiano, Il *** (*Das indische Grabmal*, Rft/Francia/Italia 1960, col, 101') Fritz Lang. Con Debra Paget, Paul Hubschmid, Walter Reyer, Claus Holm, Luciana Paluzzi. ◆ Seguito di *La tigre di Eschnapur*, tratto da un soggetto scritto da Lang nel 1921 con la moglie Thea Von Harbou. Continuano le peripezie della danzatrice Seetha (Paget) e dell'ingegnere tedesco Berger (Hubschmid), che il principe Chandra (Reyer), innamorato della donna, vuole separare. Gran parte dell'azione si svolge tra cunicoli e caverne, segrete e antri di lebbrosi: l'anziano Lang non smentisce il proprio talento visivo, e si districa tra i colpi di scena di un intreccio naïf con un'eleganza forse degna di miglior causa. I critici francesi, langhiani per partito preso, hanno parlato di «messaggi filosofici trasmessi grazie a una trama da fumetto»; certo è che il finale avvolge di una luce diversa tutto il dittico, rivelando che il vero protagonista è il «malvagio» Chandra, eroe dell'annichilimento delle passioni. Turba ancora il costume di Debra Paget nella danza del cobra.

Sepolta viva, La *½ (Italia 1948, b/n, 95') Guido Brignone. Con Milly Vitale, Paul Müller, Evi Maltagliati, Tina Lattanzi, Piero Palermini. ◆ Nella Sicilia borbonica il perfido conte Federico (Müller) cerca di uccidere la madre (Maltagliati) e la sorella Eva (Vitale) fervente garibaldina: sarà l'ufficiale Giorgio Capelli (Palermini) a mettere fine alle malefatte del cattivo. Truculento melodramma tratto dal romanzo di Francesco Mastriani, di cui la sceneggiatura di Fulvio Palmieri e Gherardo Gherardi sottolinea gli elementi di facile presa sul pubblico, come dimostrano gli incassi che realizzò.

Sepolta viva * (Italia/Francia 1973, col, 110') Aldo Lado. Con Agostina Belli, Maurizio Bonuglia, Dominique Darel, François Perrin, Laura Betti. ◆ Il duca Philippe sposa la bella proletaria Cristina (Belli) che lo induce a trattare più umanamente i vassalli: ma i fratelli del nobile la rapiscono mentre è incinta e fanno credere al marito che è morta. Inutile versione del romanzo d'appendice di Francesco Mastriani, trasformato in un drammone a forti tinte con qualche innesto timidamente morboso.

Sepolto vivo ** (*The Premature Burial*, Usa 1962, col, 81') Roger Corman. Con Ray Milland, Hazel Court, Richard Ney, Heather Angel. ◆ Un uomo (Milland) che vive nel terrore di essere colpito da un attacco di catalessi e di essere sepolto vivo, si organizza affinché possa avere una via di fuga dalla cripta: ma quando scopre che il padre aveva fatto quella fine, crolla. Terzo della serie di Corman ispirata ai racconti di Poe (in questo caso il testo d'origine è solo un pretesto, sceneggiato con molta libertà da Charles Beaumont e Ray Russell) più statico e meno ironico della media. Gli effetti visivi e le sequenze oniriche sono interessanti, il resto è routine.

September Songs – La musica di Kurt Weill ° (*September Songs – The Music of Kurt Weill*, Canada-Germania 1995, col, 89') Larry Weinstein. ◆ Nel 1985 il produttore discografico Hal Winner aveva radunato un cast eterogeneo di musicisti per dimostrare l'attualità della musica di Weill (1900-1950), artista universale che aveva collaborato con Brecht e scritto per Broadway, scavalcando ogni barriera tra classico e popolare, impegnato e frivolo. Alcuni di quei musicisti tornano in questo mega-videoclip, esibendosi in uno scenario di archeologia industriale. Lirica (Teresa Stratas), jazz (Betty Carter), rock (Lou Reed, Stan Ridgway), canzone d'autore (Elvis Costello), punk (Nick Cave, P.J. Harvey), gospel (The Persuasions), rap (Ghettoriginal) e avanguardia (Mary Margaret O'Hara) interpretano a modo loro il repertorio immortale che va da «Mackie Messer» a «September Song»: ma quasi sempre senza sforzarsi di uscire dai propri cliché, con narcisismo irritante e scarsa vena creativa. Né aiuta la regia, leccatissima e piena d'enfasi. Se spesso il libro è meglio del film, in questo caso non c'è paragone col disco. William S. Burroughs recita col suo charme d'oltretomba «What Keeps Mankind Alive», arrangiata da Anthony Coleman.

Sequestrati di Altona, I *½ (Italia/Francia 1962, b/n, 113') Vittorio De Sica. Con Sophia Loren, Fredric March, Maximilian Schell, Françoise Prévost, Robert Wagner, Alfredo Franchi, Lucia Pelella, Roberto Massa, Gabriele Tinti. ◆ Un criminale di guerra (Schell) per sfuggire al giudizio dei vincitori si nasconde per diciassette anni nella soffitta della casa paterna ad Altona. L'incontro con Johanna (Loren), attrice brechtiana, lo spingerà a una drastica espiazione in cui coinvolgerà il padre (March). Dal dramma di Jean-Paul Sartre, sceneggiato da Abby Mann e Cesare Zavattini: la tesi secondo cui la Germania non ha mai fatto i conti col proprio passato è declamata in un film didascalico e serioso, molto fuori dalle corde di De Sica e di un'attrice come la Loren. I disegni della soffitta sono di Renato Guttuso. La messinscena di *La resistibile ascesa di Arturo Ui* è del Berliner Ensemble di Berlino Est.

Sequestro di persona *½ (Italia 1967, col, 96') Gianfranco Mingozzi. Con Franco Nero, Charlotte Rampling, Frank Wolff, Ennio Balbo, Pier Luigi

Aprà, Margarita Lozano. ◆ In un conflitto a fuoco coi carabinieri viene ucciso un giovane che è stato rapito: ma il suo corpo viene nascosto in modo da farlo credere ancora vivo. Sorpresina finale in un mediocre giallo con intenti di denuncia, sceneggiato dal regista assieme a Ugo Pirro.

Sera c'incontrammo, Una *½ (Italia 1975, col, 100') Piero Schivazappa. Con Johnny Dorelli, Fran Fullenwider, Lia Tanzi, Gabriella Giacobbe, Ugo D'Alessio. ◆ Il pendolare Odeon Prandoni detto Pendy (Dorelli) viene sedotto e abbandonato (con figlio a carico) da una grassona milionaria (Fullenwider) dal rutto facile. Dal romanzo di Terzoli e Vaime *Amare significa...*, una parodia grossolana di *Love Story* e del melodramma in genere.

Sera della prima, La ***½ (*Opening Night*, Usa 1977, col, 100') John Cassavetes. Con Gena Rowlands, John Cassavetes, Ben Gazzara, Joan Blondell, Paul Stewart, Zohra Lompert, Laura Johnson. ◆ Myrtle Gordon (Rowlands), un'attrice cinquantenne in crisi, è sconvolta dalla morte di un'ammiratrice (Johnson), nella quale identifica la fine della sua età migliore: riuscirà a riprendersi in tempo per il debutto del suo spettacolo, e reciterà il suo personaggio reinventandolo con ironia. Cassavetes elabora un suo personale paradosso dell'attore (la vita è teatro e il teatro si fa vita: si recita quotidianamente, mentre il palcoscenico diventa il momento liberatorio della verità) in un film che è innanzitutto *per* e *di* Gena Rowlands, moglie e inseparabile compagna di lavoro. La sceneggiatura, dello stesso regista, parte dai classici film hollywoodiani (*Eva contro Eva* su tutti) per riscrivere con originalità il tema della finzione dentro la finzione. Uno dei film più riusciti e accessibili del regista, in equilibrio virtuosistico tra almeno tre piani diversi, quello della vita, quello della recitazione e, non ultimo, quello fantastico. Peter Falk si affaccia alla fine, tra gli invitati. La versione americana dura 144'.

Sera di maggio, Una *½ (Italia 1955, b/n, 90') Giorgio Pàstina. Con Carla Calò, Carlo Tamberlani, Barbara Florian, Gianni Glori, Giacomo Furia. ◆ Per pagare dei debiti, un uomo sottrae soldi al suo padrone, la cui figlia (Calò) – innamorata del figlio di lui – cerca di rimediare. La trama intricata è pretesto per una serie di esibizioni canore. Uscito sul mercato meridionale col titolo *'Na sera 'e maggio*.

Serafino *½ (Italia 1968, col, 93') Pietro Germi. Con Adriano Celentano, Ottavia Piccolo, Saro Urzì, Francesca Romana Coluzzi, Nerina Montagnani, Gino Santercole, Luciana Turina. ◆ Un pastore abruzzese (Celentano) si gode la vita e pratica il libero amore (perché «il matrimonio è contronatura»). Quando eredita una ricchezza, i parenti lo vogliono fare interdire e appioppargli una moglie. Se l'intenzione era quella di elogiare la vita agreste, Germi ha fallito e ha accumulato troppi luoghi comuni. Resta un personaggio di finto tonto che è una delle migliori interpretazioni di Celentano (autore della canzone omonima, accreditata come soggetto del film). Age, Scarpelli e Flaiano litigarono con Germi, che ripiegò su Benvenuti e De Bernardi come sceneggiatori.

Serata d'onore ** (*Tribute*, Canada 1980, col, 121') Bob Clark. Con Jack Lemmon, Robby Benson, Lee Remick, Colleen Dewhurst, John Marley. ◆ Scoperto di essere affetto da cancro, un uomo maturo (Lemmon) decide di recuperare il tempo perduto e il rapporto col figlio (Benson). Cerca di essere divertente e spensierato, ma non funziona: solo quando il figlio scopre la verità ci sarà il reale avvicinamento. Dalla fortunata commedia di Bernard Slade, adattata dall'autore: prevedibile la bravura degli attori, non sempre di prima mano il sentimentalismo.

Sera... un treno, Una **½ (*Un soir, un train*, Francia 1968, col, 88') André Delvaux. Con Yves Montand, Anouk Aimée, Adriana Bogdan, Hector Camerlinck. ◆ Sceso da un treno in aperta campagna per cercare la donna che ama (Aimée), il professor Weemar (Montand) si ritrova in un paese dove tutti sono morti e il tempo non sembra esistere. Lo scioglimento finale è piuttosto deludente (o forse è solo diventato abusato). Il belga Delvaux, in uno dei suoi film più celebrati (e dei non molti che sono arrivati fin da noi) tratto da un racconto di Johan Daisne da lui stesso adattato, cerca di cogliere il mistero dietro le apparenze quotidiane, si interroga sul senso della morte e mescola i piani temporali in linea con lo sperimentalismo di quegli anni. Già allora il risultato era elegante e un po' fine a se stesso.

Serenata *½ (*Serenade*, Usa 1956, col, 121') Anthony Mann. Con Mario Lanza, Joan Fontaine, Vincent Price, Sarita Montiel, Joseph Calleia. ◆ Scoperto che la fidanzata (Fontaine) lo tradisce, un celebre tenore (Lanza) abbandona San Francisco dove si stava per svolgere un suo importante spettacolo. In Messico ritrova l'amore e la voglia di cantare. L'ambiente operistico è da fumetto. Gradevoli ma terribilmente kitsch gli intermezzi musicali del tenore Lanza. Tratto dal romanzo omonimo di James M. Cain (sceneggiato da Ivan Goff, Ben Roberts e John Twist), dove però il protagonista si scopriva essere gay.

Serenata alla luna ** (*The Neon Bible*, Gb 1995, col, 92') Terence Davies. Con Gena Rowlands, Denis Leary, Diana Scarwid, Jacob Tierney, Leo Burmester, Frances Conroy, Peter McRobbie, Drake Bell. ◆ Negli anni Quaranta, nel profondo Sud degli Stati Uniti, il piccolo David (Bell) cresce in un ambiente bigotto ma è affascinato dalla figura trasgressiva della zia materna (Rowlands), un'ex cantante sul viale del tramonto, che col suo comportamento disinvolto scandalizza tutto il paese. Poi il padre muore in guerra, la madre impazzisce e la zia parte per la città, lasciando un David ormai cresciuto (Tierney) di fronte a scelte dolorose e definitive. Il solito Davies pittore e poeta, dolente e incantato di fronte ai dolori (tanti) e alle gioie (poche) della vita. Alcuni momenti di grande potenza evocativa (la crescita di David da bambino ad adolescente sullo sfondo di un cielo stellato tanto finto quanto intenso, le prediche del reverendo Watkins [McRobbie], l'esibizione della zia) che però questa volta affogano in una disperazione che troppo spesso si fa accademia di se stessa. In fondo niente di nuovo rispetto ai ben più intensi *Voci lontane... sempre presenti* e *Il lungo giorno finisce*. Tratto dal romanzo di John Kennedy Toole.

Serenata a Vallechiara ** (*Sun Valley Serenade*, Usa 1941, b/n, 86') Bruce H. Humberstone. Con John Payne, Sonja Henie, Glenn Miller, Milton Berle, Lynn Bari, Joan Davis, Dorothy Dandridge, The Nicholas Brothers. ◆ L'orfanella di guerra che il pianista Ted Scott (Payne) si è impegnato ad adottare è in realtà una ragazza piacente (Henie): inevitabile che la fidanzata legittima (Bari) sia divorata dalla gelosia, anche perché la rifugiata norvegese (che nella versione italiana diventa, chissà perché?, finlandese) fa di tutto per aumentarla. Improbabile ma fortunatissimo musical che mescola Glenn Miller con le danze sui pattini di Sonja Henie, uno dei primissimi film hollywoodiani che le truppe alleate proiettarono nell'Italia appena liberata (facendolo diventare un mito per quelle generazioni). La sceneggiatura di Robert Ellis ed Helen Logan si riduce a poche gag a spese di Milton Berle (il manager pasticcione), ma la musica di Glenn Miller e della sua orchestra è tanta e bella (suonano *In the Mood*, *It Happened in Sun Valley*, *I Know Why (and So Do You)* e *Chattanooga Choo-Choo*, cantata da Dorothy Dandridge e ballata dai Nicholas Brothers) e il numero conclusivo della Henie, coreografato da Hermes Pan, avrebbe potuto essere ancora più ricco se Zanuck, preoccupato per le spese, non avesse ridotto drasticamente i giorni di riprese (così il finale, che non si poté rigirare, sfuma su una discesa sugli sci per non far vedere una caduta della Henie).

Serenata messicana *½ (*Honeymoon*, Usa 1947, b/n, 74') William Keighley. Con Shirley Temple, Franchot Tone, Guy Madison, Lina Romay, Gene Lockhart. ◆ In Messico per la luna di miele, due sposini americani (Temple e Madison) si perdono di vista. Un connazionale (Tone), sfidando la gelosia di sua moglie, aiuterà la donna a trovare il marito. Commediola dimenticabile.

Sergente, Il ** (*The Sergeant*, Usa 1968, col, 107') John Flynn. Con Rod Steiger, John Philip Law, Ludmila Mikael, Frank Latimore, Elliott Sullivan. ◆ Un sergente americano omosessuale (Steiger), in Francia per addestrare le reclute, si infatua di un soldatino (Law), ma non riesce a strapparlo alla fidanzata: sarà tragedia. Quasi una versione di *Riflessi in un occhio d'oro* in chiave minore sceneggiato da Dennis Murphy a partire da un suo romanzo. Le smorfie di Steiger, comunque, non temono la concorrenza neanche di quelle di Brando.

Sergente Bilko * (*Sgt. Bilko*, Usa 1996, col, 94') Jonathan Lynn. Con Steve Martin, Dan Aykroyd, Phil Headley, Glenne Hartman, Daryl Mitchell. ◆ Il burbero sergente Bilko (Martin), che fa il brutto e il cattivo tempo nella base di Fort Knox, sta per essere trasferito: ma grazie alla sua fedele squadra e a mille trucchi uscirà indenne dalla terribile ispezione del suo nemico colonnello Hall (Aykroyd). Tratto da una serie Tv che fece furore alla fine degli anni Cinquanta, quando *M.A.S.H.* sarebbe sembrato una bestemmia, un film anacronistico nel suo umorismo da marmittoni, e poco digeribile da stomaci che non siano a stelle e strisce.

Sergente Bum!, Il *½ (*South Sea Woman*, Usa 1953, b/n, 99') Arthur Lubin. Con Burt Lancaster, Virginia Mayo, Chuck Connors, Arthur Shields, Paul Burke. ◆ Accusato di tradimento per un oscuro episodio di guerra, un ufficiale (Lancaster) si rifiuta di difendersi. Lo fa per lui una ragazza (Mayo) che ha assistito al suo eroismo sotto il tiro dei giapponesi: assolto e decorato. Eroismo, amore e tribunali in un film anonimo.

Sergente di ferro, Il ** (*Les Misérables*, Usa 1935, col, 108') Richard Boleslawsky. Con Fredric March, Charles Laughton, Cedric Hardwicke, Rochelle Hudson, Frances Drake, John Carradine, Florence Eldridge, Jessie Ralph. ◆ L'ex forzato Jean Valjean (March), ripresa la retta via, adotta una trovatella (Hudson) e ricomincia una vita sotto false spoglie. Ma l'implacabile poliziotto Javert (Laughton) continua a dargli la caccia. Durante una rivolta popolare Jean compirà azioni meritevoli salvando la vita a un ragazzo innamorato della figlia e allo stesso poliziotto che, incapace di arrestarlo, si suiciderà. Prima versione hollywoodiana dei *Miserabili* di Victor Hugo, abilmente condensato da W.P. Lipscomb per esigenze spettacolari. Non che resti molto dello spirito dell'originale, ma Laughton e March valgono lo spettacolo.

Sergente di fuoco, Il * (*Death Before Dishonor*, Usa 1987, col, 90') Terry J. Leonard. Con Fred Dryer, Brian Keith, Joanna Pacula, Paul Winfield, Kasey Walker. ◆ Terroristi arabi rapiscono un colonnello americano: il sergente «Gunny» Burns (Dryer), uomo di muscoli e azione, in collaborazione con il servizio segreto israeliano, libera il suo superiore e fa strage di terroristi. Rozzo film alla Chuck Norris girato in Israele.

Sergente di legno, Il ** (*At War with the Army*, Usa 1950, b/n, 93') Hal Walker. Con Dean Martin, Jerry Lewis, Polly Bergen, Angela Greene. ◆ Due amici sono chiamati alle armi: Puccinelli (Martin), irrequieto e dongiovanni, è in cerca di azione; Korwin (Lewis), sessuofobo e pacifico, spera invano in una licenza premio. Primo film da protagonisti della coppia Lewis-Martin: prevedibile farsa militare, che inaugura uno schema più volte ripreso in seguito dalla stessa coppia di attori (*Attente ai marinai!*, *Il caporale Sam*). Celebre la gag della bottiglia di soda.

Sergente e la signora, Il ** (*Christmas in Connecticut*, Usa 1945, b/n, 101') Peter Godfrey. Con Barbara Stanwyck, Dennis Morgan, Sidney Greenstreet, Reginald Gardiner, S.Z. Sakall, Una O'Connor. ◆ Titolare della rubrica di cucina su *Casa moderna* (in originale *Smart Housekeeping*), la giovane Elizabeth Lane (Stanwyck) si vede costretta a ospitare per il pranzo di Natale nella propria villa in Connecticut il suo editore (Greenstreet) e un marinaio eroe di guerra (Morgan): peccato che Lisa non sappia cucinare né possieda una villa, ma per non essere smascherata si fingerà moglie di un architetto noioso (Gardiner) ma con casa in campagna. Naturalmente gli equivoci non finiranno qui. Commedia da studio (sceneggiata da Lionel Houser e Aileen Commandini) come a Hollywood se ne giravano in serie: innocua e scintillante, servita da caratteristi di gran classe (S.Z. Sakall nel ruolo del cuoco ungherese Felix Pasternak e Una

O'Connor in quello dell'arcigna governante). In Tv circola una versione colorizzata (con toni troppo sguaiati, però). Il remake (*Eroe per famiglie*) segna l'esordio di Schwarzenegger nella regia.

Sergente Flep, indiano ribelle *½ (*Flap*, Usa 1970, col, 106') Carol Reed. Con Anthony Quinn, Claude Akins, Tony Bill, Victor Jory, Shelley Winters. ◆ Stanco della miserabile vita che è costretto a fare nelle riserve, un indiano di oggi (Quinn) protesta contro il governo degli Stati Uniti. L'anziano e valoroso Reed non riesce a trovare un equilibrio tra la tragedia e la commedia picaresca.

Sergente immortale ** (*Immortal Sergeant*, Usa 1943, b/n, 91') John M. Stahl. Con Henry Fonda, Maureen O'Hara, Thomas Mitchell, Allyn Joslin, Reginald Gardiner. ◆ Sul fronte africano un gruppo di soldati inglesi guidati, dopo il suicidio del comandante, da un inesperto sergente (Fonda), riescono a raggiungere le postazioni amiche e la salvezza. Film di guerra convenzionale ma di una certa efficacia drammatica.

Sergente Madden, Il ** (*Sergeant Madden*, Usa 1939, b/n, 82') Josef von Sternberg. Con Wallace Beery, Alan Curtis, Laraine Day, Tom Brown, Fay Holden, Etta McDaniel. ◆ Un poliziotto (Beery) deve vedersela col figlio che, pur indossando la stessa divisa, si rivela una mela bacata e semina morte. Irriconoscibile la regia di von Sternberg in questo poliziesco standard costruito su misura per Beery.

Sergente rompiglioni, Il * (Italia 1973, col, 93') Pier Giorgio Ferretti. Con Franco Franchi, Francesca Romana Coluzzi, Mario Carotenuto, Enzo Andronico, Nino Terzo. ◆ Il sergente Francesco Garibaldi Rompiglioni (Franchi) ha due fisse: la disciplina e l'opera. Un gruppo musicale da lui tartassato cercherà di vendicarsi. Un personaggio monocorde per la maschera disarticolata e schizofrenica di Franchi. Blanda satira della vita di caserma, con un seguito.

Sergente rompiglioni diventa caporale, Il * (Italia 1975, col, 100') Mariano Laurenti. Con Franco Franchi, Maria Pia Conte, Luciano Pigozzi, Saro Urzì, Enzo Andronico. ◆ Il sergente cretino (Franchi), alla sua seconda avventura, si vede affidata una missione di controspionaggio dalla Nato, ma crea solo scompiglio, giungendo ad aiutare il nemico. Una regia inetta si affida alle solite smorfie e battute di Franchi, ormai quasi insopportabili.

Sergente Ryker, Il ** (*Sergeant Ryker*, Usa 1968, col, 85') Buzz Kulik. Con Lee Marvin, Bradford Dillman, Peter Graves, Vera Miles, Lloyd Nolan. ◆ Un sergente americano (Marvin) è accusato di tradimento per un'impresa svolta durante la guerra di Corea: l'ufficiale che lo aveva incaricato, unico che può scagionarlo, è morto. Solo il caso lo salva dalla condanna. Adattamento di un film televisivo, di cui conserva il ritmo lento. Convincente Marvin.

Sergente York, Il *** (*Sergeant York*, Usa 1941, b/n, 134') Howard Hawks. Con Gary Cooper, Walter Brennan, Joan Leslie, George Tobias, Stanley Ridges. ◆ La storia vera di Alvin York (Cooper), contadino del Tennessee convertito alla non-violenza e alla religione quacchera, che dapprima rifiuta di andare a combattere nella Grande Guerra: dimostrerà che la sua non è codardia, e da solo farà 132 prigionieri. Hawks dedica un elogio in sordina e sottilmente contraddittorio al patriottismo e alle virtù dell'America rurale (il bar edificato sul confine della contea che ha due diverse ore di mescita liquori). Il personaggio dell'ingenuo di buon cuore che cerca di adattarsi a una realtà più complessa di lui è perfetto per Cooper, che vinse l'Oscar. Per prepararsi alla parte, Cooper passò molto tempo nella fattoria del vero York, che volle destinare in beneficenza i suoi diritti. Un altro Oscar andò al montaggio. John Huston firma la sceneggiatura con Abem Finkel, Harry Chandler e Howard Koch. Ne esiste una versione colorizzata.

Sergent Pepper Lonely Heart's Club Band → *Sgt. Pepper Lonely Heart's Club Band*

Serpe di Zanzibar, La ** (*West of Zanzibar*, 1928, b/n, 70') Tod Browning. Con Lon Chaney, Lionel Barrymore, Mary Nolan, Warner Baxter, Jacqueline Gadsen. ◆ L'ex prestigiatore Phroso (Chaney), sulle orme di Crane (Barrymore), l'uomo che l'ha reso storpio ed è fuggito con sua moglie, diventa re di una tribù del Congo che terrorizza coi suoi trucchi. In un bordello di Zanzibar trova la figlia della colpa, Maizie (Nolan), e la riduce a un'alcolizzata per meglio gustarsi la vendetta su Crane: ma non sa che in realtà la ragazza è figlia sua. Melodramma esotico a forti tinte, prodotto da Irving Thalberg e girato negli studi della Mgm. Di fronte a un intreccio congegnato goffamente (tratto dalla pièce *Kongo* di Chester de Vonde), Browning si rifugia nel grand guignol: ne viene fuori un pasticcio spesso delirante (Chaney che striscia giù dalla sedia a rotelle e si mette una maschera da stregone per celebrare sacrifici umani con gli indigeni) ma mai travolgente. Notevole, comunque, l'impegno di Chaney che, senza trucco in volto, rende bene le sfumature di un personaggio mai radicalmente malvagio, perché consapevole del male che compie. Chaney aveva preparato un trucco da uomo-papero, che venne tagliato e utilizzato da Browning in *Freaks* per Olga Baclanova.

Serpente, Il *½ (*Le Serpent*, Francia/Italia/Rft 1973, col, 128') Henri Verneuil. Con Yul Brynner, Henry Fonda, Dirk Bogarde, Virna Lisi, Philippe Noiret, Michel Bouquet, Farley Granger, Luigi Diberti, Paola Pitagora. ◆ La spia sovietica Alexei Vlassov (Brynner) chiede asilo politico agli Usa e, per provare la sua buona fede, rivela i nomi di agenti segreti occidentali che fanno il doppio gioco. Ne segue una ondata di presunti suicidi e fughe in Urss. I colpi di scena a catena non sempre bastano a tenere desta l'attenzione, e il clima di complotto e mistero sa di fasullo. Confezione internazionale e anonima.

Serpente di fuoco, Il **½ (*The Trip*, Usa 1967, col, 85') Roger Corman. Con Peter Fonda, Susan Strasberg, Bruce Dern, Dennis Hopper, Luana Anders, Dick Miller, Peter Bogdanovich. ◆ Il film-manifesto dell'èra psichedelica: un regista (Fonda) in crisi che fa un viaggio all'Lsd; passato l'effetto, si trova nel letto di una sconosciuta, ma non è cambiato nulla. La storia è tutta qua, ma il film è una festa per gli occhi: una raffica di visioni semisurreali (in parte ispirate agli horror diretti in precedenza dal regista) e un'orgia di colori che sono un plausibile equivalente dell'esperienza del protagonista. Scritto da Jack Nicholson, con musiche degli Electric Flag. Corman, per conto suo, aveva provato le droghe usate nel film.

Serpente e l'arcobaleno, Il *** (*The Serpent and the Rainbow*, Usa 1988, col, 98') Wes Craven. Con Bill Pullman, Cathy Tyson, Zakes Mokae, Paul Winfield, Brent Jennings. ◆ Un antropologo (Pullman) alla ricerca del segreto della polvere che crea gli zombi, se la vedrà col capo (Mokae) dei tonton macoute di Haiti, che imprigiona le anime dei suoi nemici. Horror pieno d'atmosfera, terrificante senza calcare troppo la mano. Originale la chiave di lettura politica, secondo cui i mostri non sono gli zombi, ma chi detiene il potere. Tra i film migliori del regista, girato a Santo Domingo in un clima di tensione (lo sceneggiatore Richard Maxwell se ne dovette tornare a casa coi nervi scossi). La cantante d'avanguardia Diamanda Galas provvede alle voci dei morti.

Serpente piumato, Il *½ (*The Feathered Serpent*, Usa 1948, b/n, 68') William Beaudine. Con Roland Winters, Keye Luke, Nils Asther, Victor Sen Yung, Carol Forman. ◆ Charlie Chan (Winters), in Messico sulle tracce di un archeologo scomparso accompagnato da due esponenti della sua numerosa famiglia, svelerà un antico mistero azteco. Una delle ultime avventure del celebre investigatore: Winters è il terzo e ultimo interprete di Chan dopo i mitici Warner Oland e Sidney Toler, ma si tratta di stanca ripetizione. Rifacimento del film *The Riders of the Washington Skull* (1937).

Serpico ** (*Serpico*, Usa 1973, col, 129') Sidney Lumet. Con Al Pacino, John Randolph, Jack Kehoe, Barbara Eda-Young, Tony Roberts, M. Emmet Walsh, F. Murray Abraham. ◆ Un poliziotto anticonformista e onesto (Pacino), scoperta la corruzione di alcuni colleghi, porta a fondo le sue accuse: dovrà rinunciare al lavoro, alla sua donna e alla sicurezza. Tratto dal romanzo di Peter Maas che prende spunto da fatti reali e sceneggiato da Waldo Salt e Norman Wexler, il film di Lumet non risolve le contraddizioni del personaggio (maleducato come l'ispettore Giraldi di Tomas Milian, ma onesto come Gary Cooper), né spiega che cosa lo spinga a diventare un martire. Nell'America post-Watergate fece il suo effetto, oggi molto meno. La colonna sonora è di Mikis Theodorakis.

Serve, Le ** (*The Maids*, Gb 1975, col, 95') Christopher Miles. Con Susannah York, Glenda Jackson, Vivien Merchant, Mark Burns. ◆ Le due cameriere Solange (Jackson) e Claire (York) odiano la loro padrona (Merchant) al punto di tentare di avvelenarla. Ma i loro complessi rituali, in cui a turno fingono di essere la padrona, finiscono in dramma: Claire prende il veleno destinato alla vera padrona e muore. Tratto dalla pièce omonima di Jean Genet adattato dal regista con Robert Enders, è una eccellente quanto accademica prova delle due protagoniste, e nulla più.

Servizio in camera ** (*Room Service*, Usa 1938, b/n, 78') William A. Seiter. Con Groucho, Harpo e Chico Marx, Lucille Ball, Ann Miller, Frank Albertson, Cliff Dunstan, Donald MacBride, Philip Loeb. ◆ L'impresario Gordon Miller (G. Marx), perennemente insolvente, tenta con ogni mezzo dapprima di fuggire dalla sua stanza d'albergo, poi di farsi portare del cibo e di trovare finanziatori per la sua commedia. I numeri surreali di Harpo (che si finge malato e usa una bambolina che squittisce quando il medico gli fa dire «Aaa» e dà la caccia a un tacchino nella stanza) sono appiccicati, e Chico non entra mai nel vivo dell'intreccio: inizia il declino dei Marx, costretti in un copione monotono e statico (Morrie Ryskind adatta una commedia di John Murray e Allen Boretz) che non era nato per loro. Successo commerciale, comunque, all'epoca. La stessa commedia è alla base del musical *Hotel Mocambo*.

Servizio segreto ** (*Rough Shoot*, rititolato *Shoot First*, Gb 1952, b/n, 88') Robert Parrish. Con Joel McCrea, Evelyn Keyes, Herbert Lom, Marius Goring. ◆ Un colonnello americano (McCrea) in vacanza in Inghilterra pensa di avere ucciso un uomo durante una battuta di caccia. I servizi segreti britannici gli rivelano che era una spia sovietica, coinvolgendolo in un intrigo. Spionaggio di routine nonostante la sceneggiatura di Eric Ambler.

Servo, Il **** (*The Servant*, Gb 1963, b/n, 115') Joseph Losey. Con Dirk Bogarde, James Fox, Sarah Miles, Wendy Craig, Richard Vernon. ◆ Tony Mountset (Fox), esangue rampollo di una nobile famiglia inglese, assume il cameriere Hugo Barrett (Bogarde) che, capita la situazione, si porta in casa l'amante (Miles) per farle sedurre il padrone: Tony diventerà succube della coppia. Ispirandosi al romanzo di Robin Maugham, sceneggiato da Harold Pinter, Losey trova un equilibrio miracoloso tra lettera e metafora, e gira un saggio sui rapporti di classe con la logica di un thriller: anche se il servo prende il posto del padrone, resta però «incatenato a un ordine morente e fatto oggetto di una comune condanna in nome di un'etica severa ed estranea al mondo». L'atmosfera di sfascio e di decadenza è resa con uno stile barocco ma mai fine a se stesso, e lo sviluppo dei rapporti tra i personaggi segue logiche imprevedibili ma spietate. Un discreto shock all'epoca. Indimenticabile il ghigno luciferino di Bogarde.

Servo di scena, Il **½ (*The Dresser*, Gb 1983, col, 118') Peter Yates. Con Albert Finney, Tom Courtenay, Edward Fox, Zena Walker, Eileen Atkins. ◆ Nell'Inghilterra degli anni Quaranta un attore di teatro a fine carriera (Finney) sopravvive grazie alle premure che gli dedica il suo assistente omosessuale Norman (Courtenay), che vive di riflesso i trionfi del padrone: si recita la replica numero 227 di *Re Lear*, e la finzione si incrocerà con la realtà. Dalla commedia di Ronald Harwood, ispirata alla vita dell'attore Donald Wolfit. I temi (il rapporto tra servo e padrone, arte e vita, meschinità e poesia) sono vecchi; la regia, impeccabile e professionale; la recitazione, fin troppo perfetta.

Se sei vivo spara ** (Italia/Spagna 1967, col, 115') Giulio Questi. Con Tomas Milian, Marilù Tolo, Piero Lulli, Milo Quesada. ◆ Dopo aver eliminato (o almeno così credono) i complici successivamente a una rapina, dei banditi si rifugiano in una cittadina per spartirsi il malloppo. Spaghetti-western sarcastico e intellettualizzante, che cerca di infondere humour nero negli stereotipi. Forse il più riuscito di un sottofilone che comprende anche *Yankee* e *Requiescant*. Franco Arcalli è coautore della sceneggiatura.

Sessanta lettere d'amore *½ (*Dear Ruth*, Usa 1947, b/n, 95') William D. Russell. Con William Holden, Joan Caulfield, Edward Arnold, Mona Freeman. ◆ Una ragazzina (Freeman), spacciandosi per la sorella maggiore (Caulfield), intreccia una fitta corrispondenza con un soldato al fronte (Holden) ma ottiene ugualmente che i due si innamorino. Commedia degli equivoci sempliciotta e convenzionale tratta dalla pièce di Norman Krasna, che fu un successo a Broadway. Due sequel: *Abbasso mio marito* (1949) e *A.A. criminale cercasi* (1951).

Sessanta minuti per Danny Masters ** (*The Escape Artist*, Usa 1982, col, 96') Caleb Deschanel. Con Raul Julia, Griffin O'Neal, Teri Garr, Joan Hackett, Jackie Coogan, M. Emmet Walsh. ◆ Il figlio (O'Neal) di un illusionista (Julia) famoso per le sue fughe impossibili da cassaforti e affini, segue con successo le orme del padre, ma cade nelle mani di uomini senza scrupoli. Avventure per ragazzi senza troppe pretese. Griffin O'Neal è il figlio dell'attore Ryan.

Sesso, bugie e videotape ** (*Sex, Lies and Videotape*, Usa 1989, col, 100') Steven Soderbergh. Con James Spader, Andie MacDowell, Peter Gallagher, Laura San Giacomo, Ron Vawter. ◆ Un avvocato di successo (Gallagher) tradisce la moglie (MacDowell) con la cognata (San Giacomo). Tutto fila liscio finché non ricompare un suo vecchio compagno di studi (Spader) armato di videocamera-verità e collezionista di masturbazioni. Una discussa opera prima che si aggiudicò la Palma d'oro al festival di Cannes sotto la presidenza di Wim Wenders. Soderbergh cerca di mettere a nudo le miserie esistenziali contemporanee e di fermarle con la macchina da presa: prima sostiene che le immagini sono più vere della vita reale, poi associa voyeurismo e impotenza, infine distrugge i filmati presumibilmente per tuffarsi nella vita ritrovata attraverso di essi. Più che il biglietto da visita di un esordiente, sembra un astuto film-bilancio di un regista in panne, che non crede più nel cinema o forse non ci ha mai creduto. L'opera successiva del regista (*Delitti e segreti*) non ha dato messaggi confortanti. Ottimo, comunque, il cast e James Spader vinse la Palma d'oro a Cannes.

Sesso debole? ** (*The Opposite Sex*, Usa 1956, col, 117') David Miller. Con June Allyson, Dolores Gray, Joan Collins, Ann Sheridan, Leslie Nielsen, Ann Miller, Jeff Richards, Agnes Moorehead, Charlotte Greenwood, Joan Blondell, Sam Levene, Bill Goodwin. ◆ L'ex cantante Kay Ashley (Allyson) si convince – soprattutto per colpa dei pettegolezzi delle amiche – che il marito (Nielsen) si sia innamorato di un'ambiziosa ballerina (Collins) e divorzia. Ma poi saprà utilizzare le stesse armi del pettegolezzo e dell'insinuazione per smascherare la sua infedeltà e riconquistare il marito. Rifacimento molto fedele, ma con numeri musicali e la presenza di attori maschili, di *Donne* di Cukor: nonostante gli sforzi, il cast di questa versione non riesce a reggere il confronto con quello del 1939 (specie le due contendenti Allyson e Collins, incomparabilmente meno convincenti di Norma Shearer e Joan Crawford), ma è la presenza degli uomini, e la conseguente maggior veridicità della messinscena, che fa perdere forza alla feroce ironia del testo (qui sceneggiato da Fay e Michael Kanin), togliendo molta forza a questa parabola morale e protofemminista.

Sesso degli angeli, Il * (Italia/Rft 1967, col, 104') Ugo Liberatore. Con Bernard De Vries, Rosemarie Dexter, Doris Kunstmann, Laura Troschel, Giovanni Petrucci. ◆ A bordo di uno yacht, tre ragazze – Nora, Carla e Nancy (Kunstmann, Troschel e Dexter) – e un giovanotto (De Vries) decidono di provare gli effetti degli allucinogeni. Nel delirio della droga una ragazza spara e ferisce l'uomo che, a scanso di complicazioni, viene buttato ancora vivo in mare. La carriera di Liberatore come cantore di trasgressioni (con morale appiccicata alla fine) comincia qui. All'epoca un notevole successo.

Sesso e fuga con l'ostaggio * (*The Chase*, Usa 1994, col, 88') Adam Rifkin. Con Charlie Sheen, Kristy Swanson, Henry Rollins, Josh Mostel, Ray Wise, Claudia Christian. ◆ Jack Hammond (Sheen), evaso che protesta la sua innocenza, ruba una Bmw per fuggire in Messico, portandosi dietro la sua proprietaria (Swanson): che è, guarda caso, la figlia di un miliardario e si innamora di lui. Road movie semi-serio con ambizioni picaresche, con tante riprese video che fanno trendy: ma il risultato è fiacco e tirato per le lunghe. Sorprendente esordio per Rollins, ex leader degli anarchici Black Flag, nella parte del poliziotto Dobbs. Flea dei Red Hot Chili Peppers interpreta Dale.

Sesso & potere **½ (*Wag the Dog*, Usa 1997, col, 91') Barry Levinson. Con Dustin Hoffman, Robert De Niro, Anne Heche, Willie Nelson, Woody Harrelson, Denis Leary, Kirsten Dunst, William H. Macy, Andrea Martin, John Michael Higgins. ◆ Come far rieleggere un Presidente coinvolto in uno scandalo sessuale a pochi giorni dalle elezioni? Ci pensano Conrad Brean (De Niro), brillante consulente per l'immagine, e Stanley Motts (Hoffman), potente produttore hollywoodiano, inventando solo per i media una fantomatica guerra contro l'Albania, con tanto di falso eroe americano scomparso nel nulla (Harrelson). Dal romanzo *American Hero* di Larry Beinhart, sceneggiato con intelligenza da David Mamet e Hilary Henkin, una commedia ambigua e a tratti feroce sull'«intrattenimento» come massima espressione del Potere, nel solco che va da *Il dottor Stranamore* a *La seconda guerra civile americana* (ma alla luce del Sexgate è difficile credere che si tratti solo di fantapolitica). Prevedibile gara di bravura tra i due protagonisti, onesta la regia di Levinson. Colonna sonora di Mark Knopfler, con canzoni di Willie Nelson. Cammeo per Jim Belushi nella parte di se stesso.

Sesso e volentieri * (Italia 1982, col, 90') Dino Risi. Con Johnny Dorelli, Laura Antonelli, Gloria Guida, Giuliana Calandra, Giucas Casella, Pippo Santonastaso, Margaret Lee. ◆ Barzellette con Dorelli protagonista. In *La principessa e il cameriere* le guardie del corpo importunano l'idillio tra i due personaggi del titolo; in *Lady Jane* la moglie (Lee) di un ministro è affetta da aerofagia; in *Domenica in* un gruppo di spettatori rimane con le mani legate dal fluido di un mago (Casella); in *La nuova Marisa* una donna sostituisce a tutti gli effetti la squillo che stava nel suo appartamento; in *Radio taxi* un marito si suicida perché la moglie (Guida) gli parla con la voce che usa al radio taxi; in *Rasoio all'antica* un cliente rischia di essere sgozzato da un barbiere geloso; in *Armanda e il violinista* un dongiovanni si finge povero; in *Luna di miele* è lo sposo il vero obiettivo di uno sceicco seduttore. Meno ancora che grossolano: solamente pietoso, visto anche il nome del regista, responsabile anche della sceneggiatura con Bernardino Zapponi ed Enrico Vanzina.

Sesso gentile ** (*The Gentle Sex*, Gb 1943, b/n, 92') Leslie Howard, Maurice Halvey. Con Joan Gates, Jean Gillie, Joyce Howard, Lilli Palmer, Rosamund Jones. ◆ Sette ragazze, reclute dei servizi ausiliari dell'esercito inglese durante la seconda guerra mondiale, malgrado le differenze di carattere, le debolezze e le gelosie, quando saranno chiamate per la prima missione dimostreranno di essere unite nella difesa alla patria. Brioso film di propaganda sceneggiato da Moie Charles, Aimée Stuart, Phyllis Rose e Roland Pertwee. Il coregista Leslie Howard – l'Ashley Wilkes di *Via col vento* – morì lo stesso anno abbattuto da un caccia tedesco.

Sessomatto *½ (Italia 1973, col, 120') Dino Risi. Con Giancarlo Giannini, Laura Antonelli, Paola Borboni, Duilio Del Prete, Alberto Lionello. ◆ Nove episodi con Giannini protagonista. *Signora sono le 8*: un cameriere scopre che l'unico modo per svegliare la padrona è scoparla. *Due cuori una baracca*: sono poveri, ma continuano a mettere al mondo figli. *Non è mai troppo tardi*: prodezze di un avvocato gerontofilo. *Viaggio di nozze*: lo sposo scopre che ce la fa solo in ascensore. *Torna piccina mia*: un cliente impone a una prostituta di somigliare alla moglie lontana. *Lavoratore italiano all'estero*: una suora incoraggia un donatore di sperma. *Vendetta*: una siciliana si vendica con metodi da ape regina. *Un amore difficile*: un siciliano a Milano si innamora di un travestito (Lionello) che scopre essere suo fratello. *L'ospite*: una coppia si eccita imbarazzando un terzo. Mediocri barzellette pruriginose sceneggiate da Ruggero Maccari per una furbesca operazione commerciale.

Sesso peccato e castità ** (*Only Two Can Play*, Gb 1962, col, 106') Sidney Gilliat. Con Peter Sellers, Mai Zetterling, Virginia Maskell, Richard Attenborough. ◆ Un modesto bibliotecario (Sellers) diventa l'amante di una ricca signora (Zetterling) che sarà costretta ad abortire: tornerà alla sua felice mediocrità. Dal romanzo di Kingsey Amis *Quell'incerto sentimento*, adattato da Bryan Forbes, di cui conserva qualcosa delle venature satiriche e del tono dolceamaro.

Sesso perduto ** (*Honno*, Giappone 1966, b/n, 88') Kaneto Shindo. Con Hideo Kanze, Nobuko Otowa, Eijiro Tohno. ◆ Un attore è convinto di avere perso la virilità a causa delle radiazioni atomiche di Hiroshima: una cameriera innamorata di lui gli fa passare le fisime. Il tema del sesso, caro al regista, viene esplorato con uno stile compassato e mesto, in cui c'è un'ombra del suo maestro Mizoguchi.

Sessualità *½ (*The Chapman Report*, Usa 1962, col, 125') George Cukor. Con Shelley Winters, Jane Fonda, Claire Bloom, Glynis Johns, Efrem Zimbalist jr, Andrew Duggan, Cloris Leachman. ◆ Quattro casi non a lieto fine studiati dal dottor Chapman: una provinciale (Winters) cerca evasione nell'adulterio; un'aspirante artista (Johns) seduce un giocatore di football; una giovane vedova (Fonda) è bloccata da un complesso edipico; una divorziata ninfomane (Bloom) medita il suicidio. Sulla scia del rapporto Kinsey e sulla base del romanzo *Foeminae* di Irving Wallace (sceneggiato da Wyatt Cooper e Don M. Mankiewicz), il regista – celebre per i suoi film all women – volle avventurarsi in territori ai tempi scabrosi. Ma le manomissioni della censura non resero un buon servizio a un intreccio che spesso sa di Reader's Digest. Riuscito solo l'episodio con la Bloom.

Sesta colonna ** (*All Through the Night*, Usa 1942, b/n, 107') Vincent Sherman. Con Humphrey Bogart, Conrad Veidt, Kaaren Verne, Jane Darwell, Peter Lorre, Judith Anderson, William Demarest, Jackie Gleason. ◆ Un piccolo delinquente (Bogart) indaga sull'assassinio di un suo amico e smaschera un'organizzazione di spie naziste (Veidt, Lorre e Anderson). Realizzato subito dopo l'attacco di Pearl Harbor, mescolando noir a propaganda antinazista. Venne comunque censurata la battuta «c'è lo zampino dell'Fbi in tutta questa sporca faccenda» che ricorreva frequentemente in bocca a Bogart.

Sesto continente **½ (Italia 1954, col, 95') Folco Quilici. ◆ Un documentario sulla vita negli oceani, lontano sia dalle sdolcinature disneyane che dal sensazionalismo. Buon esordio dell'autore, specialista nel genere.

Sesto eroe, Il **½ (*The Outsider*, Usa 1961, b/n, 108') Delbert Mann. Con Tony Curtis, James Franciscus, Gregory Walcott, Bruce Bennett, Vivian Nathan. ◆ L'indiano Ira Heyes (Curtis) e due commilitoni diventano eroi nazionali in quanto unici superstiti della battaglia di Iwo Jima contro i giapponesi. Gli orrori vissuti rischieranno di far diventare il primo un alcolizzato, ma troverà la forza per uscirne. La regia di Mann è onesta anche se senza voli, l'interpretazione di Curtis credibile.

Sete ** (*Törst*, Svezia 1949, b/n, 83') Ingmar Bergman. Con Eva Henning, Birger Malmsten, Birgit Tengroth, Mimi Nelson, Hasse Ekman, Bengt Eklund. ◆ Durante un lungo viaggio in treno dalla Germania in guerra verso la Svezia, Bertil (Malmsten) e Ruth (Henning) recuperano il loro matrimonio che rischiava di fallire a causa delle disastrose esperienze precedenti di entrambi. Da alcune novelle di Birgit Tengroth, all'epoca considerate scandalose (la sceneggiatura è di Herbert Grevenius), un kammerspiel in movimento (il treno ricorrerà spesso nel cinema di Bergman) sul tema della sete d'amore insoddisfatta, ricco di azioni parallele e sguardi retrospettivi. L'intreccio nell'insieme risulta un po' tortuoso, ma la macchina da presa si muove con una certa agilità nello spazio ristretto e lo stile di Bergman guadagna in sicurezza e vitalità. La Tengroth interpreta il ruolo di Viola, ex donna di Bertil, e fu di grande aiuto al regista nella messinscena dell'episodio di lesbismo (per buona parte tagliato dalla censura): sua l'idea di illuminare il viso di Mimi Nelson con la luce di un fiammifero, ripresa poi da Bergman anche in *L'ora del lupo* (dove von Sydow compie lo stesso gesto nei confronti di Liv Ullmann).

Sete del potere, La *½ (*Executive Suite*, Usa 1954, b/n, 104') Robert Wise. Con William Holden, June Allyson, Barbara Stanwyck, Fredric March, Walter Pidgeon, Shelley Winters, Louis Calhern, Nina Foch. ◆ Alla morte del presidente di un'industria di mobili si scatena la lotta per la successione da parte di cinque vicepresidenti. Vincerà il più onesto (Holden), che propugna il miglioramento del prodotto come sola strategia per imporsi sul mercato. Da un romanzo di Cameron Hawley sceneggiato da Ernest Lehman. La verosimiglianza non doveva essere tra gli obiettivi del regista: il risultato è discontinuo e deludente. Alcuni momenti saranno ripresi dal più amaro *I giganti uccidono* di Fielder Cook dell'anno successivo.

Se ti mordo sei mio *½ (*Once Bitten*, Usa 1985, col, 93') Howard Storm. Con Lauren Hutton, Cleavon Little, Jim Carrey, Karen Kopins. ◆ Una giovanile contessa (Hutton) di quattrocento anni per mantenersi in forma vampirizza giovanotti belli e illibati. Un imbranato studentello fa al caso suo, ma la fidanzatina lo salverà. Horror dai risvolti semiparodistici: in pratica, la versione al maschile di *Dracula cerca sangue di vergine... e morì di sete* di Morrissey, ma più anemico e molto meno divertente.

Se ti piace... vai... *½ (*Try This On For Size*, Gb/Francia, 1989, col, 105') Guy Hamilton. Con Michael Brandon, David Carradine, Arielle Dombasle, Guy Marchand, Mario Adorf. ◆ Tom Lepski (Brandon), ex poliziotto di Miami al servizio di una società di assicurazioni, è a Nizza sulle tracce di un famoso ladro d'arte (Carradine). Hamilton, autore di quattro 007, trasforma il romanzo di James Hadley Chase in un fiacco giallorosa pieno di inquadrature da cartolina.

Set It Off *½ (*Set It Off*, Usa 1996, col, 122') F. Gary Gray. Con Jada Pinkett, Queen Latifah, Vivica A. Fox, Kimberly Elise, John C. McGinley, Blair Underwood, Anna Maria Horsford, Ella Joyce, Charlie Robinson. ◆ Los Angeles: Stony (Pinkett) perde il fratello, Frankie (Fox) il lavoro e Tisean (Elise) il figlio, e assieme alla lesbica Cleo (Queen Latifah) si mettono a rapinare banche. Tra *Boyz'n the Hood* e *Thelma & Louise* in versione nera: cambiando colore gli stereotipi rimangono inalterati; e dietro le sparatorie affiora il buonismo. Si perde nel doppiaggio la scena in cui le ragazze fanno il verso al *Padrino*, una pietra miliare nella cultura *gangsta rap*. Scritto da Kate Lanier e Takashi Bufford.

Setta, La * (Italia 1991, col, 125') Michele Soavi. Con Kelly Curtis, Herbert Lom, Mariangela Giordano, Carla Cassola, Tomas Arana. ◆ Una maestrina (Curtis) ha incubi tremendi per colpa di un insetto che le è salito su per il naso, viene violentata da un marabù e conosce la setta dei senza volto: ma questo è niente, di fronte al fatto che è incinta dell'Anticristo. Dario Argento produce e collabora alla sceneggiatura, il regista Soavi è morbosamente attratto dalle tubature: ci sarebbe quasi da divertirsi, se tutti non si prendessero tanto sul serio. Musiche di Pino Donaggio.

Setta dei tre K, La **½ (*Storm Warning*, Usa 1950, b/n, 90') Stuart Heisler. Con Ginger Rogers, Ronald Reagan, Doris Day, Hugh Sanders, Steve Cochran. ◆ In visita dalla sorella a Rock Point, Marsha (Rogers) assiste a un assassinio perpetrato da membri del Ku Klux Klan, tra cui riconosce il cognato Hank (Cochran). Non lo denuncia al procuratore distrettuale (Reagan), ma ciò non basta a evitarle guai seri. Thriller di un certo impatto visivo e di un certo coraggio: non a caso il giovane Richard Brooks firma la sceneggiatura con Daniel Fuchs. La Rogers aveva smesso di ballare e cercava ruoli drammatici; Reagan se la cava meglio del solito.

Sette anni in Tibet *½ (*Seven Years in Tibet*, Usa/Gb 1997, col, 128') Jean-Jacques Annaud. Con Brad Pitt, David Thewlis, B.D. Wong, Mako, Danny Denzongpa, Victor Wong, Ingeborga Dapkunaite, Jamyang Jamtsho Wangchuck. ◆ Lo scoppio della seconda guerra mondiale impedisce a Heinrich Harrer (Pitt) di scalare il Nanga Parbat, nell'Himalaya, perché gli inglesi lo internano in India: riuscirà a scappare raggiungendo il Tibet, dove conquisterà l'amicizia del Dalai Lama (Wangchuck), adolescente cinefilo per il quale costruirà anche una sala cinematografica. Noioso kolossal storico-spirituale tratto da una storia vera (sceneggiata da Becky Johnston a partire dal libro autobiografico di Heinrich Harrer): tra didascalismo e illustrazione, un cumulo di cliché hollywoodiani con riprese aeree mozzafiato, folclore tibetano e look studiati per l'occasione, come il taglio e il colore dei capelli di Brad Pitt.

Sette assassini, I *** (*Seven Men from Now*, Usa 1955, col, 78') Budd Boetticher. Con Randolph Scott, Gail Russell, Lee Marvin, Walter Reed. ◆ Lo sceriffo Stride (Scott) è a caccia di sette uomini che hanno rapinato la Wells Fargo e ucciso sua moglie. Nel deserto, dopo avere avuto la meglio in un attacco indiano, affronta in duello il capo (Marvin) dei banditi. Uno dei migliori western di Boetticher, primo dei sette che interpretò il suo attore-feticcio Randolph Scott, giocato, come di consueto, sul senso di vuoto che dà la vendetta. Trama lineare ma non piatta, grande senso del paesaggio, uso perfetto degli stereotipi: «un western esemplare» sceneggiato dal futuro regista Burt Kennedy.

7 canzoni per 7 sorelle * (Italia 1957, b/n, 85') Marino Girolami. Con Claudio Villa, Lorella De Luca, Enio Girolami, Luisa Rivelli, Silvio Bagolini, Carlo Delle Piane, Carletto Sposito, Mario De Simone, Ferruccio Amendola, Laura Tavanti, Nadia Scarpitta, Eliane Padé, Vittoria Allegretti, Luciana Lombardi, Pietro De Vico, Rita Oriolo, Arturo Bragaglia, Jone Morino, Dante Maggio, Giorgio Gandos, Franco Coop, Carla Calò. ◆ Sei giovanotti (Girolami, Bagolini, Delle Piane, Amendola, De Simone e Sposito) non battono chiodo perché le sei sorelle a cui fanno la corte (Rivelli, Tavanti, Scarpitta, Padé, Allegretti e

Lombardi) – la settima, Giulietta (De Luca), è la loro sorellastra e quindi è relegata in cucina come Cenerentola – pensano solo a Claudio Villa, che un bel giorno viene anche invitato per inaugurare l'orfanotrofio del paese: è difficile immaginare di quale ragazza s'innamorerà? Più che una commedia con musiche, un promo *ante litteram* per le canzoni del Reuccio, che si esibisce in *Non ti scordar di me*, *Come facette mammeta?*, *È primavera*, *Amore amaro*, *Serenata per le bimbe innamorate* e *Ninna nanna marinara*. Al massimo può interessare i semiologi la *mise en abyme* del cantante che impersona se stesso, ma rischiano di annoiarsi anche loro.

Sette chili in sette giorni * (Italia 1986, col, 112') Luca Verdone. Con Carlo Verdone, Renato Pozzetto, Tiziana Pini. ◆ Due laureati in medicina con il minimo dei voti (Verdone e Pozzetto) si improvvisano dietologi e aprono una clinica per dimagrire: la dieta consiste in un digiuno da lager. Fallito l'affare per la rivolta dei pazienti, apriranno la trattoria «Ai due porconi». Esordio alla regia del minore dei fratelli Verdone: struttura televisiva e barzellettistica, gag vecchie come il mondo.

Sette città d'oro, Le *½ (*Seven Cities of Gold*, Usa 1955, col, 103') Robert D. Webb. Con Richard Egan, Anthony Quinn, Rita Moreno, Jeffrey Hunter, Michael Rennie. ◆ Nel 1789 il capitano Portola (Egan) parte alla conquista della California, sperando di trovare le mitiche «città d'oro». Non fosse per il missionario padre Serra (Rennie), i rapporti con gli indios degenererebbero: ma la tragedia scoppia quando la figlia (Moreno) del capo si suicida per amore di un tenente spagnolo poco galantuomo. Avventure con morale inclusa: la recitazione è sopra la media, ma non tutti gli evangelizzatori erano degli animi gentili come quello del film.

Sette città d'oro, Le * (*Gold of the Amazon Women*, Usa 1979, col, 120') Mark L. Lester. Con Bo Svenson, Richard Romanus, Anita Ekberg, Donald Pleasence, Charles Reynold, Robert Minor, Maggie Jean Smith, Susan E. Miller. ◆ Sulle tracce del tesoro delle sette città d'Eldorado, Tom (Svenson) e Luis (Romanus) affrontano i pericoli della giungla brasiliana e devono vedersela con un avido commerciante di droga (Pleasence): verranno catturati da una tribù di amazzoni ma poi proprio le donne guerriere li aiuteranno nella loro missione. Avventure esotiche tanto squinternate da risultare comiche in un tv-movie girato senza preoccuparsi di nessuna verosimiglianza. Da cult la regina delle amazzoni Winaina interpretata da una mummificata Ekberg (frase dell'anno: «nel vostro mondo sfruttate le donne, nel nostro sfruttiamo gli uomini», a propostito del fatto che tengono prigionieri alcuni bianchi per assicurarsi la continuità della stirpe).

Sette contro tutti * (Italia 1965, col, 90') Michele Lupo. Con Roger Browne, Liz Havilland [José Greci], Al Northon [Alfio Caltabiano], Harold Bradley, Erno Crisa. ◆ Il gladiatore Marco (Browne) guida una rivolta di gladiatori contro il tiranno Vadio. Modesto peplum in cui le scazzottature prevalgono sui duelli con gli spadoni.

Sette criminali e un bassotto * (*Once Upon a Crime*, Usa 1992, col, 96') Eugene Levy. Con John Candy, James Belushi, Ornella Muti, Cybill Shepherd, Sean Young, Richard Lewis, George Hamilton, Giancarlo Giannini, Elsa Martinelli. ◆ A Monte Carlo muore una ricca vecchietta: tre coppie male assortite, sospettate da un ispettore di polizia (Giannini), cercano di far luce sul mistero. Fiacco remake di *Crimen* di Camerini, con attori esagitati e tentativi poco riusciti di rivitalizzare gag d'altri tempi.

Sette dell'Orsa maggiore, I ** (Italia 1952, b/n, 100') Duilio Coletti. Con Pierre Cressoy, Eleonora Rossi Drago, Tino Carraro, Paul Müller, Paolo Panelli. ◆ L'ufficiale di marina Silvani (Cressoy) comanda un gruppo di valorosi che, con i famosi «maiali» sottomarini, il 19 dicembre 1941 superano le difese del porto di Alessandria e fanno esplodere le corazzate britanniche Valiant e Queen Elizabeth, il caccia Jervis e la cisterna Sagona. Film di guerra ispirato all'eroismo di Luigi Durand de La Penne e dei suoi compagni, sceneggiato da Marc'Antonio Bragadin, Giuseppe Berto, Francesco De Robertis ed Ennio De Concini, costruito con asciuttezza semidocumentaristica ma senza troppe sorprese. Sullo stesso argomento fu girato nel 1962 *L'affondamento della Valiant*.

Sette donne per i Mac Gregor *½ (Italia/Spagna 1966, col, 103') Franco Giraldi. Con David Bailey, Agatha Flory, Leo Anchoriz, Georges Rigaud, Roberto Camardiel. ◆ Durante il matrimonio di Gregor Mac Gregor (Bailey), scozzese nel West, il bandito Maldonato ruba il suo oro: tutta la famiglia si lancerà all'inseguimento. Spaghetti-western privo di violenza e in anticipo sulla svolta farsesca di Bud Spencer e Terence Hill. Seguito di *Sette pistole per i Mac Gregor*: Giraldi rinuncia allo pseudonimo di Frank Garfield, ma solo nelle copie distribuite in Italia. Esterni girati in Spagna, musiche di Ennio Morricone già utilizzate in *Per un pugno di dollari*. Gli sceneggiatori Fernando Lion e Vincent Eagle sono (che fantasia!) Fernando Di Leo e Enzo Dell'Aquila.

Sette fratelli Cervi, I ** (Italia 1968, col, 105') Gianni Puccini. Con Gian Maria Volonté, Lisa Gastoni, Carla Gravina, Riccardo Cucciolla, Don Backy [Aldo Caponi], Elsa Albani, Renzo Montagnani, Gino Lavagetto, Duilio Del Prete, Andrea Checchi, Gabriella Pallotta, Oleg Jakov, Serge Reggiani. ◆ L'epopea della famiglia Cervi: i sette figli combattono nelle fila partigiane, i genitori nascondono antifascisti nella loro fattoria. Nel dicembre del 1943 tutti i fratelli verranno fucilati. Tema forte e popolare, bravi attori, collaborazione alla sceneggiatura di Cesare Zavattini, ma il film risulta scolastico e poco coinvolgente. Gianni Amelio fa l'aiuto-regia.

Sette giorni a maggio **½ (*Seven Days in May*, Usa 1964, b/n, 120') John Frankenheimer. Con Burt Lancaster, Kirk Douglas, Ava Gardner, Fredric March, Martin Balsam, Edmond O'Brien, George Macready. ◆ Il presidente degli Usa Jordan Lyman (March) firma l'accordo di disarmo con l'Urss. Il capo di stato maggiore generale Scott (Lancaster) è contrario alla scelta e trama un colpo di Stato, ma il fido colonnello Casey (Douglas) fornirà al presidente le prove del complotto e aiuterà a sventarlo. Le colombe vincono sui falchi. Thriller politico sceneggiato da Rod Serling a partire dal romanzo omonimo di Fletcher Knebel e Charles W. Bailey II, per l'epoca innovatore, elementare ed efficace, un po' verboso ma con buona suspense. Quinto dei sei film che Douglas e Lancaster hanno girato insieme. Esordio di John Houseman come attore nel piccolo ma fondamentale ruolo dell'ammiraglio Barnswell. Remake nel 1994 (*Complotto alla Casa Bianca*).

Sette ladri, I ** (*Seven Thieves*, Usa 1960, b/n, 112') Henry Hathaway. Con Edward G. Robinson, Rod Steiger, Eli Wallach, Joan Collins, Alexander Scorby, Sebastian Cabot. ◆ Un geniale professore (Robinson) progetta un colpo a Monte Carlo. Tipico giallorosa dell'epoca, con l'inevitabile morale sulla farina del diavolo che va in crusca; cast sopra la media, regia invisibile.

Sette magnifici Jerry, I **½ (*The Family Jewels*, Usa 1965, col, 100') Jerry Lewis. Con Jerry Lewis, Neil Hamilton, Sebastian Cabot, Donna Butterworth. ◆ Una ragazzina orfana (Butterworth), affidata al suo autista (Lewis), deve scegliere un nuovo padre tra sei zii deficienti (tutti interpretati da Lewis). Lewis – autore anche della sceneggiatura con Bill Richmond – riprende alcuni dei suoi personaggi più riusciti (il playboy delle *Folli notti del dottor Jerryll*, il clown del *Circo a tre piste*) ma non riesce a nascondere una certa meccanicità, peggiorata da una vena dolciastra. Alcune gag catastrofiche restano comunque memorabili.

Settembre ** (*September*, Usa 1987, col, 82') Woody Allen. Con Denholm Elliott, Mia Farrow, Elaine Stritch, Jack Warden, Sam Waterston, Dianne Wiest. ◆ Con l'arrivo dell'autunno, in una tranquilla casa del Vermont scoppiano tensioni sopite: la figlia Lane (Farrow), che da giovane fu usata per coprire l'assassinio dell'amante della madre (Stritch), la incolpa di tutte le sue nevrosi, e la sua più cara amica (Wiest) l'accusa di averle rubato il fidanzato (Waterston). Secondo film di Woody Allen solo regista e unico sceneggiatore, non è un grande passo avanti rispetto a *Interiors*: manierismi čechoviani e bergmaniani, un gran parlarsi addosso, e silenzi che vorrebbero essere significativi. Quando salta la corrente, il direttore della fotografia Carlo Di Palma può mostrare quanto è bravo. Non si capisce perché i casi di Farrow e Stritch richiamino tanto quelli di Lana Turner e Johnny Stompanato. Durante la lavorazione Allen ha cambiato più volte alcuni attori: al posto di Waterston aveva provato, senza esserne soddisfatto, Christopher Walken e Sam Shepard.

Sette minuti che contano, I * (*The Seven Minutes*, Usa 1971, col 116') Russ Meyer. Con Yvonne De Carlo, Wayne Maunder, John Carradine, Charles Drake, Philip Carey, Jay C. Flippen, Edy Williams. ◆ Per via di una pubblicazione ritenuta oscena, un editore finisce in tribunale: la decisiva deposizione dell'autrice (De Carlo) risolverà la situazione. Fiacco adattamento del best-seller di Irving Wallace (sceneggiato da Wyatt Cooper e Don M. Mankiewicz), fallito sia come spaccato di costume che come commedia sexy. Di fronte agli esigui incassi, Russ Meyer rimpianse di non aver messo più sesso. Una particina per Tom Selleck.

Sette note in nero ** (Italia 1977, col, 95') Lucio Fulci. Con Jennifer O'Neill, Marc Porel, Gianni Garko, Jenny Tamburi, Gabriele Ferzetti, Evelyn Stewart. ◆ Virginia (O'Neill), sposata da tre mesi a un nobile toscano (Garko), è perseguitata da visioni extrasensoriali, e scopre il cadavere di una donna in un muro di casa. Probabile che il marito sia l'assassino, o forse no: il guaio è che le premonizioni non hanno la data. Intreccio discretamente congegnato (da Fulci, Dardano Sacchetti e Roberto Gianviti), senza risparmio di colpi di scena più o meno onesti, per uno dei film più rispettabili di Fulci, che cerca di costruire suspense col minimo dispendio di sangue. E quasi ci riesce, al contrario di quanto farà in seguito.

Sette ore di guai ** (Italia 1951, b/n, 85') Vittorio Metz, Marcello Marchesi. Con Totò [Antonio de Curtis], Clelia Matania, Carlo Campanini, Isa Barzizza, Giulietta Masina, Mario Castellani, Galeazzo Benti, Ughetto Bertucci, Gildo Bocci, Alberto Sorrentino, Liana Del Balzo, Carlo Mazzarella. ◆ Alla vigilia del battesimo, la balia perde il figlio del sarto Totò De Pasquale (Totò): il padre prima lo cerca da una avvenente signorina (Barzizza), poi crede che gli sia stato «rapito» dai Romolini (Campanini, Castellani e Masina), i distrattissimi vicini di casa. Marchesi e Metz, insieme ad Age, Scarpelli, Eduardo Passarelli (che interpreta anche il ruolo dell'avvocato Espinaci) e Alberto Vecchietti si sforzano di aggiornare la farsa di Eduardo Scarpetta *'Na creatura sperduta*, ma il risultato è spesso faticoso e sfilacciato: il divertimento è affidato solo alle surreali sbadataggini di Campanini e Castellani (intellettuali, «quindi» distratti) e agli assolo di Totò.

Sette peccati capitali, I *½ (*Les Sept péchés capitaux*, Francia/Italia 1952, b/n, 120') Georges Lacombe, Eduardo De Filippo, Claude Autant-Lara, Carlo Rim, Yves Allégret, Roberto Rossellini, Jean Dréville. Sei episodi e un racconto-cornice (di Georges Lacombe, con Gérard Philipe) ambientato in una fiera. ◆ In *Avarizia e ira* (Eduardo De Filippo. Con Paolo Stoppa, Eduardo De Filippo, Isa Miranda) un avaro che vessa un inquilino viene punito dalla moglie, che gli getta i soldi dalla finestra; in *Orgoglio* (Claude Autant-Lara. Con Michèle Morgan, Françoise Rosay) la miseria di una famiglia di nobili decaduti emerge durante una festa; in *Gola* (Carlo Rim. Con Henri Vidal, Claudine Dupuis) un viandante preferisce la cucina rustica ai favori di una contadinella; in *Lussuria* (Yves Allégret. Con Viviane Romance, Frank Villard) una giovane vedova si ingelosisce, a torto, della figlia che sta diventando donna; in *Invidia* (Roberto Rossellini. Con Orfeo Tamburi, Andrée Delar, tratto dal racconto *La gatta* di Colette) un pittore (tale era, in effetti, Tamburi) suscita la gelosia della moglie per una gatta; in *Pigrizia* (Jean Dréville. Con Noël-Noël [Lucien Noël], Jacqueline Plessis) il direttore del Paradiso crede di guarire i mali del mondo con la pigrizia, ma gli esiti sono disastrosi. Bozzetti in genere deboli dove gli episodi italiani sono meglio di quelli francesi, e De Filippo è migliore di Rossellini. Il settimo episodio, di De Filippo, è finito in *Marito e moglie*.

Sette peccati capitali, I ** (*Les Sept pechés capitaux*, Francia 1961, b/n, 113') Sylvain Dhomme, Edouard Molinaro, Philippe de Broca, Jacques Demy, Jean-Luc Godard, Claude Chabrol, Roger Vadim. ◆ Film a episodi. In *L'ira* (Sylvain Dhomme. Con Marie-José Nat, Perrette Pradier, sceneggiatura di Eugène Ionesco) la presenza della minestra nel menu della domenica è causa di una lite colossale in famiglia; in *L'invidia* (Edouard Molinaro. Con Claude Brasseur, Dany Saval, sceneggiatura di Claude Mauriac) una cameriera sostituisce l'amante di un attempato riccastro; in *La gola* (Philippe de Broca. Con Georges Wilson, Paul Prevost, da un soggetto di Roger Peyrefitte) un viaggio per un funerale si trasforma in un tour gastronomico; in *La lussuria* (Jacques Demy. Con Laurent Terzieff, Jean-Louis Trintignant, Micheline Presle) due amici si raccontano le loro avventure, paragonandole alla loro ingenuità giovanile; in *L'accidia* (Jean-Luc Godard. Con Eddie Constantine, Nicole Mirel) Constantine, nella parte di se stesso, non approfitta di una disponibile stellina; in *L'avarizia* (Claude Chabrol. Con Jean-Pierre Cassel, Danièle Barraud, Jean-Claude Brialy) una prostituta beffa il vincitore di una lotteria; in *L'orgoglio* (Roger Vadim. Con Marina Vlady, Sami Frey, Jean-Pierre Aumont) una moglie rinuncia a piantare il marito quando scopre che anche lui è infedele. Considerato lo spiegamento di ingegni, il risultato è un po' deludente. L'umorismo non manca, ma si tratta soprattutto di una curiosità.

Sette pistole per i Mac Gregor *½ (Italia/Spagna 1965, col, 97') Frank Garfield [Franco Giraldi]. Con Robert Woods, Manny Zarzo, Nick Anderson, Paul Carter, Agata Flori, Fernando Sancho. ◆ Sette fratelli finiti ingiustamente in galera evadono e guidati da Gregor Mac Gregor (Woods) danno la caccia allo sceriffo corrotto. Spaghetti-western schematico e fumettistico, ma con qualche tocco ironico. Esordio sotto pseudonimo di Giraldi, già aiuto di Leone e autore, in seguito, di ben altre ambizioni. Sceneggiatura di Fernando Lion (alias Di Leo), Vincent Eagle (alias Dell'Aquila) e Duccio Tessari. Seguito da *Sette donne per i Mac Gregor*.

Sette probabilità, Le **½ (*Seven Chances*, Usa 1925, b/n, 57') Buster Keaton. Con Buster Keaton, T. Roy Barnes, Ruth Dwyer, Snitz Edwards. ◆ Jimmie (Keaton) riceve un'eredità: ma una clausola vuole che il beneficiario si sposi entro il suo ventisettesimo compleanno, che cade proprio quello stesso giorno. Purtroppo la fidanzata ufficiale fa le bizze. Riscoperto solo negli anni Settanta e un po' sopravvalutato, questo film di Keaton raggiunge una dimensione surreale solo nell'ultima parte, in cui l'aspirante sposo è inseguito da centinaia di pretendenti che lasciano la devastazione dove passano: il tema novecentesco dell'uomo solo vittima della folla assume una coloritura misogina, o meglio ginofoba, frequente nel cinema comico dell'epoca.

Sette ragazze innamorate *½ (*Seven Sweethearts*, Usa 1942, b/n, 98') Frank Borzage. Con Kathryn Grayson, Van Heflin, Marsha Hunt, S.Z. Sakall, Cecilia Parker, Peggy Moran. ◆ Sette sorelle non vedono l'ora di sposarsi, ma la madre (Sakall) vuole iniziare dalla più vecchia. Musical sciocchino vagamente ispirato a *Orgoglio e pregiudizio*, molto fuori dalle corde di Borzage.

Sette samurai, I **** (*Shichi nin no samurai*, Giappone 1954, b/n, 200') Akira Kurosawa. Con Takashi Shimura, Toshiro Mifune, Yoshio Inaba, Seiji Miyaguchi, Minoru Chiaki, Daisuke Kato, Ko Kimura, Kamatari Fujiwara, Kuninori Kodo, Bokuzen Hidari. ◆ Nel Giappone del Cinquecento, sconvolto dalle guerre civili, alcuni contadini assoldano sette samurai per difendersi dai briganti. Vincendo le barriere di classe, i mercenari solidarizzeranno con gli agricoltori e si sacrificheranno per loro: alla fine il saggio capo (Shimura) dei samurai sentenzia: «Ancora una volta abbiamo perso... i veri vincitori sono loro». Uno dei capolavori di Kurosawa (autore anche della sceneggiatura con Shinobu Hashimoto e Hideo Oguni), un film d'avventura dal respiro epico che cela un'elegia della terra e della solidarietà, com'è nello spirito umanitario del regista. Al centro c'è il confronto-scontro tra due culture, quella della campagna e quella delle armi, e se la prima è descritta nella sua globalità, attraverso il ritratto collettivo dei contadini, la seconda è più approfondita e i sette differenti caratteri dei samurai incarnano aspetti diversi della morale e del comportamento giapponese: Kambei (Shimura) è la saggezza e il disincanto (capace di sottolineare il carattere autodistruttivo dell'impresa), Heihachi e Gorobei (Chiaki e Inaba) sono l'astuzia, la giovialità, il buon senso, Kyuzo (Miyaguchi) è la concentrazione ascetica, Katsushiro (Kimura) rappresenta l'entusiasmo della gioventù, la generosità e l'idealismo, Shichiroj (Kato) è la professionalità che vuole restare nell'ombra, Kikuchiyo (Mifune) è il personaggio che lega le due culture con le sue origini contadine e la sua scelta di diventare samurai per volontà, timido dietro le sue audacie, sbruffone ma sostanzialmente insoddisfatto. Raccontato con il fascino e la grandezza delle cose semplici e profonde, il film è soprattutto un incitamento contro la rassegnazione e lo scoramento, visti come i due grandi nemici dell'uomo. Per apprezzare la scioltezza del racconto, *I sette samurai* va visto assolutamente nella versione integrale (che in televisione viene programmata sottotitolata) e non nella versione doppiata, ridotta a soli 140', nella quale le bellissime scene della battaglia sono malamente tagliate. Rifatto a Hollywood come *I magnifici sette* (1960).

7 scialli di seta gialla * (Italia 1972, col, 95') Sergio Pastore. Con Anthony Steffen [Antonio De Teffé], Sylva Koscina, Jeannette Len [Giovanna Lenzi], Renato De Carmine, Giacomo Rossi Stuart, Umberto Raho, Annabella Incontrera, Shirley Corrigan. ◆ Scialli imbevuti di una sostanza repellente scatenano un gatto nero dagli artigli intrisi di curaro: l'assassino non poteva trovare un metodo più semplice? Intanto un musicista cieco (Steffen) indaga. Noioso clone che saccheggia *Il gatto a nove code*, *Psycho* (con scena della doccia super-*gore*) e *Gli occhi della notte*. Gli ultimi 10', comunque, sono un concentrato di baraccate da mandare in visibilio i fan del trash. Scritto dal regista con Alessandro Continenza e Giorgio Simonelli. Musiche di Manuel De Sica.

Sette senza gloria, I **½ (*Play Dirty*, Gb 1968, col, 117') André de Toth. Con Michael Caine, Nigel Davenport, Nigel Green, Harry Andrews, Patrick Jordan, Daniel Pilon, Martin Burland, George McKeenan, Bridget Espeet, Aly Ben Ayed. ◆ Un capitano inglese (Caine) guida una pattuglia di avanzi di galera in Nordafrica, durante la seconda guerra mondiale: devono far saltare i depositi di carburante delle truppe di Rommel, ma oltre ai nemici e al deserto dovranno combattere anche contro i ripensamenti tattici dei loro superiori. Scritto da Melvyn Bragg e Lotte Colin con più di un debito verso *Quella sporca dozzina*, il film se ne differenzia per una più cruda descrizione della guerra, di cui non risparmia nessuna ignominia (violenza sulle crocerossine comprese), evitando così ogni concessione alla retorica. Da vero maestro la conclusione, di ellittica brutalità.

Sette settimane di guai *½ (*Johnny Doesn't Live Here Anymore*, Usa 1944, b/n, 77') Joe May. Con Simone Simon, James Ellison, Robert Mitchum, Minna Gombel. ◆ Un'ignara ragazza (Simon) non sa che il soldato che le ha ceduto l'appartamento aveva dato le chiavi anche a numerosi commilitoni. Equivoci e piccoli scandali si concludono con un matrimonio. In tempo di guerra gli americani sorridevano così.

Sette spade del vendicatore, Le **½ (Italia/Francia 1962, col, 94') Riccardo Freda. Con Brett Halsey, Beatrice Altariba, Giulio Bosetti, Gabriele Antonini, Mario Scaccia, Gabriele Tinti, Alberto Sorrentino, Jacopo Tecchio, Anita Todesco, Jacques Stany. ◆ Don Carlos di Bazan (Halsey) scopre che il suo infido cugino, il duca di Saaveda (Bosetti), sta tramando contro il re Filippo III (Antonini) con l'indiretta complicità del cardinale inquisitore (Scaccia). Gli intrighi dei congiurati portano don Carlos alla condanna a morte che gli risparmieranno per utilizzarlo, a sua insaputa, proprio nel piano per uccidere il re. Il «testamento» di Freda per quel che riguarda il film d'avventura è una specie di remake del suo precedente *Don Cesare di Bazan* (sceneggiato dal regista insieme a Filippo Sanjust) che «ricapitola tutte le qualità del suo talento»: l'eleganza plastica dell'inquadratura, i capovolgimenti continui dell'azione, un sotterraneo disincanto che ne stimola la causticità e di cui fa le spese soprattutto la figura del cardinale inquisitore, interpretato peraltro da un grande attore teatrale troppo spesso dimenticato dal cinema (e averlo utilizzato è un altro dei meriti di Freda). Unica concessione ai tempi è una parte decisamente horror ambientata nella camera della tortura.

Sette spose per sette fratelli **½ (*Seven Brides for Seven Brothers*, Usa 1954, col, 103') Stanley Donen. con Howard Keel, Jane Powell, Jeff Richards, Russ Tamblyn, Tommy Rall, Marc Platt, Matt Mattox, Jacques D'Amboise, Julie Newmeyer [Newmar], Nancy Kilgas, Betty Carr, Virginia Gibson, Rita Kilmonis [Lee], Norma Doggett, Ian Wolfe, Harold Petrie, Dante DiPaolo, Kelly Brown, Matt Moore, Dick Rich, Marjorie Wood, Russell Simpson, Anna Q. Nilson. ◆ Sette rudi boscaioli dell'Oregon, i fratelli Pontipee (Keel, Richards, Tamblyn, Rall, Platt, Mattox, D'Amboise) organizzano un nuovo ratto delle Sabine; le rapite (Powell, Newmeyer, Kilgas, Carr, Gibson, Kilmonis, Doggett), però, non solo sono d'accordo, ma tengono a bada i loro spasimanti, insegnando loro le buone maniere. Donen, senza la sua star Gene Kelly, ebbe la buona idea di travestire da musical western la storia di Stephen Vincent Benet sceneggiata da Albert Hackett, Frances Goodrich e Dorothy Kingsley e musicata da Gene DePaul e Johnny Mercer (i numeri migliori sono il balletto *The Lonesome Polecat Lament* e le canzoni *Goin' Courtin*, *June Bride* e soprattutto *Bless Yore Beautiful Hide*). Ottime coreografie acrobatiche di Michael Kidd filmate in Cinemascope (che allora era una novità), grande successo, ma si sente la mancanza di veri attori (per accentuare il lato acrobatico furono scritturati autentici ballerini come Jacques D'Amboise e Marc Platt) e non sempre il tono dolciastro è corretto dall'ironia, come nei capolavori della coppia Kelly–Donen. Oscar alla direzione musicale di Adolph Deutsch e Saul Chaplin.

Sette uomini d'oro ** (Italia/Francia/Spagna 1965, col, 90') Marco Vicario. Con Philippe Leroy, Rossana Podestà, Gastone Moschin, Gabriele Tinti, José Suarez. ◆ Una gang internazionale mette a segno un colpo spettacolare in una banca svizzera: ma per una beffa del destino nessuno si gode il bottino. Un campione di incassi dell'epoca sceneggiato dallo stesso Vicario, che inaugura una formula fortunata, attenta ai modelli americani del giallorosa e delle avventure tecnologiche alla 007. Seguito da *Il grande colpo dei sette uomini d'oro*. La polposa Podestà era moglie di Vicario, che aveva esordito l'anno prima con l'intellettualistico *Le ore nude*.

7 uomini e una donna **½ (*Sept hommes... une femme*, Francia 1936, b/n, 100') Yves Mirande [Anatole Le Querrec]. Con Véra Korène, Fernand Gravey, Jeanne Loury, Pierre Larquey, Roger Duchesne, Saturnin Fabre, Maurice Escande, Félix Oudart. ◆ Vedova inconsolabile, la contessa Lucia di Kéredec (Korène) scopre che l'amato marito le era infedele. Per porre fine al lutto con nuove nozze, riunisce i pretendenti nel suo castello: due settimane di confronti e prove, affinché, con la supervisione della madre (Loury) e di un amico d'infanzia, Brémontier (Gravey), possa scegliere con oculatezza il partito migliore. Brillante commedia sofisticata scritta dallo stesso Mirande: finisce nel modo più tradizionale, ma non è priva di una certa spregiudicatezza per l'epoca. Notevole la prima parte, con la scoperta dell'infedeltà e i preparativi per la trasferta: i dialoghi sono rapidi ed efficaci, e le varie situazioni si susseguono con brio. Il protagonista occulto del film è Brémontier, interpretato con noncurante eleganza dal bravo Gravey.

Sette volte donna *½ (*Woman Times Seven*, Usa 1967, col, 95') Vittorio De Sica. ◆ Film a episodi con la stessa protagonista, Shirley MacLaine. In *Corteo funebre* (con Peter Sellers) una vedova accetta la corte di un amico di famiglia durante il funerale; in *Amateur Night* (con Rossano Brazzi) una moglie decide di vendicarsi del marito battendo il marciapiede, ma si intenerisce quando lui viene malmenato da un magnaccia; in *Due contro uno* (con Vittorio Gassman) una hostess a un convegno di cibernetica è oggetto di seduzioni incrociate; in *La super Simone* (con Robert Morley, Lex Barker, Elsa Martinelli) la moglie di uno scrittore è gelosa dell'eroina da lui creata; in *Una sera all'opera* (con Patrick Wymark) si battibecca e si complotta per due vestiti uguali; in *I suicidi* (con Alan Arkin) una coppia di amanti sceglie alla fine di evitare il passo fatale; in *Neve* (con Michael Caine, Anita Ekberg, Philippe Noiret) una donna scambia per un corteggiatore timido un detective messole alle calcagna dal marito. Serie di barzellette (scritte da Cesare Zavattini) che in genere non fanno molto onore né al regista né agli interpreti. Il miglior episodio resta *I suicidi*.

7 volte 7 ** (Italia 1969, col, 109') Michele Lupo. Con Gastone Moschin, Lionel Stander, Raimondo Vianello, Gordon Mitchell, Nazzareno Zamperla, Paul Stevens [Paolo Gozlino], Teodoro Corrà, Turi Ferro, Adolfo Celi, Terry-Thomas [Thomas Terry Hoar-Stevens], Erika Blanc, Ray Lovelock, Paolo Bonacelli. ◆ Sei ladri (Moschin, Vianello, Mitchell, Zamperla, Stevens e Corrà) hanno preparato il colpo perfetto: scappare di prigione mentre si disputa una finale di calcio e introdursi nella zecca di Stato per stampare sterline *vere*. Ma l'imprevisto si presenta sotto forma di un vecchio rompiscatole (Stander) che evade con loro. Efficiente derivato della formula di *Sette uomini d'oro*, prodotto non a caso da Marco Vicario. Discretamente inventivo per l'epoca (la sceneggiatura è di Gianfranco Clerici e Walter Patriarca), e tuttora godibile: girato a Londra, falsifica abilmente l'umorismo inglese.

Settima croce, La ** (*The Seventh Cross*, Usa 1944, b/n, 110') Fred Zinnemann. Con Spencer Tracy, Signe Hasso, Hume Cronyn, Jessica Tandy, Agnes Moorehead, George Zucco. ◆ Nel 1936 sette uomini fuggono da un campo di concentramento nazista: alla cattura e alla seguente crocifissione sfugge solo uno (Tracy), un cinico misantropo che, aiutato da alcuni tedeschi buoni, acquista fiducia nella vita. In tempi di propaganda bellica, Zinnemann firma un film ispirato a uno spirito umanitario e unanimista, e politicamente all'acqua di rose. Il classico tema dell'evasione è svolto tuttavia in modo avvincente. Tratto da un romanzo della scrittrice comunista Anna Seghers sceneggiato da Helen Deutsch. Fotografia del maestro Karl Freund.

Settimana al mare, La * (Italia 1980, col, 87') Mariano Laurenti. Con Anna Maria Rizzoli, Bombolo [Franco Lechner], Enzo Cannavale, Paola Senatore, Andrea Occhipinti, Francesca Romana Coluzzi, Jimmy il Fenomeno [Origene Soffrano]. ◆ Un padre (Cannavale) si porta il figlio (Occhipinti) al mare per svezzarlo: ma il pargolo è più sveglio di quanto non crede, e sarà l'unico a godersi le grazie della bellona locale (Rizzoli). Due gli ingredienti del film di Laurenti: tette al vento e porte in faccia. E basta.

Settimana bianca, La * (Italia 1980, col, 90') Mariano Laurenti. Con Anna Maria Rizzoli, Gianfranco D'Angelo, Bombolo [Franco Lech ner], Enzo Cannavale, Carmen Russo, Vincenzo Crocitti, Jimmy il Fenomeno [Origene Soffrano]. ◆ Alcuni impiegati romani, in vacanza sulla neve, cercano improbabili avventure, ma al massimo arrivano a spiare dal buco della serratura. Formula ripetitiva, scarsa originalità, modesto divertimento.

Settimana della sfinge, La ** (Italia 1990, col, 98') Daniele Luchetti. Con Margherita Buy, Paolo Hendel, Silvio Orlando, Delia Boccardo, Isaac George. ◆ La cameriera (Buy) di una trattoria sull'Appennino che si chiama *Al tenero Giacomo*, appassionata di sciarade e indovinelli («La settimana della sfinge» è una rubrica della *Settimana enigmistica*), si invaghisce di un antennista donnaiolo (Hendel) che la seduce e l'abbandona. Lo rincorre allora per la riviera adriatica, proponendo i suoi quesiti sentimentali a radiospiaggia. Commedia di carattere graziosa e divagante sceneggiata dal regista con Franco Bernini e Angelo Pasquini, i cui pregi sono altrettanti limiti. Al suo primo ruolo importante la Buy, occhiali e vestaglietta rosa, è di una simpatia accattivante; anche Hendel è spiritoso, ma troppe figurine di contorno sono ingiustificate, e il finale è moscio. Daniele Luchetti appare nei panni di un capostazione; il regista Carlo Mazzacurati guida una scolaresca al parco dei divertimenti.

Settimana in vacanza, Una → *Una settimana in vacanza*

Settima profezia, La *½ (*The Seventh Sign*, Usa 1988, col, 98') Carl Schultz. Con Demi Moore, Michael Biehn, Jürgen Prochnow, Many Jacobs, John Heard. ◆ Mentre il pianeta è sconvolto da catastrofi naturali, una donna incinta (Moore) si convince di avere in grembo l'Anticristo. Tardo epigono del filone demoniaco-apocalittico, realizzato con spreco di effetti speciali, ma un grado di credibilità e suspense assai ridotto.

Settima stanza, La ** (Italia/Ungheria/Francia/Polonia 1995, col, 114') Márta Mészáros. Con Maïa Morgenstern, Elide Melli, Adriana Asti, Jan Nowicki, Giovanni Capalbo, Ileana Carusio, Iwona Budner. ◆ La tragica vita di Edith Stein (Morgenstern): di origine ebrea, assistente di Husserl, si convertì al cattolicesimo leggendo santa Teresa D'Avila e si ritirò in un convento olandese dove venne raggiunta dalle SS. Morì il giorno dopo il suo arrivo ad Auschwitz. Più che una biografia, il ritratto di una beata in chiave femminista (sceneggiato dalla regista con Eva Pataki e Roberta Mazzoni): lo sguardo della Mészáros è come sempre acuto e sensibile e la Morgenstern si sforza di rendere palpitante un personaggio schivo e antiretorico, ma sul film grava un tono edificante che mette in secondo piano l'interesse storico e umano per la figura della Stein e sembra chiedere al pubblico soprattutto un atto di fede, anche cinematografico.

Settima vittima, La **½ (*The Seventh Victim*, Usa 1943, b/n, 71') Mark Robson. Con Tom Conway, Kim Hunter, Jean Brooks, Elisabeth Russell, Evelyn Brent. ◆ Una provinciale (Hunter) giunge a New York alla ricerca della sorella (Brooks), che è in balìa di una setta di adoratori del diavolo che la vuole spingere al suicidio. Prodotto da Val Lewton, il film d'esordio dell'ex montatore Robson tenta un'originale fusione tra l'horror d'atmosfera e il realismo urbano: sceneggiato da Charles O'Neal e De Witt Bodeen e fotografato da Nicholas Musuraca, il film conquista lo spettatore con la sua aria cupa e meditativa, dove le frasi vengono dette sottovoce e le minacce si materializzano in silenzio intorno alle vittime, come nella bella scena della setta che circonda senza dire una parola la ragazza a cui vuol far bere il veleno. Robson non ha una sensibilità e una forza visionaria capaci di metterlo sullo stesso piano di maestri come Tourneur o lo stesso Lewton, ma la scena finale, con la poesia di John Donne sulla morte detta, anzi mormorata, fuori campo, lascia il segno. Alcune scene verranno riprese ed elaborate nel *Terzo uomo* e in *Psyco* (nientemeno che la scena della doccia). La censura rese però l'intreccio confuso in più punti.

Settimo cavalleria ** (*Seventh Cavalry*, Usa 1956, col, 75') Joseph H. Lewis. Con Randolph Scott, Barbara Hale, Jay C. Flippen, Jeanette Nolan. ◆ Un ufficiale (Scott) è accusato di avere abbandonato Custer durante la battaglia di Little Big Horn: si riscatta recuperando il cadavere del tenente colonnello. Discreto western di serie B, con un protagonista efficace e collaudato.

Settimo cielo *** (*Seventh Heaven*, Usa 1927, b/n, 117') Frank Borzage. Con Janet Gaynor, Charles Farrell, Ben Dard, Albert Gran, Marie Mosquini, Emile Chautard. ◆ Dalle fogne alle stelle, la redenzione dello spazzino parigino Chico Robas (Farrell): ateo convinto e pieno di sé malgrado la sua umile condizione, accoglie in casa la povera Diane (Gaynor), vittima della sorella malvagia. Ne ignora l'amore discreto, e non ammette di ricambiarlo se non pochi minuti prima di partire per il fronte per la Grande Guerra. Tornerà cieco – quando tutti lo credevano morto – e forte della fede in Dio. Maestro del melodramma intimista e spiritualista, Borzage non ha paura delle lacrime, anche se preferisce spiare i personaggi soli con se stessi, per coglierne le paure e la fondamentale bontà. La messinscena è abile nel bilanciare il buffo (l'episodio del vecchio tassista che col suo macinino porta i soldati sulla Marna) e il patetico, e soprattutto nel costruire suspense: tanto da rendere perfettamente giustificato l'intervento del soprannaturale. Memorabili alcuni piani sequenza, come quello di Diane e Chico che si arrampicano per sei piani di scale. Nella prima edizione degli Oscar vennero premiati Borzage, la Gaynor e lo sceneggiatore Benjamin Glazer (che aveva adattato una pièce di Austin Strong). Un remake di Henry King nel 1937.

Settimo cielo *½ (*Seventh Heaven*, Usa 1937, b/n, 102') Henry King. Con Simone Simon, James Stewart, Jean Hersholt, Gregory Ratoff. ◆ La Grande Guerra sembra minacciare l'amore tra un'orfana (Simon) e un netturbino (Stewart): ma lui torna, anche se cieco, forte della ritrovata fede in Dio. Lacrimoso melodramma ambientato a Parigi, remake del celebre (e più riuscito) film omonimo di Frank Borzage del 1927. Stewart è per la prima volta protagonista – anche se è fuori parte; la Simon – sotto contratto per Zanuck – esordisce a Hollywood.

Settimo giurato, Il ** (*Le Septième juré*, Francia 1962, col, 100') Georges Lautner. Con Bernard Blier, Danielle Delorme, Maurice Biraud. ◆ L'assassino (Blier) di una prostituta finisce proprio nella giuria che deve giudicare un uomo accusato di quel delitto: cercherà di salvare capra e cavoli, ma con risultati disastrosi. Racconto morale sul filo del paradosso che alla fine rischia l'inverosimile. Blier però ha la maschera adatta.

Settimo peccato, Il *½ (*Seventh Sin*, Usa 1957, b/n, 94') Ronald Neame. Con Eleanor Parker, Françoise Rosay, George Sanders, Jean-Pierre Aumont, Bill Travers. ◆ La moglie adultera (Parker) di un medico, si redime durante un'epidemia di colera in Cina: ma non può godere la ritrovata armonia coniugale. Polpettone esotico strappalacrime ispirato a *Il velo dipinto* di W.S. Maugham e sceneggiato da Karl Tunberg, già portato sugli schermi nel film omonimo con la Garbo. Interpreti e produzione professionali, ma poco di più.

Settimo sigillo, Il **½ (*Det sjunde inseglet*, Svezia 1956, b/n, 95') Ingmar Bergman. Con Max von Sydow, Gunnar Björnstrand, Bengt Ekerot, Bibi Andersson, Nils Poppe. ◆ Di ritorno dalle crociate, in un mondo sconvolto dalla peste e dalla violenza degli uomini, un cavaliere (von Sydow) che ha perso la fede incontra la Morte (Ekerot) che lo sfida a scacchi. Una famiglia di saltimbanchi gli fa però tornare fiducia nell'avvenire, e lui riuscirà anche a proteggerli dalla morte. Il più noto dei film di Bergman (autore anche della sceneggiatura) non è anche il migliore: troppo programmatico il simbolismo, e di maniera (ma per i tempi originale) l'ambientazione in un Medioevo specchio del caos contemporaneo, dove si mescolano sacro e profano, tragedia e farsa. I quesiti metafisici sono trattati in modo un po' schematico, ma dal punto di vista figurativo il film conserva un fascino innegabile, pieno com'è di richiami pittorici (a Dürer, al *Trionfo della Morte* dell'Orcagna) e scultorei (alle incisioni in legno di Hans Beham) su cui il regista ricama liberamente. Il ruolo di Jot, il girovago ingenuo, è interpretato dal celebre attore comico Nils Poppe.

Settimo velo *** (*Seventh Veil*, Gb 1945, b/n, 95') Compton Bennett. Con James Mason, Ann Todd, Herbert Lom, Hugh McDermott, Albert Lieven. ◆ Dopo aver tentato il suicidio ed essersi chiusa in un silenzio catatonico, la pianista Francesca Cunningham (Todd) viene affidata alle cure del dottor Larsen (Lom) il quale con l'ipnosi cerca di togliere i sette veli che, come per Salomè, nascondono il suo subconscio: la donna ripenserà al suo complicato rapporto con Nicola (Mason), il tutore dichiaratamente misogino e a volte brutale che però l'ha fatta diventare una pianista di valore mondiale, e alla fine riuscirà a capire che il sentimento che prova per lui non è odio ma amore. Appassionante melodramma diretto dall'esordiente Compton Bennett e sceneggiato da Muriel e Sydney Box (premiati con l'Oscar), è il primo film inglese ad affrontare il tema della psicanalisi. Variazione moderna sul tema di Pigmalione e Galatea, *Settimo velo* evoca, in maniera lirica e romantica, i conflitti vissuti da due personaggi alla ricerca del loro equilibrio e li descrive (secondo gli stilemi resi popolari dai film di Gainsborough) come due persone malate, il cui fascino tenebroso nasce esplicitamente da legami sessuali, che però la regia tende a lasciare nell'ombra per permettere allo spettatore di esercitare al meglio la sua fantasia. Prodotto indipendente con pochi soldi ma molto talento, il film fu accolto da un successo straordinario e aprì le porte di Hollywood a Bennett.

7° viaggio di Sinbad, Il ***½ (*The Seventh Voyage of Sinbad*, Usa 1958, col, 89') Nathan Juran. Con Kervin Mathews, Kathryn Grant, Richard Eyer, Torin Thatcher, Alec Mango, Danny Green, Harold Kasket. ◆ Sinbad (Mathews), figlio adottivo del califfo di Bagdad (Kasket), sta per sposare la principessa Parisa (Grant), ma il mago Sokurah (Thatcher) si è fatto rubare la preziosa lampada dai Ciclopi. Per convincere Sinbad a recuperarla, Sokurah miniaturizza Parisa. Dopo molte peripezie i due ragazzi riusciranno a sposarsi e avranno in dote il tesoro dei Ciclopi. Tra *Le Mille e una notte* e la mitologia greca, uno sfavillante film d'avventura con effetti speciali del famoso Ray Harryhausen (che qui per la prima volta si cimenta con il colore). Unico nel suo genere all'epoca, sorprende ancora oggi per la ricchezza d'invenzione, l'umorismo della sceneggiatura (Kenneth Kolb), la vivacità delle interpretazioni e la raffinatezza visuale. Il duello tra Sinbad e lo scheletro armato di spada anticipa quello degli *Argonauti*, ma il personaggio preferito di Harryhausen è la ballerina-serpe a quattro braccia in cui Sokurah trasforma la serva di Parisa.

Se tutto va bene siamo rovinati * (Italia 1984, col, 90') Sergio Martino. Con Andrea Roncato, Gigi Sammarchi, Patrizia Pellegrino, Franco Javarone, Nanda Primavera, Gegia [Francesca Antonaci]. ◆ Usciti da un manicomio, due poveracci (Gigi e Andrea) sono coinvolti in una storia di gangster e di refurtiva nascosta: preferiranno tornare dentro. Al di sotto anche della media dei film interpretati dal duo di comici bolognesi.

Seven *** (*Se7en*, Usa 1995, col, 127') David Fincher. Con Brad Pitt, Morgan Freeman, Kevin Spacey, Gwyneth Paltrow, Richard Roundtree, R. Lee Ermey. ◆ Il giovane e spavaldo detective Mills (Pitt) e l'anziano e disilluso Somerset (Freeman) danno la caccia a un serial killer (Spacey) che, seguendo la lista dei sette peccati capitali, agisce da giustiziere di elementi corrotti della società, inventando esecuzioni ingegnose e orripilanti. Ma dopo cinque giorni e cinque delitti rimangono ancora l'Ira e l'Invidia... Fincher mette in scena la sceneggiatura di Andrew Kevin Walker (che ha qualche buco di troppo e il cui meccanismo rimanda a *L'abominevole dottor Phibes*) con un talento visivo molto *up to date* e quasi irritante, in creativo contrasto con un senso di disperazione insolito per un film americano. «Hemingway ha detto che il mondo è meraviglioso e vale la pena lottare in suo nome; sono d'accordo solo con la seconda parte», dice Morgan Freeman: e neanche in *Blade Runner* si è vista una metropoli così buia, eternamente spazzata dalla pioggia e percorsa da segnali millenaristici di morte. Ma che tanto nichilismo macabro non sia gratuito lo dimostra proprio l'allucinante finale, che costringe lo spettatore a schierarsi e a partecipare, con un senso morale che non si trova di certo negli allegri massacri di Tarantino. Fotografia di Darius Kondhi (che utilizza processi chimici particolari per accentuare i neri) e musica di Howard Shore.

Sex and Zen – Il tappeto da preghiera di carne * (*Sex and Zen*, Hong Kong 1991, col, 94') Michael Mak. Con Lawrence Ng, Isabella Chow, Amy Yip, Kent Cheng. ◆ Un giovin signore si fa trapiantare un membro equino per praticare con successo lo sport preferito dall'uomo: ma il troppo stroppia. Pochissimo zen (il richiamo nel sottotitolo italiano al classico dell'erotismo orientale di Li Yu è pretestuoso) e molta comicità pecoreccia alla Russ Meyer. Sesso simil-hard, con veli che coprono protesi di plastica: per chi si accontenta.

Sex Crimes – Giochi pericolosi **½ (*Wild Things*, Usa 1998, col, 105') John McNaughton. Con Matt Dillon, Denise Richards, Neve Campbell, Kevin Bacon, Bill Murray, Theresa Russell, Carrie Snodgress, Robert Wagner, Daphne Rubin-Vega. ◆ Blue Bay, Florida: il professor Sam Lombardo (Dillon) è accusato di stupro dalla sua allieva Kelly Van Ryan (Richards), che al processo ammette che si trattava di una montatura: è solo l'inizio di un gioco delle parti e al massacro nel quale entrano anche un poliziotto corrotto (Bacon) e una ragazza ribelle (Campbell), e in cui a godersi i soldi dell'ammenda sarà l'ultima coppia superstite. La morale è l'ultima cosa che conta e McNaughton (su un copione di Stephen Peters), abile ad architettare un gioco di scatole cinesi complesso fino alla parodia (e che continua fino alla fine dei titoli di coda), non salva niente e nessuno. Patinato e commercialmente perfetto, intelligente presa in giro di tutto ciò che il pubblico chiede. Peccato che i distributori italiani abbiano tagliato un po' di scene (neanche particolarmente spinte) per non avere alcun divieto.

Sexy che scotta * (Italia 1963, col, 75') Franco Macchi. Con Noel Sheldon e il suo balletto, Gisella O'Brien, Helga Hagen, Andrée Morel, Beryl Cunningham, Diana Rabito, Franco Leri, Gisella Goldmister. ◆ Giro del mondo tra i night club, dove gli spogliarelli femminili (più numerosi) si alternano a esibizioni di culturisti e a numeri di travestiti. Pseudo documentario girato per la maggior parte in studio, accompagnato da un fastidioso commento che vorrebbe essere spiritoso e invece è solo goliardico: tutto fumo e niente arrosto (l'unica spogliarellista che mostra i seni, con i capezzoli coperti, è – razzismo *imperat* – una nera).

Sfasati, Gli ** (*The Entertainer*, Gb 1960, b/n, 95') Tony Richardson. Con Laurence Olivier, Joan Plowright, Brenda de Banzie, Alan Bates, Albert Finney. ◆ Un guitto di provincia (Olivier) vede crollare il suo mondo in seguito alla morte della moglie: dopo l'ultimo insuccesso, dichiara fallimento e finisce in galera. La figlia (Plowright, che l'anno dopo sposò Olivier) gli rimane vicina, sacrificando però la propria vita. Meno pungente e arrabbiato di altri film del nuovo cinema britannico, e notevole soprattutto per come il mostro sacro Olivier accetta di mettersi in gioco. John Osborne ha adattato con Nigel Kneale il suo testo teatrale. Esordio sullo schermo di Bates e Finney.

Rifatto per la televisione da Donald Wye (1975) con Jack Lemmon (*Il grande Jack*).

Sfera *½ (*Sphere*, Usa 1998, col, 133') Barry Levinson. Con Dustin Hoffman, Sharon Stone, Samuel L. Jackson, Peter Coyote, Queen Latifah, Liev Schreiber, Marga Gomez, Huey Lewis. ◆ Lo psicologo Norman Goodman (Hoffman) si inventa per il Pentagono un rapporto sugli extraterrestri e si ritrova sul fondo dell'oceano, insieme agli scienziati che ha citato (Stone, Jackson e Coyote), per indagare su una misteriosa astronave precipitata sulla Terra trecento anni fa, al cui interno c'è una misteriosa sfera: dopo che uno dei membri della spedizione (Jackson) l'avrà attraversata, non ci sarà più pace nella base subacquea. Dall'omonimo romanzo di Crichton (sceneggiato da Stephen Hauser, Paul Attanasio e Kurt Wimmer), un claustrofobico film di fantascienza sospeso tra Freud e Verne, in cui gli abissi del mare coincidono con quelli dell'inconscio e la sfera rimanda al vaso di Pandora. Nel '56, con *Il pianeta proibito*, Wilcox aveva raggiunto altre profondità: Levinson non va oltre effetti speciali un po' invadenti, qualche battuta ben assestata, troppe citazioni di genere e un manipolo di divi disorientati più del necessario.

Sfida, La ** (Italia 1957, b/n, 93') Francesco Rosi. Con Rosanna Schiaffino, José Suarez, Nino Vingelli, Decimo Cristiani, Pasquale Cennamo, Angela Luce, Gianni Minervini. ◆ Un ambizioso napoletano, Vito Polara (Suarez), tenta la scalata nel controllo del mercato ortofrutticolo, ma un boss gli tronca la carriera: sarà vendicato dalla sposa mancata (Schiaffino). Rosi (al suo primo film dopo la «direzione tecnica» di *Kean, genio e sregolatezza*) usa in parte attori non professionisti e parte da un fatto di cronaca per denunciare le ingerenze della camorra nel mercato napoletano. La forma del racconto (sceneggiato dal regista con Suso Cecchi d'Amico ed Enzo Provenzale) stenta ancora a trovare la sintesi tra finzione e reportage, ma sono già evidenti temi e limiti del suo cinema (superamento delle impasse del neorealismo, attenzione ai temi sociali ma anche un certo facile schematismo nel delineare i personaggi). Premio speciale della giuria al festival di Venezia.

Sfida agli inglesi ** (*The One That Got Away*, Gb 1958, col, 106') Roy Ward Baker. Con Hardy Krüger, Colin Gordon, Alec McCowen, Terry Alexander. ◆ Un aviatore nazista (Krüger) prigioniero in Inghilterra conduce una guerra personale contro il nemico, evadendo a ripetizione. Film bellico di poche pretese ma di discreta fattura artigianale, che rinnova il classico tema della fuga cambiando però punto di vista. Dalla storia vera di Von Werra.

Sfida alla vita *½ (*Not My Kid*, Usa 1985, col, 100') Michael Tuchner. Con George Segal, Stockard Channing, Andrew Robinson, Gary Bayer. ◆ Un padre di famiglia (Segal) che credeva di vivere dentro *Happy Days* scopre che sua figlia si droga. Da una storia vera, un film televisivo sceneggiato con cura, ma inevitabilmente schematico e ricattatorio dietro l'apparente obiettività.

Sfida all'O.K. Corral **½ (*Gunfight at the O.K. Corral*, Usa 1957, col, 122') John Sturges. Con Burt Lancaster, Kirk Douglas, Rhonda Fleming, Jo Van Fleet, John Ireland, Dennis Hopper, Lee Van Cleef. ◆ Lo strano sodalizio tra lo sceriffo Wyatt Earp (Lancaster) e Doc Holliday (Douglas), ex medico ed ex pistolero che ora, minato dalla tisi, fa il giocatore: dopo essersi salvati la vita a vicenda, i due faranno giustizia della famiglia dei malvagi Clanton. Da uno dei più celebri episodi della storia del West (già rivisitato da Ford in *Sfida infernale*), Sturges ha tratto un film accurato anche se non geniale, tenuto in piedi soprattutto dal disegno dei caratteri e dal gioco dei due protagonisti: Lancaster riesce a dare spunti di grande umanità al suo sceriffo Earp e Douglas trasforma Doc nel simbolo dell'amicizia virile. Un piccolo classico. Sceneggiatura di Leon Uris e musica di Dimitri Tiomkin. Seguìto da *Vendetta all'O.K. Corral*.

Sfida a Silver City → *Sale della terra, Il*

Sfida a White Buffalo *½ (*The White Buffalo*, Usa 1977, col, 90') J. Lee Thompson. Con Charles Bronson, Jack Warden, Will Sampson, Kim Novak, Stuart Whitman, Slim Pickens, John Carradine. ◆ Un bisonte bianco, variante terrestre di Moby Dick, è l'ossessione sia di un pistolero (Bronson) che di un ex capo indiano (Sampson) con una figlia da vendicare: entrambi sul viale del tramonto, si alleano in una caccia all'ultimo sangue. Western semiallegorico sceneggiato da Richard Sale che è piaciuto poco, malgrado il tentativo di rinnovare certi cliché. Il bestione costruito da Rambaldi, allora sotto contratto con De Laurentiis, non è una delle sue creature più memorabili.

Sfida degli invincibili campioni, La **½ (*Dubi Dao Wang*, noto anche col titolo inglese *Return of the One Armed Swordsman*, Hong Kong 1969, col, 94') Zhang Che. Con Wang Yu, Lina Chiao, Wu Ma, Tian Feng, Lau Kar-leung, Ti Lung. ◆ Seguito di *Mantieni l'odio per la tua vendetta*: Fang Kang (Wang) ha deposto le armi, ma quando gli rapiscono la moglie sfida controvoglia una setta di assassini dotati ciascuno di uno stile di combattimento particolare. Lame rotanti, nascoste, volanti e circolari, duelli immaginifici e spettacolarità surreale: i disegni animati giapponesi sembrano alle porte, ma Zhang costruisce un intreccio intelligente nello sfumare l'opposizione tra bene e male, e sembra anticipare l'ispettore Callaghan nella scena finale in cui Fang si allontana disgustato dopo che quasi tutti, buoni e cattivi, sono morti.

Sfida del samurai, La ***½ (*Yojimbo*, Giappone 1961, b/n, 110') Akira Kurosawa. Con Toshiro Mifune, Eijiri Tono, Kamatari Fujiwara, Takashi Shimura, Tatsuya Nakadai. ◆ Capitato in un paese desolato, il samurai Sanjuro (Mifune) senza padrone decide di sfruttare a suo favore la guerriglia tra i due capitalisti locali. Con le armi dell'astuzia e del doppio gioco (ma con uno spirito cavalleresco di fondo) riuscirà a riportare la pace in città. «Una graffiante parodia di un western hollywoodiano» piena di azione, di violenza e di umorismo sarcastico sceneggiato dal regista con Ryuzo Kikushima. Sergio Leone lo imiterà (senza riconoscere il debito) nel più fortunato (ma meno brillante) *Per un pugno di dollari*; Michael Cimino lo citerà nel finale di *L'anno del dragone* (l'eroe che porge l'arma al nemico morente); Lawrence Kasdan lo mette nella sceneggiatura di *Bodyguard* (è il film preferito da Kevin Costner). Mifune grandeggia nei panni del personaggio beffardo ed enigmatico (il suo nome, Sanjuro, significa più o meno «Nessuno»), vero antesignano di Clint Eastwood. Formalmente uno dei film più brillanti di Kurosawa. Seguìto da *Sanjuro*.

Sfida del terzo uomo, La ** (*Third Man on the Mountain*, Gb 1959, col, 105') Ken Annakin. Con James MacArthur, Michael Rennie, Janet Munro, Herbert Lom. ◆ Nella Svizzera dell'Ottocento, l'orfano (MacArthur) di una guida alpina partecipa a un'ardita spedizione sul monte Ciadel (che in realtà è il Cervino) malgrado l'opposizione dello zio. Piacevole film d'avventura per ragazzi prodotto dalla Disney. Cammeo per Helen Hayes (vera madre di James Mac-Arthur) nei panni di una turista.

Sfida finale ** (*Original Gangstas*, Usa 1996, col, 99') Larry Cohen. Con Fred Williamson, Pam Grier, Jim Brown, Ron O'Neal, Paul Winfield, Richard Roundtree, Charles Napier, Oscar Brown Jr., Isabel Sanford, Wings Hauser, Robert Forster. ◆ Gary, Indiana, la città a maggiore tasso di criminalità degli Usa: John Bookman (Williamson), ex campione di football, torna in paese dopo che le nuove leve della banda di teppisti cui apparteneva da giovane, i Rebels, gli hanno quasi ammazzato il padre. Con l'aiuto dei suoi compagni d'un tempo farà piazza pulita dei criminali d'oggi che non hanno più codice d'onore. Funky contro rap, ex delinquenti romantici e invecchiati contro teppisti cresciuti a suon di televisione: la cultura nera interroga criticamente i propri miti, rifugiandosi in una celebrazione nostalgica e pessimista di un passato leggendario. Che è poi quello del cinema di *blaxploitation*, di *Shaft* (con Roundtree) e di *Superfly* (con O'Neal), quando per la prima volta neri spavaldi conquistavano Hollywood facendo a meno dei bianchi. L'idea è interessante, la sceneggiatura (di Aubrey Rattan) banale, la regia di Cohen (bianco autore di alcuni classici della *blaxploitation*) grezza come non se ne vedono più. Grandioso il cast, con Williamson e Pam Grier (la giustiziera sexy di *Coffy*, inedito in Italia) in forma smagliante.

Sfida infernale **** (*My Darling Clementine*, Usa 1946, b/n, 97') John Ford. Con Henry Fonda, Linda Darnell, Victor Mature, Walter Brennan, Tim Holt, Ward Bond, Cathy Downs, John Ireland. ◆ L'ex sceriffo Earp (Fonda), indagando sulla morte del fratello, si allea con Doc Holliday (Mature), un ex medico rovinato dall'alcol e dalla tisi, nella sfida finale all'O.K. Corral contro i malvagi Clanton. Ford si ispira a una delle leggende del West (lo stesso Earp, dieci anni prima, aveva fornito una traccia narrativa poi sceneggiata da Samuel G. Engel e Winston Miller) per rappresentare il tema a lui caro della lotta degli uomini onesti per la pace e per il progresso. Tutt'altro che un western classico, sbilanciato com'è verso il melodramma, con due donne che si contendono Earp, la maestrina Clementine (Downs) e la meticcia Chihuahua (Darnell); la scena della morte di quest'ultima è uno dei brani più forti del cinema di Ford. Ma insolito è anche lo stile, elaborato e quasi barocco. Proprio per questo, alla prova del tempo, è uno dei film di Ford più interessanti. Francis Ford, fratello più anziano del regista, è l'ubriacone. La stessa storia aveva già ispirato *Gli indomabili* di Dwan (di cui *Sfida infernale* sarebbe un remake), e verrà ripresa, tra gli altri, in *Sfida all'O.K. Corral*, *Doc*, *Tombstone* e *Wyatt Earp*.

Sfida nella città morta ** (*The Law and Jake Wade*, Usa 1958, col, 86') John Sturges. Con Robert Taylor, Richard Widmark, Patricia Owens, Robert Middleton. ◆ Un ex fuorilegge (Taylor) diventa sceriffo di una cittadina del New Mexico, quando un vecchio compare (Widmark) lo coinvolge in una caccia al tesoro con indiani cattivi come contorno. Il carisma degli attori sopperisce alla mancanza di grandi sorprese.

Sfida nell'Alta Sierra ***½ (*Ride the High Country*, Usa 1961, col, 93') Sam Peckinpah. Con Joel McCrea, Randolph Scott, Ronald Starr, Mariette Hartley, R.G. Armstrong, Warren Oates, Edgar Buchanan, L.Q. Jones. ◆ L'anziano sceriffo Gil (McCrea) e il suo aiuto di un tempo Steve (Scott) devono trasportare un carico d'oro. Ma il secondo, d'accordo con un giovane, progetta di tenersi l'oro e, se necessario, di uccidere l'amico. Le vicende del trio si incrociano con quelle di una ragazza (Hartley) che ha sposato un bruto deciso a spartirla coi fratelli, mentre il piano originale di Steve deve fare i conti con molti imprevisti. Al secondo film, Peckinpah gira un western crepuscolare e antiretorico molto in anticipo sui tempi sceneggiato da N.B. Stone jr. Siamo all'inizio del secolo, gli eroi (interpretati da due attempati specialisti dei western di serie B) sono disillusi, e anche la loro morale non è più ferrea. Tipica del regista la vena di crudeltà (con la scena del matrimonio degna di von Stroheim), che non rientrava certo nei canoni hollywoodiani. Accorciato di mezz'ora dai produttori, non ne risentì troppo, e fu una rivelazione. Fotografia di Lucien Ballard, da allora assiduo collaboratore di Peckinpah.

Sfida oltre il Fiume Rosso *½ (*The Last Challenge*, Usa 1967, col, 96') Richard Thorpe. Con Glenn Ford, Angie Dickinson, Chad Everett, Gary Merrill, Jack Elam, Royal Dano, Delphi Lawrence. ◆ Un giovane pistolero (Everett) arriva in paese a sfidare lo sceriffo Blains (Ford), ex delinquente e asso della pistola ma ormai in vena di pacifismo paternalista. Diventeranno amici? Finale quasi inaspettato per un western altrimenti statico e verboso (ma con poche cose da dire). Ultimo film di Thorpe, tratto da un romanzo di John Sherry (anche sceneggiatore, con Robert Emmett Ginna).

Sfida oltre il futuro * (*The Dungeonmaster*, Usa 1985, col, 73') Rosemarie Turko, John Carl Buechler, Charles Band, David Allen, Steve Ford, Peter Manoogian, Ted Nicolau. Con Jeffrey Byron, Richard Moll, Leslie Wing. ◆ Un demone sfida un esperto di computer in sette mondi differenti. Fast food del cinema fantastico (dagli zombi ai mostri animati in stop motion, dall'heavy metal al postnucleare) realizzato in modo goffo e approssimativo; anche la pin-up che si spoglia all'inizio non compare più. Una vera presa per i fondelli da evitare con cura. Conosciuto anche col titolo *Il demone delle galassie infernali.*

Sfida senza paura *½ (*Sometimes a Great Notion*, rititolato *Never Give a Inch*, Usa 1971, col, 114') Paul Newman. Con Paul Newman, Henry Fonda, Lee Remick, Michael Sarrazin, Richard Jaeckel. ◆ Una famiglia di boscaioli moderni nell'Oregon (il loro motto è «Mai mollare un pollice») si scontra con i sindacati. Saga vagamente reazionaria con ovvi climax drammatici, scontri generazionali e lutti che, alla fine, rinsaldano i legami familiari. Un incidente di percorso per Newman che fu obbligato ad assumersi la responsabilità della regia dopo che Richard Colla era stato allontanato: ispirandosi al romanzo di Ken Kesey, elimina l'episodio della moglie (Remick) che lo tradisce per il fratello più giovane (Sarrazin), ma in questo modo il conflitto tra i due personaggi si spiega poco.

Sfida sul Tamigi → *True Blue – Sfida sul Tamigi*

Sfida tra i ghiacci * (*On Deadly Ground*, Usa 1994, col, 100') Steven Seagal. Con Steven Seagal, Michael Caine, Joan Chen, John C. McGinley, R. Lee Ermey, Shari Shattuck, Billy Boy Thornton, Richard Hamilton. ◆ Per non restituire la concessione del petrolio alaskano ai nativi, la Aegis Oil Company guidata da Michael Jennings (Caine) deve mettere in funzione un pozzo entro 13 giorni ed è disposta a farlo anche se un difetto di funzionamento (che non si può riparare nei tempi previsti) provocherà una catastrofe ecologica. Ci penserà Forrest Taft (Seagal), esperto in esplosivi convertito alla causa ecologica, a fare in modo che il pozzo non inizi a trivellare. Per il suo esordio alla regia, Seagal si è scelto il ruolo di un vendicatore alla nitroglicerina, talmente imbattibile da rendere noioso starlo a vedere: tanto vince sempre lui.

Sfinge, La *½ (*Sphinx*, Usa 1981, col, 125') Franklin J. Schaffner. Con Lesley-Anne Down, Frank Langella, Maurice Ronet, John Gielgud, John Rhys-Davies. ◆ Un'archeologa (Down) scopre il segreto di una tomba egizia, ma scatena l'avidità dei saccheggiatori: tanto nessuno, alla fine, si gode i tesori. Belle ambientazioni ma suspense scarsa. Sceneggiatura così così di John Byrum, regista che un tempo nutriva altre ambizioni.

Sfinge del male ** (*Ivy*, Usa 1947, b/n, 99') Sam Wood. Con Joan Fontaine, Patric Knowles, Herbert Marshall, Cedric Hardwicke. ◆ Una moglie diabolica (Fontaine) avvelena il marito e fa ricadere la colpa sull'amante per sposare un miliardario. Ma il delitto non paga. La soave Fontaine in uno dei ruoli con cui tentò di liberarsi dal cliché dell'ingenua; mentre Wood, in uno dei suoi ultimi film, assicura una regia corretta anche se senza voli. Nell'accurata ricostruzione d'epoca si vede il tocco del produttore (e poi regista) William Cameron Menzies, già scenografo tra i più famosi.

Sfolgorio di stelle ** (*Sensations of 1945*, Usa 1944, b/n, 87') Andrew L. Stone. Con Eleanor Powell, Dennis O'Keefe, W.C. Fields, Eugene Pallette, C. Aubrey Smith. ◆ Alla ricerca del successo, una ballerina (Powell) inventa addirittura finti attentati e arriva a dirigere un'agenzia pubblicitaria. Ma il fidanzato (O'Keefe) le fa abbassare la cresta. Pretesto per numeri musicali di discreta fattura (celebre la Powell che balla il tip-tap dentro un flipper gigante), in cui spicca l'orchestra di Cab Calloway. Ultima apparizione del comico W.C. Fields.

Sfrattato cerca casa equo canone * (Italia 1983, col, 91') Pier Francesco Pingitore. Con Pippo Franco, Anna Mazzamauro, Gigi Reder, Bombolo [Franco Lechner], Marisa Merlini, Enzo Cannavale, Oreste Lionello, Maurizio Mattioli, Martufello [Fabrizio Maturani], Salvatore Baccaro, Tano Cimarosa, Sergio Di Pinto. ◆ Dopo lo sfratto esecutivo, per la famiglia Stroppaghetti (Franco, Mazzamauro, Lionello) inizia l'odissea per cercare un nuovo alloggio, tra imbroglioni (Reder) e impossibili soluzioni abitative. Pingitore, autore anche della sceneggiatura, cerca invano di aggiornare i temi di *Totò cerca casa* (sistemazione in un cimitero con fantasmi compresa) con la comicità urlata e sguaiata del Bagaglino. Qualche spunto di satira sociale (gli sfrattati finiscono anche al Corviale e verificano le idee dell'architettura progressista) e il dispiacere per alcuni bravi caratteristi (Reder, la Mazzamauro, il custode del cimitero interpretato da Cannavale) sprecati in questa bufala.

SFW – So Fucking What **½ (*S.F.W.*, Usa 1994, col, 99') Jefery Levy. Con Stephen Dorff, Reese Witherspoon, Jake Busey, Joey Lauren Adams, Pamela Gidley, David Barry Gray, Jack Noseworthy, Richard Portnow. ◆ Due giovani (Dorff e Witherspoon), unici superstiti di un rapimento durato trentasei giorni e ripreso in diretta-tv, vengono trasformati in eroi dai mass-media. Dall'omonimo romanzo di Andrew Wellman, Levy (anche sceneggiatore con Danny Rubin) risponde con meno mezzi ma con la stessa efficacia all'Oliver Stone di *Assassini nati.* Nel doppiaggio, lo slogan del titolo diventa «Chi cazzo se ne frega», esorcismo gridato a mo' di sfogo, forse per prevenire intenzioni pericolose. Il regista, tra un film e l'altro, insegna cinema e incide dischi, tra cui tre album sperimentali con lo pseudonimo di Fela Johnson.

Sgangheroni, Gli **½ (*Brain Donors*, Usa 1992, col, 78') Dennis Dugan. Con John Turturro, Bob Nelson, Mel Smith. ◆ Ronald Flackfizer (Turturro), Jacques (Nelson) e Rocco (Smith), estromessi dall'organizzazione di un balletto, si vendicano sabotandone con spirito dadaista la rappresentazione. I produttori esecutivi David e Jerry Zucker hanno concepito un omaggio alla comicità dei fratelli Marx, con i tre protagonisti nei panni, rispettivamente, di Groucho, Harpo e Chico in un remake-omaggio di *Una notte all'opera*. Gag mimiche straordinarie che non si vedevano da anni e raffiche di battute spesso mal servite dal doppiaggio, demenza ricercata a bella posta e leggerezze surreali da disegno animato: non tutto va a segno o è di prima mano, ma una volta tanto l'inchino al modello non è pretestuoso. Turturro, con lo stesso taglio di capelli di *Barton Fink*, ha una verve insospettabile.

Sgarro alla camorra *½ (Italia 1973, col, 97') Ettore M. Fizzarotti. Con Mario Merola, Silvia Dionisio, Saro Urzì, Franco Acampora, Dada Gallotti, Enzo Cannavale. ◆ Un camorrista dapprima soffia la donna di un pescatore (Merola), poi lo costringe a fare il contrabbandiere con l'intento di incastrarlo. Trattandosi di una sceneggiata napoletana (la prima portata da Merola sul grande schermo), alla fine sarà fatta giustizia. Solo per gli aficionados.

Sgomento ** (*The Reckless Moment*, Usa 1949, b/n, 82') Max Ophuls [ma nei titoli italiani è Opuls]. Con Joan Bennett, James Mason, Geraldine Brooks, Henry O'Neil, Roy Roberts. ◆ Una madre di famiglia (Bennett) nasconde il cadavere di un malvivente che sua figlia crede di avere ucciso. Iniziano minacce e ricatti, ma il ricattatore (Mason), affascinato dalla donna, si sacrificherà per lei. Melodramma poliziesco sceneggiato da Henry Garson e R.W. Soderborg che sfrutta bene la cornice di normalità borghese (in cui però latitano le presenze tradizionali del marito e dei poliziotti), tentazione fatale per un cattivo dal cuore tenero. Ottime interpretazioni dei due protagonisti, ma è poco credibile lo strano rapporto che si crea tra di loro e nessun carattere è davvero approfondito. Ophuls è meno barocco del solito, ma appena la macchina da presa carrella si vede il suo genio.

Sgt. Pepper's Lonely Hearts Club Band *½ (*Sgt. Pepper's Lonely Hearts Club Band*, Usa 1978, col, 111') Michael Schultz. Con Peter Frampton, Barry, Robin e Maurice Gibb, Frankie Howerd, George Burns, Donald Pleasence, Steve Martin. ◆ Un gruppo rock (Frampton e i tre Bee Gees) ottiene il successo suonando le canzoni di un mitico eroe pacifista che, alla fine, scende dal piedistallo e sconfigge i cattivi. Le canzoni del celebre album omonimo dei Beatles sono il pretesto di una commedia all'acqua di rose e meno folle di quello che avrebbe dovuto essere. Tra i musicisti ospiti Alice Cooper, Aerosmith e Earth Wind and Fire. Primo film di Steve Martin.

Sguardo che uccide, Lo *½ (*The Gorgon*, Gb 1964, col, 83') Terence Fisher. Con Peter Cushing, Christopher Lee, Barbara Shelley, Richard Pasco. ◆ Una gorgone anguicrinita (Shelley), il cui sguardo pietrifica i malcapitati, sopravvive in un villaggio tedesco, prendendo di giorno l'apparenza di un'ignara fanciulla. Tra i film della Hammer meno riusciti: la sceneggiatura di John Gilling è infantile, e il ridicolo make-up rischia di rovinare tutto.

Sguardo dal cielo, Uno *½ (*The Preacher's Wife*, Usa 1996, col, 124') Penny Marshall. Con Denzel Washington, Whitney Houston, Courtney B. Vance, Gregory Hines, Lionel Ritchie, Paul Bates. ◆ Il predicatore Henry Biggs (Vance) è in crisi: la sua comunità è minacciata da uno speculatore edilizio e il suo matrimonio con la bella Julia (Houston) segna il passo. Ci penserà Dudley (Washington), angelo fascinoso, scanzonato e pasticcione, a fargli ritrovare fede, amore e voglia di battersi. Remake zuccheroso e soporifero, in versione *black*, di *La moglie del vescovo*, rispolverato solo perché in perfetta sintonia con l'angelismo dominante: il trionfo del *politically correct* (sia l'angelo che il cattivo sono neri), con qualche sprazzo di finta malizia (la moglie del pastore, di cui l'angelo rischia d'innamorarsi, canta anche al night) e una colonna sonora più che invadente per far risaltare la star musicale.

Sguardo dal ponte, Uno **½ (*Vu du pont*, Francia/Italia 1962, col, 110') Sidney Lumet. Con Raf Vallone, Jean Sorel, Maureen Stapleton, Carol Lawrence, Raymond Pellegrin, Morris Carnovsky. ◆ Un portuale newyorchese (Vallone), morbosamente geloso della nipote (Lawrence), finisce col denunciare il suo fidanzato (Sorel), immigrato clandestino. Corretta versione, sceneggiata da Norman Rosten con la collaborazione di Jean Aurenche, di un tipico dramma di Arthur Miller (anche se con un finale più plateale), dove in uno scenario realistico ribollono passioni contorte e inconfessabili da tragedia classica. La regia di Lumet sa evitare la claustrofobia da teatro filmato e l'interpretazione di Vallone è da manuale; celebre la scena in cui bacia sulla bocca Sorel per umiliarlo: ai tempi, fu l'infrazione di un tabù. Girato parte a Brooklyn e parte in studio a Parigi.

Sguardo dell'altro, Lo ** (*La mirada del otro*, Spagna 1997, col, 102') Vicente Aranda. Con Laura Morante, José Coronado, Miguel Angel García, Sancho Gracia, Miguel Bosé, Ana Obregón, Alonso Caparrós. ◆ Begoña (Morante), 36 anni, ci dà dentro col sesso e con le videocamere per paura dei sentimenti. Basteranno a calmarla un marito diciottenne (Coronado) e un figlio di chissà chi? Neanche brutto questo ritratto di donna pieno di dialoghi letterari (dietro c'è un romanzo di Fernando G. Delgado, sceneggiato dal regista e Alvaro del Amo), che evita i pruriti facili da soft-core cercando il piglio della commedia amorale di costume. Ha comunque un certo fegato la Morante, per altro ben diretta dal regista.

Sguardo di Ulisse, Lo **½ (*To vlemma tou Odyssea*, Grecia/Italia/Francia/Germania 1995, col, 175') Thodoros Anghelopulos. Con Harvey Keitel, Maïa Morgenstern, Erland Josephson, Thanassis Vengos, Yorgos Michalopulos, Dora Volonaki. ◆ A. (Keitel), cineasta greco esiliato negli Stati Uniti, torna nella sua città natale, Ptolemais, per la prima di un suo film ma soprattutto per ritrovare i negativi del primo film greco, girato all'inizio del secolo dai fratelli Manakias. Inizia così una ricerca che lo porta in giro per i Balcani, dall'Albania alla Macedonia, dalla Bulgaria alla Romania, poi lungo il Danubio fino a Belgrado e infine a Sarajevo, dove il conservatore della cineteca (Josephson) è finalmente riuscito a sviluppare quelle bobine e A. potrà vederle. Moderna odissea di un intellettuale alla ricerca delle proprie radici professionali e storiche, il film di Anghelopulos (sceneggiato insieme a Tonino Guerra) è «il viaggio di una coscienza smarrita che incontra coscienze altrettanto smarrite». Ineguale e frammentario, il film ha momenti di grande commozione (il trasporto via fiume di un'immensa statua di Lenin osservata lungo le rive da una folla silenziosa di ex «sudditi» o il massacro della famiglia del conservatore della cineteca, fatta sentire ma non vedere, per sottolineare ancora di più la «cecità» del mondo di fronte a quella guerra), ma anche troppe concessioni a un'idea di cinema autoriale che lo porta a ricostruire tutto o quasi e che finisce per mostrarci una Sarajevo «falsificata», ripresa un po' a Mostar e a Vukovar e un po' rifatta in studio (così come l'idea di far interpretare dalla Morgenstern tutte le donne che A. incontra sulla sua strada non è particolarmente originale). Ma l'idea di chiudere il film su una non-fine è comunque un atto di coraggio. Gran premio della giuria a Cannes, accolto dal regista con la smorfia di chi si aspettava la Palma d'oro. Il ruolo del conservatore della cineteca era stato pensato per Gian Maria Volonté, morto dopo troppo pochi giorni di riprese perché potesse essere presente nel film, che comunque è dedicato alla sua memoria.

Sguardo, un sorriso, Uno ** (*Looks and Smiles*, Gb 1981, b/n, 104') Ken Loach. Con Graham Green, Carolyn Nicholson, Tony Pitts, Roy Haywood, Phil Askham. ◆ Sheffield, fine anni Sessanta: la vita grama di due operai – Alan (Pitts) e Mick (Green) – che, alla fine, si arruolano per andare a combattere in Irlanda del Nord. La vena arrabbiata di Loach racconta il vuoto di valori e di coscienza del proletariato inglese. Anche se nobilitato dalla bella fotografia di Chris Menges, lo stile «un po' troppo spartano» tende a farsi maniera e il film si regge soprattutto sulla prova dei due protagonisti e di Carolyn Nicholson (che interpreta la fidanzata di Mick), tutti attori non professionisti. Seguito dopo dodici anni di *Kes* (1969) con David Bradley inedito in Italia.

Shaft colpisce ancora *½ (*Shaft's Big Score!*, Usa 1972, col, 104') Gordon Parks. Con Richard Roundtree, Moses Gunn, Drew Bundini Brown, Joseph Mascolo. ◆ Parks (qui autore anche delle musiche, e comparsa nella parte del croupier) e lo sceneggiatore Ernest Tidyman riprendono il personaggio (Roundtree) del film *Shaft il detective*, impegnato questa volta a indagare sull'omicidio del fratello della sua donna. Pestaggi e bellone in una formula, ormai, poco originale, malgrado qualche buona scena d'azione. Le Pantere Nere scompaiono dall'intreccio, e la Coalition Against Blaxploitation (Coalizione contro lo sfruttamento dei neri nel cinema) accusò di «genocidio culturale» un film che, secondo loro, promuoveva il mito fasullo del «supernigger». Seguìto da *Shaft e i mercanti di schiavi*.

Shaft e i mercanti di schiavi * (*Shaft in Africa*, Usa 1973, col, 112') John Guillermin. Con Richard Roundtree, Frank Finlay, Vonetta McGee, Neda Arneric. ◆ Al terzo e ultimo episodio di *Shaft il detective* (ma seguirà una serie televisiva) la regia passa a un bianco, e le cose non migliorano. Shaft (Roundtree) viene sequestrato da un ras etiope per combattere dei trafficanti di schiavi: ma più che un viaggio alle origini della cultura nera, è un polpettone d'avventure in salsa esotica.

Shaft il detective ** (*Shaft*, Usa 1971, col, 100') Gordon Parks. Con Richard Roundtree, Moses Gunn, Christopher St. John, Drew Bundini Brown, Antonio Fargas. ◆ Prima ancora che siano finiti i titoli di testa, Shaft (Roundtree) alza il dito medio contro un automobilista, stabilendo così il tono del film. Shaft è un detective nero dai metodi spicci che, al contrario dell'ispettore Tibbs, non ha complessi legati al colore della sua pelle. La trama sceneggiata da Ernest Tidyman e John D.F. Black (Shaft viene assoldato per trovare una ragazzina rapita da una gang di Harlem) è poco più che un pretesto per sesso e violenza in dosi, per i tempi, massicce. L'idea di un eroe nero che non ha nulla da invidiare a quelli bianchi fu la chiave di un successo enorme (e di due seguiti), e l'inizio di un fenomeno battezzato «blaxploitation»: storie criminali fatte dai neri per il pubblico nero, con la benedizione delle major. Travolgente colonna sonora di Isaac Hayes: il tema conduttore vinse un Oscar. Seguíto da *Shaft colpisce ancora* (1972) e *Shaft e i mercanti di schiavi* (1973).

Shakespeare a colazione ** (*Withnail & I*, Gb 1987, col, 105') Bruce Robinson. Con Richard E. Grant, Paul MacGann, Richard Griffiths, Paul Brown. ◆ Alla fine degli anni Settanta due attori inglesi omosessuali (Grant e MacGann) si barcamenano alla ricerca di ingaggi: ma, come declina la Swinging London, così finiscono anche gli amori. Tipica commedia britannica anticonformista, abbastanza prevedibile nel suo scivolare dai toni frizzanti a quelli malinconici. L'esordiente Robinson (già sceneggiatore di *Urla del silenzio*) mette dentro molta della sua vita. Produce l'Handmade di George Harrison.

Shakespeare in Love ** (*Shakespeare in Love*, Usa 1998, col, 122') John Madden. Con Gwyneth Paltrow, Joseph Fiennes, Geoffrey Rush, Ben Affleck, Rupert Everett, Judi Dench, Simon Callow, Colin Firth, Imelda Staunton, Tom Wilkinson, Martin Clunes, Joe Roberts, Jill Baker, Jim Carter, Martin Clunes, Steven O'Donnell. ◆ Il giovane drammaturgo William Shakespeare (Fiennes) troverà l'ispirazione per terminare il dramma *Romeo e Ethel, la figlia del pirata* in lady Viola De Lesseps (Paltrow), promessa sposa per volere della regina Elisabetta (Dench) del borioso lord Wessex (Firth) e aspirante attrice: raccontando l'amore che è scoppiato tra loro, William finirà l'opera (diventata *Romeo e Giulietta*) e, infrangendo le regole dell'epoca, la ragazza reciterà anche sulla scena il suo personaggio. Scritta da Marc Norman e Tom Stoppard coniugando le esigenze della fiction con il repertorio shakespeariano, il feuilleton storico (Everett è Christopher Marlowe, Roberts il giovane John Webster) e qualche reminiscenza cinematografica (la protagonista fa pensare alla Hepburn del *Diavolo è femmina*), una commedia programmaticamente «spregiudicata» che reinventando la Storia a misura di spettacolo (Shakespeare va anche dallo psicanalista) riafferma il concetto romantico della vita che ispira l'arte e rende il Bardo accessibile al grosso pubblico. Ricostruzione colorata, spettacolo godibile, ma nulla di nuovo: la ricetta ideale per il successo. Tredici nomination e sette Oscar: miglior film, sceneggiatura originale, attrice protagonista (Paltrow) e non protagonista (Dench), scenografia (Martin Childs e Jill Quertier), costumi (Sandy Powell), colonna sonora per una commedia (Stephen Warbeck).

Shalako * (*Shalako*, Gb 1968, col, 113') Edward Dmytryk. Con Sean Connery, Brigitte Bardot, Stephen Boyd, Jack Hawkins, Peter van Eyck, Woody Strode. ◆ Aristocratici europei a caccia nel Nuovo Messico rompono le scatole ai bellicosi apache: la loro guida (Connery), che conosce e stima i pellirosse, evita il massacro. Connery, Bardot e Boyd sono i tre attori meno adatti per un western: e l'anziano e valoroso Dmytryk non può far nulla per sollevare una storia insulsa e piena di banalità.

Shampoo ** (*Shampoo*, Usa 1975, col, 109') Hal Ashby. Con Warren Beatty, Julie Christie, Goldie Hawn, Lee Grant, Jack Warden, Tony Bill, Carrie Fisher. ◆ Un parrucchiere (Beatty) di Beverly Hills cerca di unire l'utile e il dilettevole andando a letto con le sue ricche clienti: ma il gioco finisce per sfuggirgli di mano. Una pochade aggiornata con pretese di satira di costume (il film si apre con l'elezione di Nixon, preso a emblema della corruzione della classe agiata) e quei risvolti amarognoli che facevano chic nella Hollywood degli anni Settanta. Secondo alcuni, è il primo film nostalgico sugli anni Sessanta, l'era dei Beatles, delle minigonne e delle luci stroboscopiche. Sceneggiatura di Robert Towne e Warren Beatty, colonna sonora di Paul Simon. Lee Grant vinse l'Oscar come miglior attrice non protagonista. Primo film di Carrie Fisher.

Shangai * (*Shangai*, Usa 1935, b/n, 75') James Flood. Con Loretta Young, Charles Boyer, Warner Oland, Fred Keating. ◆ Un'ereditiera americana (Young) ha rigurgiti razzisti quando scopre che il suo spasimante (Boyer) è metà cinese; poi si pente, ma è troppo tardi. Assurdo melodramma ideologicamente aberrante.

Shangai *½ (*Shanghai 1920*, Hong Kong, 1991, col, 112') Leong Po-Chih. Con John Lone, Adrian Pasdar, Pennie Yuen, Loretta Lee, Billy Cohen. ◆ L'americano Dawson (Pasdar) e il cinese Fong (Lone), rimasti orfani, crescono assieme a Shangai, facendosi strada nel mondo del crimine: l'americano con qualche rimorso. La loro amicizia resiste sia alle rivalità che agli sconvolgimenti della storia. Una specie di imitazione di *C'era una volta in America*, girata con una certa abbondanza di mezzi, spreco di violenza e scene a effetto. Mancano però sia lo stile che le emozioni.

Shanghai *½ (*Le Drame de Shanghai*, Francia 1938, b/n, 90') Georg Wilhelm Pabst. Con Christiane Mardayn, Raymond Rouleau, Louis Jouvet, Elina Labourdette, Dorville, Suzanne Després, Mila Parely, Gabrielle Dorziat. ◆ Ricattata dal suo antico amante Ivan (Jouvet), che la obbliga a lavorare per la setta del Drago nero, la ballerina Kay Murphy (Mardayn) spera di cambiare vita con l'arrivo della figlia Vera (Labourdette) che non vede da dieci anni e con cui vorrebbe lasciare per sempre Shanghai. Ma i legami col suo triste passato le saranno fatali. Ridondante melodramma che mescola esotismo e spionaggio, ambientato in una Cina troppo finta per rendere credibile la sottotrama sociale (quella di un movimento popolare che vorrebbe lottare contro la mafia del Drago nero). Bisogna accontentarsi della fotografia di Eugen Schüfftan, capace di rendere bene l'atmosfera torbida e brulicante di una città cosmopolita.

Shanghai Cobra, The → *voce «Charlie Chan»*

Shanghai Express *** (*Shanghai Express*, Usa 1932, b/n, 80') Josef von Sternberg. Con Marlene Dietrich, Clive Brook, Warner Oland, Anna May Wong, Eugene Pallette. ◆ Sul treno Shanghai-Pechino, su cui sembra essersi dato appuntamento il peggio dell'umanità, l'attrice di varietà Shanghai Lily (Dietrich) ritrova un capitano inglese (Brook) di cui un tempo era innamorata e che non aveva avuto fiducia in lei: quando verrà catturato dai ribelli di Henry Chang (Oland), lei si dichiarerà disposta a cedere le proprie grazie al capo per risparmiargli le torture. Il più fortunato, almeno commercialmente, dei film di von Sternberg con la Dietrich (sceneggiato da Jules Furhman) e quello in cui la definizione della sua «bellezza sacrale» tocca il culmine. L'esotismo vistosamente falso e le passioni estreme («c'è voluto ben più di un uomo a farmi cambiare nome in Shanghai Lily») servono solo a concentrare l'attenzione sul personaggio Marlene e sul suo viso, esaltato in varie sequenze da una strepitosa veletta: quello che interessa (e la storia ne risente) è solo il gioco delle luci e delle ombre, coadiuvato dal talento di Travis Banton nel creare abiti che esaltino la «perfetta indifferenza» della Dietrich. Non è più l'attrice carnale dell'*Angelo azzurro*, ma solo un ideale inarrivabile del desiderio e significativamente il regista evita di filmare l'attributo sessuale più celebre della diva, le sue gambe, alle quali concede qui solo una finissima allusione (il piede impantofolato che batte il tempo di un ballabile suonato da un grammofono). Oscar alla fotografia di Lee Garmes.

Shanghai Surprise ° (*Shanghai Surprise*, Usa 1986, col, 97') Jim Goddard. Con Sean Penn, Madonna [Louise Veronica Ciccone], Paul Freeman, Clyde Kusatsu, Richard Griffiths. ◆ Nella Cina del 1937 una missionaria laica (Madonna) assolda un avventuriero (Penn) per recuperare un carico d'oppio da destinare a uso medico. Penn e Madonna, allora sposati, sullo schermo non fanno scintille. Film a encefalogramma piatto, che fallisce tutti i tentativi di inserire humour in una vicenda di interesse nullo. George Harrison, coproduttore esecutivo e coautore della colonna sonora, appare come cantante in un night.

Shaolin sfida Ninja **½ (*Zhonghua Zhangfu*, noto anche coi titoli inglesi *Shaolin Challenges Ninja* e *Heroes of the East*, Hong Kong 1978, col, 105') Lau Kar-leong [Liu Jialang]. Con Lau Kar-fai [Gordon Liu/ Liu Jiahui], Yuko Mizuno, Yasuaki Kurata, Simon Yuen. ◆ Il cinese Ha-To (Lau) ha sposato una giapponese (Mizuno), ma alle diversità culturali si aggiunge la disputa sulla superiorità delle rispettive arti marziali: si trova così ad affrontare in un torneo sette campioni del Sol Levante. Nel cinema di Hong Kong il tema del confronto tra cinesi e giapponesi è un classico: qui lo spirito cavalleresco dei primi alla fine riesce a soggiogare anche moralmente gli spietati e violenti nipponici. Dopo una prima parte all'insegna della commedia inizia una serie infinita di duelli, messi in scena con la perizia tipica del regista (che appare nella parte del burbero maestro ubriacone), cultore di un cinema di arti marziali pieno di ironia e spirito umanitario: non è il suo capolavoro, ma merita attenzione anche perché è il suo unico film a essere arrivato in Italia.

Shark – Rosso nell'oceano * (Italia 1984, col, 90') John Old jr [Lamberto Bava]. Con Michael Sopkiw, William Berger, Dagmar Lassander, Valentine Monnier. ◆ Un mostro creato in laboratorio, metà squalo e metà piovra, semina il terrore nei Caraibi. Modesto horror artigianale travestito da produzione straniera. Musiche di Fabio Frizzi.

She Devil – Lei, il diavolo ** (*She-Devil*, Usa 1989, col, 99') Susan Seidelman. Con Meryl Streep, Roseanne Barr, Ed Begley jr, Linda Hunt, Sylvia Miles. ◆ Una casalinga sciatta e frustrata (Barr) passa all'azione quando il marito (Begley) la pianta per un'autrice di bestseller (Streep): rovina vita e carriera di entrambi, e finalmente si costruisce una vita per sé. Tratto dal romanzo di Fay Weldon sceneggiato da Barry Stugatz e Mark R. Burns, un film acido ma mai davvero convincente perché quanto a cattiveria e dissacrazione dei valori domestici, la Seidelman non ha il coraggio di andare a fondo come DeVito nell'affine *La guerra dei Roses*, e il gioco paradossale mostra presto la corda. La Streep dà anima e corpo nella parodia di se stessa per mostrare il suo talento nella commedia. La Barr è una star della Tv americana, che ha sostituito all'ultimo momento Bette Midler.

She-Devils on Wheels * (*She-Devils on Wheels*, Usa 1968, col, 83') Herschell Gordon Lewis. Con Betty Connell, Pat Poston, Nancy Lee Noble, Christie Wagner, Rodney Bedell, John Weymer. ◆ Una gang di motocicliste, le Man-Eaters, giura vendetta contro una banda di uomini che ha ridotto in fin di vita una di loro (Lee Noble). Interpretato da motocicliste vere, ma molto più grezzo e ingenuo di qualunque film di Corman o Russ Meyer. Non sembra, ma fu uno dei maggiori successi di Lewis, padre del *gore*, il cui tocco si riconosce solo nella scena della decapitazione di Joe-Boy (Weymer) col filo teso attraverso la strada.

Sheena, la regina della giungla * (*Sheena*, Usa 1984, col, 117') John Guillermin. Con Tanya Roberts, Ted Wass, Donovan Scott, Elizabeth of Toro. ◆ Dai fumetti di Eiger e Asner, le avventure di una Tarzan (Roberts) in bikini che deve difendere dai soliti avventurieri il suo regno idilliaco in mezzo alla giungla. Scarsamente divertente, e con le idee poco chiare circa il pubblico a cui rivolgersi: solo la bellezza della Roberts (ex *Charlie's Angel*) evita il disastro.

Shenandoah la valle dell'onore *½ (*Shenandoah*, Usa 1965, col, 105') Andrew V. McLaglen. Con James Stewart, Doug McClure, Glenn Corbett, Patrick Wayne, Rosemary Forsyth, Katharine Ross, George Kennedy, Harry Carey jr. ◆ Un patriarca virginiano (Stewart) vorrebbe non immischiarsi nella guerra di Secessione: ma la sua famiglia paga un pesante tributo di sangue. Alla fine, però, c'è sempre uno spiraglio per la speranza. Polpettone semiwestern, sceneggiato da James Lee Barrett con ritmi da romanzo-fiume: ispirò un musical di Broadway.

Sherlock Holmes

Il più celebre detective londinese, creato da Arthur Conan Doyle nel romanzo *Uno studio in rosso* (1887). I suoi strumenti di lavoro sono una lente d'ingrandimento e l'immancabile pipa: tutto il resto deriva da un immenso bagaglio di conoscenze disparate (tra cui spiccano la chimica, l'anatomia e la letteratura criminale) e dall'incessante lavoro del suo cervello. Poco generoso con i predecessori (il Lecoq di Gaboriau e il Cavalier Dupin di Edgar Allan Poe sono rispettivamente definiti «un cialtrone» e «un mediocre»), non molto simpatico nemmeno all'autore – che lottò vanamente per liberarsene contro editori e pubblico – Sherlock Holmes occupa un posto del tutto particolare nella letteratura poliziesca per almeno due motivi: primo, le sue avventure ruotano non tanto intorno alle peripezie del caso da risolvere quanto al suo infallibile metodo deduttivo; secondo, Holmes non si limita a fare l'investigatore indipendente, ma elabora una vera e propria teoria dell'investigazione, come è evidente sin dal romanzo d'esordio. Con lui la ragione è al lavoro e segue un procedimento rigorosamente scientifico: osservazione, raccolta, classificazione e interpretazione dei dati secondo una logica che fa della deduzione il requisito essenziale per portare a buon fine l'indagine. In breve, Sherlock Holmes è figlio del positivismo del Diciannovesimo secolo, di cui era profondamente permeata la società vittoriana nalla quale il detective vive e opera fino alla fine delle sue avventure (gli ultimi racconti risalgono al 1927). Del resto non è un caso che Conan Doyle si fosse ispirato a un modello realmente esistito, il professor Joseph Bell, propugnatore del metodo deduttivo nella formulazione della diagnosi medica e suo professore all'Università di Edimburgo.

Nell'immaginario collettivo Sherlock Holmes è diventato subito un mito, ma – negli scritti come nella memoria dei lettori – la figura dell'investigatore è inseparabile dal fido dottor Watson. Coinquilino per caso in *Uno studio in rosso*, al celeberrimo 221 B di Baker Street, Watson diventa sin dalla prima avventura la spalla indispensabile di Sherlock Holmes: a lui è demandato il compito di narrare le imprese del suo «maestro», a lui tocca la parte di confidente un po' ottuso, di primo lettore perennemente sorpreso dall'acume del detective. Grazie al suo punto di vista, Conan Doyle risolve il problema dell'onniscienza del narratore (che sa già come andrà a finire, ma procede a piccoli passi per dare a chi legge l'illusione di poter risolvere il caso da sé, se solo applicasse il metodo raccomandato dal protagonista). È ancora Watson, vero e proprio biografo di Holmes, a svelare le virtù e soprattutto i vizi di questo rispettabile gentleman vittoriano con l'ossessione della criminologia scientifica. L'assoluta dedizione al tabacco, di cui è un finissimo intenditore, e la passione per il violino, con il quale si rilassa nel tempo libero, rendono Holmes un personaggio stravagante, ma del tutto accettabile anche ai lettori più benpensanti (che infatti portarono il lutto quando Conan Doyle, in *Il problema finale*, decise di far morire la sua creatura in fondo alle cascate svizzere di Reichenbach, insieme al nemico giurato Moriarty). Ciò che invece si cercò di far passare sotto silenzio, soprattutto nelle versioni cinematografiche, è la dipendenza dalla cocaina, quella «soluzione al sette per cento» che Holmes s'inietta di tanto in tanto per correggere la sua indole esclusivamente raziocinante.

Nei quattro romanzi e nei cinquantasei racconti che

compongono il corpus holmesiano, oltre al dottor Watson ci sono altri personaggi ricorrenti: Moriarty, il genio del Male; l'ispettore Lestrade di Scotland Yard, sempre battuto e umiliato dall'infallibile logica di Holmes, e Mycroft, il fratello di quest'ultimo. Ma si tratta di personaggi piuttosto incolori, funzionali alle necessità narrative. Nelle opere di sir Arthur Conan Doyle (nominato baronetto nel 1903), brilla solo il detective con la lente. E talvolta la luce riflessa illumina anche Watson, in omaggio alla teoria della coppia che nella letteratura di genere paga sempre bene. Le trasposizioni cinematografiche non si contano. Solo nell'epoca del muto ne furono realizzate più di sessanta, tra corti e mediometraggi (il primo, *Sherlock Holmes Baffled*, risale al 1902). Ma anche dall'avvento del sonoro in poi (*The Return of Sherlock Holmes*, 1929), il personaggio di Conan Doyle si conferma come il detective più frequentato sullo schermo. C'è chi ritiene che non sia ancora stato interpretato a dovere, ma i fans dell'anteguerra hanno riconosciuto in Arthur Wontner il loro attore ideale, mentre nel dopoguerra hanno tributato un consenso assoluto a Basil Rathbone (il suo debutto è del 1939 in *Sherlock Holmes e il cane dei Baskerville*, a cui seguono una ventina di episodi diretti per la maggior parte da Roy William Neill). Secondo la critica, l'attore britannico è tuttora l'unico ad aver tradotto in termini cinematografici la natura squisitamente cerebrale e letteraria del detective: e anche se non tutte le storie sono tratte da opere dell'autore la sua perfetta aderenza al personaggio assicura alla serie una continuità impensabile altrimenti. Partner insostituibile di Holmes-Rathbone è Watson-Bruce, ugualmente efficace nel contrastare con la sua bonarietà la flemma dell'amico e superiore. Nel ciclo, che si protrae fino a metà degli anni Quaranta, George Zucco (*Le avventure di Sherlock Holmes*) e Lionel Atwill (*Sherlock Holmes e l'arma segreta*) vestono i panni di Moriarty in modo particolarmente ispirato.

Dalla fine degli anni Cinquanta, la Hammer Films rilancia il cinema fantastico a basso costo e gioca la carta Holmes in chiave più macabra rispetto ai modelli precedenti. Terence Fisher dirige *La furia dei Baskerville* (1959, prima trasposizione a colori) e *Sherlock Holmes – La valle del terrore* (1962), scegliendo come star rispettivamente Peter Cushing e Christopher Lee. Mentre il primo riesce a entrare perfettamente nello spirito del personaggio (la sua interpretazione di Van Helsing nelle storie di *Dracula* lo aveva in qualche modo preparato al ruolo di Holmes), il secondo stenta a liberarsi dei condizionamenti vampireschi.

Negli anni Settanta Sherlock Holmes torna sugli schermi abbastanza trasformato rispetto ai ritratti canonici. A dare il primo colpo di grazia a quella che ormai era quasi un'agiografia del detective londinese è Billy Wilder in *La vita privata di Sherlock Holmes*, liberamente ispirato ai personaggi di Conan Doyle. Gli aspetti taciuti – come la malinconia, se non la depressione, e l'uso della cocaina – vengono prepotentemente alla ribalta e l'eroe infallibile si trova alle prese con il primo insuccesso, legato a un amore infelice e narrato in un racconto che il fedele Watson può leggere solo a cinquant'anni dalla morte dell'autore. A uno sguardo retrospettivo, la vernice vittoriana mostra le sue crepe, l'ottimismo della «ragione al lavoro» fa i conti con il disincanto della realtà irrazionale, e Holmes è un gentleman in preda al dubbio. Nella medesima ottica si collocano i successivi *Sherlock Holmes: soluzione sette per cento*, dove il detective cerca di sbarazzarsi della tossicodipendenza attraverso una terapia psicoanalitica con Sigmund Freud, e *Assassinio su commissione*, dove incontra Jack lo Squartatore (per la seconda volta, a dire il vero: la prima risale al 1965 in *Sherlock Holmes: notti di terrore*) in un intrigo poliziesco che provoca uno scandalo politico (si dice che Jack lo Squartatore fosse un figlio illegittimo della regina Vittoria).

Come altri miti dello schermo, Sherlock Holmes è stato oggetto di parodie, come quella realizzata da Gene Wilder in *Il fratello più furbo di Sherlock Holmes*, e divagazioni (*Piramide di paura* di Barry Levinson dove il nemico giurato di Holmes, Moriarty, viene presentato come il suo mentore di gioventù).

Tra i numerosi serial televisivi, ricordiamo quelli interpretati da Stewart Granger (1972), da Roger Moore (1977) e Peter Cushing (1984).

I FILM PRINCIPALI

The Return of Sherlock Holmes *½ (Usa 1929, b/n, 75') Basil Dean. Con Clive Brook, H. Reeves Smith, Harry T. Morey, Donald Crisp, Betty Lawford. ◆ Il padre del futuro genero di Watson (Reeves Smith) viene trovato morto nel suo studio. Gli indizi portano Holmes (Brook) e il solito gruppo a bordo di una nave in viaggio verso l'America, dove si trova anche il temibile Moriarty (Morey). Primo film parlato della serie, che in omaggio al sonoro sfrutta più le possibilità del dialogo che dell'azione, e prima versione in cui il detective viene presentato come contemporaneo. Non è tratto da un romanzo di Conan Doyle. Clive Brook, anche coregista, è considerato il miglior Holmes apparso fino a quel momento. Il ritorno a cui allude il titolo non viene spiegato. Inedito in Italia.

Il re dell'ombra (1931) di Leslie Stephenson Hiscott

Il segno dei quattro (1932) di Graham Cutts

Sherlock Holmes (1932) di William K. Howard

A Study in Scarlet *½ (Usa 1933, b/n, 70') Edwin L. Marin. Con Reginald Owen, Warburton Gamble, Anna May Wong, Tempe Pigott, Alan Mowbray. ◆ Il titolo è quello dell'omonimo romanzo di Conan Doyle, ma la storia riguarda i misfatti di una banda di criminali chiamata l'«anello scarlatto». La maggior parte dei dialoghi furono scritti dall'attore che impersonava Holmes, Reginald Owen, che nel precedente *Sherlock Holmes* di William K. Howard aveva ricoperto il ruolo di Watson (è l'unico ad aver interpretato entrambe le parti, con scarso successo di critica). Inedito in Italia.

The Triumph of Sherlock Holmes ** (Gb 1935, b/n, 75') Leslie Hiscott. Con Arthur Wontner, Ian Fleming, Lyn Harding, Leslie Perrins, Jane Carr, Charles Mortimer. ◆ Holmes (Wontner) e Watson

(Fleming) questa volta sono alle prese con un omicidio legato a una società segreta di minatori. Tratto da *La valle del terrore* di Conan Doyle, un film pieno d'azione ambientato in America e memorabile soprattutto per l'interpretazione di Harding nel ruolo di Moriarty. Inedito in Italia.

Silver Blaze * (Gb 1937, b/n, 71') Thomas Bentley. Con Arthur Wontner, Lyn Harding, Ian Fleming, Judy Gunn, Eve Gray. ◆ La scomparsa di un cavallo da corsa e l'omicidio del suo fantino portano Holmes (Wontner) sulle tracce del suo gran nemico Moriarty (Harding). Tratto da una storia di Conan Doyle, con l'aggiunta del personaggio di Moriarty per il successo riscosso precedentemente dall'interprete, Lyn Harding, è l'ultimo dei cinque film in cui Wontner ricopre il ruolo dell'investigatore ed è ritenuto il più debole della serie. Inedito in Italia.

Sherlock Holmes (1937) di Karl Hartl
Sherlock Holmes e il cane dei Baskervilles (1939) di Sidney Lanfield
Le avventure di Sherlock Holmes (1939) di Alfred L. Werker
Sherlock Holmes e la voce del terrore (1942) di John Rawlins
Sherlock Holmes e l'arma segreta (1942) di Roy William Neill
Sherlock Holmes a Washington (1943) di Roy William Neill
Sherlock Holmes di fronte alla morte (1943) di Roy William Neill
Sherlock Holmes (1944) di Roy William Neill
Sherlock Holmes e l'artiglio scarlatto (1944) di Roy William Neill
Sherlock Holmes e la perla della morte (1944) di Roy William Neill
Sherlock Holmes e la casa del terrore (1945) di Roy William Neill
Sherlock Holmes e la donna in verde (1945) di Roy William Neill
Sherlock Holmes – Fuga ad Algeri (1945) di Roy William Neill
Sherlock Holmes – Terrore di notte (1946) di Roy William Neill
Sherlock Holmes vestito per uccidere (1946) di Roy William Neill
La furia dei Baskervilles (1959) di Terence Fisher
Sherlock Holmes – La valle del terrore (1962) di Terence Fisher
Sherlock Holmes – Notti di terrore (1965) di James Hill
La vita privata di Sherlock Holmes (1970) di Billy Wilder
Il fratello più furbo di Sherlock Holmes (1970) di Gene Wilder
Sherlock Holmes: soluzione sette per cento (1976) di Herbert Ross
Il cagnaccio dei Baskervilles (1977) di Paul Morrissey
Assassinio su commissione (1979) di Bob Clark
Il segno dei quattro (1983) di Desmond Davis
Il mastino dei Baskervilles (1983) Douglas Hickox
Piramide di paura (1985) di Barry Levinson
Basil l'investigatopo (1986) di John Musker, Ron Clements, Dave Michener, Burny Mattinson
Senza indizio (1988) di Thom Eberhardt

Sherlock Holmes * (*Sherlock Holmes*, Usa 1932, b/n, 68') William K. Howard. Con Clive Brook, Ernest Torrence, Miriam Jordan, Alan Mowbray, Reginald Owen. ◆ Il dottor Moriarty (Torrence), nemico implacabile di Holmes (Brook), importa a Londra i gangster di Chicago. C'è poco di Conan Doyle in questo Sherlock Holmes americanizzato – uno dei primi nell'epoca del sonoro.

Sherlock Holmes *½ (*Der Mann, der Sherlock Holmes war*, Germania 1937, b/n, 73') Karl Hartl. Con Hans Albers, Heinz Rühmann, Marie Louise Claudius. ◆ Due investigatori in disgrazia si spacciano per Sherlock Holmes (Albers) e il dottor Watson (Rühmann): risolvono il mistero di un francobollo rubato, finché in tribunale un testimone – che a sua volta si fa chiamare sir Conan Doyle – giura che essi non esistono. Divertissement provocatorio, all'epoca considerato incomprensibile dai severi maniaci del detective.

Sherlock Holmes ** (*Sherlock Holmes and the Spider Woman*, Usa 1944, b/n, 62') Roy William Neill. Con Basil Rathbone, Nigel Bruce, Gale Sondergaard, Dennis Hoey, Mary Gordon, Arthur Hohl, Alec Craig. ◆ È una donna la responsabile di una serie di omicidi, a base di morsi letali, organizzati in modo tale da sembrare suicidi, ma Sherlock Holmes (Rathbone) scopre la mente perversa e i suoi fidi esecutori. Uno dei migliori della serie interpretata da Basil Rathbone.

Sherlock Holmes a Washington *½ (*Sherlock Holmes in Washington*, Usa 1943, b/n, 71') Roy William Neill. Con Basil Rathbone, Nigel Bruce, Marjorie Lord, Henry Daniell, George Zucco, John Archer, Gavin Muir. ◆ Sherlock Holmes (Rathbone) recupera i microfilm trafugati dalle spie tedesche agli alleati, mentre il fedele Watson (Bruce) scopre il fascino del chewing gum. Americanizzazione senza molte idee e troppa propaganda.

Sherlock Holmes di fronte alla morte ** (*Sherlock Holmes Faces Death*, Usa 1943, b/n, 68') Roy William Neill. Con Basil Rathbone, Nigel Bruce, Hillary Brooke, Milburn Stone, Arthur Margetson, Halliwell Hobbes, Dennis Hoey. ◆ Il grande investigatore e il suo fedele aiutante (Rathbone e Bruce) risolvono il mistero di una casa di riposo per ex ufficiali dove si muore troppo facilmente. Un inizio molto divertente con una strana torre orologio, una cripta sotterranea e una scacchiera umana. Cammeo di Peter Lawford vestito da marinaio.

Sherlock Holmes e il cane dei Baskervilles **½ (*The Hound of the Baskervilles*, Usa 1939, b/n, 80') Sidney Lanfield. Con Basil Rathbone, Nigel Bruce, Richard Greene, Wendy Barrier, Lionel Atwill, John Carradine, Beryl Mercer, Mary Gordon, E.E. Clive. ◆ Rathbone alla sua prima interpretazione di Sherlock Holmes in questa serie durata otto anni e con Bruce nei panni dell'inseparabile Watson in uno dei più famosi racconti di Conan Doyle (qui alla quarta versione). La coppia giunge in aiuto di sir Baskerville (Greene) al quale vogliono portare via l'avito maniero terrorizzandolo col fantasma di un mastino. Fedele al racconto, si chiude con la frase di Holmes consumatore di droga, poi diventata celebre: «Presto Watson, l'ago».

Sherlock Holmes e la casa del terrore ** (*The House of Fear*, Usa 1945, b/n, 69') Roy William Neill. Con Basil Rathbone, Nigel Bruce, Dennis Hoey, Aubrey Mather, Paul Cavanagh, Holmes Herbert, Gavin Muir. ◆ Holmes (Rathbone) indaga con Watson (Bruce) su un esclusivo club di miliardari (sette ospiti soltanto), sconvolto dalla morte dei soci, scapoli e titolari di una polizza sulla vita. Una versione molto libera, ma ingegnosa, del racconto di Conan Doyle *The Five Orange Pips*.

Sherlock Holmes e la donna in verde **½ (*The Woman in Green*, Usa 1945, b/n, 68') Roy William Neill. Con Basil Rathbone, Nigel Bruce, Hillary Brooke, Henry Daniell, Paul Cavanagh, Matthew Boulton, Eve Amber. ◆ Lettere anonime, ipnosi e cadaveri con un dito mozzo: l'investigatore e il suo assistente (Rathbone e Bruce) devono affrontare una fantastica coppia di nemici, l'astuto Moriarty (Daniell) e una soave ipnotizzatrice (Brooke). Ne esiste anche una copia colorata al computer.

Sherlock Holmes e la perla della morte ** (*The Pearl of Death*, Usa 1944, b/n, 69') Roy William Neill. Con Basil Rathbone, Nigel Bruce, Evelyn Ankers, Miles Mander, Rondo Hatton, Dennis Hoey, Richard Nugent. ◆ Sherlock Holmes (Rathbone) deve riuscire a trovare sei busti di Napoleone, uno dei quali contiene le perle dei Borgia, prima che i proprietari vengano uccisi dallo «Scalatore» (Hatton). L'eccellenza di Hatton convinse la Universal a metterlo sotto contratto per utilizzare il personaggio dello «Scalatore» in molti altri film. Dal racconto di Conan Doyle *I sei Napoleoni*.

Sherlock Holmes e l'arma segreta ** (*Sherlock Holmes and the Secret Weapon*, Usa 1942, b/n, 68') Roy William Neill. Con Basil Rathbone, Nigel Bruce, Lionel Atwill, Kaaren Verne, William Post jr, Dennis Hoey, Mary Gordon, Holmes Herbert. ◆ Holmes (Rathbone) viene assunto per proteggere l'inventore di un'arma micidiale dalle manovre di Moriarty (Atwill), che vuole rubare i progetti ed è pronto anche a torturare l'investigatore per realizzare i suoi piani. Ma Watson (Bruce) interviene in tempo. Divertente comparsata di Hoey nei panni dell'impacciato investigatore Lestrade.

Sherlock Holmes e l'artiglio scarlatto *** (*The Scarlet Claw*, Usa 1944, b/n, 74') Roy William Neill. Con Basil Rathbone, Nigel Bruce, Gerald Hamer, Arthur Hohl, Miles Mander, Ian Wolfe, Paul Cavanagh, Kay Harding. ◆ Un misterioso artiglio assassino terrorizza i pacifici abitanti di un villaggio canadese ma la coppia Holmes-Watson (Rathbone e Bruce) scopre chi si maschera per uccidere. Fotografato con bravura da George Robinson, è il miglior episodio della serie con Rathbone.

Sherlock Holmes e la voce del terrore *½ (*Sherlock Holmes and the Voice of Terror*, Usa 1942, b/n, 65') John Rawlins. Con Basil Rathbone, Nigel Bruce, Evelyn Ankers, Reginald Denny, Thomas Gomez, Henry Daniell, Montagu Love. ◆ È il primo film della serie dedicata a Sherlock Holmes dalla Universal (liberamente tratto dal romanzo *L'ultimo saluto di Sherlock Holmes*) e uno dei più deboli: l'investigatore (Rathbone) riesce a risolvere il mistero di alcuni atti di sabotaggio che vengono annunciati da una voce alla radio germanica pochi minuti prima che avvengano. Holmes ha un comico taglio di capelli, un po' fuori luogo nella Londra della seconda guerra mondiale.

Sherlock Holmes – Fuga ad Algeri *½ (*Pursuit to Algiers*, Usa 1945, b/n, 65') Roy William Neill. Con Basil Rathbone, Nigel Bruce, Marjorie Riordan, Rosalind Ivan, Martin Kosleck, John Abbott. ◆ Sherlock Holmes e Watson (Rathbone e Bruce) devono fare la guardia del corpo a un giovane erede al trono in pericolo, nel trasferimento da Londra ad Algeri. Molto liberamente ispirato ai personaggi di Conan Doyle.

Sherlock Holmes – La valle del terrore * (*Sherlock Holmes und das Halsband des Todes*, Rft/Francia/Italia 1962, col, 86') Terence Fisher. Con Christopher Lee, Thorley Walters, Hans Söhnker, Hans Nielsen, Senta Berger, Ivan Desny. ◆ Holmes (Lee), in compagnia del suo amico Watson (Walters), torna a combattere il suo nemico Moriarty (Söhnker) che si vuole impossessare della collana di Cleopatra. Avventure piuttosto ingenue nonostante la sceneggiatura di Curt Siodmak, ispirate solo di nome ai racconti di Conan Doyle.

Sherlock Holmes – Notti di terrore *½ (*A Study in Terror*, Gb 1965 col, 94') James Hill. Con John Neville, Donald Houston, Georgia Brown, Robert Morley, Anthony Quayle, Frank Finlay. ◆ Sherlock Holmes (Neville) cattura Jack lo Squartatore e scopre che era un medico imparentato con la famiglia reale inglese: ma, da bravo suddito, non divulga la verità. Ellery Queen scrive il soggetto di un giallo non troppo originale ma passabilmente confezionato. Neville in seguito sarà il protagonista di *Le avventure del Barone di Munchausen* di Gilliam.

Sherlock Holmes: soluzione sette per cento *½ (*The Seven Percent Solution*, Usa 1976, col, 113') Herbert Ross. Con Nicol Williamson, Alan Arkin, Vanessa Redgrave, Laurence Olivier, Robert Duvall, Samantha Eggar, Joel Grey, Jeremy Kemp. ◆ Sherlock Holmes (Williamson) ricorre alle cure ipnotiche di Freud (Arkin) per liberarsi dalla dipendenza dalla cocaina. A Vienna trova nondimeno tempo di interessarsi al caso di una fanciulla rapita da un sultano. Curiosa semiparodia con molti mutamenti di tono, che però mantiene meno di quanto prometta. Scritto da Nicolas Meyer a partire dal suo romanzo.

Sherlock Holmes – Terrore di notte *½ (*Terror by Night*, Usa 1946, b/n, 60') Roy William Neill. Con Basil Rathbone, Nigel Bruce, Alan Mowbray, Dennis Hoey, Renee Godfrey, Mary Forbes. ◆ Holmes e Watson (Rathbone e Bruce) devono fare la scorta a un diamante prezioso quanto maledetto, chiamato la «stella della Rhodesia» sul treno da Londra a Edimburgo. Un'avventura media. Ne esiste una versione colorata al computer.

Sherlock Holmes vestito per uccidere *½ (*Dressed to Kill*, Usa 1946, b/n, 72') Roy William Neill. Con Basil Rathbone, Nigel Bruce, Patricia Morison, Edmond Breon, Carl Harbord, Patricia Cameron, Tom Dillon. ◆ È l'ultimo film della serie Holmes con Basil Rathbone: al centro del giallo ci sono tre carillon costruiti da un galeotto. Ne esiste una versione colorata al computer.

Sherlocko... investigatore sciocco ** (*It'$ Only Money*, Usa 1962, b/n, 84') Frank Tashlin. Con Jerry Lewis, Joan O'Brien, Zachary Scott, Jack Weston. ◆ Un radiotecnico (Lewis) sogna di fare l'investigatore ma non sa di essere il figlio di un miliardario di cui va alla ricerca. Celebre la sequenza dove Jerry è inseguito da un esercito di falciatrici elettroniche impazzite. Le gag tendono al catastrofico (Tashlin del resto veniva dai cartoni animati), ma la struttura del film è vecchiotta, e Lewis in quegli anni funzionava meglio quando era anche regista.

She's So Lovely - Così carina **½ (*She's So Lovely*, Usa 1997, col, 93') Nick Cassavetes. Con Sean Penn, Robin Wright Penn, John Travolta, Harry Dean Stanton, Debi Mazar, Gena Rowlands, James Gandolfini, David Thornton, Kelsey Mulrooney, Susan Taylor. ◆ Eddie (Penn) e Maureen (Wright Penn) si amano alla follia: poi lui impazzisce davvero e finisce in manicomio; quando esce, dieci anni dopo, pensa solo a come riconquistare l'ex moglie, nel frattempo felicemente sposatasi con un altro (Travolta). Da una sceneggiatura del padre John (che già prevedeva la presenza di Penn), una commedia sentimentale eccentrica e struggente. Nick Cassavetes non ha il sacro furore del genitore, vero mago dell'improvvisazione a nervi scoperti e teorico della recitazione come rivelazione, ma possiede una buona professionalità: e il suo film, oltre a una diligenza sincera e affettuosa, esprime qualcosa di vibrante e di marziano rispetto al romanticismo *mainstream* di Hollywood, meccanico e inflazionato. Sean Penn ha vinto la Palma d'oro a Cannes come miglior attore.

Shine **½ (*Shine*, Australia/Gb 1996, col, 105') Scott Hicks. Con Geoffrey Rush, Noah Taylor, Armin Müller-Stahl, Lynn Redgrave, John Gielgud, Alex Rafalowicz, Googie Withers, Sonia Todd. ◆ Schiacciato dal padre (Müller-Stahl) che lo vuole musicista di successo, il giovane David Helfgott (Taylor) intraprende lo studio del pianoforte con un'ossessione che lo porterà al collasso nervoso e all'internamento psichiatrico; diventato adulto (Rush), ritroverà salute mentale e talento artistico grazie all'amore dell'astrologa Gillian (Redgrave). Ispirato alla vera storia di David Helfgott, tuttora vivente (e sceneggiato da Jan Sardi), è un *biopic* febbrile e confezionato con abilità, che non risparmia colpi bassi e facili effetti melodrammatici nel sottolineare il trionfo dell'amore sulle avversità della vita, tra reminiscenze da videoclip, forti suggestioni musicali (il repertorio pianistico, tra cui il celebre concerto n. 3 di Rachmaninov, è suonato dal vero Helfgott) e risvolti psicologici tanto drammatici quanto ovvi. Oscar a Rush come migliore attore protagonista.

Shining ***½ (*The Shining*, Usa 1980, col, 120') Stanley Kubrick. Con Jack Nicholson, Shelley Duvall, Danny Lloyd, Scatman Crothers, Barry Nelson. ◆ Lo scrittore Jack Torrance (Nicholson) accetta, assieme alla moglie (Duvall) e al figlioletto (Lloyd), di fare il guardiano invernale di un hotel deserto, l'Overlook, dove anni prima un suo predecessore era impazzito e aveva sterminato la famiglia. Il fatto rischia di ripetersi, visto che il posto è frequentato da apparizioni inquietanti e nel quale le leggi spazio-temporali sembrano sovvertite, ma per sua fortuna il ragazzino è dotato di poteri extrasensoriali (lo «shining», tradotto con «luccicanza») che lo aiuteranno contro un padre-orco che lo vuole uccidere. Un thriller di grande effetto spettacolare, ma anche una nuova lucida riflessione sulle radici del Male nascoste dentro l'essere umano. Tratto da un mediocre romanzo di Stephen King (che non si dichiarò soddisfatto di come Kubrick l'aveva stravolto), il film rivisita i canoni del genere horror con una essenzialità narrativa straordinaria (prossima al rispetto della legge aristotelica delle tre unità) ma li riempie di suggestioni e ambiguità disturbanti, che l'uso della steadycam con le sue interminabili carrellate fluttuanti accentua e ingigantisce: la gelosia del padre Saturno verso il figlio Pollicino; l'impotenza dell'intellettuale di fronte alla vitalità infantile; lo scontro tra l'irrazionalità degli adulti e la «nuova razionalità» del bambino; la superiorità dell'occhio sulla lingua e della visione sulla scrittura; il gioco del doppio e delle simmetrie. Il doppiaggio è stato curato dallo stesso regista, che ha scelto di persona anche l'equivalente italiano del proverbio che Torrance continua a scrivere («Il mattino ha l'oro in bocca», in originale «All work and no play makes Jack a dull boy», il lavoro senza svago rende Jack un triste figuro). Giancarlo Giannini dà la voce a Nicholson, istrionico come non mai.

Shocking Love ** (*On ne meurt que deux fois*, Francia 1985, col, 110') Jacques Deray. Con Michel Serrault, Charlotte Rampling, Xavier Deluc, Elisabeth Depardieu, Gérard Darmon. ◆ Un ispettore (Serrault), innamorato della rea confessa (Rampling) di un omicidio, conduce un'indagine personale ai margini della follia identificandosi con il morto. Noir spiritato e morboso, accuratamente dialogato (sceneggiato dal regista e dallo specialista Michel Audiard), che però tende a strafare. Serrault replica il suo personaggio di *Mia dolce assassina*, la Rampling sguazza in mezzo a incesti e seduzioni mortali.

Shock – Transfert suspense hypnos **½ (Italia 1977, col, 97') Mario Bava. Con Daria Nicolodi, John Steiner, David Collin jr, Ivan Rassimov. ◆ Il piccolo Marco, il cui padre ha fatto una fine poco chiara, sembra essere posseduto dall'ombra di costui, e incomincia a dare seri problemi alla madre (Nicolodi), vittima di allucinazioni sempre più frequenti. Bava non scioglie le numerose ambiguità e innesta bene il fantastico su temi psicoanalitici da manuale (il complesso di Edipo): e un paio di volte si sobbalza sulla poltrona. Uno dei pochi horror da lui girati che rispetti le regole del genere. Il figlio Lamberto ebbe una parte importante nella realizzazione, visto che Mario era ormai stanco e malato.

Shock Treatment *½ (*Shock Treatment*, Usa 1981, col, 94') Jim Sharman. Con Jessica Harper, Cliff De Young, Richard O'Brien, Patricia Quinn, Charles Gray. ◆ La coppia di ingenui di *The Rocky Horror Picture Show* (Harper, che rimpiazza Susan Sarandon, e De Young, al posto di Barry Bostwick) finisce intrappolata, questa volta, in uno show televisivo che spettacolarizza i conflitti matrimoniali. Il perfido presentatore (O'Brien, che interpretava Riff Raff nel film precedente), finto cieco, spedisce lui in manicomio e promette a lei un futuro di star. Sharman e O'Brien (autore delle musiche) non sono riusciti a fare il bis del loro celebre cult-movie, di cui ritornano qui alcuni degli interpreti. La parodia è più scontata, e il tutto sembra progettato a tavolino. Il divertimento, comunque, non è del tutto assente.

Shogun – Il signore della guerra * (*Shogun*, Usa 1980, col, 125') Jerry London. Con Richard Chamberlain, Toshiro Mifune, Yoko Shimada, John Rhys-Davies. ◆ Un marinaio inglese (Chamberlain) naufraga in un Giappone ancora feudale e chiuso agli occidentali: diventerà il primo samurai non giapponese. Versione compressa della saga televisiva ispirata al bestseller di James Clavell: furbo cocktail di avventura, esotismo e soap-opera. Se molte linee dell'intreccio sono venute a cadere, è stata rimpolpata la percentuale di sesso e sangue.

Shoot – Voglia di uccidere *½ (*Shoot*, Canada 1976, col, 98') Harvey Hart. Con Cliff Robertson, Ernest Borgnine, Henry Silva, Helen Shaver, Kate Reid. ◆ Un incidente di caccia scatena una vera e propria guerra tra bande di cacciatori rivali, che non sognano altro che continuare il Vietnam a casa loro. Le pretese antimilitariste affondano in un crescendo di violenza non del tutto credibile. Più di un'eco di *Un tranquillo week-end di paura*.

Shout *½ (*Shout*, Usa 1991, col, 89') Jeffrey Hornaday. Con John Travolta, James Walters, Heather Graham, Richard Jordan, Linda Fiorentino, Scott Coffey, Glenn Quinn. ◆ Texas, 1955: un insegnante di musica (Travolta) insegna il rock'n'roll ai ragazzi di una casa di correzione, ma il direttore (Jordan) non è d'accordo. Se si aggiunge una love story tra il giovane ribelle e la figlia (Graham) del direttore, c'è poco da stare allegri: anche se c'è un fascino morboso nel vedere Travolta che si umilia facendo la gallina, e soprattutto che balla con la Fiorentino anticipando il numero di *Pulp Fiction*. Premio per chi riconosce l'esordiente Gwyneth Paltrow, quasi senza battute. Il film ha stroncato la carriera del regista, già coreografo di *Grease* e *Flashdance*.

Show Boat ** (*Show Boat*, Usa 1951, col, 107') George Sidney. Con Kathryn Grayson, Ava Gardner, Howard Keel, Joe E. Brown, Agnes Moorehead. ◆ Terza versione (dopo quella del 1915 e *La canzone di Magnolia* del 1936) di un fortunato musical di Jerome Kern e Oscar Hammerstein III, su un battello che percorre il Mississippi agli inizi del Novecento. La love story tra la figlia del capitano (Grayson) e un giocatore impenitente (Keel) è pretesto per numeri musicali molto ordinari: *Can't Help Lovin' That Man*, il celeberrimo *Old Man River* (cantato da William Warfield) e *Bill* (su parole di P.G. Woodhouse) eseguito da una giovane e splendente Ava Gardner.

Showgirls *½ (*Showgirls*, Usa 1995, col, 128') Paul Verhoeven. Con Elizabeth Berkley, Gina Gershon, Kyle MacLachlan, Robert Davi, Glenn Plummer. ◆ Las Vegas: da *lapdancer* (ossia ballerina che si struscia contro gli avventori senza farsi toccare ma portandoli, così pare, all'orgasmo) in un locale di terz'ordine a ballerina di fila in un musical, l'ex prostituta Nomi (Berkley) si illude di far carriera senza vendere né corpo né anima. Ma la rivalità con la primadonna Cristal Connors (Gershon) e il fascino del lusso le fanno tirare fuori le unghie: alla fine sarà lei a spodestare, nel modo più vigliacco, la rivale. Joe Eszterhas ha scritto una variazione sulla struttura di *Eva contro Eva*, con pretese di racconto morale sul cinismo della società americana. Ma tra la descrizione scandalistica e la fascinazione acritica il passo è breve, e Verhoeven, rimbambito da troppe tette al silicone, finisce col condividere lo sguardo ottuso della sua insipida eroina. Quanto a sesso ed erotismo, motivo di scandali gonfiati ad arte negli Usa, ce n'è come in una puntata del vecchio *Colpo grosso*. Molto meglio, su temi affini, *Exotica*.

Show People → *Maschere di celluloide*

Shunka Wakan – Il trionfo dell'uomo chiamato cavallo * (*Triumphs of a Man Called Horse*, Usa/Messico 1982, col, 86') John Hough. Con Richard Harris, Michael Beck, Ana De Sade, Vaughn Armstrong. ◆ Seguito della *Vendetta dell'uomo chiamato cavallo*: John Morgan (Harris), diventato capo di una tribù sioux, muore ma viene vendicato dal figlio mezzosangue (Beck). Cercatori d'oro bianchi cattivi e buoni selvaggi: la formula mostra la corda, e ormai si è quasi a livello delle produzioni Disney.

Siamo donne ** (Italia 1953, b/n, 93') Alfredo Guarini, Gianni Franciolini, Luigi Zampa, Luchino Visconti. ◆ Film a episodi ideato da Cesare Zavattini, che intendeva applicare la poetica del quotidiano a personaggi famosi: tutte le protagoniste, infatti, interpretano se stesse. Il primo episodio (di Alfredo Guarini) è la cronaca di un concorso per aspiranti attrici: vincono Emma Danieli e Anna Amendola. Nel secondo (di Gianni Franciolini) Alida Valli tenta di far innamorare di sé il fidanzato della sua cameriera, ma poi desiste. Nel terzo (di Roberto Rossellini) Ingrid Bergman è alle prese con un pollo che le rovina il roseto. Nel quarto (di Luigi Zampa) Isa Miranda rimpiange di aver sacrificato alla carriera l'aspirazione alla maternità. Nel quinto (di Luchino Visconti) Anna Magnani litiga col tassista che vuol farle pagare un supplemento per il cagnolino e va a recitare in un varietà dove canta *Come è bello fa' l'amore quanno è sera*. Gli episodi hanno diverso valore: il migliore e il più smaliziato è quello di Visconti, ma anche il filmino di famiglia di Rossellini è interessante perché «rivela lo spirito documentario all'origine di tanti suoi film». Altrove si resta a livello del bozzetto e dell'aneddoto: segno che la stagione neorealista ormai era al termine.

Siamo fatti così **½ (*Wife, Husband and Friend*, Usa 1939, b/n, 80') Gregory Ratoff. Con Loretta Young, Warner Baxter, Binnie Barnes, George Barbier, Cesar Romero, J. Edward Bromberg, Eugene Pallette, Renie Riano. ◆ Il marito (Baxter) fa di tutto per convincere la moglie (Young) che non è dotata per cantare, ma poi scopre di avere lui stesso una bella voce e rischia di mettere in crisi il matrimonio per tentare la carriera lirica. Divertente commedia sofisticata (scritta da Nunnally Johnson da un soggetto di James C. Cain) che ironizza con intelligenza sulla mania - e l'implicita inferiorità culturale - degli americani per l'opera. All'altezza dei protagonisti l'interpretazione dei due «pigmalioni»: il maestro di lei (Cesar Romero) e la scopritrice di lui (Binnie Barnes). Rifatto dieci anni dopo con più misoginia (*Se mia moglie lo sapesse*).

Siamo ricchi e poveri *½ (Italia 1954, col, 89') Roberto Amoroso, Siro Marcellini. Con Giacomo Rondinella, Hélène Rémy, Beniamino Maggio, Dante Maggio, Gaby André, Giuseppe Porelli, Tina Pica, Carlo Romano, Leila Calabrese, Augusto Di Giovanni, Rino Genovese, Irma Capece Minutolo, Lucia Tondo. ◆ Dotato di una bella voce, Rino (Rondinella) crede che la bella turista francese (André) a cui fa da guida a Napoli possa aiutarlo a sfondare, e così dimentica la stiratrice Lucia (Rémy) che lo ama davvero. Commedia sentimentale con intermezzi comici affidati a una complicata storia di eredità «americana», per cui due ex orfani (B. Maggio e Porelli) devono trovare moglie in un mese. Trionfo dei luoghi comuni sulla napoletanità, fatta di canzoni, cuore in mano (figurarsi se l'eredità non finisce a chi ne ha più bisogno) e gioiosa povertà, ma raccontata con garbo e un tocco d'ironia. Lo scrittore Domenico Rea ha collaborato alla sceneggiatura di Roberto Amoroso e Nino Stresa.

Siamo tutti assassini **½ (*Nous sommes tous des assassins*, Francia/Italia 1952, b/n, 115') André Cayatte. Con Marcel Mouloudji, Raymond Pellegrin, Antoine Balpêtré, Julien Verdier, Calude Laydu, Yvonne Sanson, Georges Oujouly, Louis Seigner, Amedeo Nazzari, Paul Frankeur. ◆ Utilizzato dalla Resistenza per alcuni pericolosi attentati contro i nazisti e poi lasciato in balìa di se stesso, l'illetterato René (Mouloudji) si trova costretto nel dopoguerra a vivere d'espedienti e crimini, fino al giorno in cui uccide una guardia venuta ad arrestarlo: condannato alla ghigliottina, rifletterà sulla sua sorte in carcere, aspettando l'esito della richiesta di grazia. Vigoroso e appassionato film a tesi (sceneggiato dallo stesso Cayatte con Charles Spaak) che riprende il discorso già iniziato con *Giustizia è fatta* (1950) e accusa una società che produce degli assassini e poi vuole giustiziarli. L'enfasi della tesi – ribadita da dialoghi un po' troppo artificiali – non deve far dimenticare l'abilità con cui il film ricostruisce l'itinerario di René, contrappuntato da tutto un campionario di personaggi grandi e piccoli, che Cayatte affida con intelligenza ad attori praticamente perfetti e soprattutto la descrizione «concretissima e fin sorprendente» della vita carceraria (con la «processione» dei detenuti il mattino dell'esecuzione o il rito della candela spenta per ogni condanna eseguita). Gran premio speciale della giuria a Cannes. Nell'edizione originale, i ruoli tenuti da Yvonne Sanson (la madre alcolizzata di René) e da Amedeo Nazzari (il medico della prigione) sono interpretati da Jacqueline Pierreux e Jean-Pierre Grenier.

Siamo tutti inquilini *½ (Italia 1953, b/n, 95') Mario Mattoli. Con Aldo Fabrizi, Anna Maria Ferrero, Peppino De Filippo, Nino Pavese, Enrico Viarisio, Maurizio Arena, Turi Pandolfini, Gemma Bolognesi, Tania Weber, Maria Pia Casilio, Alberto Talegalli, Bice Valori, Giusi Raspani Dandolo, Olga Solbelli. ◆ Il tirannico amministratore di un condominio (Pavese) vuole a tutti i costi sfrattare la timida proprietaria di un appartamento (Ferrero) che è in arretrato con le spese: eviterà il provvedimento grazie a un portiere dal cuore d'oro (Fabrizi) che saprà guidare la rivolta degli altri condomini contro l'odiato amministratore. Commediola all'acqua di rose sceneggiata da Vittorio Calvino e Ruggero Maccari che scherza su alcune delle caratteristiche nazionali dell'italiano – la litigiosità condominiale, l'assenteismo assembleare – ma che offre soprattutto l'occasione per un paio di divertenti duetti tra Fabrizi e Peppino, l'invadente Tonino che si è installato nella guardiola dell'amico sperando di prenderne il posto.

Siamo uomini o caporali? **½ (Italia 1955, b/n, 94') Camillo Mastrocinque. Con Totò [Antonio de Curtis], Paolo Stoppa, Fiorella Mari, Mara Werlen, Gino Buzzanca, Giacomo Furia. ◆ Persino a Cinecittà lo strapazzano come uno zerbino: così Totò Esposito (Totò) finisce in manicomio per aver aggredito l'isterico capocomparse. E al dottore racconta la sua vita, fatta solo di umiliazioni e soprusi subiti. Da un suo soggetto sceneggiato con Vittorio Metz, Mario Mangini, Francesco Nelli e Mastrocinque, il film che Totò ha sempre considerato il proprio testamento filosofico: aggiornamento esistenziale di un doppiosenso da caserma (i caporali non sono mai di ramazza, cioè «non scopano», ergo non sono «uomini») con personali tentazioni qualunquiste. Centratissima l'idea di far interpretare le varie personificazioni del «caporale» all'odiosissimo Stoppa. Fondamentale per ogni totologo. Franca Faldini è una giornalista, Sylva Koscina è l'aspirante attrice.

Siberiade **½ (*Sibiriada*, Urss 1979, col, 276') Andrej [Michalkov] Končalovskij. Con Vladimir Sajmolov, Vitalji Solomin, Nikita Michalkov, Natal'ja Andrejcenko, Ljudmilla Gurcenko. ◆ Saga di due famiglie rivali che vivono in un villaggio siberiano: i ricchi Solomin e i poveri Ustazanin. Il giovane Aleksej Ustazanin (Michalkov, fratello del regista) durante la seconda guerra mondiale salva il più giovane dei Solomin, e in seguito si sacrifica quando il villaggio è incendiato dal petrolio. Sessant'anni di storia russa, prima e dopo la Rivoluzione, in un kolossal a forti tinte che ad alcuni ha ricordato *Novecento*: passione (c'è anche una storia d'amore tipo *Romeo e Giulietta*), violenza, natura e politica in dosi massicce. Končalovskij ambiva al riconoscimento ufficiale, ma la censura di Mosca ebbe a ridire, inducendolo a trasferirsi negli Stati Uniti. Gran premio speciale della giuria a Cannes nel 1979.

Sicario, Il ** (Italia 1960, b/n, 100') Damiano Damiani. Con Sergio Fantoni, Alberto Lupo, Sylva Koscina, Belinda Lee, Andrea Checchi, Lauro Gazzolo, Milena Vukotic. ◆ Un industriale (Fantoni) indebitato fa uccidere il suo creditore da un ex dipendente (Lupo) bisognoso di denaro: ma mentre il primo se la spassa, il secondo è perseguitato dal rimorso. Al suo secondo film, Damiani (che si fa aiutare, in sede di sceneggiatura, da Cesare Zavattini), continua a nutrire ambizioni piuttosto alte, e sperimenta quelle strutture del giallo impegnato che saranno tipiche della sua produzione. Il regista Pietro Germi interpreta Bolognesi.

Siciliano, Il ** (*The Sicilian*, Usa 1987, col, 115') Michael Cimino. Con Christopher Lambert, John Turturro, Barbara Sukowa, Terence Stamp, Giulia Boschi, Joss Ackland, Richard Bauer, Aldo Ray. ◆ Salvatore Giuliano (Lambert), secondo Cimino e Mario Puzo (autore del romanzo omonimo), fu un eroe popolare e un novello Robin Hood, che pensò troppo in grande (nutrendo sogni separatisti), e finì vittima della mafia, che lo coinvolse a sua insaputa nella strage di Portella delle Ginestre, quando la sua banda sparò sui contadini che festeggiavano il I maggio. Posto che la verosimiglianza storica non interessa al regista (che riempie le strade di Palermo di scritte in inglese), resta un melodramma turgido che non avrebbe comunque meritato il massacro critico cui è stato sottoposto. Molti i pezzi di bravura (a cominciare da tutta la parte iniziale), che restano però un po' slegati: e certo la sceneggiatura di Steve Shagan (alla quale ha collaborato Gore Vidal) non è d'aiuto. Lambert è imbambolato, ma il resto del cast (a cominciare da Turturro-Pisciotta) è ottimo. La versione approvata dal regista (di 1469), unanimemente giudicata migliore, in Italia non è mai arrivata.

Sid e Nancy **½ (*Sid and Nancy*, Gb 1986, col, 111') Alex Cox. Con Gary Oldman, Chloe Webb, Debby Bishop, Drew Schofield, Tony London. ◆ La burrascosa storia d'amore fra Sid Vicious (Oldman), leader dei Sex Pistols, e la tossicodipendente Nancy Sprungen (Webb). Lei muore dissanguata in una stanza del Chelsea Hotel di New York il 12 ottobre 1978, lui si suicida per overdose. Il regista, arrabbiato di professione, trasforma i suoi protagonisti in eroi dell'*amour fou* e martiri della società occidentale: prendere o lasciare. La storia di ascesa e decadenza (sceneggiata dal regista con Abbe Wool) è comunque girata con uno stile indiavolato, sopra la media dei film biografici, e le musiche del gruppo sono usate in maniera intelligente. Coati Mundi (Andy Hernandez) è l'uomo che spiega la teoria sulla diffusione della droga.

Sierra Charriba *** (*Major Dundee*, Usa 1964, col, 120') Sam Peckinpah. Con Charlton Heston, Richard Harris, Senta Berger, James Coburn, Jim Hutton, Warren Oates, Mario Adorf, Ben Johnson, L.Q. Jones, R.G. Armstrong, Slim Pickens. ◆ Per dare la caccia a un sanguinario capo indiano, il maggiore Dundee (Heston) recluta, in mancanza di meglio, prigionieri sudisti (tra cui un ex amico traditore, Harris) e delinquenti comuni. La spedizione è estenuante (ci si mettono di mezzo anche i francesi che, in Messico, sostengono Massimiliano d'Asburgo) e finisce in un massacro. Un'epopea violenta e senza eroi sceneggiata dal regista con Harry Julian Fink e Oscar Saul, che mette forse troppa carne al fuoco, ma fa piazza pulita di molti stereotipi, indicando una strada di cui farà tesoro Sergio Leone (che quell'anno dirigeva *Per un pugno di dollari*). Peckinpah pretese invano che il suo nome fosse tolto dal film, lamentando ingerenze della produzione: ma anche così, si tratta di un'opera impressionante e personale.

Sierra Maestra * (Italia 1969, b/n, 111') Ansano Giannarelli. Con Antonio Salines, Fernando Birri, Carla Gravina, Giacomo Piperno, Bruno Cirino. ◆ Un giornalista italiano (Salines) viene arrestato dalla polizia venezuelana che lo accusa di essere complice dei ribelli: lui non sconfessa gli ideali rivoluzionari e resta in carcere. Ispirato al caso di Régis Debray, il francese compagno di Che Guevara, un film-dibattito tipico del periodo, che mescola documentario e finzione, Sardegna e Venezuela. Il regista argentino Birri (il guerrigliero compagno di cella) allora era esule in Italia. Il versi letti da Bruno Cirino sono di Camillo Torres, quelli letti da Carla Gravina sono tratti dal *Marat-Sade* di Peter Weiss.

Siesta * (*Siesta*, Usa 1987, col 97') Mary Lambert. Con Ellen Barkin, Gabriel Byrne, Martin Sheen, Julian Sands, Isabella Rossellini, Jodie Foster, Alexi Sayles, Grace Jones. ◆ Una paracadutista americana (Barkin) si sveglia in Spagna seminuda e coperta di sangue: inizia un'odissea alla ricerca del suo passato, che la porta a scoprire di essere già morta, uccisa dalla moglie (Rossellini) del suo amante (Byrne). Il pasticcio potrebbe essere anche divertente, ma è assurdamente serioso e pretenzioso. Gran parte del cast è male utilizzato, anche se la Barkin ha una presenza scenica notevole. Esordio della regista dei videoclip di Madonna. Nella colonna sonora di Marcus Miller si sente la tromba di Miles Davis.

Sig. Belvedere va in collegio, Il *½ (*Mr. Belvedere Goes to College*, Usa 1949, b/n, 83') Elliott Nugent. Con Clifton Webb, Shirley Temple, Tom Drake, Alan Young. ◆ Il protagonista di *Governante rubacuori* torna nei panni di uno scrittore che, per potersi iscrivere a un concorso, deve ritornare all'università e prendersi una laurea. Oltre a tenere a bada i goliardi troverà l'amore nei panni di una giornalista in erba (Temple). Divertimento innocuo e annacquato. Seguito da *Mr. Belvedere suona la campana*.

Sigillo segreto ** (*This Is My Affair*, Usa 1937, b/n, 101') William A. Seiter. Con Robert Taylor, Barbara Stanwyck, Victor McLaglen, Brian Donlevy, John Carradine. ◆ Un agente (Taylor) si infiltra in una banda di delinquenti, e rischia di finire sulla forca, visto che il presidente americano McKinley – l'unico a conoscenza della sua missione – viene ucciso in un attentato. Classico prodotto hollywoodiano ambientato a cavallo del secolo e definito, all'epoca, un film di *G Men* in costume. Taylor e la Stanwyck (la cantante del saloon) due anni dopo si sposarono.

Si gira a Manhattan ** (*Living in Oblivion*, Usa 1994, col, 90') Tom DiCillo. Con Steve Buscemi, Catherine Keener, Dermot Mulroney, Danielle Von Zerneck, James LeGros. ◆ Nick Reve (Buscemi), giovane regista indipendente newyorkese, cerca di mantenere i nervi saldi sul set: tra crisi sentimentali, inconvenienti da low budget e capricci del cast, le riprese sono un vero disastro. Sorretto da una sceneggiatura brillante (scritta dallo stesso regista e premiata al Sundance Film Festival) e da un cast vivacissimo, un piccolo film piacevole e abbondantemente autoironico: il gioco tra realtà e finzione, sogno e incubo è sempre ben condotto, anche se a furia di non prendere niente sul serio (con frecciate esplicite all'idealizzato Tarantino) si rischia la monotonia.

Signora acconsente, La *½ (*The Lady Is Willing*, Usa 1942, b/n, 92') Mitchell Leisen. Con Marlene Dietrich, Fred MacMurray, Aline MacMahon, Arline Judge. ◆ Per adottare un bambino, una diva di Broadway (Dietrich) sposa un pediatra (MacMurray), che salverà la vita al piccolo. Goffo cocktail di commedia e melodramma, tra i film meno riusciti sia di Leisen che della Dietrich.

Signora amava le rose, La *½ (*The Subject Was Roses*, Usa 1968, col, 107') Ulu Grosbard. Con Patricia Neal, Jack Albertson, Martin Sheen, Don Saxon, Elaine Williams. ◆ 1945: Tim Clery (Sheen) torna a casa dopo la guerra, ma i genitori Nettie (Neal, che tornava al cinema dopo una lunga malattia) e John (Albertson, Oscar come non protagonista) lo trattano ancora come un bambino, oltre a non potersi più sopportare. Frank D. Gilroy adatta la sua pièce premiata col Pulitzer, che Sheen e Albertson avevano già recitato a Broadway: ma l'impianto è rigidamente teatrale e con poche invenzioni, e il testo appesantito da manierismi fastidiosi; inoltre oggi, dopo tanti film sul Vietnam, i temi - che allora potevano sembrare attuali e toccanti - suonano datati e consunti. Primo film di Grosbard.

Signora ammazzatutti, La **½ (*Serial Mom*, Usa 1994, col, 93') John Waters. Con Kathleen Turner, Sam Waterston, Ricki Lake, Matthew Lillard, Mink Stole, Traci Lords, Suzanne Somers. ◆ La madre di famiglia Bevery Sutphin (Turner) sembra un clone di Doris Day: ma oltre a tempestare di telefonate oscene le vicine, comincia a uccidere (servendosi, se necessario, di un cosciotto d'agnello) chi dà fastidio ai suoi familiari. Al processo si difenderà con successo da sola, e diventerà un'eroina dei mass-media. La pertinacia con cui Waters continua a farsi alfiere del cattivo gusto (in questo caso citando esplicitamente i suoi modelli, dagli splatter di Hershell Gordon Lewis ai softcore con Chesty Morgan) merita rispetto. E la sua satira dell'America perbenista, a volte prevedibile, ha il merito di evitare ogni tono zuccheroso e assolutorio (a cominciare dal trattamento riservato all'eroina, tutt'altro che riconciliata e rassicurante), conservando un'autentica crudeltà dietro gli sberleffi. L'ex ereditiera-terrorista Patricia Hearst è la giurata con le scarpe bianche.

Signora a 40 carati, La *½ (*40 Carats*, Usa 1973, col, 110') Milton Katselas. Con Liv Ullmann, Edward Albert, Gene Kelly, Binnie Barnes, Deborah Raffin, Billy Green Bush. ◆ Stanca del marito farfallone (Kelly), una signora (Ullmann) decide di dedicarsi interamente alla famiglia e al lavoro, ma durante una vacanza in Grecia ha un'avventura con un ventenne (Albert) che si mette in testa di sposarla. Al suo esordio americano, Liv Ullmann si sarebbe meritata qualcosa di meglio che questo scipito adattamento di un successo di Broadway con musiche di Michel Legrand. Le cose più divertenti sono tutte per Kelly, specie quando si scatena in discoteca con una ultracinquantenne (Binnie Barnes).

Signora col cagnolino, La → *Signora dal cagnolino, La*

Signora dai capelli rossi, La *½ (*The Lady with Red Hair*, Usa 1940, b/n, 81') Curtis Bernhardt. Con Miriam Hopkins, Claude Rains, Richard Ainley, Laura Hope Crews, Cornel Wilde. ◆ La vita dell'attrice Leslie Carter (Hopkins), che sacrifica al palcoscenico sia il marito che l'affetto per il figlio. Biografia-melodramma con poche sorprese malgrado qualche spunto interessante.

Signora dal cagnolino, La *** (*Dama s sobačkoj*, Urss 1960, b/n, 89') Josif Chejfic. Con Aleksej Batalov, Ija Savvina, Nina Alisova, Pantelejmon Krymov, Jurij Medvedev, Jurij Svirin. ◆ Fine Ottocento: la conoscenza fatta in vacanza a Yalta tra l'impiegato di banca Gurov (Batalov) e Anna, la signora dal cagnolino (Savvina), si trasforma con la lontananza in una grande passione. Decisi a ingannare i rispettivi coniugi, i due amanti si incontrano ora a Mosca ora nella piccola cittadina di provincia dove vive lei, ma col passare del tempo il loro legame comincia a consumarsi. Probabilmente la miglior versione cinematografica di un racconto di Čechov, ma anche un attento e sommesso studio del decadimento di una classe, ricostruito attraverso i mille particolari insignificanti della vita quotidiana (l'eleganza un po' fanée dei vestiti, i gesti misurati di ogni giorno, le attese e i silenzi, gli alberghi dove aspettare l'arrivo dell'amante). Sceneggiato dallo stesso regista con un'aderenza quasi filologica al testo, il film costruisce poco a poco «un'atmosfera struggente e umbratile», fatta di reticenze e di non detto, capace di ricostruire il mondo dei valori cechoviani, ma anche di trasformarsi in una reazione estetica, tutta psicologica e «al negativo», di fronte alla magniloquente retorica del regime. Molto della riuscita del film spetta ai due protagonisti, la giovane Ija Savvina e il più esperto Aleksej Batalov; così come alla straordinaria fotografia di Andrej Moskvin e Dmitrij Mesiev.

Signora del blues, La *½ (*Lady Sing the Blues*, Usa 1972, col, 144') Sidney J. Furie. Con Diana Ross, Richard Pryor, Billy Dee Williams, James Callahan. ◆ Biografia di Leonora Fagan alias Billie Holiday (Ross), la cantante jazz che raggiunse la fama dopo un passato burrascoso, ma fu schiava della droga. Convenzionale e pieno di cliché, malgrado gli sceneggiatori Terence McCloy, Chris Clark e Suzanne De Passe avessero a disposizione l'autobiografia della protagonista. Esordio sullo schermo della Ross, e bella fotografia di John Alonzo. Non per gli amanti del jazz.

Signora del fiume, La *½ (*River Lady*, Usa 1948, col, 78') George Sherman. Con Yvonne De Carlo, Dan Duryea, Rod Cameron, Helena Carter. ◆ La proprietaria (De Carlo) di una bisca galleggiante si innamora di un boscaiolo (Cameron), che però saggiamente le preferisce la figlia (Carter) del padrone. Lei dà in escandescenze, poi va per la sua strada. Mélo standard a lieto fine.

Signora della notte, La * (Italia 1986, col, 93') Piero Schivazappa. Con Serena Grandi, Fabio Sartor, Francesca Topi, Stanko Molnar, Tiberio Mitri. ◆ Una moglie insoddisfatta (Grandi) cerca avventure a destra e a manca prima di ritrovare l'armonia sessuale col marito. Uno dei film cosiddetti erotici che cercarono di sfruttare il successo di *Miranda*: rozzo e pieno di comicità involontaria.

Signora della porta accanto, La ***½ (*La Femme d'à côté*, Francia 1981, col, 106') François Truffaut. Con Fanny Ardant, Gérard Depardieu, Henri Garcin, Michèle Baumgartner, Véronique Silver, Roger Van Hool, Philippe Morier-Genoud. ◆ Due ex amanti, Bernard e Mathilde (Depardieu e Ardant), si ritrovano ad abitare a pochi metri di distanza: malgrado le rispettive famiglie, la loro tumultuosa relazione riprende. Un melodramma perfetto sull'impossibilità di vivere la passione («né con te, né senza di te» è la morale della storia), in cui i temi dell'*amour fou* e del fato, tipici del cinema francese, vengono opportunamente aggiornati: il destino diventa caso e il binomio eros-thanatos è giocato tutto all'interno della coppia, nonostante gli impedimenti esterni («Come *Baci rubati* voleva somigliare a una canzone di Charles Trenet, così *La signora della porta accanto* vuole somigliare a una canzone di Edith Piaf» ha detto il regista). Raccontato da una testimone (Silver) a sua volta invalida per amore, ha una splendida sceneggiatura (di Truffaut, Suzanne Schiffman e Jean Aurel) e un cast che è impossibile immaginare diverso.

Signora dell'auto con gli occhiali e il fucile, La ** (*La Dame dans l'auto avec des lunettes et un fusil*, Francia 1969, col, 103') Anatole Litvak. Con Samantha Eggar, Oliver Reed, Stéphane Audran, Marcel Bozzufi, Anatole Litvak. ◆ Un'inglese (Eggar) in vacanza in Francia trova un cadavere nel bagagliaio e incomincia a sentirsi vittima di un complotto collettivo da parte degli abitanti di un villaggio. L'ultimo film di Litvak si basa su di un intreccio kafkiano che, nel finale, risulta un po' cervellotico e lievemente delusivo. Discreta, comunque, la suspense.

Signora delle 11, La *** (*La Dame d'onze heures*, Francia 1948, b/n, 97') Jean Devaivre. Con Paul Meurisse, Micheline Francey, Jean Tissier, Pierre Louis, Junie Astor, Mady Berry, Pierre Renoir, Gilbert Gil. ◆ Stanislao Ottavio Seminario, detto S.O.S. (Meurisse), nipote di un giudice istruttore, indaga su delle lettere anonime che sconvolgono la famiglia della sua ex fidanzata (Francey). Prima che conduca a termine l'inchiesta, moriranno sia il padre che il fratello della ragazza (Renoir e Gil). Opera prima di Devaivre, che affronta il poliziesco puntando sull'onirico e il barocco: l'intreccio procede per accumulazione di personaggi e situazioni sempre più strane, e l'indagine, lungi dall'assumere una logica lineare, segue le libere associazioni del sogno, risultando spiazzante e ricca di sorprese fino all'inevitabile finale «cartesiano» in cui tutti i conti tornano. Notevole la flemma di Meurisse, S.O.S. mai travolto dall'imprevedibile piega degli eventi. Sceneggiatura di Jean-Paul Le Chanois da un romanzo di Pierre Apestéguy.

Signora del venerdì, La **½ (*His Girl Friday*, Usa 1940, b/n, 92') Howard Hawks. Con Cary Grant, Rosalind Russell, Ralph Bellamy, Gene Lockhart, Porter Hall, Helen Mac. ◆ Seconda versione della commedia *The Front Page* di Ben Hecht e Charles MacArthur, già portata sugli schermi da Lewis Milestone in un film omonimo del 1931, e in seguito da Billy Wilder in *Prima pagina*. Hawks trasforma Hildy, il giornalista deciso a piantare il lavoro per sposarsi, in una donna (Russell). Il suo direttore (Grant), nell'imminenza dell'esecuzione di un povero anarchico innocente, non vuole rinunciare a lei: finirà col mandarle a monte il matrimonio e col farla innamorare di sé. Celebre per i suoi dialoghi scoppiettanti di humour e detti a velocità supersonica, non è tuttavia la miglior commedia di Hawks (anche se il cambiamento di sesso rende più esplicita l'attrazione tra i due protagonisti), e perde in confronto al film di Wilder. Mai distribuito in italia, e doppiato solo per la televisione.

Signora di mezzanotte, La **½ (*Midnight*, Usa 1939, b/n, 92') Mitchell Leisen. Con Claudette Colbert, Don Ameche, John Barrymore, Mary Astor, Francis Lederer, Hedda Hopper, Monty Woolley. ◆ A Parigi una ballerina senza soldi (Colbert), che si spaccia per una contessa ungherese, viene incaricata da un ricco nobile (Barrymore) di sedurre l'uomo che insidia sua moglie (Astor). Ma a complicare il gioco si mette di mezzo un tassista (Ameche) innamorato della ballerina, che si fa passare come suo marito. Una delle variazioni più amare sul tema di Cenerentola nella quale tutti ingannano tutti con innocente cinismo e dove alla fine l'unica via d'uscita sembra essere la dichiarazione (l'accettazione?) della propria follia. Il cast è all'altezza della situazione, e all'epoca fu un grande successo. Gli sceneggiatori Billy Wilder e Charles Brackett (che lavoreranno con Leisen anche in *Arrivederci in Francia* e *La porta d'oro*) architettarono con abilità diabolica una girandola di equivoci paradossali: Wilder però si lamentò del fatto che Leisen, notoriamente non un macho, badasse più alle pieghe delle gonne che all'intreccio. Proiettato in tv col titolo *Mezzanotte*.

Signora di Montecarlo, La *½ (Italia 1938, b/n, 86') Mario Soldati. Con Dita Parlo, Jules Berry, Claude Lehman, Fosco Giachetti, Umberto Melnati, Osvaldo Valenti. ◆ Secondo film di Soldati, versione italiana – come si usava allora – del film che André Berthomieu girava contemporaneamente in francese (intitolato *L'Inconnue* e con Albert Préjean al posto di Giachetti). Una truffatrice (Parlo) si innamora di un ricco industriale (Giachetti) dopo aver imbrogliato il fratello di lui (Lehman), che osteggia in tutti i modi il matrimonio. Ma forse la donna è veramente pentita. Il maggior motivo d'interesse di questo convenzionale melodramma sta nella presenza della protagonista dell'*Atalante*.

Signora di Shanghai, La *** (*The Lady from Shanghai*, Usa 1947, b/n, 87') Orson Welles. Con Orson

Welles, Rita Hayworth, Everett Sloane, Glenn Anders, Ted De Corsia, Gus Shilling, Louis Merrill. ◆ Il marinaio Michael O'Hara (Welles) salva la bella Elsa (Hayworth) da un'aggressione e come premio viene imbarcato sullo yacht del marito, il potente avvocato Bannister (Sloane). Il marinaio si fa coinvolgere sentimentalmente dalla donna e accetta di collaborare con l'uomo in un suo finto tentativo di suicidio: rischierà di finire sulla sedia elettrica prima di rendersi conto di essere stato usato da entrambi. Tratto da un racconto complicato e confuso di Sherwood King, il film permette a Welles di fare i conti con Hollywood e il sogno americano: ultima opera del regista prodotta all'interno di una major, questo noir toglie ogni alone di romanticismo alla figura della dark lady che alla fine il protagonista lascia morire dissanguata (una Hayworth – a quei tempi moglie di Welles – scandalosamente bionda e ancor più scandalosamente coi capelli corti) né miglior sorte viene concessa agli altri personaggi, «pescecani affamati del loro sangue», incapaci di resistere al fascino del denaro. Un po' schematico nel descrivere il protagonista (troppo ingenuo nonostante l'ironia del commento off), il film ha il suo punto di forza in una serie di scene (il corteggiamento nell'acquario, il teatro cinese, il taboga, il labirinto di specchi) capaci di fondere un'eccezionale forza visiva con un simbolismo amaro e una disincantata lezione di morale. Lo yacht di Bannister è in realtà lo Zaca, di proprietà di Errol Flynn, che fece anche la comparsa come marinaio. Il futuro regista Richard Wilson interpreta l'assistente di Galloway.

Signora di tutti, La ***½ (Italia 1934, b/n, 97') Max Ophuls. Con Isa Miranda, Memo Benassi, Tatjana Pavlova, Nelly Corradi, Federico Benfer, Lamberto Picasso. ◆ Gaby Doriot (Miranda), una diva del cinema che si è tagliata le vene, ricorda, nell'agonia, la sua vita. Femme fatale suo malgrado, aveva spinto al suicidio un professorino e alla rovina un industriale (Benassi), la cui moglie paralitica (Pavlova) si era suicidata lasciandosi cadere dalle scale. Ma alla prima delusione sentimentale Gaby non regge e si uccide. L'unico film italiano (prodotto da Angelo Rizzoli) di Ophuls, tratto da un feuilleton di Salvator Gotta adattato da Curt Alexander e Hans Wilhelm con la collaborazione del regista, è un melodramma freddo e visionario come può esserlo l'allucinazione di una moribonda. I conoscitori di Ophuls vi troveranno espressi compiutamente i temi dei suoi capolavori futuri: lo spettacolo come mondo illusorio e crudele, la mercificazione della diva (l'ultima immagine è quella della rotativa che ferma la stampa dei manifesti di Gaby), il gusto della perdizione. Ma anche i profani saranno colpiti da uno stile stupefacente che, a pochi anni dall'inizio del sonoro, non solo fa ancora tesoro di tutte le risorse del muto (ombre espressioniste, deformazioni, soggettive strabilianti), ma si serve di voci, rumori e musiche in maniera antirealista, a sottolineare l'atmosfera onirica. Deliziosamente ingenua la recitazione della Miranda, e oltraggiosamente gigionesca quella di Benassi. Ophuls è un regista che gioca sui contrasti e si serve delle imperfezioni: e, al di là dei toni sopra le righe e del divertimento formalista, sa inserire una nota di amarezza autentica.

Signora è di passaggio, La *½ (*La Passante du Sans-souci*, Francia 1982, col, 120') Jacques Rouffio. Con Michel Piccoli, Romy Schneider, Helmut Griem, Gérard Klein, Mathieu Carrière, Maria Schell. ◆ Dopo quarant'anni, il presidente (Piccoli) di un'associazione filantropica uccide l'ex nazista (Griem) responsabile della morte di una entraîneuse (Schneider) che, durante la guerra, gli aveva fatto da madre e da salvatrice. Da un romanzo di Joseph Kessel, una storia improbabile ed enfatica malgrado le buone intenzioni e l'impegno degli attori.

Signora e i suoi mariti, La *½ (*What a Way to Go!*, Usa 1964, col, 111') J. Lee Thompson. Con Shirley MacLaine, Paul Newman, Robert Mitchum, Gene Kelly, Dick Van Dyke, Dean Martin, Bob Cummings. ◆ Ogni volta che si sposa, una ragazza di campagna (MacLaine), che vorrebbe una vita da casalinga, porta il marito al successo, ma si trova subito vedova. Van Dyke è un nullafacente, Newman un pittore, Mitchum un miliardario (destinato a diventare multimiliardario), Kelly un clown. Scartato lo psicoanalista a cui racconta la sua storia, la donna si butterà fra le braccia di uomo delle pulizie. Betty Comden e Adolph Green, gli autori della commedia d'origine, sono due esperti del genere, ma Lee Thompson ha la mano pesante, e l'umorismo è ripetitivo e presto stucchevole.

Signora gioca bene a scopa?, La *½ (Italia 1974, col, 95') Giuliano Carnimeo. Con Carlo Giuffré, Edwige Fenech, Didi Perego, Franca Valeri, Oreste Lionello, Carlo Delle Piane, Lia Tanzi, Enzo Cannavale, Gigi Ballista, Adriana Facchetti, Enzo Robutti, Enzo Andronico. ◆ Per pagarsi i debiti di gioco, Matteo (Giuffré) accetta di diventare amministratore – e amante – di due ricche sorelle, Monica (Perego) e Giulia (Valeri), ma l'arrivo dell'infuocata cognata Eva (Fenech) assorbe tutte le sue energie: per non perdere i favori delle sue padrone, Matteo chiederà aiuto al suo insospettabile impiegato (Delle Piane, doppiato in veneto), ma la fuga extramatrimoniale di Eva rimetterà tutto a posto. Farsa nemmeno troppo scollacciata, salvo qualche veloce nudo della Fenech, che vorrebbe puntare piuttosto sulla comicità verbale (con grande sfoggio di allusioni e doppi sensi, come si capisce bene fin dal titolo) ma che poi spreca malamente anche il talento di un'attrice come la Valeri. Sceneggiatura di Tito Carpi, Francesco Milizia e Carlo Giuffré.

Signora in bianco, La ** (*Insignificance*, Gb 1985, col, 105') Nicolas Roeg. Con Michael Emil, Theresa Russell, Tony Curtis, Gary Busey, Will Sampson. ◆ New York 1954: sotto la stanza d'albergo di uno scienziato (Emil), ricattato da un senatore maccartista (Curtis), si sta girando un film con un'attrice (Russell) sposata con un giocatore di baseball (Busey). L'attrice e lo scienziato parlano della teoria della relatività, mentre sull'umanità incombe la minaccia nucleare. Facile riconoscere almeno tre dei personaggi (Marilyn Monroe, Einstein, Joe Di Maggio) di questa commedia bizzarra e un po' troppo cerebrale scritta da Terry

Johnson che cerca di ironizzare sulla mancanza di senso della vita. Gli interpreti fanno del loro meglio, ma la Russell – nella parte di Marilyn – ha un compito improbo.

Signora in ermellino, La ** (*That Lady in Ermine*, Usa 1948, col, 89') Ernst Lubitsch [e Otto Preminger]. Con Betty Grable, Douglas Fairbanks jr, Cesar Romero, Walter Abel. ◆ In un castello italiano assediato dagli Ussari, la discendente (Grable) di un'eroina leggendaria è divisa tra il marito geloso (Romero) e un bel colonnello (Fairbanks): il fantasma dell'ava farà da mezzano. Musical tratto da un'operetta che non si prende mai troppo sul serio: scenografie palesemente di cartapesta, intrecci tra sogno e realtà e attori in doppi ruoli. Ma il tocco di Lubitsch (che morì al nono giorno di riprese e venne sostituito da Preminger, il quale però non venne accreditato) apparteneva ormai al passato.

Signora in rosso, La ** (*The Woman in Red*, Usa 1984, col, 87') Gene Wilder. Con Gene Wilder, Kelly LeBrock, Charles Grodin, Joseph Bologna, Gilda Radner. ◆ Remake sceneggiato da Wilder di *Certi piccolissimi peccati*, che ha avuto un successo superiore ai suoi meriti. Un uomo felicemente sposato (Wilder) perde la testa per una modella (LeBrock) che ama riprodurre il numero di Marilyn che si fa sollevare la gonna da un getto d'aria quando passa sopra una grata in uno scantinato. Non concluderà niente, ma si troverà nudo su un cornicione ripreso dalla televisione. Carino ma nulla più. L'esordiente LeBrock, per quanto molto pubblicizzata, non è mai esplosa come star e qui è molto meglio Gilda Radner (nella vita moglie di Wilder) nella parte della segretaria convinta che siano per lei le attenzioni del suo capo per la «signora in rosso». Oscar alla canzone di Stevie Wonder *I Just Called to Say I Love You*.

Signora mia zia, La ** (*Auntie Mame*, Usa 1958, col, 143') Morton DaCosta. Con Rosalind Russell, Forrest Tucker, Coral Brown, Fred Clark, Patric Knowles. ◆ Dopo il crollo di Wall Street una signora nubile (Russell), intraprendente e balzana, si prende cura del nipote, cercando al contempo una sistemazione adeguata. Da una sceneggiatura scritta apposta per la Russell da Betty Comden e Adolph Green (e diretta da un regista di teatro), un film un po' troppo lungo, basato su giochi di recitazione datati, ma con una Rosalind Russell in grande forma.

Signora Miniver, La **½ (*Mrs. Miniver*, Usa 1942, b/n, 134') William Wyler. Con Greer Garson, Walter Pidgeon, Teresa Wright, Reginald Owen, Dame May Whitty, Henry Travers, Richard Ney, Helmut Dantine, Peter Lawford. ◆ La tranquilla vita di una famiglia borghese in un villaggio inglese è sconvolta dalla seconda guerra mondiale: figlio (Ney) e marito (Pidgeon) partono a combattere; la coraggiosa signora Miniver (Garson) disarma un tedesco piombatole in giardino, sopporta i bombardamenti e non rinuncia a partecipare a un concorso floreale. Abile film di propaganda bellica (dal romanzo omonimo di Jan Struther sceneggiato da James Hilton, George Froeschel, Arthur Wimperis e Claudine West) che unisce una vena sentimentale crepuscolare a un efficace discorso antinazista descrivendo con bella intelligenza l'ambiente inglese. La Mgm, prima di Pearl Harbor, esitava a produrlo («abbiamo un paio di cinema ancora aperti a Berlino»). Goebbels, per conto suo, pare lo proiettasse ai registi dell'Ufa come modello di propaganda. Il discorso finale del pastore, un vero incitamento alla lotta, venne diffuso in migliaia di copie per iniziativa di Roosevelt. Sei Oscar: miglior film, regia, attrice e attrice non protagonista (Teresa Wright), sceneggiatura e fotografia (Joseph Ruttenberg). Seguìto, anni dopo, da *Addio Signora Miniver*. Ne esiste una versione colorizzata.

Signora nel cemento, La ** (*Lady in Cement*, Usa 1968, col, 93') Gordon Douglas. Con Frank Sinatra, Raquel Welch, Richard Conte, Dan Blocker, Lainie Kazan. ◆ L'investigatore Tony Rome (Sinatra) scopre un cadavere durante un'escursione subacquea: nell'indagine che segue cercherà di unire l'utile al dilettevole. Terzo noir della coppia Douglas-Sinatra (e secondo con Tony Rome dopo *L'investigatore*): grezzo e greve, ma la durezza è anche la ragione del suo fascino.

Signora omicidi, La *** (*The Ladykillers*, Gb 1955, col, 97') Alexander Mackendrick. Con Katie Johnson, Alec Guinness, Cecil Parker, Peter Sellers, Herbert Lom, Danny Green. ◆ Cinque delinquenti che si spacciano per musicisti decidono di uccidere l'anziana padrona di casa (Johnson) che non ha bevuto la frottola: ma si fanno fuori a vicenda, e la vecchietta – cui la polizia non vuole credere – si terrà il malloppo. L'humour nero britannico si stempera nella parodia in una delle più note commedie prodotte dalla Ealing (perfettamente sceneggiata da William Rose). Guinness, il capobanda professor Marcus con il suo sorriso «vampiresco», forse non è mai stato così bravo; Sellers, nei panni di uno dei killer imbranati, ottiene la sua prima parte di spicco. Da notare che il titolo italiano, pur diventato celeberrimo, è lontanissimo dal significato letterario di quello originale, forma gergale per dire «sciupafemmine».

Signora Parkington, La *½ (*Mrs. Parkington*, Usa 1944, b/n, 124') Tay Garnett. Con Greer Garson, Walter Pidgeon, Edward Arnold, Dan Duryea, Peter Lawford, Agnes Moorehead. ◆ Dopo una vita spesa ad arricchirsi, la matriarca (Garson) salva il figlio dalla bancarotta. Soap-opera che si estende nell'arco di tre generazioni: pura routine hollywoodiana. Il titolo vuole sfruttare il successo di *La signora Miniver*, e la coppia Garson-Pidgeon sarà protagonista di un'altra mezza dozzina di film. In alcune versioni scompare il personaggio del principe di Galles Edoardo VII, interpretato da Cecil Kellaway.

Signora per una notte *½ (*Lady for a Night*, Usa 1942, b/n, 87') Leigh Jason. Con Joan Blondell, John Wayne, Ray Middleton, Philip Merivale, Edith Barrett. ◆ La proprietaria (Blondell) del teatro galleggiante «Memphis Belle» cerca la promozione sociale sposando un ricco giovane; accusata di omicidio, viene aiutata dall'ex amante (Wayne). Cast fuori posto per un melodramma convenzionale.

Signora per un giorno **½ (*Lady for a Day*, Usa 1933, b/n, 88') Frank Capra. Con May Robson, Warren William, Guy Kibbee, Glenda Farrell, Ned Sparks, Jean Parker. ◆ Un gangster dal cuore d'oro (William) aiuta una barbona (Robson) messa in difficoltà dall'imminente visita della figlia, alla quale ha sempre fatto credere per lettera di essere una ricca signora dell'alta società. Un piccolo ma esauriente saggio del cinema di Capra, piacevole favola sulla Depressione: il tono da fiaba, la bonarietà, i buoni sentimenti, uno sguardo scanzonato alla miseria. Da un racconto di Damon Runyon, grande ispiratore del regista sceneggiato da Robert Riskin. Rifatto da Capra stesso nel 1961 (*Angeli con la pistola*).

Signora prende il volo, La * (*Lady Takes a Flyer*, Usa 1958, col, 94') Jack Arnold. Con Lana Turner, Jeff Chandler, Richard Denning, Andra Martin. ◆ Lui (Chandler) e lei (Turner) fanno i piloti: dopo essersi sposati, lei vorrebbe continuare a volare ma, dopo aver salvato il marito, tornerà ai fornelli. Il ruolo della donna secondo Hollywood in un film d'amore e avventura che già allora era stantio.

Signora scompare, La **½ (*The Lady Vanishes*, Gb 1938, b/n, 97') Alfred Hitchcock. Con Margaret Lockwood, Michael Redgrave, Paul Lukas, Dame May Whitty, Cecil Parker. ◆ Su un treno che attraversa i Balcani tutti vogliono far credere a una giovane inglese (Lockwood) che l'amabile signora (Whitty) da lei conosciuta, e che poi si è dissolta nel nulla, è solo frutto della sua immaginazione. Con l'aiuto di uno studioso (Redgrave) la ragazza smaschererà un complotto di spie. Uno degli Hitchcock più divertenti del periodo inglese, grazie anche all'abile sceneggiatura di Sidney Gilliat e Frank Launder. Magistrale l'uso degli spazi chiusi e claustrofobici (il treno, ovviamente, è ricostruito in studio, ma alla fine lo si dimentica). Nel 1979 ne è stato girato un remake, *Il mistero della signora scomparsa*. Hitchcock si vede in un'unica inquadratura, a passeggio su uno dei marciapiedi della stazione di Londra.

Signora senza camelie, La **½ (Italia 1953, b/n, 83') Michelangelo Antonioni. Con Lucia Bosé, Gino Cervi, Alain Cuny, Ivan Desny, Andrea Checchi, Lyla Rocco. ◆ Grazie a un concorso di bellezza, una commessa (Bosé) diventa attrice e sposa un produttore (Checchi). Ma il cinema le offre solo parti mediocri, e i suoi sogni di arte e di evasione devono drasticamente ridimensionarsi. Inquieto ritratto di donna, non del tutto risolto, ma ricco di indicazioni sul superamento del neorealismo. Ai tempi piacque pochissimo, e venne biasimata la rappresentazione di un mondo del cinema avido e opportunista (dice Cervi, che interpreta il socio di Checchi: «Per me la sola formula è: sesso politica religione»). Pensato per la Lollobrigida (e in parte ispirato alla sua biografia), che però rifiutò la parte. Con Antonioni collaborarono alla sceneggiatura Francesco Maselli, Pier Maria Pasinetti e Suso Cecchi d'Amico.

Signora Skeffington, La *** (*Mr. Skeffington*, Usa 1944, b/n, 127') Vincent Sherman. Con Bette Davis, Claude Rains, Walter Abel, Charles Drake, Richard Waring. ◆ Una donna (Davis) sposa un ricco banchiere (Rains) per salvare il fratello dall'accusa di appropriazione indebita, ma tratterà umanamente il marito, che è folle di lei, solo quando lui diventerà cieco, e lei perderà la sua bellezza. Passionale melodramma ambientato nella New York tra le due guerre e sceneggiato, non senza qualche contrasto, da Julius e Philip Epstein (che fecero causa alla Warner perché la primattrice modificava i dialoghi e usurpava anche il loro ruolo di produttori esecutivi). Interpretato da due attori in vero stato di grazia – con Claude Rains che tiene perfettamente la scena di fronte a una Bette Davis straordinaria nell'inventare i gesti e la dizione di una tipica ragazza viziata, che vive solo per l'adulazione degli uomini – il film ha anche alcuni risvolti non banali (come il tema della decadenza fisica) e affronta, per la prima volta in un melò femminile, il tema della discriminazione razziale degli ebrei (l'origine del marito rappresenta una barriera invalicabile nella conformista società newyorchese, di fronte alla quale anche la sua fortuna non può niente). Un tema che suscitò le rimostranze dell'Office of War Information, preoccupato di non offrire argomenti alla propaganda nazista. Doppia nomination per i protagonisti ma nessun Oscar. Negli Usa è stata restaurata una versione di 146'. Da notare che il titolo italiano cambia il sesso del titolo originale.

Signora sprint, La * (*The Fast Lady*, Gb 1962, col, 95') Ken Annakin. Con James Robertson Justice, Julie Christie, Leslie Phillips, Stanley Baxter. ◆ Per amore di una ragazza (Christie), un giovanotto inglese (Justice) si improvvisa autista di bolidi – almeno per i tempi – e cattura una banda di rapinatori. Farsa innocua ed esilissima.

Signor Belvedere va in collegio, Il → *Sig. Belvedere va in collegio, Il*

Signore, Le *½ (Italia 1960, b/n, 103') Turi Vasile. Con Chelo Alonso, Bice Valori, Liana Orfei, Antonella Steni, Livio Lorenzon, Francesco Mulé, Paolo Ferrari, Paolo Panelli, Enrico Maria Salerno, Nadia Gray, Irene Tunc, Gianni Bonagura, Miranda Campa, Mario Carotenuto, Franco Fantasia. ◆ Avventure extraconiugali di un gruppo di clienti del parrucchiere René (Salerno), che per avere successo si finge omosessuale nonostante una moglie (Steni) e quattro figli: la bella Fabrizia (Alonso) riesce finalmente a scucire dei soldi all'avarissimo amante (Lorenzon), la repressa Patrizia (Orfei) è tentata da un intraprendente giornalista (Ferrari), l'ingenua Nora (Valori) crede di trovare in un attore da strapazzo (Panelli) l'antidoto a un marito (Mulé) eternamente affamato. Farsa vagamente pruriginosa che vorrebbe prendere di mira i difetti italiani in fatto di matrimonio ma poi, farisaicamente, si ferma sempre un attimo prima del tradimento. Si sorride solo un po' con Panelli e le sue prove di recitazione nello scantinato. Sceneggiatura di Ugo Guerra, Luciano Martino e del regista da un soggetto di Martino e Sergio Corbucci.

Signore & signori ***½ (Italia/Francia 1966, b/n, 108') Pietro Germi. Con Alberto Lionello, Gigi Ballista, Gastone Moschin, Virna Lisi, Olga Villi, Franco Fabrizi, Nora Ricci, Quinto Parmeggiani, Beba Loncar, Giulio Questi, Gia Sandri, Alberto Rabagliati, Gustavo D'Arpe, Moira Orfei, Elia Guiotto, Patrizia Valturri, Carlo Bagno, Aldo Puglisi, Virgilio Gazzolo,

Antonio Acqua, Sergio Fincato. ◆ Tre storie ambientate nella medesima città veneta (una riconoscibile Treviso): Toni Gasparini (Lionello) confessa al medico (Ballista) di essere impotente per fargli abbassare la guardia e conquistarne la moglie (Loncar); un marito schiavizzato (Moschin) da una moglie ossessiva (Ricci) spera di trovare la libertà grazie all'amore di una cassiera (Lisi); un contadino (Bagno) accetta per soldi di non denunciare i ricchi borghesi (Fabrizi, Lionello, Parmeggiani, Guiotto, Questi) che hanno approfittato della figlia minorenne (Valturri). Impietoso ritratto della provincia veneta, raccontato con la crudeltà del moralista che non ha tenerezze per nessuno (si tratti di borghesi o di contadini, di uomini o di donne, di ricchi viziati o di povere criste) e con la ferocia del grottesco (difficile identificarsi con qualcuno, nemmeno col pusillanime Moschin). Ispirato a fatti reali e sceneggiato da Luciano Vincenzoni, Age, Scarpelli e Germi, il film offre ancor oggi un ritratto spietato ma sostanzialmente veritiero del perbenismo veneto, di cui sottolinea le ipocrisie morali ma anche l'inespugnabile blocco di potere borghese-cattolico (l'algida e calcolatrice signora Gasparini [Villi], l'istruttiva scena dell'onorevole e del monsignore che si fanno negare). E questo senza cedere in nulla alla complicità indulgente tipica della commedia all'italiana, se non nelle eccessive sottolineature «brillanti» dei personaggi interpretati da Beba Loncar (esageratamente oca) e da Virna Lisi (squilibrata tra ingenuità comiche e consapevolezza melodrammatica). Palma d'oro al festival di Cannes, ex aequo con *Un uomo, una donna*. Il libraio e romanziere Virgilio Scapin (finalista al premio Campiello 1995) è don Schiavon. Citato nei titoli di testa, Stefano Satta Flores non è mai riconoscibile.

Signore degli anelli, Il *½ (*The Lord of the Rings*, Usa 1978, col, 133') Ralph Bakshi. ◆ Il giovane Frodo deve buttare in un vulcano l'anello fatato che rende onnipotenti: ma il malvagio Saruman fa di tutto per impossessarsene. La versione a cartoni animati della fluviale saga di J.R.R. Tolkien, ambientata in un Medioevo fantastico popolato di gnomi, orchi e draghi, è compressa e ridotta, a grande scapito della chiarezza narrativa. Bakshi usa (e abusa) la tecnica di ricalcare col disegno persone preventivamente riprese dal vivo. Due anni e mezzo di lavoro, duecento disegnatori impiegati, ma il risultato, per quanto sontuoso, spesso fa sbadigliare.

Signore dei desideri, Il → *Wishmaster – Il signore dei desideri*

Signore del castello, Il ** (*Je suis le seigneur du château*, Francia 1989, col, 88') Régis Wargnier. Con Jean Rochefort, Dominique Blanc, Regis Arpin, David Behar. ◆ Un vedovo misantropo (Rochefort) che vive con il figlio in un vecchio maniero, assume una governante (Blanc) anch'essa vedova e con figlio. Fra i bambini si scatena una feroce guerra silenziosa, che degenera quando fra i due genitori si accende una passione. Da un assistente di Leconte e Chabrol, una storia acre che fa da antidoto alla rappresentazione in genere sdolcinata che il cinema fa dell'infanzia. Lo stile forbito, però, annacqua la crudeltà.

Signore della morte, Il *½ (*Halloween II*, Usa 1981, col, 92') Rick Rosenthal. Con Jamie Lee Curtis, Donald Pleasence, Charles Cyphers, Lance Guest. ◆ Raro caso di sequel che inizia esattamente dove finiva il prototipo, *Halloween*. Michael Meyers non è morto, ma continua a inseguire Laurie (Curtis), trasferendosi nell'ospedale in cui è ricoverata. Il dottor Loomis (Pleasence) si sacrifica facendo esplodere tutto. Carpenter è coautore della sceneggiatura, ma il film di Rosenthal è un thriller mediocre e poco innovativo. Tagliata la versione che circola in tv. Per il ritorno del serial killer bisognerà aspettare *Halloween 4*.

Signore delle illusioni, Il ** (*Clive Barker's Lord of Illusions*, Usa 1995, col, 120') Clive Barker. Con Scott Bakula, Kevin J. O'Connor, Famke Janssen, Daniel von Bargen, Vincent Schiavelli, Barry Del Sherman, Sheila Tousey. ◆ L'illusionista Swann (O'Connor) muore durante un suo numero: e il detective L'Amour (Bakula) scopre che appena si nomina il maestro del defunto, il satanico Nix (von Bargen), tutti sembrano perdere interesse nelle indagini. Difficile, oggi, rinnovare il repertorio dell'horror: e Barker (anche sceneggiatore) ci prova mescolando magie vere e finte, sette e apocalissi, effetti digitali e strip-tease anatomici. L'atmosfera e il clima di mistero ci sono, e i fan del genere non saranno delusi, anche se c'è il rischio di un semplice esercizio di stile.

Signore delle mosche, Il **½ (*Lord of the Flies*, Gb 1963, b/n, 90') Peter Brook. Con James Aubrey, Tom Chapin, Hugh Edwards, Roger Elwin. ◆ Un aereo con venticinque scolari inglesi cade (durante una guerra nucleare) su un'isola deserta: i ragazzi dapprima sono uniti, ma poi prende il sopravvento un gruppo che regredisce allo stadio tribale, dedicandosi al culto di una testa di cinghiale, il «signore delle mosche» (eufemismo biblico per Satana). Dal romanzo omonimo di William Golding, un apologo che sconfessa il mito del buon selvaggio e vuole mostrare il lato oscuro dell'anima umana. Ma è proprio nel carattere rigidamente a tesi che risiede il limite del film, peraltro diretto da Brook in modo secco e crudo. Vedere ragazzini della middle class regredire allo stato brado era e resta un discreto shock. Rifatto nel 1990.

Signore delle mosche, Il ** (*Lord of the Flies*, Usa 1990, col, 95') Harry Hook. Con Balthazar Getty, Chris Furth, Daniel Pipoly, Bob Peck. ◆ Seconda versione del romanzo di William Golding: gli scolari diventano cadetti d'accademia vittime di un incidente aereo in mezzo all'Oceano Pacifico dove la disciplina si dissolve subito di fronte al richiamo della foresta. I ragazzini mimano i rapporti di potere della società adulta, e ne esplicitano il fondamento sanguinario. Regia corretta ma senza voli.

Signore del male, Il *** (*Prince of Darkness*, Usa 1987, col, 110') John Carpenter. Con Donald Pleasence, Victor Wong, Lisa Blount, Dennis Dun, Susan Blanchard. ◆ Nei sotterranei di una chiesa di Los Angeles il maligno sta per saltare fuori da una teca di cristallo sigillata da secoli. Un prete (Pleasence) e un professore (Wong) esperto in antimateria capiscono, alla fine, che forse Dio e il diavolo sono due facce di un'identica medaglia. Horror adulto e pessimista con ambizioni metafisiche smisurate, non sempre chiarissimo ma ricco di fascino. Belle le variazioni sul classico tema del mondo dietro lo specchio. A Carpenter (che firma la sceneggiatura con lo pseudonimo di Martin Quatermass) il ritorno a budget ridotti ha dato nuova linfa. Il cantante heavy metal Alice Cooper è il capo di una banda di barboni-zombi.

Signore e la signora Smith, Il *** (*Mr. and Mrs. Smith*, Usa 1941, b/n, 95') Alfred Hitchcock. Con Robert Montgomery, Carole Lombard, Gene Raymond, Jack Carson, Lucile Watson. ◆ I coniugi Smith (Montgomery e Lombard) scoprono che il loro matrimonio non è legale: cha fare, risposarsi o andare ciascuno per la propria strada? Hitchcock ha diretto una sceneggiatura di Norman Krasna più che altro per fare una cortesia a Carole Lombard, ma il risultato è tutt'altro che trascurabile, pieno com'è di malizia e di umorismo sarcastico. Hitchcock, impietoso, scherza anche sui chili in più della sua star, e sfoggia un repertorio malizioso di metafore sessuali, a partire dalla classica bottiglia di champagne. Il regista si vede passeggiare su un marciapiede dove c'è Robert Montgomery.

Signore e la sirena, Il *½ (*Mr. Peabody and the Mermaid*, Usa 1948, b/n, 89') Irving Pichel. Con William Powell, Irene Hervey, Ann Blyth, Clinton Sundberg, Art Smith, Andrea King, Hugh French, Lumsden Hare. ◆ In convalescenza ai Caraibi, il sessantenne mister Peabody (Powell) pesca una sirena (Blyth) e se la porta in piscina, creando equivoci e scatenando la gelosia della moglie (Hervey): ma forse è solo un'allucinazione da andropausa. Prodotta e sceneggiata da Nunnally Johnson, da un racconto di Guy e Constance Jones, è una sommessa difesa del diritto maschile a non considerarsi «in pensione» al sessantesimo compleanno, che lo charme di William Powell rende più digeribile dei meriti reali (l'unica trovata è la sirena che si asciuga le lacrime sott'acqua). Curiosa l'elaborazione musicale del canto della sirena che anticipa certi tipici arrangiamenti alla Leone.

Signore e signori → *Signore & signori*

Signore e signori, buonanotte ** (Italia 1976, col, 119') Luigi Comencini, Nanni Loy, Luigi Magni, Mario Monicelli, Ettore Scola. ◆ Diretto in forma collettiva (e non sempre i singoli apporti sono stati dichiarati), un film a episodi che fa la parodia di una giornata televisiva (proprio come *Ridere per ridere*), con Marcello Mastroianni e Monica Guerritore come presentatori. In *La bomba* (Mario Monicelli. Con Eros Pagni, Carlo Croccolo) la polizia fa esplodere un ordigno per evitare una figuraccia in seguito a un falso allarme. Nell'inchiesta-verità (*Sinite Parvulos*, di Luigi Comencini) un cardinale premia la madre di una famiglia prolifica, ma uno dei suoi figli si suicida; Paolo Villaggio, nel dibattito che segue, propone – come aveva già fatto Swift – di mangiare i pargoli in eccedenza. Nel gioco a premi (*Il disgraziometro*, con Paolo Villaggio) vince il più iellato. Nella Tv dei ragazzi (*L'ispettore Tuttunpezzo*, di Luigi Comencini. Con Vittorio Gassman, Adolfo Celi, Senta Berger) un poliziotto incorruttibile si lascia corrompere e finisce come lavapiatti. Nella *Lezione d'inglese* (Luigi Comencini. Con Vittorio Gassman, Lucretia Love) un agente della Cia prepara un attentato. Nello sceneggiato (*Santo Soglio*, di Luigi Magni. Con Nino Manfredi, Andréa Ferréol, Mario Scaccia) un cardinale si finge moribondo per essere eletto papa. Tognazzi è un pensionato che vive con 32 mila lire al mese – e piange quando sente nominare la parola «fettina» (*Il personaggio del giorno – Poco per vivere, troppo per morire*), e un generale che si suicida dopo che le sue medaglie sono finite nel water (*Il generale in ritirata*). Un sosia di Leone balla la tarantella nel finale (*Il salone delle cariatidi*). Satira di vario livello, che in alcuni casi colpisce nel segno, ritrovando il tono crudele e impietoso dei *Mostri*. Musiche di Dalla e Guccini.

Signore in marsina, Il *½ (*I Dood It*, Usa 1943, b/n, 102') Vincente Minnelli. Con Red Skelton, Eleanor Powell, Richard Ainley, Lena Horne, Jimmy Dorsey e la sua orchestra. ◆ Uno dei primi musical di Minnelli, e uno dei meno memorabili. Uno stiratore (Skelton) prende a prestito il vestito da sera di uno dei clienti, si innamora di una ballerina (Powell) e viene preso per la persona sbagliata. Alcuni numeri musicali sono buoni, ma il finale è – letteralmente – quello di un film precedente della Powell, *Nata per danzare*, e lo spunto di partenza è preso da *Io... e l'amore* con Keaton.

Signore resta a pranzo, Il **½ (*The Man Who Came to Dinner*, Usa 1941, b/n, 112') William Keighley. Con Monty Woolley, Bette Davis, Ann Sheridan, Billie Burke, Jimmy Durante, Richard Travis. ◆ Costretto da una caduta a rimanere in una cittadina di provincia, lo scrittore Sheridan Whiteside (Woolley) rende impossibile la vita della famiglia che lo ospita, e tenta di mandare a monte i progetti matrimoniali della sua segretaria (Davis). Dalla commedia di George S. Kaufman e Moss Hart, ispirata alla figura di Alexander Woolcott – ma anche di Welles per la sua attività teatrale e poi perché chiama l'attrice svampita interpretata dalla Sheridan «bocciolo di rosa», cioè «rosebud» – adattata da Julius J. e Philip S. Epstein, un film nel quale il gusto del paradosso e dell'assurdo (Whiteside si fa portare in casa dei pinguini e invita a cena dei carcerati, solo per far dispetto ai suoi ospiti) e la verve incontenibile di Woolley portano più dalle parti della *screwball comedy* che da quelle del teatro filmato: la regia non è geniale, ma i tempi e la direzione degli attori sono perfette. Tassativa la versione originale con sottotitoli.

Signori della truffa, I ** (*Sneakers*, Usa 1992, col, 125') Phil Alden Robinson. Con Robert Redford, Sidney Poitier, Dan Aykroyd, Ben Kingsley, Mary McDonnell, River Phoenix, David Strathairn, Timothy Busfield, James Earl Jones. ◆ Con un passato da nascondere, l'ex sessantottino Bishop (Redford) campa con un gruppo di amici (Aykroyd, Poitier, Phoenix e Strathairn) sperimentando l'efficienza dei sistemi d'allarme informatici: ricattato dal governo, accetta di recuperare un preziosissimo decodificatore, ma all'improvviso si scopre che i «buoni» non sono davvero buoni... Il primo political-movie dell'èra clintoniana (sceneggiato dal regista con Lawrence Lasker) è figlio – come il presidente – dello spirito che aleggiava a Berkeley venticinque anni prima: alla fine lo scontro è tra l'idealista (Redford) e il traditore della causa (Kingsley, col codino) e non si fa fatica a immaginare chi vincerà. Patriottardo ma con una buona dose d'ironia, che non annoia ma fa capire che Hollywood non è l'America. Il titolo originale si riferisce alle scarpe da tennis (sneaker) che portavano i giovani programmatori dell'Ibm, contrapposti ai vecchi e tradizionalisti «brown shoes» (chi portava scarpe marroni).

Signori, il delitto è servito ** (*Clue*, Usa 1986, col, 87') Jonathan Lynn. Con Tim Curry, Lesley Ann Warren, Eileen Brennan, Madeline Kahn, Christopher Lloyd, Colleen Camp, Michael McKean. ◆ Ispirato al gioco da tavolo Cluedo (di cui riprende i personaggi), un giallo-farsa sul tipo di *Invito a cena con delitto*. In un fosco castello del New England vengono commessi sei omicidi: tutti potrebbero essere i colpevoli, e il maggiordomo (Curry) si improvvisa Poirot: ma, in dileggio alle regole del giallo codificate da S.S. Van Dine, l'assassino potrebbe essere benissimo lui. In America è stato distribuito con tre conclusioni diverse, poi presentate di seguito come differenti ipotesi prima della sorpresa finale. Esagitato, caricaturale ed episodicamente divertente. John Landis è produttore esecutivo.

Signori, in carrozza! *½ (Italia/Francia 1951, b/n, 100') Luigi Zampa. Con Aldo Fabrizi, Peppino De Filippo, Sophie Desmarets, Vera Nandi, Marisa Merlini, Pietro De Vico, Giovanna Ralli, Ernesto Almirante. ◆ Un conduttore di vagoni letto (Fabrizi), vessato dalla moglie (Nandi) e dal cognato scroccone (De Filippo), si crea una doppia vita a Parigi, a casa di una vedova (Desmarets). Ma la tresca salta fuori e deve tornare alla normalità. Uno Zampa minore, che parte con propositi di satira di costume, ma sceglie la strada della scontata commedia degli equivoci. Tra gli sceneggiatori, oltre al fedele Vitaliano Brancati, Ruggero Maccari, Age e Scarpelli.

Signorina e il cowboy, La * (*A Lady Takes a Chance*, Usa 1943, b/n, 86') William A. Seiter. Con Jean Arthur, John Wayne, Charles Winninger, Phil Silvers. ◆ Una segretaria newyorchese (Arthur), in vacanza nell'Oregon, si innamora di una star del rodeo (Wayne). Per «Duke» un insolito ruolo leggero, mentre la stella della Arthur cominciava a declinare. Poca cosa, comunque.

Signorine dello 04, Le ** (Italia 1955, b/n, 90') Gianni Franciolini. Con Antonella Lualdi, Franca Valeri, Giovanna Ralli, Marisa Merlini, Giulia Rubini, Antonio Cifariello, Peppino De Filippo, Roberto Risso, Sergio Raimondi, Tina Pica, Aldo Giuffré, Turi Pandolfini, Nando Bruno, Enzo Garinei. ◆ I problemi sentimentali di un gruppo di telefoniste: dalla prorompente Bruna (Ralli), il cui manesco fratello (Raimondi) scoraggia tutti i corteggiatori, all'attempata capoturno (Valeri), da Maria Teresa (Lualdi), che deve pensare a mantenere da sola la figlia, all'ingenua Gabriella (Rubini) alla depressa Vera (Merlini), tradita dal marito (Giuffré). Su un soggetto di Sergio Amidei sceneggiato con Age e Scarpelli, una commedia aggraziata, sorretta dalla verve delle interpreti (specie la Valeri, scatenata quando vuole conquistare un vedovo [De Filippo] a base di baccalà mantecato e peperonata), ma che non si dimentica di sottolineare un certo diffuso moralismo nazionale (le prediche che superiori e commissari fanno al marito fedifrago perché torni con la moglie). Particina per Ferruccio Amendola, il garzone che porta il lambrusco.

Signorinella *½ (Italia 1949, b/n, 85') Mario Mattoli. Con Aroldo Tieri, Antonella Lualdi, Gino Bechi, Ughetto Bertucci, Aldo Silvani, Vincenzo Garine, Ave Ninchi. ◆ In un paesino abruzzese due compari che, a bordo di una fuoriserie rubata, si spacciano per americani facoltosi, aiutano una ragazza (Lualdi) a risolvere i suoi guai d'amore. Prevedibile commedia degli equivoci a lieto fine sceneggiata dal regista con Aldo De Benedetti e Marcello Marchesi, infarcita delle esibizioni canore di Gino Bechi (il notaio del paese, presentato da un personaggio come «uno che canta meglio di Gino Bechi»). La canzone *Signorinella* era stata portata al successo anni prima da Libero Bovio.

Signorine, non guardate i marinai ** (*Star Spangled Rhythm*, Usa 1942, b/n, 82') George Marshall. Con Victor Moore, Eddie Bracken, Bing Crosby, Ray Milland, Veronica Lake [doppiata da Martha Mears], Bob Hope, Dorothy Lamour, Susan Hayward, Dick Powell, Alan Ladd, Paulette Goddard, Betty Hutton. ◆ Padre e fidanzata (Moore e Hutton) si spacciano come pezzi grossi della Paramount, e organizzano uno spettacolo per il figlio (e fidanzato) marinaio e i suoi commilitoni con la partecipazione delle star allora sotto contratto. Musica, patriottismo e il mito di Hollywood visto da dietro le quinte in un tipico prodotto dell'epoca: gran finale con Bing Crosby che canta *Old Glory* e i ballerini (coreografati da Balanchine) che danzano davanti al monte Rushmore. Appaiono anche Cecil B. DeMille e Preston Sturges.

Signorinette *½ (Italia 1942, b/n, 86') Luigi Zampa. Con Carla Del Poggio, Paola Veneroni, Anna Mari, Nella Paoli, Claudio Gora, Giovanna Galletti, Checco Durante, Jone Morino, Bella Starace Sainati. ◆ Sogni e tormenti di tre compagne di scuola: Iris (Veneroni) spera di diventare una poetessa e finisce per rinchiudersi sempre più nel suo mondo; Paola (Paoli), grassottella, si consola col canto, ma morirà presto; Renata (Del Poggio), più precoce delle altre, sogna un'avventura amorosa e si fidanza con un dentista. Dall'omonimo romanzo rosa di Wanda Bontà (sceneggiato da Luciana Peverelli, Gherardo Gherardi, Luigi Zampa), che negli anni Quaranta era impropriamente considerato il *Piccole donne* italiano, una commedia di costume per pseudo- teen-ager perbene in tempo di guerra, smaliziata entro i rigorosi limiti del consentito, spensierata ma soprattutto colma di retorica caramellosa.

Signori si nasce ** (Italia 1960, col, 96') Mario Mattoli. Con Totò [Antonio de Curtis], Peppino De Filippo, Delia Scala, Liana Orfei, Carlo Croccolo, Riccardo Garrone, Luigi Pavese, Nico Pepe, Angela Luce, Vera Nandi, Liana Orfei. ◆ Il barone Ottone Spinelli degli Ulivi, detto Zazà (Totò), squattrinato perché la sua vita è divisa tra case da gioco e ballerine del variété, cerca di convincere l'integerrimo – e avaro – fratello Pio (De Filippo) a pagargli i debiti: riuscirà a convincerlo perché anche Pio in gioventù aveva saltato la cavallina. Equivoci e travestimenti dissacranti (sceneggiati da Edoardo Anton con Castellano e Pipolo) nascondono una certa malinconia di fondo: l'epoca della rivista stava terminando, e anche il sodalizio Totò-Mattoli era agli ultimi capitoli. Entrata nella storia la battuta: «Signori si nasce, e, modestamente, io lo nacqui», ma indimenticabile anche la gag sul «tombone di famiglia» dove Totò vuole far entrare prima Peppino: «Tu puoi inaugurarla quando vuoi, ti do la precedenza».

Signor Max, Il *** (Italia 1937, b/n, 86') Mario Camerini. Con Vittorio De Sica, Assia Noris, Rubi Dalma, Virgilio Riento, Umberto Melnati. ◆ Il giornalaio Gianni (De Sica) viene scambiato per il conte Max Varaldo, e si mette a condurre una doppia vita, corteggiando da conte una nobildonna (Dalma), e da giornalaio la cameriera di questa (Noris). Classica commedia dei «telefoni bianchi», basata sull'equivoco sentimentale. Camerini ci mette di suo una sottile schermaglia classista, dove la simpatia va tutta al mondo degli onesti lavoratori, ma dove le gerarchie alla fine restano ben marcate. Impeccabile la fattura, con un ritmo che ha poco da invidiare alle commedie sofisticate d'oltreoceano, e disinvolto il cast. Il soggetto è di Amleto Palermi, alla sceneggiatura ha collaborato Mario Soldati. Un remake di Giorgio Bianchi nel 1957 (*Il conte Max*) e uno di Christian De Sica nel 1991 (*Il conte Max*).

Signor Quindicipalle, Il * (Italia 1998, col, 101') Francesco Nuti. Con Francesco Nuti, Sabrina Ferilli, Novello Novelli, Giulia Weber, Antonio Petrocelli, Alberto Giminiani. ◆ Campione di biliardo, Cecco (Nuti) si innamora della squillo Sissi (Ferilli), ma in famiglia non lo devono sapere. Trama inconsistente (la sceneggiatura è firmata da Nuti, Mario Rellini e Malù Di Lonardo) e regia imbarazzante, con gag al rallentatore ripetute tre volte, piani–sequenza allo sbando, musica (ancora i Gipsy King! nooo!) per tappare i buchi di una lavorazione che tra interruzioni e rifacimenti è durata più di un anno. Fa piangere quando dovrebbe far ridere, e viceversa. Nuti non cerca l'identificazione dello spettatore, né fa nulla per essere non si dice simpatico, ma almeno un personaggio: presuppone un pubblico che sia già convinto della sua genialità. Il titolo si riferisce a un colpo per mandare in buca contemporaneamente tutte e 15 le palle, in cui Nuti si esibisce ben più di una volta.

Signor Robinson, Il – Mostruosa storia d'amore e d'avventure * (Italia 1976, col, 108') Sergio Corbucci. Con Paolo Villaggio, Zeudi Araya, Percy Hogan, Anna Nogara. ◆ Un ingegnere milanese (Villaggio) finisce su un'isola deserta dove sente la mancanza dello smog e della televisione, trovando in compenso una seducente Venerdì (Araya). Alla fine viene recuperato dalla moglie. Scialba parodia con esilissimi spunti satirici, scritta da Villaggio e Corbucci assieme a Castellano e Pipolo.

Silenzio, Il ? (*Tystnaden*, Svezia 1963, b/n, 95') Ingmar Bergman. Con Ingrid Thulin, Gunnel Lindblom, Jorgen Lindström, Birger Malmsten. ◆ In un paese imprecisato dove si parla una lingua incomprensibile, mentre incombe una guerra, due sorelle, la tubercolotica e alcolizzata Ester (Thulin) e la ninfomane Anna (Lindblom) vengono ai ferri corti: la seconda rinfaccia alla prima di averla tenuta succube e la lascia morire. Il figlio di Anna, intanto, passa attraverso tormenti edipici e ribellioni anarchiche. Considerato la conclusione di una trilogia che comprende *Come in uno specchio* e *Luci d'inverno*, è una riflessione sull'enigmaticità del reale e sull'assenza di Dio, fin troppo carica di allusioni e simboli, a volte esplicitamente felliniani (il varietà, i nani). Difficile da giudicare la versione italiana perché aggiunge censure e manomissioni a quelle già presenti sulla copia svedese: viene celato che è l'atrio della chiesa il luogo in cui viene consumato un amplesso, scompare la sequenza di masturbazione della Thulin, mentre nel dialogo si introducono tocchi spiritualistici assenti nell'originale.

Silenzio, Il *** (*Le Silence*, conosciuto anche col titolo tagiko *Sokout*, Francia/Iran/Tagikistan 1998, col, 76') Mohsen Makhmalbaf. Con Tahmineh Normatova, Nadereh Abdelahjeva, Golbibi Ziadolahyeva, Hakem Ghassem, Araz M. Mohamdli. ◆ Tagikistan: Khorsid (Normatova, in realtà una bambina), ragazzino cieco che vive facendo l'accordatore, viene sempre attratto, distratto e ingannato dai suoni che sente lungo il cammino tra la casa e il negozio; girovagando per la città cercherà di comporre la sua Quinta sinfonia, riorganizzando i rumori della realtà. Una riflessione sulla forza dell'arte di una semplicità disarmante, che riesce a rendere cosciente della bellezza del mondo anche chi non ha gli occhi per vederla, e in cui la morale non è mai scontata (il valore della musica non stabilisce meccanicamente un primato sull'immagine). Un cinema di poesia, che punta su apologhi lasciati a metà e accostamenti suggestivi: rischiando la calligrafia, ma con una capacità di lasciar parlare le cose disintossicante rispetto allo squallore di plastica da cui siamo circondati. Straordinarie le immagini di Ebrahim Ghafori, bravissimo nell'utilizzare i colori della vita quotidiana come segnali di un'armonia più profonda e nascosta. Sceneggiatura di Hana Makhmalbaf.

Silenzio degli innocenti, Il **** (*The Silence of the Lambs*, Usa 1991, col, 118') Jonathan Demme. Con Jodie Foster, Anthony Hopkins, Scott Glenn, Ted Levine, Anthony Heald, Charles Napier, Kasi Lemmons, Brooke Smith, Tracey Walter, Chris Isaak, Diane Baker. ◆ Per catturare uno psicopatico che uccide e scuoia giovani donne, l'Fbi incarica una giovane aspirante poliziotto, Clarice Starling (Foster), di contattare in carcere il dottor Hannibal Lecter (Hopkins), ex psichiatra antropofago condannato per aver divorato i suoi pazienti. Lecter metterà Clarice sulla pista giusta ma in cambio pretenderà l'intimità dei suoi pensieri e dei suoi ricordi infantili. Tratto dal romanzo omonimo di Thomas Harris sceneggiato da Ted Tally, è uno «psyco-thriller» in cui la scoperta del colpevole implica un vero e proprio tuffo nell'inconscio e nei meandri più oscuri della mente umana, a sottolineare che il Male della società è prima di tutto dentro ognuno di noi. Girato facendo ricorso spesso a primi piani ravvicinati e a un uso soggettivo della macchina da presa, con inquadrature che sembrano volersi attaccare agli occhi dei personaggi, è un film di rara forza espressiva che reinventa l'idea stessa di suspense. Primo thriller a ricevere i cinque Oscar fondamentali: miglior film, regia, sceneggiatura, attore e attrice protagonista. Due cammeo per i registi George Romero (è uno dei detenuti nella prigione di Lecter) e Roger Corman (è il direttore dell'Fbi). Il personaggio di Hannibal «the Cannibal» Lecter era già apparso in *Manhunter – Frammenti di un omicidio*.

Silenzio dei prosciutti, Il * (Italia/Usa 1994, col, 86') Ezio Greggio. Con Ezio Greggio, Dom DeLuise, Billy Zane, Joanna Pacula, Martin Balsam, John Astin, Charlene Tilton, Shelley Winters. ◆ L'agente Joe Dee Foster (Zane) chiede lumi al dottor Animal (DeLuise) per acchiappare un serial killer. Intanto la sua fidanzata (Tilton) scappa col malloppo per ritrovarsi nel motel di *Psycho*, dove Antonio (Greggio) la riceve a coltellate. Più che di parodia (e ce n'è anche per *Basic Instinct* – che noia! – *La signora in rosso*, *La notte dei morti viventi* ecc. ecc.) si tratta di parassitismo e di vuoto mentale: le gag puerili di Greggio possono funzionare in televisione, ma in un film (si fa per dire) toppano pateticamente. Visto che co-produce Julie Corman, Greggio può sbandierare cammeo di Roger Corman, Mel Brooks, John Landis, John Carpenter e (uff!) Joe Dante.

Silenzio del mare, Il **½ (*Le Silence de la mer*, Francia 1947, b/n, 86') Jean-Pierre Melville. Con Howard Vernon, Nicole Stéphane, Jean-Marie Robain, Ami Aroe. ◆ Durante l'occupazione nazista, un ufficiale tedesco (Vernon) che ama la cultura francese cerca un dialogo con il vecchio e la ragazza (Robain e Stéphane) costretti a ospitarlo. Prenderà atto della ferocia dei suoi connazionali, ma non avrà il coraggio di ribellarsi, e si limiterà a partire per il fronte. Melville, al suo esordio come regista, adattò un racconto di Vercors allora molto noto, girando in stretta economia nella casa stessa dell'autore (che pure non credeva nel progetto, salvo ricredersi a film finito), e accettando un rigido controllo da parte di una commissione di ex partigiani. Considerato un modello dagli autori della Nouvelle Vague per la libertà di linguaggio con cui Melville restituisce il monologo interiore del libro. Fotografia di Henri Decaë, da allora collaboratore del regista.

Silenzio è d'oro, Il *** (*Le Silence est d'or*, Francia 1947, b/n, 100') René Clair. Con Maurice Chevalier, Marcelle Derrien, François Périer, Dany Robin, Gaston Modot, Paul Ollivier. ◆ Parigi 1906: un anziano regista cinematografico (Chevalier) che fa professione di libertinaggio si innamora della figlia (Derrien) dell'unica donna che gli abbia resistito, e deve far fronte alla concorrenza del suo assistente e discepolo in materia galante (Périer). Il film che segna il ritorno di Clair in Francia dopo la parentesi americana durante gli anni di guerra: un omaggio a Parigi e al primo, artigianale cinema muto – cui allude il titolo. La storia (sceneggiata dallo stesso regista) è poco più che una pochade: ma ciò che conta è l'evocazione della Belle époque, con i suoi omnibus, i café-chantant, l'aria di festa e l'entusiasmo per un'arte nuova. I costumi sono di Christian Dior.

Silenzio e grido ** (*Csend és kiáltás*, Ungheria 1968, b/n, 80') Miklós Jancsó. Con András Kozák, Zoltán Latinovits, Jószef Madaras, Mari Törocsik. ◆ Nell'Ungheria del 1919 l'esercito bianco reprime i rivoluzionari: uno di loro (Kozák) trova rifugio presso un contadino, mentre un suo vecchio compagno di scuola (Latinovits), dalla parte opposta, fa il gioco del gatto col topo. Compimento della trilogia iniziata con *I disperati di Sandór* e proseguita con *L'armata a cavallo*: una riflessione sul rapporto tra oppressi e oppressori, più asciutta ma anche più astratta delle precedenti. Come al solito, Jancsó rinuncia al commento musicale e gira lunghi e tortuosi piani sequenza. Il titolo pare sia da leggere come un omaggio congiunto a Bergman e Antonioni.

Silenzio, si gira! **½ (Italia 1943, b/n, 95') Carlo Campogalliani. Con Beniamino Gigli, Mariella Lotti, Carlo Campanini, Rossano Brazzi, Elvira Marchionni, Olinto Cristina. ◆ Il borioso tenore Massimo Giuliani (Gigli), geloso dell'attrice Eva (Lotti), che è innamorata del giovane Andrea (Brazzi), abbandona il set del film che sta girando. Il suo segretario Ciro (Campanini) rimedia trovando un sosia: una pasta d'uomo gioviale, che ha l'unico difetto di essere un ladro matricolato. Scritta da Cesare Zavattini, Nino Novarese e M. Brancacci (da un soggetto di Guido Brignone e Tomaso Smith), una farsa degli equivoci che diventa un autoritratto dell'industria cinematografica dell'epoca. Campogalliani da una parte la smonta con autoironia, sottolineando le convenzioni delle trame dei film-con-tenori, e costruendo macchiette come quelle del regista incompetente e degli operai dalla battuta pronta; dall'altra ne celebra ingenuamente il potere di evasione, costruendo il finale (sulle note della canzone *Cinema* di Bixio) come un fastoso musical hollywoodiano-futurista, con schermi dentro gli schermi e ballerine discinte. Ma al di là del valore di documento (è una delle prime volte che il cinema italiano riflette su se stesso e sull'immaginario popolare), il film è godibile ancora oggi: e l'istrionismo di Gigli nel doppio ruolo (in uno dei quali sfoggia un insospettabile accento laziale) fa perdonare le esibizioni canore.

Silenzio si nasce * (Italia 1996, col, 87') Giovanni Veronesi. Con Sergio Castellitto, Paolo Rossi, Filippa Lagerback, Ermanno Vaglietti. ◆ Nell'utero materno, due gemelli eterozigoti imparano a conoscersi: il Forte (Castellitto) è prepotente e non sopporta di dover dividere l'affetto della madre (Lagerback) con qualcun altro, il Piccolo (Rossi) è spaurito ma incuriosito dal corpo che li ospita. Doveva essere una specie di «rilettura fetale» di *Aspettando Godot*, ma l'originalità dello spunto (praticamente tutto il film è ambientato nel ventre materno, con i due attori nudi e viscidi attaccati al loro cordone ombelicale) non è sorretta da un'adeguata sceneggiatura (del regista e Ugo Chiti): la comicità è scontata quando non addirittura goliardica, il ritmo narrativo inesistente e i due protagonisti finiscono inevitabilmente per strafare.

Silenzio si paga con la vita, Il *** (*The Liberation of L.B. Jones*, Usa 1970, col, 102') William Wyler. Con Lee J. Cobb, Roscoe Lee Brown, Lola Falana, Yaphet Kotto, Lee Majors, Anthony Zerbe, Barbara Hershey, Arch Johnson. ◆ Un impresario nero di pompe funebri (Brown) vuole divorziare dalla sua donna (Falana) che lo tradisce con un poliziotto bianco (Zerbe). Il poveraccio finisce ammazzato: un avvocato (Cobb) copre i colpevoli e un amico (Kotto) lo vendica in modo atroce (ma, nell'ottica del racconto, equo), andandosene impunito. Il vecchio Wyler, al suo ultimo film, lasciò tutti allibiti: nessuno si sarebbe aspettato da lui un film tanto duro. Manca ogni prospettiva unanimistica e pacificatrice, come di regola nei film hollywoodiani, nella sceneggiatura di Stirling Silliphant e Jesse Hill Ford (autore del romanzo di base) e si ricorre, quando necessario, al pugno nello stomaco. Fatto per non piacere a nessuno (anche i musulmani neri non vengono messi in buona luce), ma proprio per questo da rivalutare.

Silenzio sul mare, Il ***½ (*Ano natsu ichiban shizukana umi*, Giappone 1991, col, 101') Takeshi Kitano. Con Kurodo Maki, Hiroko Oshima, Sabu Kawahara, Susumu Terajima. ◆ Netturbino e sordomuto, Shigeru (Maki) trova una tavola da surf rotta: e da quel momento decide di sfidare le onde, sotto lo sguardo preoccupato della sua fidanzata (Oshima) e quello - prima ironico e poi partecipe - dei suoi amici. Con una trama ridotta all'osso e quasi senza dialoghi, Kitano (anche sceneggiatore e montatore, e per la prima volta regista ma non interprete) racconta un'altra storia di avvicinamento alla morte: ma senza violenza e yakuza, scavando invece negli sguardi e nei silenzi di due personaggi inermi e ostinati, teneri ed eroici nel loro piccolo. Con un affetto che in altri suoi film è in genere tenuto a distanza, ma evitando di fare appello al patetico: anche perché lo stile raggiunge vette di depurazione astratta e di semplicità stupefacente.

Silkwood ** (*Silkwood*, Usa 1983, col, 128') Mike Nichols. Con Meryl Streep, Cher, Kurt Russell, Craig T. Nelson, Fred Ward, Diana Scarwid, Ron Silver, M. Emmet Walsh. ◆ Karen Silkwood (Streep), operaia in un impianto nucleare dell'Oklahoma, denuncia le condizioni di insicurezza sul lavoro e muore in un incidente d'auto prima di poter fare altre rivelazioni al *New York Times*. Tratto da una storia vera, un film di impegno civile che tenta di umanizzare l'eroina presentandone la vita privata tutt'altro che impeccabile. La sceneggiatura di Nora Ephron e Alice Arlen è piena di vezzi ed episodi inutili, la regia di Nichols accuratamente invisibile. La Streep è quasi irritante nella sua perfetta imitazione di sciatteria.

Siluri umani *½ (Italia 1954, b/n, 98') Antonio Leonviola [e Carlo Lizzani]. Con Raf Vallone, Franco Fabrizi, Andrea Checchi, Ettore Manni, Enrico Maria Salerno, Elena Varzi, Carlo Pedersoli, Emilio Cigoli, Cesare Fantoni. ◆ Il 24 marzo 1941 i «barchini» esplosivi della X Mas della marina italiana, comandati dal capitano Ferri [ma nella realtà si chiamava Faggioni] (Vallone), forzano il blocco della base navale inglese di Suda, nell'isola di Creta, affondando un incrociatore nemico. Il film di Leonviola, scritto da Ennio De Concini, Marc'Antonio Bragadin e Gian Giacomo Cossa e realizzato con la collaborazione della marina e dello stesso Faggioni, ricostruisce con stile semidocumentaristico la missione quasi suicida: dall'addestramento rambesco alla cattura dei pochi superstiti. L'intervento di Carlo Lizzani che, non accreditato, terminò il film, può avere asciugato l'insopportabile retorica patriottarda, e accentuato il realismo (vedi battute come «In guerra siamo tutti figli di cane»). Ma anche la sequenza – aggiunta per allungare la zuppa – del salvataggio dell'equipaggio di un sommergibile non regge il confronto coi film bellici di De Robertis, molto più asciutti e onesti, anche se girati in periodo fascista.

Silverado **½ (*Silverado*, Usa 1985, col, 132') Lawrence Kasdan. Con Kevin Kline, Scott Glenn, Kevin Costner, Danny Glover, Brian Dennehy, John Cleese, Rosanna Arquette, Jeff Goldblum, Linda Hunt, Joe Seneca, Jeff Fahey. ◆ Quattro cowboy bene assortiti – tre bianchi (Glenn, Kline e Costner) e un nero (Glover) – uniscono le loro forze contro uno sceriffo corrotto (Dennehy) che vuol fare piazza pulita dei piccoli proprietari terrieri di Silverado. Nulla che non sia già stato visto (a cominciare dalla porta che, all'inizio, si spalanca su un paesaggio mozzafiato, come in *Sentieri selvaggi*), ma concentrato alla massima velocità: non ha risuscitato il western, non è piaciuto ai puristi, ma vi si respira del buon cinema. Kasdan (autore della sceneggiatura assieme al fratello Mark) mescola nella misura giusta il tono epico a quello scanzonato. Per Kevin Costner un trampolino di lancio. In origine il film doveva durare molto di più: Rosanna Arquette, in particolare, ne ha fatto le spese.

Silver Blaze → *voce «Sherlock Holmes»*

Simbolo del sesso, Il *½ (*The Sex Symbol*, Usa 1974, col, 110') David Lowell Rich. Con Connie Stevens, Shelley Winters, Don Murray, Jack Carter, James Olson. ◆ Una cameriera (Stevens) diventa in breve tempo una star del cinema ma, vittima del sistema, si toglie la vita coi barbiturici. Biografia apocrifa di Marilyn (di cui Shelley Winters era amica), piuttosto banale e poco convincente.

Simon *½ (*Simon*, Usa 1980, col, 97') Marshall Brickman. Con Alan Arkin, Madeline Kahn, Austin Pendleton, William Finley, Adolph Green. ◆ Un professore di psicologia (Arkin), dopo un lavaggio del cervello a cura dei servizi segreti, si convince di essere un alieno: divenuto un personaggio televisivo, lancia proclami libertari e diventa un soggetto da eliminare. Per il debutto alla regia, lo sceneggiatore allora braccio destro di Woody Allen ha scelto una satira dai risvolti amari, senza saper bilanciare bene i toni. La parodia degli scimmioni di *2001: Odissea nello spazio* l'aveva già fatta John Landis in *Slok*, ed era più divertente.

Simona *½ (*Histoire de l'œil*, Belgio/Italia 1974, col, 84') Patrick Longchamps. Con Laura Antonelli, Maurizio Degli Esposti, Margot Saint'Ange, Patrick Magee, Raf Vallone. ◆ In una deserta località balneare, il diciottenne Georges (Degli Esposti) diventa l'amante della perversa Simona (Antonelli): insieme coinvolgono nei loro divertimenti Marcelle (Saint'Ange), vittima di un padre (Magee) e di uno zio (Vallone) variamente pazzi e incestuosi. L'audace regista traduce la sulfurea *Storia dell'occhio* di Georges Bataille in chiave di calligrafico erotismo surrealista (e visto che è belga, Magritte è citato a manetta): ma quando ci mette del suo, il fascino della ribellione anarchica scade ad assurdità da B-movie intellettuale abortito, come se ne facevano all'epoca. Da recuperare, comunque, per l'interpretazione della Antonelli, di rado così solare e scostumata. Montato da Franco Arcalli, con musiche di Fiorenzo Carpi.

Simon Bolivar * (Italia/Spagna 1969, col, 104') Alessandro Blasetti. Con Maximilian Schell, Rosanna Schiaffino, Francisco Rabal, Conrado Sanmartin, Elisa Cegani. ◆ Le imprese dell'eroe venezuelano dell'Ottocento (Schell) che, dopo aver scacciato gli spagnoli dalla sua patria, porta la rivoluzione anche in Perù. Tardivo ritorno alla regia di Blasetti in un polpettone enfatico e privo di interesse.

Simon del deserto *** (*Simón del desierto*, Messico 1965, b/n, 45') Luis Buñuel. Con Claudio Brook, Silvia Pinal. ◆ Un monaco (Brook) vive in cima a una colonna, ma i suoi miracoli e il suo ascetismo sono accolti con indifferenza. Il diavolo (Pinal), sotto spoglie muliebri, cerca invano di tentarlo con le lusinghe della carne, poi si traveste da Buon Pastore e infine lo trasporta in un club newyorchese. Buñuel (che pensava al soggetto fin da quando era giovane) non poté finire il film per motivi finanziari, ciò che spiega il brusco finale. Un pamphlet sulla religione sceneggiato dal regista e Julio Alejandro (ma con battute anche sulla proprietà privata, che l'asceta non riesce a comprendere) che ribolle di sberleffi blasfemi nel più puro stile surrealista, ma è insieme profondamente cattolico: nel suo ruolo di profeta disarmato Simon è un alter ego del prete di *Nazarin*. Ultimo film messicano del regista, ottenne un premio speciale della giuria al festival di Venezia.

Simone e Matteo, un gioco da ragazzi * (Italia 1975, col, 100') Giuliano Carnimeo. Con Paul Smith, Michael Coby [Antonio Cantafora], Giuliana Calandra, Mario Brega. ◆ Due lestofanti (Smith e Coby) che in fondo in fondo non sono tanto cattivi vengono coinvolti in un traffico d'armi. Maldestro tentativo di ricalcare la formula a base di risate e ceffoni dei film con Bud Spencer e Terence Hill. Smith, scelto qui come sosia di Spencer, sarà Bluto in *Popeye* di Altman.

Simpatici & antipatici ** (Italia 1997, col, 92') Christian De Sica. Con Christian De Sica, Gianfranco Funari, Leo Gullotta, Alessandro Haber, Simona Izzo, Marco Messeri, Monica Scattini, Angelo Bernabucci, Paolo Conticini, Riccardo Garrone, Stefano Masciarelli, Cinzia Mascoli, Piero Natoli, Barbara Snellenburg, Eva Grimaldi, Andrea Roncato, Beatriz Rico. ◆ Il circolo sportivo Tiber è il punto di ritrovo di un'umanità variopinta e caciarona: dal presidente (Funari) che naturalmente evade il fisco al marito (De Sica) che naturalmente inganna la moglie, e per questo viene ridotto sul lastrico dal suocero, ai soci che pensano solo al calcio (Masciarelli) o sono alla disperata ricerca di come sbarcare il lunario (Haber). La sceneggiatura è quella tipica alla Vanzina (che infatti firmano con Christian De Sica), in cui vizi e virtù degli arricchiti romani dovrebbero essere messi alla berlina (impossibile non riconoscere Previti nel personaggio di Funari) con una comprensione che diventa subito complicità, se non ammirazione. Ma per una volta la regia di De Sica non cerca di ammorbidire il soggetto e - forse involontariamente - lascia che volgarità e sgradevolezza invadano tutto e tutti, a cominciare dal suo personaggio di «perdente masochista», smascherando così l'innata antipatia di attori come Simona Izzo, Alessandro Haber o Stefano Masciarelli.

Sinbad il marinaio *½ (*Sinbad the Sailor*, Usa 1947, col, 117') Richard Wallace. Con Douglas Fairbanks jr, Maureen O'Hara, Anthony Quinn, Walter Slezak, Jane Greer. ◆ Sinbad (Fairbanks) va alla ricerca del tesoro di Alessandro Magno: si accontenterà della figlia (O'Hara) di un emiro. Datato polpettone di avventure esotiche, con Fairbanks meno in forma del solito.

Sinceramente tua ** (*Practically Yours*, Usa 1944, b/n, 90') Mitchell Leisen. Con Claudette Colbert, Fred MacMurray, Gil Lamb, Robert Benchley, Cecil Kellaway. ◆ Un eroe di guerra (MacMurray) torna a casa e si ritrova con una fidanzata (Colbert) mai vista prima: lei, infatti, è stata creduta dalla stampa la destinataria di un messaggio in realtà rivolto al cane di lui. Commediola sulla guerra e sui mass media diretta con una certa arguzia e interpretata con brio.

Sindacalista, Il *½ (Italia 1972, col, 108') Luciano Salce. Con Lando Buzzanca, Renzo Montagnani, Isabella Biagini, Paola Pitagora, Dominique Boschero. ◆ Un operaio siciliano a Bergamo (Buzzanca) porta avanti rivendicazioni sindacali, ma viene beffato e perde le sue illusioni di giustizia. Spunti amari di satira sociale vengono annacquati nel macchiettismo. Sceneggiatura di Castellano e Pipolo.

Sindacato assassini ** (*Murder, Inc.*, Usa 1960, b/n, 103') Burt Balaban, Stuart Rosenberg. Con Stuart Whitman, May Britt, Peter Falk, Simon Oakland, Vincent Gardenia, Sylvia Miles, Seymour Cassel, Sarah Vaughan. ◆ New York, anni Trenta: la moglie (Britt) di un uomo (Whitman) costretto a eseguire un omicidio su commissione tenta di ribellarsi alle leggi della malavita. Lui si decide a collaborare con la legge solo dopo che gli è stata ammazzata la moglie. Discreto film di gangster. Rosenberg, al primo film, abbandonò la regia per solidarietà con la protesta sindacale indetta allora dagli attori. Falk, ancora poco noto, si guadagnò una nomination all'Oscar.

Sindrome cinese ** (*The China Syndrome*, Usa 1979, col, 130') James Bridges. Con Jane Fonda, Jack Lemmon, Michael Douglas, Scott Brady, Wilford Brimley. ◆ La «sindrome cinese» è quella per cui un'esplosione atomica negli Stati Uniti, perforando la crosta terrestre, può raggiungere la Cina. È quanto rischia di accadere ad Harrisburg, California, dopo un grave guasto a una centrale nucleare. Due giornalisti televisivi (Fonda e Douglas) sono stati testimoni dell'evento, ma i pezzi grossi non vogliono che la notizia si diffonda, così un ingegnere coraggioso

(Lemmon, premiato con la Palma d'oro a Cannes) si sacrificherà in nome della verità. Film militante antinucleare in forma di thriller, convenzionale ma efficace, sceneggiato dal regista con Mike Gray e T.S. Cook. Accusato di allarmismo e manicheismo, anticipò invece alcuni incidenti reali come quello di Three Miles Island, in Pennsylvania. Prodotto da Michael Douglas.

Sindrome di Stendhal, La ° (Italia 1996, col, 119') Dario Argento. Con Asia Argento, Thomas Kretschmann, Marco Leonardi, Paolo Bonacelli, Luigi Diberti, John Quentin. ◆ A Firenze la poliziotta Anna Manni (Argento), alla ricerca di un killer stupratore (Kretschmann), sviene davanti a un quadro di Bruegel (che in realtà non è agli Uffizi) e per due volte viene seviziata dal mostro: finché da vittima si fa carnefice, diventando una minaccia per amanti e fidanzati. Da pretenzioso thriller surrealista, il film di Argento si trasforma in uno *Psyco* a Trastevere: sempre sopra le righe e sprezzante della verosimiglianza, ma senza invenzioni visive (come ai bei tempi) che compensino. Non bastano più quattro effetti digitali (la poliziotta che entra in un quadro, la soggettiva di una pillola nell'esofago) per tenere in piedi un intreccio imbarazzante sia per la confusione che per i tratti patologici e misogini che ne emergono. E la «sindrome» del titolo – quella che proverebbero i turisti stressati da troppe opere d'arte – è solo un pretesto lasciato subito cadere. Musiche di Ennio Morricone e fotografia di Giuseppe Rotunno.

Sinfonia d'autunno ** (*Höstsonaten*, Rft 1978, col, 90') Ingmar Bergman. Con Ingrid Bergman, Liv Ullmann, Lena Nyman, Gunnar Björnstrand, Erland Josephson, Linn Ullmann. ◆ Un'affermata pianista (Bergman, che per la prima volta veniva diretta dal suo omonimo connazionale) viene invitata per una breve vacanza dalla figlia (Ullmann): non si vedono da sette anni, e la madre non sa di trovare anche l'altra figlia, paraplegica, che lei aveva relegato in una clinica. Presto il passato viene a galla e, prima di tornare nel suo mondo, la madre chiede perdono alla figlia per le sue molte colpe. Scavo psicologico crudele ma un po' fine a se stesso, in cui i virtuosismi di recitazione si adattano a un ritmo televisivo. La maniera del grande Bergman.

Sinfonia di guerra *½ (*Counterpoint*, Usa 1968, col, 107') Ralph Nelson. Con Charlton Heston, Maximilian Schell, Kathryn Hays, Leslie Nielsen. ◆ Ardenne 1944: i nazisti catturano un'intera orchestra, e la passerebbero alle armi se non fosse per un generale melomane (Schell) che vuole un concerto tutto per sé. Il direttore (Heston) prende tempo in attesa che arrivino i partigiani. Esaurito lo spunto iniziale, i luoghi comuni non si contano.

Sinfonia di primavera *½ (*Frühlingssinfonie*, Rft 1983, col, 105') Peter Schamoni. Con Nastassja Kinski, Herbert Grönemeyer, Bernhard Wicki, Rolf Hoppe. ◆ Il tormentato amore di Robert Schumann (Grönemeyer) per Clara Wieck (Kinski), figlia del suo maestro, un uomo possessivo che tentò di opporsi in ogni modo al loro matrimonio. Biografia vecchio stile, accurata ma senza voli, che si arresta alle soglie della follia di Schumann. Katharine Hepburn (Clara in *Canto d'amore*) aveva comunque fatto di peggio.

Sinfonia nuziale **½ (*The Wedding March*, Usa 1926, b/n, 116') Erich von Stroheim. Con Erich von Stroheim, Fay Wray, ZaSu Pitts, Maude George, George Fawcett, Matthew Betz. ◆ Vienna, 1914: il principe Nicki, a corto di soldi, è spinto dai genitori a sposare la ricca e zoppa Cecelia (Pitts), sacrificando l'infatuazione per Mitzi (Wray), bella figlia di un oste. Il macellaio Schani (Betz), che spasima per quest'ultima, promette spargimenti di sangue: ma in pieno clima di disfacimento morale, tutto si risolve in farsa, e anche la minacciosa statua dell'Uomo di ferro, simbolo di Vienna, si mette a ridere. Scritto da von Stroheim con Harry Carr, è il film più classico e meno delirante del regista: un antimelodramma suggestivamente ambientato in clima di *finis Austriae*, dove l'amore è vinto dal denaro e i buoni sentimenti messi alla berlina. Il personaggio interpretato da von Stroheim mostra, insolitamente, una capacità di sentimenti autentici sotto la scorza di debosciato: ma il pessimismo, come negli altri suoi film, ha sempre il sopravvento. Celebre la scena del festino nel bordello, durante il quale i padri di Nicki e Cecelia organizzano le nozze dei figli. Nella versione originale la processione del Corpus Domini era stata filmata a colori. La seconda parte del film, *The Honeymoon*, che avrebbe dovuto mostrare la tragica luna di miele tra i due sposi, venne rimontata dal giovane Josef von Sternberg tra le proteste del regista (che riuscì a bloccarne la programmazione negli Usa), ed è oggi perduta.

Sinfonia pastorale ** (*La Symphonie pastorale*, Francia 1946, b/n, 95') Jean Delannoy. Con Michèle Morgan, Pierre Blanchar, Line Noro, Jean Desailly, André Clément, Jacques Louvigny. ◆ Un'orfana (Morgan) cieca dalla nascita, allevata come una figlia da un pastore protestante svizzero (Blanchar), riacquisterà la vista, ma farà diventare rivali padre e figlio. Dal romanzo di André Gide, una tragedia moderna giocata sul contrasto e la sintonia tra natura e passioni umane. La musica di George Auric è importante quanto i distillati dialoghi di Jean Aurenche. Calligrafico e un po' datato. Gran premio della giuria a Cannes.

Sinfonia per un massacro ** (*Symphonie pour un massacre*, Francia 1964, b/n, 90') Jacques Deray. Con Charles Vanel, Claude Dauphin, Michel Auclair, Jean Rochefort, Michèle Mercier, Daniela Rocca. ◆ Cinque malavitosi affidano a uno di loro una grossa somma per comprare una partita di droga a Marsiglia. L'incaricato parte, ma viene seguito da un socio, Jabeke (Vanel), che lo uccide per impadronirsi del denaro: scoperto, si innescherà una catena di morti con vendetta finale. Un thriller di pura struttura (sceneggiato da José Giovanni e Claude Sautet da *Les Mystifiés* di Alain Reynaud Fourton), dove il cinismo trionfa nel rigore geometrico della messinscena. Fotografia di Claude Renoir, musica – con effetto straniante rispetto alle immagini – di Michel Magne.

Sinfonie eterne *½ (*Carnegie Hall*, Usa 1947, b/n, 134') Edgar G. Ulmer. Con Marsha Hunt, William Prince, Frank McHugh, Martha O'Driscoll. ◆ La vedova (Hunt) di un orchestrale del Carnegie Hall sogna che il figlio faccia il pianista classico, ma lui preferisce la musica leggera. Pretesto per una serie di esibizioni di star della musica classica (Arthur Rubinstein, Jascha Heifetz, Ezio Pinza, Leopold Stokowski, Bruno Walter) e non (Harry James, Vaughn Monroe). Curiosità per appassionati.

Singapore *½ (*Singapore*, Usa 1947, b/n, 79') John Brahm. Con Fred MacMurray, Ava Gardner, Roland Culver, Richard Haydn, Spring Byington. ◆ Tornato dopo la guerra a Singapore, Gordon (MacMurray) scopre che la sua fidanzata, Linda Grahme (Gardner), ha perso la memoria e ha sposato un altro uomo (Culver), mentre le perle che aveva nascosto fanno gola a molti. Melodramma postbellico con colpo di scena finale (naturalmente Linda ritrova la memoria e il divorzio a Hollywood è praticabile...) incredibile dal punto di vista narrativo ma significativo dei gusti esotici allora in voga. E poi la Gardner è sempre bella.

Singapore: intrigo internazionale ** (*World for Ransom*, Usa 1954, b/n, 82') Robert Aldrich. Con Dan Duryea, Gene Lockhart, Nigel Bruce, Marian Carr. ◆ A Singapore un detective privato irlandese (Duryea) indaga sul rapimento di uno scienziato nucleare che un boss del mercato nero vorrebbe vendere al miglior offerente. Piccolo noir girato in fretta e furia e sceneggiato da Lindsay Hardy e Hugo Butler, che anticipa il capolavoro *Un bacio e una pistola*: Aldrich, al suo secondo film, si circonda dei collaboratori (il fotografo Joseph Biroc, il musicista Frank De Vol) che lo seguiranno in tutta la carriera. La ballerina che ingaggia il detective è, sorprendentemente, lesbica, e nel montaggio è caduta la sequenza di un bacio in primo piano che uno zoom indietro rivelava essere tra due donne.

Sing – Il sogno di Brooklyn * (*Sing*, Usa 1989, col, 97') Richard Baskin. Con Lorraine Bracco, Peter Dobson, Jessica Steen, Louise Lasser, Patti LaBelle. ◆ Gli allievi di una scuola di Brooklyn destinata alla chiusura organizzano la recita di fine d'anno. Nessun cliché viene evitato: dall'insegnante (Bracco) dedita alla causa al teppista dal cuore d'oro. Epigono di *Saranno famosi* passato giustamente inosservato.

Singles – L'amore è un gioco ** (*Singles*, Usa 1992, col, 99') Cameron Crowe. Con Kyra Sedgwick, Campbell Scott, Bridget Fonda, Matt Dillon, Sheila Kelley, Bill Pullman, Tom Skerritt, Eric Stoltz. ◆ Janet (Sedgwick) ha giurato di non innamorarsi più, ma un giovanotto ammodino (Campbell) la fa ricredere. La sua amica Janet sopporta il rintronato cantante Cliff (Dillon) dei Citizen Dick, mentre Debbie (Kelley) si fa girare un videoclip su misura per trovare l'uomo giusto. I modesti patemi della gioventù di Seattle, a metà strada tra il grunge e lo yuppismo riveduto sceneggiati dallo stesso regista. Collage di episodi furbo e divertente, ma che è difficile lasci tracce indelebili nella memoria. Pearl Jam e Alice in Chains appaiono e forniscono i pezzi forti di una colonna sonora all'ultima moda. Il regista Tim Burton è il regista video presentato come «il nuovo Scorsese», mentre Cameron Crowe è il giornalista che intervista Cliff.

Sing Sing * (Italia 1983, col, 90') Sergio Corbucci. ◆ Dopo un prologo in cui un regista maldestro fa morire troppo presto le due star del film, seguono due episodi. Nel primo (con Enrico Montesano, Vanessa Redgrave, Paolo Panelli) un meccanico romano si crede figlio della regina d'Inghilterra e si introduce a Buckingham Palace. Nel secondo (con Adriano Celentano, Marina Suma) un rude detective viene ingaggiato da un'attricetta perseguitata da un maniaco. Anche i fans dei due divi mostrarono di non gradire. Scritto da Franco Ferrini e Enrico Oldoini.

Sing Sing chiama Wall Street * (*Buy & Cell*, Usa 1987, col, 95') Robert Boris. Con Robert Carradine, Malcolm McDowell, Lise Cutter, Roddy Piper, Randall «Tex» Cobb. ◆ Un genio degli affari (Carradine) vittima di un raggiro trasforma la prigione di cui è ospite in una società quotata in Borsa, e i detenuti in yuppie modello. L'idea di partenza si esaurisce subito, e le battute sono scadenti. McDowell, ovviamente, è il direttore cattivo. Girato a Roma, negli studi della fu Empire.

Sinuhe l'egiziano *½ (*The Egyptian*, Usa 1954, col, 140') Michael Curtiz. Con Edmund Purdom, Jean Simmons, Michael Wilding, Victor Mature, Michael Wilding, Gene Tierney, Peter Ustinov, Bella Darvi, John Carradine. ◆ Il faraone Akenaton (Wilding) intraprende una riforma monoteista ma viene fatto fuori. Il medico di corte (Purdom) si fa allora difensore della giustizia. Prodotto da Zanuck (che trova una parte per la sua sfortunata protetta Bella Darvi), un polpettone in costume che spesso scivola nel ridicolo involontario. L'interprete doveva essere Marlon Brando che fortunatamente rifiutò. Lo spirito didattico del romanzo di Mika Waltari viene del tutto accantonato.

Sipario di ferro, Il *½ (*The Iron Curtain*, Usa 1948, b/n, 87') William A. Wellman. Con Dana Andrews, Gene Tierney, June Havoc, Edna Best. ◆ Un ufficiale russo (Andrews) sceglie la libertà e smaschera un complotto di spie infiltrate negli Stati Uniti. Il «falco» Wellman dirige, con un cast degno di miglior sorte, un tipico prodotto dell'èra della caccia alle streghe, ispirato alla storia vera di Ivan Gouzenko. Lo stile è ancora quello semidocumentaristico dei film di propaganda bellica.

Sipario strappato, Il *½ (*Torn Curtain*, Usa 1966, col, 128') Alfred Hitchcock. Con Paul Newman, Julie Andrews, Lila Kedrova, Hansjörg Felmy, David Opatoshu. ◆ Uno scienziato americano (Newman) finge di voler passare oltre la cortina di ferro per impossessarsi di una formula: ma la fidanzata impicciona (Andrews) rischia di rovinargli il piano. A parte una scena d'omicidio sorprendentemente lunga e realistica, in cui lo scienziato e una donna utilizzano come arma tutto ciò che si può trovare in una cucina, il film è fiacco e povero di suspense. Hitchcock non era soddisfatto né di Newman, né degli scadenti trasparenti nella scena finale sull'autobus, né della colonna sonora di Bernard Herrmann (che fece sostituire con quella di John Addison): ma il difetto di partenza è nella sceneggiatura (di Brian Moore). Hitchcock nella hall di un albergo tenta inutilmente di far sparire dai pantaloni la macchia che gli ha «lasciato» il bambino che ha in braccio.

Si può entrare? ** (*For Heaven's Sake*, Usa 1951, b/n, 92') George Seaton. Con Clifton Webb, Joan Bennett, Robert Cummings, Edmund Gwenn, Joan Blondell, Gigi Perreau, Jack La Rue. ◆ Per «convincere» un'attrice teatrale (Bennett) e il marito regista (Cummings), troppo presi dal loro lavoro, a fare finalmente un figlio dopo otto anni di matrimonio, l'angelo Carlo (Webb) arriva persino a incarnarsi in un corpo umano, nonostante il suo collega Arturo (Gwenn) lo sconsigli in tutti i modi: e infatti andrà incontro a tutta una serie di guai, anche per colpa di una procace scrittrice di commedie (Blondell). Divertente commedia soprannaturale, scritta dallo stesso Seaton a partire da una pièce di Harry Segall: deve molto del suo successo all'(auto)ironica interpretazione di Clifton Webb, irresistibilmente comico quando imita il Gary Cooper dell'*Uomo del West*, l'ideale umano a cui si è ispirato per trovare un corpo in cui incarnarsi.

Si può essere più bastardi dell'ispettore Cliff? ** (Italia/Gb 1973, col, 90') Massimo Dallamano. Con Ivan Rassimov, Stephanie Beacham, Patricia Hayes, Luciano Catenacci, Verna Harvey, Giacomo Rossi Stuart. ◆ Cliff (Rassimov), poliziotto in incognito dai metodi spicci, fa il doppio gioco con alcune bande criminali che operano tra America, Inghilterra e Libano, tentando di metterle le une contro le altre. Dallamano (anche sceneggiatore, con Sandy MacRae) sembra girare con la sinistra, ma costruisce un *action* senza pietà, violento e sanguinoso, disegnando con attenzione e spirito pessimistico una galleria di sadici che inseguono i propri interessi. Rassimov è un duro amorale e godibile, ma due donne gli rubano la scena: la Beacham, cui è riservato il colpo di coda finale, e la Hayes, capobanda spietata che sembra uscire da *Il clan dei Barker* di Corman.

Si può fare... amigo * (Italia/Francia/Spagna 1972, col, 105') Maurizio Lucidi. Con Bud Spencer [Carlo Pedersoli], Jack Palance, Francisco Rabal, Renato Cestié, Dany Saval, Sal Borgese. ◆ Un avventuriero (Spencer) difende un ragazzino (Cestié) che ha ereditato un terreno ricco di petrolio, e si trova anche una moglie. Western alla buona per un pubblico famigliare. Sceneggiatura di Rafael Azcona, già braccio destro di Marco Ferreri.

Sirena **½ (*Siréna*, Cecoslovacchia 1947, b/n, 82') Karel Steklý. Con Marie Vášová, Ladislav Boháč, Oleg Reif, Naděžda Mauerová, Pavla Suchá, Josef Bek. ◆ 1889, zona carbonifera di Kladno: la crisi di Hudec (Boháč), tentato da un'avventura extraconiugale, si intreccia allo sciopero dei minatori contro i padroni asburgici. L'esempio della moglie (Vášová) e la coscienza di classe lo spingeranno a solidarizzare – lui fonditore – coi minatori, anche se perderà il posto e la più piccola delle loro figlie, Emča (Suchá), sarà uccisa dall'esercito chiamato a reprimere lo sciopero. Ricostruzione del primo sciopero della classe operaia cecoslovacca, sceneggiato dal regista sulla scorta del romanzo di Marie Majerová. L'enfasi retorica dell'impianto narrativo non cancella la sincerità con cui il film racconta la durezza della vita quotidiana (la scena del suicidio del monco sotto la pioggia), mentre la rilettura della storia in termini di classe lascia spazio alla centralità del ruolo femminile nella società (è della Vášová l'ultima battuta del film, diretta alla sirena che segnala la sconfitta dello sciopero con il ritorno al lavoro: «Urla tu, ma non ci farai tacere»). Il Gran premio internazionale per il miglior film vinto a Venezia favorì la conoscenza in Europa del cinema cecoslovacco.

Sirena a Manhattan, Una → *Splash – Una sirena a Manhattan*

Sirena del circo, La * (*Texas Carnival*, Usa 1951, col, 77') Charles Walters. Con Esther Williams, Howard Keel, Red Skelton, Ann Miller, Keenan Wynn, Tom Tully, Red Norvo. ◆ La sirena del titolo è la star del musical acquatico Esther Williams, sottoutilizzata in un circo come ragazza-bersaglio. Il suo manager, scambiato per un milionario, dovrà vedersela con dei banditi. Anodino musical della Mgm, al di sotto della media.

Sirena del Congo, La *½ (*White Cargo*, Usa 1942, b/n, 90') Richard Thorpe. Con Hedy Lamarr, Walter Pidgeon, Frank Morgan, Richard Carlson, Reginald Owen. ◆ In una piantagione inglese in Africa una femme fatale (Lamarr) fa girare la testa a tutti i maschi bianchi. Il più allocco (Pidgeon) la sposa, e finisce avvelenato. Al di là del fascino magnetico della protagonista c'è veramente poco.

Sirene ** (*Mermaids*, Usa 1990, col, 111') Richard Benjamin. Con Cher [Cherilyn La Piere Sarkosian], Winona Ryder, Bob Hoskins, Christina Ricci, Michael Shoeffling. ◆ Cher è una mamma single e scapestrata; Ryder la figlia più grande, che sta diventando donna ma pensa a farsi suora; Hoskins l'uomo della porta accanto che farà rigar dritto la mamma. La famiglia è salva, e anche l'ascetismo della figlia si ammorbidisce. Nell'America del 1963, una commedia dolceamara e un po' sopra le righe, piena di innocue bizzarrie e rassicuranti banalità. Non sgradevole, ma poco commestibile per un pubblico non americano.

Sirenetta, La **½ (*The Little Mermaid*, Usa 1989, col, 83') John Musker, Ron Clements. ◆ Figlia di re Tritone, la sirenetta Ariel è talmente curiosa della vita sulla terraferma che finisce per innamorarsi del principe Eric: in cambio di fattezze umane è disposta a cedere alla strega Ursula la sua voce, ma rischia di darle anche la sua libertà se entro tre giorni non riuscirà a farsi baciare dal principe. Il ventinovesimo lungometraggio di casa Disney è una fortunatissima riduzione della favola di Hans Christian Andersen (di cui modifica, in senso positivo, il finale), che ha il suo punto di forza nei numeri musicali – premiati con due Oscar (per la colonna sonora e la canzone *Under the Sea* di Howard Ashman e Alan Menken) – ma anche nell'animazione e nella composizione delle scene, a cominciare dal numero del calypso diretto dal granchio Sebastian (che nella versione originale parla con spiccato accento tedesco). Il personaggio di Ursula è ispirato alla Gloria Swanson di *Viale del tramonto*.

Sirens – Sirene **½ (*Sirens*, Australia 1994, col, 95') John Duigan. Con Hugh Grant, Tara Fitzgerald, Sam

Neill, Elle Macpherson, Portia De Rossi, Kate Fischer, Pamela Rabe, John Polson. ◆ Australia, 1930: un fervente pastore anglicano (Grant), appena arrivato dall'Inghilterra con la moglie (Fitzgerald), viene incaricato dalla Chiesa di convincere il pittore Norman Lindsay (Neill) a ritirare da una mostra alcune opere che sono giudicate blasfeme. La coppia passa alcuni giorni nella tenuta dell'artista, dove le modelle (tra cui la vera top MacPherson) conducono una vita libera e libertina che affascinerà soprattutto la moglie del pastore. Ispirato alla vera vita del pittore Norman Lindsay (1878-1969), il film si presenta come una commedia maliziosa che, tra décor pseudodannunziani, religiosi scandalizzati e pastori dallo spirito borghesuccio, sancisce soprattutto l'inafferrabilità delle sirene del titolo, creature vitali e libere (nonché nude per quasi tutto il film), simbolo dell'eterno femminino sfuggente e misterioso: persino il pittore, per trasferirle sulla tela, ha bisogno della posa fissa in studio, mentre il regista, pur ammiccando a un eventuale rapporto saffico tra la moglie del pastore e la bella MacPherson, preferisce scegliere la metafora del solletico per non avventurarsi in un territorio ignoto. Per Grant curiose analogie con il personaggio interpretato in *Luna di fiele*.

Si ringrazia la regione Puglia per averci fornito i milanesi * (Italia 1982, col, 86') Mariano Laurenti. Con Massimo Boldi, Teo Teocoli, Giorgio Porcaro, Eleonora Vallone. ◆ Una coppia di meridionali cercano invano fortuna a Milano: ma faranno fagotto. Scipita farsa che cerca di sfruttare macchiette televisive allora di qualche notorietà (come Porcaro che faceva concorrenza ad Abatantuono col suo dialetto inventato). Al di sotto anche della media di Laurenti.

Si riparla dell'uomo ombra *½ (*Another Thin Man*, Usa 1939, b/n, 105') W.S. Van Dyke II. Con William Powell, Myrna Loy, C. Aubrey Smith, Otto Kruger, Nat Pendleton. ◆ Terzo episodio dell'*Uomo ombra*, ultimo su soggetto di Dashiell Hammett; verrà seguito da *L'ombra dell'uomo ombra*. Compare per la prima volta il figlio della coppia, Nick Charles jr, presenza fissa negli episodi successivi. Un colonnello minacciato di morte viene ucciso nella sua villa mentre Nick (Powell) e Nora (Loy) sono ospiti. La soluzione arriva all'ultimo minuto, ma quando la curiosità dello spettatore si è ormai affievolita. Un passo indietro rispetto agli altri episodi.

Si salvi chi può – La vita **½ (*Sauve qui peut (la vie)*, Francia 1980, col, 88') Jean-Luc Godard. Con Jacques Dutronc, Isabelle Huppert, Nathalie Baye, Anna Baldaccini, Fred Personne. ◆ Il film che ha inaugurato la nuova maniera di Godard dopo un periodo di ripiegamento. In cinque tempi (il richiamo alla forma della sinfonia è accentuato dal ruolo di primo piano svolto dalla musica, spesso eseguita live) Godard fa incrociare uno studioso della comunicazione (Dutronc), la sua amante (Baye) e una prostituta (Huppert), facce diverse del disagio della società borghese. Il personaggio più riuscito è il terzo, che offre spunto a un aggiornamento di *Questa è la mia vita*, con una sequenza da antologia: la catena sessuale (raccontata e non mostrata), organizzata da uno dei clienti, in cui si sente il tocco dello sceneggiatore Jean-Claude Carrière. Godard, che gioca con le immagini rallentandole e fermandole come su un videoregistratore, sembra aver poco da dire (Dutronc, che nel film si chiama Paul Godard, sentenzia «Faccio film perché non so fare altro e non ho la forza di non fare nulla»), ma ha un tono lucido e sarcastico che non sempre saprà conservare nelle opere successive.

Si salvi chi vuole *½ (Italia 1980, col, 94') Roberto Faenza. Con Gastone Moschin, Claudia Cardinale, Francesco De Rosa, Mattia Pinoli, Ilaria Vecchi, Enrico Vecchi. ◆ Un deputato comunista bolognese (Moschin), ormai imborghesitosi, rischia il collasso a causa della moglie permissiva (Cardinale), della figlia fricchettona e del suo fidanzato fannullone. Farsa con pretese di satira politica, in cui però non è ben chiaro il bersaglio; alla fine ha la meglio il macchiettismo più greve. Giorgio Celli è il professore.

Sì, signor generale * (*Top Secret Affair*, Usa 1957, b/n, 100') Henry C. Potter. Con Kirk Douglas, Susan Hayward, Paul Stewart, John Cromwell. ◆ Una giornalista (Hayward) intende rovinare un generale (Douglas) ma finisce con l'innamorarsene e rattoppare lo scandalo che ha suscitato. Fiacca commedia per star, il cui regista ha conosciuto tempi migliori.

Sì, sì... per ora *½ (*I Will, I Will... for Now*, Usa 1976, col, 96') Norman Panama. Con Elliott Gould, Diane Keaton, Paul Sorvino, Victoria Principal, Robert Alda, Candy Clark. ◆ Lei (Keaton) è frigida, lui (Gould) conclude troppo in fretta: ma dopo il divorzio e varie tentazioni si rimettono insieme. Modesta farsa sui guai della coppia moderna, dove una regia inetta spreca due ottimi attori.

Si spogli dottore! *½ (*Doctor in Love*, Gb 1960, col, 93') Ralph Thomas. Con Michael Craig, James Robertson Justice, Virginia Maskell, Carole Lesley, Leslie Phillips, Liz Fraser. ◆ Le peripezie professionali e sentimentali del dottor Hare (Craig), medico agli inizi della carriera, malato d'itterizia e con una predisposizione all'innamoramento fulmineo. Commedia leggera del genere ospedaliero, con Craig nel ruolo che prima era di Dirk Bogarde (il dottor Sparrow): gag a ripetizione e qualche timido tentativo di satira sociale.

Sissi a Ischia (Scampolo) *½ (*Scampolo*, Germania 1957, b/n, 95') Alfred Weidenmann. Con Romy Schneider, Victor De Kowa, Paul Hubschmid. ◆ A Ischia, Scampolo, ragazza bella e spensierata (Schneider), s'innamora di un architetto squattrinato (Hubschmid), che sogna di vincere un concorso per il miglior progetto di un quartiere moderno di Napoli. Poiché la documentazione non può essere inviata per posta, Scampolo la porta di persona al ministero: il termine per la consegna sarebbe scaduto, ma la ragazza riesce a superare ogni difficoltà. Seguono, come previsto, vittoria e matrimonio. Una delle tante commedie rosa che imprigionarono la splendida Schneider in ruoli leggeri e sdolcinati fino all'incontro con Delon e Visconti. Il titolo italiano, del tutto improprio, sfrutta la popolarità del suo più famoso personaggio, la principessa Sissi, interpretato in ben quattro film precedenti. Il soggetto di *Scampolo* è tratto dall'omonima commedia di Dario Niccodemi, più volte portata sulle scene e sullo schermo (ricordiamo la versione cinematografica di Giorgio Bianchi con Maria Fiore, 1953).

Sissi e il granduca * (*Alt Heidelberg*, Austria 1959, col, 92') Ernst Marischka. Con Sabine Sinjen, Christian Wolff, Gert Fröbe. ◆ L'erede al trono della Sassonia (Wolff) si innamora di una cameriera (Sinjen): ma le gerarchie sociali, questa volta, non vengono infrante. Anche se regista e protagonista sono gli stessi, non si tratta di un episodio della serie di *Sissi, l'imperatrice d'Austria*, come vorrebbe far credere il titolo italiano ma della riduzione della commedia di Wilhelm Meyer-Föster.

Sissignora ** (Italia 1941, b/n, 94') Ferdinando Maria Poggioli. Con Maria Denis, Emma e Irma Gramatica, Evi Maltagliati, Leonardo Cortese, Rina Morelli, Dhia Cristiani, Roldano Lupi. ◆ Innamoratasi del figlio (Cortese) delle padrone (le sorelle Gramatica), una cameriera (Denis) perde il suo impiego; si sacrificherà per curare il figlio della sua nuova padrona (Maltagliati), affetto da una malattia contagiosa. Commedia sui rapporti di classe con finale tragico. Poggioli sfrutta al meglio l'ottimo cast, e cerca di non calcare la mano. All'adattamento del romanzo di Flavia Steno da cui è tratto il film collaborarono Emilio Cecchi, Anna Banti e Alberto Lattuada.

Sissignore *½ (Italia 1968, col, 105') Ugo Tognazzi. Con Ugo Tognazzi, Maria Grazia Buccella, Gastone Moschin, Franco Fabrizi, Ferruccio De Ceresa, Donatella Della Nora. ◆ L'autista (Tognazzi) di un boss (Moschin), per compiacerlo, accetta ogni sorta di umiliazione: va in galera al posto suo, gli cede un orecchio, sposa la sua amante incinta. Un classico personaggio alla Tognazzi sottomesso e patetico, mal servito, questa volta, da una regia incerta e ambiziosa. Collaborano alla sceneggiatura, assieme a Tognazzi, Tonino Guerra e Luigi Malerba.

Sissi, la favorita dello zar * (*Die schöne Lügnerin*, Rft/Francia 1959, col, 99') Axel von Ambesser. Con Romy Schneider, Jean-Claude Pascal, Helmut Lohner, Paul Guers. ◆ Durante il congresso di Vienna una cameriera (Schneider), scambiata per una spia, si inventa che Napoleone sia fuggito dall'Elba – ciò che corrisponde in effetti a realtà. In premio sposerà un nobile. La Schneider non è più Sissi, come vorrebbe far credere il titolo italiano, ma continua a bamboleggiare in costumi d'epoca.

Sissi, la giovane imperatrice * (*Sissi, die junge Kaiserin*, Austria 1956, col, 107') Ernst Marischka. Con Romy Schneider, Karlheinz Böhm, Magda Schneider, Gustav Knuth. ◆ Terzo film della serie dopo *La principessa Sissi*. Sposata con Cecco Beppe (Böhm), Sissi (Schneider), in rotta con la suocera, se ne torna in Baviera. Il Kaiser le corre dietro e fanno la pace. Intanto la bella imperatrice fa star buoni anche i rivoltosi ungheresi. Affettato, sdolcinato e reazionario: all'epoca un grande successo internazionale. Seguìto da *Destino di una imperatrice*.

Sistemo l'America e torno *½ (Italia 1974, col, 115') Nanni Loy. Con Paolo Villaggio, Sterling St. Jacques, Rita Savagnone, Alfredo Rizzo, Christa Linder. ◆ Un ingegnere (Villaggio) di Busto Arsizio è mandato in America a reclutare un giocatore di pallacanestro (St. Jacques), che però risulta essere un militante del Black Power. Il vecchio motivo del provinciale nel nuovo mondo è alla base di un ibrido (sceneggiato dal regista con Leo Benvenuti e Piero De Bernardi) che indugia nel reportage sensazionalistico e poi scivola nella tragedia. Messaggio politico progressista molto forzato, ma che allora andava di moda.

Sister Act – Una svitata in abito da suora **½ (*Sister Act*, Usa 1992, col, 100') Emile Ardolino. Con Whoopi Goldberg, Harvey Keitel, Maggie Smith, Bill Nunn, Kathy Najimi, Wendy Makkena. ◆ La cantante di un casinò di Reno (Goldberg) assiste per caso a un omicidio commesso dal suo amante (Keitel): per proteggerla, la polizia la nasconde in un convento dove vige una disciplina austera, ma è difficile costringere al rispetto delle regole una cantante. Svitata la Goldberg, ma svitata soprattutto la commedia sceneggiata da Joseph Howard, che si presenta come un inconsueto revival del genere screwball in auge negli anni Quaranta: un esilarante congegno di precisione, dove tempi, ritmi e caratteri acquistano progressivamente velocità per sfociare in un finale con fuochi d'artificio, riuscendo anche a evitare (e non è merito da poco) tutti gli insopportabili stereotipi su conventi e suore. Indomabile e trascinante la verve dell'attrice protagonista.

Sister Act 2 – Più svitata che mai * (*Sister Act 2: Back in the Habit*, Usa 1993, col, 107') Bill Duke. Con Whoopi Goldberg, Kathy Najimy, Wendy Makkenna, James Coburn, Maggie Smith. ◆ Deloris Van Cartier (Goldberg) è tornata a cantare a Las Vegas, ma l'amica madre superiora (Smith) la convince a travestirsi di nuovo da suora, per risollevare le sorti di una scuola che sta per chiudere. Ovviamente Deloris conquisterà i semiteppisti della sua classe, portandoli al successo con un coro che passa dal gospel al rap. Fiacco sequel che, non avendo più da giocare la carta della commedia degli equivoci, si rifugia nella solita variazione dello schema di *Saranno famosi*. Bill Duke è Mr. Jonson.

Sitcom * (*Sitcom*, Francia 1998, col, 85') François Ozon. Con Evelyne Dandry, François Marthourel, Marina de Van, Adrien de Van, Stéphane Rideau, Lucia Sanchez, Jules-Emmanuel Eyoum Deido, Jean Douchet, Sébastien Charles. ◆ Il figlio Nicolas (A. de Van) si confessa gay, e la mamma (Dandry) ci va a letto assieme per guarirlo; ma la frenesia sessuale contagia anche il resto della famiglia: colpa di un topo che irradia strani influssi? Scemenza che vorrebbe essere provocatoria (con tanto di scena hard) di un esordiente regista-sceneggiatore: ma non funziona neanche come parodia delle soap-opera; e il finalino horror mostra non solo la confusione delle idee, ma anche che la cattiveria era fasulla.

Sitting Ducks – Soldi sesso & vitamine ** (*Sitting Ducks*, Usa 1980, col, 90') Henry Jaglom. Con Michael Emil, Zack Norman, Patrice Townsend, Irene Forrest, Richard Romanus, Henry Jaglom. ◆ Un timido contabile della mafia (Emil) fugge con la cassa assieme a un amico (Norman): ma, da quei «bersagli facili» (sitting ducks) che sono, rimorchiano proprio due donne pagate per farli fuori. Lo stile logorroico, divagante e semimprovvisato di Jaglom viene adattato a un film di genere: il risultato può incantare o irritare a seconda dei gusti. Non lasciatevi ingannare, comunque, dal sottotitolo italiano.

Situazione disperata, ma non seria ** (*Situation Hopeless – But Not Serious*, Usa 1965, b/n, 97') Gottfried Reinhardt. Con Alec Guinness, Michael Connors, Robert Redford, Anita Hoefer. ◆ Un lunatico impiegato tedesco (Guinness), bisognoso di compagnia, tiene chiusi in cantina due soldati americani (Connors e Redford), senza rivelare loro che la guerra è finita. Quando i due fuggono, piombano sul set di un film bellico. Da un racconto di Robert Shaw sceneggiato da Silvia Reinhardt, una commedia paradossale che va un po' per le lunghe.

Situazione imbarazzante **½ (*Bachelor Mother*, Usa 1939, b/n, 82') Garson Kanin. Con Ginger Rogers, David Niven, Charles Coburn, Frank Albertston, E.E. Clive, Elbert Coplen jr, Ferike Boros. ◆ Creduta erroneamente la madre di un bambino abbandonato all'orfanotrofio, Polly Parrish (Rogers) diventa l'oggetto della «carità» di David Merlin (Niven), il proprietario del grande magazzino dove lavora che vuole a tutti i costi aiutarla a essere una brava mamma e che rischia di far credere al proprio padre (Coburn) di essere il genitore segreto del bambino. Divertente variazione screwball sul tema della natività (Polly si vede «recapitare» a casa il suo presunto figlio la vigilia di Natale e Merlin, inconsapevole «babbo natale», possiede un negozio di giocattoli) con una deliziosa Ginger Rogers «attraente senza essere ridotta a simbolo sessuale e romantica senza mai limitarsi a simbolizzare la purezza e la fragilità». Sceneggiato da Norman Krasna a partire da un soggetto di Felix Jackson (che ottenne una nomination), il film fu rifatto nel 1956 da Norman Taurog (*Un turbine di gioia*). Esiste una versione colorizzata.

Sixteen Candles – Un compleanno da ricordare *½ (*Sixteen Candles*, Usa 1984, col, 90') John Hughes. Con Molly Ringwald, Anthony Michael Hall, Paul Dooley, John Cusack, Joan Cusack, Jami Gertz. ◆ Samantha (Ringwald) compie sedici anni il giorno prima delle nozze di sua sorella: tutti sembrano dimenticarsi di lei, e non rimane che aspettare il ragazzo dei sogni, che forse è più vicino di quanto non creda. Prima regia di John Hughes, che inaugura una formula di film per teen-ager a base di sentimentalismo e irriverenza destinata, in patria, a un grande successo. Trampolino di lancio per un'attrice che non è mai esplosa, Molly Ringwald.

Skidoo ** (*Skidoo*, Usa 1968, col, 98') Otto Preminger. Con Jackie Gleason, Carol Channing, Frankie Avalon, Groucho Marx, John Philip Law, Peter Lawford, George Raft, Burgess Meredith, Cesar Romero, Mickey Rooney. ◆ Un ex fuorilegge (Gleason), costretto a rientrare nel giro da un boss chiamato Geova (nell'edizione originale è «God» cioè Dio: Groucho Marx nella sua ultima apparizione), si fa arrestare, organizza un'evasione su una mongolfiera, dopo essersi fatto di Lsd, e riconduce alla ragione il malvagio con l'aiuto dei fricchettoni amici di sua figlia. Farsa strampalata sceneggiata da Doran William Cannon, ritenuta da alcuni il peggior film di Preminger. Da apprezzare, comunque, la vena anarchica e lo sperimentalismo linguistico, entrambi in linea con l'epoca, e soprattutto l'incredibile cast.

Skin Deep *½ (*Skin Deep*, Usa 1989, col, 101') Blake Edwards. Con John Ritter, Vincent Gardenia, Alyson Reed, Joel Brooks, Julianne Philips, Nina Foch. ◆ Uno scrittore di successo (Ritter) viene abbandonato dalla moglie che gli brucia la casa: si dà allora al libertinaggio, collezionando tra l'altro culturiste e fidanzate di teppisti metallari. Ma tranquilli che tornerà con la consorte. Edwards alle prese col caos sessuale contemporaneo: il ribaltamento dei sessi (quando la culturista si spoglia, Ritter commenta, un po' preoccupato: «Mi sembra di essere la moglie di Schwarzenegger») e il mito del safe sex. Il film è passato alla cronaca proprio per un paio di gag legate all'uso di preservativi fluorescenti. Ma, a parte qualche risata, c'è anche il peggio del regista: ossessioni da andropausa, chiacchiere da bar e uno spirito assolutorio e compiaciuto.

Skinheads ** (*Romper Stomper*, Australia 1992, col, 94') Geoffrey Wright. Con Russell Crowe, Daniel Pollock, Jacqueline McKenzie, Alex Scott. ◆ Cosa fanno gli skinheads di Melbourne? Pestano a sangue gli immigrati vietnamiti, si disputano le ragazze e giocano a fare l'«Arancia meccanica» in casa dei ricchi. L'intento dell'esordiente regista e sceneggiatore era quello di documentare una realtà, senza filtri né giudizi: ma in tal caso avrebbe dovuto rinunciare a tutti i cascami romanzeschi, a cominciare dalla ragazza di buona famiglia (McKenzie) vittima di un padre incestuoso, e contesa tra il capo skinhead cattivo (Crowe) e lo skinhead «buono» (Pollock). Non mancano le ambiguità, e la violenza parossistica è messa in scena con evidente compiacimento (e un certo talento visivo). A volte si stenta a credere che la gente non se le stia dando sul serio: ma è tutto un film, e nessun attore è skinhead anche nella vita.

Slalom *½ (Italia/Francia/Egitto 1965, col, 108') Luciano Salce. Con Vittorio Gassman, Adolfo Celi, Beba Loncar, Daniela Bianchi. ◆ In vacanza al Sestrière, un italiano (Gassman) in cerca di avventure extraconiugali, viene coinvolto in un intrigo spionistico che lo porterà al Cairo. O è solo il sogno di un borghesuccio suggestionato dai film di 007? Modesta parodia con due reduci dai film di James Bond, Daniela Bianchi (bella di *A 007 – Dalla Russia con amore*), e Adolfo Celi (cattivo di *Agente 007: Thunderball, operazione tuono*). Musiche di Ennio Morricone.

Slam ** (*Slam*, Usa 1998, col, 100') Marc Levin. Con Saul Williams, Sonja Sohn, Bonz Malone, Beau Sia. ◆ Piccolo spacciatore con l'hobby della poesia, Raymond Joshua (Williams) sopravvive dentro e fuori il carcere a suon di versi, predicando la non violenza. L'arte di strada (*slammers* si chiamano i partecipanti alle gare di poesia) come catarsi e redenzione: c'è aria di autenticità (tutti sono autori dei versi che recitano, e il regista viene dal documentario), ma la morale, fuori dal suo contesto, suona un po' troppo corretta. L'ex sindaco di Washington Marion Barry è il giudice. Per fortuna in versione originale con sottotitoli. Caméra d'or a Cannes (miglior esordiente) e premio della giuria al Sundance. Musiche originali di DJ Spooky.

Slamdance - Il delitto di mezzanotte **½ (*Slamdance*, Usa 1987, col, 100') Wayne Wang. Con Tom Hulce, Mary Elizabeth Mastrantonio, Virginia Madsen, Don Opper, Harry Dean Stanton, Millie Perkins. ◆ Un pittore iperrealista (Hulce), separato dalla moglie (Mastrantonio), viene accusato dell'assassinio di una modella (Madsen) e perseguitato da poliziotti corrotti e balordi di ogni genere. Si salverà con un espediente pirandelliano. Noir in confezione new wave, pieno di attori di culto (tra cui i cantanti John Doe e Adam Ant), sempre in bilico tra il macabro e il grottesco. Un po' sbilanciato e con la tendenza a perdersi per strada, anche perché i produttori l'hanno sottratto al regista, che avrebbe voluto ritirare la sua firma.

Slaughter, uomo mitra *½ (*Slaughter*, Usa 1972, col, 92') Jack Starrett. Con Jim Brown, Stella Stevens, Rip Torn, Don Gordon, Cameron Mitchell. ◆ Il capitano Slaughter (Brown), reduce del Vietnam, viene mandato dall'Fbi in missione in Sudamerica. Oltre a eseguire la missione, il nero Slaughter si cava un po' di sfizi come: vendicare gli assassini del padre; uccidere bianchi in quantità; andare a letto con una bionda. Sottoprodotto del genere blaxpoitation, ai tempi criticato per un presunto incitamento alla violenza.

Sleepers *½ (*Sleepers*, Usa 1996, b/n e col, 152') Barry Levinson. Con Jason Patric, Brad Pitt, Ron Eldard, Billy Crudup, Robert De Niro, Dustin Hoffman, Kevin Bacon, Vittorio Gassman, Bruno Kirby, Brad Renfro, Jonathan Tucker, Geoffrey Wigdor, Joe Perrino, Minnie Driver. ◆ New York: a metà anni Sessanta, per una bravata, Lorenzo, Michael, John e Tommy (rispettivamente Perrino, Renfro, Wigdor e Tucker) finiscono in riformatorio, dove conoscono l'umiliazione e la violenza da parte di un secondino pedofilo, Nokes (Bacon). Undici anni dopo, quando Tommy (Crudup) e John (Eldard) uccidono Nokes, Michael (Pitt), diventato procuratore, e Lorenzo (Patric), diventato giornalista, si danno da fare per salvarli: tutto sta a convincere padre Bobby (De Niro) a fornire loro un falso alibi. Dal romanzo autobiografico di Lorenzo Carcaterra, sceneggiato dal regista, un film di formazione con cast a effetto, raccontato in voce off e a flashback da Lorenzo, che si trasforma prima in un film carcerario e poi in uno giudiziario per chiudersi con un equivoco elogio della legge del taglione. La parte migliore è la prima, dove Levinson riesce a restituire con una certa credibilità la vita di quartiere di quattro adolescenti sbandati e sbruffoni. Ma dopo la scena fatale alla *Corazzata Potëmkin*, con il carretto degli hot dog che precipita giù per le scale del metrò ferendo un passante, anche il film va a rotoli in una spirale di terrore e vendetta appesantita da lungaggini insopportabili. Hoffman è Snyder, l'avvocato tossicodipendente che King Benny (Gassman) assolda per difendere i suoi protetti Tommy e John. Bella la fotografia di Michael Ballhaus.

Sliding Doors **½ (*Sliding Doors*, Gb 1998, col, 110') Peter Howitt. Con Gwyneth Paltrow, John Lynch, John Hannah, Jeanne Tripplehorn, Zara Turner, Douglas McFerran, Paul Brightwell. ◆ Se prenderà la metropolitana, Helen (Paltrow), p.r. londinese appena licenziata, conoscerà l'affascinante James (Hannah) ma a casa troverà il suo compagno Gerry (Lynch) a letto con l'ex fidanzata (Tripplehorn); se la perderà, verrà scippata appena scesa dal taxi ma eviterà lo shock da tradimento. Quale ipotesi scegliere? Commedia romantica sui casi del destino, ispirata ai *women movies* del dopoguerra, surreale nella struttura - che si sviluppa in parallelo - ma verosimile nelle situazioni e nei dettagli. Al suo esordio come sceneggiatore e regista, l'attore inglese (*Nel nome del padre*, *Una scelta d'amore*) dimostra di possedere un acuto spirito di osservazione, uno humour salace e una piacevole scioltezza narrativa, nonostante qualche rallentamento nel ritmo. Prodotto da Sydney Pollack, è il film che ha fatto conoscere la Paltrow prima della consacrazione di *Shakespeare in Love*.

Sliver ° (*Sliver*, Usa 1993, col, 108') Phillip Noyce. Con Sharon Stone, William Baldwin, Tom Berenger, Polly Walker, Martin Landau, Colleen Camp, CCH Pounder, Nina Foch. ◆ Carly (Stone), sola e divorziata, si trasferisce nell'appartamento di un condominio ultramoderno (lo «Sliver», letteralmente «scheggia»), la cui precedente inquilina è stata defenestrata. Chi sarà l'assassino? Lo scrittore di gialli (Berenger) in crisi d'ispirazione? O il giovane e aitante proprietario del condominio (Baldwin), che spia gli inquilini con un sistema di telecamere? Sulla carta una replica di *Basic Instinct*: stessa protagonista, stesso sceneggiatore (Joe Eszterhas), stesso cocktail di erotismo, thriller e citazioni hitchcockiane (in questo caso *La finestra sul cortile*). Ma l'intreccio è macchinoso e poco onesto nei confronti dello spettatore, e di sesso, in confronto al film di Verhoeven, ce n'è pochino. E anche l'idea della televisione che controlla le vite quotidiane è risaputa. Sharon Stone, con qualche ruga, non apre più le gambe; Baldwin, in compenso, mostra il culo.

Slok ** (*Schlock*, Usa 1971, col, 80') John Landis. Con John Landis, Eliza Garret, Saul Kahan. ◆ Primo film di Landis, anche protagonista sotto il costume di uno scimmione preistorico che semina morte in una cittadina: innamoratosi di una ragazza cieca, farà la fine di King Kong. Parodia per cinefili (tra le vittime vi è *2001: Odissea nello spazio*), a volte spassosa, ma diluita in un ritmo fiacco. Il costume dello scimmione è creato da Rick Baker, amico di Landis e specialista in materia (vedi *King Kong* e *Gorilla nella nebbia*). Pessimo il doppiaggio italiano.

Smagliatura, La ** (*Der dritte Grad*, Rft/Italia/Francia 1975, col, 110') Peter Fleischmann. Con Ugo Tognazzi, Michel Piccoli, Mario Adorf, Adriana Asti. ◆ In Grecia un oppositore (Tognazzi) del regime dei colonnelli viene arrestato e tradotto da un maresciallo carogna (Adorf) e da un agente dall'aria umana (Piccoli): ma non si accorge che anche i tentennamenti di quest'ultimo fanno parte del gioco per smascherarlo. Da un copione di Jean-Claude Carrière, una coproduzione ambiziosa che non mantiene tutte le sue promesse. Efficace il trio di interpreti. Musiche di Ennio Morricone.

Small Faces ** (*Small Faces*, Gb 1995, col, 108') Gillies MacKinnon. Con Ian Robertson, Joseph McFadden, Steven Duffy, Clare Higgins, Laura Fraser, Kevin McKidd, Mark McConnochie. ◆ Glasgow, 1968: la storia dei tre fratelli MacLean, raccontata dal più giovane, Lex (Robertson). Bobby (Duffy), psicologicamente instabile e violento, partecipa alla guerra tra le bande della città, Alan (McFadden) si dedica all'arte, e Lex, che segue per gioco il percorso di Bobby, alla fine si troverà nel dramma di salvare l'unico fratello che gli rimane. *I ragazzi della 56a strada* in versione britannica, con il classico repertorio di gang adolescenziali alternato a ritratti di famiglia alla Terence Davies, e un vago ricordo del Free Cinema (ma la rabbia non c'è, rimangono le citazioni: del resto la sceneggiatura dei fratelli Gillies e Billy MacKinnon, regista e produttore, è ampiamente autobiografica). Meglio la prima parte, ellittica e gravida di tensione sospesa: nella seconda, lo sviluppo narrativo diventa lineare e scontato, anche se la mancanza di eroi, presenza tipica in questo genere di film, rimane un'originalità non da poco.

Small Soldiers *½ (*Small Soldiers*, Usa 1998, col, 110') Joe Dante. Con Gregory Smith, Kirsten Dunst, Jay Mohr, Denis Leary, Kevin Dunn, Ann Magnuson, Dick Miller, Robert Picardo. ◆ Un microchip di provenienza militare trasforma in letali macchine da combattimento i Big Jim interattivi della linea Commando Elite, programmati per uccidere un'altra serie di bambolotti *high tech*: i Gorgonauti, amabili mostri che trovano aiuto nello sveglio ragazzino Alan (Smith). Dante è sempre fermo a *Gremlins*: pupazzi buoni e cattivi che combattono una guerra all'ultimo effetto speciale tra le villette a schiera della provincia americana. Scambiato da molti critici per un'intelligente satira antimilitarista e antitecnologica, quando l'innocuo divertimento (a parte gli scontati ammiccamenti cinefili e le facili frecciate anti-Barbie) è da dodicenni. Produce (con abbondanza di tecnologia) la DreamWorks di Spielberg. Sceneggiano Adam Rifkin, Gavin Scott, Ted Elliott e Terry Rossio.

Smania addosso, La ** (Italia/Francia 1963, b/n, 95') Marcello Andrei. Con Gérard Blain, Nino Castelnuovo, Annette Stroyberg, Vittorio Gassman, Mariangela Giordano, Gino Cervi, Leopoldo Trieste, Umberto Spadaro, Alfredo Varelli, Lando Buzzanca, Ernesto Calindri. ◆ I due focosi siciliani Totò e Nicola (Blain e Castelnuovo) approfittano di Rosalia (Stroyberg) e vengono arrestati: durante il processo scopriranno che tutti hanno più interesse nelle nozze riparatrici che in una sentenza giusta. Ma Totò può sposare una donna violentata anche da un altro? Anche Giuseppe Berto e Leonardo Sciascia sono coinvolti in questo film: il primo come soggettista insieme a Dante Troisi, il secondo come collaboratore alla sceneggiatura (firmata da Giuseppe Mangione, Alberto Bevilacqua, Lucia Drudi Demby e dal regista). L'idea era evidentemente quella di smascherare i compromessi della cultura siciliana dell'onore, rigida a parole ma ipocrita nei fatti; ma il film, forse per bissare il successo di *Divorzio all'italiana*, vira ben presto nella farsa, accentuando la caratterizzazione folcloristica dei personaggi e non controllando il gigionismo di Gassman e Cervi (i due avvocati difensori). Per non parlare del ruolo affidato a Rosalia e alla sua amica Carmelina (Giordano), vittime solo a parole di un sistema che accettano e sostengono.

Smarrimento *** (*Je t'attendrai*, Francia 1939, b/n, 85') Léonide Moguy. Con Jean-Pierre Aumont, Corinne Luchaire, Berthe Bovy, Edouard Delmont, Aimos [Raymond Caudurier], Madeleine Corbal, Roger Legris, René Bergeron. ◆ Artois, 1918: a causa di una bomba, un convoglio di soldati si trova bloccato in campagna. Uno di loro, Paul Marchand (Aumont), ne approfitta per tornare nel vicino villaggio natio, dove viene a sapere dalla madre (Bovy) che la fidanzata Maria (Luchaire) non vive più con lei. Ma parlando con la ragazza scopre che non ha mai ricevuto le sue lettere: un sabotaggio della madre per allontanarla da lui. Un dramma costruito in tempo reale (la durata dell'azione corrisponde a quella del film: il protagonista ha infatti un'ora di permesso), da cui deriva un forte senso di urgenza e di tensione, che Moguy rende con uno stile barocco e allucinato. Anche nell'intreccio (sceneggiatura di Jacques Companeez, Michel Deligne, Jean Aurenche, Marcel Achard) conta più questa limitazione temporale che non il tema del rapporto tra guerra e vicende personali (e infatti è uno dei film francesi più singolari e marginali sulla prima guerra mondiale). Da alcuni è considerato il capolavoro del regista, passato poi a lavorare in America. Splendida la fotografia quasi fantastica di Robert Le Febvre. Colonna sonora di Arthur Honegger e Henri Verdun. Il titolo originale doveva essere *Le Déserteur* ma fu rifiutato dalla censura.

Smarrimento ***½ (*Nora Prentiss*, Usa 1947, b/n, 117') Vincent Sherman. Con Ann Sheridan, Kent Smith, Robert Alda, Bruce Bennett, Rosemary de Camp, Robert Arthur, John Ridgely. ◆ Incapace di chiedere il divorzio, ma desideroso di rifarsi una vita accanto a Nora Prentiss (Sheridan), una cantante di night, il dottor Talbot (Smith) utilizza il corpo di un paziente che ha avuto un attacco cardiaco per far credere di essere morto e con l'amante lascia San Francisco per New York. Ma quando un'operazione di plastica facciale, affrontata dopo un incidente automobilistico, sembra permettergli finalmente di iniziare una nuova vita accanto a Nora, viene arrestato con l'accusa di essere l'assassino del dottor Talbot. Straordinario e disperato melodramma sceneggiato da Richard Nash sull'impossibilità di realizzare i propri sogni: è infelice il medico dopo vent'anni di inappuntabile routine matrimoniale, lo è la cantante che preferisce non illudersi per non soffrire più, ma lo sono anche la moglie (de Camp) del medico costretta a sopportare la crisi di cui si sente in parte responsabile e il padrone del night (Alda) che sa di non avere nessuna speranza con Nora. Tutti inseguono un sogno di felicità ogni volta più lontano per i colpi di un destino che si fa esplicitamente beffe degli uomini o per la soffocante logica repressiva della legge. E così il finale, con quel suo sconvolgente «suicidio», è l'unica via d'uscita per chi ha visto crollare la speranza di contare su una seconda chance (proprio negli anni in cui tutto il paese, appena uscito dalla guerra, cercava di crederci). Ne esce un quadro cupo e disperante, che non lascia spiragli di nessun tipo (persino il ricordo del proprio irreprensibile passato si rivolta contro il protagonista) e a cui Sherman non concede nemmeno la giustificazione melodrammatica della passione o dell'avidità (come in tante coeve femmes fatales): Nora Prentiss è solo una vittima degli eventi, tanto più commovente quanto più finge di non crederci cantando *I Don't Care What People Say*. Di grande effetto la fotografia di James Wong Howe specie nelle scene del parlatorio, dove le persone non sembrano padrone nemmeno della propria immagine.

Smart Woman ** (*Smart Woman*, Usa 1931, b/n, 68') Gregory La Cava. Con Mary Astor, Robert Ames, John Halliday, Edward Everett Horton, Noel Francis, Ruth Weston, Gladys Gale. ◆ Al ritorno da un lungo viaggio in Europa, Nancy (Astor) trova il marito (Ames) sul punto di chiedere il divorzio per un'arrampicatrice sociale (Francis): fingendo molta comprensione invita l'amante a passare un week end con loro, ma con l'aiuto di un amico inglese (Halliday) la smascherera. *Screwball comedy* di chiara origine teatrale (sceneggiata da Salisbury Field a partire dalla pièce di Myron C. Fagan) che si regge sulle gag ai limite del surreale del cognato (Horton) e sulla bellezza (e bravura) davvero luminosa di Mary Astor. Fotografia di Nicholas Musuraca.

Smemorato di Collegno, Lo *½ (Italia 1962, b/n, 87') Sergio Corbucci. Con Totò [Antonio de Curtis], Erminio Macario, Nino Taranto, Yvonne Sanson, Aroldo Tieri, Mario Pisu, Andrea Checchi, Mario Castellani, Riccardo Billi. ◆ Un reduce di guerra (Totò) si barrica in un gabinetto pubblico esigendo dallo Stato un'identità. Riconosciuto, volta a volta, come ladro, eroe disperso e marito fedifrago, dovrà accontentarsi di andarsene con un cagnetto. Un Totò minore, che patisce una regia priva di invenzioni.

Smog *½ (Italia 1962, b/n, 92') Franco Rossi. Con Enrico Maria Salerno, Annie Girardot, Renato Salvatori, Casey Simons. ◆ 24 ore a Los Angeles di un avvocato italiano (Salerno): i suoi incontri con connazionali emigrati, la sua presa di coscienza di una società alienante. Reportage allegorico, ambizioso e non totalmente riuscito. Tra la pletora di soggettisti e sceneggiatori: Franco Brusati, Massimo Franciosa, Pasquale Festa Campanile. Nella notevole colonna sonora di Piero Umiliani spicca la tromba di Chet Baker.

Smoke *** (*Smoke*, Usa 1995, 110') Wayne Wang. Con Harvey Keitel, William Hurt, Harold Perrineau jr, Forest Whitaker, Stockard Channing, Ashley Judd, Mel Gorham, Erica Gimpel, Victor Argo, Giancarlo Esposito. ◆ Storie che si intrecciano a Brooklyn, attorno alla bottega del tabaccaio- filosofo Augie Wren (Keitel). Il giovane nero Rashid (Perrineau jr), alla ricerca del padre mai conosciuto (Whitaker), viene ospitato dallo scrittore Paul Benjamin (Hurt). Un'ex fiamma di Augie, Ruby (Channing) vorrebbe convincerlo di avere avuto da lui una figlia (Judd) che adesso è tossica. Nessuno trova quello che vuole, ma forse impara a conoscersi meglio. Lo scrittore Paul Auster, autore della sceneggiatura, fotografa l'umanità come fa Augie dal suo negozio, ogni mattina alle 8: affidandosi al caso e cercando l'esemplare dentro l'insignificante. Ne è uscito un film dalla struttura aperta e sfilacciata, e che pure riesce a catturare lo spettatore, coinvolgendolo nel desiderio primario di sentirsi raccontare una storia. Certo, Wang e Auster ricorrono spesso alle armi tradizionali del sentimentalismo e della carineria, per quanto abilmente mascherata dal realismo della strada e dalla confezione povera da cinema indipendente (piani-sequenza, immagine fissa); ma il buon umore e la mancanza di fretta hanno un effetto disintossicante rispetto a tanto cinema Usa, e il racconto finale di Augie sul Natale, prima narrato e poi mostrato dalle immagini mute, è un piccolo saggio di messa in scena. Seguito da *Blue in the Face*.

Smoking e No Smoking **½ (*Smoking* e *No Smoking*, Francia 1993, col, 140' e 144') Alain Resnais. Con Sabine Azéma, Pierre Arditi. ◆ Il destino degli abitanti di Hutton Buscel, Yorkshire, cambia a seconda che Celia Teasdale (Azéma) si fermi o no a fumare una sigaretta in giardino. Resnais, ispirandosi al ciclo di commedie *Intimate Exchanges* di Alan Ayckbourn (adattate da Jean-Pierre Bacri e Agnès Jaoui), ha girato due film gemelli (si possono vedere in qualunque ordine), interpretati da due soli attori in nove ruoli: la storia si biforca in momenti prefissati, mostrando ogni volta le diverse conseguenze delle scelte dei personaggi. In *Smoking* Celia, patetica moglie del preside ubriacone Toby, decide di mettersi in affari col bidello-giardiniere-panettiere Lionel Happlewick, segretamente innamorato di lei, finendo volta per volta pazza, donna di successo, frustrata nuovamente di fianco al marito... Oppure Lionel, scaricato da Celia, può continuare a fare la corte alla cameriera Sylvie Bell, che può finire sposata a lui, o diventare una giornalista ribelle grazie alle attenzioni da pigmalione di Toby. In *No Smoking* Celia accetta invece la dichiarazione d'amore da parte di Miles Coombes, il migliore amico di Toby, infelicemente sposato con Rowena, che lo tradisce con tutti i maschi del paese. Miles e Rowena possono riconciliarsi (o no) su un campo di golf; oppure Miles può chiudersi per protesta nel capanno nel giardino dei Teasdale, o ancora corteggiare la cameriera Sylvie e partire con lei per una disastrosa escursione in mezzo alla nebbia... Resnais accetta fino in fondo le convenzioni del teatro (set ricostruiti in studio anche se si tratta sempre di esterni, due soli attori in scena) e cerca analogie coi suoi temi tipici (il caso, la libertà, le illusioni dell'animale-uomo) nelle amabili scenette di Ayckbourn. L'intreccio di farsa e melodramma, buffo e patetico è sempre in punta di penna, con un senso molto british del paradosso e dell'ironia sui luoghi comuni. I due attori reggono il gioco con grande souplesse; la fotografia di Renato Berta e le scenografie di Jacques Saulnier sono magistrali. Ma il rudimentale ipertesto di Resnais, con i suoi ritorni indietro che costringono lo spettatore a un ingrato sforzo mnemonico, è più adatto a un medium interattivo come il laser-disc, dove si possa scegliere il destino dei personaggi, che alla pellicola o alla videocassetta, dove il tempo scorre in un senso solo. Il divertimento, in tal modo, è dimezzato. *Smoking* (da cui è assente la mangiauomini Rowena) ha una tonalità più malinconica, *No Smoking* è decisamente più movimentato.

Snack bar blue → *Out of the blue*

Snack Bar Budapest * (Italia 1988, col, 109') Tinto Brass. Con Giancarlo Giannini, François Negret, Philippe Léotard, Raffaella Baracchi, Carlo Monni, Malisa Longo. ◆ Un ex avvocato fallito (Giannini), accompagnando la sua donna (Baracchi) ad abortire, finisce nel libro paga di un giovanissimo gangster (Negret) che nutre sogni visionari per una località balneare. Prendendo spunto dal romanzo omonimo di Marco Lodoli e Silvia Bre, Brass abbandona solo in parte il suo cliché porcaccione e cerca vanamente di risuscitare la vena amara e grottesca delle sue origini. Ma forse è meglio quando resta terra terra. Insopportabili le autocitazioni (il cinema in cui si proietta – e si contesta – *La chiave*, e addirittura le automobili targate TB). Musica di Zucchero Fornaciari. La Baracchi non è diventata una star ma, per un po', la moglie di Carmelo Bene.

Snapper, The **½ (*The Snapper*, Gb 1993, col, 90') Stephen Frears. Con Tina Kellegher, Colm Meaney, Ruth McCabe, Colm O'Byrne, Eanna McLyam, Ciara Duffy, Peter Rowen, Joanne Gerrad, Fionnuala Murphy, Pat Laffon. ◆ In un sobborgo di Dublino vivono i Curley: il padre (Meaney), di professione imbianchino, la madre casalinga (McCabe), tre figli maschi e tre femmine. Sharon, la maggiore (Kellegher), durante una serata alcolica rimane incinta, ma non vuole rivelare il nome del responsabile. I genitori, nonostante il cattolicesimo, prendono bene la gravidanza, ma non le smargiassate del maturo seduttore (Laffon), padre di un'amica di Sharon. Un film a basso costo per l'ormai hollywoodiano Frears, sceneggiato da Roddy Doyle dal suo romanzo omonimo e prodotto dalla Bbc: sul tema della sopravvivenza quotidiana, una commedia- verità proletaria, credibile, ironica, vivace e accattivante, priva degli stereotipi che solitamente accompagnano i lavori televisivi (il pauperismo finanziario, il finto realismo, l'obbligo estetico dei primi piani) e di quelli che altrettanto spesso vengono applicati agli irlandesi (la cupezza, innanzitutto, e il cattolicesimo chiuso e intransigente). Cast straordinario. Il titolo è un'espressione gergale per indicare un marmocchio arrivato all'improvviso e rumoroso come lo schioccare (*to snap*) delle dita.

S.O.B. *** (*S.O.B.*, Usa 1981, col, 121') Blake Edwards. Con Richard Mulligan, William Holden, Julie Andrews, Robert Preston, Robert Webber, Robert Vaughn, Larry Hagman, Marisa Berenson, Shelley Winters, Robert Loggia. ◆ Un regista in crisi (Mulligan) e in vena di suicidio decide di trasformare il suo ultimo fiasco in un pornomusical, inducendo la moglie (Andrews) a spogliarsi per la prima volta nella sua carriera (infatti). Ma il successo gli darà alla testa e morirà: il funerale si trasforma in una farsa macabra. Grandiosa presa in giro del sottobosco hollywoodiano che diventa una riflessione tragicomica sull'amicizia e sulla morte. Edwards, autore anche della sceneggiatura, non è mai stato così cattivo (aveva qualche conto da regolare col sistema) e, una tantum, non fallisce una gag. Agli americani è piaciuto poco, anche per la dissacrazione dell'ex Mary Poppins, com'è noto moglie di Edwards. Rosanna Arquette (in topless) e la figlia Jennifer Edwards sono le due autostoppiste. Ultimo film di Holden. S.O.B sembra stia non per «Son Of Bitch» (figlio di puttana) ma per «Standard Operational Bullshit» (stronzata standard pronta).

Sobborghi **** (*Okraina*, Urss 1933, b/n, 98') Boris Barnet. Con Sergej Komarov, Elena Kužmina, Nikolaj Bogoljubov, Hans Klering, Nikolaj Krjučkov. ◆ La Grande Guerra e la Rivoluzione d'Ottobre visti dall'angolazione di una cittadina russa di provincia, dove arrivano alcuni prigionieri tedeschi: la figlia del calzolaio (Kužmina) si innamora di un prigioniero tedesco (Klering) che lavora nella bottega del padre e alla fine gli ex nemici solidarizzeranno in nome degli ideali bolscevichi. Tratta da un racconto di Konstantin Finn (cosceneggiatore col regista), è una commedia dolceamara che mescola con abilità toni satirici e bozzetti di costume quasi čechoviani, capace di «cogliere gli orrori della guerra e gli slanci dell'amore con lo stesso sguardo insieme ironico e caloroso». Dimostrando una grande modernità registica, Barnet fa avanzare la storia senza puntare su un'unica unità di tono, ma introducendo continue rotture stilistiche per «cercare di restituire il dinamismo interno di una comunità complessa, non ancora ingessata nel dogma o nell'accademismo». Prima ancora di uscire, il film fu accusato dall'Associazione dei lavoratori cinematografici di Leningrado (tra cui c'erano anche i registi Ilya Trauberg e Michail Kalatozov) di non avere una «visione ideologica chiara» e Barnet di «essere avvelenato dall'impressionismo»: tutti difetti che oggi suonano come evidenti qualità del film.

So che mi ucciderai ** (*Sudden Fear*, Usa 1952, b/n, 110') David Miller. Con Joan Crawford, Jack Palance, Gloria Grahame, Bruce Bennett, Virginia Huston. ◆ Una sceneggiatrice (Crawford) scopre che suo marito (Palance) progetta di ucciderla: architetta un contropiano micidiale, ma all'ultimo momento esita a metterlo in atto. Discreta suspense e buoni attori in un prodotto di medio artigianato.

Society – The Horror *** (*Society*, Usa 1989, col, 99') Brian Yuzna. Con Bill Warlock, Devin DeVasquez, Evan Richards, Ben Meyerson, Charles Lucia. ◆ L'inquieto Bill (Warlock) appartiene alla gioventù dorata di Beverly Hills, ma il suo disagio ha ragion d'essere: la «società» è infatti una setta segreta dedita al cannibalismo, e lui è una delle vittime predestinate. Comincia come un film per teen-ager e culmina nell'orrore più radicale comparso di recente sugli schermi. Ci vuole dello stomaco per sostenere l'orgia antropofagica (ma incruenta) sulle note di un valzer di Strauss: Yuzna si mangia letteralmente i corpi gonfiati e levigati degli anni Ottanta, e, quasi sulla scia di Francis Bacon, si spinge più in là di qualunque regista horror. Sceneggiatura di Woody Keith e Rick Fry. Solo per gli amanti del genere, comunque.

Socio, Il ** (*The Firm*, Usa 1993, col, 154') Sydney Pollack. Con Tom Cruise, Gene Hackman, Jeanne Tripplehorn, Hal Holbrook, Wilford Brimley, Ed Harris, Holly Hunter, Gary Busey, Terry Kinney, David Strathairn, Joe Viterelli. ◆ Mitch McDeere (Cruise), neolaureato in legge a Harvard, viene assunto da uno studio prestigioso: crede di essere capitato in una grande famiglia, invece si trova coinvolto in una storia di omicidi e di riciclaggio di denaro sporco. Stretto tra l'Fbi e le minacce del suo boss (Hackman), McDeere rischia di perdere anche la moglie (Tripplehorn). Qualche patema morale non basta a dare consistenza a personaggi di maniera: Pollack snatura il finale «immoralista» del romanzo di John Grisham (adattato tra gli altri da David Rabe e Robert Towne), e si limita a costruire un film su misura per il narcisismo divistico di Cruise. Gran movimento, comunque, e confezione professionale (fotografia di John Seale, musica di Dave Grusin).

So cosa hai fatto *½ (*I Know What You Did Last Summer*, Usa 1997, col, 96') Jim Gillespie. Con Jennifer Love Hewitt, Sarah Michelle Gellar, Ryan Philippe, Freddie Prize jr, Bridgette Wilson, Johnny Galecki, Anne Heche, Dan Albright, Muse Wilson. ◆ La notte del 4 luglio, quattro liceali ubriachi (Hewitt, Gellar, Philippe e Prize jr) investono un uomo: convinti di averlo ucciso, gettano il cadavere in mare, ma un anno dopo devono vedersela con un misterioso persecutore, a conoscenza del fatto e intenzionato a vendicarsi. Dallo sceneggiatore di *Scream* (Kevin Williamson), un horror per teen-ager con tutti gli ingredienti del caso (telefonate, biglietti anonimi, porte che è meglio non aprire, morti a decine) ma senza le sorprese e l'ironia del film di Craven. La storia continua con *Incubo finale*.

Socrate, Il * (*Le Socrate*, Francia 1968, col, 92') Robert Lapoujade. Con Pierre Luzan, Martine Brochard, René-Jacques Chauffaud, Stéphane Fay. ◆ Un poliziotto deve sorvegliare l'intellettuale Socrate che discetta dei massimi sistemi. Esercizio caotico di sperimentalismo tardosurrealista, che si vorrebbe ispirato allo spirito del Sessantotto parigino. Bizzarria senza capo né coda, premio speciale della giuria a Venezia.

Sodoma e Gomorra * (*Sodom and Gomorrah*, Usa/Italia 1962, col, 154') Robert Aldrich. Con Stewart Granger, Anouk Aimée, Anna Maria Pierangeli, Stanley Baker, Rossana Podestà, Claudia Mori, Scilla Gabel, Giacomo Rossi Stuart, Fedor Chalapin, Daniele Vargas, Mimmo Palmara. ◆ Le disavventure di Lot (Granger), che guida i nomadi ebrei nel regno di Sodoma. Prima aiuta la regina (Aimée), poi il fratello (Baker) di questa gli violenta le figlie, ma la vendetta divina incombe. Girato a Cinecittà, un peplum mastodontico e poco ispirato sceneggiato da Hugo Butler e Giorgio Prosperi (Aldrich, d'altra parte, aveva solo bisogno di soldi). Il regista e Sergio Leone (direttore della seconda unità e delle scene di battaglia) si lamentarono uno dell'altro. Le gemelle Kessler sono due danzatrici.

So dove vado *** (*I Know Where I'm Going*, Gb 1945, b/n, 92') Michael Powell, Emeric Pressburger. Con Wendy Hiller, Roger Livesey, George Carney, Pamela Brown, Walter Hudd. ◆ Joan Webster (Hiller), venticinque anni, non ha mai avuto esitazioni nella sua vita: e si infuria quando il cattivo tempo le impedisce di raggiungere l'isola di Killoran, nelle Ebridi, dove deve sposare uno stagionato e ricco industriale. Ma la sosta forzata le fa conoscere l'affabile Torquil (Livesey), tra l'altro signore del luogo: finirà col cambiare i suoi progetti. Powell e Pressburger fanno risuonare echi imprevisti in un racconto apparentemente lineare e senza pretese: l'amore di Joan e Torquil diventa infatti una favola sulla predestinazione, mentre il paesaggio selvaggio, con tempeste e vortici marini, fornisce uno scenario da passione romantica, in felice contrasto coi toni prevalenti dell'ironia e della leggerezza. Stravagante rispetto all'intreccio, ma assai divertente, la sequenza onirica all'inizio, dove Joan sogna un paesaggio scozzese le cui colline sono coperte di tessuto – appunto – scozzese. La sequenza iniziale (dove i titoli di testa appaiono nei luoghi più impensati) è più vertiginosa di quella di un film dei fratelli Coen.

Soffici letti, dure battaglie * (*Soft Beds, Hards Battles*, Gb 1975, 869) Roy Boulting. Con Peter Sellers, Curt Jurgens, Lila Kedrova, Béatrice Romand, Jenny Hanley. ◆ A Parigi le lavoranti di una casa di piacere frequentata dai nazisti aiutano la Resistenza. Sellers in sei ruoli (tra cui Hitler e un principe nipponico) non salva questa debolissima farsa.

Soffio al cuore *½ (*Le Souffle au cœur*, Francia/Italia 1971, col, 119') Louis Malle. Con Lea Massari, Benoît Ferreux, Daniel Gélin, Michel Lonsdale, Ave Ninchi. ◆ Nella Francia degli anni Cinquanta, l'iniziazione sessuale di un giovane (Ferreux) culmina nell'incesto con la madre italiana (Massari). Malle, tra i primi a rappresentare esplicitamente scene di sesso in *Les amants*, volle demistificare un altro tabù, e sollevò un vespaio di polemiche. Quasi tutti concordi, comunque, nel considerarlo un film minore, nel quale le scene d'amore tra la Massari e il giovane Ferreux tentano invano di vivacizzare un racconto bozzettistico e di maniera – anche se, come sempre, molto forbito.

Soggetti proibiti * (*Kinjite: Forbidden Subjects*, Usa 1989, col, 97') J. Lee Thompson. Con Charles Bronson, Perry Lopez, Peggy Lipton, Juan Fernandez, Bill McKinney. ◆ Un magnaccia ispanico specializzato nel traviare ragazzine ricche se la deve vedere con un giustiziere urbano (Bronson) che osserva la legge del taglione. Bronson è classe 1921, Thompson 1914, ma continuano imperterriti a girare le solite storie nel solito modo (questa volta a fianco del vecchio Chuck c'è però una ragazzina). Ai tempi del *Giustiziere della notte* erano discutibili, oggi fanno tenerezza.

Sognando la California * (Italia 1992, col, 115') Carlo Vanzina. Con Massimo Boldi, Nino Frassica, Antonello Fassari, Maurizio Ferrini, Bo Derek, Francesca Reggiani. ◆ Quattro amici più o meno di successo (Boldi, Frassica, Fassari e Ferrini) si ritrovano quindici anni dopo la laurea e decidono di fare il viaggio coast to coast negli Usa che sognavano da giovani. Il clima goliardico è presto ritrovato, il senso dell'amicizia forse no. Passano gli anni, e i Vanzina (il regista Carlo e lo sceneggiatore Enrico) si ergono a rappresentanti della crisi dei quasi quarantenni, come se non bastasse Salvatores. La comicità resta comunque a base di rutti e scorregge, e le citazioni cinefile (si fa per dire) – Monument Valley compresa – pietose. Non varrebbe la pena dedicargli tanto spazio, se il 90 per cento della critica italiana non avesse deciso che ormai – basta coi pregiudizi ideologici! – è ora di rivalutare anche i Vanzina.

Sognando Manhattan *½ (*Queen's Logic*, Usa 1991, col, 112') Steve Rash. Con John Malkovich, Joe Mantegna, Linda Fiorentino, Jamie Lee Curtis, Kevin Bacon, Ken Olin, Chloe Webb, Tony Spiridakis, Tom Waits. ◆ Crisi individuali di un gruppo di amici sulla trentina – e passa – del quartiere newyorchese di Queens, colti alla sorpresa dal matrimonio di uno di loro (Olin). Scritto da Spiridakis, un film corale che resta parecchio indietro ai suoi modelli (da *A cena con gli amici* a *Il grande freddo*), stemperandosi nel sentimentalismo e non riuscendo a tenere le fila di tutte le storie. Cast sprecato, regia imperscrutabile.

Sogni **½ (*Konna yume wo mita*, Giappone 1990, col, 120') Akira Kurosawa. ◆ Otto episodi collegati dalla presenza di un personaggio-io, volta a volta bambino o adulto (Terao). In *Sole attraverso la pioggia* (con Mitsuko Baishoh, Tashihiko Nakano) un bambino assiste alle nozze delle volpi contro l'ordine materno, e gli viene intimato di fare seppuku. In *Il pescheto* (con Mitsunori Izaki, Misato Tate) un ragazzo ottiene che un pescheto non sia abbattuto, e così può godere lo spettacolo coreografico delle divinità arboricole. In *La tormenta* (con Akira Terao, Mieko Harada, Masayuki Yui) una spedizione di alpinisti è minacciata da un demone femmina (Harada). In *Il tunnel* (con Akira Terao, Yoshitaka Zushi) un soldato reduce di guerra, inseguito da un cane rosso, incontra i suoi commilitoni morti. In *Corvi* (con Akira Terao, Martin Scorsese) vengono ricostruiti gli scenari di alcune celebri opere di Van Gogh (interpretato con foga da Scorsese) e, grazie alla tecnologia Sony, il personaggio viaggia dentro i suoi quadri. In *Fujiama in rosso* (con Akira Terao, Hisashi Igawa, Toshie Negishi) un ingegnere versa lacrime amare sulla catastrofe nucleare che sta distruggendo il mondo. In *Il demone che piange* (con Akira Terao, Chosuke Ikariya) i sopravvissuti all'olocausto nucleare sono diventati dei mostri che si divorano a vicenda ma non possono darsi la morte. In *Villaggio dei mulini* (con Akira Terao, Chishu Ryu) un saggio centenario (Ryu, attore preferito di Ozu) elogia la vita semplice in comunione con la natura. Kurosawa in genere delude quando il discorso si fa esplicito e predicatorio, o quando fa troppo affidamento sul fascino di coreografie e colori scintillanti. Non mancano, tuttavia, momenti autenticamente visionari o allucinanti (*Il tunnel*, *La tempesta*, *Il demone che piange*), messi in scena in modo spoglio e arcano; né si può negare la sincerità dell'ispirazione dell'anziano maestro. Inoshiro Honda, il creatore di Godzilla, fa da consulente artistico.

Sogni di donna ** (*Kvinnodröm*, Svezia 1955, b/n, 87') Ingmar Bergman. Con Eva Dahlbeck, Harriet Andersson, Gunnar Björnstrand, Ulf Palme, Inga landgrê. ◆ Due amiche (Dahlbeck e Andersson) non portano a termine le loro avventure sentimentali con uomini sposati o più vecchi e ritornano alla normalità dei propri fidanzati. Un Bergman minore, che applica l'analisi dei sentimenti a schemi da commedia.

Sogni di gloria *½ (*On the Edge*, Usa 1987, col, 92') Rob Nilson. Con Bruce Dern, Pam Grier, Bill Bailey, Jim Haynie. ◆ Un uomo non più giovane (Dern), in passato squalificato alle Olimpiadi, cerca di dare un senso alla sua vita partecipando a un estenuante trial in California. Vicenda scontata, nella quale non viene risparmiata nessuna delle banalità dei film sportivi.

Sogni d'oro ** (Italia 1981, col, 105') Nanni Moretti. Con Nanni Moretti, Piera Degli Esposti, Laura Morante, Alessandro Haber, Giorgio Morra, Dario Cantarelli, Remo Remotti. ◆ Sogni e incubi di Michele Apicella (Moretti), giovane regista alle prese con un'incerta opera terza su Freud, una madre assillante (Degli Esposti), un rivale becero (Morra) e un pubblico – di critici e non – insensibile ai suoi tormenti d'autore. Lo confortano, poco e male, un collega disoccupato (Haber) e la mitica Silvia (Morante). «Un film sul film nel film», autobiografia surreale di un cineasta neanche trentenne: tentativo scaramantico di esorcizzare i fantasmi della pratica cinematografica (difficoltà creative, incomprensioni produttive e disavventure critiche), con il pregio di un'intelligenza nevrotica e dissacrante, ma con il difetto di una regia discontinua, spesso inadeguata e ossessivamente narcisista. Tra molte gag acute ed esilaranti contro il cinema volgare e i suoi volgari sostenitori, manca purtroppo il cinema godibile non solo con la testa, ma anche con gli occhi e con il cuore. Ormai Moretti è un regista di successo, ma rivedendo *Sogni d'oro* viene il dubbio che in realtà sia un grande critico mancato... Dell'ottimo cast fanno parte i non-attori Tatti Sanguineti (l'aiuto regista), Alberto Abruzzese (il lettore di sceneggiature), Giampiero Mughini (il presentatore televisivo), Mario Garriba (il direttore della fotografia).

Sogni infranti – Ragionamenti e deliri **½ (Italia 1995, col, 51') Marco Bellocchio, Daniela Ceselli. ◆ Attraverso materiali di repertorio di vario genere (dal video delle BR con la condanna a morte di Roberto Peci, a telegiornali, estratti documentari ecc.), alternati a interviste con lo storico Vittorio Foa, gli ex brigatisti Enrico Fenzi e Massimo Gidoni e Aldo Brandirali, ex segretario dell'Unione dei Comunisti Italiani Marxisti-Leninisti, Bellocchio e Ceselli indagano sulla lotta armata teorizzata e praticata delle Brigate Rosse per cercare di metterne a fuoco il senso storico nell'accezione più ampia possibile (il principale «sogno infranto» a cui fa riferimento il titolo è la rivoluzione comunista, e il filmato si conclude con la caduta del Muro di Berlino). Non una cronologia degli avvenimenti, ma il tentativo – riuscito – di costruire un percorso politico e individuale a più voci, che a partire dagli episodi salienti (come il delitto Moro) privilegi l'analisi, i punti di vista, le esperienze vissute, il confronto a distanza, i collegamenti tra le cose, i rapporti possibili e impossibili tra diverse visioni. Un antidoto salutare alla maggior parte degli attuali dibattiti sul tema che quasi sempre finiscono in gazzarra. *Paola* e *Viva il primo maggio rosso proletario*, di cui si vedono alcune sequenze, sono documentari prodotti nel 1969 dall'Unione dei Comunisti Italiani in cui militava Bellocchio: il primo porta la firma del regista, il secondo ha la dicitura «regia collettiva» e vi ha collaborato anche Bellocchio. L'Internazionale che apre il filmato è quella suonata dagli Area.

Sogni mostruosamente proibiti * (Italia 1982, col, 88') Neri Parenti. Con Paolo Villaggio, Janet Agren, Alessandro Haber, Alida Valli, Chris Avram, Renzo Rinaldi. ◆ Un disegnatore di fumetti (Villaggio) vede materializzarsi la donna dei suoi sogni (Agren) e se ne improvvisa paladino: ma quando la bacia si trova di fronte una ranocchia. Mostruosa imitazione di *Sogni proibiti*: Villaggio vive di rendita su Fracchia e Fantozzi, ma le gag sono risapute e hanno meno mordente.

Sogni muoiono all'alba, I *½ (Italia 1961, b/n, 92') Indro Montanelli, Mario Craveri, Enrico Gras. Con Lea Massari, Ivo Garrani, Aroldo Tieri, Gianni Santuccio, Renzo Montagnani. ◆ A Budapest, la notte tra il 3 e il 4 novembre 1956, alcuni giornalisti italiani fanno il bilancio delle proprie illusioni. Il giovane militante comunista sceglierà di morire assieme a una partigiana ungherese (Massari), mentre i carri armati sovietici invadono la città. L'unico film diretto da Montanelli, tratto dalla sua commedia omonima, mette il dito in una delle piaghe della sinistra del dopoguerra: le argomentazioni, pur non essendo manichee, sono semplicistiche, e vi sono troppe concessioni al romanzesco.

Sogni nel cassetto, I ** (Italia 1956, b/n, 106') Renato Castellani. Con Lea Massari, Enrico Pagani, Cosetta Greco, Lilla Brignone, Sergio Tofano. ◆ A Pavia un giovane medico (Pagani) onesto e anticonformista deve vincere molti pregiudizi per sposare la ragazza (Massari) che ama. Quando il rientro nei ranghi sembra cosa fatta («Ormai siamo grandi e dobbiamo mettere i sogni nel cassetto») si profila una fine tragica. Ispirandosi ai casi di suo fratello, Castellani (autore della sceneggiatura con la cognata Adriana Chiaromonte) mette in scena, con la consueta affabilità, uno spaccato dell'Italia contemporanea, ma deve subire le ingerenze del produttore Rizzoli, che gli fa modificare la conclusione. La Massari era al suo secondo film, Pagani era un campione sportivo.

Sogni perduti *** (*Head*, Usa 1968, col, 85') Bob Rafelson. Con The Monkees (Micky Dolenz, David Jones, Mike Nesmith, Peter Tork), Victor Mature, Timothy Carey, Teri Garr. ◆ Sfida ogni descrizione questo film in cui un gruppo pop dell'epoca, imitazione americana dei Beatles e celebre per una serie tv, cercò di farsi un'immagine più adulta e anticonformista. Dopo il simbolico suicidio iniziale del batterista (Dolenz) e una sequenza psichedelica sottomarina tra sirene (al suono di *Porpoise Song* di Carole King), poi imitata in uno spot di jeans, inizia una parodia di tutti i generi cinematografici, con andirivieni dentro e fuori il set, che anticipa d'un colpo *Mezzogiorno e mezzo di fuoco* e *Ridere per ridere*: con in più beffardi «Blob» *ante litteram*, zapping tra vecchi film e messaggi contro la guerra del Vietnam. L'umorismo surreale e nonsense è ancora abbastanza fresco, il talento dell'esordiente Rafelson indubbio. Cosceneggiato e coprodotto da Jack Nicholson, che fa una breve apparizione. Più consistenti i camei di Frank Zappa, Annette Funicello e del pugile Sonny Liston.

Sogni proibiti **½ (*The Secret Life of Walter Mitty*, Usa 1947, col, 110') Norman Z. McLeod. Con Danny Kaye, Virginia Mayo, Boris Karloff, Fay Bainter, Thurston Hall, Ann Rutherford. ◆ Un timido redattore (Kaye), vessato dal direttore e dalla madre e abituato a vivere di immaginazione, viene coinvolto da una ragazza (Mayo) in un'avventura rocambolesca: ma tutti quelli che lo circondano, variamente interessati, vogliono fargli credere che è solamente il suo ennesimo sogno. Tratto da uno splendido racconto di James Thurber sceneggiato da Ken Englund e Everett Freeman, il film gode forse di una fama spropositata perché l'intreccio giallo finisce per nuocere alla poesia e alla fantasia dell'impianto originale. E poi Danny Kaye è un attore che fa molta fatica a essere simpatico. Sono comunque rimaste celebri le sequenze oniriche dove le imprese del protagonista come cowboy giustiziere, famoso chirurgo e giocatore professionista senza rivali sono molto divertenti. Curiosi ammiccamenti alle teorie psicoanalitiche. Karloff è un divertente vilain.

Sogno americano * (*American Anthem*, Usa 1986, col, 100') Albert Magnoli. Con Mitch Gaylord, Janet Jones, Michelle Phillips, R. J. Williams. ◆ Amore e ginnastica: un giovane atleta (Gaylord) di belle speranze, vessato dal padre, medita di mollare tutto, ma una bella collega gli fa tornare la voglia di vincere. La solita solfa, messa in scena da Magnoli (*Purple Rain*) con stile da videoclip. Gaylord era un ex campione olimpico.

Sogno d'amanti *½ (*The Passionate Friends*, Gb 1949, b/n, 95') David Lean. Con Ann Todd, Trevor Howard, Claude Rains, Betty Ann Davies, Wilfrid Hyde-White. ◆ Il marito banchiere (Rains), sospettando un ritorno di fiamma della moglie per l'amante di un tempo (Howard), la spinge a tentare il suicidio: ma tutto si accomoda. Ispirandosi a un racconto di H.G. Wells, adattato da Eric Ambler, Lean cercò di ripetere il successo di *Breve incontro*, spostando l'ambientazione nell'alta società e nei bei paesaggi svizzeri, ma con scarsa vena e poco successo.

Sogno d'amore (di Sergio Corbucci) → *Suonno d'ammore*

Sogno d'amore * (*Sincerely Yours*, Usa 1955, col, 115') Gordon Douglas. Con Liberace, Joanne Dru, Dorothy Malone, William Demarest. ◆ Un pianista (Liberace) diventa sordo e scopre che la sua fidanzata ama un altro: per fortuna esistono i medici e le segretarie. Polpettone sceneggiato da Irving Wallace, remake di *The Man Who Played God* (1932, di John G. Adolfi). Un puro veicolo per le esibizioni di Liberace.

Sogno dei miei vent'anni, Il → *Solo per te*

Sogno della farfalla, Il ° (Italia/Svizzera/Francia 1994, col, 100') Marco Bellocchio. Con Thierry Blanc, Bibi Andersson, Henry Arnold, Nathalie Boutefeu, Simona Cavallari, Roberto Herlitzka. ◆ A quattordici anni Massimo (Blanc) ha smesso di parlare: lo fa ancora solo sul palcoscenico, dove declama von Kleist. Il padre (Herlitzka) è ancora furente, la madre (Andersson) cerca di capire e la fidanzata (Cavallari) si adegua. Lo psicoanalista Massimo Fagioli ha riempito la sceneggiatura di fantasmi lacaniani e simboli arcani, nello sprezzo di ogni logica narrativa. Tra paesi popolati di storpi, cene interminabili dove vengono serviti liquami rossi, terremoti e tintarelle integrali, il film cerca la propria nemesi con tanta pervicacia da riuscire quasi divertente. Ma ormai l'equivoco non è più solo contenutistico: sono anche le immagini di Bellocchio, per prime, a essere colpite da afasia.

Sogno di Nemo e Alice, Il * (*Dream One*, Gb/Francia 1984, col, 97') Arnaud Sélignac. Con Seth Kibel, Mathilda May, Charley Boorman, Jason Connery, Nipsey Russel, Harvey Keitel, Michel Blanc, Carole Bouquet, Katrine Boorman, Dominique Pinon. ◆ Dopo che i suoi genitori sono usciti, il piccolo Nemo (Kibel) entra dentro un sogno dove incontra Cunegond (C. Boorman) e il sottomarino Nautilus, salva la principessa Alice (May) ma se la fa portar via da Zorro (Keitel), scopre che il conte Danilov e la bella Alexandrovna (Blanc e K. Boorman) assomigliano ai suoi genitori, diventa improvvisamente grande (Connery), vendica l'extraterrestre Rals-Akraï (Bouquet) e alla fine parte sulla tracce di Alice... Ambizioso ma deludente tentativo di utilizzare elementi dell'universo favolistico infantile per riflettere sulle possibilità e i limiti della fantasia. Prodotto dal regista John Boorman e sceneggiato dal figlio Telsche – oltre che da Jean-Pierre Esquenazi e da Sélignac – il film è troppo ingenuo (o lo è troppo poco) per coinvolgere davvero lo spettatore che alla fine si riduce a catalogare i vari elementi (letterari e cinematografici su tutti) che compongono questo collage senza mistero né sorprese, e per di più senza una fine coerente.

Sogno di prigioniero *** (*Peter Ibbetson*, Usa 1935, b/n, 85') Henry Hathaway. Con Gary Cooper, Ann Harding, John Halliday, Ida Lupino, Douglas Dumbrille, Virginia Weidler, Dickie Moore. ◆ Un celebre architetto (Cooper) ritrova nella moglie (Harding) di un duca la sua compagna di giochi alla quale aveva giurato amore eterno, e di cui non si era mai dimenticato. Il destino si ostina a separarli: nella cella di una prigione, lui però continua a incontrarla in sogno, fin quando la morte coglierà entrambi lo stesso giorno. Melodramma fantastico e ultraromantico tratto dal romanzo di George Du Maurier (sceneggiato da Vincent Lawrence, Waldermar Young e Constance Collier a partire dalla riduzione teatrale di Nathaniel Raphael) che ottenne all'epoca un buon successo, affascinando anche i surrealisti parigini per l'elogio dell'*amour fou*. Lo stile visionario dell'ultima parte, tutta giocata sui contrasti tra luce e tenebra, merita a questo film un posto nella storia del cinema.

Sogno di una notte d'estate *½ (Italia 1983, col, 104') Gabriele Salvatores. Con Alberto Lionello, Erika Blanc, Gianna Nannini, Flavio Bucci, Alessandro Haber, Ferdinando Bruni, Luca Barbareschi, Giuseppe Cederna, Claudio Bisio, Elio De Capitani, Doris von Thury. ◆ Direttamente dal milanese teatro dell'Elfo, una versione moderna, e in chiave di musical, del *Sogno di una notte di mezza estate* di Shakespeare. La festa di matrimonio di Teseo e Ippolita (Lionello e Blanc) viene sconvolta dall'irruzione prima dei comici, poi degli spiriti della notte, mentre le coppie – di umani e di spiriti – si fanno e si disfano a causa dei filtri di Puck (De Capitani). Coreografie ispirate a *Hair* e ammiccamenti ai *Guerrieri della notte* sugli sfondi della Brianza e dintorni, con canzoni di Maurizio Pagani. La Nannini come Titania, regina delle fate, fa ridere; Bucci (Oberon) crede di essere capitato in un film espressionista. Primo film di Salvatores: tentativo volenteroso, rimasto una curiosità.

Sogno di una notte di mezza estate → *Sogno d'una notte di mezza estate*

Sogno di una notte di mezza sbornia, Il ** (Italia 1959, b/n, 90') Eduardo De Filippo. Con Eduardo De Filippo, Pupella Maggio, Pietro De Vico, Graziella Marino. ◆ Pasquale Grifone (De Filippo) sogna Dante che gli dà i numeri del lotto e gli predice il giorno della sua morte; poiché la prima profezia si avvera, incomincia a preoccuparsi. Farsa che non nasconde la sua origine teatrale (dalla commedia *L'agonia di Schizzo* di Athos Setti, napoletanizzata da De Filippo) e non particolarmente raffinata nell'uso del mezzo cinematografico, ma imperdibile per gli estimatori di Eduardo.

Sogno di Zorro, Il *½ (Italia 1952, b/n, 86') Mario Soldati. Con Walter Chiari, Delia Scala, Vittorio Gassman, Carlo Ninchi, Luigi Pavese, Juan de Landa, Giacomo Furia. ◆ Il pavido nipote (Chiari) di Zorro vorrebbe entrare in convento, ma dopo una botta in testa si trasforma in un prode e in un rubacuori. Farsa amena ma di poche pretese, diretta da Soldati per ragioni alimentari. Sophia Loren (che qui si fa ancora chiamare Sofia Lazzaro) è Conchita.

Sogno d'una notte d'estate → *Sogno di una notte d'estate*

Sogno d'una notte di mezza estate **½ (*A Midsummer Night's Dream*, Usa 1935, b/n, 117') Max Reinhardt, William Dieterle. Con Olivia de Havilland, Dick Powell, Anita Louise, Jean Muir, Frank McHugh, James Cagney, Mickey Rooney, Hugh Herbert. ◆ Sfarzosa versione hollywoodiana della commedia di Shakespeare sui bisticci d'amore a lieto fine che coinvolgono uomini e spiriti. Ermia (de Havilland) ama Lisandro (Powell), ma il padre vorrebbe che sposasse Demetrio, che ama invece la di lei amica Elena. Intanto il folletto Puck (Rooney, tredicenne) rimescola le coppie con filtri magici, e fa sì che la regina delle fate Titania (Louise) si innamori dell'artigiano Bottom (Cagney), cui è spuntata una testa d'asino. Terzo e ultimo film (anche a causa del fiasco al botteghino) del celebre regista teatrale tedesco, esule negli Usa, che si valse dell'assistenza tecnica di Dieterle. Venne criticato per i tagli al testo originale, e non venne apprezzato il tentativo di creare un mondo fantastico con risorse puramente cinematografiche. La de Havilland, al suo esordio sullo schermo, era stata Ermia anche nel precedente allestimento teatrale, sempre firmato da Reinhardt. Il futuro regista underground Kenneth Anger, tre anni, è il principino. Oscar alla fotografia di Hal Mohr.

Sogno lungo un giorno, Un **½ (*One From the Heart*, Usa 1982, col, 100') Francis Ford Coppola. Con Frederic Forrest, Teri Garr, Nastassja Kinski, Raul Julia, Harry Dean Stanton, Lainie Kazan, Allen Goorwitz [Garfield], Luana Anders, Rebecca De Mornay. ◆ A Las Vegas uno sfasciacarrozze (Forrest) e una vetrinista (Garr) si tradiscono a vicenda – rispettivamente con un'acrobata (Kinski) e un cameriere (Julia) – ma all'alba tornano assieme. La storia – sceneggiata dal regista con Armyan Bernstein – è tutta qui, ma Coppola la racconta in modo straordinario e non convenzionale, mescolando musical e commedia con esiti surreali. Tra il classicismo hollywoodiano (Las Vegas è completamente ricostruita in studio) e lo sperimentalismo tipico del regista (la fotografia di Vittorio Storaro e Ronald V. Garcia crea inquadrature mai viste), ma anche molta ironia, è un incastro perfetto tra finzione e realtà. Le canzoni di Tom Waits (cantate anche da Crystal Gayle) fanno da filo conduttore alla vicenda. Il film, costosissimo e girato con tecniche innovative, ha fatto fallire gli Zoetrope Studios di Coppola, ed è stato in genere considerato come una bizzarria senza troppa sostanza. Alcune scenografie sono state riciclate in *Blade Runner*. Attende ancora che lo si guardi con serenità e che gli si riconosca il suo interesse.

Sogno perso, Un *½ (Italia 1992, col, 75') Pasquale Scimeca. ◆ Film a episodi. In *Filosofiana* (con Rosario Colanni Macchio, Giorgio Tibassi) a Gibilemme di Sicilia, nei primi anni Cinquanta, Vito Parlagreco trova un vaso greco nella terra che ha appena acquistato e don Gregorio è convinto che appartenga alla tomba di Eschilo; in *I figli* (con Roberto Sottile, Francesco Moncada) Rosario e Nardo, figli rispettivamente di un pastore e di un puparo, vanno in città e scoprono le ragazze; in *Ritorno* (con Silvana Prinzivalli, Giuseppe Granata) Lorenzo, emigrato in Germania molti anni prima, torna a Gibilemme con la figlia Elvira: la ragazza, tossicodipendente, ha una storia con una prostituta che le procura la droga. Liberamente tratto da *Le pietre di Pantalica* di Vincenzo Consolo (che appare in un cammeo) e *Le città del mondo* di Elio Vittorini, un trittico dal sapore arcadico, nostalgico e lievemente dolciastro nonostante la durezza di certe situazioni. I primi due episodi hanno una coerenza apprezzabile, ma il terzo – introdotto a mo' di rottura forte da alcune immagini del terremoto del Belice, dopo le quali c'è il deserto dell'industrializzazione selvaggia – è disastroso nella sua frettolosa e stereotipata programmaticità. Cicciu Busacca, uno dei più famosi cantastorie siciliani viventi, compare nel suo ruolo di se stesso.

Sogno senza confini, Un ** (*The Run of the Country*, Irlanda 1995, col, 108') Peter Yates. Con Albert Finney, Matt Keeslar, Victoria Smurfit, Anthony Brophy, David Kelly, Vinnie McCabe, Kevin Murphy, Michael O'Reilly. ◆ Alla morte della madre, Danny (Keeslar) abbandona la casa del padre poliziotto (Finney) e va a vivere con il più scafato amico Prunty (Brophy): si innamora anche di una ragazza di buona famiglia (Smurfit) che però rimane incinta. E in Irlanda la legge e la Chiesa impediscono l'aborto. Film di «formazione» sceneggiato da Shane Connaughton a partire dal suo romanzo, dove si mescolano amore e politica (il donnaiolo Prunty è in realtà un membro dell'Ira), conflitti con i padri e sogni di fuga. Peccato che tutto resti a un livello molto superficiale, con un implicito invito a lasciare le cose come stanno e voltare le spalle alle contraddizioni del proprio paese.

Soho ** (*Mojo*, Gb 1997, col, 100') Jez Butterworth. Con Ian Hart, Ewen Bremner, Aidan Gillen, Hans Matheson, Harold Pinter, Andy Serkis, Gwyn Jones, Ricky Tomlinson. ◆ Londra, 1958: diventato una piccola star di Soho, il rocker Silver Johnny (Matheson) è conteso, non solo professionalmente, da Ezra (Tomlinson), il proprietario del locale in cui canta, e da un impresario malavitoso (Pinter). A complicare la situazione interverrà il figlio disturbato (Gillen) di Ezra, offeso perché la direzione del club è stata affidata a un altro (Hart). Più che un tuffo nostalgico nella Swinging London, un fosco dramma elisabettiano che l'esordiente Butterworth adatta per lo schermo a partire dalla sua prima opera teatrale. Claustrofobico, fallocentrico, dialogatissimo e violento, è una specie di *gangster movie* psicologico tra Edipo e Al Capone, la cui tensione viene in parte smorzata dalla statica matrice teatrale. Perfetta l'interpretazione del drammaturgo Harold Pinter. Il titolo originale, in slang, allude alla droga e all'organo genitale maschile. Misero il doppiaggio italiano.

Sola col suo rimorso ** (*Harriet Craig*, Usa 1950, b/n, 94') Vincent Sherman. Con Joan Crawford, Wendell Corey, Lucille Watson, Allyn Joslyn. ◆ Una virago megalomane (Crawford) che pensa solo alla casa e arriva a intralciare la carriera del marito (Corey) pagherà con la solitudine il proprio egoismo. Remake sceneggiato da Anne Froelick e James Gunn di *La moglie di Craig* di Dorothy Arzner, con Rosalind Russell. Interessante soprattutto per chi voglia analizzare l'immagine della donna materna e castratrice secondo lo standard hollywoodiano.

Sola con l'assassino * (*Love Crimes*, Usa 1991, col, 85') Lizzie Borden. Con Sean Young, Patrick Bergin, Arnetia Walker, James Read, Wayne Shorter. ◆ Niente assassini, malgrado il titolo italiano, ma solo un maniaco (Bergin) che si limita a circuire fanciulle scattando loro foto osé. La procuratrice distrettuale (Young), con qualche trauma alle spalle, finirà nella sua rete? Da una regista ex arrabbiata e da uno sceneggiatore ex anticonformista (l'Allan Moyle di *Pump Up the Volume*) era lecito aspettarsi molto di più che questo finto thriller che naufraga tra personaggi, psicologie e interpreti poco credibili.

Sola... in quella casa *½ (*I, Madman*, Usa 1989, col, 89') Tibor Takacs. Con Jenny Wright, Clayton Rohner, Randall William Cook, Stephanie Hodge. ◆ Uscito da un libro, un alchimista dal volto sfigurato (Rohner) se ne va in giro a tagliare pezzi di facce altrui per rendere la propria più accettabile dalla sua più accanita lettrice (Wright). Spunti semiologici alla Stephen King e volenterose citazioni delle atmosfere di classici del genere (a partire dalla *Maschera di cera*) non bastano a liberare il film di Takacs dall'ovvietà.

Solaris ? (*Soljaris*, Urss 1972, col, 165') Andrej Tarkovskij. Con Natal'ja Bondarčuk, Donatas Banionis, Jurij Jarvet, Niklaj Grin'ko, Vladislav Dvoržeckij. ◆ Lo scienziato Kris Kelvin (Banionis), inviato a indagare su ciò che sta accadendo sulla base orbitante attorno al magmatico pianeta Solaris, scopre che delle radiazioni hanno il potere di materializzare angosce e desideri dell'equipaggio. Anche Kelvin ne è vittima, e per lui rivive Chari (Bondarčuk), la sua fidanzata suicidatasi anni prima. Tratto da un romanzo di Stanislaw Lem sceneggiato dal regista con Fridrih Goronštejn, il film fu pubblicizzato come la risposta sovietica a *2001: Odissea nello spazio*, ma non si potrebbe pensare a due film più diversi. Certo, anche per Tarkovskij la fantascienza è un pretesto per riflessioni filosofiche: ma è l'ignoto che è in noi, a interessarlo, e non il mistero dell'Universo. Lo stile lirico del regista, diluito nella durata ma concentrato ed ermetico nei significati, ha trovato un equilibrio e un incanto unici: ma è vano cercarne le tracce nella versione italiana, che lo sciagurato De Laurentiis ha fatto accorciare a 1159.

Solco di pesca, Il *½ (Italia 1976, col, 85') Maurizio Liverani. Con Martine Brochard, Gloria Guida, Alberto Terracina, Emilio Cigoli, Roy Bosier, Rita Corradini, Anna Maria Colantuoni, Luigi Quattrocchi, Andrea Camilleri. ◆ Ex seminarista in crisi, Davide (Terracina) insegue i propri fantasmi erotico-mistici prima con una donna sposata (Brochard) e poi con la di lei cameriera (Guida), ma il senso di colpa è più forte di ogni piacere. Per il suo secondo - e ultimo - film, Maurizio Liverani (autore anche della sceneggiatura) cerca di usare le forme della commedia sexy per ironizzare sulle pretese di liberazione delle donne (qui appagate solo se ridotte a oggetto sessuale) e sull'animo cattolico e controriformista degli italiani, ossessionati più dalle «forme» del desiderio (il solco di pesca del titolo, cioè la fessura tra le natiche che Davide fotografa) che dal suo reale soddisfacimento. Ma la goliardia soffoca tutto, con frasi come: «La contestazione a livello di culo» o «Il mio è un erotismo spirituale perché il peccato fa desiderare la purezza», o ancora: «[noi preti] abbiamo dato al mondo la prima femminista, Maria Vergine». La Guida si offre generosamente nuda, mentre la Brochard tende a conservare mutande e reggiseno. Decisamente *cult* la scena di teatro d'avanguardia, tratta da uno spettacolo di Luigi Quadrucci e Andrea Camilleri (non ancora inventore del commissario Montalbano).

Soldatessa alla visita militare, La * (Italia 1977, col, 90') Nando Cicero. Con Edwige Fenech, Renzo Montagnani, Alvaro Vitali, Mario Carotenuto, Leo Gullotta, Enrico Beruschi, Fiorenzo Fiorentini. ◆ Un sottufficiale medico (Fenech) crea scompiglio nella tipica caserma di arrapati. Inevitabili scene sotto la doccia, e umorismo a base di peti e ceffoni. Fotocopia del più divertente *La dottoressa del distretto militare*.

Soldatessa alle grandi manovre, La *½ (Italia 1978, col, 96') Nando Cicero. Con Edwige Fenech, Renzo Montagnani, Alvaro Vitali, Lino Banfi, Gianfranco D'Angelo, Nino Terzo. ◆ Una dottoressa (Fenech) viene incaricata di studiare il comportamento sessuale dei militi nelle caserme. La stessa ricetta e cast del film precedente: l'aggiunta di Banfi nei panni di un simpatico prete introduce tocchi da commedia che alzano leggermente il livello.

Soldatesse, Le ** (Italia/Francia 1966, b/n, 120') Valerio Zurlini. Con Anna Karina, Lea Massari, Tomas Milian, Valeria Moriconi, Marie Lafôret, Mario Adorf, Guido Alberti. ◆ Durante la guerra di Grecia, un tenente italiano (Milian) deve scortare un gruppo di ragazze fino a un bordello militare: alla fine lascerà che una di loro si unisca ai partigiani. Da un romanzo autobiografico di Ugo Pirro (adattato dal regista con Leo Benvenuti, Piero De Bernardi e Franco Solinas), un tentativo di vedere la tragedia della guerra da un'angolatura inedita: non del tutto fallito, malgrado certe sottolineature enfatiche.

Soldati a cavallo **½ (*The Horse Soldiers*, Usa 1959, col, 119') John Ford. Con John Wayne, William Holden, Constance Towers, Althea Gibson, Hoot Gibson, Anna Lee. ◆ In un reggimento nordista incaricato di sabotare le linee nemiche, scoppia il dissidio fra un colonnello (Wayne) e un ufficiale medico (Holden) poco incline alla violenza. L'unico incontro fra Ford e la guerra civile americana è sceneggiato da John Lee Mahin e Martin Rackin: non tra i suoi capolavori, ma nemmeno, come sostengono in molti, un suo film minore. Il confronto tra i due personaggi (tra i quali si mette di mezzo una sudista, l'insolitamente procace – per un film di Ford – Towers) è ben orchestrato; non mancano i soliti tocchi bonari e un po' dolciastri, ma il finale è asciutto e antiretorico.

Soldati – 365 all'alba ** (Italia 1987, col, 116') Marco Risi. Con Claudio Amendola, Massimo Dapporto, Alessandro Benvenuti, Claudio Botosso, Ivo Garrani, Agostina Belli. ◆ Un frustrato tenente dell'esercito italiano (Dapporto) attribuisce la colpa della sua mancata promozione a una recluta (Amendola) che perseguiterà per tutta la durata della naia. Risi abbandona le commedie giovanilesche con Calà e punta il dito contro le patrie istituzioni; ha il coraggio di girare un finale angosciante e non consolatorio, ma non evita molti cliché dei film sulle caserme. Non è *La soldatessa alla visita militare*, ma neanche *Full Metal Jacket*. Sceneggiatura di Marco Modugno, Stefano Sudrié, Furio Scarpelli e del regista.

Soldato americano, Il *½ (*Der Amerikanische Soldat*, Rft 1970, b/n, 80') Rainer Werner Fassbinder. Con Karl Scheydt, Hark Bohm, Ulli Lommel, Rainer Werner Fassbinder, Kurt Raab, Margarethe von Trotta, Ingrid Caven, Irm Hermann. ◆ Tre poliziotti assoldano un killer (Scheydt) reduce dal Vietnam per eliminare elementi socialmente scomodi: finirà ucciso. Fassbinder gira un noir come farebbe Godard, intrecciando vicende lasciate poi sospese, e anticipando le storie di film futuri (la von Trotta racconta la trama di quello che sarà *La paura mangia l'anima*). Curiosità d'epoca, tra le meno memorabili dell'autore.

Soldato blu *½ (*Soldier Blue*, Usa 1970, col, 114') Ralph Nelson. Con Candice Bergen, Peter Strauss, Donald Pleasence, Jorge Rivero. ◆ Un soldatino

(Strauss) si innamora di una bianca (Bergen) rapita dai cheyenne, che gli apre gli occhi sui torti dei cosiddetti difensori della civiltà. Quando uno squadrone di cavalleria riceve l'ordine di massacrare un villaggio indiano – comprese donne e bambini – lui si rifiuta. Un western dalla parte dei nativi americani, con allusioni al Vietnam, che ha fatto epoca, anche se largamente sopravvalutato. Rozzo e semplicistico nella sua retorica rovesciata (la sceneggiatura è di John Gay), è rimasto celebre soprattutto per la violentissima sequenza dell'eccidio: una sagra di efferatezze come di rado se ne sono viste sullo schermo.

Soldato di ventura *½ (Italia/Francia 1976, col, 115') Pasquale Festa Campanile. Con Bud Spencer [Carlo Pedersoli], Philippe Leroy, Andréa Ferréol, Jacques Herlin, Jacques Dufilho, Enzo Cannavale. ◆ Semiparodia della disfida di Barletta (1503): Ettore Fieramosca (Spencer) va alla difficile ricerca di dodici cavalieri disposti a sfidare i francesi per vendicare l'onore degli italiani. Avventure picaresche alla buona, un pelo più smaliziate che nella media dei film con Bud Spencer.

Soldato d'Orange *½ (*Soldaat van Oranje*, Olanda/Gb 1979, col, 114') Paul Verhoeven. Con Rutger Hauer, Jeroen Krabbé, Susan Penhaligon, Edward Fox, Peter Faber. ◆ Due studenti universitari (Hauer e Krabbé) diventano attivisti della Resistenza quando l'Olanda viene invasa dai nazisti, e fanno la spola tra il loro paese e l'Inghilterra, salvando la regina Guglielmina. Verhoeven racconta la storia con un misto di patriottismo e cinismo scanzonato che può irritare. E non smentisce il suo gusto – in questo caso fuori luogo – per le scene forti e per i particolari turpi.

Soldato Giulia agli ordini *½ (*Private Benjamin*, Usa 1980, col, 100') Howard Zieff. Con Goldie Hawn, Eileen Brennan, Armand Assante, Sam Wanamaker, Harry Dean Stanton, Albert Brooks, P. J. Soles, Sally Kirkland. ◆ Una vedova ricca e oca (Hawn) ha l'idea balzana di arruolarsi nell'esercito: dopo un esordio disastroso, si trasformerà e scoprirà la sua vocazione. Scipita commedia criptomilitarista piena di luoghi comuni e trovate prevedibili. Solo per i fan di Goldie Hawn.

Soldato Jane * (*G.I. Jane*, Usa/Gb 1997, col, 125') Ridley Scott. Con Demi Moore, Viggo Mortensen, Anne Bancroft, Jason Beghe, Scott Wilson, Daniel Von Bargen. ◆ Può una donna sopravvivere al micidiale addestramento nei Navy Seals e poi dimostrare il proprio valore in battaglia, contro i cattivi libici? Jordan O'Neil (Moore) non solo ci riesce, ma guadagna anche il rispetto dell'istruttore sadico (Mortensen) che per poco non la violentava. Spacciato come pamphlet femminista su misura della sua protagonista e coproduttrice (crapa pelata come l'allora marito Bruce Willis), in realtà il film di Scott è un rivoltante e puerile spot guerrafondaio, pieno di botti in Dolby stereo, rimasto fermo ai modelli di *Top Gun* e *Ufficiale e gentiluomo*. Anche se qualche critico ha costruito teorie sul linguaggio da caserma che adotta la soldatessa («Succhiami il cazzo»). Scritto da David Twohy e Danielle Alexandra.

Soldato molto semplice Ivan Chon-kin, Il **½ (*The Life and Extraordinary Adventures of Private Ivan Chonkin*, conosciuto anche col titolo ceco *Žizn' i neobyknovennye priključenija soldata Ivana Čonkina*, Gb/Repubblica Ceca/Francia/Italia/Russia 1994, col, 106') Jiří Menzel. Con Gennadij Nazarov, Zoja Burjak, Vladimir Ilyn, Valerij Zolotuchin, Sergej Garmaš, Aleksej Žarkov, Zinovij Gerdt, Marián Labuda. ◆ Estate 1941: mandato a fare la guardia a un aeroplano bloccato in un piccolo villaggio, il soldato Ivan Chonkin (Nazarov) viene dimenticato dai suoi superiori: lui non se ne preoccupa, visto che ha trovato anche l'amore di una prosperosa contadina (Burjak), ma un vicino invidioso lo denuncia come disertore e, per una serie di equivoci, inviano a «catturarlo» la polizia segreta e un'intera compagnia di soldati. Deliziosa commedia sulla stupidità (e la cattiveria) del potere messa in scacco da uno dei «semplici della terra» e tratta da un romanzo di Vladimir Vojnovič sceneggiato da Zdeněk Zvěrák. L'occhio di Menzel non risparmia nessuno dei vizi della vita socialista – dalle manie «scientifiche» del vicino alla codardia e al servilismo dei burocrati del villaggio fino all'arroganza e alla crudeltà degli ufficiali del Kgb – ma è nell'assedio finale di cento uomini contro un soldatino e la sua fidanzata che la fantasia del regista si scatena trasformando una commedia in una farsa scatenata, con momenti di autentico delirio comico, come l'attacco in piena estate con le tute mimetiche da neve. L'atterraggio del pilota in panne che non sa dove si trova è lo spunto non dichiarato del pluripremiato spot per l'inserto geografico del *Corriere della Sera*.

Soldato sconosciuto, Il **½ (*Tuntematon sotilas*, Finlandia 1955, b/n, 181' ridotti a 140' per l'edizione italiana) Edvin Laine. Con Kosti Klemelä, Heikki Savolainen, Reino Tolvanen, Veikko Sinisalo, Åke Lindman, Pentti Siimes, Leo Riuttu, Matti Ranin, Jussi Jurkka, Tauno Palo, Mikko Niskanen, Helena Vinkka. ◆ Nel 1941, un gruppo di soldati finlandesi combatte al fianco dei tedeschi contro l'esercito sovietico che ha invaso la Carelia, contendendo il terreno palmo a palmo alle preponderanti forze nemiche. Tratto dal romanzo *Croci in Carelia* di Vainno Linna e sceneggiato da Juha Nevalainen, il film ripensa – a dieci anni dalla fine del conflitto mondiale e in piena guerra fredda – agli orrori bellici, riuscendo a trasmettere il dolore di tutto un Paese tradito senza scadere nella facile retorica (la frase «i Russi hanno vinto, ma il secondo posto è per un piccolo Paese che si chiama Finlandia» e le note del poema sinfonico *Finlandia* di Sibelius sono le uniche concessioni al patriottismo) e cercando al contempo di rincuorare il compresso orgoglio nazionale. Ma l'esaltazione dell'eroismo individuale (negli episodi di Lehto [Lindman] che si uccide per non cadere in mano al nemico, o di Lahtinen [Sinisalo] che si sacrifica per difendere la ritirata dei suoi) è bilanciata dall'inesorabile presenza della morte che, a dispetto dei rassicuranti discorsi del cappellano, décima le file delle giovani reclute, abbattute dall'artiglieria come e peggio degli alberi. Remake decisamente più antimilitarista di Rauni Mollberg nel 1985 (*Tuntematon sotilas*, inedito in Italia).

Soldato sotto la pioggia ** (*Soldier in the Rain*,

Usa 1963, col, 87') Ralph Nelson. Con Steve McQueen, Jackie Gleason, Tuesday Weld, Tony Bill. ◆ Due sergenti, il vecchio (Gleason) e il giovane (McQueen), insofferenti della disciplina, movimentano la vita di un campo d'addestramento con traffici clandestini. Commedia che scivola verso il dramma, in equilibrio non sempre facile tra i toni malinconici e quelli farseschi. Più che la mano dell'anonimo Nelson vi si avverte il tocco di Blake Edwards, produttore e coautore della sceneggiatura, tratta da un romanzo di William Goldman.

Soldi ad ogni costo ** (*The Apprenticeship of Duddy Kravitz*, Canada 1974, col, 131') Ted Kotcheff. Con Richard Dreyfuss, Micheline Lanctot, Jack Warden, Randy Quaid, Denholm Elliott. ◆ A Montreal, negli anni Quaranta, un cameriere ebreo (Dreyfuss) è deciso a diventare ricco senza guardare in faccia a nessuno, anche per compiacere il padre ubriacone (Warden) che sogna un pezzo di terra. Commedia dolceamara tratta dal romanzo di Mordecai Richler e da lui stesso sceneggiata, accurata nella ricostruzione, ma prevedibile nella morale e col difetto di andare per le lunghe. Orso d'oro al festival di Berlino. Ottimo Dreyfuss.

Soldi degli altri, I *½ (*L'Argent des autres*, Francia 1978, col, 105') Christian de Chalonge. Con Jean-Louis Trintignant, Catherine Deneuve, Claude Brasseur, Michel Serrault, Juliet Berto, Umberto Orsini. ◆ Un banchiere (Trintignant) che è stato scelto come capro espiatorio di uno scandalo finanziario intenta causa, ma non riesce a dimostrare la verità. Ritratto di un antieroe votato alla sconfitta che non si alza dalla media del cinema di denuncia.

Soldi degli altri, I **½ (*Other People's Money*, Usa 1991, col, 101') Norman Jewison. Con Danny DeVito, Penelope Ann Miller, Gregory Peck, Piper Laurie, Dean Jones. ◆ La lotta senza esclusione di colpi di un finanziere (DeVito) per conquistare il controllo di una fabbrica guidata da un industriale vecchio stampo (Peck). Un testo off Broadway di Jerry Sterner ben sceneggiato da Alvin Sargent: battute contro gli avvocati e gag sull'avidità capitalistica nella lotta, un po' alla Frank Capra, tra buoni e cattivi. Davvero da antologia la prova di DeVito, che regge tutto il film rubando la scena – oltre che le azioni – al vecchio Peck: implacabile negli affari, ma anche quando fa la corte – suonando al violino *I'm in the Mood of Love* – all'avvocato della parte avversa (Miller).

Soldi facili *½ (*Easy Money*, Usa 1983, col, 95') James Signorelli. Con Rodney Dangerfield, Joe Pesci, Geraldine Fitzgerald, Jennifer Jason Leigh, Tom Ewell. ◆ Per ottenere una ghiotta eredità, un americano medio (Dangerfield) volgare e fannullone ha un anno di tempo per perdere tutti i suoi vizi: alcol, fumo, gioco, donne e turpiloquio. Commediola senza scosse basata su un'unica trovata. Primo film con Dangerfield protagonista, un comico che è la versione aggiornata di W.C. Fields e che, come quest'ultimo, non ha mai sfondato oltreoceano.

Soldi proibiti *½ (*Les Anges gardiens*, Francia 1995, col, 110') Jean-Marie Poiré. Con Gérard Depardieu, Christian Clavier, Eva Grimaldi, Yves Rénier, Michel Bonnet, Alexander Eskimo, Olivier Achard, Eva Herzigova. ◆ Hong Kong: il manager di spogliarelli Carco (Depardieu) e il missionario Tarain (Poiré), coadiuvati dai rispettivi angeli custodi (*sic*), si alleano per mettere in salvo un ragazzino (Eskimo) e un ingente bottino. Il regista dei *Visitatori* crede in un cinema ingenuo e onnivoro, fracassone e pieno di effetti speciali, a metà strada tra Louis de Funès e Jackie Chan: risposta made in France a Hollywood, che però è difficilmente esportabile e digeribile.

Soldi sporchi *** (*A Simple Plan*, Usa 1998, col, 121') Sam Raimi. Con Bill Paxton, Billy Bob Thornton, Bridget Fonda, Brent Briscoe, Jack Walsh, Gary Cole. ◆ L'uomo qualunque Hank Mitchell (Paxton) trova quattro milioni di dollari in un aereo caduto tra i boschi innevati del Minnesota: ma i suoi due compari – il fratello tonto Jacob (Thornton) e il buzzurro Lou (Briscoe) – non sono i soggetti adatti per mantenere il segreto. E poi c'è la moglie di Hank, Rachel (Fonda), che si rivela la più avida di tutti... La sceneggiatura di Scott B. Smith (tratta da un suo romanzo) butta sul tavolo temi classici (la banalità del male, la spirale inarrestabile della violenza) e sembra non nutrire particolari preoccupazioni di originalità: ma Raimi trova il tono giusto nel descrivere la disperazione della provincia, orchestrando un crescendo drammatico tanto più convincente e inquietante in quanto lo spettatore è costretto a identificarsi con un eroe man mano più sgradevole. Cinema di genere adulto, da confrontare con le nevi di *Fargo*: meno ambizioni metaforiche, meno deformazioni grottesche, maggiore senso della tragedia. Musiche di Danny Elfman e fotografia di Alar Kivilo.

Sole a mezzanotte, Il *½ (*White Nights*, Usa 1985, col, 135') Taylor Hackford. Con Michail Barišnikov, Gregory Hines, Isabella Rossellini, Jerzy Skolimowski, Helen Mirren, Geraldine Page, John Glover. ◆ Un ballerino russo (Barišnikov), che aveva chiesto asilo politico negli Usa, si ritrova in patria per un atterraggio di emergenza. Un ballerino americano di tip-tap (Hines), rifugiatosi in Urss per evitare il Vietnam, dovrebbe contribuire al lavaggio del cervello del collega, che grazie al Kgb ha ritrovato anche la sua vecchia fiamma. I due decideranno di tentare insieme la fuga. Ideologia da guerra fredda per un ibrido che mescola avventura, politica, amore, danza e confronto tra culture. Il regista Skolimowski torna a fare l'attore nei panni dell'agente del Kgb.

Sole anche di notte, Il ° (Italia/Francia/Rft 1990, col, 113') Paolo e Vittorio Taviani. Con Julian Sands, Nastassja Kinski, Massimo Bonetti, Charlotte Gainsbourg, Rüdiger Vogler, Margarita Lozano, Pamela Villoresi, Geppy Gleijeses. ◆ Un giovane cadetto (Sands) butta alle ortiche una brillante carriera quando scopre che la sua sposa promessa (Kinski) è stata l'amante del sovrano (Vogler). Ma neanche da frate trova la pace, perché il suo ascetismo è sempre una prova d'orgoglio. Nel racconto *Padre Sergio*, tenuto segreto e uscito postumo, Tolstoj aveva messo molto di se stesso: ma i Taviani, ambientandolo in un Settecento borbonico di maniera, non gli hanno reso un buon servizio. Quale sia poi il motivo per cui abbiano scelto questa parabola sulla fuga, la vanità e la santità impossibile, è un mistero. Un film sontuoso dietro l'aria poveristica, insipido come il suo cast internazionale: e non vi brilla un barlume di follia mistica.

Sole buio, Il * (Italia 1990, col, 110') Damiano Damiani. Con Michael Paré, Jo Champa, Erland Josephson, Phillis Logan, Leopoldo Trieste. ◆ Alla ricerca delle sue radici in Sicilia, un professorino americano (Paré) si mette in testa di redimere col suo amore una prostituta drogata (Champa), impegnata a vendicare il proprio padre. Specialista di film sulla mafia negli anni Settanta, Damiani si rifugia nei luoghi comuni, imbastendo un intrigo improbabile dove la denuncia si mescola al melodramma. C'è ancora bisogno di fare un film per arrivare alla conclusione che tanto la verità non verrà mai a galla?

Soleil *½ (*Soleil*, Francia/Italia/Germania 1997, col, 104') Roger Hanin. Con Sophia Loren, Nicolas Olczyk, Philippe Noiret, Marianne Sägebrecht, Amidou [Amidou Souad], Roger Hanin, Richard Olczyk, Roger Dumas, Attica Guedj, Salomé Stévenin, Michel Creton. ◆ Algeria, anni Quaranta: il marito (Noiret) è in Francia sotto falso nome, e l'ebrea Titine Lévy (Loren: il suo personaggio ha una decina d'anni di meno) deve mantenere cinque figli, tra cui il tredicenne Meyer (N. e R. Olczyk da piccolo, Hanin da grande), che vuole diventare comunista ed è un po' troppo attaccato alle sottane di mamma. Scritto dal regista, con un facile sentimentalismo spruzzato di psicanalisi e una nostalgia più enunciata che espressa in profondità: profondità che non si raggiunge con una citazione di Albert Cohen o con le musiche spudorate di Vladimir Cosma.

Sole ingannatore ° (*Utomljënnoe solnze*, Russia/Francia, 1994, col, 125') Nikita Michalkov. Con Nikita Michalkov, Oleg Menšikov, Ingeborga Dapkunaite, Nadia Michalkova, Andrej Umasnkij, Viačeslav Tichonov, Svetlana Krjučkova, Vladimir Ilin. ◆ Unione Sovietica 1936: dopo dieci anni, Mitia (Menšikov) torna nella dacia dov'è cresciuto e dove ancora vive Marussia (Dapkunaite), la donna che ha sempre amato e che adesso è felicemente sposata con un eroe della rivoluzione, il colonnello Sergej Kotov (Michalkov). E nessuno sospetta che il vero scopo di Mitia, entrato nella polizia segreta, sia quello di arrestare proprio Kotov. Più che la ricostruzione di una pagina buia della storia patria, un monumento che Michalkov ha costruito al proprio narcisismo, aperto da una «eroica» cavalcata a petto nudo tra i campi e chiuso dalla sua santificazione a martire. Sceneggiato dal regista con Rustram Ibrazimbekov, il film ripercorre la calda giornata d'estate della famiglia Kotov, mescolando la retorica della rivoluzione con le atmosfere cechoviane della dacia, le parentesi comiche (la gita al fiume e l'esercitazione obbligatoria con le maschere antigas: un pezzo irresistibile) al fascino malinconico della musica e delle lacrime. Un vero «concentrato di qualità ed eroismo sovietico», perfetto per far scattare l'indignazione nello spettatore quando gli amici si trasformeranno in traditori e il gigantesco ritratto di Stalin che si libra in cielo diventerà un tragico incubo sorridente. Senza un briciolo di coraggio o di originalità (a differenza del fratello Andrej Michalkov Končalovskij), Nikita Michalkov si esercita nello sport nazionale che attribuisce tutte le colpe a Stalin ed evita di riflettere sulle complicità o le responsabilità di ieri e di oggi. La figlia di Kotov è interpretata da Nadia Michalkov, figlia anche nella realtà di Nikita. Gran premio della giuria al festival di Cannes (dove il film è stato presentato nella sua lunghezza originale di 152') e Oscar come miglior film straniero.

Sole negli occhi, Il **½ (Italia 1953, b/n, 98') Antonio Pietrangeli. Con Irene Galter, Gabriele Ferzetti, Paolo Stoppa, Pina Bottin. ◆ Una ragazza di campagna (Galter) va a Roma per fare la domestica: conosce un campionario sociale molto articolato (la famiglia altoborghese, quella di arricchiti, quella di piccoloborghesi che vivono al di sopra dei loro mezzi) e finisce sedotta e abbandonata. Dopo aver tentato il suicidio, trova la forza di tirare avanti. Primo film di Pietrangeli, che inaugura in modo non banale la sua galleria di ritratti femminili. Una commedia amara, ricca di osservazioni acute, assai lontana dal neorealismo rosa che allora cominciava a imperversare. Sceneggiatura del regista con la collaborazione di Lucio Battistrada, Ugo Pirro e Suso Cecchi d'Amico. Zeffirelli fu aiuto regista.

Sole nella pelle, Il * (Italia 1971, col, 93') Giorgio Stegani. Con Ornella Muti, Alessio Orano, Chris Avram, Stella Carnacina, Luigi Pistilli. ◆ La figlia (Muti) di un riccone fugge con un hippy (Orano) sullo yacht paterno: ma i suoi credono a torto si tratti di un rapimento, e finisce in tragedia. Modesto fumetto con patetici tocchi d'attualità e qualche avaro nudo, interpretato da una giovanissima Muti col suo partner d'allora.

Sole nudo * (Italia/Brasile 1984, col, 107') Tonino Cervi. Con David Brandon, Tania Alpes, Paolo Bonacelli, Carlos De Carvalho. ◆ Uno yuppie (Brandon) a Rio de Janeiro si consola delle proprie sventure finanziarie con una bellezza locale (Alpes). Scenari da cartolina, trama risibile e tanga a volontà: risultato deprimente.

Sole rosso *½ (Italia/Francia/Spagna 1972, col, 112') Terence Young. Con Charles Bronson, Toshiro Mifune, Ursula Andress, Alain Delon, Capucine [Germaine Lefèbvre]. ◆ Un samurai (Mifune) di scorta a un ambasciatore giapponese in viaggio verso Washington è inviato nel West alla ricerca di una preziosa spada rubata da un treno: nei dieci giorni che ha a disposizione lo aiuta un bandito (Bronson) tradito dai suoi compagni. Non mancano neanche i pellerossa in questo scipito ibrido girato in Spagna con un cast internazionale. Lo salva, malgrado tutto, una certa spettacolarità. Fotografia di Henri Alekan.

Sole sorge ancora, Il ***½ (Italia 1946, b/n, 90') Aldo Vergano. Con Vittorio Duse, Elli Parvo, Massimo Serato, Lea Padovani, Checco Rissone. ◆ Dopo l'8 settembre 1943, un militare (Duse) abbandona le armi e torna al suo paese lombardo, occupato dai tedeschi. S'infatua della padrona del forno (Parvo) e sembra propenso a fare la bella vita, ma una giovane operaia antifascista (Padovani) e i compaesani impegnati nella Resistenza lo inducono a scegliere la lotta partigiana. Commissionato dall'Anpi, è uno dei caposaldi del neorealismo e l'unico film di chiara ispirazione marxista prodotto in Italia sulla guerra di Liberazione. Il conflitto è visto in termini di lotta di classe, ma il racconto non risente di rigidità dogmatiche grazie a un felice lavoro di drammatizzazione e alla scelta di non privilegiare figure eroiche o episodi aneddotici, anche se si fa ricorso a schemi narrativi consolidati (il confronto tra le due figure femminili). L'impostazione storico-critica non va comunque a discapito della dimensione epico-spettacolare che raggiunge l'acme con l'episodio della fucilazione del prete e dell'operaio comunista, i cui corpi cadono formando una croce mentre la folla scandisce l'*Ora pro nobis*. La sceneggiatura è di Guido Aristarco, Giuseppe De Santis, Carlo Lizzani e Aldo Vergano, tutti presenti anche nel cast: Lizzani è un memorabile don Camillo, De Santis è Tonino (l'inserviente del conte), Vergano è un ferroviere e Aristarco figura nel gruppo dei partigiani, insieme al critico Glauco Viazzi. Gillo Pontecorvo interpreta la parte di Pietro, l'operaio fucilato, mentre il poeta Alfonso Gatto appare brevemente nel ruolo di un macchinista. Aldo Tonti firma una fotografia da reportage, sporca e sofferta, che sottolinea a ogni inquadratura la dimensione crudelmente realistica della storia. Qualche debolezza si avverte solo nell'approfondimento psicologico dei personaggi, ma è poca cosa, soprattutto tenendo conto dei veloci tempi di realizzazione.

Sole sorgerà ancora, Il **½ (*The Sun Also Rises*, Usa 1957, col, 129') Henry King. Con Tyrone Power, Ava Gardner, Mel Ferrer, Errol Flynn, Eddie Albert, Juliette Greco, Marcel Dalio. ◆ Jack Barnes (Power), un giornalista rimasto impotente in seguito a una ferita di guerra, si innamora di un'infermiera (Gardner) mangiatrice di uomini, ma – comprensibilmente – se ne sta da parte. Lei preferisce lo stravagante e alcolizzato Mike (Flynn) a un testardo amico (Ferrer) di Jack, per poi flirtare con un torero durante la festa di San Firmino a Pamplona. Ma l'unico uomo adatto a lei, paradossalmente, è proprio Barnes. La lost generation degli americani europeizzati in un inaffondabile e avvincente polpettone (tratto dal romanzo di Hemingway sceneggiato da Peter Viertel), pieno di esotismo a buon mercato. Una delle migliori (e delle ultime) interpretazioni di Flynn.

Sole splende alto, Il **½ (*The Sun Shines Bright*, Usa 1953, b/n, 90') John Ford. Con Charles Winninger, Arleen Whelan, John Russell, Francis Ford, Russell Simpson, Slim Pickens, Jane Darwell. ◆ In una cittadina del Kentucky che, a quarant'anni dalla guerra di Secessione, deve ancora assimilare lo spirito di George Washington, il giudice Priest (Winninger) si gioca la rielezione salvando un negro innocente dal linciaggio, e concedendo una sepoltura rispettabile a una prostituta. Ma nel roseo mondo fordiano la giustizia e il progresso sono destinati a vincere. Galleria di bozzetti affabile e paternalista: non un capolavoro del regista, ma un film cui teneva molto, tanto che è un parziale rifacimento del *Giudice* (1934). Tra i numerosi caratteristi fordiani, c'è il fratello maggiore Francis nella parte di Finney.

Sole spunta domani, Il ** (*Our Vines Have Tender Grapes*, Usa 1945, b/n, 1059). Roy Rowland. Con Edward G. Robinson, Margaret O'Brien, Jackie «Butch» Jenkins, Agnes Moorehead, James Craig, Frances Gifford, Morris Carnovsky, Sara Haden, Greta Granstedt. ◆ In una comunità di agricoltori norvegesi del Wisconsin, la spontaneità e la generosità della piccola Selma Jacobson (O'Brien), che arriva a regalare il proprio vitellino a un agricoltore che ha perduto tutto in un incendio, fa capire al padre Martinius (Robinson) che la vera felicità consiste nel fare il bene e così aiuterà la maestra (Gifford) a riconciliarsi con la rustica comunità dove è stata mandata a insegnare. Versione rurale e per famiglie del sogno americano in un film sceneggiato da Dalton Trumbo che risente dell'ottimismo postbellico e dell'ideologia tutta salute spirituale e buoni sentimenti della Mgm: più che una vera storia, il film inanella una serie di quadretti ambientali dove la piccola O'Brien e il suo coetaneo «Butch» Jenkins rubano la scena a un Robinson non perfettamente a suo agio.

Soli nel buio *½ (*Alone in the Dark*, Usa 1982, col, 92') Jack Sholder. Con Donald Pleasence, Jack Palance, Martin Landau, Deborah Hedwall, Dwight Scultz. ◆ Quattro pazzi fuggono da un manicomio criminale e si asserragliano nella casa di un dottore (Pleasence). È soprattutto il cast a rendere visibile questo thriller che non mantiene le sue promesse, opera prima di un regista che ha dato discrete prove nel genere.

Soli nell'infinito *½ (*Toward the Unknown*, Usa 1956, col, 115') Mervyn LeRoy. Con William Holden, Lloyd Nolan, Virginia Leith, Charles McGraw, James Garner, L.Q. Jones. ◆ Uscito dal carcere, un pilota (Holden) va in cerca di riabilitazione collaudando aeroplani a reazione, senza badare a rischi. Banale vicenda di eroismo senza sfumature.

Solitario di Rio Grande, Il *½ (*Shootout*, Usa 1971, col, 95') Henry Hathaway. Con Gregory Peck, Pat Quinn, Susan Tyrrell, Robert F. Lyons. ◆ L'anziano Clay (Peck), uscito di prigione, vuole vendicarsi dei suoi ex soci che l'hanno tradito, ma questi prevengono i suoi piani, e rapiscono una ragazza che potrebbe essere sua figlia. Fotocopia «a futura memoria» di *Il grinta*, girata due anni dopo dallo stesso trio di regista-produttore-sceneggiatore, ma con Peck anziché Wayne nel ruolo del pistolero a fine carriera che protegge una ragazzina. Un western, più che crepuscolare, senile.

Soliti ignoti, I **** (Italia 1958, b/n, 111') Mario Monicelli. Con Vittorio Gassman, Marcello Mastroianni, Renato Salvatori, Carla Gravina, Claudia Cardinale, Totò [Antonio de Curtis], Tiberio Murgia, Capannelle [Carlo Pisacane], Memmo Carotenuto. ◆ Cinque poveracci – il fotografo Tiberio (Mastroianni), il pugile Peppe (Gassman), il ladro Mario (Salvatori), il siciliano Ferribotte (Murgia) e lo stalliere Capannelle (Pisacane) – riescono a farsi dare la soffiata di un colpo sicuro al monte di pietà. Vanno a lezione da uno scassinatore in pensione (Totò) ma finiranno, anziché nella stanza della cassaforte, nella cucina di un appartamento, dove si consoleranno con una pentola di pasta e ceci. Questa specie di versione popolana e ilare di *Rififi* di Dassin è il miglior film di Monicelli (sceneggiatore assieme ad Age, Scarpelli e Suso Cecchi d'Amico) e la migliore commedia all'italiana di sempre. Un bel ritmo, piccole annotazioni gustose e una serie di personaggi sbozzati alla perfezione, e che sono entrati a far parte della memoria collettiva. Gassman (vincitore del Nastro d'argento), per la prima volta aveva una parte comica; la Cardinale e Murgia erano esordienti. Campione d'incassi in Italia, e buon successo anche negli Usa (dove gli appiopparono il tremendo titolo *Big Deal on Madonna Street*, e concorse all'Oscar come migliore film straniero). Due seguiti (*L'audace colpo dei soliti ignoti* e *I soliti ignoti... vent'anni dopo*) e un remake americano (*I soliti ignoti made in Usa*).

Soliti ignoti made in Usa, I *½ (*Crackers*, Usa 1984, col, 92') Louis Malle. Con Donald Sutherland, Jack Warden, Sean Penn, Wallace Shawn, Larry Riley, Christine Baranski, Trinidad Silva. ◆ L'ex guardiano Westlake (Sutherland) si mette a capo di una gang scalcinata per derubare Garvey (Warden), il proprietario del banco dei pegni che gli dà lavoro: ma nella cassaforte non c'è niente e il colpo finisce attorno a un tavolo a mangiare salmone, con Garvey che spiega loro il valore dell'amicizia. Maldestro tentativo di rifare *I soliti ignoti* ambientato a San Francisco (con sceneggiatura di Jeffrey Friskin) e girato da Malle con scarsa lena. Nemmeno un cast originale e interessante (brava la Baranski nella parte che fu della Cardinale) riesce a risollevare il film.

Soliti ignoti... vent'anni dopo, I * (Italia 1985, col, 99') Amanzio Todini. Con Marcello Mastroianni, Vittorio Gassman, Tiberio Murgia, Clelia Rondinella, Nerina Montagnani, Alessandro Gassman, Concetta Barra, Giorgio Gobbi, Gina Rovere, Francesco De Rosa, Alessandra Panelli, Rita Savagnone. ◆ In realtà di anni ne sono passati quasi trenta, e di soliti ignoti ne sono rimasti tre, patetici e malandati: Tiberio (Mastroianni), Peppe (Gassman) e Ferribotte (Murgia). Questa volta si danno al traffico di valuta, ignorando di fare i corrieri della droga. Operazione nostalgia prevedibilmente tragicomica, con annessa celebrazione della mala di una volta. Inutile.

Soliti rapinatori a Milano, I *½ (Italia 1961, b/n, 94') Giulio Petroni. Con Franco Fabrizi, Jacqueline Sassard, Maurizio Arena, Tiberio Murgia, Cristina Gajoni, Dominique Boschero, Dori Dorika, Mario Carotenuto, Capannelle [Carlo Pisacane], Luigi Pavese. ◆ Un gruppo di ladri coinvolge un sedicente playboy (Fabrizi) per sedurre una ricca signora milanese e rubarle i gioielli: ovviamente il piano non andrà secondo le previsioni. Mediocre tentativo di ripetere il successo dei *Soliti ignoti*: i caratteristi non sono male, ma la sceneggiatura è inesistente.

Soliti sospetti, I *** (*The Usual Suspects*, Usa 1995, col, 105') Bryan Singer. Con Gabriel Byrne, Kevin Spacey, Stephen Baldwin, Benicio Del Toro, Kevin Pollak, Chazz Palminteri, Pete Postlethwaite, Suzy Amis, Giancarlo Esposito. ◆ Sospettati di aver rubato un camion, Dean Keaton (Byrne), «Verbal» Kint (Spacey), McManus (Baldwin), Fenster (Del Toro) e Hockney (Pollak) si incontrano casualmente durante un confronto all'americana e decidono di fare un colpo assieme. Il colpo riesce, ma i cinque scoprono di essere vittime di una trappola organizzata da Kayser Sose, misterioso genio criminale. Folgorante opera seconda di un indipendente americano (erroneamente scambiato per un emulo di Tarantino), che è quasi un remake – aggiornato – di *Rapporto confidenziale* di Welles: la figura dell'investigatore «classico» è sostituita da una delle «vittime» (la vicenda è raccontata da «Verbal», interrogato dall'agente Kujan [Palminteri]), e lo spettatore è coinvolto senza mediazioni nell'ambiguità del Male incarnata dal misterioso Kayser Sose che, come Mister Arkadin nel film di Welles, non si può conoscere e non si può evitare. Ottimamente congegnata la sceneggiatura di Christopher McQuarrie, tesa e vibrante la regia di Singer. Musiche e montaggio di John Ottman. Cammeo del regista Paul Bartel nel ruolo di un trafficante. Oscar come miglior attore non protagonista a Kevin Spacey

Sol levante * (*Rising Sun*, Usa 1993, col, 129') Philip Kaufman. Con Sean Connery, Wesley Snipes, Harvey Keitel, Kevin Anderson, Cary-Hiroyuki Tagawa, Tia Carrere, Mako, Ray Wise, Steve Buscemi. ◆ A Los Angeles l'agente John Connor (Connery), conoscitore del mondo giapponese, e il giovane collega xenofobo Web Smith (Snipes), indagano sull'omicidio di una squillo trovata morta in un grattacielo di proprietà di una società finanziaria giapponese. Il genere di giallo di cui si dimentica la soluzione cinque minuti dopo la fine, tanto è contorta e ininfluente. Kaufman, responsabile anche del contestato adattamento del romanzo omonimo di Michael Crichton, smorza la denuncia del cinismo e dell'avidità degli uomini d'affari giapponesi, che aveva suscitato tante polemiche: ma quel che resta è troppo involuto per funzionare come thriller, e troppo superficiale per essere una riflessione sul rapporto tra Oriente e Occidente. La recitazione è da filodrammatica, e la cosa più interessante rimane la descrizione delle tecniche di manipolazione digitale con cui si possono modificare le immagini, e quindi cancellare le tracce dell'assassino. La morta è la top model Tatjana Patitz, i vestiti di Connery sono firmati da Armani. Omaggio a Kurosawa nel film televisivo che serve per il karaoke: il cane con la mano in bocca è una citazione dalla *Sfida del samurai* e la donna a cavallo è vestita esattamente come la principessa della *Fortezza nascosta*.

Solo ** (*Solo*, Usa 1996, col, 93') Norberto Barba. Con Mario Van Peebles, William Sadler, Barry Corbin, Adrien Brody, Seidy Lopez, Jaime Gomez, Abraham Verduzco. ◆ Il cyborg Solo (Van Peebles) è programmato dai militari americani per uccidere: ma si ribella ai creatori e difende un villaggio di peones vessati sia dalla Cia sia dai guerriglieri. Van Peebles (anche coproduttore), pompatissimo, si cala nei panni di un Terminator terzomondista e populista, non privo di guizzi d'ironia. E il filmetto, che ruba con onestà da decine di predecessori, è sorprendentemente passabile ed economicamente spettacolare. Tratto dal romanzo *Weapon* di Robert Mason, sceneggiato da David Corley.

Solo chi cade può risorgere *** (*Dead Reckoning*,

Usa 1947, b/n, 100') John Cromwell. Con Humphrey Bogart, Lizabeth Scott, Morris Carnovsky, William Prince, Wallace Ford. ◆ Rip Murdock (Bogart), un paracadutista congedato dall'esercito, indaga sull'omicidio di un suo ex compagno d'armi e sospetta della sua donna, Coral Chandler (Scott), che ha già un morto sulla coscienza. Un noir cupo e appassionante, «uno di quei film che fanno trionfare la politica dei generi sulla politica degli autori». In effetti il film (sceneggiato da Oliver H.P. Garrett e Steve Fisher da un soggetto originale di Gerald Adams e Sidney Biddell, adattato da Allen Rivkin) contiene tutti gli stereotipi possibili del film noir, a partire da una dark lady cinica e mortifera e un eroe stanco e disilluso per continuare con i tipici snodi narrativi di queste storie: la scarica di pugni, il risveglio a fianco di un cadavere, il corpo nascosto nel cofano dell'auto e la polizia che la ferma per eccesso di velocità, i colpi sparati nel buio, il bicchiere che si sa pieno di sonnifero e che si decide di bere ugualmente dopo il brindisi a «Geronimo» (l'urlo che accompagnava il salto nel vuoto dei paracadutisti). Eppure, soprattutto per merito di un Bogart credibile e «più Bogart che mai», il film sa conservare un'atmosfera appassionante e lacerante nel raccontare la storia di quei suoi personaggi che corrono verso la propria rovina e distruzione.

Solo contro Roma * (Italia 1962, col, 90') Herbert Wise [Luciano Ricci]. Con Rossana Podestà, Lang Jeffries, Philippe Leroy, Gabriele Tinti. ◆ I romani colonialisti? Qui il conquistatore Svetonio fa combattere il cattivo Silla (Leroy) contro il prode gallo Brenno (Jeffries) per dare un contentino ai nuovi sudditi di Roma. Peplum come allora se ne giravano a dozzine; Riccardo Freda ha diretto le scene dell'arena.

Solo grande amore, Un ** (*Jeanne Eagels*, Usa 1957, b/n, 109') George Sidney. Con Kim Novak, Jeff Chandler, Agnes Moorehead, Gene Lockart, Virginia Grey, Charles Drake. ◆ Negli anni Venti, una ballerina di fila (Novak) arriva al successo di Broadway, ma l'alcol e la droga le distruggono sia il matrimonio sia la carriera. Classica parabola di ascesa e declino sceneggiata da Daniel Fuchs, Sonya Levien e John Fante, che al regista sembra interessare non per la successione melodrammatica degli avvenimenti (che rischia di scivolare nel fotoromanzo), ma soprattutto come contraddittorio ritratto di un'attrice divisa tra l'ambizione e una violenta tendenza autodistruttrice, paradigma perfetto delle insicurezze psicologiche con cui un attore deve convivere tutta la vita. Grande prova della Novak, bionda ed eterea ma anche volgare e carnale, capace di mettere in evidenza le tendenze contraddittorie del suo personaggio e filmata da Sidney (e dal direttore della fotografia Robert Plank) in «un bianco e nero dalle sfumature fantastiche».

Solo il cielo lo sa * (*Heaven Only Knows*, rititolato *Montana Mike*, Usa 1947, b/n, 85') Albert S. Rogell. Con Robert Cummings, Brian Donlevy, Marjorie Reynolds, Jorja Curtweight, Bill Goodwin, John Litel, Stuart Erwin. ◆ Accortosi di non aver dato l'anima a un uomo, l'arcangelo Michele (Cummings) scende sulla Terra per «salvare» l'avido Duke Byron (Donlevy), preoccupato solo di conquistare il potere in una cittadina del Montana. Inutile aggiungere che otterrà il suo scopo, aiutato dall'amore della maestrina Drusilla (Reynolds). Stranissimo western con presupposti fantasy: lo spunto è curioso, ma la sceneggiatura (di Art Arthur e Rowland Leigh) lascia cadere quasi subito l'idea per perdersi dietro un melassoso elogio della bontà d'animo. Fotografia di Karl Strauss.

Solo in America *½ (*Lonely in America*, Usa 1990, col, 96') Barry Alexander Brown. Con Ranjit Chowdhry, Adelaide Miller, Tirlok Malik, Robert Kessler. ◆ L'indiano Arun (Chowdhry) arriva in America col sogno di sfondare nel mondo del computer e di conquistare le donne bianche: ma si scontra col parentado, che vorrebbe fargli fare il giornalaio. Il soggetto dell'integrazione razziale e della lotta contro il tradizionalismo non è nuovo, ma il punto di vista è genuino. Peccato per la fiacca regia dell'esordiente Brown (già montatore di Spike Lee), al tempo stesso ingenua e sopra le righe.

Solo per il tuo amore – L'uomo in verde *½ (*Reifezeugnis*, Rft 1976, col, 107') Wolfgang Petersen. Con Nastassja Kinski, Christian Quadflieg, Marcus Boysen, Klaus Schwarzkopf, Judy Winter. ◆ Un professore (Quadflieg) si innamora di una liceale (Kinski), ma uno studente (Boysen) lo scopre e ricatta la ragazza, che è disposta anche allo scandalo pur di non perdere l'amore. Un film televisivo banalotto, tirato fuori dal cassetto per sfruttare il fascino acerbo della Kinski.

Solo per te *½ (Italia 1938, b/n, 84') Carmine Gallone. Con Beniamino Gigli, Maria Cebotari, Hans Moser, Michael Bohnen, Peter Bosse, Hilde Hildebrand. ◆ Felice accanto al marito tenore (Gigli), la cantante Fiamma Albani (Cebotari) incontra il baritono (Bohnen) che l'aveva messa incinta e poi abbandonata, e che ora vorrebbe riprendere la relazione: così, quando viene trovato morto, la polizia incrimina Fiamma. Schematico melodramma «tutto bontà e nequizie», nel quale la trama gialla si dissolve di fronte al vero scopo del film: la voce di Gigli, che si esibisce abbondantemente nel *Mefistofele*, nell'*Andrea Chenier*, nel *Ballo in maschera* e comicamente truccato da Zerlina (per divertire il figlio) anche in *Là ci darem la mano* dal *Don Giovanni*. Da strozzare il piccolo Mario (Bosse), tutto lacrimucce e sdilinquimenti per i genitori. La mano dell'ex moglie di Lang, Thea von Harbou (che con Bernd Hoffmann firma la sceneggiatura, adattata per la versione italiana da Aldo De Benedetti) si intravvede solo nella durezza del personaggio di Riccarda (Hildebrand), la moglie gelosa del baritono. Girato a Cinecittà con lo stesso cast in doppia versione, italiana e tedesca (intitolata *Mutterlied*).

Solo per te *½ (*Just For You*, Usa 1952, col, 104') Elliott Nugent. Con Bing Crosby, Jane Wyman, Robert Arthur, Natalie Wood, Ethel Barrymore, Regis Toomey, Cora Witherspoon. ◆ Compositore di successo, un vedovo (Crosby) cerca di recuperare il rapporto con i figli: se il problema della piccola Bass (Wood) è l'ammissione all'esclusiva St. Hillary School (ottenuta grazie alle larghe vedute della sua vecchia direttrice [Barrymore]), il più grande (Arthur) soffre del successo paterno e peggiora tutto innamorandosi di Caroline (Wyman), la donna che suo padre vuole sposare. Commedia musicale con appendice pedagogica, nella quale le musiche di Harry Warren e Leo Robin si integrano poco con la trama e la rivalità edipica si risolve molto all'americana col figlio che si arruola nell'aviazione per dimostrare che è un uomo. Crosby è francamente insopportabile (nonostante i tentativi di ironizzare sulla sua non più giovanissima età: ma in fondo aveva solo 51 anni) e la Wyman mette in mostra un discreto paio di gambe.

Solo per te ho vissuto *½ (*So Big*, Usa 1953, b/n, 101') Robert Wise. Con Jane Wyman, Sterling Hayden, Nancy Olson, Steve Forrest, Martha Hyer. ◆ Una maestra vedova (Wyman) vorrebbe che il figlio studiasse da architetto, ma lui preferisce far soldi in fretta per andarsene al più presto. Convenzionale soap-opera con l'esperta in sofferenze Jane Wyman. Da un romanzo di Edna Farber sceneggiato da John Twist, già filmato due volte: nel 1924 e, nel 1932, da William Wellman.

...Solo quando rido *½ (*Only When I Laugh*, Gb 1968, col, 104') Basil Dearden. Con Richard Attenborough, David Hemmings, Alexandra Stewart, Nicholas Pennell. ◆ Tre simpatici truffatori progettano una truffa colossale ai danni di un diplomatico africano, poi cercano di fregarsi a vicenda. Modesta farsa giallorosa come se ne facevano negli anni Sessanta e dove, prevedibilmente, ride bene chi ride ultimo.

Solo quando rido *½ (*Only When I Laugh*, Usa 1981, col, 120') Glenn Jordan. Con Marsha Mason, Kristy McNichol, James Coco, Joan Hackett, John Bennett Perry, David Dukes, Kevin Bacon. ◆ Un'attrice alcolizzata (Mason) sul viale del tramonto viene salvata dalla figlia (McNichol): sullo sfondo, il sottobosco del teatro e la sua fauna (l'attore gay fallito, la fatalona che non si accorge di essere stagionata, e così via). Tipica commedia scritta da Neil Simon per sua moglie Marsha Mason. Liti burrascose, lacrime e sorrisi, virtuosismi di recitazione e regia anonima: per chi si accontenta.

Solo sotto le stelle **½ (*Lonely Are the Brave*, Usa 1962, b/n, 107') David Miller. Con Kirk Douglas, Gena Rowlands, Walter Matthau, Carroll O'Connor, George Kennedy, William Schallert, Michael Kane, Bill Bixby. ◆ Un cowboy moderno (Douglas) prima finisce in galera per aiutare un amico, poi ne evade e inizia un'impossibile fuga a cavallo, inseguito da jeep ed elicotteri. Insolito western contemporaneo prodotto da Douglas (seguito non dichiarato dell'*Uomo senza paura* di King Vidor, il cui protagonista, sempre interpretato da Kirk Douglas, odiava i fili spinati e le frontiere di ogni tipo), troppo amaro per godere, allora, dei favori del pubblico, è un canto disperato a due valori che la civiltà moderna sembra sacrificare sempre più: l'individualismo e il bisogno istintivo e assoluto di libertà (e la fine dell'eroe, mentre attraversa a cavallo un'autostrada, è il simbolico canto funebre del genere western). Sceneggiatura di Dalton Trumbo. È l'ispiratore inconfessato del *Cavaliere elettrico* di Pollack.

Solo una notte **½ (*En enda natt*, Svezia 1939, b/n, 102') Gustaf Molander. Con Ingrid Bergman, Edvin Adolphson, Aino Taube, Olof Sandborg, Erik Berglund, Marianne Löfgren, Magnus Kesster. ◆ Il colonnello von Brede (Sandborg) riconosce nello zingaro Valdemar (Adolphson) il proprio figlio naturale e lo invita a vivere nel suo castello, insieme alla ragazza (Bergman) cui fa da tutore: ma il carattere dei due giovani – sdegnosa lei, ombroso lui – trasforma l'amore che sta per nascere in una violenta competizione. Un «mélo antiromantico», con tutti i complessi di colpa e le rimozioni del melodramma d'epoca (riassunti in una scena in cui la Bergman viene pressoché violentata dall'uomo che pure ama). Nonostante la conciliante dichiarazione d'apertura (ancora vagabondo, Valdemar dice che finalmente le persone «possono trovare un posto nella società»), il vero motore del film è il complesso di classe che impedisce la conquista della felicità e spinge lo zingaro a lasciare il castello per tornare tra coloro che gli sono più affini. Come sempre la Bergman è indimenticabile mentre canta al piano *Charlie Is My Darling* o quando, con i vestiti strappati dopo la «violenza», spiega a Valdemar che deve andarsene perché l'uomo ha rovinato tutto, ribadendo così - attraverso il rifiuto di accettare la libertà del desiderio - il tentativo di una parte della società di respingere i tempi nuovi in arrivo.

Solo una notte ** (*Sylvie et le fantôme*, Francia 1945, b/n, 102') Claude Autant-Lara. Con Odette Joyeux, François Périer, Pierre Larquey, Paul Demange, Louis Salou, Jacques Tati. ◆ Un'ereditiera romantica (Joyeux) si innamora di un fantasma (Tati in una delle sue prime apparizioni), che però svanisce all'alba. Presto il castello si riempie di pretendenti in carne e ossa, che si spacciano per spiriti. Esile divertimento in bilico tra parodia e malinconia sceneggiato da Jean Aurenche, girato prima del *Diavolo in corpo*.

Soltanto se tu vuoi * (*The Guru*, Usa/India 1969, col, 112') James Ivory. Con Michael York, Rita Tushingham, Utpal Dutt, Madhur Jaffrey, Saeed Jaffrey. ◆ Una spocchiosa rockstar britannica (York) va in India sulle orme dei Beatles a imparare il sitar, senza rendersi conto che prima deve spogliarsi dei suoi pregiudizi di occidentale. Semplicistico confronto tra Oriente e Occidente in uno degli Ivory meno riusciti. Primo e ultimo film prodotto da Ismail Merchant per una major (la Fox).

Soltanto tra amici ** (*Just Between Friends*, Usa 1986, col, 110') Allan Burns. Con Mary Tyler Moore, Christine Lahti, Sam Waterston, Ted Danson, Jane Greer, Salome Jens. ◆ Due donne diventano amiche senza sapere di dividersi lo stesso uomo (Waterston) – una come marito, l'altra come amante. La verità viene a galla solo dopo la morte del maschio, ma la vedova (Moore) perdona l'altra (Lahti), tanto più che è incinta. Spaccato di vita domestica americana dal punto di vista femminile, ma senza voli e con abbondanza di luoghi comuni. Buone tuttavia le interpretazioni.

Soluzione estrema *½ (*John Woo's Violent Tradition* conosciuto anche col titolo *Once a Thief*, Canada/Hong Kong 1995, col, 96') John Woo. Con Sandrine Holt, Ivan Sergei, Michael Fitzgerald Wong,

Nicholas Lea, Jennifer Dale. ◆ Figli adottivi di un boss, Mack (Sergei) e Li Ann (Holt) fuggono da Hong Kong e vengono arruolati in una squadra speciale di Vancouver, col compito di catturare il fratellastro Michael (Wong), trafficante d'armi. Giallo-rosa dall'aria vecchiotta, con furti spettacolari e ben poco della «violenta tradizione» del regista, a parte la confezione accurata per un tv-movie. Pilot per una serie ispirata a un film di John Woo del 1991, anche lui intitolato *Once a Thief*.

Soluzione estrema *** (*Desperate Measures*, Usa 1998, col, 100') Barbet Schroeder. Con Michael Keaton, Andy Garcia, Marcia Gay Harden, Brian Cox, Joseph Cross, Erik King. ◆ Il figlio (Cross) del detective Connor (Garcia) ha bisogno di un trapianto di midollo, e l'unico donatore disponibile è l'assassino McCabe (Keaton), che accetta controvoglia: ma solo per evadere in sala operatoria e scatenare l'inferno nell'ospedale. Lo spettatore non sa bene per chi parteggiare, mentre il regista - in passato socio di Rohmer e oggi autore di genere che non cerca mai protagonismi - si chiede perché mai l'uomo dovrebbe fare il bene. Anarchico con ambizioni metafisiche, cinico e sentimentale: dietro il rispetto delle regole commerciali, un thriller più complesso (ma anche divertente) della media, antidoto a un cinema da pop-corn. Sceneggiatura di David Klass e fotografia di Luciano Tovoli.

Soluzione finale **½ (*Miracle Mile*, Usa 1989, col, 87') Steve DeJarnatt. Con Anthony Edwards, Mare Winningham, John Agar, Denise Crosby, Mykel T. Williamson, Lou Hancock, Kelly Minter. ◆ Il trombonista Henry (Edwards) è al settimo cielo per aver trovato la ragazza dei suoi sogni, quando intercetta una telefonata che pare annunciare un imminente conflitto nucleare: sarà vero? La spirale degli eventi è man mano più convincente, e la commedia romantica si trasforma in un'odissea di follia metropolitana. Nel genere raramente frequentato dei film «pre-bomba», una bizzarria difficilmente catalogabile quali ne produceva la Hemdale, che poi difatti fallì: e meritevole in questo caso di recupero. Scritto dal regista, con colonna sonora dei Tangerine Dream. Edward Bunker è il guardiano del distributore, Peter Berg un teppista.

Sombrero *½ (*Sombrero*, Usa 1953, col, 103') Norman Foster. Con Ricardo Montalban, Pier Angeli [Anna Maria Pierangeli], Vittorio Gassman, Yvonne De Carlo, Nina Foch, Rik Jason, Cyd Charisse, José Greco, Walter Hampden. ◆ Tre amori si incrociano nella provincia messicana: Pepe Gonzales (Montalban) non può sposare Eufemia Calderon (Pier Angeli) perché sono originari di due villaggi che si odiano da sempre; Alejandro Castillo (Gassman) accetta di sposare la ricca Elena (Foch) e non l'amata Maria (De Carlo) perché sa di essere condannato da un tumore; il torero Gitanillo (Greco) impedisce per superstizione alla sorella (Charisse) di fidanzarsi con Ruben (Jason, al suo esordio). Spento omaggio hollywoodiano al folclore messicano, a base di amori a prima vista e gelosie di campanile, tratto da un racconto di Josefina Niggli, anche cosceneggiatrice col regista. Gassman è particolarmente nullo. Si salva solo un numero di danza di Cyd Charisse.

Somebody to Love – Qualcuno da amare *½ (*Somebody to Love*, Francia 1994, col, 94') Alexandre Rockwell. Con Rosie Perez, Harvey Keitel, Anthony Quinn, Michael DeLorenzo, Steve Buscemi, Stanley Tucci, Steven Randazzo. ◆ Ballerina a pagamento in un locale del barrio losangelino, Mercedes (Perez) sogna di entrare nel mondo del cinema e per questo accetta le avances di un attore fallito, e sposato (Keitel). Ma sarà il giovane Ernesto (DeLorenzo), killer-suicida per amor suo, a permetterle di tentare la fortuna a New York. Commedia fasulla con una galleria di ritratti ammiccanti e leziosi, sceneggiata dal regista con Sergej Bodrov: Anthony Quinn direttamente da *La strada* (a cui fanno eco altri fellinismi e la dedica finale «a Federico e Giulietta»), Samuel Fuller stordito per un incidente che dà lezioni di vita alla Godard e Quentin Tarantino che, nei panni di un barista, in pratica fa la parte di se stesso. Per non dire del poster di *In the Soup* (opera prima del regista) in bella vista nel locale dove balla Mercedes. Non un film, ma una serie di comparsate tra amici con l'alibi intellettuale dell'indipendenza alternativa. Viva Hollywood, viene da dire.

Sommergibile più pazzo del mondo, Il * (Italia 1982, col, 91') Mariano Laurenti. Con Anna Maria Rizzoli, Bombolo [Franco Lechner], Enzo Cannavale, Vincenzo Crocitti, Felice Andreasi, Saverio Vallone. ◆ Gli americani vogliono sbolognare agli italiani un sottomarino rottame. Il computer impazzisce e sceglie per il collaudo un equipaggio di minorati. Neanche Anna Maria Rizzoli travestita da sirena riesce ad alzare il livello di questa farsa dove non va a segno neanche una battuta.

Sommersby *½ (*Sommersby*, Usa/Francia 1993, col, 112') Jon Amiel. Con Richard Gere, Jodie Foster, Bill Pullman, James Earl Jones, Lanny Flaherty, William Windom, Ronald Lee Ermey. ◆ Finita la guerra civile, Jack Sommersby (Gere) torna a casa: ma com'è che di colpo è diventato gentile coi negri, funziona a letto con la moglie Laurel (Foster), e non gli vanno più bene gli stivali? Se è un impostore, deve fare fagotto; ma se è Sommersby, c'è un'accusa di omicidio che grava su di lui. Remake del *Ritorno di Martin Guerre* sceneggiato da Nicholas Meyer e Anthony Shaffer, voluto da Gere (che è produttore esecutivo), e confezionato con uno stile patinato e soporifero da spot pubblicitario. Se questo è il nuovo corso di Hollywood nell'èra di Clinton (eh sì, perché non c'è il lieto fine, e ci si chiede accorati da che parte stiano verità e giustizia) non c'è da stare allegri.

Sonatine **** (*Sonatine*, Giappone 1993, col, 94') Takeshi Kitano. Con «Beat» Takeshi [Kitano], Aya Kokumai, Tetsu Watanabe, Masanobu Katsumura. ◆ Murakawa (Kitano), yakuza stanco del suo mestiere, viene inviato dal suo capo nell'isola di Okinawa, per aiutare una gang alleata contro dei rivali. Sulla spiaggia Murakawa gioca alla roulette russa con i suoi nuovi amici, simpatizza con una ragazza (Kokumai) vittima di uno stupro, finché capisce di essere stato tradito, e va incontro alla morte come l'eroe di un film di Jean-Pierre Melville. Il capolavoro di Kitano (anche sceneggiatore): un noir che parte all'insegna dell'umorismo nero e del sarcasmo (la scena della tortura subacquea mostra come la regia si tenga in equilibrio tra cinismo e orrore, senza scadere, alla fine, nello sberleffo alla Tarantino), si trasforma in un beach-movie metafisico che manda all'aria ogni suspense banale da film di genere, e finisce all'insegna di un'epica nichilista. Kitano è uno dei pochi registi contemporanei che si chiede ancora dove collocare la macchina da presa e come montare le immagini, senza accettare nessun tipo di convenzioni. Il sangue scorre come in un film di Peckinpah, ma la sintassi astratta delle scene d'azione potrebbe essere stata immaginata da un Ozu o, meglio, da un Bresson. Il bello è che questo modo di narrare imprevedibile e folgorante non si esaurisce nel formalismo, ma sottende una visione amara della vita come ilare avvicinamento alla morte. Per quanto vincitore del festival di Taormina, questo film – tra i più belli degli ultimi anni – si è visto solo nottetempo, in televisione.

Son contento ** (Italia 1983, col, 98') Maurizio Ponzi. Con Francesco Nuti, Barbara De Rossi, Carlo Giuffré, Novello Novelli, Ricky Tognazzi. ◆ Lasciato dalla sua compagna (De Rossi), un comico (Nuti) non riesce più a far ridere il pubblico delle discoteche. Riconquistata la donna, non resiste alla tentazione di portare sul palcoscenico i suoi fatti personali: pagherà il successo con la solitudine. Diretto da Ponzi per la terza e ultima volta, Nuti si lascia definitivamente alle spalle il cabaret, e cerca di dar vita a un personaggio sfaccettato. Troppe macchiette di contorno, un «criptomaschilismo» di fondo, i luoghi comuni sulla crisi dei trentenni, ma il coraggio di non svaccare nel finale. Discreto tentativo di girare una commedia adulta sceneggiato da Nuti, Ponzi, Franco Ferrini ed Enrico Oldoini.

Songwriter – Successo alle stelle *½ (*Songwriter*, Usa 1984, col, 94') Alan Rudolph. Con Willie Nelson, Kris Kristofferson, Lesley Ann Warren, Rip Torn, Richard C. Sarafian, Melinda Dillon. ◆ Una coppia di cantanti country (Nelson e Kristofferson) scopre una nuova stella (Warren): ma quando le arride il grande successo, lei decide di cantare solo inni pentecostali. Modeste avventure on the road con tanta musica servita da due specialisti del genere. Sydney Pollack è produttore esecutivo.

Sonnambuli, I *½ (*Sleepwalkers*, Usa 1992, col, 89') Mick Garris. Con Madchen Amick, Brian Krause, Alice Krige, Jim Haynie. ◆ Come i Visitors di buona memoria, Charles (Krause) e mamma (Krige) nascondono fattezze mostruose sotto maschere umane, e si nutrono dell'energia vitale di sole vergini. La vittima predestinata (Amick) si salva grazie all'intervento dei gatti, nemici mortali dell'altra specie. Non un granché, per essere una sceneggiatura originale di Stephen King (che compare nei panni dell'impresario di pompe funebri). Stanca la metafora della famiglia cannibalesca e incestuosa, fiacca la suspense. Tobe Hooper e Clive Barker sono i tecnici legali.

Sonny & Pepper – Due irresistibili cowboy *½ (*The Cowboy Way*, Usa 1994, col, 102') Gregg Champion. Con Woody Harrelson, Kiefer Sutherland, Dylan McDermott, Ernie Hudson, Cara Buono, Tomas Milian, Marg Helgenberger, Luis Guzmán. ◆ Due amiconi campioni di rodeo (Harrelson e Sutherland) lasciano il New Mexico e vanno a New York per ritrovare la figlia di un amico cubano, immigrata clandestina e tenuta prigioniera da loschi trafficanti. Il vecchio motivo del «cowboy a New York» adattato ai tempi: umorismo grassoccio, correttezza politica verso le etnie e inseguimenti fracassoni. Da vedere con una lattina di birra in mano.

Sono affari di famiglia ° (*Family Business*, Usa 1989, col, 115') Sidney Lumet. Con Sean Connery, Dustin Hoffman, Matthew Broderick, Rosanna De Soto. ◆ Un nonno ladro e canaglia incorreggibile (Connery) è l'idolo del nipote (Broderick), disgustato dalla normalità borghese di suo padre (Hoffman), ex ladro integrato nel sistema. Spinti da diverse motivazioni, i tre si ritrovano a compiere una rapina. Uno dei Lumet più fiacchi e meno motivati degli ultimi anni: vorrebbe dire qualcosa sui rapporti tra generazioni, ma naufraga nella banalità di uno stantìo giallorosa. Che Hoffman (classe 1937) sia figlio di Connery (1930) è un insulto al buon senso dello spettatore.

Sono fotogenico *½ (Italia/Francia 1980, col, 98') Dino Risi. Con Renato Pozzetto, Edwige Fenech, Michel Galabru, Aldo Maccione, Massimo Boldi. ◆ Un vitellone di Laveno (Pozzetto) cala nella capitale, convinto di sfondare nel mondo del cinema. Tra registi porno, gay, produttori bidonisti e attori stronzi, rimedia una relazione con un'attricetta (Fenech), che però gli appioppa i due gemelli di cui è incinta. Tornerà sul lago. La morale è vecchia e le gag anche (quando la Fenech si toglie il reggiseno, Pozzetto prorompe in un ovvio «Olamadooonna»); la migliore, quella del provino con Pozzetto che fa sempre la stessa faccia da cernia, era già in un film con Franco Franchi. Compiaciuto e ammiccante l'autoritratto del mondo del cinema, con Ugo Tognazzi, Vittorio Gassman, Barbara Bouchet e Mario Monicelli che interpretano loro stessi. Sceneggiatura di Zapponi, Risi padre e Risi figlio (Marco).

Sono innocente ***½ (*You Only Live Once*, Usa 1938, b/n, 86') Fritz Lang. Con Sylvia Sidney, Henry Fonda, Barton MacLane, Jean Dixon, Margaret Hamilton, Ward Bond. ◆ Eddie (Fonda), un piccolo delinquente, è accusato ingiustamente di rapina e omicidio. Con l'aiuto di Joan (Sidney), la sua donna, fugge dalla prigione uccidendo il cappellano. La sua innocenza sarà appurata, ma ormai è troppo tardi. Al suo secondo film americano dopo *Furia*, Lang (su una sceneggiatura di Graham Baker) continua a indagare il tema della colpevolezza col suo pessimismo nei confronti della società. Originale, per l'epoca, la scelta di ambientare un film di gangster nell'America rurale. Di grande effetto emotivo e funzionalità narrativa l'uso del sonoro e dell'opposizione tra neri (l'evasione, il finale) e bianchi (la morte del padre, la rapina). Dai manifesti si deduce che Eddie ha ucciso padre Nolan, ma il doppiaggio italiano edulcora tutto e gli fa dire che «l'ha ferito», per cui non si capisce la ragione della sua disperata fuga.

Sono nato ma... *** (*Umarete wa mita keredo*, Giappone 1932, b/n, 90') Yasujiro Ozu. Con Tatsuo Saito, Mitsuko Yoshikawa, Hideo Sugawara, Kozo Tokkan. ◆ Periferia di Tokyo: due fratellini venerano il padre (Saito), impiegato rispettabile, ma il loro mito crolla quando lo vedono fare il buffone in un filmino girato per il divertimento del suo principale. Per protesta iniziano uno sciopero della fame, poi tutto rientra nella norma. Dietro il tono grottesco tipico del primo Ozu, una parabola amara sull'immutabilità delle gerarchie sociali e generazionali. Il film che sancì per Ozu il definitivo riconoscimento della critica, e con cui iniziò il suo lavoro di semplificazione della tecnica cinematografica.

Sono pazzo di Iris Blond ** (Italia 1996, col, 110') Carlo Verdone. Con Carlo Verdone, Claudia Gerini, Andréa Ferréol, Nello Mascia, Nuccia Fumo, Mino Reitano. ◆ Cantante in crisi sentimentale, Romeo (Verdone), crede di trovare la donna della vita in una matura cantante belga (Ferréol), ma in un fast food di Bruxelles incontra Iris (Gerini), cameriera italiana con ambizioni musicali. I due cominciano a esibirsi insieme, ma con il successo arriveranno inevitabilmente i problemi. Dopo la facile (e fortunata) comicità di *Viaggi di nozze*, Verdone torna alla commedia più amara, sceneggiata con Francesca Marciano e Pasquale Plastino: il proposito è lodevole ma il risultato deludente. Il suo tradizionale personaggio di «malinconico perdente» finisce per essere una specie di spalla (ridotta per altro a poche, ripetitive gag) rispetto allo strabordante ruolo della Gerini, lasciata esibire fin troppo nel ruolo di cantante e soubrette. Ma così si perde l'equilibrio del film, a cui non basta il rifiuto della più triviale comicità made in Italy per trovare una vera ragion d'essere. Musiche di Lele Marchitelli, con Mino Reitano in una breve apparizione canora nella parte di se stesso.

Sono seduto sul ramo e mi sento bene *½ (*Sedím na konári a je mi dobre*, Cecoslovacchia/Rft/Spagna/Italia 1989, col, 108') Juraj Jakubisko. Con Boleslav Polívka, Andrej Pavelka, Markéta Hrubesová. ◆ A guerra finita, un ladro di polli, un ex soldato e un'ex prostituta cercano la felicità in un ménage à trois rustico. Ma, con lo stalinismo e altri orrori che incombono, non resta che l'illusione della fantasia. Il tono fiabesco, pacifista, picaresco e parafelliniano del regista cecoslovacco sa di maniera, e il film è di quelli carini e simpatici ma che si scordano subito.

Sono stato io! ** (Italia 1937, b/n, 73') Raffaello Matarazzo. Con Eduardo De Filippo, Peppino De Filippo, Isa Pola, Alida Valli, Titina De Filippo, Tecla Scarano ◆ Ospitato in casa dei parenti perché disoccupato, Giovannino Apicella (Eduardo) si vede accusato di ogni sorta di malefatte, persino di aver messo incinta la serva Lisa (Pola): il responsabile è invece il nipote Carlo (Peppino) che colpito dal silenzio di Giovannino decide di mettere la testa a posto e di sposare Lisa. Tratto dalla pièce *Sarà stato Giovannino* di Paola Riccora sceneggiata dal produttore Giuseppe Amato e dal regista, è una commedia diretta con garbo con qualche bella invenzione cinematografica (giochi di gambe alla Busby Berkeley nelle scene sulla spiaggia) e una lieve polemica anticonformista e modernista, specie nel personaggio di Lauretta (Valli).

Sono stato io *½ (Italia 1973, col, 104') Alberto Lattuada. Con Giancarlo Giannini, Silvia Monti, Hiram Keller, Orazio Orlando, Georges Wilson. ◆ Pur di finire sui giornali, un poveraccio (Giannini) si incolpa dell'omicidio di un soprano della Scala, contando su di un alibi di ferro da produrre in tribunale. Ovvio che la sorte gli giochi un brutto scherzo. Commedia all'italiana, in bilico tra il grottesco e la tragedia, che si esaurisce nel paradosso. Piero Chiara è il presidente del tribunale, Lattuada è il regista Lattuga che prende appunti. Da un soggetto di Luigi Malerba sceneggiato dal regista con Ruggero Maccari.

Sono stato un agente CIA ** (Italia 1978, col, 100') Romolo Guerrieri [Romolo Girolami]. Con David Janssen, Maurizio Merli, Arthur Kennedy, Corinne Cléry, Philippe Leroy, Carla Romanelli, Ivan Rassimov, Giacomo Rossi Stuart, Tom Felleghi. ◆ Ad Atene lo scrittore Lester Horton (Janssen) rischia di mettere le mani sui segreti della Cia: meglio chiuderlo in manicomio. Una celebrazione crepuscolare di generi che stavano scomparendo in una suggestiva cornice levantina, con attori dalla faccia sofferta e segnata che sembrano pronti per un Le Carré: anche Merli non è più immortale, nella parte di un killer americano drogato. Il tono secco e disincantato regge fino a due terzi, dopodiché il regista si ricorda di trovarsi in Grecia e indulge al colore locale: ma un'occhiata il film se lo merita. Scritto da Guerrieri con Vittorio Schiraldi, Mino Roli e Nico Ducci.

Sono strana gente *½ (*They're a Weird Mob*, Australia/Gb 1966, col, 112') Michael Powell. Con Walter Chiari, Claire Dunne, Chips Rafferty, Alida Chelli, Ed Devereux. ◆ Piantato in asso dal cugino indebitato che l'ha chiamato in Australia, il giornalista sportivo Nino (Chiari) si adatta a fare il muratore, trova nuovi amici e sposa la figlia (Dunne) di un costruttore. La «strana gente» del titolo non sono gli immigrati ma gli australiani, eccentrici e bruschi, britannicamente formalisti e al tempo stesso alla mano. Ma la favoletta sull'integrazione è troppo rosea, e il regista di *L'occhio che uccide* ha un sense of humour innocuo e vecchiotto. Doppiaggio allucinante, che non solo rinuncia alla voce di Chiari (che nell'originale parlava in inglese), ma cerca di rendere malamente tutte le gag basate sull'incomprensione dello slang. Richard Imrie ha adattato un libro di Nino Culotta.

Sono tua *½ (*You're My Everything*, Usa 1949, col, 94') Walter Lang. Con Anne Baxter, Dan Dailey, Anne Revere, Shari Robinson, Stanley Ridges, Henry O'Neill, Selena Royle, Alan Mowbray, Robert Arthur, Buster Keaton. ◆ La carriera cinematografica della famiglia O'Connor: ai tempi del muto ha successo la moglie Hannah (Baxter), coi musical degli anni Trenta sfonda il marito fantasista (Dailey) e alla fine diventerà una stella anche la figlia di sei anni (Robinson, praticamente clonata su Shirley Temple). Una vera (e stucchevole) favola hollywoodiana dove ogni ostacolo è superato col sorriso sulle labbra e tutti aiutano tutti, sceneggiata senza molte idee da Lamar Trotti e Will H. Hayes jr. Solo un po' più interessante il dietro le quinte del cinema, ma *Cantando sotto la pioggia* è tutt'altra cosa. Comparsata per Buster Keaton, cameriere suscettibile nel secondo film muto girato da Hannah, e per il compositore Mack Gordon, nella parte di se stesso.

Sono un agente F.B.I. ** (*The FBI Story*, Usa 1959, col, 149') Mervyn LeRoy. Con James Stewart, Vera Miles, Murray Hamilton, Larry Pennell. ◆ Alla fine della carriera un agente (Stewart) rievoca i suoi successi professionali e le sue gioie domestiche: Ku Klux Klan, spie naziste e spie sovietiche, e un campionario di gangster (Ma' Barker, Dillinger, Machine Gun Kelly), ognuno dei quali ha ispirato almeno un film. Un trentennio di storia americana in un film di propaganda dal taglio quasi documentaristico.

Sono un disertore ** (*This Above All*, Usa 1942, b/n, 110') Anatole Litvak. Con Joan Fontaine, Tyrone Power, Thomas Mitchell, Henry Stephenson, Nigel Bruce, Gladys Cooper, Sara Allgood. ◆ L'uomo che ha conquistato il cuore dell'ausiliaria Prudence (Fontaine) è un eroe di Dunkerque che ha disertato (Power), convinto che sia inutile combattere per l'Inghilterra se i primi a non impegnarsi sono proprio i nobili che occupano i gradi più alti nell'esercito. Un melodramma dichiaratamente di propaganda, tratto dal romanzo di Eric Knight (adattato da R.G. Sherriff), scontato nel suo finale ottimista ed eroico, che però introduce una lettura di classe (Power è chiaramente un proletario) nel dibattito sul patriottismo e il dovere di combattere. E insinua il dubbio che l'esperienza diretta della guerra, con tutti i dubbi che fa sorgere nelle persone, sia più forte di ogni discorso retorico.

Sono un fenomeno paranormale * (Italia 1985, col, 112') Sergio Corbucci. Con Alberto Sordi, Eleonora Brigliadori, Elsa Martinelli, Maurizio Micheli, Ines Pellegrini, Claudio Gora. ◆ Un giornalista televisivo (Sordi), in India a svelare i trucchi dei fachiri, cade da un elefante, va in coma e si sveglia dotato di poteri paranormali. Tra le sue imprese: scatenare l'orgasmo nella platea femminile di Pippo Baudo con la sola forza dello sguardo, e sdoppiarsi per godersi in contemporanea moglie e amante. Finale mistico a tu per tu col dio Babashan. Sordi vola bassissimo in un film la cui volgarità e povertà di idee è imbarazzante. Sceneggiatura di Zapponi, Corbucci e Alberto Sordi.

Sons **½ (*Sons*, Usa 1989, col, 85') Alexandre Rockwell. Con Samuel Fuller, William Forsythe, Jennifer Beals, William Hickey, Robert Miranda, D.B. Sweeney, Judith Godrèche, Bernard Fresson, Stéphane Audran. ◆ Tre fratelli (Sweeney, Forsythe e Miranda) scoprono la lettera che il loro padre (Fuller) spedì a una francese nel periodo in cui era soldato in Normandia. Decidono così di «rapirlo» dall'ospedale per veterani dove sta e di catapultarlo di nuovo in Francia. L'opera prima del regista di *In the Soup* (scritta dallo lui stesso con Brandon Cole) è anche la migliore: sincera, melanconica, autunnale e raccontata con uno stile asciutto, secco, senza fronzoli intellettuali né ricatti. Alla buona riuscita dell'operazione concorre anche una squadra d'attori affiatata e complice, tra il meglio del giovane panorama indipendente americano e di quello francese. Anche se la presenza del vecchio Sam Fuller – praticamente muto in campo e preceduto nelle inquadrature dall'immancabile sigaro – calamita doverosamente l'attenzione.

Son tornata per te – Heidi ** (*Heidi*, Svizzera 1952, b/n, 100') Luigi Comencini. Con Elsbeth Sigmund, Heinrich Gretel, Thomas Klameth, Elsie Attenhofer, Margrit Rainer, Fred Tanner, Isa Günther, Max Haufler, Anita Mey, Traute Carlsen. ◆ Strappata alle sue montagne e al compagno di giochi Pierre (Klameth), la piccola Heidi (Sigmund) viene portata in città per tenere compagnia a Clara (Günther), una bambina inferma: la signorina Rottenmeier (Mey) cercherà di piegarla alle regole del galateo, ma Heidi riuscirà a conservare la sua spontaneità un po' selvaggia, grazie alla quale riuscirà anche a portare Clara sulla via della guarigione. Di madre svizzera, Comencini accetta la proposta della casa di produzione Praesens di portare sullo schermo il più famoso romanzo della più letta autrice elvetica: la sceneggiatura, che il regista firma insieme a Richard Schweizer e a Wilhelm Michael Trichlinger, smussa l'austera etica protestante, fortemente impregnata delle idee di Rousseau, che ispira il libro e grazie soprattutto a una indovinata scelta di attori (la sconosciuta Elsbeth Sigmund fu trovata in una scuola) il film riesce a smussare lo schematismo pedagogico e il sentimentalismo della storia per raccontare con accenti emozionati e sinceri lo scontro dei bambini con il mondo repressivo degli adulti.

Soprannaturale * (*The Unholy*, Usa 1988, col, 100') Camilo Vila. Con Ben Cross, Hal Holbrook, Trevor Howard, Ned Beatty, Nicole Fortier. ◆ Un prete (Cross) che deve scacciare il diavolo da una chiesa si trova a combattere Satana in panni femminili, e assiste niente di meno che alla lotta tra Bene e Male. Stanco epigono del filone demoniaco-esorcistico, in cui alla dovizia di mezzi non corrisponde una suspense adeguata.

Sopravvissuti della città morta, I *½ (Italia 1984, col, 97') Anthony Dawson [Antonio Margheriti]. Con David Warbeck, John Steiner, Alan Collins [Luciano Pigozzi], Susie Sudlow. ◆ Alla ricerca del tempio di Gilgamesh, che custodisce uno scettro capace di mutare il destino del mondo, l'avventuriero buono (Warbeck) cerca di precedere i cattivi di turno. Imitazione dei *Predatori dell'arca perduta* a uso del mercato del terzo mondo, ingenuo come un fumetto d'altri tempi, e con effetti speciali realizzati in stretta economia. Ma con un barlume d'ironia. Warbeck è un sosia di Jack Nicholson anche nelle smorfie.

Sopravvissuti delle Ande, I * (*Los supervivientes de los Andes*, Messico 1976, col, 86') René Cardona jr. Con Pablo Ferrel, Hugo Stiglitz, Luz Maria Aguillar, Norma Lazareno, Fernando Larranago, Lorenzo de Rodas. ◆ Volando dall'Uruguay al Cile, una squadra di calcio precipita sulle Ande il 13 ottobre 1972: aspettando i soccorsi, che arriveranno soltanto due mesi più tardi, i sopravvissuti si vedranno costretti a nutrirsi dei cadaveri dei loro compagni morti. Da una storia vera, un mediocre fumettaccio che calca la mano sul macabro, e che ai tempi fece un certo scalpore;

lo stesso episodio ha ispirato un geniale film di Raúl Ruiz mai distribuito in Italia, *The Territory*, e *Alive – Sopravvissuti* di Frank Marshall.

Sopravvissuti: due *½ (*The Cockleshell Heroes*, Gb 1956, col, 97') José Ferrer. Con José Ferrer, Trevor Howard, Dora Bryan, Anthony Newley. ◆ Durante la seconda guerra mondiale, un commando inglese deve far saltare in aria navi tedesche. Si salvano – come preannuncia il titolo – in pochi. Film bellico con scarse sorprese ed emozioni.

Sopravvissuto, Il * (*Jack Tillman: The Survivalist*, Usa 1987, col, 90') Sig Shore. Con Steve Railsback, Susan Blakely, David Wayne. ◆ Mentre incombe la terza guerra mondiale, una città del Texas cade in balìa di bande stile *Mad Max*: l'eroe solitario di turno (Railsback) si batte contro di loro. I cascami del filone postnucleare in un prodotto dozzinale.

Sopravvivere al gioco *½ (*Surviving the Game*, Usa 1994, col, 95') Ernest Dickerson. Con Ice-T, Rutger Hauer, Gary Busey, Charles Dutton, John C. McGinley, F. Murray Abraham, William McNamara. ◆ Seattle: il senzatetto Mason (Ice-T) viene assoldato da un gruppo di ricconi – tra cui un ecclesiastico (Hauer) e un agente della Cia (Busey) – per una partita di caccia tra i monti. Scoprirà che è lui la preda, e venderà cara la pelle. A poca distanza da *Senza tregua*, l'ennesima riproposizione del canovaccio di *Pericolosa partita*. Non parte neanche male, con la sua chiave politico-razziale: ma ora della fine, i cliché hanno la meglio. Dickerson è stato il direttore della fotografia dei primi Spike Lee. Scritto da Eric Bernt; musica di Stewart Copeland.

Sorelle Materassi, Le ** (Italia 1943, b/n, 79') Ferdinando Maria Poggioli. Con Emma e Irma Gramatica, Massimo Serato, Clara Calamai, Paola Borboni. ◆ Due attempate zitelle (le sorelle Gramatica), che gestiscono un laboratorio di biancheria, accolgono con gioia il nipote orfano (Serato) il quale movimenterà piacevolmente la loro vita: ma, dopo essersi fatte soffiare tutti i loro risparmi, rimangono di nuovo sole. Bernard Zimmer, uno dei più noti sceneggiatori dell'epoca (collaborò a *La kermesse eroica* e *Carnet di ballo*) adattò il romanzo omonimo di Aldo Palazzeschi: un esercizio calligrafico, nella consuetudine di Poggioli, che dopo *Sissignora* torna a dirigere le due sorelle Gramatica, mostri sacri del teatro d'inizio secolo. La Calamai è l'americana con cui s'invola Serato.

Sorelle o l'equilibrio della felicità ** (*Schwestern oder Die Balance des Glücks*, Rft 1979, col, 85') Margarethe von Trotta. Con Jutta Lampe, Gudrun Gabriel, Jessica Früh, Heinz Bennent. ◆ Lontani i tempi della complicità dell'infanzia, la coabitazione di due sorelle che hanno preso strade differenti è un inferno. Quando la più giovane e fragile (Gabriel) si suicida, l'altra (Lampe) cerca di riversare l'affetto di cui si sente debitrice su un'altra ragazza, che però la lascerà sola. Echi di Bergman e spunti psicoanalitici e sociologici in uno sconsolante spaccato della piccola borghesia tedesca. Programmaticamente ruvido e corrucciato, è comunque tra i film più riusciti della regista.

Sorgo rosso **½ (*Hong Gaoliang*, Cina 1987, col, 105') Zhang Yimou. Con Gong Li, Jiang Weng, Teng Rujun. ◆ Una voce fuori campo narra la storia dei propri nonni, nella Cina degli anni Venti. La nonna (Gong), data in sposa al lebbroso padrone di una distilleria di sorgo in cambio di un mulo, si innamora di un aitante operaio (Jaing) che sposa dopo la morte misteriosa del marito: ma l'invasione giapponese funesta l'idillio. Il primo film di Zhang Yimou, vincitore dell'Orso d'oro al festival di Berlino, mescola in modo originale il crudo realismo al fascino della leggenda, il tono populista da film di propoganda alla violenza da film western. Con tocchi estetizzanti e qualche lungaggine, ma lo stile del regista è nato già maturo.

Sorpasso, Il ***½ (Italia 1962, b/n, 108') Dino Risi. Con Vittorio Gassman, Jean-Louis Trintignant, Catherine Spaak, Claudio Gora, Luciana Angiolillo, Luigi Zerbinati, Franca Polesello, Linda Sini, Mila Stanic, Bruna Simionato. ◆ In una Roma deserta per il Ferragosto, il trentaseienne cialtrone Bruno Cortona (Gassman) riesce a convincere il timido studente Roberto (Trintignant) a seguirlo sulla sua «Aurelia decappottabile e supercompressa», dandogli lezioni di edonismo spicciolo. Alla ricerca di un tabaccaio o di un ristorante i due arrivano fino a Castiglioncello, dove Bruno ritrova l'ex moglie Gianna (Angiolillo) e Lilli, la figlia sedicenne (Spaak): il giorno dopo vorrebbero andare fino a Viareggio, ma un incidente metterà tragicamente fine a questo viaggio iniziatico. Uno spaccato di grande precisione sociologica dell'Italia del boom di cui Gassman incarna con istrionismo tutti i difetti (l'euforia artificiale, la presunzione, l'irresponsabilità, il vuoto di fondo) e i pochi pregi (la generosità, la disponibilità). In un paese dove anche i burini si lasciano tentare dagli ancheggiamenti del twist (la colonna sonora è una vera antologia dei motivi di moda, da *Guarda come dondolo*, a *Pinne fucile occhiali*, a *Quando quando quando*, a *Vecchio frac*, a *St. Tropez Twist*), dove «i frigoriferi intasano i tir e i tir le strade», Bruno Cortona si trasforma in una specie di «commesso viaggiatore spavaldamente alle prese con l'inventario dei beni che il miracolo economico squaderna alla vista dell'italiano rapito» e che coerentemente chiede al timido Roberto: «Non bevi, non fumi, non sai nemmanco guidare la macchina: ma che te godi della vita, tu?». La storia, però, scritta da Risi con Ettore Scola e Ruggero Maccari (e con molti dialoghi improvvisati da Gassman durante le riprese) non risolve alcune ambiguità e il finale tragico suona come una morale appiccicata a un elogio della strafottenza e dell'arte di arrangiarsi. Snobbato dai critici all'uscita ma applauditissimo dal pubblico, è diventato oggi un mito della critica di casa nostra. Il cugino Alfredo è interpretato dal giornalista John Francis Lane; nella scena del ping pong, tra il pubblico, si intravede il giovane Vittorio Cecchi Gori, ai tempi solo figlio del produttore Mario. Una delle due turiste tedesche seguite al cimitero è Annette Stroyberg, futura fidanzata di Gassman.

Sorprese dell'amore, Le ** (Italia 1959, b/n, 105') Luigi Comencini. Con Walter Chiari, Dorian Gray, Anna Maria Ferrero, Franco Fabrizi, Sylva Koscina, Elena Zareschi, Carlo Sposito, Mario Carotenuto, Angela Luce, Memmo Carotenuto, Vittorio Gassman. ◆

Fidanzata col professor Ferdinando (Chiari), l'esuberante Didì (Gray) mette gli occhi sull'intraprendente Battista (Fabrizi), che a sua volta cerca invano di avere un'avventura con la miglior amica di Didì, Marianna (Koscina); di quest'ultima naturalmente s'invaghisce Ferdinando, senza accorgersi che di lui è innamorata l'intraprendente camerierina Maria Rosa (Ferrero). Commediola leggera ma non sgradevole (scritta dal regista con Edoardo Anton, Marcello Fondato e Ruggero Maccari) che ironizza con delicatezza sulla subalternità maschile in fatto di donne e sentimenti. Divertente caratterizzazione di Carlo Sposito nel ruolo di Gasparone, che invita le donne in camera e poi le scaccia perché non hanno saputo resistere alle sue avance (e che ovviamente finirà per cadere nella rete di una vera squillo [Luce]). Non citato nei titoli di testa (disegnati da Mino Maccari), Vittorio Gassman appare nell'ultima scena, nel ruolo di un colto professore di archeologia.

Sorrisi di una notte d'estate *** (*Sommarnattens leende*, Svezia 1955, b/n, 110') Ingmar Bergman. Con Ulla Jacobsson, Eva Dahlbeck, Harriet Andersson, Margit Carlqvist, Jarl Kulle, Gunnar Björnstrand, Bibi Andersson. ◆ Inizio del secolo: nella casa di un'attrice (Dahlbeck) sono ospiti il suo attuale amante (Kulle) con relativa consorte, e il suo ex amante (Björnstrand) accompagnato dalla giovane moglie (Jacobsson). Il figlio di quest'ultimo (che nella versione italiana diventa il nipote) divide il suo desiderio fra la matrigna e la cameriera. La notte estiva e i filtri magici smonteranno le coppie per ricostruirle secondo i piani della padrona di casa. «È una commedia o un dramma?» chiede Anne al marito prima di andare a teatro. Bergman mescola la pochade a Pirandello, Shakespeare a Max Ophuls e René Clair per trattare, in una chiave solo in apparenza leggera, e comunque per lui nuova, i temi del rapporto fra i sessi e della ricerca della felicità. Vincitore a Cannes nel 1956, fece conoscere Bergman al mondo.

Sorrisi e canzoni * (Italia 1958, col, 98') Luigi Capuano. Con Giulia Rubini, Gabriele Tinti, Maria Fiore, Luciano Rondinella. ◆ Una ragazza (Rubini) va alla ricerca del soldatino (Tinti) che l'ha lasciata senza una spiegazione. Ovvia riconciliazione finale in un fotoromanzo filmato senza troppe pretese.

Sorriso, Il ** (*Le Sourire*, Francia 1994, col, 99') Claude Miller. Con Jean-Pierre Marielle, Emmanuelle Seigner, Richard Bohringer, Chantal Banlier, Bernard Verley, Christine Pascal. ◆ Il neurologo Jean-François La Clainche (Marielle), dopo due infarti, vorrebbe che l'ultima donna della sua vita fosse la giovane Odile (Seigner), aspirante maestra di tennis che sogna di fare la spogliarellista. Entrambi, con l'aiuto dell'istrionesco Jeanjean (Bohringer), perderanno con gioia la propria rispettabilità: ma la trasgressione sarà fatale solo per uno di loro. Un colpo di scena in stile *Marito della parrucchiera* non basta a dare spessore tragico a un film (scritto dallo stesso regista partendo dal titolo di una canzone di Paolo Conte, *L'ultima donna*) che rischia di restare artificioso come le sue premesse. Amore e morte, gioventù e vecchiaia, ribellione e redenzione: non basta accostare gli opposti per creare la poesia, ma il modo in cui Miller descrive l'abiezione che si nasconde dietro a ogni desiderio e la volgarità che accompagna quasi necessariamente la passione fanno piazza pulita di tanti luoghi comuni sul romanticismo sentimentale (tanto caro ai francesi) e riscattano un film irrisolto ma intrigante. Il titolo allude alla filosofia che la Seigner ispira a Jean-François: «Il solco del sedere è il sorriso della vita».

Sorriso del grande tentatore, Il * (Italia 1974, col, 120') Damiano Damiani. Con Claudio Cassinelli, Glenda Jackson, Adolfo Celi, Lisa Harrow, Arnoldo Foà, Francisco Rabal. ◆ Uno scrittore (Cassinelli), che arriva in un convento per aiutare un vescovo collaborazionista a redigere la sua difesa, provoca crisi di vocazione e turbamenti vari. Sarà forse il diavolo? La superiora (Jackson) corre ai ripari. Tra Bergman e *L'esorcista* (ma senza effetti speciali), un pasticcio pretenzioso che spreca alcuni buoni attori.

Sorriso della Gioconda, Il **½ (*A Woman's Vengeance*, Usa 1947, b/n, 96') Zoltan Korda. Con Charles Boyer, Ann Blyth, Jessica Tandy, Cedric Hardwicke, Mildred Natwick. ◆ Un vedovo (Boyer) viene accusato di avere ucciso la moglie inferma: il fatto che sia innamorato di una ragazzina non depone certo a suo favore, e la pena di morte incombe. Solido drammone che mantiene la suspense sino al termine. Jessica Tandy, futura Miss Daisy, è la perfida ex amante del protagonista. Hardwicke, nei panni del medico legale che funge da deus ex machina, dà una delle sue migliori caratterizzazioni. Sceneggiatura di Aldous Huxley, dal suo racconto omonimo, già adattato per il teatro.

Sorriso, uno schiaffo, un bacio in bocca, Un *½ (Italia 1975, col, 97') Mario Morra, Enrico Lucherini. ◆ Renato Pozzetto presenta un'antologia delle commedie prodotte dalla Titanus dal 1946 al 1964. Una rassegna del neorealismo rosa e dell'Italietta di Scelba in un «come eravamo» che non manca di spunti satirici. Fa sempre piacere rivedere la Magnani, Sordi e Totò: però l'operazione resta una furbata per fare un film praticamente con niente.

Sorriso verticale, Il * (*Le Sourire vertical*, Francia 1973, col, 105') Robert Lapoujade. Con François Perrot, Françoise Brion, Olivier Hussenot, Henri Serre. ◆ Un professore tradito dalla moglie racconta ciò che gli accade in un libro, in cui mescola realtà, allucinazioni e discorsi sui massimi sistemi. Prodotto tardo-surrealista, datato e farraginoso, tecnicamente mediocre, con pretese di scandalo. Dal romanzo *L'Inadmissible* dello stesso regista.

Sorveglianza... speciale **½ (*Stake-out*, Usa 1987, col, 115') John Badham. Con Richard Dreyfuss, Emilio Estevez, Madeleine Stowe, Aidan Quinn, Forrest Whitaker. ◆ Uno sbirro (Dreyfuss) si innamora della bellona (Stowe) che deve tenere sotto controllo, in attesa che si faccia vivo un evaso pericoloso: intanto il suo collega (Estevez) gli tiene bordone. Poliziesco con risate, che ricorre a sequenze di azione spettacolari quando lo spunto di partenza si è esaurito: una tipica ricetta della produzione hollywoodiana degli anni Ottanta, premiata dal pubblico. Se il tema del voyeurismo high-tech rimanda a un altro film dello stesso regista, *Tuono blu* l'impianto narrativo deve molto a *Criminale di turno* di Richard Quine. I protagonisti tornano in *Occhio al testimone* (1993).

Sorvegliate il vedovo ** (*Pile ou face*, Francia 1981, col, 101') Robert Enrico. Con Philippe Noiret, Michel Serrault, Dorothée, Pierre Arditi. ◆ Un poliziotto (Noiret) di Bordeaux, troppo desideroso di trovare un colpevole, fa il gioco del gatto e del topo con il sospettato numero uno (Serrault), il vedovo della vittima. Ma i ruoli rischiano di invertirsi, perché anche il poliziotto nasconde qualche scheletro nell'armadio. Giallo con sorpresa sul marcio della provincia francese, con due personaggi ben delineati, ma con troppe divagazioni nell'intreccio.

Sorvegliato speciale *½ (*Johnny Eager*, Usa 1941, b/n, 107') Mervyn LeRoy. Con Robert Taylor, Lana Turner, Van Heflin, Edward Arnold, Glenda Farrell, Robert Sterling. ◆ La figlia (Turner) di un procuratore distrettuale si innamora di un ex detenuto (Taylor) che, malgrado le apparenze, continua a battere la cattiva strada. Stereotipata vicenda di amore, redenzione e morte sceneggiata da John Lee Mahin e James Edward Grant, che ha fatto guadagnare a Van Heflin (l'amico alcolizzato del protagonista) un Oscar come attore non protagonista.

Sorvegliato speciale *½ (*Lock Up*, Usa 1989, col, 106') John Flynn. Con Sylvester Stallone, Donald Sutherland, Darlanne Fluegel, John Amos, Frank McRae. ◆ Sei mesi prima di uscire di galera, un prigioniero (Stallone) viene sbattuto in un carcere lager diretto da un direttore sadico (Sutherland) in cerca di vendetta. Gli sfasciano la macchina, minacciano di violentargli la donna, ma lui non si arrende: «nessuno è morto finché non è sepolto». Telefilmone enfatico e prevedibilissimo, condito di tutti i luoghi comuni del cinema carcerario. Se non si pretende troppo, si riesce anche a sopportarlo fino alla fine.

S.O.S. Fantasmi * (*Scrooged*, Usa 1988, col, 101') Richard Donner. Con Bill Murray, Karen Allen, John Forsythe, Robert Mitchum, John Glover, Michael J. Pollard. ◆ Un cinico magnate della televisione (Murray), alla vigilia di Natale, è vittima di un poltergeist a fin di bene, che lo porta a ravvedersi delle proprie malefatte. Aggiornamento del classico *Cantico di Natale* di Dickens nello spirito (e con gli effetti speciali) di *Ghostbusters*. Un ibrido semicomico che non è piaciuto a nessuno. Miles Davis suona la tromba per strada, Lee Majors compare nello spot televisivo d'apertura.

Sosia, Il *½ (*Grosse fatigue*, Francia 1994, col, 87') Michel Blanc. Con Michel Blanc, Carole Bouquet, Philippe Noiret, Josiane Balasko, Dominique Lavanat, Charlotte Gainsbourg, Mathilda May, Marie-Anne Chazel, Guillaume Durant, David e Estelle Holliday, Thierry Lhermitte, Roman Polanski, Gilles Jacob. ◆ Al suo arrivo al festival di Cannes del 1993, l'attore Michel Blanc (Blanc) scopre che lo si accusa di aver pesantemente infastidito alcune colleghe e di aver addirittura violentato Josiane Balasko. Con l'aiuto di Carole Bouquet (Bouquet) scoprirà che un sosia ha deciso di sfruttare «al meglio» la popolarità che gli dà la sua rassomiglianza e che, come già è successo a Philippe Noiret (Noiret), nessun accordo riuscirà mai a fermare questa minaccia vivente. Voleva essere una riflessione divertita sulle fatiche della popolarità e, forse, un film-saggio sul doppio e la maschera con cui deve sempre fare i conti l'attore, ma costruita con troppe strizzatine d'occhio e una presunzione troppo ostentata finisce per essere una sconclusionata variazione sul più sfruttato, e risaputo, dei meccanismi comici. Che qui, per giunta, non fa nemmeno tanto ridere. Scandaloso premio alla miglior sceneggiatura (di Michel Blanc, da un'idea originale [!?] di Bertrand Blier) al festival di Cannes.

S.O.S. – I mostri uccidono ancora ** (*Island of Terror*, Gb 1966, col, 90') Terence Fisher. Con Peter Cushing, Carol Gray, Edward Judd, Niall MacGinnis. ◆ Su un'isola irlandese si trovano cadaveri cui sono state risucchiate le ossa. Ne sono colpevoli delle specie di tartarughe con proboscide, infelice risultato di ricerche contro il cancro. Malgrado le premesse dementi e gli effetti speciali casalinghi, Fisher e Cushing confezionano un piccolo e dignitoso horror con una sua morale e che riesce a mantenere anche una certa suspense.

Sospesi nel tempo **½ (*The Frighteners*, Usa/Nuova Zelanda 1996, col, 109') Peter Jackson. Con Michael J. Fox, Trini Alvarado, Jeffrey Combs, John Astin, John Fyfe, Chi McBride, Jake Busey, Dee Wallace Stone, Peter Dobson. ◆ Lo scacciafantasmi Frank Bannister (Fox) si serve di tre amici spettri (Astin, Fyfe e McBride) per inscenare finti poltergeist e spillare soldi alle vittime: ma quando si trova di fronte a un serial killer fantasma (Busey) dovrà cambiare tattica e trasferirsi nell'aldilà. L'oltretomba secondo Peter Jackson (sceneggiatore con la moglie Fran Walsh) è un misto di farsa e di orrore: e il suo cinema un frullato di acute osservazioni sociologiche e scemenze goliardiche. Tutt'altro che una svendita al gusto di Hollywood (anche se il mentore è Robert Zemeckis), in ogni caso, e anzi troppo raffinato e imprevedibile per il pubblico di *Casper*. Effetti digitali una volta tanto funzionali al racconto, e musiche di Danny Elfman. R. Lee Ermey torna, da spettro, nei panni del sergente di *Full Metal Jacket*.

Sospetto, Il ***½ (*Suspicion*, Usa 1941, b/n, 99') Alfred Hitchcock. Con Joan Fontaine, Cary Grant, Cedric Hardwicke, Nigel Bruce, Dame May Witty. ◆ La giovane aristocratica inglese Lina MacKinlaw (Fontaine) sposa, contro il volere dei genitori, John Aysgarth (Grant), un playboy che vive di espedienti. Ma dopo il matrimonio Lina matura il sospetto che John sia un assassino e che voglia avvelenarla per intascare l'assicurazione. Nel romanzo *Before the Fact* di A.B. Cox, Lina si lasciava uccidere per amore, ma Hitchcock, in parte condizionato dalla produzione, ha scelto un'ambiguità ben più sottile, che lascia salva la sessuofobia di fondo (l'equazione tra matrimonio e pericolo, che fu di *Rebecca* e sarà di *Marnie*). Hitch si diverte a ricostruire le atmosfere gotiche inglesi negli Stati Uniti e si inchina con ironia alla tradizione del giallo britannico (vedi il personaggio della scrittrice). È passata alla storia la sequenza in cui Grant sale le scale con un bicchiere di latte per la moglie che si sospetta essere avvelenato: per fare risaltare il bicchiere Hitchcock fece inserire una lampadina al suo interno. Hitchcock si vede attraversare la strada mentre Joan Fontaine parte alla volta del villaggio. Premio Oscra alla Fontaine, unica interprete di un film di Hitchcock ad aver vinto questo riconoscimento.

Sospetto, Il ** (Italia 1975, col, 111') Francesco Maselli. Con Gian Maria Volonté, Renato Salvatori, Annie Girardot, Gabriele Lavia, Felice Andreasi, Bruno Corazzani. ◆ Nel 1934 un trotzkista (Volonté) esule in Francia viene incaricato di andare a Torino per scoprire una spia tra i compagni che operano nella clandestinità. Ad approfittare del clima di complotto e di diffidenza reciproca sarà la polizia fascista. Buona ricostruzione d'epoca, ma qualche flashback di troppo e dialoghi spesso verbosi – come ci si deve aspettare da un film che discute della «ragion di partito». Scritto da Maselli e Franco Solinas. Pomposamente reintitolato *Il sospetto di Francesco Maselli* per evitare confusioni, pare, con l'omonimo film di Hitchcock.

Sostiene Pereira *½ (Italia/Francia 1995, col, 104') Roberto Faenza. Con Marcello Mastroianni, Stefano Dionisi, Daniel Auteuil, Nicoletta Braschi, Joaquim De Almeida, Marthe Keller. ◆ Lisbona, estate 1938: mentre avanza la dittatura di Salazar, l'anziano giornalista Pereira (Mastroianni) si occupa stancamente della pagina letteraria del *Lisboa*. L'incontro con il giovane comunista Monteiro Rossi (Dionisi), con la sua fidanzata Marta (Braschi) e col dottor Cardoso (Auteuil), un medico colto e democratico, lo porteranno a prendere coscienza del drammatico momento storico. «Fatale» adattamento dell'omonimo romanzo di Antonio Tabucchi (sceneggiato dal regista e Sergio Vecchio) che attribuisce inopinatamente al dottor Cardoso la voce fuori campo del narratore, nel romanzo lasciata anonima, e vanifica così l'efficacia dell'iterazione del titolo: la Lisbona del film è da cartolina, i personaggi risultano imbalsamati fino all'irritazione dall'ideologia e dai cliché, e nel cast – male assortito anche, ma non solo, per esigenze di produzione – si salva solo Mastroianni. Il film che sono costretti ad applaudire Mastroianni e la Braschi è *A Revolução de Maio* di António Lopes Ribeiro.

Sostituto, Il ** (*Coup de tête*, Francia 1978, col, 92') Jean-Jacques Annaud. Con Patrick Dewaere, France Dougnac, Jean Bouise, Michel Aumont, Paul Le Person, Corinne Marchand, Dora Doll. ◆ Un giocatore di calcio, François Perrin (Dewaere), viene accusato ingiustamente di violenza carnale e imprigionato. Per un incontro importante la società, che gli aveva girato le spalle, riesce a ottenere un permesso speciale e con lui in campo vince, ma per ripicca, François si rifiuterà di giocare nell'incontro di ritorno. Opera numero due del regista del *Nome della rosa* che non sa scegliere tra il ritratto di un'alienazione o la denuncia del sottobosco sportivo e finisce per cadere in un manicheismo esagerato.

Sottana di ferro, La * (*The Iron Petticoat*, Usa 1956, col, 87') Ralph Thomas. Con Bob Hope, Katharine Hepburn, James Robertson Justice, Robert Helpmann. ◆ Un pilota americano (Hope) fa conoscere a un'eroina sovietica (Hepburn) in viaggio a Berlino le delizie del mondo occidentale; i russi li riacciuffano e per poco non li mandano davanti al plotone d'esecuzione. Tentativo poco riuscito – e poco spiritoso – di aggiornare *Ninotchka*. Stupisce che la sceneggiatura sia firmata da Ben Hecht.

Sottile linea blu, La **½ (*The Thin Blue Line*, Usa 1988, col, 96') Errol Morris. ◆ Ricostruzione (con poche sequenze ricostruite e molte interviste) di una storia accaduta a Dallas. Un poliziotto viene ucciso durante un controllo stradale. Un giovane pregiudicato, David Harris, dopo essersi vantato dell'omicidio, accusa un autostoppista incensurato e in realtà innocente, Randall Adams, che viene condannato. Il regista Morris casualmente viene a conoscenza della vicenda: comincia a interrogare i protagonisti, fa confessare Harris davanti alla macchina da presa, fa riaprire il caso e scagionare l'accusato. Il titolo allude alla polizia, esile diaframma in divisa fra la società e il caos, ma anche al fragile confine fra errore e giustizia. Morris complica inutilmente la narrazione e smorza l'impatto del suo film-verità; ma c'è da dire che il pessimo doppiaggio italiano non aiuta certo ad apprezzarlo. Colonna sonora di Philip Glass.

Sottile linea rossa, La *½ (*The Thin Red Line*, Usa 1964, b/n, 99') Andrew Marton. Con Keir Dullea, Jack Warden, James Philbrook, Ray Daley. ◆ Durante lo sbarco americano a Guadalcanal, un soldatino imbelle (Dullea) se la deve vedere, oltre che col nemico, con un sergente di ferro (Warden), che però si sacrificherà per lui. Ordinaria amministrazione. Improponibile il confronto con la versione di Malick.

Sottile linea rossa, La **** (*The Thin Red Line*, Usa 1998, col, 170') Terrence Malick. Con Jim Caviezel, Sean Penn, Nick Nolte, Elias Koteas, John Cusack, Ben Chaplin, Adrien Brody, Woody Harrelson, John Travolta, John Savage, Miranda Otto, John C. Reilly, George Clooney, Mark Boone jr, Jared Leto. ◆ Guadalcanal, 1942: la guerra del soldato Witt (Caviezel), che prima fugge tra i melanesiani, poi torna a combattere e si sacrifica per i suoi compagni, facendo venire qualche dubbio al cinico sergente Welsh (Penn); intanto il capitano Staros (Koteas) si scontra con l'ambizioso colonnello Tall (Nolte), che vuole mandare al massacro i soldati. Malick è tornato al cinema a vent'anni da *I giorni del cielo* adattando (dopo la versione del 1964) l'omonimo romanzo di James Jones, che prende il titolo da un verso di Kipling. Con una prospettiva antistorica che è stata oggetto di varie critiche, ma necessaria per andare al di là delle apparenze e del realismo didascalico di chi ha un'idea molto più limitata del cinema (inevitabile il confronto con *Salvate il soldato Ryan*). Un film sperimentale, dove l'Io si frange in un gruppo di personaggi che si dibattono per capire la morte, la vita che sfugge, la natura estranea in cui sono immersi e che al tempo stesso li aiuta ad andare al fondo di se stessi. Un racconto per analogie, lampi, ellissi, che forza il linguaggio delle immagini sul filo dell'allusione e dell'indicibile. Un film bello e non facile, lontano da qualsiasi moda o tendenza, che poteva durare anche molto di più (Malick ha tagliato le parti di Mickey

Rourke, Bill Pullman, Viggo Mortensen e molti altri). Fotografia di John Toll e musica di Hans Zimmer.

Sotto accusa ** (*The Accused*, Usa 1988, col, 110') Jonathan Kaplan. Con Jodie Foster, Kelly McGillis, Leo Rossi, Bernie Coulson, Ann Hearn, Tom O'-Brien, Steve Antin. ◆ Violentata su un flipper dopo aver fatto la smorfiosa in un bar di maschiacci, una ragazza (Foster) riesce a trovare il coraggio di sporgere denuncia e di portare in tribunale non solo i violentatori, ma anche i testimoni consenzienti. Kaplan e lo sceneggiatore Tom Topor (*Pazza*) infliggono un duro colpo alla mentalità maschilista che giustifica crimini del genere sostenendo «tanto se l'era andata a cercare», e che trasforma la vittima in colpevole. Giustamente sgradevole e nauseante la lunga scena dello stupro, che non è piaciuta alle anime candide e che in televisione non potrete vedere integralmente. Peccato che per il resto tiri aria da telefilm, con un personaggio, quello dell'avvocatessa (McGillis), francamente pietoso. Oscar alla Foster.

Sotto analisi *½ (*National Lampoon's The Don Analyst*, Usa 1997, col, 104') David Jablin. Con Kevin Pollak, Robert Loggia, Angie Dickinson, Sherilyn Fenn, Ricky Aiello, Robert Cicchini, Joseph Bologna. ◆ Vuole diventare onesto e non gradisce più i cannoli: per il mafioso don Vito (Loggia) è arrivata l'ora dello psicanalista (Pollak), che però lo farà diventare un essere umano. La sceneggiatura di David Hurwitz presenta coincidenze sorprendenti col successivo *Terapia e pallottole*: addirittura le stesse battute sul complesso di Edipo, anche se il finale è molto più stupido e buonista. Gli attori, comunque, sono monotoni e arrancano, mentre la regia gestisce goffamente gli occasionali inserti di umorismo surreale e cinico. La Dickinson è irriconoscibile dopo il lifting.

Sotto dieci bandiere *½ (Italia/Usa 1960, col, 92') Duilio Coletti. Con Van Heflin, Charles Laughton, Mylène Demongeot, Folco Lulli, Cecil Parke, John Ericson, Eleonora Rossi Drago, Gian Maria Volonté. ◆ Durante la seconda guerra mondiale, un astuto e cavalleresco capitano tedesco (Heflin), a bordo di una nave corsara, dà del filo da torcere agli inglesi, comandati dall'ammiraglio Russell (Laughton). Uno dei primi film bellici in cui i tedeschi, anche se destinati a perdere, sono visti con una certa simpatia. Il resto è routine.

Sotto gli ulivi ***½ (*Zir-e darakhtan-e zeytun*, Iran 1994, col, 103') Abbas Kiarostami. Con Mohamad Ali Keshavarz, Hossein Rezaï, Tahereh Ledanian, Farhad Kheradmand. ◆ Un regista alter ego di Kiarostami (Keshavarz) sta girando *E la vita continua* in una località iraniana da poco devastata dal terremoto. Un giovane muratore (Rezaï), assoldato per una particina, fatica a calarsi nel ruolo in quanto nella realtà (ma si dovrebbero usare le virgolette) è vanamente innamorato della ragazza che interpreta sua moglie. Ma la sua testardaggine avrà la meglio sia delle pretese del regista, sia della ritrosia della ragazza. Il piano-sequenza finale (muto ma commentato da un concerto di Cimarosa) in cui, in campo lunghissimo, Hossein rincorre la ragazza, si ferma un attimo a parlarle e poi si allontana saltellando, è già un classico, e riassume bene la poetica di rigore formale, astrazione visiva e pudore delle emozioni di Kiarostami. Ma *Sotto gli ulivi* è molto di più che un simpatico bozzetto neorealista: è una riflessione lucida e intellettuale sulla messa in scena e la verità delle immagini, costruita con un vertiginoso gioco di scatole cinesi. Si tratta infatti del finto *making* di quello che già era un finto documentario (*E la vita continua*). Ma per apprezzarlo appieno, occorre conoscere anche *Dov'è la casa del mio amico?*: altrimenti non si colgono molti rimandi e giochi di specchi: a volte compiaciuti, a volte di raggiante poesia (come quando vediamo vivo e vegeto il piccolo Babak Ahmadpoor, protagonista di *Dov'è la casa del mio amico?* e dato disperso alla fine del film seguente). Un'altra conferma del talento del regista, capace di fare grande cinema con mezzi poverissimi, e di osservare criticamente una realtà come quella iraniana destreggiandosi abilmente tra le maglie della censura degli ayatollah.

Sotto il Capricorno → *Peccato di Lady Considine, Il*

Sotto il cielo di Parigi ** (*Sous le ciel de Paris*, Francia 1950, b/n, 90') Julien Duvivier. Con Brigitte Auber, Marcelle Praince, Jean Brochard, Raymond Hermantier, Sylvie [Louise Sylvain Mainguené], Paul Frankeur, René Blancard, Catherine Fonteney, Christiane Lénier, Daniel Ivernel, Marie-France. ◆ Una giornata a Parigi: l'avventura di una provinciale (Auber) rischia di finire in tragedia per colpa di un morboso pittore (Hermantier); un operaio (Brochard) ferito casualmente deve essere operato da un medico (Ivernel) che dubita della propria abilità; una vecchia (Sylvie) cerca di sfamare i suoi gatti; la piccola Colette (Marie-France) trova il coraggio di portare a casa la sua brutta pagella... Duvivier tenta di recuperare lo spirito populista del cinema francese degli anni Trenta (il film si apre con un travelling sui tetti di Parigi, consolidato rituale di quei film) raccontando la solidarietà e la generosità delle persone semplici, a confronto con la cattiveria e la stupidità della folla. Ma la sceneggiatura (del regista, con la collaborazione ai dialoghi di René Lefèvre e Henri Jeanson) calca troppo sulle note pittoresche e melodrammatiche (con tanto di picnic degli operai in sciopero interrotto dall'arrivo della polizia) e trasmette una visione sorpassata e convenzionale dei rapporti sociali.

Sotto il cielo di Parigi ***½ (*Le Ciel de Paris*, Francia 1991, col, 90') Michel Béna. Con Sandrine Bonnaire, Marc Fourastier, Paul Blain, Evelyne Bouix. ◆ Un giovane omosessuale, Marc (Fourastier), divide un appartamento con Suzanne (Bonnaire). In piscina conoscono Lucien (Blain) e ne diventano amici. Ma il terzetto non dura: Marc s'innamora di Lucien, a sua volta innamorato di Suzanne che invece ama Marc. Opera prima e ultima di Béna (morto di Aids prima dell'uscita del suo film), è un dramma pudico sull'assoluta solitudine giovanile, costruito come una catena di amori a vuoto che non riesce a spezzarsi in nessun punto. Calato in una realtà povera e sofferta, non scivola mai nella retorica né nel minimalismo grazie a una sceneggiatura molto controllata e a un uso «sporco» della macchina da presa. Gli interpreti sono bravissimi nel reggere lo sguardo incessante dell'obiettivo e nel regalare ai rispettivi personaggi tutte le sfumature necessarie. Belli i titoli di testa che fluttuano sulla superficie d'acqua della piscina, l'unico diversivo che il trio può permettersi. Pascal Bonitzer, ex redattore dei *Cahiers du cinéma* e sceneggiatore, è l'uomo davanti alla cabina telefonica.

Sotto il ristorante cinese *½ (Italia 1987, col, 99') Bruno Bozzetto. Con Claudio Botosso, Amanda Sandrelli, Bernard Blier, Nancy Brilli, Claudia Lawrence, Giuseppe Caderna. ◆ Prossimo al matrimonio con una virago rampante (Brilli), un mite impiegatino (Botosso) trova dietro una porta una spiaggia incantata e una dolce fanciulla (Sandrelli) che gli sconvolge la sua vita monotona. Facile elogio della fuga e della fantasia che non riesce mai a essere convincente, malgrado qualche tocco curioso. Primo film di Bozzetto solo con attori in carne e ossa.

Sotto il segno dello scorpione *½ (Italia 1969, col, 100') Paolo e Vittorio Taviani. Con Gian Maria Volonté, Lucia Bosé, Giulio Brogi, Samy Pavel, Piera Degli Esposti, Alessandro Haber, Biagio Pelligra, Renato Scarpa, Steffen Zacharias. ◆ Due comunità si scontrano in un'epoca mitica e imprecisata: gli Scorpionidi vogliono realizzare l'utopia costi quel che costi; gli uomini governati da Renno (Volonté), invece, vogliono salvaguardare l'esistente, adattandosi a vivere sotto un vulcano. Favola politica sceneggiata dai due registi che associa tematiche sessantottine alla citazione di miti classici come quello del ratto delle Sabine. Un prodotto del suo tempo, girato con stile semisperimentale alla Godard che oggi rivela tutto il suo contenuto metafisico e metastorico. Un divertente ricordo sul film è raccontato da Alessandro Haber in *La vera vita di Antonio H.*

Sotto il segno del pericolo *½ (*Clear and Present Danger*, Usa 1994, col, 141') Phillip Noyce. Con Harrison Ford, Willem Dafoe, Donald Moffat, Harris Yulin, Anne Archer, James Earl Jones, Joaquim de Almeida, Ann Magnuson, Ted Raimi. ◆ Nuova avventura, dopo *Giochi di potere*, dell'agente della Cia Jack P. Ryan (Ford). Due (o tre) i fronti: i trafficanti di droga colombiani, i traditori all'interno della Cia e i falchi – come il presidente Bennett (Moffat) – che raccomandano le maniere forti, e poi lasciano morire i propri uomini. Visto che John Milius (assieme a Donald Stewart e Steven Zaillian) è uno di coloro che hanno adattato il bestseller di Tom Clancy, il film a un certo punto sembra diventare un remake di *Fratelli nella notte*, con Ryan e il mercenario Clark (Dafoe) che salvano eroicamente i soldati americani prigionieri dei narcotraficantes. Anche se la distribuzione di Bene e Male è più sfumata rispetto a *Giochi di potere*, per il resto è un passo indietro: i personaggi perdono spessore, la famiglia di Ryan e i gadget tecnologici passano in secondo piano, le sequenze d'azione sono poche e fiacche. Patrick Bauchau, non accreditato, è un boss colombiano.

Sotto il selciato c'è la spiaggia *½ (*Unter dem Pflaster ist der Strand*, Rft 1975, col, 102') Helma Sanders-Brahms. Con Grischa Huber, Heinrich Gisket, Barbara Finkenstaedt. ◆ Un'attrice (Huber) decide di dedicarsi alla difesa dei diritti delle lavoratrici tedesche; il suo compagno (Gisket), bieco maschilista sotto la vernice di sinistra, l'abbandona proprio quando lei è incinta. Opera militante e fin troppo didascalica che diede alla sua autrice una certa notorietà.

Sotto il sole di Roma **½ (Italia 1948, b/n, 104') Renato Castellani. Con Oscar Blando, Liliana Mancini, Francesco Golisano, Gisella Monaldi. ◆ A Roma, a cavallo fra l'occupazione tedesca e l'arrivo degli americani, il giovane Ciro (Blando) compie furtarelli con la banda di coetanei, snobbando la ragazza che lo ama (Mancini) per una donna sposata. Ma quando il padre metronotte muore durante un colpo degli amici, capisce qual è la sua strada. L'ambiente popolare e gli attori presi dalla strada rimandano al neorealismo: ma la vena bonaria e scanzonata è quella che diventerà tipica del regista. Castellani non nasconde la simpatia per i suoi personaggi «senza arte né partito» e riesce a trattare con delicatezza e senza troppa retorica il tema del passaggio dall'adolescenza alla maturità. La sceneggiatura è firmata dallo stesso Castellani, Fausto Tozzi, Ettore M. Margadonna, Sergio Amidei e Suso Cecchi d'Amico. Alberto Sordi è il commesso derubato del negozio di scarpe.

Sotto il sole di Satana *** (*Sous le Soleil de Satan*, Francia 1987, col, 103') Maurice Pialat. Con Gérard Depardieu, Sandrine Bonnaire, Maurice Pialat, Alain Arthur, Yann Dedet. ◆ Un sacerdote (Depardieu) scrupoloso fino all'autoflagellazione combatte con il diavolo e non riesce a salvare dal suicidio una ragazza perduta (Bonnaire) che ha commesso un infanticidio. La sua fede gli farà operare un miracolo, ma sarà la sua ultima azione su questa Terra. Depardieu, col suo fisico massiccio, incarna con sorprendente credibilità i tormenti dell'anima. Dal romanzo del cattolico Bernanos, Pialat ha tratto un film laico e duro sul Male nel mondo, che alla fine riesce a trasmettere un senso di mistero: la scena del miracolo regge il confronto con quella di *Ordet*. L'unico difetto del regista (che recita nella parte importante di una specie di avvocato del diavolo) è quello di amare troppo le ellissi. Contestatissima Palma d'oro a Cannes.

Sotto il tallone ** (*La Métamorphose des cloportes*, Francia/Italia 1965, col, 98') Pierre Granier-Deferre. Con Lino Ventura, Charles Aznavour, Irina Demick, Pierre Brasseur, Georges Geret, Françoise Rosay, Annie Fratellini. ◆ Un ladro di quadri (Ventura) finisce in galera per colpa dei suoi compari, che poi se la spassano col bottino. Appena esce pensa solo a vendicarsi: ma mai fidarsi delle donne. Tipico noir francese con tocchi beffardi, in cui c'è la mano dell'abile sceneggiatore Michel Audiard.

Sotto il vestito niente * (Italia 1985, col, 88') Carlo Vanzina. Con Tom Shanley, Renée Simonsen, Donald Pleasence, Paolo Tomei, Nicola Perring, Maria McDonald, Anna Galiena. ◆ Un ranger del parco di Yellowstone (Shanley) ha la visione di sua sorella (Simonsen) massacrata a forbiciate: si precipita a Milano per verificare, ma lei è scomparsa. In compenso di top model ce ne sono a bizzeffe, per la gioia dell'assassino e (si presume) dello spettatore. Pasticciatissimo giallo parapsicologico tratto dall'omonimo romanzo di Marco Parma (alias Paolo Pietroni) con timide incursioni nel softcore: in realtà una furbesca imitazione di *Omicidio a luci rosse* che, da noi, ha incassato più del prototipo. Ma almeno la citazione della colonna sonora del film di De Palma, Vanzina ce la poteva risparmiare: sono mica tutti scemi, gli spettatori. Con un seguito.

Sotto il vestito niente 2 * (Italia 1988, col, 95′) Dario Piana. Con Florence Guérin, Gioia Maria Scola, François Eric Gendron, Giovanni Tamberi. ◆ La morte di una top model che era stata stuprata da un vecchiaccio dà il via alla solita strage: chi sarà l'assassino, un vendicatore folle o un moralista un po' esagerato? Neanche un thriller, ma un videoclip dilatato, con musiche da discoteca e fotografia da spot pubblicitario. Trama e attori risibili, compensati da tanta lingerie e succo di pomodoro.

Sotto il vulcano ** (*Under the Volcano*, Usa 1983, col, 110′) John Huston. Con Albert Finney, Jacqueline Bisset, Anthony Andrews, Ignacio Lopez Tarso, Katy Jurado, James Villiers. ◆ Alle pendici del vulcano Popocatepetl, nel Messico di fine anni Trenta, la macabra festa dei morti fa da sfondo all'epilogo della parabola autodistruttiva del console britannico Geoffrey Firmin (Finney), che nell'alcol ha cercato conforto al tradimento della moglie (Bisset) con il fratello (Andrews). Dal romanzo di Malcolm Lowry (adattato da Guy Gallo), che già Buñuel e Losey cercarono di portare sullo schermo: la resa al destino e l'orgoglio della sconfitta trovano in Finney un interprete adeguato ma sul filo del gigionismo. E anche il clima barocco di morte non sfugge completamente ai rischi della maniera. Bella fotografia dell'anziano maestro Gabriel Figueroa, e musica di Axel North.

Sotto i tetti di Parigi *** (*Sous les toits de Paris*, Francia 1930, b/n, 95′) René Clair. Con Albert Préjan, Gaston Modot, Edmond T. Gréville, Pola Illery, Paul Ollivier, Bill Bocket. ◆ Quando Albert (Préjan), un cantante di strada, viene arrestato per un furto non commesso, la sartina (Illery) che vive con lui chiede aiuto al suo migliore amico (Gréville) e se ne innamora. Clair (autore anche della sceneggiatura) si cimenta per la prima volta col sonoro, dimostrando di saperne sfruttare appieno le svariate possibilità: dialoghi, rumori, voci, canzoni vengono mescolati con abilità e con una certa riluttanza a far prevalere i primi sugli altri, non tanto per scarsa dimestichezza con le parole, quanto per il desiderio di restituire l'amata Parigi in tutta la sua complessa vivacità acustica. Ancora un volta è la città a essere la vera protagonista del film, come dimostrano efficacemente le sequenze di apertura e di chiusura sui tetti della capitale, ricostruita meravigliosamente in studio dallo scenografo Lazare Meerson. L'universo clairiano pulsa al di sotto, nelle stradine bagnate, rischiarate da qualche lampione e rallegrate dal suono della fisarmonica, dove personaggi convenzionali vivono la loro banale quotidianità con la forza di figurine archetipiche. L'azione questa volta è meno curata del solito, probabilmente per le inedite preoccupazioni tecniche, ma il resto è una delizia per chi ama il cinema francese d'antan. La canzone che riprende il titolo è di Raoul Moretti e all'epoca fu un grande successo. Marcel Carné è accreditato come aiuto regista.

Sotto la croce del Sud *** (Italia 1938, b/n, 78′) Guido Brignone. Con Doris [ma nei titoli è Dori, in ossequio alle richieste linguistiche del regime] Duranti, Antonio Centa, Enrico Glori, Giovanni Grasso, Salvatore Cuffaro. ◆ Dopo la guerra italo-etiopica, un ingegnere (Centa) e il suo socio (Grasso) tornano nella loro piantagione dell'Africa Orientale, che scoprono occupata da una coppia di contrabbandieri. Mailù (Duranti), con il suo fascino sensuale, è motivo di scompiglio per tutti gli uomini presenti, in particolare per l'ingegnere, ma quando scopre il suo doppio gioco, arriverà la vendetta. Un film singolare, che unisce evidenti esigenze di propaganda (i colonialisti italiani come gente perbene e amata dagli indigeni, l'agricoltura come perno dell'economia nazionale anche in terra straniera), una certa curiosità non fasulla per le popolazioni autoctone (vedi l'inserto documentaristico sulla loro danza propiziatrice per la semina, con dirompenti effetti erotici stranamente tollerati all'epoca) e un gusto abbastanza raffinato per la narrativa popolare (genere noir esotico corretto all'italiana, con la Duranti nel ruolo della donna fatale smascherata e ridimensionata dall'etica vincente del lavoro agricolo). Sfruttate al meglio tutte le opportunità offerte dalle locations reali (il film vinse a Venezia il premio per i valori tecnici). Notevole la fotografia di Aldo Tonti e le soluzioni di montaggio di Giuseppe Fatigati (anche aiuto regista) e memorabile la scena della fuga del cattivo, che muore sprofondando nelle sabbie mobili con la solennità e la verosimiglianza di un classico americano. Doris Duranti è doppiata da Tina Lattanzi.

Sotto l'albero yum yum * (*Under the Yum Yum Tree*, Usa 1963, col, 110′) David Swift. Con Jack Lemmon, Carol Lynley, Dean Jones, Imogene Coca, Edie Adams. ◆ Un padrone di casa (Lemmon) tenta invano di sottrarre la sua inquilina (Lynley) al fidanzato gnoccolone. Farsa che ai tempi passava per maliziosa, con Lemmon fuori forma.

Sotto l'arcobaleno * (*Under the Rainbow*, Usa 1981, col, 98′) Steve Rash. Con Chevy Chase, Carrie Fisher, Eve Arden, Mako, Adam Arkin. ◆ Durante le riprese del *Mago di Oz* (1939) le spie naziste assoldano un nano per uccidere un nemico del regime: un poliziotto pasticcione (Chase) sventa il complotto. Giallorosa con omaggi alla vecchia Hollywood e tocchi demenziali: decisamente troppa carne al fuoco. Costato 20 milioni di dollari, ne ha riportati in cassa solo 8.

Sottomarino fantasma, Il *½ (*Mystery Submarine*, Usa 1950, b/n, 78′) Douglas Sirk. Con Macdonald Carey, Marta Toren, Robert Douglas, Ludwig Donath, Carl Esmond. ◆ Finita la guerra, un sommergibile nazista continua la guerra nel Pacifico: fingendosi tedesco, un agente americano (Carey) riesce a salire a bordo. Il primo film di Sirk targato Universal è un melodramma bellico senza grandi invenzioni, che adotta una struttura a flashback poco felice.

Sottomarino giallo, Il → *Yellow Submarine*

Sotto massima sorveglianza ** (*Wedlock*, Usa 1991, col, 110′) Lewis Teague. Con Rutger Hauer,

Mimi Rogers, Joan Chen, James Remar, Stephen Tobolowski. ◆ Un rapinatore (Hauer), fregato dalla sua donna (Chen), viene chiuso in un carcere dove i prigionieri non possono allontanarsi troppo tra di loro altrimenti esplode il collare che hanno attorno alla testa. Ma una prigioniera (Rogers) scopre di essere il suo «gemello» e fugge con lui. Filmaccio di serie B come se ne facevano una volta, basato su un'idea sola, ma ben sviluppata. Azione a più non posso, e divertimento sicuro se non si ha voglia di pensare.

Sotto scacco *½ (*Innocent Moves*, Usa 1993, col, 110') Steven Zaillian. Con Max Pomeranc, Joe Mantegna, Joan Alen, Ben Kingsley, Laurence [Larry] Fishburne, Dan Hedaya. ◆ A sette anni, Josh Waitzkin (Pomeranc) è un fan di Bobby Fischer e una promessa degli scacchi: i genitori (Mantegna e Alen) sono incerti sul da farsi, e un ex campione assunto come insegnante (Kingsley) è troppo dispotico. L'esordiente Zaillian, autore anche della sceneggiatura (tratta da una storia vera: i personaggi hanno conservato i loro nomi), non spiega mai cosa rappresentino gli scacchi per il piccolo protagonista, risolve semplicisticamente il tema della fama e della corsa per il successo, e si limita a rendere la tensione degli incontri con spreco di dettagli e primissimi piani. Un gradino al di sotto di *Il mio piccolo genio*. Sydney Pollack è il produttore esecutivo, la fotografia è di Conrad Hall. Rieditato in video col titolo *In cerca di Bobby Fischer*.

Sottoscala → *Quei due*

Sotto shock **½ (*Shocker*, Usa 1989, col, 100') Wes Craven. Con Michael Murphy, Peter Berg, Mitch Pileggi, Cami Cooper, Heather Langenkamp. ◆ Un serial killer (Pileggi), anziché arrostire sulla sedia elettrica, diventa un flusso di energia pura, capace prima di passare da un corpo all'altro, e poi di viaggiare nell'etere materializzandosi sugli schermi televisivi. Summa dell'horror contemporaneo, stranamente sottovalutato, girato da Craven con buon ritmo, adeguati effetti speciali e tocchi di ironia. Esilarante il finale, a metà strada fra *Videodrome* e *Steps* di Rybczynski, dove il buono e il cattivo si inseguono da un programma all'altro, saltando dentro e fuori lo schermo. Che si tratti anche di una parabola mediologica è reso chiaro dalla presenza, nei panni di un predicatore televisivo, di Timothy Leary, ex guru della beat generation divenuto profeta delle realtà virtuali.

Sotto... sotto... strapazzato da anomala passione *½ (Italia 1984, col, 90') Lina Wertmüller. Con Enrico Montesano, Veronica Lario, Luisa De Santis, Massimo Wertmüller, Elena Fabrizi. ◆ Per il falegname Oscar (Montesano) scoprire che sua moglie (Lario) è innamorata di un'altra donna, anche lei delusa dagli uomini, è la peggiore delle tragedie: «E chi mme so sposato, io? 'Na specie de frocio?». Soluzione prevista: violentare la rivale, e magari usare il coltello. Ma trattandosi di un film della Wertmüller, la tragedia è esclusa. Alla satira dell'italiano medio maschilista fa riscontro una passione narrata con delicatezza – per la regista – insolita. Ma resta l'impressione che si tratti di una parodia della von Trotta, «ovvero *Lucida follia* all'amatriciana». Successo di pubblico zero, e uno dei più brutti titoli di una regista specializzata in titoli orribili. Veronica Lario diventerà la seconda moglie di Silvio Berlusconi.

Sotto tiro *** (*Under Fire*, Usa 1983, col, 128') Roger Spottiswoode. Con Nick Nolte, Joanna Cassidy, Gene Hackman, Ed Harris, Jean- Louis Trintignant, Richard Masur. ◆ Nel Nicaragua alla vigilia della rivoluzione un fotografo (Nolte) e un giornalista (Hackman) si contendono la stessa donna (Cassidy). Il secondo viene trucidato a sangue freddo dagli scagnozzi di Somoza (l'episodio è autentico) sotto gli occhi dell'altro, che allora decide di aiutare i sandinisti con un falso fotografico, da cui risulta che il loro capo è ancora vivo. Cocktail insolitamente ben riuscito di avventura, amore e politica, sceneggiato da Ron Shelton e Clayton Frohman e diretto con onesto impegno civile e con un senso della tensione da far invidia a Oliver Stone. Nella colonna sonora di Jerry Goldsmith è ben riconoscibile la chitarra di Pat Metheny. Girato in Messico.

Sotto un tetto di stelle ** (*Starlight Hotel*, Nuova Zelanda 1987, col, 93') Sam Pillsbury. Con Peter Phelps, Greer Robson, Marshall Napier, Alice Fraser, Patrick Smyth. ◆ La strana amicizia fra una ragazzina difficile (Robson) e un veterano della prima guerra mondiale (Phelps), ancora turbato dall'esperienza bellica. Attente caratterizzazioni dei personaggi e delicatezza di sentimenti, con la tendenza, però, a perdersi nella contemplazione di bei paesaggi. Notevole la fotografia di Warrick Attewell.

Sottozero *½ (Italia 1987, col, 93') Gian Luigi Polidoro. Con Jerry Calà, Angelo Infanti, Antonella Interlenghi, Annie Papa. ◆ Un meccanico trevigiano (Calà), per far soldi, va a lavorare su una piattaforma petrolifera al largo della Norvegia. Un suo compatriota amichevole (Infanti) gli rende più sopportabile il soggiorno, mettendogli a disposizione anche la propria amante: ma nel suo passato c'è qualcosa di losco. La sceneggiatura di Sonego sembra fatta apposta per il Sordi di una volta (e infatti Polidoro era già andato in Scandinavia a girare *Il diavolo*): ma i tempi sono cambiati, e rischiare la banalità è diventato più facile. Jerry Calà, che una volta tanto non fa il cretino, è quello che è.

Soul Man ** (*Soul Man*, Usa 1986, col, 101') Steve Miner. Con C. Thomas Howell, Rae Dawn Chong, James Earl Jones, Arye Gross, Leslie Nielsen. ◆ Per entrare ad Harvard con una borsa di studio, un wasp californiano (Howell) si traveste da nero, e impara a vedere il mondo dall'altra parte, mandando al diavolo la fidanzata snob. Miner butta sul ridere i problemi razziali, e si diverte ad accumulare stereotipi alternando i punti di vista. Un'idea carina sceneggiata da Carol Black (specie quando tutti si stupiscono di come giochi male a basket per essere un nero), da cui è uscito un film per teen-ager con troppa melassa nel finale. Lou Reed e Sam Brown cantano la canzone omonima.

Soul Survivor ** (*Soul Survivor*, Canada 1995, col, 89') Stephen Williams. Con Peter Williams, David Smith, Judith Scott, George Harris. ◆ Giamaicano a Toronto, Tyrone (Williams) sogna di far soldi e di lasciarsi alle spalle la violenza dell'ambiente che lo circonda: imparerà quanto sia difficile. Spaccato di una comunità girato con ovvio spirito indipendente, più interessante dal punto di vista documentario e sociologico che da quello cinematografico. Opera prima del regista e sceneggiatore.

South Central – Zona a rischio *½ (*South Central*, Usa 1992, col, 99') Steve Anderson. Con Glenn Plummer, Byron Keth Minns, Carl Lumbly, Lexie D. Bigham. ◆ Condannato a dieci anni di prigione, il giovane spacciatore nero Bobby (Plummer) segue da dietro le sbarre l'escalation di suo figlio Jimmie nel mondo del crimine, finché riesce a farsi rilasciare sulla parola, per evitare che Jimmie commetta un omicidio. Senza figure paterne, i giovani si cacciano nei guai: è la tesi (già sentita in *Boyz'n the Hood*) che esprime nel film il musulmano Ali, e cui sembra aderire l'esordiente regista e sceneggiatore. Schematico e convenzionale nel disegno dei personaggi. Coproduce la Ixtlan di Oliver Stone

Souvenir d'Italie ** (Italia 1957, col, 100') Antonio Pietrangeli. Con June Laverick, Isabelle Corey, Inge Schoener, Vittorio De Sica, Alberto Sordi, Massimo Girotti, Gabriele Ferzetti, Mario Carotenuto, Antonio Cifariello. ◆ Tre autostoppiste straniere (Laverick, Corey e Schoener) fanno conoscenza del Bel paese e della sua fauna maschile, collezionando flirt più o meno impegnativi. Briosa commediola in cui Pietrangeli, a mezzo servizio, si diverte a demistificare il mito del vitellonismo. Dario Fo, che interpreta la guida del castello, è anche uno degli sceneggiatori insieme ad Age, Scarpelli, Pietrangeli e, non accreditato, Armando Crispino. Unghiata comica per Sordi nel ruolo del mantenuto dalla «grande mère», irresistibile quando vuole fuggire con una delle autostoppiste e si presenta vestito da pseudotirolese. Non è doppiato quando si esibisce al mandolino e canta *Souvenir d'Italie*.

Sovversivi, I ** (Italia 1967, b/n, 110') Paolo e Vittorio Taviani. Con Giulio Brogi, Lucio Dalla, Ferruccio De Ceresa, Giorgio Arlorio, Marjia Tochinowski, Fabienne Fabre. ◆ Quattro militanti comunisti vanno in crisi in coincidenza della morte di Togliatti (1964): uno strambo laureato in filosofia (Dalla) cerca invano nella fotografia un modo di catturare la realtà; un regista invalido (De Ceresa) perde la fiducia nell'arte; un funzionario di partito (Arlorio) trasecola quando scopre che sua moglie ama un'altra; un esule venezuelano (Brogi) è diviso tra l'amore e la lotta clandestina. Come Pasolini in *Uccellacci e uccellini*, i Taviani, autori come sempre anche della sceneggiatura, intrecciano alla finzione le emblematiche sequenze documentarie dei funerali di Togliatti. Un film interlocutorio e fatalmente datato sull'addio alla giovinezza e sulla prima crisi delle ideologie.

Spacciatore, Lo **½ (*Light Sleeper*, Usa 1991, col, 103') Paul Schrader. Con Willem Dafoe, Susan Sarandon, Dana Delany, David Clemmons, Mary Beth Hurt. ◆ Alle soglie della quarantina, John Letour (Dafoe) sente di non avere più il fegato per spacciare droga: l'incontro con una sua ex (Delany) che sembrava uscita dal giro e che invece viene trovata morta fa crollare definitivamente il suo mondo. Il primo film personale del regista dopo molti anni, sembra un malinconico aggiornamento delle atmosfere di *Taxi Driver* e della storia di *American Gigolo*. Nessuna enfasi o sensazionalismo, ma qualche banalità drammaturgica che dallo Schrader sceneggiatore non ci si aspetterebbe. Il meglio, comunque, viene da insospettabili attimi di dolcezza. Sotto la decenza il doppiaggio italiano.

Spaccone, Lo ***½ (*The Hustler*, Usa 1961, b/n, 135') Robert Rossen. Con Paul Newman, Piper Laurie, Jackie Gleason, George C. Scott, Murray Hamilton, Vincent Gardenia, Jake La Motta. ◆ Lo scopo della vita del giocatore di biliardo Eddie Felson (Newman) è quello di battere il campione Minnesota Fats (Gleason): ma si accorge troppo tardi di aver sacrificato l'unica cosa importante della sua vita, l'amore per una ragazza troppo fragile (Laurie). Splendido cast, con Scott nel ruolo mefistofelico dell'affarista che porta Felson al successo e alla rovina personale. Uno dei migliori film di Rossen, tratto da un racconto di Walter Tevis sceneggiato dal regista con Sidney Carroll, in equilibrio tra la parabola esistenziale pessimista (la vita come gioco inutile), il noir e il realismo semidocumentaristico. Oscar al veterano Eugen Schüftan, direttore della fotografia di film come *Metropolis*, *Porto delle nebbie* e *Lo specchio scuro*. Eddie Felson tornerà quasi trent'anni dopo in *Il colore dei soldi*.

Spaccone vagabondo, Lo * (*The Fireball*, Usa 1950, b/n, 84') Tay Garnett. Con Mickey Rooney, Pat O'Brien, Beverly Tyler, Marilyn Monroe, Glenn Corbett. ◆ Un orfano scontroso e prepotente (Rooney) vuole diventare campione di pattinaggio su pista: prima della fine, sarà diventato un angioletto. Buoni sentimenti e melassa in un prodotto d'altri tempi, con Marilyn in una particina.

Space Camp – Gravità zero * (*SpaceCamp*, Usa 1986, col, 107') Harry Winer. Con Kate Capshaw, Lea Thompson, Kelly Preston, Tom Skerritt, Barry Primus, Terry O'Quinn. ◆ Scuola di astronauti: un'istruttrice inflessibile (Capshaw) cerca di metter in riga i soliti sballati capitati lì non si sa come. Scherzi goliardici e robot parlanti in un'innocua satira dell'efficientismo statunitense. Fiacco e poco divertente, non ha giocato in suo favore la tragedia dello Shuttle, avvenuta poco dopo.

Space Jam ** (*Space Jam*, Usa 1996, col, 87') Joe Pytka. Con Michael Jordan, Wayne Knight, Larry Bird, Bill Murray, Theresa Randle, Charles Barkley, Patrick Ewing, Muggsy Bogues, Larry Johnson. ◆ Per evitare di essere trasformati in attrazioni per il parco giochi di Moron Mountain, gli abitanti di Cartoonia sfidano cinque invasori alieni a una partita di pallacanestro: i mostriciattoli rubano il talento e la prestanza fisica di cinque professionisti del basket, e allora a Bugs Bunny e soci non resta che chiedere aiuto a Michael Jordan in carne e ossa. Film-merchandising che unisce i fan di due pubblici potenziali: i cartoons Warner per i più piccoli, la stella del basket per gli adolescenti. La fusione tra scene dal vero e personaggi animati è perfetta, ma l'abilità di Jordan tra i canestri ha bisogno di avversari autentici per esprimersi: di fronte a personaggi irreali tutto sembra troppo facile per appassionare davvero. Unica curiosità: il film ironizza sul periodo (disastroso) che Jordan ha passato nelle leghe minori del baseball prima di tornare a giocare coi Chicago Bulls. Nell'edizione italiana sono utilizzate le voci di Sandro Ciotti, «Bisteccone» Galeazzi e Simona Ventura.

Space Truckers ** (*Space Truckers*, Usa 1996, col, 96') Stuart Gordon. Con Dennis Hopper, Debi Mazar, Stephen Dorff, Charles Dance, George Wendt, Barbara Crampton, Vernon Wells, Shane Rimmer. ◆ Il camionista spaziale John Canyon (Hopper), a sua insaputa, trasporta da Nettuno alla Terra un carico di micidiali cyborg: e quando un pirata del cosmo (Dance) lo fa prigioniero, iniziano guai seri. Maiali marziani quadrati, organi sessuali biomeccanici difettosi, inconvenienti dell'assenza di gravità: Gordon e il produttore-sceneggiatore Ted Mann non si prendono mai troppo sul serio, e spruzzano di umorismo dissacrante i luoghi comuni della fantascienza. Il divertimento e gli effetti speciali (opera di Screaming Mad George, già braccio destro di Brian Yuzna) non mancano, anche se la radicalità di Carpenter è un'altra cosa.

Space Vampires *½ (*Lifeforce*, Usa 1985, col, 100') Tobe Hooper. Con Steve Railsback, Peter Firth, Frank Finlay, Mathilda May, Michael Gothard. ◆ Un'astronave arriva nei pressi della nefasta cometa di Halley e si imbatte in tre nudi vampiri dello spazio, che si rifocillano disidratando letteralmente il malcapitato equipaggio, per poi seminare il panico una volta arrivati sulla Terra. Fantascienza, horror e film catastrofico mescolati a casaccio in una produzione miliardaria targata Golan-Globus, non priva di umorismo volontario. I fans del primo Tobe Hooper storceranno il naso, quelli di Mathilda May no.

Spadaccini di Siena, Gli → *Spadaccino di Siena, Lo*

Spadaccino di Siena, Lo *½ (Italia/Francia 1962, col, 94') Baccio Bandini, Etienne Périer. Con Sylva Koscina, Stewart Granger, Christine Kaufmann, Riccardo Garrone, Tullio Carminati, Alberto Lupo, Marina Berti, Fanfulla [Luigi Visconti], Fausto Tozzi, Giulio Marchetti. ◆ A Siena Thomas Stanwood (Granger), avventuriero inglese al soldo del governatore spagnolo, fa la guardia del corpo alla promessa sposa di questi, Orietta (Koscina). In realtà la ragazza è l'anima segreta della rivolta antispagnola che scoprierà durante il Palio e vedrà Stanwood in prima fila tra i ribelli. Un cappa e spada sfavillante solo nel technicolor, che in origine s'intitolava *La congiura dei 10* ed è stato girato in doppia versione, italiana (firmata da Baccio Bandini) e francese (con la firma di Etienne Périer) ed è curiosamente proprio questa seconda versione che viene programmata più spesso nelle televisioni a volte col titolo *Gli spadaccini di Siena*.

Spada degli Orléans, La *½ (*Le Bossu*, Francia/Italia 1959, col, 104') André Hunebelle. Con Jean Marais, Bourvil [André Raimbourg], Sabina Selman, Jean Le Poulain, Hubert Noël, Paulette Dubost, Alexandre Rignault, Edmond Beauchamp, Paul Cambo. ◆ Testimone dell'assassinio del duca di Nevers da parte del cugino Philippe de Gonzague (Noël), il signore di Lagardère (Marais) sottrae ai sicari la figlia in fasce del duca e promette vendetta («Se tu non vieni da Lagardère... Lagardère verrà da te»). Dopo un lungo esilio in Spagna tornerà a Parigi nei panni di un gobbo, per smascherare il traditore e permettere a Isabella di Nevers (Selman) di riprendere il proprio nome e il proprio ruolo. Terza versione sonora del romanzo omonimo di Paul Féval, ambientato durante la Reggenza e sceneggiato da Jean Alain e Pierre Foucaud. Il CinemaScope amplifica la magniloquenza della scenografia ma non aiuta la messa in scena dei duelli (curiosamente poco spettacolari), e le parentesi comiche affidate a Bourvil (il servo di Lagardère) sono molto datate.

Spada e la magia, La * (*Sorceress*, Usa 1983, col, 81') Brian Stuart. Con Leigh e Lynette Harris, Bob Nelson, David Milbern. ◆ Due gemelle (le Harris) si vendicano del padre, che ha ucciso la loro madre quand'erano piccole. Epigono del filone fantasy-eroico, realizzato in stretta economia. Visto che produce la New World di Corman, le protagoniste sono tenute a spogliarsi per tener sveglio il volenteroso spettatore.

Spada e la rosa, La * (*The Sword and the Rose*, Gb/Usa 1953, col, 93') Ken Annakin. Con Richard Todd, Glynis Johns, James Robertson Justice, Michel Gough. ◆ La storia di Maria Tudor (Johns), sorella di Enrico VIII, che dopo un matrimonio politico col re di Francia, riesce finalmente a coronare il suo sogno d'amore. Soporifero polpettone in costume, girato in Inghilterra con i soldi della Disney, ma decisamente al di fuori delle sue corde.

Spada imbattibile, La * (Italia 1957, col, 83') Hugo Fregonese. Con Jeffrey Stone, Sebastian Cabot, Paul Campbell, Irene Papas, Domenico Modugno. ◆ D'Artagnan (Stone) sgomina una setta di incappucciati che complotta contro il re di Francia. Modeste avventure di cappa e spada in un prodotto anonimo.

Spada magica, La – Alla ricerca di Camelot ** (*Quest for Camelot*, Usa 1997, col, 85') Fredrik Du Chau. ◆ L'indomita Kayley vuole diventare un cavaliere della Tavola Rotonda come il suo defunto padre e parte alla ricerca di Excalibur, la magica spada di Re Artù caduta nelle mani del perfido Ruber: la aiuteranno nell'impresa Garrett, un giovane cavaliere cieco, e il drago a due teste Devon e Cornelius. Tratto da un romanzo di Vera Chapman, il debutto nel lungometraggio d'animazione della Warner Bros. è pieno di azione, a tratti spettacolare, con un'eroina a tutto tondo, moderna, figlia del femminismo e alle prese con una positiva soluzione dell'Edipo (motivo che verrà riaffermato da *Mulan*). Gigi Proietti doppia Devon e Cornelius, Andrea Bocelli canta *Preghiera*.

Spada nella roccia, La ** (*The Sword in the Stone*, Usa 1963, col, 75') Wolfgang Reitherman [e Walt Disney]. ◆ La giovinezza di re Artù che, con l'aiuto del mago Merlino, estrae la celebre spada e scopre la propria vocazione. Uno dei lungometraggi d'animazione meno inventivi prodotti dalla Disney: abbondano come sempre le caratterizzazioni di contorno, ma l'eroe è più scialbo che in altri casi. Contagiosa, però, l'interminabile risata del gufo.

Spada normanna, La * (Italia/Spagna, Francia 1971, col, 99') Roberto Mauri. Con Mark Damon, Luis Davila, Krista Nell, Manolo Zarzo, Linda Sini, Nello Pazzafini. ◆ Tornato dalle crociate, Ivanhoe (Damon) scopre che il trono d'Inghilterra è stato usurpato da Stefano Cunningham: per ridare la corona ai suoi legittimi eredi, Ivanhoe dovrà ritrovare la «spada normanna», simbolo del potere inglese e conservata da un clan scozzese. Approssimativa rivisitazione dell'eroe inventato da Walter Scott con scontate allusioni alla politica di quegli anni (alla fine Ivanhoe guida un'autentica sollevazione popolare contro il tiranno) e poco altro.

Spade insanguinate *½ (*The Swordsman*, Usa 1948, col, 81') Joseph H. Lewis. Con Larry Parks, Ellen Drew, George Macready, Edgar Buchanan. ◆ Giulietta e Romeo nella Scozia del Settecento, tra clan rivali e parenti carogne. Mediocre incursione nel cinema in costume di un maestro della serie B.

Spaghetti a mezzanotte *½ (Italia 1981, col, 98') Sergio Martino. Con Lino Banfi, Barbara Bouchet, Teo Teocoli, Alida Chelli, Daniele Vargas, Pippo Santonastaso. ◆ Doppia trasgressione per l'avvocato Lagrasta (Banfi): tradire la moglie e infischiarsene della dieta. Ma si mette di mezzo la mafia e un cadavere da nascondere. Pochade erotico-giallo-gastronomica su misura per il protagonista: leggermente meno grezza del solito, anche perché la Bouchet aveva smesso di spogliarsi con tanta facilità.

Spaghetti House *½ (Italia 1982, col, 109') Giulio Paradisi. Con Nino Manfredi, Leo Gullotta, Rudolph Walker, Rita Tushingham, Gino Pernice, Sandro Ghiani, Renato Scarpa. ◆ Tre sedicenti militanti neri sequestrano per una settimana i cinque lavoranti di un ristorante italiano a Londra. I prigionieri solidarizzano con gli aguzzini: non è solo «sindrome di Stoccolma», ma anche solidarietà tra derelitti. Manfredi (anche cosceneggiatore) gigioneggia in una tragicommedia che non risparmia i luoghi comuni sugli italiani brava gente.

Spalle larghe *½ (*Youngblood*, Usa 1986, col, 109') Peter Markle. Con Rob Lowe, Cynthia Gibb, Patrick Swayze, Ed Lauter, Jim Youngs. ◆ Per lasciare la fattoria paterna, il giovane Youngblood (Lowe) ha come unica chance quella di sfondare nell'hockey su ghiaccio. Ma l'ambiente è duro e infido, e il gioco rischioso. Tutti i passaggi obbligati dei film di ambiente sportivo, anche se almeno viene risparmiato il finale zuccheroso. Lowe venne lanciato come sex symbol, ma con risultati mediocri.

Spalle nude ** (*Strapless*, Gb 1989, col, 103') David Hare. Con Blair Brown, Bruno Ganz, Bridget Fonda, Alan Howard, Alexandra Pigg, Camille Coduri. ◆ Una dottoressa sulla quarantina (Brown) pensa di dovere delle lezioni di vita alla sorella venticinquenne e scapestrata (Fonda), ma è lei ad averne bisogno, visto che ha sposato in segreto un uomo misterioso e affascinante (Ganz) quanto squattrinato. Hare è abbastanza abile a tenere assieme le molte fila di un racconto ambiguo e sfaccettato anche se, stringi stringi, rischia di lasciare lo spettatore a bocca asciutta.

Spara alla luna ** (*Shoot the Moon*, Usa 1982, col, 123') Alan Parker. Con Albert Finney, Diane Keaton, Peter Weller, Dana Hills, Viveka Davis. ◆ Crisi coniugale nell'alta società: sia lui (Finney) che lei (Keaton) hanno l'amante. Alla fine il marito non regge più alle provocazioni e dimentica il bon ton. Le figliolette stanno a guardare. Parker dirige con la solita enfasi uno psicodramma che dice essergli servito a conoscere meglio se stesso e a rinsaldare il proprio matrimonio. In genere è piaciuto a chi non ama il regista, e viceversa.

Spara che ti passa * (*¡Dispara!*, Spagna/Italia 1993, col, 100') Carlos Saura. Con Francesca Neri, Antonio Banderas, Walter Vidart, Lali Ramón, Chema Mazo, Daniel Poza López, Achero Mañas. ◆ Marcos (Banderas), giornalista di Madrid incaricato di scrivere un reportage sul circo, incontra Anna (Neri), una ragazza italiana che spara a bersagli mobili da cavalli in corsa, e se ne innamora. Una sera, Anna viene violentata: il giorno dopo imbraccia il fucile e uccide gli stupratori, ma nella fuga uccide anche un poliziotto e viene ferita mortalmente. Da un racconto di Giorgio Scerbanenco (sceneggiato dal regista insieme a Enzo Monteleone), un tentativo di cinema «urbano, documentario e cronachistico» (così lo presentò Saura al festival di Venezia) che si risolve in un ibrido sentimentale tra *Calamity Jane* e *Thelma & Louise*, con un personaggio maschile ornamentale e un finale insulso. La regia non riserva guizzi né sorprese e gli attori risentono dello spaesamento generale.

Spara forte, più forte... non capisco! *½ (Italia 1966, col, 100') Eduardo De Filippo. Con Marcello Mastroianni, Raquel Welch, Eduardo De Filippo, Guido Alberti, Leopoldo Trieste, Regina Bianchi, Franco Parenti, Tecla Scarano. ◆ Uno scultore (Mastroianni) immagina che nel vicinato si svolgano atroci delitti: accusa degli innocenti e si mette nei guai. Suo zio (De Filippo), disgustato dall'umanità, comunica col suo prossimo servendosi di botti e fuochi d'artificio. Cosa c'entri Raquel Welch resta un mistero. Ultimo, e meno felice, dei film di De Filippo regista, tratto dalla sua commedia *Le voci di dentro*, adattata (e snaturata) con l'aiuto di Suso Cecchi d'Amico. Musiche di Nino Rota. Prodotto da Mastroianni – che, dopo il fiasco del film, non ritentò più l'esperimento.

Sparatoria, La **** (*The Shooting*, Usa 1967, col, 82') Monte Hellman. Con Warren Oates, Millie Perkins, Jack Nicholson, Will Hutchins. ◆ Una donna misteriosa (Perkins) paga due uomini (Oates e Hutchins) per accompagnarla attraverso il deserto; in realtà ha assoldato anche un killer (Nicholson), e sta inseguendo il fratello gemello di una delle sue guide. Del western c'è solo l'ambientazione e la struttura: ma psicologie e conflitti sono quelli di un kammerspiel, abbastanza vicino a Beckett e al teatro della crudeltà. Ignorato alla sua uscita, ha acquistato con gli anni una fama crescente. Hellman dirige con stile spoglio e realistico, concedendosi rari e indovinati tocchi simbolici (l'uomo lasciato morire nel deserto con un gioco di pazienza). Il finale enigmatico lascerà interdetto qualcuno, ma è il colpo d'ala di un film che non sbaglia nulla e non assomiglia a nessun altro. Sceneggiato da Carol Eastman (futura collaboratrice di Rafelson) con lo pseudonimo di Adrien Joyce, e girato contemporaneamente a *Le colline blu*. Prodotto dal regista assieme a Nicholson.

«Spari e baci a colazione» → *Quickly – «Spari e baci a colazione»*

Sparo in fabbrica, Uno ** (*Laukus tehtaalla*, Finlandia 1973, b/n, 90') Erkko Kivikovski. Con Urpo Poikolainen, Aarne Hakulinen, Pentti Viljakainen, Artturi Haikonen, Raimo Ahrenberg. ◆ Una piccola fabbrica, assorbita da una grande industria, viene ristrutturata, e molti rischiano il licenziamento. Di fronte all'indifferenza dei padroni un anziano operaio (Poikolainen) imbraccia il fucile. Ispirato a un fatto reale, e girato con attori non professionisti e stile semiamatoriale, il film di Kivikovski si schiera senza enfasi dalla parte della classe lavoratrice, ed ebbe a suo tempo una certa risonanza – caso pressoché isolato per il cinema finlandese pre-Kaurismäki.

Sparo nel buio, Uno ** (*A Shot in the Dark*, Gb 1964, col, 101') Blake Edwards. Con Peter Sellers, Elke Sommer, George Sanders, Herbert Lom, Tracy Reed, Graham Stark. ◆ L'ispettore Clouseau (Sellers), cerca di scagionare dall'accusa di omicidio la cameriera Maria (Sommer), di cui è innamorato, ma viene continuamente arrestato dalla polizia, anche per oltraggio al pudore (storica la sequenza in un campo nudista). Secondo film della serie iniziata l'anno prima con *La pantera rosa*. Gag catastrofiche e comicità da slapstick con una punta di cattiveria: ma la sceneggiatura (cui ha collaborato William Peter Blatty) è stata adattata all'ultimo momento al personaggio, e si sente. La farsa pura inizierà col terzo episodio, *La pantera rosa colpisce ancora*.

Spartaco – Il gladiatore della Tracia *½ (Italia/Francia 1953, b/n, 110') Riccardo Freda. Con Massimo Girotti, Ludmilla Tcherina, Gianna Maria Canale, Carlo Ninchi. ◆ Spartaco (Girotti) è un soldato romano declassato a gladiatore dopo aver difeso una schiava. Guida la rivolta dei suoi compagni e, quando si profila la sconfitta, sceglie di morire combattendo. Storia romanzata nello spirito di Cinecittà.

Spartacus **½ (*Spartacus*, Usa 1960, col, 183') Stanley Kubrick. Con Kirk Douglas, Jean Simmons, Laurence Olivier, Tony Curtis, Charles Laughton, Peter Ustinov, John Gavin, Herbert Lom, Woody Strode, Nina Foch. ◆ Portato a Roma da Lentulo Batiato (Ustinov), il gladiatore trace Spartaco (Douglas) si mette a capo della rivolta di sessantamila schiavi contro Roma. Dopo avere vinto una prima battaglia viene sconfitto e crocifisso: ma la sua donna Varinia (Simmons), schiava liberata, gli mostrerà il loro figlioletto nato libero mentre parte per una nuova vita. Tratto da un romanzo di Howard Fast, sceneggiato da Dalton Trumbo. Kubrick è subentrato alla regia dopo che Anthony Mann aveva litigato col produttore Douglas, ma non si è mai riconosciuto nel risultato. Certo, *Spartacus* è un gradino al di sopra dei kolossal hollywoodiani, c'è del talento visivo nelle scene di massa (pensate graficamente da Saul Bass) e i personaggi non sono di cartapesta; ma il progetto di girare il primo kolossal rivoluzionario della storia del cinema rimane a metà per i contrasti in fase di sceneggiatura tra Trumbo e Douglas. Esagerata, come sempre in questi casi, la durata. Quattro Oscar: all'attore non protagonista (Ustinov), alla fotografia (Russell Metty), alla direzione artistica (Alexander Golitzen, Eric Orbom, Russell A. Gausman, Julia Heron) e ai costumi (Bill Thomas, Valles). Nella versione restaurata di 1969, uscita nel 1991, Anthony Hopkins ha doppiato Laurence Olivier (che interpreta Marco Crasso) nelle scene nuove in cui mancava il sonoro e nelle quali è esplicitata la sua relazione omosessuale con Antonino (Curtis).

Sparvieri dello stretto, Gli ** (*Sea Devils*, Usa 1953, col, 90') Raoul Walsh. Con Rock Hudson, Yvonne De Carlo, Maxwell Reed, Gérard Oury, Bryan Forbes. ◆ Mentre Napoleone (il futuro regista Oury) progetta l'invasione dell'Inghilterra, una spia britannica (De Carlo) viene prima ostacolata poi aiutata – e naturalmente amata – da un contrabbandiere (Hudson). Per alcuni estimatori francesi è una «geniale fusione di cinema di prosa e cinema di poesia», ma probabilmente è meglio considerarlo un buon film d'avventura, sceneggiato da Borden Chase e diretto da Walsh con il solito gusto plastico per l'azione e qualche tocco personale, come gli esterni sempre avvolti nella luce crepuscolare e gli interni più sottilmente luminosi. Nelle intenzioni dei produttori della Rko doveva essere un adattamento dei *Lavoratori del mare* di Victor Hugo, ma alla fine del romanzo sono rimasti solo alcuni nomi propri e l'ambientazione.

Sparvieri di fuoco * (*Thunder Birds*, Usa 1942, col, 78') William A. Wellman. Con Preston Foster, Gene Tierney, John Sutton, Dame May Whitty. ◆ Un veterano (Foster) fa l'istruttore, preoccupandosi anche dei problemi esistenziali dei suoi allievi. Il genere di film in cui la patria e l'eroismo vengono prima dell'amore. Routine da tempi di guerra.

Sparviero, Lo *½ (*L'Alpagueur*, Francia 1976, col, 95') Philippe Labro. Con Jean-Paul Belmondo, Bruno Cremer, Patrick Fierry, Jean Negroni. ◆ Un poliziotto (Belmondo) dai metodi spicci dà la caccia a un sanguinoso criminale (Cremer). Ci vorranno molti morti prima di arrivare all'ovvia conclusione. Ordinaria amministrazione per Bebel in vena di acrobazie.

Sparviero del mare, Lo ** (*The Sea Hawk*, Usa 1940, col, 127') Michael Curtiz. Con Errol Flynn, Brenda Marshall, Claude Rains, Donald Crisp, Flora Robson, Alan Hale. ◆ Un corsaro inglese (Flynn) – ispirato a Drake e Raleigh – con la benedizione della regina Elisabetta (Robson), depreda i galeoni spagnoli e, come ricompensa, viene nominato baronetto. Flynn è uno scanzonato Robin Hood dei mari in uno dei primi grandi successi del genere piratesco, celebre per le sequenze d'azioni spettacolari e roboanti. Noiosette, invece, le scene ambientate a corte. Nella versione per il mercato inglese la regina Elisabetta I teneva discorsi ad alto tasso patriottico con allusioni all'attualità. Musica di Erich Wolfgang Korngold. Sceneggiatura di Howard Koch e Seton I Miller.

Sparviero di Londra, Lo **½ (*Lured*, Usa 1946, b/n, 102') Douglas Sirk. Con George Sanders, Lucille

Ball, Charles Coburn, Boris Karloff, Cedric Hardwicke, Alan Mowbray, George Zucco. ◆ Nella Londra dell'Ottocento un pazzo con la fissa di Baudelaire uccide fanciulle: una ballerina (Ball) accetta di fare da esca per la polizia, ma si innamora del sospettato numero uno (Sanders). Gioco di apparenze e false identità che mescola vari generi sceneggiato da Leo Rosten: ci sono stile e intelligenza, anche se per Sirk si trattava solo di un lavoro alimentare. Karloff è un innocuo maniaco molto buffo. Remake dell'*Imboscata* (1939) di Siodmak.

Spasimo *** (*Hets*, Svezia 1944, b/n, 102') Alf Sjöberg. Con Stig Järrel, Alf Kjellin, Mai Zetterling, Olof Winnerstrand, Gösta Cederlung, Stig Olin, Jan Molander. ◆ Ossessionato da un professore sadico soprannominato Caligola (Järrel), il liceale Jan-Erik (Kjellin) trova comprensione in una ragazza (Zetterling) di cui si innamora: quando la trova morta, denuncia le responsabilità di Caligola, che ha visto nascosto in casa della donna, ma l'autopsia parla di un «arresto cardiaco» e il professore, liberato, si darà da fare per bocciare agli esami Jan-Erik. Opera cerniera del decennio, girata a partire da una sceneggiatura del giovane Ingmar Bergman, il film dà corpo alle paure e agli incubi che regnavano in Svezia verso la fine della guerra. Se la sceneggiatura accentua l'interpretazione esistenzial-metafisica della condizione umana (la classe scolastica e la tavola familiare «costituiscono un microcosmo esemplare dell'inferno sulla Terra»), la più concreta regia di Sjöberg sottolinea invece la voglia di ribellarsi delle giovani generazioni contro il potere degli adulti (e ne offre una lettura quasi marxista, in termini di lotta di classe generazionale), mentre accentua il parallelismo tra la tirannia di Caligola sulla classe e quella del nazismo sulla Germania (l'insegnante porta gli stessi occhiali di Himmler e legge il *Dagposten*, il giornale svedese più favorevole ai nazisti). I due giovani protagonisti, che Sjöberg vorrà anche per il successivo *Iris fiore del Nord*, sono diventati entrambi registi, la Zetterling in Svezia e Kjellin a Hollywood. Premio speciale della giuria al festival di Cannes.

Spasms * (*Spasms*, Canada 1984, col, 90') William Fruet. Con Oliver Reed, Peter Fonda, Kerrie Keane, Al Waxman. ◆ Un miliardario (Reed) ossessionato dal dio-serpente assolda un cacciatore (Fonda) per catturare un rettile pericoloso, che farà sfaceli coi suoi morsi velenosi. Thriller mediocre che non risparmia le obbligatorie soggettive dell'animale, e ha come unica risorsa gli effetti speciali – per altro molto curati – di Dick Smith.

Spavaldo, Lo *½ (*Little Fauss and Big Halsey*, Usa 1970, col, 97') Sidney J. Furie. Con Robert Redford, Lauren Hutton, Michael J. Pollard, Noah Beery, Lucille Benson. ◆ Un corridore motociclistico (Redford), cui la vita sembra sorridere sempre, vessa il suo timido meccanico (Pollard), finché questi non gli dà una lezione. Spaccato di provincia americana piuttosto prevedibile, con Redford appena lanciato da *Butch Cassidy*. Colonna sonora di Johnny Cash.

Spaventapasseri, Lo *** (*Scarecrow*, Usa 1973, col, 116') Jerry Schatzberg. Con Gene Hackman, Al Pacino, Dorothy Tristan, Eileen Brennan, Ann Wedgeworth, Richard Lynch. ◆ Dopo aver scontato sei anni di prigione per rissa, Max (Hackman) diventa amico di Lyon (Pacino), che ha piantato la moglie cinque anni prima: il primo sogna di aprire una stazione di servizio, il secondo vuole conoscere finalmente suo figlio, insieme attraverseranno l'America al disperato inseguimento dei loro sogni. Una delle opere migliori della New Hollywood, storia dell'inseguimento di una personalissima (e infima) utopia che si trasforma nella descrizione di una solitudine schiacciata da un Sistema caotico ed emarginante. Sceneggiato da Garry Michael White e raccontato con toni picareschi e crepuscolari, il film si regge sull'opposizione tra Città e Natura e sulla scoperta del decadimento della civiltà, a cui si può opporre solo la forza dell'amicizia. Grandissima interpretazione dei due protagonisti e straordinaria fotografia di Wilmos Zsigmond (la scena iniziale, con il cielo che cambia colore, è un piccolo gioiello). Palma d'oro a Cannes.

Spawn * (*Spawn*, Usa 1997, col, 96') Mark A.Z. Dippé. Con Michael Jai White, John Leguizamo, Martin Sheen, Theresa Randle, Nicol Williamson, Melinda Clarke, D.B. Sweeney. ◆ Killer della Cia orrendamente bruciato, Al Simmons (White) ricompare nei ghetti di New York come supereroe mutante vendicatore dei deboli. Ma il diavolo Malabolgia, tramite un suo scherano clownesco (Leguizamo, nell'imitazione di Michael Keaton in *Beetlejuice*), lo vuole ai suoi comandi. Dal fumetto di Todd McFarlane, un minestrone del *Corvo*, dei Power Rangers e di cento altre cose, che annega in orrendi effetti digitali e in una storia puerile. Unica curiosità: il primo supereroe nero.

Specchi del desiderio * (*The Right Hand Man*, Australia 1985, col, 96') Di Drew. Con Rupert Everett, Hugo Weaving, Jennifer Claire, Catherine McClements. ◆ Nell'Australia dell'Ottocento un giovane aristocratico (Everett) subisce ogni disgrazia: si ferisce cadendo da cavallo; a causa del diabete perde il braccio; per scrupoli eugenetici costringe la moglie a fare un figlio con il baldo stalliere; dulcis in fundo, muore. Un Ivory dei poveri, che dietro la trama da feuilleton ritorna sul vecchio tema del crepuscolo della nobiltà. L'unico tocco bizzarro è una scena di urofilia.

Specchio, Lo ° (*Zerkalo*, Urss 1974, col e b/n, 105') Andrej Tarkovskij. Con Margarita Terechova, Jurij Nazarev, Anatol' Solocinyn, Nikolaj Grinko. ◆ Jurij (Nazarev), alter ego del regista, separato dalla moglie (Terechova), ricorda il padre che abbandonò la madre (sempre la Terechova): passato e presente si mescolano, tra frammenti di cronaca – gli anni della guerra, i tempi dello stalinismo – squarci surreali (ma perché piove sempre in casa?) e regressioni edipiche. Criptico viaggio nella memoria, scandito da poesie farraginose del padre del regista, Arsenij Tarkovskij (lette nella versione italiana da Romolo Valli), che mette troppa carne al fuoco: autoanalisi, storia patria, discorsi sull'arte, fremiti mistico-panteisti. E quando il filo del discorso si ingarbuglia, un bel piano sequenza nei boschi che fa tanto poesia. Il genere di film che i critici austeri giudicano arduo ma gratificante: ma Tarkovskij era già la maniera di se stesso. Gran parte del bric-à-brac del *Sacrificio* viene da qui, comprese le levitazioni.

Specchio, Lo **½ (*Ayneh*, Iran 1997, col, 95') Jafar Panahi. Con Aida Mohammad Khani, Kazem Mojdehi, M. Chirzad. ◆ La piccola Mina (Mohammad Khani) decide di tornare a casa da sola dopo che la mamma non è venuta a prenderla a scuola, ma a metà film la piccola attrice si scoccia e smette di recitare: la cinepresa però continua a pedinarla di soppiatto, malgrado gli inconvenienti (soprattutto fonici) del caso. Panahi ritrova la piccola protagonista di *Il palloncino bianco*, sempre più Mafalda in lotta contro un mondo di adulti egoisti, indifferenti e stupidi (emblematiche le sequenze sull'apartheid dei sessi negli autobus). Panahi, sulla scia del maestro Kiarostami, aggiunge una riflessione sul cinema che rispecchia se stesso, e si interroga su come rappresentare veridicamente la realtà: con qualche lungaggine ma senza salire in cattedra, e con una freschezza di sguardo che non fa mai dimenticare la durezza della società iraniana.

Specchio a due facce, Lo **½ (*Le Miroir à deux faces*, Francia/Italia 1958, b/n, 96') André Cayatte. Con Michèle Morgan, Bourvil [André Raimbourg], Elisabeth Manet, Ivan Desny, Sandra Milo, Gérard Oury, Georges Chamarat, Julien Carette, Jane Marken, Sylvie [Louise Sylvie], Marcel Pérès. ◆ Dopo anni di vita grama con il mediocre professor Tardivet (Bourvil), la sgraziata Marie-José (Morgan) decide di sottoporsi a un intervento di chirurgia estetica, ma la sua nuova bellezza scatena l'odio del marito. Quando ha deciso di andarsene con il cognato (Desny), viene a sapere che il marito si è voluto «vendicare» uccidendo il chirurgo (Oury). La bellezza come presa di coscienza della propria miseria sociale: un tema insolito, affrontato con piglio meno predicatorio del solito da Cayatte, autore della sceneggiatura con Gérard Oury. Si crede poco alla bruttezza della Morgan, ma in compenso la prova di Bourvil è davvero notevole, e la descrizione dell'ambiente piccolo-borghese in cui si muovono i personaggi non priva di notazioni felici. Remake molto infedele di Barbra Streisand (*L'amore ha due facce*).

Specchio del desiderio, Lo ° (*La Lune dans le caniveau*, Francia/Italia 1983, col, 137') Jean-Jacques Beineix. Con Gérard Depardieu, Nastassja Kinski, Victoria Abril, Vittorio Mezzogiorno, Rosa Fumetto, Guido Alberti, Victor Cavallo. ◆ In una città di mare stile *Querelle* uno scaricatore (Depardieu) conteso da due donne – la ricca (Kinski) e la proletaria (Abril) – ricerca con troppa sollecitudine l'uomo che ha violentato sua sorella e l'ha spinta al suicidio. Tratta da un noir di David Goodis (*C'è del marcio in Vernon Street*), sceneggiata dal regista con Olivier Mergault, l'opera seconda di Beineix è lenta e statica, e mantiene solo in piccola parte la promessa di meraviglie visive (tutto è vistosamente rifatto in studio). Attori mal diretti, montaggio approssimativo, e un'aria fasulla che dà ai nervi dopo cinque minuti. La musica di Gabriel Yared è bella, ma Beineix se ne serve nel modo meno onesto possibile.

Specchio della follia, Lo **½ (*The Mad Room*, Usa 1969, col, 92') Bernard Girard. Con Stella Stevens, Shelley Winters, James Ward, Carol Cole, Severn Darden, Beverly Garland, Michael Burns, Barbara Sammeth. ◆ Segretaria di Gladys Warren (Winters), Ellen Hardy (Stevens) convince la padrona di casa a ospitare i suoi due giovani fratelli George e Mandy (Burns e Sammeth), appena dimessi da un manicomio criminale dove erano stati rinchiusi con l'accusa di aver massacrato i genitori. Quando la signora Warren viene trovata trucidata e fatta a pezzi, Ellen pensa che i responsabili siano i suoi due fratelli e cerca di nascondere l'assassinio, ma la verità non è così semplice. Remake di *Tenebre* non indegno dell'originale, sceneggiato dal regista e A.Z. Martin con una bella variazione sul potere delle apparenze e la finta bontà delle persone servizievoli. E qualche scena autenticamente terrificante.

Specchio della memoria *½ (*Unforgettable*, Usa 1996, col, 111') John Dahl. Con Ray Liotta, Linda Fiorentino, Peter Coyote,Christopher McDonald, David Paymer, Kim Cattrall, Kim Coates, Duncan Fraser. ◆ David Krane (Liotta), medico legale prosciolto dall'accusa di aver assassinato la moglie, è ossessionato dai ricordi. Quando scopre che la dottoressa Martha Briggs (Fiorentino) sta mettendo a punto un siero per trasferire la memoria di una persona nella mente di un'altra, decide di iniettarsi i liquidi cerebro-spinali di tutti i sospetti killer della moglie e della stessa vittima per trovare finalmente la propria redenzione. Un thriller psico-fisiologico che contamina con una certa originalità noir e fantascienza, ma si smarrisce nei meandri di una sceneggiatura (di Bill Geddie) faticosa e cerebrale, appesantita da una regia iperrealista che eccede nei flashback e nei segnali premonitori (troppi fiammiferi troppo simbolici): cercare l'ambiguità dei ricordi non vuol dire necessariamente annegare nella confusione.

Specchio della vita, Lo *½ (*Imitation of Life*, Usa 1934, b/n, 109') John M. Stahl. Con Claudette Colbert, Warren William, Rochelle Hudson, Louise Beavers, Ned Sparks, Fredi Washington. ◆ Una vedova bianca (Colbert) e la sua governante nera (Beavers) fanno fortuna con le frittelle in scatola. Ma la nera non vuole dividere gli utili, e si accontenta della promessa di un funerale coi fiocchi. Le due figlie, intanto, fanno dannare le rispettive madri: la bianca (Hudson) è innamorata del futuro patrigno, la nera (Washington) si vuol far passare per bianca. La prima versione del romanzo di Fannie Hurst (sceneggiato da William Hurlbut) è francamente datata, malgrado i pregi della regia di Stahl: e il trattamento del personaggio di Dalila, la governante nera, sfiora il razzismo. Rifatto da Sirk, con lo stesso titolo, nel 1959.

Specchio della vita, Lo *** (*Imitation of Life*, Usa 1959, col, 124') Douglas Sirk. Con Lana Turner, John Gavin, Sandra Dee, Susan Kohner, Juanita Moore, Dan O'Herlihy, Robert Alda, Troy Donahue. ◆ Lora (Turner), un'attrice teatrale vedova, sacrifica alla carriera il rapporto con la figlia Susie (Dee). Anche la fedele governante nera, Annie (Moore), ha dei problemi con la propria figlia Sarah Jane (Kohner), che si spaccia per bianca e si esibisce nei night-club. Lora in parte ritrova la felicità domestica, malgrado la figlia sia innamorata del suo uomo (Gavin): ma Annie no. Melodramma al femminile tutto giocato sulle apparenze e la finzione sceneggiato da Eleonore Griffin e Allan Scott: non perfetto, però, nel dosare lacrime e impennate patetiche. Ultimo film hollywoodiano di Sirk, libero remake dell'omonimo film di Stahl. Esaltato da Fassbinder e di conseguenza lievemente sopravvalutato. Da antologia, comunque, la scena, riflessa in una vetrina, in cui Sarah Jane è picchiata dal suo ragazzo, che ha scoperto la sua razza. Mahalia Jackson canta il gospel al funerale. Sia la Moore che la Kohner furono candidate all'Oscar.

Specchio per le allodole *½ (*Breakthrough*, Gb/Rft 1978, col, 115') Andrew V. McLaglen. Con Richard Burton, Robert Mitchum, Rod Steiger, Curd Jürgens, Klaus Löwitsch, Helmut Griem. ◆ Un sergente nazista (Burton) partecipa a un complotto contro Hitler e inizia trattative di pace con gli alleati: ma l'attentato fallisce e viene a trovarsi in un serio imbarazzo. Parata di cariatidi in un film bellico vecchia maniera che riserva poche sorprese.

Specchio scuro, Lo ***½ (*The Dark Mirror*, Usa 1946, b/n, 85') Robert Siodmak. Con Olivia de Havilland, Lew Ayres, Thomas Mitchell, Richard Long, Charles Evans, Garry Owen. ◆ Due sorelle gemelle (de Havilland) sono identiche nel fisico quanto diverse nel carattere: Ruth è buona e modesta, Terry è un'assassina morbosamente gelosa dell'altra. Uno psichiatra (Ayres), studiando il caso, si innamora di Ruth: ma non fa i conti con l'astuzia di Terry. Dapprima indistinguibili, le due sorelle sono man mano caratterizzate dalla predominanza del nero e del bianco. Le immagini più spettacolari sono quelle in cui le due gemelle non sono nella stessa inquadratura, ma sono raddoppiate da uno specchio: il fotografo Eugen Schüfftan (il cui nome non compare nei titoli per motivi sindacali) avrebbe meritato l'Oscar. La sceneggiatura di Nunnally Johnson, tratta da un soggetto di Vladimir Porner, è un po' schematica, ma il gioco dell'ambiguità e l'atmosfera di persecuzione (anche Ruth rischierà di impazzire) fanno di questo film uno dei noir più celebri dell'epoca. Per una singolare coincidenza, in Messico Roberto Gavaldón dirigeva contemporaneamente *Vita rubata*, che sul tema delle gemelle dall'opposta personalità raggiungeva risultati più melodrammatici ma anche più sorprendenti.

Specialista, Lo * (*The Specialist*, Usa 1994, col, 110') Luis Llosa. Con Sylvester Stallone, Sharon Stone, James Woods, Eric Roberts, Rod Steiger. ◆ L'ex agente della Cia specializzato in esplosivi Ray Quick (Stallone) viene contattato dalla bella May Munro (Stone) per eliminare Tomas Leon (Roberts) che le ha ucciso i genitori sotto gli occhi: dovrà vedersela con un ex collega che lo odia (Woods) e con qualche doppiogioco di troppo. Ovvia sciocchezza parodistica firmata da un ex critico parente di Vargas Llosa, dove tutti gli attori replicano se stessi nei ruoli più famosi (da *Rambo* a *Basic Instinct).* Il clou dovrebbe essere l'incontro erotico tra i due corpi più costosi di Hollywood, ripreso in asessuata confezione da spot sotto la doccia. Notevole la casetta di Quick, un tugurio superprotetto dalle più avanzate tecniche informatiche. Abiti maschili di Armani.

Specialisti, Gli *½ (Italia/Francia 1969, col, 104') Sergio Corbucci. Con Johnny Halliday, Gastone Moschin, Françoise Fabian, Mario Adorf, Angela Luce. ◆ Un pistolero (Halliday) vuole vendicare il fratello, che è stato linciato per un furto che non ha commesso, e si allea con un bandito messicano (Adorf). La rockstar transalpina Halliday si aggiunge, senza infamia e senza lode, alla galleria di interpreti anomali dello spaghetti-western.

Specie mortale *½ (*Species*, Usa 1995, col, 108') Roger Donaldson. Con Natasha Henstridge, Michael Madsen, Forest Whitaker, Ben Kingsley, Alfred Molina, Marg Helgenberger. ◆ Un mutante femmina col corpo di una fotomodella (Henstridge), frutto dell'incrocio di Dna umano e alieno, vaga per Los Angeles in cerca di un maschio sano con cui riprodursi; ma lo scienziato (Kingsley) che l'ha creata le dà la caccia con una squadra variopinta. Qualche buona idea (l'aliena che appena arrivata a Los Angeles si compra un abito da sposa: parodia dei sogni di normalità americana) viene buttata via da una regia inetta, incapace sia di creare suspense che di gestire effetti speciali visti mille volte. Il mostro è disegnato da H.R. Giger.

Species II ** (*Species II*, Usa 1998, col, 93') Peter Medak. Con Justin Lazard, Michael Madsen, Natasha Henstridge, Marg Helgenberger, Mykelti Williamson, George Dzundza, James Cromwell, Peter Boyle. ◆ Il primo astronauta su Marte (Lazard) torna sulla Terra contaminato da Dna alieno, che non vede l'ora di riprodursi. L'aliena del film precedente (Henstridge), che è stata clonata, questa volta aiuta i buoni. Medak, che non è un regista horror, cerca di buttarla sulla facile ironia («Ho visto ricrescergli la testa come in un brutto film di fantascienza»), la satira anti-yankee e lo splatter pesante. I fan del genere hanno gradito, ma di idee nuove non ce ne sono.

Speed **½ (*Speed*, Usa 1994, col, 116') Jan De Bont. Con Keanu Reeves, Dennis Hopper, Sandra Bullock, Joe Morton, Jeff Daniels. ◆ Il maniaco Howard Payne (Hopper) prima riempie di tritolo un ascensore, poi mette una bomba su un pullman, che esplode se il tachimetro scende sotto le cinquanta miglia all'ora. Per due volte il poliziotto Jack Traven (Reeves) disinnesca gli ordigni e salva vite innocenti. Gran finale su un vagone della metropolitana senza controllo. Scritto da Graham Yost, il punto di non ritorno del cinema d'azione hollywoodiano: una celebrazione della paura della stasi, nel tentativo di ripartire ogni volta da capo per offrire allo spettatore sempre più azione e suspense. Ma tutto resta in superficie, e la tecnica mirabolante non si cura neanche di mascherare il vuoto, non si dice di contenuti, ma almeno di emozioni vere. Il ritmo, comunque, toglie il fiato e l'attenzione non si allenta mai. Esordio alla regia dell'ex direttore della fotografia dei film di Verhoeven. Due Oscar: suono ed effetti speciali sonori. Con un seguito.

Speed 2: senza limiti *½ (*Speed 2: Cruise Control*, Usa 1997, col, 124') Jan De Bont. Con Jason Patric,

Sandra Bullock, Willem Dafoe, Temuera Morrison, Brian McCardie, Colleen Camp, Christine Firkins, Carlinhos Brown, Bo Svenson, Tim Conway, Lois Chiles. ◆ Per vendicarsi di chi l'ha licenziato, John Geiger (Dafoe) vuole rubare i gioielli trasportati da una nave da crociera che farà poi saltare: ma non sa che a bordo c'è un poliziotto in vacanza (Patric) con la sua intraprendente fidanzata (Bullock). Dopo il pullman che non si può fermare, il transatlantico in rotta di collisione con una petroliera (finirà invece col devastare una cittadina costiera). La Bullock viene degradata a fidanzata dell'eroe, che più che un poliziotto sembra un bagnino. Ma di velocità – dati anche i mezzi di trasporto – ce n'è poca, e quando arrivano gli effetti speciali c'è rischio di essersi già abbioccati.

Speed Cross *½ (Italia 1980, col, 102') Stelvio Massi. Con Fabio Testi, Vittorio Mezzogiorno, Daniela Poggi, Lia Tanzi, Jacques Herlin, José Luis De Villalonga. ◆ Rivali in amore, ma uniti dalla passione per lo sport, due motociclisti (Testi e Mezzogiorno) giurano di farla pagare alla gang che trucca le corse. Un prodotto casereccio ma di un certo impatto spettacolare, premiato allora da un discreto successo di pubblico.

Speed Driver *½ (Italia/Rft/Spagna 1981, col, 113') Stelvio Massi. Con Fabio Testi, Senta Berger, Orazio Orlando, Francisco Rabal. ◆ Dal motocross alla Formula Uno: un pilota (Testi) che è ingaggiato per correre in Germania scopre di essere stato usato come corriere della droga: con l'aiuto di una giornalista (Berger) farà giustizia. Fumetto per Fabio Testi, allora all'apice dello splendore.

Spell - Dolce mattatoio *** (Italia 1977, col, 103') Alberto Cavallone. Con Paola Montenero, Martial Boschero, Emanuele Garino, Monika Zanchi, Jane Avril [Maria Pia Luzi], Macha Magall. ◆ In un paese laziale, dove un comunista in crisi (Boschero) assiste impotente alle crisi di pazzia della moglie (Montenero) e dietro le porte si nascondono repressione e incesto, l'arrivo di un vagabondo porta le tensioni sessuali al punto di rottura. Probabilmente il film più riuscito e originale del regista-sceneggiatore milanese che, ispirandosi a Bataille (con puntuale citazione della *Storia dell'occhio*) e Sade, mette in scena una violenza visiva inusitata, in cui la placida provincia viene fatta interagire con un surrealismo e un erotismo che all'epoca non facevano parte dell'immaginario dei mass media (a cominciare dall'*Origine du monde* di Courbet). Il discorso è alogico, ma inquietante e disturbante: un viaggio nell'inconscio e nei lati più oscuri che non ha uguali nel cinema italiano. Malsano, sincero e senza catarsi. Noto anche come *L'uomo, la donna e la bestia*.

Sperduti a Manhattan *½ (*The Out-of-Towners*, Usa 1999, col, 90') Sam Weisman. Con Steve Martin, Goldie Hawn, John Cleese, Mark McKinney, Josh Mostel, Joe Grifasi. ◆ Il pubblicitario Henry Clark (Martin) va dall'Ohio a New York per un colloquio di lavoro, accompagnato dalla moglie (Hawn): spaesati, derubati e maltrattati, i due ritrovano l'affiatamento di coppia e il gusto della trasgressione. Marc Lawrence adatta la sceneggiatura di Neil Simon per *Un provinciale a New York*: ma se le gag aspirano a essere attuali e smaliziate (con Cleese nella parte di un travestito e un elogio erotico del fondoschiena), tempi e umorismo sono disperatamente vecchi e spesso stonati, e i due protagonisti tendono a strafare. Il sindaco Rudolph Giuliani appare nella parte di se stesso.

Sperduti nel buio *½ (Italia 1947, b/n, 105') Camillo Mastrocinque. Con Vittorio De Sica, Fiorella Betti, Sandro Ruffini, Enrico Glori, Luigi Pavese, Olga Solbelli, Tina Pica. ◆ Nella Napoli d'inizio secolo un'orfana (Betti) viene tenuta succube da un camorrista che, unico a conoscere la verità sui suoi natali, vuole ricattarne il padre. Un cieco (De Sica) l'aiuta e se ne innamora segretamente. Romanzone strappalacrime tratto dal dramma omonimo di Roberto Bracco alla cui sceneggiatura collaborano niente meno che De Sica, Zavattini e Aldo Vergano. È il remake dell'omonimo film di Nino Martoglio del 1914, la cui unica copia è andata perduta durante la guerra (pare per colpa degli occupanti tedeschi). È anche la prima produzione della Romana Film di Fortunato Misiano. Scenografie di Virgilio Marchi.

Sperduti nell'harem * (*Lost in a Harem*, Usa 1944, b/n, 89') Charles Francis Riesner. Con Bud Abbott, Lou Costello, Marilyn Maxwell, John Conte. ◆ Gianni e Pinotto (Abbott e Costello), comici in tournée, offrono il loro aiuto a un principe detronizzato e affrontano un mago malvagio. Non si va al di sopra della media – bassa – dei film del duo più stupido di Hollywood. Compaiono Jimmy Dorsey e la sua orchestra.

Speriamo che sia femmina **½ (Italia 1986, col, 120') Mario Monicelli. Con Liv Ullmann, Catherine Deneuve, Philippe Noiret, Giuliana De Sio, Stefania Sandrelli, Giuliano Gemma, Athina Cenci, Bernard Blier, Paolo Hendel, Lucrezia Lante Della Rovere, Ron [Rosalino Cellamare]. ◆ In una fattoria toscana abitata da Elena (Ullmann) e dalle figlie (Della Rovere e De Sio) con la governante Fosca (Cenci), arriva, accompagnato dall'amante (Sandrelli), il buono a nulla Leonardo (Noiret), ex marito di Elena, per coinvolgerla in improbabili affari. Alla fine, morti o lasciati per conto loro i maschi, si istituirà un matriarcato, e alla figlia incinta Elena rivolgerà l'augurio del titolo. Uno dei film più furbi del decennio passato, che rinverdisce e aggiorna gli umori beffardi della commedia all'italiana: metà cattiva, metà compiacente. Grande successo di pubblico. Sceneggiatura di Monicelli, Cecchi d'Amico, Benvenuti, De Bernardi, Pinelli.

Spericolati, Gli ** (*Downhill Racer*, Usa 1969, col, 102') Michael Ritchie. Con Robert Redford, Gene Hackman, Camilla Sparv, Dabney Coleman. ◆ Un ambizioso provincialotto (Redford) cerca gloria nella squadra di sci americana: imparerà a crescere prima ancora che a vincere. Opera prima di Ritchie, girata con taglio semidocumentaristico e con notevole competenza tecnica. Ai tempi giudicato uno dei migliori film sullo sport mai girati: di fatto, più convenzionale di quanto vuole sembrare.

Spermula *½ (*Spermula*, Francia 1975, col, 95') Charles Matton. Con Dayle Haddon, Udo Kier, Georges Geret, Ginette Leclerc. ◆ Vampire aliene vanno in missione sulla Terra alla ricerca non di sangue ma di sperma. Ma una di loro (Haddon) rimane invischiata nell'erotismo terreno. Fantascienza erotica messa in scena con una certa larghezza di mezzi e con un occhio ai fumetti tipo *Metal Hurlant*.

Sperone insanguinato, Lo **½ (*Saddle the Wind*, Usa 1958, col, 84') Robert Parrish. Con Robert Taylor, John Cassavetes, Julie London, Donald Crisp, Charles McGraw, Royal Dano. ◆ Un ex pistolero (Taylor) che ora fa l'onesto allevatore deve vedersela con il fratello psicopatico (Cassavetes) e geloso della sua ragazza (London). Un western molto originale (sceneggiato con particolare attenzione ai dialoghi da Rod Serling, quello di *Twilight Zone*) stravolto dalla Mgm che manomise il montaggio per introdurre dei primi piani di Robert Taylor e della London girati da John Sturges che appesantiscono la messinscena. Eppure il ritratto del giovane ribelle interpretato da Cassavetes che poco a poco diventa un assassino e che finisce – fatto praticamente unico nel western – per suicidarsi non si dimentica facilmente, così come i suoi duelli con McGraw e Dano, o la scena della sua morte in un campo di fiori gialli.

Sperone nudo, Lo ***½ (*The Naked Spur*, Usa 1953, col, 91') Anthony Mann. Con James Stewart, Janet Leigh, Robert Ryan, Ralph Meeker, Millard Mitchell. ◆ Catturato da un cacciatore di taglie (Stewart) con l'aiuto di un vecchio cercatore d'oro (Mitchell) e un ufficiale disertore (Meeker), il fuorilegge Ben Vandergroat (Ryan) cerca in tutti i modi di mettere i tre uomini l'uno contro l'altro, utilizzando anche la donna che era con lui, Lina (Leigh). E così la storia del viaggio per incassare la taglia diventa un gioco al massacro, nel quale i rapporti si capovolgono di continuo. Terzo dei cinque western girati da Stewart con Mann e il primo non sceneggiato da Borden Chase (ma da Sam Rolfe e Harold Jack Bloom), è uno dei suoi migliori: i luoghi canonici del western, indiani compresi, fanno solo da cornice a uno studio psicologico sul tema dell'avidità umana. Il bandito spietato, ridotto dagli altri personaggi a oggetto prezioso che fa gola sia da vivo che da morto, per contrasto riacquista umanità, e il buono della situazione non agisce certo per idealismo, ma perché spinto dal bisogno. Grande senso del paesaggio, un duello all'ultimo sangue da antologia (e che dà il titolo al film), e attori perfetti.

Spettacolo di varietà ***½ (*The Band Wagon*, Usa 1953, col, 112') Vincente Minnelli. Con Fred Astaire, Cyd Charisse, Oscar Levant, Nanette Fabray, Jack Buchanan. ◆ Un ballerino (Astaire) sul viale del tramonto accetta di recitare in un ambizioso musical ispirato al *Faust*: dopo il fiasco della prima, impegna tutti suoi averi per riadattarlo a modo suo, e lo porta al successo. Per molti il più riuscito dei musical di Minnelli: una storia semplicissima che consente ad Astaire – aiutato da una partner straordinaria, Cyd Charisse – di mettere in scena tutto il suo talento. E insieme una sorta di canto del cigno di quel genere cinematografico. Tra i numeri più celebri: *Dancing in the Dark* (Astaire e Charisse), *Triplets* (Astaire, Buchanan e Fabray truccati da bebè, che danzano sulle ginocchia) e il finale, lunghissimo *Girl Hunt, a Murder Mistery in Jazz* (Astaire e Charisse). Sceneggiatura degli esperti Betty Comden e Adolph Green. Ava Gardner compare nella parte di se stessa.

Spetters (Spruzzi) **½ (*Spetters*, Olanda 1979, col, 110') Paul Verhoeven. Con Hans Van Tongeren, Renée Soutendijk, Toon Agterberg, Mariane Boyer, Rutger Hauer, Jeroen Krabbè. ◆ Nella provincia olandese, tre ragazzi coltivano il sogno del motocross: uno finisce sulla sedia a rotelle, uno si scopre gay e il terzo sceglie ambizioni più borghesi. Racconto corale e amaro, ricco di figure ben delineate (la sceneggiatura è di Gerard Soeteman, futuro autore del *Quarto uomo*). Il realismo brutale (a volte ai limiti dell'hardcore) e il cinismo del regista questa volta non sono gratuiti – anche se resta la misoginia sotterranea. I dialoghi della versione italiana sono di Pier Vittorio Tondelli.

Spettri * (Italia 1987, col, 90') Marcello Avallone. Con Donald Pleasence, John Pepper, Katrine Michelsen, Massimo De Rossi. ◆ I soliti sciagurati profanano una necropoli nei sotterranei di Roma, scatenando la vendetta di demoni assortiti. Fiacca imitazione del cinema di Dario Argento, con effetti speciali di Sergio Stivaletti che non fanno paura a nessuno. Non ci viene risparmiata nemmeno la strizzatina d'occhio cinefila, con un cantante che rifà in un videoclip *Il mostro della laguna nera*. In confronto *L'etrusco uccide ancora* era un capolavoro di suspense.

Spettro, Lo **½ (Italia 1963, col, 97') Robert Hampton [Riccardo Freda]. Con Barbara Steele, Peter Baldwin, Leonard G. Elliot [Elio Jotta], Harriet White, Carol Bennett. ◆ Un'uxoricida (Steele) in cerca dei soldi del marito è allarmata da strani fenomeni: è solo la cattiva coscienza o è lo spirito che ritorna? Le atmosfere gotiche e la stessa protagonista dell'*Orribile segreto del dr. Hichcock*, questa volta non più nei panni della vittima: un buon horror italiano travestito da film anglosassone, che non ha nulla da invidiare ai suoi modelli. Le tendenze liriche e barocche da sempre presenti in Freda vengono qui lasciate libere, in una «frenesia creatrice» che tocca punte di puro delirio (la scena in cui Barbara Steele ferisce a rasoiate il volto del suo amante e i fiotti di sangue colano in rivoli sull'obiettivo della macchina da presa) mentre il colore sottolinea con i suoi contrasti violentemente cromatici l'atmosfera malefica del racconto.

Spia, La **½ (*The Thief*, Usa 1952, b/n, 86') Russell Rouse. Con Ray Milland, Martine Gabel, Rita Gam, Harry Bronson, John McKutcheon, Rita Vale. ◆ A Washington, uno scienziato americano trasmette segreti nucleari ad agenti dell'Est. Preso dai rimorsi, vorrebbe smettere, ma non può. Quando uno dei suoi contatti muore in un incidente stradale, l'Fbi trova i documenti e ne localizza la provenienza, spingendo lo scienziato a costituirsi. Una spy story maccartista sceneggiata dal regista con Clarence Greene, famosa soprattutto per l'assenza totale di dialogo (che porta all'estremo il concetto di segretezza su cui si basa il film, ma con una sistematicità eccessiva). Per rendere visivamente il dramma di un uomo caduto, per sua propria debolezza, in un universo kafkiano, Rouse fa appello al virtuosismo noir: alcune soluzioni formali sono un po' gratuite, ma altre permettono un approfondimento psicologico e morale impossibile da ottenere diversamente. Anche il realismo dell'ambientazione in esterni (a Washington e a New York) consente di accentuare il clima da incubo in cui vive il protagonista. Straordinaria performance nevrotica di Ray Milland. Un po' invadente la colonna sonora di Herschel Burke Gilbert.

Spia che venne dal freddo, La **½ (*The Spy Who Came in From the Cold*, Gb 1965, b/n, 112') Martin Ritt. Con Richard Burton, Claire Bloom, Oskar Werner, Peter Van Eyck, Cyril Cusack, Sam Wanamaker, Bernard Lee. ◆ Una spia inglese a fine carriera (Burton) viene indotta a simulare una crisi esistenziale per meglio ingannare il capo del controspionaggio della Germania orientale (Van Eyck). L'intreccio di simulazioni e doppi giochi va a finire male, anche se la conclusione «a suo modo è di un ottimismo moralistico più convenzionale di quanto sembri». Dal bestseller omonimo di John Le Carré sceneggiato da Paul Dehn e Guy Trosper, un anti-James Bond in un bianco e nero fortemente contrastato. Ritt restituisce bene lo spirito del romanzo, che intendeva mostrare la precarietà e lo squallore della vita delle spie, ma si perde in un intreccio farraginoso. Il muro di Berlino venne ricostruito a Dublino.

Spia che vide il suo cadavere, La *½ (*The Groundstar Conspiracy*, Canada 1972, col, 96') Lamont Johnson. Con George Peppard, Michael Sarrazin, Christine Belford, Cliff Potts. ◆ Dopo l'esplosione di un centro spaziale ultrasegreto, un uomo (Peppard) perde la sua memoria e cerca di far luce sul suo passato: se era una spia, da che parte stava? La domanda viene risolta all'ultimo minuto, ma non è una grande sorpresa.

Spia dai due volti, La *½ (*The Spy with My Face*, Usa 1966, col, 88') John Newland. Con Robert Vaughn, Senta Berger, David McCallum, Leo G. Carroll. ◆ L'agente Napoleon Solo (Vaughn) viene rapito e sostituito con un sosia, ma riesce a fuggire. Episodio televisivo della serie *L'uomo dell'Uncle* adattato per il grande schermo. La Berger è la spia nemica. Per gli anni Sessanta era high-tech.

Spia dal cappello verde, La * (*The Spy in the Green Hat*, Usa 1966, col, 93') Joseph Sargent. Con Robert Vaughn, Jack Palance, Janet Leigh, David McCallum, Joan Blondell. ◆ L'agente Solo (Vaughn) va in Sicilia in cerca di uno scienziato nazista e viene aiutato da due ex picciotti in cerca di un marito per la sorella. Il tentativo di inserire tocchi umoristici rende questo episodio dell'*Uomo dell'Uncle* più scarso degli altri.

Spia dei ribelli, La **½ (*The Raid*, Usa 1954, col, 83') Hugo Fregonese. Con Van Heflin, Lee Marvin, Richard Boone, Anne Bancroft, Tommy Rettig, James Best, Peter Graves, Claude Akins. ◆ 1864: il commerciante canadese che arriva nella cittadina di St. Albans è in realtà un maggiore sudista (Heflin) fuggito dalle carceri del Nord. Coi suoi uomini brucerà la città, tradendo la fiducia di chi (Bancroft) l'aveva ospitato. Un soggetto molto originale (ispirato a un fatto di cronaca e sceneggiato da Sydney Boehm) permette a Fregonese di raccontare la crudeltà della guerra, capace di ribaltare la visione morale delle persone e trasformare un amico in un nemico. Anche se la regia non si discosta da un accademismo classico, il film non concede alcunché alle convenzioni hollywoodiane, specie nel finale di insolita durezza.

Spia del lago, La ** (*Captain Carey, U.S.A.*, Usa 1950, b/n, 83') Mitchell Leisen. Con Alan Ladd, Wanda Hendrix, Francis Lederer, Russ Tamblyn. ◆ Alla fine della guerra, il capitano Webster Carey (Ladd) torna a Orta per trovare la spia che l'aveva consegnato ai nazisti: ma la prima sorpresa è che Giulia (Hendrix), la partigiana di cui era innamorato, non è morta come credeva. Il clima di sospetto e il tema del passato che ritorna sono resi con una certa cura dal pur svogliato Leisen, fuori dal genere che gli è caro, la commedia. Ma l'ambientazione italiana è poco plausibile, e non c'è differenza tra le sequenze girate sul luogo e quelle ricostruite in studio. Oscar alla canzone *Mona Lisa*.

Spia del secolo, La *½ (*Qui êtes-vous Monsieur Sorge?*, Francia/Italia/Giappone 1960, b/n, 107') Yves Ciampi. Con Thomas Holtzmann, Hans Otto Meissner, Keiko Kishi. ◆ Biografia della spia Richard Sorge (Holtzmann) che, spacciandosi per nazista, passò i segreti militari giapponesi ai sovietici, e contribuì a evitare la caduta di Mosca. Incerto tra l'avventura romantica e il taglio documentario, Ciampi dirige un thriller senza infamia e senza lode. In originale 1289.

Spia di troppo, Una *½ (*One Spy Too Many*, Usa 1966, col, 102') Joseph Sargent. Con Robert Vaughn, David McCallum, Rip Torn, Leo G. Carroll. ◆ L'agente Solo (Vaughn) e il suo collega Kuryakin vanno in Grecia per fermare un miliardario pazzo che vuole impadronirsi del mondo con un gas tossico. Un altro episodio della serie televisiva *L'uomo dell'Uncle* gonfiato per il grande schermo: un James Bond alla buona.

Spia e lascia spiare ** (*Spy Hard*, Usa 1996, col, 81') Rick Friedberg. Con Leslie Nielsen, Nicollette Sheridan, Charles Durning, Marcia Gay Harden, Barry Bostwick, John Ales, Andy Griffith, Elya Baskin. ◆ Per salvare la vita all'agente 3.14, figlia della donna che aveva amato (entrambe interpretata dalla Sheridan), l'agente segreto 0014 Sex De Fer (Nielsen; in originale il nome è «WD-40, Dick Steele») deve liberarla dal terribile Rancor (Griffith), e insieme impedirgli di usare un missile capace di distruggere mezzo mondo. La parodia dei film di James Bond non potrebbe essere più smaccata, ma la girandola di citazioni e strizzatine d'occhio messe insieme dagli sceneggiatori (il regista con Dick Chudnow, Jason Friedberg e Aaron Seltzer) è talmente pirotecnica che si sorride più di una volta, dai titoli di testa con una finta Shirley Bassett e silhouette di ciccione, alle parodie di *Pulp Fiction*, *Butch Cassidy* (tutte e due particolarmente indovinate), *Speed*, *Sister Act*, *E.T.*, *Cliffhanger*, *Mamma ho perso l'aereo*, *Un uomo nel mirino*, *Jurassic Parc* eccetera. Particine per Ray Charles, Fabio, Robert Culp, Hulk Hogan, Pat Morita, Alexandra Paul e Mr. T.

Spiagge *½ (*Beaches*, Usa 1988, col, 123') Garry Marshall. Con Bette Midler, Barbara Hershey, John

Heard, Spalding Grey, Lainie Kazan. ◆ L'amicizia tra un'avvocatessa californiana (Hershey) e una cantante del Bronx (Midler), iniziata sulle spiagge di Atlantic City quand'erano piccole, resiste alla distanza, agli anni che passano, ai matrimoni che crollano e alle rivalità in amore. Se la Midler (anche produttrice) non fosse così invadente, sarebbe un passabile melodramma (con lacrime finali) un po' vecchiotto. Così è solo un'antologia mai veramente coinvolgente di vezzi e manierismi di recitazione. Marshall uscirà dall'anonimato subito dopo con *Pretty Woman*. Hector Elizondo, suo attore-feticcio, è il giudice di pace.

Spiaggia, La **½ (Italia 1953, col, 100') Alberto Lattuada. Con Martine Carol, Raf Vallone, Mario Carotenuto, Carlo Romano, Valeria Moriconi, Clelia Matania, Carlo Bianco, Mara Berni, Rosy Mazzacurati, Anna Gabriella Pisani, Elly Norden, Giancarlo Zarfati. ◆ Annamaria Montorsi (Carol) è una prostituta che, in vacanza con la figlia (Pisani), si finge vedova per sfuggire ai pettegolezzi. La sua riservatezza la rende amica di tutti, soprattutto dell'onesto sindaco – comunista? – del paese (Vallone), ma quando per una stupida scommessa un villeggiante (Romano) divulga la verità, i sorrisi si tramutano in disprezzo, salvo tornare ancora sorrisi quando la donna, disperata, accetta la protezione dell'uomo più ricco del paese (Bianco). Simpatia per gli emarginati in un film non banale all'origine della commedia di costume degli anni del boom, sceneggiata da Lattuada con Luigi Malerba, Rodolfo Sonego e Charles Spaak. La polemica antiborghese ha ancora molta della sua forza ma le esemplificazioni dei vari personaggi – la moglie pettegola, il marito arricchito e vanesio (Carotenuto), la snob annoiata (Mazzacurati), la finta esistenzialista sempre in cerca di soldi (Moriconi) – portano il segno degli anni, così come il colpo di scena finale, con il milionario che dal suo balcone si comporta da deus ex machina, è piuttosto facile. Quando il film uscì provocò un'interrogazione parlamentare democristiana per la scena considerata troppo osé della Moriconi in due pezzi sotto la doccia, ma forse più di uno leggeva nel film un riferimento al coevo scandalo Montesi. Divertente comparsata di Nico Pepe e Marco Ferreri nel ruolo dei due amici che vorrebbero smettere di fumare. L'autore delle musiche Piero Piccioni si firma nei titoli Piero Morgan.

Spiaggia del terrore, La → *Nightmare beach – La spiaggia del terrore*

Spiaggia deserta, La *½ (*The Empty Beach*, Australia 1982, col, 87') Chris Thompson. Con Bryan Brown, Anna Maria Monticelli, Nicholas Tate. ◆ Il detective Hardy (Brown) viene ingaggiato per ritrovare un milionario scomparso: ma proprio chi lo ricerca aveva buoni motivi per farlo sparire. Un Hammer australiano in un giallo di ordinaria amministrazione.

Spiaggia rossa *** (*Beach Red*, Usa 1967, col, 105') Cornel Wilde. Con Cornel Wilde, Rip Torn, Jean Wallace, Patrick Wolfe. ◆ Pacifico, 1943: al comando di un gruppo di reclute, il capitano MacDonald (Wilde) si impegna in una missione suicida per conquistare un'isola difesa dai giapponesi. Ogni riferimento al Vietnam non è casuale in questo film bellico dalla morale pacifista e umanitarista, ma dallo stile cupo come quello di un horror. Molto cruento e crudo per l'epoca: a tratti degno di un Fuller. Il film migliore di Wilde regista, un naïf estraneo a qualunque moda. Da un romanzo di Peter Bowman.

Spia in nero, La **½ (*The Spy in Black*, Gb 1939, b/n, 82') Michael Powell. Con Conrad Veidt, Sebastian Shaw, Valerie Hobson, June Duprez, Hay Petrie, Helen Haye, Marius Goring, Cyril Raymond, Athole Stewart. ◆ Durante la prima guerra mondiale, il comandante (Veidt) di un U-Boot tedesco, che deve distruggere una base navale inglese, sbarca sotto mentite spoglie nelle isole Orcadi, dove si innamora di un'agente (Hobson) doppiogiochista. Powell crea atmosfere espressioniste (certe scenografie erano in miniatura, perché Veidt sembrasse più minaccioso), e sembra affascinato da un eroe negativo che conserva sempre il suo spirito cavalleresco. Pochi giorni dopo la prima, i nazisti effettuarono l'attacco immaginato nel film, che ottenne d'un tratto un grande successo. Prima collaborazione di Powell con Emeric Pressburger, che scrive la sceneggiatura con Roland Pertwee. Due anni più tardi il trio Veidt-Powell-Pressburger si riunì per *Contraband*, inedito in Italia.

Spiando Marina * (Italia 1992, col, 97') George Raminto [Sergio Martino]. Con Debora Caprioglio, Steve Bond, Leonardo Treviglio, Sharon Twomey. ◆ A Buenos Aires un killer (Bond) si innamora di una vicina (Caprioglio) che copula rumorosamente: ed è subito eros alla *9 settimane e ½*, con thanatos in coda. La totale inespressività della Caprioglio spinge il soft-core verso il ridicolo involontario: e che smacco comunque, non avere ottenuto neanche il divieto ai minori.

Spia spione * (Italia/Spagna 1967, col, 94') Bruno Corbucci. Con Lando Buzzanca, Teresa Gimpera, Mario Pisu, Cristina Gajoni. ◆ Un cameriere (Buzzanca) sorprende dei banditi che stanno svaligiando una banca e che lo portano con loro in Spagna, dove si improvvisa agente segreto. Farsa modesta e puerile, che tenta di parodiare i film di James Bond.

Spiata, La *½ (*La Balance*, Francia 1982, col, 101') Bob Swaim. Con Philippe Léotard, Richard Berry, Nathalie Baye, Christophe Malavoy, Maurice Ronet. ◆ Un magnaccia riluttante (Léotard) viene costretto dagli sbirri della 13a brigata parigina a fare da informatore per catturare un pericoloso criminale (Ronet). Noir dalla parte della mala, in cui i poliziotti fanno la figura dei sadici assetati di sangue. Molto convenzionale dietro l'aria cruda. Buon successo in patria, ignorato da noi.

Spice Girls – Il film *½ (*Spice World*, Gb 1997, col, 92') Bob Spiers. Con Victoria [Adams], Emma [Bunton], Mel C [Melanie Chisholm], Geri [Halliwell], Mel B [Melanie Brown], Claire Rushbrook, Roger Moore, Richard E. Grant, Alan Cumming, George Wendt, Richard O'Brien. ◆ Le Spice Girls (quando erano ancora cinque: Victoria, Emma, Mel C, Geri e Mel B) lottano contro il loro manager schiavista (Grant), i pettegolezzi dei media e i complotti dei discografici, e alla fine vengono acclamate dal pubblico. Senza trama (sceneggia Kim Fuller), con un occhio ai film di Lester con i Beatles e risultati da musicarello italiano anni Sessanta, un eloquente pamphlet sul vuoto contemporaneo, che ricicla ogni cosa e smaschera l'avanguardia come gioco per bambini. Un film che farebbe la gioia dei semiologi, e che comprende già la propria stroncatura: involontariamente warholiano, ma anche così stupido e privo di pretese da essere quasi simpatico. Camei di Bob Hoskins, Elvis Costello, Bob Geldof, Elton John, Meat Loaf (l'autista), Stephen Fry (il giudice).

Spiccioli dal cielo → *Pennies From Heaven*

Spie, Le *½ (*Background to Danger*, Usa 1943, b/n, 80') Raoul Walsh. Con George Raft, Sydney Greenstreet, Peter Lorre, Brenda Marshall. ◆ L'Asse vorrebbe trascinare in guerra la Turchia diffondendo il falso piano di un attacco russo al paese: ma un agente americano (Raft) veglia. Mediocre film d'avventure esotiche nello spirito della propaganda bellica.

Spie, Le ** (*Les Espions*, Francia 1957, b/n, 124') Henri-Georges Clouzot. Con Curt Jurgens, Vera Clouzot, Peter Ustinov, Paul Carpenter, Otto E. Hasse, Sam Jaffe. ◆ Una spia in preda a una crisi di coscienza (Carpenter) cerca di nascondere in un manicomio un uomo (Jurgens) che ha scoperto un'arma micidiale: ma se la deve vedere con i servizi segreti delle due parti. Clouzot indulge in atmosfere kafkiane sfiorando il manierismo, salvo inserire qualche tocco grottesco. Un film riuscito a metà, non tra i suoi migliori, tratto da un romanzo di Egon Hostovski, sceneggiato da Clouzot e Jérôme Geronimi. Patrick Maurin (non ancora Dewaere) interpreta Maurin. Jacques Dufilho, citato nei titoli, non appare nel film.

Spie come noi *½ (*Spies Like Us*, Usa 1985, col, 109') John Landis. Con Dan Aykroyd, Chevy Chase, Steve Forrest, Donna Dixon, Bruce Davison, B.B. King. ◆ Due buoni a nulla (Chase e Aykroyd) che si sono comportati indegnamente ai test per entrare nella Cia vengono selezionati per una missione suicida. Non un Landis d'annata sceneggiato da Dan Aykroyd, Lowell Ganz e Babaloo Mandel: il modello sono i film di Bob Hope, e solo a tratti la coppia di protagonisti strappa le risate. Tra i vari cammeo di registi: Terry Gilliam (il dottor Imhaus), Joel ed Ethan Coen (i due guardiani), Costa-Gavras (l'agente russo).

Spie contro *½ (*Company Business*, Usa 1991, col, 104') Nicholas Meyer. Con Gene Hackman, Michail Barišnikov, Terry O'Quinn, Kurtwood Smith. ◆ A Berlino un agente della Cia (Hackman) si allea con un collega russo (Barišnikov), con cui celebra la fine delle ideologie scappando col malloppo. Cast sprecato per un thriller farsesco che, malgrado l'aggiornamento delle situazioni, sa un po' di naftalina.

Spietata legge del ribelle, La *½ (*Michael Kohlhaas, der Rebel*, Rft/Usa 1967, col, 100') Volker Schlöndorff. Con David Warner, Anna Karina, Inigo Jackson, Gregor von Rezzori. ◆ Un allevatore (Warner), che reclama contro un signorotto per uno stupido torto, innesca una ribellione contadina. Lui cerca di dissociarsi, ma i potenti gliela fanno pagare. L'apologo di Heirich von Kleist sul sottile confine tra vendetta personale e sete di giustizia si trasforma in un film storico ambizioso ma pieno di contraddizioni. Il regista ne dette la colpa alla Columbia, che impose di girare in inglese con un cast internazionale.

Spietati, Gli **** (*Unforgiven*, Usa 1992, col, 130') Clint Eastwood. Con Clint Eastwood, Gene Hackman, Morgan Freeman, Jaimz Woolvett, Richard Harris, Frances Fisher, Anna Thompson, Saul Rubinek. ◆ Per vendicare lo sfregio di una compagna (Thompson), un gruppo di prostitute mette una taglia sui responsabili: si fanno avanti in molti, tra cui un ex killer, William Munny (Eastwood), che si è ritirato a vita privata ma ha bisogno di danaro per mantenere i figli. Con il ragazzino che ha fatto da intermediario (Woolvett) e l'amico nero (Freeman), Munny parte per la spedizione punitiva, ma lo sceriffo del paese (Hackman), che aveva già stabilito un'ammenda per il colpevole, non tollera che qualcun altro possa esercitare la giustizia al suo posto. Il tredicesimo western di Clint Eastwood assomiglia molto di più a una tragedia: la fortuna ha girato le spalle agli eroi, il coraggio, l'abilità, la spavalderia sembrano non essere mai esistite e i grandi temi del genere – la morale, l'azione, la solitudine del cowboy – sono decantati, raffrenati, spogliati di ogni romanticismo o mitologia: in *Gli spietati* «il passato non è più memoria ma ossessione, il mondo non è scontro leale ma cinismo, lo sguardo non è western ma noir, il protagonista non è esempio ma disperazione». E il film non è più solo avventura ma angosciata riflessione sul Tempo e sulla Storia. Quattro Oscar: film, regia, attore non protagonista (Hackman) e montaggio (Joel Cox), che valgono a Eastwood la consacrazione ad autore anche da parte di Hollywood. La sceneggiatura di David Webb Peoples risale a circa quindici anni prima e in origine era stata opzionata da Francis Ford Coppola. Il tema musicale dedicato alla moglie di Munny è stato composto da Clint Eastwood.

Spie vengono dal cielo, Le *½ (*The Helicopter Spies*, Usa 1969, col, 96') Boris Sagal. Con Con Robert Vaughn, David McCallum, John Carradine, Leo G. Carroll, Julie London. ◆ L'Uncle assolda uno scassinatore per impadronirsi di un'arma custodita in una cassaforte di Teheran. Torna l'agente Solo (Vaughn) nella solita formula da telefilm.

Spie vengono dal semifreddo, Le * (Italia/Usa 1966, col, 85') Mario Bava. Con Franco Franchi, Ciccio Ingrassia, Vincent Price, Laura Antonelli, Fabian, Francesco Mulé. ◆ Il Dr. Goldfoot (Price, già protagonista del *Dr. Goldfoot e il mostro*) vuole provocare una guerra tra Usa e Urss uccidendo generali con robot esplosivi dalle sembianze femminili. Lo combatte un agente segreto (Fabian), aiutato da due maldestri portieri (Franco e Ciccio) desiderosi di diventare spie. Goffa parodia dei film di 007 girata in economia, e in cui male si inseriscono i due comici nostrani. Debutto della Antonelli mentre Bava appare nella parte di un angelo.

Spina dorsale del diavolo, La *½ (Italia/Jugoslavia 1969, col, 105') Burt Kennedy. Con Bekim Fehmiu, Richard Crenna, Chuck Connors, Ricardo Montalban, John Huston, Patrick Wayne, Ian Bannen, Slim Pickens, Woody Strode, Fausto Tozzi. ◆ Un capitano (Fehmiu) dell'esercito americano giura odio agli indiani che hanno sterminato la sua famiglia: ma i rapporti tesi coi superiori gli rendono difficile la vendetta. Western di serie B girato in Jugoslavia: la produzione De Laurentiis consente un cast di un certo effetto, ma le idee latitano.

Spina nel cuore, Una *½ (Italia 1986, col, 86') Alberto Lattuada. Con Sophie Duez, Anthony Delon, Antonella Lualdi, Gastone Moschin, Angelo Infanti. ◆ Piantato dalla sua ragazza (Duez), un vitellone lacustre (Delon) vuole sapere cosa c'è dietro, arrivando a scoperchiare il classico nido di vipere. Da uno stanco romanzo di Piero Chiara sul marcio della provincia (che però era ambientato negli anni Trenta), un esangue film di Lattuada, cui non danno nerbo né il faccino inespressivo di Delon figlio né il corpo affusolato della Duez. E manca l'ironia che teneva in piedi film come *La cicala*.

Spionaggio a Washington * (*To Trap a Spy*, Usa 1966, col, 90') Don Medford. Con Robert Vaughn, David McCallum, Leo G. Carroll, Luciana Paluzzi. ◆ Una delle numerose avventure dell'agente Napoleon Solo (Vaughn), in un telefilm gonfiato per il grande schermo: questa volta deve scoprire cosa c'è dietro gli attentati a un presidente africano.

Spione, Lo ***½ (*Le Doulos*, Francia/Italia 1962, b/n, 108') Jean-Pierre Melville. Con Serge Reggiani, Jean-Paul Belmondo, Jean Desailly, Michel Piccoli, Fabienne Dali. ◆ Uscito di galera, un gangster (Reggiani) inizia a regolare i suoi conti, sospettando a torto di essere stato tradito dal giovane Silien (Belmondo): l'equivoco sarà fatale a entrambi. Melville ricostruisce le atmosfere del noir americano – arrivando a inserire nelle scenografie elementi (come le cabine telefoniche) non francesi – e ne cita i temi più tipici (l'amicizia virile, la morte inevitabile). Ma dello spessore dei personaggi e dell'ambiguità (non priva di una tragica ironia) della vicenda è tutto suo il merito. Nell'ottimo cast Piccoli ha un pezzo di bravura nella parte di un uomo che sa di dover morire.

Spirale, La ** (*Spirala*, Polonia 1978, col, 86') Krzysztof Zanussi. Con Jan Nowicki, Maja Komorowska, Zofia Kucowna, Aleksander Bardini, Jan Swiderski. ◆ Salvato da una pattuglia alpina che lo raccoglie semiassiderato in montagna, Tomasz (Nowicki) viene trasferito in un ospedale dove si sforzano di curarlo, anche grazie alla sollecita presenza di una amica (Komorowska), ma la certezza di essere condannato dalla leucemia spinge Tomasz ad affrettare volontariamente la propria fine. Sofferta meditazione sulla difficoltà di confrontarsi con la morte da parte di un uomo che sa di non avere molto da vivere, ma anche da parte di chi gli sta intorno e conosce la sua condanna: costruito quasi come un percorso giallo (lo spettatore saprà solo alla fine perché il protagonista cerca con tanta determinazione la morte), il film allarga la sua riflessione anche a una società che, negando un sistema di valori capace di dare uno scopo alla vita, finisce per rendere ancora più insopportabile l'idea della fine, e spinge l'uomo verso una «dolente spirale di autodistruzione». Ma lo fa con un linguaggio fin troppo raffreddato ed ermetico e con un (involontario) compiacimento delle lacerazioni di un'anima che finiscono per rendere il film ostile e lontano.

Spirale della vendetta, La ** (*City of Industry*, Usa 1996, col, 96') John Irvin. Con Harvey Keitel, Stephen Dorff, Timothy Hutton, Famke Janssen, Michael Jai White, Wade Dominguez. ◆ Los Angeles: il ladro Roy (Keitel) si vendica del socio (Dorff) che gli ha ammazzato il fratello (Hutton) dopo una rapina; nel farlo, forse scopre i sentimenti. Vecchia storia (sceneggia Ken Solarz) che Irvin cerca di raccontare con uno stile freddo e un po' modaiolo, ma - per fortuna - senza ammiccamenti cinefili; non riuscendo però a coinvolgere davvero.

Spirale di nebbia, Una *½ (Italia/Francia 1977, col, 90') Eriprando Visconti. Con Marc Porel, Carole Chauvet, Eleonora Giorgi, Duilio Del Prete, Stefano Satta Flores, Martine Brochard, Flavio Bucci, Corrado Gaipa. ◆ La moglie di un giovane possidente (Porel) muore in un incidente di caccia: o è omicidio premeditato? Lo spettatore non lo saprà mai, ma scopre in compenso molti altarini dell'alta borghesia lombarda: mariti impotenti, relazioni segrete, coppie che si sfasciano. Malgrado la cura della messinscena, tutto sa di seconda mano. Da un romanzo di Michele Prisco, premio Strega nel 1966, adattato dallo stesso Prisco con Visconti, Fabio Mauri e Luciano Lucignani.

Spirale d'odio *½ (*Child's Play*, Usa 1972, col, 100') Sidney Lumet. Con James Mason, Robert Preston, Beau Bridges, Kate Harrington. ◆ Un ragazzo viene spinto al suicidio dai suoi compagni. Un insegnante (Mason) cerca di far luce sul fattaccio, scoprendo le responsabilità di un suo collega che sembra avergli giurato odio. Da un dramma di Robert Marasco sceneggiato da Leon Prochnik, un film verboso e involuto, tra i meno felici di Lumet.

Spiritika ** (*Witchboard*, Usa 1987, col, 98') Kevin S. Tenney. Con Todd Allen, Tawny Kitaen, Stephen Nichols, Kathleen Wilhoite. ◆ Comincia come un gioco di teen-ager annoiati, ma quando si presenta lo spirito di un bambino morto, in cerca di vendetta e di corpi da possedere, cominciano guai seri. Horror di ordinaria amministrazione piuttosto gradito dal pubblico: non una trovata originale, ma un discreto crescendo e una buona atmosfera.

Spiriti nelle tenebre *½ (*The Ghost and the Darkness*, Usa 1996, col, 109') Stephen Hopkins. Con Val Kilmer, Michael Douglas, Tom Wilkinson, Bernard Hill, John Kani, Om Puri, Emily Mortimer. ◆ Africa Orientale, 1896: l'ingegnere delle ferrovie John Patterson (Kilmer) e il cacciatore Charles Remington (Douglas) danno la caccia a due terribili leoni mangiauomini soprannominati Fantasma e Tenebre, che secondo i Masai sono essere soprannaturali. Uno di loro ci rimetterà le penne. Tutta qui la storia scritta da William Goldman, ispirata all'autobiografia di Patterson e già all'origine di *Bwana devil*: per il resto ci sono i soliti luoghi comuni sull'Africa coloniale, serviti in fotografia-cartolina da Vilmos Zsigmond. Un film che arriva con più di trent'anni di ritardo, anche se il regista viene dall'horror, il meccanismo della suspense è lo stesso dello *Squalo* e gli efficienti felini animatronici sono opera di Stan Winston. Douglas, produttore esecutivo, è preoccupato di soprattutto di non dividere inquadrature con Kilmer. Oscar per gli effetti sonori speciali.

Spirito allegro *** (*Blithe Spirit*, Gb 1945, col, 96') David Lean. Con Rex Harrison, Kay Hammond, Constance Cummings, Margaret Rutherford, Hugh Wakefield. ◆ Uno scrittore (Harrison) che si sta documentando sullo spiritismo evoca incautamente il fantasma della sua prima moglie (Cummings), che incomincia a perseguitare la sua rivale in carne e ossa (Hammond) e vuole portarsi il marito nell'altro mondo. Deliziosa commedia di Noël Coward, da lui stesso adattata per lo schermo: quasi una risposta dell'humour britannico alle fantasie romantiche e surreali del cinema americano del tempo. La Rutherford (futura Miss Marple) offre la sua prima caratterizzazione di rilievo nella parte della medium. Oscar agli effetti speciali.

Spirito dell'alveare, Lo *** (*El espiritu de la colmena*, Spagna 1973, col, 105') Victor Erice. Con Ana Torrent, Isabel Telleria, José Villasante, Fernando Fernán Gomez. ◆ In un desolato paesino della Castiglia, negli anni Quaranta, si proietta *Frankenstein* di James Whale: la piccola Anna (Torrent), suggestionata dal mostro, inizia a vivere in un mondo immaginario. Quando incontra un repubblicano ferito in un casolare sperduto, le sembra che i suoi sogni diventino realtà, e lo aiuta di nascosto. Il primo lungometraggio di uno dei registi spagnoli più originali e appartati (tre film in vent'anni), girato quando il franchismo volgeva al termine. Una delicata esplorazione nel mondo dell'infanzia e nell'immaginario cinematografico: lirico, fantasioso e terribilmente triste. Torrent sarà protagonista, due anni dopo, di *Cría cuervos* di Saura.

Splash – Una sirena a Manhattan ** (*Splash*, Usa 1984, col, 111') Ron Howard. Con Daryl Hannah, Tom Hanks, John Candy, Eugene Levy. ◆ Un grossista ortofrutticolo (Hanks) si innamora di una sirena (Hannah) che, fuori dall'acqua salata, perde la coda. La salverà dagli scienziati che vogliono imprigionarla in un acquario e la seguirà in mare. Sciocchezzuola moderatamente maliziosa, almeno per una produzione Disney sceneggiato da Lowell Ganz, Babaloo Mandel e Bruce Jay Friedman. Daryl Hannah è una perfetta sirena, con i capelli che, chissà come, le coprono sempre i capezzoli.

Splatter – Gli schizzacervelli ** (*Braindead*, Nuova Zelanda 1992, col, 104') Peter Jackson. Con Timothy Balme, Diane Penalver, Elizabeth Moody, Ian Watkin, Brenda Kendall, Stuart Devenie, Jed Brophy, Elizabeth Brimilcombe. ◆ Succube di una madre castratrice (Brimilcombe), il giovane Lionel (Balme) se la ritrova tra i piedi anche da morta, dopo che è stata zombizzata da una micidiale scimmia-vampiro. L'epidemia intanto si diffonde, e Lionel ha il suo da fare per tenere a bada i voraci zombi con iniezioni di tranquillanti: alla fine l'unica soluzione sarà farli tutti a pezzetti. Il non plus ultra e la pietra tombale dell'horror eccessivo degli anni Novanta: un crescendo di smembramenti parossistici (con le singole parti che continuano a rimanere vitali e aggressive), portati fino al punto dove il ripugnante cede al ridicolo, in un tripudio del cattivo gusto. Che Jackson non sia un regista dozzinale si vede dalla cura dell'ambientazione (l'azione si svolge negli anni Sessanta) e da certi deliziosi lampi di humour nero: ma alla fine l'impressione è di uno scherzo tirato per le lunghe.

Splendida canaglia, Una ** (*A Fine Madness*, Usa 1966, col, 104') Irvin Kershner. Con Sean Connery, Joanne Woodward, Jean Seberg, Patrick O'Neal, Colleen Dewhurst, Jackie Coogan. ◆ Un poeta anticonformista, donnaiolo e paranoico (Connery) porta lo scompiglio anche nella clinica in cui la moglie (Woodward) lo vorrebbe rinchiudere. Screwball comedy di una volta con ritmi e stile da Nouvelle Vague e uno spirito finto-anarcoide che vorrebbe essere europeo: una curiosità d'epoca, quasi la risposta americana a *Morgan matto da legare*. Sceneggiatura di Elliott Baker che ha adattato un suo romanzo.

Splendor ° (Italia/Francia 1989, col e b/n, 115') Ettore Scola. Con Marcello Mastroianni, Massimo Troisi, Marina Vlady, Paolo Panelli, Pamela Villoresi. ◆ Il proprietario (Mastroianni), il proiezionista (Troisi) e la maschera (Vlady) di una sala di provincia che sta per chiudere i battenti si abbandonano ai ricordi: ma quando gli operai stanno già schiodando le poltrone, la gente del paese accorre in massa a salvare il loro cinema. Non è uno spot dell'Agis né un film di Capra, ma uno dei più brutti e sbagliati film di Scola che firma da solo la sceneggiatura. Mandata al diavolo la verosimiglianza (*Il posto delle fragole* proiettato ad Arpino? Un esercente che rimette dei soldi per organizzare una rassegna di film russi?), resta la celebrazione faziosa e involontariamente funebre del cinema d'autore con la A maiuscola. Quanto agli intrecci sentimentali di contorno, o alla scialba prova della coppia di protagonisti, meglio lasciar perdere.

Splendore nell'erba ***½ (*Splendor in the Grass*, Usa 1961, col e b/n, 124') Elia Kazan. Con Natalie Wood, Warren Beatty, Pat Hingle, Audrey Christie, Sandy Dennis, Zohra Lampert. ◆ Nel Kansas del 1928 l'amore tra Deannie (Wood) e Bud (Beatty) viene rovinato dalle intrusioni dei genitori: la mamma di lei è ossessionata che la figlia resti vergine, il padre di lui consiglia il figlio a non fare le cose sul serio e a frequentare ragazze facili. Lei finirà in clinica, lui vedrà la rovina della sua famiglia. Dietro l'atto d'accusa contro la morale sessuale conformista, uno degli studi psicologici più riusciti di Kazan: un'elegia della giovinezza perduta, piena di una malinconia che resta dentro. Primo film di Warren Beatty. Meritato Oscar alla sceneggiatura di Thomas Inge, che interpreta il reverendo.

Splendori e miserie di Madame Royale ** (Italia/Francia 1970, col, 103') Vittorio Caprioli. Con Ugo Tognazzi, Maurice Ronet, Jenny Tamburi, Vittorio Caprioli, Felice Musazzi, Antonio Barlocco. ◆ Un ex ballerino omosessuale (Tognazzi), che il sabato sera ama sfoggiare sfarzosi travestimenti tra amici, finisce nei guai quando è costretto a diventare informatore della polizia per aiutare la figlia adottiva (Tamburi). Per Tognazzi quasi una prova generale del *Vizietto*, anche se il film allora piacque pochissimo al pubblico. Caprioli non riesce perfettamente a passare dalla commedia alla tragedia, ma firma il suo film migliore. Nel cast vi sono le due star dei Legnanesi, Musazzi e Barlocco.

Spogliamoci così, senza pudor... * (Italia 1977, col, 115') Sergio Martino. ◆ Film a episodi. Nel primo (con Aldo Maccione, Gianrico Tedeschi) un detective che vuol fare il furbo viene fregato dal suo cliente. Nel secondo (con Enrico Montesano, Nadia Cassini) un calciatore si traveste da donna per far vincere una squadra di calcio femminile. Nel terzo (con Alberto Lionello, Barbara Bouchet, Ninetto Davoli) un produttore nasconde l'amante nell'armadio, dove però c'è già un ladro. Nel quarto (con Johnny Dorelli, Ursula Andress) due amanti approfittano di una situazione macabra. Quattro mediocri barzellette, della cui sceneggiatura è coautore Raimondo Vianello.

Spogliarello per una vedova *½ (*Promise Her Anything*, Usa 1966, col, 98') Arthur Hiller. Con Warren Beatty, Leslie Caron, Bob Cummings, Lionel Stander, Keenan Wynn, Donald Sutherland. ◆ Una vedova (Caron) sogna un marito rispettabile ma finisce con l'innamorarsi di un simpatico vicino di casa (Beatty) che gira filmetti *for men only*, e ha saputo conquistare le simpatie del figlioletto. Commediola vecchia maniera dietro l'aria, per i tempi, sbarazzina.

Sporca guerra * (*White Ghost*, Usa 1988, col, 95') B. J. Davis. Con William Katt, Rosalind Chao, Martin Hewitt, Wayne Crawford. ◆ Un tenente americano (Katt) si aggira ancora nella giungla del Vietnam in cerca di superstiti, e si scontra con un ex commilitone carogna che lo deve riportare in patria. Epigono approssimativo e poco appassionante del filone iniziato con *Fratelli nella notte*.

Sporco affare, Uno *½ (*The Hard Truth*, Usa 1994, col, 91') Kristine Peterson. Con Michael Rooker, Eric Roberts, Lysette Anthony, Raymond Baker. ◆ Jonah Benz (Rooker), poliziotto stanco di essere onesto, si accorda con un ladro high tech (Roberts) per svuotare la cassaforte di un politico corrotto: ma la fidanzata del primo (Anthony) flirta col secondo, e manda all'aria tutto. Noir di ordinaria amministrazione: attori decenti, confezione anonima da telefilm, insopportabile moralismo di fondo.

Sporco contratto, Uno ** (*Hard Contract*, Usa 1969, col, 107') S. Lee Pogostin. Con James Coburn, Lee Remick, Lilli Palmer, Burgess Meredith, Patrick Magee, Sterling Hayden, Karen Black. ◆ Un killer dal sangue freddo (Coburn) in missione in Europa commette l'errore di innamorarsi e di risparmiare un suo ex collega. L'ultima sequenza verrà ripresa pari pari in *Il principio del domino*. Thriller discreto e ben interpretato, anche se fra i suoi pregi non c'è l'originalità.

Sporco weekend, Uno → *Dirty Weekend – Uno sporco weekend*

Sport preferito dall'uomo, Lo ***½ (*Man's Favorite Sport?*, Usa 1964, col, 120') Howard Hawks. Con Rock Hudson, Paula Prentiss, John McGiver, Charlene Holt, Maria Perschy, Roscoe Karns. ◆ Pur avendo scritto un bestseller in materia, Roger (Hudson) non è mai andato a pesca in vita sua: quando il suo datore di lavoro lo costringe a partecipare a una gara, è il terrore. La fortuna l'aiuta con i pesci e non con le donne: ma per una fidanzata persa ce n'è un'altra (Prentiss) pronta. Il tema hawksiano dell'uomo vittima dell'altro sesso (vedi *Susanna*) viene contaminato con gag sulla rivolta degli oggetti degne di un film di Jerry Lewis. Due ore senza un attimo di respiro: una delle commedie di Hawks più maliziose e meglio congegnate, sceneggiata da John Fenton Murray, che ha poco da invidiare a quelle del periodo d'oro. Hudson, come preda preferita della donna e macho solo nell'apparenza, non è mai stato così autoironico. Lo spassoso indiano imbroglione è Norman Alden.

Sposa americana, La * (Italia 1986, col, 82') Giovanni Soldati. Con Stefania Sandrelli, Tommy Berggren, Harvey Keitel, Trudie Styler. ◆ Un professore universitario (Berggren), sposato a una ragazza americana (Styler, ora signora Sting), la tradisce con la cognata (Sandrelli), che ha il marito (Keitel) impotente. Ma la consorte ha un male incurabile. Drammone né carne né pesce, in confezione anonima per il mercato internazionale. Una delle interpretazioni meno memorabili della Sandrelli in versione erotica post-*Chiave*. Dal romanzo omonimo (molto più dignitoso) di papà Mario. Musiche di Gino Paoli.

Sposa bella, La * (*The Angel Wore Red*, Usa/Italia 1960, b/n, 99') Nunnally Johnson, Mario Russo. Con Dirk Bogarde, Ava Gardner, Joseph Cotten, Vittorio De Sica, Aldo Fabrizi, Enrico Maria Salerno, Arnoldo Foà, Nino Castelnuovo. ◆ Durante la guerra civile spagnola, un prete (Bogarde) che aveva buttato la tonaca e quasi si era innamorato di una entraîneuse (Gardner) torna al dovere dopo che ha assistito alle nefandezze dei rossi. Dal romanzo di Bruce Marshall, un melodramma indigesto e pieno di retorica.

Sposa contro assegno *½ (*The Bride Came C.O.D.*, Usa 1941, b/n, 92') William Keighley. Con James Cagney, Bette Davis, Stuart Erwin, Eugene Palette, Jack Carson, George Tobias. ◆ Per sposarsi con un direttore d'orchestra (Carson), la figlia di un miliardario (Davis) si fa portare in volo dalla California al Nevada, ma il pilota dell'aereo (Cagney) la «rapisce» per riconsegnarla nubile al padre: un atterraggio di fortuna nel deserto complica la missione ma facilita il colpo di fulmine tra i due. Fiacchissimo tentativo di screwball comedy (sceneggiata da Julius e Philip Epstein) che cerca di recuperare le atmosfere di *Accadde una notte*: nonostante l'impegno dei due protagonisti, però, il film è prevedibile e mai divertente. Esiste una versione colorizzata.

Sposa di Boston, La ** (*The Story of Alexander Graham Bell*, Usa 1939, b/n, 97') Irving Cummings. Con Don Ameche, Loretta Young, Henry Fonda, Charles Coburn. ◆ Alexander Graham Bell (Ameche), futuro inventore del telefono, insegna ai sordomuti di Boston, e s'innamora di una sua allieva (Young), figlia di un industriale (Coburn) che lo finanzierà. Storia romanzata e un cast un po' sprecato. In Italia giunse solo nel 1954 perché il regime fascista non voleva sorgessero dubbi sulla paternità del telefono, invenzione attribuita ad Antonio Meucci.

Sposa era bellissima, La *½ (Italia/Ungheria 1986,

col, 95') Pál Gábor. Con Angela Molina, Massimo Ghini, Stefania Sandrelli, Marco Leonardi. ◆ Maria (Molina), vedova bianca di un emigrato in Germania, si innamora contraccambiata di un giovane medico milanese (Ghini): il figlio di lei osteggia l'unione, e quando lei muore va in Germania per uccidere il padre. Fiacco melodramma con pretese di precisione sociologica, in cui affonda uno dei più celebrati registi del cinema ungherese degli anni Settanta. Confezione inamidata e passioni in formalina: il malinteso del cinema d'autore.

Sposa in nero, La *** (*La Mariée était en noir*, Francia 1968, col, 107') François Truffaut. Con Jeanne Moreau, Michel Bouquet, Jean- Claude Brialy, Alexandra Stewart, Michel Lonsdale. ◆ Per una stupida bravata, cinque ricchi causano involontariamente la morte di un poveraccio mentre esce da una chiesa il giorno del suo matrimonio: la sposa mancata (Moreau) ne uccide quattro, ma come fare a raggiungere il quinto, che è in prigione? Dal romanzo di Cornell Woolrich (scritto con lo pseudonimo di William Irish) e sceneggiato dal regista con Jean-Louis Richard, uno dei migliori noir di Truffaut: gelido e paradossale, in un riuscito equilibrio tra suspense e un'ironia mai invadente. Di hitchcockiano, checché ne abbiano detto molti critici, in fondo ci sono solo le musiche di Bernard Herrmann: se proprio si devono invocare modelli illustri, bisognerebbe pensare alla levità mozartiana.

Sposa promessa, La *½ (*The Bride*, Usa 1985, col, 118') Franc Roddam. Con Sting [Gordon Matthew Sumner], Jennifer Beals, Clancy Brown, David Rappaport, Geraldine Page, Anthony Higgins, Veruschka, Quentin Crisp, Cary Elwes. ◆ Il dottor Frankenstein (Sting) vive con una ragazza (Beals) in un castello, ma quando lei si innamora di un altro, le rivela di essere il suo creatore. Ambizioso e costoso remake di *La sposa di Frankenstein*, che tenta vanamente di approfondire i tormenti della ragazza-mostro. Sting non sapeva recitare, la Beals neanche spogliarsi (e infatti, per la bisogna, c'è una controfigura): più interessante l'amicizia tra il mostro (Brown) e un nano (Rappaport).

Sposa ribelle, La ** (*The Bride Goes Wild*, Usa 1948, b/n, 98') Norman Taurog. Con Van Johnson, June Allyson, Ruth Jenkins, Hume Cronyn. ◆ Una maestrina (Allyson) approda a New York, dove incontra uno scrittore (Johnson) di storie per bambini: grazie alla complicità di un ragazzino che si finge figlio dell'uomo, i due si sposano. Innocua commediola di uno specialista del genere.

Sposarsi è facile, ma... *½ (*Easy to Wed*, Usa 1946, col, 110') Edward Buzzell. Con Van Johnson, Esther Williams, Lucille Ball, Keenan Wynn, Cecil Kellaway, June Lockhart. ◆ Warren Haggerty (Wynn), un giornalista del *Morning Star* querelato per un articolo diffamatorio sulla giovane figlia di un banchiere, Ann Bery (Williams), pensa di cavarsela coinvolgendo la ragazza in un vero scandalo: trama una storia tra Ann e il suo amico Bill (Johnson), facendo credere che sia sposato con la sua fidanzata (Ball). Naturalmente Ann e Bill s'innamorano. Remake di *La donna del giorno*: in sé sarebbe una commedia degli equivoci passabile, ma risulta piuttosto fiacca rispetto alla scatenata screwball di dieci anni prima. Anche gli attori lasciano un po' a desiderare, indipendentemente dagli impossibili confronti (la coppia Wynn-Ball sostituisce quella Spencer Tracy-Jean Harlow, Johnson-Williams devono vedersela con Myrna Loy-William Powell). Girato a colori, in Italia venne distribuito in bianco e nero.

Sposa rubata, La *½ (*John Loves Mary*, Usa 1951, b/n, 96') David Butler. Con Ronald Reagan, Patricia Neal, Jack Carson, Virginia Field. ◆ Un ufficiale americano (Reagan), tornato dalla guerra, è nei pasticci perché ha sposato una ragazza inglese (Neal) per farle avere la cittadinanza americana e non sa che dire alla fidanzata. Movimentata e scontata commedia degli equivoci con un cast non sempre all'altezza. Debutto della Neal.

Sposa sognata, La *½ (*Dream Wife*, Usa 1953, 101') Sidney E. Sheldon. Con Cary Grant, Deborah Kerr, Walter Pidgeon, Betta St. John. ◆ Clem (Grant) lavora per il governo americano e ha una fidanzata (Kerr) che fa politica, ma vorrebbe sposare una casalinga, e così si trova una ragazza orientale sottomessa: ma commette l'errore di volerla americanizzare. Cast sprecato in una commedia banale e dal ritmo fiacco.

Sposatevi ragazzi! ** (*Wedding Rehearsal*, Gb 1932, b/n, 84') Alexander Korda. Con Robert Young, Kate Cutler, Wendy Barrie, Joan Gardner, John Loder, Maurice Evans, Merle Oberon, George Grossmith, Lady Tree, Morton Selter. ◆ Per evitare di sposarsi, il marchese di Buckminster (Young) organizza fidanzamenti e matrimoni per tutte le pretendenti che gli propone la ricca nonna (Cutler): ma alle nozze delle gemelle Mary Rose e Rose Mary (Barrie e Gardner) non saprà resistere al fascino di una bella segretaria (Oberon). Commedia sofisticata sceneggiata da Lajos Biro, che ironizza - con un garbo molto datato - sulle manie dell'aristocrazia inglese (la lezione sessuale di una imbarazzatissima madre alle proprie figlie), dove tutti si chiamano sempre «vecchio mio».

Sposa troppo bella, La *½ (*La Mariée est trop belle*, Francia 1956, b/n, 90') Pierre Gaspard Huit. Con Brigitte Bardot, Micheline Presle, Louis Jourdan. ◆ Una brava ragazza (Bardot) con zie iperprotettive diventa fotomodella e sposa un dongiovanni. Innocua commedia degli equivoci per una Bardot sulle soglie della celebrità e non troppo maliziosa.

Sposa vestiva di rosa, La ** (*The Bride Wore Red*, Usa 1937, b/n, 103') Dorothy Arzner. Con Joan Crawford, Robert Young, Billie Burke, Reginald Owen, Franchot Tone. ◆ Una ballerina (Crawford) complotta per sposare un ricco, ma impalma un poveretto che la ama da tempo. Dalla commedia *La ragazza di Trieste* di Ferenc Molnár sceneggiato da Tess Slesinger e Bradbury Foote, un'ennesima versione di Cenerentola su misura per la Crawford in un film dove c'è più moda che storia. Non certo l'opera migliore dell'unica donna regista della Hollywood di allora.

Spose di Dracula, Le **½ (*The Brides of Dracula*, Gb 1960, col, 85') Terence Fisher. Con Peter Cushing, Freda Jackson, Martita Hunt, David Peel.

◆ Van Helsing (Cushing) combatte il barone Meinster (Peel), un vampiro tenuto nascosto nel suo castello dalla madre, che con l'aiuto di una nutrice pazza gli procura vittime femminili. Un Fisher abbastanza ispirato in una produzione Hammer medioalta: Christopher Lee non c'è più, ma il rapporto del vampiro con le donne è approfondito in modo interessante. Indimenticabile la scena finale in cui Meinster muore in un vecchio mulino le cui pale gettano sul terreno un'ombra a forma di croce.

Sposerò Simon Le Bon - Confessioni di una sedicenne * (Italia 1986, col, 97') Carlo Cotti. Con Barbara Blanc, Federica Izzo, Luca Lionello, Gianmarco Tognazzi, Francesca Florio. ◆ Alla notizia che i Duran Duran canteranno al Festival di Sanremo, Clizia (Blanc), innamorata di Simon Le Bon, si fa portare in Liguria dal suo ragazzo: ma durante il viaggio si frattura una gamba e deve tornare a casa. Dall'omonimo romanzo di Clizia Gurrado, un fastidioso e fasullo sciocchezzaio interpretato da figli di attori, che sembra già appartenere - per fortuna - a un passato remotissimo.

Sposi ** (Italia 1988, col, 95') Pupi Avati, Cesare Bastelli, Luciano Manuzzi, Felice Farina, Antonio Avati, Luciano Emmer. ◆ Film a episodi. Cinque storie di coppie raccontate in parallelo il 14 agosto: un attore in declino si convince che solo un matrimonio scandalo gli permetterà di risalire la china (Pupi Avati. Con Jerry Calà, Delia Boccardo); un maturo agente di borsa non si vuole convincere che la sua giovane amante lo ama davvero (Cesare Bastelli. Con Carlo Delle Piane, Elena Sofia Ricci); un malandato promoter di corse di cavalli ritrova casualmente l'ex moglie (Felice Farina. Con Alessandro Haber, Ottavia Piccolo); un quasi sposo trascura la fidanzata per colpa di un gelosissimo amico d'infanzia (Luciano Manuzzi. Con i Gemelli Ruggeri [Eraldo Turra e Luciano Manzalini], Lorella Morlotti); la giovane maschera di un cinema non sa cosa fare quando scopre di aver messo incinta la cassiera, ben più anziana di lui (Antonio Avati. Con Nik Novecento, Simona Marchini). I titoli di testa sono accompagnati da un prologo con scene di sposalizi, mentre quelli di coda testimoniano che tutte e cinque le storie sono terminate con il matrimonio (entrambi girati in finto stile amatoriale da Luciano Emmer). Riuscito come scommessa produttiva (i cinque episodi sono stati girati contemporaneamente, in cinque località diverse, in una settimana, a costi ridotti), il film rivela la medesima mano ispiratrice (la sceneggiatura è di Pupi Avati, con la collaborazione ai dialoghi di Salvatore Marcatelli, Fabrizio Corallo e Luciano Manuzzi) nella sua ideologia rinunciataria e prevedibilmente piccoloborghese. Né le altre regie (sostanzialmente intercambiabili) lo sollevano da un piano puramente «carino». Il film è dedicato a Nik Novecento, morto a 23 anni.

Sposi dell'anno secondo, Gli ** (*Les Mariés de l'an deux*, Francia 1971, col, 114') Jean-Paul Rappeneau. Con Jean-Paul Belmondo, Marlène Jobert, Laura Antonelli, Michel Auclair, Pierre Brasseur. ◆ Per aver litigato con un nobile, nel 1787 un giovanotto francese (Belmondo) è dovuto scappare in America abbandonando la moglie (Jobert). Per sposare un'ereditiera torna in patria dove trova la Rivoluzione in atto e riscopre l'amore per la moglie. Commedia di cappa, spada e risate con un Belmondo che non perde occasione per acrobazie e guasconate. Nessuna pretesa realista: siamo dalle parti di *Angelica*, anche se il regista dirigerà *Cyrano de Bergerac*. Durante le riprese nacque l'idillio tra l'Antonelli e Belmondo.

Spostamenti progressivi del piacere ** (*Glissements progressifs du plaisir*, Francia 1971, col, 105') Alain Robbe-Grillet. Con Anicée Alvina, Olga Georges-Picot, Jean-Louis Trintignant, Michel Lonsdale, Jean Martin. ◆ Alice (Alvina) viene imprigionata in un convento con l'accusa di aver ucciso l'amica Nora (Georges- Picot), e finirà col fare la sua stessa fine. Corpi nudi, uova (crude) e vernice rossa: tanto bastava, allora, per sequestrare un film. Robbe-Grillet si diverte a smontare i meccanismi della narrativa bassa, ignorando sistematicamente il principio di non contraddizione. Freddo, intellettualistico ed episodicamente divertente: ma più per chi ha letto Barthes e Genette e conosce a menadito le avanguardie del Novecento che per i lettori di *Playboy*.

Spostati, Gli **½ (*The Misfits*, Usa 1961, b/n, 124') John Huston. Con Clark Gable, Marilyn Monroe, Montgomery Clift, Thelma Ritter, Eli Wallach. ◆ A Reno, nel Nevada, Langland (Gable), un cowboy non più giovane che cattura cavalli selvaggi per una fabbrica di mangimi, si innamora di una donna (Monroe) in attesa di divorzio: per amor suo lascerà libero il branco che ha catturato. Sceneggiato da Arthur Miller, una sorta di western contemporaneo e crepuscolare, percorso da un senso di morte e sbandamento. La natura è ormai perduta, e gli uomini, privi di radici, non sanno districarsi tra le proprie contraddizioni. Il film di Huston era in anticipo sui tempi ma è stato anche sopravvalutato: soprattutto perché è l'ultimo film di Gable e della Monroe, ed è sembrato in qualche modo il loro testamento. Fotografia di Russell Metty e musica di Alex North.

S.P.Q.R. - 2000 e ½ anni fa * (Italia 1994, col, 100') Carlo Vanzina. Con Christian De Sica, Massimo Boldi, Leslie Nielsen, Nadia Rinaldi, Anna Falchi, Gabriella Labate, Francesco De Rosa. ◆ Trasferitosi a Roma da Mediolanum, il giudice Antonio Servilio (Boldi) scopre la corruzione dei senatori: convince Cesare Atticus (De Sica) a confessare per poter incastrare il potente Lucio Cinico (Nielsen), ma il Senato ha un'idea tutta personale della giustizia. Il Vanzina di Natale 1994 (Carlo alla regia e insieme al fratello Enrico anche alla sceneggiatura) fa il verso addirittura a Tangentopoli. Qualcuno si è scandalizzato per il qualunquismo dell'operazione (gli italiani erano corrotti duemila anni fa, perché non dovrebbero esserlo anche oggi?), ma sarebbe attribuire troppo alte intenzioni a un film solo fiacco e volgare: si ride poco, non si capisce perché scomodare Nielsen da Hollywood (dalla serie della *Pallottola spuntata*) e ci si chiede perché Boldi non si affidi finalmente a un regista capace di valorizzarlo. La figlia di Cesare Atticus è interpretata da Isabella Rocchietta, ex smorfiosetta prodigio della pubblicità tv.

Spregiudicati **½ (*Idiot's Delight*, Usa 1939, b/n, 105') Clarence Brown. Con Clark Gable, Norma Shearer, Charles Coburn, Edward Arnold, Burgess Meredith. ◆ Un ballerino-impresario (Gable) che viene dalla gavetta ritrova in un albergo svizzero, poco prima dello scoppio della guerra, un'acrobata (Shearer) che ha amato in gioventù. Dalla pièce di Robert E. Sherwood, che allora vinse il premio Pulitzer e che lui stesso adattò: sentimenti pacifisti e antihitleriani con un finale scontato. Molto dell'interesse si deve all'insolita performance musicale di Gable.

Spretato, Lo ** (*Le Défroqué*, Francia 1954, b/n, 106') Léo Joannon. Con Pierre Fresnay, Pierre Trabaud, Nicole Stéphane, René Blancard, Marcelle Géniat, Lila Kedrova, Georges Lannes. ◆ L'incontro con lo spretato Maurice (Fresnay) in un campo di prigionia accelera la vocazione del giovane Gérard (Trabaud) e il suo impegno per far ritrovare la fede all'amico: ci riuscirà nella maniera più drammatica il giorno della sua ordinazione a sacerdote. Uno dei più celebri melodrammi di argomento religioso, edificante e «ricattatorio» nello stesso tempo, tutto sorretto dalla straordinaria prova di Fresnay. A volte l'enfasi rischia di scivolare nel ridicolo involontario, ma non si può non restare ammirati dalla compattezza del progetto. Il regista interpreta la parte di un canonico.

Spruzzi → *Spetters (Spruzzi)*

Sputerò su mio padre → *Nerolio*

Spy **½ (*The Long Kiss Goodnight*, Usa 1996, col, 123') Renny Harlin. Con Geena Davis, Samuel L. Jackson, G.D. Spradlin, Brian Cox, David Morse, Patrick Malahide, Craig Bierko, Joseph McKenna. ◆ Dopo un'amnesia e otto anni di vita da maestra di provincia, riaffiora il passato di Samantha Caine (Davis), ex killer al soldo di una scheggia impazzita della Cia. I suoi ex colleghi la vogliono eliminare, ma se la caverà con l'aiuto di uno scalcinato investigatore privato (Jackson) e dopo qualche dubbio su ciò che vuol fare veramente nella vita. Scritto da Shane Black (che pare sia stato pagato 4 milioni di dollari), un thriller *on the road* sempre sul filo della farsa (senza superarlo mai), che stranamente riesce a bilanciare le esigenze della spettacolarità (stunt e esplosioni sono tra i più complessi visti di recente) con un minimo di scavo dei personaggi: un'eroina hitchcockianamente duplice, incerta tra bene e male, e un compagno d'avventura dall'ironia sdrammatizzante e di cui rischia di innamorarsi. Il miglior film che abbia mai girato Harlin (anche se, da marito della diva, è prono a glorificarne l'immagine). E quel tanto di follia che traspare non ha giovato alla fortuna commerciale del film, più divertente e imprevedibile di tanti altri prodotti analoghi.

S.P.Y.S. ** (*S.P.Y.S.*, Usa 1974, col, 87') Irvin Kershner. Con Donald Sutherland, Elliott Gould, Zouzou, Joss Ackland, Vladek Sheybal, Shane Rimmer. ◆ Due agenti pasticcioni della Cia (Gould e Sutherland) in servizio a Parigi prima aiutano un ginnasta russo a fuggire in Occidente, poi si mettono in guai seri. La coppia di protagonisti è la stessa di *M.A.S.H.*, ma qui l'umorismo è innocuo e prevedibile.

Squadra antifurto * (Italia 1976, col, 100') Bruno Corbucci. Con Tomas Milian, Lilli Carati, Giuseppe Pambieri, Giuliana Calandra, Robert Webber. ◆ Nico Giraldi detto Monnezza (Milian), un poliziotto reclutato tra le fila della malavita che va in giro vestito da hippy, adotta metodi poco ortodossi per sconfiggere una banda di delinquenti, ma alla fine la spunta. Basco pieno di portafortuna, stuzzicadenti, voce bassa, romanesco e rutto facile: il personaggio di Giraldi porterà fortuna a Milian e Corbucci, che lo riprenderanno in quattro sequel (a partire da *Squadra antiscippo*). Il divertimento, comunque, è modestissimo.

Squadra antigangster * (Italia 1979, col, 99') Bruno Corbucci. Con Tomas Milian, Enzo Cannavale, Asha Puthli, Margherita Fumero, Gianni Musy. ◆ Nico Giraldi (Milian), diventato agente dell'Interpol, si occupa di una guerra tra bande mafiose. Quinto e ultimo sequel della serie iniziata con *Squadra antifurto*: Milian è quasi ripulito e il prodotto sembra pensato per l'esportazione ma l'originalità è zero. L'anno successivo Milian e Corbucci inaugurano una nuova serie con *Delitto a Porta Romana*. Asha Puthli è una cantante indiana che dal jazz di Ornette Coleman era passata alla disco-music.

Squadra antimafia * (Italia 1978, col, 99') Bruno Corbucci. Con Tomas Milian, Alberto Farnese, Lilli Carati, Roberto Messina, Enzo Cannavale. ◆ Per scoprire chi ha ucciso un testimone, l'ispettore Giraldi (Milian) si fa arrestare, evade e salva la vita di un boss per entrare al suo servizio. Quarto episodio della serie di Monnezza iniziata con *Squadra antifurto*, ormai a corto di idee. Seguìto da *Squadra antigangster*.

Squadra antiscippo *½ (Italia 1977, col, 90') Bruno Corbucci. Con Tomas Milian, Jack Palance, Maria Rosaria Omaggio, Guido Mannari, Jack La Cayenne. ◆ L'ispettore Giraldi (Milian), nemico giurato degli scippatori, ha un avversario imprendibile, «il baronetto», che ha scippato a un americano una preziosa valigetta e che per questo rischia la pelle. Seconda puntata delle avventure di Giraldi – appena un filo meno greve del prototipo *Squadra antifurto*. Seguìto da *Squadra antitruffa*.

Squadra antitruffa * (Italia 1977, col, 100') Bruno Corbucci. Con Tomas Milian, David Hemmings, Leo Gullotta, Anna Cardini, Alberto Farnese. ◆ L'ispettore Giraldi (Milian) si allea con un detective inglese (Hemmings) per sconfiggere una banda di truffatori. Terzo episodio della serie iniziata con *Squadra antifurto*, che tenta inutilmente di movimentare la sceneggiatura, senza rinunciare alla comicità alla buona. Seguìto da *Squadra antimafia*.

Squadra a tutto ghiaccio, Una *½ (*D3: The Mighty Ducks*, Usa 1996, col, 104') Robert Lieberman. Con Emilio Estevez, Jeffrey Nordling, Joshua Jackson, David Selby, Heidi Kling. ◆ I Mighty Ducks, squadra di hockey campione juniores, sono alla scuola superiore: il vecchio coach (Estevez), tornato avvocato, passa il timone al nuovo (Nordling), mentre i Warriors, storico team della scuola, non hanno nessuna intenzione di cedere loro il campionato. Dopo *Stoffa da campioni* e *Piccoli grandi eroi*, il terzo episodio della serie (scritto da Steven Brill e Jim Burnstein) cerca di variare lo schema ispirandosi a un *teen-ager movie* come *I ragazzi della 56a strada*, ma senza esagerare nel conflitto sociale e negli psicodrammi adolescenziali: è sempre un film Disney, educativo e d'intrattenimento. Inedito in sala.

Squadra della morte, La * (*Mankillers*, Usa 1987, col, 88') David Prior. Con Edd Byrnes, Edy Williams, Gail Fischer, Lynda Aldon, William Zipp. ◆ Un ex agente della Cia si è unito ai narcotrafficantes colombiani: per metterlo fuori gioco è spedita in Colombia un'agente donna (Williams) che comanda una squadra di belle ragazze. Noioso telefilm allungato.

Squadra investigativa speciale S.I.S. – Giustizia sommaria ** (*Special Investigation Section*, Usa 1992, col, 92') Mark L. Lester. Con Lou Diamond Phillips, Scott Glenn, Chelsea Field, Yaphet Kotto, Ed Lauter. ◆ Un tenente dai metodi nazistoidi (Glenn) fa conoscere il mestiere a una recluta (Phillips) che alla fine lo rinnega. Poliziesco tagliato con l'accetta, spettacolarmente efficace, anche se risaputo e superficiale nell'affrontare grandi temi. Pare che la polizia di Los Angeles non abbia digerito il modo in cui viene rappresentata.

**Squadra omicidi, sparate a vista! ****½ (*Madigan*, Usa 1968, col, 101') Don Siegel. Con Richard Widmark, Henry Fonda, Harry Guardino, Inger Stevens, James Withmore, Susan Clark, Steve Ihnhat, Michael Dunn. ◆ I detective Madigan (Widmark) e Bonaro (Guardino) si lasciano fuggire sotto il naso un ricercato, che li alleggerisce anche delle pistole: per riacciuffarlo il commissario Russel (Fonda) concede loro tre giorni di tempo. Capostipite del poliziesco metropolitano e realistico, all'insegna di una visione disillusa della vita, dell'amore e degli uomini sceneggiato da Henri Simoun e l'ex black listed Abraham Polonsky. Lievemente sopravvalutato, comunque, anche perché nella parte centrale, dedicata alla vita privata dei personaggi, il calo di tensione è vistoso. Innovativa, per l'epoca, la colonna sonora di Lalo Schifrin. Ha dato origine a un serial tv.

Squadra più scassata della lega, La → *Major League – La squadra più scassata della lega*

Squadra speciale di Bulldog Drummond, La * (*Bulldog Drummond's Secret Police*, Usa 1939, b/n, 56') James Hogan. Con John Howard, Heather Angel, H.B. Warner, Reginald Denny, Leo G. Carroll, Elizabeth Patterson. ◆ Bulldog Drummond (Howard) è alle prese con uno scienziato folle che tortura le persone nel suo castello. Sesto dei sette film prodotti dalla Paramount dove John Howard interpreta il ruolo del detective inglese: pura routine. Leo G. Carroll interpreta tre ruoli di vilain.

Squadra speciale 44 Magnum: la morte fa l'appello ** (*The Money Movers*, Australia 1978, col, 90') Bruce Beresford. Con Terence Donovan, Ed Devereaux, Tony Bonner. ◆ Due agenti si infiltrano in una banda di rapinatori. Il cinema d'azione americano viene imitato con passabile mestiere dal non ancora noto Beresford (*A spasso con Daisy*).

Squadra volante ** (Italia 1974, col, 90') Stelvio Massi. Con Tomas Milian, Gastone Moschin, Stefania Casini, Guido Leontini, Ilaria Guerrini, Mario Carotenuto, Ray Lovelock, Carla Mancini, Enzo Andronico. ◆ Da quando gli hanno ucciso la moglie durante una rapina, il commissario Ravelli (Milian) cerca la vendetta contro il Marsigliese (Moschin), criminale tisico e spietato che, allestendo un finto set cinematografico, porta a termine l'ennesimo sanguinario colpo. Primo poliziesco diretto da Stelvio Massi, tenuto in piedi dagli attori e dalle scene d'azione. Straordinario Milian, che dopo la decadenza dello spaghetti-western crea una figura atipica nel poliziesco dell'epoca, con il toscano sempre tra le labbra e il basco in testa. Il film è stato girato a Pavia con la sponsorizzazione (neanche troppo subliminale) della pellicceria Annabella.

Squadra volante uccideteli... senza ragione → *Senza ragione*

**Squadriglia Lafayette, La ***½ (*Lafayette Escadrille*, Usa 1958, b/n, 95') William A. Wellman. Con Tab Hunter, Etchika Choureau, William Wellman jr, Jody McCrea. ◆ Durante la Grande Guerra, per combattere dalla parte dei francesi, un giovane americano (Hunter) si arruola nella celebre squadriglia d'aviazione. Patriottismo, duelli aerei e interludi romantici: si è visto di meglio, nel genere, e Wellman (che pure aveva fatto parte della squadriglia e ha messo nel film spunti autobiografici) ormai stava per andare in pensione.

**Squadriglia 633 ***½ (*633 Squadron*, Usa/Gb 1964, col, 101') Walter E. Grauman. Con Cliff Robertson, George Chakiris, Maria Perschy, Harry Andrews, Donald Houston, Michael Goodliffe, John Meillon, Scot Finch. ◆ Ricostruzione dell'attacco che la squadriglia aerea 633, guidata dal tenente colonnello Grant (Robertson) e formata da piloti provenienti da tutto il Commonwealth, condusse nel 1944 in Norvegia contro la fabbrica nazista che produceva propellente per i razzi V2. Una storia vera, sceneggiata con troppa prevedibilità da James Clavell e Howard Koch, che non riesce mai ad appassionare veramente nonostante il sacrificio di quasi tutti i piloti e quello del leader della resistenza norvegese Erik Bergman (Chakiris). Retorico e magniloquente, ha comunque ispirato Lucas per la scena del bombardamento finale della Morte nera in *Guerre stellari*.

**Squadrone bianco, Lo ****½ (Italia 1936, b/n, 100') Augusto Genina. Con Fosco Giachetti, Antonio Centa, Guido Celano, Fulvia Lanzi, Olinto Cristina. ◆ Sotto il comando del rude capitano Santelia (Giachetti), il tenente di cavalleria Mario Ludovici (Centa), che si è fatto trasferire in Libia per dimenticare Cristina (Lanzi), si spinge nel deserto col suo squadrone per inseguire e disperdere una banda di ribelli. Trasformato in un vero uomo, potrà dire di no alla sua donna quando verrà a cercarlo. Melodramma coloniale girato quasi interamente in esterni a Sinuauen nel deserto libico. Deluse in parte la committenza di regime, ed è interessante, oggi, soprattutto per l'eleganza figurativa e la stilizzazione della regia. Sceneggiatura di Genina e Gino Valori con la collaborazione per i dialoghi di Gino Rocca, fotografia di Anchise Brizzi.

Squalo, Lo *** (*Jaws*, Usa 1975, col, 125') Steven

Spielberg. Con Roy Scheider, Robert Shaw, Richard Dreyfuss, Lorraine Gary, Murray Hamilton, Carl Gottlieb. ◆ Ad Amity, sulla costa atlantica degli Stati Uniti, un enorme squalo fa strage di bagnanti, ma il sindaco non chiude la spiaggia per non far crollare gli affari. Il cacciatore Quint (Shaw), l'oceanografo Hooper (Dreyfuss) e il poliziotto Brody (Scheider) affrontano l'animale: tornano in due. Dal romanzo di Peter Benchley (che è uno dei reporter sulla spiaggia) da lui stesso sceneggiato in coppia con Carl Gottlieb, il film che fece la fortuna di Spielberg e uno dei più grandi successi della storia del cinema. Variazione sul tema di Moby Dick e di *Duel*, horror in confezione di classe, film d'avventura al maschile con annesso elogio dell'amicizia: *Lo squalo* è tutto questo, ma Spielberg non fa pesare le citazioni, e conosce alla perfezione l'arte di raccontare e di creare suspense. Alzi la mano chi non è sobbalzato la prima volta che lo squalo mette le fauci fuori dall'acqua. Sofisticati effetti speciali, integrati con riprese di uno squalo autentico. Celebre la colonna sonora di John Williams, che vinse l'Oscar. Tre seguiti.

Squalo 2, Lo * (*Jaws 2*, Usa 1978, col, 117') Jeannot Szwarc. Con Roy Scheider, Lorraine Gary, Murray Hamilton, Joseph Mascolo, Jeffrey Kramer, Collin Wilcox. ◆ Nello stesso luogo in cui il primo squalo aveva fatto strage, riappare un altro bestione: solo il capo della polizia (Scheider) è deciso a intervenire, ma viene licenziato. Sequel-fotocopia gratuito, e con pochissima suspense.

Squalo 3, Lo * (*Jaws 3-D*, Usa 1983, col, 117') Joe Alves. Con Dennis Quaid, Bess Armstrong, Simon MacCorkindale, Louis Gossett jr, Lea Thompson. ◆ I mari che costeggiano la Florida sono devastati da una Disneyland acquatica: un supersqualo fa vendetta. Gli effetti in 3D sono buoni, ma si perdono sul piccolo schermo. Banali moniti ecologisti in una sceneggiatura puerile.

Squalo 4, Lo – La vendetta * (*Jaws the Revenge*, Usa 1987, col, 89') Joseph Sargent. Con Lorraine Gary, Lance Guest, Mario Van Peebles, Karen Young, Michael Caine, Judith Barsi. ◆ Il figlio della vedova (Gary) del poliziotto Brody viene ucciso dal solito squalo: la donna si trasferisce alle Bahamas, ma l'animale la segue. Ultimo – finora – capitolo della serie: una bella pizza. Caine è sprecato in un ruolo di secondo piano. Per lo squalo è stato riutilizzato lo scheletro di una delle balene di *Star Trek IV – Rotta verso la Terra*.

Square Dance – Ritorno a casa ** (*Square Dance*, Usa 1987, col, 112') Daniel Petrie. Con Winona Ryder, Jason Robards, Jane Alexander, Rob Lowe, Deborah Richters. ◆ Una teen-ager texana (Ryder) lascia la casa del nonno (Robards) per andare a vivere con la madre (Alexander) a Fort Worth e diventa amica di un ritardato (Lowe). Dramma sulle difficoltà della crescita con tutti gli stereotipi del caso. Lowe si cimentò in un ruolo diverso, ma deluse le sue fans.

Squattrinato, Lo * (*Half A Sixpence*, Usa/Gb 1967, col, 130') George Sidney. Con Tommy Steele, Julia Foster, Cyril Ritchard, Penelope Horner, Grover Dale, Julia Sutton, Sheila Falconer. ◆ Inghilterra, *fin de siècle*: l'orfano Arthur Kipps (Steele) cresce come commesso presso il dickensiano Shalford (Ritchard), eredita una fortuna, sposa l'amore della sua infanzia (Foster, doppiata per le canzoni da Marti Webb) dopo essere stato tentato dall'alta società, perde tutto e lo riacquista. Morale: ciò che conta è l'amore, e se ci sono i soldi è meglio. Un romanzo (*Kipps*) di H.G. Wells, che era diventato un musical di Harold Fielding, è lo spunto per l'ultimo musical di Sidney, sceneggiato da Beverly Cross e Dorothy Kinsley: brutte musiche (di David Heneker) e coreografie (di Gillian Lynne e Virginia Mason), anacronistico già all'epoca e oggi fasullo e insopportabilmente zuccheroso. In originale, 148'. Il titolo inglese si riferisce alla moneta che il giovane Arthur trova per strada e di cui offre una metà alla fidanzata come pegno d'amore.

Squilli di morte *½ (*Murder By Phone*, Canada 1980, col, 79') Michael Anderson. Con Richard Chamberlain, John Houseman, Sara Botsford, Robin Gammell. ◆ Un pazzo assassino ha trovato il modo di mietere le sue vittime con un ingegnoso sistema a distanza attivato da una telefonata. Ritmo televisivo e una sola idea tirata per le lunghe.

Squilli di primavera *½ (*Stars and Stripes Forever*, Usa 1952, col, 89') Henry Koster. Con Clifton Webb, Robert Wagner, Ruth Hussey, Debra Paget, Finlay Currie. ◆ Biografia di John Philip Sousa (Webb), ex sergente maggiore dei marines, e poi direttore della più celebre banda degli Usa a cavallo tra Ottocento e Novecento. Il sugo dell'intreccio comunque, sta nella storia d'amore tra la cantante Lilly Becker (Paget) e Willy Liedel (Wagner), inventore di una ingombrante tuba battezzata sousafono in onore del maestro. Bell'esempio di kitsch hollywoodiano: trionfalistico, statico e quasi senza trama. La Paget, in genere imbalsamata in parti di femme fatale, ha una buona verve, ma la quantità di marce e marcette rischia di provocare attacchi di idrofobia negli spettatori più sensibili.

Squillo * (Italia 1996, col, 100') Carlo Vanzina. Con Raz Degan, Jennifer Driver, Bianca Koedam, Paul Freeman, Antonio Ballerio, Alessandra Chiti, Pia Klover, Luigi Montini, Caterina Rebracca, Yanai Degan. ◆ Per scoprire chi ha ucciso una squillo d'alto bordo (Koedam), la sorella Maria (Driver) accetta la proposta dell'ispettore Tony Messina (Degan) di fare da esca per smascherare l'assassino. Fumettaccio con pretese gialle costruito dai fratelli Vanzina per cavalcare la popolarità del modello israeliano Raz Degan, lanciato dalla pubblicità di un amaro: ci sono i suoi begli occhi, le inevitabili modellone (semi) nude, ma anche il più profondo disprezzo per l'intelligenza del pubblico. Sceneggiatura al groviera di Franco Ferrini con Carlo ed Enrico Vanzina.

Squillo per l'ispettore Klute, Una **½ (*Klute*, Usa 1970, col, 114') Alan J. Pakula. Con Jane Fonda, Donald Sutherland, Charles Cioffi, Roy Scheider, Dorothy Tristan. ◆ Il detective privato John Klute (Sutherland) è incaricato da un industriale (Cioffi) di ritrovare un suo collaboratore svanito nel nulla: una prostituta (Fonda) lo aiuterà a venire a capo dell'enigma. Un noir metropolitano, sceneggiato da Andy K. Lewis e Dave Lewis, dove le zone buie da illuminare non sono nei vicoli nebbiosi, come trent'anni prima, ma nella psiche dei protagonisti. La Fonda vinse l'Oscar con la sua interpretazione della squillo tormentata che va dalla psicoanalista. L'attenzione dedicata al personaggio femminile e un'insolita (per i tempi) opposizione metropoli/campagna sono i meriti maggiori di questo giallo che risente un po' troppo dello stile frammentario e spesso involuto tipico della New Hollywood di quegli anni.

Squillo per quattro svitati, Una *½ (*Steelyard Blues*, Usa 1972, col, 92') Alan Myerson. Con Jane Fonda, Donald Sutherland, Peter Boyle, Garry Goodrow, John Savage. ◆ Un ex rapinatore (Sutherland) e la sua ragazza (Fonda) mettono in imbarazzo il fratello di lui, che fa il detective, mentre cercano di restaurare un aeroplano abbandonato. Tipica commedia picaresca anni Settanta che non va da nessuna parte e vorrebbe anche spacciare una morale antisistema. Il titolo italiano, comunque, è peggio del film.

Sta' fermo, muori e risuscita ***½ (*Zamri, oumri, voskreni*, Urss 1990, b/n, 105') Vitali Kanevskij. Con Pavel Nazarov, Dinara Drukarova, Elena Popova, Valeri Ivtchenko. ◆ Nel 1947, in una cittadina della Siberia trasformata in lager dove prigionieri giapponesi e detenuti politici vivono a fianco delle loro famiglie, il dodicenne Valerka (Nazarov) cerca di sopravvivere tra l'orrore quotidiano e le regole della repressione grazie al suo vitale ribellismo e soprattutto all'affetto della coetanea Galia (Drukarova). Sconvolgente opera prima di un regista di cinquantacinque anni dal passato tumultuoso (e controverso: è finito in carcere anche con l'accusa di violenza carnale), il film racconta con uno stile immediato e nervoso la condizione disumana dei detenuti nei lager. Nessun romanticismo, nessun moralismo ideologico: solo la voglia di registrare come il Potere faccia perdere all'uomo la propria dignità (la sconvolgente scena della ragazza che si offre per farsi mettere incinta e poter così uscire dal lager). Circondati da un fango onnivoro e da una desolazione che produce solo egoismo, i personaggi del film (che si conclude con un vezzo d'autore, rivelando la presenza della macchina da presa) sono il ritratto terribile del fallimento di ogni illusione e di ogni riscatto che non venga dalla forza dell'amore. Distribuito in originale con sottotitoli. Il regista ha continuato a raccontare la storia di Valerka nel meno convincente *Una vita indipendente* (1991).

Stagione all'inferno, Una *½ (Italia/Francia 1971, col, 130') Nelo Risi. Con Terence Stamp, Florinda Bolkan, Pier Paolo Capponi, Jean-Claude Brialy, Nike Arrighi. ◆ Il giovane poeta Arthur Rimbaud (Stamp) partecipa alla difesa della Comune di Parigi, si lega al collega Verlaine (Brialy) e, quando questi lo lascia, parte per l'Africa orientale dove diventa commerciante d'armi e di schiavi. Biografia senza infamia e senza lode da un soggetto di Giovanna Gagliardo sceneggiato dal regista e Raffaele La Capria, discreta nella ricostruzione d'epoca, non troppo profonda (malgrado il regista sia un poeta) nell'esaminare i rapporti tra arte e vita. Importune quanto ingenue le concessioni spettacolari. Da confrontare con *Poeti dall'inferno*.

Stagione dei mostri, La * (*Szornyek Evadya*, Ungheria 1987, col, 100') Miklós Jancsó. Con Gyorgy Csarhalmi, Jozef Madaras, Lajos Balazsovitis. ◆ Due scienziati, uno democratico e l'altro stalinista, partecipano a un party che si trasforma in un agghiacciante happening. Fumosa allegoria dell'Ungheria pre-perestrojka, con soldati che resuscitano da un lago come zombi e fanciulle discinte. Il cinema di Jancsó sempre più chiuso su se stesso e il proprio passato.

Stagione dell'aspidistra, La *½ (*Keep the Aspidistra Flying*, Gb 1997, col, 101') Robert Bierman. Con Richard E. Grant, Helena Bonham Carter, Julian Wadham, Jim Carter, Harriet Walter, Liz Smith. ◆ Londra, 1934: il copywriter Gordon Comstock (Grant) si licenzia per inseguire il sogno di diventare poeta; ma dopo una discesa nel mondo del proletariato, si sposa e torna alla normalità borghese. Il romanzo *Fiorirà l'aspidistra* di George Orwell era una satira acre e disillusa, la sceneggiatura di Alan Palter ne fa una commedia romantica con un eccentrico d'epoca. L'*art direction* di pedante perfezionismo abbellisce ambienti piccolo-borghesi che nel romanzo sembravano molto più squallidi, e la regia ondivaga finisce la frittata, rendendo impercettibile l'ironia del ritorno all'ordine. Rimane qualche buona battuta («Che differenza c'è tra poesia e la pubblicità? Sono le stesse parole in un ordine diverso»).

Stagione della strega, La ** (*Jack's Wife*, rititolato *Hungry Wives* e *Season of the Witch*, Usa 1972, col, 89') George A. Romero. Con Jan White, Ray Laine, Anne Muffly. ◆ Una casalinga si converte alla stregoneria per trovare la forza di liberarsi dal marito: alla fine gli spara, senza distinguere più tra sogno e realtà. Uno dei pochi e sfortunati non-horror di Romero, più dalle parti di Patricia Highsmith e di *Images* di Altman che degli zombi che l'hanno reso celebre. Il tipico stile statico che per un americano è l'essenza del cinema d'arte europeo, vestiti e musiche che sembrano remotissimi, tentativi di narrazione d'avanguardia: Romero poi ha scelto un'altra strada, anche se ha conservato lo stesso spirito critico.

Stagioni del cuore, Le *** (*Places in The Heart*, Usa 1984, col, 102') Robert Benton. Con Sally Field, John Malkovich, Danny Glover, Lindsay Crouse, Ed Harris, Amy Madigan, Terry O'Quinn. ◆ Nel Texas, durante la Grande Depressione, una giovane vedova (Field) cerca di salvare la sua terra sfidando i banchieri avidi, i razzisti del Ku Klux Klan e le calamità naturali. Al suo fianco sono un cieco di guerra (Malkovich), timidamente innamorato di lei, e un ex ladro negro (Glover). Il migliore dei film rurali in voga nel cinema americano della metà degli anni Ottanta: Benton si ispira a ricordi personali, evoca il mondo di William Faulkner e di Thornton Wilder, non perde le fila dell'intreccio e sa bilanciare l'obbligatoria spettacolarità con notazioni toccanti che vanno al di là del bozzettismo. E sa rischiare nel finale mistico, dove vivi e morti, bianchi e neri, uccisi e uccisori si trovano in chiesa: di certo non quello che ci si aspetta da un film di consumo. Fotografia di Nestor Almendros. Oscar a Sally Field e alla sceneggiatura dello stesso regista.

Stagioni del nostro amore, Le *½ (Italia 1966, b/n, 93') Florestano Vancini. Con Enrico Maria Salerno, Anouk Aimée, Gian Maria Volonté, Jacqueline Sassard, Gastone Moschin, Valeria Valeri, Daniele Vargas, Luciano Damiani. ◆ Un maturo giornalista di sinistra (Salerno), in crisi dopo il fallimento del suo matrimonio e della relazione con una ragazza (Sassard), torna alla sua città di provincia per fare dei bilanci. Ambizioni intellettualistiche e toni poetici che hanno fatto il loro tempo. Sceneggiatura del regista con Elio Bartolini. Girato a Mantova e Sabbioneta.

Stalag 17 *** (*Stalag 17*, Usa 1953, b/n, 120') Billy Wilder. Con William Holden, Don Taylor, Otto Preminger, Robert Strauss, Harvey Lembeck, Peter Graves. ◆ In una baracca di un campo nazista, i prigionieri si convincono della presenza di una spia e sospettano del cinico Sefton (Holden), che si dedica a piccoli affari con le guardie e organizza scommesse sulle corse di topi: sarà proprio questi a smascherare un insospettabile, che verrà usato come esca per una fuga di massa. Dal dramma omonimo di Donald Bevan e Edmund Trzinski sceneggiato da Wilder ed Edwin Blum. Criticato ai tempi per aver trattato un tema tragico con spirito troppo scanzonato, il film di Wilder si fa apprezzare oggi per l'antieroismo e l'originale contaminazione fra generi diversi. Il regista Preminger è il comandante del campo. Oscar a William Holden. Conosciuto anche come *L'inferno dei vivi.*

Stalingrado **½ (*Stalingrad*, Germania 1992, col, 138') Joseph Vilsmaier. Con Dominique Horwitz, Thomas Kretschmann, Jochen Nickel, Sebastian Rudolph, Dana Vavrova. ◆ Stalingrado, 1942: un gruppo di soldati tedeschi, per punizione, finisce in un battaglione destinato alle imprese più rischiose. Quando vengono destinati a fucilare prigionieri – ragazzi compresi – comincia a sorgere l'idea della diserzione. Il film di Vilsmaier (che è anche direttore della fotografia) non dice molto di più sul tema dell'assurdità della guerra rispetto a *La croce di ferro* o a uno qualunque dei recenti Vietnam-movies. Descrive invece benissimo l'inferno innevato della steppa russa e il caos e la concitazione dei combattimenti, adottando punti di vista efficaci quanto insoliti: una specie di «dolente e violenta contemplazione del massacro» sorretta da una visione filantropica che ricorda quella di certe poesie carsiche di Ungaretti («Di che reggimento sei, fratello?»). Per il pubblico tedesco, ovviamente, l'effetto di un film del genere è molto più forte.

Stalker *** (*Stalker*, Urss 1979, col e b/n, 161') Andrej Tarkovskij. Con Aleksandr Kajdanovskij, Alisa Frejndlich, Anatolij Solonicyn, Nikolaj Grin'ko, Natasha Abramova. ◆ Uno scrittore e uno scienziato si fanno guidare da uno «stalker» (Kajdanovskij) – in inglese: cacciatore alla posta – all'interno di una zona proibita, dove esiste una camera nella quale si possono esaudire tutti i desideri. Allegoria sulla tentazione della fede e sul rapporto dell'uomo moderno col sacro: grazie alla forza delle immagini, Tarkovskij spesso riesce a lasciarsi alle spalle i cascami letterari (Tolstoj e Dostoevskij) e a parlare allo spettatore direttamente. Straordinaria l'ambientazione in un labirinto di gallerie in disfacimento e invase dall'acqua: e riuscita la fusione tra realismo quotidiano e fantastico. Il ritmo è stremante e i piani sequenza provano la resistenza dello spettatore: ma lo sforzo (come non sempre avviene nei film del regista) in questo caso è ripagato.

Stallone, Lo → *Stud, The – Lo Stallone*

Stammheim ** (*Stammheim*, Rft 1987, col, 100') Reinhard Hauff. Con Ulrich Pleitigen, Thérèse Affolter, Urlichn Tukur, Sabine Wegner, Hans Kremer. ◆ La ricostruzione del processo della banda di terroristi Baader-Meinhof che operò negli anni Settanta: la Meinhof (Affolter) si suicidò prima della sentenza, gli altri morirono in circostanze poco chiare (si disse che furono suicidati) subito dopo. Secondo il regista «Neppure Kafka avrebbe osato immaginare tanto». Docudrama militante senza lusinghe spettacolari: non proprio il tipo di film da vedere il sabato sera con gli amici.

Stand By Me – Ricordo di un'estate *** (*Stand By Me*, Usa 1986, col, 96') Rob Reiner. Con Wil Wheaton, River Phoenix, Corey Feldman, Jerry O'Connell, Kiefer Sutherland, Casey Siemaszko, John Cusack, Richard Dreyfuss. ◆ Colpito dalla notizia della morte di un amico, uno scrittore (Dreyfuss) ricorda un episodio vissuto nell'agosto del 1959, quando, assieme a lui e ad altri due ragazzi, andò nei boschi di Castle Rock, Oregon, per ritrovare il corpo di un ragazzo scomparso. Un viaggio iniziatico alla scoperta della morte e delle proprie paure, tratto dal racconto *The Body* di Stephen King (nella raccolta *Stagioni diverse)* sceneggiato da Raynold Gideon e Bruce A. Evans. Reiner è bravo a descrivere l'età di passaggio in modo non stereotipato e ad adottare il punto di vista dei protagonisti, anche se a volte calca la mano (il racconto con la gente che vomita). Il titolo è quello di una canzone di Ben E. King, che il film ha contribuito a rilanciare.

Stangata, La **½ (*The Sting*, Usa 1973, col, 129') George Roy Hill. Con Robert Redford, Paul Newman, Robert Shaw, Charles Durning, Eileen Brennan, Ray Walston. ◆ Negli anni Trenta, due abili imbroglioni (Redford e Newman) architettano una raffinata truffa ai danni di un gangster spietato (Shaw). Gioco di inganni con colpi di scena a ripetizione, che ammicca di continuo allo spettatore. Buon intrattenimento, ma non certo da meritare sette Oscar: miglior film, regia, sceneggiatura (David S. Ward), colonna sonora (Marvin Hamlisch), scenografia (Henry Bumstead, James Payne), costumi (Edith Head) e montaggio (William H. Reynolds). Enorme successo di pubblico, grazie anche alla verve della coppia Newman-Redford, che era già stata diretta da Hill in *Butch Cassidy*. Gli arrangiamenti di Marvin Hamlisch riportarono in voga il ragtime di Scott Joplin.

Stangata napoletana *½ (Italia 1982, col, 129') Vittorio Caprioli. Con Treat Williams, Margaret Lee, Regina Bianchi, Nando Murolo. ◆ Il figlio illegittimo (Williams) di un boss ne truffa la vedova: ma poi si allea con lei contro gli altri mafiosi. Sesto e ultimo film di Caprioli: un pasticcio incerto sulla strada da prendere.

Stanno tutti bene * (Italia/Francia 1990, col, 120') Giuseppe Tornatore. Con Marcello Mastroianni, Michèle Morgan, Valeria Cavalli, Marino Cenna, Roberto Nobile, Salvatore «Totò» Cascio, Leo Gullotta. ◆ Il pensionato siciliano Matteo Scuro (Mastroianni) va a trovare i cinque figli sparsi per la penisola: le delusioni saranno brucianti, ma di fronte alla tomba della moglie pronuncerà la frase del titolo. All'opera terza, Tornatore fa un passo falso: l'ambizione è niente meno che raccontare lo sfascio morale dell'Italia d'oggi, lo stile spesso fellineggia (la mongolfiera sulla spiaggia). Facili moralismi, trovatine che vorrebbero fare poesia (il cervo sull'autostrada), e tanti cliché su Napoli, Milano, Roma, Torino da far sospettare che un film così sia destinato in primo luogo all'esportazione. Mastroianni, ingrigito e imbambolato, è quasi insopportabile.

Stanotte e ogni notte *½ (*Tonight and Every Night*, Usa 1945, col, 95') Victor Saville. Con Rita Hayworth, Janet Blair, Lee Bowman, Marc Platt, Leslie Brooks, Florences Bates. ◆ A Londra, durante i bombardamenti tedeschi, nasce l'amore tra una ballerina (Hayworth) e un ufficiale dell'esercito inglese (Bowman) conosciuto in un rifugio antiaereo: nonostante l'opposizione del padre di lui, un reverendo protestante, i due riusciranno a sposarsi. Prevedibile musical del tempo di guerra tratto da una pièce di Lesley Storm e ambientato in un teatro londinese che non perde un solo spettacolo anche durante i bombardamenti. Doppiata per il canto da Martha Mears, la Hayworth si scatena nei balletti *You Excite Me* e *Cry and You Cry Alone*. Shelley Winters è Bubbles, una delle ballerine di fila.

Stanotte sorgerà il sole **½ (*We Were Strangers*, Usa 1949, b/n, 106') John Huston. Con Jennifer Jones, John Garfield, Pedro Armendariz, Gilbert Roland, Ramon Navarro. ◆ Negli anni Trenta, un gruppo di cubani, con l'aiuto di un americano (Garfield), progettano di uccidere il dittatore dell'isola: falliscono, ma la rivoluzione popolare scoppia ugualmente. A tratti ingenuo e semplicistico, ma innegabilmente sincero e trascinante, il film (sceneggiato da Peter Viertel e John Huston) anticiperà in modo profetico la Storia. E comunque, girare in pieno maccartismo un film del genere – col blacklisted Garfield come protagonista – suonava come una sfida: il risultato commerciale fu però un disastro. Coprodotto dallo stesso regista.

Stanza accanto, La * (Italia 1994, col, 94') Fabrizio Laurenti. Con Mark Benninghofen, Thomas Patrick, Mary Sellers, Corallina Cataldi Tassoni. ◆ Iowa, 1940: l'avvocato Martin Yakobowski (Benninghofen), che soffre di incubi e amnesie, torna al paesello natio e si trova di fronte ai fantasmi del passato: un triplice omicidio per cui era stato mandato sulla sedia elettrica un innocente. Scritto da Pupi Avati (da un soggetto di Fabio Clemente e Luigi Sardiello) e girato *on location*, un tentativo di thriller psicologico nato vecchio, poco agghiacciante e per nulla onesto nel manipolare lo spettatore. Le ossessioni cattoliche di Avati sull'aborto diventano un horror da fumetto nelle mani di un regista che fino all'altro ieri si nascondeva dietro pseudonimi inglesi.

Stanza dello scirocco, La * (Italia 1998, col, 93') Maurizio Sciarra. Con Giancarlo Giannini, Tiziana Lodato, Francesco Benigno, Tony Sperandeo, Valentina Biasio. ◆ Sicilia, 1936: l'antifascista marchese di Acquafurata (Giannini) torna al paesello sotto mentite spoglie, ma più che pensare ai complotti corre dietro alle sottane della serva (Lodato). Sarà una metafora? Personaggi da operetta, un po' di tette, qualche citazione colta e un happy ending che va al di là del buon senso. Anche Suso Cecchi d'Amico ha partecipato con Salvatore Marcarelli e il regista all'adattamento del romanzo di Domenico Campana: cinema che non ha nulla da dire, e lo dice male (compreso il montaggio da spot di Cecilia Zanuso).

Stanza del vescovo, La *½ (Italia 1977, col, 110') Dino Risi. Con Ugo Tognazzi, Ornella Muti, Patrick Dewaere, Lia Tanzi, Gabriella Giacobbe, Piero Mazzarella. ◆ Il tran tran dell'avvocato Temistocle Orimbelli (Tognazzi), che vive in una villa sul lago Maggiore con la moglie (Giacobbe) e la cognata Matilde (Muti), viene sconvolto dall'arrivo di un giovanotto (Dewaere). Sesso, morte e misteri nella paciosa provincia lacustre: il mondo di Piero Chiara – autore del fortunato romanzo omonimo da lui stesso adattato con Risi, Leo Benvenuti e Piero De Bernardi – fornisce tutti gli ingredienti che allora richiamavano il pubblico nelle sale. Confezione lussuosa e la Muti che si spoglia: non c'è molto altro, ma ai tempi bastava.

Stanza 17-17, palazzo delle tasse, ufficio delle imposte *½ (Italia 1971, col, 115') Michele Lupo. Con Gastone Moschin, Philippe Leroy, Lionel Stander, Franco Fabrizi, Raymond Bussières, Ugo Tognazzi, Carlo Pisacane. ◆ Per saldare un cospicuo debito col fisco, quattro finti benestanti – un costruttore (Moschin), un principe (Fabrizi), un attore (Leroy) e un inventore (Bussières) – organizzano un colpo all'ufficio delle imposte aiutati da un ladro francese (Stander). Ne approfitta l'incorruttibile impiegato Ugo La Strizza (Tognazzi) che denuncia un ammanco molto più alto e tutti scappano in Polinesia col malloppo. Da un'idea di Vittorio Metz, sceneggiato dal regista e Sergio Donati, un giallo umoristico che tenta vanamente di fare della satira.

Stanza di Cloe, La *½ (*The Quiet Room*, Australia/Italia 1996, col, 93') Rolf de Heer. Con Cloe Ferguson, Celine O'Leary, Paul Blackwell, Phoebe Ferguson. ◆ Terrorizzata dai litigi dei genitori (O'Leary e Blackwell), la piccola Cloe (C. Ferguson) smette di parlare, ma non di pensare e le sue riflessioni – ascoltate off – accompagnano e cercano di «condizionare» la crisi della coppia (e lo spettatore), dai litigi all'auspicabile riconciliazione. Dopo la parabola filosofica di *Bad Boy Bubby*, de Heer (autore anche della sceneggiatura) si misura col saggio psicologico, ma l'ossessivo dialogo mentale della bambina di sette anni è troppo «adulto» e sentimentalmente ricattatorio per convincere: nessun vero approfondimento e la sensazione che il regista abbia truccato deliberatamente le carte in tavola.

Stanza di Marvin, La ** (*Marvin's Room*, Usa 1996,

col, 98') Jerry Zaks. Con Meryl Streep, Diane Keaton, Leonardo DiCaprio, Robert De Niro, Hume Cronyn, Gwen Verdon, Hal Scardino, Dan Hedaya. ◆ Siccome solo un trapianto di midollo può, forse, salvarla dalla leucemia, Bessie (Keaton) si decide a chiedere l'aiuto della sorella Lee (Streep), con cui ha tagliato i ponti da vent'anni e che ha la sua parte di problemi con un figlio (DiCaprio) disturbato emotivamente: l'operazione non si potrà fare, ma l'incontro tra le due sorelle non sarà stato vano. Il coraggio di affrontare uno dei temi più rimossi della nostra civiltà (la malattia e l'agonia: Bessie vive con un padre immobilizzato a letto [Cronin]) passa in secondo piano di fronte all'irrefrenabile gigioneggiare delle due protagoniste, troppo brave per essere commoventi. Gran successo a teatro, la pièce di Scott McPherson, da lui stesso adattata, diventa così l'occasione di una (troppo) grande prova attoriale, ricacciando sul fondo i temi pur interessanti che affronta (l'insoddisfazione femminile, la rabbia senza spiegazioni dei figli, la solitudine della provincia). Coproduttore con la sua Tribeca, De Niro interpreta il piccolo ruolo del dottor Wally.

Stanza di musica, La → *Sala di musica, La*

Stardust Memories ° (*Stardust Memories*, Usa 1980, b/n, 91') Woody Allen. Con Woody Allen, Charlotte Rampling, Jessica Harper, Marie-Christine Barrault, Tony Roberts, Daniel Stern, Louise Lasser. ◆ Un regista in crisi (Allen) trascorre, tra ricordi e problemi sentimentali, un weekend all'hotel Stardust di Long Island: la sua amante (Rampling) è finita in clinica, una divorziata francese (Barrault) arriva con figli e progetti matrimoniali, una giovane violinista ebrea (Harper) sembra portare il brivido della novità. Una citazione dell'incubo di *8 ½* apre il più supponente dei film di Allen, narcisisticamente compiaciuto nel mostrare gli inconvenienti del successo. Difficile dare credito ai suoi tormenti, o sorridere per le citazioni dei suoi maestri. Un fallimento anche al botteghino. Particina per Sharon Stone sul treno.

Stardust – Polvere di stelle *½ (*Stardust*, Gb 1974, col, 97') Michael Apted. Con David Essex, Adam Faith, Keith Moon, Larry Hagman, Marty Wilde. ◆ Una rockstar (Essex), dopo aver portato al successo il suo complesso, viene messa da parte e inizia a drogarsi: la uccide un'overdose. Film di denuncia ma con misura, con qualche luogo comune di troppo. Moon faceva parte degli Who. Sequel di *That'll Be The Day* (1974, di Claude Whatham, sempre con David Essex) inedito in Italia.

Starflight One *½ (*Starflight One*, Usa 1983, col, 114') Jerry Jameson. Con Lee Majors, Hal Linden, Lauren Hutton, Ray Milland, Gail Strickland. ◆ Un pilota di jet (Majors) si ritrova in orbita sul suo aereo a causa di un sabotaggio. Film per la Tv che inizialmente durava 1549. Effetti speciali accurati, ma suspense ridotta.

Stargate *½ (*Stargate*, Usa 1994, col, 119') Roland Emmerich. Con Kurt Russell, James Spader, Jaye Davidson, Mili Avital, Viveca Lindfors. ◆ Un archeologo americano, il dottor Daniel Jackson (Spader), decifra i simboli incisi su un anello egizio e scopre che si tratta di uno «stargate», una porta di energia verso un altro mondo: la varcherà con l'aiuto di un contingente militare capeggiato dal colonnello Jack O'Neil (Russell), atterrando su un pianeta che assomiglia in tutto e per tutto all'antico Egitto. E lì troverà la conferma che cercava: le piramidi non sono state costruite dall'uomo. Ambiziosa epopea storico-fantascientifica, campione d'incassi negli Usa travolti dalla passione per gli effetti speciali applicati al passato. Frullando le più avanzate tecnologie digitali con l'epica spaziale di *Guerre stellari* e lo spirito avventuroso di Indiana Jones, *Stargate* s'illude di inaugurare una nuova fantasmagorica trilogia (le cui sorti dipendevano dal successo di questa prima puntata), ma in realtà erige soltanto un monumento all'Ingenuo Spettacolare: Han Solo era mitico, il professor Jackson è il primo della classe, preparato e democratico quanto basta per superare l'esame al botteghino ma non per entrare nella leggenda.

Stark System *½ (Italia 1980, col, 105') Armenia Balducci. Con Gian Maria Volonté, Dalila Di Lazzaro, Glauco Onorato, Francesco Carnelluti, Pino Locchi, Leo Gullotta, Piero Anchisi, Luisa Morandini. ◆ Divo Stark (Volonté), carabiniere deficiente e pasticcione, ha la mania dell'ordine sociale, un'amante (Di Lazzaro), una moglie e due figli. Ideato da Volonté, che firma la sceneggiatura assieme a Balducci (ai tempi sua compagna), una variazione su *Indagine su un cittadino al di sopra di ogni sospetto*, che calca la mano sul grottesco più facile.

Starman ** (*Starman*, Usa 1984, col, 115') John Carpenter. Con Jeff Bridges, Karen Allen, Charles Martin Smith, Richard Jaeckel. ◆ Un alieno arriva sulla Terra e, prese le sembianze di un uomo deceduto (Bridges), convince la vedova (Allen) di quello ad aiutarlo a raggiungere il luogo d'appuntamento con un'astronave e a depistare la polizia: in cambio le farà concepire un figlio prodigio. Road-movie, commedia, fantascienza, pacifismo e misticismo sceneggiati da Bruce A. Evans e Raynold Gideon: per Carpenter è un po' troppo. Bridges, che venne candidato all'Oscar, rende amabili gag assai scontate (e a volte volgarotte) sull'alieno alle prese con una nuova civiltà. La trasformazione a vista dell'alieno da feto ad adulto è opera di Rick Baker, ma francamente non è un granché.

Star 80 ** (*Star 80*, Usa 1983, col, 102') Bob Fosse. Con Mariel Hemingway, Eric Roberts, Cliff Robertson, Carroll Baker, Roger Rees. ◆ La storia vera di Dorothy Stratten (Hemingway), la playmate e attricetta (di *Galaxina* e *E tutti risero*) uccisa in un attacco di gelosia dallo psicopatico (Roberts) che l'aveva scoperta. Robertson interpreta Hugh Hefner, il paternalista manager di *Playboy*; il personaggio del regista allude a Peter Bogdanovich. La forma del film-inchiesta, con relativi flashback, non basta tuttavia a drammatizzare una vicenda raccontata in modo piuttosto convenzionale. Ultimo film di Fosse autore anche della sceneggiatura. La Hemingway si è fatta rifare il seno per interpretare la parte.

Stars and Bars → *Gentleman a New York, Un* (Nb. Il primo titolo è quello dell'edizione tv, il secondo di quella in cassetta)

Starship Troopers – Fanteria nello spazio ** (*Starship Troopers*, Usa 1997, col, 129') Paul Verhoeven. Con Casper Van Dien, Dina Meyer, Denise Richards, Jake Busey, Neil Patrick Harris, Clancy Brown, Seth Gilliam, Patrick Muldoon, Michael Ironside. ◆ Arruolatosi per amore, Johnny Rico (Van Dien) si farà spedire nello spazio per combattere le gigantesche cimici extraterrestri che hanno raso al suolo Buenos Aires: in tal modo riuscirà anche a salvare la sua bella (Richards), diventata nel frattempo un pilota spaziale. Dall'omonimo romanzo di Robert A. Henlein, sceneggiato da Ed Neumeier, un film di fantascienza che deve molto all'immaginario western più reazionario («L'unica cimice buona è una cimice morta») e che strizza l'occhio all'universo televisivo (Van Dien veniva dal serial *Beverly Hills 90210*, ma sono molti i debiti verso i telefilm degli anni Cinquanta e Sessanta). Elementare nel design, dotato di una certa ironia antiamericana, ma ambiguo e discutibile nei momenti in cui riafferma l'indole machista, militarizzata e misogina di Verhoeven: l'anatomia degli insetti ricorda quella del sesso femminile, da infilzare come i cowboy sognavano di fare con gli indiani. Effetti speciali di John Richardson e Scott Squires.

Star's Lovers *½ (*Exposed*, Usa 1983, col, 100') James Toback. Con Nastassja Kinski, Rudolf Nureyev, Harvey Keitel, Bibi Andersson, Pierre Clementi, James Russo, Ron Randell. ◆ Una provinciale (Kinski) a New York diventa una cover girl e viene poi coinvolta da un violinista (Nureyev) in un'improbabile storia di terrorismo a Parigi. Toback (che è il professore innamorato della Kinski) non sembra decidersi tra la parodia e il melodramma; il risultato è a tratti bizzarro, ma in sostanza sbagliato. La Kinski che balla può comunque suscitare dei turbamenti nelle anime più sensibili.

Star Trek ** (*Star Trek – The Motion Picture*, Usa 1979, col, 106') Robert Wise. Con William Shatner, Leonard Nimoy, DeForest Kelley, Stephen Collins, Persis Khambatta, James Doohan, George Takei, Walter Koenig, Nichelle Nichols, Majel Barrett. ◆ XXIII secolo: l'equipaggio dell'astronave Enterprise, comandato dall'ammiraglio Kirk (Shatner) e assistito dal vulcaniano Spock (Nimoy), deve difendere la Terra da una misteriosa forza aliena che vuole sapere chi è il creatore. Colpo di scena finale. Nell'epoca di *Guerre stellari*, la Paramount rispolverò la serie televisiva *Star Trek* di Gene Roddenberr che, partita in sordina, era diventata oggetto di culto alla fine del decennio precedente. Identici il cast, le scenografie e i costumi un po' antiquati. Gli effetti speciali sono di Douglas Trumbull (*2001: Odissea nello spazio*) e John Dykstra (*Guerre stellari*), che però precedentemente hanno saputo fare di meglio. Ritmo televisivo, dialoghi verbosi e parafilosofici: il film del vecchio Wise non ha mai affascinato chi non fosse già un fan dei personaggi. Sono seguìti cinque sequel, una serie di cartoni animati e due riprese della serie di telefilm. Ne esiste una versione di 1439.

Star Trek II – L'ira di Khan ** (*Star Trek – The Wrath of Khan*, Usa 1982, col, 102') Nicholas Meyer. Con William Shatner, Leonard Nimoy, DeForest Kelley, Ricardo Montalban, James Doohan, George Takei, Walter Koenig, Nichelle Nichols, Majel Barrett, Kirstie Alley, Paul Winfield. ◆ Khan Noonjan Sigh (Montalban), che ha giurato vendetta all'ammiraglio Kirk, possiede un apparecchio segretissimo che fa parte del progetto Genesis: Spock (Nimoy) dovrà sacrificare la propria vita per salvare quella degli amici terrestri. Montalban era la guest star dell'episodio *Space Seed* della serie tv. I fans insorsero per la morte di Spock e pretesero che risuscitasse nel capitolo successivo.

Star Trek III – Alla ricerca di Spock ** (*Star Trek III – The Search for Spock*, Usa 1984, col, 105') Leonard Nimoy. Con William Shatner, Leonard Nimoy, DeForest Kelley, James Doohan, George Takei, Walter Koenig, Nichelle Nichols, Christopher Lloyd, Miguel Ferrer, John Larroquette. ◆ Spock (Nimoy) non è morto, e Kirk (Shatner) va alla sua ricerca: ma perderà l'astronave Enterprise. Lloyd, nella parte del capo dei klingoniani, è deludente. L'ineffabile Nimoy esordisce alla regia, fedele al tono di telefilm di lusso della serie.

Star Trek IV – Rotta verso la Terra **½ (*Star Trek IV – The Voyage Home*, Usa 1987, col, 119') Leonard Nimoy. Con William Shatner, Leonard Nimoy, DeForest Kelley, James Doohan, George Takei, Walter Koenig, Nichelle Nichols, Catherine Hicks, Jane Wyatt. ◆ La Terra è minacciata da una gigantesca e misteriosa sonda spaziale aliena che comunica solo nel linguaggio delle balene, che però sono estinte: all'Enterprise non resta che tornare sulla Terra dei nostri giorni e portare una coppia di balene nel futuro, per farle parlare con gli alieni. Il classico tema del viaggio nel tempo – con relative gag – aumenta lievemente il divertimento. Per lo scarso successo ottenuto dalla serie in Italia, uscì con una promozione che non faceva alcun riferimento alla saga. Seconda regia di Nimoy, che punta di meno agli effetti speciali.

Star Trek V – L'ultima frontiera *½ (*Star Trek V – The Final Frontier*, Usa 1989, col, 108') William Shatner. Con William Shatner, Leonard Nimoy, DeForest Kelley, James Doohan, George Takei, Walter Koenig, Nichelle Nichols, David Warner. ◆ L'Enterprise deve recarsi su Nimbus III, il pianeta della Pace Galattica, per salvare un klingoniano e una romulana che sono tenuti in ostaggio da un vulcaniano con manie di grandezza (Warner): questi, che è il fratellastro di Spock, dirotta l'Enterprise verso il centro della galassia, dove crede che Dio lo stia aspettando. L'ammiraglio Kirk esordisce alla regia e fa le cose in grande, impantanandosi in improbabili disquisizioni filosofiche e religiose. Edito, in Italia, solo in videocassetta.

Star Trek VI – Rotta verso l'ignoto *½ (*Star Trek VI – The Undiscovered Country*, Usa 1991, col, 120') Nicholas Meyer. Con William Shatner, Leonard Nimoy, DeForest Kelley, Iman, David Warner, Kim Cattrall, James Doohan, George Takei, Walter Koening, Nichelle Nichols, Majer Barrett. ◆ Dopo una gigantesca Chernobyl galattica, la Star Fleet concorda con Gorkov la pace tra i klingoniani e gli umani: ma a tre mesi dal disarmo, dei terroristi uccidono Gorkov, accusando Kirk (Shatner) e McCoy (Kelley) dell'omicidio. Ultimo sequel della saga iniziata venticinque anni fa, con Spock-Nimoy che collabora alla sceneggiatura e cura anche la produzione esecutiva. Al passo coi tempi gli effetti speciali: il sangue che sgorga galleggiando nel vuoto nella scena dell'attentato o le continue metamorfosi del camaleontide (Iman). Per la prima volta invecchiati, i membri dell'equipaggio hanno rughe e capelli bianchi. Piuttosto risibili comunque, gli agganci all'attualità, e noiosi i dialoghi. Seguìto da *Generazioni* (1994).

Star Trek – L'insurrezione *½ (*Star Trek Insurrection*, Usa 1998, col, 103') Jonathan Frakes. Con Patrick Stewart, Jonathan Frakes, F. Murray Abraham, Brent Spiner, Michael Dorn, Donna Murphy, Anthony Zerbe, Gregg Henry. ◆ La Federazione si è alleata con i malvagi Son'a, e vuole evacuare i pacifici Ba'ku da un pianeta sul quale si trova il segreto dell'eterna giovinezza: ma il capitano Picard (Stewart) e l'Enterprise non ci stanno. Quasi una metafora dei pasticci dell'Onu e un certo revisionismo anticolonialista nella sceneggiatura di Michael Piller: ma niente paura, la confezione è quella di un episodio televisivo gonfiato per il grande schermo, con pessimi effetti speciali e patetici tentativi di ironia.

Star Wars – Episodio I – La minaccia fantasma **½ (*Star Wars – Episode I – The Phantom Menace*, Usa 1999, col, 132') George Lucas. Con Liam Neeson, Ewan McGregor, Natalie Portman, Jake Lloyd, Pernilla August, Ian McDiarmid, Oliver Ford Davies, Hugh Quarshie, Anthony Daniels, Terence Stamp, Samuel L. Jackson, Sofia Coppola, Ray Park, Stephen Speirs. ◆ Quando l'aggressiva Federazione del Commercio invade il pacifico pianeta Naboo, la regina Amidala (Portman) riesce a fuggire aiutata dai cavalieri Jedi Qui-Gon Jinn (Neeson) e Obi-Wan Kenobi (McGregor), che l'hanno raggiunta con la collaborazione più o meno involontaria del gungan Jar Jar Binks. Durante una sosta su Tatooine, Qui-Gon si accorge della straordinaria Forza presente nel piccolo Anakin Skywalker (Lloyd) e lo convince a seguirlo per diventare cavaliere Jedi: sarà proprio il piccolo «Annie» a risultare decisivo nella battaglia finale contro la Federazione per la liberazione di Naboo. Per riprendere la saga spaziale con gli episodi che precedono *Guerre Stellari*, Lucas (autore anche della sceneggiatura), sembra essersi preoccupato più della qualità degli effetti speciali (coordinati da John Knoll, Dennis Muren e Scott Squires) che dello spessore narrativo della storia. I personaggi completamente generati da immagini digitali (oltre a Jar Jar e ai gungan, ricordiamo almeno l'ambiguo commerciante Watto, l'alieno Sebulda che sfida Anakin nella gara delle auto a razzo tra i canyon di Tatooine, e tutti i droidi da combattimento della Federazione) interagiscono perfettamente con gli attori in carne e ossa, eliminando ogni ostacolo alla fantasia creativa di Lucas. Al contrario, la storia procede a sbalzi, con molti momenti solo «didattici» che servono a evidenziare i legami di questo film con la «memoria storica» dei tre precedenti (ma in realtà, cronologicamente successivi). L'apparizione di C3-P8 (non ancora rivestito della sua lamiera dorata), di D3-BO, del saggio Yoda, dell'infido senatore Palpatine (McDiarmid) finiscono per ridurre i momenti di vera avventura a poche scene – il viaggio subacqueo con Jar Jar, la gara delle auto a razzo e la battaglia finale) – limitando la creazione di antagonisti degni di questo nome a uno solo, il malvagio Darth Maul (Park), maestro nell'uso della spada-laser a due lame e nelle arti marziali. L'ispirazione di Lucas prosegue sulla strada del sincretismo culturale, mescolando ricordi cinefili con le suggestioni (oggi tanto di moda) della filosofia orientale. Così la capitale di Naboo ricorda la Babilonia di *Intolerance* (mentre gli interni della reggia di Caserta sostituiscono il palazzo reale), la gara delle auto a razzo (scorrettezze comprese) è uguale alla corsa delle bighe di *Ben-Hur*, la battaglia su Naboo sembra un'eco di quella di Agincourt dell'*Enrico V*, il nome di Qui-Gon riporta alla filosofia cinese del Qigong, i fantasiosi vestiti della regina Amidala sono ispirati alla tradizione tibetana e il personaggio di Darth Maul sembra uscito da un film di Hong Kong. Mentre il sapiente dosaggio di effetti comici e allusioni New Age smaschera un'ispirazione troppo condizionata dalle leggi del marketing e del merchandising. Sofia Coppola è Saché, una delle ancelle di Amidala.

Stasera a casa di Alice * (Italia 1990, col, 123') Carlo Verdone. Con Carlo Verdone, Ornella Muti, Sergio Castellitto, Yvonne Sciò, Cinzia Leone. ◆ Gigliola (Leone) scopre che il marito (Castellitto) ha una tresca con l'affittuaria Alice (Muti), e incarica il cognato Saverio (Verdone) di cacciarla: ma questa seduce anche lui. Verdone cerca di interpretare la piccola voglia di trasgressione del suo pubblico perbene e natalizio con il personaggio di Alice, doppiatrice di porno, che ha lo strip facile ma si concede con parsimonia, e se propone di far l'amore in tre è solo perché sa con chi ha a che fare. Vecchie macchiette da commedia all'italiana e nuova volgarità da anni Novanta: Verdone mette in scena il peggio degli italiani, li assolve con la risata, e poi salva la famiglia e la morale (nessuno, si noti bene, fa l'amore con Alice). Evidente che per spogliarsi la Muti abbia chiesto una controfigura. La musica è di Vasco Rossi.

Stasera alle undici * (Italia 1937, b/n, 67') Oreste Biancoli. Con John Lodge, Francesca Braggiotti, Memo Benassi, Ivana Claar, Enrico Glori, Sergio Tofano, Bianca Bellincioni Stagno, Clara Padoa, Cesare Polacco, Paolo Varna [Ottorino Visconti], Arturo Bragaglia. ◆ Sperando di poter vivere la stessa vita spericolata raccontata nei libri e nei film gialli, lady Helena (Braggiotti) divorzia dal noioso marito ambasciatore (Benassi) e si innamora di Jack Morris (Lodge), un giornalista che crede un gangster e che fa il doppio gioco: sarà anche rapita dalla banda a cui Jack finge di appartenere ma tutto finirà in gloria. Fallimentare tentativo di imitare la commedia americana, nonostante una sceneggiatura di Mario Soldati e Mario Camerini abbastanza brillante nei dialoghi: quel che manca irrimediabilmente è la regia, perché l'esordiente Biancoli non è capace di dare ritmo all'azione. Curiosa, invece, per i tempi la morale per niente benpensante della storia, che «giustifica» il divorzio di lady Helena e la premia con l'amore per un uomo più giovane e più bello. La Braggiotti (già Sofonisba in *Scipione l'Africano*) era davvero moglie dell'avvocato-attore John Lodge e questo è l'unico film in cui recitano insieme.

Stasera ho vinto anch'io ***½ (*The Set-Up*, Usa 1949, b/n, 72') Robert Wise. Con Robert Ryan, Audrey Totter, George Tobias, Alan Baxter, James Edwards, Wallace Ford. ◆ Raggirato dal suo manager che speculava con le scommesse sulle sue sconfitte, un pugile (Ryan) al termine della carriera decide di far di testa sua e vincere il suo ultimo incontro per k.o. Forse il miglior film di Wise, e uno dei più amari ed emozionanti spaccati del mondo della boxe. Girato in tempo reale (il film comincia alle 21 e 05 e finisce alle 22 e 17) con grande senso della suspense e intelligenza drammaturgica. La sceneggiatura è di Art Cohn, la fotografia – da noir – di Milton Krasner. Ryan, nella parte di un perdente individualista, mette la stessa energia che nelle parti, per lui più abituali, di vilain. Tratto, incredibilmente, da un poema di Joseph Moncure March, giornalista newyorchese degli anni Venti.

Stasera mi butto * (Italia 1967, col, 85') Ettore M. Fizzarotti. Con Lola Falana, Giancarlo Giannini, Marisa Sannia, Nino Taranto, Rocky Roberts, Franco Franchi, Ciccio Ingrassia, Caterina Boratto, Enrico Montesano, Enzo Cannavale. ◆ Avventure balneari di giovani e meno giovani fanno da collante a una serie di esibizioni di quelli che, allora, venivano chiamati «urlatori». Franchi e Ingrassia sono due bagnini che affittano i buchi delle cabine: il livello di comicità non va oltre.

Stasera niente di nuovo **½ (Italia 1942, b/n, 90') Mario Mattoli. Con Alida Valli, Carlo Ninchi, Antonio Gandusio, Tina Lattanzi, Giuditta Rissone, Dina Galli, Achille Majeroni, Marisa Merlini. ◆ Il giornalista alcolizzato Cesare Manti (Ninchi) ritrova dopo anni Maria (Valli), una ragazza dal cuore d'oro che lui vorrebbe salvare dal marciapiede e sposare. Non è previsto il lieto fine – per quanto i produttori fossero di diverso avviso. Mattoli prosegue nella politica (e nell'estetica) dei «film che parlano al vostro cuore», concludendo una tetralogia iniziata con *Luce nelle tenebre* e che aveva lanciato Alida Valli: la sceneggiatura del regista (con la collaborazione non accreditata di Aldo De Benedetti e Marcello Marchesi) rispetta gli schemi del melodramma popolare, ma cerca anche di costruire dei personaggi a tutto tondo. Famosa la scena di Gandusio (il dottor Moriesi) col canarino, praticamente improvvisata. La Valli canta *Ma l'amore no* di Giovanni D'Anzi, grande successo dell'epoca. Fu lo stesso regista a girare un remake nel 1955, *L'ultimo amante*.

State buoni se potete * (Italia 1983, col, 115') Luigi Magni. Con Johnny Dorelli, Philippe Leroy, Rodolfo Bigotti, Renzo Montagnani, Mario Adorf, Eurilla Del Bono, Flora Carabella. ◆ Nel XVI secolo Filippo Neri (Dorelli), ex allievo di Savonarola, si prende cura della gioventù abbandonata, ma vede diventare il suo allievo prediletto un brigante che combatte contro le prepotenze della nobiltà nera. Condensato di una serie Tv di tre puntate. Dorelli sembra imitare il Bing Crosby di *La mia via*, il mangiapreti Magni perde anche la sua vena anticlericale celebrando il fondatore dell'oratorio. Musiche di Angelo Branduardi che interpreta anche il ruolo di Spiridione.

State uniti in America *½ (*Some Kind of Hero*, Usa 1982, col, 97') Michael Pressman. Con Richard Pryor, Margot Kidder, Ray Sharkey, Ronny Cox. ◆ Un veterano (Pryor) del Vietnam torna a casa dopo sei anni trascorsi in un campo di prigionia e trova che gli Stati Uniti sono cambiati. Dramma dai risvolti di commedia (o viceversa) diretto in modo fiacco.

Stati di allucinazione ** (*Altered States*, Usa 1980, col, 102') Ken Russell. Con William Hurt, Blair Brown, Bob Balaban, Charles Haid, Drew Barrymore, George Gaynes, Dori Brenner. ◆ Uno scienziato (Hurt, al suo debutto) che cerca di risalire al mondo prenatale e ai misteri dell'Universo finisce per trasformarsi in un antropoide: lo salverà però l'amore. Da un romanzo di Paddy Chayefsky che, non contento della regia di Russell (subentrato ad Arthur Penn), si è firmato Sidney Aaron. Cialtronesco, approssimativo, ma non privo di suggestioni almeno visive: come quando Hurt si trasfòrma in masse di carne urlanti che sembrano uscite da un quadro di Bacon. Da scordare, comunque, le chiacchiere di contorno. Uno dei primi film dell'epoca a puntare in modo massiccio sugli effetti speciali – visuali e di make-up.

Stati di alterazione progressiva **½ (*Trouble in Mind*, Usa 1985, col, 111') Alan Rudolph. Con Kris Kristofferson, Keith Carradine, Lori Singer, Geneviève Bujold, Divine [Harris Glenn Milstead], Joe Morton, John Considine. ◆ Un ex poliziotto (Kristofferson) uscito di galera e una coppia di provinciali (Carradine e Singer) incrociano il loro destino in una metropoli non precisata dove spadroneggia la gang di un eccentrico (Divine, in uno dei suoi rari ruoli non da travestito). Noir semionirico senza buoni e cattivi, girato da Rudolph con grande stile e senso dell'atmosfera, ma un po' episodico e frammentato. Imprevedibile, comunque, e pieno di cambiamenti di ritmo. Canzoni eseguite da Marianne Faithfull e musica di Mark Isham.

Stato d'allarme **½ (*The Bedford Incident*, Usa 1965, b/n, 102') James B. Harris. Con Richard Widmark, Sidney Poitier, James McArthur, Martin Balsam, Donald Sutherland. ◆ Il comandante di un sottomarino americano (Widmark) in missione nelle acque della Groenlandia decide di attaccarne uno sovietico infischiandosene degli ordini del comando e della presenza a bordo di un giornalista (Poitier). Paranoie da guerra fredda sceneggiate da James Poe in un incrocio tra il *Dottor Stranamore* e *L'ammutinamento del Caine*. Qualche luogo comune di troppo, ma una buona tensione.

Stato d'assedio → *L'amerikano*

Stato delle cose, Lo **½ (*Der Stand der Dinge*, Rft/Portogallo 1982, b/n, 120') Wim Wenders. Con Patrick Bauchau, Viva Auder, Isabelle Weingarten, Allen Goorwitz [Garfield], Samuel Fuller, Paul Getty III, Geoffrey Carey, Roger Corman. ◆ In Portogallo una troupe sta girando un film di fantascienza, *The Survivors* (remake di *The Most Dangerous Man Alive* di Dwan): ma pellicola e soldi sono finiti. Il regista (Bauchau) vola a Los Angeles e scopre che il produttore (Goorwitz) è nel mirino della mafia. Alla fine il regista punterà la sua macchina da presa contro i killer: l'occhio umano può chiudersi, quello meccanico no. Atto di fede nel cinema malgrado tutto, sfogo autobiografico, saggio sulla necessità di raccontare storie, raccontato però con qualche autocompiacimento di troppo. Alcune sequenze – come il finale – sono diventate proverbiali e la parte americana è più secca e tagliente di quella portoghese. Wenders lo girò tra la prima e la seconda versione di *Hammett*, utilizzando – per la parte portoghese – la troupe (tra cui il direttore della fotografia Henri Alekan) e gli attori di un horror di Raul Ruiz, *The Territory*, di cui riprende alcune situazioni (la coppia che copula sorpresa dai ragazzini). Film spartiacque nella carriera del regista, che in seguito comincerà a prendersi un po' troppo sul serio. La Auder fu celebre anni prima come superstar di Warhol. Leone d'oro al festival di Venezia.

Stato dell'unione, Lo ** (*State of The Union*, Usa 1948, b/n, 124') Frank Capra. Con Spencer Tracy, Katharine Hepburn, Angela Lansbury, Van Johnson, Adolphe Menjou, Lewis Stone. ◆ Un candidato alla presidenza (Tracy) si accorge di essere stato strumentalizzato da un gruppo di industriali corrotti: si ritirerà denunciandoli alla radio, non prima di aver salvato il proprio matrimonio. Dalla pièce di Howard Lindsay e Russel Crouse, vincitrice del Pulitzer, sceneggiato da Anthony Veiller e Myles Counelly: Capra si incupisce e si fa verboso e predicatorio, ma non perde fiducia nell'uomo. Considerato da molti come il testamento spirituale del regista.

Stato di grazia *½ (*State of Grace*, Usa 1990, col, 134') Phil Joanou. Con Sean Penn, Gary Oldman, Ed Harris, Robin Wright, John Turturro, Burgess Meredith. ◆ Un agente federale (Penn) viene mandato sotto mentite spoglie nel suo quartiere, il newyorchese Hell's Kitchen, dove cerca di infiltrarsi nella gang di cui fanno parte i suoi amici di un tempo. Al posto dei mafiosi italiani ci sono quelli irlandesi, ma le novità finiscono qui. Poesia dei bassifondi e temi classici (l'amicizia, il tradimento) innestati in uno stile arruffato che solo a tratti riesce a convincere. L'enfant prodige Phil Joanou non si vergogna di citare i ralenti di Peckinpah e il montaggio alternato del finale del *Padrino* di Coppola (con una sfilata, anziché un battesimo, che scandisce una strage). Molto fumo e poco arrosto; non mancano, comunque, i sostenitori sfegatati.

Statua, La *½ (*The Statue*, Gb 1971, col, 84') Rod Amateau. Con David Niven, Virna Lisi, Robert Vaughn, Ann Bell. ◆ Un linguista (Niven) scopre che la statua in cui la moglie (Lisi) lo ha ritratto nudo, ha degli attributi che non sono i suoi: indagando per scoprire il modello, arriverà al *David* di Michelangelo. Pochade con poche carte da giocare, a parte un cast sprecato.

Stavisky il grande truffatore **½ (*Stavisky*, Francia 1973, col, 112') Alain Resnais. Con Jean-Paul Belmondo, Annie Duperey, Charles Boyer, Claude Rich, Gigi Ballista, Michel Lonsdale, François Perier, Gérard Depardieu. ◆ Gli ultimi sei mesi di vita di Alexander Stavisky (Belmondo), finanziere ebreo che nella Francia degli anni Trenta costruì un effimero impero fondato sulla frode, mise a soqquadro la vita politica ed economica del paese e morì suicida. La sceneggiatura di Jorge Semprun interpreta Stavisky come una specie di angelo della morte e anarchico malgré lui, che smaschera un mondo fasullo: e cerca faticosi paralleli tra le sue vicende e l'esilio francese di Trockij. La verve furfantesca di Belmondo ha il compito di riportare il film a toni di commedia: ma il sottofondo è nero e melanconico. Troppa carne al fuoco, forse, per un film che non ha mai raggiunto, come nelle aspettative, il grande pubblico. Resnais non rinuncia ai puzzle temporali, ma trovare dell'humour in un suo film è una boccata d'aria.

Staying Alive *½ (*Staying Alive*, Usa 1983, col, 96') Sylvester Stallone. Con John Travolta, Cynthia Rhodes, Finola Hughes, Steve Inwood, Frank Stallone. ◆ Seguito della *Febbre del sabato sera*: Tony Manero (Travolta) cerca il successo come ballerino a Broadway, e si divide tra due ragazze. «Vado a farmi il mondo», dirà dopo lo scontato trionfo. Visto che Stallone (il quale compare nei panni di un buzzurro che si scontra con Travolta) è anche coautore della sceneggiatura, è comprensibile come la storia non sia che un ricalco di *Rocky* in chiave musical. Kitsch a volontà e musiche del fratello di Sylvester, Frank.

Stazione, La ** (Italia 1990, col, 92') Sergio Rubini. Con Sergio Rubini, Margherita Buy, Ennio Fantastichini. ◆ Piove, è notte: e in una stazione della provincia pugliese, una ragazza (Buy) in fuga da un fidanzato troppo attaccato ai soldi (Fantastichini) piomba nell'ufficio del capostazione (Rubini). Ma il primo treno è alle 6.12 del mattino. Inizia come *Lo scambista*, e rischia di diventare la brutta copia di *Distretto 13 – Le brigate della morte*. Acclamato esordio di Rubini, più bravo a tratteggiare i personaggi che a sciogliere i nodi drammatici dell'intreccio. Dalla commedia di Umberto Marino, adattata dall'autore con Rubini e Filippo Ascione.

Stazione di servizio → *Car Wash – Stazione di servizio*

Stazione luna * (*Way... Way Out*, Usa 1966, col, 106') Gordon Douglas. Con Jerry Lewis, Connie Stevens, Robert Morley, Brian Keith, Anita Ekberg, James Brolin. ◆ Per battere l'Urss, il governo americano deve procurarsi una coppia spaziale, e fa frettolosamente sposare due astronauti (Lewis e Stevens). Uno dei più fiacchi film di Lewis: la sua parte era stata scritta per Jack Lemmon, e si vede.

Stazione Termini ** (Italia/Usa 1953, b/n, 93') Vittorio De Sica. Con Jennifer Jones, Montgomery Clift, Gino Cervi, Dick Beymer, Paolo Stoppa, Memmo Carotenuto, Maria Pia Casilio, Clelia Matania, Mariolina Bovo. ◆ A Roma in vacanza, un'americana sposata (Jones) diventa l'amante di un professore (Clift), ma la paura dello scandalo la fa tornare a casa. Dopo l'insuccesso di *Umberto D.* De Sica accettò di dirigere due divi americani coi soldi di David Selznick (il titolo americano fu *Indiscretion of an American Wife*), e tutti gridarono al tradimento del neorealismo. Variazione su *Breve incontro* di Lean, il film non è poi quel bidone che si disse, anche se le macchiette di contorno, che vorrebbero fare colore, sono importune, e la storia è assai convenzionale. Sceneggiatura di Cesare Zavattini, Luigi Chiarini e Giorgio Prosperi, e dialoghi inglesi di Truman Capote. 343 milioni di incasso contro i 106 di *Umberto D.*

Steaming - Al bagno turco ** (*Steaming*, Gb 1985, col, 95') Joseph Losey. Con Vanessa Redgrave, Sarah Miles, Diana Dors, Patti Love, Brenda Bruce, Felicity Dean. ◆ Giovani e meno giovani, un gruppo di donne borghesi e proletarie si ritrova e sfoga i propri patemi in un bagno pubblico londinese: alla minaccia di sfratto, si mobiliteranno con successo. Alla sua ultima regia, tratta dalla commedia di Nell Dunn sceneggiata dalla moglie Patricia Losey, il regista non si preoccupa di evitare le angustie del teatro filmato. Neanche un uomo nel cast, ma una retorica al femminile spesso di maniera. La messinscena è molto elegante, tra vapori e corpi seminudi, ma non basta.

Stefano Quantestorie ** (Italia 1993, col, 91') Maurizio Nichetti. Con Maurizio Nichetti, Amanda Sandrelli, Milena Vukotic, Renato Scarpa, Elena Sofia Ricci, Caterina Sylos Labini, James Spencer Thiérrée. ◆ Il carabiniere Stefano (Nichetti) è talmente imbranato da non accorgersi che la pericolosa rapinatrice che tutti cercano è la venditrice di giocattoli (Sandrelli) di cui si è innamorato. Forse avrebbe fatto meglio a seguire i consigli dei genitori apprensivi (Vukotic e Scarpa) e inseguire i molti «se» che nascono dai rimorsi, dai sogni, dalle speranze: se fosse andato in America... se avesse studiato musica... se avesse fatto il professore... Con la cosceneggiatrice Laura Fischetto, Nichetti costruisce un gioco di scatole cinesi, trasformando la vita di un carabiniere in altri sei destini diversi che si incrociano in una agitata notte di carnevale. Ma questo meccanismo narrativo, pur ben oliato, finisce per stancare e ripetersi uguale a se stesso, troppo meccanico per appassionare davvero. James Spencer Thiérrée, che interpreta Stefano ragazzo, è il figlio di Victoria Chaplin e Jean-Baptiste Thiérrée. Gli autori delle musiche, Rocco Tanica [Sergio Conforti] e Fejez [Paolo Panigada], sono membri del gruppo Elio e le Storie Tese.

Stella *½ (*Stella*, Usa 1990, col, 106') John Erman. Con Bette Midler, John Goodman, Trini Alvarado, Stephen Collins, Marsha Mason, Eileen Brennan, Linda Hart. ◆ Una cameriera proletaria (Midler) si infiamma d'amore per un medico (Collins), ma la carriera di lui – e la divisione di classe – li separa: nasce Stella che, diventata adulta (Alvarado), non saprà riconoscere i sacrifici della madre e preferirà la ricchezza della famiglia paterna. Zuccheroso aggiornamento di *Amore sublime* di King Vidor: la regia è scialba, la Midler è meglio in versione cattiva. Si salva solo John Goodman nella parte dell'amico volgare e invadente della Midler.

Stella del Sud, La *½ (*Southern Star*, Gb/Francia 1968, col, 196') Sidney Hayers. Con George Segal, Ursula Andress, Orson Welles, Ian Hendry, Harry Andrews, Michel Constantin. ◆ La figlia (Andress) del proprietario di una miniera di diamanti, il suo fidanzato (Segal) e un ufficiale di polizia disonesto partono alla caccia di un nero accusato ingiustamente di aver sottratto un diamante gigantesco. Dal romanzo di Jules Verne, un film d'avventura ingenuo e movimentato. Belle location e basta.

Stella di Calcutta, La → *Queenie, la stella di Calcutta*

Stella di fuoco ** (*Flaming Star*, Usa 1960, col, 101') Don Siegel. Con Elvis Presley, Barbara Eden, Steve Forrest, Dolores Del Rio, John McIntire, L.Q. Jones. ◆ Un bianco (McIntire) sposa in seconde nozze un'indiana (Del Rio) e cerca inutilmente di farsi mediatore di pace. Il loro figlio Pacer (Presley) si sacrificherà per salvare il fratellastro (Forrest). Siegel affronta il tema del razzismo con piglio, per i tempi, liberal, proibendosi ogni facile ottimismo: ma il film non è dei suoi migliori. Presley, che canta poco, deluse i suoi fans.

Stella di latta, La *½ (*Cahill – U.S. Marshall*, Usa 1973, col, 103') Andrew V. McLaglen. Con John Wayne, George Kennedy, Gary Grimes, Neville Brand, Marie Windsor, Harry Carey jr. ◆ Trascurati dal padre, i due figli dello sceriffo Marshall (Wayne) si fanno coinvolgere in una rapina dal peggior nemico (Kennedy) del padre. Western artritico e moraleggiante, non certo tra i migliori dell'ultimo Wayne. Gli sceneggiatori Harry Julian Fink e Rita Fink sono i creatori dell'ispettore Callaghan.

Stella in cielo, Una *½ (*Syncopation*, Usa 1942, b/n, 88') William Dieterle. Con Jackie Cooper, Bonita Granville, Adolphe Menjou, Todd Duncan, George Bancroft, Ted Norta. ◆ Anni Dieci: il cornettista bianco di Chicago Johnnie Schumacher (Cooper, doppiato alla tromba da Bunny Berrigan) impara il jazz dai neri di New Orleans e ottiene il successo. Le buone intenzioni iniziali (difesa della cultura del Sud, neri simpatici) e la cura formale di Dieterle scolorano in un film che vuole legittimare il jazz come musica per le classi agiate bianche. Alla fine, come *bonus track*, appaiono Benny Goodman, Harry James, Joe Venuti e Gene Krupa: tutti bianchi.

Stella solitaria ** (*Lone Star*, Usa 1954, b/n, 94') Vincent Sherman. Con Clark Gable, Ava Gardner, Lionel Barrymore, Beulah Bondi, Broderick Crawford, Ed Begley. ◆ Nel 1845, il Texas combatte per l'indipendenza e un avventuriero (Gable) ha l'incarico di favorirne l'annessione agli Usa: ottiene l'appoggio del generale Huston e ha partita vinta. Film storico di media qualità e di non semplice comprensione per i non-americani. Personaggi convenzionali, ma un cast interessante. Anche in versione colorizzata.

Stella solitaria (di John Sayles) → *Lone Star – Stella solitaria*

Stelle hanno paura, Le ** (*Lady of Burlesque*, Usa 1943, b/n, 91') William A. Wellman. Con Barbara Stanwyck, Michael O'Shea, J. Edward Bromberg, Iris Adrian, Frank Conroy. ◆ Un assassino misterioso fa strage tra le ballerine di una compagnia di varietà. Dixie Daisy (Stanwyck), esponendosi di persona, smascherera un nipotino del Fantasma dell'Opera. Curioso thriller con canzoni (di Sammy Cahn e Harry Akst), interessato più che altro a vagare con la macchina da presa dietro le quinte e mostrare la vita quotidiana degli attori. Poco peccaminosi, per i parametri attuali, i numeri di danza che fanno ululare il pubblico. Tratto da *G-String Murders* di Gypsy Rose Lee, adattato da James Gunn.

St. Elmo's Fire **½ (*St. Elmo's Fire*, Usa 1985, col, 108') Joel Schumacher. Con Rob Lowe, Demi Moore, Emilio Estevez, Judd Nelson, Ally Sheedy, Andrew McCarthy, Mare Winningham, Joyce Van Patten, Martin Balsam, Andie MacDowell. ◆ Il destino postlaurea di sette giovani: il pragmatico che si butta nella politica (Nelson); la donna in carriera (Sheedy); il giornalista timido e forse gay (McCarthy); il musicista spinellomane (Lowe); l'assistente sociale (Winningham) innamorata di quest'ultimo; la disinibita arrampicatrice sociale (Moore); l'aspirante avvocato che si arrangia come cameriere (Estevez). Quadro di una generazione incerta tra edonismo reaganiano e strascichi ribellistici sceneggiato dal regista e Carl Kurlander: brioso ma anche ricco di banalità. Ha portato fortuna alla maggioranza dei suoi interpreti, ma ha avuto un successo eclatante solo in patria.

Stepfather, The – Il patrigno **½ (*The Stepfather*, Usa 1987, col, 98') Joseph Ruben. Con Terry O'Quinn, Jill Schoelen, Shelley Hack, Charles Lanyer. ◆ Jerry Blake (O'Quinn), un maniaco con la psicosi della famiglia ideale, massacra ogni volta mogli e figli, cambiando aspetto e generalità e spostandosi da una parte all'altra dell'America. Questa volta tocca a una vedova del Maine: ma la figlia ha dei sospetti. Non che la banale suspense del finale, con docce e coltellacci, sia all'altezza della prima parte, inquietante e sottotono: ma il film di Ruben (sceneggiato dal grande giallista Donald E. Westlake) ha segnato una tappa importante nel genere degli orrori domestici. Straordinario il protagonista. Un sequel nel 1989.

Stepfather 2, The ** (*Stepfather II*, Usa 1989, col, 86') Jeff Burr. Con Terry O'Quinn, Meg Foster, Caroline Williams, Jonathan Brandis, Mitchell Laurence. ◆ Il maniaco pluriomicida Jerry Blake (Quinn) non è morto, ma è stato internato in un manicomio criminale, da cui evade e si spaccia per terapeuta: conosce Carol (Foster), abbandonata dal marito, e vorrebbe accasarsi, ma sarà smascherato il giorno delle nozze. Ben interpretato ma con poco da aggiungere rispetto al prototipo.

Stéphane, una moglie infedele *** (*La Femme infidèle*, Francia/Italia 1968, col, 98') Claude Chabrol. Con Michel Bouquet, Stéphane Audran, Maurice Ronet, Michel Duchaussoy, Guy Marly, Dominique Zardi. ◆ L'assicuratore Charles (Bouquet) trasecola quando scopre che la moglie (Audran) ha un amante (Ronet): lo affronta, perde le staffe e lo uccide. Dal quel momento inizia una doppia partita: con la polizia, e con la moglie, cui si è guardato bene dal dire nulla. Il gioco di allusioni e reticenze dovrebbe diventare una più generale metafora del vivere borghese: ma importa soprattutto la compattezza della messinscena e l'acutezza nella descrizione dei tre personaggi. Bellissimo il finale. Decisamente uno dei migliori Chabrol del periodo (anche autore della sceneggiatura), nel filone che comprende anche *L'amico di famiglia* e *Gli innocenti dalle mani sporche*.

Steppa, La ** (Italia/Francia 1962, col, 110') Alberto Lattuada. Con Marina Vlady, Charles Vanel, Danielle Spallone, Cristina Gajoni, Paolo Stoppa. ◆ Jeguruska (Spallone) intraprende con lo zio (Vanel) un lungo viaggio attraverso la steppa per andare a studiare in città: conosce un mondo nuovo, ed esce dal bozzolo dell'infanzia. Il racconto di Anton Čechov (adattato da Lattuada con Tullio Pinelli), così povero di eventi, male si prestava a essere tradotto in immagini: gli intenti sono nobili, ma il bozzettismo e il folclorismo spesso sono una scappatoia facile.

Steppa, La *½ (*Step'*, Urss 1977, col, 132') Sergej Bondarčuk. Con Oleg Kutsnetzov, Nikola Trofimov, Vladimir Sedov. ◆ Un ragazzino intraprende un lungo viaggio in compagnia dello zio per andare a studiare in città: imparerà a conoscere la vita. Diligente illustrazione del racconto di Čechov, girata con lo stile oleografico e senza sfumature tipico del regista.

Stepping Out * (*Stepping Out*, Usa 1991, col, 110') Lewis Gilbert. Con Liza Minnelli, Shelley Winters, Robyn Stevan, Jane Krakowski, Julie Walters. ◆ Un'ex ballerina di fila (Minnelli), oppressa da un fidanzato che non vuole figli, si fa una ragione di vita nel preparare un gruppo di dilettanti a uno spettacolo di beneficenza a base di tap dance. Il solito campionario sociale, dove l'intreccio di piccoli e grandi drammi si scioglie nel trionfo finale, tanto scontato quanto effimero. Da un musical di successo di Richard Harris, un film che tenta invano di rinverdire i fasti di un genere perduto, ma che al massimo sembra un'imitazione di *Saranno famosi*.

Sterminate «Gruppo Zero» * (*Nada*, Francia 1973, col, 130') Claude Chabrol. Con Fabio Testi, Maurice Garrel, Michel Duchaussoy, Mariangela Melato, Lou Castel. ◆ Un rivoluzionario spagnolo (Testi) rapisce un ambasciatore americano (Garrel) per ricavarne un riscatto, ma alcune telecamere nascoste e un taccuino permettono di identificare il commando: muoiono tutti. Ideologicamente ambiguo, improbabile nella descrizione romantica dei terroristi, scontato nella denuncia degli apparati repressivi. Uno dei peggiori Chabrol di sempre.

Stesso giorno, il prossimo anno, Lo ** (*Same Time, Next Year*, Usa 1978, col, 117') Robert Mulligan. Con Ellen Burstyn, Alan Alda, Ivan Bonar, Bernie Kuby, Cosmo Sardo, David Northcutt. ◆ Due amanti si rivedono lo stesso giorno di ogni anno per ventisei anni: lui (Alda) resta vedovo ma lei (Burstyn) non lo sposa perché è ancora innamorata del marito. Dall'omonima commedia di Bernard Slade che ha tenuto cartellone per tre anni e mezzo a Broadway: ben confezionato e attento a cogliere i mutamenti di costume, ma inevitabilmente semplicistico, e già datato quando è stato portato sullo schermo.

Stesso sangue *½ (Italia 1988, col, 100') Egidio Eronico, Sandro Cecca. Con Daniele Nuccetelli, Alessandra Monti, Rick Hutton, Enrico Salvatore, Maria Fiore. ◆ Rimasti orfani, i fratelli Bruno e Irene (Nuccetelli e Monti) si associano a un inglese, trasformandosi in una gang votata al fallimento. Road-movie nei paesaggi del Molise, girato con un occhio metà documentaristico, metà debitore del cinema americano. Acclamato da alcuni e affossato da altri, rimane nel limbo delle buone intenzioni. Opera seconda del duo di registi. Eronico è un motociclista.

Still Crazy ** (*Still Crazy*, Gb 1998, col, 95') Brian Gibson. Con Stephen Rea, Billy Connolly, Jimmy Nail, Juliet Aubrey, Timothy Spall, Bill Nighy, Hans Matheson, Bruce Robinson, Phil Daniels, Helena Bergstrom. ◆ Ex tastierista degli Strange Fruit, Tony Costello (Rea) convince l'amica Karen (Aubrey) a riunire la band scioltasi nel '77 per partecipare al rinato festival di Wisbech. Tra rancori e paranoie, comincia così la ricerca dei vecchi compagni: il batterista Beano (Spall), il cantante Ray (Nighy), il bassista Les (Nail), il manager Hughie Connolly), mentre il chitarrista Brian (Robinson), morto di overdose, viene sostituito dal giovane Luke (Matheson); le sorprese non mancheranno. Sull'onda del revival degli anni Settanta, una piccola commedia d'attori senza pretese e senza mitizzazioni, dotata di una buona dose di (auto)ironia e più simpatica di altri falsi tentativi di resuscitare il periodo delle chitarre elettriche e della «controcultura». Sceneggiatura di Dick Clement e Ian Le Frenais.

Stirpe dannata **½ (*Blanche Fury*, Gb 1948, col, 95') Marc Allégret. Con Stewart Granger, Valerie Hobson, Walter Fitzgerald, Maurice Denham, Michael Gough. ◆ Diventata moglie di Lawrence Fury in seconde nozze, Blanche (Hobson) ama lo stalliere Philip (Granger), figlio illegittimo della casata. La passione fa accettare a Blanche la sete di vendetta di Philip: ma dopo l'uccisione del marito e del suocero, si oppone alla morte della figlioccia. Melodramma fiammeggiante e passionale, chiaramente influenzato dalle produzioni coeve della Gainsborough, nelle quali il fascino del peccato si lega a esplicite tematiche sessuali, incarnate dal personaggio dell'eroina, indipendente e volitiva fino al sacrificio (qui denuncia l'uomo che ama e ammette pubblicamente il proprio amore adulterino).

Stirpe dei dannati, La **½ (*Children of the Damned*, Gb 1963, b/n, 90') Anton Leader. Con Ian Hendry, Alan Badel, Barbara Ferris, Patrick White, Bessie Love, Alfred Burke, Sheila Allen, Ralph Michael, Martin Miller. ◆ In diverse parti del mondo si scopre l'esistenza di sei «super-bambini» dotati di capacità intellettuali straordinarie. Grazie alla possibilità di leggere nel pensiero anticipano tutte le mosse dei due inseguitori (Badel e Hendry) che l'Unesco ha messo sulle loro tracce: per questo l'unica possibilità di eliminarli sarà bombardare la chiesa in cui si sono riuniti. Lo sceneggiatore John Briley recupera il tema centrale del romanzo di John Wyndham all'origine del *Villaggio dei dannati* e costruisce un fantathriller teso ed efficace, dove la paura inconscia per la malvagità dei bambini trova qualche bella conferma.

Stirpe dei vampiri, La *** (*El Vampiro*, Messico 1957 , b/n, 96') Fernando Méndez. Con Abel Salazar, Ariadna Welter, Carmen Montejo, José Luis Jiménez, Germán Robles, Mercedes Soler. ◆ Il conte ungherese Karol (Robles) acquista una proprietà nella Sierra Negra messicana e terrorizza gli abitanti del luogo. Per combattere la sua potenza diabolica, una giovane donna (Welter) ricorre a uno scienziato (Salazar) che in effetti riesce a incastrare il vampiro. Almeno per un po'. Il più classico tra i numerosi film messicani dedicati ai vampiri. Più che a Bram Stoker si rifà a Browning e Murnau, e risente – nella messinscena – dell'influenza dei film prodotti in quegli anni dall'inglese Hammer (in particolare per un certo lirismo funereo). Budget bassissimo, ma non si nota grazie alla regia coreografica di Méndez. Tra le scene più spettacolari c'è la trasformazione di due vampiri in pipistrelli, mentre continuano a chiacchierare come se nulla stesse succedendo. Robles fu indicato come un potenziale rivale di Christopher Lee. Salazar, lo scienziato, è anche produttore. Nella versione americana, editata nel 1968 a cura di Paul Nagle, mancano 209 dell'originale e ci sono 99 minuti spuri (Edward Tucker è lo pseudonimo statunitense di Robles). Con un seguito immediato, poco significativo: *La bara del vampiro*.

Stirpe del drago, La *½ (*Dragon Seed*, Usa 1944, b/n, 145') Jack Conway, Harold S. Bucquet. Con Katharine Hepburn, Walter Huston, Aline MacMahon, Hurd Hatfield, Agnes Moorehead, Frances Rafferty, Akim Tamiroff. ◆ In seguito all'invasione nipponica, la vita di una famiglia cinese viene sconvolta: i genitori sono costretti a lavorare per il nemico, i figli prima fuggono sui monti, poi tornano e organizzano con la nuora (Hepburn) un centro di resistenza. Dal romanzo di Pearl S. Buck. La Hepburn con gli occhi a mandorla non riesce a rendere credibile questa saga strappalacrime.

Stirpe del sangue, La *½ (*Of Pure Blood*, Usa 1985, col, 100') Joseph Sargent. Con Lee Remick, Patrick McGoohan, Gottfried John, Edith Schneider. ◆ Figlia di un ebreo e di una tedesca, una donna (Remick) va in Germania per indagare sulla morte del figlio: scoprirà di essere il risultato di un programma genetico nazista. Contorto ed enfatico. Girato per la televisione.

Stirpe del vento, La → *Ho incontrato anche zingari felici*

Stirpe maledetta **½ (*The Restless Breed*, Usa 1957, col, 81') Allan Dwan. Con Scott Brady, Anne Bancroft, Jim Davis, Jay C. Flippen, Scott Marlowe, Evelyn Rudie. ◆ 1865: l'avvocato Mitch Baker (Brady) scopre che il padre è stato assassinato dal capo (Davis) di una banda di trafficanti d'armi su cui stava indagando nel Texas. Arrivato sul posto per vendicarsi, assiste all'omicidio del terzo sceriffo in due mesi. Il quarto (Flippen), amico del padre, cerca di distoglierlo dai suoi propositi, ma poco prima di morire lo nomina suo aiutante: Mitch può così vendicarsi e liberare il paese dai fuorilegge. Un western a bassissimo costo che però rivela il talento di Dwan: il villaggio, popolato di archetipi della Frontiera (l'Assassino, lo Sceriffo, il Vendicatore), diventa il luogo in cui si distilla l'essenza del genere (compresa la questione paterna), e il protagonista – vestito di bianco come un angelo, ma incline alla violenza come i suoi nemici – è allo stesso tempo una presenza mistica, un irregolare rispetto all'ordine costituito e l'effettivo liberatore. Una variazione metafisica sul solito canovaccio del genere, con il consueto corredo di splendide immagini.

Stoffa da campioni * (*The Mighty Ducks*, Usa 1992, col, 103') Stephen Herek. Con Emilio Estevez, Joss Ackland, Lane Smith, Heidi Kling, Josef Sommer. ◆ Un avvocato rampante (Estevez) viene condannato a una pena sui generis: allenare per sei mesi i mocciosi di una squadra di hockey su ghiaccio. Lui si umanizza, loro diventano quasi dei campioni. Produce la Disney, con buona pace dell'originalità. La storia continua in *Piccoli grandi eroi* e *Una squadra a tutto ghiaccio*.

Stonewall ** (*Stonewall*, Gb 1995, col, 99') Nigel Finch. Con Guillermo Diaz, Fred Weller, Duane Boutté, Brendan Corbalis, Bruce MacVittie, Luis Guzman, Aida Turturro, Peter Ratray, Dwight Ewell, Matthew Faber. ◆ Nel 1969 Matty Dean (Weller) approda a New York dalla provincia e comincia a frequentare lo Stonewall, un locale del Greenwich Village per omosessuali. Farà amicizia con LaMiranda (Diaz), s'innamorerà di Ethan (Corbalis), combatterà contro le intolleranze sessuofobe. Insomma: si emanciperà. Da un libro di Martin Duberman sceneggiato da Rikki Beadle Blair, Nigel Finch gira il suo testamento: malato di Aids, morirà infatti nel febbraio del '95, quando il film non era ancora montato. Niente a che vedere con i furori di Cyril Collard, né col minimalismo di Bena, piuttosto lo sforzo di far capire al pubblico cos'è la sensibilità omosessuale utilizzando anche improvvisi e gustosi brani musicali cantati e danzati ironicamente da irreverenti *drag-queen*. Il film si conclude con la ricostruzione della rivolta del 28 giugno 1969 (da allora, «giorno dell'orgoglio gay»), data in cui seppellirono Judy Garland, una delle dive più amate dalla mitologia gay, e gli omosessuali trovarono la forza per la prima volta di reagire alle aggressioni e alle provocazioni della polizia.

Stop a Greenwich Village **½ (*Next Stop: Greenwich Village*, Usa 1976, col, 109') Paul Mazursky. Con Lenny Baker, Shelley Winters, Ellen Greene, Christopher Walken, Lois Smith, Antonio Fargas, Lou Jacobi, Jeff Goldblum. ◆ Nel 1953, un ragazzo di Brooklyn (Baker) che aspira a diventare attore si trasferisce al Greenwich Village: trova un lavoro, si lega a una ragazza (Greene) che resterà incinta e dovrà abortire, e forse raggiungerà il successo. In parte autobiografico, tutto sommato uno dei film di Mazursky (autore anche della sceneggiatura) più riusciti: felice la ricostruzione dell'atmosfera bohèmienne dell'epoca, spassose alcune caratterizzazioni (la Winters come madre dominatrice).

Stop Making Sense *** (*Stop Making Sense*, Usa 1984, col, 99') Jonathan Demme. Film concerto dei Talking Heads del periodo funky (David Byrne, Tina Weimouth, Jerry Harrison e Chris Frantz più i neri Alex Weir, Bernie Worrell, Steve Scales, Lynn Mabry, Edna Holt). ◆ Pochissimi artifici (una giacca gigante, pannelli con scritte) e una messinscena essenziale senza essere poveristica: Demme racconta un concerto come se fosse una storia, non tratta i musicisti da divi ma si diverte con loro. Uno dei più intelligenti film rock mai realizzati, antidoto al Kitsch e all'estetica del rincretinimento.

Storia a Los Angeles, Una ** (*Heartbreakers*, Usa 1984, col, 98') Bobby Roth. Con Peter Coyote, Nick Mancuso, Carole Laure, Max Gail, James Laurenson, Carol Wayne. ◆ Il pittore Arthur Blue (Coyote), abbandonato dalla moglie Cyd, viene sedotto da Liliane (Laure), la donna del suo amico Eli Kahn (Mancuso): troverà il successo, ma resterà solo. Elegante e smaliziata soapopera ambientata in una Los Angeles glamour, che cerca di fare il verso al cinema di Mazursky e di Rudolph. Poca sostanza, comunque. Musiche dei Tangerine Dream.

Storia ambigua, Una * (Italia 1986, col, 85') Mario Bianchi. Con Minnie Minoprio, Beba Balteano, Gabriele Gori, Pietro Gerlini, Manola D'Amato, Marco Manni, Paolo Merosi, Serena Bisio. ◆ Invitato dai parenti romani, il giovane Stefano (Gori) deve subire le avances della zia Anna (Minoprio), moglie insoddisfatta di un gerarca fascista (Gerlini): ma quando finalmente la appaga ne viene respinto con tanta protervia da rifiutare l'interessamento, più sincero, della cugina Marisa (Balteano). Trama ai limiti dell'inesistente (con il solito ritratto del gerarca, maschio a parole e non nei fatti) per giustificare una serie di scene di sesso. La Minoprio e la Balteano si spogliano con più convinzione di quanto non recitino.

Storia americana, Una ** (*Made in Usa*, Francia 1966, col, 90') Jean-Luc Godard. Con Anna Karina, Laszlo Szabo, Jean-Pierre Léaud, Marianne Faithfull, Yves Alfonso, Philippe Labro. ◆ Una giornalista francese (Karina) è in Usa per indagare sulla morte di un suo amico comunista. Film di proposito non raccontabile, dove Godard usa l'universo del noir americano (i personaggi si chiamano David Goodis, Richard Widmark, Donald Siegel) per svolgere un discorso politico sul neocolonialismo culturale americano e sulla crisi della sinistra («La destra e la sinistra non cambieranno mai, hanno gli stessi vizi; la destra perché è stupida, la sinistra perché è sentimentale»). Dialoghi nonsense, barzellette, proclami politici interminabili, sangue finto, scenografie pop alla Tim Wesselmann, Marianne Faithfull che canticchia in un bar: non è invecchiato molto bene, ma lo spirito di quei tempi c'è tutto.

Storia d'amore, Una ** (Italia 1942, b/n, 94') Mario Camerini. Con Assia Noris, Piero Lulli, Carlo Campanini, Guido Notari, Emma Baron, Dhia Cristiani, Emilio Cigoli, Giuditta Rissone. ◆ Un mascalzone (Lulli) ricatta una ragazza (Noris) dal passato burrascoso ma che ha rimesso la testa a posto: lei lo uccide e va in carcere, ma è incinta e muore di parto. Storia fumettistica ambientata nell'universo piccoloborghese caro al regista, raccontata senza grandi spostamenti di macchina e sceneggiata dal regista con Gaspare Cataldo, Giulio Morelli, Mario Pannunzio e Gino Visentini. Il melodramma fa posto all'intimismo, e Camerini cerca di dare spessore al personaggio interpretato dalla sua attrice preferita – che dal 1940 era diventata sua moglie.

Storia d'amore ** (Italia 1986, col, 107') Francesco Maselli. Con Valeria Golino, Blas Roca-Rey, Livio Panieri, Luigi Diberti. ◆ Bruna (Golino), una ragazza di borgata, va a letto alle 8 di sera per alzarsi alle 3 e presentarsi al lavoro alle 6: ha due amanti, un facchino e un cameriere. Lo schema di *Jules e Jim* calato nel sottoproletariato romano, con scrupoli di esattezza sociologica, astrazioni alla Antonioni e tentazioni poeticistiche (vedi l'obbligatorio finale tragico). Prendere o lasciare: Maselli cerca uno stile, ma rischia spesso di indisporre. La Golino si mette le mani nei capelli, farfuglia, si spoglia e viene premiata come migliore attrice al festival di Venezia; il film si guadagna invece il premio speciale della giuria.

Storia d'amore, Una → *Another Time, Another Place*

Storia d'amore e di coltello → *Er più – Storia d'amore e di coltello*

Storia del dottor Wassell, La *½ (*The Story of Dr. Wassell*, Usa 1944, col, 140') Cecil B. DeMille. Con Gary Cooper, Laraine Day, Signe Hasso, Dennis O'-Keefe, Paul Kelly. ◆ Un medico di marina (Cooper) si prodiga a salvare civili di Giava dai feroci giapponesi, trovando anche il tempo di innamorarsi di una crocerossina. Rozza propaganda bellica, tratta dalla vera storia di Wassel – che pare fosse imbarazzato da un simile trattamento agiografico.

Storia del generale Custer, La *** (*They Died with Their Boots On*, Usa 1942, b/n, 138') Raoul Walsh. Con Errol Flynn, Olivia de Havilland, Arthur Kennedy, Charley Grapewin, Gene Lockhart, Anthony Quinn, Stanley Ridges, Sydney Greenstreet, Hattie McDaniel, Francis Ford. ◆ Custer (Flynn), è il più giovane e indisciplinato degli allievi dell'Accademia a West Point. Durante la guerra di Secessione è promosso generale per un errore burocratico. Mandato a combattere gli indiani a capo del 7° cavalleggeri, cerca di difenderli dagli affaristi, ma non riesce a evitare lo scontro, e muore da eroe a Little Big Horn. Eroe e incosciente, vanitoso e scanzonato, il Custer di Walsh non è quello della storia, ma assomiglia molto al suo interprete Errol Flynn. Western militaresco e di grande respiro epico, tra i migliori del regista, più ambiguo e sfaccettato di quanto sembra, sceneggiato da Wally Kline e Aeneas Mackenzie. Grande partitura di Max Steiner, che fa quasi da voce narrante. Walsh rimpiazzò Michael Curtiz e iniziò la sua lunga collaborazione con Flynn. Ne esiste anche una versione colorizzata.

Storia di Asja Kljačina che amò senza sposarsi *** (*Asino včast'e – Istorjia Asi Kliadčinoj*, Urss 1967, b/n, 92') Andrej [Michalkov] Končalovskij. Con Ija Savvina, Aleksander Surin, Ljubov Sokolova, Geniadij Egorytcev, Ivan Petrov. ◆ In un kolchoz, la contadina Asja (Savvina), zoppa e non bellissima, è corteggiata da un trattorista, ma resta incinta di Stepan (Surin), un fannullone che non vuole sposarla: nato il bambino, Stepan cambia opinione, ma a questo punto è Asja a non volerlo più. Bloccato per vent'anni dalla censura sovietica, uno dei migliori film del regista, che riesce a mescolare storia individuale e storia collettiva con un senso asciutto di pathos e un amore per la terra che ricorda, oltre i classici del cinema russo, anche John Ford. A parte i protagonisti, Končalovskij si è servito di attori non professionisti. Distribuito in versione originale con sottotitoli italiani. I personaggi ritornano in *Asja e la gallina dalle uova d'oro* (1994).

Storia di Babbo Natale, La * (*Santa Claus*, Usa 1985, col, 112') Jeannot Szwarc. Con John Lithgow, David Huddleston, Dudley Moore, Burgess Meredith, Judy Cornwell. ◆ Un abile artigiano del legno deve fare i conti con un torvo industriale (Lithgow) dei giocattoli: Babbo Natale farà giustizia. Costoso e zuccheroso kolossal natalizio che non è piaciuto né a grandi né a piccini. Moore nella parte dello gnomo è tutt'altro che irresistibile.

Storia di donne *½ (*Les Ailes de la colombe*, Italia/ Francia 1981, col, 95') Benoît Jacquot. Con Isabelle Huppert, Dominique Sanda, Michele Placido, Jean Sorel, Françoise Christophe, Odile Michel. ◆ A Venezia, Catherine (Huppert), prostituta di lusso, convince il musicista Sandro (Placido) a sposare Maria (Sanda), una ricca ereditiera molto malata: scoperto il raggiro, Maria si lascia morire e Sandro si pente. Ci sarebbe voluta altra tempra di regista per tradurre in immagini *Le ali della colomba* di Henry James. Narrazione poco chiara, scarsa analisi dei personaggi, dialoghi letterari e, tanto per gradire, Venezia in tutte le salse.

Storia di Esther Costello, La *½ (*The Story of Esther Costello*, Gb 1957, b/n, 103') David Miller. Con Joan Crawford, Rossano Brazzi, Heather Sears, Lee Patterson, Fay Compton. ◆ Esther (Sears), cieca, sorda e muta per un trauma psicologico, è affidata alle amorevoli cure della matrigna (Crawford): ma quando questa muore in un incidente, il patrigno (Brazzi) approfitta della situazione e cerca anche di sedurre la ragazza. Lo shock è per lei tale che guarisce completamente. Melodramma iperbolico che se ne infischia del ridicolo involontario.

Storia di fantasmi cinesi *** (*Qian nu yohoun*, Hong Kong 1987, col, 101') Ching Siu-tung. Con Leslie Cheung, Wong Tsu-hsien [Joey Wong], Lau Shi Ming, Wu Ma. ◆ Il giovane esattore Ning (Cheung) passa la notte in un tempio dove si innamora di una misteriosa ragazza (Wong), che in realtà è uno spirito schiavo di un albero demoniaco e promessa sposa di un altro demone: per liberarla, si allea a un guerriero taoista. Uno dei pochi film di Hong Kong a essere stato distribuito da noi, e uno dei migliori. Archiviate le citazioni dalla *Casa* di Raimi, Tung gira con un ritmo che lascia esterrefatti: personaggi che volano da un albero all'altro, fulminee metamorfosi a vista, duelli coreografati alla perfezione. Con un umorismo non indigesto, e deliziosi risvolti melodrammatici. Il cinema come meraviglia in un prodotto – in patria – di grande consumo popolare: parecchi gradini al di sopra della maggior parte dei modelli occidentali. Prodotto da Tsui Hark, l'ispiratore della new wave di Hong Kong. Due sequel inediti in Italia.

Storia di fifa e di coltello – Er seguito der Più * (Italia 1972, col, 100') Mario Amendola. Con Franco Franchi, Ciccio Ingrassia, Ninetto Davoli, Mario Carotenuto, Maurizio Arena. ◆ Franco deve sostituire il boss del quartiere Borgo, ma è un fifone e, nonostante il fatto che il magico copricapo del suo predecessore gli consenta di sconfiggere qualche nemico, è costretto a fuggire. Pasticcio tra i meno riusciti della coppia Franchi- Ingrassia. Seguito semiabusivo di *Er più – Storia d'amore e di coltello*.

Storia di Glenn Miller, La **½ (*The Glenn Miller Story*, Usa 1954, col, 116') Anthony Mann. Con James Stewart, June Allyson, Charles Drake, George Tobias, Harry Morgan, Frances Langford, Louis Armstrong, Gene Krupa. ◆ Glenn Miller (Stewart), trombonista e compositore, arriva al successo con la sua orchestra che fa ballare gli americani in tempo di guerra: scomparirà in un volo tra Parigi e Londra. Grazie anche alla sceneggiatura di Valentine Davies e Oscar Brodney, Mann racconta con una classicità senza tempo e un filo di malinconia una vita esemplare e senza scosse, adottando il punto di vista della moglie (Allyson), sicura della fama che prima o poi arriverà. Ineccepibile la direzione musicale di Henry Mancini, e preziosa la presenza di alcuni grandi del jazz as themselves. Nel 1985 ne è uscita una versione restaurata in Dolby Stereo, più lunga di 15'.

Storia di James Dean, La ** (*The James Dean Story*, Usa 1957, b/n, 82') Robert Altman. ◆ Documentario in cui sono intervistati parenti e conoscenti dell'attore, con rarità d'archivio come i provini per *La valle dell'Eden*. «Ero partito con l'idea di fare a pezzi il mito, ma alla fine penso che noi tutti ne siamo stati vittime»: nulla di originale, ma un passaporto, per il giovane Altman, per trovare lavoro in televisione.

Storia di Natale, Una → *Christmas Story, A – Una storia di Natale*

Storia di Pearl White, La *½ (*The Perils of Pauline*, Usa 1947, col, 96') George Marshall. Con Betty Hutton, John Lund, Constance Collier, William Demarest. ◆ Ex modista e disastrosa attrice di teatro, Pearl White (Hutton) diventa una star del muto interpretando un'eroina acrobata – Pauline – sempre in pericolo. Gli inutili intermezzi musicali, il finale melodrammatico e l'insipida storia d'amore di contorno tolgono spazio all'unico elemento d'interesse, la ricostruzione della Hollywood degli anni Dieci. Scarsi i legami con la biografia della vera White. Insopportabilmente smancerosa la protagonista, e casereccio l'umorismo.

Storia di Piera *½ (Italia/Francia/Rft 1983, col, 105') Marco Ferreri. Con Hanna Schygulla, Marcello Mastroianni, Isabelle Huppert, Bettina Gruhn, Angelo Infanti, Maurizio Donadoni, Loredana Bertè. ◆ Piera (Huppert), futura attrice, cresce tra una madre ninfomane (Schygulla) e un padre comprensivo (Mastroianni), che finiscono entrambi in clinica. Dall'omonimo libro-dialogo di Dacia Maraini e Piera Degli Esposti, adattato dalle autrici col regista. L'intreccio rarefatto e le immagini semioniriche (Ferreri sfrutta bene gli spazi di Sabaudia e Latina) vorrebbero suggerire la ricerca di una femminilità fuori dalla Storia, simboleggiata dall'abbraccio finale di madre e figlia nude sulla spiaggia. Ma il ridicolo, il cattivo gusto e la confusione sono sempre dietro l'angolo. Palma d'oro a Cannes alla Schygulla.

Storia di Qiu Ju, La *** (*Qiu Ju da guansi*, Cina/Hong Kong 1992, col, 100') Zhang Yimou. Con Gong Li, Lei Lao Sheng, Liu Pei Qi, Yang Liu Chun. ◆ Qiu Ju (Gong), moglie di un contadino che ha ricevuto un calcio nei testicoli dal capovillaggio, è decisa a tutti i costi a ottenere giustizia: nonostante sia incinta sopporta ripetuti viaggi anche fino a Pechino e affronta i labirinti della burocrazia per correggere una sentenza (sostanzialmente assolutoria) che non ritiene equa. Quando arriverà la giustizia, sarà troppo tardi e lascerà insoddisfatta anche lei. Al suo primo film di ambientazione contemporanea, Zhang Yimou si tiene in bilico tra l'allegoria sociale, la fiaba e il documentario (molte delle sequenze a Pechino sono state girate con la cinepresa nascosta) e sembra cedere alle insistenze contenutistiche del potere politico – la vicenda in fondo dimostra il «livello di coscienza democratica» di una contadina – per far passare ai margini discorsi che gli sono più congeniali: la centralità sociale della donna, che la rivoluzione cinese non ha saputo mettere in pratica; l'opposizione campagna/città a tutto vantaggio della prima, ancora luogo di solidarietà e comprensione contro gli imbrogli e la furbizia cittadina; e soprattutto la disperata mancanza di fiducia verso la legge, ingiusta quando cerca di risolvere tutto con il compromesso ma anche quando vuole essere esemplare. Manca lo splendore figurativo dei film precedenti, ma se il risultato è meno appariscente è anche meno accademico. Coppa Volpi a Gong Li e Leone d'oro al film alla mostra di Venezia.

Storia di ragazzi e di ragazze ** (Italia 1989, b/n, 99') Pupi Avati. Con Lucrezia Lante Della Rovere, Davide Bechini, Alessandro Haber, Enrica Maria Modugno, Massimo Bonetti, Claudio Botosso, Mattia Sbragia, Felice Andreasi, Roberta Paladini, Anna Bonaiuto. ◆ Nel 1936, Angelo (Bechini), che proviene da un'agiata famiglia borghese, e Silvia (Della Rovere), di origini contadine, danno una festa di fidanzamento in una cascina nei pressi di Porretta Terme: durante l'interminabile pranzo, i parenti di lei si dimostreranno rozzi, e quelli di lui ipocriti. Ispirato alla vera storia del fidanzamento di mamma e papà Avati, è uno spaccato, senza commenti né didascalie, dell'Italia di quel periodo. Per rendere l'atmosfera, il regista ha girato in bianco e nero e con suono in presa diretta in mono. Ma si resta nell'esercizio di stile, un po' compiaciuto e leccato.

Storia di Rick Martin, La → *Chimere*

Storia di Ruth, La *½ (*The Story of Ruth*, Usa 1960, col, 132') Henry Koster. Con Elana Eden, Stuart Whitman, Tom Tryon, Peggy Wood, Viveca Lindfors, Jeff Morrow. ◆ La sacerdotessa moabita Ruth (Eden) smette di sacrificare bimbe e viene convertita alla vera fede dall'ebreo Maalon (Tryon), che però subito dopo – che iella – muore; la donna fugge in Israele, ma deve sfidare i bigotti locali prima di sposare Boaz (Whitman). Da uno dei libri meno letti della Bibbia, un innocuo mini-kolossal poco epico, con ritmi da oratorio e un'atmosfera seriosa capace di stendere anche un cavallo. Si salva solo la musica di Franz Waxman.

Storia di tre amori ** (*The Story of Three Loves*, Usa 1953, col, 121') Gottfried Reinhardt, Vincente Minnelli. ◆ Film a episodi. In *L'amante geloso* (Gottfried Reinhardt. Con Moira Shearer, James Mason) una ballerina malata di cuore danza fino alla morte; in *Mademoiselle* (Vincente Minnelli. Con Leslie Caron,

Farley Granger, Ethel Barrymore) un ragazzino ottiene da una fata di diventare adulto per un giorno e si innamora della sua istitutrice; in *Equilibrio* (Gottfried Reinhardt. Con Kirk Douglas, Anna Maria Pierangeli) un acrobata che si autoaccusa della morte dell'amata ritrova la serenità salvando la vita a un'aspirante suicida. Nella sua malizia dissimulata, l'episodio più riuscito è quello di Minnelli; ma anche la Shearer che riprende la vittima della danza di *Scarpette rosse* merita un'occhiata.

Storia di tre donne ** (*Enourmous Changes at the Last Minute*, Usa 1985, col, 115') Ellen Hovede «in collaborazione» con Mirra Bank e Muffie Meyer. Con Ellen Barkin, Ron McLarty, Lynn Milgrim, Zvee Scooler, Maria Tucci, Kevin Bacon. ◆ Tre differenti racconti su Virginia (Barkin), Faith (Milgrim) e Alexandra (Tucci), tre donne newyorchesi e i loro rapporti con mariti, ex mariti, figli, genitori e amanti. Tratto da tre racconti di Grace Paley e sceneggiato da John Sayles e Susan Rice, è un film «ambizioso ma diseguale», anche se ben sorretto dalle protagoniste. Il secondo episodio fu girato nel 1978 e gli altri nel 1982. Prodotto con finanziamenti indipendenti e il contributo della rete televisiva Abc.

Storia di una capinera * (Italia 1994, col, 99') Franco Zeffirelli. Con Angela Marie Bettis, Johnathon Schaech, Sinead Cusack, Vanessa Redgrave, Valentina Cortese, Frank Finlay. ◆ Catania, 1854: causa le mene della matrigna (Cusack), Maria (Bettis) non può sposare il bel Nino (Schaech), e finisce in convento. Nel romanzo di Verga la novizia moriva di tisi, d'amore e di follia; nel film, invece, accetta con rassegnazione il suo destino di reclusa. Un inutile apologo edificante, che consente a Zeffirelli di tornare a girare nel suo classico stile-cartolina, pasticciato e superficiale come quello di uno spot. La Redgrave torna a fare la monaca pazza dopo *I diavoli*.

Storia di una monaca, La **½ (*The Nun's Story*, Usa 1959, col, 90') Fred Zinnemann. Con Audrey Hepburn, Peter Finch, Edith Evans, Colleen Dewhurst, Peggy Ashcroft, Dean Jagger. ◆ Gabriella (Hepburn) diventa suora missionaria in Congo Belga, ma non tollera le rigide regole del suo ordine: per poter meglio aiutare gli ammalati e i bisognosi, abbandona la veste religiosa. Il libro di Kathryn Hulme, sceneggiato da Robert Anderson, è portato sullo schermo con la formula Zinnemann: grandi temi trattati senza manicheismi, attenta analisi psicologica, serietà assoluta e un professionismo che tende a farsi un po' incolore. La Hepburn in versione drammatica all'inizio sembra un po' spaesata, ma diventa man mano più convincente.

Storia di una monaca di clausura *½ (Italia/Francia/Rft 1973, col, 96') Domenico Paolella. Con Eleonora Giorgi, Catherine Spaak, Suzy Kendall, Martine Brochard, Antonio Falsi, Umberto Orsini, Caterina Boratto, Tino Carraro, Isabella Marchal, Giuliana Calandra, Paola Senatore, Rina Franchetti. ◆ Entrata in convento per non accettare un matrimonio imposto, Carmela (Giorgi) resta incinta dopo un incontro clandestino con l'uomo (Falsi) che ama e che subito dopo viene ucciso: la solidarietà delle altre suore impedirà che Carmela e suo figlio vengano consegnati all'autorità ecclesiastica. Versione irriverente ma non pruriginosa della storia vera di suor Agnese del Bambin Gesù, morta nel 1671 dopo una vita dedicata ai sofferenti. La sceneggiatura di Tonino Cervi e Paolella punta molto sul sadomasochismo della disciplina e sull'attrazione lesbica, e i nudi della Giorgi si sprecano; ma poi una certa astrazione scenografica (di Piero Filippone), la ricercatezza della fotografia (di Armando Nannuzzi) e una regia non corriva finiscono per annullare ogni possibile concessione erotica. Insomma, né carne né pesce.

Storia di un condannato a morte → *Last Light – Storia di un condannato a morte*

Storia di un detective *½ (*The Fat Man*, Usa 1951, b/n, 77') William Castle. Con John Scott Smart, Julie London, Rock Hudson, Clinton Sundberg. ◆ Il detective Brad (Smart) indaga su un caso di omicidio tra i membri di una banda che litigano per spartirsi un bottino. Creato da Dashiell Hammett, il grasso detective era il protagonista di una serie radiofonica allora popolare in Usa: il suo unico film è semplice routine.

Storia di un disertore **½ (*Kirmes*, Rft 1960, b/n, 102') Wolfgang Stäudte. Con Götz George, Juliette Mayniel, Hans Mahnke, Wolfgang Reichmann. ◆ Sul finire della guerra, un giovane soldato tedesco (George) diserta e si rifugia nel suo villaggio natale, ma siccome solo la sguattera di una bettola (Mayniel) è disposta ad aiutarlo e c'è chi vorrebbe denunciare lui e la sua famiglia ai nazisti, il giovane si uccide: quindici anni dopo, per ampliare un luna park, verranno alla luce le sue ossa seppellite frettolosamente. Una riflessione amara e disincantata sulle responsabilità del popolo tedesco e della classe dirigente della Germania adenaueriana che Staudte, autore anche della sceneggiatura, racconta con toni da commedia feroce, sicuramente debitori di Böll.

Storia di un giorno d'amore → *Il ragazzo e la quarantenne*

Storia di un peccato ** (*Dzieje grzechu*, Polonia 1975, col, 125') Walerian Borowczyk. Con Grażyna Dlugolecka, Jerzy Żelnik, Olgierd Lukaszewicz. ◆ Eva (Dlugolecka), innamorata di uno scrittore da cui aspetta un figlio, quando lui sposa un'altra, abortisce e diventa l'amante di un nobile: ma un bandito la costringe a ucciderlo. Primo e unico film polacco del regista, che imita e smonta i meccanismi del feuilleton (il romanzo di Stefan Zeromsky, a cui si è ispirato, in patria è famosissimo) con gusto figurativo surrealisteggiante. I limiti e i pregi dell'esercizio di stile. Le sequenze erotiche più accese sono state aggiunte ad hoc per la versione italiana.

Storia di un soldato ** (*A Soldier's Story*, Usa 1985, col, 101') Norman Jewison. Con Howard E. Rollins jr, Adolph Caesar, Dennis Lipscomb, Art Evans, Denzel Washington, David Alan Grier, Robert Townsend, Patti LaBelle, Trey Wilson. ◆ Louisiana, 1944: un ufficiale di colore viene ucciso mentre torna in caserma ubriaco. Si pensa al Ku Klux Klan, ma il finale è pieno di sorprese. Dal dramma di Charles Fuller – anche autore della sceneggiatura – interpretato dalla Negro Ensamble Company e vincitore del Premio Pulitzer.

Tren' anni fa un film del genere sarebbe stato considerato progressista: oggi non è che un'esercitazione paratelevisiva, piena di luoghi comuni nella forma e nel contenuto. Forte di questa esperienza, il bianco Jewison avrebbe dovuto dirigere *Malcolm X*, poi reclamato da Spike Lee. Musiche di Herbie Hancock.

Storia di Wanda, La ** (*Hustling*, Usa 1975, col, 100') Joseph Sargent. Con Lee Remick, Jill Clayburgh, Monte Markham, Alex Rocco, Burt Young. ◆ Una giornalista (Remick) cerca di capire chi siano le persone che realmente stanno dietro il mercato della prostituzione a Manhattan. Basato sul libro-inchiesta di Gail Sheehy, ottimamente sceneggiato da Fay Kanin, due ore di tensione e di (accettabile) sensazionalismo. La Clayburgh fa la prostituta.

Storia fantastica, La **½ (*The Princess Bride*, Usa 1987, col, 98') Rob Reiner. Con Cary Elwes, Robin Wright, Mandy Patinkin, Peter Falk, Chris Sarandon, Christoper Guest, Wallace Shawn, Andre the Giant, Billy Crystal. ◆ Jimmy (Elwes) è a letto con l'influenza e il nonno (Falk) gli legge un libro: il ragazzino si ritrova nel regno di Florin, dove la bella Bottondoro (Wright), rapita da tre cavalieri per conto del perfido Humperdink che la vorrebbe sposare, viene salvata dall'eroe senza macchia Westley (Patinkin) con l'aiuto di un gigante (il campione di wrestling Andre the Giant). Operazione nostalgia su un immaginario che non appartiene più alle giovani generazioni: il regista di *Stand By Me* tiene sempre aperti due livelli di lettura – quello letterale e quello ironico – evitando le smancerie. Sceneggiatura di William Goldman dal suo romanzo.

Storia immortale **** (*Une Histoire immortelle*, Francia 1968, col, 58') Orson Welles. Con Orson Welles, Jeanne Moreau, Roger Coggio, Norman Eshley, Fernando Rey. ◆ «Non mi piacciono le finzioni... io voglio i fatti: se questa storia non è mai accaduta, io la farò accadere»: a Macao il vecchio mercante Clay (Welles), per mostrare che il denaro ha più forza di qualunque fantasia, vuole tradurre in realtà l'unico racconto di finzione da lui conosciuto: la leggenda, che circola tra i marinai, di ricevere 20 ghinee da un ricco signore per passare la notte con una donna bellissima. Interpreti della messinscena: Virginie (Moreau), la figlia prezzolata dell'uomo che l'avido Clay ha spinto al suicidio, e l'ignaro marinaio Paul (Eshley). Ma per nulla al mondo Paul, che durante quella notte ha scoperto l'amore, rivelerà che la leggenda si è avverata: e Clay, sconfitto, muore. Tratto dal racconto *Una storia immortale* di Karen Blixen, contenuto in *Capricci del destino*, si può a ragione considerare il testamento del regista. «Quando si vuole qualcosa al punto di non poterne fare a meno, se non si riesce a ottenerla, è tremendo: ma quando la si ottiene, diventa ancora più tremendo»: Welles, aggiungendo questa battuta al racconto, riflette sulla vanità e sul senso di morte che è in ogni azione umana, e in particolare sulla presunzione di dare realtà ai sogni. Clay (che ricorda la solitudine e la fallace onnipotenza di Kane, Arkadin e Quinlan) non è altri che un regista cinematografico, che vuole corrompere la purezza dell'immaginario, ed è destinato al fallimento. La brevità non impedisce a *Storia immortale* di essere uno dei film più belli e importanti di Welles, che per la prima volta usa il colore (la fotografia è di Willy Kurant) e rappresenta l'amore fisico: nessun realismo greve, in entrambi i casi, e nessun facile simbolismo. Girato in Spagna nel 1966 e coprodotto dalla televisione francese.

Storia infinita, La **½ (*Die unendliche Geschichte*, Rft/Gb 1984, col, 92') Wolfgang Petersen. Con Noah Hathaway, Barrett Oliver, Tami Stronach, Moses Gunn, Patricia Hayes. ◆ Il piccolo Bastian (Oliver), che preferisce fantasticare sui libri piuttosto che andare a scuola, finisce in un libro magico: per salvare il regno di Fantàsia e poter tornare a casa dovrà sconfiggere il Nulla con l'aiuto del drago volante Falkor e di Atreyu (Hathaway), fanciullo guerriero. Ispirato alla prima parte del romanzo *La storia infinita* di Michael Ende, che tolse il proprio nome dal film, accusando il regista di aver offuscato con gli effetti speciali la dimensione favolistica. Ma sono proprio personaggi come Morla, la tartaruga centenaria che somiglia a Robert Mitchum, o i mostri mangiasassi, a essere la chiave vincente di un film per ragazzi fantasioso e non troppo sdolcinato. Con un messaggio a favore della lettura non disprezzabile. Kolossal europeo che ottenne grande successo in tutto il mondo; con un seguito. Un hit la colonna sonora di Giorgio Moroder.

Storia infinita 2, La ° (*The Neverending Story II: The Next Chapter*, Usa 1990, col, 89') George Miller. Con Jonathan Brandis, Kenny Morrison, Clarissa Burt, John Wesley Shipp, Martin Umbach. ◆ Se Bastian (Brandis) usasse il suo ultimo desiderio, per il regno di Fantàsia sarebbe finita: la vestale del Nulla (Burt) fa di tutto per farglielo sprecare. Ispirato alla seconda parte del volume *La storia infinita* di Michael Ende. Costumi e scenografie da show televisivo, e nulla della fantasia del prototipo.

Storia infinita 3, La * (*Die unendliche Geschichte III*, Rft 1994, col, 95') Peter Macdonald. Con Jason James Richter, Melody Kay, Freddie Jones, Jack Black. ◆ Il regno di Fantàsia è ancora in pericolo: ma questa volta la battaglia tra Bene e Male si combatte nel mondo reale, dove Bastian (Richter) ritrova i suoi amici mostri e se la deve vedere contro malvagi teppistelli. Al terzo capitolo il budget cala, e quindi conviene risparmiare sui set ambientando la storia nella realtà: come se *Il mago di Oz* venisse girato nel Kansas. E come se non bastasse, il ruolo del libro magico e il tema dell'invito alla lettura vengono drasticamente ridotti: un vero bidone.

Storia lombarda, Una → *Monaca di Monza, La*

Storia milanese, Una ** (Italia/Francia 1962, b/n, 92') Eriprando Visconti. Con Danièle Gaubert, Enrico Thibault, Romolo Valli, Lucilla Morlacchi, Regina Bianchi. ◆ Milano d'inverno: Valeria (Gaubert) entra in crisi col suo ragazzo (Thibault) proprio quando scopre di essere incinta e lui, cinicamente, la lascia abortire. Ambizioni letterarie e insieme di documento di costume nel film d'esordio del nipote di Luchino Visconti che dirige una specie di «amaro autoritratto» della borghesia e della sua immorale indifferenza. Sceneggiatura del regista, Renzo Rosso e Vittorio Sermonti. In seguito farà ben di peggio. Musica di John Lewis, del Modern Jazz Quartet. Il regista Ermanno Olmi è Turchi.

Storia moderna: l'ape regina, Una *** (Italia 1963, b/n, 90') Marco Ferreri. Con Ugo Tognazzi, Marina Vlady, Riccardo Fellini, Walter Tiller, Achille Majeroni. ◆ Alfonso (Tognazzi), impiegato quarantenne, si sposa con Regina (Vlady), una ragazza seria e discreta: ma non sospetta che dopo le nozze questa si trasformi in una mantide che lo consuma, giorno dopo giorno, fino alla nascita di un figlio. Bocciato in primo appello dalla commissione di censura, il film poté uscire solo con un titolo diverso (quello originale era *L'ape regina*), alcune modifiche nei dialoghi e la dichiarazione del regista di rispettare «i solidi e immutabili princìpi della morale e della religione». L'attacco alla concezione cattolica del matrimonio, di fatto, è feroce: e Ferreri (al suo primo film italiano) non ha bisogno neanche di eccedere nel grottesco e nella caricatura. Umorismo nerissimo e un agghiacciante senso di morte – dell'anima, del corpo e dei sensi: uno dei film più riusciti di Ferreri. Il soggetto è di Goffredo Parise, Diego Fabbri, Pasquale Festa Campanile e Massimo Franciosa; la sceneggiatura del regista con Rafael Azcona. Palma d'oro a Cannes per Marina Vlady.

Storia semplice, Una ** (Italia 1991, col, 94') Emidio Greco. Con Gian Maria Volonté, Ricky Tognazzi, Ennio Fantastichini, Massimo Dapporto, Massimo Ghini, Macha Méril, Gianmarco Tognazzi, Omero Antonutti, Tony Sperandeo, Paolo Graziosi. ◆ Il brigadiere Lepri (R. Tognazzi), non credendo che il diplomatico Roccella si sia suicidato, scopre con molta fatica un pezzetto di verità: ma non saprà che farsene. Dall'ultimo libro di Sciascia, adattato dal regista assieme ad Andrea Barbato, un giallo di ambizioni metafisiche che allude e allegorizza e non ha neanche bisogno di fare nomi e cognomi: un aggiornamento amaro dei temi del *Giorno della civetta* e di *Todo modo*. Volonté ruba la scena nei panni dello scettico professor Franzò, che aveva intuito tutto dall'inizio. Ma l'impegno degli attori e la correttezza della messinscena non tolgono al film un'aria di maniera.

Storia ufficiale, La **½ (*La Historia Oficial*, Argentina, 1985, col, 117') Luis Puenzo. Con Norma Aleandro, Hector Alterio, Chela Ruiz, Hugo Arana. ◆ Buenos Aires nel 1983: la democrazia risorge dalle ceneri, ma il passato resta qualcosa di cui è meglio non parlare. La professoressa Alicia (Aleandro) sospetta che i genitori della propria figlia adottiva Gabi siano dei desaparecidos: scoprirà che suo marito (Alterio) nasconde segreti orribili. Onesto dramma politico giocato su un'ottima coppia d'attori. Terrificante l'esplosione di violenza finale. La Aleandro è stata premiata a Cannes nel 1985; il film ha vinto l'Oscar nel 1986.

Storia vera della signora delle camelie, La *½ (Italia 1981, col, 115') Mauro Bolognini. Con Isabelle Huppert, Gian Maria Volonté, Bruno Ganz, Fabrizio Bentivoglio, Fernando Rey, Clio Goldsmith, Carla Fracci, Fabio Traversa, Mario Maranzana. ◆ Alphonsine Duplessis (Huppert) da ragazza diventa prostituta. Circuisce e sposa un nobile oppiomane (Ganz), scappa in Algeria, frequenta salotti dove conosce Dumas padre (Maranzana) e figlio (Bentivoglio), e muore infine di quella tisi che non aveva mai curato. Bolognini e lo sceneggiatore Enrico Medioli *non* si ispirano al romanzo e al dramma *La signora delle Camelie* di Dumas figlio – all'origine della *Traviata* e di *Margherita Gauthier* di Cukor, con Greta Garbo – e trasforma l'eroina in una donna senza scrupoli che si aggira in un mondo corrotto governato dalla legge della lussuria e del lucro (sai che trovata). La pedanteria scenografica non basta a giustificare una rilettura molto meno provocatoria che nelle intenzioni. Debutto al cinema per la Fracci.

Storie d'amore ** (*Historie miłosne*, Polonia 1997, col, 87') Jerzy Stuhr. Con Jerzy Stuhr, Katarzyna Figura, Dominika Ostalowska, Karolina Ostrozna, Irina Alfiorowa, Jerzy Nowak. ◆ Attore di Kieślowski e Zanussi, Stuhr (anche sceneggiatore) esordisce alla regia interpretando quattro personaggi alle prese con l'amore: un prete che scopre di avere una figlia, un delinquente tradito dalla moglie, un professore corteggiato da un'allieva, un colonnello con amante russa. Un misterioso intervistatore (Nowak) li mette alla prova: non tutti faranno la scelta giusta. Commedia umana con qualche orpello kafkiano e diluiti interrogativi metafisici. Cinema d'attori (Stuhr si doppia da sé anche in italiano) per il mercato internazionale, da non caricare di aspettative troppo alte: anche perché l'analisi di passioni e sentimenti non va al di là di una corretta superficialità.

Storie d'amore con i crampi *½ (Italia 1996, col, 95') Pino Quartullo. Con Sergio Rubini, Chiara Caselli, Debora Caprioglio, Pino Quartullo, Rossella Falk. ◆ Lui (Rubini), ossessionato da una fidanzata possessiva e castrante (Caselli), fugge a Cartagine con un'altra (Caprioglio). Ma lei non si arrende e lo insegue con un gigolò al suo debutto (Quartullo). La solita storia di incomprensioni, corna e gelosia, che gli sceneggiatori (Graziano Diana, Claudio Masenza e Quartullo) cercano di dotare di un meccanismo funzionante e personaggi un po' più articolati della media. Per chi s'accontenta di qualche risata, senza aspettarsi granché sui costumi sentimentali d'oggi: altrimenti sono crampi.

Storie di amori e infedeltà ** (*Scenes From a Mall*, Usa 1991, col, 87') Paul Mazursky. Con Woody Allen, Bette Midler, Bill Irwing, Daren Firestone. ◆ Alla ricerca di manicaretti giapponesi il giorno dell'anniversario di matrimonio, Nick (Allen) e Deborah (Midler), due agiati professionisti, scoprono di non essere poi così felici: dopo una piazzata pubblica e reciproche confessioni di corna, salveranno il loro rapporto. Satira di costume non originalissima, promettente all'inizio e via via più scontata. Era dai tempi del *Prestanome* che Allen non si faceva dirigere da un altro. La Midler è riuscita a far mettere il proprio nome per primo nei titoli. Paul Mazursky è il dottor Claval.

Storie di donne coraggiose → *Prezzo del coraggio, Il*

Storie di fantasmi ** (*Ghost Story*, Usa 1981, col, 110') John Irvin. Con Fred Astaire, Melvyn Douglas,

Douglas Fairbanks jr, John Houseman, Craig Wasson, Alice Krige, Patricia Neal, Ken Olin. ◆ Nel New England, quattro vecchietti soprannominatisi *La Società degli Immortali*, sono tormentati da un segreto vecchio di cinquant'anni: una ragazza, da loro uccisa involontariamente in gioventù, che torna a vendicarsi. Tratto dal romanzo di Peter Straub e sceneggiato da Lawrence D. Coen: Irvin è indeciso tra l'horror d'atmosfera, invernale e non privo di suggestione, e quello a forti tinte, assai più banale. Una curiosità, soprattutto per le interpretazioni del quartetto di vecchie glorie (Houseman, produttore di *Quarto potere*, era diventato un bravo caratterista negli anni Settanta).

Storie di ordinaria follia ** (Italia /Francia 1981, col, 107') Marco Ferreri. Con Ben Gazzara, Ornella Muti, Susan Tyrrell, Tanya Lopert, Elisabeth Long, Lewis Ciannelli, Cristina Forti. ◆ Le avventure etiliche e sessuali di un poeta underground di mezza età (Gazzara), che alla fine s'innamora di Cass (Muti), una prostituta più autodistruttiva di lui. Da quattro racconti dell'omonimo libro di Charles Bukowski, un melodramma «scabroso» non molto bukowskiano (poca ironia, troppa eleganza formale e una donna ideale che lo scrittore non contempla affatto). All'epoca ottenne un grande successo di pubblico (soprattutto per la curiosità di vedere la Muti nei panni di Cass) e fece parlare molto i giornali a proposito di maledettismo, erotismo e pornografia. A vederlo oggi, non è pornografico e nemmeno erotico. Quanto al maledettismo, casomai riguarda più il personaggio femminile (disperato davvero, anche se spesso con manierismi plateali eccessivi) che l'artista (alcolizzato, senza molta ispirazione poetica e alla fine in qualche modo pacificato). Bravissimo Ben Gazzara, bella la Muti. Alla sceneggiatura ha collaborato Sergio Amidei.

Storie di spie ** (*Les Patriotes*, Francia 1994, col, 144') Eric Rochant. Con Yvan Attal, Yossi Banai, Sandrine Kiberlain, Jean-François Stévenin, Hyppolite Girardot. ◆ Un giovane ebreo francese (Attal) sogna di far parte dei servizi segreti israeliani. A vent'anni il suo sogno si realizza: torna in Francia per una missione importante, ma l'agognata carriera spionistica, tra un inganno e un omicidio, riserva delusioni e fallimenti. Il conflitto tra ideologia e sentimento, tema caro a Rochant, in un film discontinuo ed eccentrico, in caduta libera tra il modello hollywoodiano di genere e le suggestioni della Nouvelle Vague: più riuscita la prima parte, dedicata a un'iniziazione poco epica e poco romantica, con evidenti analogie di fiction tra il mestiere dello spionaggio e quello del cinema; più scontata e anche noiosa la seconda, risolta in chiave «professionistica» sia dal protagonista che dal regista. La versione distribuita in Italia è stata accorciata di 209 rispetto a quella presentata in concorso al festival di Cannes.

Storie di vita e di malavita * (Italia 1975, col, 120') Carlo Lizzani. Con Cinzia Mambretti, Cristina Maranzoni, Anna Rita Grapputo. ◆ Da un'inchiesta di Marisa Rusconi, uno spaccato della prostituzione minorile in Italia girato con stile semidocumentaristico. Due le tipologie: le ingenue del Sud attirate al Nord e spedite al marciapiede, e le borghesi del Nord che scappano di casa. Lizzani, comunque, cerca il facile sensazionalismo e allettamenti pruriginosi. Noto anche come *Il racket della prostituzione minorile*.

Storie incredibili ** (*Amazing Stories*, Usa 1986, col, 106') Steven Spielberg, Robert Zemeckis, William Dear. ◆ Film a episodi. In *La missione* (Steven Spielberg. Con Kevin Costner, Casey Siemaszko, Kiefer Sutherland) per tentare un atterraggio di fortuna, il mitragliere (Costner) di una fortezza volante materializza due ruote uscite da un cartone di Walt Disney; in *Il capo della classe* (Robert Zemeckis. Con Christopher Lloyd, Mary Stuart Masterson, Scott Coffey) due scolari ribelli gettano il malocchio sul loro professore che, anche se senza testa, continuerà a perseguitarli; in *Papà mummia* (William Dear. Con Tom Harrison, Bronson Pinchot) un attore vestito da mummia attraversa una palude infestata da una mummia vera. Omaggi smaliziati al cinema d'antan e bamboleggiamenti: sono un assaggio della omonima serie televisiva (arrivata in Italia solo in cassetta) prodotta, senza grande successo, da Spielberg. Confezione ovviamente di lusso, ma Spielberg questa volta non ha fatto centro – e il suo episodio è anzi il più debole.

Storie scellerate **½ (Italia 1973, col, 93') Sergio Citti. Con Franco Citti, Ninetto Davoli, Nicoletta Machiavelli, Silvano Gatti, Sebastiano Soldati, Ettore Garofalo. ◆ Due assassini (Citti e Davoli) si raccontano storie di sesso e di morte prima di finire sul patibolo: un marito costringe a castrarsi il prete che lo cornifica; un nobile tradito dalla moglie ninfomane (Machiavelli) si castra; un pecoraio uccide un collega che abusa di sua moglie; un prete si procura ragazzine sotto il pretesto della carità; un ménage à trois tra un ricco e una coppia povera finisce nel sangue. Il produttore Grimaldi voleva sfruttare il successo del *Decameron* di Pasolini e suggerì a Citti di ispirarsi al Bandello (l'ambientazione, tuttavia, è nella Roma papalina). Ne è venuto fuori un film cupo, sanguigno e ben poco commerciabile, in cui, al contrario che nel *Decameron*, non c'è nessuna gioia del sesso. Anche se alla fine il Padreterno (il padre di Citti, Santino) manda in Paradiso chi rimpiange i piaceri terreni, e all'Inferno gli ipocriti. Franco Citti e Davoli, che muoiono sghignazzando, sono al loro meglio.

Stormy Monday *½ (*Stormy Monday*, Gb 1988, col, 93') Mike Figgis. Con Melanie Griffith, Tommy Lee Jones, Sting [Gordon Matthew Sumner], Sean Bean, James Cosmo. ◆ A Newcastle, in Inghilterra, un faccendiere (Jones) ricicla denaro sporco proveniente dagli Usa organizzando manifestazioni musicali: gli si mettono contro il proprietario di un night-club (Sting), un irlandese (Bean) e la sua ex fidanzata polacca (Griffith). Più atmosfera che intreccio in un noir patinato e di poca sostanza. La scena all'aeroporto con la band che suona tra i passeggeri in attesa è ripresa da *Tutti per uno*. Figgis è anche autore della colonna sonora.

Stormy Weather ** (*Stormy Weather*, Usa 1943, b/n, 77') Andrew L. Stone. Con Lena Horne, Bill Robinson, Nicholas Brothers, Fats Waller, Ada Brown, Cab Calloway, Katherine Dunham. ◆ Un ballerino nero (Robinson) racconta ai bambini del vicinato la storia della sua vita. Musical tutto in nero basato sulla carriera del protagonista: storia e confezione tutt'altro che memorabili, ma con alcuni numeri passati alla storia, come Lena Horne che canta la canzone del titolo e Fats Waller che canta *Ain't Misbehavin'*.

Straccione, Lo *½ (*The Jerk*, Usa 1979, col, 94') Carl Reiner. Con Steve Martin, Bernadette Peters, Catlin Adams, Mabel King, Richard Ward, Dick Anthony Williams. ◆ Uno sprovveduto (Martin) riesce a metter su una fortuna, ma immediatamente dopo la perde. Qualche momento esilarante diluito in un ritmo fiacco: fallita l'ambizione di essere la versione moderna di *Candido*. Primo ruolo da protagonista per Martin, che partecipa anche alla sceneggiatura, e ne produsse in seguito una versione tv (*The Jerk, too*).

Strada, La **½ (Italia 1954, b/n, 107') Federico Fellini. Con Anthony Quinn, Giulietta Masina, Richard Basehart, Aldo Silvani, Marcella Rovere, Lidia Venturini. ◆ Zampanò (Quinn) è un rozzo girovago che si produce in numeri di forza; al suo seguito, trattata come un animale, è la mite Gelsomina (Masina). Quando Zampanò uccide il Matto (Basehart), un funambolo che aveva fatto conoscere a Gelsomina la gentilezza e l'umorismo, la ragazza trova la forza di fuggire. Il film che fece conoscere Fellini al pubblico di tutto il mondo (vinse l'Oscar come film straniero) oggi sembra sopravvalutato, e la sua poesia miserabilista e patetica suona un po' facile. L'accento sincero e pudico con cui Fellini, alla fine del neorealismo, ritrae personaggi che non rappresentano nulla se non il proprio mondo, continua comunque a colpire lo spettatore, e bisogna essere delle pietre per non commuoversi. Splendida prova dei tre protagonisti, e una delle migliori colonne sonore di Nino Rota. Sceneggiatura di Fellini, Tullio Pinelli ed Ennio Flaiano. Leone d'argento alla mostra di Venezia.

Strada a doppia corsia ***½ (*Two-Lane Blacktop*, Usa 1971, col, 101') Monte Hellman. Con Warren Oates, James Taylor, Dennis Wilson, Laurie Bird, Harry Dean Stanton. ◆ Due californiani (Taylor e Wilson) vivono attraversando l'America sulla loro Chevrolet truccata e partecipando a gare clandestine. Un giorno sfidano l'enigmatico pilota (Oates) di una Ferrari Gto a una gara fino a Washington, mettendo in palio la propria macchina. Ma presto nessuno ha più interesse per la competizione: Gto se ne andrà via con la ragazza (Bird) che per un po' si era accodata ai due, che continuano la loro routine. Senza le ruffianerie e il folclore di *Easy Rider* e di *Punto zero*, uno spaccato dell'America come terra di nessuno che ha retto bene all'usura del tempo. I personaggi non hanno nomi, non hanno interessi al di fuori delle macchine, si parlano a malapena (a parte Gto, che inventa storie a ruota libera): il road-movie diventa un'agghiacciante metafora di solitudine e di vuoto esistenziale. L'interpretazione di Oates è superba, quella degli altri attori (non professionisti) volutamente catatonica. Taylor è il cantautore, Wilson il batterista dei Beach Boys: ma a Hellman ciò non sembra interessare. Sceneggiatura di Rudolph Wurlitzer e Will Corry.

Strada a spirale, La * (*The Spiral Road*, Usa 1962, col, 145') Robert Mulligan. Con Rock Hudson, Gena Rowlands, Burl Ives, Geoffrey Keen. ◆ Un medico belga (Hudson) a Giava si professa ateo, ma cambia idea debellando un'epidemia di lebbra. Dal romanzo di Jan de Hartog: oleografico, retorico, e troppo lungo. Invisibile la mano del regista.

Strada chiamata domani, Una **½ (*Bloodbrothers*, Usa 1978, col, 116') Robert Mulligan. Con Richard Gere, Paul Sorvino, Tony Lo Bianco, Lelia Goldoni, Yvonne Wilder, Marilu Henner, Kenneth McMillan, Robert Englund, Danny Aiello. ◆ Stony De Coco (Gere) desta la preoccupazione del padre Tommy (Lo Bianco): non vuole fare l'elettricista carpentiere ma occuparsi dei bambini di un ospedale, e non si comporta da duro con le donne. Finirà con l'andarsene di casa, portandosi dietro il fratellino. Dal romanzo *Fratelli di sangue* di Richard Price sceneggiato da Walter Newman, un ritratto originale e anticonformista dell'America proletaria: uno dei più originali (e coraggiosi) ruoli di Gere, perfettamente sorretto da una regia attenta a non cedere troppo all'istrionismo dell'ambiente italoamericano in cui è ambientata la storia. Lelia Goldoni, la madre del film, era stata una grande scoperta di Cassavetes in *Ombre*.

Strada dei quartieri alti, La **½ (*Room at The Top*, Gb 1959, b/n, 118') Jack Clayton. Con Simone Signoret, Laurence Harvey, Heather Sears, Donald Wolfit, Hermione Baddeley. ◆ Joe Lampton (Harvey), un giovane impiegato arrivista, quando ha l'occasione di legarsi con un'ereditiera (Sears), pianta l'amante Alice (Signoret), sposata e infelice. Esordio del direttore della fotografia Clayton, che dirige con stile classico ed elegante, ma non personalissimo, una storia, per i tempi, provocatoria. Lucido e caustico, e con un gusto tutto inglese per i dettagli e le situazioni appena suggerite. Trampolino di lancio per Laurence Harvey. Oscar alla Signoret (di una bellezza assoluta) e alla sceneggiatura di Neil Peterson. Seguìto da *Flagrante adulterio* (1965) e dall'inedito *Man of the Top* (1973).

Strada della felicità, La *½ (*A Miracle Can Happen*, ritìtolato *On Our Merry Way*, Usa 1948, b/n, 97') King Vidor, John Huston, George Stevens, Leslie Fenton. ◆ Film a episodi. Nella cornice (King Vidor. Con Burgess Meredith, Paulette Goddard) Oliver Pease, che non ha mai confessato alla moglie di essere l'ultima ruota del carro in un grande quotidiano, bluffa e si improvvisa reporter; nel primo episodio (John Huston, George Stevens [non accreditati]. Con James Stewart, Henry Fonda, Harry James) due musicisti jazz squattrinati organizzano un concorso truccato: vince – contro le loro manovre – una bella trombettista, e vengono declassati; nel secondo episodio (Leslie Fenton. Con Dorothy Lamour, Victor Moore) una comparsa diventa una star con l'aiuto di una bambina prodigio pentita; nel terzo episodio (Leslie Fenton. Con Fred MacMurray, William Demarest) una coppia di truffatori vorrebbe chiedere il riscatto per un monello pestifero che si fa beffe di loro. La produzione tagliò l'unico episodio serio, di Vidor, dove un pastore (Charles Laughton) riacquistava la fede.

Umorismo innocuo, intermezzi musicali e bellezze al bagno: attori e registi a mezzo servizio. Coproduce Meredith, allora marito della Goddard.

Strada della vergogna, La **** (*Akasen chitai*, Giappone 1956, b/n, 86') Kenji Mizoguchi. Con Machiko Kyo, Ayako Wakai, Aiko Mimasu, Michiyo Kogure, Kumeko Urabe, Yasuko Kawakami. ◆ In attesa dell'esito di una proposta di legge contro la prostituzione, in una casa di tolleranza si intrecciano le vite di alcune lavoranti: Yasumi (Wakai), contesa tra un commerciante e un giovane impiegato, attende di essere riscattata; Yumeko (Mimasu) mantiene un figlio disoccupato che appena trova lavoro la abbandona al suo destino; Hanai (Kogure) medita di uccidersi assieme al marito. Al suo ultimo film, Mizoguchi affronta il genere rumpen-mono (dramma dei bassifondi) e torna a confrontarsi col Giappone contemporaneo e la sua crisi di valori. Il rigore morale si rispecchia in una messinscena distillata, di un realismo sobrio e depurato dove i sentimenti e le situazioni tipiche dei suoi film (il sacrificio e il coraggio, la disperazione e la follia) si confrontano con personaggi e attitudini moderne: l'egoismo della giovane Mickey (Kyo) che pensa solo ai soldi, il cinismo di Yasumi. Con uno sguardo intenso e impassibile, Mizoguchi «filma la tragedia di queste donne, la cui dignità nasce dal carattere eterno della loro tragedia e che il regista sa rivelare attraverso i gesti più comuni e nascosti». Le voci italiane introducono una nota lacrimosa assente nell'originale.

Strada dell'eternità, La ** (*Glory Alley*, Usa 1954, b/n, 79') Raoul Walsh. Con Leslie Caron, Ralph Meeker, Gilbert Roland, John McIntire, Louis Armstrong. ◆ Un pugile (Meeker) di New Orleans è creduto da tutti un vigliacco perché interrompe un match importante. Nessuno cambia idea neanche quando torna dalla guerra di Corea carico di medaglie: dietro c'è un trauma infantile. Walsh, votato ai film d'azione, non era forse il regista più adatto per questo curioso dramma di psicanalisi e boxe alleggerito dai numeri jazz di Louis Armstrong (che ha la parte del massaggiatore) e Jack Teagarden (nella parte di se stesso). Sceneggiatura di Art Cohn (*Stasera ho vinto anch'io* e *Stromboli*). La Caron c'entra come i cavoli a merenda.

Strada del mistero, La ** (*Mystery Street*, Usa 1950, b/n, 93') John Sturges. Con Ricardo Montalban, Elsa Lanchester, Sally Forest, Edmond Ryan, Bruce Bennett, Marshall Thompson, Betsy Blair, Jan Sterling. ◆ A Boston il tenente Moralas (Montalban) indaga sull'omicidio di una entraineuse (Sterling) di cui è stato ritrovato lo scheletro, e incastra l'uomo sbagliato. Scritto da Sydney Boehm e Richard Brooks, un piccolo noir disomogeneo e curiosamente macabro, nel filone semidocumentaristico che andava di moda all'epoca, ma con più di un motivo di interesse: nello show gigionesco della Lanchester (l'avida padrona di casa della defunta, che ricatta l'assassino [Ryan]) e nei temi progressisti (l'omicida si vanta di essere americano da generazioni, e irride il cognome ispanico del tenente). Suggestiva, al solito, la fotografia di John Alton: occhio alla copia colorizzata.

Strada del Sud, La * (*Way Down South*, Usa 1939, b/n, 63') Bernard Vorhaus. Con Bobby Breen, Alan Mowbray, Ralph Morgan, Steffi Duna, Clarence Muse, Sally Blane, Edwin Maxwell, Charles Middleton, Robert Greig. ◆ Louisiana, prima metà del XIX secolo: dopo la morte del padre (Morgan), un proprietario terriero che aveva sempre voluto il bene dei suoi schiavi, il giovane Tim (Breen) scopre che l'avido esecutore testamentario (Maxwell) vorrebbe venderne una buona parte, ma con l'aiuto del simpatico albergatore Jacques Bouton (Mowbray) riuscirà a smascherare i suoi loschi traffici. Una storia inutilmente edificante, con uno spazio insolito per i canti e i balli degli schiavi, pensata evidentemente per un pubblico di colore (e di bocca molto buona). Soggetto e sceneggiatura di Clarence Muse, che interpreta anche il ruolo di «zio» Catone.

Strada lunga un anno, La ** (*Cesta duga godinu dana*, Jugoslavia 1958, b/n, 130') Giuseppe De Santis. Con Silvana Pampanini, Eleonora Rossi Drago, Massimo Girotti, Bert Sotlar, Milivoje Zivanovic, Gordana Miletic, Niksa Stefanini. ◆ In un paese che sta morendo di fame per mancanza di lavoro, un uomo (Sotlar) lancia l'idea di una strada che lo congiunga alla costa: la gente si entusiasma, e continua anche quando viene a sapere che non c'è alcuna autorizzazione. Il populismo di De Santis ambisce all'affresco simbolico, ma la sceneggiatura firmata dal regista con Maurizio Ferrara, Elio Petri, Tonino Guerra, Gianni Puccini e Mario Socrate non evita la maniera. L'appello all'unità e alla combattività sa di realismo socialista. Girato in Istria, fu candidato all'Oscar, ma in Italia furono in pochi a vederlo. Gordana Miletic, che interpreta il ruolo di Angela, diventerà la seconda signora De Santis.

Strada lunga un sogno, Una → *Fairway – Una strada lunga un sogno*

Strada maestra **½ (*They Drive by Night*, Usa 1940, b/n, 93') Raoul Walsh. Con George Raft, Ida Lupino, Humphrey Bogart, Ann Sheridan, Alan Hale, Roscoe Karns. ◆ In seguito a un incidente, due fratelli camionisti – Joe (Raft) e Paul (Bogart), che ha perso un braccio – sono costretti ad andare sotto padrone. Ma la moglie (Lupino) del capo (Hale) si innamora, non ricambiata, di Joe, e lo accusa dell'omicidio del marito. Il cinema virile di Walsh «sa di sudore e di polvere, di birra e di olio di motore»: l'intreccio (sceneggiato da Jerry Wald e Richard Macaulay) è convenzionale, ma i dialoghi sono brillanti e gli attori sono diretti con intelligenza.

Strada per Fort Alamo, La ** (Italia 1964, col, 80') John Old [Mario Bava]. Con Ken Clark, Jany Clair, Michel Lemoine, Andreina Paul. ◆ Dopo aver rapinato una banca travestito da soldato ed essere stato assaltato dagli indiani, Bud (Clark) viene soccorso da soldati veri, in marcia per Fort Alamo: la sua recita sarà all'altezza della situazione. Western girato nell'agro romano con cactus di cartone: eppure godibile, data la professionalità di Bava, e con un paio di situazioni che sembrano anticipare *Il mucchio selvaggio.*

Strada per il paradiso, La **½ (*Paradise*, Usa 1991, col, 110') Mary Agnes Donoghue. Con Melanie

Griffith, Don Johnson, Elijah Wood, Thora Birch, Sheila McCarthy, Eve Gordon, Luise Latham. ◆ A 10 anni Willard (Wood) viene mandato per le vacanze da Ben e Lily Reed (Johnson e Griffith), una coppia che non ha saputo riprendersi dalla morte del suo unico figlio: scoprirà che la vita degli adulti è spesso complicata dai sentimenti, mentre l'amicizia con la piccola Billie (Birch) lo aiuterà a crescere. Debutto nella regia di una sceneggiatrice che firma il remake di *Innocenza e malizia* di Jean-Loup Hubert, riuscendo a conservare il tono delicato e sincero di quella insolita educazione alla vita. In un cast sostanzialmente ottimo svetta per bravura la piccola Thora Birch, figlia senza padre che parla di sesso senza veramente conoscerlo.

Strada sbagliata, La * (*The Idol*, Usa 1966, b/n, 107') Daniel Petrie. Con Jennifer Jones, Michael Parks, John Leyton, Jennifer Hilary. ◆ Un ventenne (Parks) diventa l'amante della madre divorziata (Jones) del suo migliore amico, e ne viene ucciso involontariamente. Banale melodramma nutrito di psicanalisi spicciola, tra le ultime interpretazioni della Jones.

Strada sbarrata **½ (*Dead End*, Usa 1937, b/n, 92') William Wyler. Con Humphrey Bogart, Sylvia Sidney, Joel McCrea, Allen Jenkins, Claire Trevor, Wendy Barie, Ward Bond. ◆ Ricercato, il gangster «Baby Face» Martin (Bogart, nella versione italiana «Faccia d'angelo»), torna all'East Side di New York dov'è nato, ma la madre lo caccia in malo modo e solo i teppistelli locali – i Dead End Kids – lo considerano un eroe: un architetto disoccupato (McCrea) che sogna di ricostruire il ghetto gli si oppone e lo uccide. Dalla pièce di Sidney Kingsley, adattata da Lillian Hellman. Girato in un solo set ricostruito in studio, contrariamente a quello che avrebbe voluto fare Wyler (che cercava la forza realistica dell'East Side di New York, dove la ricchezza e l'eleganza dei palazzi di Sutton Place incombe sui miserabili slum affacciati sulle sponde dell'East River, il fiume che «sbarra» la strada di chi vuole cambiare vita), conserva molto delle sue origini teatrali. Influenzato dallo spirito del New Deal, fu la risposta di Samuel Goldwyn della United Artists ai film di gangster della Warner Bros. Esaltato per i suoi contenuti sociali, rivisto oggi si dimostra un bel noir melodrammatico ma non molto di più. I Dead End Kids sono molto più puliti e innocui di quanto non prevedesse il testo originario.

Strada scarlatta, La **** (*Scarlet Street*, Usa 1945, b/n, 103') Fritz Lang. Con Edward G. Robinson, Joan Bennett, Dan Duryea, Margaret Lindsay, Rosalind Ivan. ◆ L'integerrimo cassiere Christopher Cross (Robinson), tiranneggiato dalla moglie, ha per unico svago la pittura, finché non incontra la prostituta Kitty (Bennett) che prende a sfruttarlo e scopre che i suoi quadri possono essere venduti a buon prezzo. Christopher finirà sulla strada, ossessionato da un delitto per cui è stato condannato l'innocente protettore (Duryea) della donna. Remake di *La Chienne* di Renoir, sceneggiato da Dudley Nichols: Lang riprende il cast e il triangolo ambiguo di *La donna del ritratto*, raccontando senza battere ciglio una storia beffarda di colpa e degradazione. Nessun personaggio si salva, ma il tono non è quello enfatico del melodramma. Libero da condizionamenti produttivi, Lang girò una delle sue migliori opere del periodo americano. Che il delitto di Chris rimanga impunito – almeno davanti alla legge umana – fu una vistosa infrazione al Codice Hays – tanto che lo Stato di New York volle vietare il film. Robinson grandeggia e non fa rimpiangere Michel Simon, interprete dell'originale di Renoir.

Strada senza nome, La **½ (*The Street with No Name*, Usa 1948, b/n, 91') William Keighley. Con Richard Widmark, Mark Stevens, Lloyd Nolan, Barbara Lawrence, Ed Begley, John McIntire. ◆ L'agente Cordell (Widmark) si infiltra nella banda di un malvivente (Stevens): si guadagna la sua amicizia e commette una rapina, ma poi viene smascherato. Un poliziesco teso e coinvolgente, dove la sceneggiatura di Harry Kleiner riesce a dare ai personaggi sfumature insolite (specie al gangster dalle velate tendenze omosessuali, ossessionato dai germi). Nolan aveva già interpretato l'ispettore Briggs in *La casa sulla 92ª strada* di Hathaway, di cui questo film riprende lo stile semidocumentaristico e gli intenti propagandistici pro-Fbi. Ottimamente fotografo da Joe McDonald. Più brillante, comunque, il remake di Samuel Fuller, *La casa di bambù*.

Strada senza ritorno *** (*Street of No Return*, Francia/Portogallo 1989, col, 92') Samuel Fuller. Con Keith Carradine, Valentina Vargas, Bill Duke, Andréa Ferréol, Bernard Fresson, Marc de Jonge. ◆ Michael (Carradine), ex cantante rock un tempo ricco e famoso, ma a cui è stata tagliata la gola per punirlo di essersi innamorato della donna sbagliata (Vargas), è diventato un barbone: ma la notte gli offre un'ultima possibilità di riscatto e vendetta. Concisione narrativa ai limiti dell'astrazione, romanticismo disperato, geniali divagazioni (compreso un videoclip sexy) che non c'entrano un bel niente: il vecchio Fuller gira sempre come una furia, ed è ancora più sanguigno. L'inizio-shock vuole dare dei punti a quello del *Bacio perverso*: ma poi, tra le nebbie di una Lisbona avvolta da un'eterna notte, è la dimensione onirica che ha la meglio. Cinema apolide e acrono, ignorato dai più. Da amare senza mezzi termini. Samuel Fuller interpreta il commissario e adatta con Jacques Braal il romanzo di David Goodis.

Strada, un amore, Una *½ (*Hanover Street*, Usa 1979, col, 109') Peter Hyams. Con Harrison Ford, Lesley-Anne Down, Christopher Plummer, Alec McCowen, Richard Masur. ◆ Durante la seconda guerra mondiale, un ufficiale americano (Ford) a Londra diventa l'amante di un'infermiera inglese (Down): ma scopre che la donna è sposata quando parte con suo marito (Plummer) per una missione. Tentativo di risuscitare un tipo di melodramma vecchio stile, con eroismi, tormenti e finale moralista: il risultato è quasi televisivo. Ford, al suo primo ruolo da protagonista, non venne notato da nessuno.

Strade della paura, Le *** (*Cohen and Tate*, Usa 1988, col, 85') Eric Red. Con Roy Scheider, Adam Baldwin, Harley Cross, Cooper Huckabee, Suzanne Savoy. ◆ Due killer (Scheider e Baldwin) sequestrano un bambino (Cross) testimone di un delitto, gli ammazzano i genitori e se lo portano dietro in macchina: uno lo vorrebbe uccidere subito, l'altro ha qualche esitazione. Secco ed essenziale esordio di Eric Red, già sceneggiatore di *The Hitcher* e *Il buio si avvicina*. Nessun paesaggio, ma solo un gioco al massacro sui volti immersi nel buio: e uno dei finali più bruschi e violenti (da paragonare con quello di *Indagine ad alto rischio*) del cinema degli ultimi anni. Come rivitalizzare due stereotipi come quelli della notte e della strada: peccato che se ne siano accorti ben pochi.

Strade del rock, Le → *Roadie – Le strade del rock*

Strade del Sud, Le ** (*Les Routes du Sud*, Francia 1978, col, 97') Joseph Losey. Con Yves Montand, Miou-Miou [Sylvette Hery], Laurent Malet, France Lambiotte. ◆ Una coppia di intellettuali (Montand e Miou-Miou), impegnata nella lotta politica contro il franchismo, è criticata dal figlio (Malet), disilluso dai miti sessantottini: quando la madre muore in una missione oltre i Pirenei, questi dà la colpa al padre e lo manda in crisi. Tarda e non troppo appassionante eco di *La guerra è finita* di Alain Resnais, di cui ritornano lo sceneggiatore (Jorge Semprun), il protagonista (Montand) e i temi (l'esilio, la crisi dell'impegno). La fumettista Claire Bretécher è la reporter televisiva.

Strade di fuoco *½ (*Streets of Fire*, Usa 1984, col, 93') Walter Hill. Con Michael Paré, Diane Lane, Willem Dafoe, Rick Moranis, Amy Madigan, Deborah Van Walkenburg, Bill Paxton, Robert Townsend. ◆ Una rockstar (Lane) è rapita da un sadico capobanda (Dafoe), e il suo ex boyfriend (Paré) cerca di salvarla. Trama di una semplicità elementare per un film giocato tutto sul ritmo, il look (Armani *imperat*) e l'atmosfera (a metà strada tra *West Side Story* e *1997 – Fuga da New York*). Erano gli anni dei videoclip, e si vede: la «favola rock» di Hill, per quanto girata bene (la fotografia è di Andrew Laszlo), sa di fasullo – e non ha un briciolo d'ironia. Musiche di Ry Cooder.

Strade perdute ** (*Lost Highway*, Usa/Francia 1996, col, 134') David Lynch. Con Bill Pullman, Patricia Arquette, Balthazar Getty, Robert Loggia, Robert Blake, Natasha Wagner, Lisa Boyle, Gary Busey, Richard Pryor, Jack Nance, Henry Rollins. ◆ Il sassofonista Fred Madison (Pullman), perseguitato da un individuo misterioso (Blake), si ritrova accusato dell'omicidio della propria moglie (Arquette). Ma in carcere si trasforma in un'altra persona (o ne viene sostituito?), il giovane meccanico Pete Dayton (Getty): che, liberato, inizia una relazione a rischio con la pupa (Arquette) del pericoloso Mr. Eddy (Loggia). Con un occhio alla *Donna che visse due volte*, Lynch e il cosceneggiatore Barry Gifford smontano i meccanismi del noir, costruendo un racconto che sfida ogni interpretazione razionale, puntando tutto su un'atmosfera onirica e inquietante, piena di paradossi spazio-temporali. Anche se il risultato non è tanto un viaggio sconvolgente nei meandri dell'inconscio, quanto una cinica presa in giro dello spettatore, e la conferma di un'impasse creativa. Ormai non si può pretendere sincerità da Lynch, né bisogna prenderlo troppo sul serio: vertiginoso manierista di se stesso, chiuso nei propri incubi ma incapace di reggerli a lungo con l'intensità che mostra nella prima mezz'ora del film: anche perché, dopo *Twin Peaks*, si tiene sempre aperta la facile scappatoia del nonsense. Pessime scene erotiche, abissale fotografia di Peter Deming, e colonna sonora furbetta a cura di Angelo Badalamenti, Trent Reznor e Barry Adamson. La Wagner (Sheila) è figlia di Nathalie Wood e Robert Wagner. Il cantante Marilyn Manson (che interpreta *I Put a Spell on You*) è una delle pornoattrici.

Strade violente *** (*Thief*, Usa 1981, col, 123') Michael Mann. Con James Caan, Tuesday Weld, Willie Nelson, James Belushi, Robert Prosky, Dennis Farina. ◆ Uno scassinatore (Caan) uscito di galera e perseguitato dalla polizia viene ingaggiato da un'organizzazione criminale: vorrebbe tirarsi indietro, non può, e va incontro lucidamente all'autodistruzione. Primo film per il grande schermo del regista di *Manhunter*, autore anche della sceneggiatura tratto da un romanzo di Frank Hohimer: un noir crudo e notturno, girato con strani ritmi dilatati, improvvise e intelligenti ellissi, ed esplosioni brucianti di violenza. Imperdibile il finale. Mann mostra già uno stile personale, e trova in Caan un interprete capace di sfumature impensabili. Colonna sonora dei Tangerine Dream. Primo film di James Belushi.

Stradivari *½ (Italia 1988, col, 120') Giacomo Battiato. Con Anthony Quinn, Lorenzo Quinn, Valerie Kaprisky, Francesco Quinn, Stefania Sandrelli, Danny Quinn. ◆ Storia del liutaio cremonese Stradivari (Quinn) che, tra il Seicento e il Settecento, ebbe due mogli (Kaprisky e Sandrelli) e undici figli. Sunto di uno sceneggiato televisivo, con tutti i difetti del genere. Battiato vorrebbe privilegiare il disegno dei caratteri evitando l'agiografia, ma il ritmo del film è di quelli che conciliano il sonno. Nella colonna sonora il violino (uno Stradivari, ovviamente) di Salvatore Accardo.

Strage di Frankenstein, La ** (*I Was a Teenage Frankenstein*, Usa 1958, b/n, 72') Herbert L. Strock. Con Whit Bissell, Phyllis Coates, Robert Burton, Gary Conway, George Lynn, John Cliff. ◆ Uno scienziato (Bissell) utilizza per la sua creatura fatta in casa un ragazzo (Conway) vittima di un incidente. Il corpo viene smontato per il trasporto in Inghilterra, ma l'anima si ribella contro il suo creatore. La regia è di mestiere, ma il film – pensato per un pubblico di adolescenti – non manca di sorprese: la sceneggiatura di Aben Kandal è sottilmente parodistica, il trucco ben fatto e l'inserimento del colore nel momento di maggior tensione efficace. Memorabile la frase pronunciata dallo scienziato: «Rispondimi! Hai una lingua a posto, te l'ho cucita io!».

Strana avventura di David Gray il vampiro, La → *Vampiro, Il*

Strana coppia, La ** (*The Odd Couple*, Usa 1968, col, 105') Gene Saks. Con Jack Lemmon, Walter Matthau, Val Avery, Carole Shelley, Monica Evans. ◆ Felix (Lemmon) e Oscar (Matthau), divorziati da poco, occupano lo stesso appartamento: uno è felice del nuovo stato, l'altro non sa come consolarsi. Dalla celebre commedia di Neil Simon da lui stesso sceneggiata, un successo confezionato a tavolino, seguito da due serie tv. Due gigioni che si rilanciano battute con ritmo impeccabile non bastano però a fare un film. Con un seguito trent'anni dopo, *La strana coppia II*.

Strana coppia II, La *½ (*Neil Simons's The Odd Couple II*, Usa 1998, col, 97') Howard Deutch. Con Jack Lemmon, Walter Matthau, Christine Baranski, Barnard Hughes, Jay O. Sanders, Jonathan Silverman. ◆ La figlia di Felix (Lemmon) sposa il figlio di Oscar (Matthau): e i due amici-nemici intraprendono un viaggio disastroso in California, ricominciando i litigi di sempre. Nella finzione sono passati 17 anni, nella realtà 30: e lo humour di Neil Simon è diventato più generico e annacquato (quella del *road movie* è la formula più facile che poteva trovare), oltre che anacronistico. Anche se i due interpreti continuano a sfidare arzilli il pensionamento, senza suscitare l'imbarazzo di altri loro colleghi.

Strana coppia di sbirri, Una ** (*Freebie and the Bean*, Usa 1975, col, 113') Richard Rush. Con Alan Arkin, James Caan, Loretta Swit, Valerie Harper, Jack Kruschen. ◆ Due poliziotti (Arkin e Caan) incaricati di incastrare un boss della mala, sorvegliano la casa del pregiudicato giorno e notte ma se lo lasciano morire sotto il naso. Poliziesco condito di umorismo cinico che spesso va sopra le righe e cerca il grottesco con la mano pesante: tipico prodotto degli anni Settanta. Ottimi gli attori e la fotografia di Laszlo Kovacs.

Strana coppia di suoceri, Una ** (*The In-Laws*, Usa 1979, col, 103') Arthur Hiller. Con Peter Falk, Alan Arkin, Richard Libertini, Ed Begley jr, Nancy Dussault. ◆ Il matrimonio di Tommy e Barbara rischia di saltare a causa di un consuocero (Falk) che di mestiere fa l'agente segreto e che, alla vigilia delle nozze, coinvolge l'altro suocero (Arkin), un tranquillo dentista, in un movimentato intrigo. Ritmo forsennato ma macchinoso, e ironia spesso di seconda mano: il divertimento, comunque, non è del tutto assente. Sceneggiato da Andrew Bergman.

Strana gente *** (*Strannye ljudi*, Urss 1969, b/n, 100') Vasilij Šukšin. ◆ Film a episodi. In *Fratello mio* (con Evgenij Evstigeev, Sergej Nikolenko, Lidia Fedoševa-Šukšina) un giovane campagnolo si trova a disagio quando va a trovare il fratello che vive in città, ma poi scopre che i veri problemi sono del cittadino, alcolizzato e in perenne conflitto con la moglie; in *Colpo fatale* (con Evgenij Lebedev, Liubiov' Sokolova) un vecchio non si fa pagare da chi accompagna a caccia purché ascolti la storia di un attentato a Hitler che fu lì lì per compiere; in *Pensieri* (con Vsevolov Sanaev, Pantelejmon Krymov, Elena Sanaeva) un vecchio che si sente morire si rifugia nei ricordi, irritato con le nuove generazioni e soprattutto col suono del violino di un ragazzo. Programmatico fin dal titolo rivelatore dell'interesse del regista per i personaggi marginali, il film descrive il mondo contadino alle prese con la concretezza delle scelte morali e pratiche, ma sempre in rapporto con la natura e con una comunità refrattaria ai grandi discorsi. Con molta abilità, Šukšin (autore anche della sceneggiatura) sa «evitare il compiacimento del bislacco, il culto del tipo originale visto come contestatore del nuovo ordine» recuperandone invece il risvolto lirico o lo humour della commedia.

Strana la vita **½ (Italia 1988, col, 96') Giuseppe Bertolucci. Con Diego Abatantuono, Monica Guerritore, Lina Sastri, Amanda Sandrelli, Domiziana Giordano, Nik Novecento. ◆ Dario (Abatantuono), psicologo e fidanzato con Nora (Sastri), eredita la moglie (Guerritore) e l'amante (Sandrelli) di un amico che gli muore d'infarto tra le braccia; come se non bastasse, si ritrova tra i piedi anche una sua paziente che s'innamora di lui (Giordano). Balletto stralunato e quasi ophulsiano, che innesta nel cinema italiano una felice vena di assurdo, ignorando le solite macchiette. Non tutto è intonato, e il finale alla Antonioni può lasciare perplessi: ma trovare dell'ironia senza scivolare nel lezioso, dalle nostre parti, è evento raro. Dall'omonimo romanzo di Giovanni Pascutto, autore della sceneggiatura con Bertolucci. Musiche di Nicola Piovani.

Strana storia di Olga O., La * (Italia 1995, col, 88') Antonio Bonifacio. Con Serena Grandi, David Brandon, Stéphane Ferrara, Daniela Poggi, Florinda Bolkan. ◆ Chi perseguita Olga (Grandi), tornata nella casa natale dove aveva assistito al suicidio del padre (che non c'entra niente, però serve ad allungare la zuppa)? Risposta: il marito (Brandon), che in realtà è frocio! Sconquassato gialletto (da un soggetto di Ernesto Gastaldi) da antologia del trash, con qualche timida scena soft-core. La Grandi si protegge con le ombre, la Poggi è imbarazzante.

Strana voglia, La * (*Strange Brew – The Adventures of Bob and Doug McKenzie*, Usa 1983, col, 90') Dave Thomas, Rick Moranis. Con Dave Thomas, Rick Moranis, Paul Dooley, Max von Sydow, Lynne Griffin. ◆ Due fratelli birromani e decerebrati (Thomas e Moranis, anche sceneggiatori) sventano i piani di un malvagio (von Sydow, al minimo storico) che vuole inondare l'Oktoberfest di birra drogata. *Fusi di testa*, in confronto, sembra *Pulp Fiction*: com'era innocuo, stupido e fiacco l'umorismo americano di derivazione televisiva degli anni Ottanta! Anche se i giochini metacinematografici dell'inizio sono stati riciclati da *Gremlins 2*.

Strana voglia di Jean, La **½ (*The Prime of Miss Jean Brodie*, Gb 1969, col, 116') Ronald Neame. Con Maggie Smith, Robert Stephens, Pamela Franklin, Gordon Jackson, Jane Carr. ◆ Edimburgo, anni Trenta: l'insegnante anticonformista (e filofascista) Jean Brodie (Smith) esercita un influsso considerato nefasto sulle sue allieve – che la adorano – e viene espulsa dal collegio. Da un racconto di Muriel Spark, già realizzato per il teatro e adattato per lo schermo da Jay Presson Allen, Neame dirige il suo film migliore, «bello spaccato sulla psicologia britannica, fatto di sottintesi, di tensioni e desideri inespressi, di repressioni sottili e traumi inconfessati» che si regge magnificamente sulla sensibilità di Maggie Smith (premiata con l'Oscar). La Smith e Stephens allora erano sposati.

Strane licenze del caporale Dupont, Le **½ (*Le Caporal épinglé*, Francia 1962, b/n, 108') Jean Renoir. Con Jean-Pierre Cassel, Claude Brasseur, Claude Rich, O.E. Hasse, Jean Carmet, Conny Froboess. ◆

Il caporale Dupont (Cassel) e il commilitone Pater (Brasseur) tentano in varie riprese di scappare da un campo nazista: ci riusciranno durante un bombardamento quando una ragazza innamorata di Dupont fornirà loro abiti da civili. Maltrattato dalla critica dell'epoca, l'ultimo film di Renoir (tratto dal romanzo di Jacques Perret e sceneggiato dal regista con Guy Lefranc) per il grande schermo torna alle situazioni della *Grande illusione* cambiando prospettiva. Dupont e Pater sono due piccoli borghesi coinvolti in un mondo più grande di loro, e il racconto ha l'andamento irridente della commedia – sia pure con qualche caduta di tono. Indegno il titolo italiano: la traduzione di quello originale è «il caporale imprigionato».

Strane storie – Racconti di fine secolo ** (Italia 1994, col, 82') Sandro Baldoni. Con Ivano Marescotti, Silvia Cohen, Mariella Valentini, Alfredo Pea, Flavio Bonacci, Consuelo Stangorone. ◆ In treno, un papà divorziato (Bonacci) racconta alla figlioletta (Stangorone) alcune storie ispirate ai passeggeri dello scompartimento: un cittadino (Marescotti) lotta contro il tempo per pagare la bolletta dell'aria per non morire per asfissia; una single (Cohen) compra un uomo al supermercato (Marescotti) e scopre che è scaduto; una famiglia povera (Valentini-Marescotti) entra in conflitto (armato) con i neodirimpettai benestanti (Cohen-Pea). Opera prima indipendente del pubblicitario Sandro Baldoni che, per raccontare la realtà attuale (fatta di burocrazia, mercificazione e guerre assurde) sconfina con intelligenza e ironia in un surrealismo corrosivo e felice, pochissimo frequentato dal cinema italiano: Zavattini docet, ma Baldoni aggiunge il pessimismo della ragione dei nostri tempi, facendo «deragliare» le favole sul binario morto del vagone dell'Italicus (che si vede nell'ultima inquadratura). Sceneggiatura del regista e di Johnny Dell'Orto (che compare brevemente nel ruolo del muratore cileno), sviluppata a partire da un precedente cortometraggio (*La bolletta*) dopo aver trovato i finanziamenti necessari. Le ristrettezze di mezzi, però, non nascondono del tutto un'eccessiva elementarità di stile.

Stranezze di Jane Palmer, Le *** (*Lady in a Jam*, Usa 1942, b/n, 78') Gregory La Cava. Con Irene Dunne, Patric Knowles, Ralph Bellamy, Eugene Pallette, Samuel S. Hinds, Queenie Vassar, Jane Garland, Isabelle LaMal. ◆ Ridotta sul lastrico dalla propria sventatezza e prodigalità, l'ereditiera Jane Palmer (Dunne) si trasferisce in Arizona dalla nonna (Vassar), seguita dal dottor Enright (Knowles), uno psicoanalista che dovrebbe curare la sua totale mancanza di senso della realtà. Invece di guarirla se ne innamora, ma Jane, che è tornata ricca per via di un insperato giacimento di uranio, sembra preferirgli l'insipido Stanley (Bellamy). La commedia più eccentrica e scatenata di La Cava, che durante le riprese era seguito da uno psichiatra per le frequenti crisi dovute al suo alcolismo. Ma la malattia può spiegare solo in parte la libertà narrativa e il totale rifiuto delle regole di credibilità che mette in mostra la storia sceneggiata da Eugene Thackrey, Frank Cockrell e Otto Lovering: dopo aver praticamente identificato il comportamento della ricca Jane con la follia più schizofrenica (portando all'estremo la critica sociale delle classi abbienti presente nei suoi film precedenti), nelle scene in Arizona il tono diventa quello della commedia «demenziale» alla *Hellzapoppin'*, con dialoghi ai limiti dell'assurdo (le intrusioni della nipotina Josephine [LaMal], le serenata di Stanley, vestito sempre come Tom Mix) e notazioni che sembrano anticipare la critica della società dello spettacolo (la fauna variopinta, compresa una coppia di indiani che vendono souvenir, arrivata dopo la scoperta del giacimento). Grande merito, comunque, va alla recitazione scatenata di un'irresistibile Irene Dunne, la cui scena finale, di fronte a un imbambolato Knowles, merita di entrare in un'antologia sul matriarcato americano.

Strange Days ** (*Strange Days*, Usa 1995, col, 141') Kathryn Bigelow. Con Ralph Fiennes, Angela Bassett, Juliette Lewis, Tom Sizemore, Michael Wincott, Vincent D'Onofrio, Richard Edson, Glenn Plummer. ◆ Los Angeles, dicembre 1999: impazza lo *squid*, una specie di videoregistratore cerebrale che consente di rivivere esperienze «registrate» da altri. Ma quando l'ex poliziotto Lenny Nero (Fiennes) si ritrova nelle mani un dischetto dove è registrato l'assassinio di un carismatico rapper nero (Plummer) da parte della polizia, non sa che fare: divulgarlo e rischiare di far scoppiare una rivolta? Mentre gli omicidi fioccano, la tassista nera Lornette Mason (Bassett) lo aiuta a fare la cosa giusta e risolvere i suoi problemi sentimentali con la cinica ninfetta rockettara Faith (Lewis). L'idea di partenza (la sceneggiatura è di James Cameron e di Jay Cocks) è la stessa del vecchio *Brainstorm*, anche se la Bigelow ne sviluppa le possibilità col talento visivo che le si conosce (soggettive mozzafiato, piani-sequenza spericolati) e con una sensibilità molto femminile nel mettere in scena le implicazioni perturbanti della violenza. Ma spesso la regista si fa prendere la mano e, senza credere troppo al banale sottointreccio giallo, si accontenta di rappresentare una plausibile versione del caos che ci aspetta fra pochi anni, con la musica a manetta e centinaia di comparse. Delude, poi, che le premesse rivoluzionarie trovino sbocco in un finale accomodante all'insegna del *politically correct*. La danzatrice Louise LeCavalier è una guardia del corpo. La fotografia è di Matthew F. Leonetti.

Strange Invaders ** (*Strange Invaders*, Usa 1983, col, 94') Michael Laughlin. Con Paul LeMat, Nancy Allen, Diana Scarwid, Michael Lerner, Louise Fletcher, Wallace Shawn, Fiona Lewis. ◆ Una cittadina del Midwest è invasa dagli alieni che si sono mimetizzati tra la popolazione: l'entomologo Bigelow (LeMat) scopre che sua moglie è una di loro. Omaggio alla fantascienza degli anni Cinquanta, con alieni ostili e il governo che sa e non dice. Ben realizzato, con buoni effetti speciali, ma con qualche ingenuità nello sviluppo del racconto.

Stranger Than Paradise – Più strano del paradiso **½ (*Stranger Than Paradise*, Usa 1984, b/n, 90') Jim Jarmusch. Con John Lurie, Eszter Balint, Richard Edson, Cecilla Stark. ◆ Bela, alias Willie (Lurie), tira a campare barando a poker con un amico (Edson); con la cugina del primo (Balint), appena arrivata dall'Ungheria, vanno in macchina da Cleveland alla Florida, giocano e perdono alle corse, e per una serie di equivoci perdono l'uno le tracce dell'altro. Il film che ha rivelato Jarmusch al pubblico internazionale, è il saggio più coerente di un minimalismo che allora sembrò di una originalità dirompente, anche se oggi sembra già molto lontano. Narrazione frammentata (tanti piccoli episodi, ognuno dei quali è un piano sequenza, intervallati da fotogrammi neri), rimandi ironici al noir e al road-movie, poesia dell'evento insignificante, accurata omissione di sesso e violenza dove non si avverte ancora traccia di maniera. Girato con gli scarti di pellicola di *Lo stato delle cose* di Wenders; all'inizio doveva essere un cortometraggio. Lurie, leader dei Lounge Lizards, è autore anche delle musiche per quartetto d'archi che accompagnano i siparietti neri; Edson è un batterista e trombettista dello stesso giro. In versione originale con sottotitoli.

Strangolatore di Boston, Lo **½ (*The Boston Strangler*, Usa 1968, col, 120') Richard Fleischer. Con Tony Curtis, Henry Fonda, George Kennedy, Mike Kellin, Hurt Hatfield, Murray Hamilton, Sally Kellerman. ◆ Albert Di Salvo (Curtis), operaio e buon padre di famiglia di Boston, uccide dodici donne nel corso di raptus, e di cui non ricorda nulla: viene catturato da un federale (Fonda), ma non può confessare. Impressionante l'interpretazione di Curtis, in un ruolo accettato con molto coraggio. L'uso dello split screen da parte di Fleischer non sempre sembra necessario, ma la scelta di tenersi su un registro quotidiano e realistico dà buoni risultati.

Strani amori * (*Love Has Many Faces*, Usa 1965, col, 105') Alexander Singer. Con Lana Turner, Cliff Robertson, Hugh O'Brien, Ruth Roman, Stefanie Powers. ◆ Ad Acapulco una donna (Turner) si divide tra due tipi da spiaggia: ma uno di essi viene assassinato. Uno dei terribili polpettoni che la Turner girava a fine carriera.

Strani compagni di letto *½ (*Strange Bedfellows*, Usa 1965, col, 99') Melvin Frank. Con Rock Hudson, Gina Lollobrigida, Gig Young, Terry-Thomas. ◆ Un americano (Hudson) si reca a Londra per divorziare dalla sua fiera moglie italiana (Lollobrigida), ma alla fine ci ripensa. Insulsa commediola dal finale scontato, con due protagonisti privi di un grande talento comico.

Straniera, La ** (*The Stranger's Return*, Usa 1933, b/n, 88') King Vidor. Con Miriam Hopkins, Lionel Barrymore, Franchot Tone, Stuart Erwin, Beulah Bondi. ◆ Louise Storr (Hopkins), newyorchese divorziata, va a trovare il burbero nonno (Barrymore) nel profondo Sud. Ne conquista la fiducia e, sfidando i pettegolezzi, si lascia corteggiare da un uomo sposato (Tone). L'amore non andrà in porto, ma Louise non partirà più. A Vidor interessa osservare i personaggi con la sua inconfondibile simpatia umana – e lasciare carta bianca all'istrionismo di Barrymore – più che raccontare una storia. Un intreccio tanto rarefatto spiega lo scarso successo dell'epoca, e può forse consentire di rivalutare il film (tratto da un romanzo di Phil Stong) che però non esce mai dalle dimensioni del bozzetto.

Straniera, La ** (*Strange Lady in Town*, Usa 1955, col, 115') Mervyn LeRoy. Con Greer Garson, Dana Andrews, Lois Smith, Cameron Mitchell, Walter Hampden, Nick Adams, Gonzales Gonzales, Abel Fernandez. ◆ Santa Fé, 1880: Julia W. Garth (Garson) cerca nel West il rispetto – come donna e come medico – che la sua Boston le ha negato: dovrà affrontare la gelosia professionale, e anche l'amore, di un collega (Andrews), ma soprattutto la scoperta che il fratello militare (Mitchell) è corrotto. Strano western raccontato come una soap-opera e sceneggiato – con eccessiva sottigliezza – da Frank Butler. Ma è la regia a far difetto, incapace di fondere il tono scanzonato da ballata (con «clienti» insoliti come Billy the Kid [Adams] e Geronimo [Fernandez]) con la tipica recitazione compassata e altera della Garson, le cui rivendicazioni femministe passano attraverso i fatti e non le tirate ideologiche. Probabilmente l'unico vero insuccesso della carriera di LeRoy. La canzone dei titoli è cantata da Frankie Laine.

Straniera, La ** (*Cold Sassy Tree*, Usa 1989, col, 100') Joan Tewkesbury. Con Faye Dunaway, Richard Widmark, Neal Patrick Harris, Frances Fisher, Samantha Mathis, Lee Garlington. ◆ Profondo sud, inizio secolo: il vedovo Baxley (Widmark) non aspetta un mese di lutto per sposare una sua dipendente, la piacente zitella Miss Love (Dunaway). La gente mormora, la neosposa non ne vuole sapere neanche di farsi sfiorare dal marito, ma alla fine (quasi) tutto andrà per il meglio. Spaccato d'epoca agrodolce ben girato e recitato, anche se su misura per il piccolo schermo. Da un romanzo di Olive Ann Burns adattato dalla regista. La Dunaway è anche produttrice.

Straniero, Lo ** (*The Stranger*, Usa 1946, b/n, 95') Orson Welles. Con Orson Welles, Edward G. Robinson, Loretta Young, Richard Long, Martha Wentworth. ◆ Sulle tracce di un criminale nazista fuggito in America, l'ispettore Wilson (Robinson) sospetta del professor Rankin (Welles), novello sposo della figlia (Young) di un giudice: una serie di indizi e soprattutto la passione di Rankin per l'orologeria convincono l'ispettore dei suoi sospetti che troveranno la conferma definitiva in un drammatico scontro all'interno del gigantesco orologio di un campanile. Sceneggiato da Anthony Veiller e John Huston (che però non è accreditato), è un giallo abbastanza modesto con qualche momento di ironia (Rankin che spiega che «Marx non era tedesco, era ebreo»). Letto da Italo Calvino come una parabola sullo stalinismo, il film è piuttosto la descrizione dell'ambiguo rapporto che lega la borghesia al nazismo – specie nelle titubanze ad aprire gli occhi da parte della moglie – ma tutto resta molto superficiale.

Straniero, Lo ** (Italia/Francia 1967, b/n, 105') Luchino Visconti. Con Marcello Mastroianni, Anna Karina, Bernard Blier, Georges Wilson, Bruno Cremer, Jacques Herlin, Angela Luce. ◆ Algeri, 1935: dopo il funerale della madre, Mersault (Mastroianni) non sembra manifestare alcuna emozione. Intreccia una relazione con un'ex collega (Karina), uccide un arabo senza sapere bene il perché, e accetta la condanna a morte con indifferenza. Era arduo rendere con le immagini il romanzo di Camus, in cui il protagonista racconta la propria storia con cinico distacco. Visconti (aiutato dalla sceneggiatrice Suso Cecchi d'Amico) sceglie una specie di realismo onirico, ma finisce col trasformare Mersault in un Oblomov. Non un disastro comunque, anche se la sequenza del processo fa precipitare la tensione.

Straniero a Sacramento, Uno *½ (Italia 1965, col, 102') Serge Bergon [Sergio Bergonzelli]. Con Mickey Hargitay, Barbara Frey, Steve Saint-Clair, Johnny Jordan, Lucky Bennett [Luciano Benetti], James Hill [Giulio Marchetti], Gabriella Giorgielli, Gya Sandry [Gia Sandri]. ◆ Arrestato ingiustamente, Mike Jordan (Hargitay) evade dal carcere per vendicarsi di chi gli aveva ucciso il padre e il fratello e gli aveva rubato il bestiame: ci riuscirà con l'aiuto della fidanzata (Frey) dello sceriffo. L'ex marito di Jayne Mansfield tenta la fortuna a Cinecittà interpretando uno dei primi spaghetti-western realizzato con capitali interamente italiani: pura routine e il solito «trucchetto» di americanizzare i nomi dei collaboratori (il direttore della fotografia Al Albert è il futuro regista Adalberto «Bitto» Albertini, il musicista Felix De Stephen è Felice Di Stefano, l'arredatore Mill Lord è Camillo Del Grande).

Straniero del terzo piano, Lo ** (*The Stranger on the Third Floor*, Usa 1940, b/n, 64') Boris Ingster. Con John McGuire, Margareth Tallichet, Peter Lorre, Elisha Cook jr, Charles Halton. ◆ Un giornalista (McGuire), che con la sua testimonianza indiziaria ha fatto condannare un uomo per assassinio, si ritrova nella stessa condizione: è incriminato per l'uccisione di un vicino sulla base di indizi e dichiarazioni avventate. Ci penserà la findanzata (Tallichet) a smascherare il responsabile (Lorre) dei due delitti. Un giallo che spreca l'inquietante rappresentazione di una giustizia ingiusta (da una sceneggiatura di Frank Partos) con un finale troppo affrettato e semplicistico. Bella comunque la fotografia di Nicholas Musuraca e la sequenza dell'incubo accusatorio del giornalista.

Straniero ha sempre una pistola, Lo ** (*The Stranger Wore a Gun*, Usa 1953, col, 72') André de Toth. Con Randolph Scott, Claire Trevor, George Macready, Lee Marvin, Ernest Borgnine, Joan Weldon, Alfonso Bedoya. ◆ Spia della spietata banda di Quantrill durante la guerra di Secessione, Jeff Travis (Scott) trova protezione, dopo il conflitto, presso l'ex confederato Jules Maurette (Macready) che lo usa ancora come spia per sapere quando assaltare le diligenze che trasportano preziosi: ma l'affetto per chi crede nelle sue qualità lo spingerà a chiudere con il passato. Un western insolito, antipsicologico e virulento, sceneggiato da Kenneth Gamet senza un vero eroe positivo – Travis, alla fine, si libera con le armi di chi lo ricattava, ma non cerca mai di giustificare il suo comportamento né sembra dispiaciuto di fare la spia – ed è ambientato in un'Arizona dove la legge sembra non esistere. La scelta produttiva del 3D se da una parte spinge a una serie di inusuali performance visive (torce e pistole rivolte contro lo spettatore, rocce in primo piano che – riviste senza occhialini – sembrano muoversi, l'incendio finale nel saloon più scenografico che drammatico), dall'altra permette a de Toth di sfruttare al meglio il suo talento plastico per fare del paesaggio uno dei veri protagonisti del film. In originale dura 83'.

Straniero senza nome, Lo *** (*High Plains Drifter*, Usa 1973, col, 105') Clint Eastwood. Con Clint Eastwood, Verna Bloom, Marianna Hill, Mitchell Ryan, Jack Ging, Geoffrey Lewis. ◆ Avuto carta bianca per difendere i pavidi abitanti di un villaggio da tre criminali che avevano già ucciso lo sceriffo, uno straniero senza nome (Eastwood) impone la sua legge: fa dipingere la città di rosso come in un film di Antonioni e le cambia il nome in «Hell» (inferno); nomina sindaco un nano; e tratta le donne non proprio da gentiluomo. Libero lo spettatore, alla fine, di stabilire chi fosse veramente: forse era solo un fantasma. Alla seconda regia (sceneggiato da Ernest Tidyman), Eastwood affronta con le idee chiare il genere che l'ha reso celebre: se la violenza e l'umorismo cinico vengono direttamente dal western all'italiana, di suo Eastwood mette l'ambiguità e la viratura fantastica. Più vicino al *Cavaliere pallido* e agli *Spietati* (si veda il finale) che al fordiano *Il texano dagli occhi di ghiaccio*. Sottovalutato alla sua uscita.

Straniero tra gli angeli, Uno *½ (*Kismet*, Usa 1955, col, 113') Vincente Minnelli. Con Howard Keel, Ann Blyth, Dolores Gray, Monty Wooley, Sebastian Cabot. ◆ In un Oriente da *Mille e una notte* un poeta errante (Keel) sconfigge un malvagio visir e sposa la figlia del califfo. Ultima versione di un musical più volte portato sul palcoscenico e sullo schermo sceneggiato da Charles Lederer e Luther Davis: quella migliore è *Kismet* di Dieterle con Marlene Dietrich. Trama insulsa e coreografie non all'altezza della fama del regista. Gli estimatori, comunque, non mancano. Celebri le canzoni di Robert Wright e George Forrest (*Stranger in Paradise* e *Baubles, Bangles and Beads*) che plagiano temi di Borodin.

Strani miracoli ** (*Dear God*, Usa 1996, col, 112') Garry Marshall. Con Greg Kinnear, Laurie Metcalf, Maria Pitillo, Tim Conway, Roscoe Lee Browne, Hector Elizondo, Coolio, Jon Seda. ◆ Il piccolo truffatore Tom Turner (Kinnear), costretto a lavorare in posta, risponde per sbaglio a una delle tante lettere che la gente disperata indirizza a Dio: e dopo la prima buona azione involontaria, innesca un gioco che gli sfuggirà di mano. Scritta da Warren Leight e Ed Kaplan, una commedia colorata e ben interpretata che cerca toni da Frank Capra contemporaneo, fermandosi però sulla soglia di un bozzettismo e di un buonismo di maniera.

Strano amore di Marta Ivers, Lo *** (*The Strange Love of Martha Ivers*, Usa 1946, b/n, 117') Lewis Milestone. Con Barbara Stanwyck, Van Heflin, Lizabeth Scott, Kirk Douglas, Judith Anderson. ◆ Marta Ivers (Stanwyck), da piccola, ha ucciso la zia bisbetica e ha sposato Walter O'Neill (Douglas), che credeva essere l'unico testimone: ma la ricomparsa di un amico d'infanzia, Sam Masterson (Heflin) mette in agitazione la coppia. La sceneggiatura del futuro regista Robert Rossen fonde con originalità noir e melodramma, e lo stile realistico e un po' plumbeo di Milestone rende bene le cupe tensioni, sotterranee e non: «tutto è brutto, triste e squallido: una visione del mondo molto oscura, con uno spoglio paesaggio industriale sullo sfondo». Douglas, al suo esordio, rende simpatico un personaggio sgradevole. Grande partitura di Miklos Rozsa.

Strano caso, Uno *½ (*Chances Are*, Usa 1989, col, 108') Emile Ardolino. Con Cybill Shepherd, Robert Downey jr, Ryan O'Neal, Mary Stuart Masterson, Josef Sommer. ◆ Una donna (Shepherd) resta fedele al marito morto da lungo tempo; lo spirito di quello si reincarna nel corpo di un giovane (Downey) e torna sulla Terra, ma è indeciso tra la moglie e la giovane figlia (Masterson). La sceneggiatura di Perry e Randy Howze non si sofferma sui risvolti edipici, ma cerca di ricreare il tono delle commedie fantastiche in voga a Hollywood quarant'anni prima. Il cast è volenteroso, la regia ansante, il moralismo finale abbastanza fastidioso.

Strano caso del dott. Frankenstein, Lo * (*Frankenstein General Hospital*, Usa 1988, col, 95') Deborah Robert. Con Mark Blankfield, Leslie Jordan, Jonathan Ferwell, Kathy Shower. ◆ In un ospedale statunitense il pronipote del dottor Frankenstein vuole ripetere l'esperimento dell'avo e crea un mostro superdotato. A parte gli ammiccamenti a *Frankenstein Junior*, non c'è veramente nulla.

Strano caso del dottor Kildare, Lo *½ (*Dr. Kildare's Strange Case*, Usa 1940, b/n, 70') Harold S. Bucquet. Con Lew Ayres, Lionel Barrymore, Laraine Day, Shepperd Strudwick, Samuel S. Hinds, Emma Dunn, Nat Pendleton, John Eldredge, Alma Kruger, Walter Kingsford, Marie Blake, Frank Orth, Barry Nelson. ◆ Per curare un malato con problemi mentali (Eldredge), il dottor Kildare (Ayres) sperimenta alcune sue teorie contrarie sia all'intervento chirurgico che alle terapie psichiatriche e con una overdose di insulina risolve il caso. Quarto film della serie interpretata da Lew Ayres, niente più che accettabile.

Strano caso di omicidio, Uno *½ (*The Runner Stumbles*, Usa 1979, col, 99') Stanley Kramer. Con Dick Van Dyke, Kathleen Quinlan, Maureen Stapleton, Beau Bridges, Ray Bolger. ◆ A Solona nel Michigan, un prete (Van Dyke) è accusato di aver ucciso suor Rita e di esserne stato l'amante. Ispirato a una commedia di Milan Stitt basata su una storia vera, è raccontato con un classico flashback e un prevedibile colpo di scena finale. Nel genere dei gialli ecclesiastici si è visto ben di meglio, e il congedo di Kramer dal cinema non è stato memorabile. Noto anche come *Una suora, una donna*.

Strano detective, padre Brown, Uno **½ (*Father Brown*, Gb 1954, b/n, 91') Robert Hamer. Con Alec Guinness, Joan Greenwood, Peter Finch, Cecil Parker, Bernard Lee, Sidney James, Gérard Oury. ◆ Per evitare che un prezioso crocefisso finisca nelle mani del misterioso Flambeau (Finch), padre Brown (Guinness) lo scorta nel viaggio dall'Inghilterra a Roma: naturalmente il ladro riuscirà a rubarlo e naturalmente padre Brown riuscirà a recuperarlo. Una commedia agrodolce infusa di scetticismo che sa ritrovare lo spirito di G.K. Chesterton, al cui racconto *Crocefisso blu* s'ispira. Sceneggiato dal regista e Thelma Schnee, il film prende garbatamente in giro molti luoghi comuni sui detective (soprattutto la loro famosa capacità deduttiva) e satireggia il senso della gerarchia e della forma così tipicamente inglese, ma sfoggia soprattutto un cast superbo con un Guinness in grandissima forma.

Strano dramma del dottor Molineaux, Lo *** (*Drôle de drame*, Fancia 1937, b/n, 105') Marcel Carné. Con Michel Simon, Françoise Rosay, Louis Jouvet, Jean-Louis Barrault, Annie Cariel, Pierre Alcover, Jean Marais. ◆ Nella Londra d'inizio secolo, nessuno sa che il botanico Molineaux (Simon) e lo scrittore di gialli Chapel sono la stessa persona: mentre il primo viene ingiustamente accusato di uxoricidio, il secondo indaga sul caso, imbattendosi in un assassino di macellai (Barrault) che ha giurato di ucciderlo. Sceneggiato da Jacques Prévert a partire da un oscuro romanzo inglese, un perfetto gioco di paradossi condotto con gusto dell'assurdo e uno spirito anarcoide di fondo. Mescolando l'assurdo e la satira, il nonsense e lo scherzo, il film finisce per costruire il quadro di una società composta da esseri strambi e bizzarri, grazie ai quali distruggere alcuni dei capisaldi della rispettabilità borghese: amore per i soldi, gusto della gerarchia, culto dell'onorabilità. Carné riuscì a riunire un cast eccezionale, ma non ottenne il successo sperato; la fama del film – almeno in Francia – è iniziata nel dopoguerra. L'anno dopo Prévert e Carné collaboreranno per *Il porto delle nebbie*.

Strano incontro ** (*Love with the Proper Stranger*, Usa 1964, b/n, 100') Robert Mulligan. Con Natalie Wood, Steve McQueen, Edie Adams, Tom Bosley. ◆ Angie Rossini (Wood) resta incinta del trombettista Rocky (McQueen): decidono di abortire, ma cambieranno idea. Il realismo quotidiano di Mulligan (che sceglie bene le ambientazioni nell'East Side italiano di New York) allora sembrava crudo e realistico, ma lascia presto spazio a ovvietà sentimentali. Bosley non è ancora il bonaccione di *Happy Days*. Scritto da Arnold Schulman.

Strano interludio **½ (*Strange Interlude*, Usa 1932, b/n, 110') Robert Z. Leonard. Con Norma Shearer, Clark Gable, Alexander Kirkland, Robert Young, Maureen O'Sullivan, Henry B. Walthall, Ralph Morgan. ◆ Nina (Shearer) ama Gordon (Young), ma quando questi muore sposa il ricco Sam (Kirkland). Scoperto che questo non può avere figli, diventa l'amante del dottor Darrell (Gable). Il marito non sospetta nulla; quando diventerà vecchio e paralizzato, i due amanti, messi da parte i loro sentimenti, si dedicheranno a curarlo. Dal lungo dramma omonimo di Eugene O'Neill. Sceneggiato da Bess Meredyth e C. Gardner Sullivan, Leonard sfrutta al massimo le potenzialità del sonoro, e inaugura l'espediente del monologo interiore (voce fuori campo e recitazione muta, già pensata comunque da O'Neill per il testo teatrale, dove la voce «off» dice la verità e quella «in» le convenzioni e le bugie). Cast sfolgorante e sfruttato al meglio; un grande successo dell'epoca, anche se oggi è un po' datato. Gable da quel momento non si raderà più i baffi.

Strano mondo di Daisy Clover, Lo *** (*Inside Daisy Clover*, Usa 1965, col, 128′) Robert Mulligan. Con Robert Redford, Natalie Wood, Christopher Plummer, Ruth Gordon, Roddy McDowall. ◆ Anni Trenta: la cantante Daisy (Wood) ottiene una scrittura, ma il produttore (Plummer) che la vuole libera da ogni legame ne fa internare la madre psicolabile; né è di conforto il matrimonio con un attore omosessuale (Redford). Daisy mediterà il suicidio, ma troverà la forza di continuare in un rogo purificatore. Non piacque né ai produttori (che lo tagliuzzarono) né al pubblico questa variante a tinte forti di *È nata una stella*, che si è conquistata una fama non immeritata di film maledetto. Resta uno dei film più riusciti del regista sceneggiato da Gavin Lambert a partire da un suo romanzo: non banale nell'intrecciare finzione e realtà, set e vita privata, e coraggioso nell'affrontare il melodramma senza mezze misure e senza sdolcinature. Una delle più belle interpretazioni della Wood, che si fa però doppiare, quando canta, da Jackie Ward.

Strano Mr. Jones, Lo *½ (*The Fuller Brush Man*, Usa 1948, b/n, 93′) Sylvan S. Simon. Con Red Skelton, Janet Blair, Don McGuire, Adele Jergens, Ross Ford. ◆ Per poter sposare la sua ragazza, Mr. Jones (Skelton) si impiega come venditore di spazzole, ma lo scherzo di un collega geloso lo mette alla mercé di una banda di gangster. Commedia inoffensiva con Skelton alle prese con la propria ingenuità. Lucille Ball interpreterà due anni più tardi una specie di remake al femminile (*Accidenti che ragazza*).

Strano tipo, Uno *½ (Italia 1963, b/n, 90′) Lucio Fulci. Con Adriano Celentano, Claudia Mori, Nino Taranto, Erminio Macario, Luigi Pavese, Carlo Campanini, Giacomo Furia. ◆ A Capri, un divo della canzone (Celentano nella parte di se stesso) è perseguitato da un sosia che rischia di rovinargli le vacanze e di fargli perdere la ragazza (Mori). Primo film da protagonista per Celentano (accompagnato dal suo clan: Don Backy, Miki Del Prete, Memmo Dittongo, Gino Santercole), e fatidico incontro con la Mori. Nella media dei film canori di quegli anni.

Strano triangolo, Lo *½ (*Country Dance* rititolato negli Usa *Brotherly Love*, Gb 1969, col, 112′) J. Lee Thompson. Con Peter O'Toole, Susannah York, Michael Craig, Harry Andrews, Cyril Cusack. ◆ Un baronetto inglese (O'Toole) è legato da un amore morboso alla sorella sposata (York), che a causa di questo si separa: questa riconquista il marito e quello finisce in manicomio. Lee Thompson spinge sul grottesco e mette alla berlina la decadente nobiltà inglese: ma la sua mano è, come sempre, troppo pesante.

Strano vizio della signora Wardh, Lo *½ (Italia/Spagna 1971, col, 90′) Sergio Martino. Con George Hilton, Edwige Fenech, Ivan Rassimov, Cristina Airoldi. ◆ Una moglie trascurata (Fenech) ha un amante che la maltratta e crede di averla uccisa: la donna è salva, ma la polizia preferisce spargere la voce della sua morte per incastrare il bruto. Volenteroso giallo con qualche timida divagazione erotica.

Straordinaria avventura di Mr. Holland, La → *Incredibile avventura di Mr. Holland, L'*

Straordinarie avventure di Mr. West nel paese dei bolscevichi, Le → *Avventure di Mr. West nel paese dei bolscevichi, Le*

Strategia della lumaca, La ** (*La estrategia del caracol*, Colombia-Italia 1993, col, 112′) Sergio Cabrera. Con Frank Ramirez, Fausto Cabrera, Florina Lemaitre, Humberto Dorado. ◆ Gli inquilini di uno stabile di Bogotà, dopo avere impugnato ogni cavillo giuridico per non farsi sfrattare, decidono di adottare la strategia della lumaca: se ne andranno via, ma portandosi dietro – letteralmente – tutta la casa. Laureato in filosofia a Pechino dove è stato anche guardia rossa, il regista colombiano coniuga il populismo al neorealismo rosa, lo sberleffo anarchico a un surrealismo così tipicamente sudamericano da risultare annacquato. Tra presunte comparse della Madonna e travestiti seducenti (Lemaitre), il risultato è caleidoscopico ed epidermico.

Strategia della maschera, La * (Italia 1999, col, 108′) Rocco Mortelliti. Con Rocco Mortelliti, Pino Micol, Beatrice Macola, Mariano Rigillo, Pino Caruso, Andrea Camilleri, Simona Marchini. ◆ Alla morte del nonno archeologo (Camilleri, autore del soggetto), Riccardo (Mortelliti, anche sceneggiatore) va a Roma per un concorso e scopre casualmente la verità sul furto di alcune maschere greche. Giallo senza misteri, film comico che non fa ridere, senza capo né coda, girato malamente, tedioso oltre l'immaginabile. Ma «di interesse culturale nazionale»: lettore, l'hai pagato anche tu.

Strategia del ragno **½ (Italia 1972, col, 110′) Bernardo Bertolucci. Con Giulio Brogi, Alida Valli, Pippo Campanini, Franco Giovannelli, Tino Scotti. ◆ Athos (Brogi) va a Tara, un paesino della Bassa padana alla ricerca della verità sulla morte del padre, vittima di una bomba che avrebbe dovuto uccidere Mussolini. Ispirandosi al racconto *Tema dell'eroe e del traditore* di Borges (nella raccolta *L'aleph)* e alla pittura di De Chirico, Bertolucci costruisce un puzzle di menzogna e verità, passato e presente in linea col cinema d'autore di quegli anni (in particolare *L'uomo che mente* di Robbe-Grillet). Ovvi gli agganci psicoanalitici: Brogi interpreta sia il padre che il figlio; e Draifa (Valli), l'amante del padre, non ringiovanisce nei flashback. Riuscito, comunque, l'incrocio tra il realismo della prima parte e il surrealismo della seconda. Girato a Sabbioneta. Tara, il nome del paese, è la fattoria in cui Rossella O'Hara di *Via col vento* pensa di rifugiarsi.

Strategia di una rapina *** (*Odds Against Tomorrow*, Usa 1959, b/n, 96′) Robert Wise. Con Harry Belafonte, Robert Ryan, Gloria Grahame, Shelley Winters, Ed Begley, Will Kuluva. ◆ Un ex poliziotto sospeso per corruzione (Begley), il cantante nero di un night col vizio del gioco (Belafonte) e un reduce che non ha saputo mai reinserirsi (Ryan) decidono di assaltare una banca, ma il piano fallisce a causa dei pregiudizi razziali del terzo. Dal romanzo di William P. McGivern (sceneggiato senza essere accreditato da Abraham Polonsky che in quegli anni era ancora sulla lista nera), un film disperato e appassionante dove la storia poliziesca si intreccia con il tema del razzismo, specie di «elegia glaciale e coinvolgente per tre perdenti, abbandonati in un universo urbano che li accerchia e li soffoca». Alla fine dell'epoca d'oro del noir, Wise dirige un film praticamente perfetto nel suo classico bianco e nero (di Joseph Brun) dove le psicologie e i personaggi – tutti e tre sullo stesso piano, senza ruoli principali e soprattutto senza facili manicheismi – contano molto di più delle azioni e i tempi morti sono più affascinanti del colpo alla banca (relegato in pochi minuti alla fine del film). Bella colonna sonora del pianista jazz John Lewis.

Strategie del cuore, Le *½ (*Après l'amour*, Francia 1992, col, 105') Diane Kurys. Con Isabelle Huppert, Bernard Giraudeau, Hyppolite Girardot, Lio, Laure Killing, Yvan Attal. ◆ La scrittrice Lola (Huppert) tradisce il suo amante ufficiale David (Giraudeau) con il musicista Tom (Girardot). Ma entrambi gli uomini hanno ritorni di fiamma per le rispettive mogli (Lio e Killing) e Lola, rimasta incinta, cerca la propria libertà. Parabola sentimental-sessual-femminista, dove i comportamenti disinibiti dei personaggi rimandano agli anni Settanta: ma il risultato ha un'aria poco sincera, anche perché la Huppert, classe 1954, interpreta una trentunenne. Un «Rohmer da tinello» che è piaciuto in Francia ed è passato inosservato da noi.

Straziami, ma di baci saziami *** (Italia/Francia 1968, col, 100') Dino Risi. Con Nino Manfredi, Pamela Tiffin, Ugo Tognazzi, Moira Orfei, Gigi Ballista, Ettore Garofalo. ◆ Marisa, una ragazza ciociara (Tiffin) che ha lasciato il fidanzato Mario (Manfredi) per i pettegolezzi del paese, sposa il sarto sordomuto Umberto (Tognazzi): ma quando ritrova Mario, l'amore si riaccende, e decidono di far saltare in aria il marito. Gioiellino di comicità paradossale, tutta giocata sul gusto per il calco filologico e deformante della subcultura popolare, del patetico da fotoromanzo e del romanticismo da festival di Sanremo che contiene alcune delle più belle battute di Age e Scarpelli. Manfredi si controlla senza strafare; la Tiffin è ben doppiata; Tognazzi, con una vistosa parrucca rossa, per movenze e trucco ricorda Harpo Marx.

Streamers **½ (*Streamers*, Usa 1983, col, 118') Robert Altman. Con Matthew Modine, Michael Wright, Mitchell Lichtenstein, David Alan Grier, Guy Boyd, George Dzundza. ◆ Due giorni in un campo di addestramento militare Usa durante la guerra del Vietnam: tensioni sociali (borghesi contro proletari), razziali (bianchi contro neri) e sessuali (eterosessuali contro omosessuali) sfociano nella tragedia. Da una vecchia (1975) commedia di David Rabe, adattata dall'autore: nulla di nuovo, anche se Altman evita il finto naturalismo e l'enfasi didascalica del teatro filmato. Meno interessante, tuttavia, di altre operazioni analoghe del regista, come *Jimmy Dean, Jimmy Dean* e *Terapia di gruppo*. Gli streamers sono i paracadutisti cui non si apre l'ombrello. Premio collettivo per la migliore recitazione al festival di Venezia.

Street Fighter – Sfida infernale * (*Street Fighter*, Usa 1994, col, 100') Steven E. De Souza. Con Jean-Claude Van Damme, Raul Julia, Wes Studi, Ming Na Wen, Kylie Minogue, Damian Chapa. ◆ A Shadaloo City, il colonnello Guile delle Nazioni Alleate (Van Damme) è incaricato di liberare un gruppo di lavoratori tenuti prigionieri da un generale pazzo (Julia). L'esordio alla regia di De Souza, già sceneggiatore di famosi action-movie (*Trappola di cristallo*, *48 ore*, *Commando*), è una vertiginosa quanto insulsa sequela di duelli e combattimenti, in cui proprio la sceneggiatura fa la parte della grande assente. Si ispira (si fa per dire) all'omonimo gioco interattivo: ma, venendo meno l'interattività, vengono meno sia il motivo d'interesse del film sia la pazienza dello spettatore. Gli esterni, girati in Thailandia, contano 35 diverse locations. È l'ultima apparizione di Raul Julia, scomparso poco dopo la fine delle riprese.

Street Smart ** (*Street Smart*, Usa 1987, col, 97') Jerry Schatzberg. Con Christopher Reeve, Kathy Baker, Mimi Rogers, Morgan Freeman, André Gregory, Jay Patterson. ◆ Il giornalista Jonathan Fisher (Reeve) realizza lo scoop della sua vita con un articolo sul mondo della prostituzione. Il pezzo è inventato, ma il procuratore distrettuale che indaga sul boss della mala Fast Black (Freeman), crede che sia vero. Classica parabola sul potere di falsificazione dei media che, dopo un avvio promettente, si perde un po' per strada. «Superman» Reeve è quello che è, Freeman invece fu una rivelazione. Schatzberg, se non altro, dà qualche segno di vita dopo una lunga eclisse.

Strega, La ** (*La Sorcière*, Francia 1954, b/n, 97') André Michel. Con Marina Vlady, Maurice Ronet, Nicole Courcel, Naima Wilfstrand, Ulf Palme. ◆ Un ingegnere francese (Ronet) che lavora in una zona semiselvaggia della Svezia si innamora di Ina (Vlady), una ragazza che vive nei boschi additata da tutti come strega: la conduce in città, ma la ragazza verrà lapidata. Dramma della superstizione abbastanza prevedibile e intriso di buoni sentimenti. La Vlady, coi suoi occhi chiari e dolci e le sue misure da pin up, era al culmine dello splendore.

Strega chiamata Elvira, Una ** (*Elvira, Mistress of The Dark*, Usa 1988, col, 96') James Signorelli. Con Cassandra Peterson, W. Morgan Sheppard, Daniel Greene, Susan Kellermann, Jeff Conaway. ◆ Elvira (Peterson), versione punk di Morticia della *Famiglia Addams*, turba con le sue scollature una cittadina del Massachusetts, ma si riscatta liberandola dalla presenza di un sinistro stregone. Un Russ Meyer depurato incrociato con una parodia dell'horror: fumetto per teen-ager americani, abbastanza demente da riuscire quasi divertente.

Strega in amore, La *½ (Italia 1966, col, 110') Damiano Damiani. Con Rosanna Schiaffino, Richard Johnson, Sarah Ferrati, Gian Maria Volonté, Ivan Rassimov. ◆ Uno scrittore squattrinato (Johnson) accetta un lavoro propostogli da una strana vedova che vive con Aura (Schiaffino), che dice di essere sua nipote: ma la donna è una strega che si manifesta anche in spoglie giovanili. Damiani avrebbe voluto girare qualcosa di più di un horror all'italiana, ma non si eleva dalla media del genere.

Strega in paradiso, Una ** (*Bell, Book and Candle*, Usa 1958, col, 103') Richard Quine. Con Kim Novak, James Stewart, Jack Lemmon, Elsa Lanchester, Ernie Kovacs, Hermione Gingold. ◆ Una strega buona (Novak) fa innamorare di sé un editore (Stewart) usando le arti magiche: ma per portarlo all'altare dovrà rinunciare allo stato stregonesco. La commedia di John Van Druten sceneggiata da Daniel Taradash è diventata una farsa movimentata, che vorrebbe rifarsi, nella prima parte, all'umorismo sofisticato di *Ho sposato una strega*, ma ripiega poi su più banali equivoci e inseguimenti. La Novak ha solo *le physique du rôle*, Stewart comincia a essere un po' appannato. I due trombettisti che nel club di jazz fanno venire la «tempesta nel cervello» ai clienti sono i fratelli Conte e Pete Candoli.

Strega rossa, La ** (*Wake of the Red Witch*, Usa 1948, b/n, 106') Edward Ludwig. Con John Wayne, Gail Russell, Luther Adler, Gig Young, Adele Mara. ◆ Il capitano Ralls (Wayne) affonda la sua nave, la Strega Rossa, con l'intenzione di recuperarne più tardi il carico d'oro: doppia vendetta nei confronti dell'armatore Sidneye (Adler), che in passato ha soffiato a Ralls la bella Angélique (Russell). Ralls ritrova Angélique nell'aldilà, dopo essere morto nel tentativo di recuperare l'oro. Esaltato da molti critici francesi come un capolavoro di lirismo fantastico, tirando in ballo Stevenson e Conrad, è un tipico film d'avventure esotiche, appena un po' più scombiccherato della media. Senza buoni né cattivi e con troppi flashback, alterna ingenuità spettacolari (riprese subacquee, una celebre lotta con una piovra di gomma) a vampate di kitsch che possono essere anche affascinanti. Peccato che la sceneggiatura di Harry Brown e Kenneth Gamet annaspi, e che la regia di Ludwig sia tutt'altro che geniale. Uno dei film preferiti di John Wayne, e uno di quelli in cui il suo personaggio è meno moralista. Wayne battezzò la sua casa di produzione con lo stesso nome di quella per cui lavora nel film: Batjac.

Stregata dalla luna **½ (*Moonstruck*, Usa 1987, col, 102') Norman Jewison. Con Cher, Nicolas Cage, Vincent Gardenia, Olympia Dukakis, Danny Aiello, Julie Bovasso, Feodor Chaliapin. ◆ Loretta Castorini (Cher), quarantenne vedova del Bronx è promessa sposa a Johnny Cammareri (Aiello): ma, mentre lui è in Sicilia, si innamora del futuro cognato Ronny (Cage) durante una rappresentazione della *Bohème* al Met. Furbo aggiornamento della commedia sofisticata di una volta nella cornice pacchiana di Little Italy, dove il melodramma è sempre in agguato. Jewison è soltanto un abile direttore d'attori, ma quelli che ha a disposizione (Gardenia e la Dukakis su tutti) garantiscono lo spettacolo. Tre Oscar: miglior attrice protagonista (Cher), non protagonista (Dukakis) e sceneggiatura (John Patrick Shanley). Mai una volta, comunque, che qualcuno abbia il coraggio di proporre film come questo in edizione originale.

Stregati * (Italia 1986, col, 94') Francesco Nuti. Con Francesco Nuti, Ornella Muti, Novello Novelli, Alex Partexano. ◆ A Genova un finto tassista maschilista (Nuti) rapisce una sposa (Muti) il giorno delle nozze: la sua filosofia del carpe diem la conquisterà. Alla sua seconda regia Nuti si scopre autore: snocciola massime da baci Perugina e cerca la poesia della città notturna, memore, secondo alcuni pazzi, delle *Notti bianche* di Visconti. Ma quello che irrita non sono tanto le ambizioni di girare qualcosa di più di un film comico, o la debolezza dell'intreccio: è il narcisismo con cui Nuti regista contempla e ammira Nuti attore, e la sua presunzione che anche lo spettatore (o spettatrice) debba associarsi.

Streghe, Le **½ (Italia/Francia 1967, col, 105') Luchino Visconti, Mauro Bolognini, Pier Paolo Pasolini, Franco Rossi, Vittorio De Sica. ◆ Film a episodi. In *La strega bruciata viva* (Luchino Visconti. Con Silvana Mangano, Annie Girardot, Massimo Girotti, Francisco Rabal, Clara Calamai, Marilù Tolo. Sceneggiatura di Patroni Griffi e Zavattini) una star cerca un'improbabile pace a Cortina e scopre di essere incinta; in *Senso civico* (Mauro Bolognini. Con Silvana Mangano, Alberto Sordi) una signora bene raccoglie sull'auto un camionista infortunato ma pensa solo a non far tardi al suo appuntamento; in *La terra vista dalla luna* (Pier Paolo Pasolini. Con Silvana Mangano, Totò [Antonio de Curtis], Ninetto Davoli) il vedovo Ciancicato Miao sposa Assurdina dai capelli verdi: per ottenere soldi, lei inscena un suicidio dal Colosseo che però ha esito tragico; per fortuna Assurdina ricompare come fantasma; in *La siciliana* (Franco Rossi. Con Silvana Mangano, Piero Tordi) Nunzia, per orgoglio, scatena una faida; in *Una sera come le altre* (Vittorio De Sica. Con Silvana Mangano, Clint Eastwood. Sceneggiatura di Zavattini) una moglie trascurata dal marito (Eastwood, anche in mutande) sogna di copulare in uno stadio acclamata dalla folla. Prodotto da De Laurentiis, resta uno dei film a episodi più interessanti dell'epoca, secondo monumento alla Mangano dopo *La mia signora*: è isterica ed elegante nel primo episodio, divertente nel secondo, bamboleggiante e stralunata nel terzo (una favola miserabilista e surreale con tutti i pregi e i difetti del Pasolini più lirico, dove Laura Betti è il turista baffuto), trascurabile nel quarto e fellineggiante (ma non molto riuscita) nell'ultimo.

Streghe di Eastwick, Le ** (*The Witches of Eastwick*, Usa 1987, col, 118') George Miller. Con Jack Nicholson, Cher, Susan Sarandon, Michelle Pfeiffer, Veronica Cartwright, Richard Jenkins. ◆ A Eastwick, nel New England, evocato da tre streghe ignare d'esserlo (Cher, Sarandon e Pfeiffer), si stabilisce il diavolo (Nicholson) in persona: ma la solidarietà antimaschilista avrà la meglio sul satanismo. Miller, autore della saga di Mad Max, trasforma il romanzo satirico di John Updike in una baracconata gonfiata di effetti speciali. Umorismo grossolano e interpreti sopra le righe. In televisione, grazie alla legge Mammì, è diventato impossibile – per quanto assurdo possa sembrare – vederlo integralmente. Musica di John Williams.

Stregone di città ** (Italia 1973, col, 90') Gianfranco Bettetini. Con Giulio Brogi, Rada Rassimov, Lucilla Morlacchi, Gigi Ballista. ◆ Storia vera di don Parisi (Brogi), pittoresco guaritore della Milano degli anni Trenta (e diventato proverbiale come «el pret di ratanatt»), raccontata da due donne che hanno beneficiato dei suoi poteri. Primo film di uno dei padri della semiologia delle comunicazioni di massa in Italia: la storia è un pretesto per un'esemplificazione didattica dei modi del racconto per immagini.

Stregoneria attraverso i secoli, La ** (*Häxen*, Svezia 1922, b/n, 88') Benjamin Christensen. Con Karen Winther, Emmy Schnfeldt, Astrid Holm, Benjamin Christensen. ◆ Nel XV secolo, una donna (Winther) accusa una povera mendicante di aver gettato un maleficio al marito. La vecchia confessa sotto tortura di aver partecipato al sabba; ma nel gioco di accuse e controaccuse, ci lascia le penne anche la prima accusatrice. Segue un'appendice moderna in chiave positivista, dove viene istituito un parallelo tra l'isteria e i fenomeni di possessione diabolica. Mescolando la finzione a scrupoli documentaristici, il film del regista danese voleva essere un atto di accusa contro l'oscurantismo e l'inquisizione: ma finì col cedere al fascino del soggetto, tanto da diventare celebre unicamente per le sequenze del sabba, per l'epoca audaci nel descrivere le orge tra diavoli e streghe. Ideologicamente poco chiaro, resta una curiosità d'epoca, sopravvalutata per i suoi corruschi aspetti figurativi. Il regista interpreta il diavolo in persona.

Strelle nel fosso, Le **½ (Italia 1979, col, 100') Pupi Avati. Con Lino Capolicchio, Gianni Cavina, Carlo Delle Piane, Giulio Pizzirani, Adolfo Belletti, Roberta Paladini. ◆ Padania, XVIII secolo: i quattro figli di Giove (Belletti) vivono fanciullescamente senza conoscere donne, finché l'orfana Olimpia (Paladini) capiterà nel loro casale. Avati alterna i toni grotteschi a quelli elegiaci, fedele a una poetica bizzarra e personale. A volte il gioco rischia di diventare lezioso, ma della prima maniera di Avati è uno dei risultati migliori. Soggetto di Pupi e Antonio Avati con Maurizio Costanzo.

Stressati * (Italia 1997, col, 108') Mauro Cappelloni. Con Gianmarco Tognazzi, Daniele Liotti, Eliana Miglio, Barbara Livi, Piero Natoli, Monica Scattini, Armando De Razza, Massimo Wertmüller, Isabel Russinova, Vera Gemma, Alessandro Paci, Giampiero Ingrassia. ◆ Dado (Tognazzi) e Tratto (Liotti) sono rispettivamente il direttore e il vignettista di una sfigata rivista di sinistra: tra velleità di satira e riunioni di redazione in enoteca, il primo s'innamora di Maria (Miglio) e il secondo di Adele (Livi), ma scopriranno che anche le donne sono spregiudicate e arriviste. Minimalismo tardo-adolescenziale, sciatto e noioso, sceneggiato dal regista ed Elide Cortesi. Nemmeno le presunte battute fanno ridere e Wolinski, a cui il film piacerebbe ispirarsi, non c'entra niente.

Stress da vampiro *** (*Vampire's Kiss*, Usa 1988, col, 96') Robert Bierman. Con Nicolas Cage, Maria Conchita Alonso, Jennifer Beals, Elizabeth Ashley, Kasi Lemmons. ◆ L'executive nevrotico (Cage) di un'agenzia letteraria, in cerca dell'amore vero, si convince di essere stato vampirizzato da una conquista (Beals). Incomincia ad andare in giro con una dentiera di plastica, a evitare la luce del sole e a perseguitare la propria segretaria (Alonso): tanta pervicacia merita una fine adeguata. Lo sceneggiatore Joseph Minion (autore anche di *Fuori orario*) ha avuto l'idea di incrociare il filone vampiresco-metropolitano con quello della yuppie angst: e il film di Bierman, sottovalutato dai più, in entrambi i generi è uno dei migliori del decennio. La radiografia del rapporto tra i sessi è tutt'altro che banale, e l'umorismo veramente nero e cattivo. Niente effetti speciali, e un protagonista straordinario. Non per tutti i gusti, comunque.

Strettamente confidenziale ** (*Broad-way Bill*, Usa 1934, b/n, 105') Frank Capra. Con Myrna Loy, Warner Baxter, Walter Connolly, Helen Vinson, Ward Bond. ◆ Stanço della vita monotona da impiegato nell'azienda del suocero dispotico, un uomo (Baxter) abbandona la moglie per dedicarsi ai cavalli: lo aiuta la giovane cognata (Loy), segretamente innamorata di lui. Un Capra minore e non memorabile sceneggiato da Robert Riskin, che mescola il film sportivo alla commedia matrimoniale. Particina per Lucille Ball, centralinista telefonica. Rifatto dallo stesso Capra in chiave di musical col titolo *La gioia della vita*.

Strilloni, Gli * (*Newsies*, Usa 1992, col, 125') Kenny Ortega. Con Christian Bale, Bill Pullman, Robert Duvall, Michael Lerner, Ele Keats. ◆ Nel 1899, il giovane Jack Kelly (Bale) guida uno sciopero degli strilloni newyorchesi contro il barone della stampa Joseph Pulitzer (Duvall). Musical anacronistico (nonostante i tentativi di ammiccamento alle mode odierne), dispendiosamente prodotto dalla Disney e diretto da un ex coreografo. Si rimpiangono i già leziosi «Dead End Kids» di *Strada sbarrata*. Colonna sonora di Alan Menken, noto per *La Bella e la Bestia* e *Aladdin*.

Stringi i denti e vai *** (*Bite the Bullet*, Usa 1975, col, 131') Richard Brooks. Con Gene Hackman, Candice Bergen, James Coburn, Ben Johnson, Ian Bannen, Jan-Michael Vincent, Mario Orteaga, Robert Donner, Paul Stewart, Dabney Coleman, Sally Kirkland. ◆ A cavallo del secolo, le 600 miglia della corsa di resistenza «The Western Press» mettono a confronto l'abilità e il coraggio, ma anche le qualità umane, di un gruppo di cavalieri, tra cui due cowboy che hanno combattuto insieme per il presidente Teddy Roosevelt (Hackman e Coburn), un'ex prostituta (Bergen), un giovane impetuoso (Vincent) e un inglese affascinato dalle competizioni (Bannen). Il terzo e ultimo western di Brooks (dopo *L'ultima caccia* e *I professionisti*) cambia segno all'umanesimo che l'ha sempre contraddistinto, a favore di un individualismo che tende a dimenticare il ruolo della Storia e del Gruppo: ora si lotta tutti contro tutti e solo un finale commovente nella sua inattualità sembra arrestare per un momento la logica dei tempi nuovi. Interpretato da un gruppo di attori in stato di grazia, il film (fotografato da Harry Stradling) ha una sequenza indimenticabile, quando il cavallo di Coburn che avanza a velocità normale supera quello di Vincent che invece è filmato al rallentatore. Il titolo originale si riferisce alla pallottola che il concorrente messicano (Orteaga) usa come capsula provvisoria per un dente che gli è appena stato tolto. Il futuro regista Buddy Van Horn interpreta la parte di Slim.

Stringimi forte tra le tue braccia *½ (*Force of Arms*, Usa 1951, b/n, 100') Michael Curtiz. Con William Holden, Nancy Olson, Frank Lovejoy, Gene Evans. ◆ Un soldato americano (Holden) si innamora e diventa troppo prudente, causando coi suoi indugi il ferimento proprio e di un superiore: mandato a casa, si sposa, ma tormentato dal rimorso, torna a combattere in Italia. Propaganda patriottica non sempre verosimile in un Curtiz minore e poco interessante, remake non dichiarato di *Addio alle armi* di Hemingway.

Stripes – Un plotone di svitati *½ (*Stripes*, Usa 1981, col, 105') Ivan Reitman. Con Bill Murray, Harold Ramis, Warren Oates, P.J. Soles, Sean Young, John Candy, John Larroquette. ◆ Il sergente di ferro Hulka (Oates) cerca di addestrare un plotone di volontari squinternati. Il primo successo – almeno in patria – del team di *Ghostbusters* (Ramis è anche cosceneggiatore): umorismo fracassone e puerile, poco adatto all'esportazione.

Striptease *½ (*Striptease*, Usa 1996, col, 117') Andrew Bergman. Con Demi Moore, Burt Reynolds, Armand Assante, Ving Rhames, Robert Patrick, Rumer Willis, Jerry Grayson, Paul Guilfoyle, Robert Stanton. ◆ Ex impiegata dell'Fbi, Erin Grant (Moore) fa la spogliarellista per guadagnare i soldi necessari a riottenere la custodia della figlia (Willis, anche nella vita figlia della Moore e di Bruce Willis): tra i clienti del nightclub che deve tenere a bada, c'è anche un politico locale repubblicano, David Dilbeck (Reynolds), corrottissimo e disposto a qualsiasi cosa pur di averla come amante tutta per sé. Un «pasticcio con le tette» tratto dall'omonimo romanzo di Carl Hiaasen (e sceneggiato dal regista), trasformato in megaproduzione hollywoodiana con la star più pagata e muscolosa del momento: l'effetto è stridente, perché Bergman è abituato a commedie ironiche, mentre la Moore si prende troppo sul serio e fa pesare come chissà cosa i pochi minuti di nudo dalla vita in su (due, più o meno, per un compenso totale di quindici miliardi). Efficace Reynolds, ma i veri maghi sono i responsabili del marketing.

Strizzacervelli, Lo ** (*The Couch Trip*, Usa 1988, col, 97') Michael Ritchie. Con Dan Aykroyd, Walter Matthau, Charles Grodin, Donna Dixon, Richard Romanus, Arye Gross. ◆ Un malato di mente (Aykroyd) si sostituisce al suo psichiatra e diventa una star televisiva ma viene ricattato da un disadattato (Matthau) che ha capito l'inganno. La satira della psichiatria non va per il sottile (vedi la sequenza della terapia di massa allo stadio di baseball, con i pazienti divisi nei pullman a seconda delle malattie), il meccanismo degli equivoci presto comincia a girare a vuoto, ma gli interpreti sono in forma.

Strogoff *½ (Italia/Francia/Rft 1971, col, 117') Eriprando Visconti. Con John Phillip Law, Mimsy Farmer, Hiram Keller, Delia Boccardo, Claudio Gora. ◆ Latore di un messaggio segreto dello zar, il conte Michele Strogoff (Law) deve raggiungere la Siberia travestito da mercante di cavalli: il perfido traditore Ogareff (Keller), che si è alleato ai tartari, lo smaschera e lo acceca – crede lui. Ma, come nel romanzo di Jules Verne (adattato, tra gli altri, da Giampiero Bona e Georges Lautner), il bene trionfa. Romanzone d'avventura per famiglie, malgrado qualche tentativo di attualizzazione nei cenni agli anarchici deportati e alle minoranze etniche oppresse. Fine delle ambizioni artistiche per il nipote di Luchino Visconti. Fotografia di Luigi Kuveiller, montaggio di Franco Arcalli. Girato in Bulgaria.

Stromboli terra di Dio **** (Italia 1949, b/n, 107') Roberto Rossellini. Con Ingrid Bergman, Mario Vitale, Renzo Cesana, Mario Sponza. ◆ La profuga lituana Karin (Bergman) per diventare cittadina italiana sposa Antonio (Vitale), una guardia del campo di internamento in cui si trova. Ma a Stromboli (dove l'uomo fa il pescatore) patisce duramente la sua condizione di donna e di straniera. Incinta, decide di fuggire con l'aiuto del guardiano del faro: ma, sola di notte sulle pendici del vulcano, è presa da smarrimento. All'alba invoca da Dio coraggio e comprensione. Giocato sul contrasto tra due culture inconciliabili, uno dei più intensi ritratti di donna rosselliniani mentre la natura ostile e selvaggia è il presupposto di un dramma che assume dimensioni cosmiche. Le sequenze documentaristiche (la mattanza, l'eruzione del vulcano) adottano il punto di vista della protagonista e si fondono perfettamente col racconto. Il film che fece incontrare Rossellini e la Bergman fu poco apprezzato all'epoca, e addirittura boicottato dagli americani, che moralisticamente non perdonarono alla Bergman – ancora sposata – l'amore per Rossellini. La sua prova, accanto ad attori non professionisti, è splendida. Sceneggiatura di Sergio Amidei, Gian Paolo Callegari e Rossellini con la collaborazione di Art Cohn e Renzo Cesana per i dialoghi inglesi.

Struttura del cristallo, La ** (*Struktura krysztalu*, Polonia 1969, b/n, 76') Krzysztof Zanussi. Con Andrzej Zarnecki, Jan Mysłowicz, Barbara Wrzesinska, Daniel Olbrychski. ◆ Confronto tra due amici che non si vedono da anni: uno (Zarnecki) ha scelto di far carriera all'estero, l'altro (Mysłowicz) si è rintanato con la moglie in una sperduta stazione meteorologica. Alla fine nulla sembra cambiato: ma chi è veramente felice? Il primo lungometraggio di Zanussi è un'indagine etica imparziale, che adotta uno stile antispettacolare, dando largo spazio all'improvvisazione. All'epoca, una speranza per il nuovo cinema polacco.

Stuart salva la famiglia *½ (*Stuart Saves His Family*, Usa 1995, col, 93') Harold Ramis. Con Al Franken, Laura San Giacomo, Vincent D'Onofrio, Harris Yulin, Shirley Knight. ◆ Dopo essere stato messo alla porta dalla televisione presso cui conduceva una rubrica di autostima, Stuart Smalley (Franken) decide di fare i conti con la famiglia di alcolizzati, drogati e frustrati che l'ha fatto diventare, per contrasto, un lezioso teorico dell'ottimismo malgrado tutto. Satira dello spirito New Age per cui vanno pazzi gli americani, che parte con cattiveria ma sbraca, come prevedibile, nel buonismo più buono. Franken, che ha messo a punto il suo personaggio nel *Saturday Night Live* televisivo, è autore anche della sceneggiatura.

Studente di Praga, Lo **½ (*Der Student von Prag*, Germania 1913, b/n, 57') Stellan Rye. Con Paul Wegener, John Gottowt, Lyda Salmonova, Grete Berger. ◆ Praga, 1820: Balduin (Wegener) vende il proprio riflesso al diabolico Scapinelli (Gottowt) in cambio di centomila fiorini, e si ritrova perseguitato dal proprio doppio, che compie quelle azioni che egli non oserebbe fare. Alla fine gli spara, ma in questo modo si suicida. Capostipite del cinema fantastico, ispirato alle opere di Chamisso, Hoffmann e Poe, e già aperto a interpretazioni psicoanalitiche, è sceneggiato da Wegener (poi regista del *Golem*), H.H. Ewers e Henrik Galeen, autore di un remake nel 1926. La sintassi e il montaggio sono ancora elementari, ma i trucchi, gli sdoppiamenti e le dissolvenze (la fotografia è di Guido Seeber) sono efficaci. Intelligente l'uso degli sfondi naturali di una Praga inquietante.

Stud, The – Lo stallone * (*The Stud*, Gb 1978, col, 95') Quentin Masters. Con Joan Collins, Oliver Tobias, Sue Lloyd, Mark Burns. ◆ Un cameriere (Tobias) fa carriera andando a letto con la moglie (Collins) del padrone, ma poi preferisce la libertà. Fotoromanzo patinato e spesso involontariamente ridicolo, dal romanzo di Jackie Collins (sorella di Joan). Seguito da *The Bitch*.

Study in Scarlet, A → *voce «Sherlock Holmes»*

Stuff, il gelato che uccide ** (*The Stuff*, Usa 1985, col, 93') Larry Cohen. Con Michael Moriarty, Paul Sorvino, Andrea Marcovicci, Danny Aiello, Garrett Morris. ◆ «Non è il mostro che ti mangia, sei tu a mangiarlo»: l'idea, semplicemente geniale, è quella di una specie di yogurt sbucato dal sottosuolo, che diventa un prodotto di successo, creando prima dipendenza, e poi mutazioni genetiche. Un horror i cui bersagli sono la pubblicità, la famiglia, il patriottismo e la mania dei fast food: più divertente da raccontare, tuttavia, che da vedere. Non sempre il tono farsesco funziona, e la ristrettezza del budget si sente. I finti spot dello Stuff sono interpretati da volti noti della televisione americana. Brooke Adams compare dopo i titoli di coda.

Stupids, The *½ (*The Stupids*, Usa 1996, col, 95') John Landis. Con Tom Arnold, Jessica Lundy, Bug Hall, Alex McKenna, Mark Metcalf, Matt Keeslar. ◆ La famiglia Stupids lo è di nome e di fatto: il padre Stanley (Arnold) vuole indagare su chi ogni notte «rapisce» l'immondizia dai bidoni e si ritrova nel bel mezzo di un traffico d'armi internazionale; i figlioletti, (Hall e McKenna) insospettiti dalla scomparsa del padre, vanno alla polizia; la madre (Lundy) è convinta che i figli siano stati rapiti dalla polizia, e così via. Un catalogo di gag demenziali che purtroppo non fanno un film, nemmeno per ragazzi: Landis aspira ad un ritratto ironico della stupidità media americana, ma cade vittima dell'ironia medio-bassa dei popolari personaggi da fumetto creati da James Marshall e Harry Allard (la sceneggiatura è di Brent Forrester). Si ride a stento e a nulla servono i numerosi camei illustri (David Cronenberg, Christopher Lee, Robert Wise, Gillo Pontecorvo, Norman Jewison, Costa Gavras e altri).

Stupro ** (*Lipstick*, Usa 1976, col, 89') Lamont Johnson. Con Margaux Hemingway, Chris Sarandon, Perry King, Mariel Hemingway, Anne Bancroft. ◆ Non contento di essere stato assolto dall'accusa di aver violentato una fotomodella (Margaux H.), un musicista (Sarandon) ci riprova con la sorella (Mariel Hemingway, al debutto, sorella anche nella vita di Margaux). L'altra, allora, si fa giustizia da sé. Deplorato da molti per il suo sensazionalismo e la sua ideologia, non si può negare al film di Johnson l'efficacia spettacolare.

Sturmtruppen * (Italia/Francia 1976, col, 110') Salvatore Samperi. Con Renato Pozzetto, Cochi Ponzoni, Lino Toffolo, Teo Teocoli, Felice Andreasi, Massimo Boldi, Corinne Cléry, Jean-Pierre Marielle. ◆ Collage di barzellette di cui sono protagonisti i soldatini nazisti dei celebri fumetti di Bonvi. Sgangherata satira antimilitarista, in cui il papa, alla fine, uccide con un'ostia avvelenata il milite ignoto mandato da Dio a perorare la pace. Poche, però, sono le battute che vanno a segno, e il film, più che goliardico, risulta puerile. Sceneggiatura di Pozzetto e Ponzoni, e musica dell'amico Enzo Jannacci. Samperi farà il bis.

Sturmtruppen 2 – Tutti al fronte * (Italia 1982, col, 95') Salvatore Samperi. Con Massimo Boldi, Teo Teocoli, Felice Andreasi, Giorgio Porcaro, Enzo Cannavale, Bombolo [Franco Lechner], Franco Oppini, Serena Grandi, Ramona Dell'Abate, Leo Gullotta. ◆ Bonvi questa volta è sceneggiatore, ma il film non ne guadagna. La solita gabbia di matti in un esercito italonazista: il capitano checca, il sergente fanatico, il soldato mammone. I nomi nuovi del cast non funzionano, e per divertirsi occorre troppa buona volontà.

Sua altezza è innamorata *½ (*Princess O'Rourke*, Usa 1943, b/n, 94') Norman Krasna. Con Olivia de Havilland, Robert Cummings, Charles Coburn, Jack Carson, Jane Wyman. ◆ Durante una vacanza negli Stati Uniti, una principessa (de Havilland) che si annoia a morte si innamora di un pilota (Cummings). Visto che era tempo di guerra, il finale tira in ballo Roosevelt e fa spazio alla propaganda patriottica. Modesto e tirato via, anche se la sceneggiatura, opera dello stesso Krasna, vinse l'Oscar.

Sua altezza si sposa *½ (*Royal Wedding*, Usa 1951, col, 93') Stanley Donen. Con Fred Astaire, Jane Powell, Peter Lawford, Sarah Churchill, Keenan Wynn. ◆ Fratello e sorella, due ballerini (Astaire e Powell) concludono la loro tournée londinese con un duplice matrimonio. Jane Powell sostituì Judy Garland che, licenziata per assenteismo, tentò il suo primo suicidio. Malgrado qualche buon assolo di Astaire (la celeberrima scena in cui sembra che balli sulle pareti e sul soffitto della sua stanza), il film è tra i più fiacchi di uno specialista del musical come Stanley Donen.

Sua donna, La ** (*Under My Skin*, Usa 1950, b/n, 86') Jean Negulesco. Con John Garfield, Micheline Presle, Luther Adler, Orley Lindgren. ◆ Un fantino corrotto (Garfield) tenta di cambiar vita per amore del figlioletto e di una vedova (Presle). Ma, con Garfield protagonista, c'è da scommettere che il finale sarà tragico. Il racconto *Il mio vecchio* di Hemingway (dai *49 racconti*) è poco più di un pretesto, ma i personaggi (specie il ragazzo, che passa dall'idolatria per il padre alla disillusione) presentano sfumature non banali.

Sua giornata di gloria, La ** (Italia 1969, b/n, 82') Edoardo Bruno. Con Raúl Martinez, Maria Manuela Carrilho, Carlo Cecchi, Philippe Leroy, Umberto Silva, Angelica Ippolito, Pierre Clementi. ◆ Mentre infierisce la repressione, l'aspirante rivoluzionario Richard (Martinez) concepisce un audace piano d'attacco, salvo starsene tra le braccia di una compagna

(Carrilho) al momento dell'azione. Uno dei più radicali film sessantottini dell'epoca, appesantito da troppi dibattiti e parentesi didascaliche, ma anche lucido nello smontare miti ideologici tuttora granitici e nel criticare – con stringente logica situazionista – una guerriglia che è dentro, non fuori, il sistema di oppressione americano-sovietico. «Andate al cinema per resistere, non rimanete passivi. Siamo contro gli inganni perché vogliamo la fantasia», si esortano gli spettatori nel prologo: oggi che si è realizzata la profezia di «uno schermo che spara sul pubblico, cercando di suggestionarlo», viene nostalgia. Inquietante Leroy nei panni di un poliziotto che circuisce il rivoluzionario ingenuo. Unico film di Bruno, direttore di *Filmcritica*.

Sua Eccellenza si fermò a mangiare *½ (Italia 1961, b/n, 101') Mario Mattoli. Con Totò [Antonio de Curtis], Ugo Tognazzi, Virna Lisi, Lauretta Masiero, Lia Zoppelli, Raimondo Vianello, Vittorio Congia, Francesco Mulè, Pietro De Vico, Mario Siletti. ◆ Sperando di sfruttare a proprio vantaggio la bugia che Ernesto (Tognazzi) ha detto a sua moglie (Lisi) per nasconderle un'avventura, un ladro (Totò) si presenta al marito fedifrago sotto l'identità del dottor Tanzarella, senza sapere che è il medico personale del duce: scatenerà equivoci e scandali, ma alla fine se ne andrà con le preziose posate in oro cesellate da Benvenuto Cellini. L'ultimo film di Mattoli con Totò (sceneggiato da Vittorio Metz e Roberto Gianviti) si inserisce senza molta originalità nel filone che rievoca il ventennio con toni burleschi: si salva solo Totò, nei panni di un ladro incorreggibile. Rieditato col titolo *Il Dott. Tanzarella medico personale del... fondatore dell'impero*.

Sua maestà viene da Las Vegas *½ (*King Ralph*, Usa 1991, col, 97') David S. Ward. Con John Goodman, Peter O'Toole, John Hurt, Camille Coduri, Richard Griffiths, Leslie Phillips. ◆ Strano ma vero, uno scalcinato pianista di Las Vegas (Goodman) è l'ultimo erede disponibile della famiglia reale britannica. La sua cafoneria yankee crea più di un problema a corte (tanto più che si innamora di una spogliarellista), ma il suo buon senso lo salva dalle congiure ordite da un perfido Lord (Hurt). Il confronto tra vecchio e nuovo continente è solo un pretesto per gag di seconda mano. Goodman, al suo primo ruolo da protagonista, sprigiona non di meno una contagiosa simpatia. Peter O'Toole è abbonato al ruolo del fedele ciambellano.

Suburbia *** (*Suburbia*, Usa 1996, col, 120') Richard Linklater. Con Giovanni Ribisi, Amie Carey, Jayce Bartok, Steve Zahn, Nicky Katt, Parker Posey, Dina Spybey, Ajay Naidu. ◆ Di passaggio a Burnfield, la rockstar Pony (Bartok) rivede i suoi vecchi amici, promettendo loro mari e monti: Jeff (Ribisi), il più sensibile e disilluso, fa l'offeso; la sua ragazza Sooze (Carey) si lascia lusingare; il caciarone Buff (Zahn) ne approfitta per fare casino; e l'ex marine Tim (Katt) sfoga le sue paranoie. Incombe il dramma, ma in modo inaspettato e senza risolvere i dilemmi di nessuno: la forza della sceneggiatura di Eric Bogosian (che ha adattato una sua pièce) è quella di creare con battute taglienti e impietose personaggi verosimili e contraddittori, senza poi cercare né di punirli né di redimerli, e cambiando di continuo il punto di vista. Resta un che di teatrale nella messa in scena, e si intuisce che il regista ama i suoi personaggi molto più dello sceneggiatore: ma è notevole la capacità di descrivere senza ammiccamenti e glamour una generazione disorientata. Musica originale dei Sonic Youth.

Subway ** (*Subway*, Francia 1985, col, 104') Luc Besson. Con Christopher Lambert, Isabelle Adjani, Richard Bohringer, Jean-Hugues Anglade, Michel Galabru, Jean Reno. ◆ Per salvarsi la vita, un ladro (Lambert), che ha sottratto dei documenti compromettenti, si rifugia nei sotterranei della metropolitana di Parigi, dove conosce una fauna stravagante. Scopo della sua vita diventa organizzare un concerto con i suoi nuovi amici. Besson trascura la logica dell'intreccio e imprime al suo film accelerazioni schizoidi, bombardando lo spettatore con musica (di Eric Serra) e immagini. Il connubio, a volte, è riuscito, e se si manda il cervello in vacanza c'è di che divertirsi. Fondamentali le scenografie del veterano Alexandre Trauner. Lambert e la Adjani erano al culmine del loro splendore.

Subway Stories – Cronache metropolitane ** (*Subway Stories: Tales from the Underground*, Usa 1997, col, 83') Jonathan Demme, Craig McKay, Bob Babalan, Patricia Benoit, Seth Zvi Rosenfeld, Lucas Platt, Alison Maclean, Julie Dash, Abel Ferrara, Ted Demme. ◆ Film a episodi ambientati nella metropolitana di New York. *Subway Car from Hell* (di Jonathan Demme. Con Bill Irwin): disavventure di un suonatore di didjeridoo. *The Red Shoes* (di Craig McKay. Con Denis Leary, Christine Lahti): un mendicante litiga con una snob; scritto da John Guare. *The 5:24* (di Bob Balaban. Con Steve Zahn, Jerry Stiller): un broker non sa se dar retta ai consigli di uno sconosciuto. *Fern's Heart of Darkness* (di Patricia Benoit. Con Bonnie Hunt): una bianca terrorizzata si trasforma per una notte in barbona. *The Listeners* (di Seth Zvi Rosenfeld. Con Lili Taylor, Michael Rapaport): una coppia litiga e fa la pace. *Underground* (di Lucas Platt. Con Zachary Taylor, Mercedes Ruehl): piantato dalla ragazza, un pivello incontra una fatalona. *Honey Getter* (di Alison Maclean. Con Sarita Choudhury, Ajay Naidu): una ragazza pesta un tamarro che l'ha molestata. *Sax Cantor Riff* (di Julie Dash. Con Kenny Garrett): concerto a tre per sassofonista, cantore di sinagoga e cantante gospel. *Love in the A Train* (di Abel Ferrara. Con Rosie Perez, Mike McGlone): una relazione muta a base di strusciamenti. *Manhattan Miracle* (di Ted Demme. Con Gregory Hines): un uomo è testimone impotente di uno scampato suicidio. Simpatici bozzetti, quasi sempre all'insegna dei buoni sentimenti. Ferrara, che cerca un erotismo non banale, è tra i migliori.

Successo, Il * (Italia/Francia 1963, b/n, 120') Mauro Morassi. Con Vittorio Gassman, Anouk Aimée, Jean-Louis Trintignant, Riccardo Garrone, Cristina Gajoni, Leopoldo Trieste, Gastone Moschin. ◆ Un agente immobiliare (Gassman) insegue speculazioni azzardate in Sardegna, ma alla fine si ritrova solo, piantato dalla moglie e dagli amici. Nello stesso anno del *Sorpasso*, la coppia Gassman-Trintignant funziona a regime ridotto: la sceneggiatura di Scola e Ruggero Maccari vorrebbe fustigare gli italici costumi, ma la regia è debolissima. Dino Risi, non accreditato, avrebbe diretto metà film.

Successo ad ogni costo ** (*Success is the Best Revenge*, Gb/Francia 1984, col, 90') Jerzy Skolimowski. Con Michael York, Joanna Szczerbic, Michael Lyndon, Michel Piccoli, Anouk Aimée, John Hurt. ◆ Alexander Rodak (York), regista polacco in trasferta in Occidente, cerca di mettere in scena un happening sulla storia del suo paese, in cui gli spettatori si trovano, alla fine, al centro di uno scontro tra polizia e manifestanti. Suo figlio Adam (Lyndon), a tali intellettualismi da tarda avanguardia, reagisce prendendo l'aereo per Varsavia, e rinunciando alle delizie dell'Occidente. Dopo *Moonlighting*, Skolimowski gira un altro film sulla Polonia vista dall'esilio, e mette in scena i propri tormenti di intellettuale roso dal dubbio, facendo interpretare il personaggio del figlio ribelle dal suo vero figlio. Il risultato è una celebrazione dell'assurdo quotidiano, pieno di sarcasmo ma anche di confusione, facili schematismi (i rapporti generazionali, il sesso come espressione estrema di vitalità) e di allusioni difficilmente decifrabili. Cammeo di Jane Asher nel ruolo di una manager di banca thatcheriana. Conosciuto anche col titolo *Il successo è la miglior vendetta*.

Successo alle stelle → *Songwriter – Successo alle stelle*

Successo è la miglior vendetta, Il → *Successo ad ogni costo*

Sud ° (Italia 1993, col, 90') Gabriele Salvatores. Con Silvio Orlando, Francesca Neri, Antonio Catania, Marco Manchisi, Mussié Ighezu, Gigio Alberti, Renato Carpentieri, Claudio Bisio, Antonio Petrocelli, Mario Santella, Tonino Taiuti. ◆ A Marzamemi, il paese più a sud d'Italia, quattro disoccupati – Ciro (Orlando), Elia (Catania), Michele (Manchisi) e Munir (Ighezu) – occupano un seggio elettorale per protestare contro i brogli del boss locale, l'onorevole Canavacciuolo (Carpentieri). Nata senza molta convinzione, la protesta si trasforma, per il fortuito sequestro della figlia del boss (Neri) e del suo fidanzato (Alberti), in un braccio di ferro tra le forze dell'ordine e i «resistenti», coinvolgendo mass media e popolazione. Un film prevedibile e schematico che, grazie a un montaggio inventivo e concitato (di Massimo Fiocchi), cerca di adeguarsi alla logica dei videoclip. Offerto al pubblico con dichiarate «indicazioni» politiche (presentazione al centro sociale Leoncavallo, colonna sonora rap e ribellistica degli Assalti frontali e 99 Posse), il film, sceneggiato dal regista con Franco Bernini e Angelo Pasquini, soffoca la propria progressione narrativa a favore di una serie di luoghi comuni prepolitici: il sindacalista (Orlando) che non sa più cosa dire, la figlia (Neri) del Sud democristiano e mafioso che al Nord ha imparato anche il cinismo, l'esponente dei mass media (Bisio) che si preoccupa solo della propria immagine, l'immigrato naïf ma depositario dei valori più umani, le masse spontanee spontaneamente dalla parte giusta... Più che personaggi, degli slogan, per conquistare un pubblico che ha bisogno di parole d'ordine e ama un cinema che non sollevi nessun dubbio.

Sudario della mummia, Il * (*The Mummy's Shroud*, Gb 1967, col, 90') John Gilling. Con André Morell, John Phillips, David Buck, Elizabeth Sellars. ◆ Una mummia si risveglia e si vendica degli archeologi che l'hanno fatta traslocare. Al di sotto della media delle produzioni Hammer, e senza nessuna preoccupazione di originalità.

Su e giù per Beverly Hills *½ (*Down and Out in Beverly Hills*, Usa 1986, col, 103') Paul Mazursky. Con Nick Nolte, Richard Dreyfuss, Bette Midler, Little Richard, Tracy Nelson, Elizabeth Peña. ◆ Un barbone (Nolte) che tenta il suicidio in una piscina è salvato dal proprietario (Dreyfuss), si installa in casa sua, facendo da padrone, psicologo e seduttore di moglie e figlie. Remake di *Boudu salvato dalle acque* di Renoir: partito con pretese di satira di costume, il film si adagia in una comicità ripetitiva, e finisce inopinatamente nel sentimentale. Mazursky è uno degli amici di Dreyfuss. Qualche critico è arrivato a dire che l'attore migliore è il cane Mike. Musica dell'ex Police Andy Summers.

Su e giù per i Caraibi *½ (*Hot Pursuit*, Usa 1987, col, 93') Steven Lisberger. Con John Cusack, Robert Loggia, Wendy Gazelle, Jerry Stiller. ◆ Raggiungere la propria ragazza nei Caraibi, per Dan (Cusack), si rivela un'impresa impossibile: perde aerei e barche, finisce in prigione e deve sgominare anche una banda di delinquenti. Molto movimento ma poco divertimento, in un filmetto a livelli quasi disneyani. Non si direbbe che il regista è lo stesso di *Tron*.

Sue ultime mutandine, Le *** (*Long Pants*, Usa 1927, b/n, 60') Frank Capra. Con Harry Langdon, Alma Bennet, Priscilla Bonner, Gladys Brockwell, Al Roscoe. ◆ Harry (Langdon), impaziente di diventare grande, riesce finalmente ad avere un paio di pantaloni lunghi. Il giorno stesso s'imbatte in un'affascinante avventuriera, Babe (Bennet), che lo bacia e scompare. Venuto a sapere che Babe è in carcere, alla vigilia del suo matrimonio Harry fugge per raggiungerla, ma la donna è appena evasa: dopo varie peripezie, in carcere ci finisce lui. Rilasciato, tornerà dalla famiglia e dalla fidanzata. Terzo, ultimo e migliore dei film di Langdon girati da Frank Capra prima del litigio definitivo: Langdon incarna alla perfezione il personaggio dell'adulto-bambino che affronta la realtà come un sogno di cui è protagonista unico e indiscusso; e Capra, avendo perfettamente compreso l'essenza fanciullesca e solitaria del comico, costruisce su misura delle gag che sono dei veri e propri «monologhi visuali» sospesi tra realtà e fantasia. Le acrobazie di Harry in bicicletta per sedurre la vamp sono memorabili, ma i tentativi di cacciare il manichino vestito da poliziotto e scambiato per un agente vero sono autentici fuochi d'artificio.

Suez **½ (*Suez*, Usa 1938, b/n, 104') Allan Dwan. Con Tyrone Power, Loretta Young, Annabella [Suzanne Charpentier], J. Edward Bomberg, Joseph

Schildkraut, Henry Stephenson, Sidney Blackmer, Miles Mander, Sig Rumann, Nigel Bruce, George Zucco. ◆ Ferdinando De Lesseps (Power), figlio del console egiziano, sogna di costruire un canale che colleghi il Mar Rosso al Mediterraneo: quando Luigi Napoleone Bonaparte ritira il suo appoggio al progetto, trova un valido alleato in Disraeli (Mander), primo ministro britannico. Uno spettacolare film storico (il più costoso e celebre del regista negli anni Trenta), sceneggiato da Philip Dunne e Julien Josephson da un racconto di Sam Duncan, in cui l'intreccio è smaccatamente funzionale allo sfarzo hollywoodiano: la politica e la diplomazia sono sbrigate in fretta (con una comparsata ridicola di Victor Hugo [interpretato da Victor Varconi] alla riunione dei democratici!) per lasciar posto alle magnifiche scene di esplosione e di tempesta. Anche la dimensione tragica è istantaneamente convertita in mélo a effetto, ma il tornado finale è un capolavoro ancora oggi.

Sugarbaby **½ (*Zuckerbaby*, Rft 1985, col, 86') Percy Adlon. Con Marianne Sägebrecht, Eisi Gulp, Toni Berger, Manuela Denz, Will Spindler. ◆ Un'impiegata delle pompe funebri (Sägebrecht), sola e depressa a causa della sua grassezza, conquista un conducente di metrò bello, aitante e ammogliato (Gulp). Commedia mélo controcorrente, dove l'*amour fou* travolge i referti della bilancia e dipinge la vita in rosa e blu (la fotografia iperrealistica è di Johanna Heer). Seducente la prima parte, con una splendida Sägebrecht innamorata e cacciatrice: meno riuscita la seconda, in cui la sceneggiatura dello stesso Adlon si fa inutilmente verbosa e prende il sopravvento sulle immagini. Il film di debutto della Sägebrecht.

Sugarland Express ** (*Sugarland Express*, Usa 1974, col, 110') Steven Spielberg. Con Goldie Hawn, William Atherton, Ben Johnson, Michael Sacks. ◆ Lou Jean (Hawn) fa evadere il marito Clovis (Atherton) per andare a recuperare il loro figlioletto, affidato a dei genitori adottivi. La loro impresa suscita un clamore spropositato, specie dopo che i due hanno preso in ostaggio un poliziotto (Johnson), ed è destinata a una conclusione tragica. Ispirato a un episodio vero, un road-movie con tocchi da commedia e inserti polemici contro il sistema. Primo film per il grande schermo di Spielberg (che l'anno dopo sfonderà con *Lo squalo*): abbastanza ruffiano e confezionato con un accorto dosaggio degli ingredienti, ma lungi dall'essere folgorante come *Duel*. Assoli di armonica di Toots Thielemans.

Sugartime ** (*Sugartime*, Usa 1995, col, 110') John N. Smith. Con John Turturro, Mary-Louise Parker, Elias Koteas, Maury Chaykin, Deborah Duchêne. ◆ Las Vegas, 1960: il boss mafioso Sam Giancana (Turturro) si fa beffe della Cia (che lo vorrebbe assoldare contro Castro) e usa i soldi per conquistare Phyllis (Parker), la più bella del trio canoro delle sorelle McGuire: ma poi arrivano la decadenza e la morte. Nella tradizione dell'Hbo, un tv-movie con molto più cinema che nella media, confezione scintillante, almeno una sequenza di memorabile sadismo: ma rimane l'impressione di un *Casino* dei poveri, che si limita a sfiorare acriticamente personaggi veri. Martyn Burke ha adattato il libro di William F. Roemer jr, *Roemer: Man Against the Mob.*

Sui marciapiedi **½ (*Where the Sidewalk Ends*, Usa 1950, b/n, 95') Otto Preminger. Con Dana Andrews, Gene Tierney, Gary Merrill, Karl Malden, Bert Freed, Tom Tully. ◆ Un poliziotto (Andrews) che ha picchiato a morte un sospetto cerca di addossarne la colpa a un gangster; ci va di mezzo invece un innocente, al che lo sbirro, pentito, cerca di riscattarsi con un'impresa suicida. Un noir angosciante e claustrofobico ma abbastanza convenzionale; molto ammirato dai fans del regista – che, per conto suo, anni dopo disse di non ricordarne nulla. Scritto da Ben Hecht quando era nella lista nera, con lo pseudonimo di Rex Conner.

Sui mari della Cina **½ (*China Seas*, Usa 1935, b/n, 90') Tay Garnett. Con Clark Gable, Jean Harlow, Wallace Beery, Lewis Stone, Rosalind Russell, Akim Tamiroff. ◆ Il capitano (Gable) di un traghetto deve trasportare un carico d'oro. La sua amante (Harlow), gelosa, arriverà a tradirlo: ma i pirati dopo uno spettacolare abbordaggio verranno sconfitti. Avventure esotiche e passioni da melodramma in una formula fortunata, oggetto di infinite imitazioni. A cominciare dal trio dei protagonisti (Beery è il capo dei pirati), tutto funziona alla perfezione in questo classico film hollywoodiano prodotto dalla Mgm e sceneggiato da Jules Furthman e James Kevin McGuinness. Allo spettatore viene servito tutto quello che si aspetta, ma proprio in ciò consiste il suo piacere.

Sul filo dell'inganno *½ (*The Deceivers*, Gb/India 1988, col, 112') Nicholas Meyer. Con Pierce Brosnan, Saeed Jaffrey, Shashi Kapor, Helena Mitchell. ◆ Un ufficiale (Brosnan) della Compagnia delle Indie, nel 1825, indaga sulla setta dei Thug, strangolatori che uccidono le loro vittime durante cerimonie in onore della dea Kalì, e arriva a infiltrarsi tra di loro. Tentativo poco riuscito di confezionare un film d'avventura come se ne facevano una volta: ma manca l'ironia indispensabile in operazioni del genere. Produce Ismail Merchant, braccio destro di James Ivory.

Sul fiume d'argento **½ (*Silver River*, Usa 1948, b/n, 110') Raoul Walsh. Con Errol Flynn, Ann Sheridan, Thomas Mitchell, Bruce Bennett, Tom D'Andrea. ◆ Un ex capitano nordista (Flynn), radiato dall'esercito, diventa uno speculatore senza scrupoli, ma poi – merito della moglie (Sheridan) – si redime, passando dalla parte degli oppressi. Settimo e ultimo film di Flynn con Walsh, sceneggiato da Stephen Longstreet e Harriet Frank jr e non tra i più memorabili. Flynn comunque è convincente nel ruolo per lui insolito del vilain nel quale il regista introduce per la prima volta un'amarezza e un disincanto inusitati, «in equilibrio tra il desiderio di servire la società e un segreto disprezzo verso di essa».

Sulla collina nera ** (*On the Black Hill*, Gb 1988, col, 117') Andrew Grieve. Con Mike Gwilym, Robert Gwilym, Bob Peck, Gemma Jones. ◆ Quasi un secolo di vita familiare in un podere del Galles: il cocciuto contadino Amos Jones (Peck) sposa la borghese Mary (Jones) e muore tra i rimorsi. I due figli gemelli (Gwilym) non verranno separati né dalla guerra né dalle vicende sentimentali e, per festeggiare il loro ottantesimo compleanno, vedranno dall'aereo la loro proprietà. Dal romanzo omonimo di Chatwin, una saga sullo scorrere del tempo, dove tutto sembra ripetersi ma al tempo stesso cambia irreversibilmente. Il tema dei gemelli introduce un lato fantastico: ma il regista è solo un diligente illustratore.

Sul lago dorato ** (*On Golden Pond*, Usa 1981, col, 109') Mark Rydell. Con Henry Fonda, Katharine Hepburn, Jane Fonda, Doug McKeon, Dabney Coleman. ◆ Un professore in pensione (Henry Fonda), alla vigilia dei suoi ottant'anni, ospita la figlia (Jane) e il nipotino nella sua casa nel New England. Tra il vecchio e il bambino, dopo le schermaglie iniziali, nasce un grande affetto. Il pubblico americano venne conquistato dal cocktail di saggezza spicciola e malinconia, nonché dalla presenza di tre mostri sacri (papà Henry recitava per la prima volta con l'ex contestataria Jane). Ernest Thompson (che scrisse la sceneggiatura da una sua commedia), Henry Fonda e la Hepburn vinsero l'Oscar. Per Fonda era il primo, per la Hepburn il quarto.

Sulla strada del mito ** (*Falling from Grace*, Usa 1992, col, 100') John Mellencamp. Con John Mellencamp, Kay Lenz, Mariel Hemingway, Claude Aikins, Larry Crane. ◆ Bud Parks (Mellencamp), star della musica country, torna a casa nell'Indiana con la moglie Alice, californiana (Hemingway): riprende la relazione con una fiamma di gioventù (Lenz), litiga col padre (Aikins) che fa il maiale con Alice, e scivola verso l'autodistruzione. Lo spaccato amarognolo della provincia americana che ci si aspetta da uno sceneggiatore come Larry McMurtry (*L'ultimo spettacolo*): più interessante quando descrive che quando racconta. Non priva di guizzi la regia dell'esordiente «Cougar» Mellencamp, vera rockstar di serie B: peccato che nella seconda parte scivoli verso l'autocompiacimento piagnone.

Sulla terra come in cielo *½ (*Sur la terre comme au ciel*, Belgio/Francia/Spagna 1991, col, 80') Marion Hänsel. Con Carmen Maura, Didier Bezace, Samuel Mussen, Jean-Pierre Cassel. ◆ Un black-out in ascensore è stato galeotto tra una giornalista (Maura) e un suo collega straniero (Bezace) di passaggio: ma il nascituro, accordatosi con tutti gli altri nelle sue condizioni, decide di non nascere. La trovata iniziale si fa sempre più pesante e scivola verso una conclusione prevedibile. Il surrealismo belga (alla sceneggiatura collabora Jaco Van Dormael, regista di *Toto le héros*) coniugato con un'ottica femminile, ma il risultato lascia a desiderare. Il regista André Delvaux interpreta il professore.

Sulle ali dell'arcobaleno *½ (*Finian's Rainbow*, Usa 1968, col, 145') Francis Ford Coppola. Con Fred Astaire, Petula Clark, Tommy Steele, Keenan Wynn, Al Freeman jr, Don Francks. ◆ Prima grande produzione per Coppola, su commissione della Warner. Un anziano irlandese (Astaire) arriva nel Sud degli Stati Uniti con un vaso magico sottratto a un folletto. Grazie ai poteri del vaso, il governatore razzista viene trasformato in negro: dopo che ha cambiato mentalità, tuttavia, torna bianco. Il musical di Burton Lane e E.Y. Harburg a cui il film si ispira, in anticipo sui tempi negli anni Quaranta, era fatalmente datato nel 1968 nonostante loro stessi lo avessero adattato per lo schermo. Alcune soluzioni spettacolari di regia, tuttavia, mostrano la mano di Coppola. La Warner era tanto entusiasta del film che lo gonfiò a 70mm: ma si dovette ricredere dopo il totale insuccesso di pubblico.

Sulle orme della pantera rosa *½ (*Trail of the Pink Panther*, Usa 1982, col, 97') Blake Edwards. Con Peter Sellers, David Niven, Herbert Lom, Richard Mulligan, Capucine [Germaine Lefèbvre], Robert Wagner, Robert Loggia, Harvey Korman, Johanna Lumbley. ◆ L'ispettore Clouseau (Sellers) è dato per morto in un incidente aereo e una giornalista (Lumbley) incomincia a raccogliere informazioni sul suo conto. «Si può dire che inizi come *Quarto potere*, ma non credo che nessuno potrà confonderlo con quello» ammise il regista. Sellers era morto da poco, ma Edwards riuscì a confezionare un nuovo film di Clouseau (il sesto della serie) utilizzando spezzoni inediti, scarti di montaggio e nuove scene di raccordo. Seguíto da *Pantera rosa – Il mistero Clouseau*, questa volta senza Sellers.

Sulle orme del vento ** (*A Far Off Place*, Usa 1993, col, 105') Mikael Salomon. Con Reese Witherspoon, Ethan Randall, Jack Thompson, Maximilian Schell, Sarel Bok. ◆ Due ragazzi bianchi, Nonnie (Witherspoon) e Harry (Randall) cui i trafficanti d'avorio hanno ucciso i genitori, sopravvivono attraverso il deserto del Kalahari (anche se in realtà è quello della Namibia) grazie all'aiuto di un loro coetaneo boscimane (Bok). Produzione Disney superiore alla media, anche perché cerca di evitare il solito paternalismo eurocentrico verso il buon selvaggio, e sa rinunciare a molte sdolcinature. Tratto da due romanzi di Laurens van der Post. Bella fotografia di Juan Ruiz-Anchia.

Sulle rive del mare più azzurro → *Vicino al mare più azzurro*

Sulle tracce dell'assassino *½ (*Shoot to Kill*, Usa 1988, col, 110') Roger Spottiswoode. Con Tom Berenger, Sidney Poitier, Kirstie Alley, Clancy Brown, Richard Masur. ◆ Un poliziotto di città (Poitier) è costretto a far coppia con una guida di montagna (Berenger) per catturare un killer che tiene in ostaggio la ragazza del secondo. I bei paesaggi della Columbia Britannica mascherano i luoghi comuni di cui è infarcito questo thriller, a cominciare da una coppia nero-bianco costruita a tavolino. Avvincente come può esserlo un telefilm. Ritorno di Poitier come attore dopo una decina d'anni.

Sulle tracce del testimone ** (*Road Ends*, Usa 1997, col, 93') Rick King. Con Chris Sarandon, Dennis Hopper, Mariel Hemingway, Peter Coyote, Joanna Gleason. ◆ Usato dai federali per incastrare un narcotrafficante e poi abbandonato, l'ex gangster Maceda (Sarandon, anche coproduttore), inseguito da tutti, si rifugia in un pacifico paesello: il diffidente sceriffo (Hopper) gli darà una mano. La sceneggiatura di Bill Mesce jr tenta di costruire personaggi ambigui; gli attori eseguono quasi convinti, la regia fila anonima come in un telefilm.

Sull'orlo dell'abisso *½ (*Edge of Eternity*, Usa 1959, col, 80') Don Siegel. Con Cornel Wilde, Victoria Shaw, Mickey Shaughnessy, Edgar Buchanan, Jack Elam. ◆ Un poliziotto (Wilde) scopre il colpevole di una serie di omicidi che ruotano attorno al possesso di una miniera d'oro creduta esaurita. La sequenza finale, su una teleferica sospesa sul Grand Canyon, risolleva in parte l'interesse di un poliziesco altrimenti scialbo e anonimo. Un Siegel minore.

Sull'orlo della paura ** (*Dandy in Aspic*, Gb 1968, col, 107') Anthony Mann. Con Laurence Harvey, Tom Courtenay, Mia Farrow, Lionel Stander, Peter Cook, Harry Andrews. ◆ A Berlino un agente inglese doppiogiochista (Harvey) riceve l'ordine di eliminare un rivale, che in realtà è se stesso. L'ultimo degli eroi tormentati di Mann sceglie volontariamente la morte in un film oscuro e pessimista. Mann morì durante le riprese, che vennero portate a termine da Harvey.

Sul ponte dei sospiri **½ (Italia 1953, b/n, 104') [Antonio] Leonviola. Con Maria Frau, Frank Latimore, Françoise Rosay, Massimo Girotti, Edward Ciannelli, Luciana Vedovelli, Carlo Micheluzzi, Gisella Sofio, Lauro Gazzolo, Angiola Maria Faranda, Bianca Maria Fabbri, Patricia Deren, Armando Guarnieri. ◆ Una collana fa scoprire alla giovane Bianca (Frau) che il padre Marco Spada (Girotti) non è morto ma imprigionato ingiustamente per un delitto compiuto dall'inquisitore di Venezia (Ciannelli): con l'aiuto di dama Sant'Agata (Rosay) e dell'impetuoso conte Folengo, detto capitan Vessillo (Latimore), saprà ristabilire la giustizia. Originale e sfortunato tentativo di rilettura ironica del romanzo di cappa e spada, tratto dal romanzo di Michel Zévaco e sceneggiato da Guido Maltesta, Carlo Bernari, Weis Ruffilli, Giancarlo Vigorelli, Luigi Bonelli ed Ezio D'Errico. Introducendo il personaggio del Destino, il film smonta i meccanismi tradizionali dell'avventura epica e con stop di fotogrammi e commenti off introduce una lettura ironica che spaventò il produttore Enrico Bomba (sarebbe riuscita con miglior successo solo una decina d'anni più tardi, a film come *Il fornaretto di Venezia* o a certi «ideologici» western all'italiana). Prima dell'uscita, Bomba rimontò il film tagliando le scene meno tradizionali (e riducendolo a 87') ma anche per l'opposizione legale del regista non ebbe quasi circolazione. Peccato, perché nella versione integrale Leonviola sa alternare abilmente l'ironia con una lettura cupa e quasi «sadica» dei momenti forti della storia, come il corrusco – ed erotico – duello tra Bianca Spada e Nerissa Fornier (Vedovelli). Tutto l'antefatto, grazie al quale conosciamo l'ingiustizia sopportata da Marco Spada, è girato come un film muto, con tanto di cartelli per le didascalie, accompagnamento al pianoforte e viraggi in giallo e poi azzurro. Le belle scenografie di Giorgio De Chirico sono realizzate da Virgilio Marchi.

Summer Holiday – Vacanze d'estate * (*Summer Holiday*, Gb 1963, col, 107') Peter Yates. Con Cliff Richard, Lauri Peters, Melvin Hayes, Teddy Green, Ron Moody. ◆ Un ragazzo (Richard, divo pop del tempo), e tre suoi amici fanno il giro dell'Europa in bus, e conoscono tre ragazze in viaggio per Atene. Datato musical per un pubblico giovanile: difficile, allora, presagire la carriera dell'esordiente Yates. Le coreografie sono curate da Herbert Ross.

Summer Lovers * (*Summer Lovers*, Usa 1982, col, 98') Randal Kleiser. Con Peter Gallagher, Daryl Hannah, Valerie Quennessen, Barbara Rush, Carole Cook. ◆ Ménage à trois tra una coppia di americani (Gallagher e Hannah) e una archeologa francese (Quennessen) in un'isoletta dell'Egeo frequentata da nudisti. Ennesimo film- cartolina del regista di *Grease* e *Laguna blu*, che però fu rifiutato anche dal pubblico.

Summer Story, A – Un amore d'estate *½ (*A Summer Story*, Gb 1988, col, 95') Piers Haggard. Con Imogen Stubbs, James Wilby, Ken Colley, Sophie Ward, Susannah York, Jerome Flynn. ◆ All'inizio del secolo un avvocato londinese (Wilby) si innamora di una ragazza di campagna (Stubbs): ma le esigenze della carriera lo fanno allontanare. Vent'anni dopo saprà com'è andata a finire per lei. Tipico film inglese esangue, ovattato e confezionato con cura fin eccessiva. Dal racconto *The Apple Tree* di John Galsworthy.

Summit * (Italia/Francia 1968, col, 103') Giorgio Bontempi. Con Gian Maria Volonté, Mireille Darc, Olga Georges-Picot, Erika Blanc, Giampiero Albertini, Carlo De Mejo. ◆ La relazione burrascosa tra un giornalista (Volonté) e una modella parigina (Darc) in giro per l'Europa. Sullo sfondo il maggio del 1968. Non troppo diverso da *Vivere per vivere* di Lelouch, ma con molti discorsi di politica in più. Volonté, per disaccordi sopravvenuti col regista (esordiente), si rifiutò di doppiare il suo personaggio.

Sunburn – Bruciata dal sole *½ (*Sunburn*, Usa 1979, col, 94') Richard C. Sarafian. Con Farrah Fawcett-Majors, Charles Grodin, Art Carney, Joan Collins. ◆ Un agente delle assicurazioni (Grodin), per risolvere un caso di omicidio ad Acapulco, ingaggia una finta moglie (Fawcett). Giallo di ordinaria amministrazione, girato nel periodo in cui la protagonista passava per star. Brevi apparizioni di Eleanor Parker e Keenan Wynn.

Sunset – Intrigo a Hollywood ** (*Sunset*, Usa 1988, col, 107') Blake Edwards. Con Bruce Willis, James Garner, Mariel Hemingway, Malcolm McDowell, Kathleen Quinlan, Jennifer Edwards, M. Emmet Walsh, Joe Dallesandro. ◆ Tom Mix (Willis), mitica star del western degli anni Venti, e l'altrettanto mitico sceriffo Wyatt Earp (Garner), risolvono un torbido caso di omicidio in una Hollywood che è già Babilonia. Ma c'è più nostalgia che cattiveria in questo bizzarro giallo-commedia che potrebbe essere stato immaginato da Bogdanovich. McDowell, produttore assassino che si traveste da clown, è pessimo: ma tutto il cast è male assortito, tranne Garner, che era già stato Earp in *L'ora delle pistole*. Detestato in patria, non delude i fans del regista.

Suo angelo custode, Il * (*Forever Darling*, Usa 1956, col, 96') Alexander Hall. Con Lucille Ball, Desi Arnaz, James Mason, Luis Calhern. ◆ Susan Vega (Ball), sposata a uno scienziato (Arnaz) alla ricerca di un nuovo insetticida, fa la schizzinosa quando deve lasciare gli agi cittadini per seguirlo in mezzo ai boschi. Ma il suo angelo custode in giacca e cravatta (Mason) la convince che un marito «deve essere padre, fratello, amico, amante e solo un pizzico di principe azzurro», e le fa abbassare la cresta. Deprimente vacanza cinematografica della coppia di una celebre sitcom degli anni Cinquanta. Colori vomitevoli, trasparenti in abbondanza, e il povero Mason che non tenta neanche di rendere credibile il suo personaggio.

Suonno d'ammore ** (Italia 1955, b/n, 92') Sergio Corbucci. Con Achille Togliani, Bianca Maria Fusari, Paul Müller, Ignazio Balsamo, Carlo Tamberlani, Carla Calò, Wilma Viani, Giacomo Furia, Giosué Ippolito, Emilia Diaz, Piero Pastore, Pasquale De Filippo. ◆ Per sposare Maria, l'infido don Carmelo (Müller) fa incriminare il fidanzato (Togliani) di pesca con l'esplosivo e fa bruciare tutte le barche di don Michele (Tamberlani) perché spinga la figlia ad accettare la sua proposta di matrimonio: ma naturalmente non potrà farla franca. Melodramma con canzoni leggermente migliore della media, prodotto da Fortunato Misiano per la Romana Film: la sceneggiatura (di Fernando Barbieri e Bruno Paolinelli) ha una sua dignità come storia di intrighi e gelosie, e gli interventi canori (di Togliani e Carla Calò, doppiata da Carla Boni, che si esibiscono tra l'altro nella canzone del titolo e in *Voce 'e notte*, *Se questa serenata*, *Accarezzame*) non sovrastano troppo la vicenda.

Suo nome è Donna Rosa, Il *½ (Italia 1969, col, 104') Ettore M. Fizzarotti. Con Romina Power, Al Bano [Albano Carrisi], Dolores Palumbo, Stelvio Rosi, Enzo Cannavale, Nino Taranto, Bice Valori, Nino Terzo, Carlo Taranto, Anna Campori, Pippo Baudo, Nicoletta Elmi, Walter Brugiolo, Luciano Fineschi, Enzo Guarini. ◆ Il colpo di fulmine tra il barcaiolo Andrea (Al Bano) e la studentessa Rosetta (Power) è contrastato da don Antonio (N. Taranto), il padre di lei, che vorrebbe darla in sposa al dissipato Giorgio (Rosi) per arrivare al cuore della madre, Donna Rosa (Valori). Pseudo-melodramma canoro tutto al servizio della coppia Al Bano-Romina: carezze, sospiri, incomprensioni e ripicche. Il film incassò quasi mezzo miliardo e i protagonisti furono riconvocati per *Mezzanotte d'amore*.

Suo onore gridava vendetta, Il *½ (*Gun Fury*, Usa 1953, col, 83') Raoul Walsh. Con Rock Hudson, Donna Reed, Phil Carey, Leo Gordon, Lee Marvin, Neville Brand. ◆ Aspirante pacifista, il reduce della guerra di Secessione Ben Wallace (Hudson) deve riprendere le armi per salvare la fidanzata Jennifer (Reed), rapita da un sudista ostinato (Carey). Western minore di un grande regista, la cui maggiore curiosità è di essere stato girato in 3D: da cui l'abbondanza di oggetti che vanno a sbattere contro la macchina da presa. Rieditato come *Duello all'ultimo sangue*.

Suo più grande amore, Il *½ (Italia 1956, b/n, 89') Antonio Leonviola. Con Nuri Neva Sangro, Rolf Tasna, Emilio Petacci, Isa Querio, Fanny Landini, Giulio Donnini, Elisa Mainardi, Ennio Girolami. ◆ La giovane Rita da Cascia (Neva Sangro) sente la vocazione ecclesiastica ma preferisce sposare il fuorilegge Paolo di Ferdinando (Tasna) per cercare di redimerlo. Con il suo amore ci riesce, ma il figlio di un ex complice, che aveva ucciso anni prima, lo ammazza: saranno allora i due figli di Paolo che vorrebbero vendicare il padre, ma Rita ottiene con le sue preghiere che i due figli muoiano colpiti da un fulmine prima di poter diventare assassini. Leonviola, autore anche della sceneggiatura con Edoardo Anton, riprende il soggetto del suo film d'esordio (*Rita da Cascia*, 1942) e lo rifà con maggiori mezzi: l'intento agiografico è evidente e soffoca ogni ricerca registica, anche se l'idea di dedicare un film a una donna diventata santa «invocando» la morte dei figli (vissuta tra il 1381 e il 1457, prima di essere ammessa nell'ordine delle agostiniane ricevette in dono da Cristo una spina della sua corona) svela quel gusto eccentrico e al limite del «sadismo» che emerge con più intensità in altre opere (come nel duello tra donne di *Sul ponte dei sospiri* o nel «disprezzo» antifemminista di *Noi cannibali*).

Suora, una donna, Una → *Uno strano caso di omicidio*

Suore in fuga * (*Nuns on the Run*, Gb 1990, col, 96') Jonathan Lynn. Con Eric Idle, Robbie Coltrane, Camille Coduri, Janet Suzman, Doris Hare. ◆ Due ladruncoli quasi buoni (Idle e Coltrane), dopo aver derubato la pericolosa gang che li voleva scaricare, si travestono da suore e trovano rifugio in un convento. Situazioni imbarazzanti ed equivoci prevedibili in un film dall'umorismo monocorde. Com'è caduto in basso (e come assomiglia a Gene Wilder) Eric Idle, già componente dei Monty Python.

Suor Emanuelle * (Italia 1977, col, 95') Joseph Warren [Giuseppe Vari]. Con Laura Gemser, Monika Zanchi, Gabriele Tinti, Rick Battaglia, Vanja Locatelli. ◆ Suor Emanuelle (Gemser) è incaricata di accompagnare in collegio una giovane ragazza (Zanchi), ma durante il viaggio in treno ne rimane affascinata e si abbandona a un sogno erotico.

Suor Letizia – Il più grande amore *½ (Italia 1956, b/n, 98') Mario Camerini. Con Anna Magnani, Eleonora Rossi Drago, Antonio Cifariello, Piero Boccia, Bianca Doria. ◆ Nell'occuparsi di un bambino abbandonato (Boccia), una suora (Magnani) sente affiorare in sé un prepotente amor materno. Per non compromettere la sua vocazione, si adopera affinché il piccolo possa tornare a casa. Melodramma colmo d'affettazione, sceneggiato da ben dodici persone su un soggetto di Cesare Zavattini e dello stesso regista. Solo nella scena finale si ritrova la mano sciolta di Camerini, mentre neanche la Magnani riesce a infondere alla storia la credibilità necessaria. Il progetto nacque come tentativo – poi abbandonato – di creare un corrispettivo femminile di Don Camillo (titolo provvisorio era infatti *Suor Camilla*).

Suor Maria ** (Italia 1955, b/n, 94') Luigi Capuano. Con Eva Vanicek, Marc Lawrence, Franca Marzi, Nunzio Gallo, Germana Paolieri, Piero Giagnoni, Armando Curcio, Giosuè Ippolito, Alberto Sorrentino, Pasquale De Filippo, Lia Rainer, Vando Tres, Luigi Sacripante, Anna Campori, Renato Bonifazi. ◆ In dubbio se prendere i voti, Carmela Barone (Vanicek) confessa i tormenti che l'hanno spinta in convento: il padre (Tres) in galera ingiustamente accusato di furto, il fratellino (Giagnoni) offeso e picchiato dai compagni, il fidanzato (Gallo) che non crede alla sua onestà, l'usuraia padrona di casa (Marzi) che fa di tutto per renderle la vita impossibile, e don Mario (Lawrence), l'amico di famiglia che si rivela l'anima nera di tutte le sue disgrazie. Un melodramma all'ennesima potenza prodotto da Fortunato Misiano e sceneggiato da Capuano con Alfredo Giannetti: la storia, ambientata tra Napoli e Ischia, sembra preoccupata solo di inanellare il maggior numero possibile di elementi drammatici e mélo (compreso il padre di Carmela che pur di incastrare don Mario gli fa ricadere addosso la colpa dell'attacco cardiaco con cui «si» uccide); ma l'accumulo di tali e tanti archetipi – in qualche modo «teorizzati» nella loro necessaria falsità, come dimostrano le due scene, in teatro (dove Carmela recita, manco fosse una premonizione, il ruolo della suora) e sul set (dove il regista [Sorrentino] accoppia comparse e ruoli contro ogni regola di logica) – fa sì che il film abbia un suo fascino indubbio e tutti quei cliché finiscano per appassionare.

Suo tipo di donna, Il ** (*His Kind of Woman*, Usa 1951, b/n, 120') John Farrow. Con Robert Mitchum, Jane Russell, Vincent Price, Tim Holt, Raymond Burr, Charles McGraw. ◆ Un giocatore un po' tonto (Mitchum) accetta un lavoro in Messico, scoprendo che il boss (Burr) lo vuole uccidere per assumere la sua identità. Piccolo noir dai risvolti quasi parodici, che anticipa il tono del *Tesoro dell'Africa*. Price ruba spesso la scena nei panni di un attore vanesio, casualmente coinvolto nell'intrigo.

SuperAndy – Il fratello brutto di Superman * (Italia 1979, col, 95') Paolo Bianchini. Con Andy Luotto, Emilia Del Bono, Gino Santercole, Silvia Annichiarico, Michele Mirabella. ◆ Infante con l'aspetto di adulto, SuperAndy (Luotto), esule dal pianeta Trypton, viene allevato da una famiglia italiana. La sua missione è ritrovare il fratello SuperKid (Santercole), che dei malvagi costringono a girare caroselli. Parodia sgangherata e puerile di *Superman*, che si ispira vanamente a *Vip mio fratello superuomo* di Bozzetto.

Superba creola, La ** (*The Foxes of Harrow*, Usa 1947, b/n, 116') John M. Stahl. Con Rex Harrison, Maureen O'Hara, Richard Haydn, Victor McLaglen, Patricia Medina, Gene Lockhart. ◆ New Orleans, 1825: bastardo di una nobile famiglia irlandese, il baro Stephen Fox (Harrison) riesce a sposare la ricca Odalie D'Arcenaux (O'Hara) e a diventare un latifondista. Ma i dissapori coniugali, la morte in tenera età dell'unico erede e la crisi economica frantumano il suo sogno. Classica saga sudista, con l'eroe simpatica canaglia, l'eroina spocchiosa e frigida, e gli schiavi neri in bilico tra rassegnazione e ribellione. Stahl è uno dei pochi registi a suo agio quando può calcare i toni: ma i personaggi finiscono per sfuggirgli di mano, e il finale è troppo consolatorio. La rossa O'-Hara è completamente fuori parte. Tratto da un romanzo di Frank Yerby, adattato da Wanda Tuchock.

Supercolpo dei cinque doberman d'oro, Il * (*The Amazing Dobermans*, Usa 1976, col, 94') David e Byron Chudnow. Con Fred Astaire, James Franciscus, Barbara Eden, Jack Carter. ◆ Un ex detenuto (Astaire), coi suoi doberman, finge di aiutare un poliziotto a incastrare un boss mafioso: ma sul più bello se la fila col bottino. Mediocri avventure semicomiche, che fanno seguito a *La gang dei doberman colpisce ancora*.

Supercop ** (*Jingcha gushi III: Chaoji jingcha*, noto anche come *Police Story 3: Supercop*, Hong Kong 1992, col, 91') Stanley Tong. Con Jackie Chan, Michelle Khan [Yeoh], Maggie Cheung, Ken Tsang, Yuen Wah, Bill Tung. ◆ Il detective hongkonghese Kevin Chan (Chan) e la sua collega comunista Yang (Khan) fanno evadere un gangster da un campo di prigionia cinese per infiltrarsi nella banda di un boss della droga (Tsang). Terzo dei quattro *Police Story* finora girati, e primo ad arrivare in Italia, è un buon esempio del metodo Chan prima dell'occidentalizzazione: sceneggiatura inesistente, collage di generi (dall'*action movie* alla commedia degli equivoci), e acrobazie molto fisiche e rischiose, ammorbidite dall'umorismo slapstick. Il gran finale a Kuala Lumpur, con inseguimenti tra automobili, treni ed elicotteri, rasenta l'incredibile. Spettacolarità fine a se stessa, ma che fa impallidire qualunque modello occidentale.

Superfantagenio * (Italia 1986, col, 96') Bruno Corbucci. Con Bud Spencer [Carlo Pedersoli], Luca Venantini, Venantino Venantini, Janet Agren. ◆ Un genio (Spencer) esce dalla classica lampada, aiutando un ragazzino a sconfiggere i cattivi di turno. Alla fine rinuncia all'immortalità, e fa il pianista nel locale aperto dal suo piccolo amico. Spencer si rivolge a un pubblico ancora più giovane del solito in questo film d'avventura su tappeto volante, modestissimo anche dal punto di vista tecnico.

Superfantozzi *½ (Italia 1986, col, 92') Neri Parenti. Con Paolo Villaggio, Liù Bosisio, Luc Merenda, Gigi Reder. ◆ Dal paradiso terrestre al futuro, una serie di sketch per dimostrare che Fantozzi (Villaggio) è un errore fondamentale della creazione. Sfrattato dall'Eden, crocifisso sul Golgota, derubato da Robin Hood, castrato dalla ghigliottina, investito dal treno durante la proiezione di un film dei fratelli Lumière, umiliato dai direttori di ogni epoca: la formula è sempre la stessa, e la messinscena a livello di recita goliardica. Quinto film di Fantozzi, visibilmente a corto di idee: ma il personaggio è lungi dall'andare in pensione (anche se il film successivo lo annuncia). Villaggio nudo non è un bello spettacolo.

Super Fly ** (*Superfly*, Usa 1972, col, 96') Gordon Parks. Con Ron O'Neal, Carl Lee, Sheila Frazier, Julius W. Harris. ◆ Uno spacciatore di Harlem (O'-Neal) decide di ritirarsi dopo l'ultimo colpo, ma non ha fatto i conti con i poliziotti corrotti. Fatto con attori neri e pensato per il pubblico nero, cui vengono proposti modelli quanto meno ambigui: un grande successo, comunque, e un classico della *blaxploitation*, modello di molti film fino al recente *New Jack City*. Accusato di glorificare i criminali, attaccato sia da destra che da sinistra, il film di Parks jr (figlio del regista di *Shaft*) ha una sua grezza efficacia spettacolare. Bella la colonna sonora di Curtis Mayfield. Seguito da *Superfly T.N.T.* e *The Return of Superfly* (1990, di Sig Shore), quest'ultimo inedito in Italia.

Superfly T.N.T. * (*Superfly T.N.T.*, Usa 1973, col,

87') Ron O'Neal. Con Ron O'Neal, Roscoe Lee Browne, Sheila Frazier, Robert Guillaume, Jacques Sernas, William Berger. ◆ L'ex spacciatore di Harlem (O'Neal) trasferitosi a Roma per vivere tranquillo non sa resistere alla richiesta di aiuto che gli rivolge il leader di un movimento democratico africano (Browne). Il protagonista di *Superfly* si trasforma in regista con esiti disastrosi: la storia è confusa e la recitazione peggio. Seguito da The *Return of Superfly* (1990) inedito in Italia.

Supergirl * (*Supergirl*, Gb 1984, col, 114') Jeannot Szwarc. Con Helen Slater, Faye Dunaway, Peter O'Toole, Mia Farrow, Peter Cook, Simon Ward, Matt Frewer. ◆ La cugina di Superman (Slater) scende sulla Terra travestita da collegiale per recuperare una sfera magica di cui si è impadronita una strega (Dunaway). Ancora meno eccitante della serie di *Superman*, come era lecito aspettarsi da un regista abbonato al flop. Sprecati gli attori.

Su per la discesa ** (*Up the Down Staircase*, Usa 1967, col, 124') Robert Mulligan. Con Sandy Dennis, Patrick Bedford, Eileen Heckart, Ruth White, Jean Stapleton, Jeff Howard, José Rodriguez. ◆ In una scuola pubblica newyorchese, una fragile insegnante idealista (Dennis) lotta contro il razzismo, la droga e il teppismo. Alla fine pensa di aver fallito tutto, ma un suo allievo (Rodriguez) le restituisce la fiducia. Da un libro autobiografico di Bel Kaufman sceneggiato da Tad Mostel, uno spaccato sociologico non originalissimo, ma che riesce quasi sempre a evitare banalità da film hollywoodiano.

Superman ° (*Superman*, Usa 1978, col, 143') Richard Donner. Con Christopher Reeve, Marlon Brando, Margot Kidder, Gene Hackman, Glenn Ford, Valerie Perrine, Terence Stamp, Susannah York, Trevor Howard, Ned Beatty, Jackie Cooper, Marc McClure, Sarah Douglas, Maria Schell. ◆ Il piccolo Superman (Reeve) viene spedito sulla Terra dal padre (Brando) quando il pianeta Krypton viene distrutto. Diventato adulto, nasconde la sua identità sotto i panni del timido cronista Clark Kent. Come supereroe volante realizza imprese come salvare gattini saliti sugli alberi, sostenere aerei in panne, sventare i piani del folle Lex Luthor (Hackman) che vuole sommergere la California, e far tornare indietro il tempo per salvare la sua innamorata (Kidder). Costoso spettacolo da baraccone ispirato al personaggio dei fumetti di Jerry Siegel e Joe Shuster (protagonista di alcuni serial negli anni Cinquanta), che cerca vanamente tocchi ironici per compensare la seriosità da film catastrofico. Per gli standard attuali è lento e noioso, e anche gli effetti speciali (che pure hanno vinto l'Oscar) non sono un granché. Da sceneggiatori come Mario Puzo, David Newman e Robert Benton era lecito aspettarsi qualcosa di meglio. Brando (pagato 3 milioni e 700 mila dollari per un'apparizione di una decina di minuti) recita battute ridicole come se fossero state scritte da Shakespeare. Con tre seguiti.

Superman II *½ (*Superman II*, Usa 1980, col, 127') Richard Lester. Con Christopher Reeve, Margot Kidder, Gene Hackman, Valerie Perrine, Terence Stamp, Susannah York, Ned Beatty, Jackie Cooper, Marc McClure, Sarah Douglas, E.G. Marshall. ◆ Superman (Reeve) decide di rinunciare ai suoi superpoteri per mettere su famiglia. Ma l'arrivo di tre cattivi provenienti da Krypton (tra cui Stamp) gli fa cambiare idea. Lester ha ricucito gli abbondanti scarti di montaggio del primo *Superman*: il film è meno mastodontico e un po' più agile del primo, ha più pretese di ironia, ma non ci si aspetti granché. Puzo continua a essere accreditato come sceneggiatore accanto a David e Leslie Newman.

Superman III ** (*Superman III*, Usa 1983, col, 123') Richard Lester. Con Christopher Reeve, Richard Pryor, Annette O'Toole, Margot Kidder, Robert Vaughn, Jackie Cooper, Marc McClure. ◆ Al terzo episodio Lester decide di buttarla sulla parodia: Superman (Reeve), alterato da criptonite sintetica, commette una serie di malefatte (non si fa più la barba, raddrizza la torre di Pisa e spegne la fiaccola olimpica), e combatte col proprio doppio. Intanto un delinquente da strapazzo (Pryor) scopre di essere un genio dei computer, capace di tenere in mano il mondo intero. Alcune idee non sono malvage (la sceneggiatura è di David e Leslie Newman), anche se Lester non ha la mano leggera, e i plagi da film come *Tron* e *Wargames* sono troppo scoperti.

Superman IV * (*Superman IV: The Quest for Peace*, Usa 1987, col, 90') Sidney J. Furie. Con Christopher Reeve, Gene Hackman, Mariel Hemingway, Margot Kidder, Jackie Cooper, Marc McClure. ◆ Il perfido Luthor (Hackman), che si è dato al commercio di armi nucleari, costruisce una creatura per contrastare Superman (Reeve). Ma l'eroe non conosce più gli sbandamenti della terza puntata, e rende vani anche i tentativi di seduzione da parte di una bellona (Hemingway). Tentativo di aggiornare la saga di Superman con un goffo messaggio pacifista: ma gli effetti speciali, questa volta, sono da film di serie B, e il pubblico non ha risposto all'appello. Producono Golan e Globus, sceneggiano Lawrence Konner e Mark Rosenthal, e si vede. Reeve è accreditato anche come coautore del soggetto e regista della seconda unità.

Super Mario Brothers * (*Super Mario Brothers*, Usa 1993, col, 104') Rocky Morton, Annabel Jankel. Con Bob Hoskins, John Leguizamo, Dennis Hopper, Samantha Mathis, Fisher Stevens, Richard Edson, Lance Henriksen. ◆ I due idraulici Mario Mario (Hoskins) e Luigi Mario (Leguizamo) aiutano la principessa Daisy (Mathis) nella lotta contro il malvagio Koopa (Hopper), tiranno di un universo parallelo di uomini-rettili, che vuole estendere il suo dominio anche sulla Terra. Il primo film ispirato a un videogame saccheggia tutto il possibile (da *Blade Runner* ai *Visitors* televisivi, dal giapponese *Matango* a *Jurassic Park* – complimenti per il tempismo!) e vorrebbe anche fare dell'ironia: ma finisce con l'essere digeribile solo da un pubblico inferiore ai dodici anni, capace di rintracciare le oltre cento (sic) citazioni del videogame disseminate tra le immagini. Prodotto da Roland Joffé, che ha conosciuto il gioco grazie a suo figlio.

Super-rapina a Milano *½ (Italia 1964, col, 85') Adriano Celentano, Piero Vivarelli. Con Adriano Celentano, Claudia Mori, Dante Posani, Vittorio Salvetti, Andrea Checchi, Detto Mariano, Don Backy [Aldo Caponi], Miki Del Prete. ◆ Dopo aver rapinato una banca, Sergio (Celentano) e i suoi complici fuggono in elicottero in un convento, travestendosi da frati con gli equivoci immaginabili. Prima di morire colpito dalla polizia, Celentano si rivolge agli spettatori dicendo che è tutto uno scherzo. Il pubblico, comunque, non gradì, e passarono anni prima che Celentano ritentasse la regia.

Supersexy '64 * (Italia 1963, col, 100') Mino Loy. Con Cecilia Barnett, Jacques Aky, Jane Allyson & Eva, il Trio Guarania, il Balletto russo del Casinò di Parigi. ◆ Giro del mondo - dalla Polinesia agli Stati Uniti, dalla Francia al Giappone, dall'Egitto al Venezuela - tra numeri di ballo, esibizioni di strip-tease e varietà. Nelle parole del commento (detto da Nico Rienzi) un documentario «sull'amore nel mondo», in realtà una serie di numeri da night club, molti dei quali filmati in studio: qualche commento pseudo-sociologico, un po' di facile ironia e molti strip, ma tutti rigorosamente con i capezzoli coperti.

Supertestimone, La ** (Italia 1971, col, 111') Franco Giraldi. Con Monica Vitti, Ugo Tognazzi, Orazio Orlando, Véronique Vendell, Nerina Montagnani. ◆ Una zitella repressa (Vitti) accusa senza motivo un pappone (Tognazzi) di omicidio. Poi si pente, fa riaprire il caso, lo sposa, ma viene messa a battere. Scritta da Tonino Guerra e Ruggero Maccari, un tipico grottesco all'italiana, sempre esagitato e sopra le righe. Gli interpreti, comunque, si divertono e garantiscono, almeno in parte, lo spasso.

SuperTotò ** (Italia 1980, b/n e col, 101') Brando Giordani, Emilio Ravel. ◆ Un'antologia dedicata a Totò articolata per temi. Frullato di una trentina di film, in cui trovano posto quasi tutti i classici (*San Giovanni decollato*, *47 morto che parla*, *L'oro di Napoli*, *Miseria e nobiltà*, *Totòtarzan*, *Guardie e ladri*, *Totò a colori*, *Totò Le Moko*, *La banda degli onesti*), con l'esclusione dei film di Pasolini e, in genere, di quelli meno comici (come *Totò e Carolina*). Non ha le ambizioni di analizzare la comicità del grande attore, come l'inedito *Anthologie de Totò* di Comolli, ma non è neanche raffazzonato come il vecchio *Totò Story*. Meglio, comunque, vedersi i film interi – che spesso sono già per conto loro un'antologia di sketch.

Supervixens ***½ (*Supervixens*, Usa 1975, col, 105') Russ Meyer. Con Shari Eubank, Charles Pitts, Charles Napier, Ushi Digard. ◆ Clint (Pitts), l'aria tonta ma perennemente concupito dalle donne, deve lasciare il suo lavoro dopo che sua moglie Superangel (Eubank – nella versione italiana Superclito) è stata uccisa da un perfido poliziotto impotente (Napier). Dopo varie avventure di genere erotico la incontra reincarnata in Supervixen. Uno dei film più divertenti di Russ Meyer: un fumetto iperrealista e surrealista dalla fotografia squillante e dal montaggio a raffica (entrambi opera sua). Pin up in abbondanza (Christy Hartburn, Sharon Kelly, Debora MacGuane, Haji), una particina per Russ Meyer (è il direttore del motel), nessuna logica e molto sesso, trattato in chiave comica. Nessun rapporto con il precedente *Vixen* (1968) sempre di Meyer.

Supplente, La * (Italia 1975, col, 95') Guido Leoni. Con Carmen Villani, Dayle Haddon, Carlo Giuffré, Eligio Zamara. ◆ Un liceale si innamora della supplente (Villani) di scienze ma, visto che non ricambia, ripiega sulla sorella (Haddon). Per punizione viene rimandato a settembre. Bastavano due tette al vento, allora, per creare un alone morboso attorno a filmetti del genere. L'ex cantante Carmen Villani, specializzata nel promettere molto e nel concedere poco, per una breve stagione contese alla Fenech la palma della reginetta della commedia – si diceva allora – scollacciata: «nessuno meglio di lei sa rendere l'assenza di motivazioni dei personaggi che è chiamata a svestire». È l'inizio di un sottogenere che ha segnato il costume nazionale.

Supplente va in città, La * (Italia 1979, col, 98') Vittorio De Sisti. Con Carmen Villani, Vincenzo Crocitti, Francesco Mulé, Josele Roman. ◆ Una maestra veneta (Villani), a Roma per rintracciare un seduttore, si impiega come cameriera, e fa carriera distribuendo i propri favori. Aggiornamento del motivo della serva padrona in una commedia che vorrebbe essere maliziosa e beffarda, ma spinge allo sbadiglio. Poco a che vedere, comunque, con *La supplente*.

Supplì *½ (Italia 1993, col, 78') Vincenzo Verdecchi. Con Fulvio Falzarano, France Demoulin, Mauro Serio, Massimo Sangermano, Lorenzo Forlei, Paolo Montevecchi, Domenico Valenti. ◆ La russa (Demoulin) che accoglie in casa un malato terminale ridotto a fare il barbone (Falzarano) è in realtà una prostituta sfruttata da due pseudo intellettuali (Serio e Sangermano): approfittare delle sue grazie o cercare di salvarla? Commedia di costume, scritta dal regista con Giorgio Serafini, che vorrebbe unire ironia politica e ritratto generazionale, ma è solo confusa (il colpo di scena finale è totalmente gratuito) e misogina. Il titolo si riferisce al soprannome della donna, che per due terzi del film parla solo russo e alla fine capisce perfettamente l'italiano.

Supponiamo che dichiarino la guerra e nessuno ci vada * (*Suppose They Gave a War and Nobody Came?*, Usa 1970, col, 113') Hy Averback. Con Tony Curtis, Brian Keith, Ernest Borgnine, Suzanne Pleshette, Bradford Dillman, Tom Ewell, Don Ameche. ◆ I rapporti tesi tra civili e militari di una base vicina degenerano quando i secondi usano un carro armato per far valere le proprie ragioni. Più che una satira antimilitarista, una farsa caotica e isterica, mai veramente divertente.

Supreme Sanction – Punizione estrema *½ (*Supreme Sanction*, Usa 1998, col, 95') John Terlesky. Con Kristy Swanson, Michael Madsen, David Dukes, Ron Perlman, Donald Adeosun Faison, Tommy «Tiny» Lister jr. ◆ Jenna (Swanson), killer di una scheggia impazzita della Cia, si rifiuta di uccidere un reporter televisivo (Dukes) e gli rivela la scottante verità che stava cercando. Tv-movie con un'anima curiosamente «di sinistra» e una frivola e giallo-rosa: cocktail troppo dissonante perché lo spettatore si appassioni.

Sur ***½ (*Sur*, Argentina/Francia 1988, col, 127') Fernando E. Solanas. Con Susu Pecoraro, Miguel Angel Sola, Philippe Léotard, Ulises Dumont, Roberto Goyeneche. ◆ Argentina 1983, fine della dittatura militare: dopo cinque anni di carcere, un prigioniero politico (Sola) torna a Buenos Aires. Insieme ai fantasmi del passato, ripercorre la città alla ricerca della sua vita perduta, ma non si lascia andare alla rassegnazione. Notturno e ramingo, frammentato secondo gli andirivieni della memoria, ritmato sui tanghi sensuali e struggenti di Astor Piazzolla: per Solanas è il film del difficile reinserimento in Argentina dopo l'esilio francese (raccontato in *Tangos – L'esilio di Gardel*), un laico viaggio agli inferi in quattro tappe per recuperare le proprie radici e ricostruire l'identità lacerata dalla persecuzione e dalla lontananza. Al contatto con la realtà del paese, l'idea di cinema militante sostenuta all'estero si trasforma in una pratica di cinema politico e poetico: la Storia nazionale è vissuta attraverso le vicende dei singoli, il realismo cede il passo al surrealismo, la tragedia lascia spazio all'utopia. Un'opera esageratamente ideologica e retorica, ma con squarci d'emozione e di grande cinema. Le canzoni *Tangos* e *Vuelvo al Sur* sono cantate da Roberto Goyeneche, che interpreta Amado.

Sure Fire – A colpo sicuro ** (*Sure Fire*, Usa 1990, col, 83') Jon Jost. Con Tom Blair, Kristi Hager, Robert Ernst, Kate Dezina. ◆ Circleville, Utah: Wes (Blair) sembra un cittadino modello, amico leale, padre amorevole. In realtà ha un ego mostruoso, e non ammette che gli altri facciano di testa loro. La tragedia scoppia quando porta il figlioletto alla prima partita di caccia, e scopre che sua moglie vuole fare le valige. C'è odio e malinconia nel modo in cui Jost rappresenta Wes: e si capisce, visto che il film intende essere una forma di «autoterapia» con cui il regista esorcizza il rapporto col padre, militare di carriera. L'ambientazione in mezzo alla natura introduce un respiro lirico nell'ostico cinema semimprovvisato di Jost (anche direttore della fotografia), ermetico e formalmente controllatissimo fino all'astrazione. Ma la sua parabola – scandita da citazioni dei testi sacri mormoni – è senza sorprese.

Surviving Picasso *½ (*Surviving Picasso*, Usa 1996, col, 123') James Ivory. Con Anthony Hopkins, Natascha McElhone, Julianne Moore, Joss Ackland, Peter Eyre, Jane Lapotaire, Joseph Maher, Bob Peck, Susannah Harker, Diane Venora, Joan Plowright. ◆ Già famoso, Pablo Picasso (Hopkins) conosce nel 1943 la giovane Françoise Gilot (McEhlone): tra i due comincia una relazione che durerà dieci anni, turbata dal dispotismo del pittore e dalla presenza delle sue donne precedenti – la prima moglie Olga (Lapotaire), Dora Maar (Moore) e Marie-Thérèse Walter (Harker) – che nemmeno la nascita dei due figli Claude e Paloma riuscirà a salvare dal fallimento. Ispirandosi alla biografia di Arianna Stassinopulos e ignorando il processo creativo (che invece era stato al centro di *Le Mystère Picasso* di Henri-Georges Clouzot), Ivory si concentra sul Picasso privato, facendone un mostro di crudeltà, egocentrismo e opportunismo. Ma la sceneggiatura di Ruth Prawer Jhabvala è didascalica e a tratti anche banale, il ritratto di Picasso è macchiettistico e l'interpretazione di Hopkins poco convinta. In quest'opera di demolizione Ivory sembra aderire all'orientamento critico ferocemente revisionista che da qualche anno furoreggia negli Usa a proposito del pittore andaluso, ed è chiaro che in un contesto simile importa poco che i quadri di Picasso non siano originali (il regista non ha ottenuto il permesso di riprodurli dagli eredi), a differenza di quelli di Matisse (interpretato da Joss Ackland).

Susanna **** (*Bringing Up Baby*, Usa 1938, b/n, 102') Howard Hawks. Con Cary Grant, Katharine Hepburn, Charles Ruggles, May Robson, Walter Catlett. ◆ La vita del paleontologo David Huxley (Grant), impegnato a ricostruire lo scheletro di un dinosauro, è sconvolta dall'incontro casuale con un'ereditiera, Susan (Hepburn), che gli manda a monte il matrimonio e lo caccia nelle situazioni più imbarazzanti. Come altre commedie di Hawks, è la storia di una progressiva perdita di libertà da parte del maschio: la concatenazione di cause ed effetti, cui un riassunto farebbe torto, tocca però vertici irresistibili e insuperati nel genere della screwball comedy. Il «bambino» del titolo originale è il cucciolo di leopardo della protagonista, che viene scambiato con un leopardo feroce fuggito dallo zoo e si ammansisce solo cantandogli *I Can Give You Anything But Love*. Il vero leopardo, comunque, è Susan, la cui capacità di generare catastrofi non risparmia neanche il bacio finale. Grant e la Hepburn al loro meglio. Sceneggiatura indiavolata di Dudley Nichols e Hagar Wilde.

Susanna agenzia squillo *½ (*Bells Are Ringing*, Usa 1960, col, 127') Vincente Minnelli. Con Judy Holliday, Dean Martin, Fred Clark, Eddie Foy jr, Jean Stapleton, Gerry Mulligan. ◆ La titolare (Holliday) di un'agenzia di segreteria telefonica si impiccia della vita privata dei suoi clienti, viene immischiata in un giro di scommesse clandestine ma trova anche l'amore. Un film minore di Minnelli, tratto dal musical di Betty Comden, Adolph Green e Jule Style, che a Broadway era stato interpretato dalla stessa Holliday. Tra le canzoni *Just in Time* e *The Party's Over*.

Susanna ha dormito qui *½ (*Susan Slept Here*, Usa 1954, col, 98') Frank Tashlin. Con Dick Powell, Debbie Reynolds, Anne Francis, Glenda Farrell. ◆ Uno sceneggiatore (Powell) impegnato a scrivere un film sui giovani ribelli sposa la ragazzaccia (Reynolds) che ha preso come modello. Ma mentre lei si imborghesisce, l'ex fidanzata (Francis) tenta di riconquistarlo con un look rinnovato. La solita commedia frivola che ci si aspetta da Tashlin, con qualche spunto malizioso in più.

Susanna Simonin, la religiosa *** (*Suzanne Simonin, la religieuse de Diderot*, Francia 1966, col, 135') Jacques Rivette. Con Anna Karina, Liselotte Pulver, Micheline Presle, Francine Bergé, Francisco Rabal, Wolfgang Reichmann. ◆ Costretta da una precaria situazione familiare a farsi monaca, Suzanne (Karina) viene prima sospettata di essere posseduta dal demonio, poi, in un altro convento, circondata di eccessive attenzioni dalla madre superiora (Pulver). Dall'omonimo romanzo di Diderot, da cui Rivette aveva già tratto, nel 1963, uno spettacolo teatrale con la stessa Karina come protagonista, un film che all'epoca fece scalpore perché ha il coraggio di mettere a confronto la coscienza primaria del Bene e del Male (in Suzanne) contro i moralismi della società. La censura ne proibì la distribuzione in Francia, suscitando l'ira del gruppo dei *Cahiers du cinéma* (Godard scrisse una dura lettera a Malraux, allora ministro della Cultura). Oggi, caduto ogni motivo di scandalo, il film si fa apprezzare per il rigore formale e l'attento studio dei rapporti tra parola e immagine.

Susanna tutta panna *½ (Italia/Spagna 1957, b/n, 89') Steno [Stefano Vanzina]. Con Marisa Allasio, Germán Cobos, Anna Campori, Mario Pisu, Alberto Rabagliati, Mario Carotenuto, Fanny Landini, Memmo Carotenuto, Giulio Calì, Gianni Agus, Nuto Navarrini, Sandra Mondaini, Luz Márquez, Nino Manfredi, Paolo Ferrari, Gianni Bonagura, Alberto Bonucci, Francesco Mulé, Bice Valori, Gianrico Tedeschi, Giacomo Furia. ◆ Come prova d'amore, la pasticcera Susanna (Allasio) mette il segreto della panna di famiglia in una torta – la celeberrima «Susanna» a cui fa riferimento il titolo – destinata al fidanzato (Cobos): ma il fattorino confonde il destinatario, scatenando anche le ricerche di chi (Pisu e Rabagliati) vorrebbe rubare la famosa ricetta. Una storia improbabile (scritta da Vittorio Metz e Marcello Marchesi) per una serie di scenette altrettanto improbabili, ma attraversate da una vena «demenziale» - come si direbbe oggi - che strappa il sorriso (la recita dell'Amleto, con la torta che esce dalla tomba al posto del teschio di Yorick). E la scena in cui il fidanzato cerca di cucire la scollatura troppo generosa della Allasio vale un trattato di sociologia sulla moralità nazionale. La canzone del titolo è cantata dal Quartetto Cetra.

Suspect – Presunto colpevole ** (*Suspect*, Usa 1987, col, 121') Peter Yates. Con Cher, Dennis Quaid, Liam Neeson, Joe Mantegna, Philip Bosco, John Mahoney. ◆ Un'avvocatessa (Cher) difende un barbone sordomuto accusato d'omicidio: infrangendo ogni deontologia professionale, si varrà dell'aiuto di un portaborse (Quaid) che è finito controvoglia nella giuria. Se non si ha la fissa della verosimiglianza e non si pretendono soluzioni raffinatissime, come giallo è più che passabile. Yates conosce il mestiere, il cast è in vena senza strafare.

Suspense ***½ (*The Innocents*, Gb 1961, b/n, 105') Jack Clayton. Con Deborah Kerr, Martin Stephen, Pamela Franklin, Michael Redgrave, Peter Wyngarde, Megs Jenkins. ◆ Miss Giddens (Kerr) viene assunta come istitutrice in un castello inglese, per badare a due bambini, Miles (Stephen) e Flora (Franklin) dagli strani comportamenti. Si convince che siano succubi dei fantasmi di un guardiacaccia e della sua amante, che ne usano i corpi per pratiche innominabili, e tenta di salvarli. Da *Il giro di vite* di Henry James, adattato tra gli altri da Truman Capote. Clayton ha saputo conservare l'ambiguità del racconto, nel quale non si capisce quanto sia realtà e quanto proiezione della istitutrice sessuofoba. L'immagine ha un'altra concretezza rispetto alla parola, certo, ma Clayton non ricorre al repertorio di porte che scricchiolano e babau che saltano fuori da dietro l'angolo, costruendo invece una tensione impalpabile e angosciante. Degno di James anche il finale. La Kerr, dallo sguardo ora smarrito, ora invasato, è mirabile. La fotografia è del maestro Freddie Francis. Lo stesso racconto ha ispirato i mediocri *Improvvisamente un uomo nella notte* (1972) e *Presenze* (1992).

Suspicion *½ (*Suspicion*, Gb 1987, col, 90') Andrew Grive. Con Anthony Andrews, Jane Curtin, Jonathan Lynn, Betsy Blair. ◆ Dopo aver sposato un playboy (Andrews), un'ereditiera (Curtin) sospetta che lui la voglia uccidere per entrare in possesso dei suoi beni. Fiacco remake del *Sospetto* di Hitchcock: il regista pensa che basti copiare l'originale sequenza per sequenza, ma la suspense latita.

Suspiria *** (Italia 1977, col, 97') Dario Argento. Con Jessica Harper, Stefania Casini, Alida Valli, Joan Bennett, Flavio Bucci, Miguel Bosé, Udo Kier. ◆ Arrivata a Monaco dall'America per frequentare un'accademia europea di danza, Susy (Harper) scopre che la sua scuola è un covo di streghe. Ispirandosi vagamente a *Mine-Haha* di Wedekind (la sceneggiatura è del regista e di Daria Nicolodi), Argento lascia il thriller per l'horror e gira uno dei suoi film più compatti e, tutto sommato, meno morbosi. La verosimiglianza va a spasso, ma la suspense non conosce respiro, e il gran finale non scade nel baracconesco. Splendide le scenografie di Giuseppe Bassan, tra il liberty e la pop art, e la fotografia di Luciano Tovoli. Grandi sfoggi di tecnica, prima che diventassero manieristi e fini a se stessi.

Süss l'ebreo *½ (*Jud Süss*, Germania 1940, b/n, 95') Veit Harlan. Con Kristina Söderbaum, Ferdinand Marian, Werner Krauss, Heinrich George, Eugene Klöpfer, Malte Jäger, Hilde von Stoltz, Albert Florath, Theodor Loss. ◆ A Stoccarda, nel 1733, il finanziere ebreo Süss Oppenheimer (Marian) ottiene la riscossione dei tributi dal duca di Württemberg (George) in cambio dell'aiuto alle sue malconce casse. Diventato potentissimo, violenta la giovane Dorothea Sturm (Söderbaum) facendo torturare brutalmente il suo amante, ma alla morte del duca il popolo saprà ribellarsi, condannando a morte Süss e scacciando gli ebrei dalla contea. Il più celebre dei film nazisti, «simbolo del razzismo di un regime e aperto incitamento all'assassinio in nome della purezza etnica», fu suggerito direttamente da Goebbels al regista che lo diresse «senza anima e senza stile», nella più pura tradizione delle opere su commissione, zeppa di colpi di scena e di violenza visiva e sorretto da «una recitazione enfatica o manierata o inutilmente estatica». All'inizio del film un cartello dichiara che la storia «si basa su fatti reali» e in effetti Joseph Süss Oppenheimer, figlio naturale del barone von Heydersdorff e di una cantante ebrea di Francoforte, divenne veramente consigliere finanziario del duca di Württemberg, per essere poi processato e condannato a morte (ma senza nessuna accusa di violenza carnale). Nel 1925 Lion Feuchtwanger ne fa il soggetto di un romanzo che nel 1934 viene portato sullo schermo da Lothar Mendes (*Jew Süss*) con un'ottica prosemita. La versione che ne dà Harlan si ispira invece direttamente alle farneticazioni naziste (gli ebrei sono presentati «come esseri profondamente infidi e corrotti, per i quali gli ariani non possono che provare terrore e disgusto»), tanto da spingere Himmler a chiedere, il 30 settembre 1940, che «tutte le SS e i membri della polizia possano vedere il film». Processato due volte nel dopoguerra per «crimini contro l'umanità», Harlan fu assolto per insufficienza di prove e nella sua autobiografia tentò di giustificarsi a posteriori, scrivendo di essere stato costretto da Goebbels a fare un tale film. Il protagonista Ferdinand Marian si suicidò in automobile.

Sussurri e grida **** (*Viskiningar och rop*, Svezia 1973, col, 91') Ingmar Bergman. Con Harriet Andersson, Ingrid Thulin, Liv Ullmann, Kari Sylwan, Georg Arlin, Erland Josephson, Henning Moritzen, Anders Ek. ◆ In una villa del primo Novecento, Agnese (Andersson) sta morendo di cancro assistita dalle due sorelle in perenne conflitto tra loro (Thulin e Ullmann) e dalla premurosa governante (Sylwan). Capolavoro insuperato, complesso e limpidissimo allo stesso tempo. «Tutti i miei film possono essere pensati in bianco e nero, eccetto *Sussurri e grida*. C'è scritto anche nella sceneggiatura, io ho sempre immaginato il rosso come l'interno dell'anima»: le stanze foderate di rosso cupo fanno pensare all'interno della donna e il film potrebbe essere letto come metafora della penetrazione cinematografica nell'universo femminile. Scomposto in quattro figure molto ben delineate e interpretate in modo eccellente («la moribonda, la più bella, la più forte, la servizievole»: Bergman sostiene di aver voluto rappresentare altrettanti aspetti della personalità della madre, senza farne la biografia). Oltre all'uso psicoanalitico del colore, vanno ricordati la rigorosa scansione temporale (orologi, diario, musica) e la geometrica organizzazione dello spazio, che consentono al regista di tenere sotto controllo la forte emotività del racconto. Il titolo è ripreso da una recensione musicale, in cui il critico aveva definito un quartetto di Mozart «come sussurri e grida». La straordinaria fotografia è del solito Sven Nykvist, Marik Vos firma la scenografia, Greta e Karin Johanson i costumi.

Su tutte le vette è pace ***½ (Italia 1998, col, 72') Yervant Gianikian, Angela Ricci Lucchi. ◆ Fatica quotidiana in mezzo alla neve, uomini che smettono d'essere tali indossando le maschere antigas, rare scene di combattimento tanto più assurde in quanto viste da lontano. Dopo *Prigionieri della guerra*, continua l'esplorazione della prima guerra mondiale, vista attraverso immagini d'archivio riprese all'epoca su fronti opposti: quello italiano e quello austroungarico. Distinguere i due schieramenti, ovviamente, è impossibile, e il lavoro sulla pellicola – virata e rallentata, ma anche corrosa dal tempo e come già ferita – coglie momenti altrimenti impercettibili, segnando sempre un preciso sguardo morale. Così poco didascalico e dimostrativo (malgrado il pathos che a tratti affiora, come nell'interminabile morte di un mulo nel finale) da rendere la visione più impegnativa che nei film precedenti. La colonna sonora di Giovanna e Francesco Marini, a metà tra la musica sacra e popolare, riprende testi di diari dei combattenti, spesso in un contrappunto amaramente ironico. Il titolo è un verso di Goethe

Svastica nel ventre, La *½ (Italia 1976, col, 90') William Hawkins [Mario Caiano]. Con Sirpa Lane, Giancarlo Sisti, Roberto Posse, Gianfilippo Carcano, Marzia Ubaldi, Renata Moar, Isabella Russo, Piero Lulli, Cristiana Borghi, Sarah Crespi. ◆ Internata dai nazisti e costretta a prostituirsi, l'ebrea Anna Meyer (Lane) si salverà diventando l'amante di un ufficiale masochista (Sisti), che le affida un bordello d'alta classe. Ma l'incontro con il fidanzato di gioventù (Posse) la fa riflettere sui compromessi che ha accettato. Anche il cinema di serie B cerca di sfruttare il filone aperto da *Portiere di notte* e *Salon Kitty*: al centro c'è la solita equazione nazismo=sadomasochismo, con la donna ridotta a oggetto sessuale; ma qui il voyeurismo è bilanciato da un po' di moralismo (di grana grossa ma non spregevole), e per fortuna mancano le elucubrazioni fintointellettuali della Cavani o le giustificazioni «viscontiane» di Brass. Come estremo atto di sfida verso chi l'ha ridotta a prostituirsi, Anna racconta la celebre battuta sul pisello di Hitler, «l'unico disoccupato di Germania».

Svegliami quando è finito *½ (*Wake Me When It's Over*, Usa 1960, col, 126') Mervyn LeRoy. Con Dick Shawn, Ernie Kovacs, Margo Moore, Jack Warden, Don Knotts. ◆ Richiamato nell'esercito per errore, un militare (Shawn) inganna il tempo in un'isoletta del Pacifico pensando agli sviluppi turistici del luogo. Quando decide di mettersi all'opera rischia anche la corte marziale. Tra il grottesco e il paradossale, una commedia che solo il professionismo di Hollywood riesce a rendere sopportabile.

Svegliati e uccidi (Lutring) ** (Italia/Francia 1966, col, 126') Carlo Lizzani. Con Robert Hoffman, Lisa Gastoni, Gian Maria Volonté, Claudio Camaso, Renato Nicolai. ◆ La vera storia del bandito Luciano Lutring (Hoffman), svogliato aiuto pasticciere milanese che inizia a rubare per far colpo su una ragazza (Gastoni), entrando poi in un mondo popolato da delinquenti e poliziotti più smaliziati di lui. Una ricostruzione di stampo quasi documentario, secca ed essenziale, attenta però più alle azioni che alla psicologia dei personaggi. Sceneggiatura di Ugo Pirro, musiche di Ennio Morricone.

Svegliati Ned **½ (*Waking Ned Devine*, Gb 1998, col, 91') Kirk Jones. Con Ian Bannen, David Kelly, Fionnula Flanagan, Susan Lynch, James Nesbitt, Maura O'Malley, Dermot Kerrigan, Brendan F. Dempsey, Jimmy Keogh. ◆ Nel minuscolo villaggio irlandese di Tullymore, Jackie (Bannen) e Michael (Kelly) scoprono che Ned (Keogh) è morto per lo shock di possedere il ricco biglietto vincente della lotteria: vorrebbero incassarlo al suo posto, ma le complicazioni sono più d'una. Una trama esile, ma abilmente strutturata in crescendo, per una solida commedia piena di tocchi esilaranti (soprattutto nella seconda parte, con i due imbroglioni all'opera) e di calore umano. Un esordio in stile Ealing, classico, umile e con un cast di anziani indimenticabili, diretti con affetto e competenza. Girato nell'isola di Man. Sceneggiatura del regista.

Svignata, La *½ (*La Carapate*, Francia 1979, col, 105') Gérard Oury. Con Pierre Richard, Victor Lanoux, Yvonne Gadeau, Raymond Boussières, Claude

Brosset. ◆ Coinvolto suo malgrado in una rivolta carceraria, un avvocato (Richard) fugge col proprio cliente (Lanoux), trovandosi in guai a catena. Farsa esagitata ma mai irresistibile.

Svitati * (Italia 1999, col, 90') Ezio Greggio. Con Ezio Greggio, Mel Brooks, Gianfranco Barra, Julie Condra, Randi Ingerman, Enzo Iacchetti. ◆ Il padre (Barra) sta morendo, e il figlio Bernardo (Greggio) deve ritrovare l'americano (Brooks) che l'aveva salvato in tempo di guerra: che però è chiuso in un manicomio. Deprimente collana di barzellette sui matti, gli ospedali, i conventi, le protesi al silicone e via banalizzando: comicità fiacca e datata, per di più con ambizioni di esportazione. Mette malinconia constatare che Brooks assomiglia (fisicamente e come qualità di recitazione) a Jimmy il Fenomeno. Scritto (?) da Rudy De Luca e Steve Haberman.

Svitato, Lo ** (Italia 1955, b/n, 110') Carlo Lizzani. Con Dario Fo, Franca Rame, Giorgia Moll, Leo Pisani [Wächter], Alberto Bonucci, Franco Parenti, Giancarlo Cobelli, Jacopo Fo, Giustino Durano. ◆ Achille (Fo), fattorino con aspirazioni da reporter, si fa coinvolgere in uno sgangherato piano per rubare alcuni cani di razza. Tentativo, che non ebbe seguito, di adattare all'ambiente nostrano gag da cinema comico classico. Divertente la macchietta di Franco Parenti con caschetto di capelli e senza barba nella parte del «mostro dell'Emilia», costretto a farsi tutto da solo perché «non ha nemmeno avuto un padre alcolizzato o una madre di dubbia reputazione». Dario Fo è anche coautore della sceneggiatura (con Fulvio Fo, Augusto Frassinetti, Massimo Mida, Bruno Vailati e Lizzani) e aiuto regista.

Svolta pericolosa ** (*Traveller*, Usa 1997, col, 100') Jack [N.] Green. Con Bill Paxton, Mark Wahlberg, Julianna Margulies, James Gammon, Nikki Deloach, Jo Ann Pflug. ◆ Bokky (Paxton), un truffatore da strada appartenente a un clan di scozzesi, prende sotto le sue ali il giovane Pat (Wahlberg) e gli insegna il mestiere. Avventure picaresche con ovvia svolta quasi tragica, e descrizione di una società del Sud degli Stati Uniti che ignora i concetti di Stato e di Legge. Simpatica modestia e buona capacità di raccontare da parte dell'esordiente regista, già direttore della fotografia dei film di Eastwood: che però si perde nel banale quando si tratta di venire al dunque. Sceneggiatura di Jim McGlynn.

Swann *½ (*Swann*, Canada 1996, col, 96') Anna Benson Gyles. Con Miranda Richardson, Brenda Fricker, Michael Ontkean, David Cubitt. ◆ La scrittrice Sarah Maloney (Richardson) si reca a Nadeau, Ontario, per indagare sulla fine della poetessa Mary Swann, trovata assassinata nel granaio del marito. Dopo l'iniziale diffidenza, si decide a darle una mano Rose Hindmarch (Fricker), libraia del luogo e unica amica della poetessa. Dal romanzo di Carol Shields, sceneggiato da David Young, un giallo d'autore al femminile, che si vorrebbe sensibile e psicologicamente raffinato come si conviene al sesso delle protagoniste e ai loro interessi letterari: ma le apparenze ingannano, e lo sviluppo della storia è sin troppo prevedibile.

Swarm ° (*The Swarm*, Usa 1978, col, 116') Irwin Allen. Con Michael Caine, Katharine Ross, Richard Widmark, Henry Fonda, Richard Chamberlain, Olivia de Havilland, Fred MacMurray, Ben Johnson, José Ferrer, Slim Pickens, Bradford Dillman. ◆ Un gigantesco sciame d'api assassine terrorizza il Sud-Ovest degli Stati Uniti, devastando città e campagne. La scienza sembra impotente, finché viene trovato un insolito rimedio. Cast sprecato e intreccio puerile: il cinema catastrofico al suo peggio.

Sweet Charity – Una ragazza che voleva essere amata *½ (*Sweet Charity*, Usa 1969, col, 133') Bob Fosse. Con Shirley MacLaine, John McMartin, Ricardo Montalban, Sammy Davis jr, Paula Kelly, Barbara Bouchet. ◆ Una prostituta dal cuore d'oro (MacLaine) si innamora di un ingenuo giovanotto (McMartin) che non sospetta la sua professione. L'opera prima di Fosse nasce da un suo musical di Broadway, scritto da Neil Simon e ispirato alle *Notti di Cabiria* di Fellini. Al posto del pellegrinaggio al Divino Amore c'è un rito hippy officiato da Sammy Davis, e Montalban prende i panni di Amedeo Nazzari. Coreografie andanti, tono fasullo e dolciastro. Particine per Bud Cort e Kristoffer Tabori come figli dei fiori.

Sweet Dreams ** (*Sweet Dreams*, Usa 1985, col, 115') Karel Reisz. Con Jessica Lange, Ed Harris, Ann Wedgeworth, David Clennon, James Staley, P. J. Soles, John Goodman. ◆ Biografia di Patsy Cline (Lange), star della musica country morta prematuramente in un incidente aereo: tanti successi in carriera, tanti dolori nella vita coniugale. Confezionato e interpretato con professionismo, ma assai risaputo. Reisz evita i toni edulcorati, ma cercare il suo stile di un tempo è arduo. Quando la protagonista canta, si sente la vera voce della Cline, opportunamente rimasterizzata.

Sweetie **½ (*Sweetie*, Australia 1989, col, 97') Jane Campion. Con Geneviève Lemon, Karen Colston, Tom Lycos, Jon Darling, Dorothy Barry. ◆ Grassa, ingorda (di cibo e di uomini) e pronta a salire nuda sugli alberi a sbraitare, Sweetie (Colston) è la pecora nera di famiglia; non che gli altri siano meglio però, a cominciare dalla sorella Kay (Lemon), sessuofoba e alberofoba. Tragedia domestica girata con uno stile iperrealista che a molti ha ricordato Lynch, e che alterna cinismo parafemminista a delicatezze insospettate. Al suo primo lungometraggio per il grande schermo, la neozelandese Campion non ha voluto passare inosservata: e se il suo film è un po' freddo e «programmaticamente» scandaloso, è però privo delle ingenuità dell'esordiente.

Sweet Movie – Dolcefilm ** (*Sweet Movie*, Francia/Rft/Canada 1974, col, 95') Dušan Makavejev. Con Carole Laure, Pierre Clementi, Anna Prucnal, Sami Frey, Marpessa Dawn. ◆ Miss Mondo (Laure) sposa un miliardario dal pene d'oro, finisce in una comune e viene inghiottita da un lago di cioccolata. Intanto l'ultimo marinaio dell'incrociatore *Potëmkin*, imbarcatosi su una nave che porta scolpita la testa di Marx, finisce vittima della capitana (Prucnal). Parabole incrociate sul capitalismo e il comunismo: il gusto del nonsense di Makavejev (al suo primo film fuori dalla Jugoslavia) nella sua forma più virulenta. Discreto scandalo all'epoca.

Swingers **½ (*Swingers*, Usa 1996, col, 96') Doug Liman. Con Jon Favreau, Vince Vaughn, Ron Livingston, Patrick Van Horn, Heather Graham, Deena Martin, Alex Desert. ◆ Aspirante attore a Los Angeles, Mike (Favreau) sta elaborando da sei mesi il lutto per essere stato mollato dalla fidanzata. Riuscirà a fargli passare la depressione lo scalmanato amico Trent (Vaughn), tra un party dove rimorchiare è impossibile e una fallimentare puntata a Las Vegas? Sembra la formula standard del filmino indipendente: isterie da testosterone, dialoghi a raffica, parodie di Tarantino e altri tocchi cinefili (con un'efficiente imitazione del piano-sequenza chilometrico di *Quei bravi ragazzi*, realizzato, si presuppone, a un centesimo del costo). Ma la sceneggiatura di Favreau non è stupida, infila veri pezzi di bravura (soprattutto nelle scene delle telefonate) e non ricorre mai alla volgarità per far ridere: gli spettatori maschi sono caldamente invitati a identificarsi. Successo di culto in patria. Il regista, esordiente, dirige anche la fotografia.

Swing Kids – Giovani ribelli ** (*Swing Kids*, Usa 1993, col, 114') Thomas Carter. Con Robert Sean Leonard, Christian Bale, Frank Whaley, Kenneth Branagh, Barbara Hershey. ◆ Amburgo, 1939: Peter (Leonard) e Thomas (Bale) sono due swing kid che fanno la fronda al nazismo ascoltando jazz e vestendo in modo stravagante. Costretti ad arruolarsi nella Hitlerjugend, reagiranno in modo opposto. Passioni vibranti, entusiasmi giovanili, amici che si ritrovano su opposte sponde: l'esordiente Carter gira un cinema fuori dal tempo che vuole coinvolgere emotivamente lo spettatore. La sceneggiatura spesso fa acqua, ma il meccanismo di identificazione con i personaggi riesce a scattare. Branagh, pur recitando nel ruolo chiave dell'ufficiale nazista, non è accreditato. Colonna sonora scatenata con canzoni di Benny Goodman, Count Basie, Duke Ellington e Django Reinhardt.

Swing Shift – Tempo di swing *½ (*Swing Shift*, Usa 1984, col, 100') Jonathan Demme. Con Goldie Hawn, Kurt Russell, Ed Harris, Christine Lahti, Fred Ward, Charles Napier, Holly Hunter. ◆ La seconda guerra mondiale vista dal punto di vista delle donne rimaste a casa, e che conquistano un'effimera indipendenza: mentre il marito (Harris) è nel Pacifico, la moglie (Hawn) lavora in una fabbrica e amoreggia col caporeparto (Russell) – uno dei pochi uomini ancora in circolazione. Tentativo di affresco storico fallito a causa di una sceneggiatura scipita (di Ron Nyswaner, Bo Goldman e Nancy Dowd, che si sono firmati col nome «collettivo» di Rob Morton) e delle bizze della Hawn, che, insoddisfatta di Demme, ha fatto rifare mezz'ora di film. Roger Corman – che aveva fatto entrare Demme nel mondo del cinema – è il padrone della fabbrica.

Switchblade Sisters *½ (*Switchblade Sisters*, Usa 1975, col, 86') Jack Hill. Con Robbie Lee, Joanne Nail, Monica Gayle, Asher Brauer. ◆ La nuova arrivata Maggie (Nail) entra nella banda tutta al femminile delle Dagger Debs: ma la capa Lace (Lee), dopo averla protetta, diventa la sua peggiore nemica. Lotte di potere nei bassifondi losangelini, con la partecipazione di gang di femministe nere e un campionario di teppisti terrore dei borghesi. La formula di Hill – sesso (che oggi sembra molto meno audace), violenza (da fumetto) e velleità anarcoidi – da un po' di tempo è stata riscoperta, specie nei paesi di lingua inglese, da molti critici chic. Ma a vedere un film piatto come questo, tanto vale tenerci i nostri Lenzi e Castellari.

Swop *½ (*Sam's Song*, rititolato *The Swap*, Usa 1969, col, 92') Jordan Leondopoulos [John Shade, John C. Broderick]. Con Robert De Niro, Jennifer Warren, Martin Kelley, Viva, Sybil Danning, Lisa Blount. ◆ Un regista porno (De Niro) viene coinvolto in un omicidio. Anonimo cortometraggio interpretato da un De Niro a inizio carriera, allungato (con le scene con Sybil Danning e Lisa Blount) e distribuito nuovamente nel 1979 col titolo *The Swap*.

Sybil ** (*Sybil*, Usa 1976, col, 132') Daniel Petrie. Con Sally Field, Joanne Woodward, Brad Davis, Martine Bartlett, Charles Lane, Jane Hoffman. ◆ Una ragazza (Field) che, in seguito a traumi infantili, ha sviluppato diciassette personalità diverse, viene presa in cura da una psichiatra (Woodward). Riduzione cinematografica (dura un'ora di meno) di un film per la Tv premiato negli Usa, apprezzabile più che altro per le interpretazioni.

Sydney ** (*Hard Eight*, Usa 1997, col, 101') Paul Thomas Anderson. Con Philip Baker Hall, John C. Relly, Gwyneth Paltrow, Samuel L. Jackson, William Parker, Wynn While. ◆ Chi è davvero il misterioso Sydney (Barker Hall)? Il giocatore dal cuore d'oro che insegna all'inesperto John (Relly) come non farsi spolpare nei casinò e lo leva dai pasticci in cui si è ficcato con l'entraîneuse Clementine (Paltrow)? O l'ex gangster che l'intraprendente Jimmy (Jackson) vorrebbe ricattare? Un noir a metà, che non mantiene le promesse, curioso quando descrive senza passione né moralismo il mondo dei giocatori di mezza tacca, irrisolto quando vorrebbe scavare nel passato delle persone. Sceneggiato dal regista.

Tabù *** (*Tabu*, Usa 1931, b/n, 75') Friedrich Wilhelm Murnau [e Robert Flaherty]. Con Reri, Matahi, Hitu, Kong Ah, Jean, Jules. ◆ A Bora Bora, l'amore tra due giovani (Reri e Matahi) è distrutto da una legge del villaggio che offre la verginità della ragazza agli dèi. Da quel momento diventa «tabù» e nessuno può toccarla, ma il suo innamorato la rapisce e fugge con lei: verranno raggiunti dal capotribù (Hitu) che riporta la ragazza a Bora Bora, mentre il ragazzo morirà tra le onde nel vano tentativo di inseguire la barca che la sta portando via. Insolito «esperimento» tra due registi che per poter lavorare senza i condizionamenti dell'industria hollywoodiana fondano una società di produzione e decidono di girare un film muto tre anni dopo l'avvento del sonoro: sfortunatamente l'universo poetico di Flaherty e quello di Murnau sono diametralmente opposti (più solare e ottimista il primo, più notturno e pessimista il secondo) e durante la lavorazione i contrasti aumentarono fino all'abbandono del set da parte di Flaherty. Questo dissidio si nota anche nella struttura del film – più «documentaristico» nella prima parte e più drammaturgico nella seconda – ma mette ancor più in evidenza la straordinaria capacità di Murnau di «ottenere il massimo dell'efficacia espressiva con il minimo della semplicità rappresentativa»: pochi elementi (un corpo che nuota sempre più stancamente, una vela sempre più lontana che segna l'orizzonte) bastano al regista per raccontare l'infelicità di due persone e, per estensione, di tutta l'umanità: «lo scontro mitico tra il giorno e la notte, tra la vita e la morte finisce per schiacciare questi esseri troppo vulnerabili, mentre la dolcezza di alcune scene ci trasmette la compassione che Murnau ha per questi innocenti la cui unica colpa è quella di essere nati». È l'ultimo film di Murnau, che morì in un incidente d'auto alla vigilia della prima. Oscar alla fotografia di Floyd Crosby.

Tacchi a spillo ** (*Tacones lejanos*, Spagna 1991, col, 113') Pedro Almodóvar. Con Victoria Abril, Marisa Paredes, Miguel Bosé, Pedro Díez del Corral, Bibi Anderssen, Feodor Atkine. ◆ Un giudice (Bosé) con una doppia vita di travestito (ma solo per motivi professionali) indaga sull'omicidio del marito di una celebre cantante (Paredes): tra i sospetti c'è la figlia (Abril), che dall'infanzia cova rancori verso la madre, ed è stata amante del patrigno. Giallo-melodramma-musical, pieno di tutto quello che ci si aspetta da Almodóvar: scene madri, un po' di sesso, qualche intermezzo comico (molto riuscita la confessione in diretta al telegiornale con «traduzione simultanea» per sordomuti). Colorato e movimentato, ma artefatto e di maniera, e con tanta pubblicità di Chanel. Bosé, con e senza barba, recita da cani; meglio l'altro travestito della compagnia, il biondone/a Bibi Anderssen (che interpreta la prigioniera). Musiche di Ryuichi Sakamoto.

Tagliaerbe, Il *½ (*The Lawnmower Man*, Usa/Giappone 1992, col, 108') Brett Leonard. Con Jeff Fahey, Pierce Brosnan, Jenny Wright, Geoffrey Lewis. ◆ Grazie a iniezioni mirabolanti e a massicce immersioni nella realtà virtuale generata dai computer, uno scienziato (Brosnan) trasforma lo scemo del villaggio (Fahey) in un genio del Male che si appresta a conquistare il mondo per via telematica. L'idea di base non è molto più avanzata di quella di *Tron*, e solo la computer graphic è al passo coi tempi. Non è «il primo film sulla realtà virtuale»: è la solita storia dell'apprendista stregone, con un finale da telefilm che fa venir voglia di alzarsi dalla poltrona. Non aspettatevi troppo neanche dalla sequenza di sesso virtuale. Stephen King ha protestato per l'inclusione del suo nome, visto che dell'omonimo racconto (sceneggiato dal regista con Gimel Everett) non è rimasto proprio nulla, se non il titolo. Con un seguito.

Tagliaerbe 2, Il – The Cyberspace * (*Lawnmower Man 2: Beyond Cyberspace*, Usa 1995, col, 92') Farhad Mann. Con Patrick Bergin, Matt Frewer, Austin O'Brien, Ely Pouget. ◆ Jobe, lo scemo del primo episodio (ora interpretato da Frewer) è ancora vivo, e grazie all'aiuto di industriali senza scrupoli, vuole costruire un impero virtuale per controllare il mondo reale, proponendosi al contempo come messia dei diseredati. Tre anni di tempo sono bastati perché lo scadente *concept* del primo *Tagliaerbe* diventasse ancora più obsoleto: e non c'è un briciolo d'autoironia a rendere meno tedioso questo sequel-fotocopia.

Tagliagole, Il *** (*Le Boucher*, Francia 1969, col, 93') Claude Chabrol. Con Stéphane Audran, Jean Yanne, William Guérault, Roger Rudel, Antonio Passalia, Mario Beccaria, Pasquale Ferone. ◆ Storia del timido e tenero amore fra il macellaio Popaul (Yanne) ed Hélène (Audran), la maestrina di un paese del Périgord messo in subbuglio da alcuni feroci delitti. Insuperabile nel ritrarre vizi e virtù della provincia francese, Chabrol costruisce un giallo dall'intrigo hitchcockiano (un accendino perso, nascosto e ritrovato è lo strumento della suspense) con qualche bella sfumatura melodrammatica, quando non apertamente granguignolesca, ma che trova la sua vera forza narrativa – e la capacità di arrivare a punte di paura e orrore – dal suo essere «fortemente ancorato alla descrizione di una credibile quotidianità, farcita di dettagli autentici (il taglio del gigot) e di personaggi veritieri che si rimpinzano allegri in uno dei banchetti di nozze più belli della storia del cinema».

Taglio di diamanti ** (*Rough Cut*, Usa 1980, col, 112') Don Siegel. Con David Niven, Burt Reynolds, Lesley-Anne Down, Timothy West, Patrick Magee, Al Matthews, Joss Ackland. ◆ Balletto di gioielli fra un ladro di fama internazionale (Reynolds), un ispettore inglese prossimo alla pensione (Niven) e un'affascinante signora poliziotto (Down). Commedia sofisticata con trama gialla, girata in Inghilterra e in Olanda, più brillante nell'interpretazione che nell'intreccio. Prima di essere terminato da Siegel, il film è passato tra le mani di altri tre registi.

Tai-Pan * (*Tai-Pan*, Usa 1986, col, 127') Daryl Duke. Con Bryan Brown, Joan Chen, John Stanton, Tom Guinee, Janice Turner, Bill Leadbitter. ◆ Ambientate nel secolo scorso, le avventure di un intraprendente commerciante scozzese (Brown) che opera prima a Canton e poi a Hong Kong. Interminabile polpettone prodotto da De Laurentiis tratto dal bestseller omonimo di James Clavell, inconsistente nell'intreccio e rozzo nella caratterizzazione dei (troppi) personaggi. «Tai Pan» è il termine che indica il capo supremo di un'organizzazione.

Taking Off *** (*Taking Off*, Usa 1971, col, 92') Miloš Forman. Con Lynn Carlin, Buck Henry, Linnea Heacock, Audra Lindley, Paul Benedict, Georgia Engel. ◆ Per capire meglio i problemi della figlia (Heacock) che se ne è andata di casa, i due genitori (Carlin e Henry) pensano di aggiornarsi iscrivendosi a una bizzarra «Società Genitori Figli Scappati». Al suo primo film americano, il cecoslovacco Forman (autore anche della sceneggiatura con John Guare e Jean-Claude Carrière) dirige una commedia caustica che riesce a cogliere con ironia le contraddizioni del tempo senza mai cadere nello stereotipo e nel moralismo. La scena dei genitori che si fanno lo spinello è, ancora oggi, tutta da vedere, così come quella dello streap-poker dei genitori interrotto dall'improvviso ritorno a casa della figlia con fidanzato hippy. Il titolo è un'espressione gergale che può significare scappare, decollare, spogliarsi, drogarsi, imitare.

Tale padre tale figlio * (*Like Father Like Son*, Usa

1987, col, 98') Rod Daniel. Con Dudley Moore, Kirk Cameron, Patrick O'Neal, Margaret Colin, Catherine Hicks, Sean Astin. ◆ A causa di una pozione magica, padre e figlio (Moore e Cameron) si trovano l'uno con la personalità dell'altro. Uno spunto non poco banale (eppure ripreso, in quello stesso periodo, anche da *Big* e *Da grande*) per una storia che nemmeno il talento comico di Moore solleva dalla mediocrità.

Talismano della Cina, Il *½ (*Hong Kong*, Usa 1951, col, 92') Lewis R. Foster. Con Ronald Reagan, Rhonda Fleming, Nigel Bruce, Marvin Miller. ◆ Reduce della seconda guerra mondiale (Reagan) cerca di rubare un prezioso talismano a una povera orfanella cinese, ma si ravvede giusto in tempo per far finire bene il film. Avventure esotiche di scarso interesse.

Talk Radio *** (*Talk Radio*, Usa 1988, col, 110') Oliver Stone. Con Eric Bogosian, Alec Baldwin, Leslie Hope, Ellen Greene, John Pankow, John C. McGinley. ◆ Disinvolto disc-jockey notturno di una radio di Dallas, Barry Champlain (Bogosian) usa il microfono per far sfogare in libertà gli ascoltatori: ne sente e ne dice di tutti i colori senza preoccuparsi molto della coerenza dei propri discorsi. Quando finalmente comincerà a prendere coscienza del proprio ruolo, verrà ucciso da un fanatico. Ricalcato nella figura realmente esistita, del conduttore radiofonico Alan Berg ucciso a Denver il 18 giugno 1984, diventato prima un romanzo di Stephen Singular e poi una pièce scritta e interpretata da Bogosian stesso (a cui si è ispirato anche Costa Gavras per *Betrayed... Tradita*), il film racconta con efficacia le paranoie e le paure della provincia americana, pronte a emergere solo dietro alla rassicurante corazza di un microfono che garantisce l'anonimato. Straordinaria l'interpretazione di Bogosian (doppiato in italiano da Roberto Chavalier) nella parte di uno sgradevole antieroe capace di cavalcare cinicamente le debolezze di chi lo ascolta e molto bella la regia di Stone che ambienta quasi tutto il film tra le claustrofobiche pareti dello studio radiofonico.

Talpa, La * (*Slagskampen*, Svezia/Gb 1984, col, 95') Tom Clegg. Con Dennis Hopper, Hardy Krüger, Gösta Ekman, Kare Mölder, David Wilson. ◆ In un centro di ricerca svedese viene rubato un laser innovativo, e i servizi segreti mandano un loro uomo a infiltrarsi tra i presunti traditori. Nostalgia della guerra fredda? No, perché ora della fine i buoni sono diventati cattivi: ma intreccio e regia sono talmente inetti da fare passare qualunque curiosità. Mai visto Hopper così svogliato.

Tamara, figlia della steppa *½ (*Days of Glory*, Usa 1944, b/n, 86') Jacques Tourneur. Con Gregory Peck, Alan Reed, Maria Palmer, Tamara Toumanova, Lowell Gilmore. ◆ Durante la seconda guerra mondiale, una ballerina del Bolscioi (Toumanova) sposa la causa della resistenza russa contro i nazisti. Film di guerra lento e prevedibile, il cui scopo era quello di esaltare lo sforzo bellico della Russia sovietica: prodotto dallo sceneggiatore Casey Robinson (che sperava di trasformare la sua fidanzata Tamara Toumanova in una star), si ricorda solo perché segnò l'esordio cinematografico di Peck.

Tamburi lontani *** (*Distant Drums*, Usa 1951, col, 101') Raoul Walsh. Con Gary Cooper, Mari Aldon, Richard Webb, Arthur Hunnicutt, Robert Barrat, Ray Teal. ◆ Florida, 1840: guidati dal coraggioso capitano Quincy Wyatt (Cooper) un pugno di soldati americani combatte contro i crudeli indiani seminole, distruggendo il forte dove i contrabbandieri li riforniscono di armi. Sceneggiato da Niven Busch e Martin Rackin rielaborando il soggetto di *Obiettivo Burma!*, (diretto dallo stesso Walsh sei anni prima), il film incarna «la quintessenza del film d'avventure americano», tutto costruito intorno all'eroe con il volto di Gary Cooper: solitario nella scelta di vita (anche se membro dell'esercito, veste come uno scout), coraggioso ed equilibrato, sa coniugare scelte pratiche e rigore morale (ha scelto di non vendicare l'assassinio della moglie) con la stessa composta eleganza con cui Walsh racconta le sue avventure, senza fronzoli o inutili compiacimenti. Una grande dimostrazione di classicità espressiva.

Tamburina, La *½ (*The Little Drummer Girl*, Usa 1984, col, 130') George Roy Hill. Con Diane Keaton, Yorgo Voyagis, Klaus Kinski, Sami Frey, Anna Massey, Thorley Walters. ◆ Un'attrice americana (Keaton), legata al fratello di un leader terrorista (Frey), viene usata dal controspionaggio israeliano per infiltrarsi tra i palestinesi. Prolissa e a tratti tediosa riduzione cinematografica dell'omonimo romanzo di John Le Carré. Si salvano solo gli attori: brava la Keaton in un ruolo complesso e impervio, sufficientemente losca la spia israeliana interpretata da Kinski.

Tamburo di latta, Il **½ (*Die Blechtrommel*, Rft/Francia/Jugoslavia/Polonia 1979, col, 142') Volker Schlöndorff. Con David Bennent, Mario Adorf, Angela Winkler, Daniel Olbrychski, Katharina Thalbach, Andréa Ferréol, Charles Aznavour. ◆ Nel giorno del suo sesto compleanno, il piccolo Oskar (Bennent), che fin dalla nascita aveva pensato di ritornare nel ventre materno, decide di non entrare nel mondo degli adulti: smette di crescere e sfoga la sua rabbia battendo forsennatamente sul proprio tamburo. Lucida e inquietante parabola sulla Germania tratta dal romanzo omonimo di Günther Grass (che ha collaborato anche alla sceneggiatura firmata dal regista, da Jean Claude-Carrière e Franz Seitz): di fronte al materiale magmatico del libro, frammentario e ricchissimo di colpi di scena, il regista ha ridotto notevolmente la complessa struttura narrativa (soprattutto annullando lo scambio di prospettiva che nel romanzo operano l'io narrativo e la terza persona che dice i commenti di Oskar) privilegiando una serie di episodi emblematici i quali mettono in rilievo la straordinaria interpretazione di Bennent nel ruolo del bambino che vive in mezzo all'orrore e alla demenza collettiva della sua gente. Palma d'oro al festival di Cannes (ex aequo con *Apocalypse Now*) e Oscar per il miglior film straniero.

T'amerò sempre **½ (Italia 1933, b/n, 73') Mario Camerini. Con Elsa De Giorgi, Nino Besozzi, Mino Doro, Roberto Pizani, Pina Renzi, Nora Dani, Loris Gizzi. ◆ Un'orfana (De Giorgi) sedotta da un conte (Doro) lavora in un negozio da parrucchiere per mantenere la bambina nata dalla relazione: il contabile della ditta (Besozzi) s'innamora di lei e la sposa. Una storia prevedibile, ma arricchita da personaggi e situazioni minori che contribuiscono a spingere il racconto continuamente in avanti. Camerini imposta la messinscena su un'intrigante dialettica di interni ed esterni, ora ripresi dal vero ora ricostruiti in studio con una maestria tale che spesso è difficile distinguere il documentario dalla finzione. Un risultato eccellente per l'epoca, reso possibile anche dallo straordinario apporto dello scenografo Gastone Medin. Curiosamente, alla sceneggiatura ha collaborato un ex scenografo, Ivo Perilli. Una versione francese è stata girata in contemporanea, con attori e tecnici d'oltralpe (*Je vous amerai toujours* con Lisette Lanvin, Henri Marchand e Alexandre d'Arcy). Rifatto con il medesimo titolo nel 1943 dallo stesso Camerini.

T'amerò sempre ** (Italia 1943, b/n, 95') Mario Camerini. Con Alida Valli, Gino Cervi, Antonio Centa, Jules Berry, Tina Lattanzi, Renato Cialente. ◆ Adriana (Valli), sedotta e abbandonata da Diego (Centa), trova lavoro e amore (Cervi) in un istituto di bellezza. Fedelissimo remake dell'omonimo film realizzato da Camerini nel 1933, con gli stessi arredamenti e molte inquadrature identiche. Le poche modifiche sembrano dovute alla presenza di Alida Valli e al ruolo da lei svolto nel cosiddetto cinema dei «telefoni bianchi». Portato a termine dopo l'8 settembre, testimonia la fine di un'epoca per il cinema italiano (nel frattempo era uscito *Ossessione*) e fa rimpiangere che l'incontro Valli-Camerini – sicuramente destinato a interessanti sviluppi – sia avvenuto troppo tardi. La sceneggiatura, basata sulla precedente, è di Mario Camerini e Sergio Amidei (con la collaborazione iniziale di Giorgio Pàstina).

T'ammazzo!... Raccomandati a Dio * (Italia 1968, col, 106') Osvaldo Civirani. Con George Hilton, Sandra Milo, John Ireland, Gordon Mitchell, Dick Palmer [Mimmo Palmara], Piero Vida, Enzo Andronico. ◆ Il bottino di una rapina è conteso da tre banditi, ma a goderne sarà Liz (Milo), amante, o quasi, di tutti e tre. Stanco tentativo di riscattare un western scipito con qualche vago tono umoristico.

Tampopo **½ (*Tampopo*, Giappone 1986, col, 114') Juzo Itami. Con Tsutomu Yamazaki, Nobuko Miyamoto, Ken Watanabe, Koji Yakusho, Rikiya Yasuoka. ◆ Un simpatico camionista (Yamazaki) aiuta la giovane vedova Tampopo (Miyamoto) a rimettere in sesto il suo ristorante specializzato in «ramen», gli spaghetti giapponesi. Secondo film di Itami che – con un occhio a Buñuel – mette in satira i costumi della società giapponese. Qui affronta le abitudini alimentari, grazie a una serie di gag totalmente slegate dalla storia principale ma utili a illustrare i vizi e le manie dei suoi compatrioti: qualcuna è ben riuscita (il maniaco che non sopporta chi mangia al cinema), qualcuna è decisamente eccessiva e schematica. Stravagante, ma simpatico.

Tana del serpente bianco, La *½ (*Lair of the White Worm*, Gb 1989, col, 94') Ken Russell. Con Amanda Donohoe, Hugh Grant, Catherine Oxenberg, Sammi Davis, Peter Capaldi, Stratford Johns, Paul Brooke. ◆ Nella campagna inglese la perversa Lady Sylvia (Donohoe) tiene in vita un serpentone millenario a furia di sacrifici di vergini; il poco eroico discendente di un cacciatore di draghi (Grant) tenterà di opporsi. Decadenza di Ken Russell, che con divagazioni sulla lotta tra cristianesimo e paganesimo tenta di tenere in piedi uno stupidissimo horror. Per gli amanti della serie K, vampire seminude tenute a bada con la musica di cornamuse scozzesi. Da un romanzo di Bram Stoker, adattato dal regista.

Tango *½ (*Tango*, Francia 1993, col, 88') Patrice Leconte. Con Richard Bohringer, Philippe Noiret, Thierry Lhermitte, Miou-Miou [Sylvette Hery], Carole Bouquet, Judith Godrèche, Jean Rochefort. ◆ Uxoricida in libertà, Vincent (Bohringer) viene costretto dal giudice (Noiret) che l'ha fatto assolvere a uccidere la moglie (Miou-Miou) di suo nipote Paul (Lhermitte): ma prima che il fattaccio si compia, l'aspirante vedovo avrà cambiato idea. Leconte tesse un elogio della scapolaggine e del mondo senza donne, per poi svaccare in un finale all'insegna del pentitismo. Quanto all'umorismo nero, che guarda a Ferreri e a Blier (se non a Buñuel), finisce col scadere spesso a livello da *Amici miei – Atto III*. Alcune schegge di cinema sono sorprendenti (i primi dieci minuti, con Bohringer che insegue su un biplano l'amante di sua moglie, in auto): ma il gioco è troppo scoperto e fintamente ironico per non essere supponente.

Tango *½ (*Tango*, Spagna/Argentina 1998, col, 110') Carlos Saura. Con Miguel Angel Sola, Cecilia Narova, Mía Maestro, Julio Bocca, Juan Luis Galiardo, Carlos Rivarola. ◆ Piantato dalla moglie (Narova), il regista Mario Suárez (Sola), che sta girando un film sul tango, si innamora dell'astro nascente Elena Flores (Maestro), legata al losco produttore del film (Galiardo). Saura, autore anche della sceneggiatura, cerca di aggiornare il giochino che gli era riuscito col flamenco, ma tutto è ampiamente già visto: l'intellettuale in crisi, gli intrecci tra finzione e realtà, la mitologia degli sguardi assassini e dei corpi che si strusciano a suon di musica (quella originale è di Lalo Schifrin). Aria di accademia e di culto tra iniziati, abbastanza superficiale nella sua lettura «sociale» del tango e col ridicolo involontario che impazza nei dialoghi («Sono un animale solitario, e tu sei una leonessa»). Né bastano a salvare l'operazione alcuni bei numeri musicali (coreografati da Juan Carlos Copes, Ana Maria Steckelman e Carlos Rivarola) e le affascinanti ricerche cromatiche di Vittorio Storaro, premiato a Cannes.

Tango & Cash ° (*Tango & Cash*, Usa 1989, col, 98') Andrej [Michalkov] Končalovskij. Con Sylvester Stallone, Kurt Russell, Jack Palance, Teri Hatcher, Brion James, James Hong. ◆ Due superpoliziotti rivali, Ray Tango (Stallone) e Gabe Cash (Russell), vengono incastrati dal loro perfido nemico (Palance), finiscono in galera, evadono e si vendicano tra esplosioni a non finire. Stallone veste Armani e cerca di fare dell'autoironia («Chi ti credi di essere, Rambo?», «Rambo è una donnetta» – «pussy» nell'originale). Russell replica l'eroe scanzonato di *Grosso guaio a Chinatown*: insieme dovrebbero essere irresistibili, ma sono posticci, e le loro battute non fanno ridere nessuno. Stupido fumetto in cui è vano cercare tracce dello stile dell'autore di *A trenta secondi dalla fine*: Končalovskij che considerava la storia «sciocca e semplice come un muggito» lasciò il set per dissensi con la produzione, che fece portare a termine le riprese da Peter Macdonald, autore di *Rambo III* e qui direttore della seconda unità.

Tango blu * (Italia 1987, col, 104') Alberto Bevilacqua. Con Roberto De Marchi, Franco Franchi, Maurizio Merli, Andrea Roncato, Gigi Sammarchi, Massimo Dapporto, Antonella Ponziani, Leo Gullotta, Valentina Cortese, Gloria Paul. ◆ In un night di Milano, il «Tango blu», il gestore (De Marchi) riunisce tanti bizzarri personaggi – un facchino del macello (Franchi), un fotografo dongiovanni (Roncato), una madre diva e un figlio stonato (Cortese e Sammarchi), un «rigoletto» disperato (Dapporto) – il più umile dei quali si scoprirà essere un pericoloso assassino. Scombiccherato tentativo di costruire una storia sospesa tra poesia e sogno: il risultato è una commedia grottesca francamente confusa (per non dire incomprensibile), eterogenea nel cast ma monotona nello sviluppo.

Tango della gelosia *½ (Italia 1981, col, 103') Steno [Stefano Vanzina]. Con Monica Vitti, Diego Abatantuono, Philippe Leroy, Jenny Tamburi, Tito Leduc, Roberta Lerici. ◆ Per ingelosire il marito (Leroy), la moglie Lucia (Vitti) si inventa avventure sentimentali e finge di avere una tresca col massiccio guardiaspalle (Abatantuono). Sceneggiato dal regista insieme al figlio Enrico a partire dalla commedia *Appuntamento d'amore* di Aldo De Benedetti, il film cerca di aggiornare senza troppa originalità i meccanismi della pochade e dello scambio di identità: troppe parole e troppe poche idee.

Tango e Cash → *Tango & Cash*

Tango nudo *½ (*Naked Tango*, Usa 1991, col, 100') Leonard Schrader. Con Mathilda May, Vincent D'Onofrio, Fernando Rey, Esai Morales, Josh Mostel. ◆ Per sfuggire all'anziano marito (Rey), la giovane Stephanie (May) adotta il trucco di Mattia Pascal: si finge morta, cambia identità e si trasferisce nella Buenos Aires degli anni Venti dove finisce in un bordello e diventa l'eroina di un melodramma a ritmo di tango in cui sesso, passione e morte si intrecciano come da manuale. Il fratello di Paul Schrader, scrivendo la sceneggiatura ed esordendo alla regia, ha voluto rendere omaggio al mondo di Manuel Puig, ma tutto sa di posticcio e di calcolato a tavolino. Quando prevale il feuilleton, tuttavia, non manca qualche momento riuscito. Confezione extralusso.

Tangos – L'esilio di Gardel **½ (*Tangos – El exilio de Gardel*, Francia/Argentina 1985, col, 120') Fernando E. Solanas. Con Marie Lafôret, Philippe Léotard, Miguel Angel Sola, Georges Wilson, Marina Vlady, Lautaro Murua, Gabriela Toscano, Gregorio Manzur. ◆ Alla fine degli anni Settanta un gruppo di argentini vive in esilio – volontario o forzato – a Parigi: per combattere la nostalgia della patria, decidono di allestire una «tanghédia», uno spettacolo dove anche i fatti privati vengono raccontati con l'aiuto di canti e balli. Anomalo musical a tempo di tango, accompagnato dall'orchestra di Osvaldo Pugliese e dalle composizioni di Astor Piazzolla, il film si interroga sulla vita degli esiliati e sulle loro contraddizioni, politiche ed esistenziali. E lo fa con uno stile antirealistico, che mescola scene intimiste (il confronto tra una madre e la figlia, interpretate da Marie Lafôret e Gabriela Toscano) a numeri da commedia musicale, in cui torna il fantasma del grande compositore di tanghi Carlos Gardel (Manzur): certe scene possono sconcertare per la fusione di questi due elementi, ma l'effetto generale è affascinante e Solanas in questo modo inventa un nuovo stile di cinema politico, che si interroga con molta autoironia sulle radici della storia e della cultura (oltre che della musica) argentina con una grande originalità espressiva.

Tank Girl ° (*Tank Girl*, Usa 1995, col, 104') Rachel Talalay. Con Lori Petty, Ice-T, Naomi Watts, Don Harvey, Malcolm McDowell, Iggy Pop. ◆ 2033: il mondo è ridotto a un deserto, e la punk Rebecca (Petty) si allea con una tribù di mutanti metà uomini e metà canguri per combattere il malvagio Keslee (McDowell), che ha il monopolio dell'acqua. Il fumetto sporco e ghignante (e graficamente innovativo) di Alan Martin e Jamie Hewlett, adattato dallo sceneggiatore Tedi Sarafian, diventa il *grunge* secondo Hollywood, ovvero una specie di versione per bambini di *Mad Max*. Lori Petty ha troppi capelli e un'aria troppo pulitina, e l'espediente di inserire singole tavole (o addirittura disegni animati) tra le sequenze filmate non basta a far passare la nostalgia per la carta stampata. Ice-T, dopo essersi fatto truccare da canguro, dovrebbe nascondersi per i prossimi dieci anni.

Tano da morire **½ (Italia 1997, col, 78') Roberta Torre. Con Ciccio Guarino, Enzo Paglino, Mimma De Rosalia, Lorenzo La Rosa, Francesca Di Cesare, Filippo Teriaca, Eleonora Teriaca, Concetta Alfano, Maria Varvarà, Lina Santoro, Giuseppe Mazzotto, Francesco Azzaro, Massimo Pullara. ◆ Gelosissimo delle sue quattro sorelle, l'uomo d'onore Tano Guarrasi (Guarino) aveva di fatto impedito il loro matrimonio: dopo che è stato ucciso da un killer dei corleonesi, la maggiore, Franca (De Rosalia), accetta la proposta di Gaspare (Mazzotto): ma il giorno della cerimonia finirà in tragedia. Una storia vera (Tano Guarrasi, appartenente alla famiglia del Borgo Vecchio, fu ucciso nella sua macelleria alla Vucciria il 27 ottobre 1988) ma raccontata in forma di musical e interpretata da non attori. In questo modo il film evita i troppi cliché sull'argomento, come la retorica dei buoni e la spettacolarizzazione del crimine, per confrontarsi con la quotidianità della mafia: non ipotesi interpretative ma attenzione antropologica a un mondo sconosciuto su cui tutti credono di sapere tutto (con più di un debito verso l'ultimo Sciascia). In questa logica diventano fondamentali le canzoni e i numeri musicali perché impediscono ogni tentazione intellettuale e danno concretezza al «volto surreale e grottesco della mafiosità», così come fa la regia reinventando in chiave modernissima procedimenti «fuori moda» (sovrimpressioni, inserti pop, luci al neon, *split screen*). Straordinario il lavoro musicale di Nino D'Angelo che ha scelto uno stile per ogni composizione (dalla cerimonia mafiosa alla maniera di *Saturday Night Fever* alla samba femminista sugli uomini d'onore che «dormono a casa e fuori fann'amore», dal *Rap 'e Tano* alla tammuriata sugli spioni) aggiungendo così nuovo spessore al film. Coreografie di Filippo Scuderi, sceneggiatura della regista con la collaborazione di Gianluca Sodaro ed Enzo Paglino, fotografia di Daniele Ciprì.

Tanoshimi, è bello amare *½ (*Cry for Happy*, Usa 1961, col, 110') George Marshall. Con Glenn Ford, Donald O'Connor, Miiko Taka, James Shigeta, Joe Flynn, Miyoshi Umeki. ◆ Durante la guerra in Corea, quattro marinai di stanza a Tokyo sono costretti a trasformare un bordello in orfanotrofio. Commedia dei buoni sentimenti, basata su uno spunto narrativo più che scontato.

Tappeto volante, Il *½ (*17 op*, Danimarca 1989, col, 72') Brita Wielopolska. Con Jane Eggertsen, Mia El Mousti, Jonathan Grumme, Torben Jensen, Ulla Henningsen. ◆ L'amicizia – osteggiata dalle rispettive famiglie – fra una ragazzina danese e una coetanea turca. Un film troppo parlato e poco convincente nella caratterizzazione dei personaggi.

Taps – Squilli di rivolta ** (*Taps*, Usa 1981, col, 118') Harold Becker. Con Timothy Hutton, George C. Scott, Sean Penn, Tom Cruise, Ronnie Cox, Brendan Ward, Giancarlo Esposito. ◆ I giovani allievi dell'accademia militare di Bankerhill scoprono che la loro scuola verrà demolita per permettere una speculazione immobiliare: guidati dal loro capo (Hutton) decidono di opporsi e occupano l'edificio disposti a difenderlo con le armi. Tratto dal romanzo di Devery Freeman, sceneggiato da Danyl Ponicsan e Robert Mark Kamen, il film utilizza con abilità una serie di caratteri prevedibili ma accattivanti (l'esaltato, il ribelle, il coraggioso, il responsabile, l'innocente) risollevando così una trama piuttosto scontata. Prima apparizione cinematografica di Sean Penn. Nonostante il titolo italiano, «taps» è il rullo di tamburi che annuncia l'ora del rancio e per estensione gli squilli di tromba con i quali, nell'esercito americano, si suona il silenzio.

Tap – Sulle strade di Broadway ** (*Tap*, Usa 1989, col, 110') Nick Castle. Con Gregory Hines, Sammy Davis jr, Dick Anthony Williams, Suzanne Douglas, Joe Morton, Bunny Briggs. ◆ Un giovane di colore (Hines) è indeciso fra la passione per la danza e quella per il furto di gioielli. Commedia piacevole ma un po' troppo edificante, ingentilita dai numeri di tip-tap al cui fascino e alla cui gioia di vivere vuole rendere omaggio (il padre del regista ne era stato un grande coreografo) e dall'ottima interpretazione del dinamico Hines. Ultimo ruolo per Sammy Davis jr nella parte di Little Mo.

Tarantella napoletana * (Italia 1953, col, 85') Camillo Mastrocinque. Con Dino Curcio, Clara Bindi, Clara Crispo, Renato Di Napoli, Mario Frera, Rosita Pisano, Giacomo Furia, Dino Valdi, Nunzio Gallo. ◆ Piatta versione cinematografica dell'omonima rivista-balletto firmata da Armando Curcio: scene di vita napoletana – dal bullismo del camorrista all'analfabeta che si fa scrivere una lettera d'amore, ai gagà che commentano con finto distacco gli accadimenti della vita – per introdurre numeri coreografici e canzoni sceneggiate (*Don Ciccio Pasticcio*, *Ninì Tirabusciò*). Su tutto un'aria passatista che finge di piangere su un mondo folcloristico e perduto. In televisione circola una copia al di sotto della decenza e in b/n.

Tarantola **½ (*Tarantula*, Usa 1955, b/n, 80') Jack Arnold. Con John Agar, Mara Corday, Leo G. Carroll, Nestor Paiva, Ross Elliott, Eddie Parker. ◆ Sottoposta a radiazioni da uno scienziato (Carroll) che cerca il modo di risolvere il problema della nutrizione dell'umanità, una tarantola si ingrandisce fino a trasformarsi in uno spaventoso e pericoloso insettone. Uno dei classici della fantascienza povera di mezzi e ricca di idee. Serrato il ritmo, godibili gli effetti speciali, buona la regia. Nella sequenza finale c'è anche Clint Eastwood, nella parte del capo di una squadra di soccorso. Sceneggiatura di Robert M. Fresco e Martin Berkeley.

Taras Bulba ** (*Tarass Boulba*, Francia 1936, b/n, 90') Alexis Granowsky. Con Harry Baur, Jean-Pierre Aumont, Roger Duchesne, Danielle Darrieux. ◆ Con i suoi due figli Andrej (Aumont) e Ostap (Duchesne), il capo cosacco Taras Bulba (Baur) marcia contro i polacchi: Andrej tradirà per amore di una principessa polacca e sarà ucciso dal padre in battaglia, mentre Ostap verrà catturato ma poi liberato dal padre che cadrà combattendo sul campo. Per assecondare la voglia d'esotismo del pubblico francese, questo *Taras Bulba* smussa gli accenti romantici ed epici dell'omonimo testo di Gogol' (dove Ostap veniva torturato e ucciso davanti a un padre impotente) per privilegiare i lati più folcloristici della vita cosacca: feste, banchetti, bevute, duelli, combattimenti («la vita non è divertente se si hanno solo degli amici»). Possente, comunque, l'interpretazione di Harry Baur. Contemporaneamente fu girata anche una versione inglese che utilizzò, accanto a Baur, attori inglesi (Anthony Bushnell, Roger Livesey, Patricia Roc, Joan Gardner): il film fu distribuito nel 1939 col titolo *The Rebel Son* e poi rititolato *The Barbarian and the Lady*. Rifatto altre due volte, nel 1962 e nel 1963.

Taras Bulba, il cosacco * (Italia 1963, col, 92') Ferdinando Baldi. Con Wladimir Medar, François Poron, Lorella De Luca, Georges Reich, Fosco Giachetti, Erno Crisa. ◆ Durante la guerra contro i polacchi, Andrej (Poron), figlio del capo cosacco Taras Bulba (Medar) tradisce i suoi per amore di una ragazza nemica (De Luca): il padre lo uccide e la fanciulla si suicida, ma il loro sacrificio favorirà la pace tra i due popoli. Rilettura molto libera (sceneggiata da Ennio De Concini) del romanzo di Gogol' che cerca di animare un melodramma con l'epica dei film d'avventura. Girato in Jugoslavia.

Taras, il magnifico *½ (*Taras Bulba*, Usa 1962, col, 122') J. Lee Thompson. Con Tony Curtis, Yul Brynner, Christine Kaufmann, Sam Wanamaker, George Macready. ◆ Durante l'assedio dei cosacchi a una città polacca, Andrej (Curtis), figlio di Taras Bulba (Brynner), diserta per raggiungere la fanciulla che ama (Kaufmann): sarà ucciso dal padre prima che la città cada in mani cosacche. Libera versione del romanzo di Gogol' girato in Argentina e fotografato con cura da Joe MacDonman: uno dei ruoli più celebri per Yul Brynner, ma anche Tony Curtis è piuttosto credibile come cosacco. Per il resto si salvano solo le scene di battaglia. L'attrice tedesca Christine Kaufmann s'iinamorò sul set di Tony Curtis che, per sposarla, divorziò da Janet Leigh.

Tarda primavera **** (*Banshun*, Giappone 1949, b/n, 108') Yasujiro Ozu. Con Chishu Ryu, Setsuko Hara, Yumeji Tsukioka, Haruko Sugimura. ◆ Per convincere l'affezionatissima figlia Noriko (Hara) a sposarsi, l'anziano padre vedovo Shukichi (Ryu) finge di interessarsi a una signora. Noriko dapprima ne è sconvolta, ma la benevola trappola funziona. Il primo capolavoro di Ozu dopo la guerra è una riflessione sulla necessità di armonizzare vecchio e nuovo, felicità individuale e sacrificio per l'altro: tutto questo espresso in una forma pudica e al limite dell'astrazione, ma carica di un'intensità emotiva che colpisce anche gli spettatori ignari della cultura giapponese. Celebre la sequenza enigmatica in cui un bellissimo vaso è alternato al volto di Noriko, prima sorridente e poi piangente: il vaso «relativizza la drammaticità di un sentimento umano e, nel contempo, induce a cogliere il carattere universale di quel sentimento di dolore». Ozu stabilizza la sua collaborazione con lo sceneggiatore Kogo Noda e l'attore Chishu Ryu, presenze fisse di tutti i film successivi. A smentire ogni leggenda di uniformità stilistica, Ozu torna a usare i carrelli come nei film d'anteguerra, e adotta un montaggio spesso altamente drammatico. Modello per due suoi film successivi: *Tardo autunno* e *Il gusto del sakè*.

Tardo autunno *** (*Akibyori*, Giappone 1960, col, 129') Yasujiro Ozu. Con Setsuko Hara, Yoko Tsukasa, Mariko Okada, Keiji Sata, Shin Saburi, Chishu Ryu. ◆ La vedova Akiko (Hara), per convincere la figlia Ayako (Tsukasa) a sposarsi, finge di interessarsi alle attenzioni di tre amici del padre. Quasi un remake al femminile di *Tarda primavera*, con Hara che passa dal ruolo della figlia a quello della madre. Ozu riflette sul contrasto tra tradizione e modernità con toni che variano dall'ironia al dramma, e infittisce i richiami ai propri film precedenti, quasi in segno di chiusura al Nuovo cinema giapponese: ma il senso della «serena accettazione dell'ineluttabile» (mono no aware) è sempre espresso con uno stile semplice e rigoroso che lascia ammirati.

Tardone, Le *½ (Italia 1963, b/n, 116') Marino Girolami. ◆ Film a episodi. In *La svitata* (con Didi Perego, Enio Girolami, Carlo Pisacane, Liù Bosisio) una vedova piacente riesce a trasformare lo scherzo di un gruppo di giovani in una vittoria personale; in *Un delitto quasi perfetto* (con Franco Franchi, Ciccio Ingrassia, Ave Ninchi, Grazia Maria Spina, Kikko) due sicari imbranatissimi uccidono il marito invece della ricca moglie, vittima designata; in *40 ma non li dimostra* (con Walter Chiari, Gloria Paul, Marco Mariani) un'attrice non più giovane conquista un pescatore grazie ai trucchi del cinema; in *Canto Flamenco* (con Franca Marzi, Gabriele Tinti, Paquita Rico, Julio Peña) una donna matura si tiene il giovane amante svelando all'avversaria le fatiche e le bassezze del loro rapporto; in *L'armadio* (con Raimondo Vianello, Lina Volonghi, Luigi Pavese, Franco Volpi, Giulio Marchetti, Umberto D'Orsi, Annie Gorassini) un industriale, per divorziare dalla moglie, convince un dipendente a farsi passare per l'amante della consorte, ma il piano riserverà a tutti più di una sorpresa. Discontinuo film a episodi che mescola barzellette stiracchiate (*Un delitto quasi perfetto* e *L'armadio*) con insoliti ritratti di donne non più giovanissime, nei quali una diffusa malinconia contrasta col tono scanzonato cui aspira il film per toccare, con la Franca Marzi di *Canto Flamenco* (sceneggiato da Paulino Rodrigo), punte di autentica e toccante disperazione esistenziale. In televisione circola una copia senza il terzo episodio.

Tarea, La **½ (*La tarea*, Messico 1991, col, 85') Jaime Humberto Hermosillo. Con María Rojo, José Alonso. ◆ Per fare il suo compito (in spagnolo *tarea*), Virginia (Rojo), allieva di una scuola di cinema, nasconde una videocamera nel suo appartamento, per riprendere il suo incontro con un ignaro ex amante (Alonso) ripescato per l'occasione. Tempo reale e macchina da presa praticamente fissa dall'inizio alla fine: Hermosillo ha voluto battere il record di *Nodo alla gola* di Hitchcock, sfruttando come da manuale tutte le possibilità del fuori campo. Ne è uscito un tipico esercizio intellettuale, che gioca con malizia sul limite della pornografia. Sfizioso e divertente, a patto che si stia al gioco. Premiato a Taormina nel 1991. È circolato in Italia con l'assurdo titolo *La lotteria*.

Target – Scuola omicidi *½ (*Target*, Usa 1985, col, 117') Arthur Penn. Con Gene Hackman, Matt Dillon, Gayle Hunnicutt, Victoria Fyodorova, Joseph Sommer. ◆ Durante un viaggio in Francia la mamma viene rapita e il figlio (Dillon) scopre così che il padre (Hackman) era stato un agente della Cia: il rapimento è una ritorsione postuma di un agente dell'Est. Penn cerca di introdurre nella trama gialla – sceneggiata da Howard Berk e Don Petersen – qualcuno dei suoi temi personali (la famiglia come estremo rifugio davanti al caos della società, la dialettica dei rapporti tra padre e figlio), ma la convenzionalità della struttura narrativa soffoca tutto. Un vero, malaugurato scivolone.

Taron e la pentola magica ** (*The Black Cauldron*, Usa 1985, col, 80') Ted Berman, Richard Rich. ◆ Grazie al rapimento della maialina Evy, il crudele re Cornelius è entrato in possesso di una pentola magica che assicura al suo possessore il potere assoluto sul mondo: toccherà al giovane Taron, aiutato dal cantastorie Sospirello e dal furetto Gurghy, il compito di fermarlo, liberando anche Evy e la principessa Alin. Film a cartoni animati con cui la Disney cerca di aggiornare la propria produzione, abbandonando il mondo degli animali antropomorfi per quello del fantasy a cavallo tra Medioevo e fantascienza, con qualche concessione all'horror più spettacolare che opportuna. Anche se ancora una volta i personaggi più indovinati sono quelli non umani, come il furetto Gurghy che ricorda molto gli Ewoks di *Guerre stellari*. Straordinari comunque gli effetti speciali ottenuti con l'animazione computerizzata.

Tartari, I * (Italia/Jugoslavia 1960, col, 90') Ferdinando Baldi, Richard Thorpe. Con Orson Welles, Victor Mature, Liana Orfei, Arnoldo Foà, Folco Lulli. ◆ Battaglie e faide medioevali fra i tartari, guidati da Burundai (Welles) e i vichinghi guidati da Oleg (Mature), che si rapiscono a vicenda due principesse. Un cast sontuoso totalmente sprecato in un mediocre film d'avventura in costume: anche Welles è solo una curiosità con i suoi baffoni.

Tartaruga ti amerò **½ (*Turtle Diary*, Gb 1985, col, 97') John Irvin. Con Ben Kingsley, Glenda Jackson, Richard Johnson, Michael Gambon, Rosemary Leach, Eleanor Bron. ◆ Due timide e represse persone di mezza età – impiegato in una libreria lui (Kingsley) e scrittrice di storie per bambini lei (Jackson) – si conoscono durante le visite allo zoo municipale e decidono di liberare le testuggini segregate nell'acquario. Tratto dal romanzo omonimo di Russel Hoban, sceneggiato da Harold Pinter (che fa una breve apparizione come cliente di una libreria), il film racconta, con toni garbati e tenui, la silenziosa ribellione alle prepotenze del Potere di due anonimi antieroi. Ottima la prova dei due protagonisti. Il produttore del film, Richard Johnson, interpreta il gioviale vicino di Glenda Jackson.

Tartarughe Ninja alla riscossa *½ (*Teenage Mutant Ninja Turtles*, Usa 1990, col, 93') Steve Barron. Con Judith Hoag, Elias Koteas, Raymond Serra, Michael Turney, James Saito, Jay Patterson. ◆ Raffaello, Leonardo, Michelangelo e Donatello, quattro tartarughe giganti che vivono nelle fogne di New York, devono sconfiggere una banda di teppisti che semina il panico in città. Forse la trama più scombinata di tutta la storia del cinema per un film che in America ha avuto un enorme successo, soprattutto tra gli adolescenti. Purtroppo, la regia non asseconda a sufficienza i deliri narrativi dell'intreccio. Da un fumetto (di Kevin Eastman e Peter Laird) che in precedenza aveva dato origine a una popolare serie televisiva di cartoni animati. Seguito da *Tartarughe Ninja 2 – Il segreto di Ooze*.

Tartarughe Ninja 2 – Il segreto di Ooze * (*Teenage Mutant Ninja Turtles II: The Secret of Ooze*, Usa 1991, col, 88') Michael Press-man. Con Paige Turco, David Warner, Ernie Reyes jr, Michelan Sisti, Leif Tilden, Toshishiro Obata. ◆ Guidate dal saggio topo Splinter, le quattro tartarughe ninja – Raffaello, Leonardo, Donatello e Michelangelo – devono sconfiggere il diabolico Shredder che ha trovato un deposito di fango verde (lo «ooze» del titolo) capace di togliere ai quattro eroi i loro superpoteri. Tutti gli elementi del film precedente – grandi mangiate di pizza, attacchi a colpi di karate al grido di «Cowabunga!», effetti speciali del Jim Henson's Creature Shop – senza però la curiosità della prima volta. Comparsata per Vanilla Ice che si produce in un «ninja rap».

Tartarughe Ninja 3 * (*Teenage Mutant Ninja Turtles III*, Usa 1992, col, 96') Stuart Gillard. Con Elias Koteas, Paige Turco, Stuart Wilson, Vivian Wu. ◆ Grazie a uno scettro magico, le quattro tartarughe Ninja si ritrovano nel Giappone del 1603, dove la loro amica April (Turco) è stata fatta prigioniera da un signore della guerra e dai pirati suoi alleati. Realizzate con meno soldi e ancora meno idee dei capitoli precedenti, ormai le quattro tartarughe si rivolgono ai bambini in età prescolare: ma a quelli di bocca buona.

Tartassati, I ** (Italia 1959, b/n, 105') Steno [Stefano Vanzina]. Con Totò [Antonio de Curtis], Aldo Fabrizi, Miranda Campa, Cathia Caro, Anna Campori, Luciano Marin, Louis de Funès, Fernand Sardou. ◆ L'integerrimo maresciallo della Finanza Fabio Topponi (Fabrizi) vorrebbe inchiodare per evasione fiscale il proprietario di un negozio d'abbigliamento, il cavalier Torquato Pezzella (Totò). Ma le cose si complicano quando i rispettivi figli (Caro e Marin) si conoscono e si innamorano. Steno lascia mano libera al duo Totò-Fabrizi, che si scatena in una serie di duetti decisamente comici. Comparsate per due produttori: Mario Cecchi Gori è il passante che si intravede fuori dal negozio di oggetti religiosi, Adriano De Micheli è il barista.

Tartufo *** (*Tartüff*, Germania 1925, b/n, 71') Friedrich Wilhelm Murnau. Con Emil Jannings, Werner Krauss, Lil Dagover, André Mattoni, Herman Picha, Rosa Valetti. ◆ Un giovane (Mattoni), per mettere in guardia il nonno (Picha) dall'avida governante (Valetti), gli proietta un film con la storia dell'ipocrita Tartufo (Jannings), che cerca di carpire i beni del ricco Orgon (Krauss), ma viene smascherato da Elmira (Dagover), moglie di quest'ultimo. Murnau e lo sceneggiatore Carl Mayer hanno costruito una cornice quasi brechtiana attorno alla commedia di Molière, giocando, con molto anticipo sui tempi, col cinema nel cinema, per celebrare il potere di conoscenza dell'arte. Anche se, paradossalmente, per combattere la menzogna è necessaria un'altra menzogna: in questo caso l'inganno ordito da Elmira ai danni dell'ipocrita. Ma *Tartufo* è anche un classico dell'erotismo cinematografico, dove la macchina da presa spia costantemente i personaggi, ne coglie gli sguardi libidinosi, si identifica con essi e poi strappa loro la maschera: un gioco sottilmente ambiguo e condotto con virtuosismo. Jannings, con la tonaca nera del bacchettone e lo sguardo porcino, è uno di quei gigioni che si guardano con meraviglia.

Tarzak contro gli uomini leopardo * (Italia 1965, col, 85') Charlie Foster [Carlo Veo]. Con Ralph Hudson, Nando Angelini, Nuccia Cardinali, John Chevron. ◆ Tarzak (Hudson) salva una spedizione scientifica da una tribù di uomini leopardo. Falso Tarzan di origine italiana, mediocre e noioso.

Tarzan

Creato dal romanziere americano Edgar Rice Burroughs nel 1912, Tarzan è il rampollo di una nobile famiglia inglese (i lord Greystoke) che in seguito alla morte dei genitori, abbandonati dopo un ammutinamento (si erano recati nel 1888 in una colonia africana per conto della regina Vittoria), è salvato e allevato dai gorilla della giungla, diventando così «l'uomo-scimmia». Animalista ante litteram, perennemente sospeso su una liana o a cavalcioni di un elefante, Tarzan è il ragazzo selvaggio per eccellenza, al quale «modi civili» e parlare forbito risultano sconosciuti nonostante le origini aristocratiche (la sua più alta espressione linguistica è il celebre urlo con cui chiama a raccolta gli animali). Vivrebbe beato nella giungla, in armonia con se stesso e con il mondo che lo circonda, se gli uomini non ne scoprissero l'esistenza nel corso di minacciose spedizioni nell'Eden incontaminato e quindi del tutto sfruttabile. L'avidità o la morbosa curiosità dei suoi simili, predoni senza scrupoli o studiosi in cerca dell'anello di congiunzione della catena darwiniana, lo costringono a una sorta di «odissea moderna e silvestre», che per amor di favola si conclude sempre a suo favore. Si tratta di una storia messa in moto nel secolo scorso dalle problematiche contraddizioni insite nel positivismo dominante e dall'incubo sollevato da Darwin circa una discendenza scimmiesca dell'uomo. Nell'immaginario collettivo, Tarzan rappresenta sia il bisogno di nobilitare una parentela tanto disdicevole per l'ottica borghese, sia il desiderio di interrompere – almeno mitologicamente – il processo distruttivo che la rivoluzione industriale e la conseguente organizzazione capitalistica della società occidentale hanno innescato su scala planetaria.

Il signore delle scimmie che pur entrando in contatto con la presunta civiltà di appartenenza rifiuta di farvi ritorno è la proiezione della nostalgia di massa per l'infanzia dell'umanità e dell'individuo, la pervicace illusione dell'armonia ritrovata dopo lo shock provocato dall'evoluzionismo darwiniano e la disillusione subita dalle «magnifiche sorti e progressive». Ma il sogno di una vita adamitica, che segni il ricongiungimento con Madre Natura (anche se in una posizione di superiorità) non può naturalmente prevedere la solitudine. Ecco allora Jane, Eva ideale, non più tentatrice bensì «peccatrice redenta», donna moderna che ridiventa «vergine»; Cita, la scimmietta prima figlia e poi «sorellina» di Tarzan, legame ormai indistruttibile con il regno animale; e successivamente Piccolo, che al cinema è presentato non a caso come figlio adottivo (scappatoia che permette di non contravvenire alle regole del Codice Hays di autocensura, dal momento che sullo schermo – diversamente che in letteratura – il matrimonio tra Tarzan e Jane non è avvenuto e quindi il figlio risulterebbe illegittimo. Anche se questa circostanza agisce a livello più profondo, poiché la famiglia al completo rimanda in qualche modo al modello cattolico di «coppia sacra»).

La mitologia di Tarzan non è dunque riconducibile semplicemente alla dimensione dell'avventura esotica, come hanno sostenuto i detrattori della cosiddetta paraletteratura e del cinema commerciale, ma ha in sé tutti i presupposti per un discorso ideologico di ampia portata.

La fortuna del personaggio inventato da Edgar Rice Burroughs fu immensa a partire dalla prima apparizione, nel 1912 sulla rivista *All Story*, di *Tarzan delle scimmie – Un'avventura della giungla*. Nel manoscritto originale Tarzan dapprima si chiamava Zantar, poi diventò Tublat Zan (nome che rimase a designare la scimmia madre). Ventisette romanzi e raccolte di novelle dal 1912 al 1964, una cinquantina di film destinati alle sale cinematografiche, migliaia di fumetti apparsi quotidianamente dal 1929, svariati programmi radiofonici e circa sessanta telefilm realizzati in soli due anni, dal 1966 al 1968, più imitazioni di ogni genere e in ogni paese: Tarzan è sicuramente l'eroe più amato da pubblico e produttori cinematografici.

Il primo attore che lo impersonò, nel 1918, fu Elmo Lincoln, ex agente di polizia dall'aria un po' troppo marziale per il personaggio che conosciamo (*Tarzan of the Apes* di Scott Sidney e *Romance of Tarzan* di Wilfred Lucas, entrambi del 1918). Dopo di lui i più noti furono l'ex pompiere Gene Pollar (*The Revenge of Tarzan,* 1920), il cantante Perce Dempsey Tabler (*The Son of Tarzan*, 1921), l'elegante James Pierce (*Tarzan and the Golden Lion*, 1927) e il cascatore Frank Merrill (*Tarzan the Mighty*, 1928; *Tarzan the Tiger*, 1929). Le didascalie non lasciavano dubbi sulla potenza dell'urlo, da subito tratto distintivo del «ragazzo selvaggio» e illetterato. Ma tra i numerosi interpreti di Tarzan, il più leggendario rimane sicuramente John Weissmuller (1904-1984), campione olimpico di nuoto dal corpo perfetto e dal viso squadrato, con i capelli sempre luccicanti (per la brillantina o i tuffi?). Scelto dalla Mgm per il primo episodio sonoro della saga (*Tarzan l'uomo scimmia*, 1932), Weissmuller comparve in undici film, di cui l'ultimo risale al 1948 (in seguito divenne Jim della giungla). Il suo apporto al personaggio non riguardò tanto la voce, l'urlo impossibile nel muto, quanto il corpo atletico e bello, che da quel momento in poi diventò un requisito indispensabile per tutti gli aspiranti uomini-scimmia. La sua partner più nota fu Maureen O'Sullivan, una Jane tenera e molto femminile, degna compagna di un novello Adamo ancora libero dal controllo della censura (in seguito l'erotismo spontaneo della coppia fu ridimensionato, mentre i costumi succinti – un perizoma per lui, un bikini per lei – subirono degli aggiustamenti anche ridicoli pur di salvare la decenza). Tra i concorrenti di Weissmuller ci furono: Buster Crabbe, molto dotato dal punto di vista atletico; Herman Brix, campione olimpico che conquistò i favori di Burroughs stesso; Glenn Morris, costretto a indossare delle ridicole pantofole di pelle di leopardo (in *La rivincita di Tarzan*); Lex Barker, più loquace, più rude e più «moderno» del prototipo. Nessuno di loro, però, riuscì a metter in ombra il primo Tarzan parlante (si fa per dire, dato il limitatissimo e sconnesso vocabolario a disposizione). Poi fu la volta dei culturisti, quasi sempre reclutati tra le star sportive. Il più noto è Gordon Scott (che in seguito prestò i suoi muscoli al personaggio di Maciste), un Tarzan d'azione che ebbe modo di esibirsi in giungle autentiche (quelle precedenti erano ricostruite in studio). Gli altri furono: Dennis Miller, un campione di basket biondo slavato e dal fisico adolescente; Mike Henry, un giocatore di football più virile e villoso rispetto ai Tarzan precedenti; e Miles O'Keefe, un altro calciatore confinato al ruolo di vassallo nei confronti di Jane, interpretata dalla statuaria Bo Derek. In questa schiera Jock Mahoney merita un posto a parte, poiché il suo Tarzan risulta più «vissuto» sia per l'età che per l'esperienza. Con Christopher Lambert, invece, Tar-

zan guadagna in verosimiglianza: non più personaggio da fumetto, prestante e invincibile, bensì un essere umano dalla personalità complessa. Invece nella versione a disegni animati prodotta dalla Disney (*Tarzan*, 1999) il protagonista ritrova i tratti animaleschi del testo di Burroughs ma anche una coscienza politica che gli fa superare positivamente il tema della diversità, come sottolineano con insistenza la colonna sonora di Phil Collins (che canta «Due mondi, una famiglia») e un finale di conciliazione ecologica tra uomini e gorilla. Infine non va dimenticato l'interprete del piccolo schermo Ron Ely, Tarzan in ben cinquantotto episodi: uomo-scimmia credibile e più sfaccettato, ora selvaggio ora civilizzato, talvolta audace ma spesso anche fragile.
Oltre ai Tarzan doc, ci sono anche molti «impostori», che si attribuiscono arbitrariamente il nome e la personalità del modello, e i cosiddetti «parenti poveri», che gli assomigliano ma tacciono con pudore sui presunti legami di parentela. Tra i primi segnaliamo due film italiani, *Maciste contro i tagliatori di teste* e *Tarzak contro gli uomini leopardo*.
Pura invenzione della distribuzione italiana il tentativo di «attribuire» alla serie di Tarzan il western *The Drifter* di Sam Newfield, intitolato in Italia *Tarzan contro Tarzan* perché il protagonista Buster Crabbe era stato un celebre Tarzan.

I PRINCIPALI FILM SONORI
Tarzan l'uomo scimmia (1932) di W.S. Van Dyke II
Tarzan l'indomabile (1933) di Robert Hill
Tarzan e la compagna (1934) di Cedric Gibbons e Jack Conway
La fuga di Tarzan (1936) di Richard Thorpe
La rivincita di Tarzan (1938) di D. Ross Lederman
Tarzan e la dea verde (1938) di Edward Kull
Il figlio di Tarzan (1939) di Richard Thorpe
Il tesoro segreto di Tarzan (1941) di Richard Thorpe
Tarzan a New York (1942) di Richard Thorpe
Il trionfo di Tarzan (1943) di William Thiele
Tarzan contro i mostri (1943) di William Thiele
Tarzan e le amazzoni (1945) di Kurt Neumann
Tarzan e la donna leopardo (1946) di Kurt Neumann
Tarzan e i cacciatori bianchi (1947) di Kurt Neumann
Tarzan e le sirene (1947) di Robert Florey
Tarzan e la fontana magica (1948) di Lee Sholem
Tarzan e le schiave (1950) di Lee Sholem
Tarzan sul sentiero di guerra (1951) di Byron Haskin
La furia di Tarzan (1952) di Cyril Endfield
Tarzan e i cacciatori d'avorio (1953) di Kurt Neumann.
Tarzan nella giungla proibita (1955) di Harold Schuster
Tarzan e il safari perduto (1957) di Bruce Humberstone
Tarzan e lo stregone (1959) di Bruce Humberstone
Il terrore corre sul fiume (1959) di John Guillermin
Tarzan il re della giungla (1959) di Joseph M. Newman
Tarzan il magnifico (1960) di Robert Day
Tarzan in India (1962) di John Guillermin
Le tre sfide di Tarzan (1963) di Robert Day
Tarzan nella valle dell'oro (1966) di Robert Day
Tarzan e il grande fiume (1967) di Robert Day
Tarzan e il figlio della giungla (1968) di Robert Day
Tarzan nella giungla ribelle (1970) di William N. Witney
La vendetta di Tarzan (1970) di Robert L. Friend e Lawrence Dobkin
Tarzan l'uomo scimmia (1981) John Derek
Greystoke – La leggenda di Tarzan, il signore delle scimmie (1983) Hugh Hudson
Tarzan a Manhattan (1989) di Michael Schultz
George re della giungla...? (1997) di Sam Weisman
Tarzan (1999) di Kevin Lima e Chris Buck

Tarzan **½ (*Tarzan*, Usa 1999, col, 88') Kevin Lima, Chris Buck. ◆ Sopravvissuto ai genitori naufraghi, Tarzan viene allevato da una comunità di gorilla, tra l'amore di Kala e la diffidenza del capobranco Kerchach: si riscatterà uccidendo il leopardo Sabor e sventando la trappola del cacciatore bianco Clayton, ma soprattutto scoprirà l'amore per la bella esploratrice Jane Porter. Il trentasettesimo lungometraggio animato della Disney si ispira al personaggio creato da Edgar Rice Burroughs, incrociando come sempre spunti comici ed esigenze educative («Due mondi, una famiglia» canta contro ogni discriminazione Phil Collins, autore della colonna sonora). Il disegno accentua l'agilità animalesca del protagonista, più vicino ai primati che agli umani (anche se i tratti del volto ricordano vagamente quelli di Daniel Day-Lewis), e l'uso del programma computerizzato Deep Canvas permette evoluzioni tra alberi e liane simili a quelle degli skate-boarder: ma il percorso di formazione verso l'età adulta e poi la scoperta dell'amore per Jane finiscono per limitare il divertimento, affidato soprattutto all'elefante Tantor e alla gorilla Terk. In questo modo finisce per risaltare soprattutto la componente più contenutistica del film, col tema della paternità negata (già asse portante del *Re leone*, il più grande successo Disney degli anni Novanta) e quello della diversità, allegramente superato in un finale in cui animali e umani si mescolano in una specie di danza tra le liane.
Tarzan a Manhattan * (*Tarzan in Manhattan*, Usa 1989, col, 100') Michael Schultz. Con Joe Lara, Kim Crosby, Tony Curtis, Jan-Michael Vincent, Jimmy Medina Taggert. ◆ Per ritrovare Cheetah, rapita da chi vende animali ai vivisezionisti, Tarzan (Lara) sbarca a New York: con l'aiuto di una tassista (Crosby) smaschererà l'organizzazione che si nasconde dietro iniziative filantropiche. Pilot per una serie mai realizzata che cerca di svecchiare il mito di Tarzan (come peraltro aveva già fatto Weissmuller nel '42): prevedibili equivoci lessicali («cosa vuol dire "schiacciare" un pisolino?», «che cos'è il telecomando?») e nessuna idea.
Tarzan a New York ** (*Tarzan's New York Adventure*, Usa 1942, b/n, 72') Richard Thorpe. Con John-

ny Weissmuller, Maureen O'Sullivan, Johnny Sheffield, Charles Bickford, Buck Rand, Chill Wills. ◆ Tarzan (Weissmuller) e Jane (O'Sullivan) vanno a New York per rintracciare il figlio adottivo (Sheffield) rapito da una banda di avventurieri che vogliono esibirlo in un circo. Riusciranno a liberarlo, non prima però che Tarzan finisca in prigione per il suo strano comportamento. Tarzan è in giacca e cravatta per la prima volta e anche Jane, interpretata dalla O'Sullivan per l'ultima volta, ha un guardaroba alla moda. Mitica la battuta di Tarzan appena atterrato nella Grande Mela: «Una giungla d'asfalto». Scontata invece la sequenza d'apertura, con il solito coccodrillo. Fu ritenuto il film più «adulto» della serie ed è l'ultimo prodotto dalla Mgm.

Tarzana sesso selvaggio * (Italia 1969, col, 90') James Reed [Guido Malatesta]. Con Ken Clark, Femi Benussi, Franca Polesello, Franco Ressel, Beryl Cunningham, Raf Baldassare, Andrew Ray, Furio Meniconi, Antonietta Fiorito. ◆ Per ritrovare la figlia di un miliardario che 15 anni prima era precipitata con un aereo in Kenya, una spedizione si addentra nella giungla: nonostante le trame del prevedibile cattivo (Ressel), figurarsi se il prode cacciatore (Clark) e la fedele Doris (Polesello) non rintracciano la sopravvissuta (Benussi) che gira nuda tra le belve e viene chiamata dai bantù Tarzana. Livello zero di recitazione ed erotismo in un'Africa che sembra uno zoo. Gara a chi ha le tette più belle, e le fa vedere di più, tra la Polesello e la Benussi.

Tarzan contro i mostri *½ (*Tarzan's Desert Mistery*, Usa 1943, b/n, 70') William Thiele. Con Johnny Weissmuller, John Sheffield, Nancy Kelly, Otto Kruger, Joseph Sawyer. ◆ Jane, infermiera al fronte (che non si vede mai in scena), chiede al suo compagno di procurarle un'erba contro la malaria. Tra varie difficoltà (agenti nazisti, una maga al servizio della democrazia, gli arabi che vorrebbero impiccarla e addirittura dei dinosauri), Tarzan (Weissmuller) riesce a compiere la missione. Propaganda esagerata dall'effetto involontariamente comico, con l'eroe che dà i nazisti in pasto a un ragno gigante.

Tarzan contro Tarzan * (*The Drifter*, Usa 1944, b/n, 62') Sam Newfield. Con Buster Crabbe, Al St. John, Carol Parker, Kermit Maynard, Jack Ingram. ◆ Il capo dei banditi (Crabbe) è il sosia dell'aiutante dello sceriffo: equivoci e sorprese, per la legge e la ragazza (Parker) che si è innamorata di quello buono. Un titolo incredibile (tentativo del distributore italiano di sfruttare il personaggio che più aveva reso famoso Buster Crabbe) per un western da farsa, il primo interpretato da Buster Crabbe dopo che si era finalmente liberato di un altro suo ruolo celebre, quello di Billy the Kid. Consigliabile solo agli storici del western comico.

Tarzan e i cacciatori bianchi * (*Tarzan and the Huntress*, Usa 1947, b/n, 72') Kurt Neumann. Con Johnny Weissmuller, Brenda Joyce, Johnny Sheffield, Patricia Morison, Barton Mac Laine. ◆ Un gruppo di cacciatori capeggiato da una donna (Morison) fa razzia di animali per conto di uno zoo, ma Tarzan (Weissmuller) guida contro di loro una mandria di elefanti. Weissmuller poco ispirato, in compenso ci sono molte più sequenze con gli animali rispetto a tutti i film precedenti.

Tarzan e i cacciatori d'avorio * (*Tarzan and the She-Devil*, Usa 1953, b/n, 76') Kurt Neumann. Con Lex Barker, Joyce Mackenzie, Monique Van Vooren, Raymond Burr, Tom Conway. ◆ Guidati da una donna diabolica (Van Vooren), un gruppo di cacciatori d'avorio fa razzia di animali nella giungla di Tarzan. Rapito, picchiato e torturato, alla fine l'uomo-scimmia (Barker) riesce a chiamare in aiuto gli elefanti. Il titolo della sceneggiatura era *Tarzan Meets the Vampire*, ma il regista lo trovò troppo poco realistico. È l'ultimo Tarzan di Barker, e il meno spettacolare dell'intera serie (rimane legato per quasi tutto il film).

Tarzan e il figlio della giungla * (*Tarzan and the Jungle Boy*, Usa 1968, col, 99') Robert Day. Con Mike Henry, Ronald Gans, Rafer Johnson, Alizia Gur, Steve Bond. ◆ Su richiesta di una giornalista (Gur), Tarzan (Henry) parte alla ricerca del figlio di un geologo sparito nella giungla alcuni anni prima. Stanco.

Tarzan e il grande fiume * (*Tarzan and the Great River*, Usa 1967, col, 99') Robert Day. Con Mike Henry, Jan Murray, Manuel Padilla jr, Diana Millay. ◆ Tarzan (Henry) si reca in Brasile per eliminare la setta di uomini-leopardo che infesta la giungla amazzonica e aiuta una giovane donna (Millay) a vaccinare gli indigeni contro un'epidemia invocata dalla setta. Girato in Brasile.

Tarzan e il safari perduto **½ (*Tarzan and the Lost Safari*, Gb 1957, col, 80') Bruce Humberstone. Con Gordon Scott, Robert Beatty, Yolande Donlan, Betta St. John, Peter Arne. ◆ Tarzan (Scott) interviene insieme a Cita per salvare cinque superstiti di un disastro aereo che un avventuriero ha venduto come vittime sacrificali a una tribù indigena. Il primo film a colori della serie e il primo in cui le scene d'azione vengono girate in Africa (Uganda, Kenia, Tanganika e Congo Belga). Tarzan parla ancora a monosillabi, ma si racconta che durante la lavorazione del film Scott abbia impressionato i nativi grazie alle sue gesta da cowboy (catturò e cavalcò una giraffa selvaggia per cinque minuti). La regia è piuttosto veloce e realistica, grazie anche al fatto che l'assenza di Jane elimina ogni pausa romantica (nonostante la presenza di due bellezze nella spedizione).

Tarzan e la compagna *** (*Tarzan and His Mate*, Usa 1934, b/n, 92') Cedric Gibbons, Jack Conway. Con Johnny Weissmuller, Maureen O'Sullivan, Neil Hamilton, Paul Cavenagh, Forrester Harvey. ◆ Il socio del padre di Jane, interessato all'avorio, cerca di convincere Tarzan (Weissmuller) a guidarlo presso il cimitero degli elefanti. Sfavillante produzione Mgm, probabilmente il miglior film della serie. Tra le scene da ricordare ci sono quella – autentica – in cui Weissmuller cavalca un rinoceronte, quella in cui l'eroe ferito e privo di coscienza è attorniato da preoccupatissime scimmie (sequenza fin troppo ricorrente in seguito) e quella in cui Jane è inseguita da un coccodrillo, con suggestive riprese subacquee. Il coregista Gibbons, il cui lavoro venne in realtà quasi del tutto eliminato in fase di montaggio e sostituito dal girato di Conway, era il migliore scenografo della major e dopo questo tentativo tornò alla professione di art director (disegnò la maggior parte dei set della serie). L'abbigliamento succinto e la (innocente) disinvoltura dei protagonisti testimoniano dell'epoca pre-Codice Hays, ma anche allora la casa di produzione ebbe non pochi problemi, soprattutto a causa di un seno nudo della O'Sullivan (la sequenza fu tagliata con l'entrata in vigore del Codice Hays).

Tarzan e la dea verde * (*Tarzan and the Green Goddess*, Usa 1938, b/n, 72') Edward Kull. Con Herman Brix, Frank Baker. ◆ In Guatemala Tarzan (Brix) guida una spedizione sulle tracce di una statuetta che in realtà nasconde la formula di un esplosivo. Realizzato con materiale inedito e sequenze prese da un serial precedente (*The New Adventures of Tarzan*, in dodici episodi, inedito in Italia), di cui conserva la trama per intero. Il soggetto è di Edgar R. Burroughs, che figura anche come produttore. Girato in loco.

Tarzan e la donna leopardo * (*Tarzan and the Leopard Woman*, Usa 1946, b/n, 72') Kurt Neumann. Con Johnny Weissmuller, Brenda Joyce, Johnny Sheffield, Burnu Acquanetta, Tommy Cook. ◆ Tarzan, Jane e Piccolo (Weissmuller, Joyce e Sheffield) finiscono tra le grinfie di una temibile sacerdotessa, la donna leopardo, ma Cita riuscirà a salvarli. Il ruolo dell'eroe risulta per la prima volta un po' ridimensionato, ma il film fu ugualmente un trionfo.

Tarzan e la fontana magica ** (*Tarzan's Magic Fountain*, Usa 1948, b/n, 73') Lee Sholem. Con Lex Barker, Brenda Joyce, Evelyn Ankers, Albert Dekker, Charles Drake. ◆ Un'aviatrice inglese sopravvissuta a un disastro aereo (Ankers) beve l'acqua dell'eterna giovinezza: Tarzan (Barker) la ritrova vent'anni dopo e la protegge contro degli avventurieri che vogliono localizzare la fonte magica. Debutto di Barker come Tarzan, nel migliore degli episodi da lui interpretati. In una piccola parte compare anche Elmo Lincoln, il primo uomo-scimmia dello schermo. Ultimo film con la Joyce come Jane, l'unica – dopo la O'Sullivan – ad aver mantenuto il ruolo più volte.

Tarzan e le amazzoni *½ (*Tarzan and the Amazons*, Usa 1945, b/n, 76') Kurt Neumann. Con Johnny Weissmuller, Brenda Joyce, Johnny Sheffield, Maria Ouspenskaia, Don Douglas. ◆ Tarzan (Weissmuller) si rifiuta di indicare a un gruppo di ambigui archeologi dove vivono le amazzoni. Ci pensa Piccolo (Sheffield) e Tarzan è costretto a intervenire. Torna Jane in versione bionda (Joyce).

Tarzan e le schiave * (*Tarzan and the Slave Girl*, Usa 1950, b/n, 72') Lee Sholem. Con Lex Barker, Vanessa Brown, Denise Darcel, Hurd Hatfield, Anthony Caruso. ◆ Jane (Brown) e un'infermiera (Darcel), vengono rapite a scopo «riproduttivo» da una tribù decimata da un'epidemia, ma Tarzan (Barker) riesce a liberarle. L'unica novità è Denise Darcel, l'infermiera con un immediato debole per Tarzan, che riesce a oscurare la solare Jane (non a caso si chiama Lola). Celebre l'inquadratura in cui è avvinghiata a una gamba di Barker.

Tarzan e le sirene *½ (*Tarzan and the Mermaids*, Usa 1947, b/n, 68') Robert Florey. Con Johnny Weissmuller, Brenda Joyce, Linda Christian, George Zucco. ◆ Un commerciante alla ricerca di perle nere si spaccia per Dio e reclama in sposa la ragazza più bella dell'isola (Christian). Lei si butta in mare e Tarzan (Weissmuller) la salva smascherando l'impostore. Ultimo film con Weissmuller, girato in Messico. Piccolo è ufficialmente a studiare in Inghilterra (!), ma in realtà l'attore che fino ad allora l'aveva interpretato, Johnny Sheffield, era ormai diventato alto quanto Weissmuller. Rispetto agli episodi precedenti, gioca un ruolo più importante la colonna sonora (di Dimitri Tiomkin). Alla fotografia ha collaborato Gabriel Figueroa.

Tarzan e lo stregone * (*Tarzan's Fight for Life*, Usa 1959, col, 86') H. Bruce Humberstone. Con Gordon Scott, Eve Brent, Rickie Sorensen, Carl Benton Reid. ◆ Tarzan (Scott) scende in campo contro uno stregone intenzionato a distruggere l'ospedale bianco che gli fa concorrenza. La giungla è completamente ricostruita in studio, come risulta evidente anche dai movimenti degli attori. Entra in scena l'ennesimo figlio adottivo dell'eroe, Tartu (Tarzan-two?), interpretato dal decenne Sorensen. La scena migliore è quella della lotta tra Tarzan e il pitone, al termine della quale ci vollero sei uomini per liberare Scott dalla morsa dell'animale che stava quasi per strangolarlo.

Tarzan il magnifico **½ (*Tarzan the Magnificent*, Gb 1960, col, 88') Robert Day. Con Gordon Scott, Jock Mahoney, John Carradine, Al Mulock, Gary Cockrell, Betta St. John. ◆ Dopo aver catturato un assassino (Mahoney), Tarzan (Scott) deve affrontare ogni sorta di pericoli per consegnarlo alla polizia. Per la prima volta manca il celebre urlo. Doveva esserci anche Sean Connery, ma venne scritturato altrove come James Bond (promise alla produzione di partecipare al film successivo ma si sa com'è andata a finire). Discorso analogo per Anthony Quayle, chiamato per *Lawrence d'Arabia*. Nel film seguente il cattivo Mahoney verrà promosso al rango di protagonista. Insieme a *Il terrore corre sul fiume* (1959) è considerato il miglior Tarzan mai realizzato, sia per gli apporti tecnici che per l'interpretazione di Scott, in grado di proporre una possibile alternativa al mitico Weissmuller.

Tarzan il re della giungla * (*Tarzan the Ape Man*, Usa 1959, col, 82') Joseph M. Newman. Con Dennis Miller, Cesare Danova, Joanna Barnes, Robert Douglas. ◆ Blando remake di *Tarzan, l'uomo scimmia* (di cui viene utilizzato qualche spezzone debitamente colorizzato). Identico l'intreccio, a cui venne aggiunto l'episodio in cui Tarzan (Miller) prende parte alla guerra dei watussi. Le sequenze del safari provengono in parte da *Le miniere di Re Salomone*, come anche i costumi. Riconoscibili sia l'urlo che il corpo di Weissmuller, con effetto straniante. La scena del coccodrillo è mutuata, ancora una volta, da *Tarzan e la compagna*. Miller (il primo Tarzan biondo dello schermo e l'unico a non essere mai nominato nel corso del film) era un ex campione di basket della Ucla, scoperto da un agente mentre scaricava mobili sul Sunset Boulevard. Joanna Barnes ricorda più di altre attrici la tenera Jane della O'Sullivan.

Tarzan in India *½ (*Tarzan Goes to India*, Gb 1962, col, 88') John Guillermin. Con Jock Mahoney, Simi, Leo Gordon, Mark Dana, Feroz Khan. ◆ Tarzan (Mahoney) aiuta una principessa indiana a salvare trecento elefanti in pericolo per la costruzione di una diga. Scomparsi Jane, Cita e il figlio adottivo di turno, la produzione scelse di inserire la figura di un ragazzino amico di Tarzan per non perdere il consenso delle famiglie. Mahoney rifiutò la controfigura anche nelle scene più pericolose. Girato in loco. La colonna sonora è di due famosi compositori indiani, Ravi Shankar e Jaipishan. Fu il maggior successo commerciale del ciclo.

Tarzan l'indomabile *½ (*Tarzan the Fearless*, Usa 1933, b/n, 85') Robert Hill. Con Buster Crabbe, Jacqueline Wells, Edward Hoods, Philo Mc Cullogh. ◆ Tarzan (Crabbe) aiuta Mary Brooks (Wells) a ritrovare il padre catturato dagli indigeni durante una spedizione verso la città perduta di Zar. È la sintesi di un serial in dodici episodi prodotto per contrapporre Buster Crabbe a Johnny Weissmuller. Sceneggiatura originale di Edgar Rice Burroughs, riveduta e corretta con un occhio particolare al pubblico infantile. Girato nella californiana San Fernando Valley.

Tarzan l'uomo scimmia *** (*Tarzan, the Ape Man*, Usa 1932, b/n, 70') W.S. Van Dyke II. Con Johnny Weissmuller, Maureen O'Sullivan, Neil Hamilton, C. Aubrey Smith, Doris Lloyd. ◆ Insieme al fidanzato, Jane (O'Sullivan) raggiunge il padre in Africa. Tutti e tre vengono catturati da una tribù indigena, ma gli elefanti di Tarzan (Weissmuller) distruggono il villaggio e dopo la morte del padre, Jane decide di rimanere con Tarzan nella giungla. Primo film sonoro non molto fedele al romanzo di Burroughs, ma deliziosamente spettacolare ed «evasivo» per il pubblico post-Depressione. È qui che Tarzan si trasforma definitivamente dal raffinato lord Greystoke del muto nell'inintellegibile uomo-scimmia del cinema a venire. Ed è qui che Tarzan diventa un vero e proprio mito grazie all'ex campione di nuoto Johnny Weissmuller, la cui apparizione – al 30° minuto – si fa ricordare come una delle più clamorose della storia del cinema d'avventura. Molte sequenze (inserite mediante trasparenti) furono tratte dal materiale non utilizzato di *Thorn Horn*, un film girato l'anno precedente dal medesimo regista. Da notare l'assenza di spiegazioni circa l'origine di Tarzan e l'erotismo naïf che caratterizza la storia d'amore tra l'uomo scimmia e la sofisticata Jane. Esiste una copia colorizzata.

Tarzan l'uomo scimmia * (*Tarzan, The Ape Man*, Usa 1981, col, 112') John Derek. Con Bo Derek, Richard Harris, Miles O'Keefe, John Phillip Law, Akushula Selayan. ◆ Africa occidentale, 1910: dopo aver ritrovato il padre (Harris) che si era smarrito nella giungla, Jane Parker (Derek) viene rapita dall'uomo-scimmia (O'Keefe). Il vecchio Parker viene ucciso dai «selvaggi», Jane viene salvata da Tarzan, di cui è innamorata, e decide di non tornare in Inghilterra. Confezionato per far risaltare le grazie della signora Derek, è il presunto remake del primo film sonoro, con esterni più ricchi d'acqua e patinati del consentito (location a Ceylon e Seychelles). Jane dice un sacco di sciocchezze e Tarzan emette solo l'urlo: quello che conta sono i corpi, come prescrivevano gli incipienti anni Ottanta.

Tarzan nella giungla proibita * (*Tarzan's Hidden Jungle*, Usa 1955, b/n, 73') Harold Schuster. Con Gordon Scott, Vera Miles, Peter Van Eyck, Rex Ingram, Jack Elam, Charles Fredericks. ◆ Un gruppo di cacciatori assoldati da mercenari senza scrupoli fanno razzia di animali sacri. Tarzan (Scott) chiama a raccolta gli elefanti. Il primo film con Scott come Tarzan e uno dei più modesti della serie. L'esiguità del budget è evidente nelle differenze d'illuminazione dovute all'inserimento di materiale di repertorio. L'unica scena decente è quella in cui Tarzan scopre l'infermiera (Miles) mentre sta facendo il bagno nuda nel fiume.

Tarzan nella giungla ribelle * (*Tarzan's Jungle Rebellion*, Usa 1970, col, 92') William N. Witney. Con Ron Ely, Sam Jaffe, Manuel Padilla jr, Ulla Stromstedt, William Marshall. ◆ Nonostante gli avvertimenti di Tarzan (Ely), un archeologo (Jaffe) si ostina a cercare la Pietra Blu tra le rovine di una città azteca. È la sintesi di due film televisivi realizzati nel 1967.

Tarzan nella valle dell'oro *½ (*Tarzan and the Valley of Gold*, Usa 1966, col, 90') Robert Day. Con Mike Henry, Manuel Padilla jr, Nancy Kovack, David Opatashu. ◆ Tarzan (Henry) sconfigge un banda di malfattori che avevano rapito il piccolo Ramel (Padilla) per farsi guidare nella città d'oro. Henry è un ex calciatore e il suo Tarzan – più perbene e meno vestito del solito – sembra il James Bond della giungla. Dopo una lunga assenza, ricompaiono gli scimpanzé. Girato in Messico.

Tarzan sul sentiero di guerra *½ (*Tarzan's Peril*, Usa 1951, b/n, 79') Byron Haskin. Con Lex Barker, Virginia Huston, George Macready, Douglas Fowley, Glenn Anders, Dorothy Dandridge. ◆ Grazie alle armi fornite da un trafficante, alcuni indigeni attaccano la tribù vicina: Tarzan (Barker) ristabilisce l'ordine. Uno degli episodi più interessanti del ciclo, la cui storia produttiva è una specie di commedia degli equivoci. Prima avventura girata in Africa (Kenya), ma in inverno: Tarzan perse subito tutta l'abbronzatura e si dovettero chiedere a Hollywood dei rinforzi per il make-up, mentre le scimmie portate dagli Usa erano così congelate da non riuscire a muoversi, e – poiché fu impossibile sostituirle con scimmie del posto – la parte di Cita venne tagliata durante le riprese. Doveva essere il primo Tarzan a colori, ma un incidente rovinò irreparabilmente buona parte del girato. Trasformato in bianco e nero, con un nuovo regista (il precedente era Phil Brandon) e molte sequenze rifatte in studio, ebbe comunque un buon successo di pubblico e di critica. Insolito l'abbigliamento di Jane, fatto di pelli bianche. Alcune sequenze rimaste a colori furono utilizzate dopo il 1957 in vari film.

Tarzoon, la vergogna della giungla *½ (*Tarzoon, la honte de la jungle*, Belgio/Francia 1975, col, 80') Jean-Paul Picha, Boris Szulzinger. ◆ L'imbranato Tarzoon deve salvare Jane, rapita da una regina calva che la vuole scotennare prima di iniziare la conquista del mondo. Insolito film a cartoni animati che riprende i personaggi inventati da Picha per sorridere sul mito super-virile di Tarzan, qui rappresentato come un imbranato: battute piccanti e rimandi erotici (Jane ha delle curve da togliere il fiato e l'esercito della regina calva è formato da Zombit di forma fallica, la cui arma è un getto di sperma mortale), ma questo cartoon «brutto e cattivo» è divertente solo all'inizio, fino a quando rimane una novità.

Tassinaro, Il * (Italia 1983, col, 137') Alberto Sordi. Con Alberto Sordi, Marilù Tolo, Anna Longhi, Alessandra Mussolini, Giorgio Gobbi, Angelo Villa. ◆ Tassista da quarant'anni, Pietro Marchetti (Sordi) guida «Zara 87» tra le strade di una Roma che è sempre più intasata, ma sa che alla sera può tornare nella sua casetta sull'Ostia Antica dalla sua famiglia. Ritratto di una città e dei suoi abitanti visti attraverso lo specchietto retrovisore di un tassista: personaggi insignificanti e clienti famosi, ammiccamenti maliziosi e imprecazioni romanesche che servono solo a spiegare la filosofia qualunquista di un grandissimo attore che è però un piccolissimo regista (qui anche sceneggiatore con Age e Scarpelli). Nella parte di loro stessi salgono sul taxi Silvana Pampanini (che termina la sua scena con una parolaccia), Giulio Andreotti (che parla del numero chiuso nelle università) e Federico Fellini. Fastidioso il continuo ricorso ai trasparenti per far credere che l'automobile giri davvero per la città. Seguìto da *Un tassinaro a New York*.

Tassinaro a New York, Un * (Italia 1987, col, 115') Alberto Sordi. Con Alberto Sordi, Dom DeLuise, George Gaynes, Anna Longhi, Bruno Corazzari. ◆ Testimone oculare di un delitto di mafia, il tassista romano Pietro Marchetti (Sordi) va in America per la laurea del figlio e finisce nel mirino di Cosa Nostra: tra New York e Miami, la polizia lo userà come esca per arrestare gli assassini. Sordi ripropone il personaggio del tassinaro, ma il risultato è ancora più deludente del primo film: la trama gialla è risibile, l'ambientazione folkloristica e la comicità nulla.

Tatjana **½ (*Pidä huivista kiini, Tatjana*, Finlandia 1994, b/n, 65') Aki Kaurismäki. Con Matti Pellonpää, Kati Outinen, Mato Valtonen, Kirsi Tykkyläinen, Elina Salo, Irma Junniläinen, Veikki Lavi, Pertti Husu. ◆ Finlandia, anni Sessanta: Reino (Valtonen), taciturno bevitore di caffè schiavizzato dalla madre, e Valto (Pellonpää), rocker bevitore di vodka, danno un passaggio all'estone Tatjana (Outinen) e alla russa Klavdia (Tykkyläinen). L'impaccio e l'ignoranza della lingua rende ardua la comunicazione, ma Valto, innamorato, deciderà di fermarsi in Estonia. Il cinema di Kaurismäki al suo punto di sublimazione o, a seconda dei gusti, di non ritorno: quasi senza dialoghi e senza eventi clamorosi, e con un senso dell'assurdo mai enfatizzato, viene descritto un mondo che sembra al tempo stesso vicino e lontano, quotidiano e surreale, tenero e disperato. Non c'è il pessimismo di *La fiammiferaia*, ma lo stile è ugualmente laconico e disarmante. La fotografia di Timo Salminen sembra venire da un'altra epoca, la sceneggiatura è del regista e di Sakke Järvenpää. Il titolo originale significa «Attenta al foulard, Tatjana».

Tattoo * (*Tattoo*, Usa 1980, col, 103') Bob Brooks. Con Bruce Dern, Maud Adams, John Getz, Leonard Frey. ◆ Uno psicopatico (Dern), artista del tatuaggio, rapisce una modella (Adams), di cui istoria il corpo prima di iniziarla a piaceri proibiti. La sceneggiatura di Joyce Buñuel (nuora di Luis) ambisce vagamente a spessori psicoanalitici, mentre la regia cerca brividi pruriginosi a buon mercato. Un antesignano dei soft-core di Zalman King.

Tatuato, Il → *Nemici per la pelle*

Taverna dei sette peccati, La *** (*Seven Sinners*, Usa 1940, b/n, 87') Tay Garnett. Con Marlene Dietrich, John Wayne, Albert Dekker, Broderick Crawford, Mischa Auer, Anna Lee. ◆ Arrivata finalmente all'isola di Boni-Komba dopo essere stata espulsa da molte altre per il suo comportamento scandaloso, la cantante di cabaret Bijou (Dietrich) fa innamorare un rispettabile ufficiale della marina (Wayne). Quasi un rifacimento di *Marocco* (anche se la trama – sceneggiata da John Meehan e Harry Tugend – deve molto a un precedente film di Garnett, *La stella della taverna nera*, 1930), meno sofisticato ma più ricco di umanità e di spirito tagliente: Marlene intona *I Can't Give You Anithing But Love, Baby* e le «ampie, gloriose spalle» di Wayne tremano d'amore. Garnett dirige un ottimo cast con mano delicata e regala una delle più epiche scazzottate della storia del cinema, la fotografia di Rudolph Maté esalta il fascino dell'ambientazione esotica e il film è un inno al fatto che nulla vale quanto l'amore. Se le strade dei due protagonisti alla fine si dividono in ossequio alle imposizioni del Codice Hays, ai censori deve essere sfuggito che un uomo viene picchiato e derubato perché sulla sua agendina telefonica c'è il numero di «Bruce a Bombay».

Taverna della Giamaica, La *½ (*Jamaica Inn*, Gb 1939, b/n, 98') Alfred Hitchcock. Con Charles Laughton, Maureen O'Hara, Robert Newton, Emylin Williams, Leslie Banks. ◆ Un'orfana irlandese (O'Hara) scopre che la locanda gestita dallo zio in Cornovaglia è il quartier generale di una banda di pirati: per mettersi al sicuro si rifugia nella casa del giudice di pace della contea (Laughton), che in realtà è lo spietato capo della banda. Dall'omonimo romanzo di Daphne Du Maurier, sceneggiato da Sidney Gilliat, Joan Harrison e J.B. Priestley, un thriller della brughiera con poca suspense e molto melodramma d'atmosfera. È l'ultimo film britannico di Hitchcock (che non appare nel film), evidentemente a disagio nel trattare una storia piuttosto lontana dalle sue corde. Charles Laughton, la cui esuberanza sfugge al controllo del regista, è anche coproduttore.

Taverna dell'allegria, La **½ (*Holiday Inn*, Usa 1942, b/n, 101') Mark Sandrich. Con Bing Crosby, Fred Astaire, Marjorie Reynolds, Virginia Dale, Walter Abel, Irving Bacon. ◆ Un cantante compositore (Crosby) e un ballerino (Astaire) organizzano in una residenza di campagna una serie di spettacoli di varietà dedicati alle ricorrenze (compreso un incredibile *Washington's Birthday*) e intanto cercano di conquistare il cuore di una bella ragazza (Reynolds). La solita trama-pretesto per un musical che si regge tutto sulle canzoni di Irving Berlin: per scelta produttiva Crosby riceve più spazio (e canta il suo celeberrimo hit *White Christmas*, premiato con l'Oscar per la miglior canzone), ma il numero migliore è l'assolo di Astaire in *Say It with Fireworks*, dove utilizza una sigaretta e una scatola di petardi per un suo personalissimo omaggio al giorno dell'Indipendenza. Prodotto subito dopo Pearl Harbor, il film riflette solo di striscio l'entrata in guerra: mentre Crosby intona *Song of Freedom*, si vede un breve notiziario cinematografico che informa il pubblico che l'America è diventata una fabbrica di munizioni, fucili, navi e aeroplani. Parziale remake in *Bianco Natale* (1954).

Taverna Paradiso * (*Paradise Alley*, Usa 1978, col, 109') Sylvester Stallone. Con Sylvester Stallone, Lee Canalito, Armand Assante, Frank McRae, Anne Archer, Kevin Conway, Tom Waits. ◆ Per diventare campione di lotta libera, un muscoloso newyorchese (Stallone) deve vincere la resistenza degli oppositori ma anche dei due fratelli, che temono per la sua incolumità. Stallone (autore anche della sceneggiatura) esordisce nella regia con un film approssimativo nella descrizione dei personaggi e sostenuto da una visione delle cose rozza e brutale quanto il suo protagonista.

Tavola dei poveri, La ** (Italia 1932, b/n, 70') Alessandro Blasetti. Con Raffaele Viviani, Leda Gloria, Mario Ferrari, Salvatore Costa, Marcello Spada, Armida Cozzolino, Lina Bacci. ◆ Per un equivoco, i soldi che un poveraccio (Costa) ha affidato al marchese Isidoro Fusaro (Viviani) diventano la munifica donazione che il nobile fa al comitato di beneficenza: ma il povero e decaduto Isidoro, conscio della dignità del suo ruolo, non chiarirà l'equivoco e risarcirà il poveraccio con i soldi ricavati dalla vendita dei suoi ultimi due quadri di valore. Unico film sonoro rimasto a testimoniare le qualità del grande attore e drammaturgo napoletano Raffaele Viviani, questo ironico elogio della dignità e delle proprie responsabilità sociali è tratto dall'omonimo atto unico di Viviani, sceneggiato dall'autore e da Mario Soldati con la collaborazione non accreditata di Blasetti, Alessandro De Stefani ed Emilio Cecchi (che ne fu anche il produttore per la Cines). I «pezzenti» di Viviani – «veramente straccioni, tutte persone prese dalla vita» – sono molto lontani dai popolani di Blasetti, solitamente floridi e fieri, ma il regista, con la sua direzione apparentemente «fredda», rende un buon servizio al film stemperando gli accenti patetici a favore di una maggiore universalità dei personaggi e delle situazioni: se Viviani pone al centro il contrasto tra il munifico nobile decaduto e il mendicante risparmiatore, facendo parlare di dramma «nazionalpopolare» (nel senso positivo che gli attribuiva Gramsci), Blasetti sottolinea con la forza delle immagini la contrapposizione tra il marchese sensibile ma perdente e l'industriale cinico e vincitore, funesta svolta dei tempi che l'autore di *Terra madre* non riesce proprio ad accettare. Girato in gran parte in esterni a Napoli (con una lunga e curiosa scena «documentaria» in una fabbrica meccanica), il film non risente della sua origine teatrale e sfrutta le maglie larghe della storia per mettere in risalto l'abilità recitativa del protagonista che in un ruolo «chapliniano» si trova talmente a suo agio da dare addirittura l'impressione di improvvisare.

Tavole separate ** (*Separate Tables*, Usa 1958, b/n, 99') Delbert Mann. Con Deborah Kerr, Burt Lancaster, David Niven, Rita Hayworth, Wendy Hiller, Gladys Cooper, Cathleen Nesbitt, Rod Taylor. ◆ Nella modesta pensione di un villaggio turistico inglese sono ospiti una serie di persone che intrecciano vari rapporti: uno scrittore americano (Lancaster) smette di corteggiare la direttrice della pensione (Hiller) all'arrivo di una piacente divorziata (Hayworth) e un sedicente maggiore inglese (Niven) conquista una timidissima zitella (Kerr) nonostante si sia scoperto che non è né un militare né un gentiluomo. Tratto dall'omonima pièce di Terence Rattigan (cosceneggiatore con John Gray) il film ha perso con gli anni molto del suo sapore e la storia non riesce mai a sollevarsi da una certa ampollosa teatralità, anche per colpa della grigia regia di Delbert Mann. Due Oscar: miglior attore (Niven) e attrice non protagonista (Hiller).

Taxi ° (*Taxi*, Spagna 1996, col, 110') Carlos Saura. Con Ingrid Rubio, Carlos Fuentes, Agatha Lys, Angel De Andrés López, Eusebio Lázaro, Paco Maestre. ◆ A Madrid, un gruppo di tassisti nostalgici di Franco si trasforma in un branco di giustizieri della notte. Ma la figlia di uno di loro, Paz (Rubio), scopre tutto e si ribella, convincendo dell'orrore anche il fidanzato fascista (Fuentes). Un'impressionante collezione di luoghi comuni, condita da esigenze esplicative umilianti per gli spettatori (la sceneggiatura è di Santiago Tabernero, ma Saura l'asseconda in tutto e per tutto): d'accordo che i destinatari sono i teen-ager cresciuti con i videogame violenti che aprono il film, ma anche l'ignoranza storica e il *politically correct* meritano un po' d'intelligenza, soprattutto se si hanno intenti pedagogici. Estetizzante fino all'insopportabilità la fotografia di Storaro, pomposamente chiamata «cinematografia» nei titoli di testa.

Taxi blues **½ (*Taxi blues*, Urss/Francia 1990, col, 110') Pavel Lungin. Con Piotr Manomov, Piotr Zaitchenko, Vladimir Katchpour, Natalia Koliakanova, Hal Singer, Elena Saphonova. ◆ Nella Mosca della perestrojka, nasce la strana e tormentata amicizia fra un rude tassista (Zaitchenko) e un dissoluto sassofonista (Manomov). Alla sua prima regia, il quarantenne sceneggiatore Lungine costruisce un suggestivo ritratto della metropoli ex comunista – confusa e devastata, allegra e tragica, animata da personaggi bizzarri e imponderabili – raccontata con uno stile forte e livido, che evita di scivolare nel patetico e si conclude con una nota di amarezza che svela il latente pessimismo del regista. Ottimi i due protagonisti. Premio per la miglior regia a Cannes.

Taxi color malva, Un *½ (*Un Taxi mauve*, Francia/ Italia 1977, col, 120') Yves Boisset. Con Philippe Noiret, Charlotte Rampling, Peter Ustinov, Agostina Belli, Fred Astaire, Edward Albert jr. ◆ Viaggiando in Irlanda sul suo taxi color malva, il dottor Scully (Astaire) visita Philippe Marchal (Noiret), un giornalista francese che si è trasferito lì per riposarsi, e fa la conoscenza dell'avvenente Sharon (Rampling) e del misterioso Taubelman (Ustinov). Parentesi intimista e malinconica nella carriera tutta impegnata socialmente di Boisset che qui si lascia conquistare dal fascino dei paesaggi ma non riesce a tonificare un gruppo di attori poco a loro agio.

Taxi di notte **½ (Italia 1950, b/n, 95') Carmine Gallone. Con Beniamino Gigli, Danièle Godet, Philippe Lemaire, Carlo Ninchi, Virginia Belmont, William Tubbs, Aroldo Tieri, Giuseppe Rinaldi, Renzo De Luca, Jone Morino, Giuseppe Varni, Giulio Battiferri, Franco Coop, Peppino Spadaro, Nico Pepe. ◆ Laura (Godet) e Alberto (Lemaire) prendono lo stesso taxi per caso e scoprono sul sedile dell'auto un bambino di pochi mesi: insieme con l'autista (Gigli) cercheranno la madre, convinti che sia la figlia (Belmont) di un ricco e autoritario industriale (Ninchi). L'ultimo film di Beniamino Gigli è anche il suo più convincente: un fatto di cronaca (sceneggiato da Aldo De Benedetti) offre lo spunto per una commedia degli equivoci che riesce a fondere l'ambiente altoborghese (con i suoi tic e le sue stranezze) tipico di queste storie con quello popolaresco dei buoni sentimenti e della generosità spontanea. E l'idea di fare di Gigli un tassista dalla bella voce che intona arie d'opera in sintonia con lo stato d'animo suo o dei suoi clienti giustifica una serie di esibizioni canore senza rallentare il ritmo del racconto.

Taxi Driver **** (*Taxi Driver*, Usa 1976, col, 113') Martin Scorsese. Con Robert De Niro, Jodie Foster, Harvey Keitel, Peter Boyle, Cybill Shepherd, Leonard Harris, Albert Brooks, Joe Spinell. ◆ Travis Bickle (De Niro), un tassista newyorchese che ha fatto la guerra in Vietnam, decide di ripulire a modo suo la città: si renderà autore di una carneficina, ma i giornali ne faranno un eroe. Uno dei più straordinari saggi di cinema sulla violenza e sulla vita notturna nelle metropoli. Iperrealista nello stile, malinconico nell'umore, beffardo nelle conclusioni, un film che racconta New York e la sua fauna con osservazioni penetranti e disincantate, grazie anche alla puntuale sceneggiatura di Paul Schrader che ha dichiarato di aver voluto trasporre in ambiente americano *Lo straniero* di Camus. Ma alla superlativa qualità dell'insieme concorrono in modo non meno determinante un De Niro in stato di grazia (un «uomo del sottosuolo», l'essere anonimo finito nel nulla della città), e la morbida, accattivante fotografia di Michael Chapman, che lavora con maestria sui motivi dell'acqua, delle luci artificiali, del sangue. Una perla del cinema contemporaneo. Martin Scorsese è il cliente che si fa portare in taxi per osservare la moglie che lo tradisce. Palma d'oro a Cannes come miglior film.

Taxi Girl **½ (Italia 1977, col, 100') Michele Massimo Tarantini. Con Edwige Fenech, Aldo Maccione, George Hilton, Enzo Cannavale, Michele Gammino, Gianfranco D'Angelo, Alvaro Vitali, Giacomo Rizzo, Rossana Di Lorenzo, Gastone Pescucci, Adriana Facchetti, Enzo Liberti, Franco Diogene. ◆ Mentre si destreggia tra un fidanzato sposato (Hilton) e uno spasimante poliziotto (Gammino), la tassista Marcella (Fenech) aiuta il commissario Angelini (Cannavale) a incastrare il boss della droga Adone Adonis (Maccione). Una commedia scatenata con qualche incursione sexy, sceneggiata da Francesco Milizia e Tarantini: con una coralità che non fa mai mancare il ritmo, e in cui ogni personaggio ha una sua ragion d'essere comica, la volgarità praticamente non esiste, la Fenech è di una bellezza solare (e nel numero dello strip sfodera un'inaspettata ironia) e l'inseguimento finale sembra un omaggio ai fratelli Marx, tanto è delirante e surreale.

Taxi per Tobruk, Un ** (*Un Taxi pour Tobruk*, Francia 1960, b/n, 95') Denys de La Patellière. Con Lino Ventura, Charles Aznavour, Maurice Biraud, German Cobos, Hardy Kruger. ◆ Durante la campagna d'Africa, quattro soldati francesi dopo aver compiuto un sabotaggio cercano di tornare dietro le loro linee sequestrando un mezzo tedesco e facendo prigioniero un capitano (Kruger). Un film di guerra non molto originale ma piuttosto avvincente, anche se i dialoghi populisti di Michel Audiard oggi suonano molto datati.

Taxisti di notte – Los Angeles New York Parigi Roma Helsinki ** (*Night on Earth*, Usa/Giappone/Francia 1992, col, 129') Jim Jarmusch. ◆ Film a episodi: dalla sera all'alba, cinque corse in un taxi, in cinque città diverse. In *Los Angeles* (con Winona Ryder, Gena Rowlands) una tassista squinternata rifiuta di diventare una diva del cinema. In *New York* (con Giancarlo Esposito, Armin Müller-Stahl, Rosie Perez) un nero caciarone simpatizza con un anziano e imbranato tassista dell'ex Ddr. In *Parigi* (con Isaach de Bankolé, Béatrice Dalle) una cieca spavalda crea qualche turbamento nel conducente, e mostra di vederci meglio di lui. In *Roma* (con Roberto Benigni, Paolo Bonacelli) un prete muore mentre il conducente gli confessa la sua trascinante passione per le zucche, le pecore e le cognate. *Helsinki* (con Matti Pellonpää, Kari Väänänen) tassista e clienti fanno a gara a chi è il più sventurato. Innocui bozzetti, dove lo stile minimalista di Jarmusch sfiora spesso la maniera. Grandi temi (la diversità, la cecità, la solitudine, il dolore) trattati con mano fin troppo lieve, e qualche sorriso. Benigni, cui è affidato il pezzo più comico, gigioneggia troppo e non è mai esplosivo. Brutta musica di Tom Waits e bella fotografia di Frederick Elmes.

Taxxi ** (*Taxi*, Francia 1998, col, 85') Gérard Pirès. Con Samy Naceri, Frédéric Diefenthal, Marion Cotillard, Emma Sjöberg, Manuela Gourary, Bernard Farcy, Edouard Montoute. ◆ Un tassista marsigliese *beur* (Naceri), mago del volante, viene assoldato controvoglia da un poliziotto imbranato (Diefenthal) per catturare una banda di rapinatori che fa i suoi colpi a bordo di inafferrabili Mercedes. Luc Besson sceneggia un clone del suo cinema in forma di commedia ironizzando sui fantasmi dell'automobilista. Comicità elementare, inseguimenti fracassoni, spirito tamarro: non male per una serata tra amici con birra e pizza.

Teachers ** (*Teachers*, Usa 1984, col, 106') Arthur Hiller. Con Nick Nolte, JoBeth Williams, Ralph Macchio, Judd Hirsch, Lee Grant, Allen Garfield, Laura Dern, Morgan Freeman, Crispin Glover. ◆ Un'avvocatessa (Williams) si trova a indagare in una scuola superiore dove gli insegnanti sono più negligenti degli allievi. Il tema è insolito e interessante, ma la trattazione meritava più originalità e meno stereotipi.

Teatro di guerra *** (Italia 1998, col, 110') Mario Martone. Con Andrea Renzi, Anna Bonaiuto, Iaia Forte, Roberto De Francesco, Marco Baliani, Toni Servillo, Peppe Lanzetta, Giovanna Giuliani, Francesca Cutolo, Maurizio Bizzi, Renato Carpentieri, Lucio Allocca. ◆ Napoli, 1994: il regista Leo (Renzi) prova *I sette contro Tebe* di Eschilo nei Quartieri Spagnoli, sperando di portare lo spettacolo di questa lotta fratricida a Sarajevo in segno di solidarietà; ma si scontra con l'indifferenza dei media, i giochi di potere delle compagnie più potenti, il proprio senso di sconfitta di fronte alla realtà. Martone (anche sceneggiatore) non gira un film teatrale, ma insegue corpi e umori attraverso i diversi piani di un mondo sospeso tra simbolico e quotidianità: con un occhio curioso e caleidoscopico, ancora più abile che in *L'amore molesto* a descrivere una città viva e contraddittoria. Un cinema ricco di verità e personaggi, che fa dell'incompiutezza un punto di forza. Fotografia di Pasquale Mari e montaggio di Jacopo Quadri.

Tecnica di un amore * (Italia 1973, col, 100') Brunello Rondi. Con Janet Agren, Erna Schurer, Silvano Tranquilli, Norberto Botti. ◆ A Ponza, Andrea (Tranquilli), marito in crisi, si invaghisce di una svedese (Agren); sua moglie si consola con il giovanotto greco al seguito della straniera. Segue tragedia. Fotoromanzo con velleità intellettuali, inserti turistici e svolazzi erotici. Quando in un film la colonna sonora ha il coraggio di saccheggiare la nona sinfonia di Beethoven, è segno sicuro che il ridicolo involontario è alle porte.

Tecnica e il rito, La * (Italia 1971, col, 90') Miklós Jancsó. Con Jószef Madaras, Marco Guglielmi, Adalberto Maria Merli, Luigi Montini, Piero Faggioni, Sergio Enria, Marzio Margine. ◆ In una provincia orientale dell'impero romano, Attila (Madaras) a poco a poco riesce a sottomettere nel modo più completo, grazie a una serie di riti e cerimonie selvaggiamente irrazionali, il popolo degli unni e l'assassinio del fratello Bleda (Enria) suggellerà il suo potere assoluto. Prodotto per la televisione italiana da un soggetto di Giovanna Gagliardo, il film affronta il tema del capo carismatico, ultima figura dell'idea stessa di potere e di schiavitù: costruito con una rarefazione estrema dei dati storici (anche per sottolineare l'essenza non-razionale del potere – i rituali delle pietre che segnano confini immaginari e magici, i suoni ipnotici dei tamburi, la sacralità di certi girotondi assurdi – secondo una lettura del dominio fascista come dittatura sostanzialmente irrazionale), il film non convince e «finisce per somigliare a una specie di bigino astrale» rimanendo spesso prigioniero della complessità dell'argomento che affronta.

Tecnica per una rapina → *Due sporche carogne*

Tè con Mussolini, Un ** (Italia/Gb 1999, col, 117') Franco Zeffirelli. Con Cher [Cherilyn La Piere Sarkosian], Maggie Smith, Judi Dench, Joan Plowright, Paolo Seganti, Massimo Ghini, Lily Tomlin, Charlie Lucas, Wallace Baird, Mino Bellei, Pino Colizzi, Claudio Spadaro. ◆ Il fascismo e la guerra visti dalla prospettiva della comunità di damazze inglesi e americane amanti dell'arte che vivono a Firenze e che allevano Luca (Lucas e Baird, a seconda dell'età), figlio illegittimo di un commerciante di stoffe (Ghini). Zeffirelli (che ha adattato con John Mortimer la sua autobiografia uscita in inglese) dipinge con diligenza le solite cartoline d'epoca: si delizia a dirigere uno stuolo di mattatrici più o meno avvizzite, allude a rimescolamenti sessuali con eufemismi d'altri tempi e cerca pathos nella presa di coscienza di Lady Hester (Smith, in grandissima forma): la quale prima esalta il duce (Spadaro), che l'ha ricevuta a palazzo Venezia, ma dopo gli sfollamenti e le persecuzioni razziali capisce che è un «bastardo». In pratica la scoperta dell'acqua calda: che, coi tempi che corrono, passa quasi per un'atto di coraggio. Fotografia accademica di David Watkin.

Tè e simpatia **½ (*Tea and Sympathy*, Usa 1956, col, 122') Vincente Minnelli. Con Deborah Kerr, John Kerr, Leif Erickson, Edward Andrews, Dean Jones, Darryl Hickman, Norma Crane. ◆ I compagni di collegio lo prendono in giro perché preferisce i libri alle donne, e Tom (J. Kerr) cerca di costruirsi una reputazione da vero maschio uscendo con una cameriera notoriamente generosa di sé (Crane): invece conquisterà la moglie trascurata (D. Kerr) del professore di ginnastica. Anche per le insistenze dei censori, Minnelli opera un significativo spostamento sull'omonima commedia di Robert Anderson alla base del film e sceneggiata dallo stesso scrittore: trasforma la descrizione di un giovane omosessuale in uno studio di costume, centrato sul mito della virilità e sugli stereotipi dietro cui si nascondono i giovani. Evita di descrivere personaggi nevrotici o proporre situazioni drammatiche per raccontare invece l'educazione alla vita di un ragazzo con una sensibilità molto più sviluppata di quella dei suoi coetanei: appena alleggerito da qualche tocco ironico (contro le strutture educative del college) il film diventa così un intenso melodramma capace di non scivolare mai nel patetico, tutto sorretto dalla grande prova degli attori.

Tela del ragno, La **½ (*The Cobweb*, Usa 1955, col, 124') Vincente Minnelli. Con Richard Widmark, Lauren Bacall, Charles Boyer, Susan Strasberg, Lillian Gish, Gloria Grahame, John Kerr, Oscar Levant, Fay Wray. ◆ In una clinica per malati di nervi, la decisione di sostituire le tende della sala di lettura mette a confronto le teorie di chi (Bacall e Widmark) vorrebbe coinvolgere un paziente (Kerr) in questa scelta e chi è contrario (Gish e Boyer). Tratto da un romanzo di William Gibson (autore anche di *Anna dei miracoli*), il film rischiava di trasformarsi in una telenovela di ambiente ospedaliero con tutto il suo corollario di amori infelici e coppie allo sbando (la «tela di ragno» in cui si finisce per essere invischiati) se Minnelli non l'avesse utilizzata per raccontare uno dei temi centrali del suo cinema: l'incapacità delle persone di adattarsi al mondo che le circonda. E questo (con una modernità straordinaria) senza tener conto del loro essere malati o medici. Coerentemente con la sua carriera, l'unica soluzione che il regista ipotizza è quella della creatività (il paziente comincia a uscire dalla sua crisi quando gli viene permesso di disegnare le nuove tende e ci ricade quando gli viene proibito), ma lo fa con uno stile talmente controllato e struggente da evitare schematismi troppo facili e avvolgere tutto con una malinconia piena di comprensione.

Te la senti stasera? *½ (*Mary, Mary*, Usa 1963, col, 126') Mervyn LeRoy. Con Debbie Reynolds, Barry Nelson, Diane McBain, Michael Rennie, Hiram Sherman. ◆ Marito e moglie (Reynolds e Nelson) si separano per cercare nuove avventure, ma in fondo sono ancora innamorati l'uno dell'altra. Tratta dalla pièce di Jean Kerr, una commedia verbosa e statica, mai davvero divertente.

Telefon **½ (*Telefon*, Usa 1977, col, 102') Don Siegel. Con Charles Bronson, Lee Remick, Donald Pleasence, Alan Badel, Patrick Magee, Tyne Daly. ◆ Una rotella impazzita del Kgb (Bronson) mette in azione alcuni agenti di stanza in America, addestrati solo a livello inconscio. Tratto dal romanzo di Walter Wager e sceneggiato con abilità da Stirling Silliphant e dal futuro regista Peter Hyams, è una spy story originale e ben diretta, che mantiene la tensione altissima fino all'ultima scena. Tra gli attori, meglio il mefistofelico Pleasence del legnoso Bronson.

Telefonata a tre mogli ** (*Phone Call From a Stranger*, Usa 1952, b/n, 96') Jean Negulesco. Con Gary Merrill, Bette Davis, Michael Rennie, Shelley Winters, Keenan Wynn, Warren Stevens, Evelyn Varden, Beatrice Straight, Craig Stevens. ◆ Scampato a un incidente aereo, l'avvocato David Trask (Merrill) fa visita ai coniugi di tre persone con cui aveva fatto conoscenza in viaggio, dando di ognuno la miglior descrizione possibile. Ma all'ultima visita, a una donna paralizzata (Davis), sarà lui a trovare le motivazioni per tornare dalla propria moglie, da cui si stava allontanando dopo un tradimento. Una soap-opera sceneggiata dallo stesso regista, che risolve ogni spunto melodrammatico nell'esaltazione dei valori familiari. Il doppiaggio italiano fa della spogliarellista Shelley Winters una «nudista» e trasforma Las Vegas in Vega. Originale l'idea di aprire e chiudere i vari flashback con una solarizzazione.

Telefoni bianchi *½ (Italia 1976, col, 120') Dino Risi. Con Agostina Belli, Cochi Ponzoni, Maurizio Arena, Vittorio Gassman, Ugo Tognazzi, Renato Pozzetto, William Berger, Lino Toffolo, Laura Trotter, Alvaro Vitali, Marcello Fusco. ◆ Ascesa e declino di Marcella Valmarin (Belli), una disinvolta cameriera che durante il fascismo riesce a diventare attrice col nome di Alba Doris. Sceneggiato da Risi con Zapponi e Maccari, il film si perde dietro una ricostruzione storica non sempre convincente, lasciando presto la voglia di satira per la farsa più facile e trasandata. Gassman (nella parte dell'attore di regime Franco Denza) e Tognazzi (in quella del gobbo Adelmo) tendono a strafare in un eccesso di gigionismo e anche la Belli non sembra all'altezza del ruolo affidatole.

Tema → *Thema*

Temerari, I *** (*The Gypsy Moths*, Usa 1969, col, 110') John Frankenheimer. Con Burt Lancaster, Deborah Kerr, Gene Hackman, Scott Wilson, William Windom, Bonnie Bedelia. ◆ Tre acrobati dell'aria vengono ospitati, alla vigilia di un'esibizione in una cittadina del Kansas, da una coppia sposata. Mettendo a confronto il coraggio della libertà che dimostrano quotidianamente questi paracadutisti quando si lanciano in caduta libera, con l'accettazione supina dei condizionamenti familiari, Frankenheimer affonda con efficacia il coltello nelle noie esistenziali della provincia americana, costruendo un film di grande e affascinante malinconia, tratto dal romanzo di James Drought e sceneggiato da William Hanley. Sedici anni dopo *Da qui all'eternità*, Lancaster (che interpreta il capo della troupe) e la Kerr (la frustrata padrona di casa) dimostrano di essere invecchiati molto bene: il loro «breve incontro» è una scena di grande emozione.

Temerario, Il ***½ (*The Lusty Men*, Usa 1952, b/n, 113') Nicholas Ray. Con Robert Mitchum, Arthur Kennedy, Susan Hayward, Arthur Hunnicutt, Frank Faylen, Lane Chandler. ◆ Una vecchia gloria del rodeo, Jeff McCloud (Mitchum), insegna al giovane Wes Merritt (Kennedy) tutti i trucchi del mestiere: i soldi guadagnati in fretta e la fama gli fanno dimenticare che aveva promesso alla moglie (Hayward) di rischiare la vita solo per comprare un ranch in cui ritirarsi, ma a far tornare Wes sui suoi passi ci penserà Jeff, partecipando a un rodeo senza allenamento e finendo per essere ucciso dalle ferite riportate durante le gare. Un western fascinoso e malinconico scritto da Horace McCoy e David Dortort, attraversato dalla costante contrapposizione (fondamentale per il genere) fra il nomadismo dei cowboy e il loro desiderio di stanzialità e di pace domestica. Ad arricchire la storia, poi, Ray aggiunge il tormento interiore di Mitchum, un «uomo che ha finito il primo ciclo della propria vita e non riesce a concludere il secondo, convinto com'è di essere diventato uno straniero in un mondo dove non c'è più posto per lui», tormento che la fedeltà della Hayward a suo marito (nonostante un'esplicita dichiarazione di Mitchum) non fa che aumentare e rendere ancor più desolato.

Temerario, Il **½ (*The Great Waldo Pepper*, Usa 1975, col, 107') George Roy Hill. Con Robert Redford, Bo Svenson, Susan Sarandon, Bo Brundin, Geoffrey Lewis, Margot Kidder. ◆ Nell'America degli anni Venti, uno spericolato pilota d'aereo (Redford) sogna di poter ingaggiare un duello acrobatico con un collega tedesco (Svenson): la grande occasione arriverà a Hollywood. Belle sequenze aeree e uno splendido finale per un film interessante, che sarebbe stato migliore se Hill gli avesse dato un'impronta più definita, senza oscillare tra il dramma nostalgico e l'avventura picaresca.

Témoignage de l'enfant de chœur, Le → *voce «Maigret»*

Tempesta, La **½ (Italia/Francia/Jugoslavia 1958, col, 120') Alberto Lattuada. Con Silvana Mangano, Van Heflin, Geoffrey Horne, Viveca Lindfors, Oscar Homolka, Fulvia Franco, Claudio Gora, Cristina Gajoni, Agnes Moorehead, Vittorio Gassman. ◆ Piotr (Horne), cadetto alla corte di Caterina II (Lindfors), viene trasferito alla fortezza di Oremburg dove s'innamora della figlia del capitano, Mascia (Mangano) e viene catturato dal ribelle Pugacëv (Heflin) ma lasciato in libertà per un'antica riconoscenza. Dopo la cattura di Pugacëv, sarà Mascia a implorare la zarina di concedere la grazia a Piotr, incarcerato per tradimento. Dai racconti *Storia della rivolta di Pugacëv* e *La figlia del capitano* di A.S. Puškin (quest'ultimo già portato sullo schermo nel 1947 da Mario Camerini), un film dagli ingredienti semplici (la ribellione, la tradizione, la reazione, l'amore) e dalle svariate combinazioni narrative, sceneggiato da Ivo Perilli e Lattuada. Dal punto di vista produttivo è un vero e proprio kolossal, ma la spettacolarità non impedisce a Lattuada di tener fede al suo stile: rigoroso geometrismo architettonico, elegante cromatismo, sensibilità «americana» nell'organizzare il racconto cinematografico. Splendida fotografia di Aldo Tonti, una Mangano «regale» e un regista che non nasconde le sue simpatie per il ribelle Pugacëv. Gassman interpreta il ruolo del pubblico accusatore.

Tempesta *½ (*Tempest*, Usa 1982, col, 140') Paul Mazursky. Con John Cassavetes, Gena Rowlands, Susan Sarandon, Molly Ringwald, Vittorio Gassman, Raul Julia, Paul Stewart. ◆ Un architetto newyorchese in crisi (Cassavetes) va in vacanza su un'isola greca con la figlia adolescente (Ringwald) e incontra un'affascinante donna (Sarandon) del luogo: ma questa pace è rovinata dall'arrivo della moglie (Rowlands) e del suo amante, un ricco gangster (Gassman), che fanno naufragio e si rifugiano sulla stessa isola. L'ambizioso tentativo di attualizzare il dramma omonimo di Shakespeare fallisce dietro l'incapacità di Mazursky di rendere convincenti i suoi eroi e così anche le suggestive riprese e il clima irreale finiscono per risultare semplici elementi di contorno. Film d'esordio per Molly Ringwald. Le leggi dell'attualizzazione trasformano il nome della Sarandon da Ariele in Aretha e quello di Julia da Calibano in Kalibanos.

Tempesta d'anime → *Mariti, I (Tempesta d'anime)* (di Camillo Mastrocinque)

Tempesta di fuoco *½ (*Firestorm*, Usa 1998, col, 89') Dean Semler. Con Howie Long, William Forsythe, Scott Glenn, Suzy Amis, Christianne Hirt, Garwin Sanford. ◆ Nel bel mezzo di un incendio tra i boschi evade un criminale cattivissimo (Forsythe): ma sulla sua strada incontra un pompiere mascelluto (Long) che sembra un clone di Van Damme. Qualche belluria visiva da parte dell'ex direttore della fotografia Semler, ma il divertimento è da telefilm. Incredibilmente vietato ai minori, probabilmente per paura di emulazioni piromani.

Tempesta di ghiaccio *** (*The Ice Storm*, Usa 1997, col, 100') Ang Lee. Con Kevin Kline, Joan Allen, Sigourney Weaver, Christina Ricci, Elijah Wood, Henry Czerny, Tobey Maguire, Adam Hann-Byrd, Jamey Sheridan, Kate Burton, Larry Pine, Katie Holmes. ◆ New Canaan, Connecticut, 1973: mentre il padre (Kline) trascina senza entusiasmo una relazione con la vicina di casa (Weaver), la madre cleptomane (Allen) si fa tentare dal misticismo e la figlia adolescente (Ricci) cerca di scoprire il sesso con gli amichetti. L'inevitabile tragedia arriverà durante una tempesta di ghiaccio, mentre gli adulti sono coinvolti in un umiliante scambio di coppie che dovrebbe sancire la loro rivoluzione sessuale. Dal romanzo omonimo di Rick Moody, sceneggiato da James Schamus, un ritratto dell'America dolente e sgradevole ma lucidamente «adulto». Ang Lee, sempre più attratto dal cinema classico, calibra con esattezza la commedia e il dramma familiare smascherando senza clamore l'ipocrisia e il vuoto esistenziale di una generazione, di una classe sociale e di un Paese allo sfascio (è l'epoca dello scandalo Watergate), a cui non resta nemmeno la speranza catartica nel futuro e nei giovani. Minimalismo nel senso più alto del termine, fattura impeccabile (che sa evitare l'accademismo), attori eccellenti.

Tempesta sulla Cina *½ (*The Mountain Road*, Usa 1960, b/n, 102') Daniel Mann. Con James Stewart, Lisa Lu, Glenn Corbett, Henry Morgan, Frank Silvera, James Best. ◆ Nel 1944 in Cina un maggiore dell'esercito americano è alla caccia della pattuglia giapponese che ha ucciso due dei suoi uomini. Nemmeno Stewart salva dalla mediocrità questo piatto film di guerra.

Tempesta su Parigi → *Miserabili, I* (di Riccardo Freda)

Tempesta su Washington *** (*Advise and Consent*, Usa 1962, b/n, 139') Otto Preminger. Con Henry Fonda, Don Murray, Charles Laughton, Walter Pidgeon, Gene Tierney, Peter Lawford, Franchot Tone, Burgess Meredith, Lew Ayres. ◆ Su un candidato alla presidenza, Robert Leffingwell (Fonda), vengono fatte delle indagini per scoprire i suoi trascorsi comunisti: ma vittima della logica dei ricatti incrociati diventerà proprio il capo della commissione (Murray), che ha un passato omosessuale da nascondere. Dal bestseller di Allen Drury, sceneggiato da Wendell Mayes, il film è una radiografia amara del mondo politico americano di cui affronta i molti tabù e in cui alla fine tutti risultano sconfitti: Preminger firma una descrizione senza veli della politica rivendicando il diritto alla libertà di coscienza e, alternando la vita ufficiale a quella privata, «fa emergere tutto il peso delle loro responsabilità e grazie a un'arte insuperabile della caratterizzazione mostra tutte le possibilità del comportamento politico». Sontuosamente recitato (Laughton, il senatore di destra Coley sempre vestito di bianco, era al suo ultimo film; Tierney, nella parte di Dolly Harrison, tornava sugli schermi dopo una lunga assenza) è il film che, con <u>Quelle due</u> di Wyler, ha scardinato i rigidi divieti del Codice Hays verso le «perversioni sessuali»: per la prima volta nella storia di Hollywood, una scena si svolge in un bar ufficialmente gay.

Tempeste sul Congo ** (*White Witch Doctor*, Usa 1953, col, 96') Henry Hathaway. Con Susan Hayward, Robert Mitchum, Walter Slezak, Timothy Carey. ◆ In un villaggio del Congo la vedova di un medico che lavora come infermiera (Hayward) si scontra con l'avidità di un cacciatore di animali (Mitchum). Avventure esotiche non troppo eccitanti a cui però Mitchum – nella parte di un cinico uomo d'azione che ama citare passi della Bibbia e fumare la pipa – riesce a dare un po' di nerbo.

Tempeste sull'Asia **½ (*Potomok Čingiz-Chana*, Urss 1928, b/n, 113') Vsevolod I. Pudovkin. Con Valerij Inkižinov, A. Dedincev, P. Bilinskaja, Anjuska Sudakevič, Vladimir Copi, Karl Gurnjak, Aleksandr

Čistjakov. ◆ Mongolia, 1920: dopo aver subìto un torto da un commerciante britannico, un giovane cacciatore mongolo (Inkižinov) si ribella e si unisce ai partigiani. Catturato dai soldati e sfuggito alla fucilazione, finge di accettare le lusinghiere proposte dei nemici per scatenare l'insurrezione definitiva, che avviene mentre sul paese infuria una grandiosa tempesta di sabbia. Storia e mito (il protagonista sembra discendere da Gengis Khan) si fondono in un film epico-lirico, secondo lo stile di Pudovkin, tanto discontinuo nella regia quanto appassionante nelle singole sequenze. Un canto di ribellione (non un «grido» alla Ejzenštejn) sullo sfondo di paesaggi autentici come il deserto del Gobi, di cui il regista coglie – anche prima del finale esplicitamente simbolico – non l'aspetto naturalistico bensì quello poetico. Ottimo il cast, in cui spiccano l'attore protagonista e Anjuska Sudakevič, poi emigrata in Occidente e diventata famosa con il nome di Anna Sten. Il regista Boris Barnet interpreta il ruolo di un soldato. Nel 1949 fu sonorizzato da Nikolaj Krjučkov. La sceneggiatura è di Osip Brik, da un racconto di I. Novokšonov.

Tempi difficili **½ (*Tempos difíceis*, Portogallo/Gb 1988, b/n, 90') João Botelho. Con Júlia Britton, Henrique Viana, Eunice Muñoz, Ruy Furtado, Isabel de Castro, Joaquim Mendes. ◆ Destini paralleli di ricchi e poveri in una città immaginaria e fuori del tempo, Pozzo del Mondo: il borioso Grandela (Viana) sposa una ragazza di trent'anni più giovane (Britton) ma non saprà mai cos'è la felicità. Sebastião (Mendes) cerca di mediare fra padroni e operai, ma finisce solo e disprezzato. Lettura brechtiana dell'omonimo romanzo di Dickens, che congela le situazioni da feuilleton in una messinscena elegante e artificiosa. Sfizioso e ambizioso.

Tempi duri per i vampiri *½ (Italia/Francia 1959, col, 90') Steno [Stefano Vanzina]. Con Renato Rascel, Sylva Koscina, Christopher Lee, Lia Zoppelli, Carl Very, Susanna Loret, Franco Scandurra. ◆ Morso da un vampiro (Lee) in un castello ristrutturato in albergo, il conte Osvaldo Lambertenghi (Rascel) verrà salvato dal bacio della fidanzata. Parodia del vampirismo su soggetto di Edoardo Anton e Mario Cecchi Gori, graffiante solo a tratti, anche se il binomio Lee-Rascel è talmente bizzarro che finisce per funzionare.

Tempi migliori ** (*The Best of the Times*, Usa 1987, col, 104') Roger Spottiswoode. Con Robin Williams, Kurt Russell, Pamela Reed, Holly Palance, Donald Moffat, Margaret Whitton. ◆ Ex giocatore di football (Williams) è ossessionato dal pensiero di avere commesso, anni addietro, un grave sbaglio in una partita di grande importanza per la squadra della sua città. L'ennesimo sguardo, ironico e cattivello, sulla provincia americana, purtroppo non sempre calibrato nella caratterizzazione dei personaggi.

Tempi moderni **** (*Modern Times*, Usa 1936, b/n, 89') Charlie Chaplin. Con Charlie Chaplin, Paulette Goddard, Henry Bergman, Chester Conklin, Stanley «Tiny» Sandford, Allan Garcia. ◆ Impazzito per i forsennati ritmi di lavoro alla catena di montaggio, Charlot (Chaplin) finisce in ospedale e quando ne esce non ha più lavoro. Durante una manifestazione di protesta viene scambiato per sovversivo e arrestato dalla polizia, poi trova lavoro come cameriere in un ristorante-dancing dove canta la sua ragazza (Goddard), ma deve ancora fuggire e i due si ritrovano, all'alba, lungo una strada... Una favola satirica contro la meccanizzazione e lo sfruttamento sociale tanto esilarante quanto struggente. Capolavoro assoluto proprio perché fa scaturire i concetti dalle immagini e non viceversa, *Tempi moderni* fonda l'umanesimo dei vagabondi con uno stile impareggiabile: rinunciando ancora al sonoro e lavorando solo sulle gag, Chaplin non presenta una sequela di comiche a tema, ma sviluppa un tema – il conflitto dell'uomo con la Storia e la Società – attraverso un congegno comico che va avanti per pura forza cinematografica. Feroce tanto contro il capitalismo occidentale quanto contro lo stakanovismo, all'epoca venne accolto con successo solo in Francia e in Inghilterra. In Germania fu bollato come sovversivo e filocomunista, negli Stati Uniti fu un fiasco commerciale. La musica è di Charlie Chaplin, con adattamenti di Alfred Newman.

Tempi nostri (Zibaldone n. 2) ** (Italia/Francia 1954, b/n, 110') Alessandro Blasetti. ◆ Film a episodi collegati tra loro da una serie di sketch interpretati dal Quartetto Cetra che si fa accompagnare al pianoforte da Gorni Kramer. In *Scena all'aperto* (dal racconto di Marino Moretti. Con Vittorio De Sica, Elisa Cegani, Memmo Carotenuto, Mario Scaccia, Luisella Boni) due anziane comparse si ritrovano su un set e ricordano il passato; in *Il pupo* (dal racconto di Alberto Moravia. Con Lea Padovani, Marcello Mastroianni, Nando Bruno) una coppia con troppi figli vorrebbe abbandonare l'ultimo nato ma poi si pente; in *Mara* (dal racconto di Vasco Pratolini. Con Yves Montand, Danièle Delorme) una ragazza rassegnata a fare la prostituta si innamora di un insegnante e cambia vita; in *Il bacio* (dal racconto di Achille Campanile. Con Dany Robin, François Périer) i pensieri di due fidanzati non corrispondono alle espressioni dei loro volti; in *Gli innamorati* (dal racconto di Ercole Patti. Con Andrea Checchi, Alba Arnova) una coppia finisce per litigare discutendo su chi ama più l'altro; in *Casa d'altri* (dal racconto di Silvio D'Arzi. Con Michel Simon, Sylvie, Nino Dal Fabbro) un'anziana signora, dopo aver confessato al parroco la sua voglia di suicidarsi, salva la vita al sacerdote; in *Scusi, ma...* (dal racconto di Anton Germano Rossi. Con Alberto Sordi, Enrico Viarisio, Adriana Danieli) un amante, scoperto dal marito, riesce a cambiare le carte in tavola e andarsene dopo aver duramente sgridato l'uomo; in *Don Corradino* (dal racconto di Giuseppe Marotta. Con Vittorio De Sica, Eduardo De Filippo, Maria Fiore, Vittorio Caprioli, Giacomo Furia, Turi Pandolfini) un incorreggibile dongiovanni riesce a trovare la donna che saprà legarlo a sé; in *La macchina fotografica* (da un soggetto originale di Age e Scarpelli. Con Totò, Sophia Loren, Silvio Bagolini, Mario Castellani) un fotografo è derubato del suo strumento di lavoro mentre cerca di abbordare una bella ragazza. Blasetti ripete l'esperimento di *Altri tempi (Zibaldone n. 1)* prendendo spunto da una serie di racconti del Novecento italiano che si reggono essenzialmente sul virtuosismo dei diversi interpreti, tra cui spicca De Sica, ugualmente a suo agio in due ruoli tra loro assai diversi. Decisamente fuori luogo la «comica finale» con Totò, aggiunta all'ultimo momento per «venire incontro al pubblico». Tra gli sceneggiatori, Ennio Flaiano, Suso Cecchi d'Amico, Giorgio Bassani, Eduardo De Filippo, Vasco Pratolini, Giuseppe Marotta (gli ultimi due hanno adattato per lo schermo un proprio racconto). Esiste una versione di 929 (distribuita anche in video) a cui mancano tre episodi, *Il bacio*, *Gli innamorati* e *Scusi, ma...*

Tempio di fuoco, Il * (*Firewalker*, Usa 1986, col, 109') J. Lee Thompson. Con Chuck Norris, Louis Gossett jr, Melody Anderson, Will Sampson, Sonny Landham, John Rhys-Davies. ◆ Tesoro sepolto sotto a un tempio azteco fa gola a molti, compresi due mercenari (Norris e Gossett) e una ragazza (Anderson) in possesso di un pugnale magico. Avventure banali ed esotismo di maniera, scopiazzati da film più celebri e dignitosi.

Tempo d'amare ° (*Vrijeme za...*, Croazia/Italia 1993, col, 90') Oja Kodar. Con Nada Gacesic Livakovic, Zvonimir Novosel, Jasna Palic. ◆ Il giovane Darko (Novosel), disobbedendo alla madre (Livakovic), entra nella milizia nazionale croata che combatte i serbi. Credendolo morto in battaglia, per seppellirlo la madre raggiunge un cimitero occupato dai serbi: e rischierebbe di fare una brutta fine, se un serbo poeta e ubriacone, in un soprassalto di disgusto, non uccidesse i suoi connazionali. Ecco gli unici serbi buoni per la Kodar: per il resto sono sadici violentatori fisicamente repellenti, al contrario dei croati: giovani, gentili, scanzonati ed eroici. Cinema di propaganda, e della peggiore, nascosto sotto le buoni intenzioni: e non importa da che parte sia schierato. Con punte di oscenità pornografica nel mescolare fiction e realtà, rovine vere e violenze simulate sugli stessi luoghi, si presume, dove sono accadute veramente. Nessuna morale (neanche della visione) in un passo falso dell'ex compagna di Orson Welles. La fotografia è di Gary Graver, la musica di Franco Piersanti; coproduce, tra gli altri, Leo Pescarolo.

Tempo d'amore **½ (*Ca n'arrive qu'aux autres*, Francia 1971, col, 89') Nadine Trintignant. Con Marcello Mastroianni, Catherine Deneuve, Serge Marquand, Dominique Labourier, Danièle Lebrun, Catherine Allegret. ◆ Con grandi difficoltà una coppia (Deneuve e Mastroianni) supera la crisi dovuta all'improvvisa morte della figlia di nove mesi. Da un episodio biografico della regista, un film d'introspezione psicologica, attento a registrare le forme quotidiane dell'angoscia: la sceneggiatura (della Trintignant) ha qualche battuta a vuoto e non evita il dubbio di una troppo facile ostentazione del dolore, ma Mastroianni e la Deneuve sanno rendere credibili i due protagonisti. Prodotto da Claude Lelouch. In originale dura 100'.

Tempo dei gitani, Il ** (*Dom za vešanje*, Jugoslavia 1989, col, 136') Emir Kusturica. Con Davor Dujmovic, Bora Todorovic, Ljubica Adzovic, Husnija Hasimovic, Sinolicka Trpkova, Zabit Memedov. ◆ Figlio d'un soldato e d'una zingara, il giovane Perhan (Dujmovic) viene trascinato controvoglia in Italia dal capo di una banda di gitani, e costretto a rubare e trafficare in bambini. Si sforzerà di vendicarsi del torto subìto. Una gran bella prima parte, ricca di quelle notazioni lirico-magiche in cui Kusturica è maestro, scandita dai ritmi della natura e delle stagioni e curiosamente intrecciata con quella degli animali, e una seconda parte assai più deludente, troppo melodrammatica ed enfatica, eccessivamente insistita su riti, magie e feste gitane.

Tempo delle mele, Il ** (*La Boum*, Francia 1980, col, 100') Claude Pinoteau. Con Sophie Marceau, Claude Brasseur, Brigitte Fossey, Denise Grey, Bernard Girardeau, Dominique Lavanant. ◆ I problemi sentimentali e familiari di Vic (Marceau), una quattordicenne con genitori litigiosi (Brasseur e Fossey). Niente di più che un ordinario ritratto adolescenziale sceneggiato da Danièle Thompson e Pinoteau (anche un po' reazionario nella sua morale rétro), evidentemente ben dosato nei suoi ingredienti, visto che in patria ebbe un successo straordinario, portando al trionfo la sua interprete e il tema musicale di Vladimir Cosma. «Boum» è il termine giovanile francese per indicare i surprise-party. Due sequel.

Tempo delle mele 2, Il *½ (*La Boum 2*, Francia 1982, col, 102') Claude Pinoteau. Con Sophie Marceau, Claude Brasseur, Brigitte Fossey, Pierre Cosso, Denise Grey. ◆ Due anni dopo il primo film, l'adolescente Vic (Marceau) ha una storia d'amore con un suo compagno di scuola (Cosso), mentre a fare le bizze non sono soltanto i genitori, ma anche la bisnonna. Dopo il successo del primo episodio, Pinoteau concede il bis-fotocopia: piccoli drammi familiari osservati con sguardo bonario e conciliante.

Tempo delle mele 3, Il * (*L'Etudiante*, Francia 1988, col, 104') Claude Pinoteau. Con Sophie Marceau, Vincent Lindon, Robert Attias, Elisabeth Vitali, Jean-Claude Leguay. ◆ L'adolescente dei primi due film (Marceau) è diventata una studentessa modello e mentre prepara l'ingresso all'università aiuta gli studenti di periferia in letteratura francese: anche questa volta c'è in agguato l'amore ma ci vorrà una lezione su Molière perché Ned (Lindon) capisca davvero. Nonostante regista e attrice, il film non ha nessun rapporto con i precedenti due, e il titolo italiano è la solita «furbata» della distribuzione. Comunque il film non diverte, non emoziona, non sorprende.

Tempo dell'inizio, Il **½ (Italia 1974, b/n, 130') Luigi Di Gianni. Con Sven Lasta, Rada Rassimov, Renato Pinciroli, Jean Martin, Claudio Volonté, Milena Vukotic. ◆ Chiuso in manicomio, un giovane (Lasta) sogna di essere vittima di una crudele e cupa dittatura: al risveglio, scoprirà che la realtà non è molto più rosea. Opera prima colta e impegnata, in bilico tra Kafka e Orwell, apprezzabile soprattutto per l'atmosfera oppressiva e allucinata che la caratterizza. Bella la fotografia in bianco e nero di Masini e Aquari.

Tempo d'estate ** (*Summer Madness* conosciuto anche col titolo *Summertime*, Gb/Usa 1955, col, 99') David Lean. Con Katharine Hepburn, Rossano Brazzi, Isa Miranda, Gaetano Audiero, Darren

McGavin, Mari Aldon, Andre Morell. ◆ A Venezia sboccia l'amore fra Jane (Hepburn), un'insegnante votata allo zitellaggio, e Renato (Brazzi), affascinante ma sposato antiquario. Dividendo il suo tempo tra la momentanea felicità e le visite della città in compagnia di un simpatico monellaccio (Audiero), la donna scopre che è ancora capace d'amare. Ispirato alla commedia di Arthur Laurents *The Time of the Cuckoo* adattata dal regista e H.E. Bates, il film evita di raccontare l'Italia come una cartolina, anche per merito della fotografia di Jack Hildyard, ma gli sforzi di Lean e la bravura della Hepburn (che per questo film ottenne la sua sesta nomination) non bastano a riscattare una trama che rimane banale e melensa.

Tempo di decidere, Il ** (*Return to Paradise*, Usa 1998, col, 111') Joseph Ruben. Con Vincent Vaughn, Anne Heche, Joaquin Phoenix, David Conrad, Jada Pinkett Smith, Vera Farmiga. ◆ Lewis (Phoenix) rischia la pena di morte in Malaysia per possesso di hashish: sua sorella Beth (Heche) deve convincere due suoi compagni di viaggio (Vaughn e Conrad) a tornare a costituirsi per dividere la responsabilità. Adattando il film francese *Forza maggiore*, Wesley Strick e Bruce Robinson cambiano il finale e cercano di essere più duri: ma i dilemmi morali, trapiantati in personaggi non sempre plausibili, perdono spessore. Ruben, come sempre, ambisce a essere crudo e pessimista, ma riesce macchinoso e involuto.

Tempo di divertimento → *Playtime*

Tempo di furore ** (*Pete Kelly's Blues*, Usa 1955, col, 95') Jack Webb. Con Jack Webb, Janet Leigh, Edmond O'Brien, Peggy Lee, Andy Divine, Lee Marvin. ◆ Le peripezie di un'orchestra guidata da un trombettista (Webb) e taglieggiata da un gangster (O'Brien) servono a rievocare i ruggenti anni Venti del jazz americano. Un piccolo film noir, capace di utilizzare al meglio gli elementi più tradizionali del genere (come un commento off disincantato e fatalista), ma anche di dare forma alla tensione drammatica del blues. Accurata ricostruzione storica del periodo del proibizionismo che permette di ascoltare molta buona musica (oltre alla canzone che dà il titolo originale, si sentono *Bye Bye Blackbird* e *Somebody Loves Me, Sugar*). Una particina per Jayne Mansfield e una più consistente per Ella Fitzgerald. Una delle rare parti drammatiche per Peggy Lee che si conquistò anche una nomination.

Tempo di guerra, tempo d'amore **½ (*The Americanization of Emily*, Usa 1964, b/n, 117') Arthur Hiller. Con James Garner, Julie Andrews, James Coburn, Melvyn Douglas, Liz Fraser, Joyce Grenfell, Keenan Wynn. ◆ Durante la seconda guerra mondiale, un tenente imboscato e fannullone (Garner) viene scelto come primo soldato americano destinato a sbarcare in Normandia. Una buona satira del militarismo stelle e strisce, cattiva e divertente quanto basta. Sceneggiatura di Paddy Chayefsky da un romanzo di William Bradford Huie.

Tempo di riscatto ** (*First-Time Felon*, Usa 1997, col, 98') Charles S. Dutton. Con Omar Epps, Delroy Lindo, Rachel Ticotin, Treach, Lucinda Jenney, William Forsythe. ◆ Piccolo spacciatore, Greg Yance (Epps) sopravvive a un durissimo programma di rieducazione e ne esce pieno di buone intenzioni: ma la vita fuori, alla ricerca di lavoro, è ancora più dura. Tratto da una storia vera e scritto da Daniel Theriault, un onesto tv-movie che cerca di trasmettere un messaggio positivo di orgoglio nero, senza essere troppo predicatorio. Dutton, attore, esordisce alla regia.

Tempo di uccidere *** (*Welcome to Hard Times*, Usa 1967, col, 105') Burt Kennedy. Con Henry Fonda, Janice Rule, Keenan Wynn, John Anderson, Aldo Ray, Warren Oates, Lon Chaney jr, Elisha Cook jr. ◆ Un piccolo e squallido villaggio è messo a ferro e fuoco da un terribile fuorilegge (Ray) che uccide, violenta e incendia senza dire una parola: ma quando tornerà si troverà di fronte un sindaco (Fonda) capace di riscattare la vigliaccheria che aveva dimostrato durante la prima scorreria. Ispirato da un romanzo di E.L. Doctorow e sceneggiato dallo stesso Kennedy, questo western astratto e metaforico che riunisce un gruppo di personaggi eterocliti (oltre al sindaco antieroe e intellettuale complessato, ci sono una prostituta traumatizzata da una violenza carnale, un guaritore indiano, un droghiere alla ricerca del fratello gemello, un viveur ozioso ma buon tiratore, gli operai di una miniera, un beccamorto) si regge sul «curioso e fascinoso contrasto tra un realismo minuzioso di ambiente e di dati materiali e la scarsa verosimiglianza di una storia sempre più spinta verso la parabola» che vuole raccontare il conflitto tra Bene e Male, tra progresso e violenza anarcoide, tra sessualità repressa e disinibita.

Tempo di uccidere *½ (Italia 1989, col, 110') Giuliano Montaldo. Con Nicolas Cage, Ricky Tognazzi, Patrice Flora Praxo, Giancarlo Giannini, Gianluca Favilla, Georges Claisse. ◆ Etiopia 1936: un giovane tenente italiano (Cage) vive un breve momento d'amore con una ragazza africana che poi, per sbaglio, uccide. Da quel momento, verrà tormentato dai sensi di colpa e dalla paura di essere stato infettato dalla sua vittima. Elegante ma inutile trasposizione dell'omonimo romanzo di Ennio Flaiano, ben interpretata ma senz'altro meno intrigante e conturbante del testo originale.

Tempo di villeggiatura *½ (Italia 1956, b/n, 99') Antonio Racioppi. Con Maurizio Arena, Giovanna Ralli, Vittorio De Sica, Marisa Merlini, Abbe Lane, Gabriele Tinti, Bella Visconti, Memmo Carotenuto, Nino Manfredi, Virgilio Riento, Aldo Nemi, Dina Perbellini, Gildo Bocci, Aldo Berti, Itala Giardina. ◆ Amori estivi e crisi in un bicchier d'acqua tra i villeggianti dell'hotel Regina del Bosco, a Corniolo: l'attempato ragioniere (De Sica) corteggia una signorina non giovanissima (Merlini), l'autista (Arena) fa ingelosire la fidanzata (Ralli) per colpa di una prorompente ex ballerina (Lane), lo studente di medicina (Tinti) ha paura di rivelare che è figlio del capo-cameriere (Carotenuto), l'aspirante attore (Manfredi) chiede soldi a tutte le camerierine che incontra. Commediola inoffensiva sceneggiata da Age e Scarpelli, mentre Luigi Zampa supervisiona la prima regia di un ex allievo del Centro Sperimentale: macchiette dialettali e battibecchi destinati a concludersi con un bacio.

Tempo di vivere *** (*A Time to Love and a Time to Die*, Usa 1958, col, 139') Douglas Sirk. Con John Gavin, Liselotte Pulver, Keenan Wynn, Jim Hutton, Jock Mahoney, Don DeFore. ◆ Durante la seconda guerra mondiale, Ernst Graeber (Gavin) torna in licenza nella sua città semidistrutta dai bombardamenti e sposa la sua ex compagna di scuola Elisabeth (Pulver). Torna sul fronte russo quando l'esercito nazista inizia la sua disastrosa ritirata e viene ucciso da una prigioniera russa a cui aveva appena offerto di fuggire. Tratto dal romanzo omonimo di Eric Maria Remarque (che interpreta la parte del professore antinazista Polhlmann) e sceneggiato da Orin Jannings, è un melodramma capace di passare senza forzature dalla delicatezza di una storia d'amore al dramma della Storia e della Guerra: attraverso il contrasto tra il caos e la bellezza, l'orrore bellico e l'armonia naturale (mentre Ernst cerca tra le macerie, un vecchio piano suona una serie di lugubri note), il tedesco Sirk racconta la fine della Germania, della sua filosofia fondata sulla potenza e sulla forza. E lo fa con uno stile struggente nella sua purezza e nel suo dichiarato simbolismo (la casa dei due sposi miracolosamente risparmiata dai bombardamenti, l'albero che cambia a seconda delle stagioni). Particina per Klaus Kinski, il tenente della Gestapo che consegna le ceneri del padre di Elisabeth morto in un lager.

Temporale d'estate ** (*Summer Storm*, Usa 1944, b/n, 106') Douglas Sirk. Con Linda Darnell, George Sanders, Anna Lee, Edward Everett Horton, Lori Lahner, Hugo Haas, Sig Ruman, Sarah Padden. ◆ Alle soglie del matrimonio, il giudice Fëdor Petroff (Sanders) perde la testa per la sensualissima Olga (Darnell), amata anche dal conte Volsky (Horton): durante una partita di caccia la donna verrà uccisa e solo dopo molti anni la verità sull'assassinio verrà alla luce. Tratto da una novella di Čechov, *Una partita di caccia* (adattato in un primo momento da James Cain che poi fu sostituito da Rowland Leigh), il film allunga i tempi del racconto facendolo terminare dopo lo scoppio della rivoluzione del 1917 e utilizzando il procedimento del flashback lega i vari personaggi – nobili, aristocratici, popolani, colpevoli o innocenti – in «una ronda infernale». In questo modo descrive (con qualche inutile concessione melodrammatica) la decadenza morale di una classe, tormentata dai rimorsi ma incapace di agire e riparare agli errori commessi, che la porterà alla rovina.

Temporale Rosy **½ (Italia/Francia/Rft 1979, col, 118') Mario Monicelli. Con Gérard Depardieu, Faith Minton, Roland Bock, Gianrico Tedeschi, Helga Anders. ◆ Chiusa la carriera per un banale incidente, l'ex pugile Raoul «Spaccaporte» (Depardieu) s'innamora di una campionessa di catch femminile, Temporale Rosy (Minton), ma la reciproca gelosia e le macchinazioni di Fernandez (Bock) li dividono: si incontreranno dopo anni e scopriranno di amarsi ancora. Tratta dal romanzo omonimo di Carlo Brizzolara (anche cosceneggiatore con Monicelli, Age e Scarpelli), questa commedia descrive con partecipata tenerezza un mondo di perdenti ricco di suggestioni felliniane, dove la forza dei muscoli non cancella la delicatezza dei sentimenti. Perfetta l'intuizione delle capacità comiche di Depardieu. Sfortunatamente non ebbe successo presso il pubblico italiano e aspetta ancora una giusta rivalutazione.

Tempo si è fermato, Il *** (*The Big Clock*, Usa 1948, b/n, 95') John Farrow. Con Charles Laughton, Ray Milland, George Macready, Maureen O'Sullivan, Rita Johnson, Elsa Lanchester, Harold Vermilyes, Dan Tobin, Henry Morgan. ◆ L'editore Earl Janoth (Laughton) uccide la propria amante (Johnson), ma temendo che qualcuno possa averlo visto incarica George Stroud (Milland), direttore della sua rivista di inchieste gialle *Criminologia* (in originale *Crimeway*), di fare delle indagini: Janoth non sa che Stroud aveva passato la serata proprio con la donna, così come il direttore non sa che l'assassino è il suo editore. Un giallo cupo e angoscioso che può essere letto con facilità come una metafora sulla manipolazione e la sete di potere (inquietante il personaggio di Macready, nel ruolo del satanico direttore generale alla base di tutto l'intrigo). Tratto da un romanzo di Kenneth Fearing (pubblicato in Italia col titolo *L'enorme ingranaggio*) e sceneggiato da Jonathan Latimer, il film è dominato dalla presenza inquieta di Laughton, onnipresente testimone o spia di tutto quello che avviene in un universo scandito dalla presenza costante degli orologi. Peccato solo che lo scontro tra editore e giornalista non si apra su una vera visione morale, come in Lang o in Losey. Eccellente la direzione degli attori: oltre ai due protagonisti, un'ottima Elsa Lanchester nel ruolo della svampita pittrice Louise Patterson e il massaggiatore muto e inquietante interpretato da Henry Morgan. Rifatto nel 1987: *Senza via di scampo*.

Tempo si è fermato, Il *** (Italia 1959, b/n, 90') Ermanno Olmi. Con Natale Rossi, Paolo Quadrubbi, Roberto Seveso. ◆ Chiamato a sostituire il guardiano di una diga vicina all'Adamello, uno studente (Seveso) a poco a poco stringe un rapporto di solidarietà con l'anziano compagno di lavoro (Rossi), nella silenziosa e imponente solitudine delle montagne. Nato come documentario prodotto dalla Edisonvolta per illustrare il lavoro di vigilanza delle sue dighe, il film si trasformò nel primo lungometraggio a soggetto del regista, dove il rigore stilistico e la partecipe aderenza agli eventi sono alla base di un'intensa ed emozionante parabola sul rapporto fra gli uomini e la natura, sul valore di un mondo impermeabile ai sussulti della modernità. Attori non professionisti, presa diretta del suono, in perfetta ottemperanza ai precetti del neorealismo.

Tempo sospeso, Il **½ (*Megáll az idö*, Ungheria 1982, col, 99') Péter Gothár. Con István Znamennák, Henrik Pauer, Sándor Söth, Péter Gálfy. ◆ Budapest, 1963: Denes e Gabor non vedono il padre, esule politico, da sette anni, e progettano di fuggire in America: arriveranno solo al lago Balaton. Sguardo amaro e nostalgico su una generazione perduta, cresciuta senza modelli, e sostituendo Elvis e i Beatles ai sacri testi del marxismo. Primi amori e suicidi, sbornie di Coca-Cola e ribellioni senza seguito: si vede che Gothár mette nel film tutto se stesso, e la sua capacità di raccontare è indubbia.

Temptation Blues **½ (*Nowhere to Run*, Usa 1989, col, 86') Carl Franklin. Con Jason Priestley, Kieran Mulroney, Jillian McWhirter, David Carradine, Kelly Ashmore. ◆ Texas, 1960: poco prima della fine del liceo, un delinquente (Carradine) torna in paese e si scoprono parecchi altarini (tra cui corruzione e incesto), mentre un gruppo di ragazzotti cerca il primo amore, o almeno la prima esperienza sessuale. Spaccato di provincia (scritto da Nancy Barr e Jack Canson) che evita sia la melassa sia le facilonerie alla *Porky's*, prima prova del talento del regista. Senza pretese (produce Julie Corman) e con una buona capacità di raccontare.

Tenda rossa, La *½ (Italia/Urss 1969, col, 143') Mikhail K. Kalatozov. Con Peter Finch, Sean Connery, Claudia Cardinale, Hardy Kruger, Massimo Girotti, Mario Adorf, Luigi Vannucchi. ◆ La storia del dirigibile «Italia» e del suo capitano, Umberto Nobile (Finch), caduto tra i ghiacci dell'Artide: impiegheranno due mesi i soccorritori a raggiungere la tenda dipinta di rosso sotto cui si sono rifugiati i pochi superstiti. Megaproduzione italosovietica sceneggiata da Ennio De Concini con la collaborazione di Nicola Badalucco e Robert Bold, sopportabile quando esalta l'epicità dell'uomo che lotta contro la Natura, approssimativa quando caratterizza i personaggi. Sean Connery è Roald Amundsen. La Cardinale sembra messa lì per caso.

Tenda scarlatta, La (di Alexandre Astruc) → *Notte e nebbia* (film a episodi di Alexandre Astruc, Jacques Baratier, Jean Valère, Henri Gruel e Alain Resnais)

Tenderly ** (Italia/Gb 1968, col, 97') Franco Brusati. Con George Segal, Virna Lisi, Akim Tamiroff, Lila Kedrova, Paola Pitagora, Nora Ricci, Riccardo Billi. ◆ Travagliata ma intensa storia d'amore fra un ambizioso medico (Segal) e una ragazza anticonformista (Lisi), sempre con la testa fra le nuvole: si lasceranno alla vigilia del matrimonio e quando si rincontreranno il loro amore sarà svanito. Commedia rosa non priva di riferimenti caustici, soprattutto nella descrizione delle famiglie dei due protagonisti.

Tender Mercies – Un tenero ringraziamento ** (*Tender Mercies*, Usa 1983, col, 89') Bruce Beresford. Con Robert Duvall, Tess Harper, Betty Buckley, Wilford Brimley, Ellen Barkin, Allan Hubbard, Paul Gleason. ◆ Mac Sledge (Duvall), cantante country semialcolizzato, ritrova entusiasmo e voglia di vivere nel rapporto con una giovane vedova (Harper) e il suo bambino. Sceneggiato da Horton Foote, un film che suona con abilità e furbizia la corda dei buoni sentimenti. Le canzoni cantate da Duvall sono state scritte dallo stesso attore. Due Oscar: miglior attore e sceneggiatura.

Tenebre *** (*Ladies in Retirement*, Usa 1941, b/n, 92') Charles Vidor. Con Ida Lupino, Louis Hayward, Isobel Elsom, Edith Barrett, Elsa Lanchester, Emma Dunn. ◆ A servizio da un'ex cantante d'operetta (Elsom), Elena (Lupino) deve pensare a mantenere anche due sorelle pazze (Barrett e Lanchester) e quando la padrona di casa non ne vuole più sapere delle loro follie, la uccide. Ma nel cottage arriva a nascondersi anche un nipote (Hayward) di Elena, ricercato dalla polizia per appropriazione indebita: quando capirà l'accaduto cercherà di sfruttare la situazione a suo vantaggio. Tratto da una pièce di Reginald Denham ed Edward Percy (che firmano anche la sceneggiatura con Garrett Fort), il film è costruito su una serie di variazioni gotiche molto angosciose, che la regia di Vidor esalta con un ritmo lento e ossessivo e un'ottima direzione di attori (Hayward, cinico e bellimbusto, dà qui la sua prova migliore) ma soprattutto con una straordinaria performance del cast femminile, guidato da una Lupino perfetta. Con Gilda, la prova migliore di Vidor. Rifatto da Bernard Girard col titolo *Lo specchio della follia* (1969).

Tenebre **½ (Italia 1983, col, 99') Dario Argento. Con Anthony Franciosa, Daria Nicolodi, Giuliano Gemma, John Saxon, Lara Wendel, John Steiner. ◆ Uno scrittore americano di gialli (Franciosa) si trova coinvolto, a Roma, in una serie di omicidi commessi da un fanatico moralista che ha qualche trauma infantile in sospeso. Dei film di Argento, è uno dei più violenti, e uno dei più sofisticati tecnicamente (molte le sequenze realizzate con la Louma, una macchina da presa che consente ogni genere di acrobazie). Generalmente sottovalutato, è un vero spasso per gli amanti del genere, che non si dimenticheranno facilmente di scene come quella della mano mozzata (eliminate, attenzione!, nella versione che circola in televisione, perché l'attrice è Veronica Lario, futura signora Berlusconi). Eva Robins (ancora senza apostrofo) è la fanciulla scostumata del flashback.

Tè nel deserto, Il **½ (Italia/Usa 1990, col, 137') Bernardo Bertolucci. Con Debra Winger, John Malkovich, Campbell Scott, Jill Bennett, Timothy Spall, Eric Vu-An. ◆ Verso la fine degli anni Quaranta, Port (Malkovich) e sua moglie Kit (Winger) compiono con l'amico Tunner (Scott) un viaggio nel Nordafrica per cercare di salvare il loro legame, ormai privo di stimoli. L'esperienza sarà all'insegna della perdita: Port muore di febbre tifoidea e Kit si abbandona alla malìa del deserto. Dal romanzo omonimo di Paul Bowles, non un road-movie in senso classico e nemmeno un melodramma a sfondo esotico, ma un drammatico percorso mentale, una caduta libera nel vuoto interiore dei personaggi compiuta nella realtà geografica «vuota» per eccellenza. Nel raccontare la deriva esistenziale di intellettuali alla disperata ricerca di un luogo e di un'anima, *Il tè nel deserto* pecca di letterarietà, indulge in paesaggi patinati, ignora visivamente il Sahara che sconvolge i sensi e scatena emozioni. L'effetto può disorientare e infastidire, ma la glacialità tutta occidentale con cui Bertolucci vede il Nordafrica è anche un segno di onestà intellettuale: se Port e Kit affrontano il deserto con casse di champagne, il regista suggerisce che né lui né probabilmente noi sapremmo liberarci di analoghi privilegi o abitudini, che funzionano da lenti deformanti senza le quali saremmo ciechi. E così proprio le immagini già viste e scontate racchiudono il senso profondamente tragico del film, che va oltre la nuova possibilità di vita apparsa a Kit nel finale. In originale la voce narrante è dello scrittore Paul Bowles, che appare brevemente in un primo piano (è l'uomo misterioso nel bar). La fotografia è di Vittorio Storaro, il montaggio di Gabriella Cristiani e la sceneggiatura è firmata da Mark Peploe e dal regista. La cantante araba Amina Annabi è la prostituta che cerca di rubare il portafoglio a Port.

Tenente dei carabinieri, Il *½ (Italia 1986, col, 110') Maurizio Ponzi. Con Enrico Montesano, Nino Manfredi, Massimo Boldi, Marisa Laurito, Claudio Botosso, Mattia Sbragia, Raffaella Baracchi, Renato Cecchetto. ◆ Il tenente Duilio Cordelli (Montesano) viene incaricato di indagare su una serie di banconote false da 100 mila lire: insieme al suo superiore (Manfredi) dovrà andare da Roma a Londra per incastrare il cervello dell'operazione. Commedia gialla di risibile spessore.

Tenente Giorgio, Il ** (Italia 1952, b/n, 85') Raffaello Matarazzo. Con Massimo Girotti, Milly Vitale, Gualtiero Tumiati, Paul Müller, Teresa Franchini, Eduardo [Edward] Ciannelli, Achille Millo, Nino Pavese, Franca Gretel, Ludmilla Dudarova. ◆ Lasciato l'esercito nel 1866, l'ex tenente Giorgio Biserta (Girotti) si trasferisce sulla Sila come intendente dei conti di Monserrato con la speranza di ritrovare la donna con cui aveva passato una strana notte d'amore cinque anni prima: scoprirà che la donna è la contessa Elisa (Vitale) e che l'incontro era stato organizzato a dispetto di entrambi dal vecchio conte zio (Tumiati) per poter avere un'erede (Gretel), visto che il marito legittimo (Müller) era paralizzato. Ma l'odio della donna per chi l'aveva «ingannata» complicherà la situazione. Scivolone del regista dopo la trilogia di *Catene*, *Tormento* e *I figli di nessuno*: lo schematismo del romanzo omonimo di Nicola Misasi (sceneggiato da Aldo De Benedetti) che affida a un destino eccessivamente provvidenziale troppi colpi di scena, la legnosità degli interpreti e anche i condizionamenti produttivi (Matarazzo lascia momentaneamente la Titanus per accettare un'offerta di Ponti e De Laurentiis) ne fanno un melodramma lacrimevole «privo della sincerità e dell'immediatezza di sentimenti delle sue opere precedenti». Curiosa l'introduzione del tema della violenza subìta senza averne coscienza, che tornerà in *Guai ai vinti!* Francesco Rosi è l'aiuto regista.

Tenera canaglia, La * (*Curly Sue*, Usa 1991, col, 101') John Hughes. Con James Belushi, Kelly Lynch, Alisan Porter, John Getz, Fred Dalton Thompson. ◆ Orfanella (Porter) e tutore (Belushi) vivono di espedienti finché il secondo non finge di essere investito da un'avvocatessa (Lynch) dal cuore di ghiaccio: finiranno col formare una famiglia perfetta. Hughes, produttore e sceneggiatore di *Mamma, ho perso l'aereo*, ha scopiazzato *Paper Moon* con molta melassa in più: ma, per una volta, il botteghino gli ha dato torto.

Tenera è la notte *½ (*Tender Is the Night*, Usa 1962, col, 146') Henry King. Con Jennifer Jones, Jason Robards jr, Joan Fontaine, Paul Lukas, Tom Ewell, Jill St. John. ◆ Negli anni Venti, uno psichiatra americano che lavora a Zurigo, Dick Diver (Robards), seduce e sposa una sua paziente, Nicole Warren (Jones): la donna lo porterà in giro per l'Europa, obbligandolo a trascurare il lavoro fino a quando il loro matrimonio si dissolverà. Ultimo film di Henry King, adattamento riuscito solo a metà dell'omonimo romanzo di Francis Scott Fitzgerald a firma Ivan Moffat. Chi conosce il libro troverà arbitrario come è stato modificato l'episodio di Roma: la lite col tassista, la rissa coi carabinieri e la notte in cella diventa uno stupido scambio di pugni in un albergo. La Jones non ha l'età per reggere la complessità del ruolo principale.

Teneramente in tre * (*The Tender*, Usa 1991, col, 97') Robert Harmon. Con John Travolta, Ellie Raab, Tito Larriva, Richard Edson. ◆ Bobby J. (Travolta) cerca di strappare la figlia (Raab) dalla custodia del cognato narcotrafficante (Larriva): per fortuna ha dalla sua un prode doberman. Inconcludente cocktail di thriller urbano, buoni sentimenti e avventure cinofile, prodotto dalla compagnia di Michael Douglas e diretto da un regista che non ha mantenuto le promesse del suo primo film, *The Hitcher*.

Tenere cugine * (*Tendres Cousines*, Francia/Rft 1980, col, 88') David Hamilton. Con Anja Schute, Thierry Tevini, Valerie Dumas, Evelyne Dandry, Elisa Cervier, Macha Meril. ◆ Alla vigilia della seconda guerra mondiale, in un'elegante residenza di campagna, due cugini (Schute e Tevini) si lasciano andare a tenere effusioni amorose. Una trama assolutamente inconsistente per un film patinato come una rivista di moda, pieno di corpi nudi ripresi in pose di apollinea classicità, secondo lo stile di un regista che ha fatto fortuna come fotografo di adolescenti senza veli.

Tenero ringraziamento, Un → *Tender Mercies – Un tenero ringraziamento*

Tentacoli * (Italia 1977, col, 90') Oliver Hellman [Ovidio Assonitis]. Con John Huston, Shelley Winters, Henry Fonda, Bo Hopkins, Delia Boccardo, Cesare Denova. ◆ Nelle acque della California una piovra gigante semina il panico tra i bagnanti. Un'insignificante imitazione dello *Squalo*, che non brilla nonostante la qualità del cast, inaspettata per un film del genere.

Tentativo sentimentale, Un ** (Italia/Francia 1963, b/n, 100') Pasquale Festa Campanile, Massimo Franciosa. Con Françoise Prévost, Jean-Marc Bory, Leticia Roman, Giulio Bosetti, Barbara Steele, Gabriele Ferzetti. ◆ Carla (Prévost) è separata, Dino (Bory) vorrebbe lasciare la moglie: si incontrano e scoprono di amarsi, ma l'incapacità di andare in fondo alle loro scelte li farà dividere. Vagamente ispirato a temi antonioniani, il film cerca di raccontare il disagio dei sentimenti senza avere il coraggio di uscire da una narrazione fatta troppo di caratteri stereotipati.

Tentazione *½ (Italia 1942, b/n, 82') Aldo Frosi. Con Zita Szeleczky, Francesco [Ferenc] Kiss, Otello Toso, Giorgio Costantini, Elsa De Giorgi. ◆ Giulio Passmann, giudice burbero e integerrimo (Kiss), s'infatua di una ballerina, Gisella Rey (Szeleczky), che ama un ingegnere (Toso) accusato di uxoricidio, ma si ravvede in tempo per scoprire il vero responsabile dell'omicidio e scagionare l'accusato. Un buon intreccio, nonostante la scontatezza del tema centrale (lo sceneggiatore Alessandro De Stefani si è evidentemente ispirato a *L'angelo azzurro*), che tuttavia viene sprecato nella messinscena, del tutto priva d'idee.

Contrariamente alle aspettative, l'ungherese Szeleczky non è una femme fatale, ma una brava ragazza modello telefoni bianchi.

Tentazione *½ (*Temptation*, Usa 1946, b/n, 92') Irving Pichel. Con Merle Oberon, Paul Lukas, George Brent, Charles Korvin, Arnold Moss, Ludwig Stossel. ◆ La moglie (Oberon) di un archeologo viene spinta all'uxoricidio dall'amante (Korvin), ma la donna avrà davvero la forza di propinare il veleno al consorte (Brent)? Un melodramma cupo e decisamente moralista nella conclusione. Solo per appassionati del genere.

Tentazione bionda *½ (*Reckless*, Usa 1935, b/n, 96') Victor Fleming. Con Jean Harlow, William Powell, Franchot Tone, Rosalind Russell, May Robson, Ted Healy, Mickey Rooney. ◆ Dopo il suicidio del marito (Tone), ricco magnate del tabacco, la ballerina Mona Leslie (Harlow) ha più di un problema per trovare un lavoro e mantenere il figlio: tornerà al successo grazie all'aiuto del suo agente (Powell) che la ama da sempre. Tratto da un soggetto di Oliver Jeffries (pseudonimo del produttore David O. Selznik) sceneggiato da P.J. Wolfson e pensato in un primo momento per Joan Crawford, questo musical senza molti numeri musicali non sembra adatto alla recitazione spigliata della Harlow, poco credibile nella parte di una mamma premurosa. La riprova è che per il numero musicale *I'm Reckless* fu doppiata da Virginia Verrill e le riprese in primo piano delle gambe furono fatte da un'anonima ballerina; anche se in altri numeri musicali si esibisce con la sua voce.

Tentazione del signor Smith, La *½ (*This Happy Feeling*, Usa 1958, col, 92') Blake Edwards. Con Debbie Reynolds, Curt Jurgens, John Saxon, Alexis Smith, Mary Astor, Estelle Winwood, Troy Donahue. ◆ La giovane segretaria (Reynolds) impaurita dagli uomini si innamora della persona per cui lavora, un ex attore (Jurgens) che si considera troppo vecchio per le scene e si è ritirato in un ranch: lui convince la ragazza ad accettare la corte di un suo coetaneo (Saxon) ma l'esperienza gli servirà per ritrovare il coraggio di tornare in scena. Tratto dalla pièce *For Love or Money* di Hugh Herbert sceneggiata dal regista, è una commedia non troppo brillante che si fa ricordare soprattutto per la recitazione dei comprimari, da Estelle Winwood (governante eccentrica e alcolista) ad Alexis Smith e Mary Astor.

Tentazione di Venere, La ° (*Meeting Venus*, Gb 1990, col, 120') István Szabó. Con Glenn Close, Niels Arestrup, Macha Méril, Erland Josephson, Maria de Medeiros, Victor Poletti, Johanna Ter Steege. ◆ A Parigi per le prove del *Tannhäuser*, il direttore Zoltan Szanto (Arestrup) si scontra con beghe sindacali e meschine rivalità: ma trova un'alleata e un'amante nel soprano Karin Anderson (Close), anche lei sacerdotessa dell'arte per l'arte. Seguono liti, crisi coniugali, rappacificazioni: alla fine, come nell'opera di Wagner, fiorirà anche la bacchetta di Szanto. Nelle intenzioni del regista, la messinscena dell'opera è un'allegoria dell'Europa unita, e delle piccinerie da superare in nome dei più alti ideali. Ma quello che si vede sullo schermo è una galleria di macchiette felliniane recitate da un cast multinazionale, condita di un umorismo tanto sopra le righe quanto scipito. Se questo è il cinema dell'Europa unita, c'è poco da stare allegri.

Tentazioni ** (*Cabin in the Cotton*, Usa 1932, b/n, 77') Michael Curtiz. Con Bette Davis, Richard Barthelmess, Dorothy Jordan, David Landau, Tully Marshall, Henry B. Walthall. ◆ Nel profondo Sud degli Stati Uniti, tra le piantagioni di cotone, un ragazzo ambizioso (Barthelmess) deve fare i conti con la capricciosa e perfida figlia (Davis) del padrone. Melodramma un po' scontato anche se curato nell'ambientazione che ha il grande merito di aver imposto la fulgida stella della Davis, che comincia a perfezionare quel ruolo di cattivissima che tanto celebre la renderà in seguito. Celeberrima la sua battuta: «Ti bacerei volentieri ma mi sono appena lavata i capelli».

Tentazioni della luna, Le ° (*Feng Yue*, Hong Kong 1996, col, 112') Chen Kaige. Con Leslie Cheung, Gong Li, Zhou Yemang, Kevin Lin, He Saifei, Tian Xie, Zhang Shin, Lin Lianqun, David Wu, Zhou Jie. ◆ Dopo aver sperimentato fin dalla più tenera età la corruzione familiare, Zhongliang (Cheung) diventa il più famoso gigolò di Shanghai: spedito a sedurre la cognata Ruyi (Gong) per impadronirsi delle ricchezze familiari, s'innamora di lei e dovrà fare i conti con la vendetta del boss (Xie) che l'aveva pagato. Il passaggio dall'Impero alla Repubblica cinese, a cavallo degli anni Venti, in un estenuante groviglio mélo con pretese epiche e metaforiche. Autore anche della sceneggiatura con Wang Anyi, Chen Kaige confeziona un polpettone pretenzioso e per giunta difficile da seguire, forse nell'illusione di compiacere un ampio pubblico internazionale: alla fine però hanno la meglio il manierismo stucchevole e la noia patinata.

Tentazioni metropolitane *½ (Italia 1993, col, 111') Gianna Maria Garbelli. Con Gianna Maria Garbelli, Annie Girardot, Maurizio Donadoni, Stephane Ferrara, Fiorenza Marcheggiani, Giò Stajano, Rosalina Neri. ◆ In semilibertà dopo sette anni per narcotraffico, Alessandra (Garbelli) fa innamorare un bravo ragazzo (Donadoni), cui non rivela la verità. Impianto da melodramma malgrado il tentativo di descrivere realisticamente i meccanismi del carcere, tra ambizioni e scivoloni nei luoghi comuni (compresa la compagna di cella lesbica e terrorista). Quando l'entusiasmo dell'opera prima non basta.

Tentazioni proibite * (Italia 1963, col, 90') Osvaldo Civirani. Con Yvonne De Carlo, Dolly Bell, Alan Kemp, Dana Ghia, Helen Bugge, Nella Asaro, Francesca Ungaro. ◆ Inchiesta pseudogiornalistica tra le capitali europee sulle tracce dell'emancipazione femminile, «spiegata» attraverso una serie di balletti (alcuni abbastanza fantasiosi, come quello della donna ragno o il combattimento tra donne-gallo) e di spogliarelli (anche *en plein air*, sulla Tour Eiffel e su una gondola), tutti però molto casti. Il commento ondeggia tra qualunquismo e facile ironia, mentre le riprese non rinunciano a immagini forti (come la visita tra le impiegate del mattatoio di Berlino). Yvonne De Carlo si esibisce in un numero di ballo di totale inutilità. Spezzoni documentari mostrano per pochi secondi (e senza nessuna logica) la Bardot a Saint Tropez, oppure Paul Newman, Alberto Sordi, la Sandrelli e Carlo Dapporto alla mostra di Venezia.

Tentazioni quotidiane, Le **½ (*Le Diable et les dix commandements*, Francia/Italia 1962, b/n, 130′) Julien Duvivier. ◆ Film a episodi. Nel primo (con Michel Simon, Lucien Baroux, Madeleine Clervanne) l'inserviente di un monastero e un vescovo si confidano le scappatelle di gioventù; nel secondo (con Roger Nicolas, Dany Saval, Henri Tisot) il marito di una spogliarellista riscopre la bellezza della moglie grazie alle confidenze di un ammiratore della donna; nel terzo (con Alain Delon, Danielle Darrieux, Georges Wilson, Madeleine Robinson) uno studente, dopo aver scoperto chi è la sua vera madre, decide di rimanere con coloro che l'hanno sempre considerato come un figlio; nel quarto (con Fernandel, Gaston Modot, Germaine Kejean) un pazzo che si presenta come Dio viene riportato in manicomio; nel quinto (con Micheline Presle, Claude Dauphin, Françoise Arnoul, Mel Ferrer, Marcel Dalio, Marie-France Pisier) una moglie diventa l'amante del marito della sua miglior amica e riceve in dono un bellissimo gioiello; nel sesto (con Charles Aznavour, Lino Ventura, Henry Vilbert) un seminarista si lascia uccidere da un trafficante di droga per incastrarlo e farlo condannare a morte; nel settimo (con Jean-Claude Brialy, Louis de Funès, Armande Navarre, Jean Carmet) un giovane impiegato di banca cerca di recuperare in proprio la refurtiva rubata nella sua filiale. Introdotti da un preambolo narrato dal Diavolo in prima persona, il film illustra i dieci comandamenti della Chiesa raggruppandoli in più episodi: beffardo e irriverente ma discontinuo nella riuscita, il film si regge soprattutto sulla smagliante recitazione degli attori. L'edizione originale francese (montata con un ordine diverso e con un titolo a ogni episodio) non ha il secondo episodio, sostituito da uno dove tornano Michel Simon e Lucien Baroux con Claude Nollier (*Dieu en vain ne jureras*, storia di un uomo che lavora in un convento e non riesce a smettere di bestemmiare come un carrettiere).

Teodora, imperatrice di Bisanzio **½ (Italia/Francia 1953, col, 92′) Riccardo Freda. Con Gianna Maria Canale, Georges Marchal, Irene Papas, Renato Baldini, Carletto Sposito, Alessandro Fersen, Olga Sobelli. ◆ L'imperatore Giustiniano (Marchal) scandalizza la corte sposando un'umile artista di circo, Teodora (Canale): complotti e gelosie di corte spingeranno il sovrano a ripudiarla, ma il popolo si oppone e, smascherati i responsabili della congiura, riporterà Teodora sul trono. Primo film a colori di Freda che costruisce una delle sue opere più classiche, «in perfetto equilibrio tra la serenità della regia e l'ottimismo della narrazione». Con uno stile che non concede niente ai facili effetti, Freda gioca con i contrasti di luci e ombre (la solarità delle corse di carri e la cupezza selvaggia dei combattimenti nei sotterranei) per esaltare la fusione tra la sensualità di Teodora e la tenerezza di Giustiniano, la fermezza patrizia dell'imperatore e il popolaresco liberalismo della ballerina. Ottima la fotografia di Rodolfo Lombardi. Sceneggiatura di Freda, René Weeheler, Claude Accursi e Ranieri Cochetti.

Teorema **½ (Italia 1968, col, 98′) Pier Paolo Pasolini. Con Silvana Mangano, Terence Stamp, Massimo Girotti, Anne Wiazemsky, Andres José Cruz Soublette, Laura Betti, Carlo De Mejo, Ninetto Davoli. ◆ Uno strano studente (Stamp) s'insinua in una famiglia borghese e i suoi cinque membri finiscono per avere un rapporto con lui. Quando se ne andrà nessuno sarà più come prima: la madre (Mangano) cercherà di dare un senso alla sua ninfomania, il padre (Girotti) lascerà la fabbrica agli operai, la figlia (Wiazemsky) finirà in una clinica psichiatrica, il figlio (Soublette) si perderà nell'arte e la cameriera (Betti) morirà in odore di santità. Pensato come un poema in versi poi diventato film, *Teorema* è il tentativo di dimostrare «l'incapacità dell'uomo moderno di percepire, ascoltare, assorbire e vivere il verbo sacro»: mescolando suggestioni bibliche a influenze psicoanalitiche, Pasolini eleva l'erotismo a «tangibile e quasi fisico segno rivoluzionario», di fronte al quale la borghesia non può che rivelarsi per quello che veramente è e perdersi (come fanno i figli) o rinnegarsi (come il padre che rinuncia al proprio ruolo di sfruttatore di classe), mentre il sottoproletariato trova la forza per salvarsi offrendosi al mondo (come fa la serva). Ma lo schematismo ideologico – oggi più evidente e ingombrante di ieri – e una notevole componente di autocompiaciuto odio-amore, non impediscono che il film sia una delle opere più originali dell'autore ricco di momenti di intensa e poetica tensione. Adele Cambria interpreta l'altra serva, Cesare Garboli l'intervistatore del prologo, Alfonso Gatto il poeta, Susanna Pasolini la vecchia contadina. Coppa Volpi della Mostra di Venezia per la migliore interpretazione femminile a Laura Betti. Un violento articolo dell'*Osservatore Romano* stigmatizzò il fatto che una giuria dell'Ocic (Office Catholique International du Cinéma) avesse premiato, sempre a Venezia, il film.

Teoria del volo, La *½ (*The Theory of Flight*, Gb 1998, col, 100′) Paul Greengrass. Con Helena Bonham Carter, Kenneth Branagh, Gemma Jones, Ray Stevenson, Holly Aird. ◆ Jane (Bonham Carter), ribelle e parolacciara, è paralizzata su una sedia a rotelle, ha davanti pochi mesi di vita ed è ancora vergine. Richard (Branagh), frustrato mezzo matto che sogna di volare e la deve accudire, trasecola quanto si sente rivolgere la fatidica richiesta. Scommettiamo come andrà a finire? Il conformismo dell'anticonformismo e le nuove frontiere del *politically correct*. Non si discute la sostanza, ma la forma: dolciastra, con tutte le canzoni al punto giusto e il virtuosismo della protagonista a ricattare emotivamente lo spettatore. Scritto da Richard Hawkins.

Tepepa ** (Italia/Spagna 1968, col, 136′) Giulio Petroni. Con Tomas Milian, John Steiner, Orson Welles, José Torres, Luciano Casamonica, Anna Maria Lanciaprima. ◆ In Messico un bandito rivoluzionario, Tepepa (Milian), viene braccato dal medico (Steiner) a cui avrebbe violentato la fidanzata. Spaghetti-western con risvolti sessantottini. Meno rozzo e approssimativo di tanti altri prodotti del (sotto)genere.

Tè per due *½ (*Tea for Two*, Usa 1950, col, 98') David Butler. Con Doris Day, Gordon MacRae, Eve Arden, Gene Nelson, Bill Goodwin, Billy De-Wolfe, S.Z. Sakall. ◆ Per strappare al ricchissimo zio (Sakall) i 25 mila dollari necessari a finanziare una rivista musicale in cui essere protagonista, Nanette (Day) affronta una bizzarra scommessa: per ventiquattro ore deve rispondere «no» a tutte le domande che le verranno rivolte. Una trama di stupidità abissale per un remake di *No, No, Nanette.* Oltre alla verve di Eve Arden (nella parte dell'amica-segretaria), si salvano solo le musiche di Vincent Yousmans, Harry Warren, George e Ira Gershwin.

Tequila Connection ** (*Tequila Sunrise*, Usa 1988, col, 116') Robert Towne. Con Mel Gibson, Kurt Russell, Michelle Pfeiffer, Raul Julia, J. T. Walsh, Arliss Howard, Ann Magnuson. ◆ Amici per la pelle, un trafficante di droga (Gibson) e un poliziotto (Russell) si trovano su versanti opposti anche a causa di una bionda (Pfeiffer) proprietaria di ristorante. Sceneggiatore di prima qualità (*Chinatown*, *L'ultima corvée*), Towne delude proprio in quello che dovrebbe essere il suo forte: la storia perde colpi a mano a mano e ristagna in dialoghi ambiziosi. Nel ruolo di un giudice c'è il regista Budd Boetticher.

Terapia di gruppo *** (*Beyond Therapy*, Usa 1987, col, 93') Robert Altman. Con Jeff Goldblum, Julie Hagerty, Glenda Jackson, Tom Conti, Geneviève Page, Chris Campion, Christopher Guest. ◆ Spassosa satira della psicanalisi, che incrocia le storie di vari personaggi, tra cui una psicoanalista (Jackson) che prende i gay a pesci in faccia, e un suo collega (Conti), teorico interessato dell'orgasmo rapido. Tratto da un copione di Christopher Durang, uno dei film-commedia girati da Altman nel suo esilio da Hollywood: il regista imprime al film un ritmo isterico e schizoide (da antologia la sparatoria finale nel ristorante) che ha lasciato sconcertati i critici parrucconi, e mostra la sua genialità anche in un contesto leggero. Girato in una Parigi travestita da New York. La canzone *Someone to Watch Over Me* (futura colonna sonora di *Chi protegge il testimone*) è cantata, in due versioni, da Linda Ronstadt e da Yves Montand.

Terapia e pallottole **½ (*Analyze This*, Usa 1999, col, 103') Harold Ramis. Con Robert De Niro, Billy Crystal, Lisa Kudrow, Joe Viterelli, Chazz Palminteri, Leo Rossi, Elizabeth Bracco, Bill Macy, Tony Bennett. ◆ Il mafioso Paul Vitti (De Niro) soffre di attacchi di panico, non riesce più ad ammazzare, piange davanti agli spot e fa cilecca con l'amante: forse è arrivata l'ora di andare dall'analista (Crystal). E dopo la riluttanza iniziale, ne diventa dipendente e gli rovina la vita. Un'idea sola ma azzeccata nella sceneggiatura di Kenneth Lonergan (adattata da Peter Tolan e dal regista): combinare la satira della mafia a quella della psicanalisi, Scorsese a Woody Allen. Per i due protagonisti (anche coproduttori) è un invito a nozze: De Niro si prende in giro, Crystal improvvisa e sfodera humour ebraico, mentre Ramis garantisce una verve apprezzabile anche quando il meccanismo delle trovate tende a farsi prevedibile. Curiose somiglianze col precedente *Sotto analisi.*

Teresa **½ (*Teresa*, Usa 1951, b/n, 102') Fred Zinnemann. Con Anna Maria Pierangeli, John Ericson, Patricia Collinge, Richard Bishop, Peggy Ann Garner, Rod Steiger, Ave Ninchi, Franco Interlenghi. ◆ Un soldato americano (Ericson) torna a casa dal fronte europeo con una sposa italiana (Pierangeli), ma per la ragazza l'inserimento nella nuova realtà non sarà facile: la suocera (Collinge) e i rimorsi del marito, convinto di aver causato la morte del suo superiore durante un servizio di pattuglia, sembrano allontanare irrimediabilmente i due giovani. Zinnemann descrive i rimorsi e l'incapacità a reinserirsi nella società da parte dei reduci della seconda guerra mondiale con una sobrietà di toni e una mancanza di enfasi insoliti per Hollywood e ispirati direttamente alla lezione del neorealismo (molto bello il parallelo tra i desolati panorami dell'Italia sconvolta dalla guerra e quelli di una New York inospitale e ostile). Intensa sceneggiatura di Stewart Stein. Nella parte di uno psichiatra, debutta Rod Steiger.

Teresa * (Italia 1987, col, 98') Dino Risi. Con Serena Grandi, Luca Barbareschi, Eros Pagni, Flora Carosello. ◆ In short e camicie di due taglie più strette, la vedova romagnola Teresa (Grandi) percorre la penisola col suo tir, tenendo a bada i creditori e i colleghi allupati. Ma è disposta a fare un'eccezione quando incrocia l'occhietto malandrino di Gino (Barbareschi, credibile come camionista quanto lo è come attore serio). Insulsa commediola rosa-avventurosa, che avrebbe dovuto mostrare che Serena Grandi sapeva recitare, e che invece mostra, come prevedibile, le sue tette. Dino Risi e Bernardino Zapponi (cosceneggiatore) una volta rappresentavano qualcosa nel cinema italiano.

Teresa la ladra *½ (Italia 1973, col, 125') Carlo Di Palma. Con Monica Vitti, Stefano Satta Flores, Michele Placido, Fiorenzo Fiorentini, Isa Danieli, Carlo Delle Piane. ◆ Vita sfortunata di una ragazza (Vitti) che, dopo varie traversie, si dà alle attività illegali, anche qui senza troppa fortuna. Un film costruito su misura per la Vitti, che ricambia con una buona interpretazione. Tutto il resto è però piuttosto confuso. Sceneggiatura di Age e Scarpelli, da un romanzo di Dacia Maraini, *Memorie di una ladra.*

Teresa Raquin *** (*Thérèse Raquin*, Francia/Italia 1953, b/n, 105') Marcel Carné. Con Simone Signoret, Raf Vallone, Roland Lesaffre, Jacques Duby, Sylvie, Maria Pia Casilio, Paul Frankeur. ◆ Una moglie infelice (Signoret) s'innamora di un camionista (Vallone) che accidentalmente provoca la morte del marito. Ricattati da un marinaio che ha assistito al fatto (Lesaffre), i due amanti pagano la somma richiesta, ma il ragazzo muore prima di poter bloccare la denuncia nei loro confronti. Con l'aiuto dello sceneggiatore Charles Spaak, Carné riambienta l'omonimo romanzo di Zola nella contemporaneità e lo trasforma in una sua tipica tragedia del destino. Da qui l'inserimento del marinaio, spettatore casuale di un evento altrettanto casuale e vittima a sua volta di un incidente imprevedibile: del determinismo psicologico zoliano non c'è più traccia, mentre ricompaiono Prévert e il cinema francese anni Trenta. I personaggi risentono di una eccessiva tipizzazione, ma il ritmo è vigoroso e la regia è un modello di economia e precisione. Una curiosità sul lavoro scenografico di Paul Bertrand, che ricostruì Lione in studio: nella scena chiave, per simulare il movimento del treno i vagoni vennero appoggiati su una base composta da ottocento palle da tennis. Leone d'argento al festival di Venezia.

Teresa Venerdì **½ (Italia 1941, b/n, 87') Vittorio De Sica. Con Adriana Benetti, Vittorio De Sica, Anna Magnani, Irasema Dilian, Elvira Betrone. ◆ Una trovatella, Teresa Venerdì (Benetti), s'innamora del medico dell'orfanotrofio (De Sica), a sua volta infatuato di una cantante (Magnani) e fidanzato con una ragazza ricca nella speranza di pagare i debiti che lo assillano. Da un romanzo dell'ungherese Rudolf Torok, una commediola scontata nell'intreccio, ma sorprendentemente credibile nella scelta d'ambientazione e nella caratterizzazione dei personaggi. Ottimo il cast, intelligente la regia. Oltre agli sceneggiatori De Sica, Gherardo Gherardi, Margherita Maglione e Franco Riganti, ci sono anche Cesare Zavattini e Aldo De Benedetti, non accreditati.

Terminal Entry ** (*Terminal Entry*, Usa 1987, col, 98') John Kincade. Con Eddie Albert, Yaphet Kotto, Paul Smith, Heidi Helmer, Patrick Labyorteaux, Kabir Bedi. ◆ Ragazzini appassionati di computer entrano per sbaglio nel programma di coordinamento di alcuni terroristi arabi appena infiltratisi in territorio americano. Sulla scia di *War Games*, un film d'azione gradevole, ingegnoso nella trama e sorretto da un buon ritmo.

Terminal Velocity * (*Terminal Velocity*, Usa 1994, col, 102') Deran Sarafian. Con Charlie Sheen, Nastassja Kinski, James Gandolfini, Melvin Van Peebles, Richard C.Sarafian. ◆ Istruttore di paracadutismo, Dicht Brodie (Sheen) vede sfracellarsi al suolo l'allieva principiante Chris Morrow (Kinski). Scoprirà che la ragazza è non solo una paracadutista esperta, ma anche un ex agente del Kgb in cerca di una somma di denaro contesa dalla mafia russa. Action-movie rocambolesco, ma di scarso interesse: Serafian, già autore di *KGB – Ultimo atto*, cerca ancora, pretestuosamente, di aggiornare la spy story «rossa» nel caos del postcomunismo e si perde nei meandri della prevedibilità narrativa e dell'accumulo di effetti speciali.

Terminator *** (*The Terminator*, Usa 1984, col, 108') James Cameron. Con Arnold Schwarzenegger, Michael Biehn, Linda Hamilton, Paul Winfield, Lance Henriksen, Earl Boen, Rick Rossovich. ◆ Dal 2029 viene inviato nella Los Angeles del 1984 un cyborg da combattimento (Schwarzenegger) per eliminare la donna (Hamilton) che dovrebbe dare alla luce il futuro salvatore dell'umanità. Ma sempre dal futuro arriva anche un uomo (Biehn) con l'incarico di proteggere la donna dalle minacce del cyborg. Un ritmo mozzafiato e una lotta senza esclusione di colpi per uno dei caposaldi della cinematografia cyberpunk. Simile nelle atmosfere a *Blade Runner* e *Mad Max*, il film ha la sua originalità nel personaggio di Terminator, un «corpo mutante» totalmente inedito al cinema in cui, a differenza che nei robot e nei replicanti, non è possibile distinguere la carne dalla macchina, la tecnologia dal corpo (straordinarie le «operazioni chirurgiche» che Terminator compie su di sé). Schwarzenegger è perfetto per il ruolo, gli effetti speciali sono eccellenti e le scene d'azione sono di grande bellezza. Tocca il massimo della spettacolarità con la resurrezione nel fuoco del nemico, dopo un inseguimento dialogato che ne svela l'identità filosofica. Sceneggiatura di James Cameron e della produttrice – e sua ex moglie – Gale Anne Hurd (da alcuni lavori di Harlan Ellison). Con un seguito.

Terminator 2 – Il giorno del giudizio *** (*Terminator 2: Judgment Day*, Usa 1991, col, 136') James Cameron. Con Arnold Schwarzenegger, Linda Hamilton, Edward Furlong, Robert Patrick, Earl Boen, Joe Morton. ◆ Nel 1994 Terminator (Schwarzenegger) torna sulla Terra programmato per proteggere John Connor (Furlong), il futuro eroe della resistenza umana, dagli attacchi di un cyborg che vuole eliminarlo (Patrick). E intanto la madre di John, Sara (Hamilton), cerca di eliminare le persone che saranno responsabili, nel 1997, di una guerra nucleare a opera di una nuova generazione di robot. Con un finale a sorpresa, che sembra precludere la possibilità di un seguito, *Terminator 2* ha una relazione superficiale con il primo capitolo, mentre ne allaccia di più significative con *Alien* (le ingannevoli metamorfosi del cyborg cattivo, fatto di metallo liquido; la mascolinizzazione della figura femminile combattente) e *The Abyss* (il tema della salvezza e del sacrificio, in nome di una fantascienza messianica). Furiosamente spettacolare (non c'è una sola inquadratura statica, e in alcuni casi per un'unica immagine sono state utilizzate fino a nove macchine da presa), dal punto di vista cinematografico potrebbe essere la migliore metafora mai realizzata della «morte al lavoro»: la distruzione regna sovrana sempre e ovunque, sul set come nei personaggi e nelle scene d'azione. Davvero straordinari gli effetti speciali del cyborg che si trasforma in cose e persone. Epocale, e quindi imperdibile.

Terminus *½ (*Terminus*, Francia/Rft 1986, col, 110') Pierre-William Glenn. Con Johnny Hallyday, Karen Allen, Jürgen Prochnow, Gabriel Damon. ◆ Nel Ventunesimo secolo si svolge una specie di Parigi-Dakar su mezzi futuristici: il pilota Monco (Hallyday) scoprirà che dietro c'è un complotto per raccogliere sangue umano necessario per esperimenti di clonazione. Macchine mirabolanti e banali conflitti tra Bene e Male: un'imitazione europea del filone postatomico alla *Mad Max*, girato con competenza tecnica e spettacolare, ma con scarsa ispirazione. Colonna sonora di David Cunningham.

Terminus Paradis **½ (*Terminus Paradis*, Francia/Romania/Svizzera/Italia 1998, col, 108') Lucian Pintilie. Con Costel Cascaval, Dorina Chiriac, Doru Ana, Gheorghe Visu, Razvan Vasilescu. ◆ Romania, oggi: Mitou (Cascaval), figlio di un ex pezzo grosso del regime che per protesta ha scelto di fare il guardiano di maiali, si innamora della cameriera Norica (Chiriac), diserta, ammazza il di lei amante, fugge. Ma non sono due ribelli tra le distese del Texas: solo due poveracci tra le macerie di un Paese che il veterano regista (sceneggiatore con Razvan Popescu e Radu Aldulescu) guarda con un occhio lucido e disincantato, crudo ed espressionistico come un Fassbinder d'annata, appena velato dalla *pietas*. Pintilie rifugge dal carino e sotto sotto continua a interrogarsi su temi universali, senza una concessione alla speranza o un cedimento all'illusione. E senza dare una risposta alle nostre domande, coerentemente con l'assurdità del mondo che racconta.

Ternosecco *½ (Italia 1987, col, 125') Giancarlo Giannini. Con Giancarlo Giannini, Victoria Abril, George Gaynes, Lino Troisi, Franco Angrisano, Gea Martire. ◆ Finito in galera per un omicidio che non ha commesso, Mimì Ajello (Giannini), che di professione trasforma in numeri per il lotto i sogni altrui, entra in confidenza con un boss della camorra (Gaynes): una volta liberato, vuole usarne i segreti e le amicizie per un'operazione di «pulizia sociale». Su una sceneggiatura scombiccherata di Lino Jannuzzi (dove spesso non si riesce a distinguere il rapporto tra realtà e sogni) Giannini esordisce nella regia accentuando troppo il registro grottesco: ne risulta una commedia tutta sopra le righe, poco graffiante e ancor meno divertente.

Terra, La *** (*Zemlja*, Urss 1930, b/n, 84') Alexandr Dovženko. Con Stepan Škurat, Semën Svašenko, Julija Solnceva, Elena Maksimova, Nikolaj Nademskij, Pëtr Masoča. ◆ Ucraina, 1930: in un villaggio agricolo, un gruppo di ragazzi vuole fondare una cooperativa, ma i ricchi kulak si oppongono perché il progetto va contro i loro interessi e, per mano del giovane Čoma (Masoča), arrivano a uccidere Vasilj (Svašenko), principale sostenitore dell'iniziativa, ma i contadini non si faranno fermare. Un dramma epico sui primi tentativi di collettivizzazione delle terre (Ejzenštein aveva trattato lo stesso tema in *Il vecchio e il nuovo* del 1929), in cui l'elemento d'attualità e gli aspetti propagandistici vengono completamente assorbiti dalla «poesia della natura» di Dovženko. Poiché soggetto privilegiato del film è la terra con il suo inarrestabile ciclo biologico di vita e di morte, in Urss fu considerato politicamente scorretto e tacciato con disprezzo di «panteismo», ma altrove fu giustamente salutato come uno sconvolgente poema lirico, da collocare tra i migliori film della storia del cinema. Tra le sequenze più famose, Vasilj che danza felice e viene abbattuto da Čoma a tradimento, e Čoma che balla sprofondato nella follia nel cimitero mentre la pioggia cade sui campi. La maggior parte degli attori sono non professionisti perché, come disse il regista, «ogni uomo può almeno per una volta interpretare se stesso sullo schermo».

Terra contro i dischi volanti, La ** (*Earth vs. the Flying Saucers*, Usa 1956, b/n, 82') Fred F. Sears. Con Hugh Marlowe, Joan Taylor, Donald Curtis, Morris Ankrum. ◆ Il dottor Marvin (Marlowe) sospetta che qualcuno saboti i satelliti che manda in orbita: infatti la colpa è di alieni che vengono da una galassia distrutta, bellicosi malgrado il look da Uomo di Latta del *Mago di Oz*. Dopo avere distrutto mezza Washington, i dischi volanti verranno fatti cadere con le onde magnetiche. Sulla scia della *Guerra dei mondi*, ma con suggestive innovazioni iconografiche (o meglio iconoclaste: l'unico monumento-simbolo della capitale a essere risparmiato è la Casa Bianca), un piccolo classico delle paranoie da invasione e dell'ottimismo militaresco degli anni Cinquanta, diretto progenitore di *Independence Day* (cfr. la barriera magnetica dei dischi) e di *Mars Attacks!* (cfr. il traduttore istantaneo e le vocette degli alieni). Effetti speciali di Ray Harryhausen. Scritto da George Worthington Yates e Raymond T. Marcus, da un soggetto di Curt Siodmak.

Terra del desiderio, La *** (*Hamnstad*, Svezia 1948, b/n, 99') Ingmar Bergman. Con Nine-Christine Jönsson, Bengt Eklund, Berta Hall, Erik Hell, Mimi Nelson, Birgitta Valberg. ◆ In una città portuale della Svezia, il tormentato amore fra un marinaio (Eklund), tornato a casa dopo otto anni di assenza, e una ragazza (Jönsson) che ha appena tentato il suicidio. Influenzato dal neorealismo, soprattutto da Rossellini, Bergman coniuga la sua passione per l'introspezione psicologica a un'osservazione attenta della vita quotidiana di una comunità di pescatori (il film è stato girato in un vero porto, quello di Göteborg). Tra le sue opere giovanili, questa è una delle più compatte sotto il profilo stilistico e narrativo.

Terra della grande promessa, La *** (*Ziemia obiecana*, Polonia 1975, col, 182') Andrzej Wajda. Con Daniel Olbrychski, Wojciech Pszoniak, Andrzej Seweryn, Anna Nehrebecka, Franciszek Pieczka, Andrzej Szalawski. ◆ Alla fine del Diciannovesimo secolo, a Łódż, tre giovani – un polacco (Olbrychski), un tedesco (Seweryn) e un ebreo (Welt) – cercano il denaro necessario per aprire una fabbrica tessile: quando il fuoco sembra aver distrutto i loro sogni, il polacco sacrificherà il proprio amore (Nehrebecka) per sposare la figlia di un miliardario e diventare un boss dell'industria. Partendo da un romanzo di Wladyslaw S. Reymont, Wajda (autore anche della sceneggiatura) compone un affresco storico dedicato alla nascita del capitalismo in Polonia (allora ancora sotto il regime zarista), che costringe gli esseri umani a rincorrere il profitto, dimenticando qualsiasi altro valore umano. Un film che racconta con linearità un passaggio chiave della storia moderna, mescolando sapientemente destini individuali e vicende collettive.

Terra di conquista * (*Once We Were Dreamers*, Israele 1987, col, 110') Uri Barbash. Con Kelly McGillis, John Shea, Christine Boisson, Arnon Zadok, Chad Schahar, Robert Pollak. ◆ Alla fine della prima guerra mondiale, in Palestina, alcuni ebrei decidono di stabilirsi in quei territori. La loro vita è complicata dalle faide con gli arabi e dalle rivalità intestine che sorgono a causa di una donna. Un film verboso, stereotipato nei personaggi e prevedibile negli sviluppi.

Terra dimenticata dal tempo, La *½ (*The Land That Time Forgot*, Gb 1975, col, 91') Kevin Connor. Con Doug McClure, John McEnery, Susan Penhaligon, Keith Barron, Anthony Ainley. ◆ Durante la prima guerra mondiale, i superstiti di una nave inglese e l'equipaggio di un sottomarino tedesco finiscono nel cuore di un vulcano dell'Antartico dove il tempo si è fermato alla preistoria. Tratto da un romanzo di

Edgar Rice Burroughs (quello di Tarzan), il film appiattisce lo spirito avventuroso del libro privilegiando gli scontri con gli animali preistorici e l'inevitabile catastrofe finale. La parte migliore, invece, era proprio l'inizio con la tensione dello scontro navale tra inglesi e tedeschi. Seguìto da *Gli uomini della terra dimenticata dal tempo*.

Terra di mezzo ** (Italia 1996, col, 78') Matteo Garrone. ◆ Film a episodi. In *Silhouette* (con Barbara, Tina, Pascale, Mario Colasanti, Paolo Sassanelli, Guglielmo Ferraiola) tre prostitute nigeriane chiacchierano tra loro aspettando i clienti nella periferia romana; in *Euglen & Gertian* (con Euglen Sota, Gertian Durmischi, Mario Colasanti, Salvatore Sansone) alcuni giovani albanesi fanno i conti con il mondo del lavoro nero; in *Self-service* (con Ahmed Mahgoub, Mario Colasanti, Paolo Sassanelli, Guglielmo Ferraiola, Salvatore Sansone) un egiziano che di notte aiuta gli automobilisti a un distributore di benzina ricorda il suo Paese. Tre storie di sfruttamento raccontate dalla parte dei reietti, dove però la scelta di girare con autentici immigrati introduce spiacevoli tentazioni voyeuristiche; e le pretese documentaristiche si sfilacciano, specialmente nel secondo episodio, dentro una struttura che vorrebbe strizzare l'occhio alla commedia all'italiana. *Silhouette* aveva vinto il premio Sacher d'oro per il cortometraggio.

Terra di nessuno *** (*No Man's Land*, Svizzera/Francia 1985, col, 110') Alain Tanner. Con Hugues Quester, Jean-Philippe Ecoffey, Betty Berr, Myriam Mézières, Marie-Luce Felber. ◆ Il confine tra Francia e Svizzera è per i contrabbandieri un luogo d'affari, per altri uno spazio dove cercare di risolvere i propri problemi interiori. Con delicatezza ed efficacia, Tanner racconta il male di vivere di chi non sa dare più un senso alla propria esistenza. Nella sua congenita indeterminatezza, la «terra di nessuno» del confine diventa uno spazio metaforico, una sorta di luogo del disorientamento interiore. Un film suggestivo, profondo nei dialoghi e nella descrizione dei personaggi.

Terra di Spagna *** (*Spanish Earth*, Usa 1937, b/n, 52') Joris Ivens. ◆ La guerra di Spagna vista dalla prospettiva degli abitanti del piccolo paese di Fuentedueña, contadini abituati da generazioni a lavorare «la terra secca e dura di Spagna» a cui il governo repubblicano ha affidato la gestione collettivistica dei campi e dove si sperimentano nuovi sistemi di irrigazione: le scene di vita contadina si alternano a quelle della guerra, ai discorsi del comandante Carlos e della pasionaria Dolores Ibárruri, ai bombardamenti aerei, ai combattimenti di Valencia e di Madrid dove i fascisti sono asserragliati nelle università. Prodotto per volontà di un gruppo di intellettuali americani (tra cui Dorothy Parker e Lillian Hellman) impegnati nella raccolta di fondi per sostenere la lotta antifascista, realizzato con la collaborazione logistica di John Dos Passos e dell'operatore John Ferno e accompagnato da un testo off scritto da Ernest Hemingway, il primo film di guerra di Ivens fu girato tra il marzo e il maggio 1937, meno di un anno dopo l'inizio del putch di Franco e quando il rapporto tra le forze in campo non faceva ancora supporre la fine tragica della guerra. Appassionato e dichiaratamente militante, il film è costruito sulla contrapposizione tra guerra e lavoro da una parte e città e campagna dall'altra, il che permette di sottolineare il carattere eminentemente popolare dell'opposizione spagnola alle truppe falangiste. Coerentemente, i suoi momenti migliori sono nella descrizione partecipe della dura vita contadina, il lavoro del fornaio (il cui pane ha il marchio del sindacato Ugt), le occupazioni delle massaie e naturalmente la fatica per installare il nuovo sistema d'irrigazione. In un primo momento il commento era letto da Orson Welles (e in questa versione il film fu presentato al presidente Roosevelt alla Casa Bianca), ma poi l'enfasi «shakespeariana» di Welles era stata considerata poco adatta al tono del film e il commento è stato reinciso da Hemingway stesso. Il comandante Carlos dirigeva il quinto reggimento delle brigate internazionali, punta di diamante dei comunisti nella guerra e fulcro di quella lotta intestina contro gli «anarco-sindacalisti» del Poum che verranno cancellati dalla storiografia ufficiale di sinistra e che sono stati «riabilitati» da Ken Loach col suo film *Terra e libertà*.

Terra e libertà **½ (*Land and Freedom*, Gb/Spagna 1995, col e b/n, 109') Ken Loach. Con Ian Hart, Rosana Pastor, Iciar Bollain, Tom Gilroy, Marc Martinez, Frédéric Pierrot, Andres Aladren, Sergi Calleja, Raffaele Cantatore, Pascal Demolon. ◆ 1994: frugando tra le carte dopo la sua morte, la nipote riscopre l'antica militanza del nonno David (Hart) in Spagna durante la guerra civile, nelle brigate internazionali. Dalle parole di quelle lettere dimenticate prendono vita le immagini del 1936: la resistenza al fascismo franchista, la mobilitazione internazionale, la passione politico-civile che si fonde con la giovinezza e l'amore per Blanca (Pastor), gli scontri interni alla sinistra (tra gli anarchici operaisti del Poum e i comunisti di osservanza filosovietica), i tradimenti, la fine delle illusioni. Ideali di sessant'anni prima, sconfitti ma non domati che il regista inglese racconta con la collaborazione dello sceneggiatore Jim Allen, alzando un velo soprattutto sugli scontri all'interno della stessa sinistra, che portano all'eliminazione, a volte direttamente fisica, dei militanti non di stretta osservanza sovietica. Tutti molto giovani e praticamente sconosciuti, gli attori sono diretti da Loach come fossero una banda di partigiani, in una messinscena realistica, funzionale all'impossibilità per un certo cinema indipendente di avere a disposizione grandi masse e grandi mezzi, ma soprattutto attenta a non cadere nella retorica. Loach racconta la Storia seguendo un dichiarato punto di vista soggettivo, che rende bene tanto le ragioni di una scelta politica ed esistenziale quanto quelle di un fallimento, le cui conseguenze hanno pesato a lungo sul destino degli uomini. Una strategia emotiva, che mescola cuore e ragione, portando lo spettatore a qualcosa, oggi, impensabile: commuoversi al suono dell'*Internazionale*. Polemiche violentissime in Spagna con l'accusa di aver stravolto la Storia.

Terra esplode, La *½ (*Satellite in the Sky*, Gb 1956, col, 85') Paul Dickson. Con Kieron Moore, Lois Maxwell, Donald Wolfit, Brina Forbes, Jimmy Hanley, Thea Gregory. ◆ A bordo dello Stardust che deve far esplodere nello spazio una bomba atomica non c'è solo l'equipaggio guidato dal capitano Hayden (Moore) e dallo scienziato Merrity (Wolfit) ma anche un'intraprendente giornalista (Gregory). I veri problemi, però, scoppieranno quando la bomba sganciata nello spazio invece di allontanarsi dall'astronave viene da essa attratta. Fantascienza in CinemaScope che cerca di mescolare suspense e melodramma: qualche discreto effetto speciale (di Wally Veevars, che lavorerà anche per *2001: Odissea nello spazio*), ma l'ingenuità della storia (sceneggiata da John Mather, J.T. McIntosh ed Edith Dell) toglie quasi tutto l'interesse.

Terra gialla ** (*Huang tudi*, Cina 1984, col, 90′) Chen Kaige. Con Liu Quiang, Xue Bai, Wang Xueyin, Tuo Tan. ◆ 1939: un soldato dell'Armata Rossa (Liu) si reca in una sperduta e arretrata provincia settentrionale a raccogliere canti popolari: la figlia del contadino che lo ospita, già promessa in matrimonio, sogna di seguirlo e di arruolarsi. Con pochi dialoghi, molte canzoni e un senso arioso del paesaggio (la fotografia è di Zhang Yimou, compagno di corso del regista), il primo lungometraggio di Chen (che ha adattato un romanzo di Lan Ke) si situa in una zona ambigua tra Storia e Natura, impegno sociale e fuga formalista ed estetizzante. C'è una bella sensibilità e semplicità nel tratteggio dei personaggi, ma alla fine il tentativo di trasformare la cronaca in leggenda (o, meglio, in canzone popolare) non è pienamente riuscito, e i soli panorami non possono trasmettere emozioni troppo articolate.

Terra in trance *** (*Terra em transe*, Brasile 1967, b/n, 115′) Glauber Rocha. Con Paulo Autran, Jardel Filho, José Lewgoy, Glauce Rocha, Hugo Cervana. ◆ Nell'immaginario paese sudamericano di Eldorado, l'intellettuale comunista Paulo Martins (Filho) è diviso tra la paternalistica amicizia che gli dimostra Profizio Diaz (Autran), un senatore abituato a gestire il potere, e l'ammirazione per Felipe Vieira (Lewgoy), un leader populista perennemente preoccupato di ogni sua mossa: quando il potere inasprirà la repressione non potrà fare altro che andare incontro a una morte sicura. Pietra miliare del Cinema nôvo, raccontato con un lungo flashback, il film «è il più barocco (e wellesiano) delle opere di Rocha», espressione di una crisi totale – morale, politica e intellettuale – che si sviluppa attraverso delusioni e soprassalti d'entusiasmo in un magma narrativo segnato da momenti di un'eccezionale violenza lirica in cui il protagonista (un Paulo dietro cui si può riconoscere Rocha) «si inventa, si confessa, si punisce e si esalta, partecipando pienamente di un delirio barocco non privo di una sua tragica ironia». Influenzato dalle teorie guevariste sul suicidio dell'intellettuale e percorso da una forte venatura decadente (che vede nel momento di crisi l'embrione di una futura verginità politica per l'artista, leader di ogni futura rivoluzione), *Terra in trance* è un viaggio cinematografico impervio, ma che spesso emoziona e coinvolge con la forza della poesia.

Terra lontana **** (*The Far Country*, Usa 1955, col, 97′) Anthony Mann. Con James Stewart, Walter Brennan, Ruth Roman, John McIntire, Corinne Calvet, Jay C. Flippen, Steve Brodie, Chubby Johnson, Jack Elam. ◆ Arrivato via mare con la sua mandria a Skagway, in Alaska, Jeff Webster (Stewart) si scontra con lo sceriffo Gannon (McIntire), che amministra la legge con eccessiva disinvoltura, ma con l'aiuto di due donne – la proprietaria di un saloon, Ronda (Roman), e la figlia di un medico, Renée (Calvet) – riesce a passare la frontiera canadese e comprare una miniera a Dawson. Quando cerca di ritornare in Alaska con l'oro, gli uomini dello sceriffo lo derubano ammazzando il suo amico Ben (Brennan): solo allora accetterà l'invito degli abitanti di Dawson di rappresentare la legge e ucciderà Gannon, anche grazie al sacrificio di Ronda. Uno dei capolavori di Mann e del western, sceneggiato da Borden Chase a partire da un romanzo di Ernest Haycox. Il tema centrale della responsabilità individuale e dell'inevitabile confronto del singolo con la moralità dei propri atti nasce dalla fusione di due storie – quella personale di Jeff (in fuga da un passato di violenza che ne ha fatto un uomo cinico ed egoista) e quella collettiva dei minatori (che di fronte alla «dittatura» della violenza sentono crescere il bisogno di legalità e valori umani) – che spingono l'uomo a «scoprire il senso delle responsabilità e della solidarietà coi propri simili». Girato tra le nevi del Canada e dell'Alaska (esaltate dalla fotografia in technicolor di William Daniels), interpretato da un cast perfetto anche nei ruoli secondari e diretto con una tensione che ignora i tempi morti, il film «corrode i momenti di calma con un'angoscia nervosa, assai mal nascosta dalle lunghe braccia penzoloni e dalla testa un po' reclinata di Stewart» (straordinario il malessere che danno le riprese in interni leggermente inclinate, che accentuano l'incombere delle cose sugli uomini), ma trasmette anche, con inaspettate panoramiche sul paesaggio, uno struggente senso di nostalgia che «rinvia l'epopea dell'azione al sogno impossibile di una vita naturale e di una pace dell'animo».

Terra madre *½ (Italia 1931, b/n, 87′) Alessandro Blasetti. Con Sandro Salvini, Leda Gloria, Isa Pola, Vasco Creti, Carlo Ninchi, Olga Capri. ◆ Dopo molti anni trascorsi in città, il duca Marco (Salvini) si reca con l'amante (Pola) e alcuni amici nelle terre ereditate dal padre, che ha intenzione di vendere. Il contatto con la natura e soprattutto con i contadini sembra dargli nuova vitalità, ma – sollecitato dall'amante – ritorna alla vita cittadina. Finché nella tenuta scoppia un incendio, voluto dall'acquirente-tiranno (Ninchi) per far sloggiare i coloni: il duca, frustrato dall'ambiente cittadino e incapace di dimenticare la figlia del fattore (Gloria), si precipita in campagna e decide di non vendere più le proprietà. Il tributo di Blasetti alla politica ruralista del duce («duca»), in cui la critica al parassitismo fondiario è costruita schematicamente in rapporto alla città corruttrice, regno dei vizi e dell'ignavia, che allontana dalla campagna dove tutto è sano, pulito e bello. La collaborazione di classe ricorda il finale di *Metropolis* (tra l'altro in entrambi, pur in modo diverso, è mediata da una figura femminile), ma mentre Lang insiste sull'alienazione degli operai, Blasetti non si preoccupa nemmeno di far scendere una goccia di sudore simbolica sui visi dei contadini, la cui unica preoccupazione è di trattenere il padrone sul posto e farlo contento. Nulla di rilevante nemmeno sotto il profilo stilistico: tra quadretti agresti da naturalismo ottocentesco e qualche inquadratura sovietícheggiante (ma più da cinema del socialismo reale che delle avanguardie), *Terra madre* è molto lontano dalle sperimentazioni del precedente *Resurrectio* e abbonda di retorica populista. Assistenti alla regia Goffredo Alessandrini e Ferdinando Maria Poggioli.

Terra promessa ** (*Promised Land*, Usa 1988, col, 101′) Michael Hoffman. Con Jason Gedrick, Kiefer Sutherland, Meg Ryan, Tracy Pollan, Googy Gress, Deborah Richter. ◆ In una cittadina rurale degli Stati Uniti due ragazzi (Gedrick e Sutherland) al liceo amano la stessa ragazza; poi, una volta diplomati, si trovano rivali per un'altra ragione: l'uno fa il poliziotto, l'altro il rapinatore. Film d'atmosfera, un po' ingenuo ma abbastanza coinvolgente, prodotto con il contributo del Sundance Institute di Robert Redford. Nel cast spicca la Ryan, liceale scatenata e tatuata.

Terra selvaggia ** (*Billy the Kid*, Usa 1941, col, 95′) David Miller. Con Robert Taylor, Brian Donlevy, Ian Hunter, Mary Howard, Gene Lockhart, Lon Chaney jr. ◆ Fuorilegge da quando aveva 12 anni per aver vendicato l'uccisione del padre, Billy (Taylor) dimentica violenze e aggressività grazie all'incontro con l'amico d'infanzia Jim Sherwood (Donlevy). Ma l'uccisione prima dell'amico Pedro (Chaney jr) poi dell'allevatore (Hunter) che l'ha accolto lo riportano sulla strada della violenza: finirà malissimo, faccia a faccia con Jim. Rilettura del mito di Billy the Kid, anzi di «Billy, il ragazzo» come traduce con inoppugnabile coerenza la versione italiana, dove Pat Garrett diventa Jim Sherwood: la sceneggiatura romanticheggiante di Gene Fowler dà al film una bella solidità narrativa e lo charme di Taylor, un pistolero vestito sempre in nero «ubriaco di avventure e di vendette», gli aggiunge un discreto fascino.

Terra selvaggia ** (*The Naked Country*, Australia 1985, col, 92′) Tim Burstall. Con John Stanton, Rebecca Gilling, Ivan Kants, Tommy Lewis, John Jarratt, Simon Chilvers. ◆ In una zona sperduta dell'Australia, la storia della lotta per il possesso del territorio fra un allevatore di bestiame (Stanton) e una tribù di aborigeni. Da un romanzo di Morris West, una sorta di robusto western australiano con qualche bella scena d'azione e ambientato in scenari di grande effetto.

Terra senza pane → *Hurdes, Las*

Terra silenziosa, La **½ (*The Quiet Earth*, Nuova Zelanda 1985, col, 91′) Geoff Murphy. Con Bruno Lawrence, Alison Routledge, Peter Smith. ◆ Dopo un esperimento nucleare andato a male che ha cancellato ogni forma di vita, Zac Hobson (Lawrence) si ritrova unico uomo sulla terra. O quasi: visto che sono sopravvissuti anche un'infermiera e un maori. E le condizioni della prima ecatombe stanno per ripetersi. Apologo di fantascienza (da un romanzo di Craig Harrison, debitore della classica *Nube purpurea* di Matthew P. Shiel) che inizia con toni surreali e quasi ferreriani, per declinare poi su terreni e triangoli più prevedibili. Ma a lasciare il segno è soprattutto il lavoro sull'immagine, con un uso suggestivo e inquietante delle *locations* sia metropolitane che rurali. Fotografia di John Bartle e musica di John Charles.

Terra si tinse di rosso, La *½ (*The Lolly Madonna War*, conosciuto anche col titolo *Lolly Madonna XXX*, Usa 1973, col, 103′) Richard C. Sarafian. Con Rod Steiger, Robert Ryan, Jeff Bridges, Scott Wilson, Ed Lauter, Katherine Squire. ◆ Tra le montagne del Tennessee scoppia violenta la faida fra due famiglie di umili contadini. Un soggetto potenzialmente interessante è consegnato da Sarafian nelle mani degli attori, che gareggiano in gigioneria ed esagerazioni. Lodevole solo la fotografia di Philip Lathrop.

Terra trema, La *** (Italia 1948, b/n, 157′) Luchino Visconti. Con Maria Micale, Sebastiano Valastro, Antonio Arcidiacono, Giuseppe Arcidiacono, Nelluccia Giammona, Salvatore Vicari, Antonino Micale. ◆ Stanco di essere sfruttato dai grossisti di pesce, 'Ntoni (A. Arcidiacono) ipoteca la casa per comprarsi una barca insieme ai fratelli: una tremenda tempesta distruggerà il suo sogno di indipendenza economica e lo costringerà a tornare dai padroni, ma non cancellerà la sua speranza. Rileggendo in chiave progressista il romanzo *I Malavoglia* di Giovanni Verga (dove sostituisce la lotta contro il Fato con quella contro gli sfruttatori), il secondo film di Visconti – sceneggiato dal regista con Antonio Pietrangeli – esplicita l'insanabile contraddizione di questo cineasta, diviso tra «raffinato decadentismo e marxismo programmatico». La decisione di usare attori rigorosamente non professionisti che parlano in siciliano stretto e l'occhio documentaristico per le riprese sono nobilitati da una scelta stilistica contemplativa, da «una gestualità fredda e distante» che l'uso espressionistico del dialetto non fa che accentuare. La lettura politica, poi, col suo bisogno di esemplificare – in negativo – le scelte politiche del Pci in cui Visconti militava (la rivolta individuale com'è quella di 'Ntoni è destinata allo scacco: per cambiare veramente la realtà occorrono una coscienza e un'azione collettiva, di classe) accentua la tendenza romanzesca della riduzione cinematografica – le storie parallele delle famiglie Vicari e Valastro, le disavventure delle due sorelle – ma raccontata con un distacco che «non si lascia commuovere e che quasi mai riesce a commuovere». Il sottotitolo *Episodio del mare* fa capire che questo doveva essere il primo film di una trilogia che non si concluse mai per l'insuccesso commerciale del film, all'origine anche di una nuova edizione, ridoppiata in un dialetto più comprensibile e ridotta di durata (105′). Franco [Francesco] Rosi e Franco Zeffirelli sono i due assistenti alla regia.

Terrazza, La *** (Italia/Francia 1980, col, 155′) Ettore Scola. Con Ugo Tognazzi, Vittorio Gassman, Jean-Louis Trintignant, Marcello Mastroianni, Serge Reggiani, Stefano Satta Flores, Stefania Sandrelli, Carla Gravina, Ombretta Colli. ◆ Intellettuali romani a confronto in una serata mondana: uno sceneggiatore satirico in crisi (Trintignant), un critico (Satta Flores) che lo accusa di compromissione con il potere, un produttore volgare (Tognazzi) che accetta di finanziare un film lontano dalle sue corde per compiacere la sua donna (Colli), un giornalista politico

(Mastroianni) alla riconquista dell'ex fidanzata che ha fatto carriera in Tv (Gravina), un consigliere della Rai (Reggiani) deciso ad abbandonare il campo, un deputato comunista (Gassman) che ha una relazione occasionale con la moglie (Sandrelli) di un pubblicitario. Qualche mese dopo, durante una serata analoga, scoppiano le frustrazioni di tutti. Senza togliere nulla all'attenta regia di Scola, *La terrazza* appare come il film-summa degli sceneggiatori sessantenni Age e Scarpelli. Le vicende individuali dei protagonisti maschili s'inscrivono nel bilancio (fallimentare) della generazione a cui appartengono i due autori e il film appare come «una sorta di post scriptum alla storia della commedia all'italiana», dove satira, patetismo e lucidità impotente s'intrecciano con grande efficacia. Percorso da una vena sottile di misantropia e da espliciti sentimenti misogini, rimane ancora oggi un punto fermo nella filmografia del regista e un fondamentale punto interrogativo sullo stato del cinema italiano alla vigilia degli anni Ottanta. Grande il cast di all star. Age recita nella parte dello psichiatra. Palma d'oro a Cannes come miglior attrice non protagonista a Carla Gravina.

Terremoto * (*Earthquake*, Usa 1974, col, 129') Mark Robson. Con Charlton Heston, Ava Gardner, Geneviève Bujold, George Kennedy, Lorne Greene, Barry Sullivan, Lloyd Nolan, Victoria Principal, Walter Matthau. ◆ A Los Angeles la terra si mette improvvisamente a tremare: tragedie e gesti eroici a ripetizione. Uno dei capisaldi del genere catastrofico, che presenta una serie di personaggi, più o meno fasulli, per poi vederli, con un certo sadismo, in ambasce di fronte all'incalzare degli eventi naturali. Primo film in sensurround (ma in tivù si perde l'effetto «vibrazione» che gli altoparlanti cinematografici provocavano sugli spettatori delle prime file). Oscar per gli effetti speciali.

Terremoto nel Bronx ** (*Rumble in the Bronx*, noto anche col titolo cinese *Hongfan qu*, Usa/Hong Kong 1995, col, 88') Stanley Tong. Con Jackie Chan, Françoise Yip, Anita Mui, Bill Tung, Garvin Cross. ◆ A New York per il matrimonio dello zio, Keung (Chan) ha il talento per cacciarsi nei guai: prima seduce la ragazza (Yip) di una banda di teppisti, e poi si ritrova tra le mani i diamanti rubati che sta cercando una gang di supercriminali. La più fortunata, almeno al box office, delle trasferte oltreoceano del cinema di Hong Kong (in realtà gran parte del film è girato in Canada): le acrobazie spettacolari e incruente di Chan incontrano un gusto catastrofico vicino al pubblico Usa. L'hovercraft che fa sconquassi per le strade cittadine è degno di qualche *Die Hard*, ma il vero Chan è quello che reinventa il kung fu tra frigoriferi e carrelli del supermercato. La trama, comunque, è di un'idiozia rara, e la parte più divertente, come sempre, sono i ciak finali in cui si mostrano gli stunt falliti, con Chan che si fa male sul serio in nome di un cinema circense della leggerezza e dell'inconsistenza. Il titolo cinese significa *Territorio di pellerossa*.

Terribile ispettore, Il * (Italia 1969, col, 95') Mario Amendola. Con Paolo Villaggio, Francesco Mulé, Didi Perego, Agostina Belli, Nino Besozzi, Carlo Campanini, Luciana Turina, Elio Crovetto, Umberto D'Orsi. ◆ Per rimediare a una modesta situazione economica, un semplice portantino (Villaggio) prima si spaccia per medico, poi decide di legarsi a una donna brutta ma ricca. Commedia fintamente satirica, insulsa e balorda anche nelle gag.

Terrificanti delitti degli assassini della via Morgue, I ** (*Murders in the Rue Morgue*, Usa 1971, col, 87') Gordon Hessler. Con Jason Robards, Herbert Lom, Lilli Palmer, Adolfo Celi, Christine Kaufmann, Maria Perschy. ◆ Un attore (Lom), sfigurato da una collega (Kaufmann) col vetriolo durante una recita, finge di suicidarsi per riuscire a vendicarsi di chi (Robards) aveva organizzato l'incidente. Solo vagamente ispirato a Edgar Allan Poe, il film mescola grand guignol, horror e ricostruzione pseudostorica (Celi interpreta Vidocq) in una trama che passa agevolmente dalla realtà alla finzione teatrale (gli attori recitano un testo di Poe) agli incubi onirici. Qualche caduta di tono (certi effetti sono risibili fatti solo con filtri colorati), ma una bella scena finale vagamente surrealista. È il remake di un film del 1932, con Bela Lugosi.

Terrore alla tredicesima ora ** (*Dementia 13*, Usa/Irlanda 1963, b/n, 83') Francis [Ford] Coppola. Con Luana Anders, William Campbell, Patrick Magee, Mary Mitchell, Bart Patton, Barbara Dowling. ◆ In un castello irlandese, il cadavere di una bambina (Dowling) morta annegata molti anni prima torna in circolazione con frequenza allarmante: un assassino armato d'ascia (Patton), intanto, toglie di mezzo chi indaga sul mistero. Non c'è molta logica nella sceneggiatura del primo vero film di Coppola (che ha riscritto un copione del direttore della fotografia Charles Hannawalt), poco più di un prestesto per una serie di sequenze di suspense abbastanza sanguinose per i tempi. Ma la messa in scena è già competente, e non mancano le soluzioni visive eleganti e surreali tipiche del produttore Roger Corman. Secondo Coppola il 13 nel titolo originale sarebbe stato aggiunto per richiamare il pubblico, proiettando il film in quel giorno del mese. La responsabile delle scenografie, Eleanor Neil, sposerà Coppola.

Terrore a mezzanotte *½ (*Midnight Fear*, Usa 1990, col, 90') Bill Crain. Con Craig Wasson, August West, David Carradine. ◆ Due fratelli psicopatici – uno ha fatto evadere l'altro da un manicomio – prendono come ostaggio una ragazza. Ma forse, più che pericolosi, sono solo spaventati. Thriller di ordinaria amministrazione, non troppo cruento e con un paio di sorpresine. Wasson è coautore della sceneggiatura.

Terrore cieco **½ (*Blind Terror*, conosciuto anche come *See No Evil*, Gb 1971, col, 89') Richard Fleischer. Con Mia Farrow, Norman Eshley, Dorothy Alison, Robin Bailey, Paul Nicholas, Diane Grayson. ◆ Sarah (Farrow), una ragazza cieca, tornando a casa da una cavalcata con un amico (Eshley) scopre i cadaveri degli zii che la ospitano e del loro figlio: trova anche un braccialetto che può aiutare a scoprire l'assassino ma che l'assassino stesso può decidere di tornare a prendere con il rischio che la lista dei morti si allunghi. Un thriller piuttosto scontato nella sceneggiatura (di Brian

Clemens) ma riscattato dalla regia di Fleischer e dalla fotografia di Gerry Fischer, capaci di creare suspense con inquadrature e illuminazioni inusuali.

Terrore con gli occhi storti, Il * (Italia/Francia 1972, col, 97') Steno [Stefano Vanzina]. Con Enrico Montesano, Alighiero Noschese, Francis Blanche, Isabella Biagini, Lino Banfi, Francesco Mulé, Maria Baxa. ◆ In cerca di emozioni forti, tre amici (Montesano, Noschese e Blanche) vogliono organizzare un finto delitto. Quando poi il morto ci scappa davvero, i primi sospettati sono loro. Poche risate in questa mal riuscita commistione di commedia e suspense. Sceneggiatura di Giulio Scarnicci e Raimondo Vianello.

Terrore corre sul filo, Il **½ (*Sorry, Wrong Number*, Usa 1948, b/n, 89') Anatole Litvak. Con Barbara Stanwyck, Burt Lancaster, Ann Richards, Wendell Corey, Ed Begley, Leif Erickson. ◆ Bloccata a letto da una malattia, una donna (Stanwyck) intercetta una conversazione telefonica da cui scopre che il marito (Lancaster) la vuole uccidere. Sceneggiato da Lucille Fletcher a partire da un proprio radiodramma (interpretato da Agnes Moorehead), il film mantiene solo in parte le avvincenti premesse iniziali, ma l'abile regia di Litvak riesce a tenere alta la suspense per tutto il film, nonostante una struttura narrativa piuttosto complessa, con sette flashback, due dei quali iniziano a loro volta da un flashback. Nomination all'Oscar per la Stanwyck. È stato rifatto nel 1989 come tv-movie (*L'omicidio corre sul filo*) di Tony Wharmly.

Terrore corre sul fiume, Il **½ (*Tarzan's Greatest Adventure*, Usa 1959, col, 90') John Guillermin. Con Gordon Scott, Sara Shane, Anthony Quayle, Sean O'Connery, Scilla Gabel. ◆ Tarzan (Scott) salva la superstite di un disastro aereo (Shane) e lei a sua volta si trova a dover salvare Tarzan da alcuni banditi che vogliono far saltare una miniera di diamanti. Una svolta importante nel tentativo di catturare il pubblico adulto con le avventure del personaggio inventato da Edgar Rice Burroughs: al bando Jane e i safari, introduzione (molto moderata) di sesso e violenza, miglioramento della sintassi di Tarzan. Manca Cita perché le scimmie ammaestrate provenienti dall'Inghilterra congelarono al freddo dell'inverno kenyota. Il giovane Sean [O'] Connery, non ancora agente 007, fa parte del gruppo di lestofanti. È uno degli episodi qualitativamente migliori della saga.

Terrore corre sull'autostrada, Il ** (*Drive a Crooked Road*, Usa 1954, b/n, 82') Richard Quine. Con Mickey Rooney, Dianne Foster, Kevin McCarthy, Jack Kelly, Paul Picerni, Harry Landers. ◆ Un meccanico d'auto (Rooney) sogna di diventare un grande pilota, ma stregato da una donna (Foster) finisce per fare da autista in una rapina. Ritmo e tensione in un poliziesco di buona fattura, sceneggiato da Blake Edwards, dove per la prima volta le inquadrature espressionistiche del noir lasciano il posto a uno stile più semplice e naturalistico.

Terrore dall'ignoto *½ (*From Beyond*, Usa 1986, col, 85') Stuart Gordon. Con Jeffrey Combs, Barbara Crampton, Ted Sorel, Carolyn Purdy-Gordon. ◆ Il dottor Pretorius (Sorel), facendo esperimenti con le onde sonore, ha materializzato dal nulla una murena volante (sic) che gli ha mangiato la testa. Il suo assistente (Combs) lo raggiunge nell'aldilà, dove è diventato una specie di blob gelatinoso (sic) dai gusti sadomaso (sic). Lo stesso team di *Re-animator* cerca ispirazione in un altro racconto di Lovecraft, ma non fa il bis: perduto il taglio grottesco, si sguazza nel ridicolo non sempre volontario, e l'accoppiata eros-thanatos è svolta in modo banale.

Terrore dallo spazio profondo **½ (*Invasion of the Body Snatchers*, Usa 1978, col, 115') Philip Kaufman. Con Donald Sutherland, Brooke Adams, Leonard Nimoy, Veronica Cartwright, Jeff Goldblum, Lelia Goldoni. ◆ Un'invasione aliena sulla Terra avviene in modo insospettabile, senza che nessuno se ne accorga: dei replicanti in tutto e per tutto identici si sostituiscono agli umani, e quando il terribile piano viene scoperto, si scatena una lotta senza quartiere. Kaufman rifà con abilità *L'invasione degli ultracorpi* di Don Siegel del 1953, ma il diverso contesto sociale (non sono più gli anni del maccartismo) lo «obbliga» ad attenuare gli aspetti più legati al periodo della guerra fredda: in questo modo si perde il sentimento di paranoia che attraversava l'originale e la rivisitazione (sceneggiata da W.D. Richter) è più accurata nell'intreccio narrativo ma più superficiale. Cammeo-omaggio per il protagonista del primo film, Kevin McCarthy (è l'uomo che fugge) e il regista, Don Siegel (il tassista); piccole parti per il critico Tom Luddy (è Ted Hendley) e Robert Duvall (il prete sull'altalena).

Terrore del circo, Il *½ (*Charlie Chan at the Circus*, Usa 1936, b/n, 72') Harry Lachman. Con Warner Oland, Keye Luke, George e Olive Brasno, Francis Ford, Maxine Reiner, J. Carrol Naish, Shirley Deane. ◆ Il direttore di un circo è ucciso da un gorilla: toccherà a Charlie Chan (Oland), qui coadiuvato nelle indagini dai suoi innumerevoli figli, scoprire chi ha «facilitato» la tragedia lasciando aperta la gabbia. Soggetto originale di Robert Ellis e Helen Logan. Undicesimo film interpretato da Warner Oland nei panni dell'investigatore cinese inventato da Earl Derr Biggers.

Terrore della sesta luna, Il * (*The Puppet Masters*, Usa 1994, col, 104') Stuart Orme. Con Donald Sutherland, Eric Thal, Julie Warner, Keith David, Will Patton, Richard Belzer. ◆ Un'astronave atterra ad Ambrose, Ohio: nonostante il pronto arrivo di Andrew Nives (Sutherland) dell'Office Scientific Intelligence, del figlio Sam (Thal) e di una scienziata della Nasa (Warner), gli organismi alieni cominciano a riprodursi attaccandosi alle schiene degli umani e trasformandoli in burattini. Dal romanzo di Robert A. Heinlein, pubblicato nel '51 in piena era maccarthista, un B-movie di fantascienza sul genere *L'invasione degli ultracorpi*, a cui però manca completamente lo spessore simbolico (e anche gli effetti speciali): di baccelloni e alieni informi se ne sono visti troppi per poter accogliere anche questi senza uno sbadiglio.

Terrore dell'Ovest, Il *½ (*The Oklahoma Kid*, Usa 1939, b/n, 85') Lloyd Bacon. Con James Cagney, Humphrey Bogart, Rosemary Lane, Donald Crisp, Ward Bond, Harvey Stephens. ◆ In un turbolento villaggio dell'Oklahoma il cowboy Jim Kincaid, detto

Oklahoma Kid (Cagney), va alla caccia degli uomini che hanno linciato suo padre. Incursione involontariamente comica nel genere western di una casa – la Warner Brothers – abituata a trattare altri temi e di due attori poco in sintonia con colt e cavalli: la storia non aiuta né Cagney (il buono) né Bogart (il capo dei banditi, sempre vestito di nero) a essere più credibili. Buono solo per gli studiosi del gusto «camp».

Terrore del Texas, Il **½ (*Terror in a Texas Town*, Usa 1958, b/n, 80') Joseph H. Lewis. Con Sterling Hayden, Sebastian Cabot, Carol Kelly, Eugene Martin, Ned [Nedrick] Young, Victor Millan. ◆ Un cacciatore di balene scandinavo (Hayden) arriva in una cittadina del Texas soggiogata dalle prepotenze di un uomo d'affari (Cabot): non sarà facile riportare la quiete tra i coloni. L'ultimo film diretto da un piccolo maestro del noir è un western di serie B insolitamente originale con il protagonista che preferisce l'arpione alle pistole e un'ottima sparatoria finale. La sceneggiatura, firmata con lo pseudonimo di Ben Perry, è in realtà di John Howard Lawson, Dalton Trumbo e Nedrick Young (che interpreta anche la parte di un killer nevrotico), tre sceneggiatori finiti sulla lista nera del maccartismo: a loro si devono alcuni dialoghi dal chiaro contenuto sociale, che però si integrano con fatica nella storia.

Terrore di Frankenstein, Il ** (*The Ghost of Frankenstein*, Usa 1942, b/n, 68') Erle C. Kenton. Con Cedric Hardwicke, Lon Chaney jr, Bela Lugosi, Lionel Atwill, Ralph Bellamy, Evelyn Ankers. ◆ Il figlio secondogenito del celebre scienziato (Hardwicke) cerca di sostituire il cervello assassino del mostro (Chaney jr), ma il custode Ygor (Lugosi) fa fallire il piano. Il primo seguito senza Boris Karloff, con Chaney incapace di conferire al personaggio la dolente pietas del predecessore e qualche incongruenza narrativa (il mostro era muto nell'episodio precedente, mentre qui si ritrova inspiegabilmente dotato di parola), che però non arriva a compromettere l'efficacia spettacolare. Memorabile la scena in cui il mostro si ricarica di energie grazie alle scosse elettriche di un temporale.

Terrore in cima alle scale ** (*The Attic*, Usa 1979, col, 97') George Edwards. Con Ray Milland, Carrie Snodgress, Rosemary Murphy, Ruth Cox, Francis Bay, Marjorie Eaton. ◆ Dopo tanti anni di soprusi, una vecchia zitella (Snodgress) si ribella alla dittatura dell'anziano padre invalido (Milland). Thriller psicologico di medio livello, nobilitato dal dispotico carisma di Ray Milland.

Terrore in città *½ (*Silent Rage*, Usa 1982, col, 105') Michael Miller. Con Chuck Norris, Ron Silver, Steven Keats, William Finley, Toni Kalem, Brian Libby. ◆ Ricoverato in ospedale e reso invulnerabile dai folli esperimenti di due medici, un sanguinario psicopatico (Libby) semina il panico in una cittadina del Texas: toccherà allo sceriffo (Norris) fermarlo. Banale thriller che tenta – senza successo – di mescolare il genere poliziesco al mito di Frankenstein.

Terrore negli occhi del gatto, Il **½ (*Eye of the Cat*, Usa 1969, col, 102') David Lowell Rich. Con Michael Sarrazin, Gayle Hunnicutt, Eleanor Parker, Tim Henry, Laurence Naismith. ◆ Un'affascinante ragazza (Hunnicutt) convince un giovane (Sarrazin) a uccidere la zia (Parker) che vive circondata dai gatti, per poi carpirne l'eredità. Suspense ben diretta e ancor meglio fotografata (da Russell Metty). Alla versione per la Tv americana furono aggiunte alcune scene inessenziali per rendere la storia «meno intensa».

Terrore nello spazio **½ (Italia/Spagna 1965, col, 86') Mario Bava. Con Barry Sullivan, Norma Bengell, Angel Aranda, Evi Marandi, Massimo Righi, Fernando Villena. ◆ Sul pianeta Aura degli esseri privi di sostanza corporea attaccano gli astronauti per potersi poi reincarnare in essi. Un intreccio non troppo convincente per un film riscattato in pieno dal sofisticato stile di Bava, che ricostruisce a meraviglia il paesaggio extraterrestre, sapiente e suggestiva mistura di rocce e nebbie filmati con uno stile espressionistico. L'idea di uno scheletro mostruoso, ultima vestige di una razza di giganti trovata nel relitto di un'astronave, sarà ripresa anche in *Alien*. Tra gli sceneggiatori, il romanziere Alberto Bevilacqua e il critico Callisto Cosulich; il soggetto è tratto da un racconto di Renato Pestriniero.

Terrore sull'isola dell'amore, Il * (*Brides of Blood*, Filippine/Usa 1968, col, 95') Gerard de Leon, Eddie Romero. Con Kent Taylor, Beverly Hills, Mario Montenegro, John Ashley. ◆ Che cosa aspetta il professor Henderson (Taylor) su un'isola sede di presunte mutazioni radioattive? Un ospite (Montenegro) con servitù di nani, piante dalle radici che stritolano e riti sacrificali per un mostro verdastro che sembra un cono gelato sciolto (e rovesciato). Una tra le prime coproduzioni tra Usa e Filippine, il film non rinnova l'allegra demenza *gore* di altre collaborazioni tra i due registi. Processioni folcloristiche interminabili, trucchi da oratorio e un balletto finale degno di «Fantastico»: l'aspetto piccante si limita a un paio di seni in penombra e al mostro che uccide le prede buttandovisi sopra (anche se forse Raimi se n'è ricordato per le piante omicide di *La casa*).

Terrore sul Mar Nero **½ (*Journey Into Fear*, Usa 1942, b/n, 69') Norman Foster [e Orson Welles]. Con Jospeph Cotten, Orson Welles, Dolores Del Rio, Ruth Warrick, Agnes Moorehead, Everett Sloane, Jack Moss. ◆ In Turchia una spia americana (Cotten) viene ripetutamente presa di mira dagli agenti nazisti: se la caverà solo grazie all'aiuto di un poliziotto del luogo, il colonnello Haki (Welles). Spy story intrigante e suggestiva sul piano formale, che Welles sceneggiò insieme a Cotten (da un romanzo di Eric Ambler) e iniziò anche a dirigere, prima che la produzione decidesse di sostituirlo con Foster, ma l'impronta nella regia delle singole scene resta quella di Welles, che ammise di aver «disegnato» il film senza averlo diretto. Il trucco di Welles ricalca un po' Stalin (e la somiglianza fu subito notata). Rifatto nel 1975 da Daniel Mann (*La via della paura*).

Terrorista, Il **½ (Italia 1963, b/n, 100') Gianfranco De Bosio. Con Gian Maria Volonté, Philippe Leroy, Giulio Bosetti, Tino Carraro, Josè Quaglio, Franco Graziosi, Anouk Aimée. ◆ Nella Venezia del 1943, Renato Braschi (Volonté), esponente del Partito d'azione a capo di un gruppo di partigiani, è deciso a continuare nelle sue azioni di sabotaggio nonostante gli inviti dei superiori alla prudenza e alla sospensione degli attentati: crisi personali e una soffiata metteranno tragicamente fine alla sua lotta. Prodotto da Tullio Kezich e Alberto Soffiettini e sceneggiato da De Bosio con Luigi Squarzina, il film risente di un'impostazione teatraleggiante e didattica, ma è la prima (e praticamente unica) opera italiana che cerchi di analizzare la politica dei partiti del Comitato di liberazione nazionale e le diverse strategie seguite (azione estremistica, azione popolare, azione insurrezionale, attendismo), proponendo «una riflessione drammaticamente dialettica sul problema della violenza in cui si guarda a Brecht e, insieme, a Camus». Piccole parti per Neri Pozza (l'avvocato Pucci detto Alfonso) e Raffaella Carrà (Giuliana).

Terror Train ** (*Terror Train*, Canada 1980, col, 97') Roger Spottiswoode. Con Ben Johnson, David Copperfield, Jamie Lee Curtis, Hart Bochner, Derek MacKinnon, Vanity [D.D. Winter]. ◆ Alcuni goliardi noleggiano un treno per organizzarci un party in costume, ma devono fare i conti con uno studente (MacKinnon) che vuole vendicarsi dei soprusi subiti qualche tempo prima. Un giallo non troppo originale, con più di un'idea presa in prestito da *Halloween: la notte delle streghe*, ma diretto con un buon ritmo dall'ex montatore Roger Spottiswoode, qui al suo debutto alla regia. Elegante la fotografia di John Alcott.

Terza generazione, La *** (*Die dritte Generation*, Rft 1979, col, 110') Rainer Werner Fassbinder. Con Hanna Schygulla, Eddie Constantine, Volker Spengler, Margit Carstensen, Bulle Ogier, Udo Kier, Harry Baer, Hark Bohm. ◆ Terroristi borghesi, pieni di buone intenzioni ma fondamentalmente ingenui, provano a comportarsi da rivoluzionari, senza sapere di essere solo le pedine di un gioco (commerciale) più grande di loro. Uno dei migliori film di Fassbinder, permeato di un pessimismo beffardo e disincantato, che non risparmia colpi bassi alla «terza generazione» del terrorismo, politicamente inetta e incapace. Narrativamente il film procede per accumulo di materiali: le storie di tutti si ingarbugliano senza spiegarsi fino in fondo, le colonne sonore (umane, televisive, musicali) si accavallano in modi anche irritanti e il senso politico o morale dell'agire sembra non interessare nessuno. Fotografia e sceneggiatura dello stesso Fassbinder, che si diverte a seminare il racconto di didascalie che riportano alcune scritte lasciate sulle pareti dei gabinetti pubblici di Berlino. Lilo Pempeit, madre di Fassbinder, interpreta la parte della madre di Gast.

Terza liceo **½ (Italia 1953, b/n, 104') Luciano Emmer. Con Isabella Redi [Ilaria Occhini], Anna Maria Sandri, Giulia Rubini, Roberta Primavera, Christine Carère, Giovanna Turi, Turi Pandolfini. ◆ L'ultimo anno in una classe di un liceo classico di Roma, dal primo giorno di scuola alla vigilia degli esami: amori, amicizie, incomprensioni fra studenti e insegnanti... Un piacevole e accorato ritratto dell'Italia anni Cinquanta: pur senza grandi colpi di regia, Emmer tratteggia con abilità i personaggi e regge con disinvoltura le fila di una storia impostata in modo corale. Oltre che dello stesso Emmer, la sceneggiatura porta la firma di Sergio Amidei, Carlo Bernari e Vasco Pratolini; il direttore della fotografia è Mario Bava. Piccole parti per Giuliano Montaldo (il professore di religione), Paola Borboni (la madre di Bruno Sacchi), Eriprando Visconti (Carlo Moretti), Carlo Bernari (un professore). Emmer tornerà sull'argomento quasi quarant'anni dopo con *Basta! Ci faccio un film* (1990).

Terza parte della notte, La *** (*Trzecia część nocy*, Polonia 1972, col, 106') Andrzej Zulawski. Con Leszek Teleszynski, Małgorzata Braunek, Jerzy Golinski, Jan Nowicki, Michal Grudzinski, Anna Milewska. ◆ Dopo aver visto i propri familiari uccisi dai nazisti, Michal (Teleszynski) ricomincia a vivere quando incontra Marta (Braunek), una donna uguale a sua moglie coniugata a un uomo che è un suo sosia. Prodotto grazie al contributo dell'unità «X» di Wajda, è uno dei migliori film sull'occupazione tedesca in Polonia, ambizioso e intrigante tentativo di coniugare il dramma della persecuzione con un registro lirico, fantastico, con evidenti riferimenti al surrealismo. Ottima la musica di Andrzej Korzynski, così come la fotografia di Witold Sobociński.

Terza voce, La ** (*The Third Voice*, Usa 1960, b/n, 79') Hubert Cornfield. Con Edmond O'Brien, Laraine Day, Julie London, Ralph Books, Roque Ybarra, Henry Delgado. ◆ La moglie abbandonata (Day) uccide il marito utilizzando una persona (O'Brien) che sa imitarne perfettamente la voce: ma il piano, che prevede una fuga in Messico, non ha fatto i conti con la donna (London) che aveva sostituito l'assassina nel cuore del consorte. Un insolito giallo, sceneggiato dallo stesso regista a partire dal romanzo *Il conto torna* di Charles Williams: l'inizio è sottilmente inquietante, l'interpretazione di O'Brien di gran classe, ma poi il meccanismo diventa ripetitivo e l'ingranaggio narrativo finisce per annullare la suspense.

Terzo delitto, Il ** (*The Mad Miss Manton*, Usa 1938, b/n, 80') Leigh Jason. Con Barbara Stanwyck, Henry Fonda, Sam Levene, Stanley Ridges, Hattie McDaniel, Frances Mercer. ◆ Un gruppo di ragazze dell'alta società guidate da un'ereditiera (Stanwyck) scoprono un cadavere che misteriosamente sparisce: lo dicono a un giornalista (Fonda) che però non vuole crederci e così le amiche decidono di indagare per conto loro. Una commedia divertente, sceneggiata da Philip G. Epstein e più o meno ispirata alle atmosfere dell'*Uomo ombra*, primo dei tre film che Fonda e la Stanwyck gireranno insieme.

Terzo drago, Il **½ (*Tret'i sarkan*, Cecoslovacchia 1986, col, 83') Peter Hledik. Con Patrik Sima, Jan Krizik, Boris Trstan, Mario Malatinsky, Radovan Lukavsky, Frantisek Husak. ◆ Tre ragazzini in cerca d'avventure scoprono un'astronave aliena spedita sulla Terra nel Medioevo, allo scopo di vedere come i terrestri se la cavano con i problemi ecologici. Film per ragazzi superiore alla media, realizzato con grande professionalità. Gradevole la colonna sonora di Petr Hapka.

Terzo giorno, Il ** (*The Third Day*, Usa 1965, col, 119') Jack Smight. Con George Peppard, Elizabeth

Ashley, Roddy McDowall, Herbert Marshall, Charles Drake, Vincent Gardenia, Sally Kellerman, Arthur O'Connell. ◆ Un brutto incidente d'auto fa perdere la memoria a un industriale (Peppard), che deve ugualmente difendersi da un'accusa di omicidio. Un cast discreto per un giallo che non si eleva al di sopra della media.

Terzo grado ** (*Q & A*, Usa 1990, col, 132') Sidney Lumet. Con Nick Nolte, Timothy Hutton, Armand Assante, Patrick O'Neal, Lee Richardson, Luis Guzman. ◆ Un giovane procuratore distrettuale (Hutton) indaga sulle tecniche troppo disinvolte di un poliziotto (Nolte) dalla cattiva reputazione. Un poliziesco che inizia bene ma procede poi con lentezza verso un finale prevedibile.

Terzo uomo, Il *** (*The Third Man*, Gb/Usa 1949, b/n, 104') Carol Reed. Con Joseph Cotten, Orson Welles, Alida Valli, Trevor Howard, Bernard Lee, Wilfried Hyde-White. ◆ A Vienna, nel secondo dopoguerra, lo scrittore americano Holly Martins (Cotten) va alla ricerca di un amico misteriosamente scomparso e dato per morto, Harry Lime (Welles): scoprirà che il suo funerale era una messinscena e che Lime è coinvolto nel contrabbando e nella borsa nera di medicinali. Un classico del cinema di spionaggio, cupo e sinistro nella ricostruzione di una Vienna trasfigurata dall'elegante bianco e nero di Robert Krasker (Oscar per la miglior fotografia) e accompagnato da un celeberrimo motivo musicale suonato alla cetra da Anton Karas. Sceneggiato da Graham Greene a partire da un proprio racconto, il film riesce a trasmettere allo spettatore il «pessimismo notturno» del regista (che tolse il lieto fine pensato dallo scrittore) attraverso una scelta di regia barocca, ridondante e melodrammatica «impreziosita da set davvero straordinari che il grandangolo tanto caro a Reed distorce senza pietà». E tra i personaggi deformati da angolazioni esasperate e inghiottiti dagli intrichi di vicoli e di tombini, emerge la figura demoniaca di Harry Lime, sardonico criminale di guerra che spiega il suo cinismo in un monologo celeberrimo che non esisteva nella sceneggiatura originale e che fu inventato da Welles stesso: «In Italia, sotto i Borgia, per trent'anni hanno avuto guerre, terrore, assassinii, massacri: e hanno prodotto Michelangelo, Leonardo da Vinci e il Rinascimento. In Svizzera, hanno avuto amore fraterno, cinquecento anni di pace e democrazia, e cos'hanno prodotto? Gli orologi a cucù». Probabilmente non è vero che Welles abbia anche supervisionato certe scene (soprattutto l'inseguimento nelle fogne) ma è certo che Reed aveva ben presenti le regie del suo protagonista. Nella versione inglese la voce che introduce gli eventi è di Reed, in quella americana di Cotten (il doppiaggio italiano cancella l'una e l'altra). Palma d'oro al festival di Cannes. Ne esiste una versione colorizzata al computer.

Teschio maledetto, Il *½ (*The Skull*, Gb 1965, col, 82') Freddie Francis. Con Peter Cushing, Christopher Lee, Jill Bennett, Patrick Wymarck, Michael Gough, Nigel Green, Patrick Magee. ◆ Malgrado gli avvertimenti, il professor Maitland (Cushing) acquista il teschio del marchese De Sade: mal gliene incoglie. Francis cerca l'atmosfera con un paio di luci colorate e oggetti da rigattiere: ma il teschio che si muove nell'aria è retto da fili visibili, e le soggettive attraverso le cavità vuote stufano subito. Francis è svogliato: ha fatto di peggio, ma anche di molto meglio. Tratto dal racconto *The Skull of the Marquis de Sade* di Robert Bloch: i discendenti del marchese ottennero che venisse modificato il titolo del film. Prodotto dalla Amicus, la più agguerrita concorrente della Hammer.

Tesoro dei condor, Il *½ (*Treasure of the Golden Condor*, Usa 1953, col, 93') Delmer Daves. Con Cornel Wilde, Constance Smith, Finlay Currie, Anne Bancroft, Leo G. Carroll, Fay Wray. ◆ Nel diciottesimo secolo, il rampollo (Wilde) di nobile famiglia francese va in Sudamerica a cercar fortuna: quando l'ha trovata e torna in patria le cose si complicano. Un piatto e incolore remake del *Figlio della furia* (1942).

Tesoro dei faraoni, Il ** (*Kid Millions*, Usa 1934, b/n e col, 90') Roy Del Ruth. Con Eddie Cantor, Ann Sothern, Ethel Merman, George Murphy, Burton Churchill, Warren Hymer, Paul Harvey, The Nicholas Brothers, Doris Davenport. ◆ Per recuperare l'eredità di 77 milioni di dollari lasciatagli da un padre archeologo che non ha mai conosciuto, l'ingenuo Edward Grant Wilson jr (Cantor) deve andare fino in Egitto. Ma i soldi fanno gola anche a una procace imbrogliona e al suo manesco socio (Merman e Hymer), a un pomposo colonnello sudista (Churchill) e soprattutto rischiano di scatenare la vendetta dello sceicco Mulhulla (Harvey). Commedia da vaudeville con numeri musicali, che cerca di fondere la comicità verbale (e datata) di Cantor con coreografie piuttosto ricercate (*Mandy*, di Irving Berlin, divenne un hit del comico). Qualche inusuale doppio senso nel dialogo non riscatta una sceneggiatura senza guizzi di Arthur Sheekman, Nat Perrin e Nunnally Johnson. Da non perdere, comunque, il numero musicale finale (*Ice Cream Fantasy*), filmato in uno smagliante Technicolor e diretto da William Pogany, nel quale grazie all'eredità Edward Grant Wilson jr apre una fabbrica di gelati da distribuire gratis. Tra le ballerine si potrebbero riconoscere Lucille Ball e Paulette Goddard.

Tesoro dei Sequoia, Il *½ (*The Big Trees*, Usa 1952, col, 89') Felix Feist. Con Kirk Douglas, Eve Miller, Patrice Wymore, Edgar Buchanan, John Archer. ◆ Scaltro commerciante di legname, Jim Fallon (Douglas) spera di arricchirsi impadronendosi delle concessioni scadute di terreni boschivi in California: mentre promette agli ex proprietari del danaro per rinnovare i contratti, di nascosto contratta per conto suo il taglio dei boschi. Ma i pionieri, tra i quali c'è la bella Alicia (Miller), sapranno fargli cambiare idea. Mediocre storia western con la redenzione del cowboy imbroglione: Douglas recita svogliatamente, più per dovere che per convinzione (è il suo ultimo film con la Warner e l'ultimo sotto contratto per uno studio).

Tesoro del circo, Il → *voce «Charlie Chan»*

Tesoro dell'Africa, Il ** (*Beat the Devil*, Usa/Italia 1954, b/n, 100') John Huston. Con Humphrey Bogart, Peter Lorre, Robert Morley, Jennifer Jones, Gina Lollobrigida, Edward Underdown, Saro Urzì,

Marco Tulli. ◆ Alcuni avventurieri sono bloccati in un porto italiano in attesa di imbarcarsi per l'Africa orientale, dove sperano di mettere le mani su terreni ricchi d'uranio. Una parodia non sempre indovinata del cinema esotico e d'avventura, con Peter Lorre e Bogart che prendono in giro se stessi, e la Jones e la Lollo che giocano sugli stereotipi della femme fatale fascinosa e ambigua. I dialoghi (a volte francamente fantasiosi) sono di Truman Capote.

Tesoro della Sierra Madre, Il **½ (*The Treasure of the Sierra Madre,* Usa 1948, b/n, 126') John Huston. Con Humphrey Bogart, Walter Huston, Tim Holt, Bruce Bennett, Barton McLane, Alfonso Bedoya. ◆ In Messico due avventurieri, Dobbs (Bogart) e Curtin (Holt), e un vecchio sdentato, Howard (W. Huston, padre del regista), vanno alla caccia di un giacimento d'oro: trovano il filone che può renderli ricchi, ma l'avidità costerà la vita a Dobbs e il caso farà dissolvere la ricchezza degli altri due. Sceneggiato dallo stesso John Huston a partire dal romanzo omonimo di B. Traven, è un film d'avventura costruito come «una commedia teatrale con personaggi pittoreschi» che rifiuta il facile ricorso al glamour hollywoodiano e alla presenza di eroine femminili per raccontare con disincanto e amarezza la storia di un fallimento. Alcune scene non si dimenticano, come l'uscita di Dobbs dal barbiere che prende a pugni un compatriota yankee o la risata omerica con cui Howard si consola dall'aver perso l'oro, ma rivisto oggi il film «rivela una sorta di accademismo figurativo e un sovrappiù di astuzia narrativa» che appesantiscono l'opera.

Tesoro di Gengis Khan, Il ** (*Thank You Mr. Moto,* Usa 1937, b/n, 67') Norman Foster. Con Peter Lorre, Thomas Beck, Sidney Blackmore, Sig Ruman, John Carradine, Pauline Frederick. ◆ Il tesoro di Gengis Khan fa gola a molti, ivi compresa la solita banda di lestofanti: a mettere le cose a posto ci penserà l'astuto detective orientale Mr. Moto (Lorre). Il secondo film degli otto interpretati da Lorre nei panni del detective inventato da John P. Marquand è probabilmente il migliore della serie, con un buon equilibrio tra trama gialla e divertimento.

Tesoro di Montecristo, Il *½ (*Le Comte de Montechristo – 1ère époque,* Francia/Italia 1954, col, 97') Robert Vernay. Con Jean Marais, Lia Amanda, Noël Roquevert, Roger Pigaut, Paolo Stoppa, Folco Lulli, Gualtiero Tumiati, Daniel Genia, Louis Seigneur, Jean-Pierre Mocky. ◆ Edmond Dantés (Marais) viene denunciato con un inganno al procuratore del re che lo fa rinchiudere al castello d'If: qui l'abate Faria (Tumiati) gli rivela il nascondiglio di un tesoro di cui Dantés s'impadronirà dopo essere fuggito dalla sua prigione. Trasposizione della prima parte del romanzo di Alexandre Dumas *Il conte di Montecristo*, che Robert Vernay aveva già ridotto per il cinema nel 1942 (con Pierre Richard-Willm, anche questa in due parti *Il conte di Montecristo* e *La rivincita di Montecristo*). In questa nuova edizione l'uso del colore e la scelta di Jean Marais non bastano per ridare vigore a una storia che durante l'occupazione della Francia si era colorata di sfumature libertarie mentre negli anni Cinquanta appare solo un feuilleton d'avventure. La seconda parte, *La vendetta di Montecristo*, è stata distribuita in Italia come un film separato mentre in Francia è stata proiettata in un unico film di 183'.

Tesoro di Vera Cruz, Il ** (*The Big Steal,* Usa 1949, b/n, 71') Don Siegel. Con Robert Mitchum, William Bendix, Jane Greer, Ramon Novarro, Patric Knowles. ◆ Accusato di furto, un poliziotto americano (Mitchum) va fino in Messico a inseguire i veri ladri, ma deve fare i conti anche con l'agente governativo (Bendix) che lo pedina. Un bel poliziesco di serie B, con alcuni degli inseguimenti più belli nel suo genere. È il primo film che Mitchum girò dopo essere uscito di prigione per uso di droga. Remake inconfessato di *La collana insanguinata* (1948).

Tesoro è in arrivo un bebè → *Amore rinnovato, Un*

Tesoro mio *½ (Italia 1979, col, 108') Giulio Paradisi. Con Johnny Dorelli, Sandra Milo, Zeudi Araya, Enrico Maria Salerno, Renato Pozzetto. ◆ Un drammaturgo spiantato, Ernesto (Dorelli), ha la fortuna di far innamorare di sé una ragazza di colore, Tesoro (Araya), il cui padre è abilissimo nel trovare giacimenti di diamanti. Tratto dalla pièce *Chérie noire* di François Campaux, è una modesta commedia che non diverte quanto dovrebbe.

Tesoro, mi si è allargato il ragazzino *½ (*Honey, I Blew up the Kid,* Usa 1992, col, 90') Randal Kleiser. Con Rick Moranis, Marcia Strassman, Robert Oliveri, Amy O'Neill, Lloyd Bridges, Daniel Shalikar, Joshua Shalikar. ◆ L'eccentrico professor Wayne Szalinski (Moranis) fa involontariamente subire al suo ultimo figlio gli effetti di un «raggio espandente» che fa crescere il bambino (D. e J. Shalikar) a dismisura ogni volta che assorbe energia elettromagnetica. Prodotto dalla Walt Disney con il marchio Buena Vista, il film tenta di ripetere il successo di *Tesoro, mi si sono ristretti i ragazzi*, ma il semplice rovesciamento dei meccanismi comici non è sufficiente a dare garbo e brio a questo inutile sequel.

Tesoro, mi si sono ristretti i ragazzi ** (*Honey, I Shrunk the Kids,* Usa 1989, col, 93') Joe Johnston. Con Rick Moranis, Marcia Strassman, Robert Oliveri, Amy O'Neill, Matt Frewer, Kristine Sutherland. ◆ Da anni impegnato nella messa a punto di una macchina in grado di miniaturizzare la materia, un bizzarro scienziato, il professor Wayne Szalinski (Moranis) ha la disgrazia di vederla finalmente all'opera sui propri figli. Prodotto dalla Walt Disney e diretto da uno specialista in effetti speciali, il film non riesce a sfruttare l'idea di partenza (trasformare lo spazio domestico in una giungla infida) e costruisce tutta la sua (scarsa) suspense sulle disavventure dei ragazzi rimpiccioliti che cercano di attraversare il praticello davanti a casa tra insetti e altri «mostri». Gli stessi personaggi ritornano in *Tesoro, mi si è allargato il ragazzino* (1992).

Tesoro segreto di Tarzan, Il *½ (*Tarzan's Secret Treasure,* Usa 1941, b/n, 82') Richard Thorpe. Con Johnny Weissmuller, Maureen O'Sullivan, Johnny Sheffield, Reginald Owen, Barry Fitzgerald. ◆ Alcuni lestofanti, aggregatisi a una spedizione scientifica per impadronirsi dell'oro della giungla, catturano Jane e

Piccolo (O'Sullivan e Sheffield), ma Tarzan (Weissmuller) li libera. Per mancanza di denaro furono utilizzati alcuni spezzoni non montati di *La fuga di Tarzan* e, per l'ennesima volta, la scena del coccodrillo di *Tarzan e la compagna*. Rispetto ai precedenti episodi qui Tarzan ha più senso dell'umorismo, ma in senso infantile, quasi capriccioso.

Tesoro sommerso, Il *½ (*Underwater!*, Usa 1955, col, 99') John Sturges. Con Jane Russell, Richard Egan, Gilbert Roland, Lori Nelson, Robert Keith, Jayne Mansfield. ◆ Un gruppo di avventurieri si contende il tesoro di un galeone inabissatosi nelle acque del Mar dei Caraibi. A emozionare ci sono solo la Mansfield e la Russell in costume da bagno.

Tess **½ (*Tess*, Francia/Gb 1979, col, 170') Roman Polanski. Con Nastassja Kinski, Peter Firth, John Bett, Tom Chadbon, Rosemary Martin, Leigh Lawson. ◆ Sedotta e abbandonata da un ricco parente, una ragazza di umili origini, Tess (Kinski), sposa il figlio di un pastore che la lascia nel momento in cui viene a conoscenza del suo passato. Respinta da tutti, diventa l'amante del seduttore, poi l'uccide e fugge con il marito che nel frattempo si è pentito. Ma la polizia è sulle sue tracce. Da *Tess dei D'Urbeville* di Thomas Hardy (sceneggiato da Gérard Brach, John Brownjohn e Polanski), un melodramma d'altri tempi sofisticato e sensuale nella messinscena, ma con qualche lungaggine di troppo e qualche cosa in meno rispetto al romanzo (ad esempio l'uso impersonale del paesaggio, che Hardy mette continuamente in relazione ai personaggi facendone uno specchio delle loro anime). La maggior parte degli esterni furono girati in Bretagna e Normandia invece che nel Dorset. È il film che ha consacrato la Kinski come star. Tre Oscar: miglior fotografia (Geoffrey Unsworth, Ghislain Cloquet), costumi (Anthony Powell) e scenografia (Pierre Guffroy, Jack Stevens).

Testadirapa ** (Italia 1966, col, 94') Giancarlo Zagni. Con Folco Lulli, Gigliola Cinquetti, Federico Scrobogna, Carlo Croccolo, Franco Parenti, Umberto D'Orsi, Pippo Starnazza [Roberto «Freak» Antoni], Mino Bellei. ◆ Alla fine dell'Ottocento si scatena la rivalità fra un contadino toscano (Lulli) e una maestrina piemontese (Cinquetti): lui non vuole che il figlio (Scrobogna) abbandoni i campi per frequentare la scuola. Originale tentativo di produrre un film dichiaratamente per ragazzi, dove però le esigenze didattiche la fanno troppo da padrone.

Testament **½ (*Testament*, Usa 1983, col, 89') Lynne Littman. Con Jane Alexander, William Devane, Ross Harris, Lukas Haas, Lilia Skala, Roxana Zal, Rebecca De Mornay. ◆ In California, un'esplosione nucleare isola dal mondo una piccola città: la vita continua, ma le radiazioni non perdonano. Un day after poco spettacolare (prodotto originariamente per la rete televisiva pubblica Pbs) ma assai coinvolgente, lirico e affettuoso nella malinconica e sensibile descrizione dei personaggi. Ottimo il cast, tra cui spicca la Alexander (nomination all'Oscar). Particina per Kevin Costner.

Testamento, Il *½ (*The Legacy*, Usa 1979, col, 100') Richard Marquand. Con Katharine Ross, Sam Elliott, John Standing, Charles Gray, Lee Montague, Roger Daltrey. ◆ Due turisti americani (Ross ed Elliott) finiscono nel castello di un efferato satanista (Standing) perché la donna dovrebbe essere la reincarnazione di una strega finita sul rogo, madre del proprietario del maniero. Tra fenomeni di telecinesi e possessione, un horror piuttosto stereotipato con più di una concessione al gusto gore.

Testamento del dottor Mabuse, Il *** (*Das Testament des Dr. Mabuse*, Germania 1933, b/n, 122') Fritz Lang. Con Rudolph Klein-Rogge, Oskar Beregi, Theodor Loos, Karl Meizner, Otto Wernicke, Wera Liessem. ◆ Rinchiuso in manicomio, il dottor Mabuse (Klein-Rogge) ipnotizza il direttore dell'istituto (Beregi) e con il suo aiuto organizza dall'ospedale una banda di criminali. Quando un investigatore (Wernicke) viene a capo della faccenda, Mabuse muore, ma il direttore del manicomio prosegue i suoi crimini finché, scoperto, impazzisce. Un efficace poliziesco con evidenti connotazioni politiche: nel delirio d'onnipotenza di Mabuse si intravede la perversa ambizione di Hitler e gli slogan ripetuti dai criminali che lo sostengono sono esplicitamente nazisti. Per questo Goebbels proibì il film in Germania, mentre Hitler – ammiratore dei *Nibelunghi* – offrì a Lang la direzione artistica dell'Ufa (ma il regista emigrò in Francia la notte stessa della convocazione al ministero della Propaganda). Secondo capitolo della trilogia dedicata a Mabuse (dopo *Il dottor Mabuse*, 1922, e prima del *Diabolico dottor Mabuse*, 1960), dal punto di vista stilistico fonde il realismo dei dialoghi con soluzioni visive derivanti dal muto e dalle esperienze espressioniste (come il suggestivo uso delle sovrimpressioni per rappresentare l'inconscio malato del protagonista o la messinscena finale che prepara la sua ultima «apparizione fantasmatica»). Contemporaneamente a questa versione, Lang ne girò una francese con gli stessi interpreti e la stessa troupe. Dopo il divieto nazista, il film venne rimontato in Francia da Lothar Wolff con il materiale esportato clandestinamente dal produttore (quest'edizione è meno completa di quella originale di Lang). Alla sceneggiatura collaborò la compagna del regista, Thea Von Harbou, all'epoca già iscritta al Partito nazista.

Testamento del mostro, Il **** (*Le Testament du Docteur Cordelier*, Francia 1961, b/n, 95') Jean Renoir. Con Jean-Louis Barrault, Michel Vitold, Gaston Modot, Jaque Catelain, Teddys Bilis, Micheline Gary, Jean Topart. ◆ Il dottor Cordelier (Barrault), un anziano psichiatra, lascia in eredità tutti i suoi beni al misterioso e malvagio signor Opale. Alla fine si scoprirà che i due sono la stessa persona, anzi che il signor Opale è la proiezione dell'io segreto del dottor Cordelier. Libera e straordinaria trasposizione dello *Strano caso del dottor Jekyll e del signor Hyde* di Robert Louis Stevenson prodotto, per la prima volta in Francia, in coproduzione con la tv. Renoir riambienta la storia nella Parigi anni Cinquanta e trasforma il problema morale in una sottile questione psicofilosofica: non assistiamo, come nelle precedenti versioni del romanzo, alla lotta tra Bene e Male, bensì al conflitto tra un Jekyll borghese, schiavo delle convenzioni sociali e perciò artificiale, e un Hyde emancipato da qualsiasi «regola del gioco» e quindi autentico. Entrambe le figure sono presenti non tanto nella realtà fattuale della collettività quanto nella realtà psichica di ciascun individuo e risultano drammaticamente esaltate nel personaggio dello psichiatra. Affidando il doppio ruolo all'eccellente Barrault, il regista sceglie di filmare le sue metamorfosi (del tutto prive di trucchi) con più macchine da presa, secondo un metodo di derivazione televisiva che ha lo scopo di liberare l'attore dalla dipendenza da un unico obbiettivo e consentirgli il massimo dell'espressività.

Testamento di Orfeo, Il *** (*Le Testament d'Orphée*, Francia 1960, b/n, 77') Jean Cocteau. Con Jean Cocteau, Jean Marais, Maria Casarès, François Périer, Charles Aznavour, Yul Brynner, Lucia Bosé, Roger Vadim, Claudine Auger, Henri Crémieux, Serge Lifar, Annette Stroyberg. ◆ Fuori dal tempo e dalla realtà, le esperienze di un poeta (Cocteau) e il suo personale universo. Ultimo capitolo della trilogia dedicata a Orfeo (dopo *Le Sang d'un poète* e *Orfeo*) in cui Cocteau riflette sull'immortalità dell'arte, sulla propria poetica e sulla propria vita. Diario creativo e personale che vede la partecipazione di molti amici del regista, *Il testamento di Orfeo* è anche il testamento di Cocteau, impossibile da raccontare per l'estrema informalità narrativa e plastica che lo caratterizza. La scena chiave, secondo lo stesso autore, è l'incontro del poeta con il proprio doppio. All'epoca fu snobbato dal pubblico e giudicato amatoriale da non pochi critici, ma entusiasmò i giovani registi della Nouvelle Vague (tra cui Truffaut che contribuì a finanziarlo). Dell'eccezionale cast fanno parte anche Pablo Picasso, il giovanissimo Jean-Pierre Léaud, la scrittrice Françoise Sagan, il cantante Charles Aznavour e il torero Dominguin.

Testa o croce ** (*The George Raft Story*, Usa 1961, b/n, 106') Joseph M. Newman. Con Ray Danton, Julie London, Jayne Mansfield, Neville Brand, Frank Gorshin, Barbara Nichols. ◆ Ricostruzione romanzata della carriera di George Raft (Danton), ballerino di Broadway diventato attore hollywoodiano (era il braccio destro di Paul Muni in *Scarface*) ma sospettato di avere amicizie mafiose. Una discreta biografia senza pretese di verità storica.

Testa o croce * (Italia 1982, col, 109') Nanni Loy. ◆ Film a episodi. In *La pecorella smarrita* (con Renato Pozzetto, Mara Venier) un prete di paese per colpa di un incidente perde la memoria e finisce per innamorarsi, fino a che un secondo colpo in testa gli farà dimenticare l'amore e ricordare i suoi impegni da viceparroco; in *Il figlio del beduino* (con Nino Manfredi, Ida Di Benedetto, Leo Gullotta, Paolo Stoppa) un operaio arriva ad accettare che la propria compagna sia corteggiata dal figlio pur di dimostrare che il giovane non è omosessuale. Due barzellette senza vera comicità ma solo un mare di volgarità, allusioni e doppi sensi.

Teste di cono *½ (*Coneheads*, Usa 1993, col, 83') Steve Barron. Con Dan Aykroyd, Jane Curtin, Michelle Burke, Michael McKean. ◆ Gli alieni Beldaar (Aykroyd) e Prymaat (Curtin), in panne sul pianeta Terra, si mimetizzano (si fa per dire) tra i «crani spuntati», acquistano una rispettabilità borghese e mettono al mondo una figlia (Burke) che, adolescente, si innamora di un terrestre. Ma un funzionario dell'immigrazione xenofobo dà loro la caccia. «Alien», in americano, significa sia alieno che straniero: ma la satira (politicamente corretta) ha il fiato corto, e il racconto va avanti al ritmo di una sequenza-una gag. Ma alla decima scenetta sulle bizzarre abitudini alimentari delle teste di cono, anche agli spettatori meglio disposti passa la voglia di sorridere. Aykroyd è coautore della sceneggiatura. Fiasco solenne in patria (e nel resto del mondo).

Teste di cuoio → *Teste di quoio*

Teste di quoio * (Italia 1981, col, 90') Giorgio Capitani. Con Philippe Leroy, George Hilton, Christina De Sica, Mauro Di Francesco, Ugo Fangareggi, Leo Gullotta, Andy Luotto, Daniela Poggi, Serena Grandi, Howard Ross, Marco Messeri, Maurizio Micheli, Ken Clark, Roberto Della Casa, Sergio Di Pinto, Paolo Baroni, Tuccio Musumeci, Nando Paone. ◆ Un gruppo di terroristi del Budò (Luotto, Fangareggi, Paone) sbaglia obiettivo e sequestra un intero condominio con i suoi variopinti abitanti: per stanarli, si mettono in moto le truppe speciali del comandante Bartoli (Leroy). Più che una commedia, una serie di sketch tenuti insieme da un filo esilissimo: a volte si sorride (Messeri tormentato da una serie di fantasmi cinematografici che non riesce a farsi credere dal suo psicanalista), altre volte decisamente no. Sceneggiatura di Laura Toscano e Franco Marotta, che tenta anche la carta slapstick (il tormentone degli inquilini che inciampano nel palo d'ingresso) o vagalmente surreale.

Teste rasate * (Italia 1993, col, 99') Claudio Fragasso. Con Gianmarco Tognazzi, Giulio Base, Flavio Bucci, Franca Bettoja, Fabienne Gueye. ◆ Marco (Tognazzi), giovane romano nullafacente, si fa sedurre dagli skinhead del quartiere, mentre continua ad andare a letto con la colf somala (Gueye) del piano di sotto. L'ex regista di horror Fragasso, passando dalla cronaca al cinema, non evita il macchiettismo e il grottesco involontario. E lo sforzo di raccontare obiettivamente fa i conti con la fascinazione per il folclore neonazista e un prevedibile finale tragico.

Testimone, Il **½ (Italia 1945, b/n, 98') Pietro Germi. Con Roldano Lupi, Maureen Melrose [Marina Berti], Ernesto Almirante, Sandro Ruffini, Arnoldo Foà. ◆ Un uomo (Lupi) viene condannato dalle dichiarazioni di un testimone (Almirante) che poi ritratta: uscito di prigione, s'imbatte casualmente nell'accusatore e decide di ucciderlo. Con molte influenze noir e poche coincidenze con il neorealismo, l'opera prima di Germi (autore anche del soggetto) è una specie di giallo psicologico del tutto insolito per la rinascente cinematografia nazionale. Un film confuso ma non privo di talento registico e di una consistente vitalità, visibili tanto nell'esasperazione della fiction (il ritratto del cattivo, l'orologio come corpo del reato, la paranoia della macchina da presa, vero e proprio strumento del Destino) quanto in certe zone d'ombra (la prigione, la città), dove ogni riferimento al reale sfuma in un'inquietante atmosfera metafisica, gravata dal peso del delitto e del castigo. Zavattini ha collaborato alla sceneggiatura, Blasetti è accreditato come supervisore.

Testimone, Il **½ (*Le Témoin*, Fran-cia/Italia 1978, col, 110') Jean-Pierre Mocky. Con Alberto Sordi, Philippe Noiret, Roland Dubillard, Gisèle Préville, Paul Crauchet, Madeleine Colin. ◆ Invitato a Reims per restaurare delle opere d'arte e accusato del delitto che ha commesso un amico (Noiret), l'italiano Antonio Berti (Sordi) scopre con terrore di non poter provare la propria innocenza, anche perché il vero assassino viene ucciso per errore. L'ambientazione straniera conferma, per antifrasi, le coordinate tutte italiane della comicità di Sordi: nonostante il suo mestiere, l'attore è «ridotto a giullare della propria immagine» anche per la troppo facile satira della borghesia provinciale tratteggiata da Mocky. E la messa sotto accusa del sistema giudiziario basato sulla pena di morte finisce per essere snaturata dal finale più possibilista imposto dalla produzione (probabilmente l'ingiusta condanna alla ghigliottina non verrà eseguita...) e montato su molte copie del film. Oltre a Mocky e Sordi (che sul set non hanno legato), alla sceneggiatura hanno collaborato anche Rodolfo Sonego, Sergio Amidei e Augusto Caminito.

Testimone a rischio **½ (Italia 1997, col, 95') Pasquale Pozzessere. Con Fabrizio Bentivoglio, Margherita Buy, Claudio Amendola, Maurizio Donadoni, Arnaldo Ninchi, Carlo Cartier, Antonio Petrocelli. ◆ Il rappresentante di commercio Pietro Nava (Bentivoglio) assiste all'omicidio del giudice Livatino e decide di testimoniare. Da quel momento la sua vita diventa un incubo: i continui trasferimenti logorano il rapporto con la moglie (Buy), e l'amicizia dell'ispettore Nardella (Amendola) non può compensare l'abbandono totale dello Stato. Ispirato al romanzo-verità di Pietro Calderoni, *L'avventura di un uomo tranquillo*, da lui sceneggiato con Pozzessere, Furio e Giacomo Scarpelli, un film d'impegno civile che trae la sua forza dal tono sommesso del racconto e dalla mobilità spaesata della macchina da presa, tesa a restituire con umile partecipazione una vicenda personale e burocratica esemplare della nostra contemporaneità. L'antiretorica di Pozzessere è ammirevole, ma forse nella regia poteva osare di più.

Testimone d'accusa **** (*Witness for the Prosecution*, Usa 1957, b/n, 114') Billy Wilder. Con Marlene Dietrich, Tyrone Power, Charles Laughton, Elsa Lanchester, John Williams, Henry Daniell, Una O'Connor. ◆ Un famoso avvocato (Laughton), malandato di salute, accetta di difendere un uomo accusato di omicidio (Power) nonostante la moglie dell'accusato (Dietrich) non voglia confermare l'alibi del marito. L'avvocato riuscirà a dimostrare che la donna ha dichiarato il falso e fa assolvere il cliente, salvo poi scoprire che la falsa testimonianza faceva parte di un piano architettato dalla donna... Dall'omonimo dramma di Agatha Christie, sceneggiato da Wilder e da Harry Kurnitz, uno straordinario giallo che interrompe la serie di commedie realizzate dal regista negli anni Cinquanta senza però discostarsi dalle tematiche a lui care. Dove la commedia si basa sull'equivoco e il travestimento, il giallo giudiziario alla Wilder si fonda sull'inganno e la maschera: l'intelligenza dell'avvocato-detective non arriva a scoprire la menzogna e, nel momento in cui questa viene disvelata, non può ristabilire la verità, ma solo constatare il suo definitivo occultamento. Un meccanismo narrativo del tutto consono al regista, che in seguito si confronterà con un'altra indagine raziocinante votata al fallimento in *La vita privata di Sherlock Holmes*. Insostituibile la Dietrich, che al solo apparire è un concentrato di suggestioni noir e mélo davvero esplosivo, indimenticabile Charles Laughton che tiranneggia la sua infermiera (Lanchester, nella realtà sua moglie) e sorprendentemente all'altezza Tyrone Power. La scenografia è di Alexandre Trauner. Secondo la Christie, *Testimone d'accusa* è il miglior adattamento che sia mai stato fatto di un suo testo.

Testimone dello sposo, Il *½ (Italia 1997, col, 100') Pupi Avati. Con Inés Sastre, Diego Abatantuono, Dario Cantarelli, Valeria D'Obici, Cinzia Mascoli, Toni Santagata, Ninì Salerno, Ugo Conti, Mario Erpichini, Ada Maria Serra Zanetti, Alessandra Chiti, Carmela Vincenti, Serena Bennato, Saverio Laganà. ◆ Praduro [oggi Sasso Marconi], Emilia, 31 dicembre 1899: Francesca Babini (Sastre) sposa controvoglia il ricco Edgardo Osti (Cantarelli); ma sull'altare rimane folgorata dal testimone dello sposo Angelo Beliossi (Abatantuono), appena tornato dagli Stati Uniti. E la prima notte di nozze si consuma tra scenate, minacce e scandali. L'*amour fou* di Avati (anche sceneggiatore) è senza tragedia, così come la passione che descrive è senza psicologia: basta la ricostruzione d'epoca a tappare i buchi? Cinema agghindato e polveroso, impacciato come Abatantuono ma in formato esportazione lusso: neanche un esercizio di stile. Con in più i pesanti simbolismi sulla fine del secolo (che per la precisione non terminava – come crede Avati – nel 1899, bensì il 31 dicembre del 1900).

Testimone più pazzo del mondo, Il ** (*My Blue Heaven*, Usa 1990, col, 95') Herbert Ross. Con Steve Martin, Rick Moranis, Joan Cusack, Melanie Mayron, Carol Kane, Daniel Stern. ◆ Un malavitoso italoamericano (Martin) deve testimoniare in un processo per omicidio, ma per l'agente dell'Fbi che lo sorveglia (Moranis) non è facile tenere a bada la sua travolgente personalità. Sceneggiata da Nora Ephron, è una commedia che parte bene ma si perde un po' per strada. Ottimo Martin nella parte dell'esuberante fuorilegge-testimone.

Testimony **½ (*Testimony*, Gb 1988, b/n e col, 157') Tony Palmer. Con Ben Kingsley, Sherry Baines, Magdalen Asquith, Terence Rigby, Ronald Pickup. ◆ La vita del compositore Dmitrij Šostakovič (Kingsley) e i suoi problemi politici con le autorità sovietiche. Tratto dalle memorie del musicista sovietico, il film racconta soprattutto gli anni Trenta e Quaranta e i suoi ambivalenti rapporti con Stalin (Rigby). L'affascinante confezione visiva (impagabile la fotografia di Nic Knowland e molto ricercato il mix tra fantasie espressionistiche e ricostruzione storica) non riesce però a vivificare una biografia che finisce per essere prolissa e scivolare nella comicità involontaria (quando fa entrare in scena per pochi minuti personaggi famosi). Ottima la colonna sonora, con il Concerto n. 1 per violino, le ultime sinfonie e la sonata *Michelangelo*.

Te stò aspettanno *½ (Italia 1956, b/n, 98') Armando Fizzarotti. Con Maria Paris, Rosario Borelli, Tecla Scarano, Peter Trent, Beniamino Maggio, Rosalia Maggio, Giulia Melidon, Pietro Tordi, Emma Baron, Giuseppe Pica, Anna D'Amato. ◆ Un ricco imprenditore (Trent) arriva a licenziare l'onesto operaio Carluccio (Borelli) per avere mano libera con la sua fidanzata Maria (Paris): ci vorrà la scoperta di un figlio illegittimo, con relativa madre abbandonata, per aprire gli occhi alla ragazza, mentre Carluccio per perdonare avrà bisogno dell'intervento risolutorio della madre (R. Maggio). Ispirato alla canzone di Pisano e Rendine *O ricciulillo da' 'nfrascata* e sceneggiato da Gino Capriolo e dal regista, un melodramma tanto improbabile quanto ricattatorio in cui i giovani, incapaci di decidere da soli, sono succubi dei sentimenti e dei desideri dei vecchi. Nessuno dice la verità (persino la vecchia madre finge un attacco cardiaco per impedire a Carluccio la trasferta a Milano), comandano soldi e interessi (i discorsi della matrigna di Maria [Scarano] sono esemplari nel loro cinico realismo), anche se alla fine vince un improbabile e consolatorio amore. La canzone del titolo è cantata ben tre volte: da Maria Paris, Gino Latilla e Rino Palumbo.

Teta y la luna, La *½ (*La teta y la luna*, Spagna/Francia 1994, col, 90') Juan José Bigas Luna. Con Mathilda May, Gérard Darmon, Biel Duran, Miguel Poveda. ◆ Tete (Duran), piccolo anxaneta (termine per indicare il ragazzino che deve coronare le piramidi umane tipiche del folclore catalano), è geloso del fratellino appena nato, e va alla ricerca di un paio di seni tutti per sé: tra sogno e realtà, sarà appagato da una ballerina francese (May), partner di un petomane impotente (Darmon). Definito «primo film porno per bambini», si tratta in realtà di un'innocua fellinata, dove il regista catalano regredisce compiaciuto a esplorare la sessualità pregenitale. Rimane l'idea – più sviluppata che in *Prosciutto, prosciutto* – di prendere di mira i vizi degli europei contemporanei: ma bizzarrie a parte, tutto sa di maniera. La musica è di Nicola Piovani.

Tetsuo *** (*Tetsuo: The Iron Man*, Giappone 1989, b/n, 67') Shinya Tsukamoto. Con Tomoroh Taguchi, Kei Fujiwara, Nobu Kanaoka, Shinya Tsukamoto. ◆ L'antesignano del cyberpunk cinematografico, girato in un bianco e nero quasi tarkovskiano, non è un film che si possa raccontare facilmente: è la storia di una metamorfosi di cui è vittima un impiegato occhialuto e incravattato (Taguchi), cui prima spunta un fallo-trivella, e che poi diventa un ammasso di ferraglia munito di cannoncini, impegnato in una sfida mortale con un suo simile (Tsukamoto), con cui alla fine si fonderà. La novità non è tanto nel tema (quello, vecchio, dell'uomo-macchina, o quello, debitore di J.G. Ballard, degli incroci tra organico e inorganico), quanto nel modo di raccontare: lo spettatore è aggredito da immagini fulminee ed ermetiche, che spingono le tecniche dei videoclip verso una logica imperscrutabile. Un autentico shock (data anche la violenza delle immagini), parzialmente ispirato a Lynch (*Eraserhead*), Raimi e Cronenberg: l'esempio irripetibile, e forse allarmante, di un cinema inumano, che ha però qualcosa di non banale da dire sulle angosce e l'immaginario erotico di questa fine del secolo. Tsukamoto è anche autore della fotografia, del montaggio, delle scenografie e degli effetti speciali. Con un seguito.

Tetsuo II: Body Hammer ** (*Tetsuo II: Body Hammer*, Giappone 1992, col, 83') Shinya Tsukamoto. Con Tomoroh Taguchi, Nobu Kanaoka, Shinya Tsukamoto, Sujin Kim. ◆ Dopo che due skinhead hanno rapito e ucciso il figlioletto, il borghese Taniguchi (Taguchi) subisce una mutazione genetica frutto di remoti esperimenti condotti da suo padre, diventando una macchina da guerra metallica: e così affronterà il capo (Tsukamoto) dei malvagi. Persa la componente erotica del primo *Tetsuo*, rimane il tema dell'orrore della civiltà urbana e delle simbiosi cronenberghiane tra uomo e metallo. Anche se l'intreccio cerca maggiori spiegazioni che nel precedente (ed è un danno), lo stile è sempre sorprendente, a metà tra il fumetto e un cut-up di Burroughs: ma ormai la faccenda interessa solo i fans del genere. Tsukamoto fa sempre tutto (fotografia, scenografia ecc.) da solo.

Tetto, Il ** (Italia 1956, b/n, 101') Vittorio De Sica. Con Gabriella Pallotta, Giorgio Listuzzi, Gastone Renzelli, Angelo Bigioni, Maria Di Rollo, Luciano Pigozzi, Mimmo Poli. ◆ Non riuscendo a trovare casa, due giovani sposi – lui apprendista muratore e lei ex donna di servizio (Listuzzi e Pallotta) – decidono di costruirsene una in una notte, perché se riusciranno ad arrivare al tetto prima dell'alba nessuno potrà imporre loro di andarsene... Ritorno al neorealismo della coppia De Sica-Zavattini con un film che cerca di riproporre la formula populista di *Miracolo a Milano* ma finisce per amplificarne i difetti: la solidarietà di classe si trasforma in un ecumenismo antistorico (dove mai i poveri sono così solidali) mentre la scelta di eliminare la componente favolistica a favore di un più puntiglioso realismo sociale (il problema degli alloggi nella Roma degli anni Cinquanta, tra abusivismo e degrado) sottolineanno con impietosità i limiti della metodologia zavattiniana nel raccontare il Paese reale.

Texana e i fratelli Penitenza, La ** (*Hannie Caulder*, Gb 1972, col, 85') Burt Kennedy. Con Raquel Welch, Ernest Borgnine, Robert Culp, Strother Martin, Jack Elam, Christopher Lee. ◆ Violentata da tre loschi figuri, una donna (Welch) ingaggia un pistolero (Culp) per imparare a sparare e potersi quindi vendicare. Un western decisamente inusuale, dove l'eroe è una donna e la violenza si mescola ai toni della commedia. Non del tutto riuscito, ma ugualmente interessante. Dietro lo pseudonimo Z.X. Jones si nascondono i due sceneggiatori, David Haft e il regista Burt Kennedy.

Texano, Il → *In nome di Dio*

Texano dagli occhi di ghiaccio, Il *** (*The Outlaw Josey Wales*, Usa 1976, col, 135') Clint Eastwood. Con Clint Eastwood, Sondra Locke, Chief Dan George, Bill McKinney, John Vernon. ◆ Josey

Wales (Eastwood), un contadino del Missouri (e non del Texas, come dice il titolo italiano) che ha visto massacrare la sua famiglia da una banda di nordisti, non accetta la resa e viene braccato per vari Stati prima di vendicarsi e di trovare finalmente la pace. Western di respiro epico, storicamente preciso, tra i migliori di Eastwood, popolato da un'odissea di reietti, che finisce con l'essere un inno alla tolleranza dai toni mistici e utopistici. Originale il personaggio del vecchio capo cherokee (il vero capo indiano Dan George) che è stato scacciato dalla sua gente dopo essere stato ingannato dai bianchi. Il film avrebbe dovuto essere diretto dallo sceneggiatore Philip Kaufman, ma Eastwood (che per la prima volta fa coppia con quella che era la sua compagna, Sondra Locke) preferì fare da solo.

Texas ** (*Texas*, Usa 1941, col, 94') George Marshall. Con William Holden, Glenn Ford, Claire Trevor, Edgar Buchanan, George Bancroft, Addison Richards. ◆ Alla fine della guerra di Secessione due reduci scelgono l'uno (Ford) il mestiere del mandriano, l'altro (Holden) quello del bandito. Un western non molto originale nella sceneggiatura (di Horace McCoy, Lewis Meltzer e Michael Blankford) ma piacevolmente scanzonato nel tono del racconto.

Texas oltre il fiume ** (*Texas Across the River*, Usa 1966, col, 101') Michael Gordon. Con Dean Martin, Alain Delon, Rosemary Forsyth, Joey Bishop, Peter Graves, Tina Marquand [Aumont]. ◆ Avventure e disavventure di un nobile spagnolo (Delon) che, alla metà dell'Ottocento, si reca prima a New Orleans e poi nel Texas, dove incontra un linguacciuto texano (Martin). Parodia western con qualche momento riuscito e divertente. Nel cast spicca Bishop, stravagante indiano di incrollabile imperturbabilità.

Texasville *** (*Texasville*, Usa 1990, col, 123') Peter Bogdanovich. Con Jeff Bridges, Cybill Shepherd, Annie Potts, Timothy Bottoms, Cloris Leachman, Randy Quaid, Eileen Brennan. ◆ Seguito di *L'ultimo spettacolo*. Ad Anarene sono passati trentatré anni (nella realtà solo venti): Jacy (Shepherd), diventata attrice, torna in paese e incanta ancora Duane (Bridges), che ora è sposato e ha quattro figli mentre Sonny (Bottoms) passa il tempo a fantasticare nelle rovine del vecchio cinema. Le giovani generazioni promettono ben poco: intanto si festeggia il centenario del paese. Ritratto dolceamaro (e senza una vera trama) di una generazione di perdenti, né buoni né cattivi. Bogdanovich, tornando al film della sua vita, cerca di evitare l'effetto nostalgia, e inietta abbastanza ironia e ambiguità. Chi non conosce o non ha amato *L'ultimo spettacolo*, comunque, si astenga. Bridges e la Shepherd (senza trucco) non sono mai stati così bravi. La sceneggiatura è di Bogdanovich, dal romanzo di Larry McMurtry. Fotografia di Nicholas Josef von Sternberg.

Tex e il signore degli abissi * (Italia 1985, col, 104') Duccio Tessari. Con Giuliano Gemma, William Berger, Carlo Mucari, Isabel Russinova, Peter Berling, Flavio Bucci. ◆ Indagando su un traffico d'armi sulla Sierra, al confine tra Messico e Stati Uniti, Tex (Gemma) scopre che una misteriosa tribù indiana, in possesso di una terribile sostanza, che provoca l'immediata mummificazione, sta progettando una rivolta contro i bianchi: solo dopo molte peripezie il ranger, con l'aiuto di Kid Carson (Berger) e di Tiger Jack (Mucari), riuscirà ad avere la meglio. Catastrofica versione cinematografica di una delle più belle avventure di Gian Luigi Bonelli: Giuliano Gemma nei panni di Tex è poco convincente e Tessari inadeguato a rendere lo spirito più genuino del fumetto. Il più famoso e amato eroe «italiano» del West meritava qualcosa di meglio. Lo stregone è interpretato da Gian Luigi Bonelli e il dottor Warton da José Louis de Villalonga.

That Championship Season – Correre per vincere * (*That Championship Season*, Usa 1982, col, 110') Jason Miller. Con Bruce Dern, Stacy Keach, Paul Sorvino, Robert Mitchum, Martin Sheen, Arthur Franz. ◆ Pennsylvania: il sindaco uscente Sitkowski (Dern) scopre che il suo finanziatore (Sorvino) va a letto con sua moglie, e che il suo braccio destro (Keach) vuole fargli le scarpe. Basteranno i discorsi paternalisti del loro vecchio allenatore di basket (Mitchum) per far tornare la pace? Purtroppo sì. La pièce del regista aveva vinto il Pulitzer, ma arriva sullo schermo con dieci anni di ritardo ed era stantia e manierata già in partenza. E la satira della politica, abbastanza franca nell'affrontare razzismo e corruzione, si perde nella lagna sul fallimento esistenziale degli uomini di mezza età.

That's Amore – Due irresistibili seduttori ** (*Grumpier Old Men*, Usa 1995, col, 100') Howard Deutch. Con Walter Matthau, Jack Lemmon, Ann-Margret [Ann Margaret Olsson], Sophia Loren, Burgess Meredith, Daryl Hannah, Kevin Pollak, Ann Guilbert, Katie Sagona, Wayne E. Everson. ◆ Tornano i protagonisti di *Due irresistibili brontoloni* e continuano i dispetti tra Max (Matthau) e John (Lemmon), i cui rispettivi figli Jacob e Melania (Pollak e Hannah) vorrebbero convolare a giuste nozze. A peggiorare la situazione ci si mette un'immigrata italiana dalle forme prorompenti, Maria (Loren), che vuole trasformare il negozio di pesca da cui si servono Max e John in un ristorante napoletano. Nel secondo film di quella che sembra annunciarsi come una «serie», ritorna la comicità agrodolce e crepuscolare di due grandi attori che non sembrano aver smesso di divertirsi (come si vede dai titoli di coda) e divertire: gag scontate ma efficaci, sceneggiatura (di Mark Steven Johnson) prevedibile ma scanzonata e la nostalgia per la vecchia commedia hollywoodiana.

That's Entertainment III ** (*That's Entertainment! 3*, Usa 1994, b/n e col, 108') Bud Friedgen, Michael J. Sheridan. Con June Allyson, Cyd Charisse, Gene Kelly, Lena Horne, Howard Keel, Ann Miller, Debbie Reynolds, Mickey Rooney, Esther Williams. ◆ Terza parte della trilogia dedicata agli anni d'oro della Metro Goldwyn Mayer. Dopo *C'era una volta Hollywood* (1974) e *Hollywood Hollywood* (1976), qui si dà voce e spazio ai divi del tempo che raccontano e commentano il materiale di repertorio: da *Ti amavo senza saperlo* di Charles Walters (1948), con Judy Garland che canta *Mr. Monotony*, a *Facciamo il tifo insieme* di Busby Berkeley (1949) in cui Frank Sinatra delizia con *Boys and Girls Like You and Me*; da *Anna prendi il fucile* di George Sidney (1950), il musical di maggior successo di quegli anni, con colonna sonora firmata Irving Berlin, a *The Lock Step*, un numero di *The March of Time*, film mai portato a termine. Solo per nostalgici.

Thelma & Louise *** (*Thelma & Louise*, Usa 1991, col, 129') Ridley Scott. Con Susan Sarandon, Geena Davis, Harvey Keitel, Michael Madsen, Christopher McDonald, Brad Pitt. ◆ Due amiche (Sarandon e Davis) partono per una breve vacanza all'insegna della tranquillità e della libertà dai rispettivi uomini, ma una serie di drammatiche circostanze le porterà a un'impossibile fuga per la sopravvivenza. La prima epopea on the road interamente femminile è interpretata da due irriducibili ribelli, ironiche e disperate, che hanno scandalizzato la critica benpensante facendo parlare di «femminismo criminale»: la sceneggiatura dell'esordiente Callie Khouri (premiata con l'Oscar) e la regia di Ridley Scott sono più abili che originali ma il risultato è comunque un bell'esempio di cinema eversivo, dove la realtà estrema e la finzione giustamente estremista trovano un magico punto di equilibrio in un crescendo drammaturgico semplice e di rara efficacia (stupro-reazione-catastrofe). Eccellenti le protagoniste. E geniale il fermo-immagine conclusivo.

Thelonious Monk: Straight No Chaser *** (*Thelonious Monk: Straight No Chaser*, Usa 1990, b/n e col, 90') Charlotte Zwerin. ◆ Documentario sul pianista e compositore jazz Thelonious Sphere Monk (1917-1982), genio obliquo e reticente, soggetto ad attacchi di catatonia alternati a crisi violente. La Zwerin, che attinge in gran parte a materiale (concerti, prove in studio, episodi di tournée) girato nel 1968 da Michael e Christian Blackwood, ha un approccio impressionistico e non bada alla cronologia, forse influenzata dallo stile di *Bird* di Clint Eastwood, che del documentario è produttore esecutivo. Ma ne viene fuori ugualmente un ritratto compiuto, e soprattutto rispettoso, dell'uomo Monk (inafferrabile) e della sua musica (ironica anche quando è struggente). *Straight No Chaser*, titolo di uno dei più noti brani di Monk, è un'espressione che indica il whisky bevuto liscio.

Thema *** (*Thema*, Urss 1986, col, 98') Gleb Panfilov. Con Michail Ul'ianov, Inna Čurikova, Eugenij Vesnik, Eugenija Necaeva, Sergej Nikonenko, Natalija Selezneva. ◆ Uno scrittore in crisi creativa e coniugale (Ul'ianov) lascia Mosca e tenta di sfuggire al suo ruolo ufficiale attraverso un viaggio in provincia, dove ha una serie di incontri (anche con un intellettuale che non è mai stato pubblicato e che è costretto a umili mestieri in attesa di emigrare in Israele perché, dice, «qui tutto è menzogna») ma dove andrà incontro solo ad altre amarezze. Prodotto nel 1979 e «congelato» dalle autorità sovietiche fino al 1986, all'avvento del nuovo corso gorbacëviano, è un ritratto caustico e pieno di amara ironia di un intellettuale paralizzato e avvilito dai continui compromessi con il regime e dalla scelta di svendere al potere le proprie risorse interiori. Con un sorriso beffardo sulle labbra e il consueto stile classico ed essenziale, Panfilov racconta le miserie di un viaggio senza riscatto convinto che «non si sfugge ai problemi del paese e di se stessi: ti corrono dietro anche nella neve pulita della provincia». Orso d'oro al festival di Berlino 1987.

Thérèse ***½ (*Thérèse*, Francia 1986, col, 87') Alain Cavalier. Con Catherine Mouchet, Aurore Prieto, Sylvie Habault, Ghislane Mona, Helene Alexandridis. ◆ Nel 1888 Thérèse Martin (Mouchet) entra quindicenne nel convento di Lisieux e qui muore, nove anni dopo, di tubercolosi: la sua grazia, il suo entusiasmo, la sua dolcezza conquisteranno le altre suore e le varranno, diversi anni più tardi, la canonizzazione. Austero e severo come una lezione di religione, un film stilisticamente impeccabile che, attraverso una serie di episodi apparentemente slegati tra loro, racconta con semplicità e acutezza, lontano da ogni tentazione agiografica (la scenografia è ridotta a un fondo neutro e pochi oggetti essenziali), la vita delle monache, donne «così pazze da essere innamorate di uno morto duemila anni fa». Un'opera rigorosa e commovente, perfetto antidoto alla «pressione sonora e visuale che ci circonda», splendidamente interpretato dalla Mouchet, che dà alla sua Thérèse i toni e le movenze di una ragazza resa felice e spensierata dall'amore per Gesù Cristo. Cavalier ha sceneggiato il film con sua figlia, Camille de Casabianca. Sei César e il premio della giuria a Cannes.

The Stupids → *Stupids, The*

13 Lead Soldiers → *voce «Bulldog Drummond»*

Thirty Door Key/Ferdydurke ° (*Thirty Door Key/Ferdydurke*, Polonia/Gb/Francia 1991, col, 98') Jerzy Skolimowski. Con Iain Glen, Crispin Glover, Robert Stephens, Judith Godrèche, Fabienne Babe, Tadeusz Łomnicki, Marek Probosz, Zbigniew Zamachowski. ◆ I nazisti premono alla frontiere della Polonia e lo scrittore trentenne Joey (Glen), come in un incubo, prima finisce in un liceo popolato da studenti pazzi, poi assiste al disfarsi di una società marcia, tra tornei di tennis, padroni che cercano di fraternizzare coi servi e studentesse infoiate. Skolimowski (che interpreta il preside) ha adattato – coi figli Joseph Kay e John Yorick – il romanzo *Ferdydurke* di Witold Gombrowicz (reso nel titolo internazionale con un ermetico gioco di parole): purtroppo la sua satira vagamente buñueliana appare anacronistica e senza una motivazione autentica, annaspando tra modesti sberleffi e lo stile anonimo delle eurocoproduzioni.

This is Elvis ** (*This is Elvis*, Usa 1981, col e b/n, 101') Andrew Solt, Malcolm Leo. Con Elvis Presley, David Scott, Johnny Harra, Lawrence Koller, Rhonda Lyn, Paul Boensh III. ◆ La vita e il mito di Elvis rivisitati attraverso una combinazione di spezzoni documentari e parti in cui Presley, nelle varie fasi della sua vita, è interpretato da diversi attori. Un film originale e interessante nella costruzione, ma pur sempre basato sul solito principio dello scavo esasperato nella vita privata di una grande star. La versione in cassetta dura 43' in più.

This Is My Life *½ (*This Is My Life*, Usa 1992, col, 94') Nora Ephron. Con Julie Kavner, Samatha Mathis, Gaby Hoffmann, Carrie Fisher, Dan Aykroyd. ◆ Dal Queens newyorchese a Hollywood, Dottie Ingels (Kavner) realizza i suoi sogni, diventando una cabarettista di successo: ma le sue due figlie (Mathis e Hoffmann) si sentono trascurate, e cercano il loro padre che non vedono da anni. Per il suo esordio alla regia, la sceneggiatrice Ephron ha cercato di andare sul sicuro, mettendo nel calderone: i sogni delle donne di mezza età, le inquietudini degli adolescenti, il prezzo del successo e il cabaret della vita famigliare. Ma il suo trattamento è dolciastro e sempre alla ricerca della soluzione più facile.

Thrilling *½ (Italia 1965, b/n, 112') Ettore Scola, Gian Luigi Polidoro, Carlo Lizzani. ◆ Film a episodi. In *Il vittimista* (Ettore Scola. Con Nino Manfredi, Alexandra Stewart, Magda Konopka, Tino Buazzelli, Milena Vukotic) un uomo confessa allo psicoanalista la paura che la moglie voglia ucciderlo; in *Sadik* (Gian Luigi Polidoro. Con Walter Chiari, Dorian Gray) un marito è costretto dalla consorte a vestire i panni di un personaggio dei fumetti, Sadik; in *L'autostrada del sole* (Carlo Lizzani. Con Alberto Sordi, Sylva Koscina, Nicoletta Rangoni, Alessandro Cutolo) un automobilista in panne è costretto a passare la notte in un albergo poco rassicurante. Più risate che brividi in un film sorretto solo dalla buona vena comica dei protagonisti.

Thumbelina – Pollicina ** (*Thumbelina*, Usa 1994, col, 86') Don Bluth, Gary Goldman. ◆ Nata dalla corolla di un fiore, la piccolissima Thumbelina conosce finalmente un essere piccolo come lei, il principe Cornelius, ma la rospa Raquita la rapisce per farla suonare nel suo complesso e darla in sposa a uno dei suoi tre figli. Saranno molti i nemici e gli ostacoli che i due fidanzati dovranno superare prima di potersi reincontrare. Versione a cartoni della favola di Hans Christian Andersen, risarcimento favolistico per i piccoli di tutto il mondo. I disegni di Don Bluth ogni tanto ricordano da vicino quelli del suo precedente *Brisby e il segreto di Nimh*, ma in compenso i temi musicali di Barry Manilow sono molto piacevoli.

Thunder *½ (Italia 1983, col, 86') Larry Ludman [Fabrizio De Angelis]. Con Mark Gregory, Bo Swenson, Raymond Harmstrof, Paolo Malco, Valeria Ross, Antonio Sabato, Michele Mirabella. ◆ Tornato a casa dopo una lunga assenza, l'indiano Thunder (Gregory) inizia una sua personale guerra contro operai e rappresentanti della legge che vogliono costruire un osservatorio sulla collina-cimitero sacra alla sua tribù: astuto e coraggioso, riuscirà a bloccare i lavori senza uccidere nessuna delle persone che gli danno la caccia e che invece lo vorrebbero morto. Insolito western moderno che cerca di sfruttare il successo di *Rambo* per riproporne la filosofia dell'uomo solo contro tutti: la storia è scontata ma il ritmo e una certa spettacolarità non sono proprio da buttar via. Con due seguiti.

Thunder 2 * (Italia 1987, col, 92') Larry Ludman [Fabrizio De Angelis]. Con Mark Gregory, John Philip Law, Ingrid Lawrence, Raymund Harmstorf, Bo Swenson. ◆ L'indiano Thunder (Gregory) arruolato nella polizia se la deve vedere ancora una volta con le discriminazioni razziali: né la prigione né le minacce lo fermeranno e la sua vendetta di pellerossa sarà implacabile. Inevitabile come una vendetta indiana, arriva la seconda puntata di *Thunder*, appesantita da falsi toni di denuncia sociale e troppa violenza.

Thunder 3 * (Italia 1988, col, 99') Larry Ludman [Fabrizio De Angelis]. Con Mark Gregory, John Philip Law, Ingrid Lawrence, Brece Miles, Duke Smith. ◆ L'indiano Thunder (Gregory) se la deve vedere con un gruppo di razzisti che approfitta di un corso di sopravvivenza per commettere spacconate: con l'aiuto di un pavido sceriffo riuscirà ad avere la meglio. Thunder come Rambo si fa giustizia da solo o quasi, ma arriva alla terza puntata stanco e ripetitivo, gli mancano l'aria e la logica narrativa. Speriamo si fermi qui.

Ti amavo senza saperlo **½ (*Easter Parade*, Usa 1948, col, 103') Charles Walters. Con Fred Astaire, Judy Garland, Peter Lawford, Ann Miller, Jules Munshin. ◆ Abbandonato dalla sua partner Nadine (Miller) che vuole lasciare il mondo del vaudeville, Don Hewes (Astaire) trova in Anna (Garland) una compagna perfetta con cui riuscirà a sfondare a Broadway e a trovare anche l'amore. Pensato per Gene Kelly che si fratturò un'anca durante le prove, il film con diciassette arie di Irving Berlin permette ad Astaire di ballare per l'unica volta nella sua carriera con Judy Garland, perfetta nella parte di una ragazza temporaneamente insicura della sua bravura e ignorata dall'amore: il loro numero *A Couple of Swells*, vestiti da barboni, è uno dei punti alti della loro carriera. Astaire è straordinario anche quando balla «al rallentatore» in *Steppin' Out with My Baby*, mentre Ann Miller dimostra la sua inarrivabile velocità nel tip tap in *Shaking the Blue Aways*.

Ti amerò... fino ad ammazzarti ** (*I Love You To Death*, Usa 1990, col, 96') Lawrence Kasdan. Con Kevin Kline, Tracey Ullman, Joan Plowright, River Phoenix, William Hurt, Keanu Reeves, James Gammon, Miriam Margolyes. ◆ Donnaiolo impenitente, il pizzaiolo italoamericano Joey (Kline) tradisce continuamente la moglie Rosalie (Ullman) che cercherà di ucciderlo prima con l'aiuto della madre (Plowright) e poi di due scalcinati malviventi (Hurt e Reeves): ma il marito resisterà alle pallottole e ai veleni e quando la moglie finirà in prigione lui la perdonerà e l'amerà di più. Primo film di Kasdan su soggetto non suo (John Kostmayer ha sceneggiato con molta fedeltà la storia vera di Tony Toto, pizzaiolo di Allentown, Pennsylvania), è una commedia dallo spirito anticonvenzionale che però gioca troppo con i cliché (il machismo, la gelosia, l'istrionismo degli emigrati italiani) e finisce per essere ripetitiva e pesante. Piccole parti per Kasdan (è l'avvocato della scena finale) e Phoebe Cates (conquista di una notte per Kline, suo vero marito).

Tiburzi **½ (Italia 1996, col, 81') Paolo Benvenuti. Con Pio Gianelli, Marcello Bartolomei, Stefano Bambini, Silvana Pampanini, Roberto Valenti, Dario Marconcini, Aldo Morelli. ◆ 1896: il brigante Tiburzi (Gianelli), già «re della Maremma», ricompare dopo cinque anni di latitanza in Francia. Il capitano dei carabinieri piemontese Giacheri (Bartolomei) scopre dapprima la rete di connivenze che aveva legato Tiburzi ai latifondisti, poi che il nemico pubblico è diventato un vecchio zoppo e inerme: il che non gli risparmia una morte poco eroica. Benvenuti, con la collaborazione alla sceneggiatura di Lele Biagi, Mario Careghino e Antonio Masoni, non vuole ricostruire la vita segreta di un bandito ma piuttosto capire come sia potuto diventare parte essenziale della cultura della Maremma, informando del proprio mito modi di vivere e di pensare. Cinema come indagine nella Storia, tra la leggenda popolare e il saggio socio-antropologico, con un rigore didattico che guarda a Straub: ma anche un po' al di sotto delle ambizioni, ingessato in una messa in scena polverosa e inerte, a tratti anche estetizzante. Quando la serietà non basta.

Tick... tick... tick... esplode la violenza ** (*... tick... tick... tick...*, Usa 1970, col, 100') Ralph Nelson. Con Jim Brown, George Kennedy, Fredric March, Lynn Carlin, Don Stroud. ◆ In una contea del Sud, lo sceriffo bianco (Kennedy) viene sostituito da un uomo di colore, Jim Price (Brown): la sua gente vorrebbe prendersi delle rivincite ma Jim saprà applicare la legge in modo rigoroso, arrestando un nero violentatore e un bianco figlio di un uomo influente. La mancanza di un punto di vista personale nella sceneggiatura di James Lee Barrett finisce per rendere troppo convenzionale l'impianto drammatico del film ed eccessivamente ottimista la soluzione del problema razziale.

Ti combino qualcosa di grosso * (*Something Big*, Usa 1971, col, 108') Andrew V. McLaglen. Con Dean Martin, Brian Keith, Honor Blackman, Ben Johnson, Harry Carey jr. ◆ Incalzato dalla moglie, Joe Baker (Martin) decide di chiudere la sua carriera di avventuriero western, ma prima vuole mettere a segno un grosso colpo: saccheggiare il rifugio del bandito messicano Esteves. Dovrà fare i conti col colonnello Morgan (Keith), a cui ha rapito per sbaglio la moglie, prima di poter cominciare una nuova vita. Western paradossale dal tono caricaturale, noioso e dal ritmo soporifero, con un fastidioso happy end.

Ti conosco, mascherina! ** (Italia 1944, b/n, 80') Eduardo De Filippo. Con Eduardo De Filippo, Peppino De Filippo, Titina De Filippo, Lida Baarova, Paolo Stoppa, Giuseppe Porelli, Enrico Varisio. ◆ Carmi-ne (Eduardo), il maggiordomo-pigmalione di un'attricetta di varietà, Elisa (Baarova), riesce a farle sposare un vecchio libertino, dopo essere riuscito ad allontanare uno spasimante povero in canna (Peppino). Tratto dall'omonima commedia di Eduardo Scarpetta adattata da Eduardo De Filippo, è l'ultimo film girato insieme dai due fratelli napoletani. Il ruolo principale è per Eduardo, ma la commedia prende vivacità quando è in scena Peppino: divertente quando si finge medico («Il raffreddore è così: quando è mal curato dura sempre sette giorni, quando è ben curato, una settimana»), è straordinario quando viene assunto come «cliente soddisfatto» da un dentista: nella sala d'aspetto, per rassicurare gli altri pazienti, continua a dire «Non c'è che lui» e un ragazzino scatta nel saluto fascista (probabilmente il primo sberleffo a Mussolini in un film italiano).

Tierra prometida, La **½ (*La tierra prometida*, Cile/Cuba 1972, col, 110') Miguel Littin. Con Nelson Villagra, Marcello Gaete, Shenda Roman, Pedro Alvarez, Anibal Reyna. ◆ Dopo aver attraversato il Cile alla ricerca di un luogo dove vivere e lavorare, un gruppo di disoccupati guidati da José Duran (Villagra) arriva finalmente nella «terra promessa», dove mette in pratica gli insegnamenti socialisti di Traje Cruzado (Gaete). Anche il Cile si dà un governo socialista, ma la repressione è in agguato: dopo aver abbattuto il potere centrale, i militari massacrano gli abitanti della terra promessa che però sono destinati a risorgere. Concluso da una citazione del Che («Anche chi ha sbagliato, chi non ha compreso, chi non ha saputo, chi è rimasto per via, anche loro hanno fatto la rivoluzione»), fu montato da Littin a Cuba, dov'era fuggito per il colpo di Stato di Pinochet: ridondante e visionario, il film ricostruisce con poetica libertà la breve esperienza socialista del giugno 1932 «nella linea di quel recupero della memoria collettiva e di una storia non scritta che è un nodo ossessivo dei cineasti latinoamericani». Oggi quest'opera ha perso l'urgenza drammatica che gli aveva dato la caduta di Allende ma conserva l'interesse per come utilizza i modi della cultura popolare per esprimere i valori dell'esistenza contadina.

Tieta do Brasil ** (*Tieta do Agreste*, Brasile 1996, col, 115') Carlos Diegues. Con Sonia Braga, Marilia Pera, Claudia Abreu, Chico Anysio, Patricia França, Zezé Motta, Leon Goes, Heitor Martinez Mello, André Torreta, Noélia Montanhas. ◆ Dopo 26 anni di assenza, Tieta (Braga) torna con la «figlia» Leonora (Abreu) nel paesino natale di Sant'Ana do Agreste, da dove il padre (Anysio) l'aveva scacciata diciassettenne perché troppo disinvolta: adesso la sua ricchezza e le sue relazioni sembrano il toccasana per la povertà di Sant'Ana, ma il moralismo sembra ancora più forte di tutto. Colorata versione del romanzo *Tieta do Agreste* di Jorge Amado (che introduce in prima persona il film), che serve a Diegues (autore della sceneggiatura con João Ubaldo Ribeiro e Antonio Calmon) per raccontare le contraddizioni del suo Paese, incapace di scegliere tra un'effettiva modernizzazione e una resa senza onore alla grettezza e al conservatorismo che nidifica nella povertà. Ma così finisce per soffocare la spensierata spregiudicatezza della protagonista, nonostante la vitalità di Sonia Braga, tornata dopo 12 anni a recitare in Brasile e ancora orgogliosa di mostrarsi nuda. Musiche originali di Caetano Veloso.

Tiffany Memorandum *½ (Italia 1968, col, 94') Terence Hathaway [Sergio Grieco]. Con Ken Clark, Irina Demick, Luigi Vannucchi, Carlo Hintermann, Giampiero Albertini, Angelo Infanti, Solvi Stubing. ◆ Dick Hallam (Clark), corrispondente da Parigi per un giornale americano, assiste casualmente all'omicidio di un diplomatico sudamericano: la tentazione dello scoop lo farà finire al centro di un complicato intrigo di bande rivali. Film d'azione convenzionale e poco coinvolgente. Musiche di Riz Ortolani.

Tifoso, l'arbitro e il calciatore, Il * (Italia 1982, col, 93') Pier Francesco Pingitore. ◆ Film a episodi. Nel primo (con Alvaro Vitali, Carmen Russo, Marisa Merlini) un arbitro incorruttibile crede che la moglie lo tradisca con il centravanti tedesco della Juventus; nel secondo (con Pippo Franco, Mario Carotenuto,

Daniela Poggi, Enzo Cannavale) un tifoso romanista si finge laziale per compiacere il futuro suocero. Niente più che due barzellette sceneggiate, genere di cui il pubblico italiano è stato nutrito più del necessario.

Tigre, Il ** (Italia 1967, col, 110') Dino Risi. Con Vittorio Gassman, Ann-Margret, Eleanor Parker, Fiorenzo Fiorentini, Antonella Steni, Luigi Vannucchi, Caterina Boratto. ◆ L'ingegner Francesco Vincenzini (Gassman), esuberante quarantacinquenne di successo, con la nascita del nipotino si accorge di essere sull'orlo della vecchiaia: per questo cede alla corte dell'emancipata Carolina (Ann-Margret), compagna di scuola della figlia, ma poi capisce che il suo posto è accanto alla moglie (Parker). Una commedia costruita su misura per le qualità istrioniche di Gassman, che rischia troppe volte di strafare. Ruggero Orlando interpreta se stesso.

Tigre ama la carne fresca, La *½ (*Lè Tigre aime la chair fraiche*, Francia/Italia 1964, b/n, 85') Claude Chabrol. Con Roger Hanin, Daniela Bianchi, Maria Mauban, Roger Dumas, Stéphane Audran. ◆ L'agente segreto Louis Rapière detto «il Tigre» (Hanin) deve difendere un ministro turco da due bande rivali che vogliono ucciderlo e ne rapiscono la figlia (Bianchi). Tentativo autarchico di sfruttare il successo dei film di James Bond, anche con le grazie di Daniela Bianchi, fresca partner di Sean Connery in *A 007, dalla Russia con amore*. Ma il paragone non è nemmeno proponibile. Antoine Flachot, autore della sceneggiatura, è lo pseudonimo di Roger Hanin. Il personaggio ritorna in *La tigre profumata alla dinamite*.

Tigre di Eschnapur, La ***½ (*Der Tiger von Eschnapur*, Rft/Francia/Italia 1958, col, 97') Fritz Lang. Con Debra Paget, Paul Hubschmid, Walter Reyer, Claus Holm, Sabine Bethmann, Luciana Paluzzi. ◆ Chiamato in India da un marajah (Reyer), un architetto europeo (Hubschmid) salva una ballerina (Paget) dall'assalto di una tigre e se ne innamora. La ragazza lo ricambia, ma anche il marajah, contro cui i notabili stanno tramando una rivolta, è interessato a lei. Un film d'avventura a sfondo esotico, le cui esigenze spettacolari permettono a Lang di ottenere uno dei suoi migliori risultati a livello stilistico. *La tigre di Eschnapur* è solo la prima parte di un progetto risalente al 1920 e sottratto a Lang da Joe May con la scusa che il regista (nonché autore del romanzo e cosceneggiatore insieme a Thea Von Harbou) era troppo giovane per dirigerlo. I due film (il seguito è *Il sepolcro indiano*) costituiscono un dittico straordinario, «due cattedrali di cinema» secondo alcuni critici: in effetti, la limpida composizione delle inquadrature, il tripudio cromatico, l'equilibrio strutturale dell'insieme, lo straordinario senso della continuità spaziale e l'estrema stilizzazione dei personaggi fanno dell'opera una continua fonte di godimento per gli occhi. *La tigre di Eschnapur* ebbe un grande successo di pubblico, ma non si deve pensare che la sua forza si esaurisca solo in un appassionante esercizio di stile: basta vedere la scena della donna rinchiusa in un cesto e infilzata dai coltelli del mago di corte, dove – quando tutti ormai si aspettano la riuscita del numero creato per il marajah – inequivocabili rivoli di sangue cominciano a scorrere sul pavimento. Magistrali (e sottilmente erotiche) le due sequenze di danza. Nel 1960 i due film vennero rimontati e uniti negli Usa in una versione di 95', rititolata *Journey to the Lost City*.

Tigre è ancora viva: Sandokan alla riscossa!, La *½ (Italia 1977, col, 130') Sergio Sollima. Con Kabir Bedi, Philippe Leroy, Massimo Foschi, Nestor Garai, Teresa Ann Savoy, Sal Borgese, Mirella D'Angelo, Adolfo Celi, Ganesh Kumar. ◆ Dopo la morte di Marianna, Sandokan (Bedi) si ritira sull'isola di Mompracem, ma la fiera Jamilah (Savoy) lo incita a ritornare alla lotta contro l'inetto Abdullah alleato dell'invasore lord Brooke (Celi): con i fedeli Yanez (Leroy), Kammamuri (Borgese) e Tremal Naik (Kumar), Sandokan riprende la lotta e libera il suo popolo. Dopo la versione cinematografica in due parti (*Sandokan*, 1976), ritornano gli attori che avevano interpretato lo sceneggiato televisivo. Al posto della tenera Marianna c'è la bellicosa Jamilah, ma la struttura cambia poco: avventure, duelli, pericoli, tradimenti e qualche vago discorso sulla libertà dei popoli oppressi.

Tigre nell'ombra, La **½ (*The Sleeping Tiger*, Gb 1954, b/n, 89') Terence Hanbury [ma in realtà Joseph Losey]. Con Dirk Bogarde, Alexis Smith, Alexander Knox, Hugh Griffith, Patricia McCarron. ◆ Uno psichiatra (Knox), il cui matrimonio sta andando in crisi, accetta di nascondere in casa sua un giovane delinquente (Bogarde) per scoprire le cause della sua asocialità: la moglie del medico (Smith) se ne innamora, ma il ragazzo saprà trovare alla fine la forza con cui riscattarsi. Il primo film di Losey in Inghilterra, dopo la fuga dagli Usa per le persecuzioni del maccartismo, è una specie di tragedia sociale con qualche bello spunto psicologico nella descrizione del ribellismo giovanile. Per evitare boicottaggi da parte del mercato americano il film è firmato dal direttore di produzione, Terence Hanbury. La sceneggiatura è di altri due americani finiti sulla lista nera, Carl Foreman e Harold Buchman, nascosti dietro lo pseudonimo cumulativo Derek Frye.

Tigre profumata alla dinamite, La *½ (*Le Tigre se parfume à la dynamite*, Francia/Italia/Spagna 1965, col, 86') Claude Chabrol. Con Roger Hanin, Margaret Lee, Michel Bouquet, Roger Dumas, Claude Chabrol. ◆ L'agente Louis Rapière (Hanin) deve sgominare l'organizzazione neonazista Orchidea che vuole preparare un colpo di Stato fascista in Guyana. Realizzazione di una nuova avventura dell'agente segreto francese «il Tigre» (dopo *La tigre ama la carne fresca*, 1964), sempre sceneggiata dal suo protagonista con lo pseudonimo di Antoine Flachot: ancora una volta poche idee e pochissima suspense con il bel talento di Chabrol sprecato in una vicenda ridicola e frammentaria.

Tigre sacra, La * (*Voodoo Tiger*, Usa 1952, b/n, 67') Spencer Bennet. Con Johnny Weissmuller, Jean Byron, James Seay, Jeannie Dean, Robert Bray. ◆ Sulle tracce di un reperto artistico rubato si scontrano il curatore di un museo, un gruppo di nazisti, dei gangster e dei cacciatori di taglie, oltre naturalmente a Jim della giungla (Weissmuller). Ingenuo e scombinato film d'avventura, il nono della serie.

Tigre verde, La **½ (*Think Fast, Mr. Moto*, Usa 1937, b/n, 66') Norman Foster. Con Peter Lorre, Virginia Field, George Cooper, Thomas Beck, Sig Ruman, Murray Kinnell. ◆ Il figlio di un armatore si reca in Oriente per mettere fine al contrabbando di armi che utilizza le navi di famiglia. Viene rapito dai banditi, ma Mr. Moto (Lorre) riesce a liberarlo e a spezzare il traffico illegale. Primo di una serie di otto film dove Lorre interpreta il personaggio inventato da John P. Marquand: qui l'attore gioca ancora con l'immagine ambigua che gli avevano dato e in questo modo l'identità di Moto è tenuta segreta fino alla fine, e il giapponese uccide senza crearsi problemi.

Tigri del Pacifico, Le **½ (*Tiger Shark*, Usa 1932, b/n, 80') Howard Hawks. Con Edward G. Robinson, Richard Arlen, Zita Johann, J. Carrol Naish, Vince Barnett. ◆ Mike Maskarena (Robinson) è un cacciatore di squali sposato con una donna più giovane (Johann): quando si accorge che lei ama un suo giovane collega (Arlen), decide di eliminarlo durante un'uscita a pesca ma il piano non va come previsto. Una storia che verrà sfruttata più di una volta dalla Warner Bros (*Alta tensione*, 1937, di Ray Enright; *Fulminati*, 1941, di Raoul Walsh) raccontata con bella progressione drammatica dallo sceneggiatore Wells Root e con Robinson in stato di grazia, «mascherato sotto una parrucca nera riccioluta, un paio di baffoni prominenti e un uncino che gli sostituisce la mano sinistra finita in bocca a uno squalo». Girato nella Monterey Coast dove gli squali ci sono davvero.

Ti ho sempre amato! ** (Italia 1953, b/n, 91') Mario Costa. Con Miriam Bru, Amedeo Nazzari, Marisa Merlini, Tamara Lees, Jacques Sernas, Adriano Rimoldi, Aldo Silvani, Celeste Almieri, Aldo Bufi Landi, Vera Carmi, Aldo Giuffré, Margherita Bagni, Rina Franchetti. ◆ Cresciuta in un orfanotrofio, l'ingenua Maria (Bru) deve difendersi dall'aggressività degli uomini: quando finalmente trova l'amore del ricco Massimo (Nazzari), la povera ragazza dovrà subire le maligne insinuazioni di Clara (Lees), l'ex fidanzata disposta a tutto pur di riconquistarlo, e così si ritroverà sola e con una bambina, sostenuta soltanto dall'amicizia di Lucia (Merlini). Un melodramma che prende spunto dal problema delle ragazze madri, tratto da una commedia di Enrico Ragusa e sceneggiato da Alberto Albani Barbieri, Leo Benvenuti, Alessandro Ferraù e Giuseppe Mangione. Se la struttura è piuttosto convenzionale, non altrettanto si può dire della polemica antiborghese e anticittadina (Massimo è un allevatore di cavalli, che preferisce Bracciano a Roma, mentre Clara e il suo intrigante cugino Carlo [Sernas] sono i tipici rappresentanti della nobiltà di città, decaduta e intrigante) e anche – prima dell'inevitabile ma un po' appiccicaticcio lieto fine – del tema della solidarietà femminile e classista come unica difesa dalle durezze della vita (Lucia è una proletaria come Maria e come lei ingannata da un uomo ricco). Piccola vanità autocitazionista nella scena in cui Maria lavora come maschera in un cinema dove si deve proiettare *Perdonami!*, il film precedente di Costa. Scenografia di Virgilio Marchi.

Ti ho sposato per allegria **½ (Italia 1967, col, 99') Luciano Salce. Con Monica Vitti, Giorgio Albertazzi, Maria Grazia Buccella, Rossella Como, Italia Marchesini. ◆ L'avvocato Pietro (Albertazzi) sposa Giuliana (Vitti), una ragazza bella e simpatica ma completamente negata per i lavori domestici che raggiungerà l'apice dei disastri durante la visita della suocera (Marchesini). Dall'omonima pièce di Natalia Ginzburg (che collaborò alla sceneggiatura con Sandro Continenza e Salce), una commedia spigliata e divertente, diretta con bel ritmo e interpretata da una Vitti in particolare stato di grazia.

Ti ho visto uccidere ** (*Witness to Murder*, Usa 1954, b/n, 83') Roy Rowland. Con Barbara Stanwyck, George Sanders, Gary Merrill, Jesse White, Juanita Moore. ◆ Il filosofo nazista Albert Richter (Sanders), autore del saggio *Age of Violence*, uccide una squillo, ma una disegnatrice di moda (Stanwyck) lo vede dalla finestra di fronte: lui, diabolicamente, nasconde ogni prova e la fa passare per pazza. La sceneggiatura di Chester Erskine gioca le carte nel modo più prevedibile, e i temi dell'omicida superomista e della minaccia della follia sanno di seconda mano. Magistrale, comunque, la fotografia espressionista di John Alton, che con le sue ombre fa recitare volti altrimenti immobili e non teme di lasciare tre quarti dello schermo neri, magari per farvi balenare la sigaretta dell'assassino.

Ti-Koyo e il suo pescecane **½ (Italia/Francia 1962, col, 95') Folco Quilici. Con Denis Puhira, Al Kauwe, Marlene Among, Diane Samsoi, Roan Arupà. ◆ In un'isola del Pacifico, il piccolo Ti-Koyo (Puhira) cresce insieme a un pescecane da lui nominato Manidù. I due si ritrovano dopo molti anni, e lo squalo aiuterà Ti-Koyo ormai adulto (Kauwe) a raccogliere ostriche madreperlifere nella laguna segreta della loro infanzia, ma l'avidità degli altri pescatori farà finire questa amicizia. Tratto dal romanzo omonimo di Clement Richer adattato da Italo Calvino e sceneggiato da Augusto Frassinetti, Ottavio Alessi e Quilici, il film, a metà tra documentario e finzione, vuole narrare la perdita dell'armonia della natura invasa dalla civiltà: si tiene lontano dalla facile mielosità ma non evita uno schematismo troppo favolistico. Girato a Tuamoto, in Polinesia.

Tilai *** (*Tilaï*, Burkina Faso/Svizzera/Francia/Italia 1990, col, 81') Idrissa Ouedraogo. Con Rasmane Ouedraogo, Ina Cissé, Roukietou Barry, Assane Ouedraogo, Sibidou Sibide. ◆ Tornato dopo due anni di assenza, Saga (R. Ouedraogo) trova la fidanzata Nogma (Cissé) sposata con suo padre ma non riesce a trattenersi dal fare l'amore con lei. La legge del villaggio lo condanna a morte, ma il fratello Kougri (A. Ouedraogo) che dovrebbe eseguire la sentenza non trova il coraggio e lascia fuggire Saga che viene raggiunto da Nogma. Sarà l'agonia della madre a riportare al villaggio Saga svelando così l'inganno di Kougri, a cui non resterà che uccidere il fratello, colpevole di averlo disonorato con il suo ritorno. Tragedia africana costruita sul tema dell'onore e del crudele rispetto della legge (e radicata nello scontro tra vecchio e nuovo, nodo centrale del più recente cinema africano), questo film evita qualsiasi concessione al facile folklorismo per concentrarsi sull'essenzialità degli atti e l'ineluttabilità delle scelte personali. Diretto con una semplicità rigorosa e cristallina, *Tilai* sfrutta al meglio lo scenario naturale (una savana aspra e quasi astratta) per sottolineare con la sua crudezza la relatività delle passioni e l'impossibilità dei singoli a conquistare una felicità duratura. In lingua mooré «tilai» vuol dire «legge». Premio speciale della giuria a Cannes, ex aequo con *L'aculeo della morte*.

Tim **½ (*Tim*, Australia 1979, col, 108') Michael Pate. Con Piper Laurie, Mel Gibson, Pat Evison, Deborah Kennedy. ◆ Tim (Gibson), giovanotto affascinante ma ritardato, va a lavorare da una signora (Laurie) che si innamora di lui. La maggior età di lei scatena pettegolezzi e l'ostracismo dei genitori, ma sarà proprio grazie al benefico influsso della donna che Tim imparerà a leggere. Tratto dal primo romanzo di Colleen Mc Cullogh (l'autrice di *Uccelli di rovo*), è il primo ruolo importante di Gibson, molto convincente nella parte.

Timbuctù *½ (*Legend of the Lost*, Usa 1957, col, 109') Henry Hathaway. Con John Wayne, Sophia Loren, Rossano Brazzi, Kurt Kasznar, Sonia Moser. ◆ Sulle tracce del padre scomparso in compagnia di una guida (Wayne) e una donna (Loren) conosciuta a Timbuctù, Paul Bonnard (Brazzi) trova il tesoro per cui il genitore era morto, ma anche le prove della sua dissolutezza: finirà per impazzire e rivoltarsi contro i propri compagni d'avventura. Avventure melodrammatiche nel deserto ai limiti della comicità involontaria.

Tim Burton's Nightmare Before Christmas **** (*Tim Burton's The Nightmare Before Christmas*, Usa 1993, col, 76') Henry Selick [e Tim Burton]. ◆ Jack Skellington [in italiano Skeletron], celebrità della paurosa Halloweentown, è stufo di spaventi ed efferatezze. Dopo la scoperta dell'incantato paese del Natale, decide di rapire Santa Claus e di incaricarsi di persona dei festeggiamenti natalizi: col risultato di distribuire in regalo mostriciattoli agli spaventati bambini. Ma con l'aiuto della bambola Sally, Jack riuscirà a salvare Santa Claus e a trovare la felicità restando nel suo mondo. Sofisticato film a pupazzi animati (girato con una versione aggiornata della tecnica dello stop-motion), prodotto dal regista di *Edward mani di forbice*, e ispirato a un suo libro per bambini, scritto (e disegnato) quando faceva l'animatore per la Disney. Lo scheletro Jack, innocente «diverso» che non sa di essere tale, è un fratello di Edward e degli innocui mostri di *Beetlejuice*, ed è più convincente sia di un attore umano che di un disegno animato. Elogio del lato oscuro dell'infanzia, sagra di innocue efferatezze, trionfo del macabro gentile, l'operina è visivamente straordinaria e ricolma di gag irresistibili (valga per tutte gli arti di Sally che si animano separatamente). Un film a suo modo unico, ben servito dalle canzoni di Danny Elfman (che nell'originale dà anche la voce a Jack). Renato Zero doppia bene Jack, ma non tutte le altre voci sono altrettanto azzeccate.

Timecop – Indagine dal futuro ** (*Timecop*, Usa 1994, col, 98') Peter Hyams. Con Jean-Claude Van Damme, Ron Silver, Mia Sara, Gloria Reuben, Bruce McGill. ◆ 1994: due killer venuti dal futuro uccidono la moglie (Sara) del poliziotto Max Walker (Van Damme). 2004: Walker risale nel tempo per arrestare chi è tornato indietro abusivamente, per arricchirsi o per manipolare il futuro: come sta cercando di fare l'ambizioso e berlusconiano senatore McComb (Silver). Nulla che non si sia già visto in *Ritorno al futuro*, compresa la possibilità di incontrare se stessi più giovani nel passato, e di ritornare in un presente modificato. L'intreccio (ispirato a un fumetto di Mike Richardson e Mark Verheiden, autori anche della sceneggiatura) è tuttavia abbastanza avvincente (con un paio di infrazioni alle regole) da compensare la banalità della regia. Van Damme modera le acrobazie. Coproduce Sam Raimi, che a un certo punto (nell'episodio ambientato nel 1929) sembra fare il verso a *Mr. Hula Hoop*, di cui aveva scritto la sceneggiatura.

Time Is on Our Side – The Rolling Stones ** (*Let's Spend the Night Together*, Usa 1982, col, 94') Hal Ashby. Con Mick Jagger, Keith Richards, Charlie Watts, Ron Wood. ◆ Da un tour del 1981 dei Rolling Stones un collage di tre diverse performance. Al solito coreografia eccessiva e provocazioni di Jagger, con la folla in delirio quando canta *Honky Tonk Woman*. È il terzo, stanco film-concerto del gruppo.

Timida, La **½ (*La Discrète*, Francia 1990, col, 95') Christian Vincent. Con Fabrice Luchini, Judith Henry, Maurice Garrel, Marie Bunel, François Toumarkine. ◆ Per vendetta contro le donne lo scrittore Antoine (Luchini) decide di sedurre la prima donna che gli capiti a tiro per abbandonarla quando sarà innamorata e raccontare tutti i particolari della storia in un diario da pubblicare: il ruolo della vittima tocca a Catherine (Henry), una dattilografa che saprà rovesciare le aspettative di Antoine. Christian Vincent esordisce nella regia con un film intimista di atmosfere vagamente rohmeriane ma dotato di maggior autoironia e una più feroce lettura dei rapporti tra uomo e donna. Il titolo si riferisce al nome del neo che, secondo la tipologia settecentesca, indica il diverso carattere della donna a secondo del posto dove viene messo: «timida» sul mento, «passionale» a fianco dell'occhio, «galante» sul lato della bocca...

Tina – What's Love Got to Do with It ** (*What's Love Got to Do with It*, Usa 1993, col, 115') Brian Gilbert. Con Angela Bassett, Laurence [Larry] Fishburne, Vanessa Bell Calloway, Jennifer Lewis. ◆ Da corista nel Tennessee, Anna Mae Bullock (Bassett) diventa la voce femminile solista del complesso di rhythm and blues capeggiato da Ike Turner (Fishburne) e presto diventerà più nota come Tina Turner. Nel 1977 divorzierà dal marito-pigmalione dopo un calvario di botte, violenze sessuali e droga: fortificata anche dalla fede buddhista, non dovrà più dividere il successo con nessuno. La Turner in persona si affianca alla Bassett nel numero musicale finale, quello che dà il titolo al film, a benedire un'operazione chiaramente agiografica, tratta dall'autobiografia *I, Tina* del 1986. La regia di Gilbert vorrebbe spiegare perché una donna stia per diciassette anni al fianco di un uomo che le spacca i denti una sera sì e una no: ma sa solo dipingere la violenza, e non mostrarne le motivazioni. Estremamente curati i numeri musicali (la voce, comunque, è sempre e solo della Turner) e la ricostruzione d'epoca. La fotografia è di Conrad Hall.

Tin Cup ** (*Tin Cup*, Usa 1996, col, 134') Ron Shelton. Con Kevin Costner, Rene Russo, Cheech Marin, Don Johnson, Linda Hart, Dennis Burkley, Rex Linn, Lou Myers. ◆ Roy McAvoy (Costner), potenziale campione di golf soprannominato Tin Cup (Coppa di latta) perché incapace di vincere un torneo importante, è ridotto a dar lezioni in uno scalcagnato circolo texano. Ma quando avrà come allieva l'avvenente psicologa Molly Griswold (Russo), fidanzata al suo eterno, e più fortunato, rivale David (Johnson), prima l'orgoglio e poi l'amore lo riporteranno sui campi da gioco, fino a farlo gareggiare all'U.S. Open. Dopo il baseball (*Bull Durham*), Shelton e Costner tornano insieme per raccontare il golf. Il Texas polveroso dei nullafacenti, il *loser* cinico e spaccone, le schermaglie amorose che rimandano alla commedia sofisticata non sono certo una novità: la verve dei due protagonisti le rende piacevoli, ma non riscatta una sceneggiatura (di John Norville e del regista) inutilmente prolissa e finto-ironica. È vero che Shelton e Costner riescono a rendere il golf uno sport (quasi) spettacolare e a far digerire al pubblico un tiro oltre il laghetto lungo venti minuti, ma mezz'ora di meno avrebbe molto giovato.

Tin Men – Due imbroglioni con signora **½ (*Tin Men*, Usa 1986, col, 112') Barry Levinson. Con Richard Dreyfuss, Danny DeVito, Barbara Hershey, John Mahoney, Jackie Gayle, Seymour Cassel. ◆ Bill «BB» Babowsky (Dreyfuss), piazzista di rivestimenti d'alluminio («tin» in inglese) maniaco di Cadillac, è investito con l'automobile appena acquistata dal collega Tilley (DeVito). I due diventano nemici e si producono in una interminabile serie di ripicche in cui è coinvolta anche Nora (Hershey), moglie del secondo sedotta dal primo. Commedia brillante e scanzonata scritta dal regista, ambientata nella Baltimora del 1963, che corrode con sottile ferocia i miti del successo e dell'american way of life. Ottime interpretazioni per tutti gli attori, con una menzione particolare per Jackie Gayle, assistente di DeVito capace solo di pensare a *Bonanza*.

Tipi da spiaggia *½ (Italia 1959, col, 97') Mario Mattoli. Con Ugo Tognazzi, Christiane Martel, Giustino Durano, Lauretta Masiero, Johnny Dorelli, Hedy Vessel, Fredo Pistoni, Liana Orfei, Luciano Salce, Gianni Minervini, Annie Gorassini, Cesare Polacco. ◆ Pasubio (Tognazzi), Nick (Durano), Giorgio (Dorelli) e Amerigo (Pistoni) sono quattro amici squattrinati che vanno a Taormina per sfuggire ai loro guai: dopo mille avventure i quattro tornano a Roma con nuove fidanzate. Sceneggiato da Castellano e Pipolo, inaugura l'era dei «film turistici» che reclamizzano località balneari con l'aiuto di belle ragazze in costume da bagno. Tognazzi ripropone la comicità della trasmissione tv *Un, due, tre* e con una serie di travestimenti ottiene risultati esilaranti.

Tipo che mi piace, Un ** (*Un Homme qui me plaît*, Francia 1969, col, 115') Claude Lelouch. Con Jean-Paul Belmondo, Annie Girardot, Maria-Pia Conte, Marcel Bozzuffi, Farah Fawcett, Simone Renant, Richard Basehart. ◆ A Los Angeles, sul set di un film, un compositore (Belmondo) e un'attrice (Girardot) francesi, entrambi sposati, si conoscono e si amano: decidono di rivedersi a Nizza dopo aver lasciato i rispettivi coniugi, ma all'appuntamento ci sarà solo lei. Lelouch dirige una nuova variazione sul tema di *Un uomo e una donna*: la sceneggiatura è esilissima, appesantita da inutili forzature psicologiche, ma i personaggi (per merito dei due attori principali) sono decisamente simpatici.

Tipo imprevedibile, Un ** (*Happy Gilmore*, Usa 1996, col, 92') Dennis Dugan. Con Adam Sandler, Christopher McDonald, Julie Bowen, Carl Weathers, Richard Kiel. ◆ L'indisciplinato giocatore di hockey Happy Gilmore (Sandler) si ricicla come campione di golf e salva la casa della nonna dal fisco. Film su misura per Sandler, comico del *Saturday Night Live* e specie di Jim Carrey dei poveri. Modesti graffi al mondo *upper class* del golf, il meno cinematografico degli sport: che Dugan, con effetti digitali e soggettive impossibili, vivacizza comunque più di *Tin Cup*.

Tipo sbagliato, Un *½ (*The Wrong Guy*, Canada 1998, col, 100') David Steinberg. Con Dave Foley, David Higgins, Jennifer Tilly, Colm Feore, Joe Flaherty, Kenneth Welsh, Dan Redican, Alan Scarfe. ◆ Il giovane e ambizioso vice presidente Nelson Hibbert (Foley) augura pubblicamente la morte al superiore che non l'ha promosso: così, quando il capo viene ucciso davvero e lui si ritrova con un pugnale insanguinato tra le mani, l'unica idea che gli viene in mente è quella di scappare. Debutto cinematografico di un comico e di un regista provenienti dalla tv: non bastano le citazioni hitchcockiane (che originalità!) per dare ritmo a una commedia più divertente sulla carta che sullo schermo.

Tipo straordinario, Un ** (*The One and Only*, Usa 1978, col, 98') Carl Reiner. Con Henry Winkler, Kim Darby, Gene Sacks, William Daniels, Harold Gould, Ed Begley jr. ◆ Grazie alle sue doti clownesche, Andy Smith (Winkler) riesce ad accaparrarsi delle particine in spettacoli comici che però non bastano a mantenere moglie e figlio in arrivo: quando sarà costretto a scegliere tra loro e lo spettacolo, sceglierà il secondo, ma la moglie lo seguirà. Reduce dal successo televisivo di *Happy Days*, Winkler conferma le sue doti di attore comico in un film brillante che però non evita alcune scivolate nel patetico.

Ti presento un'amica ** (Italia 1987, col, 102') Francesco Massaro. Con Giuliana De Sio, Kate Capshaw, Michele Placido, Luca Barbareschi, David Naughton, Carolina Rosi, Micaela Pignatelli, Sergio Fantoni, Angela Goodwin. ◆ Una aspirante giornalista televisiva (De Sio) e la responsabile delle pubbliche relazioni di una casa di moda (Capshaw) incrociano le loro vite tra delusioni sentimentali, tentativi di trovare lavoro e amanti occasionali. Sceneggiato da Suso Cecchi d'Amico (con Enrico Vanzina, Franco Ferrini e il regista), è una ronde di ambiente borghese, sorta di *Via Montenapoleone* versione romana, dove la superficialità dei personaggi si riflette in maniera troppo diretta nella superficialità dei dialoghi.

Tiranna deliziosa ** (*Woman Chases Man*, Usa 1937, b/n, 71') John G. Blystone. Con Miriam Hopkins, Joel McCrea, Charles Winninger, Erik Rhodes, Ella Logan, Broderick Crawford, Leona Maricle, Charles Halton. ◆ Per trovare lavoro, l'architetto Virginia Travis (Hopkins) deve convincere il milionario Kenneth Nolan (McCrea) a finanziare un progetto del padre (Winninger), sognatore e pasticcione. Ma dovrà affrontare anche un'avida fidanzata (Logan) e l'amore che inevitabilmente sboccia. Commedia sofisticata troppo squilibrata a favore di Miriam Hopkins, che finisce per strafare e rendere così ridicoli gli spunti satirici contro l'inettitudine e l'avidità delle classi altolocate. Le cause si possono cercare nella travagliatissima lavorazione della sceneggiatura, firmata da Joseph Anthony, Mannie Seff e David Hertz (da un soggetto di Lynn Root e Frank Fenton), ma a cui hanno messo mano, tra gli altri, anche Sam e Bella Spewack, Alan Campbell, Dorothy Parker (suoi gli spunti sull'arrendevolezza degli ubriachi?), William Wyler e Ben Hecht. Resta, probabilmente, l'unico film con un corteggiamento in pigiama sui rami di un albero.

Tiranno Banderas, Il *½ (*El tirano Banderas*, Spagna/Cuba/Messico 1994, col, 91') José Luis García Sánchez. Con Gian Maria Volonté, Ana Belén, Juan Diego, Ignacio López Tarso, Javier Gurruchaga, Fernando Guillén, Patricio Contreras. ◆ Negli anni Venti, un ipotetico Paese latinoamericano è terrorizzato dal dittatore Santos Banderas (Volonté) che non si ferma davanti a niente per mantenere il potere, neanche dare un bambino in pasto ai maiali. Solo con la figlia Lupita (Belén) sembra dimostrare un briciolo di umanità, anche se con tendenze sadomaso: inevitabile che faccia una bruttissima fine. L'ultimo film interpretato da Gian Maria Volonté è una pessima riduzione del romanzo omonimo di Ramón Maria del Valle-Inclán, nonostante alla sceneggiatura del regista abbia collaborato Rafael Azcona. Trionfo della più pura e finta retorica «antifascista», il film vorrebbe reggersi tutto sull'interpretazione ultramimetica del protagonista, che sciorina il suo peggior repertorio di ringhi, schiocchi di lingua, mani semiparalizzate, parlata ipocrita «come il serpente della Genesi», eternamente nascosto dietro un paio di occhialini neri e una redingote alla Nosferatu. Una parte indegna della sua bravura.

Tiranno di Padova, Il * (Italia 1948, b/n, 95') Max [ma nei titoli di testa è italianizzato in Massimiliano] Neufeld. Con Clara Calamai, Elsa De Giorgi, Carlo Lombardi, Alfredo Varelli, Nino Pavese, Giorgio Piamonti, Olga Vittoria Gentili, Andreina Carli. ◆ Venezia dei dogi: innamorata di Rodolfo degli Ezzelini (Varelli), la ricca Caterina (De Giorgi) è costretta dal padre a sposare Angelo Malipieri (Lombardi), tirannico podestà di Padova, che ordina l'uccisione del rivale in amore. Ma Rodolfo si salva e vive per tre anni con la ballerina Tisbe (Calamai) e la sua compagnia di attori girovaghi, fino a quando riuscirà a ritrovare e fuggire con l'amata Caterina. Drammone in costume tratto dall'*Angelo, tiranno di Padova* di Victor Hugo (sceneggiato dal regista con Angelo Bianchini D'Alberico e Raffaele Saitto) che sfrutta abilmente le scenografie naturali di Venezia e di Padova. La turgida retorica del testo letterario è finita tutta nel film, che vorrebbe giocare sul contrasto tra la dama e la cortigiana (Caterina e Tisbe) o quello, ancora più schematico, tra il tiranno e il ribelle (Malipieri e Rodolfo). Per una (comica) esibizione di danza, la Calamai si copre con dei veli trasparenti, ma Elsa De Giorgi mostra, dormendo, il seno. Memo Benassi interpreta il pittore Cesare da Sesto. Il film fu girato nel 1946, ma distribuito, con scarso successo, due anni dopo. Il dramma di Hugo è anche alla base della *Gioconda* di Ponchielli.

Tirate sul pianista **½ (*Tirez sur le pianiste*, Francia 1960, b/n, 85') François Truffaut. Con Charles Aznavour, Marie Dubois, Nicole Berger, Albert Rémy, Claude Mansard, Daniel Boulanger, Michèle Mercier. ◆ Per colpa dei fratelli, il pianista da bistrot Charlie Kohler (Aznavour) si trova coinvolto in un regolamento di conti tra gangster: riuscito a fuggire insieme all'amica Léna (Dubois), pensa di riprendere la brillante carriera abbandonata anni prima, ma gli eventi non glielo permetteranno. Opera seconda di Truffaut, tratta dal romanzo noir *Non sparate sul pianista* di David Goodis. In omaggio al cinema americano di serie B tanto amato dal regista, un pastiche di vari generi dove l'azione poliziesca è affidata alle immagini, mentre ai dialoghi è riservato l'aspetto mélo. Destinato a un pubblico di cinefili, ma godibile da tutti («Col *Pianiste* vorrei far piangere le donne e ridere gli uomini», ha detto Truffaut), all'epoca ottenne scarso successo, confermando l'opinione corrente secondo la quale i registi della Nouvelle Vague «riescono nel primo film perché raccontano la loro vita, ma si rompono le ossa sul secondo perché non sono professionisti». Rivisto a distanza si conferma invece come uno dei film chiave della nuova ondata francese. Notevole l'uso dei personaggi e dell'ambiente, con un effetto d'insieme quasi paradossale: quanto più Truffaut insiste narrativamente sui generi, tanto più ottiene risultati realistici nella messinscena. Grande l'interpretazione di Aznavour. David Goodis fu molto soddisfatto dell'adattamento firmato da Truffaut e Marcel Moussi.

Ti ricordi di Dolly Bell? *** (*Sjecas li se Dolly Bell*, Jugoslavia 1981, col, 107') Emir Kusturica. Con Slavko Stimac, Slobodan Aligrudic, Liliana Blagojevic, Mira Banjac, Pavle Vujisic. ◆ «Ogni giorno, sotto ogni profilo progredisco sempre di più» continua a ripetersi il sedicenne Dino Zolja (Stimac), il cui passaggio dall'adolescenza all'età adulta corre parallelo alla costruzione del socialismo in una Jugoslavia anni Sessanta che già sogna la vicina Italia attraverso i 24 mila baci di Celentano. Una magnifica commedia agrodolce sui primi amori e i conflitti generazionali in uno yugoslavian-graffiti filtrato dalla simpatia accondiscendente del ricordo. Opera prima di Kusturica e Leone d'oro a Venezia.

Tir-na-nOg (è vietato portare cavalli in città) ** (*Tir-na-nOg*, Irlanda 1993, col, 105') Mike Newell.

Con Ruaidhri Conroy, Ciaran Fitzgerald, Gabriel Byrne, Ellen Barkin, David Kelly, Brendan Gleeson, John Cavanagh. ◆ Un disonesto allevatore si impossessa del cavallo bianco che i piccoli zingari Ossie e Tito (Fitzgerald e Conroy) hanno avuto in dono dal nonno, ma i due bambini glielo rubano e fuggono con lui inseguiti dalla polizia ma anche dal padre (Byrne) e dalla bella Kathleen (Barkin). Tratto da un racconto di Michael Pearce sceneggiato da Jim Sheridan, il film, in omaggio alla fantasia irlandese e alla sua tradizione popolare, mescola episodi comici e surreali (una notte al cinema, con il cavallo che mangia popcorn e beve Coca-Cola) a un finale leggendario che porta i protagonisti nel West e svela che il cavallo è l'incarnazione di ben altra creatura, rispolverando la tradizione aperta dalla Walt Disney per gli spettacoli per tutta la famiglia. «Tir-na-nOg» – che vuol dire «terra dell'eterna giovinezza» – è il nome del cavallo.

Tiro al piccione **½ (Italia 1961, b/n, 114') Giuliano Montaldo. Con Jacques Charrier, Eleonora Rossi Drago, Francisco Rabal, Sergio Fantoni, Gastone Moschin, Enzo Cerusico, Franca Nuti. ◆ La lotta partigiana vista dall'altra parte, quella dei fascisti, attraverso la vicenda del giovane Marco Laudato (Charrier) che sulla spinta di confuse motivazioni patriottiche aderisce alla repubblica di Salò, scontrandosi con il fanatismo dei gerarchi e le disillusioni personali. Un film coraggioso e anticonformista, esordio registico con cui Montaldo sottolinea quanto casuali e deboli potessero essere allora le motivazioni di chi doveva scegliere da che parte stare.

Tiro incrociato *½ (*Love and Bullets*, Gb 1979, col, 103') Stuart Rosenberg. Con Charles Bronson, Jill Ireland, Rod Steiger, Henry Silva, Strother Martin. ◆ Una donna (Ireland) che deve testimoniare contro un'organizzazione criminale, è cercata sia da un agente dell'Fbi (Bronson) che da un killer: la trova l'agente, che si innamora di lei, ma quando pensa di averla messa al sicuro, il sicario torna a farsi vivo. Film turistico che ci fa girare mezzo mondo. Costruito per i fans del muscoloso Bronson è consigliato solo a loro.

Titanic ** (*Titanic*, Usa 1953, b/n, 98') Jean Negulesco. Con Clifton Webb, Barbara Stanwyck, Audrey Dalton, Robert Wagner, Thelma Ritter, Brian Aherne, Richard Basehart. ◆ Sullo sfondo della tragedia del Titanic (14-15 dicembre 1912) si consuma la tragedia della famiglia Sturges: per sottrarre i figli all'influenza del marito, Giulia (Stanwyck) si imbarca sulla nave, ma l'uomo (Webb) la raggiunge e quando la nave affonderà il maschietto preferirà morire col padre, lasciando il suo posto su una scialuppa a un anziano. Trionfo dei buoni sentimenti a cui manca quella dimensione drammatica che ne avrebbe elevato il tono. Oscar alla sceneggiatura di Charles Brackett, Richard L. Breen e Walter Reisch.

Titanic * (*Titanic*, Usa 1996, col, 110') Robert Lieberman. Con Peter Gallagher, Catherine Zeta Jones, Roger Rees, Tim Curry, George C. Scott, Marilu Henner, Harley Jane Kozak. ◆ In questo tv-movie a basso budget scritto da Ross LaManna e Joyce Eliason, l'affondamento del transatlantico diventa un toto-sfiga pieno di presagi funesti, nel quale l'unica curiosità è scommettere su chi si salva. Attori cani o svogliati per personaggi poco interessanti, compresi il ladruncolo che si redime (Rees) e la madre di famiglia (Jones) che divorzierebbe seguendo il suo amore di gioventù (Gallagher) se quest'ultimo non finisse a mollo.

Titanic *** (*Titanic*, Usa 1997, col, 194') James Cameron. Con Leonardo DiCaprio, Kate Winslet, Billy Zane, Kathy Bates, Frances Fisher, Gloria Stuart, David Warner, Danny Nucci, Victor Garber, Bernard Hill, Bernard Fox, Jonathan Hyde, Suzy Amis, Bill Paxton. ◆ La proprietaria (Stuart) di una collana recuperata dal relitto del Titanic racconta di se stessa adolescente (Winslet) e di quel fatidico viaggio iniziato il 10 aprile 1912 da Southampton e finito su una zattera cinque giorni dopo: in tempo comunque per capire che il fidanzato miliardario (Zane) non faceva per lei e che il suo grande amore sarebbe stato colui che le aveva salvato la vita sacrificando la sua, un passeggero di terza classe di nome Jack Dawson (DiCaprio). Scritto, diretto, montato e prodotto da James Cameron, il film che ha scatenato la DiCaprio-mania e riportato il cinema americano ai fasti del kolossal alla *Via col vento*. Combinando la tragedia storica con una love story alla *Romeo e Giulietta*, i conflitti di classe e l'amore impossibile, Cameron costruisce una vicenda in cui cerca di far convivere le esigenze dell'entertainment popolare, quelle del cinema d'autore e la sua propensione al grandioso. Riuscendoci a metà, perché la prima parte è solo ridondante (con l'imbarazzante scena dei quadri impressionisti nella cabina della Winslet), mentre l'ora e mezza di naufragio lascia effettivamente a bocca aperta (ma in Tv il gigantismo delle riprese soffre irrimediabilmente). Per girare, Cameron ha preteso di ricostruire un Titanic di grandezza praticamente reale, che ha fatto alzare le spese di produzione oltre i 200 miliardi, ma in proporzione il film ha ottenuto il più grande incasso della storia del cinema. Undici Oscar, uguagliando il record di *Ben-Hur*: miglior film, regia, fotografia (Russell Carpenter), colonna sonora drammatica (James Horner), canzone (*My Heart Will Go on*, cantata da Céline Dion), direzione artistica (Peter Lamont e Michael Ford), costumi (Deborah Lynn Scott), montaggio (Conrad Buff, James Cameron, Richard A. Harris), suono (Gary Rydstrom, Tom Johnson, Gary Summers e Mark Ulano), effetti sonori (Tom Bellfort e Cristopher Boyer), effetti speciali visivi (Robert Legato, Mark Lasoff, Thomas Fisher e Michael Kanfer).

Titanic, latitudine 41 Nord *** (*A Night to Remember*, Gb 1958, b/n, 123') Roy Ward Baker. Con Kenneth More, David McCallum, Jill Dixon, Laurence Naismith, Frank Lawton. ◆ Ricostruzione quasi documentaria della notte tra il 14 e il 15 dicembre 1912, quando un iceberg fece affondare il transatlantico orgoglio della marina inglese. Ottimamente sceneggiato da Eric Ambler (a partire dal romanzo omonimo di Walter Lord), il film è «la rappresentazione impotente di una tragedia» dove si mescolano destini politici (la fine del centralismo europeo) e storie particolari come quelle degli ufficiali che non riescono a evitare l'affondamento, ma anche quelle della povera gente, tenuta sotto coperta fino all'ultimo momento.

T-Men contro i fuorilegge **½ (*T-Men*, Usa 1947, b/n, 96') Anthony Mann. Con Dennis O'Keefe, June Lockhart, Alfred Ryder, Wallace Ford, Mary Meade. ◆ Per stroncare una potente banda di falsari, il dipartimento del Tesoro decide di infiltrare due dei suoi migliori agenti all'interno dell'organizzazione: uno (Ryder) morirà, ma l'altro (O'Keefe) porterà a termine la missione. Prodotto con la collaborazione del ministero del Tesoro e sceneggiato da John C. Higgins, il film evita la facile propaganda per raccontare con piglio documentaristico la vita degli agenti (i «Treasure Men», contratti in T-Men): nessun peso alle figure femminili e grande attenzione nel descrivere l'esperienza della violenza attraverso cui deve passare ogni eroe manniano (alcune scene, come quella della tortura di O'Keefe colpito a palme aperte su entrambe le orecchie, trasmettono allo spettatore la sensazione del dolore fisico). Da antologia l'assassinio iniziale, dove l'alternarsi di diversi campi, l'incalzare del montaggio e delle differenti inquadrature, l'atmosfera di paura e di tensione immergono da subito lo spettatore in un mondo implacabile «specchio deformante di una società che vorrebbe chiudere gli occhi sulla propria violenza». Grande fotografia di John Alton.

Tobruk ** (*Tobruk*, Usa 1967, col, 110') Arthur Hiller. Con Rock Hudson, George Peppard, Nigel Green, Guy Stockwell, Jack Watson, Leo Gordon. ◆ Seconda guerra mondiale: un colonnello americano (Hudson), con l'aiuto di un sabotatore ebreo (Peppard), cerca di far saltare il deposito di carburante di Rommel nel Sahara. Uno dei tanti film sulla seconda guerra mondiale prodotti negli anni Sessanta da un'America che – tra Corea e Vietnam – sembrava nostalgica di conflitti «meno pericolosi e più ordinati»: scritto dall'attore Leo Gordon, riprende lo schema dei *Cannoni di Navarone* ambientandolo nel deserto, con qualche ambizione in più e molti risultati in meno. La prima parte è lenta e dispersiva, la seconda si riscatta con scene realistiche di un certo interesse. Le scene migliori sono nell'ultima parte. Hiller dopo *Tobruk* girò *Love Story*.

Toby Tyler *½ (*Toby Tyler or Ten Weeks with a Circus*, Usa 1960, col, 96') Charles Barton. Con Kevin Corcoran, Henry Calvin, Gene Sheldon, Bob Sweeney, James Drury. ◆ All'inizio del secolo, il dodicenne Toby (Corcoran) fugge di casa per la severità degli zii adottivi: si unirà a un circo dove avrà successo come cavallerizzo prima che gli zii pentiti si riconcilino con lui. Produzione Disney destinata ai più giovani: buoni sentimenti, lacrimucce e pentimenti.

Toccarlo... porta fortuna *½ (*That Lucky Touch*, Gb 1975, col, 93') Christopher Miles. Con Roger Moore, Susannah York, Shelley Winters, Lee J. Cobb, Raf Vallone, Sydne Rome, Jean-Pierre Cassel. ◆ In vista delle grandi manovre Nato, giungono a Bruxelles il mercante di armi Michael Scott (Moore) e la giornalista antimilitarista Julia Richardson (York): lei gli manda a monte gli affari, lui le conquista il cuore. Insulsa commediola senza vero mordente, sorretta solo dal mestiere degli attori. Ultimo film di Lee J. Cobb.

Tocco della medusa, Il * (*The Medusa Touch*, Gb 1978, col, 110') Jack Gold. Con Richard Burton, Lee Remick, Lino Ventura, Marie-Christine Barrault, Derek Jacobi. ◆ Nonostante sia stato dichiarato clinicamente morto, il cervello di uno scrittore (Burton) continua a emettere i propri poteri telecinetici con cui vuole far crollare una cattedrale di Londra sopra i suoi fedeli. Tratto dal romanzo di Peter Van Greenaway, è «uno degli horror parapsicologici più ridicoli della storia del cinema», fagocitato dall'istrionismo di Richard Burton.

Tocco del male, Il *** (*Fallen*, Usa 1998, col, 124') Gregory Hoblit. Con Denzel Washington, Embeth Davidtz, John Goodman, Donald Sutherland, Elias Koteas, James Gandolfini, Gabriel Casseus, Aida Turturro. ◆ Un serial killer (Koteas) muore nella camera a gas: ma il detective John Hobbes (Washington), classico razionalista, non sa che la sua anima è libera di passare da un corpo all'altro al solo tocco, ed è avida di vendetta. Malgrado l'apparato mistico-esoterico, un thriller sull'orrore della folla e della metropoli, capace di trasmettere un'angoscia che resta dentro. E la sceneggiatura di Nicholas Kazan è davvero ingegnosa nel creare il soprannaturale senza baracconate o effetti speciali: con una sorpresa finale che, per una volta, non lascia delusi. Bel cast e regia efficiente. Il compositore classico cinese Tan Dun è autore dell'inquietante colonna sonora.

Tocco di classe, Un ** (*A Touch of Class*, Gb 1973, col, 105') Melvin Frank. Con George Segal, Glenda Jackson, Paul Sorvino, Hildegarde Neil, Cec Linder. ◆ Un taxi preso insieme fa conoscere Steve Blackburn (Segal), dirigente d'azienda sposato con due bambini, e la stilista Vicki Alessio (Jackson): i due diventeranno amanti ma dovranno combattere con i loro sensi di colpa. Una sorta di *Breve incontro* trasferito nel luccicante mondo della borghesia rampante sceneggiato dal regista con Jack Rose: situazioni scontate e un inevitabile moralismo di fondo. Resta solo la buona prova dei due protagonisti (Oscar alla Jackson come miglior attrice).

Todo Modo ** (Italia 1976, col, 130') Elio Petri. Con Gian Maria Volonté, Marcello Mastroianni, Mariangela Melato, Ciccio Ingrassia, Franco Citti, Tino Scotti, Renato Salvatori, Michel Piccoli. ◆ I notabili di un partito cattolico che detiene il potere da trent'anni si riuniscono nel convento di don Gaetano (Mastroianni) per un periodo di esercizi spirituali, in realtà per trattare una nuova spartizione del potere: misteriosi delitti e furti avvelenano l'atmosfera del microcosmo da cui uscirà vivo solo il «presidente» (Volonté) che si farà uccidere dal segretario. Tratto dall'omonimo romanzo di Leonardo Sciascia (sceneggiato dal regista), il film trasforma la «contemplazione del processo di autoestinzione dell'ideologia cattolica raccontata dal romanziere nella descrizione dell'autodistruzione politica della classe dirigente democristiana». Costruito come una commedia grottesca che sconfina nel simbolico e nel fantastico, il film rimane però vittima del suo stesso virulento pessimismo lasciando alla fine l'impressione di un'opera inutilmente apocalittica e narrativamente squinternata. Solita grande performance mimetica di Volonté, somigliantissimo ad Aldo Moro. Per la violenza delle accuse determinò una levata di scudi da parte della critica cattolica.

To', è morta la nonna! *½ (Italia 1969, col, 89') Mario Monicelli. Con Valentina Cortese, Riccardo Garrone, Sergio Tofano, Wanda Capodaglio, Carole André. ◆ La morte della titolare di una fabbrica di insetticidi (Capodaglio), uccisa per interesse dal marito (Tofano), scatena l'avidità di tutti i parenti che, nella caccia al bottino, cercheranno di eliminarsi a vicenda. Commedia gialla di scarsa ispirazione, benché gradevole e con alcuni spunti autenticamente comici, sceneggiato da Luisa Montagnana, Luigi Malerba, Stefano Strucchi e Mario Monicelli. Il film non ebbe alcun successo commerciale.

Tognazzi e la minorenne → *Ragazza di mille mesi, La*

Tokyo Decadence *** (*Tokyo Decadence Topaz*, Giappone 1991, col, 92') Ryu Murakami. Con Miho Nikaidoh, Sayoko Amano, Tenmei Kanou. ◆ Nel Giappone contemporaneo il benessere ha cancellato la dignità: e per Ai (Nikaido), prostituta specializzata in prestazioni sado- maso, conservarla è molto difficile. Murakami, noto romanziere, illustra un campionario di perversioni e di umiliazioni in cui, alla fine, cliente e prostituta si salutano sempre educatamente. Molto duro e sul filo dell'hardcore, ma senza compiacimenti pruriginosi: lo sguardo del regista è a un tempo distaccato e partecipe al punto di vista di Ai. La versione italiana, già sforbiciata qua e là (ma quasi mai nelle scene di sesso) taglia quasi 20' dello straordinario finale antonioniano (eliminando per intero dei personaggi), in cui Ai vaga per una Tokyo deserta alla ricerca del suo primo amore. Il film perde così parte della sua originalità. Colonna sonora di Ryuichi Sakamoto.

Tokyo Eyes – Gli occhi di Tokyo *½ (*Tokyo Eyes*, Francia/Giappone 1998, col, 90') Jean-Pierre Limosin. Con Shinji Takeda, Hinano Yoshikawa, Kaori Mizushima, Takeshi Kitano, Tetta Sugimoto, Ren Osugi, Yui Masayuki, Tanaka Fumiya. ◆ Un giovane giustiziere (Takeda) usa la pistola per spaventare chi commette cattive azioni; la sorella (Yoshikawa) di un poliziotto se ne innamora. Straniamento giapponese e frivolezza francese, giovanilismo da cinema indipendente internazionale e cinefilia tarantiniana (con tanto di comparsa del regista di *Hana-bi* nel ruolo più scontato, quello di uno yakuza): un cinema furbo e superficiale, pronto ad ammiccare alle mode ma con poco da dire. Sceneggiatura del regista e di Santiago Amigorena, Philippe Madral e Yuji Sakamoto.

Tokyo Fist **½ (*Tokyo Fist*, Giappone 1995, col, 87') Shinya Tsukamoto. Con Shinya Tsukamoto, Kahori Fujii, Kohji Tsukamoto, Naomasa Musaka, Naoto Takenaka, Tomoroh Taguchi. ◆ Dopo che un compagno di scuola (K. Tsukamoto), ora boxeur, gli ha soffiato la fidanzata (Fujii), il mite assicuratore Tsuda (S. Tsukamoto) inizia ad allenarsi in palestra: ma la ragazza, che sviluppa una passione per il piercing, rende la vita impossibile anche all'altro. Nella Tokyo asettica dei grattacieli la lotta tra i sessi si risolve a suon di pugni, e i contendenti vengono ridotti a grotteschi mascheroni alla Bacon: dopo il cyberpunk dei due *Tetsuo*, Tsukamoto cerca nuovi temi, conservando la sua sensibilità cronenberghiana per i lati oscuri della vita moderna e soprattutto il suo stile alogico e metaforico. Crudele fino all'assurdo, ma con una nota di humour nero più esplicita, anche se fatto apposta per spiazzare gli spettatori. Come al solito Tsukamoto fa quasi tutto, tranne la musica (di Chu Ishikawa), e fa interpretare il rivale dal proprio fratello.

Tokyo-Ga *½ (*Tokyo-Ga*, Rft/Usa 1986, col, 85') Wim Wenders. Con Wim Wenders, Werner Herzog, Chisu Ryu, Yuharu Atsuta. ◆ Un documentario di viaggio, uno sguardo freddo e lucido sul Giappone, sui suoi simulacri (le slot machine, le false pietanze che vengono confezionate ed esposte nelle vetrine dei ristoranti, i campi di golf sui tetti degli edifici), sulle sue tradizioni, sul cinema di uno dei più grandi cineasti nipponici – Yasujiro Ozu – rievocato attraverso le accorate e commosse parole del suo direttore della fotografia, Yuharu Atsuta, e del suo attore preferito, Chishu Ryu. Un film intelligente e penetrante, dove Wenders descrive con efficacia e precisione le allucinazioni cromatiche e sonore del Giappone di oggi, mettendole nella seconda parte indirettamente a confronto con le atmosfere del cinema di Ozu, nel quale le inquietudini raramente riuscivano a scuotere la tranquillità dell'universo familiare.

Tokyo Gang * (*Itsuka giragira suru hi*, conosciuto anche col titolo inglese *Double Cross*, Giappone 1992, col, 108') Kinji Fukasaku. Con Kazuya Kimura, Keiko Oginome, Kenichi Hagiwara, Yumi Takigawa. ◆ Kadomachi (Kimura), bullo coi capelli ossigenati, e Mai (Oginome), squinzietta petulante, fregano i loro compagni di rapina tenendosi il grosso del bottino: ma come possono sperare di farla franca, scemi come sono? Personaggi decerebrati in un film decerebrato, ridicolo e sopra le righe: niente di più che la brutta copia di un poliziesco di Hong Kong. È incomprensibile che, al posto dei film di Kitano, siano simili ciofeche ad arrivare sui nostri schermi.

Tokyo Joe *½ (*Tokyo Joe*, Usa 1949, b/n, 88') Stuart Heisler. Con Humphrey Bogart, Alexander Knox, Florence Marly, Sessue Hayakawa. ◆ Un aviatore americano (Bogart) torna a Tokyo dopo la fine della guerra per cercare la moglie che aveva abbandonato (Marly) e la scopre sposata con una figlia: finito nelle mani di alcuni ricattatori, sacrificherà la vita per salvare quella della bambina. Secondo, e peggiore, film prodotto dalla Santana, la casa di produzione dell'attore: realizzato secondo le più trite regole del genere con un Bogart per niente convincente.

Tolérance ** (*Tolérance*, Francia 1989, col, 107') Pierre-Henry Salfati. Con Ugo Tognazzi, Rupert Everett, Anne Brochet, Marc de Jonge, Laszlo Szabo, Olimpia Carlisi. ◆ All'epoca del Direttorio, il nobile Marmont (Tognazzi), appassionato di gastronomia, si intestardisce a convertire ai piaceri terreni un sedicente asceta (Everett) che la moglie Tolérance (Brochet) si è portata in casa per nutrire il proprio spirito: mal gliene incoglie. Ricostruzione storica sontuosa (i piatti di Marmont fanno concorrenza a quelli di Babette) con ambizioni di parabola sugli eccessi e le mode della società d'oggi: gradevolmente impacchettata, e con la malinconia che nasce dal vedere Tognazzi, per l'ultima volta (e non in Italia) sugli schermi.

Tolgo il disturbo ** (Italia 1990, col, 100') Dino Risi. Con Vittorio Gassman, Dominique Sanda, Elliott Gould, Maurizio Fardo, Eva Grimaldi, Valentina Holtkamp, Monica Scattini. ◆ Dopo diciotto anni di manicomio, l'ex direttore di banca Augusto Scribani (Gassman) torna a casa ma trova solo l'ostilità di tutti, a eccezione di quella della nipotina Rosa (Holtkamp) che lo seguirà anche in una innocua (e temporanea) fuga in campagna. Scritto da Risi con Enrico Oldoini e Bernardino Zapponi, il film vorrebbe essere una riflessione acida e disincantata sui mali della nostra società, incapace di capire il candore di vecchi e bambini, ma finisce per scivolare in una vena sentimentale che rischia di stancare. Davvero straordinaria l'interpretazione di Vittorio Gassman, a metà fra ironia e malinconia.

Tom & Viv *½ (*Tom & Viv*, Gb 1994, col, 125') Brian Gilbert. Con Willem Dafoe, Miranda Richardson, Rosemary Harris, Tim Dutton, Nickolas Grace, Geoffrey Bayldon, Clare Holman, Philip Locke, Joanna McCallum, Ioseph O'Connor. ◆ Il disastroso matrimonio del poeta americano Thomas Stearns Eliot (Dafoe), autore di *La terra desolata*, e della sua prima moglie, Vivienne Heigh Wood (Richardson), eccentrica aristocratica inglese: lui è distaccato ed egoista, lei scivola verso la pazzia. Uno straziante cineromanzo britannico che si rifugia nell'esattezza della ricostruzione ambientale (ma senza avere la raffinata maniacalità di Ivory) per sostenere alla meglio un trito repertorio coniugal-intellettuale di incomprensioni, freddezze e nevrosi senza rimedio (di letterario c'è ben poco, e quel poco è scontato; di verità storica nemmeno l'ombra, dicono gli esperti: è un cineromanzo, appunto). La Richardson è efficace anche se costretta a recitare sopra le righe, mentre Dafoe, impacciato e improbabile, è un errore di casting.

Tomba di Ligeia, La **½ (*Tomb of Ligeia*, Usa/Gb 1965, col, 81') Roger Corman. Con Vincent Price, Elizabeth Shepherd, John Westbrook, Richard Vernon, Oliver Johnson, Derek Francis. ◆ Dopo la morte della moglie Ligeia, sir Verden Fell (Price) si risposa con lady Rowena (Shepherd), ma la presenza della defunta incombe sulla coppia e strani fenomeni sconvolgono la loro vita. Ottavo e ultimo adattamento da un racconto di E.A. Poe (qui *Ligeia*, sceneggiato da Robert Towne), il film mescola l'incubo che nasce dal terrore dell'anima con lo humour («Ma lei non ride mai, signor Fell?». «Solo di me stesso») riuscendo a creare un thriller gotico-psicologico di grande effetto che ruota attorno alla magistrale interpretazione di Vincent Price. La produzione, qui, è particolarmente ricca grazie anche a numerose scene girate in esterno (nell'abbazia abbandonata presso Norfolk), pressoché inesistenti ne gli altri film ispirati al grande scrittore fantastico.

Tombe dei resuscitati ciechi, Le ** (*La noche del terror ciego*, Spagna/Portogallo 1972, col, 97') Amando de Ossorio. Con Cesar Burner, Lone Fleming, Helen Harp, José Thelman, Maria Silva, Antonio Orengo, Rufino Inglés, Juan Cortés, Simon Arriaga «Garibaldi». ◆ Un'incauta turista va a dormire sul sito di un cimitero di templari, che nottetempo escono dalle tombe in cerca di sangue fresco: i suoi amici indagano, ma attorno vige l'omertà. Imitazione di *La notte dei morti viventi* con iconografia controriformista, a tratti suggestiva: gli zombi assomigliano alle mummie della Cripta dei Cappuccini e vanno a cavallo, sempre al ralenti. Ma la sceneggiatura (del regista) è ingenua, e i fan (che ne parlano come del migliore horror spagnolo di tutti i tempi) tendono a sopravvalutarlo. Una specie di sequel: *La cavalcata dei resuscitati ciechi*.

Tombolo, paradiso nero *** (Italia 1947, b/n, 95') Giorgio Ferroni. Con Aldo Fabrizi, John Kitzmiller, Adriana Benetti, Luigi Tosi, Elio Steiner, Nada Fiorelli, Dante Maggio, Luigi Pavese, Franca Marzi, Saro Urzì. ◆ Subito dopo la guerra, nella pineta di Tombolo diventata il deposito generale dell'esercito americano, un padre (Fabrizi) lotta con tutte le sue forze per strappare la figlia (Benetti) alla prostituzione. Da un articolo di Indro Montanelli, che poi collaborò ai dialoghi, uno dei migliori esempi del cosiddetto «neorealismo nero» (prima c'era stato *Il bandito* di Lattuada, poco dopo ci sarà *Senza pietà*, ancora di Lattuada, ambientato proprio a Tombolo: per scriverne la sceneggiatura Tullio Pinelli e Federico Fellini effettuarono dei sopralluoghi sul set del film di Ferroni). Paradiso dell'abbondanza, ma anche infernale luogo di perdizione, la pineta fu utilizzata come set grazie alla mediazione dello stesso Kitzmiller, ufficiale della V Armata. Nella finzione Kitzmiller costituì l'avamposto neorealista in territorio americano, l'ideale interprete made in Usa del nostro cinema di quegli anni, torbido come il copione spregiativo richiedeva per un «negro», ma anche dotato di un'eroica e solitaria tragicità. Gli fa da controcanto l'ormai classico Aldo Fabrizi, con tutta l'autorità del suo fresco passato partigiano sul grande schermo. I due attori avevano già girato insieme *Vivere in pace* di Zampa.

Tombstone *½ (*Tombstone*, Usa 1993, col, 129') George Pan Cosmatos. Con Kurt Russell, Val Kilmer, Sam Elliott, Bill Paxton, Powers Boothe, Michael Biehn, Stephen Lang, Dana Delany, Paula Malcomson, Dana Wheeler-Nicholson, Lisa Collins, Joanna Pacula, Billy Zane, Tomas Arana, Pedro Armendariz jr. ◆ Ex sceriffo di Dodge City, Wyatt Earp (Russell) arriva a Tombstone con i fratelli Virgil e Morgan (Elliott e Paxton) e le rispettive mogli Mattie, Louisa e Allie (Wheeler-Nicholson, Collins e Malcomson) per aprire una casa da gioco, ma la prepotenza di Ike Clanton (Lang) e Johnny Ringo (Biehn) gli impedisce di vivere in pace. Non basterà la sfida all'O.K. Corral tra i fratelli Earp più Doc Holliday (Kilmer) da una parte e la banda Clanton dall'altra a risolvere tutto: ci saranno altri morti, Mattie compresa, per arrivare a una vecchiaia felice che Wyatt vivrà accanto all'amata attrice Josephine (Delany). Voleva essere la prima ricostruzione storicamente attendibile della più famosa sfida di tutta la mitologia western, ma francamente interessa veramente a pochi se il duello svoltosi il 26 ottobre 1881 è durato solo una manciata di secondi. Girato in fretta per bruciare l'uscita del *Wyatt Earp* con Kevin Costner, il film si dilunga in inutili cavalcate e scontati discorsi sull'ineluttabilità della violenza, per concludersi con un finale mieloso che sarà anche verosimile ma non convince nessuno. Particina-omaggio per Charlton Heston nel ruolo dell'allevatore Henry Hooker. Nell'edizione originale, la voce che accompagna le scene documentarie all'inizio del film è di Robert Mitchum.

Tom, Dick e Harry **½ (*Tom, Dick and Harry*, Usa 1941, b/n, 86') Garson Kanin. Con Ginger Rogers, George Murphy, Burgess Meredith, Alan Marshall, Joe Cunningham, Phil Silvers. ◆ Intraprendente centralinista (Rogers) non sa decidersi fra tre appassionati corteggiatori, un noioso venditore di automobili (Murphy), un eccentrico milionario (Marshall) e un sognatore idealista (Meredith). Commedia allegra e spigliata con almeno una scena indimenticabile: il sogno in cui la centralinista immagina quale sarebbe il suo destino se si sposasse con uno dei tre e con tutti e tre insieme (cucine da incubo, bambini urlanti su seggioloni giganteschi e i tre mariti sotto la doccia che cantano *Down By the Old Mill Stream*). Rifatta sedici anni dopo da Mitchell Leisen (*Siete tutti adorabili*).

Tom e Jerry – Il film *½ (*Tom and Jerry – The Movie*, Usa 1992, col, 84') Phil Roman. ◆ Nemici giurati, il gatto Tom e il topolino Jerry si alleano per una volta per aiutare la povera orfanella Robin a ritrovare il padre esploratore e a liberarsi dall'interessata tutela di un'avida zia. Con la supervisione di Joseph Barbera (che insieme a William Hanna inventò nel 1940 questa straordinaria coppia), la Mgm di Ted Turner rispolvera i due eterni nemici a cartoni animati, ma ne snatura completamente lo spirito: diventati alleati, Tom e Jerry non innescano più quell'esplosione di gag che il loro odio giustificava e se conquistano il Paradiso delle buone azioni, perdono l'Inferno delle risate.

Tom Horn *** (*Tom Horn*, Usa 1980, col, 98') William Wiard. Con Steve McQueen, Linda Evans, Richard Farnsworth, Billy Green Bush, Slim Pikens, Elisha Cook jr. ◆ Per difendere il bestiame dai ladri un gruppo di allevatori del Wyoming assolda Tom Horn (McQueen), ma dopo aver portato a termine il suo compito il pistolero diventa un peso per gli allevatori: con la connivenza di uno sceriffo corrotto lo accuseranno di un delitto che non ha commesso e lui, deluso, rifiuterà di difendersi. Tratto dalle memorie dello stesso Tom Horn sceneggiate da Thomas McGuane e Bid Shrake, il film è l'ultima grande interpretazione di McQueen che riesce a trasmettere il dramma di un uomo sperduto in un'epoca che non è più la sua. Secco e crepuscolare, è una delle opere che meglio demitizza la falsa epica del western.

Tom Jones *** (*Tom Jones*, Gb/Usa 1963, col, 129') Tony Richardson. Con Albert Finney, Susannah York, Hugh Griffith, Edith Evans, Diane Cilento, David Warner, Joyce Redman, George Devine. ◆ La vita movimentata del trovatello Tom (Finney) che cresce con la famiglia del nobile signor Allworthy (Devine), amato dalle donne e odiato dal fratellastro Blifil (Warner): per colpa della sua vivacità sessuale – e di un'ignobile macchinazione di Blifil – rischierà di finire sulla forca, ma alla fine scoprirà di essere un nobile e potrà sposare l'amata Sophie (York). Tratto dal romanzo omonimo di Henry Fielding, liberamente sceneggiato dal drammaturgo John Osborne, il film permette a Richardson di scatenare la sua fantasia cinematografica e la sua capacità satirica. Il vitalismo picaresco con cui il romanzo vetrioleggia le strutture sociali e morali inglesi trova nel film una sintesi colorita, capace di descrivere un mondo borghese sanamente materialistico dove ogni ideale è messo in ridicolo. Questa irriverenza, poi, è sottolineata dalla libertà espressiva del linguaggio filmico, perfettamente in sintonia con l'evoluzione del Free Cinema: una caccia girata con la macchina a mano, fotogrammi fissi, scene accelerate come nelle vecchie comiche, Tom che parla in macchina e copre l'obiettivo con il suo tricorno. Senza dimenticare l'esplicita e incessante esaltazione delle attività sessuali, come nella scena celeberrima in cui Tom e la signora Walters (Redman) mangiano affidando al cibo una sensualità che cresce sempre di più. Prodotto in Inghilterra con finanziamenti hollywoodiani (United Artists), il film ebbe un insperato successo e fece di Richardson e Finney due star internazionali. Quattro Oscar: miglior film, regia, sceneggiatura e colonna sonora (John Addison).

Tommy *** (*Tommy*, Gb 1975, col, 108') Ken Russell. Con Roger Daltrey, Ann-Margret [Ann Margaret Olsson], Oliver Reed, Elton John, Eric Clapton, Tina Turner, Keith Moon, Jack Nicholson, Robert Powell, Paul Nicholas. ◆ Traumatizzato dalla morte del padre, Tommy (Daltrey) diventa sordo, cieco e muto. Passa attraverso una serie di dolorose esperienze – l'incontro con la regina dell'Lsd (Turner), le torture del cugino Kevin (Nicholas), la violenza dello zio Ernie (Moon) – poi diventa una celebrità battendo l'invincibile Pinball (John) a flipper e ritrova i propri sensi, ma è solo quando si libera dell'avidità della madre e del patrigno (Margret e Reed) che Tommy sarà veramente libero e padrone di se stesso. Coloratissima versione dell'omonima opera rock di Pete Townshend e degli Who prodotta da Robert Stingwood, dove Ken Russell usa la sua scatenata fantasia per dare immagini alla voglia di purezza e religiosità della generazione rock. Ne esce un film ridondante e kitsch, ma anche energetico e ritmatissimo, da cui si stacca la performance di Elton John, che canta *Pinball Wizard*. Comparsata di lusso per Nicholson come medico specialista. Pete Townshend interpreta se stesso. È il primo film a utilizzare il sistema stereo Dolby.

Tommy Boy ** (*Tommy Boy*, Usa 1995, col, 97') Peter Segal. Con Chris Farley, David Spade, Brian Dennehy, Bo Derek, Dan Aykroyd, Julie Warner. ◆ Tommy Callaghan (Farley), ciccione buono a nulla, si ritrova con una laurea strappata con le unghie e la fabbrica del padre (Dennehy) da mandare avanti: lo aiuterà uno yuppie acidino (Spade), che prima lo disprezza e poi diventa il suo migliore amico. Sbarco al cinema di due comici del Saturday Night Live: umorismo elementare a base di capocciate e scivoloni, radiografia sociale a tratti preoccupante, ma una certa verve, un pelo sopra la media di questo genere di film.

Tom Sawyer ** (*Tom Sawyer*, Usa 1973, col, 104') Don Taylor. Con Johnnie Whitaker, Celeste Holm, Warren Oates, Jeff East, Jodie Foster. ◆ Le avventure di Tom Sawyer (Whitaker) e dei suoi amici Huck Finn (East) e Becky Thatcher (Foster), uniti dal piacere di non far niente (come dice il numero musicale più bello, *Freebootin*) e giocare qualche scherzo alla zia Polly (Holm). Versione musicale dell'omonimo romanzo di Mark Twain già portato sullo schermo nel 1938 (*Le avventure di Tom Sawyer*). Buoni attori ma insormontabile sensazione di già visto. Musiche dei fratelli Richard e Robert Sherman, autori anche della sceneggiatura.

Toni ***½ (*Toni*, Francia 1934, b/n, 84') Jean Renoir. Con Charles Blavette, Jenny Hélia, Célia Montalban, Max Dalban, Edouard Delmont, Andrex [André Jaubert], André Kovachevitch, Paul Buzzi. ◆ Toni (Blavette), cavapietre italiano emigrato a Martigues, sposa la sua affittacamere Marie (Hélia), pur essendo sempre innamorato della focosa Josefa (Montalban), che ha sposato il capomastro Albert (Dalban), che l'ha violentata. Dopo il tentato suicidio della moglie, Toni cerca di riannodare con Josefa, che medita di uccidere il marito. A morire nel modo più stupido, nel finale, sarà il più innocente. Ispirandosi a un fatto di cronaca, Renoir ha girato una tragedia asciutta e straziante, dove il suo sguardo lotta tra l'adesione simpatetica e la freddezza entomologica. Rivalutato come precursore del neorealismo (Renoir girò sui luoghi dell'azione, servendosi di molti non professionisti), il film finisce però col perdere di vista le motivazioni sociali dell'azione. A Renoir interessa soprattutto riflettere sulle pulsioni elementari e violente – a cominciare dall'eros – che muovono la vita umana, e portano inevitabilmente alla morte, trasformando, nella sceneggiatura scritta con Carl Einstein, lo spunto cronachistico in un autentico studio sulla mediterraneità (ci sono italiani, francesi, spagnoli) vessata da ingombranti eredità culturali (patriarcato, superstizione, fatalismo) e mortificanti condizioni sociali (emigrazione, sfruttamento, violenza). Tragedia intemporale (tant'è che alla fine ritorna al punto di partenza: l'arrivo di nuovi immigrati), quindi, dove però i protagonisti non sono figurine di un dramma a tesi, ma veri uomini fatti di carne e sangue, e pieni di contraddizioni. Colpisce ancora adesso la sensualità di scene come quella di Josefa che seduce Toni, facendosi succhiare la schiena dove l'ha punta una vespa. Girato d'estate, in un mese, negli studi di Marcel Pagnol a Marsiglia: la fotografia è di Claude Renoir, il montaggio di Marguerite Renoir e come «stagiaire» è accreditato Luchino Visconti, che in seguito dovrà non poco a questa esperienza (in *Ossessione*, ma anche in *Rocco e i suoi fratelli*).

Tony Arzenta *½ (Italia/Francia 1973, col, 113') Duccio Tessari. Con Alain Delon, Richard Conte, Carla Gravina, Marc Porel, Roger Hanin, Nicoletta Machiavelli, Guido Alberti. ◆ Un killer professionista, Tony Arzenta (Delon), si vede uccidere moglie e figlio dall'«organizzazione» quando decide di cambiar vita: non gli resta che riprendere le armi e vendicarsi. Grosso budget e riprese in mezza Europa per ridare smalto al poliziesco all'italiana, ma il risultato è deludente.

Tootsie *** (*Tootsie*, Usa 1982, col, 116') Sydney Pollack. Con Dustin Hoffman, Jessica Lange, Teri Garr, Charles Durning, Bill Murray, Dabney Coleman, George Gaynes. ◆ Cronicamente disoccupato, l'attore Michael Dorsey (Hoffman) si traveste da donna e come Dorothy Michaels ottiene una parte in una soap-opera diventando anche la stella del programma con le sue battute femministe. Fino a quando gli equivoci con la fidanzata (Garr), la compagna di lavoro Julie (Lange) – di cui si è innamorato – e il padre di lei (Durning) che invece vorrebbe sposarlo/la diventano ingestibili... Utilizzando il tema della femminilità e del rapporto tra i sessi così com'erano stati affrontati dal movimento delle donne negli anni Settanta (Michael femminilizzandosi scopre una parte nascosta di sé e impara anche a essere più rispettoso dell'altro sesso), Pollack dirige una commedia burlesca, troppo controllata per essere davvero una farsa, ma adattando con grande intelligenza uno degli incubi freudiani di Hollywood al mondo asessuato della televisione e delle sue telenovelas. Dustin Hoffman è perfetto nella parte e il copione è costruito come un orologio (sceneggiatura di Larry Gelbart e Murray Schisgal da un soggetto di Gelbart e Don McGuire), ma forse «la sua lezione arriva un po' in ritardo e con una spregiudicatezza relativa». Sydney Pollack interpreta la parte dell'agente George Fields. Debutto di Geena Davis nel ruolo di April. Oscar per la miglior attrice non protagonista (Jessica Lange).

Topaz ° (*Topaz*, Usa 1969, col, 108') Alfred Hitchcock. Con John Forsythe, Michel Piccoli, Philippe Noiret, Frederick Stafford, John Vernon, Roscoe Lee Browne, Dany Robin, Karin Dor. ◆ Per conto della Cia l'agente segreto francese André Devereaux (Stafford) in missione a Cuba rivela con prove inequivocabili l'esistenza sull'isola di missili sovietici e smaschera l'organizzazione Topaz che all'interno della Nato lavora per i russi. Tratto dal romanzo omonimo di Leon Uris, sceneggiato da Samuel Taylor, è il film meno convincente tra gli ultimi girati da Hitchcock (che lo definì «un vero disastro»), schiacciato dalle implicazioni politiche che finiscono per rendere troppo schematici i protagonisti e da una sceneggiatura che neppure il regista sapeva come concludere: girò cinque versioni del finale e l'edizione statunitense in laser disc ne riporta tre. Hitchcock si vede trasportato nel terminal di un aeroporto su una carrozzella per invalidi, da cui si alza e si allontana con passo spedito.

Topaze ** (*Topaze*, Francia 1950, b/n, 135') Marcel Pagnol. Con Fernandel [Fernand Contandin], Hélène Perdrière, Jacques Morel, Pierre Larquey, Jacqueline Pagnol, Marcel Vallée, Jacques Castelot. ◆ Il timido maestro Topaze (Fernandel), dopo essere stato licenziato per la sua onestà dalla scuola in cui insegna, accetta – anche per le grazie dell'ambigua Suzy (Perdrière) – di fare da segretario a Régis Castel-Vernac (Morel): ma da uomo di paglia saprà trasformarsi in spregiudicato uomo d'affari, soffiando a Régis lavoro e amante. Terza versione della commedia omonima di Pagnol e seconda diretta dallo stesso autore (ma di quella del 1936 con Arnaudy nel ruolo principale non ne esiste più una copia), il film denuncia la sua origine teatrale con una eccessiva verbosità e un certo schematismo nella trasformazione di Topaze da ingenuo a cinico. Fernandel, poi, è molto più convincente come umile istitutore che nei panni del pescecane della finanza. La prima versione, del 1932, diretta da Louis Gasnier, era interpretata da Louis Jouvet più a suo agio, invece, dopo la metamorfosi morale.

Top Gun *½ (*Top Gun*, Usa 1986, col, 110') Tony Scott. Con Tom Cruise, Kelly McGillis, Val Kilmer, Anthony Edwards, Tom Skerritt, Tim Robbins, Meg Ryan. ◆ Il tenente Pete «Maverick» Mitchell (Cruise) è ammesso alla scuola di piloti Top Gun dove si impara a guidare gli F-14 Tomcat: tra la corte alla professoressa di astrofisica (McGillis) e la morte di Nick (Edwards), da lui involontariamente provocata, Pete vincerà un duello aereo con un Mig-28 sovietico. La più smaccata propaganda reaganiana (su sceneggiatura di Jim Cash e Jack Epps jr), con i piloti della Top Gun presentati come cavalieri della Tavola Rotonda senza macchia né paura mentre i cattivissimi sovietici sono perfidi nemici senza sguardo, sempre celati dietro occhialoni scuri. Riprese spettacolari nei cieli e sulla portaerei Enterprise per una stupida e patinata saga militare che ebbe (ahinoi) gran successo di botteghino. Oscar per la miglior canzone a *Take My Breath Away* (Giorgio Moroder e Tom Whitlock).

Topi, I **½ (*Die Ratten*, Rft 1955, b/n, 97') Robert Siodmak. Con Maria Schell, Curt Jurgens, Heidemarie Hatheyer, Gustav Knuth, Ilse Steppard. ◆ Nella Berlino del dopoguerra, Pauline (Schell), abbandonata dal suo amante, accetta per soldi di dare il proprio neonato ad Anna (Hatheyer) che non vuole confessare al proprio marito di aver abortito. Pauline tornerà pentita, ma si vedrà obbligata a commettere un omicidio prima di riuscire a riprendere il piccolo. Siodmak rilegge l'omonimo melodramma naturalistico di Gerhart Hauptmann (scritto nel 1911) e sceneggiato da Jochen Huth adattandolo all'atmosfera di disfacimento della Berlino distrutta dalla guerra per mettere in evidenza, al di là di una trama convenzionale ed eccessiva, le tensioni sottilmente ricattatorie che innescano i comportamenti sessuali e la voglia di vendetta delle persone.

Topi del deserto, I ** (*The Desert Rats*, Usa 1953, b/n, 87') Robert Wise. Con Richard Burton, James Mason, Robert Newton, Chips Rafferty. ◆ Nell'Africa settentrionale l'avanzata delle truppe di Rommel (Mason) verso Suez è contrastata solo dalla Nona Divisione australiana nella fortezza di Tobruk, comandata dal capitano McRoberts (Burton) che si distingue per coraggio e intelligenza: nell'azione più pericolosa sarà salvato dall'arrivo dei nostri con tanto di trombe e tamburi. Collage di episodi bellici non ben amalgamati, più ricco di scoppi ed esplosioni che di veri colpi di scena. Mason ritorna nei panni di Rommel che aveva già indossato in *Rommel: la volpe del deserto* di Hathaway.

Topkapi **½ (*Topkapi*, Usa 1964, col, 120') Jules Dassin. Con Melina Mercouri, Peter Ustinov, Maximilian Schell, Robert Morley, Akim Tamiroff, Gilles Segal. ◆ L'affascinante avventuriera Elizabeth Lipp (Mercouri) e il suo amico William Walter (Schell) organizzano il furto di un prezioso pugnale custodito nel museo Topkapi di Istanbul. Nonostante l'accurata preparazione, due banali errori faranno fallire il colpo. Tratto dal romanzo omonimo di Eric Ambler sceneggiato da Monja Danischewsky, il film ripropone in chiave umoristica le atmosfere di *Rififi* (diretto da Dassin nel 1954) giocando con il dialogo e le differenze linguistiche dei protagonisti per ottenere effetti comici e originali suspense. Jules Dassin interpreta il poliziotto turco che ha un esilarante scontro lessicale con sir Cedric (Morley). Premio Oscar come miglior attore non protagonista a Peter Ustinov.

Topo, El *½ (*El topo*, Messico 1971, col, 125') Alejandro Jodorowsky. Con Alejandro Jodorowsky, Jacqueline Luis, Mara Lorenzio, David Silva, Alfonso Arau. ◆ Un villaggio messicano, tenuto in scacco da quattro pistoleros, è liberato da «el topo» (Jodorowsky), uno stranissimo esempio di eroe anticonvenzionale («topo» è la talpa, che quando arriva alla luce è accecata). Cruento e stralunato, il film vuole applicare la vena surreale e mistica di Jodorowsky al filone western, già filtrato attraverso gli eccessi del sottogenere «all'italiana», ma il delirio è troppo personale per coinvolgere lo spettatore.

Topo Galileo *½ (Italia 1987, col, 98') Francesco Laudadio. Con Beppe Grillo, Jerry Hall, Eros Pagni, Athina Cenci, Paolo Bonacelli, Mino Bellei, Renato Cecchetto, Michele Mirabella, Dagmar Lassander. ◆ Giuseppe Maria Galileo (Grillo), specialista in derattizzazioni, è incaricato di catturare la cavia Sigfrido fuggita dal laboratorio di una supermilitarizzata centrale nucleare. Ma Galileo finirà nella vasca di plutonio e diventerà anch'egli una cavia. Su un soggetto di Stefano Benni, sceneggiato con Beppe Grillo, il film vorrebbe essere un apologo antinucleare, ma è troppo schematico e diretto senza idee per essere convincente. Curiosa solo la prima parte con qualche divertente parodia della fantascienza.

Topolino sotto sfratto, Un ** (*Mouse Hunt*, Usa 1997, col, 97') Gore Verbinski. Con Nathan Lane, Lee Evans, Vicki Lewis, Christopher Walken, Maury Chaykin, Erich Christmas, Michael Jeter, Debra Christofferson, Camilla Soeberg. ◆ Alla morte del padre, due fratelli (Lane e Evans) credono di aver ereditato una baracca: in realtà l'edificio diroccato è un capolavoro d'architettura che vale miliardi, a patto di riuscire a sloggiare il roditore che lo abita. Tra le comiche e il cartoon (ma non manca qualche ironica incursione nell'horror), un film allegramente divertente prodotto dalla DreamWorks: nessuna stucchevole umanizzazione del topo, un ritmo scatenato (il regista viene dalla pubblicità), una coppia di attori indovinata e una gustosa partecipazione di Christopher Walken nella parte del deratizzatore Caesar. La sceneggiatura è di Adam Rifkin.

Top Secret! ** (*Top Secret!*, Usa 1984, col, 90') Jim Abrahams, Jerry Zucker, David Zucker. Con Val Kilmer, Lucy Gutteridge, Christopher Villiers, Jeremy Kemp, Omar Sharif, Peter Cushing. ◆ Arrivata a Berlino Est per una tournée, una rockstar americana (Kilmer) si trova coinvolta nel complicato intrigo spionistico del generale Stress (Kemp) che tiene prigioniero uno scienziato francese. Sgangherata parodia del cinema di spionaggio, scritta e diretta dai tre autori dell'*Aereo più pazzo del mondo*: la loro comicità demenziale si regge su gag fulminanti (cavalli tedeschi che cantano, stazioncine ferroviarie che si muovono sui binari, la rissa nel saloon subacqueo), ma anche su una verbosità ai limiti del dileggio (i sottotitoli italiani all'inno ufficiale della Ddr). La fantasia dei tre registi comincia a mostrare la corda.

Tora! Tora! Tora! **½ (*Tora! Tora! Tora!*, Usa/ Giappone 1970, col, 143') Richard Fleischer, Toshio Masuda e Kinij Fukusaku. Con Joseph Cotten, Martin Balsam, Jason Robards, Toshio Masuda, Kinji Fukasuku, Soh Yamamura, E.G. Marshall, George Macready. ◆ Il Giappone, alleato della Germania nazista, si prepara ad allargare il conflitto bellico anche agli Usa, ma gli americani sottovalutano il pericolo e il 7 dicembre 1941 l'aviazione nipponica attacca la base di Pearl Harbor distruggendo la flotta statunitense. Tratto dall'omonimo romanzo di Gordon A. Prange (sceneggiato da Larry Forrester, Hideo Oguni, Ryuzo Kikushima), il film ricostruisce, con precisione documentaria, quei giorni cruciali: l'inizio è lento, ma la rievocazione dell'attacco è grandiosa e regia e montaggio (di James A. Newcom, Inoe Chikaya e Pembroke J. Herring) riescono a creare una grande suspense. Oscar per i migliori effetti speciali (L.B. Abbott e A.D. Flowers). Nel film doveva essere coinvolto anche Kurosawa che abbandonò il set dopo tre settimane per ragioni di salute.

Torbida passione *** (*The Brothers*, Gb 1947, b/n, 91') David MacDonald. Con Patricia Roc, Will Fyffe, Maxwell Reed, Finlay Currie, Duncan Macrae, John Lurie. ◆ Isola di Skye, 1900: Mary (Roc), una giovane orfana assunta come cameriera da una famiglia che distilla whisky illegalmente, respinge le avances del primogenito John (Macrae) perché attratta dal fratello Fergus (Reed), ma non disdegna la corte di un membro di una famiglia rivale, scatenando una serie di gelosie che si concluderanno tragicamente. «Un film tranquillamente superiore alla maggior parte degli Hawks e dei Walsh tanto ricercati dagli intenditori della teoria dell'autore», per chi legge *Torbida passione* come un equivalente britannico del western hollywoodiano. In tal senso, l'intreccio è effettivamente organizzato per contrasti al maschile (contro la legge, la natura, gli altri uomini), che però si riducono a nulla di fronte alla presenza insidiosa di una dark lady ante litteram (dunque oltre al western c'è anche il noir, in auge all'epoca negli Usa). A questa va aggiunta la componente melodrammatica che in un'ottica femminista vede Mary – tiranneggiata, picchiata e infine uccisa dalla famiglia presso cui presta servizio – come la vittima senza scampo di una società patriarcale che non può tollerare la sua libertà di desiderio. Ottimo il cast, con l'eccezione dell'attrice protagonista. Ma forse è proprio la sostanziale inespressività di Patricia Roc ad aprire il film a diverse letture. Sceneggiatura del regista e Muriel e Sydney Box. La versione originale durava 98'.

Torbide ossessioni ** (*The Underneath*, Usa 1996, col, 100') Steven Soderbergh. Con Peter Gallagher, Alison Elliot, William Fichtner, Elizabeth Shue, Joe Don Baker, Paul Dooley, Adam Trese. ◆ Austin, Texas: Michael Chambers (Gallagher), ridotto al lastrico dalle scommesse, si fa assumere come trasportavalori, e progetta il colpo perfetto, scegliendo come complici la sua amante Rachel (Elliot) e il suo violento marito Tommy (Fichtner): ovvio che tutto nasca sotto una cattiva stella. Che cosa aveva in mente Soderbergh portando sullo schermo il romanzo di Daniel Fuchs (adattato da Sam Lowry) che aveva già ispirato il classico *Doppio gioco* di Siodmak? C'è di tutto: una strizzata d'occhio ai noir erotici che vanno di moda, un esercizio manieristico sui flashback, una riflessione un po' vecchiotta sul caso e il fato, un gran lavoro sui primi piani (notevole la sequenza di Chambers immobilizzato in ospedale). Come sempre succede con questo regista, non si sa mai se diffidare o stare al gioco. Shelley Duvall è l'infermiera; la lussuosa fotografia è di Elliot Davis.

Torbidi amori * (*Dark Delusion*, Usa 1947, b/n, 90') Willis Goldbeck. Con Lionel Barrymore, James Craig, Lucille Bremer, Jaune Meadows, Warner Anderson, Henry Stephenson, Alma Kruger, Keye Luke, Art Baker, Marie Blanke, Nell Craig, Walter Kingsford. ◆ Un medico (J. Craig) dell'équipe del dottor Gillespie (Barrymore) deve affrontare il caso di una paziente con turbe psichiche (Bremer) che il padre e un vecchio medico di famiglia vorrebbero rinchiudere in manicomio. Quindicesima e ultima commediola di ambiente medico che riprende i personaggi inventati da Max Brand per le avventure del dottor Kildare, senza però il protagonista, licenziato due anni prima dalla Mgm perché si era dichiarato obiettore di coscienza. Restano comunque tutti i personaggi della fortunata serie, a cominciare dal dottor Gillespie (Barrymore) fino alle infermiere Molly (Kruger) e Parker (Craig), al capo dell'ospedale (Kingsford), all'addetta ai centralini Sally (Blanke).

Torino nera *½ (Italia 1972, col, 105') Carlo Lizzani. Con Bud Spencer [Carlo Pedersoli], Andrea Balestri, Domenico Santoro, Françoise Fabian, Marcel Bozzuffi, Saro Urzì, Gigi Ballista, Nicola Di Bari [Michele Scommegna]. ◆ Mino e Lello (Santoro e Balestri), i due figli di un operaio ingiustamente accusato di omicidio (Spencer), cercano di scoprire le prove della sua innocenza e si trovano così a indagare sulle attività della mafia a Torino. Scritto da Badalucco e Vincenzoni, il film vorrebbe raccontare come anche le città del Nord siano inquinate dalla mafia, ma finisce per esagerare e diventare incredibile nella sua melodrammatica storia di vendetta. D'altra parte che credibilità può avere Nicola Di Bari nei panni di un avvocato?

Tormento **½ (Italia 1950, b/n, 100') Raffaello Matarazzo. Con Amedeo Nazzari, Yvonne Sanson, Annibale Bartone, Mario Ferrari, Teresa Franchini, Tina

Lattanzi, Aldo Nicodemi, Vitto rio Sanipoli. ◆ In disaccordo con la matrigna, Anna (Sanson) se ne va di casa con l'aiuto del fidanzato Carlo (Nazzari), che però viene accusato di omicidio e condannato a vent'anni di galera. Quando Anna si scopre incinta, accetta di sposarlo credendo nell'innocenza del fidanzato ma dopo la morte del padre è costretta a chiedere aiuto alla matrigna (Lattanzi), che le strapperà la figlioletta: solo dopo alcuni anni Carlo, riconosciuto finalmente innocente, riuscirà a rimettere insieme la famiglia. Secondo capitolo, sceneggiato da Aldo De Benedetti, della trilogia strappalacrime con cui Matarazzo inaugura il filone del cosiddetto neorealismo popolare (dopo *Catene* e prima dei *Figli di nessuno*), *Tormento* rivela la capacità del regista di ridurre all'essenziale gli elementi del racconto – al contrario del mélo hollywoodiano – per sottolineare la funzionalità narrativa di alcuni momenti forti (la persecuzione, la fuga, la prigione, il ricongiungimento) e ottenere così un maggiore coinvolgimento da parte del pubblico. Il tema dell'amore ostacolato si sviluppa attraverso il braccio di ferro tra le due donne, molto più rigide nella caratterizzazione rispetto ad altre figure femminili matarazziane e perciò meno interessanti. Ma dal punto di vista stilistico va notata l'abile orchestrazione della messinscena, che attraverso un gioco di primi piani in crescendo favorisce l'identificazione tra spettatori e personaggi. Con Roberto Murolo nella parte di Enzo.

Tormento e l'estasi, Il ** (*The Agony and the Ecstasy*, Gb 1965, col, 140') Carol Reed. Con Charlton Heston, Rex Harrison, Diane Cilento, Adolfo Celi, Alberto Lupo, Fausto Tozzi, Venantino Venantini. ◆ Preceduto da un prologo sulle opere di Michelangelo, il film racconta il tormento dell'artista (Heston) alle prese con l'affresco della Cappella Sistina e del suo rapporto con Giulio II (Harrison), il papa che gli commissionò l'opera. Tratto dal romanzo di Irving Stone, sceneggiato da Philip Dunne, è un'indagine psicologica sul furore artistico di Michelangelo con alcune pagine spettacolari che ravvivano il film. Tomas Milian interpreta Raffaello.

Torna! ** (Italia 1954, col, 100') Raffaello Matarazzo. Con Amedeo Nazzari, Yvonne Sanson, Enrica Dyrell, Franco Fabrizi, Maria Grazia Sandri. ◆ Due cugini si disputano un'eredità e l'amore della bella Susanna (Sanson). La ragazza ama e sposa il buono (Nazzari), ma il rivale (Fabrizi) si vendica facendo credere allo sposo di essere il vero padre del figlio nato dalla coppia, finché una confessione in punto di morte rimette a posto le cose. Se in *Tormento* Matarazzo giocava di sottrazione, qui procede per accumulazione, moltiplicando i colpi di scena e le situazioni di rinforzo alla trama principale. La figura femminile è un po' in ombra rispetto al solito, mentre gli uomini sono piuttosto incolori come sempre. Sceneggiatura di Aldo De Benedetti.

Torna a casa, Lassie! ** (*Lassie Come Home*, Usa 1943, col, 88') Fred M. Wilcox. Con Roddy McDowall, Donald Crisp, Dame May Whitty, Elizabeth Taylor, Nigel Bruce, Elsa Lanchester. ◆ Rimasto senza lavoro, un operaio inglese (Crisp) è costretto a vendere la stupenda cagna Lassie a cui il figlio Joe (McDowall) è molto affezionato. Trasportata nella lontana Scozia, Lassie scappa e ritorna dopo un viaggio avventuroso dal padroncino. Tratto dal romanzo di Eric Knight e costruito con una certa abilità melodrammatica, è il film che rese famosa Lassie (che in realtà si chiamava Pal ed era un maschio) e fece notare l'undicenne Liz Taylor, qui al suo secondo film. Seguìto da *Il coraggio di Lassie* (1946). La storia fu rifatta con un cavallo (*Zingaro*, 1954) e con un altro Lassie nel 1978 (*La più bella avventura di Lassie*).

Torna a settembre *½ (*Come September*, Usa 1961, col, 112') Robert Mulligan. Con Rock Hudson, Gina Lollobrigida, Sandra Dee, Bobby Darin, Joel Grey, Walter Slezak. ◆ Ogni settembre il ricco scapolo americano Robert Talbot (Hudson) torna in una lussuosa villa toscana (chiamata «La dolce vista») dove trascorre le vacanze con Lisa Fellini (Lollobrigida): un anno arriva a luglio e scopre che Lisa sta per sposarsi e la villa è stata trasformata in albergo dal cameriere, ma tutto finirà per arrangiarsi. Prodotto con capitali americani congelati in Italia, è una commedia senza ritmo e mordente, che nemmeno la bellezza della Lollo riesce a risollevare.

Torna, caro ideal!.. *½ (Italia 1939, b/n, 85') Guido Brignone. Con Laura Adani, Claudio Gora, Germana Paolieri, Carlo Lombardi, Mario Mina, Bruno Persa, Ernesto Sabbatini, Marcedes Brignone, Achille Majeroni, Ruggero Paoli, Cesare Polacco. ◆ Maestro di canto alla corte inglese, Francesco Paolo Tosti (Gora) rompe la sua relazione con la soprano Dionisia Tessèri (Paolieri) per amore dell'esule Maria Vernowska (Adani): i due lasceranno Londra per l'Italia, ma quando Maria si accorge di essere condannata dalla tisi abbandonerà Tosti per non bloccare la sua carriera. Melodramma pseudostorico sceneggiato da Ettore M. Margadonna e Aldo Vergano, infarcito di musiche e romanze (per il canto la Paolieri e Gora sono doppiati da Pia Tassinari e Ferrucio Tagliavini), scontato e algido. Il titolo del film è lo stesso della romanza che Tosti compone dopo l'abbandono da parte della Vernowska.

Torna con me *½ (*Let's Dance*, Usa 1950, col, 112') Norman Z. McLeod. Con Betty Hutton, Fred Astaire, Roland Young, Ruth Warrick. ◆ Kitty (Hutton), vedova di guerra con un figlio a carico, ritrova il vecchio compagno di danze Denny (Astaire) che non ha mai smesso di amarla e che l'aiuterà a rifarsi una vita. Film-rivista realizzato con larghezza di mezzi ma sostanzialmente senza idee, nemmeno musicali (anche le composizioni di Frank Loesser sembrano scipite). Si salva solo il numero *Oh, Them Dudes* con i due protagonisti che fanno i cowboy con le gambe storte.

Torna «El Grinta» *½ (*Rooster Cogburn*, Usa 1975, 1079) Stuart Millar. Con John Wayne, Katharine Hepburn, Anthony Zerbe, Strother Martin, Richard Jordan. ◆ Ruben Cogburn (Wayne), uno sceriffo guercio dai toni troppo spicci, si mette sulle tracce dei ladri di un carico d'armi: con l'aiuto dell'intrepida Eula (Hepburn) e di un giovane indiano (Zerbe) riuscirà a recuperare il carico e a trasportarlo al sicuro scendendo un fiume su una zattera. Il produttore Hal B. Wallis riprende il personaggio western del *Grinta* (1969) senza la regia di Hathaway ma strizzando l'occhio a *La Regina d'Africa*: il risultato è francamente deludente.

Tornando a casa **½ (*Coming Home*, Usa 1978, col, 127') Hal Ashby. Con Jane Fonda, Jon Voight, Bruce Dern, Robert Carradine, Robert Ginty. ◆ Dopo che il marito (Dern) è partito volontario per il Vietnam, Sally (Fonda) fa l'infermiera in un ospedale di reduci, dove conosce Luke (Voight), un convinto antimilitarista paralizzato alle gambe: lei se ne innamora e quando il marito lo scopre tornando in patria, frustrato per non essere diventato un eroe, medita il suicidio. Storia di una presa di coscienza al femminile (la vera protagonista è Sally, segnata dalle ferite fisiche e morali dei reduci), il film non riesce a evitare i luoghi comuni della coscienza progressista e riflette sul Vietnam in chiave metastorica, senza capirne le sue radici e le sue implicazioni reali (difetti che si possono attribuire alla travagliata stesura della sceneggiatura, nata da un'idea della Fonda, scritta dall'esordiente Nancy Dowd, rifatta da Waldo Salt e Robert C. Jones e in larga parte improvvisata dal regista con gli attori prima delle riprese). Resta l'ottimo lavoro sulla fotografia di Haskell Wexler (luci fredde, da cinema d'attualità) e la grande performance dei protagonisti. Fecero scalpore le scene con i mutilati nell'ospedale e il rapporto sessuale tra Sally e il paralizzato Luke. Tre Oscar: miglior attore (Voight), attrice (Fonda) e sceneggiatura. Voight vinse anche la Palma d'oro a Cannes.

Torna, piccola Sheba! **½ (*Come Back, Little Sheba!*, Usa 1952, b/n, 99') Daniel Mann. Con Burt Lancaster, Shirley Booth, Terry Moore, Richard Jaeckel. ◆ Dopo anni di matrimonio in crisi, delusioni e cadute nell'alcol, Doc Delaney (Lancaster) e la moglie Lola (Booth) riversano l'amore che avevano avuto per la cagnetta Sheba sulla giovane studentessa Mary (Moore) a cui hanno affittato una stanza: ma il confronto con la vitalità della ragazza e del suo fidanzato (Jaeckel) è troppo duro per Doc che torna a bere e una notte tenterà anche di accoltellare la moglie. Tratto dalla commedia omonima di William Inge che la Booth aveva interpretato con successo a Broadway, e sceneggiato da Ketti Frings, è un film convenzionale ma emozionante (dopo il tentato omicidio, Doc e Lola cercheranno di ricostruire la loro vita, mentre la pièce si chiudeva con toni più pessimistici), tutto retto sulla bravura degli attori. Oscar come miglior attrice alla Booth.

Tornare per rivivere ** (*Partir revenir*, Francia 1985, col, 117') Claude Lelouch. Con Annie Girardot, Jean-Louis Trintignant, Evelyne Bouix, Françoise Fabian, Richard Anconina, Michel Piccoli. ◆ Presentando il proprio libro, Salomè Lerner (Bouix) ricorda la storia della propria famiglia ebrea, sfollata in Borgogna durante la seconda guerra mondiale presso degli amici e denunciata alla Gestapo: solo Salomè tornerà dal campo di concentramento, decisa a scoprire chi li aveva traditi. Aperto dalla didascalia «Una storia romantica per piano, orchestra e macchina da presa», il film si sviluppa sulle note del Concerto n. 2 di Rachmaninov intrecciando piani narrativi e temporali nel tentativo di accomunare tempo storico, cinematografico e umano alle regole della musica e della melodia (come Lelouch aveva già fatto per il precedente *Bolero*). Grande esuberanza visiva ma risultati discutibili per le troppe semplificazioni psicologiche e l'eccesso di sentimentalismo. Bernard Pivot e Bernard-Henry Lévy appaiono nel ruolo di loro stessi.

Tornato per uccidere ** (*The Stranger Within*, Usa 1990, col, 98') Tom Holland. Con Rick Schroeder, Kate Jackson, Chris Sarandon. ◆ Una donna (Jackson), cui è stato rapito il figlio in tenera età, dopo quasi due decenni si vede piombare in casa un ragazzo (Schroeder) venuto dal nulla che giura (e ha prove inoppugnabili) di essere suo figlio. Ovvio che ci sia qualcosa che non va. Discreto thriller di un regista specializzato nel genere, senza colpi d'ala ma neppure eccessive cadute di gusto. Schroeder è ancora più odioso di quando interpretava il figlio di Jon Voight in *Il campione*.

Toro, Il **½ (Italia 1994, col, 105') Carlo Mazzacurati. Con Diego Abatantuono, Roberto Citran, Marco Messeri, Marco Paolini, Paolo Veronica, Ugo Conti. ◆ Licenziato dal centro allevamenti in cui lavora, Franco (Abatantuono) decide di rapire Corinto, il miglior toro da riproduzione dell'azienda e numero 5 al mondo, per venderlo all'Est. Nell'impossibile avventura oltre confine lo accompagna l'amico Loris (Citran), timido e preoccupato. Una specie di western del tutto anomalo, con cowboy fuorilegge che rivendicano la giustizia sociale e si spingono verso Est, cioè verso una frontiera che storicamente è l'esatto opposto di quella mitizzata nel genere: Mazzacurati serve con la sua tipica accuratezza «invisibile» la sceneggiatura di Umberto Contarello, Stefano Rulli, Sandro Petraglia e lo stesso Mazzacurati, che non propone il solito on the road esistenziale, ma si lascia catturare da tante situazioni concrete, compresa una realtà oltre confine che rimane un mistero (i dialoghi in ungherese e sloveno non sono tradotti) al di là dell'evidente povertà e del desiderio di assomigliare sempre più al resto d'Europa. Colonna sonora di Ivano Fossati. Cammeo per Alberto Lattuada (è Colombani). Leone d'argento al festival di Venezia e coppa Volpi a Citran come miglior attore.

Toro scatenato **** (*Raging Bull*, Usa 1980, b/n, 128') Martin Scorsese. Con Robert De Niro, Joe Pesci, Cathy Moriarty, Frank Vincent, Nicholas Colasanto, Theresa Saldana. ◆ Ascesa, trionfo e declino di Jake La Motta (De Niro), il pugile che alla fine degli anni Quaranta divenne campione del mondo dei pesi medi. Con questo film sulla boxe, sceneggiato da Paul Schrader e Nardik Martin, Scorsese aggiunge un altro splendido tassello alla sua antologia di ritratti sulla vita degli italoamericani a New York. Ancora una volta, a prevalere è la fisicità dei personaggi, la violenza che ne segna i gesti e i rapporti, dentro e fuori dal ring, le pulsioni autodistruttive del protagonista («pensavo che Jake avesse usato tutti per autopunirsi, soprattutto sul ring»). Mirabili le sequenze degli incontri di boxe (dove i meriti vanno divisi tra

Scorsese e la montatrice Thelma Schoonmaker), il bianco e nero di Michael Chapman (Scorsese optò per l'assenza di colori dopo che Michael Powell gli disse che i guantoni dei pugili non dovevano essere rossi), l'interpretazione di De Niro, ingrassato di oltre trenta chili per calarsi nella parte di La Motta vecchio. Due Oscar: miglior attore protagonista e montaggio.

Torta di mele *½ (Italia 1994, col, 95') Anna Carlucci. Con Alessandra Casella, Franco Interlenghi, Laura Devoti, Giammarco Tognazzi, Giannina Facio, Gino Clemente, Francesco Scali, Bettina Giovannin, Melissa Capurso. ◆ Drammi e paure dei figli riuniti per il secondo matrimonio del padre (Interlenghi) con la giovane Elena (Facio): Silvia (Casella) confessa di essere incinta ma di non amare più il suo compagno, Marco (Tognazzi) non sa nascondere la sua rabbia per l'egoismo del genitore e la remissiva Paola (Devoti) forse trova l'amore con un vecchio amico. Drammi all'acqua di rose raccontati senza grande convinzione e un inevitabile lieto fine: un compitino corretto e controllato, ma buono al massimo per un telefilm. La terza sorella Carlucci fa qualche passo avanti rispetto al disastroso *Nessuno mi crede*.

Torta in cielo, La *½ (Italia 1973, col, 102') Lino Del Fra. Con Paolo Villaggio, Didi Perego, Umberto D'Orsi, Daniela Minniti, Massimo Cacchiani, Enzo Robutti, Franco Fabrizi. ◆ Una gigantesca torta atterra in una borgata romana: gli adulti mobilitano esercito e polizia, ma i ragazzi – accortisi che si tratta di un razzo trasformato in torta dal figlio di un commerciante di armi – scendono in campo per difendere questo goloso simbolo della fantasia. Basato sul racconto-fiaba di Gianni Rodari e sceneggiato da Cecilia Mangini e Lino Del Fra con evidenti richiami ai valori della rivolta studentesca del Sessantotto, il film non riesce a reinventare i temi utopici con autentica fantasia e finisce per essere troppo infantile per piacere davvero.

Tortura della freccia, La ***½ (*Run of the Arrow*, Usa 1957, col, 86') Samuel Fuller. Con Rod Steiger, Sarita Montiel, Ralph Meeker, Brian Keith, Charles Bronson. ◆ Virginia, 1865: alla fine della guerra di Secessione un soldato sudista (Steiger) decide di farsi indiano sioux per non sottomettersi ai vincitori. Catturato e sottoposto alla tortura della freccia, riesce a salvarsi grazie all'aiuto di una giovane indiana (Montiel) e accetta di fare da intermediario tra i sioux e i bianchi affinché questi non invadano il territorio della tribù. *Balla coi lupi* trent'anni prima e in poco meno di un'ora e mezza. Girato completamente in esterni e narrato in prima persona, scandito da dissolvenze molto lunghe e dialoghi-azioni a raffica, *La tortura della freccia* è un western splendidamente caotico e rutilante, forse il più barocco e più bello di Fuller (come sempre autore anche della sceneggiatura). La scena della «corsa della freccia» (un gioco veramente praticato dagli indiani sioux) venne risolta con inquadrature dei soli piedi di un giovane indiano perché Steiger era in ospedale. Nell'edizione originale, Sarita Montiel è doppiata da Angie Dickinson. Emozionante, oltre alla scena del titolo, quella in cui Steiger saluta sua madre.

Tosca ** (Italia 1941, b/n, 105') Carlo [Karl] Koch. Con Michel Simon, Imperio Argentina, Rossano Brazzi, Carla Candiani, Adriano Rimoldi, Massimo Girotti, Vanda Capodaglio, Nicola Maldacea. ◆ La cantante Floria Tosca (Argentina) finge di concedersi al barone Scarpia (Simon), capo della polizia, per ridare la libertà al suo amato Cavaradossi (Brazzi), ma poi lo uccide: quando però scopre che il suo sacrificio è stato inutile, si getta dagli spalti di Castel Sant'Angelo a Roma. Preparata da Jean Renoir che dovette abbandonare il set per lo scoppio della guerra, questa versione del dramma omonimo di Victorien Sardou fu diretta dal suo assistente, il tedesco Karl Koch che rispettò l'idea di regia del maestro francese: immergere la storia nel clima paesistico e architettonico della Roma barocca e papale per «amplificare con il suo plastico chiaroscuro» il dramma delle passioni. Luchino Visconti faceva l'aiuto regista. Imperio Argentina era una grande cantante di flamenco, allora molto celebre. Rifatta nel 1956 e nel 1973.

Tosca *½'(Italia 1956, col, 112') Carmine Gallone. Con Franca Duval, Franco Corelli, Afro Poli, Vito De Taranto, Antonio Sacchetti, Aldo Corelli, Ferdinando Alfieri. ◆ Il sacrificio di Tosca (Duval) che per amore di Cavaradossi (Corelli) accetta di concedersi all'odiato Scarpia (Poli) ma poi si darà la morte gettandosi da Castel Sant'Angelo. Fastosa trasposizione dell'opera di Puccini (tratta direttamente dal libretto di Giacosa e Illica) che però soffre troppo di un'impostazione eccessivamente teatrale. Le voci di Franca Duval e di Afro Poli sono doppiate rispettivamente da Maria Caniglia e Gian Giacomo Guelti.

Tosca, La ** (Italia 1973, col, 104') Luigi Magni. Con Monica Vitti, Gigi Proietti, Umberto Orsini, Vittorio Gassman, Aldo Fabrizi, Fiorenzo Fiorentini, Gianni Bonagura, Ninetto Davoli, Marisa Fabbri. ◆ Per aver nascosto un patriota, il pittore Mario Cavaradossi (Proietti) viene arrestato: la sua amante, Floria Tosca (Vitti) è disposta a concedersi al reggente della polizia pontificia, il barone Scarpia (Gassman), per salvarlo: invece lo uccide e poi si suicida quando scopre che Cavaradossi è stato fucilato. Adattamento in chiave ironico-grottesca e in forma di commedia musicale romanesca del celebre dramma di Victorien Sardou spogliato di retorica e caricato di humour nella sceneggiatura di Magni. Il film però manca di coesione e soffre l'aspro passaggio dai toni iniziali della commedia a quelli drammatici del finale.

Totò a colori **** (Italia 1952, col, 104') Steno [Stefano Vanzina]. Con Totò [Antonio de Curtis], Virgilio Riento, Luigi Pavese, Rocco D'Assunta, Franca Valeri, Isa Barzizza, Franco Castellani, Carlo Mazzarella, Galeazzo Benti, Fulvia Franco, Lilly Cerasoli, Vittorio Caprioli, Alberto Bonucci, Guglielmo Inglese, Paolo Ferrari. ◆ Il musicista incompreso Antonio Scannagatti (Totò), autonominatosi «il cigno di Caianello», aspetta da anni la risposta dell'editore Tiscordi di Milano (Pavese) a cui ha inviato una sua composizione. Sperando in un'audizione ruba dei soldi al focoso cognato siciliano (D'Assunta) e parte per Milano: capiterà prima a Capri tra un gruppo di esistenzialisti, viaggerà poi in vagone letto esasperando l'onorevole Trombetta (Castellani) per introdursi infine, scambiato per infermiere, nello studio di Tiscordi. Il secondo film italiano a colori dopo il cartoon *La rosa di Bagdad* (in ferraniacolor), antologia dei più bei brani del Totò teatrale e dei suoi sketch migliori sceneggiato da Steno, Monicelli, Age e Scarpelli. Accanto alla celeberrima scena dell'aggressione all'onorevole nel wagon lit («Chi non conosce quel trombone di suo padre» che si conclude con il celeberrimo «ma mi faccia il piacere!» e dove ci sono battute celeberrime come «Io sono un uomo di mondo, ho fatto tre anni di militare a Cuneo» oppure «Ogni limite ha una pazienza»), alla scena degli esistenzialisti a Capri (con la gag dello sputo nell'occhio) ci sono due delle sue prestazioni marionettistiche più alte: «il Pinocchio disarticolato che s'affloscia infine, lasciate le corde, in mucchio angosciante di legni senz'anima, capolavoro di un Totò robot folle e metafisico, e il "gran finale" del direttore d'orchestra fuoco d'artificio, furia pluriorgiastica di esplosioni a girandola, a schizzo e a von-braun, e di continue interne metamorfosi» [Fofi]. Assolutamente geniale. Il direttore d'orchestra fuoco d'artificio si era già visto in *Fermo con le mani* e *I pompieri di Viggiù*.

Totò al giro d'Italia **½ (Italia 1948, b/n, 88') Mario Mattoli. Con Totò [Antonio de Curtis], Isa Barzizza, Giuditta Rissone, Walter Chiari, Mario Castellani, Carlo Ninchi, Fulvia Franco, Mario Riva, Luigi Pavese, Fausto Coppi, Gino Bartali, Fiorenzo Magni, Louison Bobet, Freddy Kubler. ◆ La bella Doriana (Barzizza) accetta di sposare l'attempato professor Totò (Totò) solo se vincerà il giro d'Italia: e lui vende l'anima al diavolo pur di arrivare primo, salvo poi pentirsi del patto. Divertente escursione sportiva di Totò, insolitamente truccato con una barbetta alla Dino Grandi e impegnato in una serie di volate immancabilmente vincenti con i più grandi campioni della bicicletta. Divertente pastiche canoro sull'aria del *Barbiere di Siviglia* ma dedicato alla maglia rosa. Sceneggiatura di Vittorio Metz, Marcello Marchesi e Steno. È il primo film in cui il nome di Totò appare anche nel titolo.

Totò allegro fantasma → *Allegro fantasma, L'*

Totò all'inferno ** (Italia 1955, col e b/n, 90') Camillo Mastrocinque. Con Totò [Antonio de Curtis], Maria Frau, Nerio Bernardi, Ubaldo Lay, Franca Faldini, Mario Castellani, Aldo Giuffré, Fulvia Franco, Dante Maggio, Galeazzo Benti, Mario Pisu, Tino Buazzelli, Giacomo Furia, Enzo Garinei. ◆ Il ladruncolo Antonio Marchi (Totò) muore e si ritrova all'inferno dove riconosce Cleopatra (Frau), la donna che nei panni di Marcantonio aveva amato in un'altra vita. Ma Satana (Bernardi) è geloso e costringe la coppia a fuggire sulla Terra, a Parigi, inseguita da diavoli-poliziotti. Il primo degli 11 film che Camillo Mastrocinque diresse con Totò e uno dei pochi nati da un soggetto dello stesso Totò (firmato come Antonio de Curtis) che conferma la sua concezione surreale della comicità. La sceneggiatura è di Vittorio Metz, Piero Nelli, Luigi Mangini, Italo de Tuddo, Lucio Fulci, Totò e Mastrocinque.

Totò a Parigi *½ (Italia/Francia 1958, b/n, 110') Camillo Mastrocinque. Con Totò [Antonio de Curtis], Sylva Koscina, Lauretta Masiero, Fernando Gravey, Tiberio Mitri, Memmo Carotenuto, Fanfulla [Luigi Visconti]. ◆ Il disgraziato marchese Gastone De Chermantel Chateau-Boiron (Totò) con la complicità del dottor Duclos (Gravey) vuole uccidere il suo sosia, il vagabondo Totò che vive a Roma su un albero, e farlo passare per sé in modo da ritirare il premio sulla vita dell'assicurazione: per questo lo invita a Parigi, ma i piani del nobile non andranno secondo le previsioni. Uno dei film meno belli di Totò, con una trama largamente approssimativa sceneggiato da Vittorio Metz, Roberto Gianviti e René Bonjavel. L'attore canta *Miss, mia cara miss*, da lui stesso scritta.

Totò cerca casa *** (Italia 1949, b/n, 90') Steno [Stefano Vanzina], Mario Monicelli. Con Totò [Antonio de Curtis], Ada Mangini, Lia Molfese [Lia Amanda], Aroldo Tieri, Marisa Merlini, Folco Lulli, Giacomo Furia, Luigi Pavese, Mario De Vico, Mario Riva, Mario Castellani, Cesare Polacco. ◆ Beniamino Lomacchio (Totò), avventizio anagrafico che ha perduto la casa durante la guerra, vive con la famiglia in un'aula scolastica: alla ripresa delle lezioni è costretto a cercare una nuova sistemazione e, finirà prima in un camposanto, poi nello studio di un pittore, quindi al Colosseo e infine, vittima di una truffa, in un appartamento affittato anche a delle turiste svedesi e a un gelosissimo ambasciatore mussulmano (Lulli). Tratto dalla commedia *Il custode* di M. Moscariello, sceneggiato da Metz, Marchesi, Monicelli, Steno e Alessandro Continenza, il film è «una delle più belle parodie del neorealismo» di cui utilizza gli stilemi nella prima parte, per contaminarli sempre più con elementi comici e concludersi come una comica del muto. Grandi assolo di Totò, stratosferico quando imita la gallina per convincere il bidello della scuola che l'uovo non l'ha rubato ma l'ha fatto proprio lui. Secondo incasso della stagione 1949/1950, dopo *Catene* di Raffaello Matarazzo.

Totò cerca moglie **½ (Italia 1950, b/n, 76') Carlo Ludovico Bragaglia. Con Totò [Antonio de Curtis], Mario Castellani, Marisa Merlini, Ave Ninchi, Elvy Lissiak, Aroldo Tieri, Anna Maestri, Luigi Pavese, Enzo Garinei, Zoe Incrocci, Franca Tamantini, Annie Sommers. ◆ Uno scultore scapolo e squattrinato (Totò) riceve insieme al periodico assegno della zia australiana (Ninchi) anche la foto di una ragazza nera che vorrebbe fargli sposare. Per evitare il matrimonio interrazziale, Totò cerca di sposarsi prima e si affida a una agenzia matrimoniale: ogni tentativo fallisce, salvo scoprire che la foto era uno sbaglio e la promessa sposa è una bionda tutta curve (Sommers). Un film vorticoso, sceneggiato da Age, Scarpelli, Metz e Continenza, dove Totò recita con i ritmi delle migliori comiche del cinema muto e sfodera «una misoginia solo antimammista, salutare e benefica come, ciò nonostante, il suo risvolto libertino». Irresistibile quando per gli spessi occhiali da miope non vede niente e scambia sigari per salsicce e l'inchiostro per vino.

Totò cerca pace *½ (Italia 1954, b/n, 90') Mario Mattoli. Con Totò [Antonio de Curtis], Isa Barzizza, Paolo Ferrari, Ave Ninchi, Mario Castellani, Enzo

Turco, Gina Amendola, Giovanni Nannini, Corrada De Mayo, Cristina Fanton, Ughetto Bertucci. ◆ Gennaro Piselli (Totò), vedovo senza figli, durante la quotidiana visita alla tomba della moglie conosce la vedova Torresi (Ninchi): i due iniziano a frequentarsi e tra l'ostilità dei rispettivi nipoti si sposano, ma il matrimonio è minato dalle trame dei parenti che riescono a insinuare in entrambi i coniugi il dubbio dell'altrui tradimento. Tratto da una commedia di Emilio Caglieri sceneggiato dallo stesso Caglieri, Mattoli, Ruggero Maccari e Vincenzo Talarico (che interpreta anche il ruolo dell'avvocato), il film, ambientato a Firenze, cerca di sfruttare il contrasto tra la comicità napoletana di Totò e quella toscana del nipote Celestino (interpretato da Giovanni Nannini) e giocare sul rimorso dei due sposi per i rispettivi coniugi defunti, ma non riesce a sollevarsi molto dalla farsa meccanica diretta con mano stanca.

Totò che visse due volte *** (Italia 1998, b/n, 93') Daniele Ciprì, Franco Maresco. Con Salvatore Gattuso, Marcello Miranda, Carlo Giordano, Pietro Arcidiacono, Camillo Conti, Angelo Prollo, Antonino Carollo, Baldassarre Catanzaro, Giuseppe Pepe, Antonino Aliotta, Fortunato Cirrincione, Francesco Anitra. ◆ Tre storie raccontate in sequenza: nella prima, un disgraziato (Miranda) ruba la statua votiva dell'Ecce Homo per potersi pagare una prostituta (Conti), ma il boss del quartiere gliela farà pagare; nella seconda, Fefé (Giordano) non ha il coraggio di presentarsi al capezzale del fidanzato morto per paura del fratello (Catanzaro): quando lo farà, approfitterà della solitudine per rubare l'anello del defunto; nella terza, un vecchio Messia di nome Totò (Gattuso) viene consegnato da Giuda (Anitra) a un potente boss che si chiama anche lui Totò (sempre Gattuso): e così, a fianco dei due ladroni messi in croce, verrà crocifisso uno scemo sorridente. Il dopo Apocalisse secondo Ciprì e Maresco, che nella ricerca intorno al sacro si spingono oltre Pasolini (il terzo episodio è anche un omaggio a *La ricotta*) mantenendo intatti il senso morale e la grazia della *pietas*: nel loro mondo c'è solo dannazione eterna per la progenie che ha eliminato il femminile dalla Terra (i ruoli delle donne sono interpretati da uomini), condannata a vagare in balìa di un delirio famelico, primordiale e inestinguibile in una Palermo dominata da topi e mafiosi. Scritto dai registi insieme a Lillo Iacolino, uno dei film più dolorosi e angosciati di tutto il cinema italiano, la cui programmatica sgradevolezza rischia però di rimbalzare su un pubblico pronto a rifiutarlo a priori. La fotografia, come al solito di una raffinatezza struggente, è di Luca Bigazzi. Le solite (sterili) polemiche per il rifiuto del visto di censura da parte dalla commissione ministeriale (pare per le scene della sodomizzazione di una gallina, della violenza a un angelo e di alcune masturbazioni), rientrate dopo una settimana.

Totò contro il pirata Nero *½ (Italia 1964, col, 102') Fernando Cerchio. Con Totò [Antonio de Curtis], Mario Petri, Grazia Maria Spina, Mario Castellani, Aldo Giuffré, Giacomo Furia. ◆ Per evitare di essere arrestato il ladruncolo José (Totò) si nasconde in un barile che viene imbarcato sulla nave del pirata Nero (Petri) dove con una spada calamitata, una casseruola e tanta fortuna si conquista la fama di imbattibile spadaccino e l'odio del pirata: inviato in missione suicida al ballo del governatore, troverà il modo di aiutare la bella figlia (Spina) del padrone di casa e di far arrestare i pirati. Un film in costume non molto riuscito, ravvivato da qualche piacevole tocco surreale (Totò suona le sbarre della prigione come fossero un'arpa). Sceneggiatura di Nino Stresa e Francesco Luzi.

Totò contro i 4 *½ (Italia 1963, b/n, 98') Steno [Stefano Vanzina]. Con Totò [Antonio de Curtis], Aldo Fabrizi, Erminio Macario, Peppino De Filippo, Nino Taranto, Moira Orfei, Mario Castellani, Rossella Como, Carlo Delle Piane. ◆ Il commissario Antonio Saracino (Totò) proprio il giorno in cui gli hanno rubato la sua auto nuova deve affrontare quattro casi: il cavalier Fiore (De Filippo) è convinto che la moglie voglia avvelenarlo col bitter, il commendator Lancetti (Castellani) è ricattato da un misterioso individuo, il doganiere Giuseppe Mastrillo (Taranto) usa il suo potere per fini illeciti e un investigatore privato (Macario) scambia il set di un fotoromanzo del brivido per una villa degli orrori. Per fortuna, con l'aiuto di don Amilcare (Fabrizi) dopo una settimana di ricerche troverà l'auto. Prodotto dal genero di Totò, Gianni Buffardi, e sceneggiato da Bruno Corbucci e Giovanni Grimaldi, è una specie di aggiornamento di *Accadde al commissariato* senza grandi invenzioni ma con un bel duetto con Peppino e un esilarante travestimento di Totò da passeggiatrice.

Totò contro Maciste *½ (Italia 1962, col, 90') Fernando Cerchio. Con Totò [Antonio de Curtis], Nino Taranto, Samson Burk, Nadine Sanders, Nerio Bernardi, Luigi Pavese, Gabriella Andreini. ◆ Con l'aiuto di Tarantenkamen (Taranto), il mingherlino Totokamen si finge l'uomo più forte del mondo e per questo è messo dal faraone a capo del proprio esercito per fronteggiare Maciste (Burk) che, impazzito, sta marciando contro Tebe. Negli anni del massimo splendore del genere peplum Totò viene coinvolto in una parodia sciatta e poco divertente da un regista che del peplum era uno degli artefici. Sceneggiatura di Ugo Liberatore, Bruno Corbucci, Giovanni Grimaldi, Gastone da Venezia.

Totò d'Arabia *½ (Italia/Spagna 1964, col, 90') José Antonio De La Loma [ma nei titoli è Della Loma]. Con Totò [Antonio de Curtis], Nieves Navarro, Georges Rigaud, Fernando Sancho, Mario Castellani, Luigi Pavese. ◆ Il cameriere italiano (Totò) del capo dei servizi segreti inglesi viene spedito in Kuwait per convincere lo sceicco a concedere lo sfruttamento dei pozzi petroliferi agli inglesi: sbaraglia tutti gli avversari, tra cui l'affascinante spia americana Doris (Navarro), e poi decide di trasferirsi a Napoli. Parodia di grana grossa di *Lawrence d'Arabia* sceneggiato da Bruno Corbucci e Giovanni Grimaldi, con implicazioni alla James Bond e coprodotta, a basso costo, con la Spagna.

Totò diabolicus ** (Italia 1962, b/n, 98') Steno [Stefano Vanzina]. Con Totò [Antonio de Curtis], Raimondo Vianello, Nadine Sanders, Mario Castellani, Giulio Marchetti, Luigi Pavese, Beatrice Altariba,

Pietro De Vico. ◆ I sospetti per la morte del marchese Galeazzo di Torrealta (Totò) cadono sui suoi quattro fratelli gemelli a cui andrebbe l'eredità: il nostalgico fascista Scipione, la zitella baronessa Laudamia, il chirurgo Carlo e monsignor Antonio. Il cerchio si stringe quando i primi tre vengono uccisi e un banale indizio permetterà di scoprire l'assassino. Una trama gialla piuttosto scontata diventa (sceneggiata da Vittorio Metz, Roberto Gianviti, Marcello Fondato, Bruno Corbucci e Giovanni Grimaldi) l'occasione per interpretare una galleria di personaggi irresistibili soprattutto quando da chirurgo perde gli occhiali mentre opera e quando interpreta la baronessa. Il giardiniere Angelo è interpretato da Steno.

Totò di notte n.1 *½ (Italia 1962, col, 100') Mario Amendola. Con Totò [Antonio de Curtis], Erminio Macario, [e non accreditati] Nando Bruno, Gianni Agus, Mario Castellani, Giulio Marchetti, Lando Buzzanca. ◆ Due suonatori ambulanti, Ninì Cantachiaro (Totò) e Mimì Cocò (Macario), sfruttano l'eredità della nonna per girare i night di mezzo mondo in cerca di scritture prestigiose: alla richiesta di eseguire la Nona di Beethoven rispondono di conoscere solo la zia, a Londra Ninì si scatena in un twist indiavolato, a Hong Kong rimangono senza soldi e così torneranno al loro angolino sicuro in piazza Navona. Sulla scia di documentari come *Mondo di notte*; i due comici sono usati come collante per una serie di scene documentarie di famosi locali in cui si esibiscono artisti di varietà e spogliarelliste: Dodò D'Ambourg, Helmut Zacharias, Margaret Rose Keil, Caroline Chérie, le Blue Bells... Sceneggiatura di Bruno Corbucci e Giovanni Grimaldi. I due protagonisti funzionano da filo conduttore anche per *Totò Sexy*, che ricicla scene e scarti di questo film.

Totò e Carolina *** (Italia 1955, b/n, 85') Mario Monicelli. Con Totò [Antonio de Curtis], Anna Maria Ferrero, Arnoldo Foà, Maurizio Arena, Tina Pica, Mario Castellani, Enzo Garinei. ◆ L'agente di P.S. Antonio Caccavallo (Totò) arresta durante una retata la giovane Carolina (Ferrero) scambiandola per una donna di vita mentre in realtà è solo scappata di casa perché incinta: incaricato di riportarla al paese natio, non troverà nessuno disposto a ospitarla e così si vedrà «costretto» ad adottarla lui stesso. Su un soggetto di Ennio Flaiano, sceneggiato da Age, Scarpelli, Sonego e Monicelli, il film si distacca dalla tradizionale produzione del comico, non tanto per una inesistente «umanizzazione del celerino» (?!?), ma per il «timido e toccante amore di Totò per Carolina». Non mancano i momenti comici (Totò che grida a un camion pieno di comunisti e bandiere rosse che deve sorpassare: «Buttatevi a destra!») o ironici (il ritratto con la mollica del commissario che «serve per la promozione»), ma passarono in secondo piano di fronte alle critiche democristiane che accusarono il film di offendere le forze dell'ordine e a quelle del mondo cattolico che non vedeva sufficientemente condannato il tentato suicidio di Carolina: per questo il film, prodotto nel 1953, fu distribuito solo due anni dopo e con una scritta sovrimpressa sulle prime scene in cui si cerca di controbattere alle accuse («il fatto stesso che sia interpretato da Totò trasporta il film su un piano particolare...») mentre una serie di battute («il suicidio è un lusso, i poveri non hanno neanche la libertà di uccidersi») vennero sfumate nella colonna sonora.

Totò e Cleopatra ** (Italia 1963, col, 100') Fernando Cerchio. Con Totò [Antonio de Curtis], Magali Noël, Lia Zoppelli, Gianni Agus, Franco Sportelli, Moira Orfei, Carlo Delle Piane, Toni Ucci, Mario Castellani. ◆ In missione in Egitto, Marco Aurelio (Totò) viene conquistato da Cleopatra (Noël), ma la moglie del condottiero romano spedisce sul Nilo il fratellastro di Antonio, Totonno, col compito di far disamorare la bella regina d'Egitto. Utilizzando il fascino di Magali Noël, reduce dai trionfi della *Dolce vita*, Cerchio – autore anche della sceneggiatura con Bruno Corbucci e Giovanni Grimaldi – dirige una farsa tutta costruita sul vecchio ma efficace tema del gemello. Totò «plagia» il discorso petroliniano di Nerone e lo adatta per l'occasione, senza risparmiarsi nemmeno battute come: «Ti do la Grecia, la Tracia, la Cappadocia... spengo la lòcia?».

Totò e i re di Roma ** (Italia 1952, b/n, 95') Steno [Stefano Vanzina], Mario Monicelli. Con Totò [Antonio de Curtis], Anna Carena, Giovanna Pala, Anna Vita, Eva Vaniceck, Ada Mari, Ernesto Almirante, Alberto Sordi, Giulio Stival, Lilia Landi. ◆ L'archivista capo Ercole Pappalardo (Totò), impiegato statale con moglie veneta (Carena) e cinque figlie a carico, è talmente odiato dal capufficio che questi lo licenzia appena scopre che non possiede l'indispensabile licenza elementare: Ercole decide di morire per comunicare alla moglie un terno secco del lotto ma anche nell'aldilà le cose non andranno benissimo per il povero impiegato. Tratto dai racconti di Čechov *La morte di un impiegato* ed *Esami di promozione* fusi in un'unica vicenda sceneggiata dai due registi, il film è la parodia di un certo costume burocratico, e grazie a Totò assume sfumature di commovente umanità (anche se non mancano i momenti divertenti, come il tormentone di volersi «buttare a sinistra» per reagire alle ingiustizie che subisce sul posto di lavoro – fanno cavaliere il portiere, non lui – o il funerale senza carro funebre per risparmiare). Tra i caratteristi il giovane Alberto Sordi, nella parte del petulante e carogna maestro della commissione d'esami. Il titolo fa riferimento a una delle domande (qual è l'ultimo re di Roma?) che fanno a Totò quando cerca di ottenere la licenza elementare.

Totò e le donne **½ (Italia 1952, b/n, 95') Steno [Stefano Vanzina]. Con Totò [Antonio de Curtis], Peppino De Filippo, Ave Ninchi, Giovanna Pala, Lea Padovani, Franca Faldini, Clelia Matania, Mario Castellani, Carlo Mazzarella. ◆ Il cavalier Filippo Scaparro (Totò) è convinto che la principale fonte di guai per l'uomo siano le donne. Così di notte si rifugia in soffitta per leggersi in santa pace i suoi amati gialli, fumare il sigaro, accendere ceri al protettore Landru e dimostrare le sue teorie. I suoi guai sono cominciati in fasce e sono cresciuti con l'età, si tratti di amante, moglie (Ninchi) o figlia (Pala) che lo costringe a fingersi malato per frequentare un medico

(De Filippo) di cui si è invaghita. Il primo dei 16 film girati da Totò insieme a Peppino De Filippo, ma non uno dei più divertenti per le troppe insistenze «filosofiche» di una sceneggiatura – di Age, Scarpelli, Steno e Monicelli – spensieratamente misogina («Uomini di genere maschile di tutto il mondo, contro il logorio della donna moderna, soffittizzatevi!»). Interessante, invece, l'idea di far parlare Totò direttamente verso il pubblico e le scene imitate dalle comiche (l'inizio) o parodiate dai melodrammi di Nazzari e Sanson. Primo film di Franca Faldini (la signora dell'appuntamento) con Totò, poi diventato suo compagno di vita. Per fare Filippo Scaparro neonato, Steno ha usato suo figlio, il futuro regista Carlo Vanzina. La regia del film è attribuita anche a Mario Monicelli che però ha dichiarato di aver fatto solo il cosceneggiatore.

Totò e Marcellino *½ (Italia 1958, b/n, 100') Antonio Musu. Con Totò [Antonio de Curtis], Pablito Calvo, Memmo Carotenuto, Fanfulla [Luigi Visconti], Jone Salinas, Nanda Primavera e il piccolo Tonino Cervesato. ◆ Per sfuggire agli inseguitori dopo un furto, un ladruncolo soprannominato «il Professore» (Totò), si unisce a un corteo funebre e si fa passare per lo zio di Marcellino (Calvo), il figlio della defunta: i due diventano amici e quando si farà vivo il vero zio (Fanfulla) del bambino, Marcellino saprà scegliere chi lo ama di più. Reduce dai successi di *Marcellino pane e vino* il piccolo Pablito Calvo viene affiancato al grande comico alla ricerca di un effetto sul tipo del *Monello* di Chaplin: il film (sceneggiato da Massimo Franciosa e Pasquale Festa Campanile) annega in una marmellata sentimentale, in cui anche Totò fatica a divertire.

Totò e Peppino divisi a Berlino *½ Italia 1962, b/n, 97') Giorgio Bianchi. Con Totò [Antonio de Curtis], Peppino De Filippo, Robert Alda, Nadine Sanders, Luigi Pavese. ◆ Il magliaro Antonio La Puzza (Totò) accetta per soldi di sostituire l'ammiraglio Canarinis al processo che gli stanno facendo gli alleati, mentre il compare Peppino Paglialunga (De Filippo) deve fingere di riconoscerlo. Gli americani si accorgono che si tratta di due imbroglioni, ma i russi non ci credono e li rapiscono, salvo scoprire che le loro presunte informazioni servono solo per abbattere i propri aerei. Scritto senza molte idee da Age e Scarpelli, con Alessandro Continenza e Dino Di Palma, il film sfrutta la recente costruzione del muro di Berlino per una spenta satira «politica» (compreso uno scambio di spie alla porta di Brandeburgo), ma i momenti davvero comici sono pochi (Totò che chiede alla cameriera di una casa che ha tutta l'aria di un bordello: «Conoscete qualche Frau Mèrlin?»). Le scene del muro di Berlino sono girate all'ippodromo di Tor di Valle.

Totò, Eva e il pennello proibito *½ (Italia/Francia/Spagna 1959, b/n, 98') Steno [Stefano Vanzina]. Con Totò [Antonio de Curtis], Abbe Lane, Mario Carotenuto, Louis de Funès, Giacomo Furia, Luigi Pavese, Francesco Mulé, Enzo Garinei. ◆ Un pittore italiano, Totò Scorcelletti (Totò) è attirato a Madrid con promesse di avventure galanti dalla bella Eva (Lane) e dal suo complice Raoul La Spada (Carotenuto), ma in realtà per dipingere una copia della Maja Desnuda in camicia da notte, che i due complici vogliono spacciare per un inedito di Goya. Film di routine sceneggiato da Vittorio Metz, Roberto Gianviti e (non accreditato) Ruggero Maccari: lo spazio maggiore è lasciato alle grazie di Abbe Lane, la starlette del momento. Qualche risata quando cerca di insegnare al proprio assistente (Furia) lo spagnolo («Te chiero... come bicchiero, carabiniero»). È un inarrivabile Totò marionetta disarticolata che balla il flamenco.

Totò, Fabrizi e i giovani d'oggi **½ Italia 1960, b/n, 87') Mario Mattoli. Con Totò [Antonio de Curtis], Aldo Fabrizi, Christine Kaufmann, Geronimo Meynier, Franca Marzi, Rina Morelli, Luigi Pavese, Carlo Pisacane, Angela Luce, Oreste Lionello, Ughetto Bertucci, Anna Maria Gambineri. ◆ La figlia del cavalier Antonio Cocozza (Totò), proprietario di una pasticceria, e il figlio del ragionier Giuseppe D'Amore (Fabrizi), dipendente statale, si amano ma i due rissosi genitori non si sopportano e tra dispetti e litigi rischiano di far naufragare il loro sogno d'amore: i due giovani (Kaufmann e Meynier) si sposeranno ugualmente ma i due suoceri continueranno a litigare. Una sceneggiatura non proprio originale (di Castellano e Pipolo) permette però ai due protagonisti di esibirsi in una serie di duetti molto divertenti. La popolare «sora Lella» [Elena Fabrizi] interpreta la padrona della trattoria. La voce del narratore è di Nino Manfredi.

Totò, lascia o raddoppia? **½ (Italia 1956, b/n, 94') Camillo Mastrocinque. Con Totò [Antonio de Curtis], Valeria Moriconi, Carlo Croccolo, Dorian Gray, Bruce Cabot, Gabriele Tinti, Rosanna Schiaffino, Luigi Pavese, Rocco D'Assunta, Elio Pandolfi, Mike Bongiorno, Edy Campagnoli. ◆ Lo squattrinato duca Gagliardo della Forcoletta dei prati di Castelrotondo (Totò), incallito scommettitore di corse di cavalli, pensa di mettere a frutto la sua conoscenza ippica partecipando al quiz di Mike Bongiorno: in questo modo spera di dare una dote alla figlia naturale (Moriconi) ritrovata per caso dopo anni ma due gangster scommettono su di lui e cercano di influenzare lo svolgimento del telequiz. Lo spunto, che cerca di sfruttare il successo della trasmissione televisiva più popolare dell'epoca (utilizzando i suoi conduttori reali, Bongiorno e la valletta Edy Campagnoli), è esilissimo, ma Totò che si allena al chiuso della cabina facendosi rinchiudere nell'armadio dal suo cameriere (Croccolo) è esilarante. E poi c'è il famoso dialogo: «Dica, duca». «No, lei dica dica. Io dico duca». Rosanna Schiaffino è Colomba, l'amante del gangster Nick Molise.

Toto le héros – Un eroe di fine millennio **½ (*Toto le héros*, Belgio/Francia/Rft 1991, col, 91') Jaco Van Dormael. Con Thomas Godet, Michel Bouquet, Hugo Harold Harrison, Fabienne Loriaux, Peter Böhlke, Karim Moussati, Jo De Backer, Mireille Perrier, Didier Ferney. ◆ Per tutta la durata della propria vita Thomas (Godet/De Backer e Bouquet, nei vari stadi dell'età) si è convinto che Alfred (Harrison/Ferney e Böhlke) gli ha rubato la sua identità – grazie a uno scambio nella culla dell'ospedale – e che occupi il suo posto all'interno della sua vera famiglia, naturalmente più ricca della propria. E per vendetta, Thomas deciderà di rubare la morte di Alfred. Nuova variazione sul tipo dell'«inetto», grande protagonista della letteratura europea del primo Novecento: accompagnato dalle note di *Boum* di Charles Trenet, il piccolo Thomas si inventa la vita che Alfred gli avrebbe rubato, diventando l'agente segreto «Toto le héros», anche se la realtà della sua età adulta sarà molto più grigia. Diretto con uno stile zigzagante e spensierato (con almeno una scena da antologia: la mamma che cerca di rubare la carne al supermercato nascondendosela sotto il cappellino), il film è appesantito da un finale inutilmente serioso.

Totò le Mokò **½ (Italia 1949, b/n, 77') Carlo Ludovico Bragaglia. Con Totò [Antonio de Curtis], Gianna Maria Canale, Carla Calò, Franca Marzi, Luigi Pavese, Mario [ma nei titoli di testa è erroneamente scritto Renato] Castellani, Enzo Garinei, Carlo Ninchi. ◆ Dopo la morte di Pepé le Mokò (Ninchi), la gang del re della casbah è affidata al cugino Antonio Lumaconi (Totò), musicista ambulante che lascia Napoli per Algeri convinto di poter finalmente «dirigere» una banda: grazie a una miracolosa pomata per capelli si crederà invincibile e conquisterà il cuore di una bella straniera (Canale), ma dovrà affrontare a duello il redivivo Pepé. Sulla scia di *Pepé le Mokò*, arriva puntuale la parodia (Castellani è Za la Mortadelle) con Totò in gran forma che lancia divagazioni linguistiche in algerino napoletanizzato e si scatena in «sfrenati pasticciacci con gesticolazioni di mani (quante!), mento, piedi e occhi». Sceneggiatura di Vittorio Metz, Furio Scarpelli e Alessandro Continenza.

Totò nella fossa dei leoni → *Due cuori fra le belve*

Totò nella Luna *½ (Italia 1958, b/n, 101') Steno [Stefano Vanzina]. Con Totò [Antonio de Curtis], Sylva Koscina, Ugo Tognazzi, Luciano Salce, Sandra Milo, Richard McNamara, Francesco Mulé, Giacomo Furia. ◆ Pasquale Belafronte (Totò), editore di una rivista per uomini («il pubblico vuole vedere donne, donne belle, più che belle bone»), disapprova le attenzioni che il fattorino Achille (Tognazzi) rivolge a sua figlia (Koscina): cambia atteggiamento quando si scopre che il sangue di Achille contiene glucomio, sostanza che lo rende adatto ai voli spaziali e che gli americani gli offrono una grande somma per mandarlo nello spazio, ma poi sulla Luna finiranno il vero Pasquale e una copia perfetta di Achille. Nelle parodie di Totò non poteva mancare la fantascienza, ma il soggetto (di Lucio Fulci e Steno, sceneggiato dal regista con Alessandro Continenza ed Ettore Scola) sembra servire solo alle due coprotagoniste per mostrarsi un po' discinte. Unico pezzo d'antologia la sequenza in cui Tognazzi fa una vera e propria imitazione del modo di parlare di Totò.

Totò, Peppino e i fuorilegge ** (Italia 1956, b/n, 104') Camillo Mastrocinque. Con Totò [Antonio de Curtis], Peppino De Filippo, Titina De Filippo, Franco Interlenghi, Dorian Gray, Maria Pia Casilio, Memmo Carotenuto, Mario Castellani, Mario Meniconi. ◆ Per estorcere dei soldi alla tirchissima moglie Teresa (T. De Filippo), Antonio (Totò) inscena il proprio rapimento con la complicità del barbiere (P. De Filippo): con il riscatto i due si danno alla bella vita a Roma, ma Teresa li smaschera, e quando Antonio verrà rapito davvero da Ignazio detto «il Torchio» (Carotenuto) la moglie non sborserà nemmeno un centesimo. Da un soggetto di Vittorio Metz sceneggiato da Edoardo Anton, Mario Amendola e Ruggero Maccari, la storia di due poveri diavoli a metà tra balordaggine e astuzia, con la celeberrima situazione dei due cafoni che fanno la bella vita in un night (Peppino, davanti agli sguardi indagatori delle entraîneuses: «Eh, ricchi sfondati siamo». E Totò: «Veramente il ricco sono io: lui è solamente sfondato». O ancora, di fronte a un'avventuriera polacca: «Ma possibile che voialtri polacchesi siate sempre così oriundi!?!» esclama Totò). Indimenticabile anche Titina nella parte della moglie avara, che mette le tagliole nei cassetti e costringe gli ospiti a mangiare con le posate incatenate al tavolo. Lamberto Maggiorani, protagonista di *Ladri di biciclette*, interpreta uno dei banditi che rapiscono Totò, Teddy Reno interpreta se stesso.

Totò, Peppino e la dolce vita ** (Italia 1961, b/n, 89') Sergio Corbucci. Con Totò [Antonio de Curtis], Peppino De Filippo, Taina Beryll, Gloria Paul, Mara Berni, Francesco Mulé, Rosalba Neri, Mario Castellani, Gianfranco Piacentini. ◆ Peppino Barbacane (De Filippo) è mandato a Roma per far deviare l'autostrada vicino al paesello di cui è segretario comunale, convinto dell'aiuto del cugino Antonio (Totò), presidente della S.P.A. Ma la società si scoprirà essere il Sindacato Posteggiatori Abusivi e i due scordando il dovere si immergeranno nella dolce vita. Una sceneggiatura approssimata (firmata da Bruno Corbucci, Giovanni Grimaldi e Mario Guerra, da un soggetto di Steno e Lucio Fulci) costruita solo per sfruttare il ricordo del film di Fellini, di cui riprende luoghi e situazioni con una cattiveria più sanguigna e lascia ai due attori la solita libertà d'improvvisare: la classica scena al night («I signori hanno il tavolo?». «No, non l'abbiamo portato», con Totò che storpia Moët Chandon in «Mo' esce Antonio») e festa finale con orgia dove, molto prima di *Johnny Stecchino*, Totò scambia una bustina di droga per borotalco («A Natale ci faccio il bagno»). Apparizione di Giò Stajano, omosessuale ufficiale del cinema italiano. Il regista Sergio Corbucci è il cliente al bar in attesa di telefonare.

Totò, Peppino e la... malafemmina **** (Italia 1956, b/n, 118') Camillo Mastrocinque. Con Totò [Antonio de Curtis], Peppino De Filippo, Vittoria Crispo, Teddy Reno, Dorian Gray, Nino Manfredi, Mario Castellani. ◆ Decisi a stroncare la relazione tra il loro nipote Gianni (Reno) e una soubrette (Gray), i fratelli Capone – Antonio, Peppino e Lucia (Totò, De Filippo e Crispo) – vanno a Milano per corrompere la donna e naturalmente finiscono in un ristorante di lusso in compagnia di alcune donnine allegre. L'amore tra i due giovani, invece, è sincero e ai fratelli Capone non resterà che insegnare al nipotino a tirare i sassi contro le finestre dell'odiato vicino Mezzacapa (Castellani). Ispirato alla canzone *Malafemmina* scritta da Totò dopo l'infelice amore per Silvana Pampanini e qui cantata da Teddy Reno (la sceneggiatura è di Alessandro Continenza, Nicola Manzari, Edoardo

Anton e Francesco Thellung), è il primo film dove i nomi di Totò e Peppino sono associati nel titolo ed è il loro capolavoro, un gioiello di comicità surreale con l'esilarante scena della dettatura della lettera («Veniamo noi con questa mia addirvi, una parola. Addirvi» [...] «Punto! Due punti! Ma sì, fai vedere che abbondiamo. Abbondantis in abbondandum» [...] «Punto. Punto e virgola. Punto e un punto e virgola». «Troppa roba». «Lascia fare. Che non dica che noi siamo provinciali, siamo tirati... Salutandovi indistintamente, i fratelli Caponi, che siamo noi»). Indimenticabile anche l'arrivo dei tre a Milano, intabarrati come cosacchi, con le provviste per la sopravvivenza e una lanterna a olio per orientarsi nella nebbia, perché «a Milano quando c'è la nebbia non si vede». Dorian Gray è doppiata da Andreina Pagnani.

Totò, Peppino e le fanatiche *½ (Italia 1958, b/n, 90') Mario Mattoli. Con Totò [Antonio de Curtis], Peppino De Filippo, Aroldo Tieri, Alessandra Panaro, Elena Borgo, Johnny Dorelli, Rosalia Maggio, Mario Riva, Diana Dei, Enzo Garinei, Giacomo Furia, Renato Carosone e la sua orchestra. ◆ Il cavalier Antonio Vignarello (Totò) e il ragionier Peppino Caprioli (Peppino), rinchiusi in manicomio perché considerati matti, raccontano al direttore (Tieri) cosa hanno dovuto subire a causa dei familiari: la mania del camping, la frenesia per gli elettrodomestici, le vendite di beneficenza... Il film più brutto della coppia (sceneggiato da Steno, Ruggero Maccari, Age e Scarpelli), dove i due attori «appaiono malinconicamente pieni di buon senso», tutti preoccupati di assecondare le leggi e non di infrangerle con la loro comicità. Unici sprazzi di genialità, una sequenza in cui i personaggi parlano unicamente attraverso fumetti che appaiono sulla loro testa e le disavventure prefantozziane di Peppino, costretto dal suo capufficio (Riva) a fargli da imbianchino e giardiniere.

Totò sceicco *** (Italia 1950, b/n, 90') Mario Mattoli. Con Totò [Antonio de Curtis], Tamara Lees, Aroldo Tieri, Laura Gore, Lauretta De Lauri, Aroldo Tieri, Cesare Polacco, Arnoldo Foà, Mario Castellani, Riccardo Billi, Ubaldo Lay, Carlo Croccolo, Raimondo Vianello, Giacomo Furia, Aldo Giuffré, Piero De Vico. ◆ Per una pena d'amore il marchesino Gastone (Tieri) si arruola nella Legione straniera e la madre gli manda al seguito il maggiordomo Antonio Sapore (Totò) che finisce nel campo dei ribelli arabi ed è scambiato per il figlio del loro capo appena morto: dopo mille vicissitudini Antonio ritrova il marchesino, impazzito a causa di un colpo di sole, e insieme ripareranno nella misteriosa città sotterranea di Atlantide dove la regina Antinea (Lees) si innamora del maggiordomo che la porterà a Napoli con sé. Sceneggiatura canovaccio (firmata da Marcello Marchesi, Metz, Age e Scarpelli) ma un'esplosione di giochi di parole e gag, tutti da antologia: «Vedi Omàr quant'è bello», «Rispettiamo il Gatto atlantico», «Alì mortà...». «No, Alì Babà, come sta mammà...».

Totò sexy * (Italia 1963, col, 90') Mario Amendola. Con Totò [Antonio de Curtis], Erminio Macario, Toni Ucci, Franca Polesello, Mario Castellani, Mario Pisu. ◆ Due ambulanti, Ninì Cantachiaro (Totò) e Mimì Cocò (Macario) finiti in carcere, sognano di frequentare i più famosi night del mondo: zibaldone di sketch riciclati e di scene semidocumentarie riciclati dal precedente *Totò di notte n.1*, dove si esibiscono tra gli altri la spogliarellista Dodò D'Ambourg e il cantante Gianni Morandi.

Totò Story ** (Italia 1968, b/n, 90') senza indicazione di regia. Film di montaggio realizzato dopo la morte di Totò, preceduto da una breve e accorata presentazione di Mario Castellani, la sua spalla più famosa. ◆ Sono nove episodi tratti da: *Totò sceicco* («Vedi Omàr quant'è bello», «Rispettiamo il Gatto atlantico», e «Tutto va bene madama la marchesa»), *Totò, Peppino e la malafemmina* («A Milano con tremore»), *La banda degli onesti* («Per qualche lira in più»), *Signori si nasce* («Il lutto non si addice a Ottone»), *Totò, Peppino e i fuorilegge* («Un marito a peso d'oro»), *Totòtruffa '62* («Occasionissima fantasma vendesi»), *Totò, Fabrizi e i giovani d'oggi* («Sposatevi e diventeremo nemici»).

Tototarzan **½ (Italia 1950, b/n, 85') Mario Mattoli. Con Totò [Antonio de Curtis], Marilyn Buferd, Bianca Maria Fusari, Alba Arnova, Luigi Pavese, Vera Silenti, Mario Castellani, Tino Buazzelli, Vinicio Sofia, Galeazzo Benti, Aldo Giuffré, Giacomo Furia, Carlo Croccolo, Riccardo Billi, Totò Mignoni. ◆ Abbandonato nella giungla da bambino, il nobile Antonio Della Buffas (Totò) è cresciuto da selvaggio, tanto da guadagnarsi l'appellativo di «scimmia bianca»: una spedizione va alla sua ricerca per riportarlo alla civiltà e soprattutto appropriarsi della sua eredità, ma le cose non andranno secondo i piani degli avidi esploratori. Da un soggetto di Vittorio Metz scritto con Marcello Marchesi, Age e Scarpelli, il film ribalta la logica del buon selvaggio, utilizzandone l'istinto angelico per mettere a nudo le convenzioni di una società borghese grazie a uno «sguardo langdoniano e infantile» che amplifica gli effetti comici, come quando nella stanza d'albergo di Totò vengono posti dei rami per farlo dormire a suo agio e lui alla vista di un letto vero sceglie quello affermando: « Selvaggio sì, fesso no». Sofia Lazzaro, non ancora Loren, è una delle ragazze del circolo tototarzanista.

Totò terzo uomo ** (Italia 1951, b/n, 95') Mario Mattoli. Con Totò [Antonio de Curtis], Franca Marzi, Elli Parvo, Carlo Campanini, Aroldo Tieri, Diana Dei, Bice Valori, Carlo Romano, Mario Castellani, Enzo Garinei, Aldo Giuffré. ◆ I due gemelli Frittelli (Totò) si differenziano per il carattere: Pietro, il sindaco del paese, è austero ed egoista, Paolo superficiale e allegro. Ma il sarto Anacleto (Tieri) scopre un terzo gemello, Totò, che usa per preparare una truffa ai danni dei primi due, in lite per un terreno su cui si dovrebbe costruire il carcere. Commedia degli equivoci sceneggiata da Metz, Marchesi, Age, Scarpelli e Mario Pelosi, con Totò che passa abilmente da un ruolo all'altro cambiando carattere ed espressione aiutato solo da un neo sulla guancia. Irresistibile nei panni del farfallone donnaiolo.

Tototruffa '62 ** (Italia 1961, b/n, 107') Camillo Mastrocinque. Con Totò [Antonio de Curtis], Nino Taranto, Estella Blain, Geronimo Meynier, Ernesto

Calindri, Lia Zoppelli, Luigi Pavese, Oreste Lionello, Renzo Palmer, Pietro De Vico, Mario Castellani, Milena Vukotic, John Kitzmiller. ◆ Antonio Peluffo (Totò), con l'aiuto del suo socio Felice (Taranto), sfrutta l'abilità di travestimento acquisita nell'avanspettacolo per mettere a segno fantasiosi raggiri e mantenere così la figlia (Blain) in un costoso collegio svizzero: i problemi cominceranno quando la ragazza si innamorerà del figlio del commissario Malvasia (Calindri), il più acerrimo nemico dei due truffatori. Sulla scia del *Mattatore*, un film costruito su una carrellata di travestimenti e una serie di sketch disuguali: celeberrimo quello della vendita della fontana di Trevi a un immigrato italoamericano.

Totò, Vittorio e la dottoressa *½ (Italia/Francia/Spagna 1957, b/n, 100') Camillo Mastrocinque. Con Totò [Antonio de Curtis], Abbe Lane, Vittorio De Sica, Titina De Filippo, Pierre Mondy, Agostino Salvietti, Franco Coop, Dante Maggio, Luigi Pavese, Arturo Bragaglia. ◆ Due improvvisati investigatori privati, Michele Spillone detto Mike (Totò) e Gennaro detto Johnny (Salvietti), pedinano la moglie dell'avvocato Otello Bellomo (Mondy): la signora (Lane) è un medico e deve curare il marchese De Vitti (De Sica), impenitente dongiovanni impallinato al sedere da un marito geloso, incapace di non corteggiare ogni donna che gli capiti a tiro. Quindi anche la dottoressa, che però respinge ogni tentazione, facendo così fallire le speranze investigative dei due. Totò salva un film piuttosto squinternato (sceneggiato da Metz e Marchesi) con la sua verve e battutacce del tipo «Lo sa che come Bellomo è proprio una bella donna?» o equivocando tra «siedano» e «sedano».

Touch of Zen, A – La fanciulla cavaliere errante **** (*Hsia Nu*, Taiwan 1969, col, 175') King Hu. Xu Feng, Shi Jun, Roy Chiao, Bai Ying, Hang Yinjie, Sammo Hung. ◆ Yang Hui-Chen (Feng), unica sopravvissuta di una famiglia perseguitata dal malvagio eunuco imperiale, si è nascosta in una casa infestata dai fantasmi. Con l'aiuto di un generale travestito da cieco, di un timido pittore innamorato di lei (Jun) e di un monaco zen (Chiao) esperto in arti marziali, si vendicherà dei suoi nemici. Il capolavoro del regista di Hong Kong che ha rinnovato il genere di cappa e spada portandolo a livelli di raffinatezza mai più uguagliati, e che è diventato celebre per le coreografie elaborate dei combattimenti, in cui gli attori saltano e volano come se non valesse più la legge di gravità. Tratto da un racconto di P'u Sung-Ling, il film è diviso in tre parti distinte: la prima è una sorta di commedia dove il soprannaturale viene smontato con l'ironia; la seconda è un film d'azione concitato e violento, ricco di duelli spettacolari; la terza sbocca nel fantastico e nel misticismo visionario. Complesso come un gioco di scatole cinesi, e visivamente straordinario (sia quando il ritmo è meditativo che quando impazzisce improvvisamente): un'esperienza cinematografica unica, non inaccessibile allo spettatore occidentale per quanto fitta di rimandi a eventi storici e generi letterari a noi sconosciuti. In Italia è stato trasmesso solo in televisione.

Toulouse-Lautrec *½ (*Lautrec*, Francia 1998, col, 125') Roger Planchon. Con Régis Royer, Elsa Zylberstein, Anémone [Anne Bourguignon], Claude Rich, Jean-Marie Bigard, Hélène Babu, Claire Borotra, Alexandra Pandev, Amanda Rubinstein, Florence Viala, Micha Lescot, Vanessa Guedj, Yvon Back, Philippe Clay. ◆ La breve esistenza di Henri de Toulouse-Lautrec (Royer), celebre illustratore della Belle Epoque, nato con una malformazione da genitori aristocratici (Anémone e Rich) e protagonista della Montmartre degli artisti e dei bordelli, dove vive un tempestoso amore con Suzanne Valadon (Zylberstein) e muore a soli a 36 anni. Un biografia convenzionale, che perpetua il mito romantico dell'artista grande perché sfortunato: tanto scintillante nella ricostruzione dell'ambiente e dell'epoca quanto emotivamente piatto e scontato, il film attraversa varie rivoluzioni – pittoriche, di costume, sociali – senza mai andare oltre l'illustrazione. Sceneggiatura del regista.

Tovarich ** (*Tovarich*, Usa 1937, b/n, 98') Anatole Litvak. Con Claudette Colbert, Charles Boyer, Basil Rathbone, Anita Louise, Melville Cooper, Isabel Jeans. ◆ Fuggiti a Parigi dopo la rivoluzione bolscevica con quattro miliardi di franchi, l'aiutante dello zar e la moglie (Boyer e Colbert) fanno i camerieri per non intaccare la fortuna che considerano del popolo russo: quando conosceranno il rappresentante dell'Urss incaricato di vendere i giacimenti petroliferi per salvare dalla fame milioni di connazionali, i due gli consegnano l'enorme fortuna. Americanizzazione a opera di Robert Sherwood dell'omonima commedia del francese Jacques Deval, il film si fa apprezzare di più come documento sociologico (di un tempo in cui non esisteva la guerra fredda) che come esempio di commedia spigliata e vivace.

Toxic Avenger, The *½ (*The Toxic Avenger*, Usa 1985, col, 100') Michael Herz e Samuel Weil [Lloyd Kaufman]. Con Andree Maranda, Mitchell Cohen, Jennifer Baptist, Mark Torgi. ◆ A Tromaville, capitale delle scorie tossiche degli Usa, l'imbranato Melvin Junko (Torgi) cade in un bidone radioattivo e si trasforma in un mostro forzuto (Cohen) che uccide tutti i cattivi della città e si innamora (non platonicamente) di una bella cieca (Maranda). L'horror parodico che ha fatto la fortuna della Troma di Kaufman e Herz, piccola casa di produzione specializzata nel trash demenziale. Il mix di grottesca violenza splatter (censurata dalla versione italiana), stupidità ricercata a bella posta, tette a go-go, umorismo cinico e politicamente scorretto è su misura per un pubblico di fumettari e fanzinari, che si faranno quattro ghignate. Gli altri si astengano. Con due seguiti mai usciti in Italia.

Toys – Giocattoli ° (*Toys*, Usa 1992, col, 121') Barry Levinson. Con Robin Williams, Michel Gambon, Joan Cusack, LL Cool J, Robin Wright, Donald O'Connor, Jack Warden. ◆ Keneth Zevo (O'Connor) lascia la sua fabbrica di giocattoli al fratello (Gambon), un generale che intende trasformare la produzione a fini bellici. I figli Leslie (Williams) e Alsatia (Cusack), che sono rimasti a qualche fase psichica pregenitale, riusciranno a mandare a monte i suoi piani. Vagheggiato da Levinson fin dal 1978, un incubo – più che un sogno – ambientato in scenografie (di Ferdinando Scarfiotti) che saccheggiano Depero e Magritte. Nessuna gioia nei bambini che danzano, negli operai che cantano, e nei sinistri giocattoli meccanici. Un film sbagliato in partenza, involontariamente ambiguo, senz'anima come i fantocci che lo popolano e le smorfie di Williams e Cusack mettono a dura prova anche gli spiriti meglio disposti. La giacca con la gigantesca chiave sulla schiena è stata ideata e progettata da Giancarlo Giannini.

Toy Story – Il mondo dei giocattoli *½ (*Toy Story*, Usa 1995, col, 80') John Lasseter. ◆ Il regalo dell'astronauta giocattolo Buzz Lightyear, spinge il piccolo Andy a dimenticare il cowboy Woody, fino ad allora leader incontrastato del suo mondo di giochi: per riprendere il sopravvento, Woody cercherà di liberarsi del «nemico» ma finiranno entrambi nel cortile del vicino di casa, il terribile Sid, che si diverte a rompere ogni giocattolo che gli capiti a tiro. Prodotto dalla Disney attraverso la Pixar, il primo film di animazione digitalizzata, realizzato completamente con la tecnica della computer grafica: può far gridare al miracolo tecnologico (cosa che in effetti è) ma non si allontana per niente dal vecchio schema dei buoni e dei cattivi con inevitabile happy ending. E curiosamente affida alla più impersonale delle tecniche elettroniche l'elogio dei più umanistici dei valori, l'amicizia e la solidarietà. In originale Woody aveva la voce di Tom Hanks, in italiano di Fabrizio Frizzi, Buzz passa da Tim Allen a Massimo Dapporto.

Tracce di rosso * (*Traces of Red*, Usa 1992, col, 105') Andy Wolk. Con James Belushi, Lorraine Bracco, Tony Goldwin, Faye Grant. ◆ Come in *Viale del tramonto*, il poliziotto Jack Dobson (Belushi) racconta gli eventi che hanno portato alla propria morte, al termine dell'indagine su un serial killer che ammazza le donne con cui lui – Dobson – va a letto. Ma c'è una sorpresa, e la più disonesta che uno sceneggiatore potesse escogitare. Spacciato come thriller erotico, ma con poca suspense e ancor meno erotismo.

Tracce di vita amorosa *½ (Italia 1990, col, 105') Peter Del Monte. Con Valeria Golino, Andrea Occhipinti, Gioele Dix, Laura Morante, Massimo Dapporto, Stefania Sandrelli, Walter Chiari. ◆ Quattordici frammenti di 7-8 minuti, incursioni nella vita privata di persone sconosciute per raccontare vari tipi d'amore (dall'infanzia alla piena maturità), dove però il sentimento si trova di fronte a un ostacolo, senza preoccuparsi di spiegare il prima e il dopo. Lo scopo è quello di comunicare un concentrato di emozioni, ma il risultato è dispersivo e banalizzante, con una presunzione di lirismo che infastidisce.

Traccia del serpente, La *½ (*Manhandled*, Usa 1949, b/n, 97') Lewis R. Foster. Con Dorothy Lamour, Dan Duryea, Sterling Hayden, Irene Hervey. ◆ Un detective privato (Duryea), venuto a conoscenza degli incubi di uno scrittore, che sogna di strangolare la moglie, uccide la donna e cerca di far cadere le colpe prima sull'innocente marito, poi sulla infermiera (Lamour) che gli aveva rivelato i sogni. Film poliziesco dalla trama inverosimile che cerca sostegno nella psicanalisi, ma non cancella l'impressione di posticcio.

Tra cielo e terra ** (*Heaven and Earth*, Usa 1993, col, 140') Oliver Stone. Con Tommy Lee Jones, Hiep Thi Le, Joan Chen, Haing S. Ngor, Debbie Reynolds, Dustin Nguyen, Conchata Ferrell. ◆ Vietnam, prima metà degli anni Settanta: dopo torture, violenze e prostituzione, la giovane Le Ly (Thi Le) conosce a Saigon un sergente americano, Steve Butler (Jones), che s'innamora di lei. Quando l'esercito americano lascia la città, i due si trasferiscono a San Diego, in California, presso la famiglia di lui: Le Ly riesce a superare l'impatto traumatico con la società americana, ma Steve non riesce a reinserirsi nella vita civile e si suicida. Terzo capitolo della trilogia sul Vietnam (dopo *Platoon* e *Nato il quattro di luglio*), questa volta centrato su una figura femminile a tutto tondo, scaraventata in un'odissea infernale. Basandosi sui romanzi autobiografici di Le Ly Hayslip, Stone tenta la sua opera più ambiziosa, una sorta di Guernica cinematografica affascinante per la sua solida e furiosa capacità affabulatoria (evidentemente non indirizzata a un pubblico d'intellettuali, come si evince dalla struttura narrativa e dal linguaggio ampiamente popolare, da cineromanzo d'appendice aggiornato agli stilemi della telenovela, a cui fa eccezione solo il breve, raffinato e feroce inserto «americano»), ma non priva di retorica liricheggiante (l'elogio di Dio, ancorché buddista, patria e famiglia) come spesso succede ai film a tesi e in particolare al talk-show director Oliver Stone. Concreto e sanguigno quando parla dell'eroina di fronte alla guerra, diventa astratto (per non dire confuso) quando cerca di tratteggiare la complessità della situazione vietnamita.

Tracks – Lunghi binari della follia **½ (*Tracks*, Usa 1976, col, 90') Henry Jaglom. Con Dennis Hopper, Taryn Power, Dean Stockwell, Alfred Ryder. ◆ Jack Falen (Hopper), reduce del Vietnam, accompagna in treno la salma di un commilitone verso il paese d'origine in un viaggio in cui realtà e incubi si confondono continuamente. Presentato a Cannes nel 1976, è stato per anni congelato nei magazzini a causa della radicalità di forme (un grande uso della camera a mano) e contenuti. Hopper collaborò strettamente con Jaglom nella scrittura del film. Taryn Power è la sorella impegnata dell'italica Romina.

Tracy e il signore del piano di sopra * (*Oh God! Book II*, Usa 1980, col, 94') Gilbert Cates. Con George Burns, Suzanne Pleshette, David Birney, Louanne, Howard Duff, Hans Conried. ◆ Dio torna sulla Terra ed entra nei panni di un simpatico vecchietto (Burns) con tanto di barba e scarpe da ginnastica: tutti lo credono un vecchio strambo tranne un ragazzino (Louanne) che scopre la sua vera identità. Seguito di *Bentornato Dio!* di Carl Rainer decisamente insulso e senza idee. La terza puntata *Oh God! You Devil* (1984) non è mai arrivata in Italia.

Tradimenti ** (*Too Far to Go*, Usa 1979, col, 100') Fielder Cook. Con Michael Moriarty, Blythe Danner, Glenn Close, Kathryn Walker. ◆ Una donna (Danner) dopo vent'anni di matrimonio decide di divorziare dal marito (Moriarty) e matura la scelta, apparentemente immotivata, dopo aver ripensato ai lunghi anni di convivenza e avere capito che non le hanno dato niente. Tratto da diciassette racconti brevi di John Updike, è un film prodotto per la Tv con buona cura. Debutto cinematografico di Glenn Close.

Tradimenti **½ (*Betrayal*, Gb 1983, col, 95') David Jones. Con Jeremy Irons, Patricia Hodge, Ben Kingsley, Avril Elgar, Ray Marinoni, Caspar Norman. ◆ Dopo essersi decisa a separarsi dal marito Robert (Kingsley), Emma (Hodge) rivede il suo ex amante Jerry (Irons) per dirgli che durante un litigio col coniuge gli ha rivelato la loro lunga relazione, peraltro finita da due anni: i due uomini si vedono per un incontro chiarificatore (durante il quale Robert svela a Jerry di conoscere tutto da anni) e una serie di sei flashback successivi fanno rivivere a ritroso la loro relazione durata sette anni. Tratto dall'omonima pièce di Harold Pinter e da lui sceneggiato, il film è una specie di diario letto al contrario che scava in tre vite tormentate dove il lavoro sul tempo della memoria e su quello cinematografico fa completamente dimenticare l'origine teatrale. Superba la recitazione dei tre protagonisti.

Tradimento, Il ** (Italia 1951, b/n, 85') Riccardo Freda. Con Amedeo Nazzari, Vittorio Gassman, Gianna Maria Canale, Caterina Boratto, Camillo Pilotto, Arnoldo Foà, Nerio Bernardi. ◆ Accusato di aver ucciso il proprio socio, Pietro Vanzelli (Nazzari) viene condannato a 15 anni e sua moglie (Boratto) muore di crepacuore. Quando è scarcerato, incontra per caso il socio (Gassman) che gli confessa di aver architettato tutto per una storia di assegni a vuoto: questa volta Pietro lo uccide veramente e il tribunale lo assolve. Prendendo spunto da un fatto di cronaca avvenuto nel 1922, Freda costruisce un melodramma anticonformista diretto con mano sicura e con un bel gusto per le provocazioni come nella scena in cui Pietro, in cerca di una prostituta, si apparta con la figlia (Canale) che non ha riconosciuto e che era fuggita di casa durante la sua prigionia. Conosciuto anche col titolo *Passato che uccide*.

Tradimento **½ (*Up Tight*, Usa 1968, col, 104') Jules Dassin. Con Julian Mayfield, Max Julien, Raymond St. Jacques, Roscoe Lee Browne, Ruby Dee, Frank Silvera. ◆ Dopo l'uccisione di Martin Luther King, alcuni militanti del black power decidono di passare alla lotta armata chiedendo prima la collaborazione di Tank (Mayfield) poi allontanandolo dal gruppo perché alcolizzato: disperato, Tank denuncerà alla polizia il nero responsabile di un omicidio ma pagherà con la vita questa soffiata. Dopo vent'anni Dassin torna a girare negli Stati Uniti, nel ghetto di Cleveland, e adatta il romanzo di Liam O'Flaherty (già portato sullo schermo da John Ford con *Il traditore*) con la collaborazione di Ruby Dee e Julian Mayfield, entrambi attori nel film. Ambientato quasi tutto di notte, *Tradimento* recupera lo stile secco e documentaristico del Dassin anni Cinquanta (attento al realismo dell'ambientazione) rifiutando il facile manicheismo di tanto cinema pseudopolitico. Magistrale la scena finale, con Tank che fugge inseguito dai killer. Le immagini del funerale di Martin Luther King che aprono il film sono state girate dallo stesso Dassin.

Tradimento *½ (Italia 1982, col, 106') Alfonso Brescia. Con Mario Merola, Nino D'Angelo, Regina Bianchi, Ida Di Benedetto, Antonio Ferrante, Tommaso Bianco. ◆ A Napoli un venditore abusivo (Merola) cade in una trappola della camorra e finisce in carcere. La moglie (Di Benedetto) si autoaccusa per liberarlo ma il marito la scaccia di casa perché teme non le sia stata fedele: per fortuna, al santuario di Montevergine, tutto si risolve per il meglio. Merola e D'Angelo in un sol colpo, una delizia per gli estimatori, un flagello per gli altri. Il film cerca di aggiornare i modi della sceneggiata ma resta saldamente sul folcloristico.

Tradita → *Betrayed – Tradita*

Traditore, Il **½ (*The Informer*, Usa 1935, b/n, 91') John Ford. Con Victor McLaglen, Heather Angel, Una O'Connor, Margot Grahame, Wallace Ford, Preston Foster, J.M. Kerrigan, Jospeh Sauers [Sawyer], Donald Meek. ◆ Nell'Irlanda del 1922, durante la lotta tra gli indipendentisti dello Sinn Fein e i dominatori inglesi, Gypo Nolan (McLaglen) denuncia alla polizia l'amico e compagno di lotta Pat (Ford) per riuscire a imbarcarsi per l'America con i soldi della taglia: colto dai rimorsi sperpererà la somma in una notte e sarà ucciso dai compagni che ha tradito. Tratto dal romanzo di Liam O'Flaherty, sceneggiato da Dudley Nichols, il film è girato con uno stile insolito per Ford, ai limiti dell'accademismo (forti contrasti, luci di taglio e controluci) in una Dublino tutta ricostruita in studio. Quattro Oscar: miglior regia, attore, sceneggiatura, musica (Max Steiner). McLaglen offre la migliore interpretazione della sua carriera. Lo stesso romanzo sarà usato anche da Dassin per *Tradimento* (1968).

Traditore di Forte Alamo, Il **½ (*The Man from the Alamo*, Usa 1953, col, 79') Budd Boetticher. Con Glenn Ford, Julia [Julie] Adams, Chill Wills, Victor Jory, Neville Brand. ◆ Accusato ingiustamente di diserzione e imprigionato, un soldato (Ford) evade dal carcere per vendicare il massacro della sua famiglia: riuscirà a infiltrarsi nella banda dei rinnegati che hanno fatto la strage e a farsi giustizia. Una sceneggiatura di Steve Fisher e D.D. Beauchamp troppo schematica (ma centrata su un tema caro al regista, quello della giustizia e dei modi per ottenerla) non impedisce a Boetticher di dirigere il film con grande tensione e con almeno una scena da antologia: Ford che difende un vagone ferroviario dall'attacco di Jory. Bella fotografia di Russell Metty.

Tra due donne *½ (*Recours en grâce*, Francia/Italia 1960, col, 95') Laszlo Benedek. Con Raf Vallone, Emmanuelle Riva, Annie Girardot, Vittorio Caprioli, Robert Manuel, Fernand Ledoux. ◆ Abbandonato dalla sua donna (Riva), Mario Di Donati (Vallone) si autodenuncia per diserzione dopo molti anni, perde il lume della ragione, evade e fa del suo meglio per finire tragicamente. Pesantemente letterario (il regista adatta un romanzo di Noël Calef) e insopportabilmente fatalista e moralista, come si usava all'epoca. Qualche scorcio di *banlieue*, qualche personaggio di contorno (come la Girardot nella parte di un'ex fiamma di Mario) e qualche notazione sui lavoratori italiani in Francia non bastano a rivalutare questa sortita europea del regista del *Selvaggio*.

Tra due fuochi *½ (*The Man in the Middle*, Gb 1964, b/n, 94') Guy Hamilton. Con Robert Mitchum, France Nuyen, Trevor Howard, Keenan Wynn, Barry Sullivan, Alexander Knox. ◆ In India, alla fine della seconda guerra mondiale, il colonnello Adams (Mitchum) deve difendere il tenente americano Winston (Wynn), accusato di avere ucciso un militare inglese: il comando vorrebbe un verdetto esemplare ma Adams, anche a costo di rischiare la carriera, riesce a salvarlo dalla pena capitale. Confuso e verboso film tratto da un romanzo di Howard Fast, sceneggiato da Keith Waterhouse e Willis Hall, soffocato dall'ambientazione giudiziaria.

Trafficanti, I **½ (*The Hucksters*, Usa 1947, b/n, 115') Jack Conway. Con Clark Gable, Deborah Kerr, Ava Gardner, Sidney Greenstreet, Adolphe Menjou, Keenan Wynn, Edward Arnold. ◆ Un pubblicitario senza scrupoli (Gable) accetta di lavorare per l'irascibile proprietario (Greenstreet) di una marca di sapone, ma per l'amore di una bella vedova inglese (Kerr) smetterà di comportarsi come uno yes man e si licenzierà. Sceneggiato da Luther Davis, il bestseller di Frederick Wakeman perse molto della sua acidità e l'originale satira delle agenzie di pubblicità di Madison Avenue diventa al cinema un'innocua parodia delle trasmissioni radio, ma il film mantiene una bella verve che un gruppo di attori in forma smagliante esalta maggiormente. Grande Clark Gable che rovescia una brocca d'acqua in testa all'altezzoso milionario Greenstreet. Un po' sacrificata Ava Gardner, nel ruolo di una cantante di night sempre disposta a riprendersi l'ex fidanzato Gable. Primo film americano della Kerr.

Trafficanti della notte, I *** (*The Night and the City*, Usa/Gb 1950, b/n, 95') Jules Dassin. Con Richard Widmark, Gene Tierney, Googie Withers, Herbert Lom, Hugh Marlowe, Francis L. Sullivan. ◆ A Londra, uno scapestrato opportunista, Harry Fabian (Widmark), cerca di fare fortuna con gli incontri di lotta libera, ma finirà per restare vittima della sua stessa spregiudicatezza. Sceneggiato da Jo Eisinger a partire da un racconto di Gerald Kersh e girato in Inghilterra perché Dassin era stato messo sulla lista nera come comunista, è un noir esemplare, sia per la descrizione di una città cupa e notturna, labirintica e claustrofobica (splendida la fotografia di Max Greene) sia per la sinistra e inquietante atmosfera di fatalità che rende vano il frenetico attivismo del protagonista (un grande Widmark), che appare – sin dall'inizio – un perdente, destinato a essere stritolato dagli spietati meccanismi urbani. Accessoria la figura di Mary Bristol (Tierney), la fidanzata del protagonista. Rifatto nel 1992 (*La notte e la città*).

Trafitti da un raggio di sole *½ (Italia 1995, col, 86') Claudio Del Punta. ◆ Film a episodi. In *Trafitti da un raggio di sole* (con Francesco Domenidò, Cecilia Dazzi, Carlo Mucari), uno scrittore che si è ritirato in un bungalow sulla spiaggia fraternizza con un pugile che è lì per allenarsi, ma cerca anche di rubargli la fidanzata; in *Ed è subito sera* (con Cecilia Dazzi, Lola Pagnani, Samir, gli Al Darawish) la convinvenza tra due amiche entra in crisi quando una decide di studiare danza del ventre e apre la casa a un amico mediorientale. Piccolo esordio indipendente penalizzato dalla distribuzione: il primo episodio non è molto più di una barzelletta stiracchiata, il secondo mostra una certa curiosità di sguardo che, forse, può fare ben sperare. Il meglio, comunque, è la vitalità della giovane Cecilia Dazzi nei panni della sguaiata Deborah, filo unificante dei due segmenti.

Tragedia americana, Una *** (*An American Tragedy*, Usa 1931, b/n, 96') Josef von Sternberg. Con Phillips Holmes, Sylvia Sidney, Frances Dee, Irving Pichel, Frederick Burton, Claire McDowell. ◆ Un giovane provinciale di grandi ambizioni, Clyde Griffith (Holmes) si innamora di una ragazza ricca (Dee) dopo avere già compromesso la sua fidanzata (Sidney): prova a eliminarla, ma il delitto non paga. Dal romanzo omonimo di Theodore Dreiser (il quale definì ingiustamente «oltraggioso» l'adattamento dello stesso von Sternberg) che in origine avrebbe dovuto essere portato sullo schermo da Ejzenštejn, Sternberg trae un film puntuale e, come suo solito, non privo di riferimenti malevoli alla società americana e allo sfrenato arrivismo del cittadino medio. Di fronte all'eccessiva pedanteria del romanzo, il regista adotta «una leggerezza di mano e una pulizia che migliorano il testo di partenza, essenzializzandolo». Ottima prova della Sidney e bella fotografia di Lee Grames che fornisce al film una luce «naturale» di notevole delicatezza, in contrasto con le studiate e grandiose alchimie luministiche delle opere con la Dietrich. Un remake molto più famoso e molto meno interessante nel 1951, *Un posto al sole*.

Tragedia a Santa Monica **½ (*Pitfall*, Usa 1948, b/n, 84') André de Toth. Con Dick Powell, Lizabeth Scott, Raymond Burr, Jane Wyatt, John Litel, Byron Barr. ◆ John Forbes (Powell), agente di assicurazione annoiato dalla routine matrimoniale, ha una relazione con Mona Stevens (Scott) che scatena la gelosia di un investigatore privato (Burr), disposto a tutto per portargli via la donna: il detective sarà ammazzato da Mona, ma John finirà per uccidere l'ex fidanzato dell'amante prima di cercare di rifarsi una vita. Sceneggiato dal regista insieme a William Bowers (anche se de Toth non è accreditato nei titoli), questo noir insolito e disincantato vuole illustrare «il potenziale di disordine e violenza che si nasconde nella vita quotidiana della classe media»: un tono straordinariamente moderno nei dialoghi (specie in quello finale tra Powell e sua moglie Wyatt), un'amarezza insolita e una recitazione di grande sobrietà (Burr è grandissimo quando alterna minacce e lusinghe) ne fanno un film da non perdere.

Tragedia del Bounty, La **½ (*Mutiny on the Bounty*, Usa 1935, b/n, 132') Frank Lloyd. Con Charles Laughton, Clark Gable, Franchot Tone, Herbert Mundin, Eddie Quillan, Movita, Donald Crisp. ◆ Guidato da Fletcher Christian (Gable) l'equipaggio del Bounty si ribella all'inumana crudeltà del capitano Bligh (Laughton). Gli ammutinati si rifugiano nell'isola di Pitcairn, mentre Bligh – che si è salvato su una scialuppa – si vendica facendo arrestare i marinai che non avevano partecipato alla rivolta: ma al processo Byam (Tone) denuncerà il comportamento del capitano e sarà graziato. Il più famoso tra gli adattamenti dei libri di Nordhoff e Hall (opera di Talbot Jennings, Juls Furthman e Carey Wilson) sulla crociera che nel 1789 il vascello inglese fece nei mari del Sud, perfetto esempio del «film da studios, professionale, ottimamente cesellato, piuttosto intelligente e un po' barboso»: l'interpretazione di Laughton è indimenticabile ma anche piuttosto facile nel suo manierismo e l'ultima parte del film perde ritmo e tensione. Oscar come miglior film e campione d'incasso. Esiste una versione colorizzata. Il film è conosciuto anche col titolo *Gli ammutinati del Bounty*. Rifatto due volte: *Gli ammutinati del Bounty* (1962) e *Bounty* (1984).

Tragedia del capitano Scott, La *** (*Scott of the Antarctic*, Gb 1948, col, 110') Charles Frend. Con John Mills, Derek Bond, Harold Warrender, James Robertson Justice, Reginald Beckwith, Kenneth More, John Gregson, Christopher Lee. ◆ Nel 1909 Robert Falcon Scott (Mills) lascia l'Inghilterra deciso a conquistare il Polo Sud: quando lo raggiunge scopre che Amundsen ha issato pochi giorni prima la bandiera norvegese; ma sarà la via del ritorno che si trasformerà in una tragica disfatta, da cui nessuno uscirà vivo. Una ricostruizone veritiera e puntuale della sfortunata spedizione polare, dove la precedente esperienza di Frend come documentarista si fonde perfettamente con gli elementi di finzione. Anche se lo scopo del grande sforzo produttivo di Michael Balcon e della Ealing era quello di ricreare l'immagine gloriosa e cavalleresca della Gran Bretagna, la regia sobria e sommessamente documentaria di Frend (le immagini a colori firmate da Geoffrey Unsworth, Jack Cardiff e Osmond Borradaile non si scordano facilmente), l'attenzione ai dati scientifici della spedizione, il rifiuto di qualsiasi oleografia o facile eroismo e la bella prova di Mills ne fanno un piccolo, e dimenticato, gioiello. Musica di Vaughn Williams, che in seguito usò parte di questa colonna sonora nella sua settima sinfonia.

Tragedia della miniera, La *** (*Kameradschaft*, Germania/Francia 1931, b/n, 92') Georg Wilhelm Pabst. Con Ernst Busch, Alexander Granach, Fritz Kampers, Gustav Püttjer, Andrée Ducret. ◆ Sarre, al confine francotedesco: quando i minatori tedeschi vengono informati che sul versante francese è scoppiato un incendio e le gallerie cominciano a crollare decidono di formare delle squadre di soccorso e alcuni di loro, tra cui Kaspar (Granach), riescono ad abbattere il muro di confine sotterraneo e a salvare i colleghi stranieri. Alla festa che segue, i minatori francesi e tedeschi esalteranno la solidarietà internazionale tra lavoratori. Ispirato a un fatto realmente accaduto (miniere di Courrières, 1906) e trasferito nella contemporaneità, la tragedia della miniera è, insieme a *Westfront*, l'opera più impegnata socialmente e politicamente di Pabst. L'invito all'internazionalismo proletario appare un po' semplicistico, anche se sincero, ma lo stile sobrio e spoglio, quasi documentaristico, conferisce al film un impatto realistico sorprendente ancora oggi. Film corale, con alcuni inserti individuali stilizzati ed efficaci (attori poco conosciuti e comparse si amalgamano senza frattura), presenta un interessante lavoro sul sonoro: solo rumori e voci, ciascuna in lingua originale. Sceneggiatura di Laszlo Wajda e Peter Martin Lampe.

Tragedia del Rio Grande, La ** (*Man in the Shadow*, rititolato *Pay the Devil*, Usa 1957, b/n, 80') Jack Arnold. Con Jeff Chandler, Orson Welles, Colleen Miller, James Gleason, John Larch, Leo Gordon. ◆ Per arrestare il colpevole di un assassinio, lo sceriffo Gaddler (Chandler) deve sfidare il potere del più grande allevatore della zona (Welles), deciso a difendere l'incolumità dei suoi uomini anche con le armi. Un western moderno, l'unico interpretato da Welles, che riempie il film con la sua recitazione, capace di trasformare un cattivo in una inquietante allegoria del fascismo e della corruzione.

Tragedia del «Silver Queen», La *** (*Five Came Back*, Usa 1939, b/n, 75') John Farrow. Con Joseph Calleia, Chester Morris, Lucille Ball, Wendy Barrie, John Carradine, Allen Jenkins, C. Aubrey Smith. ◆ Costretto a un atterraggio di fortuna tra i cannibali, l'aereo «Silver Queen» può riprendere il volo solo con cinque persone: sarà l'ergastolano Vasquez (Calleia) a scegliere i superstiti, uccidendo un ricco corrotto e sacrificando la propria vita e quella di una coppia di vecchi per permettere ai più giovani di salvarsi. Una delle rare sceneggiature scritte da Nathanael West, su cui lavorarono anche Jerry Cady e Dalton Trumbo, è un appassionante apologo morale che utilizza un archetipo narrativo (un gruppo di persone molto tipizzate costrette a convivere in una situazione di pericolo) per svelare la vera natura del loro animo: e l'ergastolano (che nella versione originale è anche anarchico) si rivela l'autentica forza morale del gruppo. L'abilità di Farrow sta nel «compensare la staticità della situazione (tutto il film è girato nella carlinga dell'aereo e in pochi metri quadrati di giungla) con dei lunghi movimenti di macchina che passando da un personaggio all'altro suggeriscono i legami che li uniscono o li dividono». Così il film si apre con una complessa sequenza che presenta alcuni dei futuri passeggeri mettendoli in relazione tra loro, mentre quella finale, altrettanto complessa, dà il senso del distacco isolandoli gli uni dagli altri: Vasquez, dopo aver ucciso con le due ultime pallottole la coppia di anziani, si addentra nella giungla, seguito dalle silhouette dei cannibali che si avvicinano, mentre un grande movimento di gru si alza al di sopra di tutto mostrando l'aereo che parte con i cinque superstiti. Rifatto dallo stesso Farrow nel 1956: *Ritorno dall'eternità* con Rod Steiger, Anita Ekberg e Robert Ryan.

Tragedia di Harlem, La ** (*Lost Boundaries*, Usa 1949, b/n, 99') Alfred L. Werker. Con Mel Ferrer, Beatrice Pearson, Richard Hylton, Susan Douglas, Canada Lee, Carleton Carpenter, Seth Arnold. ◆ La pelle bianca non fa capire che il medico Scott Carter (Ferrer, al suo debutto) e sua moglie Maria (Pearson) hanno sangue nero nelle vene: entrambi si conquistano così la stima dei cittadini di Keenhan, New Hampshire. Ma quando scoppia la seconda guerra mondiale e Scott chiede di arruolarsi come ufficiale di marina le sue origini razziali vengono a galla: i più sconvolti saranno proprio i suoi due figli,

Howard (Hylton) e Shelly (Douglas). Melodramma «buonista» – con evidenti intenti didattici – tratto da una storia vera, sceneggiato da Virginia Shaler ed Eugene Ling (premiati a Cannes): lo spettatore conosce la verità da subito e il film costruisce la sua tensione quasi esclusivamente sulle contraddizioni razziali all'interno della stessa famiglia Scott, minimizzando i problemi reali della società americana dietro qualche facile battuta e un consolatorio sermone finale del parroco. L'oscuro titolo italiano si riferisce alla fuga del figlio da casa e al suo girovagare per Harlem, quasi alla ricerca delle sue radici, ma anche qui la «tragedia» è risibile e il lieto fine a portata di mano.

Tragedia di una prostituta *** (*Dirnentragödie*, Germania 1927, b/n, 105') Bruno Rahn. Con Asta Nielsen, Hilde Jenings, Oskar Homolka, Werner Pittschau. ◆ Auguste (Nielsen), prostituta non più giovane, accoglie nel suo appartamento Felix (Pittschau), signorino in rotta con la famiglia: pensa di cambiare vita per lui, ma il giovane, sobillato da Anton (Homolka), il protettore di Auguste, cade nelle braccia della più giovane Clarisse (Jenings). Auguste paga allora Anton perché uccida la rivale: per il rimorso, si suiciderà. Da un dramma di Wilhelm Braun, l'ultimo e più noto film di Rahn, regista morto prematuramente e considerato un precursore della Neue Sachlichkeit: una tragedia asciutta e priva di scene madri, critica nei confronti dell'ipocrisia borghese (l'unico, vero cattivo è Felix), anche se priva di qualunque ribellismo. Il vocabolario visivo non potrebbe essere più ampio (deformazioni e ombre espressionistiche, giochi con gli specchi, lunghi carrelli con la macchina da presa a mano, sequenze di soli dettagli – come quella iniziale dei piedi), ma Rahn non calca mai i toni, anche per non sopraffare la recitazione naturalistica degli attori: straordinari per ricchezza di sfumature la Nielsen e Homolka.

Tragedia di un uomo ridicolo, La **½ (Italia 1981, col, 120') Bernardo Bertolucci. Con Ugo Tognazzi, Anouk Aimée, Laura Morante, Vittorio Caprioli, Riccardo [Ricki] Tognazzi, Olimpia Carlisi, Renato Salvatori, Victor Cavallo, Antonio Trevisi. ◆ Saputo che il figlio rapito (R. Tognazzi) è stato ucciso, l'industriale parmense Primo Spaggiari (U. Tognazzi) decide di non divulgare la notizia e investire i soldi raccolti per il riscatto nella sua azienda agricola. Ma il figlio non era morto e la «truffa» pensata da Spaggiari si rivolta contro di lui. Il film più anomalo nel percorso dell'ultimo Bertolucci che lo sceneggia insolitamente da solo – e l'unico, dal 1970, non fotografato da Storaro, ma da un bravissimo e luminoso Carlo Di Palma che sottolinea così una specie di passaggio stilistico «dalla poesia alla prosa» – amara (e a momenti confusa) riflessione sul rapporto tra padri e figli, ma anche lucida rappresentazione della borghesia italiana che cerca di barcamenarsi tra le incertezze di quegli anni. Palma d'oro a Cannes per Tognazzi.

Tragedie de Carmen, La → *voce «Carmen»*

Tragica conseguenza *½ (*Coma*, Francia 1993, col, 85') Denys Granier-Deferre. Con Richard Anconina, Anna Kanakis, Isabelle Candelier. ◆ Uno sceneggiatore (Anconina) cade dal treno e si ritrova con le gambe rotte nella casa di due sorelle, Sophie (Kanakis) e Mina (Candelier): perché rivede brandelli del suo passato? che rapporto ha – o ha avuto – con le due donne? perché la fuga lo porta a rivivere esattamente la sua caduta dal treno? Prendendo spunto da un romanzo di Frédéric Drad (sceneggiato da Jacqueline Carot), il figlio di Pierre Granier-Deferre vuole esplorare cosa succede nel cervello di un uomo durante il coma (lo si scopre alla fine che tutto quello che vede sono schegge di visioni durante lo stato d'incoscienza seguito all'incidente), ma cade subito negli stereotipi (la donna in nero, la donna in rosso, la partita a scacchi, l'acqua, il mare), annegando ogni cosa, fascino della Kanakis compreso, nel più trito simbolismo.

Tragica incertezza ** (*So Long at the Fair*, Gb 1950, b/n, 86') Terence Fisher, Anthony Darnborough. Con Jean Simmons, Dirk Bogarde, David Tomlinson, Honor Blackman, Cathleen Nesbitt. ◆ Parigi, 1889: un visitatore (Tomlinson) inglese dell'Esposizione Internazionale scompare senza lasciare alcuna traccia. La sorella (Simmons) lo cerca disperatamente, aiutata da un artista innamorato di lei (Bogarde). Alla fine scoprirà che il ragazzo era stato nascosto dalle autorità francesi per timore che avesse contratto la peste. Un'occasione macabra perduta per il maestro Fisher, costretto dalle esigenze del copione a fare i conti con la storia d'amore tra la mielosa Simmons e lo sprecato Bogarde. Notevole la ricostruzione d'epoca, sottolineata dalla colonna sonora stile Offenbach.

Tragica notte **½ (Italia 1942, b/n, 80') Mario Soldati. Con Doris Duranti [ma nei titoli è Dori, in omaggio alla purezza della lingua voluta dal fascismo], Carlo Ninchi, Andrea Checchi, Adriano Rimoldi, Amelia Chellini. ◆ Un bracconiere appena uscito di prigione (Checchi) aggredisce mascherato il guardiacaccia che ritiene responsabile della sua condanna (Ninchi). Ma costui lo riconosce e medita vendetta, insinuando che il suo nobile padrone (Rimoldi), amico d'infanzia del bracconiere, abbia avuto una relazione con la moglie (Duranti). Il bracconiere è esasperato dalla gelosia e sta per cadere in trappola, ma la verità viene a galla: in una partita di caccia notturna, il bracconiere uccide il guardiacaccia e il nobile, intuìto il piano, si assume le responsabilità dell'incidente. Un melodramma teso e impregnato di cupo fatalismo, tratto dal romanzo *La trappola* di Delfino Cinelli (anche collaboratore alla sceneggiatura insieme a Emilio Cecchi, Lucio De Caro, Enzo Giachino, Mario Bonfantini e Mario Soldati). Efficace l'uso drammaturgico del paesaggio, che contribuisce a isolare ancora di più le singole figure, legate tra loro da reticenze, silenzi e sospetti orchestrati con una certa maestria. Straordinari gli interni, soprattutto quelli del bar-tabaccheria che assomiglia alla locanda di *Ossessione*: autentici squarci di quel neorealismo che esploderà ufficialmente l'anno successivo con il film di Visconti.

Tragic Bus **½ (*Otobüs*, Svizzera/Svezia 1977, col, 100') Bay Okan. Con Bay Okan, Björn Gedda, Tuncel Kurtiz, Ogus Arlas. ◆ Fidandosi di un loro connazionale, nove turchi cercano di entrare clandestinamente in Svezia chiusi in un pulmino: ma l'autista li abbandona in un parcheggio di Stoccolma e i nove sono costretti a scontrarsi con l'indifferenza o la crudeltà di persone con cui non riescono nemmeno a comunicare. Opera prima di Okan, cineasta turco emigrato in Svizzera che firma anche soggetto e sceneggiatura, è un film che non riesce a mantenere le belle premesse narrative e finisce per cedere a effetti troppo facili (inquadrature deformanti, ma anche «tentazioni» eccessivamente melodrammatiche: alcol, omosessualità) lasciando il rimpianto per un'occasione sprecata.

Tragico Oriente ** (*Behind the Rising Sun*, Usa 1943, b/n, 89') Edward Dmytryk. Con Margo, Tom Neal, J. Carrol Naish, Robert Ryan, Gloria Holden. ◆ Affascinato dall'ideologia nazionalistica, un giovane giapponese (Neal) si arruola nell'aviazione e muore in guerra, facendo tragicamente capire al padre (Naish) gli orrori delle proprie idee: e il genitore deciderà di fare harakiri come gesto simbolico per un avvenire più civile e umano. Film di propaganda bellica, realizzato con ampiezza di mezzi, interessante soprattutto come documento sociologico.

Tragico ritorno ** (Italia 1952, b/n, 90') Pier Luigi Faraldo. Con Marcello Mastroianni, Doris Duranti, Dante Maggio, Franca Marzi, Fosca Freda, Benedetta Rutili, Raf Pindi, Mirella Olmi, Paolo Dola. ◆ Dopo otto anni di prigionia, Marco (Mastroianni) trova la moglie Giovanna (Freda) sposata con un altro: per comprare i documenti per l'espatrio si fa convincere dall'amico Nicola (Maggio) a rubare, ma deve nascondersi nella casa di Elisa (Duranti). Anche lei arriva a derubare il padre (Pindi) pur di aiutare Marco di cui è innamorata, ma la tragedia è in agguato. Dietro un melodramma schematico e punitivo (sceneggiato da Leo Bomba, Giacinto Solito, Giuseppe Mangione e dal regista), uno sguardo disincantato sulle difficoltà di reinserimento per i reduci, a cui non resta che la malavita come possibile sbocco sociale. Così come l'impossibilità del divorzio fa sì che il «suicidio» finale sia la sola possibile soluzione al dramma di questo «bigamo controvoglia», che abbandona la moglie vera per non turbare l'equilibrio del figlio (cresciuto credendo che il suo vero padre sia il secondo marito della donna), ma evidentemente non può rispondere ai «richiami» delle altre donne (come la scena finale mostra perfettamente, con Marco in cima a una rupe chiamato a gran voce dai due lati opposti da Giovanna e da Elisa).

Tragico segreto ** (*Undercurrent*, Usa 1946, b/n, 116') Vincente Minnelli. Con Katharine Hepburn, Robert Taylor, Robert Mitchum, Edmund Gwenn. ◆ L'ingenua sposa (Hepburn) di un ricco industriale scopre che la ricchezza del marito (Taylor) è nata da un delitto: con l'aiuto del fratellastro (Mitchum) riuscirà a ripagare almeno i figli di chi era stato defraudato. Un melodramma artificioso e ridondante riscattato dalla bella fotografia espressionistica di Karl Freund.

Train de vie – Un treno per vivere ** (*Train de vie*, Francia 1998, col, 101') Radu Mihaileanu. Con Rufus [Jacques Narcy], Lionel Abelanski, Agathe de la Fontaine, Clement Harari, Marie-José Nat, Bruno Abraham-Kremer. ◆ 1941: per prevenire l'olocausto nazista, gli ebrei di un villaggio dell'Europa dell'Est seguono i consigli del matto Schlomo (Abelanski) e organizzano un finto treno di deportati per fuggire in Russia. Il problema è convincere alcuni compaesani a recitare la parte dei nazisti: come il sarto Mordechai (Rufus), che rischia di perdere la propria identità tra virtuosismi, gaffe e pericoli di immedesimazione. Malgrado il *memento mori* finale, la tragedia è tenuta accuratamente a distanza, e tutto si stempera in una commedia degli equivoci satirica e fiabesca, superficiale e mai graffiante (con qualche furbesca concessione al nudo). Gradevole ma sopravvalutato. Scritto dal regista (che aveva fatto leggere la sceneggiatura a Benigni prima che dirigesse *La vita è bella*, con inevitabili strascichi polemici), musiche di Goran Bregovic e dialoghi italiani affidati a Moni Ovadia.

Trainspotting **½ (*Trainspotting*, Gb 1996, col, 93') Danny Boyle. Con Ewan McGregor, Robert Carlyle, Ewen Bremner, Jonny Lee Miller, Kelly Macdonald, Kevin McKidd. ◆ Edimburgo: l'eroinomane Mark Renton (McGregor) e i suoi amici, il mite Spud (Bremner) e lo sbruffone Sick Boy (Miller), passano il tempo a fare finta di cercare un lavoro e di disintossicarsi, ma soprattutto a correre dietro alle ragazze. Finché il loro amico Begbie (Carlyle), un buzzurro psicopatico che non si droga, li coinvolgerà nel colpo della vita: che riuscirà, ma sarà la fine della loro (si fa per dire) amicizia. «Provate a immaginare l'orgasmo più bello della vostra vita, moltiplicatelo per mille, e capirete cosa vuol dire farsi di eroina»: *Trainspotting* ha l'ambizione di essere un film amorale che mostra cosa ci sia di tanto eccitante nel bucarsi e vivere in mezzo all'immondizia. E mai si è vista l'autodistruzione messa in scena con stile tanto travolgente e con umorismo così acre. Tra eccessi scatologici, sessuali e alcolici, il ritratto compiaciuto e cinico di una generazione che non ha più bandiere né miti ribellistici, ma cerca solo di sfruttare la società borghese, pronta nel caso a reintegrarsi. Sconcertante e, per molti stomaci, rivoltante, ma con una grande forza di racconto e la capacità di instillare un paio di dubbi nello spettatore. Colonna sonora ruffianissima (con *Perfect Day* di Lou Reed a illustrare un trip, e Iggy Pop, Blur, Leftfield ed Elastica a manetta) e dialoghi irresistibili sulla scozzesità («Non odio gli inglesi. Sono solo delle mezze seghe. E noi siamo stati colonizzati da delle mezze seghe. Non abbiamo saputo neanche sceglierci una cultura decente da cui farci colonizzare»). Tratto dal best seller di Irvine Welsh (che compare nella parte di Mikey) adattato da John Hodge. Il team (compreso il fotografo Brian Tufano) è lo stesso di *Piccoli omicidi fra amici*. Il titolo significa «guardare ossessivamente i treni passare», con evidenti paralleli tra i binari e le vene da bucare.

Tra le gambe ** (*Entre las piernas*, Spagna/Francia 1999, col, 115') Manuel Gómez Pereira. Con Victoria Abril, Javier Bardem, Carmelo Gómez, Víctor Rueda, Juan Diego, Sergi López. ◆ Miranda (Abril) diventa l'amante di uno sceneggiatore (Bardem) conosciuto all'anonima sessodipendenti: ma il marito tradito, un poliziotto (Gómez), lo sospetta di omicidio. Un curioso e ambizioso noir corale, pieno di false piste, false partenze e falsi sessi, che tradisce l'origine letteraria (il romanzo è di Joaquín Oristrell) nell'abbondanza di racconti a scatole cinesi. La cinefilia (Hitchcock e De Palma), per fortuna, si limita alle musiche di Bernardo Bonezzi che fanno il verso a Herrmann, ma resta un che di nebuloso nell'inseguire ossessioni e segreti fin troppo caotici. Si astengano i guardoni, ché per loro c'è poco.

Tra le nevi sarò tua *½ (*Iceland*, Usa 1942, b/n, 79') H. Bruce Humberstone. Con Sonja Henie, John Payne, Jack Oakie, Felix Bressart, Osa Massen, John Merrill, Fritz Feld, Sammy Kane e la sua orchestra. ◆ Mandato in Islanda, il caporale Jimmy Marfin (Payne) si dà subito da fare con la bella Katina (Henie). Lui però vorrebbe solo divertirsi, come il suo commilitone Slip (Oakie): ci vorrà la tradizionale lontananza per far scoprire anche a Jimmy che Katina è la donna ideale da chiedere in moglie. Tipico musical da tempo di guerra, assolutamente risibile nella trama (scritta da Robert Ellis ed Helen Logan), condiscendente verso le scappatelle dei militari, ma con un happy end che ribadisce i sani principi (a base di amore, patria e famiglia) delle truppe made in Usa. Si salvano solo le esibizioni sui pattini della Henie e l'esecuzione dell'indimenticabile *There Will Never Be Another You*.

Tra le undici e mezzanotte *** (*Entre onze heures et minuit*, Francia 1948, b/n, 92') Henri Decoin. Con Louis Jouvet, Robert Arnoux, Madeleine Robinson, Monique Mélinand, Gisèle Casadesus, Robert Vattier. ◆ A Parigi, tra le undici e mezzanotte, vengono trovate uccise due persone: a casa sua l'avvocato radiato dall'albo Durand-Gonzales e sotto una galleria il pregiudicato Jerôme Vidaubam. Sui due casi indaga l'ispettore Carrel (Jouvet), che grazie alla sua straordinaria rassomiglianza con Vidaubam riuscirà a venire a capo del duplice omicidio. Uno dei migliori polizieschi francesi, giocato non tanto sul realismo dell'ambiente, come spesso accade Oltralpe, ma sulla rielaborazione virtuosistica di intrecci e stilemi del genere. Decoin guarda senza soggezione ai modelli americani e dà il meglio di sé: dialoghi brillanti e sarcastici (sceneggiatura di Marcel Rivet, Henri Decoin, Henri Janson dal romanzo di Claude Luxel), grande disinvoltura nel dipanare l'intreccio complicato, bianco e nero efficacemente classico, con un sapiente gioco di luci e ombre che si rifà direttamente alle fonti del noir (le insegne che illuminano l'appartamento immerso nel buio vengono da *Scarface*). Nessun accademismo, ma solo il gusto sincero e appassionato per la cronaca nera che diventa cinema.

Tram che si chiama desiderio, Un **** (*A Streetcar Named Desire*, Usa 1951, b/n, 122') Elia Kazan. Con Marlon Brando, Vivien Leigh, Kim Hunter, Karl Malden, Rudy Bond, Peg Hillias, Wright King. ◆ Rimasta vedova, la fragile Blanche (Leigh) va a vivere dalla sorella Stella (Hunter) sposata con il brutale Stanley Kowalski (Brando) che la insidia e allontana il timido Mitch (Malden) con il quale avrebbe potuto rifarsi una vita: ma il gioco di seduzione, a cui Blanche non è estranea, finirà con uno stupro che la porterà in manicomio, mentre Stanley, forse, si riconcilierà con la moglie che ha appena partorito. Tre anni dopo averlo diretto sulle scene, Kazan filma l'omonimo dramma di Tennessee Williams (responsabile anche della sceneggiatura) togliendo ogni riferimento all'omosessualità del marito di Blanche per esigenze di censura e accentuando l'interpretazione psicoanalitica dei personaggi, specie per quello di Vivien Leigh (imposta dalla produzione, ma rivelatasi perfetta) «che vuole magia invece di realtà e vela le lampadine perché la realtà sia attenuata». Il vero trionfatore del film fu comunque Brando, indimenticabile in jeans e maglietta, capace di «dimostrare volgarità, crudeltà, sadismo e allo stesso tempo qualcosa di terribilmente attraente», il cui sex appeal viene ancor più sottolineato dalla messinscena oppressiva e teatrale di Kazan. Quattro Oscar: miglior attrice protagonista (Leigh), attore non protagonista (Malden), attrice non protagonista (Hunter), scenografia (Richard Day, George James Hopkins). Solo una nomination per Brando, a cui fu preferito il Bogart della *Regina d'Africa*.

Tramonto *** (*Dark Victory*, Usa 1939, b/n, 106') Edmund Goulding. Con Bette Davis, George Brent, Geraldine Fitzgerald, Humphrey Bogart, Ronald Reagan, Cora Winthеrspoon, Virginia Brissac, Henry Travers. ◆ Accortasi di essere condannata per un tumore al cervello, Giulia Traherne (Davis) scambia l'amore del chirurgo che non ha potuto salvarla per compassione e rifiuta di sposarlo: sarà il suo stalliere (Bogart) a farla tornare sui suoi passi, anche se la felicità del matrimonio non potrà durare a lungo. Uno dei sommi della carriera di Bette Davis, composta ma commovente interprete di un melodramma tratto dalla pièce di George Emerson Brewer e Bertram Bloch e sceneggiata da Casey Robinson, rara eccezione di film che affronta in maniera centrale il tema della morte. La scena finale, con la Davis che sente arrivare la morte e allontana l'amica Ann (Fitzgerald) per salire in camera e aspettare la fine, è indimenticabile, uno dei più perfetti esempi della forza espressiva del cinema hollywoodiano.

Trancers *½ (*Ninja III – The Domination*, Usa 1984, col, 89') Sam Firstenberg. Con Sho Kosugi, Lucinda Dickey, Jordan Bennet, David Chung. ◆ Il misterioso assassino di un miliardario viene ucciso dalla polizia ma riesce a «rinascere» nel corpo della innocente fidanzata (Dickey) di uno degli agenti: solo l'intervento di un guerriero ninja potrà risolvere la situazione. Seguito di *Ninja la furia umana*, ha un ritmo e una serie di combattimenti acrobatici che ne fanno il migliore della serie.

Tranquillo posto di campagna, Un *½ (Italia/Francia 1968, col, 105') Elio Petri. Con Franco Nero, Vanessa Redgrave, Georges Geret, Gabriella Grimaldi, Madeleine Damien, John Francis Lane. ◆ Un pittore in crisi, Leonardo Ferri (Nero), si rifugia in una antica villa veneta assieme a Flavia (Redgrave): si farà ossessionare dal ricordo dell'ultima inquilina – una ninfomane diciassettenne finita ammazzata – tanto da essere chiuso in manicomio, ma senza smettere di dipingere, con grande vantaggio economico della fidanzata. Tratto da un soggetto di Tonino Guerra ed Elio Petri, sceneggiato da Luciano Vincenzoni, il film è un fumoso tentativo di raccontare la schizofrenia dell'artista moderno mescolando i diversi piani narrativi della realtà e dell'immaginazione, senza però riuscire a integrarli coerentemente. I quadri sono del pittore pop Jim Dine.

Tranquillo week-end di paura, Un *** (*Deliverance*, Usa 1972, col, 109') John Boorman. Con Jon Voight, Burt Reynolds, Ned Beatty, Ronny Cox, Bill McKinney. ◆ Lewis Medlock (Reynolds) convince tre amici – Ed (Voight), Bobby (Beatty) e Drew (Cox) – a passare un weekend nei monti Appalachi per un'escursione in canoa. Ma, anziché godersi in pace la natura, verranno coinvolti in una spirale di violenza: uno morirà, due arriveranno a uccidere e uno verrà sodomizzato da un montanaro. Rovesciamento del mito del ritorno alla natura e riflessione sull'animalità insita nell'uomo, il film attacca soprattutto il mito della natura così come si è imposto nella cultura americana da Fenimore Cooper in poi, paradiso perduto in cui rigenerarsi o lavare i peccati della civiltà. Questa componente ideologica (innovativa in quegli anni) ha messo in secondo piano i rilievi che si possono fare alla struttura narrativa di questo anomalo film d'avventura, un po' fiacco nella seconda parte, e con un finale, quello dell'incubo, troppo plateale. James Dickey, autore del romanzo e della sceneggiatura, è lo sceriffo. Celebre la colonna sonora suonata col banjo di Eric Weissberg. In televisione c'è rischio che sia tagliato per la sua crudezza.

Transatlantico *½ (*Paris-New York*, Francia 1940, b/n, 90') Yves Mirande [Anatole Le Querrec]. Con Gaby Morlay, Jacques Baumer, Michel Simon, Gisèle Préville, Claude Dauphin, René Alexandre, Jules Berry Simone Berriau, Maurice Escande. ◆ 1939: tra i passeggeri del Normandie, diretto a New York per l'Esposizione Internazionale, ci sono un banchiere americano (Alexandre), sua figlia Jane (Préville), due ladri, il commissario Lambert (Baumer) e l'ispettore Boucheron (Simon). Il banchiere scompare insieme a un diamante di grande valore: Lambert e Boucheron indagano e tutto si risolverà nel padiglione francese dell'Esposizione. Della trilogia che forma con *Caffè internazionale* e *Dietro la facciata*, questo è il film più debole: il pretesto giallo per un affresco di costume qui prende decisamente il sopravvento e Mirande (autore anche della sceneggiatura) si arrende a un ritmo blando, che non soddisfa gli amanti del genere e delude gli estimatori delle opere precedenti, ben più satiriche e incisive. In origine nel cast era previsto anche Erich von Stroheim: gli esterni furono girati nel 1939, ma nel 1940, quando riprese la lavorazione, Stroheim fu sostituito da Maurice Escande.

Trans-Europ-Express ** (*Trans-Europ-Express*, Francia 1967, col, 90') Alain Robbe-Grillet. Con Jean-Louis Trintignant, Marie-France Pisier, Alain Robbe-Grillet, Catherine Robbe-Grillet, Charles Millot, Paul Louyet. ◆ Sul T.E.E. Parigi-Amsterdam un regista (A. Robbe-Grillet), un produttore (Louyet) e la segretaria (C. Robbe- Grillet) immaginano la trama di un nuovo film in cui il gangster Elias (Trintignant) deve ritirare una misteriosa valigia per conto del suo capo ma, scoperto dalla polizia, sarà ucciso dai suoi stessi complici. Il film sul gangster è continuamente interrotto dalla discussione dei tre viaggiatori, che ne analizzano le parti mettendo a nudo i meccanismi narrativi e sovvertendo la costruzione del racconto. Robbe-Grillet cerca di trasportare al cinema la «regola dell'oscurità» che aveva teorizzato in sede letteraria (il senso della narrazione si può cercare solo a posteriori e non muovendo da un contenuto predeterminato), ma il risultato è un'opera sostanzialmente fredda e poco coinvolgente. Il film è conosciuto anche col titolo *A pelle nuda*.

Transfert pericoloso **½ (*Passage à l'acte*, Francia 1996, col, 105') Francis Girod. Con Daniel Auteuil, Patrick Timsit, Anne Parillaud, Michèle Laroque, Marianne Denicourt, Marc Berman. ◆ Antoine Rivière (Auteuil), psicoanalista affermato e cinico, ha la vita sconvolta da due pazienti: Isabelle d'Archambauld (Parillaud), seducente ereditiera con tendenze suicide, e Edouard Berg (Timsit), che gli confessa di aver ucciso la moglie. Dal romanzo di Jean-Pierre Gattegno *Neutralité malveillante*, sceneggiato da Girod e Michel Grisolia con la consulenza – per i dialoghi – dello psicoanalista freudiano Gérard Miller, un noir che gioca in modo piuttosto sottile sui temi della colpevolezza e della manipolazione, e rinfresca il genere sostituendo al *private eye* un suo corrispettivo moderno che moralmente si rivela molto più ambiguo. Notevole la coppia Auteuil/Timsit, a cui va il merito di aver esaltato, senza renderle esplicite, tutte le sfumature dei rispettivi personaggi e del loro rapporto.

Transylvania 6-5000 → *Notte in Transilvania, Una*

Trapezio ** (*Trapeze*, Gb 1956, col, 105') Carol Reed. Con Burt Lancaster, Gina Lollobrigida, Tony Curtis, Katy Jurando, Thomas Gomez. ◆ Rovinato da una caduta, il trapezista Mike Ribble (Lancaster) vuole insegnare la tecnica del triplo salto mortale al giovane Tino Orsini (Curtis): l'affiatamento tra i due viene incrinato dalla presenza di Lola (Lollobrigida), un'acrobata di scarse qualità disposta a tutto pur di fare carriera. Melodramma circense prodotto da Lancaster (remake non dichiarato di *Varieté* di Dupont, 1925) «coraggioso errore di un regista che cerca invano di liberare la sceneggiatura dai troppi luoghi convenzionali». Restano le scene acrobatiche, ben filmate da Robert Krasler al Cirque d'Hiver di Parigi, dove Lancaster è doppiato solo in pochissime evoluzioni da Eddie Ward, dei Ringling Brothers.

Trapezio della vita, Il *** (*The Tarnished Angels*, Usa 1958, b/n, 91') Douglas Sirk. Con Rock Hudson, Dorothy Malone, Robert Stack, Jack Carson, Chris Olsen. ◆ Anni Venti: a caccia di scoop il giornalista Burke Devlin (Hudson) ritrova un vecchio asso della prima guerra mondiale, Roger Shuman (Stack), che si procura da vivere con pericolose gare acrobatiche, innamorato più del suo aereo che della moglie Laverne (Malone) che ha sposato dopo averla vinta a dadi al suo meccanico (Carson). Per sostituire l'aereo distrutto è disposto a spingere la moglie tra le braccia di un ricco uomo d'affari, ma proprio col nuovo velivolo si schianta e muore. Tratto dal romanzo *Oggi si vola* di William Faulkner (che considerò la sceneggiatura di George Zuckermann, pur così diverso dal libro, il miglior adattamento cinematografico di un suo testo), *Il trapezio della vita* segna, con il precedente *Come le foglie al vento*, una svolta nell'opera di Sirk perché il melodramma «nasce non dagli accidenti della trama ma dall'esacerbarsi dei sentimenti (soprattutto negativi: invidia, frustrazione, fallimento)». Sirk realizza un film a metà tra il melodramma e l'avventura, in cui la molla di ogni azione è la seduzione, sessuale (come quella che attrae tutti i personaggi per Laverne) ma anche metaforica (come il fascino che Roger coltiva per i suoi voli, «vuoti rituali frutto di attività senza un vero significato»). Permeato da un pessimismo cupo e fatalistico – che si concretizza nella danza macabra del mardi gras di New Orleans – il film è una reazione all'edonismo dei «ruggenti» anni Venti e una risposta adulta – con il suo evitare ogni possibile identificazione con un personaggio, tutti per qualche verso falliti e perdenti – al falso romanticismo delle soap-opera. Di grande efficacia la fotografia «corposa e melanconica» di Irving Glassberg.

Trapianto, Il * (Italia/Spagna 1969, col, 104') Steno [Stefano Vanzina]. Con Carlo Giuffré, Renato Rascel, Graziella Granata, Liana Trouché, Roberto Camardiel, Fëdor Saliapin, Gabriella Giorgelli, Marisa Longo. ◆ Un focoso barone siciliano (Giuffré) finge di aver dato il proprio membro virile a un ricchissimo americano e in questo modo può vivere numerose avventure: quando verrà scoperto, sarà costretto a subire veramente l'operazione e così il vero donatore, un impiegato romano padre di quattordici figli (Rascel), potrà ricomprarsi un membro nuovo. Farsa pecoreccia ispirata al successo dei trapianti cardiaci di Barnard.

Trappola, La ** (*La Cage*, Francia 1974, col, 90') Pierre Granier-Deferre. Con Lino Ventura, Ingrid Thulin, William Sabatier, Sophie San. ◆ Separata da quindici anni, Elena (Thulin) invita nella sua villa isolata l'ex marito Julien (Ventura) riuscendo a rinchiuderlo in un sotterraneo-gabbia: la donna non ha mai accettato le ragioni della separazione e vorrebbe vendicarsi del divorzio uccidendolo. Tratto dall'omonima pièce di Jack Jacquine, è un film claustrofobico, filmato con una bella tensione ma un po' troppo appesantito da eccessive valenze simboliche.

Trappola, La *½ (*Noose*, Usa 1997, col, 95') Ted Demme. Con Denis Leary, Colm Meaney, Billy Crudup, Ian Hart, Famke Janssen, Jeanne Tripplehorn, Martin Sheen. ◆ Cocaina, partite a hockey, scommesse, furti d'auto: è la vita quotidiana di Bob (Leary) e dei suoi amici in un quartiere irlandese a Boston. Ma quando il boss Jackie (Meaney) esagera con la violenza, arrivano la ribellione e la crisi di coscienza. Regia finto-realista, con chiacchiere in abbondanza, copiata da film come *Laws of Gravity*: non abbastanza per dare vita ai cliché della sceneggiatura di Mike Armstrong.

Trappola, La **½ (*Ambushed*, Usa 1998, col, 109') Ernest Dickerson. Con Courtney B. Vance, Jeremy Lelliott, Virginia Madsen, Robert Patrick, Bill Nunn, William Forsythe, William Sadler, Charles Hallahan, David Keith. ◆ Un dragone del Ku Klux Klan (Sadler) viene ucciso: il detective nero Robinson (Vance) viene incastrato e costretto a fuggire col dodicenne Eric (Lelliott), figlio del defunto e testimone da eliminare, ovviamente cresciuto nell'odio di razza. L'ex direttore della fotografia di Spike Lee affronta il tema razziale all'interno di un cinema di genere non troppo originale, ma neanche sciatto. Evita gli eccessi didascalici con armi retoriche non spuntate, e riesce anche a divertire per come gioca con gli stereotipi. Scritto da Andrew Miles.

Trappola, La (di Jonathan Mostow) → *Breakdown – La trappola*

Trappola d'amore ** (Italia 1940, b/n, 82') Raffaello Matarazzo. Con Giuseppe Porelli, Carla Candiani, Paolo Stoppa, Claudio Gora, Osvaldo Valenti. ◆ La segretaria (Candiani) di un lord, per potere incontrare il fidanzato (Porelli) lo fa passare per un detective, necessario al nobile per proteggere la sua collezione di oggetti indiani: e quando il furto avverrà sul serio, il finto detective non saprà cosa fare. Tratta dalla pièce *Dicki* di Armond, Gerbidon e Manoussi, è una commedia farsesca piuttosto convenzionale.

Trappola d'amore *½ (*Intersection*, Usa 1994, col, 99') Mark Rydell. Con Richard Gere, Sharon Stone, Lolita Davidovich, Martin Landau, David Selby, Jenny Morrison, Ron White, Matthew Walker, Scott Bellis. ◆ Da poco separato dalla moglie Sally (Stone), che ha tuttora un ruolo centrale nella sua carriera, l'architetto Vincent Eastman (Gere) ha una relazione con la giornalista Olivia (Davidovich) ma non si decide ancora a chiedere il divorzio, anche per paura di perdere i rapporti con la figlia Meaghan (Morrison): un incidente metterà fine improvvisamente alla sua vita, lasciando in ognuna delle due donne la convinzione di essere stata la preferita. Contradditorio remake hollywoodiano dell'*Amante* di Sautet: non tutto nella sceneggiatura di David Rayfiel e Marshall Brickman è da buttare (probabilmente più per merito del primo, abilissimo nello spezzare la struttura narrativa con piccole digressioni che aiutano a capire meglio il carattere dei personaggi) e la recitazione di Gere e della Stone non è da buttare, ma la voglia di capire «le cose della vita» (come diceva il titolo originale del film di Sautet) qui si perde completamente, schiacciata sotto i troppi stereotipi dell'architetto-alla-moda e della moglie addolorata-ma-comprensiva. Intensa fotografia di Vilmos Zsigmond.

Trappola di cristallo → *Die Hard*

Trappola di Venere **½ (*Die Venusfalle*, Rft 1987, col, 107') Robert Van Ackeren. Con Horst-Gunther Marx, Sonja Kirchberger, Myriam Roussell, Rolf Zacher. ◆ Max (Marx), pur teneramente amato dalla giunonica Coco (Kirchberger), è alla ricerca della passione che sembra essersi sopita: la troverà in Marie (Roussell), una donna che gli risponde per sbaglio al telefono e che si concederà a lui senza amore ma in un sottile gioco di erotismo. Commedia erotica tutta dal punto di vista dell'immaginario maschile, originale e accattivante, a tratti persino divertente.

Trappola in alto mare *½ (*Under Siege*, Usa 1992, col, 102') Andrew Davis. Con Steven Seagal, Tommy Lee Jones, Gary Busey, Erika Eleniak, Patrick O'Neil. ◆ Travestito da rockstar, un ex agente della Cia (Lee Jones) si impadronisce di una corazzata armata con testate nucleari: ma non ha fatto i conti con un Casey Ryback ex eroe del Vietnam, degradato a cuoco (Seagal). La formula – azione in un luogo chiuso e isolato – è quella di *Trappola di cristallo*, ma l'ironia latita, e Seagal si prende tremendamente sul serio. Roboante fumettone high-tech, grande successo in patria. Il personaggio di Seagal torna in *Trappola sulle montagne rocciose*.

Trappola mortale, La ** (*The Money Trap*, Usa 1966, col, 92') Burt Kennedy. Con Glenn Ford, Elke Sommer, Rita Hayworth, Ricardo Montalban, Joseph Cotten, Ted De Corsia. ◆ Joe Baron (Ford), un funzionario di polizia a corto di denaro e con una moglie ambiziosa a carico (Sommer), progetta con un collega di derubare il medico della mala (Cotten), ma poi, per curare il complice ferito, è costretto a chiedere l'aiuto proprio di quello stesso dottore. Un mélo poliziesco tratto da un racconto di Lionel White (sceneggiato da Walter Bernstein) che ripropone il tema della corruzione all'interno della polizia. Ben recitato (con la Hayworth che fa un'ex fiamma di Glenn Ford) ma senza grandi idee.

Trappola mortale **½ (*Deathtrap*, Usa 1982, col, 116') Sidney Lumet. Con Michael Caine, Christopher Reeve, Dyan Cannon, Irene Worth, Henry Jones. ◆ Un commediografo in crisi d'ispirazione (Caine) vuole rubare un manoscritto al suo ex allievo (Reeve) e per farlo è disposto anche a uccidere: ma naturalmente non tutto andrà secondo le previsioni. Da una commedia di Ira Levin (adattata da Jay Presson Allen) un gioco a incastri con tanti colpi di scena, forse troppi. Superbi, comunque, gli attori.

Trappola per due ** (*Scam*, Usa 1992, col, 97') John Flynn. Con Christopher Walken, Lorraine Bracco, Miguel Ferrer, Martin Donovan, Maxi Priest. ◆ Un sedicente agente del-l'Fbi (Walken) incastra una truffatrice (Bracco) che addormenta le sue prede prima di derubarle, e la convince a prestarsi a un gioco molto più pericoloso in Giamaica. Come nei gialli degli anni Sessanta, i colpi di scena si sprecano, e sino alla fine non si sa chi ha ingannato chi. Prodotto paratelevisivo passabile, con un paio d'attori degni di migliori occasioni. Passato in Tv col titolo *Una prova per Maggie*.

Trappola per l'assassino ** (*Roger-La-Honte*, Francia/Italia 1966, col, 105') Riccardo Freda. Con Georges Géret, Irene Papas, Jean Topart, Anne Vernon, Jean Carmet, Marie-France Boyer, Jean-Pierre Marielle, Gabriele Tinti, Jacques Monod. ◆ Sull'orlo del fallimento Roger Laroque (Geret) riesce a recuperare dalla sua amante (Papas) i 100 mila franchi che lo salvano, ma il suo maggior creditore è ucciso e lui finisce ingiustamente dietro le sbarre. Evade dopo quindici lunghi anni e scopre che l'assassino è un suo ex commilitone da lui accusato di tradimento durante la guerra. Quinto film tratto dal romanzo d'appendice di Jules Mary, *Trappola per l'assassino* non riesce a rinvigorire un genere (il melodramma avventuroso) ormai troppo datato: Freda dirige sempre con puntiglio e buon senso del ritmo ma la sua energia si stempera con gli anni. Le versioni precedenti, tutte inedite in Italia, erano di Jacques de Baroncelli (*Roger-La-Honte*, 1929), Gaston Roudès (*Roger-La-Honte*, 1932) e André Cayatte (*Roger-La- Honte*, 1945 e *La Révange de Roger-La-Honte*, 1949).

Trappola per un lupo **½ (*Docteur Popaul*, Francia 1972, col, 98') Claude Chabrol. Con Jean-Paul Belmondo, Mia Farrow, Laura Antonelli, Daniel Ivernel, Daniel Lecourtois. ◆ Uno spregiudicato donnaiolo, Paul Simay (Belmondo), tradisce la moglie Christine (Farrow) con la cognata Martine (Antonelli), quando un incidente automobilistico gli fa perdere la virilità. Per la disperazione tenta il suicidio, ma poi scoprirà che era tutta una macchinazione per punirlo della sua infedeltà. Tratta dal romanzo *Meurtre à loisir* di Hubert Monteilhet, adattato dal regista e Paul Gegauff, è una commedia con venature gialle che affronta con una certa volgare spregiudicatezza il tema chabroliano della vita di provincia e delle sue miserie nascoste. Il film che fece incontrare la coppia Belmondo-Antonelli e che farà iniziare la loro lunga relazione.

Trappola sulle montagne rocciose *½ (*Under Siege 2 – Dark Territory*, Usa 1995, col, 100') Geoff Murphy. Con Steven Seagal, Eric Bogosian, Katharine Heigl, Everett McGill, Morris Chestnut. ◆ Travis Davis (Bogosian) chiede un miliardo di dollari per non azionare un satellite spaziale capace di distruggere la Terra in pochi minuti. Ma sul treno in viaggio tra le Montagne Rocciose, dove Davis ha stabilito la sua base, si trova anche Casey Ryback (Seagal), ex cuoco ed ex veterano del Vietnam pronto a tutto per fermarlo. Sequel di *Trappola in alto mare*, costruito su misura sul protagonista buono: iperboliche acrobazie, improbabili resurrezioni, alto tasso di prevedibilità, stanchezza diffusa. Seagal, più che un attore, è una maschera impassibile. Meglio Bogosian, che tuttavia fa rimpiangere il cattivo interpretato da Tommy Lee Jones.

Trasgressori, I **½ (*Trespass*, Usa 1992, col, 101') Walter Hill. Con Bill Paxton, William Sadler, Ice – T, Ice Cube, Art Evans, Tiny Lister. ◆ Due pompieri bianchi (Paxton e Sadler), alla ricerca di un tesoro in una fabbrica abbandonata, sono sorpresi da una gang di spacciatori neri, che li scambia per spie: inizia un assedio alla fine del quale nessuna delle due parti in gioco avrà guadagnato. Hill ha ripescato una vecchia sceneggiatura di Bob Gale e Robert Zemeckis per uno dei suoi migliori film degli ultimi anni, non originalissimo nelle premesse, ma sufficientemente teso e beffardo negli sviluppi. Nessun sociologismo razziale, niente eroi, e alcune gag memorabili – come quelle dei telefonini dei gangster, che suonano nei momenti meno opportuni. In origine il titolo doveva essere *Looters* («saccheggiatori»), ma la parola è diventata politicamente scorretta dopo la rivolta di Los Angeles. Anche il finale, pare, è stato cambiato, mentre la musica di John Zorn è stata sostituita da quella, più banale, di Ry Cooder.

Trash – I rifiuti di New York *** (*Trash*, Usa 1970, col, 113′) Paul Morrissey. Con Joe Dallesandro, Holly Woodlawn, Jane Forth, Geri Miller, Michael Sklar. ◆ Vita quotidiana di un drogato (Dallesandro) divenuto impotente e della sua compagna (interpretata da un travestito, Woodlawn): una coppia, che l'ha scoperto in casa a rubare, vorrebbe utilizzarlo come oggetto sessuale, ma lo ributta nella strada mentre lei si finge incinta per ottenere un mutuo da un funzionario feticista, ma sul più bello le cade il cuscino. Seconda parte della trilogia prodotta da Warhol, che comprende anche *Flesh* e *Calore*. La macchina da presa di Morrissey non arretra di fronte a nulla, ma proprio per questo il film (semimprovvisato: fu girato nel corso di otto sabati pomeriggio) è sincero ed emozionante, senza nessun moralismo. Ottimo e innovativo il doppiaggio curato da Pier Paolo Pasolini, che usa voci che non hanno mai seguìto corsi di dizione.

Trastevere * (Italia 1971, col, 104′) Fausto Tozzi. Con Nino Manfredi, Rosanna Schiaffino, Vittorio Caprioli, Vittorio De Sica, Ottavia Piccolo, Umberto Orsini, Leopoldo Trieste, Milena Vukotic, Rossella Como, Gigi Ballista, Enzo Cannavale, Martine Brochard. ◆ Un cagnolino smarrito a Trastevere passa nelle mani di vari padroni ed è testimone di scene di vita del popolare quartiere. Dalla vecchietta costretta dai parenti contrabbandieri a costituirsi alla polizia in vece loro, all'inconsolabile vedovo di una prostituta che campa fornendo generi di conforto alle colleghe della moglie, all'intellettuale depravato che favorisce l'accoppiamento della moglie con un macellaio... Per il suo esordio alla regia, l'attore e sceneggiatore Fausto Tozzi cerca di raccontare uno spaccato di vita ma non sa uscire da una sguaiata serie di luoghi comuni.

Tratta delle bianche, La ** (Italia 1952, b/n, 110′) Luigi Comencini. Con Eleonora Rossi Drago, Ettore Manni, Mark Lawrence, Silvana Pampanini, Vittorio Gassman, Tamara Lees, Enrico Maria Salerno, Mara Berni. ◆ Per amore di Carlo (Manni), la giovane Alda (Rossi Drago) partecipa a un'estenuante maratona di ballo nonostante sia incinta: con la vincita spera di pagare l'avvocato che possa scarcerare l'uomo che ama e liberarla così dei ricatti di Manfredi (Lawrence), che cerca di spingerla alla prostituzione. Un melodramma torbido e trasgressivo (cosceneggiato da Antonio Pietrangeli) schiacciato dall'eccessiva rilevanza del cast che condiziona, con le sue esigenze produttive, la possibilità di un reale approfondimento psicologico dei personaggi, specie di quelli femminili. Molto belle le scene della maratona di ballo «fotografate tra il fumo e la bruma, con la malvagità di un piccolo e perverso sabba novecentesco». Piccola parte per Sophia Lazzaro, poi Loren, nel ruolo di Elvira.

Trauma ** (Italia 1992, col, 112′) Dario Argento. Con Asia Argento, Christopher Rydell, Piper Laurie, Frederic Forrest, James Russo, Brad Dourif. ◆ L'anoressica Aura (Asia Argento) ha visto un assassino reggere le teste dei suoi genitori: con l'aiuto del ragazzotto di turno (Rydell), scoprirà chi va in giro a decapitare la gente e perché. Argento torna al thriller secco, senza innesti parapsicologici, e si impone un'autodisciplina degna di rispetto: niente eccessi truculenti (almeno fino a un certo punto...: gli effetti speciali sono del braccio destro di Romero, Tom Savini), niente musichette snervanti (Pino Donaggio firma una delle sue colonne sonore più riuscite), niente esibizioni gratuite di tecnica (ma con una chicca: la decapitazione di Dourif con un ascensore). Peccato che i dialoghi (dello stesso regista) continuino a gridare vendetta al cielo, e che l'atmosfera ambigua si dissolva in una soluzione cervellotica. Ricordatevi dell'*Uccello dalle piume di cristallo*.

Traversata di Parigi, La *** (*La Traversée de Paris*, Francia/Italia 1956, b/n, 85′) Claude Autant-Lara. Con Jean Gabin, Bourvil [André Raimbourg], Louis de Funès, Jeannette Batti, Robert Arnoux, Myno Bruney. ◆ Nella Parigi occupata dai tedeschi l'ex tassista Martin (Bourvil) deve consegnare alcune valigie piene di carne di maiale del mercato nero e si sceglie come socio del rischioso compito un vagabondo di nome Grandgil (Gabin) che scoprirà essere un grande pittore: l'attraversamento della città si rivelerà pieno di imprevisti e i due finiranno per essere catturati, anche se Grandgil – immediatamente riconosciuto – sarà subito liberato. Tratto da un racconto di Marcel Aymé sceneggiato con maestria da Jean Aurenche e Pierre Bost (che cambiarono il finale – in cui Martin uccideva Grandgil – con un divertente epilogo nel dopoguerra: Grandgil si fa accompagnare alla stazione e scopre che il facchino che gli sta portando le valigie è l'invecchiato Martin: «Sempre nel ramo valigie?» gli chiede. E Martin: «Eh sì, nel ramo delle valigie, e sempre quelle degli altri»), il film sfrutta al meglio l'estetica teatrale che gli deriva dalle riprese in studio per sottolineare la violenza della caricatura cui avrebbe nociuto una ricostruzione più realistica o psicologica. Straordinaria l'adesione dei due protagonisti ai loro personaggi: Gabin in un ruolo ambiguo e insolito, Bourvil (imposto da Autant-Lara contro tutti e premiato a Venezia) perfetto nel suo primo grande ruolo serio, quello di un trafficone più pietoso che simpatico.

Traversata pericolosa **½ (*Dangerous Crossing*, Usa 1953, b/n, 75′) Joseph M. Newman. Con Jeanne Crain, Michael Rennie, Casey Adams, Carl Betz, Mary Anderson, Marjorie Hoshelle, Willis Bouchey. ◆ Appena salita sul transatlantico per il viaggio di nozze, Ruth Bowman (Crain) perde il marito: una serie di strane circostanze fa credere a tutti che la donna sia pazza e che si sia inventata anche il proprio matrimonio, ma il medico di bordo (Rennie) è disposto a darle fiducia. Un giallo insolito e claustrofobico tratto da un racconto di John Dickson Carr, nel quale l'atmosfera cupa e nebbiosa e la sinuosa fotografia di Joseph La Shelle mascherano i limiti di una sceneggiatura (di Leo Townsend) un po' ingenua e meccanica.

Traviata, La ** (Italia 1983, col, 110′) Franco Zeffirelli. Con Teresa Stratas, Placido Domingo, Cornell MacNeil, Alan Monk, Azelle Gall, Pina Cei, Maurizio Barbacini. ◆ L'amore contrastato tra Alfredo Germont (Domingo) e una cortigiana alla moda, Violetta Valéry (Stratas), che lo abbandona per non rovinargli la reputazione: solo sul letto di morte della donna

Alfredo scoprirà che il comportamento di Violetta era stato dettato dall'amore e non dalla voglia di un amante più ricco. Zeffirelli mette in scena «un musical alla cui colonna sonora ha pensato Giuseppe Verdi» privilegiando la scenografia a scapito dell'introspezione psicologica e dell'interpretazione musicale: sacrifica arie celebri (*Di Provenza il mare e il suol* e *Addio al passato*), conserva grazie al flashback i preludi al primo e al quarto atto, comincia la narrazione dai deliri di Violetta che, vicina alla morte, ripensa al suo amore per Alfredo, ma affoga tutto in una scenografia lussureggiante e pesantemente sfarzosa. Belle le scene di massa con due ballerini come Vassil'ev e la Maximova.

Traviata '53 ** (Italia/Francia 1953, b/n, 105') Vittorio Cottafavi. Con Barbara Laage, Armando Francioli, Eduardo De Filippo, Gabrielle Dorziat, Marcello Giorda, Carlo Hintermann. ◆ Chiamato al capezzale di una moribonda, l'ingegner Carlo Ravelli (Francioli) scopre trattarsi di Rita (Laage), la donna che aveva amato in gioventù senza più rivederla: si era sacrificata per salvare la carriera finanziaria del padre di Carlo, cedendo al ricatto sessuale di un banchiere (De Filippo) a cui il genitore doveva molti soldi. Adattamento moderno (o «opera parallela») di *La signora delle camelie* di Dumas, sceneggiato da Tullio Pinelli e Siro Angeli, riletto da Cottafavi come «la tragedia dell'impossibilità di amare e di essere amati»: datato nella descrizione convenzionale di un mondo borghese capace solo di annoiarsi, il film si riscatta nell'intensità con cui è raccontato il personaggio di Rita, in cui l'amore cancella le ambiguità del comportamento (diviso tra slanci spontanei e calcoli interessati) per far risaltare il suo destino di vittima, «distrutta molto più dalla sua malinconia che dagli accidenti della sua vita». Eduardo De Filippo è incomprensibilmente doppiato.

Travolti da un insolito destino nell'azzurro mare d'agosto ** (Italia 1974, col, 125') Lina Wertmüller. Con Giancarlo Giannini, Mariangela Melato, Riccardo Salvino, Isa Danieli, Eros Pagni. ◆ Un rude marinaio siciliano comunista (Giannini) a servizio sullo yacht di ricchi industriali milanesi in vacanza, subisce i maltrattamenti dell'antipatica signora (Melato): quando lo yacht fa naufragio e i due si trovano soli su un'isola deserta, l'uomo si prende la rivincita, e seduce con successo la donna, ma l'arrivo dei salvatori riporta la situazione alla normalità. Forse il più famoso e fortunato film della Wertmüller: tentativo come sempre sopra le righe (e piuttosto qualunquista) di presa in giro dei nuovi ricchi, classe ignorante e presuntuosa, figlia del boom economico. Ottimi i due protagonisti.

Travolto dagli affetti familiari *½ (Italia 1978, col, 99') Mauro Severino. Con Lando Buzzanca, Andréa Ferréol, Gloria Guida, Nerina Montagnani, Franca Dominici. ◆ Memé Di Costanzo (Buzzanca) cerca di tirare avanti facendosi mantenere dalle donne, prima una disinibita attricetta (Guida) poi una benestante farmacista (Ferréol), ma non ci riuscirà né con l'una né con l'altra. Filmetto traballante a metà tra il ruspante e il surreale, sceneggiato dal regista con Giuseppe D'Agata.

Tre * (Italia 1996, col, 96') Christian De Sica. Con Christian De Sica, Anna Galiena, Paolo Conticini, Leo Gullotta, Carlo Monni, Tommaso Bianco, Bobby Rhodes, Bruno Cortini, Irene Grazioli, Marco Ribecchini. ◆ Toscana, fine Settecento: pur innamoratissimo della moglie Chiara (Galiena), il barone Jacopo Dal Serchio (De Sica) coinvolge nei suoi giochi d'amore Leonardo (Conticini), uno stalliere tentato dalle idee rivoluzionarie: la donna approfitterà della novità, ma quando il barone pensa sia arrivato il suo turno, il giovane se la fugge, lasciando incinta la baronessa. Moralistico e velleitario apologo sulla libertà sessuale, che vorrebbe esaltare le «gioie del culo» (come sottolinea il siparietto teatrale affidato al comico napoletano Tommaso Bianco) e che invece finisce nel più retrivo degli elogi verso la famiglia, la paternità e il matrimonio borghese. Come regista De Sica manca di ritmo e di idee, come sceneggiatore di coraggio, come attore dimostra soprattutto una straordinaria somiglianza con suo padre e l'incapacità a sollevarsi dalla farsa. Particina per Donatella Pecci Blunt, naturalmente nel ruolo di una aristocratica invitata a cena dal barone.

Tre americani a Parigi ** (*So This Is Paris*, Usa 1954, col, 96') Richard Quine. Con Tony Curtis, Gloria DeHaven, Gene Nelson, Corinne Calvet, Paul Gilbert. ◆ Tre marinai americani (Curtis, Nelson e Gilbert) passano tre giorni di licenza a Parigi con l'intenzione di far conquiste, ma finiranno per raccogliere soldi a favore degli orfani di guerra. Commedia musicale con le solite schermaglie amorose, ma diretta senza nerbo.

Tre amici, le mogli e (affettuosamente) le altre *** (*Vincent, François, Paul et les autres*, Francia 1974, col, 120') Claude Sautet. Con Yves Montand, Michel Piccoli, Serge Reggiani, Gérard Depardieu, Stéphane Audran, Marie Dubois, Ludmilla Mikaël, Antonella Lualdi, Catherine Allégret, Umberto Orsini. ◆ Tre amici sulla soglia dei cinquant'anni – il piccolo industriale Vincent (Montand), lo stimato medico François (Piccoli) e il giornalista con voglie da scrittore Paul (Reggiani) – si ritrovano regolarmente con il più giovane Jean (Depardieu) per fare i conti con i problemi e la sottile malinconia che li sta contaminando. Opera corale e delicata che si muove tra le inquietudini degli ambienti borghesi, «specchio di una insofferenza che inquieta un po' ma seduce molto», il film è una delle riuscite maggiori di Sautet, maestro nel descrivere con precisione e partecipazione i legami che si intrecciano tra le persone (anche grazie alla collaborazione degli sceneggiatori Jean-Loup Dabadie e Claude Néron), a partire da una serie di particolari solo all'apparenza insignificanti e che invece sono il segreto del suo cinema umanistico e (sotto sotto) rassicurante. Straordinaria la direzione e l'interpretazione degli attori, capaci di restare personaggi credibili e non scivolare mai nei modelli troppo stereotipati.

Tre amici, un matrimonio e un funerale *½ (*The Pallbearer*, Usa 1996, col, 97') Matt Reeves. Con David Schwimmer, Gwyneth Paltrow, Barbara Hershey, Michael Rapaport, Toni Collette, Carol Kane. ◆

L'impiastro Tom (Schwimmer) deve pronunciare l'elogio funebre di uno sconosciuto e si fa sedurre dalla madre (Hershey) del morto, proprio quando torna in circolazione Julie (Paltrow), suo amore dei tempi della scuola. Furbata del distributore italiano, che riesuma dopo tre anni una prevedibile commedia – corredata di titolo per gonzi – puntando sulla popolarità della Paltrow e del Ross di *Friends*. Ma il film ha poche carte da giocare e le spreca subito, per arrancare poi tra toni seri e farseschi, senza convincere mai. Scritto dal regista con Jason Katims.

Tre amigos, I ** (*¡Three Amigos!*, Usa 1986, col, 110') John Landis. Con Chevy Chase, Steve Martin, Martin Short, Patrice Martinez, Philip Gordon, Alfonso Arau, Joe Mantegna, Tony Plana. ◆ Dopo essere stati licenziati, i tre protagonisti di un serial muto (Chase, Martin e Short) ricevono una lettera da un paesino del Messico in cui una ingenua ragazza (Martinez) appassionata dei loro film offre una grossa ricompensa perché ripuliscano il paese dalla banda di El Guapo (Arau): i tre accettano pensando si tratti di cinema e invece si trovano davanti la realtà. Parodia western con inserti demenziali scritta da Steve Martin, Lorne Michaels e Randy Newman, tutti e tre formatisi alla scuola televisiva del *Saturday Night Live Show*: vuole essere una scanzonata riflessione sul potere del cinema, ma l'occasione è sfruttata male. Landis aveva abituato a ben altro.

Tre aquilotti, I ** (Italia 1942, b/n, 75') Mario Mattoli. Con Michela Belmonte, Leonardo Cortese, Carlo Minello, Alberto Sordi, Piero Carnabuci, Enrico Effernelli. ◆ L'amicizia tra tre allievi dell'Accademia aeronautica di Caserta – Marco (Cortese), Mario (Minello) e Filippo (Sordi) – si rompe a causa di una donna (Belmonte), ma un'azione di guerra, durante la quale Marco salva Mario, riporterà l'armonia tra gli amici. Il film, l'unico di guerra di Mattoli, venne presentato alla Mostra del cinema di Venezia e per la prima volta vede Sordi in un ruolo da coprotagonista. Su soggetto di Tito Silvio Mursino (pseudonimo anagrammatico di Vittorio Mussolini, figlio del duce), il film ha alcune somiglianze con il contemporaneo *Un pilota ritorna* di Rossellini, che collaborò, senza firmare, alla sceneggiatura. Ispirato ai film americani del genere, è una produzione anomala e non molto significativa della filmografia mattoliana.

Tre banditi, I *** (*The Tall T*, Usa 1957, col, 77') Budd Boetticher. Con Randolph Scott, Maureen O'Sullivan, Richard Boone, Henry Silva, Arthur Hunnicutt, Skip Homeier. ◆ Sequestrato insieme ai passeggeri di una diligenza, Patrick Brennan (Scott) riesce a insinuare sospetti reciproci tra i tre banditi (Boone, Homeier e Silva) a eliminarli uno a uno. Un grande western, triste e malinconico, con «buoni» e «cattivi» quasi riluttanti a portare avanti il gioco delle parti. Ottima la sceneggiatura di Burt Kennedy, tratta da un soggetto del giallista Elmore Leonard, che comincia come una commedia (l'inizio è una specie di parodia del *Cavaliere della valle solitaria*) e finisce nella violenza della tragedia perché lo scontro finale non è la conclusione di una vendetta ma l'inevitabile conclusione di una scelta di vita opposta. Di grande finezza il dialogo «brillante, mordace, allusivo, capace di dare un peso notevole alle relazioni tra gli uomini, coacervo di stima, di amicizia, di odio, di rispetto cavalleresco e di complicità» (come nello humour virile che si scambiano Scott e Richard Boone).

Tre caballeros, I **½ (*The Three Caballeros*, Usa 1945, col, 70') Norman Ferguson [e Walt Disney]. ◆ Per il suo compleanno Paperino riceve un film che mostra curiosità e bellezze dell'America latina, dalla storia del pinguino Pablo che non sopporta il freddo del Polo Sud a quella del ciuchino con le ali che diventa amico di un piccolo gaucho. Poi, grazie a una «magia» di José Carioca, lo stesso Paperino diventa parte attiva nello spettacolo: conoscerà le dolcezze di Bahia e ballerà con Aurora Miranda, quindi volerà in Messico dove il gallo Panchito lo guiderà tra feste e leggende popolari. Curiosa commistione di animazione e riprese dal vero, prodotta dalla Rko all'interno del programma di buon vicinato con il Sud America favorito dal coordinatore del Dipartimento di Stato Nelson Rockefeller (come il precedente *Saludos amigos* e *It's All True* di Orson Welles). Il messaggio propagandistico viene però stemperato da un Paperino particolarmente sensibile al fascino femminile, che gioca sulla spiaggia di Acapulco con le bagnanti e si trasforma in golosa ape di fronte a Carmen Molina che canta *You Belong to My Heart* dalla corolla di un fiore. Analogamente, l'esilità della trama favorisce le invenzioni quasi «psichedeliche» degli animatori Disney (sotto la guida di Clyde Geronimi, Jack Kenney e Bill Roberts), che tramutano le visioni dei tre caballeros in esplosioni di forme e colori.

Tre camere a Manhattan ** (*Trois chambres à Manhattan*, Francia/Italia 1965, b/n, 81') Marcel Carné. Con Annie Girardot, Maurice Ronet, Otto E. Hasse, Roland Lesaffre, Gabriele Ferzetti, Geneviève Page. ◆ Piantato dalla moglie, François Comb (Ronet) conosce in un bar la non più giovane Kay Larsi (Girardot), ex moglie di un diplomatico messicano e tra i due scoppia l'amore: la malattia della figlia riporta Kay in Messico, mentre François è assalito dal dubbio e si concede un'avventura, ma quando si rivedono scopriranno di amarsi davvero. Tratto dal romanzo omonimo di Georges Simenon, sceneggiato dal regista e Jacques Sigurd, il film soffre di una certa convenzionalità – specie nei dialoghi – e non riesce mai a cancellare la sensazione di raccontare una storia prevedibile. Ottima la prova della Girardot, premiata con la coppa Volpi a Venezia. In originale 112'.

Tre canti su Lenin **½ (*Tri pesni o Lenine*, Urss 1934, b/n, 68') Dziga Vertov. ◆ Documentario celebrativo per il decimo anniversario della scomparsa di Lenin, il film prende spunto da tre canti popolari dell'Uzbekistan per esaltare la figura dello statista: il primo canto (dal titolo *Il mio volto era chiuso in una nera prigione*) parla della liberazione delle donne musulmane dalle antiche costrizioni; il secondo (*Noi l'amavamo*) rievoca l'opera dello scomparso; il terzo (*Nella grande città di pietra*) illustra le grandi realizzazioni del socialismo. Bandito lo sperimentalismo con decisione del Comitato centrale del Pcus, Vertov realizza un film di regime che tenta di «piegare le ragioni del culto di Lenin a una manipolazione creativa dei materiali cinematografici, di repertorio e di attualità». In questo modo non può evitare di cadere nell'enfasi, anche se in alcuni momenti si ritrova lo stile geniale dell'autore di *L'uomo con la macchina da presa*, come quando, all'annuncio della morte del leader (erano le 4 del pomeriggio del 21 gennaio 1924), un fermo immagine immobilizza ogni angolo dell'Urss.

Tre colonne in cronaca *½ (Italia 1990, col, 99') Carlo Vanzina. Con Gian Maria Volonté, Massimo Dapporto, Sergio Castellitto, Lucrezia Lante della Rovere, Demetra Hampton, Joss Ackland, Spiros Focas, Senta Berger, Angelica Ippolito, Paolo Malco, Carlo Giuffré, Gianni Bonagura. ◆ Tratto dall'omonimo romanzo di Corrado Augias e Daniela Pasti, il film racconta in termini fantapolitici lo scontro per il controllo di un grande quotidiano italiano (molto simile alla *Repubblica*), tra un uomo d'affari lombardo (Ackland) che agisce per conto di un gruppo di politici verso cui il giornale non è tenero e il direttore (Volonté) costretto a usare metodi poco ortodossi per preservare la sua autonomia. I Vanzina (il regista Carlo e lo sceneggiatore Enrico) cercano di ricollegarsi al «giallo all'italiana» anni Settanta, ma il loro film non ne possiede né l'efficacia né la passione politica e tutto si limita alla «solita» interpretazione mimetica di Volonté (uno Scalfari quasi perfetto) e ai soliti luoghi comuni sui giornalisti. La soluzione del giallo è nascosta in un romanzo di Edgar Wallace.

Tre colori – Film Bianco *** (*Trois couleurs: Blanc*, Francia/Svizzera/Polonia 1994, col, 91') Krzysztof Kieślowski. Con Zbigniew Zamachowski, Julie Delpy, Janusz Gajos, Jerzy Stuhr, Grzegor Warchol, Cezary Pazura, Jerzy Nowak, Juliette Binoche, Florence Pernel. ◆ Obbligato al divorzio dalla moglie Dominique (Delpy) perché non consuma il matrimonio, Karol Karol (Zamachowski) deve lasciare Parigi e tornare senza un soldo in Polonia. Qui, dopo essersi arricchito, inscena la propria falsa morte con l'aiuto dell'amico Mikolaj (Gajos) per prendersi una crudele rivincita sull'avida Dominique. Con toni più leggeri e ironici rispetto al precedente *Tre colori – Film Blu*, Kieślowski continua la sua riflessione sui colori della bandiera e le parole d'ordine della Rivoluzione francese, qui l'uguaglianza e il bianco. Ma è un'uguaglianza «al negativo», perché Dominique, dopo aver sconfitto il marito in tribunale, dovrà subire una giustizia altrettanto ingiusta e immorale, che annulla ogni tipo di umanità (proprio come il colore bianco degli stacchi narrativi «nega» la varietà degli altri colori), condannata per «colpa» di quei valori – il sesso e il denaro – che in un mondo materialistico come è quello descritto dal film, che si tratti dell'Est o dell'Ovest, sono alla base di ogni negazione d'uguaglianza. Scritto come sempre con Krzysztof Piesiewicz (ma anche con la collaborazione di Agnieszka Holland, Edward Zebrowski e del direttore della fotografia Eward Kłosinski), questo film intreccia il sostrato melodrammatico della storia d'amore tra i due protagonisti con venature comiche e paradossi surreali (l'arrivo in Polonia nascosto dentro un baule, rubato dagli impiegati dell'aeroporto) dimostrando ancora una volta la straordinaria libertà narrativa del suo autore, che nessuna formula riesce a ingabbiare. Premiato a Berlino con l'Orso d'argento per la miglior regia e seguìto da *Tre colori – Film Rosso*.

Tre colori – Film Blu ***½ (*Trois couleurs: Bleu*, Francia/Svizzera/Polonia 1993, col, 98') Krzysztof Kieślowski. Con Juliette Binoche, Benoît Régent, Florence Pernel, Charlotte Véry, Hélène Vincent, Philippe Volter, Claude Duneton, Hugues Quester, Emanuelle Riva, Julie Delpy, Zbigniew Zamachowski, Alain Decaux. ◆ Dopo aver perso il marito compositore e il figlio in un incidente, Julie (Binoche) si chiude in una solitudine totale, nascondendosi dietro uno pseudonimo e andando a vivere in un anonimo appartamento di Parigi. Ma prima una vicina dalla morale piuttosto equivoca (Pernel), poi l'assistente del marito (Régent) che l'ha sempre amata e che la convince a concludere il concerto lasciato incompiuto dal coniuge e infine la scoperta che non solo il marito aveva un'amante, ma che la donna è anche incinta, convincono Julie a tornare alla vita. Il primo film della trilogia dedicata ai colori della bandiera e alle parole d'ordine della Rivoluzione francese (cui seguiranno *Tre colori – Film Bianco* e *Tre colori – Film Rosso*) prosegue la riflessione sulla morale «laica» iniziata col *Decalogo*. Scritto insieme all'abituale cosceneggiatore Krzysztof Piesiewicz (ma anche con la collaborazione di Agnieszka Holland, Edward Zebrowski e del direttore della fotografia Sławomir Idziak), questo film affronta il tema della libertà, inteso nella sua valenza assoluta: la possibilità di essere davvero liberi dallo straziante ricordo del passato si identifica per Julie col rifiuto di ogni coinvolgimento e di ogni «amore», sensuale o psicologico che sia. Salvo poi accorgersi che questa libertà assoluta si trasforma nella sua negazione e che l'unica vera libertà, come ricordano le parole della *Prima lettera ai Corinzi* di San Paolo che accompagnano la composizione musicale del marito, è la libertà dell'amore. Attaccato ingiustamente per l'enfasi del finale, quando l'esecuzione della musica accompagna le immagini dell'ecografia del nascituro, il film possiede invece un'autentica capacità emotiva proprio nella progressione con cui passa dall'estrema rarefazione dell'inizio al più totale coinvolgimento visivo e sonoro del finale. Leone d'oro ex aequo con *America oggi* a Venezia e coppa Volpi alla Binoche.

Tre colori – Film Rosso *** (*Trois couleurs: Rouge*, Francia/Svizzera/Polonia 1994, col 999) Krzysztof Kieślowski. Con Irène Jacob, Jean-Louis Trintignant, Frédérique Feder, Jean- Pierre Lorit, Samuel Lebihan, Marion Stalens, Teco Celio, Bernard Escalon, Jean Schlegel, Juliette Binoche, Julie Delpy, Benoît Regent, Zbigniew Zamachowski. ◆ Investendo accidentalmente un cane, la modella Valentine Dussaut (Jacob) fa conoscenza con un giudice in pensione (Trintignant) abituato a spiare le conversazioni telefoniche dei vicini. Contemporaneamente la ragazza attira l'attenzione di un neoavvocato, August (Lorit) che verrà coinvolto nell'autodenuncia del giudice – deciso a rivelare di aver infranto la legge – e farà in modo di essere sullo stesso traghetto che porterà Valentine in Inghilterra per trovare il fidanzato. La trilogia dedicata ai colori e alle parole d'ordine della Rivoluzione francese si conclude, dopo *Tre colori – Film Blu* e *Tre colori – Film Bianco*, con il film più elegante dal punto di vista formale (punteggiato com'è di immagini rosse) ma anche il più limpido e disperato, sceneggiato come sempre con Krzysztof Piesiewicz (ma anche con la collaborazione di Agnieszka Holland, Edward Zebrowski e del direttore della fotografia Piotr Sobociński). A confronto due idee opposte: Valentine pensa che occuparsi degli altri (di un cane ferito, di un fratello tossicodipendente, di uno sconosciuto spiato al telefono) sia un dovere, come richiede il comandamento religioso della condivisione e quello laico della fraternità; il giudice, invece, sa benissimo che non ci si può far carico delle vite degli altri e quindi si limita a osservarle e a spiarle. Con un'abilità quasi eccessiva, Kieślowski mette così l'una contro l'altra due idee del mondo, governata dal Destino la prima, dal Caso la seconda. E in un finale inaspettato, quando dal traghetto affondato si salvano i protagonisti di tutti e tre i film sui colori, il regista rimescola le sue carte, suggerendo che se l'inquadratura fortuita di un telegiornale può essere uguale alla ricercatissima immagine di un fotografo pubblicitario, allora forse Caso e Destino sono termini intercambiabili. Ultimo film di Kieślowski.

Tre contro tutti ** (*Sergeants 3*, Usa 1962, col, 112') John Sturges. Con Frank Sinatra, Dean Martin, Peter Lawford, Sammy Davis jr, Joey Bishop, Ruta Lee, Henry Silva. ◆ Nel Dakota del 1870 i tre sergenti Mike, Merry e Chip (Sinatra, Martin e Lawford) devono guidare un drappello di soldati in un avamposto, ma sono catturati dagli indiani: si metterebbe male senza l'intervento di un eroico scout (Davis jr). Libero rifacimento in chiave western di *Gunga Din* firmato da W.R. Burnett: non mancano buoni momenti d'azione e qualche divertente scena slapstick, ma l'originale era un'altra cosa «e Sammy Davis non può far dimenticare Sam Jaffe nella parte di Gunga Din».

Tre corone del marinaio, Le *** (*Les Trois couronnes du matelot*, Francia 1982, b/n, 110') Raúl Ruiz. Con Jean-Bernard Guillard, Philippe Deplanche, Lisa Lyon, Nadège Claire. ◆ Un marinaio (Guillard) racconta per tre corone a uno studente omicida (Deplanche) i suoi pellegrinaggi in mezzo mondo, a bordo di una nave che ha scoperto essere guidata da morti e dove ha incontrato, tra gli altri, una prostituta bambina e una danzatrice dal sesso incerto. Ispirandosi a Melville, Borges e le *Mille e una notte*, Ruiz costruisce un film secondo la logica delle scatole cinesi. Un'esperienza cinematografica unica, un'immersione in un mondo onirico dove la prima cosa a essere surreale è lo stile: Ruiz sovverte le leggi tradizionali dell'inquadratura e, fedele alla poetica del barocco, costruisce ogni immagine col proposito di meravigliare. Il capolavoro di un regista a volte dispersivo e solo bizzarro, che questa volta ha saputo disciplinare il suo talento visivo.

Tre corsari, I *½ (Italia 1952, b/n, 98') Mario Soldati. Con Ettore Manni, Cesare Danova, Renato Salvatori, Marc Lawrence, Barbara Florian, Gualtiero Tumiati, Ubaldo Lay, Lilly Cerasoli, Tiberio Mitri. ◆ Il conte di Ventimiglia viene assassinato dal traditore Van Gould (Lawrence) e i tre figli sono fatti prigionieri e tradotti alle Antille: riusciranno a fuggire e diventati corsari con i nomi di Corsaro Nero (Manni), Verde (Danova) e Rosso (Salvatori) vendicheranno il padre. Tratto da *Il Corsaro Verde* di Emilio Salgari (e sceneggiato da Ennio De Concini, Age, Scarpelli e Franco Brusati), è un film di un certo impegno economico ma dai risultati deludenti, non riuscendo a fondere ironia e fantasia.

Tre della Croce del Sud, I **½ (*Donovan's Reef*, Usa 1963, col, 109') John Ford. Con John Wayne, Lee Marvin, Elizabeth Allen, Jack Warden, Cesar Romero, Dorothy Lamour, Jacqueline Malouf, Mike Mazurki, Marcel Dalio, Edgar Buchanan, Pat Wayne, Mae Marsh. ◆ Per impedire ad Amalia Sarah (Allen), appena arrivata da Boston, di scoprire che il padre (Warden) si è rifatto una nuova vita in Polinesia e ha tre figli, i suoi due amici «Guns» Donovan (Wayne) e «Boats» Gilhooley (Marvin) si inventano una storia piena di contraddizioni che rischia a ogni minuto di venir smascherata. L'ultimo film girato da Wayne con Ford è una commedia scanzonata e divertente (sceneggiata da Frank Nugent e James Edward Grant) dove i temi tradizionali del regista – il ruolo della famiglia, lo scontro tra una moralità istintiva e la carica repressiva dell'ordine costituito, la perdita di significato del passato – sono nascosti dietro una struttura farsesca che ha sconcertato gli spettatori, più disposti ad apprezzare l'inevitabile elogio dell'amicizia virile e di un burbero maschilismo, con bevute e scazzottate (quasi) omeriche. Lo yacht Araner che si vede in molte scene è quello del regista.

Tre dell'operazione Drago, I **½ (*Enter the Dragon*, Usa/Hong Kong 1973, col, 100') Robert Clouse. Con Bruce Lee, John Saxon, Jim Kelly, Anna Capri, Shin Kien, Yang Sze. ◆ Un giovane campione di karate (Lee) accetta di partecipare a un torneo organizzato nell'isola fortezza di Mister Han (Kien) per smascherare le sue attività illecite: scoprirà i suoi traffici di droga e di prostituzione e con l'aiuto di un altro concorrente del torneo (Saxon) sconfiggerà Han e libererà i suoi prigionieri. Ultimo film completato di Bruce Lee, distribuito dopo la sua morte: fu la sua unica produzione americana (Warner) in cui vengono coniugati gli stilemi del kung fu-movie con quelli dello spionaggio. Il migliore tra i film del campione.

Tre diavoli, I ** (*Variétés*, Francia 1935, b/n, 100') Nicolas Farkas. Con Jean Gabin, Annabella [Suzanne Charpentier], Fernand Gravey, Sinoël [Jean-Léonis Bies], Nicolas Koline. ◆ Tre trapezisti, dopo sfortunate esibizioni in circhi ambulanti, vengono scritturati come «I tre Maxim» in un grande music-hall: ma l' ossessiva gelosia di Giorgio (Gabin), innamorato senza speranza di Gianna (Annabella) che a sua volta ama infelicemente Piero (Gravey), comprometterà seriamente il debutto. Remake (sui generis) di *Varieté* di Ewald Andreas Dupont, a cui fanno seguito altre due versioni nel 1936 (una tedesca, *Varieté* di Nicolas Farkas e Jacob Geis; e una inglese, *The Three Maxims* di Herbert Wilcox). Tratto da un romanzo di Felix

Hollander (sceneggiato dal regista e da Rolf E. Vanloo), *I tre diavoli* è un melodramma vivace soprattutto grazie agli interpreti: in particolare Gabin, che incarna il suo personaggio-tipo di romantico destinato alla sconfitta caricandolo in modo sublime di aggressività e antipatia.

13° uomo, Il **½ (*Un Homme de trop*, Francia/Italia 1967, col, 115') [Constantin] Costa-Gavras. Con Charles Vanel, Michel Piccoli, Bruno Cremer, Jean-Claude Brialy, Gérard Blain, Julie Dassin, Claude Brasseur, Jacques Perrin. ◆ I partigiani francesi assaltano la prigione di Sarlande per liberare dodici prigionieri, ma ne trovano uno in più. Chi è il tredicesimo uomo (Piccoli): un avventuriero, un traditore, un criminale? Intanto però i tedeschi si sono riorganizzati e ricomincia la caccia... Tratto dal romanzo di Jean-Pierre Chabrol (coautore della riduzione insieme al regista), è un film d'azione ben diretto e con una eccellente interpretazione corale.

Tredici → *Sangue sulla sabbia*

Tredici figli del Drago verde, I **½ (*Shisan Taibao*, noto anche col titolo inglese *The Heroic Ones*, Hong Kong 1970, col, 95') Zhang Che. Con David Chiang, Ku Feng, Chen King, Ti Lung, Lily Li. ◆ L'imperatore della Cina prima si serve dei tredici eroici guerrieri del titolo, poi se ne vuole disfare aizzando le rivalità interne: e il più valoroso (Chiang) viene ucciso in modo atroce. Segue adeguata vendetta. Il film in cui Zhang Che cominciò a usare massicciamente lo zoom è epico e barbarico; e se non raggiunge livelli da Kurosawa, ha una sua coerenza che non può fare a meno del *grand guignol*. Grande successo in patria, all'epoca.

13 non risponde, Il ** (*13 rue Madeleine*, Usa 1946, b/n, 95') Henry Hathaway. Con James Cagney, Annabella [Suzanne Charpentier], Richard Conte, Frank Latimore, Sam Jaffe. ◆ Guidato da Bob Sharkey (Cagney) il gruppo di controspionaggio americano G77 prima scopre chi di loro fa il doppiogioco per i nazisti, poi è mandato in missione in Olanda, dove viene catturato: per evitare che qualcuno di loro possa parlare il comando alleato farà bombardare il caseggiato di rue Madaleine 13 dove il gruppo è rinchiuso. Con una regia vigorosa, ma una sceneggiatura (di Jolin Monks jr e Sy Bartlett) troppo «avventurosa», Hathaway documenta il funzionamento dei servizi segreti durante la seconda guerra mondiale esaltando soprattutto il patriottismo e il disprezzo per la morte degli agenti.

Tre di cuori *½ (*Three of Hearts*, Usa 1992, col, 110') Yurek Bogayevicz. Con William Baldwin, Kelly Lynch, Sherilyn Fenn, Joe Pantoliano, Gail Strickland. ◆ Joe (Baldwin), un gigolo newyorchese, viene ingaggiato dalla lesbica Connie (Lynch), che vuole vendicarsi della sua ex ragazza Ellen (Fenn) facendola sedurre e abbandonare dal fustacchione. Il quale, ovviamente, si innamora della sua «vittima». Le ambizioni iniziali di racconto (a)morale si spengono presto nel ritorno alla normalità, e nel più zuccheroso dei finali. Un regista come Rudolph, forse, avrebbe potuto cavarne fuori qualcosa di meglio.

Tre donne **½ (*3 Women*, Usa 1977, col, 125') Robert Altman. Con Sissy Spacek, Shelley Duvall, Janice Rule, Robert Fortier. ◆ Un'infermiera timida (Spacek) è succube di una ragazza patetica e schiava delle mode (Duvall). Dopo un tentato suicidio della prima, i rapporti si invertono. Alla fine formano una comunità al femminile assieme a una pittrice (Rule) che ha perso il suo bambino. Altman, autore anche della sceneggiatura, guarda i personaggi con occhio da entomologo, e descrive la provincia americana in modo più allucinato e surreale del solito, eccedendo però in ermetismo. Originale l'uso del formato scope, come per «dare più ampiezza a questa storia intimista» che esplora i fantasmi della psiche con uno stile più vicino alla simbologia poetica europea che al tradizionale cinema psicoanalitico hollywoodiano. Shelley Duvall venne premiata a Cannes. L'anziano regista John Cromwell è Mr. Nelson.

Tre donne di Casanova, Le *½ (*Casanova Brown*, Usa 1944, 949) Sam Wood. Con Gary Cooper, Teresa Wright, Anita Louise, Frank Morgan, Isobel Elsom, Patricia Collinge. ◆ Separato per colpa della suocera poche ore dopo il matrimonio, un professore universitario (Cooper) scopre quando sta per risposarsi che la prima moglie (Wright) ha dato alla luce una bambina, che sembra intenzionata ad abbandonare: naturalmente è solo un trucco per riconquistarlo. Tratto dalla commedia di Nunnally Johnson *Little Accident*, il film non riesce quasi mai a essere divertente, nemmeno quando Cooper si trasforma in un padre idiota e ansiosissimo (si preoccupa perché la piccola è cresciuta tre etti in una settimana: di questo passo teme che possa pesare venti chili quando compirà un anno). La storia era già stata filmata nel 1930 (*Little Accident* di William James Craft con Douglas Fairbanks jr e ZaSu Pitts) e nel 1939 (*Little Accident* di Charles Lamont con Hugh Herbert e Baby Sandy), entrambi inediti in Italia.

Tre donne, il sesso e Platone **½ (*Der Philosoph*, Rft 1988, col, 83') Rudolf Thome. Con Johannes Herrschmann, Adriana Altaras, Friederike Tiefenbacher, Claudia Matschulla, Jurgen Wink. ◆ Georg (Herrschmann), timido trentenne laureato in filosofia che vive da solo tra i suoi libri, non ha mai avuto una fidanzata né fatto l'amore: l'incontro con tre disinibite amiche (Altaras, Tiefenbacher e Matschulla) che gestiscono un negozio di abbigliamento cambierà la sua vita sessuale. Commedia divertente e originale che sconfessa il pensiero razionale in nome di un paganesimo romantico (il nudismo praticato nella natura, il sesso praticato senza gelosie), sorta di favola contemporanea che niente ha a che vedere con i precedenti film underground del regista berlinese.

Tre donne immorali? *½ (*Les Heroïnes du mal*, Francia 1979, col, 115') Walerian Borowczyk. ◆ Film a episodi. In *Margherita* (con Marina Pierro, François Guétary) la Fornarina, amante di Raffaello, fa infoiare mezzo Vaticano; in *Marceline* (con Gaëlle Legrand, Hassan Fall. Tratto da *Il sangue dell'agnello* di Mandiargues) una ragazza uccide i genitori che le hanno fatto arrosto il coniglietto e si fa stuprare dal garzone del macellaio. In *Marie* (con Pascale Christophe) una borghese rapita e stuprata si vendica con l'aiuto del suo dobermann, e sembra intenzionata a ringraziarlo in modo particolare. Incerto tra citazioni colte, tocchi beffardi, preziosismi alla Hamilton e innesti di erotismo quasi hard, Borowczyk finisce per sprecare il suo talento figurativo.

Tre donne per uno scapolo ** (*Dear Heart*, Usa 1964, 1149) Delbert Mann. Con Glenn Ford, Geraldine Page, Angela Lansbury, Barbara Nichols, Michael Anderson jr, Charles Drake. ◆ Harry Mork (Ford), commerciante di cartoline augurali, è conteso da tre donne: a Phyllis (Lansbury) ha già promesso il matrimonio, da Daphne (Nichols) è attratto per il suo sex appeal ed Evie (Page) lo ama veramente. La scelta sarà travagliata ma prevedibile. Eccellenti caratterizzazioni per una commedia divertente e delicata. Simpatica colonna sonora di Henry Mancini.

3 dritti a Saint-Tropez ** (*Smic, smac, smoc*, Francia 1971, col, 93') Claude Lelouch. Con Charles Gérard, Catherine Allégret, Amidou, Jean Collomb, Francis Lai. ◆ Per il matrimonio di Salvatore (Amidou) con Caterina (Allégret), i suoi amici Carlone e Gianni (Gérard e Collomb), operai come lui, decidono di non badare a spese e noleggiare un'auto per festeggiare come i ricchi a Saint-Tropez. Girata in soli otto giorni, è una piccola commedia sorretta dalla vitalità dei tre protagonisti che con candido ottimismo sentenziano sulla follia del mondo e delle classi abbienti.

Tre fratelli **½ (Italia 1981, col, 113') Francesco Rosi. Con Philippe Noiret, Michele Placido, Vittorio Mezzogiorno, Charles Vanel, Andréa Ferréol, Maddalena Crippa, Sara Tafuri, Simonetta Stefanelli. ◆ Alla morte della madre tre fratelli emigrati in grandi città raggiungono l'anziano padre (Vanel) nella casa della loro infanzia al Sud. Raffaele (Noiret), giudice a Roma, teme di essere nel mirino dei terroristi, Rocco (Mezzogiorno), che lavora a Napoli in un istituto di rieducazione auspica una rivolta morale contro il malcostume italiano, Nicola (Placido), operaio a Torino, separato dalla moglie, ammette l'uso della violenza nella lotta politica: nella notte ognuno vivrà in sogno un possibile sviluppo della propria esistenza. Ispirato al racconto *Il terzo figlio* di Andrej Platonov (sceneggiato da Tonino Guerra col regista), è un film sulla memoria che si sviluppa a flashback intrecciando tre storie emblematiche attorno al tema della morte della società contadina: apologo «un po' ruvido e approssimato» sull'Italia, ha i suoi momenti migliori nelle scene più liriche, dove una riflessione di tipo etico prende forza sull'analisi più direttamente politica. Grande interpretazione di Vanel. Il sogno di Rocco è ritmato dalle canzoni di Pino Daniele.

Tre giorni del condor, I *** (*Three Days of the Condor*, Usa 1975, col, 117') Sydney Pollack. Con Robert Redford, Faye Dunaway, Cliff Robertson, Max von Sydow, John Houseman, Carlin Glynn. ◆ Un innocuo dipendente dei servizi segreti americani (Redford) una mattina trova morti in ufficio tutti i suoi colleghi: nel tentativo di salvarsi la vita e di capire perché qualcuno lo vuole morto scoprirà un complotto dei servizi deviati. Tratto dal romanzo *I sei giorni del Condor* di James Grady e sceneggiato in maniera perfetta da Lorenzo Semple jr e David Rayfiel, il film fonde magistralmente la tensione narrativa del thriller con sottili implicazioni politiche (fu girato tra la destituzione di Nixon e la pubblicazione del rapporto sulla Cia). Perfetta la regia di Pollack, che correda la storia con le paranoie dell'uomo braccato senza sapere il perché: avvincente, coinvolgente dal primo all'ultimo minuto, inquietante. Redford e la Dunaway sono bravissimi, von Sydow è un delizioso killer dai modi raffinati.

Tre giorni di gloria ** (*Uncertain Glory*, Usa 1944, b/n, 102') Raoul Walsh. Con Errol Flynn, Paul Lukas, Faye Emerson, Jean Sullivan, Lucille Watson, Douglas Dumbrille. ◆ Durante l'ultima guerra il ladro Jean Picard (Flynn) riesce a fuggire, grazie a un attacco partigiano, dal treno che lo sta portando al patibolo, ma poi sceglie di consegnarsi ai nazisti per evitare la fucilazione di cento ostaggi: si concederà solo di vivere al meglio i tre giorni che lo separano dall'ultimatum. Interessante variazione interpretativa di Flynn nella sua galleria di eroi stereotipati, qui più ambiguo e con meno scrupoli del solito. Peccato che la sceneggiatura, di Laszlo Vadnay e Max Brand (l'autore del *Dottor Kildare*) sia decisamente scadente.

Tre giorni per la verità *** (*The Crossing Guard*, Usa 1995, col, 114') Sean Penn. Con Jack Nicholson, David Morse, Anjelica Huston, Robbie Robertson, John Savage, Robin Wright, Piper Laurie, Richard Bradford, Priscilla Barnes, Kari Wuhrer, Joe Viterelli. ◆ Quando sa che è uscito di prigione John Booth (Morse), l'uomo che ha ucciso sua figlia in un incidente, Freddy Gale (Nicholson), che finora aveva annegato il lutto tra spogliarelliste di second'ordine, decide di vendicarsi. Come vada a finire si capisce subito, vista l'aria vulnerabile dell'«assassino»; ma la domanda è un'altra: come farà Gale a *non* uccidere, a superare le sue pulsioni di morte? Con sincerità quasi imbarazzante Penn (anche sceneggiatore) si immerge negli abissi della negatività, scandaglia il marcio della vita di coppia con durezza insolita (i confronti tra Gale/Nicholson e la sua ex moglie, interpretata con rischio autobiografico dalla Huston, sono lancinanti), ma cerca una via d'uscita. Affidandosi, più che alle parole, a uno stile fatto di esitazioni, rallentamenti, divagazioni e lampi improvvisi. Un film non per tutti i gusti, ma che non assomiglia a nient'altro. E il miglior Nicholson degli ultimi dieci anni. Robin Wright, che interpreta la fidanzata di Booth, è la seconda moglie di Penn.

Tregua, La ° (Italia/Francia/Svizzera/Germania 1997, col, 123') Francesco Rosi. Con John Turturro, Massimo Ghini, Rade Serbedzija, Teco Celio, Roberto Citran, Claudio Bisio, Andy Luotto, Stefano Dionisi, Agnieszka Wagner, Lorenza Indovina. ◆ Il travagliato ritorno di un gruppo di deportati italiani dal campo di concentramento di Auschwitz: Primo (Turturro), Cesare (Ghini), Daniele (Dionisi), Ferrari (Bisio), D'Agata (Luotto), Unverdorben (Citran). Dall'omonimo romanzo autobiografico di Primo Levi (adattato da Rosi e Tonino Guerra, sceneggiato da Rosi, Stefano Rulli e Sandro Petraglia), un film controverso, deludente e sofferto (durante la lavorazione sono morti il direttore della fotografia Pasqualino De Santis, sostituito da Marco Pontecorvo, e il montatore Ruggero Mastroianni, sostituito da Bruno Serandrea), che non riesce a coniugare passione ideologica ed emozione narrativa. Oscillando tra il picaresco e il cupo senza trovare convincenti soluzioni registiche, Rosi privilegia le scene a sorpresa rispetto alla tenuta d'insieme, e opta per un'enfatizzazione caricaturale dei personaggi di contorno, una confezione da sceneggiato di lusso e un'insopportabile colonna sonora a effetto di Luis Bacalov.

Tre ladri, I *½ (Italia 1954, b/n, 95') Lionello De Felice. Con Totò [Antonio de Curtis], Jean-Claude Pascal, Gino Bramieri, Simone Simon, Giovanna Ralli, Mario Castellani, Memmo Carotenuto, Lauro Gazzolo, Camillo Pilotto, Virgilio Riento, Carletto Sposito, Bice Valori, Dina Perbellini, Loris Gizzi. ◆ 1911: ladro di polli e di salami, Tapioca (Totò) finisce in casa del finanziere Ornano (Bramieri) nella notte in cui il ben più abile scassinatore Gastone Cascarilla (Pascal) ripulisce la cassaforte di 10 milioni: naturalmente, sarà Tapioca a essere accusato del furto, ma così si trasformerà in una specie di eroe popolare. Commediola squinternata, tratta dal romanzo omonimo di Umberto Notari (sceneggiata anche dal non accreditato Franco Brusati), dove la comicità di Totò – sempre in cerca di qualcosa da mangiare – è soffocata dal moralismo di fondo, che vuole dimostrare come la società condanna chi «ruba al dettaglio», ma esalta chi «ruba all'ingrosso». Coerentemente, il terzo ladro del titolo è il finanziere, abile inventore di società fittizie, che alla fine diventerà socio dei due ladri.

Tremors **½ (*Tremors*, Usa 1990, col, 96') Ron Underwood. Con Kevin Bacon, Fred Ward, Finn Carter, Michael Gross, Reba McEntire. ◆ Una cittadina americana è improvvisamente aggredita da giganteschi vermoni che escono da sotto la sabbia: due operai (Bacon e Ward) riusciranno a trovare il mezzo di fermarli. Piacevole recupero della fantascienza horror degli anni Cinquanta: la sceneggiatura di Brent Maddock e S.S. Wilson (anche se non spiega da dove vengono questi strani mostri) è piena di colpi di scena, il cast è in parte, la musica appropriata e gli effetti speciali niente male. Un gioiellino.

Tre moschettieri, I *** (*The Three Musketeers*, Usa 1948, col, 125') George Sidney. Con Lana Turner, Gene Kelly, Van Heflin, June Allyson, Angela Lansbury, Gig Young, Robert Coote, Vincent Price, Reginald Owen, Patricia Medina, Keenan Wynn, Frank Morgan. ◆ Entrato nella compagnia dei Moschettieri dopo aver fatto conoscenza – e duellato – con Athos (Heflin), Porthos (Young) e Aramis (Coote), il guascone D'Artagnan (Kelly) aiuterà, con i suoi tre amici, la regina di Francia (Lansbury) a sventare le macchinazioni di Richelieu (Price) e della malvagia Milady De Winter (Turner). Una delle versioni più celebri del romanzo di Dumas e probabilmente la più fedele allo spirito avventuroso e favolistico del libro (la sceneggiatura è di Robert Ardrey): costruito con la leggerezza di una commedia musicale senza musica, il film utilizza i costumi, le scenografie e il colore per sottolineare bene l'entusiasmo epico delle avventure mentre Sidney costruisce la maggior parte delle scene con la precisione e l'armonia di un coreografo. Fino al successivo *Scaramouche* (1952, sempre di George Sidney), lo scontro tra D'Artagnan e Jussac, accompagnato dalla musica di Čajkovskij, è stato il più lungo duello del cinema: 5'. Insuperabile Lana Turner nei panni di Milady.

Tre moschettieri, I ** (*Les Trois mousquetaires*, diviso in due parti *Les Ferrets de la Reine* e *La Vengeance de Milady*, Francia/Italia 1961, col, 140') Bernard Borderie. Con Gérard Barray, Mylène Demongeot, Georges Descrières, Jacques Toja, Bernard Woringer, Perrette Pradier, Daniel Sorano, Jean Carmet, Guy Delorme, Françoise Christophe. ◆ Al grido di «uno per tutti, tutti per uno», D'Artagnan (Barray) con gli amici Athos (Descrières), Porthos (Woringer) e Aramis (Toja) recupera i puntali di diamanti che la regina aveva dato a lord Buckingham evitando le trappole di Richelieu (Sorano) e della terribile Milady (Demongeot). Grande sfoggio di scenografie e costumi, ma la regia di Borderie è piuttosto fiacca e scolastica. In Italia il film accorpò i due episodi francesi (usciti in Francia a 15 giorni di distanza l'uno dall'altro e lunghi rispettivamente 96' e 90'), mantenendo la divisione in due capitoli (*I tre moschettieri* e *La vendetta di Milady*), ma riducendo il montaggio di 46'.

Tre moschettieri, I *** (*The Three Musketeers [The Queen's Diamonds]*, Usa/Panama 1974, col, 107') Richard Lester. Con Michael York, Oliver Reed, Raquel Welch, Richard Chamberlain, Frank Finlay, Christopher Lee, Geraldine Chaplin, Jean-Pierre Cassel, Faye Dunaway, Charlton Heston, Roy Kinnear, Spike Milligan, Sybil Danning, Simon Ward, George Wilson, Joss Ackland. ◆ La storia del guascone D'Artagnan (York), novello moschettiere che si guadagna la fiducia di Athos (Reed), Porthos (Finlay) e Aramis (Chamberlain) e della regina di Francia (Chaplin) per la quale recupera la collana regalata all'amante dando smacco a Richelieu (Heston) e alla perfida Milady (Dunaway). Scanzonato e divertito adattamento del romanzo di Dumas, firmato da George MacDonald Fraser, che mescola gag uscite dalla tradizione slapstick (D'Artagnan passa sotto un albero: saltano giù venti persone e nessuna riesce a prenderlo) a notazioni realistiche capaci di smitizzare la mitologia eroica del libro di Dumas (non c'è uno scontro in cui i duellanti rispettino le regole). Girato in Spagna, insieme al successivo *Milady – I quattro moschettieri* (uscito però l'anno seguente), è una megaproduzione realizzata con fondi panamensi. Gli stessi interpreti tornano anche in *Il ritorno dei tre moschettieri*, tratto dal romanzo di Dumas *Vent'anni dopo*.

Tre moschettieri, I * (*The Three Musketeers*, Usa 1993, col, 105') Stephen Herek. Con Charlie Sheen, Kiefer Sutherland, Chris O'Donnell, Oliver Platt, Tim Curry, Rebecca De Mornay, Gabrielle Anwar, Michael Wincott, Paul McGann, Julie Delpy, Hugh O'Conor, Christopher Adamson. ◆ Il giovane D'Artagnan (O'Donnell) vorrebbe diventare un moschettiere, ma il corpo è stato sciolto dal cardinal Richelieu (Curry) che sta tramando contro il re (O'Conor): per fortuna ci sono Athos (Sutherland), Porthos (Platt) e Aramis (Sheen) che in compagnia del giovane guascone sventeranno il complotto, nonostante le trappole tese dalla subdola Milady (De Mornay) e dal nefasto conte di Rochefort (Wincott). Una delle peggiori versioni del romanzo di Alexandre Dumas. Prodotto dalla Disney e sceneggiato da David Loughery, il film si permette ben più di una libertà – Richelieu diventa una specie di signore delle tenebre, non c'è più l'amore per Buckingham e Milady scopre addirittura il piacere della redenzione – ma senza cappa e (quasi) senza spada il film perde il fascino un po' ingenuo dell'avventura favolistica per sfoderare inutili esibizioni atletico-muscolari nei duelli, nel nome di una ingiustificata modernità.

Tre nel mille ** (Italia 1971, col, 99') Franco Indovina. Con Franco Parenti, Carmelo Bene, Giancarlo Dettori, Folco Lulli, Gabriella Giorgelli, Cosimo Cinieri, Gordon Mitchell. ◆ A pochi giorni dall'arrivo dell'anno Mille – portatore secondo i profeti di terribili sventure – il cavaliere Fortunato (Parenti) e i due soldati Pannocchia (Bene) e Carestia (Dettori) attraversano l'Italia tra incredibili avventure: arriverà l'anno fatidico ma l'unica disgrazia di cui ci sarà traccia sarà la scoperta da parte del cavaliere del tradimento della moglie. Scritto da Luigi Malerba con Tonino Guerra e prodotto originariamente per la televisione (che nel 1973 mandò in onda la versione «lunga» in 4 puntate col titolo *Storie dell'anno mille*), il film vorrebbe essere una variante intellettuale di *L'armata Brancaleone*: anche se attento nella ricostruzione e ricco di notazioni satirico- grottesche, il film manca del brio necessario a coinvolgere davvero lo spettatore nella storia. Irriconoscibile Carmelo Bene, barbuto e doppiato.

Tre nemici, I * (Italia 1962, b/n, 90') Giorgio C. Simonelli. Con Gino Bramieri, Cristina Gajoni, Hélène Chanel, Raimondo Vianello, Margaret Lee, Mara Berni, Franco Franchi, Ciccio Ingrassia. ◆ Al placido Leo (Bramieri), maniaco di tatuaggi, viene tatuata a sua insaputa, in una imbarazzante parte del corpo, la formula segreta di un nuovo esplosivo. Per questo diverrà bersaglio di tre spie e di molti incidenti. Farsa spionistica frusta e ripetitiva.

Treni strettamente sorvegliati *** (*Ostre sledované vlaky*, Cecoslovacchia 1966, b/n, 88') Jiří Menzel. Con Vávlav Neckar, Josef Somr, Jitka Bendová, Vladimir Valenta, Vlástimil Brodsky, Nadá Urbankova. ◆ Il giovane Miloš (Neckar), ferroviere nella Cecoslovacchia occupata dai nazisti, non riesce a dimostrare la sua virilità con la donna che ama (Bendová): avvicinato alla Resistenza da un collega di lavoro (Somr), riesce finalmente a scoprire l'amore con una staffetta partigiana (Urbankova), ma morirà il giorno dopo. Tratto dal romanzo omonimo di Bohumil Hrabal e sceneggiato dal romanziere insieme a Menzel, è uno dei film più interessanti della Nouvelle Vague cecoslovacca: rifiuta le mitologie dell'atto eroico e della politica collocando il tema resistenziale in una vicenda assolutamente antieroica e aliena dalla retorica, ma animata da un pessimismo in cui il desiderio individuale e l'ansia di liberazione sono proposti in tutta la loro vanità. Piccola parte del regista come il dottor Brabec. Oscar per il miglior film straniero. Il film è conosciuto anche coi titoli insensati *Quando l'amore va a scuola* e *Presto... datemi una donna*.

Treno, Il *** (*The Train*, Usa/Francia/Italia 1964, b/n, 133') John Frankenheimer. Con Burt Lancaster, Paul Scofield, Jeanne Moreau, Michel Simon, Suzanne Flon, Wolfgang Preiss, Albert Remy. ◆ Mentre Parigi sta per essere liberata, il colonnello tedesco von Waldheim (Scofield) fa caricare su un treno numerose opere d'arte per trasferirle in Germania: la resistenza decide di bloccare il convoglio e affida la missione all'ispettore ferroviario Labiche (Lancaster) che cercherà in ogni modo di bloccare il convoglio. Iniziato da Arthur Penn (che fu sostituito dopo 15 giorni di riprese) e tratto dal romanzo di Roger Vallard (che aveva rielaborato un episodio reale), il film è costruito da Frankenheimer con una tensione e un ritmo eccezionali, senza flessioni per più di due ore.

Treno crociato, Il * (Italia 1943, b/n, 85') Carlo Campogalliani. Con Rossano Brazzi, Maria Mercader, Cesare Fantoni, Ada Dondini, Carlo Romano, Beatrice Mancini, Elio Marcuzzo, Paolo Stoppa, Umberto Sacripante, Dina Romano, Checco Durante. ◆ Ferito sul fronte russo, il tenente Alberto Lauri (Brazzi) torna in Italia su un treno-ospedale: il caso fermerà il convoglio nel suo paese, dove convincerà la madre (Dondini) a riconciliarsi con la dolce Clara (Mercader), la donna che gli ha dato un figlio. Insopportabile melodramma propagandistico (sceneggiato dal regista, Alessandro De Stefani, Gian Bistolfi e, non accreditato, Alberto Salvi, da un soggetto di Antenore Frezza) che comincia con la bontà dei nostri soldati, capaci di donare la loro razione di pane ai bambini affamati dei loro nemici russi, e finisce con l'eroico sacrificio di una crocerossina (Mancini) che non abbandona i feriti sul treno nemmeno sotto un bombardamento.

Treno della notte, Il *** (*Pociag*, Polonia 1959, b/n, 99') Jerzy Kawalerowicz. Con Lucyna Winnicka, Leon Niemczyk, Teresa Szmigelówna, Zbignew Cybulski, Ignacy Machowski, Aleksander Sewruk. ◆ Un errore fa incontrare nello scompartimento di un vagone letto una donna in crisi (Winnicka) e un chirurgo (Niemczyk) sconvolto per non aver salvato un paziente e le loro storie si incroceranno con quelle degli altri passeggeri: l'ex amico della donna (Cybulski), un vecchio avvocato con la sua giovane sposa, un prete, il controllore rubacuori... Scritto da Jerzy Lutowski, il film mescola diverse storie individuali per trarne una morale pessimista, sulla difficoltà, se non l'impossibilità, dell'amore. Aiutato da una fotografia perfetta (di Jan Laskowski) nel sottolineare la tensione claustrofobica degli scompartimenti, Kawalerowicz racconta «con sensibilità e malinconia il nulla» in cui finiscono le storie dei suoi personaggi.

Treno della vita, Il → *In gara con la luna*

Treno di panna * (Italia 1988, col, 112') Andrea De Carlo. Con Sergio Rubini, Carol Alt, Cristina Marsillach, Maurizio Faulisi, Irene Grazioli, Haruhiko Yamanouchi. ◆ Spostandolo da Los Angeles a New York, De Carlo porta sul set il proprio romanzo, storia di un giovane musicista (Rubini) smarrito in una metropoli disgregata e cinica, confermato nella sua disillusione dal rapporto con la cantante-diva bella e rampante (Alt). Deludente prova d'esordio dello scrittore, che nel passaggio dalla pagina al set si perde in situazioni banali e personaggi risibili.

Treno ferma a Berlino, Il ** (*Berlin Express*, Usa 1948, b/n, 86') Jacques Tourneur. Con Merle Oberon, Robert Ryan, Paul Lukas, Robert Coote, Charles Korvin, Reinhold Schünzel. ◆ Nella Germania dell'immediato dopoguerra si cerca di liberare un importante personaggio (Lukas), sequestrato con la sua segretaria (Oberon) da una formazione neonazista clandestina. La cosa curiosa è che a unire i propri sforzi sono russi e americani, visto che il film fu realizzato durante quella breve stagione fra la fine della guerra e l'inizio del maccartismo in cui si poteva ancora inneggiare all'amicizia fra gli alleati che avevano sconfitto Hitler. In ogni caso un thriller di routine con qualche scena in cui si ritrova la mano di Tourneur: la sorpresa delle macerie della Germania postbellica, quando il finestrino di un treno è aperto per la prima volta e la morte finale del traditore, travestito da clown.

Treno per Marrakech, Un → *Ideous Kinky – Un treno per Marrakech*

Treno più pazzo del mondo, Il *½ (*Finder Keepers*, Usa 1984, col, 96') Richard Lester. Con Michael O'Keefe, Beverly D'Angelo, David Wayne, Louis Gosset jr, Brian Dennehy. ◆ Sul treno Oakland-New York viaggia una signorina (D'Angelo) che ha rubato 5 milioni di dollari a papà nascondendoli nella bara che un falso militare in fuga dice contenga un caduto del Vietnam. Nonostante una serie di personaggi più che squinternati, le premesse per una commedia caotica e scoppiettante vanno deluse, il clima non decolla e il divertimento è scarso. Anche se non mancano alcune gag degne dell'umorismo surreale del regista di *Help!*

Treno popolare *** (Italia 1933, b/n, 63') Raffaello Matarazzo. Con Marcello Spada, Lina Gennari, Carlo Pietrangeli, Cesare Zoppetti, Maria Denis, Jone Frigerio, Giuseppe Pierozzi, Gino Viotti, Umberto Sacripante. ◆ Dalla stazione di Roma parte un treno «popolare» diretto a Orvieto. Tra i tanti passeggeri che affollano il convoglio per una gita fuori porta, seguiamo in particolare le vicende di Lina (Gennari), un'impiegata che disdegna il compassato e insistente collega (Spada) per l'aitante e fascinoso Carlo (Pietrangeli); e quelle di una giovane ragazza (Denis) lasciata su due piedi dall'amante maturo (Zoppetti) che la moglie arcigna (Frigerio) ha raggiunto a sorpresa nello scompartimento. A fine giornata il treno riparte per la città, e il pretendente frustrato fa amicizia con la ragazza abbandonata. Intorno a un pretesto propagandistico – una delle tante iniziative del dopolavoro fascista, che nella sceneggiatura di Gastone Bosio, Gino Mazzucchi e del regista diventa lo spunto per un'anomala commedia a più voci – il ventitreenne Matarazzo (qui al suo esordio nel lungometraggio) costruisce un piccolo film indipendente e sperimentale, «d'autore» ante litteram: quasi senza trama, completamente girato in esterni reali, con scarsissimi dialoghi e un vivace contrappunto musicale composto dal ventiduenne Nino Rota (anche la canzone è sua). Uno squarcio en plein air, innovatore rispetto a un cinema fatto quasi sempre in studio, ma anche uno spaccato sociale «democratico», che punta l'attenzione sulla variegata classe popolare italiana con personaggi che non sono semplici macchiette, e con un tocco di erotismo spontaneo e solare (l'innamoramento tra Lina e Carlo, involontario «spogliarello» compreso, è trattato senza nessun moralismo), mai più presente in Matarazzo. All'epoca *Treno popolare* non fu compreso (in fondo anticipava, per lo meno nella pratica filmica, il concetto di neorealismo) ed ebbe un'accoglienza così negativa da parte del pubblico da indurre Matarazzo a fare solo film di genere. Il regista fa la parte del direttore della banda musicale di Orvieto.

Tre notti d'amore *½ (Italia 1964, col, 110') Luigi Comencini, Renato Castellani, Franco Rossi. ◆ Film a episodi. In *Fatebenefratelli* (Luigi Comencini. Con Catherine Spaak e John Philip Law) una ragazzina disinibita cerca di sedurre un giovane prete; in *La vedova* (Renato Castellani. Con Catherine Spaak, Renato Salvatori, Aldo Puglisi) una giovane vedova siciliana è costretta dalla famiglia del marito a rinunciare agli uomini; in *La moglie bambina* (Franco Rossi. Con Catherine Spaak, Enrico Maria Salerno, Adolfo Celi) un professore, sposato con una ragazza giovanissima e seducente, deve continuamente difendere il suo matrimonio dall'invidia altrui. Un trittico leggero che omaggia la bellezza acerba e tentatrice della Spaak, sbarazzina lolita d'importazione, perfetta per l'immaginario degli italiani anni Sessanta. Storielle semplici, più innocue che piccanti, scritte da Luigi Comencini e Marcello Fondato (la prima), Castellano, Pipolo e Renato Castellani (la seconda), Massimo Franciosa e Luigi Magni (la terza).

Tre notti di Eva, Le *½ (*The Birds and the Bees*, Usa 1956, col, 94') Norman Taurog. Con George Gobel, Mitzi Gaynor, David Niven, Reginald Gardiner, Fred Clark. ◆ Il playboy milionario in crociera (Gobel) scopre che la donna dei suoi sogni (Gaynor) è una ladra di fama, che aiuta il padre (Niven) a spennare polli come lui. Peripezie ed equivoci di una coppia che vorrebbe sposarsi ma preferisce scambiarsi scherzi e vendette. Fiacco remake di un eccellente film di Preston Sturges (*Lady Eva*), dove le uniche cose che funzionano sono prese dall'originale.

32 dicembre ** (Italia 1988, col, 101') Luciano De Crescenzo. ◆ Film a episodi. In *Ypocrites* (con Silvio Ceccato, Grazia Scuccimarra, Benedetto Casilio, Sergio Solli) il cavalier Ercole De Filippo per rifiutare la contemporaneità preferisce pensare di essere Socrate e la moglie gli «affitta» due comparse di Cinecittà perché fingano di essere i discepoli Antistene e Aristippo; in *La gialla farfalla* (con Caterina Boratto, Riccardo Cucciolla, Vanessa Gravina, Massimo Serato, Renato Scarpa) due anziani innamorati riescono a fuggire dagli avidi nipoti che vorrebbero interdirli; in *I penultimi fuochi* (con Enzo Cannavale, Renato Pazzaglia) un padre di famiglia rimanda il capodanno a quando sarà in grado di pagarsi i botti. Il tempo è una realtà soggettiva e convenzionale, come sottolinea il titolo balzano, e i tre episodi (scritti da De Crescenzo con Lidia Ravera) cercano di dimostrarlo: aiutato da un gruppo di bravi attori e simpatici caratteristi, lo scrittore-regista napoletano imbastisce un cordiale trittico filosofeggiante, dove cerca di compensare i limiti di regia con l'affabilità del racconto. De Crescenzo si concede tre piccole apparizioni: è lo psichiatra nel primo episodio, il confessore nel secondo, l'astronomo nel terzo.

Trentadue piccoli film su Glenn Gould ** (*Thirty-Two Short Films About Glenn Gould*, Canada 1993, col, 93') François Girard. Con Colm Feore. ◆ In trentadue brevi episodi, la vita e l'arte del pianista classico Glenn Gould, maniaco perfezionista che al culmine della sua carriera decise di lasciare le scene. Né documentario né film biografico tradizionale, quello di Girard cerca di essere soprattutto un film sulla musica: non compare mai il vero Glenn Gould (interpretato da un pesce lesso a nome Feore) anche se ne sentiamo le esecuzioni. Vediamo, invece, la radiografia di un pianista che suona, primissimi piani del meccanismo di un pianoforte, un disegno animato che traduce graficamente le onde sonore: un materialismo riduttivo e positivista? Niente affatto, visto che non ci vengono risparmiate, nelle sequenze più tradizionali, tutti i tormenti del genio pignolo e votato all'assoluto, che ascolta le proprie registrazioni con un'espressione rapita. Chi è già un fan di Gould troverà quest'operazione affascinante, ma i non iniziati restano a bocca asciutta: né il regista si preoccupa di spiegare loro cosa avessero di tanto rivoluzionario le (tuttora discusse) interpretazioni di Gould.

39 scalini, I (di Alfred Hitchcock) → *Club dei trentanove, Il*

39 scalini, I ** (*The Thirty Nine Steps*, Gb 1958, col, 93') Ralph Thomas. Con Kenneth More, Taina Elg, Barry Jones, Faith Brook, Brenda De Banzie, Duncan Lamont. ◆ Un giovanotto (More), involontario testimone di un omicidio, si dà alla fuga nella verde campagna scozzese inseguito come colpevole dal servizio segreto che ha ordito il complotto nell'imminenza della prima guerra mondiale. Dimenticando l'imparagonabile capolavoro di Hitchcock (*Il club dei trentanove*) e senza pretendere troppo dal punto di vista della suspense, si tratta di un remake del racconto di John Buchan diretto con cura e piuttosto ben interpretato.

39 scalini, I **½ (*The Thirty Nine Steps*, Gb 1978, col, 102') Don Sharp. Con Robert Powell, David Warner, Eric Porter, Karen Dotrice, John Mills, George Baker. ◆ Un nobile inglese (Powell) si trova coinvolto, nel 1914, in un complotto del controspionaggio tedesco per uccidere il primo ministro greco e accelerare lo scoppio della prima guerra mondiale. L'esito è scontato ma la suspense non manca. Terza versione cinematografica del racconto di John Buchan, il film funziona egregiamente, frequentando senza banalizzarli molti luoghi narrativi del capolavoro di Hitchcock (*Il club dei trentanove*), di cui Sharp si dimostra non indegno allievo.

38° parallelo: missione compiuta **½ (*Pork Chop Hill*, Usa 1959, b/n, 97') Lewis Milestone. Con Gregory Peck, Harry Guardino, Rip Torn, George Peppard, James Edwards, Woody Strode, Robert Blake, Martin Landau, [Harry] Dean Stanton. ◆ Corea: mentre sta iniziando la conferenza di pace, un gruppo di soldati viene sacrificato per conquistare una collina che potrebbe essere usata come pedina al tavolo delle trattative. Lontano dall'efficacia del suo *Niente di nuovo sul fronte occidentale*, Milestone riesce comunque a descrivere senza facili eroismi e con feroce realismo la condizione di uomini che devono sacrificarsi per motivi di cui non comprendono più il senso. Buona la prestazione di Peck, ufficiale eroico ma dubbioso, inconsueto per gli stereotipi hollywoodiani allora imperanti. Sceneggiatura di James R. Webb, fotografia di Sam Leavitt.

Tre passi nel delirio ** (Italia/Francia 1967, col, 121') Roger Vadim, Louis Malle, Federico Fellini. ◆ Film a episodi ispirato a tre *Racconti straordinari* di Edgar Allan Poe. In *Metzengerstein* (Roger Vadim. Con Jane Fonda, Peter Fonda, Serge Marquand, Philippe Lemaire. Dal racconto omonimo) una contessa provoca con un incendio la morte del cugino che l'ha respinta, ma poi farà la stessa fine; in *William Wilson* (Louis Malle. Con Alain Delon, Brigitte Bardot, Renzo Palmer, Daniele Vargas; dal racconto omonimo) un ufficiale decide di sfidare a duello il sosia che gli appare ogni volta che sta per compiere un'azione disonesta; in *Toby Dammit* (Federico Fellini. Con Terence Stamp, Salvo Randone, Polidor, Milena Vukotic, Antonia Pietrosi; dal racconto *Non scommettere la testa col diavolo*) un attore alcolizzato accetta di girare un western all'italiana perché gli viene offerta una Ferrari, ma ossessionato da un inconscio richiamo finirà per trovare la morte durante una folle corsa. Trittico con autori di prestigio ma esiti qualitativi molto difformi: Vadim preme solo sull'erotismo estetizzante di Jane Fonda mentre un Malle piuttosto mediocre scava con accenti melodrammatici nel tema dello sdoppiamento e della lacerazione della personalità. Si difende solo Fellini che stravolge il racconto di Poe per conservarne soltanto il nome del protagonista, Toby Dammit, e il finale, in un incubo delirante dove i meccanismi alienanti del mondo dello spettacolo diventano premessa per uno sguardo terribile sull'orrore quotidiano.

Tre pazzi a zonzo *½ (*At the Circus*, Usa 1939, b/n, 87') Edward Buzzell. Con Groucho, Harpo e Chico Marx, Eve Arden, Nat Pendleton, Margaret Dumont. ◆ Il circo sta per fallire e Groucho, Chico e Harpo si danno da fare per mettere le cose a posto complicando, ovviamente, la situazione. Lo sfondo circense, con il suo campionario umano e animale, offre qualche buona occasione per gag divertenti, come quelle con la donna tatuata (spunto per l'esilarante esibizione canora di Groucho che canta *Lydia the Tattooed Lady*) o con il gorilla sul trapezio insieme a Margaret Dumont, ma la vicenda si trascina sonnecchiosa e senza ritmo d'insieme. Una delle prove più opache nella carriera della famiglia di comici.

Tre piccole parole ** (*Three Little Words*, Usa 1950, col, 102') Richard Thorpe. Con Fred Astaire,

Red Skelton, Vera-Ellen, Arlene Dahl, Keenan Wynn, Gloria de Haven, Debbie Reynolds. ◆ È la biografia di Harry Ruby (Skelton) e Bert Kalmar (Astaire), una delle magiche accoppiate di compositori del musical americano: la nascita casuale del sodalizio dopo l'abbandono della danza da parte di Kalmar a causa di una gamba rotta, la fama ad Hollywood, la rottura e la riconciliazione grazie alle mogli. Più realistico dell'analogo *Parole e musica*, si regge tutto su Fred Astaire, ottimamente in sintonia con la gradevole verve nostalgica dell'operazione. Tante le belle canzoni, fra cui *I Wanna Be Loved by You* (cantata da Helen Kane interpretata da Debbie Reynolds, ma con la voce della vera Helen Kane) e *Thinking of You*.

Tre piccoli omicidi **½ (*Tri istorij*, Russia 1997, col, 114') Kira Muratova. ◆ Film a episodi. In *Locale caldaia n.6* (con Sergej Makovetskij, Leonid Kušnir, Jean Daniel) un uomo cerca di convincere l'amico che lavora in un inceneritore a bruciare la donna che ha ucciso; in *Ofelia* (con Renata Litvinova, Natalja Buzko, Ivan Okhlobystin, Aleksandra Svenskaja) un'infermiera scopre l'identità della madre che l'ha abbandonata e se ne vendica; in *La morte e la bambina* (con Oleg Tabakov, Lilija Murlykina) un vecchio spiega con tale convinzione a una ragazzina quali sono gli orrori della vita che la piccola decide di mettervi un rimedio. Sincera e desolata meditazione sulla presenza del male e sulle sue infinite possibilità di espressione: nelle storie di tre delitti – «perfetti» soltanto perché nessuno mai si prenderà la briga di indagare – trionfa la barbarie del tutti contro tutti, che la Muratova (autrice del soggetto del solo terzo episodio) racconta con uno stile volutamente «sporco», in mimetica sintonia con il degrado morale e politico del suo Paese.

Tre ragazze di Broadway *½ (*Give a Girl a Break*, Usa 1953, col, 82') Stanley Donen. Con Marge Champion, Gower Champion, Debbie Reynolds, Helen Wood, Bob Fosse, Kurt Kasznar. ◆ Tre ragazze (M. Champion, Reynolds e Wood) sperano di poter avere il posto della star in uno show che si sta allestendo, e tutte e tre contano sulla protezione di un membro della produzione. Una trama esilissima (scritta dalla giallista Vera Caspary e sceneggiata da Albert Hackett e Frances Goodrich) ma con un buon numero di giovani talenti, fra cui il futuro regista Bob Fosse che balla sotto la neve. Le canzoni sono di Ira Gershwin e Burton Lane (*Give a Girl a Break*, *Nothing Is Impossible* e *Appaluse, Applause*).

Tre ragazze in gamba ** (*Three Smart Girls*, Usa 1937, b/n, 84') Henry Koster. Con Deanna Durbin, Nan Gray, Barbara Read, Binnie Barnes, Alice Brady, Ray Milland, Mischa Auer, Charles Winninger, Nella Walker. ◆ Tre sorelle (Durbin, Gray e Read) sono implacabilmente impegnate a far desistere il padre divorziato (Winninger) dal risposarsi e a riconciliarlo con la madre (Walker). A margine, le due maggiori riescono pure a conoscere i futuri mariti, facendo vincere la famiglia su tutta la linea. Una tipica commedia sentimentale per tutti, costruita dal regista (tedesco emigrato, qui al suo primo film americano) sull'esordiente Deanna Durbin. Meglio come cantante che come attrice, la Durbin si esibisce in *My Heart Is Singing* e *Someone to Care for Me* (diventati subito due hit) e in un accenno operistico (aria *Il bacio* di Luigi Arditi). Seguìto da *Tre ragazze in gamba crescono*. Una trama simile fu utilizzata anche per *Mamma non ti sposare* (1948 di Fred M. Wilcox con Jane Powell).

Tre ragazze in gamba crescono, Le **½ (*Three Smart Girls Grow Up*, Usa 1939, b/n, 90') Henry Koster. Con Deanna Durbin, Nan Gray, Helen Parrish, Charles Winninger, Robert Cummings, William Lundigan. ◆ Concluso nel film precedente l'impiccio sulla vita sentimentale del padre, Penny Fixit (Durbin) si occupa del destino matrimoniale delle due sorelle (Gray e Parrish). Una commedia musicale ancor più spumeggiante della precedente, dove l'allegria della Durbin (che canta *Because*) fa il paio con l'irresistibile prestazione di Winninger nella parte del padre.

Tre ragioni per non uccidere * (*Captive Hearts*, Usa 1987, col, 97') Paul Almond. Con Noriyuki [Pat] Morita, Chris Makepeace, Michel Sarrazin, Mari Sato, Seth Sakai. ◆ Amore e guerra durante il secondo conflitto mondiale, per un pilota americano (Makepeace) che, abbattuto e catturato dai giapponesi assieme a un compagno, fa breccia nel cuore di una giovane nipponica (Sato). Tre ragioni per non uccidere ma poche per guardare il film: tutto già visto, sentito e perfettamente inutile.

Tre scapoli e una bimba *½ (*3 Men and a Little Lady*, Usa 1990, col, 100') Emile Ardolino. Con Tom Selleck, Steve Guttenberg, Ted Danson, Nancy Travis, Christopher Cazenove, Sheila Hancock. ◆ Seguito di *Tre scapoli e un bebè*: Mary ha sei anni, e continua a vivere con i suoi tre papà, quello vero (Danson) e i due adottivi (Selleck e Guttenberg). Ma la sua mamma (Travis) decide di sposare un attore inglese (Cazenove) e di portarsela via: naturalmente il matrimonio, secondo i tre scapoli, non s'ha da fare. Equivoci, travestimenti e corse contro il tempo sostituiscono le gag col bebè del film precedente, ma il risultato è decisamente fiacco.

Tre scapoli e un bebè *½ (*3 Men and a Baby*, Usa 1987, col, 102') Leonard Nimoy. Con Tom Selleck, Steve Guttenberg, Ted Danson, Nancy Travis, Margaret Colin, Celeste Holm, Philip Bosco, Lisa e Michelle Blair. ◆ Tre incalliti scapoloni (Selleck, Danson e Guttenberg) diventano tre papà modello per «colpa» della neonata che l'amica (Travis) di uno di loro ha rimandato al mittente. Il pubblico ha trovato irresistibile vedere i tre rudi maschioni (e Selleck in particolare) che si inteneriscono con pannolini e poppatoi. Del tutto accessorio il sottointreccio giallo riguardo un pacchetto di droga. Remake del francese *Tre uomini e una culla*, che ha avuto ancora più fortuna del prototipo, rendendo inevitabile un seguito (*Tre scapoli e una bimba*).

Tre segreti **½ (*Three Secrets*, Usa 1950, b/n, 98') Robert Wise. Con Eleanor Parker, Patricia Neal, Ruth Roman, Frank Lovejoy, Leif Erickson, Ted De Corsia, Edmond Ryan. ◆ Tre donne, Susan (Parker), Phyllis (Neal) e Ann (Roman) credono di riconoscere nel bambino scampato a un disastro aereo il figlio che cinque anni prima avevano affidato a un orfanotrofio: un giornalista (Ryan) si darà da fare per scoprire la verità. Un robusto melodramma tutto al femminile sceneggiato da Martin Rackin e Gina Kaus che risente della struttura narrativa di *Lettera a tre mogli* (gran successo due anni prima) diretto con qualche bella invenzione stilistica (una dissolvenza incrociata tra la serratura di una cassaforte e una ruota di bicicletta) e ben recitato dalle tre interpreti.

Tre settimane di paura → *Fatalità*

Tre sfide di Tarzan, Le *½ (*Tarzan's Three Challenges*, Usa 1963, col, 92') Robert Day. Con Jock Mahoney, Ricky Der, Woody Strode. ◆ Tarzan (Mahoney) si paracaduta in Thailandia per proteggere un giovane capo religioso il cui trono, dopo la morte del padre, è minacciato dallo zio. Le tre prove a cui deve sottoporsi sono: forza, saggezza, destrezza. Nel corso delle riprese in India, Mahoney si ammalò gravemente, come risulta dalle immagini del film nel quale appare via via sempre più magro. Cita viene sostituita da un piccolo elefante. È la prima volta che un tempio buddista thailandese viene ripreso in un film. Tra le sequenze migliori c'è «la danza delle candele» eseguita da un centinaio di ragazze del luogo.

Tre simpatiche carogne *½ (*René-la-Canne*, Francia 1977, col, 105') Francis Girod. Con Gérard Depardieu, Michel Piccoli, Sylvia Kristel, Jean Rigaux, Stefano Patrizi, Valérie Mairesse, Orchidea De Santis. ◆ Un ladro (Depardieu), una prostituta (Kristel) e un poliziotto (Piccoli) fanno la loro privata unità nazionale per sfuggire ai tedeschi durante la seconda guerra mondiale. Commedia movimentata ma un po' cialtrona, con i protagonisti calati in situazioni comiche da repertorio e un po' troppo abusate.

Tre soldati ** (*Soldiers Three*, Usa 1951, b/n, 87') Tay Garnett. Con Stewart Granger, Walter Pidgeon, David Niven, Robert Newton, Cyril Cusack, Greta Gynt, Dan O'Herlihy. ◆ Nell'India coloniale dell'Ottocento tre allegri commilitoni (Granger, Pidgeon e Niven) si cimentano più che altro nelle risse e nelle bevute salvo poi fare il proprio dovere, reprimendo la rivolta dei locali. Commedia e avventura di sapore kiplinghiano, ma con esiti lontani dal prototipo *Gunga Din*.

Tre soldi nella fontana ** (*Three Coins in the Fountain*, Usa 1954, col, 102') Jean Negulesco. Con Clifton Webb, Dorothy McGuire, Jean Peters, Louis Jourdan, Maggie McNamara, Rossano Brazzi, Cathleen Nesbitt. ◆ Tre americane in Italia (McGuire, Peters e McNamara), in viaggio con un principe italiano fra Roma e Venezia, si fanno coinvolgere in avventure romantiche con corredo di equivoci e inevitabile happy end davanti alla fontana di Trevi. Spensierata commediola hollywoodiana animata dalla grossolana fascinazione yankee per il romantico viaggio nel Bel Paese. Esordio della quattordicenne Luciana Paluzzi nel ruolo della sorella di Rossano Brazzi. Due Oscar: miglior fotografia (Milton Krasner) e canzone (*Three Coins in the Fountain* di Jule Styne, Sammy Cahn). Lo stesso Negulesco ne fece un remake semimusicale nel 1964, *Mentre Adamo dorme*.

Tre sorelle, Le ** (*The Gay Sisters*, Usa 1942, b/n, 108') Irving Rapper. Con Barbara Stanwyck, George Brent, Geraldine Fitzgerald, Gig Young, Nancy Coleman. ◆ Spalleggiata dalle due sorelle, una donna (Stanwyck) sposa un ricco ereditiere (Brent) ma la vicenda si complica in un intrico di soldi, amore e tribunali. Una commedia brillante che con Čechov non c'entra molto, in cui la non ancora dark lady rispetta il suo ruolo di donna intraprendente quanto disponibile a innamorarsi. È con questo film che l'attore Byron Barr cambiò nome scegliendosi quello del suo personaggio Gig Young.

Tre sorelle **½ (*Three Sisters*, Gb 1970, col, 165') Laurence Olivier, John Sichel. Con Joan Plowright, Alan Bates, Jeanne Watts, Louise Purnell, Dereck Jacobi, Sheila Reid, Kenneth Mackintosh, Ronald Pickup. ◆ Nella provincia russa del primo Novecento vivono con il fratello Andrei (Jacobi) le tre figlie del defunto colonnello, ma i loro sogni giovanili di fuga nella capitale si spegneranno nel disamore di Masa (Plowright) per il marito, nella solitudine di Olga (Watts), nell'inutile morte in duello dell'uomo di Irina (Purnell), nel fallimentare rapporto di Andrei con la rozza moglie (Reid), nella grigia esistenza di tutti. Confermando lo staff di interpreti di altissimo livello che già avevano portato al successo la sua versione teatrale, Olivier traduce per lo schermo il classico cecoviano con un vigore difficilmente eguagliabile. Lo stesso Olivier compare in un cammeo nelle vesti del medico di famiglia.

3 palmeiras ** (*3 palmeiras*, Portogallo 1994, col, 68') João Botelho. Con Teresa Roby, Pedro Hestnes, Rita Lopes Alves, Inês de Medeiros, Leonor Silveira. ◆ Una donna di quarant'anni (Roby) è disperata in attesa del parto; il suo compagno (Hestnes) le racconta storie ora tragiche, ora comiche. Richiesto di girare un film su otto ore della vita di Lisbona a partire dalle 6 del mattino, Botelho ha costruito una narrazione caleidoscopica e volutamente frammentaria, che passa dal documentario all'operetta, dal surrealismo a Brecht: per riflettere su temi universali (la vita, la morte, con le tre palme del titolo «insopportabilmente indifferenti alla confusione della strada, ai piccoli drammi che succedono dentro le case»), ma anche per cogliere le contraddizioni della sua città, con uno spirito curioso e paradossale che verrà sviluppato meglio nel successivo *Tráfico*.

Tre storie *½ (Italia 1997, col, 85') Piergiorgio Gay, Roberto San Pietro. Con Fabio Nova, Sandra Ceccarelli, Marcello Di Gregorio, Antonio Baldissarro. ◆ Tre ex tossicodipendenti nel percorso dalla comunità (raccontata con le sue tensioni interpersonali e i rituali della vita collettiva) al ritorno a un'esistenza «normale»: Paolo (Nova), ex venditore d'auto, diventa fotografo; Martina (Ceccarelli) sposa il giardiniere Giovanni (Di Gregorio), ma la malattia è in agguato. Esordio di due allievi della Scuola di Bassano di Olmi: un cinema che parte anche bene, cercando di pedinare la realtà senza presunzione, ma che a furia di ascoltare con indulgenza perde in incisività, adattandosi a forme e ritmi da piccolo schermo.

Tre storie proibite ** (Italia 1952, b/n, 100') Augusto Genina. ◆ Film a episodi. Le storie di tre ragazze tra le tante coinvolte nel crollo di una scala su cui si erano assiepate in attesa di un lavoro: nel primo episodio (con Lia Amanda, Isa Pola, Bruno Vecchi, Gabriele Ferzetti) Renata è ancora segnata dalla violenza che subì a undici anni; nel secondo (con Antonella Lualdi, Isa Querio, Mariolina Bovo) Anna Maria vuole fuggire dal fatuo mondo in cui è entrata per un matrimonio sbagliato; nel terzo (con Eleonora Rossi Drago, Marcella Rovena, Gino Cervi, Frank Latimore) Gianna tenta invano di liberarsi dalla schiavitù della droga. Ispirato allo stesso episodio che è alla base di *Roma: ore 11* di De Santis (il crollo di una scala in via Savona che travolse molte giovani disoccupate) ma diversamente da quello quasi tutto frutto della fantasia degli sceneggiatori (Vitaliano Brancati, Sandro De Feo, Nino Maccari, Ercole Patti, Ivo Perilli e il regista), il film racconta tre psicologie tormentate e contorte per cui la miseria da sfuggire non è quella neorealista e materiale della povera gente, ma quella intellettuale e morale della piccola e media borghesia.

Tre straniere a Roma *½ (Italia 1958, b/n, 103') Claudio Gora. Con Yvonne Monlaur, Claudia Cardinale, Françoise Danell, Luciano Marin, Roy Ciccolini, Leonardo Botta, Dolores Palumbo, Alberto Talegalli, Tamare Lees. ◆ Tre amiche (Monlaur, Cardinale e Danell) per passare un weekend a Roma si fanno passare per turiste danesi, ma lo scherzo rischia di non piacere molto ai tre giovanotti che le hanno abbordate. Commediola esilissima che mescola vedute turistiche con il trionfo dei buoni sentimenti.

Tre sul divano *** (*Three on a Couch*, Usa 1966, col, 109') Jerry Lewis. Con Jerry Lewis, Janet Leigh, James Best, Mary Ann Mobley, Leslie Parrish, Gila Golan, Kathleen Freeman. ◆ Una psicoanalista (Leigh) non ha tempo di seguire il suo fidanzato (Lewis) a Parigi perché deve curare le sue pazienti, afflitte da odio verso il maschio. Per affrettarne la guarigione, lui diventa l'uomo perfetto per ognuna di loro: entomologo imbranato, cowboy macho e maniaco dello sport. Lewis si moltiplica in cinque personaggi e travestimenti diversi (compresa la sorella dell'entomologo) in uno dei suoi film più intelligenti e più riusciti che «intreccia come mai prima d'ora le vertigini della comicità con gli abissi della tragedia». Il crescendo delle gag e degli equivoci è irresistibile, mentre sullo sfondo si può leggere una satira arguta e consapevole della psicanalisi e dei miti cinematografici. Sceneggiatura di Boh Ross, Samuel A. Taylor, Arne Sultan e Marvin Worth.

Tre tigri contro tre tigri * (Italia 1977, col, 115') Sergio Corbucci, Steno [Stefano Vanzina]. ◆ Film a episodi. Nel primo (con Renato Pozzetto, Cochi Ponzoni) un parroco vede riempirsi la chiesa solo quando si è diffusa la voce – fasulla – che si è portato a letto una turista americana; nel secondo (con Enrico Montesano, Dalila Di Lazzaro, Nanni Loy) un evaso viene rimorchiato da un'affascinante contessa: ma sul più bello scopre che era solo una messinscena per la trasmissione *Specchio segreto* di Loy; nel terzo (con Paolo Villaggio, Anna Mazzamauro) un pilota è costretto a far l'amore con una donna bruttissima per svegliarla dalla catalessi, ma alla seconda crisi preferisce precipitare. Umorismo facile e di grana (molto) grossa.

Tre uomini da abbattere ** (*Trois hommes à abattre*, Francia 1980, col, 90') Jacques Deray. Con Alain Delon, Dalila Di Lazzaro, Michel Auclair, Pierre Dux, Pascale Roberts. ◆ Per aver soccorso un ferito con due pallottole in corpo, Michel Gerfaut (Delon) deve difendersi dai killer che hanno il compito di eliminare i dipendenti poco affidabili di una fabbrica d'armi. Costruito a misura del personaggio Delon da un romanzo di Jean-Patrick Manchette, è un noir di routine cui comunque il collaudato mestiere del regista di *Borsalino* conferisce una certa fredda essenzialità.

Tre uomini e una culla **½ (*Trois hommes et un couffin*, Francia 1985, col, 100') Coline Serreau. Con Roland Giraud, Michel Boujenah, André Dussolier, Philippine Leroy-Beaulieu, Dominique Lavanant, Marthe Villalonga. ◆ La mamma indossatrice (Leroy-Beaulieu) deposita la neonata all'ignaro padre, steward e donnaiolo (Dussolier), che dividerà pannolini e poppate con i suoi due malcapitati conviventi, con ulteriori complicazioni gialle per una vicenda di droga. Con bell'umorismo, punte di sincera commozione e nessuna tesi da dimostrare, la regista mette in scena la rivoluzione esistenziale della paternità, dopo cui nulla è come prima e si soffre ugualmente per la perdita della libertà come per il suo recupero. Il film giusto al momento giusto, che coglie con la leggerezza di una commedia degli equivoci la modificazione dei ruoli dei sessi, spartendo equamente simpatia e critiche. Clamoroso successo di pubblico e remake a tempo di record per il mercato americano (*Tre scapoli e un bebè*).

Tre uomini e una gamba **½ (Italia 1997, col, 97') Aldo, Giovanni & Giacomo [Aldo Baglio, Giovanni Storti, Giacomo Poretti], Massimo Venier. Con Aldo, Giovanni & Giacomo [Aldo Baglio, Giovanni Storti, Giacomo Poretti], Marina Massironi, Carlo Croccolo, Maria Pia Casilio, Luciana Littizzetto, Rosalina Neri. ◆ I cognati Aldo e Giovanni (Baglio e Storti) accompagnano in Puglia Giacomo (Poretti), che si deve sposare con la terza figlia (Littizzetto) del loro datore di lavoro (Croccolo): durante il viaggio incontreranno Chiara (Massironi), e Giacomo comincerà a dubitare della sua voglia di matrimonio. L'esordio cinematografico del trio ha il coraggio di battere strade diverse da quelle televisive: la trama è un canovaccio per una serie di gag in stile slapstick che sfruttano più le risorse fisiche che quelle verbali, e anche la mancanza di regia finisce per favorire l'immediatezza della comunicazione. Così come i tre «intermezzi» (indovinati i primi due, con i killer e i passeggeri del tram, più debole quello dei vampiri) aggiungono un po' di demenziale nonsense a una comicità trans-regionale, lombardo-sicula, che il pubblico ha apprezzato oltre ogni previsione (più di 40 miliardi di incasso). La sceneggiatura è firmata dai quattro registi, Lucio Martignoni e Giorgio Gherarducci. La gamba cui fa riferimento il titolo è «l'opera d'arte» (di un sedicente Garbez) che i tre devono portare in Puglia.

Tre uomini in barca *½ (*Three Men in a Boat*, Gb 1956, col, 94') Ken Annakin. Con Laurence Harvey, Jimmy Edwards, David Tomlinson, Shirley Eaton, Jill Ireland, Lisa Gastoni. ◆ Le disavventure di tre impiegati d'inizio secolo (Harvey, Edwards e Tomlinson) durante una placida vacanza in barca lungo il Tamigi, animata da cameratesco spirito di club e movimentata da continui incidenti di percorso. Difficile compito quello di portare sullo schermo il romanzo omonimo di Jerome K. Jerome, uno dei classici dell'umorismo del Novecento. E infatti il risultato è deludente, sbilanciato su un registro comico che sotterra le divagazioni psicologiche e d'ambiente del romanzo, mancando soprattutto nel ricreare l'irresistibile clima di allegra misoginia.

Tre uomini in fuga **½ (*La Grande vadrouille*, Francia 1966, col, 118') Gérard Oury. Con Louis de Funès, Bourvil [André Raimbourg], Terry-Thomas, Claudio Brook, Andrea Parisy, Pierre Bertin, Marie Dubois. ◆ Abbattuti sul cielo di Parigi, tre piloti inglesi si paracadutano sulla capitale e trovano la maldestra ma preziosa collaborazione di un imbianchino (Bourvil) e di un direttore d'orchestra (de Funès), che si vedono così trasformati in involontari partigiani per far scappare i tre nemici. Una scanzonata variazione sul tema della fuga sceneggiata dal regista con Danièle Thompson e Marcel Jullian, costruita con toni surreali e una comicità caotica e stralunata. Alcune gag (come quella degli spilloni nella parrucca di de Funès) sono esilaranti.

Tre vedove e un delitto ** (*Widow's Peak*, Gb 1993, col, 101') John Irvin. Con Mia Farrow, Joan Plowright, Natasha Richardson, Adrian Dunbar, Jim Broadbent, Anne Kent, John Kavanagh, Rynagh O'Grady. ◆ Irlanda, 1920: sulla collina di Kilshannon, chiamata Widow's Peak, vive appunto una comunità di vedove pettegole, in cui si consuma la rivalità tra la fragile Mrs. O'Hare (Farrow) e la temibile Mrs. Doyle Counihan (Plowright). Un giorno arriva un'avvenente e misteriosa vedova di guerra inglese, Edwina (Richardson), che in realtà è la figlia illegittima di Miss O'Hare: la tranquilla monotonia del luogo viene sconvolta da una vendetta che arriverà al delitto. Un giallo rosa-grigio a sorpresa (altro che la suspense hitchcockiana), dove per una buona ora e mezza si assiste solo agli intrighi, ai vizi e alle scarse virtù di questa congrega di amazzoni attempate: il ritratto d'ambiente, la ricostruzione dell'epoca e le interpretazioni, anche secondarie, costituiscono un insieme piacevole, ma ben poco coinvolgente, e i timidi tentativi di satira social-antropologica («La donna è nata per essere vedova. Non è lei finché il suo lui non è sottoterra») rimangono nel cassetto delle intenzioni. Soggetto e sceneggiatura di Hugh Leonard. È il primo film della Farrow dopo la separazione da Woody Allen.

Trevico-Torino... Viaggio nel Fiat-Nam ** (Italia 1973, col, 101') Ettore Scola. Con Paolo Turco, Vittorio Franzinetti, Vicki Franzinetti, Stefania Casini. ◆ L'amara presa di coscienza di un giovane emigrato del Sud (Turco) nella capitale dell'auto: il contatto traumatico con la città, l'assunzione alla Fiat, l'amicizia con un sindacalista (Franzinetti) e con una giovane extraparlamentare (Vicki Franzinetti), l'inasprimento del lavoro dopo un litigio con il caporeparto. Un film povero, girato a 16mm con l'appoggio dell'Unitelefilm, la casa di produzione del Pci, e tra mille difficoltà, realizzato seguendo l'idea zavattiniana del giornale cinematografico che cerca di equilibrare documentario, narrazione e sensibilità psicologica. Utile e serio, il film non sa però trovare «una forma capace di reggere la complessità di un tema così essenziale come l'impatto tra Sud e Nord, la politica e il lavoro». Cosceneggiatura di Diego Novelli, allora non ancora sindaco di Torino.

Tre vite allo specchio ** (*If These Walls Could Talk*, Usa 1996, col, 90') Nancy Savoca, Cher [Cherilyn La Piere Sarkosian]. ◆ Film a episodi. In *1952* (di Nancy Savoca, con Demi Moore) Claire, vedova rimasta incinta del cognato, muore per un aborto clandestino; in *1974* (di Nancy Savoca, con Sissy Spacek) Barbara, nonostante i figli grandi e la ripresa degli studi universitari, finisce per accettare una nuova gravidanza; in *1994* (di Cher, con Cher, Anne Heche) la dottoressa Thompson (Cher) viene uccisa da un fanatico religioso mentre in clinica sta praticando un aborto a Christina (Heche), diciottenne incinta di un professore. Un coraggioso Tv movie americano (produzione HBO) che mette a fuoco il problema dell'aborto in epoche diverse ed emblematiche senza rimuovere o edulcorare nulla (nel terzo episodio, l'intervento è descritto dalla dottoressa per filo e per segno). Un solo dubbio, legato al fatto che gli episodi in cui si pratica l'aborto (e solo quelli) finiscono nel sangue e con la morte delle protagoniste: presumibilmente non era nelle intenzioni delle autrici, ma c'è il rischio, narrativo e visivo, di associare all'aborto un'idea punitiva di espiazione sacrificale.

Tre vite e una sola morte *½ (*Trois vies et une seule mort*, Francia/Portogallo 1996, col, 123') Raúl Ruiz. Con Marcello Mastroianni, Marisa Paredes, Anna Galiena, Chiara Mastroianni, Melvil Poupaud, Féodor Atkine, Arielle Dombasle, Jean-Yves Gautier, Jacques Pellier, Pierre Bellmare, Jacques Delpi. ◆ Tre o quattro vite parallele di Marcello Mastroianni: emulo del Wakefield di Hawthorne, che torna dalla moglie (Paredes) dopo avere vissuto per vent'anni, senza incontrarla mai, in una casa vicina; professore colto da amnesia che sposa una bella di giorno buñueliana (Galiena); milionario benefattore di una leziosa coppietta (C. Mastroianni e Poupaud) e bizzoso maggiordomo muto. Stanca satira della normalità borghese e debole elogio del meraviglioso che sta nascosto dietro il quotidiano, il primo film di Ruiz girato con i soldi (produce Paulo Branco) sembra un faticoso bigino dei temi e dei paradossi narrativi a lui cari (i mondi possibili, i giochi del caso, le storie che si mordono la coda). Gli attori, per quanto simpatici, sono diretti con spirito da filodrammatica. Lou Castel e Roland Topor sono i due barboni.

Tre volti, I * (Italia 1964, col, 115') Michelangelo Antonioni, Mauro Bolognini, Franco Indovina. ◆ Film a episodi. L'introduzione del film (Michelangelo Antonioni. Con Soraya, Ivano Davoli, Giorgio Santarelli, Piero Tosi) è la registrazione del primo provino della neoattrice Soraya davanti alla macchina da presa; *Gli amanti celebri* (Mauro Bolognini. Con Soraya,

Richard Harris, Esmeralda Ruspoli, José Luis de Villalonga) è la storia di uno stanco e ormai insignificante triangolo sentimentale nel mondo del jet-set; *Latin Lover* (Franco Indovina. Con Soraya, Alberto Sordi, Goffredo Alessandrini, Alberto Giubili) descrive le vicende patetiche di uno stagionato playboy a pagamento. Tentativo fallimentare del produttore Dino De Laurentiis (che appare nel primo episodio) di lanciare Soraya sul mercato italiano costruendole attorno tre episodi. Neanche Antonioni sembra prendersi troppo sul serio.

Tre volti della paura, I *** (Italia/Francia 1963, col, 100') Mario Bava. ◆ Film a episodi. In *I Wurdalak* (con Boris Karloff, Mark Damon, Susy Andersen, Glauco Onorato, Massimo Righi, da un racconto di Aleksei Tolstoj) un'intera famiglia cade preda del vampirismo, non avendo avuto il coraggio di eliminare gli infetti; in *La goccia d'acqua* (con Jacqueline Pierreux, Milli Monti) un'infermiera ha l'insana idea di rubare l'anello di una medium appena morta; in *Il telefono* (con Michèle Mercier, Lydia Alfonsi, da un racconto di F.G. Snyder – e non di Guy de Maupassant come si legge in alcune copie) una donna fa credere all'amica di essere perseguitata da un evaso, senza rendersi conto di anticipare la realtà. Insolita trilogia del fantastico, che tenta registri diversi, dal gotico al parapsicologico al thriller. Formalmente molto curato, e con momenti di autentica suspense (specie negli ultimi due episodi). Sorprendente, per i tempi, il finale in cui Karloff si rivolge con ironia allo spettatore mostrando che il cavallo su cui galoppa è finto. Marcello Fondato e Alberto Bevilacqua collaborarono alla sceneggiatura. In alcune copie l'ordine degli episodi è invertito.

T-Rex – Il mio amico Dino * (*Theodore Rex*, Usa 1995, col, 90') Jonathan Betuel. Con Whoopi Goldberg, Armin Müller-Stahl, Juliet Landau, Bud Cort, Richard Roundtree. ◆ Un mini-tirannosauro parlante, clonato e socievole, aiuta una poliziotta (Goldberg) a sventare i piani di uno scienziato pazzo (Müller-Stahl) che vuole distruggere la razza umana. Puerile e fastidioso, buon candidato al film più idiota della storia, scheletro nell'armadio per attori di buon nome. Particina per Joe Dallesandro.

Triade di Shanghai, La ** (*Yao a yao yao dao wai pe qiao*, Cina/Francia 1995, col, 109') Zhang Yimou. Con Gong Li, Li Bao-Tian, Wang Xiao Xiao, Sun Chun, Li Xui Jian. ◆ L'adolescente Tang Suisheng (Wang) arriva a Shanghai per entrare nella triade legata alla famiglia Tang e viene messo al servizio di Xiao Jinbao (Gong), cantante di cabaret tanto bella quanto cinica e da dieci anni amante del capo della famiglia (Li). Insieme si nasconderanno su un'isoletta per permettere al boss di riprendersi dopo un attentato, ma in realtà per consentirgli di smascherare chi l'ha tradito, il suo secondo (Sun) diventato anche amante di Jinbao. Sceneggiata da Bi Fei Yu, è un'educazione alla vita che passa attraverso la crudeltà e la violenza, uniche due regole vincenti in un mondo che agogna potere e ricchezza. Così il giovane protagonista vedrà la fortuna passare rapidamente di mano e rovesciare le sorti degli uomini: la sua dura padrona si rivelerà una fragile vittima e il padrino, debole e anziano, mostrerà un'intelligenza e una perfidia inaudite. Le intenzioni di Zhang erano quelle di realizzare «un'amara parabola sulla solitudine del potere e l'illusoria felicità della ricchezza», ma il film, che risente delle vicende personali tra il regista e l'attrice (separatisi dopo un lungo periodo di convivenza artistica e privata) ricorda invece il gioco di seduzione e crudeltà fra von Sternberg e la Dietrich. Girato come un film noir, ma con una sensibilità coloristica tutta antioccidentale e quindi un po' spaesante per lo spettatore italiano, arricchito nella parte del cabaret da scintillanti scenografie, il film avanza a scatti, alternando fasi di stanca a buoni momenti di cinema (la scoperta dell'attentato al padrino e il regolamento di conti finale nell'isola).

Triangolo d'acciaio, Il *½ (*The Iron Triangle*, Usa 1988, col, 91') Eric Weston. Con Beau Bridges, Haing S. Ngor, Liem Whatley, Johnny Hallyday, Jim Ishida. ◆ Un ufficiale americano (Bridges) viene fatto prigioniero da un giovane vietcong (Ngor) e allaccia con lui un singolare rapporto. Primo film americano che cerca di mostrare il punto di vista di entrambe le parti della «sporca guerra» del Vietnam – dove ognuno dei due fronti ha i suoi buoni (i giovani idealisti) e i suoi cattivi (ufficiali brutali e mercenari da un lato, spietati comunisti dall'altro) – ma finisce per scivolare nell'approssimazione, glissando sugli aspetti politici e mostrando con spirito antibellico la realtà umana dei soldati che partecipano al conflitto.

Triangolo delle Bermude, Il * (Italia/Messico 1978, col, 115') René Cardona jr. Con John Huston, Gloria Guida, Marina Vlady, Claudine Auger, Hugo Stiglitz, Andrés Garcia. ◆ Uno yacht è diretto nel tratto di mare tristemente noto per le misteriose scomparse di navi e aerei con a bordo un professore (Huston) e la sua numerosa famiglia: cercano dei resti di Atlantide. Kolossal povero con effetti scarsi e andamento fiacco, nato sull'onda delle ipotesi occulte e/o ufologiche relative al famigerato triangolo della morte.

Triangolo di fuoco * (*Wilder Napalm*, Usa 1993, col, 109') Glenn Gordon Caron. Con Debra Winger, Dennis Quaid, Arliss Howard, M. Emmet Walsh. ◆ Il fratello buono (Howard) fa il pompiere, quello cattivo (Quaid) fa il clown, ma entrambi hanno il potere paranormale di provocare incendi con la forza del pensiero. Come se non bastasse, si contendono anche la stessa donna (Winger). Sceneggiatura (di Vince Galligan) demente, regia incerta se prenderla sul serio o volgerla in burla, effetti speciali che si sprecano. Mistero come ci sia finita in mezzo Debra Winger.

Tribù dispersa, La * (*The Lost Tribe*, Usa 1949, b/n, 72') William Berke. Con Johnny Weissmuller, Myrna Dell, Elena Verdugo, Jospeh Vitale, Ralph Dunn. ◆ Jim della giungla (Weissmuller) deve combattere contro leoni, tigri (in Africa!) e squali per salvare gli abitanti di un villaggio dai saccheggiatori. Secondo film della serie e uno dei più infantili.

Trilogia (di Márta Mészáros) → *Diario per i miei figli*, *Diario per i miei amori* e *Diario per mio padre e mia madre*

Trincea d'asfalto → *Convoy – Trincea d'asfalto*

Trinidad ** (*Affair in Trinidad*, Usa 1952, b/n, 98') Vincent Sherman. Con Rita Hayworth, Glenn Ford, Alexander Scourby, Valerie Bettis, Torin Thatcher. ◆ Arrivato a Trinidad, un ufficiale a riposo (Ford) scopre che la morte del fratello è collegata all'intreccio di spionaggio e traffico d'armi che si svolge all'ombra del locale in cui canta la vedova (Hayworth), di cui si innamora. La Hayworth e Glenn Ford si ritrovano impegnati in una sbiadita fotocopia di *Gilda*, in cui continuano ad amarsi e farsi del male, sullo sfondo di un'esotica e sconclusionata sceneggiatura frutto di estenuanti vicende produttive: successo strepitoso al botteghino e tonfo critico. I vertici sensuali di *Put the Blame on Mame* sono lontani, ma quando Rita balla per disgustare Glenn (e salvargli la vita) o canta (doppiata da Jo Ann Greer) *I've Been Kissed Before* qualche brivido c'è ancora.

Trio *½ (Italia 1967, b/n, 105') Gianfranco Mingozzi. Con Marisa Galvan, Walter Vezza, Mariella Zanetti, Maurizio Bonuglia, Piera Degli Esposti, Nico Fidenco. ◆ In tre storie che si intrecciano quasi senza toccarsi si raccontano le vicende esistenziali di una mediocre cantante (Galvan) che però manda già in delirio fans di poche pretese, di un ragazzo (Vezza) in cerca di emozioni che spia il vicino e medita di derubarlo, di una giovane (Zanetti) che è fuggita di casa e cerca di riempire la solitudine concedendosi a troppi. Primo lungometraggio, solo in parte riuscito, di uno dei migliori documentaristi degli anni Sessanta, dedicato a quell'inquietudine giovanile destinata di lì a poco a esplodere clamorosamente con la contestazione.

Trio infernale ** (*Le Trio infernal*, Francia 1975, col, 110') Francis Girod. Con Romy Schneider, Michel Piccoli, Mascha Gomska, Andréa Ferréol, Monica Fiorentini, Philippe Brizard. ◆ Nella Francia del primo dopoguerra, un avvocato imbroglione (Piccoli) e due sorelle tedesche (Schneider e Gomska) costituiscono una specie di società erotica e a delinquere, che passa dalla camera da letto alle truffe e al delitto con tanto di smaltimento dei cadaveri nell'acido solforico. Ispirata a un vero fatto di cronaca, è una commedia intrisa di humour nero, che indugia con grottesca minuziosità sui particolari più scabrosi e truculenti della vicenda. Istrionica la performance di Piccoli.

Trionfo della Primula Rossa, Il *½ (*The Return of the Scarlet Pimpernel*, Gb 1937, b/n, 90') Hans Schwartz. Con Barry K. Barnes, Sophie Stewart, Margeretta Scott, James Mason, Francis Lister, Anthony Bushnell, Patrick Barr, David Tree, Henry Oscar. ◆ Per salvare dalla ghigliottina la moglie (Stewart), rapita dall'infido Chauvelin (Lister), sir Percy Blakeney (Barnes) riprende l'identità della Primula Rossa e torna a Parigi: non solo libererà la consorte, ma favorirà addirittura la caduta di Robespierre (Oscar) e la fine del Terrore. Nuova avventura del personaggio inventato dalla baronessa Orczy (sceneggiata da Lajos Biro, Arthur Wimperis e Adrian Brunel), più inverosimile che avvincente e soprattutto priva di quel malinconico romanticismo che contraddistingue i film di Young (*La Primula Rossa*) e Powell e Pressburger (*L'inafferrabile Primula Rossa*). Un giovanissimo Mason interpreta Tussin, il delegato dell'Assemblea Generale che trova il coraggio di innescare la ribellione a Robespierre.

Trionfo della volontà, Il *** (*Der Triumph des Willens*, Germania 1935, b/n, 120') Leni Riefenstahl. Con i capi e i militanti del partito nazista e la popolazione di Norimberga. ◆ Dopo essere sceso con un bimotore dal cielo, Hitler si dirige al congresso del Partito nazista nello stadio di Norimberga. Le celebrazioni e il discorso del Führer – attorniato dai gerarchi Hess, Goebbels, Dietrich, Streicher, Ley – sono montate con scene di vita popolare tedesca a dimostrare la solidarietà mistica della Germania attorno al suo capo e si concludono con una impressionante sfilata con torce. Incaricata di filmare il «Congresso della vittoria» del 1933, la Riefenstahl ebbe a disposizione mezzi imponenti per questo documentario (30 macchine da presa, 16 operatori, una gru che permetteva di fare riprese da 38 metri d'altezza) e impiegò due anni per il montaggio. Ne uscì un film di grandissima forza visiva, nel quale l'ideale di potenza e bellezza tedesca prende le forme di una «fantasticheria wagneriana ambientata in un Walhalla popolare» in cui la propaganda prende le forme fascinose (e pericolose) della magniloquenza.

Trionfo dell'uomo chiamato cavallo, Il → *Shunka Wakan – Il trionfo dell'uomo chiamato cavallo*

Trionfo di Tarzan, Il ** (*Tarzan Triumphs*, Usa 1943, b/n, 75') William Thiele. Con Johnny Weissmuller, Johnny Sheffield, Frances Gifford, Stanley Ridges. ◆ I nazisti invadono la giungla e rapiscono Piccolo (Sheffield): Tarzan (Weissmuller) libera il figlio e ristabilisce la democrazia. Propaganda improbabilissima, ma piuttosto divertente nella sua disarmante semplicità («Nazisti andate via», dice Tarzan, e quando i nemici si avventano sul figlio ribatte con «Ora Tarzan fa guerra!»). Memorabili le azioni di Cita. È il primo film prodotto da Lesser per la Rko. Manca Jane (come nel successivo *Tarzan contro i mostri*), perché non si riuscì a sostituire la O'Sullivan in modo convincente.

Triplo eco ** (*The Triple Echo*, Gb 1972, col, 94') Michael Apted. Con Glenda Jackson, Oliver Reed, Brian Deacon, Jenny Wright. ◆ Durante la seconda guerra mondiale un soldato (Deacon) si innamora di una donna (Jackson) che vive sola nella sua fattoria. Diserta e, travestito in abiti femminili, verrà fatto passare dall'amante per sua sorella, ma la situazione degenera quando un sergente (Reed) cercherà di insidiare quella che crede una contadinella. Insolito film d'esordio di Apted, piuttosto disomogeneo ma capace di rendere con un certo vigore una condizione segnata dal degrado e dalla violenza.

Triplo gioco *½ (*Romeo is Bleeding*, Usa 1993, col, 108') Peter Medak. Con Gary Oldman, Lena Olin, Annabella Sciorra, Juliette Lewis, Roy Scheider, Will Patton. ◆ Jack Grimaldi (Oldman) è uno sbirro corrotto e rampante, con una moglie (Sciorra) e un'amante (Lewis): i guai cominciano quando gli capita fra i piedi una killer russa, Mona Demarkov (Olin), che lo seduce, lo costringe a uccidere un boss (Scheider) e poi lo incastra. Se non fosse per il personaggio caricaturale malamente interpretato dalla Olin (che compare anche in tenuta sadomaso amputata di un braccio), quello di Medak sarebbe un noir non disdicevole, raccontato con uno stile a effetto che a volte lascia il segno. Ma che sia colpa della sceneggiatura (di Hilary Henkin) o della regia, la carne al fuoco è troppa, e le idee confuse. La colonna sonora è di Mark Isham.

Tripoli, bel suol d'amore * (Italia 1954, col, 67') Ferruccio Cerio. Con Alberto Sordi, Lyla Rocco, Mirko Ellis, Maurizio Arena, Fulvia Franco, Luigi Pavese, Gianni Rizzo, Mino Doro, Andrea Checchi, Riccardo Billi, Mario Riva. ◆ Negli anni Dieci, l'addestramento vessatorio e l'amicizia cameratesca che lega quattro bersaglieri (Sordi, Ellis, Arena e Rizzo), mandati a combattere in Libia insieme a una crocerossina (Rocco). Sordi riesce a cavarsela brillantemente nei panni del ragazzone in divisa ma il film offre solo un po' di satira farsesca e fallisce il tentativo di ricreare il clima da Belle époque dell'Italietta giolittiana in procinto di imbarcarsi nella sciagurata impresa coloniale.

Tristana ***½ (*Tristana*, Francia/Italia/Spagna 1970, col, 105') Luis Buñuel. Con Catherine Deneuve, Fernando Rey, Franco Nero, Lola Gaos, Antonio Casas, Jesus Fernandez. ◆ Rimasta sola, la giovane Tristana (Deneuve) si trasferisce dal tutore don Lope (Rey) che le riserva un'attenzione sempre più morbosa. Dopo averlo lasciato per un giovane pittore (Nero), torna da lui: amputata di una gamba, Tristana sopporta sempre meno l'attenzione di don Lope e quando, una sera, lui sta male, lei finge di chiamare il medico e poi apre la finestra al vento glaciale dell'inverno. Tratto da un romanzo di Benito Pérez Galdós (sceneggiato dal regista e Julio Alejandro), il film racconta, con la tradizionale attenzione entomologica di Buñuel, i condizionamenti che le convenzioni e le ideologie della borghesia operano sul comportamento umano: al centro, la storia di «una liberazione mancata» e soprattutto il ribaltamento della dialettica vittima carnefice, visto che Tristana imparerà così bene la lezione di ipocrisia e di crudeltà di don Lope da utilizzarla proprio contro di lui. Senza ricorrere a interferenze tra reale e immaginario (c'è una sola sequenza di sogno, anche se le immagini dell'amputazione e della protesi della gamba sono decisamente fuori dal comune) Buñuel riesce comunque a costruire un mondo inquietante e affascinante in cui lo spettatore può leggere i propri incubi e le proprie pulsioni.

Triumph of Sherlock Holmes, The → *voce «S.H.»*

Troiane, Le *½ (*The Trojan Women*, Usa/Grecia 1971, col, 105') Michael Cacoyannis. Con Katharine Hepburn, Vanessa Redgrave, Geneviève Bujold, Irene Papas, Patrick Magee, Brian Blessed. ◆ Dopo la caduta di Troia, le donne della città sconfitta devono seguire come schiave o concubine i vincitori greci. Il regista cipriota riprende e amplia la versione teatrale della tragedia di Euripide che aveva già messo in scena off Broadway affidando i quattro ruoli principali a quattro grandi attrici: Ecuba per la Hepburn, Andromaca per la Redgrave, Cassandra per Geneviève Bujold ed Elena per la Papas. Fedele al testo, Cacoyannis ne sposa con civile convinzione l'inalterabile messaggio pacifista ma non sa evitare un tono declamatorio che rende artificiosa tutta la messinscena. Bella la musica di Mikis Theodorakis.

Troll * (*Troll*, Usa 1986, col, 86') John Buechler. Con Michael Moriarty, Shelley Hack, Noah Hathaway, Jenny Beck, Sonny Bono, June Lockhart. ◆ Arrivano i Troll, nuovi mostriciattoli antropofagi, parenti poveri dei Gremlins, che «vegetalizzano» le loro vittime per cibarsene. Sbiadita avventura fantasy per il pubblico infantile, interpretata sul versante umano dal giovane Noah Hathaway, già protagonista di *La storia infinita*.

Tromboni di fra' Diavolo, I * (Italia/Spagna 1962, col, 90') Giorgio C. Simonelli. Con Ugo Tognazzi, Raimondo Vianello, Francisco Rabal, Jackie Lane, Alberto Bonucci, Moira Orfei, Fernando Sancho. ◆ Due volontari della Repubblica cisalpina (Tognazzi e Vianello), al seguito di Napoleone in marcia verso Caserta, dopo movimentate avventure passano nella banda del sanfedista borbone fra' Diavolo (Rabal). In parte facendo il verso al più famoso *Fra' Diavolo* di Stanlio e Ollio, Vianello e Tognazzi riescono a strappare un po' di risate con una comicità collaudata e venata di assurdo. Rabal invece si prende troppo sul serio.

Tron ** (*Tron*, Usa 1982, col, 96') Steven Lisberger. Con Jeff Bridges, Bruce Boxleitner, David Warner, Cindy Morgan, Barnard Hughes. ◆ Un geniale inventore di videogame (Bridges) vuole trovare le prove che il potente capo dell'Encom gli ha rubato idee e progetti ma scopre che a capo dell'industria c'è addirittura un gigantesco elaboratore elettronico, il Mcp (Master control program): un raggio laser che trasforma le cose in informazioni numeriche lo fa entrare nel computer e assieme ad altri programmi combatte vittoriosamente contro il Mcp in scenari da videogame. La struttura è quella classica (e un po' scontata) dell'avventura spaziale, il messaggio quello della lotta dell'individuo contro il potere dispotico, ma la novità è che si tratta del primo film che sposta l'azione nel mondo virtuale dell'elettronica, con alcune sequenze rivoluzionarie realizzate completamente in computer graphic.

Trono di sangue, Il ***½ (*Kumonosu-Jo*, Giappone 1957, b/n, 110') Akira Kurosawa. Con Toshiro Mifune, Isuzu Yamada, Minoru Chiaki, Akira Kubo, Takamaru Sasaki, Takashi Shimura. ◆ Al nobile Taketoki Washizu (Mifune) viene profetizzata l'ascesa al potere con il delitto ma anche l'invincibilità fino a quando la foresta non si muoverà verso il Castello del Ragno, il cui regno ha usurpato a Kuniharu (Sasaki): cosa che si verificherà puntualmente quando l'esercito nemico userà i rami degli alberi per proteggersi durante l'assalto. Il Macbeth shakespeariano trasportato nel Giappone delle guerre civili del XVI secolo e messo in scena utilizzando la tecnica espressiva del teatro Nô: i grandi temi della tragedia – il delitto, l'autodegradazione, l'orrore delle tenebre – sono raccontati più con le immagini che con le parole, in una messinscena geometricamente rigorosa e con una perfezione formale «astratta e algida» che fa del film l'opera più coraggiosamente sperimentale dell'autore.

Tropico del cancro ** (*Tropic of Cancer*, Usa 1970, col, 87') Joseph Strick. Con Rip Torn, James Callahan, Ellen Burstyn, David Bauer, Laurence Ligneres, Magali Noël. ◆ Dal romanzo autobiografico di Henry Miller (Torn), la vita e gli appetiti dell'emigrazione bohémienne americana nella Parigi fra le due guerre, a caccia di sesso, libertà, arte e stravizi vari. Se parlare apertamente di copulazioni quando uscì il libro nel 1934 era scandaloso, filmarlo nel 1970 era à la page e anestetizzato. In ogni caso, nonostante una certa frettolosità di regia, l'interpretazione di Rip Torn rende giustizia al protagonista come pure quella di Ellen Burstyn alla figura della moglie.

Tropis, uomo o scimmia? * (*Skullduggery*, Usa 1970, col, 105') Gordon Douglas. Con Burt Reynolds, Susan Clark, Roger C. Carmel, Paul Hubschmid, Edward Fox, Alexander Knox. ◆ Scoperti in Nuova Guinea, i Tropis – strani esseri a metà strada fra uomo e scimmia – vengono usati come forza lavoro nelle miniere di chi aveva finanziato la spedizione, ma un antropologo (Reynolds) è deciso a liberarli. Tentativo di racconto metaforico, dove gli animali sono migliori dell'uomo: l'idea sarebbe anche accettabile ma l'avventura non c'è e il messaggio morale è fuori luogo.

Troppi mariti **½ (*Too Many Husbands*, Usa 1940, b/n, 84') Wesley Ruggles. Con Jean Arthur, Fred MacMurray, Melvyn Douglas, Harry Davenport, Dorothy Peterson, Melville Cooper. ◆ Convinta di essere vedova dopo un incidente in mare, Vicky Cardew (Arthur) si risposa con Henry Lowndes (Douglas), ex socio e miglior amico del marito defunto (MacMurray), che puntualmente ritorna dopo aver vissuto un anno su un'isola deserta. Una commedia degli equivoci divertente e sbarazzina, tratta da una pièce di Somerset Maugham e sceneggiata da Claude Binyon. In barba a qualsiasi morale bacchettona, Henry non accetta la decisione del tribunale che vorrebbe annullare il secondo matrimonio e continua a far la corte a Vicky che non si mostra per niente dispiaciuta della situazione. È vero che nel testo originale della commedia il finale era molto più audace (ipotizzando addirittura una specie di ménage à trois), ma nonostante le imposizioni del codice Hays, Ruggles riuscì a conservare una buona dose di scanzonata ambiguità sessuale.

Troppo amata ** (*The Gorgeous Hussy*, Usa 1936, b/n, 102') Clarence Brown. Con Joan Crawford, Robert Taylor, Lionel Barrymore, Beulah Bondi, Melvyn Douglas, Franchot Tone, James Stewart. ◆ Amori e delusioni della bella Peg O'Neal (Crawford), confidente del presidente degli Stati Uniti Andrew Jackson (Barrymore) e collezionista di cuori infranti. Debutto della Crawford nel film in costume con una vicenda che mischia storia (poca) e finzione (tanta) e si regge soprattutto sullo sfarzo scenografico e l'ottima performance di Barrymore nei panni del presidente.

Troppo bella per te! *½ (*Trop belle pur toi*, Francia 1989, col, 90') Bertrand Blier. Con Gérard Depardieu, Josiane Balasko, Carole Bouquet, Roland Blanche, François Cluzet. ◆ Il ricco padrone di un garage (Depardieu) ripudia la bella moglie (Bouquet) a favore dell'insignificante segretaria (Balasko), brutta ma, per i misteriosi canali dell'amore, più vicina alla sua sensibilità. Il sopravvalutato Blier continua a cimentarsi con balzani triangoli amorosi, in questo caso replicando in parte lo spunto di *Romuald e Juliette*. L'idea di partenza si consuma in fretta e tutto si risolve in un'ordinaria commedia di costume che calca sul pedale del grottesco, fortunatamente affidata all'ottimo lavoro dei tre attori protagonisti.

Troppo forte *½ (Italia 1986, col, 109') Carlo Verdone. Con Carlo Verdone, Stella Hall, Alberto Sordi, John Steiner, Mario Brega. ◆ La comparsa Oscar Pettinari (Verdone) passa il suo tempo raccontando rocambolesche avventure in improbabili set cinematografici e aspettando invano l'arrivo del successo: nemmeno i traffici del (sedicente) avvocato Pignacorelli (Sordi) riusciranno a cambiare la sua vita di eterno perdente. Con la collaborazione di Sergio Leone (cosceneggiatore tra gli altri anche con Rodolfo Sonego) Verdone si confronta direttamente con il suo «idolo» Sordi, ma il suo personaggio comincia a dare segni di stanchezza e ripetitività.

Troppo per vivere... poco per morire * (Italia/Francia 1967, col, 108') Michele Lupo. Con Claudio Brook, Daniela Bianchi, Sidney Chaplin, Tina Marquand [Tina Aumont], Jess Hahn, Raymond Bussières, Jacques Herlin, Paolo Gozlino, George Wang, Lee Burton [Guido Lollobrigida]. ◆ A Londra un giornalista (Brook) si improvvisa detective e recupera gioielli rubati. Tediosissimo giallo-rosa, pieno di colpi di scena che lasciano indifferenti e di attori privi di carisma, con sbirciate nella Swinging London. Scritto a otto mani (Sandro Continenza, Fabio Carpi, Ernesto Gastaldi e Paolo Levi) e fitto di «saranno famosi»: fotografia di Stelvio Massi con Aristide Massaccesi come operatore, Lara Saint Paul interpreta una canzone.

Troppo sole *½ (Italia 1994, col, 94') Giuseppe Bertolucci. Con Sabina Guzzanti. ◆ La giornalista Lalla deve intervistare la nota cantante Matilde, ma finisce nelle trame della cantante rivale Stella di Papà (così chiamata perché tiene il cadavere del padre nel freezer), che vuole sbarazzarsi della concorrente. Bertolucci cerca di costruire attorno alla Guzzanti (che interpreta tutti i quattordici personaggi, in gran parte tratti dal suo repertorio televisivo-cabarettistico) un puzzle surreale e cattivo, ambientato in una riviera romagnola dove gli unici personaggi maschili sono culturisti muti. Ma il tentativo di cercare una comicità non da commedia all'italiana si inceppa, le macchiette alla Noschese della Guzzanti debordano e si mangiano la storia, e l'umorismo, anziché nero, diventa rancido. Il risultato è freddo, sgradevole, claustrofobico, masochista: Bertolucci non ha trovato un nuovo Benigni, e si rimpiange un film sbilenco ma genuino come *Berlinguer ti voglio bene*. Sceneggiatura di Bertolucci, Guzzanti e David Riondino.

Trovarsi ancora *½ (*'Til We Meet Again*, Usa 1940, b/n, 99') Edmund Goulding. Con Merle Oberon, George Brent, Pat O'Brien, Geraldine Fitzgerald,

Binnie Barnes, Frank McHugh, Eric Blore. ◆ A Hong Kong si incontrano una donna malata di cuore e prossima alla fine (Oberon) e un fuggitivo condannato all'impiccagione (Brent): per il tempo che resta loro da vivere si legheranno di un amore travolgente e disperato. Remake del bel film di Garnet *Amanti senza domani*: un tragico finale e fiumi di zucchero che servono solo per estorcere la commozione del pubblico, complice la dignitosa credibilità degli interpreti.

Trovatore, Il *½ (Italia 1949, b/n, 111') Carmine Gallone. Con Vittoria Colonnello, Gino Sinimberghi, Gianna Pederzini, Enzo Mascherini, Enrico Formichio. ◆ Cupo dramma medioevale sull'amore tra il trovatore Manrico (Sinimberghi) e la giovane Leonora (Colonnello), desiderata dal Conte di Luna (Mascherini): la ragazza si avvelena e l'amato viene ucciso dal Conte che scopre poi di essere suo fratello. L'opera di Verdi su libretto di Salvatore Cammarano girata con onesto mestiere dal maestro indiscusso del melodramma cinematografico italiano, che insiste sul registro passionale di una comunicativa popolare. La Colonnello è doppiata da Franca Sacchi, Sinimberghi da Antonio Salvarezza.

Trucido e lo sbirro, Il ** (Italia 1976, col, 95') Umberto Lenzi. Con Tomas Milian, Claudio Cassinelli, Nicoletta Machiavelli, Henry Silva, Robert Hundar [Claudio Undari], Biagio Pelligra, Giuseppe Castellano, Tano Cimarosa, Umberto Raho, Mario Erpichini, Tom Felleghi. ◆ Il commissario Sarti (Cassinelli) aiuta a evadere dal carcere il ladro Monnezza (Milian) perché gli dia una mano a liberare una bambina rapita bisognosa di un trapianto di rene, nonché a mettere fine alle imprese criminali di Brescianelli (Silva). Scritto da Dardano Sacchetti con Lenzi, un film-cardine del poliziesco italiano, in cui compare per la prima volta il personaggio di Monnezza, maschera comica del cinema popolare nostrano (anche se Milian non cura ancora i suoi dialoghi: avrà più libertà nella *Banda del trucido* di Massi). Nella scena iniziale dei detenuti al cinema, ma anche con la rapina al treno, Lenzi sembra voler sottolineare la derivazione del poliziesco dallo spaghetti-western. Indispensabili musiche di Bruno Canfora.

True Blue – Sfida sul Tamigi *½ (*True Blue*, Gb 1996, col, 117') Ferdinand Fairfax. Con Johan Leysen, Dominic West, Dylan Baker, Geraldine Sommerville, Josh Lucas. ◆ 1987: la squadra di canottaggio di Oxford medita la rivincita contro quella di Cambridge nella celebre gara annuale sul Tamigi, ma si ribella contro i metodi da marines dell'allenatore Topolski (Leysen); in più, la presenza di vogatori yankee crea varie tensioni. Folclore *british* incomprensibile agli stranieri, tratto da un bestseller ispirato a una storia vera (adattato da Rupert Walters): risultato anonimo, che fa rimpiangere il pathos di *Momenti di gloria*.

True Lies ° (*True Lies*, Usa 1994, col, 141') James Cameron. Con Arnold Schwarzenegger, Jamie Lee Curtis, Tom Arnold, Tia Carrere, Bill Paxton, Art Malik, Charlton Heston. ◆ Dopo molti anni di grigio matrimonio, Helen Trasker (Curtis) non ha ancora capito che suo marito Harry (Schwarzenegger) è un super agente segreto, e comincia a sognare evasioni extraconiugali. Per Harry salvare il matrimonio e impedire a un fanatico musulmano (Malik) di far esplodere una bomba atomica su New Orleans diventano due facce della stessa missione. Cameron, autore anche della sceneggiatura, ricalca pedissequamente un film francese mai arrivato in Italia (*La Totale*, regia di Claude Zidi, con Thierry Lhermitte, Miou Miou e Eddy Mitchell), aggiungendo solo costosi effetti speciali e uno sgradevole razzismo antiarabo. L'idea di coniugare avventura e commedia, smargiassate da Schwarzy vecchio stile e modernariato alla James Bond, poteva anche essere divertente: ma l'umorismo è greve, e le scene spettacolari elaborate (con grande spreco di tecnologie digitali) quanto poco emozionanti. Più che per le esplosioni e gli inseguimenti (discreto quello per i corridoi di un hotel, con Schwarzy a cavallo e Malik su una moto), rischia di essere ricordato unicamente per il semistrip della Curtis, che danza lascivamente per uno sconosciuto, senza sapere che si tratta in realtà del marito.

True Love **½ (*True Love*, Usa 1989, col, 104') Nancy Savoca. Con Annabella Sciorra, Ron Eldard, Aida Turturro, Roger Rignack, Star Jasper. ◆ Un matrimonio italoamericano nel Bronx: Donna (Sciorra) coltiva sogni d'amore adolescenziali, l'immaturo Michael (Eldard) ha paura di finire in gabbia: e quando annuncia di voler concludere la festa di nozze al bar con gli amici, apriti cielo. Cronaca quotidiana post-scorsesiana senza sangue, ma con la violenza domestica e verbale che gronda da ogni fotogramma. Il punto di vista femminile è acuto, a volte cattivo, mai ideologicizzato; uno dei pochi difetti è la tendenza ad andare per le lunghe. Scritto dalla regista col marito John Guay: un'alternativa al folclorismo di film come *Stregata dalla luna*.

True Romance – Una vita al massimo → *Vita al massimo, Una*

True Stories *** (*True Stories*, Usa 1986, col, 111') David Byrne. Con John Goodman, David Byrne, Swoosie Kurtz, Spalding Gray, Annie McEnroe, Tito Larriva. ◆ David Byrne, allora leader dei Talking Heads, fa da guida in un viaggio a Virgil, nel Texas, tra le persone che festeggiano i 150 anni dello Stato, «campioni incolpevoli di una nazione che ha abolito ogni distinzione tra normalità e follia». Sfilate di moda, parate di eccentricità, videoclip, incursioni nel voodoo e nella cultura ispanica in una serie di bozzetti a metà tra finzione e documentario, storie minime lucide e disincantate della provincia americana. John Goodman ruba lo spettacolo nella parte del cuore solitario in cerca di un'anima gemella, e canta «Non vogliamo giustizia, non vogliamo libertà, vogliamo solo qualcuno da amare». Un «film di finzione etnografica» accompagnato dalla musica dei Talking Heads (che però nel film è cantata dagli attori ed è diversa dalla versione su disco).

Truman Show, The ***½ (*The Truman Show*, Usa 1998, col, 102') Peter Weir. Con Jim Carrey, Ed Harris, Laura Linney, Noah Emmerich, Natascha McElhone, Philip Baker Hall, Holland Taylor, Brian Delate, Paul Giamatti, Harry Shearer. ◆ Da trent'anni Truman Burbank (Carrey) vive senza potersene allontanare a Seahaven, una cittadina popolata solo da attori, sorvegliato da centinaia di telecamere, star – a sua insaputa – di una soap-opera trasmessa 24 ore su 24 in tutto il mondo. Ha una moglie (Linney) e una vita in rosa, ma comincia a sospettare che qualcosa non quadri: è l'inizio di una ribellione e di una presa di coscienza, o tutto è previsto dal cinico calcolo del regista Christof (Harris) per alzare l'audience? Non un film innovativo sul piano stilistico, ma una metafora all'altezza dei nostri tempi di simulazione e di proliferazione delle immagini. Un incubo dai colori caramella ingegnosamente sceneggiato da Andrew Niccol (*Gattaca*), e che Weir ci costringe a guardare come se fossimo davanti al piccolo schermo: non tanto per attaccare la tv, ma per farci identificare con la vittima e i carnefici, entrambi pateticamente convinti di vivere in un mondo reale. Bello e angosciante, intelligente nel mettere a freno Carrey, grande e meritato successo ovunque (ma scandalosamente dimenticato dagli Oscar): felice incontro tra cinema d'autore e ampia comunicatività, in cui all'inizio non credeva neanche la Paramount (che voleva lanciarlo come un nuovo *Forrest Gump*). Nello studio si intravede Philip Glass, che ha composto una parte della musica.

Trust – Fidati *** (*Trust*, Usa 1990, col, 95') Hal Hartley. Con Adrienne Shelly, Martin Donovan, Merritt Nelson, John MacKay. ◆ Lei (Shelly) ha diciassette anni, è incinta, il suo ragazzo l'ha piantata e suo padre, alla notizia, è rimasto secco. Lui (Donovan), più anziano, ha un passato burrascoso, l'anima del ribelle, scatti da psicopatico, ma in casa si fa tiranneggiare dal padre. La incontra e propone subito di sposarla. La famiglia è un inferno, il sesso assente, l'amore forse un'illusione, restano solo la fiducia e il rispetto. Hartley ha l'occhio attento ai paradossi, e gira con uno stile stralunato che a tratti ricorda Kaurismäki. I personaggi si rilanciano le battute come in una sophisticated comedy del passato, ma la poetica di fondo è tipicamente minimalista. Primo film di un autore indipendente a essere distribuito: da tenere d'occhio.

Tua bocca brucia, La ** (*Don't Bother to Knock*, Usa 1952, b/n, 76') Roy [Ward] Baker. Con Richard Widmark, Anne Bancroft, Marilyn Monroe, Donna Corcoran, Elisha Cook jr. ◆ Un pilota di linea (Widmark), mollato dalla fidanzata (Bancroft) che lo ritiene un cinico, pensa di trovare un piacevole diversivo in una procace babysitter (Marilyn): ma le cose andranno meno piacevolmente del previsto perché la ragazza è una squilibrata che lo confonde con il suo fidanzato morto. Un melodramma psicologico rigorosamente in tempo reale. Primo ruolo da protagonista della Monroe che dimostrò come non erano soltanto le sue curve a recitare, tratteggiando il ritratto umanissimo di una psicolabile il cui tentato suicidio emana una profetica malinconia. Primo film della Bancroft.

Tua pelle brucia, La * (*Hot Spell*, Usa 1958, b/n, 86') Daniel Mann. Con Shirley Booth, Anthony Quinn, Shirley MacLaine, Earl Holliman, Eileen Heckart. ◆ Nel profondo Sud degli Stati Uniti, la logorroica madre (Booth) di tre figli si difende dai tradimenti del marito (Quinn) ricordando un passato felice quanto fittizio nel loro vecchio paesello. Un datato dramma famigliare che dalla originaria pièce teatrale eredita pesantezze ed eccessi, sottolineati da un uso estremamente statico delle inquadrature.

Tua pelle o la mia, La *½ (*None But the Brave*, Usa 1965, col, 105') Frank Sinatra. Con Frank Sinatra, Clint Walker, Tommy Sands, Tony Bill, Brad Dexter. ◆ La prima coproduzione cinematografica tra Usa e Giappone è dedicata proprio alla seconda guerra mondiale, vista attraverso gli occhi di un ufficiale nipponico sperduto con i suoi uomini nell'isoletta del Pacifico su cui si schianta un aereo pieno di marine. La prima e unica regia di Sinatra, che interpreta anche un ruolo di secondo piano, è un film curioso che ai buoni sentimenti di fraternità non riesce a unire un andamento soddisfacente dal punto di vista della suspense.

Tua per la vita *½ (Italia 1955, b/n, 92') Sergio Grieco. Con Gaby André, Pina Bottin, Ettore Manni, Gérard Landry, Maria Grazia Monaci, Dhia Cristiani, Aldo Fiorelli, Luisa Rivelli. ◆ Per non rovinare il sogno d'amore della sorella Diana (Bottin), che pure le ha «rubato» il fidanzato (Manni), l'altruista Marisa (André) si attribuisce la maternità della figlia che Diana ha avuto da un poco di buono (Landry); e anche quando quest'ultimo ritorna per ricattarle, lei è disposta a fare ogni sacrificio per il bene di Diana. Melodramma ondivago e contraddittorio, che descrive senza molti infingimenti l'egoismo umano (Diana non ha mai un attimo di rimorso per i sacrifici della sorella) ma che poi risolve tutto con un inopinato pentimento finale e con l'inevitabile castigo divino. Insolite l'ambientazione nel mondo della moda (Manni è un couturier che va anche un anno a Parigi) e certe «arditezze» (per gli anni) nei vestiti e nella promiscuità sessuale. Sceneggiatura del regista e di Mario Caiano, Nicola Manzari, Carlo Veo e Janna Veo.

Tuareg – Il guerriero del deserto * (Italia 1983, col, 97') Enzo G. Castellari [Enzo Girolami]. Con Mark Harmon, Luis Prendes, Paolo Malco, Aldo Sambrel, Antonio Sabato. ◆ L'ospitalità nel deserto è sacra, ma i soldati non lo sanno e ne infrangono le leggi, scatenando la terribile rappresaglia del guerriero Tuareg (Harmon). Il regista, veterano del western e della fantascienza artigianali made in Italy, ci prova anche con l'avventura esotica, insabbiandosi in dialoghi magniloquenti e ridicoli.

Tu che ne dici? * (Italia 1960, b/n, 87') Silvio Amadio. Con Ugo Tognazzi, Raimondo Vianello, Fred Buscaglione, Hélène Chanel, Tiberio Murgia, Armando Bandini, Mimmo Craig, Antonio Cannas, Fiorella Ferrero, Salvatore Furnari, Marco Tulli, Enzo Garinei, Anna Rasmussen. ◆ Imbroglioni specializzati in travestimenti, Solitario e Amedeo (Tognazzi e Vianello) vengono scambiati per veri frati dal gangster Danden (Buscaglione), che convinto di dover morire lascia loro 2 milioni di dollari. Naturalmente non appena rimesso in forze farà di tutto per riaverli. Farsa goliardica e sconclusionata (sceneggiata da Castellano, Pipolo, Scarnicci e Tarabusi), che sfrutta l'abilità dei due comici nei travestimenti e nelle imitazioni (riuscita quella di Vianello-De Gaulle e Tognazzi-Fidel Castro) e si concede qualche innocuo doppiosenso. Aperto e chiuso da una *mise en abyme* con i due protagonisti che guardano al cinema il film di Amadio. Comparsata di Maurizio Arena, cantante in carne e ossa nel juke box personale di Tognazzi.

Tucker *** (*Tucker, a Man and His Dream*, Usa 1988, col, 111') Francis Ford Coppola. Con Jeff Bridges, Joan Allen, Martin Landau, Frederic Forrest, Dean Stockwell. ◆ A Chicago, nel 1945, Preston Tucker (Bridges) progetta e costruisce un veicolo rivoluzionario, ma subisce il fatale boicottaggio delle grandi industrie automobilistiche di Detroit, preoccupate della portata innovativa delle sue idee. «Un sogno lungo un giorno», una metafora che ben si confà alla parabola cinematografica dello stesso regista: l'American Dream di un self made man visionario, che va a infrangersi contro le gerarchie politico-economiche del sistema, incoraggiante solo a parole. Chiusi gli Zoetrope Studios, Coppola si prende una piccola, grande rivincita: ritmo febbrile, messa in scena sofisticata, regia più virtuosa che mai. Le parole d'ordine sono competenza ed entusiasmo: Jeff Bridges appare in forma smagliante (ma il resto del cast non è da meno), Vittorio Storaro abbandona fumi e nebbie per far brillare ogni singolo dettaglio, Dean Tavoularis disegna scenografie di grande eleganza e Joe Jackson firma una vivace colonna sonora e la sceneggiatura di Arnold Schulman e David Seidler sa rendere appassionante la meccanica. Indubbiamente un'opera dei nostri tempi, alla quale non è estranea la lezione di Frank Capra. Con la differenza che Coppola converte l'angelismo del predecessore in una fede artistica incrollabile di fronte a qualsiasi fallimento imprenditoriale. Il senatore Ferguson è interpretato da Lloyd Bridges, padre di Jeff.

Tuffo, Il **½ (Italia 1993, col, 98') Massimo Martella. Con Carlotta Natoli, Vincenzo Salemme, Arturo Paglia, Francesco Apolloni, Elisa Mainardi, Gianni Cajafa, Annalisa Foà, Elisabetta Cavalloni. ◆ Terni, estate: Matteo (Salemme) dà ripetizioni di fisica a due liceali, Elsa (Natoli) e Giulio (Paglia), instaurando con loro un rapporto d'amicizia. Un giorno Elsa propone di raggiungere il fidanzato Gianluca (Apolloni) al mare: quando questi cade in acqua, Matteo non ha il coraggio di salvarlo. Lo fa la ragazza, ma forse tra lei e Giulio c'è del tenero. Una storia adolescenziale delicata e allusiva, che fa giustizia dei luoghi comuni imperanti sui giovani e sul cinema a loro dedicato: Martella, alla sua opera prima (indipendente), rifugge dal sensazionalismo e dal maledettismo raccontando una quotidianità di toni sfumati ed emozioni trattenute, molto più vera e diffusa di tanti eventi clamorosi che fanno notizia e spettacolo. Una scommessa difficile, un risultato apprezzabile. Produce Dario Formisano, sceneggiatura di Martella e Roberto De Francesco.

Tulipani di Haarlem, I ** (Italia 1971, col, 101') Franco Brusati. Con Carole André, Frank Grimes, Gianni Garko, Gianni Giuliano. ◆ L'inconsueta vicenda amorosa della giovane Sara (André), reduce dall'amarezza di una relazione fallita, e dell'ottimista impiegato Pierre (Grimes), che i suoi guai li ha avuti con il padre. L'ansia di felicità della ragazza e il suo bisogno di sicurezze tingono il rapporto di asprezze, costringendo il giovane a continue prove, fino a un ultimo estremo sacrificio. Un Brusati insolitamente crudele, riflessione un po' troppo ambiziosa e generica sulla straziante voracità d'assoluto dei giovani. Ambientato in un suggestivo paesaggio fiammingo, il film rende omaggio al pittore Magritte nei titoli di testa.

Tulipano nero, Il *½ (*La Tulipe noire*, Francia/Italia/Spagna 1964, col, 110') Christian Jaque [Christian Maudet]. Con Alain Delon, Dawn Addams, Virna Lisi, Francis Blanche, Akim Tamiroff, Alfonso Marsillach. ◆ Nella Francia del 1789, Guillaume di Saint-Preux (Delon), nascosto sotto la maschera del Tulipano nero, deruba i nobili che vogliono fuggire all'estero. E quando il commissario di polizia La Mouche (Marsillach) sta per catturarlo, Guillaume fa intervenire il fratello gemello Julien e il Tulipano nero torna in azione. Sfarzosa produzione che solo a momenti riesce a essere una scanzonata avventura di cappa e spada, anche grazie a qualche discreto dialogo nella sceneggiatura di Henri Jeanson.

Tulsa **½ (*Tulsa*, Usa 1949, b/n, 90') Stuart Heisler. Con Susan Hayward, Robert Preston, Pedro Armendariz, Lloyd Gough, Chill Wills, Ed Begley. ◆ Quando scopre il petrolio nella sua terra, la giovane cherokee (Hayward) non sa fermare la propria cupidigia e accetta di sfruttare i suoi possedimenti oltre ogni limite: a farla tornare sui suoi passi ci penserà l'atto di ribellione di un amico indiano (Armendariz) e la vicinanza di un giovane ingegnere geologo (Preston). Forte ritratto di uno dei nodi dello sviluppo americano, quando le energie di una persona (e di una società) rischiano di distruggere quello che loro stesse avevano contribuito a creare: nonostante i limiti del budget (ma l'incendio finale dei pozzi è grandioso) e un cast che non è mai all'altezza della protagonista, Heisler riesce a raccontare con bella originalità «l'evoluzione parallella di un individuo e del suo gruppo sociale» arrivando a concludere su una riflessione di tipo ecologico ante litteram (la società ha bisogno di nuove regole capaci di preservare l'equilibrio naturale dello sviluppo).

Tu mi hai salvato la vita *½ (*Tu m'as sauvé la vie*, Francia 1951, b/n, 85') Sacha Guitry. Con Fernandel [Fernand Contandin], Sacha Guitry, Lana Marconi, Jeanne Fusier-Gir, Luce Fabiole. ◆ Salvato da un clochard (Fernandel), l'egoista barone di Saint-Rambert (Guitry) vorrebbe farlo suo erede ma trova il deciso ostruzionismo della servitù che aspira allo stesso privilegio: cosicché l'allegro barbone si troverà una soluzione alternativa. Il risaputo scontro tra il povero e il milionario diventa occasione per un non troppo esaltante duetto fra il regista-attore Guitry e il simpatico Fernandel, in una commedia poco divertente e molto datata.

Tu mi turbi *½ (Italia 1983, col, 96') Roberto Benigni. ◆ Film a episodi. In *Durante Cristo* (con Roberto Benigni, Nicoletta Braschi, Carlo Monni) il pastore

Benigno, rimasto senza gregge, aiuta Giuseppe e Maria facendo da babysitter al piccolo Messia; in *Angelo* (con Roberto Benigni, Olimpia Carlisi) Benigno cerca disperatamente il suo angelo che lo ha abbandonato perché lui è troppo noioso; in *In banca* (con Roberto Benigni, Giacomo Piperno) Benigno cerca di ottenere un prestito per la casa ma impazzisce davanti alla burocrazia dei regolamenti; in *I militi* (con Roberto Benigni, Claudio Bigagli) un bersagliere che presta servizio all'Altare della patria inganna la noia sbeffeggiando il suo compagno di servizio. Esordio di Benigni alla regia con quattro sketch dal respiro piuttosto corto (sceneggiati insieme a Giuseppe Bertolucci), comunque animati dalla sua solita vena di laica e irriverente religiosità toscano-popolare. Le canzoni originali sono di Paolo Conte.

Tunica, La ** (*The Robe*, Usa 1953, col, 135') Henry Koster. Con Richard Burton, Jean Simmons, Victor Mature, Michael Rennie, Richard Boone, Dean Jagger, Jay Robinson, Torin Thatcher. ◆ Un centurione romano (Burton) vince ai dadi la tunica di Cristo: iniziato dal suo servo Demetrio (Mature), supererà il suo iniziale scetticismo e abbraccerà la fede cristiana fino al martirio. Primo film della storia in CinemaScope, è un classico polpettone drammatico religioso tratto dal romanzo di Lloyd C. Douglas. Grandioso e con un esercito di comparse, conserva tuttavia un certo fascino spettacolare. Con un seguito: *I gladiatori* (1954 di Delmer Daves).

Tunnel degli orrori, Il ** (*The Funhouse*, Usa 1981, col, 96') Tobe Hooper. Con Elizabeth Berridge, Kevin Conway, Cooper Huckabee, Miles Chapin, Sylvia Miles, William Finley, Largo Woodruff, Shawn Carlson. ◆ Quattro ragazzi si nascondono nottetempo nel tunnel degli orrori, e scoprono che il figlio dell'imbonitore (Conway) è un mostro omicida. Sul lato oscuro dei luna park, l'orrore dei clown e il fascino perverso dei *freak show* probabilmente Hooper non aggiunge molto; tuttavia, servito da un copione di Larry Block, fa quello che gli riesce meglio: mescolare paura e grottesco, senza scivolare nel comico ma lasciando un retrogusto acre e vagamente inquietante. *Cult* la scena in cui la cadente Miles si prostituisce col mostro (Wayne Doba). Il make-up di Rick Baker sarà copiato in *Phenomena*. Perfetto l'uso della colonna sonora Dolby.

Tunnel dell'amore, Il *½ (*The Tunnel of Love*, Usa 1958, col, 98') Gene Kelly. Con Doris Day, Richard Widmark, Gig Young, Gia Scala, Elizabeth Fraser. ◆ L'aspirante cartoonist e signora (Widmark e Day) vogliono a tutti i costi adottare un figlio, ma nove mesi dopo l'incontro con l'ispettrice dell'ufficio adozioni (Scala) è proprio quest'ultima che partorisce, scatenando così sospetti e assurdi (?) complessi di colpa. Tradendo con un finale rassicurante la pièce teatrale da cui è tratta (di Joseph Fields e Peter de Vries), la commedia vede per la prima volta Kelly esclusivamente regista. Una farsa non molto divertente, su un tema all'epoca scabroso ma trattato senza troppi compiacimenti.

Tuo amico nel mio letto, Il *½ (*Sleep with Me*, Usa 1994, col, 94') Rory Kelly. Con Eric Stoltz, Meg Tilly, Craig Sheffer, Todd Field, Adrienne Shelley. ◆ Chi sposerà Sarah (Tilly)? L'architetto Joseph (Stoltz), che si è proposto per primo, o l'amico Frank (Sheffer), che non si vuole dare per vinto? E Joseph tradirà la sposa anzitempo? Sei sceneggiatori, tra cui il regista, hanno tentato di risolvere questi ardui quesiti. L'ennesimo autoritratto narcisista e inconcludente di una generazione di giovani carini, californiani, bianchi, benestanti e armati di videocamera. Quentin Tarantino è poco divertente nella parte di un amico che interpreta *Top Gun* in chiave omosessuale.

Tuoi occhi bruciano, I ** (*La Lumière d'en face*, Francia 1955, b/n, 89') Georges Lacombe. Con Brigitte Bardot, Raymond Pellegrin, Roger Pigaut, Claude Romain, Guy Pierauld, Daniel Ceccaldi. ◆ Per le conseguenze di un incidente stradale, Georges (Pellegrin) deve aspettare a consumare il matrimonio con la bella Olivia (Bardot) e nell'attesa è sicuro di aver scoperto nel garagista dirimpettaio (Pigaut) un'insidia per la pur irreprensibile sposa. Una BB più sensuale che mai, impegnata in un dramma psicologico con finale tragico sulle pene di un erotismo fatto di pulsioni contenute, sguardi ambigui, centimetri di pelle scoperti con una parsimonia oggi inquietante. In originale 100'. Conosciuto anche col titolo *La finestra di fronte*.

Tuono blu ** (*Blue Thunder*, Usa 1983, col, 108') John Badham. Con Roy Scheider, Malcolm McDowell, Daniel Stern, Warren Oates, Candy Clark. ◆ Tuono blu è un micidiale elicottero spia superaccessoriato e supersegreto, che un gruppo di militari fascistoidi vorrebbe testare sul ghetto messicano di Los Angeles. Ma un poliziotto reduce del Vietnam (Scheider) sventerà il piano. All'inizio il tema del controllo occulto (e del voyeurismo) esercitato dalla polizia sui cittadini grazie alle armi della tecnologia è promettente, ma poi si scade a livello di film di 007, con dovizia di gadget, esplosioni e spettacolari duelli tra i grattacieli. Sceneggiatura di Dan O'Bannon. McDowell, che originalità, fa il cattivo.

Tuo piacere è il mio, Il * (Italia 1973, col, 97') Claudio Racca. Con Lionel Stander, Ewa Aulin, Femi Benussi, Barbara Bouchet, Aldo Giuffré, Sylva Koscina, Erna Schurer, Leopoldo Trieste, Anna Maestri, Marisa Solinas, Umberto Raho, Pupo De Luca, Giacomo Furia. ◆ Durante un banchetto in cui il granduca (Giuffré) ha fatto somministrare una purga, si raccontano novelle di mogli gaudenti, mariti cornuti ed ecclesiastici allupati. Neanche Stander, nel doppio ruolo di un marito impotente e di un cardinale, riesce a far sorridere: uno di quei «decamerotici» messi in scena come una recita parrocchiale, e per di più assai meno audaci del film di Pasolini. Il regista dichiara di adattare i *Contes Drolatiques* di Honoré de Balzac, ed è anche direttore della fotografia.

Tuo vizio è una stanza chiusa e solo io ne ho la chiave, Il *½ (Italia 1972, col, 96') Sergio Martino. Con Luigi Pistilli, Anita Strindberg, Edwige Fenech, Ivan Rassimov, Daniela Giordano, Franco Nebbia, Enrica Bonaccorti. ◆ Gli abitanti di una villa veneta sono sconvolti da una serie di omicidi: i sospetti si appuntano sul decadente scrittore Oliviero Ruevigny

(Pistilli), ma la sua morte rimette tutto in gioco. Un giallo contorto e presuntuoso, tratto dal racconto *Il gatto nero* di Edgar Allan Poe, sceneggiato dal regista con Ernesto Gastaldi, Adriano Bolzoni e Sauro Scavolini. Il risultato dei loro sforzi, però, è solo noia, tanto più se le scene sexy sono tagliate. Spiacenti, ma la rivalutazione è rimandata al prossimo decennio. Da notare comunque i deliri sulla macchina per scrivere, che preannunciano *Shining*.

Tu partirai con me ** (*Holiday Affair*, Usa 1949, b/n, 87') Don Hartman. Con Robert Mitchum, Janet Leigh, Wendell Corey, Gordon Gebert, Harry Morgan. ◆ La vedova Connie (Leigh) è incerta tra l'avvocato che le fa la corte da due anni (Corey) e l'ex commesso disoccupato (Mitchum) che conosce da due giorni. Il figlioletto sceglierà per lei. Quadretto piccolo-borghese non troppo sdolcinato, malgrado l'ambientazione natalizia, e con tratti – per l'epoca – quasi anticonformisti.

Tuppe, tuppe, marescià → *È permesso maresciallo (Tuppe, tuppe, marescià)*

Turbamenti del giovane Törless, I *** (*Der junge Törless*, Rft/Francia 1965, b/n, 87') Volker Schlöndorff. Con Mathieu Carrière, Marian Seidovsky, Bernd Tischer, Alfred Dietz, Barbara Steele. ◆ Nel claustrofobico mondo del collegio, Törless (Carrière) viene attratto nel sodalizio di due compagni, che alle fughe notturne e alla frequentazione di prostitute alternano la sadica dominazione sul giovane Basini (Seidovsky). Fedele allo spirito e alla lettera del romanzo omonimo di Musil (il clima morboso di violenza e pulsione omosessuale sfocia in un disgusto sempre maggiore del protagonista), il film – coprodotto da Louis Malle – usa una forma volutamente spoglia e disadorna ma efficacissima per descrivere la degradata realtà morale di una classe dominante minata da quella irrazionalità che pulsava sotto l'autoritarismo della Germania ormai prossima al nazismo.

Turbine d'amore ** (*Martin Roumagnac*, Francia 1946, b/n, 95') Georges Lacombe. Con Marlene Dietrich, Jean Gabin, Daniel Gélin, Margo Lion, Lucien Nat. ◆ Il rozzo provinciale Martin (Gabin) è convinto che la bellissima Blanche (Dietrich) – un'ex prostituta che si è redenta per amor suo – lo tradisca: la ucciderà in un impeto di gelosia, scoprendo troppo tardi la sua fedeltà. Tratto dal romanzo di Pierre-René Wolff sceneggiato dal regista e Pierre Véry, è il film-cerniera che permette a Gabin di passare dai ruoli più tragici e mitici dell'anteguerra a quelli più tradizionali e «borghesi» del dopoguerra. Anche se davvero amanti nella realtà, la coppia Dietrich-Gabin qui non funziona perfettamente e il film è salvato proprio dall'attore francese, capace di dare al suo personaggio quella giustezza e quello spessore «di realtà» che il film non ha.

Turbine di gioia, Un *½ (*Bundle of Joy*, Usa 1956, col, 98') Norman Taurog. Con Eddie Fisher, Debbie Reynolds, Adolphe Menjou, Tommy Noonan. ◆ Polly (Reynolds), licenziata dai magazzini Merlin, viene scambiata per la madre di un trovatello e, con la mediazione dell'orfanotrofio, riottiene il posto di lavoro. Quando il giovane Dan Merlin (Fisher) mostra un interesse particolare per il bambino, nessuno dubita che sia figlio suo. Remake musicale di *Situazione imbarazzante,* meno riuscito dell'originale con Ginger Rogers e David Niven. Allo sceneggiatore unico del precedente, Norman Krasna, si aggiungono Robert Carson e Arthur Sheekman. All'epoca la Reynolds e il marito Fisher (star canora qui al suo debutto cinematografico) erano considerati «la coppia d'America».

Turbulence – La paura è nell'aria *½ (*Turbulence*, Usa 1997, col, 99') Robert Butler. Con Ray Liotta, Lauren Holly, Brendan Gleeson, Ben Cross, Rachel Ticotin, Hector Elizondo. ◆ La vigilia di Natale un serial killer (Liotta) vuole fare precipitare un Boeing su Los Angeles dopo aver ucciso i piloti: un'eroica hostess (Holly) evita il disastro. Stanco tentativo di aggiornare un filone degli anni Settanta, con tutti i cliché (compreso l'atterraggio dell'hostess inesperta in mezzo alla tempesta) e dosi massicce di comicità involontaria.

Turco napoletano, Un *** (Italia 1953, col, 92') Mario Mattoli. Con Totò [Antonio de Curtis], Aldo Giuffré, Carlo Campanini, Isa Barzizza, Primarosa Battistella, Franca Faldini, Mario Castellani, Vinicio Sofia, Nicola Maldacea jr, Giacomo Furia. ◆ Felice Sciosciammocca (Totò) evade dal carcere e finisce nella casa del gelosissimo don Pasquale (Campanini) dove riesce a sostituire un eunuco turco (Sofia) che doveva vigilare su moglie (Battistella) e figlia (Barzizza) del padrone di casa. Pur utilizzando un testo teatrale «forte» (la farsa, *Nu turco napoletano* di Eduardo Scarpetta) Mattoli – con la sceneggiatura di Sandro Continenza, Ruggero Maccari, Mario Monicelli e Italo De Tuddo – riesce perfettamente a inserire le divagazioni linguistico-surreali di Totò, («La donna è mobile. E io mi sento mobiliere») impagabili chicche di comicità sensuale e popolaresca. Sfolgorante fotografia ferraniacolor di Karl Struss, reduce dal successo chapliniano di *Luci della ribalta*. Piccola parte per Valeria Moriconi, nel ruolo di una delle bagnanti.

Turi della tonnara → *Malacarne – Turi della tonnara*

Tu ridi *½ (Italia 1998, col, 99') Paolo Taviani e Vittorio Taviani. ◆ Film a episodi. In *Felice* (con Antonio Albanese, Sabrina Ferilli, Giuseppe Cederna, Luca Zingaretti, Elena Ghiaurov, Dario Cantarelli), ambientato nella Roma degli anni Trenta, un ex baritono (Albanese) che ha perso la voce e lavora in un ministero non riesce a sopportare l'idea di divertirsi nei sogni per quelle stesse cose che deplora da sveglio: l'oltraggio quotidiano che un potente (Zingaretti) esercita su un povero sciancato (Cederna); in *Sequestri* (con Turi Ferro, Lello Arena, Steve Spedicato) vengono raccontati in parallelo due sequestri nella Sicilia di cent'anni fa e di oggi: quello del dottor Ballarò (Ferro) trattato con rispetto da chi lo tiene prigioniero, e quello del figlio dodicenne (Spedicato) di un pentito, ucciso dal suo carceriere (Arena) senza nessun segno di rimorso o dolore. Prendendo spunto da due racconti di Pirandello (sceneggiati dai registi), il film vuol essere una riflessione sulla prevaricazione e la violenza, «inconscia» come nel primo episodio o «amorale» come nel secondo. Ma al di là di una generica denuncia, sfugge il legame tra le due storie (forse perché era previsto un terzo episodio, con Pirandello in scena), così come i comportamenti troppo esemplari dei personaggi finiscono per togliere vigore al film e ridurlo all'enunciazione di una tesi, puntuale ma inerte. Nel primo episodio, breve apparizione della Ferilli nel ruolo di una cantante girovaga, che si esibisce (doppiata) nel *Miao miao* di Rossini.

Turista per caso *** (*The Accidental Tourist*, Usa 1988, col, 121') Lawrence Kasdan. Con William Hurt, Kathleen Turner, Geena Davis, Amy Wright, Bill Pullman, Robert Gorman, David Ogden Stiers, Ed Beagly jr. ◆ La morte del figlio mette in crisi il matrimonio dei genitori (Hurt e Turner) e l'uomo finisce per ritrovare la fiducia nell'amore con una balzana istruttrice di cani (Davis). Partendo dal romanzo omonimo di Ann Tyler, Kasdan esplora l'inaridirsi dei sentimenti ma anche l'impossibilità di neutralizzare le insidie della vita come nelle guide turistiche che il protagonista scrive per viaggiatori pacati e con scarsa propensione all'avventura, i «turisti per caso» del titolo. E il film, che sa alternare momenti di grande commozione con pause di contenuto umorismo (come nei soggiorni di Hurt presso la sua strampalata famiglia), divaga efficacemente come un vero viaggio nei sentimenti dei personaggi, primo fra tutti un umanissimo Hurt. Oscar come miglior attrice non protagonista a Geena Davis.

Turk 182 * (*Turk 182!*, Usa 1985, col, 98') Bob Clark. Con Timothy Hutton, Robert Urich, Kim Cattrall, Robert Culp, Darren McGavin, Steve Keats. ◆ Un giovane newyorchese (Hutton) imbraccia la bomboletta spray e firmandosi Turk 182 imbratta i muri di slogan contro il sindaco, reo di aver licenziato suo fratello pompiere. Contestazione all'acqua di rose, che ripesca una parvenza di rivolta del cittadino all'ingiustizia delle istituzioni, affogandola in un clima d'ottimismo francamente insopportabile.

Turné **½ (Italia 1990, col, 91') Gabriele Salvatores. Con Diego Abatantuono, Fabrizio Bentivoglio, Laura Morante, Luigi Montini, Barbara Scoppa, Ugo Conti, Eva Vanicek. ◆ L'esuberante Dario (Abatantuono) e il depresso Federico (Bentivoglio) partono insieme per una tourneé teatrale durante la quale il primo – che spera di lasciare il teatro per il cinema – deve dire all'amico di essersi innamorato della sua fidanzata (Morante): il caso cambierà le carte in tavola, ma soprattutto aiuterà i due a rinsaldare la loro amicizia. Scritto dal regista con Francesca Marciano e Bentivoglio, il film esprime al meglio la filosofia del «salvatorismo» fatta di amicizia goliardica, rimpianti superficiali e nostalgie appena accennate ma qui vivificata da una descrizione dell'ambiente teatrale spesso sincera e divertente (grande l'audizione di Federico che sceglie come pezzo una canzone dei Rolling Stones). Peccato per una seconda parte più frettolosa e qualche inutile caduta di gusto. Il produttore americano è interpretato da Pietro Vivarelli.

Turner e il «casinaro» *½ (*Turner & Hooch*, Usa 1989, col, 97') Roger Spottiswoode. Con Tom Hanks, Craig T. Nelson, Mare Winningham, Reginald Veljohnson, J.C. Quinn. ◆ Il bavoso Hooch [il cui vero nome è Beasley] è l'unico testimone di un omicidio. Peccato sia un cane, che naturalmente sconvolgerà la vita del poliziotto (Hanks) cui è stato affidato. Modesto giallo-rosa cinofilo, con un inatteso finale mélo, che ha fatto concorrenza a *Poliziotto a quattro zampe*. Complimenti al titolo italiano, e soprattutto alle virgolette.

Turno, Il * (Italia 1981, col, 108') Tonino Cervi. Con Turi Ferro, Laura Antonelli, Vittorio Gassman, Paolo Villaggio, Bernard Blier, Gianni Cavina, Milena Vukotic. ◆ Nella Sicilia degli anni Cinquanta la procace Stellina (Antonelli) sposa il ricco e anziano don Diego (Ferro) contando su prossime nozze con il barone spiantato (Villaggio), cui spetterà però solo il terzo turno dopo un avvocato (Gassman). Tratto senza troppi scrupoli da un romanzo giovanile di Luigi Pirandello, il film si riduce a una farsa farcita di stereotipi con l'Antonelli già troppo in età per fare la ragazzina e Villaggio proprio fuori luogo.

Turno di notte **½ (*Nightshift*, Usa 1982, col, 105') Ron Howard. Con Henry Winkler, Michael Keaton, Shelley Long, Gina Hecht, Pat Corley. ◆ Il tranquillo addetto di un obitorio (Winkler) improvvisamente decide di intraprendere una diversa attività notturna come pappone su larga scala. Ron Howard ritrova da regista il Fonzie di *Happy Days* in una commedia molto divertente che non esita a fare dello spirito su un tema non proprio puritano. Il film, inoltre, registra l'esordio di Michael Keaton (futuro Batman) e la presenza nella colonna sonora di *That's Wath Friends Are For* nella prima versione di Rod Stewart.

Tu sei il mio destino ** (*Young at Heart*, Usa 1954, col, 117') Gordon Douglas. Con Doris Day, Frank Sinatra, Ethel Barrymore, Gig Young, Dorothy Malone, Robert Keith, Elizabeth Fraser. ◆ L'angustiato pianista Barney Sloan (Sinatra) ruba il cuore a una cantante (Day) disposta volentieri a cedere il proprio vecchio fidanzato (Young) alla sorella (Malone): anche se non basterà il matrimonio ma ci vorrà un figlio per far uscire davvero Barney dalle sue angosce. Remake musicale di *Quattro figlie* di Curtiz, il film è danneggiato dallo scarso feeling fra gli attori protagonisti che proprio non riescono a far credere di essere innamorati. Belle comunque le canzoni fra cui quella che dà il titolo originale e *Just One of Those Things*.

Tuta Blu ***½ (*Blue Collar*, Usa 1978, col, 114') Paul Schrader. Con Richard Pryor, Harvey Keitel, Yaphet Kotto, Ed Begley jr, Harry Bellaver. ◆ Tre operai di una fabbrica d'auto (Pryor, Keitel, Kotto) quando si convincono che il loro sindacato fa il gioco dei padroni decidono di rapinare la cassa dell'organizzazione operaia e scoprono che i soldi hanno una provenienza sospetta. Esordio nella regia di Schrader con una sceneggiatura scritta col fratello Leonard: il film affronta con uno stile duro e diretto il mondo operaio (soggetto quasi tabù a Hollywood, per lo meno con questa crudezza) raccontando l'alienazione e la violenza della vita in fabbrica. E come il sindacato tradisce le speranze dei suoi iscritti, così Schrader «tradisce» le scelte stilistiche della prima parte del film trasformando un dramma sociale in un thriller, «l'unico genere cinematografico capace di rendere davvero conto della realtà in cui viviamo, che ci trasforma tutti in gangster». La grande interpretazione dei tre protagonisti riesce a evitare i cliché del populismo che spesso si nascondono in film come questo.

Tutta colpa del fattorino ** (*Blame It on the Bellboy*, Gb 1992, col, 78') Mark Herman. Con Dudley Moore, Bryan Brown, Patsy Kensit, Richard Griffiths, Andreas Katsulas, Bronson Pinchot. ◆ In un albergo di Venezia si trovano un killer (Brown), un adultero in cerca di avventure galanti (Moore) e un tirapiedi (Griffiths) che deve acquistare una villa: ma il fattorino confonde i messaggi che li aspettano, e i tre si trovano al centro di ogni sorta di equivoci tragicomici. Mancano vere sorprese perché ci si diverta veramente: ma il film dell'esordiente Herman (autore anche della sceneggiatura) ha una concisione lodevole e un senso dell'humour nero (vedi le torture che subisce Moore, scambiato per il killer) che a volte colpisce nel segno.

Tutta colpa del paradiso * (Italia 1985, col, 102') Francesco Nuti. Con Francesco Nuti, Ornella Muti, Roberto Alpi, Laura Betti, Marco Vivio, Novello Novelli. ◆ Uscito di galera Romeo (Nuti) vorrebbe rivedere il figlioletto. Superato il muro di ostilità della direttrice dell'orfanotrofio (Betti), raggiunge in incognito il piccolo e la sua nuova famiglia: un padre ecologo in cerca di un mitico stambecco e una bella mamma (Muti). Inevitabile rinunciare al bambino perché non debba perdere quel paradiso. Panorami turistici, leggerezza e malinconia troppo ostentate per risultare convincenti, oculata attenzione a titillare i buoni sentimenti del pubblico natalizio.

Tutta la città ne parla *** (*The Whole Town's Talking*, Usa 1935, b/n, 95') John Ford. Con Edward G. Robinson, Jean Arthur, Wallace Ford, Arthur Byron, Arthur Hohl. ◆ Lo spietato gangster (Robinson) si insedia nella casa di un mite impiegato suo sosia, sequestrandone la zia e la donna che ama (Arthur), per piegarlo ai suoi voleri. Ma la situazione si ingarbuglierà fino a non distinguere più il «buono» dal «cattivo». Partendo da una bella sceneggiatura di Jo Swerling e Robert Riskin (tratta da un romanzo di W.R. Burnett), Ford tratta una situazione paradossale come un fatto plausibile, proiettando con successo una premessa drammaturgica classica in un godibilissimo mix di commedia e gangster-movie. Memorabile la prestazione di Edward G. Robinson che, nella duplice parte, gioca con il suo tipico ruolo di delinquente, opponendovi un credibilissimo alter ego onesto e poi mischiando le carte con incredibile maestria. Rifatto innumerevoli volte, anche da Villaggio in *Fracchia, la belva umana*.

Tutta la città ne sparla ** (*Rendezvous with Annie*, Usa 1946, b/n, 89') Allan Dwan. Con Eddie Albert, Gail Patrick, Faye Marlowe, Phillip Reed, C. Aubrey Smith, Raymond Walburn. ◆ Un militare (Albert) è appena tornato dalla guerra in Inghilterra e la moglie partorisce. Lui sa che nove mesi prima l'aveva vista per una notte, ma per amici e conoscenti non può essere considerato il vero padre. Una commediola ben fatta, tra perbenismo e difesa del reduce, sceneggiato da Mary Loos e Richard Sale. L'ennesimo film che cerca di frenare lo strapotere dell'opinione pubblica.

Tutta la vita in una notte → *Mouchette – Tutta la vita in una notte*

Tutta una notte *** (*Toute une nuit*, Canada/Francia 1982, col, 94') Chantal Akerman. Con Jean-Philippe Laroche, Aurore Clément, Mathieu Schiffman, Christiane Cohendy, Carmela Locantore, Tcheky Karyo, Nellie Rosiers. ◆ Nel corso di una notte, una serie di coppie anonime si cercano, si incontrano, si amano, si formano, si lasciano, si rincorrono, si ritrovano. Fenomenologia della vita amorosa in un film sperimentale di grande suggestione: la Akerman, avversa al naturalismo e alla psicologia esplicativa, riduce quasi a zero i dialoghi per tracciare puri percorsi visivi fatti di piani sequenza essenziali e giustapposti, ognuno dei quali contiene lo scheletro di una storia compiuta, con personaggi stilizzati fino a diventare figure astratte che si muovono quasi sempre avvolte nel buio. Sintesi perfetta di due temi-chiave della regista belga (il nomadismo affettivo e la città come luogo ideale di incroci e derive), animato da una fluidità narrativa non comune, allergico a qualsiasi codificazione tradizionale, *Tutta una notte* è un'opera radicale e originale, certamente non destinata al grande pubblico e tuttavia capace di creare impatti emotivi immediati, più difficili da descrivere a parole che da vivere attraverso lo schermo. La canzone *L'amore perdonerà* è di Gino Lorenzi.

Tutta una vita ° (*Toute une vie*, Francia 1974, col, 130') Claude Lelouch. Con Marthe Keller, André Dussolier, Charles Denner, Charles Gerard, Gabriele Tinti, Carla Gravina, Gigi Ballista. ◆ Aperto da spezzoni di documentario (Grande Guerra, fascismo, nazismo), il film vuole essere la storia del Ventesimo secolo attraverso le vite parallele di Sarah (Keller), la figlia di un ricco ebreo ex deportato, e di Simon (Dussolier), un orfanello riscattatosi dalla galera con il mestiere di fotografo-cineasta. Lelouch punta ancora, con più soldi e presunzione, sull'anatomia di un incontro, secondo la sua opinabile teoria che il caso non esiste e le coppie si incontrano perché l'hanno voluto. Tutto ciò mettendoci in mezzo decine di temi storici, filosofici, politici e psicologici citati con desolante superficialità e facendo interpretare ad alcuni attori più di un personaggio. Gilbert Bécaud, di cui Sarah si innamora senza speranza, è interpretato da lui stesso.

Tutte e nessuna **½ (*Girl Shy*, Usa 1924, b/n, 82') Fred C. Newmeyer, Sam Taylor. Con Harold Lloyd, Jobyna Ralston, Richard Daniels, Carlton Griffin. ◆ Harold (Lloyd), apprendista sarto impacciatissimo con le donne, decide di scrivere un manuale di dongiovannismo. Mentre va a consegnare il manoscritto all'editore, sul treno conosce la ragazza dei suoi sogni (Ralston): farà di tutto per impedirle il matrimonio con un losco individuo avido di soldi e già sposato (Griffin). Primo film prodotto dalla Harold Lloyd Corporation, *Tutte e nessuna* è una commedia di caratteri che per tre quarti scorre senza grandi novità rispetto al solito, gag comprese: ma la lunga sequenza dell'inseguimento, sorta di salvataggio alla Griffith interpretato in chiave comica, con Harold che usa *tutti* i mezzi di trasporto terrestri (moto, auto, treno, cavalli, tram, eccetera) per raggiungere la sua bella prima del «sì», è giustamente annoverata tra le migliori della storia del cinema. L'ingresso nella chiesa e il rapimento della sposa verranno ripresi qualche decennio più tardi da Mike Nichols nel *Laureato*.

Tutte le manie di Bob ** (*What About Bob?*, Usa 1991, col, 99') Frank Oz. Con Bill Murray, Richard Dreyfuss, Julie Hagerty, Charlie Korsmo, Kathryn Erbe. ◆ In crisi da astinenza di psicoanalista, il multifobico Bob Wiley (Murray) raggiunge il suo medico Leo Marvin (Dreyfuss) nella sua casa di vacanza, portandolo sull'orlo della follia e rivelandone il vero carattere. Un'idea sola forse non basta a tirare avanti il film, e le gigionerie dei due interpreti rischiano di stancare. Ben congegnata, comunque, la sceneggiatura di Tom Schulman (*L'attimo fuggente*).

Tutte le mattine del mondo *** (*Tous les matins du monde*, Francia 1991, col, 114') Alain Corneau. Con Gérard Depardieu, Jean-Pierre Marielle, Anne Brochet, Guillaume Depardieu, Michel Bouquet, Caroline Sihol. ◆ Solo in tarda età l'anziano violista Martin Marais (Depardieu) comprende che il prezzo da pagare per la perfezione artistica è la rinuncia alle tentazioni mondane, come predicava il suo maestro Saint-Colombe (Marielle), di cui aveva sedotto la figlia (Brochet) portandola alla morte. Dal romanzo di Pascal Quignard (da lui adattato insieme al regista), ispirato a due musicisti realmente vissuti, le cui opere sono in parte eseguite nel film: Corneau non cerca la facile spettacolarità, e sceglie uno stile statico, assorto ma mai troppo profondo, estetizzante ma non lezioso. In patria un vero e proprio trionfo di pubblico: merito anche degli attori (l'esordiente Guillaume Depardieu, figlio di Gérard, interpreta Marais giovane) e delle delizie della viola da gamba. E la scommessa di dedicare un film all'udito rimane comunque onorata.

Tutte le ore feriscono... l'ultima uccide **** (*Le Deuxième souffle*, Francia 1966, b/n, 145') Jean-Pierre Melville. Con Lino Ventura, Paul Meurisse, Raymond Pellegrin, Marcel Bozzufi, Christine Fabrega, Michel Constantin, Paul Frankeur. ◆ Evaso di galera, Gu (Ventura) partecipa a una sanguinosa rapina a Marsiglia, ma la polizia lo arresta con uno stratagemma e fa credere che abbia cantato: evadere e vendicare il suo onore, per Gu, diventa più importante della vita stessa. Da un romanzo di José Giovanni (anche cosceneggiatore col regista), il capolavoro di Melville: una cronaca secca e realistica, che mette sullo stesso piano la mala e la polizia. Ventura e Meurisse (il commissario Blot) sono i rappresentanti della vecchia generazione che rispetta i codici d'onore, destinati, in diverso modo, a perdere o ad abdicare ai propri ideali. Ma tutti i personaggi hanno molte sfumature e sono eccellentemente interpretati. La versione originale dura 5' in più.

Tutte le ragazze lo sanno ** (*Ask Any Girl*, Usa 1957, col, 98') Charles Walters. Con David Niven, Shirley MacLaine, Gig Young, Rod Taylor, Jim Backus. ◆ Una provinciale (MacLaine), all'assalto di New York a caccia di un marito, scopre che gli uomini sono mascalzoni e cercando la complicità del capufficio (Niven) per incastrarne il fratello con le moderne tecniche del marketing, finisce fra le braccia del primo. La sceneggiatura è divertente, la MacLaine, premiata a Berlino, un'ingenua ed effervescente Cenerentola moderna, Niven un godibilissimo e compassato maestro della commedia.

Tutte le sere alle nove ** (*Our Mother's House*, Gb 1967, col, 105') Jack Clayton. Con Dirk Bogarde, John Gogolka, Margaret Brooks, Louis Sheldon Williams, Mark Lester. ◆ L'appuntamento del titolo è quello chě vede i sette fratelli Hook attorno al luogo dove hanno segretamente sepolto la madre morta per non finire in orfanotrofio: un uomo (Bogarde) che si dice loro padre vuole approfittare della situazione ma viene fatto fuori dai ragazzini. Un film curioso e di sapore tipicamente inglese (il terrificante moralismo biblico della defunta madre che ha segnato le coscienze dei bambini), che vede l'ottimo Bogarde tratteggiare un padre snaturato di rara ambiguità, cinico e naïf a un tempo.

Tutti a casa *** (Italia/Francia 1960, b/n, 120') Luigi Comencini. Con Alberto Sordi, Serge Reggiani, Didi Perego, Carla Gravina, Eduardo De Filippo, Martin Balsam, Nino Castelnuovo, Claudio Gora, Mario Feliciani. ◆ L'8 settembre 1943, con l'esercito sbandato e senza ordini dopo l'armistizio, il sottotenente Alberto Innocenzi (Sordi) vede squagliarsi la sua compagnia e si mette in marcia verso casa. Visto ammazzare un compagno e la sua famiglia dai nazisti, dopo la fuga dal padre (De Filippo) che lo vorrebbe arruolato nell'R.S.I., giunge a Napoli col soldato Ceccarelli (Reggiani) decidendo da che parte stare e cominciando a sparare contro i tedeschi. Aiutato da un Sordi d'eccezione, conciliando felicemente il tono umoristico con quello drammatico, Comencini (insieme agli sceneggiatori Age, Scarpelli e Marcello Fondato) contribuisce a spezzare il muro di silenzio calato negli anni Cinquanta sulla Resistenza, affrontando con efficacia un momento cruciale della nostra storia, accuratamente ignorato dal cinema italiano. Feliciani, che interpreta il capitano Passerin, è doppiato da Riccardo Cucciolla.

Tutti a squola * (Italia 1979 col, 95') Pier Francesco Pingitore. Con Pippo Franco, Oreste Lionello, Gianfranco D'Angelo, Lino Banfi, Laura Troschel, Isabella Biagini, Bombolo [Franco Lechner], Jack La Cayenne. ◆ Il professor Bottini (Franco) è ancora rimasto al libro *Cuore*, mentre nel suo istituto imperversano la droga e la P 38: diventerà popolare solo quando finirà in carcere per un equivoco. La satira qualunquista e priva di fantasia del gruppo del Bagaglino: da non confondere con la serie godereccia e scatologica di Alvaro Vitali.

Tutti baciarono la sposa ** (*They All Kissed the Bride*, Usa 1942, b/n, 86') Alexander Hall. Con Joan Crawford, Melvyn Douglas, Roland Young, Billie Burke, Andrew Tombes. ◆ La scostante e ambiziosa figlia (Crawford) del defunto magnate del trasporto su gomma prende in mano le redini dell'azienda e della famiglia, imponendosi su madre e sorella e terrorizzando collaboratori e dipendenti: vorrebbe distruggere il giornalista (Douglas) che ha scritto di lei ma finirà per innamorarsene. Una divertente commedia pensata per Carole Lombard, che morì poco dopo l'inizio delle riprese, e fu sostituita dalla Crawford.

Tutti colpevoli ** (*A Gathering of Old Men*, Usa 1987, col, 88') Volker Schlöndorff. Con Louis Gosset jr, Richard Widmark, Holly Hunter, Joe Seneca, Will Patton, Woody Strode. ◆ Nella campagna della Louisiana un gruppo di vecchi negri trova il coraggio della solidarietà, assumendosi la responsabilità collettiva dell'omicidio di un bianco razzista, compiuto da uno di loro per legittima difesa. Il regista tedesco dedica la sua seconda prova statunitense a un solido dramma sociale, tipicamente americano, che unisce l'impegno civile allo spettacolo senza troppo scadere nella rigidità didascalica e con un occhio molto attento all'ambiente. Da segnalare, nel gruppo, il vecchio Papa John Creach, decano dei violinisti country.

Tutti contro Harry *** (*The Plot Against Harry*, Usa 1989, b/n, 81') Michael Roemer. Con Martin Priest, Ben Lang, Maxine Woods, Henry Nemo, Jacques Taylor. ◆ Uscito di galera, Harry (Priest) trova il suo giro illegale d'affari scompaginato dalla concorrenza, scoprirà di essere diventato nonno e verrà coinvolto dall'ex moglie in una serie divertentissima di situazioni: dalle feste mafiose alle sfilate di biancheria intima. Un'esilarante incursione nel mondo degli ebrei newyorchesi, attraverso un piccolo film indipendente girato nel 1969 ma proiettato per la prima volta dal festival di Cannes nel 1989. Una quantità smodata di idee, satira e divertimento, condotta da superlativi attori non professionisti e fotografata da Robert Young, il regista di *La ballata di Gregorio Cortez*.

Tutti defunti tranne i morti ** (Italia 1977, col, 105') Pupi Avati. Con Gianni Cavina, Francesca Marciano, Carlo Delle Piane, Greta Vaillant, Michele Mirabella, Giulio Pizzirani, Bob Tonelli. ◆ Cercando di piazzare la riedizione di lusso di un antico manoscritto, il malcapitato Dante (Delle Piane) si ritrova in un castello dove si sta consumando una oscura profezia di morte legata alla scoperta di un tesoro. La scuderia Avati ancora impegnata con un horror all'italiana condotto con un allegro piglio farsesco, zeppo di tuoni minacciosi e porte cigolanti, ambientato in un'inedita e nebbiosa campagna emiliana.

Tutti dentro *½ (Italia 1984, col, 107') Alberto Sordi. Con Alberto Sordi, Joe Pesci, Dalila Di Lazzaro, Giorgia Moll, Armando Francioli, Tino Bianchi, Marisa Solinas. ◆ Banchieri, vescovi, faccendieri e politici coinvolti in un giro di tangenti sono tutti arrestati dallo zelante giudice Salvemini (Sordi). Ma un'inopportuna amicizia e il debole per le femmine lo trasformano da inquisitore in inquisito. Anticipando i tempi di tangentopoli Sordi (autore anche della sceneggiatura con Rodolfo Sonego) dirige se stesso in una commedia che si vorrebbe satirica, ma che finisce per essere solo qualunquista, peggiorata dal vizio sordiano di pensare che le ambientazioni mondano-turistiche siano indispensabili per lo spettacolo.

Tutti dicono I love you ** (*Everyone Says I Love You*, Usa 1996, col, 109') Woody Allen. Con Woody Allen, Julia Roberts, Goldie Hawn, Alan Alda, Drew Barrymore, Edward Norton, Lukas Haas, Natalie Portman, Natasha Lyonne, Tim Roth, David Ogden Stiers. ◆ Tra New York, Venezia e Parigi, i modesti guai di una famiglia ricca e progressista di Manhattan: la figlia maggiore Skylark (Barrymore) perde la testa per un ex galeotto (Roth), il figlio Scott (Haas) diventa repubblicano, e il divorziato Joe (Allen) corteggia la depressa Von (Roberts) pur essendo ancora innamorato dell'ex moglie Steffi (Hawn). Amena sit-com con canzoni, alla maniera di un musical di quarant'anni fa: molto compiaciuto e in punta di penna, pieno di autocitazioni (la figlia di Joe, DJ [Lyonne] che spia le sedute di analisi di Von, come capitava in *Un'altra donna*) e di ammiccamenti. Certo non il migliore Allen degli ultimi anni, troppo snobisticamente newyorkese e ammorbidito nella satira. Anche se il sorriso non manca (la scena nella camera ardente con i fantasmi che ballano), e almeno un paio di numeri musicali (l'ospedale, il balletto finale sulla Senna) sono un omaggio sincero alle coreografie del bel tempo che fu. Canzoni d'epoca eseguite dagli interpreti, con le loro voci spesso stonate. Fotografia di Carlo Di Palma. Allen ha tagliato tutte le sequenze girate con Liv Tyler, Tracey Ullman e Kim Rossi Stuart.

Tutti giù per terra **½ (Italia 1997, col, 96') Davide Ferrario. Con Valerio Mastandrea, Carlo Monni, Benedetta Mazzini, Caterina Caselli, Gianluca Gobbi, Anita Caprioli, Adriana Rinaldi. ◆ Torino: Walter (Mastandrea), ventidue anni, vergine, disoccupato, spera che il servizio civile presso un centro d'assistenza ai nomadi possa dare più senso alla sua vita. Non sarà così. Dall'omonimo romanzo di Giuseppe Culicchia, ben sceneggiato dal regista, un'intelligente commedia sul disagio di certi giovani nell'Italia odierna (sotto il cui apparente cinismo cova un'insofferenza incapace di farsi ribellione), che non cede a tentazioni «giovanilistiche» e sa coniugare sapientemente il cinema d'autore con quello *grand public*. Tra i meriti maggiori di Ferrario: la scelta della voce off, con forte effetto straniante, il dialogo a distanza col protagonista attraverso la colonna sonora dei C.S.I., la disinvoltura della regia, frenetica ma meditata, tra reminiscenze avanguardistiche e videoclip, l'attenzione ai personaggi secondari. Davvero notevole la presenza di Mastandrea. Ritorno al cinema dopo decenni di Caterina Caselli nella parte della zia Caterina. Cammeo per Alessandra Casella, la giornalista ignorante e impicciona. Roberto Accornero è il professor Treppì. Ferrario ha dedicato il film a Lindsay Anderson.

Tutti gli altri si chiamano Alì → *Paura mangia l'anima, La*

Tutti gli anni, una volta l'anno *½ (Italia/Francia/Belgio 1993, col, 87') Gianfrancesco Lazotti. Con Giorgio Albertazzi, Paolo Bonacelli, Lando Buzzanca, Carla Cassola, Paolo Ferrari, Vittorio Gassman, Paola Pitagora, Giovanna Ralli, Jean Rochefort. ◆ Ogni anno, un gruppo di anziani amici si dà appuntamento in un ristorante della vecchia Roma, ma quest'anno c'è una novità: uno di loro (Bonacelli) propone di andare a vivere tutti insieme per un po' in un convento di sua proprietà. Si discute, si litiga e si resta ognuno della propria idea. Una specie di *Grande freddo* senile, il cui unico merito è di aver recuperato al cinema quel patrimonio di interpreti italiani estranei ai meccanismi della comicità televisiva e per questo dimenticati troppo in fretta. La «spontanea» antipatia di un Albertazzi e la «repressa» popolanità della Ralli sono invece ancora da sfruttare, ma meglio di quanto si faccia in questo film dall'intreccio tristemente scontato, dove ci sono gli attori ma mancano del tutto gli «autori» (soggetto di Paola Scola, sceneggiatura di Lazotti e Cecilia Calvi). Perfetta l'apparizione di Gassman nel ruolo del tangentaro ritardatario agli arresti domiciliari. Spaesato Rochefort, inserito nel gruppo per esigenze di coproduzione. Colonna sonora di Giovanni Venosta, musicista dei film di Silvio Soldini.

Tutti gli uomini del Presidente **** (*All the President's Men*, Usa 1976, col, 138') Alan J. Pakula. Con Dustin Hoffman, Robert Redford, Jack Warden, Martin Balsam, Hal Holbrook, Jason Robards, Jane Alexander, Ned Beatty, Robert Walden, F. Murray Abraham, Lindsay Ann Crouse. ◆ La storia della celebre inchiesta condotta dai giornalisti del *Washington Post* Bob Woodward (Redford) e Carl Bernstein (Hoffman) che fece esplodere lo scandalo Watergate e portò alle dimissioni del presidente Nixon. Pakula riesce a rinvigorire una storia già ampiamente nota al pubblico (e raccontata in un volume dai due protagonisti) rielaborando la cronaca in senso spettacolare, senza però lasciarsi sfuggire per un solo momento la sostanza politica del discorso. Intreccio compatto, ritmo incalzante, messinscena ricercata (bellissima la panoramica dall'alto della biblioteca del Congresso) per un film che si gioca da subito sulla contrapposizione visiva tra le sale illuminate della redazione e i bui corridoi del Potere. Come dire, il cinema americano nella sua forma migliore. Hoffman e Redford sono una coppia perfetta. Quattro Oscar: miglior attore non protagonista (Robards, che interpreta il direttore del giornale), sceneggiatura (William Goldman), scenografia (George Jenkins e George Gaines) e suono (Arthur Piantadosi, Les Fresholtz, Dick Alexander e Jim Webb).

Tutti gli uomini del re *** (*All the King's Men*, Usa 1949, b/n, 109') Robert Rossen. Con Broderick Crawford, John Ireland, Joanne Dru, Mercedes McCambridge, John Derek, Shepperd Strudwick. ◆ Un giovane politico (Crawford), eletto governatore della Louisiana sull'onda delle sue denunce contro la corruzione, una volta al potere si trasforma, usando gli stessi sporchi mezzi cui prima si opponeva: sempre più violento e autoritario anche nei rapporti privati, verrà assassinato da una delle sue vittime. Tratto dal romanzo premio Pulitzer di Robert Penn Warren (che si ispirava alla carriera del senatore Huey Long) e sceneggiato dal regista, questo film scava nelle radici psicologiche dell'ansia di potere, con una sensibilità estetica vicina a quella del neorealismo. Montato e rimontato più volte fino a trovare (grazie all'intervento di Robert Parrish) la sua forma definitiva, questo film non nasconde una certa confusione narrativa, ma racconta con indubbia vitalità il clima politico che viveva l'America subito dopo la guerra, costretta a uscire dal suo isolamento e – sotto l'incubo del comunismo – facile preda della demagogia. Tre Oscar: miglior film, miglior attore protagonista (Crawford) e miglior attrice non protagonista (McCambridge).

Tutti gli uomini di Sara *½ (Italia/Francia 1992, col, 90') Gianpaolo Tescari. Con Nancy Brilli, Giulio Scarpati, Marie Laforêt, Antonella Lualdi, Claudio Bigagli, Maurizio Donadoni, Luciano Bartoli. ◆ Alla vigilia del matrimonio Sara (Brilli) è ossessionata da un maniaco che vuole impedirle di sposarsi: per scoprirne l'identità tornerà a incontrare i suoi ex fidanzati, convinta che sia uno di loro. Una commedia gialla troppo condizionata dall'origine televisiva: esordio professionale ma senza vera anima di Gianpaolo Tescari nel lungometraggio.

Tutti i colori del buio *½ (Italia/Spagna 1972, col, 94') Sergio Martino. Con Edwige Fenech, George Hilton, Ivan Rassimov, Julian Ugarte, Georges Rigaud, Maria Cumani Quasimodo, Susan Scott [Nieves Navarro], Marina Malfatti, Dominique Boschero, Alan Collins [Luciano Pigozzi], Tom Felleghi, Carla Mancini. ◆ Ossessionata da terribili incubi, Jane (Fenech) viene convinta da un'amica a prendere parte a una messa nera a sfondo orgiastico: strano rimedio, che innesca una serie di delitti. Secondo thriller della coppia Fenech/Martino, che ricalca schemi già noti, indecisi tra gli irraggiungibili Argento e Polanski. Scritto da Ernesto Gastaldi e Sauro Scavolini, da un soggetto di Santiago Moncada. Musiche sataniche di Bruno Nicolai.

Tutti i mercoledì ** (*Any Wednesday*, Usa 1966, col, 109') Robert Ellis Miller. Con Jane Fonda, Jason Robards jr, Dean Jone, Rosemary Murphy, Ann Prentiss. ◆ Il manager in carriera (Robards) incontra una volta la settimana l'impiegata amante (Fonda), ma l'improvvisa comparsa di un collega e della moglie del dirigente scatena una catena di equivoci. Una divertente, sboccata e un po' cinica interpretazione della vita metropolitana contemporanea, tratta da un successo di Broadway sceneggiato da Julius J. Epstein e ben sorretta dai protagonisti.

Tutti insieme appassionatamente ** (*The Sound of Music*, Usa 1965, col, 174') Robert Wise. Con Julie Andrews, Christopher Plummer, Eleanor Parker, Nicholas Hammond, Richard Haydn, Peggy Wood. ◆ Un'aspirante suora, Maria (Andrews), è provvisoriamente impegnata come governante dei sette figli di un colonnello vedovo (Plummer), amante della disciplina ma ostile al nazismo: saprà conquistare la loro stima – oltre che l'amore del genitore – e li aiuterà a scappare in Svizzera quando la Germania annetterà l'Austria. Musical alla melassa e un po' stucchevole, girato comunque con perizia fra belle valli alpine e con buoni numeri musicali di Richard Rodgers e Oscar Hammerstein II, specie di remake del film tedesco *La famiglia Trapp* (1956 di Wolfgang Liebeneiner con Ruth Leuwerick nel ruolo della protagonista). Interessante l'esecuzione dell'ultima canzone, *So Long, Farewell*, con cui i membri della famiglia coprono la loro fuga e, insieme, prendono commiato dal pubblico del film. Cinque Oscar: miglior film, regia, adattamento musicale (Irwin Kostal), montaggio (William H. Reynolds) e suono (James P. Corcoran, Fred Hynes).

Tutti i Vermeer a New York ** (*All the Vermeers in New York*, Usa 1990, col, 87') Jon Jost. Con Stephen Lack, Emmanuelle Chaulet, Grace Philips, Katherine Bean. ◆ Un broker stressato (Lack), la cui unica oasi di pace è il Metropolitan Museum, si innamora di una francese (Chaulet) a New York che ha visto davanti a un ritratto di Vermeer: ma su di lui incombe un destino di morte. Il cinema semimprovvisato e anti-narrativo di Jost passa da astrazioni antonioniane a chiacchiere rohmeriane senza farsi troppi problemi: tutto molto cerebrale, ma con un'inquietudine sotterranea che a volte riesce a trasparire. Di grande effetto la fotografia (tutta in luce naturale), di cui è autore lo stesso regista.

Tutti lo vogliono *½ (*Der bewegte Mann*, Germania 1994, col, 94') Sönke Wortmann. Con Til Schweiger, Katja Riemann, Joachim Król, Rufus Beck. ◆ Sfrattato dalla fidanzata, il donnaiolo Axel (Schweiger) accetta l'ospitalità di due gay: cederà o no alle loro elaborate lusinghe? Dovrebbe essere satira di costume, e invece è il solito campionario di checche vocianti e travestiti. Grande successo in patria (è tratto dai fumetti di Ralf König, adattati dal regista), difficilmente esportabile.

Tutti pazzi per Mary **½ (*There's Something About Mary*, Usa 1998, col, 119') Bobby e Peter Farrelly. Con Cameron Diaz, Ben Stiller, Matt Dillon, Chris Elliott, Lee Evans, Lin Shaye, Jeffrey Tambor, W. Earl Brown, Keith David. ◆ Per ritrovare Mary (Cameron), la fidanzatina del liceo, Ted (Stiller) ingaggia il detective Pat Healy (Dillon), che rintraccia la ragazza a Miami e se ne innamora. Per sedurla, Healy si finge architetto, e per depistare Ted si inventa una serie infinita di frottole: che però non bastano per tenerlo lontano da Mary, corteggiatissima già di suo. Scritta dai registi con Ed Decter e John J. Strauss, una commedia che combina satira di costume e humour («basso») con una leggerezza al vetriolo e una spudoratezza calcolata, ritrovando il ritmo delle commedie screwball (anche se la protagonista femminile, a differenza di quanto accadeva negli anni Quaranta, è oggetto passivo delle iniziative maschili, inconsapevole di ciò che scatena attorno a sé). Tra un ammiccamento all'anticonformismo dei fratelli Marx e un altro al «cattivo gusto» di John Waters, molte le gag diventate popolari: da quelle *politically incorrect* (i dispetti al fratello handicappato di Mary, il cagnolino fulminato e ricucito come Frankenstein) a quelle esplicitamente sessuali (il membro di Ted impigliato nella lampo dei pantaloni, la retata tra gli omosessuali, lo sperma che l'ignara Mary usa come gel per i capelli). Autore della colonna sonora, Jonathan Richman appare come menestrello da strada in alcuni siparietti musicali.

Tutti per uno *** (*A Hard Day's Night*, Gb 1963, b/n, 85') Richard Lester. Con John Lennon, Paul McCartney, George Harrison, Ringo Starr, Victor Spinetti, Wilfrid Brambell, Norman Rossington. ◆ Con i fans perennemente alle calcagna, i Beatles, impegnati per uno show televisivo, disertano le prove e ne combinano di tutti i colori mentre Ringo scompare, alla ricerca di un po' di vagabonda libertà. Primo film sul quartetto di Liverpool: costruito su un'esile traccia narrativa pseudodocumentaria (di Alun Owen), è un'autentica miniera di invenzioni con una struttura formale e un montaggio caotico che partecipano allegramente delle innovazioni della Nouvelle Vague e del Free Cinema. Tante canzoni, da quella del titolo a *Can't Buy Me Love* e *She Loves You*, per lo scanzonato e irresistibile manifesto di uno dei massimi miti del secolo. Durante la lavorazione George Harrison conobbe Patty Boyd, che appare nella scena del treno.

Tutti possono arricchire tranne i poveri * (Italia 1976, col, 110') Mauro Severino. Con Barbara Bouchet, Enrico Montesano, Anna Mazzamauro. ◆ Come vincere al totocalcio e riuscire a dilapidare tutto senza trovare una ragione plausibile per aver girato il film. Un'accoppiata tipica degli anni Settanta – comico-divetta erotica – per una farsaccia paratelevisiva che prende origine da un testo dei decani Tv Terzoli e Vaime.

Tutti vogliono Jessica → *Jessica*

Tutto a posto e niente in ordine ** (Italia 1974, col, 110') Lina Wertmüller. Con Luigi Diberti, Lina Polito, Nino Bignamini, Sara Rapisarda, Giuliana Calandra, Isa Danieli, Claudio Volonté, Renato Rotondo, Eros Pagni. ◆ Un gruppo di emigrati a Milano si ritrova nello stesso appartamento: Gigi (Diberti), dopo aver provato vari lavori, si dà al furto; Carletto (Bignamini) fa il cuoco in un grande ristorante; Biky e Adelina (Calandra e Rapisarda) lavorano come cameriere a ore; Isotta (Danieli) si prostituisce di nascosto; Sante (Volonté), dopo aver fatto otto figli con Mariuccia (Polito), rimane implicato in un attentato e rischia il carcere. Alla fine la più scaltra e ambiziosa della compagnia si rivela Adelina, che rifiuta di sposare Carletto perché «il matrimonio è antieconomico». Una pittoresca galleria di semplici nella giungla del profitto e dello sfruttamento in una commedia piuttosto datata, a volte troppo macchiettistica e spesso brusca negli sbalzi di tono (patetico e grottesco non sono bene amalgamati), ma che tuttavia conserva una sua vitalità di fondo e una robusta vena di humour immediato e popolare. Fotografia di Giuseppe Rotunno.

Tuttobenigni **½ (Italia 1986, col, 87') Giuseppe Bertolucci. Con Roberto Benigni. ◆ Tranne il prologo con la corsa dei ciechi, è un'antologia delle esibizioni dal vivo del comico toscano. Benigni improvvisa una ballata su Craxi cogliendo i suggerimenti del pubblico, racconta a modo suo la storia della creazione, si rivolge a Dio (chiamandolo Guido), e sbeffeggia chi è venuto a sentirlo anziché stare a casa a fare l'amore. La regia di Bertolucci è essenziale ma accorta, Benigni è spesso irresistibile, ma certe lungaggini (come le canzoni) si potevano evitare.

Tutto esaurito ** (*Standing Room Only*, Usa 1944, b/n, 83') Sidney Lanfield. Con Fred MacMurray, Paulette Goddard, Edward Arnold, Roland Young, Anne Revere. ◆ Non riuscendo a trovare un alloggio nella sovraffollata Washington, una coppia (MacMurray e Goddard) cerca di risolvere il problema facendo i domestici in abitazioni di lusso. Una commedia spiritosa, tipica del periodo bellico, che traduce un problema allora molto sentito in situazioni divertenti e dialoghi brillanti. MacMurray e la Goddard sono in piena forma.

Tutto finì all'alba **½ (*I Died a Thousand Times*, Usa 1955, col, 109') Stuart Heisler. Con Jack Palance, Shelley Winters, Lori Nelson, Lee Marvin, Earl Holliman, Lon Chaney jr. ◆ Mentre organizza un nuovo colpo, l'ex detenuto Roy Earl (Palance) fa la conoscenza di Velma (Nelson), una ragazza claudicante a cui dà i soldi per curarsi la gamba ma che scopre essere già innamorata. Chi gli dichiara invece il suo amore è Maria (Winters), che lo seguirà anche nella fuga dopo che il colpo si è concluso tragicamente e che lo vedrà cadere sotto i colpi della polizia, nelle montagne della California. Bel remake di *Una pallottola per Roy* (sceneggiato dallo stesso autore del romanzo d'origine, W.R. Burnett), forse un po' troppo romantico, ma molto interessante nella descrizione del protagonista, più misterioso e solitario del Roy interpretato da Bogart, grazie anche a una regia secca ed essenziale che porta subito lo spettatore nel cuore dell'azione.

Tutto finisce all'alba *½ (*Sans lendemain*, Francia 1939, b/n, 79') Max Ophuls. Con Edwige Feuillère, Georges Rigaud, Paul Azais, Daniel Lecourtois, Michel François, Pauline Carton. ◆ Un ricco professionista (Rigaud) vuole riconquistare la sua ex amante Evelyne (Feuillère), ora vedova, madre e prostituta, convincendola a trasferirsi con lui in Canada. Ma quando deve imbarcarsi sulla nave, la donna sparisce nella nebbia lasciando per sempre l'uomo e il figlio che adora. Censurato in tutte le parti più scabrose e preferite dal regista, che voleva mettere in scena la realtà rimossa dalla morale borghese, il film si riduce a un melodramma mediocre e un po' cupo, nonostante la consueta perizia tecnica dell'autore e la buona prova della protagonista.

Tutto in una notte *** (*Into the Night*, Usa 1985, col, 115') John Landis. Con Jeff Goldblum, Michelle Pfeiffer, Irene Papas, Dan Aykroyd, Paul Mazursky, Roger Vadim, David Bowie, Clu Gulager, Vera Miles, Richard Farnsworth. ◆ Un impiegato depresso e afflitto da insonnia (Goldblum) salva casualmente una ragazza (Pfeiffer) inseguita da quattro killer della Savak, la polizia segreta dello scià di Persia: è l'inizio di un'avventura (racchiusa nell'arco di due notti) che sconvolge la sua vita. Classico mescolamento di generi da anni Ottanta, sceneggiato da Ron Koslow, con improvvisi sbalzi di registro dal truce al grottesco che hanno sconcertato molti. Landis (che è uno dei quattro killer) ha un senso dell'ironia più sottile che in altre occasioni, e gira uno dei suoi film meno prevedibili. Tra i numerosi registi in apparizione speciale, sono da ricordare anche le comparsate di Don Siegel (l'uomo che esce dal bagno), Paul Bartel (il portiere), David Cronenberg (il dirigente con gli occhiali) e Jonathan Demme (un poliziotto nella scena finale). Bella colonna sonora interpretata da B.B. King.

Tutto l'oro del mondo ** (*Tout l'or du monde*, Francia 1961, b/n, 90') René Clair. Con Bourvil [André Raimbourg], Alfred Adam, Philippe Noiret, Claude Rich, Colette Castel, Annie Fratellini, Nicole Chollet, Max Elloy. ◆ Un ambizioso industriale parigino (Adam) tenta di comprare pezzo per pezzo l'intero villaggio di Cabosse per ristrutturarlo e rivenderlo: il testardo contadino Matteo Dumont (Bourvil) difenderà la sua terra fino alla morte, il figlio Tonio (ancora Bourvil) farà altrettanto fino alla vittoria. Un racconto morale (sceneggiato da Clair, Jacques Rémy e Jean Marsan) che oppone una provincia arretrata, ma sana e pulita, alla metropoli convulsa, drogata da televisione e pubblicità e preda di falsi miti come denaro e successo. Il tono parodistico solleva l'impostazione un po' semplicistica della storia, ma la mano «leggera» di Clair questa volta si fa lenta e dispersiva: il meglio è racchiuso nella prima sequenza, dedicata ai mali della «vita moderna», poi il film si assesta sul quadretto bucolico, anche se non mancano alcuni inserti satirici e qualche scena interessante (i funerali di Matteo, con il successivo banchetto, e la discesa dell'elicottero su Tonio, con le pecore che fuggono spaventate).

Tutto mi accusa ***½ (*The Winslow Boy*, Gb 1948, b/n, 117') Anthony Asquith. Con Robert Donat, sir Cedric Hardwicke, Margaret Leighton, Francis L. Sullivan, Basil Radford, Neil North, Kathleen Harrison, Jack Watling, Marie Lohr, Frank Walton, Cyril Ritchard, Wilfrid Hyde-White. ◆ Per riabilitare il figlio Ronnie (North) – espulso dall'Accademia navale con l'accusa di aver rubato un vaglia di 5 scellini – e ottenere un giusto processo, Arthur Winslow (Hardwicke) ricorre fino in Parlamento: sarà aiutato dal principe del foro Robert Morton (Donat), ma dovrà lottare contro molti pregiudizi. La prima versione cinematografica della pièce *Il cadetto Winslow* di Terence Rattigan (autore anche della sceneggiatura insieme al produttore Anatole de Grunwald), ispirata a un caso avvenuto nel 1912, è un'appassionata difesa dell'idea di Giustizia, che si richiama ai valori della Magna Charta e mette in discussione il principio dell'infallibilità del re (e dei suoi rappresentanti). Il film sa cogliere perfettamente il passaggio epocale con i suoi mutamenti di costume (la figlia suffragetta [Leighton], i nuovi balli) e le svolte storiche, ma non perde mai di vista il senso profondo (e morale) della lotta e della virtù di resistenza di un suddito di fronte allo Stato, non per contestarlo ma per migliorarlo. Grande prova d'attori collettiva, con Donat su tutti. Rifatto da Mamet nel 1999 (*Il caso Winslow*).

Tutto può accadere ** (*Anything Can Happen*, Usa 1952, b/n, 107') George Seaton. Con José Ferrer, Kim Hunter, Kurt Kasznar, Eugenie Leontovich, Oscar Beregi. ◆ Un emigrato russo (Ferrer) arriva negli Stati Uniti dove divide il suo tempo tra una colonia di esuli e una bella californiana (Hunter) troppo ricca perché possa dichiararle il suo amore. Ma l'american way of life offre a tutti un'occasione per far fortuna e così il sogno d'amore potrà avverarsi. Una commedia sentimentale che straborda di ottimismo e buoni sentimenti, scritta dal regista con George Oppenheimer, fin disarmante nel suo appello ideologico (la sequenza del tribunale è Capra al cubo) che sembra uscito dritto dritto dalla guerra fredda. Melassa cinematografica con salsa ideologica da guerra fredda.

Tutto quella notte * (*A Night on the Town*, Usa 1987, col, 99') Chris Columbus. Con Elisabeth Shue, Maia Brewton, Keith Coogan, Anthony Rapp, Calvin Levels. ◆ Due ragazzi, una bambina e la sua baby-sitter si perdono nella notte di Chicago fra topi, ladri e teppisti. Un cast teen-ager per un pubblico teen-ager, in una sorta di *Fuori orario* dei piccoli dove l'inquietudine delle insidie metropolitane è rassicurante come un cartone animato disneyano. Mediocre esordio di Columbus alla regia dopo le efficaci sceneggiature di *Gremlins* e *Piramide di paura*.

Tutto quello che avreste voluto sapere sul sesso ma non avete mai osato chiedere *½ (*Everything You Always Wanted To Know About Sex But Were Afraid To Ask*, Usa 1972, col, 87') Woody Allen. Con Woody Allen, Lynn Redgrave, Anthony Quayle, John Carradine, Lou Jacobi, Louise Lasser, Tony Randall, Burt Reynolds, Gene Wilder. ◆ Appropriandosi del titolo di un bestseller degli anni della rivoluzione sessuale del dottor David Reuben, Allen assembla sette episodi-risposta a ipotetiche domande sulla sessualità: un giullare che seduce la sua regina purtroppo prigioniera della cintura di castità, uno psicologo che si innamora della pecora armena del suo paziente, una coppia eccitata solo dagli amplessi pericolosi, l'odissea di un travestito non omosessuale, la perversione di un rabbino masochista la cui moglie mangia maiale, una mostruosa «macrozinna» che spruzza ondate di latte, un'incursione nelle retrovie degli spermatozoi pronti all'eiaculazione. Un'operazione solo a tratti divertente con cui Allen sperimenta la sua capacità di mimesi dei vari generi e stili cinematografici da Antonioni all'horror.

Tutto su mia madre **½ (*Todo sobre mi madre*, Spagna 1999, col, 101') Pedro Almodóvar. Con Cecilia Roth, Marisa Paredes, Penélope Cruz, Candela Peña, Antonia San Juan, Rosa Maria Sarda, Fernando Fernán-Gómez, Eloy Esteban. ◆ La morte del figlio diciottenne, investito mentre cercava un autografo di Huma (Paredes), spinge la madre Manuela (Roth) a lasciare Madrid per Barcellona, sulle tracce del padre che ha cambiato sesso: diventerà segretaria e poi attrice con Huma, aiuterà il travestito Agrado (San Juan) a recuperare fiducia nella vita e la giovane Rosa (Cruz) ad affrontare la gravidanza nonostante la sieropositività. Un inno alla solidarietà femminile in un mondo nel quale i maschi sembrano non aver più cittadinanza (o muoiono o cambiano sesso). Almodóvar, autore anche della sceneggiatura, pesca a piene mani nel proprio universo fantasmatico, dalla cinefilia (Bette Davis, *Un tram che si chiama desiderio*) alla legittimazione di ogni variante sessuale, ma perde il retrogusto amaro - e spesso tragico - dei suoi ultimi film. Così l'affetto e la partecipazione con cui descrive la sua strana tribù di donne non cancella un eccesso di buonismo, ora azzeccato (il monologo di Agrado sul costo economico di una «trasformazione» come la sua) ora meno (Mankiewicz, continuamente evocato con il suo *Eva contro Eva*, era ben più acido e profondo nel descrivere le relazioni interpersonali). Fotografato da Alfonso Beato con colori caldi e saturi che annullano le zone d'ombra, il film finisce per essere più un manifesto programmatico che una riflessione sull'altra metà del cielo (anche perché la cancellazione dell'universo maschile non è realmente giustificata, ma piuttosto vissuta come un sogno infantile), dove i personaggi rischiano di scivolare nelle forme stereotipate di un «teatrino immaginario».

Tutto suo padre * (Italia 1978, col, 99') Maurizio Lucidi. Con Enrico Montesano, Marilù Prati, Cristiano Censi, Manfred Freyberg, Fiammetta Baralla. ◆ Il pizzaiolo Adolfo (Montesano) scopre di non essere figlio di nessuno ma di un poco raccomandabile qualcuno, cioè Hitler. Pensando di dover partecipare a uno spettacolo viene assoldato da un'organizzazione che vuole rinverdire i fasti del nazismo, combinando ovviamente un sacco di guai. L'umorismo è grossolano e di dubbio gusto, l'idea e le battute basterebbero sì e no per uno sketch televisivo ma Montesano che fa il verso al Chaplin del *Grande dittatore* è sinceramente fuori luogo.

Twilight ** (*Twilight*, Usa 1998, col, 96') Robert Benton. Con Paul Newman, Susan Sarandon, Gene Hackman, Stockard Channing, James Garner, Reese Witherspoon, Giancarlo Esposito, Liev Schreiber, Margo Martindale, M. Emmet Walsh. ◆ L'ex detective privato Harry Ross (Newman) è ridotto a tuttofare di una coppia di attori: Jack Ames (Hackman) sta morendo di cancro, e la moglie Catherine (Sarandon) è in vena di tradimento. Ma qualcuno li sta ricattando, e i cadaveri si moltiplicano. Noir che più crepuscolare non si può, nel quale i classici temi dell'amicizia tradita e della disillusione esistenziale vengono quasi dati per scontati, mentre la sceneggiatura (del regista e di Richard Russo) cerca faticosamente di ritagliare spazi di ironia e di dissacrazione, a rischio di qualche caduta di gusto. Girato con grande cura, s'intende (la fotografia è di Piotr Sobociński, la musica di Elmer Bernstein), ma il prestigioso cast spesso sembra sospeso sul vuoto. Uscito solo in cassetta.

Twinky *½ (*Twinky*, Gb 1970, col, 98') Richard Donner. Con Charles Bronson, Susan George, Honor Blackman, Michael Craig, Paul Ford, Jack Hawkins, Trevor Howard. ◆ Lui (Bronson) è un ultraquarantenne americano che scrive libri porno, lei (George) una sedicenne inglese: si sposano ma il matrimonio non regge e la ragazzina tornerà a casa. Una commedia modesta che traduce in banalità il clima anticonformista attorno al Sessantotto nonostante gli sforzi di Bronson per essere dignitoso. Rititolato *Lola* negli Usa e poi *The Statutory Affair*, dove è stato tagliato di 10'.

Twin Town *½ (*Twin Town*, Gb 1997, col, 98') Kevin Allen. Con Llyr Evans, Rhys Ifans, Dougray Scott, Dorien Thomas, Biddug Williams. ◆ Che cosa succede a Swansea, Galles, definita da Dylan Thomas «la tomba delle ambizioni»? La solita roba: poliziotti corrotti che trafficano droga, due fratelli – Julian (Evans) e Jeremy (Ifans) – che si strafanno e organizzano scherzacci scatologici... Finché le cose degenerano, e i morti si moltiplicano. Regista (Danny Boyle) e produttore (Andrew Macdonald) di *Trainspotting* patrocinano un clone gallese del loro successo: con gli stessi tormentoni del prototipo (il senso di inferiorità verso gli inglesi) ma senza l'inventiva formale, e con un cinismo e una trivialità che questa volta sfiorano il gratuito. Molto rumore per poco. Scritto dal regista, esordiente, con Paul Durden. Petula Clark impazza dalla colonna sonora.

Twisted Path of Love * (*Koibito tachi wa nureta*, Giappone 1973, col, 76') Kumashiro Tatsumi. Con Tetsu Oe, Rie Nagakawa, Moeko Ezawa, Koichi Hori. ◆ Un ex yakuza (Oe) si nasconde in una località di provincia facendo le pulizie in un cinema porno, violentando ragazze sulla spiaggia e tessendo rapporti a tre che gli saranno fatali. Il cocktail di malesseri che guardano volenterosamente a Oshima, ritmi ermetici da cinema d'arte ed esigenze di bassa *exploitation* (anche se le scene di sesso sono sempre censurate da riquadri neri) è micidiale. Scritto dal regista. Il titolo giapponese significa «Gli amanti sono bagnati».

Twister *½ (*Twister*, Usa 1996, col, 113') Jan de Bont. Con Helen Hunt, Bill Paxton, Jami Gertz, Cary Elwes, Lois Smith, Philip Seymour Hoffman. ◆ Oklahoma: Bill Harding (Paxton) studioso di tornadi, sta per divorziare dalla moglie e collega Jo (Hunt): ma l'opportunità di sperimentare «Dorothy», una nuova macchina per studiare i cicloni, riunisce la coppia. Da uno sceneggiatore come Michael Crichton (in duo con la moglie Anne-Marie Martin) ci si aspettava qualche pretesto migliore per spiegare come mai due invasati si divertano ad andare nell'occhio delle trombe d'aria. Gli strabilianti effetti speciali digitali della Industrial Light & Magic, tra mucche che volano e case spazzate via dal vento, simulano con efficacia il fascino terribile della natura. Ma è dall'epoca dei film catastrofici degli anni Settanta che non si vedeva un campionario di personaggi tanto ridicoli e una trama così noiosa e ripetitiva. Fotografia di Jack N. Green.

Two Much – Uno di troppo *½ (*Two Much*, Usa/Spagna 1996, col, 115') Fernando Trueba. Con Antonio Banderas, Melanie Griffith, Daryl Hannah, Danny Aiello, Joan Cusack, Eli Wallach, Gabino Diego, Austin Pendleton, Alan Rich, Phil Leeds. ◆ Imbroglione specializzato in quadri finti, Art (Banderas) accetta la sorprendente proposta di matrimonio che gli fa la ricca e divorziata Betty (Griffith), nonostante l'incombente presenza dell'ex marito, il mafioso Gene Paletto (Aiello). Ma quando scopre che la promessa sposa ha una sorella (Hannah), si inventa un fratello gemello – Bart – e si mette a corteggiarla. Non basta un romanzo di Donald Westlake (sceneggiato dai fratelli Trueba, David e Vincent) per garantire un film divertente. La prima mezz'ora è scoppiettante, ma poi il giochino dei due gemelli diventa ripetitivo, e il tentativo di vivificare la commedia sofisticata con la sensualità latina lascia davvero il tempo che trova. Sul set è nato l'amore tra Banderas e la Griffith.

U-Boot 96 ** (*Das Boot*, Rft 1980, col, 140') Wolfgang Petersen. Con Jürgen Prochnow, Herbert-Arthur Grönemeyer, Klaus Wennemann, Hubertus Bengsch, Martin Semmelrogge, Bernd Tauber, Heinz Hönig. ◆ Durante la seconda guerra mondiale, un sommergibile tedesco che opera nell'Atlantico riesce a evitare le insidie nemiche e anche dopo essere stato duramente colpito da un attacco aereo riesce a riguadagnare quasi miracolosamente la base di La Rochelle, ma la fine sarà solo rimandata di poco. Tratto dal romanzo omonimo di Lothar-Günther Buchheim, il film racconta la vita quotidiana in un sottomarino, senza eroismi né prese di posizione sulla guerra, ma evitando ambiguamente di approfondire la sua funzione di macchina distruttiva: girato con una certa efficacia, è stato uno dei primi film commerciali tedeschi ad avere un successo di pubblico internazionale. Nel 1996 è uscito un *director's cut* di 206'.

Uccellacci e uccellini *** (Italia 1966, b/n, 88') Pier Paolo Pasolini. Con Totò, Ninetto Davoli, Femi Benussi, Rossana Di Rocco, Rosina Moroni, Lena Lin Solaro, Riccardo Redi. ◆ Totò e Ninetto Innocenti (Totò e Davoli) sono incaricati di sfrattare la povera gente che non paga l'affitto: per strada li segue un corvo parlante (con la voce di Francesco Leonetti), sedicente intellettuale marxista che racconta le disavventure di due fraticelli francescani, Ciccillo e Ninetto (sempre Totò e Davoli) impegnati a predicare pace e amore. Ma dopo aver assistito anche ai funerali di Togliatti, padre e figlio Innocenti finiranno per mangiarsi il noioso corvo predicatore. Fantasioso apologo umoristico sul ruolo dell'intellettuale e sulla trasformazione del proletariato, dove l'eccesso di didascalicità è compensato da una libertà di scrittura – il cinema di finzione si mescola a quello diaristico e documentaristico (i funerali di Togliatti) – davvero moderna. Secondo le parole di Pasolini «un film raccontato in prosa con delle punte poetiche, cosa che è tipica delle favole», riflessione metaforica sulla crisi della sinistra italiana e sulla difficoltà di una sua autentica presa di coscienza della realtà, dove già spuntano le segnalazioni (grazie a simbolici cartelli stradali) di un futuro terzomondista letto in chiave messianica. Perché la vera essenza del messaggio pasoliniano è proprio «nella religiosità sottesa al suo rapporto con il reale, sintomo di una verità arcaica e naturale, unico vero terreno in cui svolgere una presenza politica attiva». Grande prova mimica di Totò, spogliato di ogni facile cliché comico e premiato al festival di Cannes. Pasolini tagliò l'episodio (di circa 8') di monsieur Conneau dove rispondeva a un critico francese che l'aveva attaccato.

Uccelli, Gli **** (*The Birds*, Usa 1963, col, 119') Alfred Hitchcock. Con Rod Taylor, Tippi Hedren, Jessica Tandy, Suzanne Pleshette, Veronica Cartwright. ◆ Scambiata per l'impiegata di un negozio, la ricca e stravagante Melanie Daniels (Hedren, che passerà alla figlia attrice Melanie Griffith il nome di questo personaggio) porta una coppia di pappagallini inseparabili all'avvocato Mitch Brenner (Taylor) che vive nell'isolato paesino di Bodega Bay e qui resterà intrappolata con la di lui famiglia nell'improvvisa e apocalittica rivolta degli uccelli che a migliaia assalgono la popolazione. Tratto da un racconto di Daphne Du Maurier sceneggiato da Evan Hunter (più conosciuto con lo pseudonimo di Ed McBain), è uno dei capolavori assoluti del cinema e probabilmente il vero testamento cinematografico di Hitchcock. Tutto il film è una riflessione sull'angoscia, affrontata da diversi punti di vista (psicologico: quello della madre del protagonista, che teme di essere abbandonata dal figlio avvocato; morale: quello di Melanie, che si inventa un ruolo sociale per riempire il vuoto della propria vita scioperata; metafisico: quello della comunità assediata, che vede improvvisamente ribaltarsi il tradizionale rapporto tra Uomo e Natura), tutti materializzati nelle torme di corvi e gabbiani che riempiono sempre più l'inquadratura e trasmettono un insostenibile senso di minaccia già prima di attaccare. In questo modo un giallo orrorifico si trasforma in una specie di «apocalittico giudizio finale, specie di punizione biblica inferta all'uomo da un Dio di vendetta e di collera», anche se l'abilità del regista sta proprio nel non voler sottolineare nessuna interpretazione particolare (filosofica, ecologica o soprannaturale) e lasciare aperto il finale, con la macchina che porta via i protagonisti in un mare di uccelli vocianti. Per quell'epoca il film è anche un capolavoro di tecnica e trucchi, dovuti ai due operatori Robert Burks e Lawrence A. Hampton, all'ammaestratore di animali Ray Berwick e al disegnatore Ub Iwerks, da sempre collaboratore di Walt Disney e inventore di Topolino. Difficilmente immaginabili la fatica e lo stress cui dovette sottomettersi Tippi Hedren durante le riprese, sospese per una settimana a causa di un suo esaurimento nervoso, mentre quasi ogni giorno qualche membro della troupe doveva ricorrere a cure ospedaliere per gli attacchi dei pennuti. Hitchcock si vede all'inizio mentre esce dal negozio di animali con due cani al guinzaglio. La Hedren ritorna in un sequel televisivo del 1994, *Birds II: The Land's End*, diretto da Rick Rosenthal con lo pseudonimo di Alan Smithee.

Uccelli 2 * (*Beaks*, Usa/Messico 1987, col, 95') René Cardona jr. Con Christopher Atkins, Michelle Johnson, Sonia Infante, Salvador Pineda, Gabriele Tinti. ◆ L'inesplicabile e inquietante rivolta hitchcockiana degli uccelli lascia posto, in questo film che non ha nulla a che spartire con il maestro del brivido, alla più esplicita e prosaica decisione dei pennuti di far fuori i nemici dell'ambiente. Banale

Uccelli d'Italia * (Italia 1985, col, 77') Ciro Ippolito. Con Daniele Pace, Giancarlo Bigazzi, Alfredo Cerruti, Gaetano Savio, Oscar Avogadro, Marisa Laurito, Annie Belle, Anna [Annie] Papa. ◆ Sogni e fantasie di uno scrittore in crisi creativa che si immagina situazioni più o meno piccanti ambientate in Brasile (cliniche per pazienti impotenti con infermiere formose, dialoghi sconclusionati tra bizzarri personaggi, rapine in banca radiocomandate) o in Oriente (l'incontro tra il gestore di un ristorante a prezzo fisso, Giuda, e un tale specialista nel riempire ceste di pani e di pesci). Comicità demenziale sotto l'egida del gruppo musicale degli Squallor (Pace, Bigazzi, Cerruti e Avogadro), più stupida che graffiante e inutilmente volgare.

Uccelli vanno a morire in Perù, Gli * (*Les Oiseaux vont mourir au Pérou*, Francia 1967, col, 95') Romain Gary. Con Jean Seberg, Maurice Ronet, Danielle Darrieux, Pierre Brasseur, Jean-Pierre Kalfon. ◆ Gli incubi e i tormenti porno-psicologici di una ninfomane (Seberg) che mentre aspetta che il marito (Brasseur) la uccida, inanella nuove conquiste, tra cui quella di un poeta (Ronet). Noioso melodramma fintamente trasgressivo sulla solita accoppiata amore e morte che Gary ha tratto dal suo omonimo romanzo. Beghe censorie in Italia per il film che fu sequestrato e sforbiciato.

Uccello dalle piume di cristallo, L' **½ (Italia/Rft 1970, col, 96') Dario Argento. Con Tony Musante, Suzy Kendall, Enrico Maria Salerno, Umberto Raho, Eva Renzi, Mario Adorf. ◆ Dopo aver sventato un omicidio, il giornalista Sam Dalmas (Musante) si improvvisa detective per scoprire l'autore degli assassini misteriosamente legati a un quadro, cercando disperatamente di ricordare un particolare fondamentale alla soluzione del caso. Erede dell'horror all'italiana di Freda e Bava, Argento esordisce alla regia con questo thriller che inaugurò un filone nel cinema di casa nostra: gusto del colpo di scena con ribaltamento di finale, attenzione al particolare, uso compiaciuto anche se non ancora smodato di sangue e situazioni di forte impatto emotivo. La fotografia è di Vittorio Storaro.

Uccello di paradiso, L' ** (*Bird of Paradise*, Usa 1951, col, 100') Delmer Daves. Con Louis Jourdan, Jeff Chandler, Debra Paget, Everett Sloane, Jack Elam. ◆ Love story nei mari del Sud fra una principessa indigena e un uomo bianco. L'amore a prima vista, in un clima idilliaco, supera sia le prove tradizionali dell'isola (camminata sui carboni ardenti compresa) che le oscure profezie del sacerdote ma non la minacciosa eruzione del vulcano che reclama un sacrificio umano. Un melodramma di Daves da rivalutare, remake del film del 1932 di King Vidor, dove la forza dell'amore si oppone alla superstizione e che descrive gli indigeni del Pacifico con molto rispetto ed evitando facili stereotipi.

Uccello migratore, L' * (Italia 1972, col, 102') Steno [Stefano Vanzina]. Con Lando Buzzanca, Rossana Podestà, Gianrico Tedeschi, Domininque Torrent, Pia Velsi, Paolo Cardoni, Ignazio Leone. ◆ Il professore di storia Andrea Pomeraro (Buzzanca) viene trasferito dalla Sicilia nel più «caldo» dei licei romani: allo zio onorevole faceva comodo un paravento per la sua garçonnière. Dapprima attaccato dagli studenti, il prof passa poi dalla loro parte, dividendosi fra le grazie di una collega (Podestà) e di un'allieva (Torrent). Dalla satira qualunquista a una svolta contestataria quanto mai fasulla, la sceneggiatura di Giulio Scarnicci e Raimondo Vianello non convince ma, così come è poco credibile in cattedra il «pitecantropo» (per usare una battuta del film) Buzzanca. Improponibile anche come documento d'epoca. Musiche di Armando Trovajoli.

Ucciderò un uomo **½ (*Que la bête meure*, Francia/Italia 1969, col, 113') Claude Chabrol. Con Jean Yanne, Michel Duchaussoy, Caroline Cellier, Anouk Ferjac, Maurice Pialat. ◆ Charles Thénier (Duchaussoy) vuole vendicare la morte del figlio, travolto da uno sconosciuto pirata della strada: scopre l'omicida (Yanne), ma anche di non essere il solo a volerlo eliminare. Un film ambiguo e crudelmente malinconico, dove il conflitto morale tra natura e cultura si risolve nella fine della brutalità animale dell'investitore e in quella della razionalità irresoluta dello scrittore, incapace di vendicarsi. Un'opera del periodo migliore di Chabrol. Il futuro regista Maurice Pialat interpreta il commissario.

Ucciderò Willie Kid *** (*Tell Them Willie Boy Is Here*, Usa 1969, col, 96') Abraham Polonsky. Con Robert Redford, Katharine Ross, Robert Blake, Susan Clark, Barry Sullivan, Charles McGraw. ◆ Nel West ormai pacificato del 1909, un indiano (Blake), assassino per legittima difesa, fugge con la sua donna (Ross): lo insegue a malincuore lo sceriffo Cooper (Redford) che simpatizza più per lui che per l'isterica comunità bianca timorosa di una ripresa delle guerre indiane. Diretto da Polonsky dopo vent'anni di ostracismo maccartista (*Le forze del male* è del 1948), il film unisce il ritmo avvincente di un solido prodotto di genere all'impegno civile dei western degli ultimi anni Sessanta, che ribaltavano il mito dell'epopea americana nella realtà del genocidio dei pellerossa e che qui si arricchisce della lucida riflessione sull'impossibilità di una innocenza personale in una società di corruzione. Interpretato con convinzione da Redford e Katharine Ross, attori simbolo di quella che fu la nuova Hollywood.

Uccidete il vitello grasso e arrostitelo *½ (Italia 1970, col, 92') Salvatore Samperi. Con Jean Sorel, Marilù Tolo, Gigi Ballista, Maurizio Degli Esposti. ◆ Tornato a casa dal collegio, il giovane Enrico (Degli Esposti) scopre nel fratello Cesare e nella sua amante-cugina Verde (Sorel e Tolo) i responsabili della morte del padre, ma finirà male a sua volta. Meno arrabbiato ma tecnicamente più raffinato di *Grazie zia*, il film continua a scavare nella dissoluzione della famiglia borghese: un po' di Hitchcock e un po' di Marx per un giallo che viene riempito di angoscia esistenziale e di tutte le nefandezze che l'avido interesse può generare. Inquietante Marilù Tolo.

Uccidete la colomba bianca ** (*The Package*, Usa 1989, col, 108') Andrew Davis. Con Gene Hackman, Joanna Cassidy, John Heard, Tommy Lee Jones, Dennis Franz. ◆ La colomba del titolo è il leader sovietico che sta per firmare il trattato sul disarmo atomico: i falchi degli eserciti russo e americano vogliono fermarlo con un attentato, ma non hanno fatto i conti con un coriaceo sergente (Hackman), reduce di tutte le guerre possibili, e con la sua ex moglie colonnello (Cassidy). Un buon thriller fantapolitico dove gli attuali timori sull'oltranzismo militare sono portati in scena con la classica suspense spionistica da guerra fredda.

U-112 assalto al Queen Mary * (*Assault on a Queen*, Usa 1966, col, 106') Jack Donohue. Con Frank Sinatra, Virna Lisi, Tony Franciosa, Richard Conte, Alf Kjellin, Errol John. ◆ A caccia di un tesoro sommerso alle Bahamas, una coppia di avventurieri (Franciosa e Lisi) ingaggiano un marinaio (Sinatra) e cercano di utilizzare un vecchio sottomarino tedesco, zeppo di feccia umana e guidato da un ex nazista. Sceneggiato da Rod Sterling, un mediocre e irrealistico film d'azione. Appetibile la colonna sonora di Duke Ellington.

Udienza, L' *** (Italia 1971, col, 112') Marco Ferreri. Con Enzo Jannacci, Claudia Cardinale, Ugo Tognazzi, Michel Piccoli, Vittorio Gassman. ◆ Ansioso di poter parlare al Papa per comunicargli personalmente una cosa importante, Amedeo (Jannacci) si ritrova a lottare contro la burocrazia clericale, la seduzione depistatrice di Aiché (Cardinale), la nobiltà nera, il dissenso cattolico e le viscide manovre del commissario Aureliano Diaz (Tognazzi). Con accenti kafkiani, Ferreri (con la collaborazione di Rafael Azcona e di Dante Matelli) scatena la sua satira rovente per aggredire la gerarchia cattolica e più in generale l'idea stessa di Potere, dei cui meccanismi sono tutti prigionieri e complici. Perfetta la scelta del cantautore Enzo Jannacci per impersonare il candido e stralunato Amedeo.

U2 Rattle and Hum ** (*U2 Rattle and Hum*, Usa 1988, b/n e col, 99') Phil Joanou. Con gli U2: Bono [Paul Hewson], David Evans, Adam Clayton, Larry Mullen. ◆ Gli irlandesi U2 ricercano le proprie origini musicali negli States – una chiesa di Harlem, una visita alla casa museo di Elvis Presley e al Sun Studio di Memphis, un incontro con B.B. King. Dopo l'inizio in bianco e nero sgranato da spot pubblicitario, il concerto finale è a colori, tanto perché l'apoteosi sia esplicita. Al contrario di classici film-concerto come *L'ultimo valzer* e *Stop Making Sense*, quello del giovane Joanou può interessare solo i fan del gruppo.

Uffa papà, quanto rompi * (*How Sweet It Is!*, Usa 1968, col, 97') Jerry Paris. Con James Garner, Debbie Reynolds, Maurice Ronet, Paul Lynde, Marcel Dalio. ◆ Una coppia americana (Garner e Reynolds) con figlio hippy decide di fare un viaggio in Europa per rivitalizzare il suo legame: ci penserà un seducente francese (Ronet) a mettere un po' di pepe tra i due coniugi. Una fiacca commedia degli equivoci che cerca di attualizzarsi con le tematiche sulla rivoluzione sessuale in voga alla fine degli anni Sessanta. Sceneggiato e prodotto dal futuro regista di *Pretty Woman* Garry Marshall.

Ufficiale e gentiluomo **½ (*An Officer and a Gentleman*, Usa 1981, col, 124') Taylor Hackford. Con Richard Gere, Debra Winger, David Keith, Robert Loggia, Lisa Blount, Lisa Eilbacher, Louis Gosset jr. ◆ Zack Mayo (Gere) si iscrive al corso ufficiali per riscattarsi dal fallimento della madre suicida e del padre marinaio beone e puttaniere: diventerà uomo, e pilota, superando l'ostracismo di un sadico sergente (Gosset) e conquistando l'amore di un'operaia (Winger) che cercava il matrimonio «giusto» per garantirsi un futuro non proletario. Un melodramma a lieto fine sceneggiato da Douglas Day Stewart (ideologicamente molto ambiguo) che solletica con calibrato mestiere aspirazioni e sentimentalismo giovanile. Ottima prova di Gere e della Winger coinvolti in una torrida scena di sesso (che in Tv potrebbe essere tagliata). Due Oscar: miglior attore non protagonista (Gosset) e canzone (*Up Where We Belong* di Jack Nitzsche, Buffy Sainte-Marie e Will Jennings).

U.H.F. – I videoidioti * (*UHF*, Usa 1989, col, 97') Jay Levey. Con Al Yankovic, Victoria Jackson, Kevin

McCarthy, Michael Richards, David Bowie. ◆ Il direttore di una piccola stazione Tv (Yankovic) surclassa la concorrenza, sfondando con un palinsesto bislacco, zeppo di film, pubblicità e show di rara idiozia. Trita demenzialità televisiva al quadrato che vorrebbe essere satirica, sceneggiata da «Weird Al» Yankovic, autore di video con una qualche notorietà in America.

Ulisse **½ (Italia 1954, col, 117') Mario Camerini. Con Kirk Douglas, Silvana Mangano, Anthony Quinn, Rossana Podestà, Franco Interlenghi, Elena Zareschi, Jacques Dumesnil, Evi Maltagliati, Alessandro Fersen, Mario Feliciani, Alberto Lupo. ◆ Mentre Penelope (Mangano) respinge le proposte dei Proci, lo smemorato Ulisse (Douglas) arriva alla terra dei Feaci e s'innamora della principessa Nausicaa (Podestà): quando ritrova la memoria – e racconta le sue avventure contro Polifemo, le Sirene e la maga Circe – il re Alcinoo (Dumesnil) gli dà una nave con cui tornare a Itaca: travestito da mendicante, con l'aiuto del figlio Telemaco (Interlenghi) si vendicherà di chi voleva usurpargli il regno. Camerini destruttura cronologicamente il testo di Omero, utilizzando numerosi flashback, e accentua una lettura «borghese» di Ulisse come l'eroe la cui «curiosità del mondo» entra in conflitto con il desiderio di sicurezza che si può trovare solo nella famiglia (e con una geniale trovata registica farà interpretare le due rappresentazioni femminili antitetiche di questi desideri – Circe e Penelope – dalla stessa attrice, Silvana Mangano). Ottimi effetti speciali per il film più costoso realizzato fino ad allora in Italia, che aprì col suo successo anche internazionale le porte di Cinecittà alle grandi coproduzioni in costume con Hollywood. La sceneggiatura è firmata, oltre che da Camerini, da Franco Brusati, Ennio De Concini, Hugh Gray, Ben Hecht, Ivo Perilli e Irvin Shaw.

Ultima Africa, L' *½ (*The Last Elephant*, Usa 1990, col, 100') Joseph Sargent. Con John Lithgow, Isabella Rossellini, James Earl Jones, Tony Todd, Olek Krupa. ◆ Uno scrittore di libri d'avventura (Lithgow) e la sua collaboratrice (Rossellini), in Africa sulle tracce di una fotografa scomparsa, scoprono uno spietato traffico di avorio che sta causando lo sterminio degli elefanti. Praticamente un lungo, banale e noioso spot promozionale per il trekking in Kenia, con un rassicurante ecologismo da salotto. Prodotto per la Tv dalla National Audubon Society e Ted Turner.

Ultima avventura, L' *½ (Italia 1932, b/n, 74') Mario Camerini. Con Armando Falconi, Diomira Jacobini, Carlo Fontana, Cesare Zoppetti. ◆ Un maturo e impenitente scapolo (Falconi) s'innamora di una ragazza che si rivela più affascinante di quanto sembra (Jacobini) e la conduce con sé a Rapallo: ma un'improvvisa paralisi emotiva gli impedisce di proseguire la sua opera di conquista e la donna lo abbandona per un villeggiante più giovane (Fontana). Una commedia sentimentale senza happy end per il protagonista (che se lo meriterebbe, simpatico com'è: è l'anagrafe che lo tradisce). Falconi regge benissimo la parte, ma Camerini si limita a un'onesta regia artigianale, poca cosa rispetto alle sfavillanti prove successive. Soggetto di Oreste Biancoli e Dino Falconi, sceneggiatura del regista e di Tomaso Smith.

Ultima battuta, L' **½ (*Punchline*, Usa 1988, col, 128') David Seltzer. Con Sally Field, Tom Hanks, John Goodman, Kim Greist, Pam Matteson, Taylor Negron. ◆ Le storie incrociate di uno studente inquieto (Hanks) e una casalinga annoiata (Field): il primo ha un autentico talento comico ma è terrorizzato dal rifiuto del pubblico, la seconda vorrebbe fare l'attrice. Seltzer, autore anche della sceneggiatura, riesce a evitare le banalità che il soggetto potrebbe comportare e descrive con intelligenza, e un po' di malinconia, il mondo degli aspiranti attori. Ottime le prestazioni di tutti gli attori, con Hanks in testa. Piccole parti anche per due registi: Paul Mazursky, che compare nella prima scena, e Mark Rydell nei panni dell'impresario.

Ultima caccia, L' *** (*The Last Hunt*, Usa 1956, col, 108') Richard Brooks. Con Stewart Granger, Robert Taylor, Debra Paget, Lloyd Nolan, Russ Tamblyn, Constance Ford. ◆ La collaborazione tra due cacciatori di bisonti, Charles Gilson (Taylor) e Sandy McKenzie (Granger), si spezza per l'eccessiva violenza del primo, capace di massacrare animali e indiani con la stessa ferocia: Sandy prenderà sotto la sua protezione una giovane pellerossa (Paget) e con lei cercherà di aiutare una tribù a sfamarsi durante un rigidissimo inverno fino a quando non si troverà di fronte Charles deciso a regolare tutti i conti. Soggetto tragico e inquietante (tratto da un romanzo di Milton Lott sceneggiato dal regista), è passato alla storia come il primo western filoindiano, ma le sue qualità non si fermano qui: girato con uno stile semplice e immediato, con «la macchina da presa ad altezza d'uomo» ma rifiutando le convenzioni del genere (se si eccettua una rissa nel saloon), il film riflette – attraverso la caccia – su uno degli sport nazionali negli Stati Uniti dove la virilità si misura spesso sul proprio fucile. Onesto e coraggioso nelle sue idee, Brooks è tradito però dall'eccesso di manicheismo con cui descrive «l'enormità del cattivo». Il ruolo di Debra Paget fu iniziato da Anne Bancroft, infortunatasi durante le riprese, ma qualche sua inquadratura si può ancora riconoscere durante l'attacco di Taylor all'accampamento. Quasi tutti i bisonti uccisi nel film furono realmente ammazzati – sotto controllo governativo – durante le riprese.

Ultima carica, L' **½ (*Pampa barbara*, Argentina 1945, b/n, 95') Lucas Demare, Hugo Fragonese. Con Francisco Petrone, Luisa Vehil, Domingo Sapelli, Maria Esther Gamas, Tito Alonso, Judith Sulian. ◆ Durante la colonizzazione della pampa, il comandante Hilario Castro (Petrone) pensa di fermare le numerose diserzioni dall'esercito mettendo a disposizione dei soldati un gruppo di donne, reclutate con la forza. Ma durante il viaggio verso la guarnigione, alcuni soldati si ammutinano mentre le donne sono catturate dagli indiani del ribelle Quilquil: a costo della vita saranno salvate da Castro che si era innamorato di Camilla (Vehil), nonostante l'accusa di essere coinvolta in un omicidio. Fragonese, alla prima regia (condivisa), sembra già aver assimilato la lezione fordiana, alla quale aggiunge di suo lo stile barocco e una buona dose di crudeltà insolita. La sceneggiatura (di Ulyses Petit de Murat e Homero Manzi) è confusa e discontinua, ma il film, violentemente allucinato e in contrasto con il generale ottimismo del racconto epico, risulta molto dinamico dal punto di vista visivo sia per il forte senso di plasticità interno alle immagini che per alcune soluzioni di montaggio (la sequenza della liberazione di Castro, fatto prigioniero da Quilquil). Di particolare interesse, soprattutto rispetto al genere, il tema della misoginia, trattato a tinte forti e senza mediazioni.

Ultima carovana, L' **½ (*The Last Wagon*, Usa 1956, col, 97') Delmer Daves. Con Richard Widmark, Felicia Farr, Susan Kohner, Nick Adams, Tommy Rettig, Carl Benton Reid. ◆ Todd (Widmark), un cowboy che ha vissuto vent'anni coi comanci e che si è unito a una carovana di pionieri dopo aver ucciso il sadico sceriffo che lo aveva catturato, riuscirà – dopo che gli indiani hanno massacrato gli adulti del convoglio – a guidare i giovani sopravvissuti in salvo attraverso il deserto. Parabola sulla sopravvivenza e sul razzismo sceneggiato dal regista con James Edwart Grant e Gwen Bagni, questo western – come quasi sempre in Daves – «unisce l'aspetto documentario e spettacolare alla riflessione morale»: la lunga attraversata del deserto da una parte permette di descrivere la lotta per la vita in un universo ostile dove anche la violenza trova una sua parziale giustificazione e dall'altra offre l'occasione di analizzare – grazie anche alla presenza di una meticcia tra i giovani – i pregiudizi razziali che interagiscono con le dinamiche sociali. Meno lirico che in altre opere, Daves dimostra comunque un'assoluta maestria nell'uso del colore e nel filmare i grandi spazi, grazie anche alla fotografia di Wilfrid M. Cline.

Ultima carrozzella, L' **½ (Italia 1943, b/n, 90') Mario Mattoli. Con Aldo Fabrizi, Anna Magnani, Emlide Spada, Tino Scotti, Olga Solbelli, Paolo Stoppa, Anita Durante, Enzo Fiermonte, Ciro Berardi. ◆ Il vetturino Totò (Fabrizi) odia talmente le auto da proibire alla figlia Nannarella (Spada) di frequentare il tassista Roberto (Fiermonte): ma sarà proprio Roberto che aiuterà Totò a scagionarsi dall'accusa di aver sostituito il diamante di una canzonettista (Magnani) con un'imitazione, conquistando così il diritto a sposare Nannarella. Sceneggiato da Fabrizi (che in gioventù aveva fatto il vetturino e nel film indossa la sua vecchia, autentica palandrana) con Federico Fellini, il film – perfettamente calibrato nelle sue componenti popolaresche e nel suo ritmo da commedia – rompe con la tradizione dei film girati in studio e anticipa (con le sue riprese in Santa Maria a Trastevere, la festa all'osteria interrotta per l'oscuramento) la voglia di realismo che contraddistinguerà il cinema del dopoguerra.

Ultima casa a sinistra, L' ** (*Last House on the Left*, Usa 1972, col, 91') Wes Craven. Con David A. Hess, Sandra Cassel, Lucy Grantham, Marc Sheffier, Jeramie Rain, Fred Lincoln, Gaylord St. James, Cynthia Carr. ◆ Dopo aver seviziato, violentato e ucciso due ragazze (Cassel e Grantham), due evasi maniaci sessuali (Hess e Lincoln) finiscono per rifugiarsi nella casa dove la vendicativa madre (Carr) di una delle fanciulle li attende con il marito e la sua fedele sega elettrica. Il primo horror di Craven, prodotto dal futuro regista Sean S. Cunningham, rilegge a basso costo e alto contenuto di brutalità *La fontana della vergine* di Bergman. Influenzato dal clima di violenza che attraversava la società americana negli anni del Vietnam e attaccato per il suo contenuto raccapricciante e l'estrema crudezza delle immagini (a cui Craven toglie sia l'enfasi romantica alla Peckinpah sia ogni gusto pirotecnico), il film è girato con uno stile ruspante dove il sadismo dei protagonisti trova paradossalmente una sua «giustificazione» nel puritanesimo della provincia americana. Accolto da un sorprendente successo di pubblico, il film è oggi fondamentalmente la testimonianza sociologica del malessere sociale che serpeggiava nell'America di quegli anni. Per spettatori con lo stomaco forte, s'intende.

Ultima conquista, L' ** (*Angel and the Badman*, Usa 1947, b/n, 100') James Edward Grant. Con John Wayne, Gail Russell, Harry Carey, Bruce Cabot, Irene Rich, Tom Powers. ◆ Accolto ferito da una famiglia di quaccheri, il pistolero Quirt Evans (Wayne) si innamora di Prudence (Russell), ma la sua decisione di uccidere chi (Cabot) ritiene responsabile della morte del padre non può essere accettata dalla rigorosa nonviolenza della setta protestante. Primo divo a diventare produttore di se stesso, Wayne interpreta con partecipazione la storia scritta da James Edward Grant in un western che non rinuncia a mescolare l'azione con la riflessione morale. Esiste anche in versione colorizzata.

Ultima coppia sposata, L' * (*The Last Married Couple in America*, Usa 1979, col, 103') Gilbert Cates. Con George Segal, Natalie Wood, Richard Benjamin, Valerie Harper, Dom DeLuise. ◆ A furia di sentir parlare di crisi della coppia, anche Jeff e Mary Thomson (Segal e Wood) decidono di dividersi: la nuova libertà sembra impagabile, ma poi torna inevitabile la voglia di matrimonio. Una commedia deprimente sul sesso facile, con tanto di infezione venerea presa da lui: una storia sciocchina e sgangherata dove non si ride quasi mai. Segal ce la mette tutta ma non evita il disastro.

Ultima corvée, L' ** (*The Last Detail*, Usa 1973, col, 105') Hal Ashby. Con Jack Nicholson, Otis Young, Randy Quaid, Clifton James, Carol Kane, Michael Moriarty, Nancy Allen. ◆ Due trucidi sottufficiali (Nicholson e Young) devono scortare in prigione un giovane marinaio (Quaid) condannato per furto: durante il viaggio i due finiscono per solidarizzare con il ragazzo, più cleptomane che ladro, e cercano di fargli godere la vita fra risse, ristoranti e la visita a un bordello, ma poi la realtà riprenderà tragicamente il sopravvento. Un film volutamente duro e sgradevole, sceneggiato da Robert Towne con una puntigliosa ricerca di realismo nei dialoghi sboccatissimi dei militari: ai tempi fece molta impressione perché descriveva un'America rimossa e degradata che Hollywood aveva sempre tenuto nascosta, ma oggi molta della sua carica «eversiva» ha perso forza e la storia rivela meglio il suo carattere un po' facile. Premiato a Cannes l'ottimo Nicholson, il cui istrionismo non è in questo caso fuori luogo.

Ultima difesa, L' ** (*Last Innocent Man*, Usa 1987, col, 109') Roger Spottiswoode. Con Ed Harris, Roxanne Hart, David Suchet, Bruce McGill, Darrel Larson, Rose Gregorio. ◆ Un avvocato (Harris) allaccia una torbida relazione con l'ambigua ex moglie (Hart) dell'uomo che sta difendendo, accusato dell'omicidio di una donna poliziotto: ma il processo prenderà una piega inaspettata. Film televisivo di buona fattura, sceneggiato da Dan Bronson da un romanzo dello scrittore e avvocato Philip M. Margolin, è un tipico giallo giudiziario, asciutto e con una discreta suspense.

Ultima donna, L' **½ (Italia/Francia 1976, col, 108') Marco Ferreri. Con Gérard Depardieu, Ornella Muti, Michel Piccoli, Renato Salvatori, Giuliana Calandra, Zouzou. ◆ L'ingegnere disoccupato Giovanni (Depardieu) inizia una relazione con l'insegnante d'asilo (Muti) di suo figlio. Il rapporto s'incrina per il progressivo spostarsi d'interesse della donna sul piccolo, per la violenta possessività di Giovanni e per la sua gelosia verso il fidanzato di lei. Finché l'uomo, in un finale agghiacciante, si evira con un coltello elettrico. Ferreri (che firma la sceneggiatura con Dante Matelli e Rafael Azcona) tributa il suo omaggio nichilista alla superiorità femminile, con un tragico apologo che mette sotto accusa il vicolo cieco della cultura arida e fallimentare in cui si è infilata la società maschilista. Notevole la fotografia di Tovoli, i cui toni freddi sottolineano la distanza incolmabile fra i protagonisti.

Ultima eclissi, L' *** (*Dolores Claiborne*, Usa 1995, col, 131') Taylor Hackford. Con Kathy Bates, Jennifer Jason Leigh, Judy Parfitt, David Strathairn, Christopher Plummer, Eric Bogosian. ◆ Tall Island, Maine: la ruvida cameriera Dolores Claiborne (Bates) è accusata della morte della sua padrona (Parfitt), come anni prima lo era stata di quella del marito (Strathairn). La figlia Selena (Leigh), giornalista cresciuta lontano da casa e imbarazzata dalla rusticità materna, torna sul posto per un'inchiesta: e scavando nei traumi del proprio passato, imparerà ad amare una madre che non ha mai compreso. Dal romanzo non orrorifico di Stephen King (adattato da Tony Girloy) Hackford ha ricavato un fiammeggiante melodramma femminista («Qualche volta fare la carogna [*bitch* nell'originale] è l'unica cosa che resta a una donna»), cantando un'eroina oppressa con cui è difficile non simpatizzare, una volta compreso che si tratta di un personaggio ben diverso da quello di *Misery*. Il rapporto madre-figlia ha qualche cedimento enfatico, ma la struttura a flashback regge, e il climax del film, ambientato durante un'eclissi di sole, è di grande impatto visivo e drammatico. Sia la sfarzosa fotografia di Gabriel Beristain che la musica di Danny Elfman contribuiscono a creare una strana atmosfera fuori dal tempo e da ogni moda.

Ultima estate a Tangeri, L' * (*Dernier été à Tanger*, Francia/Italia 1987, col, 118') Alexandre Arcady. Con Thierry Lhermitte, Roger Hanin, Valeria Golino, Vincent Lindon, Jacques Villeret, Anna Karina. ◆ Tangeri, 1956: il detective Richard Corrigan (Lhermitte), affascinato dalla misteriosa Claudia Marchetti (Golino), viene coinvolto nella vendetta personale della ragazza contro il clan dei Barrès, responsabili anni prima dell'omicidio del padre. Dal romanzo *The Devil His Due* di William O'Farrell, sceneggiato da Arcady, Alain Le Henry e Tito Topin, un noir scombinato e falsamente ammiccante. Il cast non aiuta: Lhermitte è un *private eye* banalmente stereotipato, la Golino, doppiata da un'altra voce, è poco credibile come *dark lady*, e se Villeret in versione araba sfiora il ridicolo, la musa godardiana Karina, nel ruolo della cantante Myrrha, è sprecata anche come cammeo Nouvelle Vague.

Ultima fermata Brooklyn * (*Letzte Ausfahrt Brooklyn*, noto anche col titolo americano *Last Exit to Brooklyn*, Rft/Usa 1989, col, 98') Uli [Ulrich] Edel. Con Stephen Lang, Jennifer Jason Leigh, Burt Young, Alexis Arquette, Peter Young, Stephen Baldwin. ◆ Nella Brooklyn più sordida degli anni Cinquanta, mentre l'America combatte la guerra di Corea, sullo sfondo di un durissimo sciopero, si muovono storie parallele di ordinaria esistenza subumana: un sindacalista gay represso (Lang), operai, crumiri, travestiti e una bionda Marilyn dei poveri semiprostituta (Leigh). Reduce dalle storie di Christiane F., il regista usa il romanzo omonimo di Hubert Selby jr per accumulare violenza, sesso e disperazione secondo una moda iperrealista che cerca di riscattare il degrado come illustrazione della nostra società: ne esce un film estetizzante e inutilmente manierista di irrisorio spessore. Hubert Selby jr appare nella parte di un autista; esordio per Alexis Arquette, che è una *drag queen* anche nella vita.

Ultima follia, L' → *Fuga da Hollywood*

Ultima follia di Mel Brooks, L' ** (*Silent Movie*, Usa 1976, col, 87') Mel Brooks. Con Mel Brooks, Marty Feldman, Dom DeLuise, Bernadette Peters, Sid Caesar. ◆ Il regista alcolizzato Mel Spass (Brooks) e i suoi due sgangherati collaboratori Bellocchio (Feldman) e Trippa (DeLuise) cercano di salvare la piccola casa indipendente dalla voracità della multinazionale Engulf&Devour realizzando un film muto che si spera di successo grazie alla scrittura di grandi divi: la Minnelli, Anne Bancroft, Paul Newman, James Caan, Burt Reynolds e il mimo Marcel Marceau (che pronuncia l'unica parola di tutto il film). Come dice meglio il titolo originale, un film assolutamente senza dialogo: solo gag, inseguimenti e didascalie zeppe di battutacce, in un film dove Brooks impiega con abilità e divertimento i canoni del genere muto per sferzare l'avidità delle major hollywoodiane e riflettere sul cinema. Non riuscito del tutto ma spesso divertente.

Ultima follia, L' – Le ragazze vogliono divertirsi * ½ (*Shag*, Usa 1988, col, 96') Zelda Barron. Con Phoebe Cates, Scott Coffey, Bridget Fonda, Page Hannah, Tyrone Power jr, Robert Rusler, Jeff Yagher. ◆ South Carolina, 1963: tre ragazze (Coffey, Fonda e Hannah) vogliono dissuadere una loro amica (Cates) dallo sposare un pesce lesso (Power jr), e la portano a Myrtle Beach, luogo di perdizione che pullula di maschi. Il titolo originale allude a una danza frenetica allora di moda, e il coreografo Kenny Ortega, guarda caso, è lo stesso di *Dirty Dancing*. Ma la regia è mediocre e se si esclude un cast femminile destinato a diventare famoso tutto si riduce a una sfilata di cotonature e minigonne.

Ultima freccia, L' *½ (*Pony Soldier*, Usa 1952, col, 82') Joseph M. Newman. Con Tyrone Power, Cameron Mitchell, Thomas Gomez, Penny Edwards, Robert Horton, Anthony Earl Numkena. ◆ Nella seconda metà del XIX secolo, il tenente Duncan (Power), della polizia a cavallo canadese, deve convincere gli indiani Crees a tornare nelle proprie riserve e a liberare una ragazza (Edwards) e un fuorilegge (Horton) loro prigionieri. Western stanco e scontato, che ha il suo solo punto di forza nella bella fotografia in Technicolor di Harry Jackson.

Ultima frontiera, L' **½ (*The Last Frontier*, Usa 1955, col, 98') Anthony Mann. Con Victor Mature, Guy Madison, Robert Preston, Anne Bancroft, James Whitmore. ◆ Dopo essere stato derubato dagli indiani, il cacciatore di pellicce Jed Cooper (Mature) viene arruolato come guida – insieme ai suoi due compagni – nell'esercito dove però la sua indipendenza semiselvaggia non può che scontrarsi con il rigore ossessivo del colonnello Marston (Preston): deciso a vendicare sugli indiani una sconfitta subita in passato dai sudisti, il colonnello guiderà la guarnigione a una sicura sconfitta che Jed si sforzerà di limitare, ottenendo alla fine il diritto a indossare, grazie al suo coraggio, la divisa che tanto sognava. Partendo dal tema affascinante dell'uomo refrattario alla logica gerarchica della civiltà e insieme affascinato da essa, Mann realizza un buon western dove si scontrano due mondi e due stili di vita che, storicamente, non tarderanno a diventare antagonisti. Il tono amaro del film – sceneggiato da Philip Yordan e Russell S. Hughes – viene tradito da un happy end posticcio, ma lo scetticismo sui valori della «civiltà» accompagna lo spettatore, costretto a riconoscersi nella contraddittoria ambivalenza di Jed, sempre in bilico tra cultura indiana e bianca, «a cavallo tra il mondo della natura e della libertà e quello della più rigorosa e soffocante organizzazione sociale». Magistrale, come sempre, l'uso del CinemaScope e della possibilità che offre di organizzare la profondità di campo (come nell'accerchiamento iniziale degli indiani o nel combattimento finale dove Jed scopre l'imboscata).

Ultima fuga, L' *** (*The Last Run*, Usa 1972, col, 99') Richard Fleischer. Con George T. Scott, Tony Musante, Trish Van Devere, Collen Dewhurst, Aldo Sanbrell. ◆ Ex gangster di Chicago ritiratosi in un villaggio portoghese, Harry Garmes (Scott) accetta di condurre l'evaso Rickard (Musante) dalla Spagna alla Francia, dove l'attendono i suoi complici: questi in realtà vogliono ucciderlo, e Garmes, innamoratosi della donna di Rickard (Van Devere), si sacrificherà per salvare la coppia. Fleischer riprende un film abbandonato da John Huston (che non andava d'accordo con Scott e riscriveva le battute di notte, anche se la sceneggiatura definitiva verrà firmata da Alan Sharp) e lo trasforma in un suggestivo noir on the road d'autore, centrato sulla figura di un loser archetipico che ha perso qualsiasi legame con il suo mondo e tiene alla sua Bmw 1957 più che alla vita. Avvolto in un'atmosfera di sobria ed elegante malinconia (la fotografia è del bergmaniano Sven Nykvist), interrotta da intense e secche esplosioni di violenza, *L'ultima fuga* è lo stadio finale di un genere tramontato da decenni, che del periodo d'oro conserva la forza visuale e amplifica senza scampo il senso di frantumazione e sconfitta: forse, più che un perdente, Harry Garmes è uno zombie.

Ultima luna, L' * (*Aventure de Catherine C.*, Francia 1990, col, 100') Pierre Beuchot. Con Fanny Ardant, Hanna Schygulla, Robin Renucci, André Wilms, Michael Greiling. ◆ Un'attrice (Ardant) si concede senza passione ad amanti occasionali ai quali racconta immancabilmente la storia del suo unico grande amore sparito, Pierre (Renucci): scoprirà che fine ha fatto quando la sensuale Fanny (Schygulla), con cui è andata a vivere, le presenterà il suo amante, appunto Pierre. Tortuosa e decadente opera prima che vorrebbe darsi una patina letteraria (è tratta da un romanzo di Pierre-Jean Jouve) e invece affonda nella sua confezione patinata e in uno stolido narcisismo.

Ultima mazurka, L' *½ (Italia 1988, col, 121') Gianfranco Bettetini. Con Erland Josephson, Senta Berger, Mario Scaccia, Paolo Bonacelli, Marina Berti, Francesco Carneluti. ◆ L'attentato al Diana di Milano il 23 marzo 1921, durante la rappresentazione della *Mazurka blu* di Franz Lehár, compiuto dagli anarchici in un ambiguo rapporto di strumentalizzazione con la destra e la polizia. La ricostruzione della vicenda, mescolando fatti storici e divagazioni fantastiche, è funzionale a una riflessione sul rapporto fra realtà e finzione, sul crepuscolo della Belle époque verso l'era della dittatura. Un film cerebrale, la cui cura formale non riscatta la sua freddezza drammaturgica. Prodotto nel 1986 dalla Rai e sceneggiato dal regista con Luigi Lunari.

Ultima minaccia, L' ***½ (*Deadline U.S.A.*, Usa 1952, b/n, 87') Richard Brooks. Con Humphrey Bogart, Ethel Barrymore, Kim Hunter, Ed Begley, Paul Stewart, Jim Backus, Martin Gabel. ◆ Il direttore Ed Hutchinson (Bogart) lotta con tutte le sue forze per impedire la vendita del giornale ai concorrenti e per trovare le prove capaci di incriminare il gangster Renzi (Gabel): fallirà nel primo intento ma non nel secondo, pubblicando il diario di una ragazza fatta uccidere dal bandito. Appassionata difesa del quarto potere («Questa è la stampa amico. E tu non ci puoi fare niente» è l'ultima battuta di Hutchinson a Renzi mentre gli fa sentire al telefono il rumore delle rotative che stanno stampando il giornale con le prove contro di lui), il film è un noir melodrammatico in cui Brooks (autore della sceneggiatura originale) trasferisce tutta la propria passione civile, doppiamente encomiabile in anni di caccia alle streghe. Lineare e secco nella messinscena, il regista svela la propria efficacia espressiva soprattutto nelle scene al giornale, con i suoi complicati ma morbidi movimenti di macchina (la fotografia è di Milton R.Krasner).Nell'edizione italiana il gangster italo-americano Renzi perde le sue connotazioni italiane e diventa Rodzich.Il giornale di Bogart si chiama *The Day*, e la citazione conclusiva è: «È la stampa, bellezza, la stampa. E tu non ci puoi fare niente... niente».

Ultima neve di primavera, L' * (Italia 1973, col, 95') Raimondo Del Balzo. Con Bekim Fehmiu, Agostina Belli, Renato Cestié, Margherita Horowitz, Margherita Melandri. ◆ Dopo la morte della mamma, il piccolo Luca (Cestié) non accetta la relazione del padre (Fehmiu) con un'altra donna e gli rimprovera l'eccessivo attaccamento alla carriera. Per riconquistare il figlio l'uomo lo porta con sé a sciare, ma scoprirà che il piccolo è condannato a morire di leucemia. Una micidiale macchina strappalacrime, assolutamente insopportabile.

Ultima notte a Cottonwood ** (*Death of a Gunfighter*, Usa 1969, col, 100') Allen Smithee [Robert Totten, Don Siegel]. Con Richard Widmark, Lena Horne, John Saxon, Carroll O'Connor, Larry Gates, Ken Smith, Michael McGreevey. ◆ I notabili della città cercano di disfarsi del vecchio sceriffo (Widmark) che conosce tutti i loro intrallazzi ed è ancora un osso duro. Un western crepuscolare ambientato agli inizi del secolo, quando le macchine cominciavano a surclassare i cavalli e il nuovo ordine capitalista spodestava la legge della frontiera e dei pistoleri. La struttura narrativa è quella un po' consunta del western classico, in parte viziata da accenti melodrammatici, ma Widmark e le sue rughe sono perfetti per rendere il tramonto di un'epoca.

Ultima notte a Warlock **½ (*Warlock*, Usa 1959, col, 121') Edward Dmytryk. Con Richard Widmark, Henry Fonda, Anthony Quinn, Dorothy Malone, Dolores Michaels, Wallace Ford, Tom Drake. ◆ Per difendersi dai banditi gli abitanti di Warlock assoldano un pistolero, Clay (Fonda), che si fa accompagnare da un'ambigua guardia del corpo (Quinn): i due sconfiggono i fuorilegge ma poi diventano troppo potenti e i cittadini gli metteranno contro uno degli ex banditi, passato dalla parte della legge ed eletto sceriffo (Widmark). Un western sorprendente – anche per la carriera sovrastimata di Dmytryk – ricco di caratteri originali (come l'amico-guardia del corpo, zoppo e dal comportamento sessuale ambiguo), di seducenti reminiscenze (del *Cavaliere della valle solitaria*), di sottili referenze al passato (il ruolo di Dorothy Malone) e anche di idee notevoli (le Colt d'oro di Fonda) dove si confrontano l'individualismo eroico e anarchico dei pionieri con la nascita dell'ordine e il trionfo del «buon senso» dei nuovi coloni. Sceneggiatura di Robert Alan Arthur da un romanzo di Oakley Hall.

Ultima odissea, L' * (*Damnation Alley*, Usa 1977, col, 91') Jack Smight. Con Jan-Michael Vincent, George Peppard, Dominique Sanda, Paul Winfield, Jackie Earle Haley. ◆ Nella Terra del dopo bomba nucleare, un gruppo di ufficiali attraversa un'America radioattiva e devastata fra città morte, insetti carnivori e scarafaggi giganti. Un cast internazionale e scenografie di grande effetto non riescono a compensare l'esilità della sceneggiatura di questa sinistra apocalisse.

Ultima onda, L' ** (*The Last Wave*, Australia 1977, col, 106') Peter Weir. Con Richard Chamberlain, Olivia Hamnett, Frederick Parslow, Vivean Gray, David Gulpilil, Najiwarra Amagula. ◆ Un avvocato di Sydney (Chamberlain) deve difendere un gruppo di aborigeni accusati di omicidio. Ben presto scopre che l'omicidio è avvenuto per un rito tribale, e lui stesso comincia a fare strani e terribili sogni diventando, suo malgrado, l'elemento attraverso il quale si scatena una terribile profezia. Weir prosegue, dopo *Pic-nic ad Hanging Rock*, la sua riflessione sull'incontro-scontro tra culture diverse: qui la mitologia aborigena dell'alcheringa o età dell'oro che la civiltà forense dei coloni tenta invano di analizzare e capire. Ma nella seconda parte lo scatenarsi degli elementi della natura su una Sydney che nasconde nelle sue viscere aree tribali rischia di cadere nel ridicolo involontario e nel velleitarismo.

Ultima profezia, L' **½ (*God's Army – The Prophecy*, Usa 1995, col, 96') Gregory Widen. Con Christopher Walken, Elias Koteas, Eric Stoltz, Virginia Madsen, Amanda Plummer, Moriah Snyder, Adam Goldberg, Viggo Mortensen. ◆ Poliziotto con un passato da seminarista, Thomas Daggert (Koteas) deve occuparsi dell'omicidio di un ermafrodita trovato senz'occhi. Le indagini si svolgono tra angeli e demoni, e si complicano quando Gabriel (Walken), arcangelo rinnegato da Dio, si mette in competizione con il Diavolo per trafugare l'anima di un generale americano macchiatosi di orrendi crimini di guerra in Asia. Widen, anche sceneggiatore, maneggia con una certa originalità generi che sembrano destinati quasi solo alla replica dei luoghi comuni, e rischia grosso con un intreccio ai limiti del ridicolo: tuttavia il suo mixage di horror, azione, noir punta un po' più in alto delle solite scaramucce tra buoni e cattivi, e lo scontro tra Bene e Male, ben reso anche dal punto di vista visivo, una volta tanto ritrova la sua dimensione metafisica (nonché «attuale», data l'epidemia di «angelismo» New Age che dagli Usa sta arrivando anche qui). Inevitabile avvertire una vaga atmosfera ferrariana, anche per la forte presenza di Walken. Va da sé che si tratta di un film per stomaci forti.

Ultima prova, L' *½ (*His Brother's Wife*, Usa 1936, b/n, 91') W.S. Van Dyke II. Con Barbara Stanwyck, Robert Taylor, Jean Hersholt, Joseph Calleia, John Eldredge. ◆ Per ripicca contro uno scienziato (Taylor) che sembra non accorgersi di lei, una ragazza (Stanwyck) sposa il fratello (Eldredge), salvo poi divorziare e, innamoratissima, affrontare gravi pericoli per dimostrare la sincerità del suo sentimento e riuscire a convolare a giuste nozze. Amore contrastato in una soap-opera un po' discontinua. Tre anni dopo Taylor e la Stanwyck si sposarono davvero.

Ultima rapina, L' *½ (*Calling Bulldog Drummond*, Usa/Gb 1951, 809) Victor Saville. Con Robert Pidgeon, Margaret Leighton, Robert Beatty, David Tomlinson, Peggy Evans. ◆ Bulldog (Pidgeon) collabora con Scotland Yard per sconfiggere una banda di ladri che usa sofisticate apparecchiature militari per i suoi colpi. Pidgeon riesce a dare al personaggio dell'investigatore Bulldog Drummond una credibilità che tiene a galla il film.

Ultima risata, L' **** (*Der letzte Mann*, Germania 1924, b/n, 75') Friedrich Wilhelm Murnau. Con Emil Jannings, Maly Delschaft, Max Hiller, Emilie Kurz, Hans Unterkirchen, Georg John. ◆ Degradato a custode dei gabinetti perché non ha più la forza per portare i bagagli dei clienti, il portiere dell'albergo Atlantic (Jannings) perde così il diritto a portare la sua livrea gallonata: lui continua a metterla la sera quando torna a casa e così vestito partecipa alle nozze della figlia (Delschaft), ma quando i suoi vicini scopriranno la retrocessione, il genero (Hiller) lo scaccerà di casa costringendolo a passare la notte nei gabinetti dell'hotel. Come dice una didascalia «il film dovrebbe terminare qui perché nella vita reale allo sfortunato vecchio non resta che aspettare la morte. Ma il regista ha avuto pietà di lui e ha inventato un epilogo quasi incredibile» trasformando il vecchio, grazie a una improvvisa eredità, in un cliente milionario dello stesso albergo. Pietra miliare del cinema muto e capolavoro del cosiddetto Kammerspiel (teatro di camera), questo film scritto da Carl Mayer e fotografato da Karl Freund utilizza in maniera innovativa le possibilità di movimento offerte da una macchina da presa montata su un carrello, mobile a tal punto da «diventare un personaggio del dramma che partecipa all'azione» (quando Jannings si ubriaca per disperazione è la camera che barcolla mentre l'attore rimane immobile). In questo modo Murnau riesce a equilibrare perfettamente l'illustrazione della vecchiaia e la sofferenza di un essere umano – grazie a una interpretazione superlativa di Jannings – con l'analisi delle illusioni che condizionano il giudizio degli altri – accentuate e ingigantite dalle angolazioni e dai movimenti della macchina da presa – fino a trasformare il portiere in un simbolo della Germania, «degradata» dal disarmo dopo la Grande Guerra e incapace di accettare questa situazione. Se si esclude la didascalia che introduce l'happy end, il film non fa mai ricorso a cartelli confermando anche in questo la maturità espressiva di Murnau capace di spiegarsi con la sola forza delle immagini. Rifatto da Harold Braun nel 1955 (*Der letzte Mann*, inedito in Italia).

Ultima Salomè, L' *½ (*Salome's Last Dance*, Gb 1988, col, 90') Ken Russell. Con Glenda Jackson, Stratford Johns, Nickolas Grace, Douglas Hodge, Imogen Millais-Scott. ◆ Il 5 novembre 1892, Oscar Wilde (Grace) si reca con l'amico Alfred Douglas detto Bosie (Hodge) in un bordello londinese per assistere alla prima della *Salomè*, un'opera vietata nei teatri pubblici, ma la serata sarà interrotta – dopo la fine della rappresentazione – dall'arrivo della polizia. Il solito gioco trasgressivo di Ken Russell che si inventa il fatto di cronaca per spezzare una lancia in favore della tolleranza e sottolineare l'identificazione tra arte e vita. Ma le trovate che si vorrebbero irriverenti – Erodiade (Jackson) vestita da Biancaneve, Salomè (Millais-Scott) che sbuccia banane, tre nani ebrei violentati da soldatesse seminude, lo stesso Ken Russell che si aggira anacronisticamente sulla scena nei panni di un fotoreporter – hanno smesso da tempo di dissacrare. Più interessante aver sostituito la musica originale di Richard Strauss con quella di altri compositori ottocenteschi.

Ultima scena, L' ** (Italia 1989, col, 107') Nino Russo. Con Vittorio Caprioli, Aldo Giuffré, Marina Suma, Bruno Colella, Sergio Solli. ◆ Durante la prova generale di una sceneggiata in un teatro destinato a trasformarsi in un supermarket, la presenza di un assessore (Giuffré) con aspirazioni d'autore viene scambiata dal capocomico (Caprioli) per quella di un famoso critico teatrale in incognito che potrebbe favorire i destini dello spettacolo. Opera seconda maltrattata dalla distribuzione, il film ha l'andamento di una pura sceneggiata in dialetto partenopeo aggiornata da qualche riflessione sui tristi destini della cultura, affidata a collaudati professionisti del genere (Giuffré su tutti) e con tutti gli annessi del caso, in simpatia e luoghi comuni.

Ultima seduzione, L' *½ (*The Last Seduction*, Usa 1993, col, 110') John Dahl. Con Linda Fiorentino, Peter Berg, Bill Pullman, J.T. Walsh, Bill Nunn. ◆ Dopo avere fregato 700 mila dollari al marito (Pullman), Bridget Gregory (Fiorentino) si nasconde nella classica cittadina di provincia, seduce il classico pollo (Berg), e quasi lo convince a diventare un killer per ingannare l'assicurazione: vittima designata, ovviamente, il marito. Neo-noir (sceneggiatura di Steve Barancik) che puzza di fasullo lontano un chilometro, e tenta di rendere archetipico un personaggio di vamp malvagia palesemente scopiazzato (finale amorale compreso) da *Brivido caldo*. Pochi brividi, malgrado le noiose puntate nell'erotismo.

Ultima sfida, L' *½ (*The Babe Ruth Story*, Usa 1948, b/n, 106') Roy Del Ruth. Con William Bendix, Claire Trevor, Charles Bickford, Sam Levene, William Frawley. ◆ La storia del più famoso giocatore di baseball d'America, George Herman Ruth detto «babe» (Bendix), dalla povera infanzia al successo (soprattutto con i New York Yankees) fino alla morte per un tumore alla gola. Una biografia troppo mielosa per essere interessante, che soprattutto tace sulla solitudine in cui Ruth visse gli ultimi dieci anni della sua vita, dimenticato da tutti dopo essere stato un idolo nazionale.

Ultima sfida, L' ** (*The Challenge*, Usa 1982, col, 112') John Frankenheimer. Con Scott Glenn, Toshiro Mifune, Donna Kei Benz, Calvin Young, Atsuo Nakamura. ◆ Un avventuriero americano (Glenn) viene coinvolto nella lotta implacabile fra due fratelli giapponesi (Mifune e Nakamura) che si contendono all'ultimo sangue le sacre spade di famiglia. Regia alimentare di Frankenheimer con qualche bella scena d'azione ma un'esagerata rappresentazione del senso dell'onore e un Giappone stereotipato. Sceneggiatura di John Sayles e Richard Maxwell.

Ultima speranza, L' *** (*Die Letzte Chance*, Svizzera 1945, b/n, 101') Leopold Lindtberg. Con Ewart G. Morrison, John Hoy, Ray Reagan, Luisa Rossi, Eduardo Masini, Romano Calo, Tino Erler. ◆ Due prigionieri alleati (Hoy e Reagan) fuggono da un treno italiano che li sta portando in Germania e cercano di raggiungere la Svizzera. L'armistizio dell'8 settembre non fa che aumentare la repressione nazista, ma con l'aiuto di un prete (Calo) e di un maggiore inglese (Morrison) riusciranno a guidare un folto gruppo di profughi oltre frontiera. Un impressionante instant-movie (in piena preparazione del film ci fu lo sbarco in Normandia, ma già da tempo il confine svizzero rappresentava l'ultima speranza per milioni di persone) sulla solidarietà internazionale che portò alla sconfitta del nazifascismo, girato con uno stile documentaristico che mette in fuga qualsiasi accento retorico (le riprese sono effettuate dal vero, senza trasparenti o ricostruzioni in studio) e interpretato da attori sconosciuti che avevano sperimentato di persona la guerra, la persecuzione e la fuga in Svizzera raccontata nel film (con la collaborazione delle ambasciate alleate, Lindtberg aveva scelto il maggiore inglese Morrison e il suo compatriota Hoy, entrambi evasi dalle carceri fasciste, e l'americano Reagan, più volte decorato; così come il sarto ebreo Maurice Saknowsky interpretava se stesso). Prodotto coraggiosamente dalla Praesens, nonostante gli ostacoli e i boicottaggi delle autorità federali, all'epoca fu accolto glacialmente dal governo elvetico per il suo scarsissimo nazionalismo, ma uscì ugualmente senza censure. All'estero, dove ebbe grande successo ovunque, costituì un ottimo veicolo per la riabilitazione morale della Svizzera (i cui abitanti, secondo la stampa straniera, «la domenica pregavano per la vittoria degli alleati e durante la settimana facevano affari con i tedeschi»). Nella versione originale (sceneggiatura di Richard Schweizer, con consulenti per i dialoghi italiani [Alberto Barberis] e inglesi [Elisabeth Scott-Montagu]) tutti i personaggi parlano la propria lingua: un ulteriore tocco di realismo, un autentico colpo d'audacia nelle produzioni del periodo.

Ultima spiaggia, L' ** (*On the Beach*, Usa 1959, b/n, 133') Stanley Kramer. Con Gregory Peck, Ava Gardner, Fred Astaire, Anthony Perkins, Donna Anderson. ◆ Dopo l'olocausto atomico, nel 1964, quando solo l'Australia non è ancora stata raggiunta dalle radiazioni, nasce un amore senza speranza fra Moira (Gardner) e il comandante di un sottomarino (Peck) mentre i superstiti scelgono il modo di abbreviare la loro esistenza. Tratto da un romanzo di Nevil Shute e realizzato in anni di incubo atomico, è un monito un po' pomposo ma sincero sui pericoli dell'armamento atomico, che affida la sua suggestione alla luminosa fotografia di Rotunno e all'inquietante spettralità di una San Francisco deserta.

Ultima tappa per gli assassini, L' ** (*Canon City*, Usa 1948, b/n, 82') Crane Wilbur. Con Scott Brady, Jeff Corey, Whit Bissell, Stanley Clements, Charles Russell, De Forest Kelley, Ralph Byrd. ◆ Undici detenuti obbligano un giovane (Brady, fratello di Gene Tierney) che gode della fiducia delle guardie, ad aiutarli nel loro piano di evasione. Una tempesta di neve li obbliga a dividersi e a rifugiarsi nelle case dei dintorni, dove terrorizzeranno gli abitanti ma non eviteranno la cattura. Tratto da una storia vera (avvenuta solo quattro mesi prima delle riprese e sceneggiata dal regista), ambientato nei luoghi reali della vicenda, prigione di Canon City compresa, il film trova la sua forza nella scelta semidocumentaria con cui è raccontata una storia noir, mentre la fotografia chiaroscurale di John Alton esalta i lati drammatici della vicenda.

Ultima tempesta, L' *½ (*Prospero's Books*, Gb/Olanda/Francia/Italia/Giappone 1991, col, 125') Peter Greenaway. Con John Gielgud, Isabelle Pasco, Michael Clark, Michel Blanc, Erland Josephson, Ute Lemper, Deborah Conway. ◆ Prospero (Gielgud), duca di Milano, è stato spodestato dal fratello Antonio e dal re di Napoli, che l'hanno mandato alla deriva in una barca. Ora, su un'isola abitata da spiriti che ha sottomesso con le sue arti magiche, Prospero compie la sua vendetta, facendo naufragare i suoi nemici. Ma si dimostra più magnanimo di loro. Greenaway trasforma *La tempesta* di Shakespeare in una specie di monologo di Prospero che accompagna balletti e tableaux vivants, cadenzati da videoclip sui 24 libri di Prospero che contengono lo scibile umano. Tecniche digitali di picture in picture sono al servizio del consueto gusto del regista per le citazioni pittoriche e gli eccessi figurativi. Un film sontuoso e carnale, ipertrofico e assordante: capolavoro o aria fritta? Un po' di seriosità in meno avrebbe giovato: e comunque unire nella stessa immagine una citazione di Giovanni Bellini e una di Rubens non è altro che kitsch. Musiche del fedele Michael Nyman, cantate, tra gli altri, da Ute Lemper.

Ultima tentazione di Cristo, L' *** (*The Last Temptation of Christ*, Usa 1988, col, 161') Martin Scorsese. Con Willem Dafoe, Harvey Keitel, Barbara Hershey, Paul Greco, Verna Bloom, André Gregory, John Lurie, Thomas Arana, Harry Dean Stanton. ◆ La tentazione è quella che il Messia (Dafoe) vive sulla croce, quando in un'allucinazione si vede scendere a far l'amore con la Maddalena (una fantastica Hershey) e negarsi al sacrificio per una vita normale e serena, circondato dai figli e segnato dal tradimento del suo compito. Film scandalo tratto dall'omonimo romanzo di Nikos Kazantzakis (sceneggiato da Paul Schrader) e linciato a scatola chiusa dal fanatismo cattolico, segna il coronamento di un progetto lungamente covato. Scorsese presenta un Cristo atipico che, lontano dall'agiografia come dalle facili letture rivoluzionarie, vive dei rovelli e della poetica del regista: il retaggio della religiosità italoamericana di Brooklyn, la cultura rock, l'amore per il cinema, la costante – in tutti i suoi precedenti personaggi – di un tormentato rapporto con il proprio destino. Tutto ciò nel contesto di un film visionario che non concede nulla all'allettamento estetico dello spettatore. Ottima la musica dalle sonorità africane di Peter Gabriel. Il regista Irvin Kershner interpreta Zebedeo e David Bowie è Ponzio Pilato.

Ultimatum a Chicago **½ (*Chicago Deadline*, Usa 1949, b/n, 87') Lewis Allen. Con Alan Ladd, Donna Reed, June Havoc, Irene Hervey, Arthur Kennedy. ◆ In un hotel di Chicago, un giornalista (Ladd) scopre prima della polizia il cadavere di una ragazza morta di tubercolosi (Reed). Attraverso la sua rubrica ricostruisce la trama delle sue relazioni, ma ogni persona che contatta fa una brutta fine e lui stesso, a un certo punto, rischia la vita. Un noir classico sul finire dell'epoca d'oro del genere, che riassume tutti i tratti già codificati: l'inchiesta (dove il giornalista sostituisce il detective), la struttura a flashback, l'innamoramento del protagonista nei confronti di una donna che non esiste più (come nella *Donna del ritratto* di Lang), riprese in esterni urbani eccetera. Niente di eccezionale o di originale, ma l'orchestrazione di tanti archetipi è a suo modo perfetta e proprio attraverso questo svelamento dei meccanismi si arriva al cuore del film noir: in fondo Allen dimostra come una donna qualsiasi, per effetto di torbide circostanze esistenziali, possa nella fantasia diventare la femme fatale tanto desiderata, temuta e infine «domata».

Ultimatum alla Terra *** (*The Day the Earth Stood Still*, Usa 1951, b/n, 92') Robert Wise. Con Michael Rennie, Patricia Neal, Hugh Marlowe, Sam Jaffe, Billy Gray. ◆ Un disco volante atterra a Washington: ne esce un colossale robot e un extraterrestre dalle fattezze umane, Klaatu (Rennie), che, aggredito e costretto alla fuga, con l'aiuto di una vedova (Neal) e di uno scienziato e umanista (Jaffe, truccato in modo che assomigli il più possibile a Einstein) lancia il suo monito sui pericoli di una guerra atomica. Partendo da un soggetto di Harry Bates sceneggiato da Edmund H. North, Wise propone l'idea di un alieno «angelico» e superiore all'umanità, aggredendo in questo modo i pregiudizi della guerra fredda e scardinando la regola che vedeva nei «marziani» solo malvagi invasori, parafrasi del terrore comunista. Suggestiva la musica di Bernard Herrmann. Mitica la frase con cui la donna ferma l'automa distruttore: «klaatu barada nikto».

Ultima vergine americana, L' ** (*The Last American Virgin*, Usa 1982, col, 93') Boaz Davidson. Con Lawrence Monoson, Diane Franklin, Steve Antin, Joe Rubbo, Louisa Moritz. ◆ Disperazioni amorose di un adolescente (Monoson) che aiuta la ragazza (Franklin) di cui è segretamente innamorato ad abortire, ma non riesce a impedirle di tornare tra le braccia del bellimbusto che l'aveva messa incinta. Specie di fotocopia di *Pop Lemon* ambientata in California invece che in Israele, sufficientemente scanzonata e ritmata. Divertente il personaggio della focosa messicana mangiauomini interpretato da Louisa Moritz.

Ultima violenza, L' *½ (Italia 1957, b/n, 98') Raffaello Matarazzo. Con Yvonne Sanson, Lorella De Luca, Dario Michaelis, Riccardo Garrone, Aldo Silvani, Alberto Lupo, Carlo D'Angelo, Olinto Cristina, Enzo Garinei. ◆ Violentata durante la guerra, Anna (Sanson) ha fatto credere – con la complicità dei genitori – che la figlia Lisa (De Luca) è sua sorella. Ma per avidità, il fratello Giorgio (Garrone) minaccia di rivelare la verità e far fallire il matrimonio tra Lisa e il medico condotto (Michaelis). Melodramma eccessivamente verboso, sceneggiato dal regista con Liana Ferri, Giovanna Soria e Aldo De Benedetti, nel quale i classici temi matarazziani (il sesso e il denaro come origine di tutti i problemi, lo scontro tra il perbenismo delle vecchie generazioni e l'insofferenza delle giovani) sembrano vivificarsi solo nel doppio personaggio della protagonista, figlia e insieme madre, divisa tra aggressività repressa e riservatezza protettrice.

Ultima volta, L' ** (Italia 1976, col, 105') Aldo Lado. Con Joe Dallesandro, Massimo Ranieri, Eleonora Giorgi, Pino Colizzi, Marisa Mell, Giancarlo Badessi. ◆ Pericle (Dallesandro), ex corridore motociclista, convince Sandro (Ranieri), barista disoccupato, a diventare uno scippatore. Ma la rapina di trecento milioni a un contrabbandiere di valuta diventerà la loro nemesi. Qualche ambizione sociologica si perde per strada, ma il gusto cronachistico della prima parte, amorale e picaresca, è sorprendentemente felice: uno dei film migliori di un regista discontinuo. Dallesandro doppiato in milanese è quello che oggi si definisce un cult.

Ultima volta che mi sono suicidato, L' *½ (*The Last Time I Committed Suicide*, Usa 1997, col, 99') Stephen Kay. Con Thomas Jane, Keanu Reeves, Claire Forlani, Tom Bower, Adrien Brody, John Doe, Jim Haynie, Marg Helgenberger, Gretchen Mol. ◆ Tra furti d'auto, partite a biliardo e generose bevute con l'amico Harry (Reeves), l'irrequieto Neal Cassady (Jane) deve vedersela con tre donne difficili: la sua ragazza Joan (Forlani), che tenta il suicidio, la misteriosa Lizzy (Helgenberger) e l'affascinante minorenne Cherry Mary (Mol). Presunto ritratto del futuro Dean Moriarty, prima dell'incontro con Jack Kerouac e della leggenda *on the road*. L'inquietudine dell'eroe in erba dovrebbe essere esaltata da una regia sussultoria e sincopata (jump-cut forsennati, controluce fumosi, angolazioni acrobatiche): ma quelle immagini, anziché rimandare alla ruvidezza stilistica dell'avanguardia beat, rievocano gli spot pubblicitari degli anni Ottanta.

Ultima volta che vidi Parigi, L' **½ (*Last Time I Saw Paris*, Usa 1954, col, 116') Richard Brooks. Con Van Johnson, Elizabeth Taylor, Donna Reed, Walter Pidgeon, Eva Gabor, George Dolenz, Roger Moore. ◆ Tornando a Parigi per ritrovare la figlia, Charles Willis (Johnson) ricorda l'agosto 1945 quando, cronista di guerra, incontra Helen (Taylor), la cui vita mondana lo attrae subito ma non coincide con le sue aspirazioni di scrittore: un'avventura passeggera manderà in crisi il loro matrimonio da cui è nata una figlia che Charles affida a Marion (Reed), sorella di Helen, quando questa muore e lui decide di tornare in America. Ispirato al romanzo omonimo di Elliot Paul e soprattutto al racconto *Babilonia rivisitata* di Scott Fitzgerald (sceneggiati dal regista con Julius e Philip Epstein e trasportati dagli anni Venti ai Quaranta per imposizione produttiva), è un melodramma dove si scontra la voglia di vivere dei primi anni di pace con le ferite della guerra che il tempo non ha ancora rimarginato. Peccato che nella seconda parte il sentimentalismo dilaghi senza freni. Comunque sulla neve con il vestito rosso (abbondantemente scollato) Liz è indimenticabile.

Ultime grida dalla savana * (Italia 1975, col, 95') Antonio Climati, Mario Morra. ◆ Viaggio documentario tra comuni hippie e riti di fecondazione della terra, cacciatori lapponi in azione per sopravvivere e aristocratici inglesi a caccia di volpi perché noblesse oblige. Un catalogo di scene più o meno raccapriccianti per dimostrare che Rousseau si sbagliava e la natura si fonda sulla sopraffazione, anche se questa non è mai gratuita e la violenza della legge umana da mezzo è diventata fine. Ad avallare i seri intendimenti degli autori ci dovrebbe essere il commento fuori campo scritto da Alberto Moravia, ma l'ostentazione delle immagini finisce per rimanere astratta e gratuita, priva di quella capacità di approfondimento capace di dar ragione delle cose.

Ultime notizie ** (*The Murder Man*, Usa 1935, b/n, 70') Tim Whelan. Con Spencer Tracy, Virginia Bruce, Lionel Atwill, Harvey Stephens, James Stewart. ◆ Un giornalista (Tracy) decide di vendicarsi di chi gli ha ammazzato la moglie, uccidendolo e facendo cadere i sospetti sulla ragazza del morto. Un mystery di serie B valorizzato dall'ottima interpretazione di Spencer Tracy. Esordio sul set di James Stewart nei panni del reporter Shorty.

Ultime 36 ore, Le **½ (*36 Hours*, Usa 1964, b/n, 115') George Seaton. Con James Garner, Eva Marie Saint, Rod Taylor, Werner Peters, John Banner, Celia Lovsky. ◆ Per scoprire dove sbarcheranno gli alleati i nazisti rapiscono un maggiore americano (Garner) e facendolo risvegliare in un ospedale «americano» cercano di convincerlo che la guerra è già finita: per superare la sua amnesia a lui non resterà che ricostruire la dinamica dello sbarco in Normandia. Da un romanzo geniale di Roald Dahl sceneggiato da Clark K. Hittlemann e Luis H. Vance, Seaton dirige un film serrato e avvincente che trascina lo spettatore in un bel meccanismo narrativo pieno di suspense. Ma è soprattutto l'originalità della costruzione (una messinscena – quella dei nazisti – all'interno della messinscena del regista) a fare di questo film uno dei più originali anticipatori di quella riflessione parafantastica che sarebbe diventata sempre più abbondante e complessa sul finire degli anni Sessanta.

Ultime vacanze, Le **½ (*Les Dernières vacances*, Francia 1947, b/n, 95') Roger Leenhardt. Con Michel François, Odile Versois, Pierre Dux, Jean d'Yd, Renée Devillers, Christiane Barry, Frédéric Munié, Jean Varas [Lara], Raymond Farge. ◆ Per l'ultima volta, nell'estate del 1934, tutti i parenti si ritrovano nella tenuta dello zio Walter (d'Yd), deciso a vendere la sua terra per ragioni economiche: Jacques (François) è attratto da Juliette (Versois), il padre di Jacques, Valentin (Dux), fa una corte discreta alla zia Odette (Barry), il timido Augustin (Farge) fugge, mentre il passaggio di proprietà non avverrà senza contrasti. Pensato «come si scrive un romanzo», il lungometraggio d'esordio del critico e documentarista Roger Leenhardt (che si è fatto affiancare per i dialoghi da Roger Breuil) è un'opera anomala nel panorama del cinema francese: la storia della fine di una proprietà e i primi amori dei ragazzi sono raccontati con «uno stile molto semplice, attento alla sensibilità dei giovani interpreti» ma anche estremamente controllato dal punto di vista compositivo, grazie a un utilizzo della profondità di campo mutuato da *Quarto potere* di Welles eppure originalissimo per il cinema francese. Ma la qualità che più colpisce nel film è la capacità di tradurre in immagini «l'imponderabile nostalgia degli amori infantili e degli orizzonti chimerici» con una sensibilità tutta letteraria – influenzata dai romanzi di Colette, Alain-Fournier, Roger Martin du Gard – che bisognerà aspettare Truffaut per ritrovare.

Ultimi, Gli **½ (Italia 1963, b/n, 87') Vito Pandolfi. Con Adelfo Galli e attori non professionisti presi da Coderno di Sedegliano, nel Friuli. ◆ Abitante di un piccolo villaggio al centro della pianura friulana e figlio di una delle famiglie più povere del paese, Checo (Galli) è rifiutato ed emarginato dai compagni che l'hanno soprannominato «spaventapasseri» per il suo povero aspetto. Ossessionato dal nomignolo, il bambino comincia a vagare per la campagna in solitudine, sempre più soggiogato dagli spauracchi campestri con i quali finisce per identificarsi: solo dopo averne distrutto uno, Checo uscirà dall'incubo e acquisterà una nuova maturità unendosi, nel lavoro dei campi, agli uomini del paese. Tratto dal racconto autobiografico *Io non ero un fanciullo* di padre Davide Maria Turoldo (pubblicato in *Mia terra addio*), il film rievoca con robusto impianto realista, e qualche concessione populista, il mondo dei contadini friulani negli anni Trenta e grazie al leit-motiv degli spaventapasseri riesce ad aprirsi a una dimensione astratta ed evocativa, capace di rendere poetico il racconto. Impossibile da inscrivere in alcun filone cinematografico, l'opera costruisce il proprio interesse sul suo essere un evento estemporaneo e sul binomio che lega due persone di diversa estrazione culturale, un prete cattolico come Turoldo e un critico marxista come Pandolfi, qui alla sua prima esperienza di regia cinematografica.

Ultimi bagliori di un crepuscolo **½ (*Twilight's Last Gleaming*, Usa/Rft 1977, col, 120') Robert Aldrich. Con Burt Lancaster, Richard Widmark, Charles Durning, Melvyn Douglas, Paul Winfield, Burt Young, Joseph Cotten, Vera Miles. ◆ Un ex generale (Lancaster) si impossessa di una base atomica per costringere il presidente degli Stati Uniti (Durning) a rendere noto il documento top-secret che spiega le vere e inconfessabili ragioni della guerra del Vietnam. A contrastarlo, un feroce generale senza scrupoli (Widmark). Fantapolitica tratta da un romanzo di Walter Wager e sceneggiata da Ronald M. Cohen ed Edward Huebsch, verbosa ma con una discreta suspense, animata dal sincero impulso etico di un regista sensibile all'incubo atomico e al senso di colpa per la responsabilità della «sporca guerra». Un buon film di genere che celebra dolorosamente il tramonto del mito americano. In originale dura 146'.

Ultimi cinque minuti, Gli *½ (Italia 1955, b/n, 95') Giuseppe Amato. Con Linda Darnell, Vittorio De Sica, Peppino De FIlippo, Rossano Brazzi, Nadia Gray, Sophie Desmarets, Pierre Cressoy, Elsa Merlini, Gianrico Tedeschi, Georges Bréhat, Memmo Carotenuto, Enrico Viarisio, Nando Bruno, Silvana Jachino, Luigi Almirante, Henri Vidon. ◆ Per non perdere l'appartamento che stanno visitando insieme, Renata (Darnell) e Carlo (De Sica) si sposano: per scoprire anche che si amano ci sarà bisogno di un quasi tradimento di lei con un vanesio rubacuori (Brazzi). La commedia omonima di Aldo De Benedetti (adattata dall'autore) si adattava meglio al cinema dei telefoni bianchi che a quello degli anni Cinquanta, e la solita bravura di De Sica - ricco signore prigioniero della sua ironia - non basta a salvare un film senza una vera ragion d'essere.

Ultimi dieci giorni di Hitler, Gli *½ (Italia 1973, col e b/n, 107') Ennio De Concini. Con Alec Guinness, Simon Ward, Adolfo Celi, Diane Cilento, Gabriele Ferzetti, Eric Porter, Doris Kunstmann, Joss Ackland. ◆ Le cupe scene a colori degli ultimi giorni del Führer (Guinness) dentro il suo bunker sono contrappuntate da quelle in bianco e nero dei documentari che rievocano i tragici eventi di cui fu protagonista. Il tono del film (sceneggiato dal regista con Maria Pia Fusco dal romanzo *Gli ultimi giorni della cancelleria* di Gerhard Boldt), a tratti un po' troppo ovvio e didascalico, trova impennate di vitalità nella inquieta e virtuosistica performance di sir Alec Guinness che ricrea magistralmente la delirante personalità del dittatore.

Ultimi fuochi, Gli ** (*The Last Tycoon*, Usa 1976, col, 124') Elia Kazan. Con Robert De Niro, Tony Curtis, Robert Mitchum, Jeanne Moreau, Ingrid Boulting, Jack Nicholson, Donald Pleasence, Theresa Russell, Dana Andrews, Ray Milland, John Carradine, Peter Straub, Seymour Cassel, Anjelica Huston. ◆ Entrato in crisi per la morte della moglie, il produttore Monroe Stahr (De Niro) si butta disperatamente nel lavoro alla ricerca di un cinema più creativo, quando l'incontro con la sconosciuta Cecilia (Boulting), che gli ricorda la moglie, gli fa trascurare gli amici e dimenticare il lavoro: verrà defenestrato dopo che anche Cecilia si è sposata con un altro. Tratto dal romanzo omonimo di Francis Scott Fitzgerald (che è adombrato nel personaggio interpretato da Pleasence) e sceneggiato da Pinter con «uno stile minimalista che mal si accorda con l'esuberanza di Fitzgerald», è un'amara riflessione sul cinema e sulla sua perdita di senso ambientata in una Hollywood superficiale nonostante il buon lavoro dello scenografo Gene Callahan e parzialmente ispirata alla vita di Irving Thalberg, giovanissimo boss della Mgm. Ultima regia di Kazan (che fu chiamato sul set all'ultimo momento, a sostituire Mike Nichols), il film è complessivamente lento e verboso ma capace di rendere efficacemente, grazie soprattutto all'ottima prova di De Niro, l'allucinata irrealtà di cui vive il mondo del cinema. Indimenticabile la scena in cui De Niro spiega il segreto del cinema a Pleasence grazie a una monetina.

Ultimi giganti, Gli * (*The Last Hard Men*, Usa 1976, col, 103') Andrew V. McLaglen. Con Charlton Heston, James Coburn, Barbara Hershey, Christopher Mitchum, Michael Parks, Jorge Rivero. ◆ Un bandito (Coburn) evade dai lavori forzati e al suo mortale nemico (Heston), ormai pensionato, non resta che rimettersi sulle sue tracce, anche perché il bandito gli ha stuprato la figlia (Hershey) per vendetta. Western fuori tempo massimo in stile simil-Peckinpah, che pretenderebbe di avere il respiro epico dei classici e ha solo il fiato corto di un racconto prevedibile e noioso.

Ultimi giorni da noi **½ (*The Last Days of Chez Nous*, Australia 1990, col, 97') Gillian Armstrong. Con Lisa Harrow, Bruno Ganz, Kerry Fox, Miranda Otto, Kiri Paramore, Bill Hunter, Lex Marinos, Mickey Camilleri. ◆ La vita già non semplicissima di Beth (Harrow) – scrittrice sui quaranta di non molto successo che vive a Sydney col compagno francese J.B. (Ganz) e una figlia che si affaccia alla vita (Otto) – si complica ancora di più con l'arrivo della sorella Vicky (Fox), che si scoprirà essere incinta: la tensione scoppierà quando Vicky si farà consolare da J.B., mettendo definitivamente in crisi la vita di Beth. Descrizione di una crisi esistenziale che è anche il fallimento di molti ideali (femministi? postsessantottini?) coltivati da una generazione in cui si possono identificare sia la regista, sia la sceneggiatrice Helen Garner (già responsabile dello script del primo film di Jane Campion, *Due amiche*). Aggiornando classici temi cechoviani, il film registra il «vuoto esistenziale» di chi non riesce a vedere dentro di sé e che la Armstrong filma con un nervosismo visivo senza compiacimenti, preoccupata di non concedere giustificazioni a nessuno dei suoi personaggi ma anche di evitare ogni schematismo manicheo. Lo *Chez Nous* del titolo originale è il nome con cui J.B. chiama (coerentemente con la sua lingua) la casa dove vive.

Ultimi giorni di Frank e Jesse James, Gli ** (*The Last Days of Frank and Jesse James*, Usa 1986, col, 120') William A. Graham. Con Kris Kristofferson, Johnny Cash, Willie Nelson, Ed Bruce, June Carter Cash. ◆ Frank (Cash) e Jesse James (Kristofferson) hanno messo su famiglia e, specie il primo, vorrebbero chiudere col passato: ma invano. Frank si vendicherà indirettamente dell'assassino del fratello, che racconta sul palcoscenico la sua infame impresa. Western crepuscolare che vuole mostrare l'altro lato della leggenda. Ritmo televisivo ma qualche notazione non banale. I tre protagonisti sono star della musica country (Nelson è un ex generale sudista). La moglie di Cash interpreta la madre (sic!) dei fratelli James.

Ultimi giorni di Pompei, Gli *** (Italia 1926, b/n, 181') Carmine Gallone, Amleto Palermi. Con Rina De Liguoro, Viktor Varkonyi [Varconi], Bernhardt Goetzke, Maria Korda, Emilio Ghione, Livia Maris, Carlo Gualandri, Ferruccio Biancini, Gildo Bocci, Enrica Fantis. ◆ A Pompei, nel 79 d.C., l'ateniese Glauco (Varkonyi) ama la bella Jone (De Liguoro), concupita anche dal potente sacerdote di Isis Arbace (Goetzke). Con l'aiuto di Nydia (Korda), una schiava cieca liberata da Glauco e di lui segretamente innamorata, il giovane ateniese strappa Jone ad Arbace, che però lo fa condannare per un delitto da lui stesso commesso. Sarà ancora Nydia che lo salverà quando ormai sta per essere dato in pasto alle fiere del circo, svelando la verità su Arbace. Il sacerdote finirà sotto la lava dell'eruzione del Vesuvio mentre Glauco, Jone e Nydia fuggiranno su una zattera: qui Nydia si accorge che l'amore tra i due giovani è sempre più forte e disperata preferirà annegarsi. La più famosa (e la più spettacolare) delle tante versioni dell'omonimo romanzo di Edward George Bulwer-Lytton: Gallone e Palermi ne fanno un film molto composito, dove «si trovano mescolati la storia e la mitologia, il quotidiano e il soprannaturale, il fotoromanzo e i deliri barocchi, vecchi trucchi del melodramma e veri slanci poetici». Sostanzialmente fedeli al testo letterario, i due registi moltiplicano i luoghi pittoreschi e le scene insolite, non risparmiandosi neppure un insolito striptease (una sacerdotessa di Isis che, vestita da mummia, si toglie una benda dopo l'altra) e realizzando una superproduzione addirittura sproporzionata per le energie ormai ridotte della cinematografia italiana. Bella la prova di Bernhardt Goetzke e assolutamente da antologia le scene dell'eruzione del Vesuvio che distrugge il circo affollato di spettatori. Il medesimo soggetto era già stato realizzato, tra gli altri, da Luigi Maggi (1908), Eleuterio Ridolfi (1913), Giovanni Enrico Vidali (1913, col titolo *Jone*) e in anni più recenti da Ernest B. Schoedsack (1935), Paolo Moffa e Marcel L'Herbier (1948) Mario Bonnard e Sergio Leone (1959).

Ultimi giorni di Pompei, Gli *½ (Italia 1959, col, 100') Mario Bonnard [e Sergio Leone]. Con Steve Reeves, Christine Kaufmann, Fernando Rey, Annemarie Baumann, Carlo Tamberlani, Barbara Carroll. ◆ Nella Pompei del 79 d.C., l'amore fra il centurione Glauco (Reeves) e la cristiana Jone (Kaufmann) è contrastato dall'alto sacerdote Arbace (Rey) che, innamorato della ragazza, cerca di sbarazzarsi del rivale addossandogli un omicidio: l'eruzione del Vesuvio che sotterra Pompei costerà la vita ad Arbace mentre i due giovani riusciranno a fuggire. I muscoli di Reeves guizzano in una superproduzione fallimentare tratta dal romanzo omonimo di Edward George Bulwer-Lytton (sceneggiato da Ennio De Concini, Duccio Tessari, Sergio Leone, Luigi Emmanuele e Sergio Corbucci), ultimo esempio di quei kolossal che avevano fatto la fortuna dell'industria cinematografica italiana ma erano ormai insostenibili economicamente e obsoleti per il pubblico. Comunque spettacolare e grandioso, il film fu terminato da Sergio Leone per una malattia di Bonnard. I costumi sono del grande illustratore Duilio Cambellotti. Il romanzo era già stato portato sugli schermi, con lo stesso titolo, da Amleto Palermi e Carmine Gallone nel 1925, da Ernest B. Schoedsack nel 1935 e da Paolo Moffa e Marcel L'Herbier nel 1948.

Ultimi tre giorni, Gli *½ (Italia 1978, col, 123') Gianfranco Mingozzi. Con Claudio Cassinelli, Lina Sastri, Franco Lotterio, Benedetto Simonelli, Luigi Casellato, Mara Mariani. ◆ Gli ultimi giorni sono quelli di un giovane (Lotterio) che, ispirato da un ambiguo gerarca fascista (Cassinelli) vuole uccidere Mussolini. Rifacendosi alla figura di Anteo Zamboni – ammazzato dai fascisti durante il fallito attentato a Bologna che servì come pretesto per le leggi eccezionali – Mingozzi ipotizza che il gesto dell'attentatore fosse in qualche modo manovrato dagli stessi fascisti, ma si perde nelle vischiose ambiguità della sua ricostruzione finendo per non essere assolutamente convincente.

Ultimo amante, L' *½ (Italia 1955, b/n, 98') Mario Mattoli. Con Amedeo Nazzari, May Britt, Frank Latimore, Nino Besozzi, Ernesto Calindri, Elli Parvo. ◆ Maria (Britt), che vive prostituendosi, incontra in un commissariato un giornalista alcolizzato, Cesare Monti (Nazzari). Lui s'innamora di lei e vorrebbe salvarla dal marciapiede, ma la ragazza rifiuta ogni aiuto. Accetterà la proposta solo in fin di vita, per nascondere ai genitori la verità. Remake di *Stasera niente di nuovo* dello stesso Mattoli (riscritto dal regista, Aldo De Benedetti e, non accreditato, Augusto Camerini), con Nazzari nel ruolo che era di Carlo Ninchi e la Britt in quello di Alida Valli. Il recupero è dovuto soprattutto al grande successo che in quell'epoca, postneorealista e precommedia all'italiana, aveva il melodramma imposto da Matarazzo. Fotografia di Aldo Tonti, scenografia del futuro regista Flavio Mogherini.

Ultimo apache, L' *** (*Apache*, Usa 1954, col, 89') Robert Aldrich. Con Burt Lancaster, Jean Peters, John McIntire, John Denner, Charles Buchinsky [Bronson], Ian McDonald. ◆ Il giovane e irriducibile indiano Massai (Lancaster) non vuole accettare la sconfitta di Geronimo e con la fedele moglie (Peters) continua, braccato e solitario, la sua battaglia contro i bianchi. Aldrich, qui al suo esordio nel western, non racconta solo la storia di un ribelle e della sua lotta (tratta da un romanzo di Paul Wellman e sceneggiata da James R. Webb) ma prova che «un grande western unisce, a suo modo, lo studio delle usanze e lo studio dell'individuo nei suoi rapporti con la società» (vedi la carrellata che fa apparire agli occhi di un Massai stupefatto e timoroso il mondo in miniatura della città, con i negozi, i luoghi di divertimento, la popolazione e la polizia). Nonostante un happy end posticcio imposto dalla produzione, il film è un'analisi lucida e sincera dei conflitti inestricabili dello sviluppo storico americano, riassunti nell'aspetto lirico e quasi esaltante della ribellione di Massai, ma anche nella sua componente disperata e suicida. Grande fotografia di Ernest Laszlo che gioca sui rossi e sui gialli del sole.

Ultimo appello, L' *½ (*The Chamber*, Usa 1996, col, 113') James Foley. Con Chris O'Donnell, Gene Hackman, Faye Dunaway, Lela Rochon, Robert Prosky, Raymond Barry, Millie Perkins. ◆ A un mese dalla data dell'esecuzione il giovane avvocato Adam Hall (O'Donnell) prende in mano il caso di suo nonno Sam Cayhall (Hackman), membro del Ku Klux Klan accusato di un attentato dinamitardo di trent'anni prima in cui era rimasta uccisa una famiglia ebrea. Non eviterà l'esecuzione, ma scoperchierà il classico nido di vipere. Da un romanzo di John Grisham (adattato da William Goldman e Chris Reese), la solita solfa sugli idealisti *liberal* che scelgono a oggetto della propria bontà dei figli di puttana che non hanno nessuna voglia di essere salvati ma alla fine si pentono sempre. Regia e interpretazioni di routine. Ron Howard è uno dei produttori.

Ultimo attacco, L' ** (*Flight of the Intruder*, Usa 1991, col, 113') John Milius. Con Brad Johnson, Willem Dafoe, Danny Glover, Rosanna Arquette, Tom Sizemore. ◆ Su una portaerei americana durante la guerra del Vietnam, un pilota di primo pelo (Johnson), sconvolto dalla morte del suo compagno di volo, viene convinto da un ufficiale disamorato della vita (Dafoe) a tentare una missione suicida contro il volere dei superiori. Nella forma di un film bellico anacronistico, con eroismi vecchio stile, Milius torna a parlare dell'uomo in situazioni estreme, ma con molta meno convinzione che in passato. Dafoe non è affatto male, Glover e Arquette sono sprecati.

Ultimo avvertimento di Mr. Moto, L' ** (*Mr. Moto's Last Warning*, Usa 1939, b/n, 71') Norman Foster. Con Peter Lorre, Ricardo Cortez, Virginia Field, John Carradine, George Sanders. ◆ Una banda di mercenari cerca di scatenare un conflitto tra Francia e Inghilterra nel canale di Suez: Mr. Moto (Lorre) accorre a Porto Said e sventa il piano. Sesto della serie, reso interessante da un cast di prim'ordine.

Ultimo bacio **½ (*Pontcarral, colonel d'empire*, Francia 1942, b/n, 125') Jean Delannoy. Con Pierre Blanchar, Annie Ducaux, Suzy Carrier, Charles Granval, Jean Marchat, Charlotte Lysès, Jacques Louvigny, Guillaume de Sax. ◆ Francia, 1815: fedele sostenitore degli ideali napoleonici e per questo caduto in disgrazia, il colonnello Pontcarral (Blanchar) sposa Clara (ma nell'originale è Garlone) de Ransac (Ducaux) ma la donna non ha dimenticato il suo ex amante, Hubert de Rozans (Marchat), e per permettergli di pagare dei debiti di gioco gli regala un diamante avuto in dono dal marito. Che naturalmente scopre questo «tradimento» e uccide il rivale in duello scacciando la moglie di casa. Quindici anni dopo il colonnello, reintegrato nel suo ruolo e legato alla cognata Sybille (Carrier), che l'ha sempre amato in silenzio, ritrova la moglie: lei confessa il suo amore e un ultimo bacio suggella questa riconciliazione prima che Pontcarral parta per la guerra d'Algeria. Uno dei melodrammi «a chiave» della Francia di Pétain, esaltazione nemmeno troppo velata dei valori della resistenza attraverso la glorificazione del sentimento dell'onore che Pontcarral incarna con una intransigenza assoluta (nella prima parte, il colonnello spinge al suicidio un suo ex sottoposto che ha accettato di trasformarsi in spia della polizia monarchica). E durante la guerra il pubblico applaudiva a scena aperta il film che ottenne il visto di censura dalle forze di occupazione tedesche solo dopo il taglio di alcuni dialoghi troppo espliciti. Ma anche a distanza di anni il film mantiene una sua «coloritura ironica e movimentata» che giustifica il successo e la fama di quest'opera.

Ultimo bersaglio *½ (Italia 1997, col, 103') Andrea Frezza. Con Silvia Cohen, Giancarlo Giannini, Andrea Jonasson, Giacomo Piperno, Paolo Maria Scalondro, Wolf Gaudlitz, Urbano Barberini, Pietro Biondi, Cosimo Cinieri, Aldo Massasso. ◆ Il suicidio del padre (Piperno) appare ben presto alla figlia Micol (Cohen) come un omicidio mascherato: forzando la reticenza degli amici (Giannini, Jonasson, Biondi, Cinieri e Massasso), che come lui erano sopravvissuti a Birkenau, scopre che sotto c'è un «atto di giustizia privata» contro un ex nazista (Gaudlitz) e una raffinata controvendetta. Riflessioni letterarie sul senso di colpa degli ebrei e sul diritto a una loro giustizia, annegate in una sceneggiatura gialla (scritta dal regista) piena di troppo facili coincidenze e inutili cedimenti al gigionismo (come il numero di Renato De Carmine nella parte dell'archivista). Giannini pensa ad altro quando suona il clarino e la Jonasson non è assolutamente credibile come cantante jazz.

Ultimo boyscout, L' – Missione: sopravvivere **½ (*The Last Boy Scout*, Usa 1991, col, 105') Tony Scott. Con Bruce Willis, Damon Wayans, Chelsea Fields, Noble Willigham, Taylor Negron, Danielle Harris, Halle Berry. ◆ Uno scalcinato detective privato (Willis) e un ex campione di football (Wayans), la cui carriera è stata stroncata da storie di droga, si alleano per risolvere il caso di un duplice omicidio: scopriranno il marcio e riacquisteranno fiducia in se stessi. Giallo spettacolare e fracassone, con gran finale in uno stadio gremito, dove la violenza è temperata da un ritmo da commedia e dall'humour nero. Una volta tanto le battute fanno quasi sempre centro. Bene assortita la coppia dei protagonisti (bianco e nero), un po' sulla scia di *Arma letale* – anche perché lo sceneggiatore (Shane Black) e uno dei produttori (Joel Silver) sono gli stessi.

Ultimo buscadero, L' **½ (*Junior Bonner*, Usa 1972, col, 103') Sam Peckinpah. Con Steve McQueen, Robert Preston, Ida Lupino, Joe Don Baker, Ben Johnson, Barbara Leigh, Mary Murphy. ◆ Cowboy da rodeo, Junior Bonner (McQueen) torna nella sua città natale, a Prescot, in Arizona, dove scopre che il fratello Curly (Don Baker) ha venduto anche la vecchia fattoria di famiglia per speculare negli immobili: iscrittosi al rodeo, saprà cavalcare per otto secondi un toro e prima di riprendere il suo vagabondare userà i soldi del premio per comprare al padre (Preston) un biglietto per l'Australia, dove sogna di fuggire da tempo. Un western di ambiente moderno sceneggiato da Jeb Rosebook, dove Peckinpah torna a riflettere sulla fine del West e l'anacronismo dei suoi eroi, condannati, come la vecchia casa dei Bonner nelle primissime scene, a essere distrutta dall'avanzata della cosiddetta civiltà moderna. Disillusa elegia sull'umanità dei perdenti («Se questo mondo è tutto per i vincitori, cosa rimane ai perdenti?» si chiede il padre. E Junior risponde: «Qualcuno deve pur tener fermi i cavalli»), il film ha alcuni momenti di grande virtuosismo tecnico – specie nel montaggio di Robert Wolf delle scene del rodeo – ma non riesce a evitare una certa frammentarietà nel racconto. Encomiabile Ida Lupino nel ruolo della madre.

Ultimo capodanno, L' *½ (Italia 1998, col, 108' poi ridotti a 101') Marco Risi. Con Monica Bellucci, Marco Giallini, Francesca d'Aloja, Antonella Steni, Mario Patané, Patrizia Pezza, Silvio Vannucci, Carmen Giardina, Max Mazzotta, Claudio Santamaria, Iva Zanicchi, Orazio Stracuzzi, Maria Monti, Beppe Fiorello, Alessandro Haber, Federica Virgili, Piero Natoli, Mattia Moscardini, Emilia Basile, Emanuela Grimalda, Franco Odoardi, Ludovica Modugno, Angela Finocchiaro, Ricky Memphis, Giorgio Tirabassi, Natale Tulli, Giovanni Ferreri, Adriano Pappalardo, Vanna Rei. ◆ La notte di Capodanno, nel comprensorio «Le Isole» sulla via Cassia: Giulia (Bellucci) scopre il tradimento del fidanzato (Giallini); Ossodipesce (Mazzotta) e Cris (Santamaria) cercano di farsi con quel che trovano; una contessa allupata (Monti) invita un gigolò (Fiorello), ma un gruppo di tifosi in trasferta le invade la casa; un rispettabile padre di famiglia (Haber) si concede un'avventura sadomaso; una famiglia (Natoli, Grimalda, Odoardi) prepara i botti, mentre tre ladri (Memphis, Tirabassi e Tulli) incrociano sulle scale una donna agonizzante (Modugno) che ha tentato il suicidio e se ne è subito pentita. Il declino dell'umanità in una sera, sulle tracce del racconto *L'ultimo capodanno dell'umanità* di Niccolò Ammaniti (che firma anche la sceneggiatura con il regista). Ma la dissacrazione pulp della pagina scritta - già discutibile di suo - si stempera in un sarcasmo gratuito e, alla fine, innocuo, in cui l'accumularsi dei colpi di scena e delle situazioni grottesche (per non dire *gore*) è troppo sopra le righe per graffiare davvero o conservare un suo valore morale. Bocciato dal pubblico, il film è stato ritirato dopo una settimana di programmazione per essere riproposto un'anno dopo, più corto di 7' e con un montaggio che privilegia le scene comiche su quelle grottesche: ma l'esito non è stato migliore. *Cult* comunque la «pelliccia pubica» che sfoggia la Bellucci, quasi sempre nuda dalla vita in giù.

Ultimo combattimento di Chen, L' * (*Siwan youxi*, noto anche col titolo inglese *Game of Death*, Hong Kong 1978, col, 102') Robert Clouse. Con Bruce Lee, Kim Tai Jong, Gig Young, Dean Jagger, Hugh O'-Brian, Colleen Camp. ◆ Un campione di arti marziali (Lee e poi Tai Jong) demolisce l'organizzazione criminale del dottor Land (Jagger) che voleva eliminarlo per la sua opposizione al racket: ci riuscirà facendosi credere morto. Macabra riesumazione cinematografica del defunto Bruce Lee con la costruzione, attorno a tre scene girate dal campione poco prima della morte, avvenuta il 20 luglio 1973, di un pessimo film che ha come protagonista un suo sosia (Kim Tai Jong). Operazione e risultato criticati anche dai fan. Particina per il campione di basket Kareem Abdul Jabbar nel ruolo di Hakim. Circola anche una versione di 85'.

Ultimo contratto, L' ** (*Grosse Pointe Blank*, Usa 1996, col, 105') George Armitage. Con John Cusack, Minnie Driver, Dan Aykroyd, Joan Cusack, Alan Arkin, Jeremy Piven, Barbara Harris. ◆ Il killer Martin Blank (Cusack) deve ammazzare un testimone nella natia Grosse Pointe, Detroit, proprio mentre si svolge il ritrovo dei suoi ex compagni di liceo: vedere improvvisamente tanta gente «normale» gli fa venire voglia di cambiare mestiere. Doppia parodia – dei thriller e delle commedie nostalgiche – girata con uno stile strampalato e poco commerciabile, che guarda ai cocktail di generi con accluse notazioni sociologiche che serviva Demme degli anni Ottanta. L'insieme non è indispensabile ma tutt'altro che sgradevole. Cusack coproduce, cosceneggia (con Tom Mankiewicz) e purtroppo impone eterni primi piani della sua insopportabile sorella Joan.

Ultimo degli amanti, L' → *Amiamoci così belle signore*

Ultimo dei mohicani, L' *½ (*Last of the Redmen*, Usa 1947, col, 77') George Sherman. Con Jon Hall, Michael O'Shea, Julie Bishop, Buster Crabbe. ◆ Sullo sfondo della guerra coloniale francobritannica nell'America settentrionale, l'ultimo dei mohicani (Hall) combatte a fianco degli inglesi contro gli indiani uroni che, alleati dei francesi, hanno rapito la bella figlia (Bishop) del colonnello. Rifacendosi al celeberrimo romanzo di James Fenimore Cooper più infedelmente di quanto non faccia supporre il titolo italiano, è un western settecentesco che intreccia melodramma e avventura, bolso remake del *Re dei pellirossa*. Rifatto nel 1977 e nel 1992.

Ultimo dei mohicani, L' *½ (*The Last of the Mohicans*, Usa 1977, col, 100') James L. Conway. Con Steve Forrest, Ned Romero, Robert Tessier, Andrew Prine, Don Shanks. ◆ Storia dello scontro cruento fra il mohicano Occhio di Falco (Forrest) e gli indiani uroni, rispettivamente alleati di inglesi e francesi nella guerra coloniale del Settecento nella regione dei Grandi laghi. Prodotto per la tv, è una dignitosa versione delle avventure protowestern tratte dal bestseller per adolescenti di James Fenimore Cooper, già portate sullo schermo nel 1936 (*Il re dei pellirossa*), nel 1947 e successivamente nel 1992.

Ultimo dei mohicani, L' *** (*The Last of the Mohicans*, Usa 1992, col, 122') Michael Mann. Con Daniel Day-Lewis, Madeleine Stowe, Russell Means, Eric Schweig, Jodhi May, Steven Waddington, Wes Studi. ◆ Nel Canada del 1757, il mohicano Chingachgook (Means), suo figlio Uncas (Schweig) e il figlio adottivo bianco Hawkeye (Day-Lewis) salvano dagli uroni le due figlie del comandante inglese del forte, Cora (Stowe) e Alice (May): coinvolto nella guerra che infuria tra mohicani e coloni americani da un lato e francesi e alleati uroni dall'altro, Hawkeye ucciderà l'urone Magua (Studi) – che vuole vendicarsi di vecchi torti sulle due ragazze – ma non potrà impedire il sacrificio di Uncas e Alice. Tratto dall'omonimo romanzo di James Fenimore Cooper e dalla sceneggiatura preparata da Philip Dunne per la versione del 1936 (*Il re dei pellirossa*), il film non riesce a organizzare coerentemente una materia caotica (l'amore tra Hawkeye e Cora, la rivalità tra mohicani e uroni, la guerra tra americani e inglesi), ma sorprende per la padronanza e la spettacolarità dello stile. Incalzante dall'inizio alla fine, interpretato da un Daniel Day-Lewis in stato di grazia, il film di Michael Mann utilizza il colore in funzione antinaturalistica (la bella fotografia è di Dante Spinotti), riduce la carica antirazzista, smorza l'epica del racconto ed esalta il tema dell'uomo costretto a mettere la sua abilità al servizio di una causa che non condivide per trasformarsi in un western melodrammatico, non compiuto nell'insieme ma con squarci memorabili. Il regista Patrice Chereau interpreta il generale francese Montcalm. Nel romanzo, al contrario di quanto avviene nel film, delle due sorelle non è la fragile Alice a morire di morte violenta, bensì la fiera Cora.

Ultimo domicilio conosciuto ** (*Dernier domicile connu*, Francia 1969, col, 95') José Giovanni. Con Lino Ventura, Marlène Jobert, Michel Constantin, Paul Crauchet, Monique Mélinand, Alain Mottet. ◆ Il commissario Leonetti (Ventura), coadiuvato da un'ausiliaria (Jobert), è incaricato di trovare un supertestimone necessario per inchiodare un importante delinquente. Ma a processo finito il teste verrà abbandonato al suo destino senza nessuna protezione. Tratto da un romanzo di Jospeh Harrington (adattato dal regista), un bel noir pieno di amarezza che riflette su una giustizia inumana, dove il fine sembra giustificare i mezzi. Ottima, come sempre, l'interpretazione di Ventura.

Ultimo drago, L' *½ (*The Last Dragon*, rititolato *Berry Gordy's the Last Dragon*, Usa 1985, col, 109') Michael Schultz. Con Taimak, Vanity, Chris Murney, Julius J. Carry III, Ernie Reyes, Faith Prince. ◆ Un coraggioso giovanotto nero (Taimak) usa la sua abilità nel karate per salvare un'appetitosa videodj (Vanity) dalle grinfie di un gangster. Musica, giungla metropolitana, arti marziali e amore, in un'allegra favoletta per la gioia degli adolescenti.

Ultimo fuorilegge, L' *½ (*The Cimarron Kid*, Usa 1951, col, 84') Budd Boetticher. Con Audie Murphy, Yvette Dugay, Beverly Tyler, John Hudson, Leif Erickson, Noah Beery. ◆ In viaggio sul treno che viene rapinato dalla banda dei Dalton, Cimarron (Murphy) è accusato di complicità con i banditi cui è costretto a unirsi. Ma anche per amore di una donna (Tyler) saprà riscattarsi. Primo mediocre western di Boetticher che non si discosta molto da un normale film di genere, appena risollevato da una bella interpretazione di Audie Murphy.

Ultimo fuorilegge, L' *½ (*The Last Out-law*, Usa 1994 col, 84') Geoff Murphy. Con Mickey Rourke, Dermot Mulroney, Ted Levine, John C. McGinley, Steve Buscemi, Keith David. ◆ L'ex ufficiale Graff (Rourke), capo di una banda di fuorilegge, dopo essere stato ferito da uno di loro, si vende ai vigilantes per dare la caccia ai suoi ex compagni. Lo sceneggiatore Eric Red (*The Hitcher*, *Il buio si avvicina*) una volta era una promessa: ora confeziona luoghi comuni a base di barbe lunghe, ceffi sudati e volenterosi omaggi a Peckinpah. Rourke, negli ultimi tempi, non è mai stato così irriconoscibile.

Ultimo gangster, L' ** (*The Last Gangster*, Usa 1937, b/n, 81') Edward Ludwig. Con Edward G. Robinson, Rose Stradner, James Stewart, Lionel Stander, Douglas Scott, John Carradine, Sidney Blackmer. ◆ Joe Krozac (Robinson), boss mafioso appena uscito da Alcatraz, vuole uccidere la moglie (Stradner), che nel frattempo si è risposata con un giornalista (Stewart), e riavere il figlio. Il tramonto del *gangster movie*, ormai robustamente insidiato dal mélo, con l'icona Robinson in grande forma e un giovane Stewart già calato nel suo ruolo-tipo di americano naïf: lo sceneggiatore John Lee Mahin opera sui generi con evidente, e forse un po' autocompiaciuta, consapevolezza (il figlio di Krozac viene definito dalla stampa «Nemico pubblico jr», mentre l'ex «Piccolo Cesare» vorrebbe chiamarlo Napoleone), ma si dà da fare lavorando sulla caduta più banale per il boss (il carcere) e sfruttando appieno il dramma famigliare (la moglie straniera e ignara, il figlio cresciuto all'oscuro di tutto, lo shock del padre che non riconosce in lui nulla di sé). Il regista indulge un po' troppo nel sentimentalismo, ma si riscatta in parte con il finale espiatorio.

Ultimo gioco, L' * (*Players*, Usa 1979, col, 120') Anthony Harvey. Con Ali MacGraw, Dean-Paul Martin, Maximilian Schell, Pancho Gonzales, Steve Guttenberg, Melissa Prophet, Jay Cox. ◆ Un giovane campione (Martin) divide il suo sforzo agonistico fra il campo da tennis e quello di Venere, visto che la sua bella scultrice (MacGraw) non sembra voler rinunciare a un danaroso protettore (Schell). Infima storiella che cerca una qualche complicità con il pubblico tennistico, inglobando nella vicenda il torneo di Wimbledon con Nastase, Borg, McEnroe & Co.

Ultimo giorno d'amore, L' * (*L'Homme pressé*, Francia/Italia 1976, col, 90') Edouard Molinaro. Con Alain Delon, Mireille Darc, Michel Duchaussoy, Elina Labourdette, Monica Guerritore. ◆ L'antiquario Pierre Niox (Delon) non ammette di non poter possedere quello che desidera: per farlo qualche volta infrange la legge, oppure trascura la moglie incinta (Darc), ma l'ansia può arrivare a giocargli un brutto tiro. Squinternata riflessione sul fatto che essere è meglio che avere con un Delon che gigioneggia senza controllo. Debutto della Guerritore.

Ultimo giorno di scuola prima delle vacanze di Natale, L' ** (Italia 1975, col, 88') Gian Vittorio Baldi. Con Luca Bonicalzi, Lino Capolicchio, Macha Meril, John Steiner, Riccardo Cucciolla, Delia Boccardo, Giovannella Grifeo. ◆ Nell'Emilia del 1944 tre fascisti della Repubblica di Salò, due uomini (Capolicchio e Steiner) e un'ausiliaria (Meril), si impossessano di una corriera e ne uccidono progressivamente i passeggeri, senza risparmiare nemmeno il giovane Athos (Bonicalzi) che non voleva perdere l'ultimo giorno di scuola prima delle vacanze di fine anno. Il film ricostruisce, con tecnica documentaristica, la cronaca asciutta di un massacro, cercando di trasformare un episodio di cronaca (inventato dall'autore) in un più ampio discorso simbolico sulla ferocia del fascismo, ma l'eccesso di didascalismo appesantisce troppo la regia.

Ultimo grande eroe, L' → *Last Action Hero – L'ultimo grande eroe*

Ultimo handicap *½ (*Casey's Shadow*, Usa 1978, col, 93') Martin Ritt. Con Walter Matthau, Alexis Smith, Robert Webber, Murray Hamilton, Andrew A. Rubin. ◆ Abbandonato dalla moglie con i tre figli a carico, Loyd Bourdelle (Matthau) spera di risolvere i suoi problemi grazie a un cavallo che allena con passione, ma allettato da un premio faraonico farà correre lo stallone quando è ancora troppo giovane: vincerà, ma resterà azzoppato. Matthau ha la simpatia del perdente nato, estraneo al cinismo avido del mondo delle corse e sconfitto dalla sua ansia di rivincita, ma il film ha una trama banale fin troppo prevedibile. In originale dura 117'.

Ultimo imperatore, L' **½ (*The Last Emperor*, Gb/Italia/Cina 1987, col, 160') Bernardo Bertolucci. Con John Lone, Joan Chen, Peter O'Toole, Victor Wong, Dennis Dun, Ryuichi Sakamoto. ◆ Incoronato nel 1906 all'età di tre anni, Pu Yi (Lone), l'ultimo imperatore di una Cina dal 1912 trasformata in repubblica, vive fino all'età adulta chiuso nella Città Proibita. Marionetta degli invasori giapponesi negli anni Trenta, fa vita da playboy in Manciuria, dove la moglie

(Chen) scivola in una progressiva follia: dopo cinque anni di prigionia in Russia e dieci anni di rieducazione in patria, Pu Yi viene riabilitato, e finisce i suoi giorni come giardiniere nella sua ex reggia, ora visitata dai turisti. Bertolucci ha voluto girare un kolossal intimista sul dramma di un figlio prematuramente separato dalla madre, che passa la sua vita da un carcere all'altro; ideologicamente non prende posizioni, e spesso si incanta come il piccolo imperatore di fronte alle scene di massa e al tripudio di colori. Manca di lucidità, specie nella parte centrale, e certi agganci psicoanalitici e alcune allegorie (il gioco dei corpi dietro i teli come anticipazione del cinema) lasciano il tempo che trovano: ma l'affresco storico è innegabilmente suggestivo. Assai criticata, all'uscita, la figura del rieducatore maoista che fa il lavaggio del cervello a Pu Yi, e che Bertolucci presenta come un onesto psicoanalista. Alla base del film ci sono, tra l'altro, le memorie di Pu Yi (scritte all'epoca della rieducazione) e quelle di Reginald Johnston, il suo precettore scozzese, interpretato nel film da O'Toole. Trionfo internazionale e nove Oscar: film, regia, sceneggiatura (Bertolucci, Enzo Ungari, Mark Peploe), fotografia (Vittorio Storaro), montaggio (Gabriella Cristiani), musica (Ryuichi Sakamoto, David Byrne e Cong Su), scenografie (Ferdinando Scarfiotti, Osvaldo Desideri e Bruno Cesari), costumi (James Acheson) e sonoro (Bill Rowe e Ivan Sharrock). Jeremy Thomas ha prodotto il film senza appoggiarsi a nessuna major.

Ultimo incontro ** (Italia 1951, b/n, 89') Gianni Franciolini. Con Alida Valli, Amedeo Nazzari, Jean-Pierre Aumont, Vittorio Sanipoli, Leda Gloria, Giovanna Galletti, Harry Weedon [Henri Vindon], Mariemma Bardi. ◆ Ricattata dal meccanico (Sanipoli) del suo ex amante (Aumont) – morto durante le prove di un gran premio automobilistico proprio dopo aver letto la lettera con cui la donna lo lasciava – Lina (Valli) pensa di pagarlo prostituendosi. Ma il marito (Nazzari) ha dei sospetti e una sera deciderà di scoprire la verità. Melodramma moralistico tratto da *La biondina* di Marco Praga: l'hanno sceneggiato in sei (Alberto Moravia, Edoardo Antòn, Antonio Pietrangeli, Giorgio Pàstina, Gian Paolo Callegari e, non accreditata, Fede Arnaud), ma la trasposizione del romanzo cinquant'anni dopo la sua nascita non funziona, soprattutto nella psicologia dei personaggi, le cui reazioni appaiono piuttosto anacronistiche e semplificate nonostante gli sforzi degli attori. Curioso, comunque, il personaggio femminile cui dà vita la Valli, per niente pietistico e con un tragico «orgoglio» del proprio peccato. Riprese dal vero di prove automobilistiche all'autodromo di Monza, con la partecipazione di Manuel Fangio, Nino Farina, Consalvo Sanesi, Felice Bonetto e Von Stuck.

Ultimo inganno, L' *½ (*Deadfall*, Usa 1993, col, 99') Christopher Coppola. Con Michael Biehn, James Coburn, Nicolas Cage, Sarah Trigger, Charlie Sheen, Peter Fonda, Angus Scrimm, Michael Costantine. ◆ L'artista della truffa Joe (Biehn, pessimo), dopo che il padre è morto in un incidente, va dallo zio Lou (Coburn), che non vedeva da trent'anni, e viene coinvolto in un affare più pericoloso del solito. Ambizioni da noir, barocchismi riusciti a metà, sottointesi edipici buttati lì, lungaggini e divagazioni, con sorpresina finale in cui è facile cascare: il genere di film così brutto da essere quasi divertente. Il talento di Coppola nipote (sceneggiatore con Nick Vallelonga) è comunque ancora da dimostrare. Cage, nella parte di uno sgherro con naso finto e parrucchino, si scalmana deprecabilmente per la prima metà prima di finire ingloriosamente.

Ultimo metrò, L' ***½ (*Le Dernier métro*, Francia 1980, col, 130') François Truffaut. Con Catherine Deneuve, Gérard Depardieu, Heinz Bennent, Jean Poiret, Andréa Ferréol, Sabine Haudepin. ◆ A Parigi, durante l'occupazione nazista, la proprietaria di un teatro (Deneuve) cerca di continuare l'opera del marito regista (Bennent), nascosto nei sotterranei perché ebreo, destreggiandosi abilmente tra i sospetti della Gestapo e quelli dei collaborazionisti: l'arrivo di un nuovo attore (Depardieu) garantirà il successo dello spettacolo ma complicherà la vita privata della donna. Premiato con dieci César, tra cui miglior film, migliore attrice (Deneuve), migliore attore (Depardieu), migliore fotografia (Nestor Almendros) e migliore sceneggiatura (Truffaut e Suzanne Schiffman), *L'ultimo metrò* è una tragicommedia che racconta il periodo dell'occupazione tedesca da un'ottica privata, in cui si mescolano il dramma razziale, la riflessione storica, la storia d'amore e soprattutto la passione per lo spettacolo. Per Truffaut la situazione eccezionale non fa che esaltare le scelte quotidiane dove l'amore per l'arte diventa amore per la vita e viceversa in un «aneddoto limpido che scorre con una naturalezza affascinante», uno dei pochi suoi film a lieto fine. Il dialogo finale della commedia recitata da Depardieu e dalla Deneuve è lo stesso che chiude *La mia droga si chiama Julie*, dove tra l'altro la Deneuve si chiamava Marion come qui. Corretta la traduzione letterale del titolo: l'ultimo metrò segnava il limite d'orario per la durata delle rappresentazioni teatrali.

Ultimo miliardario, L' **½ (*Le Dernier milliardaire*, Francia 1934, b/n, 94') René Clair. Con Max Dearly, Renée Saint-Cyr, Marthe Mellot, José Noguero, Raymond Cordy, Paul Olivier, Sinoël [Jean-Léonis Bies]. ◆ Il banchiere Banco, l'uomo più ricco del mondo (Dearly), diventa il dittatore del reame di Casinario, sconvolto dalla crisi economica. In seguito a un incidente (gli cade un quadro sulla testa), perde del tutto il senno ma ministri e sudditi continuano ad assecondare senza battere ciglio le sue stravaganze amministrative. Una commedia dissacrante, che anticipa il *Grande dittatore* di Chaplin e che durante la guerra circolò in Francia e in Inghilterra come opera antifascista (in Germania e in Italia fu proibita). Senza nulla togliere alla lettura politica, va però sottolineato che «l'antifascismo» funziona più come background sul quale Clair (anche sceneggiatore) costruisce il suo gioco narrativo preferito: la dittatura si presta perfettamente all'esplorazione del meccanico, del ripetitivo, dell'automatico, così come la crisi economica che domina la prima parte del film permette al regista di scatenarsi sul terreno degli oggetti, altra caratteristica del suo cinema «fantastico» (il pagamento di un aperitivo è un pollo, il resto sono uova e pulcini, la mancia sono un paio di uova). Fotografia di Rudolph Maté e Louis Née, musica di Maurice Jaubert.

Ultimo minuto *½ (Italia 1987, col, 90') Pupi Avati. Con Ugo Tognazzi, Massimo Bonetti, Lino Capolicchio, Elena Sofia Ricci, Nik Novecento. ◆ Il nuovo presidente allontana il general manager Walter Ferroni (Tognazzi) dalla squadra, ma sarà costretto a richiamarlo quando incombe la retrocessione. Avati tenta di raccontare il mondo del calcio di provincia con un certo disincanto ma non sa evitare un consolatorio happy end. Cammeo per Diego Abatantuono, talent scout duro ma dal cuore tenero.

Ultimo omicidio, L' *½ (*Once a Thief*, Usa/Francia 1965, b/n, 107') Ralph Nelson. Con Alain Delon, Ann-Margret, Van Heflin, Jack Palance, John David Chandler, Tony Musante. ◆ Un ex delinquente (Delon) vorrebbe uscire dal giro ma, suo malgrado, viene coinvolto dal fratello in una rapina e braccato dalle forze dell'ordine. Poliziesco con accenti melodrammatici girato con discreto mestiere.

Ultimo orizzonte ** (*Gallant Journey*, Usa 1946, b/n, 85') William A. Wellman. Con Glenn Ford, Janet Blair, Charles Ruggles, Henry Travers. ◆ All'inizio del Novecento John Montgomery (Ford), anche se soffre di vertigini, cerca di volare sui trabiccoli di sua costruzione: a dargli retta è solo la sua fidanzata (Blair), che lo assiste fin sul letto di morte. Il tema dell'aviazione appassionava Wellman (qui anche sceneggiatore con Byron Morgan) fin dai tempi di *Ali*: ma alla competenza tecnica delle riprese fanno riscontro personaggi monocordi e idealismi di maniera.

Ultimo ponte, L' **½ (*Die letzte Brücke*, Rft/Jugoslavia/Austria 1954, b/n, 98') Helmut Käutner e Gustav Gavrin. Con Maria Schell, Bernhard Wicki, Carl Möhner, Barbara Rütting, Horst Haechler, Pable Mincie, Tilla Durieux, Dragoslav Radolcic, Robert Meyn. ◆ Jugoslavia 1943: una dottoressa tedesca, Helga (Schell), è catturata da una formazione di partigiani perché curi i loro feriti: continuerà a fare il suo dovere di medico condividendo le loro sofferenze durante un'epidemia di tifo fino all'estremo sacrificio. Intensa e personale riflessione sulle assurdità della guerra e sui paradossi che si creano tra «buoni» e «cattivi», intrecciati e non speculari a quelli tra «amici» e «nemici». Sfortunatamente il senso del film, sceneggiato dal regista con Norbert Kunzie, rischia di essere schiacciato dall'interpretazione fin troppo melodrammatica di Maria Schell, che per questo ruolo fu premiata a Cannes. Il titolo si riferisce al ponte che gli ustascia e i titoisti si contendono in una furiosa battaglia e che Helga attraversa per consegnare le medicine contro il tifo ai suoi ex carcerieri, trovandovi naturalmente un'eroica morte. Per ragioni di coproduzione il film è firmato anche da Gustav Gavrin ma è completamente di Käutner.

Ultimo respiro * (Italia 1991, col, 105') Felice Farina. Con Francesco Benigno, Federica Moro, Massimo Dapporto, Alfredo Li Bassi, Salvatore Termini. ◆ Un ladruncolo dello Zen di Palermo (Benigno) si innamora, forse ricambiato, della ragazza bene (Moro) che gli ha dato una botta in testa quando l'ha sorpreso a rubare. L'amante di lei (Dapporto) e gli amici delinquenti di lui non sono tanto d'accordo. Quasi un *Ragazzi fuori 2*: molti attori del film di Marco Risi (con Benigno che recita molto meglio della Moro) e un soggetto di Aurelio Grimaldi. «Poesia» dei bassifondi, ragazzotti postpasoliniani, parolacce e lacrimucce: anche il neo-neorealismo ripete se stesso. Polemiche a Palermo perché il regista, per aumentare il verismo, ha reso ancor più degradate le strade in cui ha girato.

Ultimo ricatto, L' ** (*Blackmail*, Usa 1939, b/n, 81') Henry C. Potter. Con Edward G. Robinson, Ruth Hussey, Gene Lockhart, Guinn Williams, Esther Dale. ◆ Un industriale del petrolio (Robinson) che cerca di nascondere il suo passato – è stato condannato ingiustamente per un delitto ma è riuscito a evadere e rifarsi una vita – viene ricattato dal vero assassino (Lockhart): finirà nuovamente ai lavori forzati prima di riuscire a riprendere il suo posto nella società. Un dramma a sfondo morale, con un Robinson eccezionale e impegnato, come lo sfortunato padre di famiglia che interpreta, a riscattare il proprio passato, uscendo dallo stereotipo di gangster che lo aveva reso famoso.

Ultimo rifugio: Antartide * (*Fukkatsu no Hi*, conosciuto anche col titolo *Virus*, Giappone 1980, col, 100') Kinji Fukasaku. Con Glenn Ford, Robert Vaughn, Henry Silva, Chuck Connors, George Kennedy, Olivia Hussey, Bo Svenson, Masao Kusakari. ◆ Un virus creato in laboratorio e refrattario al gelo stermina l'umanità: si salva solo chi sta al Polo Sud. Ma un terremoto minaccia di far partire le testate nucleari americane. Comica pietra tombale del genere catastrofico: di più non è immaginabile. Girato con una certa dovizia di mezzi e la tipica pomposità nipponica dei film del genere, refrattaria all'ironia anche in situazioni paradossali (nelle basi artiche ci sono 8 donne per 855 uomini). Musica di Teo Macero, produttore di Miles Davis, svogliata come gli attori americani coinvolti: Ford è il presidente, e muore trattenendo gli sbadigli. In originale durava ben 155': nella versione italiana non c'è più traccia di Sonny Chiba.

Ultimo safari, L' **½ (*The Last Safari*, Gb 1967, col, 110') Henry Hathaway. Con Stewart Granger, Kaz Garas, Gabriella Licudi, Johnny Sekka, Liam Redmond, David Munyua. ◆ La guida di safari Miles Gilchrist (Granger) rifiuta il contratto con un ricco e arrogante turista americano, Casey (Garas), ma costui, affascinato dalla sua personalità, non lo lascia un attimo e non esita a seguirlo quando viene a sapere dalla sua donna meticcia, Grant (Licudi), che è ossessionato dalla morte di un amico e sta per partire in caccia dell'elefante che l'ha ucciso: il safari alla fine ci sarà e si rivelerà una lezione di vita per entrambi gli uomini, ormai diventati amici. Un film d'avventura esistenziale, pieno d'azione e di sottigliezze psicologiche ben miscelate, che Hathaway dirige con sicurezza e vigore dando una sua visione dell'Africa (ma anche dell'America) e rinnovando stanchi schemi narrativi (l'amicizia virile non è un dato acquisito bensì una conquista; il personaggio femminile, nonostante le apparenze, sfugge a qualsiasi classificazione). Sceneggiatura di John Gay, da un romanzo di Gerald Hanley, che mette a fuoco con cura il disagio dei personaggi.

Ultimo samurai, L' *** (*Joi-uchi*, noto anche col titolo inglese *Rebellion*, Giappone 1967, b/n, 120') Masaki Kobayashi. Con Toshiro Mifune, Go Kato, Michiko Otsuka, Tatsuya Nakadai, Yoko Tsukasa. ◆ Dopo una vita passata al servizio dei superiori, il samurai Isaburo Sosabara (Mifune, anche coproduttore) decide di appoggiare la ribellione del figlio Yogoro (Kato), che non vuole restituire ai signori la moglie che gli era stata imposta: ma la giustizia non trionfa. Scritta da Shinobu Hashimoto, una tragedia che dapprima si sviluppa come una partita a scacchi sempre più complessa, messa in scena con uno stile geometrico ispirato alla pittura tradizionale; per diventare, nell'ultima mezz'ora, un melodramma d'azione, con duelli stilizzati e di notevole effetto (come quello tra Mifune e un suo amico [Nakadai] costretto a combatterlo). Un po' accademico, forse, ma con grandi emozioni, un'idea di regia chiara, interpretazioni splendide e adeguate musiche di Toru Takemitsu.

Ultimo sole d'estate, L' → *Incompreso*

Ultimo spettacolo, L' ***½ (*The Last Picture Show*, Usa 1971, b/n, 118') Peter Bogdanovich. Con Timothy Bottoms, Jeff Bridges, Cybill Shepherd, Ellen Burstyn, Ben Johnson, Cloris Leachman, Eileen Brennan, Clu Gulager, Randy Quaid, Sam Bottoms. ◆ Nel 1951, ad Anarene, una cittadina texana ai confini del deserto, si intrecciano i sogni e le avventure sentimentali di Sonny (Bottoms) e Duane (Bridges), due giovani alle soglie della maturità: il primo avrà un'avventura con una moglie insoddisfatta (Leachman), il secondo non riuscirà a concretizzare la sua relazione con una giovane borghese (Shepherd) e alla fine Sonny deciderà di partire per la Corea, il giorno successivo che l'unico cinema della città ha chiuso i battenti dopo aver proiettato *Il fiume rosso* di Hawks. Rilettura di un'epoca con la malinconia per i modi in cui la raccontava il cinema (Bogdanovich è il primo regista americano che viene dalla critica), il film prodotto da Bert Schneider e sceneggiato dal regista con Larry McMurtry lancia uno sguardo nostalgico e amaro su una provincia scomparsa e sulla perdita dell'innocenza di una generazione che non ha più nemmeno la possibilità di credere nei suoi pionieri (non a caso il gestore del cinema che chiude è interpretato da Ben Johnson, protagonista di tanti western). Filmato in un bianco e nero profondamente «mimetico» da Robert Surtees, il film di Bogdanovich ha anche il merito di aver lanciato un bel gruppo di giovani attori, a cominciare da uno straordinario Jeff Bridges e dall'esordiente Cybill Shepherd. Due Oscar: miglior attore non protagonista (Johnson) e attrice non protagonista (Leachman). In laserdisc è disponibile una special edition con 99 di scene aggiunte dal regista. Seguito in *Texasville*.

Ultimo tango a Parigi ***½ (Italia/Francia 1972, col, 126') Bernardo Bertolucci. Con Marlon Brando, Maria Schneider, Jean-Pierre Léaud, Massimo Girotti, Maria Michi, Darling Legitimus, Giovanna Galletti, Veronica Lazar. ◆ In un appartamento vuoto di Passy, a Parigi, si incontrano casualmente due storie e due corpi: Paul (Brando) è un americano sradicato, dalla vita intensa e drammatica, mentre Jeanne (Schneider) è una ragazza della borghesia parigina. L'accordo per un rapporto soltanto fisico, che esclude persino la conoscenza dei rispettivi nomi, viene rotto dall'uomo che, con una tragica illusione, vorrebbe cominciare una nuova vita. Film scandalo degli anni Settanta, sequestrato per quelle proverbiali prestazioni erotiche di Brando e della Schneider con il burro che in tempi di hardcore di massa non sconvolgono più nessuno, *Ultimo tango a Parigi* (scritto da Bertolucci con Franco Arcalli) è invecchiato bene, ancora capace di parlarci della solitudine e della distanza fra i sessi nella nostra società: certo, molte cose sono superflue e anche «false» – come il personaggio di Léaud e certe strizzatine d'occhio a Bataille, a Freud e al romanticismo maledetto o il risaputo legame tra eros e thanatos – ma la «strana, infernale plasticità» di Brando, la luce pastosa di Vittorio Storaro e la «musicale mobilità» della macchina da presa di Bertolucci ne fanno un'opera indimenticabile. Un classico la colonna sonora di Gato Barbieri. La futura regista Catherine Breillat è Mouchette, Mimi Pinson è la presidentessa della giuria alla gara di ballo e Susan Sontag la fioraia ambulante. Autrice dei costumi, Gitt Magrini interpreta anche la parte della madre di Jeanne.

Ultimo tango a Zagarol * (Italia 1973, col, 100') Nando Cicero. Con Franco Franchi, Martine Beswick, Gina Rovere, Nicola Arigliano, Franca Valeri. ◆ Franco (Franchi), esasperato dalla feroce dieta cui lo sottopone la moglie Margherita (Rovere), abbandona l'una e l'altra imbarcandosi in una, si fa per dire, torbida relazione con una anonima passeggiatrice (Beswick). Noiosa parodia senza Ciccio Ingrassia del film scandalo degli anni Settanta. Centrale, ovviamente, l'episodio del burro, che fa il verso alla nota scena hard fra Brando e la Schneider in *Ultimo tango a Parigi*. Prima e ultima comparsa del posteriore nudo di Franco Franchi.

Ultimo treno della notte, L' *½ (Italia 1975, col, 91') Aldo Lado. Con Flavio Bucci, Gianfranco De Grassi, Marina Berti, Irene Miracle, Enrico Maria Salerno, Laura D'Angelo, Macha Meril, Dalila Di Lazzaro, Daniele Dublino, Gianni Di Benedetto, Francesco D'Adda. ◆ Due amiche, Lisa (Berti) e Margaret (Miracle), che stanno tornando in treno a Verona dopo una vacanza in Germania, vengono brutalmente seviziate e poi uccise da due teppisti (Bucci e De Grassi), che sono poi casualmente ospitati a casa del padre (Salerno) di Lisa. Con più di un rimando a *L'ultima casa a sinistra* di Wes Craven, Lado dirige un film crudele e violento, compiaciuto sia nell'esibizione dello stupro sia in quella della vendetta (a colpi di lupara e di sprangate): e gli intenti ideologici (reazionari o antiborghesi? elogio o esecrazione della legge del taglione?) si perdono per strada. Sceneggiatura di Renato Izzo e Lado, su soggetto di Roberto Infascelli ed Ettore Stanò.

Ultimo uomo della Terra, L' *** (Italia 1963, b/n, 86') Ubaldo Ragona. Con Vincent Price, Franca Bettoja, Emma Danieli, Giacomo Rossi Stuart, Umberto Raho. ◆ Uno scienziato (Price) è l'unico sopravvissuto sano di un'epidemia che ha trasformato l'umanità in vampiri fotofobici. Cerca un antidoto, e si barrica in casa durante le ore notturne: ma i vampiri si sono scaltriti e non è più tanto facile identificarli. Tratto da un racconto di Richard Matheson (che ispirò il successivo *1975: Occhi bianchi sul pianeta Terra*) e girato con due soldi nell'Eur romano spettrale e deserto, un misconosciuto piccolo capolavoro del fantastico, molto in anticipo sui tempi. Impressionanti, in particolare, le coincidenze con *La notte dei morti viventi* e altri film di Romero (l'assedio degli zombi-vampiri, il tema della paura di essere contagiati, ma anche dettagli come le banconote ormai inutili che svolazzano per strada). Nessun cedimento di tensione, uno spirito amaro e pessimista e un grande Price. Il film, che ebbe in Italia circolazione ridottissima (anche se ogni tanto passa in televisione), risulta firmato da Sidney Salkow nella versione per il mercato americano.

Ultimo urrà, L' **½ (*The Last Hurrah*, Usa 1958, b/n, 121') John Ford. Con Spencer Tracy, Jeffrey Hunter, Dianne Foster, Pat O'Brien, Basil Rathbone, Edward Brophy, John Carradine, Wallace Ford, James Gleason. ◆ Un sindaco irlandese del New England, Frank Skeffington (Tracy), vecchia volpe politica che con metodi poco ortodossi lavora efficacemente per la comunità, viene battuto alla sua quinta campagna elettorale dall'opaco candidato della ricca lobby protestante, Norman Kass (Rathbone). E anche sul letto di morte confermerà con fierezza la sua carismatica personalità, fatta di individualismo all'americana e ingenuo populismo: «col cavolo!» sono le sue ultime parole. Tratto dal bestseller di Edwin O'Connor, ispirato alla vita del sindaco di Boston James M. Curley, e sceneggiato da Frank Nugent, è un film cupo e commovente con cui Ford tributa il suo omaggio alla vecchiaia e, insieme, alla fine degli uomini veri, legati ai valori di un passato più simbolico e nostalgico che reale. Il cast è zeppo di vecchie glorie hollywoodiane.

Ultimo valzer, L' *** (*The Last Waltz*, Usa 1978, col, 117') Martin Scorsese. Con The Band, Bob Dylan, Joni Mitchell, Neil Diamond, Emmylou Harris, Neil Young, Van Morrison, Ron Wood, Muddy Waters, Eric Clapton, Ringo Starr, Lawrence Ferlinghetti, Martin Scorsese. ◆ A Winterland, San Francisco, nel 1976: registrazione dell'ultimo concerto prima dello scioglimento di The Band, storico gruppo privilegiato come supporto da Bob Dylan. Con un impegno per nulla minore a quello dedicato ai film di finzione, Scorsese filma l'avvenimento rock intercalando le immagini dello spettacolo con interviste alla folta schiera di musicisti presenti. Van Morrison canta *Caravan*, Neil Young *Helpless*, Muddy Waters *Mannish Boy* e Dylan *I Shall Be Released* insieme a Ringo Starr, Ron Wood e tanti altri. Un classico del genere.

Ultimo viaggio dell'arca di Noè * (*The Last Flight of Noah's Ark*, Usa 1980, col, 97') Charles Jarrott. Con Elliott Gould, Geneviève Bujold, Ricky Schroder, Tammy Lauren, John Fujioka. ◆ Un pilota (Gould) per pagare i debiti di gioco accetta di trasportare una missionaria (Bujold) e il suo serraglio, precipitando per un'avaria e incontrando due giapponesi che non sanno che la seconda guerra mondiale è finita. Un tipico prodotto della Disney, senza i suoi aspetti migliori (effetti speciali e spettacolarità) e con tutti quelli peggiori: sdolcinature naturalistiche, buoni sentimenti zuccherosi, moralismo religioso.

Ultrà ** (Italia 1991, col, 94') Ricky Tognazzi. Con Claudio Amendola, Ricky Memphis, Gianmarco Tognazzi, Giuppy Izzo, Alessandro Tiberi. ◆ Uscito di galera, un leader della curva giallorossa (Amendola) scopre che la sua ragazza (Izzo) se la fila con un suo collega di tifo (Memphis): durante la trasferta per Juventus-Roma i nodi verranno al pettine. Seconda regia del figlio di Ugo Tognazzi nello stile fintorealista (o neoneorealista), urlato ed esagitato, in voga dopo *Mery per sempre*: i pretesti sociologici e documentaristici c'entrano poco con la storiella che fa da filo conduttore, ma è indubbia la voglia di guardare all'Italia con uno sguardo nuovo. Tognazzi, che è stato premiato come miglior regista (!) al festival di Berlino, si è documentato intervistando tifosi veri, che poi a film finito, ovviamente, hanno protestato.

Ultracorpi – L'invasione continua ** (*Body Snatchers*, Usa 1993, col, 88') Abel Ferrara. Con Gabrielle Anwar, Terry Kinney, Billy Wirth, Meg Tilly, Forrest Whitaker, Reilly Murphy, Christine Elise, R. Lee Ermey. ◆ I figli di uno scienziato (Kinney) – mandato a Fort Daly, nell'Alabama, per sovrintendere alla bonifica di una discarica di rifiuti tossici – si accorgono che gli abitanti del luogo (e successivamente anche i loro genitori) vivono in uno stato di strana atarassia: scopriranno che strane entità vegetali si sono impossessate dei loro corpi, «svuotandoli» di ogni sensazione ed emotività. Solo la giovane Marti (Anwar) riuscirà a salvarsi in compagnia di un elicotterista (Wirth) e forse riuscirà a fermare questa invasione. Secondo, inutile remake del bellissimo *L'invasione degli ultracorpi*, prodotto da chi (Robert H. Solo) era già stato il produttore di quello del 1978 (*Terrore dallo spazio profondo*): Ferrara non si trova a suo agio con il racconto metaforico e la rilettura politica (firmata da Stuart Gordon, Dennis Paoli e Nicholas St. John, da un soggetto [?!] di Raymond Cistheri e Larry Cohen) si riduce a una banale denuncia del pericolo di una omologazione sociale che – guarda un po' che originalità! – arriva dall'esercito. Qualche bella atmosfera notturna (firmata da Bojan Bazelli), ma il bombardamento finale è pletorico e consolatorio.

Ululato, L' *** (*The Howling*, Usa 1981, col, 91') Joe Dante. Con Dee Wallace, Patrick Macnee, Christopher Stone, Belinda Balaski, John Carradine, Slim Pickens. ◆ Grazie a Karen (Wallace), una coraggiosa giornalista disposta a fare da esca, viene ucciso il maniaco che terrorizza la città e che si scopre essere un licantropo: per riprendersi, Karen entra in una clinica dove si scoprirà che pazienti e dottori sono tutti licantropi. Orrore, sensualità e divertimento ottimamente miscelati a partire da una sceneggiatura di John Sayles e Terence H. Winkless, con la protagonista alle prese con un lupo mannaro mentre il fidanzato si guarda Ezechiele Lupo e i tre porcellini alla Tv. Eccezionali gli effetti speciali di Rob Bottin, con la prima trasformazione in lupo della storia del cinema mostrata in diretta e senza montaggio, in netto anticipo su *Un lupo mannaro americano a Londra*. Un autentico cult. Ha dato inizio a un filone di sequel apocrifi.

Ululato II , L' * (*Howling II... Your Sister Is a Werewolf*, Usa 1985, col, 90') Philippe Mora. Con Christopher Lee, Annie McEnroe, Reb Brown, Sybil Danning, Marsha A. Hunt, Ferdy Mayne. ◆ Nessun rapporto di filiazione, se non nel titolo, con l'ottimo *Ululato* di Joe Dante. Per dar pace all'anima di una ragazza morta occorre distruggere la regina dei licantropi (Danning) nel suo covo in Transilvania, dove guida la stirpe dei lupi mannari. Horror noioso e ridicolo con un opaco Christopher Lee mestamente mercenario accanto alle forme generosamente esposte dalla pettoruta Sybil Danning. Inediti in Italia sia *Howling III* (Australia 1987, di Philippe Mora con Barry Otto e Imogen Annesley) sia *Howling IV: The Original Nightmare* (Gb 1988, di John Hough con Romy Windsor e Michael T. Weiss).

Umberto D **** (Italia 1952, b/n, 89') Vittorio De Sica. Con Carlo Battisti, Maria Pia Casilio, Lina Gennari, Ilena Simova, Elena Rea, Memmo Carotenuto, Lamberto Maggiorani, Alberto Albani Barbieri. ◆ La misera pensione dello Stato non basta all'anziano ex funzionario Umberto Domenico Ferrari (Battisti) per mantenere sé e il suo cagnolino. Assillato dai debiti verso la padrona di casa (Gennari) e incapace di chiedere l'elemosina, cerca di suicidarsi buttandosi sotto un treno: ma non ci riuscirà perché il cane scappa via e lui istintivamente lo insegue. Capolavoro di De Sica, è uno dei film più belli sulla vecchiaia e la solitudine della storia del cinema, animato da un grande senso di umana dignità. Sviluppandosi con una narrazione sobria e disadorna e con quell'impressione di realtà quasi documentaria propria del neorealismo, offre una delle migliori realizzazioni della poetica del quotidiano di Cesare Zavattini, autore da solo della sceneggiatura. Eccezionale l'interpretazione del protagonista, Carlo Battisti, che non è attore professionista ma professore di glottologia all'Università di Firenze, all'epoca settantenne. Il film scatenò l'ira dei benpensanti, di Giulio Andreotti (al tempo sottosegretario allo spettacolo) e di tutti quelli che pensavano che i panni sporchi si dovessero lavare in casa.

Una di quelle **½ (Italia 1953, b/n, 98') Aldo Fabrizi. Con Totò [Antonio de Curtis], Lea Padovani, Peppino De Filippo, Aldo Fabrizi, Laura Gore, Mara Landi, Alberto Talegalli, Mario Castellani. ◆ Venuto a Roma con Martino (Peppino) in cerca d'avventure, il provinciale Rocco (Totò) segue fino a casa la timida Maria (Padovani) che crede un'entraîneuse. E la notte brava passerà invece aiutando la donna a curare il figlioletto ammalato. Dopo le commedie slapstick della *Famiglia Passaguai*, Fabrizi (che interpreta anche il ruolo di un dottore, «barbuto come Giosué Carducci») dirige un melodramma toccante ma mai patetico dove la sceneggiatura, firmata da Aldo De Benedetti a partire da una novella di Giorgio Bianchi, alterna con intelligenza i toni commoventi con quelli comici, mantenendo il film su un equilibrio dolceamaro intelligente e originale (le notazioni sulla vita nei caseggiati popolari o il finale dove la speranza di un amore è come soffocato dal panorama urbano che schiaccia Totò e Peppino sul fondo dell'inquadratura). Magnifica l'utilizzazione di Totò che alterna esilaranti duetti con De Filippo (quando arrivano al night, la guardarobiera chiede: «Non prendono i numeri?» e Peppino risponde: «Perché, c'è la lotteria?») a una solidale e umanissima partecipazione emotiva.

Una estranea fra noi → *Estranea fra noi, Una*

Una moglie, due amici, quattro amanti * (Italia/Spagna 1980, col, 90') Michele Massimo Tarantini. Con Renzo Montagnani, Olga Karlatos, Luciano Salce, Veronica Miriel. ◆ Un medico (Montagnani) mangia senza saperlo un frutto afrodisiaco, il pomango, e salta addosso alla moglie del suo migliore amico (Salce). La vecchia pochade *Le pillole di Ercole* in chiave sexy-voyeuristica. La futura pornostar Marina Lothar (ex Frajese) è la signora Bigotti.

Un amore, forse due *** (*The Miracle*, Gb 1991, col, 96') Neil Jordan. Con Beverly D'Angelo, Donald McCann, Nyall Byrne, Lorraine Pilkington. ◆ A Bray, in Irlanda, i quindicenni Jimmy (Byrne) e Rose (Pilkington) passano le giornate a fantasticare sui turisti che affollano la loro cittadina balneare. Mentre Rose cerca di sedurre un domatore di circo, Jimmy s'innamora di una matura attrice americana (D'Angelo) che poi scoprirà essere sua madre, da lui creduta morta sin da bambino. «Variazioni sul tema dell'Edipo in un paese dove anche i cani si fanno il segno della croce» in questa elegiaca fiaba d'iniziazione con risvolti audaci, sospesa tra sogno e realtà, che segna il ritorno di Jordan (autore anche della sceneggiatura) al cinema indipendente dopo la parentesi hollywoodiana (*Non siamo angeli*) e prelude nella costruzione della storia a *La moglie del soldato*: molti colpi di scena, battute da trascrivere e una Beverly D'Angelo strepitosa (che canta senza sfigurare *The Boys in the Backroom*, portata al successo dalla Dietrich in *Partita d'azzardo*). Assurdo il titolo italiano, che cancella completamente l'ironico riferimento erotico-religioso (il miracolo chiesto da Jimmy è un incesto consapevole).

Una promessa è una promessa → *Promessa è una promessa, Una*

Una ragione per vivere e una per morire *½ (Italia/Francia/Spagna/Rft 1972, col, 118') Tonino Valerii. Con James Coburn, Bud Spencer [Carlo Pedersoli], Telly Savalas, Georges Géret, Ugo Fangareggi, Benito Stefanelli, Adolfo Lastretti, Guy Mairesse, Turam Quimbo, José Suares, Carla Mancini. ◆ Espulso dall'esercito nordista per tradimento, l'ex colonnello Pennbrock (Coburn) conquista con un pugno di rinnegati (Spencer, Géret, Fangareggi, Stefanelli, Lastretti, Mairesse e Quibo) l'imprendibile Fort Holman: ma più che l'onore gli interessa vendicarsi di un maggiore sudista (Savalas) che non aveva mantenuto la parola. Ambiziosa, e ricca, coproduzione che punta alto (il tema della «sporca dozzina», i tempi morti di Leone, la carneficina finale del *Mucchio selvaggio*) ma non trova mai una vera chiave registica per superare i facili stereotipi del western all'italiana.

Una settimana in vacanza *** (*Une Semaine de*

vacances, Francia 1980, col, 102') Bertrand Tavernier. Con Nathalie Baye, Gérard Lanvin, Michel Galabru, Flore Fitzgerald, Philippe Noiret, Philippe Léotard, Jean Dasté, Marie-Louise Ebeli. ◆ In crisi col proprio lavoro d'insegnante, Laurence (Baye) ottiene una settimana di riposo durante la quale cerca di far chiarezza dentro di sé parlando con la sua amica Anne (Fitzgerald), andando a trovare i genitori (Dasté e Ebeli), uscendo a cena con due vecchi lionnesi (Galabru e Noiret), confrontandosi con un fidanzato (Lanvin) più pragmatico di lei. Il film più intimista di Tavernier, e l'unico non uscito nei cinema ma solo in cassetta, è l'opera che esemplifica meglio il cammino del suo autore, capace di coniugare un'abilità tutta «americana» nell'affrontare grandi temi attraverso piccole storie con la scelta di un cinema ancorato dentro la realtà nazionale, popolare e realistico insieme, diretto ere de della grande tradizione francese degli anni Quaranta e Cinquanta. Lontano da qualsiasi facile spettacolarità (non siamo dalle parti del *Seme della violenza*), il film affronta la crisi di una coscienza con i toni sommessi di una confessione, utilizzando il CinemaScope «per il suo formato lirico» capace di fondere i personaggi nel paesaggio e di ridurre al minimo il montaggio lasciando agli attori (tutti ottimi) la possibilità di esprimersi su tempi più lunghi. Anche se alla fine resta l'impressione che forse si poteva scavare un po' di più dietro la superficie delle cose. Philippe Noiret torna nel ruolo del Michel Descombes dell'*Orologiaio di Saint-Paul*, film d'esordio di Tavernier, mentre l'allievo indolente è interpretato da Nils Tavernier, figlio di Bertrand.

Una su 13 *½ (Italia/Francia 1969, col, 100') Nicolas Gessner, Luciano Lucignani. Con Vittorio Gassman, Sharon Tate, Orson Welles, Ottavia Piccolo, John Steiner, Gregoire Aslan, Vittorio De Sica, Mylène Demongeot, Terry-Thomas, Mimmo Poli. ◆ Un parrucchiere italo-americano, Mario (Gassman), vende senza preoccuparsi le tredici sedie avute in eredità dalla zia inglese, ma poi scopre che nell'imbottitura di una si nasconde un tesoro in gioielli. Versione farsesca del romanzo *Il mistero delle dodici sedie* di Ilf e Petrov, qui rispolverato con un pizzico di erotismo: fra le braccia di Gassman c'è anche Sharon Tate, all'ultima interpretazione prima del suo barbaro assassinio. Meglio consolarsi con Orson Welles, il gustoso e catastrofico capocomico Markan che in un teatrino londinese recita una specie di dottor Jekyll. Farà meglio l'anno successivo Mel Brooks con *Il mistero delle dodici sedie*.

Una volta ho incontrato un miliardario **½ (*Melvin and Howard*, Usa 1980, col, 95') Jonathan Demme. Con Jason Robards, Paul LeMat, Mary Steenburgen, Jack Kehoe, Dabney Coleman, Michael J. Pollard, Gloria Grahame, Elizabeth Cheshire, Charles Napier. ◆ Il lattaio Melvin (LeMat) ha le mani bucate e il cuore tenero e la moglie (Steenburgen) lo lascia perché butta al vento i 10 mila dollari che lei ha vinto in un concorso tv. Ma tornerà sui suoi passi quando il marito riceverà un'impossibile eredità lasciatagli dal vecchio pazzo (Robards) che ha raccolto nel deserto, in realtà ricco sfondato. Un Demme appena uscito dal tirocinio antihollywoodiano nella factory di Corman racconta la storia vera di Melvin Dummar (che appare dietro il bus-ristorante) che ricevette un regalo da Howard Hughes e che si vociferò ne potesse diventare l'erede: una commedia spigliata e divertente che aggredisce le fondamenta della società americana, la sua ansia di consumo e la mitologia del rapido arricchimento a cui si può rispondere solo con il sogno o la follia. Due Oscar: miglior attrice non protagonista (Steenburgen) e sceneggiatura (Bo Goldman).

Uncino, L' *½ (*The Hook*, Usa 1963, b/n, 98') George Seaton. Con Kirk Douglas, Robert Walker jr, Nick Adams, Nehemiah Persoff. ◆ Durante la guerra di Corea un sergente (Douglas) e due soldati americani (Walker e Adams) decidono di disubbidire agli ordini e di non fucilare un prigioniero. Il destino però lavora contro di loro proprio mentre la guerra volge al termine. Douglas è virile come sempre ma la vicenda (sceneggiata da Henry Denker) non trova lo spessore che meriterebbero i temi etici enunciati e tutto finisce nel melodramma psicologico più dozzinale. Colonna sonora del virtuoso dell'armonica Larry Adler.

Underground *** (*Underground*, Comunità Europea [Francia/Germania] 1995, col, 192') Emir Kusturica. Con Miki Manojlovic, Lazar Ristovski, Marjana Jokovic, Slavko Stimac, Ernest Stötzner, Srdan Todorovic, Milena Pavlovic, Bata Stojkovic, Bora Todorovic, Davor Dujmovic. ◆ Più trafficoni che veri resistenti, Blacky (Ristovski) e Marko (Manojlovic) mescolano la lotta all'invasore nazista che ha occupato Belgrado con le loro avventure amorose, protetti da un nascondiglio sotterraneo in cui hanno trovato rifugio familiari e amici, e dove si dovrà nascondere anche un Blacky semimorto, che Marko ha strappato ai torturatori nazisti dopo la sua ultima bravata: il rapimento durante uno spettacolo dell'attrice di cui è innamorato, Nataljia (Jokovic). Blacky e gli altri ci resteranno vent'anni, convinti da Marko che la guerra non è mai finita, mentre lui invece fa carriera sotto il regime titoista e se la spassa con Nataljia. Quando usciranno non potranno che farsi coinvolgere dalla nuova guerra che divide l'ex Jugoslavia e che finirà per far giustizia anche di Marko e Nataljia. Opera strabordante e pirotecnica, confusa e geniale, *Underground* conferma il talento di Kusturica, ma ne evidenzia anche i limiti narrativi. Sceneggiato da Dušan Kovacevic e dal regista, il film procede per accumulo di materiali, riempiendo le scene con la vitalità strabordante dei suoi personaggi, sempre pronti a bere, cantare e fare all'amore, ma smarrendo per strada il filo della narrazione. Se la prima ora e mezza, con il bombardamento dello zoo che libera gli animali per Belgrado e poi l'installazione della comunità nei sotterranei, è assolutamente geniale, degna di un Fellini dei Balcani, la parte ai tempi di Tito e quella della guerra fratricida sono lunghe e macchinose. E amando più i suoi personaggi delle storie che racconta, Kusturica finisce per chiudere il film con un deludente stratagemma fantastico: un «annegamento» generalizzato – tra il ritorno nella placenta materna e la citazione dall'*Atalante* – che si trasforma in una resurrezione dove tutti tornano amici e fratelli (le ultime parole sono: «C'era una volta un paese...»). Straordinariamente trascinante la musica slavo-gitana che accompagna quasi tutto il film. Palma d'oro a Cannes e immediate polemiche in patria con i bosniaci che lo accusano di aver tradito le proprie origini (Kusturica è nato in Bosnia da padre serbo e ha scelto di vivere nella serba Belgrado) e di aver dato voce alla «mitologia espansionista serba» e «alla versione rock [!?] postmoderna e americanizzata della propaganda serba più menzognera». Anche se prodotto con finanziamenti francesi e germanici, Kusturica ha ottenuto che il film fosse presentato a Cannes sotto i colori della Comunità Europea.

Under the Cherry Moon *½ (*Under the Cherry Moon*, Usa 1986, b/n, 98') Prince [Roger Nelson]. Con Prince, Kristin Scott-Thomas, Francesca Annis, Jerome Benton, Steven Berkoff, Alexandra Stewart. ◆ Sulla Costa Azzurra, un gigolo (Prince) si innamora dell'unica donna che sembra resistere al suo fascino. Finale da melodramma per un musical senza sostanza in confezione extrapatinata (la fotografia è di Michael Ballhaus). Discreti i numeri musicali. Prince ha licenziato il regista Mary Lambert e l'ha sostituito con modesti risultati. Tra i suoi film, è l'unico che ha qualche possibilità di essere tollerato anche da chi non è suo fan. In originale con sottotitoli italiani.

Under the Hula Moon * (*Under the Hula Moon*, Usa 1995 col, 95') Jeff Celentano. Con Stephen Baldwin, Emily Lloyd, Chris Penn, Musetta Vander, Pruitt Taylor Vince, R. Lee Ermey. ◆ Fuggito di galera, lo psicopatico Turk (Penn) va a sconvolgere la vita del fratellastro Buzzard (Baldwin), che vive nel deserto con la mogliettina (Lloyd) e ha la fissa delle Hawaii e delle creme solari. Cascami del grottesco di *Arizona Junior* e stanca satira dei sogni dementi della provincia americana: il genere di film in cui tutti gridano e che stufa subito.

Under the Skin - A fior di pelle **½ (*Under the Skin*, Gb 1997, col, 80') Carine Adler. Con Samantha Morton, Claire Rushbrook, Rita Tushingham, Christine Tremarco, Stuart Townsend, Matthew Delamere, Mark Womack, Clare Francis. ◆ Liverpool: alla morte della madre (Tushingham) per un tumore al cervello, Iris (Morton) si lascia andare alla deriva, conservando un rapporto morboso con tutto ciò che apparteneva alla genitrice; quando sembra sul punto di crollare definitivamente, sarà la sorella Rose (Rushbrook), di cui è sempre stata gelosa, a offrirle una possibilità di rinascita. Scritto dalla regista (che si è ispirata al libro *Madre, Madonna, Puttana* della psichiatra Estela Welldon), un melodramma secco e dolente che esplora con spietata onestà sia il precipitare di una nevrosi che il lato oscuro di un complesso triangolo femminile. Le rischiose implicazioni psicologiche, stemperate abbastanza bene nella costruzione drammaturgica, sono tenute a bada anche dalla regia, che privilegia la concretezza dei volti e dei corpi dei personaggi (con qualche inutile concessione esibizionista in stile videoclip), e da una recitazione che non è mai didascalica né dimostrativa.

Underworld – Vendetta sotterranea *½ (*Underworld*, Usa 1996, col, 95') Roger Christian. Con Denis Leary, Joe Mantegna, Annabella Sciorra, Larry Bishop, Abe Vigoda. ◆ Nella notte della festa del papà, Johnny Crown (Leary), appena uscito di prigione, va in cerca dell'assassino di suo padre: il sospettato principale è il suo migliore amico, Frank Gavilan (Mantegna). Scritto da Larry Bishop, una sorta di remake di *La vendetta del gangster* di Sam Fuller, che gioca con i cascami del genere e risente dell'influenza tarantiniana: gli eroi sono stanchi e parlano troppo, mentre il regista, cercando di reinterpretare la visionarietà barocca di Fuller attraverso la lezione del cinema di Hong Kong, si profonde in virtuosismi presuntuosi e sterili. Tra le spogliarelliste dell'Underworld c'è l'ex pornostar Traci Lords.

Un, due, tre stella! * (*Un, deux, trois soleil*, Francia 1993, col, 104') Bertrand Blier. Con Anouk Grinberg, Marcello Mastroianni, Myriam Boyer, Jean-Michel Noirey, Olivier Martinez, Claude Brasseur, Jean-Pierre Marielle, Denise Chalem. ◆ Vissuta sempre alla periferia di Marsiglia, Victorine (Grinberg) prende la vita come viene, scoprendo il sesso con amanti di tutte le razze, sposandosi e facendo un paio di bambini, ma sostanzialmente restando fedele al padre Costantin (Mastroianni), ubriacone e irresponsabile, ma capace di resuscitare perché «chi ama non muore». Continua lo stile tardosurrealista inaugurato da *Merci la vie*: Blier affronta il degrado urbano e la vita nelle periferie mescolando bizzarrie e discorsi sull'identità perduta, (presunte) licenze d'autore e riflessioni sul sociale, continuando a prendersi tremendamente sul serio. Ma questa volta non stupisce nemmeno più, annoia solo. Mastroianni, comunque, ha vinto la coppa Volpi per il miglior attore non protagonista a Venezia.

Un ettaro di cielo ** (Italia 1958, b/n, 75') Aglauco Casadio. Con Marcello Mastroianni, Rosanna Schiaffino, Carlo Pisacane, Salvatore Cafiero, Luigi De Martino, Silvio Bagolini, Polidor [Ferdinand Guillaume], Ignazio Leone, Leonilde Montesi. ◆ Severino Balestra (Mastroianni), un simpatico ciarlatano che frequenta le fiere di paese, convince tre vecchi amici (Pisacane, Cafiero e De Martino) che possono comprare un ettaro di cielo per andarci dopo morti. E mentre Severino è occupato a far la corte alla serva Marina (Schiaffino), i tre amici decidono di suicidarsi per accelerare i tempi della «trasferta». Esordio nella regia del documentarista Casadio, che prende spunto da un fatto di cronaca (sceneggiato insieme a Tonino Guerra, Elio Petri ed Ennio Flaiano) per raccontare una favola «alla Zavattini» sull'ingenua bontà della povera gente. Alcuni spunti interessanti (come la picaresca poesia del personaggio di Mastroianni, venditore di fumo che sembra credere per primo alle bugie che inventa) sono soffocati da un populismo generoso quanto melenso, e così le cose migliori restano l'ambientazione nelle paludi di Comacchio e la scelta di facce autentiche per i personaggi secondari.

Unfinished Business *½ (*Unfinished Business*, Usa 1941, b/n, 96') Gregory La Cava. Con Irene Dunne, Robert Montgomery, Preston Foster, Eugene Pallette, Esther Dale, Dick Foran, Walter Catlett. ◆ Nancy

(Dunne), che ha lasciato Messina, Ohio, per diventare cantante a New York, trova più facile sposare il ricco Steven Duncan (Montgomery), fratello dell'uomo (Foster) che l'ha sedotta in treno: ma quando si scoprono gli altarini, sono guai. Una commedia irrisolta, in cui La Cava si riserva qualche pezzo di bravura: ma la sceneggiatura di Eugene Thackrey non sa decidersi tra un'analisi dei sentimenti a tratti impietosa e banalità perbeniste.

Un genio, due compari, un pollo *½ (Italia/Francia/Rft 1975, col, 125') Damiano Damiani. Con Terence Hill [Mario Girotti], Miou-Miou [Sylvette Hery], Robert Charlebois, Patrick McGoohan, Klaus Kinski, Raimund Harmstorf, Jean Martin, Rick Battaglia, Pietro Vida. ◆ Ladruncoli senza fortuna, il Genio (Hill) e i suoi due complici (Miou-Miou e Charlebois) sperano sia arrivato il colpo della loro vita quando si impossessano di una diligenza della cavalleria con cui derubare la guarnigione di Fort Smith. Fiacco tentativo di mescolare commedia e western sfruttando l'immagine popolaresca di Terence Hill.

Un giorno, per caso → *Giorno, per caso, Un*

Unico gioco in città, L' ** (*The Only Game in Town*, Usa 1970, col, 113') George Stevens. Con Elizabeth Taylor, Warren Beatty, Charles Braswell, Hank Henry, Olga Valery. ◆ Una ballerina di fila (Taylor) abbandonata dall'amante e un pianista da night con il vizio del gioco (Beatty) si incontrano a Las Vegas: lentamente la disperata solitudine dei due si trasformerà in speranza. Tratto dal romanzo di Frank D. Gilroy (da lui stesso adattato per lo schermo), è un melodramma dove amore e denaro sono i capisaldi di una dimensione esistenziale fatta di nevrosi che solo a momenti la regia riesce a vivificare, soprattutto grazie all'interpretazione di Beatty. Ultimo film di Stevens, girato quasi completamente in interni a Parigi (nonostante l'ambientazione a Las Vegas), ebbe grossi problemi con la Taylor, talmente ingrassata da richiedere una controfigura per molte scene.

Unico indizio la luna piena *½ (*Silver Bullet*, Usa 1985, col, 104') Daniel Attias. Con Gary Busey, Everett McGill, Corey Haim, Megan Follows, Terry O'-Quinn. ◆ Barbarie e sanguinarie uccisioni terrorizzano una cittadina fino a quando non si scopre che il responsabile di tutto è un lupo mannaro. Horror giovanilista, versione in tono minore di un romanzo di Stephen King. Dignitosi gli effetti speciali.

...unico indizio un anello di fumo *½ (*The Disappearance*, Canada 1979, col, 100') Stuart Cooper. Con Donald Sutherland, Francine Racette, David Hemmings, John Hurt, David Warner, Christopher Plummer. ◆ Un killer professionista (Sutherland), perseguitato da un incubo ossessionante e angustiato dall'abbandono della moglie (Racette), crede di scoprire nell'uomo che deve uccidere l'amante con cui è fuggita la moglie. Un thriller intellettualistico, troppo appesantito dalla struttura a flashback e dall'ambizioso tentativo della sceneggiatura di Paul Meyersberg di trasformare un film di genere in una riflessione sulla solitudine e la memoria.

Unico indizio: una sciarpa gialla ** (*La Maison sous les arbres*, Francia/Italia 1971, col, 95') René Clément. Con Faye Dunaway, Frank Langella, Barbara Parkins, Massimo Farinelli, Raymond Gérome, Maurice Ronet. ◆ Trasferitosi a Parigi con la moglie Jill (Dunaway) affetta da turbe psichiche, al matematico statunitense Philippe Hallard (Langella) vengono rapiti i due figli da un'organizzazione che vuole i segreti industriali di cui è al corrente: del rapimento verrà sospettata Jill, ma proprio lei scoprirà gli indizi che porteranno alla verità. Un giallo psicologico di routine realizzato da un veterano del cinema francese un po' in difficoltà con un cast internazionale. Musica di Gilbert Bécaud. In originale 105'.

Università dell'odio, L' ** (*Higher Learning*, Usa 1994, col, 127') John Singleton. Con Laurence Fishburne, Omar Epps, Kristy Swanson, Michael Rapaport, Jennifer Connelly, Ice Cube, Jason Wiles, Tyra Banks. ◆ Alla Columbus University basta una scintilla perché i conflitti razziali degenerino nella violenza, malgrado le buone intenzioni del professore nero Phipps (Fishburne). Remy (Rapaport), bianco arrivato dritto dall'Idaho, diventa facile preda della propaganda degli skinhead, e giura vendetta al nero Malik (Epps), che si nutre di solo rap. Singleton (anche sceneggiatore) non ha l'ironia e la complessità di Spike Lee, e rischia spesso di affondare nei cliché e nelle contrapposizioni schematiche. È apprezzabile, comunque, che le punte polemiche non siano nascoste (è il bianco a dare fuori di testa alla fine), e che il finale non cada nel buonismo.

Un militare e mezzo *½ (Italia 1960, col, 112') Steno [Stefano Vanzina]. Con Renato Rascel, Aldo Fabrizi, Virna Lisi, Mario Girotti, Vicky Ludovisi, Robert Alda, Audrey Mc Donald, Ruggero Marchi, Loris Gizzi, Lella Fabrizi, Salvo Libassi, Ignazio Balsamo, Paolo Ferrara. ◆ Tornato in Italia dopo trent'anni, Nicola Carletti (Rascel) viene obbligato a fare il servizio di leva e trova come istruttore l'iracondo maresciallo Rossi (Fabrizi): il primo pensa solo alla rappresentanza del Diger Friz che dovrebbe renderlo ricco, il secondo ha i suoi problemi con la figlia (Lisi), gelosa del fidanzato militare (Girotti, non ancora Terence Hill). Commediola costruita su un paradosso, che non va molto più in là di una serie di gag sulla vita di caserma (il cinquantenne Rascel costretto al ritmo di un diciottenne) e qualche equivoco. Sceneggiatura di Vittorio Metz, Aldo Fabrizi, Roberto Gianviti, Ruggero Maccari, Mario Amendola e Steno.

Un minuto a mezzanotte *½ (*36-15 code Père Noël*, Francia 1990, col, 90') René Marzor. Con Brigitte Fossey, Louis Ducreux, Alain Musy, Patrick Floersheim, Francois Eric Gendron. ◆ Isolato dalla neve assieme al nonno nella sua ricca abitazione piena di giocattoli supertecnologici, il piccolo Thomas (Musy) attende, per filmarlo, Babbo Natale. Ma sotto al vestito rosso e alla barba bianca c'è uno psicopatico (Floersheim) che ingaggia una caccia senza quartiere con il bambino. Marzor strizza l'occhio al cinema americano, e vorrebbe coniugare le suggestioni della fiaba gotica a rambismi infantili non si sa quanto ironici. Ma non sa che strada prendere.

Un mostro... e mezzo ** (Italia 1964, b/n, 90') Steno [Stefano Vanzina]. Con Franco Franchi, Ciccio Ingrassia, Margaret Lee, Alberto Bonucci, Anna Maria Bottini, Giuseppe Pertile, Lena von Lartens, Ugo Fangareggi, Susan Klemm. ◆ Finito nelle grinfie di un chirurgo pazzo (Ingrassia) – a cui aveva rubato una valigia contenente pezzi di cadavere e che l'aveva salvato dalla ghigliottina – Franco (Franchi) viene sottoposto a un esperimento di chirurgia plastica: dovrebbe assumere le fattezze dell'Aga Khan e invece diventa un sosia del bandito Cesarone, con tutti gli equivoci del caso. Pensato da Alessandro Continenza (anche sceneggiatore insieme al regista) per l'inedita coppia Totò – Boris Karloff, il film cerca di contenere la comicità del duo siciliano dentro i binari della commedia di genere (anche se di serie B): lo sviluppo narrativo ha una sua coerenza e dà origine a situazioni più o meno divertenti (il contadino scambiato per san Pietro; l'inseguimento tra le auto del corteo funebre al ritmo di *Garibaldi fu ferito*, dichiarato omaggio a Totò e ai suoi finali di rivista; la lezione di anatomia con Franchi nudo preso per un cadavere da sezionare, dove l'attore dimostra belle possibilità mimiche; l'operazione di chirurgia plastica alla *Frankenstein* con pezzi di animali), ma la comicità non esplode mai e il fallimento dell'operazione finisce per dimostrare l'impossibilità di conciliare la presenza di Franchi e Ingrassia con una regia appena un po' decente.

Uno a te, uno a me, uno a Raffaele **½ (Italia 1994, col, 85') Jon Jost. Con Eliana Miglio, Vittoria Arenillas, Lucia Gardin, Pier Paolo Capponi, Nicola Pistoia, Daniele Formica, Flaminia Lizzani. ◆ Roma, l'estate delle bombe ai monumenti: Costanza (Miglio) ha affittato un appartamento a un'argentina (Arenillas) che non paga l'affitto, ma non può farla sloggiare perché non esiste contratto. Al che chiede aiuto a un potente faccendiere (Capponi) che, dopo avere elogiato tangentopoli, si suicida sotto i suoi occhi. I critici italiani sono stati infastiditi dallo sguardo entomologico e, almeno a tratti, didascalico, che Jost rivolge alle piccole e grandi corruzioni di casa nostra: ma la voglia di perdono e di autoassoluzione contro cui punta il dito sono oggi più attuali che mai. Il cineasta americano, in ogni caso, non è venuto in Italia per fare la predica, ma per osservare un'umanità un attimo prima dell'apocalisse, che vive in un tessuto di menzogne così elaborato da rischiare di essere affascinante. Il tipico stile avanguardistico e raggelato del regista lavora sia sull'immagine sia sul sonoro con esiti che creano a volte un sano disorientamento, e trova una forza nuova di fronte a immagini cariche di memorie come quelle romane. Il monologo di un personaggio di fronte al monumento a Pasolini a Ostia («L'avevi previsto tutto questo?») è molto più arrischiato e scomodo dell'omaggio di Nanni Moretti in *Caro diario*. La sceneggiatura (con la collaborazione dello scrittore Edoardo Albinati) e la fotografia sono del regista.

Uno contro l'altro... praticamente amici * (Italia 1981, col, 92') Bruno Corbucci. Con Renato Pozzetto, Tomas Milian, Anna Maria Rizzoli, Bombolo [Franco Lechner], Riccardo Billi, Caterina Boratto. ◆ L'industriale varesino Franco Colombo (Pozzetto) va a Roma per corrompere un sottosegretario ma perde la valigetta con 100 milioni. Verrà aiutato nella ricerca da Monnezza (Milian) che vuole dimostrare il suo «onore» di ladro borgataro. Scontato ritorno del personaggio più famoso di Tomas Milian, tra le solite volgarità e qualche intermezzo erotico (il sottosegretario ha strani gusti sessuali).

Uno dei 2 ° (*1 chance sur 2*, Francia 1998, col, 102') Patrice Leconte. Con Jean-Paul Belmondo, Alain Delon, Vanessa Paradis, Eric Defosse, Michel Aumont, Valéry Gataev, Alexandre Iacolev, Jacques Roman. ◆ Uscita di prigione, Alice (Paradis, pessima) vuole scoprire se suo padre è l'ex legionario Léo (Belmondo, mummificato) o il ladro gentiluomo Julien (Delon, bolso): i quali si alleano per salvarla dai mafiosi russi. Patetico tentativo di ripristinare i fasti del cinema d'azione *d'antan* (con tanto di citazione di *Borsalino* in colonna sonora), tra vergognosi spot per McDonald's e battute che non fanno ridere nessuno. Puzza di muffa e caduta a picco del regista (anche cosceneggiatore con Patrick Dewolf).

Uno dei tre ** (*Le Glaive et la balance*, Francia/Italia 1963, b/n, 120') André Cayatte. Con Anthony Perkins, Jean-Claude Brialy, Renato Salvatori, Pascale Audret, Jacques Monod, Marie Déa, Claude Cerval, Gilbert Gil. ◆ La polizia cerca due giovani accusati di aver ucciso un bambino che avevano rapito, ma quando li arresta ne trova tre (Perkins, Brialy e Salvatori), ognuno dei quali si proclama innocente e accusa gli altri due. Al processo verranno assolti per insufficienza di prove, ma in agguato c'è la giustizia del popolo. Il solito caso di coscienza che piace tanto a Cayatte (autore anche della sceneggiatura insieme a Charles Spaak), costruito con la solita perizia impersonale e un po' ripetitiva. Qui corre anche il rischio dell'incredibilità, ma può contare sulla bella prova dei tre giovani imputati, con un Salvatori ossigenato una spanna sopra gli altri.

Uno dei tre *½ (Italia 1973, col, 99') Gianni Serra. Con José Quaglio, Peter Chatel, Anna Maria Gherardi, Luciano Bartoli. ◆ La morte del fuoriuscito greco Nicola (Chatel) è suicidio o omicidio? E nel secondo caso, sono stati dei militanti dell'ultrasinistra convinti di essere stati traditi, o un altro esule greco, sospettato di essere una spia del regime dei colonnelli? In polemica alternativa alla spettacolarità di film politici come quelli di Costa-Gavras, l'esordiente regista sceglie una forma austera e aggrovigliata: col risultato che il suo film non l'ha visto (quasi) nessuno.

Uno di troppo → *Two Much – Uno di troppo*

Uno, due, tre! *** (*One, Two, Three*, Usa 1961, b/n, 108') Billy Wilder. Con James Cagney, Horst Buchholz, Pamela Tiffin, Arlene Francis, Lilo Pulver, Howard St. John. ◆ Berlino, poche settimane dopo la costruzione del muro: impegnato nel firmare un accordo con i russi per distribuire la Coca-Cola nei paesi dell'Est, il direttore per la Germania della ditta di Atlanta, C.P. MacNamara (Cagney), riceve l'incarico dal suo boss americano Hazeltine di ospitarne per qualche giorno la turbolenta figlia diciassettenne Scarlett (Tiffin): la ragazza si innamorerà – e sposerà in segreto – un comunista dissidente (Buchholz) che

MacNamara dovrà liberare dalle galere dell'Est e trasformare in un «cittadino rispettabile» prima dell'arrivo di Hazeltine, se vuole la promozione tanto agognata. Con un grande anticipo sui tempi (che gli è costato l'incomprensione e l'insuccesso), Wilder e I.A.L. Diamond adattano una commedia di Ferenc Molnár trasformandola in una scatenata satira contro ogni tipo di ideologia: la Russia e il comunismo (i tre negoziatori con un debole per la formosa segretaria di MacNamara sono esilaranti), la Germania del dopoguerra con la sua disciplina militaresca ancora imbevuta di nazismo (il personaggio del teutonico assistente Schlemmer, interpretato da Hanns Lothar), l'America e la sua gioventù squinternata ma anche i suoi executives pronti a ogni compromesso per la carriera. Su tutti la spettacolare e vitalistica prova di James Cagney, nell'ultimo ruolo importante della carriera, perfetta dimostrazione di cosa possa essere il virtuosismo di un attore.

Uno, patata, due, patata... → *Dura legge, La*

Un'ora d'amore *** (*One Hour with You*, Usa 1932, b/n, 85') Ernst Lubitsch [e George Cukor]. Con Maurice Chevalier, Jeanette MacDonald, Geneviève Tobin, Charles Ruggles, Ronald Young. ◆ Parigi, primavera: il dottor André Bertier (Chevalier), benché innamoratissimo della moglie Colette (MacDonald), si trova a passare una notte con la migliore amica di costei, Mitzi (Tobin). Il marito della donna (Young) chiede il divorzio e anche il matrimonio di André e Colette sembra in pericolo, ma dopo una reciproca confessione i due scoprono di amarsi ancora di più. Remake musicale di *Matrimonio in quattro* (1924) dello stesso Lubitsch il quale, occupato con il montaggio di *Broken Lullaby*, decise di affidare questo film al suo assistente George Cukor, salvo poi riprenderselo e – scontento del suo lavoro – rigirare la maggior parte delle scene. Dopo tanti travagli, il film (sceneggiato da Samson Raphaelson) si presenta come un girotondo sentimentale illuminato dal celebre tocco di grazia del regista, leggiadro ed elegante nel raccontare una tipica storia da commedia (l'amore, il desiderio, la gelosia, la felicità coniugale, il tradimento) in modo radicalmente nuovo. Oltre all'alternanza tra parlato e cantato, che sorprende per la libertà e la perfezione del ritmo (il muto era tramontato da poco), il motivo di maggior originalità del film sta nel chiamare in causa lo spettatore, da parte dei personaggi, con domande dirette a intervalli più o meno regolari (tipo «Cosa avreste fatto al mio posto?»). Uno scoppiettante tour de force sonoro, senza soluzioni di continuità, che rivela appieno la genialità di un regista per nulla disorientato di fronte alle innovazioni tecniche del cinema.

Un ostaggio al minuto → *Colpo della metropolitana, Il*

Un piedipiatti e mezzo *½ (*Cop and a Half*, Usa 1993, col, 97') Henry Winkler. Con Burt Reynolds, Norman D. Golden II, Ruby Dee, Ray Sharkey. ◆ Testimone di un omicidio, Devon Butler (Golden II), che ha otto anni ma sogna già di diventare poliziotto, accetta di collaborare col detective McKenna (Reynolds) solo in cambio di un distintivo e di un paio di manette. L'ennesima strana coppia di sbirri in un prodotto rivolto a un pubblico di meno di dieci anni, condito di sequenze acrobatiche e umorismo di poche pretese. Il regista Winkler è l'ex Fonzie di *Happy Days*.

Un ragazzo... tre ragazze *** (*Conte d'été*, Francia 1996, col, 113') Eric Rohmer. Con Melvil Poupaud, Amanda Langlet, Aurélia Nolin, Gwenaëlle Simon. ◆ Sulla spiaggia bretone di Dinard il giovane Gaspard (Poupaud), in attesa della scontrosa fidanzata Léna (Nolin), flirta con l'amichevole Margot (Langlet) e la fatalona Solène (Simon). E tra promesse e bugie (prima di tutto a se stesso), si troverà di fronte al dilemma della scelta. Al terzo dei «racconti delle stagioni», Rohmer ritrova l'ambientazione e la leggerezza di *Pauline alla spiaggia* (non a caso ritorna, cresciuta, la protagonista Langlet), divertendosi a seguire la modesta catastrofe di un seduttore sedotto, don giovanni in fuga segretamente misogino. Senza forzare la messa in scena e senza trucchi da commedia, il gioco irretisce lo spettatore con un senso di verità quasi rosselliniano, ormai perduto da gran parte dei registi contemporanei. E alla fine balena il senso di disincanto e di delusione che sta al fondo del cinema di Rohmer: riflessione sul desiderio, il caso e l'illusione di essere padroni delle nostre scelte.

Untouchables, The – Gli intoccabili *** (*The Untouchables*, Usa 1987, col, 119') Brian De Palma. Con Kevin Costner, Sean Connery, Robert De Niro, Andy Garcia, Charles Martin Smith, Billy Drago, Patricia Clarkson. ◆ Durante gli anni del proibizionismo, l'agente del ministero del Tesoro Elliot Ness (Costner), coadiuvato da un pittoresco gruppo di incorruttibili – un vecchio piedipiatti irlandese (Connery), un focoso italoamericano (Garcia), un timido ragioniere (Smith) – dà filo da torcere ad Al Capone (De Niro), riuscendo a portarlo in tribunale. Poliziesco spettacolare congegnato alla perfezione, dove le sequenze da antologia (compreso un omaggio alla carrozzella della *Corazzata Potëmkin*) si sprecano. De Palma, in cerca del grosso pubblico, non ha più fatto un film così: ci si emoziona e si fa il tifo per i buoni come in un western di una volta, ma a stare appena attenti si vede che quando fa i film non usa il cuore. Elliot Ness, che ha lasciato anche le sue memorie alla base della sceneggiatura di David Mamet, era stato interpretato da Robert Stack nell'omonima, celebre serie di telefilm degli anni Cinquanta.

Uomini **½ (*The Men*, rititolato *Battle Stripe*, Usa 1950, b/n, 85') Fred Zinnemann. Con Marlon Brando, Teresa Wright, Everett Sloane, Jack Webb, Richard Erdman, Arthur Jurado, Dorothy Tree. ◆ Ferito in guerra, il tenente Ken Wilozek (Brando) è destinato a restare in carrozzella per il resto dei suoi giorni: lui vorrebbe chiudersi in se stesso ma l'amore della fidanzata Ellen (Wright) lo farà uscire dalla disperazione e lo porterà anche al matrimonio. Marlon Brando esordisce nel cinema con un film onesto e civile, prodotto da Stanley Kramer e sceneggiato da Carl Foreman sul problema molto diffuso dei reduci paraplegici: la mascolinità dell'attore e la sua carica erotica accentuano la sua condizione di impotenza forzata, sottolineata ancora di più da una straordinaria mimica facciale, che nella prima parte (quella più documentaristica che si svolge nell'ospedale) evita di far scivolare il film nella retorica postbellica. Il film è anche stato distribuito in Italia col titolo *Il mio corpo ti appartiene*.

Uomini ** (*Männer*, Rft 1985, col, 96') Doris Dörrie. Con Heiner Lauterbach, Uwe Ochsenknecht, Ulrike Kriener, Janna Marangosoff. ◆ Uno yuppie (Lauterbach) elabora un piano per sottrarre la moglie (Kriener) all'amante (Ochsenknecht), un mediocre «alternativo» non pentito: lo trasformerà in un perfetto uomo di successo, con tanto di Maserati. Sottile e riuscita satira sulla generazione degli ex sessantottini e delle loro storie di integrazione o di falsa e patetica resistenza al sistema: il maggior successo tedesco del dopoguerra girato da una donna di trentuno anni abilmente misogina.

Uomini alla ventura *½ (*What Price Glory?*, Usa 1952, col, 111') John Ford. Con James Cagney, Corinne Calvet, Dan Dailey, William Demarest, Robert Wagner, James Gleason, Marisa Pavan, Casey Adams. ◆ Fronte francese, 1917: il capitano Flagg (Cagney) e il sergente Quirt (Dailey), vecchi amici, si innamorano della stessa donna, Charmaine (Calvet). Dopo le scintille di gelosia, tra i due maschi inizia una gara di generosità, che si conclude quando Quirt, benché ferito, rinuncia a sposare la bella e segue Flagg in prima linea. Seconda versione, dopo *Gloria* (1926) di Raoul Walsh, della commedia di Laurence Stallings e Maxwell Anderson, qui sceneggiata da Phoebe e Henry Ephron. Venuta a cadere la blanda coloratura antimilitarista (che anche nell'originale si risolveva nell'elegia della gioventù americana mandata al massacro, e non in una protesta contro la guerra), l'intreccio sente il peso del tempo. Il tema dell'amicizia maschile, sulla carta nelle corde di Ford, viene svolto in modo convenzionale, e sa di maniera l'alternarsi di pathos e umorismo.

Uomini al passo *½ (*Cadence*, Usa 1991, col, 97') Martin Sheen. Con Charlie Sheen, Martin Sheen, Larry Fishburne, James Marshall, Ramon Estevez. ◆ Il soldato Franklin Bean (C. Sheen), di stanza in Germania, finisce in un campo di correzione comandato da un sergente paranoico (M. Sheen) che lo prende di mira e lo assegna alla baracca dei neri, convinto che ne faranno un sol boccone: ma non ha previsto la solidarietà tra oppressi. Tuttavia i transfert paterni, alla fine, riavvicinano i due uomini, facendo scivolare il film verso la melassa e l'inverosimile. La prima regia di Sheen padre è anonima e tradizionale, e patisce una sceneggiatura (di Dennis Shryak) ideologicamente ambigua. Ramon Estevez (Gerard) è il terzo figlio di Martin Sheen, fratello di Charlie e di Emilio Estevez.

Uomini anni vita *** (Italia/Germania 1990, col, 70') Yervant Gianikian, Angela Ricci Lucchi. ◆ Dopo un tableau vivant che rappresenta la Santa Madre Russia che abbraccia e sovrasta tutti i popoli del Caucaso, materiali d'archivio ricostruiscono il massacro degli armeni del 1915 nella Turchia orientale, le conquiste dell'esercito zarista nel Caucaso nell'inverno 1916 che seminò morte e lutti, l'apogeo del potere zarista in un corteo a San Pietroburgo, lo scoppio della rivoluzione e le manifestazioni per le strade, poi l'iconografia del realismo socialista negli anni Trenta che coglie la «felicità» degli armeni sul lago Sevan, per chiudersi con le immagini della fuga disperata degli armeni nel 1918 dal Kharabagh e dall'Azerbaidjian, metafora di tutti gli esodi del secolo. Assemblando materiale inedito scoperto dai due autori negli archivi dell'Est, il film si presenta come un «libro della storia armena», partecipata e commossa ricapitolazione di alcuni dei momenti salienti della terra che ha dato i natali alla famiglia di Yervant Gianikian. Recuperando il procedimento utilizzato in *Dal polo all'equatore*, il materiale d'archivio viene virato e filmato a differenti velocità di scorrimento, per recuperare un nuovo valore alle immagini ma anche per permettere allo spettatore di «rivedere» immagini già conosciute e riflettere nuovamente sulle ragioni della loro esistenza (straordinario uno Stalin giovanile che sorride durante una manifestazione a Mosca). A questa componente, tipica del cinema sperimentale, se ne aggiunge una più precisamente storica, estremamente coinvolgente dal punto di vista emotivo, che ripercorre la storia di un popolo senza tesi da dimostrare ma chiedendo allo spettatore soprattutto di «ri-aprire gli occhi» su una realtà troppo dimenticata. Ipnotico ed emozionante, come le note dello *Stabat Mater* di Pergolesi che accompagnano le immagini, questo film chiede un'attenzione più concentrata di quella che richiederebbe un normale film di finzione, capace però di restituire allo spettatore i piaceri di un'esperienza molto coinvolgente.

Uomini, che mascalzoni..., Gli ** (Italia 1932, b/n, 67') Mario Camerini. Con Vittorio De Sica, Lia Franca, Cesare Zoppetti, Aldo Moschino, Pia Lotti, Maria Denis. ◆ Dopo delusioni, battibecchi e baruffe, l'autista Bruno (De Sica) e la commessa Mariuccia (Franca) coronano il loro sogno d'amore nella Milano laboriosa degli anni Trenta. Primo grande successo commerciale di Camerini, sceneggiato dal regista con Aldo De Benedetti e Mario Soldati, il film rimane una testimonianza di un momento di cambiamento e ristrutturazione del capitalismo italiano, soprattutto con le scene alla Fiera campionaria dove Mariuccia lavora in uno stand e Bruno decanta, con un ridicolo megafono, le virtù di uno spruzzatore. Inconfondibile lo stile di Camerini, ricco «di quella grazia, di quella dolcezza e di quella leggerezza, ora gaia ora malinconica, che riflettono l'aria dei tempi». Presentato alla prima Mostra del cinema di Venezia, il film fu il trampolino di lancio per De Sica, fino ad allora attore del teatro leggero. Celebre colonna sonora con la canzone di C.A. Bixio *Parlami d'amore Mariù* che i due fidanzati ballano durante una scampagnata in Brianza. Rifatto nel 1953.

Uomini, che mascalzoni!, Gli *½ (Italia 1953, b/n, 86') Glauco Pellegrini. Con Walter Chiari, Antonella Lualdi, Myriam Bru, Julien Carette, Marie Glory, Paola Borboni, Renato Salvatori. ◆ Bruno (Chiari), artista di bella presenza, è conteso dalle numerose donne che conosce: a far breccia nel suo cuore sarà solo Mariuccia (Lualdi), una modesta e simpatica commessa della Rinascente. Solo vagamente ispirato al film omonimo di Camerini, è una commedia briosa incentrata su Walter Chiari, il comico diventato sex symbol dell'Italia anni Cinquanta.

Uomini condannano, Gli **½ (*Yield to the Night*, Gb 1956, b/n, 99') J. Lee Thompson. Con Diana Dors, Yvonne Mitchell, Michael Craig, Marie Ney, Geoffrey Keen. ◆ Nella sua cella, mentre aspetta l'esecuzione della sentenza di morte, Mary Hilton (Dors) ricorda i fatti che l'hanno portata in carcere: l'amore per Jim Lancaster (Craig) per il quale ha lasciato il marito, i tradimenti dell'amante che finisce per suicidarsi, la rabbia che l'ha spinta a uccidere la donna all'origine del suicidio. Ricostruzione tesa e antiromantica (sceneggiata da John Cresswell e Joan Henry) della storia di Ruth Ellis, l'ultima donna a essere stata impiccata (nel 1955) in Inghilterra (poi portata sullo schermo anche in *Ballando con uno sconosciuto*): senza sbavature e facili cedimenti romanzeschi, il film alterna i ricordi ai monotoni atti quotidiani della detenuta in cella, che Diana Dors, messa in sordina la propria esuberanza naturale, interpreta in maniera intensa e commovente, senza un filo di trucco per due terzi del film.

Uomini contro ** (Italia 1971, col, 101') Francesco Rosi. Con Mark Frechette, Alain Cuny, Gian Maria Volonté, Franco Graziosi, Giampiero Albertini, Pier Paolo Capponi, Mario Feliciani, Emilio Bonucci, Daria Nicolodi. ◆ Durante la prima guerra mondiale il generale Leone (Cuny), bramoso di gloria e incurante delle perdite umane, obbliga i suoi uomini a sanguinosi e inutili assalti permettendo così ai due ufficiali, Sassu (Frechette) e Ottolenghi (Volonté), di prendere coscienza delle radici di classe della guerra. Impoverendo delle sue riflessioni sull'interventismo e le insofferenze del mondo contadino il romanzo a cui s'ispira – *Un anno sull'altipiano* di Emilio Lussu, sceneggiato da Tonino Guerra e Raffaele La Capria col regista – il film analizza la Grande Guerra come contrasto di classe tra ufficiali e truppa, accentuando la descrizione di un militarismo ai limiti della follia (la scena delle corazze antiproiettili). In questo modo Rosi rende bene il senso fisico dell'immane macello bellico, ma rischia di ridurre la forza del film dentro i limiti di un vago pacifismo.

Uomini d'amianto contro l'inferno ** (*Hellfighters*, Usa 1969, col, 121') Andrew McLaglen. Con John Wayne, Katharine Ross, Jim Hutton, Vera Miles, Bruce Cabot. ◆ Sotto gli ordini dell'intrepido comandante Red Adair (Wayne), gli Hellfighters – un gruppo di pompieri specializzati in azioni ad alto rischio – si recano in Sudamerica per spegnere alcuni pozzi petroliferi che si sono incendiati. John Wayne, vecchio ma per niente domo, si fa dirigere dal figlio del suo amico Victor McLaglen, indimenticabile sergente dei suoi western militari, in un film solo a tratti spettacolare.

Uomini della città dei ragazzi, Gli *½ (*Men of Boys' Town*, Usa 1941, b/n, 106') Norman Taurog. Con Spencer Tracy, Mickey Rooney, Bobs Watson, Lanny Nunn, Darryl Hickman, Lee J. Cobb. ◆ Le nuove avventure di padre Flanagan (Tracy), inventore della città in cui i ragazzi diseredati si possono sentire a casa loro: come sempre, deve vedersela al tempo stesso contro delinquenti e benpensanti. Seguito di *La città dei ragazzi* (1938), con Tracy che ripropone uno dei più famosi eroi rooseveltiani, ancor più zuccheroso e ottimista.

Uomini della mia vita, Gli ** (*Men Don't Leave*, Usa 1990, col, 114') Paul Brickman. Con Jessica Lange, Arliss Howard, Joan Cusack, Kathy Bates, Chris O'Donnell, Charlie Korsmo. ◆ Rimasta vedova, Beth Macauley (Lange) si adatta a fare la cameriera a Baltimora: ma cercare l'uomo giusto e tenere d'occhio due figli molto precoci (Korsmo e O'Donnell) la porta sull'orlo della crisi di nervi. Soap-opera ben interpretata, con il gusto di costruire personaggi non banali.

Uomini della terra dimenticata dal tempo, Gli *½ (*The People That Time Forgot*, Gb 1977, col, 89') Kevin Connor. Con Patrick Wayne, Doug McClure, Sarah Douglas, Dana Dillespie, Thorley Walters. ◆ Una spedizione si reca in una zona della Terra abitata da mostri preistorici per liberare il superstite (McClure) di una precedente esplorazione: scopriranno che vive ormai con un gruppo di indigeni, combattendo con loro. Dopo *La terra dimenticata dal tempo*, nuova avventura ispirata ad un romanzo di Conan Doyle, con il figlio di John Wayne nel ruolo principale. Prodotto dalla Amicus, una casa minore del cinema fantastico inglese.

Uomini della terra selvaggia, Gli *½ (*The Badlanders*, Usa 1958, col, 83') Delmer Daves. Con Alan Ladd, Ernest Borgnine, Katy Jurado, Claire Kelly, Kent Smith. ◆ Nell'Arizona a cavallo del secolo, due ex detenuti (Ladd e Borgnine) diventano cercatori ma cercheranno di eliminarsi vicendevolmente quando troveranno l'oro. Scivolone nella carriera western di Delmer Daves, che ispirandosi a *Giungla d'asfalto* (e utilizzando marginalmente un attore che c'era già nel film di Huston, Anthony Caruso) dirige un film scritto male e soprattutto montato male.

Uomini d'onore * (*Men of Respect*, Usa 1991, col, 113') William Reilly. Con John Turturro, Katherine Borowitz, Dennis Farina, Peter Boyle, Rod Steiger, Michael Badalucco, Lilia Skala, Stanley Tucci, Steven Wright, Nicholas Turturro. ◆ Sobillato dalla moglie Ruth (Borowitz), il mafioso newyorkese Mike Battaglia (Turturro) fa fuori il suo boss (Steiger) e i suoi amici: ma la sua fortuna finirà, secondo la profezia di una maga, «quando le stelle cadranno dal cielo». Maldestro adattamento contemporaneo del *Macbeth* di Shakespeare, che non risparmia neanche la dark lady che va in giro sonnambula con una torcia a pile. Poco interessante anche nella descrizione dell'onorata società, e interpretato da cani (Turturro, chissà perché, è spesso nudo).

Uomini duri *½ (Italia/Francia 1974, col, 95') Duccio Tessari. Con Lino Ventura, Isaac Hayes, William Berger, Paula Kelly, Lorella De Luca, Luciano Salce. ◆ A Chicago un prete (Ventura) e un ex poliziotto (Hayes) uniscono le forze per indagare sulla morte di un agente delle assicurazioni che cercava un bottino scomparso. Ventura prete manesco e l'erculeo sassofonista Hayes (autore anche della colonna sonora) sono una coppia tanto improbabile che il film rischia di scivolare dalle parti di Bud Spencer e Terence Hill, anche se il modello sono i polizieschi alla *Shaft*. Scritto da Luciano Vincenzoni e Nicola Badalucco.

Uomini e cobra *** (*There Was a Crooked Man*, Usa 1970, col, 126') Joseph L. Mankiewicz. Con Kirk Douglas, Henry Fonda, Hume Cronyn, Warren Oates, Lee Grant, Burgess Meredith, John Randolph, Barbara Rhoades. ◆ Arizona, 1883: incarcerato dopo un colpo di cui però ha nascosto il ricco bottino in una tana di serpenti a sonagli, Pitman (Douglas) riesce a convincere i suoi compagni di penitenziario a evadere: l'unico superstite della fuga verrà ucciso da un serpente a sonagli mentre sta per recuperare il denaro e così l'onesto sceriffo Lopeman (Fonda) che gli ha dato instancabilmente la caccia potrà buttare alle ortiche la stella e godersi i dollari in Messico. Straordinario e acido western scritto da David Newman e Robert Benton che Mankiewicz rivitalizza con i temi che gli sono più cari: lo studio dell'avidità umana, lo scontro delle intelligenze (come Douglas sgretola le certezze dei suoi compagni di prigione per aiutarlo nella fuga, ma anche come Fonda alla fine gioca tutti), il piacere di «mettere in scena» un'immagine che poi si rivelerà falsa e ingannevole, il diffuso pessimismo sull'uomo e le sue qualità. E tutto questo senza tradire le regole del film di genere, grazie anche a due interpreti al loro meglio, sbruffone e sicuro di sé Douglas, riflessivo e quasi timido Fonda.

Uomini e donne: istruzioni per l'uso ** (*Hommes, femmes: mode d'emploi*, Francia 1996, col, 122') Claude Lelouch. Con Bernard Tapie, Fabrice Luchini, Alessandra Martines, Pierre Arditi, Ophélie Winter, Salomé, Christophe Hémon, Ticky Holgado, Anouk Aimée, Daniel Gélin. ◆ Fabio Lini (Luchini), poliziotto ex attore, e Benoît Blanc (Tapie), cinico uomo d'affari e dongiovanni incallito, sospettano di avere un tumore allo stomaco: le loro diagnosi vengono scambiate di proposito dalla dottoressa Nitez (Martines), che sul primo paziente applica la teoria della cura psicosomatica del suo amante, il dottor Lerner (Arditi), e sul secondo segue il proprio desiderio di vendetta personale. Una tipica «commedia umana» alla Lelouch, piena di storie parallele e destini incrociati. La capacità affabulatoria del regista, ormai spinta al virtuosismo, seduce o irrita secondo i gusti, anche se qui non c'è davvero niente che non sia stato già visto nelle opere precedenti, ruolo del destino compreso. La presenza di Tapie nel ruolo del coprotagonista ha destato scalpore, soprattutto in Francia, ma come attore l'ex ministro faccendiere se la cava molto bene.

Uomini e lupi ** (Italia 1956, col, 102') Giuseppe De Santis. Con Silvana Mangano, Yves Montand, Pedro Armendariz, Guido Celano, Irene Cefaro, Giulio Calì, Euro Teodori. ◆ In Abruzzo, dopo la morte del cacciatore di lupi Giovanni (Armendariz), la moglie Teresa (Mangano) accetta di risposarsi con Ricuccio (Montand) solo dopo che ha dimostrato di essere un coraggioso luparo e non solo un abile dongiovanni. Sceneggiato dal regista con Gianni Puccini, Cesare Zavattini, Tullio Pinelli, Elio Petri, Ivo Perilli e (non accreditato) Ugo Pirro, è essenzialmente un buon film d'azione che comincia come un western e finisce come un melodramma, anche se De Santis non rinuncia a mettere, qua e là, qualche elemento di critica sociale. Il regista comunque abbandonò il lavoro, non curando nemmeno il montaggio, perché la Titanus impose una durata di 18' più breve di quella che avrebbe voluto De Santis, che cercò anche – senza riuscirci – di far togliere il proprio nome dai titoli. Una curiosità: i lupi importati dalla Siberia per le riprese morirono anche se affidati ad Angelo Lombardi, il futuro «amico degli animali».

Uomini e no *½ (Italia 1980, col, 105') Valentino Orsini. Con Flavio Bucci, Monica Guerritore, Ivana Monti, Renato Scarpa, Massimo Foschi, Francesco Salvi. ◆ Le vicende personali dei protagonisti e la lotta politica e militare contro i nazisti, si fondono in una fredda Milano dell'inverno del 1944: il gappista N2 (Bucci), in piena crisi sentimentale, combatte strenuamente contro gli uomini di Cane Nero (Scarpa), il capo fascista che ha sterminato i suoi compagni. Tratto dal romanzo omonimo di Elio Vittorini sceneggiato dal regista, dal produttore Giuliani G. De Negri e da Forliero Rosati, è un film diseguale nella realizzazione (penalizzata da una certa ristrettezza di budget) e nella recitazione, con un cast non perfettamente aderente alle parti.

Uomini e topi **½ (*Of Mice and Men*, Usa 1939, b/n, 107') Lewis Milestone. Con Lon Chaney jr, Burgess Meredith, Betty Field, Charles Bickford, Bob Steele, Noha Berry. ◆ Il bracciante George Milton (Meredith) ha sotto la sua protezione il gigantesco Lennie (Chaney jr), un ritardato mentale ingenuo e fortissimo, che cerca di sottrarre alle provocazioni e alle cattiverie della gente. E quando – per aver involontariamente ucciso con la sua forza la capricciosa figlia (Field) del fattore che l'aveva provocato – tutti daranno la caccia a Lennie per linciarlo, sarà George che preferirà abbatterlo con un colpo di pistola. Fedele versione del romanzo omonimo di John Steinbeck sceneggiata da Eugene Solow, dove Milestone però non riesce a ricreare l'appassionato lirismo della pagina scritta. Comunque, grande successo di pubblico per la miglior prova drammatica di Lon Chaney jr, fino a quel momento famoso soprattutto come «uomo lupo» della Universal. Rifatto nel 1992.

Uomini e topi *** (*Of Mice and Men*, Usa 1992, col, 111') Gary Sinise. Con John Malkovich, Gary Sinise, Alexis Arquette, Sherilyn Fenn, Joe Morton, Richard Riehle, Casey Siemaszko, Ray Walston. ◆ Durante la Depressione, George (Sinise) e il semideficiente Lennie (Malkovich) lavorano come braccianti sperando di guadagnare a sufficienza per comprarsi una loro piccola fattoria. Ma Lennie, provocato dalla nuora del fattore (Fenn) non sa controllare la propria forza e uccide la ragazza: a George non resterà che ucciderlo per evitare all'amico l'onta del linciaggio. Interessante regista off Broadway, Sinise sottolinea nel romanzo di John Steinbeck (sceneggiato con molta fedeltà da Horton Foote) l'elegia dell'amicizia virile e insieme l'apologo sulla solitudine e la «diversità»: messo in scena con un'apprezzabile asciuttezza, il film può contare su un'eccezionale prova attoriale, tutti perfetti ma surclassati da un intensissimo Sinise.

Uomini falco, Gli *½ (*Sky Riders*, Usa 1976, col, 93') Douglas Hickox. Con James Coburn, Susannah York, Robert Culp, Charles Aznavour, Harry Andrew. ◆ Per liberare i prigionieri di un gruppo di terroristi nascosti su una montagna greca, viene chiamato un gruppo di specialisti che raggiungeranno il loro scopo grazie ai deltaplani. Un sottoprodotto che imita malamente le avventure dell'«Oca selvaggia».

Uomini preferiscono le bionde, Gli **** (*Gentlemen Prefer Blondes*, Usa 1953, col, 91') Howard Hawks. Con Jane Russell, Marilyn Monroe, Charles Coburn, Elliott Reid, Tommy Noonan, George Winslow, Marcel Dalio. ◆ Due amiche ballerine, la bionda Lorelei Lee (Monroe) e la bruna Dorothy Shaw (Russell), s'imbarcano su una nave diretta in Europa dove la prima spera di farsi raggiungere e sposare dal figlio (Noonan) un po' sciocco di un miliardario. Rimaste senza un soldo a Parigi e accusate anche di un furto che non hanno commesso ai danni di un proprietario di miniere diamantifere (Coburn), le due amiche torneranno a ballare e cantare prima che tutto si accomodi: Lorelei sposerà il suo miliardario e Dorothy conquisterà il detective privato (Reid) che avrebbe dovuto spiarle. Commedia con musiche (oltre al celeberrimo *Diamonds Are the Girl's Best Friend*, anche *Bye Bye Baby* e *A (Two) Little Girl(s) From Little Rock*) sceneggiata da Charle Lederer tratta dal romanzo omonimo di Anita Loos e dal musical che ne derivò, è uno dei capolavori più nascosti della genialità di Hawks che riesce a descrivere l'avidità sessuale e materiale delle due protagoniste senza essere offensivo né morboso: il suo tono secco ma sereno riesce a prendere le distanze dalla materia trattata evitando la volgarità come la facile indignazione di fronte alle ossessioni e ai desideri dei vari personaggi, ma piuttosto sottolineando – con il ritmo e la forza caricaturale ma «astratta» di un disegno animato – solo gli aspetti piacevoli di questo comportamento (per prima cosa l'indubbio sex appeal delle due protagoniste, ma poi anche la simpatia un po' ribalda degli uomini). Nel numero *Diamonds Are the Girl's Best Friends*, il ballerino all'estrema destra coi baffetti è un giovane e quasi irriconoscibile George Chakiris.

Uomini selvaggi ** (*Wild Rovers*, Usa 1971, col, 109') Blake Edwards. Con William Holden, Ryan O'Neal, Karl Malden, Lynn Carlin, Tom Skerritt. ◆ Due cowboy stanchi del loro lavoro (Holden e O'Neal) compiono una rapina e cercano di fuggire in Messico: saranno raggiunti e uccisi da uno spietato agente federale, pagato per tutelare gli interessi dei ricchi possidenti. L'unico western diretto dall'autore della *Pantera rosa* trasforma «il nobile destino degli eroi di un tempo in destino tragico» dove la morte è solo uno stupido accidente che sottolinea la sfortuna sociale dei due protagonisti, persi tra malinconici paesaggi nevosi. La versione integrale, così come l'aveva pensata Edwards (autore anche della sceneggiatura) durava però 136' e fu tagliata dalla Mgm in maniera tanto radicale da rendere comunque difficile un giudizio.

Uomini semplici **½ (*Simple Men*, Usa/Gb 1992, col 1089) Hal Hartley. Con Robert Burke, Bill Sage, Karen Sillas, Elina Löwensohn, Martin Donovan. ◆ I due fratelli Bill e Dennis McCabe (Burke e Sage), uno rapinatore fallito l'altro studente di filosofia, si ritrovano dopo anni per andare alla ricerca del padre latitante, vecchio anarchico campione di baseball, accusato di aver commesso una strage. Con un tono da commedia ma uno stile iperrealista che deve molto al primo Godard e una bella dose di autoironia (specie nei dialoghi), Hartley racconta una specie di viaggio iniziatico (in realtà brevissimo, da Manhattan a Long Island) alla ricerca delle proprie radici, deludente nel suo scopo (perché il padre si rivelerà un trombone troppo ancorato al suo passato) ma non nei risultati, perché i fratelli incontreranno due donne che modificheranno la loro vita – la forte Kate e l'enigmatica Elina (Sillas e Löwensohn) – «capaci di contrapporre alla semplicità degli uomini un'affascinante e misteriosa complessità». Sul crinale della maniera, il film è comunque uno dei più sapidi ritratti dell'America di oggi e dei suoi miti, elogio dell'insoddisfazione e della voglia di uscire dagli schemi.

Uomini senza donne * (Italia 1996, col, 95') Angelo Longoni. Con Gianmarco Tognazzi, Alessandro Gassman, Alessandra Acciai, Veronica Logan, Eleonora Ivone, Francesco Barilli, Riccardo Rossi, Barbara Terrinoni, Manuela Weber. ◆ Max (Tognazzi) suona il sax nei locali, soffre di gastriti, è una frana con le donne e divide l'appartamento con Alex (Gassman), creativo sul lavoro e con le donne, brillante e atletico. Dall'omonima pièce dello stesso Longoni, un instant-movie di smagliante mediocrità, dove il cinema fa la figura del fesso e l'estetica Tv impera: filosofie spicciole, sviluppo dei temi esistenziali buono per i rotocalchi, carinerie a manciate e l'imperdonabile errore di arrivare con troppi anni di ritardo.

Uomini si nasce poliziotti si muore ** (Italia, 1976, col, 94') Ruggero Deodato. Con Marc Porel, Ray Lovelock, Adolfo Celi, Renato Salvatori, Silvia Dionisio, Franco Citti, Bruno Corazzari, Alvaro Vitali. ◆ Due poliziotti (Porel e Lovelock) di una squadra speciale uccidono i delinquenti a sangue freddo e si ripassano tutte le donne che gli capitano a tiro: tanto ai guai che combinano rimedia il loro superiore (Celi). Scritto da Fernando Di Leo, uno dei poliziotteschi più insoliti dell'epoca, privo di aloni eroici e sconcertante per il cinismo e l'equiparazione tra buoni e cattivi. Efficiente e brutale regia di Deodato, con un inseguimento iniziale in moto da antologia. Sforbiciato dalla censura.

Uomini spietati *½ (*The Last Days of Frankie the Fly*, Usa 1996, col, 92') Peter Markle. Con Dennis Hopper, Michael Madsen, Kiefer Sutherland, Daryl Hannah, Dayton Calle. ◆ Vessato dal violento boss Sal (Madsen), il patetico tirapiedi Frankie (Hopper) trova la forza di ribellarsi nell'amore (platonico) per una porno-attrice (Hannah), che vorrebbe far recitare in un film «serio». Sonnacchiosa commedia malavitosa popolata da illusi e sbruffoni, perdenti e trucidi: il modello di *Get Shorty* (manie cinefile comprese) è dietro l'angolo, ma manca la verve. Attori in pieno sbaraccamento, con la Hannah che mostra le chiappe. Scritto da Dayton Calle, che interpreta Vic.

Uomini sul fondo ** (Italia 1941, b/n, 99') Francesco De Robertis. ◆ Con dei marinai della Marina italiana. Durante un'esercitazione, un sottomarino urta contro una nave da carico nel porto di La Spezia e affonda: dopo mille difficoltà, grazie a un nuovo accorgimento tecnico e al coraggio di un marinaio, l'equipaggio sarà salvato. Film semidocumentario prodotto dal Centro cinematografico della Marina, in cui alcuni hanno voluto vedere un antesignano del neorealismo, ma che sostanzialmente è impregnato del moralismo militare tipico del fascismo, qui solo più scarno ed efficace. Diretto inizialmente da Ivo Perilli, fu continuato, dopo lo scoppio della guerra, dal comandante De Robertis, al suo primo lungometraggio.

Uomini sull'orlo di una crisi di nervi * (Italia 1994, col, 105') Alessandro Capone. Con Pino Amendola, Vincenzo Crocitti, Gianni Garofalo, Nicola Pistoia, Claudia Koll. ◆ Quattro quarantenni, liberi professionisti frustrati dalla vita coniugale (Amendola, Crocitti, Garofalo, Pistoia), si ritrovano ogni lunedì per giocare a poker. Ma anche le carte, alla lunga, li annoiano: così decidono di chiamare «una massaggiatrice» (Koll). La solita commedia su un prototipo di «maschio italiano» che si sperava fosse in estinzione (invece no, fa solo lavori più creativi: architettura, pubblicità): lo spaccato umano è più che squallido e il film è imbarazzante per la banalità dei dialoghi e la modestia della messinscena. Testo di Rosario Galli e Alessandro Capone, precedentemente allestito a teatro.

Uomini uomini uomini *½ (Italia 1995, col, 90') Christian De Sica. Con Christian De Sica, Massimo Ghini, Leo Gullotta, Alessandro Haber, Monica Scattini, Paco Reconti, Paolo Conticini, Carlo Croccolo. ◆ Quattro amici vivono con complicazioni varie la loro omosessualità: Tony (Gullotta) è un camiciaio un po' schiavo della mamma, Vittorio (De Sica) un architetto che si strugge per un collega che ha deciso di sposarsi, Dado (Haber) un ortopedico ipocondriaco e giovanilista, Sandro (Ghini) un produttore che ha scoperto di essere gay dopo aver fatto un figlio. Specie di *Amici miei* in versione omosessuale, sceneggiata dal regista con Enrico Vanzina e Giovanni Veronesi: il tono goliardico e disincantato «evita il vecchio discorso sulla tolleranza, ma alla fine invita alla compassione» e finisce – come nella scena delle aspiranti attrici trasformate in prostitute – nel razzismo verso l'altro sesso. Così la voglia di De Sica di misurarsi su un terreno un po' meno prevedibile delle commediacce paratelevisive si arena di fronte alle solite barzellette sbracate, senza passione né cattiveria.

Uomini veri ***½ (*The Right Stuff*, Usa 1983, col, 171') Philip Kaufman. Con Sam Shepard, Scott Glenn, Ed Harris, Dennis Quaid, Fred Ward, Barbara Hershey, Kim Stanley, Veronica Cartwright, Pamela Reed. ◆ La conquista dello spazio da parte degli uomini della Nasa attraverso la storia di vent'anni di difficoltà, speranze deluse, invidie e tensioni, dall'ottobre 1947 – quando Chuck Yeager (Shepard) superò il muro del suono con l'X 15 – al maggio 1963, con l'ultima missione solitaria di Gordon Cooper (Quaid) per il progetto Mercury. Kaufman, sceneggiando il romanzo di Tom Wolfe, elabora un singolare e riuscitissimo mix di documentarismo e di film d'azione, di ricostruzione storica e di epopea, dove la ricostruzione di quei tempi «eroici» non è disgiunta da una buona dose di spirito critico che sottolinea con ironia il contributo collettivo alle solitarie imprese dei primi astronauti. Nonostante sia molto lungo (nell'edizione originale dura addirittura 192'), il film non ha un momento di caduta, anche grazie a un gruppo di attori perfettamente diretti, a cominciare da Sam Shepard, sempre più simile a un Gary Cooper moderno. Fotografia di Caleb Deschanel.

Uomini violenti *½ (*The Violent Men*, Usa 1955, col, 96') Rudolph Maté. Con Barbara Stanwyck, Glenn Ford, Edward G. Robinson, Dianne Foster, Brian Keith, Richard Jaeckel. ◆ Un ranchero (Ford) entra in competizione con un ricco possidente (Robinson), aiutato dalla di lui moglie (Stanwyck) con la quale ha una relazione: eliminata la donna, tornerà la pace tra i due uomini e in tutta la zona. Ancora un ruolo di dark lady per la Stanwyck in un melodramma western misogino e non particolarmente riuscito.

Uomini vogliono vivere, Gli *½ (*Les Hommes veulent vivre*, Francia/Italia, 1961, b/n, 95') Léonide Moguy. Con Yves Massard, John Justin, Jacqueline Huet, Claudio Gora, Henri Torres, Alix Mahieux, Carl Studer. ◆ Perché il professor Chardin (Massard) ha ucciso il suo collega Ross (Gora)? Per evitare che l'umanità venisse a conoscenza della formula della bomba al neutrone, che uccide le persone lasciando intatte le case. Tanto ci penserà qualcun altro a divulgarla. Una delle prime denunce contro i pericoli della ricerca nucleare («Siamo tutti degli apprendisti stregoni») e la corsa agli armamenti, condotta con ottica ingenuamente pacifista («Bisogna fare guerra alla guerra») ma senza compromessi (si veda l'episodio del professore giapponese che racconta gli orrori di Hiroshima). Peccato che la messinscena di Moguy (che firma anche la sceneggiatura) sia goffa e didascalica, al di sotto del peggiore Cayatte. Coprodotto da Fortunato Misiano. In originale dura 120'.

Uomo a metà, Un ** (Italia 1966, b/n, 93') Vittorio De Seta. Con Jacques Perrin, Ilaria Occhini, Lea Padovani, Gianni Garko, Rosemarie Dexter, Pier Paolo Capponi. ◆ Michele (Perrin) è un giornalista in crisi perché incapace d'amare e di costruirsi una vita appagante: ricoveratosi in clinica, non migliora la sua situazione, fino a quando non ripenserà con chiarezza al suo passato, alla madre invadente (Padovani), al fratello sempre migliore di lui (Garko), poi perito in un incidente, ai suoi rapporti con le donne. Frutto di una sofferta esperienza autobiografica e di una lunga preparazione, il film, faticoso e intellettualistico, non fu amato dalla critica e non ebbe alcun successo di pubblico. Rimane in ogni caso un serio tentativo di film psicoanalitico secondo l'ottica junghiana. La sceneggiatura è di Fabio Carpi, Vera Gherarducci e De Seta.

Uomo a nudo, Un **½ (*The Swimmer*, Usa 1968,

col, 94') Frank Perry. Con Burt Lancaster, Kim Hunter, Janice Rule, Tony Bickely, Marge Champion. ◆ Per rientrare a casa, Ned Merrill (Lancaster) decide di passare attraverso tutte le piscine delle ville vicine. E di riconfrontarsi con tutti i loro proprietari. Tratto da un racconto di John Cheever (sceneggiato da Eleanor Perry), un film insolito ma affascinante, viaggio metaforico di un cinquantenne che si affaccia alla crisi appesantito da un finale troppo esplicito. Straordinarie location nel Connecticut e grande assolo di Lancaster. L'incontro con Janice Rule fu girato da Sydney Pollack dopo che il produttore Sam Spiegel tenne fermo il film per due anni (era stato girato nel 1966) sperando di riuscire a renderlo più appetibile al pubblico.

Uomo bianco tu vivrai ** (*No Way Out*, Usa 1949, b/n, 106') Joseph L. Mankiewicz. Con Richard Widmark, Sidney Poitier, Linda Darnell, Stepehn McNally, Ruby Dee, Ossie Davis. ◆ Il rapinatore Ray Biddle (Widmark) accusa il giovane medico Luther Brooks (Poitier) di aver lasciato morire il suo amico George, e gli aizza contro i razzisti locali, prima di entrare in azione di persona. Come tutti i film a tesi (anche se la tesi è giusta) ha il difetto, secondo lo stesso Mankiewicz, di essere «lento e pesante». Ma la sceneggiatura (del regista e di Lesser Samuels) è sorprendentemente dura per l'epoca, tanto che vi furono numerose manifestazioni di protesta da parte degli estremisti bianchi. Uno dei pochi film sul razzismo del periodo che siano ancora digeribili. Prima, e forse migliore interpretazione di Poitier.

Uomo bianco, va col tuo Dio! **½ (*Man in the Wilderness*, Usa 1971, col, 105') Richard C. Sarafian. Con Richard Harris, John Huston, John Bindon, Ben Carruthers, Prunella Ransome. ◆ Un trapper (Harris) guida una carovana in territorio indiano: ferito gravemente, verrà abbandonato dai pionieri ma sarà proprio lui, ristabilitosi, a salvarli da un attacco dei pellerossa. Western antropologico che descrive la lenta rinascita di un uomo che lotta tra la vita e la morte «sotto l'arbitrato di una natura nutrice e letale a un tempo», ma descritta con una partecipazione che sfiora l'edonismo. Indimenticabile John Huston nel ruolo del capitano Henry, che gira per la prateria tirandosi dietro una barca (!) e che riassume in sé le figure di Noè e del capitano Achab. Stupido titolo italiano che ammicca a *Un uomo chiamato cavallo*, con il quale ha in comune solo l'interprete principale.

Uomo caffelatte, L' *** (*The Watermelon Man*, Usa 1970, col, 97') Melvin Van Peebles. Con Godfrey Cambridge, Estelle Parsons, Howard Caine, Kay Kimberly, Mantan Moreland, D'Urville Martin. ◆ Un razzista di pelle bianca (Cambridge) una bella mattina si sveglia nero: non sarà facile per lui adattarsi alla nuova realtà. Un film che sprizza intelligenza e ironia da ogni fotogramma, un divertimento non certo spensierato ma proprio per questo assai apprezzabile, soprattutto grazie alla regia di Van Peebles – padre del cinema black americano – e all'interpretazione di Cambridge, purtroppo mortificata dal doppiaggio. Coraggioso e forte, il finale è di quelli che non si dimenticano.

Uomo che amava le donne, L' *** (*L'Homme qui aimait les femmes*, Francia 1977, col, 115') François Truffaut. Con Charles Denner, Brigitte Fossey, Nelly Borgeaud, Geneviève Fontanel, Nathalie Baye, Leslie Caron. ◆ Al funerale del quarantenne Bertrand Morane (Denner) ci sono solo donne, tutte le donne che il defunto ingegnere ha amato nel corso della sua vita: i particolari dei vari incontri amorosi sono contenuti nel libro che Bertrand ha terminato in ospedale; prima di morire nel tentativo di toccare le gambe dell'infermiera. Il ritratto di un dongiovanni intellettuale, preoccupato non di catalogare le sue avventure quanto di spiegare se stesso, come illustra la voce fuori campo che accompagna il film. Donne a parte (di cui paragona le gambe a «dei compassi che misurano il mondo»), Bertrand è un personaggio solo, che ha come unico confidente lo spettatore: la sua casuale leggerezza è vera e apparente al tempo stesso perché nella continuità del godimento amoroso affiorano qua e là le incrinature del turbamento, sempre esaltate da Truffaut e rese esplicite sin dal titolo con il verbo all'imperfetto. Un grande esempio di cinema intimo ma non intimista, sceneggiato dal regista con Michel Fernand e Suzanne Schiffman, psicologicamente raffinato e pieno di intuizioni, di cui si sente sempre più la mancanza. Rifatto da Blake Edwards con il titolo *I miei problemi con le donne*.

Uomo che amo, L' *** (*History Is Made at Night*, Usa 1937, b/n, 97') Frank Borzage. Con Charles Boyer, Jean Arthur, Leo Carrillo, Colin Clive, Ivan Lebedeff. ◆ Tormentata da un marito ingiustamente geloso (Clive), una miliardaria di New York, Irene (Arthur), fugge a Parigi dove s'innamora di Paul Dumont (Boyer), ma poi, per liberarlo da quella che crede un'accusa di omicidio, decide di sparire per una seconda volta: per ritrovarla Paul, che non è altro che un cameriere, si reca a New York dove apre un ristorante nella speranza che lei un giorno ci entri... Uno dei melodrammi più originali di Borzage sceneggiato da Gene Towne e Graham Baker, «dimostrazione concreta della fede del regista in un amore più forte del caso». Straordinaria mescolanza di dramma e favola che non risparmia allo spettatore nemmeno un naufragio, questo film affascinante e commovente mescola i generi con una sapienza registica rara, rendendo credibile una storia tortuosa e spesso imprevedibile.

Uomo che amò «Gatta Danzante», L' ** (*The Man Who Loved Cat Dancing*, Usa 1973, col, 128') Richard C. Sarafian. Con Burt Reynolds, Sarah Miles, George Hamilton, Lee J. Cobb, Jack Warden. ◆ Una donna (Miles) viene rapita da una banda di fuorilegge: a poco a poco s'innamora del capo (Reynolds), che si rivelerà umanamente molto migliore di tutti coloro che gli danno la caccia. Da un romanzo di Marilyn Durham sceneggiato da Eleanor Perry, uno degli ultimi western libertari, propaggine di un genere cinematografico destinato a scomparire ma costruito con un ritmo inutilmente dilatato.

Uomo che cadde sulla Terra, L' **½ (*The Man Who Fell to Earth*, Gb 1976, col, 118') Nicolas Roeg. Con David Bowie, Rip Torn, Candy Clark, Buck

Henry, Bernie Casey. ◆ Un extraterrestre (Bowie) arriva sulla Terra e grazie alle sue capacità diventa Thomas Jerome Newton, il proprietario di un impero industriale: le sue intenzioni sono pacifiche, ma un suo collaboratore (Torn) lo tradirà e lo consegnerà al governo dittatoriale, che è interessato solo alle sue ricchezze. Ispirato a un romanzo di Walter Trevis sceneggiato da Paul Mayesburg, è uno degli ultimi esempi di fantascienza impegnata politicamente, storia di un alieno dagli occhi di gatto che è venuto sulla Terra per cercare l'acqua con cui rivitalizzare il proprio pianeta e invece della salvezza trova la dannazione: alcol, sesso,denaro, potere, incomunicabilità. Raccontato dalla parte della soggettività di Newton, il film spezzetta la sua logica in una serie di flash visivi che danno al racconto l'andamento di un delirio psichedelico, allusivo e intrigante, acclamato da un grande successo di pubblico, che svelò le doti interpretative della rockstar David Bowie, e consolidò la fama del regista. In originale dura 1389.

Uomo che camminava nei solai, L' → *Casa delle perversioni, La*

Uomo che capiva le donne, L' *½ (*The Man Who Understood Women*, Usa 1959, col, 105') Nunnally Johnson. Con Henry Fonda, Leslie Caron, Cesare Danova, Myron McCormick, Marcel Dalio, Conrad Nagel. ◆ Un ex ragazzo prodigio di Hollywood (Fonda) trasforma la sua giovane protetta (Caron) in una star e la sposa: il sodalizio professionale è un trionfo, ma il matrimonio scricchiola per la smania di successo di lui. Da un romanzo di Romain Gary (*The Colors of the Day*), sceneggiato dal regista, l'ennesima versione americana del mito di Pigmalione, con contorno mélo e inevitabile happy end. Fonda riprende con più determinazione il personaggio che aveva interpretato l'anno prima in *Fascino del palcoscenico*, ma il film langue persino nel tentativo di fare la satira di Hollywood e si accascia definitivamente sui cliché matrimoniali della coppia in crisi.

Uomo che dorme, L' ** (*Nemuru Otoko*, Giappone 1996, col, 103') Kohei Oguri. Con Ahn Sung-kee, Christine Hakim, Tokie Hidari, Tetsu Watanabe. ◆ In un villaggio del Nord del Giappone, Takuji (Ahn, una star coreana) giace misteriosamente addormentato dopo una spedizione in montagna, finché la sua anima si invola; intorno la vita si svolge indifferente, nonostante ci sia chi si interroga sul mistero del cosmo. Il minimalismo zen del regista, che costruisce un mosaico di piccoli episodi irrelati, lascia alla fine un senso di insoddisfazione, anche se a tratti è suggestivo (grazie a una fotografia di prodigiosa limpidezza) il modo in cui si interroga su visibile e invisibile, vita e morte.

Uomo che doveva uccidere il suo assassino, L' *½ (*Color Me Dead*, Usa/Australia 1969, col, 97') Eddie Davis. Con Tom Tryon, Carolyn Jones, Rick Jason, Patricia Connolly, Tony Ward. ◆ Un uomo (Tryon) scopre di essere stato avvelenato così da non poter evitare la morte e impiega i suoi ultimi giorni di vita per trovare il responsabile. Rifacimento giallo, con molta minor tensione, di *Due ore ancora* (1949), nuovamente portato sullo schermo nel 1988 (*D.O.A. – Cadavere in arrivo*).

Uomo che fuggì dal futuro, L' *** (*THX 1138*, Usa 1971, col, 95') George Lucas. Con Robert Duvall, Donald Pleasence, Maggie McOmie, Don Pedro Colley. ◆ In un futuro dove la vita è diventata solo sotterranea, le sigle hanno sostituito i nomi degli uomini e l'amore è proibito. THX 1138 (Duvall) però lotta contro le convenzioni e cerca disperatamente di fuggire dall'odiosa e disumanizzata realtà in compagnia della sua partner LUH 3417. Prima regia del futuro autore di *Guerre stellari*, ispirato a un cortometraggio con cui si era laureato all'Università di Los Angeles (*THX 1138: 4 EB*): prendendo spunto dal mondo di Orwell ma rifiutando ogni facile didatticismo, il film è uno dei migliori esempi di «fantascienza adulta» di quegli anni, capace di suscitare orrore per una civiltà antiumanistica con una eccezionale economia di mezzi espressivi ma una grande capacità inventiva e visiva (l'uniformità dei vestiti, il candore abbacinante delle scenografie che non fa pesare le ristrettezze del budget, le cifre che appaiono senza apparente senso sullo schermo). In ricordo di quel film – ingiustamente snobbato dal pubblico – Lucas ha chiamato THX il nuovo sistema sonoro per sale cinematografiche messo a punto dalla sua società IL&M.

Uomo che guarda, L' * (Italia 1994, col, 104') Tinto Brass. Con Francesco Casale, Franco Branciaroli, Katarina Vasilissa, Cristina Garavaglia, Raffaella Offidani, Martine Brochard. ◆ Depresso e abbandonato dalla moglie, il professor Dodo (Casale) prende lezioni di edonismo e satiriasi dal padre (Branciaroli): probabile anzi che il genitore l'abbia cornificato, ma alla fine la famiglia si ricompone. Il punto di non ritorno del cinema di Brass: si vanta di infrangere gli ultimi limiti mostrando un'erezione (quella di Casale; Branciaroli sfoggia sempre falli di gomma), ma il suo stile ormai sembra colto da (arterio)-sclerosi. Ben tre cammeo del regista sono un cattivo segno: il suo erotismo è diventato un marchio di fabbrica, senza più sorprese né scandali, buono tutt'al più come tema di qualche talk-show pomeridiano. Il sesso ridotto a macchietta, come e peggio che in *Così fan tutte*. Liberamente ispirato all'omonimo romanzo di Moravia.

Uomo che ingannò la morte, L' ** (*The Man Who Could Cheat Death*, Gb 1959, col, 83') Terence Fisher. Con Anthon Diffring, Hazel Court, Christopher Lee, Arnold Marle, Delphi Lawrence. ◆ Nonostante i suoi centoquattro anni George Bonner (Diffring) mantiene un fisico giovanile estraendo le ghiandole di alcune giovani vittime e trapiantandole periodicamente nel suo corpo, ma il chirurgo che eseguiva le operazioni si rifiuta di ripeterle. Bonner lo uccide e poi rapisce la fidanzata (Court) di un medico per costringerlo a rifare quegli interventi, ma una delle sue vittime-cavie si ribella e incendia il laboratorio uccidendo il mostro centenario. Tratto da una pièce di Barre Lyndon e sceneggiato da Jimmy Sangster, il film non riesce a perdere una certa staticità teatrale, anche se Fisher sfrutta il tema dello scienziato pazzo per una serie di fiammeggianti invenzioni cromatiche aiutato dal technicolor di Jack Asher e dalle scenografie di Bernard Robinson.

Uomo che non sapeva amare, L' ** (*The Carpet-*

baggers, Usa 1964, col, 150') Edward Dmytryk. Con George Peppard, Alan Ladd, Carroll Baker, Bob Cummings, Martha Hyer, Elizabeth Ashley. ◆ Il miliardario Jonas Cord (Peppard) ha successo in tutti i campi ma non trova la felicità: sarà un amico a mostrargli i veri valori della vita. Tratto dal romanzo omonimo di Harold Robbins e ispirato al personaggio del miliardario Howard Hughes (Carroll Baker, dal canto suo, cerca di imitare Jean Harlow), è un melodramma turgido e avvincente che ricostruisce con una certa esattezza la Hollywood degli anni Venti. Ultimo film di Alan Ladd nella parte di Nevada Smith, titolo del prequel che fu girato due anni dopo e interpretato da Steve McQueen.

Uomo che sapeva troppo, L' ** (*The Man Who Knew Too Much*, Gb 1934, b/n, 75') Alfred Hitchcock. Con Leslie Banks, Edna Best, Peter Lorre, Nova Pilbeam, Frank Vosper, Pierre Fresnay. ◆ Prima di essere ucciso dalla spia Ramon Levine (Vosper), l'agente Louis Bernard (Fresnay) farfuglia qualcosa alla tiratrice Jill Lawrence (Best), in vacanza a St. Moritz col marito Bob (Banks) e la figlia Betty (Pilbeam). Tanto basta perché la piccola venga rapita: tornati a Londra, i due coniugi esitano ad affidarsi alla polizia, e scoprono che i criminali hanno programmato un omicidio nel corso di un concerto all'Albert Hall. Jill grida un attimo prima del colpo di timpani che dovrebbe coprire il rumore dello sparo, e salva la vittima; poco dopo abbatte lei stessa Levine, che sta per uccidere Betty in cima a un tetto. Hitchcock non riesce mai a fondere divagazioni da gialloroso con intermezzi da incubo (la finta chiesa in cui hanno sede le spie), e annacqua le sequenze d'azione (l'assedio finale è interminabile). Il risultato appare pesantemente datato, anche se il montaggio di sequenze come quella del concerto resta da antologia. Dei personaggi, l'unico interessante è il capo delle spie, Abbott, interpretato da un Lorre tragico e ilare.

Uomo che sapeva troppo, L' ***½ (*The Man Who Knew Too Much*, Usa 1956, col, 119') Alfred Hitchcock. Con James Stewart, Doris Day, Brenda De Banzie, Bernard Miles, Ralph Truman, Daniel Gélin, Alan Mowbray. ◆ In vacanza in Marocco, Ben e Jo McKenna (Stewart e Day) ricevono le ultime confidenze di un agente segreto colpito a morte, ma per impedire loro di rivelarle alla polizia viene loro rapito il figlio. Convinti che sia stato portato a Londra – l'agente aveva parlato di un attentato nella capitale inglese – i coniugi si mettono sulle tracce dei rapitori: prima riescono a far fallire l'attentato a un ambasciatore durante un concerto poi, grazie a una canzone cantata a squarciagola dalla mamma, troveranno anche il figlio rinchiuso in un'ambasciata. Complicato meccanismo giallo tratto da una storia di Charles Bennet e D.B. Wyndham-Lewis (sceneggiata da John Michael Hayes e Angus MacPhail) che Hitchcock padroneggia con maestria assoluta, questo film illustra due dei temi chiave della sua ricerca: il calvario di un'innocente costretta a soffrire senza colpa (qui soprattutto la mamma) e lo scontro dei protagonisti col Male rappresentato dalla coppia dei Drayton (De Banzie e Miles), inquietanti personificazioni di Satana che, ironicamente, si nascondono dietro la rispettabilità di una chiesa. Su tutto domina il ruolo essenziale del suono, perché nei momenti cruciali del racconto sono le grida, le canzoni, i fischi o la musica che svolgono la funzione drammatica principale (come nella scena celeberrima dell'attentato alla Royal Albert Hall, quando il killer vorrebbe far coprire il colpo di pistola dal suono dei timpani; oppure le note di *Whatever Will Be* [*Que serà serà*] che cantate dalla madre e fischiate dal figlio permettono al padre di identificare la stanza in cui è tenuto prigioniero). Hitchcock si vede di spalle mentre osserva alcuni saltimbanchi arabi sulla piazza di Marrakech. Questo film è il rifacimento dell'omonimo *The Man Who Knew Too Much*, girato da Hitchcock in Inghilterra nel 1934, simile nella trama ma molto meno padroneggiato della versione del 1956 e ancora troppo influenzato dall'espressionismo: centrale anche qui, comunque, il ruolo del sonoro nell'intrigo.

Uomo che sapeva troppo poco, L' ** (*The Man Who Knew Too Little*, Usa/Germania 1997, col, 93') Jon Amiel. Con Bill Murray, Joanna Whalley, Peter Gallagher, Alfred Molina, Richard Wilson. ◆ Un americano (Murray) a Londra crede di partecipare a una nuova forma di teatro-verità, e invece capita in mezzo a un complotto di spie e killer. Comicità alla ispettore Clouseau, tra equivoci e tormentoni (l'ingenuo che non si rende mai conto di rischiare la vita) tutti già visti: anche se la mancanza di pretese e la simpatia di Murray mettono quasi di buon umore. Scritto da Robert Farrar e Howard Franklin.

Uomo che sorride, L' **½ (Italia 1936, b/n, 72') Mario Mattoli. Con Vittorio De Sica, Assia Noris, Umberto Melnati, Enrico Viarisio, Paola Borboni, Armando Migliari, Luisa Gardella. ◆ Il commendator Ercole (Viarisio) vorrebbe godersi una vedovanza allegra, ma i capricci della figlia Adriana (Noris) glielo impediscono: incontentabile e ostinata, manda a monte anche il quarto tentativo di matrimonio con un ingegnere (Melnati), ma il posato e paziente Pio (De Sica) saprà trovare il modo di «educarla». Da una pièce teatrale di Luigi Bonelli e Aldo De Benedetti (adattata vivacemente dagli stessi autori), una commedia «svitata» sul classico tema della bisbetica domata, interpretata da una Noris scatenata, sempre sull'orlo dell'isteria ma mai sopra le righe, a cui fa da contrappunto, con aria da gentleman consumato, un De Sica sornione ed elegantissimo. Erano i tempi d'oro della commedia italiana, cucinata in studios casalinghi ma con gli ingredienti giusti: le schermaglie tra i sessi ci sono tutte (compreso un rapporto edipico da antologia del comico), Mattoli dirige quasi come Hawks e la Noris si candidava a diventare la Katharine Hepburn italiana.

Uomo che sussurrava ai cavalli, L' *** (*The Horse Whisperer*, Usa 1998, col, 160') Robert Redford. Con Robert Redford, Kristin Scott-Thomas, Sam Neill, Scarlett Johansson, Dianne Wiest, Chris Cooper, Cherry Jones. ◆ La quattordicenne Grace MacLean (Johansson) perde una gamba cadendo dal suo cavallo Pilgrim, che impazzisce: per farle tornare la voglia di vivere e nonostante le perplessità del marito

(Neill), la madre (Scott-Thomas) le impone di accompagnare Pilgrim nel Montana, dal «sussurratore» Tom Booker (Redford), capace di guarire l'anima dei cavalli; ma anche per la donna, direttrice in carriera di una rivista di moda, il viaggio avrà conseguenze importanti. Dall'omonimo libro di Nicholas Evans, sceneggiato con tagli e asciuttezza salutari da Eric Roth e Richard LaGravenese (che modificano completamente il finale), un affascinante western dei sentimenti con Redford nella parte del cowboy fedele alla *wilderness* e la Scott-Thomas in quella della donna bianca che ha smarrito se stessa nell'insensatezza della civiltà urbana. Storia di un ritorno alle origini del sogno americano con molte influenze anni Sessanta (ma anche mélo familiare, storia d'amore sussurrata, film di formazione), diretta con bella classicità e con alcune scene memorabili (il pianto di Annie a Little Big Horn, Booker che aspetta immobile per l'intera giornata che Pilgrim gli si avvicini). Una volta tanto la durata non solo è necessaria, è quasi insufficiente.

Uomo che uccideva a sangue freddo, L' ** (*Traitement de choc*, Francia/Italia 1972, col, 88') Alain Jessua. Con Annie Girardot, Alain Delon, Michel Duchaussoy, Robert Hirsch, Jean-François Calve. ◆ Le cure ricostituenti che il dottor Devillers (Delon) pratica nella sua clinica di talassoterapia sono quasi miracolose, ma Hélène Masson (Girardot) crede di scoprire che alla loro base ci siano trapianti di cellule e di sangue presi dai corpi di alcune vittime involontarie. Un giallo con qualche scena granguignolesca che vorrebbe essere un atto d'accusa contro certe degenerazioni della medicina, ma che manca di una vera tensione. Per 27 secondi si vedono Delon e la Girardot completamente nudi che si tuffano nelle onde.

Uomo che uccise il suo carnefice, L' *½ (*A Covenant with Death*, Usa 1967, col, 97') Lamont Johnson. Con George Maharis, Katy Jurado, Earl Holliman, Laura Devon, Gene Hackman, Emilio Fernandez, Sidney Blackmer, Kent Smith. ◆ Divincolandosi sul patibolo dove lo stanno impiccando per l'assassinio della moglie – di cui si proclama innocente – Bryan Talbot (Holliman) uccide involontariamente il boia: nell'attesa di una nuova esecuzione si scoprirà che non è responsabile del primo delitto, ma adesso deve essere processato per il secondo. Un'idea curiosa ambientata durante il proibizionismo (sceneggiata da Larry Marcus e Saul Levitt da un romanzo di Stephen Becker) compressa però nella parte finale del film: nella prima, la descrizione dei vari personaggi – il giudice mezzosangue (Maharis), la sua fidanzata svedese (Devon), la mamma messicana (Jurado), lo zio contadino (il regista Fernandez) – si perde in una specie di melodramma moralistico tra «dibattiti» sulle relazioni prematrimoniali e il qualunquismo dell'opinione pubblica (il presunto assassino *deve* essere colpevole perché in passato aveva contagiato la moglie con la propria malattia venerea), insolito per un film di serie B ma decisamente irrisolto.

Uomo che uccise Liberty Valance, L' ***½ (*The Man Who Shot Liberty Valance*, Usa 1962, b/n, 119') John Ford. Con James Stewart, John Wayne, Vera Miles, Lee Marvin, Edmond O'Brien, Andy Devine, John Carradine, Jeanette Nolan, Woody Strode, Strother Martin, Lee Van Cleef. ◆ Ramson Stoddard (Stewart) è diventato senatore grazie alla riconoscenza della popolazione per l'uccisione del bandito Liberty Valance. Ma lui sa benissimo che il vero autore dell'impresa è stato invece il cowboy Tom Doniphon (Wayne), che ha rinunciato a rendere noto il suo gesto per amore della donna (Miles) che poi Stoddard ha sposato. Penultimo western di Ford, amaro e malinconico, è raccontato tutto in un lungo flashback a un giornalista che permette allo spettatore di conoscere la realtà dei fatti e la loro lettura mitica e dà l'occasione al giornalista di pronunciare la celeberrima frase: «Qui siamo nel West, dove se la leggenda diventa realtà, vince la leggenda». In questo modo, con i toni crepuscolari con cui ripensa alla mitologia del West e alla sua crisi, Ford riesce a unire «le due componenti indissolubili di questo mito, che solo i poeti e gli artisti possono fondere in un'unica, ambigua e inscindibile verità». Una dicotomia che il film ripropone anche nei caratteri dei due protagonisti, il pioniere Wayne, uomo d'azione eroico e solitario, e il cittadino Stewart, idealistico e integerrimo servitore della comunità, simboli delle due tappe successive della storia nazionale. Da non dimenticare, poi, che un western complesso e avvincente come questo si svolge quasi tutto tra le pareti di una cucina e di un ristorante, dimostrando così ancora una volta la genialità del suo regista.

Uomo che venne dal Nord, L' ** (*Murphy's War*, Gb 1971, col, 106') Peter Yates. Con Peter O'Toole, Philippe Noiret, Sian Phillips, Horst Johnson. ◆ Unico superstite di una nave inglese affondata dai nazisti in acque venezuelane, il nevrotico caporale Murphy (O'Toole) decide di vendicarsi: anche se la guerra è ormai agli sgoccioli, e l'impresa è folle per un uomo solo. Premesse promettenti (un po' sul tipo di *Duello nel Pacifico*), accenti quasi alla Hemingway, torti distribuiti equamente nella condanna della follia della guerra: peccato che lo svolgimento sia monocorde. Sceneggiatura di Stirling Silliphant, da un romanzo di Robert Catto; fotografia di Douglas Slocombe.

Uomo che visse due volte, L' *½ (*I've Lived Before*, Usa 1956, b/n, 82') Richard Bartlett. Con Jock Mahoney, Leigh Snowden, Ann Harding, John McIntire, Jerry Paris, Raymond Bailey, April Kent. ◆ Perché John Bolan (Mahoney) rischia di far precipitare l'aereo di linea che guida, comportandosi come un pilota attaccato dal nemico? Con l'aiuto di uno psicologo (McIntire) e della fidanzata (Snowden) scoprirà che l'incontro con una passeggera (Harding) l'ha fatto immedesimare in un altro pilota, precipitato quarant'anni prima sul fronte francese. Curioso spunto, sceneggiato da Norman Jolley e William Talmen, per un «thriller psicologico» che ha il coraggio di non cercare a tutti i costi spiegazioni razionali a fatti irrazionali («bisogna riconoscere che ogni esperienza umana è una pietra miliare sulla via della verità», conclude lo psicologo), ma poi si perde dietro una troppo verbosa ricostruzione di questo caso di «reincarnazione temporale».

Uomo che volle farsi re, L' *** (*The Man Who*

Would Be King, Usa 1975, col, 129') John Huston. Con Sean Connery, Michael Caine, Christopher Plummer, Saeed Jaffrey, Karroum Ben Bouih, Jack May, Shakira Caine. ◆ In India, alla fine dell'Ottocento, Rudyard Kipling (Plummer) incontra due ex sergenti dell'armata britannica, Daniel Dravot (Connery) e Peachy Carnehan (M. Caine) che stanno partendo per cercare fortuna nel Kafiristan dove, avendo aiutato un capo villaggio in una guerra, vengono innalzati al rango di dèi. Dravot decide anche di sposare la nobile Roxana (S. Caine), che però durante la cerimonia lo fa sanguinare con un morso, svelando a tutti che non è immortale: Dravot verrà massacrato dai locali mentre Carnehan riuscirà a fuggire e racconterà la sua avventura a Kipling che ha reincontrato a Lahore. Dopo un quarto di secolo di attesa, a 69 anni, Huston riesce finalmente, con la collaborazione della sceneggiatrice Gladys Hill, a portare sullo schermo il racconto omonimo di Kipling, che trasforma in un personaggio del film a sottolineare ironicamente la distanza che il regista prende dal romanziere e dal romanzo. Ambientato in un'India ricostruita con gusto e fantasia da Alexandre Trauner in Marocco, il film – dietro il piacere del racconto d'avventure (che Huston dirige con sorprendente fluidità narrativa e un autentico piacere visivo) – nasconde una chiara parabola antimperialista: la sconfitta dei due ribaldi amici è dovuta alla loro incapacità di comprendere una cultura che, in quanto primitiva, essi credono inferiore. È il modo con cui Huston rivendica «le ragioni del Mito, capace ironicamente di sconfiggere ancora una volta la Storia». Fotografia panavision (chiaramente penalizzata in tv) di Oswald Morris. Shakira Caine è, nella realtà, la moglie di Michael Caine.

Uomo chiamato cavallo, Un **½ (*A Man Called Horse*, Usa 1970, col, 114') Elliot Silverstein. Con Richard Harris, Judith Anderson, Jean Gascon, Manu Tupou, Corinna Tsopei, Dub Taylor. ◆ Un nobile inglese (Harris) catturato da una tribù che non ha mai visto un uomo bianco, viene trattato come un cavallo da tiro: ma a poco a poco riesce a conquistare la loro fiducia, e diventa addirittura il loro capo quando li aiuta a sconfiggere i nemici con la tattica dell'esercito inglese. Uno dei tanti western dalla parte degli indiani sceneggiato da Jack de Witt, ma talmente apprezzato dal pubblico da dare origine, sei anni dopo, a un seguito: *Il ritorno dell'uomo chiamato cavallo*. Interessante per la sua scelta di campo etnografica (racconta usi e tradizioni del popolo pellerossa), è meno convincente nella sua prospettiva tardoromantica (la conquista della maturità attraverso la tortura e il dolore) e quasi irritante nella logica per cui il bianco presso i selvaggi alla fine dovrà necessariamente essere un leader.

Uomo con la macchina da presa L' *** (*Čelovek s kinoapparatom*, Urss 1929, b/n, 87') Dziga Vertov. ◆ La cronaca di una giornata a Mosca – il risveglio, il lavoro, il traffico per le strade, la nascita, la morte, lo sport e il divertimento – ripresa da un operatore ubiquo, capace di uscire (magia delle sovraimpressioni) anche da un boccale di birra. Ma la macchina da presa – nel cui obiettivo si sovrappone l'immagine di un occhio – finisce con l'avere vita propria, si muove da sé, e alla fine ripresenta agli spettatori convenuti in una sala tutto ciò che è stato girato, a ritmo accelerato. Difficile costringere in una poetica unitaria il più celebre film di Vertov (fotografato da suo fratello Michail Kaufman): c'è il tema costruttivista-futurista della scomposizione e ricostruzione della realtà (celebri le inquadrature inclinate e lo schermo diviso in due); ci sono riflessioni sull'illusione cinematografica e sulla fabbrica delle immagini; ma anche parentesi documentaristiche poco celebrative (i senzatetto che dormono per strada) e curiose divagazioni estetizzanti (i ralenti degli atleti) e voyeuristiche. Fu osteggiato, all'epoca, come esercizio formalista, e rimane il film più vitale del suo autore. Non risponde, però, a una domanda: quale secondo occhio invisibile riprende la macchina da presa così spesso mostrata? Tra i numerosi musicisti che, in anni recenti, si sono cimentati nello scrivere una colonna sonora per il film, ricordiamo Pierre Henry, Franco Battiato e Tom Cora. Indecente, invece, la colonna sonora che accompagna la versione in cassetta, da cui manca anche l'immagine del parto.

Uomo con la scarpa rossa, L' *½ (*The Man with One Red Shoe*, Usa 1985, col, 93') Stan Dragoti. Con Tom Hanks, Dabney Coleman, Lori Singer, Charles Durning, Carrie Fisher, Jim Belushi. ◆ Due agenti della Cia (Coleman e Durning) in lotta tra loro, coinvolgono suo malgrado un eccentrico professore (Hanks) nel loro scontro. Mediocre remake del più divertente film francese *Alto, biondo e con una scarpa nera*.

Uomo da affittare, Un **½ (*The Hireling*, Gb 1973, col, 108') Alan Bridges. Con Robert Shaw, Sarah Miles, Peter Egan, Elizabeth Sellars, Caroline Mortimer. ◆ Un autista (Shaw) ha una relazione con una ricca signora (Miles), per la quale, però, non si tratta che di un'avventura: all'uomo, deluso, non resterà che sfasciare la macchina. Elegante versione del romanzo di L.P. Hartley (sceneggiata da Wolf Mankowitz) che illustra, attraverso le forme di un melodramma passionale, i rigori delle divisioni di classe nella società inglese. Ottimi i due protagonisti.

Uomo da bruciare, Un **½ (Italia 1962, b/n, 92') Paolo e Vittorio Taviani, Valentino Orsini. Con Gian Maria Volonté, Didi Perego, Spiros Fokas, Turi Ferro, Marina Malfatti, Lydia Alfonsi, Carmen Villani. ◆ Tornato in Sicilia, Salvatore (Volonté) si trova a combattere contro la mafia: prima quando occupa la terra, poi quando lavora in una cava. Alla fine i mafiosi lo fanno fuori. Esordio dei fratelli Taviani e di Orsini, sotto le cure amorevoli del produttore Giuliani G. De Negri, che finanzierà tutti i loro film: centrato sul confronto-scontro tra singolo e gruppo, il film (ispirato liberamente alla vita del sindacalista socialista Salvatore Carnevale sceneggiato dai tre registi) «riafferma, in quegli anni pacificatori, la necessità della violenza rivoluzionaria» e dimostra la scelta dei registi di superare il neorealismo introducendo nella narrazione elementi di riflessione politica ed esistenziale e «sconvolgendo l'assetto realistico con un linguaggio infiltrato di altro» (come nella recitazione teatralmente accentuata di Volonté). Premio della critica alla Mostra di Venezia, in un periodo nel quale l'impegno politico non era tanto di moda. Esordio di Carmen Villani, nel ruolo di una cantante.

Uomo da buttare, Un ** (*W.W. and the Dixie Dancekings*, Usa 1975, col, 91') John G. Avildsen. Con Burt Reynolds, Art Carney, Conny Van Dyke, Jerry Reed, James Hampton, Richard Hurst, Don Williams, Mel Tillis, Hal Needham, Ned Beatty. ◆ Rapinatore più o meno gentiluomo armato di una pistola ad acqua, W. W. (Reynolds) finisce per unirsi a uno scalcinato quintetto di suonatori country, attratto più dagli occhi della cantante (Van Dyke) che dalla passione per la musica: e nonostante un coriaceo investigatore sulle sue tracce (Carney) il successo non tarderà ad arrivare. Favoletta squinternata su un avventuriero egoista che si converte alla causa della fraternità e della musica popolare fino al punto di sacrificare la sua rarissima Oldsmobile nera e oro del 1955: un po' di nostalgia per i Fifties (è ambientato nel 1957), qualche macchietta simpatica e la carica autoironica di Reynolds. Ci si può anche accontentare.

Uomo d'acciaio ** (*Pumping Iron*, Usa 1976, col, 86') George Butler, Robert Fiore. Con Arnold Schwarzenegger, Lou Ferrigno, Matty e Victoria Ferrigno, Mike Katz. ◆ Un documentario ben realizzato sulle fatiche, le tecniche, le diete, ma anche le personalità di tanti infaticabili culturisti, alla conquista del titolo di Mister Universo (in inglese Mr. Olympia). Distribuito in Italia solo all'inizio degli anni Ottanta e spacciato come l'ultima fatica dell'alter ego ironico di Stallone, Arnold Schwarzenegger. Con un seguito (*Pumping Iron II: The Women*, di George Butler, 1985) ma inedito in Italia.

Uomo d'acqua dolce ** (Italia 1996, col, 90') Antonio Albanese. Con Antonio Albanese, Valeria Milillo, Antonio Petrocelli, Sara Anticoli, Emanuela Grimalda, Stefano Sarcinelli. ◆ Un colpo in testa fa perdere la memoria ad Antonio (Albanese): tornerà a casa dopo cinque anni, quando la moglie (Milillo) si è riaccasata con un direttore d'orchestra (Petrocelli) e la bambina che doveva nascere è già grande (Anticoli). Antonio Albanese passa dalla televisione e dal teatro al cinema affidandosi alla produzione di Rita Rusic Cecchi Gori: la sceneggiatura (scritta a quattro mani con Vincenzo Cerami) è un misero canovaccio senza nerbo, la regia è approssimativa fino all'inconsistenza, soprattutto nelle scene con più di due personaggi, ma il personaggio di Albanese ha la forza per «bucare» lo schermo, specie di Harry Langdon dei tempi nostri, poetico minimalista strapazzato dalla cattiveria del mondo: avrà l'umiltà per affidarsi a un vero regista?

Uomo dagli occhi a raggi X, L' **½ (*X – The Man with X-Ray Eyes*, Usa 1963, col, 80') Roger Corman. Con Ray Milland, Diana Van Der Vlis, Harold J. Stone, John Hoyt, Don Rickles. ◆ Il dottor Xavier (Milland) sperimenta su se stesso un filtro che gli permette di vedere attraverso le cose, ma la scoperta gli procura forti dolori; continuerà le ricerche ma alla fine, istigato dal predicatore di una setta religiosa, deciderà di accecarsi. Un piccolo gioiellino dell'horror, girato con pochi mezzi ma una grande fantasia inventiva, capace anche di qualche riflessione non peregrina sul ruolo della scienza e del fanatismo religioso. Perfetta la fotografia del vecchio Floyd Crosby, l'operatore di Murnau e Flaherty.

Uomo dai due volti, L' *½ (*Charlie Chan in Paris*, Usa 1935, b/n, 75') Lewis Seiler. Con Warner Oland, Mary Brian, Thomas Beck, Eric Rodhes, Keye Luke, John Miljan, Ruth Peterson. ◆ Charlie Chan (Oland) sgomina una banda di falsari con l'aiuto di Lee, il «figlio numero uno» (che qui appare per la prima volta interpretato da Keye Luke). Settimo film della serie con Warner Oland, da un soggetto originale di Edward T. Lowe e Stuart Anthony.

Uomo dai mille volti, L' **½ (*Man of a Thousand Faces*, Usa 1957, b/n, 122') Joseph Pevney. Con James Cagney, Dorothy Malone, Jane Greer, Marjorie Rambeau, Jim Bakus, Robert J. Evans, Roger Smith. ◆ L'attore del muto Lon Chaney (Cagney), specializzato in parti da mostro con il viso deturpato, nasconde dietro di sé una tragedia familiare: il figlio (Smith), in particolare, gli si oppone duramente, ma quando il padre sta per morire, decide di continuare la sua carriera con il nome di Lon Chaney jr. La riuscita biografia romanzata di uno dei personaggi più affascinanti dei primi decenni del cinema: Pevney evita la trappola del facile melodramma (figlio di genitori sordomuti, Chaney fu vittima anche di un matrimonio infelice che si concluse con uno scandalo) e Cagney offre il suo vigore alla parte di un uomo che seppe proiettare i suoi tormenti in una serie di personaggi angosciosi nei quali cerca di trovare rifugio.

Uomo dai sette capestri, L' *** (*The Life and Times of Judge Roy Bean*, Usa 1972, col, 124') John Huston. Con Paul Newman, Ava Gardner, Jacqueline Bisset, Tab Hunter, Stacy Keach, Anthony Perkins, Roddy McDowall, Victoria Principal, Ned Beatty. ◆ Sfuggito all'impiccagione e autonominatosi giudice, Roy Bean (Newman) amministra la giustizia nel Texas di fine Ottocento in un modo assai arbitrario: in nome della legge (la sua, naturalmente) e di Lily Langtry (Gardner), l'attrice per cui ha una passione assoluta: sconvolto dalla morte per parto della moglie (Principal), Roy Bean sparirà per tornare solo dopo molti anni e scoprire che la sua città è soffocata dai pozzi di petrolio ma con l'aiuto della figlia (Bisset) e di pochi fedeli amici farà rispettare ancora una volta la «sua» legge, bruciando tutto in un rogo liberatore. Riprendendo un personaggio storico ma leggendario (che Wyler aveva già narrato in *L'uomo del West* e fatto interpretare da Walter Brennan) Huston – grazie anche alla sceneggiatura di John Milius – «riscrive una storia del tutto immaginaria, ingrandendo il mito alla dimensione del cielo» e vendicandosi di una civiltà materialistica che non sa rispettare il mito della bellezza (incarnato da un'Ava Gardner sfiorita ma bellissima, che si vede solo nell'ultima scena del film, quando finalmente visita il museo che Roy le aveva dedicato), ma soprattutto difendendo le ragioni del coraggio, dell'avventura e dell'individualismo più scatenato. Divertente partecipazione dello stesso Huston nella parte del vecchio Grizzly Adams.

Uomo dal braccio d'oro, L' *** (*The Man with the Golden Arm*, Usa 1955, b/n, 119') Otto Preminger. Con Frank Sinatra, Eleanor Parker, Kim Novak, Arnold Stang, Robert Strauss. ◆ Nella Chicago degli anni Cinquanta, Frankie Machine (Sinatra) è un abile batterista schiavo della droga e del biscazziere (Strauss) che gli dà lavoro. Uscito di galera, disintossicato e pieno di buone intenzioni, torna dalla moglie (Parker), tanto gelosa da fingersi paralizzata per trattenerlo: solo in Molly (Novak), una ragazza che lavora in un night, troverà un aiuto sincero per liberarsi definitivamente dall'eroina e ricostruirsi una vita come musicista. Lavorando liberamente sull'omonimo romanzo di Nelson Algren (sceneggiato da Walter Newman e Lewis Meltzer che lo edulcorarono molto), Preminger sfida la censura e illustra realisticamente e crudamente il problema della droga e dei suoi effetti (bellissima la scena della crisi d'astinenza di Frankie), senza tuttavia addentrarsi in una vera indagine sociologica. Bella la fotografia in bianco e nero di Sam Leavitt. Notevole il lavoro compiuto dal regista sugli attori, in particolare sull'allora poco apprezzata Novak. L'orchestra in cui Sinatra va a provare è quella del jazzista Shorty Rogers. Eleganti titoli di testa di Saul Bass.

Uomo dalla cravatta di cuoio, L' ** (*Coogan's Bluff*, Usa 1968, col, 100') Don Siegel. Con Clint Eastwood, Lee J. Cobb, Betty Field, Susan Clark, Tisha Sterling, Don Stroud. ◆ Uno sceriffo (Eastwood) dell'Arizona arriva a New York per catturare un bandito: l'impatto con la città lo frastorna al punto di lasciarsi scappare il fuggitivo, ma alla fine guidato dalla tenacia e dalla volontà, raggiungerà il suo scopo. Un western contemporaneo scritto da Herman Miller, Dean Riesner e Howard Rodman, girato con qualche concessione di troppo allo stile «moderno» allora in voga fatto di stacchi rapidi e immagini a effetto e soprattutto incapace di resistere a tutti i peggiori cliché dell'ideologia americana: la città corruttrice, l'antintellettualismo della provincia, il rifiuto di qualsiasi morale. Sostanzialmente un film sopravvalutato.

Uomo dalla croce, L' **½ (Italia 1943, b/n, 72') Roberto Rossellini. Con Alberto Tavazzi, Roswita Schmidt, Attilio Dottesio, Doris Hold, Zoia Weneda, Antonio Marietti. ◆ Estate 1942, fronte russo: un cappellano italiano (Tavazzi), rimasto ad assistere un carrista ferito, viene catturato dalle truppe sovietiche, ma riesce a fuggire e trova rifugio in un casolare dove ci sono donne e bambini russi e dove faranno irruzione i militari di entrambi i paesi. Il cappellano presterà soccorso a tutti: dopo aver portato in salvo i rifugiati, morirà durante un attacco dell'esercito italiano nel tentativo di raggiungere un prigioniero russo ferito. Ultimo capitolo della cosiddetta trilogia fascista: dopo la marina in *La nave bianca* e l'aviazione di *Un pilota ritorna*, ora è la volta della fanteria. Apertamente propagandistico (è «dedicato ai cappellani militari caduti nella crociata contro i «senza Dio»), ma retorico solo a parole (sceneggiatura di Asvero Gravelli, Rossellini, Alberto Consiglio e Giovanni d'Alicandro), *L'uomo dalla croce* è un film dolorosamente contraddittorio, che oscilla tra l'antisovietismo ufficiale e il sentimento di fratellanza universale proprio del regista (c'è addirittura un parto), e anticipa lo stile successivo di Rossellini: «l'evento bellico è percorso dal controcanto di una cronaca dimessa» che finisce per passare in primo piano, quasi tutti gli attori sono non professionisti (lo stesso Tavazzi era un architetto amico di famiglia) e la figura del cappellano non può non far pensare al personaggio di Fabrizi in *Roma città aperta*. Si può capire perché non risultò molto gradito al regime fascista. Ambientato in Ucraina, fu girato a Ladispoli.

Uomo dalla maschera, L' **½ (*The Face Behind the Mask*, Usa 1941, b/n, 69') Robert Florey. Con Peter Lorre, Evelyn Keyes, Don Beddoe, George E. Stone. ◆ L'immigrato ungherese Janos (Lorre), sfigurato in un incendio e per questo costretto a indossare una maschera, diventa il cervello di una banda di rapinatori: ma l'amore per una ragazza cieca (Keyes) lo fa pentire. Finale tragico per un film che sfiora diversi generi (fantastico, melodramma, poliziesco) conservando una cifra originale e melanconica. Le ristrettezze del budget diventano elementi di stile, e determinano il gusto per l'ellissi e la velocità narrativa. L'opera più riuscita di un piccolo maestro della serie B, che fu aiuto di Chaplin per *Monsieur Verdoux*.

Uomo dalla maschera di ferro, L' *½ (*Le Masque de fer*, Francia/Italia 1962, col, 127') Henri Decoin. Con Jean Marais, Jean-François Poron, Sylva Koscina, Jean Rochefort, Giselle Pascal, Enrico Maria Salerno, Claudine Auger. ◆ Per assicurare alla Francia un re, d'Artagnan (Marais) libera dall'isola dov'è stato imprigionato con una maschera sul volto Henri (Poron), fratello gemello di Luigi XIV troppo ammalato per salire sul trono: dopo molti colpi di scena il re si ristabilisce e può regnare, mentre Henri riuscirà a coronare il suo sogno d'amore con Isabella (Auger) sparendo nell'anonimato. Avventure di cappa e spada che mescolano fantasie e personaggi reali secondo la moda imposta dall'Angelica dei coniugi Golon, ma il risultato è piuttosto fiacco.

Uomo dalla maschera di ferro, L' *½ (*The Man in the Iron Mask*, Gb 1977, col, 100') Mike Newell. Con Richard Chamberlain, Louis Jourdan, Patrick McGoohan, Jenny Agutter, Ian Holm, Ralph Richardson, Vivien Merchant. ◆ In questa versione televisiva del romanzo di Dumas rimane un solo moschettiere, d'Artagnan (Jourdan), che complotta con Colbert (Richardson) per sostituire al crudele Luigi XIV (Chamberlain) suo fratello gemello Philippe. Gli intrighi di corte hanno più spazio dei duelli, gli attori e la confezione sono professionali ma nulla più.

Uomo dalla pistola d'oro, L' ** (*The Man with the Golden Gun*, Gb 1974, col, 125') Guy Hamilton. Con Roger Moore, Christopher Lee, Britt Ekland, Maud Adams, Herve Villechaize, Clifton James. ◆ Nona avventura dell'agente 007: un'organizzazione criminale decisa a costruire un'arma segreta basata sull'energia solare sguinzaglia contro Bond (Moore) il killer Scaramanga (Lee) che uccide le sue vittime con proiettili dorati. Aumenta l'ironia nei particolari (l'amante di 007, interpretata da Britt Ekland, si chiama Mary Goodnight, il killer ha un nome da pupazzo, Scaramanga) ma cala quella del protagonista Moore, qui al secondo film dell'era post- Connery.

Uomo dal pianeta X, L' ***½ (*The Man from Planet X*, Usa 1951, b/n, 70') Edgar G. Ulmer. Con Robert Clarke, Margaret Field, Raymond Bond, William Schallert, Roy Engel, Charles Davis, Gilbert Fallman. ◆ Il pianeta X, ormai agonizzante per glaciazione, manda sulla Terra un esploratore che dovrebbe spianare la strada all'invasione dei suoi simili. L'alieno, dopo aver fatto prigionieri alcuni terrestri, verrà catturato dalla polizia, che distruggerà lui e la sua astronave. Primo film di fantascienza per Ulmer, girato in soli sei giorni e a bassissimo costo tra le scenografie della *Giovanna d'Arco* di Fleming, opportunamente avvolte da ombre e nebbia come su un set espressionista. Onirico e angosciante, ha dell'incredibile non solo per la realizzazione, ma anche per il contenuto, destinato in seguito a rivoluzionare definitivamente il punto di vista del genere. Ribaltando la prospettiva corrente, Ulmer fa del «mostro» una creatura più terrorizzata che terrorizzante (non a caso gli fa indossare una maschera che richiama quelle dell'arte africana), assegna la parte dei cattivi ai terrestri e alla fine instilla a questi il dubbio che l'ostilità dell'alieno sia soltanto un loro pregiudizio. Nato come B-movie, *L'uomo dal pianeta X* è da tempo annoverato tra i classici della fantascienza. E può essere considerato uno degli antenati di *E.T.*

Uomo dal vestito grigio, L' ** (*The Man in the Gray Flannel Suit*, Usa 1956, col, 124') Nunnally Johnson. Con Gregory Peck, Jennifer Jones, Fredric March, Marisa Pavan, Lee J. Cobb, Keenan Wynn, Gene Lockhart. ◆ Buon marito e buon padre, Tom Rath (Peck) è spinto dalla moglie (Jones) a migliorare la sua carriera entrando come scrittore di testi in una radio. Ma le troppe esigenze della carriera e la scoperta di avere un figlio illegittimo in Italia – nato da un'avventura quando era nell'esercito – rischiano di rovinargli la vita. Ispirato al protagonista del bestseller di Sloan Wilson (sceneggiato dal regista), è il personaggio che più di tutti si è identificato con l'attore, perfetto nel ruolo dell'americano medio, mediamente onesto e vestito con la scontata medietà della flanella grigia. E mediamente antipatico nelle sue angosce esistenziali da distinto cittadino americano. Molto più simpatico il padrone della radio, un intenso Fredric March, la cui moglie è interpretata, in un bel cammeo, da Ann Harding. In originale 153'.

Uomo da marciapiede, Un *** (*Midnight Cowboy*, Usa 1969, col, 113') John Schlesinger. Con Dustin Hoffman, Jon Voight, Sylvia Miles, John McGiver, Brenda Vaccaro, Barnard Hughes, Ruth White. ◆ Un texano (Voight) si reca a New York per far carriera come gigolo ma si ritrova negli ambienti degli omosessuali in compagnia di Rico (Hoffman), un emarginato affetto dalla tisi: tra i due nascerà una sincera amicizia, e il cowboy accompagnerà Rico nel suo ultimo viaggio verso l'agognata Florida. Schlesinger, dopo i successi ottenuti con il Free Cinema inglese, si trasferisce in America e dirige un melodramma maschile che mette a nudo la crisi del mito americano, incapace di mantenere le sue promesse. Il facile patetismo dei due protagonisti (sottolineato con accattivante bravura dalla memorabile interpretazione di Dustin Hoffman e da quella più sofferta di Jon Voight) è comunque equilibrato da una livida e vigorosa descrizione degli ambienti, ora ostili ora feroci, in cui la storia si svolge. Tre Oscar: miglior film, regia e sceneggiatura (Waldo Salt, da un romanzo di James Leo Herlihy). Comparsate per molte star della Factory di Warhol (Viva, Ultra Violet, Taylor Mead, Paul Morrissey).Celebre colonna sonora di John Barry, con la canzone *Everybody's Telling* di Fred Neil cantata da Nilsson.

Uomo da rispettare, Un *½ (Italia 1972, col, 112') Michele Lupo. Con Kirk Douglas, Florinda Bolkan, Giuliano Gemma, René Koldehoff. ◆ Stephen Wallace (Douglas), uno scassinatore professionista, organizza un colpo miliardario per il quale ha la complicità dell'acrobata Marco (Gemma). Ma la vicenda si concluderà tragicamente. Poliziesco d'azione diretto con un certo mestiere e arricchito da un cast internazionale.

Uomo da vendere, Un **½ (*A Hole in the Head*, Usa 1959, col, 120') Frank Capra. Con Frank Sinatra, Edward G. Robinson, Eleanor Parker, Carolyn Jones, Thelma Ritter, Eddie Hodges, Keenan Wynn. ◆ Miami, anni Cinquanta: Tony Manetta (Sinatra), vedovo nullafacente, non riesce a mantenere il figlioletto Ally (Hodges). Il fratello Mario (Robinson) cerca di convincerlo a sistemarsi, ma Tony manda a monte il matrimonio con una ricca vedova. Quando svanisce il progetto di creare un parco giochi insieme a un amico diventato potente (Wynn), il fallimento è completo. Una commedia sul disadattamento e sull'angoscia di vivere (oltre al personaggio interpretato da Sinatra, ce ne sono altri in crisi), che Capra conclude con un happy end tanto inevitabile quanto artificioso, senza nemmeno provare a smorzare il cupo senso di disperazione che aleggia in tutto il film. L'Utopia cara al regista viene a coincidere con il mondo dell'infanzia (il figlio, il sogno di Disneyland), ma questa volta è sconfitta dalla realtà del business. Oscar alla canzone *High Hopes*.

Uomo dei cinque palloni, L' → *Break-up – L'uomo dei palloni*

Uomo dei miei sogni, L' *½ (*It Had to Be You*, Usa 1947, b/n, 98') Don Hartman, Rudolph Maté. Con Ginger Rogers, Cornel Wilde, Percy Waram, Spring Byington, Ron Randell. ◆ Una ricca ereditiera (Rogers) diventa famosa perché, ogni volta che sta per sposarsi, si mette a piangere e fugge via: ha «il complesso dell'indiano» essendo ossessionata dal ricordo del suo primo amore, un bambino travestito da indiano e che, cresciuto anche nei sogni, la perseguita quasi ogni notte. Ma per fortuna un pompiere di New York (Wilde) assomiglia al corteggiatore del sogno. La Rogers cerca senza molto successo di riciclarsi in ruoli brillanti. La coregia è dell'esordiente Rudolph Maté, apprezzato direttore della fotografia che farà le cose migliori nel noir.

Uomo dei miracoli, L' **½ (*The Man Who Could Work Miracles*, Gb 1936, b/n, 82') Lothar Mendes. Con Roland Young, Ralph Richardson, Edward Chapman, Ernest Thesinger, Joan Gardner, George Zucco. ◆ Un modesto commesso, George Fotheringay (Young), si scopre un giorno la facoltà di fare miracoli: vorrebbe usare questo potere per il bene dell'umanità, ma quando si accorge che nessuno considera nello stesso modo il bene degli altri, allora scongiura che gli sia tolto ogni potere. Divertente commedia sceneggiata da H.G. Welles (anche se un po' troppo verbosa rivista oggi) e diretta da un regista tedesco chiamato a Londra da Alexander Korda, amara riflessione sull'egoismo umano e l'impossibilità di combatterlo. Ottimo il cast e straordinari gli effetti speciali. George Sanders è una delle tre divinità che danno il potere di fare miracoli a Fotheringay per vedere come si comporteranno i terrestri e le cui riflessioni (non molto ottimistiche) aprono e chiudono il film.

Uomo dei palloni, L' → *Break-up – L'uomo dei palloni*

Uomo dei sogni, L' *** (*Field of Dreams*, Usa 1989, col, 106') Phil Alden Robinson. Con Kevin Costner, Amy Madigan, Gaby Hoffman, Ray Liotta, Burt Lancaster, James Earl Jones, Timothy Busfield, Dwier Brown. ◆ Una strana voce convince Ray Kinsella (Costner) a costruire, tra le distese di mais di sua proprietà, un campo di baseball dove riuscirà a giocare con i grandi campioni del passato e ritroverà il padre morto (Brown) con il quale aveva avuto un rapporto conflittuale. Partendo dal racconto fantastico *Shoeless Joe* di W.P. Kinsella sceneggiato dallo stesso regista, il film racconta, con una ridondanza un po' eccessiva ma indubbia sincerità, il desiderio di un'America alla ricerca delle proprie radici e di quella fiducia in se stessa che gli ultimi quarant'anni hanno cancellato. Qualche scivolone melodrammatico (l'incidente alla figlia) non sminuisce la forza di questo «elogio dei sogni» che rivendica la forza della fantasia e dell'illusione di fronte alle leggi del profitto, in significativa sintonia con le parole d'ordine del Sessantotto. La storia del giocatore di baseball Shoeless Joe Jackson (interpretato da Ray Liotta), al centro di un chiacchieratissimo caso di corruzione, è stata ricostruita da John Sayles in *Otto uomini fuori*. Bella colonna sonora di James Horner.

Uomo del banco dei pegni, L' **½ (*The Pawnbroker*, Usa 1965, b/n, 116') Sidney Lumet. Con Rod Steiger, Geraldine Fitzgerald, Brock Peters, Jaime Sanchez, Thelma Oliver, Juano Hernandez. ◆ Sol Nazerman (Steiger), usuraio ebreo ad Harlem per conto di uno sfruttatore di prostitute, riversa su tutti l'odio accumulato quando era prigioniero in un lager nazista. Ma il sacrificio del suo aiutante, che muore per difenderlo durante una rapina, lo obbliga a ripensare alle proprie scelte di vita. Tratto da un romanzo di Edward Lewis Wallant sceneggiato da David Friedkin e Morton Fine, è un melodramma a sfondo razziale che scatenò accese polemiche quando uscì sugli schermi: con una serie di nervosi flashback alternati a riprese di Harlem filmate facendo largo uso della macchina a mano, il film non sempre riesce a districarsi dal groviglio di tematiche sull'ebraismo che mette in campo (l'emarginazione, la colpa e la redenzione, l'ambiguo rapporto tra carnefice e vittima) e scivola in una messinscena molto effettistica ma moralmente ambigua. Steiger fa ricorso a tutto il suo repertorio di attore teatrale e non si risparmia nessuna gigioneria. Belli il montaggio di Ralph Rosenblum e la musica di Quincy Jones.

Uomo del Diner's Club, L' → *Piede più lungo, Il*

Uomo del fiume nevoso, L' **½ (*The Man from Snowy River*, Australia 1982, col, 115') George Miller. Con Kirk Douglas, Tom Burlinson, Sigrid Thornton, Jack Thompson, Lorraine Bayly. ◆ Il giovane Jim (Burlinson) trova lavoro presso il fratello (Douglas) di chi gli aveva insegnato tutto sui cavalli (sempre Douglas), ma è considerato troppo inesperto per conquistarne la stima: si riscatterà salvandone la figlia Jessica (di cui è innamorato) e riportando nel ranch una mandria di cavalli che si erano persi sulle montagne. Ispirato alla ballata di Banjo Paterson che esaltava la cavalcata folle di un giovane attraverso le montagne, il film recupera il respiro epico del western per descrivere la conquista della maturità da parte di un giovane: ingenuo nella trama, è arricchito da un'ambientazione di grande bellezza e da alcune impressionanti sequenze con i cavalli selvaggi (filmate da Keith Wagstaff). Seguito da *Indomabile* (1988). Il regista è solo un omonimo del George Miller della saga di *Mad Max*.

Uomo del giorno dopo, L' ° (*The Postman*, Usa 1997, col, 177') Kevin Costner. Con Kevin Costner, Will Patton, Larenz Tate, Olivia Williams, James Russo, Tom Petty, Daniel Von Bargen, Scott Bairstow, Roberta Maxwell, Joe Santos, Peggy Lipton. ◆ Il futuro è western: e negli Usa del XXI secolo - spopolati, disastrati e percorsi da bande di predoni neonazisti - un guitto senza nome (Costner), che per salvarsi la pelle si finge portalettere, ricrea involontariamente le basi di una società civile. *Waterworld* sulla terraferma: il misticismo *all american* di Kevin celebra sogni e illusioni di un passato lontano senza riuscire a convincere un solo secondo; anche perché lo stile, fatto di panorami e ralenti, non è all'altezza. Costner non è abbastanza titanico per essere epico nel fallimento, è solo anacronistico. Scritto da Eric Roth e Brian Helgeland, da un romanzo di David Brin.

Uomo del Klan, L' * (*The Klansman*, Usa 1974, col, 112') Terence Young. Con Lee Marvin, Richard Burton, Cameron Mitchell, Lola Falana, Luciana Paluzzi, Linda Evans. ◆ Nel profondo Sud degli Stati Uniti, pieno di violenza e d'intolleranza, un possidente (Burton) è minacciato dai razzisti del Ku Klux Klan: nemmeno l'aiuto dello sceriffo (Marvin) gli eviterà di subire ogni genere di nefandezza. Un Sud a tinte troppo fosche in un melodramma schematico e pomposo, nonostante il ricco cast. In origine doveva essere diretto da Samuel Fuller.

Uomo della luna, L' ** (*The Man in the Moon*, Usa 1991, col, 99') Robert Mulligan. Con Sam Waterston, Tess Harper, Emily Warfield, Reese Witherspoon, Jason London. ◆ Louisiana, 1957: la quindicenne

Dani (Witherspoon) non vede l'ora di mettere in pratica ciò che canta Elvis, ma il suo vicino di casa Court (London) finisce col preferirle la sorella (Warfiled) più matura. Storia dolceamara di una maturazione, raccontata dall'anziano Mulligan con qualche eccesso di romanticismo e di enfasi (specie nei rapporti tra Dani e i genitori). Grande fotografia di Freddie Francis. Prodotto da Mark Rydell.

Uomo della Mancha, L' * (*Man of La Mancha*, Usa 1972, col, 123') Arthur Hiller. Con Peter O'Toole, Sophia Loren, James Coco, Harry Andrews, John Castle. ◆ Per difendersi davanti al tribunale dell'Inquisizione, Miguel de Cervantes (O'Toole) racconta la storia del cavaliere Don Chisciotte (sempre O'Toole) e del suo scudiero Sancho Panza (Coco) con cui era andato alla conquista dell'amore di Dulcinea (Loren). Squinternata versione cinematografica del musical di Dale Wasserman da lui stesso sceneggiato con attori fuori luogo (O'Toole è doppiato per le canzoni da Simon Gilbert mentre la Loren canta con la sua voce), una sceneggiatura insipida e una regia inesistente: visto il cast, uno dei punti più bassi della storia di Hollywood.

Uomo della pioggia, L' - The Rainmaker **½ (*John Grisham's The Rainmaker*, Usa 1997, col, 128') Francis Ford Coppola. Con Matt Damon, Claire Danes, Jon Voight, Danny DeVito, Mickey Rourke, Danny Glover, Mary Kay Place, Virginia Madsen, Roy Scheider, Johnny Whitworth, Teresa Wright, Dean Stockwell, Randy Travis, Andrew Shue. ◆ La gavetta professionale del neolaureato in legge Rudy Baylor (Damon): scoprirà i mezzucci con cui campano molti avvocati, difenderà una donna (Danes) che ha ucciso il marito violento e accetterà di tutelare un ragazzo (Whitworth) morto di leucemia contro il cinismo di una potente assicurazione. Dall'omonimo romanzo di Grisham, Coppola (anche sceneggiatore) ricava un ritratto sfaccettato dell'America del profitto e delle giuste cause, riuscendo a minare l'idea del *self-made man* di successo senza fare di Baylor un santino. Un film «su commissione» ma dalla parte degli anonimi e dei perdenti, dal tono complessivamente sommesso (insolito per un regista attratto dal mitico e dal grandioso) e dal forte valore morale e antiretorico. Coprodotto da Michael Douglas.

Uomo della porta accanto, L' *½ (*Der Mann nebenan*, Germania 1991, col, 95') Petra Haffter. Con Anthony Perkins, Uve Bohm, Sophie Ward, Stratford Johnes. ◆ Sarà vero che il lugubre e solitario vicino di casa è un omicida necrofilo? Se ha la faccia di Anthony Perkins (qui, purtroppo, alla sua ultima apparizione), la risposta è sì. Visto che il soggetto è tratto da un romanzo di Ruth Rendell (*A Demon in My View*) ci si poteva comunque aspettare di più che un thriller di routine. Musiche di Pino Donaggio.

Uomo della Torre Eiffel, L' ** (*The Man on the Eiffel Tower*, Usa/Francia 1949, col, 97') Burgess Meredith. Con Charles Laughton, Franchot Tone, Burgess Meredith, Robert Hutton, Jean Wallace, Patricia Roc. ◆ Il primo sospettato per l'assassinio di una vecchia signora è un certo Heurtin (Meredith), ma proprio il commissario Maigret (Laughton) non si fida delle prove e architetta una trappola in cui far cadere il colpevole. Ispirandosi al romanzo di Simenon *La Tête d'un homme* sceneggiato da Harry Brown (già portato sullo schermo nel 1932 da Duvivier, *Il delitto della villa*), Meredith esordisce nella regia tentando di «inglesizzare» il commissario Maigret: Laughton regala qualche chilo in più al poliziotto, ma non riesce a darne un'interpretazione davvero soddisfacente.

Uomo dell'Est, L' ** (*Rawhide*, ritítolato *Desperate Siege*, Usa 1951, b/n, 86') Henry Hathaway. Con Tyrone Power, Susan Hayward, Hugh Marlowe, Dean Jagger, Edgar Buchanan, Jack Elam, Jeff Corey. ◆ Per derubare una diligenza, un gruppo di banditi si impadronisce di una stazione per il cambio dei cavalli tenendo tutti in ostaggio: ma i litigi all'interno della banda faranno fallire l'agguato. Il primo western di Hathaway è un remake del film di gangster *Sterminateli senza pietà* (1935, di George Marshall) diretto con una discreta dose di tensione, anche se la sceneggiatura di Dudley Nichols «dimostra la sua poca dimestichezza con la crescita della violenza nei film del dopoguerra». Molto efficace invece l'interpretazione del bandito nevrotico fatta da Jack Elam (che sostituì Norman Lloyd perché «Zanuck non voleva che un ebreo interpretasse il ruolo di un cattivo»).

Uomo delle stelle, L' *½ (Italia 1995, col, 110') Giuseppe Tornatore. Con Sergio Castellitto, Tiziana Lodato, Franco Scaldati, Leopoldo Trieste, Clelia Rondinella, Tano Cimarosa, Nicola Di Pinto, Costantino Carrozza, Jane Alexander, Tony Sperandeo, Leo Gullotta. ◆ Nella Sicilia del dopoguerra, Joe Morelli (Castellitto) imbroglia i più poveri tra i povericristi organizzando provini a pagamento per una inesistente società cinematografica: naturalmente finirà male, ma andrà ancora peggio a Beata (Lodato), la ragazza che gli ha creduto e che l'ha anche amato. Inutile riflessione sulla cattiveria del cinema che Tornatore (e il suo cosceneggiatore Fabio Rinaudo) riducono a una carrellata di facce folcloristiche che recitano monotonamente il loro bisogno di illusioni cinematografiche (con Morelli che ripete all'infinito: «Profilo destro... profilo sinistro... profilo centro»). Statico nella prima parte, con una serie di prevedibili scenette (la madre [Rondinella] che si «vende» per il successo della figlia, l'omosessuale represso [Gullotta], il reduce della guerra di Spagna [Trieste]), il film diventa anche gratuito nella seconda, – con la pazzia di Beata e la «conversione» finale del protagonista – mentre la Sicilia fotografata da Dante Spinotti non va più in là della cartolina. Inutile (e volgare) il cammeo degli stilisti Dolce e Gabbana nella corriera. Premio speciale della giuria a Venezia, ex aequo con *La commedia di Dio* di Monteiro.

Uomo del rasoio, L' *½ (*Der Sandmann*, Germania 1997, col, 94') Nico Hofmann. Con George Götz, Karoline Eichhorn, Barbara Rudnik, Jürgen Hentsch, Michael Brandner, Wolfgang Pregler. ◆ Incaricata della documentazione per un talk show, Ina Littmann (Eichhorn) crede di scoprire nell'autore (Götz) di morbose inchieste sui serial killer l'autore di alcuni sanguinosi omicidi di prostitute, e convince la conduttrice del programma (Rudnik) a incastrarlo in diretta. Scritto con furba abilità da Matthias Seelig, un tv-movie morboso e ambiguo, che organizza ai danni dello spettatore quelle stesse trappole di sesso, sangue e sensazionalismo (naturalmente abbastanza edulcorate per passare in prima serata) su cui le protagoniste teorizzano con finto cinismo. E con uno di quei finali che ti fanno passare per stupido, buttando all'aria tutto quello che ti sembra di aver capito.

Uomo del Sud, L' **½ (*The Southerner*, Usa 1945, b/n, 102') Jean Renoir. Con Zachary Scott, Betty Field, Beulah Bondi, J. Carrol Naish, Norman Lloyd, Bunny Sunshine. ◆ Sam Tucker (Scott) insieme con la moglie Nana (Field) coltiva un appezzamento di terra nel Sud degli Stati Uniti: dopo molte difficoltà riesce ad avere un rapporto di solidarietà con i vicini, che sarà decisivo quando il maltempo distrugge il raccolto di cotone. Tratto da un romanzo di George Sessions Perry e sceneggiato dal regista con la collaborazione di William Faulkner, è il film che, anche se con un certo schematismo, introduce nell'universo fino ad allora estremamente «umano» di Renoir la presenza di una dimensione trascendente e spirituale: per la prima volta il conflitto nasce non dai drammi interpersonali ma dallo scontro tra Uomo e Natura. Lo stile è (con una contraddizione solo apparente) «teatrale e antinaturalista» per sottolineare meglio che l'uomo è «ridotto al rango di un attore che esiste solo grazie alle sue azioni di fronte agli eventi naturali», confermando ancora – in anni in cui dominava il dramma psicologico – la propria originalità registica.

Uomo del West, L' **½ (*The Westerner*, Usa 1940, b/n, 100') William Wyler. Con Gary Cooper, Walter Brennan, Fred Stone, Doris Davenport, Forrest Tucker, Dana Andrews, Chill Wills. ◆ Il «giudice» Roy Bean (Brennan) autonominatosi «la legge a ovest di Pecos» esercita il suo potere favorendo gli allevatori contro i coltivatori, ma l'arrivo di Cole Hardin (Cooper), schieratosi dalla parte dei farmer dopo gli ultimi soprusi del «giudice», metterà fine al suo potere: nominato sceriffo di una vicina cittadina, ucciderà Roy Bean nel teatro deserto in cui deve esibirsi Lili Langtry dove il «giudice» ha comprato tutti i biglietti per essere solo ad applaudire il suo idolo. Western intellettuale sceneggiato da Jo Swerling e Niveu Busch e riscattato dalla capacità di Wyler di fondere alcuni dei conflitti centrali della cultura americana (il nomadismo maschile e la tendenza sedentaria delle donne, l'opposizione fra allevatori e coltivatori, il contrasto madri-figli e il tema dell'amicizia maschile che diventa rivalità) e da una indimenticabile interpretazione di Walter Brennan (premiato con l'Oscar per il miglior attore). Il personaggio del «giudice» Roy Bean sarà il protagonista anche di *L'uomo dai sette capestri* di John Huston.

Uomo di Alcatraz, L' *** (*Birdman of Alcatraz*, Usa 1962, b/n, 143') John Frankenheimer. Con Burt Lancaster, Karl Malden, Thelma Ritter, Betty Field, Neville Brand, Edmond O'Brien. ◆ Imprigionato nel 1909 per omicidio e poi condannato all'ergastolo con l'aggravante dell'isolamento per aver ucciso un secondino, Robert Stroud (Lancaster) comincia a studiare gli uccelli diventando una delle massime autorità del campo e appassionando con la sua storia tutta l'America. Tratto dal libro di Thomas E. Gaddy (che nel film è interpretato da Edmond O'Brien), sceneggiato da Guy Trosper e iniziato da Charles Crighton prima di essere protestato dall'interprete-produttore, il film non vuole risolvere i tanti misteri del caso Stroud (la sua omosessualità, le sue inutili domande di grazia, l'eccessivo periodo del suo isolamento), ma piuttosto raccontare la storia di un uomo di fronte a se stesso: Frankenheimer sfrutta perfettamente la lunghezza e la monotonia dell'ambientazione per farne un film claustrofobico e austero che non concede mai pause all'attenzione dello spettatore, grazie anche a una delle prove più convincenti (e commoventi) di Lancaster. Eccessivamente caricaturale, invece, la madre interpretata da Thelma Ritter. Siegel si è ispirato al «birdman» per un personaggio minore di *Fuga da Alcatraz*.

Uomo di Aran, L' **** (*Man of Aran*, Gb 1934, b/n, 77') Robert J. Flaherty. Con Coleman «Tiger» King, Maggie Dillane, Michael Dillane, Pat Mullen, Patch Ruadh, Patcheen Flaherty, Tommy O'Rourke. ◆ La vita dei pescatori sull'isola di Aran, vicino all'Irlanda e il loro rapporto di amore e odio con l'oceano. Utilizzando materiale documentario e scene girate appositamente, Flaherty racconta il combattimento dell'Uomo contro la Natura come una sorta di poema mitico, dove non interessano tanto i problemi dei singoli o gli aspetti sociali della loro esistenza quanto la relazione immutabile ed eterna con gli elementi. Preparato e girato in due anni di lunghe ricerche sul campo, il film non è un documentario etnografico (molto è ricostruito e la pesca dello squalo «pellegrino» non era più praticata da quasi un secolo) ma piuttosto una dimostrazione della bellezza e della poesia di quei luoghi, poetico omaggio alla propria patria d'origine.

Uomo di bronzo, L' **½ (*Kid Galahad*, Usa 1937, b/n, 100') Michael Curtiz. Con Wayne Morris, Edward G. Robinson, Humphrey Bogart, Bette Davis, Jane Bryan, Harry Carey. ◆ Convinto delle possibilità del giovane Kid Galahad (Morris), il manager Nick Donati (Robinson) non vuole però che il pugile frequenti sua sorella (Bryan): tenterà anche di speculare su una sua sconfitta, ma si riscatterà con la vita, mentre Kid potrà realizzare il suo sogno d'amore. Melodramma sportivo che lo sceneggiatore Seton I. Miller ha tratto dal romanzo di Francis Wallace, dove gli incontri sono filmati con inusuale violenza e Robinson sembra preoccuparsi maggiormente della moralità della sorella che della fedeltà dell'amante, una Bette Davis appassionata nel suo amore impossibile (premiata giustamente con la coppa Volpi alla Mostra di Venezia). Il connubio boxe-malavita è sottolineato dall'ambigua personalità del manager concorrente, il Morgan interpretato da Humphrey Bogart. Rifatto nel 1941 (*Il circo insanguinato* con Bogart protagonista) e nel 1962 (*Pugno proibito* con Elvis Presley).

Uomo di casa, L' * (*Man of the House*, Usa 1995, col, 97') James Orr. Con Chevy Chase, Farah Fawcett, Jonathan Taylor Thomas, George Wendt, David

Shiner, Art LaFleur, Richard Portnow. ◆ Per evitare che la mamma (Fawcett) si risposi, l'undicenne Ben (Taylor Thomas) cerca di rendere impossibile la vita al nuovo pretendente, il procuratore distrettuale Jack Sturges (Chase), arrivando a farlo iscrivere a un club di guide indiane dove viene soprannominato «Cane colico». Commediola senza idee e senza anima, più simile a una sit-com che a un film, pensato solo per sfruttare il successo della giovane star televisiva Jonathan Taylor Thomas.

Uomo di ferro, L' ** (*Człowiek z żelaza*, Polonia 1981, col, 150') Andrzej Wajda. Con Jerzy Radziwilowicz, Marian Opania, Krystyna Janda, Irena Byrska, Wiesława Kosmalska, Bogusław Linda. ◆ Un giornalista radiofonico (Opania) deve scoprire informazioni compromettenti su uno dei leader degli scioperi ai cantieri navali, Maciek Tomczyk (Radziwilowicz): dopo averlo intervistato – scoprendo che è il figlio dell' «uomo di marmo» Mateusz Birkut ucciso dalla polizia durante gli scioperi del 1970 – e aver incontrato la moglie Agnieszka (Janda) imprigionata per attività antigovernative, il giornalista apre gli occhi sulla realtà e smette di cooperare con le autorità. Il film (sceneggiato da Aleksander Scibor-Rylski) inizia dove *L'uomo di marmo* finisce ma il bisogno di legarlo agli avvenimenti che stavano sconvolgendo la Polonia (la nascita di Solidarność soprattutto) toglie coerenza al film trasformandolo in un mediocre dramma politico ma facendone anche uno straordinario documento storico. Fu il più grande successo popolare di tutta la Polonia, premiato, sull'onda dell'entusiasmo, con la Palma d'oro a Cannes. In originale 175'.

Uomo di Hong Kong, L' *½ (*Les Tribulations d'un chinois en Chine*, Francia/Italia 1965, col, 100') Philippe de Broca. Con Jean-Paul Belmondo, Ursula Andress, Jean Rochefort, Valerie Lagrange, Darryl Cowl, Maria Pacôme. ◆ Il ricco Arthur (Belmondo), annoiato della sua esistenza dorata, organizza le cose in modo che qualcuno metta fine alla sua vita, ma poi incontra una bella spogliarellista (Andress) e la voglia di vivere gli torna immediatamente: il problema adesso è fermare i killer. Sulla scia del successo dell'*Uomo di Rio*, una nuova serie di avventure esotiche vagamente ispirate al romanzo di Jules Verne *Le tribolazioni di un cinese in Cina*, ma il risultato è piuttosto deludente.

Uomo di Kiev, L' **½ (*The Fixer*, Usa 1968, col, 132') John Frankenheimer. Con Alan Bates, Dirk Bogarde, Georgia Brown, Hugh Griffith, Ian Holm, Jack Gilford. ◆ Nella Russia retrograda e intollerante dell'epoca zarista, un giovane ebreo (Bates) viene accusato di aver violentato una ragazza: sta per essere condannato senza prove, ma l'intervento di un onesto funzionario di polizia ristabilisce la giustizia. Tratto da un racconto di Bernard Malamud e sceneggiato da Dalton Trumbo, un insolito e interessante film su uno dei periodi più bui della storia russa e sull'antisemitismo latente nelle regioni slave. Bella l'interpretazione di Alan Bates, vulnerabile e impaurito ma deciso a non cedere alle ingiustizie. Nelle intenzioni del regista doveva durare 150' ma fu ridotto dalla Mgm a 132'.

Uomo di Laramie, L' **** (*The Man From Laramie*, Usa 1955, col, 104') Anthony Mann. Con James Stewart, Arthur Kennedy, Donald Crisp, Cathy O'Donnell, Alex Nicol, Jack Elam. ◆ Per vendicare l'uccisione del fratello, Will Lockhart (Stewart) giunge in una cittadina del Nuovo Messico dove scopre che l'assassino è il figlioccio (Kennedy) dell'uomo più potente della zona, Alec Waggoman (Crisp): si farà giustizia consegnandolo nelle mani degli indiani senza il carico d'armi che aveva loro promesso. Quinto e ultimo western interpretato da Stewart per Anthony Mann (e sceneggiato da Philip Yordan e Frank Burt), questo film riassume tutti i grandi temi del regista portandoli alla loro forma più esasperata: in primo luogo la presenza della violenza che tocca punte sadiche (nella tortura di Will trascinato dai cavalli o nello sparo sulla mano mentre due uomini lo tengono fermi) e poi l'ossessione della vendetta e l'ineluttabilità del destino, che trova la sua rappresentazione perfetta nel sogno ricorrente di Alec, tragica rilettura in chiave western del dramma di re Lear tradito dai suoi tre figli, quello vero che si pente di avere (Nicol), quello «adottato» in cui mette le sue speranze (Kennedy) e quello ideale che non avrà mai (Stewart). A sottolineare la dimensione tragica c'è anche la mancanza totale di qualsiasi idea di itinerario (ma non di partecipazione della Natura al dramma, grazie a un uso epico del CinemaScope): tutto si svolge con l'arrivo di Will perché per gli eroi di Mann «segnati da un passato enigmatico e attratti da un futuro elusivo non c'è che una scelta: il presente dell'azione». Assolutamente definitivo.

Uomo di marmo, L' *** (*Człowiek z marmuru*, Polonia 1977, col, 164') Andrzej Wajda. Con Jerzy Radziwilowicz, Krystyna Janda, Tadeusz Łomnicki, Jacek Lomnicki, Michal Tarkowski, Piotr Cieslak. ◆ Studentessa all'ultimo anno della scuola di cinema, Agnieszka (Janda) vuole fare un film su Mateusz Birkut (Radziwilowicz), operaio stakanovista dell'epoca di Stalin. Le autorità vorrebbero bloccarla, ma con l'aiuto del figlio di Birkut, Maciek (sempre Radziwilowicz) ne ricostruisce la storia prima di eroe del socialismo poi di traditore per aver difeso un amico ingiustamente accusato: Agnieszka è ben decisa ad andare avanti con il suo film... Ritratto appassionato, anche se in certi momenti un po' enfatico, di un ventennio di storia polacca. Mescolando la ricostruzione del presente con vecchi cinegiornali e documentari, Wajda e il suo sceneggiatore Aleksander Scibor-Rylski ricostruiscono uno dei periodi più controversi della storia nazionale per aprire gli occhi dello spettatore sulla Polonia reale, quella che le parole rassicuranti dei burocrati si sforzano di nascondere: per farlo, il film intreccia le due storie e i due piani narrativi, quella dell'operaio degli anni Cinquanta – con i suoi problemi di manipolazione della realtà – e quella della regista degli anni Settanta – che invece la realtà deve ancora scoprirla – sottolineando ancora una volta la necessità della coscienza critica degli intellettuali, che non devono mai dimenticare di «colpire là dove è sceso il silenzio». La storia prosegue con *L'uomo di ferro* (1981).

Uomo di mezzanotte, L' (di Robert Wise) → *La iena*

Uomo di mezzanotte, L' *½ (*The Midnight Man*, Usa 1974, col, 117') Burt Lancaster, Roland Kibbee. Con Burt Lancaster, Susan Clark, Cameron Mitchell, Morgan Woodward, Joan Lorring. ◆ Un ex carcerato (Lancaster) viene assunto come guardiano notturno di un college. Nell'istituto avviene un delitto e l'uomo si trasforma in detective: dopo lunghe indagini riesce infine a scoprire il colpevole. Un giallo abbastanza macchinoso che Lancaster (anche cosceneggiatore e coproduttore) non riesce a risollevare.

Uomo di paglia, L' ** (Italia 1958, b/n, 120') Pietro Germi. Con Pietro Germi, Luisa Della Noce, Franca Bettoja, Saro Urzì, Edoardo Nevola, Milly Monti. ◆ Costretto a una forzata solitudine per l'assenza della moglie (Della Noce), al mare per favorire la guarigione del figlio, Andrea (Germi) inizia una relazione con una vicina, Rosa (Bettoja). Tornata la moglie, Andrea tronca il rapporto e Rosa, disperata, si uccide: sconvolto confesserà tutto alla moglie che se ne andrà di casa, ma non per sempre. Il dramma di un uomo dalla coscienza sporca (la sceneggiatura di Giannetti terminava con il suicidio e lui che guarda dalla finestra il funerale dell'ex amante) si trasforma invece in un melodramma esemplare delle identità virili e familistiche dell'autore, con un finale che diventa un inno alla capacità di sopportazione reciproca.

Uomo di Rio, L' **½ (*L'Homme de Rio*, Francia/Italia 1964, col, 120') Philippe de Broca. Con Jean-Paul Belmondo, Françoise Dorléac, Adolfo Celi, Jean Servais, Simone Renant, Roger Dumas. ◆ In licenza per otto giorni, l'aviere di seconda classe Adrien Dufourquet (Belmondo) sarà costretto a impiegare i suoi giorni per inseguire la fidanzata (Dorléac) portata a Rio da un gruppo di rapitori interessati a un tesoro malteco. Vicino alle avventure a fumetti di Tintin, un film d'avventure pieno di colpi di scena e azione, ingenuo e favolistico, perfetto per la vocazione atletica di Belmondo.

Uomo di Saint-Michel, L' *½ (*Doucement les basses!*, Francia 1970, col, 86') Jacques Deray. Con Alain Delon, Paul Meurisse, Nathalie Delon, Paul Préboist, Julien Guiomar. ◆ Simon (Delon) si è fatto prete dopo la morte della moglie Rita (N. Delon) ma un giorno scopre di non essere vedovo: lui chiede al vescovo di dispensarlo dai voti, ma Rita decide di entrare in convento. Una commedia senza grandi idee che vorrebbe scherzare sul celibato ecclesiastico girata proprio quando i coniugi Delon avevano deciso di separarsi definitivamente, rendendo quindi credibili le molte liti che la vicenda prevede.

Uomo di stagno, L' ** (*The Plumber*, Australia 1979, col, 76') Peter Weir. Con Judy Morris, Ivar Kants, Robert Coleby, Candy Raymond. ◆ Un idraulico si presenta all'improvviso in un appartamento e convince la donna che il suo bagno ha bisogno di riparazioni. Una commedia nera con risvolti drammatici, prodotta da Weir per la televisione australiana.

Uomo e il diavolo, L' ** (*Le Rouge et le noir*, Francia/Italia 1954, col, 135') Claude Autant-Lara. Con Gérard Philipe, Danielle Darrieux, Antonella Lualdi, Jean Martinelli, Antoine Balpêtré, Robert Berri, André Brunot, George Descrières, Pierre Jourdan. ◆ La vita movimentata e infelice di Julien Sorel (Philipe), prima amante per interesse della signora Louise de Rénal (Darrieux), poi innamorato della giovane Mathilde (Lualdi): il matrimonio tra i due, però, non si celebrerà per le rivelazioni di Louise che Sorel pugnalerà per vendicarsi, disposto dopo ad accettare la condanna a morte del tribunale come un castigo divino. Versione lussuosa e «passionale» del *Rosso e il nero* di Stendhal sceneggiata con la solita cura da Jean Aurenche e Pierre Bost: c'è il trionfo dell'amore che distrugge le convenzioni borghesi ma il gusto dissacrante di Autant-Lara fa comunque fatica a emergere. La giovane Lualdi è bellissima. Premiato come il miglior film dell'anno. Insulso titolo italiano che cerca di sfruttare il successo del *Diavolo in corpo*.

Uomo illustrato, L' *½ (*The Illustrated Man*, Usa 1969, col, 103') Jack Smight. Con Rod Steiger, Claire Bloom, Robert Drivas, Don Dubbins, Jason Evers, Tim Weldon. ◆ Un ex artista di circo (Steiger) ha il corpo completamente e stranamente tatuato: girando per la California incontra un giovane meccanico (Drivas) che, osservando i disegni animarsi sulla pelle dell'uomo, viene condotto in una dimensione fantastica. Tratto da un racconto di Ray Bradbury, il film non riesce a fondere perfettamente l'aspetto surreale con quello fantascientifico e finisce per cedere un po' troppo al fascino degli effetti speciali.

Uomo in ginocchio, Un *½ (Italia 1979, col, 109') Damiano Damiani. Con Giuliano Gemma, Eleonora Giorgi, Michele Placido, Ettore Manni, Tano Cimarosa, Andrea Aureli, Luciano Catenacci, Fabrizio Forte. ◆ La disperata rivolta di Nino Peralta (Gemma), titolare di un chiosco-bar a Palermo: prima cerca di comprare il killer (Placido) che crede lo debba uccidere, poi riesce a eliminare il boss (Manni) che vorrebbe farlo entrare nella sua sfera di influenza, ma neanche così riesce a risolvere i suoi problemi. Un'indagine di costume romanzata (la sceneggiatura è del regista e di Nicola Badalucco) in cui la voglia di descrivere il sottomondo della mafia, impregnato di omertà e di cinismo, finisce per essere soffocato dai troppi stereotipi (compresa una pleonastica moglie in ansia [Giorgi]) e da un involontario folclore meridionalistico. Damiani farà molto meglio quando nel 1983 dirigerà la prima serie della *Piovra*.

Uomo in grigio, L' *** (*The Man in Grey*, Gb 1943, b/n, 116') Leslie Arliss. Con Margaret Lockwood, Phyllis Calvert, James Mason, Stewart Granger, Harry Scott, Helen Haye, Nora Swinburne, Martita Hunt. ◆ Una nobildonna inglese (Calvert) si trova invischiata in un matrimonio di convenienza, che rimane fatalmente senza amore: il marito (Mason) assume per lei, come dama di compagnia, una ragazza di umili origini (Lockwood), che presto favorisce l'innamoramento tra la padrona e un gentiluomo (Granger) avventuriero e attore, per nascondere la sua relazione con il marito e l'ambizione a prendere il posto della nobildonna. Contrariamente al titolo, *L'uomo in grigio* è un film a forti tinte, un melodramma prodotto dalla Gainsborough in cui corre sangue shakespeariano. La sceneggiatura (di Margaret Kennedy, Leslie Arliss e Doreen Montgomery tratta dal romanzo di lady Eleanor Smith) pecca talvolta di teatralità, ma il regista mette a segno almeno un colpo da maestro nella scena della preparazione della prima notte di nozze. I personaggi malefici risultano meglio riusciti di quelli virtuosi, e tra gli attori si distingue Mason, marito dark, completamente privo di grazia anche nei confronti dell'amante. Peccato che il ritratto della nobildonna, vittima dell'obbedienza alle convenzioni sociali che tutti gli altri disattendono, non sia stato sviluppato meglio a livello narrativo.

Uomo in nero, L' **½ (*Judex*, Francia/Italia 1963, b/n, 103') Georges Franju. Con Channing Pollock, Edith Scob, Francine Bergé, Michel Vitold, Théo Sarapo, Sylva Koscina. ◆ Giustiziere mascherato, Judex (Pollock) segrega in un sotterraneo il malvagio banchiere Favraux (Vitold), della cui figlia Jacqueline (Scob) è innamorato: ma una banda di criminali si intromette per sfuttare la situazione. Omaggio all'omonimo feuilleton di Louis Feuillade (1914), il film di Franju (sceneggiato da Jacques Champreux e Francis Lacassin) recupera peripezie, travestimenti e agnizioni di un cinema ingenuo, con un occhio che fa tesoro della lezione del surrealismo. Anche se non c'è nessuna intenzione sovversiva, ma solo una malinconia sotterranea e la nostalgia per un meraviglioso che non esiste più. Notevole colonna sonora di Maurice Jarre. Pollock nella vita era un illusionista.

Uomo innamorato, Un *½ (*Un Homme amoureux*, Francia 1986, col, 110') Diane Kurys. Con Peter Coyote, Greta Scacchi, Jamie Lee Curtis, Peter Riegert, Claudia Cardinale, John Berry, Vincent Lindon. ◆ Un attore americano (Coyote) è a Roma per interpretare la parte di Cesare Pavese: s'innamora di una giovane attrice (Scacchi) e, ironia della sorte, medita per lei il suicidio, proprio come il personaggio del quale ricopre il ruolo. Ma non ha fatto i conti con la moglie (Curtis). Film nel film, con un continuo rimando tra finzione e realtà, ma senza un'autentica forza emotiva.

Uomo innocente, Un ** (*An Innocent Man*, Usa 1989, col, 113') Peter Yates. Con Tom Selleck, F. Murray Abraham, Laila Robins, Richard Young. ◆ Un tranquillo meccanico di aerei (Selleck) finisce ingiustamente in carcere perché due poliziotti corrotti l'hanno accusato di un traffico di droga: dopo tre anni esce di prigione, ma potrà rifarsi una vita solo dopo aver eliminato i suoi due accusatori. Un giallo potenzialmente intrigante ma un po' irreale, appesantito da un protagonista non all'altezza.

Uomo in prestito, Un ** (*The Truth About Cats & Dogs*, Usa 1996, col, 97') Michael Lehmann. Con Janeane Garofalo, Uma Thurman, Ben Chaplin, Jamie Foxx, James McCaffrey. ◆ Convinta di non piacere agli uomini, la veterinaria Abby (Garofalo), titolare di una rubrica radiofonica, manda l'amica fotomodella Noelle (Thurman) all'appuntamento col fotografo Brian (Chaplin), che è rimasto sedotto dalla sua voce: ma l'equivoco si trascina, anche perché a Noelle il ragazzo non dispiace. Su un canovaccio vecchio come il mondo che prende molte idee dal *Cyrano* (scritto da Audrey Wells), Lehmann tenta di dire qualcosa sulle solitudini e le incertezze contemporanee, adeguando anche il sesso a succedanei da era dell'Aids. Carinerie che si sprecano, cani che rubano la scena, e una coppia di protagoniste affiatate. Brillante, come sempre, la colonna sonora di Howard Shore.

Uomo in uniforme, L' ** (*I Married a Man in Uniform*, Canada 1993, col, 97') David Wellington. Con Tom McCamus, Brigitte Bako, Kevin Tighe, David Hemblen. ◆ Henry Adler (McCamus), impiegato di banca e aspirante attore, ottiene la parte di un poliziotto in un telefilm: e tanto si identifica col ruolo da portare il costume anche fuori dal set, mescolando finzione e realtà fino alla sanguinosa (e ovvia) conclusione. L'idea di partenza è per metà promettente e per metà prevedibile; la parte centrale dove il protagonista pronuncia assurde battute da poliziotto nelle situazioni quotidiane è la più divertente, ma il finale non riesce a suscitare né identificazione né emozione. Sceneggiatura del regista, esordiente.

Uomo in vendita, Un *½ (*Bloomfield*, Gb 1971, col, 93') Richard Harris. Con Richard Harris, Romy Schneider, Maurice Kaufman, Yossi Yadin. ◆ Alle soglie dei quarant'anni, un calciatore (Harris) si rende conto di essere finito come sportivo ma di aver combinato poco anche come uomo: accetta di farsi corrompere dagli avversari ma poi, commosso da un suo piccolo fan, decide di giocare lealmente. Richard Harris esordisce nella regia adattando un racconto di Joseph Gross, ma il film è eccessivamente didascalico. Ritiolato negli Usa *The Hero*.

Uomo in verde, L' → *Solo il tuo amore – L'uomo in verde*

Uomo invisibile, L' *** (*The Invisible Man*, Usa 1933, b/n, 73') James Whale. Con Claude Rains, Gloria Stuart, Henry Traversn, Una O'Connor, William Harrigan, Forrester Harvey, E.E. Clive, John Carradine, Walter Brennan. ◆ Lo scienziato Jack Griffin (Rains) sperimenta su se stesso un siero che rende invisibili ma non riesce a trovare l'antidoto mentre una delle sostanze che si è inoculato, la monocaina, gli altera il comportamento mentale. Diventato megalomane, vorrebbe sfidare il mondo e dimostra la sua potenza facendo deragliare un treno e uccidendo un suo collega (Harrigan), ma verrà scoperto e ucciso perché la neve rende evidenti le sue impronte. Tratto dal romanzo omonimo di H.G. Wells (sceneggiato con molta fedeltà da R.C. Sherriff, che aggiunse solo l'idea della monocaina), il film sottolinea le contraddizioni della ricerca scientifica, vista senza quella sua componente fideistica nel progresso che tutti tendono ad attribuirle (la ricerca di Griffin, iniziata per fare colpo sulla fidanzata, non porta che distruzione e morte). Ma il grande merito del film sono naturalmente gli effetti speciali di John Fulton e John Mescall rimasti insuperati per anni. Primo ruolo importante per Claude Rains, imposto da Whale all'Universal al posto di Karloff, che conquistò la parte grazie alla strana energia della sua voce, mentre il suo volto si vede per intero solo nell'ultima scena. Molti sequel tutti largamente inferiori all'originale: *Il ritorno dell'uomo invisibile* (1940, di Joe May), *La donna invisibile* (1941, di Edward Sutherland), *Joe l'inafferrabile* (1942, di Edwin L. Martin), *La rivincita dell'uomo* *invisibile* (1944, di Ford Beebe), *Gianni e Pinotto contro l'uomo invisibile* (1951, di Charles Lamont). Molto meglio, invece, il recente *Avventure di un uomo invisibile* (1992, di John Carpenter).

Uomo, la bestia e la virtù, L' ** (Italia 1953, col, 88') Steno [Stefano Vanzina]. Con Totò, [Antonio de Curtis] Orson Welles, Viviane Romance, Clelia Matania, Franca Faldini, Mario Castellani, Carlo Delle Piane. ◆ Sposata al capitano Perrella (Welles) che torna a casa solo per farsi stirare le camicie, Assunta (Romance) viene messa incinta dal suo amante, il professor Paolino (Totò): per non farsi scoprire dovrà convincere il marito a far l'amore con lei, magari con l'aiuto di una torta afrodisiaca, ma il capitano ritrova il desiderio per la moglie senza bisogno di niente e a Paolino non resta che andarsene scornato. La commedia omonima di Pirandello si riduce a farsa nonostante la presenza di Totò e Orson Welles e la satira della morale borghese finisce in poveri doppi sensi. In Tv circola comunemente una copia b/n.

Uomo, la donna e la bestia, L' → *Spell - Dolce mattatoio*

Uomo leopardo, L' *** (*The Leopard Man*, Usa 1943, b/n, 66') Jacques Tourneur. Con Dennis O'Keefe, Margo, Jean Brooks, Isabel Jewell, James Bell, Margaret Landry. ◆ In una cittadina del Nuovo Messico la cantante di cabaret Kiki Walker (Brooks) pensa di far colpo sul pubblico tenendo al guinzaglio un leopardo, che fugge durante uno spettacolo e uccide una ragazza. Ma Kiki e il suo impresario (O'Keefe) scopriranno che il responsabile delle due successive morti femminili è invece un uomo che nasconde una natura belluina. Ultimo dei tre film diretti da Tourneur per il produttore Val Lewton (dopo *Il bacio della pantera* e *Ho camminato con uno zombi*), è quello dove la sua capacità di raccontare per ellissi raggiunge la perfezione. Il tema centrale del film è sempre quello della paura dell'uomo di fronte alla notte e con la conseguente impotenza davanti alle forze malefiche che il buio può scatenare (alla base c'è un racconto di Cornell Woolrich, *L'alibi nero*, sceneggiato da Ardel Wray e Edward Dein): la tensione non raggiunge il livello del *Bacio della pantera*, ma l'economia di mezzi è altrettanto encomiabile e alla fine sembra di aver assistito più a una riflessione metafisica sul male che non a un film horror. La fotografia è di Robert de Grasse.

Uomo, l'orgoglio, la vendetta, L' *½ (Italia/Rdt 1967, col, 99') Luigi Bazzoni. Con Franco Nero, Tina Aumont, Klaus Kinski, Lee Burton [Guido Lollobrigida], Karl Schönbach. ◆ Degradato perché amante della gitana Carmen (Aumont), il brigadiere José (Nero) uccide il tenente che era diventato l'amante della donna e si unisce alla banda di contrabbandieri di Garcia (Kinski), marito legittimo della gitana. Ma tutto finirà in tragedia. Insolita versione western della *Carmen* di Mérimée, cosceneggiata da Suso Cecchi d'Amico con un Franco Nero appena più sopportabile del solito.

Uomo lupo, L' *** (*The Wolf Man*, Usa 1941, b/n, 70') George Waggner. Con Lon Chaney jr, Evelyn Ankers, Claude Rains, Maria Ouspenskaya, Ralph Bellamy, Patrick Knowles, Bela Lugosi, Warren William. ◆ Larry Talbot (Chaney) viene morso da un licantropo (Lugosi) e una vecchia zingara (Ouspenskaya) gli predice che durante il plenilunio si tramuterà in un mostro assetato di sangue: metterà a repentaglio anche la vita della sua ragazza, ma sarà l'anziano padre (Rains) a ucciderlo, liberandolo così dall'atroce condanna. Un classico dell'orrore sceneggiato con grande sagacia da Curt Siodmak e perfettamente illuminato da Joseph Valentine, che usa a meraviglia nebbie e zone d'ombra per ingigantire il dramma di Larry Talbot. Peccato solo che Waggner faccia vedere quasi subito la sua trasformazione in uomo lupo (grazie all'ottimo trucco di Jack Pierce) togliendo così al film una parte del suo mistero. Seguìto da *Frankenstein contro l'uomo lupo.*

Uomo meraviglia, L' ** (*Wonder Man*, Usa 1945, col, 98') Bruce Humberstone. Con Danny Kaye, Virginia Mayo, Vera-Ellen, Donald Woods, Allen Jenkins, Steve Cochran. ◆ Il fratello gemello di un attore (Kaye), ucciso dai sicari della malavita perché non testimoniasse contro di loro, riuscirà a incastrare i colpevoli durante una recita con un geniale stratagemma ispirato dallo spirito del defunto. Commedia gialla con qualche divertente inclusione nell'irrealtà, vincitrice di un Oscar per gli effetti speciali.

Uomo nel mirino, L' **½ (*The Gauntlet*, Usa 1977, col, 108') Clint Eastwood. Con Clint Eastwood, Sondra Locke, Pat Hingle, William Prince, Bill McKinney, Michel Cavanaugh. ◆ Il poliziotto Shockley (Eastwood) si trova a combattere contro tutta la polizia dell'Arizona per difendere una prostituta (Locke) che vuole deporre sulle malefatte del capo della polizia. Movimentato e appassionante road-movie, tratto da un bel giallo di Michael Butler e Dennis Shyack (che firmano anche la sceneggiatura), con un campionario di violenze sempre più deliranti e iperrealistiche: celebre la sequenza finale dove i poliziotti, per le strade deserte di Phoenix, bersagliano il pullman dove si sono blindati i due riducendolo a un colabrodo da pop art. Il personaggio di Shockley, con le sue contraddizioni (perdente e idealista, ottuso e testardo, razzista con gli hippie ma generoso con la prostituta), è la quintessenza dell'ideologia eastwoodiana.

Uomo oggi, Un ** (*WUSA*, Usa 1970, col, 115') Stuart Rosenberg. Con Paul Newman, Joanne Woodward, Anthony Perkins, Laurence Harvey, Pat Hingle. ◆ Un giornalista radiofonico (Newman) che lavora per un'emittente ultrapatriottica di New Orleans – la WUSA – entra in crisi quando la sua donna (Woodward), arrestata perché testimone di un omicidio politico, si suicida in carcere: scoprirà sulla sua pelle cos'è la manipolazione delle informazioni. Prodotto con il contributo diretto di Newman e sceneggiato da Robert Stone, è un film schematico nella sua analisi politica ma coinvolgente nella commossa scelta di campo che porta il protagonista (un «eterno superstite») a schierarsi dalla parte degli umili che restano sempre schiacciati.

L'uomo ombra

Nato dalla fantasia di Dashiell Hammett, l'«Uomo

ombra» è l'indiziato al centro del romanzo omonimo, il cui vero protagonista è l'investigatore Nick Charles, detective di origine greca il cui nome per esteso fa Charalambides. Fu tale, però, il successo del libro e soprattutto quello del film che ne fu tratto (naturalmente con il medesimo titolo, *L'uomo ombra*) che il detective fu subito identificato con l'oggetto delle sue ricerche e se pochi si ricordano il suo cognome tutti lo chiamano con questo nome improprio. Così, per estensione, Nick Charles diventa l'Uomo ombra.
Come appare dal romanzo di Dashiell Hammett pubblicato nel 1934 (in originale *Thin Man*), Nick Charles è un duro della miglior tradizione hard boiled, «molto alto e magro, molto intelligente ed elegante, molto attraente e attratto dalle donne», capace di definire una ferita da arma da fuoco un «semplice graffio» e grande amante dell'alcol. Cosa non molto diffusa per un investigatore è anche sposato – e felicemente – con Nora, una ventiseienne «bruna alta e snella, dotata di un mascella piuttosto forte». Con loro, scodinzola l'inseparabile rough terrier Asta.
Come in tutte le coppie, Nora spesso ha delle opinioni sulle inchieste del marito, e Nick è disposto a dare ascolto (non sempre con entusiasmo) alle idee della moglie. E così la figura del detective solitario trascolora in quella della coppia di investigatori.
Il romanzo di Hammett, però, non sarebbe diventato così famoso se la Mgm non ne avesse acquistato i diritti e, portandolo sullo schermo con la disinvolta sceneggiatura di Frances Goodrich e Albert Hackett, non avesse trasformato un giallo duro e spigoloso in una commedia sofisticata. Al cinema, infatti, Nick e Nora Charles diventano due milionari snob con i volti di William Powell e Myrna Loy, preoccupati più della giusta composizione dei loro cocktail che dei gialli insoluti. Ma siccome la vita dei ricchi può essere noiosa se non si impiega il tempo in qualcosa, ecco che Nick e Nora utilizzano la loro intelligenza e il loro intuito per risolvere una serie di enigmi. Nasce così, col film di Wooldridge Strong Van Dyke II *L'uomo ombra* (1934), il genere giallorosa, perfetto antidoto con il suo tono scanzonato alle tensioni sociali della Depressione, ma anche – con la sua trama gialla – capace di dare forma concreta a quell'inquietudine diffusa che nessuna commedia poteva cancellare. Senza contare che Powell e la Loy incarnavano nella fantasia del pubblico anche quel modello di coppia spregiudicata e felice, moderna e spensierata che gli spettatori americani cercavano di imitare.
Il successo fu immediato ma proprio perché il film non era stato pensato per dare origine a una possibile produzione seriale (gli attori erano due star, anche se non di primissima grandezza, e gli investimenti erano da film di serie A), le nuove avventure non uscirono immediatamente: caso unico nella storia di Hollywood, i cinque film successivi furono prodotti a distanza di due o tre anni l'uno dall'altro, anche se questi tempi più lunghi non favorirono un miglioramento della qualità artistica. E il livello del primo, con quel suo equilibrio perfetto tra screwball comedy e mystery, non fu più raggiunto.
A scrivere le avventure della coppia si aggiunsero, nei film successivi, altri sceneggiatori (Harry Kurtiz, Irving Brecher, Robert Riskin, Dwight Taylor, Stanley Roberts, Steve Fischer e Nat Perrin) mentre Van Dyke II conservò la regia fino al quarto episodio (*L'ombra dell'uomo ombra*), per lasciarla poi a Richard Thorpe (*L'uomo ombra torna a casa*) e quindi a Edward Buzzell (*Il canto dell'uomo ombra*). Accanto ai due protagonisti fissi – ragione insostituibile del successo – recitò anche un misconosciuto James Stewart in *Dopo l'uomo ombra*, mentre la famiglia Charles si ingrandì con un figlio, Nick jr a partire da *Si riparla dell'uomo ombra* e con i genitori di lui (interpretati da Harry Davenport e Lucile Watson) in *L'uomo ombra torna a casa*.

I FILM

L'uomo ombra (1934) di W.S. Van Dyke II
Dopo l'uomo ombra (1936) di W.S. Van Dyke II
Si riparla dell'uomo ombra (1939) di W.S. Van Dyke II
L'ombra dell'uomo ombra (1941) di W.S. Van Dyke II
L'uomo ombra torna a casa (1944) di Richard Thorpe
Il canto dell'uomo ombra (1947) di Edward Buzzell

Uomo ombra, L' **½ (*The Thin Man*, Usa 1934, b/n, 93') W.S. Van Dyke II. Con William Powell, Myrna Loy, Maureen O'Sullivan, Nat Pendleton, Cesar Romero, Edward Ellis. ◆ Nick e Nora Charles (Powell e Loy) sono una coppia di milionari moderni e scanzonati che si trovano a dover risolvere il caso della morte di uno scienziato: il mistero sembra insolubile, ma Nick riuscirà a trovare l'incredibile spiegazione. Tratta dal romanzo omonimo di Dashiell Hammett (sceneggiato con moltissima libertà da Frances Goodrich e Albert Hackett), questa commedia giallorosa inizia una fortunata serie di sei film interpretati da una coppia «felicemente etilica» che si improvvisa detective. L'energica regia di Van Dyke II (che girò tutto il film in due sole settimane) e la fotografia antinaturalista di James Wong Howe sono alla base del successo del film, ma rivisto a tanti anni di distanza tutta quella perfezione narrativa sembra un po' schematica e boulevardière.
Uomo ombra, L' *½ (*The Shadow*, Usa 1994, col, 108') Russell Mulcahy. Con Alec Baldwin, John Lone, Penelope Ann Miller, Peter Boyle, Ian McKellen, Tim Curry, Andre Gregory. ◆ New York, anni Trenta: l'ex criminale Lamont Cranston (Baldwin) ha imparato l'arte dell'invisibilità e della telepatia da un guru tibetano. Impedirà a Shiwan Khan (Lone), un discendente di Gengis Khan, di fabbricare la bomba atomica. Peccato che l'Uomo ombra non fosse in circolazione anche qualche anno dopo. Fantastico rétro, più dalle parti di *Rocketeer* che da quelle di *Batman*: un sacco di soldi spesi in effetti speciali e scenografie, ma nessuna suspense e nessuna idea di cinema. La sceneggiatura di David Koepp cerca di inserire tocchi di ironia al passo coi tempi in un personaggio nato alla radio degli anni Trenta (lo interpretò anche il giovane

Orson Welles), e poi protagonista di una serie di fumetti e di alcuni film di serie C nel decennio successivo. La fotografia è di Stephen H. Burum, la musica di Jerry Goldsmith.

Uomo ombra torna a casa, L' ** (*The Thin Man Goes Home*, Usa 1944, b/n, 100') Richard Thorpe. Con William Powell, Myrna Loy, Lucile Watson, Harry Davenport, Gloria De Haven, Anne Revere, Helen Vinson. ◆ In villeggiatura per un periodo di riposo, Nick e Nora Charles (Powell e Loy) si trovano coinvolti in un caso di omicidio. Nick riesce a smascherare il colpevole con un magistrale colpo di scena davanti a tutti gli indiziati. Quinto e penultimo episodio della serie dell'Uomo ombra, dove appaiono per la prima (e unica) volta i genitori di Nick (Davenport e Watson): la parte di commedia prende decisamente il sopravvento su quella gialla.

Uomo perduto, L' *½ (*The Lost Man*, Usa 1969, col, 122') Robert Alan Aurthur. Con Sidney Poitier, Joanna Shimkus, Al Freman jr, Michael Tolan, Leon Bibb. ◆ Per finanziare un'organizzazione rivoluzionaria nera, un ex assertore della non violenza (Poitier) compie una rapina, ma la polizia uccide i suoi complici: braccato e ferito cercherà disperatamente di lasciare New York in compagnia di una donna bianca (Shimkus). Rifacimento del *Fuggitivo* di cui non conserva né la tensione né la bellezza.

Uomo per fare l'amore, L' → *Lovemaker – L'uomo per fare l'amore*

Uomo perfetto, L' **½ (*Les Princes*, Francia 1982, col, 87') Tony Gatlif. Con Gérard Darmon, Muse Dalbray, Céline Militon, Concha Tavora, Dominique Maurin. ◆ Nella squallida periferia parigina, Nara (Darmon) custodisce con orgoglio le tradizioni del suo popolo zingaro e per questo ripudia la moglie (Tavora), colpevole di usare metodi anticoncezionali: quando sarà sfrattato dalla polizia, rifiuterà ogni aiuto e si metterà in viaggio con la figlioletta e la vecchia madre (Dalbray). Senza falsi moralismi o sentimentalismi, l'esordiente regista dà un quadro lucido, aggressivo, allegro e feroce dell'umanità zingara contemporanea. Il regista Tony Gatlif interpreta Leo. In originale dura 100'.

Uomo per Ivy, Un ** (*For Love of Ivy*, Usa 1968, col, 102') Daniel Mann. Con Sidney Poitier, Abbey Lincoln, Beau Bridges, Leon Bibb, Nan Martin. ◆ Dopo nove anni di lavori domestici la cameriera nera (Lincoln) vuole andare in città per fare la segretaria e per trattenerla i suoi padroni fanno in modo che s'innamori di un farabutto (Poitier) in combutta con loro: ma il mascalzone ha il cuore tenero e s'innamorerà davvero della ragazza. Una commediola gradevole (su soggetto dello stesso Poitier) dove il tema razziale, per una volta, è visto con lieve umorismo.

Uomo per tutte le stagioni, Un **½ (*A Man for All Seasons*, Gb 1966, col, 135') Fred Zinnemann. Con Paul Scofield, Wendy Hiller, Leo McKern, Robert Shaw, Orson Welles, Susannah York, John Hurt, Vanessa Redgrave, Nigel Davenport. ◆ Nell'Inghilterra del Cinquecento solo il cancelliere Thomas More (Scofield), filosofo illuminato e uomo integerrimo, si rifiuta di accondiscendere al crudele e ambizioso Enrico VIII (Shaw) che vuole divorziare dalla moglie per sposare Anna Bolena: ottenuto l'appoggio del cardinale Walsey (Welles), il sovrano condannerà a morte More. Imponente dramma storico tratto dalla pièce di Robert Bolt, prodotto con dovizia di mezzi e con un grande cast, ma incapace di andare oltre un corretto ma freddo accademismo nell'affrontare lo scontro tra la ragion di Stato e la coscienza morale. Vincitore di cinque premi Oscar: miglior film, regia, attore protagonista, sceneggiatura (Bolt) e fotografia (Ted Moore).

Uomo più forte del mondo, L' (di Frank Capra) → *Grande sparata, La*

Uomo più forte del mondo, L' ** (*The Strongest Man in the World*, Usa 1975, col, 92') Vincent McEveety. Con Kurt Russell, Joe Flynn, Eve Arden, Cesar Romero, Phil Silvers, Dick Van Patten. ◆ Un gruppo di studenti scopre un composto chimico che migliora le prestazioni atletiche dell'organismo. I ragazzi se ne servono per le gare sportive, ma un gruppo di loschi individui vorrebbe impadronirsene. Film d'azione nel più puro stile Disney, ingenuo e brioso. Kurt Russell, che pochi anni dopo sarà il terribile Jena Plissken di *1997 – Fuga da New York*, qui impersona il buon ragazzotto americano.

Uomo proibito, L' **½ (*Winter Meeting*, Usa 1948, b/n, 104') Bretaigne Windust. Con Bette Davis, Janis Paige, James [Jim] Davis, John Hoyt, Florence Bates. ◆ Susan Greeve, poetessa nevrotica (B. Davis), s'innamora di un eroico tenente di marina, Slich Novak (J. Davis). Dal racconto delle rispettive vite, emergono tragedie e incertezze: lei non ha superato il suicidio del padre, lui non sa se intraprendere il sacerdozio, come voleva fare prima della guerra. Un melodramma sincero e commovente, tratto dall'omonimo romanzo di Ethel Vance (sceneggiato da Catherine Turney). Gli attori sono straordinari e fanno dimenticare certe lungaggini dei dialoghi. In origine il ruolo dell'eroe doveva andare a Burt Lancaster, che rifiutò dopo aver letto il copione, e quello di Slich è l'unico personaggio romantico interpretato da Jim Davis, in seguito diventato famoso nei western e nella serie televisiva *Dallas*.

Uomo proiettile, L' ** (Italia 1995, col, 85') Silvano Agosti. Con Bruno Wolkowitch, Paola Agosti, Severino Saltarelli, Carla Olivieri, Giulia Boschi, Simona Volpi, Federico Zanola, Dario Ballantini. ◆ Dopo vari lavori alienanti, un ragazzo (Wolkowitch) sceglie di fare l'uomo proiettile in un circo: vive d'arte e d'amore per Evelyn (P. Agosti), ma quando la ragazza lo lascia, conosce la gelosia e la sofferenza. Dedicato a Georges Méliès, «inventore del cinema come arte», un inno alla libertà e alla creatività che fa della *naïveté* la propria bandiera artistica ed esistenziale senza perdere di vista la differenza tra illusionismo e illusione (e se il circo può essere un rifugio dal mondo capitalista, non c'è antidoto contro l'abbandono sentimentale). È un'opera fieramente indipendente (scritta, fotografata, montata, diretta e prodotta da Agosti), dalla realizzazione povera e dalle ambizioni alte (come dimostrano anche gli inserti di film di maestri del cinema: oltre a Méliès, Ejzenštejn, Vigo, Cocteau, Tarkovskij): può apparire pretenziosa ma, per chi si lascia andare all'universo poetico del regista, i momenti suggestivi non sono pochi. Colonna sonora di Ennio e Andrea Morricone. Girato nel circo «Il florilegio» dei fratelli Livio, Davio e Corrado Togni.

Uomo, questo dominatore!, L' **½ (*The Male Animal*, Usa 1942, b/n, 101') Elliott Nugent. Con Henry Fonda, Olivia de Havilland, Jack Carson, Herbert Handerson, Joan Leslie, Eugene Pallette, Don DeFore, Hattie McDaniel. ◆ In attesa di una promozione, un professore universitario (Fonda) deve affrontare contemporaneamente due problemi: la moglie (de Havilland) sembra cedere alla corte di un giocatore di football americano, sua ex fiamma giovanile (Carson), mentre il reazionario presidente del consiglio d'amministrazione (Pallette) vorrebbe impedirgli di leggere in classe l'ultima lettera di Bartolomeo Vanzetti. Tratta da un successo di Broadway di James Thurber e dello stesso Nugent, la commedia mescola situazioni sconta-te (come l'immancabile ed etilico richiamo all'«animalità» dell'uomo nella lotta per conquistare la donna) con un appello dichiaratamente *liberal* a favore della circolazione delle idee. Ma oggi colpisce di più l'evidente parallelismo tra la presentazione della squadra di football (scandita dall'ossessivo coro «Vit-to-ria, vit-to-ria») e le allora contemporanee adunate naziste, con tanto di roghi a illuminare la notte, piuttosto che la breve e innocua lettera di Vanzetti letta alla fine del film. E forse per questo Jack Warner, durante gli anni del maccartismo, denunciò come comunisti i due fratelli Julius e Philip Epstein, qui sceneggiatori insieme a Stephen Morehouse Avery. Rifatto in musical (e peggio) nel 1952: *Il collegio si diverte*, con Ronald Reagan.

Uomo ragno, L' *½ (*Spider-Man*, Usa 1977, col, 94') E.W. Swackhamer. Con Nicholas Hammond, David White, Michael Pataki, Hilly Hicks, Lisa Eilbacher. ◆ Punto da un ragno radioattivo, un giovane biologo imbranato, reporter a tempo perso (Hammond), assume poteri straordinari, mantenendo però una doppia identità: quella di uomo normale e quella di agilissimo supereroe mascherato in grado di arrampicarsi su ogni superficie e sempre a caccia di malviventi. Trasposizione cinematografica di uno dei più famosi eroi dei Marvel Comics creato da Steve Ditko su testi di Stan Lee: buoni gli effetti speciali, ma senza l'ironia e il ritmo del fumetto.

Uomo senza corpo, L' **½ (*Curse of the Undead*, Usa 1959, b/n, 77') Edward Dein. Con Eric Fleming, Michael Pate, Kathleen Crowley, John Hoyt, Bruce Gordon. ◆ In una cittadina californiana, per una misteriosa epidemia, muoiono alcune giovani fanciulle e il dottor Carter (Hoyt). Il figlio del medico sfida il presunto omicida e muore a sua volta. In realtà l'epidemia è causata dal vampiro Drake Robey (Pate), reincarnazione di un abitante della città che si era suicidato dopo aver ucciso suo fratello per una donna. Assoldato dalla figlia del medico (Crowley), che vuole vendicare padre e fratello, Drake vampirizza la ragazza e se ne innamora: ma il pastore Dan (Fleming), scoperta la sua vera natura, lo ucciderà con una pallottola che porta una piccola croce d'argento. Un curioso mélangè di western e vampirismo (scritto da Edward e Mildred Dein), con anomalie rispetto a entrambi: le ombre del primo si moltiplicano e diventano insolitamente morbide; il nosferatu compare di giorno, è capace d'amore e bacia persino sulla bocca. Venato di struggente malinconia, è stato interpretato come epitaffio dei due generi: il gotico fantastico degli ultimi tre decenni e il grande western degli anni Cinquanta.

Uomo senza fucile, L' → *Legge del signore, La*

Uomo senza importanza, Un ** (*A Man of No Importance*, Gb/Eire 1994, col, 99') Suri Krishnamma. Con Albert Finney, Brenda Fricker, Michael Gambon, Tara Fitzgerald, Rufus Sewell. ◆ Dublino, 1963: Alfie Byrne (Finney), colto conducente d'autobus e omosessuale represso, cerca di mettere in scena la *Salomè* di Oscar Wilde, scontrandosi con l'ignoranza e col perbenismo dei concittadini. Nella sceneggiatura di Barry Devlin, Alfie diventa una sorta di reincarnazione in chiave dimessa di Wilde stesso: niente prigione né drammi, ma un suicidio fallito che sfocia nel ridicolo. La solita produzione britannica che non va oltre l'accurata ricostruzione d'epoca, il gusto bozzettistico e l'inchino al *politically correct*.

Uomo senza ombra, L' **½ (*Endstation Freiheit*, Rft 1980, col, 112') Reinhard Hauff. Con Burkhard Driest, Katja Rupé, Rolf Zacher, Carla Egere, Kurt Raab. ◆ Uscito di prigione, Nik Dellmannn (Driest) comincia a scrivere le proprie memorie (intitolate *L'uomo senza ombra*): un ex compagno di cella lo convince a partecipare a una rapina, ma il successo del suo manoscritto lo ferma appena in tempo. Sceneggiato dal protagonista che nella storia ha messo molto di sé, il film vorrebbe raccontare la difficoltà del reinserimento di un marginale nella società ma non riesce a fondere le istanze anarcoidi di Driest con il più rigoroso discorso morale di Hauff.

Uomo senza paura, L' *** (*Man Without a Star*, Usa 1955, col, 89') King Vidor. Con Kirk Douglas, Jeanne Crain, Claire Trevor, Richard Boone, Jay C. Flippen, William Campbell. ◆ Incontratisi durante un viaggio da clandestini in treno, un cowboy che possiede solo la sua sella, Dempsey Rae (Douglas), e un giovane inesperto che Dempsey ha preso sotto la sua protezione (Campbell) vanno a lavorare nel ranch di Reed (Crain), una donna ambiziosa che vuole dominare la regione e le cui mandrie distruggono i terreni dei coloni: il tentativo di utilizzare del filo spinato per recintare i possedimenti spingerà Reed ad assoldare una banda di pistoleros, ma con l'aiuto di Dempsey i pionieri riusciranno a vincere. Ottimamente sceneggiato da Borden Chase, è un western che riflette sul mito dell'individualismo, sul gusto per l'avventura e i grandi spazi (alla fine Dempsey riprende il suo vagabondaggio, solo con la sua sella), su un modo di vivere che il progresso e l'avidità stanno soffocando. Grande l'interpretazione di Kirk Douglas in un personaggio inguaribilmente solitario, capace di aiutare i coloni ma non di vivere come loro. Insignificante remake di James Goldstone (*Quando l'alba si tinge di rosso*, 1969). Nel 1962 Douglas produrrà e interpreterà una specie di seguito moderno, *Solo sotto le stelle*.

Uomo senza scampo, Un *** (*I Walk the Line*,

Usa 1970, col, 95') John Frankenheimer. Con Gregory Peck, Tuesday Weld, Estelle Parsons, Ralph Meeker, Lonny Chapman, Charles Durning. ◆ Nel Sud degli Stati Uniti, negli anni della Grande Crisi, lo sceriffo (Peck) di un paesino isolato nella campagna s'innamora di una ragazza disinibita (Weld), figlia di un contrabbandiere (Meeker): l'uomo chiude un occhio, convinto che il suo amore sia ricambiato, pur di non perdere la ragazza, ma poi scoprirà di essere stato solo usato. Cupo, pessimista, senza un filo di speranza, il film scritto da Alvin Sargent permette a Frankenheimer di rinnovare un tema non nuovo (il vecchio che perde la propria dignità per una giovane) con uno sguardo che cerca di capire più che di giudicare e offre a Peck un bel ruolo triste e crepuscolare.

Uomo senza volto, L' **½ (*Preview Murder Mystery*, Usa 1936, b/n, 62') Robert Florey. Con Reginald Denny, Frances Drake, Gail Patrick, George Barbier, Ian Keith, Rod LaRoque, Conway Tearle. ◆ A Hollywood si gira il remake sonoro di un successo del muto, il cui protagonista è morto tra le fiamme. Ma uno per uno, vengono uccisi il regista (Keith) e i due protagonisti (LaRoque e Patrick). L'intreccio è prevedibile, ma la regia di Florey cerca di cavare il meglio dall'ambientazione – per i tempi tutt'altro che banale – grazie anche a uno stile debitore dell'espressionismo, con inquadrature oblique, illuminazione contrastata e ardite carrellate.

Uomo senza volto, L' *½ (*The Man Without a Face*, Usa 1993, col, 115') Mel Gibson. Con Mel Gibson, Nick Stahl, Margaret Whitton, Geoffrey Lewis, Richard Masur. ◆ Il difficile passaggio da infanzia ad adolescenza di Chuck (Stahl), che cresce in una casa di sole donne. Gli fa da padre, facendolo uscire dal bozzolo, un altro solitario, Justin McLeod (Gibson), che ha il volto per metà sfigurato in seguito a un incidente. Ma la comunità locale non digerisce l'amicizia tra i due, e accusa l'uomo di essere un molestatore pedofilo. Per il suo esordio alla regia Gibson ha scelto una storia che vorrebbe essere insieme rassicurante e controversa, classica e anticonformista. Ma le ambiguità si dissolvono subito (il romanzo di Isabelle Holland invece parlava di un vero rapporto omosessuale tra il ragazzo e il suo padre-maestro), lo stile è troppo fiacco e rugiadoso, e la conclusione (Chuck che entra trionfante all'accademia militare) contraddice le premesse. Viva Auder, antica diva di Warhol, è Mrs. Cooper.

Uomo terminale, L' **½ (*The Terminal Man*, Usa 1974, col, 107') Mike Hodges. Con George Segal, Joan Hackett, Richard A. Dysart, Jill Clayburgh, Donald Moffat, Matt Clark, Ian Wolfe. ◆ Un tecnico (Segal) che soffre di problemi nervosi ed è preda di crisi aggressive si fa introdurre nel cervello un sofisticato meccanismo che trasmette impulsi calmanti ai centri nervosi. Ma questo metodo provoca assuefazione e l'uomo, che ha bisogno di impulsi sempre più frequenti, impazzisce. Thriller fantascientifico di notevole efficacia tratto da un romanzo di Michael Crichton, è un ottimo esempio di film fantapsicologico sulle tentazioni della scienza. Grande prova di Segal.

Uomo tranquillo, Un ***½ (*The Quiet Man*, Usa 1952, col, 129') John Ford. Con John Wayne, Maureen O'Hara, Barry Fitzgerald, Victor McLaglen, Mildred Natwick, Ward Bond. ◆ Ritiratosi dal pugilato, Sean Thornton (Wayne) torna in Irlanda per rifarsi una vita e trovare moglie. Con l'aiuto dell'ubriacone del villaggio (Fitzgerald) corteggerà secondo le tradizioni locali la focosa Mary Kate (O'Hara) ma si scontrerà con il fratello di lei (McLaglen): Sean dovrà tornare a usare le mani – controvoglia perché nell'ultimo suo incontro aveva finito per uccidere l'avversario – per conquistare la moglie e il rispetto degli altri. Tratto da una storia di Maurice Walsh sceneggiata da Frank S. Nugent, è il film che segna il ritorno di Ford nella natia Irlanda di cui descrive con passione e un pizzico d'ironia le tradizioni, i costumi e le convenzioni sociali, vincoli obbligatori per legare l'individuo al gruppo ma più ancora il presente al passato della propria storia e della propria terra. Attraversato da una sotterranea vena di malinconia (Sean in fondo cerca di dimenticare il passato per rifarsi una nuova vita) il film ha il suo clou nell'omerica scazzottata che mette contro i due amici di tanti film, Wayne e McLaglen. Due Oscar: miglior regia e fotografia (Winton Hoch e Archie Stout).

Uomo, una donna, Un **½ (*Un Homme et une femme*, Francia 1966, col, 103') Claude Lelouch. Con Anouk Aimée, Jean-Louis Trintignant, Pierre Barouh, Valérie Lagrange, Simone Paris, Henri Chemin. ◆ Anne Gauthier (Aimée) e il pilota di rally Jean-Louis Duroc (Trintignant), entrambi vedovi, si incontrano a Dauville dove sono venuti a visitare i rispettivi figli in collegio: tra i due si accende la scintilla dell'amore, ma il ricordo del primo marito frena gli entusiasmi di Anne. Campione d'incassi, colonna sonora (di Francis Lai) ai vertici delle classifiche, stroncato da quasi tutta la critica ma diretto con grande abilità, Palma d'oro a Cannes (ex aequo con *Signore & signori*) e Oscar per il migliore film straniero. È indubbio che la storia (scritta dal regista con la collaborazione di Pierre Wytterhocoen per i dialoghi) sia zuccherosa e finta, concentrato di tutti i luoghi comuni possibili sull'amore e la solitudine, ma è altrettanto vero che Lelouch «dimostra un piacere evidente – a volte anche contagioso – a filmare, raccontare una storia, dirigere gli attori, scegliere le inquadrature». Peccato che gli serva solo per firmare una versione televisiva e pubblicitaria del melodramma classico dove l'accento non è più messo sulla forza emotiva degli avvenimenti o dei sentimenti, ma sulla loro banalizzazione. Con un seguito (*Un uomo, una donna oggi*).

Uomo, una donna e una banca, Un ** (*A Man, a Woman and a Bank*, Canada 1979, col, 100') Noel Black. Con Donald Sutherland, Brooke Adams, Paul Mazursky, Allen Magicovsky, Leigh Hamilton. ◆ Reese (Sutherland) e Norman (Mazursky), due amici di lunga data in crisi con le rispettive mogli, decidono quasi per scherzo di compiere il furto del secolo in una banca superprotetta: ci riusciranno, sia pure in modo rocambolesco. Commedia gialla con qualche trovata originale. Mazursky è meglio qui come attore che in certe sue regie.

Uomo, una donna e un bambino, Un **½ (*Man, Woman and Child*, Usa 1983, col, 105') Dick Richards. Con Martin Sheen, Blythe Danner, Sebastian Dungan, Missy Francis, Arlene McIntyre, Craig T. Nelson, David Hemmings. ◆ In una tranquilla famiglia americana arriva dalla Francia Jean-Claude (Dungan), frutto di un'avventura avuta dieci anni prima dal capofamiglia (Sheen) con una donna che è appena morta in un incidente: ma i sentimenti contrastanti che hanno nei suoi confronti la moglie (Danner) e le due figlie spingono il bambino ad anticipare il suo ritorno in Francia. Tratto dal romanzo omonimo di Erich Segal (autore anche della sceneggiatura con David E. Goodman), il film analizza con più acutezza di quanto si potesse immaginare le psicologie incrociate di un gruppo familiare che Richards dirige con mano sicura.

Uomo, una donna oggi, Un * (*Un Homme et une femme: vingt ans déjà*, Francia 1986, col, 120') Claude Lelouch. Con Anouk Aimée, Jean- Louis Trintignant, Richard Berry, Evelyne Bouix, Robert Hossein, Marie-Sophie Pochat, Nicole Garcia, Jacques Weber. ◆ I due amanti di vent'anni prima, Anne (Aimée) e Jean-Louis (Trintignant), si ritrovano dopo essersi persi di vista. Lei fa la produttrice, lui il direttore di corse: si rimettono insieme, fanno un film della loro storia e non si lasciano più. Lelouch ci riprova, ma il successo della prima volta non si ripete.

Uomo venerdì, L' ** (*Man Friday*, Gb 1975, col, 115') Jack Gold. Con Peter O'Toole, Richard Roundtree, Peter Cellier, Christopher Cabot. ◆ Dopo dodici anni di solitudine su un'isola del Pacifico, il naufrago Robinson Crusoe (O'Toole) schiavizza un cannibale (Roundtree) che battezza Venerdì, e a cui pretende di insegnare la religione cristiana e i giochi inglesi. Ma Venerdì non è uno scemo, e finisce per far lavorare il suo ex padrone: dopo essere tornato alla sua tribù, deciderà di lasciare il bianco corruttore solo sull'isola, con la sua Bibbia. Lo sceneggiatore Adrian Mitchell, già autore della pièce omonima, ha scritto una versione revisionista del celebre romanzo di Daniel Defoe, prendendo di mira l'imperialismo e l'eurocentrismo bianco. Ma lo spirito satirico oggi graffia di meno, e il regista non ha la statura per affrontare elaborate allegorie, preferendo rifugiarsi nel grottesco e in una comicità spesso elementare. Da confrontare con *Le avventure di Robinson Crusoé* di Buñuel.

Uomo venuto dal Kremlino, L' (Nei panni di Pietro) *½ (*The Shoes of the Fisherman*, Usa 1968, col, 157') Michael Anderson. Con Anthony Quinn, Laurence Olivier, Oskar Werner, David Janssen, Vittorio De Sica, Leo McKern, John Gielgud, Barbara Jefford. ◆ Un prelato russo (Quinn), con alle spalle vent'anni di prigionia nei campi siberiani, viene eletto papa: si adopererà per trovare un accordo tra la Cina Popolare e l'Unione Sovietica, sventando minacce di guerra e mettendo la sua opera al servizio dei poveri e dei diseredati. Tratto dall'omonimo bestseller di Morris L. West, è un kolossal di fanta-politica cui non basta un cast prestigioso per tener sveglia l'attenzione dello spettatore. Curiosamente, ha anticipato di parecchi anni, il pontificato di Wojtyła, il «papa venuto dall'Est».

Uomo venuto dalla pioggia, L' ** (*Le Passeger de la pluie*, Francia/Italia 1970, col, 119') René Clément. Con Charles Bronson, Marlène Jobert, Jean Gaven, Annie Cordy, Gabriele Tinti, Jill Ireland. ◆ Mélancolie detta Mélie (Jobert) uccide lo sconosciuto che l'ha aggredita e si sbarazza del suo cadavere: qualche giorno dopo si presenta un misterioso americano (Bronson) che sembra sapere troppe cose su quanto è accaduto e fa ripiombare Mélie nella nevrosi che l'attanaglia dall'infanzia. Un giallo ricco di colpi di scena ma senza un'autentica tensione emotiva. Ai dialoghi ha collaborato Lorenzo Ventavoli.

Uomo venuto dall'impossibile, L' **½ (*Time After Time*, 1979, col, 112') Nicholas Meyer. Con Malcolm McDowell, David Warner, Mary Steenburgen, Charles Cioffi, Kent Williams, Patti d'Arbanville. ◆ Il dottor Stevenson (Warner), dietro la cui rispettabilità si nasconde il terribile Jack lo Squartatore, fugge dalla Londra del secolo scorso nella San Francisco di oggi grazie alla macchina del tempo del dottor H.G. Wells (McDowell): lo inseguirà lo stesso Wells che continuerà la caccia all'assassino nella caotica metropoli americana. Brioso, ritmato, divertente, il film è un curioso divertissement sul genere gotico-fantastico che anticipa i meccanismi narrativi del più fortunato *Ritorno al futuro*. Musica di Miklós Rózsa. Vincitore ad Avoriaz.

Uomo venuto da lontano, L' ** (*An American Romance*, Usa 1944, col, 136') King Vidor. Con Brian Donlevy, Ann Richards, Walter Abel, Horace McNally, John Qualen. ◆ L'immigrato ceco Steve Dangos (Donlevy) inizia a lavorare nel Minnesota come minatore: si istruisce – grazie all'aiuto di una maestrina (Richards) che poi sposerà – lavora sodo, e arriva a fondare un'industria automobilistica. Si scontra con suo figlio (McNally), quando questi difende i diritti sindacali dei lavoratori: ma con l'entrata in guerra degli Usa, fa pace e dà il suo contributo per il buon funzionamento della fabbrica. Saga ottimistica di stampo tardorooseveltiano, con buoni sentimenti e personaggi poco interessanti. La salvano il mestiere e la sostanziale onestà di Vidor. Gli interpreti previsti all'inizio dovevano essere Spencer Tracy e Katharine Hepburn.

Uova di garofano **½ (Italia 1991, col, 90') Silvano Agosti. Con Lou Castel, Federico Zanola, Elisa Murolo, Roberto Brignani, Michele Maggiolano, Eva Serafini, Paola Agosti, Alain Cuny. ◆ Silvano (Castel) ritorna con il figlioletto nella sua casa natale, ormai in rovina, e ricorda la sua infanzia durante la seconda guerra mondiale. «Dedicato ai bambini che volevano vivere e sono morti nelle guerre», e ingiustamente sottovalutato, un film autobiografico, delicato e crudele, dalla parte dei «ragazzini» di morantiana memoria: Agosti sa raccontare con verità e fantasia, ma soprattutto sa creare – con pochi, limpidi, tratti e un lucido sguardo ad altezza di bambino – un'atmosfera evocativa che, nel rispetto della realtà storica, restituisce alla dimensione infantile la vitalità, le emozioni e la dignità umana che le sono proprie. Alain Cuny interpreta il ruolo di Crimen, un vecchio «orco» (gli abitanti del paese sono convinti che abbia mangiato la moglie) con cui i bambini fanno amicizia. L'uovo di garofano è un piccolo uovo magico che, secondo una tradizione, si trova nel fiore al tramonto e ha il potere di far avverare i desideri.

Uova d'oro **½ (*Huevos de oro*, Spagna/Italia/Francia 1993, col, 105') Juan José Bigas Luna. Con Javier Bardem, Maribel Verdù, Maria de Medeiros, Elisa Touati, Rachel Bianca, Alessandro Gassman. ◆ Da Melilla a Miami, passando per la Spagna dei dorati anni Ottanta, l'ascesa e la caduta di Benito Gonzalez (Bardem), aspirante costruttore, teorico del numero due (due donne, due Rolex, due testicoli: tale è il doppio senso del titolo originale), ingordo di denaro e di sesso, ma ridotto, alla fine, sull'orlo dell'impotenza. Un fotoromanzo traboccante di cinismo ed edonismo, complice e critico, acuto e moralista: sceneggiato dal regista con Cuca Canals e raccontato con foga, ritmo e invenzioni visive tutt'altro che banali. Un bel passo avanti rispetto alla sociologia spicciola e al sesso caricaturale di *Prosciutto, prosciutto*: i personaggi sono costruiti con accortezza, il cast funziona, e l'erotismo, mai banalmente voyeurista, è sempre giocato sul filo del paradosso, come nel Ferreri migliore.

Uovo del serpente, L' ** (*Das Schlangenei*, Rft/Usa 1977, col, 119') Ingmar Bergman. Con Liv Ullmann, David Carradine, Gert Fröbe, Heinz Bennent, Glynn Turman, James Whitmore. ◆ Nella Berlino del novembre 1923, due acrobati americani, Abel Rosenberg (Carradine) e la vedova del fratello, Manuela (Ullmann), vengono coinvolti in un'esperienza allucinante dal dottor Vergerus (Bennent), delirante prototipo dello scienziato nazista, che uccide la gente per i suoi folli esperimenti. Bergman ricostruisce il clima oppressivo e plumbeo della Germania prima dell'avvento di Hitler e rifacendosi alle atmosfere del cinema espressionista tedesco descrive efficacemente la trappola individuale e collettiva che sta per scattare ai danni dell'uomo. Il risultato è un interessante film d'atmosfera dove, però, i protagonisti appaiono un po' spaesati. Prodotto da De Laurentiis, non è tra le opere migliori del regista svedese, che può contare, in ogni caso, sulla sempre molto bella fotografia di Sven Nykvist.

Up! *½ (*Up!*, Usa 1976, col, 80') Russ Meyer. Con Raven De La Croix, Janet Wood, Robert McLane, Edward Schaff, Mary Gavin, Elaine Collins, Su Ling, Monte Bane, Francesca «Kitten» Natividad. ◆ Tra le segrete di un castello fintobavarese viene ucciso un sadomasochista: dopo molte peripezie Margo Winchester (De La Croix) – in realtà un poliziotto travestito da donna – scoprirà che la responsabile dell'omicidio è la vedova Alice (Wood). Una trama completamente demenziale dove non è rimasto niente del soggetto scritto dal critico statunitense Roger Ebert, tanto che lo stesso Meyer sentì il bisogno di introdurre una specie di narratore (con le forme prorompenti di Francesca «Kitten» Natividad) che a intervalli regolari riassumesse gli accadimenti della storia. L'erotismo passa in secondo piano e gli atti sessuali hanno il ritmo delle sparatorie nei film d'azione (così gli uomini violentano due donne per volta e la polizia li ferma conficcando loro un'ascia nella schiena). Insolitamente esplicito nelle immagini, il film non si risparmia nemmeno una «soggettiva» con la macchina da presa messa dietro la lampo dei pantaloni. Meyer si concede un cammeo nella parte di un cliente del fastfood coinvolto in uno stupro con rissa.

Uppercut * (*Matilda*, Usa 1978, col, 103') Daniel Mann. Con Elliott Gould, Robert Mitchum, Harry Guardino, Clive Revill, Karen Carlson, Lionel Stander. ◆ Un impresario disoccupato (Gould) e un pugile fallito (Revill) sperano di far soldi facendo combattere un canguro a cui hanno insegnato a boxare: naturalmente dovranno fare i conti con la protezione animali. Commediola insulsa senza ritmo e con un cast completamente fuori luogo. Nel canguro è nascosto un mimo, Gary Morgan.

Upstairs Neighbour, The *½ (*The Upstairs Neighbour*, Usa 1993, col, 90') James Merendino. Con Sebastian Gutierrez, Rustam Branaman, Christina Fulton, Kane Picoy. ◆ Lo scrittore Eric (Gutierrez) si sente spiato e poi minacciato dal suo vicino del piano di sopra (Branaman) – un presunto satanista che celebrerebbe messe nere – tanto da convincersi di essere la prossima vittima sacrificale. Paranoia o realtà? Quello che interessa al regista (anche sceneggiatore) è indagare il lato oscuro del soleggiato mondo californiano, alternando polanskismi di maniera e colpi bassi: ma lasciando comunque un senso di delusione.

Uragano **½ (*The Hurricane*, Usa 1937, b/n, 102') John Ford. Con Jon Hall, Dorothy Lamour, Mary Astor, C. Aubrey Smith, Raymond Massey, Thomas Mitchell, John Carradine. ◆ Terangi (Hall), un indigeno dei mari del Sud, è perseguitato dal governatore bianco (Massey) che lo condanna a stare in prigione nonostante la segregazione rischi di ucciderlo. Evade, ma mentre gli stanno dando la caccia, scoppia un uragano che rischia di distruggere tutto: Terangi riuscirà a salvare la sua famiglia ma metterà in salvo anche la moglie del governatore, conquistando così la sua riconoscenza. Scritto da Dudley Nichols e Oliver H.P. Garrett da un romanzo di Charles Nordhoff e James Norman Hall, il film illustra il contrasto tra i costumi, la mentalità, le emozioni degli indigeni e quelli degli europei: da una parte c'è la voglia di libertà di Terangi (e come in tanti film fordiani il bisogno di ricostruire l'unità familiare), dall'altra la necessità da parte del governatore di far rispettare le leggi. A conciliare le due posizioni – che Ford racconta con equanime simpatia – penserà la forza della Natura, in una sequenza ancor oggi impressionante per la tensione che riesce a creare. Oscar per il miglior suono a Thomas Moulton. Pessimo remake nel 1979.

Uragano * (*Hurricane*, Usa 1979, col, 119') Jan Troell. Con Jason Robards, Mia Farrow, Max von Sydow, Trevor Howard, Dayton Ka'ne, Timothy Bottoms. ◆ In un'isola polinesiana, il governatore americano (Robards) non accetta che la figlia (Farrow) ami un principe indigeno (Ka'ne): riuscirà a farlo imprigionare, ma il giovane scapperà prima che un uragano spazzi via tutto lasciando vivi solo i due innamorati. Sconclusionato remake del film omonimo di

Ford del '37: esotismo di maniera e sceneggiatura mal scritta non reggono il confronto con il modello, nonostante una spesa di 22 milioni di dollari.

Uranus * (*Uranus*, Francia 1990, col, 100') Claude Berri. Con Gérard Depardieu, Philippe Noiret, Jean-Pierre Marielle, Michel Blanc, Michel Galabru, Fabrice Luchini, Florence Darel, Danièle Lebrun, Myriam Boyer, Gérard Desarthe, Josiane Lévêque. ◆ Nella primavera del 1945, gli abitanti di Maringues, nel Puy-de-Dôme, si dilaniano tra vendette e meschinerie: i comunisti (Blanc e Luchini) cercano le loro vendette, gli ex collaborazionisti (Galabru e Desarthe) cercano protezioni, qualcuno (Noiret) si diverte a dire le verità che tutti tacciono sognando la vita su un altro pianeta (appunto Urano) e il povero ubriacone Léopold pagherà per tutti. Tratto dal discusso romanzo omonimo di Marcel Aymé, il film vorrebbe aprire un velo sull'unanimismo con cui si è raccontato il dopoguerra francese e parlare soprattutto degli eccessi della sinistra, ma non sa sollevarsi da un qualunquismo appiccicoso e sguaiato, nel quale ogni attore va per la sua strada a dire la sua tirata. E per favore non parliamo di morale!

Urban Cowboy ** (*Urban Cowboy*, Usa 1980, col, 135') James Bridges. Con John Travolta, Debra Winger, Scott Glenn, Madolyn Smith, Barry Corbin, Bonnie Raitt. ◆ Il ragazzo di campagna (Travolta) va in città, a Pasadena, nel Texas: trova l'amore (Winger), lo perde, lo riconquista. Spaccato della provincia americana, la cui maggiore originalità è l'ambientazione in un honky tonky dove i duri locali si sfidano su un toro meccanico. Travolta veniva dal fiasco di *Minuto per minuto* e riacquistò un po' di credito; Glenn fa il cattivo.

Urban Legend * (*Urban Legend*, Usa/Francia 1998, col, 99') Jamie Blanks. Con Jared Leto, Alicia Witt, Rebecca Gayheart, Joshua Jackson, Natasha Gregson Wagner, Robert Englund, John Neville. ◆ In un college del New England, già teatro di un massacro dimenticato, un serial killer decima gli studenti ispirandosi a varie leggende metropolitane: un giornalista in erba (Leto) indaga assieme a una ragazza perbenino (Witt). Uno dei tanti thrillerini nati sulla scia di *Scream*, che puntualmente rispettano le regole sbeffeggiate invece da Craven (a cominciare dal fatto che le vergini si salvano). Sorprese risapute nella sceneggiatura di Silvio Horta, violenza contenuta, noia vera.

Urga – Territorio d'amore ° (*Urga*, Francia/Urss 1991, col, 118') Nikita Michalkov. Con Bayartu, Bادema, Vladimir Gostuchin, Larisa Kuznecova, Bao Yongyan. ◆ L'amicizia tra un pastore mongolo (Bayartu) con problemi di pianificazione familiare e un camionista russo (Gostuchin) rimasto in panne nella steppa. Il primo ospita e consola il secondo, costui ricambia con una spedizione in città alla ricerca di preservativi. Niente a che vedere con *Dersu Uzala*, come ha scritto impropriamente qualcuno. Mieloso spirito di fratellanza, paesaggismo di maniera, misoginia spacciata per amore verso Madre Natura: un megaspot buono per più committenti (dal movimento ecologista a quello per la vita), che ha preso al lazo – urga, in mongolo – il Leone d'oro al festival di Venezia, ma ha compromesso gravemente la credibilità cinematografica di Michalkov. Per le prove schiaccianti si attende al varco una visione Tv con interruzioni Barilla firmate dallo stesso regista.

Urla dallo spazio → *Screamers – Urla dallo spazio*

Urla del silenzio *** (*The Killing Field*, Gb/Usa 1984, col, 141') Roland Joffé. Con Sam Waterston, Haing S. Ngor, John Malkovich, Julian Sands, Craig T. Nelson, Bill Paterson, Athol Fugard. ◆ Nella Cambogia del 1975, dopo il ritiro delle truppe americane, i khmer rossi impongono un regime di spaventosa durezza, deportando in massa la popolazione nei campi di rieducazione. Un giornalista americano (Waterston) racconta quei giorni terribili attraverso l'odissea del suo interprete Dith Pran (Ngor), internato nei campi di prigionia. Diretto da un esordiente (ma prodotto da una vecchia volpe come David Puttnam), è «un film furbo ma non disonesto, spettacolare ed engagé, un po' magniloquente e molto accattivante» che trasforma in immagini di impressionante e apocalittico realismo il diario del giornalista del *New York Times* Sidney Schanberg (la sceneggiatura è di Bruce Robinson). Sicuramente superiore ad altri film del filone Vietnam, ha vinto tre premi Oscar: miglior attore non protagonista (Ngor), fotografia (Chris Menges) e montaggio (Jim Clark).

Urlatori alla sbarra *½ (Italia 1960, b/n, 83') Lucio Fulci. Con Joe Sentieri, Elke Sommer, Mina [Mina Mazzini], Adriano Celentano, Turi Pandolfini, Mario Carotenuto, Chet Baker, Umberto Bindi, Giacomo Furia, Corrado Lojacono, Brunetta [Mara Pacini], Gianni Meccia, Giuliano Mancini, Benedetta Rutili, Marilù Tolo, Gianni Minervini, Nico Pepe, Enzo Garinei, Carlo Alighiero, Gorni Kramer, Lino Banfi. ◆ L'onorevole Gubellini (Furia) e il direttore della Tv (Carotenuto) vorrebbero mettere al bando gli urlatori, ma su consiglio dell'arzillo senatore Bucci (Pandolfini) i giovani cantanti (Celentano, Mina, Sentieri e Brunetta) si fanno propaganda con comizi canori in giro per l'Italia: conquisteranno la popolarità e imporranno la moda dei blue jeans. Fulci, autore anche della sceneggiatura con il produttore Giovanni Addessi, Piero Vivarelli e Vittorio Vighi, riprende con minor originalità e troppi numeri musicali il tema dei *Ragazzi del juke box*, sfruttando il cambio di gusto nelle nuove generazioni: in più c'è un accenno di satira politica (contro la moralistica gestione democristiana della Tv) affrontata con intemerato spirito goliardico (i titoli di testa scherzano su tutto e tutti, compreso il fatto che il film sia «irresponsabilmente diretto»). Cammei musicali per Alberto Rabagliati e i Brutos. Alle spalle di Celentano che si esibisce in piazza del Duomo a Milano si nota Gino Santercole alla chitarra. Il film è circolato anche col titolo *Metti, Celentano e Mina...*.

Urlo, L' *½ (Italia 1970, col, 87') Tinto Brass. Con Tina Aumont, Luigi Proietti, Tino Scotti, Nino Segurini, Osiride Pevarello, Germano Longo, Edoardo Florio, Giorgio Gruden, Attilio Corsini. ◆ La contestatrice Anita (Aumont, doppiata da Mariangela Melato) fugge dall'altare e segue un attore (Proietti) in un viaggio in cui incontra un filosofo naturista e cannibale (Pevarello), un'originale casa di piacere (lo «spermotel»), soldati che danno la caccia agli hippie e un manicomio del quale apre le celle. Concepito come un happening o un «cadavere squisito» surrealista (ma sempre sull'orlo di un musical naïf) e paragonabile ai posteriori *La montagna sacra* e *Sweet Movie*, un tentativo di far corrispondere l'anarchismo programmatico dei contenuti alla libertà della forma. In definitiva innocuo e goliardico, anche se una miniera di trovate per i film successivi del regista. Scritto e montato da Brass, con dialoghi di Proietti e Giancarlo Fusco. Canzoni di Fiorenzo Carpi, con deliranti testi brassiani. Prodotto nel '68 e presentato al festival di Berlino nel '70, ebbe problemi di censura e in Italia uscì solo nel 1972. Originariamente prodotto da Dino De Laurentiis, che poi si ritirò.

Urlo dei sioux, L' * (*Buffalo Bill in Tomahawk Territory*, Usa 1952, b/n, 66') Bernard B. Ray. Con Clayton Moore, Sharon Dexter, Slim Andreys, Tom Hubbard, Chief Thundercloud. ◆ Alcuni banditi camuffati da indiani impediscono a Buffalo Bill (Moore) di consegnare ai sioux una mandria di bovini, secondo gli ordini del governo americano. Il capo degli indiani, Nuvola Bianca, arriva a condannare a morte il proprio figlio Cervo Nero per aver attaccato gli americani, ma Buffalo Bill, convinto dell'innocenza del ragazzo, consegna i banditi alla giustizia e la mandria a Nuvola Bianca. Un western di scarso rilievo, che tenta di trasformare la leggenda di Buffalo Bill in una vera e propria agiografia.

Urlo della battaglia, L' ***½ (*Merrill's Marauders*, Usa 1962, col, 82') Samuel Fuller. Con Jeff Chandler, Ty Hardin, Peter Brown, Andrew Duggan, Will Hutchins, Claude Akins, Luz Valdez. ◆ Agli ordini del generale Frank Merrill (Chandler), un battaglione di truppe anfibie americane compie prodigi di valore contro i giapponesi in Birmania: dopo innumerevoli scontri sono ridotti in cento – da 3 mila che erano all'inizio – e anche Merrill muore per le malattie tropicali, ma l'obiettivo verrà raggiunto. «Il più originale, il più concreto, il più realista dei film di guerra di Fuller», quello che riesce meglio di tutti a far capire allo spettatore che la guerra è l'esplorazione dei limiti fisici e mentali della sopportazione umana. Coerentemente con questa tesi non ci sono figure emergenti, né messaggi politici o arringhe umanitarie, ma solo una specie di «documentario sullo sfinimento» riassunto nella frase di Merrill: «fino a quando potete fare un altro passo, potete combattere». Il finale, inutilmente epico, non è di Fuller che avrebbe voluto una chiusura più dura, così come il montaggio è stato curato dalla Warner e non dal regista. Il titolo originale, «i predatori di Merrill», si riferisce al soprannome che i soldati si erano dati.

Urlo della città, L' **½ (*Cry of the City*, Usa 1948, b/n, 95') Robert Siodmak. Con Victor Mature, Richard Conte, Fred Clark, Shelley Winters, Debra Paget, Hope Emerson. ◆ Il gangster Martino Rosky (Conte) fugge dal penitenziario e cerca disperatamente di comprare un biglietto per il Sudamerica, ma sulle sue tracce si mette il tenente Vittorio Candella (Mature) che di Rosky era stato compagno di giochi a Little Italy: in un ultimo, tragico duello nei pressi di una chiesa sarà la legge a trionfare. Girato con uno stile «sporco» e realistico, quasi tutto in esterni reali, il film – sceneggiato da Richard Murphy – esplora il tema del doppio evitando (almeno fino a dove lo permette la morale hollywoodiana) il facile manicheismo: il «cattivo» Martino si fa chiamare Angelo, veste sempre di bianco, ama teneramente la sua ragazza (Paget, qui al suo esordio) e uccide solo per legittima difesa, mentre il «buono» Vittorio veste sempre di nero, non ha scrupoli nell'arrestare la gente ed è invidioso della fortuna e del successo con le donne del gangster. In originale il personaggio di Conte si chiama Martino Roma. Remake di José Giovanni nel 1971 (*Un aller simple*, inedito in Italia).

Urlo della folla, L' ** (*The Crowd Roars*, Usa 1932, b/n, 85') Howard Hawks. Con James Cagney, Joan Blondell, Ann Dvorak, Eric Linden, Guy Kibbee, Frank McHugh. ◆ Il campione automobilistico Joe Greer (Cagney) cerca di convincere il fratello Eddie (Linden) a non fare la stessa pericolosa professione, ma non ci riesce: la rivalità si scatena, accentuata dall'alcol e dall'amore, ma alla fine un incidente farà riconciliare i fratelli che vinceranno una gara correndo insieme. Cagney, sotto contratto con la Warner, per una volta evade dal solito ruolo di cattivo e malvivente. Uno, ma non tra i migliori, dei diversi film sull'amicizia virile diretti da Hawks. Girato anche in versione francese (*La foule hurle*, coregia di Jean Daumery, con Jean Gabin, Frank O'Neill, Hélène Perdrière e Francine Mussey). Rifatto nel 1939 da Lloyd Bacon (*Indianapolis Speedway* con Pat O'Brien, John Payen, Ann Sheridan e Gale Page, inedito in Italia).

Urlo dell'inseguito, L' **½ (*Cry of the Hunted*, Usa 1953, b/n, 80') Joseph H. Lewis. Con Vittorio Gassman, Barry Sullivan, Polly Bergen, William Conrad. ◆ Il tenente Tannen (Sullivan) insegue l'evaso Jody (Gassman), un cajun, fin nelle paludi della Louisiana: impegnati entrambi nella lotta per sopravvivere, deporranno le ostilità e ammetteranno la stima (se non si tratta d'altro) reciproca. La sceneggiatura di Jack Leonard è tutt'altro che brillante, ma Lewis è maestro nel saper trarre il massimo dal minimo. Un concitato inizio metropolitano (bellissimo il piano sequenza in cui Jody sale su un tram per un soffio), una delirante sequenza onirica e un lungo inseguimento tra sabbie mobili e coccodrilli che sembra la versione dilatata del finale di *Duello al sole*. Una miniera di cliché che sarà saccheggiata da mille film a venire, e che è divertente vedere in una forma quasi primigenia. L'unica gemma nella prima, sfortunata parentesi americana di Gassman. Esiste una versione colorizzata.

Urlo dell'odio, L' *½ (*The Edge*, Usa 1997, col, 117') Lee Tamahori. Con Anthony Hopkins, Alec Baldwin, Elle Macpherson, Harold Perrineau, L.Q. Jones. ◆ Il miliardario newyorkese Charles Morse (Hopkins) e il fotografo di moda - e dongiovanni - Robert Greene (Baldwin) scampano a un disastro aereo nell'Alaska infestata dagli orsi: la lotta per la sopravvivenza sarà complicata dal fatto che Greene è l'amante della moglie-modella (Macpherson) di Morse. Scritto da David Mamet, un film avventuroso-catastrofico che tenta di giocare con le regole del genere e di scardinare dall'interno il tema dell'amicizia virile (la presenza della Macpherson è funzionale solo al rapporto tra i due uomini). I risultati però, anche per colpa dei due attori, sono al limite del ridicolo, e la cosa che riesce meglio al regista è filmare gli straordinari scenari naturali dell'Alaska.

Urlo di Chen terrorizza anche l'Occidente, L' **½ (*Menglong guojiang*, noto anche coi titoli inglesi *Return of the Dragon* e *Way of the Dragon*, Hong Kong 1972, col, 100') Bruce Lee. Con Bruce Lee, Nora Miao, Malisa Longo, Chuck Norris, George Wall. ◆ Yan-Chen (Lee) deve sgominare una banda che ha al suo servizio tre campioni internazionali di karate: l'osso più duro, il campione americano (Norris), sarà vinto da Chen dopo uno scontro avvenuto a Roma, nel Colosseo, e durato un giorno intero. Ormai famoso, Bruce Lee si assicura il controllo artistico e produttivo della propria immagine, e sceglie set internazionali.Il risultato è godibilmente naïf, e irresistibile nel crescendo di scene d'azione.

Urlo e la furia, L' ** (*The Sound and the Fury*, Usa 1959, col, 115') Martin Ritt. Con Yul Brynner, Joanne Woodward, Ethel Waters, Jack Warden, Albert Dekker. ◆ Nel profondo Sud degli Stati Uniti la ricca famiglia Compson è allo sbando: Jason (Brynner) cerca di tenerla unita, ma si deve scontrare con la giovane Quentin (Woodward) alla ricerca della propria indipendenza. Dramma sociale a forte contenuto politico che non prova neanche a conservare l'ombra della complessità del romanzo di William Faulkner (*L'urlo e il furore*) da cui è tratto.

Urlo nella notte, Un ** (*No Down Payment*, Usa 1957, b/n, 105') Martin Ritt. Con Joanne Woodward, Jeffrey Hunter, Sheree North, Tony Randall, Cameron Mitchell, Patricia Owens, Barbara Rush, Pat Hingle. ◆ Le vicende di quattro coppie della borghesia americana: tradimenti, alcolismo e insicurezza minano i loro rapporti e per qualcuno è in vista anche un finale tragico. Dramma psicologico di impostazione teatrale che lo sceneggiatore Philip Yordan ha tratto dal romanzo di John McPartland, all'epoca molto lodato per l'analisi sociologica dei ceti medi e dei sobborghi metropolitani (allora nuovi al cinema), ma oggi sopportabile solo per la presenza di ottimi attori, tutti marchiati Actors' Studio.

Ursus ** (Italia/Spagna 1960, col, 95') Carlo Campogalliani. Con Ed Fury, Cristina Gajoni, Moira Orfei, Mario Scaccia, Soledad Miranda. ◆ Ursus (Fury) ritorna dalla guerra e scopre che la fidanzata Attea (Orfei) è stata rapita, e che il mercante Kimos (Scaccia) è complice dei rapitori. Si reca con la schiava cieca Zoreide (Gajoni) alla ricerca dell'amata, che è diventata una crudele regina: per questo la uccide, e sposa Zoreide, che nel frattempo ha recuperato la vista. Trasformando in protagonista un personaggio preso da *Quo Vadis?* esordisce sugli schermi italiani un eroe mitologico destinato a un grande successo popolare, diretto dal veterano Campogalliani, che aveva esordito con i film acrobatici degli anni Dieci: «sceneggiatura delirante, scenografia stravagante, avvenimenti stupefacenti di carattere onirico si succedono a ritmo accelerato» e non manca qualche idea originale, come la passeggiata nella foresta pietrificata.

Ursus gladiatore ribelle *½ (Italia 1962, col, 95') Domenico Paolella. Con Dan Vadis, José Greci, Alan Steel [Sergio Ciani], Gloria Milland, Andrea Aureli, Gianni Santuccio, Tullio Altamura, Nando Tamberlani, Sal Borgese. ◆ Ribellandosi al potere romano, il gladiatore Ursus (Vadis) guida gli altri gladiatori verso la libertà. Rivisitazione approssimata del mito di Spartaco realizzata con una certa abbondanza di mezzi e di comparse.

Ursus, il terrore dei Kirghisi *½ (Italia 1964, col, 90') Anthony Dawson [Antonio Margheriti], Ruggero Deodato. Con Reg Park, Ettore Manni, Mireille Granelli, Furio Meniconi, Lilly Mantovani, Maria Teresa Orsini. ◆ Ursus (Park) è accusato di essere un mostro spietato che compie stragi notturne: ma il vero colpevole è la regina Aniko (Granelli), che si trasforma in belva grazie a un filtro magico. Molto liberamente ispirato allo *Strano caso del dottor Jekyll e mister Hyde*, un film mitologico con atmosfere horror, girato da Deodato e supervisionato da Margheriti.

Ursus nella terra del fuoco * (Italia 1963, col, 91') Giorgio C. Simonelli. Con Ed Fury, Luciana Gilli, Claudia Mori, Nando Tamberlani, Adriano Micantoni. ◆ Con la complicità della nipote Milla (Mori), il feroce Amilcare (Micantoni) usurpa il trono del re Lotar (Tamberlani) e fa sparire la legittima erede Diana (Gilli): Ursus (Fury) ristabilisce l'ordine e punisce i cattivi. Un peplum senza molte idee.

Ursus nella valle dei leoni * (Italia 1962, col, 94') Carlo Ludovico Bragaglia. Con Ed Fury, Alberto Lupo, Mary Marlon, Giacomo Furia, Moira Orfei, Michele Malaspina, Mariangela Giordano. ◆ Sfuggito alla strage che ha distrutto la sua famiglia, Ursus (Fury) è allevato dalle belve della valle dei leoni: diventato adulto saprà vendicarsi di chi (Lupo) gli aveva usurpato il trono. A metà tra la mitologia e la rilettura biblica (l'episodio di Daniele e il leone), un film decisamente senza vigore.

Uscita dalle fabbriche Lumière, L' **** (*La Sortie des usines Lumière*, Francia 1895, b/n, 50 secondi) Louis Lumière. Con le operaie e gli operai delle fabbriche Lumière. Il primo film della storia. Nella metà destra dell'inquadratura il portone delle fabbriche a vapore di Montplaisir è spalancato e da qui escono prima le donne e poi gli uomini – qualcuno in bicicletta – poi una carrozza tirata da due cavalli: in totale un centinaio di persone. Si vede un grosso cane che compie dei salti. Arriva il portiere che chiude in fretta i battenti. Girato con la collaborazione di Francis Doublier presumibilmente il 19 marzo 1895 e proiettato a Parigi il 22, è il primo film che sia stato pensato e utilizzato per una proiezione pubblica e continuativa: da qui il vanto di aver dato il via al cinema (perché se gli esperimenti di Louis-Aimé-Auguste Leprince in Francia e quelli di Thomas Alva Edison negli Stati Uniti sono precedenti, si tratta solo di prove su pellicole e non di riprese destinate a una proiezione pubblica). Di questo primo film, però, si sono conservati solo due fotogrammi: la copia che è arrivata fino a noi e che faceva parte del programma offerto durante la prima proiezione pubblica a pagamento della storia del cinema (quella del 28 dicembre 1895 nel sottosuolo di un caffè sul boulevard des Capucines, a Parigi, data da cui si fa tradizionalmente iniziare la storia del cinema) è almeno il terzo rifacimento di quella stessa «uscita», proiettato per la prima volta a Parigi l'11 luglio 1895 e probabilmente filmato alla fine di giugno o nei primissimi giorni di luglio: non c'è nessuna carrozza che esce dal portone delle fabbriche e sia gli uomini che le donne hanno vestiti dichiaratamente estivi. La seconda versione (ritrovata nel 1988 dall'Istitut Lumière di Lione) si differenzia dalle altre due perché si vede uscire una carrozza tirata da un solo cavallo e le persone hanno vestiti meno leggeri, il che fa supporre che sia stata girata nell'aprile del 1895. In ogni caso l'esistenza di versioni successive dimostra che non si trattava di documenti ripresi dal vivo, ma di «inquadrature messe in scena con cura, con delle comparse che si sforzavano di essere il più naturali possibile», così come (specie nei film successivi, a cominciare dal celeberrimo *Arrivo di un treno nella stazione di La Ciotat*) la posizione dell'osservatore dimostra la volontà di «cercare l'angolo di ripresa da cui la macchina da presa possa riprendere il movimento maggiore possibile, nel modo più armonioso possibile». Il che fa indiscutibilmente di Louis Lumière il primo autentico metteur en scène della storia del cinema.

U.S. Marshals – Caccia senza tregua ** (*U.S. Marshals*, Usa 1998, col, 127') Stuart Baird. Con Tommy Lee Jones, Wesley Snipes, Robert Downey jr, Irène Jacob, Joe Pantoliano, Kate Nelligan, Latanya Richardson. ◆ Il testardo agente Samuel Gerard (Jones) di *Il fuggitivo* diventa protagonista: deve catturare un ex agente del controspionaggio (Snipes), accusato di aver venduto informazioni ai cinesi e fuggito durante un incidente aereo. Ma la versione dei fatti che gli fornisce l'agente della Cia (Downey jr) che gli sta alle costole non lo convince granché. Snipes è molto meno simpatico di Harrison Ford (fa il bullo e usa la pistola), e così il ribaltamento di prospettiva incrina la suspense: anche perché l'intreccio (di John Pogue) è un po' troppo macchinoso. Rimangono solo le scene d'azione mastodontiche e tonitruanti (stavolta c'è l'aereo al posto del treno), tra (modesti) prodigi digitali e (impressionanti) stunt veri. Più che un sequel, una fotocopia venuta male.

Ussaro sul tetto, L' *½ (*Le Hussard sur le toit*, Francia 1995, col, 136') Jean-Paul Rappeneau. Con Olivier Martinez, Juliette Binoche, Isabelle Carré, François Cluzet, Pierre Arditi, Jean Yanne, Laura Marinoni, Paul Chevillard, Richard Sammel, Claudio Amendola, Carlo Cecchi. ◆ Provenza 1832: braccato da un gruppo di agenti austriaci che vogliono eliminare i carbonari italiani esiliati in Francia, Angelo (Martinez) non può che fuggire nelle zone dove si sta propagando il colera. Così, per evitare contagio e cordoni sanitari, unirà le sue forze con quelle di Pauline (Binoche), una nobildonna che cerca di ritrovare il marito da cui è stata separata per colpa dell'epidemia. A Rappeneau non riesce più il colpo del *Cyrano*: riducendo per lo schermo il romanzo di culto di Jean Giono (che sceneggia insieme a Nina Companeez e Jean-Claude Carrière), cerca di ritrovare negli spazi incontaminati della Provenza, con le sue distese segnate da boschi e montagne, un corrispettivo della capacità descrittiva che possiede il fraseggio del romanzo. Così, al centro del film, più che la prevedibile storia d'amore tra Angelo e Pauline, c'è l'andirivieni dei personaggi, c'è lo «spazio» e la «distanza». Rappeneau filma con grandi panoramiche e maestosi movimenti di macchina, riempie la scena con masse da kolossal ma perde di vista il senso della storia e riduce tutto a una specie di teatrino senza un vero burattinaio. Piccola parte per Gérard Depardieu nel ruolo del commissario di polizia.

Usurpatore, L' *** (*Tower of London*, Usa 1939, b/n, 93') Rowland V. Lee. Con Basil Rathbone, Boris Karloff, Barbara O'Neil, Ian Hunter, Vincent Price, Ralph Forbes, Nan Grey. ◆ Inghilterra, XV secolo: Riccardo, duca di Gloucester e fratello del re Edoardo IV (Hunter), per salire al trono elimina a uno a uno tutti gli eventuali pretendenti con l'aiuto del suo boia, Mord (Karloff). Ma Enrico Tudor (Forbes) torna dall'esilio francese e mette fine al suo piano nella battaglia di Bigworth (1485), diventando re col nome di Enrico VII. La Universal cerca nuovi ambiti per l'horror fantastico e approda alla tragedia storica: l'incarnazione del Male non è più appannaggio di creature inventate, ma di personaggi realmente esistiti e non meno mostruosi. Esperimento originale e più che riuscito, ma senza seguito, *L'usurpatore* è un film quasi sadiano, con una messinscena che oscilla tra la ricostruzione fedele e l'allucinazione (le scene di battaglia, risolte come ombre cinesi). L'interpretazione dell'onnipotenza malefica è affidata a un cast di prim'ordine: sprezzante e glaciale Rathbone nella sua lotta senza scrupoli per il potere; terrificante il carnefice Karloff, che perde la pietosa deformità di Frankenstein e l'ironia di altre caratterizzazioni per affrontare con efficace sobrietà uno dei personaggi più difficili della sua carriera. Remake semiparodistico di Roger Corman nel 1962, *La torre di Londra*, con Vincent Price (che qui interpreta il ruolo di Clarence) al posto di Rathbone.

U-Turn – Inversione di marcia *½ (*U-Turn*, Usa 1997, col, 125') Oliver Stone. Con Sean Penn, Jennifer Lopez, Nick Nolte, Claire Danes, Joaquin Phoenix, Billy Bob Thornton, Powers Boothe, Jon Voight, Julie Hagerty, Bo Hopkins, Valery Nikolaev, Laurie Metcalf, Liv Tyler. ◆ A Bobby Cooper (Penn), inseguito da mafiosi russi cui deve dei soldi, si guasta la macchina in un micidiale paesino dell'Arizona: e non trova di meglio che mettersi tra moglie (Lopez) e marito (Nolte) che si vogliono far fuori. John Ridley ha adattato il suo romanzo *Cani randagi*: ma il film sembra un mix di *Fuori orario* (la situazione senza vie d'uscita), *Cuore selvaggio* (i freak in mezzo al deserto) e *Brivido caldo* (sesso e triangoli mortali). Stone sembra tentare di agganciarsi in ritardo al carrozzone pulp – cinismo di maniera e cattiveria sopra le righe – conservando i soliti vezzi di stile, a partire dalle nuvole velocizzate. Ma il grottesco è sempre fine a se stesso, e a un passo dal ridicolo. E anche Morricone, in colonna sonora, si autocita pedantemente.

Utz **½ (*Utz*, Gb 1991, col, 95') George Sluizer. Con Armin Müller-Stahl, Brenda Fricker, Peter Riegert, Paul Scofield, Miriam Karlin. ◆ Un gallerista di New York, Marius Fischer (Riegert) si reca a Praga per scoprire che fine ha fatto la straordinaria collezione di statuine di porcellana di Meissen che il barone cecoslovacco Kaspar Joakim von Utz (Müller-Stahl) aveva collezionato durante tutta una vita e che era riuscito a salvare dall'insensibilità culturale dei funzionari comunisti. Tratto dal romanzo omonimo di Bruce Chatwin e sceneggiato da Hugh Whitmore, il film (prodotto dalla Bbc) è costruito con un complicato procedimento di flashback a incastro (la storia si svolge durante molti anni e ripercorre prima l'amicizia di Fischer con Utz e poi i suoi ripetuti tentativi di convincere il barone a vendergli la collezione) così che risulta di difficile comprensione a chi non ha letto prima il libro. Questo procedimento narrativo è però necessario per rendere in immagini l'ossessione di un collezionista e il suo personalissimo rapporto con la bellezza degli oggetti, specie di feticismo che rivendica (anche con un po' di schematismo) la contrapposizione tra spiritualità della cultura e materialismo del potere. Utz all'età di diciotto anni è interpretato dal figlio di Müller-Stahl, Christian.

Vacanza, La *½ (Italia 1971, col, 105') Tinto Brass. Con Vanessa Redgrave, Franco Nero, Leopoldo Trieste, Corin Redgrave, Margarita Lozano, Germana Monteverdi. ◆ Immacolata (Redgrave), una contadina veneta in permesso dal manicomio, si gode per breve tempo la vita assieme a un bracconiere (Nero) e a una compagnia di irregolari: ma quando scatena una mezza rivoluzione in fabbrica, viene internata di nuovo. Brass (che firma la sceneggiatura con Vincenzo Maria Siniscalchi) continua a raccontare la stessa storia di *Dropout*, scambiando i ruoli degli attori: un apologo sulla follia come ribellione sociale, ispirato a un «ribellismo da osteria». Bizzarro ma col fiato corto. Ultimo film prima della «conversione» al pornosoft che comincia quattro anni dopo con *Salon Kitty*

Vacanza all'inferno, Una * (Italia 1997, col, 107') Tonino Valerii. Con Marco Leonardi, F. Murray Abraham, Giancarlo Giannini, Mirka Viola, Rolando Ravello, Alessandro Zamattio, Daryl Gwan. ◆ Trovato imbottito d'eroina, un innocente tassista romano (Leonardi) conosce gli orrori delle carceri thailandesi: dove gli aguzzini peraltro parlano in perfetto italiano. Fughe, tradimenti, spaghettate in cella, Abraham che replica il suo ruolo di prigioniero paterno di *Un uomo innocente* e Giannini che fa smorfie indegne della sua bravura: sarà una storia vera (tratta dal romanzo *Bangkwang* di Fabrizio Paladini, sceneggiato dal regista e dal produttore Enzo Gallo), ma è cinema di genere al minimo, repertorio del *déjà vu* senza brividi né indignazione civile. Anche se «dichiarato di interesse culturale nazionale» e finanziato coi nostri soldi, come strillano i titoli di testa.

Vacanza bestiale, Una * (Italia 1980, col, 92') Carlo Vanzina. Con I Gatti di Vicolo Miracoli [Jerry Calà, Umberto Smaila, Franco Oppini, Nini Salerno], Diego Abatantuono, Teo Teocoli, Lorella Morlotti. ◆ Quattro amici (I Gatti) organizzano vacanze per spennare i turisti ignari che capitano nelle loro grinfie. Umorismo paratelevisivo e parrocchiale, regia al di sotto delle soglie della professionalità.

Vacanza del cactus, Una * (Italia 1981, col, 95') Mariano Laurenti. Con Anna Maria Rizzoli, Enzo Cannavale, Bombolo [Franco Lechner], Vincenzo Crocitti, Graziella Polesinanti, Mario Brega. ◆ L'industriale Zerboni (Cannavale) è andato in vacanza a Rodi con l'intenzione di sedurre la dipendente Angela (Rizzoli). Nascono equivoci e malintesi, complicati anche dall'arrivo della moglie di Zerboni. Stanca ripetizione degli schemi della commediaccia. La Rizzoli, lanciata come la nuova Fenech, ha avuto scarsa fortuna cinematografica.

Vacanze africane *½ (*L'Africain*, Francia 1982, col, 100') Philippe de Broca. Con Catherine Deneuve, Philippe Noiret, Jean-François Balmer, Joseph Momo, Vivian Reed. ◆ Un'agente di viaggi (Deneuve) vuole aprire un villaggio turistico in Africa e ritrova l'ex marito (Noiret) che si era colà rifugiato per fuggire alla civiltà. Banalità esotiche con un cast sprecato.

Vacanze a Ischia *½ (Italia/Francia/Rft 1957, col, 100') Mario Camerini. Con Vittorio De Sica, Isabelle Corey, Nadia Gray, Antonio Cifariello, Maurizio Arena, Nino Besozzi, Peppino De Filippo, Paolo Stoppa, Myriam Bru. ◆ Episodi balneari a Ischia: una francese (Bru) viene processata per oltraggio al pudore; un ingegnere (De Sica) si crede cornuto; un turista (Besozzi) teme di essere responsabile della morte di uno scugnizzo che si è tuffato per recuperare una monetina. Archeologia dell'Italia che fu, diretta da Camerini con garbo innocuo. Angelo Rizzoli, produttore, aveva appena fatto degli investimenti turistici nell'isola.

Vacanze a Natale ** (*Christmas Holiday*, Usa 1944, b/n, 92') Robert Siodmak. Con Deanna Durbin, Richard Whorf, Gene Kelly, Gale Sondergaard, Gladys George, Dean Harens. ◆ Una giovane (Durbin), il cui marito (Kelly) è in prigione per omicidio, ossessionata dalla suocera espia una colpa inesistente facendo l'entraîneuse: un ufficiale di marina la salverà dal marito evaso. Senza Deanna Durbin sarebbe potuto essere un buon noir: il tentativo di dare spessore drammatico all'ex enfant prodige (che comunque canta un paio di canzoni) scontentò il pubblico e rimase senza seguito. Ma anche Kelly non convince appieno. Herman Mankiewicz ha adattato il romanzo di William Somerset Maugham.

Vacanze bollenti per quei pazzi, pazzi porcelloni * (*Hardbodies 2*, Usa 1986, col, 95') Mark Griffiths. Con Brad Zutaut, Fabiano Udinio, James Karen, Alba Francesca, Roberta Collins. ◆ Una troupe cinematografica si reca in Grecia per realizzare un film semiporno, durante la lavorazione ne capitano di tutti i colori. Pietoso e pruriginoso. Il prototipo della serie (*Hardbodies*, 1984, sempre di Mark Griffiths) non è mai arrivato in italia.

Vacanze col gangster ** (Italia 1952, b/n, 90') Dino Risi. Con Mark Lawrence, Giovanna Pala, Mario Girotti, Lamberto Maggiorani, Gaetano Pessina, Luciano Caruso, Alfredo Baldieri, Antonio Macchi. ◆ I ragazzi della «Banda di Montecristo» raccolgono l'appello di un condannato innocente (Maggiorani) e decidono di farlo evadere: gli mandano un messaggio in una torta, che finisce per sbaglio nelle mani di un pericoloso gangster, Jack Mariotti (Lawrence). Senza saperlo, i ragazzi faranno scappare lui, ma per fortuna interverrà la polizia. Primo film di fiction per Dino Risi, che fino ad allora si era dedicato al documentario: un esordio curioso, ma marginale, che non lascia ancora prevedere la svolta verso la commedia all'italiana (cinque anni dopo, con *Poveri ma belli*). Sceneggiatura di Risi ed Ennio De Concini. In una piccola parte debutta sullo schermo Carlo Pedersoli, in seguito Bud Spencer.

Vacanze d'amore *½ (Italia/Francia 1954, col, 95') Jean-Paul Le Chanois. Con Robert Lamoureaux, Lucia Bosé, Hélène Remy, Walter Chiari, Delia Scala, Umberto Spadaro, Jacqueline Plessis, Giovanni Grasso. ◆ In viaggio da Parigi a Cefalù per raggiungere la fidanzata (Remy), l'architetto Robert (Lamoureaux) fa la conoscenza dell'infermiera Teresa (Bosé): inevitabile che l'amicizia si trasformi poco a poco in amore. Una commediola balneare (la cui sceneggiatura è comunque firmata da Vitaliano Brancati, Vittorio De Seta e dal regista), interessante solo per le riprese nello squillante Ferraniacolor del «Village magique» di Cefalù, antesignano e pseudonimo del Club Méditérranée. In una scena di intrattenimento per i turisti, Lamoureaux rifà il celebre sketch dello specchio rotto, inventato (pare) da Max Linder. Walter Chiari, ai tempi boy-friend della Bosé, è Momo.

Vacanze d'estate → *Summer Holidays – Vacanze d'estate*

Vacanze di monsieur Hulot, Le *** (*Les Vacances de Monsieur Hulot*, Francia 1953, b/n, 96') Jacques Tati. Con Jacques Tati, Nathalie Pascaud, Michèle Rolla, Valentine Camax, René Lacourt, Louis Perrault. ◆ Gentile e solitario, il signor Hulot (Tati) provoca suo malgrado lo scompiglio in una località balneare. Se ne ripartirà solo com'è venuto. Prima comparsa del personaggio lunare e privo di parola che rese celebre Tati. Il film si limita ad accostare gag ed episodi che non vengono mai portati alle estreme conseguenze, ma lasciati sospesi, in equilibrio tra comicità slapstick e vaghezza poetica. Alla parola Tati preferisce i rumori (la prima gag, non a caso, è quella dei passeggeri vittime di un altoparlante incomprensibile): il suo è un cinema sommesso e pudico, acuto, venato di malinconia, e non sempre facile da amare. Conmolta discrezione, comincia la satira del mondo moderno, centrale nel successivo *Mio zio*. Tra le gag più celebri, l'imprendibile servizio di Hulot che gioca a tennis. Nel 1975, ispirandosi allo *Squalo*, l'anziano Tati aggiunse una nuova scena: quando Hulot si rivolta sulla canoa, questa assomiglia a un pescecane, e spaventa i bagnanti (aumentando la durata del film che prima era di 92').

Vacanze di Natale *½ (Italia 1983, col, 90') Carlo Vanzina. Con Jerry Calà, Christian De Sica, Stefania Sandrelli, Karina Huff, Claudio Amendola, Antonella Interlenghi, Marilù Tolo, Rossella Como. ◆ Versione sulla neve di *Sapore di mare*: a Cortina d'Ampezzo tra ricchi, arricchiti e finti ricchi, le coppie si fanno e si disfano, ma alla fine tutti rimangono con un po' d'amaro in bocca. La storia principale è quella di un pianista (Calà) che insegue una sua vecchia fiamma (Sandrelli). Enorme successo di pubblico, quando i Vanzina (Carlo dirige, Enrico è coautore della sceneggiatura) erano sulla cresta dell'onda. Ma la loro eredità continua – in peggio.

Vacanze di Natale 90 * (Italia 1990, col, 97') Enrico Oldoini. Con Massimo Boldi, Christian de Sica, Diego Abatantuono, Ezio Greggio, Andrea Roncato, Corinne Cléry, Maria Grazia Cucinotta, Moira Orfei. ◆ Si passa a Saint-Moritz, ma il livello, rispetto al precedente film di Vanzina, cala paurosamente. Boldi è il «cumenda» cornuto; Roncato fa il latin lover; De Sica viene preso a frustate dalla moglie; Greggio va in bianco; Abatantuono rispolvera il personaggio del terrunciello, ma (unico tocco geniale) è colto da afonia. Compiaciuta vetrina sulla volgarità degli anni Novanta, con ritmi e gag da televisione berlusconiana. Deprimente.

Vacanze di Natale 91 * (Italia 1991, col, 112') Enrico Oldoini. Con Alberto Sordi, Ornella Muti, Massimo Boldi, Christian De Sica, Enzo Greggio, Nino Frassica, Andrea Roncato. ◆ Italiani in vacanza a Saint-Moritz, assortiti per regioni: il solito repertorio di tette, rutti e corse al gabinetto. L'unica novità è legata alla presenza di Sordi (anche cosceneggiatore) nella parte di un cameriere che si trova a dover servire in un albergo la figlia rampante (Muti). Greggio, nella parte di un amante delle tenebre ossessionato dai fantasmi, tocca il fondo. Squallido e subito pronto per il passaggio televisivo.

Vacanze di Natale '95 ** (Italia 1995, col, 92') Neri Parenti. Con Massimo Boldi, Christian De Sica, Luke Perry, Cristiana Capotondi, Elizabeth Nottoli, Claire Ferris, Paolo Bonaceli, Renato Rossini, Angelo Bernabucci, Maurizio Mattioli, Paolo Conticini. ◆ Ad Aspen si intrecciano, per colpa di una valigia scambiata, le vacanze di due italiani: l'imbranato Lorenzo (Boldi), la cui figlia Marta (Capotondi) vuole a tutti i costi conoscere il protagonista di *Beverly Hills 90210* Luke Perry (se stesso), e lo strabordante Remo (De Sica), arrivato fin lì per riconquistare la moglie Kelly (Nottoli), stufa di sopportare il suo vizio per il gioco. Per una volta il film di Natale prodotto da Aurelio De Laurentiis fa almeno ridere: la sceneggiatura (del regista su un soggetto dei fratelli Vanzina) è inesistente come al solito, ma Boldi è davvero scatenato: triviale ma non volgare, usa il corpo per sopperire alla mancanza di battute e nella scena della doccia è davvero insuperabile.

Vacanze d'inverno * (Italia/Francia 1959, col, 108') Camillo Mastrocinque. Con Alberto Sordi, Michèle Morgan, Vittorio De Sica, Eleonora Rossi Drago, Dorian Gray, Renato Salvatori, Vira Silenti, Georges Marchal, Christine Kaufmann, Pierre Cressoy, Mario Valdemarin, Denise Provence, Enzo Turco, Ruggero Marchi, Mercedes Brignone. ◆ A Cortina d'Ampezzo, durante le vacanze di fine anno, si intrecciano vicende comiche e sentimentali: il ragionier Moretti

(Sordi), la cui figlia (Kaufmann) ha vinto un concorso della tivù, cerca di sedurre una contessa (Rossi Drago), il cui marito (Cressoy) fa la corte alla figlia (Silenti) del portiere del Grand Hotel (De Sica); la moglie (Morgan) di un indaffaratissimo uomo d'affari si lascia sedurre da un timido sportivo (Salvatori); un'attrice (Gray) architetta uno scandalo per spingere il suo amante principe (Valdemarin) a rivelare la loro relazione. Quasi un film a episodi tenuti insieme dall'unità di luogo (il Grand Hotel di Cortina): sceneggiatura inesistente (di Oreste Biancoli, Rodolfo Sonego e Jacques Sigurd) e macchiette senz'anima, prototipo dei film realizzati dai Vanzina trent'anni dopo.

Vacanze in America * (Italia 1984, col, 89') Carlo Vanzina. Con Jerry Calà, Christian De Sica, Claudio Amendola, Antonella Interlenghi, Edwige Fenech, Gianmarco Tognazzi. ◆ Per Natale un gruppo di studenti viene portato in vacanza negli States e affidato alle cure di don Buro (De Sica): per quanto circuìto da una divorziata (Fenech), riuscirà a risolvere i problemi dei suoi studenti, che hanno perso tutto a Las Vegas. Banalità turistiche, battute sentite mille volte, situazioni da cui è impossibile spremere della nuova comicità.

Vacanze in Val Trebbia ** (Italia 1980/81, col, 55') Marco Bellocchio. Con Marco Bellocchio, Gisella Burinato, Piergiorgio Bellocchio, Gianni Schicchi, Beppe Ciavatta, Gionata Cella. ◆ Il regista va con la moglie e il figlioletto in vacanza nella sua casa di Bobbio, nell'Appennino piacentino, che non sa se vendere o meno. Le giornate trascorrono tra cene con gli amici del luogo, battibecchi con la moglie, riunioni di parenti, feste che si trasformano in assemblee o sedute di autocoscienza, ricordi d'infanzia, nostalgia, sogni, incubi, nervosismo, insoddisfazione, voglia di evasione. Film sperimentale, a metà strada tra il documentario e la fiction visionaria: un personale ritratto di famiglia che si amplia fino a diventare la radiografia di un'epoca e di una generazione alle prese con i primi gravi sintomi del mal di vivere dopo le travolgenti speranze degli anni Sessanta e Settanta. Bellocchio, che non ha ancora incontrato lo psicoanalista Fagioli, con la sua mimica sincopata, la sua ironica intolleranza e il suo charme discreto ricorda curiosamente il Michele Apicella di Nanni Moretti.

Vacanze per un massacro **½ (Italia 1980, col, 86') Fernando di Leo. Con Joe Dallesandro, Lorraine De Selle, Patricia Behn, Gianni Macchia. ◆ Evaso da Volterra, il rapinatore Joe Brezzi (Dallesandro) torna nella casa di campagna dove aveva nascosto il bottino, trovandovi tre borghesi poco raccomandabili: marito (Macchia), moglie (Behn) e cognata (De Selle) che ha una tresca col primo. E sotto la minaccia del delinquente, i tre daranno il peggio di sé. Da un soggetto di Mario Gariazzo adattato dal regista, quasi un *Kammerspiel* cinico e sgradevole, con ovvie ombre di *Teorema* e dosi massicce di sesso. E anche se è un *no-budget*, di Leo non rinuncia a dirigere gli attori e caratterizzare con intelligenza i personaggi. Rititolato *Madness – Vacanze per un massacro*.

Vacanze romane **½ (*Roman Holiday*, Usa 1953, b/n, 119') William Wyler. Con Audrey Hepburn, Gregory Peck, Eddie Albert, Tullio Carminati, Paolo Carlini. ◆ Insofferente dell'etichetta, la principessa Anne (Hepburn), in visita a Roma, fugge da palazzo e conosce la vera città grazie a un giornalista (Peck) sull'orlo del licenziamento, che medita lo scoop. La fiaba di Cenerentola alla rovescia in una commedia leggerissima, dove i sentimenti rimangono inespressi. Wyler gira con grande eleganza anche se senza troppa convinzione. Inaugurò un filone di commedie romantiche ambientate nella città eterna, che comprende *Tre soldi nella fontana* e *Gli amanti devono imparare*. Audrey Hepburn, semisconosciuta, divenne una star e vinse l'Oscar. Altri due Oscar: al soggetto (di Ian McLellan Hunter, che firma anche la sceneggiatura con John Dighton; solo di recente sono stati riconosciuti ufficialmente i contributi di Ennio Flaiano e Suso Cecchi d'Amico, autori di tutte le ambientazioni e gag italiche, e di Dalton Trumbo, allora sulla lista nera) e ai costumi (Edith Head). Elegante fotografia di Henri Alekan e Franz Planer. Paola Borboni è una donna delle pulizie, un quasi irriconoscibile Maurizio Arena guida il furgoncino con cui Anna fugge dal palazzo. Un remake nel 1987.

Vacanze romane 2 * (*Roman Holiday*, Usa 1987, col, 100') Noel Nosseck. Con Catherine Oxenberg, Tom Conti, Ed Begley jr, Eileen Atkins. ◆ Remake televisivo dell'omonimo film di Wyler. Un giornalista fallito (Conti) passa dall'interessamento professionale al coinvolgimento affettivo per una giovane principessa in incognito (Oxenberg). Colori e ammodernamenti non giovano al risultato, che manca della grazia del modello.

Vacanze sulla neve * (*Fire and Ice*, Usa/Rft 1985, col, 83') Willy Bogner. Con John Eaves, Suzy Chaffee. ◆ Uno sciatore (Eaves) cerca una ragazza (Chaffee) che ha conosciuto l'anno prima. Spot pubblicitario per le località sciistiche americane, con una trama cretina che fa da collante a esibizioni acrobatiche. Musica da discoteca a manetta. Roba da decerebrati.

Vacca e il prigioniero, La ** (*La Vache et le prisonnier*, Francia/Italia 1959, b/n, 119') Henri Verneuil. Con Fernandel [Fernand Contandin], Pierre Louis, Richard Winckler, Inge Schoener, René Havard, Ellen Schwiers, Albert Rémy. ◆ Prigioniero in un campo di concentramento delle Alpi bavaresi, il francese Charles Bailly (Fernandel) escogita un modo originale per evadere: si mette a camminare tranquillo al fianco di una mucca. Il paradossale tentativo gli permette di attraversare tutta la Germania fino al confine con la Francia, dove però salirà su un treno sbagliato. Farsa bellica girata con garbo e record d'incasso stagionale: il film, sceneggiato da Henri Jeanson (che l'aveva pensato per Bourvil) con il regista e Jean Manse, rivoluziona la formula della commedia comica francese, inserendo attori e situazioni del teatro da boulevard e da cabaret in una struttura narrativa più complessa e più ricca di mezzi, ambientata non più in interni ma in esterni e con numerosi cambiamenti di scena (formula che sarà portata al suo massimo d'efficacia da *Tre uomini in fuga*). Peccato che qui «la recitazione di Fernandel sia troppo ancorata ai vecchi metodi» per approfittare davvero dell'improvviso spazio aperto davanti al suo personaggio.

Vado a riprendermi il gatto *½ (Italia 1989, col, 102') Giuliano Biagetti. Con Barbara De Rossi, Mario Adorf, Enzo Fabbri, Pasquale Coletta, Jean-Pierre Cassel. ◆ Alceo Brancicaroli (Adorf) è un contadino romagnolo che ogni estate «affitta» per un mese una prostituta che gli tenga compagnia. Quando arriva Ester (De Rossi), Alceo si accorge che lei è diversa da chi l'ha preceduta, e finirà per sposarla. Fiacco e scontato, con ritmi da sceneggiato, velleità poetiche e timidi cenni di erotismo. Luigi Malerba collabora alla sceneggiatura.

Vado a vivere a New York *½ (*Naked in New York*, Usa 1994, col, 91') Dan Algrant. Con Eric Stoltz, Mary-Louise Parker, Kathleen Turner, Tony Curtis, Timothy Dalton, Jill Clayburgh, Ralph Macchio, Roscoe Lee Browne, Griffin Dunne, Colleen Camp. ◆ Il giovane commediografo Jake (Stoltz) lascia la sua ragazza (Parker) tra le grinfie di un seducente gallerista di provincia (Dalton) per andare a New York, dove un regista (Curtis) decide di mettere in scena un suo lavoro con un'attrice cialtrona (Turner) in cerca di rilancio. Una specie di *Stop a Greenwich Village* ambientato negli anni Ottanta, con manierismi e inserti surreali in puro stile anni Settanta. Scorsese, produttore esecutivo, giustifica il cast *monstre* e l'infinità di cammeo (Whoopi Goldberg è il mascherone del teatro che si anima; Arthur Penn, Eric Bogosian e gli scrittori Ariel Dorfman, Richard Price e William Styron compaiono nella parte di se stessi). Ma tutto trasuda di banalità, ed è sconfortante il finale all'insegna di un generico ottimismo. Musica di Angelo Badalamenti; scritto dal regista con John Warren.

Vado a vivere da solo *½ (Italia 1982, col, 98') Marco Risi. Con Jerry Calà, Elvire Audray, Lando Buzzanca, Francesco Salvi, Alessandra Panelli. ◆ Giacomino (Calà) abbandona la famiglia e va a vivere in una soffitta. Innamoratosi di una francesina (Audray), riesce alla fine a sposarla. Calà, eterno giovanotto del nuovo cinema comico, ripete le sue battute di repertorio. Il figlio di Dino Risi, al suo esordio, è ancora lontano dal «neo-neorealismo» di *Mery per sempre*.

Vado, l'ammazzo e torno ** (Italia 1967, col, 95') Enzo G. Castellari [Enzo Girolami]. Con George Hilton, Gilbert Roland, Edd Byrnes, Kareen O'Hara [Stefania Careddu], Pedro Sanchez [Ignazio Spalla], Gerard Herter, Ivano Staccioli. ◆ Un cacciatore di taglie che tutti chiamano «lo Straniero» (Hilton) è sulle tracce del bandito Montero (Roland) che ha svaligiato un treno carico d'oro ma non sa dove il suo complice Pajondo (Sanchez) l'ha nascosto. A complicare la caccia arriva prima la morte di Pajondo, poi l'avidità di un funzionario di banca (Byrnes). Un western all'italiana dall'intreccio volutamente tortuoso (sceneggiatura di Tito Carpi, Giovanni Simonelli e Castellari), che si distingue dall'abbondante produzione di genere per la sua spiccata e abbondante ironia. Gli esterni sono stati girati in Spagna.

Va' dove ti porta il cuore ** (Italia/Francia/Germania 1996, col, 102') Cristina Comencini. Con Virna Lisi, Margherita Buy, Galatea Ranzi, Valentina Chico, Massimo Ghini, Tcheky Karyo, Lavinia Guglielman, Luigi Diberti, Anna Teresa Rossini. ◆ Nel diario della nonna Olga (Lisi da vecchia, Buy da giovane), la nipotina Marta (Chico) trova le prove dell'infelice vita coniugale della donna, sposata senza amore ad Augusto (Ghini) e infelicemente innamorata di Ernesto (Karyo), che morì tragicamente dopo averla messa incinta di Ilaria (Ranzi), irrequieta madre di Marta. Come si porta sullo schermo il best seller della Tamaro senza farsi vampirizzare? La regista (cosceneggiatrice con Roberta Mazzoni) dà l'impressione di voler prendere le distanze da una materia così curiosamente «misogina» (arduo prendere le parti di una qualsiasi delle tre donne che si dividono la storia: la fredda nonna Olga, la complessata mamma Ilaria, la rabbiosa figlia Marta), mimetizzando dietro il complesso intreccio narrativo la filosofia spicciola e un po' troppo zuccherosa del romanzo. Ma il risultato è un melodramma che sembra non aver il coraggio della propria «melodrammaticità», dove non basta qualche lacrima per coinvolgere lo spettatore in un mondo freddo e distante.

Va' e uccidi *** (*The Manchurian Candidate*, Usa 1962, b/n, 126') John Frankenheimer. Con Laurence Harvey, Frank Sinatra, Janet Leigh, Angela Lansbury, Henry Silva, James Gregory. ◆ Il sergente Raymond Shaw (Harvey), dopo aver subìto il lavaggio del cervello da parte dei comunisti coreani, continua a essere vittima di raptus omicidi, dei quali intendono servirsi la madre (Lansbury) e il patrigno per disfarsi di un avversario politico di sinistra. Uno dei film di fantapolitica più originali e preoccupantemente chiaroveggenti (l'assassinio dell'uomo politico anticipa l'omicidio Kennedy), capace di restituire allo spettatore l'insicurezza politica che si respirava in quegli anni (e non a caso il film venne attaccato da destra, perché parlava di una congiura filofascista, e da sinistra, per il suo anticomunismo da guerra fredda). Frankenheimer e il suo sceneggiatore George Axelrod trovano soluzioni «tanto audaci quanto efficaci ai problemi posti dalla riduzione del romanzo di Richard Condon» senza risparmiare nessun effetto, ora barocco ora retorico ora illusionistico, per trasformare il film in un'opera surreale, affascinante e folle allo stesso tempo. La sequenza del lavaggio del cervello è di quelle che non si dimenticano, così come i ricordi subliminali che conservano alcuni soldati (come quello interpretato da Frank Sinatra).

Vagabondo a cavallo ** (*Saddle Tramp*, Usa 1950, col, 77') Hugo Fragonese. Con Joel McCrea, Wanda Hendrix, John Russell, John McIntire, Jeanette Nolan, Russell Simpson. ◆ Chuck Conner (McCrea), avventuriero senza legami che si sente responsabile della morte di un amico, adotta i suoi quattro figlioletti (a cui si aggiunge una ragazza in fuga, Della [Hendrix]) e si mette a lavorare nel ranch di Higgins (McIntire), al quale nasconde l'esistenza dei ragazzi. Ma saranno proprio loro ad aiutare Chuck nello scagionare Higgins dall'accusa di furto e a favorire il matrimonio tra il loro padre adottivo e Della, conquistandosi una nuova famiglia. Un western quasi rosa, con il tipico cowboy senza radici che trova la felicità dove meno se l'aspetta: nel ruolo più stanziale e tradizionale. L'argentino Fragonese, al suo secondo film hollywoodiano, si attiene alle regole del «western per bambini» mettendo il suo talento visionario nella composizione barocca della messinscena, intensa e smagliante per le soluzioni cromatiche adottate. Anche McCrea, abituato a ben altri ruoli, trova il giusto tono per interpretare il suo personaggio nel quadro di un'ironica e maliziosa rivisitazione del genere.

Vagabondo alla corte di Francia, Un ** (*If I Were King*, Usa 1938, b/n, 101') Frank Lloyd. Con Ronald Colman, Frances Dee, Basil Rathbone, Ellen Drew, Henry Wilcoxon. ◆ Il poeta e avventuriero François Villon (Colman) è chiamato dal re di Francia Luigi XI (Rathbone) a difendere il paese dai borgognoni. Riesce nell'impresa ma si attira gli odi e le gelosie della corte. La sceneggiatura di Preston Sturges non ha preoccupazioni di verosimiglianza storica: routine in costume.

Vagabondo della foresta, Il **½ (*Rachel and the Stranger*, Usa 1948, b/n, 93' poi rieditato a 79') Norman Foster. Con Loretta Young, William Holden, Robert Mitchum, Gary Gray, Tom Tully, Sara Haden, Frank Fergusson, Walter Baldwin, Regina Wallace. ◆ Per badare al figlio (Gray) e alla casa nella foresta, David (Holden) si compra come moglie Rachel (Young), che però sfrutta e trascura: ci vorranno le attenzioni di un vagabondo (Mitchum) e un attacco degli indiani perché padre e figlio imparino a rispettare e amare la donna. Curioso e pacato western sulla rude vita quotidiana dei pionieri, scritto da Waldo Salt con un tono quasi da commedia, senza avventure e senza pericoli (se si esclude l'attacco finale dei pellerossa). Indimenticabile Mitchum, curioso vagabondo canterino ricco di sottile ironia, che offre di ricomprare la Young a un prezzo migliore perché ne apprezza le qualità (e se ne è anche innamorato). Esiste una versione colorizzata.

Vagabondo delle frontiere, Il → *Kentuckiano, Il*

Vaghe stelle dell'orsa ** (Italia 1965, b/n, 100') Luchino Visconti. Con Claudia Cardinale, Jean Sorel, Renzo Ricci, Michael Craig. ◆ Sandra Luzzatti (Cardinale), sposata a Ginevra con Andrew Dawson (Craig), torna a Volterra, sua città natale, dove è perseguitata dal suo passato: l'ambiguo rapporto con il fratello Gianni (Sorel) – che si suicidò perché rifiutato dalla sorella – e la deportazione del padre ebreo a opera dei nazisti. Tragedia moderna che si ispira tanto all'*Elettra* di Sofocle che a *Forse che sì forse che no* di D'Annunzio – ricavando, da quest'ultimo, una certa magniloquenza. Gli intrecci tra passato e presente, le atmosfere allusive, i disfacimenti familiari sono il pane di Visconti: ma *Vaghe stelle dell'orsa* (sceneggiato insieme a Enrico Medioli e Suso Cecchi d'Amico) rientra nel novero dei suoi film riusciti a metà. Il Leone d'oro vinto al festival di Venezia fu più che altro un'ammenda a quelli negati a *La terra trema* e – soprattutto – a *Rocco e i suoi fratelli*. La Cardinale, comunque, non è mai stata così bella e sensuale.

Vagone letto per assassini **½ (*Compartiment tueurs*, Francia 1965, b/n, 95') [Constantin] Costa-Gavras. Con Simone Signoret, Yves Montand, Pierre Mondy, Catherine Allégret, Jacques Perrin, Pascale Roberts, Michel Piccoli, Jean-Louis Trintignant, Charles Denner, Claude Mann, Georges Géret. ◆ Gli occupanti di un vagone letto finiscono prima o poi nel mirino di un misterioso killer: a mettere l'ispettore Grazzi (Montand) sulla tracce dell'insospettabile colpevole sono, più o meno involontariamente, gli unici due superstiti, la spigliata Bambi (Allégret) e lo stralunato Daniel (Perrin). Il primo film di Costa-Gavras, da lui stesso adattato a partire dal romanzo di Sébastien Japrisot, è un giallo movimentato diretto con mestiere. Dietro l'esercizio di stile è difficile trovare traccia delle sue scelte future (nonostante l'idea dell'assassinio come atto gratuito per sviare le indagini della polizia), ma la direzione degli attori è impeccabile e giustifica la visione: dal laido impiegato Cabourg (Piccoli) alla sfiorita attrice Eliane (Signoret, nella realtà madre di Catherine Allégret) all'amorale Eric (Trintignant). Peccato che il doppiaggio faccia sparire la bella caratterizzazione italiana di Montand.

Vai alla grande * (Italia 1983, col, 91') Salvatore Samperi. Con Lara Wendel, Massimo Ciavarro, Danilo Mattei, Pippo Santonastaso, Dino Sarti. ◆ Quattro ragazzi in vacanza sull'Adriatico si occupano di barche a vela e si innamorano della stessa ragazza, Karin (Wendel): sarà Giorgio (Ciavarro), il più povero del gruppo, ad avere la meglio. Ennesimo tonfo di Samperi, grande promessa non mantenuta degli anni Sessanta italiani: «confrontato con questo film, *Sapore di mare* diventa, nel ricordo, un film di Lubitsch».

Vai avanti tu che mi vien da ridere *½ (Italia 1982, col, 92') Giorgio Capitani. Con Lino Banfi, Agostina Belli, Gordon Mitchell, Nando Paone, Aldo Massasso. ◆ Pasquale Bellachioma (Banfi), commissario di polizia alla ricerca del successo, segue la pista di un travestito (Belli) che può portarlo a smascherare un killer internazionale (Mitchell, già Maciste degli anni Sessanta). Il complotto fallisce e il travestito si rivela una donna. Equivoci già visti, battute usurate.

Vai gorilla ** (Italia 1975, col, 100') Tonino Valerii. Con Fabio Testi, Renzo Palmer, Al Lettieri, Claudia Marsani, Saverio Marconi. ◆ Marco Sartori (Testi), assunto come guardia del corpo dell'imprenditore edile Sampioni (Palmer), sventa le minacce di un gruppo di rapitori e consegna i pochi superstiti alla giustizia: ma nessuno gli dice grazie. Tonino Valerii, già assistente di Leone e specialista in spaghetti-western, si cimenta con esito discreto nel filone del poliziesco all'italiana. Truce e tagliato con l'accetta, ma meno cretino ed efferato di tanti prodotti analoghi.

Valanga * (*Avalanche*, Usa 1978, col, 91') Corey Allen. Con Rock Hudson, Mia Farrow, Robert Forster, Jeanette Nolan, Rick Moses, Barry Primus. ◆ Uno spregiudicato uomo d'affari (Hudson) costruisce un centro sciistico nel Colorado infischiandosene delle leggi e dell'ecologia. Ma la natura si vendica con una valanga. Nel micidiale filone catastrofico, un film senza novità prodotto, con scarso fiuto, da Roger Corman.

Valanga gialla *½ (*Retreat, Hell!*, Usa 1952, b/n, 95') Joseph H. Lewis. Con Frank Lovejoy, Richard

Carlson, Russ Tamblyn, Anita Louise. ◆ Durante la guerra di Corea un battaglione americano resiste impavidamente ai continui assalti nemici e passa al contrattacco. Film bellico patriottico, senza sfumature né sorprese.

Valdez il mezzosangue ** (Italia/Francia/Spagna 1973, col, 98') Duilio Coletti, John Sturges. Con Charles Bronson, Jill Ireland, Vincent Van Patten, Marcel Bozzuffi, Fausto Tozzi, Corrado Gaipa. ◆ Valdez (Bronson), un meticcio che commercia con gli indiani, quando s'innamora di una ragazza bianca, è sottoposto a ogni genere di persecuzioni. Western all'italiana, supervisionato da un grande vecchio americano: prevedibile, ma non del tutto banale. Convincente Bronson nei panni di un personaggio senza radici.

Valentino ** (*Valentino*, Usa 1977, col, 127') Ken Russell. Con Rudolf Nureyev, Leslie Caron, Michelle Phillips, Carol Kane, Felicity Kendal, Seymour Cassel, Peter Vaughan. ◆ Dopo Čajkovskij (*L'altra faccia dell'amore*), Gaudier-Brzeska (*Messia selvaggio*), Mahler (*La perdizione*) e Liszt (*Lisztomania*), Russell racconta la storia di un altro bello e dannato, partendo dal giorno dei suoi funerali (1926). L'immigrato italiano Rodolfo Guglielmi detto Rudy Valentino (Nureyev) dovette il suo successo alle donne: dalla sceneggiatrice June Mathis (Kendal) – che lo impose nel primo successo, *I quattro cavalieri dell'Apocalisse* – alla scenografa Natascia Rambova (Phillips), che lo sposò. Ma subito si spettegolò sulla sua virilità, e Rudy fu costretto a difendere l'onore anche sul ring. Russell (che firma la sceneggiatura con Mardik Martin) non analizza il mito ma costruisce una serie di quadri a effetto, non privi di talento almeno visivo. La Caron fa la caricatura della Nazimova, star lesbica dell'epoca. Lindsay Kemp è l'impresario di pompe funebri.

Valeria dentro e fuori *½ (Italia 1972, col, 101') Brunello Rondi. Con Barbara Bouchet, Pier Paolo Capponi, Claudio Gora, Erna Schurer. ◆ Traumatizzata in tenera età, sposata a un buzzurro che compone musica elettronica (Capponi), la povera svedese Valeria (Bouchet) sogna un figlio, si dà alla ninfomania e finisce in manicomio. Già sceneggiatore per Fellini, Rondi parte da alte ambizioni (denunciare lo sfruttamento della donna nella società contemporanea e l'inadeguatezza della psichiatria), si adatta a esigenze di mercato (negli anni Settanta il nudo aveva ancora il fascino del proibito) e rischia di cadere nel ridicolo involontario.

Valeria l'amante che uccide ** (*The Velvet Touch*, Usa 1948, b/n, 97') John Gage. Con Rosalind Russell, Leo Genn, Claire Trevor, Sydney Greenstreet, Leon Ames, Frank McHugh, Martha Hyer. ◆ Un impresario tenta di impedire a una sua attrice (Russell) di sposarsi. La donna si ribella e lo uccide, ma del delitto viene ingiustamente accusata una collega (Trevor), amante del morto. Moraleggiante ma discretamente congegnato.

Valigia dei sogni, La **½ (Italia 1953, b/n con spezzoni colorizzati, 90') Luigi Comencini. Con Umberto Melnati, Maria Pia Casilio, Elena Makowska, Roberto Risso, Ludmilla Dudarova, Pietro De Vico, Giulio Calì, Xenia Valderi, Floria Mariel, Gemma Bolognesi. ◆ Ex attore del cinema muto, il cavalier Ettore Omeri (Melnati) ha dedicato la sua vita alla conservazione dei vecchi film muti, che proietta dove può accompagnandoli con un commento a viva voce partecipe e personalissimo: l'incontro struggente con la diva del muto Elena Makowska (se stessa) e l'incendio del suo prezioso deposito rischiano di mettere fine alla sua missione, ma la passione per la raccolta delle vecchie pellicole è più forte di tutto. Prodotto per finanziare l'attività della Cineteca Italiana di Milano, di cui Comencini era stato uno dei fondatori, il film (sceneggiato dal regista con Giuseppe Bennati ed Ettore M. Margadonna) è un commosso omaggio al cinema delle origini, del quale vengono mostrati numerosi e rari spezzoni (tra gli altri, il *Cajus Julius Caesar* di Guazzoni, *Assunta Spina* con Francesca Bertini, *Il romanzo di un giovane povero* con la Menichelli, *Falena* con Lyda Borelli, *Il Fiacre n. 13* con la Makowska, *Amor pedestre* di Robinet, *Cabiria* con Bartolomeo Pagano). Più sincero di *Nuovo cinema Paradiso*, ma anche troppo preoccupato della sua funzione pedagogica, il film non ebbe praticamente nessun successo. È stato restaurato nel 1997 dalla Cineteca Italiana, che ha sostituito gli spezzoni colorizzati originali, irrimediabilmente logorati, con altri (il ballo di una donna-farfalla e un numero di «magia») sempre provenienti dai propri archivi. Tra le persone che assistono alla proiezione dalla baronessa Caprioli (Dudarova) c'è un giovane Marcello Mastroianni, ma è praticamente invisibile.

Valigia dei venti milioni, La * (*Charlie Chan at Monte Carlo*, Usa 1937, b/n, 71') Eugene Forde. Con Warner Oland, Keye Luke, Virginia Field, Sidney Blackmer, Harold Huber, Kay Linaker. ◆ In vacanza sulla Costa Azzurra, Charlie Chan (Oland) viene coinvolto nella ricerca dell'assassino di un banchiere. Sceneggiatura originale di Charles S. Belden e Jerry Cady, è l'ultimo film della serie interpretato da Warner Oland che morì durante le riprese del successivo *Charlie Chan at the Arena* (1938) rimasto incompiuto.

Valigia infernale, La * (*Bulldog Drummond's Revenge*, Usa 1937, b/n, 60') Louis King. Con John Howard, John Barrymore, Louise Campbell, Reginald Denny, E.E. Clive, Nydia Westman. ◆ Bulldog (Howard) sgomina un gruppo di spie che avevano rubato i piani segreti di una bomba. Uno dei meno interessanti tra i film dedicati all'investigatore inglese Bulldog Drummond.

Valigia piena di dollari, Una *½ (*Peeper*, Usa 1975, col, 87') Peter Hyams. Con Michael Caine, Natalie Wood, Kitty Winn, Thayer David, Liam Dunn, Dorothy Adams. ◆ Un investigatore (Caine) è incaricato da una ricca famiglia di ritrovare la figlia da tempo scomparsa. Aggiornamento in chiave semiparodistica dei noir degli anni Quaranta: inutile e poco divertente. Jerry Lacy – che interpreta Bogart in *Provaci ancora Sam* – recita il prologo.

Valle degli uomini luna, La *½ (*Jungle Moon Men*, Usa 1955, b/n, 70') Charles S. Gould. Con Johnny

Weissmuller, Jean Byron, Helene Stanton, Bill Henry, Myron Healey. ◆ La spedizione guidata da Johnny (Weissmuller) scopre una città perduta dove regna l'unica superstite della stirpe degli Atlantidi (Stanton), vissuta per secoli nelle viscere della Terra. Sgangherato e quasi divertente «plagio» del romanzo *Lei* di Henry Rider Haggard. Quindicesimo e penultimo film della serie di Jim della giungla, anche se il protagonista ha cambiato il suo nome da Jim in Johnny, che poi era il nome vero di Weissmuller.

Valle degli uomini rossi, La *½ (*Valley of the Sun*, Usa 1942, b/n, 84') George Marshall. Con Cedric Hardwicke, Dean Jagger, James Craig, Lucille Ball, Billy Gilbert, Antonio Moreno. ◆ Un pioniere (Jagger) amico degli indiani smaschera un malvagio (Hardwicke) che fomenta la guerra. Western di poche pretese, con scontate parentesi sentimentali.

Valle dei mohicani, La ***½ (*Comanche Station*, Usa 1960, col, 74') Budd Boetticher. Con Randolph Scott, Nancy Gates, Claude Akins, Skip Homeier, Richard Rust, Rand Brooks. ◆ Sulle tracce della moglie rapita dai comanci, Jeff (Scott) riscatta la signora Lowe (Gates) da una tribù di indiani ma deve fare i conti con tre disperati (Akins, Homeier e Rust) che vogliono rapirgli la donna per incassare il premio offerto dal marito per il suo ritrovamento: dopo molte peripezie Jeff riconsegnerà la donna e riprenderà la sua strada in cerca della moglie. Uno dei grandi western di Boetticher, l'ultimo dei sette interpretati da Randolph Scott: sceneggiato da Burt Kennedy, è il malinconico e sconsolato elogio di una pace irraggiungibile che vede Jeff coinvolto in una lotta la cui inutilità ne aumenta il grado di tragedia: qui non solo rischia la vita per una donna non sua, ma in un finale sconvolgente, in cui si illude di trovare la pace a fianco della signora Lowe, scopre che è sposata a un cieco e a lui non resta che ripartire per una ricerca tragica e disperata. Ma la grandezza di Boetticher sta anche nella concreta e semplice classicità con cui racconta le sue storie. Niente osservazioni sociali, niente dettagli pittoreschi: il teatro dei suoi scontri non è mai quello della metafisica o del destino, ma quello concretissimo dell'intelligenza o della riflessione, dove gli individui giocano con le loro vite come a una partita di poker, in cui i nemici si presentano e si dichiarano («Ti ucciderò alla fine del cammino» – dice Claude Akins a Randolph Scott) e le motivazioni sono concrete e materiali («È una vergogna quello che il denaro può fare agli uomini» dice sempre Akins colpito a morte), anche grazie a un dialogo brillante e allusivo che dà un peso notevole alle relazioni tra gli uomini, specie di «humour virile che sovente si tinge di tragico».

Valle dei monsoni, La ** (*Three Faces West*, Usa 1940, b/n, 79') Bernard Vorhaus. Con John Wayne, Sigrid Gurie, Charles Coburn, Spencer Chartes. ◆ Fuggito dalla Cecoslovacchia per l'annessione nazista, Karl Braun (Coburn) si rifugia nell'Oregon con la figlia Leni (Gurie). La ragazza, grazie all'amore per l'allevatore John (Wayne), si adatta alla nuova vita. Uno degli ultimi film minori di John Wayne, che era già diventato famoso per *Ombre rosse*, ma che doveva onorare un contratto precedente. Western contemporaneo abbastanza curioso, che in Italia arrivò solo nel 1951.

Valle dei tagliatori di teste, La * (*Valley of Headhunters*, Usa 1953, b/n, 67') William Berke. Con Johnny Weissmuller, Christine Larson, Nelson Leigh, Vince Townsend, Steven Ritch. ◆ Jim della giungla (Weissmuller) aiuta i nativi a proteggere i giacimenti di rame che alcuni loschi individui vogliono togliere loro. Undicesimo film della serie, decisamente scontato.

Valle del destino, La *½ (*The Valley of Decision*, Usa 1945, b/n, 111') Tay Garnett. Con Greer Garson, Gregory Peck, Donald Crisp, Lionel Barrymore, Gladys Cooper, Preston Foster, Marsha Hunt. ◆ Pittsburgh, 1870: mentre i minatori lottano per i propri diritti, un giovane rampollo (Peck) s'innamora della governante (Garson): ma i due padri (Crisp e Barrymore) si odiano a morte. Il matrimonio non andrà in porto, ma per la ragazza ci sarà un contentino. Un grande successo dell'epoca, con tutto quello che si aspettava un pubblico di signore facili alla lacrima. Esiste una versione colorizzata.

Valle della vendetta, La *½ (*Vengeance Valley*, Usa 1951, col, 83') Richard Thorpe. Con Burt Lancaster, Robert Walker, Joanne Dru, Sally Forrest, Ray Collins, John Ireland, Hugh O'Brian, Carleton Carpenter, Ted De Corsia. ◆ Figlio di un ricco ranchero, John (Walker) mal sopporta la presenza del più assennato fratellastro Jimmy (Lancaster), e per eliminarlo arriva a far credere ai vendicativi fratelli della donna (Forrest) che lui stesso ha messo incinta che il vero responsabile sia proprio Jimmy. Western niente più che curioso per il tema vagamente edipico (dal romanzo di Luke Short sceneggiato da Irving Ravetch), ma che non ha il coraggio di sviluppare lo spunto più interessante: l'amore represso di Jimmy per la moglie tradita (Dru) di John. Curioso, e giustamente disturbante, l'utilizzo di un attore come John Walker, più a suo agio nei salotti borghesi che nelle praterie.

Valle delle bambole, La *½ (*Valley of the Dolls*, Usa 1967, col, 123') Mark Robson. Con Barbara Parkins, Patty Duke, Sharon Tate, Susan Hayward, Paul Burke, Tony Scotti, Lee Grant. ◆ Tre ragazze sfondano nella metropoli: Neely (Parkins) interpreta un musical, Jennifer (Duke) sposa un attore e Anne (Tate) diventa famosa con gli spot. Ma dietro l'angolo ci sono la droga, il suicidio e – nel migliore dei casi – il ritorno al paesello. Tratto da un bestseller di Jacqueline Susan (che appare nei panni di una giornalista), e sceneggiato da Helen Deutsch e Dorothy Kingsley, vorrebbe essere spietato e pessimista, e all'epoca riuscì a fare un certo scalpore. Oggi sembra un clone dei *Peccatori di Peyton*, diretto dieci anni prima dallo stesso regista. Nel ruolo della diva in declino Helen Lawson, Susan Hayward rimpiazzò Judy Garland, che aveva abbandonato il set per motivi di salute.

Valle dell'Eden, La *** (*East of Eden*, Usa 1955, col, 115') Elia Kazan. Con James Dean, Julie Harris, Raymond Massey, Jo Van Fleet, Richard Davalos, Burl Ives, Lois Smith. ◆ California, 1917: Cal Trask (Dean) si sente trascurato dal padre puritano (Massey), che gli ha sempre preferito il fratello Aron (Davalos). La scoperta che sua madre (Van Fleet) non è morta, ma fa la maîtresse in una città vicina, fa esplodere una situazione familiare resa già difficile dai guai economici, dalle rivalità amorose tra fratelli e dall'imminente entrata in guerra degli Stati Uniti. Tratto da una parte del vasto romanzo di John Steinbeck, adattato da Paul Osborne, è il primo film da protagonista per James Dean, perfetto nella parte dell'adolescente tormentato e ipersensibile, al cui punto di vista aderisce il racconto. Kazan riesce a trovare un equilibrio tra Storia e drammi privati, ritmi solenni da saga e momenti concitati da psicodramma. Il suo primo e ultimo film girato a Hollywood. Oscar a Jo Van Fleet come miglior attrice non protagonista.

Valle del minotauro, La * (*Land of the Minotaur*, Usa/Gb 1976, col, 88') Costas Carayannis. Con Peter Cushing, Donald Pleasence, Costas Skouras, Nikos Verlekis. ◆ Un prete ortodosso (Pleasence) lotta contro il capo (Cushing) di una setta di adoratori del minotauro, che si procacciano vittime per i loro sacrifici tra i turisti inglesi. Horror terribilmente naïf, per cui possono fare poco gli interpreti. La maggiore curiosità è la colonna sonora di Brian Eno. In Inghilterra circola una versione di 94' intitolata *The Devil's Men*.

Valle del peccato, La *** (*Vale Abraão*, Portogallo/Francia/Svizzera 1993, col 187') Manoel de Oliveira. Con Leonor Silvera, Luis Miguel Cintra, Cecile Sanz de Alba, Diogo Doria, Rui de Carvahlo. ◆ Dopo aver sposato il medico Carlos (Cintra), la bella e giovane Ema (Silvera), annoiata dalla vita di provincia, tradisce per tre volte il marito e – probabilmente – si suicida. De Oliveira ha commissionato alla scrittrice Agustina Bessa-Luis una versione portoghese contemporanea di *Madame Bovary*: ne è risultato un cineromanzo dove praticamente non succede nulla, almeno sulla scena, ma tutto viene alluso in una rete di rimandi simbolici sfuggente e suggestiva. Riflessione sul desiderio e la morte, scandito da una onnipresente voce fuori campo che commenta e contraddice quanto mostrano le immagini, il film di De Oliveira regge allegramente la durata spropositata, si concede amabili fumisterie, e non cade mai nell'accademismo imbalsamato. L'anziano regista offre allo spettatore piste narrative segrete (se Ema fosse un'incarnazione dell'androgino?) e lo invita a perdersi in una dimensione temporale sconosciuta a tutti i film del passato e del presente: occorre sempre una dose di buona volontà, ma si resta stranamente affascinati. Criminale, comunque, il doppiaggio.

Valle del sole, La *½ (*Stallion Road*, Usa 1947, b/n, 91') James V. Kern. Con Ronald Reagan, Alexis Smith, Zachary Scott, Peggy Knudsen, Patti Brady. ◆ Una cavallerizza (Smith) è divisa tra l'amore per il fidanzato veterinario (Reagan) e un amico (Scott) di quest'ultimo. Banalità sentimentali e prodezze ippiche.

Valle di pietra, La – Kalkstein **½ (Italia 1992, col, 104') Maurizio Zaccaro. Con Charles Dance, Aleksander Bardini, Fabio Bussotti, Milos Kopecky. ◆ Inviato per dei rilevamenti topografici in una sperduta valle boema, un ingegnere (Dance) del governo austroungarico diventa amico di un parroco (Bardini) saggio e modesto che, prima di morire, gli rivelerà il segreto dell'unico lusso che si concede: quello per i lini pregiati. Da *Kalkstein* di Adalbert Stifter, adattato dal regista assieme a Ermanno Olmi, una singolare elegia sul sacrificio, il ricordo e l'amicizia, che più di una volta riesce a toccare il cuore dello spettatore. Ben reso il senso della natura (gli esterni sono girati parte in Boemia, parte in Toscana), ma in certi vezzi e indugi si fa sentire un po' troppo la maniera di Olmi.

Valle lunga, La ** (*The Red Pony*, Usa 1973, col, 100') Robert Totten. Con Henry Fonda, Maureen O'Hara, Ben Johnson, Jack Elam, Clint Howard, Richard Jaeckel. ◆ Un ragazzo che si sente trascurato dal padre (Fonda) si affeziona a un pony: ma capirà che anche il genitore, a modo suo, gli vuole bene. Buon cast per un onesto adattamento televisivo del romanzo di Steinbeck che aveva già ispirato *Minuzzolo, il cavallino rosso*.

Valmont ° (*Valmont*, Francia/Gb 1989, col, 140') Miloš Forman. Con Colin Firth, Annette Bening, Meg Tilly, Fairuza Balk, Sian Phillips, Jeffrey Jones. ◆ Nella Parigi del XVIII secolo, la marchesa di Merteuil (Bening) scommette con il libertino visconte di Valmont (Firth) sulle capacità di seduzione di quest'ultimo: vittime predesignate, l'integerrima presidentessa di Tourvel (Tilly) e l'ingenua Cécile de Volanges (Balk). Il gioco si complica quando Valmont s'innamora, nonostante le sue resistenze, della prima vittima, e finisce tragicamente. Terza e inutile versione del romanzo epistolare di Choderlos de Laclos, dopo *Relazioni pericolose* di Vadim (1960) e *Le relazioni pericolose* di Frears (1988). Il confronto col secondo è inevitabile e sfavorevole. La sceneggiatura di Jean-Claude Carrière è piena di buchi, gli interpreti risibili. Manca un'idea di cinema, e non basta la ricostruzione d'epoca, accurata quanto di maniera.

Valzer dell'imperatore, Il *½ (*The Emperor Waltz*, Usa 1948, col, 106') Billy Wilder. Con Bing Crosby, Joan Fontaine, Roland Culver, Lucile Watson, Richard Haydn. ◆ Il commesso viaggiatore Virgil Smith (Crosby) si reca alla corte di Francesco Giuseppe per smerciare fonografi: il suo fox terrier gli consentirà di conoscere la contessa Johanna (Fontaine), in cerca di un maschio per la sua barboncina. La trovata dell'americano a Vienna, e dell'operetta mescolata con malizie da screwball comedy poteva essere promettente: ma lo stesso Wilder non era soddisfatto del risultato. Troppe canzoni, e umorismo dolciastro.

Vamos a matar compañeros ** (Italia 1970, col, 135') Sergio Corbucci. Con Tomas Milian, Franco Nero, Fernando Rey, Jack Palance, Karin Schubert. ◆ Nel Messico rivoluzionario i due fuorilegge Basco (Milian) e Yod (Nero) vogliono impossessarsi del tesoro del professor Xantos (Rey), che guida un gruppo di rivoluzionari. Ma l'oro fa gola a molti, compresi rurales corrotti e rivoluzionari traditori. Spaghetti-western spettacolare e di grande successo, che cerca di aggiornare il genere con riferimenti all'attualità guerrigliera e sessantottesca.

Vamp *½ (*Vamp*, Usa 1986, col, 94') Richard Wenk. Con Chris Makepeace, Grace Jones, Sandy Baron, Dedee Pfeiffer, Gedde Watanabe, Billy Drago. ◆ Tre liceali, alla ricerca di una spogliarellista che ravvivi la festa di fine corso, finiscono in un night gestito da una vampira (Jones). Insipido horror per teenager, con la rock- star Jones che tenta di essere provocante.

Vampata d'amore, Una **½ (*Gycklarnas afton*, Svezia 1953, b/n, 90') Ingmar Bergman. Con Åke Grönberg, Harriet Andersson, Hasse Eckman, Gunnar Björnstrand, Anders Ek. ◆ Svezia, inizi del Novecento: il direttore (Grönberg) di un circo equestre, incerto tra la famiglia e la cavallerizza Anne (Andersson) che lo tradisce con un attore, medita il suicidio. Il circo come palcoscenico della vita in un film che segnò la svolta di Bergman verso temi esistenzialisti trattati in chiave allegorica. Il repertorio di simboli, in questo caso, è ancora debitore dell'espressionismo, ma si affaccia già un'ironia lucida e spietata. Bergman usa due fotografi: uno per gli esterni (Hilding Bladh) e uno per gli interni (Sven Nykvist, alla sua prima collaborazione col regista).

Vampata di vergogna, Una ** (*Happy Birthday Wanda June*, Usa 1971, col, 105') Mark Robson. Con Rod Steiger, Susannah York, George Grizzard, Don Murray, William Hickey. ◆ Un uomo (Steiger) che torna a casa dopo un'assenza di otto anni scopre che la moglie (York) l'ha sostituito, e che le proprie convinzioni non valgono più nulla. La scena si svolge in un'atmosfera surreale, durante la festa di compleanno della figlia morta in un incidente. Tratto da una commedia di Kurt Vonnegut, ne rispetta il taglio grottesco, ma non ha ritmi da cinema.

Vampata di violenza, Una **½ (*Les Grandes gueules*, Francia 1965, col, 110') Robert Enrico. Con Lino Ventura, Bourvil [André Raimbourg], Marie Dubois, Jess Hann. ◆ Hector (Bourvil) ha una segheria in cui fa lavorare detenuti in permesso, tra cui Laurent (Ventura), che vuole sfruttare l'occasione per una vendetta. Tra i due nascerà un'amicizia. Dal romanzo *Les haut fer* di José Giovanni, diretto con mestiere dal regista, un buon noir alla francese, più attento a definire i caratteri che a cercare lusinghe spettacolari.

Vampira * (*Vampira*, Gb 1974, col, 89') Clive Donner. Con David Niven, Teresa Graves, Peter Bayliss, Jennie Linden, Linda Hayden, Bernard Bresslaw. ◆ Il conte Dracula (Niven), un vecchio gentiluomo di antico stampo, apre il suo castello ai turisti: in realtà è alla ricerca del gruppo sanguigno adatto a resuscitare la sua amante Vampira. Mediocre parodia in cui spiace di vedere coinvolto un attore di classe come Niven.

Vampiras, Las **½ (*Las vampiras*, noto anche come *Vampyros Lesbos*, Spagna/Rft 1970 col, 85') Jesús Franco. Con Soledad Miranda, Ewa Stromberg, Dennis Price, Paul Muller. ◆ Sulle orme di Nosferatu, la vampira Nadina de Vikudar (Miranda) attira nella sua isola nei pressi di Istanbul l'agente immobiliare Alice (Stromberg), la vampirizza e se ne innamora, portandola in un mondo dove «incubi e realtà hanno la stessa consistenza». Scritto da Franco (che interpreta l'albergatore) e Jaime Chavarri, un horror solare (la vampira «dorme» in piscina, non in una bara) che mescola psichedelia ed erotismo col montaggio frammentato e illogico tipico dell'epoca. Malgrado qualche ambizione alta, si resta a livello di fumetto, ma la libertà delirante e visionaria delle immagini fa rimpiangere una stagione perduta del cinema di serie B. Fondamentale l'ipnotica colonna sonora di Manfred Hübler e Siegfried Schwab. La versione spagnola corrente, tuttavia, priva di un quarto d'ora di scene sexy, vale la metà.

Vampires *** (*John Carpenter's Vampires*, Usa 1998, col, 104') John Carpenter. Con James Woods, Daniel Baldwin, Sheryl Lee, Thomas Ian Griffith, Maximilian Schell, Tim Guinee, Mark Boone jr. ◆ Al soldo del Vaticano, Jack Crow (Woods) e la sua brutale banda di cacciatori di taglie vanno in cerca di vampiri nel New Mexico: ma l'unica cosa che temono i non-morti capeggiati da Valek (Griffith) è la luce del sole; e neanche dei preti ci si può fidare. Horror *on the road* che laicizza la lotta tra bene e male, secondo la personale teologia eretica del regista (anche autore della splendida colonna sonora): pessimista e di sinistra, visionario anche quando gioca basso, pieno di sangue e ironia, duro e lontano anni luce da tutti gli horrorini che si fanno oggi. Carpenter è rimasto uno dei pochi a credere nel cinema di genere; o forse nel cinema, puro e semplice. Don Jacoby ha adattato il romanzo *Vampiret* di John Steakley.

Vampiri, I *½ (*Born Reckless*, Usa 1930, b/n, 75') John Ford. Con Edmund Lowe, Catherine Dale Owen, Lee Tracy, William Harrigan, Marguerite Churchill. ◆ Un gangster italiano (Lowe) diventa un eroe di guerra: vorrebbe cambiare vita, ma il passato ritorna. Pensato per Paul Muni, un Ford giovanile e minore.

Vampiri, I **½ (Italia 1956, b/n, 85') Riccardo Freda. Con Gianna Maria Canale, Antoine Balpêtré, Paul Müller, Dario Michaelis, Wandisa Guida. ◆ La baronessa du Grand (Canale), novella Erzsebeth Bathory, si serve del sangue di giovani parigine per procurarsi l'eterna giovinezza: la smaschera un giornalista (Michaelis). Considerato il primo horror italiano, riesce a costruire un'atmosfera originale, in bilico tra brividi gotici e colpi di scena da feuilleton. La classe dei collaboratori (fotografia di Mario Bava, scenografie di Beni Montresor, musiche di Roman Vlad) sopperisce alle ristrettezze del budget. I produtto ri smorzarono qualche dettaglio macabro e fecero girare a Bava un lieto fine. Bava è anche autore degli ottimi trucchi (peraltro già utilizzati in *Il dottor Jekyll* di Mamoulian) che fanno invecchiare a vista la Canale. Freda interpreta la parte di un dottore.

Vampiri amanti *½ (*The Vampire Lovers*, Gb 1971, col, 88') Roy Ward Baker. Con Ingrid Pitt, Pippa Steele, Madeleine Smith, Peter Cushing, George Cole, Jon Finch, Dawn Addams. ◆ Un'epidemia di vampirismo induce un castellano a chiedere l'aiuto di un famoso cacciatore di demoni (Cushing), che individua la responsabile in una bellona (Pitt) che disdegna l'altro sesso. Mediocre e libera versione di *Carmilla* di Sheridan Le Fanu, che punta su blandi brividi erotici.

Vampiri dello spazio, I **½ (*Quatermass II* , Gb 1957, b/n, 84') Val Guest. Con Brian Donlevy, Michael Ripper, Sidney James, Bryan Forbes, John Longden, Vera Day. ◆ Il dottor Quatermass (Donlevy), scienziato al servizio di Sua Maestà, sventa un complotto di extraterrestri che vogliono sostituirsi agli esseri umani in stile *L'invasione degli ultracorpi*. Secondo episodio della fortunata serie iniziata con *L'astronave atomica del dottor Quatermass*, una delle più avvincenti del cinema di fantascienza europeo. Guest resta un regista mediocre, ma ebbe fiuto, e poté contare su ottimi soggetti di Nigel Kneale, scritti dapprima per la televisione. Seguito da *Quatermass e il pozzo – L'astronave degli esseri perduti*. Rititolato negli Usa *Enemy from Space*.

Vampiri del sesso, I *½ (*Des Femmes disparaissent*, Francia 1959, b/n, 85') Edouard Molinaro. Con Robert Hossein, Estella Blain, Magali Noël, Philippe Clay, Jacques Dacqmine, Jane Marken, Monique Vita, Dominique Boschero. ◆ L'ignobile Quaglio (Dacqmine) gestisce, nella villa della bella Coralie (Noël) un traffico di donne destinate al Medioriente, dove rischia di finire anche Béatrice (Blain), la turbolenta fidanzata di Pierre (Hossein). Per fortuna la polizia vigila. Un soggetto pruriginoso (e più di un seno in bella vista) che Molinaro racconta con tutte le convenzioni del film di genere, atmosfera chiaroscurale compresa. Molto meglio la colonna sonora dove si esibisce il grande batterista Art Blakey.

Vampiri di Salem Lot, I **½ (*A Return to Salem's Lot*, Usa 1987, col, 96') Larry Cohen. Con Michael Moriarty, Samuel Fuller, Andrew Duggan, Ronee Blakley, Katja Crosby. ◆ L'antropologo Joe Weber (Moriarty) viene invitato da un anziano vampiro (Duggan) a studiare la comunità di Salem Lot, che da tre secoli prospera nel New England: adesso i vampiri trovano meno rischioso nutrirsi di sangue di mucca, e quasi riescono a sedurre lo studioso. Ma il dottor Van Meer (Fuller), ex cacciatore di nazisti, convince Weber a cambiare atteggiamento. Cohen rispetta le regole del genere horror, e riesce nella rappresentazione di un'atmosfera spettrale (non solo di notte, ma soprattutto di giorno, quando i vampiri dormono e il paese è deserto, tranne gli schiavi umani). Di suo introduce il sottofondo politico (la società dei vampiri come metafora dell'America reazionaria) e il gusto per il paradosso e l'umorismo nero. Recitazione divertita, e confezione piuttosto ricca (produce la Warner), almeno per gli standard del regista. Seguito solo nominale di *Le notti di Salem*.

Vampiro, Il **** (*Vampyr*, Francia/Germania 1931, b/n, 70') Carl Theodor Dreyer. Con Julian West alias barone Nicolas de Gunzburg, Henriette Gérard, Rena Mandel, Sibylle Schmitz, Jan Hieronimko. ◆ Capitato in un paese misterioso, David Gray (West) apprende da un vecchio libro la storia di una vampira (Gérard) che infesta la regione. Una giovane donna (Schmitz) ne cade preda: David, superato un incubo in cui si vede chiuso in una bara e seppellito, riesce a trafiggere il cuore della vampira, mentre il medico che la aiutava finisce sepolto dalla farina di un mulino. Il primo film sonoro del regista è un capolavoro del cinema fantastico, oltre che di quello dreyeriano. L'incanto del film deriva in particolare da due infrazioni alle regole del genere orrorifico: l'ambientazione in luoghi aperti e alla luce diurna, e il prevalere del bianco sul nero (la leggenda vuole, comunque, che Dreyer si adattasse a un incidente di lavorazione). La narrazione segue una logica onirica, e il protagonista (che era anche produttore del film) si muove come un sonnambulo. Le invenzioni visive (le ombre che si staccano dai corpi, la soggettiva – imitata in seguito mille volte – dall'interno della bara) continuano a lasciare meravigliati, e creano un'atmosfera incerta e inquietante, dove l'immagine non testimonia mai un mondo reale. La fotografia è di Rudolf Maté. Pochi dialoghi, ma un uso accorto del sonoro e della musica. Liberamente ispirato a *Carmilla* di Sheridan Le Fanu (sceneggiata da Dreyer e Christen Jul), la più famosa novella di vampirismo femminile, ispiratrice di numerosi film tra cui *Il sangue e la rosa* e *Vampiri amanti*. Presentato in Tv col titolo *La strana avventura di David Gray il vampiro*.

Vampiro a Brooklyn *½ (*Vampire in Brooklyn*, Usa 1995, col, 102') Wes Craven. Con Eddie Murphy, Angela Bassett, Allen Payne, Zakes Mokae, Kadeem Hardison, Joanna Cassidy, Mitch Pileggi, Wendy Robie. ◆ Ultimo sopravvissuto di una razza di vampiri, l'irascibile Maximilian (Murphy) sbarca a Brooklyn alla ricerca di una sua simile con cui accoppiarsi: e la trova in Rita Veder (Bassett), una poliziotta che ignora di essere figlia di un vampiro. Dopo un promettente inizio in stile *blaxploitation* anni 70, Murphy (anche produttore e coautore del soggetto coi fratelli Charles e Vernon Lynch jr.) si impossessa del film e impone, purtroppo, il proprio narcisismo gigionesco (senza rinunciare a comparire truccato, in ruoli di contorno: il predicatore Pauly e il delinquente italiano Guido). Craven aveva già tentato l'horror comico, ma il risultato in questo caso, è rancido.

Vampiro a mezzanotte * (*Vampire at Midnight*, Usa 1988, col, 100') Gregory McClatchy. Con Jason Williams, Gustav Vintas, Leslie Milne, Esthjer Alise, Jeannie Moore. ◆ Nella Los Angeles contemporanea, il dottor Radkoff (Vintas), un vampiro dedito all'ipnosi, cerca di succhiare le energie creative di un gruppo di artisti. Dopo una serie di omicidi inspiegabili, un detective (Williams) si mette sulle sue tracce. L'ennesima variazione sul tema, svolta in modo poco originale nonostante le premesse.

Vampiro dell'isola, Il ** (*Isle of the Dead*, Usa 1945, b/n, 72') Mark Robson. Con Boris Karloff, Ellen Drew, Marc Cramer, Katherine Emery, Alan Napier, Jason Robards sr. ◆ Nel 1912, in un'isola del Mediterraneo, un gruppo di persone – tra cui un generale greco (Karloff), un reporter americano (Cramer) e un ambasciatore inglese (Napier) con sua moglie (Emery) – scopre che in mezzo a loro si nasconde un assassino, probabilmente posseduto da qualche spirito maligno. Forse il meno interessante dei film diretti da Robson e prodotti da Val Lewton nonostante l'insolita ambientazione per un film dell'orrore: la bella introduzione rischia di scivolare nell'estetismo e solo nell'ultima mezz'ora il film diventa «brutalmente terrorizzante», ma lo stile allusivo e ambiguo di Val Lewton non emerge mai, anche per colpa di un gruppo di attori scadenti. Sceneggiatura di Ardel Wray e Josef Mischel.

Vampiro del pianeta rosso, Il **½ (*Not of This Earth*, Usa 1957, b/n, 75') Roger Corman. Con Paul Birch, Beverly Garland, Morgan Jones, William Roerick, Dick Miller. ◆ Un alieno (Birch) in occhiali scuri (i suoi occhi hanno poteri perforanti) uccide i terrestri e ne spedisce telepaticamente il sangue sul suo pianeta. Il soggetto era tanto demente che Corman pensò bene di aggiungere dei tocchi di umorismo non involontario. La formula, nuova per l'epoca, piacque al pubblico dei teen-ager e dei frequentatori di drive in, e rende il film visibile ancora oggi. Meno di 100.000 dollari di costo, più di un milione di incassi. Un remake prodotto dal regista nel 1988 (*Not of This Earth* di Jim Wynorski con la pornostar Traci Lords) è inedito in Italia.

Vampyros Lesbos → *Vampiras, Las*

Vangelo secondo Matteo, Il **** (Italia, 1964, b/n, 142') Pier Paolo Pasolini. Con Enrique Irazoqui, Margherita Caruso, Susanna Pasolini, Marcello Morante, Paola Tedesco, Ninetto Davoli. ◆ Fedele versione del racconto evangelico, dall'annunciazione alla Madonna, all'angelo che annuncia la resurrezione di Cristo. Pasolini restituisce la violenza, lo scandalo e la bellezza della parola di Gesù senza gli orpelli dell'iconografia tradizionale. Sceglie volti di non professionisti, gira tra i Sassi di Matera e gli scabri paesaggi del Sud d'Italia, e riesce a catturare, da laico, il mistero del sacro. Lo stile alterna la macchina da presa a mano che insegue il volto dei personaggi a composizioni memori della pittura quattrocentesca, la brutalità realistica (gli indemoniati, il lebbroso, la crocifissione) all'elegia estatica (il battesimo, l'annuncio finale). Bello ed emozionante come nessun film che sia mai stato tratto dai Vangeli, al di là delle intenzioni d'autore e delle polemiche che l'accompagnarono. Pasolini lo volle dedicare «alla cara, lieta, familiare memoria di Giovanni XXIII». La madre del regista è la Madonna anziana. Irazoqui (Cristo) è doppiato da Enrico Maria Salerno. Tra gli scrittori coinvolti: Natalia Ginzburg (Maria di Betania), Rodolfo Wilcock (Caifa), Alfonso Gatto (Andrea), Giorgio Agamben (Filippo), Enzo Siciliano (Simone), Francesco Leonetti (Erode Antipa). Gran premio della giuria – e sputi dei fascisti – al festival di Venezia.

Vangelo '70 → *Amore e rabbia*

Van Gogh ** (*Van Gogh*, Francia 1991, col, 160') Maurice Pialat. Con Jacques Dutronc, Alexandra London, Gérard Séty, Bernard Lecoq, Corinne Bourdon, Elsa Zylberstein. ◆ Gli ultimi mesi della vita del pittore (Dutronc), genio incompreso sia da chi non apprezza la sua arte, come il fratello Théo (Lecoq), sia da chi la esalta ingenuamente, come il dottor Gachet (Séty), grande fan degli impressionisti. Tra variopinte prostitute e una relazione clandestina con Marguerite (London), la giovane figlia di Gachet, Pialat (anche sceneggiatore) cerca di rappresentare un uomo egocentrico, cinico e assetato di vita, più che l'artista sregolato e romantico; revisiona e modifica la vulgata, evita le scene madri e fa morire il suo eroe senza un lamento, dopo un'estenuante agonia in sordina. È evidente che Pialat, ormai in odore di accademia, si rispecchia nel pittore solitario che non vuole essere simpatico, e che è come il suo cinema: laconico, scontroso e al tempo stesso carnale. Poetica coerente, ma che lascia spesso a bocca asciutta: per quanto reso bene da Dutronc, Van Gogh resta sfuggente e abbozzato, la ricostruzione d'epoca si perde nell'aneddoto e nel banale (can can compreso) e le rare puntate pittoriciste non sfuggono ai cliché di *Brama di vivere*, che probabilmente per Pialat è un obbrobrio hollywoodiano.

Vanina Vanini **½ (Italia 1961, col, 127') Roberto Rossellini. Con Sandra Milo, Laurent Terzieff, Martine Carol, Paolo Stoppa, Isabelle Corey, Fernando Cicero, Nando Tamberlani, Mimmo Poli. ◆ Nell'Italia della Carboneria, la principessa romana Vanina Vanini (Milo), per tenersi accanto l'uomo amato, un carbonaro (Terzieff), ne denuncia i compagni. Saputo del tradimento, l'uomo si consegna alla polizia e viene giustiziato. Vanina si chiude in convento. Dal racconto omonimo di Stendhal (di cui sa conservare lo spirito), sceneggiato dal regista con Franco Solinas, Diego Fabbri, Antonello Trombadori e Jean Grualt (che interpreta l'uomo dalla voce bianca), un film che anticipa la svolta didattica della *Presa del potere* e spiega – con minor freddezza – il potere temporale della Chiesa e le sue compromissioni, mentre ricostruisce le cause e le debolezze dell'unità d'Italia. Rossellini non riconobbe il montaggio finale: l'equilibrio tra realismo, ricostruzione storica ed esigenze spettacolari è tutt'altro che risolto, anche se il massacro cui il film fu sottoposto al festival di Venezia (quando la Milo fu soprannominata Canina Canini) fu ingeneroso e immeritato.

Vanishing, The – Scomparsa ** (*The Vanishing*, Usa 1993, col, 110') George Sluizer. Con Jeff Bridges, Kiefer Sutherland, Nancy Travis, Sandra Bullock, Lisa Eichhorn. ◆ Professore di fisica megalomane, Barney Cousins (Bridges) rapisce una ragazza (Bullock) in vacanza tra le montagne dello Stato di Washington. Tre anni dopo il suo ragazzo, Jeff Harriman (Sutherland), non ha ancora perso la speranza di ritrovarla: ma il rapitore ne segue le mosse, facendo il gioco del gatto col topo. L'olandese Sluizer ha girato il remake del suo inquietante *Spoorloos* del 1988 (inedito in Italia), ma l'ambientazione americana (con qualche richiamo a *Un tranquillo weekend di paura*) ha annacquato e banalizzato la storia. Malgrado il solito finale thriller, è comunque meglio della media dei remake di film europei che si girano a Hollywood. Musica di Jerry Goldsmith e fotografia di Peter Suschitzky.

Vanità e affanni **½ (*Larmar och gör sig till*, Svezia 1997, col, 120') Ingmar Bergman. Con Börje Ahlstedt, Marie Richardson, Anita Björk, Pernilla August, Erland Josephson, Gunnel Fred, Johan Lindell, Gerthie Kulle, Peter Stormare. ◆ Uppsala, 1925: l'ingegnere Carl Akerblom (Ahlstedt), ricoverato all'ospedale psichiatrico per aver ferito la fidanzata Pauline (Richardson) e turbato da strane allucinazioni, vorrebbe realizzare il primo film «parlante» sulla storia d'amore tra Schubert e Mitzi, interpretandolo con Pauline. La moglie (Fred) di un altro paziente (Josephson) lo aiuta economicamente, ma durante la tournée promozionale si verifica un cortocircuito e gli attori decidono di recitare il film dal vivo. Bergman interrompe la sua lontananza dal cinema con un film per la tv: onirico, quasi ipnotico, sulla deriva esistenziale ed emotiva dell'Uomo, a cui solo l'arte può recare per pochi istanti sollievo e possibilità di rapporti con gli altri («grido di gioia che allevia il dolore», la definisce Carl nei panni di Schubert). Arcano e abissale come solo certe opere di Bergman sanno essere, segue un tempo interiore, dilatato e sganciato sia dalla fattualità della storia che dalla messa in scena teatrale, e diffonde l'ennesimo urlo sommesso e malinconico sulla morte al lavoro durante la vita. Consigliato solo agli appassionati, che possono godere anche degli innumerevoli rimandi agli altri film di Bergman. Il regista compare brevemente come paziente dell'ospedale psichiatrico. In Italia è andato in onda in tv.

Va nuda per il mondo *½ (*Go Naked in the World*, Usa 1961, col, 103') Ranald MacDougall. Con Gina Lollobrigida, Anthony Franciosa, Ernest Borgnine, Luana Patten. ◆ Una prostituta (Lollobrigida) è amata da un rampollo di buona famiglia (Franciosa). Il padre del ragazzo (Borgnine) alla fine acconsente al matrimonio: ma il lieto fine non è previsto. Polpettone turgido e scontato.

Vanya sulla 42ª strada *** (*Vanya on 42nd Street*, Usa 1994, col, 119') Louis Malle. Con Wallace Shawn, Julianne Moore, Brooke Smith, Larry Pine, George Gaynes, Lynn Cohen, Phoebe Brand, Jerry Mayer, Madhur Jaffrey, André Gregory, Louis Malle. ◆ New York: l'attore Wallace Shawn e il regista teatrale André Gregory s'incontrano sulla 42a strada e con altri attori entrano nel New Amsterdam Theatre dove, senza soluzione di continuità e di fronte a pochissimi spettatori passano dalle chiacchiere alla prova generale di *Zio Vanya* di Čechov, dramma dell'abnegazione rassegnata e dolente di Ivan Petrovic (Shawn), amministratore scrupoloso e devoto dei possedimenti rurali di un cognato (Gaynes) inetto e fanfarone. Rifiutando il modo tradizionale di trasportare una pièce al cinema (solitamente aggiungendo esterni e spettacolarità, cioè «rubandone i testi, annullando il regista e corrompendo gli attori») Malle rispetta il lavoro di Gregory, che aveva messo in scena il testo a più riprese tra il '69 e il '92, e senza sovrapporsi o sottomettersi all'arte scenica sceglie di «contribuire alla sua stessa essenzialità, alla sua precisione, alla sua "differenza"». Con una macchina da presa mai invadente, spesso messa in posizione laterale (come se guardasse dalle quinte), la regia amplifica gli elementi della finzione e della relazione teatrale (compresi gli intervalli tra gli atti) per valorizzare la magia «povera» del teatro. In questo modo il film riesce a recuperare «l'illusione della relazione teatrale tra attore e spettatore», ma senza negarne la specificità cinematografica (che è fatta di primi piani, di dettagli, di respiri) e invece utilizzandola per ritrovare il contatto diretto con l'attore (tutti bravissimi, con una citazione speciale per Shawn e Julianne Moore, nel ruolo di Elena), mentre la sceneggiatura di David Mamet con i suoi piccoli aggiustamenti al testo originale ci dimostra che «la modernità è piuttosto un adattamento che una rivoluzione, che non cancella né i falsi drammi né i piccoli personaggi, sempre "rurali" e però da tempo confinati in un infinito interno borghese». Il New Amsterdam Theatre fu il palcoscenico delle *Ziegfeld Follies*, poi diventò sala pornografica e infine studio cinematografico. In Italia il film circola sia doppiato (per una volta ottimamente) sia sottotitolato, nella bella traduzione dello studioso e critico Guido Fink.

Varieté ** (*Varieté*, Germania 1925, b/n, 105') Ewald Andreas Dupont. Con Emil Jannings, Lya De Putti, Warwick Ward, May Delschaft, Georg John, Kurt Gerron, Charles Lincoln. ◆ Detenuto da dieci anni, il detenuto n.28 Stephan «Boss» Huller (Jannings) racconta al direttore della prigione – che deve decidere sulla sua domanda di grazia – la storia della sua vita: dopo aver lasciato la famiglia per amore della ballerina Bertha-Marie (De Putti), Stephan viene assunto come partner dal trapezista Artinelli (Ward), che ben presto diventa l'amante di Bertha-Marie. Quando lo scoprirà, lo ucciderà in un duello al coltello e poi si costituirà. Uno dei punti più alti del virtuosismo tecnico cui arrivò il cinema muto, come se Dupont (e con lui il produttore Eric Pommer) volesse «dimostrare la grande qualità del cinema tedesco negli anni Venti». Focali lunghe e corte, piani fissi e in movimento, inquadrature soggettive e oggettive, macchina posizionata sempre in nuovi posti: un pot-pourri oggi non particolarmente interessante (se non per la storia della tecnica), riscattato però dalla storia di una fascinazione erotica estrema, che anticipa i temi dell'*Angelo azzurro*. Grande prova dei due attori principali: la De Putti trasmette un'inusitata carica sensuale e Jannings, come notarono molti commentatori, «riesce a rendere espressive le sue stesse spalle». Tratto dal romanzo di Felix Holländer e sceneggiato dal regista con Leo Birinski, il film era già stato portato sullo schermo da Viggo Larsen (1912) e Reinhard Bruck (1919) sempre in Germania, mentre fu rifatto in una tripla versione dieci anni più tardi: in francese da Nicolas Farkas (*I tre diavoli*, 1935), in tedesco da Jacob Geis (*Varieté*, 1936, inedito in Italia) e in inglese da Herbert Wilcox (*The Three Maxims*, 1936, inedito in Italia). I numeri al trapezio sono eseguiti dai tre Codonas.

Varsity Blues *½ (*Varsity Blues*, Usa 1998, col, 104') Brian Robbins. Con James Van Der Beek, Jon Voight, Paul Walker, Ron Lester, Scott Caan, Amy Smart. ◆ Dopo l'infortunio del campioncino locale, la riserva Moxon (Van Der Beek) mette da parte i libri e porta alla finale la squadra di football della scuola: ma lo scontro con l'allenatore fascista (Voight) si fa insostenibile. La sceneggiatura di W. Peter Iliff, concepita per lanciare un divo televisivo, rimastica stancamente stereotipi dei film sportivi e giovanilistici: coproduce Mtv, ma l'orologio sembra essersi fermato venti o trent'anni fa.

Vaso di Pandora, Il → *Lulu*

Vecchia America *½ (*On Moonlight Bay*, Usa 1951, col, 95') Roy Del Ruth. Con Doris Day, Gordon MacRae, Billy Gray, Mary Wickes, Leon Ames, Rosemary DeCamp. ◆ Una ragazza (Day) ama il giovane vicino di casa, ma la loro relazione è ostacolata dai parenti. L'amore è più forte e i due si sposano prima che il ragazzo parta per la prima guerra mondiale. Spaccato oleografico dell'America che fu, con tante canzoni di contorno.

Vecchia America **½ (*Nickelodeon*, Usa/ Gb 1976, col, 121') Peter Bogdanovich. Con Ryan O'Neal, Burt Reynolds, Tatum O'Neal, Brian Keith, Stella Stevens, John Ritter. ◆ Anni Dieci: l'avvocato Leo Halligan (O'Neal) diventa per caso regista di una troupe scalcagnata la cui star è un ex sicario (Reynolds). Alla prima di *Nascita di una nazione* (1915) si renderà conto che anche il cinema può essere arte. Ispirandosi ai ricordi di registi come Raoul Walsh, John Ford e Allan Dwan, Bogdanovich (che firma la sceneggiatura con W.D. Richter) rende omaggio ai pionieri della decima arte con nostalgia, affetto e un umorismo a volte un po' lezioso. Gag e citazioni del muto (O'Neal spesso rifà Harold Lloyd) ma, per fortuna, nessuna pedanteria o seriosità intellettuale. I Nickelodeon erano sale cinematografiche dove, per 5 centesimi (un nickel), si assisteva a film di pochi minuti. Papà e figlia O'Neal tornano a essere diretti da Bogdanovich dopo *Paper Moon*.

Vecchia guardia * (Italia 1935, b/n, 88') Alessandro Blasetti. Con Gianfranco Giachetti, Franco Brambilla, Barbara Monis, Mino Doro, Maria Puccini, Ugo Ceseri. ◆ Nel 1922 gli agitatori comunisti impongono gli scioperi e danneggiano l'attività del dottor Claudio Cardini (Giachetti). I suoi figli Roberto (Doro) e Mario (Brambilla) organizzano spedizioni squadriste. La morte del secondo placherà gli animi: intanto si prepara la marcia su Roma. Il fascismo come innocua bravata giovanile (il massimo della violenza squadrista è l'olio di ricino), i rossi come ammazzabambini: un film di propaganda (sceneggiato da Blasetti con Giuseppe Zucca, Leo Bomba, Guido Albertini) che non piacque al regime, impegnato ormai nella politica imperiale e poco propenso a ricordare l'epoca della guerra civile. Fu sbloccato dalla censura solo per intervento del duce in persona.

Vecchia signora indegna, Una **½ (*La Vieille dame indigne*, Francia 1965, b/n, 88') René Allio. Con Louise Sylvie, Malka Ribowska, Etienne Berry, Victor Lanoux, Pascale de Boysson, François Maistre. ◆ Una signora settantenne, Berthe (Sylvie), rifiuta di vivere con i figli e decide di godersi la vita dopo tante privazioni, suscitando lo scandalo dei benpensanti. Dal racconto omonimo di Bertolt Brecht, il film di esordio del regista, promessa non mantenuta del cinema francese. Satira sociale e analisi psicologica trattate con mano gentile e ironica.

Vecchio e il bambino, Il ** (*Le Vieil homme et l'enfant*, Francia 1967, b/n, 90') Claude Berri. Con Michel Simon, Roger Carel, Paul Preboist, Luce Fabiole, Charles Denner. ◆ Un bambino ebreo (Carel), fatto sfollare da Parigi durante l'occupazione nazista, viene affidato a un vecchio (Simon) pieno di pregiudizi contro gli ebrei; l'amore per il ragazzo gli farà però cambiare atteggiamento. Un film concepito su misura per il grande attore. Il soggetto è pieno di buoni sentimenti ma un po' scontato.

Vecchio e il mare, Il **½ (*The Old Man and the Sea*, Usa 1958, col, 86') John Sturges. Con Spencer Tracy, Felipe Pazos, Harry Bellaver. ◆ Un vecchio pescatore (Tracy) affronta la violenza del mare: dopo ore di lotta con le acque, arpiona un marlin, che diviene però preda dei pescecani. Un film sul perenne conflitto tra Uomo e Natura sceneggiato da Peter Viertel: di fronte alla potenza dell'oceano, l'uomo può opporre solo la sua tenacia. Era difficile tradurre in immagini il romanzo breve – quasi una parabola – di Hemingway, così privo di eventi: se il risultato non delude è merito anche dell'immedesimazione di Tracy nel personaggio e della colonna sonora di Dimitri Tiomkin, premiata con l'Oscar.

Vecchio e il nuovo, Il *** (*Staroe i novoe*, Urss 1929, b/n, 89') Sergej Ejzenštejn [e Grigorij Aleksandrov]. Con Marfa Lapkina, Vas'ja Buzenkov, Efimkin Hurtin, Kostja Vasil'ev, Michail Ivanin, Ivan Judin, Matvej, Nežnikov, Sucharëva. ◆ Sul finire degli anni Venti, nelle campagne russe la povertà fa litigare i fratelli e morire di fame le persone: in un villaggio, la contadina Marfa (Lapkina) accoglie con entusiasmo l'idea di creare una cooperativa, ma la maggior parte dei compaesani preferisce seguire «come pecoroni» il pope che fa processioni per invocare l'acqua. L'acquisto di una scrematrice e poi di un toro convince molti altri contadini a unirsi alla cooperativa e anche se i kulachi uccidono l'animale, il tempo del raccolto si annuncia abbondante: l'ultimo ostacolo è il guasto a un trattore, ma Marfa e il conducente (Vasil'ev) sapranno aggiustarlo, permettendo così l'inizio del raccolto. Storia di un destino individuale che sceglie «per istinto» di schierarsi con le forze della rivoluzione, il film prende forza e vita per prima cosa dalla fisicità dei protagonisti, che Ejzenštejn volle scegliere direttamente tra i contadini, a cominciare dalla illetterata Marfa Lapkina, che sullo schermo praticamente interpreta la propria vita. Considerata a torto un'opera didattico-politica (perché era stata commissionata al regista e a Grigorij Aleksandrov nel 1926 per propagandare l'adozione di nuove tecniche in agricoltura), *Il vecchio e il nuovo* è invece un ulteriore passo avanti nella ricerca cinematografica, che qui si concretizza nell'uso dei movimenti di macchina e nell'adozione di una profondità di campo capace di «favorire una scrittura più armonica e cattivante di quella disarticolata e discontinua dei primi film». Ma soprattutto il film sa instaurare tra spettatore e schermo un esplicito rapporto di tensione erotica, come appare evidente nella sequenza della monta del toro, ma anche nel possesso gioioso degli strumenti meccanici di lavoro o nella celebre sequenza della scrematrice (in fondo per il regista la metafora più corretta della rivoluzione era un gigantesco orgasmo). Proprio questo lato scatenò le ire dei censori sovietici, guidati da Stalin in persona, che rimontarono il finale e cambiarono il titolo originale, *La linea generale* (cioè la linea politica del partito), in quello attuale.

Vecchio Regno → *Pattuglia sperduta, La*

Vediamoci chiaro *½ (Italia 1984, col, 105') Luciano Salce. Con Johnny Dorelli, Eleonora Giorgi, Janet Agren, Angelo Infanti, Michele Mirabella, Milly

D'Abbraccio. ◆ Alberto (Dorelli), proprietario di una televisione privata, diventa cieco dopo un incidente stradale. Riacquistata la vista, tace sulla sua guarigione e scopre il marcio che lo circonda. Tragicommedia sempre al di sotto delle sua ambizioni, diretta da un Salce ormai stanco.

Vedi Napoli... e poi muori *½ (Italia 1952, b/n, 85') Riccardo Freda. Con Gianna Maria Canale, Renato Baldini, Vittorio Sanipoli, Franca Marzi, Carletto Sposito, Claudio Villa. ◆ Maria (Canale) ha sposato Marini (Sanipoli), funzionario di banca, ma in precedenza era fidanzata con un poco di buono, Sanesi (Baldini), che la ricatta e la manderà in carcere. Feuilleton strappalacrime diretto da un Freda non molto ispirato. Nelle prime copie c'era anche una sequenza a colori. Conosciuto anche col titolo *Perfido ricatto*.

Vedo nudo *½ (Italia 1969, col, 119') Dino Risi. ◆ Film a episodi con Manfredi protagonista. In *La diva* (con Nino Manfredi, Sylva Koscina) un'attrice accompagna all'ospedale un ferito, ma tutti i medici non hanno attenzioni che per lei; in *Processo a porte chiuse* (con Nino Manfredi, Nerina Montagnani) un malato di mente è accusato di stupro nei confronti di una gallina che alla fine risulterà «provocatrice»; in *Ornella: ovvero la doppia vita* (con Nino Manfredi, Enrico Maria Salerno) un omosessuale ha un rapporto epistolare con un ignaro ragioniere; in *Il guardone* (con Nino Manfredi) un miope crede di vedere una ragazza nuda, ma non si accorge che è un gioco di specchi; in *L'ultima vergine* (con Nino Manfredi, Veronique Vendell) una ragazza scambia un tecnico dei telefoni per uno stupratore; in *Motrice mia* (con Nino Manfredi) un uomo trascura la moglie per amore delle locomotive; in *Vedo nudo* (con Nino Manfredi, Umberto D'Orsi, Marcello Prando, John Karlsen) un pubblicitario vede senza veli tutte le donne che incontra, ma quando crede di essere guarito lo stesso fenomeno si manifesta con gli uomini. Ormai smarrita la sua vena felice, la commedia all'italiana si butta sul sesso e si consola al botteghino. Manfredi è bravo, ma il film è spesso avvilente. Sceneggiatura di Ruggero Maccari con la collaborazione di Iaia Fiastri, che elaborano soggetti dello stesso Maccari, di Risi, Fabio Carpi e Bernardino Zapponi.

Vedova allegra, La *** (*The Merry Widow*, Usa 1925, b/n, 110') Erich von Stroheim. Con Mae Murray, John Gilbert, Roy D'Arcy, Tully Marshall, George Fawcett, Josephine Crowell, Don Ryan, Dale Fuller, Albert Conti. ◆ Corteggiata da due cugini – il principe Danilo Petrovich (Gilbert) e Mirko (D'Arcy), l'erede al trono di Monteblanco – la ballerina americana Sally (Murray) sposa per ripicca il vecchio barone Sixtus Sagoja (Marshall), l'uomo più ricco del regno, che la lascia vedova la prima notte di nozze. Trasferitasi a Parigi, Sally è corteggiata dall'innamorato Danilo e dall'interessato Mirko, che in un duello ferisce il cugino ma ottiene anche di rendere pubblico l'amore della vedova per Danilo. E i due innamorati finiranno anche col salire al trono di Monteblanco succedendo a Mirko, ucciso da un attentatore proprio il giorno dell'incoronazione. Dissacrante rilettura dell'operetta di Franz Lehár che Stroheim (autore anche della sceneggiatura, basata soprattutto sull'adattamente teatrale firmato da Henry W. Savage) trasforma in «un impietoso ritratto della nobiltà europea e dei suoi miti, dal militarismo cicisbeo ai grandi balli di corte». Se è facile vedere dietro il regno di Monteblanco il traballante regno di Montenegro, è altrettanto facile leggervi «una personalissima dissacrazione di quel mondo che aveva dato i natali a Stroheim e che l'aveva costretto all'emigrazione». Mescolando elementi fantastici al kitsch più sfrenato, Stroheim ironizza su un mondo dove gli ufficiali in divisa devono farsi largo tra i maiali e i sontuosi letti a baldacchino sono abitati dalle cimici, scatenando poi la propria sensualissima immaginazione in una rappresentazione dell'erotismo lontana da qualsiasi alone romantico (l'untuoso barone Sadoja) e guidata invece da una delirante e morbosa fantasia (le suonatrici nude e bendate che allietano il primo incontro tra Sally e Danilo, «l'orchestra bianca» di Mirko). Costato 500 mila dollari, il film ne fece incassare alla Mgm 4 milioni e mezzo, ma Stroheim non ne intascò «nemmeno un centesimo» perché tutti i guadagni dovevano servire a ripagare le perdite della sua precedente regia, *Rapacità*. Il film fu proibito dalla censura in Italia, Jugoslavia e Germania.

Vedova allegra, La ***½ (*The Merry Widow*, Usa 1934, b/n, 99') Ernst Lubitsch. Con Maurice Chevalier, Jeanette MacDonald, Una Merkel, Edward Everett Horton, George Barbier, Akim Tamiroff, Donald Meek. ◆ Il conte Danilo (Chevalier) viene mandato in missione a Parigi per sedurre Sonia (MacDonald), una ricchissima vedova sua compatriota, che si teme possa lasciare il paese coi suoi capitali. «Dopo tutto siamo nel 1885!», afferma ironica Sonia: Lubitsch, che firma la sceneggiatura con Samson Raphaelson, si confronta col mondo già allora datato dell'operetta di Franz Léhar (già portata sullo schermo da von Stroheim: nel 1925), trasformandola in una fiaba sulla simulazione dei sentimenti, piena di crudeltà e malizia. Come sempre, i limiti della censura sono aggirati con un'abilità diabolica. Formalmente è uno dei film più scintillanti del regista: «uno dei più splendidi film *a colori* della storia del cinema», per quanto sia in bianco e nero. Celebri le gag sul guardaroba in nero della vedova. Grandi la fotografia di Oliver T. Marsh e le scenografie di Cedric Gibbons.

Vedova allegra, La *½ (*The Merry Widow*, Usa 1952, col, 105') Curtis Bernhardt. Con Lana Turner, Fernando Lamas, Una Merkel, Richard Haydn. ◆ Terza trasposizione della celebre operetta di Léhar, dopo quelle di Stroheim e di Lubitsch. Il conte di un immaginario paese balcanico (Lamas) deve sedurre, per il bene della patria, una ricca e bella vedova (Turner). Attori poco ispirati e regia convenzionale annegata nell'abbondanza scenografica dello stile Mgm.

Vedova allegra... ma non troppo, Una **½ (*Married to the Mob*, Usa 1988, col, 103') Jonathan Demme. Con Michelle Pfeiffer, Matthew Modine, Dean Stockwell, Mercedes Ruehl, Alec Baldwin, Joan Cusack, Charles Napier. ◆ La vedova (Pfeiffer) di un mafioso (Baldwin) cerca di sfuggire alle avance del boss (Stockwell) che la corteggia con insistenza, nonostante una moglie gelosissima (Ruehl); intanto viene spiata da un agente dell'Fbi (Modine) che spera di smascherare l'organizzazione criminale attraverso di lei. Grazie anche alla sceneggiatura di Barry Strugatz e Mark R. Burns, Demme mescola con la massima disinvoltura farsa e thriller in un viaggio ricco di sorprese attraverso i generi cinematografici e il Kitsch italoamericano. Celebri i titoli di coda, che riassumono la storia con sequenze non utilizzate – ma attenti a non staccare prima del balletto finale tra Pfeiffer e Modine. Musiche di David Byrne.

Vedova americana, La ** (*Used People*, Usa 1992, col, 114') Beeban Kidron. Con Shirley MacLaine, Marcello Mastroianni, Kathy Bates, Marcia Gay Harden, Jessica Tandy, Sylvia Sidney, Matthew Branton, Lee Wallace. ◆ New York 1969: vedova dopo trentasette anni di matrimonio tutti dedicati alla famiglia, Pearl Berman (MacLaine) pensa che il suo dovere sia sempre quello di «consigliare» le figlie (Bates e Harden), anche se già madri. Ci penserà l'italoamericano Joe Meledandri (Mastroianni), che l'ama in silenzio da decenni, a farla pensare finalmente all'amore. Il primo film hollywoodiano di Beeban Kidron è una piacevole commedia vecchia maniera, che si regge sulla bravura degli attori e la capacità di descrivere i tic e le manie delle due comunità – quella ebraica e quella italoamericana – con educata ironia. Citazione particolare per Marcia Gay Harden, madre disturbata che imita i comportamenti delle grandi dive (dalla Swanson a Marilyn alla Bancroft del *Laureato*) e per la rediviva eroina langhiana Sylvia Sidney.

Vedova inconsolabile ringrazia quanti la consolarono, La *½ (Italia 1973, col, 105') Mariano Laurenti. Con Edwige Fenech, Carlo Giuffré, Didi Perego, Guido Leontini, Pino Ferrara, Franco Ressel, Mario Maranzana, Enzo Andronico, Paola Arduini. ◆ Per avere un figlio ed essere così l'unica erede dei miliardi del marito (Maranzana), la bella vedova (Fenech, doppiata in siciliano) cerca chi la ingravidi: un barone spiantato (Giuffré) aggira il «cordone sanitario» organizzato dagli avidi cognati (Ressel e Ferrara), ma ha troppi problemi psicologici per fare il suo dovere di maschio. Una pochade meno scollacciata di quanto non faccia supporre il soggetto (di Aldo Grimaldi, sceneggiato dal fratello Giovanni), in cui abbondano i doppi sensi ma molto meno le tette al vento (si intravvede un solo nudo frontale della Fenech). Epocale, comunque, il sogno al rallentatore di Giuffré travestito da uomo delle caverne, con tanto di clava che si rizza al cielo.

Vedova nera, La *** (*Black Widow*, Usa 1987, col, 103') Bob Rafelson. Con Theresa Russell, Debra Winger, Sami Frey, Dennis Hopper, Nicol Williamson, Diane Ladd, Terry O'Quinn, Mary Woronov. ◆ Un'agente federale (Winger) s'insospettisce di fronte a tante morti «naturali» di ultracinquantenni ricchissimi: scopre che le giovani vedove sono un'unica, diabolica persona (Russell) – e quasi ne viene sedotta. Uno dei migliori noir dell'ultimo decennio sceneggiato da Ronald Bass: portando alle estreme conseguenze le regole del genere, Rafelson fa dell'assassina e della poliziotta due figure speculari, due parti scisse della femminilità che per un attimo si attraggono irresistibilmente. Stile secco, montaggio serrato, splendida fotografia. (Conrad Hall): il finale, comunque, delude un po'. Ottimo il cast. David Mamet compare tra i colleghi della Winger impegnati in una partita di poker. Non c'entrano niente ma sono molto belle le immagini vulcaniche delle Hawaii.

Vedova non veste di nero, La ** (*Fever*, Australia 1988, col, 92') Craig Lahiff. Con Bill Hunter, Gary Sweet, Mary Regan, Jim Holt. ◆ Un poliziotto corrotto tiene per sé una partita di droga, mentre la moglie e il suo amante pensano a come disfarsi di lui. Noir grezzo e senza sfumature, e proprio per questo non privo di efficacia. Di certo migliore del titolo italiano.

Vedova tutta d'oro, Una ** (*Une Veuve en or*, Francia 1969, col, 88') Michel Audiard. Con Michèle Mercier, Claude Rich, Roger Garel, Jean Carmet, Folco Lulli. ◆ Una moglie felice (Mercier) eredita cento milioni di dollari a condizione che rimanga vedova. Seppur a malincuore, si rivolge all'Anonima assassini per eliminare il marito, ma lui è protetto da una potente organizzazione ebraica, seconda eventuale beneficiaria dell'eredità. Commedia giallorosa dalla trama complicata e dal ritmo quasi sempre sostenuto, piena di cadaveri e di situazioni paradossali. Audiard, comunque, vale più come sceneggiatore di film altrui.

Vedovo, Il **½ (Italia 1959, b/n, 100') Dino Risi. Con Alberto Sordi, Franca Valeri, Livio Lorenzon, Nando Bruno, Ruggero Marchi, Leonora Ruffo, Nanda Primavera, Ignazio Leone, Angela Luce, Gigi Reder. ◆ Alla notizia della morte della moglie (Valeri), l'interessato commendator Alberto Nardi (Sordi) pregusta l'eredità: ma quando viene a sapere che la consorte è sopravvissuta all'incidente, progetta un sistema infallibile per ucciderla. Una piccola ma riuscita commedia all'italiana (sceneggiata da Rodolfo Sonego, Fabio Carpi e il regista), in cui Risi rivela un insolito black humour e Sordi gioca sapientemente di sfumature, evitando le trappole della macchietta. Alberto Rabagliati interpreta se stesso.

Vedovo, aitante, bisognoso affetto offresi anche babysitter **½ (*Kotch*, Usa 1971, col, 114') Jack Lemmon. Con Walter Matthau, Deborah Winters, Felicia Farr, Charles Aidman, Ellen Geer. ◆ Un eccentrico pensionato (Matthau) cerca in ogni modo di non farsi cacciare di casa dai familiari. Lemmon esordisce dietro la macchina da presa con una commedia sulla terza età divertente e non banale, anche se senza grandi sorprese. Magnifica l'interpretazione dell'amico Matthau. Il copione porta la firma di John Paxton, sceneggiatore straordinario negli anni Quaranta (*L'ombra del passato*, *Odio implacabile*) e successivamente vittima delle persecuzioni maccartiste.

Vedovo allegro, Il ** (Italia 1949, b/n, 90') Mario Mattoli. Con Carlo Dapporto, Isa Barzizza, Amedeo Nazzari, Ave Ninchi, Luigi Pavese, Arnoldo Foà, Mario Pisu. ◆ Bisognoso di denaro per curare la figlia, un attore di rivista (Dapporto) si mette nei guai con l'ambiguo socio (Foà) del locale in cui lavora. Costui lo denuncia, ma il commissario (Pavese) si dimostrerà comprensivo. In bilico tra commedia e dramma, Mattoli rivisita con affetto il mondo del tabarin, scegliendo un'ambientazione internazionale (Cannes) e utilizzando un cast in cui spiccano ottimi caratteristi. Sceneggiatura di Mattoli, Aldo De Benedetti, Age e Scarpelli.

Vedovo cerca moglie ** (*Weekend with Father*, Usa 1951, b/n, 83') Douglas Sirk. Con Van Heflin, Patricia Neal, Virginia Field, Gigi Perreau, Richard Denning, Jimmy Hunt, Janine Perreau. ◆ Un vedovo (Heflin) e una vedova (Neal) s'innamorano, ma i rispettivi figli cercano di separarli, facendo fare al candidato marito la figura dell'imbranato a contatto con la natura. Commedia frivola ed elegante sceneggiata da Joseph Hoffman, che precede la grande stagione dei melodrammi per i quali il regista è passato alla storia. Gradevole prodotto d'intrattenimento che anticipa temi sia di *Secondo amore*, dello stesso regista, che *Lo sport preferito dall'uomo* di Hawks, e che stupisce ancora per la capacità di mettere in evidenza la naturale cattiveria dei bambini, oltre al loro altrettanto evidente spirito d'iniziativa.

Veleno *½ (Italia 1993, col, 90') Bruno Bigoni. Con Elio De Capitani, Marina Confalone, Carlo Colnaghi, Ida Marinelli, Valeria D'Onofrio, Matteo Bigoni, Fabio Modesti. ◆ Costretti dalla morte del padre a una impossibile convivenza, i fratelli Bruno (De Capitani) e Tonio (Colnaghi), con le rispettive mogli Cristina (Confalone) e Maria (Marinelli), si rendono la vita impossibile, finché il primo, dopo l'ennesima lite, decide di sparire lasciando che il fratello sia accusato della sua morte. Quando Bruno riappare e Tonio viene scagionato, una televisione privata convince i due fratelli a fare la pace – a pagamento – ma quanto durerà? Sgradevole racconto morale che vorrebbe riflettere sui lati oscuri dell'umanità (qual è l'origine del Male? E dell'Avidità?) ma che fallisce per eccesso di ambizione. La sceneggiatura del regista e Fabio Carlini prende spunto da un fatto di cronaca (negli anni Cinquanta, in Sicilia, un fratello arrivò a fingere la propria morte per mandare l'altro in galera) ma poi dimentica questo episodio patologico per puntare alla metafora politica (alla radio si sente un discorso di Bossi sul separatismo), alla riflessione metafisica, alla critica dei mass media (la giornalista che filma la pace si chiama Massa [interpretata dalla vera giornalista Marina Fausti]), ma la voglia di essenzialità finisce per togliere spessore e sfumature, rendendo la storia troppo statica e schematica per conquistare davvero.

Velluto blu **** (*Blue Velvet*, Usa 1986, col, 120') David Lynch. Con Kyle MacLachlan, Dennis Hopper, Isabella Rossellini, Laura Dern, Dean Stockwell, Hope Lange, Jack Nance, Brad Dourif. ◆ La scoperta di un orecchio mozzato in un prato trasforma il giovane Jeffrey (MacLachlan) in un detective. La sua indagine è un'iniziazione al sesso e alla violenza, che lo fa diventare terzo incomodo nel legame sadomasochista tra una cantante di night-club (Rossellini) e un criminale psicopatico (Hopper). «È uno strano mondo», come dice la ragazza acqua e sapone (Dern) di Jeffrey, un mondo dove la realtà dai colori pastello cela un lato oscuro e imprevedibile. Capolavoro di Lynch, autore anche della sceneggiatura, che sintetizza la sua poetica (il mondo impazzito, il contrasto tra purezza e orrore, l'attrazione-repulsione per il sesso) prima che diventi maniera. Visivamente straordinario (la fotografia è di Frederick Elmes), e con un'abilità impareggiabile a mescolare ingredienti incompatibili (vedi il macello finale cui segue un lieto fine che più roseo non si può). La Rossellini non ha avuto timore di esibire un corpo che non è certo da spot di Lancôme, provocando i rigurgiti bacchettoni di Gian Luigi Rondi, che non ha voluto il film al festival di Venezia. Prima collaborazione col musicista Angelo Badalamenti.

Veloci di mestiere ** (*Fast Company*, Canada 1979, col, 91') David Cronenberg. Con William Smith, Claudia Jennings, John Saxon, Nicholas Campbell, Cedric Smith, Judy Foster. ◆ Il campione di *dragster* Lonnie Johnson (Smith), scaricato dall'avido manager Adamson (Saxon), si rimette in pista da indipendente nella categoria delle *funny cars*: riuscirà a vincere malgrado sabotaggi e carognate? Reperto stravagante nella filmografia del regista canadese, in cui i suoi fan più sfegatati riconosceranno comunque alcune ossessioni, dallo spettacolo della morte al culto della meccanica. Per gli altri, un onesto filmetto con donne e motori da vedere con una birra in mano. Scritto dal regista con Phil Savath e Courtney Smith. Dall'edizione italiana manca una scena sexy.

Velo dipinto, Il **½ (*The Painted Veil*, Usa 1934, b/n, 83') Richard Boleslawsky. Con Greta Garbo, Herbert Marshall, George Brent, Warner Oland, Jean Hersholt, Keye Luke. ◆ In Cina, una moglie (Garbo) trascurata dal marito medico (Marshall) s'innamora di un altro uomo (Brent), ma poi si redime prodigandosi durante un'epidemia di colera. Grandiosa produzione Mgm in esclusiva funzione della divina, la cui presenza carismatica illumina una storia altrimenti scontata, tratta dall'omonimo romanzo di William Somerset Maugham sceneggiato da John Meehan, Salka Viertel ed Edith Fitzgerald. La regia non manca d'eleganza, la brillante fotografia è di William Daniels. Dallo stesso romanzo è stato tratto *Il settimo peccato*.

Velvet Goldmine *** (*Velvet Goldmine*, Gb/Usa 1998, col, 123') Todd Haynes. Con Ewan McGregor, Jonathan Rhys Meyers, Toni Collette, Christian Bale, Eddie Izzard, Emily Wolf, Michael Feast, Janet McTeer, Luke Morgan Oliver. ◆ Nel 1984 il giornalista americano Arthur Stuart (Bale) viene inviato a Londra per un'inchiesta su Brian Slade (Meyers), idolo del *glam rock*, scomparso misteriosamente da dieci anni dopo aver messo in scena, durante un concerto, il suo suicidio artistico: dal passato riemergono così il complicato matrimonio con Mandy (Collette) e il rapporto con la trasgressiva star rock Curt Wilde (McGregor), intrecciati alle memorie di un'epoca perduta per sempre. Sceneggiato dal regista e strutturato a inchiesta come *Quarto potere* (con alcune citazioni «letterali»), un film che si allontana dalle consuete biografie musicali per ispirarsi alla storia di David Bowie (identificabile con il personaggio di Slade) e Iggy Pop (con quello di Wilde) e per raccontare l'ultima avanguardia dandy del secolo (ribadita dal prologo favolistico, nel quale il piccolo Slade è una specie di reincarnazione di Oscar

Wilde). Splendidamente kitsch (i costumi sono di Sandy Powell, le scenografie di Christopher Hobbs), il film racconta l'esplosione della soggettività giovanile ripercorrendo senza mitizzazioni la «filosofia» del *glam rock*, dal travestimento che serve per annullare l'identità sessuale alla riflessione sulla società dello spettacolo e sulla finzione come momento di verità suprema («La nostra musica è il mezzo, il messaggio è il taffetà che indosso», dichiara Slade). Stupefacenti le performance degli attori (McGregor in concerto ha poco da invidiare al giovane Iggy Pop) e trionfale colonna sonora, con esecuzioni di Brian Eno, Slade, T-Rex, The Venus in Furs, Roxy Music, Lou Reed, Placebo, ma nessun canzone di Bowie, che ha negato l'autorizzazione all'utilizzo. Premio per il miglior contributo artistico a Cannes '98.

Vendesi miracolo *½ (*Leap of Faith*, Usa 1992, col, 108') Richard Pearce. Con Steve Martin, Debra Winger, Liam Neeson, Lolita Davidovich, Lukas Haas, Meatloaf, Albertina Walker. ◆ Un predicatore ciarlatano e truffaldino (Martin), a furia di simulare, produce davvero il miracolo. Tema vecchio (*Il figlio di Giuda*, *Arcobaleno nero*, l'inedito *Reborn* di Bigas Luna) con velleità satiriche nei confronti della religione-spettacolo di cui si bea l'America profonda: ma è come sparare sulla Croce Rossa. Martin, con la chioma rossa, ha comunque una delle rare occasioni di dare il meglio di se stesso.

Vendetta **½ (*They Won't Forget*, Usa 1937, b/n, 96') Mervyn LeRoy. Con Edward Norris, Claude Rains, Gloria Dickson, Otto Kruger, Lana Turner, Elisha Cook jr. ◆ Nel Sud degli Stati Uniti, un nero innocente (Norris) viene accusato dell'omicidio di una ragazza bianca. Prima condannato e poi prosciolto, verrà comunque linciato. Sulla scia di *Furia* di Lang e del realismo sociale promosso dal New Deal rooseveltiano, un duro (si pensi all'epoca) atto d'accusa al razzismo, girato con uno stile teso e concitato che di rado LeRoy ritroverà in seguito. La sceneggiatura è del futuro regista Robert Rossen e di Abem Kandel. Debutto «ufficiale» di Lana Turner, dopo aver fatto l'anonima comparsa in *È nata una stella* di Wellman, nel ruolo di Mary Clay.

Vendetta *½ (*Mystery of Mr. Wong*, Usa 1939, b/n, 67') William Nigh. Con Boris Karloff, Grant Withers, Dorothy Tree, Lotus Long, Morgan Wallace, Holmes Herbert. ◆ Un ricco collezionista americano viene ucciso dopo essere entrato in possesso di una preziosa gemma cinese. Altri delitti vengono compiuti in relazione alla pietra, ma Mr. Wong (Karloff) riesce a smascherare il vero responsabile. Secondo film della serie.

Vendetta (di Stephen Frears) → *Colpo, Il*

Vendetta all'O.K. Corral → *Ora delle pistole, L'*

Vendetta del cavaliere nero, La → *Cieca di Sorrento, La* (di Nick Nostro)

Vendetta del dottor K, La ** (*The Return of the Fly*, Usa 1959, b/n, 80') Edward L. Bernds. Con Vincent Price, Brett Halsey, David Frankham, John Sutton, Dan Seymour, Danielle De Metz. ◆ Seguito di *L'esperimento del dottor K.* Il figlio dello scienziato cerca di ricostruire l'ultimo marchingegno del padre e contamina il proprio corpo con quello di una mosca. Fantascienza orrorifica piuttosto ben fatta per l'epoca ma, trattandosi di una maledizione ereditaria, il film è sostanzialmente identico al precedente. Il terzo episodio, *Curse of the Fly* (1965, di Don Sharp) è inedito in Italia.

Vendetta del gangster, La ***½ (*Underworld, U.S.A*, Usa 1961, b/n, 99') Samuel Fuller. Con Cliff Robertson, Dolores Dorn, Beatrice Kay, Larry Gates, Richard Rust. ◆ A dodici anni Tolly Devlin (Robertson) assiste all'omicidio del padre: per vendicarsi, da grande, entrerà nella malavita, riuscendo a conquistare la fiducia proprio del mandante. «Vinceremo sempre. Quel che dobbiamo fare è pagare un po' di tasse, andare in chiesa e fare un po' di beneficenza. Abbiamo sempre vinto. Vinceremo sempre»: quello dei gangster, secondo Fuller, è un mondo asettico, dove uccidere una bambina è un lavoro come un altro. Tolly, al contrario, rimane un eroe romantico, spinto da una determinazione sovrumana. La regia di Fuller è ugualmente divisa tra freddezza cinica e furia quasi barocca. I personaggi hanno uno spessore insolito per il genere: *La vendetta del gangster* è uno dei suoi classici, invecchiato a meraviglia. Il titolo originale è stato prelevato dal *Saturday Evening Post*.

Vendetta della maschera nera, La ** (*Hei Xia*, conosciuto anche col titolo inglese *Black Mask*, Hong Kong 1996, col, 89') Daniel Lee. Con Jet Li, Françoise Yip, Lau Ching-wan, Karen Mok, Anthony Wong, Moses Chan, Xiong Xinxin, Lawrence Ah Mon. ◆ Dietro i panni del bibliotecario Tsui Chik (Li) si nasconde un supereroe, che dopo un esperimento è diventato insensibile al dolore e (in parte) ai sentimenti: ma i suoi colleghi, tra cui la bonona Yeuklan (Yip), sono al servizio dei narcotrafficanti. Tsui Hark coproduce e cosceneggia una specie di *Batman* tratto da un fumetto locale, tanto sovraccarico e sorprendente dal punto di vista visivo quanto arrabattato sul piano della trama. Riescono comunque a emergere brandelli di melodramma, lampi di humour nero e un senso della meraviglia cui gli occidentali non sono abituati. L'*action director* Yuen Woo-ping è lo stesso di *Matrix*. Il veterano regista Lung Kong è il capo dei cattivi.

Vendetta della pantera rosa, La *½ (*Revenge of the Pink Panther*, Usa 1978, col, 100') Blake Edwards. Con Peter Sellers, Dyan Cannon, Robert Webber, Herbert Lom, Robert Loggia. ◆ L'ispettore Clouseau (Sellers) viene creduto morto e, travestito da mafioso, riesce a incastrare un boss della droga (Webber) a Hong Kong. Quinto episodio della serie, ultimo girato con Sellers vivo: i suoi problemi di salute cominciarono a manifestarsi proprio durante la lavorazione. Edwards dice di averlo girato «per pura avidità», e di fatto le trovate spesso si trascinano stancamente. Colonna sonora di Henry Mancini. L'episodio successivo sarà *Sulle orme della pantera rosa*.

Vendetta della signora, La *½ (*Der Besuch*, Rft/Francia/Italia 1964, b/n, 100') Bernhard Wicki. Con Ingrid Bergman, Anthony Quinn, Irina Demick, Valentina Cortese, Claude Dauphin, Paolo Stoppa, Dante Maggio, Fausto Tozzi. ◆ Una donna diventata ricchissima (Bergman) torna al paese natale e offre una grossa somma di denaro a chi è disposto a uccidere l'uomo (Quinn) che l'aveva sedotta da ragazzina. Da *La visita della vecchia signora* di Friedrich Dürrenmatt, con un'insolita Bergman nel ruolo della dama spietata e un Quinn visibilmente a disagio nei panni di un debole piccolo-borghese. Purtroppo la regia va a tentoni e il finale tradisce la tesi dello scrittore svizzero.

Vendetta dell'uomo chiamato cavallo, La ** (*The Return of a Man Called Horse*, Usa 1976, col, 129') Irvin Kershner. Con Richard Harris, Gale Sondergaard, Geoffrey Lewis, Bill Lucking. ◆ Seguito di *Un uomo chiamato cavallo.* Il lord inglese (Harris) torna nel Dakota e guida i sioux alla riscossa contro i cacciatori bianchi che durante la sua assenza hanno decimato la tribù. Accurata ricostruzione della vita pellerossa all'inizio del secolo, ma con poche novità rispetto al prototipo. Splendidi paesaggi, ripresi in stagioni diverse. Gli indiani sono interpretati ancora da attori bianchi e messicani. Seguìto da *Shunka Wakan – Il trionfo dell'uomo chiamato cavallo.*

Vendetta del mostro, La **½ (*The Revenge of the Creature*, Usa 1955, b/n, 82') Jack Arnold. Con John Agar, Lori Nelson, John Bromfield, Nestor Paiva, Grandon Rhodes, Robert B. Williams. ◆ Una creatura metà uomo, metà pesce viene catturata da un gruppo di ricercatori ed esposta in una piscina della Florida dalla quale però riesce a fuggire. Sequel del *Mostro della laguna nera*, meno scontato di quanto può sembrare: il «mostro» è visto come un alieno di grande sensibilità, crudelmente tormentato dagli uomini, mentre la storia d'amore che intreccia con l'unica donna scienziato non è una mera variante del rapporto tra la Bella e la Bestia, bensì il riconoscimento di un'autentica solidarietà tra emarginati. Originariamente in 3D, segna il debutto di Clint Eastwood, nei panni di un tecnico di laboratorio.

Vendetta del ragno nero, La * (*The Spider*, Usa 1957, b/n, 73') Bert J. Gordon. Con Ed Kemmer, June Kenny, Gene Persson. ◆ Due ragazzi trovano un gigantesco ragno addormentato. Portato in città, il mostro si risveglia e semina il panico tra la popolazione. Horror d'altri tempi, mediocre anche per gli standard dell'epoca.

Vendetta di Aquila Nera, La ** (Italia 1951, b/n, 96') Riccardo Freda. Con Rossano Brazzi, Gianna Maria Canale, Peter Trent, Vittorio Sanipoli, Franca Marzi, Ughetto Bertucci. ◆ Il cosacco Vladimir Dubrowskij (Brazzi) si trasforma in Aquila Nera per vendicarsi di chi gli ha sterminato la famiglia. Vincerà e ritroverà anche il figlio creduto morto. È la continuazione di *Aquila Nera*, con lo stesso protagonista. Freda (che firma la sceneggiatura con Ennio De Concini e Sandro Continenza) continua nel suo sforzo di rivitalizzare il cinema popolare contro le tentazioni del calligrafismo sottolineando soprattutto l'energia dell'individuo, unico artefice del suo destino (in chiara polemica con l'ideologia neorealistica). Oggi può sembrare un po' ingenuo, ma non manca qualche momento felice.

Vendetta di Ercole, La *½ (Italia/Francia 1960, col, 95') Vittorio Cottafavi. Con Mark Forest, Broderick Crawford, Gaby André, Ugo Sasso, Philippe Hersent, Sandro Moretti, Federica Ranchi, Giancarlo Sbragia, Lèonora Ruffo, Wandisa Guida, Carla Calò, Claudio Undari. ◆ Inviso agli dèi per aver ucciso Cerbero, Ercole (Forest) teme che la vendetta si compia ai danni della moglie Deianira (Ruffo) qualora il figlio Illo (Moretti) dovesse sposare l'amata Thea (Ranchi): ma le macchinazioni del tiranno Eurito (Crawford) lo spingeranno a rischiare il tutto per tutto. Mitologia «laicista», con Ercole che si ribella agli dèi e fa quasi professione di ateismo: ma la storia è più complicata che avvincente, e la rilettura delle famose fatiche poco più che scolastica (nonostante gli sforzi di Crawford - con uno sfregio sulla guancia - per apparire cattivo). Sceneggiatura di Marcello Baldi, Duccio Tessari, Mario Ferrari e Archibald Zands; trucchi (per Cerbero e Polimorfeo) di Carlo Rambaldi.

Vendetta di Frankenstein, La **½ (*The Revenge of Frankenstein*, Gb 1958, col, 89') Terence Fisher. Con Peter Cushing, Francis Matthews, Eunice Gayson, Michael Gwinn, Oscar Quitak. ◆ Seguito di *La maschera di Frankenstein.* Condannato a morte, il barone Frankenstein (Cushing) può tornare ai suoi esperimenti grazie a un prete che prende il suo posto: ma la sua nuova creatura rivela tendenze cannibalesche. Linciato dai malati del suo ospedale, il barone sopravviverà grazie all'applicazione dei suoi metodi. Nessun giudizio morale, sceneggiatura (di Jimmy Sangster e Hurford Janes) e montaggio (di Leonard Salzedo) serrati, ambientazione stilizzata e trucchi a effetto: dal punto di vista formale regge più che bene all'usura del tempo, ed è superiore al precedente. Il capitolo successivo è *La maledizione di Frankenstein.* Invece *Gli orrori di Frankenstein* di Sangster ne è il remake.

Vendetta di Fu Manchu, La * (*The Vengeance of Fu Manchu*, Gb 1967, col, 91') Jeremy Summers. Con Christopher Lee, Douglas Wilmer, Tsai Chin, Horts Frank, Maria Rohm. ◆ Fu Manchu (Lee) rapisce un commissario inglese per vendicarsi delle persecuzioni della polizia e mette in difficoltà Nayland Smith (Wilmer) servendosi di un doppio. Girato in parte a Hong Kong, ha un buon cast ampiamente sottoutilizzato e una sceneggiatura puerile con punte di razzismo.

Vendetta di Lady Morgan, La *½ (Italia 1965, b/n, 88') Max Hunter [Massimo Pupillo]. Con Michael Forain, Barbara Nelli, Gordon Mitchell, Paul Muller, Erika Blanc. ◆ Uccisa dal marito (Muller), l'ereditiera Susan Morgan (Nelli), da fantasma, gli rende pan per focaccia: ma il cattivo diventa un vampiro, e minaccia Pierre (Forain), l'innamorato di Susan, unico a essere ancora vivo. La modestia della regia e della recitazione (con l'ex Maciste Mitchell ridotto a *villain*) buttano via un paio d'idee horror carine, come quella dei vampiri così assetati da leccare il sangue versato per terra. Così sgangherato, comunque, che i fan del genere si divertiranno. Musica di Piero Umiliani nascosto dietro lo pseudonimo di Peter O'Milian.

Vendetta di Milady, La → *Tre moschettieri, I* (di Bernard Borderie)

Vendetta di Montecristo, La *½ (*Le Comte de Montechristo – 2ème époque*, Francia/Italia 1954, col, 86')

Robert Vernay. Con Jean Marais, Lia Amanda, Noël Roquevert, Roger Pigaut, Paolo Stoppa, Folco Lulli, Gualtiero Tumiati, Daniel Genia, Louis Seigneur, Jean-Pierre Mocky, Maria Cristina Grado. ◆ Dopo essersi impossessato del tesoro, Edmond Dantès (Marais) non ha che un obiettivo: vendicarsi di chi l'aveva fatto imprigionare. Sotto il nome di conte di Montecristo si stabilisce a Parigi e attua il suo piano: quando l'avrà portato a termine se ne andrà in compagnia della bella Haydée (Grado). Trasposizione della seconda parte del romanzo di Alexandre Dumas *Il conte di Montecristo*, che Robert Vernay aveva già ridotto per il cinema nel 1942 (con Pierre Richard-Willm, anch'esso in due parti: *Il conte di Montecristo* e *La rivincita di Montecristo*). In questa nuova edizione l'uso del colore e la scelta di Jean Marais non bastano per ridare vigore a una storia che durante l'occupazione della Francia si era colorata di sfumature libertarie mentre negli anni Cinquanta appare solo un feuilleton d'avventure. La prima parte, *Il tesoro di Montecristo*, è stata distribuita in Italia come un film separato mentre in Francia è stata proiettata in un unico film di 183'.

Vendetta di Tarzan, La * (*Tarzan's Deadly Silence*, Usa 1970, col, 99') Robert L. Friend, Lawrence Dobkin. Con Ron Ely, Manuel Padilla jr, Jock Mahoney, Woody Strode, Gregoria Acosta. ◆ Un ex colonnello impazzito (Mahoney) semina la morte nella giungla e cerca di uccidere Tarzan (Ely). Sintesi di due film televisivi realizzati nel 1966.

Vendetta di una donna, La ** (*La Vengeance d'une femme*, Francia 1990, col, 133') Jacques Doillon. Con Isabelle Huppert, Béatrice Dalle, Jean-Louis Murat, Laurence Cote. ◆ Due anni dopo avere lasciato il suo amante André, Suzy (Dalle) decide di rivederlo: ma non sa che è morto. Al suo posto arriva la moglie Cécile (Huppert) che, saputo della tresca, decide di vendicarsi della rivale con armi puramente psicologiche, fino a farla pensare al suicidio. Dramma da camera, quasi tutto in primo piano, ispirato a *L'eterno marito* di Dostoevskij. Passioni gelide e intellettualistiche, tour de force per attrici: per chi ha pazienza.

Vendetta è un piatto che si serve freddo, La ** (Italia 1971, col, 98') Pasquale Squitieri. Con Leonard Mann, Klaus Kinski, Elizabeth Eversfield, Luciano Pigozzi. ◆ Un bianco (Mann) progetta di sterminare la tribù d'indiani che ha distrutto la sua famiglia, ma scopre che la strage è stata opera di bianchi travestiti da pellerossa. Western all'italiana sulla falsariga delle evoluzioni americane anni Settanta: superamento dell'odio razziale, riabilitazione del nemico storico. Sanguigno e abbastanza curato.

Vendetta... sarda ** (Italia 1952, b/n, 93') Mario Mattoli. Con Walter Chiari, Carlo Croccolo, Riccardo Billi, Mario Riva, Carlo Campanini, Franca Marzi, Giovanna Pala, Alberto Sorrentino. ◆ Gualtiero Porcheddu (Chiari), cuoco in un ristorante milanese, convinto di incassare un'eredità parte per la Sardegna insieme a due amici-colleghi ai quali deve dei soldi (Billi e Riva). Ma l'unico lascito è la vendetta contro una famiglia responsabile della morte dello zio. Una avventurosa farsa popolare con lieto fine (scritta da Ruggero Maccari, Stefano Vanzina e Mario Monicelli), che comincia in un lussuoso ristorante milanese, gestito da un cavaliere imbroglione che lascia i suoi dipendenti alla fame, e prosegue in una fantomatica Sardegna western, più genuina e saporita. Perfetta la compagnia di «guitti», in cui spiccano Walter Chiari e Carlo Croccolo (nella parte del cugino di Gualtiero, Pinuccio).

Vendetta sotterranea → *Underworld – Vendetta sotterranea*

Vendetta trasversale ** (*Next of Kin*, Usa 1989, col, 108') John Irvin. Con Patrick Swayze, Liam Neeson, Adam Baldwin, Helen Hunt, Andreas Katsulas. ◆ Al secondo fratello ucciso dalla mafia, un poliziotto di Chicago (Swayze) restituisce il distintivo e cerca vendetta. Un veloce B-movie che mette a confronto due mentalità distanti, ma in fondo identiche: quella dei montanari degli Appalachi e quella dei goodfellas italoamericani. Sceneggiatura andante, regia disinvolta. C'è anche la signora Swayze, Lisa Niemi, nel ruolo della violinista classica.

Vendicatore, Il ** (*I Am the Law*, Usa 1938, b/n, 83') Alexander Hall. Con Edward G. Robinson, Otto Krueger, Wendy Barrie, John Beal, Louis Jean Heydt, Fay Helm, Barbara O'Neil. ◆ Un professore universitario (Robinson) organizza con successo la lotta contro i governatori corrotti della città. Niente di originale, ma la regia è scorrevole e il ritmo abbastanza serrato.

Vendicatore, Il ** (*Brother Orchid*, Usa 1940, b/n, 91') Lloyd Bacon. Con Edward G. Robinson, Ann Sothern, Humphrey Bogart, Ralph Bellamy, Donald Crisp. ◆ Due malavitosi (Robinson e Bogart) lottano per la supremazia all'interno della banda. Il più anziano rimane ferito e, deluso dalla fidanzata (Sothern), decide di ritirarsi in convento. Uno strano impasto di gangster-movie, melodramma e religione. Piuttosto affettato nell'insieme, ma il cast riesce a fare miracoli.

Vendicatore di Jess il bandito, Il *** (*The Return of Frank James*, Usa 1940, col, 92') Fritz Lang. Con Henry Fonda, Gene Tierney, Jackie Cooper, Henry Hull, J. Edward Bromberg, Donald Meek. ◆ Quando i responsabili della morte di Jesse vengono graziati, il fratello Frank (Fonda) abbandona i campi e li insegue ovunque, insieme a un giovanissimo compagno (Cooper). Nemmeno l'amore ricambiato per una giornalista (Tierney) lo distrarrà dalla vendetta. Sfidando il cinema americano sul suo terreno d'elezione, il regista tedesco – al suo primo film a colori – realizza il seguito di *Jess il bandito* di Henry King, libero però dalle convenzioni del genere. Frank, pur essendo un vendicatore implacabile, è un bandito gentiluomo preso in prestito dal popolo, premuroso nei confronti del ragazzino, disponibile all'innamoramento e alla «sistemazione» mentre la famosa scena in tribunale con il direttore del giornale (Hull) dimostra che la colpa di tutto è dell'azienda ferroviaria, cioè del capitale. La cura dei dettagli contribuisce in modo determinante alla credibilità del risultato, e un pizzico d'umorismo è la firma personale di Lang a un western autentico (sceneggiato da Sam Hellman), perfettamente in grado di reggere il confronto con i classici prodotti made in Usa. Debutto della Tierney.

Vendicatore nero, Il ** (*The Dark Avenger*, Gb 1955, col, 85') Henry Levin. Con Errol Flynn, Joanne Dru, Peter Finch, Patrick Holt, Christopher Lee. ◆ Lasciato in Aquitania a presidiare le nuove conquiste inglesi, Edoardo principe di Galles (Flynn) libera la fidanzata (Dru), catturata dai francesi. Le vicende del cosiddetto Principe Nero, condottiero della guerra dei Cent'anni, in un tipico cappa e spada alla Flynn, per l'epoca discretamente spettacolare.

Vendicatore silenzioso, Il *½ (*Smoky*, Usa 1946, col, 87') Louis King. Con Fred MacMurray, Anne Baxter, Bruce Cabot, Esther Dale, Roy Roberts. ◆ Per levarsi dai piedi dal fratello delinquente, il cowboy Clint Barkey (MacMurray) va a lavorare nel Nevada, dove doma un cavallo selvaggio, Fuoco (Smoky nell'originale). Il fratello cattivo torna a rompergli le scatole, ma il fiero quadrupede farà giustizia. Mediocre western equino, di cui esistono anche versioni del 1933 e del 1966.

Vendicatori, I ** (*The Corsican Brothers*, Usa 1941, b/n, 112') Gregory Ratoff. Con Douglas Fairbanks jr, Ruth Warrick, Akim Tamiroff, J. Carrol Naish, Henry Wilcoxon. ◆ Due gemelli corsi (Fairbanks), separati dopo la nascita, s'incontrano ormai adulti per vendicare insieme il padre. Sulla falsariga di una storia di Dumas, un movimentato cappa e spada, con un buon cast e una vivida fotografia.

Vendicatori della notte, I ** (*Young Warriors*, Usa 1983, col, 103') Lawrence D. Foldes. Con Ernest Borgnine, Richard Roundtree, Lynda Day George, James Van Patten, Ann Lockheart, Linnea Quigley. ◆ Dopo lo stupro e l'omicidio della sorella, il giovane Kevin (Van Patten) mette da parte i consigli del padre poliziotto (Borgnine) e si trasforma in spietato giustiziere con l'appoggio di quattro compagni. Non un trionfalistico bagno di sangue, ma una vera e propria discesa agli inferi, un crudo viaggio d'iniziazione alla vita che si conclude all'insegna del puro nichilismo. I cliché non mancano, tuttavia l'insieme fa una certa impressione.

Vendico il tuo peccato *** (*The Hidden Room* rititolato *Obsession*, Gb 1949, b/n, 98') Edward Dmytryk. Con Robert Newton, Sally Gray, Naunton Wayne, Phil Brown, Michael Balfour. ◆ Un marito tradito (Newton) tiene prigioniero l'ultimo amante della moglie in attesa di ucciderlo con un bagno all'acido solforico: ma pian piano tra i due si stabilisce uno strano rapporto. Un thriller realistico e inconsueto che Alec Coppel ha adattato da una sua pièce, magnificamente fotografato, da C. Pennington Richards, senza pathos né moralismo: certo il miglior film che Dmytryk abbia realizzato in Inghilterra dopo l'esilio imposto dalla commissione maccartista. Musica di Nino Rota.

Venerdì maledetto ** (*The Long Good Friday*, Gb 1979, col, 114') John Mackenzie. Con Bob Hoskins, Helen Mirren, Dave King, Bryan Marshall, Eddie Constantine, Derek Thompson, Pierce Brosnan. ◆ Un malavitoso londinese (Hoskins) cerca di immettersi in un giro d'affari internazionale, ma finirà in un massacro. *Scarface* nel West End londinese contemporaneo, con la partecipazione speciale dell'Ira. Lodato in patria, misconosciuto da noi.

Venerdì 13 * (*Friday the 13th*, Usa 1980, col, 95') Sean S. Cunningham. Con Betsy Palmer, Adrienne King, Harry Crosby, Mark Nelson, Laurie Bartram, Kevin Bacon. ◆ Vent'anni dopo l'omicidio di una coppietta, un campeggio torna a essere frequentato da giovincelli arrapati. Verranno fatti fuori uno a uno dalla madre del ragazzo, Jason, che allora era stato lasciato annegare tra l'indifferenza dei villeggianti. Decapitata la mamma dall'unica superstite (Palmer), Jason salta però fuori dalle acque. Rozzo ed elementare nel meccanismo della suspense (soggettive interminabili, balzi improvvisi dell'assassino dietro l'angolo o da sotto il letto), il film di Cunningham si distingue solo per gli effetti speciali truculenti di Tom Savini – che però sono drasticamente tagliati in televisione. Preoccupante il sottofondo moralista e sessuofobico. Prodotto con quattro soldi, fu un successo a sorpresa negli Stati Uniti. Sono seguìti, finora, altri sette sequel: *L'assassino ti siede accanto* (1981), *Week-end di terrore* (1982), *Venerdì 13: capitolo finale* (1984), *Venerdì 13: il terrore continua* (1985), *Venerdì 13: Jason vive* (1986), *Venerdì 13: il sangue scorre di nuovo* (1988), *Venerdì 13 parte 8: incubo a Manhattan* (1989).

Venerdì 13: capitolo finale * (*Friday the 13th: the Final Chapter*, Usa 1984, col, 91') Joseph Zito. Con Erich Anderson, Kimberly Beck, Judie Aronson, Corey Feldman, Crispin Glover. ◆ Il terribile e sanguinario Jason scappa dall'obitorio e riprende con i delitti, accanendosi sugli adolescenti in vacanza. I ragazzini sono ancora meno simpatici del mostro: che l'effetto non sia involontario? La solita formula di effettacci (tagliuzzati dalla produzione) e spaventi a buon mercato: non è stato il capitolo finale, ma è seguìto – che fantasia – *Venerdì 13: il terrore continua*.

Venerdì 13: il sangue scorre di nuovo * (*Friday the 13th, Part VII: The New Blood*, Usa 1988, col, 88') John Carl Buechler. Con Lar Park Lincoln, Terry Kiser, Susan Blu, Kevin Blair, Susan Jennifer Sullivan. ◆ Una giovane ospite (Lincoln) del famigerato campeggio possiede doti paranormali che riportano in vita il mostruoso Jason. Meglio di altri episodi, ma la solfa è sempre la stessa. Dirige un esperto di effetti speciali. Seguìto da *Venerdì 13 parte 8: incubo a Manhattan*.

Venerdì 13: il terrore continua * (*Friday the 13th, Part V: A New Beginning*, Usa 1985, col, 102') Danny Steinmann. Con John Shepard, Melanie Kinnaman, Shavar Ross, Richard Young, Corey Feldman. ◆ Jason sembra morto davvero, ma il padre di una delle sue vittime ne prende il posto. Forse il peggiore della serie: l'elemento più intelligente del film è il titolo originale. Seguìto da *Venerdì 13: Jason vive*.

Venerdì 13: Jason vive * (*Friday the 13th, Part VI: Jason Lives*, Usa 1986, col, 87') Tom McLoughlin. Con Thom Mathews, Jennifer Cooke, David Kagan, Renee Jones. ◆ Il campeggio di Crystal Lake sembrava aver ritrovato un po' di tranquillità e nuovi turisti, ma l'infausto Jason è immortale. Purtroppo. Seguìto da *Venerdì 13: il sangue scorre di nuovo*.

Venerdì 13: l'assassino ti siede accanto → *L'assassino ti siede accanto*

Venerdì 13 parte 8: incubo a Manhattan * (*Friday the 13th, Part VIII: Jason Takes Manhattan*, Usa 1989, col, 100') Rob Hedden. Con Jensen Dagget, Kane Hodder, Scott Reeves, Barbara Bingham. ◆ Jason semina il terrore su una nave e, novello Nosferatu, sbarca a New York. I tentativi di introdurre elementi di novità non allontanano la noia.

Venerdì 13: weekend di terrore → *Week-end di terrore*

Venere bionda **½ (*Blonde Venus*, Usa 1932, b/n, 80') Josef von Sternberg. Con Marlene Dietrich, Herbert Marshall, Cary Grant, Dickie Moore, Gene Morgan. ◆ Durante un viaggio in Germania, un chimico americano (Marshall) s'innamora di una donna bellissima (Dietrich) che sposa e porta negli Usa. Quando lui viene contaminato dalle radiazioni, lei torna a lavorare in un nightclub per pagargli le cure, affascinando un ricco playboy (Grant). Nel progetto originale, von Sternberg ritraeva la protagonista come una prostituta fredda e spietata, ma la produzione lo obbligò a correggere il tiro con un lieto fine. Ne è risultato un mélo singolare (sceneggiato da Jules Furthman e S.K. Lauren), contraddittorio e solo in apparenza conciliatorio, dove trovarono posto anche riferimenti non casuali al rapporto personale tra il regista e la diva. Indimenticabili la scena in cui la Dietrich si immerge in un laghetto di montagna, il numero di *Hot Woodoo* dove emerge dalla pelle di una scimmia (la Bella e la Bestia insieme, ma anche ironica Venere in pelliccia), e quello di *I Could not Be Annoyed* cantato in smoking bianco.

Venere dell'oro, La **½ (*La Vênus de l'or*, Francia 1938, b/n, 95') Charles Méré, Jean Delannoy. Con Mireille Balin, Jacques Copeau, Andreé Guize, Daniel Lecourtois, Suzanne Delvé, Pierre Magnier, Saturnin Fabre. ◆ Due sposi, un banchiere senza scrupoli (Copeau) e un'avventuriera (Balin), vivono di loschi affari. Lei tradisce lui per un pilota che, scoperto il suo passato, la lascia: la donna si consolerà con un ricco inglese, mentre il banchiere finirà per suicidarsi. Secondo film di Delannoy (pare che Méré non sia intervenuto affatto nella regia), che denuncia l'avidità e l'affarismo non ricorrendo alla satira, come si usava nel cinema francese dell'epoca, bensì al feuilleton popolare (sceneggiatura di Jean-Louis Bouquet dalla pièce *Business*, tratta a sua volta da *Judith* di Pierre Sabatier). Un intreccio di vizi e passioni, fluido e compatto, che condanna i protagonisti all'infelicità senza scampo: qui non agisce il fatalismo degli anni Trenta, ma trionfa in controluce il riscatto poetico e morale dei «giusti» malmenati altrove. È la più importante prova cinematografica del grande attore di teatro Jacques Copeau, il cui personaggio in alcune versioni destinate al mercato straniero muore d'infarto.

Venere di Chicago, La ** (*Wabash Avenue*, Usa 1950, col, 92') Henry Koster. Con Betty Grable, Victor Mature, Phil Harris, Reginald Gardiner, James Barton, Margaret Hamilton. ◆ Lotta accanita tra due soci, proprietari di un saloon: uno (Harris) ricorre all'Esercito della Salvezza, l'altro (Mature) mette zizzania tra il rivale e la fidanzata star (Grable). Tipica commedia anni Cinquanta, spumeggiante e abbastanza divertente. È quasi il remake di *L'isola delle sirene* (1943), uno dei musical che rese famosa la Grable.

Venere d'Ille, La **½ (Italia 1978, col, 60') Mario e Lamberto Bava. Con Daria Nicolodi, Marc Porel, Fausto Di Bella, Mario Maranzana. ◆ Roussillon, primi decenni dell'Ottocento: il giovane Alfonso de Peyrehohade (Di Bella) sta per sposarsi, ma una statua di Venere, da poco scoperta nei suoi possedimenti, lo reclama per sé: e la notte di nozze avrà sviluppi poco piacevoli. Fedele versione del racconto di Prosper Mérimée (adattato da Cesare Garboli e Lamberto Bava), un classico del fantastico dove tutto rimane sospeso tra soprannaturale e psicopatologia. Nei limiti di una produzione televisiva, Bava (al suo ultimo film) e il figlio (esordiente) costruiscono una bella atmosfera, con molta nostalgia per un cinema gotico e raffinato che ormai era scomparso.

Venere di Willendorf, La *½ (Italia 1996, col, 86') Elisabetta Lodoli. Con Iaia Forte, Luisa Pasello, Emilio Bonucci, Ilaria Occhini. ◆ Due cugine, l'esuberante Ida (Forte) e la nevrotica Elena (Pasello), si ritrovano dopo molti anni per vendere la villa al mare della loro adolescenza: Ida scoprirà con sgomento che Elena è bulimica e in crisi col marito (Bonucci), suo ex fidanzato. Sceneggiato dalla regista insieme a Heidrun Schleef, un film potenzialmente interessante ma incerto e dispersivo, che vuole spiegare troppo senza riuscire ad approfondire né i personaggi né il tema della bulimia. Anche gli attori sembrano spaesati, e la naturalezza della Forte, invece di recare sollievo, rischia di gravare sul delicato e fragile insieme. Il titolo si riferisce a una statuetta steatopigia del Paleolitico, una delle più antiche rappresentazioni della figura femminile.

Venere e il professore ** (*A Song Is Born*, Usa 1948, col, 113') Howard Hawks. Con Danny Kaye, Virginia Mayo, Hugh Herbert, Steve Cochran. ◆ Rifacimento musical di *Colpo di fulmine* dello stesso Hawks. Un timido musicologo (Kaye) – nel film precedente era uno studioso di slang – ha la vita sconvolta dall'incontro con una cantante di night-club (Mayo), che attira su di lui e sui suoi colleghi l'attenzione della mafia, ma in compenso fa conoscere loro le gioie del jazz. L'adattamento del soggetto originale (di Harry Tugent) non è granché e il cast lascia a desiderare, tuttavia c'è una straordinaria colonna sonora, eseguita da musicisti della levatura di Louis Armstrong, Charlie Barnet, Lionel Hampton, Tommy Dorsey. Ruolo particolare per Benny Goodman, che interpreta uno dei professori, Magenbruch.

Venere imperiale * (Italia/Francia 1962, col, 145') Jean Delannoy. Con Gina Lollobrigida, Stephen Boyd, Raymond Pellegrin, Micheline Presle, Gabriele Ferzetti, Massimo Girotti, Lilla Brignone, Giulio Bosetti, Ernesto Calindri. ◆ La spregiudicata Paolina Bonaparte (Lollobrigida), sorella di Napoleone, è costretta dalla cognata Giuseppina (Presle) a lasciare l'uomo (Boyd) di cui è innamorata per sposare un ufficiale dell'esercito. Prolisso e patinato polpettone in costume.

Venere in pelliccia → *Malizie di Venere, Le*
Venere in pigiama *½ (*Boys' Night Out*, Usa 1962, col, 115') Michael Gordon. Con Kim Novak, James Garner, Tony Randall, Howard Duff, Janet Blair, Zsa Zsa Gabor. ◆ Una neosociologa (Novak) si finge avventuriera disinibita per avvicinare quattro uomini utili alla sua inchiesta sui costumi sessuali degli americani. Commedia degli equivoci, con un lieto fine scontato sin dall'inizio: formula assai invecchiata.
Venere in visone *½ (*Butterfield 8,* Usa 1960, col, 109') Daniel Mann. Con Elizabeth Taylor, Laurence Harvey, Eddie Fisher, Betty Field, Dina Merrill. ◆ Una prostituta d'alto bordo (Taylor) incontra l'uomo giusto (Harvey) e si scopre sensibile all'amore. Un grande successo (sceneggiato da Charles Schnel e John Michael Hayes) invecchiato piuttosto male. La Taylor vinse l'Oscar, ma mostra un'affettazione oggi irritante. Nel romanzo di John O'Hara da cui è tratto il film non era previsto il lieto fine.
Venere peccatrice *½ (*The Strange Woman*, Usa 1946, b/n, 100') Edgar G. Ulmer. Con Hedy Lamarr, George Sanders, Louis Hayward, Gene Lockhart, Hillary Brooke. ◆ Una maliarda (Lamarr) cerca di sottrarsi al misero ambiente d'origine seducendo e uccidendo diversi uomini facoltosi. Uno splendido modello di vedova nera in un B-movie girato dall'esperto Ulmer in modo abbastanza affrettato.
Venere tascabile, La *½ (*La Bête à l'affut*, Francia 1958, b/n, 90') Pierre Chenal. Con Françoise Arnoul, Henri Vidal, Michel Piccoli, Gaby Sylvia. ◆ Una giovane vedova (Arnoul) a sua insaputa ospita un evaso (Vidal). Ingannata dal racconto di lui, se ne innamora e lo aiuta nella fuga verso la Spagna. Convenzionale e privo di vera tensione, si risolleva parzialmente solo alla fine, con una sequenza d'azione efficace.
Veneri al sole * (Italia 1965, b/n, 90') Marino Girolami. Con Enio Girolami, Gloria Paul, Umberto D'Orsi, Carlo Delle Piane, Franco Franchi, Ciccio Ingrassia, Elena Belletti, Raimondo Vianello, Luigi Pavese, Anita Todesco. ◆ Film a episodi. In *Intrigo al mare,* una ragazza si fa aiutare da un giornalista a recuperare una valigetta che contiene dei disegni per modelli d'alta moda; in *Una domenica a Fregene*, un fattorino siciliano, ansioso di servire al meglio l'industriale per cui lavora, finisce per metterlo nei guai; in *Come conquistare le donne*, un ragazzo timido si spaccia per attore, ballerino e boxeur nella speranza di conquistare qualche ragazza: ogni volta finisce all'ospedale, e trova l'anima gemella in un'infermiera. Il solito collage di situazioni comico-balneari inconsistenti. Soggetto e sceneggiatura di Mario Girolami, Tito Carpi, Roberto Gianviti, Amedeo Sollazzo.
Veneri in collegio * (Italia/Spagna 1965, b/n, 94') Marino Girolami. Con Raimondo Vianello, Ursula Davis [Pier Anna Quaia], Sandra Mondaini, Enio Girolami, Carla Macelloni, Franco Franchi, Ciccio Ingrassia, Marco Tulli, Vittorio Congia. ◆ Un bella ragazza (Davis), chiusa in collegio in attesa delle nozze con un ricchissimo arabo, è perseguitata da giornalisti italiani e stranieri che si contendono la sua immagine. A complicare le cose, riescono a entrare nel collegio anche due finti arabi, in realtà regista e attore di una troupe che gira nei paraggi. Una commedia insulsa sulla bella e i paparazzi, con qualche pruderie in più dettata dall'ambiente collegiale, apparentemente inaccessibile. Rieditato l'anno successivo con il titolo *0/10 Veneri in collegio*.
Veneri rosse **½ (*Slightly Scarlet*, Usa 1956, col, 99') Allan Dwan. Con John Payne, Arlene Dahl, Rhonda Fleming, Kent Taylor, Ted de Corsia, Lance Fuller, Buddy Baer, Roy Gordon, Frank Gerstle. ◆ Il destino delle due sorelle Lyons, la cleptomane Dorothy (Dahl) e l'onesta June (Fleming), si incrocia con quello di Ben Grace (Payne), un bandito disposto a tradire il suo capo (de Corsia) per prenderne il posto e che vorrebbe portar via June al suo fidanzato Jansen (Taylor). Un noir a colori, dove il già settantenne Allan Dwan infrange tutte le regole del genere, dirigendo una delle opere più personali della sua carriera. La complicatissima trama, sceneggiata da Robert Blees a partire dal romanzo *Imbroglio d'amore* di James M. Cain, passa decisamente in secondo piano di fronte alla bellezza barocca di certe inquadrature (la spiaggia di notte, gli scogli battuti dalle onde su cui si erge la villa del boss, certi mazzi di fiori un po' appassiti che spezzano all'improvviso certe inquadrature) e soprattutto alla figura di queste due sorelle – cocciuta moralizzatrice degna di un melodramma June, perversa eroina uscita da un racconto erotico Dorothy – che sembrano «attraversare la storia senza farvisi coinvolgere davvero», superbe eroine di un mondo che lotta invano contro la corruzione e il peccato.
Venexiana, La * (Italia 1985, col, 125') Mauro Bolognini. Con Laura Antonelli, Monica Guerritore, Jason Connery, Claudio Amendola, Clelia Rondinella, Cristina Noci. ◆ Due nobili veneziane – una vedova matura (Antonelli) e una dama più giovane (Guerritore) – si contendono l'amore di un bel forestiero appena arrivato in città (Connery). Lo avranno entrambe, la stessa notte, sullo sfondo di altre avventure ancillari. Inutile annacquamento di una commedia di un anonimo del Cinquecento. Persa l'incisività del dialetto e indebolita la vicenda attraverso una duplicazione dell'intrigo amoroso, non rimangono che le grazie scoperte delle interpreti e la bella fotografia di Beppe Lanci. Prodotto da Ciro Ippolito: il connubio tra estetismo a buon mercato e ambizioni di cassetta non ha dato grandi frutti.
Venezia, la luna e tu *½ (Italia/Francia 1958, col, 107') Dino Risi. Con Alberto Sordi, Marisa Allasio, Nino Manfredi, Inge Schoener, Niki Dantine, Riccardo Garrone, Anna Campori, Luciano Baracelli, Jole Mauro, Ernesto Boni. ◆ Ripicche sentimentali tra Nino (Sordi), un gondoliere troppo galante con le turiste, e la gelosissima fidanzata Nina (Allasio), sempre sul punto di rimpiazzarlo col timido Toni (Manfredi). Commediola turistica scritta dal regista con Pasquale Festa Campanile e Massimo Franciosa: la sceneggiatura è praticamente inesistente, ma Sordi che parla in veneziano e canta *Cocoleta* ha momenti irresistibili (anche quando gli scappano un paio di battute in romanesco). Un giovanissimo Giuliano

Gemma fa il gondoliere Brando. Il film è stato riedi-tato col titolo *I due gondolieri*, anche se Manfredi è un guidatore di motoscafo.

Venga a prendere il caffè... da noi *** (Italia 1970, col, 113') Alberto Lattuada. Con Ugo Tognazzi, Francesca Romana Coluzzi, Angela Goodwin, Milena Vukotic, Jean-Jacques Fourgeaud, Valentine [Victoria Zinni]. ◆ Il ragionier Emerenziano Paronzini (Tognazzi) mira ad accasarsi. E fra le tre sorelle Tettamanzi non sceglie e coglie da ognuna la parte buona. Dal romanzo *La spartizione* di Piero Chiara (che interpreta la parte del Pozzi), Lattuada ricava uno dei suoi migliori ritratti della piccola borghesia provinciale, tra perbenismo e repressione sessuale. Tognazzi è smagliante nella sua incarnazione di una sessualità che diventa «specchio deformante di relazioni umane represse e confuse e che rimanda anche la propria miseria morale ed esistenziale». Lattuada si ritaglia il ruolo del dottor Raggi. Cosceneggiatura di Tullio Kezich.

Venom * (*Venom*, Gb 1982, col, 98') Piers Haggard. Con Klaus Kinski, Nicol Williamson, Oliver Reed, Sarah Miles, Sterling Hayden, Susan George, Cornelia Sharpe. ◆ I carcerieri di un bambino rapito sono in continuo conflitto tra loro: un provvidenziale serpente velenoso – un mamba – farà giustizia. Thriller insulso e del tutto privo di tensione, con un grande cast sprecato e visibilmente a disagio. Modello non dichiarato di *Mamba* di Orfini.

Ventaglio, Il **½ (*The Fan*, Usa 1949, b/n, 79') Otto Preminger. Con Jeanne Crain, Madeleine Carroll, George Sanders, Richard Greene, Martita Hunt. ◆ «Niente come una vita dedicata alla menzogna serve a comprendere il valore della verità»: l'anziana avventuriera Mrs. Erlynne (Carroll) rievoca la storia della sua figlia segreta Margaret (Crain), sposa di lord Windermere (Greene). Il marito era l'unico a conoscere il segreto, e Mrs. Erlynne si era sacrificata per salvare la loro felicità coniugale. Commedia degli equivoci di un'amarezza quasi ophulsiana, tratta da *Il ventaglio di Lady Windermere* di Oscar Wilde, già portata sullo schermo nel 1925 da Ernst Lubitsch e dall'argentino Luis Saslavsky nel 1948 (*Storia di una donna perduta*). Nel testo di Wilde – sceneggiato da Walter Reisch, Ross Evans e Dorothy Parker – il regista ritrova motivi a lui cari: l'eroina ambigua, il passato come fantasma ineliminabile. Non è comunque il suo film più personale, anche se l'intelligenza della messinscena è evidente.

Ventaglio bianco **½ (*Shidi Chuma*, noto anche col titolo inglese *The Young Master*, Hong Kong 1980, col, 100') Jackie Chan. Con Jackie Chan, Yuen Biao, Sek Kin, Lily Li, Tian Feng, Whong In-sik. ◆ Scambiato per un bandito, lo scapestrato Ah Long (Chan) fugge dallo sceriffo Sung Kung (Shi) e vince in duello il malvagio Big Foot (Whong). Seconda regia di Chan, e prima per quella che diventerà la sua compagnia di fiducia, la Golden Harvest. La svolta comica è ormai definitiva: le arti marziali sono occasione per una serie di gag impeccabilmente eseguite che evocano lo slapstick, il circo e i disegni animati. La trama, ovviamente, è un optional, ma si respira freschezza di idee e un divertimento ingenuo. Chan inaugura due procedimenti che saranno una sua firma: i titoli di coda con le riprese degli stunt andati a male e la canzone da lui stesso interpretata.

Ventaglio di Lady Windermere, Il **** (*Lady Windermere's Fan*, Usa 1925, b/n, 75') Ernst Lubitsch. Con Irene Rich, May McAvoy, Bert Lyttel, Ronald Colman, Edward Martindel. ◆ Lord Windermere (Lyttel) accetta di aiutare finanziariamente Mrs. Erlynne (Rich), avventuriera di dubbia fama, a patto che non riveli di essere la madre di sua moglie. Ma Lady Windermere (McAvoy) crede che il marito la tradisca: e sta per compromettersi irrimediabilmente con un suo corteggiatore, Lord Darlington (Colman), quando Mrs. Erlynne decide di sacrificarsi per lei. Dalla commedia di Oscar Wilde (che ispirò anche *Il ventaglio* di Preminger) adattata da Julien Josephson, uno dei migliori Lubitsch muti: non tanto commedia degli equivoci, ma dramma degli sguardi e dei sospetti, ambientato in una società ipocrita dove il biasimo si rovescia facilmente nella piaggeria. E alla fine non c'è nessuna morale, ma solo un sapore amarognolo e fatalista, dietro un'ironia più nera del solito. Lubitsch è un maestro nell'utilizzare i limiti dell'inquadratura (celebre l'immagine vuota, dal cui margine inferiore spuntano in successione le teste di tre arpie, che si sono alzate per scrutare la scandalosa Mrs. Erlynne): cela nel momento stesso in cui mostra, e adotta volta a volta i punti di vista dei vari personaggi. Anche la recitazione – in un film dove quasi tutti recitano una parte – è piena di sfumature, e spesso sorprendentemente moderna.

Ventesimo secolo ***½ (*Twentieth Century*, Usa 1934, b/n, 91') Howard Hawks. Con Carole Lombard, John Barrymore, Roscoe Karns, Walter Connolly, Etienne Girardot. ◆ Su un treno di lusso, il «Ventesimo secolo», s'incontrano due ex coniugi: Oscar Jaffe (Barrymore), impresario teatrale in rovina, e Mildred Plotka alias Lilly Garland (Lombard), l'attrice da lui lanciata verso sempre maggiori trionfi. Per riuscire a convincerla a firmare per lui, Oscar arriverà anche a fingersi morto. Una screwball comedy magistrale, sorretta da un'irresistibile sceneggiatura di Ben Hecht e Charles McArthur (dalla loro pièce omonima) e da una strepitosa coppia d'attori. Hawks dirige in velocità e con estrema accuratezza, costruendo il ritmo sulla sapiente alternanza di interni ed esterni e sulla recitazione maliziosa degli interpreti. Gran divertimento e anticipazioni sui futuri sviluppi del genere. Ne venne tratto un musical (*On the Twentieth Century*) che ottenne un gran successo a Broadway.

Venti chili di guai... e una tonnellata di gioia *½ (*Forty Pounds of Trouble*, Usa 1963, col, 106') Norman Jewison. Con Tony Curtis, Phil Silver, Suzanne Pleshette, Larry Storch, Howard Morris. ◆ Il direttore di un casinò (Curtis), che non può mettere piede in California per problemi di divorzio, accompagna a Disneyland la figlioletta di un amico e si ritrova in un mare di guai. Innocua commedia sentimentale, con un cast vivace e uno spassoso inseguimento finale nel regno di Disney. Remake di *Come divenni padre* (1949), poi rifatto nel 1980 col titolo *E io mi gioco la bambina*.

Venticinquesima ora, La ** (*La Vingt-cinquième heure*, Francia/Italia/Jugoslavia 1967, col, 127') Henri Verneuil. Con Anthony Quinn, Virna Lisi, Michael Redgrave, Jean Desailly, Serge Reggiani, Marcel Dalio. ◆ Nel 1940, in Romania, un contadino (Quinn) viene fatto deportare come ebreo dal capo della polizia (Redgrave) che ha delle mire sulla sua giovane sposa (Lisi). Fuggito in Ungheria, viene invece assoldato dalle SS come perfetto esemplare della razza ariana. Tra il dramma a tesi e il film d'azione Verneuil finisce con scegliere il secondo: e le forzature non mancano.

22ª vittima... nessun testimone * (*Parole de flic*, Francia 1985, col, 98') José Pinheiro. Con Alain Delon, Jacques Perrin, Jean-François Stévenin, Fiona Gélin, Stéphane Ferrara. ◆ Un poliziotto (Delon) ritiratosi nel Congo torna a Lione per smascherare gli assassini della figlia: cinque giustizieri che stanno facendo strage nel mondo nella mala. Quasi un remake di *Una 44 magnum per l'ispettore Callaghan*: rozzo, violento, involontariamente grottesco. Delon esegue acrobazie senza controfigure, si traveste da clown, produce, collabora alla sceneggiatura e canta la canzone dei titoli di coda.

Venti lucenti **½ (*Fényes szelek*, Ungheria 1968, col, 80') Miklós Jancsó. Con Andrea Drahota, Kati Kovács, András Kozak, Lajos Balázsovits. ◆ In Ungheria, nel 1947, un gruppo di giovani del movimento dei Collegi popolari cerca di diffondere il socialismo democratico in un liceo cattolico. Il tentativo fallisce e la direzione del movimento passa a due fanatiche propugnatrici del terrore. Una parabola sull'illusione del potere rivoluzionario come potere onesto, raccontata attraverso lunghissimi piani sequenza che giocano con movimenti di masse, balletti, canzoni. La sceneggiatura è densa di allusioni all'Ungheria dei tardi anni Quaranta mescolate a suggestioni del Maggio francese. Un esperimento interessante, probabilmente il più vivace e «gioioso» tra quelli compiuti dal regista. Lo stesso Jancsó aveva partecipato in gioventù all'esperienza dei Collegi. È il suo primo film a colori, fotografato dal fedele collaboratore Tamás Somló.

20.000 anni a Sing Sing *** (*20,000 Years in Sing Sing*, Usa 1933, b/n, 81') Michael Curtiz. Con Spencer Tracy, Bette Davis, Lyle Talbot, Louis Calhern, Grant Mitchell, Arthur Byron. ◆ Un ergastolano ribelle (Tracy), domato da un direttore (Byron) intelligente, ottiene sulla parola un permesso per assistere la fidanzata (Davis) in ospedale: si assumerà la colpa della morte del socio (Calhern) che l'ha tradito, e andrà sulla sedia elettrica. Anche se non sempre credibile come elogio del sistema carcerario (con condanna, comunque, della pena di morte), rimane un classico del genere, tratto da un romanzo di Lewis E. Lawes sceneggiato da Courtney Territt, Robert Lord, Wilson Mizner e Brown Holmes. Curtiz colora di un espressionismo mai invadente una messinscena essenziale e realistica, nella quale ogni movimento di macchina ha una precisa funzione. Rifatto da Anatole Litvak con John Garfield (*Il castello sull'Hudson*).

20.000 leghe sotto i mari **½ (*20,000 Leagues Under the Sea*, Usa 1954, col, 127') Richard Fleischer. Con Kirk Douglas, James Mason, Paul Lukas, Peter Lorre, Robert J. Wilke. ◆ Intorno alla metà dell'Ottocento, emerge dagli abissi un misterioso sottomarino, il Nautilus, guidato da un principe indiano, il capitano Nemo (Mason), che vuole vendicarsi degli inglesi. Un intrepido fiocinatore (Douglas) riuscirà a scongiurare il peggio. Grandiosa produzione Walt Disney, la prima con attori «veri», per un classico del genere avventuroso, tratto dall'omonimo romanzo di Jules Verne. La messinscena è volutamente fumettistica ma spettacolare, con notevoli riprese subacquee. Fleischer dimostra di aver ben compreso la lezione di «meraviglioso» dello scrittore, evitando l'enfasi che spesso accompagna realizzazioni così dispendiose. Memorabile la lotta con la piovra gigante. Vinse l'Oscar per la scenografia e gli effetti speciali.

20.000 leghe sotto la terra ** (*War Gods of the Deep*, Usa/Gb 1965, col, 84') Jacques Tourneur. Con Vincent Price, David Tomlinson, Tab Hunter, Susan Hart. ◆ Un capitano (Price) rapisce una ragazza (Hart) che crede essere la reincarnazione della moglie defunta e la conduce in una metropoli sotterranea. Una storia alla Verne, ma con spunti da *La città nel mare* di Poe. È l'ultimo film del regista, più interessante a livello narrativo che per le soluzioni visive. Migliore la prima parte della seconda, immersa in un'atmosfera bizzarramente poetica.

Ventimila sterline per Amanda **½ (*Séance on a Wet Afternoon*, Gb 1964, b/n, 115') Bryan Forbes. Con Kim Stanley, Richard Attenborough, Patrick Magee, Nanette Newman, Judith Donner, Maria Kazan. ◆ Una medium impazzita (Stanley) convince il marito (Attenborough) a rapire una bambina per poter «vedere» il nascondiglio e ricavare dalla rivelazione una cospicua ricompensa. Dramma noir ben realizzato, tratto dall'omonimo romanzo di Mark McShane, adattato dallo stesso regista. Il cast se la cava a meraviglia, mantenendosi in difficile equilibrio tra suspense e introspezione. Forbes e Attenborough sono anche coproduttori, all'interno di un gruppo indipendente chiamato Allied Film Makers che nei primi anni Sessanta – in concomitanza col Free Cinema – cercò di limitare la prepotenza degli studios.

24 ore a Scotland Yard ** (*Gideon of Scotland Yard,* Gb 1958, col, 91') John Ford. Con Jack Hawkins, Dianne Foster, Cyril Cusack, Andrew Ray, Jales Hayter. ◆ Una giornata dell'ispettore Gideon (Hawkins): tra colleghi corrotti, rapinatori e pazzi omicidi, deve affrontare anche un giovane agente che prima di sera scoprirà essere suo futuro parente. Poliziesco non spiacevole, ma al di fuori delle corde del regista e più adatto al piccolo schermo che al grande. Le scene migliori sono quelle intimiste e quotidiane, mentre le sequenze d'azione appaiono piuttosto scontate. Girato a Londra. In Italia circola anche una copia in bianco e nero (così venne distribuito originariamente negli Usa).

24 ore di Le Mans, Le * (*Le Mans*, Usa 1971, col, 106') Lee H. Katzin. Con Steve McQueen, Siegfried Rauch, Elga Andersen, Ronald Leigh-Hunt. ◆ Un taciturno pilota americano (McQueen) partecipa alla famosa competizione francese. Non c'è altro da raccontare: il film piacque assai a McQueen, che poteva guidare anziché recitare; ma non è riuscito neanche come documentario.

Ventiquattro ore per non morire **½ (*Running Hot*, Usa 1984, col, 95') Mark Griffiths. Con Monica Carrico, Eric Stoltz, Stuart Margolin, Virgil Grye, Richard Bradford, Sorrells Pickard. ◆ Un ragazzo (Stoltz) ingiustamente accusato di parricidio evade dal carcere e si rifugia dalla romantica prostituta (Carrico) che gli ha scritto lunghe lettere durante la prigionia. Insieme si danno alla fuga, con un agguerrito poliziotto (Margolin) alle calcagna. Un road-movie nichilista, realizzato a basso costo, per un esordio di tutto rispetto. Convincente la Carrico, meno efficace il giovane Stoltz, che ricalca un po' troppo i modelli degli anni Settanta.

Ventiquattrosette **½ (*24-7*, Gb 1997, b/n, 97') Shane Meadows. Con Bob Hoskins, Danny Nussbaum, Bruce Jones, James Hooton, Mat Hand, Sun Hand. ◆ A Nottingham, Alan Darcy (Hoskins), ex pugile di mezza età e idealista tenace, cerca di aiutare i ragazzi sbandati del quartiere aprendo una palestra: ma l'incomprensione e la violenza che cova in ognuno - lui compreso - impedirà al suo sogno di realizzarsi. Notevole debutto nel lungometraggio di un ventiseienne inglese, all'insegna di un umanesimo memore del Free Cinema. Raccontato in flashback, il film (sceneggiato dal regista con Paul Fraser) affronta con ruvida grazia temi difficili come l'emarginazione, la droga e la violenza, rispettoso verso i personaggi e attento a non cadere nella retorica del miserabilismo grazie anche a una buona dose d'ironia. Hoskins è di una bravura commovente, ed è memorabile la scena in cui balla il valzer con l'anziana zia. Fotografato in bianco e nero ma senza vezzi d'autore da Ashley Rowe. Il titolo, nello slang di Nottingham, sta per «[lavorare] ventiquattro ore su ventiquattro, sette giorni su sette».

23 passi dal delitto **½ (*23 Paces to Baker Street*, Usa 1956, col, 103') Henry Hathaway. Con Van Johnson, Vera Miles, Patricia Laffan, Cecil Parker, Estelle Winwood. ◆ A Londra, in un pub, uno scrittore americano cieco (Johnson) sente casualmente due clienti parlare di un rapimento. Decide di risolvere il mistero, anche se può fidarsi solo delle voci. Un thriller interessante e girato con grande mestiere, sceneggiato da Nigel Balchin a partire da un romanzo di Philip MacDonald. La trama è talvolta improbabile, ma è compensata dalla suspense. Una curiosità per i conoscitori della geografia londinese: l'appartamento del protagonista in Portman Square ha un balcone che si affaccia sul Tamigi, in realtà lontano alcune miglia. Da anni si vede in Tv una pessima edizione in b/n e senza CinemaScope.

23 pugnali per Cesare *½ (*Julius Caesar*, Usa 1970, col, 117') Stuart Burge. Con Charlton Heston, Jason Robards, John Gielgud, Richard Johnson, Richard Chamberlain, Diana Rigg, Robert Vaughn, Christopher Lee. ◆ Versione del *Giulio Cesare* di Shakespeare, già filmato da Mankiewicz nel film omonimo. Dopo la morte di Cesare, Marco Antonio (Heston) finge di schierarsi con i cospiratori, per poi scatenare contro di loro la reazione dei romani e assumere il potere. Messinscena povera e un cast bizzarramente assortito. Il titolo italiano echeggia il western per ragioni di botteghino.

Vento, Il **** (*The Wind*, Usa 1928, b/n, 75') Victor Sjöström [ma nei titoli di testa è Seastrom]. Con Lillian Gish, Lars Harson, Montagu Love, Dorothy Cummings. ◆ Sola in un West inospitale continuamente spazzato dal vento, Letty Mason (Gish) sposa – in bianco – il mite Lige (Harson), un cacciatore di cavalli selvaggi. In sua assenza, durante una tempesta di sabbia, Letty per un equivoco lascia entrare Roddy (Love), che l'aveva corteggiata e adesso si approfitta di lei. Al mattino lo uccide e cerca invano di nascondere il cadavere sotto la sabbia del deserto, confessando poi tutto a Lige: invece di perderlo, segnerà l'inizio del loro amore. Il miglior film americano del regista svedese (sceneggiato da Frances Marion) è giocato, al principio, sull'estraneità e il disagio di un'eroina fragile e scontrosa in un mondo ostile: ma dallo studio naturalistico si passa impercettibilmente verso il fantastico e il lirismo esasperato. Del tutto anticonvenzionale il finale col crimine impunito, che sostituisce quello previsto in un primo momento, dove Letty vagava impazzita nel deserto. Sjöström è uno dei grandi visionari della storia del cinema: *Il vento* non è invecchiato sotto alcun punto di vista, e le sequenze di Letty sola nella capanna investita dalla tempesta rimangono insuperate per come viene descritta la minaccia impalpabile e la paura. Pur trattandosi di un film muto, la suggestione sonora che il regista riesce a ottenere nelle inquadrature delle persiane che sbattono e della sabbia che fa mulinelli «ha qualcosa di rovente, qualcosa che non si era mai "sentito" sullo schermo». Ma anche i personaggi hanno uno spessore fuori da ogni stereotipo: la Gish è superba e rende pleonastiche le didascalie. Il film venne girato tra notevoli difficoltà nel deserto del Mojave; in origine era stato postsincronizzato con un sistema di dischi che riproducevano i rumori naturali, ma il risultato venne considerato mediocre.

Il vento (di Joris Ivens) → *Io e il vento*

Vento caldo *½ (*Parrish*, 1961, col, 140') Delmer Daves. Con Claudette Colbert, Troy Donahue, Karl Malden, Dean Jagger, Connie Stevens. ◆ Una vedova (Colbert) sposa un ricco piantatore (Malden), ma il figlio di lei (Donahue) non viene accettato dai fratellastri finché, dopo due anni trascorsi in marina, riavvia da solo e con successo una piantagione incolta. Polpettone che non va troppo per il sottile, al di sotto della media del regista.

Vento dell'est * (*Vent d'est*, Francia/Italia/Rft 1969, col, 95') Jean-Luc Godard. Con Gian Maria Volonté, Anne Wiazemsky, Cristiana Tullio Altan, Allen Midgette, José Varela, Paolo Pozzesi. ◆ Nella prima parte si assiste a un dibattito politico di taglio marxista-leninista, intervallato da immagini di manifestazioni operaie e a un'assemblea della troupe (si vedono anche Godard e Daniel Cohen-Bendit, cosceneggiatore e iniziatore del Maggio francese). La seconda parte contiene un'autocritica della prima: anche il cinema progressista usa immagini di Hollywood. Dopo un'intervista al regista Glauber Rocha, un attore accusa il pubblico di complicità con il sistema borghese. L'assemblea della troupe continua, mentre il film si tinge sempre più di rosso e si conclude con l'incitazione alla lotta armata. Riflessione concitata e confusa su cinema e militanza, un film pensato come «western politico» ma realizzato da un Godard che ama sempre meno il cinema e medita addirittura di abbandonarlo. Visto oggi è soprattutto un documento della violenta crisi d'identità che colse gli intellettuali più tormentati alla fine degli anni Sessanta, con un pretenzioso e grossolano attacco al cinema di Ejzenštejn. Ha collaborato al film il «Gruppo Dziga Vertov» (Jean-Pierre Gorin, Gérard Martin), propugnatore di un «cinema materialista».

Vento del sud **½ (Italia 1959, b/n, 98') Enzo Provenzale. Con Renato Salvatori, Claudia Cardinale, Rossella Falk, Annibale Ninchi, Laura Adani, Ivo Garrani, Franco Volpi, Giuseppe Cirino, Salvatore Fazio, Sara Simoni, Aldo Bufi Landi. ◆ Ricattato dalla mafia, l'operaio Antonio (Salvatori) è costretto a uccidere un marchese scomodo (Ninchi). Al momento dell'agguato, però, si ribella e si rifugia a Palermo insieme a Grazia (Cardinale), giovane figlia del marchese in fuga dal padre e dalla sorella tiranna (Falk). Inutilmente: la mafia li raggiungerà prima che possano imbarcarsi. L'unico film di Provenzale (più noto come sceneggiatore, assistente alla regia e direttore di produzione) è una tormentata «tragedia di formazione», ingiustamente dimenticata nelle filmografie sulla mafia: rispetto al cinema di denuncia di Rosi che aprirà il decennio successivo (e anche all'esordio dei Taviani con *Un uomo da bruciare*), *Vento del sud,* sceneggiato da Giuseppe Mangione, Elio Petri, Armando Crispino e lo stesso regista, conserva ancora evidenti legami col melodramma, ma tutt'oggi sorprende non poco per l'insolita scelta del punto di vista (il protagonista non è un eroe, anzi), lo sviluppo dei personaggi (compresi quelli femminili) e l'asciuttezza dello stile (la fotografia è di Gianni di Venanzo, il montaggio di Ruggero Mastroianni). Come assistente alla regia è accreditato l'attuale produttore Leo Pescarolo. *Sole freddo* è cantata da Miranda Martino.

Vento di passioni *½ (*Legends of the Fall*, Usa 1994, col, 133') Edward Zwick. Con Brad Pitt, Anthony Hopkins, Aidan Quinn, Julia Ormond, Henry Thomas, Karina Lombard, Tantoo Cardinal, Gordon Tootoosis, Paul Desmond, Christina Pickles, Robert Wisden, John Novack, Bill Dow. ◆ Il colonnello William Ludlow (Hopkins), che ha abbandonato l'esercito perché in disaccordo sulla soluzione della questione indiana, ha allevato i suoi tre figli in un ranch: Samuel (Thomas), studente a Boston, morirà nella prima guerra mondiale, il taciturno Alfred (Quinn) diventerà membro del Congresso e l'indomito Tristan (Pitt), cresciuto da un pellerossa (Tootoosis), fuggirà nei Mari del Sud per ritrovare se stesso, lasciando che la sua donna Susannah (Ormond), ex fidanzata del fratello Sam, sposi l'ambizioso Alfred. Un'interminabile saga patriarcale che mescola svariati generi (mélo, western, avventura, gangster) affastellando vite spezzate da più tragedie con una disinvoltura talmente spudorata e dichiarata da disarmare anche il critico più agguerrito. Del raffinato racconto omonimo di Jim Harrison rimane solo una vaga traccia: estratto l'anziano pellerossa per il ruolo del narratore, gli sceneggiatori Susan Shilliday e Bill Wittliff frullano il resto in stile soap (rinunciando però alle vicende della moglie cittadina e adultera del colonnello [Pickles] che ebbe come amante anche John Reed, il protagonista di *Reds*); allo spettatore, stravolto dal tourbillon degli eventi e immerso nel caldo technicolor di John Toll, premiato con un Oscar, non resta che assistere a un curioso spettacolo attoriale: Hopkins è declassato a comprimario (ma può sfoggiare tutta la sua bravura istrionica quando è colpito da paresi), mentre il protagonista Pitt, che si fa vedere nudo di schiena, conserva inalterabile la sua smagliante bellezza fino alla fine, nonostante il rapido trascorrere degli anni, delle peripezie e delle disgrazie.

Vento di tempesta *½ (*The Miracle*, Usa 1959, col, 121') Irving Rapper. Con Carroll Baker, Roger Moore, Walter Slezak, Vittorio Gassman, Katina Paxinou, Dennis King, Isobel Elsom. ◆ Nel 1812, durante l'invasione delle truppe napoleoniche in Spagna, la novizia Teresa (Baker) lascia il convento dopo essersi innamorata di un ufficiale inglese ferito (Moore). I due si perderanno di vista, lei sposerà uno zingaro (Gassman), resterà vedova, diventerà una grande ballerina di flamenco prima di ritrovare il suo ufficiale e di avere una crisi mistica che la riporterà in convento. Pasticciaccio storico-melodrammatico sceneggiato da Frank Butler a partire dalla pièce *Il miracolo* di Karl Gustav Vollmoeller (la cui messinscena da parte di Max Reinhardt a Londra nel 1912 è considerata dagli specialisti come una delle grandi date della storia del teatro): i grandi mezzi a disposizione non riescono a nascondere un sostanziale fallimento dell'operazione, anche perché Rapper odiava la Baker che gli era stata imposta dalla produzione (e che in certe scene è francamente ridicola). Il titolo originale si riferisce a una statua della Madonna che si trasforma in una sosia di Teresa per «nascondere» la sua fuga dal convento e che torna statua quando la donna ritorna.

Vento di terre lontane **½ (*Jubal*, Usa 1956, col, 101') Delmer Daves. Con Glenn Ford, Ernest Borgnine, Valerie French, Rod Steiger, Felicia Farr, Charles Bronson. ◆ Un ranchero bonaccione (Borgnine) esplode di gelosia quando un perfido caposquadra (Steiger) gli fa credere che sua moglie (French) lo tradisce col suo cowboy di fiducia (Ford). Daves (che firma la sceneggiatura con Russell S. Hughs) ha mascherato con abilità l'*Otello* da western, evitando i facili ammiccamenti. Il cast, per quanto composito (Steiger fa lo psicopatico secondo i dettami dell'Actors' Studio), è di prim'ordine, e l'ambientazione molto curata: il tipo di film in cui fa piacere ritrovare stereotipi che, in mano a un altro regista, sembrerebbero usurati.

Vento di terre selvagge → *Sangue sulla Luna*

Vento e il leone, Il *** (*The Wind and the Lion*, Usa 1975, col, 119') John Milius. Con Sean Connery, Candice Bergen, Brian Keith, John Huston, Geoffrey Lewis. ◆ In Marocco, nel 1904, un capo berbero (Connery) rapisce una donna americana (Bergen) e i suoi figli per attirare l'attenzione sulla sorte della propria gente. Il presidente Roosevelt (Keith) invia un contingente di marines: ma tra rapitore e rapiti si instaura un rapporto di solidarietà, e gli americani aiuteranno i berberi contro i tedeschi. Milius trae spunto da un episodio realmente accaduto per aggiornare col suo spirito sanguigno il cinema d'avventure romantico di un tempo. I personaggi e le passioni sono elementari, ma la regia evita le soluzioni a buon mercato e non indulge ad ammiccamenti e citazioni. Nella sfida a distanza tra il principe brigante e il presidente cowboy, il pubblico – anche quello statunitense – finisce con lo schierarsi dalla parte del primo: e per un presunto reazionario come Milius, non è poco.

Vento freddo d'agosto **½ (*A Cold Wind in August*, Usa 1961, b/n, 80') Alexander Singer. Con Lola Albright, Scott Marlowe, Herschel Bernardi, Joe De Santis, Clarke Gordon, Janet Brandt. ◆ L'incontro col diciassettenne Vito (Marlowe) fa rinascere nella matura e disillusa Iris (Albright) il desiderio di essere amata: ma la scoperta del passato della donna - era una spogliarellista - scatena nel giovane la gelosia che metterà in crisi la loro relazione. Storia di due insoddisfazioni raccontata con bella autenticità, soprattutto per il personaggio della donna a cui Lola Albright offre un'intensità e una sobrietà notevoli. Ex collaboratore di Kubrick, il regista riesce ad ambientare una storia non originalissima (sceneggiata da Burton Whol a partire da un suo romanzo) in una New York che l'agosto rende inedita, tra quartieri popolari splendidamente fotografati da Floyd Crosby.

Vento non sa leggere, Il *½ (*The Wind Cannot Read*, Gb 1958, col, 110') Ralph Thomas. Con Dirk Bogarde, Yoko Tani, Ronald Lewis, John Fraser, Anthony Bushell. ◆ Giappone, seconda guerra mondiale: un giovane ufficiale inglese (Bogarde) riesce a evadere dal campo di prigionia per rivedere la moglie orientale gravemente ammalata (Tani). Love story interrazziale per gli amanti delle lacrime facili. Miglior film dell'anno (!) secondo la stampa inglese.

Vento selvaggio **½ (*Reap the Wild Wind*, Usa 1942, col, 124') Cecil B. DeMille. Con Ray Milland, John Wayne, Paulette Goddard, Susan Hayward, Charles Bickford, Hedda Hopper, Robert Preston. ◆ Dopo che un rivale (Milland) gli ha soffiato la donna amata (Goddard), un capitano (Wayne) fa affondare la sua nave per riscuotere il premio dell'assicurazione: ma la presenza di una donna a bordo (Hayward) gli costa l'accusa d'omicidio. Azione e melodramma in dosi massicce – dirige DeMille – con un ottimo cast e un vivace technicolor. È una delle rare occasioni in cui Wayne interpreta la parte del cattivo, e si riscatta addirittura morendo. Spettacolari le scene della lotta con il polipo, con grandi riprese subacquee superate solo dalle analoghe sequenze di *20.000 leghe sotto i mari*. Vinse l'Oscar per gli effetti speciali.

Ventre dell'architetto, Il *½ (*The Belly of an Architect*, Gb/Italia 1987, col, 118') Peter Greenaway. Con Brian Dennehy, Lambert Wilson, Chloe Webb, Stefania Casini, Sergio Fantoni. ◆ L'architetto americano Stourley Kracklite (Dennehy) giunge a Roma con la moglie Chloe (Webb) per organizzare una mostra su Etienne- Louis Boullée, architetto utopista dell'Illuminismo. Entrambi hanno dolori al ventre: il primo ha un tumore, la seconda aspetta un figlio. L'ossessione per gli stomaci e le cupole porterà Stourley al suicidio. Greenaway riflette sul rapporto tra arte e morte, perdendosi nei tortuosi labirinti di percorsi tematici (i panzoni delle statue, le architetture tondeggianti) spesso solo ludici. Bello da vedere, il cinema di Greenaway è costretto a fare i conti con personaggi privi di spessore. Interessante soprattutto come documentario sul Pantheon e l'Altare della Patria di Roma – la fotografia è di Sacha Vierny. Le musiche sono di Glenn Branca e Wim Mertens.

Vera Cruz *** (*Vera Cruz*, Usa 1954, col, 94') Robert Aldrich. Con Gary Cooper, Burt Lancaster, Denise Darcel, Sarita Montiel, Cesar Romero, George Macready, Ernest Borgnine. ◆ In Messico, durante la rivolta contro Massimiliano d'Asburgo (1866), due americani (Lancaster e Cooper) nei guai e in conflitto tra loro accettano di scortare la carrozza di una contessa (Darcel) fino a Vera Cruz, senza sapere che vi è nascosto un ingente carico d'oro. Un western folgorante, al di fuori dalla storia e dalla geografia statunitensi, costruito in modo impeccabile intorno a un lungo duello morale che si risolve a favore dell'eroe diventato «giusto». Lo stile è asciutto e incalzante, i protagonisti (in particolare Lancaster, ghignante e nerovestito) gigioneggiano con efficacia. Esplosive le scene di battaglia, riprese con maestria dall'operatore Ernest Laszlo. Lancaster è anche co-produttore. Si intravedono Charles Bronson e Jack Elam.

Vera gola profonda, La ** (*Deep Throat*, Usa 1972, col, 61') Gerard Damiano. Con Linda Lovelace, Harry Reems, Laura Lovelace, Dolly Sharp. ◆ Linda (Linda Lovelace) non ce la fa a raggiungere l'orgasmo; un sessuologo (Reems) scopre che ha il clitoride in gola, e puntando sul sesso orale finalmente riesce a «farle sentire le campane che suonano e vedere i fuochi d'artificio». Il primo porno a emergere dalla clandestinità (la prima fu al New World Theatre in Times Square, a New York) e ad attirare un pubblico «perbene», con incassi stratosferici (pare 100 milioni di dollari contro 24.000 di costo). La sceneggiatura è giocata su una sola trovata, ma Damiano ha un certo *sense of humour* e demitizza le scene hard con musichette incongrue o celebri montaggi paralleli (la *fellatio* alternata al missile che parte, oltre che ai fuochi d'artificio e alle campane) che non si vedevano dai tempi di Ejzenštejn. Simpatica porcellonata, più divertente della maggior parte dei porno che si fanno oggi.

Vera storia del dottor Jekyll, La ** (*I, Monster*, Gb 1970, col, 74') Stephen Weeks. Con Christopher Lee, Peter Cushing, Mike Raven, Richard Hurndall, George Merritt, Kenneth J. Warren. ◆ Dopo vari esperimenti, il dottor Jekyll (Lee) scopre un filtro che permette di separare il Bene e il Male nell'animo umano. Il romanzo di Stevenson in chiave decisamente horror: buono il talento visivo del regista, esordiente a soli ventidue anni, ma Lee non è al meglio e certi paralleli con l'attualità appaiono forzati. Le inquadrature bizzarre sono dovute all'intenzione originaria di realizzare il film in 3D.

Vera storia della Rivoluzione francese, La * (*Liberté, Egalité, Choucroute*, Francia/Italia/Rft 1985, col, 109') Jean Yanne. Con Michel Serrault, Ursula Andress, Jean Poiret, Jean Yanne, Daniel Prévost, Minni Coutelier, Gérard Darmon, Rick Battaglia, Darry Cowl, Venantino Venantini, Andy Luotto. ◆ Parodia storica di infimo livello: la Bastiglia è una specie di discoteca esclusiva (ci vanno solo i nobili), Marat (Yanne) un giornalista d'assalto, Carlotta Corday (Coutelier) una femminista furiosa. Comicità comunque non esportabile.

Vera storia di Christine Jorgensen, La → *Primo uomo diventato donna, Il*

Vera storia di Eva Peron, La *½ (*Eva Perón*, Argentina 1996, col, 110') Juan Carlos Desanzo. Con Esther Goris, Victor Laplance, Leandro Ragúnaga, Carlos Roffe, Pepe Novoa, Cristina Banegas, Jean Pierre Reguerraz, Mario Pasik. ◆ Gli ultimi due anni di vita di Evita (Goris), quando gli argentini l'avrebbero voluta vicepresidente nonostante il parere contrario di Perón (Laplance), consumata dal cancro, ma attivissima nella lotta contro l'oligarchia e il potere dei sindacati, e sempre in prima fila nell'assistenzialismo alle classi povere. La risposta ufficiale dell'Argentina all'*Evita* di Madonna (il presidente Menem ha messo a disposizione la Casa Rosada) è un verbosissimo monumento alla «santa dei descamisados» che curiosamente ripropone la stessa struttura a flashback del film di Parker, senza canzoni ma con estenuanti tirate ideologiche. Si salva solo l'appassionata interpretazione di Esther Goris.

Vera storia di Jess il bandito, La *** (*The True Story of Jesse James*, Usa 1957, col, 93') Nicholas Ray. Con Robert Wagner, Jeffrey Hunter, Hope Lange, Agnes Moorehead, Alan Hale, Alan Baxter, John Carradine. ◆ Dopo la guerra di Secessione, Jesse James (Wagner) e il fratello Frank (Hunter) costituiscono una banda di sudisti in miseria per svaligiare le banche nordiste. Il governo mette una taglia su di lui, poi è costretto a revocarla ma Jesse verrà ucciso da un cugino avido di denaro. Remake di *Jesse James* di Henry King (1938), ma con i risvolti etici e psicologici cari al regista di *Gioventù bruciata* e *Johnny Guitar*: il bandito è visto come un giovane outsider disperato, che cade sotto i colpi di una società corrotta e dominata dall'interesse. Il montaggio definitivo, tolto di mano all'autore, ha ridimensionato l'impostazione originaria che doveva essere quella di una ballata, ma non ha compromesso l'idea di partenza. Lo stile di Ray è visibile anche nell'uso del colore in senso simbolico (come nella sequenza della rapina alla banca). Quanto al cast, Robert Wagner se la cava, ma James Dean sarebbe stato l'interprete ideale. Sceneggiatura di Walter Newman. Tra gli altri film dedicati ai due banditi: *Il vendicatore di Jess il bandito*, *I cavalieri dalle lunghe ombre*, *Gli ultimi giorni di Frank e Jesse James*.

Vera storia di Lucky Welsh, La *½ (*Showdown at Boot Hill*, Usa 1958, b/n, 72') Gene Fowler jr. Con Charles Bronson, Fintan Meyler, Robert Hutton, John Carradine, Carole Matthews. ◆ Lo sceriffo federale Lucky Welsh (Bronson) uccide un ricercato: ma gli abitanti del paese gli impediscono di incassare la taglia rifiutandosi di identificare il cadavere. Noioso western di serie B dalla trama stiracchiata e rimpolpata con spezzoni provenienti da un paio di film diversi. Meriterebbe un giudizio più basso, non fosse per la presenza di Carradine nei panni di un barbiere-becchino che racconta amene storielle macabre.

Vera storia di Rosemarie, La ** (*Die Wahreheit über Rosemarie*, Rft 1959, b/n, 98') Rudolf Jugert. Con Belinda Lee, Hans Nielsen, Paul Dalke, Karl Schombock, Walter Rilla. ◆ Una ragazza di modeste condizioni (Lee) diventa una prostituta d'alto bordo. Quando pensa di aver trovato l'amore, viene assassinata a tradimento. Da uno dei primi scandali del dopoguerra tedesco, un dramma abbastanza serrato e ben fatto, con la migliore interpretazione della Lee, morta due anni dopo appena ventiseienne.

Vera vita di Antonio H., La ** (Italia 1994, col, 95') Enzo Monteleone. Con Alessandro Haber, Giuliana De Sio, Ennio Fantastichini, Massimo Ghini, Mariella Valentini, Monica Scattini, Patrizia Piccinini, Maria Amelia Monti, Moni Ovadia. ◆ «È fatta, li ho fregati tutti»: davanti a una platea che si scoprirà vuota, Antonio Hutter (Haber) ripercorre la sua carriera d'attore: la voglia di mettersi in mostra, il successo sempre sfiorato (Scorsese lo chiama per *Toro scatenato*, ma viene investito da una moto), la fallimentare storia d'amore con Giuliana De Sio. Autoritratto sotto (appena) mentite spoglie di Haber, il primo film dello sceneggiatore Monteleone vorrebbe essere anche un pamphlet sul cinema italiano. Come in *Zelig*, vengono intervistate note personalità (Bertolucci, i Taviani, Loy, Salvatores, Monicelli, Placido, Mastroianni), la finzione si mescola alla realtà, la bugia alla confessione: ma se gli ammiccamenti abbondano, non c'è mai vera cattiveria, ed è troppo comodo pararsi le spalle dietro le immagini di Welles (nella *Ricotta* di Pasolini) e Fellini. Non manca, comunque, il divertimento, specie quando Monteleone usa le immagini di film veri (*Marcia trionfale*, l'*Eneide* televisiva) per raccontare storie completamente diverse.

Verboten, Forbidden, Proibito **½ (*Verboten!*, Usa 1959, b/n, 94') Samuel Fuller. Con James Best, Susan Cummings, Tom Pittman, Harold Daye, Paul Dubov. ◆ Nella Germania postbellica un sergente americano (Best) si innamora di una tedesca (Cummings) il cui giovane fratello (Daye) è un militante neonazista. Questi cambierà idea quando, al processo di Norimberga, vede i documentari sui campi di concentramento. Fuller descrive una realtà che conobbe direttamente, e analizza spietatamente i rapporti tra vincitori e vinti, tedeschi e nazisti, ipocriti e combattenti per la libertà. Ammirato da Truffaut, un film volutamente caotico, in cui lampi geniali convivono con facilonerie (la musica di Wagner accompagna le imprese dei neonazisti). Nel finale originario l'americano veniva ucciso per sbaglio dalla polizia militare.

Verde prato dell'amore, Il **½ (*Le Bonheur*, Francia 1965, col, 78') Agnès Varda. Con Jean-Claude Drouot, Marie-France Boyer, Claire Drouot, Olivier

Drouot, Sandrine Drouot. ◆ François (Drouot), felicemente sposato e padre di due bambini, intreccia una relazione extraconiugale e tenta di farla accettare alla moglie. Un dramma femminista dotato di una certa fantasia, con debiti verso la pittura di Renoir e qualche vaga reminiscenza bergmaniana. La psicologia dei personaggi non è approfondita quanto meriterebbe, mentre è molto accurata la costruzione delle immagini, dove il colore assume precise connotazioni simboliche (la regista viene dalla fotografia). Soggetto e sceneggiatura sono della stessa Varda. Compare il regista Paul Vecchiali.

Verdetto, Il *½ (*Sealed Verdict*, Usa 1948, b/n, 83') Lewis Allen. Con Ray Milland, Florence Marly, Broderick Crawford, John Hoyt, John Ridgely. ◆ Un ufficiale nazista (Crawford) è difeso da un'avvocatessa francese (Marly) a cui ha salvato il padre, ma un maggiore americano (Milland) trova delle prove inoppugnabili. Accusata di collaborazionismo, l'avvocatessa sarà difesa dallo stesso maggiore, nel frattempo innamoratosi. Melodramma giudiziario tortuoso e inverosimile.

Verdetto, Il *** (*The Verdict*, Usa 1982, col, 125') Sidney Lumet. Con Paul Newman, Charlotte Rampling, James Mason, Jack Warden, Milo O'Shea, Lindsay Crouse, Joe Seneca. ◆ Frank Galvin (Newman), ex avvocato di successo ora alcolizzato, si ritrova tra le mani una causa sporca e importante, in cui è coinvolto un famoso ospedale, ma dovrà lottare anche contro i colpi bassi del celeberrimo avvocato (Mason) che difende l'istituto. Sceneggiato da David Mamet dall'omonimo romanzo di Barry Reed, è un ottimo dramma giudiziario all'insegna del disincanto, centrato sulla figura crepuscolare dell'avvocato anziché sui consueti meccanismi processuali. Il ritmo è volutamente rallentato, e la fotografia gioca su tonalità spente e sommesse. Lumet dirige con professionismo consumato senza sbagliare nulla. Memorabile l'arringa finale, sostenuta da un Newman decisamente ispirato. La Rampling possiede tutta la magnetica ambiguità necessaria al ruolo. Bruce Willis è una comparsa nell'aula del tribunale.

Verdetto della paura, Il ** (*Trial By Jury*, Usa 1994, col, 107') Heywood Gould. Con Joanne Whalley-Kilmer, Armand Assante, Gabriel Byrne, William Hurt, Kathleen Quinlan, Margaret Whitton, Ed Lauter, Richard Portnow. ◆ Giurata a un processo contro un boss mafioso (Assante), la neodivorziata Valerie (Whalley-Kilmer) viene brutalmente ricattata da un sicario (Hurt) dell'imputato: per salvare la vita al figlioletto deve seminare dubbi nella giuria. Dopo esser stato assolto, il boss ordina di uccidere lo stesso la donna, ma non ha fatto bene i suoi conti. Il tema non nuovo della doppiezza umana, dove una convinta legalista può diventare un'infida manipolatrice di coscienze e una vittima rivelarsi carnefice, è trattato (nella sceneggiatura di Jordan Katz e Heywood Gould) con un occhio al disfacimento morale della società, dove criminali e difensori della legge (il procuratore interpretato da Gabriel Byrne) giocano lo stesso sporco gioco e vincono i più forti e i più furbi. Peccato che la totale mancanza di regia lasci il film in balìa di se stesso: poteva essere un gioiellino della serie B, finisce per essere solo un'opera di routine. Curiose similitudini tematiche col romanzo *Il giurato* di George Dawes Green. Cammeo per David Cronenberg, nel ruolo ovviamente del regista.

Verdetto finale **½ (*True Believer*, Usa 1989, col, 103') Joseph Ruben. Con James Woods, Robert Downey jr, Yuji Okumoto, Margaret Colin, Kurtwood Smith, Tom Bower. ◆ Un disilluso avvocato (Woods) ex figlio dei fiori, specializzatosi nel difendere narcotrafficanti, ritrova tutta la grinta di un tempo quando un'anziana coreana gli chiede di difendere il figlio ingiustamente accusato. Un teso dramma giudiziario anni Ottanta con un soprassalto battagliero anni Sessanta: la legge è un business da mercanti, ma c'è ancora chi ha voglia di lottare dalla parte dei deboli. James Woods, paladino del disincanto con codino brizzolato, è in forma smagliante, anche se personaggi come il suo esistono solo nei film.

Verdetto finale ** (*Ricochet*, Usa 1991, col, 105') Russell Mulcahy. Con Denzel Washington, John Lithgow, Ice-T, Kevin Pollack, Lindsay Wagner, Mary Ellen Trainor, Josh Evans, Victoria Dillard, Jesse Ventura. ◆ Lo psicopatico Earl Blake (Lithgow) fugge di prigione per vendicarsi di Nick Styles (Washington), il poliziotto che, dopo averlo arrestato, ha iniziato una brillante carriera: ne distrugge l'immagine e la vita familiare, facendolo accusare di pedofilia, drogandolo e riprendendolo in video con una prostituta. Mulcahy gira un noir con la stessa enfasi fumettistica di *Highlander*, soffermandosi su duelli all'ultimo sangue e infischiandosene del verosimile. Il fumettone che ne risulta, in linea con l'estetica del produttore Joel Silver (*Trappola di cristallo*, *Arma letale*) è divertente e non privo di humour, ma sotto la superficie (malgrado l'annesso tema razziale) c'è pochino. Professionale sceneggiatura di Steven E. De Souza. La colonna sonora comprende *Ricochet* di Ice-T.

Verdi anni, I *** (*Os verdes anos*, Portogallo 1963, b/n, 90') Paulo Rocha. Con Isabel Ruth, Rui Gomes, Rui Furtado, Alberto Ghira, Cândida Lacerda, Paulo Renato, Carlos José Teixeira. ◆ Julio (Gomes), giovane calzolaio appena arrivato a Lisbona dalla campagna, si innamora della più scaltrita cameriera Ilda (Ruth), che si è già ambientata nella grande città. Il primo film di Rocha (scritto con Nuno Bragança), alle origini del Cinema nôvo portoghese, parte con toni quasi melanconici e olmiani, descrivendo acutamente le dinamiche sociali e spaziali di una città in trasformazione, con una prospettiva dal basso; ma piano piano emerge il linguaggio sensuale del desiderio represso, sfociando in un dramma tanto lancinante quanto sorprendente. Bella prova, già matura, di un regista poco prolifico.

Verdi anni della nostra vita, I *½ (*Le Grand Meaulnes*, Francia 1967, col, 115') Jean-Gabriel Albicocco. Con Brigitte Fossey, Jean Blaise, Alain Libolt, Juliette Villard. ◆ L'amore tormentato tra lo studente Augustin Meaulnes (Blaise) e una ragazzina (Fossey) che vive in un castello da favola: si sposeranno, ma lei morirà quasi subito di parto. Trasposizione fedele del *Grande amico* di Alain-Fournier sceneggiata dalla sorella del romanziere, Isabelle Rivière, dove i virtuosismi tecnici (obiettivi deformanti, colori a effetto, carrelli circolari) non bastano a restituirne la magica atmosfera. Fotografia di Quinto Albicocco, padre del regista.

Verdi dimore **½ (*Green Mansions*, Usa 1959, col, 104') Mel Ferrer. Con Audrey Hepburn, Anthony Perkins, Lee J. Cobb, Sessue Hayakawa, Henry Silva, Nehemiah Persoff. ◆ Nelle foreste dell'Orinoco un giovane esploratore (Perkins) si innamora di una ragazza semiselvaggia (Hepburn) che si crede superstite di una civiltà scomparsa, e che gli indigeni odiano come uno spirito del Male. Fantasia romantica senza lieto fine, con un epilogo surreale che sfida coraggiosamente il ridicolo: onore a questi deliri hollywoodiani. Liberamente tratto dal romanzo di W.H. Hudson e sceneggiato da Dorothy Kingsley. Musica di Heitor Villa Lobos. L'incantevole Audrey allora era la signora Ferrer; Hayakawa era stato un celebre cattivo del muto e il comandante Saito nel *Ponte sul fiume Kwai*.

Vergine, Il *** (*Le Départ*, Belgio 1967, b/n, 89') Jerzy Skolimowski. Con Jean-Pierre Léaud, Catherine Duport, Jacqueline Bir, Paul Roland, Léon Dony. ◆ Un garzone di parrucchiere (Léaud) appassionato di auto da corsa riesce a procurarsi una Porsche per partecipare a una competizione vendendo i capelli che gli offre una ragazza (Duport) innamorata di lui: si sveglierà troppo tardi per partecipare alla gara, ma forse avrà scoperto che nella vita c'è qualcos'altro. Primo film occidentale del polacco Skolimowski, Orso d'oro al festival di Berlino. Il tema del difficile passaggio all'età adulta viene raccontato con uno stile spesso irresistibile, caleidoscopico e divagante. Aria di Nouvelle Vague (non a caso il protagonista è l'attore/alter ego di Truffaut), cattiverie e struggimenti, e una grande libertà formale che oggi si guarda con nostalgia. Fondamentale la colonna sonora di Krzysztof Komeda, collaboratore fisso di Polanski.

Vergine di cera, La **½ (*The Terror*, Usa 1963, col, 81') Roger Corman. Con Boris Karloff, Jack Nicholson, Sandra Knight, Dick Miller, Jackie Haze. ◆ Un tenente napoleonico (Nicholson), sperduto sulla costa baltica, si innamora di una donna (Knight) che però risulta essere morta da tempo. Anche un misterioso barone (Karloff) non è colui che pretende di essere. Corman voleva sfruttare le scenografie dei *Maghi del terrore*, e così convinse Karloff a restare sul set ancora un paio di giorni, girando praticamente senza sceneggiatura. Gli esterni furono filmati, tempo dopo, da Francis Ford Coppola (al suo primo lavoro importante) e Monte Hellman (che aggiustò anche la sceneggiatura), il finale da Jack Hill e Jack Nicholson. Sorprendentemente, il film ha l'atmosfera giusta, e non sfigura affatto a fianco della serie di Corman ispirata a Poe. Bogdanovich ne riprende alcune sequenze in *Bersagli*. La Knight allora era moglie di Nicholson.

Vergine di ferro, La * (*The Iron Maiden*, Gb 1962, b/n, 98') Gerald Thomas. Con Michael Craig, Anne Helm, Jeff Donnell, Alan Hale, Noel Purcell, Cecil Parker. ◆ Un designer di aerei tecnologicamente avanzati va in crisi per fantasmi amorosi del passato, finché si risolleva grazie alla passione per vecchie locomotive («le vergini di ferro», per l'appunto). Negli anni del Free Cinema, un autentico monumento alla conservazione: nei temi e nello stile.

Vergine di Salem, La *½ (*Maid of Salem*, Usa 1937, b/n, 86') Frank Lloyd. Con Claudette Colbert, Fred MacMurray, Louise Dresser, Gale Sondergaard, Beulah Bondi. ◆ Nel 1692, in un villaggio puritano del Massachusetts, una ragazza (Colbert) rischia di venire impiccata per stregoneria. Versione romanzata e annacquata dei fatti che hanno ispirato anche *Le vergini di Salem*.

Vergine di Tripoli, La * (*Slave Girl*, Usa 1948, col, 80') Charles Lamont. Con Yvonne De Carlo, George Brent, Broderick Crawford, Albert Dekker, Lois Collier, Andy Devine. ◆ All'inizio dell'Ottocento, un americano (Brent), inviato a Tripoli per riscattare alcuni compatrioti prigionieri, viene derubato del denaro da un'affascinante ballerina (De Carlo). Avventuroso-fantastico superato per gli standard attuali. C'è addirittura un cammello parlante.

Vergine, e di nome Maria → *Malìa, vergine e di nome Maria*

Vergine, il toro e il capricorno, La ** (Italia 1977, col, 95') Luciano Martino. Con Edwige Fenech, Alberto Lionello, Aldo Maccione, Olga Bisera, Alvaro Vitali, Lia Tanzi, Ray Lovelock, Mario Carotenuto, Giacomo Rizzo, Salvatore Baccaro. ◆ Stanca dei continui tradimenti, una donna (Fenech) decide di ripagare il marito (Lionello) con la stessa moneta: ma le sue rischiano di restare pie intenzioni, visto il playboy imbranato (Maccione) che si ritrova appiccicata. Lionello sbatte continuamente la testa, la Fenech si spoglia con più generosità del solito: nel suo genere, il film di Martino è dei più divertenti, e il cast di supporto è un must per i cultori della commediaccia.

Vergine indiana, La **½ (*María Candelaria*, Messico 1943, b/n, 110') Emilio Fernández. Con Dolores Del Rio, Pedro Armendáriz, Miguel Inclán, Alberto Galán, Margarita Cortés. ◆ Per salvare la fidanzata ammalata (Del Rio), accusata d'immoralità dalle donne del villaggio, Lorenzo (Armendáriz) ruba del chinino a un ricco mercante (Inclán). Questi gli mette contro i contadini e i due amanti vengono lapidati. Vigoroso e straziante melodramma rurale, sceneggiato da Fernández con Mauricio Magdaleno e accolto come una rivelazione al festival di Cannes del 1946, dove s'aggiudicò la Palma d'oro (ex aequo con altri sei film). Tutti i motivi tipici dell'autore – l'eroina infelice, gli amori disperati tra la povera gente, la comunità lacerata dai pregiudizi e oppressa dal potere, i paesaggi assolati e solitari – servono per dare risalto al tema centrale del film (e della filmografia di Fernández), l'oppressione degli indios, visti come i depositari di una cultura vitale ma insieme autodistruttrice. Il film è stato girato nella laguna di Xochimilco, dove si coltivano fiori su isole galleggianti. Segnò l'esordio del cinema messicano sulla scena internazionale, e per l'attrice protagonista fu l'inizio di una nuova carriera. Splendida la fotografia di Gabriel Figueroa.

Vergine moderna *½ (Italia 1954, b/n, 93') Marcello Pagliero. Con May Britt, Teresa Pellati, Vittorio De

Sica, Gabriele Ferzetti, Vittorio Sanipoli, Luca Ronconi, Tina Lattanzi, Giacomo Furia. ◆ Disposta a tutto pur di far carriera, una giovane ragazza (Britt) ritrova il proprio rigore morale grazie all'intervento del fratello (Ronconi). Commediola di costume abbastanza acre all'inizio (la sceneggiatura è di Ennio Flaiano), ma con una conclusione redentrice tipicamente anni Cinquanta. Nei credits compaiono nomi noti: oltre a Ronconi, Nanni Loy (assistente alla regia) e Carlo Di Palma (operatore).

Vergine per il principe, Una *½ (Italia 1965, col, 110') Pasquale Festa Campanile. Con Vittorio Gassman, Virna Lisi, Philippe Leroy, Vittorio Caprioli, Maria Grazia Buccella, Mario Scaccia, Paola Borboni, Anna Maria Guarnieri, Tino Buazzelli. ◆ Prima di contrarre un nuovo matrimonio, Vincenzo Gonzaga (Gassman) è tenuto a dar prova della sua virilità con una popolana vergine (Lisi). In bilico tra letteratura (l'episodio è storicamente documentato, come si legge nella didascalia iniziale) e comicità da barzelletta. Buono invece il cast di supporto.

Vergine scaltra, La **½ (*La Marie du port*, Francia 1949, b/n, 88') Marcel Carné. Con Jean Gabin, Nicole Courcel, Blanchette Brunoy, Julien Carette, Claude Romain, Jane Marken. ◆ Henri Chatelard (Gabin), proprietario di un cinema e di una brasserie a Cherbourg, s'infatua di Marie (Courcel), sorella minore della sua amante Odile (Brunoy) e fidanzata di Marcel (Romain). Una sera, Chatelard investe Marcel ubriaco: lo soccorre e lo affida alle cure di Odile. Quando Marie va a trovarlo lo trova nelle braccia della sorella: accetterà la proposta di matrimonio di Chatelard e si farà dare le chiavi della brasserie. Da un romanzo di George Simenon (sceneggiato da Louis Chavance e Carné), un film considerato minore ma che costituisce una svolta nella carriera del regista. Carné «rinuncia alla mitologia per la psicologia», optando per una «trascrizione naturalistica e disincantata» della vita di provincia, che in alcune sequenze sfiora il documentario (la fotografia è di Henri Alékan, le scenografie di Alexandre Trauner), e abbandona la poetica del fatalismo (nonostante Prévert collabori, non accreditato, all'adattamento dei dialoghi): il personaggio di Marie, con la sua malizia calcolatrice, ribalta la figura del predestinato tipica dei precedenti film di Carné e infligge un colpo definitivo al mito del «Don Giovanni dei faubourgs». Anche per Gabin, infatti, *La vergine scaltra* rappresenta l'inizio di un nuovo corso: abbandonati i panni del proletario romantico, avventuroso e sfortunato, è ormai un borghese arricchito, che «compra» il matrimonio con le sue proprietà. Ma Carné sembra omaggiare il grande attore attraverso il cinema di un tempo: nella sala di Chatelard si proiettano film di Murnau e Flaherty, e alla proposta di vendere chocolats glacées all'ingresso, secondo l'uso americano, Gabin risponde: «Io ho un cinema, mica un negozio di dolciumi».

Vergine sotto il tetto, La **½ (*The Moon Is Blue*, Usa 1953, b/n, 99') Otto Preminger. Con Maggie McNamara, William Holden, David Niven, Tom Tully, Dawn Addams, Gregory Ratoff. ◆ Una ragazza fintamente ingenua (McNamara) e «vergine di professione» mette nel sacco due esperti seduttori: un architetto (Holden) e il padre (Niven) dell'ex fidanzata di questi. Commedia (da un successo teatrale di F. Hugh Herbert che firma anche la sceneggiatura) a suo tempo scandalosa, nella quale nessun personaggio è come sembra, a partire dalla protagonista che mira a una sicura scalata sociale. Preminger gioca con la dimensione di artificiosità (la veduta dell'Empire State Building non è altro che un poster), ma il gioco finisce per mordersi la coda. È il primo film che Preminger produsse da sé in collaborazione con la United Artists, nel tentativo di affrancarsi dal potere delle major. Ebbe dei guai con la censura e il regista dovette difenderlo sia attraverso i mass media che in tribunale: la sua vittoria segnò, in pratica, la fine del Codice Hays. Per gli appassionati di arredamento è una vera miniera di vecchio e nuovo design.

Vergine taglia 36 *½ (*36 fillette*, Francia 1988, col, 88') Catherine Breillat. Con Delphine Zentout, Etienne Chicot, Olivier Parnière, Jean-Pierre Léaud. ◆ Una ragazzina quindicenne (Zentout) compie le sue prime esperienze sessuali coinvolgendo, tra gli altri, un maturo dongiovanni. Lo stile ricorda il cinema di Pialat, di cui la Breillat è stata spesso sceneggiatrice. La versione italiana è però manomessa da alcuni tagli di censura e sciupata da un doppiaggio approssimativo.

Vergini di Roma, Le ** (*Les Vierges de Rome*, Francia/Italia 1961, col, 80') Vittorio Cottafavi, Carlo Ludovico Bragaglia. Con Louis Jourdan, Nicole Courcel, Silvia Syms, Jean Chevrier, Michel Piccoli, Paola Falchi, Ettore Manni, Corrado Pani, Carlo Giustini, Maria Luisa Rolando, Renaud Mary, Nicolas Vogel. ◆ 416 a.C.: sconfitti da Porsenna (Chevrier), i romani consegnano come ostaggio le vergini che avevano combattuto al fianco di Clelia (Syms), ma il greco Strabos (Mary) trama nell'ombra perché gli etruschi riprendano la guerra. Per fortuna il barbaro Druso (Jourdan), alleato di Porsenna, si è innamorato di Clelia. Rilettura fantasiosa della storia romana, tra icone scolastiche (Orazio Coclite [Manni] e Muzio Scevola [Pani]) e spunti protofemministi. Riprese complicate per l'abbandono, dopo tre settimane, di Cottafavi (che non accettava il potere di supervisione dato a Jourdan) e il subentro di Bragaglia, con un cambio di regia che vanifica gli spunti ironici contenuti nella sceneggiatura di Luigi Emmanuele, Léo Joannon e Pierre O'Connell. Alcune scene di interni furono girate da Robert Darène.

Vergini di Salem, Le ** (*Les Sorcières de Salem*, Francia/Rft 1957, b/n, 145') Raymond Rouleau. Con Yves Montand, Mylène Demongeot, Simone Signoret, Raymond Rouleau, Jeanne Fusier-Gir, Françoise Lugagne, Chantal Gozzi, Jean Debucourt, Pierre Larquey, Michel Piccoli. ◆ Salem, 1692: per rinsaldare il proprio potere, il governatore Danforth (Rouleau) sfrutta gli eccessi isterici di un gruppo di ragazzine per scatenare una serie di processi per stregoneria. La giovane Abigail (Demongeot) spera di riconquistare l'uomo con cui ha avuto una relazione (Montand) accusando la moglie (Signoret) di essere posseduta dal diavolo, ma così lo farà condannare a morte. Dramma dell'intolleranza e della superstizione crudele, tratto da *Il crogiolo* che Arthur Miller aveva scritto sotto l'influenza della «caccia alle streghe» guidata dal senatore McCarthy: la sceneggiatura di Jean-Paul Sartre sottolinea il messaggio ideologico del film, ma la vera rivelazione è la seducente Mylène Demongeot, «vipera piena di veleno che semina la morte a Salem». Fotografia di Claude Renoir. La stessa pièce è stata adattata anche nel 1996 da Nicholas Hytner (*La seduzione del male*).

Verginità indifesa **½ (*Nevinost bez zastite*, Jugoslavia 1968, b/n e col, 79') Dušan Makavejev. Con Dragolijub Aleksic, Ivan Zivcovic, Pera Milosavljevic, Ana Milosavljevic. ◆ Nel 1942, durante l'occupazione nazista, l'acrobata jugoslavo Aleksic interpreta e dirige *Verginità indifesa*, primo film in lingua serba: un cineromanzo d'appendice dove il ricco prepotente è il tedesco invasore, la matrigna rappresenta il collaborazionismo, mentre acrobata e orfanella sono il simbolo dei serbi in lotta. Makavejev integra il film con cinegiornali dell'epoca e interviste agli attori sopravvissuti, e non rinuncia allo spirito sarcastico che gli è proprio, trasformando la supposta celebrazione in una vera e propria dissacrazione (si veda il mito della forza fisica dell'acrobata, trattato in modo patetico). Alcuni vecchi fotogrammi in bianco e nero sono colorati a mano.

Vergogna, La **½ (*Skammen*, Svezia 1968, 103') Ingmar Bergman. Con Liv Ullmann, Max von Sydow, Gunnar Björnstrand, Sigge Furst, Birgitta Valberg. ◆ Mentre imperversa la guerra, due musicisti (Ullmann e von Sydow) si ritirano su un'isola, ma vengono ugualmente fatti prigionieri. Quando finalmente riescono a fuggire, la barca che li trasporta s'incaglia in una barriera di cadaveri alla deriva. La guerra (il riferimento contingente è il Vietnam) come occasione narrativa per smascherare la paura, la codardia e l'abiezione di personaggi – non a caso intellettuali – messi alle strette dalla Storia. Colonna sonora assordante e priva di musica, fotografia livida e dialoghi improvvisati per ottenere il massimo di realismo psicologico: il regista svedese sperimenta in più direzioni, immerso in un'atmosfera di assoluto pessimismo: «Quando rivedo *La vergogna*, trovo che è spezzato in due parti. La prima metà, dedicata alla guerra, è brutta. L'altra, sugli effetti della guerra, è bella. La prima metà è assai peggiore di quanto immaginassi, ma l'altra è migliore rispetto a come me la ricordavo».

Verificatore, Il ** (Italia 1995, col, 80') Stefano Incerti. Con Antonino Iuorio, Roberto De Francesco, Elodie Treccani, Renato Carpentieri, Teresa Saponangelo, Franco Angrisano, Enzo Moscato. ◆ Crescenzio (Iuorio) è un corpulento ragazzone che lavora a Napoli come verificatore presso l'azienda del gas: il suo infelice amore per Giuliana (Treccani), una ragazza timida e schiva che lavora con suo fratello Beniamino (De Francesco) alle dipendenze di un vecchio laido (Carpentieri), gli darà la forza di un atto estremo. L'opera prima dell'aiuto regista di Mario Martone, scritta assieme a Gianni Molino, è una produzione indipendente dei Teatri Uniti di Napoli e dei Nutrimenti Terrestri di Messina: l'idea di rappresentare una Napoli insolita è lodevole ma non riesce a sollevarsi da una monotonia insistita e banale, così come la struttura narrativa che impiega il più tradizionale dei flashback. Si riscatta solo l'interpretazione efficace del protagonista.

Verità, La ** (*La Vérité*, Francia 1960, b/n, 130') Henri-Georges Clouzot. Con Brigitte Bardot, Charles Vanel, Marie-José Nat, Paul Meurisse, Louis Seigner, Sami Frey. ◆ Dominique (Bardot), una ragazza libera di costumi, viene processata con l'accusa di aver ucciso l'amante. Sottoposta a linciaggio morale, si uccide prima del verdetto. Sotto il gelido sguardo di Clouzot, la spregiudicata B.B. diventa una figura dolente, quasi romantica, e sembra sentirsi a disagio. Ma anche il film, coi suoi flashback e il suo squilibrio tra esigenze di cassetta e tentativi di aggiornamento stilistico, non è dei migliori dell'autore – e fa rimpiangere *Legittima difesa*. Oscar come miglior film straniero.

Veritàaà, La *½ (Italia 1982, col, 65') Cesare Zavattini. Con Cesare Zavattini, Pietro Barreca, Vittorio Amendola, Pietro Zardini. ◆ L'ottantenne Antonio (Zavattini) scappa dal manicomio per annunciare al mondo che oggi non c'è più pensiero ma solo «falso pensiero»: lo dice a chi incontra, ne parla al papa, inaugura in Tv il Canale degli italiani, ma quando si accorge dell'impossibilità di liberare la mente degli uomini dalle vecchie idee decide di suicidarsi trattenendo il respiro. Esordendo nella regia a ottant'anni (nel 1953 aveva diretto solo un episodio di *L'amore in città*), Zavattini sceglie la strada dell'apologo surreale e poetico, ma il suo entusiasmo «fanciullesco» risulta eccessivamente semplificato da una regia inesistente. Non a caso lo stesso Zavattini ha sentito il bisogno di concludere il film con 3' in cui, smessi i panni di Antonio, si rivolge direttamente al pubblico per riassumere la sua lezioncina sul vero e falso pensiero, quasi si fosse accorto dell'inefficacia dei 62' precedenti.

Verità e menzogne → *F come Falso*

Verità... quasi nuda, La ** (*The Naked Truth*, Gb 1957, b/n, 88') Mario Zampi. Con Peter Sellers, Dennis Price, Peggy Mount, Terry-Thomas [Thomas Terry Hoar-Stevens], Shirley Eaton, Georgina Cookson, Joan Sims, Kenneth Griffith. ◆ Ricattati dall'editore di un giornale scandalistico (Price), un nobile (Terry-Thomas), un presentatore televisivo (Sellers), una scrittrice di gialli (Mount) e una fotomodella (Eaton) cercano di eliminarlo ma peggiorano solo la situazione: risolveranno (forse) i loro problemi quando sfrutteranno a loro vantaggio la corruzione dilagante. Una commedia piuttosto macchinosa (sceneggiata da Michael Pertwee) riscattata dalla prova degli attori: specie di Peter Sellers, Fregoli dilettantesco convinto di essere un grande imitatore. Decisamente posticcia la moralina conclusiva, che stigmatizza l'opportunismo di tutta una società e la fine degli ideali di un Paese. Comparsata per il critico cinematografico Peter Noble nella parte di un annunciatore tv.

Verità seminuda, La **½ (*The Half-Naked Truth*, Usa 1932, b/n, 77') Gregory La Cava. Con Lupe Velez, Lee Tracy, Eugene Pallette, Frank Morgan, Shirley Chambers, Franklin Pangborn, Robert

McKenzie, Mary Mason. ◆ Impresario da luna park, Bates (Tracy) riesce a lanciare Teresita (Velez) a Broadway presentandola come una principessa turca: ma quando viene messo da parte, si vendica portando al successo una cameriera (Chambers) che spaccia come sacerdotessa nudista. Prima che l'applicazione del codice Hays divenisse obbligatoria, a Hollywood si potevano girare commedie spigliate come questa, fitte di allusioni maliziose (l'irresistibile Pallette che, con la sua faccia da bulldog, viene spacciato come eunuco), costumi osé e canzoncine piccanti. La Cava, cosceneggiatore con Corey Ford e il non accreditato Bartlett Cormack, di suo ci mette una satira brillante, anche se epidermica, dei piani alti e bassi del mondo dello spettacolo (il personaggio di Farrell [Morgan] è una parodia di Ziegfeld), e un ritmo che anticipa i suoi film migliori.

Vermisat **½ (Italia 1974, col, 90') Mario Brenta. Con Carlo Cabrini, Maria Monti, Antonio Bessato, Giancarlo Badessi. ◆ Un uomo (Cabrini) si guadagna da vivere procurandosi vermi per la pesca, in compagnia di una prostituta (Monti) che però l'abbandona nel momento del bisogno. Piccole storie di emarginati metropolitani ancora legati a una cultura contadina in via di sparizione. Un'opera prima sanguigna e di una certa efficacia, che all'epoca fece parlare di un nuovo Olmi del proletariato.

Verne Miller – Chicago anni '30 *½ (*Verne Miller*, Usa 1987, col, 92') Rod Hewitt. Con Scott Glenn, Barbara Stock, Thomas G. Waites, Lucinda Jenney, Sonny Carl Davis. ◆ Un ex sceriffo del South Dakota (Glenn) decide di passare al servizio di Al Capone, diventando uno dei malavitosi più temibili nella Chicago degli anni Trenta. Da un episodio realmente accaduto, un gangster-movie scontato e senza sorprese.

Vero e il falso, Il *½ (Italia 1972, col, 99') Eriprando Visconti. Con Paola Pitagora, Martin Balsam, Terence Hill [Mario Girotti], Adalberto Maria Merli, Maria Teresa Albani. ◆ La maestrina Luisa (Pitagora), vittima di un procuratore disonesto (Balsam), viene condannata per l'omicidio di una donna che non è morta: quando esce di prigione, la uccide per davvero. Film a tesi sui misfatti della giustizia, come se ne facevano negli anni Settanta. Ma è poco risolto l'equilibrio tra lo spettacolo popolare e la denuncia alla Cayatte. Raro ruolo serio per Hill, nella parte dell'avvocato che aiuta la protagonista. Sceneggiatura di Luigi Malerba e del regista, musica di Giorgio Gaslini.

Veronika Voss *** (*Die Sehnsucht der Veronika Voss*, Rft 1982, b/n, 105') Rainer Werner Fassbinder. Con Rosel Zech, Hilmar Thate, Cornelia Froboess, Annemarie Düringer, Peter Zadek, Armin Müller-Stahl, Volker Spengler, Günther Kaufmann. ◆ Un giornalista sportivo (Thate) cerca invano di aiutare un'ex diva del Terzo Reich (Zech), vittima della morfina e succube di una dottoressa senza scrupoli (Düringer). Penultimo film di Fassbinder, a coronamento di un affresco sulla borghesia tedesca del dopoguerra tutto centrato su figure femminili (*Il matrimonio di Maria Braun*, *Lili Marleen*, *Lola*). Un *Viale del tramonto* senza bagliori decadenti, che sconsacra la presunta magia del set (Zadek interpreta una parodia di Max Ophuls) e aderisce al punto di vista dei perdenti. Formalmente, uno dei film più scintillanti del regista, con una miracolosa fotografia di Xaver Schwarzenberger. Orso d'oro al festival di Berlino. Il personaggio protagonista è ispirato all'attrice Sybille Schmitz, celebre al tempo del nazismo. Fassbinder è lo spettatore nel cinema.

Versailles ** (*Si Versailles m'était conté*, Francia 1954, col, 165') Sacha Guitry. Con Sacha Guitry, Michel Auclair, Jean-Pierre Aumont, Claudette Colbert, Orson Welles, Gérard Philipe, Gino Cervi, Jean Marais, Edith Piaf, Jean-Louis Barrault, Gaby Morlay, Micheline Presle, Charles Vanel, Brigitte Bardot. ◆ La vita di corte e gli intrighi politico-amorosi nella residenza di Versailles, fatta costruire da Luigi XIV (Guitry) e che Luigi Filippo, con un decreto, trasformò in un museo. Brillante e spettacolare affresco storico, accurato dal punto di vista formale e spigliato sotto il profilo narrativo con più star dei ruoli disponibili. Welles è irriconoscibile nei panni di Benjamin Franklin.

Versione donna ** (*A Matter of Sex*, Usa 1984, col, 100') Lee Grant. Con Jean Stapleton, Dinah Manoff, Judge Reinhold, Pamela Putch, Gillian Farrell. ◆ Otto impiegate in una banca del Minnesota lottano tenacemente per ottenere uno stipendio pari a quello dei colleghi maschi. Realizzato in origine per il piccolo schermo, sulla base di un documentario prodotto dallo stesso regista. Un'operazione discreta, anche se gli sforzi di drammatizzazione appesantiscono inutilmente la storia.

Verso il paradiso **½ (*Household Saints*, Usa 1993, col, 124') Nancy Savoca. Con Tracey Ullman, Vincent D'Onofrio, Lili Taylor, Judith Malina, Victor Argo, Michael Imperioli, Illeana Douglas, Joe Grifasi. ◆ Quasi una saga a Little Italy, tra anni Cinquanta e Sessanta: il macellaio Joseph Santangelo (D'Onofrio) «vince» la moglie Catherine (Ullman) a una partita a pinnacola col futuro suocero (Argo). Dopo essere stata vessata dalla suocera (Malina), Catherine ha una figlia, Teresa (Taylor) che, suggestionata da santa Teresa di Lisieux, deciderà di diventare una monaca. La Savoca cerca di uscire dai cliché dei film sugli italo-americani mescolando il realismo gustoso, l'antropologia femminista e la satira di costume con sortite surreali e simboliche, sempre più marcate nella seconda parte, dove la bravissima Taylor dà vita a un personaggio di visionaria ostinata, innocua e patetica. Gran lavoro sulla forma (la fotografia è di Bobby Bukowski), gli attori e i personaggi: anche se rimane l'impressione di un film senza centro, spesso pungente e suggestivo, ma con troppi conti lasciati volutamente in sospeso. Sceneggiatura della regista e del marito Richard Guay, da un romanzo di Francine Prose. Jonathan Demme è il produttore esecutivo.

Verso il sole *** (*The Sunchaser*, Usa 1996, col, 122') Michael Cimino. Con Woody Harrelson, Jon Seda, Anne Bancroft, Alexandra Tydings, Matt Mulhern, Talisa Soto, Richard Bauer, Zoe Trilling. ◆ Los Angeles: Michael Reynolds (Harrelson), medico in carriera, viene sequestrato da Brandon «Blue» Monroe (Seda), giovane navajo detenuto per omicidio e malato incurabile di tumore, che lo trascina in un viaggio «iniziatico» nelle terre navajo nella speranza della salvezza. Un dolente western contemporaneo (scritto da Charles Leavitt), con lo yuppie bianco al posto del cowboy e il rapper *gangsta* dei ghetti al posto del pellerossa, ma anche un *on the road* umanista, ostinato e tenero, alla ricerca della «bellezza» originaria di un'America che ha perso l'innocenza alla nascita. Un film umilmente *démodé* (il settimo di Cimino in vent'anni di carriera), allo stesso tempo intimo e grandioso, naïf e fiero, serrato e placido, emozionante e lucido, come non se ne vedevano da tanto tempo.

Verso il Sud ** (*Goin' South*, Usa 1978, col, 109') Jack Nicholson. Con Jack Nicholson, Mary Steenburgen, Christopher Lloyd, John Belushi, Veronica Cartwright, Danny DeVito, Luana Anders, Ed Begley jr. ◆ Un ex guerrigliero di Quantrill (Nicholson) sta per salire al patibolo, ma viene salvato da una donna che accetta di sposarlo (Steenburgen), in conformità alla legge promulgata dopo la guerra civile. Una commedia western non disastrosa sceneggiata da John Herman Sbauer, Al Ramrus, Charles Shyer e Alan Mendel, che ripercorre divertita tutti i luoghi comuni del genere. Primo film di Belushi (nella parte di Hector) e della Steenburgen; per Nicholson regista si tratta dell'opera seconda.

Verso la vita **½ (*Les Bas-fonds*, Francia 1936, b/n, 95') Jean Renoir. Con Jean Gabin, Louis Jouvet, Suzy Prim, Vladimir Sokolov, Junie Astor, Robert Le Vigan. ◆ Un ladro anarchico (Gabin) prima salva un milionario (Jouvet) dal suicidio, e poi tenta di sottrarre una candida ragazza (Astor) ai loschi piani di matrimonio cui vorrebbe destinarla la sorella (Prim) che, insieme al marito usuraio (Sokolov), gestisce un sordido dormitorio. Da *L'albergo dei poveri* di Maksim Gor'kij (sceneggiatura di Jacques Companeez e dello scrittore russo in esilio Evgenij Zamjatin), riambientato tra gli emigrati russi in Francia, un buon esempio del naturalismo poetico-sociale renoiriano. Dopo un crescendo di miseria e disperazione, la conclusione risente del clima ottimista del Fronte popolare e ricorda da vicino il finale di *Tempi moderni*, all'insegna della libertà e della speranza. Il montaggio è di Marguerite Renoir, moglie del regista, mentre Jacques Becker è assistente alla regia. Lo stesso testo di Gor'kij è stato utilizzato da Akira Kurosawa per il suo *Bassifondi* (1957), nel quale la storia è raccontata con più tragicità e violenza.

Verso le coste di Tripoli * (*To the Shores of Tripoli*, Usa 1942, col, 86') H. Bruce Humberstone. Con John Payne, Maureen O'Hara, Randolph Scott, Nancy Kelly, William Tracy. ◆ Un ragazzo ricco e viziato (Payne) si arruola nei marines e stenta a modificare il suo atteggiamento snob finché le circostanze non ve lo costringono. Scontato film di propaganda bellica.

Verso nuovi orizzonti → *La prigioniera di Sydney*

Verso sera ** (Italia/Francia 1990, col, 99') Francesca Archibugi. Con Sandrine Bonnaire, Marcello Mastroianni, Lara Pranzoni, Zoe Incrocci, Giorgio Tirabassi, Giovanna Ralli, Paolo Panelli, Victor Cavallo, Ricky Tognazzi. ◆ Un anziano professore comunista (Mastroianni) «adotta» la nipotina (Pranzoni) e instaura con la nuora movimentista (Bonnaire) un difficile rapporto d'affetto. Il 1977 visto attraverso la lente della famiglia, microcosmo esemplare, almeno in Italia, per esaminare gli effetti dei conflitti politici e generazionali. Peccato che l'Archibugi (che firma la sceneggiatura con Gloria Malatesta e Claudia Sbarigia), alla sua opera seconda proceda per grandi semplificazioni, eccedendo in stereotipi e cercando di allentare la tensione con inserti ironici di dubbia efficacia. Il cast tappa i buchi: i confronti Mastroianni/ Bonnaire vivono da soli, ma anche i brevi interventi di Tirabassi (Oliviero) e Cavallo (Pippo) lasciano il segno.

Verso sud *** (Italia 1992, col, 88') Pasquale Pozzessere. Con Stefano Dionisi, Antonella Ponziani, Pierfrancesco Pergoli, Tito Schipa jr, Lucio Zagaria, Irene Grazioli. ◆ Appena uscita di prigione, Paola (Ponziani) incontra Eugenio (Dionisi) in una mensa per poveri. Vanno a vivere insieme in una casa non finita, rapiscono il figlioletto di lei dall'istituto cui è stato affidato e infine decidono di andare a Taranto, nella speranza di trovare lavoro e di sfuggire alla polizia. Ma durante una rapina a un supermercato Eugenio viene ferito mortalmente: solo Paola fuggirà in Grecia col bambino. Con una sensibilità per i panorami urbani che ricorda Antonioni e un sotterraneo senso del sacro che si rifà a Pasolini (la storia, in fondo, è una versione laica della «fuga in Egitto» e la morte di Eugenio tra le braccia di Paola sembra la Pietà di Michelangelo), il pugliese Pozzessere racconta l'on the road minimale e sommesso di due sbandati che non si crogiolano in nessun maledettismo e «sognano il Sud come una volta si sognava l'America»: un'opera prima sanamente fuori moda, genuina, sicura e umile, povera di mezzi ma ricca di idee, che esplora senza retorica lo sfacelo umano e ambientale dell'Italia degli anni Novanta, ma anche il disagio rabbioso e combattivo di certa sua gioventù. Vittima di una distribuzione fantasma, *Verso sud* è passato inosservato nelle sale, ma merita di essere recuperato.

Vertigine **** (*Laura*, Usa 1944, b/n, 85') Otto Preminger. Con Gene Tierney, Dana Andrews, Clifton Webb, Vincent Price, Judith Anderson, Grant Mitchell. ◆ Fidanzato (Price), mentore (Webb) e detective (Andrews), tutti credono che Laura Hunt (Tierney) sia morta: in realtà il cadavere, sfigurato, è quello di un'oscura mannequin, e la presunta defunta, una volta ricomparsa, diventa la principale sospettata. Il primo film importante di Preminger – che all'inizio doveva esserne solo produttore esecutivo, con Rouben Mamoulian alla regia. Fu dopo i primi giornalieri che il presidente della Fox, Zanuck, decise di affidare completamente il progetto a Preminger. Classico del noir, si distingue per un'atmosfera sottilmente morbosa e vagamente onirica, con uno dei triangoli più insoliti nella storia del genere. Perfetto il gioco dei flashback, che aggiungono ambiguità all'intreccio. Per la Tierney e Webb – allora noto solo come attore di teatro – fu una consacrazione. Tratto dal romanzo omonimo di Vera Caspary sceneggiato da Jay Dratler, Samuel Hoffenstein e Betty Reinhardt. Il tema musicale *Laura* di Johnny Mercer e David Raskin divenne un classico, mentre il direttore della fotografia Joseph La Shelle – che sostituì Lucien Ballard – vinse l'Oscar. Le copie circolanti sono state accorciate di qualche minuto per problemi di diritti musicali (la versione originale durava 88').

Vesna va veloce ** (Italia 1996, col, 92') Carlo Mazzacurati. Con Teresa Zajickova, Antonio Albanese, Silvio Orlando, Ivano Marescotti, Patrizia Piccinini, Stefano Accorsi, Roberto Citran, Antonio Catania, Tony Sperandeo, Marco Messeri. ◆ Vesna (Zajickova), ventunenne della Repubblica Ceca, durante una gita a Trieste decide di rimanere in Italia: per mantenersi farà la prostituta, e troverà un po' di calore umano soltanto in un operaio solo e sradicato come lei, Antonio (Albanese). Una storia di miraggi e solitudini raccontata sottotono, con rispetto e attenzione alle sfumature e ai volti: lo sguardo di Mazzacurati funziona, soprattutto nei silenzi e nei primi piani, ma la sceneggiatura (di Umberto Contarello, Mazzacurati, Sandro Petraglia, Claudio Piersanti, Stefano Rulli), un po' troppo giocata sulla sottrazione e sul rimosso, salvo improvvise impennate, non riesce a costruire dei personaggi e un intreccio che, al di là della «correttezza politica», risultino davvero coesi e coerenti fino in fondo. Straordinaria la coppia di attori protagonisti: Albanese, poi, è tanto più sorprendente quanto più si era abituati a vederlo in ruoli comici sul piccolo schermo.

Vestale di Satana, La ** (*Les Lèvres rouges*, noto anche come *Le Rouge aux lèvres*, Belgio/Francia 1971, col, 98') Harry Kümel. Con Delphine Seyrig, Danièle Ouimet, John Karlen, Andréa Rau, Fons Rademakers. ◆ L'incontro con la contessa Elisabeth Bathory (Seyrig) manda in crisi il matrimonio tra Stefan e Valérie (Karlen e Ouimet): la giovane donna ucciderà persino il marito prima di scoprire di cosa ha bisogno la nobildonna per mantenere la sua eterna bellezza. Variazione lesbica sul tema del vampirismo, ispirata alla figura di una contessa che pare abbia fatto uccidere più di cento vergini per mantenersi giovane col loro sangue: se l'incontro con Valérie o i rapporti tra Elisabeth e la sua segretaria-amante (Rau) sono raccontati con un intrigante mix di erotismo e ironia, così come l'atmosfera piovosa e notturna di Ostenda (fotografata da Eddy Van der Enden), altrove il film denuncia una convenzionalità imbarazzante (il pranzo di riconciliazione con la coppia, l'incidente finale) e più in generale una incapacità a rileggere in maniera originale il mito del vampiro-donna. Il regista Fons Rademakers interpreta la madre di Stefan. Sceneggiatura di Jean Ferry e Harry Kümel.

Vestire gli ignudi *½ (Italia/Francia 1954, b/n, 104') Marcello Pagliero. Con Eleonora Rossi Drago, Gabriele Ferzetti, Pierre Brasseur, Frank Latimore, Micheline Francey. ◆ Una cameriera (Rossi Drago) diventa l'amante del padrone (Brasseur) e viene cacciata dalla casa. Prima tenta il suicidio, poi si dà alla prostituzione, nonostante l'aiuto offertole da uno scrittore (Ferzetti). L'omonimo lavoro teatrale di Pirandello, sceneggiato da Ennio Flaiano, diventa un dramma della colpa decisamente superato. Tra i film meno riusciti del regista.

Vestito, Il *½ (*De jurk*, Olanda 1996, col, 103') Alex van Warmerdam. Con Ariane Schluter, Alex van Warmerdam, Henri Garcin, Ricky Coole, Elisabeth Hoijtink. ◆ Di corpo in corpo, maturo o acerbo che sia, l'effetto di un vestito di cotone stampato è lo stesso: attizza la libido maschile e porta sfiga. Un controllore maniaco sessuale recidivo (van Warmerdam) darà noia a una modella (Schluter) e a una ragazzina (Coole), e poi impazzirà quando vedrà il vestito riprodotto in un quadro. Con un meccanismo narrativo preso in prestito dai *Favoriti della luna* (l'oggetto che passa di mano in mano) e da cento altri film, il regista-attore-sceneggiatore aveva forse ambizioni di saggio di costume buñueliano: ma si arena in una serie di scenette di dubbio gusto, ispirate a uno spirito grassoccio e godereccio tipicamente olandese, rimanendo sempre alla superficie delle cose. Inspiegabilmente sopravvalutato dai critici.

Vestito che uccide, Il *½ (*I'm Dangerous Tonight*, Usa 1990, col, 88') Tobe Hooper. Con Madchen Amick, Anthony Perkins, Corey Parker, Daisy Hall. ◆ Il tessuto di un mantello azteco trasforma una ragazza (Amick) in una vamp: il guaio è che scatena anche altri istinti. Prodotto per la cable-tv statunitense e ispirato a un racconto di Cornel Woolrich, un horror di sapore telefilmesco. Perkins e Hooper (che non riesce ad avere il tocco ironico di un Larry Cohen) hanno conosciuto tempi migliori.

Vestito per uccidere **½ (*Dressed to Kill*, Usa 1980, col, 105') Brian De Palma. Con Nancy Allen, Michael Caine, Angie Dickinson, Keith Gordon, Dennis Franz. ◆ Una ragazza-squillo (Allen) assiste all'omicidio di una donna (Dickinson) in un ascensore da parte di un maniaco: si presterà a fare da esca, aiutando il figlio (Gordon) della vittima. L'identità dell'assassino non è una sorpresa per nessuno, ma non è questo tipo di suspense che interessa De Palma, autore anche della sceneggiatura. Visione e seduzione, sangue e pelle sono gli ingredienti di un cinema ipermanierista, che tratta materiali bassi con stile barocco, innestandovi compiaciute citazioni hitchcockiane (in particolare da *Psyco* – la scena iniziale della doccia, la protagonista che muore dopo mezz'ora – e da *Frenzy* – la fuga del maniaco dall'ospedale). Molte sequenze da antologia (il pedinamento nel museo, l'inseguimento in metropolitana) per uno dei film che, nel bene e nel male, hanno segnato gli anni Ottanta e il mito del «cinema-cinema». In patria fu oggetto di attacchi feroci da parte di femministe e puristi della decima arte (che coniarono l'espressione «trash-movie»). Ottima la colonna sonora di Pino Donaggio. In televisione non si vedono, tra l'altro, le sequenze per cui la Dickinson ha impiegato una controfigura – trucco spiegato da De Palma nel successivo *Omicidio a luci rosse*. Nel titolo italiano si perde il doppio senso dell'originale («dressed to kill» significa, metaforicamente, anche «vestito in modo provocante»).

Vestito per un cadavere, Un * (*The Busy Body*, Usa 1967, col, 90') William Castle. Con Sid Caesar, Robert Ryan, Anne Baxter, Kay Medford, Jan Murray, Richard Pryor, Dom DeLuise. ◆ Un gangster viene sepolto con un vestito imbottito di dollari, scatenando un'agguerrita caccia al tesoro. Da un giallo di Donald Westlake, purtroppo spogliato del suo tipico humour nero. I pochi momenti divertenti sono marginali e si devono al cast di supporto. Debutto di Pryor.

Vestito strappato, Il *½ (*The Tattered Dress*, Usa 1957, b/n, 93') Jack Arnold. Con Jeff Chandler, Jeanne Crain, Jack Carson, Elaine Stewart, Gail Russell, George Tobias. ◆ Durante un processo, un avvocato difensore (Chandler) viene accusato dallo sceriffo locale di aver corrotto un giurato. L'inizio è promettente, poi il ritmo si affloscia e la vicenda perde d'interesse.

Vesuviani, I *½ (Italia 1997, col, 140') Pappi Corsicato, Antonietta De Lillo, Antonio Capuano, Stefano Incerti, Mario Martone. ◆ Film a episodi. In *La stirpe di Iana* (Pappi Corsicato. Con Anna Bonaiuto, Iaia Forte, Cristina Donadio, Paola Iovinella, Anna Avitabile) un gruppo di motocicliste dedite al culto della dea Iana sbaraglia una gang di malviventi; in *Maruzzella* (Antonietta De Lillo. Con Enzo Moscato, Nunzia Di Somma, Armando Pugliese, Marcello Colasurdo) il travestito Maruzzella vive in un cinema a luci rosse, ma l'incontro con una fantasmatica spettatrice gli cambierà la vita; in *Sofialorèn* (Antonio Capuano. Con Tonino Taiuti, Flavio Brunetti, Gino Intartaglia, Clelia Rondinella) un pescatore di Pozzuoli cattura un polpo che di notte prende le sembianze di una seducente figura femminile, ma che non eviterà di finire in padella; in *Il diavolo nella bottiglia* (Stefano Incerti. Con Antonio Pennarella, Renato Carpentieri, Teresa Saponangelo, Gino Curcione, Bruna Sarno) un barbone acquista una bottiglia che si rivela capace di esaudire ogni suo desiderio, a patto che il possessore la rivenda subito a un prezzo inferiore; in *La salita* (Mario Martone. Con Toni Servillo, Anna Bonaiuto, Maria Luisa Abbate, Lello Serao, Vincenzo Peluso) il sindaco di Napoli sale sul Vesuvio accompagnato da un corvo loquace, che stigmatizza ogni sua riflessione. Un film collettivo, che ambisce a essere un manifesto del nuovo cinema napoletano ma non ne ha la forza, e in cui ciascun regista rielabora a modo suo il rapporto con l'anima «magica» della città. La libertà d'ispirazione è appesantita, in diversa misura, dalla presenza di metafore e simboli non ben padroneggiati, spesso confinanti con il manierismo, che finiscono per ribadire - e non spiegare - le tante contraddizioni di Napoli. Particolarmente deludente, proprio per l'ambizione del progetto, l'episodio di Martone (autore anche della sceneggiatura con Fabrizia Ramondino), che pensa a Bassolino citando Pasolini (come in *Uccellacci e uccellini*, il corvo è doppiato da Francesco Leonetti) ma rimane prigioniero di un massimalismo fuori tempo (il sindaco che legge *Che fare?* di Lenin) e ironie di dubbio gusto (le «salme parlanti» che aspettano di essere estratte dalle macerie giocando a carte).

Viaccia, La *½ (Italia 1961, b/n, 106') Mauro Bolognini. Con Jean-Paul Belmondo, Claudia Cardinale, Pietro Germi, Romolo Valli, Paul Frankeur, Paola Pitagora. ◆ Appena arrivato a Firenze, un giovane contadino (Belmondo) s'innamora di una prostituta (Cardinale). Per vederla più spesso perde il lavoro e finisce accoltellato da un cliente della ragazza. Un melodramma freddissimo, tratto da *L'eredità* di Mario Pratesi. Bolognini smorza la sanguigna sceneggiatura – firmata da Vasco Pratolini, Pasquale Festa Campanile e Massimo Franciosa – con un'eccessiva cura formale, fino a trasformare il film in un'anemica esercitazione stilistica. A poco serve il temperamento dei due interpreti principali, come pure la presenza del regista Pietro Germi nel ruolo di Stefano. Tanto vale allora citare i veri artefici dell'operazione «belletto»: il futuro regista Flavio Mogherini per le scenografie, Piero Tosi per i costumi, Leonida Barboni per la fotografia.

Via col vento **** (*Gone with the Wind*, Usa 1939, col, 222') Victor Fleming. Con Clark Gable, Vivien Leigh, Leslie Howard, Olivia de Havilland, Thomas Mitchell, Barbara O'Neil, Victor Jory, Laura Hope Crews, Hattie McDaniel, Ona Munson, Ward Bond. ◆ Nella Georgia del 1861 la bizzosa e indomita Rossella O'Hara (Leigh) ama il mite Ashley (Howard) che però le preferisce la buona Melania (de Havilland): Rossella vorrebbe consolarsi con l'affascinante avventuriero Rhett Butler (Gable) ma lo scoppio della guerra civile e il suo carattere orgoglioso la porteranno a sposarsi con due uomini che non ama – da cui resterà due volte vedova –, mentre il potere della famiglia si dissolve con la guerra e la fattoria di Tara si riduce a una catapecchia. La storia d'amore più famosa del cinema: dal romanzo di Margaret Mitchell, un film-fiume indimenticabile, un melodramma archetipico sullo sfondo di un ampio affresco storico-epico. Razzista, sessista, nostalgico, ma anche eccezionalmente spettacolare e con una realizzazione complessa: lo sforzo produttivo fu enorme per l'epoca (4 milioni di dollari, impegnati e gestiti dall'ossessivo David Oliver Selznick); la regia venne affidata prima a Cukor, poi a Wood e solo da ultimo a Fleming; il copione passò attraverso numerose mani, non tutte accreditate, tra cui quelle di Scott Fitzgerald e Ben Hecht; Gable tentennò non poco prima di accettare una parte che sembrava tagliata su misura per lui; e per il ruolo di Rossella ci fu una vera e propria battaglia tra primedonne. William Cameron Menzies firmò il design delle preziose scenografie; Ernest Haller e Ray Rennahan ottennero un technicolor smagliante, senza precedenti. Insomma, un vero e proprio monumento hollywoodiano, che ammaliò il pubblico dell'epoca e le generazioni a venire con i suoi personaggi a tutto tondo, i suoi tramonti di fuoco, la sua chiusa immortale («ci penserò domani, dopotutto domani è un altro giorno»). Vinse otto Oscar: miglior film, regia, attrice protagonista, attrice non protagonista (Hattie McDaniel, la governante di colore Mammy, il primo dato a un'attrice nera), sceneggiatura (Sidney Howard), fotografia, arredamento (Lyle Wheeler), montaggio (Hal C. Kern, James E. Newcom). Il disertore nordista che Rossella uccide è interpretato da Yakima Canutt, negli anni Cinquanta e Sessanta direttore di scene ad alto rischio (come la corsa delle bighe di *Ben Hur*).

Via da Las Vegas ** (*Leaving Las Vegas*, Usa 1995, col, 112') Mike Figgis. Con Nicolas Cage, Elisabeth

Shue, Julian Sands, Richard Lewis, Valeria Golino, R. Lee Ermey, Laurie Metcalf. ◆ Licenziato da Hollywood, lo sceneggiatore Ben (Cage) va a Las Vegas per ubriacarsi a morte: la prostituta Sera (Shue) dividerà con lui gli ultimi giorni. Due reietti che si incontrano, due solitudini che faticosamente coincidono, in una cornice di violenza e di lusso artificiale: l'unico romanzo del suicida John O'Brien non offre molto di più, quanto a intreccio, e Figgis, adattandolo, cade nelle trappole più facili: ridondanza, didascalicità, eccessi melodrammatici (l'episodio di Sera violentata da tre ragazzini). L'interpretazione di Cage (premiato con l'Oscar) è di una fisicità debordante e contagiosa, ma a furia di non prendere posizione, la regia rischia di osservarlo con lo stesso sguardo distaccato e compiaciuto che riserva al kitsch di Las Vegas. Fotografia glamour di Declan Quinn, musica jazz e fumosa dello stesso regista (in cui spiccano le voci di Sting e di Maggie Nichols). Sfilza di cammeo: Figgis e Ed Lauter sono due mafiosi russi, Julian Lennon il barista nel locale dove viene pestato Ben, Bob Rafelson un uomo nella hall dell'albergo, Vincent Ward un uomo d'affari. Da confrontare con l'episodio dello stesso Figgis di *Women and Men 2*.

Via dalla pazza folla *½ (*Far From the Madding Crowd*, Gb 1967, col, 169') John Schlesinger. Con Julie Christie, Peter Finch, Terence Stamp, Alan Bates, Prunella Ransome. ◆ Nella campagna inglese dell'Ottocento, una ragazza ricca (Christie) è contesa da tre uomini: un pastore (Bates), un proprietario terriero (Finch) e un militare bellimbusto (Stamp). Sposa quest'ultimo, ma la vita matrimoniale si rivela un disastro. Il romanzo di Thomas Hardy in versione cartolina illustrata: paesaggi suggestivi, grande accuratezza formale (la fotografia è di Nicolas Roeg), ritmo statico. Un passo falso per il regista e un passo indietro per il cinema britannico, ancora fresco della lezione anticonformista del Free Cinema.

Via degli specchi *½ (Italia 1983, col, 90') Giovanna Gagliardo. Con Nicole Garcia, Heinz Bennent, Milva [Maria Ilva Biolcati], Claudio Bigagli, Girolamo Marzano, Massimo Serato. ◆ Una donna magistrato (Garcia) deve indagare sulla misteriosa fine di una giovane: interrogando il reticente fidanzato (Bigagli) e una loquace vicina (Milva) prende corpo l'ipotesi che il marito (Bennent) del magistrato non solo la conoscesse ma ne fosse anche l'amante. E che la morte non sia più accidentale. Ambizioso ma sostanzialmente fallito tentativo di mescolare le esigenze d'autore con quelle del cinema commerciale (come si cercava in quegli anni per uscire dalla crisi congiunturale del settore): il thriller, però (scritto dalla regista in collaborazione con Jean Gruault) è piuttosto deludente, con quell'idea che il marito avrebbe brigato perché fosse la moglie a occuparsi dell'inchiesta e scoprisse così la sua seconda vita, mentre la scrittura d'autore è ancora troppo fragile per dare spessore e identità a questo kammerspiel pauperistico (nonostante l'ambizioso rimando al quadro *L'uomo allo specchio* di Magritte).

Via dei babbuini, La *½ (Italia 1974, col, 110') Luigi Magni. Con Catherine Spaak, Pippo Franco, Fabio Garriba, Gabriele Grimaldi. ◆ Recatasi in Africa ad assistere il padre morente, una signora romana (Spaak) decide di rimanervi, abbandonando il marito per seguire nella savana la «via dei babbuini». Il ritorno alla natura come risposta all'alienazione contemporanea: Magni punta sul filosofico, ma non si libera del bozzettismo. Soggetto e sceneggiatura sono dello stesso regista.

Via dei giganti, La *** (*Union Pacific*, Usa 1939, b/n, 135') Cecil B. DeMille. Con Barbara Stanwyck, Joel McCrea, Robert Preston, Akim Tamiroff, Brian Donlevy, Anthony Quinn. ◆ Per costruire la linea ferroviaria tra il Pacifico e New York, due compagnie rivali si combattono senza esclusione di colpi. Il conflitto maggiore si crea tra un sorvegliante (McCrea), la sua fidanzata irlandese (Stanwyck) e un odioso biscazziere (Donlevy). È il miglior western sonoro del regista e il suo ultimo film in bianco e nero. Ricco di scene spettacolari (come lo scontro tra due treni e l'incontro delle linee nello Utah), contiene anche alcune sequenze d'azione girate da John Ford e riutilizzate attraverso trasparenti (piuttosto scadenti a livello tecnico e quindi facilmente individuabili). Tratto da *The Trouble Shooter* di Ernest Haycox sceneggiato da Walter de Leon, C. Gardner Sullivan e Jesse Lasky jr: l'ironia dello scrittore ha contribuito a stemperare le inclinazioni al melodramma del regista. Buoni la caratterizzazione dei personaggi e l'apporto del cast (a parte – dicono – il terribile accento irlandese della Stanwyck).

Via dei pompieri 25 *** (*Tuzolto utca 25*, Ungheria 1974, col, 95') István Szabó. Con Lucyna Winicka, Békés Rita, Bálint András, Makay Margit. ◆ A Pest, in una vecchia strada del quartiere Ferencváros, gli inquilini di uno stabile destinato alla demolizione non riescono a dormire, tra i sogni, i ricordi e i pensieri sul futuro. Una specie di *Amarcord* comunitario, un mosaico della disperazione dove ogni tassello è saldato all'altro con grande sensibilità narrativa e registica. Complessa – ma ben congegnata – la struttura temporale, condotta sul filo delle libere associazioni, e interessante la colonna sonora, nella quale s'intrecciano musica, dialoghi, voci off e voci interiori.

Via del crimine, La *** (*Une si jolie petite plage*, Francia 1949, b/n, 91') Yves Allégret. Con Madeleine Robinson, Gérard Philipe, Jane Marken, Jean Servais, Julien Carette, Mona Dol, André Valmy, Christian Ferry. ◆ In un alberghetto del Nord della Francia, dove la padrona (Marken) sfrutta gli orfani che le manda l'assistenza pubblica, arriva Pierre (Philipe), che una matura cantante aveva tolto cinque anni prima da quello stesso lavoro. Quando uno sconosciuto lo accusa di aver ucciso l'ex amante e vuole denunciarlo, Marta (Robinson), anche lei sfruttata dall'ostessa, cerca di aiutarlo a fuggire, ma Pierre non ha più la forza di scappare. Ritratto accorato e pessimista di una generazione delusa e disillusa, a cui una pioggia onnipresente sembra «lavar via» ogni prospettiva per il futuro. Scritto da Jacques Sigurd, il film esprime, attraverso le sue atmosfere angosciose e deprimenti, quel «mal di vivere» che sarà alla base dell'evoluzione del «realismo poetico» d'anteguerra verso temi e stili più dichiaratamente noir e che qui evita di cadere negli stereotipi per conquistare una sua contenuta misura «pre-esistenziale». Rieditato col titolo *La via del rimorso.*

Via della gloria, La **½ (*The Way Ahead*, Gb 1944, b/n, 115') Carol Reed. Con David Niven, Stanley Holloway, Raymond Huntley, William Hartnell. ◆ Un gruppo di civili pigri e litigiosi viene trasformato in un manipolo di soldati efficienti e combattivi. Realizzato durante la seconda guerra mondiale e sorprendentemente giocato sul registro comico, si basa su una sceneggiatura di Eric Ambler e Peter Ustinov e vede la partecipazione di un cast di prim'ordine. Negli Usa fu originariamente distribuito in una versione di 91', introdotta da un giornalista americano, che continua a circolare anche da noi.

Via della morte, La ** (*Side Street*, Usa 1949, b/n, 83') Anthony Mann. Con Farley Granger, Cathy O'-Donnell, James Craig, Paul Kelly, Jean Hagen. ◆ Un reduce (Granger) compie un piccolo furto per mantenere la famiglia, ma il derubato è un malavitoso intenzionato a vendicarsi. L'ultimo noir di Mann prima della stagione western: non abbassa la media, anche se sconta qualche calo di tensione a metà percorso. Magistrale l'inseguimento automobilistico conclusivo.

Via della paura, La *½ (*Journey into Fear*, Canada 1975, col, 103') Daniel Mann. Con Sam Waterston, Zero Mostel, Yvette Mimieux, Shelley Winters, Ian McShane, Joseph Wiseman, Donald Pleasence, Vincent Price. ◆ Un archeologo americano (Waterston) deve salvarsi dalla caccia che gli danno degli emissari del Reich: riuscirà a tornare dall'Europa negli Stati Uniti grazie all'aiuto del colonnello Haki (Wiseman), capo dei servizi segreti turchi. Tratto da un romanzo di Eric Ambler, è un pallidissimo remake (sceneggiato da Trevor Wallace) di *Terrore sul Mar Nero*, diretto da Norman Foster e Orson Welles nel 1942. Nonostante lo spreco di star (Pleasence è Kuvetlin, Mostel è Kopeikin e Price un godibile Dervos) il confronto con l'originale è perdente: figurarsi se qualcuno può reggere il paragone con Welles! Noto anche come *La rotta del terrore*.

Via delle cinque lune **½ (Italia 1942, b/n, 81') Luigi Chiarini. Con Luisella Beghi, Andrea Checchi, Olga Solbelli, Dhia Cristiani, Teresa Franchini. ◆ Un'usuraia (Solbelli) che gestisce il banco dei pegni s'infatua del corteggiatore (Checchi) della figlia (Beghi) e ne diventa l'amante. Ma la figlia scopre la relazione... Opera prima dal sapore letterario (è tratta dal racconto di Matilde Serao *O Giovannino, o la morte* sceneggiato dal regista Umberto Barbaro, Francesco Pasinetti e non accreditato, Piero Pierotti), meticolosa e raffinata nella messinscena, ma piuttosto rigida dal punto di vista narrativo: un buon esempio di quel calligrafismo polemicamente attento ai valori formali, che ebbe il merito di elevare la produzione media del periodo. Sul piano dei contenuti non va comunque sottovalutata la trasgressione erotica come sintomo d'insofferenza nei confronti della morale borghese: in questo senso va letta la collaborazione alla sceneggiatura di Umberto Barbaro e Francesco Pasinetti.

Via dell'impossibile, La **½ (*Topper*, Usa 1937, b/n, 97') Norman Z. McLeod. Con Roland Young, Constance Bennett, Cary Grant, Billie Burke, Alan Mowbray, Eugene Pallette, Hedda Hopper. ◆ La tranquilla vita di un banchiere (Young) è sconvolta dalle apparizioni dei fantasmi di due suoi amici (Bennett e Grant), che vogliono insegnargli a godere la vita. Tipica commedia soprannaturale dell'epoca, tratta dal romanzo di Thorne Smith sceneggiato da Jack Jevne, Eric Hatch ed Eddie Moran. Non un classico, ma tuttora piacevole e con un cast in stato di grazia. Ne esiste anche una versione colorata al computer. Il successo portò alla realizzazione di due sequel: *Bionda in paradiso* e *Viaggio nell'impossibile.*

Via del male, La ** (*King Creole*, Usa 1958, b/n, 116') Michael Curtiz. Con Elvis Presley, Carolyn Jones, Dolores Hart, Dean Jagger, Walter Matthau. ◆ Un giovane (Presley) destinato alla delinquenza riesce a cambiare vita grazie al successo ottenuto come cantante in un night club. Tratto da un romanzo di Harold Robbins, *A Stone for Danny Fisher*, è il tipico film costruito in funzione di Presley, ma più riuscito di altri grazie alla solida regia di Curtiz. Tra le canzoni ci sono *Hard Headed Woman* e *Trouble* oltre naturalmente a *King Creole*.

Via del rhum, La * (*Le Boulevard du rhum*, Francia 1971, col, 113') Robert Enrico. Con Brigitte Bardot, Lino Ventura, Bill Travers, Clive Revill. ◆ Durante il proibizionismo, un contrabbandiere (Ventura) trascura i suoi impegni per conquistare una diva del cinema (Bardot). Pare farcela, ma lei s'innamora di un nobile. Melodramma avventuroso che fa acqua da tutte le parti.

Via del rimorso, La → *Via del crimine, La*

Via del tabacco, La ** (*Tobacco Road*, Usa 1941, b/n, 70') John Ford. Con Charley Grapewin, Marjorie Rambeau, William Tracy, Elizabeth Patterson, Gene Tierney, Ward Bond, Slim Summerville, Dana Andrews, Grant Mitchell. ◆ Nella Georgia della Depressione, la famiglia dei Lester non sa reagire alla propria rovina economica e morale: disposti a prendersi a sassate per rubare qualche rapa, il vecchio Jeeter (Grapewin) e mamma Ada (Patterson) accettano che il quattordicenne figlio Dude (Tracy) sposi un'attempata vedova predicatrice (Rambeau) mentre cedono la figlia Ellie May (Tierney) a Lov Bensey (Bond), in «cambio» dell'altra sorella che è fuggita. Curioso adattamento firmato da Nunnally Johnson del romanzo omonimo di Erskine Caldwell (ma basato soprattutto sulla versione teatrale di Jack Kirkland) che cerca di utilizzare un approccio sostanzialmente comico per raccontare un argomento crudele. Accentuando l'aspetto farsesco della recitazione (ma anche annacquando l'esplicito umorismo di tipo sessuale presente nel romanzo e nel testo teatrale) Ford cercava forse di prendere le distanze da un gruppo di personaggi che di fatto parodiavano tutti quei valori in cui aveva sempre creduto, ma questo approccio è contraddetto dalla sontuosa fotografia di Arthur Miller, che finisce invece per accentuare le componenti emotive del testo (come nel finale, dove Jeeter e Ada dimostrano una dignità insospettabile fino a qualche scena prima). Inquietante la Tierney in un'insolita parte animalesca. La versione italiana dura quasi un quarto d'ora in meno dell'originale (lunga 849) e tra l'altro «cancella» il ruolo della nonna dei Lester (interpretata da Zeffie Tilburny).

Via del West, La *½ (*The Way West*, Usa 1967, col, 122') Andrew V. McLaglen. Con Kirk Douglas, Robert Mitchum, Richard Widmark, Lola Albright, Michael Witney, Sally Field, Jack Elam. ◆ Con l'aiuto di un provetto esploratore (Mitchum), un senatore idealista (Douglas) organizza una carovana di pionieri per fondare nell'Oregon una comunità alla Fourier, ma pian piano rivela una forte inclinazione all'autoritarismo. Una brutta sceneggiatura del romanzo di A.B. Guthrie jr e una regia inetta che segue troppe piste narrative affondano un western promettente. Esordio di Sally Field nel ruolo di una banale ninfetta. Mitchum non muove un muscolo facciale, mentre Douglas è frenetico fino ad arrivare quasi all'autoparodia.

Viaggiatore, Il *** (*Mosafer*, Iran, 1974, b/n, 72') Abbas Kiarostami. Con Hasan Darabi, Massud Zendebaghlé. ◆ Il piccolo Chassen (Darabi) pensa solo al calcio: per procurarsi i soldi del biglietto di una partita della nazionale a Teheran, ruba, imbroglia i compagni e fugge da casa per prendere la corriera che lo dovrà portare nella capitale. Giunto allo stadio molto prima dell'inizio della gara, decide di schiacciare un pisolino: quando si sveglia la partita è ormai finita. Racconto morale di una durezza senza compromessi sotto l'apparenza di un compitino neorealista: come molti dei film successivi di Kiarostami, è prodotto dal Kanun, l'«Istituto per lo sviluppo intellettuale dei bambini e dei giovani adulti», ma si fatica a immaginare l'uso didattico di una storia raccontata in modo così aperto e ambiguo. Nell'Iran prima della rivoluzione – che è già un mondo dove non si sorride, gli adulti sono figure autoritarie senza nulla da insegnare e i sessi sono rigorosamente separati – irrompe il desiderio destabilizzante e antisociale del piccolo protagonista, che può anche essere letto come una metafora del desiderio di fare cinema. Una ricerca che ovviamente si arena di fronte a un atto mancato, a uno spettacolo non visto: il tema della difficoltà di afferrare il reale, tipico dei film seguenti del regista, è già tutto qui. Kiarostami ha adattato un racconto di Hassan Rafii. Conosciuto anche col titolo *Il passeggero*.

Viaggiatore di Ognissanti, Il **½ (*Le Voyageur de la Toussaint*, Francia 1943, b/n, 102') Louis Daquin. Con Jean Desailly, Gabrielle Dorziat, Assia Noris, Guillaume de Sax, Simone Valère, Jules Berry, Louis Seigner, Serge Reggiani, Mona Dol, Marguerite Ducouret, Roger Karl. ◆ Arrivato per raccogliere la successione dello zio, Gilles Mauvoisin (Desailly) si accorge che amici e parenti del defunto, a cominciare dalla zia Gérardine (Dorziat), cercano di ostacolarlo in ogni modo: e tutti sono concordi nell'accusare la giovane vedova (Noris) di aver avvelenato il marito. Ma Gilles non si fa convincere... Un film cupo e amaro, tratto dal bel romanzo omonimo di Simenon sceneggiato da Marcel Aymé. Come nel coevo *Il corvo*, viene dipinta una Francia provinciale (il film è ambientato tra le nebbie di La Rochelle) dove dettano legge persone avide e ciniche e la famiglia, lontano dall'essere l'unità fondante della società, diventa il primo ricettacolo della corruzione e dell'avidità (l'assassinio del vecchio zio viene compiuto per coprire le malefatte del depravato Bob [Reggiani], certo della complicità della madre Gérardine). Bell'esordio del giovane Desailly, ma davvero monumentale la prova della Dorziat. Da notare l'uso in funzione drammatica della profondità di campo nella scena della confessione finale (fotografia di André Thomas).

Viaggiatori della sera, I *½ (Italia 1979, col, 130') Ugo Tognazzi. Con Ugo Tognazzi, Ornella Vanoni, Roberta Paladini, Corinne Cléry, Pietro Brambilla, Deddi Savagnone, Leo Benvenuti. ◆ In un ipotetico futuro, un maturo disc-jockey (Tognazzi) e la moglie femminista (Vanoni) vengono spediti in crociera con lo scopo di allontanarli definitivamente dalla società. Dall'omonimo romanzo di Umberto Simonetta (sceneggiato da Tognazzi con Sandro Parenzo), una specie di apocalisse degli anziani dal tono vagamente fantascientifico. Buono lo spunto iniziale, ma la seconda parte ha un andamento semivacanziero che vanifica gli intenti crepuscolari dell'impostazione. La Vanoni si fa vedere nuda.

Viaggi di Gulliver, I *½ (*The 3 Worlds of Gulliver*, Gb 1960, col, 97') Jack Sher. Con Kerwin Mathews, Jo Morrow, June Thorburn, Lee Patterson, Basil Sydney. ◆ Stanco di essere pagato solo con polli e verdure, il dottor Lemuel Gulliver (Mathews) parte con la fidanzata alla ricerca di paesi migliori: una tempesta lo farà naufragare a Lilliput – dove tutti sono piccolissimi – e da qui fuggirà per raggiungere Bromdingnag – dove invece ci sono solo giganti. Il famoso romanzo di Jonathan Swift in un'edizione cinematografica per ragazzi. Un film tutto d'azione, ma per gli standard attuali si tratta di avventure vecchio stile. Belli gli effetti speciali di Ray Harryhausen e suggestiva la colonna sonora di Bernard Herrmann.

Viaggi di nozze ** (Italia 1995, col, 108') Carlo Verdone. Con Carlo Verdone, Claudia Gerini, Veronica Pivetti, Cinzia Mascoli, Manuela Arcuri, Maddalena Fellini, Luis Molteni, Francesco Romei, Angela Masini, Cristina Ascani, Gloria Sirabella, Costantino Valente, Martino Scovacricchi, Nanni Tamma, Manuela Arcuri. ◆ Tre coppie in viaggio di nozze: il pignolo professor Raniero Cotti Borroni (Verdone) esaspera la remissiva seconda moglie Fosca (Pivetti, sorella dell'ex presidente della Camera) fino alla tragedia; Giovannino e Valeriana (Verdone e Mascoli) prima di imbarcarsi per la crociera matrimoniale devono vedersela con dei parenti troppo invadenti; Ivano e Jessica (Verdone e Gerini) scelgono come luna di miele quello che a loro sembra il massimo: un giro per discoteche. Verdone – che interpreta anche un quarto personaggio, il frate logorroico che sposa Giovannino e Valeriana – torna al più semplice film a episodi e alle caricature: le sue qualità di attore-fregoli sono indiscutibili, ma qui la sua capacità di osservare i vizi si ferma in superficie, alle manie più facili e appariscenti (come il telefonino a cui Raniero risponde anche nelle occasioni meno adatte). Il più divertente è il ritratto dei due coatti romani, rockettari e ignoranti («'o famo strano» ripetono come tormentone quando pensano al sesso), descritti con qualche bella idea (il cellulare nello stivaletto) e una cattiveria che non diventa mai disprezzo.

Viaggio, Il ** (*The Journey*, Usa 1959, col, 125') Anatole Litvak. Con Deborah Kerr, Yul Brynner, Jason Robards jr, Robert Morley, Anouk Aimée, E.G. Marshall, Ronny Howard, Senta Berger. ◆ Durante l'invasione sovietica dell'Ungheria, un pullman di turisti stranieri viene trattenuto da un ufficiale sovietico (Brynner) che s'innamora di una passeggera (Kerr) e ha una crisi di coscienza. Melodramma dai deboli risvolti politici, con un cast composito e personaggi che avrebbero meritato un approfondimento maggiore. Esordio di Robards.

Viaggio, Il *½ (Italia/Francia 1974, col, 95') Vittorio De Sica. Con Sophia Loren, Richard Burton, Ian Bannen, Annabella Incontrera, Daniele Vargas. ◆ Una vedova siciliana inconsolabile (Loren), sapendo che le resta poco da vivere, si concede una disperata fuga d'amore assieme al cognato (Burton), di cui è sempre stata innamorata. La morte la coglierà a Venezia. La novella di Pirandello, adattata da Diego Fabbri, Massimo Franciosa e Luisa Montagnana, è diventata un mélo vecchia maniera tirato a lucido in formato esportazione, dove abbondano i ralenti e il colore locale. Ultima e non troppo felice regia di De Sica.

Viaggio, Il *½ (*El viaje*, Argentina/Francia 1992, col, 126') Fernando E. Solanas. Con Walter Quiroz, Soledad Alfaro, Ricardo Bartis, Atilio Veronelli, Dominique Sanda. ◆ Oppresso in un collegio in Patagonia, il giovane Martín Nunca (Quiroz) scappa di casa e risale tutto il Sudamerica alla ricerca del padre, disegnatore di fumetti che non vede da dieci anni. Si inizia con la satira politica (Buenos Aires letteralmente sommersa dalla merda, col presidente Rana [Veronelli] che invita gli argentini a «galleggiare») e si finisce con un catalogo Marlboro Adventures, tra giungle, miniere d'oro a cielo aperto e barche sui fiumi. Solanas, anche coautore delle musiche con Egberto Gismonti e Astor Piazzolla, fa il geniaccio indisciplinato, e non ha paura di mescolare la denuncia sociale ai voli surreali, la poesia a buon mercato (quella fanciulla rossovestita) e le allegorie troppo insistite. Visivamente molto bella la prima parte, ma solo fino al cimitero inondato. In patria comunque non hanno gradito, e hanno gambizzato il regista. In originale 140'.

Viaggio, Il (di Roger Corman) → *Il serpente di fuoco*

Viaggio al centro della terra *½ (*Journey to the Center of the Earth*, Usa 1959, col, 132') Henry Levin. Con James Mason, Pat Boone, Arlene Dahl, Diane Baker, Alan Napier, Peter Ronson. ◆ Una spedizione guidata da un professore scozzese (Mason) segue le tracce di uno scienziato inabissatosi in un vulcano islandese, e scopre un sorprendente continente sotterraneo. Avventure vecchio stile un po' prolisse. Stona la partecipazione di Pat Boone, soprattutto quando interrompe l'azione per cantare *My Heart's in the Highlands*.

Viaggio all'inferno **½ (*Hearts of Dark-ness: A Filmmaker's Apocalypse*, Usa 1992, col, 96') Fax Bahr, George Hickenlooper. Con Francis e Eleanor Coppola, Martin Sheen, Marlon Brando, Dennis Hopper, Robert Duvall, Larry Fishburne. ◆ Le riprese di Eleanor Coppola sul set di *Apocalypse Now* alternate a sequenze inedite (la cena del colonnello Willard a casa di ex coloni francesi rimasti in Indocina) e interviste ai protagonisti dodici anni dopo. Qualcosa di più che un semplice documentario su un'impresa folle e colossale durata quasi tre anni: regista e attori si smascherano di fronte alla macchina da presa, e quasi non distinguono più tra finzione e vita reale. Coppola sputa sentenze, delira, si identifica con Dio e con Kurtz, ma il suo film ne esce fuori ancora più grande.

Viaggio all'inizio del mondo ***½ (*Viagem ao principio do mundo*, Portogallo/Francia 1997, col, 93') Manoel de Oliveira. Con Marcello Mastroianni, Jean-Yves Gautier, Leonor Silveira, Diogo Dória, Isabel de Castro, Cecile Sanz De Alba, Isabel Ruth. ◆ Durante le riprese di un film in Portogallo, Afonso (Gautier), attore francese di origine portoghese, decide di visitare il paese del padre, dove ancora vive una zia mai conosciuta (de Castro). Il regista, Manoel (Mastroianni), e altri due attori (Silveira e Dória) lo accompagnano. L'ultimo film di Marcello Mastroianni, che interpreta l'alter ego del regista, è un intenso ed emozionante pellegrinaggio – reale e interiore – alla ricerca delle radici e della memoria, costruito da de Oliveira con una semplicità magistrale (solo corpi e luoghi, nessun altro orpello) e una linearità così limpida da diventare, istantaneamente, allusione e mistero: una grande lezione di cinema per ricordare che prima dello schermo viene sempre la vita, e che la macchina da presa trova naturalmente la sua strada solo se sa indagare e riportare a galla il vissuto degli uomini. Il film è ispirato a una storia vera, raccontata al regista da un suo attore: ma nella bella sceneggiatura di de Oliveira, dove malinconia e senso dell'umorismo si fondono in modo straordinario, ci sono anche i ricordi d'infanzia del regista, come l'episodio della statua di Pedro Macao.

Viaggio allucinante *** (*Fantastic Voyage*, Usa 1966, col, 100') Richard Fleischer. Con Stephen Boyd, Raquel Welch, Donald Pleasence, Edmond O'-Brien, Arthur O'Connell, Arthur Kennedy, James Brolin. ◆ Per eseguire una delicata operazione al cervello, un'équipe medica a bordo di un sottomarino viene miniaturizzata e immessa nel sistema sanguigno. L'impresa è ardua perché dopo un'ora l'effetto scompare, e l'interno del corpo umano, con tanti anticorpi in circolazione, non è particolarmente ospitale. Brillante film di fantascienza, la cui idea di base sarà ripresa da *Salto nel buio*. L'interno del corpo umano, rappresentato con fantasia, assomiglia a un mondo alieno. Oscar alle scenografie e agli effetti speciali visivi.

Viaggio al pianeta Venere * (*Abbott and Costello Go to Mars*, Usa 1953, b/n, 77') Charles Lamont. Con Bud Abbott, Lou Costello, Robert Paige, Mari Blanchard, Martha Hyer. ◆ Partiti per errore su un astrorazzo, Gianni e Pinotto sbarcano sul pianeta femminile (a dispetto del titolo originale) in compagnia di un evaso. Mal realizzato e privo di fantasia, con una breve apparizione di Anita Ekberg.

Viaggio a Tokyo **** (*Tokyo Monogatari*, Giappone 1953, b/n, 136') Yasujiro Ozu. Con Chishu Ryu, Chiyeko Higashiyama, So Yamamura, Kuniko Miyake. ◆ Due anziani genitori (Ryu e Higashiyama) vanno a Tokyo a trovare i due figli sposati, uno medico e l'altra parrucchiera. Trattati come degli estranei e spediti per il fine settimana in una località turistica, faranno ritorno al paese: ma nel viaggio la madre muore. Il tema del Giappone che cambia e dell'incomunicabilità tra generazioni è reso da Ozu per allusioni indirette, con un pudore commovente e la capacità di mantenersi perfettamente in equilibrio «tra la lucida constatazione della durezza di cuore dei figli e la rassegnazione, non meno lucida, davanti alle circostanze che possono spiegare, se non proprio giustificare, questa dimostrazione d'egoismo». Il senso del fluire delle cose terrene e l'armonia segreta dell'immagine come rimedio al dolore di esistere: il più noto, almeno in Occidente, dei film del regista e uno dei suoi capolavori. Ormai codificato e depurato il linguaggio: camera all'altezza dei personaggi seduti sul pavimento, assenza quasi totale dei movimenti di macchina. Il soggetto è tratto da *Cupo tramonto* di Leo McCarey, che però Ozu non aveva visto.

Viaggio attraverso l'impossibile, Il **** (*Voyage à travers l'impossible*, Francia 1904, b/n colorato a mano, 21') Georges Méliès. Con Georges Méliès, Fernande Albany, Mau de Lavergne, Jehanne d'Alcy. ◆ Guidata dall'ingegner Mabouloff (Méliès), una spedizione di scienziati dell'Istituto di geografia incoerente parte con un treno speciale in direzione del Sole. Da qui riparte grazie a una specie di sottomarino che porta gli scienziati nelle profondità dell'oceano: dopo un'esplosione, si ritroveranno tutti sani e salvi sulla terraferma. Ispirandosi a Verne ma anche a Wells, Méliès inventa lo spettacolo cinematografico mescolando finzione e documentarismo, descrizione del reale e aperture nell'immaginario: in questo modo «guida e cattura la fantasia dello spettatore, appropriandosi del suo sguardo e facendogli vedere solo quello che lui – il regista – vuole che si veda». E qui, più ancora che nel precedente *Viaggio nella Luna*, Méliès mescola la fantasia più scatenata con un ironico distacco nei confronti della scienza per mostrare fino a quale livello si può far scatenare la meraviglia di chi guarda «rendendo la fantasia inseparabile dalla sorpresa, lo humour indissociabile dalla vertigine».

Viaggio clandestino, Il – Vite di santi e di peccatori **½ (Italia 1993, col, 65') Raúl Ruiz. Con Enzo Moscato, Enzo Vetrano, Marco Cavicchioli, Donato Castellaneta, Alessandra D'Elia. ◆ Mentre Gesù (Moscato), che non è tornato in cielo, si nasconde dagli angeli, San Gil (Vetrano) trova il suo «partner spirituale» nel peccatore Ciccio Bavaira (Castellaneta); e il diavolo (Cavicchioli) cerca inutilmente di farsi tentare da una santa mangiatrice di spaghetti. Girata in Sicilia con due soldi ma sfruttando ambientazioni suggestive, una sacra rappresentazione vagamente buñueliana, dove i dialoghi paradossali e il gusto surrealista del nonsense stridono con la voluta povertà delle immagini. Lieve e strampalato: due qualità che Ruiz, al contrario di tanti registi d'avanguardia, riesce ad accordare.

Viaggio con Anita ** (Italia 1978, col, 125') Mario Monicelli. Con Giancarlo Giannini, Goldie Hawn, Claudine Auger, Aurore Clément, Renzo Montagnani, Andréa Ferréol, Laura Betti, Nunzia Fumo, Franca Tamantini, Gino Santercole. ◆ Mentre il padre sta morendo a Rosignano, un bancario romano (Giannini) se la spassa con una turista americana (Hawn), nascondendole il motivo del suo viaggio. Durante il funerale la verità verrà a galla con grande scandalo, ma il figlio si rifà scoprendo gli altarini familiari. Il soggetto di Tullio Pinelli era stato pensato molti anni prima come seguito della *Dolce vita*; Monicelli calca la mano sul grottesco e sull'humour nero, mette troppa carne al fuoco e tende a strafare. Lo spaccato di ipocrisie piccolo-borghesi coglie comunque nel segno. L'unica fuori parte è la Hawn, che avrebbe dovuto agevolare l'esportazione del film.

Viaggio d'amore * (Italia/Francia 1991, col, 100') Ottavio Fabbri. Con Lea Massari, Omar Sharif, Florence Guérin, Stéphane Bonnet, Ciccio Ingrassia. ◆ Due anziani coniugi (Massari e Sharif) partono per il viaggio di nozze mai fatto e, sull'onda delle suggestioni paesaggistiche, compiono il bilancio della loro vita insieme. Lezioso, manierista e pieno di luoghi comuni, con una sceneggiatura firmata da un Tonino Guerra ormai poco ispirato.

Viaggio della sposa, Il *½ (Italia 1997, col, 102') Sergio Rubini. Con Giovanna Mezzogiorno, Sergio Rubini, Umberto Orsini, Carlo Mucari, Franco Javarone, Santo Bellina, Michele De Virgilio, Bruno Cariello, Daniel Berquiny. ◆ Atri, 1636: Bartolo (Rubini), un buzzurro di buon cuore, deve accompagnare dal promesso sposo la schifiltosa contessina Porzia Colonna (Mezzogiorno), appena uscita dal convento. Malgrado la cornice storica, con tanto di peste, briganti e zingari, Rubini (con l'aiuto di Umberto Marino e Raffaele Nigro nella sceneggiatura) gira l'ennesima variazione sulla sua storia-tipo, nella quale due mondi antitetici superano le incomprensioni e si incontrano per un attimo. Ma il risultato è un film pensato soprattutto per l'esportazione e il piccolo schermo, fiacco, datato e convenzionale.

Viaggio di Capitan Fracassa, Il ° (Italia/Francia 1990, col, 132') Ettore Scola. Con Massimo Troisi, Ornella Muti, Vincent Perez, Emmanuelle Béart, Remo Girone, Jean François Perrier, Massimo Wertmüller, Marco Messeri, Claudio Amendola, Lauretta Masiero, Ciccio Ingrassia. ◆ Il barone di Sigognac (Perez) si unisce a una compagnia di guitti diventando Capitan Fracassa. Dopo varie peripezie decide di rinunciare al casato e all'amore per consacrarsi all'arte. Kolossal europeo tratto da *Il capitan Fracassa* di Théophile Gautier (1863) adattato da Vincenzo Cerami, Fulvio Ottaviano e Silvia Scola e sceneggiato dal regista con Furio Scarpelli. Un road-movie avventuroso e fittizio, dove il mondo è tutto racchiuso nel teatro e il teatro è incorniciato dal grande schermo come in un gioco di scatole cinesi. Realizzazione sontuosa (scenografie di Luciano Ricceri e Paolo Biagetti, costumi di Odette Nicoletti), ma l'elaborata metafora spettacolare è pesante e va per le lunghe. E che nervi sentirsi dire: «Non mi piace l'esplicitezza, preferisco la metafora»: capiamo anche noi, grazie! Banale il Pulcinella di Troisi, e banale la filosofia della fame che espone. Decorative le presenze femminili.

Viaggio di Ivan Sergeevic, Il *** (*Pečki-Lavočki*, Urss 1972, col, 100') Vasilij Šukšin. Con Vasilij Šukšin, Lidija Fedoševa-Šukšina, Vsevolod Sanaev, Georgij Burkov, Zinovij Gerot, Ivan Ryjov, Stanislav Ljubšin. ◆ Il lungo viaggio di Ivan e Njura (Šukšin e Fedoševa-Šukšina) verso le vacanze sul Mar Nero che li farà incontrare con un simpatico ladro (Sanaev) e un vanesio professore universitario (Burkov) per scoprire, quando finalmente sono arrivati a destinazione, che non c'è posto per la moglie: ma una mancia sottobanco risolverà ogni cosa. Il film di Šukšin che rispetta maggiormente le regole di genere – qui, la commedia – ma che il regista siberiano riesce comunque ad aggirare, in nome di quel cinema «totalmente libero, diretto, privato» che nel suo triplo ruolo di sceneggiatore, attore e regista riusciva a fare nonostante la parcellizzazione dei ruoli imposta dallo Stato al cinema (per ragioni evidenti di controllo). Con una libertà e una spontaneità davvero uniche, il film si apre su una descrizione di costume e una serie di ritratti psicologici indimenticabili, dove la semplicità della struttura narrativa è solo funzionale a una «limpidissima organizzazione dell'occhio e della mente», a una chiarezza di modi che ha il suo momento più alto (e semplice) nello sguardo in macchina con cui il protagonista chiude il film. In Italia il film si è potuto vedere meritoriamente per merito della Rai.

Viaggio di Natty Gann, Il ** (*The Journey of Natty Gann*, Usa 1985, col, 101') Jeremy Paul Kagan. Con Meredith Salanger, John Cusack, Ray Wise, Lainie Kazan, Barry Miller, Scatman Crothers. ◆ Durante la Depressione, una ragazza (Salanger) attraversa l'America in compagnia di un cane lupo per raggiungere il padre che lavora al Nord. Una produzione Disney ben realizzata, con una credibile atmosfera anni Trenta e qualche sbavatura sentimentale.

Viaggio fantastico di Sinbad, Il ** (*The Golden Voyage of Sinbad*, Gb 1974, col, 104') Gordon Hessler. Con John Philip Law, Caroline Munro, Gregoire Aslan, John Garfield jr. ◆ La polena di una nave si anima improvvisamente e Sinbad (Law) si trova a dover combattere con un potente mago per assicurare al Gran Visir il possesso di un amuleto. Cappa e spada in versione fantasy, che resuscita le avventure di un personaggio famoso negli anni Cinquanta. Sempre spettacolari gli effetti speciali di Ray Harryhausen, specie il duello con la dea Kalí.

Viaggio immaginario, Il *** (*Le Voyage imaginaire*, Francia 1926, b/n, 74') René Clair. Con Jean Borlin, Dolly Davis, Marguerite Madys, Albert Prejean, Jim Gerald. ◆ Il timido impiegato Jean (Borlin) visita il regno delle fate, viene trasformato in cane e rischierebbe di essere decapitato dalle statue di cera del Musée Grevin se non fosse salvato dai fantocci di Charlot e di Jackie Coogan (*Il monello*). È solo un sogno, che però gli serve per farsi coraggio, conquistare la bella Lucie (Davis) e ottenere il rispetto degli squallidi colleghi. Con straordinaria ironia il cinema gioca già con i propri miti, e smaschera la propria natura illusoria. Scritto da Robert Gys, un esempio felice del surrealismo parigino di Clair, attento alla logica dell'inconscio (i meccanismi del sogno, l'ambivalenza di attrazione e repulsione) ma dotato di uno spirito ilare e leggero, in cui la rivolta antiborghese si ridimensiona a sberleffo e voglia di fuga dalla realtà.

Viaggio indimenticabile, Il *½ (*No Highway in the Sky*, Gb 1951, b/n, 98') Henry Koster. Con James Stewart, Marlene Dietrich, Glynis Johns, Jack Hawkins, Elizabeth Allan. ◆ Uno scienziato (Stewart) scopre che la causa di molti incidenti aerei è il cedimento del metallo dopo un certo numero di ore di volo. Ordinaria amministrazione, con parentesi sentimentali piuttosto slegate dalla vicenda centrale (la Dietrich è la passeggera di un aereo in pericolo, la Johns è innamorata dello scienziato).

Viaggio in fondo al mare *½ (*Voyage to the Bottom of the Sea*, Usa 1961, col, 105') Irwin Allen. Con Walter Pidgeon, Joan Fontaine, Robert Sterling, Peter Lorre, Barbara Eden. ◆ Il comandante (Pidgeon) di un sommergibile s'inabissa per far esplodere una fascia radioattiva che sta minacciando la Terra. Fantascienza vecchia maniera, ormai povera di interesse.

Viaggio in Inghilterra **½ (*Shadowlands*, Gb 1993, col, 131') Richard Attenborough. Con Anthony Hopkins, Debra Winger, John Wood, Edward Hardwicke, Joseph Mazzello. ◆ Oxford, 1952: Joy Gresham (Winger), una poetessa americana divorzianda con figlioletto a carico (Mazzello), sconvolge il tran tran di C.S. Lewis (Hopkins) alias Jack, medioevalista e autore di fiabe votato al celibato. Il matrimonio – all'inizio solo civile, e quindi meno impegnativo per il religioso Jack – viene tenuto segreto; ma la malattia mortale della moglie costringerà il filosofo schivo a confrontarsi finalmente coi propri sentimenti più veri. Biografia rispettosa e poco pettegola, in parte ispirata al toccante *Diario di un dolore* scritto da Lewis, il film di Attenborough riesce a descrivere, specie nella prima parte, una passione pudica, fatta di silenzi e di gesti appena accennati. Ma, come succede all'amore cortese caro a Lewis, che esiste solo come desiderio, la rappresentazione del lato pubblico dei sentimenti (che siano la felicità coniugale o il lutto) rischia sempre la maniera e il facile appello alle lacrime. Malgrado le belle cartoline, non ci sono però gravi cadute di tono: ed è raro trovare di questi tempi un film che si interroghi con tanta commozione sul mistero del dolore e della morte. Straordinari i due protagonisti. La sceneggiatura è di William Nicholson, la musica di George Fenton, la fotografia di Roger Pratt.

Viaggio in Italia **** (Italia/Francia 1953, b/n, 79') Roberto Rossellini. Con Ingrid Bergman, George Sanders, Leslie Daniels, Nathalia Ray, Anna Proclemer. ◆ Una coppia d'inglesi (Bergman e Sanders) in grave crisi coniugale arriva a Napoli. Estranei l'uno all'altra, compiono da stranieri due diversi percorsi nella realtà che li circonda, ma alla fine si ritrovano, durante una processione, stretti in un abbraccio. Il disagio della civiltà borghese a confronto con una dimensione panica della vita: un viaggio con precise coordinate geografiche, che segue però gli angosciosi tracciati interiori dei personaggi. Le sequenze semi-documentaristiche (Pozzuoli, i calchi di gesso delle vittime di Pompei) si fondono alla perfezione col racconto, rispecchiando sempre lo stato d'animo dei protagonisti. Dopo il neorealismo e prima del cinema esistenziale di Antonioni, Rossellini stacca la macchina da presa dai fatti e impone agli attori una recitazione straniata, arrivando a cogliere il senso profondo dell'alienazione contemporanea nella vuota attesa del Nulla, a cui però riesce ancora a trovare una soluzione. Fu stroncato quasi ovunque (negli Usa si rimpiangeva la Bergman hollywoodiana, in Italia il Rossellini di *Paisà*), tranne in Francia: i *Cahiers* inclusero il film tra i migliori dieci di ogni epoca, Bazin, Rivette, Truffaut e Godard scrissero saggi acuti e recensioni entusiaste. Naturalmente avevano ragione. Commercialmente fu un disastro e per il regista diventò sempre più difficile trovare finanziamenti.

Viaggio nella Luna, Il **** (*Voyage dans la lune*, Francia 1902, b/n, 13') Georges Méliès. Con Georges Méliès, Bleuette Bernon, Victor André, Depierre, Farjaux, Kelm, Brunnet, ballerine del corpo di ballo dello Châtelet, acrobati delle Folies-Bergère. ◆ Presieduto dal professor Barbenfouillis (Méliès), il Circolo degli astronomi decide di organizzare una spedizione sulla Luna e per questo viene costruito un gigantesco cannone che lancerà il razzo a forma di obice. Sparati in un occhio dell'astro, il professore e altri cinque membri del circolo (André, Depierre, Farjaux, Kelm e Brunnet) fanno la conoscenza dei Seleniti (gli acrobati delle Folies-Bergère), sfuggono al loro re e tornano sulla Terra dove il loro obice ammara nell'oceano ed è ripescato da una nave. Il più celebre dei film di Méliès, la prima opera di finzione ad aver conosciuto un successo mondiale e ad aver subìto anche una non meno mondiale opera di pirataggio (soprattutto da parte di Edison che fece controtipare il film per distribuirlo personalmente). Ispirato a due romanzi di Verne (*Dalla Terra alla Luna* e *Intorno alla Luna*), costato la consistente somma di 10 mila franchi (quasi tutti investiti per i costumi dei Seleniti e per la scenografia lunare), questo film dimostra immediatamente la genialità del suo autore, capace di sfruttare (e inventare) tutte le possibilità tecniche della nascente cinematografia per mescolare precisione meccanica e affabulazione, destrezza tecnica e funambolismo. Il film è composto di 30 quadri, ma gli ultimi due sono andati persi.

Viaggio nell'impossibile ** (*Topper Takes a Trip*, Usa 1939, b/n, 85') Norman Z. McLeod. Con Constance Bennett, Roland Young, Billie Burke, Alan Mowbray. ◆ Il fantasma della signora Kirby (Bennett) mette pace tra l'amico Topper (Young) e sua moglie. Terzo episodio della serie iniziata con *La via dell'impossibile*, questa volta senza Cary Grant, ormai diventato troppo esoso (lo si vede solo in flashback, poi viene sostituito da un cane). Soprannaturale anni Trenta, ma ancora abbastanza divertente.

Viaggio pericoloso * (*The Lion of Africa*, Usa 1987, col, 106') Kevin Connor. Con Brian Dennehy, Brooke Adams, Katherine Schofield. ◆ Un commerciante di diamanti (Dennehy) e una dottoressa filantropa (Adams) s'incontrano durante un rischioso viaggio in Kenia. Scontate avventure tra umanitarismo e business.

Viaggio senza fine **½ (*The Long Voyage Home*, Usa 1940, b/n, 90') John Ford. Con John Wayne, Thomas Mitchell, Ian Hunter, Ward Bond, Barry Fitzgerald, John Qualen, Arthur Shields. ◆ Durante la seconda guerra mondiale, un gruppo di uomini naviga verso Londra con un carico di esplosivi: per superare la tensione a bordo e il drammatico attacco di un aereo tedesco (in una scena bellissima dove si sente solo il rumore dei motori e si vedono i colpi delle mitragliatrici) ai marinai resta solo la speranza, una volta sbarcati, di poter lasciare per sempre quella vita. Ma solo uno di loro (Wayne) troverà la forza di farlo. Da quattro atti unici di Eugene O'Neill, adattati da Dudley Nichols, un dramma all men attraversato da una cupissima ossessione della morte, che concilia azione e claustrofobia, con la solita squadra di attori fordiani e una splendida fotografia di Gregg Toland (che anticipa, nell'uso della profondità di campo, le innovazioni di *Quarto potere*). Più ambizioso, tuttavia, e accademico della media dei film dell'autore. Si dice che O'Neill abbia amato questa versione dei suoi drammi più di ogni altra. La versione italiana è tagliata di 15' (in originale 105'): mancano le scene con le «figlie dei tropici» e le donne (molto sexy per il 1940) che salgono a bordo per portarvi del rhum. Noto anche come *Lungo viaggio di ritorno*.

Via Lattea, La *** (*La Voie lactée*, Francia 1968, col, 92') Luis Buñuel. Con Laurent Terzieff, Paul Frankeur, Alain Cuny, Michel Piccoli, Pierre Clementi, Delphine Seyrig, Edith Scob, Bernard Verley, Georges Marchal. ◆ Sulla via del santuario di Santiago de Compostela (la «via lattea») i vagabondi Pierre (Frankeur) e Jean (Terzieff), grazie a una serie di personaggi e visioni, ripercorrono la storia del cristianesimo, dei suoi dogmi e delle sue eresie: due frati di ordini differenti che risolvono a duello il diverbio sul concetto di Grazia e Predestinazione; un vescovo che polemizza con un gruppo di giovani sul dogma della Trinità; il marchese De Sade (Piccoli) che convince una donna che Dio non esiste; un plotone di anarchici fucila il papa; Cristo (Verley) pronuncia parabole incomprensibili, rinuncia a tagliarsi la barba dietro suggerimento della Madonna (Scob) e fallisce i suoi miracoli. «Ateo per grazia di Dio», Buñuel mette il sacro alla prova del suo spirito curioso e iconoclasta; il vero bersaglio, comunque, è più la follia dell'uomo che la religione in sé. Il racconto senza nessi logici ricorda quello dei suoi primi film surrealisti: disarticolato e inventivo, continuamente in viaggio tra passato e presente, spezzato da parentesi, digressioni e monologhi ora picareschi ora fantastici, riesce a conquistare l'attenzione dello spettatore su un argomento non certo dei più comuni e contemporaneamente dimostra l'assoluta libertà inventiva del sessantanovenne Buñuel, «capace di rendere contagiosa – grazie allo humour e alla vertigine intellettuale – l'inquietudine del proprio spirito». Il cosceneggiatore Jean-Claude Carrière è Priscilliano, che invita al libero amore per mortificare la carne.

Viale della speranza ** (Italia 1953, b/n, 100') Dino Risi. Con Cosetta Greco, Liliana Bonfatti, Maria Pia Casilio, Piera Simoni, Marcello Mastroianni, Nerio Bernardi, Pietro De Vico. ◆ Alcune ragazze tentano di sfondare nel mondo dello spettacolo: solo una vi riuscirà, affidandosi al proprio vero talento. Commedia di costume dal sapore agrodolce, realizzata in modo più che dignitoso. Il viale in questione è quello che porta a Cinecittà. Fotografia di Mario Bava.

Viale del tramonto **** (*Sunset Boulevard*, Usa 1950, b/n, 110') Billy Wilder. Con Gloria Swanson, William Holden, Erich von Stroheim, Nancy Olson, Fred Clarke. ◆ Mentre il suo cadavere galleggia nella piscina di una villa, la voce fuori campo dello sceneggiatore Joe Gillis (Holden) ripercorre la storia della sua relazione con Norma Desmond (Swanson), anziana diva del muto che vive isolata insieme al maggiordomo (von Stroheim), immersa nel culto del passato e nella vana attesa di un ritorno sul set: convinto a scriverle una sceneggiatura, Gillis ne diventa il mantenuto, l'amante e infine la vittima. Fin dall'inizio Wilder stabilisce un tono di cinismo e umorismo nero, contaminando il noir con atmosfere quasi horror. Disfacimento, morte e follia: il lato oscuro del cinema coincide con quello della vita. Uno dei film più crudeli su Hollywood, e uno dei più affascinanti viaggi nella decadenza, che mescola in modo inquietante finzione e realtà. La Swanson era una diva ormai caduta nell'oblio, von Stroheim un ex regista che aveva davvero diretto la Swanson nel film che lei fa proiettare nella sua villa (*Queen Kelly*), Cecil B. DeMille (un altro regista che diresse la Swanson) è ripreso sul set di *Sansone e Dalila*, la giornalista scandalistica è la temibile Hedda Hopper. Negli incontri tra relitti cinematografici a casa della star si riconosce Buster Keaton. Vinse l'Oscar per la sceneggiatura (Wilder, Charles Brackett, D.M. Marshman jr) e per la colonna sonora (Franz Waxman). La parte di Joe Gillis era stata scritta per Montgomery Clift, che però non voleva passare per gerontofilo (anche se nella realtà lo era); la Swanson la spuntò su Pola Negri e Mary Pickford. Dopo le reazioni ilari del pubblico, Wilder eliminò la sequenza iniziale nella quale Gillis parlava con altri ospiti dell'obitorio.

Viale Flamingo *** (*Flamingo Road*, Usa 1949, b/n, 94') Michael Curtiz. Con Joan Crawford, Zachary Scott, Sydney Greenstreet, David Brian, Gladys George, Virginia Huston, Fred Clark, Gertrude Michael. ◆ Le mire politiche del malvagio sceriffo Titus Semple (Greenstreet) rovinano l'idillio nato tra una ballerina in cerca di redenzione, Lane Bellamy (Crawford), e l'aiuto-sceriffo Fielding Carlisle (Scott), per il quale Titus ha preparato una carriera politica come suo uomo di paglia. Dopo questa delusione, Lane sembra trovare l'uomo della sua vita in Dan Reynolds (Brian), ma il destino si accanisce su di lei. Flamingo Road è la strada che separa la città bassa, con i suoi locali equivoci, dai quartieri alti in cui Lane sogna di abitare: e il melodramma di una donna che cerca disperatamente di risollevarsi dal fango (sceneggiato da Robert e Sally Wilder) trova forza proprio nel tono di impietosa polemica sociale con cui «parla di ambizione, di vigliaccheria, di corruzione e della minaccia che costituiscono, in un modo quotidiano e insidioso, per la democrazia». Il filo sotterraneo che dà un senso agli accadimenti della trama, infatti, è proprio lo sguardo «disilluso ma non disperato» che il regista getta con il suo abituale pragmatismo sulle tentazioni antidemocratiche, sulla indifferenza o meno dei cittadini, sulla vitalità e la voglia di riscatto delle vittime reali o potenziali, che finisce per trasformare un corrotto (il personaggio interpretato da David Brian) «nell'eroe di una storia senza eroi» e una donna ambiziosa e sbandata in una giustiziera suo malgrado. Regia barocca e piena di invenzioni visive, tra le migliori di Curtiz, mentre Greenstreet, viscido e vestito di bianco, quasi ruba la scena alla Crawford.

Via maestra, La ** (*The Raggedy Rawney*, Gb 1987, col, 103') Bob Hoskins. ◆ Con Bob Hoskins, Dexter Fletcher, Zoe Nathenson, Zoe Wanamaker. Europa orientale, prima guerra mondiale: un soldato (Fletcher) diserta e fugge travestito da donna. Il capo (Hoskins) di una carovana di zingari lo/la assolda come indovina. La prima (e finora unica) regia di Hoskins vorrebbe celebrare con i modi del racconto picaresco un mondo negletto ma pieno di vita e di umanità. C'è tuttavia troppo autocompiacimento e parzialità nel disegno dei personaggi perché il film non cada nella maniera.

Via Margutta *½ (Italia/Francia 1960, b/n, 105') Mario Camerini. Con Antonella Lualdi, Gérard Blain, Franco Fabrizi, Yvonne Furneaux, Cristina Gajoni, Corrado Pani, Claudio Gora, John Francis Lane, Gianni Dei. ◆ Nella famosa via di Roma s'aggira un gruppo di artisti determinati a emergere, ma le delusioni sono in arrivo per tutti e a qualcuno costano anche la vita. Il ritratto di un mondo degradato e poco comprensibile agli occhi di un regista d'altri tempi come Camerini. Appare datato, ma non è privo di alcuni spunti discreti, specie nell'ultima parte.

Via Montenapoleone * (Italia 1987, col, 103') Carlo Vanzina. Con Carol Alt, Renée Simonsen, Marisa Berenson, Corinne Cléry, Luca Barbareschi, Valentina Cortese, Fabrizio Bentivoglio. ◆ Nella famosa via del made in Italy s'aggirano esemplari di varia umanità: modelle, playboy, ricche borghesi divorate dalla noia, fotografe d'assalto redente dalla maternità, gay tormentati. Uno dei film più squallidi del decennio: non vale la pena dirne di più.

Via senza gioia, La ** (*Die freudlose Gasse*, Germania 1925, b/n, 95') Georg Wilhelm Pabst. Con Asta Nielsen, Greta Garbo, Valeska Gert, Werner Krauss, Robert Garrison, Henry Stuart, Tamara Tolstoi, Einar Hanson. ◆ Il macellaio (Krauss) e la mezzana Greifer (Gert) sono i signori della Melchiorstraße viennese: le loro prossime vittime sono la dattilografa Greta Rumfort (Garbo) e la povera Marie Lechner (Nielsen). La prima sfiorerà solo la corruzione, e troverà l'amore di un tenentino americano (Hanson). La seconda, invece, omicida per gelosia, scenderà verso gli abissi della prostituzione e della follia, redimendosi solo quando confesserà la sua colpa per salvare il suo fatuo amante (Stuart). Tratto da un feuilleton di Hugo Bettauer, adattato da Willy Haas, il film di Pabst all'epoca venne considerato di un realismo scandaloso, e fu variamente censurato. Ma già allora era un passo indietro rispetto all'espressionismo (lo si confronti con *Tragedia di una prostituta* di Rahn): non c'è deformazione ma caricatura, non c'è critica sociale ma moralismo piccolo-borghese. Resta la capacità di cogliere il marasma della Vienna postbellica, e un'ottima direzione di attori. Marlene Dietrich è una delle donne che fa la fila dal macellaio. La fotografia è di Guido Seeber.

Viburno rosso *** (*Kalina krasnaja*, Urss 1974, col, 100') Vasilij Šukšin. Con Vasilij Šukšin, Lidija Fedoševa-Šukšina, N. Ryzov, M. Skvorcova, A. Vanin. ◆ Dopo anni di galera, Egor (Šukšin), evaso, torna al suo paese e cerca di inserirsi nella comunità, ma nonostante l'aiuto di una donna (Fedoševa-Šukšina) non vi riesce: la gente diffida di lui e i vecchi complici lo raggiungono per vendicarsi. Dramma sociale tratto da un romanzo dello stesso regista, centrato sull'insolita figura di uno sradicato: un contadino che recide il legame con la terra e perde il senso della vita. In un periodo di relativo disgelo, colpisce questa dolente riflessione su un'esistenza sbagliata e irrimediabile, raccontata in modo esemplarmente dimesso e vigoroso allo stesso tempo. Interpretato dal regista con la moglie, attori di raffinata misura, l'ultimo film di Šukšin, considerato il suo capolavoro, si distingue per il ritmo agile, la densa analisi psicologica dei personaggi e il gusto per una narrazione genuinamente popolare.

Vice versa * (*Vice Versa*, Usa 1988, col, 100') Brian Gilbert. Con Judge Reinhold, Fred Savage, Corinne Bohrer, Swoosie Kurtz, David Proval. ◆ Un teschio magico di provenienza thailandese consente a padre (Reinhold) e figlio (Savage) di scambiarsi i ruoli. Blanda commediola degli equivoci, con avvio lento e pochissimi momenti divertenti.

Vichinghi, I **½ (*The Vikings*, Usa 1958, col, 114') Richard Fleischer. Con Kirk Douglas; Tony Curtis, Ernest Borgnine, Janet Leigh, James Donald, Alexander Knox, Frank Thring, Maxine Audley, Eileen Way. ◆ Le gesta guerresche del vichingo Einar (Douglas) e dello schiavo Eric (Curtis), nati entrambi da re Ragnar (Borgnine): si contenderanno l'amore di Morgnana (Leigh), conquisteranno insieme il regno di Aella (Thring), ma finiranno per affrontarsi in un duello all'ultimo sangue. Sostenuto da una minuziosa documentazione storica che dà al film una forte dose di credibilità (la sceneggiatura è di Calder Willingham e Dale Wasserman), girato nei luoghi stessi dell'azione, *I vichinghi* possiede un'enfasi pittorica e un lirismo barocco che ne fanno un grande film d'avventura. Il segreto della sua riuscita sta nella partecipazione quasi panica con cui la regia descrive la violenza e il vitalismo forsennato di un popolo, ma anche nella capacità di evocarne sotterraneamente l'inevitabile decadenza che l'imponente funerale finale sintetizza magnificamente. Oltre alla grande prova di Douglas (tanto coinvolto nel film da diventarne coproduttore e coraggiosamente disponibile ad apparire per quasi tutta la durata con il volto sfigurato da una cicatrice su un occhio), va ricordata la bella fotografia in technirama (quindi irrimediabilmente ridotta in tv) di Jack Cardiff e la musica di Mario Nascimbene. I disegni animati che aprono e chiudono il film sono ispirati a una tappezzeria di Bayeux. Nella versione originale la voce narrante è di Orson Welles.

Vichingo venuto dal Sud, Il * (Italia 1971, col, 106') Steno [Stefano Vanzina]. Con Lando Buzzanca, Pamela Tiffin, Renzo Marignano, Gigi Ballista. ◆ Quando la moglie danese (Tiffin) accetta di posare per un fumetto erotico, il marito siciliano (Buzzanca) decide di farle da partner. Solita farsa pecoreccia. Tra gli sceneggiatori c'è Raimondo Vianello.

Vicini di casa, I *½ (*Neighbors*, Usa 1981, col, 96') John G. Avildsen. Con John Belushi, Dan Aykroyd, Kathryn Walker, Cathy Moriarty, Igors Gavon. ◆ Una coppia (Belushi e Walker) conduce una vita tranquilla fuori città, ma precipita nel caos quando si ritrova due aggressivi e disinibiti vicini di casa (Aykroyd e Moriarty). L'ultimo film di John Belushi è una commedia deludente, che cerca invano il piglio di *Animal House* e finisce con l'annoiare anche i suoi fans. Qualche spunto gustoso c'è solo nei faccia a faccia tra i due attori principali.

Vicino alla fine ** (*A Midnight Clear*, Usa 1992, col, 107') Keith Gordon. Con Ethan Hawke, Peter Berg, Kevin Dillon, Arye Gross, Frank Whaley, Gary Sinise. ◆ Ardenne, 1944: il giovane e insicuro sergente Knott (Hawke) guida una sperduta pattuglia di soldati americani: ma i nemici non si fanno vedere, forse perché anche loro non hanno più voglia di combattere. Film bellico antimilitarista, molto dialogato e fin troppo pieno di risvolti morali e metafisici. Regia onesta e volenterosa dell'ex attore Gordon, autore anche dell'adattamento del romanzo di William Wharton.

Vicino alle stelle *** (*A Man's Castle*, Usa 1933, b/n, 75') Frank Borzage. Con Spencer Tracy, Loretta Young, Glenda Farrell, Marjorie Rambeau, Arthur Hohl, Walter Connolly. ◆ Durante la Depressione, Bill (Tracy) e Trina (Young) decidono di andare a vivere insieme. Quando Trina è incinta, Bill lascia la ballerina (Farrell) che gli avrebbe consentito una sistemazione, e decide di sposarla: ma per procurarsi da vivere c'è solo il furto. Un raro e riuscito esempio di melodramma proletario, in anticipo per l'epoca, sceneggiato da Jo Swerling a partire da una pièce di Lawrence Hazard. È uno dei migliori film del regista e viene considerato come il primo tentativo di offrire un'immagine realistica dell'America all'indomani della grande crisi del 1929. L'atmosfera ricorda quella di certi film francesi degli anni Trenta (ambientazione portuale, città fatiscente, personaggi romantici alla deriva), ma il cupo fatalismo è corretto dalla incrollabile fiducia nei sentimenti. Indimenticabile la scena dell'incontro nel parco, con Bill vestito elegantemente solo perché lavora come uomo-sandwich per una famosa marca di caffè. Durante la lavorazione i due attori principali s'innamorarono, dando origine a una scandalosa relazione che ebbe vasta eco sulla stampa e fece scalpore presso l'opinione pubblica.

Vicino al mare più azzurro **** (*U samogo sinego morja*, Urss 1936, b/n, 71') Boris Barnet e Samed Mardanov. Con Elena Kuz'mina, Lev Sverdlin, Nikolaj Krjučkov, Semen Svašenko, Aleksandr æukov, Sergej Komarov, V. Sateeva, A. Dolinin. ◆ I due naufraghi salvati da una tempesta sul mar Caspio sono Jusuf (Sverdlin) e Aleša (Krjučkov), i meccanici che il kolkoz «Luce del comunismo» aspetta per i suoi pescherecci: i due amici si innamorano della bella Masenka (Kuz'mina), si disperano quando la credono annegata durante una tempesta, litigano per dichiararle il loro amore, ma scoprono che è innamorata di un compaesano in servizio militare in Siberia. Straordinaria e originalissima commedia lirica che sbriciola ogni possibile canone estetico o ideologico «socialista» a favore di un contagioso approccio edonistico alle gioie, e alle delusioni, della vita. Dopo le prime scene del naufragio, metaforica e radicale cesura con il mondo esterno, il film procede per piccoli avvenimenti insignificanti, prendendo le distanze dalla sceneggiatura di Klimentij Minc per lasciarsi affascinare dalla bellezza incontaminata di una vita a contatto con la natura: il grande protagonista del film, allora, diventa il mare, ora calmo ora tempestoso, filmato con straordinaria maestria da Mikhail Kirilov, mentre i due protagonisti lasciano venire a galla tutta l'ingenuità (e la simpatia) di chi preferisce cercare i fiori per la fidanzata che fare il proprio dovere di lavoratore. Da sottolineare il fatto che la forza lirica delle immagini fa ben presto dimenticare che molte parti del film sono mute o solo musicate (a sottolineare anche così l'inutilità delle parole e di ogni tirata ideologica). Ai tempi della sua uscita il film fu accolto da feroci stroncature e accuse di schematismo. Programmato con questo titolo a «Fuori orario», è conosciuto anche come *In riva al mare più azzurro* e *Sulle rive del mare più azzurro*.

Vicolo cieco ** (*Blind Alley*, Usa 1939, b/n, 71') Charles Vidor. Con Chester Morris, Ralph Bellamy, Ann Dvorak, Joan Perry. ◆ Preso in ostaggio dal gangster Hal Wilson (Morris) che si è rifugiato in casa sua, lo psichiatra Anthony Shelby (Bellamy) passa dal ruolo di vittima a quello di arbitro della situazione attraverso un'analisi lampo: ha capito, infatti, che il gangster è perseguitato da un complesso edipico, e ha una paura folle di impazzire. Da una pièce di James Warwick (sceneggiata da Philip MacDonald, Michael Blankfort e Albert Duffy), uno dei primi film hollywoodiani a trattare di psicanalisi: ancora oggi interessante anche se inevitabilmente semplicistico. La verosimiglianza latita, ma la suspense e le invenzioni visive (come l'incubo del gangster, che si ripara da una pioggia di sangue sotto un ombrello rotto) non mancano. La fotografia è di Lucien Ballard. Rifatto da Rudolf Maté nel 1948, *All'alba non sarete vivi*.

Vicolo cieco **½ (*Perfect Strangers*, rititolato *Blind Alley*, Usa 1984, col, 91') Larry Cohen. Con Anne Carlisle, Brad Rijn, Anne Magnuson, Stephen Lack. ◆ Un killer (Rijn) che deve eliminare un bambino testimone di un suo delitto ne corteggia la mamma single (Carlisle) per motivi professionali, ma poi comincia a sognare di metter su famiglia. La partenza è banale, gli sviluppi no. Cohen tratteggia un bozzetto realistico di violenza quotidiana newyorchese, ed è più interessato alle psicologie che all'azione. Girato con due soldi, ma con molte idee, e col sapore della new wave di quegli anni (la Carlisle era la punk di *Liquid Sky*).

Victim *** (*Victim*, Gb 1961, b/n, 100') Basil Dearden. Con Dirk Bogarde, Sylvia Syms, Dennis Price, Nigel Stock, Peter McEnery. ◆ Un avvocato omosessuale (Bogarde) mette a repentaglio il matrimonio e la carriera per smascherare una banda di ricattatori responsabile della morte di un suo ex amante. Una specie di thriller per un film a tesi, che cerca di far riflettere il riluttante pubblico inglese sull'incertezza dell'identità sessuale e quindi sull'impossibilità di stabilire cosa sia la normalità. All'epoca destò scalpore per il tema (la legge puniva ancora l'omosessualità, anche se non praticata in pubblico) e i risvolti sociali (l'omosessualità attraversa tutte le classi), anche se parte della critica accusò Dearden di aver «indorato la pillola» ricorrendo alla struttura da giallo. La drammatizzazione del personaggio principale – integrato nella società in quanto avvocato e marito, ma nello stesso tempo al di fuori e potenzialmente perseguitato – rimane ancora oggi il punto di forza di un film ben scritto (da Janet Green e John McCormick) e ben interpretato.

Victor Frankenstein → *voce «Frankenstein»*

Victor Victoria ***½ (*Victor/Victoria*, Usa 1982, col, 133') Blake Edwards. Con Julie Andrews, James Garner, Robert Preston, Lesley Ann Warren, Alex Karras, John Rhys-Davies, Graham Stark. ◆ Parigi, 1934: Victoria Grant (Andrews), cantante di cabaret disoccupata, segue il consiglio dell'amico gay Toddy (Preston) e riesce ad avere successo spacciandosi per uomo. Un gangster americano (Garner), ignaro del travestimento, si innamora di lei, e comincia a dubitare di se stesso e a essere malvisto nell'ambiente. Rifacimento di *Viktor und Victoria* di Rheinhold Schünzel (1933) – già oggetto di un remake inedito in Italia (*First a Girl*, 1935, di Victor Saville). Gli spunti del travestimento e dell'equivoco sono vecchi come il mondo, ma Edwards (l'autore anche della sceneggiatura) li sa portare verso conseguenze inaspettate e sottilmente sarcastiche. Forse la migliore commedia musicale da lui girata, nella quale le gag e gli intermezzi slapstick si fondono senza scosse col racconto. Cast spiritoso, su cui svetta Preston. Henry Mancini e Leslie Bricuss si sono aggiudicati l'Oscar per la colonna sonora.

Videodrome *** (*Videodrome*, Canada 1983, col, 90') David Cronenberg. Con James Woods, Deborah Harry, Sonja Smits, Peter Dvorsky. ◆ Max Renn (Woods), proprietario di una cable-tv porno, scova un'emittente clandestina che trasmette solo omicidi e torture: in realtà si tratta di un segnale che gli fa crescere un tumore nel cervello, alterando la sua percezione della realtà e trasformandolo in una macchina omicida. Uno dei film più complessi di Cronenberg (che firma anche la sceneggiatura) anche se non tutti i nodi narrativi vengono al pettine: assai in anticipo sui tempi, seppure allora passato inosservato. Le teorie sulla televisione che sostituisce la realtà creando un nuovo villaggio globale, e sullo schermo come estensione del corpo, sono già enunciate chiaramente. Di più ci sono le ossessioni tipiche del regista sul sesso, la carne e la morte, nella forma più folgorante. Effetti speciali – non per tutti i gusti – di Rick Baker.

Videoidioti, I → *U.H.F. – I videoidioti*

Video Killer *½ (*Remote Control*, Usa 1988, col, 90') Jeff Lieberman. Con Kevin Dillon, Jennifer Tilly, Deborah Goorich, Christopher Winny. ◆ Una videocassetta ha un effetto mortale sugli spettatori: un ragazzo (Dillon) scoprirà che si tratta di un piano ordito da extraterrestri per eliminare gli umani. Ennesimo thriller orrorifico sul male formato homevideo, rudimentale e prevedibile.

Vie de famille, La *** (*La Vie de famille*, Francia 1984, col, 90') Jacques Doillon. Con Sami Frey, Mara Goyet, Juliet Berto, Juliette Binoche. ◆ Un padre divorziato (Frey) e la figlia dodicenne (Goyet) giocano, si sfidano e si indagano durante una specie di gita-fuga: la diffidenza e il conflitto lascerà il posto a un confronto alla pari che ha qualcosa di inquietante. Forse il miglior film di Doillon, che riesce finalmente a essere intenso fino all'estremo senza arrampicarsi sui vetri. Grande gioco di attori, che danno l'impressione di improvvisare il film strada facendo, alla Rivette. La sequenza dove il padre e la figlia inventano una storia girandola con la videocamera è uno dei più freschi esempi di cinema nel cinema visti di recente.

Vie della città, Le *** (*City Streets*, Usa 1931, b/n, 82') Rouben Mamoulian. Con Gary Cooper, Sylvia Sidney, Paul Lukas, Wynne Gibson, Guy Kibbee. ◆ Donaldine Cooper (Sidney), la figlia di un gangster, coinvolge l'onesto fidanzato (Cooper) nel racket della birra. Arrestata, si pente e cerca di sganciarlo dalla banda. In origine il copione fu affidato a Dashiell Hammett (sarebbe stato il suo unico contributo originale per il cinema), ma in seguito venne manomesso e firmato da H.P. Garrett e Max Marcin. Mamoulian seppe ovviare alla prevedibilità della sceneggiatura con una messinscena tutta giocata su luci e ombre e con notevoli innovazioni sia acustiche (il monologo interiore dell'eroina) che visive (dieci omicidi allusi e non mostrati). Grande Cooper che cede progressivamente al fascino del male, ma altrettanto efficace la debuttante Sidney. Fotografia di Lee Garmes.

Vie della città, Le ** (*I Walk Alone*, Usa 1947, b/n, 98') Byron Haskin. Con Burt Lancaster, Lizabeth Scott, Kirk Douglas, Wendell Corey, Kristine Miller. ◆ Dopo aver scontato una pena per rapina, Frankie (Lancaster) scopre che il socio (Douglas) dirige un night-club di lusso e si vendica con l'aiuto della cantante del locale (Scott). Un noir non originalissimo, ma con una coppia di attori ben assortita, che non risparmiò attacchi alla produzione meritandosi dalla stampa l'appellativo di «gemelli terribili». Doveva far parte di una serie, ma Douglas ruppe il contratto.

Vie della gloria, Le **½ (*The Road to Glory*, Usa 1936, b/n, 95') Howard Hawks. Con Fredric March, Warner Baxter, Lionel Barrymore, June Lang, Gregory Ratoff. ◆ In Francia, durante la prima guerra mondiale, un capitano (Baxter) ritrova il padre (Barrymore) in servizio nella sua unità di combattimento, mentre un tenente (March) s'innamora di una prodiga infermiera (Lang). Un film bellico abbastanza convenzionale e fuori dalle corde di Hawks, in una delle sua rare incursioni nel genere. La sceneggiatura, che privilegia il versante sentimentale, è firmata da Joel Sayre e William Faulkner. La fotografia è di Gregg Toland. Non c'è relazione con l'omonimo film girato dallo stesso regista nel 1926.

Vie del Signore sono finite, Le *½ (Italia 1987, col, 117') Massimo Troisi. Con Massimo Troisi, Marco Messeri, Massimo Bonetti, Jo Champa, Enzo Cannavale. ◆ Durante il fascismo, un barbiere (Troisi) affetto da paralisi psicosomatica, riesce a fuggire a Parigi e a tornare in piedi per amore della figlia del direttore delle terme (Champa). Intreccio esile, cornice storica pretestuosa, regia quasi inesistente: un film più ambizioso dei precedenti, dove Troisi straparla tirando in ballo Svevo, Freud e la psicanalisi. Colonna sonora di Pino Daniele.

Vie est à nous, La *½ (*La Vie est à nous*, Francia 1936, b/n, 106') Jean Renoir. Con Gaston Modot, Jean Dasté, Madeleine Sologne, Jacques Brunius, Pierre Unik, Max Dalban. ◆ Un film di propaganda commissionato dal Partito comunista francese e diretto in forma collettiva con la supervisione di Renoir, il cui nome non figura nei titoli di testa. In mezzo a materiale di repertorio spiccano tre episodi: gli operai di una fabbrica ottengono la riassunzione di un loro anziano collega; alcuni contadini evitano con un astuto espediente la vendita all'incanto dei beni di una famiglia povera; un diplomato affamato scopre gli ideali comunisti. Iconografia da *Quarto Stato* di Pellizza da Volpedo, rigido manicheismo, culto della personalità: i tempi non permettevano altro. Se il coro di virili operai e operaie che canta *La Vie est à nous* muove il sorriso, non si può dire altrettanto degli alunni del maestro Jean Dasté, che non hanno mai assaggiato il pollo, o dei poveracci che si scambiano informazioni sui vari istituti di carità. La mano di Renoir (coadiuvato, fra gli altri, da Jacques Becker, Henri-Cartier Bresson e Jean-Paul Le Chanois) a tratti si fa sentire, ma non c'è confronto col realismo di *Toni* o la critica sociale di *La regola del gioco*.

Vieni avanti cretino *½ (Italia 1982, col, 98') Luciano Salce. Con Lino Banfi, Franco Bracardi, Adriana Russo, Gigi Reder, Luciana Turina. ◆ Un attore d'avanspettacolo (Banfi) cerca invano lavoro, combinando guai a catena. Equivoci, schiaffoni, porte in faccia e poco di più: Banfi, comunque, è in forma. In una piccola parte c'è Moana Pozzi.

Vieni a vivere con me ** (*Come Live with Me*, Usa 1941, b/n, 86') Clarence Brown. Con James Stewart, Hedy Lamarr, Ian Hunter, Verree Teasdale, Donald Meek, Barton MacLane. ◆ Uno scrittore squattrinato (Stewart) sposa un'immigrata austriaca (Lamarr) per consentirle di rimanere negli Usa: lei si trova anche un amante ricco, e di professione editore, ma poi scopre che il cuore le batte per il marito. Un *Green Card* anni Quaranta in una commediola prevedibile, ma piacevole e discretamente congegnata.

Vienna, amori al Congresso *½ (*Der Kongress amüsiert sich*, Rft/Francia 1966, col, 110') Géza I. von Radványi. Con Lilli Palmer, Curd Jürgens, Paul Meurisse, Walter Slezak, Hannes Messemer, Anita

Höfer, Brett Halsey, Françoise Arnoul. ◆ Durante il Congresso di Vienna le lotte politiche si intrecciano alle schermaglie d'amore, che vedono in prima fila Metternich (Meurisse) e la sua astuta moglie (Palmer), lo zoppo Talleyrand (Slezak) e lo zar Alessandro I. Libero rifacimento di *Il Congresso si diverte*, con molte meno canzoni e una frivolezza di fondo che vorrebbe essere sarcastica (compresa l'introduzione moderna, in un museo delle cere che prende vita) e che invece finisce per essere solo superficiale.

Vienna di Strauss * (*Waltzes From Vienna*, Gb 1933, b/n, 80') Alfred Hitchcock. Con Jessie Matthews, Esmond Knight, Frank Vosper, Fay Compton, Edmund Gwenn. ◆ Johann Strauss il giovane (Knight) abbandona la musica ed entra in affari con il padre pasticciere della fidanzata (Matthews). L'incontro casuale con una contessa lo porterà a comporre il *Danubio Blu*. Decisamente un brutto film, girato da Hitchcock senza alcuna convinzione in un momento di scarsissima fortuna: «Un musical senza musica», lo definì amaramente il regista.

Vietato ai minori * (Italia 1992, col, 101') Maurizio Ponzi. Con Alessandro Haber, Mariella Valentini, Paco Reconti, Nicola Pistoia, Sabrina Ferilli, Alessandro Orlando, Massimo De Rossi. ◆ Le disavventure della lavorazione di un film porno sull'isola d'Elba: la star maschile (Reconti) non fa il suo dovere e si innamora di una netturbina (Ferilli); la star femminile (Valentini, che fa la parodia di Moana Pozzi) si fa arrestare per oltraggio al pudore; il regista (Haber) nutre ambizioni artistiche mandando in bestia il produttore. Fiacchi tentativi di satira in un film banale e prevedibile che manca di coraggio e si esaurisce nel bozzettismo. Era meglio se gli sceneggiatori esordienti Luigi Guarnieri e Melania G. Mazzucco avessero fatto qualche stage sul set di un film hardcore autentico.

Vietato rubare le stelle *½ (*The Fuzzy Pink Nightgown*, Usa 1957, b/n, 87') Norman Taurog. Con Jane Russell, Ralph Meeker, Adolphe Menjou, Keenan Wynn. ◆ Una diva (Russell) viene rapita: tutti pensano che sia una trovata pubblicitaria, invece il sequestro è autentico e la star arriva a compromettere la sua carriera per amore del carceriere. Giallorosa mediocre, nonostante qualche spunto iniziale interessante.

Vietnam, la grande fuga * (*P.O.W. The Escape*, Usa 1986, col, 90') Gideon Amir. Con David Carradine, Charles R. Floyd, Mako, Steve James, Phil Brock. ◆ Mentre Saigon sta per cadere nelle mani dei nemici, un gruppo di prigionieri americani riesce a fuggire con la complicità di un ufficiale vietnamita. L'ennesimo, banale Viet-film sulla scia di *Rambo*.

Vietnam, morte Orange *½ (*My Father, My Son*, Usa 1988, col, 100') Jeff Bleckner. Con Keith Carradine, Karl Malden, Michael Horton, Dirk Blocker. ◆ In Vietnam, un ammiraglio americano (Malden) ordina dei bombardamenti con il micidiale defogliante Orange. Il figlio (Carradine) ne rimane contaminato e s'ammala di cancro. Da un episodio realmente accaduto (il ragazzo è morto qualche mese dopo l'uscita del film), uno straziante dramma familiare in cui la Storia trova meno spazio di quanto sarebbe stato opportuno.

Vietnam, verità da dimenticare *½ (*In Country*, Usa 1989, col, 115') Norman Jewison. Con Bruce Willis, Emily Lloyd, Joan Allen, Kevin Anderson, Stephen Tobolowski. ◆ La diciassettenne Samantha (Lloyd) ha perso il padre nel Vietnam e vive con lo zio Emmett (Willis), reduce poco propenso a parlare del passato: scoprirà che non tutti i marines erano degli eroi. Un film dai propositi encomiabili ma dove il finale al Vietnam Veterans Memorial di Washington scopre i propositi riconciliatori di Jewison. Il tipo di opera accomodante e banalotta che non è piaciuta a nessuno (e in particolare ai fans di Willis, in un ruolo «serio»). In Italia è arrivato in ritardo, in cassetta, e con un titolo particolarmente idiota.

Vigilante *½ (*Vigilante*, Usa 1982, col, 90') William Lustig. Con Robert Forster, Fred Williamson, Rutanya Alda, Joe Spinell, Woody Strode. ◆ Un uomo tranquillo (Forster) decide di farsi giustizia da sé contro una banda di punk che gli ha distrutto la famiglia. La solita storia del giustiziere sanguinario, in un film estremamente violento e ideologicamente ambiguo. Meno rozzo, tuttavia, di altri confratelli, e forse per questo più pericoloso. Una parte per il cantante salsa Willie Colon.

Vigilato speciale **½ (*Straight Time*, Usa 1978, col, 114') Ulu Grosbard. Con Dustin Hoffman, Theresa Russell, Gary Busey, Harry Dean Stanton, M. Emmet Walsh, Kathy Bates, Rita Haggart. ◆ A Los Angeles, un ex carcerato in libertà vigilata (Hoffman), perseguitato da un giudice di sorveglianza carogna (Walsh), perde la pazienza e riprende l'attività criminale. Noir a tesi con ambizioni sociologiche e un credibile crescendo drammatico. Inizialmente la regia doveva essere dello stesso Hoffman. Edward Buke, autore del romanzo autobiografico da cui è tratto il film, compare nella parte di Mickey.

Vigile, Il **½ (Italia 1961, b/n, 109') Luigi Zampa. Con Alberto Sordi, Vittorio De Sica, Mara Berni, Marisa Merlini, Nando Bruno, Lia Zoppelli. ◆ Un vigile ligio al dovere (Sordi) multa anche il sindaco (De Sica) e viene rimosso dall'incarico, ma il primo cittadino farà una brutta fine per eccesso di velocità. Efficace commedia all'italiana, in cui si ride amaramente del malcostume politico e delle sue vessazioni. La regia di Zampa tende ad ammorbidire i toni satirici di Rodolfo Sonego (autore del soggetto e collaboratore alla sceneggiatura con Ugo Guerra e il regista), ma gli attori assicurano ai rispettivi personaggi la cattiveria necessaria. Sylva Koscina compare nel ruolo di se stessa.

Vigilia d'amore **½ (*When Tomorrow Comes*, Usa 1939, b/n, 90') John M. Stahl. Con Irene Dunne, Charles Boyer, Barbara O'Neil, Nydia Westman, Oslow Stevens. ◆ Una cameriera (Dunne) s'innamora di un pianista (Boyer) la cui moglie è impazzita in seguito alla morte della figlioletta. Malgrado una tempesta pronuba, la passione non scoppia, e lui torna dalla consorte e tenta di salvarla. Da un soggetto di James M. Cain sceneggiato da Dwight Taylor, un bel melodramma di un maestro del genere: tra allusioni e tensioni sotterranee, vince il senso della fatalità. Regia elegante e attenta ai valori figurativi, cast ben diretto.

Rifatto da Douglas Sirk (*Intermezzo*, 1957) e da Kevin Billington (*Intermezzo*, 1968).

Vigo – Passione per la vita ° (*Vigo – Passion for Life*, Gb/Francia/Germania 1998, col, 103') Julien Temple. Con James Frain, Romane Bohringer, Jim Carter, Diana Quick, James Faulkner. ◆ La breve vita (1905-1934) del regista dell'*Atalante* (Frain), figlio di un anarchico «suicidato» in prigione, si svolge tra i set e i sanatori, sempre in lotta con i produttori e i censori, trascurando la moglie (Bohringer) a sua volta malata di tubercolosi. Un'immagine convenzionale e superficiale del genio sregolato che disprezza il vile denaro: Temple (anche cosceneggiatore) appare poco sincero nel suo omaggio, e si limita a ricreare le sequenze più celebri dei film di Vigo (compresa quella subacquea, usurata da «Fuori Orario») trovandone ovviamente l'origine nella vita vissuta, secondo un cliché stantio. Chi sa qualcosa di Vigo si sente preso in giro; chi non ne sa niente, non capisce perché tanto clamore. Goffi anacronismi nella ricostruzione storica.

Villa Borghese ** (Italia/Francia 1953, b/n, 98') Gianni Franciolini. ◆ Film a episodi. In *Serve e soldati* (con Giulia Rubini, Antonio Cifariello. Soggetto di Ennio Flaiano) sono in scena innocenti flirt; in *Pigreco* (con François Périer, Anna Maria Ferrero, Mario Girotti [Terence Hill]. Soggetto di Giorgio Bassani) una studentessa vuole farsi fotografare col prof di greco in pose – si fa per dire – compromettenti; in *Incidente a Villa Borghese* (con Vittorio De Sica, Giovana Ralli, Maurizio Arena, Aldo Giuffré. Soggetto di Ercole Patti) un avvocato che corteggia una sartina rischia guai seri; in *Il paraninfo* (con Eduardo De Filippo, Margherita Autuori. Soggetto di Giorgio Bassani) i due futuri fidanzati scavalcano gli intrighi del mezzano; in *Gli amanti* (con Gérard Philipe, Micheline Presle. Soggetto di Sergio Amidei) i pensieri di lui e di lei rivelano durante un lungo bacio che l'amore è finito anche se nessuno ha il coraggio di staccare prima le labbra dall'altro; in *Concorso di bellezza* (con Eloisa Cianni, Franca Valeri, Vittorio Caprioli. Soggetto di Sergio Amidei) una bella di notte vince casualmente un premio. Sorridente campionario degli anni Cinquanta in una formula che in seguito avrà grande successo. La regia è modesta, ma a tenere desta l'attenzione ci pensano attori e sceneggiatori (oltre agli autori dei soggetti, Age, Scarpelli e Rodolfo Sonego). La fotografia è di Mario Bava.

Villa da vendere *½ (Italia 1941, b/n, 84') Ferruccio Cerio. Con Amedeo Nazzari, Vera Carmi, Nicola Maldacea, Carlo Duse, Claudio Ermelli, Silvio Bagolini, Armando Fineschi, Titina De Filippo, Romolo Costa, Vinicio Sofia. ◆ Tre imbroglioni (Duse, Bagolini e Fineschi) si installano in una villa vuota per ingannare i possibili acquirenti. Ma il loro piano viene disturbato prima dall'arrivo dell'ingenuo Matarazzo (Ermelli) e di sua nipote Lyda (Carmi), a cui il maggiordomo (Maldacea) ha chiesto di sorvegliare la villa in sua assenza, e poi da quella dello stesso padrone di casa (Nazzari), che nessuno degli occupanti conosce. Commedia di improbabile ambientazione ungherese (tratta da una pièce di Geza von Cziffra sceneggiata da Vincenzo Rovi, Akos Tolnay e dal regista), dalla comicità elementare e dall'inevitabile lieto fine.

Villa del venerdì, La * (Italia 1991, col, 99') Mauro Bolognini. Con Julian Sands, Joanna Pacula, Tchéky Karyo, Lara Wendel, Marco Di Stefano. ◆ Lo sceneggiatore Stephen (Sands) concede alla moglie Alina (Pacula) un giorno di libertà alla settimana, che trascorre con un pianista sadico (Karyo) che la sculaccia: ma lei, dopo un po', si stanca. Brividi tiepidi in scenografie di lusso, da un racconto di Moravia. I vestiti di Giorgio Armani, la fotografia di Beppe Lanci, le musiche di Ennio Morricone, il cast internazionale possono servire a vendere all'estero un film come questo, ma non a evitare il ridicolo.

Villaggio dei dannati, Il **½ (*The Village of the Damned*, Gb 1960, b/n, 78') Wolf Rilla. Con George Sanders, Barbara Shelley, Martin Stephens, Michael Gwynne, Laurence Naismith, Richard Warner, Jenny Lair. ◆ I bambini che sono nati misteriosamente in un villaggio inglese, crescendo, mostrano strane caratteristiche: riescono non solo a leggere il pensiero ma anche a guidare la volontà degli adulti, così che per difendersi non esitano a scatenare incidenti mortali e «suicidi». Gordon Zellaby (Sanders) si convince che sono guidati da un cervello collettivo alieno e che rappresentano un pericolo per l'umanità: toccherà a lui cercare di eliminarli. Piccolo classico della fantascienza sceneggiato da Stirling Silliphant e Geoffrey Barclay a partire dal romanzo di John Wyndhman. Il tema dei bambini diabolici si mescola qui a reminiscenze bibliche (evidente il riferimento, nella strana fecondazione «astrale» delle donne, al concepimento di Cristo da parte dello Spirito Santo) e al terrore razziale e sessuale dello stupro da parte di un nemico più potente. Ma è lo stile freddo e controllato della messinscena che ne fa ancor oggi un film da non perdere, dove la mancanza quasi totale di effetti orrorifici e di spiegazioni pseudoscientifiche finisce per aumentarne il mistero e la tensione. Il suo grande successo portò, nel 1963, a una variazione sullo stesso tema, *La stirpe dei dannati*. Remake nel 1995.

Villaggio dei dannati *½ (*Village of the Damned*, Usa 1995, col, 98') John Carpenter. Con Christopher Reeve, Kirstie Alley, Linda Kozlowski, Michael Paré, Lindsey Haun, Thomas Dekker, Meredith Salenger, Mark Hamil, Karen Chafee. ◆ Nove mesi dopo una strana perdita di coscienza collettiva, al villaggio di Midwich nascono contemporaneamente nove bambini che ben presto dimostrano di possedere straordinari poteri: agli ordini di Mara (Haun) leggono il pensiero e guidano la volontà degli adulti (e così si vendicano crudelissimamente di chi fa loro del male). Convinto da una ricercatrice (Alley) che si tratta di alieni con intenzioni ostili verso l'umanità, il medico Alan Chaffee (Reeve) cercherà di eliminarli. Carpenter rifà l'omonimo film di Rilla del 1960 (senza l'articolo nel titolo), ma la sceneggiatura di David Himmelstein, che sposta l'azione dall'Inghilterra agli Stati Uniti e sceglie un finale aperto, svela troppo presto la natura aliena e ostile dei bambini, sprecando così buona parte della suspense. E non basta qualche aggiornamento sociologico (la discussione sulla possibilità di abortire, la paura che tutto sia frutto di un esperimento segreto del governo) per dare nerbo a un film stanco e sfilacciato. Carpenter cerca di giocare la carta dell'inquietudine che nasce dalla normalità – la vita al villaggio è quanto di più tradizionale si possa pensare – ma chiunque si accorge che nove bambini coi capelli bianchi e vestiti tutti allo stesso modo sono «marziani».

Villaggio delle streghe, Il * (*From a Whipser to a Scream*, poi rititolato *The Offspring*, Usa 1986, col, 88') Jeff Burr. Con Vincent Price, Clu Gulager, Terry Kiser, Cameron Mitchell, Susan Tyrrell, Lawrence Tierney. ◆ A Oldfield, nel Tennessee, Satana è di casa, come racconta un illustre abitante (Price). Serie di episodi orrorifici a basso costo e a basso impegno, a base di baby-mostri, riti vudù e agonie secolari. Routine.

Villaggio maledetto, Il *½ (*Cry for the Strangers*, Usa 1982, col, 100') Peter Medak. Con Patrick Duffy, Cindy Pickett, Lawrence Pressmann, Claire Malis. ◆ Uno psichiatra (Duffy) si rifugia in un tranquillo villaggio con l'intenzione di terminare il libro che sta scrivendo, ma alcuni delitti contro i turisti lo inducono a improvvisarsi detective. Thriller di ordinaria amministrazione, pensato e realizzato per la tv.

Villaggio più pazzo del mondo, Il *½ (*Li'l Abner*, Usa 1959, col, 113') Melvin Frank. Con Peter Palmer, Leslie Parrish, Stubby Kaye, Howard St. John, Stella Stevens. ◆ I bizzarri abitanti di Dogpatch cercano in ogni modo di opporsi al progetto che vorrebbe trasformare il loro villaggio in un centro per esperimenti atomici. Adattamento di un musical di Broadway, tanto vivace sul palcoscenico quanto fiacco sul grande schermo. Frank, che insieme a Norman Panama aveva scritto il libretto teatrale basandosi sulle strisce di Al Capp, mostra poco nerbo, non riuscendo a dare il giusto risalto alle coreografie di Michael Kidd. Ottimi solo il cast e la colonna sonora di Johnny Mercer e Gene de Paul.

Ville des pirates, La ** (*La Ville des pirates*, Francia 1983, col, 111') Raúl Ruiz. Con Hugues Quester, Anne Alvaro, Melvil Poupaud, André Engel. ◆ L'amore impossibile tra una serva (Alvaro) e un bambino assassino (Poupaud) in un'isola deserta, dove vaga anche un terzo personaggio (Quester), probabile versione adulta del bambino. Una variazione sulla storia di Peter Pan, girata improvvisando e seguendo – secondo quanto racconta il regista – le suggestioni dei sogni della notte prima. Confuso, irraccontabile, con momenti di autentica magia alternati a sberleffi da tarda avanguardia. L'inquadratura dall'interno di una bocca aspira alla palma della più bizzarra della storia del cinema.

Villeggiatura, La ** (Italia 1973, b/n, 112') Marco Leto. Con Adalberto Maria Merli, Adolfo Celi, Milena Vukotic, John Steiner. ◆ Durante un confino privilegiato alle isole Tremiti, un professore antifascista (Merli) aderisce al marxismo e invece del condono sceglie la clandestinità. Dignitoso esordio cinematografico di Leto (che firma la sceneggiatura con Lino Dal Fra e Cecilia Mangini), dopo anni di esperienza televisiva. L'intreccio pecca di didascalismo, ma i personaggi sono ben costruiti e Celi è ottimo nel ruolo del commissario di polizia.

Villino incantato, Il **½ (*The Enchanted Cottage*, Usa 1945, b/n, 92') John Cromwell. Con Dorothy McGuire, Robert Young, Herbert Marshall, Mildred Natwick. ◆ In un cottage del New England, grazie alla mediazione di un pianista cieco (Marshall), un reduce di guerra sfigurato (Young) trova l'amore di una ragazza bruttina (McGuire). Dalla pièce teatrale di Arthur Pinero sceneggiata da De Witt Bodeen ed Herman J. Mankiewicz, un trionfo – tragico e commovente – dell'*amour fou*, capace di trasfigurare il villino e far svegliare i due innamorati bellissimi. Cromwell lo considerava tra i propri film migliori.

Vincent e Théo **½ (*Vincent and Theo*, Gb/Francia/Olanda 1990, col, 150') Robert Altman. Con Tim Roth, Paul Rhys, Peter Tuinman, Jean-François Perrier, Jean-Pierre Cassel, Anne Canovas. ◆ Le vite parallele di Vincent van Gogh (Roth), morto povero e suicida nella clinica del dottor Gachet (Cassel), e del fratello Théo (Rhys), mercante d'arte che crede nella pittura del fratello ma non riesce a fare nulla per portarla al successo. Il prologo documentario con l'asta di Christie's in cui *I girasoli* vengono venduti per diversi miliardi mostra che ad Altman interessano i rapporti tra arte e mercato, genio e riconoscimento sociale, così da raffreddare l'enfasi in cui cadevano altre biografie del pittore, come *Brama di vivere* di Minnelli. Più che ricostruire, come hanno fatto Minnelli e Kurosawa (*Sogni*), gli «originali» dei quadri di van Gogh, Altman si ispira a diversi tipi di pittura (oltre all'impressionismo, il realismo olandese seicentesco e l'accademismo pompier). Ritmi da sceneggiato televisivo (e tale è appunto la destinazione), ma niente cadute nella banalità.

Vincere insieme * (*The Cutting Edge*, Usa 1992, col, 102') Paul Michael Glaser. Con D.B. Sweeney, Moira Kelly, Roy Dotrice, Terry O'Quinn. ◆ Un ex campione di hockey proletario (Sweeney) accetta controvoglia di fare da partner a una pattinatrice (Kelly) ricca e smorfiosa: prima battibeccano, poi si innamorano e vincono l'oro alle Olimpiadi di Albertville. La tecnica delle riprese è all'altezza dei tempi, la sceneggiatura e il disegno dei personaggi no.

Vinci per me! **½ (*The Ring*, Gb 1927, b/n, 64') Alfred Hitchcock. con Carl Brisson, Ian Hunter, Lillian Hall-Davies, Forrester Harvey, Charles Farrell. ◆ Jack «One Round» Sander (Brisson), pugile che gira le fiere di paese, viene umiliato dal campione australiano Bob Corby (Hunter), che prima lo sconfigge, e poi scappa con sua moglie Nelly (Hall-Davies). Sarà sul ring che Jack si riprenderà una rivincita, salvando il matrimonio. Uno dei film muti di cui Hitch era più soddisfatto: una storia sulle metamorfosi del desiderio, simboleggiato sia dal bracciale («ring») donato da Corby a Nelly che dall'anello nuziale (ancora «ring»). Numerose le finezze narrative, che poi sono diventate abusate: come il riassunto della carriera in ascesa di Jack, rappresentata dalle dimensioni sempre più grandi con cui il suo nome compare sui cartelloni. Il montaggio del primo combattimento, allora, suscitò applausi a scena aperta. Sceneggiatura di Hitchcock ed Elliot Stannard, suo collaboratore abituale dell'epoca.

Vincitore, Il ** (*American Flyers*, Usa 1985, col, 114') John Badham. Con Kevin Costner, David Grant, Rae Dawn Chong, Alexandra Paul, Janice Rule, Robert Townsend. ◆ Due fratelli (Costner e Grant), dei quali uno è affetto da aneurisma cerebrale, partecipano insieme a una mitica e massacrante competizione ciclistica sulle Montagne Rocciose: la vittoria dell'uno coinciderà con la morte dell'altro. Splendida la parte della gara, con un avvincente gioco a incastri tra variegati movimenti di macchina, montaggio in volata e colonna sonora in crescendo. Al confronto, il resto risulta prevedibile e un po' pretenzioso.

Vincitore, Il *½ (*The Winner*, Usa 1996, col, 92') Alex Cox. Con Vincent D'Onofrio, Rebecca De Mornay, Frank Whaley, Richard Edson, Michael Madsen, Billy Bob Thornton, Delroy Lindo. ◆ Lo stralunato Philip (D'Onofrio), cui non importa nulla dei soldi, continua a vincere al casinò e cade nel mirino di due bande rivali di truffatori. Bizzarra ma fiacca commedia noir (scritta da Wendy Riss) con finale romantico-surreale, cui non bastano né le scenografie pop di Las Vegas né gli attori che si scalmanano. Prodotto da Mark Damon e dalla De Mornay. Cox interpreta Gaston.

Vincitori, I **½ (*The Victors*, Usa 1963, b/n, 156') Carl Foreman. Con George Hamilton, George Peppard, Vince Edwards, Eli Wallach, Melina Mercouri, Jeanne Moreau, Romy Schneider, Peter Fonda, Albert Finney, Senta Berger, Elke Sommers, Rossana Schiaffino. ◆ Le imprese di un contingente di soldati americani dallo sbarco in Sicilia alla caduta di Berlino. Film bellico vecchio stile ma rigoroso, sorretto dall'idea che la guerra, oltre a distruggere i vinti, abbrutisca irreparabilmente anche i vincitori. Il regista, un indipendente a lungo bloccato dalla commissione maccartista, sembra rispondere al cinema di propaganda Usa anni Quaranta utilizzando cinegiornali dell'epoca e mostrando gli alleati come razzisti, ladri, stupratori e borsaneristi. Nonostante una sceneggiatura a maglie larghe (dello stesso Foreman) e qualche schematismo di troppo, il discorso funziona. Ricco ed efficace il cast. In origine durava 175'.

Vincitori e vinti *** (*Judgement at Nuremberg*, Usa 1961, b/n, 178') Stanley Kramer. Con Spencer Tracy, Burt Lancaster, Richard Widmark, Marlene Dietrich, Montgomery Clift, Judy Garland, Maximilian Schell, William Shatner, Edward Binns, Werner Klemperer, Torben Meyer, Alan Baxter, Ray Teal. ◆ A Norimberga, nel 1948, l'anziano giudice Dan Haywood (Tracy) presiede una delle corti che giudicano i nazisti accusati di crimini di guerra: tra gli imputati c'è il giudice ed ex ministro della Giustizia del Reich Ernst Janning (Lancaster), uomo probo ma irrimediabilmente compromesso col regime. Kramer riuscì a rendere appassionanti tre ore ininterrotte di arringhe e deposizioni sull'Olocausto grazie anche alle interpretazioni di un cast eccezionale: Schell è il cinico avvocato difensore, Widmark l'inflessibile pubblico ministero, Clift un tedesco sterilizzato perché idiota (secondo la difesa) o perché figlio di un comunista (secondo l'accusa), la Garland una donna condannata in un processo farsa, la Dietrich una vedova aristocratica che ancora sostiene la tesi dell'obbedienza (e spiega a Tracy il testo della canzone *Lili Marleen*). Un contributo indimenticabile alla massima tragedia del Ventesimo secolo e un grande modello di courtroom-movie con due momenti da brivido: la testimonianza dello sconvolto Clift e la drammatica proiezione dei filmati (autentici) sui campi di concentramento. Eccellente Spencer Tracy, ma l'Oscar fu vinto da Schell. Ottenne la statuetta anche lo sceneggiatore Abby Mann, che aveva tratto il copione da un suo precedente lavoro televisivo.

Vindicator, The → *voce «Frankenstein»*

Vinti, I **½ (Italia 1952, b/n, 110') Michelangelo Antonioni. ◆ Tre episodi ambientati rispettivamente in Italia, Inghilterra e Francia. Nel primo (con Franco Interlenghi, Anna Maria Ferrero, Evi Maltagliati, Eduardo Ciannelli) un giovane borghese annoiato si unisce a un gruppo di contrabbandieri e muore in una retata. Nel secondo (con Peter Reynolds, Patrick Barr, Fay Compton, Eileen Moore) uno psicopatico uccide un'anziana signora per smania di protagonismo. Nel terzo (con Jean Pierre Mocky, Etchika Choureau) un ragazzo creduto ricco viene ucciso dai propri compagni durante un gita. L'opera seconda di Antonioni è una specie d'inchiesta sul vuoto esistenziale della gioventù europea postbellica, inquieta e avida di emozioni estreme. L'episodio italiano è piuttosto impersonale, quello francese è un «dejeuner sur l'herbe» in versione noir, mentre la puntata inglese è un assaggio di quel cinema del disagio che il regista ferrarese porterà in seguito a vette sublimi. L'episodio inglese è stato distribuito anche col titolo *Il delitto* nel film a episodi *Il fiore e la violenza*.

Viol@ * (Italia 1998, col, 90') Donatella Maiorca. Con Stefania Rocca, Elio Pistolesi, Stefano Rota, Rossana Mortara, Rolando Ravello, Maddalena Crippa. ◆ Intrigata dai messaggi erotici che rivede via Internet, Marta (Rocca) non sa bene come reagire alla corte molto più carnale di un muratore (Pistolesi) che sta lavorando in casa sua: meglio masturbarsi o fare sesso? Per capirlo Marta, che sulle chat-line adotta lo pseudonimo di Viola, ci mette 90 interminabili minuti. Si avverte il demenziale chiacchiericcio dei mass-media su delizie e orrori della rete dietro questo soft-core presuntuoso e fasullo (sceneggiatura di Fabrizio Bettelli, su soggetto di Claudio Antonini): uno di quei casi in cui verrebbe voglia di rivelare il risibile colpo di scena finale per dissuadere lo spettatore. Sempre che non si sia fan della Rocca, qui molto generosa con le sue nudità: nel qual caso si rimane pure soddisfatti.

Viola bacia tutti * (Italia 1998, col, 93') Giovanni Veronesi. Con Asia Argento, Valerio Mastandrea, Massimo Ceccherini, Rocco Papaleo, Daria Nicolodi, Daniela Poggi, Enzo Robutti, Franco Califano. ◆ Tre trentenni (Mastandrea, Ceccherini, Papaleo) pensano di andare da Roma a Rimini col camper: si ritroveranno in Alto Adige con un branco di maiali e una ladra (Argento) che li ha sedotti tutti, senza concedere troppo. Il solito *on the road* all'italiana, scritto dal regista con Papaleo: un terzo di fasulle malinconie generazionali, un terzo di tette e battutacce, un terzo di pretese di poesia degne del peggior Nuti. Girato a casaccio, con attori che urlano e sbrodolano dialoghi interminabili. Inutile cammeo di Leonardo Pieraccioni.

Violanta ** (*Violanta*, Svizzera 1977, col, 95') Daniel Schmid. Con Lucia Bosé, Gérard Depardieu, Maria Schneider, Lou Castel. ◆ Violanta (Bosé) è un modello di rettitudine, ma il suo passato nasconde terribili segreti: ha avuto una figlia da un prete e ha ucciso il vecchio che è stata costretta a sposare. Ambientata in Engadina, una parabola melodrammatica sui vizi privati di una borghesia pubblicamente virtuosa, tema molto caro al regista. Apprezzabili gli spunti quasi grotteschi della vicenda e l'atmosfera spesso tendente al fantastico. Rarefatto, comunque, e fin troppo ermetico.

Violence **½ (*Born Losers*, Usa 1967, col, 112') T.C. Frank [Tom Laughlin]. Con Tom Laughlin, Elizabeth James, Jeremy Slate, Paul Bruce, Jane Russell, William Wellmann jr. ◆ Una banda di stupratori in motocicletta semina il panico in una cittadina americana, ma una ragazza (James) riuscirà a cacciarli con l'aiuto di un veterano (Laughlin) del Vietnam. Secondo i *Cahiers du cinéma* è «il film più puro, più selvaggio e più lirico consacrato ai rapporti tra la società e i suoi ribelli motociclisti». Un giudizio troppo generoso, ma Laughlin ha il pregio della durezza genuina e dimostra di saper rielaborare in modo personale i temi allora alla moda. Seguìto da *Billy Jack*, dove Laughlin riprese con fortuna (almeno negli Usa) il suo personaggio.

Violenta dolce estate, Una *½ (*Dark Victory*, Usa 1976, col, 150') Robert Butler. Con Elizabeth Montgomery, Anthony Hopkins, Michele Lee, Janet MacLachlan, Michael Lerner. ◆ Una produttrice televisiva in fin di vita (Montgomery) sposa il medico (Hopkins) che le ha diagnosticato un tumore al cervello. Remake aggiornato di *Tramonto*. Con la stessa trama, ma senza l'allure anni Quaranta e una protagonista come la Davis, assomiglia drammaticamente a una soap-opera televisiva, solo meglio recitata della media.

Violentatori della notte, I *½ (*Les Predateurs de la nuit*, Francia 1988, col, 92') Jess [Jesus] Franco. Con Helmut Berger, Brigitte Lahaie, Telly Savalas, Florence Guérin, Caroline Munro, Stéphane Audran, Chris Mitchum. ◆ Un medico (Berger) si fa aiutare da un ex nazista (Savalas) per ricostruire il volto sfigurato della sorella: ma serve materia prima nuova. Quasi-remake di *Occhi senza volto* di Franju: un horror truculento sul filo del ridicolo, comunque più curato di altri film del regista. Nel cast delirante si segnala l'ex porno-star Brigitte Lahaie.

Violent Cop ***½ (*Sono otoko, kyobo ni tsuki*, Giappone 1989, col, 103') Takeshi Kitano. Con «Beat» Takeshi [Kitano], Maiko Kawakami, Makoto Ashigawa, Shiro Sano. ◆ Il poliziotto Azuma (Kitano) sembra avere visto troppi film dell'ispettore Callaghan: è in rotta con i superiori, sgrezza le reclute a modo suo, usa maniere drastiche: ma ha un punto debole nella sorella (Kawakami) debole di mente, e quando scopre che il suo capo è implicato in un traffico di droga, il suo mondo crolla. Il sorprendente esordio alla regia del comico, scrittore satirico e showman televisivo Takeshi, che si era già dimostrato attore drammatico di vaglia in *Furyo* di Oshima. Scacciando il regista previsto in origine, Kitano ha trasformato un noir di ordinaria amministrazione (la sceneggiatura è di Hisashi Nozawa) in un film quasi sperimentale, girato con uno stile che infonde nuova vita a tutti i cliché del cinema d'azione. Inseguimenti frenetici accompagnati da musica di Satie, improvvise esplosioni di violenza che scardinano qualunque logica della suspense, ralenti allucinati, un uso degli spazi che fa tesoro della lezione del western e un uso dei tempi che sembra guardare ai classici del cinema giapponese; ma anche un'interpretazione di una fisicità incontenibile, che crea un memorabile antieroe, perdente lieto di essere in torto e di andare incontro all'autodistruzione. Il titolo originale significa «Attenzione, questo uomo è pericoloso».

Violenti, I * (Italia 1983, col, 95') Gilbert Roussel [Bruno Mattei]. Con Laura Gemser, Gabriele Tinti, Ursula Flores, Maria Romano. ◆ Emmanuelle nera (Gemser) finisce ancora in carcere e questa volta deve vedersela con alcuni sadici criminali, evasi e riacciuffati. Rivoltante seguito di *Violenza in un carcere femminile*, che fa pensare di essere stato montato con gli scarti del precedente.

Violenza ad una minorenne *½ (*Trackdown*, Usa 1976, col, 98') Richard T. Heffron. Con Jim Mitchum, Karen Lamm, Anne Archer, Erik Estrada, Cathy Lee Crosby. ◆ Un cowboy del Montana (Mitchum) va a Los Angeles in cerca della sorella e si vendica dei farabutti che l'hanno avviata alla prostituzione. Il solito film sul giustiziere solitario, che cerca di sopperire con l'azione alla povertà d'idee. Jim Mitchum commette l'errore di voler emulare l'illustre genitore.

Violenza al sole *½ (Italia 1970, col, 95') Florestano Vancini. Con Giuliano Gemma, Bibi Andersson, Gunnar Björnstrand, Rosemary Dexter. ◆ Due coppie – una italiana (Gemma e Dexter), l'altra svedese (Björnstrand e Andersson) – s'incontrano per caso in vacanza. La felicità della prima contribuisce a mettere definitivamente in crisi il precario equilibrio della seconda. Anticipando le *Scene da un matrimonio*, Vancini bergmaneggia con gli attori del maestro, ma pecca di cerebralità e semplicismo. Forzata la figura dello psicoanalista omicida. Rieditato col titolo *Un'estate in quattro*.

Violenza è il mio forte, La *½ (*Shamus*, Usa 1973, col, 106') Buzz Kulik. Con Burt Reynolds, Dyan Cannon, Giorgio Tozzi, John Ryan, Joe Santos. ◆ Un detective (Reynolds) viene assoldato da un ambiguo miliardario per scoprire chi ha ucciso un ladro di diamanti, ma si ritrova in un affare molto più sporco. La storia ha poco senso e Reynolds come detective vale ancora meno – anche perché prima picchia e poi fa domande. Banale.

Violenza e l'amore, La (Il mito dell'uomo) → *Mito dell'uomo, Il*

Violenza in un carcere femminile * (Italia 1982, col, 92') Vincent Dawn [Bruno Mattei]. Con Laura Gemser, Gabriele Tinti, Lorraine De Selle, Maria Romano, Ursula Flores. ◆ Emmanuelle nera (Gemser) finisce in un carcere vigilato da spietate aguzzine, ma si salva grazie all'aiuto di un medico. Inutile epigono di una serie già spremuta a sufficienza. Seguito apocrifo: *I violenti*.

Violenza per una giovane **½ (*La Joven*, noto anche col titolo americano *The Young One*, Messico/Usa 1960, 96') Luis Buñuel. Con Zachary Scott, Kay Meersman, Bernie Hamilton, Claudio Brook, Graham Denton. ◆ Su un'isola su cui vivono il guardiacaccia Miller (Scott) ed Ewie, un'adolescente orfana (Meersman), si rifugia un nero (Hamilton) accusato di aver violentato una bianca. Miller abusa della ragazza facendo ricadere la colpa sull'altro, ma il rimorso e l'arrivo di un prete che scopre la verità, spingerà il guardiacaccia a sposare la ragazza e a solidarizzare col fuggiasco, aiutandolo ad allontanarsi. Tratto da un romanzo di Peter Mathiessen (sceneggiato dal regista con H.B. Addis), è uno dei pochissimi film «positivi» di Buñuel, ambientato in un'isola che è il luogo dell'utopia possibile, separata dal mondo e dalla Storia, unica possibile «età dell'oro» non borghese. Senza la virulenza di altre opere ma approfondendo la sua riflessione sull'uomo, sui pregiudizi che lo condizionano, sulle sue paure ed esitazioni, Buñuel spinge i suoi personaggi a «trovare fuori dalla società e dalle sue convenzioni un'effettiva comprensione e una reciproca accettazione, una reale armonia tra liberazione individuale e solidarietà, sconfiggendo i tabù e i pregiudizi razziali, sessuali e classisti». Splendida la fotografia di Gabriel Figueroa.

Violenza: quinto potere, La ** (Italia 1972, col, 101') Florestano Vancini. Con Enrico Maria Salerno, Gastone Moschin, Riccardo Cucciolla, Mario Adorf, Mariangela Melato, Turi Ferro, Ciccio Ingrassia. ◆ Un maxiprocesso ante litteram contro due cosche mafiose: pagheranno solo i pesci piccoli. Film giudiziario tratto dalla pièce *La violenza* di Giuseppe Fava (sceneggiato dal regista con Massimo Felisatti e Fabio Pittorru), con allusioni piuttosto esplicite all'attualità dell'epoca. Un po' appesantito dalla stretta osservanza delle regole di genere, sfodera un cast di ottimi attori che però stentano a trovare uno spirito di gruppo. Insolito il personaggio di Ingrassia, che finisce suicida in carcere per evitare la confessione.

Violenza sul lago *½ (Italia 1954, b/n, 95') Leonardo Cortese. Con Erno Crisa, Lia Amanda, Peter Trent, Carlo Hintermann, Virna Lisi, Patrizia Della Rovere, Giacomo Rondinella. ◆ Per vendicare la sorella (Lisi), annegata dopo aver subito una violenza, Marco Ranieri (Crisa) uccide l'aggressore (Rondinella) e passa due anni in carcere. Quando esce s'innamora di Rossana (Amanda), ma scopre che è figlia del magistrato che l'aveva condannato. Nel secondo film di Cortese (da lui stesso sceneggiato insieme a Cesare Torri, Sabatino Ciuffini, Mario Monicelli e Braccio Angioletti) persiste la commistione di mélo e cinema processuale già vista in *Art. 519 codice penale*: l'accento è però posto decisamente sul primo elemento, con effetti squilibranti per la storia che finisce per appiattirsi sui momenti più platealmente effettistici (l'assassinio del violentatore, l'odio del giudice). Le gare di motonautica sono girate al lago di Bolsena.

Violenza sull'autostrada ** (*White Line Fever*, Usa 1975, col, 92') Jonathan Kaplan. Con Jan-Michael Vincent, Kay Lenz, Slim Pickens, Leigh French, Don Porter. ◆ Un camionista (Vincent) si rifiuta di trasportare merce di contrabbando e ingaggia una dura lotta contro i boss corrotti della società per cui lavora. Una specie di western on the road, con un eroe carismatico e combattivo fino al masochismo. Incalzante ed efficace, nei limiti di un film di serie B.

Violetera, La – La bella fioraia di Madrid *½ (*La violetera*, Spagna/Italia 1958, col, 108') Luis César Amadori. Con Sara Montiel, Raf Vallone, Frank Villard, Tomás Blanco, Pastor Serrador, Ana Mariscal, Robert Pizani, Tony Soler, Félix Fernández, Carmen Rodriguez, Charles Fawcett. ◆ L'aristocratico Fernando (Vallone) conosce la venditrice di violette Soledad (Montiel) e se ne innamora, ma la morte del fratello (Blanco), ucciso in duello per difendere l'onore della famiglia, lo richiama ai suoi doveri; intrapresa la carriera diplomatica, sposa la nobile Magdalena (Mariscal) e abbandona Soledad, che grazie alla bella voce e all'impresario Garnal (Villard) diventa una stella internazionale: ma le loro peripezie non sono ancora finite. Un melodramma celeberrimo (anche per merito della canzone di José Padilla) ma piuttosto deludente: la recitazione di Vallone ha l'espressività di un manichino, i comportamenti di tutti sono troppo educati per essere davvero drammatici, la regia è statica e scontata (con una sola eccezione: il carrello laterale che scopre il nome della nave su cui viaggiano Soledad e Garnal - S.S. Titanic - che almeno introduce qualcosa di imprevisto). Resta solo la bella voce della Montiel, che si esibisce, oltre che nella canzone del titolo, anche in *El polichinela*, *Es mi hombre*, *Tus ojitos negros* e *Agua que no has de beber*. Notevoli, invece, le sfarzose scenografie di Enrique Alarcón. Sceneggiatura di Manuel Villegas López e Jesús María de Arozamena.

Violette nei capelli *½ (Italia 1942, b/n, 85') Carlo Ludovico Bragaglia. Con Lilia Silvi, Irasema Dilian, Carla Del Poggio, Roberto Villa, Carlo Campanini, Emma Giglio, Enzo Biliotti, Giuseppe Addobbati, Pina Gallini, Loris Gizzi. ◆ Commessa di sartoria ma innamorata del teatro, Carina (Silvi) diventa amica di due sorelle, l'insegnante sportiva Mirella (Del Poggio) e l'aspirante ballerina Oliva (Dilian). Dopo qualche delusione amorosa, ognuna riuscirà a coronare il proprio sogno, Carina recitando in una filodrammatica, Mirella insegnando in un collegio e Oliva diventando prima ballerina. Tratto dall'omonimo romanzo di Luciana Peverelli, che dà il titolo anche al numero musicale en plein air che le tre amiche improvvisano in un prato, il film è un'innocua esaltazione della vitalità giovanile (con qualche conseguenza, però, visto che Oliva dovrà allevare un figlio senza padre) che cerca di adattare all'autarchia italiana le storie rese celebri da Deanna Durbin.

Violette Nozière **½ (*Violette Nozière*, Francia/Canada 1978, col, 130') Claude Chabrol. Con Isabelle Huppert, Stéphane Audran, Jean Carmet, Lisa Langlois, Jean-François Garreaud, Bernadette Lafont, Fabrice Luchini. ◆ Parigi, 1933: insofferente alle ambizioni piccolo-borghesi della sua famiglia, Violette (Huppert) prima si prostituisce, poi cerca di liberarsi dei genitori col veleno. Il patrigno (Carmet) che l'aveva violentata da piccola muore, ma la madre (Audran) la manda sotto processo. A Chabrol interessa non tanto il fatto di cronaca (realmente accaduto) quanto l'analisi dei personaggi e la ricostruzione del clima dell'epoca. Efficace, una volta tanto, il gioco dei flashback. La Huppert è stata premiata al festival di Cannes.

Violini del ballo, I *½ (*Les Violons du bal*, Francia 1973, col, 110') Michel Drach. Con Jean-Louis Trintignant, Marie-José Nat, Gabrielle Dulcet, David Drach, Nathalie Russel. ◆ Le disavventure di un bambino ebreo (Drach, figlio del regista) nella Francia di Vichy e il racconto della sua fuga oltreconfine. Film autobiografico, in cui i ricordi d'infanzia s'intrecciano a temi intellettuali, quasi a stabilire un parallelo tra la figura dell'ebreo errante e quella del cineasta della rive gauche postsessantotto. In Francia, all'epoca, ottenne vasti consensi. Oggi appare piuttosto velleitario. Palma d'oro a Cannes per Marie-José Nat.

Violinista sul tetto, Il ** (*Fiddler on the Roof*, Usa 1971, col, 165') Norman Jewison. Con [Chaim] Topol, Norma Crane, Leonard Frey, Molly Picon. ◆ In un villaggio ucraino all'inizio del secolo il lattaio Tevye (Topol) cerca di difendere la sua identità culturale di ebreo: sotto la minaccia dei pogrom, emigrerà negli Stati Uniti. Tratto dai racconti di Scholem Alecheim, *Il violinista sul tetto* (metafora della precarietà della vita degli ebrei), è stato, nella versione di Joseph Stein, uno dei musical più fortunati di Broadway. Il film di Jewison, girato in Jugoslavia, è accurato, ma di maniera e troppo lungo (anche se la versione italiana è già accorciata di un quarto d'ora). Oscar alla fotografia di Oswald Morris e alla colonna sonora di John Williams, in cui spicca il violino di Isaac Stern.

Violino rosso, Il * (*The Red Violin*, Canada/Italia 1998, col, 131') François Girard. Con Carlo Cecchi, Irene Grazioli, Greta Scacchi, Samuel Jackson, Don McKellar, Jean-Luc Bideau, Christoph Koncz, Jason Flemyng, Sylvia Chang. ◆ Le indagini condotte da un esperto (Jackson) su un prezioso violino messo all'asta permettono di ricostruire la sua storia: realizzato nel 1681 dal liutaio Niccolò Bussotti (Cecchi), la cui moglie (Grazioli) era morta di parto, il violino finisce in un monastero austriaco, dove passa tra le mani di un giovanissimo talento (Koncz); dopodiché fa la sua riapparizione in un bosco inglese, estasiando il compositore Frederick Pope (Flemyng), fino a ricomparire in Cina durante la Rivoluzione Culturale per arrivare infine a Montreal. Scritto dal regista con Don MacKellar (che interpreta il ruolo di Evan Williams), un supersceneggiato lussuoso, inutilmente arzigogolato e patinato, con un cast sprecato in una sfilata di camei e parecchie scene (come l'amplesso acrobatico tra la Scacchi, nuda, e Flemyng, in cui trova posto anche il violino) tra l'improbabile e il risibile. I dialoghi italiani sono a cura di Sandro Veronesi.

Vip, mio fratello superuomo ** (Italia 1968, col, 80') Bruno Bozzetto. ◆ Naufragato su un'isola, Minivip (discendente di una famiglia di superuomini ma afflitto da debolezza costituzionale e complesso d'inferiorità) scopre che la diabolica Happy Betty stra preparando una terribile arma atomica. Arriva Supervip, il fratello con i superpoteri, ma è catturato e toccherà proprio a Minivip risolvere la faccenda, liberando l'umanità e conquistando l'amore della timida Nervustrella. Parodia a cartoni animati del mito dell'agente segreto e di Superman insieme, è il secondo lungometraggio di Bozzetto dopo *West and Soda*: pressioni commerciali snaturarono il progetto originario (che prevedeva solo la presenza di Minivip), ma rimangono ancora idee interessanti (come il lungo excursus sulla pubblicità) e scene divertenti (la goffaggine di Minivip al ballo sulla crocera).

Vi presento Joe Black *½ (*Meet Joe Black*, Usa 1998, col, 180') Martin Brest. Con Brad Pitt, Anthony Hopkins, Claire Forlani, Jake Weber, Marcia Gay Harden, Jeffrey Tambor, David S. Howard. ◆ Colpito da infarto, il magnate William Parrish (Hopkins) vede presentarsi a casa la morte nei panni di Joe Black (Pitt), che ha assunto le sembianze del ragazzo di cui la figlia Susan (Forlani) si è invaghita poco prima che fosse investito da una macchina: ma in attesa di compiere la sua mortifera missione, Joe si innamora - ricambiato - di Susan. Banale remake in chiave soap di *La morte in vacanza* (pièce di Alberto Casella del 1924, già portata sullo schermo con lo stesso titolo da Mitchell Leisen), risceneggiato - con aggiornamenti New Age e troppe scene identiche - da Ron Osborne, Jeff Reno, Kevin Wade e Bo Goldman. L'ambiziosa regia si smarrisce nella ripetitività, esasperata dall'eccessiva durata, mentre gli attori prestano ai loro personaggi solo il nome o il fisico, secondo i casi, mai la convinzione né tantomeno la bravura. Magniloquenti scenografie di Dante Ferretti.

Virginia, dieci in amore *½ (*She's Back on Broadway*, Usa 1953, col, 95') Gordon Douglas. Con Virginia Mayo, Steve Cochran, Gene Nelson, Frank Lovejoy. ◆ Una stella di Hollywood in declino (Mayo) resuscita a Broadway, con l'aiuto di un regista (Cochran), sua antica fiamma. Di film sull'allestimento di un musical se ne sono visti di molto più brillanti.

Viridiana **** (*Viridiana*, Messico 1961, b/n, 90') Luis Buñuel. Con Silvia Pinal, Fernando Rey, Francisco Rabal, Margarita Lozano, Victoria Zinny, Teresa Rabal. ◆ La novizia Viridiana (Pinal) rinuncia a prendere i voti dopo che lo zio (Rey) ha cercato di violentarla e si è suicidato. Non di meno decide di esercitare la carità, ma i suoi buoni propositi falliscono. Dopo che i mendicanti cui ha dato asilo si scatenano in un'orgia blasfema, forse accetterà il pragmatico cinismo del cugino (Rabal). Tre anni dopo *Nazarin*, un'altra *imitatio Christi* finita male. Il laico Buñuel (che firma la sceneggiatura con Julio Alejandro) fa vincere gli istinti contro la religione, ma resta il dubbio angosciante, e quasi bressoniano, sulla presenza del Male nel mondo. Per evidenziare la degradazione del sacro nel mondo moderno Buñuel procede a una sconsacrazione dell'iconografia cattolica (dal crocifisso che cela un coltello alla parodia dell'*Ultima cena* di Leonardo da parte dei mendicanti) che non è mai stata digerita (tant'è che il film circola pochissimo sul piccolo schermo). Privo di divagazioni e sberleffi surrealisti, uno dei suoi film più complessi e inquietanti. Palma d'oro a Cannes ex aequo con *L'inverno ti farà tornare*. Primo film di Rey con Buñuel.

Virtuali, I ** (Italia/Austria 1996, col, 80') Luca Mazzieri. Con Marco Mazzieri, Andrea Galeazzi, Laura Cleri, Alessandro Pini, Stefania Rocca. ◆ In una Parma ferragostana bruciata dal sole, un aspirante regista (Mazzieri) e uno sceneggiatore proveniente da Roma (Galeazzi) cercano di portare a termine una sceneggiatura commissionata loro da una televisione. La vicenda che narrano è (quasi) in presa diretta: Luca, Marco e il fedele complice Galeazzi (autori del soggetto e della sceneggiatura), all'epoca delle riprese, stavano scrivendo davvero un copione, *Il goal del Martin pescatore*, una produzione Raiuno con Mara Venier. Svagati, simpatici e surreali seguono le tracce di Zavattini – vate della loro terra e ampiamente omaggiato finanche da una tappa al cimitero dov'è sepolto – aggiornandolo con tic e vezzi morettiani.

Virtuality ** (*Virtuosity*, Usa 1995, col, 102') Brett Leonard. Con Denzel Washington, Russell Crowe, Kelly Lynch, William Fichtner, Kevin J. O'Connor, William Forsythe, Louise Fletcher, Traci Lords. ◆ L'ex poliziotto Parker Barnes (Washington) dà la caccia a Sid 6.7 (Crowe), una creatura virtuale con la personalità di 200 serial killer che, dopo aver acquistato un corpo reale (e indistruttibile), impazza per Los Angeles. Il regista del *Tagliaerbe* ha imparato qualche trucchetto in più, e un paio di volte riesce a spiazzare lo spettatore con sequenze di realtà virtuale narrativamente plausibili e ben congegnate. Nulla di più che un fumettaccio di serie B, ma moderatamente divertente. Scritto da Eric Bernt.

Virtù sdraiata, La *½ (*The Appointment*, Usa 1969, col, 100') Sidney Lumet. Con Omar Sharif, Anouk Aimée, Lotte Lenya, Didi Perego, Fausto Tozzi, Luigi Proietti, Paola Barbara, Angelo Infanti. ◆ L'avvocato romano Federico Fendi (Sharif) sposa la mannequin Carla (Aimée), che un suo amico ha scaricato sospettandola di condurre una doppia vita da squillo. Ma il dubbio e la gelosia cominciano a rodere anche il neomarito: con l'unico risultato che la poverina si suicida. Il soggetto (tratto da un romanzo del regista Antonio Leonviola, adattato da James Salter) era forse nelle corde di Buñuel o Ferreri: ma in mano a uno svogliato Lumet diventa una commedia turistica sul maschio latino, che male si amalgama alla svolta tragica. Fotografia di Carlo Di Palma e musica di John Barry. Lotte Lenya, nella parte della mezzana fascista, è la celebre interprete di Brecht e Weill.

Virus *½ (*Virus*, Usa 1999, col, 99') John Bruno. Con Jamie Lee Curtis, William Baldwin, Donald Sutherland, Joanna Pacula, Marshall Bell. ◆ Per rifarsi del carico perso durante una tempesta, il capitano di un rimorchiatore (Sutherland) vuole recuperare una nave russa abbandonata, ma la meterologa (Curtis) e l'ingegnere di bordo (Baldwin) lo sconsigliano. Naturalmente hanno ragione: la nave è abitata da alieni pronti a scatenarsi contro i visitatori. Un prodotto di clonazione totale (sia narrativa che visiva) diretto dal curatore degli effetti speciali di *Abyss*. Una specie di *Alien* dei poveri, con interferenze russe un po' rétro, salvato solo da una buona dose di ironia e da una Jamie Lee Curtis perfetta nel ruolo della simil-Ripley.

Virus letale *½ (*Outbreak*, Usa 1995, col, 127') Wolfgang Petersen. Con Dustin Hoffman, Rene Russo, Morgan Freeman, Kevin Spacey, Cuba Gooding jr, Donald Sutherland, Patrick Dempsey. ◆ Sam Daniels, ufficiale medico dell'esercito americano (Hoffman), viene mandato dal suo superiore (Freeman) in Africa per fare il punto su un virus devastante, il Motaba. Torna convinto che possa scoppiare un'epidemia anche negli Usa e nessuno gli crede finché in una cittadina californiana non compaiono le prime, numerose vittime: si scoprirà che i militari hanno tenuto nascosto il vaccino per continuare la sperimentazione di armi batteriologiche. Un thriller catastrofico-politico sull'argomento più inquietante di fine millennio, che per riuscire aveva bisogno di una buona dose di audacia in più: Laurence Dworet e Robert Roy Pool impostano la sceneggiatura sulla scontata contrapposizione tra medici buoni e generali cattivi, il tedesco americanizzato Petersen dirige con spiccato senso dello spettacolo (la fotografia è di Michael Ballhaus) ma scarso coraggio politico, e il cast illustre (con Hoffman sullo schermo dopo tre anni d'assenza) non basta a fare di *Virus letale* qualcosa di più di un ambizioso action-movie d'attualità.

Visionari, I *½ (Italia 1968, col, 95') Maurizio Ponzi. Con Adriana Asti, Jean-Marc Bory, Luigi Diberti, Olimpia Carlisi, Pierluigi Aprà. ◆ Triangolo tra un regista (Bory), un attore (Diberti) e un'attrice (Asti), con scambi tra vita reale e palcoscenico. Tratto dalla pièce *I fanatici* di Robert Musil, contorsioni intellettuali e riflessioni sul linguaggio cinematografico inevitabilmente datate, nel primo film dell'ex critico Ponzi, sceneggiatore assieme al rivettiano Eduardo De Gregorio.

Visione del sabba, La ° (Italia/Francia 1988, col, 94') Marco Bellocchio. Con Béatrice Dalle, Daniel Ezralow, Omero Antonutti, Jacques Weber, Raffaella Rossellini. ◆ Uno psichiatra (Ezralow) deve pronunciare una perizia giudiziaria su una giovane omicida (Dalle) che dice di essere una strega, in attesa da 357 anni di qualcuno che la svergini. L'eletto è proprio lo psichiatra che – sogno o realtà? – partecipa a un sabba con coreografie alla Don Lurio (anche se in realtà di Ezralow, noto ballerino al suo debutto sullo schermo). Dopo *Diavolo in corpo*, un altro pamphlet antipsicoanalitico nutrito del verbo di Massimo Fagioli. In questo caso è la Dalle a spogliarsi, ma si resta a livello di un softcore con pretese intellettuali. Il produttore Manzotti ha risparmiato allo spettatore una decina di minuti di sabba.

Visioni private ** (Italia 1990, col, 100') Ninni Bruschetta, Francesco Calogero, Donald Ranvaud. Con Ninni Bruschetta, Antonio Caldarella, Jessica Forde,

Patrick Bauchau, Bob Swaim. ◆ 1988, festival di Taormina: due camerieri cercano di riciclarsi come addetti ai lavori nel campo del cinema, mentre un corpulento produttore muore in circostanze misteriose. Un divertissement per addetti ai lavori, volutamente scoordinato e frastagliato, che per fortuna non si prende mai troppo sul serio. Girato in loco, rubando immagini a ospiti illustri, consenzienti o no (come Cyd Charisse).

Visita, La *** (Italia 1963, col, 100') Antonio Pietrangeli. Con Sandra Milo, François Périer, Mario Adorf, Didi Perego, Gastone Moschin. ◆ In seguito a un annuncio matrimoniale, tra Pina (Milo) e Adolfo (Périer) è nato un rapporto epistolare. Quando finalmente si conoscono, viene a galla la natura egoista e meschina di lui, commesso di libreria: e tutto si spegne dopo una notte d'amore e un commiato imbarazzato. Commedia amarognola tra le migliori di Pietrangeli, che sta dalla parte della protagonista: una donna (secondo il regista) «a mezz'aria tra il proletariato contadino e la piccola borghesia provinciale», che cerca disperatamente di vincere la solitudine. Ma è con il ritratto dell'uomo – volgare, meschino, avido e ipocrita – che il film raggiunge le sue vette: né marionetta né mostro, «Adolfo è, nella sua banalità, uno dei personaggi più neri che ci abbia mostrato la commedia all'italiana» che proprio attraverso lui arriva a trasmettere allo spettatore punte di malessere inusitate, tanto più inquietanti perché nascono dalla semplice osservazione «neorealista» dell'umanità, senza nessun sovraccarico di sarcasmo o di grottesco. La Milo (che era stata scoperta da Pietrangeli in *Lo scapolo*) accetta di imbruttirsi, dando una grande prova. Da un racconto di Carlo Cassola, sceneggiato dal regista con Ettore Scola e Ruggero Maccari.

Visitatori, I *** (*The Visitors*, Usa 1971, col, 90') Elia Kazan. Con Steve Railsback, James Woods, Patricia Joyce, Patrick McVey, Chico Martinez. ◆ Dopo due anni di galera, due ex soldati (Railsback e Martinez) che, in Vietnam, avevano stuprato e ucciso una ragazza, vanno a trovare Bill (Woods), il commilitone che li aveva accusati, e che vive in una casa di campagna con una ragazza (Joyce), la loro bambina e il padre di lei (McVey). I rapporti tra i quattro uomini avranno esiti imprevedibili (il vecchio disprezza il genero smidollato e parteggia per i due soldati) e tragici. Scritto dal figlio del regista, Chris Kazan, ispirandosi allo stesso fatto che sarà alla base di *Vittime di guerra*, un film drammatico e angoscioso sul tema del tradimento e della verità. Kazan non giudica ma non rimane neanche impassibile: la sua riflessione sulla violenza è percorsa da un'ambiguità anche disturbante, ma riesce ad andare a fondo evitando ogni enfasi. Qualche cedimento solo nel personaggio femminile. Kazan trae il meglio dai suoi attori, tutti (tranne McVey) esordienti, e vince la scommessa di girare un film con un budget all'osso (135 mila dollari contro i 6.800 mila del precedente *Il compromesso*) e una troupe ridotta.

Visitatori, I *½ (*Les Visiteurs*, Francia 1993, col, 105') Jean-Marie Poiré. Con Jean Reno, Christian Clavier, Valérie Lemercier, Marie-Anne Chazel, Christine Bujeau, Isabelle Nanty, Didier Pain. ◆ 1123: per riparare all'involontaria uccisione di re Luigi VI (Pain) che gli aveva promesso in sposa la figlia Frebonda (Lemercier), Goffredo di Montalcino (Reno) si affida ai poteri di un mago per tornare indietro nel tempo e modificare le sue azioni, ma invece finisce nel 1992 col suo scudiero Jeancojon (Clavier), vicino a dove abitano i suoi probabili discendenti. Il film che ha battuto *Jurassic Park* in Francia mescola demenzialità e cattive maniere, scherzando a base di peti, rutti e altre facezie sulla mania tutta francese per l'araldica e le buone maniere. Ma senza la carica iconoclasta dei Monty Python o l'irruenta baldanza di certe commedie d'Oltralpe, il film rischia di apparire allo spettatore italiano ripetitivo e persino un po' noioso: vedere un cavaliere con l'armatura e lo spadone che attacca un furgoncino delle poste convinto che sia un drago fa ridere ancora qualcuno? Sceneggiatura di Poiret e Clavier.

Visite a domicilio ** (*House Calls*, Usa 1978, col, 98') Howard Zieff. Con Walter Matthau, Glenda Jackson, Art Carney, Richard Benjamin, Dick O'-Neill. ◆ Un medico (Matthau) da poco vedovo seduce una signora (Jackson) a caccia di un marito che, dopo equivoci e tentativi di fuga, riuscirà ad accalappiarlo. Commedia con spunti satirici, tenuta in piedi unicamente dalla verve dei protagonisti. Tra gli sceneggiatori, Julius J. Epstein, autore di *Casablanca*. Ha dato origine a una serie televisiva.

Visone sulla pelle, Il *½ (*That Touch of Mink*, Usa 1962, col, 99') Delbert Mann. Con Cary Grant, Doris Day, Gig Young, Audrey Meadows, John Astin. ◆ Un ricco playboy (Grant) convince una segretaria zitella (Day) a passare con lui una vacanza alle Bermuda: ma per godere i frutti della sua opera di seduzione, dovrà aspettare il matrimonio. Né l'attempato Grant né l'insipida Day possono mettere un po' di vita in questa commedia artefatta e poco sofisticata, che all'epoca passava per maliziosa,

Viso pallido *½ (*The Paleface*, Usa 1948, b/n, 91') Norman Z. McLeod. Con Bob Hope, Jane Russell, Robert Armstrong, Iris Adrian. ◆ Un timido dentista (Hope) si ritrova sposato a Calamity Jane (Russell) e debella una banda che vende armi agli indiani. Western farsesco che segna l'inizio della collaborazione tra Hope e il regista: comicità innocua confezionata con mestiere. Oscar alla canzone *Buttons and Bows* di Livingston e Evans, grande successo dell'epoca che fu messa in commercio prima dell'uscita del film.

Vispa Teresa, La ** (Italia 1943, b/n, 84') Mario Mattoli. Con Lilia Silvi, Vera Carmi, Antonio Gandusio, Carlo Ninchi, Giuditta Rissone, Roberto Villa, Aldo Silvani, Tino Scotti. ◆ Alberto Mari, giovane figlio di un ingegnere (Villa) s'innamora di una manicure senza scrupoli, Luisa (Carmi). Per distoglierlo dalla relazione, i genitori (Ninchi e Rissone) gli offrono una vacanza a Venezia: Luisa parte con lui, facendosi sostituire in negozio da Teresa (Silvi), anch'ella fidanzata con un ragazzo di nome Alberto (anzi: Albertaccio, [Scotti]), che i genitori di Mari scambiano per l'amante del figlio. Dopo innumerevoli peripezie, si arriva al matrimonio tra Alberto e Teresa. Una commedia degli equivoci modellata sulla favola di Cenerentola ma ancora legata al cinema dei telefoni bianchi: ultima del genere per Mattoli, che tenta di far maturare la leziosa Lilia Silvi, allora considerata la Shirley Temple nostrana, circondandola di attori di prim'ordine (da notare Scotti, in uno dei suoi primi ruoli di rilievo). Complicato a bella posta nell'intreccio (la sceneggiatura è di Aldo De Benedetti, non accreditato per motivi razziali), ma sempre scanzonato nel tono e scorrevole nel ritmo, è stato uno dei primi film italiani a uscire dopo la guerra nelle sale «occupate» dagli americani. Carlo Campanini è un cliente del barbiere.

Vita agra, La *** (Italia 1964, b/n, 100') Carlo Lizzani. Con Ugo Tognazzi, Giovanna Ralli, Giampiero Albertini, Nino Krisman, Rossana Martini, Elio Crovetto, Paola Dapino, Pippo Starnazza, Maria Pia Arcangeli, Gianni De Luca, Filiberto Conti. ◆ Arrivato a Milano con l'intenzione di far saltare la sede della società che l'ha licenziato e che è responsabile della morte di una cinquantina di minatori, Luciano Bianchi (Tognazzi) cerca di conciliare i propri ideali, l'amore con la comunista Anna (Ralli) e il bisogno di sopravvivere. Ma a casa, in Emilia, ha lasciato la moglie (Martini) e il figlio, e i soldi che guadagna come pubblicitario gli fanno dimenticare i suoi intenti... Tratta dal romanzo omonimo di Luciano Bianciardi e sceneggiata da Sergio Amidei, Luciano Vincenzoni e lo stesso Lizzani, questa «storia socialpsicologica post-miracolistica» riesce a ricostruire con acutezza e originalità il disagio diffuso che gli anni del boom avevano fatto crescere nelle coscienze più lucide. Senza prediche né schematismi, il percorso di Luciano Bianchi sembra raccogliere l'eredità di quello di Silvio Magnozzi in *Una vita difficile*, sostituendo al «classicismo» della commedia all'italiana una narrazione più libera e disarticolata, capace di rendere il disagio e l'insofferenza di una generazione che sconfessa i propri ideali, incapace di drammi (l'adulterio è vissuto dagli interessati senza veri traumi, se non quelli delle feste che vedono il ritorno della moglie ufficiale) e sempre più anestetizzata dal denaro. Così come lo scenario si sposta al Nord, tra i simboli della borghesia milanese (il grattacielo Pirelli, i nuovi «quartieri satellite»), all'interno di una società in cui anche il lavoro intellettuale (editoria, pubblicità) contribuisce alla sconfitta degli slanci di tutta una generazione. Efficaci la colonna sonora di Piero Piccioni e l'utilizzo di Enzo Jannacci (che si vede in un'osteria mentre esegue un paio delle sue canzoni).

Vita alla rovescia, Una ** (*La Vie à l'envers*, Francia 1964, col, 95') Alain Jessua. Con Charles Denner, Anna Gaylor, Guy Saint-Jean, Jean Yanne, Nicole Gueden. ◆ Un giovane (Denner) perde il lavoro e la voglia di vivere, preferendo chiudersi in una stanza con un registratore. Non lo scuote neanche il tentato suicidio di sua moglie (Gaylor) e un medico che segue il suo caso finisce per passare dalla sua parte. Ambizioso esordio di Jessua, che cerca forme narrative inedite per descrivere angosce esistenziali tipicamente novecentesche. I suoi film successivi abbasseranno parecchio la mira.

Vita allegra, La * (*La vida alegre*, Spagna 1987, col, 100') Fernando Colomo. Con Veronica Forqué, Antonio Resines, Ana Obregon, Miguel Rellán. ◆ Una clinica per malattie veneree è al centro di un viavai che coinvolge mogli, mariti, ministri e amanti. La spregiudicatezza che ci si aspetta dalla Spagna post-franchista, ma senza il tocco di Almodóvar. Far ridere su un soggetto del genere, negli anni dell'Aids, appare poi di cattivo gusto.

Vita al massimo, Una **½ (*True Romance*, Usa 1993, col, 116') Tony Scott. Con Christian Slater, Patricia Arquette, Dennis Hopper, Christopher Walken, Gary Oldman, Saul Rubinek, Bronson Pinchot, Michael Rapaport, Christopher Penn, Brad Pitt, Samuel L. Jackson. ◆ Il venditore di fumetti Clarence (Slater) si innamora di Alabama (Arquette), una squillo inviatagli come regalo di compleanno. Uccide il suo protettore (Oldman), la sposa, e insieme fuggono in California con una valigia di droga da smerciare, inseguiti da poliziotti e gangster. Caleidoscopico fumetto noir che non si prende mai troppo sul serio, e sfoggia un umorismo cinico e ghignante, spesso irresistibile. Brillante sceneggiatura di Quentin Tarantino, ben servita (tranne che nell'happy end) dalla regia frastornante di uno Scott non più patinato come in passato. Da antologia sequenze come quella di Hopper che provoca il mafioso Walken con un lunghissimo sproloquio razzista, o la sparatoria finale. Chi ama Kieślowski e Ivory, comunque, è meglio veda un altro film. Val Kilmer è il fantasma di Elvis che appare al protagonista.

Vita a modo mio, La **½ (*Nobody's Fool*, Usa 1994, col, 110') Robert Benton. Con Paul Newman, Melanie Griffith, Bruce Willis, Jessica Tandy, Pruitt Taylor Vince, Dylan Walsh, Gene Saks. ◆ North Bath, inverno: a sessant'anni Donald «Sully» Sullivan (Newman) non ha ancora messo la testa a posto. Non ha l'assicurazione, flirta con la moglie (Griffith) del capo (Willis), si mette nei guai con la polizia. L'arrivo del figlio Peter (Walsh), professore universitario in crisi coniugale e da anni in rotta con lui, gli fa vedere la vita in modo diverso. Almeno col nipotino Will e la sua anziana affittacamere Beryl (Tandy), Peter riuscirà a costruire un rapporto positivo. Scritto da Benton a partire da un romanzo di Richard Russo, un film sicuramente insolito nella produzione corrente: cura più i personaggi che l'intreccio, non sembra andare da nessuna parte, non appiana i conflitti e non offre consolazioni. Peccato che Benton non tenga tutto sotto mano, e annacqui il racconto con digressioni poetiche o scivoloni che vorrebbero essere grotteschi. Newman dà una lezione di umiltà. Willis pare abbia ritirato il proprio nome dai titoli perché insoddisfatto.

Vita appesa a un filo, La **½ (*Bian zhou bian chang*, Cina/Gb/Rft 1991, col, 105') Chen Kaige. Con Liu Zhongyuan, Huang Lei, Xu Qing, Zhang Zhenguan. ◆ Un vecchio cantore cieco (Zhongyuan) è convinto di riacquistare la vista una volta che si sarà spezzata la millesima corda del suo *qin*: il suo discepolo (Lei), anch'egli cieco, mostra però una fretta maggiore nel conoscere la vita. Favola senza lieto fine sul dualismo tra vecchio e nuovo, pace e guerra; Kaige, dopo un esilio americano, torna a dirigere in patria (con capitali stranieri), e si rifugia nei simboli di un mondo senza tempo. Ieratico, per fortuna mai pedante, ma fin troppo compassato.

Vita a vent'anni, La *½ (*Navy Blue and Gold*, Usa 1937, b/n, 94') Sam Wood. Con James Stewart, Robert Young, Florence Rice, Lionel Barrymore, Billie Burke. ◆ Un giovane (Stewart) si arruola in marina sotto falso nome, poiché su suo padre (Barrymore) pende una condanna. Verrà scoperto, ma un nuovo processo risolverà tutto. Propaganda e buoni sentimenti in una formula adatta ai tempi.

Vita avventurosa di Milady, La → *Boia di Lilla, Il*

Vita bruciata, Una *½ (*La Jeune fille assassinée*; Francia 1974, col, 100') Roger Vadim. Con Roger Vadim, Sirpa Lane, Michel Duchaussoy, Mathieu Carrière, Elisabeth Wiener, Alexandre Astruc. ◆ Charlotte (Lane), giovane fotomodella di estrazione altoborghese, viene trovata uccisa. Uno scrittore, Georges Viguier (Vadim), suo primo amante, accoglie la richiesta di un playboy, Erich Von Schellenberg (Carrière), che si autoaccusa dell'omicidio: ricostruire la vita di Charlotte e farne un romanzo. Georges interroga il marito omosessuale (Duchaussoy) e tutte le persone a lei vicine, ma alla fine rinuncia a scrivere. Un giallo travestito da romanzo di costume: Vadim, sempre in vena di épater le bourgeois con i suoi attacchi di disinibito erotismo provinciale, questa volta punta sul kitsch puro e «barbaro», fingendo un reportage che in realtà è costruito con consumata retorica. Il soggetto sarebbe più che serio (il tentativo di compensare la mancanza d'affetto con il sesso senza limiti, tabù borghese la cui infrazione, però, qui si rivela abbastanza squallida: certo non solare e vitale come per Brigitte Bardot in *Piace a troppi*), ma, nonostante le intenzioni e la naturalezza della Lane, nuova musa-amante del regista, siamo al fumettone, con tutti gli ingredienti del caso.

Vita col figlio → *Incompreso*

Vita col padre *½ (*Life with Father*, Usa 1947, col, 118') Michael Curtiz. Con William Powell, Irene Dunne, Edmund Gwenn, Elizabeth Taylor, ZaSu Pitts. ◆ Bozzetti sulla vita familiare, alla fine dell'Ottocento, di un ricco e burbero banchiere newyorchese (Powell), che la moglie (Dunne) vuole convincere a farsi battezzare. La battuta finale («I'm going to be baptized, damn it», «Mi farò battezzare, dannazione») venne soppressa dalla censura. La regia di Curtiz è poco ispirata, e tradisce l'origine teatrale. La quindicenne Taylor era abbonata al personaggio della figlia modello.

Vita comincia per Andy Hardy, La ** (*Life Begins for Andy Hardy*, Usa 1941, b/n, 100') George B. Seitz. Con Mickey Rooney, Lewis Stone, Fay Holden, Ann Rutherford, Sara Haden, Judy Garland, Patricia Dane, Ray McDonald. ◆ Andy (Rooney) va a lavorare a New York prima di partire per il college. Undicesima avventura di Andy Hardy, insolitamente realistica e cinica: la migliore della serie. La Garland si esibiva in una canzone, ma la sequenza fu tagliata al montaggio.

Vita coniugale ** (*Vie conjugale: Jean-Marc*, Francia/Italia 1964, b/n, 115') André Cayatte. Con Jacques Charrier, Marie-José Nat, Macha Méril, Georges Rivière, Michèle Girardon, Jacques Monod. ◆ Storia di un fallimento coniugale visto dalla parte di lui (Charrier), che accusa la moglie (Nat) di essere un'infedele (quando vivevano in provincia avevano dovuto trasferirsi a Parigi per non dare scandalo) e troppo avida di guadagni (non capisce le resistenze morali del marito, che non accetta di lavorare per un avvocato famoso ma disonesto, e trascura la famiglia per la sua attività di pubblicitario). Realizzato insieme a *Nel bene e nel male*, che narra la medesima storia dal punto di vista di lei: un insolito tentativo di raccontare le diverse facce di una stessa situazione, che però non sa sempre evitare luoghi comuni e banalità melodrammatiche. Il violinista è interpretato da Stéphane Grappelli.

Vita corre sul filo, La ** (*Slender Thread*, Usa 1965, b/n, 98') Sydney Pollack. Con Sidney Poitier, Anne Bancroft, Telly Savalas, Steven Hill, Edward Asner, Dabney Coleman. ◆ Uno studente di psicologia (Poitier) che risponde al telefono amico salva una donna (Bancroft) che si è imbottita di sonniferi. Psicodramma con lieto fine obbligatorio e troppi flashback. Un po' invecchiato, ma per Pollack un esordio promettente. La sceneggiatura di Stirling Silliphant è ispirata a un articolo di *Life*. Musica di Quincy Jones.

Vita da bohème *** (*Scènes de la vie de Bohème*, Francia/Finlandia/Rft/Svezia 1992, b/n, 100') Aki Kaurismäki. Con Matti Pellonpää, André Wilms, Kari Vaananen, Evelyne Didi, Jean- Pierre Léaud, Christine Murillo. ◆ In una Parigi senza tempo, città di emarginati e di transfughi, si incrociano i destini del pittore albanese Rodolfo (Pellonpää), dello scrittore francese Marcello (Wilms) e del musicista irlandese Schaunard (Vaananen). Tra miseria, disavventure, discussioni elevate, incontri casuali, una tranche de vie bohémienne, romantica e improduttiva. Fino alla morte di Mimì (Didi). Direttamente ispirato al romanzo di Henri Murger senza la mediazione di Puccini (non c'è neanche un'aria tratta dalla *Bohème*), un melodramma poetico ma volutamente raggelato e surreale, ben sottolineato dalla fotografia di Timo Salminen. Pieno di citazioni, dai Lumière a Pierre-August Renoir, da Tristan Tzara a Ho Chi Minh, e con due comparse d'eccezione: Louis Malle, il cliente generoso al ristorante, e Samuel Fuller, l'editore venale. Quando Rodolfo ruba i fiori per Mimì al cimitero di Montmartre, la tomba è quella di Murger.

Vita da cani ** (Italia 1950, b/n, 90') Steno [Stefano Vanzina], Mario Monicelli. Con Aldo Fabrizi, Gina Lollobrigida, Delia Scala, Marcello Mastroianni, Tamara Lees, Tino Scotti. ◆ Nella piccola compagnia di varietà del cavalier Martoni (Fabrizi) le due soubrette Margherita (Lollobrigida) e Franca (Lees) devono decidere se andarsene: la prima per un ingaggio più importante, la seconda per un matrimonio allettante. Andrà bene solo a una. Comincia a comparire il tono amarognolo che diverrà una costante monicelliana: e la descrizione delle miserie dei guitti ha tratti non banali.

Vita davanti a sé, La ** (*La Vie devant soi*, Francia 1977, col, 100') Moshe Mizrahi. Con Simone Signoret, Samy Ben Youb, Claude Dauphin, Gabriel Jabour. ◆ Un'ex prostituta ebrea (Signoret), scampata ai lager, fa da mamma ai figli delle sue colleghe nella multietnica periferia parigina. Muore assistita da uno di loro (Ben Youb). L'amicizia tra l'anziana donna e il quattordicenne è resa con sensibilità, ma il film, per quanto sincero e toccante, non sempre evita i luoghi comuni. Dal romanzo di Emile Ajar, vincitore del premio Goncourt. Oscar come miglior film straniero.

Vita del dottor Pasteur, La **½ (*The Story of Louis Pasteur*, Usa 1936, b/n, 85') William Dieterle. Con Paul Muni, Josephine Hutchinson, Anita Louise, Donald Woods, Porter Hall, Akim Tamiroff. ◆ Diffidato dai medici parigini, Pasteur (Muni) si ritira in campagna a proseguire le sue ricerche, e riesce a isolare il germe del carbonchio; ma sarà solo quando proverà sull'uomo la validità del vaccino antirabbico che otterrà i meritati riconoscimenti. Dieterle riuscì a trasformare una «storia di microbi» (così era stata definita con disprezzo durante la produzione) in uno spettacolo appassionante, che equilibra con accortezza esigenze didascaliche e suspense, e cela una perorazione alla libertà intellettuale, attuale negli anni in cui il nazismo si consolidava. Due Oscar: miglior attore e sceneggiatura (Pierre Collings, Sheridan Gibney). Dopo questo film Dieterle divenne uno specialista del genere biografico (*L'angelo bianco*, *Emilio Zola*, *Il conquistatore del Messico*, *La vita di Giulio Reuter*).

Vita di campagna ** (*Country Life*, Australia 1994, col, 114') Michael Blakemore. Con Sam Neill, Greta Scacchi, John Hargreaves, Kerry Fox, Michael Blakemore, Patricia Kennedy. ◆ Australia, fine anni Dieci: Jack Dickens (Hargreaves) si dedica all'amministrazione della tenuta del padre, dove vivono la madre e la nipote Sally (Fox), figlia della defunta sorella, invano innamorata del dottor Askey (Neill). Jack mantiene anche il padre di Sally (Blakemore, anche autore della sceneggiatura), critico letterario a Londra, che un giorno si presenta con la nuova moglie, Deborah (Scacchi): sia Jack che il dottor Askey perdono la testa per lei. Trasposizione australiana dello *Zio Vanja* di Čechov, sceneggiato dal regista: c'è un'accuratezza alla Ivory, ma gli antipodi sono più vivaci e ruspanti della vecchia Inghilterra, soprattutto all'indomani della prima guerra mondiale.

Vita di cristallo ** (*The Waterdance*, Usa 1991, col, 102') Neal Jimenez e Michael Steinberg. Con Eric Stoltz, Wesley Snipes, William Forsythe, Helen Hunt, Elizabeth Peña, Grace Zabriskie. ◆ Lo scrittore Joel Garcia (Stoltz), costretto su una sedia a rotelle, cerca di trovare la forza per vivere, confrontandosi con la titubante fidanzata Anne (Hunt) e due colleghi d'ospedale quanto mai diversi, il nero cialtrone Richard (Snipes) e il bianco fascistoide Bloss (Forsythe). Classica parabola sulla solidarietà nella disgrazia che vince le barriere di razza e di classe, con qualche durezza in più di quanto si sarebbe consentito in passato (vedi i cenni sui problemi sessuali dei paraplegici) e un prevedibile buonismo corretto da un'amarezza di fondo. Attenta la direzione degli attori. Scritto da Jimenez.

Vita difficile, Una **** (Italia 1961, b/n, 118') Dino Risi. Con Alberto Sordi, Lea Massari, Franco Fabrizi, Lina Volonghi, Claudio Gora, Antonio Centa, Franco Scandurra, Mino Doro, Daniele Vargas. ◆ Partigiano e poi collaboratore del giornale di sinistra *Il lavoratore*, Silvio Magnozzi (Sordi) cerca di mantenere anche nella vita la sua coerenza politica: così finisce in miseria, va in carcere e alla fine è lasciato anche dalla moglie Elena (Massari). Dopo aver tentato invano di pubblicare un romanzo autobiografico (*Una vita difficile*) accetta di fare il segretario all'uomo che anni prima aveva denunciato come esportatore di capitali (Gora) e riconquista la moglie, ma quando il suo principale lo vuole umiliare davanti a tutti, Magnozzi gli dà uno schiaffo che lo fa cadere in piscina e torna al fianco di Elena ad affrontare (con intransigenza?) il futuro. Straordinario affresco dell'Italia del dopoguerra e della sua democrazia, dagli entusiasmi della ricostruzione alla rapida involuzione, di cui «sottolinea con vigore il clima di opportunismo politico, di stagnazione intellettuale e di lassismo morale che si è instaurato a pochi anni di distanza dalla Liberazione». Sceneggiato da Rodolfo Sonego (qui in uno dei punti più alti della sua carriera), il film registra il processo di disillusione che si sta impadronendo della società italiana e lo fa con una grande abilità narrativa, in perfetto equilibrio tra ambizioni sociologiche, gravità ideologica, humour, ironia e amarezza. Davvero eccezionale la prova di Alberto Sordi, eroe positivo ma raccontato vistosamente in chiave grottesca, in modo da far decantare l'inevitabile retorica che poteva accompagnarsi con questo tipo di personaggi. Irresistibile la cena dai monarchici la notte del referendum per la repubblica e indimenticabile la scena in cui sputa sulle auto di lusso. Edith Peters, Silvana Mangano, Vittorio Gassman, Renato Tagliani e Alessandro Blasetti appaiono nella parte di loro stessi. Praticamente rifatto da Scola moltiplicato per tre in *C'eravamo tanto amati*.

Vita di Gauguin, La *½ (*Wolf at the Door*, Danimarca/Francia 1987, col, 102') Henning Carlsen. Con Donald Sutherland, Max von Sydow, Valerie Morea, Fanny Bastin, Sofie Grabol. ◆ Uno scorcio della vita di Gauguin (Sutherland), tra il ritorno in Francia da Tahiti e la partenza definitiva. Mogli, figli, modelle, problemi finanziari, incontri con uomini illustri (von Sydow nella parte di Strindberg): un convenzionale ritratto dell'artista anarchico, genio e sregolatezza, nello stile luccicante ma anonimo delle coproduzioni (il film, non a caso, è stato girato in inglese). L'interpretazione di Sutherland, comunque, è godibile.

Vita di Giulio Reuter, La – Messaggio tragico ** (*A Dispatch From Reuter's*, Usa 1940, b/n, 89') William Dieterle. Con Edward G. Robinson, Edna Best, Eddie Albert, Albert Basserman, Otto Kruger. ◆ Biografia dell'uomo (Robinson) che fondò un'agenzia telegrafica internazionale usando, all'inizio, dei piccioni viaggiatori, e salvando così molte vite umane. Il mito del self made man in una delle numerose biografie girate da Dieterle: il professionismo sopperisce all'ispirazione non eccelsa.

Vita di O-Haru, donna galante **** (*Saikaku ichidai onna*, Giappone 1952, b/n, 148') Kenji Mizoguchi. Con Kinuyo Tanaka, Toshiro Mifune, Masao Shimizu, Ichiro Sugai, Tsukue Matsuura, Kiyoto Tsuji. ◆ Nel XVII secolo, un'anziana prostituta (Tanaka) rievoca la sua vita infelice iniziata quando, giovane nobile, si concede a un uomo di estrazione inferiore (Mifune) e viene considerata alla stregua di una prostituta. Costretta a dare un discendente a un signore la cui moglie è sterile, non può mai vedere suo figlio ed è obbligata a subire le voglie degli uomini (che la ricattano per il suo passato) e le invidie delle donne: sarà umiliata per tutta la vita e dopo aver finalmente visto il proprio figlio, finirà i suoi giorni dedicandosi alla religione. Presentato al festival di Venezia nel 1952 (dove ricevette il «premio internazionale»), questo film rivelò al mondo occidentale il valore del cinema giapponese e la statura di Mizoguchi. Tratto da un romanzo di Saikaku Ihara (e sceneggiato da Yoshikata Yoda), racconta la vita di una «donna galante», condannata a essere vittima dell'egoismo sociale e destinata a sperimentare sulla propria pelle l'esperienza estrema della tragedia. Condannata dalla fatalità (i suoi momenti di cedimento sono sempre scoperti) ma anche da un'organizzazione che si basa sulla soggezione della donna, la vita di O-Haru è un susseguirsi di schiavitù imposte dall'altro sesso, visto sotto i diversi aspetti del padre, del signore, del padrone, dell'amante, del marito, del figlio o del semplice cliente della casa da tè. Costretta a rimandare sempre il sogno di una vita finalmente realizzata (accanto a un uomo prima, e vicino al figlio poi), O-Haru diventa una specie di sintesi dell'eroina mizoguchiana, calpestata ma non spenta, che il regista mostra quasi invariata nei diversi stati della sua vita, come a sottolineare l'immutabilità di una situazione e la «condanna di un destino dove ogni momento riflette la totalità delle sue disgrazie». Questa interscambiabilità è accentuata ancora di più dallo stile contemplativo di Mizoguchi, implacabile nella sua crudele lucidità, e da una messinscena dominata dai piani sequenza, dove per contrasto le carrellate che accompagnano l'unico momento in cui O-Haru può vedere suo figlio «raggiungono un'intensità emotiva lancinante».

Vita di una commessa viaggiatrice *½ (*The First Travelling Saleslady*, Usa 1956, col, 92') Arthur Lubin. Con Ginger Rogers, Barry Nelson, Carol Channing, David Brian. ◆ Nel West, una venditrice (Rogers) di filo spinato rifiuta la corte di un ricco allevatore, preferendo impalmare un pioniere dell'automobile. Commedia col fiato corto e di taglio familiare. Clint Eastwood (ventiseienne) ha una piccola parte.

Vita di un gangster **½ (*I, Mobster*, Usa 1958, b/n, 80') Roger Corman. Con Steve Cochran, Lita Milan, Robert Strauss, Celia Lovsky. ◆ Poco prima di essere ucciso, un gangster (Cochran) racconta ai federali la sua carriera nella malavita, da galoppino a boss. Alcuni critici, di recente, l'hanno paragonato a *Quei bravi ragazzi* per la struttura e la rapidità narrativa, che darebbe addirittura dei punti a Scorsese. Ma la morale di fondo è molto più convenzionale: il gangster conosce il rimorso e accetta la morte come punizione. Corman, a ragione, considera più riuscito *La legge del mitra*, che aveva girato poco prima. Ammirevole, come sempre, la fotografia di Floyd Crosby.

Vita di un onest'uomo, La *** (*La Vie d'un honnete homme*, Francia 1953, b/n, 100') Sacha Guitry. Con Michel Simon, Marguerite Pierry, Pauline Carton, Lana Marconi, François Guérin, Laurence Badie, Louis de Funès, Claude Gensac, André Brunot, Marcel Pérès, Max Déjean. ◆ Approfittando dell'improvvisa morte del fratello gemello Alain (Simon), che dopo una vita non proprio irreprensibile era tornato a chiedergli aiuto, Albert Ménard-Lacoste (sempre Simon) decide di cambiare identità e prendere quella del defunto, non dopo aver aggiunto un codicillo al testamento: tutte le ricchezze di Albert andranno ad Alain, che dovrà stabilire quanto lasciare alla vedova (Pierry) e ai due figli (Guérin e Badie). Ma quando si accorge che la donna è disposta a dimenticarlo in fretta pér «corrompere» quello che lei crede Alain, preferisce sparire nella notte. Matura e disillusa riflessione sull'onestà degli uomini, specie di ideale controcanto (sceneggiato da Guitry) al *Romanzo di un baro* di ventisette anni prima. La profondità dei dialoghi, la perfezione del ritmo, l'eccellenza dell'interpretazione (Simon offre qui il suo vero canto del cigno) fanno di questo film un piccolo gioiellino, attraversato da una delle più feroci e amare dichiarazioni di sfiducia nelle qualità morali dell'umanità: in qualche modo torna il medesimo stato d'animo che informa *Ho ucciso mia moglie*, ma qui la critica è, se possibile, ancora più radicale perché i personaggi non sono dei «mostri» come nel film del 1951, ma dei «normali borghesi». Imperdibili, come sempre, i titoli di testa dove Guitry presenta personalmente tecnici e attori del film che sta per iniziare.

Vita di Vernon e Irene Castle, La *½ (*The Story of Vernon & Irene Castle*, Usa 1939, b/n, 93') Henry C. Potter. Con Fred Astaire, Ginger Rogers, Edna May Oliver, Walter Brennan. ◆ L'ultimo dei musical girati dalla coppia Astaire-Rogers per la Rko. È la biografia di un duo di ballerini all'inizio del secolo: lui si arruolerà in aviazione e morirà durante la prima guerra mondiale. Le coreografie sono sempre buone, ma il ritmo è fiacco e tutto ha l'aria di routine.

Vita è bella, La ** (Italia 1943, b/n, 76') Carlo Ludovico Bragaglia. Con Alberto Rabagliati, Virgilio Riento, Anna Magnani, Maria Mercader, Gualtiero Tumiati, Arturo Bragaglia, Carlo Campanini. ◆ Un conte sul lastrico (Rabagliati) accetta di fare da cavia per un siero misterioso, ma nei dieci giorni che lo separano dall'esperimento l'amicizia con un vagabondo (Riento) e l'amore per l'altera Nadina (Mercader) gli fanno tornare la voglia di vivere: per fortuna il siero nasconderà una sorpresa. Scritta dallo stesso Bragaglia (con la collaborazione non accreditata di Aldo De Benedetti), è una svampita commedia degli equivoci, perfetta per distrarre una nazione in guerra: Rabagliati non perde occasione per sfoderare la sua ugola (oltre alla canzone che dà il titolo al film, canta *Per te...* e accenna persino *È primavera*) e la Magnani e Campanini si scatenano in una serie di duetti comici (uno, irresistibile, su un'aria dell'*Aida*) da antologia.

Vita è bella, La *½ (*Žizn' prekrazan*, Urss/Italia 1979, col, 95') Grigorij Čuchraj. Con Giancarlo Giannini, Ornella Muti, Stefano Madia, Enzo Fiermonte.

◆ In un paese dittatoriale, un ignaro tassista (Giannini) viene sospettato di aiutare i cospiratori – i quali, a loro volta, credono che lui sia una spia. Fuggirà con la sua bella (Muti), rivelatasi una cospiratrice, su un aereo dipinto di rosa. Modesta commediola, fiabesca più che satirica, girata in Italia dal regista della *Ballata di un soldato*, e passata – non a torto – inosservata.

Vita è bella, La *** (Italia 1997, col, 120' poi ridotti a 111') Roberto Benigni. Con Roberto Benigni, Giorgio Cantarini, Nicoletta Braschi, Giustino Durano, Bustric [Sergio Bini], Marisa Paredes, Horst Buchholz, Giuliana Lojodice, Amerigo Fontani, Raffaella Lebboroni, Andrea Nardi, Gina Rovere. ◆ L'ebreo Guido Orefice (Benigni) ne inventa di tutte per conquistare la maestra Dora (Braschi): ma loro felicità dura poco perché vengono entrambi spediti in un campo di concentramento col figlioletto Giosué (Cantarini), al quale il padre fa credere di star partecipando a un complicato gioco a punti. Se la messa in scena di Benigni resta elementare e approssimativa, colpisce nel segno la scelta (sua e del cosceneggiatore Vincenzo Cerami) di raccontare un tema «indicibile» come la negazione della vita umana nei campi di concentramento ribadendone proprio l'«indicibilità»: dal momento che nessuna logica potrebbe spiegare a un bambino finito in un lager ciò che sta vivendo, allora è meglio inventarsi uno strano gioco collettivo. In tal modo evita le trappole del patetismo, sottolinea per contrasto la follia dello sterminio e giustifica il rilassato umorismo della prima parte, necessaria introduzione allo stile del film. Sessanta miliardi al botteghino ed elogi dalla comunità ebraica, ma anche troppe banalità nei media su un problema reale e tutt'ora irrisolto (è lecito fare spettacolo sul dramma dell'Olocausto?). Per l'uscita in America, sostenuta dalla forza della Miramax, Benigni ha ridotto il film di 9' (tagliando il personaggio dell'editore, interpretato da Lydia Alfonsi) e ha aggiunto un commento fuori campo detto dal figlio ormai adulto (con la voce di Omero Antonutti), che spiega come la vicenda sia solo una favola; quindi ha scelto questa versione anche per l'homevideo italiano. Messe di premi: David di Donatello, Gran premio della giuria a Cannes e tre Oscar (miglior film straniero, miglior attore protagonista e miglior musica a Nicola Piovani). Fotografia di Tonino Delli Colli, montaggio di Simona Paggi.

Vita è meravigliosa, La **** (*It's a Wonderful Life*, Usa 1946, b/n, 129') Frank Capra. Con James Stewart, Donna Reed, Lionel Barrymore, Thomas Mitchell, Henry Travers, Gloria Grahame, Beulah Bondi, Ward Bond, Frank Faylen. ◆ L'angelo di seconda classe Clarence (Travers) si deve guadagnare le ali salvando dal suicidio il probo George Bailey (Stewart), che si trova sull'orlo della bancarotta dopo una vita di sacrificio per il prossimo. L'angelo gli mostra che inferno sarebbe diventata la sua città senza di lui, e gli fa tornare la voglia di vivere. Parabola dickensiana che cela un angosciante pessimismo di fondo: non a caso il perfido e avaro Potter (Barrymore) è lasciato impunito. Considerato a torto un prodotto della fase calante di Capra, è invece uno dei suoi film più complessi e problematici capace di fondere in modo perfetto commedia, dramma e invenzioni fantastiche e dove la visione della città «senza Bailey» non si limita a un quadro miserabilistico della vita ma ipotizza con stupefacente preveggenza il trionfo dell'inscindibile accoppiata denaro & sesso. Ottime, come sempre, le caratterizzazioni di contorno (tra cui la Grahame nella parte di Violet). L'idea del mondo alternativo peggiorato verrà ripresa pari pari in *Ritorno al futuro parte II*. Il racconto di Philip Van Doren Stern (elaborato da Capra, Frances Goodrich e Albert Hackett) originariamente era stato scritto come testo di una cartolina natalizia. Musica di Dimitri Tiomkin. Peggiore del solito la versione colorizzata.

Vita e nient'altro, La *** (*La Vie et rien d'autre*, Francia 1989, col, 135') Bertrand Tavernier. Con Philippe Noiret, Sabine Azéma, Pascal Vignal, Maurice Barrier, François Perrot, Jean-Pol Dubois, Daniel Russo, Michel Duchaussoy. ◆ Nella pianura di Verdun, due anni dopo la fine della Grande Guerra, il maggiore Dellaplane (Noiret) guida le operazioni per identificare i cadaveri, mentre il collega Perrin (Perrot) deve trovare un corpo da onorare sotto l'Arco di Trionfo parigino come Milite ignoto. L'incontro con Iréne (Azéma), una ricca vedova che cerca il corpo del marito – che si scoprirà essere lo stesso fidanzato di cui cerca notizia la maestrina Alice (Vignal) – mette in crisi la vita irregimentata di Dellaplane, ma di fronte alla nascita di un sentimento, il militare preferirà ritirarsi. Raro caso di «opera pacifista senz'enfasi retorica», questo film (scritto dal regista con Jean Cosmos) rievoca un momento storico spesso passato sotto silenzio per affrontare il tema più universale di chi vede le ragioni di una vita – si tratti del marito morto o, per Dellaplane, la sua vocazione militare – ridotte a numeri e piccole meschinità (la ricerca del Milite ignoto, che deve essere «indubitabilmente francese»), dove le passioni non hanno più alcuno spazio. «Annegando» i suoi personaggi in un paesaggio che pantografa i loro sentimenti (fotografato in uno stupendo scope da Bruno De Keyzer), Tavernier trova una forza di stilizzazione che altrove gli era mancata ed evita la nostalgia con una malinconia sotterranea e contagiosa, costruita sapientemente con una messinscena «classica» fatta di una scrittura piena di finezze, di un'immagine sapientemente pittorica e di un grande senso della misura e del dettaglio.

Vita esagerata, Una ** (*A Life Less Ordinary*, Gb 1997, col, 101') Danny Boyle. Con Ewan McGregor, Cameron Diaz, Holly Hunter, Delroy Lindo, Ian Holm, Dan Hedaya, Stanley Tucci, Maury Chaykin, Tony Shalhoub. ◆ Due angeli travestiti da killer (Hunter e Lindo) devono far innamorare – pena la permanenza sulla Terra – il tenero fallito Robert (McGregor) e l'ereditiera Celine (Diaz), che si è fatta rapire da lui per prendere i soldi del padre (Holm). La sceneggiatura di John Hodge si perde subito per strada, e resta un variopinto *cartoon* pompato da musica trip-hop, troppo calcolato nella sua bizzarria e nel suo romanticismo parodico che guarda alla vecchia Hollywood. Il team di *Trainspotting* (ci sono anche il produttore Andrew Macdonald e il direttore della fotografia Brian Tufano), in trasferta americana, cercava qualcosa di nuovo, e c'è riuscito a metà.

Vita è un lungo fiume tranquillo, La *½ (*La Vie est un long fleuve tranquille*, Francia 1988, col, 90') Etienne Chatiliez. Con Benoît Magimel, Valérie Lalande, Tara Romer, Daniel Gélin, Emanuel Cendrier. ◆ Dopo dodici anni i ricchi Le Quesnoy e i proletari Groseille scoprono che i rispettivi marmocchi erano stati scambiati in sala parto. I proletari sono ben contenti di lasciare Bernadette (Lalande) ai genitori adottivi per 12 mila franchi, ma è lei a non riconoscersi più nella famiglia ricca. Momo (Magimel), cresciuto in un ambiente chiassoso e volgare, non sa invece chi scegliere. Le pretese di satira sociale si diluiscono in una commedia che, dopo mezz'ora, non ha già più carte da giocare, e finisce a coda di pesce. Il pubblico transalpino è stato entusiasta: ma il film è solo la trovata di un ex pubblicitario furbetto.

Vita è un romanzo, La ** (*La Vie est un roman*, Francia 1983, col, 110') Alain Resnais. Con Ruggero Raimondi, Fanny Ardant, Vittorio Gassman, Geraldine Chaplin, Sabine Azéma, Pierre Arditi. ◆ Tre racconti intrecciati, che hanno per teatro un castello liberty. Nel 1914 un ricco eccentrico (Raimondi) costruisce un «tempio della felicità», ma l'esperimento di donare ai suoi amici l'oblio, per poter ricominciare una nuova vita, finisce tragicamente. Molti anni dopo il castello è sede di un caotico convegno sull'«immaginazione dell'educazione». I relatori sistemano i propri guai sentimentali e parlano a vanvera, mentre i loro figli inventano una favola con dragoni e cavalieri cui prendono materialmente parte. Resnais mette troppa carne al fuoco (i dibattiti pedagogici, gli intermezzi cantati) e mira a sconcertare lo spettatore. Il gioco di incastro tra i vari livelli di realtà è congegnato abilmente (la sceneggiatura è di Jean Grualt), ma la tesi di fondo – è impossibile progettare la felicità – è banale. Raimondi, il protagonista del *Don Giovanni* di Losey, non canta; Sabine Azéma sì. L'ambientazione medioevale così come i costumi della favola inventata dai figli (e il manifesto del film) sono disegnati da Enki Bilal.

Vita è un sogno, La **½ (*Dazed and Confused*, Usa 1993, col, 102') Richard Linklater. Con Jason London, Joey Lauren Adams, Wiley Wiggins, Milla Jovovich, Christine Hinojosa, Michelle Burke, Shawn Andrews, Rory Cochrane, Adam Goldberg. ◆ 1976, ultimo giorno di scuola in un liceo americano: gli studenti senior terrorizzano le matricole appena iscritte. Tra i ragazzi è Mitch (Wiggins) il più vessato, tra le ragazze è Sabrina (Hinojosa), ma entrambi vengono «adottati» da due studenti più grandi, Pink (London), che ha problemi con l'allenatore di baseball per la sua vita sregolata, e Jodie (Burke), intraprendente sorella di Mitch. Una doppia iniziazione che si protrae fino al mattino seguente, tra spinelli, party rimandati, risse e amori in evoluzione. Quasi un remake di *American Graffiti* con un tocco alla *Animal House*, ma senza la nostalgia di Lucas per la presunta età dell'innocenza («Se cominciassi a pensare a questi come i migliori giorni della mia vita, ricordami di suicidarmi», dice Pink) né il gusto di Landis e Belushi per una goliardia carica di sovversione: Linklater rifiuta di rendere romantica la crudeltà di questi adolescenti anni Settanta, metà filosofi e metà caporali, che sono certamente «dazed and confused» storditi e confusi, come dice una canzone dei Led Zeppelin, ma anche incapaci di sottrarsi a una tradizione scolastica di rituali umilianti e privi di senso. Una delle poche commedie americane che rappresenta i teen-ager in modo credibile, evitando cliché di genere e vezzi d'autore (la macchina da presa non si fa mai trasportare dagli umori dei personaggi, ma partecipa a distanza). Esordio di Renée Zellweger.

Vita futura, La – Nel 2000 guerra o pace ** (*Things to Come*, Gb 1936, b/n, 92') William Cameron Menzies. Con Raymond Massey, Cedric Hardwicke, Ralph Richardson, Ann Todd, Maurice Braddell. ◆ Cent'anni di storia futura dal 1940 al 2040: dopo un conflitto che ha distrutto il mondo, la società umana viene ricostruita su nuove basi. Ma la perfezione non è di questa Terra, e serpeggia la rivolta. La conquista della Luna servirà come valvola di sfogo. Primo film di uno dei massimi scenografi di Hollywood, sceneggiato da H.G. Wells e ispirato a *Metropolis* per lo stile visivo. E proprio l'ammirevole – ma ingenua – ricostruzione scenografica della perfetta società futura è la cosa che resiste meglio al tempo, perché la sceneggiatura di Wells oggi «ci appare puerile, soprattutto il sogno della tecnocrazia efficiente, illuminata, perfetta e al di sopra dei conflitti sociali». Profetico (e iettatorio), Menzies mise in scena anche un attacco aereo contro Londra, che allora sembrava pura fantasia. Arbitrario seguito del *Pianeta ribelle*. La versione originale dura 113'.

Vita indipendente, Una ** (*Samostojatelnaja žizn*, Russia/Francia 1991, col, 97') Vitali Kanevskij. Con Pavel Nazarov, Dinara Drukarova, Tosihiro Vatanabe, Elena Popova, Liana Jvania. ◆ Per uscire dal mondo della sua infanzia, Valerka (Nazarov) si trasferisce a Nikolajevsk, dove spera di trovare una zia che non ha mai conosciuto. Trova invece lavoro nei cantieri navali, e quando la sua amica Valka (Drukarova) lo raggiungerà, dovrà ammettere che il ragazzino che conosceva è diventato adulto. Kanevskij riprende il protagonista del suo precedente *Sta' fermo, muori e risuscita* e lo guida in una nuova odissea esistenziale attraverso un mondo che, come il villaggio-gulag del film d'esordio, è abitato solo «dall'assoluta disperazione sui destini dell'Uomo e della Storia». Anche qui il mondo che accoglie Valerka è fatto di fango e di rifiuti ma in questa opera seconda prevale lo spirito esibizionistico di chi vuole a tutti i costi stupire per forza, «caricando ogni sequenza di un disagio davvero insostenibile» e finendo per chiudersi (come nell'ultima scena) in un simbolismo inutilmente difficile da decifrare.

Vita in gioco, La *½ (Italia 1976, col, 102') Gianfranco Mingozzi. Con Mimsy Farmer, Giulio Brogi, William Berger, Paolo Turco. ◆ Tragedia che si svolge nell'arco di tre giorni, ritmata secondo i tempi di una sonata. Ne sono protagonisti vari esponenti della fauna postsessantottina: un regista televisivo in crisi (Brogi), la moglie depressa (Farmer), un giovane rivoluzionario (Turco), un professore omosessuale (Berger). Non tutte le seduzioni riescono, e a qualcuno crollano i nervi. Elogiato per la sua vena spontanea e per le buone interpretazioni, anche se verboso e datato. Distribuito quattro anni dopo la sua realizzazione; a Cannes, nel 1972, si intitolava *Morire a Roma*.

Vita in gioco, La (di Stanley Kramer) → *Il principio del domino: la vita in gioco*

Vita inquieta *½ (*The Girl Who Had Everything*, Usa 1953, b/n, 69') Richard Thorpe. Con Elizabeth Taylor, Fernando Lamas, William Powell, Gig Young, James Whitmore, Robert Burton, William Walker. ◆ La figlia viziata (Taylor) di un avvocato (Powell) si innamora di un allibratore clandestino (Lamas) da lui difeso, ma ne provoca la rovina e, successivamente, la morte. Melodramma di ordinaria amministrazione con un cast di lusso, irritante nel suo consolatorio moralismo finale. Sceneggiatura di Art Cohn a partire dal romanzo autobiografico di Adela Rogers St. John, già all'origine di *Io amo* (1931) di Clarence Brown.

Vita in rosso, La ° (*Ligne de vie*, Francia/Russia 1996, col, 96') Pavel Lungin. Con Vincent Perez, Tatiana Mecherkina, Armen Djigarkhanian, Sergej Stepanchenko, Aleksander Baluev. ◆ A Mosca un musicista francese (Perez) viene rapito da una banda di mafiosi pazzi perché reciti la parte di un uomo d'affari a Samarcanda, dove deve vendere una fabbrica fantasma a un ricco nomade. Con sprezzo del ridicolo, Perez rischia di venir decapitato e sodomizzato e finisce in abiti femminili in questa tarantinata alla russa, nella quale il regista di *Taxi Blues* si dimostra non più capace di narrare il caos del suo Paese e si adagia negli stereotipi e nel grottesco: ma il tono gridato non convince mai. Scritto dal regista con Vincent Lambert. Indecente il doppiaggio, in cui ovviamente tutti parlano italiano e si perde lo spaesamento del protagonista.

Vita, l'amore, la morte, La ** (*La Vie, l'amour, la mort*, Francia/Italia 1969, col, 113') Claude Lelouch. Con Amidou, Caroline Cellier, Marcel Bozzufi, Javine Magnan. ◆ Un operaio (Amidou) ha ucciso tre prostitute in un raptus di follia; ora ha trovato il suo equilibrio psichico a fianco di una donna: ma viene scoperto, condannato e ghigliottinato. Atto d'accusa contro la pena di morte, con cui Lelouch volle dimostrare di saper trattare temi impegnati. La sequenza finale dell'esecuzione, girata in bianco e nero in un carcere autentico (e con alcuni dei veri addetti alla ghigliottina), è terrificante. Ma il film è diseguale e in parte ambiguo.

Vital Signs – Un anno una vita *½ (*Vital Signs*, Usa 1990, col, 103') Marisa Silver. Con Adrian Pasdar, Diane Lane, Jimmy Smits, Norma Aleandro, Laura San Giacomo, Lisa Jane Persky. ◆ Una scuola di medicina con tutti gli ingredienti d'obbligo: rivalità, flirt, prime prove importanti, risate e lacrime. Meno farsesco di altri film analoghi, ma pieno di luoghi comuni.

Vita non basta, Una *½ (*Itineraire d'un enfant gâté*, Francia 1988, col, 126') Claude Lelouch. Con Jean-Paul Belmondo, Richard Anconina, Marie Sofie L., Lio, Daniel Gelin, Béatrice Agenin. ◆ Un ex acrobata (Belmondo), divenuto leader di una multinazionale, decide di sparire, dandosi per morto. Ma un suo dipendente (Anconina) lo riconosce, e lo aiuta a risollevare le sorti del suo impero. Alla fine andrà comunque a vivere in Africa tra gli animali. Moderno feuilleton con travestimenti, colpi di scena e riflessioni sulla vita (parola che sembra obbligatoria nei titoli dei film di Lelouch). Grande successo in Francia grazie a Bebel (con barba bianca), ignorato da noi.

Vita, per un'altra volta, La *½ (Italia 1999, col, 100') Domenico Astuti. Con Arturo Paglia, Jo Champa, Victor Cavallo, Angela Luce, Carlo Croccolo, Francesco Domenidò, Enrico Salimbeni, Anna Sozzani. ◆ Con una famiglia allo sfascio, una fidanzata tossica (Champa) e nessun amico, il ventenne Marcello (Paglia), che lavora in un bagno pubblico, sogna di andare al Costanzo show per battere il record di apnea, finché dà fuori di matto. Scritto dal regista con Giuseppe Furno, tra maniera del pulp e cattiveria genuina, compiacimenti letterari e disperazione vera. Troppe ingenuità e vezzi formali: peccato, ché lo sguardo del regista a volte sa essere acuto e «interno», nel ritratto sconsolato sia delle generazioni più vecchie che hanno fallito (bravi gli attori) sia di quelle giovani e senza futuro.

Vita per vita – Maximilian Kolbe ** (*Życie za życie – Maksymilian Kolbe*, Polonia/Germania/Francia 1991, col, 92') Krzysztof Zanussi. Con Edward Zentara, Christoph Waltz, Artur Barciś, Joachim Król, Jerzy Stuhr. ◆ Auschwitz, 1941: il prigioniero Jan (Waltz) fugge dal campo, la Gestapo ordina una rappresaglia e il francescano padre Kolbe (Zentara) si offre in cambio di uno dei condannati. Zanussi cerca di evitare l'agiografia, ricostruendo la vicenda con un mosaico di flashback da diverse prospettive e privilegiando il punto di vista del sopravvissuto Jan, tormentato dal senso di colpa ma anche ostinatamente scettico nei confronti dell'eroismo del frate. Onesta eurocoproduzione televisiva: qualche cedimento retorico nel finale c'è (dopo tutto Wojtyła ha canonizzato Kolbe nell'82), ma è bilanciato dal tono secco, austero ma non punitivo, e dalla musica per niente enfatica di Wojciech Kilar.

Vita privata ** (*Vie privée*, Francia/Italia 1961, col, 90') Louis Malle. Con Brigitte Bardot, Marcello Mastroianni, Ursula Kubler, Eleonora Hirt, Gregor von Rezzori. ◆ Una ragazza ginevrina (Bardot) trova la fortuna a Parigi: prima cover girl, poi star del cinema sexy. Una crisi di coscienza le fa meditare il ritiro. Morirà a Spoleto nel modo più stupido, per colpa dei paparazzi. Celebrazione del mito della Bardot nel momento del suo maggior splendore, che termina – nella scena del funerale – con un'apoteosi da dea pagana. Brillante, superficiale e, a volte, molto stupido: la sceneggiatura è di Malle e Jean-Paul Rappeneau. La prima parte, ritmata dai flash dei fotografi, è la più originale anche narrativamente. Musiche di Fiorenzo Carpi. La versione italiana dura quasi un quarto d'ora in meno che l'originale (103').

Vita privata di Henry Orient, La *½ (*The World of Henry Orient*, Usa 1964, col, 106') George Roy Hill.

Con Peter Sellers, Tippie Walker, Merrie Spaeth, Paula Prentiss, Angela Lansbury. ◆ Due ragazzine (Walker e Spaeth) rendono impossibile la vita di un pianista (Sellers) da loro idolatrato, arrivando a rovinargli la carriera. Il controllatissimo Sellers salva una commedia che diventa presto esagerata e ripetitiva. Sceneggiatura di Nora e Nunnally Johnson, da un racconto della prima.

Vita privata di Sherlock Holmes ***½ (*The Private Life of Sherlock Holmes*, Usa/Gb 1970, col, 125') Billy Wilder. Con Robert Stephens, Colin Blakely, Irene Handl, Stanley Holloway, Christopher Lee, Geneviève Page, Clive Revill. ◆ Una donna (Page) incarica Sherlock Holmes (Stephens) di ritrovare il marito scomparso, ma in realtà è una spia tedesca che intende servirsi di lui per scoprire il nascondiglio di un sommergibile. «Desideravo far vedere Holmes vulnerabile e umano. Cade in una trappola sentimentale con una donna e non risolve il mistero»: Wilder (con il cosceneggiatore I.A.L. Diamond) smaschera le apparenze, ridimensiona il mito della razionalità, si sofferma sui lati più imbarazzanti del personaggio (uso di cocaina compreso). Ma, anziché calcare la mano sul grottesco e sulla farsa, sceglie un'ironia sottile e sottotono, venata di malinconia. Poco apprezzato all'epoca, ha conosciuto in seguito una crescente rivalutazione, com'è giusto per uno dei film più sofisticati e crudeli di un grande regista, con una splendida colonna sonora di Miklos Rosza e una mirabile scenografia di Alexandre Trauner. L'edizione originale durava tre ore e mezza, ma la produzione impose la versione tutt'ora circolante. È stato girato in Inghilterra.

Vita ricomincia, La **½ (Italia 1945, b/n, 89') Mario Mattoli. Con Alida Valli, Fosco Giachetti, Eduardo De Filippo, Nando Bruno, Aldo Silvani. ◆ 1945: dopo la prigionia un medico (Giachetti) torna a casa, a Roma. La moglie (Valli) che, per salvare il figlio, si era dovuta prostituire, uccide il suo aguzzino. Il marito se ne addossa la colpa: ma, come proclama il titolo, dopo tanti travagli si apre uno spiraglio alla speranza. All'estero il film venne messo sullo stesso livello dei capolavori di Rossellini e De Sica; Mattoli invece intendeva polemicamente opporre al neorealismo un cinema popolare, con grandi attori, che trattasse gli stessi temi con uno spirito più roseo e semplicistico. De Filippo si ritaglia la parte di un professore disoccupato («C'è la libertà, i ragazzi non vanno a scuola») e filosofeggiante. David O. Selznick ammirò tanto la Valli in questo film da volerla nel *Caso Paradine*.

Vita rubata **** (*La otra*, Messico 1946, b/n, 104') Roberto Gavaldón. Con Dolores Del Río, Augustín Irusta, Victor Junco, José Baviera, Manuel Dondé, Conchita Carracedo, Carlos Villarís, Rafael Icardo, Daniel Pastor. ◆ La povera manicure Maria (Del Río) uccide l'agiatissima gemella vedova Magdalena e prende il suo posto ma scopre che la sua vita era un inferno nelle mani di un perfido amante ricattatore (Junco), responsabile dell'omicidio del «suo» marito: l'omicidio verrà scoperto dal povero e onesto poliziotto (Irusta) al cui amore la manicure aveva voluto sfuggire. Sceneggiato (a partire da una pièce di Rian James) dallo scrittore José Revueltas e dal regista, fotografato da Alex Phillips con sontuosa insistenza su specchi che raddoppiano l'immagine di una Dolores Del Río eminentemente «doppia», il film è uno dei più bei melodrammi del cinema messicano che rivaleggia con *Lo specchio scuro* di Siodmak e lo batte sul suo stesso terreno, senza le spiegazioni della psicanalisi e «trovando il noir sull'antico terreno del feuilleton e della polemica classista». Una delle migliori interpretazioni di Dolores Del Río, rientrata trionfalmente in patria da Hollywood e, prima di Maria Felix, l'attrice più carismatica del cinema messicano. Vera scena madre, sottile e morbosa, è quella in cui la povera assassina Maria spoglia dei suoi abiti il corpo non ancora freddo della gemella Magdalena per vestirsene a sua volta.

Vita scellerata, Una *½ (Italia/Francia/Rft 1990, col, 110') Giacomo Battiato. Con Wadeck Stanczak, Pamela Villoresi, Max von Sydow, Ben Kingsley, Sophie Ward, Ennio Fantastichini, Amanda Sandrelli, Maurizio Donandoni, Lorenza Guerrieri. ◆ La vita avventurosa di Benvenuto Cellini (Stanczak): dalla corte di Clemente VII a quella di Francesco I, dalle prigioni di Castel Sant'Angelo alla fusione del *Perseo*. Versione accorciata di uno sceneggiato televisivo che, non pago di saccheggiare l'autobiografia del protagonista e le *Vite* del Vasari, infarcisce il tutto di episodi romanzeschi e aneddoti da rotocalco. Il risultato è accademico e privo del fascino del vero cinema. Franco Battiato, autore delle musiche, non è parente del regista.

Vita sessuale dei belgi, La ** (*La Vie sexuelle des belges 1950-1978*, Belgio 1994, col, 63') Jan Bucquoy. Con Jean-Henri Compère, Noé Francq, Isabelle Legros, Sophie Schneider, Pascala Binneri, Michele Shor, Dorothee Capelluto, Jacques Druaux, Sacha Jacques. ◆ Dalla campagna a Bruxelles, l'educazione sessuale di Jan Bucquoy (Francq da piccolo, Compère da adulto): il complesso di Edipo, l'omosessualità rurale, le zie compiacenti, i corsi di letteratura su Henry Miller, la rivoluzione degli anni Sessanta, le bariste esperte nel Kamasutra, il matrimonio e – infine – le bambole di gomma. Noto dissacratore nel suo paese (ha fondato un museo della mutanda e ha tentato di decapitare una statua di re Baldovino), Bucquoy cerca la strada del paradosso a tratti gustoso, ma approda a una scontata filosofia da bar. Impossibile vivere con le donne, impossibile farne a meno: e dietro c'è sempre il fantasma della mamma. Prima parte di una prevista trilogia.

Vita sognata degli angeli, La *** (*La Vie rêvée des anges*, Francia 1998, col, 113') Erick Zonca. Con Elodie Bouchez, Natacha Régnier, Grégoire Colin, Jo Prestia, Patrick Mercado, Francine Massenhave. ◆ Isa (Bouchez) è nomade, solare, attenta agli altri; Marie (Régnier) è introversa, aggressiva, fragile: s'incontrano in una fabbrica di Lille, diventano amiche, vivono insieme alla giornata; poi Isa si affeziona a una ragazzina in coma, mentre Marie si lega al ragazzo sbagliato (Colin) e va incontro al crollo. Due convincenti ritratti femminili nel profondo Nord francese, dove la lotta di classe diventa lotta per la sopravvivenza affettiva, in un'opera prima (scritta dal regista con Roger Bohbot) a tratti un po' naturalistica, ma sempre autentica e credibile. Zonca evita gli stereotipi adolescenziali e sociologici cesellando i personaggi con grande rispetto e attenzione alle sfumature psicologiche, e dimostra anche di essere un ottimo direttore di attori. La Bouchez e la Régnier, estremamente intense e misurate nella recitazione, hanno vinto la Palma d'oro a Cannes.

Vita sospesa, La ** (*Hors la vie*, Francia/Italia/Belgio 1991, col, 97') Maroun Bagdadi. Con Hippolyte Girardot, Rafic Ali Ahmad, Hussein Sbeity, Habib Hammoud. ◆ Nell'infernale Beirut degli anni Ottanta, l'odissea di un fotoreporter parigino (Girardot) rapito dagli islamici in lotta e continuamente minacciato di morte fino al giorno della liberazione. Un duro film di denuncia, costruito attorno a un personaggio per nulla eroico e a dei guerriglieri che, nell'assurdità della contesa, hanno smarrito le ragioni della lotta. Molto teso nella prima parte, un po' sfilacciato nella seconda, *La vita sospesa* ha comunque il merito di raccontare non solo il dolore dell'ostaggio (con qualche eccesso di verismo), ma anche la tragedia di un popolo prigioniero della propria logica di guerra.

Vita trionfa, La *½ (*Regain*, Francia 1937, b/n, 126') Marcel Pagnol. Con Gabriel Gabrio, Orane Demazis, Marguerite Moreno, Fernandel [Fernand Contandin], Robert Le Vigan, Henri Poupon. ◆ Degli ultimi tre abitanti di Aubignane, ne rimane in vita uno, il corpulento e selvatico Panturle (Gabrio). L'amore per Arsule (Demazis), ex compagna dell'arrotino Gédémus (Fernandel), spinge Panturle a coltivare la terra. Quando Arsule resta incinta, l'estinzione del villaggio appare fuori pericolo. Un altro film di Pagnol tratto da un romanzo di Jean Giono: ma questa volta i personaggi, più primitivi e letterari del solito, sono subordinati allo sviluppo del tema principale, il ritorno alla terra, svolto in senso romantico e pietistico, senza agganci di tipo sociale o politico, nemmeno filtrati attraverso il gioco della commedia. Un caso unico nel cinema francese e un'esperienza inconsueta, quasi estranea, sia per il regista che per Fernandel, arrotino cattivo e incosciente della sua cattiveria. Pagnol avrebbe voluto girare nel villaggio che ispirò lo scrittore (Redortiers), ma era diventato troppo selvaggio: ripiegò su una sua proprietà nei dintorni di Marsiglia (quindi a due passi dai suoi studi), guadagnando in autonomia rispetto al produttore.

Vita venduta, Una ** (Italia 1976, col, 110') Aldo Florio. Con Enrico Maria Salerno, Gerardo Amato, Rodolfo Bianchi, Germano Longo, Gabriele Tozzi, Marino Cenna, Sergio Gibello, Gianfranco Bullo, Daniele Dublino, Angela Goodwin, Imma Piro, Marino Masé. ◆ Due siciliani arruolatisi coi franchisti reagiranno in maniere opposte di fronte alla guerra: Michele (Amato), che fugge dalla povertà, si renderà conto degli orrori in cui è finito; Luigi (Salerno), cinico e vigliacco, finirà per schierarsi sempre dalla parte del più forte. Tratto dalla novella *L'antinomio* di Leonardo Sciascia (sceneggiata da Bruno Di Geronimo, Fulvio Gicca-Palli e Florio), un film civile e dolente sulla guerra di Spagna vista dalla parte dei fascisti (ma senza nascondere i massacri avvenuti anche dall'altra parte): tuttavia il contrasto tra i due protagonisti finisce per essere schematico e apertamente didascalico, e la recitazione di Salerno non sempre sa evitare un'inutile enfasi.

Vita violenta, Una ** (Italia 1962, b/n, 115') Paolo Heusch, Brunello Rondi. Con Franco Citti, Serena Vergano, Enrico Maria Salerno, Angelo Maria Santiamantini, Alfredo Leggi. ◆ Il borgataro Tommaso (Citti), nullafacente dal coltello facile e ammalato di tisi, conosce in sanatorio un sindacalista (Salerno) che gli apre gli occhi sui doveri sociali dell'individuo: morirà dopo aver salvato una donna che stava per annegare nell'Aniene. Il romanzo omonimo di Pasolini era stato un passo indietro rispetto a *Ragazzi di vita*, viziato com'era dal populismo programmatico e dal tentativo poco riuscito di venire a patti con le ragioni dell'impegno civile. Il primo film di Rondi è invece una copia minore di *Accattone*, di cui ritornano l'ambientazione e il protagonista, ma non il senso di disperazione e il lirismo. Il realismo diventa bozzetto didascalico, e non manca, alla fine, la lacrima facile.

Vite dannate *½ (*Too Young to Die*, Usa 1990, col, 92') Robert Markowitz. Con Juliette Lewis, Brad Pitt, Michael O'Keefe, Michael Tucker, Timothy McFlynn. ◆ Il giorno di Natale la quattordicenne Amanda Sue Bradley (Lewis) viene violentata dal patrigno; scacciata di casa, finisce nelle grinfie di un tipaccio (Pitt) che la fa diventare drogata e spogliarellista. E quando Amanda commette un omicidio, la colpa è solo sua o anche della società? Melodrammone per il piccolo schermo (scritto da David Hill e George Rubino) e pronto per il dibattito. L'unico interesse sono gli attori, che provano il loro repertorio prima di diventare celebri: la Lewis innocente e lolitesca, Pitt sgradevole come in *Kalifornia*.

Vite difficili ** (*Always Outnumbered*, Usa 1998, col, 110') Michael Apted. Con Laurence Fishburne, Bill Cobbs, Daniel Williams, Natalie Cole, Cicely Tyson, Bill Nunn, Isaiah Washington, Bill Duke, Laurie Metcalf. ◆ Los Angeles, South Central: l'ex detenuto Socrates Fortlow (Fishburne) vive raccogliendo lattine e si fa carico dei problemi di chi lo circonda, da un ragazzino (Williams) che ha visto uccidere un coetaneo a un vecchio amico (Cobbs) che sta morendo di cancro. Lo scrittore Walter Mosley, che ha adattato il suo romanzo *Always Outnumbered, Always Outgunned* (oltre a essere produttore con Fishburne), celebra la poetica della gente comune che ha sbagliato e continua a commettere errori, ma ritrova la sua dignità: e la bonomia bilancia l'incapacità di andare fino in fondo. Regia, comunque, su misura per un tv-movie ben confezionato (fotografia di John Bailey, musiche di Michael Franti) e ben interpretato, ma nulla più.

Vitelloni, I **** (Italia 1953, b/n, 104') Federico Fellini. Con Franco Interlenghi, Alberto Sordi, Franco Fabrizi, Leopoldo Trieste, Riccardo Fellini, Leonora Ruffo, Achille Majeroni, Paola Borboni. ◆ La vita quotidiana di cinque perditempo in una città di provincia (Rimini) che l'inverno rende ancora più desolata: Moraldo (Interlenghi), il più sensibile, e il più vicino autobiograficamente a Fellini, finirà per andarsene; il burlone Alberto (Sordi), al termine di un veglione di carnevale, capisce che dovrebbe cambiare, ma non ne ha la forza; il bello della compagnia, Franco (Fabrizi), si sposa, tenta delle scappatelle, ma finisce con l'imborghesirsi; restano le patetiche aspirazioni artistiche del cantante Riccardo (fratello di Fellini) e dello scrittore Leopoldo (Trieste), vittima delle avances di un capocomico (Majeroni). Il rimpianto del tempo perduto e lo spaccato, affettuoso e critico al tempo stesso, di un mondo stagnante, in quello che è stato giudicato da molti il film più sincero di Fellini. Felicissima la vena narrativa, anche se vi sono già chiare anticipazioni del barocchismo dei film futuri: basti pensare alla fine del carnevale, o alla tentata seduzione di Leopoldo sullo sfondo del mare in tempesta. Leone d'argento a Venezia. Sordi (come il film) venne premiato con un Nastro d'argento, ed è passato alla storia per la scena in cui si prende beffe di un gruppo di operai mattinieri con l'italico gesto dell'ombrello seguito da una pernacchia. La sceneggiatura è di Fellini, Ennio Flaiano e Tullio Pinelli.

Vite perdute * (Italia 1992, col, 112') Giorgio Castellani [Giuseppe Greco]. Con Gianni Celeste, Alfredo Libassi, Salvatore Termini, Maurizio Prollo, Filippo Genzardi, Carlo Berretta, Roberto Maffia, Gianni Corrao, Giusy Randazzo, Maria Amato. ◆ Delinquente di borgata, il palermitano Rosario (Celeste) aiuta un amico a rapire per amore una ragazza, ne massacra di botte il padre e, quando viene arrestato per un furto, la madre (Amato) si concede a un onorevole per farlo scarcerare; dopodiché la sua carriera malavitosa prosegue tra rapine, furti e morti violente. Scritto e diretto (col cognome della madre) dal figlio di Michele Greco, capomafia di Ciaculli, una sorta di remake di *Ragazzi fuori* invertito di segno (molti degli interpreti sono gli stessi): un'apologia demagogica della piccola delinquenza nella quale non si pronuncia mai la parola «mafia», i veri criminali vengono da fuori (cioé da Napoli) e le donne sono traditrici, streghe o madri dolorose. Girato in maniera elementare, con tutti gli stereotipi del poliziottesco, il film fa sfoggio di deliranti riferimenti all'iconografia cattolica: dai titoli di testa sull'immagine di una statua della Madonna con il sottofondo dei *Carmina Burana* alla preghiera del protagonista («Dì una sola parola e io sarò salvato... una tua parola passa più di quella dell'onorevole Andreotti»; e ancora: «Io ci metterei la firma a essere re dei giudei e morire crocifisso a trentatré anni... megghiu crocifisso ca sparatu»), fino a un'ultima cena a base di pane e salame con tanto di «bacio di Giuda» da parte di un presunto traditore. Il protagonista è un emulo catanese di Nino D'Angelo.

Vite rubate *½ (*Voleur de vie*, Francia 1998, col, 105') Yves Angelo. Con Sandrine Bonnaire, Emmanuelle Béart, Vahina Giocante, André Dussolier, Eric Ruf, André Marcon, Bulle Ogier, François Chattot. ◆ In una casa sulla costa bretone si consuma il complicato rapporto tra due sorelle: l'insegnante Alda (Béart), che passa da un uomo all'altro, e la schiva Olga (Bonnaire), che dedica tutte le sue forze alla diciassettenne figlia Sigga (Giocante); naturalmente nel loro passato c'è un dramma nascosto. Dal romanzo dell'islandese Steinunn Sigurdardottir (adattato dal regista con Nancy Huston), un deludente melodramma psicologico con esplicite ambizioni bergmaniane, tutto silenzi sofferti e vaghe atmosfere interiori, a cui nemmeno la Bonnaire riesce a infondere qualche palpito autentico. Chi vuole può consolarsi con alcune belle immagini della costa bretone (di Pierre Lhomme).

Vite sbagliate (di Abel Ferrara) → *Crime Story – Vite sbagliate*

Vite separate * (*Separate Lives*, Usa 1995, col, 101') David Madden. Con James Belushi, Linda Hamilton, Vera Miles, Elisabeth Moss, Drew Snyder, Mark Lindsay Chapman, Josh Taylor. ◆ Tom Beckwith (Belushi), ex poliziotto che vuole rifarsi una vita dopo il suicidio della moglie, segue all'università le lezioni di psicologia della professoressa Laura Porter (Hamilton): figurarsi se la professoressa non soffre di doppia personalità e non coinvolge l'allievo in un giallo tra assassini sadomaso. Il più scontato tra i gialli della stagione, appena al livello di una normale serie televisiva, comprese le perversioni da educanda della protagonista.

Vite sospese ** (*Shining Through*, Usa 1992, col, 132') David Seltzer. Con Melanie Griffith, Michael Douglas, Liam Neeson, Joely Richardson, John Gielgud. ◆ Sa il tedesco, è bionda e sa cucinare lo strudel: tanto basta perché, con la guerra in corso, la segretaria Linda Voss (Griffith) sia inviata come spia nella Germania nazista: dove un generale (Neeson) rischia di farle scordare l'amore per l'ufficiale dei servizi segreti (Douglas) che l'ha spedita lì. La cosa più sorprendente è che una storia del genere sia stata girata nel 1992, e col massimo della serietà. Accettate le regole del gioco, lo spettacolo comunque funziona, e ha un barlume della magia dei classici – come *Casablanca* – cui si ispira. Uno dei vecchi film di cui si vedono alcune scene è *Bufera mortale* (1940) di Frank Borzage.

Vite strozzate *½ (Italia/Francia/Belgio 1996, col, 108') Ricky Tognazzi. Con Sabrina Ferilli, Vincent Lindon, Luca Zingaretti, Ricky Memphis, Lina Sastri, Vittorio Amandola, Giuppy Izzo. ◆ Alla morte del suocero, Francesco (Lindon) si rivolge a una finanziaria per colmare i debiti di famiglia. Ma dietro l'istituto, guidato dal vecchio amico Sergio (Zingaretti), si nasconde un traffico di strozzini. Gli interessi saranno altissimi: soldi, ipoteche e una notte d'amore con la bella Miriam (Ferilli), moglie di Francesco. Simona Izzo, Ricky Tognazzi, Giuseppe Manfridi (anche attore nel ruolo di Brizzi) e Graziano Diana sviluppano un'idea del magistrato Francesco Taurisano: l'Italia ai tempi dell'usura. Film di denuncia che mostra e non dimostra: la vigoria registica è troppo aggressiva (come le musiche di Morricone); l'ambizione filmica alta; il rischio, quello di confondere etica ed estetica. E infatti il film rimane a metà: coraggioso, ma fino a un certo punto; eccessivo, ma senza guizzi; epico, ma col fiato corto. Ingombro di nepotismi (Francesco Venditti, Violante Placido, per non parlare della famiglia Tognazzi-Izzo), ma abitato dallo straordinario e mefistofelico Luca Zingaretti e dagli sguardi perversi di una splendida Lina Sastri in una inedita versione bionda.

Vite vendute ***½ (*Le Salaire de la peur*, Francia/Italia 1953, b/n, 156') Henri-Georges Clouzot. Con Yves Montand, Charles Vanel, Folco Lulli, Peter Van Eyck, Vera Clouzot. ◆ In un paese dell'America centrale quattro avanzi di galera – due parigini (Montand e Vanel), un italiano (Lulli) e un tedesco (Van Eyck) – vengono ingaggiati per trasportare con due camion un pericoloso carico di nitroglicerina. Una sorte beffarda attenderà l'unico sopravvissuto. Un ottimo esempio dello stile di Clouzot che adatta un romanzo di Georges Arnaud, «quasi la sintesi originale e positiva del neorealismo italiano e delle convenzioni della messinscena americana». Gran parte degli effetti prevedibili da un film d'avventure sono sacrificati a una cronaca asciutta e minuziosa, che riesce però a costruire una suspense difficile da imitare. Un trampolino di lancio per Montand e la miglior prova di Lulli. Jean Gabin aveva rifiutato il ruolo poi andato a Vanel, di fatto il più nero del film. Girato nella Camargue. Palma d'oro a Cannes. Ridistribuito col titolo *Il salario della paura*, che è anche il titolo del romanzo di Friedkin.

Vito e gli altri ***½ (Italia 1991, col, 85) Antonio Capuano. Con Nando Triola, Giovanni Bruno, Mario Lanti, Pina Leone, Giuseppina Fusco, Antonio Iaccarino. ◆ La storia di Vito (Triola), killer a dodici anni: il padre in galera per aver ucciso la moglie e la figlia, l'impossibile convivenza con la zia, l'inizio della parabola delinquenziale con furti, rapine e spaccio di droga, il riformatorio, il carcere e infine l'assassinio su commissione. Una cruda storia presa dalla cronaca, senza riferimenti «puramente casuali»: opera prima di uno scenografo, autore anche della sceneggiatura (premio Solinas 1988), è uno dei film italiani più interessanti degli ultimi anni, duro e sincero come raramente è capitato di vedere sui nostri schermi. Ha avuto una circolazione limitatissima nelle sale, ma forse è un bene vederlo in tv: così il confronto con i soliti servizi strappalacrime è immediato e ci convinceremo che le tragedie quotidiane si possono (e si devono) raccontare con il rispetto e l'attenzione che meritano.

Vittime di guerra *½ (*Casualties of War*, Usa 1989, col, 113') Brian De Palma. Con Michael J. Fox, Sean Penn, Thuy Thu Le, Don Harvey, John C. Reilly. ◆ Cinque soldati yankee nel Vietnam, succubi di un sergente psicopatico (Penn), rapiscono, stuprano e provocano la morte di un'innocente vietnamita. Il soldatino con la faccia da buono (Fox) assiste impotente allo scempio e, tornato alla base, li denuncia. Bene o male giustizia sarà fatta, e forse con gli anni gli incubi del soldatino (che rivive tutto in flashback) cesseranno. David Rabe (autore di *Streamers*) scrive la sceneggiatura ispirandosi a un articolo di Stephen Lang apparso su *The New Yorker*, che già aveva ispirato *I visitatori* di Kazan. De Palma vuole dimostrare di essere un regista serio, tratta la violenza con insolito pudore, ma finisce con l'essere stranamente enfatico e insincero. Alcuni, comunque, hanno gridato al capolavoro. Fox è più antipatico del sergente pazzo (Penn, nell'unica parte che gli riesce bene). Pessima la colonna sonora di Ennio Morricone.

Vittoria *½ (*Victory*, Usa 1940, b/n, 78') John Cromwell. Con Fredric March, Betty Field, Cedric Hardwicke, Jerome Cowan. ◆ Un solitario (March) su un'isola alla ricerca di pace si trova a difendere una donna da tre filibustieri. Come versione del romanzo di Joseph Conrad fa ridere; come polpettone hollywoodiano, che non ha paura dell'esotismo ricostruito in studio, si colloca nella media.

Vittoria amara ** (*Bitter Victory*, Usa/Francia 1957, b/n, 97') Nicholas Ray. Con Richard Burton, Curt Jurgens, Ruth Roman, Raymond Pellegrin, Christopher Lee. ◆ Durante la seconda guerra mondiale a due ufficiali inglesi, il codardo Brand (Jurgens) e il valoroso Leith (Burton), viene affidata una pericolosa missione al Cairo. Durante il ritorno Brand fa di tutto per eliminare l'altro, di cui è anche geloso. Ci riesce, ma non osa appuntarsi al petto la medaglia che gli viene data. La cornice bellica è un pretesto per un'indagine, non priva di enfasi, sulle debolezze umane tratta dal romanzo di René Hardy, da lui stesso sceneggiato col regista e Gavin Lambert. Malgrado le ottime interpretazioni, il film ebbe una pessima accoglienza, a parte le lodi di Jean-Luc Godard. Girato tra Tripoli e gli studi La Victorine a Nizza.

Vittoria del dottor Kildare, La ** (*Dr. Kildare's Victory*, Usa 1942, b/n, 92') W.S. Van Dyke II. Con Lew Ayres, Lionel Barrymore, Ann Ayars, Robert Sterling, Jean Rogers, Alma Kruger, Walter Kingsford, Nell Craig, Marie Blake, Frank Orth, Barry Nelson. ◆ Il dottor Kildare (Ayres) salva la carriera a un giovane collega, reo di aver soccorso un malato nella zona di influenza di un altro ospedale. Nono e ultimo film interpretato da Lew Ayres, che verrà allontanato dalla Mgm per essersi dichiarato obiettore di coscienza.

Vittorie perdute *½ (*Go Tell the Spartans*, Usa 1978, col, 114') Ted Post. Con Burt Lancaster, Craig Wasson, Jonathan Goldsmith, Marc Singer, James Hong. ◆ Vietnam 1964: una pattuglia di americani e sudvietnamiti viene massacrata nella giungla dai vietcong. L'unico superstite si interroga sulle ragioni della sporca guerra. La retorica dell'antiretorica, nel 1978, poteva sembrare abbastanza originale, ma i successivi film sul Vietnam l'hanno fatta invecchiare in fretta.

Viuuulentemente... mia * (Italia 1982, col, 105') Carlo Vanzina. Con Diego Abatantuono, Laura Antonelli, Christian De Sica, Roberto Della Casa, Sandro Ghiani, Flora Mastroianni. ◆ Un poliziotto (Abatantuono) riesce a mettere nel sacco una finanziera (Antonelli) che si crede più furba di lui, resistendo stoicamente ai suoi tentativi di seduzione. Come premio viene trasferito in Barbagia. Il lieto fine, tuttavia, è d'obbligo in questo filmetto che annacqua la vena ruspante di Abatantuono, e che infatti ebbe scarso successo.

Viva la foca → *W la foca*

Viva l'amore → *Vive l'amour*

Viva la muerte *½ (*Viva la muerte*, Francia/Tunisia

1971, col, 90′) Fernando Arrabal. Con Mahdi Chaouch, Anouk Ferjac, Nuria Espert, Ivan Enriques. ◆ La difficile infanzia di Fando (Chaouch), un bambino spagnolo, succube della madre e della zia ninfomane, il cui padre – anarchico – è stato imprigionato in seguito alla delazione della moglie. Opera prima in cui Arrabal, romanziere e commediografo spagnolo esule in Francia, mescola elementi autobiografici e omaggi a Jean Vigo. La violenza figurativa di stampo surrealista ha fatto il suo tempo, ma allora gli procurò le lodi di Buñuel e guai con la censura. I titoli di testa sono disegnati da Roland Topor.

Viva la muerte... tua *½ (Italia/Rft/Spagna 1971, col, 117′) Duccio Tessari. Con Franco Nero, Eli Wallach, Lynn Redgrave, Marilù Tolo, Eduardo Fajardo. ◆ Due banditi (Nero e Wallach), evasi di galera con l'aiuto di una giornalista da loro raggirata, si aggregano per opportunismo ai rivoltosi messicani, ma spartiranno con loro il bottino che stanno ricercando. Spaghetti-western di ordinaria amministrazione, con una coppia di protagonisti discretamente assortita: l'ex Django e il «brutto» di Sergio Leone.

Viva Las Vegas ** (*Viva Las Vegas*, Usa 1964, col, 86′) George Sidney. Con Elvis Presley, Ann-Margret, Cesare Danova, William Demarest. ◆ Un pilota d'auto (Presley) va nella capitale del gioco d'azzardo in cerca di soldi per partecipare a una corsa. Troverà l'amore. La miglior commedia di Presley, grazie al ritmo della regia di Sidney, arricchita da alcuni bei numeri musicali: tra le canzoni, oltre a quella del titolo, *The Lady Loves Me* e *I Need Somebody to Lean On*.

Viva la vita *½ (*Vive la vie*, Francia 1984, col, 106′) Claude Lelouch. Con Michel Piccoli, Evelyne Bouix, Charlotte Rampling, Jean-Louis Trintignant, Anouk Aimée, Laurent Malet, Tanya Lopert, Raymond Pellegrin. ◆ Un manager (Piccoli) e un'attrice (Bouix) spariscono e ricompaiono dopo tre giorni con un messaggio di pace da parte degli extraterrestri. I rispettivi consorti pensano che si tratti di un'originale scusa, ma presto il mondo intero è in subbuglio. Lelouch girò il finale in gran segreto, e la pubblicità martellò il pubblico, invitando a non rivelarlo. Si tratta comunque di un segreto di Pulcinella: era solo un sogno del protagonista. Magniloquente e tirato a lucido, come tutto l'ultimo Lelouch.

Viva le colline → *I magnifici idioti*

Viva le donne → *W le donne*

Viva l'Italia *½ (Italia 1960, col, 123′) Roberto Rossellini. Con Renzo Ricci, Paolo Stoppa, Franco Interlenghi, Giovanna Ralli, Raimondo Croce. ◆ La storia della spedizione dei Mille, dallo sbarco a Marsala all'esilio volontario di Garibaldi a Caprera dopo il celebre «Obbedisco». Rossellini voleva evitare l'agiografia scolastica, ma gli è venuto proprio un film da centenario. Alcuni tocchi realistici (gli acciacchi dell'eroe dei due mondi, interpretato da Ricci) non bastano a correggere il tono celebrativo. Quanto all'ideologia unanimista che sta dietro il progetto, basta leggere i nomi dei soggettisti e/o sceneggiatori: Sergio Amidei, Diego Fabbri, Antonello Trombadori, Luigi Chiarini, Carlo Alianello, Antonio Petrucci. Per Rossellini inizia – purtroppo – la stagione del «didatticismo come esigenza assoluta».

Viva Maria! ** (*Viva Maria!*, Francia/Italia 1965, col, 119′) Louis Malle. Con Brigitte Bardot, Jeanne Moreau, George Hamilton, Gregor von Rezzori, Paulette Dubost, Claudio Brook. ◆ In un Honduras da operetta, la figlia (Bardot) di un anarchico irlandese si aggrega a una compagnia di artisti ambulanti che sta cercando una seconda soubrette: insieme alla collega (Moreau), diventa l'anima di una rivoluzione di peones. Chiassoso film d'avventura semifarsesco, progettato per le due star, insieme per la prima e l'ultima volta. Scritto da Malle assieme a Jean-Claude Carrière, che inserisce tocchi satirici e anticlericali.

Viva San Isidro! * (Italia 1995, col, 90′) Alessandro Cappelletti. Con Marco Leonardi, Lumi Cavazos, Ugo Conti, Diego Abatantuono, Max Kerlow, Andres Pardave, Paco Moraita, José Ignacio Urcelai. ◆ La tranquilla vita della cittadina di San Isidro è sconvolta dal ritrovamento di un aereo precipitato nella foresta e carico di sacchi con una strana polvere bianca: il vecchio Alvaro (Urcelai) la considera un fertilizzante miracoloso, il giovane Quintino (Leonardi) vi trova l'energia per frequentare di notte la fidanzata Antonia (Cavazos) e di giorno trascinare la squadra cittadina nel torneo di calcio, il problema è che attira anche le mire di un gruppo di male intenzionati disposti a usare le armi per impossessarsene. Sconclusionato pasticciaccio pseudomessicano prodotto e «presentato» da Gabriele Salvatores. Tratto dal romanzo *San Isidro Futbol* di Pino Cacucci e da lui sceneggiato insieme al regista e a Gloria Corica, il film si sfrangia lungo direzioni contraddittorie (la rivalità sportiva, l'amore tra i due giovani, le beghe di villaggio, il ritrovamento della cocaina) che la presenza posticcia di Abatantuono nei panni di padre Pedro non riesce certo a tenere insieme. Un esordio da dimenticare.

Viva Villa! **½ (*Viva Villa!*, Usa 1934, b/n, 115′) Jack Conway, Howard Hawks. Con Wallace Beery, Fay Wray, Stuart Erwin, George E. Stone, Donald Cook, Mischa Auer. ◆ Biografia di Pancho Villa (Beery): con la sua banda di peones contribuisce alla caduta del dittatore messicano Diaz; dopo la morte del nuovo presidente e un tentativo controrivoluzionario si autoproclama dittatore e diventa sempre più sanguinario, finendo ucciso dal suo ex alleato don Felipe (Cook). La rivoluzione messicana vista da Hollywood: una specie di western rutilante e girato con dispendio di mezzi. Beery domina il film con la sua gigioneria: riuscì anche ad allontanare Hawks, con cui non andava d'accordo, facendolo sostituire da Conway. Il giornalista (interpretato da Stuart Erwin) che sta sempre al fianco di Villa è ricalcato sul personaggio reale di John Reed. Scritto da Ben Hecht e prodotto da David O. Selznick. Sceneggiatura di John Steinbeck.

Viva! Viva! Villa! *½ (*Villa Rides*, Usa 1968, col, 125′) Buzz Kulik. Con Yul Brynner, Robert Mitchum, Charles Bronson, Fernando Rey, Maria Grazia Buccella, Herbert Lom, Frank Wolff. ◆ La rivoluzione messicana narrata come un western all'italiana. Il pilota americano Johnny Sykes (Mitchum), fatto prigioniero da Villa (un irriconoscibile Brynner con baffi e capelli), ne subisce il fascino, e passa dalla sua parte, contribuendo ai suoi successi. La sceneggiatura di Sam Peckinpah, che non piaceva a Brynner, venne completamente riscritta da Robert Towne. Bronson spesso ruba la scena nei panni di un rivoluzionario canagliesco.

Viva Zapata! ** (*Viva Zapata!*, Usa 1952, b/n, 113') Elia Kazan. Con Marlon Brando, Jean Peters, Anthony Quinn, Joseph Wiseman, Alan Reed, Margo. ◆ Biografia di Emiliano Zapata (Brando), il rivoluzionario che per un breve periodo divenne presidente del Messico: incapace di esercitare il comando, e rendendosi conto della tentazione al dispotismo, Zapata tornò a lottare coi suoi peones, morendo in un agguato. Con la consueta modestia, Kazan parlò di identificazione autobiografica col personaggio («Anche lui, dopo essere riuscito a conquistare il potere, non sapeva cosa farsene»). La tesi è che il potere corrompe, ma lo svolgimento tende all'enfasi. Anche Brando, nei panni dell'eroe incerto e tormentato, ha fatto di meglio. Prodotto (come *Viva Villa!*, che mostra gli stessi fatti da un altro punto di vista) da David O. Selznick. Sceneggiatura di John Steinbeck. Palma d'oro a Cannes per Marlon Brando e premio Oscar per Anthony Quinn come miglior attore non protagonista.

Vive l'amour *** (*Aiqing wansui*, Taiwan 1994, col, 119') Tsai Ming-liang. Con Yang Kue-mei, Cheng Chao-jung, Lee Kang-sheng. ◆ L'agente immobiliare Mei-Mei (Yang) usa una casa sfitta per i suoi fugaci incontri erotici col venditore ambulante Ah-Rong (Cheng). I due sono spiati da Hsiao-Kang (Lee), tetro venditore di loculi, suicida fallito e omosessuale represso, che non riuscirà a confessare il suo amore ad Ah-Rong. Nella Taipei contemporanea, la storia di tre solitudini parallele e divergenti (tanto più brucianti quanto più i protagonisti sono giovani), raccontata quasi senza dialoghi, ma con un occhio lucido, a volte impudico ma mai spietato. Tsai (dopo *Qingshaonian nayu*, 1992, inedito in Italia), al suo secondo film, si sforza di cogliere emozioni impercettibili e indicibili, riprendendo tutto ciò che un regista normale eviterebbe come la peste (silenzi, indugi, gesti apparentemente insignificanti) o si vergognerebbe di fare (pianti che durano dieci minuti, rituali privati, masturbazioni). Il risultato non è ostico, ma quasi lieve nella sua disperazione cristallina, anche se rimane un'ombra di intellettualismo. Leone d'oro ex aequo con *Prima della pioggia*.

Vivere **** (*Ikiru*, Giappone 1952, b/n, 143') Akira Kurosawa. Con Takashi Shimura, Nobuo Kaneko, Kyoko Seki, Makoto Kobori. ◆ L'oscuro burocrate Watanabe (Shimura), detto «la mummia», quando sa di avere un tumore allo stomaco e pochi mesi di vita, si impegna per realizzare, almeno una volta nella sua vita, qualcosa di utile: la costruzione di un parco giochi che lui stesso aveva insabbiata. Nonostante il soggetto, Kurosawa (che firma la sceneggiatura con Shinobu Hashimoto e Hideo Oguni) evita il patetico con una narrazione distaccata e durissima. All'inizio si vede una radiografia e una voce fuori campo dice: «Nel piloro ci sono evidenti sintomi di cancro, ma il protagonista della nostra storia non sa nulla». A un terzo dalla fine la stessa voce annuncia che «l'eroe della storia è morto». Ma non è che l'inizio di un nuovo film, in cui i conoscenti di Watanabe raccontano i suoi ultimi sforzi. All'inaugurazione del parco, comunque, le autorità si guarderanno bene dal menzionarlo. Ad alcuni ha ricordato *Umberto D.* (che pare Kurosawa non conoscesse). Di certo è uno dei film più intensi ed emozionanti sull'uomo di fronte alla morte, summa del tema che ha attraversato tutta la carriera del regista, quell'opposizione tra forze d'inerzia e di morte (che qui si identificano con l'assenza di un disegno nelle azioni dell'uomo) e forze di creazione e di vita (sintetizzate dall'energia per realizzare un progetto utile alla comunità) che in *Vivere* «sono espresse con una intensità e una varietà formale prodigiosa», a cominciare dal giro dei bar, raccontato con una forza che ricorda Henry Miller, fino all'uso dei brevi flashback con cui il protagonista rievoca l'educazione del figlio. Interpretazione davvero «geniale» di Takashi Shimura, «una delle più straordinarie di tutta la storia del cinema giapponese». Apprezzato, una volta tanto, anche in patria.

Vivere! ** (*Huozhe*, Hong Kong/Cina 1994, col, 125') Zhang Yimou. Con Ge You, Gong Li, Niu Ben, Guo Tao, Jiang Wu, Ni Da Hong, Liu Tian Chi. ◆ Giocatore ridotto in miseria e riciclatosi nel teatro delle ombre, Xu Fegui (Ge) e la moglie Jiazhen (Gong) sopravvivono alla guerra civile tra nazionalisti e rivoluzionari e alla Cina maoista: ma sia il Grande balzo in avanti (1958) sia la Rivoluzione culturale (1966) coincideranno con la perdita di entrambi i loro figli – dovuta, nel secondo caso all'incompetenza delle Guardie rosse, che hanno scacciato i medici veri dagli ospedali. Tratto da un romanzo di Yu Hua (adattato da Lu Wei), una dolente saga sulla storia cinese vista dalla parte della piccola gente, animata di buona volontà e capacità di adattamento ma sempre alla mercé del fato e della crudeltà degli uomini. Visto il messaggio umanitarista e conciliante di fondo, e la presenza di molti personaggi positivi anche tra i rivoluzionari, stupisce che il film sia stato bandito in patria. E sì che Zhang aveva adottato un tono affabile, gradevole, commosso ma mai tagliente, in esplicita polemica con due film di argomento analogo e condannati dai burocrati di partito: *Addio mia concubina* di Chen Kaige e *The Blue Kite* (inedito in Italia) di Tian Zhuangzhuang.

Vivere alla grande ** (*Going in Style*, Usa 1979, col, 96') Martin Brest. Con George Burns, Art Carney, Lee Strasberg, Pamela Payton-Wright, Charles Hallahan. ◆ Tre vecchietti newyorchesi decidono di rapinare una banca per sconfiggere la noia. Il colpo riesce, ma per strada due (Carney e Strasberg) ci rimangono, mentre il sopravvissuto (Burns) finisce in galera, non prima di aver giocato un ultimo scherzo alla giustizia. Il ventottenne Brest (autore anche della sceneggiatura) esordisce con una storia dalla parte della terza età che, dopo una partenza brillante, scivola nello zuccheroso e nel prevedibile. In forma, comunque, i tre anziani e beffardi protagonisti: Lee Strasberg è stato il direttore dell'Actors' Studio.

Vivere da vigliacchi e morire da eroi **½ (*Chuka*, Usa 1967, col, 105') Gordon Douglas. Con Rod Taylor, John Mills, Ernest Borgnine, Luciana Paluzzi, James Whitmore. ◆ L'assedio indiano a un forte di giubbe blu si conclude con un massacro. Viene risparmiato, tuttavia, il pistolero Chuka (Taylor) che si era comportato umanamente con i nemici. Un western duro e solenne raccontato con un lungo flashback. L'episodio, inventato dallo sceneggiatore Richard Jussup, nasce dalla fusione di fatti storici distinti, ma «offre un realismo immediato, quasi documentario, nella descrizione dei personaggi e dell'ambiente»: al centro la figura di Chuka, impotente voce della ragione che si chiude in un attendismo passivo, incapace di assumere il peso delle proprie scelte (e di abbandonare un forte mortalmente assediato).

Vivere e morire a Los Angeles ***½ (*To Live and Die in L.A.*, Usa 1985, col, 116') William Friedkin. Con William Petersen, Willem Dafoe, John Pankow, Darlanne Fluegel, John Turturro, Dean Stockwell, Debra Feuer, Robert Downey. ◆ Una coppia di poliziotti (Petersen e Pankow), per incastrare uno spietato pittore falsario (Dafoe), oltrepassano i confini della legge, e rubano dollari veri per comprare i suoi dollari falsi. Noir metropolitano tra i più violenti e pessimisti degli ultimi anni, e che proprio per questo non ha mai sfondato col grande pubblico. Friedkin (che firma la sceneggiatura con Gerald Petievich) sottopone lo spettatore a un bombardamento di immagini senza precedenti, e rende una sequenza come quella della fabbricazione dei dollari falsi vorticosa quanto l'inseguimento con l'auto che finisce contromano. *Il braccio violento della legge*, in confronto, è un film per bambini. Fondamentale l'apporto della fotografia iperrealista di Robby Müller e della musica martellante dei Wang Chung.

Vivere giovane ** (*Violette et François*, Francia 1977, col, 105') Jacques Rouffio. Con Isabelle Adjani, Jacques Dutronc, Serge Reggiani, Lea Massari, Sophie Daumier. ◆ Una coppia di giovani bohèmien (Adjani e Dutronc) campa di furti ai supermercati: lei ha mollato i ricchi genitori, lui sogna di fondare un giornale. Ma la stagione del ribellismo spensierato è breve. Commedia di costume che inizia con un tono di allegra insolenza e finisce sul mesto. Isabelle Adjani è irresistibile, lo chansonnier Dutronc un po' meno.

Vivere in fuga **½ (*Running on Empty*, Usa 1988, col, 116') Sidney Lumet. Con Christine Lahti, River Phoenix, Judd Hirsch, Martha Plimpton, Steven Hill, Jonas Abry. ◆ Due ex sessantottini (Lahti e Hirsch), che in gioventù usavano sabotare fabbriche di napalm, vivono da anni alla macchia assieme ai due figli. Ogni sei mesi cambiano nome, città e colore dei capelli. Il più grandicello (Phoenix) vorrebbe andare in un college e studiare il pianoforte, ma il babbo idealista si oppone. Originale spaccato di un'America sconosciuta, notevole per la sua assenza di retorica, anche se non fa che riproporre, sotto veste nuova, il solito tema dello scontro tra vecchie e nuove generazioni. Forse un po' accomodante, anche se si tratta di uno dei migliori Lumet degli ultimi anni.

Vivere in pace *** (Italia 1947, b/n, 89') Luigi Zampa. Con Aldo Fabrizi, Gar Moore, Mirella Monti, Heinrich Bode, John Kitzmiller, Ave Ninchi, Ernesto Almirante, Nando Bruno, Aldo Silvani, Gino Cavalieri, Piero Palermi, Franco Serpilli. ◆ Due soldati americani, uno bianco (Moore) e uno nero (Kitzmiller), trovano rifugio nella fattoria umbra dello zio Tigna (Fabrizi). Grazie al vino capita addirittura che un tedesco (Bode) fraternizzi col nero: ma la guerra non è ancora finita e alcuni andranno incontro a una fine tragica. Sospeso a metà tra la commedia di costume e il melodramma (probabilmente per la presenza tra gli sceneggiatori dello stesso Fabrizi, che affianca Suso Cecchi d'Amico, Piero Tellini e lo stesso Zampa), questo film riesce a raccontare con onestà e partecipazione emotiva il dramma di tutto un popolo, coinvolto in una guerra di cui non condivide le ragioni ma di cui paga le conseguenze. Scambiato all'estero per un capolavoro neorealista (i critici newyorchesi lo proclamarono miglior film del 1947), in realtà è un anello importante per capire l'evoluzione del cinema italiano verso la commedia rosa, di cui possiede il gusto del bozzetto e la capacità di aprirsi in improvvisi squarci comici, anche se di quella futura stagione manca (e qui per fortuna, aggiungiamo) la componente ironica e caustica, sostituita invece dalla bonaria umanità del personaggio interpretato da Fabrizi.

Vivere insieme *** (*The Marrying Kind*, Usa 1952, b/n, 93') George Cukor. Con Judy Holliday, Aldo Ray, Madge Kennedy, Sheila Bond, John Alexander, Rex Williams. ◆ Davanti al giudice, una coppia sull'orlo del divorzio – Chet (Ray) lavora alla posta, Florence (Holliday) si era licenziata per badare ai bambini – rievoca il proprio passato. Così a volte le stesse scene vengono ripetute, ma con un commento fuori campo diverso a secondo se le ricorda lui o lei. Spaccato di vita piccolo-borghese che, dietro la tradizionale alternanza di toni comici e drammatici, indaga seriamente sul perché di un inevitabile fallimento. Grazie alla sceneggiatura di Ruth Gordon e Garson Kanin, Cukor dirige una commedia sorprendentemente audace nella sua capacità di mescolare i toni e nell'utilizzare (siamo nel 1952!) scenografie reali, come le sequenze girate a Central Park e alla posta di Time Square. Nonostante un happy end che comunque non sembra definitivo, il film non fa niente per smussare la descrizione ingrata e crudele della vita quotidiana di una coppia mentre il doppio racconto (di lui e di lei) non fa che «sottolineare ancora di più le tragedie, le disillusioni, le grandi e piccole miserie che occupano la vita dei due protagonisti». E la scena in cui il bambino della coppia annega, con le gambe dei passanti che corrono sullo sfondo e Florence che in primo piano suona l'ukelele senza accorgersi di niente, dimostra che Cukor ha una capacità di evocare la tragedia pari almeno al suo gusto per le commedie sofisticate. Il tono amaro, comunque, deluse il pubblico, che si aspettava un seguito di *Nata ieri* e immeritatamente il film non ebbe successo.

Vivere nel terrore *½ (*Bad Dreams*, Usa 1988, col, 84') Andrew Fleming. Con Jennifer Rubin, Bruce Abbot, Richard Lynch, Dean Cameron. ◆ L'unica sopravvissuta (Rubin) di una setta di hippie che avevano giurato di suicidarsi si risveglia in una clinica dopo tredici anni di coma. I vari degenti sono eliminati a uno a uno, e la donna pensa che sia tornato lo spettro del suo ex guru. Thriller che mescola vari generi ma che in realtà non sa bene dove parare. Produce Gale Ann Hurd (*Terminator*, *Alien*) e Steven E. De Souza (*Trappola di cristallo*) cerca di rabberciare la sceneggiatura. Il film, comunque, ha qualche cultore.

Vivere per vivere * (*Vivre pour vivre*, Francia/Italia 1967, col, 90') Claude Lelouch. Con Yves Montand, Candice Bergen, Annie Girardot, Irene Tunc, Amidou. ◆ Un reporter televisivo (Montand) tradisce la moglie (Girardot) con una modella (Bergen). Tornato sconvolto dal Vietnam, trova la consorte disposta a perdonarlo. Sulla scia del successo di *Un uomo, una donna*, un fumettaccio con musiche di Francis Lai, che tenta di mostrare un lato impegnato e al passo coi tempi, ma sembra il catalogo di un'agenzia viaggi.

Vivi con rabbia ** (*Studs Lonigan*, Usa 1960, b/n, 95') Irving Lerner. Con Christopher Knight, Venetia Stevenson, Frank Gorshin, Robert Casper, Carolyn Craig, Dick Foran, Katherine Squire, Jack Nicholson, Helen Westcott, Jay C. Flippen. ◆ Nella Chicago degli anni Venti, William Lonigan (Knight) preferisce le bevute con gli amici (Gorshin, Casper e Nicholson) e le partire di biliardo alle prediche di mamma e papà (Squire e Foran): finirà anche in carcere, ma l'amore per Catherine (Craig) e per il bambino che aspetta gli farà mettere la testa a posto. Versione edulcorata, e concentrata, di una discussa trilogia di James T. Farrell, sceneggiata con qualche schematismo di troppo (e un criticatissimo lieto fine: nel romanzo, il protagonista muore) da Philip Yordan, qui anche produttore. Lerner ci mette di suo una cura formale ai limiti della calligrafia, con un bianco e nero straordinario (di Haskell Wexler) e una convincente ricostruzione della comunità irlandese nella Chicago che si affaccia sugli «anni ruggenti» (scenografie di Jack Poplin).

Vivi e i morti, I *** (*The Fall of the House of Usher*, Usa 1960, col, 79') Roger Corman. Con Vincent Price, Mark Damon, Myrna Fahey, Harry Ellerbe. ◆ Due fratelli, Roderick (Price) e Madeleine (Fahey) Usher, sul cui casato pesa un'antica maledizione, vivono segregati nella tetra dimora avita. Quando Madeleine è vittima di una crisi cardiaca apparentemente mortale, Roderick la fa seppellire nella cripta, pur sapendo che si tratta di una catalessi: al risveglio saranno guai. Primo, e forse migliore, film della serie di Corman ispirata ai racconti di Poe, e inizio della sua collaborazione con Price e lo sceneggiatore Richard Matheson (che adatta *La rovina della casa degli Usher*). «La classica sequenza di un film dell'orrore è l'equivalente di un atto sessuale: l'evento scioccante che, alla fine, allenta la tensione, è come un orgasmo»: Corman, con qualche lettura di Freud alle spalle, rispetta le regole del genere gotico (ragnatele e porte che scricchiolano), ma cerca l'orrore dentro le psicologie dei personaggi, narrando la storia dal punto di vista allucinato del protagonista. Atmosfere ambigue e soluzioni visivamente originali: il veterano operatore Floyd Crosby sperimenta i filtri colorati che diventeranno una costante nelle sequenze oniriche degli altri film della serie. Le sequenze dell'incendio e dei lampi saranno riciclate da Corman un'infinità di volte. Costò 200 mila dollari (che per Corman non era poco) e ne portò a casa più di un milione.

Vivi o preferibilmente morti * (Italia/Spagna 1968, col, 102') Duccio Tessari. Con Giuliano Gemma, Nino Benvenuti, Sydne Rome, Cris Huerta, Georges Rigaud. ◆ Due cugini squattrinati (Gemma e Benvenuti), in attesa di incassare un'eredità, tentano varie imprese delittuose, ma finiscono sempre dalla parte della legge. Western farsesco e un po' puerile, che si segnala solo per la presenza del pugile Benvenuti e di una giovanissima Sydne Rome.

Vivo per il mio amore *½ (*That Certain Woman*, Usa 1937, b/n, 93') Edmund Goulding. Con Bette Davis, Henry Fonda, Donald Crisp, Ian Hunter, Minor Warson. ◆ La vedova (Davis) di un gangster ucciso nella strage di San Valentino si innamora di un giovane (Fonda) di buona famiglia, ma l'avido padre (Crisp) annulla il matrimonio. Melodramma a lieto fine, di cui la stessa protagonista non era troppo soddisfatta. Remake di un film muto dello stesso regista, *The Trespasser*, che aveva Gloria Swanson come protagonista.

Vixen **½ (*Vixen*, Usa 1969, col, 70') Russ Meyer. Con Erica Gavin, Harrison Page, Garth Pillsbury, Michael Donovan O'Donnell, Vincent Wallace, Robert Aiken, Jon Evans. ◆ Nella Columbia britannica, un pilota che fa soldi trasportando turisti al di là del confine trascura la moglie Vixen (Gavin) che si concede svariate scappatelle; sventerà un dirottamento alla volta di Cuba con l'aiuto di un disertore nero. La consequenzialità logica non è mai stata un problema per Meyer, cui interessano, in un film, la fotografia, il ritmo, l'umorismo nonsense e le tette delle attrici. *Vixen* fu il suo primo grande successo commerciale dopo *The Immoral Mr. Teas*, e segnò la svolta verso una rappresentazione del sesso più esplicita (fecero scalpore un rapporto lesbico, un incesto, e anche un rapporto interrazziale). In più c'è anche una tirata anticomunista. «Vixen» ricorre spesso nei titoli e film di Meyer: letteralmente è la volpe femmina e Meyer chiama così le sue eroine preferite, predatrici bellissime e curiose che non si fermano davanti a nulla.

Vizietto, Il ** (*La Cage aux folles*, Francia/Italia 1978, col, 103') Edouard Molinaro. Con Ugo Tognazzi, Michel Serrault, Michel Galabru, Carmen Scarpitta, Remy Laurent, Claire Maurier, Benny Luke. ◆ Il figlio (Laurent) di Renato (Tognazzi), proprietario di un locale nizzardo per travestiti, sta per sposare la figlia di un uomo politico bigotto (Galabru). Per evitare scandali, chiede al padre di fingersi normale: ma l'amante di Renato, Albin, detto Zaza (Serrault), vuole a tutti i costi farsi passare per sua moglie. Dalla fortunata commedia *La Cage aux folles* di Jean Poiret (adattata con Molinaro, Francis Veber e Marcello Danon), un film che ebbe la furbizia di trattare in modo rassicurante argomenti tabù. L'omosessualità è oggetto di riso più che di curiosità morbosa (il legame tra Renato e Albin è ben poco carnale), e si riduce a un repertorio di mossette e gridolini, per il divertimento dello spettatore eterosessuale. Un grande successo internazionale – merito soprattutto della verve dei due protagonisti. Serrault vinse il César, il David di Donatello, e il Globo d'oro. Due seguiti: *Il Vizietto II* (1980) e *Matrimonio con vizietto* (1985). Rifatto a Hollywood nel '96 (*Piume di struzzo*).

Vizietto II, Il * (*La Cage aux folles II*, Francia/Italia 1980, col, 96') Edouard Molinaro. Con Ugo Tognazzi, Michel Serrault, Marcel Bozzuffi, Paola Borboni, Michel Galabru, Roberto Caporali. ◆ Renato (Tognazzi), direttore di un locale di Nizza per travestiti, e Albin (Serrault), suo partner e soubrette, vengono invischiati in un affare di spionaggio: sgominano i malvagi e ritrovano l'amore di un tempo. Banale seguito del *Vizietto*, che cerca appigli in una trama gialla improbabile quanto gratuita. Tognazzi e Serrault rifanno stancamente le loro macchiette. Seguìto da *Matrimonio con vizietto*.

Vizietto americano, Il * (*The Ritz*, Usa 1976, col, 91') Richard Lester. Con Jack Weston, Rita Moreno, Jerry Stiller, F. Murray Abraham, Treat Williams, George Colouris. ◆ Il cugino di un boss mafioso (Weston), che ha commesso uno sgarro, si nasconde in una sauna gay. Adattamento troppo teatrale di una farsa di Terence McNally, che gioca su facili equivoci. Rita Moreno aveva vinto il premio Tony per la sua interpretazione nella versione teatrale.

Vizietto dell'onorevole, Il *½ (*La Gueule de l'autre*, Francia 1979, col, 90') Pierre Tchernia. Con Michel Serrault, Jean Poiret, Georges Géret, Curt Jurgens, Bernadette Lafont, Michel Blanc. ◆ Un onorevole (Serrault), che teme la vendetta di un antico compagno di malefatte, si fa sostituire da un cugino somigliantissimo. Farsa degli equivoci che tenta di spruzzare un po' di veleno, resa passabile dalla buona verve dei protagonisti.

Vizio di famiglia, Il *½ (Italia 1975, col, 92') Mariano Laurenti. Con Renzo Montagnani, Edwige Fenech, Gigi Ballista, Susan Scott [Nieves Navarro], Juliette Mayniel, Orchidea De Santis, Roberto Cenci, Anna Melita, Gastone Pescucci, Enzo Andronico. ◆ Guerra tra parenti per conquistare l'eredità del vecchio conte Giosué (Ballista): la sorella (Mayniel) cerca di rendere pubblica la scarsa moralità della cognata (Scott) con l'aiuto di un ex detenuto (Montagnani), poi si inventa il rapimento del figlio (Cenci); tutti sono ricattati dalla disinibita figliastra Susy (Fenech), ma nessuno ha fatto i conti con la formosa cameriera (De Santis). Commedia volgarotta e squinternata (sceneggiata da Cesare Frugoni, Marino Onorati e Gianfranco Couyoumdjian) con qualche pretesa – subito fallita – di critica antiborghese. Poco nudo e una delle rare scene lesbiche, anche se solo accennata, nella carriera della Fenech. Restano i funambolismi porno-verbali di Montagnani (davanti alle tette della Scott: «Ma questi sono il Bondone e il Falzarego. Io mi faccio il Giro d'Italia»).

Vizio e la virtù, Il * (*Le Vice et la vertu*, Francia/Italia 1963, b/n, 117') Roger Vadim. Con Catherine Deneuve, Annie Girardot, Robert Hossein, O.E. Hasse, Luciana Paluzzi, Valeria Ciangottini. ◆ Parigi, 1944: la mattina delle nozze, Jean (Hasse), partigiano e promesso sposo della virtuosa Juliette (Deneuve), è arrestato dai tedeschi. La ragazza si rivolge alla sorella Justine (Girardot), amante del capitano delle Ss Schondorf (Hossein), ma finisce per essere rinchiusa in un bordello/lager del Tirolo, gestito proprio da Schondorf: all'arrivo degli americani, lui avvelena Justine e si uccide, mentre Juliette viene liberata da Jean, volontario nelle truppe alleate. Lo scaltro Vadim crede di fare un adattamento contemporaneo e spregiudicato dei testi di De Sade (*Giustina o la sventurata della virtù* e *Giulietta o il trionfo del vizio*), ma riesce solo a confezionare un melodramma fasullo, presuntuoso e involontariamente grottesco, dove la fervida immaginazione del letterato libertino si perde in una sequela di stereotipi risibili (i tedeschi a Parigi bevono obbligatoriamente champagne, le fanciulle «pure» nel bordello sono tutte biancovestite). Il cast si difende come può dalla regia, tranne la Deneuve, allora moglie di Vadim, costretta a una serenità stoica veramente esagerata.

Vizi privati, pubbliche virtù *½ (Italia/Jugoslavia 1975, col, 100') Miklós Jancsó. Con Lájos Balaszovits, Pamela Villoresi, Franco Branciaroli, Teresa Ann Savoy, Laura Betti, Umberto Silva. ◆ Jancsó e la sceneggiatrice Giovanna Gagliardo narrano la loro versione del delitto di Mayerling: il principe Rodolfo d'Asburgo (Balaszovits) è stato ucciso dalle guardie imperiali inviate da Francesco Giuseppe al termine di un'orgia sfrenata. La solita tesi sul sesso come strumento di ribellione al potere, in un film che è parso un adeguarsi dell'autore a esigenze commerciali. Regista e sceneggiatrice vennero condannati per oscenità in primo grado, e il film fu sequestrato. Tra le varie chicche che mossero a sdegno i censori c'è Teresa Ann Savoy truccata da ermafrodito. Tra le ragazzine dell'orgia anche una giovane Ilona Staller.

Voce della luna, La *** (Italia/Francia 1990, col, 118') Federico Fellini. Con Roberto Benigni, Paolo Villaggio, Nadia e Marisa Ottaviani, Syusy Blady [Maurizia Giusti], Patrizio Roversi, Eraldo Turra, Franco Javarone. ◆ Il mite Salvini (un Benigni a metà tra Pinocchio e Leopardi), che va in giro per la campagna padana inseguendo ingenui sogni d'amore e ascoltando la voce della luna, trova un compagno nel paranoico ex prefetto Gonnella (Villaggio). «Se tutti facessimo un po' di silenzio, forse potremmo capire», dice Salvini dopo che i paesani hanno catturato la luna e in paese si è organizzata una ridicola tavola rotonda televisiva. Elogio della follia, e satira della volgarità dell'odierna civiltà berlusconiana, sulla strada aperta da *Ginger e Fred*. Ispirato al *Poema dei lunatici* di Ermanno Cavazzoni (cosceneggiatore assieme a Fellini e Tonino Guerra) ne riprende il tono divagante e alcuni episodi (come quello della moglie insaziabile che si trasforma in vaporiera). Geniale e bizzarro come solo un film di Fellini riesce a essere, ma con qualche caduta e alcune trovate poeticizzanti troppo facili (i giovani urlanti della discoteca che assistono ammutoliti al valzer di Gonnella e della duchessa). Ma la sagra dello gnocco è una sintesi geniale dell'Italia anni Ottanta, così come *Amarcord* lo era per il fascismo e *La dolce vita* per gli anni di passaggio al boom. Fotografia di Tonino Delli Colli, scene di Dante Ferretti, costumi di Maurizio Millenotti.

Voce dell'amore, La ** (*One True Thing*, Usa 1998, col, 127') Carl Franklin. Con Meryl Streep, William Hurt, Renée Zellweger, Tom Everett Scott, Lauren Graham, Nicky Katt, Gerrit Graham. ◆ Giornalista d'assalto, Ellen Gulden (Zellweger) è costretta dal padre letterato (Hurt) ad abbandonare la carriera per tornare a casa a curare la madre (Streep), malata terminale di cancro. Dall'omonimo romanzo premio Pulitzer di Anne Quindlen, sceneggiato da Karen Croner, un ritratto familiare che vira in un mélo di formazione robusto e strappalacrime, con personaggi a tutto tondo, prevedibili conflitti parentali e attori (la Streep, in particolare, candidata all'Oscar) impegnati in esercizi di immedesimazione virtuosistica.

Voce del silenzio, La ** (Italia/Francia 1953, b/n, 100') Georg Wilhelm Pabst. Con Aldo Fabrizi, Jean Marais, Daniel Gélin, Cosetta Greco, Eduardo Ciannelli, Paolo Stoppa, Frank Villard, Paolo Panelli, Fernando Fernán Gómez, Rossana Podestà, Maria Grazia Francia, Checco Durante, Franco Scandurra, Mario Girotti. ◆ A un corso di esercizi spirituali s'incontrano un avido fabbricante di candele (Fabrizi), un partigiano (Marais) che in un atto di sabotaggio ha sacrificato tre innocenti, un reduce (Gélin) che non vuole turbare la felicità della moglie nel frattempo risposatasi, uno scrittore (Villard) che non si ritiene responsabile degli atti ispirati dai suoi libri, un ladruncolo (Stoppa) che vorrebbe solo nascondersi alla polizia: qualcuno troverà una risposta ai propri dubbi, qualcun'altro no. Pretenzioso centone quaresimale, dove è riconoscibile tutta l'ipocrisia della più retriva morale cattolica, preoccupata soprattutto di esaltare il mito del sacrificio e dell'espiazione. Soggetto di Zavattini e sceneggiatura di gruppo (tra gli altri firmano Giuseppe Berto, Oreste Biancoli, Tullio Pinelli, Bonaventura Tecchi). Una sola scena da salvare: la lunga, drammatica (e alquanto erotica) scena con la Podestà, violentata da un gruppo di giovinastri. E un'ipotesi: se fosse all'origine del *Todo Modo* sciasciano?

Voce del silenzio, La ** (*House of Cards*, Usa 1993, col, 107') Michael Lessac. Con Kathleen Turner, Tommy Lee Jones, Asha Menina, Shiloh Strong, Esther Rolle. ◆ Traumatizzata dalla morte del padre, la piccola Sally precipita in una crisi autistica. La mamma ingegnere (Turner), diffidando dello psichiatra, fotografa l'inquietante torre di carte costruita dalla bambina, la proietta tridimensionalmente sul computer, s'infila una cuffia e penetra nel labirinto mentale della figlia. Poi ricostruisce la torre nel giardino di casa, materializzando e depotenziando l'incubo della piccola fino a guarirla. Il primo esempio di amor materno virtuale in una favola di handicap & buoni sentimenti al passo coi tempi, che cede malamente solo nel finalino, con l'offerta del caffè della pace allo psichiatra sconfitto (un Tommy Lee Jones fuori parte). L'antipsichiatria, però, a ben vedere non c'entra: siamo a Disneyland, anche se le applicazioni del virtuale nel campo medico sono già una realtà.

Voce nella tempesta, La **½ (*Wuthering Heights*, Usa 1939, b/n, 103') William Wyler. Con Merle Oberon, Laurence Olivier, David Niven, Flora Robson, Donald Crisp, Geraldine Fitzgerald, Hugh Williams, Leo G. Carroll, Cecil Kellaway. ◆ Versione di *Cime tempestose* di Emily Brontë (adattato da Ben Hecht, Charles McArthur e John Huston), che non sempre ne rispetta il tono cupo ed esagitato. Il trovatello Heathcliff (Olivier), dopo la morte del patrigno, viene scacciato dal fratellastro (Williams). Quando torna, trova la sorellastra (Oberon), di cui è innamorato da sempre, sposata all'insipido Linton (Niven). Lei, dopo varie umiliazioni, muore fra le sue braccia, e non avrà pace finché non si ricongiungerà con lui. Il produttore Samuel Goldwyn, invece del finale gotico e demoniaco, ne fece girare uno in cui i due protagonisti passeggiano fra le nuvole; impose inoltre di postdatare l'azione dal 1801 al 1841, sostenendo che i costumi stile Reggenza non donavano alla Oberon: tutti particolari rilevanti per accorgersi di quella soffocante morsa che l'egemonia produttiva impose a un regista che dimostrerà solo successivamente le sue più vere qualità. Il film con cui Olivier sfondò a Hollywood, dopo la chiamata a vuoto per *La regina Cristina*. Oscar alla fotografia di Gregg Toland. Lo stesso romanzo ha ispirato *Cime tempestose* di Buñuel e *Cime tempestose* di Fuest.

Voci bianche, Le ** (Italia 1964, col, 105') Massimo Franciosa, Pasquale Festa Campanile. Con Paolo Ferrari, Anouk Aimée, Sandra Milo, Vittorio Caprioli, Philippe Leroy, Leopoldo Trieste, Claudio Gora, Graziella Granata, Barbara Steele, Jacqueline Sassard. ◆ Fingendosi un evirato cantore, il popolano Meo (Ferrari) fa carriera (e miete conquiste femminili) nella Roma del Settecento. Ma, dopo che ha messo incinta una nobildonna (Granata), deve decidere se perdere la testa o i suoi attributi. Impertinente e graffiante, questo film (sceneggiato dai due registi con Luigi Magni) sa mescolare la spensieratezza del sorriso con la ricostruzione documentata di un mondo reale, di cui sottolinea la crudeltà e la volgarità nascosta sotto una patina di finta eleganza. E proprio in questa fusione, che cresce attraverso digressioni narrative, particolari piccanti e aneddoti picareschi, va cercata la qualità principale di un'opera che non evita scivoloni (come, peraltro, quasi impone il soggetto), ma che dimostra una ricchezza d'invenzioni e una libertà di toni che il prolifico Festa Campanile non toccò mai – né prima né dopo – nella sua pur lunga carriera.

Voci d'Europa ** (Italia 1990, col, 90') Corso Salani. Con Corso Salani, Monica Rametta. ◆ Tre storie d'amore di Alberto (Salani): la prima in Ungheria, la seconda a Gibilterra, la terza in un villaggio spagnolo. Opera prima girata in estrema economia di mezzi (con il sostegno, anche finanziario, di Nanni Moretti), ricco di malinconia, di umorismo, di quei toni sospesi che raccontano senza pudori le perplessità e le incertezze sentimentali delle nuove generazioni. Delicato, preciso, attento alle sfumature: promettente.

Voci lontane... sempre presenti *** (*Distant Voices, Still Lives*, Gb 1988, col, 85') Terence Davies.

Con Freda Dowie, Pete Postlethwaite, Angela Walsh, Dean Williams, Lorraine Ashbourne, Sally Davies. ◆ Un bambino e la sua famiglia a Liverpool, prima, durante e dopo la guerra: nascite e morti, momenti allegri (pochi) e tragici (specie per colpa del padre violento), tutti rievocati attraverso i percorsi frammentati della memoria. Nel mettere in scena i suoi ricordi, Davies dà vita a una complessa partitura sonora (canzoni, rumori, programmi radiofonici...) e temporale (tre generazioni di personaggi che si alternano) di profonda suggestione, permeata da un'impercettibile ma costante atmosfera di morte, basata su quella che lui stesso ha definito «la tragicità della commedia umana». Il progetto semiautobiografico del regista, iniziato con *Trilogy*, proseguirà con *Il lungo giorno finisce*.

Voci nel tempo *** (Italia 1996, col, 86') Franco Piavoli. Con gli abitanti di Castellaro. ◆ Lo scorrere delle stagioni nella cittadina mantovana di Castellaro, dalla primavera all'inverno, si accompagna al passare della vita e all'avvicendarsi delle generazioni, dall'infanzia alla vecchiaia. Straordinario «film saggio» che rifiuta la forma narrativa ma evita anche le secche del documentario, fatto di immagini, voci (indistinte) e suoni. Se si capisce che gli abitanti di Castellaro « si mettono in posa» davanti alla macchina da presa, è anche vero che Piavoli li filma non per quello che stanno facendo ma per quello che possono farci vedere, così da mostrarci quello che non siamo più capaci di vedere e che solo il cinema – un *certo* cinema – può obbligarci a guardare: si tratti di un tramonto o di una ruga sul collo di un contadino, della vitalità erotica dei giovani o della contemplazione senile dei vecchi. Così da costringere lo spettatore a fermare gli occhi e, per lo spazio di un'inquadratura, fargli credere ancora una volta nella forza del cinema.

Voglia addosso, La *½ (*Middle Age Crazy*, Canada 1980, col, 95') John Trent. Con Ann-Margret, Bruce Dern, Graham Jarvis, Deborah Wakehan. ◆ Crisi di una coppia dopo vent'anni di matrimonio: lei (Ann-Margret), ninfomane, diventa l'amante di un poliziotto, mentre lui (Dern) va a Las Vegas con una donna più giovane. La riconciliazione finale convince poco: come il film, d'altronde.

Voglia d'amare → *Maladie d'amour*

Voglia di potere ** (*The Enemy Within*, Usa 1994, col, 85') Jonathan Darby. Con Forest Whitaker, Sam Waterston, Jason Robards, Josef Sommer, Dana Delany, George Dzundza, Isabel Glasser, Dakin Matthews. ◆ Delusi dalla politica antimilitarista del presidente (Waterston), il segretario di Stato (Delany) e il capo di stato maggiore della Difesa (Robards) si mettono a capo di un complotto per destituirlo. Ma il colonnello Casey (Whitaker) scopre i loro piani e cerca di fermarli. Appassionante remake di *Sette giorni a maggio* con un cast superiore alla media per un tv-movie: la sceneggiatura di Darryl Ponicsan e Ron Bass scava nelle pieghe del sistema democratico (il complotto si basa sul 25° emendamento, che permette alla maggioranza del governo di chiedere la destituzione del presidente per problemi mentali) e nelle tentazioni militariste di una nazione, anche se qualche colpo di scena suona un po' eccessivo (l'aiuto di una rete spionistica russa) e i problemi familiari di Casey si perdono per strada. Ma il ritmo tiene fino alla fine. Distribuito in cassetta col titolo *Complotto alla Casa Bianca*.

Voglia di ricominciare *½ (*This Boy's Life*, Usa 1993, col, 115') Michael Caton-Jones. Con Robert De Niro, Ellen Barkin, Leonardo DiCaprio, Jonah Blechman, Gerrit Graham. ◆ Utah, 1957: Caroline Wolff (Barkin), divorziata senza fissa dimora, sposa Dwight (De Niro), sperando di avere trovato chi faccia da padre al proprio figlio irrequieto Toby (DiCaprio). Peccato che Dwight sia un fascistone che ama menare le mani. Ma Toby, per quanto frequenti un ragazzo gay (Blechman), dimostrerà di avere più fegato di lui. È malinconico vedere De Niro che fa il verso a se stesso, sciorinando una galleria di tutte le sue interpretazioni più famose, e facendosi rubare la scena, alla fine, dagli altri attori. Lo sceneggiatore Robert Getchell è lo stesso di *Alice non abita più qui* di Scorsese, e si vede. Anonima e superficiale la regia. Musica di Carter Burwell.

Voglia di successo → *Dance – Voglia di successo*

Voglia di tenerezza **½ (*Terms of Endearment*, Usa 1983, col, 132') James L. Brooks. Con Shirley MacLaine, Debra Winger, Jack Nicholson, Jeff Daniels, John Lithgow, Lisa Hart Carroll, Danny DeVito. ◆ Quindici anni del rapporto tra Aurora Greenway (MacLaine) e sua figlia Emma (Winger): la prima, vedova, trova l'amore dell'ex astronauta Garrett Breedlove (Nicholson); la seconda sbaglia sia il marito (Daniels) che l'amante (Lithgow), e muore di cancro. Il cocktail di sorrisi e lacrime ha favorito il successo di un film che celebrava nel momento giusto il ritorno del privato e dei sentimenti. Troppi Oscar: miglior film, regista, attrice (MacLaine), attore non protagonista (Nicholson), sceneggiatura non originale (James L. Brooks dal romanzo di Larry McMurtry). I protagonisti sono insopportabilmente bravi, il regista (che viene dalla produzione televisiva) impersonale: onore, comunque, al suo fiuto. Seguito da *Conflitti del cuore*.

Voglia di vincere * (*Teen Woolf*, Usa 1985, col, 91') Rod Daniel. Con Michael J. Fox, James Hampton, Scott Paulin, Susan Ursitti. ◆ Uno studente (Fox) scopre di essere un lupo mannaro, ma è la carta vincente per ottenere popolarità nel college. Fa furore nel basket ed è inseguito dalle ragazze: ma alla fine afferma la sua supremazia rinunciando alla metamorfosi. Una delle commedie per teen-ager più stupide e conformiste del decennio; ma il sequel ha fatto di peggio.

Voglia di vincere 2 * (*Teen Woolf Too*, Usa 1987, col, 95') Christopher Leitch. Con Jason Bateman, Kim Darby, John Astin, Paul Sand. ◆ Lo studente lupo mannaro (Bateman) si dà alla boxe e miete successi e ragazze a grappoli; ma poi capisce che nella vita è importante anche studiare e dominare il lupo che c'è in noi. Ancora più goffo e bambinesco del prototipo, con la solita morale ipocrita. Michael J. Fox, saggiamente, non è più della partita.

Voglia matta, La ** (Italia 1962, col, 105') Luciano Salce. Con Ugo Tognazzi, Catherine Spaak, Gianni

Garko, Franco Giacobini, Jimmy il Fenomeno [Origene Soffrano]. ◆ Un ingegnere milanese quarantenne (Tognazzi), in viaggio verso Pisa per passare il fine settimana col figlio, accetta l'invito di una compagnia di ragazzi, affascinato da una (Spaak) di loro. Sfidando il ridicolo cerca di comportarsi da giovane, si innamora sul serio e si prende una batosta. Satira del giovanilismo dell'Italia del boom, con tocchi pungenti e impietosi che a volte vanno a segno. Sceneggiato dagli allora seri Castellano e Pipolo. La censura ebbe qualcosa da obiettare.

Vogliamoci troppo bene *½ (Italia 1990, col, 90') Francesco Salvi. Con Francesco Salvi, Holly Higgins, Barbara D'Urso, Marco Predolin, Enzo Braschi. ◆ Mentre la moglie (D'Urso) è in vacanza, Matteo (Salvi) si invaghisce di una fotomodella americana (Higgins). L'esile trama è pretesto per una serie di gag surreali che giocano col linguaggio cinematografico. Salvi (è anche autore del copione e delle musiche) abbatte muri e li ricostruisce a colpi di telecomando, si rivolge al pubblico e ai tecnici che lo stanno riprendendo, finisce in un videogame: ma non ha il talento cinematografico dei suoi modelli Zucker-Abrahams-Zucker, e il ritmo da piccolo schermo (per non dire delle facce) alla lunga stufa.

Vogliamo i colonnelli ** (Italia 1973, col, 100') Mario Monicelli. Con Ugo Tognazzi, François Périer, Camillo Milli, Carla Tatò, Duilio Del Prete, Pino Zac. ◆ L'onorevole missino Giuseppe Tritoni (Tognazzi) mette in piedi un governo ombra ed elabora un piano eversivo ma, giunto il momento, niente funziona e il golpe fallisce nell'indifferenza generale. Sarà il ministro degli Interni, con leggi eccezionali, ad attuare una svolta repressiva. Dopo il tentato golpe Borghese, l'Italia delle trame nere torna di attualità, e Monicelli (che firma la sceneggiatura con Age e Scarpelli) realizza un film sul tema, come voleva fare fin dal 1960. Non riesce del tutto, però, l'equilibrio tra commedia e impegno, e il risultato non è né carne né pesce. Spassoso, comunque, Tognazzi. Lo scrittore Giancarlo Fusco interpreta il colonnello Gavino Furas.

Vogliamo la celebrità ** (*Break the News*, Gb 1937, b/n, 78') René Clair. Con Maurice Chevalier, Jack Buchanan, June Knight, Gertrude Musgrove, Martha Labarr, Charles Lefaux. ◆ Due attori inglesi (Chevalier e Buchanan), per attirare l'attenzione sul loro talento, fingono un omicidio di cui non si accorge nessuno: il presunto colpevole, costretto ad autodenunciarsi, viene condannato a morte, ma l'amico «assassinato», invischiato in altre peripezie, tarda a comparire per scagionarlo. Passa come remake di *Le Morte en fuite* di André Barthomieu (tratto dall'omonima novella di Loïs de Gouriadec), ma Clair e il cosceneggiatore Geoffrey Kerr si discostarono molto dall'originale, predisponendo l'intreccio al puro gioco della fiction, dove caso, artificio e convenzionalità hanno un ruolo primario. Negazione di qualsiasi realismo, *Vogliamo la celebrità* è dunque una commedia degli equivoci combinata a bella posta, dove la concezione di cinema fantastico di Clair si afferma in ogni scena in un meccanismo a incastro incessante, «infantile» e piacevole, anche se alla fine un po' fine a se stesso. Scenografia di Lazare Meerson. Prodotto da Clair e Buchanan in Inghilterra, ma la società si sciolse subito dopo la realizzazione del film.

Vogliamo vivere *** (*To Be or not to Be*, Usa 1942, b/n, 99') Ernst Lubitsch. Con Carole Lombard, Jack Benny, Robert Stack, Felix Bressart, Lionel Atwill, Stanley Ridges, Tom Dugan. ◆ Nella Varsavia occupata dai tedeschi Hitler cammina per le strade e una bambina gli chiede l'autografo: si tratta in realtà di un attore (Dugan) della compagnia teatrale di Josef e Maria Tura (Benny e Lombard), la cui commedia *Gestapo* viene però censurata. Si ripiega sull'*Amleto*, il cui monologo serve come parola d'ordine sia per i partigiani che per gli intrighi amorosi di Maria col tenente Sobinsky (Stack). Allora destò molte perplessità la scelta di trattare un argomento tragico in chiave di commedia – e invano si chiese al regista di eliminare battute come quella messa in bocca a un colonnello nazista: «Se conosco Josef Tura? Oh sì, lo ricordo: trattava Shakespeare come noi trattiamo la Polonia». Obbligatorio, in questo senso, il paragone col *Grande dittatore* di Chaplin. I giochi di equivoci, travestimenti, incroci tra realtà e palcoscenico sono architettati con perizia sopraffina (la sceneggiatura è di Edwin Justus Meyer) – ma anche un regista come Lubitsch finisce con l'essere in affanno. La fotografia è di Rudolf Maté. È l'ultima apparizione di Carole Lombard, morta in un incidente aereo durante le riprese. Rifatto nel 1983 (*Essere o non essere*).

Voglio danzare con te **½ (*Shall We Dance*, Usa 1937, b/n, 116') Mark Sandrich. Con Fred Astaire, Ginger Rogers, Edward Everett Horton, Ann Shoemaker, Jerome Cowan. ◆ Un ballerino russo (Astaire) in tournée in America e una star del musical (Rogers) decidono di sposarsi e di divorziare a tempo di record per farsi pubblicità. Quarto film del trio Sandrich-Astaire-Rogers, con canzoni di George e Ira Gershwin. Due numeri sono rimasti nella storia del genere: *Slap That Bass*, dove Astaire balla nella sala macchine di un transatlantico al ritmo dei motori, e *Let's Call the Whole Thing Off*, in cui i due danzano su pattini a rotelle.

Voglio essere amata ** (*She Married Her Boss*, Usa 1935, b/n, 90') Gregory La Cava. Con Claudette Colbert, Melvyn Douglas, Michael Bartlett, Jean Dixon, Edith Fellows, Katherine Alexander, Raymond Walburn, Grace Hale. ◆ Coronando il suo sogno, l'efficientissima segretaria Julia Scott (Colvert) riesce finalmente a sposare il principale Richard Barclay (Douglas): ma l'uomo, deluso dalla prima moglie, considera il matrimonio come un prolungamento del rapporto di lavoro, con cui rimettere ordine nella sua confusa vita domestica. Per fortuna la gelosia per le attenzioni di un intraprendente spasimante (Bartlett) è lì in agguato. Una commedia abbastanza curiosa, sceneggiata da Sidney Buchman a partire da un soggetto di Thyra Samter Winslow, dove il confronto tra due opposti gruppi sociali (la sorella e la figlia di Richard [rispettivamente Alexander e Fellows] hanno tutti i vizi dei ricchi, mentre l'efficientismo di Julia è la quintessenza del buon senso borghese) si ricompone in maniera non del tutto tradizionale chiedendo a entrambi di sacrificare un po' della loro voglia di successo, e dopo alcune scene – il corteggiamento dentro la vetrina dei grandi magazzini, l'ubriacatura con il maggiordomo (Walburn), l'exploit luddista con lancio di mattoni – piuttosto originali e molto ben dirette.

Voglio essere amata in un letto d'ottone *½ (*The Unsinkable Molly Brown*, Usa 1964, col, 128') Charles Walters. Con Debbie Reynolds, Harve Presnell, Ed Begley, Hermione Baddeley. ◆ La saga di una boscaiola arricchita (Reynolds) che cerca di guadagnarsi il rispetto dell'alta società di Denver. Al marito importa poco, ma lei va in Europa a lezione di buone maniere. Nel ritorno ha la sfortuna di imbarcarsi sul Titanic, dove si distingue per il suo coraggio: la aspetta una felicità coniugale senza più scossoni. Musical prolisso e posticcio, ispirato a un successo di Broadway.

Voglio essere tua *½ (*My Forbidden Past*, Usa 1951, b/n, 81') Robert Stevenson. Con Robert Mitchum, Ava Gardner, Melvyn Douglas, Janis Carter. ◆ Una ragazza ricca (Gardner) trama per liberarsi della moglie (Carter) dell'uomo (Mitchum) che ama. Quando lui è accusato di uxoricidio, pur di salvarlo lei accetta di perderlo, rivelando la verità. Convenzionale melodramma che mantiene meno di quanto prometta il cast.

Voglio la libertà * (*Up the Sandbox*, Usa 1972, col, 97') Irvin Kershner. Con Barbra Streisand, David Selby, Jane Hoffman, Stockard Channing, Paul Dooley. ◆ Incinta per la terza volta, una giovane moglie (Streisand) che si sente trascurata dal marito esita a comunicare il felice evento, e si costruisce un mondo di sogni. Il lieto fine, comunque, è dietro l'angolo. Passo falso nella carriera della Streisand: una commedia anodina che si trascina verso una banalissima conclusione.

Voglio la testa di Garcia **½ (*Bring Me the Head of Alfredo Garcia*, Usa/Messico 1974, col, 112') Sam Peckinpah. Con Warren Oates, Isela Vega, Emilio Fernandez, Gig Young, Kris Kristofferson, Robert Webber. ◆ Benny (Oates), un pianista di terz'ordine che tira a campare in Messico, sogna di fare il colpo della sua vita portando a un fazendero (Fernandez) la testa dell'uomo che ha messo incinta sua figlia. Sembra un lavoro facile, visto che Garcia giace già sotto qualche palmo di terra: ma Benny non ha fatto i conti con la concorrenza. Parabola di morte e autodistruzione sceneggiata dal regista e Gordon Dawson, con memorabili monologhi di Oates che si porta dietro l'ambito trofeo in un sacco pieno di ghiaccio. L'ambientazione messicana non scade nel folclorico, il finale è da antologia: peccato che il film sconti una prima parte troppo lenta e non all'altezza del suo regista.

Voglio sposarle tutte *½ (*Spinout*, Usa 1966, col, 90') Norman Taurog. Con Elvis Presley, Shelley Fabares, Diane McBain, Deborah Walley, Cecil Kellaway. ◆ Mike McCoy (Presley), cantante con ambizioni da pilota, è assillato da tre ragazze: preferirà vincere le gare, e lasciarle ad altri pretendenti. Elvis comincia a perdere smalto (gli hit sono *Beach Shack* e *Adam and Evil*), e la regia del vecchio Taurog ha poche carte da giocare.

Voglio stare sotto al letto * (Italia 1999, col, 100') Bruno Colella. Con Bruno Colella, Rocco Papaleo, Giorgio Pasotti, Mario Scaccia, Michelle Hunziker. ◆ Il giovane Leonardo (Pasotti) ha scritto una commedia per un vecchio comico al tramonto (Scaccia), e sta raggiungendo quest'ultimo in compagnia del produttore (Colella) che gli ha promesso di mettere in scena il lavoro; quando capisce che l'uomo è interessato più a lui che al suo testo, rinuncia a una splendida fanciulla (Hunziker) che il destino gli ha messo sulla strada: e fa male. Scritta da Colella, una commedia insipida e improbabile, con figurine abbozzate che non raggiungono mai la dimensione di personaggi e un pretestuoso intreccio *on the road* che perde d'interesse strada facendo. La Hunziker, esordiente sul grande schermo, è la moglie di Eros Ramazzotti.

Voglio tornare a casa! ** (*I Want to Go Home*, Francia 1989, col, 90') Alain Resnais. Con Gérard Depardieu, Adolph Green, Linda Lavin, Micheline Presle, John Ashton. ◆ Un fumettista americano (Green) va a Parigi per incontrare la figlia che non vede da due anni, e viene coinvolto da un professore suo ammiratore (Depardieu) in una festa in maschera. La satira degli intellettuali, il rapporto tra vecchio e nuovo continente, quello tra vecchie e giovani generazioni: per una pochade c'è troppa carne al fuoco. Tanto più che i personaggi in carne e ossa parlano con cartoni animati, e che a volte si capita in un musical. Divertimento cerebrale, come ci si aspetta dall'autore della sceneggiatura, Jules Feiffer (*Conoscenza carnale*, *Popeye*), noto anche come autore di cartoon. Il doppiaggio italiano, ovviamente, uniforma inglese e francese.

Voglio una donnaaa! *½ (Italia 1997, col, 87') Luca Mazzieri, Marco Mazzieri. Con Rocco Barbaro, Stefania Rocca, Massimo Olcese, Antonella Elia, Anna Valeria Dini, Mary Asiride, Eva Bravo, Roberto Abbati, Andrea Bellanova, Ketty Vinci. ◆ Chiuso in carcere per aver adescato una donna poliziotto, l'ingenuo Mario Becchi (Barbaro) racconta alla psicologa (Rocca) le sue disavventure: un'educazione sessuale molto confusa, vent'anni in coma (investito da un pullman al funerale dei genitori), una sfortuna in amore pari solo alla sua bontà d'animo. Esordio nel lungometraggio in forma di favola surreale incentrata su una specie di Candide parmigiano, sempre sopraffatto dalle cose e dalle persone. Come spesso accade in Italia, buoni propositi e pochissime idee, in un racconto che non si capisce perché sia tutto in flashback. Già epocale Antonella Elia, in calzoncini da scout e passione animalista.

Voi assassini ** (*Illegal*, Usa 1955, b/n, 88') Lewis Allen. Con Edward G. Robinson, Nina Foch, Jayne Mansfield, Hugh Marlowe, Albert Dekker, Ellen Corby. ◆ Un ex procuratore distrettuale (Robinson), diventato difensore di gangster, cerca di riscattarsi rischiando la vita per difendere la sua ex assistente (Foch), che ha ucciso il marito – un delinquente – per legittima difesa. Il solido professionismo di attori e regista bilancia la mancanza di originalità. Remake di *The Mouthpiece* di Elliot Nugent.

Volare → *Nel blu dipinto di blu (Volare)*

Volere volare **½ (Italia 1991, col, 98') Maurizio Nichetti, Guido Manuli. Con Maurizio Nichetti, Angela Finocchiaro, Patrizio Roversi, Mariella Valentini, Remo Remotti, Renato Scarpa. ◆ Lui (Nichetti) sonorizza cartoni animati, lei (Finocchiaro) fa l'assistente sociosessuale a domicilio: s'incontrano per caso ed è subito colpo di fulmine. Una specie di risposta italiana a *Roger Rabbit*, perché il protagonista ha una «malattia professionale» che lo trasforma in cartoon. La tecnica mista è eccellente ma le cose migliori sono altre: le prestazioni richieste alla Finocchiaro (insolitamente generosa con le sue nudità), il doppiaggio rumorista del porno in costume e il pasto cinefilo. Peccato solo qualche discontinuità nel ritmo. L'elegante animazione è di Guido Manuli, già autore per Nichetti dei titoli di testa di *Ratataplan*.

Volevamo essere gli U2 * (Italia 1992, col, 98') Andrea Barzini. Con Enrico Lo Verso, Marco Galli, Paola Magnanini, Alberto Molinari, Federico Rossi Scribani, Maria Carolina Salomè, Massimo Ghini. ◆ I sogni, le utopie, le disillusioni di un gruppo di ragazzi che dal settembre '89 al settembre '90 si ritrovano in uno scantinato per dar vita a un complesso rock. Da una pièce di Umberto Marino (già allestito con successo dall'autore a teatro dal quale riprende il cast), l'ennesima operazione nostalgia, postdatata e un po' meno edulcorata rispetto al solito (c'è anche un suicidio). Meglio rivedersi *The Commitments*.

Volevo i pantaloni ° (Italia 1990, col, 92') Maurizio Ponzi. Con Giulia Fossà, Lucia Bosé, Pino Colizzi, Angela Molina, Natasha Hovey. ◆ Nella Sicilia di oggi, una liceale (Fossà) che osa sfoggiare minigonne per punizione è ritirata da scuola dai genitori. Lo zio (Colizzi) da cui è stata spedita in confino tenta di violentarla, ma lei infrange la legge dell'omertà. Sposerà il suo ragazzo, dopo aver capito che essere donne è un guaio. Tra il rotocalco rosa e il luogo comune, la «presa di coscienza» della protagonista non riesce a convincere. Instant-movie che ha tentato invano di replicare il successo del bestseller di Lara Cardella. Benvenuti e De Bernardi sono tra gli sceneggiatori di quello che forse è il peggior film di Ponzi.

Volo, Il *½ (*O melissokomos*, Grecia/Italia/Francia 1986, col, 140') Thodoros Anghelopulos. Con Marcello Mastroianni, Nadia Mourouzi, Serge Reggiani, Dinos Iliopulos. ◆ Un apicoltore sulla soglia della vecchiaia (Mastroianni), in viaggio per la Grecia con le sue arnie, incontra una ragazza sbandata (Mourouzi) e cerca con lei un amore impossibile; dopo un disperato amplesso in un cinema vuoto, l'uomo si lascia uccidere dalle api. I piani sequenza per cui è celebre Anghelopulos a volte sono miracolosi, come quello finale, girato tra api vere. Ma la sceneggiatura, cui ha messo mano (e purtroppo si sente) Tonino Guerra, è fiacca, i personaggi astratti e poco convincenti, e il film esageratamente lungo. Mastroianni, baffuto e torvo, borbotta (nell'edizione originale) qualche parola in greco in un film dove si parla molto poco. Al sassofono è Jan Garbarek.

Volo della fenice, Il ** (*Flight of the Phoenix*, Usa 1965, col, 148') Robert Aldrich. Con James Stewart, Richard Attenborough, Peter Finch, Hardy Kruger, Ernest Borgnine, Ian Bannen, Dan Duryea, George Kennedy, Christian Marquand, Gabriele Tinti. ◆ Un aereo precipita nel deserto del Sahara: la sporca dozzina di sopravvissuti, superati i contrasti, riuscirà a ripartire a bordo di un trabiccolo arrangiato coi rottami. Una formula tipicamente aldrichiana (uomini senza nulla di esemplare in una situazione estrema) in un film che va troppo per le lunghe e diluisce la suspense. Buono Stewart nei panni del pilota fallito. L'unica donna del film (Barrie Chase) appare in sogno. La canzone *Senza fine* è cantata da Connie Francis.

Volontari per destinazione ignota ** (Italia 1978, col, 99') Alberto Negrin. Con Michele Placido, Vito Passeri, Verner Di Donato, Severino Stella. ◆ Nel 1936 dei braccianti lucani si arruolano per l'Africa orientale ma, a loro insaputa, vengono mandati a combattere tra le falangi franchiste. Come fare a sparare contro gli italiani che militano fra i rossi? Una ricostruzione storica amara e pessimista, girata però con ritmo e stile da piccolo schermo. Produce la Rai.

Volo senza ritorno ** (*One of Our Aircrafts Is Missing*, Gb 1942, b/n, 102') Michael Powell, Emeric Pressburger. Con Godfrey Tearle, Eric Portman, Hugh Williams, Bernard Miles, Pamela Brown. ◆ Dopo aver bombardato Stoccarda, i sei componenti dell'equipaggio di un aereo inglese sono costretti a paracadutarsi in territorio olandese, dove gli abitanti di un villaggio li aiutano a fuggire dai nazisti e a raggiungere il mare. Tutto fila fin troppo liscio, in questo film di propaganda bellica dove non c'è neanche un morto: ed è proprio nella leggerezza da commedia la chiave di un'operina non indegna di figurare nella filmografia dei due registi. Gli inglesi in fuga sono sempre a due passi dai nemici che li cercano, e in questo modo il racconto coniuga la suspense al divertimento paradossale. Ma a mettere i brividi, oggi, è la sequenza iniziale, in cui gli inglesi che stanno per bombardare Stoccarda ricordano con nonchalance le avventure galanti che vi fecero prima della guerra. Fotografia di Ronald Neame e montaggio di David Lean. Un giovane Peter Ustinov è il prete; Powell è un ufficiale in una delle prime sequenze.

Volpe, La ***½ (*Gone to Earth*, Gb 1950, col, 110') Michael Powell, Emeric Pressburger. Con Jennifer Jones, Cyril Cusack, David Farrar, Sybil Thorndike, Hugh Griffith, Edward Chapman. ◆ Hazel (Jones), una ragazza gallese dallo spirito selvaggio e amante della natura, sposa un curato impotente (Cusack), e cade poi tra le braccia di un uomo violento e crudele (Farrar). La situazione precipita quando lui dà la caccia alla volpe che lei aveva addomesticato. «Sembra che il mondo sia una grande tagliola, e che noi ci siamo in mezzo», dice lei. Uno «scavo lucido dentro gli stereotipi della drammaturgia romantica» nutrito di suggestioni panteiste. Incompreso all'epoca della sua uscita e tratto dal romanzo (in costume) *Tornata alla terra* di Mary Webb (sceneggiato dai due registi), è invece uno dei vertici dello stile fiammeggiante di Powell e Pressburger. Il produttore David O. Selznick, marito della Jones, fece rigirare a Rouben Mamoulian alcune scene per la versione americana (intitolata *The Wild Heart*) di 82', che è poi quella che circola comunemente. La versione integrale è stata restaurata nel 1986, e ne esiste una copia sottotitolata in italiano.

Volpe, La *½ (*The Fox*, Usa 1968, col, 100') Mark Rydell. Con Anne Heywood, Sandy Dennis, Keir Dullea. ◆ Il ménage di due lesbiche (Heywood e Dennis) che vivono in una fattoria isolata viene sconvolto dall'arrivo di un uomo (Dullea), la «volpe» nel pollaio. Una delle due capisce di essere di troppo. Dramma psicologico che vorrebbe essere torbido ma spesso è solo confuso, ispirato a una novella di D.H. Lawrence (adattata da Lewis John Carlino). Primo film di Rydell. All'epoca fece un certo scalpore.

Volpe e la duchessa, La *½ (*The Duchess and the Dirtwater Fox*, Usa 1976, col, 103') Melvin Frank. Con George Segal, Goldie Hawn, Conrad Janis, Thayer David. ◆ Un baro (Segal) viene salvato dalla forca da un bandito che lo vuole come complice. Riuscirà a fregarlo assieme a una intraprendente ballerina da saloon (Hawn). Western farsesco e cialtronesco (definirlo picaresco sarebbe onore troppo grande), che si affida alle smorfie e alle moine della coppia di protagonisti. Come se non bastasse, la Hawn si esibisce anche in alcuni numeri musicali.

Volpone, Il * (Italia 1988, col, 115') Maurizio Ponzi. Con Enrico Montesano, Paolo Villaggio, Enrico Maria Salerno, Eleonora Giorgi, Renzo Montagnani, Alessandro Haber, Athina Cenci, Maurizio Donadoni, Sabrina Ferilli. ◆ L'armatore Volpone (Villaggio) si finge moribondo per togliere a tre suoi sedicenti amici (Haber, Salerno e Montagnani) quanto hanno di più caro (mogli comprese). Lo aiuta nel piano il servo Mosca (Montesano), che alla fine beffa il padrone – anche se qualcuno gli sta già facendo le scarpe. Aggiornamento del *Volpone* di Ben Johnson, che aveva già ispirato *L'avventuriero di Venezia* (1941) di Maurice Tourneur e *Masquerade* (1967) di Mankiewicz. Gli attori recitano con circospezione, la regia vorrebbe evitare scivoloni, ma il tema dell'avidità umana è banale, e alla fine non si diverte nessuno.

Voltati Eugenio ** (Italia/Francia 1980, col, 102') Luigi Comencini. Con Francesco Bonelli, Dalila Di Lazzaro, Saverio Marconi, Memé Perlini, Carole André, Bernard Blier, José Luis de Villalonga. ◆ Il piccolo Eugenio (Bonelli), figlio di una coppia di ex sessantottini (Marconi e Di Lazzaro), vive allo sbando tra genitori, amici e nonni – tutti pronti a scaricarlo: l'unico amico su cui può contare è un cane. Da sempre interessato all'infanzia, Comencini (che firma la sceneggiatura con Massimo Patrizi) non condanna e non moralizza, ma si bilancia tra elegia e sociologia. Troppe, tuttavia, le macchiette di contorno, e non sempre calibrati i personaggi.

Volti **½ (*Faces*, Usa 1968, b/n, 127') John Cassavetes. Con John Marley, Gena Rowlands, Lynn Carlin, Seymour Cassel, Fred Draper. ◆ Il matrimonio di Maria (Carlin) e Richard Forst (Marley) entra in crisi: una sera lui esce con una prostituta (Rowlands); lei, in una sala da ballo dove è andata con le sue amiche, trova un giovanotto (Cassel) che ha propositi quasi seri: ma al mattino crolla e tenta il suicidio. Cassavetes girò questo film nel corso di tre anni, come una improvvisazione sui «problemi umani del matrimonio», ricavando 17 ore di riprese, poi ridotte alla durata attuale. La partenza è faticosa, e pesa la mancanza di struttura. Ma continua a colpire la capacità di mettere a nudo angosce e insicurezze, di cogliere minimi trasalimenti, senza dare l'impressione del voyeurismo, ma coinvolgendo invece lo spettatore. Degli interpreti vince il confronto la coppia Carlin-Cassel, quest'ultimo in una parte di sbalestrato dall'animo gentile che approfondirà in *Minnie & Moskowitz*.

Volto, Il **½ (*Ansiktet*, Svezia 1958, b/n, 101') Ingmar Bergman. Con Max von Sydow, Ingrid Thulin, Gunnar Björnstrand, Bibi Andersson, Naïma Wifstrand, Erland Josephson. ◆ Verso la metà dell'Ottocento, la compagnia dell'illusionista Vogler (von Sydow) accetta di esibirsi per i rappresentanti dell'ordine costituito. Beffato dal razionalismo del medico Vergerus (Björnstrand), Vogler se ne vendica fingendo di morire. Ma, dopo una sarabanda di orrori e spaventi nel laboratorio dell'autopsia, confessa il suo trucco. Una grazia del re, per il momento, lo salva. Una riflessione sull'illusione dell'arte e sul suo rapporto col potere, considerata una delle opere più personali di Bergman. L'allegoria, tuttavia, è troppo trasparente e verbosa, e von Sydow che, con aria perennemente accigliata, distilla sentenze memorabili, fa sorridere. Non sono invecchiate, al contrario, le parti tenute sul filo del fantastico – tra i migliori esempi dell'espressionismo bergmaniano. Premio speciale della giuria al festival di Venezia per la «raffinatezza formale».

Volto dei potenti, Il ° (*Rollover*, Usa 1981, col, 118') Alan J. Pakula. Con Jane Fonda, Kris Kristofferson, Hume Cronyn, Josef Sommer, Martha Plimpton. ◆ La volitiva vedova (Fonda) di un banchiere assassinato e un suo collega della finanza (Kristofferson) si mettono in affari con gli arabi. Ma qualcuno complotta e induce gli sceicchi a ritirare i loro fondi dalle banche americane, provocando un tracollo. I due protagonisti si consolano con l'amore. Malgrado le ambizioni di Pakula, si resta a livello di *Dallas*. Il finale fantascientifico – o, meglio, fantafinanziario – fa precipitare il film nel ridicolo.

Volto del fuggiasco, Il ** (*Face of a Fugitive*, Usa 1959, col, 81') Paul Wendkos. Con Fred MacMurray, Lin McCarthy, Dorothy Green, James Coburn. ◆ Perseguitato dal suo passato di fuorilegge, un pistolero (MacMurray) si riscatta aiutando uno sceriffo a sgominare una banda di fuorilegge. Un onesto western, medio ma non mediocre, con un interprete convincente.

Volto di donna **½ (*A Woman's Face*, Usa 1941, b/n, 106') George Cukor. Con Joan Crawford, Melvyn Douglas, Conrad Veidt, Osa Massen, Reginald Owen. ◆ Una donna (Crawford) col volto deturpato a metà è divisa tra l'amore disinteressato del dottore (Douglas) che la vuole guarire e il rapporto di sottomissione con un turpe consigliere (Veidt). Insolito melodramma gotico, girato con uno stile quasi espressionista dove la Crawford mette in ombra i personaggi maschili. Da una commedia di Francis de Croisset (sceneggiata da Donald Ogden Stewart), che aveva già ispirato *En Kvinas Ansikte* di Gustav Molander, con Ingrid Bergman.

Volto nella folla, Un ***½ (*A Face in the Crowd*, Usa 1957, b/n, 126') Elia Kazan. Con Andy Griffith, Patricia Neal, Anthony Franciosa, Walter Matthau, Lee Remick, Kay Medford. ◆ Con l'aiuto di una giornalista (Neal), Rhodes (Griffith), un cantante folk girovago, diventa un idolo della televisione. Arringa le folle in stile pre-Funari, e fa gola a commercianti e politici. Ma la sua pigmaliona lo distrugge lasciando inserito l'audio alla fine di una trasmissione, quando Rhodes si sfoga e dice ciò che pensa veramente. Lucida e sarcastica parabola sui mass media e sul successo, in notevole anticipo sui tempi. Lo sceneggiatore Budd Schulberg tornava a collaborare con Kazan dopo *Fronte del porto*. Primo film di Griffith e Remick. Burl Ives compare nella parte di se stesso.

Volto segreto – Masques ** (*Masques*, Francia 1987, col, 101') Claude Chabrol. Con Philippe Noiret, Robin Renucci, Bernadette Lafont, Anne Brochet, Roger Dumas. ◆ Un popolare presentatore televisivo (Noiret), dietro la facciata di sorrisi, nasconde un torbido mistero: braccato da un aspirante biografo, si calerà la maschera in diretta, davanti alle telecamere. Noiret dà corpo con grande abilità a un personaggio ambiguo fino al termine, ed è stato premiato al festival di Berlino del 1987. Chabrol conferma il suo talento per le analisi di costume mascherate da gialli: anche se in questo caso la parabola sui media non è originalissima.

Vorrei che tu fossi qui ** (*Wish You Were Here*, Gb 1987, col, 92') David Leland. Con Emily Lloyd, Clare Clifford, Barbara Durkin, Tom Bell. ◆ In una cittadina balneare inglese degli anni Cinquanta Lynda (Lloyd), una sedicenne disinibita («Ho detto culo prima di mamma») sbatte in faccia la sua voglia di vivere – e altro – ai suoi concittadini bigotti. Rimasta incinta, si tiene il pargolo, e se ne va in giro tutta fiera e ormai matura. Ritratto della classica adolescente-ribelle-perché-bisognosa-di-amore (ha perso la madre, ed è a questa che si riferisce il titolo), più convenzionale di quanto sembra. L'esordiente Emily Lloyd è scatenata, e Leland azzecca a volte un tono arguto e frizzante, nella cornice di squallore piccoloborghese che sembra obbligatoria per tutti i film inglesi. Mitico il cane che va in giro con un preservativo in bocca. Per sapere cosa farà da grande la protagonista, vedere *Personal Services*, che Leland aveva sceneggiato poco prima.

Vorrei sposare *½ (*June Bride*, Usa 1948, b/n, 97') Bretaigne Windust. Con Robert Montgomery, Bette Davis, Fay Bainter, Tom Tully, Barbara Bates. ◆ Il redattore di una rivista rosa (Montgomery), invece di scrivere un reportage su un doppio matrimonio in provincia, rimescola le due coppie di sposi. Perderà il posto ma sposerà la sua direttrice. Filmino leggero leggero, girato dalla Davis in uno dei momenti oscuri della sua carriera. Debbie Reynolds fa il suo fulmineo esordio sullo schermo.

Vortice **½ (Italia 1953, col, 108') Raffaello Matarazzo. Con Silvana Pampanini, Massimo Girotti, Gianni Santuccio, Irene Papas, Franco Fabrizi. ◆ Elena (Pampanini) è costretta a sposare, senza amore, Luigi (Santuccio), il cinico direttore della banca dove lavora il padre, per aiutarlo a superare guai finanziari. Il matrimonio si rivela un tormento per la donna, che sarà anche accusata, ingiustamente, dell'omicidio del marito, dovuto invece a un'ex amante (Papas). Elena verrà salvata in extremis dal suicidio dal medico (Girotti), suo vecchio amore. Cinema popolare come veicolo di messaggi, soprattutto per quegli anni, non banali: gli uomini sono spesso, anche inconsapevolmente, i carnefici delle donne; le donne subiscono violenza anche all'interno della famiglia.

Vostro figlio e fratello *** (*Vaš šyn i brat*, Urss 1966, b/n, 95') Vasilij Šukšin. Con Vsevolov Sanaev, Leonid Kuravlëv, Leonid Rutov. ◆ Il rapporto tra un padre e i suoi quattro figli: uno è rimasto al villaggio, due se ne sono andati in città, il quarto (Kuravlëv) è tanto attaccato alla sua terra che fugge dal riformatorio quando il rilascio è ormai vicino. Tratto da tre suoi racconti (in parte autobiografici), il secondo film di Šukšin accentua la polemica antiurbana giocando su più personaggi e con la «cronaca calorosa di una famiglia e di una cultura contadina che irrompe sullo schermo nella chiassosa allegria di una festa in cui sembrano rivivere le più belle feste contadine della grande letteratura ottocentesca». Evitando ogni cliché e lontano da tesi preconcette, il film affronta l'antagonismo campagna/città sottolineando i rapporti privi di maniere della cultura contadina così come l'immediatezza dei suoi legami e li contrappone alle smancerie, all'innaturalezza e alla fragilità dei rapporti urbani, con una vitalità narrativa che arriva a trasformare Šukšin in «una figura mitica, tanto invocata dal cinema sovietico di sempre: l'artista popolare nel senso più schietto del termine», capace comunque di interrogarsi anche sulle proprie convinzioni. E infatti nel finale – quando il figlio più giovane torna in riformatorio – a chi commenta compiaciuto il nuovo arresto perché «doveva vivere come si deve», qualcuno risponde: «Ma com'è che si deve?».

Vostro super agente Flit, Il * (Italia 1967, col, 91') Mariano Laurenti. Con Raimondo Vianello, Raffaella Carrà, Fernando Sancho, Pamela Tudor, Alfredo Marchetti, Giorgio Bonora, Kitty Swan, Giuseppe Castellano. ◆ Il superagente Flit (Vianello) scopre che gli incidenti diplomatici che rischiano di far scoppiare un conflitto atomico sono opera di alcuni «galassici» che hanno preso le sembianze dei terrestri per conquistare la Terra: lui naturalmente sconfigge tutti e conquista anche il cuore della galassica Aura (Carrà). Mariano Laurenti esordisce nella regia con una sceneggiatura di Bruno Corbucci che vorrebbe essere una parodia dell'agente Flint interpretato da James Coburn: battute cult («lei è troppo imbecille per un uomo solo»), Vianello con giacche a scacchettoni e parrucca bionda e una Carrà particolarmente inespressiva che ha paura del pesce rosso Samuele. Per un pubblico veramente disposto a tutto!

Voyager – Passioni violente *½ (*Voyager*, Francia/Rft/Grecia 1991, col, 118') Volker Schlöndorff. Con Sam Shepard, Julie Delpy, Barbara Sukowa, Dieter

Kirchlechner. ◆ Un ingegnere quarantenne (Shepard), che gira il mondo evitando con cura emozioni troppo forti, deve arrendersi al destino quando mette piede in Grecia e s'innamora di una funesta fanciulla (Delpy) che – sorpresa! – è sua figlia. Zelante quanto frigido adattamento di *Homo Faber* di Max Frisch: un cinema accademico buono, ormai, solo per i festival.

Voyou (La canaglia) *½ (*Voyou*, Francia/Italia 1970, col, 123') Claude Lelouch. Con Jean-Louis Trintignant, Charles Denner, Danielle Delorme, Luciano Pigozzi, Christine Lelouch, Amidou. ◆ Un simpatico delinquente (Trintignant) si mette d'accordo con un banchiere (Denner) per simulare il rapimento di suo figlio. Ma non ha pensato che i capitalisti vogliono sempre fregare il prossimo. Giallo farsesco e vivace senza troppa sostanza: un divertissement girato da Lelouch a ridosso dell'impegnato *La vita, l'amore, la morte*.

Vrindavan Film Studio *½ (Italia 1995, col, 90') Lamberto Lambertini. Con Sonali Kulkarni, Enzo Decaro, Goutham Ghose, Gaetano Carotenuto, Antonio Carrano, Tullio Sorrentino, Paolo Graziosi. ◆ Nei famosi studi cinematografici del titolo (dove ha girato anche Satyajit Ray), uno scrittore italiano (Decaro) e un regista bengalese (Ghose) stanno per concretizzare un vecchio sogno: lavorare insieme in un film che trae ispirazione dalla mitologia indiana, con due amici cui il fanatismo per la dea Kalì finirà per far «perdere» la testa, per poi «ritrovarla» scambiata. L'idea di partenza (del regista e Antonio Monroy) non trova nella sceneggiatura (anche di Sergio Scapagnini) ideali e coerenti sbocchi. Il vecchio ritornello della «realtà che supera la finzione» o viceversa ha bisogno di prese di posizioni più nette e di un maggior coraggio. Né basta trasferirsi in India per nascondere i difetti.

Vrroom ** (*Vrroom*, Gb 1988, col, 89') Beeban Kidron. Con Diana Quick, Clive Owen, David Thewlis, Jackie O'Broad. ◆ Stanco del tran tran nella piovigginosa provincia inglese, Jake (Quick) pianta tutto e parte con la sua Chrysler assieme a un amico svitato (Thewlis) e a una quarantenne (Owen) stufa del marito. Chi sarà il primo a rientrare nei ranghi? Dietro l'aria scanzonata, il film dice qualcosa di non banale sulle frustrazioni della classe media britannica.

Vulcano *½ (Italia 1949, b/n, 106') William Dieterle. Con Anna Magnani, Geraldine Brooks, Rossano Brazzi, Eduardo [Edward] Ciannelli, Enzo Stajola, Rosina Fiorini Galli, Rinaldo Ambrogi. ◆ Maddalena (Magnani) – un nome che è un programma – torna nell'isola di Vulcano e cerca di evitare che la sorella (Brooks) faccia la sua stessa fine, togliendola dalle grinfie di un losco palombaro (Brazzi). Al delitto segue il castigo nell'eruzione finale. La Magnani aveva appena rotto con Rossellini, che nella vicina Stromboli stava girando *Stromboli terra di Dio* e pare che proprio la gelosia abbia spinto l'attrice a buttarsi in questo progetto. Ma il film di Dieterle – un drammone esagitato e folcloristico – scolora di fronte al capolavoro rosselliniano, e ottenne ancora meno successo. Sceneggiatura di Piero Tellini, Mario Chiari, Victor Stoloff e, per la traduzione dei dialoghi in inglese, Erskine Caldwell. La cosa migliore sono le straordinarie (per l'epoca) riprese sottomarine.

Vulcano *½ (*Volcano*, Usa 1997, col, 103') Mick Jackson. Con Tommy Lee Jones, Anne Heche, Gaby Hoffman, Don Cheadle, Jacqueline Kim, Keith David, John Carroll Lynch, John Corbett. ◆ Un ufficiale della protezione civile (Jones) e una vulcanologa (Heche) indagano su un'esplosione sotterranea in cui sono morti degli operai, e scoprono che sotto Los Angeles ribolle un vulcano che erutta e fa un bel po' di danni: ma sotto la cenere tutte le etnie diventano finalmente uguali. Gusto puerile della catastrofe e buonismo ai livelli di guardia: tra la lava digitale e i grattacieli in vetrocemento non si sa per chi fare il tifo.

Vuoti a perdere * (Italia 1999, col, 90') Massimo Costa. Con Giancarlo Giannini, Silvia De Santis, Max Malatesta, Vincenzo Peluso, Gianni Garofalo, Victor Cavallo, Gianfelice Imparato, Rosa Pianeta. ◆ Genova: due ladruncoli marchettari (De Santis e Malatesta) raccontano le loro malefatte allo scafato ispettore Cesena (Giannini), che sospetta nascondano qualcosa di grosso, ma poi si intenerisce. Né cinema d'autore né cinema di genere: tutto a metà, senza convincere neanche per un secondo. Con ambizioni di poesia del maledettismo ben al di sopra della portata della sceneggiatura (di Costa e Claudio Lizza).

Wagon-lits con omicidi *½ (*Silver Streak*, Usa 1976, col, 113') Arthur Hiller. Con Gene Wilder, Jill Clayburgh, Richard Pryor, Patrick McGoohan, Ned Beatty, Richard Kiel, Scatman Crothers. ◆ Durante un viaggio in treno coast to coast, un passeggero (Wilder), coinvolto nell'omicidio di un professore, sbroglia il caso con l'aiuto della segretaria (Clayburgh) del morto. Modesto giallorosa che intende parodiare i film di Hitchcock, mescolando suspense e risate. Wilder incontra per la prima volta Pryor, suo partner in molti film successivi.

Wagons East! *½ (*Wagons East!*, Usa 1994, col, 107') Peter Markle. Con John Candy, Richard Lewis, John C. McGinley, Ellen Greene, Robert Picardo, Richard Edson, Ellen Grant. ◆ Un gruppo di cittadini di Prosperity, stanchi della vita nel West, decide di tornare a casa. L'imbelle capocarovana James Harlow (Candy) se la dovrà vedere con un killer (Edson) assoldato dagli avidi magnati delle ferrovie per fermare il controesodo. Western parodico (scritto da Matthew Carlson) con vecchie macchiette (come il cowboy checca), grevità alla Mel Brooks e surrealismo da cartoon: la regia, in ogni caso, è moscia. Candy è morto durante le riprese, e la coerenza del film non ne ha certo guadagnato. Russell Means è il capo indiano.

Walker, una storia vera *½ (*Walker*, Usa/Nicaragua 1988, col, 90') Alex Cox. Con Ed Harris, René Auberjonois, Richard Masur, Marlee Matlin, Peter Boyle, Gerrit Graham. ◆ Ascesa e caduta di William Walker (Harris), un avventuriero americano del Diciannovesimo secolo che, con l'appoggio di Cornelius Vanderbilt e di appena sessanta soldati, riuscì a diventare presidente del Nicaragua. Apologo sul colonialismo, girato con stile semiparodistico e pieno di anacronismi (elicotteri, armi moderne). Le intenzioni satiriche del regista e dello sceneggiatore Rudy Wurlitzer sono state poco apprezzate in patria, ma il film tende a essere velleitario e sopra le righe. Il personaggio di Walker aveva già ispirato *Queimada*. Prima coproduzione tra Usa e Nicaragua.

Walkover ** (*Walkower*, Polonia 1965, b/n, 78') Jerzy Skolimowski. Con Jerzy Skolimowski, Aleksandra Zawieruszanka, Krzysztof Chamiec, Andrzej Herder, Franciszek Pieczka, Henryk Kluba, Elżbieta Czyżewska. ◆ Seguito di *Rysopis*: dopo sei anni Andrzej Leszczyc (Skolimowski) è diventato un pugile fallito che campa di espedienti; incontra la ragazza (Zawieruszanka) che dieci anni prima l'aveva fatto espellere dal politecnico, e vince un incontro di cui aveva paura solo perché l'avversario si è ritirato (*walk over*). Ironia beffarda e senso di vagabondaggio senza meta: il film si apre con il suicidio inspiegato di una ragazza alla stazione (l'attrice, Czyżewska, è la prima moglie del regista e la protagonista di *Rysopis*) e vaga con un gusto aneddotico e un umorismo amaro votato programmaticamente al fallimento. Ma è anche monocorde, ed è invecchiato meno bene del film che lo precede.

Wall, The → *Pink Floyd – The Wall*

Wallace & Gromit e altre storie *** (Gb 1994, col, 75') Nick Park, Richard Goleszowski, Jeff Newitt, Peter Lord. ◆ Sette cortometraggi d'animazione in «rilievo» (la materia prima è la plastilina) prodotti dalla Aardman Animation. *A Grand Day Out* di Nick Park (23', 1989): il flemmatico Wallace e il suo cane Gromit costruiscono un'astronave per andare sulla Luna a rifornirsi di formaggio. Carino ma ancora pionieristico. *The Wrong Trousers* di Nick Park (29', Oscar 1994): un malvagio pinguino affitta una stanza di Wallace e ne conquista la fiducia, ma in realtà intende legarlo a un paio di pantaloni-robot per rubare un diamante: Gromit, con molto affanno, rimedia. Un capolavoro: animazione perfetta, ritmo travolgente da fare invidia a Zemeckis, scenografie e sonoro curatissimi, un umorismo sottile e paradossale molto british. È un modo intelligente di citare il cinema (nelle luci, nelle inquadrature, nella stessa suspense) che a volte fa dimenticare che si tratta solo di pupazzi, e a volte lo sottolinea ironicamente. *Creature Conforts* di Nick Park (5', Oscar 1990): interviste agli animali dello zoo, che si esprimono in modo fin troppo umano. Rovinato dal doppiaggio. *Rex the Runt: How Dinosaurs Became Exinct* e *Dreams* (1991, 4') di Richard Goleszowski: due sketch demenziali che giocano sul contrasto tra nonsense e grafica infantile. *Loves Me... Loves Me Not* (1992, 8') di Jeff Newitt: un narcisista sfoglia una margherita: a ogni «non m'ama» gli capitano cose tremende, a ogni «m'ama» si salva. Cattivello e divertente. *Adam* (1991, 6') di Peter Lord: la solitudine dell'unico uomo su un pianeta, creato da una bizzosa divinità. Vicino a certe cose di Bozzetto, e in fondo scontato. Sette piccoli film per esplorare – in modi diversi – i vari registri della comicità, ma soprattutto un modo per «descrivere con feroce disincanto l'universo piccolo-borghese di cui tutti, più o meno, sono schiavi» e di cui Wallace e Gromit, intrappolati dalle meschine tirannie della contingenza, sono gli assoluti campioni.

Wall Street *½ (*Wall Street*, Usa 1987, col, 124') Oliver Stone. Con Charlie Sheen, Michael Douglas, Martin Sheen, Daryl Hannah, Hal Halbrook, Terence Stamp, James Spader, Sean Young, Sylvia Miles, Millie Perkins. ◆ Un giovane e ambizioso operatore di borsa (C. Sheen) tenta la scalata del successo al seguito del cinico e disonesto Gekko (Douglas). Ma quando il furfante mette le mani sulla compagnia aerea del babbo (M. Sheen, vero padre di Charlie), il figlio scopre di avere una morale, e accetta di andare sotto processo pur di incastrarlo. Approssimativa e scontata parabola morale dell'èra dello yuppismo: interessante più che altro come documento sociologico. Immeritato Oscar a Michael Douglas come miglior attore. Stone (che appare nella sequenza in split screen) dedica il film alla memoria del padre, broker di professione, e si ispira allo scandalo borsistico dell'anno prima: ma è uno dei suoi film peggiori. Sean Young conserva il nome nei titoli, anche se Stone la cacciò dal set dopo pochi giorni di riprese.

Walter e i suoi cugini * (Italia 1961, b/n, 90') Marino Girolami. Con Walter Chiari, Riccardo Billi, Valeria Fabrizi, Alberto Bonucci. ◆ Chiari uno e trino in una farsa con tre cugini gemelli pugliesi, spaesati all'ombra della Madonnina. Parodia di *Rocco e i suoi fratelli* a livello di avanspettacolo, che, per rimpolpare l'esile intreccio a base di equivoci, copia anche dalla *Congiura degli innocenti*.

Wampyr **½ (*Martin*, Usa 1978, col, 85') George A. Romero. Con John Amplas, Lincoln Maazel, Elayne Nadeau, Christine Forrest, Tom Savini. ◆ Martin (Amplas) sembra un diciottenne, ma dice di avere ottantaquattro anni. Il suo vecchio cugino è convinto che sia un vampiro. E Martin, di fatto, è un necrofilo che beve il sangue delle sue vittime: almeno prima di innamorarsi. Dissacrazione del mito del vampiro (ma senza lieto fine) nella provincia americana: aglio e crocifissi non servono a nulla. Bizzarro, ben girato (bellissimi i flashback in bianco e nero) e insolitamente erotico. La versione italiana, sponsorizzata a suo tempo da Dario Argento, aggiunge musica dei Goblin e taglia un po' di minuti, rendendo meno chiara la storia e attenuando i risvolti grotteschi. Romero è il prete poco esperto di demonologia; sua moglie Forrest è la cugina; Savini, fedele responsabile degli effetti speciali, è il fidanzato. In cassetta circola col titolo originale.

Wanderers, The – I nuovi guerrieri ** (*The Wanderers*, Usa 1979, col, 113') Philip Kaufman. Con Ken Wahl, Karen Allen, John Friedrich, Linda Manz, Olimpia Dukakis, Toni Kalem. ◆ La vita dei ragazzi nel Bronx negli anni Sessanta, tra risse con bande rivali, partite a strip poker, problemi familiari, guai con la mafia. Sullo sfondo l'assassinio di Kennedy, l'inizio della tragedia del Vietnam e Bob Dylan (una controfigura) che canta *The Times Are A-Changin'*. Una serie di bozzetti diseguali, indecisi tra la nostalgia e la deformazione grottesca, che vorrebbero diventare l'affresco di un'epoca. Nulla a che vedere, comunque, con i *Guerrieri della notte* – come vorrebbe insinuare il titolo italiano. Da un romanzo di Richard Price.

Wanted – Vivo o morto * (*Wanted: Dead or Alive*,

Usa 1987, col, 104') Gary A. Sherman. Con Rutger Hauer, Gene Simmons, Robert Guillaume, Susan McDonald. ◆ A Los Angeles, un cacciatore di taglie (Hauer) è alle prese con uno spietato terrorista arabo (Gene Simmons dei Kiss): se ne sbarazzerà facendogli esplodere una granata in bocca. Rozzo e violento, con giustificati sospetti di razzismo.

War, The ** (*The War*, Usa 1994, col, 125') Jon Avnet. Con Elijah Wood, Kevin Costner, Mare Winningham, Lexi Randall, Gary Basaraba. ◆ Mississippi, 1970: mentre il reduce Stephen Simmons (Costner) combatte coi traumi del Vietnam e perde un lavoro dopo l'altro, i suoi figli Stu (Wood) e Lidia (Randall) organizzano la vendetta contro una banda di ragazzacci che li vessano. Dopo un paio di tragedie, impareranno che l'amore è l'unica cosa che conta. Le guerre tra ragazzi come specchio di quella degli adulti: non è certo sulla denuncia sociale che punta la sceneggiatura di Kathy McWorter. E anche nel mondo desolato dei *rednecks* del Sud c'è sempre la possibilità di redenzione. Avnet, tuttavia, è sincero nel suo essere hollywoodianamente ottimista e unanimista, anche se il film dura mezz'ora di troppo.

War and Love ** (*The Children's War*, Israele 1985, col, 110') Moshe Mizrahi. Con Davis Spielberg, Cheryl Giannini, Brita Youngbollod. ◆ Dei ragazzini ebrei fuggono dal ghetto di Varsavia e conducono una lotta personale contro i nazisti, diventando amici di un partigiano polacco. Da una storia vera, un film onesto, che però non evita molte ovvietà di stampo televisivo.

Wargames – Giochi di guerra **½ (*WarGames*, Usa 1983, col, 110') John Badham. Con Matthew Broderick, Dabney Coleman, John Wood, Ally Sheedy, Barry Corbin. ◆ Un ragazzino (Broderick), genio dell'elettronica, riesce a entrare nel computer della difesa nazionale e rischia di scatenare l'apocalisse giocando alla «guerra termonucleare globale»: per fortuna alla fine blocca la macchina insegnandogli a giocare a tris. Un antesignano degli hacker della generazione cyberpunk in un film che allora fece epoca, sceneggiato da Lawrence Lasker e Walter F. Parkes: l'inizio è di classe ma il risvolto umanitario (con l'inventore del computer che si rifugia sull'isola) è deludente.

Washington Square * (*Washington Square*, Usa 1997, col, 115') Agnieszka Holland. Con Jennifer Jason Leigh, Albert Finney, Ben Chaplin, Maggie Smith, Judith Ivey, Betsy Brantley, Jennifer Garner, Peter Maloney. ◆ Nella New York di metà Ottocento, la timida e goffa Catherine Sloper (Jason Leigh) subisce le continue angherie del padre medico (Finney) e l'attenzione iperprotettiva della zia zitella (Smith): quando incontra Morris Townsend (Chaplin) se ne innamora immediatamente, ma il giovane arrivista si dilegua quando il padre, contrario al matrimonio, minaccia di diseredare la figlia. Dall'omonimo romanzo di Henry James, sceneggiato da Carol Doyle (già portato sullo schermo da Wyler col titolo *L'ereditiera*), un mélo psicologico aggrovigliato e stucchevole, con una pedante ricostruzione d'epoca e grandi attori che gareggiano in virtuosismo manieristico, fino ad esasperare in modo ridicolo i caratteri dei personaggi.

Waterland – Memorie d'amore *½ (*Waterland*, Gb 1992, col, 95') Stephen Gyllenhaal. Con Jeremy Irons, Sinead Cusack, Grant Warnock, Lena Heaney, Pete Postlethwaite, Ethan Hawke, John Heard. ◆ Pittsburgh, 1974: il professore di storia Tom Crick (Irons), per convincere la sua classe distratta dell'utilità della sua materia, si mette a raccontare la propria giovinezza nel Fens inglese (la regione paludosa del titolo) fra le due guerre. Incesti, triangoli, suicidi e aborti, ma sempre col sorriso sulle labbra: Crick verrà costretto alle dimissioni per i suoi metodi didattici poco ortodossi, ma conquisterà la sua classe e verrà a patti coi propri traumi. Dal romanzo *Il paese dell'acqua* di Graham Swift, adattato da Peter Prince, è uscito un film goffo e incerto sul tono da mantenere, pieno di trovate che vorrebbero essere poetiche e sono solo imbarazzanti (come quando gli allievi di Crick tornano nel passato come dei turisti accompagnati da una guida). Il personaggio di Mary Metcalf (Heaney da giovane, Cusack da adulta), la moglie di Crick a cui la maternità negata dà di volta al cervello, ha accenti tragici, ma più per merito delle attrici che della regia, che scivola sempre nell'oleografia.

Waterloo * (Italia/Urss 1970, col, 136') Sergej Bondarčuk. Con Rod Steiger, Christopher Plummer, Orson Welles, Ivo Garrani, Gianni Garko, Jack Hawkins, Virginia McKenna, Andrea Checchi, Orso Maria Guerrini. ◆ Le varie fasi della battaglia che, il 18 giugno 1815, portò alla definitiva sconfitta di Napoleone (Steiger). Wellington (Plummer) alla fine si aggira tra i cadaveri e sentenzia: «Dopo una battaglia perduta, nessuna sciagura è pari a una battaglia vinta». «Storia in cartolina gigante» e «trionfo dell'ovvio» in un kolossal da 15 miliardi di lire (di allora), che tenta di inserire un risibile messaggio pacifista. L'Armata rossa ha fornito le comparse: correva voce che alcune fossero state ferite o addirittura morte nelle scene di battaglia. Steiger è pomposo; Welles, nella parte di Luigi XVIII, ha poche battute. Prodotto da Dino De Laurentiis.

Waterworld *½ (*Waterworld*, Usa 1995, col, 135') Kevin Reynolds. Con Kevin Costner, Dennis Hopper, Jeanne Tripplehorn, Tina Majorino, Michael Jeter, Gerald Murphy, Zakes Mokae, Ric Aviles, Chaim Jeraffi, Henry Kapono Ka'aihue, Tracy Anderson. ◆ Nel futuro i poli si sono sciolti, l'acqua ha coperto il globo e i pochi superstiti si scannano per un pugno di terra. Un navigatore solitario e senza nome (Costner), che ha sviluppato branchie e piedi palmati, si trova controvoglia a proteggere una ragazzina (Majorino) – che ha tatuata sulla schiena la mappa che indicherebbe l'unica terra emersa rimasta – dalle grinfie del malvagio Deacon (Hopper), capo di una banda di barbari su motoscafi. Il film di Reynolds è finora il più caro della storia del cinema, ma è difficile vedere sullo schermo i 175 milioni di dollari di costo (anche perché molti effetti speciali subacquei sono venuti male e sono stati tagliati). L'idea di partenza è suggestiva, la creazione di un mondo precario e galleggiante è quasi riuscita: ma la sceneggiatura (di Peter Rader e

David Twohy) è piena di buchi, l'iconografia delle bande barbariche motorizzate rimanda pesantemente alla serie di *Mad Max*, e le sequenze d'azione restano nella scia di *Indiana Jones*. Costner all'inizio gioca a fare l'eroe antipatico, ma alla fine è il solito cavaliere della valle solitaria; Hopper (ed è l'unico miracolo del film) fa meno smorfie del previsto. Fotografia (maestosa) di Dean Semler e musica (pomposa) di James Newton Howard.

Weeds ** (*Weeds*, Usa 1987, col, 115') John Hancock. Con Nick Nolte, Rita Taggart, William Forsythe, Lane Smith, Joe Mantegna, Anne Ramsey. ◆ Un detenuto (Nolte) di San Quintino, aspirante commediografo, viene liberato grazie a una petizione di intellettuali, e fonda una compagnia teatrale con ex detenuti. Dalla vera storia di Rick Ckuchey, una parabola ottimistica tipicamente americana: ben recitata, anche se il ritmo lento lo fa sembrare un film per la televisione (e non lo è).

Weekend – Un uomo e una donna dal sabato alla domenica ** (*Week-end*, Francia/Italia 1967, col, 95') Jean-Luc Godard. Con Jean Yanne, Mireille Darc, Jean-Pierre Léaud, Jean-Pierre Kalfon, Valérie Lagrange, Juliet Berto, Laszlo Szabo, Anne Wiazemsky. ◆ Una coppia di borghesi (Yanne e Darc) a caccia di eredità intraprende un viaggio in automobile in mezzo a orrori e devastazioni di ogni genere. Dopo aver sgozzato la suocera, vengono catturati da terroristi hippie: lei passa dalla loro parte, e banchetta con le carni di lui. Dissacrazione della società dei consumi, fatta apposta per far imbestialire il pubblico borghese di quegli anni. Ma anche vezzosa riflessione sul linguaggio cinematografico, che si conclude con la scritta «Fine del cinema», e comprende battute come: «Questo film fa schifo, non ti sembrano tutti pazzi?». «Colpa tua, non credi ancora a Godard». Celebre il piano sequenza di 10' lungo la strada piena di rottami in fiamme e di cadaveri. Dopo questo film inizierà il periodo sessantottino del regista.

Weekend a Zuydcoote **½ (*Week-end à Zuydcoote*, Francia 1964, col, 123') Henri Verneuil. Con Jean-Paul Belmondo, Catherine Spaak, François Périer, Jean-Pierre Marielle, Georges Géret, Marie Dubois. ◆ Sulla costa belga, durante la disfatta di Dunkerque, un sergente francese (Belmondo), cinico e disgustato, cerca una fuga impossibile assieme a una donna (Spaak): ma la fortuna non può certo arridergli. Spettacolare film antimilitarista, che rappresenta gli orrori della guerra in modo più crudo di quanto non si fosse fatto in passato, e che, per il suo ritratto antieroico dei soldati francesi, ebbe addirittura qualche noia con la censura. Per Belmondo e il fido Verneuil, una volta tanto, un film non di routine.

Weekend con il morto *½ (*Weekend at Bernie's*, Usa 1989, col, 97') Ted Kotcheff. Con Andrew McCarthy, Jonathan Silverman, Catherine Mary Stewart, Terry Kiser, Don Calfa, Louis Giambalvo. ◆ Due programmatori (McCarthy e Silverman) hanno scoperto che qualcuno opera una truffa ai danni della società in cui lavorano: si ritrovano nella villa del capo col suo cadavere (Kiser) e una gang sulle loro tracce. Successo a sorpresa per una farsa degli equivoci giocata sull'umorismo macabro. Kiser è impagabile nel conservare la stessa espressione nelle situazioni più assurde; ma il film è di quelli da vedere mangiando popcorn. Con un seguito.

Weekend con il morto 2 * (*Weekend at Bernie's II*, Usa 1992, col, 95') Robert Klane. Con Andrew McCarthy, Jonathan Silverman, Terry Kiser, Troy Beyer. ◆ Il morto Bernie (Kiser) viene rianimato con un rito vudù perché mostri il nascondiglio dei milioni da lui rubati: ne approfittano i due amiconi (McCarthy e Silverman), appena licenziati. Le solite gag macabre nello scenario da cartolina delle isole Vergini: ormai il meccanismo non offre più sorprese, e il tasso di cretineria varca i livelli di guardia. E neanche il successo del prototipo si è ripetuto.

Weekend da leoni, Un *½ (*Losin' It*, Usa 1982, col, 100') Curtis Hanson. Con Tom Cruise, Shelley Long, John P. Navin jr, Jackie Earle Haley. ◆ Quattro ragazzi vanno in gita a Tijuana pregustando droga e sesso facili: ma riuscirà a concludere solo uno di loro (Cruise), cha ha fatto da consolatore a un'autostoppista in via di divorzio (Long). Banale commedia giovanile, incerta tra i toni goliardici e il perbenismo di ritorno. Prima regia di Hanson.

Weekend di terrore * (*Friday the 13th: Part III*, Usa 1982, col, 96') Steve Miner. Con Dana Kimmel, Paul Kratka, Tracie Savage, Jeffrey Rogers. ◆ Terzo capitolo della saga di *Venerdì 13*, la cui unica originalità è quella di essere stato proiettato nelle sale in 3D. Per il resto il solito rosario di ammazzamenti, soprattutto all'arma bianca, di cui sono vittime alcuni ignari ragazzotti che si illudevano di passare un tranquillo weekend di sesso e campagna, quando invece Jason, mostruoso vendicatore redivivo, è sempre in agguato. Seguìto da *Venerdì 13: capitolo finale*.

Weekend senza il morto * (*Only You*, Gb 1992, col, 100') Betty Thomas. Con Andrew McCarthy, Kelly Preston, Helen Hunt, Daniel Roebuck. ◆ Un playboy della domenica (McCarthy) riesce a partire per i mari del Sud con bionda mozzafiato al seguito. Una volta sul posto lei lo snobba, ma lui trova il vero amore. Insulsa commediola turistico-balneare che invano i distributori italiani hanno cercato di spacciare come un sequel di *Weekend con il morto*.

Weekend su due, Un ** (*Un Week-end sur deux*, Francia 1990, col, 100') Nicole Garcia. Con Nathalie Baye, Joachim Serrau, Félice Pasotti, Henri Garcin. ◆ Un'attrice divorziata (Garcia), stanca di vedere i suoi figli ogni 15 giorni, decide di rapirli e si dirige verso la Spagna. Psicodrammi familiari nella forma di un road-movie per l'esordio alla regia dell'attrice Garcia. Ben recitato, ma con una conclusione prevedibile.

Welcome to Los Angeles **½ (*Welcome To L.A.*, Usa 1977, col, 106') Alan Rudolph. Con Keith Carradine, Geraldine Chaplin, Harvey Keitel, Lauren Hutton, Sissy Spacek, Sally Kellerman, Viveca Lindfors, John Considine, Diahnne Abbot. ◆ L'alta borghesia di Los Angeles vista con gli occhi del figliol prodigo (Carradine) che vi fa ritorno. Lui cade nelle braccia delle numerose donne disponibili e insoddisfatte solo se proprio inevitabile. Il bestiario femminile è diviso tra le patetiche (Chaplin, Kellerman, Lindfors), le sfuggenti (Hutton) e le emancipate (Spacek); quello maschile, a parte Carradine, è composto solo di patetici. Commedia corale, amarognola e ben recitata, girata con i ritmi stralunati e divaganti che saranno tipici del regista, qui al suo primo vero film. Altman, produttore del film, resta il modello di riferimento. Canzoni di Richard Baskin, che interpreta il cantante vanesio.

Werther **½ (*Le Roman de Werther*, Francia 1938, b/n, 85') Max Ophuls. Con Pierre Richard-Willm, Annie Verney, Jean Périer, Jean Galland, Paulette Pax, Georges Vitray, Roger Legris, Henri Guisol. ◆ Distaccato a Walheim come referendario al Palazzo di giustizia, Werther (Richard-Willm) si innamora di Carlotta (Verney) senza sapere che è promessa all'amico Albert (Galland). Dopo che i due fidanzati si sono sposati, Werther fa di tutto per rendersi indegno della donna, ottenendo solo di indisporre i superiori e insospettire Albert: non gli resterà che il suicidio. Rispettando scrupolosamente il romanzo di Goethe (sceneggiato dal regista con Hans Wilhelm e Fernand Crommelynck) Ophuls dirige un'opera di asciutto e classico rigore, lontanissima dalla ricchezza plastica delle sue opere più personali, ma anche strada espressiva obbligata per sfruttare al meglio la sobrietà degli interpreti e l'austera armonia dei paesaggi (la collina su cui si danno appuntamento Werther e Carlotta). Nonostante l'evidente differenza di età (Werther dovrebbe avere ventun anni, il suo interprete ne ha 43), Pierre Richard-Willm dà qui la miglior interpretazione della sua carriera.

West and soda ** (Italia 1965, col, 86') Bruno Bozzetto. ◆ Il primo lungometraggio a disegni animati di Bozzetto è una parodia del western: un timido pistolero riporta la pace in una cittadina terrorizzata da un bandito. Il ritmo ha molte cadute, ma la caratterizzazione dei personaggi è gustosa, e il disegno originale.

Western... alla ricerca della donna ideale **½ (*Western*, Francia 1997, col, 124') Manuel Poirier. Con Sergi Lopez, Sacha Bourdo, Elisabeth Vitali, Marie Mathéron, Basile Sieouka, Olivier Guehenneux, Vanina Delannoy, Mélanie Leray. ◆ Paco (Lopez) è stato lasciato dalla fidanzata per un periodo di prova, Nino (Bourdo) è il vagabondo che gli ha rubato la macchina: decideranno di girare per la Bretagna alla ricerca di una donna per Nino, sempre sfortunato in amore. Una commedia *on the road* apparentemente senza meta, sottilmente straniante, che alterna intelligentemente il dramma e la farsa. Scritto dal regista e Jean-François Goyet, il film riesce a trasmettere l'insicurezza e lo smarrimento di chi non si sente a casa da nessuna parte (non a caso i due protagonisti sono solo a metà francesi: di origine catalana Paco, di strane ascendenze russo-italiane Nino), eppure cerca disperatamente quel calore che gli permetterà di sentirsi finalmente accettato.

Westfront **½ (*Westfront 1918*, Germania 1930, b/n, 96') Georg Wilhelm Pabst. Con Gustav Diessl, Hans Joachim Moebis, Fritz Kampers, Jackie Monnier, Else Heller. ◆ Gli ultimi mesi della prima guerra mondiale visti da un soldato tedesco, tra gli orrori della trincea e gli avvilenti ritorni a casa, dove scopre che la moglie si prostituisce per poter mangiare. Una collana di episodi strazianti, che culmina con la morte del protagonista. Un soldato francese stringe la mano al cadavere e lo chiama «camerata». A Pabst è stata rimproverata l'inclinazione al patetico e all'aneddotico, e la mancanza di una qualunque analisi storica sulle cause della guerra. Altri hanno lamentato, viceversa, il tono troppo freddo e documentaristico (non a caso manca la musica di commento). Dopo tre anni, in ogni caso, il film era già stato messo al bando in Germania. Malgrado l'elaborazione formale (caratteristici i lunghi movimenti di macchina), siamo tuttavia lontani dall'impatto di un film come *All'ovest niente di nuovo*. Nell'edizione originale la parola fine era seguita da un punto interrogativo.

West Side Story *** (*West Side Story*, Usa 1961, col, 151') Robert Wise, Jerome Robbins. Con Natalie Wood, Richard Beymer, Russ Tamblyn, Rita Moreno, George Chakiris, Tucker Smith, David Winters, Simon Oakland. ◆ La tragica storia d'amore tra Tony (Beymer) e Maria (Wood), novelli Romeo e Giulietta del West Side newyorchese anni Cinquanta: l'opposizione non viene dalle famiglie, ma dalle rispettive bande rivali, i Jets bianchi e gli Squali portoricani. Adattamento cinematografico di un famoso successo di Broadway di Arthur Laurents sceneggiato da Ernest Lehman, con una realizzazione grandiosa che fa passare in secondo piano gli spunti narrativi (conflitti razziali, degradazione urbana, povertà sociale), tutt'altro che banali, soprattutto negli anni kennedyani in cui l'American Dream sembrava alla portata di tutti. Contribuì in modo determinante a rinnovare il musical, non solo per le splendide coreografie di Robbins, ma anche per la loro ambientazione in esterni (nella 68a e nella 110a, prima della demolizione). In origine la regia doveva essere del solo Robbins, che aveva già diretto la versione teatrale, ma il suo perfezionismo avrebbe richiesto una duplicazione del budget, e la United Artists preferì affiancargli il più parco Wise, affidando a lui numerose scene non musicali. Le sequenze migliori rimangono comunque quelle del coreografo, sulle note di canzoni mitiche come *The Jet Song*, *America*, *Cool*, *I Feel Pretty*, firmate da Leonard Bernstein e Stephen Sondheim. Vinse dieci Oscar: film, regia, fotografia (Daniel Fapp), attore e attrice non protagonisti (Chakiris e Moreno), costumi (Irene Sharaff), scenografia (Jerome Robbins), montaggio (Thomas Stanford), colonna sonora (Bernstein) e coreografia (premio speciale). I raffinati titoli di testa sono di Saul Bass. Per le canzoni Natalie Wood è doppiata da Marni Nixon.

What Every Woman Knows * (*What Every Woman Knows*, Usa 1934, b/n, 92') Gregory La Cava. Con Helen Hayes, Brian Aherne, Madge Evans, Lucile Watson, Donald Crisp, Dudley Digges, David Torrance. ◆ Per piazzare la sorella zitella (Hayes), i Wylie sono disposti a finanziare gli studi di un ambizioso giovanotto (Aherne) in odore di progressismo: il quale poi diventa addirittura deputato e ministro, tradendo però la mogliettina. All'inizio sembra un Frank Capra di ambientazione scozzese, ma il finale - con la fida consorte che perdona e aiuta il marito ad avere successo - fa accapponare la pelle anche a un maschilista. Tra i film meno riusciti del regista.

W.H.I.F.F.S. – La guerra esilarante del soldato Frapper *½ (*Whiffs*, Usa 1975, col, 91′) Ted Post. Con Elliott Gould, Jennifer O'Neill, Harry Guardino, Eddie Albert. ◆ Stanco di essere usato come cavia in esperimenti coi gas esilaranti, un soldato (Gould) lascia l'esercito e diventa rapinatore di banche. Satira innocua e divertimento relativo.

Whisky a volontà **½ (*Whisky Galore*, Gb 1949, b/n, 82′) Alexander Mackendrick. Con Basil Radford, Joan Greenwood, James Robertson-Justice, Jean Cadel, Gordon Jackson. ◆ Durante la seconda guerra mondiale una nave inglese carica di whisky naufraga in una delle Èbridi. Un probo capitano (Radford) si danna per far rispettare la legge agli isolani, che – memori di antiche usanze – reclamano il contenuto del relitto. Il poveraccio verrà beffato e umiliato. Da un racconto di Compton MacKenzie (che compare nella parte del capitano Buncher) sceneggiato dallo stesso romanziere con Angus Macphail, una amabile satira (con un fondo di crudeltà) che non risparmia frecciate né a inglesi né a scozzesi. Girato in loco, mescolando attori professionisti a gente del posto. Prodotto dalla Ealing, e molto apprezzato all'epoca. Negli stessi luoghi verrà girato *Whisky sì, missili no.*

Whisky e gloria **½ (*Tunes of Glory*, Gb 1960, col, 120′) Ronald Neame. Con Alec Guinness, John Mills, Susannah York, Dennis Price, Kay Walsh, John Fraser, Gordon Jackson. ◆ In una caserma scozzese un colonnello (Guinness) ubriacone ma umano con la truppa si scontra col suo sostituto (Mills), un fanatico col culto del regolamento. Per entrambi finirà in tragedia. Dal romanzo di James Kennaway (autore anche della sceneggiatura), uno spaccato delle nevrosi della vita militare, impietoso e beffardo, anche se mai veramente polemico. Credibile il crescendo drammatico, e ottime le interpretazioni. Mills vinse la coppa Volpi al festival di Venezia. Esordio per la York.

Whisky sì, missili no *½ (*Rockets Galore*, Gb 1957, col, 94′) Michael Relph. Con Jeannie Carson, Donald Sinden, Roland Culver, Noel Purcell. ◆ Gli abitanti delle Ebridi, poco propensi a ospitare una base missilistica, dipingono di rosa alcuni gabbiani, facendo credere che sia minacciata una specie rarissima. Una farsa corale tipicamente inglese, che però manca della freschezza di *Whisky a volontà*, di cui è una specie di seguito.

White Sands – Tracce nella sabbia *½ (*White Sands*, Usa 1992, col, 101′) Roger Donaldson. Con Willem Dafoe, Mickey Rourke, Samuel L. Jackson, Mary Elizabeth Mastrantonio, M. Emmet Walsh, Mimi Rogers. ◆ Spacciandosi per un uomo che è stato ucciso, uno sceriffo (Dafoe) del Sud Dakota contatta un pericoloso mercante d'armi (Rourke). Ma ha alle calcagna due serie di agenti dell'Fbi: quelli che pensano stia facendo il doppio gioco, e quelli che il doppio gioco lo fanno veramente. Dopo un inizio promettente, l'intreccio si ingarbuglia e accumula troppi colpi di scena che lasciano indifferenti. Prodotto di routine, con Rourke sottotono che sfoggia un dente d'argento.

Who? L'uomo dai due volti *½ (*Who?*, Gb 1974, col, 93′) Jack Gold. Con Elliott Gould, Trevor Howard, Joseph Bova, Ed Grover. ◆ Uno scienziato americano (Bova) ricompare trasformato in androide dopo un incidente automobilistico a Berlino Est. I servizi segreti americani cercano di capire chi è veramente, ma riescono solo a farlo impazzire. Ambizioso film di spionaggio che tenta di inserire riflessioni sull'identità. Gould è sprecato nella parte dell'agente della Cia.

Whore – Puttana ** (*Whore*, Usa 1991, col, 84′) Ken Russell. Con Theresa Russell, Antonio Fargas, Benjamin Mouton, Elizabeth Morehead, Sanjay. ◆ Una prostituta (Russell) ha deciso di mollare il suo violento magnaccia (Mouton); negli intervalli dell'azione si rivolge allo spettatore per raccontare la sua vita e il suo mestiere. Dalla pièce di David Hines *Bondage*, un film che vorrebbe essere crudo e realistico come un documentario, ma è più convenzionale di quanto vuole sembrare, anche se gli uomini ci fanno una pessima figura. Apprezzabili i tocchi d'ironia, ma fuori luogo il finale thriller. Il sesso è più parlato che esibito. Theresa Russell è molto brava. Ken Russell (l'omonimia è casuale) dirige con uno stile secco che da lui non ci si aspetterebbe. La porno-star Ginger Lynn (che qui si fa chiamare Ginger Allen) è la prostituta accoltellata.

Who's That Girl ° (*Who's That Girl*, Usa 1987, col, 94′) James Foley. Con Madonna [Louise Veronica Ciccone], Griffin Dunne, Haviland Morris, John McMartin, Coati Mundi [Andy Hernandez], John Mills. ◆ Incarcerata ingiustamente per omicidio, Nikki Finn (Madonna) esce per buona condotta e si mette sulle tracce di chi l'ha fatta arrestare, trascinando nelle sue peripezie un puma e un avvocatino (Dunne). Fiacco tentativo (sceneggiato da Andrew Smith e Ken Finkleman) di aggiornare agli anni Ottanta la commedia stile Howard Hawks: in pratica, la versione per bambini di *Qualcosa di travolgente*. Madonna è meno scatenata del solito, Dunne ripete il suo personaggio di *Fuori orario*: difficile vederli come nuovi Katharine Hepburn e Cary Grant. Fiasco meritato.

Wichita *** (*Wichita*, Usa 1955, col, 81′) Jacques Tourneur. Con Joel McCrea, Vera Miles, Lloyd Bridges, Wallace Ford, Edgar Buchanan, Peter Graves, Keith Larsen, Carl Benton Reid, John Smith, Walter Coy, Walter Sande. ◆ Wichita, Kansas: Wyatt Earp (McCrea), con l'aiuto del giovane reporter Bat (Larsen), cattura i banditi che avevano svaligiato la banca dove aveva messo i suoi risparmi e si guadagna la stella da sceriffo: all'inizio rifiuta l'incarico, poi l'accetta inimicandosi molti potenti, compreso il proprietario di un saloon (Buchanan) che per ucciderlo assolda addirittura due fratelli di Wyatt (Graves e Smith). Un western «alla Tourneur», sia per l'ambientazione (Wichita è un mondo in balìa dell'insicurezza e della paura) che per la molteplicità dei punti di vista (buoni e cattivi cambiano di ruolo a seconda delle circostanze, distruggendo il manicheismo tipico del genere, e gli stessi cattivi sono solo cowboys trasformati in belve dall'ubriachezza e da un'esistenza troppo dura). Il celebre Wyatt Earp (magnificamente interpretato da McCrea) qui assomiglia al private eye di tanti film noir: incarna i valori assenti nella città senza legge né morale, e cerca inutilmente di sfuggire al suo destino di giustiziere che percepisce come vera e propria fatalità. Teso e sobrio fino all'austerità, ma girato in CinemaScope e continuamente ricco di sorprese («antisuspense in senso hitchcockiano»), *Wichita* è il penultimo western di Tourneur per il cinema e uno dei suoi migliori. Nella versione italiana Wyatt Earp è inspiegabilmente diventato John Whiles.

Wicked City Live *** (*Yaoshao Dushi*, noto anche col titolo inglese *The Wicked City*, Hong Kong/Giappone 1992, col, 90') Peter Mak Tai-kit. Con Leon Lai, Jacky Cheung, Michelle Reis, Tatsuya Nakadai, Carman Lee, Roy Cheung, Yuen Woo-ping. ◆ Hong Kong, prossimo futuro: i reptoidi, alieni mutanti, si mescolano agli umani; c'è chi vorrebbe collaborare con questi ultimi e chi vorrebbe sottometterli. Il poliziotto Taki (Lai) si innamora di un'aliena (Reis), mentre il collega Ken (Cheung) ha dei guai per la sua natura ibrida. Tratto da un *manga* che era già diventato un disegno animato, un inedito e insuperato connubio tra temi cyberpunk e il romanticismo e il surrealismo tipici del cinema hongkonghese. Con un gusto dell'assurdo che non ha pari in Occidente (donne che si trasformano in ragni, ascensori e motociclette; uomini inseguiti da orologi), in bilico tra ironia dichiarata e un gusto naïf d'altri tempi. Un autentico divertimento per chi è disposto ad abbandonare le proprie coordinate. Il grande Nakadai di *Ran* interpreta il reptoide buono. Prodotto e co-sceneggiato da Tsui Hark.

Wild Beast - Bestie feroci * (Italia 1984, col, 87') Franco Prosperi. Con Lorraine De Selle, John Aldrich, Louisa Loyd, Ugo Bologna. ◆ Una sostanza inquinante nell'acqua fa impazzire gli animali di uno zoo, che fuggono dalle gabbie e fanno scempio dei malcapitati. Idea mediocre e svolgimento baracconesco, con dovizia di effettacci truculenti.

Wild Bill *½ (*Wild Bill*, Usa 1995, col e b/n, 100') Walter Hill. Con Jeff Bridges, Ellen Barkin, David Arquette, John Hurt, Diane Lane, Bruce Dern, Christina Applegate, James Gammon, Keith Carradine. ◆ Deadwood, 1877: per vendicare la madre (Lane) sedotta e abbandonata, l'imbelle Jack McCall (Arquette) ha deciso di uccidere il celebre Wild Bill Hickock (Bridges), leggenda del West ed eroe suo malgrado. Hill, anche sceneggiatore, ha incrociato l'impianto teatrale originale (*Father and Sons* di Thomas Babe) col romanzo *Deadwood* di Pete Dexter, movimentando la situazione statica con una ridda di flashback come non se ne vedevano dagli anni Settanta. Con un occhio a *C'era una volta in America* e uno all'irraggiungibile Peckinpah, Hill allestisce un western funereo e frastornante, abbastanza sincero nell'ispirazione anche se risaputo nei temi, e dove comunque le inquadrature sghembe e i cambi di colore del direttore della fotografia Lloyd Aherne sopperiscono all'immaginazione. Imbarazzante la Barkin nei panni di Calamity Jane. Musica di Van Dyke Parks. Flop in patria, distribuito solo in videocassetta.

Wildcats * (*Wildcats*, Usa 1986, col, 107') Michael Ritchie. Con Goldie Hawn, Swoosie Kurtz, Robyn Lively, James Keach, Wesley Snipes, M. Emmet Walsh, L.L. Cool J. ◆ Un'insegnante di educazione fisica (Hawn) sogna di allenare una squadra di football: ovviamente le capita quella della scuola più malfamata, e con gli elementi peggiori. Il tipo di commedia fatto apposta per Goldie Hawn, la biondina petulante che tiene testa ai maschiacci. È il tipo di film che solo gli americani possono trovare irresistibile.

Wilde **(*Wilde*, Gb/Usa/Giappone/Germania 1997, col, 110') Brian Gilbert. Con Stephen Fry, Jude Law, Vanessa Redgrave, Jennifer Ehle, Gemma Jones, Judy Parfitt, Michael Sheen, Zoë Wanamaker, Tom Wilkinson, Ioan Gruffudd, Matthew Mills. ◆ Sposato con Constance (Ehle) e padre di due figli, all'apice della fama, Oscar Wilde (Fry) s'innamora del nevrotico Lord Alfred «Bosey» Douglas (Law), figlio del marchese di Queensbury (Wilkinson): il processo per offesa al pudore che ne seguirà segnerà la fine della popolarità dello scrittore. Dalla biografia di Richard Ellmann, sceneggiata da Julian Mitchell, un ritratto che vorrebbe tenersi lontano dagli stereotipi e dal sensazionalismo ma che finisce per essere troppo «corretto» e didascalico, con il suo bisogno di spiegare le ragioni di tutti e una regia che non ha mai un guizzo di originalità. Meglio le biografie degli anni Sessanta (*Il garofano verde* e *Ancora una domanda, Oscar Wilde!*).

Wild Man Blues ** (*Wild Man Blues*, Usa 1997, col, 102') Barbara Kopple. Con Woody Allen e i membri della sua band (Eddy Davis, Dan Barrett, Simon Wettenhall, John Gill, Cynthia Sayer, Greg Cohen), Jean Doumanian, Richard Jones, Letty Arenson, Soon Yi. ◆ Documentario sul tour musicale europeo di Woody Allen: tra pubblico e privato, sfilano la band, i familiari, i teatri, gli alberghi, i fan, i paparazzi, l'immancabile humour e le onnipresenti nevrosi in un film che, rispetto a quelli dello stesso Allen, fa uno strano effetto di straniamento. Nessuna rivelazione e nemmeno uno sguardo particolarmente originale, come ci si aspettava dalla Kopple (autrice di *Harlan County U.S.A.*), ma per gli estimatori del regista è un «dietro le quinte» più che piacevole.

Wild Wild West ° (*Wild Wild West*, Usa 1999, col, 107') Barry Sonnenfeld. Con Will Smith, Kevin Kline, Kenneth Branagh, Salma Hayek, Ted Levine, M. Emmet Walsh, Bai Ling, Musetta Vander. ◆ Il pistolero James West (Smith) e l'inventore Artemus Gordon (Kline) salvano il presidente Grant (ancora Kline) dal diabolico Arliss Loveless (Branagh), sudista su sedia a rotelle, che ha costruito ogni sorta di avveniristiche macchine da guerra. In pratica la versione high-tech della *Grande corsa*, o un James Bond ottocentesco con ammiccamenti per un pubblico smaliziato, quali consente una giovane star nera come Smith. Tuttavia, sprecata l'occasione di rivisitare i miti del West e posto che non c'è un'idea che non sia copiata da qualcos'altro (col cinema di Hong Kong tra le principali vittime), Sonnenfeld non ripete l'exploit di *MIB – Men in Black*: ignora tempi e ritmi della comicità, si dilunga in monologhi interminabili e si perde tra gli effetti digitali, con un Branagh dimezzato, due Kline nella stessa inquadratura e una tarantola meccanica gigante. Quattro sceneggiatori hanno sviluppato un soggetto di Jim e John Thomas. Punto basso nella carriera del direttore della fotografia Michael Ballhaus e del compositore Elmer Bernstein.

Will Hunting – Genio ribelle **½ (*Good Will Hunting*, Usa 1997, col, 122') Gus Van Sant. Con Matt Damon, Robin Williams, Ben Affleck, Minnie Driver, Stellan Skarsgård, Casey Affleck, Cole Hauser, John Mighton. ◆ Orfano dei quartieri bassi di Boston, Will Hunting (Damon) pulisce i corridoi del Massachusetts Institute of Technology ma è un genio della matematica; se ne accorge il professor Lambeau (Skarsgård), che lo manda in cura da un amico psicoanalista (Williams): ma il ragazzo vuole consacrarsi alla scienza o seguire le ragioni del cuore? Una favola romantica che aggiorna i miti dell'*american way of life*, sceneggiata da Matt Damon e Ben Affleck (che interpreta uno degli amici di Will), in cui lo sguardo del regista - imposto alla produzione da Williams - si vede soprattutto negli esterni di South Boston, negli incontri tra amici operai, nel loro girovagare senza meta, nonché nella capacità di frenare l'imbarazzante esuberanza dello stesso Williams. Il resto è grande (ma standardizzato) prodotto hollywoodiano, compreso il finale di (momentanea?) ribellione. Oscar per la sceneggiatura e l'attore non protagonista (Williams).

Willard e i topi *½ (*Willard*, Usa 1971, col, 95') Daniel Mann. Con Bruce Davison, Elsa Lanchester, Ernest Borgnine, Sondra Locke, Michael Dante. ◆ Un giovane impiegato (Davison) solitario e frustrato trova l'unica gioia nell'allevare topi: li scatenerà contro il suo tirannico datore di lavoro (Borgnine), ma poi non li saprà controllare. La regia spenta di Mann rende soporifero ciò che poteva essere un piccolo e curioso thriller. Seguìto da *Ben*.

Willow *½ (*Willow*, Usa 1988, col, 125') Ron Howard. Con Warwick Davis, Val Kilmer, Joanne Whalley, Billy Daty, Jean Marsh, Patricia Hayes, Pat Roach. ◆ Nel regno di Nockmaar, Elora, bimba destinata a regnare, viene perseguitata dalla regina-strega Bavmorda (Marsh): la madre l'affida alle acque da cui la salva il nano Willow Ufgood (Davis). Da una storia di George Lucas, che è anche il produttore. Esperto di nuovo cinema per famiglie, Howard rivisita i luoghi del fantasy e delle fiabe tradizionali. Tutto molto curato e studiato, effetti speciali barocchi, il villaggio Nelwyn abitato da centinaia di nani: ma ci si annoia presto. Nello stesso genere è molto più riuscito *La storia fantastica*. Davis è uno degli Ewoks del *Ritorno dello Jedi*. Sul set Joanne Whalley s'innamorò del suo partner Val Kilmer e lo sposò diventando Joanne Whalley-Kilmer.

Willy Signori e vengo da lontano * (Italia 1989, col, 105') Francesco Nuti. Con Francesco Nuti, Isabella Ferrari, Alessandro Haber, Anna Galiena, Cristina Gaioni. ◆ Willy (Nuti), cronista di nera, ha provocato la morte di un uomo in un incidente e, in preda a sensi di colpa, si prende cura della ragazza (Ferrari) del morto, che aspetta un bambino. La fidanzata (Galiena) lo pianta. Lieto fine in Marocco, dove anche il burbero fratello paralitico (Haber) ha trovato un po' di serenità. Nuti mescola la lacrimuccia alla battutaccia, la buffonata ai 30 secondi di riflessione. Sull'orlo del ridicolo i discorsi di Willy al bambino ancora nel pancione. Gli spettatori accorrono sempre in massa: beato Nuti.

Willy Wonka e la fabbrica di cioccolato **½ (*Willy Wonka and the Chocolate Factory*, Usa 1971, col, 98') Mel Stuart. Con Gene Wilder, Jack Albertson, Peter Ostrum, Roy Kinnear. ◆ Willy Wonka (Wilder) guida un gruppo di bambini buoni all'interno della sua fabbrica di dolciumi: il più buono ne diventerà l'erede. Roald Dahl ha adattato il suo libro *La fabbrica di cioccolato*. Surrealismo fiabesco e pop in colori caramella. Wilder è una versione enigmatica e al maschile di Mary Poppins.

Winchester '73 ***½ (*Winchester '73*, Usa 1950, b/n, 92') Anthony Mann. Con James Stewart, Shelley Winters, Dan Duryea, Stephen McNally, Charles Drake, Millard Mitchell. ◆ Lin McAdam (Stewart) insegue Dutch Brown (McNally) per mezzo West con un duplice scopo: recuperare il prezioso fucile che gli ha rubato, e vendicare l'uccisione del patrigno. L'impresa si complica perché l'arma cambia spesso di mano, e i due risulteranno essere fratelli. Il primo dei cinque western di Mann con Stewart, sceneggiato da Borden Chase e Robert L. Richards, parte con l'ambizione di riassumere temi e situazioni tipiche del genere, attraverso una riuscita galleria di episodi e personaggi. Ma il sottofondo psicologico della lotta fratricida, il tema edipico e la riflessione sulla violenza sono qualcosa di completamente nuovo, così come certe innovazioni di ordine stilistico: su un piano più strettamente narrativo, il fucile funziona da pretesto per «una serie di forti variazioni sui temi di una vendetta e di un odio quasi biblici» anche se ancora appesantiti da un certo grezzo manicheismo, ma è soprattutto nella splendida fotografia in bianco e nero (firmata da William Daniels) che domina incontrastata in molte scene notturne, nell'utilizzo della profondità di campo e dei movimenti di macchina che si possono vedere i prodromi dei capolavori futuri di Mann. Rock Hudson è il capo sioux; Tony Curtis fa una breve apparizione.

Wind – Più forte del vento ** (*Wind*, Usa 1992, col, 126') Carroll Ballard. Con Matthew Modine, Jennifer Grey, Cliff Robertson, Jack Thompson, Rebecca Miller. ◆ Lo skipper americano Will Parker (Modine) prima perde la Coppa America contro gli australiani, e poi la riconquista, valendosi dei consigli di Kate (Grey), la donna che non ha mai smesso di amare. Ispirato alla storia di Dennis Conner, lo skipper che riportò in patria la coppa che per 140 anni era stata americana. C'è qualcosa del produttore esecutivo Francis Ford Coppola nella celebrazione spettacolarmente grandiosa dei sogni, e si può fantasticare sul tocco dello sceneggiatore Rudy Wurlitzer (*Strada a doppia corsia*, *Piccolo Buddha*) nella parte ambientata sui deserti di sale dello Utah: ma stringi stringi è solo un film vecchio stile, per di più patriottico, dove l'importante è vincere e non partecipare. Alte emozioni sportive, noiose vicende sentimentali.

Windsurf – Il vento nelle mani * (Italia 1984, col,

88′) Claudio Risi. Con Pierre Cosso, Lara Naszinski, Philippe Leroy, Paola Onofri, Guido Mannari. ◆ Un giovane australiano (Cosso) al Circeo partecipa a una gara di windsurf per recuperare la barca a vela persa al gioco dallo zio. Amori da spiaggia e rivalità tra figli di papà e ragazzi onesti come contorno. Esordio del fratello di Marco Risi.

Wing Commander – Attacco alla Terra * (*Wing Commander*, Usa 1999, col, 100′) Chris Robert. Con Matthew Lillard, Freddie Prinze jr, Tcheky Karyo, Jürgen Prochnow, David Warner, Saffran Burrows. ◆ Un variopinto equipaggio spaziale deve superare pregiudizi e rivalità per salvare la Terra da un'invasione aliena. Sagra del già visto (scritta da Kevin Drowney) realizzata in economia e con spirito da *Top Gun*. I tuffi nei buchi neri non danno brividi metafisici, e i combattimenti da videogioco tradiscono l'origine e la destinazione di un film del genere: la playstation.

Winstanley **½ (*Winstanley*, Gb 1975, col, 96′) Kevin Brownlow e Andrew Mollo. Con Miles Halliwel, David Bramley, Jerome Willis, Terry Higgins. ◆ Nell'Inghilterra di Cromwell, venti persone fondano una comunità agricola nel Surrey su basi comuniste: ma il loro tentativo utopista viene soffocato nel sangue. Una produzione del British Film Institute che rispetta scrupolosamente la realtà storica e ricostruisce la storia e la scrittura del movimento dei Diggers (zappatori). Una rivisitazione originale del genere storico anche se il didatticismo della messinscena appare, a volte, eccessivo. Le citazioni di Ejzenštejn (compresa la colonna sonora dell'*Alexandr Nevskij*) e di Gance lasciano il tempo che trovano.

Wisdom *½ (*Wisdom*, Usa 1986, col, 109′) Emilio Estevez. Con Emilio Estevez, Demi Moore, Veronica Cartwright, William Allen Young. ◆ John Wisdom (Estevez), un James Dean in sedicesimo, si mette a giocare a Bonnie e Clyde con la sua ragazza (Moore): ma, anziché rapinare banche, le distrugge per cancellare le tracce delle ipoteche. L'Fbi li insegue, la gente li acclama. Al suo precoce esordio come regista, uno dei figli di Martin Sheen si è fatto dare qualche consiglio dall'anziano Robert Wise, ma il film è tragicamente incerto sul tono da adottare: e prima che la faccenda prenda una piega seria, c'è tempo per stuccarsi del narcisismo del protagonista.

Wishmaster – Il signore dei desideri * (*Wishmaster*, Usa 1997, col, 89′) Robert Kurtzman. Con Tammy Lauren, Andrew Divoff, Robert Englund, Tony Todd, Ted Raimi. ◆ Liberato da un opale, il malvagio Djinn (Divoff) concede tre desideri alle sue vittime, dopodiché ne fa polpette; la ricercatrice Alexandra (Lauren) deve capire come salvare la pelle. Sceneggiatura puerile di Peter Atkins (che non azzecca neanche il nome del dio del male persiano: che è Arimane, celebrato anche da Leopardi, e non Ahura Mazda), regia di un creatore di effetti speciali: e quindi *slime* e protesi in latex a non finire, che ormai non spaventano più nessuno. Dal produttore esecutivo Wes Craven ci si aspettava di più.

Witch Hunt – Caccia alle streghe ** (*Witch Hunt*, Usa 1994, col, 90′) Paul Schrader. Con Dennis Hopper, Eric Bogosian, Penelope Ann Miller, Sheryl Lee Ralph, Julian Sands, Debi Mazar. ◆ Hollywood, anni Cinquanta: il senatore Larson Crockett (Bogosian) dà la caccia alle streghe nel senso letterale del termine, preoccupato che la magia diffusa nel mondo del cinema (c'è chi materializza Shakespeare nel presente per fargli scrivere sceneggiature) possa corrodere i valori americani. Intanto il detective H. Phillip Lovecraft (Hopper) indaga sulla morte di un produttore vittima di una fattura che l'ha fatto rimpicciolire. La satira dell'anticomunismo americano diventa esplicita quando da Crockett salta letteralmente fuori il Bogosian commediante degli anni Novanta, per aggredire il pubblico con uno dei suoi caustici monologhi: ma il film di Schrader (girato per la Tv via cavo americana) tocca molti altri tasti, dal finto noir parodistico alla commedia orrorifica, zeppa di effetti speciali digitali abbastanza ingegnosi. Il genere di ibrido fatto per non piacere a nessuno, troppo ambizioso da una parte e troppo scioccherello dall'altra; come bizzarria, comunque, merita un'occhiata. Sceneggiatura di Joseph Dougherty, musica di Angelo Badalamenti. Il personaggio del detective era già apparso in *Omicidi e incantesimi*.

Witness – Il testimone **½ (*Witness*, Usa 1985, col, 112′) Peter Weir. Con Harrison Ford, Kelly McGillis, Lukas Haas, Alexander Godunov, Danny Glover, Josef Sommer. ◆ Il poliziotto (Ford) impegnato a proteggere un bambino (Haas) testimone di un omicidio si rifugia, ferito, nella comunità degli Amish, austeri protestanti che vivono rifiutando le comodità e le lusinghe della civiltà contemporanea. La love story con la McGillis, vedova e mamma del piccolo, non va in porto, anche perché Weir, dopo un'ora di idillio rurale, si ricorda che il film è un thriller e come tale deve terminare. Il tema del confronto tra due culture è inevitabilmente banalizzato. Ma Weir gira con un occhio al cinema di John Ford e, malgrado gli squilibri, confeziona un buon prodotto di intrattenimento. Ottimi Harrison Ford, in uno dei suoi primi ruoli seri, e il piccolo Haas. Oscar alla sceneggiatura di Earl W. Wallace, William Kelley e Pamela Wallace.

Wittgenstein *** (*Wittgenstein*, Gb 1993, col, 75′) Derek Jarman. Con Karl Johnson, Michael Gough, Tilda Swinton, John Quentin, Kevin Collins, Clancy Chassay. ◆ La vita e il pensiero del filosofo Ludwig Wittgenstein (Johnson), 1889-1951: l'infanzia a Vienna, gli studi a Cambridge, l'amicizia con Bertrand Russell (Gough), sua moglie (Swinton) e Maynard Keynes (Quentin), l'arruolamento volontario nell'esercito austriaco durante la prima guerra mondiale, l'attività di insegnante elementare, quella accademica a Cambridge, le opere filosofiche. Un film televisivo (commissionato da Channel Four nell'ambito di una serie dedicata a grandi filosofi, poi distribuito anche nelle sale) che è quanto di più lontano si possa immaginare dalla biografia romanzata: Jarman, insieme agli sceneggiatori Terry Eagleton (docente di letteratura inglese a Oxford, di formazione marxista) e Ken Butler, organizza la sua non-storia sotto forma d'inchiesta affidata a un extraterrestre, Mr. Green, incaricato dai superiori di indagare sull'essere umano Ludwig Wittgenstein. Da qui l'antologia di episodi sulla sua vita e il suo pensiero concepiti come blocchi quasi astratti, girati completamente in studio e restituiti – con forte impatto visivo – attraverso una messinscena brechtiana, radicale e totalmente priva di orpelli: macchina fissa, sfondo nero su cui si stagliano, a colori vivaci, personaggi e oggetti, siparietti sgargianti a scandire una partitura per immagini libera, giocosa e grottesca, che nulla concede alla tradizionale contestualizzazione ambientale e psicologica.

W la foca *½ (Italia 1982, col, 92') Nando Cicero. Con Lory Del Santo, Bombolo [Franco Lechner], Riccardo Billi, Michela Miti, Dagmar Lassander, Franco Bracardi, Victor Cavallo. ◆ Un'infermiera veneta (Del Santo) capita in una famiglia di bacati, con figlio ritardato, nonno porcello, moglie ninfomane e una foca vera. Farà carriera in una clinica per dimagrire che sfrutta metodi particolari. Commediaccia barzellettistica che si eleva dalla media per i tocchi surreali e il gusto del nonsense. La presenza della foca accostata a Lory Del Santo innesca «un cortocircuito retorico che si spalanca su una vertigine sensoria». Una particina profetica per Moana Pozzi nel ruolo di Anna.

W le donne * (Italia 1970, col, 94') Aldo Grimaldi. Con Little Tony [Antonio Ciacci], Franco Franchi, Ciccio Ingrassia, Stefania Doria, Pippo Franco, Pippo Baudo, Anna Zinneman, Gino Bramieri, Paola Tedesco, Carlo Sposito, Anna Maestri. ◆ Al suo rientro in Italia, il cantante Tony Marconi (Little Tony) è obbligato a fare il servizio militare: finirà sotto le sgrinfie del terribile maresciallo La Rosa (Ingrassia), ma si innamorerà di sua figlia Simonetta (Doria), e grazie all'aiuto dello zio sergente (Franchi) riuscirà anche a non perdere le scritture. Stanchissimo epigono dei musicarelli anni Sessanta sceneggiato da Carlo Veo: qualche luogo comune protomisogino (sulla falsariga della canzone che dà il titolo al film, di cui è autore anche Pippo Baudo, «epocale» nel ruolo del colonnello Bertoluzzi) e troppe esibizioni canore. Pippo Franco fa un inattendibile manager italo-americano, Paola Tedesco la barista (ma non mostra niente). I titoli di testa e di coda sono di Bruno Bozzetto.

Wolfen – La belva indomabile ** (*Wolfen*, Usa 1981, col, 115') Michael Wadleigh. Con Albert Finney, Diane Venora, Gregory Hines, Edward James Olmos, Tom Noonan, Dick O'Neill. ◆ Un detective (Finney) che indaga su alcuni raccapriccianti omicidi a New York non sa che non si tratta di un maniaco, ma di divinità indiane dalle sembianze di lupo, che si vendicano di chi ha invaso il loro territorio sacro. I tocchi di umorismo macabro presenti nella prima metà cedono il posto, nel finale, a un misticismo visionario che non convince pienamente. Il film di Wadleigh (autore di *Woodstock*) resta una curiosità, con un cast insolito per un horror, e un'ottima fotografia (di Gerry Fisher). Le soggettive dei lupi, con i colori alterati, hanno fatto scuola.

Wolf – La belva è fuori ° (*Wolf*, Usa 1994, col, 125') Mike Nichols. Con Jack Nicholson, Michelle Pfeiffer, James Spader, Kate Nelligan, Christopher Plummer, Richard Jenkins, Om Puri. ◆ Will Randall (Nicholson), pacato dirigente di una casa editrice, sta per essere fatto fuori da un collega più giovane (Spader), che va a letto anche con sua moglie (Nelligan). Ma dopo essere stato morso da un lupo, tira fuori le unghie – metaforicamente e letteralmente – e si porta a letto Laura (Pfeiffer), la figlia del capo (Plummer). La sceneggiatura di Jim Harrison, rimaneggiata da Wesley Strick, vorrebbe invitare alla riscoperta dell'animalità come forza positiva in una società allo sbando: tant'è che il lupo-Nicholson sbrana solo i nemici, non chi ama. Ma lo schema di fondo non è molto più raffinato di quello di *Voglia di vincere*, e il finale ridicolo. La regia di Nichols non rinnova l'iconografia del licantropo, troppo fiacca per un horror e troppo dozzinale per un conte philosophique. Poco speciali gli effetti di Rick Baker, che pure aveva firmato *Un lupo mannaro americano a Londra*. La colonna sonora è di Ennio Morricone, la fotografia di Giuseppe Rotunno.

Women and Men 2 ** (*Women and Men 2*, Usa 1991, col 859) Walter Bernstein, Kristi Zea, Mike Figgis. Tre episodi che fanno seguito a *Donne e uomini – Storie di seduzione*. ◆ In *Return to Kansas City* (di Walter Bernstein, con Matt Dillon, Kyra Sedgwick) un giovane pugile accetta un incontro rischioso per compiacere la moglie assetata di soldi; da un racconto di Irwin Shaw. In *A Domestic Dilemma* (di Kristi Zea, con Ray Liotta, Andie MacDowell) un marito con due bambini è alla prese con una moglie alcolizzata; prodotto da Jonathan Demme, da un racconto di Carson McCullers. In *Mara* (di Mike Figgis, con Juliette Binoche, Scott Glenn) uno scrittore americano, a Parigi, illude per un attimo una prostituta sentimentale; tratto da un episodio di *Giorni tranquilli a Clichy* di Henry Miller, sembra una prova generale, più disillusa e crudele, di *Via da Las Vegas*. Un prodotto televisivo ben confezionato e recitato, con un sottofondo amarognolo non del tutto convenzionale.

Won Ton Ton, il cane che salvò Hollywood *½ (*Won Ton Ton, the Dog Who Saved Hollywood*, Usa 1976, col, 92') Michael Winner. Con Madeline Kahn, Bruce Dern, Art Carney, Teri Garr. ◆ Won Ton Ton (noto in Italia come Rin Tin Tin) è un alsaziano che, negli anni Venti, fugge da un canile e conosce alti e bassi come star del cinema, aiutando la sua padrona, una stellina (Kahn), anche nei suoi affari sentimentali. Esile parodia della vecchia Hollywood, in cui compaiono, in parti spesso insignificanti, decine di vecchie glorie: Jackie Coogan, Virginia Mayo, Johnny Weissmuller, Yvonne De Carlo, Cyd Charisse, Victor Mature, John Carradine, Walter Pidgeon, Dorothy Lamour e molti altri.

Woodstock – Tre giorni di pace, amore e Musica ** (*Woodstock: 3 Days of Peace and Music*, Usa 1970, col, 184') Michael Wadleigh. Con Joan Baez, Crosby, Stills and Nash, Jefferson Airplane, Joe Cocker, Sly and the Family Stone, Ten Years After, Carlos Santana, The Who, Jimi Hendrix, Arlo Guthrie, Richie Havens. ◆ Cronaca del concerto che riunì 400 mila persone in una pacifica celebrazione della musica, delle droghe e del libero amore. Testimonianza di un passato che oggi sembra remoto, imperdibile per gli appassionati del rock, significativo dell'affermazione di una generazione e delle sue idee in fatto di politica e di musica. Di rilievo, in particolare, le esibizioni di Jimi Hendrix e degli Who. Gli effetti dovuti allo split screen (lo schermo diviso in più immagini) si perdono in televisione. Martin Scorsese fu assistente alla regia e supervisore al montaggio. Oscar come migliore documentario. Nel 1994 è stata presentata una nuova versione (*Woodstock: 3 Days of Peace and Music: The Director's Cut*) che dura 184' e il cui sonoro è stato tutto ripulito con tecniche digitali. Le principali differenze con l'edizione del 1970 sono una maggior presenza di Jimi Hendrix e il ripristino delle esecuzioni degli Jefferson Airplane, che cantano *Won't You Try (Saturday Afternoon)* e *Uncle Sam's Blues*, e di Janis Joplin, che si esibisce in *Work Me Lord*.

World of Geisha, The ***½** (*Yojohan fusuma no urabari*, Giappone 1973, col, 72') Kumashiro Tatsumi. Con Junko Miyashita, Hideaki Ezumi, Hatsuo Yamaya, Naomi Oka. ◆ Tokyo, 1917: mentre il mondo è in subbuglio, la geisha Sodeko (Miyashita) contravviene il codice professionale raggiungendo l'orgasmo con un cliente (Ezumi), con il quale deciderà di vivere. Da un romanzo anonimo attribuito a Nagai Kafu, una sorta di polemico pamphlet sul commercio dei corpi e l'erotismo visto dagli uomini, tanto desiderosi di sapere in che cosa consista il piacere femminile quanto pronti a reprimerlo. Ma, come succede in Tatsumi, manierismi godardiani e intellettualismi convivono con scivoloni voyeuristici e kitsch, con un effetto sconfortante. Il titolo originale significa «Dietro la porta scorrevole di una piccola stanza».

Woyzeck ****½** (*Woyzeck*, Rft 1978, col, 82') Werner Herzog. Con Klaus Kinski, Eva Mattes, Wolfgang Reichmann, Willy Semmelrogge, Irm Hermann. ◆ All'inizio dell'Ottocento, Woyzeck (Kinski), un soldato di guarnigione, è costretto a sopportare le angherie del suo capitano e di un medico che lo usa per esperimenti insulsi. Informato, per scherzo, del tradimento della sua donna (Mattes), la accoltella. Si sottrarrà alla giustizia umana, lasciando comunque ai cittadini la soddisfazione per un «bel delitto» come non ne capitavano da anni. Il dramma di Georg Büchner ha trovato in Herzog un interprete fedele e congeniale. Woyzeck, un disadattato che patisce il contrasto tra Natura e Ragione, è un fratello ideale di Stroszek e Kaspar Hauser. La messa in scena, tuttavia, non ha i lampi geniali di altri film herzoghiani: banale, in particolare, l'uso di musiche di Vivaldi e di Benedetto Marcello. Kinski piega la sua maschera allucinata al ruolo, per lui insolito, della vittima. Girato a Telc, in Cecoslovacchia. Palma d'oro a Cannes per Eva Mattes come miglior attrice non protagonista.

Wyatt Earp ***½** (*Wyatt Earp*, Usa 1994, col, 195') Lawrence Kasdan. Con Kevin Costner, Dennis Quaid, Gene Hackman, Linden Ashby, Jeff Fahey, Isabella Rossellini. JoBerth Williams, Bill Pullman ◆ Dopo la morte della moglie per tifo, Wyatt Earp (Costner) si trasferisce nel selvaggio Ovest, rompendo con la tradizione avvocatizia della famiglia. I fratelli lo seguono fino a Tombstone, dove Wyatt diventa uno sceriffo dai modi spicci e si allea con Doc Hollyday, eccentrico dentista giocatore d'azzardo (Quaid), contro i cattivi Clanton, che hanno ammazzato due fratelli Earp: la sfida risolutiva tra i due gruppi avverrà all'O.K. Corral. Uno stanco e interminabile western nichilista, che fa del più famoso sceriffo del West, «arrivato a 80 anni senza essere mai stato colpito da una pallottola», una sorta di giustiziere senza legge, più rassegnato e guidato dal Fato che eroico nelle imprese tramandate dal mito. All'origine della leggenda c'è una tragedia personale, il resto è puro accidente in un West ormai spogliato di qualsiasi appeal epico, sembra dire Kasdan. Vien da chiedersi perché raccontarne ancora la storia e, soprattutto, perché in tre abbondantissime ore. Costner cambia raramente espressione, ma Dennis Quaid è probabilmente il miglior Doc Hollyday mai visto sullo schermo. Bella la livida fotografia di Owen Roizman. Tra le versioni precedenti: *Gli indomabili* di Allan Dwan (1939), *Sfida infernale* di John Ford (1947), *Sfida all'O.K. Corral* di John Sturges (1957), *Doc* di Frank Perry (1971) e *Tombstone* (1994) di George P. Cosmatos.

Xanadu *** (*Xanadu*, Usa 1980, col, 88') Robert Greenwald. Con Olivia Newton-John, Gene Kelly, Michael Beck, Sandahl Bergman, Marilyn Tokuda. ◆ La musa della danza Tersicore (Newton-John) rinuncia all'immortalità e scende sulla Terra, per aiutare un giovane pittore (Beck) e un ex showman (Kelly, che ha lo stesso nome del suo personaggio di *Fascino*: Danny McGuire) a lanciare una discoteca faraonica. Remake di *Bellezze in cielo* francamente stupido: impossibile, inoltre, paragonare la Newton-John a Rita Hayworth. Kelly, quasi settantenne, si esibisce in un numero di tip-tap che ricorda *Good Mornin'* in *Cantando sotto la pioggia*. La sequenza a disegni animati è opera di Don Bluth. La colonna sonora (tra gli altri di John Farrar e dell'Electric Light Orchestra) fu un successo.

Xanadu – Chiudi gli occhi e guarda le stelle ****½** (*Sweet Hostage*, Usa 1975, col, 93') Lee Philips. Con Linda Blair, Martin Sheen, Jeanne Cooper, Lee DeBroux. ◆ Uno psicopatico (Sheen) fuggito da un manicomio rapisce una ragazza semianalfabeta (Blair): a furia di poesie, riesce quasi a farla innamorare di sé, ma il lieto fine non è in programma. Variazione sul tema del *Collezionista* con personaggi ben caratterizzati. La Blair, una volta tanto, trova una parte non stereotipata.

X-Files – Il film ***½** (*The X-Files: Fight the Future*, Usa 1998, col, 121') Rob Bowman. Con David Duchovny, Gillian Anderson, Martin Landau, Mitch Pileggi, Blythe Danner, Armin Müller-Stahl, Terry O'Quinn, Lucas Black. ◆ Dallas: gli agenti dell'Fbi Fox Mulder (Duchovny) e Dana Scully (Anderson), estromessi dagli X-Files e assegnati alla squadra antiterrorismo, si ritrovano alle prese con un attentato dinamitardo nel quale sono andate perdute le prove che un gruppo di alieni, con la complicità di un ex nazista (Müller-Stahl), sta tentando di colonizzare la Terra utilizzando un virus trasmesso dal granoturco e dalle api. Debutto sul grande schermo dei personaggi dell'omonima serie televisiva, in una storia scritta da Chris Carter (creatore del serial) con alcuni cambiamenti sostanziali (trasferimento dell'azione da Vancouver a Dallas, l'antiterrorismo al posto dei famosi Archivi): si nota la volontà di superare il format originario, ma due ore sono troppe per un paio di idee cinematografiche (anche se la scena delle api killer non si scorda) sparse in un film più poliziesco che paranormale.

X, Y & Zi *½ (*Zee and Company*, Gb 1972, col, 110') Brian G. Hutton. Con Elizabeth Taylor, Michael Caine, Susannah York, Margaret Leighton. ◆ Una moglie (Taylor), pronta a ogni nefandezza pur di tenersi stretto il marito (Caine), ne seduce la disponibile amante (York). La Taylor accetta una parte a rischio e indossa alcuni dei peggiori vestiti della sua carriera. Le perversioni dei personaggi non fanno più tanto scalpore. Sceneggiatura di Edna O'Brien.

Yaaba * * * (*Yaaba*, Burkina Faso/Svizzera/Francia 1989, col, 90') Idrissa Ouedraogo. Con Noufou Ouedraogo, Fatimata Sanga, Roukietou Barry, Adama Ouedraogo, Amadé Touré. ◆ Due ragazzini, Bila e Nopoko (N. Ouedraogo e Barry), fanno amicizia con la vecchia Sana (Sanga), emarginata dagli abitanti del villaggio perché considerata una strega: quando Nopoko contrae il tetano, la colpa ricade ingiustamente sulla vecchia, ma sarà proprio lei a salvare la bambina. Il cinema di Ouedraogo punta alla modernità senza rinnegare le proprie radici culturali: come è simboleggiato nel rapporto tra i bambini e la «nonna» (*yaaba*), depositaria di una saggezza antica e preziosa. Una storia tribale tipicamente africana, ma valida anche per il mondo occidentale dilaniato dall'intolleranza e spesso irrispettoso nei confronti degli anziani. Le immagini sono di una bellezza semplice e vissuta, senza i manierismi e le bellurie turistiche che quasi sempre caratterizzano l'Africa vista dai registi europei. Uno dei film che ha aperto la strada al cinema del continente nero, un poema nazionale realizzato con apporti tecnici europei (fotografia di Matthias Kaelin, montaggio di Loredana Cristelli, musica di Francis Beney), ma libero da ogni forma di dipendenza neocolonialista.

Yado *½ (*Red Sonja*, Usa 1985, col, 89') Richard Fleischer. Con Brigitte Nielsen, Arnold Schwarzenegger, Sandahl Bergman, Paul Smith, Janet Agren, Lara Naszinski. ◆ In un imprecisato Medioevo, una guerriera (Nielsen, ancora senza tette) combatte una malvagia principessa (Bergman) con l'aiuto di un cavaliere errante (Schwarzenegger). Avventure e magia in un prodotto di routine ispirato ai racconti di Robert E. Howard, il creatore di Conan. Girato a Cinecittà con un certo dispendio (costumi di Danilo Donati, fotografia di Giuseppe Rotunno, musica di Ennio Morricone). Per i fans di Schwarzy, comunque, è una delusione.

Yakuza **** (*The Yakuza*, Usa 1975, col, 112') Sydney Pollack. Con Robert Mitchum, Ken Takakura, Kishi Keiko, Brian Keith, Richard Jordan, Herb Edelman. ◆ In Giappone per aiutare un amico (Keith) cui gli Yakuza – i potentissimi mafiosi locali – hanno rapito i figli, Harry Klimer (Mitchum) è costretto a chiedere aiuto a Tanaka (Takakura). Questi non gli ha mai perdonato di avere avuto una relazione con sua sorella (così almeno crede Harry) ai tempi dell'occupazione americana, ma è in obbligo con lui perché in quel modo le ha evitato una sorte peggiore. La logica dell'onore conquisterà anche l'americano che, dopo amare sorprese e molte uccisioni, troverà in Tanaka l'unico vero amico. Noir violento e spettacolare che riesce a essere, senza squilibri, un inno struggente all'amicizia e una riflessione sulla cultura giapponese vista con gli occhi di uno straniero. A Pollack non è mai riuscito tanto bene un film: merito anche della sceneggiatura (di Paul Schrader e Robert Towne, da una storia di Leonard Schrader, che per molti anni ha vissuto in Giappone) e della splendida fotografia di Kozo Okazaki. Superlativi gli attori; Takakura interpreterà un personaggio analogo in *Black Rain*.

Yankee – L'americano *½ (Italia/Spagna 1966, col, 96') Tinto Brass. Con Philippe Leroy, Adolfo Celi, Jacques Herlin, Tomas Torres. ◆ Un cacciatore di taglie (Leroy), messo alla berlina da un fuorilegge cui aveva proposto un ghiotto affare, si vendica e fa fuori tutti. Brass vorrebbe fare un'operazione da pop art sul western all'italiana, divertendosi ad accumulare tutti gli stereotipi. Ma non sempre, dietro l'esagerazione, è percepibile l'ironia. Nel montaggio caleidoscopico, comunque, si vede la mano del regista.

Yankees ** (*Yanks*, Usa 1979, col, 141') John Schlesinger. Con Vanessa Redgrave, Richard Gere, William Devane, Lisa Eichhorn, Chick Vennera, Rachel Roberts, Tony Melody, Wendy Morgan, Martin Smith. ◆ Lancashire 1944, poco prima del «D Day»: tra i soldati americani e i colleghi inglesi non corre buon sangue. Le donne inglesi, in compenso, sono molto più gentili con gli alleati: tra il capitano John (Devane) e la violoncellista Helen (Redgrave) l'amicizia diventa un contrastato amore, tra il sergente Danny (Vennera) e Jean (Eichhorn) si arriva al matrimonio mentre il sergente Matt (Gere) si imbarcherà per la Normandia confessando il suo amore a Mollie (Morgan). Costoso film corale, progettato a tavolino e mai amato dal pubblico, con cui Schlesinger «fa i conti» con la propria duplicità anglo-americana attraverso quella dei propri personaggi: i temi sono esposti con convinzione (anche grazie all'articolata sceneggiatura di Colin Welland e Walter Bernstein), ma alla fine si resta con tutti i problemi irrisolti.

Ybris * (Italia 1984, col, 124') Gavino Ledda. Con Gavino Ledda, Marisa Fabbri, Giuseppe Lepori. ◆ Nella parte di se stesso, l'autore di *Padre padrone* torna nel paese natìo, in Sardegna, dove viene trattato come uno straniero. Tra sogni narcisistici (in cui si identifica con Leonardo da Vinci) e apparizioni della dea Atena, riuscirà a ritrovare la sua identità. Come un Busi ante litteram, l'autore erige un monumento a se stesso senza timore del ridicolo, pensando che basti una spruzzata di cultura classica e di psicanalisi.

Yeelen – La luce **½ (*Yeelen*, Mali 1987, col, 98') Souleymane Cissé. Con Issiaka Kane, Niamento Sanogo, Balla Moussa Keita. ◆ Nianankoro (Kane), giovane di etnia bambara che ha raggiunto l'età per diventare depositario dei poteri sovrannaturali, vorrebbe diffondere questo sapere, ma il padre si oppone. Costretto alla fuga, alla fine di un viaggio iniziatico sfida il padre in un duello mortale. Realismo e soprannaturale si fondono in un racconto arcano e spesso ermetico: Cissé pensa il cinema in grande, osa mettere in scena l'irrappresentabile, ma non sempre sfugge a certi manierismi intellettuali (e visivi), frutto di una formazione occidentale. Una tappa importante, comunque, nel giovane cinema africano. Premio speciale della giuria a Cannes nel 1987. Musiche del jazzista francese Michel Portal.

Yellow Submarine – Il sottomarino giallo **½ (*Yellow Submarine*, Gb 1968, col, 87') George Dunning. ◆ I Biechi Blu, decisi a sbarazzarsi per sempre della musica e della felicità, congelano e fanno dipingere di grigio Pepperlandia. A bordo del loro sottomarino giallo, i quattro Beatles lasciano Liverpool e, dopo un viaggio avventuroso, riportano a Pepperlandia i colori perduti. Una bibbia del Beatles-pensiero che ottenne buon successo, divulgando il verbo psichedelico anche tra i bambini. Un bell'esempio di surrealismo di massa, con accluso messaggio pacifista, che ricicla Aubrey Beardsley, pop art e optical art. La fusione dei disegni con la musica di John Lennon e Paul McCartney è piuttosto riuscita. Secondo lungometraggio d'animazione prodotto in Inghilterra dopo *La fattoria degli animali.*

Yellow 33 *½ (*Drive, He Said*, Usa 1972, col, 90') Jack Nicholson. Con William Tepper, Karen Black, Bruce Dern, Robert Towne, Henry Jaglom. ◆ Mentre ferve la contestazione, un giocatore di basket universitario (Tepper) è incerto se diventare professionista o seguire l'esempio dei suoi amici, votati all'autodistruzione. Ambizioso spaccato di una generazione di perdenti, già sull'orlo del riflusso. Ma la trama a mosaico finisce con l'essere confusa e approssimativa. Esordio alla regia di Nicholson, grande tifoso di basket – anche sceneggiatore. Il titolo si riferisce al numero sulla maglia del protagonista.

Yentl ** (*Yentl*, Usa 1983, col, 134') Barbra Streisand. Con Barbra Streisand, Mandy Patinkin, Amy Irving, Steven Hill, Nehemiah Persoff. ◆ A Lublino, alla fine dell'Ottocento, una donna ebrea (Streisand) si traveste da uomo per poter studiare il Talmud. Innamorata di un compagno, non può svelare la sua identità, e sposa anzi una ragazza (Irving), sua rivale in amore. Sciolti gli equivoci, abbandonerà l'Europa per la libera America. Da un racconto di Isaac B. Singer contenuto in *Gimpel l'idiota*, un film hollywoodiano fastoso e artificiale, con una dozzina di intermezzi cantati (la colonna sonora di Michel Legrand ha vinto l'Oscar). Unicamente per i fans della Streisand che, oltre a esordire alla regia, è produttrice e – assieme a Jack Rosenthal – sceneggiatrice.

Yes, Giorgio * (*Yes, Giorgio*, Usa 1982, col, 110') Franklin J. Schaffner. Con Luciano Pavarotti, Kathryn Harrold, Eddie Albert, Paola Borboni, James Hong. ◆ Un tenore italiano (Pavarotti), sposato e con figli, durante una tournée in America si innamora di un'otorinolaringoiatra (Harrold). Datata commediola, dove la trama è poco più che un pretesto per far cantare Pavarotti, che però non ritenterà più l'esperienza. Costato 19 milioni di dollari, ne ha incassato uno solo.

Yol ***½ (*Yol*, Svizzera/Francia 1982, col, 111') Yilmaz Güney, Serif Gören. Con Tarik Akan, Seri Sezer, Halil Ergün, Meral Orhonsay, Necmettin Cobanoglu, Semra Ucar. ◆ Cinque detenuti, liberati sulla parola per una settimana, si trovano di fronte a una Turchia militarizzata e lacerata dalle sue contraddizioni: tra loro c'è un curdo (Cobanoglu) che deciderà di passare alla lotta armata e un contadino (Ergün) costretto dalle leggi della tradizione a uccidere la moglie adultera. Caso unico di un film scritto, discusso, provato con gli attori dal carcere (dove il curdo Güney era detenuto per un oscuro caso di omicidio di un magistrato) e poi tradotto in immagini dal suo aiuto Serif Gören – ma montato in Svizzera dal regista, fuggito proprio grazie a un permesso di semilibertà – *Yol* rappresenta e analizza (per farla capire prima ancora che per denunciarla) la realtà concentrazionaria della Turchia vista in tutte le sue componenti, dalla repressione poliziesca (con l'ossessiva presenza dei militari) all'orrore della vita quotidiana schiacciata sotto il peso della tradizione e della religione musulmana, che imprigiona soprattutto le donne (e la morte della moglie traditrice sulle nevi delle montagne è un momento di altissima commozione, dove violenza e perdono si fondono in una drammatica lettura del concetto di onore). Uno stile realistico e influenzato dalle categorie del melodramma ingigantisce la forza del film, che sa comunque rispettare le scelte di tutti i personaggi, raccontati senza populismo ma di cui fa emergere i legami con una cultura popolare ancorata in una società di sottosviluppo. Palma d'oro a Cannes ex aequo con *Missing – Scomparso*.

Yoshiwara, il quartiere delle geishe *** (*Yoshiwara*, Francia 1937, b/n, 88') Max Ophuls. Con Michiko Tanaka, Sessue Hayakawa, Pierre-Richard Willm, Roland Toutain, Foun-Sen. ◆ Una giovane di nobili origini (Tanaka) è costretta a prostituirsi per salvare il patrimonio familiare. Il suo innamorato (Hayakawa) fa di tutto per riscattarla, ma quando scopre che lei si è innamorata di un tenentino russo (Willm) – un nemico della patria – fa precipitare gli eventi verso la tragedia. Melodramma girato da Ophuls in un'atmosfera semionirica, che anticipa temi e situazioni dei capolavori futuri, come *Lettere di una sconosciuta* (per il viaggio immaginario compiuto dai due amanti) e *Lola Montès* (per il processo alla protagonista). La recitazione allucinata di Hayakawa, già star del muto, è dovuta anche alla sua ignoranza del francese. Il quartiere di Yoshiwara è al centro anche di *La strada della vergogna* di Mizoguchi.

Young Americans ** (*Young Americans*, Gb 1993, col, 103') Danny Cannon. Con Harvey Keitel, Craig Kelly, Thandie Newton, Iain Glen, John Wood, Viggo Mortensen, Terence Rigby, Keith Allen. ◆ Agente newyorkese a Londra, John Harris (Keitel) cerca di incastrare un boss della droga (Mortensen) servendosi di un ragazzo riluttante (Kelly), in bilico tra legge e malavita, adolescenza e maturità. Le ambizioni psicologiche e la confezione accurata non riescono a rivitalizzare temi risaputi (l'americano nel vecchio continente, la nuova mala che ignora il codice d'onore) serviti con un ritmo fiacco. Scritto dal regista con David Hilton.

Younger & Younger *½ (*Younger and Younger*, Usa 1993, col, 99') Percy Adlon. Con Donald Sutherland, Lolita Davidovich, Brendan Fraser, Julie Delpy, Sally Kellerman, Linda Hunt. ◆ Brutta e vecchia da viva, da morta Penelope Younger (Davidovich) appare sempre più bella al marito Jonathan (Sutherland), donnaiolo impenitente. Finirà per portarselo in paradiso. Intanto Younger jr (Fraser) eredita il magazzino paterno e sposa la figlia (Delpy) di una star (Kellerman) sospettata di omicidio come Lana Turner. Gli Usa del tedesco Adlon assomigliano sempre più a una cartolina: macchiette stiracchiate, fellinismi, innocue bizzarrie, e la sconsolante sensazione di non parare da nessuna parte. Sutherland mostra un impegno degno di miglior sorte.

Young Guns – Giovani pistole *½ (*Young Guns*, Usa 1988, col, 107') Christopher Cain. Con Emilio Estevez, Kiefer Sutherland, Lou Diamond Phillips, Charlie Sheen, Casey Siemaszko, Jack Palance, Terence Stamp, Brian Keith, Terry O'Quinn, Delmot Mulroney. ◆ Sei giovani sbandati, lasciati soli dopo che il loro benefattore-mentore (Stamp) è stato ucciso dal cattivo di turno (Palance), decidono di vendicarsi, ritornando così dei fuorilegge: uno di loro (Estevez), infatti, diventerà Billy the Kid. Tentativo di aggiornare il western con un occhio al pubblico dei teen-ager. Tra sparatorie e schitarrate heavy metal nella colonna sonora, si fa molto rumore, ma di sostanza – dietro la fotografia da spot pubblicitario – ce n'è poca. La resurrezione del genere è rimandata. Con un seguito.

Young Guns II – La leggenda di Billy the Kid * (*Young Guns II*, Usa 1990, col, 103') Geoff Murphy. Con Emilio Estevez, Kiefer Sutherland, Lou Diamond Phillips, Christian Slater, William Petersen, James Coburn. ◆ I tre superstiti (Estevez, Phillips e Sutherland) del film precedente si dirigono verso il Messico inseguiti dagli uomini del governo, raccattando nuove reclute. Settant'anni dopo Billy the Kid (Estevez) racconta la sua storia, ed esige il perdono promessogli dal governatore. Più che un western, una vetrina per divi in erba, condita dalle canzoni di Jon Bon Jovi. Finto.

Yuppi Du ** (Italia 1975, col, 125') Adriano Celentano. Con Adriano Celentano, Charlotte Rampling, Claudia Mori, Lino Toffolo, Gino Santercole, Jon Lei, Memmo Dittongo. ◆ Il barcaiolo veneziano Felice (Celentano), che vive in laguna assieme ai suoi amici sottoproletari, scopre che sua moglie (Mori) è andata a vivere a Milano da un industriale dopo aver finto di suicidarsi. Si farà pagare per lasciarle la figlia ma, solo e piantato anche dalla seconda moglie (Rampling), capisce che i soldi non fanno la felicità. Secondo e miglior film di Celentano come regista, dove sono già presenti i temi ecologici e paraevangelici a lui cari, ma senza il tono predicatorio. Spesso l'azione è interrotta da numeri musicali così naïf e sgangherati da sfiorare la visionarietà. Memorabile la danza di Celentano con la Rampling seminuda.

Yuppies – I giovani di successo * (Italia 1986, col, 101') Carlo Vanzina. Con Massimo Boldi, Jerry Calà, Ezio Greggio, Christian De Sica, Federica Moro, Corinne Cléry, Valeria D'Obici. ◆ Il notaio Lorenzo (Boldi), il dentista Sandro (De Sica), il pubblicitario Giacomo (Calà), il rivenditore d'auto Willy (Greggio): quattro esemplari dell'italiano contemporaneo, col mito dei soldi, delle donne e di Gianni Agnelli. Vanzina vorrebbe fare della satira sociale, in realtà invita il pubblico a rispecchiarsi in questi quattro deficienti. Tra i film più volgari e nocivi del decennio. Con un seguito.

Yuppies 2 * (Italia 1986, col, 97') Enrico Oldoini. Con Massimo Boldi, Christian De Sica, Jerry Calà, Ezio Greggio, Athina Cenci, Gioia Scola, Federica Moro, Lisa Stothard. ◆ I quattro deficienti di *Yuppies* tornano in un sequel fotocopia, in cui la maggiore novità è la presenza di Athina Cenci, nel doppio ruolo di una manager concupita da Willy (Greggio) e di una sosia assoldata dai suoi amici con esiti prevedibili. Lorenzo (Boldi) si traveste da suora per combinare affari in Vaticano. Giacomo (Calà) pesca in mare un'esule russa. Confezione televisiva e gag deprimenti.

Yvonne la Nuit *½ (Italia 1949, b/n, 86') Giuseppe Amato. Con Olga Villi, Totò [Antonio de Curtis], Frank Latimore, Giulio Stival, Gino Cervi, Arnoldo Foà, Eduardo De Filippo, John Strange, Ave Ninchi, Mario Riva. ◆ Diva del café chantant, Yvonne la Nuit (Villi) si innamora del giovane ufficiale Rutelli (Latimore) destinato ben presto a morire durante la prima guerra mondiale, mentre il padre di lui (Stival) farà rapire il figlio del loro amore, facendole credere che è nato morto. Abbandonata anche dal favore del pubblico, alla sfiorita Yvonne non resterà che la fedele amicizia del fantasista Nino (Totò) che l'ha amata in silenzio per tutta la vita. Una storia patetica e piuttosto tradizionale anche nel suo impianto melodrammatico (sceneggiata dal regista con Fabrizio Sarazani e Oreste Biancoli), con Totò ridotto a spalla che si scatena solo eseguendo sul palcoscenico il numero del «bel Ciccillo». Un giovanissimo Enzo Cannavale fa il maggiordomo del tenente, mentre De Filippo entra in scena negli ultimi cinque minuti, nel ruolo dell'avvocato Rubini.

Z → *Z – L'orgia del potere*

Zabriskie Point ** (Italia/Usa 1970, col, 110') Michelangelo Antonioni. Con Mark Frechette, Daria Halprin, Rod Taylor, G.D. Spradlin. ◆ In fuga su un aereo perché accusato di aver ucciso un poliziotto, Mark (Frechette) incontra nel deserto del Mohave una ragazza (Halprin) con cui fa l'amore a Zabriskie Point (il punto di massima depressione geologica degli Stati Uniti) e ridipinge fantasiosamente l'aereo. Ma lui verrà ucciso dalla polizia e lei lascia lo speculatore (Taylor) presso cui era andata a vivere e immagina l'esplosione della sua villa. Antonioni cercò di aggiornare i suoi temi e il suo linguaggio: ma la sua interpretazione del ribellismo giovanile già allora suonava enfatica e fasulla. Due sequenze, fortemente simboliche, sono tuttavia passate alla storia: la visione delle coppie che amoreggiano nel deserto, accompagnata dalle improvvisazioni alla chitarra di Jerry Garcia dei Grateful Dead, e l'esplosione finale dei simboli del benessere, girata al rallentatore con 17 macchine da presa, su musica dei Pink Floyd. Tra gli sceneggiatori, oltre al regista, Tonino Guerra, Clare Peploe e Sam Shepard. Il giovane Harrison Ford fa una breve apparizione.

Zabù la rossa *½ (*Chatarra*, Spagna 1991, col, 96') Felix Rotaeta. Con Carmen Maura, Mario Gas, Alex Casanovas, Rosario Flores. ◆ Prostituta dal cuore d'oro, Zabù (Maura) sogna un'altra vita per sé e la figlia, ma dal suo passato emerge un poliziotto deciso a non darle pace. La Maura, donna sempre sull'orlo della crisi di nervi, comincia a ripetere se stessa, e tutto il film suona fasullo nel suo vitalismo di maniera.

Zaffiro nero ** (*Sapphire*, Gb 1959, col, 92') Basil Dearden. Con Nigel Patrick, Michael Craig, Paul Massie, Yvonne Mitchell, Bernard Miles, Olga Lindo, Earl Cameron, Gordon Heath. ◆ Due poliziotti (Patrick e Craig) indagano sulla misteriosa morte di una studentessa: i primi a essere interrogati sono il fidanzato David (Massie) e la sua soffocante famiglia – l'infelice sorella (Mitchell), il padre autoritario (Miles), la madre sottomessa (Lindo). Ma quando si scopre che la ragazza, nonostante la sua pelle bianca, era una meticcia, l'inchiesta si allarga all'ambiente degli immigrati di colore. La struttura poliziesca (sceneggiata da Janet Green) serve a Dearden per affrontare il tema del razzismo nella piccola borghesia inglese (gli scontri di Notting Hills erano del '58): così l'inchiesta, più che aiutare a scoprire la verità, fa venire a galla la paura e l'odio che divide i gruppi sociali nella Londra dei tardi anni Cinquanta (distribuiti «democraticamente» in parti uguali: razzisti e repressi i bianchi, violenti e disinibiti i neri), ma finendo con il preoccuparsi più dell'analisi sociologica che di tenere saldamente in pugno il ritmo narrativo.

Zampe di gatto *½ (*The Cat's Paw*, Usa 1934, b/n, 102') Sam Taylor. Con Harold Lloyd, Una Merkel, George Barbier, Alan Dinehart, Grace Bradley. ◆ L'ingenuo Ezekiel Cobb (Lloyd), allevato in Cina dal padre missionario, torna nel suo paese natale per cercare moglie e si ritrova sindaco per volere di politici corrotti: ristabilirà l'ordine con le maniere forti, malgrado le manovre dei gangster locali e l'opposizione dei suoi avversari. Un'opera marginale nella filmografia del comico americano, tratta dal bestseller di Clarence Budington Kelland, celebre editorialista del *Saturday Evening Post*. Nel tentativo di mescolare generi e temi tipici degli anni Trenta (dal gangster-movie alla screwball comedy, dalla corruzione politica al fascismo che si va affermando in Europa), *Zampe di gatto* punta tutto sull'intreccio e sui dialoghi, riducendo al minimo quelle caratteristiche di gestualità e visualità su cui Lloyd aveva impostato la sua precedente attività artistica (non a caso è il primo film in cui l'attore non interpreta un personaggio chiamato Harold). Il risultato è ibrido e poco soddisfacente, anche per i fans di Lloyd.

Zandalee * (*Zandalee*, Usa 1991, col, 95') Sam Pillsbury. Con Erika Anderson, Nicolas Cage, Judge Reinhold, Joe Pantoliano, Viveca Lindfors, Marisa Tomei. ◆ Il solito triangolo nella sudaticcia New Orleans: il marito (Reinhold), scrittore fallito e impotente, le dà tenerezza, l'amante pittore (Cage) emozioni selvagge. Prima del prevedibile dramma finale si possono gustare massaggi a base di olio d'oliva e cocaina, oltre a un paio d'amplessi abbastanza spinti per un softcore. Erika Anderson, se proprio si vuole, vale il prezzo del biglietto (o del noleggio).

Zanna Bianca *½ (Italia/Francia/Spagna 1973, col, 105') Lucio Fulci. Con Franco Nero, Virna Lisi, Fernando Rey, John Steiner, Carole André, Rick Battaglia. ◆ Con l'aiuto di un cane lupo, uno scrittore (Nero) che si trova nel Klondike per scrivere sui cercatori d'oro, sconfigge un malvagio e aiuta una missionaria (Lisi). Vagamente ispirato al romanzo di Jack London, un film d'avventura abbastanza ingenuo in confezione internazionale, per un pubblico di ragazzi. Zanna bianca tornerà in altri due film.

Zanna Bianca alla riscossa * (Italia/Rft 1974, col, 90') Tonino Ricci. Con Maurizio Merli, Henry Silva, Renzo Palmer, Gisela Hahn. ◆ Zanna Bianca aiuta a fare giustizia del suo padrone assassinato, e diventa amico di un orfanello. I buoni sono sempre più buoni, e i cattivi più cattivi, in questo modesto film d'avventure.

Zanna Bianca e il cacciatore solitario * (Italia/Spagna 1976, col, 90') Alfonso Brescia. Con Robert Wood, Pedro Sanchez, Malisa Longo, Franco Lantieri. ◆ A fianco di due cacciatori di pellicce, Zanna Bianca difende una vedova contro il cattivo di turno. Pensato per un pubblico di poche pretese.

Zanna Bianca – Un piccolo grande lupo ** (*White Fang*, Usa 1991 col, 107') Randal Kleiser. Con Ethan Hawke, Klaus Maria Brandauer, Seymour Cassel, Susan Hogan, James Remar. ◆ Ultima e più fedele versione di *Zanna bianca* di Jack London. Il giovane Jack (Hawke) vince le asprezze del grande Nord con l'aiuto di un esperto cacciatore (Brandauer) e di un lupo che ha imparato a conoscere gli uomini. Avventure per famiglie – ammesso che questo pubblico esista ancora – in una confezione più che dignitosa.

Zanna Gialla ** (*Old Yeller*, Usa 1957, col, 83') Robert Stevenson. Con Dorothy McGuire, Fess Parker, Tommy Kirk, Kevin Corcoran. ◆ L'amicizia tra un ragazzo (Kirk) e un cane randagio in una fattoria texana nel 1859. Quando l'animale si ammala di rabbia, il ragazzo è costretto a ucciderlo: è la fine dell'infanzia. Primo film di fiction prodotto dalla Disney, tra i migliori del suo genere e meno sdolcinato del solito. Fess Parker, nelle copie italiane, è cautamente ribattezzato Fent. Con un seguito, *Sam il selvaggio* (1963) di Norman Tokar.

Zappatore ** (Italia 1980, col, 90') Alfonso Brescia. Con Mario Merola, Regina Bianchi, Gerardo Amato, Mara Venier, Aldo Giuffré. ◆ Il figlio (Amato) di un contadino (Merola), grazie ai sacrifici paterni, diventa avvocato. Innamoratosi di un'americana (Venier), si vergogna delle sue origini e lascia Napoli, ma la morte della madre (Bianchi) lo farà tornare in famiglia. Una delle più celebri sceneggiate napoletane (già portata sugli schermi trent'anni prima da Rate Furlan), amatissima da un pubblico che ama partecipare allo spettacolo, incitando i personaggi e commuovendosi assieme a loro. All'inizio degli anni Ottanta questo genere godeva ancora di un successo enorme, ma non ha ancora trovato critici che (come è accaduto a Matarazzo) lo rivalutassero.

Zapped – Il collegio più sballato d'America * (*Zapped!*, Usa 1982, col, 96') Robert J. Rosenthal. Con Scott Baio, Willie Aames, Felice Schachter, Scatman Crothers. ◆ In un college un ragazzo (Baio) scopre di avere poteri telecinetici, che usa soprattutto per spogliare le ragazze. Avvilente parodia di *Carrie* a encefalogramma piatto. Baio è Spadino nella serie *Happy Days*.

Zardoz **½ (*Zardoz*, Gb/Usa 1973, col, 105') John Boorman. Con Sean Connery, Charlotte Rampling, Sara Kestelman, John Alderton, Sally Ann Newton. ◆ Nel 2293 l'umanità è dominata da una casta di Immortali, che si serve di quella dei guerrieri, gli Sterminatori, per soggiogare i servi della gleba, i Bruti. Zed (Connery), uno degli Sterminatori, decide di vedere cosa c'è dietro il testone volante, Zardoz, che li terrorizza e li rifornisce di armi, e penetra nella sede degli Immortali. È l'inizio della fine: si impadronisce dell'onniscienza, restituisce la fecondità alle donne e la gioia di morire agli Immortali, e ne distrugge il regno permettendo così alla vita di riprendere il suo corso normale. Uno dei più celebri film di fantascienza degli anni Settanta sceneggiato dallo stesso Boorman, con molti pregi e altrettanti difetti: smisurate ambizioni simboliche, incredibili invenzioni visive, confusione narrativa. *Zardoz* non è che la contrazione di *Wizard of Oz*. Splendida la Rampling: non a caso Zed, sottoposto a test per valutare il suo indice di eccitamento, reagisce positivamente solo quando vede lei. Boorman è uno dei Bruti.

Zattere, pupe, porcelloni e gommoni * (*Up the Creek*, Usa 1984, col, 95') Robert Butler. Con Tim Matheson, Jennifer Runyon, Stephen Furst, Dan Monahan. ◆ Chi vincerà la gara di discesa rapida in gommone? I figli di papà, i fanatici militaristi o i simpatici sfigati? Sulla scia di *Porky's*, l'ennesimo film sui college americani, a base di umorismo goliardico e di sesso più parlato che praticato.

Zazà ** (*Zaza*, Usa 1939, b/n, 83') George Cukor. Con Claudette Colbert, Herbert Marshall, Bert Lahr, Geneviève Tobin, Helen Westley. ◆ La ballerina francese Zazà (Colbert), quando scopre che il suo amante (Marshall) è sposato, si fa nobilmente da parte. Da una commedia di Pierre-Francis Berton e Charles Simon, ispiratrice di un film muto di Allan Dwan con Gloria Swanson e dell'omonimo film di Castellani con Isa Miranda (che in un primo momento avrebbe dovuto essere la protagonista proprio del film di Cukor): un paio di numeri musicali per un Cukor minore e calligrafico.

Zazà ** (Italia 1944, b/n, 95') Renato Castellani. Con Isa Miranda, Antonio Centa, Aldo Silvani, Ada Dondini, Nico Pepe. ◆ In una stazione termale (Lucca travestita da Saint-Etienne) una sciantosa (Miranda) ha una relazione con un ingegnere parigino (Centa): ma si tira dignitosamente da parte quando scopre che lui ha moglie e figli. Il secondo film di Castellani (girato nel 1942 e uscito due anni dopo) si ispira, addolcendola, all'omonima commedia di Pierre-Francis Berton e Charles Simon di sapore maupassantiano, che aveva già ispirato tre film: di Ernesto-Maria Pasquali (1909), di Allan Dwan (1923, con Gloria Swanson, inedito in Italia) e quello di Cukor, con Claudette Colbert. La Miranda avrebbe dovuto interpretare proprio quest'ultimo, nel 1939, ma ebbe problemi con l'inglese. In anni bui Castellani, come Soldati e Lattuada, si rifugia nell'estetismo, e si ispira allo stile di von Sternberg e Lubitsch. È una scelta stilistica più «imposta» che pienamente accettata, che finisce comunque per «accentuare l'impressione di carattere fatale di questa passione impossibile»: l'attenzione della regia ai piccoli particolari che contraddistinguono i due protagonisti, infatti, finisce col tracciare per entrambi «un cammino rettilineo che li allontanerà sempre di più e che li porterà verso l'insoddisfazione e la sconfitta». Alla sceneggiatura ha collaborato Alberto Moravia, ma il suo nome non appare nei titoli per ragioni razziali.

Zazie nel metrò *** (*Zazie dans le métro*, Francia 1960, col, 92') Louis Malle. Con Catherine Demongeot, Philippe Noiret, Vittorio Caprioli, Jacques Dufilho, Annie Fratellini, Yvonne Clech. ◆ Due giorni a Parigi di una ragazzina di provincia (Demongeot), candida ma senza peli sulla lingua. Lei vorrebbe andare sul metrò, ma lo trova chiuso per sciopero, e si sottrae alla tutela dello zio (Noiret), incontrando i personaggi più stravaganti. Malle cerca un corrispondente visivo allo stile del romanzo di Queneau (sceneggiato assieme a Jean-Paul Rappeneau), accumulando gag spesso riprese dal cinema muto ma che devono qualcosa anche a Tati per il loro tono satirico e surreale: «disintegrare il linguaggio cinematografico tradizionale era il mezzo più efficace per disintegrare un mondo anch'esso disintegrato e caotico». La battuta finale di Zazie («Sono invecchiata») è la stessa che chiude *Bonjour tristesse* di Françoise Sagan.

Zebrahead **½ (*Zebrahead*, Usa 1992, col, 96') Anthony Drazan. Con Michael Rapaport, N'Bushe Wright, DeShonn Castle, Ray Sharkey Paul Butler. ◆ Zack (Rapaport) è un ebreo di Detroit. Scandalo n. 1: il suo migliore amico, Dee (Castle), è nero. Scandalo n. 2: Zack si innamora della cugina di Dee, la bella Nikki (Wright). Scandalo n. 3: Dee viene ucciso da un altro nero per avere preso le difese di Zack. Un film sul razzismo senza peli sulla lingua (le varie etnie si mazzolano come in un film di Spike Lee) e che non teme di essere politicamente scorretto (si veda la macchietta dell'integralista nero musulmano), anche se si ispira a un umanitarismo di fondo quasi commovente nel suo ottimismo malgrado tutto. Niente di trascendentale, ma la capacità di descrivere acutamente ambienti sociali (quelli piccolo-borghesi) poco frequentati e di costruire personaggi credibili c'è tutta. La musica originale è del bluesman Taj Mahal. Helen Shaver è Diane, la donna a letto. Opera prima di Drazan, anche sceneggiatore, premiata al Sundance Film Fest. Oliver Stone è uno dei produttori.

Zeder **½ (Italia 1983, col, 100') Pupi Avati. Con Gabriele Lavia, Anne Canovas, Paola Tanziani, Cesare Barbetti, Bob Tonelli. ◆ Grazie al nastro di una macchina da scrivere, lo scrittore bolognese Stefano (Lavia) viene a conoscenza di alcuni segreti e terribili esperimenti effettuati in terreni particolari per far tornare in vita un prete spretato. Spinto, oltre che dal fascino misterioso di quelle parole decifrate sul nastro, anche dal desiderio di scrivere una storia sensazionale, Stefano indaga e scava. Ma la curiosità può essere fatale. Il secondo horror padano di Avati, dopo *La casa dalle finestre che ridono*, si ricollega apertamente ad atmosfere lovecraftiane: sceneggiato con il fratello Antonio e Maurizio Costanzo, il film fa irrompere l'assurdo in un'atmosfera quotidiana, ottenendo così momenti di terrore genuino. E Lavia recita meglio qui che nei film di cui è regista.

Zelig *** (*Zelig*, Usa 1983, b/n e col, 79') Woody Allen. Con Woody Allen, Mia Farrow, Garrett Brown, Stephanie Farrow, Will Holt, Sol Lomita, Mary Louise Wilson. ◆ Finto documentario che ricostruisce la biografia di un immaginario personaggio degli anni Trenta, Leonard Zelig (Allen), un camaleonte umano che, per paura della solitudine, assume l'aspetto e la psicologia di chi lo circonda: una psicoanalista (Farrow) se ne innamora e lo salva, alla fine, dalla Germania hitleriana. La metafora dell'uomo di massa, in bilico tra conformismo e scissione dell'identità, condita dalle battute sul sesso e la psicanalisi che ci si aspettano da Allen («Devo andare a un congresso sulla masturbazione. Non vorrei che cominciassero prima di me») diventa qui una riflessione sui diversi piani della propria attività: artistica (anche il meno nobile dei generi, come il documentario, può arrivare ai vertici dell'espressività), storica (l'ortodossia sociale di Zelig è una malattia che può portare al fascismo), morale (la paura di essere diverso), metacinematografica (il continuo ricorrere alle citazioni e agli stili degli altri registi per esprimere se stesso), filosofica (il ruolo della voce e l'impossibilità di considerarci unici), senza dimenticare l'influenza della cultura ebraica (i riferimenti alla figura di Giobbe). Anche se alla fine resta l'impressione di un'opera fatta troppo con la testa e troppo poco con il cuore. La fotografia di Gordon Willis brilla per camaleontismo, e a volte è arduo distinguere le sequenze girate da Allen dagli spezzoni di repertorio. Susan Sontag, Bruno Bettelheim e Saul Bellow danno finte testimonianze e opinioni su Zelig.

Zelmaide → *Passi furtivi in una notte boia - Zelmaide*

Zenobia *½ (*Zenobia*, Usa 1939, b/n, 71') Gordon Douglas. Con Oliver Hardy, Harry Langdon, Billie Burke, Alice Brady, James Ellison, Jean Parker, June Lang, Chester Conklin, Stepin Fetchit, Hattie McDaniel. ◆ Medico condotto bonario e generoso, il dottor Tibbert (Hardy) è considerato troppo poco importante perché sua figlia (Parker) possa sposare l'erede (Ellison) della ricca famiglia Carter; e quando l'elefantessa Gelsomina lo seguirà ovunque per ringraziarlo di averle «snodato» la coda, la signora Carter (Brady) pagherà il proprietario dell'animale (Langdon) perché gli faccia causa. Hardy senza Laurel ma con un vecchio (e irriconoscibile) Langdon: la comicità più verbale che fisica si adatta a fatica all'attore ormai in declino, e un doppiaggio italiano da querela (che fa parlare anche la moglie come lui) completa il patatrac. Per fortuna nella copia distribuita in cassetta ci sono (chissà perché) delle scene in originale: così si capisce che l'elefantessa si chiama Zenobia (da cui il titolo), che Oliver Hardy non parla come Sordi e che i «boveri negri» hanno una pronuncia molto meno strascicata.

0/10 Veneri in collegio → *Veneri in collegio*

Zero in amore → *È arrivato l'accordatore*

Zero in condotta **** (*Zéro de conduite*, Francia 1933, b/n, 47') Jean Vigo. Con Jean Dasté, Robert Le Flon, Delphin, Du Verron, Louis Berger, Michelle Fagard, Louis Lefèbvre. ◆ In un collegio diretto da un nano (Delphin), quattro ragazzi puniti per cattiva condotta mettono in atto un'insurrezione incruenta, prendendosi una vendetta sui loro aguzzini e rovinando la festa dei notabili. Bollato come film antifrancese e sottoposto a pesanti tagli sia da parte della produzione che della censura (in Francia uscì nei circuiti normali solo nel 1945), è il primo lungometraggio a soggetto (ampiamente autobiografico) del geniale e sfortunato Vigo, morto l'anno seguente a soli 29 anni. Anarchico, irriverente, surreale, poetico: un'apparizione folgorante all'epoca, di cui forse oggi non si riesce più a comprendere la reale portata innovativa tanti sono stati gli eredi (Truffaut innanzitutto, ma anche Anderson in *Se...*) e gli imitatori. Ma il cinema dell'infanzia creativa e ribelle contro la disciplina della società borghese comincia da zero proprio con Jean Vigo. La fotografia è del grande Boris Kauffmann, fratello di Dziga Vertov; la musica è di Maurice Jaubert, le parole delle canzoni di Charles Goldblatt. Soggetto, sceneggiatura e montaggio sono dello stesso regista.

Zero in condotta * (Italia 1983, col, 95') Giuliano Carnimeo. Con Elena Sofia Ricci, Angelo Maggi, Gianfranco Barra, Marco Piermonte, Tiziana Altieri, Orsetta Gregoretti, Giacomo Rosselli, Antonella Lualdi, Annabella Schiavone. ◆ Disavventure scolastiche in una terza liceo classico, con gli studenti più preoccupati di farsi la ragazza che di studiare e Renato (Maggi) alla disperata conquista di «Ghiaccio bollente» Manuela (Ricci). Titolo blasfemo per una farsaccia senza idee, nella quale il massimo tentativo di comicità è chiamare il professore di lettere (Barra) «Palle secche» o Renato «Speedy Gonzales» per via della sua eiaculazione precoce. Come sia finita qui anche Antonella Lualdi, a fare la moglie in crisi che cerca di avere un'avventura con l'imbranatissimo protagonista, è un mistero. In compenso, la colonna sonora è ricchissima: Gino Paoli, Peppino Di Capri, Giorgio Gaber, Luigi Tenco e Bobby Solo. Solo per i morettiani: il cinema dove gli studenti vanno a vedere *Divorzio all'italiana* è il futuro Nuovo Sacher.

00-2 Agenti segretissimi * (Italia 1964, col, 90') Lucio Fulci. Con Franco Franchi, Ciccio Ingrassia, Ingrid Schoeller, Aroldo Tieri, Carla Calò. ◆ Scambiati per agenti segreti, Franco e Ciccio devono districarsi tra spie russe, cinesi e americane. Modesta parodia dei film di James Bond, sceneggiata da Vittorio Metz. La stessa formula ebbe una replica.

00-2 Operazione Luna * (Italia/Spagna 1965 b/n, 91') Lucio Fulci. Con Franco Franchi, Ciccio Ingrassia, Monica Randall, Linda Sini, Hélène Sedlak, Emilio Rodriguez, Charo Bermejo, Ignazio Leone, Enzo Andronico, Pasquale Zagaria, Francesca Romana Coluzzi. ◆ I russi cercano due controfigure per gli astronauti Boronis (Franchi) e Paradowsky (Ingrassia), morti nello spazio, e le trovano nei ladri italiani Cacace (Franchi) e Messina (Ingrassia), che rapiscono e portano in Urss: i problemi nascono quando i due si presentano alle mogli russe, anche perché i veri astronauti si sono salvati e tornano anche loro a casa. Una farsa squinternata, sceneggiata – davvero senza molto impegno – da Vittorio Metz e Amedeo Sollazzo: le solite smorfie, le solite battute («Ciccio, stiamo atterrando sull'autostrada del Sole!» «Sei sicuro?» «Non vedi che è piena di buchi?»), i soliti equivoci, ma almeno il coraggio di far parlare gli stranieri nella loro lingua con i sottotitoli (il che oggi sembra roba d'avanguardia). Lino Banfi, citato nel cast ancora col vero nome di Pasquale Zagaria, è il metronotte delle prime scene.

007 Bersaglio mobile *½ (*A View to Kill*, Gb 1985, col, 125') John Glen. Con Roger Moore, Tanya Roberts, Grace Jones, Christopher Walken, Patrick Bauchau, Patrick Macnee, Fiona Fullerton, Dolph Lundgren. ◆ Nel quattordicesimo 007 il cattivo di turno (Walken) è deciso a distruggere Silicon Valley. Bond (Moore), ovviamente, non glielo lascerà fare. Uno dei più fiacchi e noiosi della serie: suspense inesistente e botti a volontà. Moore è imbolsito, e infatti andrà in pensione. Tanya Roberts è molto carina; Grace Jones digrigna i denti ma è ridicola. Con una canzone dei Duran Duran che avrebbe dovuto richiamare il pubblico giovanile.

007 Goldeneye → *Goldeneye*

007 – Il domani non muore mai **½ (*Tomorrow Never Dies*, Usa 1997, col, 119') Roger Spottiswoode. Con Pierce Brosnan, Jonathan Pryce, Michelle Yeoh, Teri Hatcher, Joe Don Baker, Ricky Jay, Götz Otto, Judi Dench, Desmond Llewelyn, Vincent Schiavelli, Cecilie Thomsen. ◆ Dietro all'affondamento di una nave inglese e un jet cinese c'è un'altra imbarcazione, invisibile ai radar, e soprattutto il piano del magnate delle televisioni Elliott Carver (Pryce) per far scoppiare un conflitto di cui avere l'esclusiva: James Bond (Brosnan) ha quarantott'ore per sventare il progetto, avvalendosi anche dell'aiuto dell'agente cinese Wai Lin (Yeoh). La diciottesima avventura dell'agente 007 conferma il fascino del protagonista, anche se il ricorso a una serie quasi infinita di gadget elettronici (funzionali a una massiccia campagna di marketing) tende a togliere coinvolgimento all'avventura a favore di un'astratta meraviglia tecnologica (come la Bmw guidata da un cellulare). Indovinata la scelta dell'attrice malese Michelle Yeoh, star del cinema di arti marziali, che contribuisce a imprimere una misura fisica e umana agli inseguimenti. La canzone del titolo è cantata da Sheryl Crow.

007 Vendetta privata ** (*License to Kill*, Gb 1989, col, 133') John Glen. Con Timothy Dalton, Carey Lowell, Talisa Soto, Anthony Zerbe, Everett McGill, Frank McRae. ◆ Per vendicare un amico dato in pasto agli squali, Bond (Dalton) si infiltra, contro il volere dei suoi capi, nell'organizzazione di un boss della droga. Nel sedicesimo film della serie (secondo con Dalton) i legami col mondo di Ian Fleming sono quasi inesistenti. Cambiano connotati anche i cattivi, non più pazzi decisi a distruggere il mondo, ma semplicemente dei narcotrafficanti. Ma in questo modo il film non si distingue da un poliziesco (piuttosto violento) di ordinaria amministrazione, anche se con un budget superiore alla media. Per i fans, comunque, uno dei migliori Bond degli ultimi anni.

007 Zona pericolo ** (*The Living Daylights*, Gb 1987 col, 125') John Glen. Con Timothy Dalton, Maryam D'Abo, Jeroen Krabbe, Joe Don Baker, John Rhys-Davies, Art Malik. ◆ Quindicesimo film di James Bond, primo con Dalton, in precedenza noto soprattutto per una love story con Vanessa Redgrave. Questa volta Bond va nell'Est per coprire la fuga di un generale del Kgb (Krabbe), che però scopre essere un mercante d'armi e di droga. Frenetici spostamenti per mezzo mondo portano, alla fine, in mezzo ai ribelli antisovietici dell'Afghanistan. Saturo di effetti speciali e di giochi sulle apparenze. Dalton, con la sua aria da manichino, evita che si scivoli nella comicità baracconesca degli ultimi episodi con Roger Moore. La confezione è accurata, ma non è che un telefilm di lusso – e un po' troppo lungo.

«Zeta» la formica → *«Z» la formica*

Zeta – L'orgia del potere → *Z – L'orgia del potere*

Zia Angelina ** (*Tatie Danielle*, Francia 1990, col, 110') Etienne Chatiliez. Con Tsilla Chelton, Catherine Jacob, Isabele Nanty, Neige Dolsky. ◆ Vecchiaccia capricciosa e crudele, zia Angelina (Chelton) è la dannazione dei nipoti, i quali assumono una ragazza alla pari (Jacob) per non doversela sorbire durante l'estate. Fra le due donne, entrambe sole, nascerà un'amicizia. Un altro spaccato sarcastico di vita familiare dall'autore di *La vita è un lungo fiume tranquillo*. La banalità di fondo resta, l'humour nero si diluisce prima della fine, ma gli ingredienti sono dosati con mestiere.

Zia di Carlo, La *½ (*Charley's Aunt*, Usa 1941, b/n, 81') Archie Mayo. Con Jack Benny, Kay Francis, James Ellison, Anne Baxter, Edmund Gwenn. ◆ Due studenti di Oxford che devono uscire con due ragazze convincono un amico a fare da chaperon, travestendosi da vecchia zia. Ma la zia arriva veramente. Innocua commedia degli equivoci, tratta da una farsa di Brandon Thomas che, solo nel cinema americano, ha ispirato almeno altri sette film. Una delle prime apparizioni di Anne Baxter.

Zia di Carlo, La *½ (Italia 1942, b/n, 66') Alfredo Guarini. Con Macario, Lucia D'Alberti [Lucy D'Albert], Carlo Minello, Maurizio D'Ancona, Silvana Jachino, Virgilio Riento. ◆ Per non deludere i suoi ospiti che aspettano l'arrivo di una zia d'America, Macario decide di travestirsi: ma la zia arriva veramente, con i prevedibili equivoci a lieto fine. Farsa sciocchina, non tra le migliori del protagonista, che ricalca la commedia di Brandon Thomas (sceneggiata tra gli altri da Achille Campanile) alla quale è ispirato il film omonimo di Archie Mayo.

Zia Julia e la telenovela ** (*Aunt Julia and the Scriptwriter*, Usa 1990, col, 105') Jon Amiel. Con Peter Falk, Barbara Hershey, Keanu Reeves, Bill McCutcheon, Patricia Clarkson, Henry Gibson. ◆ New Orleans, 1951: il navigato sceneggiatore Pedro Carmichael (Falk) risolleva le sorti di una stazione radio con un feuilleton ispirato ai casi di un suo giovane collega (Reeves), innamorato della propria zia (Hershey), piacente vedova trentacinquenne. E finisce col propiziare il loro amore. Tratto da *La zia Julia e lo scribacchino* di Mario Vargas Llosa, ne tradisce gran parte dello spirito (l'ambientazione del romanzo è peruviana); ma ha anche il torto di arrivare dopo troppi film ambientati negli stessi anni (*Radio Days*), o giocati su meccanismi analoghi (*Bolle di sapone*). Gradevole, ben recitato, e poco più. Gli attori del radiodramma sono Elizabeth McGovern, Dan Hedaya, Hope Lange, Buck Henry, Peter Gallagher e John Larroquette. Musica di Wynton Marsalis, che appare anche con la sua orchestra. Comparsa anche dei Neville Brothers, mito musicale di New Orleans. Rieditato in cassetta col titolo *Questi pazzi, pazzi, pazzi... radio days*.

Ziegfeld Follies **½ (*Ziegfeld Follies*, Usa 1946, col, 110') Vincente Minnelli. Con William Powell, Judy Garland, Fred Astaire, Gene Kelly, Lucille Ball, Cyd Charisse, Red Skelton, Esther Williams, Lena Horne, Hume Cronyn, Fanny Brice. ◆ In paradiso Dio concede a Ziegfeld (Powell), celebre impresario di musical, di organizzare un'ultima grande rivista. Più che un epitaffio, un'autocelebrazione della Mgm in un film fastoso cui partecipano tutti i divi allora sotto contratto. Ritmo travolgente e scarsa sostanza. La mano di Minnelli si vede poco, anche perché alcuni segmenti sono diretti da George Sidney, Roy Del Ruth, Norman Taurog, Robert Lewis, Lemuel Ayers e Merril Pye. Gli autori delle coreografie sono Charles Walters, Eugene Loring e Robert Alton.

Zingara * (Italia 1969, col, 91') Mariano Laurenti. Con Bobby Solo [Roberto Satti], Loretta Goggi, Pippo Franco, Mario Pisu, Claudio Gora, Pino Ferrara, Minnie Minoprio, Fabio Testi, Alicia Brandet, Umberto D'Orsi, Nanda Primavera, Gigi Reder, Ignazio Leone. ◆ L'incontro tra Franco (Bobby Solo) e Marisa (Goggi) fa scoprire l'amore al giovane cantante, mentre le relazioni della ragazza gli aprono la strada del successo; ma poi si fa vivo l'ex fidanzato Augusto (Ferrara), «malatissimo» di cuore... Risibile musicarello costruito attorno ai successi musicali di Bobby Solo (che oltre che nella canzone del titolo si esibisce tra l'altro in *July*, *Non c'è più niente da fare*, *Se piangi, se ridi*): difficile trovare un cantante meno capace di recitare di lui. La Goggi cambia parrucca quasi a ogni scena, Pippo Franco – nel ruolo del chitarrista di «I gamberi» – cerca di far ridere («Io ho una mezza idea...» «E finché non ti viene anche l'altra mezza che facciamo?»); ma Fabio Testi è epocale nei panni del fidanzato maoista di Minnie Minoprio (la sorella di Marisa), che facendo l'albero di Natale dice: «Il rosso è il colore della vita».

Zingara di Alex, La ** (*Alex and the Gypsy*, Usa 1976, col, 99') John Korty. Con Jack Lemmon, Geneviève Bujold, James Woods, Titos Vandis, Gino Ardito. ◆ Un uomo (Lemmon) che per mestiere versa le cauzioni per la libertà provvisoria, sembra derogare al suo cinismo quando si innamora di una sua cliente (Bujold) accusata di omicidio. Commedia sentimentale abbastanza incerta sul tono da tenere, che offre uno squarcio inedito della provincia americana. La Bujold tiene testa a un Lemmon che controlla la sua gigioneria.

Zingara rossa, La **½ (*The Gypsy and the Gentleman*, Gb 1957, col, 107') Joseph Losey. Con Melina Mercouri, Keith Michell, Patrick McGoohan, June Laverick, Lyndon Book, Flora Robson. ◆ All'inizio dell'Ottocento l'aristocratico Paul Deverill (Michell) si rovina per Bella (Mercouri), una gitana attratta solo dai suoi soldi, che l'uomo trascinerà nella sua tragica fine. Ispirandosi alle stampe satiriche di Rowlandson e allo spirito dei vecchi film di Gainsborough, Losey ricostruisce il clima della Reggenza con un «melodramma barocco e fiammeggiante» sceneggiato da Janet Greene: i problemi con la produzione (che impedirono al regista di controllare il montaggio finale) hanno influito sul ritmo del film, troppo spezzettato, ma non cancellano la forza dei grandi temi loseyani – l'irruzione della violenza (come nella bellissima scena del saccheggio da parte degli zingari) e l'inarrestabile decadenza di una classe incapace di resistere al fascino della propria decomposizione – né sminuiscono la forza drammatica dell'ultima scena, «una delle più belle fini di tutta la storia del cinema».

Zingari ** (*Caravan*, Gb 1946, b/n, 122') Arthur Crabtree. Con Stewart Granger, Anne Crawford, Jean Kent, Dennis Price, Robert Helpmann, Gerard Hinze, Arthur Goullet. ◆ Andato in Spagna a cercare fortuna, Richard (Granger) viene dato per morto e così Oriana (Crawford), la fidanzata che ha lasciato in Inghilterra, accetta di sposare il ricco Francis (Price), mandante dell'agguato che avrebbe dovuto uccidere il rivale in amore. Ma Richard è vivo e per ripicca sposa Rosal (Kent), almeno fino a quando il destino non interverrà tragicamente nella storia delle due coppie. La Gainsborough cerca di bissare il successo della *Madonna delle sette lune* portando sullo schermo un romanzo di Eleanor Smith (sceneggiato da Ronald Pertwee) ancora costruito sul tema del doppio, ma questa volta la trama è troppo complicata nelle sue mille peripezie per avvincere davvero e i personaggi perdono quelle sfumature melodrammatiche che avevano fatto il successo dei film precedenti di Crabtree e Arliss.

Zingaro, Lo *½ (*Le Gitan*, Francia/Italia 1975, col, 100') José Giovanni. Con Alain Delon, Annie Girardot, Paul Meurisse, Bernard Giraudeau, Renato Salvatori, Marcel Bozzufi. ◆ Uno zingaro (Delon) evaso da due anni è braccato dalla polizia: nel frattempo agisce da novello Robin Hood, combattendo le ingiustizie commesse contro la sua gente. Poco più che l'ennesimo noir al servizio di Delon, anche se Giovanni (autore del romanzo di partenza, *Histoire de feu*) ha qualche spunto non banale.

Zio Adolfo in arte Führer * (Italia 1978, col, 96') [Franco] Castellano, Pipolo [Giuseppe Moccia].

Con Adriano Celentano, Amanda Lear, Anna Gardini, Filippo Costanzo, Claudio Bigagli. ◆ Il fratello gemello (Celentano) di un colonnello delle SS vuole uccidere il Führer; l'altro glielo impedisce, ma gli salva la vita. Doppio ruolo per Celentano in uno dei suoi film meno riusciti. La parodia storica è goffa e di cattivo gusto. Per chi ama le espressioni assorte del molleggiato, il duello finale alla roulette russa resta comunque un must. Amanda Lear è pietosa nel tentativo di imitare Marlene Dietrich. Primo film del lungo sodalizio tra Celentano e i due registi.

Zio di Brooklyn, Lo *** (Italia 1995, b/n, 95') Daniele Ciprì, Franco Maresco. Con Salvatore Gattuso, Ernesto Gattuso, Giuseppe Di Stefano, Natale Lauria, Pippo Agusta, Francesco Tirone, Carmelo Bitteri, Antonio Bruno, Gaspare Marchione, Pietro Rizzo, Giovanni Lo Giudice, Marcello Miranda. ◆ Due mafiosi nani (E. Gattuso e Di Stefano) impongono a quattro scombinati fratelli – uno dei quali paraplegico (Rizzo), un altro maniaco di pornografia (Lauria) – di ospitare uno «zio di Brooklyn», anziano padrino con i tratti di un Eduardo De Filippo muto e capellone, in ostilità alla banda di don Masino (Agusta). Venuti dall'esperienza frammentaria e provocatoria di *Cinico Tv*, Ciprì e Maresco esordiscono nel lungometraggio con il film più insolito ed estremo del cinema italiano (da loro stessi sceneggiato). Ambientato in una periferia palermitana poco abitata e miserrima, «terra di nessuno» né città né campagna, dove si muove un'umanità residuale, il film racconta una storia senza storia, che sciorina personaggi con le loro trucide, agghiaccianti e meschine miserie, mentre un santo vivo e monocolo viene portato in processione e due funerali si incrociano, maghi afflitti da madri decrepite e incontinenti (tutti gli attori sono rigorosamente di sesso maschile) consigliano rimedi insensati e squallidi *ecce homo* appaiono seminudi agli angoli delle strade, un carrettiere prostituisce la sua asina e un omino (Tirone) a cui hanno rubato la bicicletta la cerca inutilmente per mezzo film. E in questo universo purgatoriale che si confonde col paradiso, quando lo «zio di Brooklyn» parlerà per svelare chi sia (Dio?), la rivelazione sarà coperta da una sonora pernacchia. Fotografato in uno straordinario bianco e nero da Luca Bigazzi, il film sembra riallacciarsi senza soluzione di continuità a *L'Age d'or* di Buñuel e più precisamente all'episodio dei maiorchini: anche qui la civiltà muore per insipienza e per abulìa, per non aver più nulla da dire, ma la sua perdita di vitalità non è solo dei borghesi, è di tutti, in una periferia assoluta, né primo né terzo né altro mondo.

Zio indegno, Lo *½ (Italia 1989, col, 105') Franco Brusati. Con Vittorio Gassman, Giancarlo Giannini, Andréa Ferréol, Stefania Sandrelli, Kim Rossi Stuart. ◆ Donnaiolo impenitente, incurante dell'ordine e del decoro borghese, lo zio Luca (Gassman) è la dannazione del nipote Riccardo (Giannini), che ovviamente è tutto il contrario. Il vecchiaccio gli soffia la donna e gli ruba un quadro: ma a tutto c'è un limite. Per Gassman un personaggio tutt'altro che originale, ma tagliato su misura per la sua maschera che alterna il sogghigno alla lacrima. La commedia all'italiana, ormai, è diventata la maniera di se stessa, ed è patetica e improbabile proprio come lo zio Luca. La sceneggiatura è di Brusati, Benvenuti e De Bernardi.

Zio Vanja ** (*Djadja Vanja*, Urss 1970, col, 104') Andrej [Michalkov] Končalovskij. Con Innokentj Smoktunovskij, Sergej Bondarčuk, Irina Kupčenko, Irina Mirosničenko, Vladimir Zel'din, Nikolaj Pastuchov. ◆ Zio Vanja (Smoktunovskij) amministra con zelo la tenuta della nipote, sacrificandosi per il cognato, uno scienziato presuntuoso (Bondarčuk). Quando scopre che costui non è che un arido egoista, gli spara contro: ma il colpo fallisce, e tutto ritorna come prima. In cerca di soggetti che non incontrassero il veto della censura dopo le traversie di *Storia di Asja Kljacina*, Končalovskij tratta il dramma di Čechov in punta di penna, senza esasperare i conflitti sotterranei e l'analisi dei paradossi sociali, ma tagliando alcuni personaggi essenziali per «accentuare la pesantezza e la severità dei personaggi» come incarcerati in una scenografia claustrofobica e asfissiante e perdendo in questo modo la malinconia e il lirismo del testo letterario. Elegante ma di maniera.

Zitelloni, Gli *½ (Italia/Spagna 1958, b/n, 90') Giorgio Bianchi. Con Walter Chiari, Vittorio De Sica, Maria Luz Gallicia, Mario Carotenuto, Mario Riva, Rina Morelli, Aroldo Tieri, Lilia Landi. ◆ Prossimo a sposarsi Marcello (Chiari), suggestionato da uno scapolone (De Sica), ha un lungo incubo sulla vita matrimoniale. I suoi timori svaniranno una volta scoperto che anche lo zitellone, in realtà, sogna di accasarsi. Luoghi comuni e caratterizzazioni di maniera per un divertimento innocuo.

Zitti e Mosca! ** (Italia 1991, col, 102') Alessandro Benvenuti. Con Massimo Ghini, Athina Cenci, Alessandro Benvenuti, Alida Valli, Novello Novelli, Carlo Monni. ◆ In un paesino toscano, durante la festa dell'Unità, i vecchi militanti irriducibili si confrontano con le nuove generazioni perplesse. Ghini è un funzionario del Pds che assomiglia a Veltroni, Benvenuti (sceneggiatore assieme a Ugo Chiti) una specie di scemo del villaggio. Al contrario di Benigni e dell'ex collega Nuti, Benvenuti cerca di rinsaldare i rapporti con le proprie origini regionali e poi allargare il discorso alla politica. Al suo quarto film, tenta di dire cose serie divertendo: ma i migliori elementi restano le macchiette regionali di Novello Novelli e di Carlo Monni.

«Z» la formica *½ (*Antz*, Usa 1998, col, 83') Eric Darnell, Tim Johnson. ◆ Irrimediabilmente individualista, la formica operaia Z-4195 si innamora della principessa Bala, e sperando di rivederla prende il posto del soldato Weaver: sarà l'unico sopravvissuto alla battaglia contro le termiti, e fuggirà con Bala alla ricerca della mitica Insettopia. Ma soprattutto farà fallire i piani del generale Mandibola, che vorrebbe eliminare tutte le imbelli formiche operaie. Dopo *Toy Story*, il secondo film di animazione realizzato con la tecnica della computer grafica e il primo prodotto da Jeffrey Katzenberg per la DreamWorks: più che una favola dall'evidente morale anticollettivistica, un irrisolto tentativo di contaminare stili (e pubblici) diversi. I protagonisti parlano - imitando i modelli - con le voci di attori celebri (in originale Z è doppiato da Woody Allen, Weaver da Stallone, Mandibola da Gene Hackman, Bala da Sharon Stone; nell'edizione italiana sono sostituiti dai loro doppiatori abituali: Oreste Lionello, Ferruccio Amendola, Sergio Fiorentini, ecc.), e la sceneggiatura di Todd Alcott, Chris e Paul Weitz cita a piene mani da scene di film famosi (non manca nemmeno il ballo di Travolta in *Pulp Fiction*). Quello che non si capisce è come faccia il pubblico infantile a riconoscere le citazioni, e quello più adulto a non preferire gli originali. E la fretta per uscire prima del concorrente *A Bug's Life - Megaminimondo* non ha permesso di usare al meglio la tecnica digitale.

Z – L'orgia del potere **½ (Z, Francia/Algeria 1969, col, 126') [Constantin] Costa-Gavras. Con Jean-Louis Trintignant, Jacques Perrin, Yves Montand, Irene Papas, Charles Denner, François Périer, Georges Géret, Renato Salvatori, Marcel Bozzufi, Bernard Fresson, Magali Noël. ◆ In un paese mediterraneo, un giornalista (Perrin) e un giudice istruttore (Trintignant) fanno luce sull'assassinio di un deputato (Montand) di sinistra, svelando le responsabilità dei pezzi grossi dell'esercito. Ma tutto viene messo a tacere dopo un colpo di Stato e un processo-farsa. Fingendo di fare della fantapolitica, il film allude alla morte di Gregorios Lambrakis e alla nascita del regime dei colonnelli in Grecia. «Z» (iniziale del verbo greco che significa «è vivo») è ciò che veniva scritto sui muri all'epoca di quell'omicidio. Per rendere efficace il messaggio, Costa-Gavras non rinuncia a suggestioni da cinema spettacolare: ai tempi fu un grande successo, oggi risente un po' degli anni. Premio speciale della giuria e Palma d'oro a Trintignant a Cannes nel 1969; Oscar come miglior film straniero l'anno dopo. Prodotto, con molte difficoltà, da Perrin.

Zoccoletti olandesi *½ (*Heidi*, Usa 1937, b/n, 88') Allan Dwan. Con Shirley Temple, Jean Hersholt, Arthur Treacher, Helen Westley. ◆ Nella Svizzera dell'Ottocento la piccola Heidi (Temple) è strappata al nonno per fare da compagna a una piccola inferma. Col suo affetto la guarisce, ma poi rischia di essere venduta agli zingari. Classico film strappalacrime su misura della protagonista, anche se la regia di Dwan lo rende un filo meno sdolcinato della media. Il romanzo di Johanna Spyri, alla base della celebre serie di cartoni animati giapponesi, sarà adattato anche da Luigi Comencini in *Son tornata per te – Heidi*.

Zoccoli d'oro, Gli ** (*Les Sabots en or*, Francia/Tunisia 1989, col, 97') Nouri Bouzid. Con Hichem Rostom, Hamadi Zarrouk, Mechket Krifa. ◆ Nel corso di una notte insonne, un intellettuale di sinistra uscito dal carcere traccia un bilancio dei propri fallimenti, nel privato e nella politica. Una radiografia della Tunisia odierna e delle sue tentazioni integraliste da parte di un regista non allineato che, dopo *L'uomo di cenere*, mostra una discreta capacità di racconto e di presa sulla realtà. Distribuito in versione originale con sottotitoli.

Zombi ***½ (*Dawn of the Dead*, Usa 1979, col, 120') George A. Romero. Con David Emge, Ken Foree, Scott Reiniger, Gaylen Ross. ◆ «Quando non ci sarà più posto all'Inferno, i morti cammineranno sulla Terra», dice un prete, «e si nutriranno dei vivi». Un gruppetto di sopravvissuti si barrica in un ipermercato – dove però gli zombi, per coazione a ripetere ciò che facevano da vivi, continuano ad affluire. Chiara metafora della società dei consumi, «sgradevole come un viaggetto all'Inferno», che non lascia un attimo di tregua allo spettatore. Non per tutti i gusti, ed estremamente truculento, ma ben di più di un semplice horror. In televisione circola una versione tagliata. Dario Argento è accreditato come coautore della sceneggiatura (assieme a Romero) e delle musiche (assieme ai Goblin), e ha imposto un montaggio molto serrato: ma il film, visionario, lucido e disperato, con qualche tocco di umorismo macabro, è totalmente di Romero. Seconda parte della trilogia iniziata con *La notte dei morti viventi* e chiusa da *Il giorno degli zombi*.

Zombi 2 **½ (Italia 1979, col, 85') Lucio Fulci. Con Tisa Farrow, Ian McCulloch, Richard Johnson, Olga Karlatos, Al Cliver [Pierluigi Conti], Auretta Gay, Ugo Bologna. ◆ Dopo il ritrovamento dello yacht paterno alla deriva, Ann Bolt (Farrow) e il giornalista Peter West (McCulloch) partono alla volta dell'isola di Matul, dove la donna stava conducendo degli esperimenti top secret; ma a causa di una maledizione voodoo, i morti stanno tornando in vita: sorpresa finale. Sceneggiato da Elisa Briganti, il primo film esplicitamente horror di Fulci crea un personale universo di terrore, trasformando un'isola delle Antille in un claustrofobico luogo di morte. Privo delle ambizioni sociologiche di Romero, Fulci studia i tempi della paura (dilatati e enfatizzati come nella scena della doccia della Karlatos, spiata dallo zombi, o concitati come nella sequenza finale dell'assedio: quasi un omaggio allo spaghetti-western), senza tuttavia rinunciare agli effettacci (celebre l'occhio della Karlatos trafitto da una scheggia di legno). Tisa Farrow, sorella minore di Mia, all'epoca era divisa tra il lavoro di attrice e quello di tassinara a New York.

Zombi 3 * (Italia 1988, col, 90') Lucio Fulci. Con Deran Sarafian, Beatrice Ring, Alex McBride, Richard Raymond. ◆ Un virus creato in laboratorio crea un'epidemia di zombi, il cui diffondersi è agevolato dall'idiozia dei militari. Rozzo plagio dei film di Romero (*Zombi* e *La città verrà distrutta all'alba*), che, al contrario di *Zombi 2*, non ha motivi per attirare neanche i fans del grand guignol.

Zombi 4 → *Non si deve profanare il sonno dei morti*

Zombi Holocaust * (Italia 1980, col, 95') Frank Martin [Marino Girolami]. Con Ian McCulloch, Richard Johnson, Alexandra Delli Colli, Donald O'-Brien, Sherry Buchanan, Peter O'Neal. ◆ Dopo un furto di organi in un ospedale di New York, un'antropologa (Delli Colli) e un agente (McCulloch) partono alla volta di un'isola del Pacifico, dove il dottor Abrero (O'Brien) è riuscito a trovare la formula per riportare in vita i morti. Realizzato in contemporanea a *Zombi 2* di Lucio Fulci e a un altro film di Girolami (il soft-core *Sesso profondo*), uno dei tanti epigoni di Romero, con tocchi da *cannibal-movie* nostrano: girato con una fotografia (di Franco Zuccoli) quasi sempre sbagliata e scura durante le scene in notturna, punta tutto sugli effetti speciali particolarmente truculenti curati da Giannetto De Rossi. Discreto successo all'estero proprio in virtù della sua efferatezza. Musiche di Nico Fidenco, in gran parte recuperate da *Emanuelle e gli ultimi cannibali*.

Zona di guerra *** (*War Zone*, Gb 1998, col, 99') Tim Roth. Con Ray Winstone, Lara Belmont, Freddie Cunliffe, Tilda Swinton, Colin J. Farrell, Aisling O'-Sullivan, Kate Ashfield, Annabelle Aspion, Kim Wall, Megan Thorp. ◆ Il quindicenne Tom (Cunliffe), la cui famiglia si è appena trasferita da Londra nel Devon, dove la madre (Swinton) sta per partorire la terza figlia, sospetta un legame incestuoso tra il padre (Winstone) e la sorella Jessie (Belmont): una scena vista in un bunker sulla spiaggia spinge Tom a risolvere la situazione a modo suo. Il coraggioso debutto alla regia di Tim Roth è un melodramma che sfocia nella tragedia greca, tratto dal romanzo omonimo di Alexander Stuart da lui stesso adattato (ma con due differenze fondamentali: il finale e il ritratto di Jessie, che nel libro è complice seduttiva e autodistruttiva del padre, mentre nel film è una vittima). Roth rinuncia a ogni facile effetto di regia, non chiede complicità psicologiche o morali e scava nell'oscurità di una vicenda che continua ad avere qualcosa di fatale e di mitico: una scelta di stile notturna e monotona, fredda e dolente, compartecipe anzitutto della sofferenza sgarbata e sgraziata del ragazzo e di quella sottomessa e angosciata della ragazza.

Zona morta, La *** (*The Dead Zone*, Usa 1983, col, 103') David Cronenberg. Con Christopher Walken, Brooke Adams, Martin Sheen, Herbert Lom, Tom Skerritt, Anthony Zerbe, Nicholas Campbell. ◆ Risvegliatosi dopo cinque anni di coma, Johnny (Walken) scopre di poter vedere nel passato e nel futuro della gente: dono scomodo e non gradito, anche se utile, per esempio, ad acchiappare un serial killer (Campbell). Quando scopre che un candidato al senato (Sheen) porterà il mondo alla guerra nucleare, decide di intervenire per modificare il futuro. Cronenberg rinuncia agli effetti speciali e si concentra sul dramma interiore del personaggio, con una delicatezza e una profondità che invano si cercherebbero in un altro film tratto da Stephen King. Decisamente molto di più che un film di genere, sceneggiato da Jeffrey Boan. Prima pellicola americana di Cronenberg (prodotta da De Laurentiis), e unica a poter essere trasmessa in prima serata senza tagli – o quasi. Ottimo Walken.

Zoo ** (Italia 1988, col, 92') Cristina Comencini. Con Asia Argento, Marco Maria Parente, Daniel Olbrychski, Louis Ducreux, Valentina Mascetti. ◆ La figlia (la debuttante Argento) del guardiano notturno di uno zoo diventa amica di uno zingarello in cerca di cibo e di affetto, e insieme liberano un'elefantessa. Pensato per un pubblico di ragazzi e sceneggiato dalla regista con Francesca Melandri, è comunque troppo delicato per piacere a una generazione che si nutre di videogame. Opera prima di una delle tre figlie di Comencini.

Zoo di notte ** (*Un Zoo la nuit*, Canada 1987, col, 110') Jean-Claude Lauzon. Con Gilles Maheu, Roger Le Bel, Lynne Adams, Lorne Brass, Germain Houde. ◆ Uscito di galera, Marcel (Maheu), perseguitato da due poliziotti corrotti e spacciatori, cerca di ristabilire un rapporto col padre. Realizzerà il sogno della sua vita portandolo, morente, a una battuta di caccia notturna in uno zoo. L'esordiente Lauzon gioca sul contrasto tra due registri: noir crudo e realistico e commedia intimistica venata di surrealismo. Il film rischia di essere un ibrido poco riuscito, ma di Lauzon si risentirà parlare.

Zoo di Venere * (*A Zed & Two Noughts*, Gb/Olanda 1985, col, 115') Peter Greenaway. Con Andréa Ferréol, Brian e Eric Deacon, Frances Barber, Joss Ackland. ◆ Due zoologi gemelli (i fratelli Deacon), che hanno perso le mogli nello stesso incidente d'auto, si innamorano e hanno un figlio dalla donna (Ferréol) che, in quell'incidente, ha perso una gamba. Le loro ossessioni sono la simmetria e lo studio della putrefazione animale. Convincono la donna a tagliarsi l'altra gamba, ma saranno loro stessi a fornire la materia prima per il loro ultimo esperimento. Secondo Greenaway «il cinema è troppo importante per lasciarlo in mano a chi racconta storie»: ecco allora una serie di quadri liberamente accostati, nei quali vagano alla rinfusa le ossessioni dell'autore (Vermeer, il sesso, la nascita, la morte, i numeri). Come al solito, lussuosa fotografia di Sacha Vierny e musiche rintronanti di Michael Nyman. Chi non è già un fan del regista è avvertito.

Zoo di vetro, Lo ** (*The Glass Menagerie*, Usa 1950, b/n, 107') Irving Rapper. Con Jane Wyman, Kirk Douglas, Gertrude Lawrence, Arthur Kennedy. ◆ Un ovattato inferno familiare nel Sud degli Stati Uniti che ruota intorno a una madre oppressiva e patetica, Amanda (Lawrence), che, piantata dal marito, vive in un mondo irreale, soffocando i due figli. Una sera Tom (Kennedy) invita un amico (Douglas) da far conoscere alla sorella (Wyman) che, complessata perché zoppa, si avvia allo zitellaggio. Dopo l'imbarazzo iniziale, l'ospite ne apprezza la sensibilità, ma è già fidanzato. Prima versione cinematografica del dramma di Tennessee Williams, sceneggiato dall'autore in collaborazione con Peter Barneis. Notevole più per gli attori che per la regia.

Zoo di vetro **½ (*The Glass Menagerie*, Usa 1987, col, 134') Paul Newman. Con Joanne Woodward, John Malkovich, Karen Allen, James Naughton. ◆ Il film di Newman nasce dall'intenzione di eternare una memorabile rappresentazione teatrale dello *Zoo di vetro* di Tennessee Williams (l'unico a non far parte del cast originario è Malkovich, che ha la parte del figlio). È ancora attuale la storia patetica della ragazza zoppa (Allen) che vive di sogni circondandosi dei suoi animaletti di vetro? Williams, aggiornando il suo classico, accentua il pessimismo del finale: il figlio Tom (Malkovich) trova il coraggio di ribellarsi e abbandona madre (Woodward) e sorella. Anni dopo, però, ricorda la sua storia pieno di rimorso. La confezione accurata (fotografia di Michael Ballhaus, musica di Henry Mancini) non va a scapito – a tratti – di una sincera emozione, anche se Newman tende a dare troppo spago a sua moglie Joanne Woodward,

che sembra in attesa degli applausi del pubblico.
Zorba il greco *½ (*Zorba the Greek*, Usa 1964, b/n, 146') Michael Cacoyannis. Con Anthony Quinn, Alan Bates, Irene Papas, Lila Kedrova, George Foundas. ◆ A Creta uno scrittore inglese (Bates) diventa amico di Zorba (Quinn), uomo dai mille mestieri e dall'ottimismo incrollabile. Eventi luttuosi si mescolano alle risate in un film statico e troppo lungo, ispirato al romanzo di Kazantzakis e sceneggiato dal regista. La Kedrova, nella parte patetica di un'ex prostituta sposata da Zorba poco prima che muoia, rimpiazzò all'ultimo momento Simone Signoret, e vinse l'Oscar come attrice non protagonista. Un secondo Oscar andò alla fotografia di Walter Lassally. Un grande successo di pubblico che oggi appare sproporzionato. Cacoyannis non fece che sfruttare in modo superficiale il folclore locale, che agli americani doveva sembare molto esotico. Celebre la colonna sonora di Mikis Theodorakis.

Zorro

Creato dallo scrittore americano Johnston McCulley (1883-1958) che ne fece il protagonista di un romanzo pubblicato a puntate su *All-Story Weekly*, dal 9 agosto al 6 settembre 1919, con il titolo *The Curse of Capistrano* (La maledizione di Capistrano), Zorro è in terra californiana e dintorni ispanici l'equivalente di ciò che Robin Hood fu per l'Inghilterra: un eroe che, con la sua aria dandy vagamente effeminata e al riparo della maschera nera, toglie ai ricchi per dare ai poveri ma che, diversamente dall'eroe inglese, è di nobili origini e di modi aristocratici. Personaggio venato d'ironia (e d'ambiguità), questo giustiziere del popolo, il cui nome in spagnolo significa «volpe», firma tutte le sue imprese disegnando con la punta acuminata della spada una vistosa Z sulla casacca (o più spesso sulla pelle) delle sue vittime. Anche se può vantare antenati letterari, come il conte di Montecristo creato da Alexandre Dumas o la Primula rossa nata dalla fantasia della baronessa Orczy (e il cui successo ispirò direttamente il romanzo di McCulley), è il cinema che si impadronisce del personaggio e ne diffonde la sua immagine ingigantendone la popolarità. L'anno successivo alla sua uscita, il libro diventa film, diretto da Fred Niblo e intitolato *Il segno di Zorro* (1920). Nel ruolo del protagonista Douglas Fairbanks, che ne diede una muscolosa e insuperata interpretazione e che portò la figura di Zorro direttamente nell'Olimpo degli eroi più popolari della settima arte. Dopo il sequel interpretato sempre da Fairbanks e intitolato *Don Q. Son of Zorro* (1925, di Donald Crisp), lo spadaccino mascherato divenne il protagonista negli anni Trenta e Quaranta di alcuni serial di produzione Republic: *Zorro Rides Again* (1937, dodici episodi diretti da William Witney e John English, con John Carroll nel ruolo del protagonista), *Zorro's Fighting Legion* (1939, dodici episodi diretti sempre da William Witney e John English, con Reed Hadley), *Zorro's Black Whip* (1944, dodici episodi diretti da Spencer Gordon Bennett e Wallace A. Grissell con George J. Lewis), *Son of Zorro* (1947, tredici episodi diretti da Spencer Gordon Bennett e Fred C. Brannon, con George Turner) e *Ghost of Zorro* (1949, dodici episodi diretti da Fred C. Brannon, con Clayton Moore), ma è Tyrone Power che nel 1940 ridà vera popolarità al personaggio, dandogli il suo fascino ambiguo e impomatato nel film *Il segno di Zorro* (1940, di Rouben Mamoulian), una versione che si ricorda ancora per le straordinarie coreografie dei duelli e che conquistò soprattutto il pubblico femminile (sottolineandone, sia pur involontariamente, l'eccentricità: in un periodo prebellico, l'eroe più amato non è tanto quello aggressivo e maschile, ma quello ambiguo e «femminile»). Tra il 1957 e il 1959 la Walt Disney produce una serie televisiva, intitolata *Zorro* e interpretata da Guy Williams ed è in quell'occasione che, curiosamente, la Disney Productions acquista il copyright della spada acuminata dell'eroe mascherato, cosicché tutte le successive produzioni, per poter girare le scene in cui Zorro mette in mostra la sua straordinaria abilità di spadaccino, dovranno pagare diritti speciali. Negli anni Sessanta, la popolarità di Zorro tocca il suo punto più basso e l'eroe di McCulley viene coinvolto in una serie di avventure aprocrife, ora letterarie (*Zorro e i tre moschettieri*, 1963, di Luigi Capuano), ora mitologiche (*Zorro contro Maciste*, 1963, di Umberto Lenzi) che negli anni Settanta diventano addirittura erotiche (*Les aventures galantes de Zorro*, un film belga [!] del 1972, di William Russel; *The Erotic Adventures of Zorro*, 1973, di Robert Freeman). Nel 1974 e nel 1975 due attori famosi si cimentano, senza uscire dalla tradizione, con la figura dell'eroe: Frank Langella interpreta un tv-movie diretto da Don McDougall, *The Mark of Zorro* (inedito in Italia) e Alain Delon *Zorro* (di Duccio Tessari) ma nessuno dei due riesce a far tornare davvero popolare lo spadaccino mascherato. Né ci riuscirà, nel 1981, l'attore George Hamilton, bellone americano noto per la sua ricchezza e per il suo chiacchierato flirt con la figlia del presidente americano Lyndon Johnson, che dopo il suo Dracula comico (*Amore al primo morso*) decide di produrre, affidandone la regia a Peter Medak, *Zorro mezzo e mezzo*, in cui l'eroe a due facce ne assume una terza: messo momentaneamente fuori gioco dal malvagio Esteban, Zorro viene infatti sostituito dal fratello gemello, in tutto e per tutto simile a lui. Tranne che nelle frequentazioni amorose. Uno sdoppiamento è anche all'origine di *La maschera di Zorro* (1998, di Martin Campbell) dove uno Zorro ormai in là con gli anni (interpretato da Anthony Hopkins) si cerca un «vice» più giovane (Banderas) che educa a base di filosofia zen e arti marziali: ma anche qui il risultato lascia delusi (non c'è nemmeno il sergente Garcia!)

I FILM PRINCIPALI
Il segno di Zorro (1920) di Fred Niblo
Il segno di Zorro (1940) di Rouben Mamoulian
Il segno di Zorro (1962) di Mario Caiano
Zorro e i tre moschettieri (1963) di Luigi Capuano
Zorro contro Maciste (1963) di Umberto Lenzi
Zorro il ribelle (1966) di Piero Pierotti
Zorro (1975) di Duccio Tessari

Zorro mezzo e mezzo (1981) di Peter Medak
La maschera di Zorro (1998) di Martin Campbell

Zorro ***½** (Italia/Francia 1975, col, 125') Duccio Tessari. Con Alain Delon, Ottavia Piccolo, Stanley Baker, Adriana Asti, Moustache, Giampiero Albertini, Enzo Cerusico. ◆ Diego de La Vega (Delon) assume l'identità di un amico ucciso e diventa governatore, fingendosi imbelle per meglio ingannare il feroce colonnello (Baker). Ma sotto la maschera di Zorro aiuta il popolo a ribellarsi. Artificioso tentativo di risuscitare i film di cappa e spada, che sposta l'ambientazione dalla California al Sudamerica. Il personaggio di Zorro sta piuttosto stretto a Delon, ma c'è abbastanza movimento da soddisfare un pubblico di ragazzini.

Zorro contro Maciste *** (Italia/Spagna 1963, col, 90') Umberto Lenzi. Con Pierre Brice, Alan Steel [Sergio Ciani], Moira Orfei, Massimo Serato, Maria Grazia Spina. ◆ Le due eredi rivali di Filippo II assoldano rispettivamente Zorro (Brice) e Maciste (Steel), alla faccia dell'anacronismo, per recuperare il prezioso testamento. Uno degli abbinamenti più assurdi per Maciste, eroe per tutte le stagioni del cinema di serie Z.

Zorro e i tre moschettieri *** (Italia 1963, col, 94') Luigi Capuano. Con Gordon Scott, José Greci, Giacomo Rossi Stuart, Livio Lorenzon, Franco Fantasia, Roberto Risso, Maria Grazia Spina, Mario Pisu, Nando Tamberlani, Giulio Marchetti, Gianni Rizzo. ◆ Per riuscire a battere il cardinale di Richelieu, Athos, Porthos e Aramis (Risso, Lorenzon e Rossi Stuart) devono allearsi con lo spadaccino mascherato. Impossibile incontro attraverso i secoli di alcuni grandi maestri di lama: quasi inguardabile.

Zorro il ribelle ***½** (Italia 1966, col, 90') Piero Pierotti. Con Howard Ross [Renato Rossini], Dina De Santis, Charles Borromel, Arturo Dominici, Gabriella Andreini, Massimo Carocci, Ignazio Balsamo, Edoardo Toniolo, Giuseppe Lauricella, Valentino Macchi. ◆ Il crudele donAlvarez (Dominici) vuole comandare come un dittatore assoluto, ma un gruppo di popolani guidati da Salvador (Balsamo) cerca di organizzare la resistenza. In loro aiuto arriverà don Ramiro, alias Zorro (Ross), che porterà tutto il popolo alla ribellione. In sintonia con l'evoluzione politica del western all'italiana, anche Zorro incontra la lotta delle masse e la sollevazione popolare in questo cappa e spada e tortillas senza molte altre curiosità.

Zorro mezzo e mezzo *** (*Zorro the Gay Blade*, Usa 1981, col, 93') Peter Medak. Con George Hamilton, Lauren Hutton, Brenda Vaccaro, Ron Leibman, James Booth. ◆ Zorro ha lasciato due figli identici (Hamilton), uno dei quali è gay, ma meno imbelle di quanto sembra. Modesta parodia che gioca su facili equivoci, e che ripete l'operazione di *Amore al primo morso*, sempre con George Hamilton.

Zozos ***½** (*Zozos*, Francia 1973, col, 110') Pascal Thomas. Con Frédéric Duru, Edmond Raillard, Virginie Thévenet, Annie Colé, Daniel Ceccaldi. ◆ Inizio anni Sessanta: due liceali ossessionati dal sesso, Frédéric e François (Duru e Raillard), vanno in Svezia convinti di fare una strage. Al ritorno racconteranno delle gran fandonie. Il tono spigliato non rimedia alla banalità di fondo. I soliti sciovinisti francesi hanno tirato in ballo – a sproposito – Rozier, Truffaut e altri ancora più grandi.

Zozza Mary, pazzo Gary ***½** (*Dirty Mary Crazy Larry*, Usa 1974, col, 93') John Hough. Con Peter Fonda, Susan George, Adam Roarke, Vic Morrow, Roddy McDowall. ◆ Un corridore automobilistico (Fonda) si associa con un meccanico (Roarke) e una ragazza (George) per fare un colpo in un supermercato. Commedia fracassona che ha dato lavoro a molti stuntmen, di cui convince poco un finale che sa di moralistico.

Zucchero al veleno **** (*Little Sweet-heart*, Gb 1988, col, 92') Anthony Simmons. Con John Hurt, Karen Young, Cassie Barasch, Ellie Raab, Barbara Bosson. ◆ Due ragazzine terribili spiano i loro vicini (Hurt e Young) credendoli dei criminali, mentre sono solo amanti in cerca di privacy: arrivano a ricattarli, diventando protagoniste di un gioco che si tinge di sangue. Paradossale e cinico, il film di Simmons ha il merito di andare fino in fondo, parteggiando sadicamente per i due piccoli mostri. L'impressione di artificiosità, tuttavia, resta.

Zucchero, miele e peperoncino ***½** (Italia 1980, col, 110') Sergio Martino. Con Renato Pozzetto, Pippo Franco, Lino Banfi, Edwige Fenech, Dagmar Lassander, Glauco Onorato, Sal Borgese, Patrizia Garganese. ◆ Sullo stile di *Un giorno in pretura*, tre sventurati narrano le loro sciagure davanti al giudice: un tassista catatonico (Pozzetto) viene coinvolto nel ratto a scopo di matrimonio di una siciliana; un laureato (Franco) è costretto a travestirsi da donna per fare la cameriera; un poveraccio (Banfi) viene scambiato per un feroce assassino e messo nei guai da una giornalista (Fenech) a caccia di scoop. Interpreti a mezzo servizio, gag tirate per le lunghe e umorismo scontato, anche se non sempre triviale.

Zucchero – Un dolce imbroglio **** (*Le Sucre*, Francia 1978, col, 100') Jacques Rouffio. Con Gérard Depardieu, Jean Carmet, Michel Piccoli, Nelly Bourgeaud, Roger Hanin, Claude Piéplu. ◆ Un funzionario di provincia in pensione (Carmet) perde i suoi risparmi avendo dato retta a un nobile spiantato (Depardieu). I due riusciranno tuttavia a fare profitti, scoprendo molti altarini nel mondo della finanza. Ispirato a uno scandalo di borsa che, nel 1974, aveva rovinato molti piccoli risparmiatori, il film di Rouffio butta tutto sulla farsa, ma non sempre l'intreccio è chiarissimo. Bene assortito, comunque, il cast.

Zulu **** (*Zulu*, Gb 1964, col, 138') Cy [Cyril] Endfield. Con Stanley Baker, Jack Hawkins, Ulla Jacobsson, Michael Caine, Nigel Green, James Booth. ◆ Nel 1879 un'esigua pattuglia inglese difende una missione da orde di zulu. Dopo una battaglia che dura metà film, gli zulu cavallerescamente si ritirano, riconoscendo il valore degli avversari. Un episodio di guerre coloniali narrato con una certa equanimità, anche se non particolarmente appassionante. Quindici anni dopo, *Zulu Dawn* narrerà gli eventi che accaddero l'anno prima.

Zulu Dawn *½ (*Zulu Dawn*, Usa/Olanda 1979, col, 121′) Douglas Hickox. Con Burt Lancaster, Peter O'Toole, Simon Ward, John Mills, Denholm Elliot, Freddie Jones, Nigel Davenport, Bob Hoskins. ◆ Nel 1878, nel Natal, i guerrieri zulu, sottovalutati dai boriosi inglesi, attirano 1300 soldati britannici in una trappola e li massacrano. Cy Endfield, regista di *Zulu* (che raccontava quello che sarebbe successo l'anno successivo), è coautore della sceneggiatura, la quale si sforza di rovesciare il punto di vista eurocentrico. Il risultato, tuttavia, è un filmone d'avventura pachidermico e vecchio stile, che finisce col celebrare le solite figure di eroi sfortunati e integerrimi.

Zuppa d'anitra → *Guerra lampo dei fratelli Marx, La*

Zuppa di pesce **½ (Italia/Francia 1992, col, 102′) Fiorella Infascelli. Con Philippe Noiret, Chiara Caselli, Macha Méril, Lucrezia Lante della Rovere, Andrea Prodan, Robert Patterson, Lou Castel, Fiorenzo Fiorentini, Renzo Montagnani, Memé Perlini. ◆ L'amore per il cinema è stato istillato a Isabella (Caselli) dal padre Alberto (Noiret), bizzarra figura di produttore, ora tenero ora intrattabile: nonostante scontri e incomprensioni, Isabella diventata adulta troverà la propria strada proprio dedicandosi a quel cinema che Alberto Ragonelli amava tanto. Dichiarato omaggio al padre Carlo Infascelli (produttore, regista e sceneggiatore attivo negli anni Cinquanta e Sessanta), il film, sceneggiato dalla regista con Patrizia Pistagnesi, mescola ricordi autobiografici con spunti psicologici (la gelosia per la sorella maggiore Anna, interpretata da Lucrezia Lante della Rovere) e scene divertenti (le tavolate nella villa di Ansedonia), ma non riesce a liberarsi da una certa superficialità di maniera anche se divertente.

Indice delle voci tematiche

Indice dei titoli originali

Indice dei titoli originali

Indice dei registi

Goretta, Claude
L'invito (1973)
Il difetto di essere moglie (1974)
La merlettaia (1977)
La morte di Mario Ricci (1983)
Orfeo (1985)
Gornick, Michael
Creepshow 2 (1987)
Gorris, Marleen
L'albero di Antonia (1995)
Mrs Dalloway (1997)
Goscinny, René
Asterix il gallico (1967)
Asterix e Cleopatra (1968)
Gosnell, Raja
Mamma, ho preso il morbillo (1997)
Gosse, Bob
Niagara Niagara (1997)
Gothár, Péter
Il tempo sospeso (1982)
Gottlieb, Carl
Il cavernicolo (1981)
Gottlieb, Lisa
Un ragazzo come gli altri (1985)
Gottlieb, Michael
Mannequin (1987)
Gould, Charles S.
La valle degli uomini luna (1955)
Gould, Heywood
Il verdetto della paura (1994)
Goulding, Alfred
Noi siamo le colonne (1940)
Goulding, Edmund
Grand hotel (1932)
Quando una donna ama (1934)
Vivo per il mio amore (1937)
Il grande amore (1939)
Non siamo soli (1939)
Tramonto (1939)
Trovarsi ancora (1940)
La grande menzogna (1941)
Il filo del rasoio (1946)
Schiavo d'amore (1946)
La fiera delle illusioni (1947)
Se mia moglie lo sapesse (1949)
L'imprendibile signor 880 (1950)
Matrimoni a sorpresa (1952)
Gioventù ribelle (1956)
Martedì grasso (1958)
Goursaud, Anne
Nove settimane e 1/2 – La conclusione (1997)
Graham, William A.
Police Story (1973)
Gli ultimi giorni di Frank e Jesse James (1986)
Ritorno alla laguna blu (1991)
Grangier, Gilles
I giganti (1955)
Sangue alla testa (1956)
Partita a tre (1957)
Gli allegri veterani (1960)
Il re dei falsari (1961)
Maigret e i gangsters (1963)
Granier-Deferre, Denys
Tragica conseguenza (1993)
Granier-Deferre, Pierre
Sotto il tallone (1965)
Le Chat, l'implacabile uomo di Saint-Germain (1971)
L'evaso (1971)
Un battito d'ali dopo la strage (1972)
Noi due senza domani (1973)
L'arrivista (1974)
La trappola (1974)
Dai sbirro (1975)
Una donna alla finestra (1976)
Histoire d'amour (1979)
Etoile du nord (1981)
L'amico di Vincent (1983)
Non guardatemi (1986)
Estate impura (1987)
Granowsky, Alexis
Taras Bulba (1936)
Grant, James Edward
L'ultima conquista (1947)
Grant, Lee
Versione donna (1984)
Gras, Enrico
I sogni muoiono all'alba (1961)
Grassia, Ninì
Celebrità (1981)
'O surdato 'nnammurato (Oi vita, oi vita mia) (1984)
Fatalità (1991)
Il burattinaio (1994)
Annaré (1998)
Cient'anne (1999)
Grassini, Paolo
Roma Paris Barcellona (1990)
Grau, Jorge
Il peccato (1963)
Non si deve profanare il sonno dei morti (1974)
Grauman, Walter
Squadriglia 633 (1964)
Un giorno di terrore (1964)
Gray, F. Gary
Set It Off (1996)
Il negoziatore (1998)
Gray, James
Little Odessa (1994)
Gray, John
Delitti inquietanti (1996)
Greco, Emidio
L'invenzione di Morel (1974)
Ehrengard (1982)
Un caso d'incoscienza (1984)
Una storia semplice (1991)
Milonga (1999)
Greco, Giuseppe → Castellani, Giorgio
Green, Alfred E.
Paura d'amare (1935)
Due nella folla (1936)
Mogli di lusso (1936)
The League of Frightened Men (1937)
Non mi ucciderete (1940)

Kline, Edward
Un comodo posto in banca (1940)
Klos, Elmar
La battaglia di Engelchen (1963)
Il negozio al corso (1965)
Klotz, Nicolas
Una notte a Bengali (1988)
Kloves, Steve
I favolosi Baker (1989)
Omicidi di provincia (1994)
Kluge, Alexander
La ragazza senza storia (1966)
Artisti sotto la tenda del circo: perplessi (1968)
Le occupazioni occasionali di una schiava (1973)
Ferdinando il duro (1976)
Germania in autunno (1978)
La forza dei sentimenti (1983)
Knights, Robert
L'irlandese (1988)
Knowles, Bernard
Jassy, la zingara (1947)
Kobayashi, Masaki
Nessun amore è più grande (1959)
Harakiri (1962)
L'ultimo samurai (1967)
Koch, Carlo [Karl]
Tosca (1941)
Koch, Howard W.
Un pugno di criminali (1955)
Frankenstein 70 (1958)
Il ritorno di Mr. Hardy (1958)
Kodar, Oja
Jaded – Scoppiati (1989)
Tempo d'amare (1993)
Orson Welles – The One Man Band (1995)
Koepp, David
Effetto black-out (1996)
Kollek, Amos
Forever Lulù – Una commedia a tinte gialle (1987)
Komack, James
Porky's III – La rivincita (1985)
Končalovskij [Michalkov], Andrej
Storia di Asja Kljačina che amò senza sposarsi (1967)
Zio Vanja (1970)
Siberiade (1979)
Maria's Lovers (1984)
A trenta secondi dalla fine (1985)
Duet for One (1986)
I diffidenti (1987)
Homer & Eddie (1989)
Tango & Cash (1989)
Il proiezionista (1991)
Asja e la gallina dalle uova d'oro (1994)
Kong, Jackie
Il ristorante all'angolo (1987)
Kopple, Barbara
Harlan County U.S.A. (1977)
Wild Man Blues (1997)
Korber, Serge
Beato tra le donne (1970)
Korda, Alexander
Marius (1931)
Sposatevi ragazzi! (1932)
Le sei mogli di Enrico VIII (1933)
L'arte e gli amori di Rembrandt (1936)
Il grande ammiraglio (1941)
Intermezzo matrimoniale (1945)
Un marito ideale (1948)
Korda, Zoltan
La danza degli elefanti (1937)
Il principe Azim (1938)
Le quattro piume (1939)
Il libro della giungla (1942)
Sahara (1943)
Passione selvaggia (1947)
Il sorriso della Gioconda (1947)
Korty, John
La zingara di Alex (1976)
Oliver's Story (1978)
L'avventura degli Ewok (1984)
Resting Place (1986)
Koster, Henry
Tre ragazze in gamba (1937)
Il primo bacio (1939)
Le tre ragazze in gamba crescono (1939)
La prima è stata Eva (1941)
Marisa (1944)
Due sorelle di Boston (1946)
La moglie del vescovo (1947)
L'isola del desiderio (1948)
Le due suore (1949)
L'ispettore generale (1949)
Harvey (1950)
Per noi due il paradiso (1950)
La Venere di Chicago (1950)
Fuga d'amore (1951)
Mr. Belvedere suona la campana (1951)
Il viaggio indimenticabile (1951)
La giostra umana (1952)
Mia cugina Rachele (1952)
Squilli di primavera (1952)
La tunica (1953)
Désirée (1954)
Buongiorno, Miss Dove! (1955)
Il favorito della grande regina (1955)
L'impareggiabile Godfrey (1957)
La maja desnuda (1958)
La storia di Ruth (1960)
Mister Hobbs va in vacanza (1962)
Prendila, è mia (1963)
Erasmo il lentigginoso (1965)
Dominique (1966)
Kotcheff, Ted
Flagrante adulterio (1965)
La mia pistola per Billy (1974)
Soldi ad ogni costo (1974)
Non rubare... se non è strettamente necessario (1977)
Qualcuno sta uccidendo i più grandi cuochi d'Europa (1978)
I mastini del Dallas (1979)
Punto debole (1982)

Lewis, Robert Michael
Airport 90 (1985)
L'Herbier, Marcel
L'Inhumaine (1924)
Il fu Mattia Pascal (1925)
Il più bel sogno (1935)
Rasputin (1938)
Ecco la felicità! (1940)
La Boheme (1942)
Liberatore, Ugo
Bora Bora (1965)
Il sesso degli angeli (1967)
Lovemaker - L'uomo per fare l'amore (1969)
Incontro d'amore (1970)
Noa Noa (1974)
Lieberman, Jeff
Video Killer (1988)
Lieberman, Robert
Bagliori nel buio (1993)
Una squadra a tutto ghiaccio (1996)
Titanic (1996)
Ligabue, Luciano
Radiofreccia (1998)
Lima, Kevin
In viaggio con Pippo (1995)
Tarzan (1999)
Liman, Doug
Swingers (1996)
Limosin, Jean-Pierre
Tokyo Eyes – Gli occhi di Tokyo (1998)
Lindsay-Hogg, Michael
Let It Be – Un giorno con i Beatles (1970)
Cattive abitudini (1976)
Il dottor Fisher di Ginevra (1983)
Attenti al ladro! (1991)
Frankie delle stelle (1995)
Guy – Gli occhi addosso (1996)
Lindtberg, Leopold
Lettere d'amore smarrite (1940)
Maria Luisa (1944)
L'ultima speranza (1945)
Link, Caroline
Al di là del silenzio (1996)
Linklater, Richard
La vita è un sogno (1993)
Prima dell'alba (1995)
Suburbia (1996)
Lipartiti, Giuseppe
Avventura a Capri (1959)
Lisberger, Steven
Le Olimpiadi della giungla (1978)
Tron (1982)
Su e giù per i Caraibi (1987)
Littin, Miguel
El Chacal di Nahueltoro (1969)
La tierra prometida (1972)
Actas de Marusia: storia di un massacro (1976)
Little, Dwight H.
Halloween 4 (1988)
Il fantasma dell'Opera (1989)
Programmato per uccidere (1990)
Drago d'acciaio (1992)
Free Willy 2 (1995)
Littman, Lynne
Testament (1983)
Litvak, Anatole
Questa notte o mai più (1932)
Mayerling (1936)
Tovarich (1937)
Io ti aspetterò (1938)
Il sapore del delitto (1938)
Il castello sull'Hudson (1940)
La città del peccato (1940)
Paradiso proibito (1940)
Fuori dalla nebbia (1941)
Sono un disertore (1942)
La disperata notte (1947)
La fossa dei serpenti (1948)
Il terrore corre sul filo (1948)
I dannati (1951)
Atto d'amore (1953)
Profondo come il mare (1955)
Anastasia (1956)
Il viaggio (1959)
Le piace Brahms? (1961)
Il coltello nella piaga (1962)
La notte dei generali (1967)
La signora dell'auto con gli occhiali e il fucile (1969)
Liu, Jialang → Lau, Kar-leong
Liverani, Maurizio
Sai cosa faceva Stalin alle donne? (1969)
Il solco di pesca (1976)
Lizzani, Carlo
Achtung! Banditi! (1951)
Ai margini della metropoli (1952)
Amore in città (1953)
Cronache di poveri amanti (1954)
Siluri umani (1954)
Lo svitato (1955)
Esterina (1959)
Il gobbo (1960)
Il carabiniere a cavallo (1961)
L'oro di Roma (1961)
Il processo di Verona (1962)
La vita agra (1964)
Amori pericolosi (1964)
La celestina P... R... (1964)
La guerra segreta (1965)
Thrilling (1965)
Un fiume di dollari (1966)
Requiescant (1966)
Svegliati e uccidi (Lutring) (1966)
L'amante di Gramigna (1968)
Banditi a Milano (1968)
Amore e rabbia (1969)
Barbagia (La società del malessere) (1969)
Roma bene (1971)
Torino nera (1972)
Crazy Joe (1974)
Mussolini ultimo atto (1974)
Storie di vita e di malavita (1975)
San Babila ore venti: un delitto inutile (1976)
Kleinhoff Hotel (1977)

Note

Marcello Garofalo

TUTTO IL CINEMA DI SERGIO LEONE

Sergio Leone nasce nel 1929, l'anno in cui il cinema sonoro si impone grazie al *Cantante di jazz* e muore nel 1989, anno in cui quello «pensato in grande» manifesta forse la sua crisi più forte, asservito ai dettami sempre più limitanti della televisione.

La sua vita segue quindi nella sua interezza il cammino della «settima arte» e ne resta condizionata da una passione reale, senza compromessi.

Questo libro ricostruisce e descrive tutti gli avvenimenti dell'articolata carriera del regista (da assistente volontario di Vittorio De Sica sul set di *Ladri di biciclette*, a cineasta di fama mondiale), non oscurando i riflessi di un'epoca in cui il cinema, anche in Italia, era soprattutto un'industria.

Gli anni della guerra, l'infanzia trascorsa al viale Glorioso in Trastevere, la passione per il teatro dei burattini al Gianicolo e quella cinematografica, che scocca con Charlie Chan e *L'ora che uccide*, Chaplin e Lubitsch, l'apprendistato con il padre (Vincenzo Leone in arte Roberto Roberti, regista prediletto di Francesca Bertini) e poi con Blasetti, Camerini, Bonnard. I film opera di Gallone e quelli di corsari con Mario Soldati, l'incontro con Orson Welles sul set di *L'uomo, la bestia, la virtù*, l'avventura africana con Fred Zinnemann e dei grandi kolossal da *Ben-Hur* a *Sodoma e Gomorra*: duelli, percorsi fatali, crolli di cartone e lavaggi biblici, fino alla geniale intuizione di trasportare un samurai di Kurosawa in un West ricostruito con lo sguardo di uno spettatore-bambino... Il resto è storia: dal primo incontro con Clint Eastwood, al trionfo della «trilogia del dollaro», dalla rivoluzione messicana di *Giù la testa* al «C'era una volta» dell'America.

Sergio Leone è stato forse il primo regista italiano a credere con logica da «post-moderno» che il neorealismo e la commedia all'italiana erano il «moderno» da superare, capace come nessun altro di portare al cinema tutti, dagli adolescenti agli uomini d'età, dagli intellettuali agli analfabeti, e anche di soddisfarne le attese.

Nella seconda parte del volume ci sono schede autonome relative ai singoli film con dettagliati *découpage*, bibliografia e interpretazioni critiche.

Il libro racconta infine per la prima volta la genesi e lo sviluppo del suo ultimo e grande progetto non realizzato, dedicato all'assedio di Leningrado.

L. 34.000
pp. 480

Luigi Comencini

INFANZIA, VOCAZIONE, ESPERIENZE DI UN REGISTA

Prefazione di Tullio Kezich

Luigi Comencini è molto avanti con gli anni. Quando è nato, nel 1916 a Salò, Griffith girava *Intolerance*. Quindi è vecchio quasi quanto il cinema, è lui stesso a dirlo con la dolce ironia di chi ha alle spalle una vita piena e un amore mai deluso, quello appunto per i film e per il mestiere di regista. «Davvero un bel mestiere!» dichiara Comencini con un soffio di nostalgia, alla fine di queste rapide intense pagine di memorie. «Ho trascorso la mia adolescenza in una remota cittadina della Francia del Sud-ovest di appena venticinquemila abitanti. Il giovedì non si andava a scuola, si andava al cinema. C'erano quattro sale. Al suono di un campanello tremolante, simile a quello che nelle stazioncine annuncia l'arrivo di un treno, si radunavano silenziosi e gravi i primi spettatori. Fra tocchi di art-déco, moquette e tendaggi, musiche dolcissime e luci soffuse, si accedeva al tempio.» È l'inizio di un rito, tante volte descritto, da Calvino a Barthes, il sortilegio di una magia che tutti coloro che hanno vissuto il tempo senza televisione hanno provato. In punta di piedi, con la grazia, la civiltà e la sensibilità che caratterizzano tanti suoi film, Comencini racconta l'infanzia, gli esordi della sua carriera e le tappe significative della sua attività di regista. Da *Proibito rubare* (1948) a *Pane, amore e fantasia* (1953), con cui diede inizio al filone felice della commedia popolare, da *Tutti a casa* (1960) a quel *Pinocchio* televisivo (1972), che tanto piacque a Elsa Morante, da *Incompreso* (1967) a *Un ragazzo di Calabria* (1987), quello che emerge da questo lungometraggio di ricordi costellato di film, è la professionalità artigiana del regista, la sua passione rattenuta e costante, per l'anima buona del cinema, quella di rendere felici se stessi e il pubblico.

L. 28.000

pp. 240

Luigi Comencini

INFANZIA, VOCAZIONE, ESPERIENZE DI UN REGISTA

Prefazione di Tullio Kezich

Luigi Comencini è molto avanti con gli anni. Quando è nato, nel 1916 a Salò, Griffith girava *Intolerance*. Quindi è vecchio quasi quanto il cinema, e lui stesso lo dice con la dolce ironia di chi ha alle spalle una vita piena e un amore mai deluso, quello appunto per i film e per il mestiere di regista. «Davvero un bel mestiere» dichiara Comencini con un soffio di nostalgia, alla fine di queste rapide intense pagine di memorie. «Ho trascorso la mia adolescenza in una remota cittadina della Francia del sud, un paese di appena venticinquemila abitanti. Il giovedì non si andava a scuola, si andava al cinema. C'erano quattro sale. Al suono di un campanello tremolante, simile a quello che nelle stazioncine annunciava l'arrivo di un treno, si radunavano silenziosi e gravi i primi spettatori. Tra tocchi di art déco, moquette e tendaggi, musiche dolcissime e luci soffuse, si accedeva al tempio». L'inizio di un rito, tante volte descritto da Roland Barthes, il sortilegio di una magia che tutti coloro che hanno vissuto il tempo senza televisione hanno provato. In punta di piedi, con la grazia, la civiltà e la sensibilità che caratterizzano tanti suoi film, Comencini racconta l'infanzia, gli esordi della sua carriera e le tappe significative della sua attività di regista. Da *Proibito rubare* (1948) a *Pane, amore e fantasia* (1953), con cui diede inizio al filone felice della commedia popolare, da *Tutti a casa* (1960) a quel *Pinocchio* televisivo (1972) che tanto piacque a Elsa Morante, da *Incompreso* (1967) a *La ragazza di Bube* (1963), quello che emerge da queste lunghe ... di ricordi costellato di film è la professionalità artigianale del regista, la sua passione rattenuta e costante per l'anima buona del cinema: quella di rendere felici se stesso e il pubblico.

L. 25000

pp. 240

Alberto Pezzotta

TUTTO IL CINEMA DI HONG KONG

Stili, caratteri, autori

Sospeso tra Oriente e Occidente, il cinema di Hong Kong non assomiglia a nient'altro. Ora che molti registi e attori sono andati a Hollywood e che anche in Italia si è scoperta la punta dell'iceberg, a partire da Wong Kar-wai e John Woo, è tempo di iniziare a studiare lo stile, il contesto e i caratteri originali di questo cinema.
Questo libro esauriente e documentato propone un'analisi – la prima tentata da un occidentale – di come si è evoluto il linguaggio del montaggio e della macchina da presa, dalle arti marziali degli anni Sessanta a oggi: da King Hu, maestro dell'astrazione, e da Zhang Che, cantore della carne e del sangue, fino al cinema più recente del caos percettivo. Passando per i maestri riconosciuti, come Tsui Hark, Ching Siu-tung e John Woo, visti attraverso una prospettiva nuova; e senza trascurare il cinema d'autore, da Ann Hui e Patrick Tam a Stanley Kwan; il cinema comico, da Michael Hui a Stephen Chiau e Jeff Lau; e il vasto mondo della serie B.
Generi, autori, violenza, sesso, fantastico, melodramma, citazione: lo spettatore occidentale non può dare nulla per scontato e deve ripensare concetti familiari che, nel cinema di Hong Kong, funzionano in modo particolare. La scommessa di questo libro è di entrare dentro un altro modo di pensare le immagini in movimento, spesso molto più vivace e imprevedibile di quello cui siamo abituati. Senza schematismi, ma valorizzando le inevitabili differenze culturali.
Completano il libro sessanta dettagliati profili di registi, attori sceneggiatori e produttori.

L. 34.000

pp. 448

Alberto Pezzotta

TUTTO IL CINEMA DI HONG KONG

Stili, caratteri, autori

[illegible]

L. 34.000

Paola Casella

HOLLYWOOD ITALIAN
Gli italiani nell'America di celluloide

Quali sono le aspettative – e i pregiudizi – di Hollywood nei confronti degli italiani? Ce lo raccontano, attraverso una serie di interviste di sorprendente franchezza, i più affermati registi, attori, produttori e sceneggiatori italo-americani. Ma ce ne parlano anche i protagonisti del cinema italiano che hanno raggiunto il successo negli Stati Uniti – da Bernardo Bertolucci a Giuseppe Tornatore, da Vittorio Gassman a Claudia Cardinale, da Giancarlo Giannini a Ornella Muti, da Vittorio Storaro a Dante Ferretti. Perché, come ha scoperto chiunque abbia viaggiato al di là dell'oceano, i preconcetti hollywoodiani non riguardano solo gli italo-americani ma funzionano da griglia di riferimento anche per gli italiani d'Italia, e creano intorno a noi un set di aspettative ben precise e facilmente riconducibili alle immagini del grande schermo yankee.
Dalla nascita del cinema ai giorni nostri, Hollywood Italian ripercorre cento anni di cinema, analizzando – con l'aiuto dei protagonisti – i film americani che hanno raffigurato personaggi e ambienti italiani – così numerosi da rappresentare un genere a sé – ed esaminando le molteplici personificazioni dell'identità italiana in America (il gangster e il latin lover, il cantante e l'acrobata, il pugile e il poliziotto, il piantone e il piagnone, la Madonna e la puttana) così come i temi e gli ambienti ricorrenti (la mafia e la famiglia, la religione e la cucina, il circo e il carcere, la musica e lo sport, la lealtà e la passione, il razzismo e la discriminazione). Il risultato è un grande affresco che mescola cinema, sociologia e storia dell'immigrazione per scoprire da un lato perché lo stereotipo delle quattro M – mafia, mamma, maccheroni e mandolino – sia tanto duro a morire, dall'altro come l'immagine degli italiani nel cinema americano stia cambiando, grazie agli italo-americani e agli italiani che a Hollywood hanno lasciato il segno.

L. 36.000

pp. 552

Paola Casella

HOLLYWOOD ITALIAN

Gli italiani nell'America di celluloide

Quali sono le aspettative – e i pregiudizi – di Hollywood nei confronti degli italiani? Ce lo raccontano, attraverso una serie di interviste di sorprendente franchezza, i più affermati registi, attori, produttori e sceneggiatori italo-americani. Ma ce ne parlano anche i protagonisti del cinema italiano che hanno raggiunto il successo negli Stati Uniti – da Bernardo Bertolucci a Giuseppe Tornatore, da Vittorio Gassman a Claudia Cardinale, da Giancarlo Giannini a Ornella Muti, da Vittorio Storaro a Dante Ferretti. Perché, come ha scoperto chiunque abbia viaggiato al di là dell'oceano, i preconcetti hollywoodiani non riguardano solo gli italo-americani: essi rispecchiano la griglia di riferimento anche per gli italiani d'Italia, e creano intorno a noi un set di aspettative ben precise e facilmente riconducibili alle immagini del grande schermo yankee.

Dalla nascita del cinema ai giorni nostri, Hollywood Italian ripercorre cento anni di cinema, analizzando – con l'aiuto dei protagonisti – i film americani che hanno raffigurato personaggi e ambienti italiani – così numerosi da rappresentare un genere a sé – ed esaminando le molteplici personificazioni dell'identità italiana in America: il gangster e il latin lover, il cantante e l'immigrato, il pugile e il poliziotto, il giullare e il playboy, la Madonna e la puttana; così come i temi e gli ambienti ricorrenti (la mafia e la famiglia, la religione e la cucina, il circo e il carcere, la musica e lo sport, la follia e la passione, il razzismo e la discriminazione). Il risultato è un grande affresco che incrocia cinema, sociologia e storia dell'immigrazione per scoprire da un lato perché lo stereotipo delle quattro M – mafia, mamma, maccheroni e mandolino – sia tanto duro a morire, dall'altro come l'immagine degli italiani nel cinema americano stia cambiando, grazie agli italo-americani e agli italiani che a Hollywood hanno lasciato il segno.

L. 36.000

pp. 532

Mario Sesti

TUTTO IL CINEMA DI PIETRO GERMI

Vinse i premi più prestigiosi, compreso l'Oscar, e instaurò un dialogo col pubblico di profondità unica; morì povero, solo e dimenticato dalla critica. Mise in scena contadini siciliani e industriali veneti, adulteri proletari e delitti d'onore, l'arretratezza secolare di un Paese e la sua frenetica mutazione sociale e antropologica negli anni del boom. Esordì nel segno del neorealismo per spiazzare poi amici e critici inaugurando quella che sarebbe diventata la «commedia all'italiana». È l'autore di *Divorzio all'italiana* e *Il ferroviere*, *L'uomo di paglia* e *Alfredo, Alfredo*: Pietro Germi, genovese. Un uomo testardo e timido, spietato e geniale, lacerato tra il bisogno di sognare una realtà nuova e diversa e la fedeltà a valori tradizionali (la famiglia, la legge, l'onestà) di cui avvertiva la nostalgia nell'Italia che cambiava.
Mario Sesti, grazie anche alle testimonianze inedite di chi ha conosciuto, amato e sopportato Germi, ricostruisce in questo saggio appassionato un itinerario unico. Quello di un regista italiano che ha studiato John Ford e Ejzenštejn, che tenta l'impresa impossibile di adattare al cinema nazionale il western e il poliziesco: e che addirittura riesce a portare sullo schermo le pagine di Gadda.
Sesti fa piazza pulita di tutti i miti che hanno finora appannato una valutazione serena del regista. E si esce dalla lettura con un desiderio irresistibile di vedere questi film spesso dimenticati, ma tanto più vivi della maggior parte delle immagini che ci circondano.

L. 26.000

pp. 304

Paola Malanga

TUTTO IL CINEMA DI TRUFFAUT

François Truffaut: il giovane cinefilo che, all'inizio degli anni Cinquanta, inventa un nuovo modo di fare critica, scoprendo Hitchcock e il cinema americano; il regista che inaugura la Nouvelle Vague con *I quattrocento colpi*; e soprattutto l'artista che, convinto come Georges Simenon che «si lavora su tutto quello che ci è successo dalla nascita fino ai quattordici anni», sa trasformare il personale in universale, e rivolgersi a tutti gli spettatori, ma parlando a uno a uno, confidenzialmente.

I suoi film, al contrario di quelli di molti suoi compagni d'avventura, non sembrano mai invecchiare, e il vuoto che ha lasciato alla sua morte, nel 1984, è uno dei più lancinanti nel cinema contemporaneo. Eppure la critica su Truffaut continua a nutrirsi di banalità: che siano retaggio di una stagione di astratti furori ideologici (da cui il cliché di Truffaut regista apolitico, consolatorio, magari piccolo-borghese) o di una cinefilia all'acqua di rose (il santino del «tenero Truffaut», umbratile e innocuo).

Paola Malanga, nel saggio più esaustivo mai pubblicato in Italia sull'autore di *Jules e Jim* e di *Effetto notte*, liquida i luoghi comuni, restituendoci un Truffaut a tutto tondo, fiero di essere l'ultimo degli autori che tengono ancora a raccontare una storia, capace di amori dissennati e di odi furibondi.

E allo stesso tempo ricostruisce un'intera epoca, quella dei «Cahiers du cinéma» di André Bazin e della Cinémathèque di Henri Langlois, sullo sfondo della guerra d'Algeria e del maggio '68. Senza rinunciare a un'analisi dettagliata film per film, chiedendosi ogni volta le ragioni di successi e flop, capolavori e mezzi fallimenti. Che è l'unico modo per rendere giustizia a un uomo che Gérard Depardieu ha descritto con queste parole: «Era un ribelle... un estremista in tutto. Ed era generoso: sempre dieci secondi in anticipo sulla generosità degli altri, come Platini su un pallone. Con un'eleganza folle».

L. 34.000

pp. 512

Vito Russo

LO SCHERMO VELATO

L'omosessualità nel cinema

La parola «velato» nel linguaggio omosessuale indica un gay che, nei riguardi degli altri e spesso anche di se stesso, si maschera da eterosessuale. Questa mentalità, oggi in estinzione, nasce dal disagio e dalla paura di non essere accettati in una società che considera o meglio considerava l'omosessuale un diverso, un malato, un degenerato. Il cinema è stato lo specchio fedele di questa concezione, quando si aveva paura di parole come divorzio o aborto, e la parola gay veniva negata o sostituita, anche là dove molti segni indicavano chiaramente che la sceneggiatura nascondeva una verità diversa, censurata. Vito Russo ha ripercorso più di trecento film, americani e no, dall'epoca del muto ai giorni nostri, recuperando i tagli della censura, individuando sequenze e inquadrature dove il problema emerge, per quanto nascosto o distorto, raccontando il cammino e la lotta della parte più progressista degli operatori cinematografici per trattare l'argomento con matura consapevolezza.

Dallo scontro sottile e sotterraneo dei film degli anni Venti e Trenta alle mistificazioni del dopoguerra fino alla liberazione sessuale culminata al termine degli anni Sessanta, dagli omosessuali «cattivi» o «ridicoli» a persone vere e non contraffatte, quello che l'autore riesce a narrare, attraverso uno sguardo così angolato sul mondo del cinema, è una storia di soprusi e di liberazione.

Uscito per la prima volta nel 1981, questo saggio è diventato subito un libro cult, un classico. *Lo schermo velato*, in edizione aggiornata, oggi che l'omosessualità nel cinema non solo non spaventa o inquieta più ma è un elemento di successo, costituirà un punto di riferimento ineludibile per conoscere quanta fatica e quanta ricchezza di film sia costato sollevare quel velo.

L. 36.000

pp. 472

David J. Skal

THE MONSTER SHOW

Storia e cultura dell'horror

Nei film horror c'è molto di più di quel che si vede sullo schermo. Freak, neonati demoniaci, seducenti serial killer, psichiatri cannibali, mostri scaturiti dalla fantasia umana con il supporto di sofisticate tecnologie. L'America ama l'horror in tutti i suoi volti, da *Dracula* a *Frankenstein* fino alla *Famiglia Addams*, *Terminator* e *Godzilla*. In realtà, l'evoluzione delle sue icone preferite va di pari passo con le grandi crisi sociali del nostro tempo: guerre, depressioni, invasioni, cacce alle streghe, battaglie sul diritto alla riproduzione, distruzione dell'ambiente. In questo che è il più esauriente sguardo sullo spettacolo dell'horror, David J. Skal mostra come la paranoia della guerra fredda abbia portato a inventare incubi sul controllo della mente umana quali *L'invasione degli ultracorpi*, e come la paura delle radiazioni nucleari e della talidomide abbia ispirato ossessioni sulla mutazione quali *La mosca*. Prima di esplorare, infine, il legame tra l'epidemia dell'Aids e l'attrazione esercitata dai vampiri, Skal analizza, anche attraverso le immagini, interessanti parallelismi tra cinema, pittura, fumetto e letteratura. «I lupi mannari a Londra» non sono così diversi da quelli raffigurati nei bestiari medievali, le fattezze del Frankenstein hollywoodiano si ritrovano già in alcuni disegni di George Grosz del 1922, e *Trapianto* (1924) di Otto Dix sembra quasi riprodurre la maschera mutante di Lon Chaney nel *Gobbo di Notre-Dame*.
Un libro per tutti gli amanti del cinema, e per tutti quelli che, pur coprendosi gli occhi, non si perdono una puntata della saga di *Nightmare*.

L. 34.000

pp. 408

LYNCH SECONDO LYNCH
a cura di Chris Rodley

Un prato pieno di fiori, un cielo dai colori troppo squillanti per essere vero e, sotto l'erba, insetti che brulicano minacciosi: è la prima sequenza di *Velluto blu*, uno dei capolavori di David Lynch. «Quando vedi un mondo bellissimo, basta che guardi un po' più da vicino ed è tutto un agitarsi di formiche rosse.» Ecco l'habitat di Lynch, un ragazzo nato nel Montana nel 1946 e vissuto in una famiglia normale, senza traumi né shock, e la cui massima aspirazione da piccolo era fare carriera nei boy scout. L'unico americano che, negli anni Sessanta, non provò droghe psichedeliche e che, dopo meno di una settimana in Europa, decise di tornare di corsa a casa, forse per la nostalgia delle torte alla ciliegia. Ma nessuno, come Lynch, è stato capace di portare alla superficie gli incubi e i lati oscuri del Paese dei sogni.
Pittore, scultore e musicista prima ancora che regista, Lynch impiega cinque anni e manda a monte un matrimonio per realizzare il suo primo lungo metraggio, *Eraserhead – La mente che cancella* (1978), da lui definito «un sogno di cose oscure e perturbanti», dove compare una misteriosa creatura di cui non ha mai voluto rivelare il segreto di fabbricazione. Il successo arriva lentamente e per caso, nel circuito delle proiezioni di mezzanotte: ma poi, grazie al fiuto di Mel Brooks, Lynch dirige una grande produzione, *The Elephant Man* (1980) senza scendere a compromessi col sistema. Il resto della carriera di Lynch è un susseguirsi imprevedibile di flop e successi, scandali e provocazioni: da *Dune* (1984) al serial *Twin Peaks* (1989) che rivoluziona la televisione, da *Cuore selvaggio* (1990) al misterioso e inquietante *Strade perdute* (1997).
Lynch secondo Lynch è il primo libro a esplorare dall'interno questo universo creativo che attraversa come un turbine l'arte del Novecento, frullando allegramente Beckett e la pop art. Con un candore disarmante e un sense of humour surreale, Lynch racconta le sue ossessioni e manie; spiegandoci segreti e traversie di tutti i suoi film, e conducendoci nella stanza dell'inconscio dove Kafka e la strega buona del Mago di Oz rovesciano lo zucchero e disegnano mostri sulla tovaglia.

L. 32.000

pp. 360

Alfred Hitchcock

HITCHCOCK SECONDO HITCHCOCK

Idee e confessioni del maestro del brivido

a cura di Sidney Gottlieb

«Il genio pubblicitario di Hitchcock», scrisse François Truffaut, «era pari soltanto a quello di Salvador Dalí.» Uno dei primi registi a diventare una star riconoscibile dal grande pubblico, Hitch si nascondeva dietro il personaggio che per primo aveva contribuito a costruire: quello di un compassato gentleman britannico che teorizza sull'arte del delitto, ama la buona cucina e si diverte a spaventare gli spettatori perché è lui il primo a essere terrorizzato dalla propria ombra.
Ma qual era il vero Hitchcock? Sidney Gottlieb è andato a rovistare archivi e biblioteche alla ricerca degli scritti in cui Hitch, nell'arco di quasi mezzo secolo, ha raccontato in prima persona la propria vita e le proprie idee sul cinema: ricordi, riflessioni, dietro le quinte dei set, spiegazioni dei trucchi, interviste inedite. Un patrimonio finora trascurato, e che riserva molte sorprese: dal genio in erba irriverente che progetta di sabotare lo star system hollywoodiano all'inedito cineasta impegnato che progetta un film contro la pena di morte («ma la censura di Sua Maestà non me lo permetterebbe»), per arrivare al maestro maturo e sornione che demolisce comicamente gli psicologi che vorrebbero invece chiuderlo dentro le loro gabbie.
Tra arte e industria, suspense e ironia, ne esce l'autoritratto di un regista che, unico nella storia del cinema, è stato capace di incollare alla poltrona lo spettatore scavando nelle sue paure più segrete.

L. 35.000
pp. 416

René Prédal

CINEMA: CENT'ANNI DI STORIA

con una postfazione di Alberto Farassino

Scrivere una storia del cinema è sempre un'utopia. I pionieri come Georges Sadoul potevano ancora nutrire l'illusione che un solo individuo potesse vedere tutti i film, e collocarli in un percorso coerente: ma il cinema correva più in fretta di qualunque storiografo, e le loro opere monumentali sono rimaste incompiute o fatalmente datate. In seguito gli studiosi hanno messo in cantiere storie collettive, dove gli oneri fossero suddivisi per competenze: ma in questo caso ne sono spesso risultati colossi in più volumi, dispersivi e poco maneggevoli.
Negli ultimi anni, un'accresciuta possibilità di vedere film attraverso videocassette e festival ha rilanciato la sfida delle storie individuali, spesso basate su riletture e rivalutazioni. E la recentissima storia del cinema di René Prédal, come scrive Alberto Farassino nella postfazione, è forse quella «che raggiunge il miglior punto di equilibrio tra le esigenze informative e quelle riassuntive».
Con chiarezza cartesiana e uno spirito spesso polemico dei confronti di miti e luoghi comuni, Prédal individua tendenze, movimenti e linee evolutive, ma non trascura i singoli autori e i film più rappresentativi. E se da un lato coglie sempre il legame del cinema con le altre arti, dall'altro non tace gli aspetti tecnici, economici, sociali e politici.
Una storia del cinema, quindi, che spesso si trasforma anche in storia degli spettatori, e che riesce a mettere ordine sia nella nebbia del cinema delle origini che nel caos della contemporaneità: dai fratelli Lumière a Spike Lee e Jane Campion, senza trascurare le cinematografie extraeuropee e i generi un tempo ritenuti minori.

L. 24.000

pp. 320

I NANI

1. R. Schwamenthal, M.L. Straniero, *Il Corsaro Nero piange*
2. Silvia Ballestra, *Il disastro degli Antò*
3. Daniele Brolli, *Animanera*
4. Michele Serio, *Pizzeria Inferno*
5. Massimiliano Governi, *Il calciatore*
6. Jeremy Rifkin, *La fine del lavoro* (4ª ediz.)
7. Brunella Gasperini, *L'estate dei bisbigli*
8. Elinor Rigby, *Un'americana a Parigi*
9. Erminia Dell'Oro, *Asmara addio*
10. Melania G. Mazzucco, *Il bacio della Medusa*
11. A. Carlucci, G.P. Rossetti, *Io, il Tebano*
12. Giovanni Bianconi, *Ragazzi di malavita*
13. Patrick McDonnell, *Il primo libro dei Mutts*
14. Vauro, *Il papa è morto*
15. Berke Breathed, *Il primo libro di Opus*
16. Emilio Giannelli, *Il re è nudo*
17. Walter Bonatti, *Montagne di una vita* (3ª ediz.)
18. Cesare Maestri, *...E se la vita continua* (2ª ediz.)
19. Gianni Clerici, *Alassio 1939*
20. Gianni Brera, *Addio, bicicletta*
21. Enrico Brizzi, *Jack Frusciante è uscito dal gruppo* (12ª ediz.)
22. Susanna Tamaro, *Va' dove ti porta il cuore* (7ª ediz.)
23. Hanif Kureishi, *Londra mi uccide*
24. J.G. Ballard, *L'isola di cemento*
25. Bart Kosko, *Il Fuzzy-pensiero* (2ª ediz.)
26. Ida Magli, *La Madonna*
27. Brunella Gasperini, *Una donna e altri animali*
28. *Che cos'è la psichiatria?*, a cura di Franco Basaglia
29. *Dizionario dei film 1998*, a cura di Paolo Mereghetti
30. Sandra Petrignani, *Navigazioni di Circe*
31. Jim Harrison, *Luci del Nord*
32. Ippolita Avalli, *Aspettando Ketty*
33. Jarmila Ockayová, *Verrà la vita e avrà i tuoi occhi*
34. *Catalogo storico* Baldini&Castoldi
35. Vittorio Emiliani, *I tre Mussolini*
36. Liliana Madeo, *Donne di mafia*
37. *'97 al cinema*, a cura di Lietta Tornabuoni
38. Gian Antonio Stella, *Schei* (2ª ediz.)
39. AA.VV., *l'Uno 1977*
40. Tom Robbins, *Coscine di pollo*
41. J.G. Ballard, *Il mondo sommerso*
42. Carl Hiaasen, *Key Largo*
43. Claudio Carabba, *Corrierino, Corrierona*

44. Jon Lee Anderson, *Che Guevara. Una vita rivoluzionaria*
45. Giorgio Pecorini, *Don Milani! Chi era costui?* (2ª ediz.)
46. Maria del Carmen Tapia, *Oltre la soglia. Una vita nell'Opus Dei*
47. Brunella Gasperini, *Il buio alle spalle* (2ª ediz.)
48. Charles Perry, *Ritratto di un uomo che affoga*
49. James Lee Burke, *Pioggia al neon*
50. Patrick McDonnell, *Il secondo libro dei Mutts*
51. Berke Breathed, *Il secondo libro di Opus*
52. *Il nuovo colonialismo*, a cura di Demichelis, Ferrari, Masto, Scalettari
53. *Mario Moretti, Brigate Rosse una storia italiana*, a cura di Carla Mosca e Rossana Rossanda (2ª ediz.)
54. Tom Robbins, *Natura morta con picchio*
55. Piergiorgio Paterlini, *I brutti anatroccoli*
56. E. Annie Proulx, *Avviso ai naviganti*
57. Clarence Cooper jr, *La Strada*
58. Steve Thayer, *L'uomo del tempo*
59. Brunella Gasperini, *Il Galateo*
60. *L'istituzione negata*, a cura di Franco Basaglia
61. *Tondelli e la musica*, a cura di Bruno Casini
62. Gino & Michele, *Anche le formiche nel loro piccolo si incazzano. Opera omnia*
63. E. Scalfari, G. Turani, *Razza padrona*
64. Otto Friedrich, Auschwitz. *Storia del lager 1940-1945* (3ª ediz.)
65. Susanna Tamaro, *Anima mundi*
66. Enrico Brizzi, *Bastogne*
67. Robin Baker, *Guerre sessuali*
68. Aldous Huxley, *Tutti i racconti*
69. Leonard Simon, *Stati di dissociazione*
70. George Dawes Green, *Il giurato*
71. AA.VV., *Le radici del '68*
72. *Il desiderio dissidente. Antologia della rivista* «L'erba voglio», a cura di Lea Melandri
73. Aldo Giovanni e Giacomo, *Nico e i suoi fratelli* (2ª ediz.)
74. *'98 al cinema*, a cura di Lietta Tornabuoni
75. Maria Venturi, *I giorni dell'altra*
76. Norberto Bobbio, *Dal fascismo alla democrazia*
77. J.G. Ballard, *Un gioco da bambini*
78. Luciano Ligabue, *Fuori e dentro il borgo*
79. Sebastiano Vassalli, *La notte del lupo*
80. Danielle Girard, *Madre e ossa*
81. Walter Veltroni, *Il sogno spezzato*
82. Walter Veltroni, *La sfida interrotta*
83. Brunella Gasperini, *Noi e loro*
84. Silvana La Spina, *Morte a Palermo*
85. Orson Welles, Peter Bogdanovich, *Orson Welles* (2ª ediz.)
86. Rita Levi Montalcini, *Senz'olio contro vento*
87. Tom Robbins, *Profumo di Jitterbug*
88. Vern E. Smith, *Spacciatori*

89. Claudio Fava, *Il mio nome è Caino*
90. E. Annie Proulx, *I crimini della fisarmonica*
91. Niall Williams, *Quattro lettere d'amore*
92. Roberto Pazzi, *Vangelo di Giuda*
93. Gabriela Avigur-Rotem, *Mozart non era ebreo*
94. Nelson DeMille, *Morte a Plum Island*
95. Norman Mailer, *Il parco dei cervi*
96. Sandra Petrignani, *Vecchi*
97. Erzann Menthéour, *Il mio doping*
98. Claudio Camarca, *Ordine pubblico*
99. Elmore Leonard, *A caro prezzo*
100. Guido Piovene, *Viaggio in Italia*
101. Jim Harrison, *Un buon giorno per morire*
102. *Cuore di gatto*, a cura di Julia Bachstein
103. Giovanni Arpino, *Il buio e il miele*
104. Tom Robbins, *Il nuovo sesso: Cowgirl*
105. Alfred Tomatis, *L'orecchio e la vita*
106. Luciana Littizzetto, *Minchia Sabbry!*
107. J.G. Ballard, *Cocaine Nights*
108. James Lee Burke, *L'angelo in fiamme*
109. Norman Mailer, *Il Vangelo secondo il Figlio*
110. Renzo De Felice, *Rosso e Nero*, a cura di Pasquale Chessa
111. Norman Mailer, *Il nudo e il morto*
112. Tom Robbins, *Beati come rane su una foglia di ninfea*
113. Teo Teocoli, *Frittura globale totale*
114. Aldo Giovanni e Giacomo, *In televisione sembravano più alti*
115. Virginia Woolf, *Come si legge un libro?*, a cura di Paola Splendore
116. Katherine Mansfield, *La passione della scrittura*, a cura di Ornella De Zordo
117. Giosuè Calaciura, *Malacarne*
118. Elena Loewenthal, *Un'aringa in paradiso*
119. Claudio Camarca, *I santi innocenti*
120. Margaret Atwood, *Le uova di Barbablù*
121. J.G. Ballard, *Foresta di cristallo*
122. Luisa Biondetti, *Dizionario di mitologia classica*
123. *Il Mereghetti, Dizionario dei film 2000*, di Paolo Mereghetti

Stampato nel settembre 1999 per conto di
Baldini&Castoldi s.r.l.
presso la Milanostampa S.p.A. - Farigliano (Cn)